阳泉市志

（上）

主　编　任佟苏　王　刚　郭玉珠
副主编　董雪卉　刘玉林　苏小平　张卫萍　高忠乐

YANGQUANSHIZHI

阳泉市地方志编纂委员会　编

方志出版社
Publishing House of Local Records

图书在版编目（CIP）数据

阳泉市志 / 阳泉市地方志编纂委员会编.——北京
方志出版社，2018.1

ISBN 978-7-5144-1913-9

Ⅰ.①阳… Ⅱ.①阳…Ⅲ. ①阳泉—地方志 Ⅳ.
① K292.53

中国版本图书馆 CIP 数据核字（2018）第 011309 号

阳泉市志

编　者：阳泉市地方志编纂委员会
责任编辑：罗　滔 李志瑜 黄　彦

出 版 者：方志出版社
地址　北京市朝阳区潘家园东里 9 号（国家方志馆 4 层）
邮编　100021
网址　http://www.fzph.org
发　行：方志出版社图书经销中心
电话　（010）67110500
经　销：各地新华书店
印　刷：厦门翰林彩印股份有限责任公司

开　本：889 × 1194　1/16
印　张：228
字　数：4634 千字
版　次：2018 年 1 月第 1 版　2020 年 10 月第 1 次印刷
印　数：0001~5000 套

ISBN 978-7-5144-1913-9　**定价：**899.00 元

阳泉市地方志编纂委员会

2019年1月–2020年10月

主　任　姜四清　雷健坤

副主任　薛明耀　王旭明　杨永生　任建华　李　明　杨自明　黄海涛　郭卫东
孙季鸿　杨建军　翟　红　任晓华　郭玉珠

委　员　张永忠　赵素卿　靳润喜　李　君　张立君　杨红梅　王廉允　王东旭
武建功　靳存柱　冯维明　赵文骥　张俊堂　焦文录　唐　麟　李忠义
刘海民　刘玉琪　贾存宏　杨世英　刘连生　邵满存　陶文平　史喜平
石　峥　薛利敏　董增寿　彭国勇　樊如珍　冉志伟　孙　毅　杜平华
陈步瑜　郗文保　赵建军　梁　庆　郭爱聪　安海润　孙存恩　段宏华
王建华　孙金宁　巨建军　张丽娟　王　刚　姚文新　魏海文　王耀东
王骞元　文武全　雷永平　崔正宏　张东民　武　雪　卢东华　张　鹏
侯讵望　程会平　石文斌　张志强　张利平　赵俊明　丁国华　赵雪青
杨日祥　吴东作　苏恒亮　陈保明　董　璋　李昱平　李文生　史玉宝
吴海平　倪钦斌　冯鹏跃　白培康　郭小勇　张龙龙　郭春雷　陈志刚
任战虹　李常平　乔继光　闫献忠　范文生　闫小萍　郗　君　李凤萍
王晓丽　韩加政　张志先　高永红　柳占文　王　璘　卫志嵘

2018年8月–2018年12月

主　任　关建勋　雷健坤

副主任　巩　成　王旭明　杨永生　吴纪平　任建华　王铁梅　杨自明　黄海涛
张其光　郭卫东　孙季鸿　翟　红　郑清明　任晓华　王　刚

委　员　张永忠　靳润喜　李　君　徐本宁　张立君　杨全生　彭喜平　王廉允
张利军　焦文录　唐　麟　史玉宝　刘海民　刘玉琪　赵俊明　李维程
刘连生　史喜平　梁　庆　张丽娟　李文生　陈保明　郭玉珠　王建华

编辑人员 任泉荣 李 静 王 兴 韩 冰

版式设计 战盈彤

英文翻译 路予强

供稿人员（含文字、图表、照片等主要作者或提供人员，按姓氏笔画排序）

马 丽 马宏凯 马洪亮 王 刚 王 伟 王 枫 王 辉 王 谦 王 毅
王九存 王子成 王世钧 王东柱 王永惠 王远明 王孝邦 王利明 王雨生
王雨来 王变娥 王建业 王建华 王秋生 王美卿 王素琴 王晋生 王晓兵
王晓波 王浩亮 王鹏程 云建新 牛青麓 尹小芳 尹玉琴 尹丽萍 左 斌
石 君 石成方 帅栋梁 叶 欣 田红梅 史秀琴 史英豪 史治勇 史俊敏
史晋阳 史桂平 付利宝 代中海 白青堂 包维铅 邢志明 毕映成 师红艳
师艳红 光喜珍 曲丽峰 吕 江 吕 兴 朱自明 朱喜生 延万里 任文斌
任仔苏 任志强 任佟苏 任国平 任经生 任春林 刘 勇 刘 蓉 刘玉林
刘芝田 刘成福 刘沛华 刘国栋 刘科文 刘罡明 刘海民 刘海涛 刘继德
刘鸿钢 闫建生 安晓峰 孙建海 孙雪艳 孙燕平 苏 伟 苏向东 李 晓
李小平 李凤萍 李文娟 李文鸿 李玉芳 李永刚 李宇红 李宏业 李建军
李贵毛 李贵红 李俊贤 李俊瑞 李艳萍 李素芳 李振宇 李晓萍 李润春
李培梦 李银河 李富军 李慧俊 李慧斌 杨巨全 杨秀明 杨建国 杨柳青
杨载东 杨桂青 吴 沁 宋崇魁 张 艳 张 浩 张 晨 张大鹏 张义所
张卫萍 张文亮 张世庆 张会生 张兴爱 张志忠 张丽萍 张利民 张宏亮
张晋晶 张晓萍 张福贵 陈 琼 陈 魁 陈凤灵 陈阳春 武根成 武海生
尚红秀 罗艳春 和继明 岳一平 周 京 周立业 郑 兵 郑 雷 孟宏儒
孟学武 赵 贤 赵 静 赵全明 赵庆江 赵红梅 赵志刚 赵丽东 赵丽娟
赵佳佳 赵春仙 赵晓东 赵海亮 赵瑞智 郝 增 郝文彤 郝丽丽 郝晋辉
荆伟停 荆向峰 荆贵生 胡 蓉 相淑华 段怀平 侯晋元 郗小芬 秦碰生
贾丽军 贾海维 贾德存 徐峰伟 徐雪峰 高 彬 高建业 高爱萍 郭礼成
郭兆文 郭金贵 郭祯田 谈永刚 黄顺荣 黄彦斌 黄洁诚 曹书平 龚 明

常艳梅 崔广生 崔达道 崔利莎 崔建明 梁二柱 续　敏 葛云林 葛思海 葛雅萍 董　文 董雪卉 韩　静 韩利忠 韩利敏 韩益平 韩鹏飞 程文庆 童　敏 路予强 路忠德 褚静宜 翟宇峰 潘　磊 霍聪智 穆成明 戴红英 魏兰花 魏海文

提供资料单位

市委办公厅、市政府办公厅、市人大办公厅、市政协办公厅、市纪委、市委组织部、市委宣传部、市委统战部、市委政法委、市综治委、市委政研室、市编办、市直属机关工委、市委老干部局、市信访局、市台办、市委党校、阳泉日报社、市新闻中心、市委党史研究室、市委讲师团、市中级人民法院、市人民检察院、阳泉经济技术开发区管委会、市发改委、市经信委、市国资委、市教育局、市科技局、市公安局、市民政局、市司法局、市财政局、市人社局、市环保局、市住建局、市交通运输局、市水务局、市农委、市林业局、市商务粮食局、市文化局、市卫生局、市计生委、市审计局、市煤炭工业局、市工商局、市质监局、市食医药局、市体育局、市统计局、市安监局、市旅游局、市民族宗教事务局、市人防办、市规划局、市国土资源局、市城市管理执法局、市机关事务管理局、市发展研究中心、市行政审批服务中心、阳泉仲裁委员会秘书处、市农业机械化发展中心、市中小企业局、市供销合作社联合社、市档案局、市地震局、市经济信息中心、市投资促进局、市城镇集体工业联社、市广播电视台、民革阳泉市委、民盟阳泉市委、民建阳泉市委、民进阳泉市委、农工党阳泉市委、九三学社阳泉市委、市总工会、团市委、市妇联、市科协、市侨联、市工商业联合会、市文联、市残联、市贸促会、阳泉军分区、武警阳泉支队、武警阳泉市消防支队、山西工程技术学院、阳泉银监分局、人行阳泉市中心支行、市邮政管理局、阳泉长途电信线务局、阳泉供电分公司、市国税局、市地税局、市烟草专卖局、阳泉公路分局、阳泉交通运输执法局、阳泉出入境检验检疫局、市气象局、市无线电管理局、国家统计局阳泉调查队、市水文水资源勘测分局、阳泉盐务分局、荫营煤矿、固庄煤矿、阳泉市保险行业协会、阳煤集团有限责任公司、山西北方晋东化工有限公司、阳泉医药药材公司、阳泉石油公司、市物资集团公司、市农调队、市水资办、市图书馆、阳泉新华书店、阳泉火车站、阳涉铁路有限责任公司、石家庄铁路分局、山西汽运集团阳泉公司、阳泉联通分公司、阳泉移动分公司、阳泉电信分公司、阳泉铁通分公司、城区地方志办公室、矿区地方志办公室、郊区地方志办公室、平定县党史方志办公室、盂县史志办公室等。

《阳泉市志》专家评审组

2016年10月

组　长　李茂盛（山西省地方志办公室主任）

副组长　刘益龄（山西省地方志办公室副主任）

任佟苏（阳泉市地方志办公室主任）

成　员　马正英（山西省地方志办公室市县志处处长）

郝世文（山西省地方志办公室市县志处调研员）

杨　颖（女）（山西省地方志办公室市县志处副处长）

董剑云（山西省地方志办公室旧志处调研员）

赵永强（山西省地方志办公室省志一处调研员）

特　邀　任根柱（山西省地方志办公室原副巡视员）

马并生（山西省地方志办公室市县志处原处长）

陈　霈（阳泉市地方志办公室原主任）

孟宏儒（阳泉市地方志办公室原主任）

阳泉市在山西省的位置

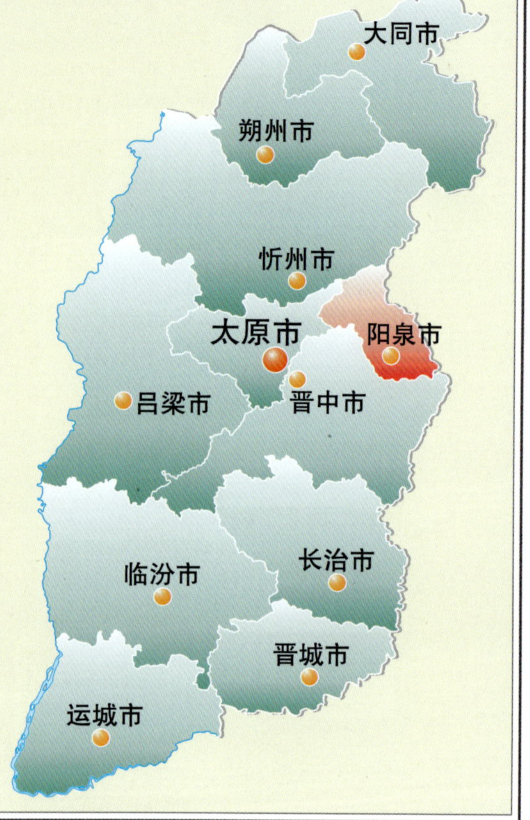

◎阳泉市	地级行政中心
⊙郊区	县级行政中心
●娘子关镇	乡、镇、街办
○藏山	行政村
	省界
	地级市界
	县级（市、区）界
	乡镇界
	高速铁路
	铁路
	高速公路
	国道
	省道
	县道
	河流、水库
	渠道
太行山	山脉
大梁山	山峰
	长城、关隘

比例尺 1：400 000

阳泉市行政区划图

审图号：晋S(2018)021号

阳泉市地形地貌图

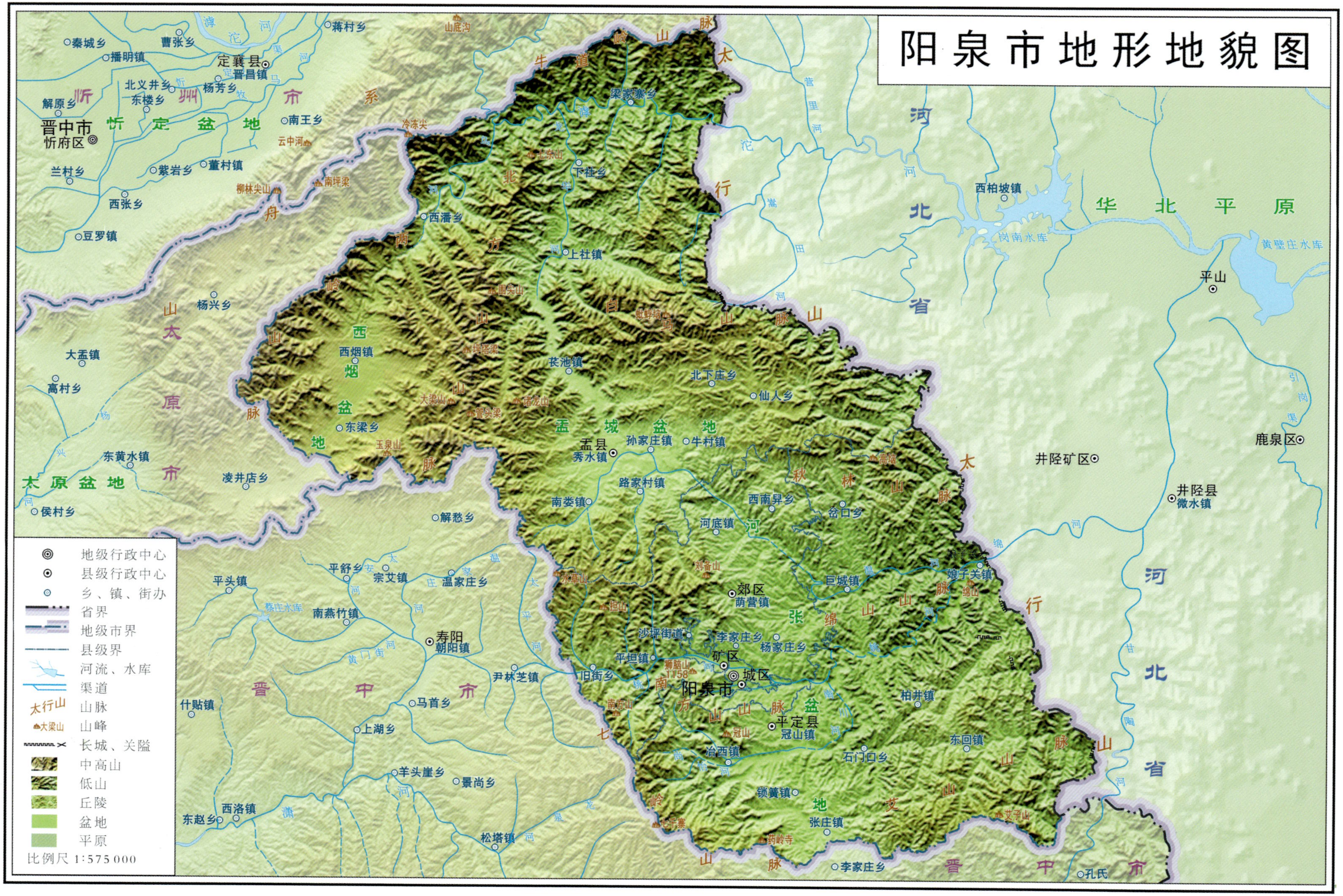

审图号：晋S(2018)021号

阳泉市交通旅游图

审图号：晋S(2018)021号

中

中共创建第一城景观雕塑

源远流长

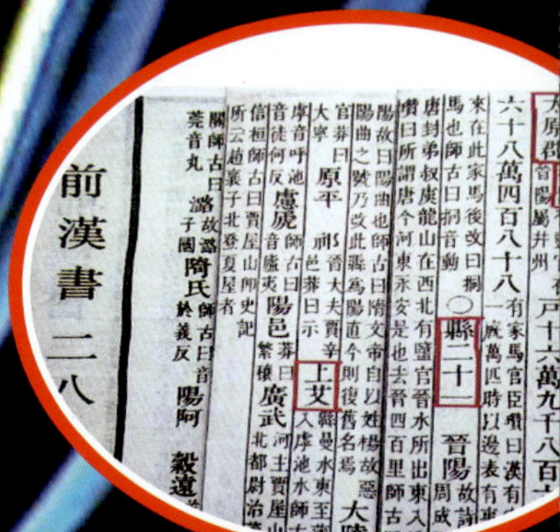

- 早在10万年以前旧石器中期，境内已有人类生息繁衍
- 春秋中期，白狄族人在境内北部建立仇犹国
- 春秋后期，相传晋卿赵简子在境内中部筑城驻军
- 秦代，境内南部置上艾县
- 清光绪三十二年（1906），山西第一条铁路——正太铁路振头（石家庄）至阳泉段通车
- 清光绪三十三年（1907），山西规模最大的近代民族工业企业——山西商办全省保晋矿务有限总公司创立，其核心基地在阳泉
- 民国36年（1947）5月4日，阳泉市建立，成为中国共产党领导创建的第一座人民城市

中共創建第一城

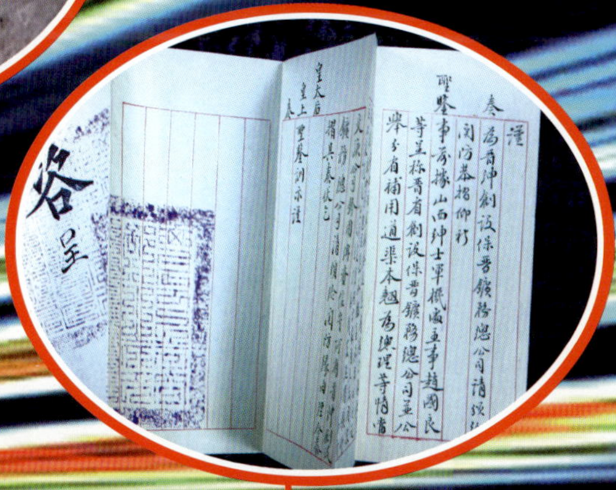

发生战争的是赵和晋，尤其赵武灵王把中山当作
他的腹心之患。因此，中山长城在中山国的西南
部与赵、晋交界处。根据《汉书·地理志》、《括
地志》和《读史方舆纪要》等记载，中山长城的
位置在今河北、山西交界的地区，纵贯恒山，从
太行山南下，经龙泉、倒马、井陉、娘子关、固
关以至于邢台黄泽关以南的明水岭大岭口，全长
约五百多里。
摘自我国著名长城专家罗哲文先生二〇〇〇年出版的专著《长城》
公元二〇〇一年五月

固关长城

1
2 | 3

1. 固关长城
2. 固关驿道
3. 长城溯源

石艾乙巳御英保矿纪闻

清光绪三十一年（1905）正月十五日，平定乡人黄守渊、黄汝彦、张士林等16人及前山西巡抚胡聘之，以元宵节宴会之名在黄守渊家中谋划地方“御英保矿”之策。针对英国人图谋霸占山西平定等地开矿权的野心而国内官方放任无为的现状，决定成立“保艾会”，领导地方民众保矿。二月二日，保艾会紧急开会议定，黄守渊坐镇指挥，黄汝彦为会长，张士林为副会长，平定境内民间有组织、有计划、大规模、公开性的御英保矿斗争由此开始，并逐步发展成为声震朝野、影响海外的全国性御英保矿斗争，持续三年之久。光绪三十三年十二月十七日，山西商务局与英福公司在北京签订《赎回山西开矿制铁以及转运各色矿产章程合同》，议定以275万两白银赎回平定等处矿产，英福公司撤离山西。光绪三十四年一月十四日，《赎回山西开矿制铁以及转运各色矿产章程合同》经清政府批准执行。此次事件，史称“山西争矿运动”。当事人之一的张士林对这次事件作了较为详细的记录，称之为《石艾乙巳御英保矿纪闻》。原件已销毁，留存的是抄件。以下为《石艾乙巳御英保矿纪闻》手抄稿的部分影印件。

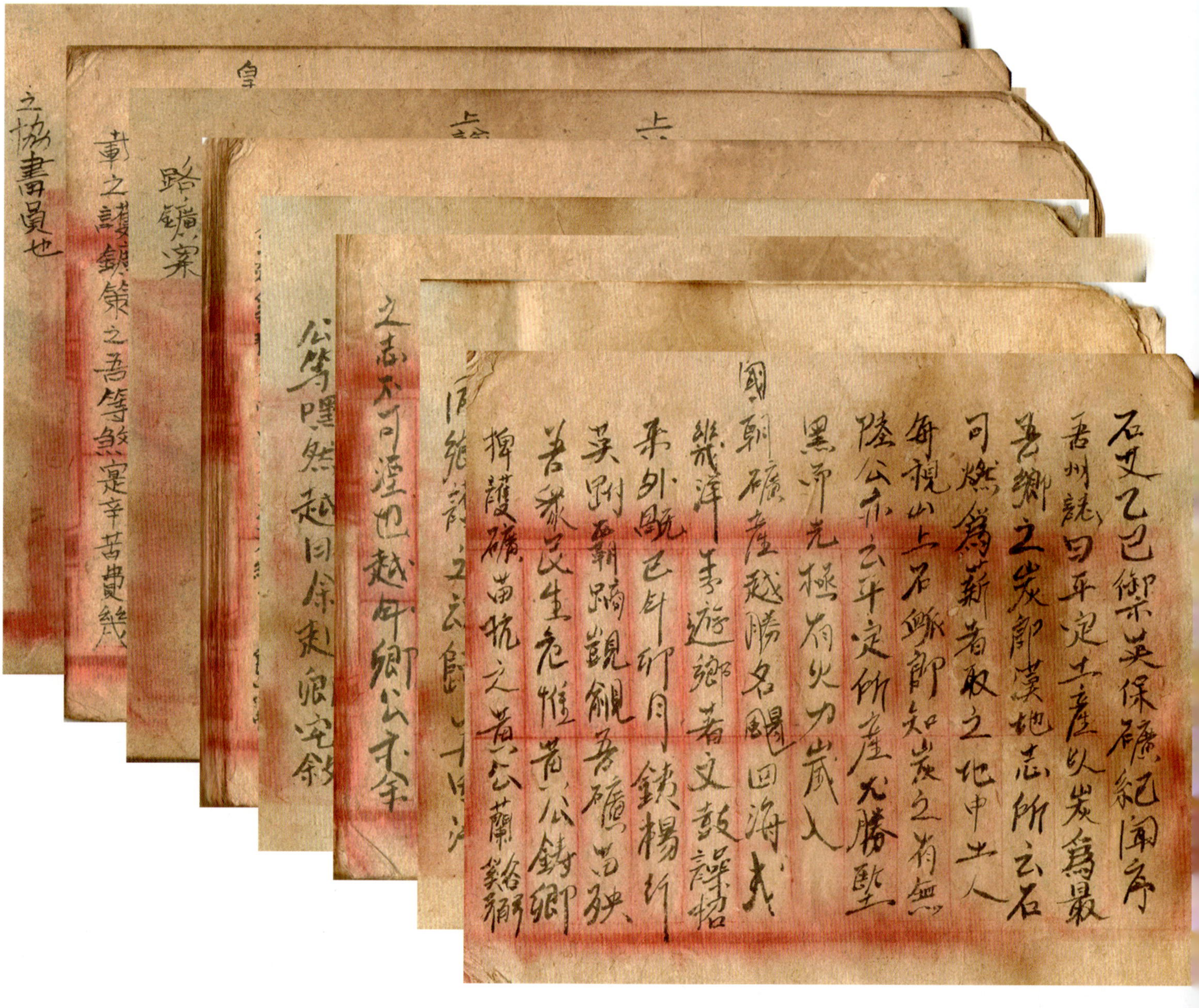

清光绪三十二年（1906）山西第一条铁路
——正太铁路通至阳泉

正太铁路上的阳泉站

正太铁路上的娘子关站

山西商办全省保晋矿务有限总公司部分存照

清光绪三十三年（1907）保晋公司矿务第一次纪念会合影

保晋公司阳泉总栈（民国9年·1920）

保晋公司第一矿厂（民国9年）

保晋公司第二矿厂（民国9年）

保晋公司第三矿厂（民国9年）

保晋公司第四矿厂（民国9年）

保晋公司第五矿厂（民国9年）

保晋公司第六矿厂（民国9年）

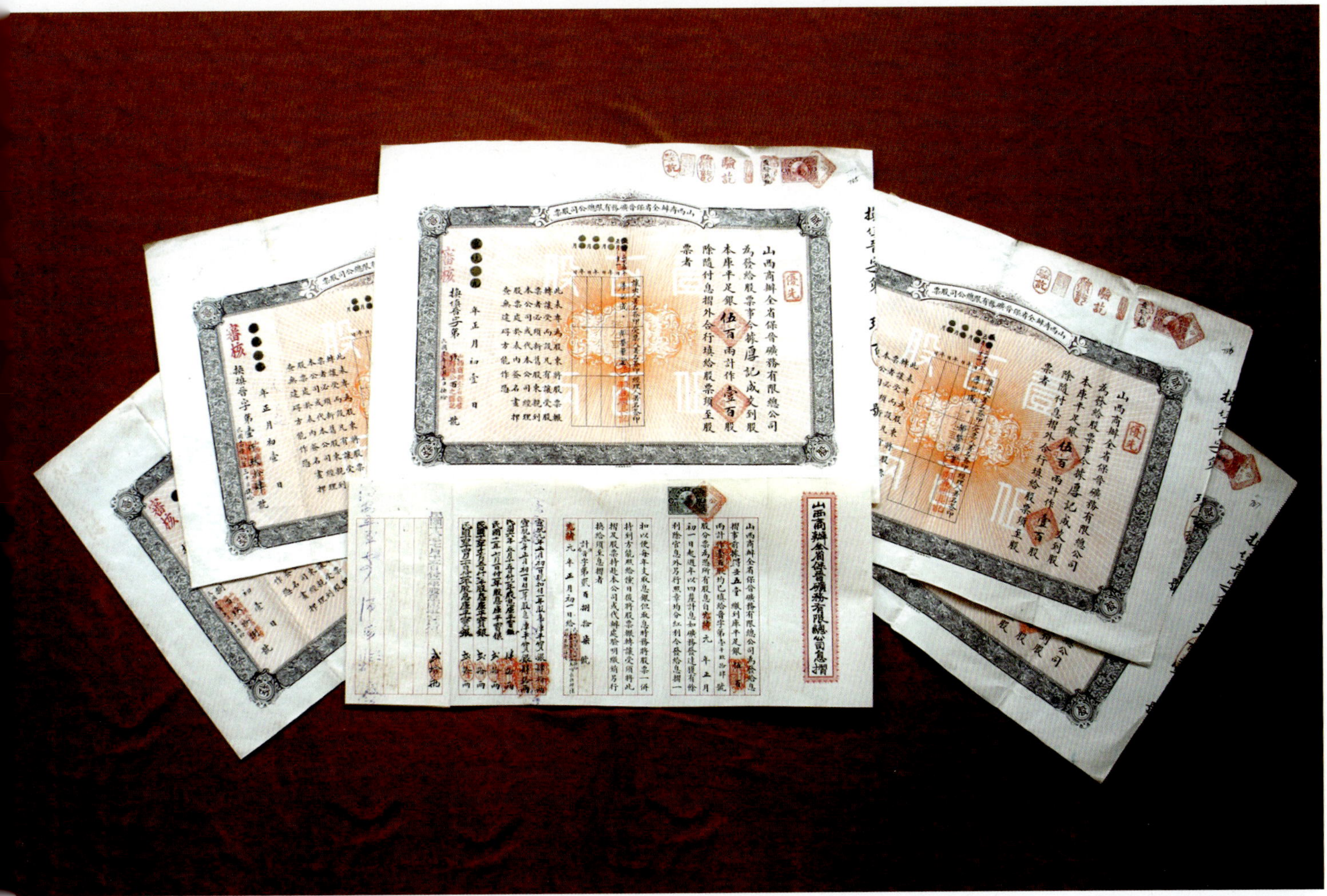

保晋公司股票与息折

保晋铁厂（民国9年）

保晋铁厂大门（民国7年）

保晋铁厂第一炉铁水铸造的大鼎

保晋铁厂制造的1.5吨起重高车

保晋铁厂制造的火管锅炉

红 色 记 忆

平定马克思主义读书会旧址

民国11年（1922）夏，进步青年、燕京大学学生戎业厚返乡任新民小学教师，并会同友爱医院大夫杜鸿成组织马克思主义读书会，创办书报室，在平定知识界传播马克思主义。

创建于民国15年（1926）的中共平定特别支部旧址

创建于民国16年（1927）的中共阳泉支部旧址

民国20年（1931）7月4日，中共山西省特委在平定国民党驻军高桂滋部发动武装起义；5日，起义部队在盂县清城镇宣布成立中国工农红军第二十四军（系编入全国红军统一序列的正规武装），赫光（万锡绂）任军长，谷雄一（苏亦雄）任政治委员。后开赴河北省阜平县与中共地方组织发起建立中国北方第一个红色政权——阜平县苏维埃政府。

平定起义集结地——平定友爱医院

红二十四军诞生地——盂县清城

七亘大捷纪念碑

民国26年（1937）10月26日至28日，刘伯承指挥八路军129师386旅772团在平定县七亘连续两次伏击日军辎重部队，歼灭日军400余人，缴获骡马300多匹。

七亘伏击战主战场

民国29年（1940）8月20日，八路军总司令朱德、副总司令彭德怀指挥的“百团大战”第一阶段——交通总破袭战于22时打响。参与作战的晋察冀军区、八路军129师等所属部队，以正太铁路及日军主要据点为破袭重点，全线出击，发起猛攻；境内各县民兵及人民群众积极配合，参战支前。到9月上旬，除阳泉站外，境内所有被日军控制的车站均被攻克，所有桥梁、隧道、水塔均被炸毁，铁路路基多被破坏；日军除占据平定、盂县县城等少数地方外，几乎全被拔除。

掩护破袭正太铁路的八路军狮脑山机枪阵地

军民一起拆毁娘子关附近铁路

被八路军炸毁的境内狼峪铁路大桥

百团大战纪念碑

民国36年（1947）5月正太战役中晋察冀野战军占领阳泉火车站

民国36年（1947）5月中国共产党领导下的人民军队解放阳泉

1951年境内各界欢迎中国人民志愿军归国代表

1951年境内各界欢迎中国人民志愿军归国代表

1956年3月矿务局三矿丈八竖井开工现场

1958年境内农村“大炼钢铁”实景（郊区上章召村）

1960年1月南庄煤矿首例运煤列车

1960年9月建成的桃河大桥

阳泉矿务局四矿选煤楼（1964年）

1973年4月，国务院总理周恩来陪同墨西哥总统埃切维里亚参观大寨时途经阳泉火车站

1973年6月，国务院副总理邓小平陪同马里国家元首兼政府总理穆萨·特拉奥雷上校参观大寨时途经阳泉火车站

城市风采

市委、市政府办公大楼

桃河北岸

远眺山城

近观市容

山城之夜

市政府广场夜景

天元商厦
天元精品家电城
天元家电

楼影桥韵

泉西桥外

南山公园

Culture Corridor

香岛园

华盛桥

豪远大厦路口

大连街

绿矾沟小区

馨康小区

金花园小区

恒大花园小区

太行新城小区

惠泽园小区

花园住宅小区

香榭花园小区

御康山庄小区

温馨家园小区

半山公馆小区

馨泽园小区

九号公馆小区

馨安家园小区

新澳城小区

平定县宋家庄村

平定县宋家庄村

平定县鹊山村

平定县甘泉井村

盂县西小坪村别墅

1 | 2
3
4

1. 盂县闫家沟村
2. 盂县温池村
3. 盂县水泉村
4. 盂县梁家寨田野

盂县猫铺村

陶 瓷 工 业

平定古窑陶艺有限公司

平定刻花瓷

刻花瓷制作现场

莹玉陶瓷

莹玉陶瓷

华丰陶瓷

古州陶瓷

冠窑陶瓷砂器

郊区砂器

1 | 2
3 | 4
5

1. 阳泉食品总厂有限公司放心早餐工程
2. 山西三来食品有限公司产品
3. 云阁牌系列肉制品
4. 平定金得蜂蜜产品
5. 大寨饮品有限公司核桃露生产线

其他工业

1 | 2
3 | 5
4 |

1-2 奥伦胶带公司生产车间

3-4 山西立博线缆有限公司生产车间

5 山西金鑫针布有限公司金属针布智能生产线

种植业

小杂粮基地

1	2		
3	4	5	6
7		8	
9			

1. 谷子引种试验
2. 小杂粮基地
3. 机播地膜玉米
4. 无人植保机喷洒肥料
5. 机械收割
6. 万寿菊
7. 蔬菜种植
8. 优质果树
9. 玉米丰收

养殖业

蛋鸡

奶牛

猪

鹅

孔雀

山鸡

鹿

野猪

特种养殖

大阳泉花卉

绿可隆花

东林尖合作社

桃林沟桃花

石泼水农业观光园

桃林沟村农业科技观光园

教育兴盛

1	2
3	4
5	
6	7

1. 阳泉市实验幼儿园
2. 快乐童年
3. 上站小学
4. 吟诵国学经典
5. 多媒体语音课
6. 主题班会
7. “小科学家”在“科学宫”

阳泉十一中

阳泉十五中

电教室

化学试验课

学生军训

校园文化艺术节

学生课间操

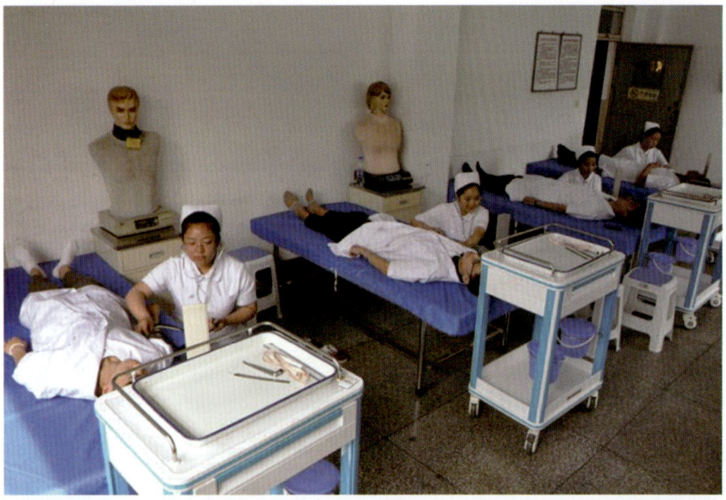

1	2
3	4
5	
6	7

1. 阳泉市工业学校
2. 阳泉高级技工学校
3. 阳泉市工业学校数控实训中心
4. 阳泉高级技工学校实训基地
5. 阳泉市卫生学校教学现场
6. 阳泉市艺术学校舞蹈节目《红珊瑚》
7. 阳泉市体育学校体操训练

1

2 | 3

4

1. 山西工程技术学院
2. 阳泉师范高等专科学校
3. 阳泉职业技术学院
4. 大学生毕业照

科技大厦

阳泉市高新技术创业园

百度云计算（阳泉）中心

2012年8月19日，山西省人民政府与百度公司战略合作签约暨百度云计算（阳泉）中心奠基仪式

2007—2010年阳泉市专利申请流量统计表

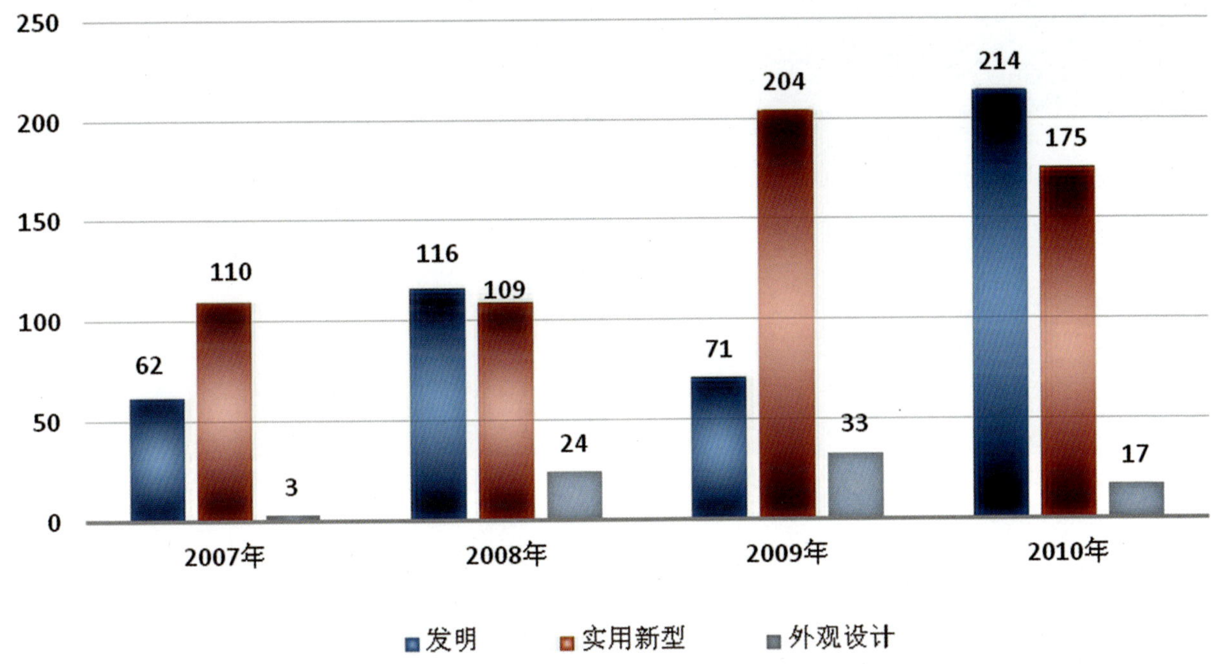

1986—2010年阳泉市专利授权量统计表

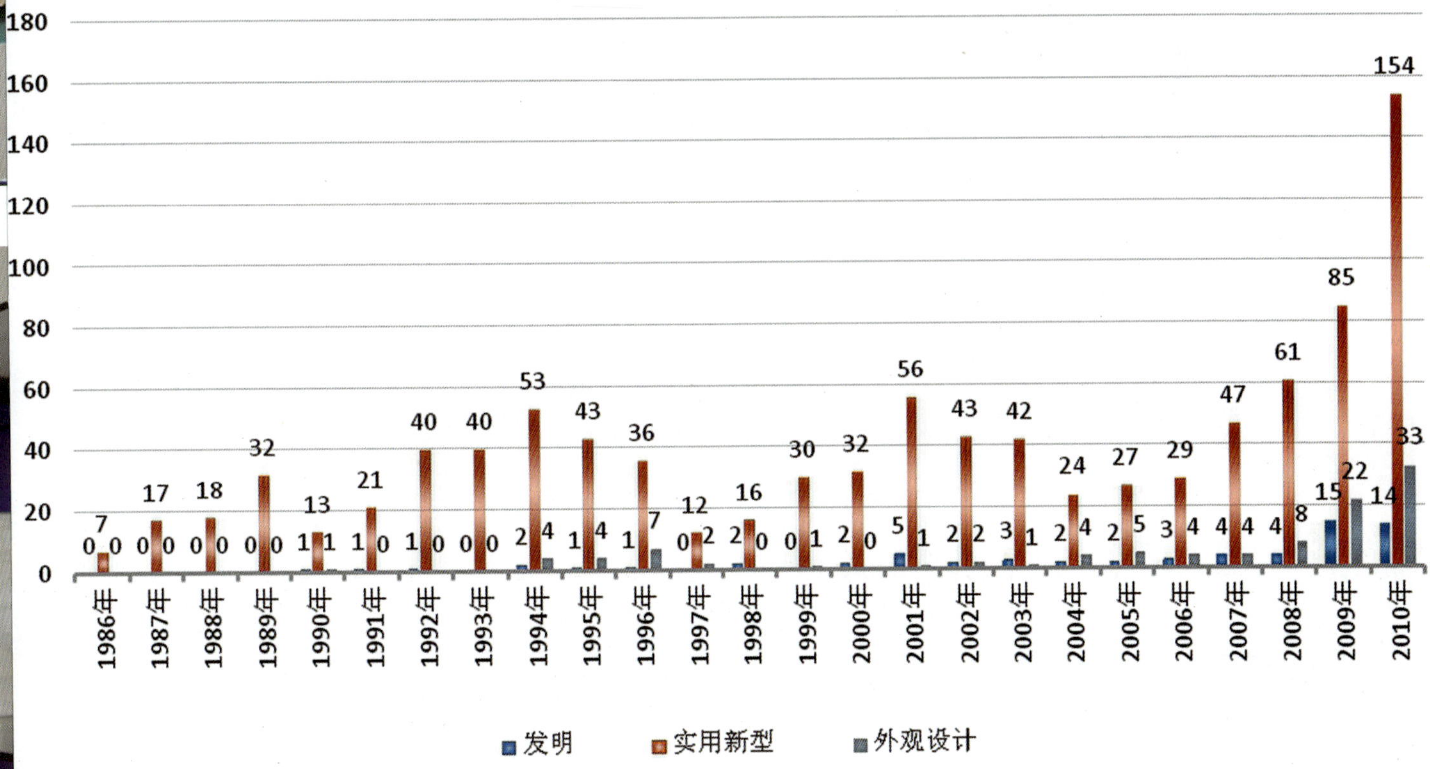

東至直隸正定府井陉县界一百里

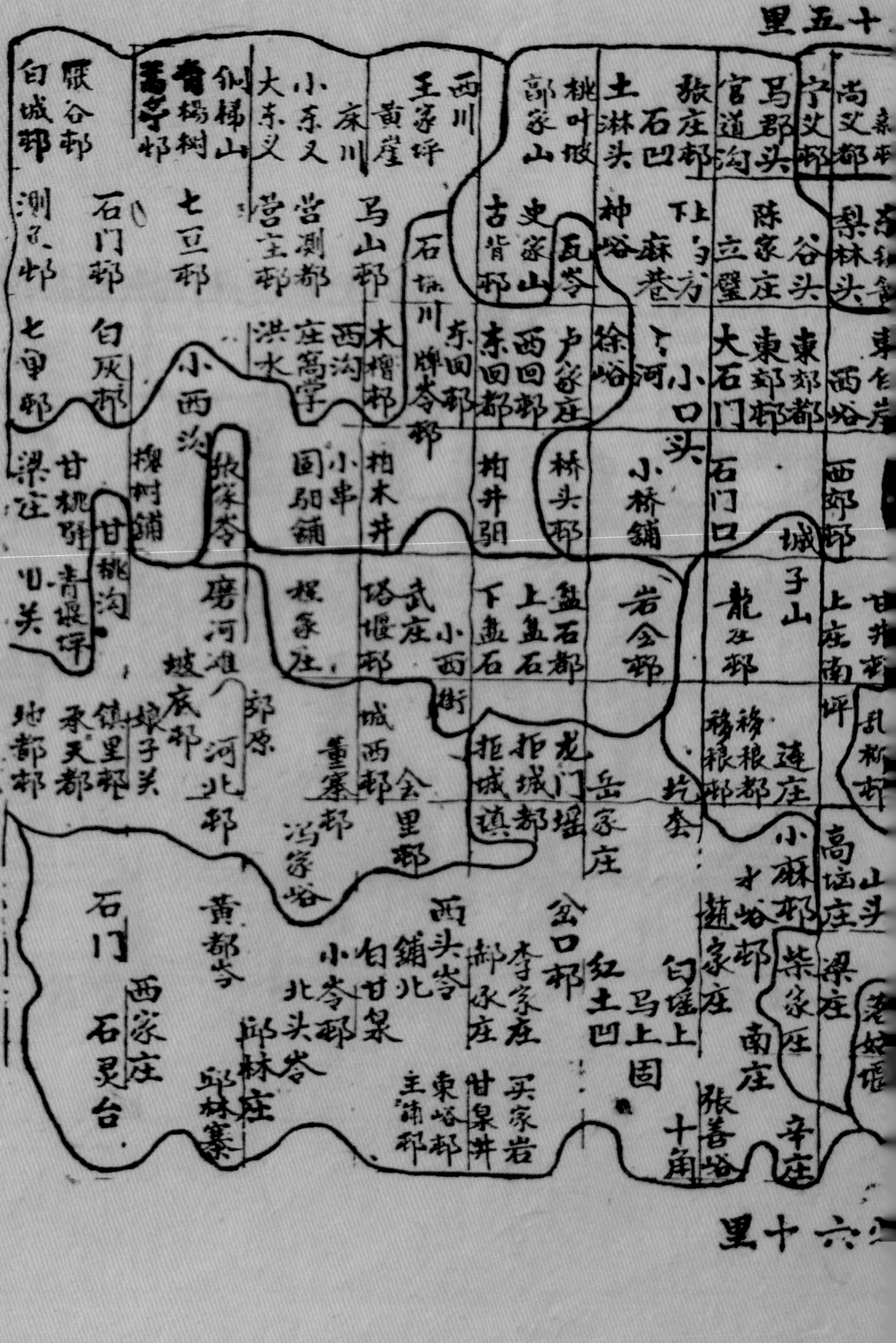

州境都邨图

图内每格方十里

西至寿阳县界六十里

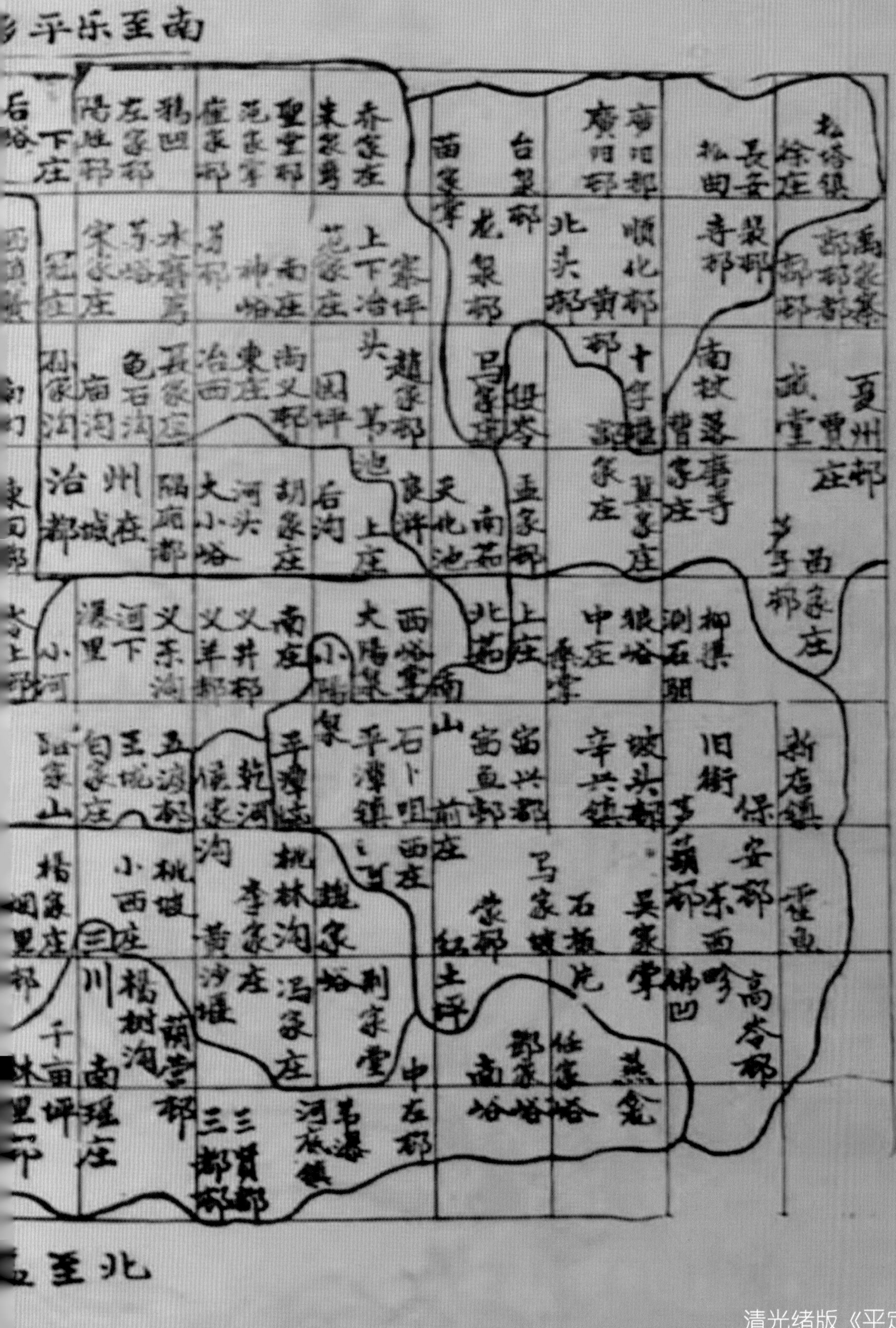

清光绪版《平定州志·州境都村图》

中国历史文化名村——小河村

大阳泉古村魁盛号鸟瞰

大阳泉古村张穆故居

大阳泉古村

官沟古村

大汖古村

阳泉工人美术画

煤海报捷（木版）

画画我们的老队长（木版）

竞赛对手（木版）

开新巷（木版）

火候（中国画）

1	2
3	4
	5

1. 老矿新貌（木版）
2. 矿山篮球赛（套色木版）
3. 搏（木版）
4 矿山的动脉（木版）
5. 迁新居（木版）

小阳泉南社区首届“睦邻节”
社区和谐盛世康

1 | 2 | 3
4 | 5 | 6 | 7
8

1. 英雄赞歌
2. 春节文艺晚会
3. 广场太极
4. 舞蹈《矿工情》
5. 社区活动
6. 晨练
7. 油菜花香
8. 歌唱祖国

交通发达

简子沟编组站

阳泉站

阳涉铁路

石太铁路

阳泉北站

阳泉站至阳泉北站快客专线 ▶

石太高铁专线

国道207线（五渡大桥）

国道307复线（市区段）

太旧高速公路

太阳高速公路

阳五高速公路

西环高速公路

义白路

农村公路

大山深处通村公路

新城大道

商业繁荣

滨河商业区

1	2
3	4
5	6
7	

1-3 阳泉市社会福利院及儿童阳光综合楼内外景

4 阳泉市盲聋人学校剪纸教学

5 健身运动

6 老年模特

7 老年人主题春晚

平定小蘑菇度假村

盂县大汖温泉度假区

市民的早晨

社区趣味运动会

盼丰收

乡村艺术展演

踢毽子

跳方

打子儿

弹球

赶皮牛

赶箍

成三

狼吃羊

糊嘟

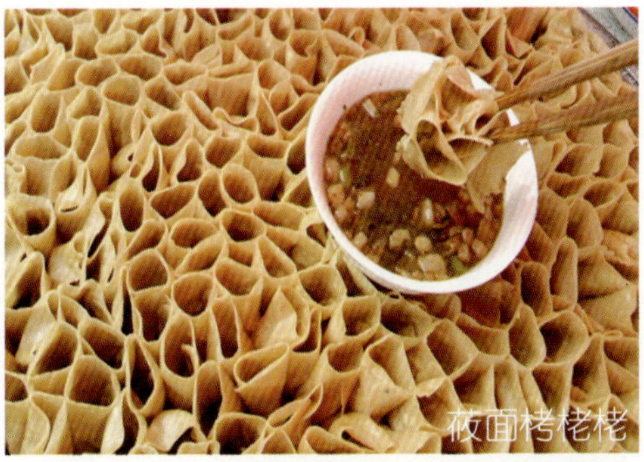
莜面栲栳栳

炒莜面

平定三八席

烙饼

油糕

油布袋

抿圪蚪

压河捞

拉拉面

河捞面

拉面

迎灯

转“黄河”

棒槌火

放河灯

灯光秀

打铁火

跑马昆

跑马陵道

打（灰）窖

跑马排

儿童在清理林中垃圾

老师在对学生进行爱国主义教育

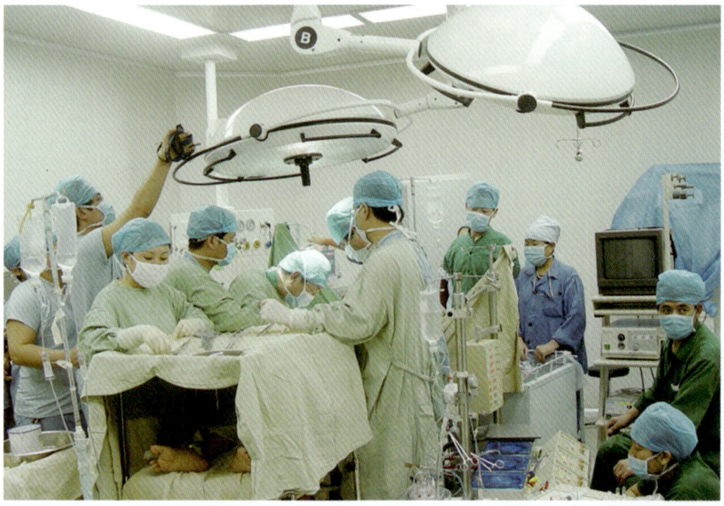
医务人员在为病人做体外循环心内直视术

环卫职工在作业

园林职工在作业

春耕

打谷场上

矿 工

护林工人

建筑工人

电力工人

娘子关景区

娘子关山水

狮脑山景区

百团大战纪念碑广场

藏孤洞

过门戏台与梳洗楼

文子祠夜景

程子庙

韩厥祠

报恩殿

牌楼

文子祠明代壁画——藏孤

文子祠明代壁画——复爵

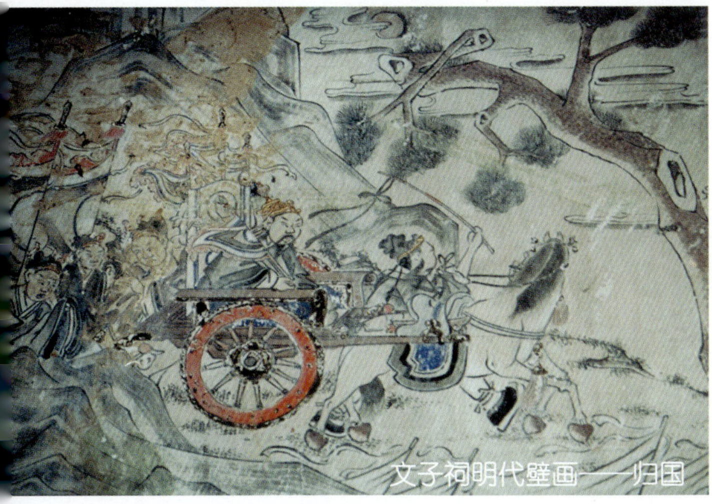

文子祠明代壁画——归国

文子祠明代壁画——报仇

龙凤松

古栈道

滴水岩

三教文化圣地

七机岩

笏峰

天地根

烈女祠正殿壁画

水神山景区

水神山秋韵

翠枫山组照

阳泉市城镇居民人均可支配收入示意图

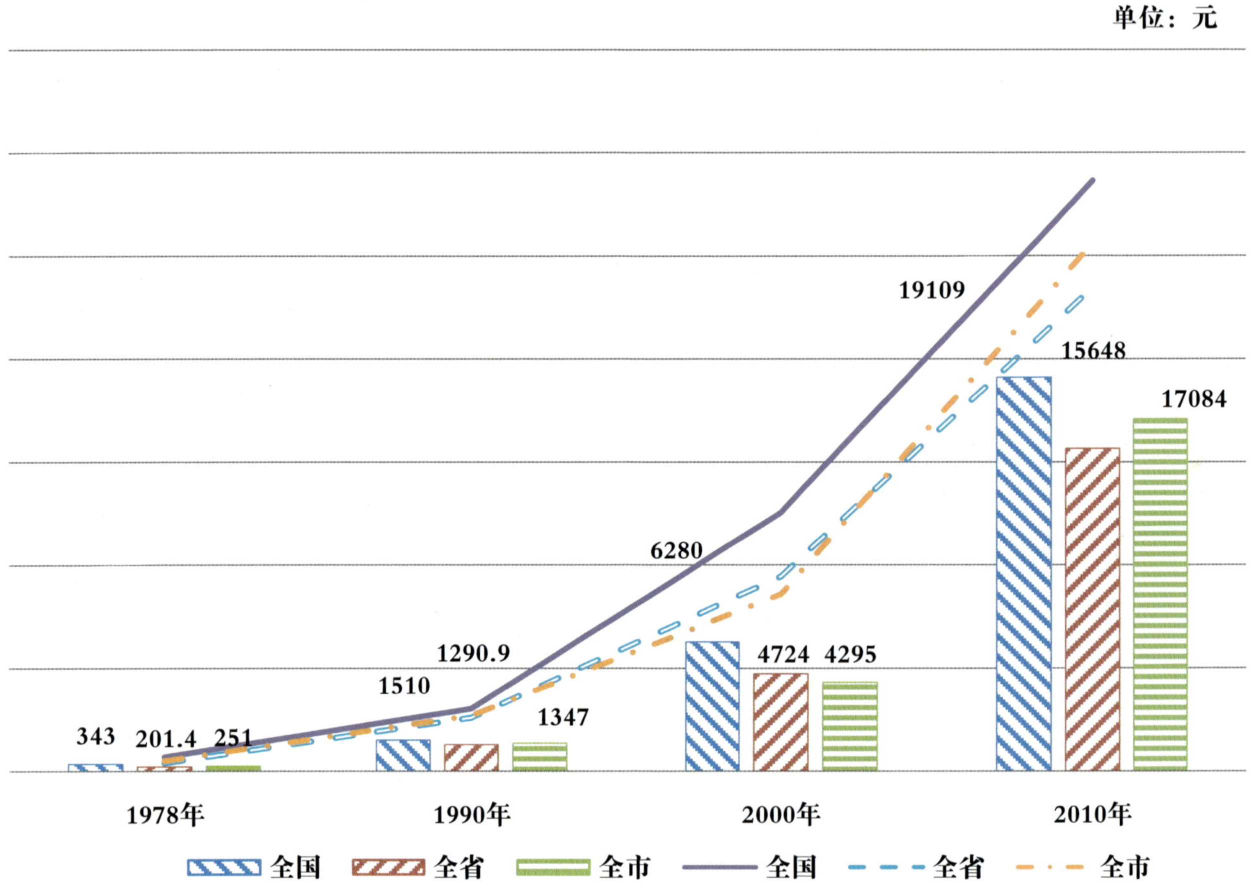

阳泉市农村居民人均可支配收入示意图

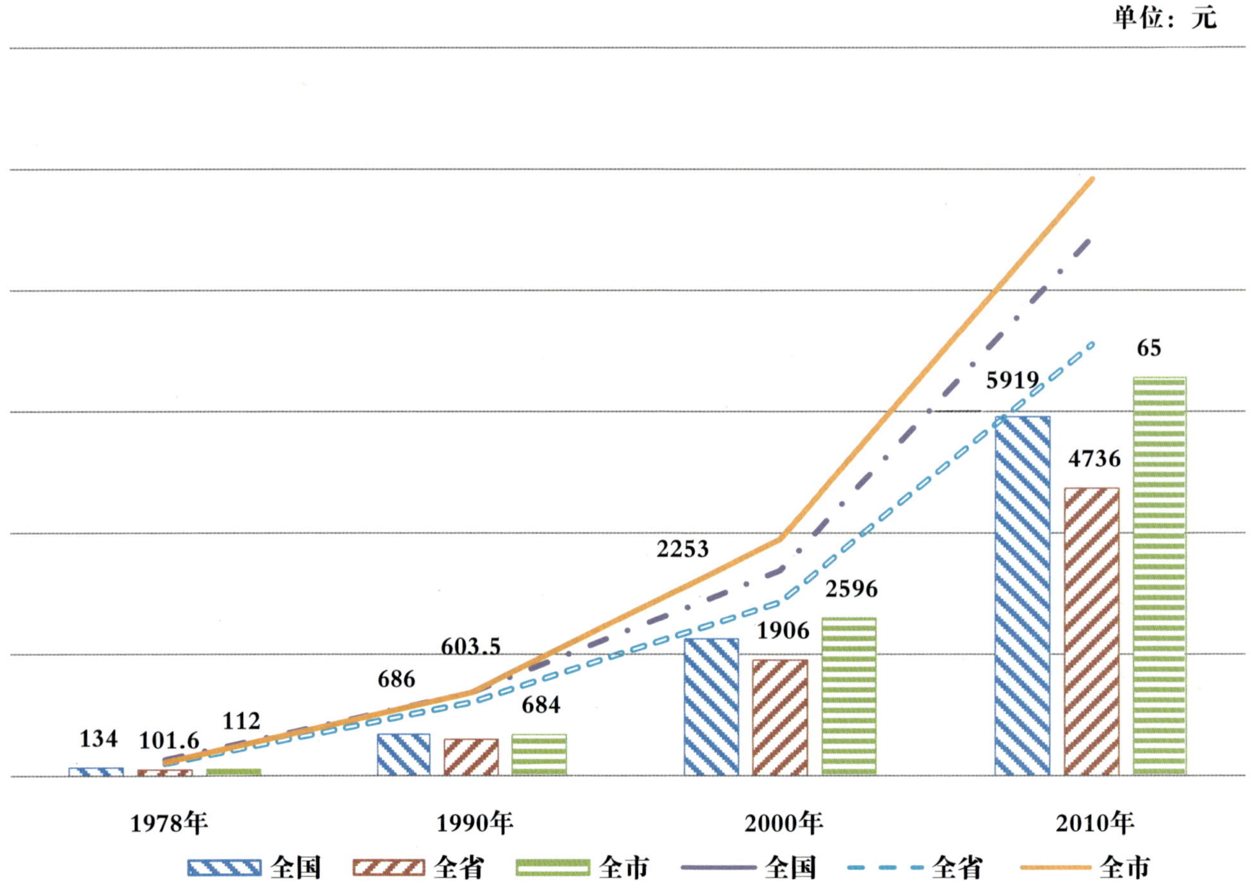

序言

历经14个寒暑，新修《阳泉市志》终于成稿，即将出版，这是阳泉市政治文化生活中的一件大事，可喜可贺。

治天下者，以史为鉴；治郡国者，以志为鉴。编修地方志是中华民族特有的优良传统，是利在当代、功在千秋的文化工程，具有存史、资政、教化之功能。新修《阳泉市志》是在1998年版市志基础上编纂而成的。分上中下三册31编，共400余万字。上溯文明发端，下迄2010年底，客观记述了阳泉境内的自然风貌和历史变迁，特别是展示了改革开放以来取得的辉煌成就，是一部系统反映市域历史发展的百科全书，也是一部全面记述阳泉自然、经济、政治、文化、社会等发展成就的资料性文献。

阳泉历史久远厚重。枣园旧石器中期文化遗址，距今约10万年，记录了阳泉繁衍生息的历史发端。盂县仇犹古国，是史籍上最早记载的地名；上艾县新城村，是境内最早设置的县治。最早建筑地标是晋卿赵简子所筑的平潭古城，最早的石砌内长城是固关长城，据考证始建年代要比秦始皇统一六国后修筑的万里长城还早155年。阳泉现有文物古迹1118处，公布为重点文物保护单位253处，其中国家级11处、省级73处、市级49处、县级120处。北朝开河寺石窟和千佛山摩崖造像遗迹，建造于北宋前期的林里关王庙，与此相应的刘备庙、张飞庙同处一域，平定文庙大成殿、藏山文子祠、水神山烈女祠等均为代表性文物。教育昌明，文化兴盛。平定有“文献名邦”美誉、盂县有“进士之乡”称号。历代名人灿若繁星。著名历史学家吕思诚，古文学家王珻，方志学家张佩芳，地理学家张穆，贤臣耿九畴、张三谟、田嵩年，名将王君廓、张士贵、李谦溥、窦琎，现代文坛名流石评梅、高长虹、张恒寿、关其侗，当代著名物理冶金学家张沛霖、军旅编辑家黄涛，现在百度公司董事长李彦宏、世界著名科幻作家刘慈欣名扬天下。钟灵毓秀，人才辈出，乐观包容，淳朴友善，把阳泉文明进步推向新高度。

阳泉工业基础雄厚。境内矿产资源丰富，可开采利用矿产资源65种，尤以无烟煤为著。20世纪初，随着山西第一条铁路——正太铁路的开通，山西近代规模最大的民族资本企业——山西商办全省保晋矿务有限公司创办，揭开了地方近代工业的序幕。1912年，革命先驱孙中山先生视察山西途经阳泉，提出“以平定煤铸太行铁，将来可操全国实业界之牛耳”的构想，发出实业救国和工业救国的先声。中华人民共和国成立后，阳泉市被列入全国“一五”时期15个煤矿重点建设矿区，成为全国最大的无烟煤生产基地和重要的能源重化工基地。煤炭、冶炼、电力、化工、建材工业体系逐步形成。全市累计向外输出煤炭21亿吨，为全国发展和能源安全作出重要贡献。

阳泉革命贡献巨大。早在1922年中国共产党建立初期，就有中共先驱在这块热土上传播马克思主义。1926年初，阳泉建立了第一个党组织——平定特别支部。1931年7月，中共山西省特委组织发动了平定起义，组建了北方第一支编入红军统一序列的正规武装队伍——中国工农红军第二十四军，播撒了革命火种。抗日战争时期，阳泉是中国共产党及八路军实行抗战的“立脚点”。阳泉是“百团大战”主战场之一。解放战争时期，阳泉人民用自己的煤、铁资源积极支援前线。平定（路北）县组织运输队为西柏坡送炭，结束了中央机关自延安以后用树枝、牛粪取暖、做饭的历史。1947年5月2日，阳泉在正太战役中解放；5月4日建市，成为中国共产党创建的第一座人民城市。建市后，阳泉以极大的人力、物力、财力支援全国解放战争。从1946年6月至1947年10月，阳泉4次扩兵，共有11192名青壮年参军，成为补充兵源的重要基地。从1948年4月至1949年8月，阳泉分5批共519名干部南下北上，出色地完成了接管政权、剿匪除霸、土地改革等任务。阳泉是党执政后工作重心由农村向城市转移的实践之地。阳泉是周恩来、朱德、任弼时、邓小平、彭德怀、刘伯承、贺龙、关向应、聂荣臻、王震、彭真、徐向前等老一辈无产阶级革命家生活、战斗的驻足地，他们的精神财富和革命风范弥足珍贵，世代相传。

阳泉变化日新月异。沐浴着中华人民共和国诞生的磅礴日出，全市人民在党和政府领导下，当家作主，艰苦探索，发生了翻天覆地的历史巨变。1978年12月中共十一届三中全会以来，改革开放的春风吹遍阳泉大地。乡镇企业异军突起，创造了闻名全国的“平定模式”“阳泉模式”。基础设施建设突飞猛进，太旧、天黎、京昆、西环高速四通八达。阳泉市跻身“国家园林城市”和“全国绿化模范城市”行列。特别是中共十八大以后，统筹推进经济、政治、文化、社会、生态文明建设和党的建设，各项事业发展取得新成就。转型升级扎实推进，改革开放不断深化，生态环境有效改善，民生福祉持续增加。拥有了第一所本科院校——山西工程技术学院，新建的阳泉职业技术学院全面招生。娘子关饮水二期、城市饮用水质改善、市污水处理二期三大水利工程峻工。全市上下凝心聚力、砥砺前行，开创了经济社会发展又好又快的生动局面。

阳泉发展前程似锦。盛世修志，志载盛世。“重塑竞争新优势，倾力打造晋东区域中心城”，已成为阳泉发展新目标。面对突如其来的新冠肺炎疫情冲击，在危机中育新机，于变局中开新局。坚持城乡环境、生态环境、营商环境三位一体推进，全面开展“五城联创”，合力创建国家卫生城市。全市人民获得感、幸福感、安全感显著增强。持续在科技、金融、环境、制度创新上用力。山西（阳泉）智创城建设加快推进。自动驾驶车路协同示范区项目启动，阳煤集团开通国内首个井下5G基站，百度云计算二期项目加快建设。全市人民期盼的阳泉东站至阳泉北站开通运行。区块链、人工智能、大数据、物联网等产业正在布局，数据产业新高地抢先涉足。聚焦新基建、新技术、新材料、新装备、新产品、新业态，拥有气凝胶、煤层气制金刚石、纳米洋葱碳优质项目，正在打造全球最大的蓝宝石生产基地。通过产业协同、科技合作、清洁能源供应、生态环境联防、医疗教育资源共享，主动融入京津冀城市群和环渤海经济带。随着决胜全面小康社会和决战脱贫攻坚的推进与告捷，晋东区域中心城必将展现在眼前。

修志问道，以启未来。新修《阳泉市志》的出版和面世，有益于展示阳泉悠久的历史和灿烂的文化，有益于推动转型发展率先蹚出一条新路，有益于乘势而上书写阳泉践行新时代中国特色社会主义新篇章。

阳泉，作为中国共产党创建的第一座人民城市，为民族独立和人民解放付出了巨大牺牲；作为重要的能源基地，为全国改革开放和现代化建设作出了重大贡献；作为一座正在奋力振兴崛起的城市，充满希望、大有作为。我们坚信，在实现中华民族伟大复兴中国梦的进程中，在习近平新时代中国特色社会主义思想指引下，我们一定能够秉承弘扬优良传统，热爱阳泉、心系阳泉、发展阳泉，创造出无愧于历史、无愧于时代、无愧于人民的辉煌业绩！

是为序。

中共阳泉市委书记 姜四清

阳泉市人民政府市长 雷健坤

2020年10月

凡 例

一、本志以马克思列宁主义、毛泽东思想、邓小平理论、“三个代表”重要思想、科学发展观、习近平新时代中国特色社会主义思想为指导，坚持辩证唯物主义和历史唯物主义的立场、观点、方法，全面、客观、系统地记述阳泉市自然和社会的历史与现状。

二、本志以2010年阳泉市行政区划为记述范围，涉外事物予以注明。

三、本志原则上从先秦记起，下限为2010年。

四、本志主体采用“以类系事，横排竖写”的方法，适当兼顾社会分工与客观现实，共设31编，编下酌置章、节、目。志前设概述、大事记，志后置专记、附录。

五、本志述、记、志、传、图、表、录诸体并用，以志为主。

六、本志人物编设传略、简介、名表、名录四章，分类记述境内社会各界具有特殊贡献或较大影响的代表性人物。坚持“生不立传”原则。入传人物以卒年先后为序，简介人物以生年先后排列。

七、本志使用规范的现代语体文，行文力求严谨、朴实、简洁、流畅。对于频繁使用的较长的名词或词组，除标题外，首次使用全语，之后酌用简称或略语。为了记述方便，用“市区”表示阳泉市所辖的三个区（城区、矿区、郊区）的全部境域，用“全市”表示阳泉市所辖的三个区和两个县（平定县、盂县）的全部境域。

八、本志纪年，1949年10月1日前采用中国历史纪年并括注公元纪年；对于重复使用的历史纪年，在首次括注公元纪年之后酌情省略。1949年10月1日始采用公元纪年。

九、本志计量单位，中华人民共和国成立之前遵从旧例，之后原则上以1984年国务院公布的《中华人民共和国法定计量单位》为准。考虑到历史原因和行业习惯，部分资料保留原貌，采用常见非法定计量单位。

十、本志关于汉字、数字、标点符号等用法，遵循国家统一规定。

十一、本志彩页照片的选用延至定版之前，内文图表统一排序。

十二、本志基础资料出自境内相关单位与史志典籍、档案文献，除少数地方予以说明外，一般不标注出处。志中统计数据优先采用统计部门数据，统计部门无法提供的，则使用相关部门提供的数据。

中文目录

上 册

第三编　人　口

第四编　建设　环保

第五编　交通　邮电

第六编　经济综述

第七编　工　业

第八编　煤　炭

中　册

第九编　农业　林业　水利

第十编　乡镇企业

第十一编 商业贸易

第十二编 旅游业 服务业

第十三编 财税 金融

第十四编　经济管理

第十五编　中国共产党

第十六编　人民代表大会

第十七编　人民政府

第十八编　人民政协

第十九编　党派团体

第二十编　政　务

第二十一编　审判　检察

第二十二编　公安　司法

第二十三编　军　事

下　册

第二十四编　教　育

第二十五编　科　技

第二十六编　文　化

第二十七编　卫生　体育

第二十八编　民情风俗

第二十九编　语　言

第三十编　人　物

第三十一编　艺　文

专　记

附　录

图表目录

Contents

Volume 1

Part One: Historical Evolution

Part Two: Natural Environment

Part Three: Population

Part Four: Construction Environmental Protection

Part Five: Traffic Post and Telecommunications

Part Six: Economic Summery

Part Seven: Industries

Part Eight: Coal Mining

Volume 2

Part Nine: Agriculture Forestry Water Conservancy

Part Ten: Township Enterprises

Part Eleven: Commerce Trade

Part Twelve: Tourism & Service Industry

Part Thirteen: Fiscal Tax Finance

Part Fourteen: Economic Management

Part Fifteen: The Communist Party of China

Part Sixteen: People' s Congress

Part Seventeen: People' s Government

Part Eighteen: The People's Political Consultative Conference

Part Nineteen: Democratic Parties Mass Organizations

Part Twenty: Governmental Affairs

Part Twenty-One: Trial Procuratorate

Part Twenty-Two: Public Security & Administration of Justice

Part Twenty-Three: Military Affairs

Volume 3

Part Twenty–Four: Education

Part Twenty-Five: Science and Technology

Part Twenty-Six: Culture

Part Twenty-Seven: Health Sports

Part Twenty-Eight: Local Customs

Part Twenty-Nine: Speech

Part Thirty: Celebrities

Part Thirty-One: Literature and Arts

Special Articles

Attached Documents

概述

阳泉，是中国共产党创建的第一座城市，是山西省最早建立的3个直辖市之一，是20世纪中国最大的无烟煤生产基地。

阳泉市位于山西省中东部、太行山中段西侧，地处北纬37°40′～38°31′、东经112°54′～114°04′之间，西、北、南三面分别与太原、忻州、晋中三市接壤，东面与河北省石家庄市为邻，广99千米，袤96千米。2010年，辖城、矿、郊三区和平定、盂县两县，人口137万人，面积4559平方千米。

阳泉，这一温馨的称呼与大自然原生态的“漾泉”景象密切关联。古时境内晴日时分，天高云淡，林木茂密，山清水秀，鸟语花香，生态宜人，地面泉水涌动，天空阳光四射，泉水映着太阳，太阳照着泉水，犹如一幅美妙的图画，于是一个蕴含实意、优美响亮的地名便呼之而出了——阳泉！

阳泉源远流长，历史悠久，人文荟萃。

早在10万年以前的旧石器中期，境内已有人类生息繁衍。春秋时期，境内北部盂城盆地即有白狄族人建立的仇犹国。秦朝时期（前221—前207），境内南部新城一带置上艾县；北魏后期改名石艾县，唐天宝元年（742）再改名广阳县。隋开皇十六年（596），于古仇犹国之地置原仇县，大业二年（606）改为盂县。北宋太平兴国二年（977），建平定军；太平兴国四年（979），改广阳县为平定县，并移治于榆关（今平定县上城）。金代（1115—1234），改平定军为平定州，又升盂县为盂州。明洪武二年（1369），盂州降为县。清雍正二年（1724），平定州升为山西省直隶州，领寿阳、盂县、乐平三县。民国元年（1912），平定废州设县。民国36年5月，阳泉市正式建立，先后由晋察冀边区、华北联合行政委员会、华北人民政府管辖。民国38年8月，阳泉市归属山西省。1983年7月，平定县、盂县划归阳泉市管辖。

在漫长的人类社会发展过程中，境内人民创造了光辉灿烂的地方文化，留下了大量珍贵的文物古迹。截至2010年，全市登记在册的历史文化遗存1118处，其中国家级重点文物保护单位4处、省级重点文物保护单位7处、市级重点文物保护单位19处、县级重点文物保护单位140处；馆藏登记在册文物1472件，其中一级文物14件、二级文物74件、三级文物335件。现存的土塔、南兴道、冶西、宁艾等一系列古人类遗址，仇犹国都城、平潭古城、娘子关古长城、盂县古长城等众多古城寨遗址，磁窑坡、柏井、河底、南嘴子等大量古磁窑、古铸钱炉遗址，冠山精舍、吕公书院、名贤书院、秀水书院等不同时期的古书院，以开河寺石窟和千佛山摩崖造像为代表的北朝文化遗迹，建造于北宋时期，全国现存关王庙中最早的林里关王庙建筑，以及境内星罗棋布的古寺庙祠观和随处可见的历代碑碣石刻等，均是地方厚重历史文化的实物见证。

古州平定文化教育昌明，人才辈出，素有“文献名邦”之美誉。新学制创立前的唐至清各代，境内在儒学、书院就读后通过科举考试考中进士的有269人，考中举人的有1039人，考中各种贡生的有1188人。清嘉庆十二年（1807）丁卯科乡试，仅平定一县就有15人中榜，驰誉三晋。同治元年（1862）壬戌科乡试，盂县一县有12人中举，为省内外瞩目。据山西教育出版社出版的《山西历代进士题名录》载，山西各县历代进士共3725人，盂县以161人荣登榜首，平定以108人位列第七。唐代大将军张士贵、北宋著名理学家程颢程颐之“孟母”式母亲侯氏、元代中书左丞吕思诚、明代吏部尚书乔宇、清代两广提督窦瑸和地理学家张穆，以及近现代社会的文坛名流石评梅、高长虹，抗日英雄岳勇、赵亨德，中国核燃料事业主要奠基者之一、中国科学院院士张沛霖，曾任山西和贵州省委书记的王谦、池必卿，对当代中国舞蹈产生巨大影响的艺术家张继刚，百度公司创始人、董事长兼首席执行官李彦宏，中国科幻小说代表作家、《三体》作者刘慈欣等，都是这方热土培育出的杰出人物。

阳泉区位特别，矿产富足，山川秀美。

阳泉地处冀晋要冲，素有“京畿藩屏”之称，为历朝历代所重视。春秋战国时期的中山长城便横跨域东，秦时境内即通驿道，苇泽关、娘子关、故关、固关系历史上重要的关隘，测石驿、平潭驿、甘桃驿、柏井驿为古时四大驿站。晋上卿智伯灭仇犹、汉大将军韩信出兵故关背水之战破赵、唐宰相裴度镇守承天军城、宋太宗赵匡义征河东首克广阳县、明农民义军攻破固关进军北京，以及近现代阻击八国联军和日军西犯的娘子关保卫战等历史上诸多的重要战事均发生在境内。今日之阳泉，正处于环渤海经济带和长江三角洲经济圈的扇区内，区位条件更加优越。

石太电气化铁路、石太高速铁路客运专线、朔黄铁路、石太高速公路、太阳高速公路、307国道横贯东西，阳涉铁路、五大高速公路、207国道纵贯南北，交通十分便利。西行百公里即到山西省会太原，东行百公里可达河北省会石家庄，北上百公里外是佛教圣地五台山，南下百公里内为闻名全国的昔阳县大寨村，出“娘子关”向东北可直趋京津，向东可直抵青岛和黄骅港，往南经鲁豫皖可达沪宁杭，因而阳泉是环渤海经济带、长三角经济圈和沿海发达地区向中西部地区辐射的重要通道，也是东部地区与中西部地区人才、技术、资本等各种要素资源优化配置的最佳结合点，具有双向传承、承东启西和东进西联的区域优势。

阳泉矿产资源丰富，种类颇多，分布广泛，向以“黑、白、黄”（煤炭、铝土矿和硫铁矿）著称。截至2010年，已发现各种燃料矿产、金属矿产和非金属矿产60多种，尤以煤炭、铝土矿、耐火黏土、硫铁矿、石灰岩等储量巨大，品质优良，在国内具有重要地位。

阳泉地形复杂多样，地貌多姿多彩，气候特点明显。境内以山地为主，山高谷深，地面崎岖不平。山地面积约占75%，丘陵和平原面积约占25%。地势整体呈西高东低，最高点海拔1803.6米，最低点海拔350米，市中心海拔约700米。全域属暖温带大陆性季风气候区，受季风及地形影响，不同地区的气候差异较大。总体上看，冬夏长，春秋短，四季分明；日照比较充足，昼夜温差较大；春季干旱严重，夏季炎热多雨，秋季降温迅速，冬季寒冷干燥。特殊的地理条件和气候环境，促成了境内异彩纷呈的自然风光和社会景象。

古州胜境诱人，名流雅士云集。娘子关深涧飞瀑，小桥流水，宛若江南；冠山奇松异石，古迹遍布，书香犹浓；狮子峰烟凝雾笼，晚云似练，夜月如纱；藏山祠祭忠拜贤，千古传奇，芳名远播。许多历史名人，如宋代著名理学家程颢、程颐，金元诗宗元好问，明代文坛巨匠李梦阳、王世贞，明末清初著名思想家及史学家顾炎武，资产阶级革命先行者孙中山，无产阶级革命家周恩来、朱德、邓小平等，都在古州胜境踏下了他们的足迹。他们或在此讲经论道，或在此吟哦咏叹，或在此避乱遁世，或在此从事革命活动，留下了许多华章佳句和趣闻轶事。明末清初思想家、大学者傅山在境内遁居期间，就感叹阳泉一年四时之美，而作组诗大加赞赏。其中一首题为《阳泉夏荷》的咏夏诗曰：“幽村堤上迴长廊，堤南堤北莲花塘。一叶渔舟怜晚净，东山紫气入江乡。”如此北国风光，不是江南而胜似江南！

阳泉系近代新兴城市，地位独特，历史空前。

20世纪初，随着正太铁路的贯通，以及山西近代规模最大的民族资本企业——山西商办全省保晋矿务有限总公司在境内的落户，揭开了阳泉地方近代工业的序幕，同时也为阳泉产业工人和工矿城市的形成创造了条件。20世纪20年代，部分进步青年即开始在境内组织马克思主义读书会，创办书报社，积极传播马克思主义；正太铁路总工会阳泉分会、中共平定特别支部与中共阳泉支部相继建立，中共山西临时省委曾决定成立中共阳泉市委。因而，阳泉人民很早便在中国共产党的领导下，投身于反对帝国主义、反对封建主义、反对官僚资本主义的革命洪流之中，且为推翻旧政权、建立新中国作出了重要贡献。20世纪30年代，中共领导发动的著名平定武装起义、中国工农红军第二十四军的诞生，40年代中共为反击日本侵略者而发动的“百团大战”等重大事件都曾在阳泉这块大地上发生，并影响着阳泉发展和中国发展的历史。在中国共产党的领导下，经过广大人民群众长期艰苦卓绝的革命斗争，阳泉人民终于从帝国主义、封建主义、官僚资本主义三座大山的压迫下解脱出来。民国36年（1947）5月2日，以阳泉站为中心而逐渐发展形成的工商军事重镇——“阳泉”宣告解放。5月4日，中共晋察冀中央局、晋察冀边区行政委员会决定建立阳泉市，任命智生元为中共阳泉市委书记兼市长。

阳泉市的诞生，标志着原先连一个县城都未曾称呼过的“阳泉”，一跃成为历史上由中国共产党及其领导下的政权批准创立的全国第一座新城市。由此，阳泉作为“中共创建第一城”而载入史册。

阳泉建市数十年，城市变化天翻地覆，经济社会蒸蒸日上。

城市面貌焕然一新。建市初期，市区面积只有几平方千米，人口不足2万人，阳泉还只是一个规模狭小、设施简陋、容貌平平的山区小镇。20世纪五六十年代，阳泉人民分别对城市道路、桥梁、排水、防洪、供水、照明等基础设施进行扩建或改造，陆续建成工人文化宫、邮电大楼、东风剧场、东方红电影院、桃河大坝、桃河大桥、坡头水库、体育场、图书馆、南山公园、桃河公园等重要设施。七八十年代，为解决城市生产生活用水问题而兴建的娘子关供水工程，以及国内第一条复线电气化铁路——石太铁路电气化改造工程的完成，更是为阳泉的发展创造了有利条件。八九十年代，阳泉市重点实施“旧城改造”“两路建设”等工程，重新构建城市中心商业区，对赛鱼路、平定路等城市主干道路进行改造升级，新建了阳泉宾馆、展览馆、物资大厦、青少年宫、体育馆、新火车客运站等一批基础设施，为此，山西省旧城改造及城市规划管理经验交流会议在阳泉召开，充分肯定阳泉城市建设与旧城改造的成就。进入21世纪以来，本着高起点规划、高标准建设、高效能经营管理的思路，阳泉市积极实施“扩容提质”战略，坚持建设与改造并举，城市功能和城市品位有了质的飞跃。经过60多年几代人的共同努力，到2010年，阳泉的城市面貌发生了翻天覆地的变化。如今的城市，高楼栉比，街路敞达，园林相间，市容整洁，设施完备，功能齐全，阳泉已发展成为一个拥有城市面积652平方千米、城市建成区面积52平方千米、城市人口72万人、城市道路长度430千米、城市道路面积580

万平方米、城市建成区绿化覆盖率40%、城市化率高达60%的美丽山城。

经济实力显著增强。建市初期，经济基础十分薄弱，1949年全境工农业总产值只有5572万元，地方财政收入仅131万元。经过几十年的发展，到20世纪70年代中期，全市逐步形成了以能源工业为支柱、以重工业为主体，包括煤炭、电力、冶金、机械、化工、建材、电子、轻纺、食品等行业在内的门类齐全、协调发展的工业体系。改革开放以后，工业生产进入快速发展时期。到21世纪初，随着煤炭、电力、机械、耐火材料等传统产业新型化步伐逐步加快，以及电解铝、磁性材料、特种耐火材料、陶瓷和新型建材等新兴产业不断壮大，新型能源和新型材料“两新”基地建设进展顺利，支柱产业多元化格局开始形成。全市农村坚持改进农业、多业并举的方针，于1998年率先在全省实现整体达小康的目标，并在实施以全面建设小康社会和提高农民收入为主体、推进农业产业化、农村工业化和农村城镇化为主要内容的“一体三化”战略方面取得显著成效。到2010年，全市全年生产总值达到429.38亿元，财政总收入完成100.12亿元，规模以上工业企业完成工业总产值542.61亿元，农村经济总收入实现314.12亿元，经济基础大为增强，经济结构更加优化。

人民生活水平稳步提高。建市60多年来，随着经济和社会的不断发展，城乡人民群众的收入水平和生活质量也得到了很大提高。特别是1978年后，全市经济增长迅速，人民生活水平也随之快速提高。至2010年，全市城镇居民人均住宅建筑面积31平方米，农村居民人均住宅建筑面积27平方米。全年全市在岗职工平均工资42371元，城镇居民人均可支配收入17084元，城镇居民人均消费性支出10256元。全年农村居民人均纯收入6560元，农村居民人均生活消费支出4047元。城乡居民的收入和消费水平均创历史最好纪录。

各项事业全面发展。伴随着城市整体实力的增强，境内的交通、电信、科技、教育、文化、卫生、体育、社会福利等项事业也在快速发展。阳泉是全省最早开通复线电气化铁路、高速铁路和高速公路的地市，是全省第一个实现电话长途自动化和本地电话网的地市，是中西部地区第一个进入全国科技星火密集区行列和所辖县区全部成为国家科技进步先进县区的地市，是全省第一个实现基本普及九年义务教育、基本扫除青壮年文盲以及在普通高等学校招生全国统一考试中本科达线率连续16年居全省之首的地市，是全省率先实现整体达小康的地市，曾获得“全国科技兴市先进市”“全国科技进步先进城市”“山西省创建文明城市工作先进城市”“山西省省级园林城市”“山西省爱国卫生红旗城市”“山西省省级卫生城市”“爱婴市”等称号。至2010年，阳泉市包括“农村新型养老保险”“村通硬化路”“村通广播电视”“县乡村三级卫生服务体系”“中小学校舍安全改造工程”“农村饮水安全”“乡镇综合文化站”“万村千乡市场工程”在内的“八个全覆盖”全面实现。各项社会事业的兴旺发达及诸多惠民政策的全面落实，极大地满足了全市人民群众工作、学习、生活的需求，同时也为地方经济社会的发展营造了良好环境。

今天的阳泉，经过60多年的建设，已经成为一座实力雄厚、设施齐全、功能完善、全面发展、颇具规模的现代化城市。

正视历史，与时俱进，阳泉未来更美好。

阳泉建市60多年的历史，是几代阳泉人在中国共产党领导下共同奋斗的历史，是阳泉从贫穷走向富强的历史，是经济和社会全面发展的历史，是物质文明和精神文明建设取得双丰收的历史，也是阳泉成长过程中一段极其光辉的历史。

然而，当人们激情追忆阳泉光辉历程的时刻，更应该冷静反思阳泉发展过程中不容忽视的问题。比如，在发展战略的制定、经济结构的调整、社会环境的优化、重大事项的决策、多元人才的培养、有限财力的利用、内外潜力的挖掘等方面，还程度不同地存在着这样那样的问题。必须正视过去阳泉存在的问题，必须正视时代对阳泉的挑战。客观地讲，历史的阳泉总的说来属于一个资源性城市。过去的60多年，阳泉作为很长时期内全国最大的无烟煤生产基地和重要的能源重化工基地，在对国家和社会作出巨大贡献的同时，也创造了自身的辉煌。但是，昨天毕竟成为历史。当今世界，科学技术突飞猛进，社会生活瞬息万变，各种竞争异常激烈，那种主要依靠上天恩赐自然资源而推动地方经济社会发展的时代已经一去不复返了。世界已经步入一个全新的知识经济时代，经济转型这一新的历史使命已然摆在全市人民面前，阳泉的明天如何，须要阳泉人民迎难而上、继续奋斗。

回望地方发展历程，放眼全球前进大势，阳泉人民清醒地认识到了自身的不足与缺憾，并已绘就未来全面建设高标准小康社会的宏伟蓝图，正以坚定的信念、顽强的精神、百倍的努力奔向期盼的明天。

阳泉的过去世人瞩目，阳泉的未来充满希望。

一个生机勃勃、灿烂辉煌的崭新阳泉必将呈现在中华大地。

大事记

先秦至清

东周年间（前650—前600）

白狄族一支于境内（盂县）建立仇犹国。周贞定王十二年（前457），晋卿智伯以献钟之计灭仇犹国。

周敬王二十三年（前497）

相传晋卿赵简子在境内筑城驻军，以防御因内部纷争而被其斩首的邯郸大夫赵午之子赵稷的进攻。城址在今市区平潭垴。

秦（前221—前207）

境内置上艾县，隶属于太原郡，县治在今平定县南部。（《汉书·地理志》载，“太原郡，秦置……县二十一……”，上艾县是其中之一）

东晋咸和七年（332）

平定遭遇异常暴雨冰雹袭击。雹如鸡蛋大，地面冰雹堆积厚达1米左右，致使许多行人、畜禽或死或伤。

北魏登国元年（386）

上艾县更名石艾县。

北魏太平真君九年（448）

废石艾县。建明一年（530）复置石艾县。

北魏永平三年（510）

安禄交村（今平定县乱流村）村民始凿开河寺摩崖石窟。东魏武定五年（547）、北齐皇建二年（561）续凿，形成寺内左、中、右三龛格局。

隋开皇十六年（596）

石艾县之北置原仇县，治所在今盂县城；大业二年（606）更名盂县。石艾县之东设苇泽县，治所在今平定县娘子关；大业三年废。

唐武德元年（618）

乌河流域置乌河县，系由抚城县改之，治所在今山西省阳曲县境内。贞观元年（627）并入盂县。

唐武德三年（620）

置受州，辖盂县、寿阳两县，治所在盂县城；武德六年移治受阳（今寿阳县）；武德八年又移治塞鱼城（今郊区赛鱼村）。贞观八年（634）废。

唐贞观四年（630）

盂县学宫始设，地址在今盂县实验小学。此为境内最早的儒学。

唐天宝元年（742）

改石艾县为广阳县。

唐大历元年（766）

河东节度使张奉璋奉命在苇泽关（今娘子关）之西筑城驻兵，唐代宗李豫赐名曰“承天”，并置承天军。后废。

北宋太平兴国二年（977）

镇州广阳寨置平定军。

北宋太平兴国四年（979）

改广阳县为平定县，属平定军，军、县均移治于榆关（今平定县上城）。平定县城兴工扩建，营修上、下城。

北宋庆历二年（1042）

河东路设冶，以铁铸钱，平定为铸造地之一。

北宋熙宁年间（1068—1077）

平定下城南营建天宁寺，太师蔡京书额；筑双塔，高 10 余丈，东西对峙。

北宋政和元年（1111）

河东路太原府在盂县原仇山、白马山等地设立冶铁所，就地采矿置炉鼓铸。

北宋宣和六年（1124）

十二月　盂县“三圣寺大铁钟”铸成。钟重约 2000 公斤，高 2.1 米，口径 2.86 米。1965 年被确定为省级重点保护文物。

北宋靖康元年（1126）

冠山精舍在平定冠山建成。此为境内最早的书院。

金大定二年（1162）

平定军升为平定州，辖平定、乐平（今昔阳）两县。

金兴定年间（1217—1222）

盂县升为盂州。明洪武二年（1369）复降为县。

元至元二年（1265）

平定废县入州。

元至正十一年（1351）

夏　境内发生地震，持续半月。声如惊雷，许多民房倒塌，人员死伤严重。

元至正十七年（1357）

三月十七日　中书左丞吕思诚病逝。其生前曾于平定冠山建吕公书院。

元至正十九年（1359）

四月　平定州遭遇蝗灾。草木均被蝗虫损毁，饥民捕蝗为食，并出现人吃人现象。

明洪武二年（1369）

在平定州城东关长乐坊设立递运所，掌粮物递送。同时，在平定、盂县境内设置急递铺，司文书传递。翌年，在芹泉（今属寿阳县）、平潭（今属矿区）分别设立驿站。

明洪武三年（1370）

平定州在州治下城十字街北设立税课司，掌管税收及税契，沿至清代。

明洪武四年（1371）

平定有“炭窑二处，西沟（今平定县西沟村）一处，谷里（今郊区泊里村）一处”。（明洪武《太原府志》）

明永乐十八年（1420）

牵牛镇（今属郊区）村民兴建瓷窑，烧制黑白瓷器。产品除本地民用外，并销往邻县。

明成化二年（1466）

盂县遭遇特大旱灾。庄稼颗粒无收，出现人吃人现象。

明弘治年间（1488—1505）

平定州知州吴贤在州儒学左侧创办社学。此系境内地方官吏最早倡办的社学。

明正德元年（1506）

平定州知州景芳在州城西关设立官桑园，教民养蚕缫丝织绸。

明嘉靖二十一年（1542）

保定镇在娘子关建城置守，设百户一员。崇祯七年（1634）娘子关城复修，系三等砖城。

明嘉靖三十年（1551）

盂县知事万鉴主修、邑人张淑誉主纂的《盂县志》13 卷刊行。清康熙四十一年（1702）、乾隆四十九年（1784）、光绪七年（1881）相继续修。

明万历二十三年（1595）

平定州知州宋沛主持、邑人延论主纂的《平定州志》12 卷刊行。清乾隆十四年（1749）、乾隆三十四年、乾隆五十五年及光绪八年（1882）相继续修。

明万历三十七年（1609）

全境遭遇特大旱灾。民众饿死或外出逃荒者近乎半数，出现人吃人的现象。

明天启七年（1627）

夏　平定发生地震，或一日一两次，或三五日一次，响如风雷，不少房屋遭到破坏。地震延续 3 个月左右。

明崇祯十七年（1644）

李自成农民起义军两次到境内活动，并一度占领平定州城和盂县城，控制固关、娘子关要隘。

清顺治四年（1647）

秋　盂县中社大西沟村民李化龙为反抗清朝统治，率领龙华河、滹沱河一带农民和李自成余部数千人，在中社村东的对臼沟庙宣布起义，随后率军攻打盂县城。因有清援兵赶到，前后受敌，李化龙牺牲，起义失败。

清康熙十六年（1677）

平定发生地震，城墙倒塌毁损。

清康熙十九年（1680）

河底村（今属郊区）要氏一家创建火药场，生产火药。

清康熙三十五年（1696）

六月二十六日至八月十二日　平定淫雨连绵，禾稼俱朽，民众以草根树皮为食。

清康熙四十年（1701）

平定遭遇暴雨冰雹袭击，雹如碗大，地面冰雹堆积厚度达尺余，农田作物全部损毁。

清康熙四十二年（1703）

冬　康熙皇帝西巡，驻跸柏井驿，作《过固关》诗；经州城时又作《过平定州》诗，并赠平定知州刘孚嘉《禁园秋霁》诗。

清雍正二年（1724）

平定州升为山西省直隶州，辖寿阳、盂县、乐平（今昔阳县）三县。

清雍正三年（1725）

知州李濂于娘子关附近的地都（今属河北省井陉县）建渠筑槽，导引绵水。翌年，继任知州青阿立续修，灌田4顷有余，境内始种稻谷。

清乾隆三十年（1765）

重修平定州城。历时两年，耗银11200两。

清乾隆三十五年（1770）

小河村（今属郊区）村民石湛，主动捐石窑2眼、瓦房3间、地10余亩，创办乡学。知州苗国琨令勒碑以志。

清嘉庆十二年（1807）

山西乡试，平定州考生中解元1人、举人9人、副榜5人，名震三晋。知州吴安祖令在州城西黑砂岭建“文献名邦”坊以贺。

清道光四年（1824）

平定州知州贾亮采在参与审理省内榆次县“赵二姑案”中玩忽职守，接受贿赂，被革职发配新疆。

清道光十一年（1831）

十二月十二日　盂县天降大雪，厚达数尺，道路被堵塞。

清道光十五年（1835）

平定遭受旱灾，盂县遭受风灾，粮食颗粒无收，米价每斗高达1200文。

清道光二十九年（1849）

十一月九日　学者张穆在京师病逝。张穆系境内大阳泉村人（今属郊区），博学多识，名震京师，有《蒙古游牧记》《延昌地形志》《顾亭林年谱》等著述传世。

清道光三十年（1850）

平定秋雨四十余天，年内发生饥荒。

清咸丰元年（1851）

亨盛公钱局在平定州城内十字街开业。此系境内首家钱局。

清咸丰四年（1854）

清廷户部宝泉局在平定州河底镇（今属郊区）设宝泉分局，开炉20座，鼓铸铁钱，名“咸丰通宝”。至光绪二十三年（1897）停铸。

清咸丰八年（1858）

十一月六日　平定州立宝泉分局鼓铸的铁制钱本应与铜钱一样使用，盂县知县李昌炽竟率先出告示，不得尽用铁钱，以致铺户不敢收售铁钱。清政府命山西巡抚通告所属，凡州县征收钱粮及商人交易，务须铜钱、铁钱一并照旧使用。

是年　直隶奸商准备运铁钱数十万串到平定买银，约定八九月间银钱同时发起，于是平定州等地银价忽然上涨。清政府得悉后命山西巡抚饬令平定州出示查禁，并访拿奸商，同时指令直隶总督不许奸商出境私贩。

清咸丰十年（1860）

为反对官府横征暴敛，盂县后川农民刘绍发率领附近30余村民众，驱逐驻麻河驿和关卡的官员，并与前来救援的清军发生冲突。后山西巡抚经查核，责成地方官员与农民代表谈判，终以后川村三官庙和城内茶坊树立“整饬弊政碑”告结。

清咸丰十一年（1861）

四月二十一日　英商宝顺行顺记由天津运洋布308件，经平定县槐树铺厘卡到榆次县售卖。因洋商享受子口半税特权，故沿途不再纳税。五月，河北省获鹿县“涌合福”“泉恒义”等几家华商，也贩运洋布往榆次县赶会。通过槐树铺厘卡时，被按章征收厘金87两3钱6分。这些华商为了免受“逢关纳税、过卡抽厘”之苦，便请洋商出面以洋货为名向槐树铺厘卡讨要所征之厘金，厘卡拒绝退还。英商将此事谎报英国领事，英领事即照会清政府。清政府屈服于英领事的淫威，忍辱承认浮收税金，并饬令山西将所征收该华商之厘金退还英商。

清光绪三年至五年（1877—1879）

境内频繁出现雷、雨、雹异常天气，连年灾荒，粮价飞涨，每斗米高达1600文至2200文，加之野狼作害，民众逃荒，民舍多空。

清光绪五年（1879）

辛庄村（今属郊区）104岁的刘旺耳生肉角。

清光绪二十四年（1898）

四月二日　山西商务局与英福公司议订《山西开矿制铁以及转运各色矿产章程》，英福公司获得平定州等地各矿采冶权，期限为60年。英方开始派人在平定等地勘探矿藏，绘制地图，为掠夺山西煤炭资源作准备。

清光绪二十六年（1900）

七月四日　山西巡抚毓贤上奏朝廷："平定州为入晋门户，派队扼守固关，以固边圉。"

七月二十三日　山西巡抚毓贤奉命赴京，途中接圣旨："……毓贤无论行至何处，即以所带之营扼扎固关，以固边圉。"

八月十四日　山西巡抚毓贤奏知在西逃路上的光绪和慈禧："购运平定州小米三千石，接济太原。"

是年　平定姜家沟贫民张大楞，在直隶深州（今河北省深县）学徒加入义和团后，回乡于县城南关真武庙设坛聚众，练拳习武，号召群众反对外来侵略，并派李大笨率团民赴城北的苇泊村（今属郊区），焚毁天主教堂，驱逐洋教士。翌年秋被官府血腥镇压。

清光绪二十七年（1901）

三月五日　法、德联军1.3万余人分兵入侵娘子关、固关。州城大乱。平定知州白昶、盂县知县张壬林均弃城而逃；乡勇及清武卫军狼狈勾结，乘机抢掠。三月九日，清政府指示军机大臣等及山西巡抚岑春煊：在八国联军攻娘子关时，"平定州知州白昶藉故潜逃，著即革职，通饬严拿究办"。

清光绪二十八年（1902）

太原经平定至正定（属河北省）的步班邮路开通，全长190千米。

清光绪二十九年（1903）

冠山书院改为官立平定中学堂，地址在平定县上城。此为境内最早的新式中等教育机构。民国元年（1912）改称平定中学校。

神甫胡宝善在河底村购地15.5亩，建天主教堂。

清光绪三十年（1904）

清城官立小学堂在盂县清城建立。此为境内最早的新式初等教育机构。

清光绪三十一年（1905）

一月十五日　平定乡人黄守渊、黄汝彦、张士林等16人及前山西巡抚胡聘之，以元宵节宴会之名在黄守渊家中谋划地方“御英保矿”之策。针对英国人图谋霸占山西平定等地开矿权的野心而国内官方放任无为的现状，决定成立“保艾会”，领导地方民众保矿。二月二日，保艾会紧急开会议定，黄守渊坐镇指挥，黄汝彦为会长，张士林为副会长，平定境内民间有组织、有计划、大规模、公开性的御英保矿斗争由此开始，并逐步发展成为声震朝野、影响海外的全国性御英保矿斗争，持续3年之久。光绪三十三年十二月十七日，山西商务局与英福公司在北京签订《赎回山西开矿制铁以及转运各色矿产章程合同》，议定以275万两白银赎回平定等处矿产，英福公司撤离山西。光绪三十四年一月十四日，《赎回山西开矿制铁以及转运各色矿产章程合同》经清政府批准执行。此次事件，史称“山西争矿运动”。

八月二十日　关存禄（河北任丘人）在阳泉楼儿街创办境内第一家照相馆——宝光照相馆。

铁路大臣盛宣怀、北洋大臣袁世凯和山西巡抚张曾敭，在境内购地100余亩，合资开办同济矿务公司。

清光绪三十二年（1906）

八月二十六日　平定各界千余人为“因抗议清政府出卖山西矿权而蹈海献身的留日学生李培仁（阳高县人）”举行追悼大会，声援全省争矿运动。

八月　正太铁路振头（石家庄）至阳泉段竣工；九月通车。

清光绪三十三年（1907）

十月　由刘懋赏、冯济川等人倡议，山西绅商筹集公、私股金286万余元创办山西规模最大的民族资本企业——山西商办全省保晋矿务有限总公司，简称保晋公司，著名票号股东渠本翘被推举为总经理，平定等地设有分公司。翌年春，保晋公司报请清政府农工商部立案，同年六月三日清政府批准立案。保晋公司总部初设于太原海子边，民国5年（1916）8月迁至阳泉火车站附近，平定分公司随之撤销。

是年　保晋公司平定分公司等所属的一些煤矿在煤炭生产的提升、运输、排水中开始部分使用机器，拉开境内近代工业的序幕。

平定设立报房，始办电报业务。民国元年（1912）改称电报局。

山西境内第一条火车邮路，即由太原经阳泉至石家庄的邮路正式开通。

清宣统元年（1909）

荫营（今属郊区）任忠、三泉（今属郊区）郭凤梧等人集资创办荫营硫铁矿公司。

清宣统二年（1910）

保晋公司平定分公司在燕子沟东竖井施工中，先后发生3次瓦斯爆炸，死亡11人，受伤13人，致使工程一度停建。对此，所聘英、德两国矿师均束手无策，后由自己的技术人员进行研究治理，用“圈壁排放法”才得以攻克。

基督教友爱会在州城建图书馆，在义井（今属郊区）建学道院。

清宣统三年（1911）

八月十九日　辛亥革命爆发。九月八日，山西独立，并成立军政府，阎锡山被推举为都督。东路军总司令姚以价奉命率军赴娘子关布防，以御清军。

九月十四日　新任山西巡抚吴禄贞与阎锡山在正太路娘子关车站会晤，议定组织燕晋联军合攻北京，推翻清廷。九月二十五日至十月二十日，袁世凯派张锡銮率军进逼山西，在娘子关附近与阎锡山布防的军事力量多次激战。十月二十三日，清军占领娘子关。

中华民国

民国元年（1912）

1月1日　中华民国成立。

3月　平定废州复县。

9月18日　孙中山由北京乘火车抵太原时途经阳泉，9月21日又折阳泉赴天津。其“以平定煤铸太行铁，将来可操全国实业界之牛耳”的名言即出自此行。

是年　平定县、盂县相继召开国民代表会议，选举产生县国民议会议员，成立县议会。

平定县教育图书馆在县城上城创建。

平定县女子初等小学在县城二道街创立。

平定县蚕桑学堂在县城彰化坡高氏民宅创立。

五台县年老五父子在盂县鹤山村创建晋剧中路梆子班社“年老五娃娃班”。民国13年（1924），该班社迁至平定县燕龛村（今属郊区）。

民国2年（1913）

4月23日　平定县农会成立，并在县城华严庵设立专事农业改良的事务所。

8月26日　为抗拒公署的苛捐杂税，盂县东乡万余村民，在张龚保、杨培玉、梁振全等率领下举行起义，并两次围攻县城；后被省、县官绅派兵镇压。

是年　平定中学校长周克昌当选首届国会众议院议员，盂县富绅李璞龄当选代表。

《通俗教育报》在平定县城圣庙创刊发行。该报由县教育会主办，旨在普及社会教育、启发国民道德精神。

陕西督军陆建章之子陆绍文集股80万元，在菜洼（今矿区蔡洼）创办建昌公司，经营煤炭生产与销售业务。

民国4年（1915）

8月　美国基督教友爱会在平定县城东关碾子沟兴建友爱医院，并附设护士学校，从此西医诊术传入境内。

是年　阎锡山在平定设平（定）盂（县）寿（阳）煤厘局，对出境煤炭征收厘税。

民国 6 年（1917）

11 月　保晋公司在桃河北岸、平潭垴村南购地 120 亩，兴建铁厂，是为山西近代第一座民族冶金企业。民国 10 年（1921）建成后，因钢铁市场萧条，故暂时经营陶瓷等业；直到民国 15 年 8 月才炼出第一炉铁水。

是年　保晋公司在天津俄租界设立海外分销处，阳泉无烟煤首次出口日本大阪。翌年，又远销南洋、香港等地。

民国 7 年（1918）

境内各县废除都村制（清代实行都村制），改行区村制。

保晋公司在阳泉燕子沟东竖井施工中，使用 1.9 千瓦的发电机发电照明。

民国 8 年（1919）

5 月　保晋公司以 2 万元巨金，委托日本大阪安全索道株式会社在桃河上空架设一条全长 760 多米单线式索道。利用该设备每日可将铁厂和第五矿厂（又称平潭垴煤矿）约 300 吨的产品运至阳泉火车站。

是年　周操伯（湖北武昌人）等人开办的广懋煤矿股份有限公司（设在天津）在阳泉站北设立分公司，经营煤炭生产与销售业务。

民国 9 年（1920）

2 月　保晋公司煤铁行筹资创建保晋煤铁行小学（今下站小学前身），是为境内第一所职工子弟学校，地址在今城区下站的老君庙。

3 月至 4 月　盂县流行猩红热病，儿童死者甚众。县城南关李姓一家 8 个患儿夭亡 6 人。

12 月 5 日　80 马力双滚筒绞车在保晋公司阳泉第二矿厂（燕子沟矿）东竖井安装使用，日提升能力达 1200 多吨。

是年　境内发生特大旱灾，庄稼颗粒无收。饥民四出逃荒，出现卖儿卖女及饿死人情况。

民国 10 年（1921）

10 月 23 日　平定县城举行平辽公路通车典礼。该路北起阳泉火车站，向南经平定、昔阳、和顺，终达辽县（今左权县）城，全长128千米。该路用美国红十字会捐助的56万元采取工赈办法修筑。

是年　山西省银行在阳泉站设立平定办事处。

由张子明等人集资修建的新华茶园建成开业，地址在今城区兴隆街。

民国11年（1922）

夏　进步青年、燕京大学学生戎业厚返乡任新民小学教师，并会同友爱医院大夫杜鸿成组织马克思主义读书会，创办书报室，在平定知识界传播马克思主义。

12月上旬　正太铁路总工会阳泉分会成立，张四（张德祥）任会长。中旬，分会即组织当地工人参加全线工人为增加工资、改善劳保待遇等而举行的罢工。翌年2月被阎锡山强行解散。

民国12年（1923）

2月上旬　阳泉铁路工人举行游行示威，声援京汉铁路工人大罢工，工人代表冯德跃被捕。

10月　阳泉铁路工人领袖梁永福经张志刚、施恒清介绍加入中国共产党，成为境内最早的中共党员。

民国15年（1926）

年初　中共平定特别支部成立，甄梦笔（甄华）任书记。同时组成国民党平定县临时党部，甄梦笔为负责人。翌年7月，中共平定特别支部被破坏。

10月　中共太原地方执行委员会在小阳泉村设立工运交通站，商福贵（商子和）任联络员。

是年　山西军用电信总局在平定县城设置分局，并在阳泉、娘子关、柏井3处设立军用电信分卡，开办电信业务。民国23年（1934），阳泉分卡升为分局。

民国16年（1927）

2月7日　中共阳泉支部成立，书记樊琪（又名范琪）。同年7月被迫停止活动。

是年　保晋公司从美国购进两台西罗哥式抽风机，安装在阳泉第一矿厂和第二矿厂，抽风量分别为3932立方米/分钟和5243立方米/分钟，首开山西煤矿井下机械通风之例。

民国 17 年（1928）

2 月　中共山西临时省委在霍州会议上决定，成立中共阳泉市委，邓国栋任书记。后因邓国栋被捕，阳泉市委未能按计划开展活动。

8 月　平定县小学教师趁暑期集训开展要求增加薪金请愿活动，并取得胜利。

9 月 30 日　平定籍女作家石评梅在北平病逝，葬于宣武门外陶然亭（其生前男友高君宇墓旁）。生前曾有《涛语》《祷告》《偶然草》等作品行世。

民国 18 年（1929）

保晋公司阳泉铁厂附属瓷厂生产的细瓷碗、盘和茶具，在上海举办的“中华国货展览会”上获优等奖。

民国 19 年（1930）

9 月　“阎冯倒蒋”失败后，国民党第十一路军高桂滋部退驻平定县城，被改编为国民党正太路护路军第一师。

11 月　中共山西省委派李志敏以省委特派员身份到平定，秘密对隐蔽在国民党驻军高桂滋部内的中共组织进行整顿。

民国 20 年（1931）

7 月 4 日　“平定兵变”爆发。中共山西省特委在平定国民党驻军高桂滋部发动武装起义，并向盂县挺进。翌日，在清城镇宣布成立中国工农红军第二十四军（系中国北方第一支工农红军正规军），赫光（万锡绂）任军长，谷雄一（苏亦雄）任政治委员。后开赴河北省阜平县与中共地方组织发起建立中国北方第一个红色政权——阜平县苏维埃政府。

夏　在北平、太原读书的平定籍学生发起组织“平定青年奋进社”，编印《奋进》杂志和《平定评论》，创立流通图书馆，主办时事演讲会，以宣传进步思想、激发青年的爱国热情和进取精神。

8 月　阳泉设立电报局，并开办阳泉至平定、阳泉至太原的长途电话业务。

11 月至 12 月　境内学生及社会各界纷纷建立抗日救国会，并创办刊物，组建义勇军，投身抗日救亡运动。

12 月 18 日　太原进山中学盂县籍学生穆光政，参加抗日游行时被国民党山西省党部枪杀。20 日，省城学生举行追悼大会，会后抬棺游行。

12 月　为反对国民党不抵抗政策，平定中学、平定一高、新民小学、女子简易师范等校师生在平定县城举行游行示威，赶走国民党县党部负责人周雯，并查封国民党县党部。

民国 21 年（1932）

境内各界民众连续集会游行，痛斥日军侵略，倡议抵制日货。

太原至平定旧关的驿道改建为公路，全长 162.4 千米。

民国 22 年（1933）

春　中共山西省委派何英才到阳泉矿区秘密开展建党活动。

是年　平定友爱医院外籍大夫巴克率先在境内使用 X 光机，并成功地为难产妇女做首例剖腹产手术。

民国 24 年（1935）

年初　中共阳泉矿区支部成立。

3 月　保晋公司阳泉第二、第四矿厂工人在中共阳泉矿区支部的领导下举行联合大罢工，迫使资方答应增加工资的要求。

民国 25 年（1936）

10 月　山西牺牲救国同盟会（简称“牺盟会”）在太原举办临时村政协助员训练班，平定、盂县各有一批进步青年参训。12 月，村政协助员训练班部分学员被派回家乡，宣传抗日，发展会员。

民国 26 年（1937）

2 月　中共平定支部及中共盂县西烟支部相继成立。

春　平定、盂县先后成立牺盟分会组织。

中华民族解放先锋队（简称“民先”）山西省队部派成泽民到平定、阳泉发展队员，组建“民先”晋东区队部。

4 月　中共阳泉矿区委员会成立，下属基层支部 4 个，党员发展到 40 多人。

8 月　中共正太特委在平定县成立。同年 10 月，与从河北石家庄转移到阳泉的中共正太铁路委员会合并，组成中共正太铁路沿线特委，负责领导正太铁路沿线各地工作。

山西牺盟总会在平定设立牺盟中心区，统管平定、盂县、寿阳、昔阳、和顺以及阳泉矿区等分会工作。

9月下旬　薄一波率山西青年抗敌决死队一总队1500余人，从五台抵达盂县，进行休整、补充和训练。10月初，路经平定开赴晋东南地区。

9月　经牺盟会推荐，阎锡山任命胡仁奎（中共党员）为盂县游击县长。

中共阳泉矿区委员会以牺盟会名义在各矿组建的护矿队改名为阳泉煤矿工人护矿自卫队。

正式组建阳泉煤矿工人抗日游击大队。与此同时，中共正太铁路沿线特委也组建抗日游击队，并于11月与阳泉煤矿工人抗日游击大队、平定县抗日游击队、平定县青年抗日游击队合并，整编为平定抗日游击大队。

10月初　八路军120师359旅战地救亡工作团由河北省平山县抵达境内，并于是月下旬在盂县组建盂（县）平（定）阳（曲）寿（阳）榆（次）五县特委以及五县抗日游击大队。

10月10日　为阻击日军西进，阎锡山委派黄绍竑为晋东方面作战总指挥，并投入52个团10万余人的兵力，负责娘子关内外防务。

10月16日至18日　刘伯承率八路军129师从陕西省开达境内义井村，配合国民党抗日部队抵御日军的进犯。

10月中旬　中共中央军委副主席周恩来在黄绍竑的陪同下，视察娘子关前线，鼓励官兵英勇抗敌。

10月22日　朱德总司令率八路军总部官兵从五台县出发，路经盂县向太行山区挺进。其间，在盂县东白水村接见盂平阳寿榆五县特委书记刘道生，并听取关于开展抗日救亡工作的汇报。

10月26日至28日　刘伯承指挥八路军129师386旅772团在平定县七亘连续两次伏击日军辎重部队，歼灭日军400余人，缴获骡马300多匹。

10月30日　日军侵占阳泉。之前，境内中共组织、牺盟中心区及各抗日武装，奉命转移到和顺县石拐镇进行整编。

11月10日　日军指派藤泽萨宣、野上见次等7人组成接收管理委员会，正式劫夺保晋公司阳泉矿厂、铁厂与建昌公司，于17日临时拼凑以原保晋铁厂厂长赵铮为委员长等7人组成的阳泉保晋公司管理委员会。

11月11日　中共平定（路北）县工委、平定（路北）县抗日政府在河底镇成立。之后，平（定）东县抗日政府、平（定）西县办事处等抗日民主政权相继建立，盂县政府也逐步改造成为中共领导的抗日民主政权。月内，盂平阳寿榆五县抗日游击大队改编为五县第一游击司令部，不久编入晋察冀军区第四军分区三支队七大队。

11月下旬　中共五县特委改为盂平阳寿四县特委；后又改为四县中心县委，属中共晋察冀四分区领导。

12月26日　中共盂平阳寿四县中心县委书记陈宜胜在赴寿阳县途中遇敌牺牲。

是年　日军在平定县前小川村、东沟村、桥头村、白泉村，盂县下庄村、东园村以及盂县城烧杀掳掠、狂轰滥炸，致使340多人丧生，房屋财产损失无计。

民国27年（1938）

1月23日　上荫营村抗日村长史梦梅因汉奸告密被日军抓捕。2月在阳泉西营盘被杀害。3月盂平阳寿中心县委在驻地上社为史梦梅烈士召开追悼会，《晋察冀日报》刊载其事迹。

1月　由治安维持会改建的日伪平定县公署成立。3月，日伪盂县公署成立。

晋察冀边区召开军政民代表大会，选举产生晋察冀边区临时行政委员会。该委员会下设晋东北、冀中、冀西3个政治主任公署，境内各县抗日政权隶属晋东北政治主任公署。

2月　袁心纯接替谷容章任中共盂平阳寿中心县委书记。

3月上旬　中共盂平阳寿中心县委在上社镇召开会议，研究当时形势和任务，决定建立各类抗日群众团体，开展抗日斗争。会后，各县先后建立工人、农民、青年、妇女等抗日救国会群众组织。

3月15日　日军将保晋公司阳泉铁厂改称山西军管理第三厂，将保晋公司阳泉煤矿和建昌公司合并改称山西军管理第四厂，并委托日本在华财团兴中公司管理。

9月　由日本大阪电器公司承建的发电厂在菜洼动工兴建。国民29年（1940）11月第一台发电机组正式安装投产，并对外供电。

11月9日至11日　八路军129师385旅769团、独立团在平（定）东县民兵的配合下，经三昼夜激战，于平定县娘娘庙粉碎日伪军1500余人的六路合围，毙伤日伪军400多人。

12月28日　贺龙率八路军120师主力向冀中挺进途中，在盂县作短暂停留，民国28年（1939）1月开赴河北平山。其间，部队在梁家寨村与群众举行元旦联欢。

是年　在中共地方党组织的领导下，境内先后组建平定（路北）县抗日游击总队、平定（路北）县基干游击队、平定（路北）县抗日武装自卫总队、平西县抗日游击队、平西县武装科、平东县警卫队、平东县人民武装抗日自卫总队、盂县人民武装抗日自卫总队、正太铁路沿线游击队等地方军事组织。

民国 28 年（1939）

1 月　盂平阳寿中心县委在上社镇召开会议，传达贯彻中共中央六届六中全会精神。

2 月　境内各县抗日民主政府在巩固区相继开展“合理负担，减租减息”运动。

3 月 13 日　根据抗日斗争需要，撤销盂平阳寿中心县委，改设盂县县委，并划归二地委直属。王江枫任书记。10 月，二地委派齐源（韩纯德）接任盂县县委书记，并负责指导平定（路北）、阳曲、寿阳（路北）各县工作。

5 月　平昔西县委改为平昔寿中心县委，统管三县工作。11 月撤销，恢复原制。其间，中心县委曾创办机关报《大众吼声》。

盂县民族革命学校在石家塔村创立。国民 31 年（1942）秋因日军“扫荡”停办。

10 月 1 日　正太路窄轨换宽轨改造工程告竣。

12 月　为反击蒋阎反共、分裂和投降活动，中共盂县县委、平定（路北）县委在境域组织开展反顽斗争。国民党县党部被查封，阎锡山新编第二师、保安团被驱逐。

中共平昔两县委在晋东地委所派部队配合下，粉碎平（定）西县长黄晟耀等人策动的叛乱，并于翌年 2 月将黄处决。

冬　王震率八路军 120 师 359 旅 4000 余众，从冀中回师晋西北途中路经盂县，受到民众热烈欢迎。

是年　日军胁迫阳泉附近的广懋、平记、济生等 26 个民营煤矿组成“民有煤矿业联合事务所”，加紧对企业的控制与掠夺。

民国 29 年（1940）

1 月　中共盂县县委、平定（路北）县委开始整顿各级组织。

中共盂县县委、县政府在全县组织开展民主宪政运动，民主选举各级政权干部，并确定是年为“民主宪政年”。6 月至 7 月，平定（路北）县举行民主大选。

6 月 7 日至 7 月 11 日　境内阴雨天气持续月余，玉茭、谷子几乎断种。

8 月 20 日　八路军总司令朱德、副总司令彭德怀指挥的“百团大战”第一阶段——交通总破袭战于晚 8 时打响。参与作战的晋察冀军区、八路军 129 师等所属部队，以正太铁路及日军主要据点为破袭重点，全线出击，发起猛攻；境内各县民兵及人民群众积极配合，参战支前。到 9 月上旬，除阳泉站外，境内所有被日军控制的车站均被攻克，所有桥梁、隧道、水塔均被炸毁，铁路路基多被破坏；日军除占据平定、盂县县城等少数地方外，几乎全被拔除。

9月13日至23日　为报复抗日军民的交通总破袭之举，境内日伪军连续对抗日根据地村庄进行“扫荡”，先后制造血洗马家庄和活川口两起骇人听闻的大惨案，遇难民众达418人，房屋财产损失无计。此外，日军还先后在平西县的郭家庄、范瑶村，盂县、平定（路北）县等地制造惨案，有310多人被杀害。

12月　日本“兴中公司”解散，山西炭矿矿业所成立。山西军管理第四厂改名为阳泉采炭所，隶属山西炭矿矿业所，所产煤炭均由日本华北石灰贩卖公司经销。

民国30年（1941）

2月17日　中共中央晋察冀分局书记彭真从河北平山赴延安途中路经盂县，在上社镇驻留9日。其间，接见盂县县委书记齐源等负责人，并对抗日斗争作重要指示。

3月26日　由晋察冀边委会批准并资助的盂县梁家寨大渠扩建工程正式开工，后因日军侵扰一度停建。民国34年（1945）5月工程告竣。民众取名“彭真渠”。

春　日军在境内推行“治安强化运动”，镇压抗日力量。抗日斗争形势更加严峻。

7月21日　晋察冀军区发出反“扫荡”训令，要求各部队于7月下旬至8月中旬，配合冀中部队开展交通破袭战，并于8月底前完成各项反“扫荡”准备工作。其间，境内民兵800余人，在阳盂公路白泉至清城段进行破袭活动，破坏交通10余千米，割收电话线200余公斤。

8月　中共平定（路北）县委采取化整为零、分散除奸的办法，组织县区干部和地方武装深入敌占区，打击汉奸特务的猖狂气焰，先后处决罪大恶极者50多人。

9月　日伪发布告示，强行将平定（路北）县二区17个村庄及盂县二区和四区151个村庄划作“无人区”，施行“三光”政策，并限令“在布告后一星期内”为“烬灭实行日期”。

12月18日　阳泉煤矿数十名工人和一名工程师，因不满日军的非人待遇，将一台大锅炉破坏后投奔抗日根据地。

12月中旬　日伪平定县公署乘太平洋战争爆发之机，查封县城姑姑寺的基督教堂，并驱逐美籍传教士。

是年　日军在推行“治安强化运动”中，先后在盂县张家�、西烟镇、南社，以及平定（路北）县黄统岭以东13个村庄制造惨案，被害民众达320多人，抢夺粮食、财物无计。

民国31年（1942）

5月22日　晋察冀军区二分区19团、34团在当地民兵和地方干部的配合下，一举捣毁盘

踞在盂县井沟、紫牛庄、土塔、獐儿坪、仙人等村的反动会道门组织“红枪会”，击毙、生俘大小道首70余人。

5月　平定（路北）县贸易局在麦家岩成立。

8月　晋察冀边委会重新调整盂县行政区划。将盂县划为盂平（平山）、盂阳（阳曲）两个县；并将七、八两区划归寿东县，二、三两区划归平定（路北）县，庄里一带划归定襄县。

10月　阳泉二矿井下发生瓦斯爆炸事故，死伤矿工100多人。

是年　在反“扫荡”、反“封锁”、反“蚕食”斗争中，境内各抗日军事组织在当地民众的配合下，先后在千亩坪、白泉、范家岩等地设伏，毙伤日伪军1000余人，并缴获一批武器、弹药、粮食及其他物资。

民国32年（1943）

3月5日　驻平定日军疯狂捕杀知识分子。日军用武装包围住处的手段，威逼县立第三高小校长梁宝三出来当“维持”，梁不从，被迫投井而死。27日，日军又将李炽亭、李心义、李永滋等10余名知识分子抓捕，押往阳泉火车站。

3月20日　阳泉车站发生饥民暴动，迫使日军将抢来的粮食拿出一部分散给饥民。

春　为克服因日军“扫荡”、经济“封锁”以及自然灾害所造成的财政、经济困难，境内各级中共地方组织和抗日民主政府响应中共中央号召，组织军民开展大生产运动。

为掠夺境内硫铁矿资源，日军授权日侨“裕和洋行”，在阳泉甘河、上五渡、长岭设立采矿场，并在东营盘建起50座炼磺炉炼磺。

5月　日军步兵第63旅团团部派驻阳泉，接替原独立混成第四旅团在正太铁路沿线的警备任务。

秋　伪山西省政府在日军授意下，成立“山西省急进建设团”，强迫18岁至25岁的青年壮丁战时充当民夫、差役，平时则发派到工厂、矿山参加繁重劳动。

10月10日　晋察冀军区二分区19团团长刘桂云，率部在盂阳县寺家坪村北炭窑埋与敌激战中不幸中弹牺牲，时年32岁。

12月1日　日伪山西省政府宣布第一批“剿共重点县”名单，并开始在各重点县城建立剿共委员会，组织武装清剿队，以奔袭合击等方式，大肆抓捕革命干部和共产党员。平定、寿阳均在重点县之列。

冬　平定（路北）县五区燕龛、曹家掌等村群众创办翻砂厂，生产手榴弹和地雷壳；六区白瑶村群众组织生产合作社，大量生产黑色炸药，支援前线杀敌斗争。

是年　日军在平定（路北）县岔口村设置据点，妄图对抗日根据地进行封锁“扫荡”。岔口群众在抗日民主政府的领导下，实行坚壁清野，整体撤村，坚持了8个月的“空村”斗争，致使日军缺粮断水，被迫撤离。该村被晋察冀边区授予“抗日模范村”称号。

民国33年（1944）

1月17日　在平定（路北）县第一届群英大会上，霍树头村妇女郭富娥被选为出席晋察冀边区第二届群英会代表。

1月　盂平县、平定（路北）县分别召开反“扫荡”祝捷大会，表彰奖励战斗英雄。

2月　日军独立步兵第10旅团由东北派驻阳泉，接替第63旅团的警备任务；5月，移防太原。

3月19日　阳泉二矿发生瓦斯爆炸事故，死亡44人。

春　商人郗振铎出资购买“罗亚罗”电影机，开始在“小戏院”放映电影。

4月至5月　境内各县通过学习周二（大生产运动中晋察冀边区树立的先进典型），组织变工，突击耕种，开展竞赛等活动，深入推进大生产运动。

5月　晋察冀军区敌工部派出工作组，配合“日本人民解放联盟”在境内开展反战活动，历时6个月，对瓦解日军发挥了特殊作用。

冬　境内各县普遍开展以识字和时事教育为主要内容的冬学运动。

民国34年（1945）

1月17日　太行军区二分区侦察队在正太铁路芹泉至寿阳间西庄村伏击日军列车，毙伤日军官和特务机关及伪山西省政府机关人员60多名，生俘伪山西省教育厅顾问铃木川三郎等日籍官员8人，缴获各种文件8000余件。

4月6日　阳泉煤矿200余名工人举行暴动，并在晋察冀军区四分区工作人员的帮助下，穿过封锁线，投奔抗日根据地。

7月23日　驻扎在牛村、河底等据点的日伪军包围平定（路北）县大西庄，将隐蔽在地道中的58名群众全部用烟火熏死，制造大西庄惨案。

8月上旬　境内各抗日民主政府组织军民配合正规部队，向日军展开全面反攻。

8月27日　晋察冀边区行政委员会决定撤销盂平、盂阳、盂寿3县，恢复盂县建制。

9月2日　日本投降，抗日战争宣告结束。境内各县人民纷纷集会，欢庆胜利。

9月26日　阎锡山以“山西人民公营事业督理委员会”的名义，设立阳泉矿务局，统一管理阳泉煤铁生产。司令长官部高等顾问梁上椿被聘为经理。中共平定（路北）县委城工部组织千余名矿工举行游行示威，要求采炭所日军补发拖欠的工资；后因阎锡山接收人员从中破坏，致使斗争失败。

9月　晋察冀边区冀晋第二师范学校在盂县城南关创建，民国37年（1948）8月改为晋中一中。民国38年2月该校被撤销。

10月　国民党山西省党部在阳泉兴隆街设立督导处，下辖平定、盂县、寿阳、昔阳、和顺5个县党部。

11月　境内各县广泛开展减租减息和大生产运动，以粉碎国民党军队的进攻。

12月中旬　晋察冀军区四分区八团在平定（路北）县大队和武工队配合下，夜袭驻扎在阳泉平潭垴的阎锡山地方武装“爱乡连”，击毙180余人，生俘80余人，并缴获大量武器。

民国35年（1946）

1月14日　为抢夺抗日胜利果实，阎锡山派保安第四团抢占娘子关。

1月28日　阎锡山将由日军改编的第二特务团派驻阳泉，并先后向其占领地区派出“解救团”，以实施“兵农合一”暴政。为加紧对阳泉的控制，阎锡山还将山西省第二专员公署设在阳泉，下辖平定、昔阳、和顺、辽县、榆社、寿阳、盂县等7县。

1月　中共平定（路北）县委、平西县委分别成立和平谈判小组，与驻阳泉、平定的阎锡山军队举行和谈。由于阎军毫无诚意，并屡次派兵进犯解放区，致使谈判被迫于4月中断。

3月　阳泉矿厂先生沟矿矿工在中共平定（路北）县委城工部的组织领导下，以要求补发欠薪为由举行罢工。在不达目的拒不下井的强烈呼声下，矿方被迫答应了工人要求。

为扩充反动势力，阎锡山指使梁上椿网罗残留在阳泉等地的日伪军和汉奸500多人，拼凑成铁路护路总队第五警备大队，驻扎阳泉西营盘。

6月1日　平东、平西两县合并为平定（路南）县，中共平定（路南）县委与平定（路南）县人民政府成立。

7月8日　境内阎军开始向解放区“扫荡”、蚕食，百余村惨遭洗劫。阎军所到之处，大肆捕杀共产党员，反攻倒算，并建立“自卫团”组织和政权机构。当地军民奋起自卫、反击。

8月3日　为击退阎军对晋东和晋中的蚕食、“扫荡”，太行军区司令员秦基伟指挥一、二分区4个团和民兵2万余人发起正太线破击战，并迅速控制娘子关以西、榆次以东的铁路线。

8月　晋察冀边区银行冀晋分行二专办事处在平定北舁村（今属郊区）设立营业所；翌年6月，迁至阳泉兴隆街。民国38年（1949）9月改称中国人民银行山西省分行阳泉支行。

秋　阎锡山特种警宪指挥处在阳泉桥北街设立办事处，下辖平定、昔阳、和顺、盂县4个工作组。

12月17日至30日　晋察冀军区二分区部队在盂县、寿阳地方武装和民兵的配合下，连续向蚕食寿阳以北、盂县以西的阎军发起反击。先后收复村庄16个，击毙和生俘阎军4500多人，并缴获大量武器和军用物资。

是年　阎锡山在其占领区强制推行“兵农合一”暴政，并利用特警处操纵黄色工会，通过“肃伪”活动和“三自传训”，大肆残害中共党员、敌工干部和进步民众，制造白色恐怖。

民国36年（1947）

春　阎锡山派人将阳泉矿务局所辖煤矿、铁厂、电厂的机械设备100多台（部）劫往太原机械厂，并将该厂改造成机器厂，加紧军火生产。

4月8日　晋察冀军区组织发起旨在歼灭正（定）太（原）铁路沿线国民党守军的进攻型战役——正太战役。4月14日　晋察冀军区野战部队和地方武装在司令员兼政委聂荣臻的指挥下，以“包围阳泉，引蛇出洞”的战术，向盂县、寿阳、平定等地的阎锡山部队逼近。

4月19日　太行杀敌英雄赵亨德为解放平定城壮烈牺牲，时年25岁。

4月25日　晋东门户娘子关解放。

4月26日　盂县城解放。

4月27日　平定县城下城解放。5月2日，平定全境解放。

5月2日　18时，晋察冀军区野战军第三纵队第八旅进入阳泉，阳泉解放。至此，华北重镇阳泉终于全部回到人民手中。

5月3日　晋察冀军区工矿交通管理委员会决定成立阳泉工矿交通管理局，负责清查和接管工厂、矿山、铁路等事宜；同时决定将境内部分重要设备和物资分别搬迁到晋察冀边区和晋冀鲁豫边区根据地。

5月4日　中共冀晋区党委决定，阳泉镇及附近平潭垴、平潭街和小阳泉3村由平定县划出，设立阳泉市，组建中共阳泉市委和阳泉市人民政府，市委、市政府机关设在桥北街，智生元任市委书记兼市长。市区面积约1平方千米，人口10562人。阳泉成为中国共产党在夺取全国胜利之前创建的第一座 人民城市。

5月5日　阳泉发电厂、自来水公司恢复生产，开始供电供水。

5月6日　市委、市政府统一成立工作委员会，并派出工作组深入街巷、村庄，清除敌伪组织，稳定社会秩序，恢复发展经济，安定人民生活。

5月中旬　阳泉市进行政区划分，全市设3个区：一区政府驻太上街，辖下站复寿街以东3个街公所；二区政府驻兴盛巷，辖下站复寿街以西2个街公所及平潭街、平潭垴2个村公所；三区政府驻小阳泉，辖上站1个街公所和小阳泉1个村公所。

5月20日　市委、市政府在太上街老君庙隆重举行阳泉解放建市庆祝大会，社会各界5000多人参加。

5月22日　中共晋察冀中央局派许建国、杨献珍率300余人组成的华北土改工作大队抵达阳泉市、平定（路北）县，帮助开展新区土地改革。

5月26日　全市城乡掀起反奸反霸、清算复仇群众运动。广大贫民分得土地、粮食和牲畜、房舍、钱财等。

5月30日　阳泉市工人管理委员会成立，负责解决工人就业与生活问题。

5月　境内学校陆续开课。

6月　平定（路南）县大阳泉、义井两村划归阳泉市。

晋察冀军区冀晋二分区决定组建阳泉市警卫大队。

平定（路北）县工人联合会副主席王元寿带领工作队到上白泉村，帮助开展土地改革，土改工作很快打开局面。为此，《晋察冀日报》以《王元寿访瞎牛》为题报道，中共冀晋区党委号召向王元寿学习。

7月　阳泉市人民武装部成立。

新华剧团在福寿街创建。翌年8月与共和班合并，改称人民戏院，后称大众剧团。1956年7月改称阳泉市晋剧团。

阳泉市万众医院在兴隆街创建。后与由河北行唐县迁址阳泉市区的晋察冀边区医院合并，组建为阳泉市立医院。

9月　任朴斋任市委书记兼市长。

10月　平定（路北）县选调8名干部到河南、湖南工作。至民国38年（1949）8月，先后选调500余名干部南下北上支援全国解放战争和解放区建设。

11月18日　阳泉市归北岳行署管辖。

12月　依据中央土地会议精神，境内普遍开展以“三查”（查阶级、查立场、查工作）、

“三整顿”（整顿思想、整顿组织、整顿作风）为内容的党内整风。由于受“左”倾思想影响，一些人被错批误整。

由市委主办的《翻身报》创刊。翌年2月停办，共出12期。

是年　著名作家康濯在小西庄村体验生活，写成《黑石坡煤窑演义》。

晋察冀军区所属兵工厂迁址三都村，挖地道2000米，内设储藏室、指挥部，生产手榴弹、迫击炮弹等。

民国37年（1948）

1月1日　阳泉市第一个国营商业机构——宝兴亨煤铁分总店（受北岳区设在河北正定的永泰昌煤铁专业总店领导）在桥北街成立，下设煤炭店、铁货店、粮店、布店、油盐店等。

1月　国营阳泉煤矿公司成立，并投资小米200大石，恢复阳泉矿厂先生沟坑的生产。月内将先生沟坑改称国营四矿。

由于受“左”倾思想的影响，境内农村在土改运动中出现“搬石头”、取消党支部和村政权、划成分查三代等扩大打击面的问题，工商业者也受到冲击。2月，中共北岳区二地委召开扩大会后，偏差得到纠正。

王三才任市长。

2月4日至7日　阳泉市首届职工代表大会召开，选举产生阳泉市职工委员会。同年8月改称阳泉市总工会。

2月19日　刘少奇起草的《中央工委关于收复石家庄的城市工作经验》中，首次系统总结了新解放的石家庄、阳泉等城市工作经验。25日，中共中央发出《中央关于注意总结城市工作经验的指示》，并要求“各地予以重视，认真推广”。

2月26日　阳泉铁厂恢复生产，年内共生产优质生铁7228吨。

3月1日　市委、市政府作出保护工商业发展的决定。

3月6日　市职工委员会创办《阳泉职工报》。初为周刊，4开2版。翌年4月改称《阳泉职工》，并由市委主办，成为市委机关报。后于1950年5月26日停办。

3月12日　为迅速恢复生产，晋察冀边区工业局决定设立阳泉办事处，对阳泉煤矿公司、阳泉铁厂、阳泉水电公司、阳泉翻砂厂实行统一管理；同时投资边币50亿元，扶植以国营四矿为主的企业生产。

3月　阳泉市工商联合总会成立。

4月　由李喜金等3户农民组成的农业生产互助组在北大西庄建立。

邓小平途经阳泉作短暂停留，并对阳泉工作做重要指示。

5月8日至9日　晋察冀野战军第六纵队在盂县南北上社一带，向企图进犯阳泉、石家庄的阎锡山部第34军暂编49师发起进攻，击毙724人，生俘1215人。

5月　平定（路北）县委组建一支以理家庄村为中心的后方运输队，组织人力、畜力向中共中央所在地河北平山县西柏坡运送煤炭，从而结束中共中央领导机关靠柴火、牛粪和木炭取暖、烧饭的历史，受到毛泽东、周恩来等中央领导的称赞。

7月1日　国营阳泉煤矿公司以边币5.8亿元赎买民营裕公矿，并改称国营裕公矿。

7月18日　正太铁路石家庄至阳泉段修复通车；12月10日阳泉至榆次段恢复通车。

7月28日　阳泉市改由华北联合行政委员会（8月19日改为华北人民政府）直辖。

7月　程宏毅任市委书记兼市长。

8月16日　平定（路北）县荫营、河底、赛鱼等68个行政村划归阳泉市。全市区划调整为4个区，下辖3个街政府、71个行政村。

8月26日　平定（路南）县、平定（路北）县合并，恢复平定县建制。新组建的中共平定县委、县政府于9月1日正式对外办公，隶属晋中区一地委和一专署。

8月　晋察冀边区医院由河北省行唐县迁至阳泉，同年11月与市属万众医院合并改称阳泉市立医院（今市第一人民医院前身）。

9月26日　中共中央华北局、华北人民政府决定把石家庄市和阳泉市作为城市建设和管理的试点，并抽调大批干部到阳泉市工作。

10月15日　阳泉市立职业学校在德胜街天成巷创建。翌年5月，改为阳泉市立中学校（今市第一中学校前身）。

10月30日　为防御国民党军队的侵扰，董必武、谢觉哉等率中共中央华北局和华北人民政府机关临时转移到阳泉、平定；11月7日又转移到河北平山县。

11月27日　阳泉市妇女委员会成立。

11月　市、县两级党委分别组织土改、整党复查工作队，深入境内各村，对运动中出现的“左”的倾向进行纠正。翌年4月复查工作基本完成。

阳泉市人民法院成立。

12月1日　中国人民银行发行的人民币开始在境内流通。

12月8日　任朴斋代理市委书记、市长。21日，任朴斋任市委书记，封云甫任市长。

12 月 28 日　国营阳泉煤矿公司和河北省井陉煤矿公司合并，成立井阳煤业公司。翌年 9 月 15 日改称井阳矿务局，1950 年 1 月 7 日分设为井陉和阳泉两个矿务局。

民国 38 年（1949）

1 月 4 日　平定县、盂县所属黑土岩、西南舁等 67 个行政村划归阳泉市。全市区划调整为 6 个区，下辖 3 个街公所、136 个行政村。

1 月 19 日　阳泉市划归石家庄市管辖。

5 月 4 日　中国新民主主义青年团阳泉市委员会正式成立。

5 月　阳泉市民众教育馆在福寿街创建。

8 月 19 日　阳泉市划归山西省直辖。

8 月　取缔反动会道门试点工作开始在境内的任家峪、上章召、赛鱼、前庄等村进行；翌年 10 月，在全市形成运动。广大上当受骗群众纷纷退会退道，一小撮顽固不化的会首、道首受到惩处。

9 月 24 日　阳泉市改称阳泉工矿区，由榆次专区代管。任朴斋任中共阳泉工矿区区委书记兼工矿区人民政府主任。

9 月 26 日至 29 日　阳泉工矿区各界人民代表会议一届一次会议召开。任朴斋当选各界人民代表会议主席。

中华人民共和国

1949 年

10 月 1 日　中华人民共和国成立。境内民众载歌载舞，欢呼庆祝。

10 月 26 日至 11 月 6 日　中共阳泉工矿区第一次代表会议召开。

12 月 12 日　阳泉铁厂试炼镜铁获得成功。

1950 年

1 月　阳泉至昔阳公路客运通车。

中国少年儿童队陆续在阳泉工矿区各小学校成立。1953年8月改称中国少年先锋队。

2月13日　上年划入工矿区的67个行政村重新划归盂县和平定县。

2月　国营、公营企业进行第一次工资改革，改米薪制为米分制。

3月21日　《人民日报》发表题为《阳泉国营煤矿存在严重问题，封建把头剥削工人，生产计划屡遭失败》的记者调查报告。同日，中央燃料工业部发布通令，要求全国煤矿废除残余的封建把头制。阳泉矿务局从即日起开展废除封建把头制工作，到5月5日结束。

3月26日　矿务局四矿丈八煤二号立井安装的200马力离心式抽风机开始运行。

4月　矿务局在煤炭开采上进行第一次改革，除开采丈八煤层外，同时开采七尺和四尺煤层。

5月　矿务局四矿巷道掘进由手工打眼凿壕改为电钻打眼，由裸体巷道改为木棚支护。这是阳泉煤矿掘进技术上的一次较大改革。

阳泉工矿区公安机关在王家峪设立戒烟所。至6月底，共有2批78名吸食毒品者成功戒烟。

6月1日　中共阳泉煤矿委员会成立，负责领导阳泉矿务局和阳泉地区其他公私营煤矿的党组织工作。

6月6日　中共阳泉工矿区委纪律检查委员会成立。

6月　阳泉矿区工会广播站建立。

由阳泉矿区工会主办的《阳泉矿报》创刊。

7月　经省政府批准设阳泉镇，原属工矿区一区的街公所归其所辖。翌年6月，阳泉镇改称第三区。

阳泉煤矿电影队成立。

8月22日　王金林任中共阳泉工矿区区委书记兼工矿区人民政府主任。

9月10日至12日　阳泉工矿区一届四次各界人民代表会议召开，王金林当选主席。

9月25日　矿务局工人王四毛被推选为全国工农兵劳动模范，并当选全国工农兵劳动模范代表会议主席团成员。截至2010年12月，全市共有34人被评为全国劳动模范（先进生产工作者）。

10月1日　阳泉电信局安装第一部摩尔斯人工收发电报机。

10月28日至31日　阳泉工矿区召开首届劳模会。

11月1日　中国人民保险公司阳泉支公司成立。1959年5月被撤销，1981年10月1日重新组建。

12月6日　矿务局四矿首次使用蓄电池安全头灯。

是年　阳泉工矿区硝磺局试炼磺粉成功。

1951年

1月1日　阳泉至平定、昔阳、和顺、左权、盂县的邮件，由人力、畜力运送改为汽车托运。

1月　为慰劳中国人民志愿军和朝鲜人民军，并救济朝鲜难民，全区展开募捐慰劳品、救济品活动。截至7月，共捐集人民币48.48亿元（旧币）以及大批物资。

3月　境内开展镇压反革命运动，翌年底基本结束。其间，共惩治反革命分子1415名。

工矿区政府向所有农民颁发土地房产所有证。

4月　根据山西省委整党指示和地方情况，中共阳泉工矿区委拟订《关于厂矿、农村支部整党计划》。至1953年，全区共有4.96%的党员被劝退或清理出党；同时吸收新党员1671名，全区党支部也由原来的124个增加到253个。

5月　《中华人民共和国劳动保险条例》开始在阳泉工矿区实施。第一批实行的有国营阳泉矿务局、阳泉铁厂、阳泉电厂等12个单位，共有职工9007名。

7月　国营、公营企业进行第二次工资改革，改米分制为八级工资分薪制。

8月18日至23日　阳泉工矿区各界人民代表会议二届一次会议召开，史星三当选主席，李建标当选工矿区人民政府主任。

9月8日　中央人民政府老区访问团莅临平定县。

9月21日　矿务局四矿一井丈八煤层301工作面首次试验长壁倾斜分层下行陷落采煤法获得成功；此后，相继在全局各矿丈八煤层和七尺煤层推广应用。

10月　《毛泽东选集》第一卷开始在境内发行。

是年　境内首批初级农业生产合作社在平定县麻地峪村和朱会村试办。

1952年

1月8日　矿务局四矿丈八煤东北大巷发生瓦斯爆炸，1000余米巷道遭到破坏，死亡14人，重伤18人，经济损失达4.8亿多元（旧币）。

1月　在党政机关工作人员中开展反对贪污、反对浪费、反对官僚主义的“三反”运动。至10月结束。

2月　在私营工商业者中开展反对行贿、反对偷税漏税、反对盗骗国家财产、反对偷工减料、反对盗窃国家经济情报的“五反”运动。至6月结束。

4月1日　撤销阳泉工矿区，恢复阳泉市建制并由山西省直辖。康洛任市委书记兼市长。

4月　中共阳泉市委党校成立。

5月　全市在扫除文盲工作中推广祁建华“速成识字法”。

6月11日　隶属阳泉市煤业局管理的裕民煤矿由山西省公安厅接管，并于翌年初改称山西省荫营劳动改造煤矿。1954年始称山西省阳泉荫营煤矿。

6月27日　国营阳泉铁厂召开全体职工大会，庆祝该厂1月至5月取得连创33次炼铁新纪录，并均超过国内先进厂家最高水平的好成绩。中央钢铁局奖给锦旗一面，并颁发奖金8000万元（旧币）。

7月　国家机关和全民所有制企事业单位开始实行公费医疗制度。

矿务局三矿二坑丈八煤301工作面首次使用截煤机采煤。

8月1日　中共阳泉市委机关报《阳泉建设》创刊。系3日刊，4开4版。翌年3月停办，共出70期。

8月3日　中共阳泉市委禁毒委员会成立，全市开展禁毒运动。

9月10日至13日　阳泉市各界人民代表会议三届一次会议召开，谢子和当选主席，康洛当选市长。

9月　阳泉市甘河磺业生产合作社被中华全国合作总社评为全国模范生产合作社。该社生产的硫黄块纯度达99.95%，远销苏联、朝鲜、日本、澳大利亚等国。

10月　阳泉市地方工业局以3.6万元（旧币）赎买私营民丰煤矿，并将其改称阳泉市地方国营第二煤矿。1954年改称南庄煤矿。

11月5日至18日　阳泉市举办第一次物资交流大会，成交额达164.79亿元（旧币）。

12月　阳泉发电厂试烧境内无烟煤取得成功。

山底铁业生产合作社自筹资金，建成山西省手工业系统第一座8立方米小高炉，改变了落后的冶炼技术，被评为华北五省二市模范生产合作社。

是年　矿务局三矿工程师王登祥带头研制成功双槽轮装置，并在井下运输系统中推广使用。

阳泉铁厂以日均生产生铁75.71吨、高炉利用系数0.91的成绩，创全国小高炉生产纪录。

阳泉市地方工业局接管了位于汉河沟村的和平煤矿（由河北省公安处机关生产单位管理）和冯家庄村的胜利煤矿（由铁道兵团公安21师、华北军区疗养院生产单位管理），并将两矿合并改称阳泉市地方国营第一煤矿。1954年始称汉河沟煤矿。

1953年

1月16日　荫营劳改煤矿井下煤层塌陷，大量积水涌出，伤亡81人，直接经济损失116亿元（旧币）。

1月　阳泉市人民检察署成立。

3月　境内城乡进一步宣传贯彻《中华人民共和国婚姻法》，同时开始实行婚姻登记。

4月17日　盂县山底、西南舁等18个村，平定县白泉、黑土岩等17个村划归阳泉市。

4月22日至24日　中国新民主主义青年团阳泉市第一次代表大会召开。

5月　全市区划调整为2个区，一区辖3街13乡40村，二区辖1镇22乡70村。

荫营劳改煤矿暴发斑疹伤寒疫病，70余人患病，死亡11人。

6月至11月　全市进行中华人民共和国成立后的第一次人口普查。普查结果，市区人口18.71万人。

7月　矿务局三矿二坑308工作面试用金属网假顶分层开采丈八煤获得成功，采区回收率达62%。

8月　阳泉市首次进行牲畜疫情调查，并开始对牲畜屠宰、启运及畜产品进行检疫。

10月　境内开始对粮食、油料实行计划收购和计划供应。

全市第一家国办幼儿园——阳泉市健幼保育院成立。

11月下旬　境内各县区相继进行社会主义过渡时期总路线的学习宣传活动。

是年　编制完成《山西省阳泉市第一个五年国民经济计划纲要》。

农村开始使用硫酸铵化肥。

1954年

1月　阳泉市首次进行基层普选。至3月结束，共选出街、乡人民代表964名，区人民代表176名，各级政府委员422名。

2月　苏联科学院副院长巴尔金到三泉铁业生产合作社参观访问。

6月11日　市政府公布《阳泉市粮食、食油计划供应暂行办法》，于7月1日开始执行。

6月26日至30日　阳泉市人民代表大会一届一次会议召开，选举产生出席山西省第一届人民代表大会的代表。

6月　阳泉市烈士陵园在市区德胜街建成。

8月29日至9月3日　境内阴雨连绵。市区桃河洪水冲毁赛鱼木桥，漫溢河边街，房屋倒塌4起，死亡10人；平定县倒塌房窑2504间（眼），死亡7人。

8月　谢子和任市长。

阳泉铁厂试制高炉砖成功，受到重工业部嘉奖。

9月15日　境内开始对棉花、棉布实行计划供应。按人定量，凭票供应。

9月　阳泉市气象站在油篓沟建成。该站是国家气象部门设在山西的8个基本站之一。

12月　平定县维社村被国务院授予“农业社会主义建设先进单位”称号。

是年 市区农村农业合作化运动出现第一个高潮，入社农户由625户发展到4724户，占总农户与半农户总数的22.9%，共组成150个初级农业合作社。到1957年，市区农村建成109个高级社，入社农户达到99.5%，基本实现一村一社。

1955年

1月7日至13日　中共阳泉市第一次代表大会召开，李玉田当选市委书记。

1月30日至2月3日　阳泉市第一届人民代表大会第二次会议召开，谢子和当选市长。

2月14日　阳泉市人民反对使用原子武器签名运动委员会成立。至3月5日，境内开展大规模的签名运动。

3月1日　中国人民银行发行的新人民币在境内开始流通。

3月18日至20日　阳泉市首届妇女代表大会召开。

4月9日至11日　政协阳泉市委员会一届一次会议召开，李玉田当选主席。

6月3日至5日　阳泉市第一届职工运动会召开，全市11个代表队300余人参赛。

8月16日　矿务局三矿二号井建成投产，并率先在境内井下运输中使用架线式电机车。

8月　全市分6批开展肃清暗藏反革命分子运动。至1959年底结束。

阳泉简子沟至黄石板运煤铁路专用线破土动工，翌年10月正式建成。同时，还建成石卜咀编组站，年编解能力为750万吨。

9月　柳沟村成为全市第一个通电的农村。

11月　阳泉市地方粮票、料（饲料）票开始在全市发行流通。

12月27日　山西省第一条110千伏（太原经榆次至阳泉马家坪）输电线路建成，全长112千米。马家坪变电站、阳泉电厂升压站和阳泉地区10千伏送电线路竣工。同日，阳泉电网并入太原电网。

1956 年

1 月　团市委组织全市 100 名青年志愿垦荒队员赴内蒙古开荒。

2 月 3 日　全市各界群众 3 万余人在阳泉一中操场集会，庆祝社会主义改造取得重大胜利。

2 月 19 日　平定县辛庄村村民感染炭疽病，发病 55 例，死亡 14 人。

2 月　煤炭工业部部长陈郁到矿务局考察。

矿务局第一座选煤厂在四矿破土动工，1958 年 12 月建成投产。

3 月　阳泉市一区、二区分别改称站上区、荫营区。

5 月　境内私营工商业实行全行业公私合营，手工业全部实现合作化。

6 月　阳泉市星火豫剧团成立。翌年初改称阳泉市豫剧团。

市区阴雨连绵，桃河泛滥，西河滩土坝决口，洪水涌入城区下站。市区共死亡 10 人、受伤 97 人，遭受重灾的农作物 20 多万亩，房屋倒塌无数。

夏　境内第一个病虫测报中心——白泉农作物病虫测报站建成并投入使用。

7 月 5 日　煤炭工业部在阳泉召开全国煤炭测量先进经验交流会议，矿务局作有关建立“三角控制网”和“井下经纬仪导线与水准导线控制”经验交流。

7 月　石太线复线工程队在平定县苇泽关施工中发现新石器时代大象臼齿化石。

8 月 1 日　市邮电局通往郊区各乡的电话线路架通；翌年实现乡乡通电话。

8 月 2 日至 4 日　平定县连降 3 天暴雨，降水量达 147.8 毫米。其间，汪里村发生泥石流，致使 93 人死亡、2 人重伤，9 户家庭无一幸存。

8 月 19 日　8 时 44 分 33 秒，平定县东北部企明村一带发生 5 级地震。9 月 3 日 16 时 15 分 24 秒，在同一地区再次发生 5 级地震。两次大震之间有感地震 20 余次。因地震遭到不同程度破坏的村庄共 18 个，死亡 3 人，伤 7 人，倒塌房屋 345 间，窑洞塌损 200 多孔。

9 月　矿务局二矿小南坑首次使用 CTK 型摩擦式金属支柱；同月，三矿井下巷道开始使用混凝土支架。

10 月 15 日　谢子和任市委书记。

10 月 24 日　汉河沟煤矿发生透水事故，死亡 18 人，经济损失达 35.7 万元。

12 月 24 日至 27 日　阳泉市人民代表大会二届一次会议召开，谢子和当选市长。

12 月　石太铁路阳泉站由原 12 股道扩建为 20 股道，成为一等编组站。

市职工业余文艺演出队演员荆德生，在第一届全国职工曲艺会演中获表演一等奖。

1957 年

3 月 20 日　市委决定在全市开展社会主义思想宣传运动。

4 月　市委开始在全市部署以正确处理人民内部矛盾为主题，以反对官僚主义、宗派主义、主观主义为内容的开门整风运动。

民盟阳泉市临时支部、民盟阳泉市晋剧团临时支部相继成立。翌年 10 月两个支部合并，组成民盟阳泉市支部。

6 月 8 日　市、县展开反右派斗争。其间，由于斗争的严重扩大化，致使部分知识分子、爱国人士、干部被错批错整。1959 年 10 月开始，对原划“右派分子”进行了一次纠正。1978 年，对划为“右派分子”人员进行全面复查，全部予以平反。

6 月 17 日至 22 日　政协阳泉市委员会二届一次会议召开，李玉田当选主席。

7 月 23 日至 8 月 1 日　中共阳泉市第二次代表大会召开，李玉田当选市委第一书记。

8 月 28 日　撤销阳泉市站上区、荫营区，设阳泉市郊区。

8 月　开始对城市非生产性人口进行全面压缩。至翌年 2 月全市共压缩 22309 人，绝大部分回乡务农。

12 月　全市有 1087 名干部被批准“下乡上山”劳动锻炼。

是年　阳泉市工人文化宫在北大街破土动工，翌年 2 月建成。

白（羊墅）荫（营）铁路专用线破土动工，1959 年 5 月建成。该线铺轨总长 16.18 千米，系境内最长的运煤专线。

全国京剧“四大名旦”之一、著名京剧表演艺术家荀慧生率团到阳泉演出。

阳泉市举办第一次中老年人运动会。

全市农村开始对生活无依无靠的老、弱、孤、寡、残人员实行保吃、保穿、保医、保住、保葬（儿童保教）的“五保”制度。

1958 年

1 月中旬　公安机关破获一起涉及 2 省、3 市、16 县的一贯道复辟活动案，反动道首姚永贵、靳鼎吉、程受诚等被法办。

4 月 17 日至 23 日　市委召开扩大会议，传达贯彻中共中央成都会议精神。在“左”的思想指导下，会议作出一系列脱离实际的决定，要求各项工作“全面开花，大放卫星”。

5月1日　市委机关报《阳泉报》创刊。初为周双刊，4开4版；后几停几复。1984年10月1日改为周6刊。

5月24日至25日　市科学技术普及协会首届会员代表大会召开。

5月　矿务局四矿将矿井抽放的瓦斯用作锅炉、食堂炉灶和加温站的燃料，并以瓦斯为原料和燃料，建起一座试验性炭黑厂，是为境内利用瓦斯作为生产燃料之始。

阳泉市少年业余体育学校建立。

6月14日　市委召开紧急会议，号召全市人民苦战3年，为生产100万吨钢、150万吨铁而奋斗。会后，全市城乡开始投入大炼钢铁运动。

6月15日至18日　阳泉市人民代表大会三届一次会议召开，谢子和当选市长。

6月16日　设立中共阳泉市委书记处，李玉田任第一书记。

6月30日　矿务局二矿小南坑平峒井下的运输在全市首次由无极绳绞车改用蓄电池式电机车。

6月　市委召开扩大会议，学习贯彻中共八大二次会议精神，重新确定全市第二个五年计划总的方向和指标。从此，以高指标、瞎指挥、浮夸风、“共产风”为主要表现的“左”倾错误开始泛滥起来。

全市开展学习贯彻“鼓足干劲，力争上游，多快好省地建设社会主义”总路线运动，并很快掀起“大跃进”、人民公社化运动高潮。

7月1日　阳泉市由榆次专署代管。

由市工农机械厂自行设计、制造的6立方米小高炉建成投产，其利用系数高于省内同行业，《山西日报》以《小高炉之王》为题进行报道。

7月21日　王文如代理市长。1960年8月任市长。

8月15日　撤销平定县建制，划归阳泉市郊区。

8月　阳泉公共载客轿车（含长途车）投入运行。

9月9日　全境农村实现人民公社化。

9月11日　山西省阳泉市卫生学校创立。

9月18日至21日　阳泉市第一届全民体育运动会在市体育场举行。

9月26日　中共中央政治局候补委员陆定一到矿务局考察。

9月　阳泉市科学工作委员会成立。

10月1日　以阳泉矿务局为主，包括工矿企业、商业和文教卫生事业单位在内的实行政企合一体制的矿区人民公社正式成立，此系国内第一个城市人民公社。翌年4月撤销。

10月21日　市委、市人委组织10万大军，在郊区开展深翻土地。

10月31日　阳泉一中和阳泉建设铁厂合为一体，定名为阳泉工读大学；工人实行每周4天生产、2天学习制，学生实行每周半工半读制。1960年年初撤销此建制，恢复原名。

10月　郊区地都、王家岩、张家峪、岸底4村划归河北省井陉县。

11月10日　撤销昔阳县、盂县建制，划归阳泉市，分别改称昔阳联社和盂县联社。

11月21日　撤销郊区建制，全市划为平定、荫营、东回、岩会、矿区5个人民公社和盂县、昔阳2个联社。

是年　民间艺人郗富根在山西省民间音乐舞蹈会演中，首次登台演出评说《哈哈笑》并获奖。

铁道部部长吕正操到盂县联社考察。

全境农村大办公共食堂，实现农村食堂化。

1959年

1月　白羊墅至南庄运煤铁路专用线破土动工，翌年1月正式建成通车。

2月22日至23日　阳泉市首届农民运动会在市体育场举行。

2月23日至24日　阳泉市第一届民间音乐舞蹈会演在市人民大礼堂举行。全市有昔阳、平定、盂县、矿区和市直单位5个文艺代表团550多人参加，共演出节目94个。

2月　撤销平定、荫营、东回、岩会4个公社，改设平定和荫营2个协作区；昔阳联社和盂县联社分别改称昔阳协作区和盂县协作区。4月，平定和荫营2个协作区合组为平定联社，昔阳和盂县2个协作区分别改称阳泉市昔阳郊区和阳泉市盂县郊区。5月，平定联社改称阳泉市平定郊区。

3月1日　阳泉市所辖大梁江、小梁江等4个行政村划归河北省井陉县。

5月5日至7日　阳泉市科学技术工作者第一次代表大会召开。

6月15日　昔阳、盂县恢复县建制，并划归晋中专区。阳泉市平定郊区改称阳泉市郊区。

6月26日　市委出台《关于坚决减少职工人数和压缩城市人口的方案（草案）》，决定全市在7月15日前减少职工1.6万人，压缩城市无职业居民3200人，并动员缩减人员返乡参加农业生产。

7月3日至5日　郊区岔口、巨城、黄统岭、西南舁、河底、槐树铺6个公社63个管理区连续两次遭受风、雹、洪灾，受灾农作物达3.92万亩，死亡10人。

8月1日　石太铁路石家庄至阳泉段复线建成通车。

8月24日　桃河洪水暴发，最大流量达2200立方米/秒，淹死6人，造成经济损失100余万元。

8月　孟县孔南庄、杜家庄等8个行政村划归阳泉市。

9月5日　郊区大石门水库动工兴建。翌年秋拦洪蓄水，并放养鱼苗35万尾，境内生产性淡水养鱼从此开始。1964年9月全部工程竣工，库容总量为1350万立方米。

9月16日至22日　中共阳泉市第三次代表大会召开，李玉田当选市委第一书记。

9月　平定中学石桂明在第一届全国运动会上与队友合作，为山西赢得女子乒乓球团体第二名。

10月18日至24日　政协阳泉市委员会三届一次会议召开，李玉田当选主席。

10月26日　阳泉市兴隆街商店在全国群英会上被评为全国10个先进零售商店之一。

12月2日　全市开展“反透右倾，鼓足干劲，向高指标进军”的群众运动，致使高指标、瞎指挥、浮夸风和“共产风”再度泛滥。

12月25日　阳泉钢铁厂炼出建厂后的第一炉钢水。

是年　由市政府投资兴建的东风剧场在河边街（今属桃南东路）破土动工。翌年4月竣工，5月1日正式开业。剧场内分两层，可容纳观众1467名。

矿务局机关幼儿园被评为全国“三八”红旗先进集体，翌年3月又被评为出席全国文教群英会先进集体。

1960年

3月6日至7日　阳泉市举行首届妇女运动会，464人参加田径、射击、乒乓球比赛。

3月　在冶金工业部、全国总工会、共青团中央联合表扬的1959年全国青年高炉成绩突出者中，盂县五五机械厂八一青年高炉受奖。

5月1日　阳泉人民广播电台在市区古城建成，7月1日正式开始播音。

6月11日　全市城乡开展“反对贪污、反对浪费、反对官僚主义”的新“三反”运动，至9月底结束。

9月15日　桃河大桥竣工。桥长187米、宽15米，工程总投资140万元，是省内第一座钢筋混凝土T型梁大桥。

12月1日　邮电部部长朱学范到阳泉考察。

是年　在市区赛鱼至五渡口段的桃河两岸开始修筑永久性城市防洪大坝。该坝于1962年建成，长16.7千米，高8.3米。

阳泉市技工学校创建。

市体育场在北大街建成，面积34657平方米，可容纳观众3万余人。

由于工作失误和自然灾害，境内出现严重荒年。市委、市人委成立生活委员会，发动群众开展生产自救。

境内首次接种小儿麻痹活毒疫苗，全市共计3万余人次。

平定上盘石管理区一号深井竣工。井深135.6米，是境内石灰岩地区第一眼深井。

1961年

3月7日　郭星来代理市委第一书记。4月任市委第一书记。

3月　中共中央发布《农村人民公社工作条例（草案）》（简称《农业六十条》）。10月13日，市委制定《关于〈农村人民公社工作条例〉的试行草案》。

4月25日　撤销郊区；恢复平定县建制，并划归晋中专区。平定县所辖白羊墅、河下等13个行政村划归阳泉市。

5月1日　南山公园正式对游人开放。

6月　全市部署“精减压缩职工，充实农业第一线”的工作。至1962年底，共压缩43033人，其中职工32762人。

8月　全市开始对在“反右倾”“新三反”“整风整社”等运动中被错误批判和处分的党员、干部进行甄别平反。该项工作于翌年6月底结束。

12月1日　阳泉市复归山西省直辖。

是年　杨家庄农具厂生产的“擦䥽锄板”在二轻工业部举办的全国大中小型农具展览会上获“传统优质产品”称号。

1962年

3月　著名相声表演艺术家侯宝林、郭全宝等随中央广播说唱团到阳泉演出。

6月　任家峪铁业社试制广锅成功。1964年在全国同行业评比中，该产品名列第五。

10月9日　阳泉一中被山西省人民委员会确定为省重点中学。

12月18日至30日　市委召开农村四级干部会议，传达贯彻中共八届十中全会精神。在“左”倾思想指导下，会议狠批“阶级斗争熄灭论”，并将部分农村实行的包产到户等生产责任制视为“右倾单干风”进行批判。

是年　市区洪城河口至赛鱼桥公路开始修建，1966年竣工。

1963年

1月5日　全市农村开展以“清工分、清财务、清物资”为主要内容的社会主义教育运动，至2月底结束。

2月　恢复站上区、荫营区。

3月14日　“向雷锋同志学习”广播动员大会在市工人文化宫举行。之后，全市掀起学习雷锋的热潮。

3月25日　全市党政机关、企事业单位开始分批进行以增产节约为中心的“反对贪污盗窃、反对投机倒把、反对铺张浪费、反对分散主义、反对官僚主义”的“五反”运动。

6月　市委组织传达贯彻《中共中央关于目前农村工作中若干问题的决定（草案）》，并在城乡掀起大规模的社会主义教育运动。初期在农村开展以“清账目、清仓库、清工分、清财物”为主要内容的“四清”；1965年1月之后，城乡社会主义教育运动内容统一为“清政治、清经济、清组织、清思想”的“四清”，重点从经济领域转向思想政治领域。

上站小学、大阳泉小学、河底小学、矿务局小学被山西省教育厅确定为省重点小学。

7月　中共中央华北局书记李雪峰到平定县考察工作。

8月2日至9日　境内连降暴雨。市区降雨量达332毫米。全境受灾农田21万多亩，倒塌房窑6.19万间（眼），死亡72人。

8月15日至23日　政协阳泉市委员会四届一次会议召开，郭星来当选主席。

8月16日至22日　阳泉市人民代表大会五届一次会议召开，王文如当选市长。

8月31日　市委制定《关于“四清”试点工作方案》，决定在三郊公社韩庄大队、李家庄公社侯家沟大队、白泉公社窑沟大队进行试点。翌年春，全市开展第一批“四清”运动的共有28个大队。1965年9月10日，市委出台《关于开展农村“四清”运动的方案》，全市抽调1469名干部组成第一批农村“四清”工作队，分赴5个公社的65个大队开展工作，占到全市农村生产大队总数的44.5%。

9月　阳泉市计划生育委员会成立。

阳泉市粉末冶金厂试制粉末冶金产品成功，填补了省内粉末冶金工业的空白。

10月16日至25日　三泉铁业生产合作社生产的砂模铁锅泉小锅，在中华全国手工业合作社第二次社员代表大会上被评为名牌产品。

11月9日　市、县开始宣传推广大寨经验，组织干部群众赴大寨参观学习，开展“农业学大寨”运动。

12月　全国第一座无烟煤重介质选煤厂在矿务局一矿破土动工。1965年12月建成投产。

是年　阳泉市图书馆在市政府大院建成。

1964年

4月4日　全市召开第一次“学习毛主席著作积极分子大会”。之后，境内掀起学习毛泽东著作的热潮。

4月11日　市金属铸件厂自行设计制造的连续铸管机正式投入生产。

6月17日　平定县委、县人委发出向优秀教师张瑾瑶学习的号召。9月11日《山西日报》载文介绍张瑾瑶模范事迹，10月张瑾瑶被选为第三届全国人大代表。

8月18日　中国作家协会主席巴金到矿务局三矿看望井下煤矿工人。

8月22日至26日　河底、东村、杨家庄、三郊、矿区5个公社37个大队分别遭受不同程度的风、雹灾害，成灾面积7.17万亩。至26日，盂县一个多月内有169个大队遭受洪雹灾，10.78万亩农田受灾，死亡5人。

8月26日至30日　中共阳泉市第四次代表大会召开，郭星来当选市委书记。

9月26日　阳泉市首批知识青年赴寿阳县南寺庄、草沟两村插队落户。

是年　根据省委指示，市委组派的“四清”工作队到平定县整训，后赴昔阳县瓦丘公社帮助开展“四清”运动。翌年6月返回阳泉。

矿务局七尺煤层邻近层瓦斯抽放试验成功。1970年，该局一、二、三矿相继建立瓦斯抽放利用系统，将瓦斯作为民用热源向本局部分居民供气。1978年，全市成立煤气化工程领导组，负责统筹城市供气工作。1985年，开始向城区居民供气。

1965年

5月5日　市粉末冶金厂通过技术革新，使还原铁粉的质量达到国内先进水平。

5月　煤炭工业部部长张霖之到矿务局考察。

7月10日　动员组织全市社会各界开始义务修建桃河公园。全部工程于9月30日完成，先后投工114961个。

9月 中华全国手工业合作总社主任徐运北陪同阿尔巴尼亚外宾到市粉末冶金厂参观。

10月19日至25日 政协阳泉市委员会五届一次会议召开，郭星来当选主席。

10月20日至24日 阳泉市人民代表大会六届一次会议召开，孟启明当选市长。

10月28日 阳泉市首次学生代表大会召开。

11月 矿务局直属二坑（原四矿二坑）利用闲置的康拜因联合采煤机改装成截式滚筒采煤机，并将其与相应的普通机械化采煤设备组成采煤机组（俗称土机组）用来在本坑四尺煤回采工作面采煤获得成功，标志着境内煤炭生产进入普通机械化阶段。

12月7日 全国人大常委会副委员长郭沫若到境内考察。

是年 阿尔巴尼亚、坦桑尼亚以及国内少数民族等专家到市金属铸造厂参观连续铸管机生产线。

盂县被省委树为“学大寨树标兵，一带二一片红”的旗帜，被中共中央、国务院树为“大寨式农业典型县”。全国82个单位的干部群众10411人先后到盂县参观。

1966年

3月8日 河北邢台6.8级地震波及全境，平定县东部及北部的11个公社破坏严重，死6人，伤10人，房屋倒塌222间，窑洞倒塌377孔。22日，邢台7.2级地震再次波及全境，平定县死亡1人，伤27人，108个大队的窑洞倒塌三成以上；市区煤矿高压线震断，停电半小时，房屋倒塌196间。

3月 境内发现大面积流脑传染病。矿区公社发病率最高，发病29例，死亡6例。

5月10日 市委发出《关于积极开展社会主义文化大革命运动的通知》。翌日召开全市十七级以上党员干部会议，传达中央和省委关于开展“文化大革命”运动的有关指示。7月28日至8月8日，市委召开全委扩大会议，进一步学习讨论《中国共产党中央委员会通知》（即“五·一六”通知），并就全市开展“文化大革命”运动作部署。

6月 阳泉市泡沫塑料厂在大阳泉村建成投产。

8月2日 矿务局三矿北头咀平峒902工作面发生煤与瓦斯突出现象，从内喷出的瓦斯达到7043立方米，工作面风流瓦斯含量超过10%。

8月23日 10时至21时，市区暴雨成灾。降雨271.4毫米，桃河水陡涨，最大洪峰流量达1980立方米/秒。桃河大坝多处溃决，厂房、街道被淹，死亡57人，直接经济损失1亿元。

9月 境内各中学、中等专业学校“红卫兵”组织相继成立，并大破“四旧”，大立“四新”。

许多历史文物遭破坏，大批文献资料被焚烧。城乡普遍开始建立“红卫兵”组织，冲击党政机关，揪斗干部群众。

10月15日　市邮电局安装JZB-1型步进制1000号自动电话开通。

10月26日　市委决定城市和区属农村的“四清”运动暂缓进行。

10月　市泡沫塑料厂试制成功聚酯型聚氨酯硬泡沫塑料，并为大庆油田制作国内第一根试验性输油管保温套。

11月　国营东方红电影院动工兴建。1968年竣工，可容纳观众1047人。后改称阳泉电影院。

境内各学校先后成立“文革领导组”，取代学校的党政领导。之后，各校师生成批去全国各地“大串连”，学校被迫停课；同时，北京、太原等地大学生到境内鼓吹“造反有理”，批判“资产阶级反动路线”。名目繁多的群众“造反”组织和“战斗队”纷纷成立。

12月　市区“群众造反组织”形成以“无产阶级革命造反司令部”和“批刘邓红色造反联络总部”为代表的两大派系，并开始互相攻击。

1967年

1月20日　20时，在上海反革命“一月风暴”、山西省“一·一二”夺权事件影响下，市区群众组织“无产阶级革命造反司令部”向中共阳泉市委、市人民委员会进行非法夺权，致使全市党政领导机关陷于瘫痪。由于没有得到解放军的支持和中共山西省核心小组、山西省革命造反总指挥部的认可，此项夺权被称为“假夺权”，一周后宣告流产。

2月12日　“阳泉市临时革命造反总指挥部”宣告成立，总指挥安克。

2月　中国人民解放军阳泉市军事管制委员会成立，并相继对阳泉矿务局、人民银行阳泉支行、建设银行阳泉支行、阳泉石油批发站油库、市公安局等单位实行军事管制。

3月16日　上午，在市人民武装部和当地驻军支持下，全市30余个群众组织组成所谓“阳泉市无产阶级革命造反总指挥部”，再次向中共阳泉市委、市人民委员会夺权，并成立“阳泉市无产阶级专政委员会”，对市委主要领导以“死不改悔的走资本主义道路的当权派”等罪名进行挂牌游斗与监管。之后，各厂矿、学校开始层层夺权，一大批干部被隔离审查、斗争批判，全市处于混乱之中。

4月24日　经中共山西省核心小组批准成立中共阳泉市核心小组，王植彬任组长。1968年1月，组成新的中共阳泉市核心小组，组长仍为王植彬。1968年9月阳泉市革命委员会成立后，11月再次组成新的中共阳泉市核心小组，周云涛任组长。1969年4月底，根据中共山西省革命委员会核心小组通知，中共阳泉市核心小组改称中共阳泉市革命委员会核心小组，组长周云涛；1970 年 12 月，中共阳泉市第五次代表大会召开后，该核心小组的活动随之结束。

6 月　下旬，“阳泉市无产阶级革命造反总指挥部”内部矛盾激化，致使全市群众组织分裂为“阳泉市批刘邓红色联络总站”（简称“红总站”）、“山西革命造反兵团阳泉总团”（简称“兵总团”）两大派。

7 月 1 日　市邮电局开设阳（泉）左（权）自办汽车邮路。

8 月 4 日　17 时，市委机要科密电码被部分群众组织抢夺。由于失密，造成全省各地所有密电码报废，并使市内密码通信工作中断两年之久。

8 月　西河口至赛鱼段公路改建成市区首段柏油路面。

9 月　中国人民解放军 4660 部队毛泽东思想宣传队进驻矿务局。

11 月　市直机关干部 420 余人被送进所谓“毛泽东思想学习班”进行审查。

1968 年

5 月 7 日　市内部分群众组织纠集太原、寿阳的部分群众组织，砸抢中国人民解放军 103 军火库。中间遭对立面群众组织截击，致使 1 人死亡、1 人伤残。

6 月 25 日　根据中央对阳泉问题的指示，中共山西省核心小组、山西省革命委员会联合发出《关于解决阳泉问题的通知》。之后，阳泉市实行军管，两派“造反”组织拆除武斗工事，上缴武器，实现联合。

7 月 1 日　中共阳泉市核心小组召开会议，组长王植彬传达全国煤炭会议精神。鉴于安克犯有严重错误，宣布撤销其市“革命造反总指挥部”总指挥职务。

8 月　中国人民解放军毛泽东思想宣传队进驻阳泉一中、二中、三中，矿务局一中，化工厂中学等学校。

9 月 18 日至 26 日　阳泉市革命委员会筹备代表大会召开，正式成立阳泉市革命委员会，周云涛当选主任。至年底，全市各级革命委员会陆续成立。

10 月 14 日　阳泉市工人毛泽东思想宣传队“进驻上层建筑各个领域”誓师大会在东风剧场召开，首批 370 余人开进阳泉一中等 5 个单位。

10 月　全市中小学陆续复课。

11 月 11 日　国内自行设计和制造的第一台长距离钢缆胶带运输机在矿务局四矿丈八煤一井东斜井安装使用，最大运煤量每小时达 500 吨。

12月29日　全市410名城市知识青年赴市郊农村插队落户。

12月　阳泉市火化厂在李家庄竣工。

市内发生流脑传染病。至翌年3月30日，共发现患者508例，死亡43人。

盂（县）五（台）公路、盂（县）石（家庄）公路正式通车。

1969年

1月9日　撤销站上区、荫营区，改设城区、郊区。原站上区所属3个农村人民公社划归郊区。

2月28日至3月14日　阳泉市首届活学活用毛泽东思想积极分子代表大会召开。昔阳县大寨大队大队长贾承让、全国著名劳动模范申纪兰、中国人民解放军某部爱民模范“谢臣班”代表应邀出席大会。

3月28日　市革命委员会在原市委党校的基础上办起阳泉市五七干校。开始将绝大部分原市委、市人委机关干部集中到干校学习、劳动改造。

4月1日至24日　矿务局工人王体出席中共第九次全国代表大会，并当选中央委员会候补委员。

10月1日　中共阳泉市革命委员会核心小组机关报《新阳泉报》创刊，1972年8月复称《阳泉报》。

11月　阳泉市人民防空领导小组成立。全市展开群众性的挖防空洞备战活动。

12月21日　山西省阳泉汽车运输公司开设的阳泉经盂县、平山到石家庄（北线），阳泉经平定、微水到石家庄（南线）的客运班车正式通车。

1970年

1月19日　阳泉市增设矿区，从而使市辖区成为城区、矿区、郊区3个区。

2月10日　全市展开打击反革命破坏活动和反对贪污盗窃、反对投机倒把、反对铺张浪费（即“一打三反”）的群众运动。

3月22日　中国人民解放军阳泉警备区成立。

4月2日　中午，盂县城关阴云密布，天降黄泥如雨，顿时天色暗淡，室内漆黑如夜。至16时许，天色转明，改为下雪。

4月17日　阳泉市划归晋中地区管辖。

7月1日　矿务局金属支柱厂开始试产。该厂设计能力为年产金属支柱5万根、金属顶梁2.5

万根，系省内唯一生产金属支柱的厂家。

9月10日　市革命委员会五次全委会议决定深入开展“农业学大寨”运动。会后，在郊区义井、苇泊、荫营、三郊河组织大搞缩河造地工程。10月下旬，市直机关干部120人及其他行业2万人下乡帮助深翻土地；至11月上旬，完成深翻土地10.14万亩。

12月28日至30日　中共阳泉市第五次代表大会召开，周云涛当选市委书记。

是年　矿务局原煤产量达到1004万吨，首次突破千万吨大关。

阳泉钢铁厂试制20吨电子轨道衡获得成功。

1971年

2月23日　平定县旧街、辛兴、燕龛3个公社划归阳泉市。

5月25日　由市第一人民医院郭文章大夫主刀，为女患者武香只所做的腹膜后巨大脂肪肿瘤（30公斤）切除手术获得成功。

5月26日　市委、市革委开会安排全市持久深入地开展以优质、高产、低耗和安全生产为内容的“工业学大庆”运动。

7月1日　阳泉电视差转台开始转播河北电视台节目。1972年4月改为转播台，1978年开始转播山西电视台节目。

7月　市电机厂制造出省内第一台叉车直流电动机。

8月　石太铁路阳泉至太原段114千米复线工程开工。翌年9月22日正式通车。

10月20日　娘子关电厂一号机组投产，装机容量为10万千瓦。

10月30日　阳泉钢铁厂自行设计、施工的全国第一座无炉衬炼锰铁高炉建成投产。

11月13日　温河水利工程开工。翌年9月13日，该工程的枢纽工程温河高灌站竣工。

11月16日　《人民日报》载文介绍平定县“学大寨，赶昔阳”的经验。

1972年

2月21日　寿阳县山南水库破土动工。1974年7月竣工并蓄水，成为阳泉市区主要补充水源。总容量为583.6万立方米，日供水能力为1.5万立方米。由于该工程设计标准低，1974年7月中旬部、省组织防汛检查时被定为一级险库。至2010年12月，对山南水库进行多次改造加固，使其防洪标准提高到30年洪水设计、500年洪水校核标准。

3月5日　李好山任市革命委员会主任。

3月9日　阳泉市复归山西省直辖。

10月4日　境内第一座新型跨径30米的六孔双曲拱桥——白羊墅公路桥主体工程完成。

12月中旬　山西省自行设计、施工的第一条22万伏超高压输电线路竣工。该线路从娘子关起，经平定、阳泉、寿阳直达榆次，全长117千米。

是年　市区降水量仅240毫米，比正常年份降水量减少5.5成，形成特干旱；致使河道断流、地下水位下降、树木枯死、粮食减产，城乡生产、生活用水困难。

1973年

4月23日　国务院总理周恩来及夫人邓颖超陪同墨西哥总统埃切维里亚及其 夫人一行65人赴大寨途中，在阳泉作短暂停留。其间，周恩来听取山西省革命委员会主任谢振华关于阳泉工作的汇报，并叮嘱省、市领导“一定要把阳泉的工作搞好”。

5月17日　阳泉市工会第八次代表大会召开。

6月11日　阳泉市第五次妇女代表大会召开。

6月25日　国务院副总理邓小平陪同马里国家元首兼政府总理穆萨·特拉奥雷上校参观大寨时途径阳泉火车站。

6月　阳泉师范学校在郊区桃坡村创建。翌年4月迁至城区新华街。

平定县乱流大队凿成境内最大深井，井深540米。

7月14日　盂县境内秀水河及香河洪水暴发，流量达1500立方米/秒，淹没5个厂矿、100余户民宅，冲毁5000余亩农田，直接经济损失120万元。

7月20日　中国国际旅行社阳泉支社成立。

7月25日　市委、市革委在南庄煤矿举行大会，授予1月9日为抢救该矿遇难职工而献身的张启林“矿山铁人”称号，为其追记一等功，并作出向张启林学习的决定。

8月　矿务局工程处矿建一队在北头咀丈八井南翼回风斜井施工中，运用锚杆喷浆喷射混凝土支护一次成巷新工艺获得成功。

10月　市工艺美术厂试制出仿古铜铁工艺产品。翌年销往日本、新加坡、马来西亚、墨西哥等国。

是年　市耐火材料厂生产的黏土质耐火砖开始对外出口，远销至阿尔巴尼亚、越南、日本及东南亚一带，年出口量2000吨。

1974年

1月1日　小河村人工深斜井开工兴建。1978年夏竣工，日出水量6000立方米。

1月　由杨建国、郭礼成、王远明绘画，许元上撰文的连环画《煤海新歌》，以及赵荣纪、张登魁合作的中国画《踏遍煤海千条巷》2件共12幅作品，参加在香港、澳门、美国等地举办的美术展览。为此，2月4日，《人民日报》发题为《发展工人业余美术创作》的文章，《山西日报》发题为《赞阳泉工人画》的专论。中国美术馆收藏上述作品，同时被收藏的还有李贵毛、李廷惠创作的美术作品《热心帮，虚心学》。

3月5日　国内自行设计、制造的第一套综合机械化采煤设备在矿务局四矿二井4223工作面安装试产。

5月　在中国科学院工程力学研究所和沈阳铝镁设计院的帮助下，市工程公司试用芒硝代替纯碱生产水泥速凝剂获得成功，并通过省建委和科委鉴定。1978年，该项目被评为全国优秀科研项目。

9月15日至18日　盂县中南部接连出现-0.3℃～-3.0℃的重霜冻，18个乡镇308个村的17万亩农作物受灾，严重减产。

10月　在文化部、中国美术馆主办的《上海、阳泉、旅大工人画展览》中，阳泉市30名作者的57幅作品入选参展。年内，中央新闻电影制片厂、中央电视台各拍摄《阳泉工人画》纪录片1部。

是年　市合成洗涤剂厂在李家庄建成投产。1982年，年生产能力达到6000余吨，成为省内第一家生产三聚磷酸钠的专业工厂。

1975年

1月23日　李好山任市委书记。

1月　驻阳泉执行“三支两军”任务的解放军部队，奉命开始陆续撤离阳泉。

3月13日　著名数学家华罗庚率领推优小分队到境内推广“优选法”“统筹法”。1977年3月29日，华罗庚应邀再次到境内指导“优选法”“统筹法”推广工作。

4月6日　矿务局四矿小学学生刘春祥为保护集体羊群献出生命。四矿党委、团委、向阳公社等分别发出向刘春祥学习的通知。

4月　石太铁路电气化改造工程开工。石家庄至阳泉段于1980年9月9日竣工，阳泉至太原北站段于1982年9月29日竣工。石太铁路系国内第一条复线电气化铁路。

6月20日　市革命委员会决定对市区29条街道重新进行划分、命名。

6月21日　山西省电力建设工程公司第一工程处，在娘子关电厂建成全省第一台百吨塔式吊车。

6月　矿务局工程处五七队在贵石沟铁路专线2号隧道施工中，月掘进101.6米，创全国煤炭系统隧道掘进最高纪录。

荫营硫铁矿建成一套年产5000吨硫酸的装置，其回收磺烟工艺在全国同行业中居领先地位。

7月29日　市区娘子关供水工程开工；1979年12月12日竣工，1980年1月12日正式试水成功，提水能力为1.5立方米/秒。市区居民生活和工业生产用水得到极大改善。

8月7日　矿务局“七二一”工人大学开学，设采煤、机电和综合机械化3个专业。

10月30日　在全国煤炭采掘队队长会议上，矿务局三矿硬骨头采煤二队被命名为“严细成风的硬骨头采煤队”，成为全国煤炭系统“十面红旗”之一。

10月　山西省戏曲学校阳泉文艺班（中专）在北大街开办，设歌舞、音乐、戏剧表演、戏剧音乐4个专业。

12月27日　市工农机械厂试验成功MT130平面磨床和XLIA双压皮革下料机，并正式投入生产，为山西省机械制造业填补2项空白。

12月　“反击右倾翻案风”运动在全市开展。

全市农村189个生产大队全部办起合作医疗社，共有“赤脚医生”603名。

是年　《娘子关岩溶资源评价及其合理开发利用》在广西南宁召开的全国岩溶规划会议上被列为全国重点科研项目。

1976年

1月8日　中共中央副主席、国务院总理、政协全国委员会主席周恩来逝世。境内群众自发以各种方式进行悼念活动。

4月30日　罗马尼亚厚煤层采煤方法和开采程序考察组到矿务局四矿参观考察。

7月6日　中共中央政治局常务委员、全国人大常委会委员长朱德逝世。境内群众自发以各种方式进行悼念活动。

7月12日　由阳泉矿务局和辽宁煤炭研究所、四川矿业学院联合组成的实验小组，在阳泉矿务局一矿北头咀平峒912工作面进行大直径密集钻孔预抽七尺煤层瓦斯试验，获得成功。

7月29日　阳泉市派出50余人组成医疗队奔赴唐山地震灾区参加抗灾救灾。之后，市第一人民医院、矿务局医院等10所医院，接待治疗唐山遇难伤员200余名。

9月9日　中共中央主席、中央军委主席毛泽东逝世。18日，全市各界代表5万余人，在市体育场隆重举行追悼大会。

9月15日　阳泉市聋哑学校在桃坡村建成。

9月27日　盂县、郊区34个公社遭受罕见冰雹大风袭击。冰雹如核桃大小，厚度达10厘米。受灾农作物38万多亩，大部分谷田基本无收。

10月21日　全市8万多名各界代表在市体育场隆重集会，庆祝粉碎江青反革命集团。

12月10日　全国第二次农业学大寨会议在北京召开，平定县、盂县被树为全国“农业学大寨”先进县。

是年　矿务局三矿裕公井采煤二队在厚度1.14米的煤层中，年产原煤304195吨，创同煤层普采全国最高纪录。

1977年

1月10日　在全国煤炭工业学大庆赶开滦会议上，矿务局被煤炭工业部授予“煤炭工业战线大庆式企业”称号。

4月　市无线电二厂开始批量生产半导体台式收音机。

5月29日　19时20分，市区遭受特大暴雨、冰雹袭击，历时半小时。冰雹最大如拳头，雹层厚度达27厘米。13人丧生，8.2万亩农田受灾，19个厂矿停产，石太铁路中断3小时，直接经济损失250万元。

6月8日　市区桃河上游治滩筑坝造地工程开工。1979年12月基本竣工。该工程总投资763万元，建成河坝12万米、排洪渠1500米，坝内新增耕地1176亩。

6月15日　平定县娘子关提水工程开工，设计流量3立方米/秒。1985年6月4日第一期工程竣工，1987年3月1日开始试运行供水。1995年9月1日，第二期工程开工，1996年10月正式向阳泉二电厂供水。

7月1日　阳泉至平定县半自动化电话开通。

7月14日　水电部部长钱正英到平定县尚怡水库考察。

9月5日　张步英任市革命委员会主任。

9月6日　阳泉铝矾土矿回转窑块法生产试产成功，为国内用回转窑煅烧高铝黏土开辟新途径。

10 月 9 日　山西省第一座自立中波发射塔在山西人民广播电台阳泉转播台建成，并开始转播中央人民广播电台第一套节目。

11 月 16 日　矿务局采用顶板钻孔抽放临近层瓦斯，抽出量占瓦斯涌出量的 60% ～ 90%，达到国际水平。

是年　平定县化肥厂被化工部评为全国化肥百面红旗单位之一。

平定县柏井发现古瓷窑遗址一处，据考证，其年代大约为唐代至金代，以烧白瓷为主。同年，盂县瓷窑坡也发现古瓷窑遗址一处，经考证，其年代大约为宋代至金代，亦以烧白瓷为主。两遗址均属河北省定窑系统。

1978 年

3 月 4 日　平定县钢铁厂用硫铁矿渣生产海绵铁新工艺、新技术试验成功，并通过省科委、计委鉴定。该工艺属国内首创，被冶金部列入全国冶金重大科研成果。

3 月　矿务局三矿、四矿与山西矿业学院共同研制的脉冲载频数字显示式矿井瓦斯遥测装置，市电工机械厂研制的 PHD-300 型平衡吊等 12 项成果获全国科学大会奖。

6 月 1 日　新西兰友好人士、著名作家路易·艾黎到平定县参观访问。

10 月 16 日　国务院副总理谷牧到阳泉考察。

10 月 23 日　马杰任市委书记。

11 月 9 日至 10 日　英国采矿设备制造商协会代表团一行到矿务局考察。

12 月 3 日　矿务局二矿小南坑 72903 工作面发生瓦斯爆炸，死亡 10 人。

12 月下旬　境内各级党委组织学习贯彻中共十一届三中全会精神，开展关于真理标准问题的讨论，总结经验教训，拨乱反正。

1979 年

1 月　境内开始按照中央有关规定，为地主、富农分子摘帽和为地主、富农子女定成分。

2 月 13 日　阳泉市高山电视差转台建成。

4 月 2 日　刘敏任市革命委员会主任。

4 月 11 日至 28 日　市委召开工作会议，着重研究解决清查扩大化问题，并明确宣布全市的揭批清运动已经结束，工作着重点开始向社会主义经济建设上转移。

7月　煤炭工业部部长肖寒到矿务局考察。

10月18日至19日　联邦德国北威州议会矿井安全考察团到矿务局考察。

10月24日　中国杂技团到阳泉演出。

11月5日至8日　美国西艺公司哈利·保尔和乔尔·温伯格到阳泉铝矾土矿参观考察。

11月　市任家峪铸锅厂生产的“广西改铁锅”，在全国铁锅质量评比中被轻工业部评定为“全国轻工业优质产品”。

市委组织人员开始对在1956年社会主义改造中所定的802个资产阶级工商业者的成分进行甄别。该项工作于1981年3月结束。

12月18日　山西广播电视大学阳泉工作站成立。

是年　市区开始进行大面积旧城改造。先后被改造的地段有德胜东街、崇德里、福寿街、巨兴街、华盛街及下站太上小区等，其中仅1986年的福寿街改造工程就完成建筑面积2.31万平方米。到1988年底，市区旧城改造已初具规模。

1980年

2月7日　平定县冶西公社社办煤矿发生瓦斯爆炸，死亡13人。

2月25日　刘寰任市革命委员会主任。

4月2日　中共阳泉市纪律检查委员会成立。

5月　市手管局职工黄旭升、矿务局职工葛葆庆的摄影作品《闹洞房》，在联合国教科文组织举办的亚洲、大洋洲青年摄影比赛中获四等奖。同年，《闹洞房》被日本《朝日摄影》杂志刊登。

6月1日　新建的阳泉火车站简子沟编组站正式启用。

6月　平定县坡底村利用娘子关发电厂余热水放养罗非大黑和中红亲鱼。此为境内温水养鱼之始。

8月　在全国高等院校招生统考中，阳泉一中考生武向卫以总分466.5分的成绩获全省理科第一名，考入北京大学化学系。

9月30日　新建的赛鱼大桥、华盛大桥、五渡大桥和南滨河路通车。

9月　美国、联邦德国、意大利等国商人到盂县牛村社办矾石矿参观考察。

10月4日　境内第一座电视转播台自立发射铁塔在南山公园内建成，塔高69.38米。

10月27日　中国煤炭科学研究院太原研究所与矿务局共同研制的JY-Ⅱ型掩护式液压支

架通过煤炭工业部鉴定，填补了国内煤炭行业一项空白。

11月10日　政协阳泉市委员会五届十九次常委会议召开，标志着政协阳泉市委员会正式恢复工作。

11月22日　首次对全市城乡地名进行普查。

12月9日　撤销郊区平潭街大队、小阳泉大队，所属农村户口转为城市户口。

12月　阳泉火车站主要岔道实现电气化。

是年　盂县五五铁厂生产的5种规格小型钢锭模销往中国香港及菲律宾、马来西亚、孟加拉等国家和地区。

境内农村开始逐步实行家庭联产承包责任制。

1981年

1月11日　市委召开全市“五讲四美”动员大会，部署开展社会主义精神文明建设活动。

1月15日　由第一机械工业部第八设计院与市机械修造厂联合设计的YPB-300型液压平衡吊在国内首试成功。

3月11日　第一个全民文明礼貌月活动在全市启动。

3月　境内旱情严重，土壤含水量仅达5%～10%。郊区、平定县多数农村井干泉涸，生活、生产用水困难。

4月1日　市革命委员会决定，每年4月4日至5月3日为全市“爱鸟月”。

5月2日至3日　中共中央政治局委员、国务院副总理余秋里到矿务局考察。

6月　阳泉市地震台正式投入使用。

7月22日　20时许，正在放映电影的矿务局三矿职工俱乐部内发生特大爆炸，炸死32人，炸伤127人，直接经济损失达30余万元。案犯高海平被当场炸死。

9月28日　娘子关电厂输电线路与河北、京津唐电网并网。

9月　市一中考生王润萍在全国高等院校招生统考中，以总分459.25分的成绩获全省文科第一名。

10月25日　市内第一套闭路电视系统在中国工商银行阳泉支行筹备处投入使用。

11月　市二轻局职工俞志宏创作的科普小说《水晶宫里的歌声》正式由天津新蕾出版社出版发行。

12月3日至9日　阳泉市文学艺术工作者联合会第一次代表会议召开。同时成立下属文学、美术、戏剧、音乐、曲艺、摄影、书法、电影和舞蹈9个协会。

12月26日　平定县实现村村通电。

是年　市耐火材料厂研制成功隔热保温新型节能材料——硅酸铝耐火纤维。

市无线电七厂与矿务局煤研所、三矿共同试制成功ZB-I型晶体管动力载波机。

1982年

2月4日　荫营煤矿九尺煤南二上山发生火灾，死亡11人，经济损失17万元。

2月10日　晚，城区公安分局院被炸，炸伤14人。罪犯王某后被依法判处死刑。

3月3日　娘子关发电厂和山西省建筑科学研究所共同试验的在炉属液态渣中直接增钙工艺获得成功，属国内领先。

4月2日至5日　“文化大革命”中一些“造反”组织的头面人物，借为在“文化大革命”中犯有严重错误的原“阳泉市革命造反总指挥部”总指挥安克骨灰安葬之机，互相串联，煽动派性，大搞非组织活动。6月3日，市委、市革委作出决定，对参与该活动的主要成员视情节轻重分别给予处分。

4月6日　市仪表厂首次在全省试制成功1.5立方米/小时煤气计量表。

4月　铁道部部长陈璞如到阳泉铁路地区考察。

5月4日　山西省第一条矿用排矸架空索道在矿务局三矿投入使用。

7月20日至29日　政协阳泉市委员会六届一次会议召开，焦剑心当选主席。

7月22日至28日　阳泉市人民代表大会八届一次会议召开，郭力当选市人大常委会主任，周国俊当选市长；将阳泉市革命委员会复改为阳泉市人民政府。

7月29日至8月4日　市区降雨167.7毫米，桃河流量达724立方米/秒，有9个公社和部分厂矿受灾，死亡8人。荫营河泛滥，造成直接经济损失353万余元。

7月　矿务局二矿西副立井大型箱式结构井架起吊落成，为其时省内最大井架。

8月　白羊墅至贵石沟运煤铁路专用线破土动工。1985年3月正式建成，总长27.3千米。

9月27日至10月15日　阳泉市举办物资交流大会。15个省、市、县153个单位及100多名个体商贩、小手工业者参加大会，总成交额达1100多万元。

12月15日　中国民主建国会阳泉市支部委员会成立。

12月16日　中国国民党革命委员会阳泉市支部委员会成立。

12月　阳泉市开展10万余人参加的计划生育宣传教育活动。

是年　荫营硫铁矿生产的“晋花”牌硫黄块被化工部评为优质产品。

1983年

1月1日　阳泉市首届书法篆刻展览开展。

1月11日　市煤矿机械修造厂试制成功208型可弯曲刮板输送机，填补省内一项空白。

1月　王建功任市委书记。

3月5日至20日　阳泉市举办首届集邮展览。

3月　刘寰代理市委书记。

4月19日　靳广杰任市委书记。

4月　市第一人民医院开始使用人工心脏起搏器治疗心脏病，同时开展大网膜颅内移植术。

6月14日　中国民主促进会阳泉市支部召开首次大会。

7月19日　全市第一座太阳能热水器工程在矿务局建成并投入使用。

全省第一台大口径水表检验装置由市自来水公司自行设计、制造并安装成功。

7月26日至28日　阳泉市第一届归国华侨代表大会第一次会议召开。

7月28日　国务院批准平定县、盂县划归阳泉市管辖。9月12日，平定县、盂县正式划归阳泉市管辖。

8月13日　市地毯厂研制成功120道、50道羊毛栽绒地毯，填补省内地毯行业2项空白。

8月17日　全市第一座220千伏娘（子关）长（岭）变电站建成投产。娘子关电厂220千伏输电线路与河北220千伏电网联网。

8月30日　全省第一台电车、汽车空气液压机由市自来水公司机修厂试制成功。

9月12日　矿务局三矿二号井将电子计算机应用于矿井监控，使原煤皮带运输系统实现自动化监控。

9月　全市取消棉花、棉布票证供应。

10月1日　太原至阳泉广播电视微波线路正式开通使用。中央电视台第一套节目和山西电视台节目在阳泉地区开始直接传送。

10月15日　矿务局特大型矿井——贵石沟矿井建设工程举行开工典礼。该矿井设计能力为年产原煤400万吨，系国家“七五”计划确定的重点建设工程之一。

10月16日　矿务局二矿西竖井筒第一期装备工程竣工，国内第一台大型落地式多绳摩擦提升绞车在该井投入使用。

10月17日　委内瑞拉军工公司董事长桑塔纳盖维多少将、经售经理络伊斯塞鲁董上校、驻华大使馆武官耶佩斯少将到晋东化工厂参观。

11月30日至12月3日　政协阳泉市委员会六届三次会议召开，补选郭力为市政协主席。

11月　阳泉市人民代表大会八届三次会议召开，补选马维华为市人大常委会主任。

12月26日　阳泉市级党政机关机构进行改革。改革后市委工作部门及办事机构由原来的9个减为7个，市政府工作部门及办事机构由原来的54个减为36个。

是年　《石评梅作品集》由书目文献出版社编辑出版。全国政协主席邓颖超题写书名，并撰写《为题〈石评梅作品集〉书名后志》。

1984年

1月1日　全市开征水资源费。

2月16日　全市建乡工作开始，8月结束。至此，境内人民公社全部撤销，均改称乡（镇）人民政府。年内，农村生产大队改设村民委员会。

3月　矿务局第一工程处五五队在三矿水源风井施工中，以月成井177.02米创全国立井月进新纪录。

4月　阳泉市工业学校创建。

5月　晋东化工厂生产的全塑包缠导爆索及制索机获国防科委重大科技成果二等奖、国家科技进步三等奖；锅炉化学清灰剂获国防科技重大成果三等奖。

境内地方煤矿第一座现代化洗煤厂在南庄煤矿开工兴建，1990年10月1日竣工；年洗选能力90万吨，总投资1417万元。

7月8日　郊区河底镇青山煤矿发生重大恶性瓦斯爆炸事故，死亡22人，伤14人。

7月　山西省最大的摩擦轮提升机配套装置——信号自动记数寄存器在矿务局二矿维运区试制成功。

境内首次由飞机在盂县王村、西潘两乡接壤的上河弯水岭一带播种牧草，播种面积达1万余亩。

8月20日　盂县夫城口水电站正式开工兴建，1992年建成。该水电站装机2台共1600千瓦，年设计发电量800万千瓦小时，总投资1000余万元。

8月　市重点业余体校运动员胡秀红在辽宁大连举行的全国青少年射击比赛中，以564环的成绩获得气手枪60发比赛冠军。

国家女子手球队阳泉籍队员张维红在美国洛杉矶举行的第二十三届奥运会上，与队友合作为中国夺得一枚铜牌。

9月22日　矿区铁路专用线石卜咀集配站电气集中开通。该站是煤炭系统华北集配站中第一个电气集中车站，是国内最先进的一种铁路运输自动化控制系统。

9月23日至25日　阳泉市举行首届老年人运动会。

9月　晋东化工厂生产的军用小粒黑药获兵器工业部优质产品奖。

10月16日　设置山西矿业学院阳泉煤炭专科班。1986年1月改建为阳泉煤炭专科学校，2001年4月更名为太原理工大学阳泉学院。

11月30日　市委召开第一批整党单位动员大会，旨在“统一思想、整顿作风、加强纪律、纯洁组织”的整党工作在全市分批进行。至1987年初基本结束。

11月　矿务局与煤炭工业部签订1985年至1990年为期6年的投入产出总承包合同。之后，生产和基建分别实行吨煤工资包干和百元产值工资含量包干制度。

12月24日　市水泵厂全性能测试中心建成，填补了山西省现代化水泵测试技术的空白。

12月　盂县实现村村通电。

阳泉矿区（面积1615平方千米）改造工程被确定为“国家重点工程”。

是年　阳（泉）井（陉）公路改建工程开工，翌年9月竣工。该公路是晋煤外运的重要干线，全长39.8千米，路面达到二、三级标准。

盂县城关镇磁性材料厂新生产的磁性胶条、磁块等，在辽宁本溪召开的全国磁性材料鉴定会上质量排名第一，并被评为山西省优质产品。

平定县公安机关破获一起涉及6个乡23个村29个单位1000余人的先天道复辟案。

矿务局退休职工周竹堂自筹资金创办阳泉市矿区矿山技术设备研究所。至1990年底，该所科研成果中有6项技术获国家专利，曾4次获国际发明成果奖。

1985年

1月　全市国有企业的厂长（经理）开始实行任期目标责任制。

全市所有企业开始全面推行合同用工制度。

3月2日至5日　阳泉市举办首届妇女运动会，有46个单位1701名运动员参赛。

3月15日　郊区、平定县、盂县达到基本无盲县区标准，市政府为其颁发证书。翌年12月经省教育厅考核确认。

3月18日至20日　阳泉市举办首届农民运动会，有5个代表队计200多名运动员参赛。

3月31日　平定县耐火材料厂首次在省内试制成功耐酸砖。

4月2日　平定县苇池村生产的紫砂陶瓷工艺品，在北京举办的全国首届乡镇企业产品展销会上获名牌产品奖。

4月12日　共青团阳泉矿务局委员会被团中央授予"为重点建设献青春，争当新长征突击手"竞赛活动优胜单位；同时，该局第三工程处蔡金林、平定县麻巷村冯素花被授予"全国新长征突击手"称号。

4月17日　市农牧局在平定县良种场进行蔬菜无土育苗试验并获得成功。

4月26日至27日　美国康麦特公司副总裁温伯格和德国、法国、比利时、英国客商10余人，到平定县理家庄、盂县獐儿坪和岭西岩等村参观考察矾石矿生产情况。

4月　晋东化工厂生产的六九式40火箭弹、81型练习弹、发射药装药，获国防科委重大科技成果三等奖。

5月1日　矿务局煤炭科研所金元斌、市交通局王以晖获全国总工会颁发的"五一劳动奖章"。截至2010年12月，全市共有27人获此奖章。

五一照相馆在全市首家开办彩色扩印业务。

5月5日　郊区西峪村办煤矿发生瓦斯爆炸事故，死亡10人。

5月6日至11日　阳泉市举办首届技术交易会。市内及外地的175个单位、2500余人参会，参展项目1639项，展销新产品37种。其间，签订正式合同、意向书、技术项目24项，成交额达336万元。

5月13日　路正西任市委书记。

5月18日　晋东化工厂生产的混合炸药被国防科委授予重大科技成果三等奖。

5月19日　市微型电机厂生产的60台0.75马力分马力电机销往孟加拉国。

5月25日　市内国营企业红星机械厂被集体企业微型电机厂兼并。

5月　光敏代理市长。1986年4月任市长。

5月26日　中国农工民主党阳泉市支部委员会成立。1989年2月26日改为农工民主党阳泉市委员会。

6月19日　日本友好访华团一行10人到盂县上社镇参观。

6月　全市第一座机械化立筒式粮食仓库在西河滩建成。该粮库采用电子测温、自动配料，库容量850万公斤。

7月2日　巨灵百货商场宏张开业，营业面积4396平方米，系全市最大的百货商场。

7月29日　晋东化工厂黑火药热法压药自动生产线改进项目通过兵器工业部技术鉴定，并获国防科委重大科技成果一等奖。

7月　阳泉荫营煤矿生产的大块煤获煤炭工业部优质产品称号。

铁道部部长丁关根一行13人到矿务局一、三、四矿了解煤炭生产、运输、存煤等情况。

8月15日　全国政协赴山西考察团到盂县山区考察访问。

8月17日至18日　煤炭工业部部长于洪恩到矿务局和平定县乡镇煤矿检查工作。

8月25日　桃河大桥扩建工程竣工，拓宽后的桥面为26米。

8月　阳泉铝矾土矿回转窑重油煅烧的高级高铝黏土熟料被冶金部评为“全国冶金工业优质产品”。

9月17日　平定二中学生郭广姝获全国少年大字比赛一等奖。

10月30日　中共平定县委、县政府在七亘村举行“七亘大捷纪念碑”落成揭幕仪式。中共中央政治局委员、中央军委副主席徐向前为纪念碑题词并书写碑名。

11月26日　市粉末冶金厂生产的还原铁粉在全国同行业检查评比中，同上海粉末冶金厂生产的同一产品并列全国第一，主要技术指标达到世界同类铁粉先进水平，获机械工业部采用国际标准验收的机电产品合格证书。

12月3日　《山西工人报》刊登长篇通讯，介绍矿务局二矿工会代主席葛德林生前全心全意为矿工服务的先进事迹。13日，山西省总工会作出关于开展学习葛德林，做“职工之友”活动的决定。20日，中共阳泉市委作出关于向优秀共产党员、模范政工干部、矿务局二矿工会代主席葛德林同志学习的决定。

是年　阳泉市体育馆在义东沟村兴建，1989年9月落成。内有座位4000个，并配有先进的光控、声控和电子计分装置，可举办篮球、排球等多项室内比赛。

境内春雨偏少。全市河流除滹沱河外全部断流，地下水位普遍下降，受旱农田56万余亩，有38个乡镇244个村的8.29万人以及2.9万余头大牲畜严重缺水。个别村庄停业停工，学校停课，养殖户出卖禽畜，村民离家投亲靠友。

1986年

3月5日　阳泉市人民武装部改建为中国人民解放军山西省军区阳泉军分区，同时设中国人民解放军阳泉警备区司令部，与军分区为一套机构。5月，阳泉军分区所辖三区两县人民武装部均改属地方建制，仍由军队和地方双重领导。

3月27日　市委、市政府抽调237名干部组成首批帮贫致富服务队，分赴境内23个乡96个村开展工作。

3月　平定县城关镇工业硅厂生产的结晶硅被外经部批准为免检出口产品。该产品远销日本、美国、西德等国家。

4月7日　平定县汽电厂研制成功东风-140解放牌五吨汽车启动装置，填补了省内汽车行业一项技术空白。

4月15日　平定县被全国区划委员会定为全国农村资源经济信息和综合研究系统重点县。

6月22日　15至16时，郊区辛兴、旧街，平定县冶西、阳胜，盂县西烟、南娄等17个乡镇遭受冰雹、暴风雨袭击，受灾农田11.4万亩，经济损失达476.93万元。

6月27日　美国旅游访华团一行24人到平定县参观访问。

7月10日　“七五”期间山西重点建设项目之一，阳（泉）涉（河北涉县）铁路动工兴建。2002年10月21日全线开通。

7月16日　平定县东锁簧村66岁农村妇女赵春盛的剪纸《莲花鱼儿》，被选为中国民间艺术赴中国香港及日本、朝鲜等20多个国家巡回展览作品。

7月18日　盂县牛村镇34个村遭受冰雹、暴雨袭击，受灾农田3.4万亩，打坏果树2.13万株，淹没煤窑、砖厂21座，经济损失522万元；同时遭受袭击的还有平定县槐树铺、马山、岔口等12个乡镇112村，受灾农田9.67万亩。

郊区关王庙、盂县大王庙、平定县娘子关和冠山书院被确定为省级重点保护文物。

7月20日　全市第一座标准游泳池在矿务局三矿东山公园正式开放。

7月24日　联合国儿童基金会驻中国代表罗伯特·巴克（美）偕夫人到其阔别46年的出生地平定县访问。

8月　中央民族乐团应邀到阳泉演出。

矿务局四矿安装使用波兰制造的CMC-I型瓦斯监测系统。

平定县陶瓷厂生产的黑釉刻花梅瓶在全国工艺美术产品百花奖评比中获设计一等奖。

9月10日　盂县被评为“全国基础教育先进县”。

9月　市电工机械厂设计制造成功悬臂平衡吊。该产品采用微机控制、三维空间无重力操作，具有世界先进水平。

10月24日至11月1日　英国切斯特菲尔德市市长彼尔·史密斯一行4人应邀到阳泉市友

好访问。

10 月 27 日　中国国际贸易促进委员会阳泉支会成立。

12 月 1 日　经国务院批准，阳泉市正式成为对外开放城市。

12 月 5 日　市广播电视局总工程师郑光亮领导科研组研制的 YGD-2 型广播发射自动控制处理机和调幅音量自动控制处理机通过省广电厅鉴定，确认“其功能、效益、方案选择，目前在国内未见先例”。

12 月 29 日　市青山水泥厂在西南舁乡建成投产。其规模居全省乡镇企业同行业之冠。

是年　全市春、夏、秋连旱，年降水量只有 353 毫米，比正常年份少四成。境内河断库干，井水下降，生产、生活用水困难。受旱农田 62 万亩，其中 9.5 万亩绝收。

1987 年

1 月　境内农村采取乡镇和农民共同集资、投工的建路方针，大力发展乡村公路，使全市农村通车率达到 97%。

2 月 1 日　市第三人民医院引进的日本东芝最新 B 型超声诊断设备投入使用。

2 月 28 日　阳泉籍运动员管建华在第 39 届世界乒乓球锦标赛上，获女子单打铜牌，并与队友王浩合作获男女混合双打铜牌。

3 月 23 日　颁发居民身份证工作在全市展开。

3 月　为纪念阳泉解放 40 周年，市委、市政府邀请曾在阳泉战斗和工作过的 57 名老战士、老干部座谈，并就阳泉市中长期发展规划征求意见。

矿务局机修厂试制的 Π 型钢顶梁通过鉴定，填补省内一项空白。

5 月 12 日　平定师范附属小学学生刘喜棠绘画作品《懒猫》获全国少年儿童漫画比赛金奖。

在盂县藏山庙会上，因游客将通往先祖庙道旁的护栏挤塌，造成一起重大伤亡事故。死亡 13 人，受伤 10 人。

5 月 23 日　《阳泉市水资源评价供需分析及对策研究报告》等 4 个专题报告，通过国务院全国水资源协调领导组、水电部、水科院及省有关部门领导和专家的评审鉴定，成为阳泉市社会、经济发展的重要依据之一。

6 月 2 日　全市第一幢高层建筑——阳泉宾馆新馆竣工。主楼共 18 层，高 63 米。

6 月 3 日至 14 日　市科委应用技术研究所韩少杰发明的 XJ-I 型数字式袖珍甲烷警报器，获全国第三届发明展览会银牌奖。10 月 4 日，在第 36 届尤里卡世界发明博览会上获金质奖和特别奖。

6月24日　盂县庄只村煤矿发生特大瓦斯爆炸事故，死亡13人。

7月1日　阳泉电视台开始试播。

7月7日　市委、市政府在狮脑山举行百团大战纪念碑落成典礼，中顾委常委陈锡联等应邀参加。纪念碑呈三棱形，高40.8米。彭真、徐向前、薄一波分别为纪念碑题词。

7月21日　九三学社阳泉市支部委员会成立。

7月　境内日平均气温33.5℃，最高达40℃，降水45.7毫米，比常年同期减少102.5毫米。全市有96万亩秋田严重受旱，其中重灾面积63万亩、绝收面积15万亩。

8月3日　山西省普通高校招生考试成绩揭晓，阳泉市理工类、专科类总达线率分别居全省第一。

8月20日　城乡建设环境保护部部长叶如棠到阳泉考察。

9月3日　矿务局机修厂刘功勤研制的正压式淋浴器，在全国发明展览会上获铜牌奖。

9月8日　阳泉新火车站动工兴建，1990年12月15日建成。工程总投资1700多万元，建筑面积1.21万平方米。

9月11日至15日　中共阳泉市第六次代表大会召开，路正西当选市委书记。

9月17日　以市长光敏为团长的阳泉市人民政府友好代表团一行5人，应邀赴英国切斯特菲尔德市进行访问。9月24日，签署两市结成友好城市协议书。

11月2日至8日　英国华侨妇女联合会会长熊文英女士回故乡平定县探亲。

11月26日　市电工机械厂研制的定柱式旋臂起重机通过省机械厅技术鉴定，认为该机达到国内先进水平。

11月27日至12月5日　政协阳泉市委员会七届一次会议召开，郭力当选主席。

11月29日至12月7日　阳泉市人民代表大会九届一次会议召开，光敏当选市长。

12月31日　中共中央政治局常委、书记处书记胡启立到阳泉考察。

是年　1987年与1978年相比，全市工农业总产值提前三年实现第一个翻番，由10.22亿元增加到22.2亿元。

1988年

1月9日　矿务局抗变形农村住宅研究、KTT-250/500矿用直流架线电机车可控硅调频脉冲两项科研成果，获煤炭工业部科技进步三等奖。

2月27日　光敏任市委书记。

由国家和地方投资、市供销合作社主持，在郊区小河村口兴建的现代化大型果品冷藏库通过国家验收。

3月17日　平定县里社村农民张广义在市公共汽车站只身与抢劫他人财物的歹徒搏斗，不幸遇难。后被省政府追认为烈士。

4月1日　市政府召开住房制度改革工作会议，传达贯彻党中央、国务院和省政府关于住房制度改革精神，研究讨论《阳泉市城镇住房制度改革方案（讨论稿）》。

4月9日　省内外专家鉴定认为，盂县人民医院研制的“外科液体疗法指南应用软件”达到国内先进水平。

4月10日　市邮电局从日本引进的万门自动电话交换机首批工程竣工并投入使用。

4月　矿务局被列入全国第一批大型工业企业的特大型企业。

5月1日　市政府决定对肉、蛋、菜、食糖放开经营，同时给予职工一定补贴。

5月6日　阳泉市与内蒙古自治区人工降雨办公室联合在境内成功地进行人工降雨。全市平均降雨量27.2毫米，旱情得以缓解。

5月12日至14日　阳泉市举办综合物资调剂会，省内外60个单位派员参加，成交额近1000万元。

5月16日　阳泉铝氧厂一期工程6000吨电解铝生产线开始建设，12月5日建成。之后，又相继完成二期6000吨电解铝生产线、三期1.8万吨电解铝生产线工程。

6月1日　全民所有制企业实行职工退休费用社会统筹。

6月14日至15日　国内第一个地面工矿企业660伏供电系统在矿务局的四矿选煤厂试验成功。

6月23日　《阳泉市推行全民所有制企业工资总额同经济效益挂钩的实施方案（试行）》正式出台。

6月　李天瑞代理市长。1989年5月任市长。

7月13日　国内首次进行的煤矸石造地复垦试验工程，由中美两国合作在矿务局三矿全面铺开。

7月16日　市第三人民医院骨科成功地完成首例完全断指再植手术，标志着境内显微外科有了新的突破。

13至22时，阳（泉）石（盆口）公路21千米+300米处发生滑坡，造成特大险情，致使部分交通、通信、供电线路中断近一天时间。

7月　由矿务局三矿党委和水泥厂、赛鱼街道办事处、赛鱼商店等单位共同发起的“见义勇为基金会”成立。

8月2日　市政府举行1988年高考信息发布会。阳泉市参加全国普通高校招生考试4379人，8项达线率在全省11个地市中均列第一，取得历史最好成绩。

8月4日　17时左右，郊区魏家峪村发生一起雷击伤亡事件，3人死亡，10人受伤。

8月5日　桃河出现1966年之后第一次大洪峰，洪峰流量达1100立方米/秒。

8月6日　阳泉市信托投资公司正式成立。

8月8日　著名旅游景点娘子关飞瀑从1987年1月24日断流550天后于日内复流，流量为0.23立方米/秒。

8月16日至17日　中国驻英国大使冀朝铸到阳泉参观。

8月　阳泉籍运动员张秀生在日本举行的中日田径对抗赛中，获男子5000竞走冠军。

8月29日　全省农村第一家全封闭式机械化养猪场在盂县乌玉村建成投产。

9月9日　国家教委、财政部授予平定县“全国教育先进县”称号。

9月16日至20日　山西省乡镇企业工作会议在阳泉召开。会上，在省委、省政府表彰的39个乡镇企业年总产值超亿元的县（区）中，阳泉市郊区名列第三。

9月　阳泉师范学校和阳泉市教师进修学校合并，成立阳泉市教育学院。

10月5日至13日　在北京国际发明展览会上，阳泉市参展的12个专利发明项目全部获奖。其中，矿区矿山技术设备研究所周竹堂发明的矿用隔爆型安全火花声光电铃、电笛获得银牌奖；矿务局科技处张源深发明的矿车自动刹车装置和市电工机械厂刘克勤发明的电液流量控制阀获铜牌奖。

10月22日至23日　能源部部长黄毅诚到矿务局、娘子关发电厂等企业检查指导工作。

10月　市豫剧团青年演员杨华在全国首届中青年豫剧演员电视大奖赛中获最佳演员奖。

12月1日　阳泉市地毯企业集团成立。该集团由市地毯厂牵头，并由山西、河北、内蒙古等地15个地毯厂组成。

12月1日至7日　国务院税收财务物价大检查山西工作组到阳泉检查工作。

12月3日至11日　山西省石油公司阳泉公司杜训玉发明的有诱导轮多级卧式离心泵，在第37届世界发明博览会上获布鲁塞尔尤里卡世界发明铜牌奖。

12月27日　阳泉市伊斯兰教协会成立。

是年　阳泉市与天津市塘沽区、山东省潍坊市和淄博市、江苏省镇江市、海南省三亚市、河北省沧州市建立友好城市关系。

全市共接待来自美国、英国、加拿大、日本、苏联、印度、法国、瑞典、意大利、埃及、奥地利、荷兰、比利时、新加坡、泰国、莫桑比克、巴林等18个国家和地区的外宾85批、247人。

1989年

1月21日　太原工业大学和市拖拉机厂共同研制的2M3150型离心式研磨抛光机正式通过省机电厅组织的专家鉴定，认为该机达到国内先进水平。

1月22日　凌晨6时，平定县与阳泉市直拨电话网开通。

2月4日　矿务局二矿75-11-04-08综采工作面瓦斯处理技术通过部级鉴定，确认达到国内先进水平，其中沿空巷二次复用、充填材料两项内容填补了国内空白。

2月23日　矿务局医院骨科主任吕实川负责的《前路椎管扩大减压植骨融合术治疗颈椎损伤合并高位截瘫31例临床分析》和《脊椎手术牵引床的临床应用》两项科研成果通过省卫生厅组织的专家鉴定，认为两项成果分别达到国际先进水平和国内领先水平。

2月24日　轻工业部部长曾宪林一行6人到市合成洗涤剂总厂、钟表仪器工业总公司检查指导工作。

3月3日　阳泉市与石家庄市结为友好城市。

4月26日　市委、市政府发出通知，要求广大党员、干部、群众旗帜鲜明地反对资产阶级自由化，维护安定团结的大局。

6月20日　14时30分，市自来水公司猫垴山配水厂容积1万立方米的1号蓄水池决口，造成39人死亡、6人受伤的特大事故。市区70%的工业和生活用水断供，阳泉钢铁公司的3座高炉停产，5间民房倒塌，经济损失137万元。21日，市区供水恢复正常。

长岭变电站二期工程Ⅱ号12万千伏安主变压器通过省电力局验收，投入运行。

6月20日至22日　市残疾人联合会首次代表大会召开。

7月5日至9日　九省区十四市政协横向联系会第五次会议在阳泉召开。其间，就经济、科技、物资等项目的交流进行洽谈，共签订合同和达成意向协议132项，总金额达1.3亿元。

7月19日　省政府批准《阳泉市城市总体规划》。

8月15日　市第一人民医院引进的CT机正式投入使用。

8月24日　20时左右，一场罕见的飓风、冰雹袭击阳泉。最大风力12级，冰雹最大直径

25毫米，持续时间12分钟，降雨量27.6毫米，风速达30米/秒。境内800余株大树被连根拔起，市区出现大面积停电，石太铁路中断2小时。

8月　平定县有机化工厂完成山西省星火计划蒽醌产品开发项目，并通过技术验收，各项指标均达国家一级品要求，年产量可达500吨，成为国内设计规模最大的蒽醌生产专业厂。

9月20日　阳泉人民广播电台记者葛栋玉采写的通讯《一个驼背儿的蜜月》获中央人民广播电台和中国残疾人协会联合举办的“在五星红旗下”征文一等奖。

9月30日　阳泉市庆祝中华人民共和国成立40周年美术、摄影、文物综合展览在市展览馆开展。

10月4日　由矿务局工程处承建的国内最大的井塔——矿务局贵石沟矿井副主井塔完成滑模工程，并顺利封顶。

10月8日　晋东化工厂研制的801产品获国家科技进步一等奖。

10月　市地方志编纂委员会编纂的《阳泉年鉴》（1989年）由书目文献出版社出版并公开发行。

11月12日　在成都举行的第四届全国发明展览会上，阳泉市参展的5个项目中，“人工陶瓷听骨”获银牌奖，“高压多用并相仪”“JGB-I型高压继电保护装置”“拼装式救援台车”获铜牌奖。

11月17日至21日　阳泉市在杭州市举行的全国星火计划成果适用技术展览交易会上，参展的12个项目中有5项获奖，其中“快硬硫铝酸盐特种水泥”“染料中间体——蒽醌”获金奖，“双氰胺”“镁碳砖”“稀土永磁材料”获银奖。

12月5日　省内第一座地方台卫星广播地面站——山西人民广播电台阳泉转播台卫星广播地面站开通。

是年　阳泉市在全国第一个“爱国卫生月”评比中，获省辖市组第一名。

1990年

1月4日　上海市赴晋慰问演出团到阳泉。全国著名喜剧演员严顺开、京剧表演艺术家李炳淑和童祥苓、沪剧演员茅善玉、越剧演员赵志刚、十大笑星之一的沈小岑等艺术家登台表演。

1月6日　三晋文化研究会阳泉分会成立。

1月17日　平定县岩会乡投资450万元兴建的华北地区设计规模最大的黄磷厂正式投产。

1月　山西省第一所特殊教育师范学校在平定县成立。

华北最大的5000千伏安硅锰矿热炉（硅锰合金炉）及其配套工程在平定县巨城镇硅锰合金厂（市九州硅锰合金厂）建成。

2月8日至10日　中朝女子篮球友谊赛在阳泉体育馆举行。这是阳泉市首次承办国际级赛事。

2月19日　盂县政协同中国作家协会山西分会、北京鲁迅博物馆研究室，在北京鲁迅博物馆报告厅联合召开《高长虹文集》出版座谈会，全国政协副主席程思远致辞祝贺，文化部代部长贺敬之、中国作协党组书记马烽等到会并讲话。

3月20日　薄应贤代理市长；4月15日任市长。

4月1日至5月20日　市侨办对全市侨情进行普查。定居的归国华侨为156人、侨眷347人、港澳同胞亲属114人，共计617人；在海外的华侨、华人和港澳同胞为463人，主要分布在美国、加拿大、日本、英国、泰国等16个国家及中国香港、澳门地区。

4月　矿务局一矿选煤厂获中国煤炭总公司授予的“特级质量标准化选煤厂”“洗水闭路循环”一级标准厂2块金牌。

5月1日　市区泉中路铁路跨桥扩宽工程竣工。该桥全长122米，桥面宽度增至26米。

5月13日　郊区邮电分局安装的2000门纵横制自动交换设备投入使用，阳泉市成为山西省第一个实现电话长途自动化的地区。

6月4日　阳泉狮脑山电力微波中继站太漳主干线开通。

6月　境内第一台B超彩色显示仪在市第二人民医院启用。

7月2日至3日　小河村西南山间小路至泊里村东北蓄水池边，10万只左右幼蛙汇集一处，绵延千米。据有关部门分析，造成这一景观的原因与气象异常有关。

7月11日　凌晨，郊区旧街乡一带2小时降雨120多毫米，桃河陡涨，洪峰流量高达1500立方米/秒，加之山洪暴发，致使农田、水利、交通等设施严重受损，石太铁路中断运行5.5小时。

7月20日　阳泉市见义勇为基金会成立，并对48名见义勇为人员进行表彰和奖励。

7月29日　阳泉机务段连续2002天无行车及人身责任事故，创全国182个机务段中最高纪录。此外，还连续保持3997天无险性事故、6271天无大事故，也均居全国各机务段之首。

8月10日　郊区坡头村闭路电视工程竣工，成为全市第一个开通有线广播电视的村庄。

8月25日　市新艺玩具厂生产的魔球在太原召开的全国儿童玩具博览会上获金杯奖。

8月31日　由山西省农科院、中国科学院动物所、盂县科委和盂县林业局共同承担的山西省1987年科研项目——核桃举肢蛾性诱及综合防治研究，历经3年多时间完成。此项成果达到国内先进水平，填补了国内核桃举肢蛾性外激素研究的空白。

9月24日至26日　九三学社阳泉市首届社员大会在阳泉宾馆召开。

10月11日至20日　矿务局机修厂何秘发明的DNP-10单管旁路取暖装置和阳泉电影院胡晶浩发明的组合式卫生节水洗浴具，在天津举办的第五届全国发明展览会上分别获得银牌奖、铜牌奖。

10月　市工农机械厂引进国外新技术研制的曲面印刷机获得成功。该机具有国际先进水平，在第二届国际专利新技术、新产品展览会上获银牌奖。

阳泉市地毯企业集团生产的“风船牌90道机拉洗手工羊毛地毯”，获轻工业部授予的中国工艺美术品百花奖优质产品奖。

阳泉钢铁公司在全市首家采取职工出资分期付款的方式，建成总面积3812平方米、可容纳72居户的职工住宅商品楼。

11月2日　郊区荫营镇在民政部主办的“全国百颗星”乡镇评选活动中，以6项指标积分44的成绩居全省第一，获“中国乡镇之星”称号。

11月16日至20日　阳泉市在广州举办的第二届国际专利及新技术、新产品展览会上，获3项银奖、2项铜奖。其中，“QY-B_{140}D曲面印刷机”“ZS_{04}A、ZS_{05}B双珠式挂车转盘”“BPJ6-6矿用隔爆型高压真空配电装置”获银奖，“声控全自动窗帘机”“圆鍉针点穴疗法”获铜奖。

11月　矿务局团委在团中央、中国统配煤矿总公司举办的“为重点工程建设献青春”竞赛中，共夺得37块“国家重点建设青年突击工程”优胜奖牌，获奖牌总数居全国115个参赛单位之首。

12月8日　市电工机械厂生产的BZQ0.25、0.50型壁柱式旋臂起重机通过山西省机电厅组织的鉴定，填补国内吊运装备行业一项空白。

12月26日　全市最大的国营综合菜市场——泉中菜市场开业。

12月27日　郊区义井特种水泥厂的“快硬硫铝酸盐特种水泥”、平定金属镁厂的“金属镁”项目在泰国曼谷举行的中国星火实用技术与成果展览会上，分别获金牌奖、银牌奖。

是年　平定县庙沟村农民白润平，从1988年3月至年底，自费单身骑自行车行程4.5万千米，对途经国内各地民情风俗进行考察。

苏联伊尔库茨克市林产、化学生产联合代表团一行5人，美国弗吉尼亚州理工学院和州立大学丹尼尔教授一行2人，日本中津川市日中友好协会会长千村信四郎先生一行25人，苏联伊尔库茨克大学自然生态保护教研室主任哈·斯托夫教授、斯贝泽尔副教授，尼亚瓦先生率领的赞比亚代表团一行5人，阿巴沙里·阿拜迪·约尼团长率领的叙利亚代表团一行15人，先后到市区、平定、盂县考察访问。

1991年

3月4日　联邦德国原国家标准耐火材料委员会主席奥登歌特和联邦德国斯蒂尔公司焦化专家米诺切利到盂县考察。

5月13日　日本大光炉材株式会社技术部副主任中岛正明一行6人到平定县考察。

6月　郊区青年武润仓、平定县上南茹村团支部分别被团中央、林业部、全国绿化委授予“全国青少年绿化祖国突击手”和“突击队”称号；郊区青年技术员石仲良被团中央、国家科委授予“全国优秀青年星火带头人”称号。

7月10日　全国劳动模范、四矿综采四队工人曹大良赴北京，作为中国劳动模范代表团成员出访朝鲜。

8月3日　郊区东风耐火材料厂自行研制的莫来石铸口砖通过省级科技成果鉴定，居国内领先水平。

8月　矿区陶粒砂厂生产的石油支撑剂在全国石油支撑剂质量评比会上名列第一。

9月16日　农业部部长、中国科协副主席何康到阳泉考察机械化有机旱作农田。

11月2日至7日　阳泉市的16个项目在“七五”全国星火计划成果博览会上有13个获奖。其中，“硫脲”“高储能镉镍蓄电池”获金奖，“氯化胆碱”“黄磷”“碱式氯化铝”获银奖。

12月3日至5日　日本海外农业开发咨询协会无偿资金援助考察团到阳泉，考察拟建的蔬菜日光温室项目。日本对阳泉市提供无偿援助资金4亿日元。

是年　阳泉市与四川省德阳市、江苏省盐城市结为友好城市。

1992年

3月17日　中共中央政治局委员、国务院副总理田纪云到阳泉考察。

4月15日　阳泉市选送的13个项目，在全国新技术新产品博览会上有11个获奖，其中“铝碳滑动与莫来石铸口砖”“判断心电图Q-T间期正常值的一种新算式”获金奖，获奖总数名列全省榜首。

5月10日　省内第一条年产50万平方米釉面砖生产线在阳泉建筑陶瓷厂建成投产。

5月26日　国务院副总理朱镕基到阳泉考察。

6月8日至14日　政协阳泉市委员会八届一次会议召开，李希曾当选主席。

6月10日至18日　阳泉市人民代表大会十届一次会议召开，辛贵玉当选市人大常委会主任，薄应贤当选市长。

8月　在山西省经济综合实力“二十强”县考评认定中，阳泉市郊区名列“二十强”榜首，平定县位居第7名。

10月1日　全国规模最大的氧化锆专业生产厂——阳泉市千亨氧化锆厂建成投产，其产品氧化锆技术达国际领先水平。

11月5日　盂县土塔乡煤矿发生特大透水事故，死亡51人。

12月7日　郊区平坦垴、上五渡、下五渡、河坡、王垅5个行政村划归阳泉经济技术开发区。

1993年

1月4日　市政府决定成立阳泉经济技术开发区管理委员会（副地市级待遇），内设4个副县级职能机构；2月26日，山西省开发区建设协调组批复，同意成立阳泉经济技术开发区。1996年1月25日，省政府批准其为省级开发区。

3月17日　农业部主持的“北方10省、市、区蔬菜市场节能型日光温室项目现场会”在阳泉召开。全市建成高标准日光温室1040亩，分布在21个乡镇的71个村。

5月11日　平定县成为国家中西部地区1000个内陆县中第一个“科技达标县”。

5月18日　中共中央政治局委员、国务院副总理邹家华到阳泉考察。

8月10日　阳泉市列入“八五”第二批国家级星火技术密集区。

8月11日至13日　山西省农科教结合现场会在阳泉召开，阳泉市做了经验介绍。

9月17日至26日　英国切斯特菲尔德市政府友好代表团一行6人到阳泉访问。

11月11日　阳泉市在第七届全国发明展览会上，参展的7个项目有6个获奖。其中，“莫来石铸口砖”获银奖，“垂挂式窗帘机”“自来水毛笔”“一种治疗偏瘫症的药衣”“汽车刹车片磨损极限报警器”获铜奖，“氢氧源焊割机”获最佳展销奖。

12月25日　国家“八五”重点工程——阳泉二电厂动工兴建。该厂设计装机容量为4×30万千瓦，1996年12月23日首台机组正式投产。

12月26日　市电信局总容量2.9万门、长途1020线的EWSD数字程控交换设备割接开通，从而使阳泉市成为全省第一个实现本地电话网的地市。

是年　阳泉市与浙江省湖州市、江苏省昆山市、四川省乐山市、辽宁省盘锦市结为友好城市。

1994年

1月9日　国务院特区办主任胡平到阳泉经济技术开发区考察。

4月　城区、郊区、矿区成为全省首批“两基”(基本普及九年义务教育、基本扫除青壮年文盲)合格县区。

6月3日至5日　外交部社会调查团一行67人到阳泉考察。

7月16日　境内第一个中外合资企业——山西日本能源润滑油有限公司在阳泉经济技术开发区成立。

8月　阳泉市体育运动学校建立。

9月3日　交通部部长黄镇东到境内太旧高速公路建设工地考察。

9月24日　世界卫生组织及联合国儿童基金会组成的爱婴医院最高陪审团，对阳泉市创建爱婴医院工作进行考察评估。至1996年，全市建成“爱婴医院”43所，达标率占医院总数87%，被评为“爱婴市”。

10月14日　美国福斯特·惠勒公司、西屋公司专家一行4人到阳泉考察。

11月11日　中共中央政治局委员、国务院副总理邹家华到省内太旧高速公路阳泉段建设工地考察。

是年　盂县跃进煤矿医院院长秦怀玉撰写的论文《小针刀疗法在骨伤科应用》，获美国自由女神金奖和祖国传统医学杰出贡献奖。

1995年

1月20日　阳泉市正式开通“120”急救电话，“120”急救中心在市第三人民医院成立。

3月8日　平定县被文化部、人事部授予“全国文化模范县”称号。

3月24日　民政部部长多吉才让到阳泉考察。

5月24日至29日　阳泉市人民代表大会十届五次会议召开，补选张昌和为市人大常委会主任。

5月29日　阳泉化工二厂宣布破产。10月10日对该厂财产进行公开拍卖并成交。

6月　阳泉市在1995年普通高等学校招生全国统一考试中，本科达线率居全省各地市之首。

8月15日　阳泉市“百团大战纪念馆”成为国家、省、市爱国主义教育基地。

8月25日至27日　以斯蒂芬·E·索斯特姆为团长的挪威考察团到阳泉参观考察。

8月29日至30日　联合国副秘书长冀朝铸到阳泉考察。

9月2日至3日　原中顾委常委李德生到盂县和平定县考察。

9月16日　阳泉市与美国纽约州华伦市结为友好城市。9月17日至19日，美国纽约州华伦市市长柏克伍德率团对阳泉市进行友好访问。

10月6日至8日　全省第四次农村小康建设现场会在阳泉召开。阳泉市农村提前五年在全省率先基本达小康。

10月　山西省阳泉市文化艺术学校建立。

阳泉市在第二届中国农业博览会上，有33个产品分别获金、银、铜奖。

11月　郊区荫营镇、河底镇在北京召开的“中国乡镇之星”命名大会上，被命名为“中国乡镇之星”。

12月19日　阳泉市污水处理厂开工兴建。1997年11月竣工。

12月30日　田霍卿任市委书记。

是年　平定县、盂县、郊区均跨入山西省乡镇企业发展“二十强”县（区）行列。

阳泉市成为全省第一个“两基”（基本普及九年义务教育、基本扫除青壮年文盲）达标地市。

1996年

1月12日　盂县藏山祠被确定为山西省重点文物保护单位。

4月3日　北京军区副司令员梁光祖中将到阳泉考察。

4月22日至27日　阳泉市人民代表大会十届六次会议召开，魏德卿当选市长。

4月26日　煤炭工业部部长王森浩到阳泉考察。

4月　阳泉铝氧厂改制为阳泉铝业股份有限公司，占地面积20万平方米，固定资产3.4亿元，总资产4.6亿元。

5月8日　市政府确定每月16日为市长接待群众来访日。

5月30日　俄罗斯驻华首席参赞冈察洛夫率团到阳泉考察。

6月22日　赛鱼路、平定路改扩建工程竣工通车。全长15.54千米，为城市一级道路。

6月22日至24日　“邓小平‘两个飞跃’理论研讨会”在阳泉宾馆举行。全国政协副主席杨汝岱到会并讲话。

6月25日　西起太原武宿，东至阳泉旧关，全长144千米的太旧高速公路建成通车。该工程于1993年7月5日正式开工。

7月4日　中共中央政治局委员、国务院副总理李岚清到阳泉考察。

8月7日　国务院特区办主任葛洪新到阳泉经济技术开发区考察。

10月7日　盂县孙家庄乡新源煤矿发生瓦斯爆炸重大事故，死亡11人。

11月18日至19日　国家教委主任朱开轩到阳泉考察。

11月　郊区林里关王庙被国务院确定为第四批全国重点保护文物单位。

是年　市酿造总厂生产的“北岭”牌保健疗效型系列陈醋，获第五届中国专利新技术新产品博览会金奖。

市肉联厂生产的云阁牌袋装泉味牛肉，获1996年北京国际食品及加工技术博览会金奖。

1997年

3月24日　阳泉市郊区成为全国“文明示范县（区）”。

4月14日至19日　政协阳泉市委员会九届一次会议召开，李希曾当选主席。

4月16日至24日　阳泉市人民代表大会十届一次会议召开，张昌和当选市人大常委会主任，魏德卿当选市长。

5月1日至8日　英国切斯特菲尔德市市长沃德普斯应邀率团到阳泉市访问。

5月2日至4日　全市隆重纪念阳泉解放及建市50周年。

5月3日　国务委员、国家计生委主任彭珮云到阳泉考察。

5月8日　全国人大常委会副主任、全国妇联主席陈慕华到阳泉考察。

7月14日　阳泉市与澳大利亚威灵顿市结为友好城市。

8月2日至3日　首任中国驻美国大使柴泽民到阳泉考察。

9月7日至8日　全国人大常委会副委员长费孝通到阳泉考察。

9月21日至27日　美国华伦市代表团和缅甸中源集团代表团应邀到阳泉访问。

10月16日　阳泉市推荐的歌曲《老师，您好》，获全国第六届精神文明建设“五个一工程”

优秀作品奖。

10月　阳泉市在第三届中国农业博览会上，有8个产品获得“中国农业名牌产品”称号。

11月17日　郊区旧街乡阎家庄村出土北魏石窟造像。

12月24日至26日　中共阳泉市第八次代表大会召开，田霍卿当选市委书记。

是年　阳泉市成为“全国科技兴市先进市”。

1998年

2月18日　由阳泉矿务局改制而成的阳泉煤业（集团）有限责任公司正式成立。煤炭工业部部长王森浩亲临祝贺。

4月21日至25日　阳泉市人民代表大会十一届三次会议召开，郭良孝当选市长。

9月25日　在持枪歹徒团伙抢劫建行盂县支行桃园储蓄所的危急时刻，营业员侯丽花、白珊勇斗歹徒，保护了国家财产。1999年11月，二人被评为“全国见义勇为先进个人”。

9月　盂县进入全省第二批小康县（区）。至此，阳泉成为全省率先实现整体达小康的地市。

12月　阳泉市地方志编纂委员会编纂的首部《阳泉市志》由当代中国出版社出版发行，主编陈霈、孟宏儒，全书240万字，16开本，分上、下两册。

是年　阳泉籍运动员杨波在第13届亚运会上夺得60公斤级男子柔道比赛银牌。

阳泉市与湖南省岳阳市、河北省秦皇岛市、海南省海口市结为友好城市。

1999年

4月26日　全市分两批在领导班子、领导干部中开展“讲学习、讲政治、讲正气”的“三讲”教育。翌年9月基本结束。

5月19日　阳泉市与四川省广安市结为友好城市。

6月30日　阳煤集团四矿通风队赵昧玉被评为“全国自学成才标兵”。

8月13日　晚上至15日下午，盂县11个乡镇遭受特大暴雨袭击，直接经济损失1.2亿元。

9月　王玉兰作词并演唱的《山娃的歌》获全国第七届精神文明建设“五个一工程奖”。

在第四届中国农业博览会上，阳泉市有5个产品被评为“中国农业名牌产品”。

10月上旬　市耐酸陶瓷有限公司生产的“百合”牌耐酸砖获中国国际农业博览会金奖。

2000年

1月5日　美国英特尔凯恩公司总裁赛尔格到阳泉考察建筑陶瓷业。

1月8日　市委、市政府印发《关于加快调整经济结构，推动产业优化升级的实施意见》。

1月12日　盂县下曹乡郭村煤矿发生瓦斯爆炸重大事故，15人死亡，4人受伤，直接经济损失150万元。

1月　著名手外科专家、长春白求恩医科大学手外科教授、博士生导师路来金到阳泉市作学术报告。

2月15日　程步云任市委书记。

4月1日　日本果树专家矢泽文仁、熊国俊一到阳泉进行技术指导。

5月1日　著名油画家、中国人民大学艺术研究所所长、教授朱维民到阳泉举办个人画展并讲学。

7月7日　由中央电视台在盂县羊泉村拍摄的揭露抗战时期日军残害中国妇女暴行的专题片《羊泉村的记忆》，在中央电视台《新闻调查》栏目播出。

中国气象局局长温克刚到阳泉调研。

7月27日　中国人民武装警察部队司令员吴双战中将到阳泉看望武警官兵。

8月8日　阳泉三中张燕发明的“串联虹吸自动节水冲厕器”、赛鱼小学王彦赟发明的“简易电话暗锁”和洪城河小学段梦婕发明的“三针捕鼠器”，获第十届全国青少年科技创新大赛创造发明二等奖。

8月10日　阳泉市选送的故事《卖火柴的小男孩》，获“全国首届蒲公英奖暨全国新苗奖第四届少儿京剧邀请赛”表演类金奖、辅导类金奖和创作类铜奖。

8月17日　英国切斯特菲尔德市市长迈克尔·莱文顿到阳泉访问。

8月　黄旭升摄影作品《黄土风韵》在全国“东方艺术摄影大赛”上获金奖。

郭海昌摄影作品《新娘》获中国文联“世纪之光”作品、征文评选摄影类一等奖。

程贝获全国首届少儿音乐舞蹈电视大赛器乐一等奖。

张莉在全国少年女子柔道锦标赛上获57公斤级项目金牌。

王芳在全国青少年射箭比赛上获女子乙组18米双轮项目金牌，及25米双轮、双轮全能项目两枚铜牌。

9月1日　中央美术学院教授、阳泉籍人苏高礼在阳泉举办个人作品展并讲学。

9月15日　著名胸外科专家黄国俊博士到阳泉讲学。

10月5日　全国人大常委、原北京军区司令员李来柱到阳泉调研。

10月15日　赛鱼小学王彦赟、洪城河小学段梦婕被评为全国百名“少年科学院小院士”。

10月22日　全市农村撤并乡镇工作全面铺开。至年底，全市乡镇由原来的57个撤并减少为32个。

12月2日　震惊全国的“9·8”特大盗枪案告破。9月8日凌晨，阳煤集团工程处“五四”式手枪7支、子弹18发、弹匣2个被盗，历时85天，犯罪嫌疑人罗某某、张某被抓获，被盗枪弹悉数追回。

12月4日　盂县3名抗战时期受害妇女飞赴日本东京，出席揭露日本军国主义残害妇女罪行的“女性国际战犯法庭”。

是年　阳泉狮头特种水泥公司10万吨特种水泥生产线扩建项目等10个市重点调产项目建成投产。

2001年

2月21日　著名相声艺术大师马季到阳泉表演。

3月19日　哈萨克斯坦共和国马拉集团总裁马拉特一行到阳泉考察。

3月23日　台湾方大集团所属中华方大（国际）投资发展有限公司全资子公司——方大添加剂（阳泉）有限公司成立。

4月29日　世界贫困儿童教育基金会主席胡华到阳泉考察。6月22日，胡华代表该会向黄河扶贫学院筹委会捐资人民币1000万元。

5月1日　郊区小河村清代民居石家花园向游人开放。

5月11日　司法部部长张福森到阳泉第一监狱考察。

5月17日　德国西门子公司售后服务部总经理埃尔温·沃尔特到阳光发电公司考察。

6月4日　市委、市政府举行“三个一百”表彰大会。99名“为人民服务的好公仆”、100名“有突出贡献的优秀人才”、98名“经济建设的功臣”受到嘉奖。

6月25日　盂县西关大王庙被国务院确定为第五批全国重点保护文物单位。

7月27日　经省林业部门专家鉴定，平定县西锁簧村汉槐为西汉初年（公元前206年）栽植，系“三晋第一古槐”，被列入省重点保护文物。

8月23日至25日　中共阳泉市第九次代表大会召开，程步云当选市委书记。

10月12日　阳泉市10件商标被认定为“山西省著名商标”。10件商标是：“阳优”牌无烟煤，“843”牌2.12%腐殖酸铜水剂（农药），“远鑫”牌铁粉、钛铁粉，“兆丰”（图形）牌铝锭、铝型材，“阳托”牌托辊，“钰”牌水泥，“亚美”牌水泥，“太行”牌釉面砖，“京武”牌硅砖、耐火砖，“维尔康”牌汽水、橘汁饮料。

10月23日　城市污水管网暨桃河治污工程开工。工程设计总长度83.13千米，其中主干管33.75千米、次干管33.08千米、支管16.30千米，管材为钢筋砼排水管，2003年12月正式运行，累计投资5837万元。

11月14日　11时50分，盂县路家村镇青榆煤矿发生重大瓦斯爆炸事故，死亡11人。

11月　在北京举行的2001中国国际农业博览会上，阳泉市的山西红兴铁合金有限公司的“圣庙”牌75#硅铁、山西远鑫实业有限公司的“远鑫”牌还原钛铁粉和山西远鑫麦克林铁合金有限公司的“远鑫”牌中碳锰铁三种产品获“2001中国国际农业博览会名牌产品”称号。阳泉市蜂业公司提供的“金蜂蜜”牌天然成熟蜜、蜂王浆、花粉等系列产品被评为“2001中国国际农业博览会最受欢迎产品”。山西玉新双氰铵有限公司的“玉新”牌双氰铵、平定莹玉陶瓷有限公司的“古州”牌日用细瓷器获“2001中国国际农业博览会山西名牌产品”称号。

2002年

1月5日　公安部部长贾春旺到阳泉考察。

3月23日至27日　政协阳泉市委员会十届一次会议召开，宋林岭当选主席。

3月24日至30日　阳泉市人民代表大会十二届一次会议召开，丁贵生当选市人大常委会主任，郭良孝当选市长。

5月27日　台湾政治受难人互助会参观访问团到阳泉参观访问。

7月15日　南庄煤炭集团大阳泉矿井发生重大瓦斯爆炸事故，死亡12人，受伤5人。

7月24日　河南省民工宋分建、李恒利奋勇救出不慎落入茅厕的张爱菊母子二人，宋分建不幸牺牲。为此，市见义勇为协会对宋分建、李恒利进行表彰和奖励。

9月1日　桃河城区段河道综合治理工程开工。翌年7月18日竣工，总投资2.01亿元。

9月18日　首次拍卖市区国有土地使用权（面积1733.40平方米）并成交。

11月8日　盂县西潘煤矿发生重大瓦斯爆炸事故，死亡26人，受伤3人。

11月15日　热电联产集中供热一期工程投产供暖。该项工程于5月25日开工建设，总供热面积570万平方米，由河坡发电有限公司2×5万千瓦机组和2×10万千瓦机组作为供热热源，以热水为供热介质。

11月27日　阳泉家电公司改制为阳泉天元家用电器有限责任公司。该公司是市委、市政府确定的全市商贸系统企业改革的第一家试点单位。

是年　山西晋阳碳素有限公司扩建2万吨预焙阳极项目等4个市重点调产项目建成投产。

2003年

1月7日　中共阳泉市委员会九届五次全体会议召开。会议讨论通过《关于贯彻十六大精神、加快实施赶超发展战略、全面建设小康社会的意见》，确立建设富裕、文明、生态、诚信阳泉的宏伟目标。

2月12日至13日　日本国大石油公司亚洲太平洋能源会议干事涉谷裕、公司北京事务所首席代表石田圣一行到阳泉，考察市煤层气的储量、综合利用等情况。

3月4日　阳泉市首届“十大农民女状元”表彰会召开，耿黑眼等10位女农民企业家获得首届“十大农民女状元”称号。

3月7日　阳泉市开始在55个行政部门、司法机关和行业窗口单位开展“优化发展环境、转变政府职能、树立行业新风”评优评差“双评”活动。

4月15日　市委召开常委扩大会议，就广东、北京等地爆发非典型肺炎传染疾病（“SARS”），专门研究部署市内非典型肺炎防治工作。4月24日，为有效控制“非典”疫情，市教育局决定全市中小学、幼儿园从4月24日至5月14日放假20天。

5月16日　一级公路义白路开工建设。南起义井桥，与南大东街、平定路、太旧高速公路和307国道连接，北至白泉，与阳井线、207国道贯通，全长10.2千米。翌年10月30日竣工，总投资2.03亿元。

6月　谢海代理市长。2004年2月任市长。

7月6日　境内出现强降雨，3个农业县区全部受灾。平定县大部分地区暴雨持续时间长达5小时，8个乡镇65个村普遍受灾，直接损失4800万元。这次降雨过程还造成平定县柏井镇固企河洪水暴发，4人被洪水冲走死亡，1000余亩农田受灾。

8月5日　美国黑煤纱技术工程公司董事长陶锦硕一行到阳泉，考察盂（县）—潍（坊）—

青（岛）输煤管道项目。

8月14日　12时40分，阳煤集团三矿裕公井在排放瓦斯过程中发生瓦斯爆炸，现场作业的28名矿工全部遇难。

8月21日　山西国阳新能股份有限公司面向社会公开发行的1.5亿A股在上海证券交易所正式挂牌上市。当日开盘价9.01元，收盘价9.08元，交易额达5.4亿元。

10月10日　全市地方煤矿瓦斯监测监控安全信息网络系统正式开通。

11月6日　山西华伦陶瓷有限公司投入试生产启动仪式举行。该项目一期工程投资7700万元，资金来自西班牙政府贷款、企业自筹、职工入股、银行贷款。

12月29日　中共阳泉市委员会九届六次全体会议召开。会议听取和讨论市委常委会工作报告，审议并通过《中共阳泉市委关于贯彻〈中共中央关于完善社会主义市场经济体制若干问题的决定〉的意见》《中共阳泉市委关于建设文明阳泉、进一步加强精神文明建设的决定》。

2004年

1月2日　山西省阳泉钢铁集团有限公司经市中级人民法院宣告破产。该公司创建于民国6年（1917），已有87年的历史。

1月18日　市中级人民法院执行局局长于昌明获“中国法官十杰”称号。

2月25日　阳泉市被授予“山西省创建文明城市工作先进城市”称号。

3月　桃河公园被评为全省“城市绿化年”活动精品工程。

4月8日　全市党政机关计算机城域网千兆主干线正式开通。

6月12日　平定县城石评梅故居、乱流村开河寺石窟、盂县水神山烈女祠被确定为山西省重点文物保护单位。

8月31日　北山公园举行开工奠基仪式。公园规划面积85.6公顷，2006年10月9日正式开放。截至2007年12月，共投资8161.51万元。

8月9日至12日　德国黑森州林堡市市长联络员本加明·贝克一行应邀到阳泉考察。

9月　在辽宁大连举办的2004年中国国际专利技术与产品交易会上，阳泉市建工泵业有限公司的滑轮式悬臂起重机和可使用B3电机接轴卧式直联水泵2个项目获金奖。

11月9日　中共阳泉市委员会九届七次全体会议召开。会议审议通过《中共阳泉市委关于贯彻落实党的十六届四中全会和省委八届六次全会精神，加强党的执政能力建设的实施意见》

《阳泉市关于建设新型能源和新型材料工业基地的意见》。

11月19日　国家耐火行业发展阳泉高峰论坛会在盂县西小坪耐火材料公司召开。盂县西小坪耐火材料有限公司是亚洲最大的耐火材料生产企业，该公司生产的“京武”牌耐火砖成为制定行业标准的蓝本。

12月9日　15时28分，盂县南娄镇大贤煤矿三坑发生特大瓦斯爆炸事故，在井下作业的71名矿工有33名遇难。国务院派出调查组进行调查。

12月　中共阳泉市委党史研究室和阳泉市档案馆编著的《中国共产党阳泉历史》由红旗出版社出版发行，主编李天太，执行主编高喜存。全书80万字，大32开本，分上下两册。

2005年

2月3日　波兰公使衔参赞罗伯特、波兰克派克斯公司驻京首席代表米·哈拉克一行到阳泉，考察投资环境和电力、煤炭、机械等合作项目。

2月24日　东纵公路市二院至梁家寨段建成通车。该项工程于2003年5月开工，全长103千米，总投资1.8亿元。

3月6日　阳煤集团100万吨水泥生产线项目在白泉工业园区启动。该项目总投资2.8亿元，翌年9月3日竣工。

3月18日　山西省高新技术重点调产项目、阳泉市重点调产项目，从德国引进、具有世界先进水平的3万吨高性能还原铁粉生产线在阳泉市林里粉末冶金有限公司投产。

6月11日　石太高速铁路客运专线在河北与山西交界的南梁、太行山隧道接口处正式开工。客运专线东起石家庄北站，中经阳泉市，西至太原站，全长189.93千米，2009年4月1日正式通车。

9月10日　“阳泉市革命烈士纪念碑迁址落成暨纪念抗日战争胜利六十周年大会”和“中共第一城揭碑仪式”在狮脑山同时举行。革命烈士纪念馆（碑）位于狮脑山“百团大战纪念碑”红色旅游景区东侧，占地面积1.38万平方米，建筑面积8650平方米。建筑群包括革命烈士纪念碑、中共第一城纪念碑、展览陈列室、纪念广场等。翌年9月26日，革命烈士纪念馆建成。

9月18日　参加平遥国际摄影节的美国、比利时、法国、印度等国的25名摄影家应邀到阳泉，与省、市摄影家一道参加“中外记者摄影家看阳泉采风活动”。

10月24日　欧盟专家一行5人到阳泉，就中国—欧盟信息社会阳泉示范项目建设情况进行考察。

12月19日至20日　中共阳泉市委员会九届八次全体会议召开。会议听取和审议市委常委会工作报告，讨论通过《中共阳泉市委关于制定国民经济和社会发展第十一个五年规划的建议》。

2006年

2月3日　经国家禽流感参考实验室检测，发生在郊区义井镇的鸡死亡疫情为H5N1亚型高致病性禽流感。全市及时采取措施控制疫情。

2月24日　谢海任市委书记。

3月9日　亚行项目专家对阳泉亚行贷款燃气利用工程进行竣工验收。该项目于2001年7月启动，已建成3个5万立方米储气柜、中低压管道123千米、38座调压站以及3个控制检测系统，完成投资21863万元。

4月3日　公安部督办、市内警方侦查长达14年的矿区马家坪系列杀害妇女案告破，抓获犯罪嫌疑人杨某某。

5月9日　新泉桥竣工通车。该桥于2005年4月20日开工，总投资2600万元，是一座混凝土系杆结构桥梁。主桥采用一跨76米下承式钢管拱混凝土系杆结构，全长154.6米，桥面宽26米。

5月25日　盂县坡头村泰山庙、中社北村释迦寺被国务院确定为第六批全国重点保护文物单位。

6月22日　阳泉市在上海明城大酒店举行2006山西阳泉（上海）招商项目推介会。会上，阳泉市与客商签订合同7项，总投资9.27亿元；签订协议2项，引进资金2亿元。

6月　阳泉市在2006年普通高等学校招生全国统一考试中，本科（本科一批、本科二批）达线率居全省各地市之首。阳泉一中考生郝乐以数学满分、总分680分位列全省文科第一名。

7月13日　307国道旧关至新店段改建工程开工。该路段长45.2千米，设计行车速度每小时60千米，路基宽10米，工程总投资2.55亿元。该工程被列为2006年山西省路网改造工程重点项目之一，于2008年1月7日完工。

7月25日　山西阳泉（香港）投资洽谈会在香港万丽海景大酒店举行。其间，阳泉市与中外客商签订合同、协议项目15项，合同协议利用外资355.99亿元。

8 月 31 日至 9 月 2 日　中共阳泉市第十次代表大会召开，谢海当选市委书记。

10 月 18 日　桃源大桥正式竣工通车。大桥从桃南东路汽运一公司向北跨越桃河连接桃北东路，长 156 米，宽 28.5 米，工程总投资 1600 万元。

11 月 8 日　阳泉一中新校建设工程在郊区河下村奠基。该工程规划占地 30 多公顷，总建筑面积 15 万平方米，预算 2.3 亿元。

11 月 18 日　国家煤炭安全监察局局长赵铁锤率领国务院安委会煤矿整顿、关闭督察组一行到阳泉，督察煤矿整顿关闭工作。

12 月 26 日　南煤集团 2×135 兆瓦煤矸石发电项目签字仪式在平定举行。该项目总投资 14．8 亿元，规划年发电量 17 亿千瓦小时。2008 年 7 月投入运行。

12 月　“赵氏孤儿传说”“平定武迓鼓”“阳泉评说”“平定黑釉刻花陶瓷制作工艺”分别列入民间文学、民间舞蹈、曲艺、民间手工技艺类山西省第一批省级非物质文化遗产名录。

2007 年

1 月 1 日　以 2007 年 1 月 1 日零时为标准时点，阳泉市开始进行第二次全国农业普查登记工作。

1 月　“赵氏孤儿传说”“平定武迓鼓”“阳泉评说”“平定黑釉刻花陶瓷制作工艺”分别列入民间文学、民间舞蹈、民间曲艺、民间手工技艺类省级非物质文化遗产名录。

3 月 2 日　美国铝业中国投资有限公司总裁费仁迪到阳煤集团，洽谈合作事宜。

3 月 7 日　从即日起，阳泉市农村中小学义务教育阶段的学生学杂费全部免除。

3 月 23 日　桃河蓄水工程城区段开始蓄水。该工程城区段从西河口到华联商厦，全长约 2 千米，建有 29 个混凝土溢流坝，底部采用混凝土护底。从 2006 年 11 月开工，2007 年 1 月底完工。

4 月 7 日　在联合国气候变化执行理事会第 68 次执董会上，阳煤集团申请的利用矿井煤层气焙烧氧化铝 CDM 项目经审议获得通过。

4 月 8 日　阳煤集团二矿副矿长郑拴龙入选“首届感动中国的矿工——十大杰出人物”。

4 月 24 日　全市第一个规范化城市生活垃圾处理厂开工建设。该项目位于郊区旧街乡新店村王家沟，占地 27 公顷。9 月 21 日投入运行。

4 月 26 日　集图书馆、博物馆、展览馆于一体的阳泉市文化中心竣工。该项目于 2005 年 12 月 28 日开工建设，占地面积 21762 平方米，总建筑面积 30566 平方米，投资近亿元。

4月29日　阳泉解放暨建市60周年庆祝大会在市体育馆隆重举行，省内外各界代表600余人出席。

4月30日　凌晨3时，盂县路家村镇刘家村杨家汇沟非法采煤坑点发生瓦斯爆炸，致14人死亡、3人受伤。

5月28日至6月1日　阳泉市人民代表大会十三届一次会议召开，孙水生当选市人大常委会主任。

5月　阳泉市新鑫科技研究所完成的KQ系列巷道快速闭墙、MKy-（D: N）800 / 1500煤仓块炭坠损装置、YKWCB系列预防和控制煤矿采掘工作面瓦斯煤层爆炸3项专利技术，通过国家煤炭工业技术委员会组织鉴定。

6月15日　“中共创建第一城——阳泉”专家论证会在太原晋祠宾馆举行。20余位国内专家、学者参与论证，并得出阳泉系“中共创建第一城”的结论。

6月18日　市交通集团晋C11280号客车在太旧高速公路发生侧翻，造成死亡6人、伤19人的重特大交通事故。

6月28日　山西省统计局阳泉市调查监测中心成立。

6月　阳泉市14个地质灾害严重的村庄被列入2007年农村地质灾害治理工程范畴，到11月底工程结束，工程总费用1亿多元。

7月3日　德国西格里公司与山西泉海石墨有限责任公司签订合作协议，在平定县张庄镇新建合资公司——西格里泉海碳素（山西）有限公司，注册资金4800万元，德方出资80%，中方出资20%。公司占地面积6.73公顷，有员工200人，主要生产特种石墨，年计划产值1.3亿元。2010年，注册资金变更为8500万元。

7月22日　6时40分开始，城区、矿区、郊区普降大雨，部分地区最大降雨量达51毫米。简子沟两道口以西地段部分护坡垮塌，造成石太线两条铁路线电源中断5.5小时。

8月5日　含氧煤层气分离液化工业实验在阳煤集团五矿获得成功。该实验经北京赞成国际投资公司、中科院理化研究所、阳煤集团三方多年合作完成。

8月27日　15时30分，郊区河底镇固庄村康裕实业公司煤矿15号煤层井下西区南墙回采工作面发生一起冒顶事故，5名矿工遇难。

8月30日　位于郊区荫营镇东垴村的阳泉500千伏输变电站工程开工。该项目总投资67342万元，是山西省第一座组合电器500千伏变电站。翌年11月26日竣工启用。

9月19日　阳泉市商业银行股份有限公司正式挂牌营业。

10月18日　横跨桃河的宏成大桥动工修建。该桥设计长154米，主跨110米，宽27.5米，为双向四车道。翌年9月竣工，总投资2600万元。

11月24日　王母垴植物公园开工建设。该项目位于市区东部王母垴山，规划占地面积73公顷，概算总投资1.5亿元。

11月25日　阳泉市政府、北京市科委、山西省科技厅在太原签署《关于推进京晋科技合作、共同建设阳泉省级科技示范区的框架协议》。

12月13日至14日　北京市科委组织中科院、清华大学、北京机电研究所、农林科学院、神雾热能技术公司等单位的专家教授到阳泉，就京晋科技合作的部分项目进行对接。

12月18日　全长28.8千米的307国道复线（北外环）一级公路通车。该工程总投资9.7亿元，于2005年9月26日开工。起点为郊区坡头村，接太旧高速公路阳泉出口；终点为平定县水峪村，接307国道河北段。工程按照双向四车道、一级公路标准建设，路基宽23米，设计时速60千米。

2008年

1月9日　“天网”工程——阳泉市社会治安视频监控与报警综合管理系统正式投入运行。该系统视频监控遍布全市各重点单位、主要路段、街道及人员密集场所。

1月11日　阳泉至五台山高速公路一期工程——阳泉至盂县段开工。该路长41.2千米，按双向四车道标准设计，路基宽24.5米，投资估算31.98亿元。

1月15日至16日　以丹麦专家安格瑞特·罗斯丁为团长的中欧信息社会项目中期评估团到阳泉，评估阳泉实施该项目进展情况。

3月9日　12时30分，平定县山西海祥煤业有限公司井下三车场发生一起火灾事故，6人窒息死亡。

3月29日　中央电视台《新闻联播》以《山西阳泉矸石山变生态园》为题，报道阳泉市改善城市环境、治理煤矸石工作。

4月15日　美国怀俄明州州长戴维·弗洛伊登索尔一行到阳煤集团考察。

4月　阳泉供电分公司研发的电力线路悬垂线夹专用挂板获国家实用新型电力技术专利。

6月16日　由阳泉市政府与香港华润燃气集团、山西省乡镇煤运集团三方合作建设的阳泉天然气工程投入使用。该工程由阳泉华润燃气有限公司负责运营，年供气量1.47亿立方米，可满足部分县区工业用气及公交、出租车用气需求。

6月26日　百度公司总裁李彦宏到阳泉举办“创业、创新、发展”报告会。

6月　阳泉市在2008年普通高等学校招生全国统一考试中，本科达线率居全省各地市之首。永旺培训中心考生王越以633分夺得全省文科第一名。

平定武迓鼓列入第二批国家级非物质文化遗产名录。

8月8日　山西北方晋东化工有限公司工作人员圆满完成北京奥运会开幕式主火炬点燃任务。主火炬点传火装置是由该公司研制、生产和安装的。

8月31日　境内翠枫山风景区被列入第八批国家水利风景区。

9月26日　阳泉市广播电视总台新大楼启用。大楼分主楼和裙楼两部分，建筑面积近2万平方米，其中主楼面积13100平方米、建筑高度86.8米。工程总投资6500多万元。

10月9日　山西泉美国际大酒店举行开业暨国家四星级旅游饭店挂牌仪式。该酒店于2007年5月始试营业。

10月13日　由团中央、教育部、全国少工委在北京举行的第十三届“全国十佳少先队员”表彰会上，阳泉市西河路小学学生杨懿获“全国十佳少先队员”称号。

10月15日　以国家人口计生委主任李斌为组长的国家人口计生委评估督察组到阳泉，对阳泉“十一五”人口发展和计划生育事业发展进行中期评估及督察、调研。

11月17日　21时15分，郊区李荫路黄砂岩村口附近路段发生特大道路交通事故，5人死亡、1人受伤。

11月20日　在世界手工业大会暨第九届全国工艺美术大师精品展上，阳煤集团山西煤玉雕塑厂制作的煤玉雕塑《宫灯》获“百花杯”金奖。

12月16日　中国光大银行阳泉支行正式开业。

是年　藏山景区通过国家AAAA级旅游景区评审。

全年市区空气质量达国家二级标准。

2009年

1月1日　阳泉市失业保险由县级统筹改为市级统筹。

1月13日　阳泉市被命名为省级园林城市。

1月20日　省电力公司阳泉供电分公司、阳泉第二监狱、中国建设银行股份有限公司阳泉分行、阳泉市气象局、阳煤集团一矿获全国文明单位称号，平定县冠山镇、阳泉市郊区平坦镇桃林沟村获全国文明村镇称号，中国工商银行股份有限公司阳泉分行、中国移动通信集团阳泉分公司、阳泉市公安消防支队获全国精神文明建设工作先进单位称号，阳泉市郊区荫营镇、平定县张庄镇宁艾村获全国创建文明村镇工作先进村镇称号。

1月　平定县东回镇前黄安村党支部书记、村委会主任裴海平被授予“全国科普惠农带头人”称号。

2月　盂县西小坪耐火材料公司的“西小平”商标申请通过《马德里协定》知识产权组织机构审查，成为全市首个国际注册商标。

3月20日　16时30分，盂县东方振兴煤业有限公司振兴二矿发生爆炸，死亡4人。经公安部民爆物品专家鉴定，系死者生前下肢意外触动而引发私藏在办公室床下的电雷管爆炸所致。

3月26日　德国鲁尔区项目公司执行主任汉斯·路德维格·布劳斯在阳泉宾馆为全市党员干部作题为《德国大鲁尔都市区的结构调整》的学术报告。

3月27日至28日　省长王君到阳泉，调研党风廉政建设责任制落实、第二批学习实践科学发展观活动及贯彻落实扩大内需、促进经济增长决策部署等情况。

4月1日　全国工会基层组织建设暨县级工会工作会议在阳泉召开。

4月13日　阳泉昌鑫农业科技开发有限公司生物有机复合肥项目在平定县龙川工业园区启动。该项目总投资1.77亿元，建设周期两年。

4月26日至28日　在安徽合肥举行的第四届中国中部投资贸易博览会上，阳泉市签约投资合作项目18个，总投资33.2亿元，拟引外资23.52亿元，涉及煤化工、能源、种植、养殖、现代服务业等多个行业和领域。

4月　李栋梁代理市长；5月任市长。

住房和城乡建设部正式批准阳煤集团太行公司为房地产开发一级资质企业。

5月1日　桃河城区段上游河道治理工程开工。该工程东起赛鱼，西至芦湖桥，全长5.58千米，总投资1.26亿元。

5月31日　24时整，阳泉交通征稽分局娘子关交通征费所停止对过往车辆收费工作，境内的盂县、上社等5个政府还贷二级公路收费站被撤销。

6月4日　14时，阳泉对口支援四川茂县医疗卫生队完成任务返回阳泉。

7月3日　城区新华东街社区残疾人协会被国务院残工委命名为“残疾人之家”。

7月13日　阳泉市与黑龙江省七台河市缔结为友好城市。

8月12日　阳泉市召开“三城同创”动员会，全面启动国家园林城市、国家卫生城市、国家环境保护模范城市“三城同创”工作。

8月20日　矿区蔡洼街道办事处蔡东社区居民黄代小以十五年如一日照顾瘫痪前儿媳刘雪莲的先进事迹，在第二届全国道德模范评选表彰活动中获“全国孝老爱亲模范”称号。

8月21日　阳泉市召开煤炭企业兼并重组整合大会，宣布《阳泉市煤炭企业兼并重组整合实施方案》，全面展开地方煤炭企业兼并重组整合工作。到2010年，阳泉市地方煤矿总数由原来的151家整合为53家，其中平定县14家、盂县26家、郊区13家。

8月24日　全国政协副主席、民建中央第一副主席张榕明到阳泉考察。

8月25日　山西省村通水泥（油）路“全覆盖”阳泉现场推进会召开。阳泉市累计投资16.2亿元，完成“村村通”公路建设总里程3164千米，全市960个建制村提前实现村通水泥（油）路“全覆盖”目标。

8月28日　全国人大常委会副委员长、民革中央主席周铁农到阳泉调研。

9月16日　卫生部健康教育首席专家、首都医科大学附属北京安贞医院主任医师、教授洪昭光应邀到阳泉举办“健康直通车”讲座。

9月27日　全国最大煤雕作品《和乐四方瓶》在阳泉完成。作品通高4米、胸阔1.8米，重达1.75吨，由省级工艺美术大师王永刚设计，11名工匠参与创作。

9月29日　盂县秀水镇东白水村、平定县古窑陶艺有限公司获“全国民族团结进步模范集体”称号，阳泉煤业集团吴景厚（锡伯族）获“全国民族团结进步模范个人”称号。

10月20日　在第十一届全运会男子摔跤比赛中，阳泉市运动员陈占国夺得自由式66公斤级金牌。

10月21日至26日　在中国（山西）特色农产品交易博览会上，阳泉市签订农业产业化招商引资项目5项，引资额33亿元。

10月30日　15时50分，一辆车号为晋A 53772欧曼大轿车由西柏坡返回太原途经境内国道207线时，因驾驶员操作不当坠入山沟，导致13人死亡、41人受伤。

10月　在全国煤矿瓦斯防治工作会上，阳泉市新鑫科技研究所研发的“预防和控制煤矿采掘工作面瓦斯煤尘爆炸技术装备”和“巷道快速密闭墙”被作为先进技术在全国推广。

11月3日　阳泉市热电联产龙川热源管网工程竣工。该工程从南煤集团龙川发电公司热源到市区儿童公园敷设一次供热管网19.8千米，投资3.3亿元。

全市已确诊H1N1流感病例33例，治愈10例，患病人员以儿童和学生为主。

11月7日至9日　在江苏无锡举行的第六届中国国际专利与名牌博览会上，阳泉市推选电力、机械、化工、农业等方面的33个优秀项目参展。平定莹玉陶瓷有限公司选送的“高档骨质瓷系列产品”获特别金奖；阳泉市鑫盛瓷业有限公司选送的“瓷质高强耐磨盲道砖”、山西阳泉美帅科技开发有限公司选送的“新型多功能书包”、山西建工申华暖通设备有限公司选送的“带流量刻度指示和锁闭功能的自力式流量控制阀”、阳泉市勤工技术实业开发有限公司选送的“高效燃气锅炉”、阳泉市下千耐火材料有限公司选送的“鱼雷式铁水罐用改性氧化铝—碳化硅—碳砖及其制造方法”、阳泉市新鑫科技研究所有限责任公司选送的“预防和控制煤矿采掘工作面瓦斯煤尘爆炸的技术设备”、山西华通蓝天环保有限公司选送的“河流、沟渠莲鱼池蓄水坝养鱼种藕防护装置”、盂县社会福利高锰耐磨件厂选送的“环保型铝矾土竖窑炉”和“一种多元素低合金水淬耐磨钢”9个项目获得金奖。

11月10日至12日　阳泉出现百年一遇的暴雪天气，市区、平定和盂县降雪量分别达到57.2毫米、48.1毫米和39.8毫米，给全市工农业生产造成超过10亿元的重大损失。

11月13日　省长王君到阳泉指导救助因雪灾在太旧高速公路受困人员和车辆。

调频FM90.1的阳泉交通广播启动试播。

11月26日　阳泉市举行首届道德模范颁奖典礼。获得阳泉市精神文明建设指导委员会表彰的10位“阳泉市首届道德模范”分别是李乃珠、史玉林、张昀、古米贵、刘新东、黄代小、张怀籽、李景春、武本有、杨慧田。

11月28日　居然之家阳泉店开业，营业面积3.49万平方米。该店是集家装设计、装饰材料、现代家具于一体的“一站式”家居建材购物中心。

12月28日　美隆国际商城开业。该商城总建筑面积近10万平方米，总投资3.2亿元，是集商业、餐饮、健身、娱乐、休闲于一体的现代经营模式购物中心。

2010年

1月　阳泉市被科技部授予“全国科技进步先进城市”称号。

2月4日　省政协主席薛延忠到阳泉慰问市内部分困难家庭、企业及敬老院。

2月　郊区档案馆成为国家二级标准档案馆。

3月18日　教育部批准成立阳泉师范高等专科学校。

3月　阳煤集团药林会议中心被全国旅游星级饭店评委会评定为五星级旅游饭店，成为全市首家五星级旅游饭店。

4月15日　阳泉市赴青海玉树抗震救灾医疗队乘专列到灾区救援。医疗队由市一院、市三院、阳煤集团总医院、市紧急医疗救援中心、市卫生局卫生监督所及市疾控中心的25名医务人员组成。28日下午，医疗队完成任务返回阳泉。

4月　“龙凤双耳嵌琥珀花薰”煤雕作品被选为上海世博会山西馆主要陈列美术工艺品。该作品系山西煤玉雕塑厂炉薰系列组雕之一，2007年曾获第八届中国工艺美术“百花杯”金奖。

5月13日　国务委员、公安部部长孟建柱到阳泉检查指导工作。

5月18日　16时50分，盂县辰通煤业有限公司发生瓦斯爆炸，死亡11人。

5月　盂县云林种植有限公司总经理韩二锁获中华全国工商业联合会、国家林业局、中国光彩事业促进会联合授予的全国“第三届光彩事业国土绿化贡献奖”。

6月30日至7月1日　省委书记袁纯清到阳泉调研。

6月　阳泉市在普通高等学校招生全国统一考试中的本科达线率，连续16年居全省各地市之首。

7月23日　阳泉市与英国切斯特菲尔德市联合举办“中英双向开放引进”远程视频会议，中国国际贸易促进委员会阳泉支会与英国达比郡—诺丁汉郡商会签订友好合作协议。

8月6日至8日　在第七届中国国际专利技术与产品交易会上，阳泉市鑫盛瓷业有限公司的“瓷质高强耐磨盲道砖”、盂县西小坪耐火材料有限公司的“7M焦炉用硅砖”、平定县张氏砂器陶艺坊的“平定砂器”、阳泉市下千耐火材料有限公司的“钢包用矾土基微膨胀高铝砖及其制造方法”、新鑫科技研究所有限责任公司的“预防和控制煤矿采掘工作机瓦斯煤尘爆炸的技术装置”、山西建工申华暖通设备有限公司的“前端水套式卧式燃气锅炉”6个项目获金奖。阳泉市知识产权办公室获大会最佳组团奖。

8月8日至10日　阳煤集团华越公司、阳泉水泵厂有限公司、阳泉阀门股份有限公司等35家企业，参加在太原举行的2010中国（山西）装备制造业博览会。其间，与客商签订投资合作项目2个，总投资7.8亿元；签订产品销售合同20个，总金额15.36亿元。

8月30日　省政协主席薛延忠到阳泉检查指导工作。

9月1日　阳泉市举行“三电合一”（电话、电脑、电视）农业信息服务启动仪式。该项目是农业部推行的农业信息服务新模式，由市农委负责管理运行。

9月16日至18日　在省政府组织的第三届中国（太原）国际能源产业博览会重点项目签约仪式上，阳泉市与客商签订5个投资合作项目，总投资389.5亿元，拟引资389.5亿元。

10月21日　由中央编译出版社出版的4卷本《高长虹全集》首发式在盂县举行。

10月21日至22日　省军区司令员刘云海少将到阳泉军分区调研。

11月1日　省委书记袁纯清、省长王君带领省观摩检查组到阳泉观摩检查工作。

11月11日至15日　在第13届杭州西湖艺术博览会暨2010中国（浙江）非物质文化遗产博览会上，平定县张文亮的瓷艺作品《风——因你而动》获银奖。

11月　百度公司总裁李彦宏向阳泉家乡捐资1000万元，助力打造智能城市。

阳煤集团以496亿元的营业收入、超过5000万吨的煤炭产量，列入中国煤炭工业协会公布的“2010年全国煤炭企业100强”“2010年全国煤炭企业产量50强”名单。

12月8日　龙华口水电站大坝枢纽工程封顶。该水电站位于滹沱河与龙华河交汇处下游1.5千米处滹沱河右岸，于2008年8月开工建设。工程总投资40935万元。

12月29日　狮脑山百团大战纪念馆新馆落成。新馆位于百团大战纪念碑主碑以西400米处，建筑面积3232平方米。

12月31日　阳泉市财政总收入突破百亿元大关，达到100.16亿元。

是年　全市农村共有33.2万人参加新型农村社会养老保险，60周岁以上老人养老金的发放标准从每人每月55元提高到60元，全市“农村新型养老保险”覆盖工程全部实现，从而使阳泉成为全省首个实现新农保全覆盖的城市。至此，阳泉市包括“农村新型养老保险”“村通硬化路”“村通广播电视”“县乡村三级卫生服务体系”“中小学校舍安全改造工程”“农村饮水安全”“乡镇综合文化站”“万村千乡市场工程”在内的“八个全覆盖”全面实现。

阳泉市志

YANGQUANSHIZHI

［上　册］

第一编

建　置

先秦时期，阳泉境内北部即有白狄族人建立的仇犹国。秦朝开始，关中、燕赵两地联系密切，由关中沿汾河北上，经旧关东出太行的通道日渐重要，邮驿商旅络绎不绝，境内南部张庄—旧关沿线逐步得到开发，人口渐成规模。其间，境内出现第一个县级建置——上艾县。南北朝时期，境内北部的盂城盆地及龙华河流域秉仇犹之余绪，经济发展，人口增多，遂产生第二个县级建置——原仇县。隋唐以后，由太原向东的寿阳—井陉一线，伴随着军事地位的提高，也得到快速开发。这条道路由西部新店入境，沿桃河东行，经赛鱼、平潭、乱流至娘子关出境。在这条道路上的东西两端，为适应军事、政治需要，先后设苇泽县和受州。宋朝初年于境内广阳寨建平定军，后移置榆关（今平定上城）。此处北控桃河天险，南顾张庄—旧关古道，依山临河，雄镇两厢，位置优越。20 世纪初，随着正太铁路的开通和煤炭资源的开发，阳泉地区很快成为山西历史上规模最大最早的近代煤炭工业基地，境内经济社会发展步入快速发展时期。三四十年代，阳泉实际已成为晋东经济社会中心。民国 36 年（1947）5 月 4 日，阳泉建市，掀开了阳泉发展史上崭新的一页。

第一章
方位 境域

第一节 方 位

阳泉市位于山西省东部，地处黄土高原东缘，太行山中段西麓。内长城沿太行山山脊自北向南延伸，构成阳泉市东界，北起盂县野场，南迄平定县青杨树，境内长100余千米。其间分布着六岭关、十八盘关、娘子关、旧关、石门关等著名关隘。阳泉市地理坐标：北纬37°40′～38°31′，东经112°54′～114°04′。

阳泉市交通位置优越。石太铁路、朔黄铁路、石太铁路客运专线和太旧高速公路自西向东穿越市境，207国道和307国道在境内交汇，交通便利。阳涉铁路北起石太线的白羊墅车站，南达邯长线的悬钟站，是太行老区发展经济的又一黄金通道。阳泉市西距省城太原119千米，东距河北省会石家庄市123千米，距首都北京406千米，距天津新港561千米，距黄骅港500千米。优越的地理位置为阳泉市的建设和发展提供了有利条件。

第二节 境 域

民国36年（1947）5月阳泉市成立初，东西长5.8公里，南北宽4.15公里，境域面积12.23平方公里，四周均与平定县接壤。其后至1983年7月的36年中，阳泉市历经10次境域变动（参见本编第二章第二节）。境域面积不断增大。

1983年7月以后，境域未再改变。其北与忻州市交界，西北与太原市接壤，西南和南面与晋中市相毗，东面与河北省石家庄市为邻。南北跨越纬度 51′，约 96 千米；东西跨越经度 1°10′，约 99 千米。全市总面积 4558.93 平方千米，占全省总面积的 2.91%，是建市初的 373 倍。2010 年，城市建成区面积为 51.58 平方千米，城镇化水平达 60.01%；全市总人口 1369238 人，人口密度 299.62 人 / 平方千米。

图 -1-1

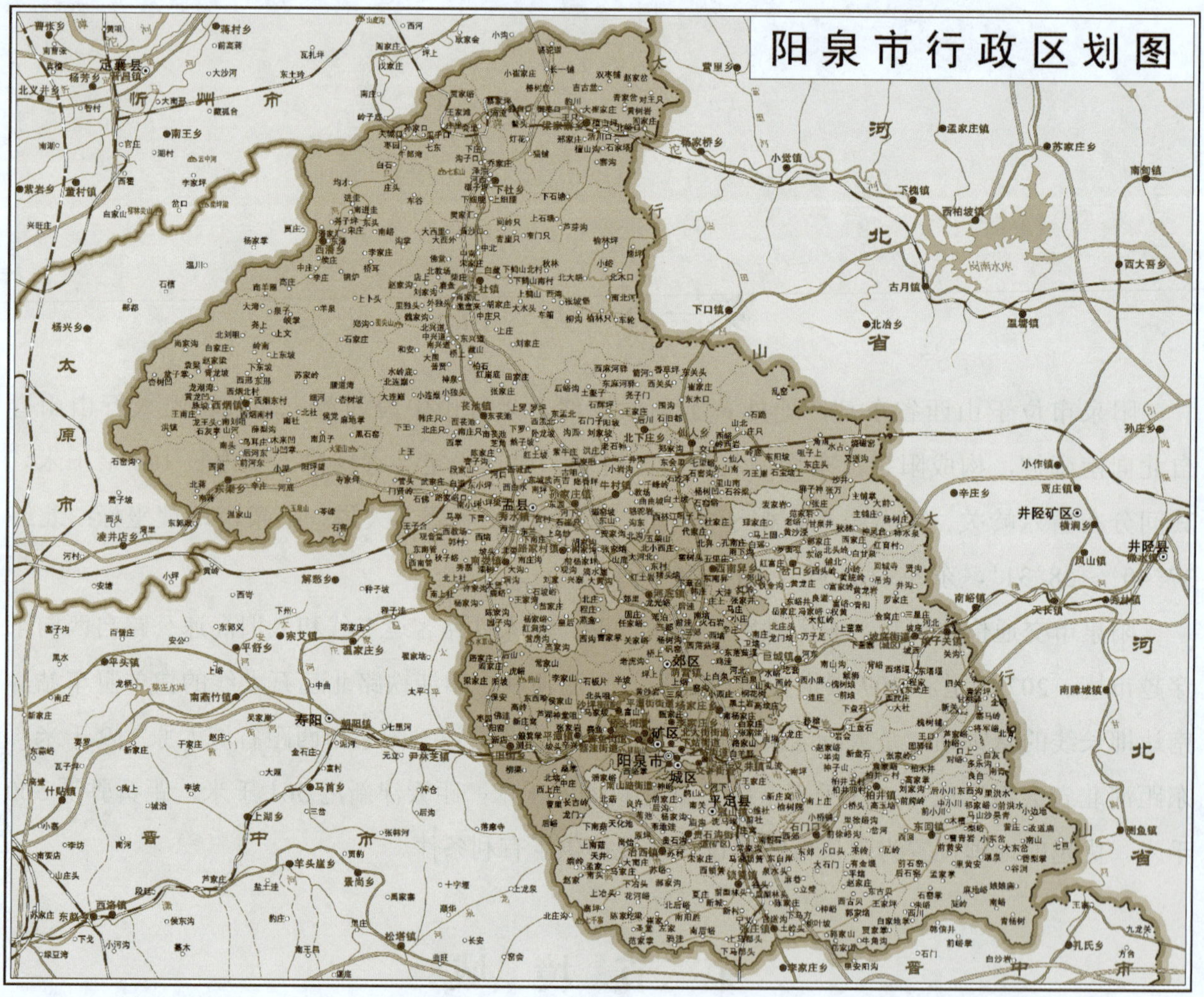

第二章 沿革 区划

第一节 历史沿革

一、史前和先秦时期

境内很早就有人类活动。20 世纪 50 年代，旧街乡枣园村等处曾有人工打制的石器出土，经专家鉴定属于旧石器时代中期文化，距今约 10 万年以上。其后，平定县的乱流、宁艾、冶西、娘子关水磨湾和盂县的西烟、土塔等处，又出土了属于新石器时代文化的石斧、石刀、骨针、陶器，距今约 5000 ～ 7000 年。

境内春秋战国时出现建置区划。春秋后期，白狄族人在今盂县境内建立仇犹国，此为境内政权建置之始。春秋末，晋卿智瑶灭仇犹，其境域并入晋国。周贞定王十六年（前 453），韩、魏、赵灭智氏，三分晋地，今阳泉市境域属赵国。秦庄襄王三年（前 247），秦将蒙骜“攻赵榆次、新城（今朔州西南）、狼孟（今阳曲东北），取三十七城”（《史记 · 秦本纪》），今阳泉市境域归秦国。

二、秦至清

秦始皇二十六年（前 221），秦统一全国，“分天下以为三十六郡”（《史记 · 秦始皇本纪》），时阳泉境域属太原郡。

秦置上艾县，隶属于太原郡（《汉书 · 地理志》载，“太原郡，秦置……县二十一……”，上艾县是其中之一），故治在今平定县南部新城一带。东汉时上艾县属冀州常山国，三国时属魏并州乐平郡。西晋时属并州乐平郡。西晋以后，上艾县历属后赵、前燕、前秦、后燕和北魏等国。北魏太平真君九年（448）撤销上艾县，孝昌年间重新设置上艾县，又改称石艾县，属并州乐平郡。后历属东魏、北齐、北周。

隋开皇初（581）撤销乐平郡，石艾县属太原郡。开皇十六年，设置原仇县，故治在今盂县城；设置辽州，石艾县与原仇县同属辽州；设置苇泽县，故治在今平定县娘子关，属井州。大业二年（606），原仇县改名为盂县；撤销辽州，石艾县及盂县同属太原郡。三年，撤销井州及苇泽县，将苇泽县境域划入井陉县。

唐武德元年（618），改太原郡为并州；设置乌河县，故治在今盂县西；石艾县、盂县及乌河县同属并州。三年，设置受州，故治在今盂县城，盂县属受州；于乐平设置辽州，石艾县属辽州。六年，受州移治受阳，石艾县及盂县同属受州。八年，受州移治塞鱼城，其地在今阳泉市郊区平潭镇赛鱼村。贞观元年（627），撤销乌河县，将其境域划归盂县。八年，撤销受州，石艾县及盂县同属并州。开元十一年（723），以并州为太原府，石艾县及盂县同属太原府。天宝元年（742），石艾县改名广阳县。大历元年（766），于今平定县娘子关建承天军，后废。五代，广阳县和盂县历属后唐、后晋、后汉、北汉。

宋初攻取广阳，建广阳寨，划归镇州。太平兴国二年（977），在广阳寨设置平定军。四年，灭北汉，设置并州，盂县属并州；设置平定县，治榆关（今平定县上城），属平定军。元丰年间，设置太原府，属河东路；将并州及平定军划归太原府。

金天会六年（1128），将河东路划分为南北二路，太原府、平定军属河东北路；盂县属太原府，平定县属平定军。大定二年（1162），平定军改为平定州，平定县为其属县。兴定年间盂县升为州。

元代，平定州及盂州属太原路。至元二年（1265），撤销平定县建置，其境域直辖于平定州。大德九年（1305），太原路改称冀宁路，平定州及盂州属冀宁路。明洪武二年（1369），盂州降为县；平定州及盂县同属山西太原府。清雍正二年（1724），平定州升为山西省直隶州，盂县属平定州。

三、民国时期

民国元年（1912），平定废州设县。

民国26年（1937）7月7日，抗日战争爆发。10月29日，日军占领平定城；30日，占领阳泉站；12月中旬，占领河底镇；翌年1月9日，占领盂县城。民国27年1月和6月，日军占领区分别设立伪平定县公署和伪盂县公署。

抗日战争中，中国共产党领导的抗日武装力量在平定县和盂县的广大农村建立抗日根据地（边区），并设立县级行政建置。民国26年（1937）11月中旬，在原平定县正太铁路以北地区置平定（路北）县。12月初，在原平定县正太铁路以南、平（定）辽（县）公路以东地区置平（定）东县。12月中旬，平定（路北）县政府转移到盂县境内，不久撤销。12月底，又于正太铁路以南、平辽公路以西地区置平（定）西县，其政权机构始称办事处，后称县政府。民国27年1月中旬，盂县县政府改造为抗日民主政府。3月，设平定（路北）边区公署，后改称县佐公署、县政府。民国31年8月，撤销盂县建置，在盂县东部和河北省平山县西部置盂（县）平（山）县。12月，在盂县西部和阳曲县东部置盂（县）阳（曲）县。另外，原盂县西北部的部分地区一度划归定襄县，西南部的部分地区一度划归寿（阳）东县（后称盂寿县），东南部的部分地区一度划归平定（路北）县。

民国34年（1945）8月15日，日本宣布投降，伪政权随之解体。8月27日，撤销盂平、盂阳二县，恢复盂县建置。9月，阎锡山派军队抢占平定县城、阳泉站及周围地区。民国35年2月，阎锡山山西省政府设第二行政督察区，其机构驻阳泉，辖平定、盂县、寿阳、昔阳、和顺、辽县、榆社7县。同年6月1日，平（定）东、平（定）西二县合并为平定（路南）县。民国36年4月8日，阎锡山派军队攻占盂县城。4月26日，中国人民解放军收复盂县城。5月2日，中国人民解放军解放平定县城和阳泉，原有建置解体。5月4日，中共晋察冀中央局、晋察冀边区行政委员会决定阳泉建市。民国37年8月26日，平定（路北）县、平定（路南）县合并为平定县。民国38年9月中旬，阳泉市改设为阳泉工矿区，属榆次专区。

四、中华人民共和国成立后

1949年10月1日，中华人民共和国成立。1952年3月，阳泉工矿区复称阳泉市，4月1日，直辖于山西省。1958年7月1日，阳泉市划归榆次专区。8月，撤销平定县建置，原辖区并入阳泉市。11月，撤销盂县和昔阳县建置，二县辖区并入阳泉市。1959年6月，恢复盂县和昔阳县建置，直属晋中专区。1961年4月，恢复平定县建置，直属晋中专区。12月，阳泉市改由山西省直辖。1970年4月，阳泉市划归晋中地区。1972年3月，阳泉市再度直辖于山西省。

1983年7月28日，实行市管县体制，平定县和盂县划归阳泉市。至2010年，境内行政建置无变动。

第二节　区划演变

今阳泉市境内历史上有两次设立州级建置，辖2—4个县级单位，但县以下区划不详。第一次，唐武德三年（620）于今盂县置受州，辖盂县和受阳县。其后州治、辖境及区划屡有变动。武德六年，受州移治受阳，原属辽州的石艾、乐平二县划归受州。贞观元年（627）撤销并州所辖的乌河县，其境域划归盂县。贞观八年撤销受州。受州前后共存在14年。第二次，宋太平兴国二年（977）于广阳寨设置平定军，亦为州级建置。其后军治、辖境及区划屡有变动。太平兴国四年，原属并州的平定、乐平二县划归平定军。金大定二年（1162），平定军改为平定州，辖平定县和乐平县。元至元二年（1265），撤销平定、乐平二县建置，其地直辖于平定州。至元七年，重新设置乐平县。清雍正二年（1724），平定州定为山西省直隶州，辖乐平县、盂县、寿阳县三县。嘉庆元年（1796），撤销乐平县建置，其地直辖于平定州。民国元年（1912），平定州改为平定县。平定州（平定军）前后存在935年。

阳泉市设置于民国36年（1947）5月。设市之初全境划为3个区：一区有3个街公所，二区有2个街公所、2个村公所（平潭垴村、平潭街村），三区有1个街公所、1个村公所（小阳泉村），全市总面积12.23平方千米，人口10769人。6月，平定（路南）县的大阳泉村和义井村划归阳泉市。7月，大阳泉村的王家峪、神峪两个自然村分设；将辖区改划为2个区：一区政府驻太上街，下辖3个街政府；二区政府驻小阳泉，下辖7个村政府。

民国37年（1948）8月，平定县的荫营、河底等68村划归阳泉市，同时合并减少为62村，原有7村也减少为6村（神峪并入王家峪），全市所辖行政村合计68村。将辖区改划为4个区：一区不变；二区政府先后驻平潭垴、石卜咀，辖21个行政村；三区政府先后驻李家庄、甄家庄，辖23个行政村；四区政府驻荫营，辖24个行政村。

民国38年（1949）1月，原属小西庄村的自然村孙家沟分设为行政村；平定县的黑土岩等25村和盂县的西南舁等42村划归阳泉市。全市设6个区。9月，阳泉市改称阳泉工矿区。

1950年2月，上年划入的平定县25村和盂县42村划归原县。阳泉工矿区辖区调整为3个区。7月，区划调整为1镇3区：新设阳泉镇，辖3街；一区辖18个行政村，二区辖25个行政村，三区辖26个行政村。

1951年6月，区划由1镇3区调整为3个区：原3个区调整为一、二两个区，一区驻平潭垴，辖36个行政村，二区驻后沟，辖33个行政村；原阳泉镇改称三区。

1952年3月，阳泉工矿区改称阳泉市。

1953年4月，平定县的下白泉等17村和盂县的西南舁等18村划归阳泉市。平定县的老坪掌村划归阳泉市，并入北头咀。5月，区划调整为一区和二区，全市形成两个区的格局。一区辖3街（太上街、兴隆街、德胜街）13乡（庙上乡、冯家庄乡、桃坡乡、赛鱼乡、石卜咀乡、甘河乡、平潭垴乡、平潭街乡、菜洼乡、五渡乡、小阳泉乡、大阳泉乡、义井乡）38村，二区辖1镇（河底镇）22乡（牵牛镇乡、苏家泉乡、苇泊乡、任家峪乡、三都乡、韩庄乡、山底乡、三郊乡、东垴乡、林里乡、千亩坪乡、南小西庄乡、北小西庄乡、东南舁乡、西南舁乡、上荫营乡、下荫营乡、上白泉乡、山头乡、杨家庄乡、黑土岩乡、三泉乡）70村。至年末，全市共辖2区、3街、1镇、35乡、108村。

1955年11月，一区所辖的3街13乡调整为5个街道办事处（上站、下站、平潭街、赛鱼、菜洼）和7个乡（冯家庄、桃坡、平潭垴、大阳泉、义井、五渡、甘河）。

1956年3月，一区改名为站上区，增设石卜咀街道办事处，所辖的7个乡调整为5个乡（五渡乡、义井乡、大阳泉乡、甘河乡、甄家庄乡）。二区改名为荫营区，所辖的1镇22乡调整为4镇（荫营镇、河底镇、白泉镇、西南舁镇）9乡（黑土岩乡、南小西庄乡、三泉乡、千亩坪乡、三都乡、三郊乡、韩庄乡、山底乡、东村乡）。年内，平定县的南沟村划归阳泉市。

1957年8月，撤销站上区和荫营区；6个街道办事处调整为4个（站上、平潭街、石卜咀、赛鱼），直辖于阳泉市；设阳泉市郊区，下辖4镇、14乡。

1958年8月，平定县划归阳泉市，与郊区合并，仍称郊区；原郊区及平定县所辖的54个乡镇调整为34个乡镇。9月2日，又调整为1镇（平定镇）12乡。9月6日，1镇12乡改称人民公社，行政村设生产大队和生产队。10月1日，撤销原有的4个街道办事处，成立矿区人民公社。这是境内首次设立城市人民公社。11月10日，昔阳县和盂县并入阳泉市，分别称昔阳联社和盂县联社。11月21日，撤销阳泉市郊区，改设为平定、荫营、东回、岩会4个人民公社，直属于阳泉市。

1959年2月，撤销平定、荫营、东回、岩会4个公社，改设为平定和荫营2个协作区，下辖19个管理区；昔阳联社和盂县联社分别改称昔阳协作区和盂县协作区。4月，撤销平定和荫营2个协作区，合组为平定联社，所辖的19个管理区改称人民公社；撤销矿区公社，所辖旧街、辛兴、李家庄、义井4个管理区改称人民公社，划归平定联社，矿区公社的城市部分改设为平潭街办事处，直属于阳泉市；昔阳、盂县2协作区分别改称阳泉市昔阳郊区和阳泉市盂县郊区。5月，平定联社改称阳泉市平定郊区。6月，昔阳和盂县恢复县的建置，从阳泉市分出；阳泉市平定郊区改称阳泉市郊区；增设站上办事处。8月，盂县的北舁、五架山等8村划归阳泉市。

1960年2月，撤销平潭街办事处和站上办事处，改设矿区公社和站上公社。3月，原属郊区的义井公社和北大街公社改由阳泉市直辖。

1961年4月，平定恢复县的建置，从阳泉市分出；平定县河下、张家井等13村划归阳泉市。5月，荫营、河底、白泉、西南舁4个公社改由阳泉市直辖。9月，北大街公社改称李家庄公社。11月，建立7个街道办事处，其中站上公社辖3个（上站、下站、新华街），矿区公社辖3个（北大街、石卜咀、赛鱼），义井公社辖1个（义井）。至年底，阳泉市辖7个街道办事处、8个公社、72个居民委员会、131个行政村。

1963年2月，恢复站上区和荫营区，撤销街道办事处，所辖人民公社由8个调整为12个，其中站上区辖5个公社（站上、矿区、李家庄、义井、北大街），荫营区辖7个公社（西南舁、东村、杨家庄、白泉、三郊、河底、荫营）。

1966年6月，矿区公社所辖的生产大队全部划归北大街公社，北大街公社所辖的居民委员会全部划归矿区公社。

1969年1月，站上区改名为城区，荫营区改名为郊区；义井、北大街和李家庄3个公社划归郊区，义井公社所辖的居民委员会划归站上公社，站上公社的小阳泉生产大队划归义井公社。6月，矿区公社分设为大庆路公社和矿区公社。9月，站上公社分设为大寨路公社和文革路公社。

1970年1月，义井公社和北大街公社划归城区。1月19日，经阳泉市革命委员会请示，山西省革命委员会批准，决定增设阳泉市矿区，直属于阳泉市革命委员会领导。3月30日，阳泉市革命委员会党的核心小组会议决定，成立矿区革命委员会筹备小组。6月，矿区公社改设为沙坪、红卫、红旗、向阳、红旗岗5个公社。

1971年2月，平定县的旧街公社、辛兴公社划归阳泉市城区，平定县的燕龛公社划归阳泉市郊区。4月1日，阳泉市矿区革命委员会正式成立，筹备小组撤销。矿区设置初期，与阳泉矿务局（今阳煤集团）实行政企合一的领导体制，矿区革命委员会与阳泉矿务局革命委员会合署办公，一套领导班子，两块牌子。

1972年12月，北大街公社更名为平潭公社。

1973年6月，大庆路公社、大寨路公社和文革路公社分别更名为北大街公社、上站公社、下站公社。

1978年1月，城区所辖的辛兴、旧街、义井、平潭4个公社划归郊区。

1980年1月，中共阳泉市委决定改变矿区和阳泉矿务局政企合一的体制，成立矿区筹备领导组。5月15日，矿区与阳泉矿务局机构分设。8月，城区所辖的上站公社、下站公社、北大街公社改称街道办事处，同时另设南山路、义井、娘子关3个街道办事处。

1981年3月，矿区所辖的沙坪、红旗、红卫、向阳、红旗岗5个公社分别更名为沙坪、小南坑、赛鱼、桥头、平潭街街道办事处。

1982年12月，矿区所辖的小南坑街道办事处更名为菜洼街道办事处。

1983年7月，实行市管县体制，平定县和盂县划归阳泉市，全市形成三区两县格局。9月，盂县所辖的拦掌、石塘、活川口、御枣口4个公社分别更名为南娄、榆林坪、北峪口、梁家寨公社。至年底，阳泉市共辖3区、2县、11个街道办事处、1镇、57个公社、171个居民委员会、1043个生产大队。

1984年2月至8月，全市完成政社分开、建立乡镇的工作。郊区设立2镇11乡，平定县设立6镇14乡，盂县设立4镇21乡。4月，矿区设贵石沟街道办事处。

1985年7月，平定县城关乡并入城关镇，娘子关乡改设娘子关镇。8月，城区娘子关街道办事处更名为坡底街道办事处。至年底，全市农村生产大队全部完成改设村民委员会的工作。

1986年，矿区所辖的菜洼街道办事处更名为蔡洼街道办事处。

1993年7月，撤销平定县南坳乡，设立南坳镇。

1996年5月，撤销阳泉市郊区平坦乡、义井乡，设立平坦镇、义井镇。

1999年7月，撤销盂县路家村乡，设立路家村镇。

2000年12月，经山西省人民政府批准，阳泉市原有的16镇41乡，调整为20镇12乡。其中，平定县原有的8镇11乡调整为8镇2乡，盂县原有的4镇21乡调整为8镇6乡，郊区原有的4镇9乡调整为4镇4乡。

至2010年，境内行政区划无变动。

第三章 区县简况

第一节 城 区

阳泉市城区位于市区东南部，西邻矿区，东、北、南三面均与郊区毗连，面积14.77平方千米，占全市总面积的0.32%。城区人民政府驻南大街300号，辖6个街道办事处，44个社区居民委员会。2010年总人口193177人，人口密度13079人/平方千米（人口普查数据）。

桃河城区段

城区境域原属平定县。20世纪初建成正太铁路，设阳泉站。车站附近逐渐形成一片商业区，称“站上”，主要为输出阳泉本地煤铁等矿产及输入日用消费品服务，主要行业有煤铁转运，百货、布匹、日用杂货及粮油批发零售，传统的饮食服务业。民国36年（1947）5月4日阳泉建市，1953年5月设一区和二区，其中一区即城区前身。1956年改称站上区。1957年8月撤销站上区，所辖区域直属于阳泉市。1963年2月恢复站上区。1969年1月改称城区。

城区是阳泉市人民政府驻地。阳泉建市后，城区进行了大量基础设施建设。高楼大厦取代了砖石平房，沥青和水泥铺装道路取代了屈曲狭窄的砂土路。境内有街道40余条，总长约4万米。其中桃南东路、桃北中路、泉中路、北大街、南大街、新建路系主干街道，兴隆街、华盛街、福寿街、德胜东街处于繁华商业区。自来水、电力、煤气、供暖设施成龙配套，供应充足。昔日的桃河满目荒滩，没有防洪设施，而今堤坝巍然，碧水荡漾，长桥横跨。堤内主河槽两侧建成了长9千米、宽40米的生态型公园，与南山公园、儿童公园、北山公园以及众多小游园一起，构成园林城市景观。进入21世纪，城区组织实施了规模宏大的小阳泉旧区改造工程，累计拆除旧房屋近9万平方米，动迁居民1171户6000余人，新建各类建筑31万平方米。

经济建设取得巨大成就。中华人民共和国成立后，区域内陆续兴建了晋东化工厂、阳泉钢铁公司、南庄煤矿、阳泉水泵厂、阳泉市纺织厂等大中型工业企业，兴办了人民商场、阳泉市百货大楼、兴隆百货大楼、河边街商场、泉中菜市场、迎宾饭店等商业服务业企业。1978年中共十一届三中全会以后，区域经济有了新的发展。中华小吃城、苏宁电器、赛格数码、恒美家具、万盛百货、沃尔玛等一批名牌商家纷纷入驻。2010年，地区生产总值完成936545万元，人均地区生产总值52624元，财政总收入完成42025万元，一般预算收入完成22388万元，社会消费品零售总额实现873409万元，城镇居民人均可支配收入达17401元。有区属和街办工商企业43个，年产值2659万元，有多种产品跨入省优和市优产品行列。有规模以上工业企业17个，规模以上工业增加值146003.8万元。原煤产量322万吨。

社会事业发展迅速。建成了政府信息网及经济、统计、工商、税务、社会保险等专业局域网和数据库，全区拥有专业技术人员1.45万人。区内有中等专业学校4所，技校2所；有普通中小学27所，专任教师2205人，在校学生3.57万人；有幼儿园21所，在园幼儿3821人。有阳泉电视台、阳泉人民广播电台等新闻媒体。有卫生机构28个，床位2000余张，有卫生技术人员3390人，其中医生1331人。构建了社区卫生、文化娱乐、便民利民服务体系。城市广场被评为“山西省十佳文化广场”，北岭社区获“全国文化先进社区”称号。建立了区、街道、社区3级就业服务工作机构，2010年城镇失业登记率控制在4%。

2010年阳泉市城区行政区划简表

表-1-1

街道办事处名称	社区名称
上 站	窑坡 市政府大院 小阳泉南 小阳泉北 金三角 晋东 德胜街 观象台 油娄沟
下 站	东营盘 新市街 太上街 河边街 官坊街 兴隆街

续表 -1-1

街道办事处名称	社区名称
北大街	东沟 古城 后底沟 铝矾土矿 青年路 西营盘 中心广场
南山路	大阳泉煤矿 南庄煤矿 阳光 南深沟 新华西街 北岭 南山北路 新华东街 朝阳街 龙躺梁 阳坡垴 南庄路
义 井	义井 义东沟 小北沟 南边堰 白羊墅 小河 山东铝业公司阳泉矿 阳铝
坡 底	娘子关电厂

第二节 矿 区

桃河矿区段

阳泉市矿区位于市区西南部，东邻城区，西、北、南三面均与郊区毗连，面积11.83平方千米，占全市总面积的0.26%；贵石沟街道办事处四周与平定县相邻，辖区面积9.27平方千米。矿区人民政府驻北大街386号，辖6个街道办事处，40个社区居民委员会。2010年总人口242122人（人口变动抽样调查数据），人口密度20467人/平方千米。

矿区境域原属平定县。20世纪初，境内煤炭资源得到开发，诞生了山西历史上最早的近代煤炭工业，出产优质无烟煤，成为著名的无烟煤产地。民国36年（1947）5月4日阳泉建市后，今矿区属地陆续划归阳泉市。1953年5月，阳泉市设一区和二区，今矿区境域属一区。1956年一区改称站上区。1957年8月撤销站上区，今矿区境域直属于阳泉市。1963年2月恢复站上区。1969年1月改称城区。1971年4月设矿区，建立县级行政机构，与城区、郊区同为市辖区。矿区设置初期，与阳泉矿务局（今阳煤集团）实行政企合一的领导体制。1980年5月，矿区与阳泉矿务局机构分设。

中华人民共和国成立后，今矿区境内的城市基础设施逐步完善。至2010年，全区建成街道30余条，道路铺装面积55万平方米，自来水日供水能力3万立方米，居民煤气化普及率90%，集中供热面积200万平方米。区域环境质量良好，煤矸石山灭火工程基本完成，电厂脱硫工程逐步推进。307国道、太旧高速公路和石太铁路横贯矿区。各煤矿都设有专用铁路线。公交客运、阳煤客运、私营客运方便了居民出行。邮电通信业发达，固定电话、磁卡电话、移动电话、传真、计算机网络等通信设施得到普及。

矿区经济以煤电铝、磁性材料、新型建材三大产业为支柱，煤炭机械、煤化工、轻工、建筑安装、房地产和现代商业服务业协调发展。2010年，全区实现地区生产总值1258046万元，人均地区生产总值53677元；财政总收入完成42019万元，一般预算收入21099万元；社会消费品零售总额完成128830万元。居民人均可支配收入达17815元。规模以上工业企业22个，规模以上工业增加值1127782.2万元。原煤产量3333.02万吨。

驻矿区的国有特大型企业阳泉煤业（集团）有限责任公司（简称阳煤集团），建立于1950年1月，是全国最大的无烟煤生产企业，是跨行业、跨地区、跨所有制、跨国经营的企业集团。阳煤集团以煤炭生产和加工为主，多业并举，拥有雄厚的技术实力，采用国内领先的采煤设备，采煤机械化程度为100%；在全国率先实验成功并推广使用了综采放顶煤技术，实现了采煤工艺的重大变革，瓦斯综合治理技术全国领先。阳煤集团井田规划总面积1387.8平方千米，地质储量142亿吨，可采储量79.68亿吨。20世纪80年代后，阳煤集团发展成为以煤炭和化工为主导产业，铝电、建筑地产、装备制造、贸易物流和现代服务业为辅助产业的煤基多元化企业集团。2010年，阳煤集团煤炭产量达3333万吨，产值94.26亿元，其中非煤产业达40亿元。

矿区社会事业发达。科技工业园区为科技人员发挥聪明才智提供了平台。全区共有中小学27所，有专任教师2065人，在校学生2.95万人，九年制义务教育普及率达100%。区内有82个文化活动室、62个图书馆、7个影剧院、34个体育场，建立了全民健身服务体系，有群众文体活动队伍80余支。“春之声”合唱团获首届“中国民歌合唱大赛”铜奖，平潭街西社区获“全国全民健身先进集体”称号。区内有医疗机构81个，床位1723张，卫生技术人员2310人，其中医生965人。建立了全员人口个案信息数据库。基本建立了以养老保险、失业保险和医疗保险为主体的社会保障体系。全区建成社区综合服务楼39幢，平均面积达300平方米，内部均设有文化娱乐室、图书阅览室、医疗保健室和活动场地。

2010 年阳泉市矿区行政区划简表

表 -1-2

街道办事处名称	社区名称
平潭街	洪城河 马家坪 西山 东山 平潭街西 平潭街东 大院 苹果园
沙 坪	中沙坪 沙沟 里沙坪 黄石板 桥南园 蒙北 秋沟
赛 鱼	南楼 虎尾沟 如意庄 麻地巷 井沟 赛鱼 大垴沟
蔡 洼	蔡西 小南坑 东四尺 南台 东窑房 菜市 蔡东
桥 头	西马家坪 段南沟 段北沟 段西沟 刘家垴 桥西 桥头
贵石沟	小河滩 枣岭山 苏村 水滩

第三节 郊 区

荫营镇

阳泉市郊区环绕于城矿两区周围，位于阳泉市中南部。北面与盂县交界，东面和南面与平定县接壤，西面与寿阳县毗邻，面积 627.01 平方千米，占全市总面积的 13.75%。郊区人民政府驻荫营镇，辖 4 镇、4 乡、189 个村民委员会和 8 个居民委员会。2010 年总人口 286192 人（人口变动抽样调查数据），人口密度 456 人 / 平方千米。

郊区地貌以山地和丘陵为主。西部为砂页岩山地区，东部为黄土覆盖的丘陵区。全区地势西北高，东南低。最高点水草山，海拔 1495.6 米，位于郊区同盂县、寿阳二县交界处；最低点白羊墅桃河河谷，海拔 595 米。主要河流有桃河、温河，两河均为季节性河流。境内属暖温带大陆性季风气候，春季干燥多风，夏季炎热多雨，秋季降温迅速，冬季寒冷少雪。年平均气温为 10.1℃，年降水量为 540.2 毫米，全年无霜期为 160 天，全年≥ 10℃的活动积温为 3523.3℃，全年实际日照时数为 2696.3 小时。区境除西部边缘山区属温和湿润气候区外，其余地区均属温暖半湿润气候区，为一熟喜温或二年三熟作物区。境内矿产资源丰富，主要矿产有无烟煤、硫铁矿、铝矾土矿、黏土矿、铁矿等。但水资源较为贫乏。全区本地水资源总量为6760万立方米/年，人均年占有量仅103立方米。

郊区境域原属平定县和盂县。民国36年（1947）5月4日阳泉建市后，今郊区属地陆续划归阳泉市。1953年5月，阳泉市设一区和二区，其中二区即郊区前身。1956年改称荫营区。1957年8月撤销荫营区，改设郊区。1963年2月恢复荫营区。1969年1月复改称郊区。

中华人民共和国成立后，境内基础设施日臻完善。小城镇发展迅速，配套设施完备，荫营东西大街、荫营南外环路和河底银河大街展现新姿。建设了煤气利用和集中供暖工程。石太铁路穿越区境南部。高速公路、国道、省道，阳井线、义白路、李荫路等高等级公路，通村公路构成四通八达的公路交通网。固定电话和“小灵通”有4万部，移动电话超过5万部。128项饮水解困工程使162个自然村的6万人受益。

经济建设成果丰硕。2010年，地区生产总值实现538277万元，人均地区生产总值22635元；财政总收入80168万元，一般预算收入32253万元；社会消费品零售总额87261万元，城镇居民人均可支配收入14217元，农民人均纯收入6837元。规模以上工业企业44个，规模以上工业增加值240110.4万元。

依托丰富的矿产资源，以煤业、耐火材料产业为主导的传统产业发挥支柱作用。工矿业发展迅速。2010年，全区原煤产量870.26万吨，耐火材料总产量80.77万吨。

城郊型农业发达。2010年，全区农村经济总收入完成1205186万元。有耕地7707公顷，主产玉米、谷子、豆类和薯类，粮食总产量15646.1吨，蔬菜总产量52769吨。奶牛存栏1218头，肉类总产量3579.4吨，牧业收入12604万元。年末果园面积1072公顷，水果总产量6063吨。当年造林面积3119公顷。郊区有多种名优土特产品。小西庄砂器、牵牛镇陶瓷、任家峪铁锅誉满三晋。拥有硅酸盐水泥、高铝耐火砖、耐酸瓷砖、精还原铁粉、高压电瓷、光振磨块、胞膜钛白粉、土豆全粉、三毕牌苹果等全国知名产品。

郊区人文荟萃。有玉泉山关王庙、石家花园、银圆山庄等旅游景点。枣园旧石器遗址、阎家庄北魏石窟造像、北毕佛堂寺明代铁钟、三都清代铁炮、三郊蛇蟒化石、燕龛柏树化石等遗址和文物弥足珍贵。专业技术人员4613人。有中小学校70所，专任教师2150人，在校学生2.45万人；有幼儿园115所，在园幼儿5882人。有各类卫生机构25个，床位1034张，有卫生技术人员845人。有全国重点文物保护单位1处（林里关王庙）、市级重点文物保护单位2处（柳沟六泉庙、下章召禅智寺），另有县级文物保护单位7处。清代著名学者张穆是义井乡大阳泉村人，他精研天文、算术及西北地理之学，对经史、训诂致力尤深，一生著述甚丰，所著《蒙古游牧记》为学术界所推崇。

社会保障体系逐步建立，城镇职工养老保险覆盖率和离退休人员养老金社会化发放率均达100%。新型农村合作医疗制度得到全面推行，人均年收入600元以下的农户全部纳入保障范围。建成广播电视“村村通”无线覆盖工程。

2010年阳泉市郊区行政区划简表

表-1-3

乡镇名称	行政村（居民委员会、社区）名称
荫营镇	桥上、街上、坪上、后沟、老虎沟、下荫营、南窑庄、三泉、上烟、下烟、砚窑、上千亩坪、下千亩坪、三郊、三都、韩庄、小庄、辛庄、马庄、前洼、后洼、东垴、西垴、南垴、杨树沟、火石岩、下白泉、上白泉、东落菇堰、西落菇堰、鸡洼、段家庄、西梨庄、东梁庄、河北、林里、窑沟、山头，共38个行政村；另有1个荫营煤矿居委会
河底镇	河底、牵牛镇、上章召、下章召、河南、中佐、固庄、小固庄、苇泊、邓家峪、任家峪、关家峪、龙光峪、里龙光峪、东村、五架山、北小西庄、武家庄、大河北、小河北、小沟、东南沟、山底、红土岩、苏家泉、猪头垴、燕龛、北庄、程庄、郊里、西沟、曹家掌，共32个行政村；另有1个固庄煤矿居委会
平坦镇	半坡、大村、庙上、北头咀、石卜咀、老坪掌、魏家峪、大南沟、小南沟、桃林沟、龙凤沟、官沟、赛鱼、前庄、甘河、西河、富山、南山、辛兴、常家山、李家山、侯家山、马家坡、张家岩、吴家掌、桑掌、石板片、东西畛、神堂咀、芦胡、坡头、北垴、中庄、西上庄、曹里、长吉岭、后峪、龙门，共38个行政村
义井镇	义井、义东沟、牛家峪、王家峪、神峪、西峪、西峪掌、圪台、白羊墅、小河、河下、泊里、大阳泉、南庄，共14个行政村
李家庄乡	李家庄、冯家庄、甄家庄、大西庄、石马沟、汉河沟、柳沟、侯家沟、余积粮沟、黄沙堰、桑堰、桃坡、长岭、驼岭头，共14个行政村
西南舁乡	西南舁、东南舁、北舁、咀子上、东林尖、王家庄、杜家庄、代家庄、五里庄、北大西庄、孔南庄、霍树头、雨下沟、石窑垴、郊山、大洼、张家井，共17个行政村
杨家庄乡	北杨家庄、南杨家庄、小西庄、高垴庄、大南庄、白家庄、孙家沟、张家洼、路家山、齐家岩、黑土岩、杏树坡、庙岭、桐花树，共14个行政村
旧街乡	旧街、后山、路家庄、阎家庄、阳坡、虎峪、保安、高岭、枣园、阳窑、佛洼、新庄窝、簸箕掌、新店、南沟、柳渠、测石，共17个行政村
其 他 （开发区托管）	平坦垴、上五渡、下五渡、河坡、王垅，共5个行政村；惠泽社区、康达社区、宏苑社区，共3个社区

第四节 平定县

平定县位于阳泉市南部，东北同盂县接壤，西北与阳泉市郊区毗连，西连寿阳县，南接昔

阳县，东面与河北省井陉县相邻，总面积 1390.94 平方千米，占全市总面积的 30.51%。平定县人民政府驻冠山镇，辖 8 镇、2 乡、12 个居民委员会和 318 个村民委员会。2010 年总人口为 335477 人（人口变动抽样调查数据），人口密度 241 人 / 平方千米。

平定县地处黄土高原东缘，地貌以山地和丘陵为主。西部为砂页岩山地，分布有北方山山脉、南方山山脉和七岭山脉；东部为石灰岩山地，分布有秋林山脉、绵山山脉和艾山山脉；中部为平定盆地，盆地内为砂页岩丘陵区。从整体看，地势西高东低。最高点七千寨山，海拔 1529.9 米；最低点绵河娘子关河谷，海拔仅 350 米。桃河、温河是境内的主要河流，由西向东流经北部和中部，在娘子关镇河滩村汇合为绵河出境。境内属暖温带大陆性季风气候，四季分明，区域气候垂直变化显著。年平均日照 2696.3 小时，年平均气温 10.5℃，年平均降水量 543.5 毫米，无霜期 159 天。本地水资源总量 2.09 亿立方米，人均年占有量为 656 立方米；但水资源分布极不均匀，除娘子关泉周围地区外，大部分地区水资源均严重缺乏。境内矿产资源丰富，探明矿种有无烟煤、硫铁矿、铝矾土矿等 28 种。

县境春秋属晋，战国属赵。秦置上艾县，北魏称石艾，唐更名广阳。宋初于境内置平定军，改广阳县为平定县。金、元、明平定为州，清为直隶州，民国元年改为县；抗日战争和解放战争时期，境内曾设立平定（路北）县、平（定）东县、平（定）西县、平定（路南）县，民国 37 年（1948）8 月恢复平定县。1983 年划归阳泉市。

中华人民共和国成立后，平定县基础设施日益完善。县城建成区面积扩大到 8 平方千米，园林和公共绿地面积达 50 公顷。县城供水管网改造一期工程、7 万立方米 / 日燃气利用工程、3 万吨 / 日污水处理工程建成运行。实施了城农电网改造。建成了娘子关提水工程，县城和乡镇驻地全部接通了娘子关泉水，2/3 农户实现了旱井水自来化。太旧高速公路、207 国道和 307 国道和众多县乡村公路构成公路交通网，通村公路达 1490 千米。继石太铁路之后，阳涉铁路的建成开辟了平定进出太行的又一通道。固定电话达 7.94 万门，移动通信用户有 5 万户，因特网用户达 8000 户。

经济建设取得丰硕成果。2010 年，地区生产总值达 513485 万元，人均地区生产总值 15301 元；财政总收入 75383 万元，一般预算收入 29799 万元；城镇居民人均可支配收入 14294 元，农民人均纯收入 6137 元，社会消费品零售总额 182257 万元。

农村经济发达。2010 年，全县农村经济总收入 1137304 万元，有耕地 20403 公顷，主产玉米、谷子、高粱、小麦和大豆，粮食总产量 76745.5 吨，牧业产值 18461.50 万元。生态林业实施重点工程建设，浮山万亩（约 667 公顷）荒山造林、百里通道绿化等示范工程成效显著，当年造林面积 3233 公顷。

工业以煤炭、电力、建材、化工为主。2010 年，全县工业增加值完成 225545 万元，规模以上工业企业 57 家。冠升高新技术工业园区等五大经济板块的建设带动了全县产业结构的调整和优化。突出重点工业项目建设，规模以上工业增加值 180729.9 万元，原煤产量 113.26 万吨。

名优土特产品蜚声海内，黄瓜干、大红袍杏、砂锅、工艺陶瓷是其中的佼佼者。黄瓜干风味独特，有“龙筋”之誉。大红袍杏入载《山西果树志》，为果中珍品。平定砂锅内外光洁，皮薄质细，烹煮食品味道纯正，盛放食品隔日保鲜。工艺陶瓷历史悠久，文化韵味浓厚。

平定名胜古迹众多。娘子关瀑布、冠山、药岭寺、张果老洞、东浮山炼石仙踪等自然景观蕴涵北国神韵；开河寺石窟、马齿岩寺、长国寺北齐摩崖造像碑、固关长城等古迹三晋文物特征鲜明，还有借力山水开发的五龙泉公园、平阳湖、小蘑菇度假村、冶西寨堖山农民公园等旅游新品。

平定素有崇尚文化、重视教育的传统。始建于宋代的冠山书院声名远扬；平定中学堂创立于清光绪二十九年（1903），为山西最早的中学之一。中华人民共和国成立后，社会文化事业蓬勃发展。至 2010 年，全县有普通中学 26 所，小学 127 所，专任教师 3124 人，在校生 4.49 万人。有幼儿园 76 所，在园幼儿 8225 人。有各类专业技术人员 5256 人。每年一度的元宵文化艺术节继承“棒槌火”传统，为城乡人民带来精神大餐。兴建了县图书馆、文化馆和影剧院。县剧团活跃于城乡舞台。广播和电视得到普及，群众体育活动蓬勃开展，全县有卫生技术人员 1059 人，其中医生 473 人。

社会保障体系逐步建立，10 个乡镇均建立了敬老院，有 8297 人纳入低保范围，发放低保金 1550.4 万元，城镇居民医疗保险实现了应保尽保。新型农村合作医疗参合率达 98.5%。

2010 年平定县行政区划简表

表 -1-4

乡镇名称	行政村（居民委员会）名称
冠山镇	西关、鹊山、石板坪、南关、杨家沟、孙家沟、东关、城里、后沟、上庄、河头、胡家庄、小峪、大峪、姜家沟、南坳、冠庄、宋家庄、贵石沟、庙沟、西锁簧、北砦石、南砦石、洗马堰、冠庄垴、常家沟、庄窝、罗家峪、维社、前社、里社、中社、王家庄、甘井、西沟、榆树院、葛家庄、红土洼、岭上、红卫、新庄窝、狐窝，共 42 个行政村；学门街居委会、东门街居委会、十字街居委会、姑姑寺居委会、二道街居委会、东关街居委会、西关街居委会、大林山居委会、南关街居委会、东大街居委会，共 10 个居委会
冶西镇	冶西、东庄、聂家庄、尚怡、原坪、苇地洼、苏村、苏峪、赵家庄、郝家沟、刘家庄、兆虎堰、马家庄、南头、大南庄、天井、上南茹、下南茹、小南庄、赵家、孟家、端岭、上冶头、下冶头、范家庄、寨坪、西胜岭、花河峪、陈家圪梁、苇池、良浒、天花池、北茹、潘家峪，共 34 个行政村
张庄镇	张庄、宁艾、上马郡头、下马郡头、新村、桃叶坡、土岭头、新城、南后峪、石洼、神峪、郭家垴、西古贝、东古贝、郭家山、井芝峪、平垴、有金堰、赵家庄、岳家山、牛角沟、史家山、贾家掌、王家坪、南阳胜、北阳胜、北后峪、夏庄、圣堂、白家掌、西城、范家掌、鸦洼、崔家、左家，共 35 个行政村
锁簧镇	东锁簧、前锁簧、马家锁簧、东白岸、西白岸、前梨林头、里梨林头、上马坊、下马坊、西峪、立壁、陈家庄、朝阳堡、魏家庄窝、谷头、泉水头、官道沟、麻巷、北庄，共 19 个行政村
柏井镇	柏井第一、柏井第二、柏井第三、柏井第四、柏井第五、柏木井、高家掌、袁家峪、刘家沟、张家岭、前牌岭、里牌岭、槐树铺、固驿铺、乱安、寨马岭、井峪、南青、多乐沟、白灰、企明、将军峪、王口、对峪、梁家垴、北青、青岩坪、甘桃驿、芦家峪、口上，共 30 个行政村
东回镇	东回、西回、前石窑、后石窑、岔河、石窑掌、新庄、西川、朱峪、槽青岩、白家地掌、瓦岭、孟家掌、马山、七亘、木槽、改道庙、营庄、前小川、中小川、后小川、前洪水、里洪水、小边地、南山、东西沟、沙锅青、梨峪、祁家峪、狼白、潺泉、娘娘庙、小东岔、大东岔、青杨树、前黄安、里黄安、麻地峪、香梨掌、谷洞、南峪、陡岭，共 42 个行政村
娘子关镇	娘子关、河滩、河北、坡底、关沟、城西、程家、东武庄、西武庄、东塔堰、西塔堰、上董寨、下董寨、三星村、背峪、罗家庄、井沟、贤沟、金庄窝、大社、吊沟、迴城寺、旧关、新关，共 24 个行政村
巨城镇	巨城、东小麻、西小麻、河东、圪套、南庄、柴家庄、额狮、龙门垴、柳树峪、卫垴、偏琅、赵家园、西岭、连庄、会里、槐树梁、万子足、水峪、南山沟、北庄头、前琅、移穰、岩会、半沟、庙堰、赵家峪、龙庄、神子山、下盘石、新盘石，共 32 个行政村
岔口乡	岔口、郝家庄、岳家庄、理家庄、甘泉井、红岭、黄龙庄、范家岩、良道、铁金沟、黄沙浸、竹梨庄、东峪、张山峪、白瑶、冯家峪、红富庄、东峪井、麦家岩、马上固、食足、罗面咀、老峪、富家岭、黄统岭、黄龙岩、秋林、青阳、大红岭、权黄、西头岭、富峪、主铺庄、铺北、神水泉、白甘泉、北头岭、大前、西家庄、土沟、黄家垴、小岭、杨树庄、神灵台、主铺掌、红育村，共 46 个行政村
石门口乡	石门口、大石门、西郊、东郊、南坪、枣岭、卢家庄、南上庄、小口头、前徐峪沟、里徐峪沟、桥头、小桥铺、乱流，共 14 个行政村

第五节 盂 县

盂县位于阳泉市北部，北靠五台县和定襄县，西毗阳曲县，南接寿阳县、阳泉市郊区和平定县，东面与河北省井陉县和平山县相邻，总面积 2514.38 平方千米，占全市总面积的

55.15%。盂县人民政府驻秀水镇，辖8镇、6乡、6个社区居民委员会、453个村民委员会。2010年总人口311270人（人口变动抽样调查数据），人口密度124人/平方千米。

盂县地处黄土高原东缘，境内山高谷深，高下悬殊，岭谷相间，排列有序。分布有牛道岭、白马山、秋林山脉、北方山山脉和两岭山脉，山脉之间分布着一些小型山间盆地，面积较大的有西烟盆地和盂城盆地。北部为变质岩山地，中部和东南部为石灰岩山地，西南部为砂页岩山地。从整体看，地势西高东低。境内黄土层厚度不大，且西部大于东部，呈黄土高原东缘的特色。滹沱河干流流经北部，是境内的主要河流。较大的支流有乌河、龙华河、石塘河、黑砚水河和温河（上游称秀水河），分布于中南部。县境属暖温带大陆性季风气候区，四季分明。区域气候垂直变化显著。全年日照2736.9小时，年平均气温9.1℃，年降水量529.9毫米，无霜期179天。矿产资源丰富。探明矿产51种，其中煤炭和铁矿的储量分别达38亿吨和10亿吨。

县境春秋时有仇犹国，后为晋国地，战国时为赵之源仇，汉为上艾县地，北魏为石艾县地。隋开皇置原仇县，大业改为盂县，因四周高、中间低，其状如盂，故名。唐、五代、宋俱称盂县。金兴定升盂州，元仍称盂州。明、清及民国称盂县。抗日战争时期，境内曾设立盂（县）平（山）县和盂（县）阳（曲）县，民国34年（1945）8月恢复盂县。1983年划归阳泉市。

中华人民共和国成立后，盂县进行了大量基础设施建设。县城城市功能逐步完善，建成了自来水、电力、天然气、供热设施，绿化覆盖率达22.2%，金龙大街展现新姿。实施了农村电网改造，有小型水库18座、引水渠道7条、小水电站1座。207国道和214省道、216省道、314省道、345省道构成公路交通网的骨干，公路密度达46千米/百平方千米，村通客车率达95%，朔黄铁路穿越县境北部，石太客运专线穿越县境南部。程控电话装机总量达53144门，普及率达17.7部/百人，村通电话率达97%，移动电话用户达37273户。

经济建设取得丰硕成果。2010年，地区生产总值完成964111万元，人均地区生产总值31488元；财政总收入完成170601万元，一般预算收入完成64189万元；城镇居民人均可支配收入16054元，农民人均纯收入达6723元，社会消费品零售总额完成265957万元。

农村经济发达。2010 年，全县农村经济总收入完成 798687 万元。全县有耕地 26161 公顷，主产玉米、谷子、高粱、小麦、大豆和薯类，全年粮食总产量 115793 吨。有果园 300.93 公顷，盛产核桃、花椒等干果。当年造林面积 1933 公顷。肉类总产量 5158.6 吨，牧业 11356.10 万元。

工业以煤炭、建材、冶金、机械为主。2010 年，全县工业增加值完成 609379 万元；规模以上企业有 39 家，规模以上工业增加值 551548.8 万元。年产原煤产量 1084.79 万吨，耐火材料工业上缴税收 2473 万元。

盂县拥有多种名优特产。核桃、花椒、桔梗闻名遐迩。著名的“大寨核桃露”产于盂县。耐酸耐火材料品种多，质量优，出口欧、美、东南亚，西小坪耐火材料有限公司是世界最大的硅砖生产企业。

盂县人文自然景观别具特色。藏山景区林木幽深，赵氏孤儿的故事流传千古。南兴道千佛山摩崖石刻古朴浑厚，为人称道。梁家寨温泉具有医疗价值，环境优雅。万花洞曲折回环，幽深莫测，堪称北方溶洞的代表。境内有省级重点文物保护单位 2 处（宋代大王庙、大铁钟），有市级重点文物保护单位 3 处（普济寺、藏山祠、烈女祠）和县级文物保护单位 45 处。

社会文化发展迅速。2010 年，全县拥有各类专业技术人员 7139 人，科技进步贡献率达 30%。全县有普通中学 25 所、小学 159 所，有专任教师 3059 人，在校学生 4.48 万人；有幼儿园 154 所，在园幼儿 5088 人。兴建了县图书馆、文化馆和影剧院。县剧团和 50 多支业余文化宣传队经常在城乡演出。电视人口覆盖率达 98% 以上。全县有各类医疗机构 319 个，每万人拥有病床 20 张。有卫生技术人员 1932 人，其中医生 1146 人。群众性体育活动蓬勃发展，1993 年跨入全国体育先进县行列。

社会保障体系逐步建立。2010 年养老保险金足额发放率达 100%，城镇居民最低生活保障对象人数 7229 人，城镇居民最低生活保障资金总额 1144.3 万元。

2010 年盂县行政区划简表

表 -1-5

乡镇名称	行政村（居民委员会）名称
秀水镇	东关北村、东关南村、秀水、东园、水泉、南坪、北关、西关、南关、水车湾、小横沟、大横沟、西兰、东兰、中兰、泥河、上南庄、下南庄、南庄沟、秦村、姜村、刘村、贺村、东白水、西白水、南白水、东城武、西城武、北庄、东寨，共 30 个行政村
孙家庄镇	孙家庄、二郎庙、西崖底、常家沟、郭家坪、西吉、东吉、大吉、马乡、高家庄、降香坪、古咀、石店、神头、南河南、乌玉、东坪、土塔、沟西、刘家坡、洪庄、王炭咀、阳坡、石辉坪、禅房、石门子、后峪沟、西盂北、东盂北、紫牛庄、白家村，共 31 个行政村

续表 -1-5

乡镇名称	行政村（居民委员会）名称
路家村镇	路家村、东杨家沟、阎家沟、东杜、西杜、上乌纱、下乌纱、金辰村、刘家村、观沟、石坡峪、苗家庄、兴寨、皇后、红涧沟、营房沟、杨家峪、高家沟、清城、西沟、前杨家坪、后杨家坪、周家沟、东沟、胡家沟、贾家沟、南沟、贾家堖、赵家堖、傅家堖、张家堖、滴水崖、庄只上、寨堖、大黄沟、青崖头、榆林堖，共 37 个行政村
南娄镇	南娄、北娄、拦掌、西堖、东堖、鹿峪、涧沟、漆树、陈家沟、南上社、许家沟、杨家沟、坡头、北上社、王家湾、园子沟、大沟、大贤、秀寨、下曹、东宋、西宋、香河、旋坪、纸匠、南河、上曹、西教场、马举、郭村、秋子峪、东南管、西南管、王子台、观音堂、小坪梁、西小坪、东小坪、南小坪、白道、路家峪、武家庄、管头、门贤岭、石佛，共 45 个行政村
牛村镇	牛村、杏村、教场、骆驼岩、磁窑坡、前元吉、后元吉、洪塘、石圪塘、牛家村、河下、温池、桑园、河东、石崖只、东山、南流、沟东、东水沟、曲曲城、北沟、杨家庄、北韩庄、大岭、大洼沟、南下庄、小岩沟、井沟、西山头、千峰岭、白土坡、西林江、石窑峪，共 33 个行政村
上社镇	上社、宋家庄、佛堂、胡家庄、中庄只、上庄、刘家庄、白藏、下鹤山北村、下鹤山南村、上鹤山、大水头、秋林、车箱、西湾、张城堡、柳沟、中南、中北、大西外、大西里、黄沙口、回岭只、青崖只、窑门只、肖家汇、柴庄、北教场、磨盘、刘家沟、店上、赵家沟、邀童来、外独头、里独头、魏家沟、榆林坪、芦芽沟、下石塘、上石塘、熊坪、小峪、北木口、南北河、榆林只、车轮、北大峪，共 47 个行政村
苌池镇	东苌池、西苌池、南苌池、西掌、北庄只、南庄只、韩庄只、小独头、神泉、普贤、藏山、柏石、红崖底、田家庄、张家庄、下罗、上罗、罗坪、熬子坡、红土坡、卧龙坡、芝角、陈家庄、窨子沟、河口、段家山、下王、上王、大连巅、小连巅、北连巅、水岭底、和安、大围、北兴道、南兴道、东兴道、中兴道、桥上，共 39 个行政村
西烟镇	西村、东村、南村、北村、乌耳庄、山河、南头、石灰掌、前河东、后河东、王甫庄、洪镇、脉坡、龙王头、南刘咀、青龙坡、黄龙凹、龙潮湾、赵家梁、袁梁、盆子掌、尚家沟、西邢、东邢、白家庄、岭南、苏家岭、上东坡、下东坡、尧上、上文、峡掌、大湾、泉子、北刘咀、南社、北社、薛梨沟、木来凹、山凹掌、南贝子、黑石窑、侯党、麻地掌、杏树坡、腰道湾、细河，共 47 个行政村
仙人乡	仙人、岭底、石窖沟、石圪泽、东庄、北坡、交口、东会里、西峪、山北、庄只、石跪、乱窑、岭西岩、七里峪、外山南、里山南、石谷梁、杨树凹、东庄头、刁王崖、东阳坡、石宝、堖上、张庄、狮子神、张万、角雨、又道沟、水占、沙井、咀子上、烧瓷窑，共 33 个行政村
北下庄乡	北下庄、后川、尧子门、东麻河驿、西麻河驿、箭河、围沟、东坡头、石旧都、郑家沟、老石神、张家山、上榆林铺、下榆林铺、西井、王家庄、东木口、獐儿坪、洞沟、崔家庄、东关头、西关头、香草坪，共 23 个行政村
下 社 乡	下社、樊家汇、上细腰、下细腰、碾子坪、河西、泽泊、乔家庄、沟子口、下庄、会里、庄里、牛郎湾、枣园、夫城口、孙家口、里千口、七东、王家滩、贾家峪，共 20 个行政村
梁家寨乡	梁家寨、御枣口、沙湖滩、张家坪、豹川、大崔家庄、灯花、猫铺、独自口、鳌头、蔡家坪、滴流磴、小崔家庄、椿树底、长一铺、骆驼道、北峪口、活川口、檀山沟、檀山坪、邢家庄、王只、石家塔、阎家庄、黄树岩、青家岔、对王只、双枣铺、吉古堂、赵家岔，共 30 个行政村
东梁乡	东梁、西梁、南蒋、北蒋、温家山、辛庄、小湖、河底、阳坪望、寺家坪、岑峰、石窖，共 12 个行政村
西潘乡	西潘、东潘、南羊圈、高庄、羊泉、石家庄、李庄、侯庄、中庄、郑沟、上卜头、铜炉、潘家汇、尧子坪、宋庄、李家庄、桥耳、进圭、南进圭、东头、南峪、沟掌、均才、庄头、白石、车谷，共 26 个行政村
盂县城镇办事处	桃园社区居委会、桥沟社区居委会、香苑社区居委会、红楼社区居委会、花园社区居委会、金龙社区居委会，共 6 个社区

第四章 地名释要

第一节 地名演变

史籍最早出现的阳泉地名有仇犹（春秋）、滹沱（战国）、皋牢城（战国）、上艾（西汉）、井陉关（东魏）、苇泽关（东魏）、安禄交村（东魏）等。隋唐时出现的地名有原仇县、盂县、乌河县、白马关、受州、塞鱼城、苇泽县、广阳县等。宋金元时新出现了不少地名，其中一部分沿用至今，不少保存在史册、谱牒、碑刻和诗词中。明清两代是地名大量产生的时代。民国时期地名的产生和变动也相当频繁。

中华人民共和国成立后，社会发展迅速，城乡面貌日新月异，各种地名的增加及变动亦较多。“文化大革命”期间，曾掀起了一股改名风，将不少地名改成带有革命色彩的名称；“文化大革命”结束后，这些地名大部分进行了调整。1980—1986 年期间，阳泉市先后对农村和城市地名进行了普查和标准化处理，经标准化处理的地名共 4000 余个。1986 年 1 月国家《地名管理条例》颁布后，地名管理走上了科学化、法治化的轨道，地名的命名和变更都按规定经过一定的审批程序，各部门、各单位都使用标准地名。

第二节 地名构成

境内地名构成复杂，内涵丰富，反映了独特的自然风貌、历史风貌和社会风情，具有浓厚的地方色彩。从地名的词义上看，境内地名的构成主要有如下几种。

一、反映自然风貌的

自然地理实体类名称。境内地名中常含有自然地理实体名称，多数出现在通名的位置上。如：瓦岭、石洼、七亘、千亩坪、红崖掌、笸箩湾、西峪、石马沟、桃坡、赵家梁、狼蓬岩、王家垴、岳家山、香河、秀水、神泉、温池、柏井。也有作为专名出现的，如：咀子上、瀑里、河头、河底、石圪叠、石板片。

动植物类名称。如：熊坪、骆驼岩、蛤蟆垴、狼窝沟、梨林头、松曲、杨树沟、榆林垴、艾蒿坪、荆梢洼、枣林沟、杏树坡、桃园、绿豆峪。

矿物类名称。境内地名中常含有矿物的名称，体现了境内矿产资源丰富的特征，其中有些是分析矿产资源和找矿的向导。此类地名的例子有：铁金沟、铁汞滩、银洞沟、乌玉、甘河、白瑶。

自然现象、颜色、形状类名称。此类地名堪称自然现象和自然景观的生动写照。如：云雾、烟里、白岸、暖窑、红土洼、红涧沟、黄沙堰、白土坡、青崖只、紫红沟、黑掌、宽坪、窄门只、长沟、高岭、大峪、小峪。

二、反映历史风貌和社会风情的

地物类。以通名形式出现的例子：旧关、新城、张城堡、曲曲城、董寨、甘桃驿、固驿铺、槐树铺、新店、红岩寺、二郎庙、观音堂、罗汉堂、神灵台。以专名形式出现的例子：店上、石窑、桥上、碾子沟、荫营、营房沟、教场、寺村、庙沟、神峪、佛凹、石佛、普贤。

姓氏类。境内地名中常含有姓氏，如姜村、秦村、刘家村、柴庄、张庄、王家庄、潘家汇、郭家山、胡家梁、赵家垴、尚家沟、白家掌等。此类地名共有320个，涉及93个姓氏。

故事传说类。这一类地名如鹊山、洗马堰、娘子关、五渡、皇后、拦掌、兴道、仙人等，其中又以关于汉光武帝刘秀、汉大将韩信和春秋末年晋国正卿赵简子的故事传说为多。这些地名既是中华民族悠久历史的折射，又反映了戏曲、曲艺等艺术形式在民间的广泛影响。

祝颂象征类。这一类地名如大吉、太平庄、新寨、移穰、富山、金庄窝等，反映了人民对幸福生活和安宁、富裕的企盼和向往。

三、数字和方位

数字类。这一类地名很多，如：一里庄、二道岭、三层窑、四亩堰、五开口、六岭关、七里峪、八龙汇沟、九道岭、十里沟、十八盘、百亩堰、千亩坪、万子足。

方位类。境内地名中常含有方位词，如东寨、南坳、西垴、北庄、前洼、后沟、上庄、下湾、里庄、外村等。此类地名共有500多个，仅冠以东南西北的村名就有360个。全市有9个西坡村、9个西沟村、8个东沟村、6个南沟村。

第三节 地名例考

境内的许多地名历史久远，复杂。兹择要考证于后。

阳泉 “阳泉”之名古已有之，现存阳泉市郊区大阳泉村历史上《重修灵瞻王庙碑》（金大定二十六年）中即有“庙属阳泉里，里中大姓范宇，好事君子也”的记载。

该地名的形成与此地特有的“漾泉”这一自然现象及其自然环境有关，起先为村名，后用作火车站名、镇名，民国36年（1947）5月4日成为市名。

清光绪版《平定州志》载：“阳泉，在州西十五里，泉源有五：一在村南涧中，俗名饮马坑；一在村西野子沟，皆夏秋有水，冬春则涸；一在村北寺沟，相去丈余，水盈盈常不涸；一在张氏山庄问渠亭右侧，深广丈余，石甃为池，土人常祷雨于此；或曰今村中上港井亦泉也，今有石槽尚存，后填以巨石，因以为井。皆自平地涌出，本名漾泉，讹为阳云。”此段文字在解释“阳泉”由来的同时，也记录了村中“漾泉”这一独特的自然现象。古时的“漾泉”在明媚的阳光照耀下景色迷人，历代名人赞美之诗颇多。因此，另有一种解释是，本地晴天多，雨天少，阳光之下，泉水潋滟，故称“阳泉”。

阳泉村立村不晚于北宋。据村中《冯氏族谱》记载，冯姓始祖于北宋末年迁居此村。随着村民人口逐步增多，一村变成了“大阳泉”“小阳泉”两村。

清光绪三十一年（1905）始建正太铁路，清光绪三十二年铁路通至小阳泉村域并设车站，取名“阳泉站”。由于丰富的煤铁资源、便捷的交通条件，车站周围以及附近铁路沿线逐步出现了人口集聚、商贸发达、百业兴旺的繁荣景象，并渐渐形成了以车站为中心的工商、军事重镇——“阳泉”。民国36年（1947）5月4日，阳泉市正式建立。

平潭 明李愈《怀潭记》：“离郡西二十里许，有古寺一区，众水汇潭于前，平衍光鉴，故以平潭名镇，居民数百家。去镇三里有村亦以平潭名，惟予李氏一族居之。”此平潭镇，明《平定州志》载名为平潭驿，清《平定州志》载名为平潭镇，民国36年（1947）后称平潭街村，1980年撤村，1981年设平潭街居委会，属矿区平潭街街道办事处。“去镇三里”之村，清光绪《平定州志》载名为平潭垴，以地势高于潭水而得名；今仍名平潭垴，属郊区平潭镇。其西有赵简子古城遗址。潭水在李愈时即“为山水激没，无复余址”（《怀潭记》）。20 世纪 50 年代后，境内不少人将“平潭”讹作“平坦”，以其读音相近，字形易写之故。

狮脑山　位于阳泉市市中心西南 5 千米，郊区义井镇与平潭镇交界处，南方山山脉西北段。清乾隆五十五年（1790）版和光绪版《平定州志》俱载名狮子山，谓此山形似狮，故名。因山石穴中生菖蒲，又称蒲山、蒲台山。1993 年版和 2008 年版《阳泉市地名志》、1998 年版《阳泉市志》俱载名狮脑山。海拔 1164 米，高于北侧桃河谷地 470 余米，山势巍峨雄伟。清代平定人白孕彩作《狮子山》诗：“山情喜我到，坐我小松林。登阁高天近，穿云半路深。果然出峡水，静客闭关心。狮子谁骑去，寂寥龙象音。”百团大战和解放阳泉之战的重要战场。山上有阳泉市狮脑山林场和狮脑山森林公园，山巅建有百团大战纪念碑和百团大战纪念馆，是阳泉市旅游景区之一，有公路与市区相通。

狮脑山

赛鱼村　村名来源无考。唐《元和郡县志》：“废受州城在（广阳）县西北三十里，旧名塞鱼城，武德八年因故迹筑，移受州治此，贞观八年废。”清乾隆五十五年（1790）版和光绪版《平定州志》俱载名赛鱼村。

荫营　上荫营和下荫营原先统称荫营。这里古时灌木丛生，绿树成荫。传说汉高帝三年（前 204），韩信率兵攻打赵国，路经此地，看到这里有山有沟，树木繁茂，易于隐蔽，便在此安营扎寨，此地于是便得名荫营。清代分为上荫营、下荫营。民国 37 年（1948）8 月，上荫营又分为桥上、街上、坪上、后沟、老虎沟五村。

河底村　村落主体沿河沟谷底呈带状分布，明正德十六年（1521）定名河底村。村中有一条名叫回梁的山梁，头对青龙山，清代曾在青龙山下的“龙口”设钱局，鼓铸铁钱，所以又曾有青龙镇之名。

平定县　秦置上艾县，北魏曾改称石艾县，唐天宝元年（742）更名广阳县。宋太平兴国二年（977）于此建平定军；四年改广阳县为平定县，属平定军。《永乐大典》卷五千二百有这样的解释："宋太平兴国二年以镇州广阳县建平定军，盖太祖征太原先克此县。"以"平定"名之，寓有"四方既平，王国庶定"（见《诗经·大雅·江汉》）之意。金大定二年（1162）由县升州，辖平定、乐平（今昔阳）两县。清雍正二年（1724）再升直隶州，辖寿阳、盂县、乐平（今昔阳）三县。民国元年（1912）恢复平定县。

冠山 历史文化名山。位于平定县城西南4千米处，属南方山山脉中段，海拔1125.6米。有资福寺、槐音书院（下书院）、崇古书院（上书院）、仰止亭等古迹，石刻、古松甚多，为阳泉市旅游景区之一。《读史方舆纪要》谓"以高冠群山而名"，《平定州志》谓"状如冠，故名"。有关记载可上溯到元代。

贵石沟 该村原名龟石沟。据清光绪《平定州志》载，在州西南冠山沟之东偏，有巨石头目毕现，俨如龟形，因名为龟石沟。后人嫌其名称不雅，改为贵石沟。1985年，国家在贵石沟及其附近地区建成阳泉五矿。

乱流村 据开河寺石刻，北魏永平三年（510）有安禄交村之名，金泰和八年（1208）有乱柳里之名。清乾隆五十五年（1790）版和光绪版《平定州志》的志文中均载名乱流村，附图则标以乱柳村之名。这几个村名的含义及来历均无考。

娘子关

娘子关 太行山中段的著名关隘，有明嘉靖二十一年（1542）建造的关城，一称苇泽关。苇泽关之名最早见于《魏书·地形志》。隋开皇中置苇泽县，大业中废。直到中华人民共和国成立后，当地民间仍使用苇泽关这一名称。娘子关是后起的名称，关于其由来，说法有二。一种说法是，娘子关是由于其附近有"妒女祠"而得名，妒女相传是春秋时介之推的妹妹。金代诗人元好问、清代地理学家顾祖禹（著有《读史方舆纪要》）皆主此说。另一种说法是，相传唐平阳公文曾率娘子军驻守于此，故名。《大清一统志》和清光绪《平定州志》皆主此说。娘子关之名最早见于元好问《游承天悬泉》诗："并州之山水所洑，骇浪几轰山石裂。只知晋阳城西天下稀，娘子关头更奇崴。"清乾隆四十九年（1784）成书的《大清一统志》则是最早收入娘子关这一名称的官修地志。清光绪三十三年（1907），正太铁路全线通车，在娘子关关城西侧设娘子关站。娘子关关城之东有娘子关村（一称苇泽关村），今属平定县娘子关镇。

盂县 春秋时期白狄族人（在今盂县域内）建立仇犹国，战国初期被晋国智伯（荀瑶）所灭，并置原仇城（一说为原仇国）。隋开皇十六年（596）置原仇县。隋大业二年（606）更名为盂县，因县城四周高、中间低，其状如盂，故名。明代山西提学沈钟在《题盂城》诗中，曾用“三里孤城四面山”描写盂城地貌。金贞祐三年（1215）盂县升为盂州，明洪武二年（1369）复降为县，至今未变。

藏山 位于盂县苌池镇北部，属白马山西段。山势呈东西走向，主峰程家凹垴海拔1393.4米。系境内重要历史文化名山。南北两峰对峙，极为挺拔峻峭。两峰间建有赵文子祠，亦称藏山祠，始建年代无考，1986年被确定为阳泉市重点文物保护单位。山腰有藏孤洞，相传是春秋时晋国程婴藏匿赵氏孤儿之所，因而得名藏山。山上多松，林木覆盖面积100余公顷。是阳泉市旅游景区之一。

兴道 盂县东兴道村东北有山，名岩凹尖，山之阳有岩洞，依洞建丰乐寺。宋代理学家程颢、程颐兄弟二人之母系盂县上文村人，二人从洛阳到盂县省亲，在丰乐寺为学子讲道。后乡人称此处为程子岩，附近的4个村庄俱以兴道名村，分别称东兴道、北兴道、南兴道、中兴道。

清城村 隋唐时秦姓居此，故称秦城。宋代，秦氏家庭衰落，潘宋二姓先后迁入，因村址地势倾斜，故更名为倾城。清雍正年间，取随清之意，改“倾”为“清”，名为清城。

温池村 明清《盂县志》均载名温池村。村南有温池泉，村以泉名。温池泉有二：一名温池，出水量40吨/时，夏不溢，冬不冰，村民在此用泉水洗麻造纸，赖以为生，后因泉域上游截引潜流而废；一名嘎嘟儿泉，出水量80吨/小时，亦因泉域上游打井而废。村东南2.5千米有温泉峡口，温河经此出盂城盆地，入阳泉市郊区。

阳泉市志

YANGQUANSHIZHI

［上　册］

第二编

自然环境

阳泉市自然环境诸要素具有多样性和复杂性。境内历经阜平、五台、吕梁、燕山、喜马拉雅等期的构造运动，形成现今的基本构造骨架和地貌景观。境内出露地层较全。岩浆岩分布不广，但与许多重要矿产有密切关系。境内地貌以山地为主，约占全市面积的3/4。从整体看，地势西高东低，最高点海拔1803.6米，最低点海拔350米，市中心海拔约700米。牛道岭等九条山脉横亘市境，排列有序。山脉之间分布着一些盆地，面积较大的有西烟盆地、盂城盆地和河底—张庄盆地。境内属暖温带大陆性季风气候区，年平均气温2.0℃~13.3℃，平均年降水量423.6~659.2毫米。近50年气温呈上升趋势，降水量呈下降趋势。境内主要河流有滹沱河、桃河等。在地下水五大含水岩系中，碳酸盐岩类岩溶裂隙水分布面积最大，为2493平方千米。全市土壤面积384555公顷，褐土是主要的土壤类型。境内属暖温带落叶林阔叶林地带，黄土丘陵的原始植被已破坏，大部开垦为农田，土石山区天然林全部是次生林。

自然资源丰富。2010年，全市土地面积455893公顷；其中耕地76698公顷、林地156169公顷，分别占全市总面积的17%和34%。全市水资源总量30903万立方米，人均水资源量225.7立方米。森林面积91720公顷，森林覆盖率23.1%，人均林地733平方米。野生经济植物已知的有300余种，但动物种类不多。发现的矿产资源65种，其中煤炭保有储量82亿吨、铝土保有储量8700万吨、耐火黏土储量5700万吨。

自然灾害较多。干旱是阳泉市最为常见的自然灾害，可称十年九旱。暴雨洪涝灾害、雹灾、风灾、霜冻、雪灾等也是境内发生较多、危害较大的气候灾害。病虫害时有发生，对农业生产有一定影响。境内成灾地震震级均未超过5.5级，震中烈度未超过7度。境外地震波及对境内的影响有时更甚。滑坡和地陷是两类危害较大的地质灾害。

第一章 地质

第一节 地 层

阳泉市境内的出露地层由老至新依次为：中太古界阜平岩群、龙泉关岩群，上太古界龙华河岩群，下元古界滹沱群，中元古界长城系，下古生界寒武系、奥陶系，上古生界石炭系、二叠系，中生界三叠系，新生界第三系、第四系。区内缺失上奥陶统、志留系、泥盆系、下石炭统、侏罗系和白垩系地层，局部缺失长城系地层。

阳泉市地层简表

表 -2-1

界	系	统	群、组、段	代 号	厚 度（米）	岩 性	主要分布区域
新生界	第四系	全新统	沱阳组	Q_4t	1 ～ 10	砂砾石层、粗 - 粉细沙、黏土、亚黏土、砂土、亚砂土夹砂砾石层	各河流河床、河漫滩及一级阶地
		上更新统	峙峪组	Q_3s	5 ～ 30	粉砂土、亚砂土夹砂砾石层	西烟盆地、盂城盆地、河底—张庄盆地，河流二级阶地
			马兰组	Q_3m	2 ～ 15	亚砂土	各盆地边山、河流两侧
		中更新统	离石组	Q_2l	11 ～ 13	亚砂土、亚黏土夹古土壤层	各盆地边缘的沟谷
	第三系	上新统	静乐组	N_2j	2.2	暗红色黏土	盂县白水、东宋，平定县西回、瓦岭
			保德组	N_2b	34.3 ～ 62.4	砾岩、夹紫红色棕红色黏土	乌河两侧、北庄头、红土凹、西天门
			浮山组	N_2f	160	玄武岩	平定县马鞍山、岳家山、浮山

续表 -2-1

界	系	统	群、组、段	代号	厚度（米）	岩性	主要分布区域
中生界	三叠系		刘家沟组	Tl	>250	细砂岩夹少量泥岩	平定县端岭、寨坪沟、圣堂西南山梁的北坡
上古生界	二叠系	上统	孙家沟组	P_2sj	165.9	泥岩、粉砂质泥岩、砂岩	郊区寿阳分界、平定昔阳分界一带
			石盒子组	Psh	567.5	含砾粗砂岩夹粉砂质泥岩及煤线	南娄—清城以南，邓家峪—贵石沟以西
		下统	山西组	P_1s	67.2～96.3	页岩、泥页岩、砂岩及煤线	东南关、东吉、河底镇、荫营、锁簧一带
	石炭系	上统	太原组	CPt	61.6～123.4	铝土质泥（页）岩、泥岩、粉砂质泥页岩、生物屑灰岩、砂岩及煤层	东南关、南河、东吉、河底镇、荫营、平定县城
			湖田段	Cht		山西式铁矿、浅灰色铝土岩	盂县土塔、下曹、清城一带，郊区的北东部，平定县巨城、锁簧一带
下古生界	奥陶系	中统	马家沟组	Om	378.6～541.2	砂屑灰岩、泥晶灰岩、泥晶白云岩、角砾状泥质白云岩、白云质灰岩、云斑灰岩、白云岩、角砾状白云岩、角砾状白云岩	盂县黄土坊—连巅—张家庄—大南沟以南到东南关—盂县城—后元吉—阳泉市区北东大部分地区及平定县东部
		下统		O_1s	50～247.9	泥晶白云岩、砾屑白云岩、粉晶白云岩、细晶白云岩、夹泥晶白云岩、含燧石结核中厚层白云岩、白云岩、夹薄层白云岩	盂县高庄—和安—藏山—崔家庄—东庄头，平定县前洪水—南峪一带
			三山子组 冶里组	O_1y	98.4	灰岩、砾屑灰岩、白云岩、页岩	盂县大沟、寺铺尖一带
	寒武系	上统	三山子组 炒米店组	$\in_3c$	58.6	泥晶灰岩、生物岩礁、云斑状灰岩	盂县大沟、寺铺尖一带
			三山子组 崮山组	$\in_3g$	17～5.36	泥晶灰岩、砾屑灰岩	盂县大湾—和安—藏山—刘家庄，平定县前洪水—青杨树一带

续表 -2-1

界	系	统	群、组、段		代号	厚度（米）	岩性	主要分布区域
下古生界	寒武系	中统		张夏组	$\in_2z$	137.9～179.3	白云岩、白云质灰岩、鲕状白云岩、泥页岩、泥晶灰岩、砾屑灰岩、鲕粒灰岩、生物岩礁	盂县西潘—桥耳—兴道—东关头—仙人，平定县前洪水—青杨树一带
				馒头组	$\in_2m$	88.5～147.4	页岩、白云质泥岩、泥质白云岩、粉砂质白云岩、砂砾岩、泥页岩、白云质泥页岩	盂县潘家汇—兴道—张城堡一带，平定县前洪水—娘娘庙一带
中元古界	长城系			大洪峪组	Chd	9.0	石英岩状砂岩、长石石英砂岩、白云岩	平定县北阳坡—南峪一带
				串岭沟组	Chcl	7.7	含钾页岩夹细粒石英砂岩	平定县营庄—娘娘庙—青杨树一带
				常州沟组	Chc	362.7	石英岩状砂岩、长石石英砂岩、海绿石砂岩	
				赵家庄组	Chz	>3	灰绿—灰红色泥岩夹砂岩	平定县营庄—白羊坟一带
下元古界			滹沱群	七东山组	Ht_1q	1293～1436.2	白云石大理岩夹角砾状大理岩、长石石英岩、大理岩、二云石英片岩、变质基性火山岩	盂县白石村—七东山—马中沟—佛堂—教场一带
上太古界			龙华河岩群	翻梁沟岩组	Lhf	425.6	变质基性火山岩、长石石英岩	盂县孙家口—方亮沟—少毛尖一带
				牛心沟岩组	Lhn	720.7～1001.3	变质基性火山岩、石英片岩、绢英片岩	盂县庄里、牛心沟、方亮沟、大西外、肖家汇一带
				会里岩组	Lhh	2587.7	黑云变粒岩、变质基性火山岩、含磁铁石英岩、白云石英片岩、黑云斜长片麻岩	盂县川房沟、御枣口、樊家汇、王家庄一带呈北宽南窄的倒三角形
中太古界			龙泉关岩群	灯花岩组	Lqd	>115.4	石榴黑云斜长片麻岩、变质基岩—超基性火山岩、夹透闪石大理岩、磁铁石英岩	盂县川房沟、君才、梁家寨、灯花村一带
				榆林坪岩组	Lqy	260.0	黑云斜长片麻岩、变质基性火山岩、石榴镁铁闪石片岩、镁铁闪石磁铁石英岩	盂县石牛—大崔家庄—花塔—下石塘—殊寺—大峪里一带
			阜平岩群	宋家口岩组	Fps	>500	条带状含硅线石黑云斜长片麻岩夹蛇纹石化大理岩、透辉二长片麻岩	盂县古石铺—北木口—南北河—车轮一带

第二节　岩浆岩

境内岩浆岩分布不广，主要发育在盂县北部基底变质岩系中，中北部和南部盖层中亦有出露。岩性以基性岩为主，中性岩为次。侵入岩、喷出岩、脉岩均有产出；其中吕梁期、燕山期的基性脉岩较为发育，喜山期的喷发岩具一定规模。它们均有不同程度的次生变化，部分已变质或混合岩化，并且与许多重要矿产有密切关系。

阳泉地区岩浆岩概况表

表 -2-2

时 代	期 次		岩 石（体）		代表产地
新生代	喜马拉雅期		玄武岩		平定县马鞍山、岳家山、浮山
			玄武岩脉		盂县上社镇秋林村
中生代	燕山期		细粒花岗岩、英安质侵入角砾岩、正长岩、闪长岩、橄榄煌斑岩、云辉煌斑岩		盂县乔家庄、窑门只、宽沟、尧头、回岭只、长一铺、李家庄、平山村
元古代	吕梁期	晚期	细粒花岗岩 辉绿（玢）岩 辉长苏长岩		盂县南峪、潘家汇 盂县檀山沟、灯花 盂县潘家汇
		中期	变质花岗伟晶岩 变质钾长花岗岩		盂县偏亮、活川口 盂县贾家峪、宋庄
			君才岩体	变质花岗岩 变质似斑状黑云母花岗岩 变质巨斑状黑云母花岗岩	盂县南峪、石窑子 盂县君才、车谷 盂县庄头、道庄窑
		早期	变质辉绿岩 斜长角闪岩		盂县里千口、河南坪 盂县乔家庄、天亳
太古代	五台期	晚期	片麻状花岗岩	乔家庄岩体、黄砂口岩体、青崖岩体、王子岩体、东沟岩体、石牛岩体、椿树底岩体	盂县乔家庄，黄砂口，青崖只、窑漳只，王子、庄里，东沟，石牛，椿树底
			变质斜长花岗岩	回岭只岩体 蔡家坪岩体	盂县回岭只、桃园 盂县蔡家坪、土岭
		中期	赵家庄黑云斜长片麻岩 河西眼球状含角闪黑云斜长片麻岩		盂县潘家汇村南、王城 盂县河西、灯花
		早期	斜长角闪岩		盂县豹川村、土泉
	阜平期		豹川村黑云斜长片麻岩 檀山坪（角闪）黑云斜长片麻岩 坊里条带状黑云斜长片麻岩		盂县豹川村、外河府 盂县檀山坪、东峪口 盂县熊坪、华咀

第三节　构　造

一、构造运动

境内历经阜平、五台、吕梁、燕山、喜马拉雅等期的构造运动，形成现今的基本构造骨架和地貌景观。

中太古代，境内为浅海环境下的碎屑岩、泥质岩、碳酸盐岩及基性火山岩沉积，阜平岩群、龙泉关岩群的岩石组合反映该时期的沉积特征。中太古代末期发生了阜平运动，使上述两个岩群受到区域性挤压，地幔热流上升，壳源物质部分熔融，产生了大量的中酸性岩浆侵位，形成大面积的英云闪长质岩体（檀山坪片麻岩）和奥长花岗岩体，并遭受高角闪岩相变质作用，使阜平隆起进一步扩大，并克拉通化，由此形成大尺度的长期稳定的地壳构造单元。它由构造复杂、侵入和变质作用强烈的基底，以及广泛不整合覆盖其上的沉积岩系组成的盖层组成。

晚太古代早期，地幔局部熔融，在伸展机制的作用下，境内地壳下沉，海水加深，沉积了一套厚约 3700 米，以龙华河岩群为特征的碎屑岩、火山岩及硅铁质岩建造，并形成具有韧性剪切带特征的褶叠层系统。强烈的构造置换作用，使龙泉关岩群及阜平期片麻岩体形成区域性片理 S1，基性岩浆沿同构造片理 S1 侵入。

晚太古代中期，在伸展体制作用下产生近顺层剪切变形，强烈的横向构造置换作用形成区域性片理 S2 和近顺层韧性剪切带。在剪切带作用下，龙华河岩群地层由北向南逐渐变薄乃至缺失，同时伴有中酸性岩浆上侵就位，赵家庄黑云斜长片麻岩即为该期岩浆上侵的产物。

晚太古代晚期，发生了五台运动。在区域性挤压作用下，龙华河岩群发生递进变形。由于地壳增厚，压力加大，温度升高，地壳物质发生重熔，造成酸性岩浆侵位，形成以青崖岩体为代表的片麻状花岗岩，并使境内遭受了绿片岩相—角闪岩相变质作用。

早元古代早期，继五台期褶皱隆起后，境内发展为盆地，接受了厚约 1400 米的浅海相陆源碎屑、基性火山岩及碳酸盐岩沉积，形成以七东山组为代表的岩石组合。其中的基性火山岩代表了盆地下沉最深区海底火山喷发的产物，龙华河岩群中广为分布的斜长角闪岩脉为同期基性岩浆侵入的结果。

早元古代中期，由于构造体制的转化，盆地开始闭合。在挤压作用下，连续发生褶皱变形，形成七东山倒转向斜，并伴有韧性剪切变形。在持续挤压作用下，地壳深部物质部分重熔，产生酸性岩浆上侵，形成以君才岩体为体表的变质花岗岩体，同时发生了境内低绿片岩相—低角闪岩相变质作用。君才岩体的主动就位和伴随的岩浆热动力作用，使七东山倒转向斜成为弧形。

早元古代晚期，发生了吕梁运动。在北西—南东向区域应力挤压作用下，境内发育了北西向和近东西向的两组脆性剪切破裂，来源于地幔的基性岩浆沿破裂贯入，形成北西向和近东西向的辉绿岩脉，这说明境内基底已完全克拉通化。

中晚元古代，境内进入一个较为稳定的发展阶段。在经历了长期风化剥蚀之后，局部地段发生了一次海侵，盂县北部和平定县东部接受了陆表海环境下的碎屑岩、泥质岩和碳酸盐岩的一套沉积，构成长城系下部的地层。之后全面抬升，海水退出，再次遭受长期风化剥蚀。

古生代早期，区境仍遭受风化剥蚀。中寒武世早期海水侵入区境，使早期的碎屑岩均为碳酸盐岩胶结，陆源碎屑岩沉积物较少。而潮上带蒸发环境的沉积较发育，主要为紫红色、砖红色泥页岩、泥质白云岩。徐庄期以后，海水进一步扩大，海水变清，形成鲕粒状灰岩，三页虫大为繁盛。晚寒武世海水继续扩大加深，沉积了一套薄板状泥晶灰岩夹页岩。由于风浪作用，浪基面附近未完全固结的沉积物被打碎，形成了以竹叶状灰岩为主的一套沉积。晚寒武世末期，海平面下降，进入潮间带环境，沉积了巨厚层状白云岩或灰岩，生物礁大为发育。早奥陶世沉积了一套薄层灰泥、泥沙质沉积物，形成了薄片状泥晶白云岩、含泥沙质白云岩、含燧石条带白云岩、结核粉晶白云岩、角砾状白云质灰岩等。由于怀远运动的影响，海平面下降，发生大规模海退。早奥陶世中期，又开始了大规模海侵。到中奥陶世，海平面历经三次升降，泥云坪—开阔海环境交替出现，沉积了一套厚层云斑状灰岩、泥晶灰岩夹薄层白云岩、角砾状白云质泥灰岩、角砾状泥晶白云岩。中奥陶世中—晚期，晋冀鲁豫运动使全境整体抬升，海水全面退出，结束了早古生代的沉积，进入长期剥蚀夷平阶段。

古生代晚期，在潮湿温暖的气候条件下，夷平面上形成了钙红土化及岩溶地貌。到石炭纪晚期，海水侵入本区，风化壳中的铁、铝被搬运堆积形成铁铝岩系，并有少量碳酸盐岩、沙泥质岩及炭质堆积。从早二叠纪开始，海水时进时退，形成了一套海陆交替环境的沙质页岩、碳酸盐岩和煤系地层。到晚二叠纪，全区为陆地环境，形成了河、湖相的沙页岩。

到中生代中晚期，由于燕山运动的影响，境内全面隆升，形成东西向、南北向和北东向的构造，并伴有少量中性岩浆侵入，形成闪长岩脉。之后全区处于剥蚀阶段，缺失侏罗纪和白垩纪沉积。

新生代早期，仍处于剥蚀环境，缺失老第三纪的沉积。由于喜马拉雅运动的影响，沉积了上第三系和第四系的松散堆积物。由于各地升降不均匀，形成现今山区和盆地的地貌景观。喜马拉雅运动造成平定县浮山火山的喷发和盂县玄武岩脉的侵入。由于区境地壳仍在活动，因此，阳泉、平定县等地地震时有发生。

二、区域构造体系

区境位于山西中台隆的中东部，跨越五台隆起的南部、太行拱断束的中段西侧、沁水台拗陷的东北边缘，系三个三级构造单元的交汇处。从地质力学的观点来看，区境北跨五台山早前寒武纪北东向构造带，南跨沁水盆地北缘，东与新华夏系华北挽近槽地相邻，西与新华夏系晋中挽近槽地相邻，处于中国东部新华夏系第三隆起带的中段东侧。北部早前寒武系广泛出露，伴随多次构造运动，地层褶皱、倒转并发生较为强烈的变质作用、混合岩化作用及岩浆作用。中部和南部早前寒武纪变质岩系构成基底，长城系至二叠系组成盖层。境内地层由东南—北西，从老到新呈带状分布；其走向在阳泉市区附近至平定县城一带，以北北东—北东向为主，至盂县南部渐转为东西—北西向，倾向北西或南东，盂县县城附近向南倾，倾角平缓。东部断裂构造比较发育，西部以舒缓开阔的波状褶曲为特征。

区境构造线的总轮廓是：盂县东西向构造带横亘中部，南部和北部各呈北东向展布，是一个多体系构造复合区。其构造体系和构造型式，可划分为纬向构造带、经向构造带以及五种扭动构造型式，另有少数构造形迹体系未明。

三、构造形迹分述

（一）盂县东西向构造带

系阳曲—盂县纬向构造亚带的东部。展布于龙凤梁—车轮一线以南，阳泉—娘子关一线以北。南北宽约45千米，东西长60千米以上，向东延入河北省境内。它是多次构造运动的产物，早前寒武纪以及长城、寒武、奥陶、石炭和二叠纪的岩层都卷入这一构造带之中，成生了一系列近东西走向的背斜、向斜和冲断层。它们自北向南依次是：由车轮—米窑沟逆断层、月湾—柳沟逆断层及下响罗—辛庄弧形逆断层组成的车轮冲断带，蚍蜉堖冲断层，崔家庄背斜，鸡沟冲断层，土塔向斜，井沟背斜，牛村向斜，东庄向斜，管头逆断层，南娄向斜，石坡峪背斜和黑掌背斜等。上述背斜、向斜为一大单斜构造的次一级构造。上述断裂构造的走向呈舒缓波状，或向南突出，具明显压性结构面特征。西段受祁吕弧干扰，表现微弱。

（二）太行山南北向构造带

青杨树—营庄断裂构造带。属太行山中段复背斜的西翼。分布于平定县马山—潺泉一线以东。长约15千米，宽4～5千米。出露地层为长城、寒武、奥陶纪岩层。该带为一平行的正南北走向密集断裂带，断面倾角在60°以上，向西倾斜。

娘子关仰冲断层及烧磁窑仰冲断层。

活川口断裂构造。分布于盂县北部太古代变质岩系中，向北延伸至市境之外。呈南北走向，切断寒武、奥陶纪岩层，向西倾，陡倾角。

（三）各种扭动构造

新华夏系构造体系。境内表现为北北西向和北东东向两组构造形迹，共同构成棋盘格式构造型式。大部切穿寒武、奥陶、石炭、二叠纪岩层和前寒武纪断裂，为同一燕山期所成生。其中以北北西向较为发育，由南而北主要有：巨城—岔口地堑，会理辉绿岩脉，活川口辉绿岩脉等。北东东向则不甚发育，有盂县北上庄、白家庄北东东向断裂，固驿铺—槐树铺压性断裂，东回—将军峪褶皱带等。

娘子关帚状构造。展布于荫营—锁簧—娘子关范围内。北东展布约40千米，宽10～20千米，面积800平方千米。成生于中古时期，石炭和二叠纪岩层被卷入，并被巨城—岔口断裂切断为东西两部分。总体向南西西方向撒开，向北北东方向收敛于井陉雪花山附近，并显示出向南东方向凸出的弧形特征，为一内旋回层呈逆时针方向旋扭的压扭性帚状构造。巨城—岔口断裂以东有岩会向斜、大战垴头背斜、柏井向斜，均为北东或北北东走向的开阔平缓褶曲。以西自北向南依次为：李家庄向斜、义井背斜、维社向斜、西郊背斜、锁簧向斜，均系北东东向开阔平缓褶曲。

祁吕贺兰山字型东翼外带部分。系指西烟、凤凰山褶皱构造和坪塔梁断裂构造所组成的北东向构造带，属于祁吕贺兰山字型外带的太原—系舟山—灵丘段落的西南部分，位于阳泉市西北角，长约30千米，宽10～20千米。形成于侏罗纪至白垩纪，形迹微弱而分散。主要有由中奥陶统构成的西烟向斜、凤凰山向斜以及发育在寒武、奥陶纪岩层中的坪塔梁压性断裂等。

华夏构造体系。系平定—灵石褶皱带的东部，分布于锁簧—旧关一线。长约30千米，影响宽度2～6千米。成生于燕山运动以前，由石门压性断裂和旧关向斜组成。其走向为北40°东，向北东方向延展到河北井陉一带。

早前寒武纪北东向构造带。境内明显发育的是铜炉—七东山向斜构造，长约17千米，发育在龙华河群均才组之中，呈北东走向。

（四）体系不明的构造

境内有马圈北西西向断裂、熊坪北西西向断裂等。由境外延入境内的有道场北西西向断裂等。道场北西西向断裂系由卫星影像资料解译得出，位于区外寿阳以南，延入市境约5千米，发育于二叠系石千峰组中，东部通过道场一带。

第四节　地震地质

从7000万年前进入新生代开始，太行山山前断裂带以东就不断大面积沉降，逐渐形成广阔的华北平原，该断裂带以西则大面积持续隆起至今。到上新世，从距今大约650万年时开始，在北东东—南西西向区域压应力场作用下，南起侯马、河津，经临汾、太原、忻定，北至大同盆地，一直到河北怀来盆地，地壳成S形破裂，形成山西断陷带，于是山西的整体性隆起完全解体。断陷带内，断裂发育，垂直差异运动强烈，是山西境内的地震带；断陷带两侧的隆起境内，地层接近水平，断裂不发育，新构造差异运动很弱，仅有较小地震零散分布。阳泉市就处于山西断陷带东侧、太行山山前断裂带以西的隆起区—太行断块的中部偏北。

太行断块包括五台山、系舟山、太岳山、中条山、太行山及晋东南高原，面积57022平方千米。其中部南北向断裂发育，北北东向的晋获断裂带斜贯其中。深部为阳泉—陵川南北向超岩石圈断裂带，平定、昔阳、左权玄武岩受其控制。地震主要分布在北纬38°以南，与晋获断裂带有关。晋获断裂带南起晋城梨川，北至河北省获鹿，全长300千米，是由多条断层组成的雁行式斜列断裂，为山西境内最大的活动断裂，但活动性不强。沿断裂分布有昔阳、和顺、左权等拗陷盆地，成为隆起区内新构造运动相对较强的区域，但其强度和频度比山西断陷带小得多。阳泉市位于晋获断裂带北端，地处昔阳拗陷盆地以北。太行断块还发育有其他一些小型拗陷盆地及活动断裂带，如盂城盆地，车轮—月湾山字构造、肖家汇—兴道—黑石窑断裂等。

山西省地震构造与M ≥ 4.7 地震分布图
（公元前23世纪至2006年）

图-2-1

第二章 地貌

第一节 地 势

一、地貌结构

阳泉市地处黄土高原东缘，属于山西东部山地。境内地貌以山地为主，其面积为3362.1平方千米，占全市总面积的75.52%。其余为丘陵和平原。丘陵面积为627.9平方千米，平原面积为462平方千米，分别占全市总面积的14.10%和10.38%。山地包括九条山脉。北部市界上有牛道岭山脉，位于系舟山和太行山的接合部。西北市界上有两岭山脉，为系舟山的支脉。其余山脉排列成东西两列。东列包括四条山脉，自北向南依次为白马山脉、秋林山脉、绵山山脉和艾山山脉，均属太行山的中段，山顶海拔700～1700米不等。太行山是冀晋两省的界山，其东坡陡峻，山麓与海拔不足100米的华北平原相接；西坡缓斜，山地和丘陵绵延起伏。西列包括三条山脉，即北方山山脉、南方山山脉和七岭山脉，均已深入山西高原内部，海拔虽较高，地面起伏却较东列和缓。在山脉之间，分布着一些山间盆地，主要有西部的西烟盆地、中部的盂城盆地和南部的河底—张庄盆地。西烟盆地和盂城盆地内分布着境内仅有的几片平原，河底—张庄盆地内主要为丘陵地貌。从整体看，境内地势西高东低，但不同地点海拔高度有时相差很大。境内最高点在盂县西部的坪塔梁，海拔为1803.6米；最低点在平定县东北部的娘子关绵河谷地，海拔仅为350米，两地高差达1453.6米。

二、山脉和盆地

（一）山脉

牛道岭山脉　位于盂县北部，滹沱河以北，盂县与五台、定襄二县的界山，地处系舟山与太行山的接合部。东西走向，境内长约 37 千米，山顶海拔一般在 1500 米以上。主要山峰有寺铺尖、滴岭岩、牛道岭、柏崖沟尖等。山体由太古界片麻岩构成。

两岭山脉　位于盂县西北部，是盂县与阳曲、定襄二县的界山，是系舟山的支脉，在盂县、阳曲、定襄三县交界处与系舟山主脉相接。山体走向北东，长约 40 千米，沿乌河流域西部展布，山顶海拔一般为 1500 ~ 2000 米。主要山峰有南天门、罗尔尖、小岭背尖、白石寨尖、大垴寨、冷冻尖（位于阳曲县境）等。山体主要由寒武、奥陶系灰岩构成。

白马山脉　位于盂县中部偏东，在滹沱河以南，龙华河、香河以东，黑砚水河以北，属太行山中段。主脉为东西走向，长约 30 千米。主要山峰有藏山、西凹尖、蚍蜉垴、尖山、磁瓮尖、十八盘顶等。主峰蚍蜉垴是太行山在本境的最高峰。主要支脉有两条：一条从主峰向北，经锣圪塔、腰头梁、双圪都尖等山峰，一直延伸到滹沱河南岸；另一条从主峰向南，延伸到盂县城北的高神山。主脉与支脉构成“十”字形的山脊骨架。龙华河支流鹤山沟以北山体由变质岩构成，以南由石灰岩构成，有溶洞发育，如万花洞、玉华洞等。

秋林山脉　属太行山中段。主体在平定县东北部的黄统岭、岔口两乡。向西延伸到郊区的西南舁乡，止于温河北岸，长约 25 千米；向北延伸到盂县境内，与白马山脉相接。主要山峰有高垴、红岩寺梁、老峪山、牛王垴、葫芦垴等。山体由奥陶系灰岩构成。

绵山山脉　属太行山中段。位于平定县东北部温河与桃河之间及绵河南岸，向西伸展到白泉—王垅一线，长约 32 千米。主要山峰有绵山、承天寨山（又名紫金山）、大战垴头、寨垴山、鼻头山等。山体由奥陶系灰岩构成。

艾山山脉　属太行山中段。位于桃河之南、平黎公路及南川河以东。向东延入河北省境，南端伸入昔阳县境，长约 32 千米。主要山峰有艾子山、立石碑、东浮山、罗侯山等。山体主要由奥陶系灰岩构成，部分为玄武岩。

北方山山脉　位于市境西部，南北走向，长约 70 千米。主要山峰有七东山、蔡树岭、高岭、白泥水、围尖山、和安岭、坪塔梁、诸龙山、管头梁、大南山、北寺山、方山（在寿阳县境）、石榴山、水草山等。北方山山脉分南北两段。北段（从大南山向北至滹沱河南岸）又称管头山山脉，长约 38 千米，为乌河与龙华河的分水岭。南段（从大南山向南至桃河北岸），为阳泉市与寿阳县的界山。北方山山脉有两条支脉：一条从大南山向西，经大峪山、凤鸣山、摩天岭延伸至玉泉山，是西烟盆地与寿阳盆地的分界；另一条从水草山向东南展布，经绿堙垴、庙梁山、刘备山、长杆梁至四角山，为桃河与温河的分水岭。北段北部七东山段的山体由变质岩构成，北段其余部分由石灰岩构成；南段及两翼支脉的山体由沙页岩构成。

七岭山脉 位于市境西南部，起于桃河南岸，沿市界向东南展布，至于平黎公路西侧，本市与寿阳、昔阳二县的界山。主要山峰有虎神山、虎神庙岩、盘道岩、刁乌楞、七千寨、侯成岭、马道岭、莲花山、药岭寺山等。山体主要由沙页岩构成。

南方山山脉 起于桑掌河以东、桃河南岸的帽盒山，向南及东南展布，达于南茹河、尚怡河北岸，经平定城北侧，向东延伸至南川河西岸。主要山峰有帽盒山、狮脑山、金山、白沙岩、方山（在平定县境）、嘉山、冠山、黑沙岭、鹊山、风台垴、寨垴山等，多历史文化名山。山体由沙页岩构成。

（二）盆地

西烟盆地 位于盂县西南部，西南延入阳曲县境内，西与两岭山脉相接，东与北方山山脉北段相接，东南以北方山山脉西侧支脉与寿阳盆地相隔。乌河贯穿其间，海拔 1100 ～ 1300 米，实际上是乌河的河谷谷地。最宽处 7 ～ 8 千米，境内长约 15 千米。地面平坦，盆地中尚点缀着几个孤立山丘。

盂城盆地 位于盂县东南部，以盂县县城为中心，海拔 900 ～ 950 米，四周山地环绕，其形如盂，盂县因此得名。其北与白马山脉之支脉相接，西、南两面与北方山山脉及其东侧支脉相接，西北有苌池川与龙华河谷地沟通，东南以低缓的分水岭与河底—张庄盆地相隔，现今已被温河沟通。盆地中有几座孤立山丘点缀，盆地边缘冲沟发育，地面已不完整。

河底—张庄盆地 位于市区东部和平定县中南部，其东为太行山，西为北方山山脉及其向东的支脉、南方山山脉和七岭山脉。盆地夹于东西两侧山地之间，呈南北狭长之势，海拔 700 ～ 800 米。盆地内丘陵起伏，是一个以丘陵为主，并分布有宽浅的河谷谷地的土石丘陵区。北至郊区河底，南至平定县张庄，南北长 40 余千米，中有南方山山脉向东延伸的低矮余脉将盆地分隔为南北两部分，北属市区，南属平定县。盆地内是阳泉市人口较为集中、经济较为发达的地区。

第二节　地貌成因

一、内营力

大地构造。地质构造是地貌发育的基础。燕山运动奠定了本境的构造骨架，同时也构成了现代地貌的基础。北部出露的古老片麻岩系为五台断拱的组成部分，现今发育成为变质岩中山地貌；东部属太行拱断，其构造形态为一背斜，市境处于背斜西翼，山体的走向与背斜的走向基本一致；沁水坳陷是一个向斜煤盆地，后经隆起和侵蚀，成为山地或盆地，市境即位于其东北隅。因此，境内地貌格局是与地质构造相适应的。

新构造运动。从7000万年前进入新生代开始，太行山山前断裂带以东就不断大面积沉降，逐渐形成广阔的华北平原，该断裂带以西则大面积隆起至今。太行山山前断裂带是太行山与华北平原的分界，平面上呈“S”形展布。到上新世，从距今大约650万年时开始，山西中部的地壳亦成“S”形破裂，形成山西断陷带。阳泉市境则处于东西两条断裂带之间的隆起区，这样的新构造背景，导致隆起区与其两侧的地貌形成鲜明对照，前者成为分割的高原或山地，后者接受堆积形成平原。水系的发育则顺应这种形势向东西分流。由于隆起区两侧海拔高度不同，亦即地方性侵蚀基准面有明显差异，故地处高原内部或河流源头的地区因溯源侵蚀作用仍向东深入，而较完整地保留了古地貌特征，而距华北平原较近处（尤其是大河谷地两侧）则分割破碎，地形崎岖。

岩性。岩石是地貌的物质基础，岩石抵抗风化剥蚀的能力对地貌发育有深刻影响。根据气候条件和岩性对地貌发育的影响程度，境内岩石可分为四类。（1）结晶岩类岩石：包括北部的太古界变质岩系及不同时代侵入的岩浆岩，抗机械侵蚀能力较强，可形成高峻的山峰和悬崖峭壁。（2）碳酸盐类岩石：包括中、北部和东部的寒武、奥陶系石灰岩、白云岩及泥灰岩等，常形成陡峭的山形和深切的峡谷，在构造或岩性有利的地段形成岩溶大泉，如娘子关泉。（3）砂页（泥）岩类岩石：包括西部的石炭、二叠系煤系地层，抗蚀能力差，一般为起伏和缓的山地或丘陵，沟谷较为开阔。（4）松散类岩石：泛指未胶结或半胶结的沙砾或土状堆积，主要形成于上第三纪及第四纪，形成各种堆积地貌；黄土分布广泛，但厚度不大，地貌形态受下伏基岩控制。

二、外营力

气候与水文。阳泉市境内属暖温带大陆性季风气候，系半干旱地区。年平均气温为

10.9℃，气温的年较差和日较差均较大，冬季降雪较少，故物理风化强烈，可提供大量碎屑物质。平均年降水量为560毫米，降水集中于夏秋两季，特别是7月和8月，故境内多暴雨型间歇河流，暴雨洪流及间歇性水流是重要的外营力，因而流水侵蚀和堆积地貌颇为发育，即使在严重漏水的石灰岩地区亦可形成较完整的沟谷系统。

土壤与植被。境内地带性土壤为褐土类土。山区植被以落叶树、阔叶树、灌丛及灌草丛为主，局部中山区有小片针叶林，沿河谷低山区有温带阔叶林，盆地及河谷谷地多垦为农田。境内地貌发育与上述土壤及植被条件有密切关系。

人类活动。人类活动也给地貌发育以巨大影响。表现为：水库的修建改变了冲淤过程；过度的垦殖和放牧使坡面侵蚀量成倍增加；修造梯田和大力植树种草减缓了土壤侵蚀过程；矿产采掘常切穿隔水层使地下水流发生渗漏，增加地下溶蚀过程等。

三、地貌发育过程

境内大地构造属中国地台北部的山西台背斜东缘，经历了漫长而复杂的发育过程。燕山运动所形成的构造形态，奠定了地貌发育的基础。燕山运动使地层发生褶皱隆起，但由于外力的剥蚀夷平，而使地势起伏趋于平缓，形成北台期夷平面，并已成为准平原地面。大约在渐新世晚期到中新世初期，发生了喜马拉雅运动第一幕，华北发生大面积垂直升降运动，东侧的华北平原沿太行山山前断裂发生沉降，太行山以西发生大面积隆起，同时在山西中部逐渐形成一条纵贯南北的断陷带。市境就处于华北平原沉降带和山西中部断陷带之间，为一隆起区，与两侧沉降带之间出现明显高差，因而导致侵蚀下切。从渐新世末至中新世的剥蚀夷平，破坏或改造了原来的北台期准平原地面，同时形成了唐县期夷平面，但并未达到准平原的程度，仅形成宽谷地貌即告终止。到上新世，由于地壳相对稳定，在唐县期侵蚀面形成的宽谷或山间盆地中，堆积了以三趾马红土为代表的红色土壤堆积物，在低矮的分水岭上也形成了红土状风化壳。此时处于温暖的森林草原环境，干湿变化明显，呈强烈的氧化环境，为石灰岩山区岩溶地貌的发育提供了条件。盂县境内一些大型溶洞（如万花洞），就形成于这个时期。平定南部的东西浮山在上新世晚期发生了火山熔岩喷发，形成火山地貌。此时境内的水文网已与现今接近，滹沱河及其支流乌河、龙华河以及桃河、新关河等都已发育，但在细节上与现今仍有较大差别。由于差异侵蚀，境内一些较大的盆地及宽谷地貌均已奠定其雏形。至上新世末，境内是一种由低山与宽谷、山间盆地组合而成的地貌。上新世末或更新世初，发生了喜马拉雅运动第二幕，使东侧的华北平原和西侧的断陷带进一步沉降，市境则处于拱曲上升区内，逐步具备了隆起高原的特征。

第四纪开始后，境内以隆起下切为主，同时也伴随着黄土堆积。其侵蚀堆积过程大致可分为五个阶段。（1）从早更新世至中更新世早期，境内以下切为主。在滹沱河及桃河上游等大河谷地，下切唐县期夷平面，形成新谷；在河底—张庄盆地内，唐县期地面被分割为波状起伏的丘陵；原来的山地被进一步分割，使北台期夷平面受到进一步破坏，形成平顶山。（2）中更新世晚期，伴随古气候的变化，离石黄土广泛堆积覆盖于丘陵及低、中山的缓坡上，呈披盖形式。当气候温暖多雨时，则形成古土壤层。但境内离石黄土较山西高原西部薄。（3）中更新世末至晚更新世初，又是一个强烈下切时期，形成现代河谷下部的峡谷和山间盆地内的侵蚀深槽，其底部低于现代的谷底。（4）晚更新世晚期，是马兰黄土堆积时期。马兰黄土为典型的风成堆积，广泛披覆于丘陵和山地缓坡，其厚度小于山西西部地区，但因时代较新，故破坏较轻，保存要广泛一些。（5）晚更新世末，在盆地或河谷中堆积了峙峪组洪积、冲积物；全新世之后遭受进一步侵蚀，形成现代河谷的低阶地及冲积物，逐渐而成现代面貌。伴随第四纪的侵蚀过程，地表水系有了明显变化，因温河的溯源侵蚀而袭夺了龙华河上游的支流，使龙华河成为断头河，苌池谷地成为风口，温河为袭夺河，成为现今之水系格局。这一类现象在燕龛至清城谷地等处也可见到。

第三节　地貌类型

一、山地

（一）石灰岩山地

山体主要由寒武、奥陶系灰岩构成。包括以下五种类型。

大起伏石灰岩溶蚀侵蚀中山。分布于盂县、阳曲、定襄三县交界处，以及盂县鹤山沟与徐峪沟之间。前者山顶海拔 1700 ～ 2018 米（冷冻尖，在阳曲县境），相对高差 1100 ～ 1400 米；后者山顶海拔 1400 ～ 1700 米，相对高差 1000 米。山高坡陡（＞35°），基岩裸露，有溶洞发育（如蚍蜉垴之东的万花洞），海拔 1300 米以上的山坡有稠密灌丛生长。

中起伏石灰岩溶蚀侵蚀中山。分布于西烟盆地周围及盂城盆地的西、北、东三面，以及平定东部与河北省交界处。前者山顶海拔 1500 ～ 1800 米，相对高差 500 米，岭谷相间，成平行排列，沟谷开阔，有黄土堆积，山脊线连续对称，脉络分明；后者山顶海拔 1000 ～ 1400 米，相对高差 500 ～ 900 米，峡谷深切，山坡陡峭，两坡不对称，岩石裸露，植被覆盖较差。

小起伏石灰岩溶蚀侵蚀中山。分布于盂城盆地周围山地内侧及平定东部晋冀交界处山地西侧，山顶海拔 1000 ～ 1400 米。因溯源侵蚀仍未深入，故较多地保留了古地形的特色，呈宽谷低山面貌，山顶面连续平坦，顶部并有黄土覆盖。

中起伏石灰岩溶蚀侵蚀低山。分布于桃河及温河下游沿岸，山顶海拔大都不足 1000 米，但相对高差可达 500 米以上。虽为低山却十分险峻，河谷深切，支沟短急，多岩坎跌水。在娘子关附近出露岩溶大泉，溶洞发育，并有石灰华堆积。

小起伏石灰岩溶蚀侵蚀低山。分布于河底—张庄盆地东侧，为桃河下游山地与土石丘陵区之间的过渡地带，山顶海拔可达 800 ～ 900 米，相对高差仅为 200 ～ 300 米，山势较缓，山脊线走向不明显。

（二）变质岩山地

山体由太古界片麻岩构成，包括以下三种类型。

大起伏变质岩侵蚀中山。分布于滹沱河北岸，乌河、龙华河之间以及南北河上游两岸。山顶海拔一般为 1500 米左右，在盂县、五台、平山三县交界处达 1700 ～ 1800 米，相对高差达 1000 ～ 1400 米。河谷深切，山坡陡峭（＞ 30° ）。

中起伏变质岩侵蚀中山。分布于乌河下游以西及龙华河下游以东。山顶海拔 1000 ～ 1300 米，相对高差 500 ～ 900 米。山坡陡峭，河谷深切，与大起伏变质岩侵蚀中山相似。

中起伏变质岩侵蚀低山。分布于滹沱河干流沿岸及龙华河下游沿岸。山顶海拔 700 ～ 900 米，相对高差达 500 ～ 600 米。崖陡谷深，十分险峻；峡谷顶部有一古宽谷，沿山脊线仍可辨认；沿山脊线比较平缓，易于通行。

（三）沙页岩山地

山体主要由二叠系沙页岩构成。包括以下两种类型：

中起伏沙页岩侵蚀中山。分布于市境西部与寿阳县接壤地带。山顶海拔 1300 ～ 1500 米，相对高差 500 ～ 700 米。山地东西两侧形成不同的自然景观：东侧山峦起伏，基岩裸露，黄土分布零散，厚度不大；西侧寿阳县境突然开阔，黄土广泛覆盖，厚度增大，呈典型的黄土高原景观。

小起伏沙页岩侵蚀中山。分布于盂城盆地西南侧及中起伏沙页岩侵蚀中山东侧。山顶海拔一般为 1000 ～ 1300 米，相对高差 200 ～ 400 米。山顶呈浑圆状，或为平顶山；沟谷底部宽平，沟坡以缓坡为主，局部出现陡坡。

二、丘陵

包括以下五种类型：

蚀余残山。分布于西烟盆地西部和盂城盆地北部，由奥陶系灰岩构成，山顶海拔可达1100～1400米，但与相邻的洪积倾斜平原的高差仅百余米，为孤立山丘。

黄土覆盖的石灰岩丘陵。主要分布于盂城盆地东南部，阴山河以南和郊区温河以北。主要由奥陶系灰岩构成，局部丘顶有石炭系页岩，并有黄土覆盖。丘顶海拔1000米左右。地面呈波状起伏；丘顶成一平面，保持着早期地形的特色。为盂城盆地与河底—张庄盆地之间的分界。

黄土覆盖的沙页岩丘陵。主要分布于河底—张庄盆地底部及平定移穰、巨城至红土凹一线。前者南北长40千米，东西最宽处可达15千米。丘陵的基础由石炭系及二叠系下部煤系地层构成，大都有黄土覆盖。丘顶海拔700～900米，其中城区及平定县城一带较低，丘顶海拔700～800米，向南北逐渐抬升。相对高差数十米至百余米，地面呈波状起伏，沟谷宽浅，丘坡平缓。后者是一个地堑式谷地，两侧受断层控制，为石灰岩山地；谷地内为沙页岩丘陵。丘顶海拔700米左右；相对高差较大，分割比较破碎。

土状堆积覆盖的古溶蚀谷地。分布于平定东南部的东回、柏井、马山及娘娘庙等地，以及盂县仙人村一带。形态上表现为溶蚀中山内的半封闭宽谷和洼地。其形成时代较早，谷底可见三趾马红土堆积，有残留的孤峰及溶洞。

火山熔岩山丘。仅见于平定南部的东浮山、马鞍山一带。有残留的火山颈或火山口。东浮山海拔1200.1米，相对高差100米左右；马鞍山海拔937.8米，相对高差50米左右。东浮山叠置于小起伏石灰岩中山之上，马鞍山叠置于沙页岩丘陵之上，为熔岩固结的橄榄玄武岩。

三、平原

包括以下三种类型：

洪积倾斜平原。分布于西烟盆地及盂城盆地内的山前地带。前者由山区洪流携带的沙砾及泥土堆积而成，表面披覆有马兰黄土；海拔大于1200米；坡度较陡，近山麓处可达5°～7°，前缘为2°左右。后者由亚砂土和亚黏土构成，海拔大于950米，坡度小于3°。二者表面均被冲沟分割，日趋破碎。

洪积冲积平原。主要指盂城盆地的中心部分，海拔950米左右，第四纪松散堆积物厚度仅十余米至数十米，以亚砂土和亚黏土为主。地面平坦，但已被现代河流下切；已有冲沟发育，但密度不大，地面较为完整。

冲积平原。分布于西烟盆地乌河沿岸，海拔1200米左右，坡度＜1°，第四纪松散层厚度不大，多为黄土状土。地面基本完整，为境内最平坦的地区。

四、流水地貌

包括河谷谷地和沟谷谷地两种类型。河谷谷地发育于主要河流谷地的谷底部分，呈狭长的带状分布，结构复杂多样。其面积虽不大，却是交通便利、居民点和农田均相对集中的地区，地位十分重要。沟谷谷地指发育于各类山地中的沟谷地貌，其特征与山地的发育特征相应，形态复杂多变。

境内有若干河流改道变迁的遗迹，其中规模较大的有龙华河上游和燕龛沟上游。野外调查及钻孔资料表明，现代汇入盂城盆地的各河流，原来都属于龙华河上游，经苌池谷地汇入滹沱河。后因温河溯源侵蚀而袭夺了龙华河上游的支流，使龙华河成为断头河，苌池谷地成为风口。燕龛至清城原为一个连续的谷地，汇入盂城盆地。后因温河支流山底河的溯源侵蚀，切穿分水岭而将燕龛沟上游袭夺，并在南河湾村北形成袭夺湾，为峡谷形态，而使注入盂城盆地的河流成为断头河，在清城东形成风口。

第四节　地貌分区

一、变质岩山地区

位于盂县北部，面积为720平方千米，占全市总面积的16.17%。主要由大起伏变质岩侵蚀中山、中起伏变质岩侵蚀中山及中起伏变质岩侵蚀低山三种地貌类型组合而成；西北边缘尚有面积不大的大起伏石灰岩溶蚀侵蚀中山，但山腰以下也出露变质岩，是一个群山聚集的基岩山区。地势起伏较大，地面坡度陡（＞20°），平坦地面少。除龙华河上社至下社段谷底较宽外，其余多为高山峡谷，因此可耕地面积所占比例很小，但发展林业潜力很大。气候受地形控制，垂直分带明显：海拔1000米以下的地区，特别是滹沱河谷地，气候温暖，热量资源丰富；海拔1200米以下为阔叶林带；海拔1200～1500米为针阔叶混交林带；海拔1500米以上属高寒山区，天然植被为针叶林。水资源较丰富，但地形复杂，利用较为困难。此外，滹沱河峡谷河段落差大，具相当水力资源；矿产资源种类繁多，但较分散，且多数尚未探明储量。

二、西部石灰岩山地区

位于盂城盆地以西及西烟盆地周围，面积为560平方千米，占全市总面积的12.58%。主要为中起伏石灰岩溶蚀侵蚀中山，局部为小起伏石灰岩溶蚀侵蚀低山。海拔较高，山顶海拔可达1500～1800米，但相对高差一般仅500米左右，岭谷相间，排列有序，山坡广阔，宜林宜牧。山间谷地较为开阔，并有黄土覆盖；但地表水渗漏严重，地下水位较深，故水源缺乏。石灰岩山地矿产资源种类相对单调、稀少。

三、宽谷盆地区

位于盂县西部的乌河上游两岸，面积为226平方千米，占全市总面积的5.08%。盆地中部为冲积平原，边缘为山麓洪积倾斜平原，盆地西部点缀着几个蚀余残山，盆地四周为石灰岩山地。中部的冲积平原地面平坦完整，便于垦种，宜于发展林网化农田。但海拔较高（1200～1300米），气温偏低，热量资源相对不足。又由于乌河系暴雨型间歇河流，河水不易利用，地下水资源也相对匮乏，故干旱又常对农业造成威胁。山麓洪积倾斜平原冲沟发育，水土流失严重，宜大力开展植树种草，发展林牧业。

四、东部石灰岩山地区

位于鹤山沟与平定南界之间，面积为1489平方千米，占全市总面积的33.45%。主要由5种石灰岩溶蚀侵蚀山地组合而成，还包括古溶蚀谷地、沙页岩丘陵及火山地貌等地貌类型。

北部山峰海拔可达1600～1700米，桃河谷地两侧海拔在1000米以下，其余广大地区海拔为1000～1300米。地面切割程度由东向西逐渐减小，而黄土堆积则由东向西明显增加。可耕地集中于宽谷或平顶山梁，其分布与黄土分布大体一致。石灰岩山地地表水漏失严重，河流多为干谷，除娘子关泉附近等少数地方外，水资源普遍缺乏，矿产资源亦相对单调贫乏。

五、山间盆地区

位于盂县中南部，面积为380平方千米，占全市总面积的8.54%。盆地的西、北、东三面均为石灰岩山地，西北部有苌池川与龙华河谷地沟通，西南部为沙页岩山地，温河切穿盆地东南的高地流向土石丘陵区。盆地中部为洪积冲积平原，边缘为洪积倾斜平原及古溶蚀谷地，盆地北部点缀着几个蚀余残山。中部的洪积冲积平原地面平坦，山麓洪积倾斜平原大都是7°以下的缓坡，耕地集中连片，海拔为900～1100米，气候温暖，农业比较发达；矿产资源埋藏较浅，便于开采；交通也较便利。但水资源不足，也存在水土流失问题。

六、土石丘陵区

位于郊区河底至平定张庄一线，介于东部石灰岩山地区与西部沙页岩山地区之间，面积420平方千米，占全市总面积的9.43%。该区处于河底—张庄盆地内，主要由黄土覆盖的沙页岩丘陵组成，并发育有狭长的河谷冲积平原。丘顶海拔700～900米，河谷冲积平原海拔700米左右。地面波状起伏，主要因差异侵蚀而成。土状堆积披覆于平缓的丘顶及丘坡，厚度不大。河谷平原表面平坦，丘坡亦多为7°以下的缓坡，可耕地所占比重较大，海拔较低，气候温暖，热量资源丰富；矿产资源种类多，储量大，埋藏浅，便于开采；交通也十分便利，工农业生产均具一定基础。但水资源缺乏，水土流失尚未得到有效控制。

七、沙页岩山地区

位于盂城山间盆地西南、阳泉市郊区及平定县的西部，面积为657平方千米，占全市总面积的14.76%。由中起伏沙页岩侵蚀中山和小起伏沙页岩侵蚀中山两个地貌类型组成，山顶海拔1100～1500米，谷底最低海拔750米，可耕地较少，但适宜于造林种草的山坡面积广阔，林牧业发展潜力较大。

第三章 气候

第一节 气候特征

阳泉市属于暖温带大陆性季风气候区，支配气候的主要因素有地理纬度、季风环流和地形因素等。境内四季分明。气候学上，以阳历12月、1月、2月为冬季，3月、4月、5月为春季，6月、7月、8月为夏季，9月、10月、11月为秋季。根据物候现象划分，更符合自然景象变化，按学者张宝坤的候温（每5天的平均气温）指标划分，阳泉冬季（候温小于10℃）长约五个月1候，夏季（候温大于22℃）约两个半月，春季（候温为10℃～22℃）为两个月1候，秋季（候温为22℃～10℃）约两个月1候。四季各有特点：春季干旱严重，夏季炎热多雨，秋季降温迅速，冬季寒冷干燥。境内区域气候垂直变化显著，例如，当娘子关绵河河谷进入春季，柳叶开始抽芽时，附近的黄统岭乡北部还处在晚冬时节，前后相差达月余。

春季大致从4月1日起，到6月5日止，平均长66天。这时蒙古高压逐渐衰退，太平洋副热带高压向西发展，境内频繁出现西北低压槽。气温回升快，但昼夜温差显著，冷暖年际变化也较大。由于冷空气活动频繁，常造成“倒春寒”和晚霜冻。同时，春旱也比较严重，风沙天气较多，八级以上大风日数占全年的40%以上。

夏季大致从6月6日起，至8月20日止，平均长76天。市境主要受大陆低气压控制，太平洋副热带高压常向华北楔入控制市境，日照时间长，辐射强度大，气温较高。除北部高寒山区外，其余绝大部分地方月平均气温均高于22℃。南北温差不大，但垂直变化明显。降水比较集中，季降水量约占年降水量的60%，季降水日数约占全年降水日数的40%以上。由于降水量年季变化大，故常发生洪涝灾害或伏旱。同时，多雷阵雨、大风、冰雹等强对流天气，常给工农业生产造成损失。

秋季大致从8月21日起，到10月25日止，平均长66天。蒙古高压开始发展并逐渐控制市境，雨量骤减，天气较稳定，气候宜人。但入秋后日照时间缩短，辐射强度减弱，气温明显降低，晚秋常出现强烈的寒潮，造成早霜，威胁大秋作物的成熟。

冬季大致从10月26日起，到次年3月31日止，平均长157天。由于受蒙古高压控制，境内盛行偏北和偏西气流，冷空气活动频繁，气候寒冷干燥，多晴天。降水稀少，季降水量约占全年降水量的3%，常常一个月以上不降雪，最长达106天。

第二节　气候要素

一、日照

阳泉年平均日照时数为2431.3小时，占年可日照时数的55%。一年中，5月日照时间最长，2月最短。在大秋作物的生长季节（4月至9月），日照时数190～250小时，光照充足。盂县和平定日照时数均多于阳泉。

1981—2010年阳泉市各月平均日照表

表-2-3　　单位：时、%

月份		1	2	3	4	5	6	7	8	9	10	11	12	全年
阳泉	日照时数	184.6	175.5	206.3	234.2	248.5	228.9	196.5	190.7	192.6	203.0	189.0	181.5	2431.3
	日照百分率	61	58	56	59	57	52	44	45	52	59	62	62	55
盂县日照时数		204.1	190.0	223.5	249.5	273.2	250.2	228.0	222.5	213.7	222.6	207.1	199.9	2684.3
平定日照时数		197.9	191.6	223.1	252.1	277.5	251.2	226.0	225.4	213.0	218.6	203.6	194.8	2674.8

二、气温

境内各观测点年平均气温为2.0℃～13.3℃，其中阳泉为11.5℃。等温线的走向与等高线的走向基本一致。平定县娘子关绵河河谷和盂县阎家庄滹沱河河谷，是全市海拔最低的两处，年平均气温分别为13.3℃和12.5℃，是境内的两个暖中心。平定县西南部的七千寨山顶是市境南部的最高点，年平均气温为3.9℃，为一低温中心。盂县东部的最高点蚍蜉垴和西部的最高点坪塔梁是市境北部的两个低温中心，年平均气温分别为2.5℃和2.0℃。

境内气温年较差23.5℃～32.1℃，盂县年较差最大，平定次之，阳泉最小。平均日较差与海拔高度及季节因素有关，海拔较高的地方日较差大于海拔较低的地方；春季的日较差较大，5月为全年最大，8月则为全年最小，全年平均日较差11℃～13℃，阳泉年平均日较差11.0℃。

图-2-2

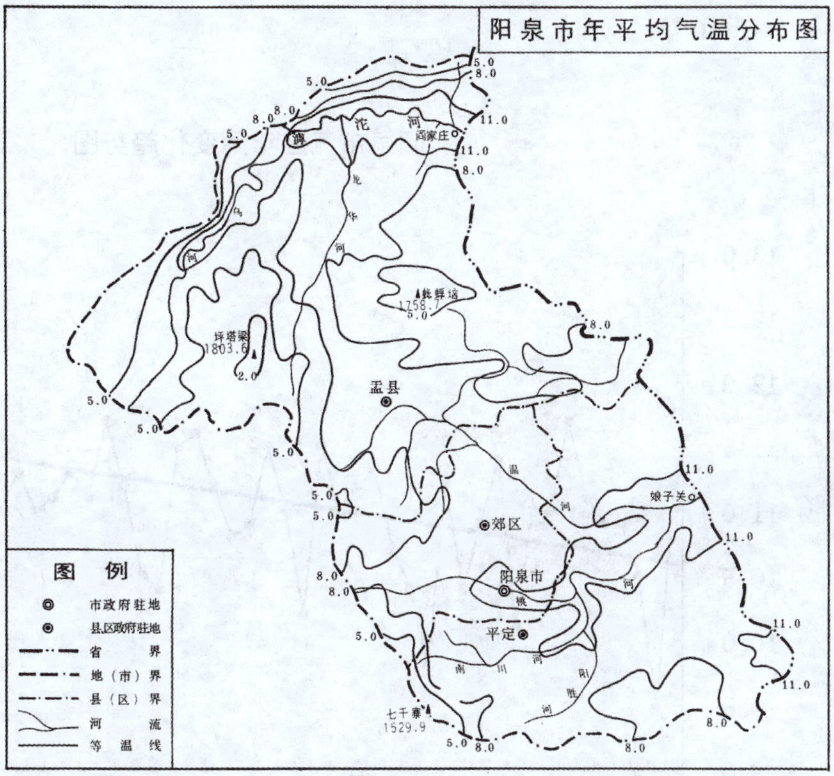

境内气温的年际变化幅度比较大，最大可达1.7℃。阳泉最暖年与最冷年的温差可达3.1℃。月际变化夏季气温较为稳定，最热月是7月，月平均气温为15.8℃～26.3℃，阳泉为24.3℃；冬季持续时间长，最冷月是1月，月平均气温为-13.8℃～-2.1℃，阳泉为-3.2℃；春秋两季的气温变化较大，春季升温幅度比较大，阳泉4月平均气温比3月升高7.9℃。

阳泉极端最高气温为41.7℃，出现在2005年6月22日；极端最低气温为-19.1℃，出现在1954年12月29日。

1981—2010年阳泉市各月平均气温表

表-2-4　　单位：℃

月份	1	2	3	4	5	6	7	8	9	10	11	12	全年
阳泉	-3.2	-0.3	5.4	13.3	19.0	22.9	24.3	22.6	18.1	12.2	4.8	-1.1	11.5
盂县	-5.6	-2.8	3.0	11.1	17.0	20.9	22.5	20.7	15.9	9.8	2.5	-3.4	9.3
平定	-4.1	-1.1	4.8	13.0	18.7	22.5	23.9	22.1	17.5	11.6	4.0	-1.9	10.9

在全球气候变暖的背景下，境内近60年中，气温呈上升趋势，同全国气温变化趋势相同，达0.24℃/10年。

阳泉市气温年际变化趋势图

图-2-3

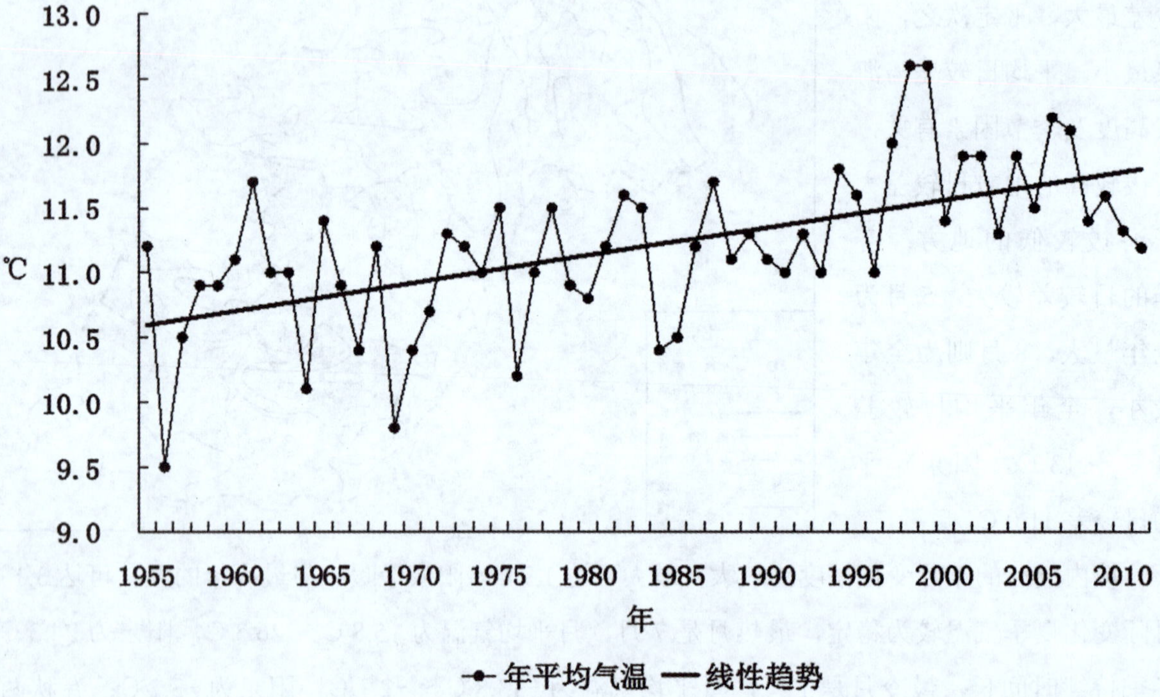

城区的“热岛效应”：城区的海拔高度与郊区白泉村及平定南坳村相同，年平均气温却高0.2℃，生长期多4天。产生这种热岛效应的原因，除人口稠密、厂矿集中以及存在大气逆温层外，城区周围群山环绕，地形闭塞，使热量不易向外扩散，也是一个重要原因。巨城的“冷湖效应”：平定县的巨城与海拔相同的邻近地区相比，年平均气温低0.7℃，生长期短10天。形成这种冷湖效应的直接原因，是巨城谷地四周环山，地形闭塞，并且地势西北低，东南高，顺温河河谷向东南涌入的冷空气不易流出，形成堆积，导致巨城谷地气温偏低。

三、霜

阳泉初霜平均日期10月21日，最早为1980年9月23日，最迟为1988年11月1日。终霜平均日期3月26日，最早为1977年2月13日，最迟为1991年5月2日。年平均无霜期207天，1995年最多，为243天；1991年最少，为169天。

1981—2010 年阳泉市初霜日 终霜日及无霜期表

表 -2-5　　单位：天

站　点	平均初霜日期	最早初霜日期	最晚初霜日期	平均终霜日期	最早终霜日期	最晚终霜日期	无霜期
阳　泉	10 月 21 日	9 月 23 日	11 月 1 日	3 月 26 日	2 月 13 日	5 月 2 日	207
盂　县	10 月 5 日	9 月 15 日	10 月 26 日	4 月 3 日	3 月 7 日	5 月 14 日	184
平　定	10 月 22 日	10 月 2 日	11 月 14 日	3 月 24 日	1 月 25 日	4 月 26 日	208

四、积温

境内≥ 0℃及≥ 10℃积温的分布呈规律性变化：北部小于中南部，并随海拔高度的上升而减少。如北部滹沱河沿岸≥ 0℃及≥ 10℃的活动积温，比桃河下游沿岸海拔相同的地方大致减少 200℃。又如，阳泉气象观测站海拔 741.9 米，其≥ 0℃及≥ 10℃的活动积温分别是 4313.5℃和 3797.7℃，比同纬度的娘子关河谷（海拔 350 米）的对应指标（4968.6℃和 4458.7℃）分别减少了 600℃以上。

1955—2005 年阳泉市日平均气温稳定通过各界限温度日期表

表 -2-6

站　点	资料年限	界限温度	初　日	终　日	积　温
阳　泉	1955—2005	0℃	3 月 2 日	11 月 30 日	4313.5
		10℃	4 月 11 日	10 月 20 日	3797.7
盂　县	1958—2005	0℃	3 月 12 日	11 月 19 日	3721.4
		10℃	4 月 20 日	10 月 10 日	3208.3
平　定	1972—2005	0℃	3 月 3 日	11 月 26 日	4208.6
		10℃	4 月 11 日	10 月 20 日	3740.2

五、地温

境内气象观测点地面年平均温度为 11.7℃～ 12.9℃，阳泉为 12.6℃。地面月平均温度最高为 7 月，最低月为 1 月，阳泉极端最高地面温度为 72.5℃，出现在 2010 年 7 月 29 日，极端最低地面温度为 -29.9℃，出现在 1966 年 2 月 22 日。

1981—2010 年阳泉市各月平均地温表

表 -2-7　　单位：℃

月 份	1	2	3	4	5	6	7	8	9	10	11	12	全年
阳 泉	-3.8	-0.2	6.7	16.1	22.1	26.0	26.8	25.0	19.7	12.1	3.7	-2.4	12.6
盂 县	-5.5	-1.5	5.5	15.1	21.9	25.8	26.6	24.5	18.8	11.2	2.5	-3.9	11.7
平 定	-4.4	-0.4	7.0	16.3	22.8	26.9	27.7	25.8	20.4	12.8	3.8	-3.1	12.9

六、降水

境内平均年降水量为 423.6 ～ 659.2 毫米，阳泉为 516.0 毫米。有两个多雨中心：一为盂县中部的田家庄、郑沟、下王一带，平均年降水量可达 630 毫米以上；另一为平定西南部的七岭山脉山脊部和阳胜河上游，平均年降水量可达 600 毫米左右或更多。降水低值区也有两个：一为西烟盆地，平均年降水量仅为 423.6 毫米；另一为东木口、岔口、石门口一带的太行山背风坡，平均年降水量在 450 毫米左右。

图 -2-4

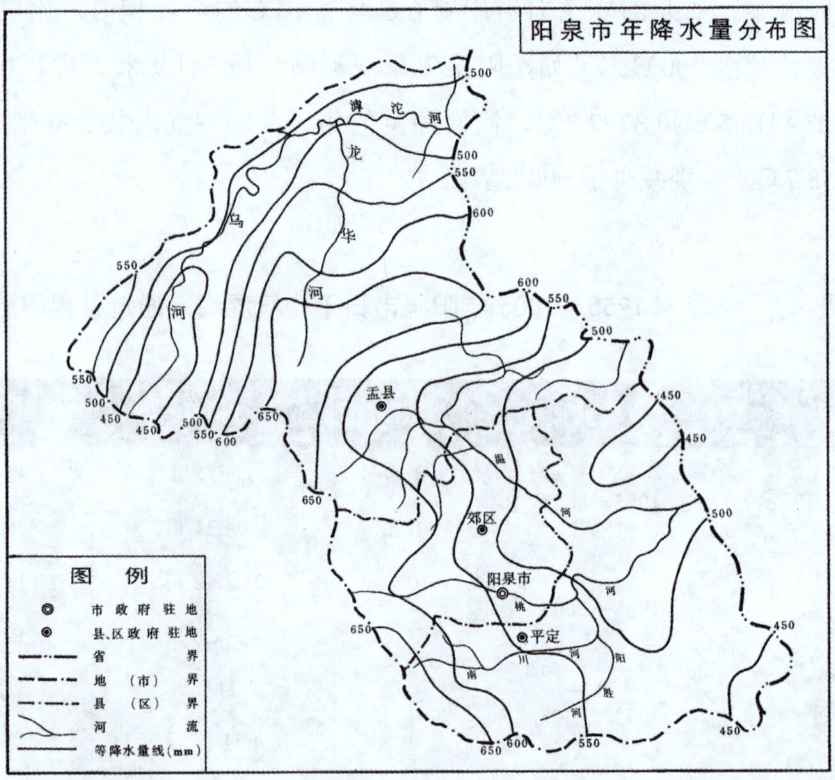

降水量的年际变化：阳泉最大年降水量为 866.4 毫米（1963 年），最小年降水量为 240.4 毫米（1972 年），极值比为 3.6。境内年降水量极值比为 2.6 ～ 5.6，大部地点为 2.7 ～ 2.8；盂县东木口和西烟最大，同为 5.6。降水量的季节分配极不均匀。春季降水量占年降水量的 16.8%；夏季是主要的降水季节，降水量占全年的 60.9%；秋季降水量占全年的 19.6%；冬季降水量仅占年降水量的 2.7%。

境内近 60 年中，年降水量呈下降趋势，同全国降水量变化趋势相同，并且位于全国下降趋势最大的区域。

1981—2010 年阳泉市各月平均降水量分布表

表 -2-8 单位：毫米

月 份	1	2	3	4	5	6	7	8	9	10	11	12	全年
阳 泉	4.1	6.5	13.4	23.1	50.1	69.4	123.1	122.0	63.3	24.9	13.0	3.1	516.0
盂 县	3.7	5.9	13.2	22.2	45.3	77.8	124.4	125.8	66.9	25.8	11.5	2.8	525.3
平 定	3.6	5.6	12.0	21.9	45.8	65.8	124.7	125.0	63.7	24.9	12.6	3.0	508.6

阳泉市降水年际变化趋势图

图 -2-5

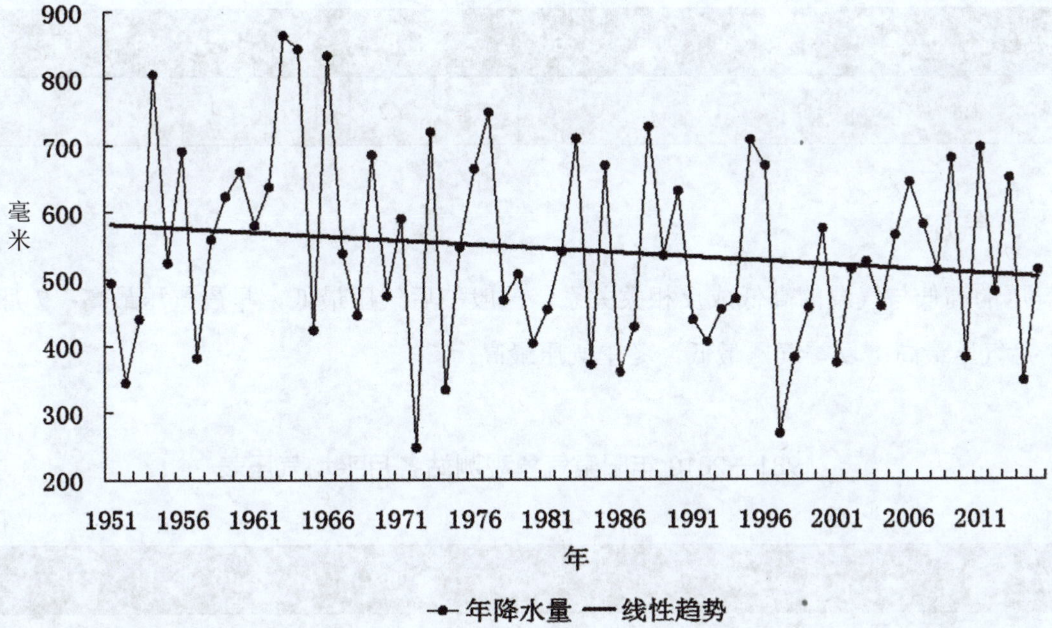

七、蒸发

境内大部属轻半干旱地区。年蒸发量除河底—张庄盆地大于 2000 毫米外，大部为 1660 ～ 2000 毫米。春夏季蒸发量较大，秋季较小，冬季最小；蒸发量 5 月最大，1 月最小。阳泉年蒸发量 1667.7 毫米，蒸发率（蒸发量与降水量之比值）3.2。

1981—2010 年阳泉气象观测站各月平均蒸发量表

表 -2-9 单位：毫米

月 份	1	2	3	4	5	6	7	8	9	10	11	12	全年
平均蒸发量	54.8	69.0	135.5	198.8	236.2	223.6	186.6	156.3	132.3	118.6	92.9	63.3	1667.7

八、风

境内年平均风速为1.7米/秒～3.0米/秒。冬春二季风力最大，秋季次之，夏季最小。冬春季由于受北方强冷空气的影响，常出现风速在17.0米/秒以上的大风；夏季常出现强对流天气，产生雷雨大风。冬春季多刮西北风，夏季则多刮偏东风。

1981—2010年阳泉气象观测站各月平均风速表

表-2-10　　单位：米/秒

月份	1	2	3	4	5	6	7	8	9	10	11	12	全年
平均风速	1.8	1.8	1.9	2.1	1.9	1.6	1.3	1.2	1.1	1.4	1.8	2.0	1.7

九、气压

气压的高低与气温的高低成反相关关系。一般午后气压最低，早晨气压最高；7月气压最低，1月气压最高；夏季气压最低，冬季气压最高。

1981—2010年阳泉气象观测站各月平均气压表

表-2-11　　单位：百帕

月份	1	2	3	4	5	6	7	8	9	10	11	12	全年
平均气压	937.4	935.6	932.7	928.8	926.3	923.2	922.2	925.7	931.2	935.2	936.9	938.0	931.1

第三节　物　候

一、影响物候的因素

影响物候的因素有纬度、经度、高下、历史等。阳泉市境南北、东西经纬度相差仅1°左右，差异不大，影响较小。境内岭谷相间，高下悬殊，对物候影响明显。春夏两季，植物的抽青、开花等物候现象越往高处越迟，但到了秋季，如乔木的落叶等现象则越往高处越早。境内绵河河谷、滹沱河河谷海拔较低，河底—张庄盆地、盂城盆地、西烟盆地次之，太行山、两岭山脉山脊处海拔较高，物候来临的迟早差异显著。例如，当娘子关绵河河谷（海拔 350 ～ 400 米）进入春季，柳树开始抽芽时，附近的黄统岭乡北部（海拔 800 ～ 1200 米，最高达 1332 米）还处在晚冬时节，前后相差月余。滹沱河河谷（海拔 380 ～ 500 米）与盂县城关（海拔 950 米）相比，物候现象春季早一个节令，秋季迟一个节令。在盆地内部，高下差异的影响也十分明显。当河底（海拔 850 米）的刺槐开始抽芽时，荫营（海拔 800 米）的刺槐花已含苞，李家庄（海拔 730 米）的刺槐已完全开放，义井（海拔 660 米）的刺槐已绿叶满枝，前后相差 20 多天。

二、四季物候

春季（3 月至 5 月）。天气渐暖，草木萌动。河底—张庄盆地（海拔 600 ～ 850 米）3 月上旬终雪，冬小麦返青；3 月下旬终霜，柳树发芽；4 月中旬桃杏开花。盂城盆地（海拔 950 ～ 1100 米）4 月上旬终雪，冬小麦返青，比河底—张庄盆地晚一个月；4 月中旬柳树发芽，晚 20 天；4 月上旬、中旬终霜，晚 10 天；4 月下旬桃杏开花，晚 10 天。

夏季（6 月至 8 月）。雨热同季，是农作物和各种植物生长盛期。河底—张庄盆地 6 月下旬至 7 月初小麦成熟；7 月下旬谷子抽穗；8 月上旬花椒、核桃成熟。盂城盆地 7 月上旬小麦成熟，比河底—张庄盆地晚 10 天；8 月中旬谷子抽穗，晚 20 天。盂县北部滹沱河河谷及两侧山地，花椒、核桃成熟期为 8 月中旬至 9 月上旬，比河底—张庄盆地晚 10 天至一个月。

秋季（9 月至 11 月）。气温逐渐下降，天气晴朗少云。河底—张庄盆地 9 月上旬谷子成熟，9 月中旬玉米成熟，播种小麦；10 月中旬雁南飞；10 月中下旬初霜，树叶落，百草枯黄，冬小麦分蘖；11 月中旬结冰。盂城盆地 9 月中旬谷子成熟，9 月下旬玉米成熟，播种小麦，比河底—张庄盆地晚 10 天；10 月上旬初霜，树叶落，百草枯黄，比河底—张庄盆地早半月；10 月中旬冬小麦分蘖，早 10 天；11 月上旬结冰，早 10 天。

冬季（12 月至 2 月）。气温低，雨雪少，是一年四季中最寒冷的季节。此时大白菜已收获，多数树种的树叶落尽，冬小麦停止分蘖，地上作物停止生长。冬眠动物处于深眠状态。河底—张庄盆地 2 月下旬土壤解冻，盂城盆地 3 月中旬土壤解冻，比河底—张庄盆地晚 20 余天。

第四章 水文

第一节 河川径流

一、流域水系特征

阳泉市境内除盂县西部有22平方千米属于黄河流域外，其余均属于海河流域。境内较大的河流（沟谷）有60余条。其中长度大于30千米、流域面积大于300平方千米的河流有7条；流域面积大于10平方千米的有34条。滹沱河与绵河是境内的主要河流。滹沱河是海河支流子牙河的北源，流经市境北部，境内的主要支流有乌河、龙华河、石塘河。绵河及其支流分布于市境中部和南部。温河、桃河分别是绵河的南北两源，两河于平定县娘子关镇河滩村汇合为绵河，流入河北省，再与甘陶河（上游在昔阳县境内，称松溪河）汇合为冶河，注入滹沱河。此外还有若干直接出境的河流。

市境位于太行山山脊线以西，境内河流与南北走向的太行山垂直相交，切穿石灰岩山体，形成险峻的峡谷，向东进入华北平原。境内河流与其两侧山脉走向一致，与其支流组成的水系，形成两种平面结构。一种是格子状水系，主要河流的较大支流深切两侧山岭，几乎与主流垂直，主流和支流纵横交错，状如网格，滹沱河即属此类。另一种是灌木树枝状水系，河流支叉众多，主流和支流不太分明，平面上呈灌木树枝状排列，绵河即属此类。

二、河川径流特征

境内有两个河川径流的高值区，一为桃河阳泉站以上的沙页岩土石山区，径流深通常在

50～150毫米，最高值超过150毫米；另一为滹沱河沿岸的变质岩山区。河川径流的低值区也有两个，一为娘子关泉岩溶补给区，另一为乌河上游的灰岩区，二者多年平均径流深分别为11.3毫米和8毫米，径流系数小于0.02，是典型的灰岩漏水低值区。另外，娘子关泉水的集中排泄（排泄量11.03立方米/秒），使境内河川径流的地区分布产生突变，加剧了河川径流地区分布的不均匀性；滹沱河的入境河川径流量远远大于本地河川径流量，也直接影响全市河川径流的地区分布。

由于受降雨和补给条件的影响，除滹沱河与绵河两河干流外，境内其他河流均属暴雨型间歇河流。汛期洪水暴涨暴落，使大量洪水难以利用；枯季河道径流往往出现断流。据桃河阳泉站实测资料，桃河径流量的80%集中于汛期7—9月。全市汛期河川径流量占年河川径流量的60%以上；汛期连续4个月的径流量则占70%～80%，并滞后于降水量，主要原因在于娘子关泉水的调节作用所导致的年内径流的再分配。

年际变化的特点是丰枯频繁交替和连丰连枯交替。全市最大年河川径流量101600万立方米（1956年）与最小年河川径流量37700立方米（1984年）的比值（丰枯比）为2.7。市内各汇总分区的丰枯比的比值差别很大，最大达31.4。

三、主要河流

阳泉市主要河流有滹沱河、乌河、龙华河、绵河、温河、桃河、南川河等。

滹沱河 古称滹池、呼池、霍池等，是海河水系子牙河北源。发源于山西省繁峙县横涧乡的泰戏山，由盂县夫城口村村北2千米处的大凹口入境，从阎家庄村东0.7千米的界牌石出境，境内长度34千米，流域面积1825平方千米，河床为砂卵石底质，为长流河。境内主要支流有乌河、龙华河、檀山沟河等。

乌河 海河四级支流。发源于山西省阳曲县境内的两岭山，自盂县东蒋村西南0.3千米处入境，由南向北至枣园村西北注入滹沱河，境内长度54千米，流域面积647平方千米，河床为砂卵石底质，盂县高庄以下为长流河。

龙华河 海河四级支流。发源于盂县上王村南掌沟的管头梁东麓，由南向北至贾家峪村龙华口东南注入滹沱河，河流长度52.9千米，流域面积475平方千米。上游为石灰岩山区，徐峪沟、王村一带为林区，森林覆盖面积100平方千米以上，约占流域面积的20%；中、下游为变质岩山区。河床为砂卵石底质。龙华河有三段伏流：一为上社镇邀童来村至西沟口段，长约1千米；二为上社镇宋家庄村至中南村段，长约0.5千米；三为下社乡上细腰村段，长约0.5千米。

东兴道以上为季节河；东兴道附近有兴道泉泉水补给，始为长流河。因地下水开采，20世纪初兴道泉已基本无水，至下游柴庄附近始有出流。所设会里水文站实测最大洪峰流量为224立方米/秒，发生于1975年；最大调查洪峰流量1600立方米/秒，发生于民国13年（1924）。

绵河 海河四级支流，有南、北两源，北源为温河，南源为桃河，两河在娘子关镇河滩村村西合流后称绵河。向东汇入娘子关诸泉，在娘子关村东北1千米处出境，境内长度4千米。

温河 发源于盂县南娄镇西南庄村的方山东麓，自西向东流经78千米，至平定县娘子关镇的河滩村汇合桃河，称绵河，流域面积1175平方千米，河床为砂卵石底质。由于煤矿开采、地下水开采等原因，河道补给逐渐减少，清水流量逐年衰减，矿坑排水、生活污水等造成河流污染加剧。盂县温池以上为长流河，至平定县巨城，处于地质构造的断裂带，河水大量渗漏，为季节河。主要支流有香河、招三河、阴山河、山底河、岔口河、荫营河等。

桃河 发源于山西省寿阳县东部的土陉岭，自阳泉市郊区新店村西入境，由西向东流经68.4千米，至平定县娘子关镇河滩村西汇合温河，称绵河。流域面积1086平方千米，河床为砂卵石底质，流域内山高坡陡，植被稀疏。沿途污水多处排放，致使河流污染严重。主要支流为南川河。设有阳泉水文站，该站实测最大洪峰流量为2200立方米/秒，发生于1959年；最大调查洪峰流量2810立方米/秒，发生于1945年。

南川河 桃河最大支流，有三源，北源出自平定县冶西镇潘家峪村的骑道岭，称北川河；中源出自冶西镇端岭镇附近的四条沟岔，称中川河（尚怡河）；南源出自冶西镇南部的七千山，称苏村河。三河在贵石沟村合流，称南川河。沿途又汇入阳胜河、城南河等。主河道长26千米，流域面积539.5平方千米。

四、水库

全市共有水库29座，其中中型水库1座，小型水库28座，总库容4209.3万立方米。其中以大石门水库、尚怡水库和山南水库库容较大。

大石门水库 境内唯一的中型水库，建成于1964年9月。位于平定县石门口乡大石门村，南川河支流阳胜河上，距平定县县城20千米，总库容1319万立方米，控制流域面积143平方千米，兼有灌溉和防洪功能。

尚怡水库 小型水库，建成于1978年。位于平定县冶西镇尚怡村，桃河上游支流中川河上，距平定县县城13千米，总库容590.4万立方米，控制流域面积50.6平方千米，是一座以防洪为主，兼顾灌溉、供水等综合利用的水库。

山南水库　小型水库，建成于 1974 年 7 月。位于寿阳县尹灵芝镇高崖村，桃河上游支流山南河上，距阳泉市区 26 千米，总库容 535 万立方米，控制流域面积 89 平方千米。山南水库具有汛期调蓄洪水功能，担负着保障下游 307 国道、石太铁路、太旧高速公路和阳泉市区防汛安全的任务。该水库还是阳泉市的西水源工程，日供水能力 1.5 万立方米，水质较好，供水成本较低。

第二节 地下水

一、赋存类型

阳泉市大体分布有五大含水岩系：松散岩类孔隙含水岩系，变质岩类裂隙含水岩系，碎屑岩类裂隙含水岩系，碳酸盐岩类岩溶裂隙含水岩系，碎屑岩类夹碳酸盐岩类岩溶裂隙含水岩系。另外，平定县东浮山和马鞍山一带的玄武岩裂隙含水岩系，由于其面积不大，含水微弱，故归入变质岩类裂隙含水岩系。

（一）松散岩类孔隙水

主要分布于河谷、山间盆地及黄土丘陵区，分布面积 170 平方千米，含水层厚 5～10 米，岩性多为沙砾石及含沙砾石。

河谷冲积层有两种情况：位于变质岩及碎屑岩地区的河谷冲积层，由于底板不漏水，并可变洪水及河谷两岸基岩裂隙水为补给，故含水丰富；分布于灰岩区的河谷冲积层，因底板漏水，无好的隔水层，故基本不含水。

山间盆地以西烟盆地较为典型。该盆地面积 71 平方千米。盆地中有厚达 100～200 米的第四系冲积层堆积物，含多层沙及沙砾石，下部有隔水的第三纪红土，但由于基底及盆地四周均为漏水的灰岩，不利于地下水的补给和汇集，故含水不太丰富，单井涌水量 10～36 立方米/时。

黄土丘陵区分布面积 11 平方千米。土类堆积物厚达 10～30 米，多为透水不含水层；当下部有第三纪红土隔水层时，有微弱的上层滞水，单井涌水量 1～10 立方米/日。

（二）变质岩类裂隙水（包括玄武岩裂隙水）

变质岩裂隙水主要分布于滹沱河两岸，分布面积 795 平方千米。岩层浅部风化裂隙发育，含少量浅水；且多受地形控制，在补给条件好的河谷中，含水丰富。泉水流量为 0.5 升/秒～1 升/秒。深部岩层完整，基本不含水。

玄武岩裂隙水分布于平定县马鞍山、郭家山一带，分布面积 12 平方千米，玄武岩厚 10 ～ 30 米。因成岩裂隙发育，下部有相对隔水的红土层，故含极少量上层滞水，民井涌水量 1 ～ 25 立方米 / 日。

（三）碎屑岩类裂隙水

分布于境内西部，分布面积 692 平方千米。含水层为二叠纪的砂岩，相对隔水层多为页岩组成。当砂岩厚度大、裂隙多，且又处于河谷或其他地形低凹处时，其含水丰富，单井涌出量 30 ～ 60 立方米 / 时。

（四）碳酸盐岩类岩溶裂隙水

主要分布于境内中南部。分布面积 2493 平方千米。其中的中、上寒武统岩溶含水层零星分布于盂县中部、东部及平定县东南部。因岩溶裂隙不甚发育，补给条件差，故含水微弱，单井涌水量 10 ～ 56 立方米 / 日，最大泉水流量 58 升 / 秒。境内中奥陶统出露广泛，其地表节理裂隙发育，是降水入渗的良好通道；其地下岩层发育以溶蚀裂隙、蜂窝状溶孔为主，并有少量溶洞，为岩溶水的贮存提供了良好的空间。上述岩溶水由盂县、市区、昔阳县向娘子关泉作辐射运动。补供区的含水性极不均匀：丰水处多在裂隙发育的构造破碎带，其他地段含水微弱。汇流区岩溶一般发育，补给条件好，含水丰富，钻孔涌水量 500 ～ 1000 立方米 / 日。排泄区的岩溶水是沿着岩溶管道汇集的，因此一般地带含水也较微弱，钻孔涌水量小于 300 立方米 / 日。

（五）碎屑岩类夹碳酸盐岩类岩溶裂隙水

主要分布于阳石公路盂县城以南段、平黎公路两侧以及盂县盆地和巨城一带，分布面积 416 平方千米。含水层为裂隙和溶洞发育的石炭系灰岩。在埋藏深度不大又能接受河水补给或位于向斜轴部时，含水较丰富，单井涌水量 30 ～ 60 立方米 / 时；否则含水微弱。该含水层水质较差，又易受煤炭开采的影响和破坏。

二、地下水特征

（一）时空分布

大气降水的丰、枯对地下水有很大影响，丰水年份地下水数量就大，枯水年份地下水数量就小。1956 年至 2000 年中，1956 年是丰水年，娘子关泉排泄量达 4.08 亿立方米；1984 年为枯水年，娘子关泉的排泄量仅为 2.98 亿立方米，前者为后者的 1.37 倍。就流域而言，绵河流域地下水补给模数为 12.2 万立方米 / 年平方千米，滹沱河流域地下水补给模数为 6.4 万立方米 / 年平方千米，绵河流域地下水富于滹沱河流域。

（二）地下水的补给、排泄及径流条件

1. 补给源。大气降水入渗补给是境内地下水的主要来源。松散岩类孔隙水的补给条件较为复杂，在山间盆地和谷地，补给源主要有三种：一是大气降水，垂直入渗补给；二是基岩裂隙水，侧向补给；三是地表水，渗漏补给，包括河道渗漏补给。碳酸盐岩类岩溶裂隙水除接受大气降水入渗补给外，河流渗漏补给也占一定比例，如桃河赛鱼至岩会段河川清水流量几乎全部漏失。

2. 排泄。各类地下水形成不同的排泄系统。松散岩类孔隙水的排泄形式复杂多样。山间盆地中地下水以人工开采和潜水蒸发为主要排泄形式，其次为河道排泄。山间谷地地下水以河道排泄为主。碎屑岩类与变质岩类裂隙水以侧向排泄、山区河川基流及中小型泉的形式排泄。碳酸盐岩类岩溶裂隙水向华北平原排泄，且以岩溶大泉（娘子关泉）集中排泄为主。

3. 径流条件。各类地下水径流条件各异。松散岩类孔隙水从盆地周围向中心运动，由上游向下游运动，由深层向浅层运动。山前与洪积倾斜平原区水力梯度大于5‰，冲积平原水力梯度小于2‰。碳酸盐岩类岩溶裂隙水由阳曲、盂县、阳泉市市区、平定、昔阳向娘子关呈辐射状运动，补给径流区的市区、平定一带水力梯度为2‰，排泄区为5‰。其他类型的地下水一般交替强烈，径流条件较好。

三、泉水和地热水

阳泉市复杂的地质构造为地下水的赋存及泉水出露创造了有利条件。古时，境内水资源丰富，泉水众多，有的泉水自平地涌出，终年不息，当地人称其为“漾泉”。20世纪初，境内现代采掘业兴起，对地下水和泉水的影响和破坏日渐严重，不少泉水流量减少甚至干涸。到21世纪初，全市较大的泉水尚有60余处，其中以娘子关泉和寺平安温泉较为著名。

娘子关瀑布

娘子关泉　华北地区最大的岩溶泉，位于平定县娘子关镇桃河与温河交汇处附近，由32个泉水组成泉群，

分布于石桥—程家村—苇泽关由西向东狭长的河谷中，其中较大的有15个泉：温河石桥泉、坡底南泉、坡底北泉，桃河程家泉、城西泉，绵河五龙泉、石板磨泉、河坡泉、滚泉、桥墩泉、禁区泉、水帘洞泉、葡萄院泉、醋房漏泉、苇泽关泉。出露标高360～392米，属侵蚀构造下降泉，泉域面积7217平方千米。含水丰富的地层为夹有3层稳定泥灰岩及石膏层的中奥陶系石灰岩，总厚度600米，溶孔及裂隙比较发育，成层性较明显。最大流量15.75立方米/秒（1964年），1956年至1979年多年平均径流量为3.9792亿立方米，1980年至2000年多年平均径流量为2.72亿立方米。泉水排泄量比较稳定，为稳定性大泉，是阳泉市工农业及城市生活重要的供水水源。20世纪80年代以后，泉水流量呈衰减趋势。

寺平安温泉　属寺平安地热田，主要分布于盂县寺平安村和大崔家庄村的滹沱河谷地中，面积0.17平方千米；其次在活川口村东也有分布，面积为0.10平方千米。发现的热水点共有7处，以分散的全排型泉水涌出地面，涌水量约0.02立方米/秒，水温40℃～62℃，水中含有多种微量元素，是良好的医疗热矿泉水。热水分布严格受地质构造控制，滹沱河谷地冲积层很薄，附近分布大面积的花岗岩和太古界片麻岩，地热田有寺平安南北向压扭断裂和活川口南北向压扭断裂，热水出自变质岩、伟晶岩的次级张扭转裂隙之中，属稳定型泉水。主要靠大气降水补给，经深循环增温，垂直向对流上升至地表，形成泉水，补给面积大于200平方千米，循环深度约为1880米。

第五章
土壤 植被

第一节 土 壤

一、成土条件

（一）自然条件

1. 土壤母质。阳泉市境内土壤的母质主要为沙页岩母质、石灰岩母质、花岗片麻岩母质、黄土母质和黄土状母质。土壤母质的性质决定土壤的性质。沙页岩母质易风化，因而沙页岩质土壤形成较快，但土层薄，质地较粗，养分含量亦少，保水保肥性差。石灰岩母质的成土过程缓慢，但土壤质地较细，养分含量较多。花岗片麻岩母质形成的土壤粗沙多，透水性强，土体结构差，养分含量较少。黄土母质和黄土状母质形成土壤较快，土体深厚，质地适中，碳酸钙含量较多，为微碱性土壤。黄土母质发育的土壤是阳泉市农业利用的主要土壤；堆垫母质是农民选择的易熟化的黄土母质，成土较快，且富含养分，有利于农作物生长。

2. 地形。受大的地形条件影响和制约，阳泉市境内处于褐土地带。但由于局部地形的差异，除褐土土类外，境内还分布有其他三个土类：在河谷地带，土壤受地下水和地表水影响，形成潮土土类；在土石山地，分布着粗骨土土类和石质土土类。由于海拔高度的差异，又形成褐土土类中的淋溶褐土、褐土性土、石灰性褐土等土壤亚类的垂直带分布。

3. 气候。阳泉市为暖温带大陆性季风气候区，属半干旱地区，平均年降水量为 516 毫米，年平均气温在 12.6℃。这样的气候条件，决定了阳泉市的土壤属褐土带，但无典型褐土分布，呈现由褐土向栗钙土过渡的特征。

在市境内，局部的气候差异是形成多种土壤的重要因素之一，并规定着土壤的低级分类单元的形成和分布。如在海拔较高的迎风坡面，年均降水量达650毫米，平均气温在5℃上下，植被较好，因而形成较好的淋溶环境，土壤为淋溶褐土。又如阳泉市分布面积较广的黄土丘陵区，年均降水量在500毫米左右，平均气温在10℃上下，故淋溶程度极弱，形成褐土成土过程较弱的褐土性土。

4. 水文。地下水：阳泉市绝大部分地区地下水埋藏较深。在地下水位较高的河流谷地和一级阶地，由于地下水的长期影响，导致产生一种独特的成土过程——草甸化，从而形成了一种隐域性土壤——潮土。

地表水：河流沉积物是经过流水的搬运作用形成的一种土壤母质类型。在阳泉市潮土土类中，河流沉积物占较大比例。此外，洪积母质、沟淤母质、坡积物母质也都与地表径流的搬运作用有关。

5. 自然植被。自然植被是重要的成土因素。阳泉市海拔1500米以上地带多为针叶乔木植被，常以其残落物使土壤形成酸性环境，从而形成淋溶褐土。在海拔较低的同一母质上发育的褐土性土，其植被主要为旱生草本植被，其残落物不能形成酸性环境，因而对土壤的作用与针叶乔木植被不同。自然植被能加速和改变土壤的成土过程及性质；土壤的性质也影响植被的种类和分布，因此，二者的关系是密不可分的。

（二）人为因素

中华人民共和国成立后，阳泉市除实行传统的精耕细作外，推行了一系列科学种田的措施，大力进行农田基本建设，有效提高了土壤的性能。如对作物进行合理布局，调节了土壤表层的养分状况；合理的施肥和深耕、深刨、深翻防止了土表板结，改善了土壤的物理性状，对土壤中水、气、热的状况起到合理调节作用；地膜的应用调节了土壤温度、湿度状况；大规模的农田基本建设改善了土壤的保水、保肥性。此外，还采取了改变某些成土条件以控制成土过程的措施。如人工造田，通过客土法改变成土母质，再进行耕种熟化；开垦荒地，通过改变自然植被来加速成土过程。这些措施均有效地增加了农田数量。但也有不少违反客观规律，盲目影响成土过程的行为，如盲目开垦荒地、毁林种田等，这些行为对自然环境造成严重破坏。

二、土壤分类

阳泉市土壤分为4个土类、6个土亚类、23个土属、91个土种，面积5768321亩（384554.73公顷），占全市土地总面积的86.38%。

（一）褐土

是一种地带性土壤，境内主要的土壤类型，广泛分布于山地、丘陵及河流的二级阶地，海拔720～1804米，其下限与潮土相接，在山地则与石质土、粗骨土呈复域状存在。面积5017993亩（334532.87公顷），占全市土壤面积的86.99%。市境地处褐土地带的北缘，其生物气候条件具有明显的过渡性质，因而除具有一般褐土的共性外，还具有以下一些特性：一是植被稀疏，土壤侵蚀严重，土壤中的有机质累积不多。剖面中，表层有机质含量1.52%～2.57%，越向下含量越低，底层的含量仅0.23%～0.65%。二是大部分黏化程度较低，但有明显的黏化现象，多数为淀积黏化，也有残积黏化发生。黏化层层位较浅，多出现于心土层，距地表20～50厘米，且黏化层较薄，厚度为20～30厘米。三是淋溶作用较弱，钙积现象不明显。整个土体都有石灰反应，碳酸钙在土体各层中的含量无明显差异，一般为3%～9%，含量较高。土体虽未形成明显的钙积层，但碳酸钙有一定的迁移，多表现为假菌丝状新生体。根据所处的地形部位和发育程度，境内的褐土土类可划分为淋溶褐土、褐土性土、石灰性褐土三个土亚类。

1. 淋溶褐土。是褐土土类的上限，零星分布于盂县的箭河、围尖山、坪塔梁、和安岭，平定县的冶西、南阳胜的部分山地和阳泉市郊区旧街的部分中山上部，海拔1300～1804米，与石质土、粗骨土呈复域状存在。面积54524亩（3634.93公顷），占褐土土类的1.09%。淋溶褐土处于山峰的迎风坡面，年降水量在650毫米左右，植被覆盖度达70%，土体淋溶作用较强，形成比较明显的淋溶淀积层，土体中碳酸钙基本被淋失，通体无石灰反应，pH值为6.6～7.4。土体较薄，一般厚度仅为40厘米左右。土壤表层养分含量较为丰富。

2. 褐土性土。是境内面积最大、耕种土壤最多的一个土壤亚类。主要分布于丘陵坡地、沟壑、洪积扇上部等处，在低山区的平缓山顶、山坡也有少量分布，海拔500～1400米。面积4851814亩（323454.27公顷），占褐土土类的96.69%。褐土性土主要发育在第四纪黄土母质或红黄土母质上，也有少部分发育在沙页岩、石灰岩或花岗片麻岩的风化残积、坡积物、洪积物的母质上。由于水土流失严重，致使褐土性土熟化过程减弱，土壤的发育层次不明显，土体发育微弱。土壤中的矿质化过程较强，而腐殖化过程较弱，使土壤的腐殖质、有机质累积较少，一般表层土壤有机物含量为1.5%～2.0%。在土体剖面中，碳酸钙有轻微的淋移现象，未形成明显的钙积层。只是在黏化较弱的部位形成丝状、斑状、糯状的碳酸钙新生体，全剖面的碳酸钙含量较高，多为6%～20%，pH值多在8.0左右，偏碱性。黏粒的淋溶淀积作用不很显著，但在剖面层次中可见到比较明显的淋溶积淀现象，淀积的部位多在心土层，黏化层较薄。由于植被覆盖率低，所以一般不能形成残落层和腐殖质层，养分含量较少，特别是磷素较缺。

3. 石灰性褐土。在全市各个县区均有分布，海拔 700 ～ 1100 米，面积 111655 亩（7443.67 公顷），占褐土土类的 2.23%。主要发育在地势平坦、面积宽广的丘陵垣地的黄土母质及河流二级阶地经搬运再沉积的黄土状母质上。其特点是：水土流失较轻，土壤的黏化现象比较明显，淋溶淀积部位多在心土层。钙积现象不显著，石灰反应通体强烈。土壤发育较好，养分含量比较丰富，是农田的主要分布地带。

（二）潮土

属隐域性土壤，主要分布在滹沱河、龙华河、温河、秀水河、桃河、南川河、阳胜河的一级阶地或河漫滩上。海拔 400 ～ 900 米，面积 90728 亩（6048.53 公顷），占全市土壤面积的 1.57%。其特点是地下水位浅，成土过程受地下水的影响较大，土壤剖面沉积层次明显。成土母质为冲积、淤积物质，呈明显的沙黏交替存在的层次。在土体中部有锈纹、锈斑出现，通体有石灰反应，土壤表层养分含量较少。但水肥条件较好，为农业土壤。境内潮土土类只有一个土亚类，即潮土土亚类。

（三）粗骨土

是山地植被被严重破坏，土壤受到严重侵蚀而成的一种土壤，分布于所属区县的石质山地、侵蚀严重的丘陵、山前峪口及洪积扇上部等处，多与褐土、石质土呈复域状分布。盂县东北部的花岗片麻岩地带、平定县及阳泉市郊区的石灰岩地带、沙页岩地带以及平定县古贝附近的火山岩地带，是其主要分布区。海拔 800 ～ 1200 米，面积 351389 亩（23425.93 公顷），占全市土壤面积的 6.09%。其特点是：土壤侵蚀严重，土层薄，土壤发育差，无明显发育层次，多在坡度较缓处呈一片一坑土石相间存在。通体含有岩石的半风化物，甚至岩石风化碎屑裸露于地表，基本不能耕种。

（四）石质土

分布与粗骨土基本一致。沙页岩、石灰岩和花岗片麻岩母质。面积 308211 亩（20547.4 公顷），占全市土壤面积的 5.35%。

三、土壤改良利用分区

根据土壤的性能和分布情况，阳泉市的土壤大体可划分为 5 个改良利用主区。

（一）中低山淋溶褐土、褐土性土营林护林育草防侵林牧主区

面积 1479338 亩（98622.53 公顷），占全市土壤面积的 25.65%。分为两个副区。

1. 中山淋溶褐土营林护林防侵保土宜林副区。包括淋溶褐土的 3 个土属，面积 54524 亩

（3634.93 公顷），占第一主区面积的 3.69%。土壤水分条件较好，冬季形成的冻土层较厚。植被以乔木为主，主要为针叶林，植被覆盖度一般在 70% 以上。土质肥沃，养分含量丰富，土体中厚。改良利用的方向是：认真搞好林区的规划管理，严禁乱砍滥伐，坚持抚育重于采伐的原则，以营林护林为主，选择优良品种，扩大森林面积，防止土壤侵蚀和水土流失，加速用材林基地建设。

2. 中低山褐土性土营林育草防侵保土林牧副区。包括沙页岩质褐土性土、石灰岩质褐土性土和花岗片麻岩质褐土性土 3 个土属，面积 1424814 亩（94987.6 公顷），占第一主区面积的 96.31%。由于成土母质不同，3 个土属的土壤性状又各有不同：

（1）沙页岩质褐土性土，面积 520094 亩（34672.93 公顷），占本副区面积的 36.50%。土体较薄，质地较粗，土壤结构不好，性状不良，植被覆盖度低，侵蚀强度多为中度。改良利用的方向是：增加植被覆盖度；以养为主，用养结合，以牧为主，林牧结合；注重牧坡草场的建设和管理，实行轮牧轮养制度。

（2）石灰岩质褐土性土，面积 448132 亩（29875.47 公顷），占本副区面积的 31.45%。土壤养分含量高，植被覆盖一般，土体多中厚。改良利用的方向是：以植树造林为主，辅以牧坡草场建设，改善地面覆盖状况，改良土壤结构和性状，降低土壤侵蚀强度，减少水土流失，提高林牧业生产水平。

（3）花岗片麻岩质褐土性土，面积 456588 亩（30439.2 公顷），占本副区面积的 32.05%。这里山高坡陡，地势险峻；植被覆盖度低，土壤侵蚀强烈，水土流失严重；土壤结构差，性状不良，肥力低。改良利用的方向是：以种植牧草为主，提高牧草质量，选择牧草优良品种，扩大牧坡面积；结合保护牧坡资源，多种植耐旱、耐瘠薄、抗风沙的灌木；在土层较厚的地方可营造薪炭林，以缓和生活用材急需；提高植被覆盖度，控制水土流失，促进畜牧业生产的发展和环境条件的改善。

（二）中低山褐土性土营林育草轮作防侵培肥主区

该主区包括山地黄土质褐土性土和山地红黄土质褐土性土 2 个土属，面积 2548936 亩（169929.07 公顷），占全市土壤面积的 44.19%。本主区植被主要为旱生草灌，覆盖度 20% ～ 70%，多为轻度或中度侵蚀，土壤发育较好，养分含量一般。这部分土壤分布于荒山秃岭之上，土壤侵蚀和水土流失是生产的主要障碍因素。改良利用的方向是：对土层较厚、土壤条件较好的宜林山坡和沟洼，要封山禁伐育林，加快防护林建设，逐步扩大防护林面积，并加快牧坡草场建设；一些极差的坡地或梯田，应退耕还林还牧；增产潜力较大的农田，则应从培肥土壤、增加地力入手，实行轮作制度；还可在荒地荒坡挖鱼鳞坑，以涵养水源，改善土壤养分条件，逐步向草—灌—乔方向发展，增加植被覆盖度，控制水土流失。

（三）中低山丘陵粗骨土、石质土封山育草防侵保土主区

该主区包括粗骨土的4个土属和石质土的3个土属，面积659600亩（43973.33公顷），占全市土地面积的11.43%。这部分土壤土层薄，植被覆盖极差，土壤侵蚀强烈，水土流失严重，土壤养分贫乏，肥力低。改良利用的方向是：以搞好水土保持为目标，封山禁牧，育草种灌。

（四）低山丘陵褐土性土防侵保土培肥粮果主区

该主区包括黄土质褐土性土、红黄土质褐土性土、沟淤褐土性土和堆垫褐土性土4个土属，面积878064亩（58537.6公顷），占全市土壤面积的15.22%。本主区土壤土体多中厚，地面较平整，基本无侵蚀现象或轻度侵蚀，土体无不良层次，构型良好，土质较肥；但水资源缺乏，水利条件差。改良利用的方向是：培肥改良，用养结合，平整土地，减少土壤侵蚀强度，搞好农田配套设施建设，增加灌溉面积；植树种草，增加植被覆盖，在非耕地建设林地和优良牧场草场。

（五）沟谷盆地石灰性褐土、潮土建设高产稳产园田化粮菜主区

该主区包括石灰性褐土的2个土属和潮土的2个土属，面积202383亩（13492.2公顷），占全市土壤面积的3.51%。这些土壤耕作时间长，构型良好，土地平整，基本无侵蚀或侵蚀微弱，土壤保蓄水肥性能良好。改良利用的方向是：对于石灰性褐土地区，应积极开展旱作农业研究，深耕土地，增施肥料，以改善土壤结构状况，增加土壤的保蓄水肥能力及抗旱性能，同时要实现田间林网化，改善农田小气候环境，提高单位面积产量；在潮土地区则要充分利用其水热条件，完善农田排灌设施，提高水利效益。总之，目标是将本主区建成旱涝保收、稳产高产的园田化粮菜基地。

第二节　植　被

一、植物区系成分

（一）欧洲西伯利亚森林区系成分

主要为第三纪植物区系的残遗种。如裸子植物中的油松属（Pinus）；被子植物中的落叶阔叶树种，主要有杨属（Populus）、柳属（Salix）、胡桃属（Juglans）、鹅耳枥属（Carpinus）、虎榛子属（Ostryopsis）、栎属（Quercus）、榆属（Ulmus）、蔷薇属（Rosa）、皂荚属（Gleditschia）、沙棘属（Hippophae）、蚂蚱腿子属（Myripnois）等属。这些植物均反映了北温带的植物区系特征。

（二）东亚森林植物成分

是东亚植物区系的主要成分。如油松（Pinus tabulaeformis）、榛子（Corylus heterophylla）、毛榛（Corylus mandshurica）、辽东枥（Quercus liaotungensis）、小花溲疏（Deutaia parviflora）、山楂（Crataegus pinnatifida）、三裂绣线菊（Spiraea trilobata）、红花锦鸡儿（Caragana rosea）、胡枝子（Lespedeza bicolor）、臭椿（Ailanthus altissima）、酸枣（Zizyphus jujuba）、金花忍冬（Lonicera chrysantha）、铁杆蒿（Artemisia vestita）等植物种。

（三）华北和东北植物成分

均属东亚植物区系的组成部分。如虎榛子（Ostryopsis davidiana）、山刺玫（Rosa davidii）、黄刺玫（Rosa xanthina）、杠柳（Periplaca sepium）、荆条（Vitex negundo var. heterophylla）、茭蒿（Artemisia ginaldii）、知母（Anemarrhena asphodeloides）等在境内生长良好。

（四）中国特有种

有虎榛子（Ostryopsis davidiana）、青檀（Pteroceltis tatarinowii）、文冠果（Xanthoceras sorbifolia）、蚂蚱腿子（Myripnois dioica）等植物种。

二、植物分布

（一）水平分布

温带黄土丘陵林带。境内黄土丘陵的原始植被已破坏，大部开垦为农田，低山区的阔叶林破坏后大部发育为旱生草灌植被，天然林较少，树种以栓皮栎、辽东栎、油松为主，其次为桦树、山杨等。人工林中，用材林及防护林的树种以油松、侧柏、杨树为主，其次为泡桐、榆树、刺槐、柳树、椿树等；经济林有苹果、梨、核桃、花椒、柿子、黑枣等，其中苹果、梨主要分布在平定县中部和郊区，核桃、花椒、柿子、黑枣主要分布在盂县北部和平定东南部的山区。天然灌木主要有山皂角、沙棘、荆条、蚂蚱腿子、胡枝子、黄栌、虎榛子。天然草类主要有白草、盘草、芦草、蒿类等。

温带土石山区半干旱林带。境内土石山区的天然林全部是次生林，主要分布在海拔 1000 米以上的山地，树种以辽东栎、油松为主，其次为桦树、侧柏、山杨、鹅耳枥等。人工林中，用材林和防护林主要是油松、侧柏，其次是刺槐、华北落叶松；经济林有苹果、梨、桃、核桃、花椒、柿子等。天然灌木主要有杜梨、山葡萄、山桃、山杏、沙棘、酸枣、酸溜溜、山皂角、荆条、绣线菊、黄刺玫、黄栌、胡枝子、虎榛子、蚂蚱腿子等。草本植物主要有盘草、蒿类、芦草等。

（二）垂直分布

境内地势起伏较大，高差达1400余米，植被呈现明显的垂直分布特征。据调查，酸枣和荆条分布到海拔1000米，油松在海拔1800米仍有自然分布。在高海拔地区，乔木主要是油松、辽东栎，灌木有虎榛子、蚂蚱腿子、绣线菊，草类有羊胡草、盘草；在低海拔地区，乔木主要有杨树、刺槐，灌木有山皂角、荆条，草类有狗尾草、车前子、沙蓬等。平定县药岭寺山和盂县诸龙山的植被呈典型的垂直分布特征。

药岭寺山最高峰漫天垴海拔1160米。乔木主要有油松和少量麻栎，灌木有黄栌、女贞子、虎榛子等；草类，阳坡有白草，阴坡有羊胡草等。在海拔900米的旧寺不叉一带，乔木以油松、小叶杨、栎树等为主；灌木有荆条、绣线菊等；草类有白草、蒿类等。在海拔700～800米的南咀，乔木以栓皮栎和麻栎为主，有少量油松；灌木以藿蕾、圪刺、荆条为主；草类有白草、蒿类等。乔木、灌木和草类与耕地交错分布。

诸龙山最高处海拔1472米，乔木主要有天然油松、栓皮栎，还有少量柞树、漆树、五角枫等；灌木主要有黄刺玫、醋柳、荆条、虎榛子等；草类有羊胡草、蒿类等。在海拔1322米处，主要有天然油松、栓皮栎，其次有漆树、五角枫、山桃、山杏，人工林有油松、侧柏、刺槐、榆树等；灌木有黄刺玫、醋柳、虎榛子、沙棘、荆条、枸杞子、绣线菊、胡枝子等；草类有羊胡草、白草、蒿类等。在海拔1254米处，主要有天然油松、漆树、栓皮栎，其次有五角枫、山桃、山杏、野丁香，人工林有油松、刺槐、侧柏、榆树、杨树、柳树、核桃等；灌木有黄刺玫、醋柳、沙棘、枸杞子、胡枝子、绣线菊、山葡萄、连翘等；草类有白草、羊胡草、蒿类等。

三、植被类型

阳泉市境属暖温带落叶林阔叶林地带，晋中山地杆林、油松、辽东栎林地区，盂县、寿阳、平定丘陵盆地虎榛子、野皂荚等次生灌草丛及谷子、玉米为主两年三熟栽培植被区。随环境条件的不同而形成6种植被类型。

温性针叶林。境内主要为油松林。主要分布在海拔800～1000米处，在1500米处仍有油松分布，土壤母质多为沙页岩。如诸龙山、药岭寺山、大乐寺等地有天然油松次生林；伴生的灌木主要有黄刺玫、蚂蚱腿子、黄栌等，草本植物主要有铁杆蒿、沙参、黄芩、盘草等。

温性针阔叶混交林。境内主要为油松、辽东栎混交林。主要分布在海拔800～1000米处，土壤母质多为沙页岩和石灰岩。辽东栎大多为天然次生林，油松多为人工栽培；伴生灌木有榛、酸枣、醋柳等，草类有蒿类、羊胡草、白草等。

温性阔叶林。境内主要为刺槐、鹅耳枥林。主要分布在海拔 500 ～ 800 米处，土壤母质大多为花岗片麻岩、石灰岩。刺槐、小叶杨等多为人工栽培，鹅耳枥为天然次生杂木林；伴生灌木有黄栌、荆条等，草类主要是蒿类、白草等。

灌草丛。境内为山皂荚、白羊草灌草丛。主要分布在海拔 500 米左右的干旱山坡，土壤母质以石灰岩为主。山皂角、荆条、山桃等多分布在阳坡，背坡多为羊胡草、蒿类、狼尾草等；乔木多为人工栽培，有杨、柳、榆、槐等阔叶用材树和苹果、梨、核桃、花椒等经济树。

草丛。境内主要为白羊草草丛。分布较广，盂县的北部、西部和中部，平定县东部以及郊区西部有面积万亩（666.7 公顷）以上的草坡，其余地区分布较零散。由于坡度较大、土层较薄、有机质含量较少，故牧草覆盖度和产草量大多较低。大致可分为白羊草—胡枝子型、白羊草—蒿草型、灌木—苔草型。植被主要由中生灌木、禾本科杂草组成。灌木多成丛状居于上层，主要有醋柳、虎榛子、黄刺玫、酸枣、荆条、山榆等；草本主要有白羊草、苔草和蒿类，在灌丛间形成草本群落。

栽培植被。境内为暖温带栽培植被；同自然植被地带相一致，为一年一熟或两年三熟，少数可以一年两熟。粮食作物主要有玉米、小麦、谷子、黍子、高粱、甘薯，还有少量荞麦、莜麦、水稻及赤豆和绿豆等。油料作物有大豆、花生、蓖麻、大麻、芝麻、核桃、向日葵等。蔬菜有甘蓝、小白菜、大白菜、菠菜、芥菜、雪里蕻、萝卜、扁豆、眉豆、豇豆、旱芹、芫荽、胡萝卜、茴香、花椒、辣椒、灯笼椒、番茄、茄子、马铃薯、黄瓜、南瓜、西葫芦、葫芦、丝瓜、葱、韭等。瓜果有西瓜、甜瓜、苹果、梨、葡萄、石榴、柿子、黑枣等。花卉多系庭园栽培，品种繁多。药材仅有少量种植。

第六章
自然资源

第一节　土地资源

一、总量

根据第二次全国土地调查数据，截至 2009 年 10 月 31 日，阳泉市全市土地面积为 455893 公顷。其中城区 1477 公顷，占全市总面积的 0.32%；矿区 1183 公顷，占全市总面积的 0.26%；郊区 62701 公顷，占全市总面积的 13.75%；市区合计 65361 公顷，占全市总面积的 14.34%；平定县 139094 公顷，占全市总面积的 30.51%；盂县 251438 公顷，占全市总面积的 55.15%。

二、各类土地利用状况

至 2009 年 10 月 31 日，阳泉市各类土地利用状况（第二次全国土地调查数据）：

耕地 76697.67 公顷，占全市总面积的 16.82%，其中划定基本农田 57420 公顷，占耕地总面积的 74.9%。在耕地总面积中，水浇地 1619.12 公顷，占 2.1%；旱地 75078.55 公顷，占 97.9%；坡度为 15° 以上的耕地有 36232 公顷，占 47.24%。全市耕地总面积比 1990 年减少 6186.88 公顷，减少了 7.46%，年均减少 0.41%。

园地 3235.28 公顷，占全市总面积的 0.71%。

林地 156169.2 公顷，占全市总面积的 34.26%。比 1990 年增加 38217.67 公顷，增长了 32.4%，年均增长 1.49%。

草地 116239.2 公顷，占全市总面积的 25.5%。

城镇村及工矿用地26839.16公顷，占全市总面积的5.89%，其中采矿用地6040.55公顷，占城镇村及工矿用地总面积的1.32%。城镇村及工矿用地总面积比1990年增加4034.74公顷，增长了17.69%，年均增长0.86%。

交通运输用地5545.47公顷，占全市总面积的1.22%；比1990年增加2317.86公顷，增长了71.81%，年均增长2.89%。

水域及水利设施用地3722.52公顷，占全市总面积的0.82%。

其他土地67444.8公顷，占全市总面积的14.79%。

第二节 气候资源

气候资源主要由太阳辐射、热量、降水构成，是农林牧业生产主要依赖和利用的资源，根据气候资源的分布及其与农林牧业生产的关系，阳泉市全境可划分为以下4个分区。

一、温寒气候区

位于市境西北部，包括两岭山脉和管头山山脉的山脊部分，海拔1600～1800米，面积约8000公顷，占全市土地总面积的1.75%。年平均气温为1.8℃～3.5℃，7月平均气温为15.8℃～17.6℃，年极端最低气温为-28.1℃～-27.2℃，无霜期30～62天，生长期189～202天，≥0℃的活动积温2057℃～2500℃，≥10℃的活动积温1338℃～1850℃。该区年降水量为550～660毫米，降水在全市最为丰富，加之气温低，蒸发量小，干燥度小于0.9，故全部属于湿润亚区。由于无霜期不足70天，热量资源少，宜种植春麦、莜麦、马铃薯等作物，非耕地宜于大力发展林牧业，较宜种植油松等针叶树。

二、温和气候区

该区地势较高，海拔为1000～1600米，包括盂县大部以及郊区与平定县的西部边缘山区，面积约233000公顷，占全市土地总面积的51.11%。年平均气温为3.5℃～8.3℃，7月平均气温为17.6℃～22.0℃，年极端最低气温为-27.2℃～-22.4℃，无霜期62～126天，生长期202～239天，≥0℃的活动积温2500℃～3440℃，≥10℃的活动积温1850℃～2950℃。该区热量资源偏少，主要的气象灾害是低温冷害、冰雹和大风。该区包括两个气候亚区。

温和湿润气候亚区。位于七岭山脉东麓及北方山山脉至白马山的大片地区，包括张庄、冶西、旧街、西烟、东梁、路家村、南娄、秀水、苌池、孙家庄、上社、北下庄等乡镇的全部或一部，面积约10.6万公顷，占全市土地总面积的23.25%。该亚区大部分海拔在1200米以上，年降水量600～650毫米。宜于大力发展林业，部分覆土较厚的地区可发展农业，但仅宜种植早熟玉米、中熟和早熟谷子、马铃薯、春麦、莜麦等作物，属一熟喜凉作物区。一小部分海拔在1200米以下的地区，其土层较厚处宜种植中熟玉米、中属及晚属谷子等作物，属一熟喜温作物区；其覆土浅薄处宜于营造针阔叶林，发展畜牧业和果木生产。

温和半湿润气候亚区。包括张庄、东回、柏井、西烟、东梁、西潘、上社、孙家庄、仙人、北下庄等乡镇的全部或一部，面积约12.7万公顷，占全市土地总面积的27.86%。该亚区大部分海拔在1200米以下，地表覆土深厚，可种植玉米、谷子、高粱、大豆等喜温作物，一年一熟，略需灌溉。覆土浅薄处宜于营造针阔叶林，发展畜牧业和果木生产。

三、温暖气候区

该区包括平定和郊区大部及盂县一部，海拔600～1000米，面积约19.3万公顷，占全市土地总面积的42.33%。年平均气温8.3℃～11.6℃，7月平均气温22.0℃～24.7℃，年极端最低气温-22.4℃～-22.0℃，无霜期120～150天，生长期239～264天，≥0℃的活动积温3440℃～4300℃，≥10℃的活动积温2950℃～3700℃。该区包括两个气候亚区。

温暖湿润气候亚区。包括张庄、冶西和秀水等乡镇的部分地区，海拔为950～1000米，面积约0.8万公顷，占全市土地总面积的1.75%。年降水量大于600毫米。由于降水和热量资源均较丰富，所以发展农林牧的条件较优越。土层厚处可种植一熟喜温作物，基本不需要灌溉。土层薄处可发展果、林、牧业。

温暖半湿润气候亚区。包括冠山、张庄、锁簧、冶西、石门口、东回、柏井、巨城、岔口、旧街、平潭、义井、荫营、河底、西南舁、李家庄、杨家庄、路家村、孙家庄、秀水、牛村、上社、下社、梁家寨等乡镇的全部或一部以及阳泉市城矿两区，面积约18.5万公顷，占全市土地总面积的40.58%。其中海拔800米以上的地区属于一熟喜温或二年三熟不稳定型作物区，年降水量一般为500～600毫米，适宜于发展农业，但略需灌溉；还特别适宜于发展苹果、梨、核桃、板栗、山楂等果木的生产；此外还宜发展林业和牧业。海拔800米以下的地区属于二年三熟或一年两熟作物区，年降水量一般为400～450毫米，降水偏少，适宜于种植玉米、谷子、冬小麦等作物和发展果木生产，东部及东南部石灰岩山地区是红枣、核桃的重要产区，但水资源相对缺乏，给农业和林牧业带来很大困难。

四、暖温气候区

位于桃河谷地、滹沱河谷地东段，海拔在600米以下，包括巨城、娘子关、下社、梁家寨等乡镇部分地区，面积2.1893万公顷，占全市土地总面积的4.80%。年平均气温11.6℃～13.2℃，7月平均气温24.7℃～26.3℃，年极端最低气温-20.0℃～-18.9℃，无霜期150～184天，生长期204～279天，≥0℃的活动积温4300℃～4800℃，≥10℃的活动积温3700℃～4300℃，年降水量400～500毫米。该区在全市热量资源最丰富，降水量最少，蒸发最强，干燥度大于1.5，属于半干旱亚区。该区地表水和地下水资源丰富，可弥补大气降水的不足，为灌溉型农业区。小麦和玉米可以连作，属一年二熟作物区，并宜于栽培柿子、葡萄等果木。

第三节　水资源

一、水资源数量

水资源计算分区分为行政分区（包括市区〔城区、矿区、郊区〕、平定县、盂县）和流域分区（包括滹沱河、乌河、龙华河、温河、桃河、南川河、新关河、岭南河、松溪河、潇河、绵河、直接出省河流12个流域分区）两类。行政分区和流域分区嵌套的面积作为计算单元。

（一）降水量

1956—2000年，全市年均降雨量526.6毫米，年均降水量241077万立方米。2010年，全市降水量208739万立方米，年降雨量456.0毫米，比1956—2000年系列平均值偏枯13.4%。

2010年阳泉市行政分区年降水量统计表

表-2-12

行政分区	计算面积（平方千米）	年降水量		频率（%）	与多年平均值比较（%）	丰枯等级
		雨深（毫米）	水体（亿立方米）			
市　区	668	405.7	2.71	78	-22.7	偏枯
盂　县	2516	507.2	12.80	52	-4.3	平
平　定	1394	387.6	5.40	79	-25.7	偏枯
阳泉市	4578	456.0	20.87	66	-13.4	偏枯

说明：多年平均值为1956—2000年系列平均值

2010年阳泉市流域分区年降水量统计表

表-2-13

流域分区	计算面积（平方千米）	年降水量		频率（%）	与多年平均值比（%）	丰枯等级
		雨深（毫米）	水体（亿立方米）			
乌河	697	546.8	3.81	38	8.5	平
龙华河	475	541.6	2.57	54	-2.6	平
潇河	22	435.9	0.10	70	-13.3	偏枯
温河	1175	431.6	5.07	77	-19.2	偏枯
桃河	546	400.9	2.19	50	-23.0	平
南川河	539	437.8	2.36	70	-17.3	偏枯
新关河	70	390.0	0.27	75	-24.4	偏枯
岭南河	249	380.1	0.95	77	-25.6	偏枯
松溪河	57	381.0	0.22	76	-25.2	偏枯
直接出省河流	748	447.9	3.35	69	-15.2	偏枯
阳泉市	4578	456.0	20.9	66	-13.4	偏枯

说明：1. 多年平均值为1956—2000年系列平均值；

2. 直接出省河流含滹沱河、绵河

（二）地表水资源量

1956年至2000年，阳泉市地表水资源量加泉为51300万立方米/年，扣泉为20600万立方米/年。2010年，全市地表水资源量加泉为36301万立方米，扣泉为14224万立方米/年，比1956年至2000年系列多年平均值分别偏枯29.2%、31.0%。全年入境水量25445万立方米。其中滹沱河、乌河干流自忻州、太原、晋中等市入境水量24130万立方米，温河、桃河、南川河自晋中市入境水量1315万立方米。全市出境水量54610万立方米，分别流入太原、晋中及河北省的平山县、井陉县等地。其中滹沱河区出境水量34603万立方米，绵河区出境水量19786万立方米。

2010 年阳泉市行政分区地表水资源量统计表

表 -2-14

行政分区	计算面积（平方千米）	当年径流深（毫米）	当年资源量（万立方米）	多年平均资源量（万立方米）	与多年平均值比较（%）	备注
市 区	668	22.1	1474	2664	-44.7	—
平 定	1394	4.0	22630	33845	-33.1	加泉
			553	3145	-82.4	扣泉
盂 县	2516	48.5	12197	14803	-17.6	—
阳泉市	4578	79.3	36301	51300	-29.2	加泉
			14224	20600	-31.0	扣泉

说明：多年平均值为 1956—2000 年系列平均值

2010 年阳泉市流域分区地表水资源量统计表

表 -2-15

行政分区	计算面积（平方千米）	当年径流深（毫米）	当年径流量（万立方米）	多年平均径流量（万立方米）	与多年平均值比较（%）
乌 河	697	26.1	1819	2079	-12.5
龙华河	475	66.6	3165	3617	-12.5
潇 河	22	13.5	30	63	-52.4
温 河	1175	11.9	1404	2519	-44.3
桃 河	546	26.4	1442	2602	-44.6
南川河	539	3.9	211	1327	-84.1
新关河	70	3.4	24	300	-92.0
岭南河	249	3.3	83	1065	-92.2
松溪河	57	14.9	85	243	-65.0
直接出省河流	748	79.7	5961	6798	-12.3
阳泉市	4578	79.3	36301	51300	-29.2

说明：1. 多年平均值为 1956—2000 年系列平均值；

2. 直接出省河流含滹沱河、绵河

（三）地下水资源量

1956年至2000年，全市地下水资源量36086万立方米/年。2010年，全市地下水资源量28274万立方米。其中河川基流量23737万立方米，占地下水资源量的83.95%；地下水开采净消耗量4536万立方米，占地下水资源量的16.05%。2010年全市地下水资源量比1956年至2000年系列多年平均值偏枯21.65%。

2010年阳泉市行政分区地下水资源量统计表

表-2-16

行政分区	计算面积（平方千米）	河川基流量		开采净消耗量		地下水资源量（万立方米）
		数量（万立方米）	占比（%）	数量（万立方米）	占比（%）	
市区	668	5002	72.45	1902	27.55	6904
盂县	2516	12893	86.97	1931	13.03	14824
平定	1394	5843	89.26	703	10.74	6546
阳泉市	4578	23737	83.95	4536	16.05	28274

2010年阳泉市流域分区地下水资源量统计表

表-2-17

流域分区	计算面积（平方千米）	河川基流量		开采净消耗量		地下水资源量（万立方米）
		数量（万立方米）	占比（%）	数量（万立方米）	占比（%）	
乌河	697	2985	90.62	309	9.38	3294
龙华河	475	2695	92.74	211	7.26	2906
潇河	22	17	65.38	10	34.62	26
温河	1175	7379	84.09	1395	15.91	8775
桃河	546	3795	68.42	1751	31.58	5547
南川河	539	2505	91.99	217	8.01	2723
新关河	70	39	61.90	24	38.10	63
岭南河	249	110	56.12	86	43.88	196
松溪河	57	105	84.00	20	16.00	125
直接出省河流	748	4107	88.92	513	11.08	4619
阳泉市	4578	23737	83.95	4536	16.05	28274

说明：直接出省河流含滹沱河、绵河

（四）娘子关泉径流量

1956年至2000年，娘子关泉径流量30700万立方米/年，平均流量9.7立方/秒。2010年，娘子关泉径流量22077万立方米，平均流量7.0立方米/秒。2010年娘子关泉径流量比1956年至2000年系列多年平均值偏枯28.09%。娘子关泉1956年至2010年资料显示，20世纪60年代中期以后，由于降水量周期性减少及岩溶区地下水开采量不断增加，造成补给区岩溶水水位不断下降，致使泉群中的石桥泉、程家泉已干涸，水帘洞泉时干时续，排泄区泉水总流量同步减小。

1956—2010年娘子关泉泉水年径流量动态图

图-2-6

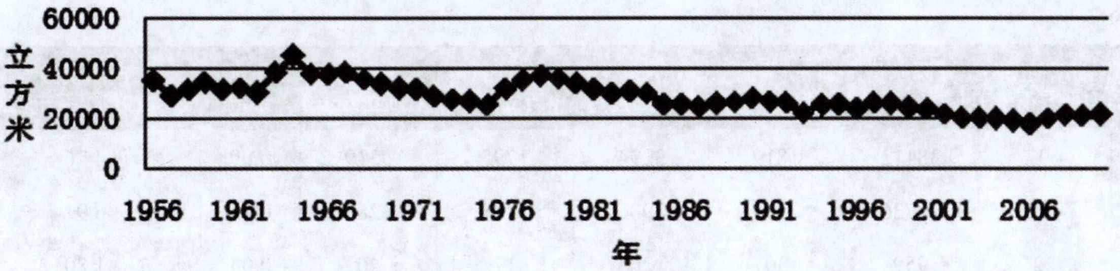

（五）水资源总量

1956年至2000年，全市水资源总量50624万立方米/年，其中地表水资源量20600万立方米/年，地下水资源量36086万立方米/年，地表水与地下水重复计算量6062万立方米/年。2010年，全市水资源总量30903万立方米，其中地表水资源量36301万立方米，地下水资源量28274万立方米，地表水与地下水重复计算量33672万立方米。2010年全市水资源总量与1956年至2000年系列多年平均值相比，偏枯39.0%。

2010年，全市产水系数0.15，产水模数6.75万立方米/平方千米。行政分区中，产水模数市区最大，为10.43万立方米/平方千米；平定最小，为4.77万立方米/平方千米。流域分区中，产水模数桃河最大，为10.28万立方米/平方千米；岭南河最小，为0.84万立方米/平方千米。

2010 年阳泉市行政分区水资源总量统计表

表 -2-18

行政分区	计算面积（平方千米）	年降水量（万立方米）	地表水资源量（万立方米）	地下水资源量（万立方米）	重复计算量（万立方米）	水资源总量（万立方米）	产水系数	产水模数（万立方米/平方千米）
市 区	668	27100	1474	6904	1412	6967	0.26	10.43
盂 县	2516	127608	12197	14824	9740	17281	0.14	6.87
平 定	1394	54032	553	6546	444	6655	0.12	4.77
阳泉市	4578	208739	36301	28274	33672	30903	0.15	6.75

2010 年阳泉市流域分区水资源总量统计表

表 -2-19

流域分区	计算面积（平方千米）	年降水量（万立方米）	地表水资源量（万立方米）	地下水资源量（万立方米）	重复计算量（万立方米）	水资源总量（万立方米）	产水系数	产水模数（万立方米/平方千米）
乌 河	697	38112	1819	3294	1795	3319	0.09	4.76
龙华河	475	25726	3165	2906	2788	3283	0.13	6.91
潇 河	22	959	30	26	17	40	0.04	1.80
温 河	1175	50715	1404	8775	1359	8819	0.17	7.51
桃 河	546	21888	1442	5547	1376	5613	0.26	10.28
南川河	539	23597	211	2723	195	2738	0.12	5.08
新关河	70	2730	24	63	9	78	0.03	1.12
岭南河	249	9464	83	196	70	209	0.02	0.84
松溪河	57	2172	85	125	55	155	0.07	2.71
直接出省河流	748	33501	5961	4619	3931	6649	0.20	8.89
阳泉市	4578	208739	36301	28274	33672	30903	0.15	6.75

说明：直接出省河流含滹沱河、绵河

二、水资源开发利用

（一）供水量和用水量

阳泉市用水量呈总体增长趋势。1949 年，市区总用水量 272 万立方米。1990 年，市区总用水量 14971 万立方米，比 1949 年增长了 54 倍。1956 年至 2000 年，阳泉市多年平均用水量为 22778 万立方米 / 年。

阳泉市 2010 年供水量为 14852.99 万立方米，其中取地表水 9398.04 万立方米（含河水 3198.94 万立方米，泉水 6199.10 万立方米），取地下水 5454.95 万立方米。分别占阳泉市供水总量的 63.3%、36.7%。

阳泉市 2010 年国民经济各部门取水量 14852.99 万立方米。其中生活用水 3531.6 万立方米（含城镇生活用水 2552.9 万立方米，农村生活用水 978.7 万立方米），生产用水 10743.99 万立方米（含第一产业 2618.09 万立方米，第二产业 7604.4 万立方米，第三产业 521.5 万立方米），生态用水 577.4 万立方米；分别占国民经济各部门取水总量的 23.8%，72.3%，3.9%。

（二）水资源开发利用程度

1956 年至 2000 年，全市地表水资源量 51300 万立方米 / 年。2010 年，阳泉市地表水资源量 36301 万立方米，地表水可利用水量 24760 万立方米，实际地表水供水量 9398 万立方米，全市地表水资源开发利用率 25.9%，地表水资源利用程度 38.0%。阳泉市地表水资源开发利用总体上属于适度开发利用水平，尚有开发潜力。各水资源分区由于受地域差异、人类经济活动影响和开发利用条件等不同，开发程度也有所不同。

阳泉市 1956 年至 2000 年系列多年平均地下水可开采资源量 25830 万立方米 / 年，2010 年地下水实际开采量 5455 万立方米，为多年平均可开采资源量的 21.1%，属于开发尚有潜力区。其中浅层河谷孔隙地下水处于极限开采状态，石炭系层间岩溶裂隙地下水已处于枯竭状态，晚古生代、中生代碎屑岩和前寒武纪变质岩裂隙地下水富水性差，资源量有限，而岩溶地下水也一直处于趋势性衰减状态。

（三）用水指标

2010 年，全市人均本地水资源占有量为 226 立方米，比 1990 年的 513 立方米减少 56%，仅为全国人均水资源占有量 450 立方米的 50%；阳泉市万元地区生产总值（当年价格）用水量为 72 立方米，为全国万元国内生产总值（当年价格）用水量 150 立方米的 48%；城镇人均生活用水量（含公共用水）为每日 85 升，农村居民人均生活用水量为每日 49 升，分别为全国水平（193 升、83 升）的 44% 和 59%。废污水排放量 5019.8 万立方米，污水利用量 546 万立方米。

三、水质评价

（一）地表水水质状况

20 世纪 80 年代，境内河流遭到不同程度的污染。1990 年，全市评价的 356.3 千米河长中，符合饮用水水质标准的河长仅占评价河长的3.1%，符合渔业用水水质标准的河长占41.2%，符合灌溉用水水质标准的河长占96.1%。以地面水环境用水功能的标准衡量，符合环境二级、三级标准的河长分别占18.5%和42.9%，符合环境一级标准的河川水体已没有。各河流中污染最严重的为桃河、温河上游及南川河。桃河五渡桥到白羊墅段已失去利用功能。

2010年，阳泉市在主要河流重点河段设监测断面5个。根据国家环境保护总局2002年4月26日颁布的《地表水环境质量标准基本项目标准限值》，监测结果表明，旧街、阳泉、白羊墅、温池、娘子关河段水质污染严重。

桃河：旧街断面水质为Ⅴ类水，主要超标项目为化学需氧量，年均值33.0，超标0.6倍。阳泉断面水质为劣Ⅴ类水，主要超标项目中，氨氮年均值4.1，超标3.1倍；石油类年均值0.082，超标0.6倍；总磷年均值0.277，超标0.4倍；汞年均值0.00014，超标0.4倍；高锰酸盐指数均值7.6，超标0.3倍。白羊墅断面水质为劣Ⅴ类水，主要超标项目中，氨氮年均值7.8，超标6.8倍；总磷年均值0.643，超标2.2；化学需氧量年均值62.0，超标2.1倍；氟化物年均值1.04，超标0.04倍；溶解氧年均值2.7。

温河：温池断面水质为超Ⅴ类，主要超标项目中，挥发酚年均值0.1479，超标28.6倍；氨氮年均值4.7，超标3.7倍；总磷年均值0.469，超标1.3倍，化学需氧量年均值42.0，超标1.1倍。

绵河：娘子关河道监测断面水质为超Ⅴ类，主要超标项目中，氨氮年均值7.8，超标6.8倍；总汞年均值年均值0.00011，超标0.1倍。

（二）地下水水质状况

20世纪80年代至2010年，作为中奥陶统岩溶水补给源的桃河中下游和温河中游两侧成为严重污染带，使娘子关泉域岩溶水受到不同程度污染。石炭系6个深井中，4个轻度污染，2个中等污染，石炭系层间岩溶水水质基本良好，但浅层水受采煤排水影响，水质较差。城区以上桃河松散岩类孔隙水，除紧靠矿区的桃河北岸有轻度污染外，其余均符合饮用水标准。温河中游松散岩类孔隙水受到中等至极严重程度的污染。龙华河上社一带也受到中等污染。西烟宽谷盆地符合饮用水标准。到2010年10月，按地下水水质监测资料进行综合评价，全市深井中，地下水水质较好、水质较差的深井已经没有，水质极差的深井有9个，分布于桃河中游、温河中游。全市无Ⅰ类水、Ⅱ类水。工业生产及生活污水的排放、化肥农药的施用等造成地下水的污染，直接造成娘子关泉水水质下降，且对下游地下水水质造成影响。

（三）河流含沙量

境内河流含沙量大，侵蚀模数高，造成严重的水土流失。由于降雨、岩性、植被、坡度等条件不同，各河流含沙量和侵蚀模数又彼此各异。根据2010年旧街、阳泉、会里3个水文站的观测资料，3站集水面积1239平方千米，年输沙量0.679万吨，年平均输沙率0.215千克/秒，输沙模数5.48吨/平方千米。其中桃河阳泉水文站年输沙量0.399万吨，年平均输沙率0.127千克/秒，输沙模数8.14吨/平方千米。

2010年阳泉市主要河流代表站输沙量统计表

表-2-20

河流	水文站	集水面积（平方千米）	年输沙量（万吨）	年平均输沙率（千克/秒）	输沙模数（吨/平方千米）
龙华河	会里	475	0.045	0.014	0.95
桃河	旧街	274	0.235	0.075	8.58
桃河	阳泉	490	0.399	0.127	8.14
合计		1239	0.679	0.215	5.48

第四节　动植物资源

一、植物资源

（一）简况

阳泉植物资源古今有很大变化。古代森林茂密，但人烟稀少，是茫茫林海景观。后来虽屡经破坏和砍伐，但直到元代末期，仍保存着大片森林，植被情况尚佳。

从明代初年开始，森林遭到大规模破坏。特别是明代中期以后，对森林的摧残愈演愈烈。清代则是扫荡残林的时期。民国年间，深山古庙残留的林木也砍伐殆尽。虽然民国初年搞过一点植树造林，但成效甚微。到1949年中华人民共和国成立时，森林覆盖率已不到2%。

中华人民共和国成立后，境内森林面积逐步扩大，牧坡草地得到保护和改良，植物资源得到有效的恢复和发展。到2010年底，全市森林面积达到137.58万亩（91720公顷），是1949年的14倍。四旁零星树1675.70万株，林木蓄积量达170.10万立方米，森林覆盖率23.1%，比1949年增加了21个百分点，全市人均林地1.1亩（733.33平方米）。

据1987年野生植物调查，按恩格勒—吉尔分类系统，境内主要植物种类共70科212种，其中真菌植物5科5种，蕨类植物1科2种，裸子植物4科11种，被子植物60科194种。在被子植物中，有双子叶植物 58 科 182 种，单子叶植物 2 科 12 种。按植物习性分，有乔木 28 科 79 种、灌木 21 科 44 种、藤本 2 科 3 种、草本 29 科 80 种、真菌 5 科 5 种。其中常用药用植物 70 种。

（二）野生经济植物资源

阳泉野生经济植物资源丰富，已知的有 300 余种，其中有较大经济价值且便于利用的药用植物、观赏植物和经济树种有 100 余种。主要有：

银杏（Gikgo biloba）。落叶乔木。性喜温、喜光，深根性，较耐旱，在酸性、石灰性土壤中均能生长。市区、平定和盂县有栽培。木材可供建筑、家具等用材；种子可食，又可入药，有止咳、平喘等作用；叶及树皮亦可入药，并可作黄色染料；花为蜜源。又为珍贵的观赏树种。

油松（Pinus tabulaeformis）。常绿乔木。性喜光，喜干冷气候，深根性，侧根发达，抗风，耐干旱瘠薄，不耐水湿及盐碱，在沙土和微酸、中性及钙质黄土中均能生长。全市广泛分布，并有大面积栽植，是阳泉市市树之一。木材可供建筑、造船、制家具及枕木等用材，或作造纸原料；采割松脂；松节、松针、松油入药，有祛湿、散寒功效，花粉有止血燥湿功效；树皮及针叶可提取栲胶；为重要的园林绿化和水土保持树种。

毛白杨（Populus tomentosa）。落叶乔木。根蘖繁殖力强，在黏土、沙土上均能生长，耐盐碱，在土壤肥沃、水分充足的条件下生长很快。全市广泛栽植。木材可供建筑、制枕木及胶合板等用材，或作造纸及纤维工业原料；为重要的“四旁”绿化和观赏树种，亦为固岸、固堤的优良树种。

板栗（Castanea mollissima）。落叶乔木。喜光，深根性，生长于海拔 800 ～ 1500 米的沙质土的山坡，宜在酸性土上生长。市区和平定冠山有栽植。木材可作矿柱、枕木、车辆用材；果可食用；幼枝叶、树皮和总苞可提取栲胶；叶可饲柞蚕。

家榆（Ulmus pumila）。落叶乔木。喜光，深根性，耐干冷，生长快。全市广泛栽植。木材可供建筑及制家具、车辆、农具等用；嫩叶、嫩果可食；树皮纤维可代麻用，根皮可制糊料；叶煎汁可杀虫；为重要造林、绿化树种，又为行道树。

地榆（Sanguisorba officinalis）。多年生草本。生长于山坡、沟谷、河滩、村边向阳处的草地、灌木丛中。全市有天然分布。全株含单宁，可提取栲胶；根含淀粉，可酿酒；种子所榨油可制皂；根入药，有凉血止血、收敛止泻功效；全草可制农药。

国槐（Sophora japonica）。落叶乔木。全市广泛分布，为普遍栽培树种，是山西省省树，同时也是阳泉市市树之一。木材坚硬，供造船舶、车辆、器具和雕刻用；花蕾和果实入药，花蕾称“槐花”或“槐米”，果实称“槐实”或“槐角”；花可作黄色染料；又为绿化树、行道树、蜜源树。

花椒（Zanthoxylum bungeanum）。灌木或小乔木。全市广泛分布，野生或栽培。果实用作调味料，提芳香油；亦入药，性热，味辛，功能温中止痛，杀虫，主治腹脘冷痛、吐泻及蛔虫病等。种子亦入药，能行水消肿，主治水肿，小便不利。嫩叶可食用，叶可制农药。

沙棘（Hoppophae rhamnoides）。落叶灌木或小乔木。全市广泛分布，在黄土丘陵和沙地有大面积的优良群落，生长不择土壤，可作固沙植物。果可供食用、酿酒、制果汁；种子可榨油，亦可入药，并有保健功能；叶和果可作牲畜饲料。

山茱萸（Cornus officinalis）。落叶小乔木。盂县有栽培。果肉入药，称“山萸肉”，性微温，味酸涩，功能温补肝肾，主治腰膝酸痛、眩晕耳鸣、阳痿遗精、小便频数等症。

杠柳（Pieriploca sepium）。落叶缠绕灌木。全市广泛分布。生长于沙地。根皮入药，称“北五加皮”，能祛风湿，壮筋骨，过量有毒；叶和根皮可制农药杀虫。

裂叶荆芥（Schizonepeta tenuifolia）。一年生草本。平定有分布。全草可提取芳香油，带花穗的地上部分入药，性微温，味辛，功能发汗解表，主治外感发热、头痛、麻疹及疮疡初起等；炒后有止血作用，治疗吐血、鼻血、崩漏、便血。

芝麻（Sesamum indicum）。一年生草本。全市有栽培。为主要油料作物之一，种子含油率较高，可榨油供食用或制糕点，中医学上以黑色种子入药，功能补肝肾，润燥结。茎、叶、花均可提取芳香油。

车前（Plantago asiatica）。多年生草本。全市普遍分布。全草可作猪饲料。种子与全草入药，性寒，味甘，功能利水通淋、清热明目、祛痰止咳，主治小便不利、暑热泄泻、目赤肿痛、痰热咳嗽等症。

知母（Anemarrhena asphodeloides）。多年生草本。分布于平定县。根状茎入药，性寒、味苦，功能清热、滋阴、降火，主治热病烦渴、肺热咳嗽、虚劳发热、消渴等。

穿龙薯蓣（Dioscorea nipponica）。别称穿山龙、穿地龙，多年生缠绕藤本。全市广泛分布。根状茎含薯蓣皂苷元，可为合成“可的松”类激素药的原料；又可入药，民间用治腰腿痛和筋骨麻木症。根状茎可制淀粉。

（三）古老珍稀树

古银杏。郊区义井乡大阳泉村有一株银杏树，约为明代遗物。胸围 1.7 米，树高 17 米，主干通直匀称，枝繁叶茂，仍在结果。

古松。平定县冠山有53株宋金古松，为山西全省罕见的古松群。平定县药岭寺山有金元古松3株。盂县孙家庄乡马乡村学校院内有一株宋金古松，胸围4.2米，树高18米，其粗壮高大为全市古松之冠。盂县仙人乡有一株明代古松，胸围3米，树高18米，树冠丰满，呈蘑菇状。盂县孙家庄乡二郎庙村外有一株明代古松，胸围3米，树高10米；有一主枝探出，枝叶下垂，像迎接远方来客，故有迎宾松之称。郊区辛兴乡中庄村有一株明代古松，胸围2.6米，树高18米，各主枝长短不同，状如锦鸡垂羽。

龙凤松。位于盂县藏山祠山门外，由两株松树组成，一称龙松，一称凤松。龙松已烧死多年，树身倒伏在地，胸围3米，树长18米。凤松仍生长良好，胸围3.2米，树高19米。两松俯仰配合，姿态生动，堪称一奇。

古柏。郊区东村乡小河北村有一株宋代古柏，胸围5米，树高22米，粗短的主干顶部五大主枝齐出，枝叶繁茂。平定冠山资福寺院内有一株宋金古柏，胸围4米，树高23米，树干笔直，叶形似龙柏，长势良好。盂县东庄头乡大车沟村外山坡上有一株元柏，胸围3.7米，树高15米，主干顶部有12个大主枝，成巨形树冠，形如折扇。盂县东梁乡小湖村有一对明柏，胸围分别为1.8米和2.3米，树高均为11米，主干高度均为3.5米，两株树冠交织，长势旺盛。

古国槐。平定县南坳乡西锁簧村有一株汉槐，胸围9.3米，树高28米。城区小阳泉有一株隋槐，胸围6.1米，树高17米。盂县苌池乡东苌池村有一株隋槐，胸围6米，树高20米，有两大主枝已断，仅留一大主枝，枝叶茂盛。郊区义井乡大阳泉村有两株唐槐，相距约200米，姿态相似，胸围同为4.5米，树高同为18米，但东边一株树体完好，西边一株树干已空。平定冠山资福寺大门前东侧有一株金槐，胸围4.2米，树高18米。郊区杨家庄乡北杨家庄村有一株金槐，胸围3.3米，树高16米，五大主枝斜出，如掌抓物。

松槐结缘。盂县榆林坪乡殊寺村有一松一槐，两树相距0.68米。槐树胸围3米，树高18米；松树胸围2.3米，树高16米。槐树伸出两枝，将松树搂在怀中，因而人称“槐搂松”“松槐夫妻树”。

槐抱椿。郊区西南舁乡大洼村有一株唐槐，胸围4.8米，树高15米。主干中长出一株椿树，胸围1米，高17米，有如怀中抱子。

槐榆合体。郊区白泉乡东落菇堰村有一株唐槐，胸围5.2米，树高21米。其左侧第一主枝处长出一株榆树，该榆树胸围80厘米，高8米。两树合体，生长旺盛。

明清杨柳。郊区平潭镇半坡村有一株明代白毛杨，胸围4.6米，树高24米，威严挺拔，老枝苍劲。盂县南娄乡南娄村有两株明代白毛杨，胸围4.6米，树高23米，两株枝叶互相排斥，似决雌雄。盂县榆林坪乡北木口村有一株明代小叶杨，胸围4.5米，树高22米，生长旺盛，姿态优美。盂县牛村镇后元吉村有一株明代垂柳，胸围4.5米，树高15米，柳枝下垂，状如拂尘。盂县南社乡南社村有一株旱柳，约为明末清初所栽，胸围3.5米，树高11米，枝叶繁茂，为本境旱柳之冠。

鹅耳枥。盂县榆林坪乡车轮村东山上，有一株鹅耳枥，为元代遗物。胸围3米，树高12米，八棱明显，扭曲向上，冠大叶茂，状似巨伞。

古栎。平定药岭寺有一株宋金古栎，胸围2.3米，树高15米，枝叶繁茂，生长旺盛。盂县苌池乡罗掌村外有一株元代古栎，胸围3.5米，树高11米，长势茂盛，姿态优美。

老云杉。郊区燕龛乡燕龛村有一株老云杉，相传为唐代建甘泉寺时栽种。查此庙碑文，清嘉庆十九年（1814）重修此庙时已有此树。该树胸围2.2米，树高22米，干如旗杆，冠如旗斗，直冲云霄，十分珍贵。

明清皂角。郊区杨家庄乡白家庄村有一株皂角树，约为明末清初时栽种。其胸围2.2米，树高18米，身躯高大，树冠丰满，为本市稀有。

黄栌老树。盂县仙人乡交口村外有一株元代黄栌，胸围2.6米，树高11米，主干上有20条明显的扭棱，独具风姿。

早育核桃。平定县东回镇西回村的苗圃培育过两株核桃树，头年4月播种，翌年就开花结果，为本境所罕见。甲株地径1厘米，树高30厘米。其中头年长高10厘米，第二年长高20厘米（包括果实），才有5片叶子，顶芽就结了果。乙株地径也是1厘米，树高28厘米。其中头年长高14厘米，第二年长高14厘米（包括果实），才有8片叶子，顶芽就结了果。

五角枫。狮脑山禅岩寺石崖上有两株华北五角枫。其中一株分外繁茂，胸围1.5米，树高11米；在主干2.5米处分出五大主枝，组成圆形树冠，冠幅东西11.2米，南北11.5米。这两株五角枫生长旺盛，给小巧玲珑的禅岩寺增色不少。

2010年阳泉市乔木分布一览表

表-2-21

科 名	中文名	拉丁名	分 布
松 科	油 松	Pinus tabulaeformis Carr.	全市
	华北落叶松	Larix principis-rupprechtii Mayr	盂县
	白皮松	Pinus bungeana Zucc.ex Endl.	平定
	青 杄	Picea wilsonii Mast.	市区
	樟子松	Pinus sylvestris L. var. mongolica Litv.	市区

续表-2-21

科 名	中文名	拉丁名	分 布
松 科	云 杉	Picea asperata Mast.	市区
	雪 松	Cedrus deodara（Roab.）G.Don	市区
柏 科	侧 柏	Platycladus orientalis（L.）Franco	全市
	杜 松	Juniperus rigida Sieb. et Zucc	市区
杉 科	水 杉	Metasepuoia qlyptostroboides Hu et Cheng	市区
银杏科	银 杏	Ginkgo biloba L.	市区
豆 科	紫 荆	Cercis chinensis Bunge	市区
	国 槐	Sophora japonica L.	市区
	刺 槐	Robinia pseudoacacia L.	全市
	合 欢	Albizzia julibrissin Durazz.	全市
蔷薇科	苹 果	Malus pumila Mill	全市
	白 梨	Pyrus bretschneideri Rehd.	全市
	桃	Prunus persica（Linn.）Batsch	全市
	杏	Prunus armeniaca L.	全市
	李 子	Prunus salicina Lindl.	全市
	海 棠	Malus Spectabilis（Ait）Borkh.	全市
	山 楂	Crataegus pinnatifida Bunge.	全市
	杜 梨	Pyrus betulifolia Bunge	全市
	山荆子	Malus baccata（Linn.）Borkh.	全市
	樱 桃	Prunus pseudocerasus Lindl.	全市
	西洋梨	Pyrus communis L.	全市
	沙 梨	Pyrus pyrifolia（Burm. f.）Nakai	全市
胡桃科	核 桃	Juglans regia L.	全市
槭树科	五角枫	Acer mono Maxim	市区
榆 科	榆 树	Ulmus pumila L.	全市
	黑 榆	Ulmus davidiana Planch.	市区
	大果榆（黄榆）	Ulmus macrocarpa Hance	市区
漆树科	火炬树	Rhus typhina L.	盂县
	漆 树	Rhus verniciflua Stokes	市区
木樨科	暴马丁香	Syringa reticulata（BL.）Hara var. mandshurica（Maxim.）Hara	市区
	小叶白蜡	Fraxinus bungeana DC.	市区
	水曲柳	Fraxinus mandschurica Rupr.	全市

续表 -2-21

科 名	中文名	拉丁名	分 布
苦木科	臭 椿	Ailanthus altissima（Mill.）Swingle	全市
鼠李科	枣 树	Zizyphus jujuba Mill. var. inermis（Bunge）Rehd.	全市
壳斗科	栓皮栎	Quercus variabilis Bl.	全市
	辽东栎	Quercus liaotugensis Koidz	全市
	麻 栎	Quercus acutissima Carr.	平定
	板 栗	Castanea mollissima Bl.	市区
桑 科	桑 树	Morus alba L.	全市
	构 树	Broussonetia papyrifera（L.）Vent	市区
柿树科	柿 树	Diospyros kaki L.	全市
	君迁子	Diospyros lotus L.	全市
无患子科	栾 树	Koelreuteria paniculata Laxm.	市区
	文冠果	Xanthoceras sorbifolia Bunge	全市
悬铃木科	法国梧桐	Platanus orientalis L.	全市
玄参科	毛泡桐	Paulownia tomentosa Steud.	全市
豆 科	皂 荚	Gleditsia sinensis Lam.	市区
山茱萸科	黑椋子（毛楝）	Cornus walteri wanger	市区
	山茱萸	Cornus officinalis Sieb. et Zucc.	盂县
桦木科	白 桦	Betula platyphylla Suk.	盂县
	鹅耳枥	Carpinus turczaninowii Hance	盂县
楝 科	香 椿	Toona sinensis（A. Juss.）Roem.	全市
梧桐科	梧 桐	Firmiana simplex（L.）W.F. Wight	市区
柽柳科	柽 柳	Tamarix chinensis Lour	市区
紫葳科	楸 树	Catalpa bungei C. A. Mey	市区
禾本科	毛 竹	Phyllostachys pubescens Mazel ex H. de Lehaie	平定
椴树科	少脉椴	Tilia paucicostata Maxim.	市区
杨柳科	小叶杨	Populus simonii Carr.	全市
	毛白杨	Populus tomentosa Carr.	全市
	新疆杨	Populus alba L. var. pyramdalis Bge.	市区
	山 杨	Populus davidiana Dode	全市
	青 杨	Populus cathayana Rehd..	全市
	加 杨	Populus ×canadensis Moench	全市
	旱 柳	Salix matsudana Koidz.	全市
	垂 柳	Salix babylonica Linn.	全市

续表 -2-21

科名	中文名	拉丁名	分布
杨柳科	沙兰杨	Populus ×canadensis Moench cv. ‘Sacrau 79’	全市
	北京杨	Populus beijingensis	全市
	合作杨	Populus ×xiaozuanica W.Y. Hsu et Liang	全市
	大官杨	Populus dakuanesis Hsu	全市
	群众杨	Populus populaxis chon-Lin	全市
	钻天杨	Populus nigra Linn. var. italica（Muenchh）Koehne	全市
	箭杆杨	Populus nigra Linn. var. thevestina（Dode）Bean	全市
	P-15A 杨	Populus xeuramericana cv. ‘P-15A’	全市
	美小 47 杨	Populus nigra var. italicax P. simonii ‘47’	全市

2010 年阳泉市灌木分布一览表

表 -2-22

科名	中文名	拉丁名	分布
蔷薇科	黄刺梅	Rosa xanthina Lindl.	全市
	绒毛绣线菊	Spiraea dasyantha Bunge	市区
	灰栒子	Cotoneaster acutifolius Turcz.	市区
	山杏	Prunus drmeniaca var. ansu Maxim.	全市
	山楂叶悬钩子	Rubus cratagifolius Bunge	市区
	山桃	Prunus davidiana（Carr.）Franch.	市区
	榆叶梅	Prunus triloba Lindl.	市区
	小叶悬钩子	Rubus parvifolius L.	市区
	华北珍珠梅	Sorbaria kirilowii（Regel）Maxim.	市区
胡颓子科	沙棘	Hippophae rhamnoides L.	市区
	沙枣	Elaeagnus angustifolia L.	市区
虎耳草科	绣球	Hydrangea macrophylla（Thunb）Seringe	市区
豆科	胡枝子	Lespedeza bicolor Jurcz.	全市
	小叶锦鸡儿	Caragana microphylla Lam.	市区
	紫穗槐	Amorpha fruticosa L.	市区
鼠李科	酸枣	Zizyphus spinosus Hu	全市
	小叶鼠李	Rhamnus parvifolia Bunge	市区
	圆叶鼠李	Rhamnus globosa Bunge	市区

续表 -2-22

科 名	中文名	拉丁名	分 布
忍冬科	六道木	Abelia biflora Turcz.	全市
	孪氏忍冬	Lonicera ferdinandii Franch.	市区
	桦叶荚蒾	Viburnum betulifolium Batal.	市区
	蒙古荚蒾	Viburnum mongolicum Rehd.	市区
	陕西荚蒾	Viburnum schensianum Maxim.	市区
杜鹃花科	照山白	Rhododendron micranthum Turcz.	市区
马鞭草科	荆 条	Vitex negundo L. var. heterophylla（Fr.）Rehd.	全市
小檗科	毛叶小檗	Berberis brachypoda Maxim.	市区
	大叶小檗	Berberis amurensis Rupr.	全市
漆树科	毛黄栌	Cotinus coggygria Scop. var. pubescens Engl.	全市
	光叶黄栌	Cotinus coggygria（Scop）var. cinerea Engler	全市
菊 科	蚂蚱腿子	Myripnois dioica Bunge	全市
茄 科	枸 杞	Lycium chinense Mill.	全市
萝藦科	杠 柳	Periploca sepium Bunge	市区
芸香科	花 椒	Zanthoxylum bungeanum Maxim.	全市
豆 科	山皂荚	Gleditsia melanacantha Tgng et Wang	全市
木樨科	连 翘	Forsythia suspensa（Thunb.）Vahl.	全市
	紫丁香	Syringa oblata Lindl.	市区
虎耳草科	东陵绣球	Hydrangea bretschneideri Dippel	市区
桦木科	榛 子	Corylus heterophylla Fisch. ex Bess.	全市
蜡梅科	蜡 梅	Chimonanthus praecox Link	市区
锦葵科	木芙蓉	Hibiscus mutabilis L.	市区
	木 槿	Hibiscus syriacus L.	市区
安石榴科	石 榴	Punica granatum L.	全市
桑 科	无花果	Ficus carica L.	全市
毛茛科	牡 丹	Paeonia suffruticosa Andr.	全市

2010年阳泉市藤本植物分布一览表

表-2-23

科 名	中文名	拉丁名	分 布
葡萄科	葡 萄	Vitis vinifera L.	全市
	山葡萄	Vitis amurensis Rupr.	全市
豆 科	紫 腾	Wisteria Sinensis（Sims）Sweet	全市

2010年阳泉市草本植物分布一览表

表-2-24

科 名	中文名	拉丁名	生 境	分 布
中国蕨科	银粉背蕨	Aleuritopteris argentea（Gmel.）Fee.	背阴潮湿	市区
	中华粉背蕨	Aleuritopteris kuhnii（Mide）Ching	背阴潮湿	市区
桑寄生科	槲寄生	Viscum coloratum（Kom.）Nakai	寄生桑树	市区
	北桑寄生	Loranthus europaeus Jacp	寄生桑树	市区
马兜铃科	马兜铃	Aristolochia contorta Bge	荒野	市区
蓼 科	土大黄	Rheum franzen bachii Munt.	荒野	市区
马齿苋科	马齿苋	Portulaca oleracea L.	荒地	全市
豆 科	甘 草	Glycyrrhiza uralensis Fisch.	山坡荒地	市区
藜 科	地 肤	Kochia scoparia（L.）Schrad.	荒野	市区
	猪毛菜	Salsola collina Pall.	荒野	市区
	刺沙蓬	Salsola rathenica	荒野	全市
	灰 菜	Chenopodium albus L.	荒野	全市
石竹科	石 竹	Dianthus chinensis L.	石缝间	市区
	王不留行	Vaccaria segetalis（Neck.）Garcke	麦田路旁	市区
毛茛科	九节菖蒲	Anemone altaica Fisch.	下湿地	市区
	芍 药	Paeonia lactiflora Pall.	栽培	全市
	白头翁	Pulsatilla chinensis Reg.	山野	市区
蒺藜科	蒺 藜	Tribulus terrester L.	荒坡	全市
远志科	远 志	Polygala tenuifolia Willd.	向阳山坡	市区
大戟科	铁苋菜	Acalypha australis L.	荒坡荒地	市区
	乳酱大戟	Euphoria esula L.	荒坡荒地	市区
	地锦草	Euphorbia humifusa Willd.	荒坡荒地	市区
	甘 遂	Euphorbia kansui Liou	荒坡	市区

续表 -2-24

科 名	中文名	拉丁名	生 境	分 布
伞形科	线叶柴胡	Bupleurum angustissimum（Franch）Kitaga	背阴	市区
	北柴胡	Bupleurum chinense DC.	背阴	市区
	防 风	Saposhnikovia divaricata Schischk	荒地	市区
旋花科	田旋花（中国旋花）	Convolvulus arvensis L.	荒地	市区
	中国菟丝子	Cuscuta chinensis Lam	缠绕其他植物	全市
	日本菟丝子	Cuscuta japonica Choisy	缠绕其他植物	全市
唇形科	益母草	Leonurus heterophyllus Sweet	荒坡	市区 平定
	薄 荷	Mentha halocalyx Briq	栽培	市区
	紫 苏	Perilla frutescens（L.）Britt.	荒坡	市区
	丹 参	Salvia miltiorrhiza Bge.	荒坡	市区
	黄 芩	Scutellaria baicalensis Georgi	荒坡	市区
茄 科	曼陀罗	Datura stramonium L.	荒滩	市区
	龙 葵	Solanum nigrum L.	荒滩	市区
玄参科	地 黄	Rehmannia glutinosa Libosch.	荒地	市区
透骨草科	透骨草	Phryma leptostachya L.	荒坡	市区
车前科	平车前	Plantago depressa Willd.	路旁	全市
	大车前	Plantago asiatica L.	荒地	市区
茜草科	茜 草	Rubia cordifolia L.	山坡路旁	市区
	北方拉拉藤	Galium boreale L.	荒山荒坡	全市
莎草科	羊胡子草	Carex callitrichos	荒山荒坡	市区
桔梗科	沙 参	Adenophora elata Nannf.	栽培	全市
	党 参	Codonopsis pilosula（Franch）Nannf.	荒坡	全市
菊 科	牛 蒡	Arctium lappa L.	荒坡	全市
	黄花蒿	Artemisia annua L.	荒坡	全市
	家 艾	Artemisia argyi Levl. St Vant.	荒坡	全市
	狭叶青蒿	Artemisia dracunculus L.	荒坡	全市
	蒿	Artemisia india Willd.	荒地	全市
	白莲蒿	Artemisia gmelinii Web.	荒地	全市
	猪毛蒿	Artemisia scoparia Waldst	荒地	全市
	北苍术	Atractylodes chinssis（DC.）Koidz.	荒地	全市
	宽叶鬼针草	Bidens pilosa L.	荒地	全市

续表 -2-24

科 名	中文名	拉丁名	生 境	分 布
菊 科	窄叶鬼针草	Bidens bipinnata L.	荒地	全市
	大 蓟	Cirsium japonicum DC.	荒地	全市
	刺儿菜	Cephalanoplos setosum（Bge.）Kitam.	荒地	全市
	线叶菊	Filifolium sibiricum Kitam.	荒坡	全市
	旋覆花	Inula britanica L.	荒地	全市
	苦苣菜	Sonchus oleraceus L.	荒地	全市
	桃叶鸦葱	Scorzonera sinensis Lipsch.	荒地	全市
	叉枝鸦葱	Scorzonera divaricata Turcz	荒地	全市
	蒲公英	Taraxacum mongolicum Hand.-Mazz.	荒地	全市
	款 冬	Tussilago farfara L.	荒地	全市
	苍 耳	Xanthium sibiricum Patrin	荒地	全市
桑 科	啤酒花	Humulus lupulus L.	路边	市区
葫芦科	栝 楼	Trichosanthes kirilowii Maxim	路边	平定
胡椒科	胡 椒	Piper nigrum L.	路边	平定
鸢尾科	马 兰	Iris ensata Thunb	路边	平定
禾笨科	薏 苡	Coix lacryma-jobi L.	荒地	平定
	稗	Echinochloa crusgalli（L.）Beauv.	荒地	全市
	白 茅	Imperata cylindrica Beauv. var. major（Nees）C.D. Hubb	荒地	全市
	狼尾草	Pennisetum alopecuroides（L.）Sporng	荒地	全市
	白 草	Pennisetum flaocidum Griseb.	荒地	全市
	芦 苇	Phragmites communis Trin	荒地	全市
	狗尾草	Setaria viridio（L.）Beauv.	荒地	全市
	马 唐	Digitaria sanguinalis	荒地	全市
百合科	山 韭	Allium senescens L.	荒地	市区
	黄 精	Polygonatum sibiricum Red.	荒地	平定
	细叶百合	Lilium pumilum DC.	荒地	全市

2010年阳泉市真菌类植物分布一览表

表-2-25

科 名	中文名	拉丁名	生境与习性	分 布
伞菌科	蘑 菇	Agaricus bisporus	生长在疏林地阴坡或果园地树下，也可人工栽培，子实体群生或单生。菌盖直径7～12厘米，白色，菌肉质，紧密，白色至淡黄色，可食用，味鲜可口。	全市
灰包科	马 勃	Lasiosphaera fenzlii	生长在阴坡、园地树下或草地上，子实体球形或圆形，直径15～20厘米，灰黄色，供药用。	全市
灵芝菌科	灵 芝	Ganoderma lucidum	多在夏秋两季生天林内阔叶树树桩附近，也可以人工栽培。菌盖半圆形或肾形。木栓质，红褐、紫或暗紫色，可供药用。	全市
木耳科	木 耳	Auricularia auricula	生长于栎、榆、杨、柳、桑等阔叶树上，可人工栽培，性喜温暖湿润，子实体耳状或环形，渐成叶状，胶质半透明，可食用。	全市
多孔菌科	茯 苓	Poria cocos	多生于松树根上，也可人工栽培，菌核球形，长圆形，卵圆形到不规则块状，直径10—30厘米。可食用，并可入药。	全市

2010年阳泉市药用植物分布一览表

表-2-26

中文名	拉丁名	利用部位	生 境
银 杏	Ginkgo biloba L.	果仁	栽培
侧 柏	Platycladus orientalis（L.）Franco	叶、种仁	路旁、山坡
桑 树	Morus alba L.	根皮	路旁、山坡
北马兜铃	Aristolochia contorta Bge.	果实、根茎	路旁、山坡
核 桃	Juglans regia L.	果实内隔膜	栽培
地 肤	Kochia scoparia（L.）Schrad.	种子	山坡、田边
鸡冠花	Celosia cristata L.	种子	栽培
王不留行	Vaccaria segetalis（Neck.）Garcke	种子	路旁
槲寄生	Viscum coloratum（Kom.）Nakai	枝叶	寄生于树上
芍 药	Paeonia lactiflora Pall.	根	栽培
牡 丹	Paeonia suffruticosa Andr.	根皮	栽培
白头翁	Pulsatilla chinensis Reg.	根	山坡
九节菖蒲	Anemone altaica Fisch.	根茎	下湿地

续表 -2-26

中文名	拉丁名	利用部位	生 境
独行菜	Lepidium apetalum Willd.	种子	山坡、路旁
大 戟	Euphorbia pekinensis Rupr.	根	山地、路旁
杏	Prunus armeniaca L.	核仁	栽培
柿 树	Diospyros kaki L.	柿蒂	栽培
栝 楼	Trichosanthes kirilowii Maxim.	果实根	栽培
党 参	Codonopsis pilosula（Franch）Nannf.	根	山坡、灌丛
地 黄	Rehamannia glutinosa Libosch.	根	山坡、山脚
防 风	Saposhnikovia divaricata Schischk.	根	山坡
柴 胡	Bupleurum spp.	根	山阳坡杂草中
黄 芩	Scutellaria baicalensis Georgi	根	山坡
薄 荷	Mentha haplocalyx Briq.	地上部分	栽培
益母草	Leonurus heterophyllus Sweet	茎叶花	山坡、荒地
丹 参	Salvia miltiorrhiza Bge.	根	山坡、荒地
柽 柳	Tamarix chinensis Lour.	枝叶	山坡、荒地
枸 杞	Lycium chinensis Miller	果实	山坡、荒地
蒺 藜	Tribulus terrestris L.	果实	山坡、荒地
连 翘	Forsythia suspensa（Thunb.）Vahl	果壳	山坡、公园
牵 牛	Pharbitis purpurea（L.）Voigt Pharbitis nil（L.）Choisy	种子	栽培、野生
荆 芥	Schizonepeta tenuifolia（Benth）Briq.	地上部分	山坡草丛荒地
茜 草	Rubia cordifolia L.	根	山坡、路旁
臭 椿	Ailanthus altissima（Mill.）Swingle	根皮、果实	栽培、路旁
地 榆	Sanguisorba officinalis L.	根	山沟、路旁
米口袋	Gueldenstaedtis verna（Georgi）A. Bor	全株	山地、地边
卵叶远志	Polygala sibirica L.	根皮	路旁、半山坡
平车前	Plantago depressa Willd.	种子	路旁、半山坡
酸 枣	Zizyphus spinosa Hu	种子	路旁、山地
中国菟丝子	Cuscuta chinensis Lam.	种子	路旁、山地
日本菟丝子	Cuscuta japonica Choisy	种子	路旁、山地
山茱萸	Cornus officinalis Sieb. et Zucc.	果肉	栽培
曼陀罗	Datura stramonium L.	花	山地、荒野
大 蓟	Cirsium japonicum DC.	全株	荒野、路旁

续表 -2-26

中文名	拉丁名	利用部位	生　境
刺儿菜	Cephalanoplos segetum（Bge.）Kitam	全株	荒野、路旁
蒲公英	Taraxacum mongolicum Hand.-Mazz.	全株	荒野、路旁
牛 蒡	Arctum lappa L.	种子	荒野、路旁
旋覆花	Inula britanica L.	花	荒野、路旁
白 茅	Imperata cylindrica Beauv.var. major（Nees）C.E. Hubb	根茎	山地、荒地
芦 苇	Phragmites communis Trin	根茎	潮湿
黄 精	Polygonatum sibiricum Red.	根茎	山坡林、灌丛
细叶百合	Lilium pumilum DC.	鳞茎	荒山、草丛中
石 韦	Pyrrosia lingua（Thunb.）Farwell	叶	山野、石缝中
油 松	Pinus tabulaeformis Carr.	树皮、叶	山坡
构 树	Broussonetia papyrifera（L.）Vent.	果实、根皮	栽培
芥 菜	Brassica juncea（L.）Czern.et Coss.	种子	田野、路旁
山 楂	Crataegus Pinnatifida Bunge.	果实	栽培
槐	Sophora japonica L.	花蕾	栽培
山 桃	Prunus davidiana Franch.	种仁	山坡
桃	Prunus persica（L.）Batach	果仁	栽培
石 榴	Punica granatum L.	果皮	栽培
薏 苡	Coix lacryma-jobi L.	种仁	栽培
甘 遂	Euphorbia kansui Liou	根	路旁、地梗、沟边、浅山坡
紫花地丁	Corydalis bungeana Turcz	全草	山野、草丛
茴 香	Foeniculum vulgare Mill.	果实	栽培
龙 葵	Solanum nigrum L.	全草	山地、荒野
鬼针草	Bidens pilosa L.	全草	荒野、山坡
丁 香	Syringa oblata Lindl.	花蕾	栽培
皂 荚	Gleditsia sinensis Lam	花蕾	栽培

二、野生动物资源

阳泉市境内属于晋中—晋东南暖温带森林灌丛动物地理带、太行山森林灌丛动物地理区、盂县—寿阳—平定盆地次生灌丛和栽培植物大仓鼠＋长尾仓鼠＋社鼠草原动物区。

境内动物种类不多，历史上森林资源屡遭破坏，特别是明清两代，森林被砍伐殆尽，导致森林动物的种类迅速减少。据清光绪《平定州志》记载，清朝时境内尚有虎、獐、鹿，中华人民共和国成立后，虎早已绝迹，獐很少见到，鹿仅在药岭寺林场等处有少量人工饲养。据1987年野生动物调查，境内主要动物资源有陆栖脊椎动物4纲、17目、28科、49种。其中两栖纲1目、2科、3种，爬行纲3目、4科、5种，鸟纲8目、14科、27种，哺乳纲5目、8科、14种。另外尚有多种昆虫和少量鱼类。由于阳泉市范围相对狭小，动物常随气候的变化和植被的改变而迁徙，因而动物种类时有增减，变化较为频繁。

2010年阳泉市两栖类动物分布一览表

表-2-27

目	科	中文名	拉丁名	生境与习性	分布
无尾目	蟾蜍科	中华大蟾蜍	Bufo bufo gargarizans	生活在水沟、池塘、小溪、沼泽地带，多栖息于泥穴	全市
	蛙科	黑斑蛙	Rana nigromaculata	生活在水沟、池塘、小溪、沼泽地带，多栖息于泥穴	全市
		中国林蛙	Rana temporaria chensinensis	生活在水沟、池塘、小溪、沼泽地带，多栖息于泥穴	全市

2010年阳泉市爬行类动物分布一览表

表-2-28

目	科	中文名	拉丁名	生境与习性	分布
蜥蜴目	壁虎科	无蹼壁虎	Gekko swinhonis	常在石壁上活动，捕食蜘蛛、蚊、蝇等昆虫	市区
	蜥蜴科	山地麻蜥	Eremias brenchleyi	生活于沙地、麦田等处，捕食蚊、蝇等昆虫	全市
蛇目	游蛇科	虎斑游蛇	Natrix tigrinalateralis	生活于山地、丘陵，以脊椎动物为食，有时食昆虫	全市
		枕纹锦蛇	Elaphe dione	生活于山地、丘陵，以脊椎动物为食，有时食昆虫	
龟鳖目	鳖科	甲鱼	Trionyx sinensis（Amyda sinensis）	生活于河、湖、池沼中，捕食鱼、虾等	平定

2010年阳泉市鸟类动物分布一览表

表 -2-29

目	科	中文名	拉丁名	生境与习性	迁徙特点
隼形目	鹰科	鸢	Milvus Korschun	具广栖性，农田、林区均能见到，以鼠类、昆虫等为主食，有益林业	冬候
		大狂鸟	Buteo hemilasius	多见于开阔疏林地带，以啮齿小动物为主食，也食昆虫，有益农林业	冬候
		金雕	Aquila chrysaetos	多见于开阔疏林地带，以啮齿小动物为主食，也食昆虫，有益农林业	夏候
		白肩雕	Aquila heliaca	栖息疏林地带，以小型鸟兽为食	旅
		鹊鹞	Circus melanoleneos	夏季多生活于高山森林地带，以大山雀等为食	旅
	隼科	红脚隼	Falco vespertinus	多栖息在森林开阔地带，以昆虫为食	夏候
		红隼	Falco tinnunculus	多栖息在森林开阔地带，以田鼠、蝗虫、金龟子为主食	夏候
鸡形目	雉科	欧石鸡	Alectoris graeca	多栖息于灌丛、疏林、石质山林，以浆果、阔叶树嫩芽嫩叶为食	留
		野鸡（雉鸡）	Phasianus colchicus	广栖性，多在灌丛、杂草中，以豆类、玉米等为主食	留
鸽形目	鸠鸽科	岩鸽	Columba rupestris	栖息在石质山地带，以豆类、玉米为食	留
		灰斑鸠	Streptopeliad Decaocto	多栖息在森林和农田交错地段，以玉米、高粱、树木种子为食	留
鹃形目	杜鹃科	鹰头杜鹃	Cuculus sparverioides	栖息在开阔林地，特别喜食松毛虫	夏候
		大杜鹃	Cuculus canorus	栖息在开阔的林地，为典型的森林食虫鸟类，特别喜食松毛虫	夏候
鸮形目	鸱鸮科	长耳鸮	Asio otus	栖息在疏林地带或接近农田的森林中，昼伏夜出，取食田鼠等	旅 冬候
		短耳鸮	Asio flammeus	栖息在疏林地带，昼伏夜出，以田鼠、蝗虫为主食，有益于农林业	留
雀形目	文鸟科	麻雀	Passer montanus	多栖息于居民附近，为人们熟知，以谷、黍为主食，也食昆虫等	留
		山麻雀	Passer rutilans	栖息于开阔的山地灌丛，以高粱、谷、黍等为食，也食少量昆虫，益害参半	留
	伯劳科	灰背伯劳	Lanius tephronotus	多见于山地、乔木林和灌丛中，常栖于树木顶端，以金龟子、蝗虫等为主食，为主要食虫鸟	旅
	黄鹂科	黑枕黄鹂	Oriolus chinensis	栖息在低山丘陵的森林树丛中，为树栖性，以松毛虫等害虫为食，是典型的食虫鸟，有益农林业，应加保护	夏候

续表 -2-29

目	科	中文名	拉丁名	生境与习性	迁徙特点
雀形目	鸦 科	灰喜雀	Cyanopica cyana	广栖性，山区、平地均能见到，以松毛虫、金龟子等昆虫为食，是重要的食虫鸟，对林业有益	留
		喜 雀	Pica pica	广栖性，在林间栖息，以松毛虫、地老虎等昆虫为食，也食玉米、谷子，利大于害	留
		红嘴山鸦	Pyrrhocorax pyrrhocorax	广栖性，以松毛虫等为食，也食谷子、玉米等，利大于害	留
		秃鼻乌鸦	Corvus frugilegus	为鸦类中最常见者，耕作地多见，杂食性鸟类，既食蝗虫，又食玉米等	留
	燕 科	家 燕	Hirundo rustica	多纠集于居民点、田野、森林上空，在飞行中扑食蚜虫、蚊、蝇、小蚁类昆虫，主要食虫鸟	夏候
		金腰燕	Hirundo daurica	多纠集于居民点、田野、森林上空，在飞行中扑食蚜虫、蚊、蝇、小蚁类昆虫，主要食虫鸟	夏候
	鹡鸰科	白鹡鸰	Motacilla alba	栖息于林区，以蝼蛄、蝗为主要食料，对农林有益	夏候旅
佛法僧目	戴胜科	戴 胜	Upupa epops	栖息在河堤岸、农田附近的丛林中，主要以昆虫为食，有益于农林业	夏候
鴷形目	啄木鸟科	斑啄木鸟	Dendrocopos major	林栖鸟类，主要以天牛、透翅蛾为食，是重要的食虫鸟	留

2010 年阳泉市哺乳类动物分布一览表

表 -2-30

目	科	中文名	拉丁名	生境与习性	分 布
食肉目	猫 科	金钱豹	Panthera pardus	在密林和灌木丛中，是夜行动物，会攀树，猎食对象主要是鸟类等	极稀少
	鼬 科	黄 鼬	Mustela sibirica	多栖于林区的河谷、土坡灌丛、废旧房舍等处，以鼠类为食，是珍贵毛皮兽	零星
		狗 獾	Meles meles	多见于山麓、荒野、坟地，善于掘土挖洞，爱清洁，食昆虫、青蛙、小鼠，也危害玉米等	零星
		猪 獾	Arctonyx collaris	多见于山麓、荒野、坟地，善于掘土挖洞，爱清洁，食昆虫、青蛙、小鼠，也危害玉米等	零星
	犬 科	狼	Canis lupus	适应性强，到处可见，喜欢群居，多疑残忍，以兔、鸟为食，也伤害人、畜	很少

续表 -2-30

目	科	中文名	拉丁名	生境与习性	分 布
食肉目	犬 科	赤 狐	Vulpes vulpes	栖息在森林山地，食性很杂，主要以啮齿类、爬行类、两栖类和昆虫为食，也吃野果、草莓、橡子、玉米、瓜等	很少
		沙 狐	Vulpes corsac	栖息在森林山地，食性很杂，主要以啮齿类、爬行类、两栖类和昆虫为食，也吃野果、草莓、橡子、玉米、瓜等	很少
兔形目	兔 科	草 兔	Lepus capensis	栖息很广，到处可见，以草、禾为食，经常啃食树皮	全市
啮齿目	鼠 科	小家鼠	Mus musculs	适应性强，到处可见，善于挖洞，以谷子、玉米、豆等为食，可传染鼠疫病，对人有害	全市
	仓鼠科	棕色田鼠	Microtus Mandarinus	在农田中常见，食害玉米、豆类等农作物	全市
偶蹄目	鹿 科	梅花鹿	Cervus nippon	饲养在森林稀疏的山地，以树叶、草为食	平定
		狍	Capreolus capreolus	零星栖息在森林荒山中，喜食浆果和野草	平定
		麂	Muntiacus spp.	零星栖息在森林荒山中，喜食浆果和野草	平定
翼手目	蝙蝠科	东方蝙蝠	Vespertilio murinus	具有飞翔能力，在空中飞行捕食蚊、蝇、蛾、蝶等昆虫	全市

第五节　矿产资源

一、分布简况

截至2010年，阳泉市境内共发现矿产资源65种，其中探明资源储量的矿产资源25种，煤炭、铝土矿、耐火黏土等矿产的储量较大。

（一）盂县北部太古界变质岩分布区

太古界阜平群、龙华河群变质岩系地层，分布在盂县西潘—肖家汇—车轮一线以北地区，控制着铁、铜、铅、锌、金、钼、铀等金属矿产和放射性矿产以及石英、长石、云母、石棉、硅石、花岗岩、大理岩等非金属矿产的产出和分布。

（二）平定东南上元古界长城系分布区

长城系常州沟组和串岭沟组地层，分布在平定县东南的营庄—砂锅青和娘娘庙一带，产有浅海相沉积的宣龙式贫赤铁矿、硅石、裂隙破碎风化型石英沙等。

（三）下古生界寒武、奥陶系碳酸盐沉积区

下古生界寒武系、奥陶系碳酸盐沉积建造，分布在盂县西潘—藏山—万花洞一线以南至东梁—盂县城—仙人一线，以及阳盂、平黎公路以东的广大地区，产有石灰岩、白云岩、石膏、水晶等非金属矿产，在寒武系上部和下奥陶统白云岩中有铅、锌、铜矿化及其硫化物铁帽等金属矿以及邯邢式铁矿。

（四）石炭系本溪组地层分布区

石炭系本溪组地层呈条带状分布于盂县东南管、盂县城、牛村以南及阳盂、平黎公路两侧，赋存有山西式铁矿、硫铁矿、铝土矿、耐火黏土、铁矾土等矿产资源。

（五）石炭系太原组和二叠系山西组地层分布区

石炭系太原组海陆交互相沉积和二叠系山西组陆相—滨海沼泽相沉积建造，呈带状分布在盂县东南部的牛村、东坪以南及阳盂、平黎公路两侧，赋存有煤和软质黏土，其下部有硫铁矿及耐火黏土等。

（六）二叠系石盒子组和石千峰组地层分布区

二叠系石盒子组和石千峰组内陆湖相碎屑岩沉积建造，广泛分布在盂县西南部和阳盂、平黎公路以西地区，产有锰铁矿、沙岩、紫砂陶土等矿产，其下部赋存有煤、耐火黏土、硫铁矿等。

（七）喜山期玄武岩分布区

平定县东南部的浮山、马鞍山一带，分布有喜马拉雅期喷出的玄武岩、浮石。

二、主要资源

（一）煤炭资源

1. 分布及储量。阳泉市位于沁水煤田东北边缘，境内石炭、二叠纪煤系分布于清城—荫营—平定县城—张庄一线以西地区，含煤面积 1051 平方千米，经勘探和评价的面积占 95% 以上，累计探明储量 104.93 亿吨，截至 2010 年底，全市煤炭保有储量约 82 亿吨，约占全省储量的 3%。

2. 煤层。阳泉市境内煤炭资源主要赋存于石炭系上统太原组、二叠系下统山西组，煤层自上而下统一编为 1 ～ 16 号，可采煤层 6 ～ 7 层。太原组地层厚 110 ～ 160 米，由一套海陆交替相沉积物组成。主要可采煤层位于下部，赋存于隆起与拗陷过渡的斜坡上。聚煤成因类型属滨海平原型，其成煤期在海退和海进之前为最佳。山西组厚 35 ～ 45 米，所含主要可采煤层位于中、下部。

3. 煤质。阳泉煤以高变质年轻无烟煤、贫煤为主，煤种分布具有明显的规律性。其中盂县主要为烟煤，郊区、平定县主要为无烟煤。境内煤变质程度从北向南、由上而下逐渐加深。盂县南上社—清城以北地区以贫煤为主，其北部近煤田边缘的上组煤为瘦焦煤，下组煤有少量瘦煤。南上社—清城以南地区以年轻无烟煤为主。境内主要可采煤层煤质变化情况如下：

（1）挥发份。南上社—清城以北，无论在水平或垂直方向各煤层都大于10%；南上社—清城以南，各煤层都小于10%，大多在6%～9%范围内波动。全矿区沿东西方向变化不大，由北向南、由上而下有降低的变化趋势。说明变质程度北部较南部浅，上部较下部浅。

（2）灰分。山西组各煤层灰分为：南上社—清城以南为12%～17%，南上社—清城以北为5%～12%，南部大于北部。太原组各煤层的灰分自上而下呈波浪状降低。

（3）全硫。北部山西组各煤层全硫含量变率较小，一般在0.5%左右；太原组各煤层全硫含量由上而下呈增加趋势，一般为0.6%～2%。南部山西组全硫含量较高，为0.5%～2%；太原组全硫含量变率较小，一般为1%～2%。在硫的组分中，北部有机硫较多；南部则以无机硫为主，且其中又以硫化铁为主。总之，硫份受控于沉积环境：陆相沉积的上组煤硫份低，海陆交互相沉积的下组煤硫份高。

（4）发热量。由于含碳量高达90%～93%，故发热量多数为8300～8500大卡/千克，其中南部比北部又略高。灰熔点高，大于1500℃。

4. 风化煤和煤成气资源

近地表煤层受大气、水等不同酸碱度介质的作用形成风化煤。当风化煤具有一定厚度（0.6～0.8米），腐殖酸产率达到一定指标（一般为15%以上）时，可作为制作腐殖酸类物质的原料资源。阳泉市境内风化煤资源总储量为2.2亿吨，其中盂县1.3亿吨，阳泉市矿区和郊区0.5亿吨，平定0.4亿吨。总的来说，阳泉市风化煤资源质量较高，有较大的开采利用价值。另外，阳泉境内各可采煤层、不可采邻近煤层及围岩均含较多煤成气，总储量达360亿立方米以上，可供工业开采。

（二）铝土矿资源

铝土矿是阳泉市的主要矿产之一。主要沿阳石公路盂县城以南段和平黎公路呈带状展布，南起平定县白岸、梨林头一带，经郊区荫营，北至盂县土塔一带，断续延伸50千米，分布面积200平方千米。境内共有大、中型矿床各9处。截至2010年，铝土资源保有储量约8700万吨，约占全省保有储量（11亿吨）的7.9%。大部分矿石含Al_2O_3大于60%，最高达80%以上，铝硅比大于4的占50%以上，Fe_2O_3含量适中，而且多为一水硬铝石型铝土矿。矿石质量优良，尤以白色豆鲕状和致密块状矿石质量最佳。主要矿区矿层埋藏浅，易于露天开采。

境内铝土矿赋存于中石炭统本溪组的下部、中奥陶统石灰岩侵蚀面之上，主要构造为波浪状的开阔褶曲，地层走向大致为北北东向。含矿岩系内含矿层分为G1、G2、G3三层，以G2层为主要铝土矿层。矿层基本呈似层状、透镜状产出，局部为窝状及囊状。矿体长一般为数百米至千米，最长可达3500米。矿层厚度变化较大，分布不够稳定，一般2～3米，最厚可达8米以上，而部分地区则完全尖灭。

（三）耐火黏土

境内耐火黏土矿包括高铝黏土、硬质黏土、半软质黏土和软质黏土。截至2010年，耐火黏土资源储量5700万吨，约占全省储量的8%。主要分布于阳石公路盂县城以南段和平黎公路东侧，主要矿区有太湖石、红土坡、青崖底、黄家垴、千亩坪等，赋存面积200平方千米。

该矿赋存于中石炭统本溪组底部的G层铝土中，矿体产状基本和区域地层产状一致，矿体形态呈似层状和透镜状产出，受奥陶系凸凹不平的侵蚀面控制。一般高铝黏土矿和硬质黏土矿较规则，纵横延长1000～3000米；半软质黏土矿变化较大，纵横延长100～300米。矿石质量，一般含Al_2O_3为50%～90%；境内的耐火黏土以高铝黏土矿为主，而在高铝黏土矿中又以Ⅱ级、Ⅲ级品为主。埋深在0～70米以内的高铝黏土质量较好；大于70米的一般相变为低品级高铝黏土、硬质黏土或半软质黏土；其底部的赤铁矿和褐铁矿也相变为硫铁矿。软质黏土主要赋存于太原组丈八煤和四尺煤中或其顶板附近，共有三四层，厚0.1～2米，矿体呈透镜状产出，长几十米到几百米。

（四）硫铁矿

硫铁矿是阳泉市的主要矿种之一。主要分布于清城、河底、荫营、南庄、锁簧等地，赋存面积270平方千米。截至2010年，硫铁矿资源储量3700万吨，约占全省储量的42%。

矿体产于奥陶系中统石灰岩侵蚀面上，层位稳定，呈似层状、透镜状、团块状、结核状产出。在地形低凹处较厚，凸起处较薄以至尖灭。厚度及品位变化较大，一般厚0.5～1米，最厚达6.14米。含硫一般为15%～35%，最高达40.82%。

（五）石灰岩

境内石灰岩分布于东部，赋存面积为2400平方千米，预测储量为640亿吨。经勘探的有五里沟、下五渡、下盘石、北辖石、铝氧厂5个矿区。

境内石灰岩赋存于寒武系上统和奥陶系中统碳酸盐沉积地层中，矿体呈层状产出，厚度从东向西逐渐变薄，一般在40米左右，品位亦较稳定。

第七章 自然灾害

第一节　地震灾害

境内的地震灾害来源有二：一类是震中在境内的地震，另一类是震中在境外的较大地震波及境内。

史籍记载的震中在境内的地震，震级均未超过5.5级，震中烈度未超过7度。

明天启七年（1627）平定5.5级地震，烈度为7度，或每日一两次，或三五日一次，经两三月方止，坏民房甚多。

清康熙十六年（1677）平定5.5级地震，烈度为6～7度，城垣倾坏。

1956年的两次平定企明地震，震级5级，烈度达7度，两次大震之间发生的有感小震约20次，企明、窑姹等18村受灾，死3人，伤7人，塌房345间，裂损1652间，山坡出现裂缝，并有小规模山崩。

2004年7月14日盂县南娄2.8级地震，宏观震中为盂县南娄镇涧沟村，地震烈度为6度。地震时震中区人员听到巨响似打雷声，感觉地面上下颠簸，南北晃动，家中家具、门窗、房梁作响，多数人惊慌失措，少数人仓皇逃出。地震造成震中区采空区塌陷，盂寿公路大贤村东北处下陷，塌陷面积约60平方米，最深达5至6米。年久的砖木结构、土砖木结构房屋有轻微损坏，主要为墙体产生裂缝，裂缝宽2毫米至15毫米，3间房屋属中等破坏，30间房屋受到轻微破坏。5度区涉及盂县南娄镇涧沟、大贤、漆树、大沟、南娄、拦掌、秀寨7个村庄，灾害点零星分布。

震中在境外的较大地震波及境内，对境内的影响有时大于震中在境内的地震。这类地震又

1984 年至 1986 年，连旱三年。1984 年出现严重“卡脖子旱”，农业减产 50%；1985 年春夏连旱，人畜吃水发生困难，水库、水池、旱井未蓄上水，全市河水断流，地下水水位下降 6～8 米；1986 年夏秋连旱，降水量比常年偏少 1/3 以上，全市受旱农田 62 万亩（4.13 万公顷），绝收 9.5 万亩（6333 公顷）。此次连旱使娘子关水帘洞泉瀑布断流 18 个月。人民政府下拨抗旱专款，调集大批抗旱物资支援灾区。各地为解决人畜吃水困难，出动大批汽车和拖拉机外出运水。

1991 年夏秋连旱，夏季高温少雨，伏旱特别严重，农作物逐步出现青干、枯萎，全市受旱面积 108.83 万亩（7.26 万公顷），粮食减产 52.1%，蔬菜减产 2 成。严重的旱情使河水断流，水库及水窖、水洞干涸，地下水位下降 4～5 米，人畜吃水极端困难。全市 57 个乡镇、491 个村、25 万人、4.7 万头大牲畜吃水困难。

1992 年，夏旱严重，全市受旱面积 105.76 万亩（7.05 万公顷），占总播种面积的 95%。小泉小水干涸，河水断流，地下水位普遍下降，旱井、水洞无水可蓄，全市有 37 个乡镇、380 个村、20.1 万人、2.3 万头大牲畜发生吃水困难，部分乡镇企业因缺水停产半停产。国务院副总理田纪云 3 月 17 日到阳泉市视察旱情。

1993 年，春旱严重，全市普遍推迟播种 10 天左右。由于 1992 年夏旱、1993 年春旱，使全市蓄水仅 103 万立方米，仅为正常蓄水的 22%，大部分旱井、水洞无水，小泉、小河断流，地下水位普遍下降 10 米左右。全市 114 万亩（7.6 万公顷）农田受旱面积达 95%，38 个乡镇、286 个村庄、26 万人、1.8 头大牲畜缺水。东山石灰岩地区，如平定县古贝、盂县仙人等乡，旱井、水洞无水，普遍拉水吃用。

1994 年，春旱，全市 90% 的耕地出现不同程度的干旱，春播受到影响。春旱使境内多条河流断流，全市 35 个乡、26 个村、3 万多头大牲畜缺水。

1995 年，春旱。全市 49 个乡镇，949 个村受旱，受旱面积 85 万亩（5.67 万公顷），其中严重受旱面积 63 万亩（4.2 万公顷）。除盂县部分地区受旱稍轻外，郊区和平定大部分地区春播推迟到 5 月 27 日以后才得以进行，比正常春播推迟近 1 月。粮食、油料均减产 3～4 成。

1997 年，夏秋连旱。至 9 月底，全市 96 万亩（6.4 万公顷）粮田受旱 90 万亩（6 万公顷），秋粮减产 1.4 亿千克，占年计划的 53.8%。38 个乡镇、212 个村、19.85 万人、3.5 万头大牲畜饮水困难。2.18 万人靠拉水生活。阳泉市推行防渗渠道输水，采取管灌、滴灌、喷灌等各种微灌措施，扩大灌溉面积，推广“小白龙”流动喷灌和“FA- 旱地龙”抗旱剂，利用小泉、小水和工业、煤矿、城市生活废水开展流动机泵抗旱扩浇。省政府补助 9 万元，市政府出资 9 万元，各县政府拿12万元，添置流动喷灌设备300台（套）。

1998年，夏秋边旱。盂县仙人、东木口，郊区三郊、白泉、杨家庄，平定巨城、槐树铺、东回、马山、潺泉、石门口、古贝等东部乡镇干旱严重。6月至9月降水量只有常年的1/4，玉米高仅1尺（33厘米），出现大面积绝收。秋季降水特少，农作物大面积枯死，秋收比常年提前1个月。全市52个乡镇、882个村、76万亩（5.07万公顷）农作物受旱，占总播种面积的80%以上，秋粮减产7266.8万千克，造成经济损失8720万元。持续干旱严重影响冬小麦播种。东部部分乡镇长期人畜吃水困难。

1999年，阳泉市遭受特大干旱，全市绝大部分农作物干枯死亡，林木大面积枯死，畜禽减少，农村人畜吃水非常困难，直接经济损失3.5亿元。市委、市政府及时下拨抗旱资金，全面启动水利设施设备，发动县、乡、村开展生产自救，动员全市各行各业支援农村，挽回粮食损失47934.6吨，挽回经济作物损失8400多万元。

2000年，春旱，全市57个乡镇连续第四年普遍受旱，96万亩（6.4万公顷）粮田全部受旱。成灾面积为77.30万亩（5.15万公顷），其中绝收面积29.4万亩（1.96万公顷）。玉米、谷子损失较大，蔬菜总产仅为常年一半，畜牧业减收3500万元。

2001年，春旱，降水偏少5～7成。全市粮田受旱94.2万亩（6.28万公顷），旱灾造成粮食、经济作物减产，林业和畜牧业减产，饲养量下降，工矿企业、乡镇企业因缺水限产、停产，人畜吃水困难。

第四节 洪 涝

境内因地形复杂，谷岭交错，暴雨洪涝灾害十分严重，一般发生在年内七八月，主要因桃河等河流山洪暴发成灾。

明隆庆二年（1568），平定县“久雨城圮”。

清康熙三十五年（1696），平定六月二十六日雨，八月十二日止，禾稼俱朽。

清嘉庆二十五年（1820）五月二十七日，盂县大雨，香河水冲毁教场河堤，人被漂没甚多。

清道光二年（1822）六月十三日，盂县城关大雨，淹没房屋田地无数。

清道光三十年（1850），平定秋雨40余天，是岁大饥。

清同治九年（1870），平定秋淫雨。

清同治十年（1871），平定四月二十七日雨至八月十三日止。

清光绪四年（1878），平定九月霖雨，谷穗尽黑，味亦变。

民国 29 年（1940），平定县农历五月初二至六月初七，连阴雨 33 天，玉米、谷子几乎断种。

民国 36 年（1947），阳泉 10 月初，秋雨连绵，一、六区及三、四区部分村庄降霜，谷黍返青使全年仅有的一成年景减为六厘。

1951 年 7 月 21 日，桃河上游突降暴雨。暴雨延续仅半小时，桃河洪峰流量竟达 1175 立方米 / 秒。市区及附近 27 村受灾，受灾农田达 22498 亩（1500 公顷）。

1953 年秋平定县淫雨，秋禾普遍发生死叶死码现象。

1954 年 8 月 29 日至 9 月 3 日，发生暴雨洪涝，市区甘河、油娄沟、车脑弯、老虎沟有 10 人死亡，2 人受伤；平定城关及 9 个区、112 个村有 3 人死亡。倒塌房屋 2525 间，死亡大牲畜 69 头；盂县西烟、城关、牛村、仙人等大半个县农作物受灾，受灾面积 26680 亩（1779 公顷），农作物成灾面积 11339 亩（756 公顷）。

1955 年 6 月 14 日至 15 日盂县北部御枣口、活川口、石塘等 7 个乡，死亡 3 人，死亡大牲畜 1108 头；郊区死亡 2 人，死亡大牲畜 0.0096，摧毁堤坝 106 条；平定县神子山、南茹、马家庄、上冶头、苇池、苏峪、北阳胜等 12 个村刮倒树木 11203 株，摧毁堤坝 106 条。

1956 年 7 月 30 日至 8 月 5 日，平定县普降暴雨，新关、吊沟等 26 个村受灾，损失惨重，石太铁路中断运营。

1959 年 8 月 24 日，桃河暴发 50 年一遇的特大洪水，最大洪峰流量达 2200 立方米 / 秒，将赛鱼运煤桥冲毁 100 多米，桃河大桥被冲毁两孔，致使桃河南北交通中断 4 天。阳泉发电厂及河边街河坝共冲毁 120 多米，街道及厂矿企业遭受严重破坏，死亡 6 人，直接经济损失达 100 多万元。同期，郊区受灾农田达 58.8 万亩（3.92 万公顷），倒塌房屋 430 间，冲走猪羊 1296 只。

1963 年 8 月 2 日起，全市普降 7 天至 9 天暴雨，大小河流水满为患，桃河出现特大洪水。暴雨中心在太行山的西麓及市区东部，灾情由西北向东南逐渐加重。平定县东回镇 8 月 3 日至 6 日降水量达 725 毫米；市中心 8 月 2 日至 9 日降水量为 332 毫米，其中 8 月 4 日一天即达 64.7 毫米；盂县城关 8 月 2 日至 8 日降水量为 233 毫米；东木口乡 7 天降水量为 482.7 毫米，其中 8 月 5 日一天降水量即达 129.7 毫米。市境暴洪成灾，损失严重。全市共计死亡 72 人，损坏和倒塌房屋、窑洞及仓库共 142361 间（眼），73 个厂矿企业停产，受灾村庄 1083 个，受灾人口达 15.4 万人。

1964 年 9 月 1 日至 9 日，平定降雨 102.6 毫米，9 月 16 日至 19 日平定阴雨，是年，高粱无收成，玉米大部分僵死。

1966年8月23日，桃河上游普降暴雨，平均降水量为189.3毫米，阳泉水文站266.7毫米；桃河发生20年一遇的特大洪水，最大洪峰流量达1980立方米/秒。桃河南岸防洪大坝溃决9处共840米，面粉厂、木材厂、发电厂等单位以及16条街道被淹，死亡57人，造成的直接经济损失达1亿元。同日，平定县潺泉乡潺泉村日降水量高达580毫米，为境内日降水量最高纪录。

1969年9月23日至29日，平定县连阴雨，降雨98.5毫米，小麦不能适时播种。

1973年7月14日，秀水河及香河洪水暴发，洪水流量达1500立方米/秒，淹没5个厂矿，冲毁5000余亩（330余公顷）农田，直接经济损失达120万元。

1977年6月13日至21日，6月23日至27日阴雨，平定县全县小麦成熟后发芽。同年夏，李家庄河山洪暴发，金属结构厂厂房被冲塌，死亡4人，经济损失30多万元。

1978年8月26日至9月8日，平定县连阴雨半月，降雨量164.6毫米。玉茭立僵死，谷子返青，高粱颗粒无收。

1982年7月29日，荫营河山洪暴发，供销社、粮店、百货商店被淹，冲走煤炭、矾石2.43万吨，损失达353万元。

1985年9月7日至16日连阴雨，降雨量42～140毫米，秋涝。垂熟的庄稼烂在地里，谷子返青，大秋作物的产量、质量均受到很大影响。

1988年6月至8月，阳泉市境内共发生12次较大的灾害性降雨过程，直接经济损失达3400万元。

1990年7月11日凌晨，郊区旧街乡2小时降雨120毫米，桃河陡涨，最大洪峰流量达1500立方米/秒，冲毁辛兴河坝800米和公路20千米，农田水利设施损毁严重，石太铁路中断运行5.5小时，经济损失约1000万元。

1991年7月11日，阳泉市郊区桃河上游降暴雨2小时，降雨量120毫米，桃河洪峰达1300个流量，是继1966年以后最大的一次，冲毁河坝1000多米，冲毁耕地1810亩（121公顷），淹没粮田750亩（50公顷），冲毁公路20千米，水利设施10处，造成石太铁路停运5个半小时。被冲毁的土地、公路、水利工程设施及淹没的厂矿和倒塌的民房共造成经济损失达2100万元。

1992年8月5日，平定县阳胜乡降暴雨，冲毁河坝540米。8月29日，平定县城关镇降暴雨，降雨量81.7毫米，平定城关孙家沟、南坳乡南坳村等3个村47户人家遭洪灾，损坏民房302间。

1993年7月3日，暴雨伴有冰雹。盂县西烟、南社、庄里、西潘、上社、梁家寨、北峪口等乡镇受灾，成灾面积6.05万亩（0.4万公顷），冲毁河坝2.1万米、地春1.5万米、耕地

1630亩（109公顷）、干渠500米、小水库7座，死亡家畜96头（只）。北部地区有10万株木本粮油树和果木树遭到风雹袭击，直接经济损失1100多万元。7月29日，暴雨伴有冰雹，全市23个乡镇、197个村受灾，成灾面积14.2万亩（0.95万公顷），冲毁耕地620亩（41.33公顷）、地春21660米、渠道900余米、房屋11间、乡村公路32千米，淤没塘坝7座、机井10眼，冲走民用煤45吨、猪30头、大牲畜1头，造成直接经济损失815万元。

1994年6月29日，7月2日至7日，盂县北部地区多次降大到暴雨，7月7日苌池乡日降水量达102毫米，苌池、上社、梁家寨、王村、东梁、东庄头、南社、下社、北峪口、庄里等18个乡镇205个村遭受洪、雹、风灾。风力最大7级以上，雹粒最大2厘米以上，受灾面积18.2万亩（1.21万公顷），2.1万户，8.5万人成灾直接经济损失3000多万元。7月14日，盂县苌池、上社两个乡镇遭受百年不遇的洪雹风灾害，杨树、核桃树被连根拔起，上千公顷庄稼打得秆叶全无，400多户农家被洪水围困两天三夜。7月15日，平定南部的南阳胜、张庄镇等地出现特大洪、雹灾害，30701亩（2047公顷）农田受灾，2个煤矿坑口进水，2座村级小型水库决堤，一座村级桥梁被冲垮300多米高压输电线被打断，使供电中断30余小时，民房受损，河坝倒塌多处，直接经济损失2391.2万元。

1995年6月30日，平定县岩会、柏井乡一带降暴雨，降雨量54毫米，受灾面积7000亩（467公顷），冲毁石坝4130米，冲毁公路6千米，田间道路30条。柏井乡政府大院进水深达1米，集贸市场32户零售小店全部被淹。直接经济损失共计400多万元。7月12日，阳泉市平定、盂县6个乡镇32个村遭受洪、雹、风灾害，受灾面积33767亩（2251公顷），成灾面积19800亩（1320公顷），直接经济损失469.5万元。8月5日至6日，阳泉市降雨量达89.2～149.6毫米，桃河最大流量400立方米/秒，市区部分低洼易涝区被淹，有的住宅区土体滑坡。盂县8万亩（0.53万公顷）农田、近万米河坝被冲毁，10万吨原煤被冲走，直接经济损失达8千万元。8月31日至9月8日出现连阴雨，降雨量197.4毫米，多雨低温少日照，大秋作物无法正常成熟，普遍减产2～3成。

1996年4月30日下午3点20分至50分，平定黄统岭、岔口两乡出现短时局地暴雨，冰雹天气，降水量在25.0～29.3毫米，雨中夹降冰雹4～5分钟，最大冰雹直径10厘米，西岭头村一座矾石窑倒塌，窑底避雨的村民8人丧生，受灾农田4000亩（267公顷），果树1000亩（37公顷）。8月3日至5日，阳泉普降大暴雨到特大暴雨，降雨量普遍在150毫米以上，市区降水量177.4毫米，8月4日降水量135.0毫米，最大降雨量平定南阳胜乡达325.7毫米，盂县北部梁家寨乡最大降水量220毫米，为30年一遇的暴雨天气。全市57个乡镇1039个村普遍受灾，受灾人口57.5万人，农作物受灾面积789345亩（52623公顷），其中粮食作物面积占99.6%，经济作物面积占0.4%，农作物成灾面积363000亩（24200公顷），绝收面积610505亩（4070公顷）。因洪涝灾害粮食减产92534.6吨，损失粮食236吨。全市损坏房屋9478间，面积133874平方米，倒塌房屋7386间，96545平方米。120个村庄，出现山体滑坡。因灾死亡5人，伤146人，死亡牲畜1353头（只）。工业、交通、通信设施遭到破坏，247个工矿企业全部停产，其中198个乡镇企业不能生产，造成64个工矿企业半停产，其中有32个乡镇企业。石太铁路中断一个小时，87条县、乡公路中断，冲坏公路桥涵150座、路基237千米。23条供电线路中断供电40小时，520根线杆受损，损坏线路74千米。冲断43.9千米通信线路，冲倒通信线杆884根。水利设施毁坏严重。全市4座小型水库被损坏，受超标准洪水冲刷，毁坏防洪堤防168千米，决口450处，63.9千米，损坏水闸32座，冲毁塘坝521座，渠道决口150千米，62座水利工程桥涵损坏，还损坏机电井29眼，水利管理设施158处，机电泵站40座，4座小水电站进水，中断发电。这次洪涝灾害造成直接经济损失3亿多元。

1999年8月13日至15日，阳泉市降暴雨，降雨量主要集中在15日，降雨中心在盂县榆林坪乡一带，降雨量385毫米。由于连续20余小时持续降雨，且强度大，致使部分乡镇受灾严重，洪灾造成死亡6人，重伤2人，直接经济损失5000余万元。平定县8月14日至15日及17日至18日两次遭受暴雨袭击，大雨持续30多个小时，降雨量达200多毫米，岔口、黄统岭、潺泉、东回、冶西等乡镇受灾较为严重，共造成经济损失770多万元。

2000年7月22日，平定县张庄镇遭受暴雨袭击，1小时内降水量达106毫米，致使田地冲毁，农户住宅进水，工厂被淹，207国道交通中断，共冲毁粮田5900亩（393公顷），冲垮河坝2540米，涵洞塌陷1120米，冲毁道路2500米，因灾死亡1人，直接经经济损失1580万元。

2006年8月13日至14日，阳泉市郊区平坦镇降水量达100.6毫米。8月15日早7时40分，地处该镇小南沟的辰光热电厂储灰场下的涵洞坍塌，致使粉煤灰泥浆大面积向下游流动，涌入道路两旁的村民院落，最深处达1.8米。该村的水利、电力、通信等设施遭到破坏，阳煤集团华越公司金属支柱厂车间进水，机器被泥浆浸泡，汽车被埋，淤泥最深达3米。直接经济损失2500万元。

2007年7月22日，市区及附近乡镇出现强对流天气，阳泉降水70.8毫米，7时至8时1小时降水51.1毫米，并伴有冰雹和大风。强降水造成石太铁路中断。发生险情共26起。城区居民户进水2处，冲毁护坡在建工地1处，厂区进水1处；矿区发生险情21起，社区居民房屋进水15处，围墙倒塌3处，厂房倒塌1处，地基下沉1处；开发区后底沟发生洪水围困车辆1起。9月26日至10月7日出现连阴雨，降水量101.3～145.6毫米，正值秋收关键时期，长时间阴雨寡照，使大秋作物的品质下降。

第五节 雹 灾

雹灾是境内发生较多、危害较大的气象灾害。历年平均有20～25个雹日，其中成灾雹日为2.5～3.9个；降雹期为4月中旬至10月上旬，其中6月至8月降雹日数占全年总雹日的80%左右。境内降雹区主要有两个，一为西北部的两岭山脉和管头山山脉，一为西部的北方山山脉中段和南段。冰雹的运行路线主要有三条：一是从管头山山脉经盂县的王村、苌池、城关、路家村、清城，以及郊区的河底、西南舁、三郊、杨家庄，到平定的岩会、柏井、东回；二是从两岭山脉经盂县的东梁、西烟、苌池、土塔、牛村，以及郊区的西南舁、到平定县的岔口、黄统岭；三是从寿阳县境向东进入郊区，经旧街、辛兴、平潭、义井、白泉，到平定县的城关、维社等地。

清康熙四十年（1701），“平定雹如碗大，积尺余，禾俱无”。

清光绪三年（1877）三月，章召、韩庄一带“大雨雹，深二尺”；七月，盂县庆丰乡三都所辖的石店等13个村庄雹深尺余，田禾毁损殆尽。

民国37年（1948）5月6日晚，平定（路南）县10个区中有4个区遭狂风暴雨和冰雹袭击，其中八区的24个村庄大部小麦被打平。

1950年5月16日至22日，402个村庄遭受雹灾；9月，盂县北部30万亩（2万公顷）农田遭雹灾。

1956年6月25日阳泉市郊区降冰雹伴强阵雨，桃河发大洪。赛鱼木桥被冲毁3孔，自来水干管冲毁40米，西河滩土坝被冲毁，河边街洪水漫溢，市区老房倒塌无数，煤窑停产数日，全市死亡10人。

1974年7月，郊区45村降雹半小时，受灾农田近3万亩（2000公顷）。

1986年6月22日下午，郊区旧街、辛兴、燕龛三乡的30个村庄遭雹灾，受灾农田1.7万亩（1133公顷）；7月18日晚9时，盂县牛村镇34村遭雹灾，受灾农田3.4万亩（2267公顷），农业损失343万元。

1990年6月27日下午，全市有16个乡镇103村先后遭到狂风和冰雹袭击，受灾农田有13万亩（8667公顷）。

1991年5月6日，盂县清城、牛村、仙人、东庄头、上社、榆林坪、西潘等乡镇先后受风、雹、洪灾，幼苗淤没十分严重。6月24日，阳泉市郊区旧街乡9个村降雹20分钟，东村乡6个村降雹5分钟，受灾面积共计9556亩（637公顷）。8月15日，平定县黄统岭、柏井、娘子关3个乡镇12个村遭受风、雹袭击，受灾面积6770亩（451公顷）。8月16日下午，平定县娘子关、岔口、黄统岭3个乡镇32个村遭风、雹灾害（娘子关镇10个村，岔口乡5个村，黄统岭乡17个村），受灾面积共13716亩（914.4公顷），其中有1050亩（70公顷）粮田绝收，8380亩（559公顷）受重灾。

1992年6月5日，郊区旧街乡6个村遭受雹灾，930亩（62公顷）农田灾情严重。6月23日下午，平定县冶西、南坳、柏井、石门口、东回、潺泉、岔口、巨城、岩会9个乡镇遭受风、雹灾害，受灾面积77220亩（5148公顷）。郊区义井乡牛家峪、西峪、王家峪、神峪4个村降雹20分钟，受灾农田1500亩（100公顷），经济损失30多万元。

1993年7月28日，郊区西南舁乡发生雹灾，农作物10981亩（732公顷）受灾，其中2736亩（182.4公顷）绝收。9月9日，郊区旧街乡测石村受雹灾，20余亩（20亩约为1.3公顷）葡萄园受损严重。

1994年7月23日晚9时，平定县黄统岭乡遭受冰雹、大风灾害，全乡23个行政村普遍受灾，其中重灾18个村，农作物受灾面积14000亩（933公顷），玉米、谷子大部分被风刮倒在地，叶子被冰雹打碎，全乡1000亩（67公顷）苹果、600亩（40公顷）核桃受损，减产1/3以上。高压线受大风和雷击造成停电，经济损失严重。

1995年6月7日15时40分平定县城关、冶西、张庄、南阳胜4个乡镇遭受冰雹、暴雨袭击，个别地方雹厚2～3厘米，直径2～7厘米，使5080亩（339公顷）果园和1800亩（120公顷）菜地受灾。6月16日下午，平定县东回镇遭冰雹、暴雨袭击，受灾面积11000亩（733公顷），其中瓦岭、岔河、新庄受灾4000亩（267公顷），东回、西回、瓦岭、新庄、岔河等村淤没庄稼7000亩（467公顷），瓦岭、新庄村雹打果园300亩（20公顷），洪水冲毁道路2500米，塌地堵3000米。8月13日盂县南社、西烟等乡镇遭受特大风、雹灾害，造成8038亩（536公顷）粮田受灾，粮食减产50万千克，直接经济损失90万元。

1996年5月26日，平定县中、西部遭受冰雹、暴雨灾害，冶西镇灾情严重，受灾面积11000亩（733公顷），直接经济损失270万元。6月26日下午，平定县东回镇的东回、西回、新庄等村遭受狂风暴雨和冰雹袭击，恶劣天气持续20分钟左右，冰雹直径1厘米，降雨23毫米，受灾面积5200亩（347公顷），经济损失约127万元。8月13日，平定县冶西镇有14个行政村遭受严重雹灾，直接经济损失2000万元以上。9月14日下午，平定县柏井、东回、阳胜、张庄、锁簧、南坳、冶西、城关、石门口、维社10个乡镇遭受雹灾，降雹15～20分钟，共有58000亩（3867公顷）农作物受灾，造成直接经济损失100余万元。

1997年7月9日下午，平定县南阳胜乡遭受雹灾，冰雹持续20分钟，受灾面积500余亩（500亩约33公顷）。7月21日，平定县冶西镇、南阳胜乡遭受严重雹灾，冰雹直径30～40毫米，受灾面积17500亩（1167公顷），重灾村17个，重灾面积11900亩（793公顷），直接经济损失在600万元以上。

1998年5月19日下午，平定县遭受冰雹、暴雨灾害，降雹10～30分钟，最大冰雹直径7厘米，平均2厘米，降雨中心在朝阳堡村，雨量达40毫米，地面积雹厚4～5厘米。锁簧镇、张庄镇、南阳胜乡、南坳镇17个村灾情最重，东锁簧村两名女青年被洪水卷走死亡。1998年6月4日下午1时30分左右，平定县岔口、黄统岭乡7个村遭大雨和冰雹袭击，持续时间20～30分钟，雨量20毫米，受灾面积5728亩（382公顷），8月28日下午，平定县岔口乡遭受冰雹、暴雨袭击，冰雹持续5～10分钟，降雨25毫米，16个村不同程度遭受雹灾，农作物受灾面积15835亩（1056公顷），直接经济损失共70万元。

2000年8月2日下午1时30分至2时，盂县北部地区梁家寨、北峪口乡遭受暴雨、冰雹袭击，持续半小时，降水量约58毫米，共造成经济损失642.1万元。

2004年6月22日16时左右，平定县岔口乡东峪、老峪、黄统岭、北头岭、神峪、杨树庄、郝家庄、神水泉等共22个村，遭受冰雹袭击，其中甘泉井、东峪、范家岩、北头岭、白甘泉、土沟、主铺庄、主铺掌等村受灾更为严重。降雹时间长达20～30分钟，个别地方达50分钟，冰雹有鸡蛋大，农作物受灾面积10565亩（704公顷），共计经济损失350万元。

2005年8月1日至2日郊区荫营镇16个村，平定县巨城、岔口、东回3个乡镇的33个村受雹灾，受灾面积达4.6万亩（0.31万公顷），直接经济损失达1580万元。

2006年7月12日、24日阳泉市遭风雹灾害，7月12日17∶15到18∶10，阳泉市郊区、盂县、平定的6个乡镇80多个村遭受冰雹、大风、短时暴雨等强对流天气袭击。共计造成6896公顷农作物、果园受损，造成农业经济损失3332万元，造成企业损失69万元。7月24日下午，全市范围出现冰雹天气，平定南部受灾严重，4个乡镇40多个村遭受冰雹、大风、大雨袭击，共计造成39135亩（2609公顷）农作物、果园受损，造成农业经济损失1383万元。

第六节 风灾

境内的风灾有三类：

第一类为强冷锋过境所致，多出现在春季。清乾隆六年（1741）四月，大风损禾。道光八年（1828）二月，盂县大风拔树，屋瓦多坏。1950年3月下旬，境内连刮几场大风，麦田普遍受灾。1966年4月至5月，境内连刮几次6级以上大风，严重春旱，无法下种。1971年5月，平定县连刮11天8级以上大风，旱情严重。1978年，郊区春旱严重，连刮6～9级大风12次，土壤含水量降至10%以下。

第二类为干热风，平均每年出现0.9次，以5月下旬至6月上旬的干热风对冬小麦的危害最大。民谚“早谷晚麦，十年九坏”和“小满不满，麦有一险”即言此。干热风最长曾持续4天，有两次：一次是1974年6月11日至14日，盂县连刮4天干热风；一次是1982年6月8日至11日，郊区和平定县连刮4天干热风。

第三类为强对流天气所致。清乾隆二十三年（1758）八月，平定大风伤禾。1951年7月，平定县连刮三次大风，并伴有冰雹，59村共8万亩（0.53万公顷）粮田受灾。1974年7月14日，平定县东回等6个公社的46个大队大风成灾，刮倒树木3390株，电杆120根，有138间房屋被揭去房檐。1976年夏，盂县城武、姜村、后峪沟等地大风把屋瓦旋飞，把饮羊的大铁锅旋走。1986年8月31日，平定县岩会、潺泉等乡遭大风、冰雹袭击，最大风力8级，2.3万亩（1500公顷）农田受灾。1989年8月24日20时，市区遭暴风袭击，最大风力达12级，风速达30米/秒，并伴有强降水和冰雹，800余株大树被连根拔起，造成断电，石太铁路中断运行2.5小时，总计经济损失达650多万元。

1992年7月21日，郊区白泉乡大风持续30多分钟，5000余亩（330余公顷）庄稼损失严重。

1993年7月10日，郊区燕龛乡遭受暴风雨袭击，受灾农田740亩（49.33公顷）。7月18日，郊区西南舁乡受大风、暴雨、冰雹袭击，受灾农作物1098亩（73.2公顷）。7月31日，平定县降大暴雨，伴有大风、冰雹。县外贸公司刮倒仓库顶，砸死1人；县政府大院刮倒8棵30厘米粗的大树，砸坏2辆小汽车；公路两边刮倒树40多棵，影响了交通。大雨冲毁路基40多处300多米；供电局三岔口大风刮倒2处三脚架，中断供电2天。8月20日，郊区白泉乡16502亩（1100公顷）大秋作物遭受风灾。9月24日，郊区辛兴乡大风持续一昼夜，2000余亩（2000亩约133公顷）谷子减产6.5万千克。

1994年8月4日，平定岔口乡遭受风、雹、暴雨袭击，灾害天气持续半小时，全乡24个村受灾，

12棵大树被风刮断，农田受灾面积1.4万亩（933.33公顷），重灾8960亩（597.33公顷），有300亩（2公顷）果园幼果落地，经济损失125万元。

大风常对工业设施设备造成破坏。1998年4月19日16时45分，大风造成并线掉闸，使阳泉电网娘一马线停电14小时。7月23日18时09分，超过设计标准的大风使阳泉电网弓宁线跳线架摆动，对塔身放电，造成候海线掉闸，停电24小时10分。

第七节　霜冻 雪灾

境内霜冻出现频率在50%以上，北部多于南部，高寒山区多于平原和丘陵，地形低洼闭塞处霜冻强度较大。中华人民共和国成立以前有关霜冻的记载很少。

秦始皇四年（前243），四月，晋大雪。

金大定元年（1161），春正月，风雪，大雨雪民大饥。

元至治三年（1323）七月，冀宁路属县（平定、盂县）陨霜、杀秋。

清康熙五年（1666），平定四月初八，雪深没膝。

清康熙三十四年（1695），七月盂县陨霜、杀禾（《清史稿》13册）。

清乾隆四十三年（1778），盂县七月陨霜、秋禾尽死。

清道光十一年（1831）盂县十二月十二日雪深数尺路塞。

1954年4月18日平定县大风后气温骤降，麦苗、蔬菜和已播作物普遍受冻。城关、南坳、洗马堰、岭上等村麦苗叶子冻干，蔬菜严重受冻。

1962年5月16日。出现严重春霜冻，盂县地面最低温度为-5.0℃，郊区为-1.1℃，全市除滹沱河沿岸及娘子关河谷未受灾外，其余地区春播作物和蔬菜都受到不同程度的冻害。

1974年9月15日、17日、18日，盂县中南部接连出现-0.3℃～3.0℃的重霜冻，18个乡镇308个村受灾，受灾农田17万亩（1.13万公顷），大秋作物严重减产。

1977年5月14日，盂县除滹沱河沿岸外，大部乡镇遭受霜冻，地面温度-4℃；西部尤为严重，地冻深一寸。

1978年9月14日，平定县冶西镇大部见霜，晚秋作物普遍受灾。

1980年春，平定县低温持续时间较长，造成小麦大量死亡。9月23日，郊区发生早霜冻，北部高寒地带大秋作物受害。

1986年4月27日至29日，连续出现低温天气（3天之中地面温度分别为-0.8℃、-0.5℃、

0.0℃），平定县城关一带蔬菜秧苗遭受严重冻害。

1987年10月31日，阳泉市降特大雪，日降水量21.8毫米，雪深15厘米，未收获的大白菜全部冻坏，公路交通受阻。

1990年4月23日至26日，阳泉市郊区出现低温霜冻，地面最低温度达-1.0℃以下，出圃蔬菜秧苗全部冻坏，毁了一茬苗，致使阳泉蔬菜晚上市20多天。9月18日，盂县出现霜冻，比历年同期早19天，造成早霜冻害，使谷子减产3成左右。

1993年9月24日，阳泉市郊区发生早霜冻，辛兴乡3500亩（233公顷）玉米受早霜冻危害，减产17.9万千克。11月16日至20日，出现连续低温，最低气温-11.3℃，未收获的大白菜遭受严重冻害。

2000年1月11日，阳泉市降暴雪，阳泉降水量16.5毫米，积雪深度19厘米。公路交通困难。10月13日，阳泉市大部分地区出现初霜冻。由于春旱，全市春播工作到6月底才结束。平定县有20万亩（1.33万公顷）玉米由于生长期短，在遭霜冻后，受害严重，受灾面积15万亩（1万公顷），经济损失达2700万元。

2006年4月11日至12日出现寒潮天气，降温幅度达16℃以上，使处于花期萌动的果树受损，经济林产量受到影响，全市核桃产量为多年来最低，梨产量减少。

第八节 病虫害

境内农作物病害、森林病害和畜禽病害，1949年以前无记载。1949年以后发现的农作物病害主要有：谷子白发病、玉米黑粉病、小麦黑穗病、马铃薯晚疫病、红薯黑斑病。森林病害主要有：柞树腐烂病、杨树溃疡病、松落叶病、泡桐丛枝病、枣疯病、苗木立枯病、干腐病、根腐病、苹果腐烂病、白粉病、小叶病、黄叶病、早期落叶病等。畜禽病害主要有：炭疽、破伤风、马鼻祖、马腺疫、牛结核、鸡新城疫、鸡霍乱、猪肺疫、猪口蹄疫、猪木泡病、猪传染性胃肠炎、羊出血性败血病等。

境内虫害频繁。自唐开元二十二年（734）至1990年的1256年中，见诸文字记载的虫害就有46次，平均每27.3年一次。境内危害农作物的害虫主要为蝗虫、黏虫，其次为高粱蚜虫、玉米螟、粟灰螟、28星瓢虫等；危害森林的害虫有松毛虫、核桃举肢蛾、柳毒蛾、青杨天牛等260种。

历史记载中的蝗虫主要有：宋淳化三年（992）七月，蝗，蛾抱花自死。元至正十九年（1359）

四月，平定州蝗食禾稼，草木俱尽，饥民捕蝗为食，人相食。明正德八年（1513）七月，盂县飞蝗翳日。清顺治五年（1648）秋，盂县发生蝗灾。道光四年（1824）七月，蝗，禾稼尽伤；翌年，盂县蝗食禾，饥。民国4年（1915），有大股蝗虫自平山边界铺天盖地而来，岔口一带青苗被踏食一空。民国38年，蝗虫自元氏县南佐镇涌来，改道庙村3天被踏食禾苗30亩（2公顷），新城等9村咬坏谷苗500亩（33公顷）。

历史记载中的黏虫（古称蚜蚄）为害主要有：唐开元二十二年（734）八月，蚜蚄害稼，有群雀来食之，一日而尽。清顺治六年（1649）盂县黏虫生，食禾。同治十一年（1872）七月，平定州蚜蚄害稼。中华人民共和国成立后，境内黏虫为害严重。1958年8月和1960年8月，两次黏虫为害，受害农田均达5万亩（0.33万公顷）。1971年至1977年连续七年发生黏虫灾害，损失严重。1979年至1983年连续五年发生黏虫灾害，受害面积13万亩（0.87万公顷）。

境内森林虫害1949年以前无记载。1949年以后森林虫害严重。1957年，平定县发现4种尺蠖：核桃毛虫、核桃举肢蛾、金花虫、天牛虫。1985年秋，矿务局庄头坑木林场松毛虫危害面积8000余亩（530余公顷）。1984年至1986年，盂县梁家寨乡御枣口村核桃举肢蛾为害，核桃连续三年无收成。

境内危害畜禽的虫害有：绦虫、捻转胃虫、矛形吸虫等。

阳泉市志

YANGQUANSHIZHI

[上 册]

第三编

人 口

阳泉市创建于民国36年（1947）5月4日，是一个以采掘业为主的新兴工矿城市。1949年境内只有52.8万人，至2010年达到136.9万人。伴随着城市的不断发展壮大，其人口变化也呈现出一些特点。

机械变动明显。自20世纪50年代起，许多大中型工矿企业开始在境内兴建，由此而吸引了大量域外人员到境内择业定居。除1961年至1964年人口大迁出和个别年份迁出率稍高外，大多是人口迁入数大于迁出数。1949年至2010年，全市人口机械增长总量为211746人。

采掘业比重较大。1990年，全市从事采掘业的人数为125890人，占在业人口总数的21.24%。2010年，全市采掘业为104660人，占17.52%。采掘业所占比重在全市各行业中一直占据继农林牧渔业之后的第二位。

性别比偏高。境内采掘业所占比重较大，男性从业人员较多，全市总人口性别比一直偏高。1949年至2010年，全市总人口性别比总体呈下降趋势，由1949年的125.04（女＝100）降至2010年的107.92，但仍高于全省105.56的比例。

流动人口多。境内流动人口主要是个体经营者。据2000年人口普查资料，全市流动人口有77695人。流动人口多在一定程度上反映了经济的活跃，但也给城市管理带来了许多问题。

文化程度逐年提高。随着教育事业的蓬勃发展，全市人口受教育程度逐年提高，既为经济发展提供了高素质的劳动力资源，也为社会进步打下了坚实的人才基础。

城镇化进程加快。改革开放后，乡村人口不断下降，城镇人口持续增长，城镇化速度明显加快。2010年，阳泉市城镇化率为60.01%，高于全省平均水平12个百分点，居全省第二位。

老龄化趋势显现。全市65岁及以上老年人口，1964年为30658人，占总人口的4.23%；2010年为109919人，占总人口的8.03%。老年人口增速加快，社会保障压力加大，养老问题日益突出。

第一章 人口规模

第一节　人口数量

一、元代以前人口数量

元代以前，境内人口无明确记载。考古发现表明，早在10万年前的旧石器时代中期，境内即有先民活动；到新石器时代（距今约5000～7000年），人口有很大增加。秦朝时期，人口已成规模，且在境内设上艾县。《汉书·百官公卿表》说，“县令长皆秦官……万户以上为令……减万户为长”。《三国志》卷二十一裴松之注说徐干“建安中太祖特加旌命……后除上艾长，又以疾不行”。可知上艾为设长之县，人口在万户以下。西晋时境内人口大量减少，到北魏和东魏时才有所恢复。隋唐时，人口有较大增长。隋开皇十六年（596）置原仇县，系境内所设第二个县。北宋初年，由于对辽战争需要，令晋北居民内迁，致使山西中部人口大增。金代社会相对安定，人口稳步增长。金末元初，战争使境内人口锐减，一直到元代末年也未能恢复元气。

元代以前阳泉境内人口数量表

表-3-1　　　　单位：户、人

年份	上级建置	统辖县数	户数	县均户数	人口数	县均人口数	阳泉境内建置	资料来源
西汉元始二年（2）	太原郡	21	169863	8089	680488	32404	上艾县	《汉书·地理志》
东汉永和五年（140）	常山国	13城	97500	7500	631184	48553	上艾县	《后汉书·郡国志》

续表 -3-1

年 份	上级建置	统辖县数	户 数	县均户数	人口数	县均人口数	阳泉境内建置	资料来源
西晋太康元年（280）	乐平郡	5	4300	860	—	—	上艾县	《晋书·地理志》
东魏武定年间（543—550）	乐平郡	3	18267	6089	68159	22720	石艾县	《魏书·地形志》
隋大业五年（609）	太原郡	15	175003	11667	—	—	盂县 石艾县	《隋书·地理志》
唐开元年间（713—741）	—	—	5276	—	—	—	盂县	《元和郡县志》
	—	—	2673	—	—	—	石艾县	《元和郡县志》
唐天宝元年（742）	太原府	13	128905	9916	778278	59868	盂县 广阳县	《新唐书·地理志》
北宋崇宁元年（1102）	太原府	县 10 监 2	155263	12939	1241768	103481	盂县	《宋史·地理志》
	平定军	2	9306	4653	28607	14304	平定县	《宋史·地理志》
金（1115—1234）	平定州	2	18296	9148	—	—	平定县	《金史·地理志》
	太原府	11	165862	15078	—	—	盂州	《金史·地理志》
元至元七年（1270）	冀宁路	33	75404	2285	155321	4707	平定州 盂州	《元史·地理志》

二、明清两代人口数量

明代人口呈缓慢增长趋势，明洪武二十四年（1391）至明万历二十年（1592）的 201 年中，人口由 40086 人增至 76756 人，年均增长率为 3.24‰。

明末清初，由于战乱和灾荒，人口亡失严重。清康熙二十年（1681）后，社会趋于稳定，实行休养生息政策。康熙时期，诏令全国，“盛世滋生人丁，永不加赋”。雍正时期，取消几千年来一直延续的人丁税，实行“摊丁入亩”制度；清乾隆时期，又进一步整顿保甲。这些措施既刺激了人口的增长，又使大量隐匿的人口进入户籍。康熙二十年至乾隆初年，境内人口缓慢回升。康熙二十二年至乾隆十一年（1746）的 63 年中，人口由 45302 人增至 51113 人，年均增长率为 1.92‰。乾隆十一年后的 5 年中，人口激增 1.7 倍，这可能是由于隐匿人口进入户籍所致。乾隆十六年至清同治十二年（1873）的 127 年中，人口由 138788 人增至 286709 人，年均增长率为 5.73‰。清光绪初年，山西连年灾荒，人口锐减；但晋东一隅灾荒较轻，加之其他县灾民流入，故人口恢复的速度较快。同治十二年至光绪十二年（1886）的 13 年中，境内人口增至 331518 人，年均增长率达 11.23‰。其后，人口增长速度减慢。光绪十二年至民国元年（1912）的 26 年中，人口增至 366697 人，年均增长率仅为 3.89‰。

明清时期阳泉境内人口数量表

表 -3-2　　单位：户、人

年 份		户 数			人口数		
历史纪年	公元纪年	平 定	盂 县	合 计	平 定	盂 县	合 计
明洪武十一年	1378	2200	2089	4289	14255	9809	24064
明洪武二十四年	1391	2809	3048	5857	19380	20706	40086
明永乐十年	1412	2834	2698	5532	22548	10079	32627
明成化八年	1472	3907	3212	7119	31600	13900	45500
明正德七年	1512	1860	1550	3410	12070	27836	39906
明嘉靖六年	1527	659	649	1308	1571	33137	34708
明嘉靖二十二年	1543	1259	3798	5057	10527	38637	49164
明万历二十年	1592	3281	—	—	37954	38802	76756
清顺治元年	1644	1182	—	—	15339	38975	54314
清顺治五年	1648	—	—	—	15394	38745	54139
清康熙元年	1662	—	—	—	15387	28583	43970
清康熙二十二年	1683	—	—	—	15427	29875	45302
清康熙三十五年	1696	—	—	—	15458	31749	47207
清康熙六十一年	1722	1202	—	—	15518	33777	49295
清雍正九年	1731	1670	—	—	15499	34479	49978
清乾隆十一年	1746	2636	—	—	15464	35649	51113
清乾隆十六年	1751	23475	—	—	102749	36039	138788
清乾隆四十九年	1784	26155	—	—	121340	38657	159997
清嘉庆八年	1803	27704	—	—	132045	62236	194281
清道光三十年	1850	28687	—	—	135868	120563	256431
清咸丰十一年	1861	28914	—	—	136787	134214	271001
清同治十二年	1873	29203	—	—	137603	149106	286709
清光绪五年	1879	29049	—	—	135357	155324	290681
清光绪十年	1884	37695	29248	66943	170858	155324	326182
清光绪十二年	1886	38519	29787	68306	174470	157048	331518

三、民国时期人口数量

民国时期人口数量的变化可分为两个阶段。

第一阶段，民国元年（1912）至民国26年。其间，境内属于阎锡山政府统辖区域，战乱较少，大的自然灾害不多，阎锡山政府又实行一些优民政策，因此人口数量呈增长趋势，由民国元年的366697人增至民国26年的494728人，年均增长率达12.05‰；其中民国19年为最高点，达581773人。

民国前期阳泉境内人口数量表

表-3-3　　单位：户、人

年份		户数			人口数		
历史纪年	公元纪年	平定	盂县	合计	平定	盂县	合计
民国元年	1912	—	—	—	213697	153000	366697
民国2年	1913	—	—	—	215739	150295	366034
民国3年	1914	—	—	—	253991	153936	407927
民国4年	1915	24270	19600	43870	256764	154623	411387
民国5年	1916	40792	19600	60392	259044	154673	413717
民国6年	1917	24028	33770	57798	259281	155451	414732
民国7年	1918	60860	34429	95289	286345	160186	446531
民国8年	1919	58416	38328	96744	309492	196065	505557
民国9年	1920	—	—	—	316596	198069	514665
民国10年	1921	63680	38769	102449	325702	199188	524890
民国11年	1922	—	—	—	315686	196581	512267
民国12年	1923	64052	39108	103160	317137	199744	516881
民国13年	1924	—	—	—	319488	201149	520637
民国14年	1925	64763	39218	103981	318134	201224	519358
民国15年	1926	65562	39445	105007	319383	201273	520656
民国16年	1927	—	—	—	319119	201874	520993
民国17年	1928	—	—	—	319659	205232	524891
民国18年	1929	—	—	—	335296	215226	550522
民国19年	1930	—	—	—	353161	228612	581773

续表 -3-3

年 份		户 数			人口数		
民国 20 年	1931	56699	36229	92928	328526	216314	544840
民国 21 年	1932	—	—	—	327884	196945	524829
民国 22 年	1933	55891	34637	90528	315967	196504	512471
民国 23 年	1934	55887	34501	90388	316129	196196	512325
民国 24 年	1935	18700	33410	52110	316301	195983	512284
民国 25 年	1936	—	—	90081	—	—	492261
民国 26 年	1937	—	—	92710	—	—	494728

第二阶段，民国 26 年（1937）至 1949 年中华人民共和国成立前。这一阶段总体上处于战争时期，特别是在抗日战争时期，日本侵略军实行烧光、杀光、抢光的“三光”政策，残酷地制造大面积的“无人区”，外加自然灾害的影响，境内人口损失惨重。但这一阶段缺少完整的人口统计资料。据平定县的不完全统计，民国 26 年至民国 34 年，平定县被日军屠杀 13913 人，病死饿死 10529 人，流亡 12138 人，共损失 36580 人。从民国 26 年至 1949 年，境内人口年均增长率仅为 5.45‰，比民国前期低 6.6 个千分点。

四、中华人民共和国成立后人口数量

中华人民共和国成立后，境内人口总量由 1949 年的 52.81 万人增加到 2010 年的 136.92 万人，61 年增长 84.11 万人，年均增长 1.38 万人，年均增长率为 15.74‰。其间人口增长呈现如下两个特点。

（一）增速逐渐放慢

1949 年至 1960 年，境内人口总量共增加 15.94 万人，年均增长率为 24.27‰；1960 年至 1970 年，人口总量共增加 14.44 万人，年均增长率降为 19.25‰；1970 年至 1980 年，人口总量共增加 16.08 万人，年均增长率再降为 17.83‰；1980 年至 1990 年，人口总量共增加 15.51 万人，年均增长率进一步降为 14.62‰。1990 年至 2000 年，人口总量共增加 12.54 万人，年均增长率降为 10.42‰；2000 年至 2010 年，人口总量共增加 9.61 万人，年均增长率降为 7.3‰。

（二）增速起伏相间

1949 年至 1958 年。由于生产力的发展，新兴工业的崛起，人民生活水平的不断提高，复员转业军人的大量安置，新的家庭大量组合，境内人口出现阳泉建市后的第一个增长高峰，由1949年的52.81万人增加到1958年的65.97万人，9年净增13.16万人，年均增加1.46万人，年均增长率为25.04‰。

1958年至1961年。由于“大跃进”的失误和自然灾害的影响，人口增长的速度骤然下降，3年中净增1.95万人，年均增加0.65万人，年均增长率降为9.75‰。1961年出现负增长（-12.01‰），成为人口发展的低谷。

1961年至1975年。前期由于贯彻“调整、巩固、充实、提高”的方针，国民经济迅速好转，人民生活水平不断提高，人口开始补偿性生育。1961年至1966年的5年中增加7.30万人，年均增加1.46万人，年均增长率为20.61‰；1966年以后，人口发展失控，1975年比1966年净增18.74万人，年均增加2.08万人，年均增长率为25.03‰，成为阳泉建市后的第二个人口增长高峰期。

1975年至1982年。20世纪70年代中期人口发展纳入国家计划轨道，人口增速呈下降趋势。1982年比1975年净增8.02万人，年均增加1.15万人，年均增长率降为11.77‰。

1982年至1990年。随着1961年至1975年第二个人口增长高峰期内出生的人口陆续进入婚育年龄，人口年均增长率略有回升，这8年中净增人口12.80万人，年均增加1.60万人，年均增长率为14.89‰。

1990年至2010年。随着国家计划生育政策的进一步执行，人口年均增长率稳步下降。20年净增人口22.15万人，年均增加1.11万人，年均增长率为8.86‰。

1949—2010年阳泉市人口数量表

表-3-4　　　　单位：户、人

年 份	户 数	人口数	年 份	户 数	人口数
1949	128837	528082	1956	157378	628452
1950	130320	535588	1957	157128	644195
1951	131531	547936	1958	155771	659731
1952	137374	574356	1959	160193	672809
1953	145225	579659	1960	163069	687465
1954	147388	592349	1961	168245	679210
1955	151382	604667	1962	172094	685707

续表 -3-4

年 份	户 数	人口数	年 份	户 数	人口数
1963	176315	703403	1987	300629	1098234
1964	173294	717509	1988	312744	1114534
1965	175140	737627	1989	322758	1130434
1966	177372	752164	1990	330639	1147724
1967	178011	770060	1991	335683	1156224
1968	180836	790792	1992	348454	1168772
1969	183918	809899	1993	361949	1177786
1970	189113	831843	1994	365596	1189214
1971	195495	852639	1995	373880	1199556
1972	196960	874099	1996	381417	1209545
1973	204816	894085	1997	383014	1222801
1974	210654	917231	1998	391713	1229181
1975	216866	939589	1999	391792	1234748
1976	223171	957685	2000	374499	1273126
1977	225914	966261	2001	392703	1278730
1978	230678	971781	2002	407327	1284218
1979	235701	982396	2003	415065	1289547
1980	240955	992658	2004	428795	1295913
1981	247754	1004961	2005	433538	1302329
1982	255146	1019762	2006	448714	1308655
1983	259203	1030777	2007	461217	1313744
1984	267423	1039338	2008	468297	1319577
1985	271158	1048443	2009	481871	1323806
1986	290241	1084221	2010	490867	1369238

说明：1. 户数为公安年报数据；

2. 人口数 1999 年前为公安年报数据、2000 年为普查数、2001 年后为人口抽样调查数据

第二节　人口分布

一、人口密度

境内人口密度，元代前无考。明代约为 5 ～ 17 人 / 平方千米。清代前期约为 9 ～ 12 人 / 平方千米，中后期提至 30 ～ 80 人 / 平方千米。民国时期约为 80 ～ 130 人 / 平方千米。1949 年为 119 人 / 平方千米，1976 年增至 215 人 / 平方千米，27 年提高 0.8 倍，年均增加 3.6 人 / 平方千米；1990 年增至 258 人 / 平方千米，比 1949 年提高 1.17 倍，比 1976 年只提高 0.2 倍，1976 年至 1990 年年均增加 3.1 人 / 平方千米；2010 年全市人口密度为 300 人 / 平方千米，1990 年至 2010 年年均增加 2.1 人 / 平方千米。阳泉建市后，境内人口密度逐年提高，但其提高的速度逐年减缓。

1949—2010 年阳泉市人口密度一览表

表 -3-5　　　　单位：人、平方千米

年 份	全 市	市 区	平定县	盂 县	年 份	全 市	市 区	平定县	盂 县
1949	119	226	155	69	1964	161	424	178	80
1950	120	231	156	70	1965	166	443	182	82
1951	123	246	156	71	1966	169	450	185	83
1952	129	276	159	73	1967	173	467	188	85
1953	130	283	159	73	1968	178	483	192	87
1954	133	302	160	72	1969	182	493	197	89
1955	136	319	160	73	1970	187	510	201	91
1956	141	356	162	71	1971	192	526	205	93
1957	145	371	163	73	1972	196	545	209	95
1958	148	383	163	76	1973	201	563	212	96
1959	151	404	163	76	1974	206	584	216	98
1960	154	427	164	75	1975	211	605	219	100
1961	153	412	165	75	1976	215	626	221	100
1962	154	402	170	78	1977	217	637	222	101
1963	158	416	174	79	1978	218	644	222	100

续表 -3-5

年 份	全 市	市 区	平定县	盂 县	年 份	全 市	市 区	平定县	盂 县
1979	221	660	222	101	1995	269	896	236	118
1980	223	670	223	102	1996	272	909	236	119
1981	226	681	226	104	1997	268	926	236	119
1982	229	695	227	104	1998	270	951	228	116
1983	232	708	228	105	1999	270	960	227	116
1984	233	716	229	106	2000	279	1005	232	117
1985	236	723	230	106	2001	280	1010	233	117
1986	244	780	230	107	2002	281	1016	234	117
1987	247	792	232	108	2003	282	1020	234	118
1988	250	809	233	110	2004	284	1026	235	118
1989	254	822	235	110	2005	285	1031	236	119
1990	258	838	237	112	2006	286	1036	237	120
1991	260	843	237	114	2007	288	1040	239	120
1992	263	859	237	115	2008	289	1045	240	121
1993	265	868	237	116	2009	290	1045	241	122
1994	267	882	237	117	2010	300	1105	241	124

二、县区人口分布

阳泉建市后，境内人口均呈增长趋势。市区人口由 1949 年的 149617 人增加到 2010 年的 722491 人，增长 4.83 倍，年均增长率为 26.15‰。平定县人口由 1949 年的 209827 人增加到 2010 年的 335477 人，增长 1.6 倍，年均增长率为 7.72‰。盂县人口由 1949 年的 168638 人增加到 2010 年的 311270 人，增长 1.85 倍，年均增长率为 10.1‰。增长速度以市区为最快，盂县次之，平定县相对较慢。在市辖区中，城区人口由 1985 年的 120286 人增加到 2010 年的 193177 人，年均增长率为 19.13‰。矿区人口由 1985 年的 128344 人增加到 2010 年的 243122 人，年均增长率为 25.88‰。郊区人口由 1985 年的 230288 人增加到 2010 年的 286192 人，年均增长率为 8.73‰。人口增长速度以矿区为最快，城区次之，郊区又次之。

阳泉建市后，市区人口比重逐年上升，由1949年的28.33%上升到2010年的52.77%；平定县和盂县人口比重则逐年下降，由1949年的39.73%和31.93%分别降至2010年的24.5%和22.73%。在市辖区中，矿区人口的比重上升较快，城区次之；郊区人口的比重则呈下降趋势。

部分年份阳泉市县区人口分布表

表-3-6　　单位：人、%

年份	市辖区								平定县		盂县	
	市辖区合计		城区		矿区		郊区					
	人口数	比重	人口数	比重	人口数	比重	人口数	比重	人口数	比重	人口数	比重
1949	149617	28.33	—	—	—	—	—	—	209827	39.73	168638	31.93
1953	187077	32.27	—	—	—	—	—	—	215209	37.13	177373	30.60
1964	280889	39.15	—	—	—	—	—	—	240806	33.56	195814	27.29
1976	414567	43.29	—	—	—	—	—	—	298221	31.14	244897	25.57
1982	460093	45.12	—	—	—	—	—	—	306998	30.10	252671	24.78
1985	478918	45.68	120286	11.47	128344	12.24	230288	21.96	310763	29.64	258762	24.68
1990	554450	48.31	134191	11.69	177593	15.47	242666	21.14	319298	27.82	273976	23.87
1995	593338	49.46	168427	14.04	192463	16.04	232448	19.38	318774	26.57	287444	23.96
2000	655317	51.47	164288	12.90	217592	17.09	273437	21.48	323633	25.42	294176	23.11
2005	672169	51.61	169406	13.01	224753	17.26	278010	21.35	329763	25.32	300397	23.07
2008	681185	51.62	172113	13.04	228000	17.28	281072	21.30	334228	25.33	304164	23.05
2009	683165	51.61	172662	13.04	228918	17.29	281585	21.27	335122	25.32	305519	23.08
2010	722491	52.77	193177	14.11	243122	17.76	286192	20.90	335477	24.50	311270	22.73

三、城乡人口分布

阳泉建市后，城镇人口在总人口中所占比重基本呈上升趋势，乡村人口所占比重基本呈下降趋势，城镇人口与乡村人口之比基本呈上升趋势，阳泉市的城市化率逐年提高。在城镇人口统计工作中，方法日趋科学严密，统计结果能更准确地反映实际情况。但之前也有一个时期误差较大，如 1982 年至 1998 年间统计的城镇人口数值偏大。

部分年份阳泉市城镇与乡村人口构成表

表 -3-7　　单位：万人、%

年 份	年末总人口	城镇人口		乡村人口		城镇人口与乡村人口之比
		人口数	比 重	人口数	比 重	
1949	52.81	7.69	14.56	45.12	85.44	0.17∶1
1953	57.97	11.96	20.63	46.01	79.37	0.26∶1
1964	71.75	15.44	21.52	56.31	78.48	0.27∶1
1976	95.77	25.82	26.96	69.95	73.04	0.37∶1
1982	102.00	47.30	46.37	54.70	53.63	0.86∶1
1985	104.80	70.60	67.37	34.20	32.63	2.06∶1
1990	114.80	81.10	70.64	33.70	29.36	2.41∶1
1995	120.00	88.30	73.58	31.70	26.42	2.79∶1
2000	127.31	58.05	45.60	69.26	54.40	0.84∶1
2005	130.23	71.85	55.17	58.39	44.83	1.23∶1
2008	131.96	77.17	58.48	54.79	41.52	1.41∶1
2009	132.38	78.25	59.11	54.13	40.89	1.45∶1
2010	136.92	82.16	60.01	54.76	39.99	1.5∶1

第二章 人口变动

第一节 自然变动

清代以前，境内人口自然变动的情况史无所载。民国元年（1912）至民国26年，人口自然变动的特点是出生率较低，死亡率较高，人口自然增长率较低。民国7年至民国15年，共出生64135人，年均出生率为16.58‰；死亡66930人，年均死亡率为17.30‰；年均自然增长率为-0.72‰。其中的民国10年遭受特大旱灾，自然增长率降为16.52‰。民国26年至民国38年，由于处于战争状态，人口变动较为剧烈，但缺少完整的统计资料。阳泉建市后，境内人口的自然变动呈现明显的阶段性。1949年至1958年为阳泉建市后第一次人口生育高峰期，共出生12.81万人，年均出生1.42万人，出生率为18.44‰～31.08‰，而这个阶段死亡率为9.08‰～13.46‰，自然增长率为9.02‰～18.20‰。1958年至1961年为人口生育低谷期，1961年人口出生率降至谷底，为13.84‰，死亡率上升到15.74‰，人口自然增长率为-1.90‰，出现阳泉建市后仅有的一次负增长。1961年至1975年为第二次人口生育高峰期，共出生33.25万人，年均出生2.37万人，出生率达22.76‰～40.37‰，死亡率则由12.08‰逐步降至7.54‰，自然增长率居于高位，为15.21‰～28.68‰。1972年起逐步贯彻计划生育政策，到1976年取得明显成效，其后人口出生率一直保持在19‰以下，死亡率则从7‰～8‰稳步降至6‰～7‰，自然增长率则保持在6.19‰～11.89‰。从1991年开始，人口出生率进一步降低，一直保持在15‰以下；死亡率除2008年较高外，其余年份基本保持在5‰～7‰；人口自然增长率随着出生率的降低而降低，一直保持在9‰以下，2009年竟降至3.2‰，低于1960年0.09个百分点。

民国前期部分年份阳泉境内人口自然变动表

表 -3-8 单位：人、‰

年份		出生人数	死亡人数	净增人数	自然增长率
历史纪年	公元纪年				
民国 8 年	1919	7726	7055	671	1.33
民国 9 年	1920	8450	8166	284	0.55
民国 10 年	1921	5766	14439	-8673	-16.52
民国 11 年	1922	8384	7986	398	0.78
民国 12 年	1923	10451	7240	3211	6.21
民国 13 年	1924	8577	8481	96	0.18
民国 14 年	1925	7842	7054	788	1.52
民国 15 年	1926	6939	6509	430	0.83
民国 22 年	1933	3536	3029	507	0.99
民国 23 年	1934	2566	2376	190	0.37

1949—2010 年阳泉市人口自然变动表

表 -3-9 单位：人、‰

年 份	出生人数	出生率	死亡人数	死亡率	净增人数	自然增长率
1949	9498	17.97	5084	9.62	4414	8.35
1950	9809	18.44	5011	9.42	4798	9.02
1951	10344	19.09	5090	9.40	5254	9.70
1952	11403	20.32	5319	9.48	6084	10.84
1953	11502	19.93	5242	9.08	6260	10.85
1954	16879	28.80	7889	13.46	8990	15.34
1955	16048	26.81	7585	12.67	8463	14.14
1956	15169	24.60	7249	11.76	7920	12.85
1957	19778	31.08	8194	12.88	11584	18.20
1958	17118	26.26	7582	11.63	9536	14.63
1959	17079	25.63	7777	11.67	9302	13.96
1960	14910	21.92	12671	18.63	2239	3.29

续表 -3-9

年 份	出生人数	出生率	死亡人数	死亡率	净增人数	自然增长率
1961	9456	13.84	10758	15.74	-1302	-1.90
1962	21788	31.93	8241	12.08	13547	19.85
1963	28038	40.37	8117	11.69	19921	28.68
1964	25817	36.34	9472	13.33	16345	23.01
1965	24893	34.21	7791	10.71	17102	23.50
1966	22079	29.64	8260	11.09	13819	18.55
1967	20962	27.54	6287	8.26	14675	19.28
1968	23938	30.67	6479	8.30	17459	22.37
1969	24752	30.93	6698	8.37	18054	22.56
1970	25220	30.72	6951	8.47	18269	22.25
1971	24373	28.94	6884	8.17	17489	20.77
1972	24238	28.07	7508	8.70	16730	19.37
1973	22478	25.43	7155	8.09	15323	17.34
1974	22794	25.18	6992	7.72	15802	17.45
1975	21123	22.76	7002	7.54	14121	15.21
1976	14182	14.95	6678	7.04	7504	7.91
1977	13499	14.03	7541	7.84	5958	6.19
1978	13288	13.71	6869	7.09	6419	6.62
1979	14910	15.26	6671	6.83	8239	8.43
1980	16129	16.33	6654	6.74	9475	9.59
1981	17560	17.58	7241	7.25	10319	10.33
1982	19100	18.87	7212	7.12	11888	11.75
1983	14201	13.85	7069	6.90	7132	6.95
1984	13625	13.16	6791	6.96	6834	6.60
1985	13761	13.18	6874	6.58	6887	6.60
1986	15953	14.96	6619	6.21	9334	8.75
1987	17041	15.62	6811	6.24	10230	9.37
1988	16632	15.03	7121	6.44	9511	8.60
1989	19742	17.59	6927	6.17	12815	11.42

续表 -3-9

年 份	出生人数	出生率	死亡人数	死亡率	净增人数	自然增长率
1990	21127	18.55	7588	6.66	13539	11.89
1991	16894	14.67	7003	6.08	9891	8.59
1992	15179	13.06	7589	6.53	7590	6.53
1993	14475	12.34	7107	6.06	7368	6.28
1994	15182	12.83	6910	5.84	8272	6.99
1995	15693	13.14	7942	6.65	7751	6.49
1996	15972	13.26	7626	6.33	8346	6.93
1997	16404	13.49	7342	6.04	9062	7.45
1998	14086	11.49	8090	6.60	5996	4.89
1999	13583	11.03	7640	6.20	5943	4.82
2000	13352	10.51	7878	6.20	5474	4.31
2001	13397	10.50	7783	6.10	5614	4.40
2002	13369	10.43	7884	6.15	5488	4.28
2003	12869	10.00	7541	5.86	5328	4.14
2004	14220	11.01	7872	6.09	6348	4.92
2005	14914	11.48	8483	6.53	6431	4.95
2006	14478	11.09	8159	6.25	6319	4.84
2007	14200	10.83	9100	6.94	5100	3.88
2008	15286	11.61	9454	7.18	5832	4.43
2009	12715	9.62	8485	6.42	4230	3.20
2010	13254	9.70	7985	5.84	5269	3.85

第二节 机械变动

民国前期，境内人口机械变动呈现迁入率和迁出率都较低的特点。民国 26 年（1937）至民国 38 年，由于处在战争状态，人口机械变动量很大，但无具体统计资料。阳泉建市之后，人口机械变动的规模远远超过之前，总的情况是迁入量大于迁出量。1949 年至 2010 年，阳泉市共计迁入 1546291 人，迁出 1334545 人，人口机械增长总量为 211746 人，呈现新兴工业城市的特点。阳泉建市后，其人口机械变动大体经过20世纪50年代的大迁入、60年代前期的大迁出和其后的稳定迁入三个阶段。20世纪50年代，国家建设了一批大中型厂矿企业，大量建设人员汇集境内。1949年至1960年，净迁入人口87425人，年均迁入人口7948人，其中90%集中在市区。60年代初，由于国家经济建设遇到暂时困难，不少职工及其家属被疏散回原籍农村，形成1961年至1964年的大迁出，净迁出人口20039人，年均5010人。1965年至2010年，净迁入人口141069人，年均净迁入3135人，呈现稳定迁入态势。

民国前期部分年份阳泉境内人口机械变动表

表-3-10　　单位：人、‰

历史纪年	公元纪年	迁入人数	迁出人数	净增人数	机械增长率
民国8年	1919	148	57	91	0.18
民国9年	1920	126	60	66	0.13
民国10年	1921	38	116	-78	-0.15
民国11年	1922	64	102	-38	-0.07
民国12年	1923	173	67	106	0.21
民国13年	1924	176	88	88	0.17
民国14年	1925	133	70	63	0.12
民国15年	1926	118	96	22	0.04
民国22年	1933	182	978	-796	-1.55
民国23年	1934	85	413	-328	-0.64

1949—2010年阳泉市人口机械变动表

表-3-11　　单位：人、‰

年份	迁入人数	迁入率	迁出人数	迁出率	净增人数	机械增长率
1949	13688	25.90	10397	19.68	3291	6.23
1950	14563	27.38	11611	21.83	2952	5.55
1951	19717	36.39	11402	21.05	8315	15.35
1952	29538	52.64	12373	22.05	17165	30.59

续表 -3-11

年 份	迁入人数	迁入率	迁出人数	迁出率	净增人数	机械增长率
1953	15207	26.35	14147	24.52	1060	1.84
1954	30393	51.86	25012	42.68	5381	9.18
1955	42844	71.58	41263	68.94	1581	2.64
1956	53515	86.80	38694	62.76	14821	24.04
1957	54003	84.87	49120	77.19	4883	7.67
1958	31574	48.43	22381	34.33	9193	14.10
1959	41231	61.88	30670	46.03	10561	15.85
1960	40164	59.05	28651	42.13	11513	16.93
1961	20355	29.79	28666	41.95	-8311	-12.16
1962	20496	30.03	31558	46.24	-11062	-16.21
1963	13140	18.92	13358	19.23	-218	-0.31
1964	10967	15.44	11415	16.07	-448	-0.63
1965	16788	23.07	10838	14.90	5950	8.18
1966	16720	22.45	15412	20.69	1308	1.76
1967	14556	19.12	9577	12.58	4979	6.54
1968	13831	17.72	10384	13.31	3447	4.42
1969	16510	10.44	12941	8.19	3569	2.26
1970	16571	20.19	11800	14.37	4771	5.81
1971	14027	16.65	10399	12.35	3628	4.31
1972	19051	22.07	13088	15.16	5963	6.91
1973	17985	20.34	12498	14.14	5487	6.21
1974	22034	24.34	14698	16.23	7336	8.11
1975	22497	24.24	15513	16.71	6984	7.54
1976	28794	30.35	17468	18.41	11326	11.94
1977	17979	18.69	15390	16.00	2589	2.69
1978	19647	20.28	17226	17.78	2421	2.50
1979	28579	29.25	26048	26.66	2531	2.59
1980	29734	30.11	28945	29.31	789	0.80
1981	28229	28.26	26676	26.71	1553	1.55

续表 -3-11

年 份	迁入人数	迁入率	迁出人数	迁出率	净增人数	机械增长率
1982	28189	27.84	25581	25.27	2608	2.58
1983	24341	23.74	20237	19.74	4104	4.00
1984	19856	19.18	19362	18.71	494	0.48
1985	20693	19.82	18272	17.50	2421	2.32
1986	60356	56.60	34263	32.13	26093	24.47
1987	32217	29.52	29134	26.70	3083	2.83
1988	28772	26.01	22318	20.17	6454	5.83
1989	22327	19.89	20008	17.82	2319	2.07
1990	23454	20.59	19249	16.90	4205	3.69
1991	13957	12.12	15191	13.19	-1234	-1.07
1992	30154	25.94	25159	21.64	4995	4.30
1993	37833	32.25	35885	30.59	1948	1.66
1994	25123	21.23	21922	18.52	3201	2.71
1995	23829	19.95	20632	17.27	3197	2.68
1996	25682	21.32	23433	19.45	2249	1.87
1997	24873	20.45	21256	17.48	3617	2.97
1998	16445	13.41	16217	13.23	228	0.18
1999	16529	13.42	17467	14.18	-938	-0.76
2000	21850	17.43	20432	16.29	1418	1.14
2001	24957	20.04	24235	19.46	722	0.58
2002	23656	18.92	23301	18.63	355	0.29
2003	25511	20.33	37923	30.22	-12412	-9.89
2004	20810	16.52	20004	15.88	806	0.64
2005	19423	15.40	25728	20.40	-6305	-5.00
2006	33019	26.09	24831	19.62	8188	6.47
2007	30536	23.91	29647	23.21	889	0.70
2008	28053	21.78	27373	21.25	680	0.53
2009	24271	18.7	19517	15.04	4754	3.66
2010	24648	18.88	26349	20.19	-1701	-1.30

第三章 人口构成

第一节 自然构成

一、性别构成

（一）总人口性别比

清代以前境内人口的性别构成无考。民国时，总人口性别比严重失调，人口总数中男性明显多于女性。民国元年（1912）至民国37年间，平定县总人口性别比（女＝100）为126.38～164.93，盂县为131.76～153.07。

民国时期阳泉境内人口性别构成表

表-3-12

年份		性别比（女＝100）		年份		性别比（女＝100）	
历史纪年	公元纪年	平定县	盂县	历史纪年	公元纪年	平定县	盂县
民国元年	1912	129.39	142.86	民国7年	1918	126.38	133.86
民国2年	1913	129.36	145.78	民国8年	1919	128.19	137.11
民国3年	1914	130.70	144.59	民国9年	1920	127.70	137.42
民国4年	1915	130.65	144.71	民国10年	1921	127.52	137.65
民国5年	1916	135.39	146.74	民国11年	1922	—	137.32
民国6年	1917	130.71	147.24	民国12年	1923	144.29	138.42

续表 -3-12

年 份		性别比（女 = 100）		年 份		性别比（女 = 100）	
历史纪年	公元纪年	平定县	盂 县	历史纪年	公元纪年	平定县	盂 县
民国 13 年	1924	129.51	138.22	民国 26 年	1937	134.04	142.71
民国 14 年	1925	130.77	138.23	民国 27 年	1938	133.84	137.23
民国 15 年	1926	132.04	138.10	民国 28 年	1939	133.64	131.76
民国 16 年	1927	133.18	137.99	民国 29 年	1940	133.48	132.70
民国 17 年	1928	136.84	137.07	民国 30 年	1941	133.29	133.62
民国 18 年	1929	147.28	148.60	民国 31 年	1942	133.00	—
民国 19 年	1930	164.93	153.00	民国 32 年	1943	132.81	—
民国 20 年	1931	148.90	153.07	民国 33 年	1944	132.62	—
民国 21 年	1932	143.14	138.50	民国 34 年	1945	132.40	—
民国 22 年	1933	134.40	138.49	民国 35 年	1946	132.20	—
民国 23 年	1934	134.40	138.45	民国 36 年	1947	132.00	—
民国 24 年	1935	134.04	138.37	民国 37 年	1948	131.88	—
民国 25 年	1936	134.39	148.19	—	—	—	—

说明：个别年份资料缺失

1949 年至 2010 年，境内人口男性多于女性，但总人口性别比总体呈下降趋势，由 1949 年的 125.04 下降为 2010 年的 107.92。其中，1951 年最高，为 125.68；2006 年最低，为 103.39。

1949—2010 年阳泉市人口性别构成表

表 -3-13　　　　单位：人

年 份	性别构成		性别比（女 = 100）	年 份	性别构成		性别比（女 = 100）
	男	女			男	女	
1949	293421	234661	125.04	1954	319593	272756	117.17
1950	297833	237755	125.27	1955	326240	278427	117.17
1951	305145	242791	125.68	1956	341593	286859	119.08
1952	314542	259814	121.06	1957	354676	289519	122.51
1953	315923	263736	119.79	1958	364675	295056	123.60

续表 -3-13

年 份	性别构成		性别比（女 = 100）	年 份	性别构成		性别比（女 = 100）
	男	女			男	女	
1959	371580	301229	123.36	1985	570286	478157	119.27
1960	380169	307296	123.71	1986	583184	501037	116.40
1961	368919	310291	118.90	1987	588108	510126	115.29
1962	373538	312169	119.66	1988	595472	519062	114.72
1963	381693	321710	118.65	1989	603772	526662	114.64
1964	387610	329899	117.49	1990	610143	537581	113.50
1965	399438	338189	118.11	1991	614311	541913	113.36
1966	408560	343604	118.90	1992	619803	548969	112.90
1967	418687	351373	119.16	1993	624898	552888	113.02
1968	429480	361312	118.87	1994	629947	559267	112.64
1969	439271	370628	118.52	1995	635093	564463	112.51
1970	450593	381250	118.19	1996	640297	569248	112.48
1971	461477	391162	117.98	1997	646498	576303	112.18
1972	472817	401282	117.83	1998	649134	580047	111.91
1973	484725	409360	118.41	1999	651724	583024	111.78
1974	498303	418428	119.09	2000	668004	605122	110.39
1975	510607	428983	119.03	2001	670863	607867	110.36
1976	521621	436064	119.62	2002	673382	610836	110.24
1977	526883	439378	119.91	2003	668006	621541	107.48
1978	529770	442011	119.85	2004	660994	634919	104.11
1979	534448	447948	119.31	2005	673824	628505	107.21
1980	538048	454610	118.35	2006	665230	643425	103.39
1981	543006	461955	117.55	2007	678252	635492	106.73
1982	551136	468626	117.61	2008	682511	637066	107.13
1983	558514	472263	118.26	2009	673504	650302	103.57
1984	563710	475628	118.52	2010	710686	658552	107.92

（二）总人口年龄组性别比

1990年、2000年和2010年的三次人口普查结果显示，境内总人口年龄组性别比呈现两个特点：一是0～14岁年龄组和65岁以上年龄组性别比呈上升趋势；二是其他年龄组性别比呈下降趋势。1990年，境内总人口年龄组性别比分别为：0～14岁年龄组性别比（女＝100）为110.85，15～44岁年龄组性别比为112.42，45～64岁年龄组性别比为121.69，65岁以上年龄组性别比为98.91。2000年，境内总人口年龄组性别比分别为：0～14岁年龄组性别比（女＝100）为113.66，15～44岁年龄组性别比为105.27，45～64岁年龄组性别比为109.46，65岁以上年龄组性别比为102.90。2010年，境内总人口年龄组性别比分别为：0～14岁年龄组性别比（女＝100）为108.97，15～44岁年龄组性别比为108.94，45～64岁年龄组性别比为106.65，65岁以上年龄组性别比为103.94。

（三）少数民族年龄组性别比

1990年，境内少数民族人口3084人，其中男性1367人、女性1717人，性别比（女＝100）为79.62。2000年，境内少数民族人口3836人，其中男性1826人、女性2010人，性别比为90.85。2010年，境内少数民族人口3379人，其中男性1781人、女性1598人，性别比为111.45。

二、年龄构成

境内人口的年龄构成，阳泉建市前无记载。阳泉建市后，从几次人口普查的结果看，呈现出两种相反的变化趋势，而以1964年人口普查为界分成两个阶段。

（一）1964年前人口年龄构成

由于20世纪50年代新出生的人口大量增加，使境内人口的年龄构成呈现出以下几个特点：

1. 少年组人口比重上升

1953年人口普查时，境内少年组人口为211838人，占人口总数的35.91%；到1964年人口普查时，少年组人口增长为309274人，占人口总数的比重上升到42.76%，比1953年上升6.85个百分点。

2. 老年组人口比重下降

1953年人口普查时，境内老年组人口为63726人，占人口总数的10.80%；到1964年人口普查时，老年组人口为57874人，在人口总数中的比重下降到8.00%，下降2.8个百分点。

3. 劳动力适龄人口比重下降

1953 年人口普查时，境内劳动力适龄人口为 333956 人，占人口总数的 56.60%；到 1964 年人口普查时，劳动力适龄人口为 383973 人，在人口总数中的比重下降为 53.09%，下降 3.51 个百分点。

（二）1964 年后人口年龄构成

20 世纪 60 年代中期以后，人口年龄构成呈现出与前一阶段截然不同的特点：

1. 少年组人口比重下降

在 1982 年、1990 年、2000 年、2010 年四次人口普查中，少年组人口分别为 318719 人、227798 人、280927 人、214449 人，在人口总数中的比重分别为 31.20%、24.68%、22.06%、15.67%，与 1964 年相比，下降幅度分别为 11.56%、18.08%、20.70% 和 15.24%。

2. 老年组人口比重上升

在 1982 年、1990 年、2000 年、2010 年四次人口普查中，老年组人口分别为 88310 人、112962 人、144704 人、214460 人，在人口总数中的比重分别为 8.64%、9.69%、11.37%、15.67%，比 1964 年分别上升 0.64%、1.69%、3.37% 和 7.67%。

3. 劳动力适龄人口比重呈上升趋势

在 1982 年、1990 年、2000 年、2010 年四次人口普查中，境内劳动力适龄人口分别为 614513 人、765498 人、847495 人、848483 人，在人口总数中的比重分别为 60.16%、65.64%、66.57%、62%。与 1964 年相比，上升幅度分别为 7.07%、12.55%、13.48%、8.91%。

随着经济发展和社会进步，人民群众的生活质量愈来愈高，健康状况愈来愈好，人口寿命呈逐年增长态势。据山西省统计局发布的主要年份人口平均寿命显示，1990 年全省为 69.46 岁，阳泉为 68.68 岁；2000 年全省为 71.97 岁，阳泉为 71.23 岁；2006 年全省为 73.11 岁，阳泉为 72.33 岁；2007 年全省为 73.26 岁，阳泉为 72.44 岁；2008 年全省为 73.36 岁，阳泉为 72.64 岁。总体来看，全省和阳泉都呈逐年缓慢增长态势，但阳泉市的人口平均预期寿命稍低于全省的平均水平。

六次人口普查阳泉市特殊年龄组人口构成表

表 -3-14　　　　单位：人、%

年龄组	“一普”（1953）		“二普”（1964）		“三普”（1982）		“四普”（1990）		“五普”（2000）		“六普”（2010）	
	人数	比重	人数	比重	人数	比重	人数	比重	人数	比重	人数	比重
0 岁婴儿组	19526	3.31	27824	3.85	20128	1.97	22712	1.95	13244	1.04	11537	0.84
学前儿童组（1～6 岁）	95821	16.24	139188	19.24	100156	9.80	115879	9.94	97487	7.65	83290	6.09
学龄儿童组（7～14 岁）	96491	16.35	142262	19.67	198435	19.43	149207	12.79	170196	13.37	119622	8.74
育龄妇女（15～45 岁）	138895	23.54	153788	21.26	248907	24.37	324444	27.82	323961	25.45	336772	24.61
兵源组（男 18～22 岁）	27954	4.74	28031	3.88	48750	4.77	70257	6.02	44707	3.51	42852	3.13
劳动适龄组（男 15～59 岁，女 15～54 岁）	333956	56.60	383973	53.09	614513	60.16	765498	65.64	847495	66.57	848483	62.00
老年组（男 60 岁以上，女 55 岁以上）	63726	10.80	57874	8.00	88310	8.64	112962	9.69	144704	11.37	214460	15.67
老龄组（65 岁以上）	31889	5.40	30658	4.23	47093	4.61	55366	4.75	80099	6.29	109919	8.03
高寿人口组(80 岁以上)	1880	0.32	—	—	—	—	5018	0.43	7223	0.57	15080	1.10
百岁老人	1	—	—	—	—	—	1	—	4	—	7	—

第二节　社会构成

一、民族构成

阳泉市境内居住的民族主要是汉族，据1982年、1990年、2000年、2010年人口普查数据，汉族人口占人口总数的比例均在99.70%以上。除汉族外，境内还有少量少数民族人口。阳泉建市初期，境内的少数民族主要有蒙古族、回族和满族；1982年人口普查时，全市少数民族有15个，加上未识别民族和外国人加入中国籍的，共计2024人，占人口总数的0.20%；1990年人口普查时，全市少数民族有25个，加上未识别民族和外国人加入中国籍的，共计3084人，占人口总数的0.26%；2000年人口普查时，全市少数民族有33个，加上未识别民族的，共3787人，占人口总数的0.30%；2010年人口普查时，全市少数民族有32个，加上未识别民族的，共3379人，占人口总数的0.25%。

部分年份阳泉市各民族人口数量表

表-3-15　　　　单位：人

民族＼年份	1982	1990	2000	2010
汉 族	1019522	1163174	1269290	1365123
蒙古族	84	154	678	521
回 族	1437	1486	1587	1496
藏 族	3	16	33	9
维吾尔族	2	4	27	28
苗 族	19	62	154	111
彝 族	12	43	89	162
壮 族	105	492	255	117
布依族	5	20	35	14
朝鲜族	15	77	84	39
满 族	316	583	662	563
侗 族	11	13	31	16
瑶 族	—	9	7	12
哈尼族	—	1	2	13

续表 -3-15

民族　年份	1982	1990	2000	2010
土家族	—	39	105	182
白　族	—	12	12	4
哈萨克族	—	2	—	—
傈僳族	1	5	2	5
畲　族	2	20	15	6
高山族	1	1	--	2
水　族	—	3	2	—
仫佬族	—	19	8	6
毛南族	—	2	1	2
仡佬族	—	2	4	9
锡伯族	11	15	9	9
赫哲族	—	1	—	—
纳西族	—	—	1	1
土　族	—	—	5	6
达瓦尔族	—	—	4	—
佤　族	—	—	3	17
羌　族	—	—	3	—
独龙族	—	—	1	—
黎　族	—	—	3	10
傣　族	—	—	3	2
阿昌族	—	—	1	1
塔吉克族	—	—	4	—
鄂温克族	—	—	2	2
未识别民族	2	1	4	3
外国人加入中国籍	1	2	—	—

二、职业构成

阳泉建市前，境内人口的职业构成较为简单，务农的人口较多，经商和做工的人口次之。据记载，民国11年（1922），境内务农人口为326092人，占总人口的63.66%；经商人口为66168人，占12.92%；从事工矿业的人口57573人，占11.24%，三项共占总人口的87.82%。

阳泉建市后，在业人口不断增加，其中农业劳动力所占比重不断下降，职工所占比重不断上升。1949年在业人口20.86万人，占总人口的39.52%。其中农业劳动力19.05万人、职工1.82万人，分别占在业人口的91.28%和8.72%。

1964在业人口28.85万人，占总人口的40.21%。其中农业劳动力21.37万人、职工7.48万人，分别占在业人口的74.07%和25.93%。

1982年在业人口45.75万人，占总人口的44.87%。其中农业劳动力24.75万人、职工21万人，分别占在业人口的51.10%和45.90%。

1990年在业人口共592648人，占总人口的50.82%。其中，农林牧渔水利业205381人，占34.65%；工业和其他各行业387267人，占65.35%。在各种职业中，各类专业技术人员共54993人，占在业人口数的9.28%；农林牧渔劳动者199265人，占33.62%；生产工人、运输工人和有关人员246052人，占41.52%；其余各种职业共计92338人，占15.58%。

2000年在业人口约572600人，占总人口1273126人的44.98%。其中，农林牧渔业159540人，占27.86%；工业和其他各行业413060人，占72.14%。在各种职业中，各类专业技术人员共60320人，占在业人口数的10.53%；农林牧渔水利业生产人员160830人，占28.09%；生产、运输设备操作人员及有关人员216190人，占37.76 %；其余各种职业共计135260人，占23.62%。

至2010年，境内在业人口约597520人，占总人口1368502人的43.66%。其中，农林牧渔业143870人，占24.08%；工业和其他各行业453650人，占75.92%。在各种职业中，各类专业技术人员共64490人，占在业人口数的10.79%；农林牧渔水利业生产人员143620人，占24.04%；生产、运输设备操作人员及有关人员183070人，占30.64 %；其余各种职业共计206340人，占34.53%。

1990年人口普查阳泉市工业门类在业人口职业构成表

表-3-16

单位：人、%

职业		煤炭采选业	建筑材料及其他非金属矿采选业	化学工业	建筑材料及其他非金属矿物制品业	黑色金属冶炼及压延加工业	机械工业	其他工业
各门类人口总计	人数	103649	20665	13510	32919	14530	11719	47653
	比重	42.37	8.45	5.52	13.46	5.94	4.79	19.48
各类专业技术人员		5768	755	1127	1670	1058	1033	3319
国家机关、党群组织、企事业单位负责人		2899	697	431	1183	394	493	1741
办事人员和有关人员		3564	199	537	387	458	254	1136
商业工作人员		1284	562	536	1493	444	513	2034
服务业工作人员		9416	657	697	1333	602	464	1952
农林牧渔劳动者		232	60	5	27	15	6	71
生产工人、运输工人和有关人员		80318	17707	10415	26762	11534	8970	37280
不便分类的其他劳动者		168	28	32	64	25	40	120

2000年人口普查阳泉市各行业人口统计表

表-3-17

单位：人、%

行业	人数	比重	男	女
农林牧渔业	159540	27.86	95940	63600
采掘业	98720	17.24	84160	14560
制造业	94940	16.58	65170	29770
电力、煤气及水的生产和供应业	14550	2.54	10100	4450
建筑业	20310	3.55	16120	4190
地质勘查业、水利管理业	490	0.09	400	90
交通运输、仓储及邮电通信业	39300	6.86	33990	5310
批发和零售贸易、餐饮业	54120	9.45	27110	27010
金融、保险业	6620	1.16	3270	3350

续表 -3-17

行 业	人 数	比 重	男	女
房地产业	1160	0.20	610	550
社会服务业	16640	2.90	8920	7720
卫生、体育和社会福利业	11680	2.04	4740	6940
教育、文化艺术及广播电影电视业	23840	4.16	9590	14250
科学研究和综合技术服务业	680	0.12	460	220
国家机关、政党机关和社会团体	25600	4.47	18550	7050
其他行业	4410	0.77	2990	1420

2010 年人口普查阳泉市各行业人口统计表

表 -3-18　　单位：人、%

行 业	人 数	比 重	男	女
农林牧渔业	143870	24.08	85340	58530
采矿业	104660	17.52	87960	16700
制造业	55740	9.33	40480	15260
电力、燃气及水的生产和供应业	18770	3.14	11440	7330
建筑业	27520	4.61	22910	4610
交通运输、仓储及邮政	55440	9.28	49910	5530
信息传输、计算机服务和软件业	4190	0.7	2320	1870
批发和零售	57630	9.64	26480	31150
住宿和餐饮业	20470	3.43	10270	10200
金融业	8400	1.41	3670	4730
房地产业	4410	0.74	2230	2180
租赁和商务服务业	6730	1.13	3610	3120
科学研究、技术服务和地质勘查业	900	0.15	560	340
水利、环境和公共设施管理业	2620	0.44	1250	1370

续表-3-18

行业	人数	比重	男	女
居民服务和其他服务	15270	2.56	9530	5740
教育	22000	3.68	8360	13640
卫生、社会保障和社会福利业	11490	1.92	4010	7480
文化、体育和娱乐业	3410	0.57	1790	1620
公共管理和社会组织	34000	5.69	22780	11220

三、文化构成

阳泉市所辖的平定县和盂县，在山西历史上曾是文化教育知名度很高的地区。据不完全统计，科举考试中，两县中进士者269人，中举者1039人，拔贡者1188人，三项相加达2496人。民国时，新式教育兴起。民国6年（1917），两县共办民校520多所，有学生1.2万多人。民国7年，两县识字人口有27110人，占总人口的6.07%；其中有学生8313人。民国26年在校学生已达3万余人。抗日战争和解放战争时期，共产党领导根据地人民采取各种方式识字、学文化，提高了劳动人民的文化素质。

阳泉建市后，文化教育事业迅速发展，人口的文化构成变化明显。1982年人口普查时，全市有文化人口数为708401人，占总人口的76.83%；文盲和半文盲人口数为213611人，占总人口的23.17%。1990年人口普查时，全市有文化人口数为900473人，占总人口的86.24%；文盲和半文盲人口数为143640人，占总人口的13.76%。2000年人口普查时，全市有文化人口数为1098602人，占总人口的93.02%；文盲和半文盲人口数为82386人，占总人口的6.98%。2010年人口普查时，全市有文化人口数为1251418人，占总人口的97.15%；文盲和半文盲人口数为36584人，占总人口的2.85%。四次人口普查结果显示，境内有文化人口的比重呈直线上升趋势，由1982年的76.83%上升到2010年的97.15%，提高20.32个百分点；文盲和半文盲人口的比重则直线下降，由1982年的23.17%下降到2010年的2.85%，下降20.32个百分点；每10万人拥有的大学文化程度人口由1982年的351人增加到2010年的8172人，提高23倍。

部分普查年阳泉市人口文化构成表

表 -3-19　　单位：人、%

项　目	1982			1990			2000			2010		
	人口数	比　重	总人口中每 10 万人拥有数	人口数	比　重	总人口中每 10 万人拥有数	人口数	比　重	总人口中每 10 万人拥有数	人口数	比　重	总人口中每 10 万人拥有数
6 岁及 6 岁以上人口	922012	100	—	1044113	100	—	1180988	100	—	1288002	100	—
有文化人口	708401	76.83	69346	900473	86.24	77210	1098602	93.02	86291	1251418	97.15	91444
大学文化程度人口	3586	0.39	351	13719	1.31	1176	44707	3.79	3512	111842	8.68	8172
中专和高中文化程度人口	81553	8.85	7983	120909	11.58	10368	174518	14.78	13707	216441	16.8	15816
初中文化程度人口	230218	24.97	22536	369221	35.36	31659	508723	43.08	39958	627372	48.71	45843
小学文化程度人口	393044	42.63	38475	396624	37.99	34008	370654	31.39	29114	295763	22.96	21612
文盲、半文盲人口	213611	23.17	—	143640	13.76	—	82386	6.98	—	36584	2.84	—

第四章 婚姻 家庭

第一节 婚 姻

历史上，境内盛行早婚。据有关资料记载，民国8年（1919）至民国14年，平定县和盂县共成婚21724对，其中15岁以下成婚的，男为1335人，女为4709人，分别占6.15%和21.68%；16～20岁成婚的，男为6807人，女为13164人，分别占31.33%和60.60%；两项合计，早婚者占59.88%。中华人民共和国成立后，由于贯彻落实《中华人民共和国婚姻法》，特别是20世纪70年代后国家实行计划生育政策，提倡晚婚晚育，境内早婚现象得到控制。1990年人口普查时，境内19岁以下有配偶人口为1409人，仅占有配偶人口的0.25%。

1990年人口普查时，境内15岁及15岁以上人口的婚姻构成情况是：未婚人口共242857人，占27.65%；有配偶人口共573865人，占65.33%；丧偶人口共54586人，占6.21%；离婚人口7175人，占0.81%。未婚人口中，男性148197人，占61.02%；女性94660人，占38.98%。有配偶人口中，男性294608人，占51.34%；女性279257人，占48.66%。丧偶人口中，男性17932人，占32.85%；女性36654人，占67.15%。离婚人口中，男性6042人，占84.49%；女性1109人，占15.51%。境内未婚人口主要分布在15～19岁、20～29岁两个年龄组，共占未婚人口的92.34%。有配偶人口主要分布在20～29岁、30～39岁、40～49岁和50～59岁四个年龄组，共占有配偶人口的91.15%。丧偶人口主要在50岁以上，其中60～79岁年龄组为最多，达34798人，占63.75%，男性10890人，女性23908人。离婚人口除15～19岁及80岁以上两个年龄组较少外，其余年龄组分布较平均。

2000年人口普查时，境内15岁及15岁以上人口的婚姻构成情况是：未婚人口共179040人，占18.49%；有配偶人口共726090人，占74.97%；丧偶人口共54450人，占5.62%；离婚人口8890人，占0.92%。未婚人口中，男性111680人，占62.38%；女性67360人，占37.62%。有配偶人口中，男性363710人，占50.09%；女性362380人，占49.91%。丧偶人口中，男性17050人，占31.31%；女性37400人，占68.69%。离婚人口中，男性6200人，占69.74%；女性2690人，占30.26%。境内未婚人口同1990年一样，主要分布在15～19岁、20～29岁两个年龄组，共占未婚人口的88.91%。有配偶人口主要分布在20～29岁、30～39岁、40～49岁和50～59岁四个年龄组，共占有配偶人口的89.14%。丧偶人口主要在50岁以上，其中65岁以上最多，达32840人，占60.31%，男性10530人，女性22310人。离婚人口主要集中在30～39岁、40～49岁两个年龄组，共占离婚人口的61.53%，其中30～39岁离婚率最高，占39.37%，男性2280人，女性1220人；40～49岁离婚率为22.16%，男性1390人，女性580人。

2010年人口普查时，境内15岁及15岁以上人口的婚姻构成情况是：未婚人口共211320人，占18.96%；有配偶人口共824060人，占73.95%；丧偶人口共65380人，占5.87%；离婚人口13610人，占1.22%。未婚人口中，男性127790人，占60.47%；女性83530人，占39.53%。有配偶人口中，男性412930人，占50.11%；女性411130人，占49.89%。丧偶人口中，男性19640人，占30.04%；女性45740人，占69.96%。离婚人口中，男性8380人，占61.57%；女性5230人，占38.43%。境内未婚人口同1990年一样，主要分布在15～19岁、20～29岁两个年龄组，共占未婚人口的88.44%。有配偶人口主要分布在20～29岁、30～39岁、40～49岁和50～59岁四个年龄组，共占有配偶人口的85.93%。丧偶人口主要在50岁以上，其中65岁以上最多，达41630人，占63.67%，男性12910人，女性28720人。离婚人口主要集中在30～39岁、40～49岁两个年龄组，共占离婚人口的68.26%，其中40～49岁离婚率最高，占38.65%，男性2940人，女性2320人；30～39岁离婚率为29.61%，男性2560人，女性1470人。

1990 年人口普查阳泉市人口婚姻状况统计表

表 -3-20　　单位：人、%

年龄组		合 计	15~19 岁	20~29 岁	30~39 岁	40~49 岁	50~59 岁	60~79 岁	80 岁以上
15岁及15岁以上人口	小 计	878459	128940	242028	199651	118638	97269	86915	5018
	比 重	100	14.68	27.55	22.73	13.51	11.07	9.89	0.57
	男	466779	67220	129161	105165	64268	54193	44645	2127
	女	411680	61720	112867	94486	54370	43076	42270	2891
未婚人口	小 计	242857	127523	96718	7832	4265	4186	2242	91
	比 重	100	52.51	39.83	3.22	1.76	1.72	0.92	0.04
	男	148197	66972	62992	7546	4214	4165	2219	89
	女	94660	60551	33726	286	51	21	23	2
有配偶人口	小 计	573865	1409	144056	188791	109785	80435	48425	964
	比 重	100	0.25	25.10	32.90	19.13	14.02	8.44	0.17
	男	294608	244	65457	95713	57766	44467	30144	817
	女	279257	1165	78599	93078	52019	35968	18281	147
丧偶人口	小 计	54586	7	252	1242	3373	10981	34798	3933
	比 重	100	0.01	0.46	2.28	6.18	20.12	63.75	7.21
	男	17932	3	106	510	1234	3996	10890	1193
	女	36654	4	146	732	2139	6985	23908	2740
离婚人口	小 计	7151	1	1002	1786	1215	1667	1450	30
	比 重	100	0.01	14.01	24.98	16.9	23.31	20.28	0.42
	男	6042	1	606	1396	1054	1565	1392	28
	女	1109	0	396	390	161	102	58	2

2000 年人口普查阳泉市人口婚姻状况统计表

表 -3-21　　　　单位：人、%

年龄组		合 计	15～19 岁	20～29 岁	30～39 岁	40～49 岁	50～59 岁	60～64 岁	65 岁以上
15岁及15岁以上人口	小 计	968470	82780	206940	246120	196950	111300	43850	80530
	比 重	100	8.55	21.37	25.41	20.34	11.49	4.53	8.32
	男	498640	43950	105390	125280	101200	58450	23530	40840
	女	469830	38830	101550	120840	95750	52850	20320	39690
未婚人口	小 计	179040	82410	76770	8080	4470	3130	1930	2250
	比 重	100	46.03	42.88	4.51	2.50	1.75	1.08	1.26
	男	111680	43930	49120	7090	4310	3090	1920	2220
	女	67360	38480	27650	990	160	40	10	30
有配偶人口	小 计	726090	360	128740	233230	186560	98700	33830	44670
	比 重	100	0.05	17.73	32.12	25.69	13.59	4.66	6.15
	男	363710	20	55490	115520	94260	52160	18850	27410
	女	362380	340	73250	117710	92300	46540	14980	17260
丧偶人口	小 计	54450	0	180	1310	3950	8470	7700	32840
	比 重	100	0	0.33	2.41	7.25	15.56	14.14	60.31
	男	17050	0	30	390	1240	2410	2450	10530
	女	37400	0	150	920	2710	6060	5250	22310
离婚人口	小 计	8890	10	1250	3500	1970	1000	390	770
	比 重	100	0.11	14.06	39.37	22.16	11.25	4.39	8.66
	男	6200	0	750	2280	1390	790	310	680
	女	2690	10	500	1220	580	210	80	90

2010年人口普查阳泉市人口婚姻状况统计表

表-3-22　　　　单位：人、%

年龄组		合计	15～19岁	20～29岁	30～39岁	40～49岁	50～59岁	60～64岁	65岁以上
15岁及15岁以上人口	小计	1114370	96380	178310	231110	250600	187090	60800	110070
	比重	100	8.65	16.00	20.74	22.49	16.79	5.46	9.89
	男	568740	50980	91730	117350	127460	95200	30510	55510
	女	545630	45400	86580	113760	123140	91890	30290	54560
未婚人口	小计	211320	95630	91270	11720	4700	3490	1320	3190
	比重	100	45.25	43.19	5.55	2.22	1.65	0.62	1.51
	男	127790	50790	55400	9670	4220	3420	1280	3010
	女	83530	44840	35870	2050	480	70	40	180
有配偶人口	小计	824060	730	86020	214480	236880	170850	50520	64580
	比重	100	0.09	10.44	26.03	28.75	20.73	6.13	7.84
	男	412930	190	35830	104910	119250	87030	2665	39070
	女	411130	540	50190	109570	117630	83820	23870	25510
丧偶人口	小计	65380	10	120	880	3760	10380	8590	41630
	比重	100	0.02	0.18	1.35	5.75	15.88	13.14	63.67
	男	19640	0	20	210	1050	3130	2320	12910
	女	45740	10	100	670	2710	7250	6270	28720
离婚人口	小计	13610	10	900	4030	5260	2370	370	670
	比重	100	0.07	6.61	29.61	38.65	17.41	2.72	4.92
	男	8380	0	480	2560	2940	1620	260	520
	女	5230	10	420	1470	2320	750	110	150

第二节　家　庭

明清两代和民国前期，境内家庭规模较大。明洪武十一年（1378）户均5.6人；清光绪十二年（1886）户均4.9人；民国8年（1919）户均5.2人；民国23年户均5.7人。1949年下降至户均4.1人；1964年户均4.1人；1982年户均4.0人；1990年户均3.9人；2000年户均3.4人。总的来看，中华人民共和国成立后户均人口呈缓慢下降趋势。

1990年人口普查时，全市共有294987户，其中一人户24543户，占8.32%；二人户32493户，占11.02%；三人户69524户，占23.57%；四人户85112户，占28.85%；五人户50032户，占16.96%；六人及六人以上户33283户，占11.28%。在总户数中，单身户19217户，占6.51%；一对夫妇户17395户，占5.90%；二代户199828户，占67.74%；三代户40390户，占13.69%；四代户907户，占0.31%；一至四代户和其他亲属、非亲属构成的家庭11924户，占4.04%。

2000年人口普查时，全市共有366289户，其中一人户27108户，占7.40%；二人户57190户，占15.61%；三人户126766户，占34.61%；四人户95209户，占25.99%；五人户41158户，占11.24%；六人及六人以上户18858户，占5.15%。在总户数中，一代户72145户，占19.70%；二代户237475户，占64.83%；三代户55375户，占15.12%；四代户1294户，占0.35%。

2010年人口普查时，全市共有428541户，其中一人户44238户，占10.32%；二人户99182户，占23.14%；三人户152447户，占35.57%；四人户81539户，占19.03%；五人户35474户，占8.28%；六人及六人以上户15661户，占3.65%。在总户数中，一代户126301户，占29.47%；二代户239942户，占55.99%；三代户61190户，占14.28%；四代户1107户，占0.26%；五代户1户。

第五章
姓氏 族谱

第一节 姓 氏

一、姓氏数量

在历次人口普查中，仅 1990 年第四次人口普查和 2010 年第六次人口普查对全市人口姓氏情况作了普查登记。

1990 年第四次人口普查时，阳泉市共有人口 1166258 人，除 313 人姓氏不详外，共有 901 个姓氏，其中单姓 841 个，复姓 14 个，其他姓氏 46 个。10 万人以上的大姓有王、李、张三姓，其人口依次为 148584 人、112435 人和 106100 人，分别占全市总人口的 12.74%、9.64% 和 9.10%。三姓共计 367119 人，占全市总人口的 31.48%。6 万人以上的姓氏还有赵、刘二姓，赵姓人口 64196 人，刘姓人口 61501 人，分别占全市总人口的 5.50% 和 5.27%。万人以上的姓氏还有杨、郭、梁、高、韩、史、贾、郝、冯、陈、石、武、周、马、白、任、侯、董、崔、胡、翟共 21 个，这 21 姓总人口为 351232 人，占全市总人口的 30.12%。以上 26 姓人口总数为 844048 人，占全市总人口的 72.37%。全市千人以上的姓氏还有孙、荆、岳、阎等 76 姓，加上前述的 26 姓，共计 102 姓，总人口为 1117367 人，占全市总人口的 95.81%。其余姓氏人口总数为 48891 人，仅占全市总人口的 4.19%。其中有 446 个姓氏的人口在 10 人以下，有 208 个姓氏仅有 1 人。

1990年人口普查阳泉市千人以上姓氏一览表

表-3-23 单位：人

姓氏	人数	姓氏	人数	姓氏	人数	姓氏	人数	姓氏	人数	姓氏	人数
王	148584	梁	25803	陈	14620	侯	10812	岳	8425	吕	7511
李	112435	高	25121	石	13906	董	10772	阎	8368	杜	6881
张	106100	韩	24334	武	13701	崔	10743	吴	8254	苏	6658
赵	64196	史	20073	周	12555	胡	10632	郑	8124	傅	6592
刘	61501	贾	17621	马	11727	翟	10170	田	8046	葛	6170
杨	33485	郝	16005	白	11711	孙	9728	魏	7885	宋	5969
郭	30541	冯	15229	任	11680	荆	8884	穆	7683	程	5822
段	5751	康	3739	路	2829	聂	2340	罗	1626	裴	1269
耿	5611	许	3658	蔡	2828	温	2154	丁	1566	唐	1265
朱	5339	孟	3623	樊	2720	徐	2033	冀	1560	时	1250
郗	5199	牛	3122	安	2710	窦	2019	邓	1537	商	1166
尹	5192	苗	3079	祁	2687	荣	1873	姜	1490	贺	1095
曹	5022	卢	3061	乔	2679	常	1866	甄	1430	姬	1059
霍	4683	范	2987	余	2564	邵	1859	何	1396	陶	1054
姚	4384	毕	2965	谢	2474	齐	1728	靳	1334	方	1029
潘	4168	于	2949	袁	2351	尚	1646	孔	1316	施	1009
黄	3792	秦	2937	戴	2344	邢	1639	薛	1286	古	1005

2010年第六次人口普查时，阳泉市共有人口1368502人，共有572个姓氏，其中单姓561个，复姓21个。10万人以上的大姓仍然是王、李、张三姓，其人口依次为165572人、129322人和121347人，分别占全市总人口的12.10%、9.45%和8.87%。三姓共计416241人，占全市总人口的30.42%。7万人以上的姓氏还有赵、刘二姓，赵姓人口72837人，刘姓人口72093人，分别占全市总人口的5.32%和5.28%。万人以上的姓氏还有杨、郭、高、韩、梁、史、贾、陈、郝、冯、武、石、周、马、白、任、崔、胡、侯、孙、翟、董共22个，这22姓总人口为407558人，占全市总人口的29.78%。以上27姓人口总数为968729人，占全市总人口的70.79%。全市千人以上的姓氏还有田、吴、郑、岳等92姓，加上前述的27姓，共计119姓，总人口为1297524人，占全市总人口的94.81%。其余姓氏人口总数为70978人，仅占全市总人口的5.19%。其中有48个姓氏的人口在10人（含10人）以下，有13个姓氏仅有1人。

2010 年人口普查阳泉市千人以上姓氏一览表

表 -3-24　　　　单位：人

姓氏	人数	姓氏	人数	姓氏	人数	姓氏	人数	姓氏	人数	姓氏	人数
王	165572	任	12903	宋	6972	乔	3464	何	2072	毛	1334
李	129322	崔	12450	段	6706	安	3426	尚	2065	方	1320
张	121347	胡	12441	耿	6467	樊	3389	邓	2025	姬	1319
赵	72837	侯	12408	葛	6319	卢	3346	丁	2004	肖	1307
刘	72093	孙	11637	朱	6122	毕	3272	薛	1994	主	1292
杨	37373	翟	11597	尹	5989	路	3257	窦	1971	栗	1270
郭	34807	董	11172	曹	5908	蔡	3182	荣	1967	古	1261
高	28356	田	9932	霍	5445	祁	2967	邢	1963	焦	1240
韩	27723	吴	9812	郗	5201	徐	2935	姜	1895	陶	1235
梁	27713	郑	9731	姚	4905	谢	2814	冀	1857	庞	1220
史	21452	岳	9103	潘	4662	袁	2809	裴	1695	施	1145
贾	20081	闫	9028	黄	4639	聂	2762	甄	1625	蒋	1143
陈	18595	荆	8962	孟	4509	余	2617	孔	1624	芦	1112
郝	17770	魏	8869	许	4425	温	2531	唐	1611	关	1086
冯	17093	吕	8787	康	4314	常	2445	时	1605	单	1065
武	15763	穆	8706	苗	3921	代	2267	贺	1578	陆	1055
石	15325	杜	8130	于	3728	罗	2221	靳	1578	蔺	1032
周	14097	苏	7518	秦	3725	齐	2139	商	1526	土	1026
马	13604	付	7512	牛	3678	季	2099	申	1490	逯	1011
白	13198	程	7411	范	3534	邵	2099	米	1466	—	—

二、分布特征

（一）单姓为主

随着历史的演进、人口的迁徙、军屯民屯的增加，逐渐形成自然村落。起初，村名大多依建村人的姓氏命名。其后，子承父业，守土耕作，代代相传，人口聚村繁衍，遂成旺族。这种传统模式迄今仍在境内存在，以村聚居，村中单姓为主。如姜村的姜姓、贺村的贺姓、梁家寨的梁姓、路家村的路姓，都属于这种类型。

（二）成片分布

随着时间的推移，聚村繁衍所形成的大姓村落人口逐渐增加，致使赖以生存的土地难以满足需求，于是部分村民便向周围迁徙扩散，逐渐形成较大面积的片姓。如盂县梁家寨乡大崔家庄村、小崔家庄村、黄树岩村的崔姓，路家村镇皇后村的鄯姓，下社乡王家滩村的韩姓，仙人乡堖上村的郭姓人口；平定县巨城镇连庄村的祁姓，张庄镇张庄村的岳姓，娘子关镇西塔堰村的武姓人口；郊区平坦镇和旧街乡的荆姓，荫营镇三都村的史姓人口，都属于这种类型。

（三）多姓杂居

在大姓村落的村民向周围扩散而形成片姓的过程中，如果周围原来就有别姓，片姓就与他们形成杂居的关系。与这种扩散过程相反，有一些单姓或姓氏较少的村落，逐渐迁入别姓，也形成多姓杂居的格局。城市的形成与大多数村镇不同，且人口迁移变动较大，其姓氏构成基本是多姓杂居。

三、姓氏溯源

散藏于民间的家谱记载了姓氏的渊源流变，兹据其所载，将境内部分姓氏的源流记述如下。

王姓　为境内人口最多的姓氏。据郊区西南舁乡孔南庄村《王氏族谱》载，孔南庄村立村于北宋中期，首居该村的有孔、王二姓，后王姓分支于河底等处。据平定县岔口乡郝家庄王氏《堖股家谱》及光绪三十一年（1905）郝家庄王氏祖茔宗谱碑记载，王氏于元初迁居平定郝家庄，随家族繁衍，分支于东峪、岳家庄、土沟、黄沙浸等地。据平定县锁簧镇西白岸《王氏家谱》载，该村王氏于明初从洪洞迁居平定。据平定县宋家庄《王氏宗谱》记载，该村王姓于明嘉靖年间，由武乡县南上合村迁居平定宋家庄。

李姓　源于多处，为境内第二大姓。平定城内南营街李氏，据清乾隆十五年（1750）李天爵修《李氏族谱》载："于明洪武初，由平阳府迁平定，居城内南营街，以南坳、锁簧为别业。"彰化坡李氏，据石印本家谱载，李氏于明朝初年，从山西洪洞迁居平定槐树铺；明末清初，分支于城西尚怡，后又分支于天井、大峪、西关、城里彰化坡、嘉河瓜皮川等地。平定县城西城门口李氏，据李澄源手抄本《李氏家乘》，其李氏脉衍陇西，唐宋始世居平定，家族繁衍，分支于平潭、义井、南庄、上城、西门里、宁艾等地。

张姓　为境内大姓第三位。平定城里二道后街张氏，其始祖张洪，于明初由大同迁居石艾城里，后分支于大峪、大阳泉等地。据《盂县志》载，唐初名将张士贵祖籍盂县上文村，其后裔所编族谱，载有张氏源流及世居盂县的张氏后裔诸支系。据赛鱼、官沟《张氏家谱》载，大约在明正德年间，有一江西张姓为宦于平定，落籍于小峪村，一子张鹤留住小峪，另一子张鹏迁居赛鱼，其后裔又分支于官沟。

赵姓 为境内第四大姓。据郊区旧街乡新店村《赵氏族谱》和明正德十六年（1521）重修园兴寺碑碑文，赵氏先祖于元末从赵城（今洪洞县赵城镇）迁居汉桥镇（今新店村），其后裔徙居于今郊区旧街、李家庄、荫营等乡镇的15个村，以及平定县的城里、小峪、宋家庄等村。据平定县张庄镇神峪村《赵氏家谱》载，赵氏一族于明洪武二年（1369）由洪洞县迁居石艾立壁村。上董寨赵氏，据上董寨村赵氏祖坟道光二年（1822）碑记，赵氏世居上董寨，明万历年间其先祖迁玉、迁宝始卜居于冯家峪，历传九世，数十家又徙于南山。

刘姓 为境内第五大姓。据后沟村《刘氏家谱》载：其先祖刘雄，明初职授石艾西厢都副千户田军，遂由徐州迁石艾，居于后沟，家族繁衍，分支于小阳泉、大阳泉、石卜咀等地。

杨姓 据平定娘子关《杨氏家乘》载：杨氏原籍江南，其先世于明初永乐中从成祖北征，后留守神武卫（真定），子孙遂为神武卫人；至正德、嘉靖之际，杨宝移军西守井陉口，其弟、侄相从；后边防日紧，遂与本卫胡、刘、徐、樊、许等八姓军官分驻乏驴岭、贵泉、承天寨诸隘，督军屯戍，久留不去，乃世为娘子关人。

高姓 据西南舁《高氏家谱》载，高氏祖居陕西省米脂县。后宋辽交兵，始祖高原携家眷逃难到盂县仙人村。三世祖高溱殁于军中，其子高宣为躲避差役，携妻子徙居于霍树头村东四里的红晏庄子，后定居于西南舁村，又分支于河底、山底等地。

史姓 据《史氏家乘》载，岳家庄史姓原籍江南江宁府溧阳县，后迁正定，至史灼任平定州同知，遂入籍平定，为避乱，隐居上荫营村，后分支于三都、河底、岳家庄等地。

冯姓 平定东锁簧冯氏原籍洪洞，元初迁河北测鱼定居。明洪武五年（1372），冯白荣偕弟从测鱼迁东锁簧务农，是为平定县冯族之始。

周姓 据《周氏家谱》载，周氏原籍汝南，远在唐宣宗、懿宗时，迁居平定安平乡之白杨驿。其支脉分布于乱流、南上庄、平定县城等地。

白姓 据《白氏家乘》载，白氏原居河南南阳。宋末，白子信为宦晋省，因卜居于石艾。支脉繁衍分布于平定城里、庙沟、罗家峪、白泉、大阳泉、小阳泉、西河、石卜咀等地。

黄姓 原籍浙江省台州，其先祖黄得，于元末参加朱元璋起义军，以功授昭信校尉，世袭守御百户。其子黄鉴，随其出征，升授武略将军，世袭守御千户，后奉命驻守平定，子孙繁衍成为黄姓家族，多分布于平定县冠山镇。

窦姓 据清窦瑸续修的《窦氏族谱》载，窦氏隶籍平定，相传由洪洞迁来。

姬姓 平定西白岸之姬氏，原籍山西沁源县都沟村。明洪武二年（1368），经洪洞老槐树迁石艾西白岸。繁衍22世，分支于平定县连庄、姬家沟、北庄以及昔阳县李家庄、殷家庄、武家坪和寿阳县松塔等地。

第二节 族 谱

境内编修族谱始于何时，年代不详。较早的有平定县始修于元代的《翟氏家谱》、明代的《耿氏家谱》，郊区白羊墅村编修于清代的《周氏家谱》，盂县编修于清康熙年间的《武氏族谱》、乾隆年间的南关《李氏族谱》、道光年间的泥河村《李氏族谱》等。20世纪90年代后，境内编修族谱风气更浓。据不完全统计，境内续修、新修族谱已超百部，其中，具有代表性的有平定县的《白氏家谱》《王氏家谱》，郊区的《潘氏家谱》《赵氏家谱》，盂县的《续修张氏族谱》等，以上家谱、族谱在编排方式上各具特色。境内家谱编修风气的日渐浓厚，一方面反映了地方文化的繁荣，另一方面也体现出境内人口流动的趋势和发展。

《周氏家谱》 郊区白羊墅村《周氏家谱》首创于清嘉庆二十一年（1816），周丕礼主修。其后于咸丰五年（1855）、光绪十一年（1889）、民国4年（1915）、民国30年、1962年、1996年共6次续修。1996年续修本分宗谱史略、宗室文化、宗亲传略、源流世系、迁徙追踪5卷集成，合订一册为套，周光珠主编。《周氏家谱》中以元代进士、中书左臣吕思诚撰《十世祖彦公墓表》和民国国会议员周克昌第五次续修族谱《序文》最具史学价值。吕思诚撰《十世祖彦公墓表》云：“君讳彦，其先平定人，世居安平乡之白羊驿疃。远祖有讳美者，自宋咸平初，已六世居此。”周克昌撰《序文》据此推断，周氏始祖卜居白羊墅当远在唐懿宗宣宗之世，为平定土著中之最永久且足徵信者。《周氏家谱》族人分东、西、中，赵家庄股入谱，至1996年已传至34世，为阳泉市记世最长的家谱之一。

第六章 计划生育

第一节 机 构

1963年山西省成立计划生育办公室后，阳泉市卫生局于同年设立计划生育办公室，计划生育工作为市卫生局卫生行政工作四大重点之一，此为境内设立计划生育行政管理机构之始。其时办公室设专职人员4人。1971年6月21日，阳泉市成立计划生育领导组，为非常设机构。1973年12月22日，设立市计划生育领导组办公室，为实质性工作机构。1982年5月20日，市计划生育领导组改设为市计划生育委员会，简称市计生委，仍为非常设机构。市计生委下设市计划生育办公室，为实质性工作机构。1983年12月，市计生委被确定为市政府工作部门。1984年1月，市计生委内设秘书科、业务科2个科室。1988年9月，市计生委编制为10人。

2004年6月，市计划生育委员会更名为市人口和计划生育委员会（简称“市人口计生委”），为市政府组成部门，正县级建制，行政编制14人，内设办公室、计划统计科、宣传教育科、科学技术科、纪检组（监察室）5个科室。局属3个事业单位：市计划生育服务中心（1985年1月成立市计划生育指导站，1997年9月更名）、市计划生育药具管理站（1985年1月成立）、市计划生育协会办公室（1997年8月成立，2009年2月参照公务员管理）。2007年8月增设政策法规科（流动人口管理科）。2010年2月，市人口计生委内设办公室、政策法规科（流动人口服务管理科）、发展规划与信息科、宣传教育科、科学技术服务科、纪检组（监察室），编制16人。

第二节 政策法规

境内的计划生育政策是在遵循国家、山西省相关政策法规的基础上，针对境内实际情况因地制宜制定的。这些政策经过试行到普遍参照执行，经历了一个逐步发展和不断完善的过程。

一、晚婚节育政策

1953 年 6 月，全国第一次人口普查后，中央开始重视计划生育工作。1955 年 3 月，中央批转卫生部《关于节制生育问题向中共中央的报告》。这项政策发布后，阳泉市响应中央号召，开始提倡晚婚和节育。1958 年“大跃进”开始，阳泉市节育工作停顿下来。1961 年后，随着工农业生产的恢复和发展，人口生育大幅上升。面对严峻的人口形势，阳泉市响应中央号召，加强对计划生育工作的领导，推行计划生育政策。1963 年开始贯彻“最好两个，最多不超过三个”的生育政策。“文化大革命”期间，阳泉市的计划生育工作机构被撤销，计划生育工作停顿，人口生育出现自由化现象。

1972 年，境内计划生育工作开始提倡“晚、稀、少”政策（“晚”是指男 25 周岁、女 23 周岁才结婚；“稀”是指拉长生育间隔，两胎要间隔 4 年左右；“少”是指一对夫妇最多生育两个孩子），收到明显成效。1979 年，阳泉市开始贯彻中央“提倡一对夫妇生一个孩子”的政策，规定生育须按计划进行。1982 年，计划生育被确定为基本国策，并写入《中华人民共和国宪法》。

为更好地贯彻落实计划生育政策和人口计划，1987 年，阳泉市各级各部门层层建立并完善计划生育工作的一系列规章制度，开始实行责任制，每年逐级对口签订责任状。另外还建立并实行日常工作制度、岗位责任制、育龄妇女检查制等规章制度。随着一系列政策法规的实施，阳泉市的人口和计划生育工作逐步走上法治道路。

二、奖励扶助

1979 年 11 月 25 日，市革命委员会制定出《关于贯彻执行〈山西省计划生育工作的若干规定〉（试行）的几点意见》。对自愿实行计划生育、终身只生一个孩子的夫妇颁发“独生子女光荣证”，优先解决独生子女的入托、入园、入学、住房、招工等问题，并按月发给独生子女保健费 5 元，直至孩子满 14 周岁为止。1982 年，市计生部门针对计划外二胎增多、部分群众抢怀抢生二胎的实际情况，制定《关于计划生育的奖惩暂行规定》。1990 年 1 月起，阳泉市开始贯彻《山西省计划生育条例》。

为进一步强化利益导向，用足用好奖励优待政策，让独生子女家庭真正感受到政治上有待遇、生活上有实惠，2003年，市政府出台《阳泉市计划生育奖励优待及社会保障暂行办法》。规定符合晚婚规定的（男满25周岁、女满23周岁初婚）享受婚假1个月；一方晚婚的一方享受，双方晚婚的双方享受；符合晚育规定的（已婚妇女满24周岁生育第一个子女），女方享受产假4个月，男方享受护理假15天；产假期间采取长效节育措施的，享受产假6个月；婚假、产假、护理假期间，工资、奖金照发。同时，夫妻只生育或收养一个子女，并向乡镇人民政府或街道办事处领取独生子女光荣证的，享受奖励和优待政策。

2008年4月，《阳泉市农村计划生育家庭奖励扶助工作实施细则》出台，规定农村计划生育家庭奖励扶助制度共分六种类型，即领证独生子女父母奖励、退二孩指标独生子女父母奖励、双女绝育家庭奖励、独生子女伤病残一次性补助、计划生育家庭特别扶助、农村部分计划生育家庭奖励扶助。并对奖励标准作出规定，自2008年1月1日起，农村独生子女父母奖励金按每人每月50元标准发至独生子女父母59周岁（60周岁开始纳入国家奖励扶助范围）。2008年1月1日前领取独生子女光荣证，其独生子女已年满16周岁的，自2008年1月起按新标准继续发给奖励金。对于退二孩指标独生子女父母奖励以户为单位统计，从2008年1月1日开始，独生子女年满10周岁且领取独生子女光荣证（包括2008年1月1日以前领证）的符合条件家庭，一次性给予每户不少于5000元的退二孩指标奖励金。2008年1月1日以前独生子女年满10周岁及10周岁以上的符合条件家庭，不论领取独生子女光荣证的时间在2008年1月1日之前还是之后，未享受过退二孩指标奖励的，仍按照每户一次性1000元的标准奖励。对双女绝育家庭奖励以户为单位统计，第二个女孩在2008年1月1日以后出生，且符合条件的双女绝育家庭的一次性奖励，在第二个女孩出生后半年内落实绝育措施的，一次性给予5000元的节育奖励金；一年内落实绝育措施的，一次性给予3000元的节育奖励金；一年后落实绝育措施的，一次性给予1000元的节育奖励金。对领证独生子女死亡、患重大疾病或伤病残丧失劳动能力（伤病残达到二级以上）一次性给予5000元补助。独生子女死亡或伤病残达到三级以上后未再生育或收养子女的夫妇，从女方49周岁起，给予每人每月100元的扶助金，直到亡故或子女康复为止。对农村部分计划生育家庭奖励扶助按年人均不低于720元的标准发给夫妇双方奖励扶助金，直到亡故为止。

第三节　宣传教育

阳泉市的人口和计划生育工作，始终把宣传放在首位，并贯穿于计划生育工作的全过程。根据市情，全市计划生育宣传工作经过了一个从内部宣传到公开宣传、从宣传避孕节育知识到全面宣传人口和计划生育工作的过程。广泛深入的宣传教育工作，为阳泉市全面落实计划生育基本国策、推动全市人口和计划生育工作健康发展，营造了良好的舆论氛围。

境内20世纪50年代末开始进行节制生育的宣传，普及避孕知识。1963年开始宣传“最好两个，最多不超过三个”的生育政策，宣传形式以口头和小型为主。1972年开始“晚、稀、少”的宣传。这些宣传教育工作，对改变旧的生育观念，增强人民对计划生育的认识和普及计划生育知识起到一定作用。从1979年开始，计划生育宣传围绕“提倡一胎、控制二胎、杜绝三胎”的政策进行。1980年，全市开展“一对夫妇只生一个孩子”的宣传活动，涌现出许多典型。20世纪90年代，全市计划生育宣传教育主要以学习贯彻落实中央《关于加强计划生育工作严格控制人口增长的决定》和《山西省人口与计划生育条例》为主线，开展系列主题宣传活动。进入21世纪，中共中央、国务院对新时期计划生育工作的两个决定，即2000年的《关于加强人口与计划生育工作稳定低生育水平的决定》和2006年的《关于加强人口和计划生育工作统筹解决人口问题的决定》颁布后，全市人口和计划生育宣传教育工作进入稳定低生育水平、提高出生人口素质、统筹解决人口问题、促进人的全面发展新阶段。

一、新风倡导

为开展“婚育新风进万家”活动，大力弘扬“生男生女一样好”“女儿也是传后人”等科学文明进步的婚育观念，努力引导全市形成“少生优生”“关爱女孩成长”的良好氛围，全市上下积极推动人口文化品牌阵地建设。在全市先后建起人口文化大院627个、人口文化活动室506个、群众性人口文化宣传队558支、图书角300余个；城区和矿区均建立了1个集影视、图书、网络与休闲为一体的人口文化园；启动“新农家”创建活动；优化户外宣传环境，更新宣传标语；开展“群众在我心中”演讲比赛，努力把计生宣传融入社会主义新农村建设之中，起到相互促进和相互推动的作用；开展“婚育新风车厢万里行”活动，在11条公交线路和5条小巴线路设立流动计生宣传阵地，在市区主要线路公交站牌设立20块大型人口计生宣传橱窗，并在公共场所设立全彩电子屏，宣传政策法规、优生优育科普知识，把生育文化融入城市文明建设之中，促进了计划生育工作的开展。

二、典型引导

1972年以后，计划生育工作涌现出一大批典型，其中部分被评为国家级、省级、市级的先进集体或先进工作者，各级政府及时对他们进行表彰，推动了计划生育工作的开展。1973年，平定县上马郡头村党支部书记马尚宽率先动员妻子做输卵管结扎手术。在他的带动下，该村4天就有20多名妇女做结扎手术。1979年，郊区西南异公社社员高月花、平定县南坳公社干部任大金的妻子一胎后率先做节育术，分别受到区、县的表彰。1980年，郊区干部李生禄带头领取独生子女光荣证，平定县黄统岭公社110对一胎夫妇中有108对领取独生子女证，分别受到区、县表彰。1986年，西南异乡计划生育助理员高栓孩被评为“全国计划生育先进工作者”。

20世纪90年代，阳泉市多次被评为“山西省计划生育工作先进市”。1998年被人事部、国家计生委授予“全国计划生育系统先进集体”称号。2001年，阳泉市获“全国婚育新风进万家活动特别贡献单位”称号。2002年再次被人事部、国家计生委授予“全国计划生育系统先进集体”称号。2005年，阳泉市获“全省人口和计划生育优质服务先进市”称号。2006年，被国家人口计生委授予“全国计划生育奖扶工作先进市”称号。2007年、2008年连续两年在全省人口计生目标责任考核中被省政府授予先进奖，并排名第一。2010年，被国家人口计生委授予“全国计划生育科技大练兵活动先进单位”称号，被省政府授予人口和计划生育工作目标责任考核综合先进奖并排名第一。

三、媒体宣传

阳泉市在人口和计划生育宣传教育工作中，注重发挥报刊、广播、电视、互联网等新闻媒体的作用，在各新闻媒体上刊登或播出大量关于人口和计划生育工作的稿件或节目。报刊、广播、电视、互联网都开辟固定宣传专栏，其中，《阳泉日报》举办“人口与国策”有奖征文活动、阳泉人民广播电台开辟“天天讲”专题节目。另外，《山西日报》和《山西人口报》也刊登了不少关于阳泉市计划生育工作的稿件。

1980年1月，市计划生育办公室创办《计划生育宣传资料》。1984年6月，市计生委创办内部刊物《计划生育通讯》。2007年，市委宣传部、市人口计生委和阳泉日报社联合组织开展全市党政主要领导“话国策、议统筹、谋发展”征文活动，市、县（区）两级党政主要领导所撰写的12篇文章最后由市人口计生委编印成册，并由时任市委书记谢海题序。活动为宣传人口计生政策、避孕节育知识、优生优育知识、生殖保健知识以及人口计生战线先进典型发挥了作用。

四、普及教育

1978年春节前后，阳泉市开展计划生育宣传月活动。《阳泉报》刊登了《搞好节假日期间计划生育工作的通知》，市有线广播站播出计划生育节目；各单位也积极开展宣传活动，阳泉矿务局系统安排广播节目，阳泉钢铁公司等单位利用黑板报、广播、幻灯、电影等多种形式进行宣传，市药材站及有关商店配合宣传，设置11处避孕药具专柜，一个以晚婚和计划生育为荣的社会新风尚在全市范围内普遍形成。

1982年12月至1983年3月，阳泉市开展首次“双服务”（宣传服务和技术服务）宣传月，采用广播、电视、电影、幻灯、标语、宣传橱窗、宣传栏、文艺演出等多种方式，进行计划生育政策方针、优生优育、避孕知识、妇幼保健、先进人物的宣传，前后历时4个月，共有10万余人参加。阳泉市的计生工作受到省政府表彰，被评为“山西省计划生育先进单位”。之后，全市每年都开展计划生育“双服务”宣传月活动，成效显著。另外，每年的5月29日、7月11日、9月25日、10月28日，市、县、乡、村四级都要组织开展大型的计划生育宣传活动。

20世纪90年代，阳泉市围绕计划生育工作的新思路，加大“双服务”活动力度，开展“双进万”（婚育新风进万家和优质服务进万村）活动，每年的宣传月活动也紧紧围绕这一中心开展，通过多种形式进行宣传，增强广大干部群众的人口意识，提高广大群众实行计划生育的自觉性。从1996年起，阳泉市每年组织开展科技、文化、卫生“三下乡”活动，为广大农村群众开展宣传和技术服务，受到群众欢迎。

进入21世纪，阳泉市的人口和计划生育工作进入稳定低生育水平、提高出生人口素质的新阶段，这个时期的计划生育宣传以大力普及生殖健康知识和人口计划生育法律法规知识为主，通过一系列集中宣传，为全市人口计生健康发展创造了良好的舆论环境，促进了人口计划生育事业的进一步发展。2004年8月至9月，市人口和计划生育委员会、市计划生育协会、市人口文化促进会联合举办阳泉市首届“人口文化节”，以“关爱女孩行动”为主题，举办美术、书法、摄影展览，以及知识竞赛和演讲等7项活动，取得良好的宣传效果。2007年8月，市人大常委会、市人民政府在阳泉宾馆联合举办纪念《中华人民共和国人口与计划生育法》实施5周年座谈会。2008年，为纪念改革开放30周年，展示全市人口计生工作30年所取得的辉煌成果，9月10日至17日，由市人口计生委、市计生协会、市政协摄影学会联合在市文化中心举办“辉煌计生”大型摄影图片展，市级四大班子领导先后参观展览，给予高度评价，并为摄影展留言或题词。2009年，为庆祝中华人民共和国成立60周年，真实反映全市人口和计划生育工作发展历程，市人口计生委组织编纂了《阳泉市人口和计划生育史》，与市计划生育协会联合出版了《辉煌计生》图片集。开展宣传品进村入户工作，特别是以婚育新风进家、优生优育进家、生殖健康进家、避孕药具进家、跟踪随访进家、奖扶救助进家、人文关怀进家和科技致富进家为内容的“八进家”活动开展后，全市共发放新《山西省计划生育条例》26万余份、《和谐/幸福促进行动指南》2万份、《婚育指南》1万余份、《预防出生缺陷知识》和《孕期保健优育知识》2万份、新春大礼包1.5万份，为14万农村育龄妇女提供专用盥洗盆。2010年4月，启动“婚育新风进万家”全国农村电影放映公益宣传活动和为全市计生家庭拍摄“全家福”活动，人口计生工作在人民群众中的影响日益深远，广大群众执行计划生育政策的自觉性日益增强。

第四节　技术服务

一、服务体系

1985年1月阳泉市计划生育指导站成立。1997年9月更名为市计划生育服务中心，为副县级事业单位。主要开展计划生育宣传教育、技术服务、人员培训、优生遗传研究等，开展生殖健康产业开发和节育新技术的应用、研究、推广工作。内设办公室、宣传科、培训科和技术服务科4个科室。

1985年，阳泉市各县区也陆续成立计划生育宣传指导站。1993年计划生育宣传指导站更名为计划生育服务站，机构性质为事业单位。从1991年起，全市57个乡镇都建起计划生育服务所。2002年撤并乡镇后，全市共有32个乡镇计划生育服务所。县（区）、乡镇两级计生服务机构，承担着计划生育的宣传教育、避孕节育、技术服务、人员培训等工作任务，为计划生育事业的发展提供技术保障。

按照国家有关文件要求，从2008年开始，阳泉市用3年时间对全市县（区）、乡镇、村服务站（室）进行规范化和标准化建设，并按有关规定对服务网络进行新建和改扩建。2009年12月，平定县被国家人口计生委评为“全国优质服务先进单位”。至此，全市5个县区全部达到“国家优质服务先进单位”标准，成为山西省唯一一家全部县区达“国优”的地市。在此基础上，实现服务网络全覆盖、优质服务全覆盖、免费孕前优生健康检查全覆盖。到2010年，全市5个县级人口计生服务中心、32个乡镇服务站基本实现标准化、规范化建设要求。

二、综合服务

20世纪50年代末至60年代初，境内普遍提倡采用避孕套、子宫帽和避孕膏避孕。60年代初始行男、女结扎手术。60年代中期开始使用节育环。60年代末，口服避孕药、注射避孕针开始推广应用。进入70年代，阳泉市重视节育技术质量，特别是加强对计划生育技术指导工作的领导，建立健全县及县以上的计划生育技术指导组，推广综合节育措施，外用避孕药、栓、膜陆续用于临床。从1972年开始，境内免费供应避孕药具。1978年，市计划生育管理部门组织指导站工作人员先后3次深入基层，与基层医务人员一起，先后在市商业局、电子局系统和郊区义井公社、荫营公社巡回宣传，开展普查普治妇女病工作，共普查1350余人。80年代，境内大力开展婚前检查、遗传咨询、孕期保健等优生工作。为有效控制人口过快增长，特别是控制多胎和减少人工流产，全市注重加强技术服务，抓好长效节育工作，对生育两个和两个以上孩子的育龄夫妇一方，提倡在自愿基础上做绝育手术；生育一个孩子的妇女，做好上节育环工作。与此同时，对病残儿童家庭要求生育二胎的进行独生子女病残儿童鉴定，并按规定作出鉴定结论。进入90年代，推动计生科技改革，通过各种途径向广大妇女普及避孕节育、优生优育、妇幼保健方面的科学知识，推行遗传病咨询、母婴保健、新生儿筛查技术工作，加强基层服务网络建设，协助有关部门做好优生工作。1999年，阳泉市出台《关于在全市开展“双进万”活动的实施方案》。具体内容包括“五进家”和“十服务”，“五进家”即婚育新风进家、计划生育宣传舆论进家、计划生育宣传品进家、“三生”宣传服务进家和基础知识进家，“十服务”即双向承诺服务、五期生育服务、孕前管理服务、避孕知情服务、落实措施服务、生殖健康服务、避孕药具服务、科普咨询服务、优生监测服务和规范管理服务。选定平定县、郊区作为“婚育新风进万家”试点县区，郊区为“优质服务进万村”试点县。同时，试点县也确定试点乡、试点村及示范户开展工作。全市各级计生服务网络坚持“面向基层，深入乡村，上门服务，方便群众”的方针开展服务，市服务中心、县区服务站组织技术服务小分队携带乳腺诊断仪、B超机、激光治疗仪等深入试点乡、试点村进行服务。对10个试点村普遍进行1至2次技术服务，共做妇女健康普查2000余人次，查出各类疾病13种、613人，当场治疗182人。

进入21世纪后，全市计生服务部门把“以人为本”的理念贯穿于计划生育优质服务过程中，进一步开展好“避孕节育优质服务、出生缺陷干预、生殖道感染干预”三大工程，先后推出一系列技术服务活动，郊区、矿区先后被国家人口计生委命名为“优质服务先进区”，城区、平定县、盂县先后被省政府命名为“优质服务先进县（区）”，阳泉市被评为“全省优质服务先进市”。其间，2001年，市计生部门把优质服务工程纳入市、县人口与计划生育目标责任制，市、县、乡三级网络互相协作，利用流动服务车、“心连心”技术服务小分队常年活动在基层，上门为育龄群众服务，仅市计生服务中心就为51个村的1.56万名育龄群众开展查病治病服务，受到群众欢迎。2002年，市计生部门围绕基层基础工作，向上争取项目和设备，先后为郊区争取到全省避孕节育知情选择优质服务示范县项目，山西省为启动项目投资7万元；为平定县争取到国家重点基础研究发展规划“973”工程中的“中国人口出生缺陷的遗传和环境可控性研究”项目。项目的实施促进了“三大工程”的开展。从2003年开始，郊区承接联合国计划生育/生殖健康第五、第六周期项目，在项目运作中积累了一些经验、做法，特别是一些先进管理理念的引进，推动了全市的人口计生工作。2004年，下发《关于调整充实基层计划生育技术服务机构人员的通知》，清理非专业技术人员，进行转岗分流安置工作。各县区在创建优质服务活动中各有特色，先后开展城市区“性”福卡工程、乳腺疾病普查普治项目和吉妮系列新型IUD推广项目，全市有近20个乡镇（街道办事处）达“市级优质服务先进乡镇（街道办事处）”标准。城市区“性”福卡工程是山西省药具改革唯一试点项目，由市药具站牵头，于7月21日启动，在城区、矿区、开发区安装30台计生药具IC卡免费发放机，全天候为育龄群众提供避孕药具服务，并陆续在宾馆、娱乐场所、大专院校、大型超市、医疗卫生单位等地安装20台安全套自售机，以方便群众需求，促进避孕节育知情选择及性病、艾滋病预防的有效落实。

2005年，在全市开展“八进”“五送”优质服务系列活动，“八进”即进乡村、进社区、进矿山、进市场、进工厂、进学校、进军营和进工地，“五送”即为广大群众送政策、送健康、送宣传、送药具、送服务。在提供查环查孕的同时，还提供妇科检查、乳腺普查等服务，并为每人建立健康档案。2007年，实施“关爱妇女健康，免费普查服务”活动，调动计生服务机构和各方资源，采取集中普查和下乡巡回普查相结合的方式，为育龄妇女提供免费普查。充分发挥流动服务车优势，开展特色服务，服务过程中始终坚持宣传培训到位、药具发放到位、技术服务到位，进一步深化优质服务活动。2008年，各县区根据实际，在抓好长效节育措施落实、确保低生育水平稳定的基础上，以实施优生优育优教为抓手，开发面向家庭和群众需求的特色服务项目，拓展服务新领域，开展育龄妇女生殖健康免费普查行动，为育龄妇女提供针对性和个性化的健康服务，妇科疾病发病率明显下降。开展全市“和谐幸福促进行动”、新婚夫妇免费保健服务、免费孕前优生健康检查等工作，促进了人口计生工作水平的提升。经过全市各级计生服务人员的共同努力，市、县（区）、乡镇（街道办事处）三级计生服务网络进一步健全，温馨宣传、优质服务、拓宽信息渠道、组织全方位人员培训、免费药具发放“五位一体”的优质服务工作切实落到基层，深受群众欢迎。

阳泉市志

YANGQUANSHIZHI

[上　册]

第四编

建设　环保

20世纪以前，阳泉市老城区所处之地还是一片风沙迷漫、杂草丛生、乱石堆积的荒滩，名曰“沙巷口”。清光绪三十二年（1906），正太铁路途经此地设站，因毗邻小阳泉村，故取名阳泉站。同年，山西商办全省保晋矿务有限总公司（简称保晋公司）开始筹建，两年后经清政府批准注册，民国5年（1916）该公司总部迁至阳泉站附近。随着正太铁路的开通和近代山西最大民族资本企业——保晋公司的建立，一个以阳泉站为中心而快速兴起的工商重镇呈现在世人面前，为以后阳泉市的创建奠定了基础。

民国36年（1947）5月4日，阳泉市建立。

建市初期，市区面积只有几平方千米，人口不足2万人，阳泉当时还只是一个规模不大、设施简单的山区小镇。建市之后，阳泉市从现实和长远考量，依据国家政策法规，借鉴外地经验，对全市城乡总体建设做了多次规划，不断修改完善，为城乡建设提供了基本原则，促进了全市城乡建设事业的健康发展。经过60多年的建设，阳泉市已经成为一座辖城区、矿区、郊区三个区和平定县、盂县两个县，颇具规模的现代化中等城市了。

截至2010年，阳泉市的城市面积达652平方千米，其中建成区面积52平方千米，城市人口72万人，城镇化水平60%，城市道路长度430千米，城市道路面积580万平方米，城市排水管道长度330千米，城市供水管道596千米，城市年供水总量6316万立方米，燃气供气管道580千米，居民用气普及率91.65%，集中供热面积1829万平方米，建成区绿化覆盖率39.75%，人均公园绿地面积8.96平方米，城市生活垃圾无害化处理率100%，污水处理率82.99%，市容市貌今非昔比，城市变化天翻地覆。在城市建设取得辉煌成就的同时，乡村建设及环境保护工作也取得了明显成效。乡村建设方面，1985年至1990年对全市57个乡镇、1039个村的村镇建设作了规划，1997年阳泉市在全省率先实现农村整体达小康目标，到2010年全市农村实现了村通硬化路、村通广播电视、县乡村三级卫生服务体系建设、中小学校舍安全改造、农村饮水安全、乡镇综合文化站、农村新型养老保险、万村千乡市场工程“八个全覆盖”，基础设施不断完善，农民住宅普遍更新，生活环境大为改观，农村面貌焕然一新。环境保护方面，全市在重点流域环境、重点区域环境、重点行业污染、主要污染物的治理及生态保护方面均有较大进步，环境意识普遍增强，环保设施日臻完善，环境状况持续向好，2010年阳泉市市区及各县区空气质量全部达到国家二级标准，在全省率先实现“县县空气质量达二级”目标。

第一章 机构

第一节 市住建局

阳泉建市前，境内无专司城市建设的部门。1952年6月，市政府设立建设科，内设行政组、测量组、计划组、施工组；1957年3月26日，撤销建设科，成立城市建设局，内设秘书室、城市科、工程管理科、生产计划科、基建科、供销科、财会科、人事组织科、园林科；1960年，城市建设局改为建设局，成立基本建设委员会；1961年4月20日，基本建设委员会并入市计划委员会，撤销建设局，恢复城市建设局，内设科室有党委办公室、工程管理科、建筑材料科、行政办公室、人事劳动科、计划财务科；1962年5月22日，撤销城市建设局，成立建设局；1963年11月19日，建设局改名为城市建设局；1968年至1971年，市革命委员会成立后，下设城市建设局革命委员会，内设政工组、生产组、办事组、房地产管理公司革委会，与城市建设局两块牌子一套机构，城市建设局职能基本被取代。1972年，城市建设局职能恢复，内设办公室、武装部、政治部、城市科、保护科、公用企业科、劳动安全科、职工医院；1973年1月17日，城市建设局撤销，市革命委员会成立基本建设委员会；1974年至1977年，基本建设委员会内设办公室、施工科、材料科；1979年，基本建设委员会内设有材料科、抗震办公室、设计处、工程管理处、环境保护办公室（局）、散装水泥办公室，下属建筑工程局、城市建设局、建筑材料工业局、房地产管理局、统建办公室（增）、清理基本建设在建项目办公室、材料科；1983年12月26日，市委、市政府进行机构体制改革，基本建设委员会撤销，城市建设局、环境保护局、房地产管理局合并为城乡建设环境保护局；1986年6月20日，成立基本建设办公室，

科5个科室，下属市环境保护监测站、市环境监察支队、市环境信息与在线监控中心、市辐射环境监测管理站、市环境科学研究所5个事业单位。

环境监察机构 1980年7月5日，市环保局设立排污收费管理所，规格为正科级，编制为5人，性质是全额财政拨款的事业单位，当时主要是针对省营以上企业的锅炉烟尘进行收费，1980年收缴排污费4.87万元。1987年7月，排污收费管理所更名为排污监督管理所，规格仍然是正科级，人员编制增加至7名，性质未变。收费项目由原来只收省营以上企业的锅炉烟尘费增加为市营以上企业的工业废水、废气，开征面扩大。同年，平定县、盂县及郊区也相继成立排污收费监督管理所，开始对辖区的有关企业征收废气排污费。1988年起，开始了对全市工矿、交通、建筑、商业、“三产”服务性行业及个体经营者征收工业废水和生活污水的排污费。

1989年经市政府常委会议〔1989〕35号通知精神，给排污收费所增加了5名编制，由此，这支队伍成为拥有12名专业执法人员的执法机构，受市环保局委托，依法对全市单位或个人执行环保法律、法规情况进行现场执法检查处理，并依法征收排污费。

2002年8月，由市编委批准正式更名为阳泉市环境监察支队，加之分流安置局机关工勤人员2名，共有编制14名，全员在岗。2006年，根据省委组织部、省人事厅〔2006〕54号《关于事业单位参照公务员法管理审批工作的通知》精神及有关法律法规要求，市环境监察支队参照公务员法进行管理，12名执法人员经过培训、考核等环节，全部被批准过渡为公务员，市支队列入市直政府系统第一批参照公务员法管理的单位。

环境监测机构 全市环境监测系统共有监测站9家，监测人员135人。其中二级站1家（市环境监测站）、三级站5家（平定县、盂县、郊区、城区、矿区监测站），另有企业站3家（阳煤集团、晋东化工厂、娘子关电厂监测站）。

阳泉市环境保护监测站为全民所有制社会公益性事业单位，始建于1976年。随着环境保护行政主管部门的变换，曾隶属于市环境保护办公室、市环境保护局、市城乡建设环境保护局环保处，后在隶属于市环境保护局。1986年，由市政府编制委员会批准成为市环保局的下设机构，有相对的独立性。到2010年，全站共有职工46人，下设7个科室，即办公室、综合质控室、计划财务室、设备应急室、分析测试中心、自动监测中心、现场监测中心。其主要职责是按照国家和省、市环保部门有关要求，开展市区环境质量监测和污染源监测，掌握环境状况和变化趋势。编制本市环境质量报告书，环境质量公报，以及空气质量日报等，并负责对市辖区内环境监测网的技术业务指导、监测质量保证和技术资质的考核，为环境规划、环境管理以及各级政府部门的环境决策提供科学依据和技术支持。

第二章 城乡规划

第一节 城市规划

一、总体规划

阳泉建市之前隶属于平定县，正太铁路通车建站后逐渐拓展为上站、下站两地，时街道、建筑布局随意性较大，无规划记载。建市之后，城市建设逐渐走上正轨，规划事业也迅速发展，其中虽经历了一段曲折历程，但总体向前推进。先后于1956年、1959年、1961年、1971年、1979年、1997年搞过6次城市总体规划编制，规划城市规模从1956年的4.28平方千米扩展到2020年的566平方千米，规划城市人口从1956年的9.27万人增长到2020年的75万人，城市性质定位从矿区、工业城市、煤炭工业城市、新型矿区城市，进一步丰富为全国重要的能源基地、特种新型材料为主的工业城市、山西省东部的区域中心。

1956年11月，市政府首次编制城市总体规划，实施期限为1956年至1962年。此次规划未确定城市性质，只笼统定为矿区。城市规模确定为由1956年的4.28平方千米、9.27万人口发展到1962年的7平方千米、12.46万人。同时，对城市供水、道路、绿化、防洪也作了具体规划。1959年4月，市政府第二次编制城市总体规划，确定城市性质为采掘煤炭、冶炼钢铁和铝矾等为主的工业城市。规划市区范围为阳泉市区及平定县城，发展规模（远期人口）定为50万，其中阳泉市区25万人、平定县城15万人、其他工业点10万人。由于受“大跃进”“左”的思想影响，此次规划对第一次编制的规划做了较大改动，背离了本市城市发展的实际。1961年10月，市政府第三次编制城市总体规划。此次规划委托山西省建设厅规划设计室承制，确定本市城市性质为以煤炭采掘工业为主的矿区城市，城市发展规模近期（到1964年）城市人口达到15万人，远期（到1972年）城市人口达到20万人。规划纠正了第二次城市规划中要求城市建设速度要快、规模要大等不切实际的倾向，调整了行政文化区、工业区、生活区、仓库及防护林带等。其具体布局：行政文化区分为南大街、桥南街和德胜街；工业企业分为矿区、平坦垴区、洪城河区、义井区及侯家沟至五渡区；居民区分为旧区、新区和矿区3部分；中心仓库部署在火车站附近，石油库、火药库择址于城市边缘地带；在旧区与新居民区居住较集中的地段，建两座市级公园；矿区可在区边缘培植绿化带，在厂矿附近培植一定的防护林带。1971年，市革命委员会主持编制第四次城市总体规划，规划实施期限为1971年至1980年，确定城市性质为新型矿区城市。其中，对桃河、义井河两岸业已基本建成的工业区，对重点厂矿扩建用地，对发展李家庄、白泉、贵石沟新工业区做了近期规划；对完善南山、五渡、北郊路住宅区，开辟小阳泉、河坡、铁路三角线住宅区以及南庄铁路线两侧辟为以存放商品为主的仓库区作了标志和说明；对城市供水、供气、供热等作了规划。此外，对开通大阳泉线、桃河南北线、李家庄线、白羊墅线、娘子关线等公交线路和兴建赛鱼大桥、五渡大桥，扩宽桃河大桥，改善城市交通环境也作了安排。同时，还重新规划了排水管网、公园绿化和城市绿化等。规划对阳泉钢铁厂排放的污水、烟尘、矿渣污染环境，铁路专用线对城市的干扰，晋东化工厂对城市安全的危及以及煤炭工业发展对城市布局的影响等问题都明确提上了议程，引起社会的关注。1979年，市革命委员会第五次编制城市总体规划，历时3年多，于1983年完成，并于1985年报省政府原则同意，1989年正式批准。规划确定城市性质为煤炭工业为主的城市，系晋东6县的经济中心。规划期限：近期1980年至1985年，规划人口30万，用地23.49平方千米；远期1980年至2000年，规划人口45万，用地32.82平方千米。其布局原则：结合自然地形相对集中，有机联系，依托现状主体部分，向两翼纵深发展，按带状组团式结构调整城市布局，形成城市总图。工业布局，在已有矿区、义井河区、李家庄区3个工业区的基础上，充实李家庄工业区，开辟白羊墅工业区。对污染严重的工矿企业，按环境保护要求迁厂或转产。桃河上游（赛鱼以西）属水源保护区，一般不准兴建工业、民用设施等。要继续治理阳泉钢铁厂的烟尘，使之达到环境保护标准。对其余严重污染城市的厂矿，采取以治理为主、搬迁为辅的办法，配合工业调整，力争环境达标。晋东化工厂严重危及城市安全，宜令其迁址或转产。居民住宅区，以先填空缺，再由近及远向两翼台地发展建设；住宅区结构则从布局分散的特点出发，按团式予以组合，采取小区居住结构。城区要充分利用现有公共建筑基础，采用分功能布局：南大街为行政中心，北大街为文化中心，兴隆街为商业中心。城市道路方面，针对狭窄、弯曲、坡大、道路系统不完整，功能不明确，机动车与其他车辆混行，交通不畅等弊端，改组结构，明确功能，开辟自行车道路，疏散、分流交通量；逐步改造现有公路，使之达到二级标准，以提高通行能力。此外，在城市外围开辟公路连接线，形成市外环状公路，使过境交通车辆不穿越市区中心，以减轻城市交通负荷。原火车站以东300米处新建客运火车站。兴建阳泉至涉县铁路，延伸白羊墅至固庄铁路专用线到盂县东坪煤矿。总体规划对工程实施、城市供水、排水、防洪、煤气、园林绿化均作了原则要求。

1997年，市政府第六次编制城市总体规划，规划期限23年（1998年至2020年），近期规划期限为8年（1998年至2005年），城市人口60万人、建设用地规模55.2平方千米，远期规划期限为15年（2006年至2020年），城市人口75万人、建设用地69.5平方千米。城市布局：根据阳泉市地形复杂、城市与煤矿开采区相连、地下采空区面积大、城市建设用地紧张的具体情况，城市建设用地空间布局采用分散组团、相对集中的结构形态，规划市区包括行政辖区的城区、矿区和郊区、平定县的部分用地及主要工矿企业用地，划分为阳泉组团、荫营组团、平定组团。阳泉组团包括城区（不含坡底派出所）、矿区（不含贵石沟派出所），以及平坦镇的平坦垴、西河蔓、石卜嘴、赛鱼、前庄、龙凤沟、辛兴、坡头，义井镇的义井、义东沟、大阳泉、白羊墅、王垅、圪台，李家庄乡的上五渡、下五渡、河坡、侯家沟，是全市的政治、经济、金融、文化、信息、商业服务中心，面积44.97平方千米。荫营组团包括荫营镇的坪上、街上、后沟、老虎沟、桥上、下荫营、南窑庄以及白泉工业园区，分为荫营片和白泉片，荫营片是郊区的政治、经济、文化、商业服务中心，白泉片是新规划工业区，面积8.40平方千米。平定组团包括城关镇的东关、西关、南关、姜家沟、石板坪、城里，维社乡的里社、中社、前社、维社、红卫，南坳镇的罗家峪、贵石沟、洗马堰、南蜇石、北石、庄窝，冶西镇的聂家庄、苏村以及贵石沟派出所，二电厂和五矿等企业用地，分为平定片和冶西片，平定片是平定县政治、经济、文化、商业服务业中心，冶西片是平定组团西南部的工业区、生活区和副食品加工区。工业布局：工业用地总面积1526.2公顷，占城市建设总用地面积的22.0%。阳泉组团工业用地面积1006.7公顷，占该组团城市建设用地的22.4%，白羊墅一带规划新工业区，其中桃河南岸为铝厂、阳泉钢铁公司新址、特种水泥厂、河坡电厂等以冶金、建材为主的工业区；桃河北岸经济技术开发区东区无工业区、西区为高新技术工业区。阳泉钢铁公司、洪城河电石厂等污染企业搬出市中心，阳钢原址改造为居住区和商业区；晋东化工厂生产区改造为高新技术产业区和商业服务区；限期关停阳泉电厂；阳煤集团水泥厂限期改造达标。荫营组团工业用地面积223.0公顷，占该组团城市建设用地的26.5%，工业用地规划在白泉工业区，为阳泉市特种新型材料工业区，主要发展新建企业和安置搬迁企业。平定组团工业用地面积296.5公顷，占该组团城市建设用地的18.4%，平定片工业用地规划在平定县城南部，将石太高速公路出入口附近的污染工业搬迁并改造为商贸服务用地，冶西片工业用地东部为工业区，西部为副食品加工区，冶西片工业发展必须保证城市水源不被污染。居住用地布局：居住地总面积2055.6公顷，占城市建设总用地面积的29.6%。阳泉组团规划居住用地1439.0公顷，占该组团城市建设用地的32.0%，规划在平坦、义井、李家庄等城市周围地区新辟居住区，并将农村型居住区改造为城市型居住区，矿区居住用地适当向西发展，在新三矿附近和石卜嘴、西河以北开辟新的居住区。荫营组团规划居住用地196.0公顷，占该组团城市建设用地的23.5%，规划在改造农村型居住区的基础上，逐步在铁路北侧和铁路东侧新建居住区，白泉工业区内不建居住区。平定组团规划居住用地420.6公顷，占该组团城市建设用地的26.1%，规划在城关南部发展居住用地，逐步改造农村型居住区为城市型居住区，维社部分用地规划为新居区，冶西居住用地集中在冶西片的东部和东南部。公共设施用地布局：规划使公共设施用地布局均衡，形成市中心、次中心、居住区中心的服务体系。市级公共设施中心安排在阳泉组团，一是桃河南岸、泉中路东侧商业服务中心的基础上扩建、改造，二是北大街，三是阳钢旧址靠近泉中路新建公共设施中心，南大街西部是阳泉市的政治中心。市区公共设施次中心分布于各组团，阳泉组团安排在赛鱼路口、四矿路口、北大街西口、经济技术开发区中心、小阳泉、义井等地；荫营组团荫营片安排在荫营镇广场路口、白荫铁路东侧居住区，白泉片也安排一处工业生产、销售、展览用的金融、商业服务次中心；平定组团安排在城关商业服务中心和太旧高速公路出入口附近，维社安排在区中心位置，冶西片安排在冶西镇中心。居住区公共设施中心在各组团的大型居住区内相应安排。此外，仓储用地布局各组团都要调整或新建，阳泉组团大部分仓储用地规划于白羊墅火车站附近，荫营组团规划于白泉工业园区附近，平定组团规划于城关东南、规划火车站和高速公路出入口及冶西片工业区附近。交通布局加强对外联系的同时，注重各组团之间的联系，除阳泉火车站外，平定、荫营、盂县各设一座火车站，同时完成阳泉、盂县铁路，与朔州、黄骅铁路相连，形成“干”字形铁路系统。规划建设207国道，从阳泉南部经平定路、平安路、经济技术开发区东区、白泉工业区、荫营、盂县到阳泉市北端的快速路系统，使阳泉成为山西省东部地区的公路交通中心，向西可达寿阳、太原，向南可达昔阳、长治，向东可达石家庄，向北可达五台山。各组团之间规划两条以上对外联系公路，阳泉组团向北经李家庄和白泉建两条通往荫营组团的道路，向南建三条通往平定组团的道路。

2007年，按照市委、市政府《统筹城乡发展推进城乡一体化的实施意见》，编制完成了全市城乡一体化规划，并组织34家单位编制完成了35个专项规划，包括《天然气利用专项规划》《阳泉市城市供热总体规划》《阳泉市城市绿地系统规划》《阳泉市文物保护规划》《桃河再生水利用规划》《娘子关镇水源地保护规划》《白泉工业园区规划》以及翠枫山等风景名胜区规划等。同时，加大控制性详细规划的编制，编制了义白路两侧、307复线两侧、新南外环路两侧、北大街、下站等重要片区控制性详细规划，建成区控制性详细规划覆盖率达到90%。阳钢、瓦窑坡、上五渡、下五渡、下站东货场、文化广场等旧区改造修建性详细规划已完成并实施，逐步形成了城市总体规划、城镇体系规划、专项规划、控制性详细规划和修建性详细规划等较为完善的城乡规划体系。2010年，阳泉市启动了第七次城市总体规划修编，同步开展了市域总体规划编制，平定县、盂县也相继开展县城总体规划修编工作。

二、专项规划

专项规划为第五次、第六次城市规划的配套规划，包括片区改造规划划（住宅小区规）、道路工程规划、供排水工程规划和燃气（煤气）工程规划、供热工程规划等。

（一）片区改造规划（住宅小区规划）

住宅小区规划　此规划为第五次城市规划的配套规划，包括平潭街居住小区、北岭坡居住小区、下站旧城改造规划。平潭街居住小区，位于矿区，总用地24.46公顷，总建筑面积27.8万平方米，其中住宅建筑面积20.9万平方米，可安置4194户、16776人居住。按居住人口比例，在小区中部靠近绿地地带，拟建筑规模为30个班的小学和24个班的中学各1所，以避免与住宅相互干扰；幼托所则安置在主道旁，以便家长接送婴幼儿；小区内还兴建卫生所、储蓄所、邮电所、房管所、街道办事处等公用设施。北岭坡居住小区，位于城区小阳泉村南侧，总用地28.37公顷，总建筑面积52.24万平方米，其中住宅建筑面积24.28万平方米，规划住户2737户，居住人口12317人，分为6个居住组团。小区内设两所各18个班的小学，1所24个班的中学。公共建筑集中建于小区交通方便地带，托幼设施分两处兴建，靠近小区主路，留有较大的活动场地，并配有绿地，以美化环境。小区两侧边缘建一条宽22米的防护林带，以预防小区西部山风对住宅区的侵袭。下站旧城改造，下站位于城区中心，属旧区，总面积为65.49公顷，总建筑面积为37.93万平方米，建筑密度在40%至60%之间，住宅平均高度5.2层。规划以强化城市商业中心的流通功能为出发点，通过合理调整布局，将福寿街以西组成商业中心街区，将南北延伸的两条道路上的仓库全部改造为批发商行，迁出污染严重的轮胎厂、车辆厂等单位，保留无污染且与商业密切相关的印刷、服装、食品、修理等工厂。此外，还规划了两个居住小区，保留了5个居住小片。商业中心力求恢复传统特色，街道大部分辟为步行街，街心、转角、院内均规划有小型绿地，成为城市多功能的活动游乐中心。在满足商业中心用地后，规划居住用地21.59公顷，居住人口2.5万。

阳钢地段控制性详细规划　北起大连路，南至桃北东路，西起泉中路，东至虹桥南路，规划总用地面积为68.02公顷。其中，阳钢用地47.79公顷、上五渡村用地7.6公顷、平坦垴村用地7.64公顷、开发区用地2.8公顷、市公共汽车公司用地1.12公顷、阳钢车队用地0.6公顷、城区车辆厂用地0.47公顷。本片区功能定位为现代化商业、金融业和保险业协调发展，辅以相关配套设施的市级商贸中心。截至2010年，该项目已实施完成，建成了滨河世纪城。

上 下五渡旧区改造控制性详细规划　西与阳钢接壤，东有白莳铁路，北有大连路，南有桃北东路，规划总用地面积为66.9公顷。该地段结合桃河阳泉城区段综合治理工程的实施，结合自然地形，沿桃北东路北侧布置公共设施用地，创造富有特色和魅力的城市景观环境，按照“错落有致、高低起伏”的设计原则，形成集商贸、金融、文化服务、居住为一体的景观发展轴。截至2010年，该规划已实施过半。

下站旧区改造控制性详细规划　东起三角线路，西至泉中路，南起石太铁路线，北至桃河南岸，规划总用地面积为72.24公顷。下站地区改造用地功能的划分重点突出该地区作为全市最主要的商业服务区功能，辅以少量的居住、绿地以及交通功能。截至2010年，天桥东货场片区已经实施，中医院北侧棚户区已经拆迁完成，住户全部异地安置。

义井居住区控制性详细规划　东起体育中心东路，西至南庄路，南起外环路，北至南大街，规划总用地面积为65.8公顷，是第六次城市总体规划确定的居住区。截至2010年，义井居住区大部分区域改造已经完成。

平坦垴居住区控制性详细规划　北与李家庄村相接，南与阳钢、五渡村相连，西起洪城河路，东至开发区，处于阳泉市中心城东北部，规划总用地面积为243.37公顷，用于建设的用地并不多，其中，规划住宅用地为56.3公顷、规划公建用地15.54公顷、规划绿地为12.36公顷。居住区结合“李家祠堂”保护用地新城绿化景观，沿区域内主要道路形成发展主轴。保晋路开始实施后，区域内主要用地改造结合保晋路两侧展开。截至2010年，该规划大部分区域已实施完成。

义白路西侧控制性详细规划　位于阳泉市东北部，市区的边缘，处在207国道改线发展轴上，东以207国道改线（义白路）为界，西、北以旧207国道为界，南以开发东区北部道路（此路向西到达学院桥）为界，东西长约1800米，南北长约2200米，规划总用地面积为387.2公顷。规划区功能主要是工业、居住、仓储（物流）、绿地、交通五大功能。截至2010年，该项目已经开始实施。

307国道复线两侧用地控制性详细规划 西起307国道复线起点坡头村，东至义白路，公路线型，全长21.7千米，规划总用地面积2125.85公顷。规划综合考虑307国道沿线各地段区位、自然地形、现状建设、交通等因素，将该区划分为坡头至辛兴、辛兴至三矿、三矿至一矿、一矿至大村、魏家峪至黄沙岩、黄沙岩至上烟、上烟至白泉七个片区。截至2010年，该项目已经开始实施。

平定路两侧用地控制规划 位于阳泉市东北部，是阳泉市东大门，北起义井桥，南到平定路收费站，东西为平定路两侧150米规划区范围内，南北长约3000米，东西长约500米，规划区内现状包括河下村，村镇建设用地8.5公顷，规划总用地面积99.2公顷。规划区功能主要是以公共服务设施用地、仓储（物流）用地、绿地三大功能。截至2010年，该项目已经开始步实施。

义东沟居住区控制性详细规划 北起南大街，南至规划南外环路，西起体育馆东路，东至义平路，规划总用地143.91公顷。截至2010年，该项目已经开始实施。

（二）道路工程规划

第五次城市规划中道路划分为过境公路（兼城市交通干道功能）、城市主干道、次干道、居住区道路和居住小区内部道路等5个等级。远期城市道路规划需增55千米，道路用地指标达12.92平方米／人，道路占城市总用地的12.74%；近期规划则需首先解决过境道路穿越市中心区的问题，此外，还需兴建住宅区道路，以形成较完整、通达的城市道路系统。拓宽东西干道：为适应过境公路车流量大的需要，对南干道桃南东路、桃南中路、桃南西路分别拓宽至20米、28米和12米；对北干道桃北东路、桃北中路和桃北西路分别拓宽至18米、28米和36米。打通关口，疏通蜂腰：开通天桥路、华盛街，直接华盛桥，总长465米，宽20米；开通义井桥至河坡线与桃河南路延长段相接；兴建由巨兴街南口打通南山公园至针织厂的人行自行车道。完善内外环路：内环路即阳钢至五渡、汽车大修厂而后接通南大街、泉中路、桃南中路、四矿口、桃北中路；兴建城市外环路和过境公路的路段：北环路东段（李家庄至白羊墅）、南环路（四矿口至义井桥）、白泉至五渡过境公路。兴建城市干道3条，即德胜东街、桃南东路、桃北东路。形成步行道系统：开辟6条自行车与步行通道，即由市针织厂西义井便桥起，向北经大阳坡、白草堰、凿洞穿越南山公园，越南大街人行天桥，接巨兴街、天桥、华盛街过桥至北大街；青年路西过洪城河，新建青年西路，接马家坪路至四矿；连接东垴、西垴、大垴至西河的纵向路；三矿向东经石卜咀北坡至四矿的纵向路；兴隆街经复寿街过天桥入德胜街至新火车站；住宅小区步行与自行车道系统。

第六次城市总体规划中，城市道路系统规划的重点是完善规划路网，加强城市各用地功能分区之间的联系，使道路密度达到6千米/平方千米以上，改善城市道路主要节点的交通状况，增加城市广场和停车场，提高城市道路的通行能力。总体规划为城市道路红线宽度为主干道30米至40米，次干道20米至25米，支路12米至15米。

阳泉组团规划首先在桃河、义井河上增加桥梁，即在洪城河南路口、新泉路北端、平安路北端等处新增设桥梁。义井河上规划新建几座规模较小的桥梁，作为居住区之间的联系桥。其次，规划新建一些重要干道，南外环在河神庙处继续向北延伸形成北外环路，增加一矿、四矿北部联系道路等。另外，古城北侧规划新增加东西向道路，规划从洪城河路南端跨桃河和铁路新建一条南北向道路与规划小阳泉路和南外环路相接。阳泉组团中心商业服务区设步行系统，通过华盛桥将原商业中心与阳钢旧址规划商业服务中心连成统一的步行街系统。

荫营组团以荫营广场北侧道路作为城市主干道，横贯东西。铁路北侧新辟一条道路，东端与通往盂县的道路相连，西端与荫营煤矿通往镇内的道路相接，形成荫营镇西部的主干道系统。

平定组团规划南大街、北大街、通往石太高速的连接道路、连接平定路的大街为主干道，铁路西侧及规划火车站前再各辟一条主干道，形成平定县城主干道系统，其中有3条道路与维社居住区相联系，有2条可联系阳泉组团和冶西片。

（三）城市供水 排水规划

1. 供水规划

第五次城市规划生活用水标准，远期为每人/日100公升。娘子关提水工程拟兴建直接引泉水之管道、设施，铺设管径为1.2米的2千米输水干管和管径为1米的14千米输水干管，使供水能力增至25万吨/日。加固山南水库并使之设施配套，摘除险库帽子，按设计标准正常蓄水，以补充桃河潜层水，使之日供水能力达到3万吨左右。继续勘探、兴建深层水井，以补充边远厂矿之水源。桃河上游潜层水水质较佳，作为城市中心地带的生活用水；娘子关水水质较差，则供工业和城市边缘地带之用，相应规划娘子关泉水、山南水库两套供水管网，使之相互调供。兴建3条主干管道：黄沙咀至赛鱼配水厂（长为5千米，管径为0.4米）；赛鱼配水厂经桃河北路至北大街（长为7千米，管径为0.4米）；四矿口至赛鱼工业输水干管3.35千米。近期铺设青年路、南大街、南新华街、义井路、平坦垴、李家庄、大阳泉、黄沙咀至配水厂等供水线路。

第六次城市规划2005年大生活人均用水标准为120升/人/天，供水普及率100%，2020

年大生活人均用水标准为200升/人/天，供水普及率100%。地下水源工程规划为阳泉市娘子关提水二期工段、平定娘子关提水工程、坡头水源。娘子关提水一期工段设计流量1.5立方米/秒，实际取水1.5立方米/秒，二期工段设计流量1.5立方米/秒，二期工段完工后合计取水量为3立方米/秒。地面水源规划为山南水库、尚怡水库、原坪水库和松塔水源。自备水源主要来自阳煤集团和阳泉电厂、河坡电厂。污水回用主要是阳泉组团污水处理厂，规划期内平定组团、荫营组团、平定组团冶西片的污水处理厂实现工业用水处理回用。

2. 排水规划

第五次城市规划远期在桃河与义井河交汇处报马坪兴建污水处理厂，日处理能力5万至7万吨。排水系统分为桃河北、桃河南、义井河和北李家庄沟4个排水区域，共设总干管3条（管径300～900毫米），干管25条（管径250～400毫米），总长度68.8千米。4个排水区的污水均引至报马坪污水处理厂集中处理。地处报马坪以下的厂矿及其生活区以及不连片的厂矿、生活区则自设管网处理。近期新建河边街（桃南东路）、南大街、北大街、新华西街、南新华街、青年路、北郊路、三角线路、桃河北路、晋东化工厂等排水管线，以初步形成城市排水系统，消除污水泛滥、淤积之现象。

第六次城市规划排水规划目标主要是建立适宜的污水处理厂和完善的雨水、污水管网系统，达到《地面水环境质量标准》GB3838-88的第三类水域标准，使生活用水达到国家标准。污水管网系统规划采用分区式排水系统。雨水管道统一采用钢筋混凝土管，规划雨水管网总长31.6千米。阳泉组团污水处理厂的规模为12.6万吨/日；平定组团维社片区污水处理厂规模为3.5万吨/日，冶西片区污水处理厂规模为1.0万吨/日；荫营组团污水处理厂规模为2.0万吨/日。阳泉组团规划建两个污水处理厂，分别在桃河下游与义井河交汇处的平安路东、西两侧。

（四）燃气（煤气）工程规划

第五次城市规划配套规划为煤气工程规划。规划以矿井瓦斯为气源兴建储气柜，整个工程分城区、矿区两部分。投入使用后，服务年限为15年。日产混合煤气45万立方米，拟供居民3.5万户～5.7万户，食堂3.86万人就餐，饭店1955家，医院219个床位，旅馆5950个床位，投资概算为3200万元。

第六次城市规划配套规划为燃气工程规划。阳泉组团近期规划气化率为90%，气化户数达到11.06万户，远期规划气化率为95%，气化户数达到14.39万户。荫营组团近期规划气化率为85%，气化户数达到7290户，远期规划气化率为90%，气化户数达到1.8万户。平定组团近期规划气化率为85%，气化户数达到1.7万户，远期规划气化率为90%，气化户数达到3.9

万户。气源规划主要是对阳煤集团原有抽放系统进行综合改造并将神堂嘴抽放站的矿井气接入城市输配系统，到2005年日供气量为40万标立方米，到2020年日供气量为54万标立方米。南庄煤矿、大阳泉煤矿到2005年日供气量为12万标立方米，预计到2020年南庄煤矿已到服务年限，仅剩大阳泉矿日供气量为6.9万标立方米。在太湖石新建焦化厂，到2005年建成日产气量13万标立方米，到2020年扣减为日产气量为26万标米立方。荫营煤矿供气量为10万标立方米/日。阳煤五矿预计到2020年日供气量可达38万标立方米。在城市电网改造完成后，在有条件的地区和居民户中，推广电气化。在液化气储配站增设一台100立方米卧式储罐，总储存量为340立方米，当与空气掺混使用时，每日最大供气量为10万标立方米。

（五）供热工程规划

第六次城市规划中开始对供热进行规划。根据分析测算，阳泉组团2005年近期、2020年远期各类建筑面积分别为898万平方米、1545万平方米，分为32个供热区域；荫营组团2005年近期、2020年远期各类建筑面积分别为156.6平方米、297万平方米，分为8个供热区域；平定组团平定片区2005年近期、2020年远期各类建筑面积分别为217万平方米、443万平方米，分为13个供热区域，冶西片区2020年远期各类建筑面积将达到120万平方米。阳泉组团热电联产供热面积628万平方米，以启动河坡电厂、阳泉电厂、阳煤集团第一和第三热电厂为主要热源，区域集中供热锅炉房为调峰热源和补充热源；荫营组团区域集中供热锅炉房供热面积为150万平方米；平定组团近期以平定电厂为基本热源，可供热面积为180万平方米，冶西片区以五矿热电厂为主要热源。2002年全市启动热电联产集中供热工程后，集中供热规模和供热普及率将有大幅增长。

第二节　县城规划

一、平定县县城规划

平定县先后于1985年、1996年、2007年编制过3轮县城总体规划，其中1985年县城总体规划经过程序批准，1996年总体规划经过县人大常委会审议通过，对县城建设起到了一定指导作用。2007年总体规划只通过技术评审。每轮总体规划都将县城作为全县政治、经济、文化中心。平定县城规划性质为以工业、农副产品加工为主体，并具有传统工艺产品、轻化工产品，为现代化农业服务的城镇。县城人口规模，1990年达6万人，2000年达8万人，2012年达10万人。县城布局为西北向东南带状型发展，西起大峪村，东达庄窝村，南自南坳村，北至石板坪村。西北片重点是居住区、商贸区、文化教育区，东南片重点是商贸和仓储及行政办公区，东北是科技、加工工业园区等。旧城改造的重点是沿平定路的经济技术开发区，完善改造并适当协调周边发展旧城区。新建大型公共建筑和集中连片开发的住宅区规划建设在县城东部，逐步实施县城东扩战略，借西外环路和广阳路的建成，向西扩展。同时，针对旧城区内的民用建筑大多建于明清两代，且多为四合庭院，地方特色浓郁，对有保存价值的民居，宜区别点、线、片划定保护范围，只作修补，不予拆除。为了缓解县城的交通压力，拟新辟水泥厂至三岔口的东外环线，原太石公路经由县城路段改造为东大街。同时，在城内改扩建平阳路、府新街、登科路等路街，使城内道路宽敞、交通便利。对外交通要发挥交通枢纽作用，新建阳涉铁路、太旧高速公路、阳五高速公路、207 国道、307 国道等铁路公路，为平定的经济发展提供良好的交通条件。此外，还拟根治城南河、嘉河，逐步治理废水、废气、废渣，增加县城绿化的覆盖率，加快冠山公园的建设。在排供水工程规划上，对供水管网采用环状布置，排水工程严禁工业废水注入，以使各街道管网形成完整系统。

二、盂县县城规划

盂县先后于 1979 年、1982 年、1985 年、1986 年、1997 年编制县城总体规划。按照《盂县县城（1997—2010）总体规划》，盂县县城规划性质是建设以能源为主导，以冶金、建材、特种材料为支柱，轻工、食品协调发展的工业城市。城市功能结构是向西、向北发展，形成由内环、外环加外围公路 3 个层次组成的方格网形式，形成一主一次两个城市中心，即以商贸、行政为主的旧城为主中心和以行政、文化、体育、科技教育为主的城西为次中心。沿秀水街、金龙街形成一条城市发展主轴，划分城西、城北、城东北、城南、城中心 5 个生活居住区，绿地系统由 2 处县级公园、4 处区级公园和沿香河、秀水河两条绿化联系轴线组成，工业区和仓储区位于城市东南部。2007 年，国家开始在县城北部修建石太高速铁路客运专线，给县城北扩创造了条件。盂县政府着手开始修编 2007 年至 2020 年县城总体规划，并委托重庆规划设计研究院进行修编。新修编的盂县县城总体规划总面积 56 平方千米，规划期末城市人口 18 万人，用地规模 22 平方千米。城市性质是国家资源型城市转型示范县，晋东重要门户、交通枢纽和物流集散中心，阳泉市城镇发展的以能源、现代农业、物流业、新材料和旅游为主导、以优良的生态环境为特色的工贸城市。城市规划用地布局为确定盂县城市近期宜优先建设新区，兼顾旧城改造，向东北、向西延伸发展，中远期在继续完善新城功能的同时，重点进行旧城改造并强化功能配套，从而形成“两带、三区、四园、五心”的城市结构。“两带”指秀水河、香河两条城市绿化景观休闲带，“三区”指旧城区、西城区、东城区，“四园”指茋池晋东物流园、西小坪新材料工业园、牛村重化工工业园和南娄都市产业园，“五心”指旧城区商贸中心、西部西区的行政办公中心、东部新区的文体商业中心、火车客运站前区域的商务中心及两个主题花园形成的城市绿心。

三、荫营镇规划

荫营镇分别于1984年（1984—2000）、1996年（1996—2010）和2001年（2002—2005）编制过三次总体规划，第三轮总体规划于2002年9月通过省级专家评审小组的评审。前两次规划在指导荫营镇建设，提高其综合服务功能，发挥城镇职能，促进经济社会发展等多方面都起到了宏观指导作用。但随着阳泉市撤乡并镇的实施，荫营镇与周边的白泉乡和三郊乡合并，镇域面积由原来的36.52平方千米增至111.62平方千米，全镇人口由42165人（1999年）增至71591人。2001年，对荫营镇总体规划重新进行编制。此次规划将荫营镇定位于“阳泉市北郊的中心和以特种新型材料工业为主导的工贸型城镇”。通过对镇区现状用地布局分析，结合自然条件，将镇区用地功能分为四个区。西部区：以煤炭工业生产为主和为其服务的地区，主要为荫营矿。中部区：是镇区主要的居住和商业服务中心，主要是现状建成区。东部区：是镇区发展的新居住区，主要是南窑庄村内用地。东南区：是镇区新规划的白泉工业区。近期建设年限为2002—2005年，到2005年，荫营镇人口为7.7万人，建设用地规模480公顷。在近期建设中，主要对镇区布局进行调整，重点建设“瑞丰花园”小区，总投资4.5亿元。公共设施用地主要

荫营镇

以完善“瑞丰花园”小区公建配套工程，建设酒楼、超市、集贸市场、购物中心、写字楼等，总建筑面积 8.75 万平方米。工业用地将镇区内污染企业搬迁至白泉工业区。绿化用地重点建设郊区政府东部规划荫营公园和林里玉泉山风景公园。基础设施重点建设“瑞丰花园”小区道路和其周边道路网，投资约 200 万元建设污水干管总长约 9 千米，投资约 10 万元建设垃圾运转站一座。

第三节　村镇规划

阳泉市有 12 个乡、20 个镇，960 个行政村。1984 年以前，无专门设立的村镇规划机构。1984 年 5 月，全市首次举办了为期 4 个月有 25 人参加的村镇规划助理员培训班。同年，各县（区）在城建局内均设置了村镇规划机构。1985 年 3 月，市规划设计处设立村镇规划科，此为专门的村镇规划管理机构。1985 年至 1990 年，市、县（区）两级村镇规划机构完成了对 57 个乡镇和 1039 个村的初步规划，其中，1986 年平定县冶西镇的规划被评为全省第三名，同年，全省村镇建设规划评比中，冶西镇规划又荣获二等奖，娘子关镇规划获优秀奖。至 1990 年，平定县冶西镇、娘子关镇、锁簧镇等新兴集镇已按规划实施粗具规模，郊区王垅村和小固庄村等也都根据规划建成了新村。1995 年，在市规划局下属的市规划设计院中设立村镇规划科，但只是受委托进行规划编制的生产业务部门，村镇规划管理属于市建设局村镇科。

20 世纪 90 年代后期，阳泉市村镇规划有了较大的发展。平定县完成一次规模大、标准高的村镇规划，有 13 个村做了沙盘模型，旧关村的规划沙盘还代表山西进京参加了全国村镇建设展览，并获得团体一等奖。进入 21 世纪，随着阳泉经济和社会发展，村镇建设也在不断进步。2005 年 6 月，市规划局在郊区设立郊区规划管理办公室，郊区规划纳入全市统一管理。2006 年，山西省确定阳泉市有 31 个新农村试点村、71 个重点推进村新农村，以后每年滚动增加，村镇规划迎来了难得的发展机遇。截至 2010 年，平定县、盂县、郊区 3 个县域村镇体系规划全部完成，全市建制镇和乡总体规划基本完成，编制完成《阳泉市域村庄规划布局》，为村庄资源的合理利用和村庄人居环境的改善起到积极作用。全市完成了 310 多个重点村规划编制工作。郊区大阳泉、小河、官沟历史文化名村保护规划全部完成，大阳泉、小河被评为全国历史文化名村，官沟村被评为省级历史文化名村。随着国家对城市规划的重视，平定县、盂县分别完成了县城总体规划，县域总体规划包含在县城总体规划中，郊区县域体系规划包含在了阳泉市城市总体规划中，不再单独编制。2010 年，全市乡镇都开始新一轮总体规划的修编。

第三章 城市建设

第一节 基础设施建设

一、城市道路

境内第一条城市道路为民国初年建成的火车站至小阳泉村长约1千米的黄土路，始称站上街。阳泉建市初，上站、下站共有道路、街巷26条，其中只有2条小街为河卵石铺就，其余均系土路，且道路狭窄，路面坎坷不平，弯多坡陡，每逢雨季，污水漫溢，行路往往受阻。主要街道有德胜街（原站上街）、桥南街、巨兴街、桥北街、华盛街、福胜街、楼儿街、兴隆街、长顺街、新市街、复寿街、太上街、保全街、教场街、官坊街、阳胜街等。街道最长者不足300米，最短者仅为80米，路面均宽为4.5米。

1951年的南大街（左前方为一中学生宿舍区）

建市初，城市道路建设以改善主要路面为重点，同时采取民办公助的方式改造小街小巷，当时所改造的路面均为三合土、片石、渣土、沙土等路面，路面等级低，技术含量也不高。1955年市政养护队成立后，道路维护和兴建逐步纳入正常轨道，但所筑路面仍以灰渣、炉渣、碎石路面为主，沥青碎石路面开始尝试铺筑。20世纪50年代初，市政府投资整修了兴隆街、复寿街、桥北街、西河路、马家坪路、北大街等路段，以白灰与矿渣相拌为原料铺设楼儿街455平方米，将长顺街、新市东街、福胜街、油娄沟筑为三合土（矿渣、白灰、黄土或水泥、白灰、矿渣）路面，将桥北街和桥南街铺筑为片石路面。1958年至1959年在北大街、南大街、西天桥路（今泉中路）铺筑的沥青碎石路面系市内较早的高级路面。

20世纪60年代至70年代，建成长3千米、宽12米的矿山路（赛鱼桥北头到一矿红岭湾）；开辟三角线道路，垫铺1.2千米硫黄渣路面；铺设滨河路、南山路、华盛街、太上街、银行街（今新泉路）和新市东街为炉渣碎石路面；铺设太上街、新市街、兴隆街、长顺街、新泉街等20余条道路为沥青路面。

20世纪80年代，新铺古城路、白草堰西巷为耐火砖路面，计1988平方米；投资250万元，修通由北岭坡通往狮脑山森林公园的全长3.8千米的道路（初等路面），其中筑有600个台阶登山石径。其间，随着旧城改造的全面铺开，为适应晋煤外运、大吨位车辆骤增之需要，全市开始大规模兴建高级路面，先后重新铺设三角线路、南庄路、北大街、青年路、桃河大桥等20条道路为沥青路面。1984年，南大街改扩建工程首次应用机械摊铺机作业。1985年，新铺成桃北东路、小阳泉路、朝阳街，续铺桃南中路、大阳泉路、新建路，硬化北大街、桃南东路东段、德胜街、小阳泉路、南庄路、南大街、新建路、滨河路、新华西街、深圳街（洪城路南段）人行道15万平方米。1987年起道路建设与诸项市政管网建设同步进行，同年，南庄路采用乳化沥青新工艺罩面，提高了路面质量。至1990年，城矿两区主要道路共84条，1.29平方千米，人均道路面积4.3平方米；中环路趋于完善，76%的人行道亦已硬化，市政道路基本形成了以高级沥青混凝土路面为主，低级路面为辅的框架，城市道路作为城市骨架的功能初步显现。

20世纪90年代后，城市道路建设速度进一步加快。1992年，市政工程养护管理处将煤气发生炉作为沥青砼加工的导热装置装在生产线上，改造沥青砼加工的热能装置，解决了道路铺设中沥青加工的污染和耗能问题。1993年，新建长863米的南庄路，改扩建2594.4米的桃北东路，养护维修路面21678平方米，维修人行道11908平方米。1994年，改建桃北东路河坝300米，扩宽桃北东路1150平方米。1995年，新建德胜东街，改扩建公园东路、南山南路，维修南大街、北大街、桃南东路、青年路、二中路等16条主次干道路面及人行道。1996年，城市道路改扩建重点工程是平定路、赛鱼路，两路全长15.268千米，路宽40米，总面积61.06万平方米，其中机动车道全幅宽24米、非机动车道半幅宽4.5米、人行道半幅宽2米，为城市一级路面，总投资17163.58万元。1997年，改扩建南大东街、泉中北路、政府广场前道路，全长1328米，人行道4654.48平方米，面积26890.82平方米，完成投资388.36万元。1998年，全长490米的德胜东街（化工厂段）建成，面积8596.57平方米，是年，南大西街一期工程竣工，共硬化路面11783.21平方米，铺设人行道1128.68平方米。

进入21世纪后，全市城市道路建设兴起新的高潮。2000年，维修长3560米的桃北西路，铺筑路面66566.72平方米，施工中首次采用沥青砼新工艺、新配方。2001年，全长1950米的南大西街二期工程竣工，共铺筑沥青砼面38864平方米，维修泉中路、北大街、南大街、德胜街以及太上街、朝阳街、观象台、油娄沟等10条街巷，共维修道路面积8.82万平方米，人行道2873平方米。2002年，全市开展铺装人行便道等城市环境综合整治工作，城矿两区共完成北大街、泉中路、南大街、南庄路、北大西街、宾馆西路等人行便道改造61743平方米。2003年，桃南中、西路大修工程竣工，铺筑沥青混凝土路面8.19万立方米、人行道3.42万平方米，维修洪城河路、南山北路、新华东街西段、桃南东路等6路，维修路面11971.8平方米，完成投资221.28万元，此外，铺装二中路、泉中路、新建路、巨兴街等11条路段人行道9.77万平方米，完成投资685.85万元。2004年，新建狮脑山路，维修青年路、巨兴街、华盛街、桃北中路，整治总长3010米的平坦小区一巷、二巷、白草堰、天成巷等11条城市小街小巷。是年，在桃北中路维修工程中首次采用了当时世界上最先进的非接触式自动找平系统，采用非接触声纳信号及先进的数字电路电脑控制模式对道路施工进行找平，大大提高了道路路面平整度，结束了以往道路施工依靠人工找平成本高而且效果差的历史。2005年，维修武警路、新建路西段、新建路东段等8条道路，以及瓦窑坡路、阳盛街、复寿街、小阳泉路等8条小街小巷，维修面积达9万平方米，完成投资1172.2万元；新建华盛北路、南深沟路、新泉北路、新泉桥、桃源桥，改扩建桃北东路和北大东街。是年，在桃北东路改扩建中，首次在道路两侧设置了各2米宽的绿化带，是当时全市城市道路中设计标准最高的道路，也是阳泉市的一条样板路。2006年，新建审计局路，大修南外环路、南大东街，维修北胜路、古城路、油娄沟台阶、阳光广场、北岭坡四巷。2007年，新建新泉北路，大修平定路，维修德胜街中段、党校路、朝阳街，更换桃河大桥、泉中路铁路跨线桥的栏杆和人行道。在平定路大修工程中首次铺筑了改性沥青混凝土，实现了沥青路面材料的新应用。2008年，大修桃南西路，维修桃南中路、南大街中段（市政府门前）、新华东街东段，改造兴隆步行街。2009年，大修赛鱼路，维修迎宾路、南大街中段、新华西街东口、南外环路 2 号隧道等道路。在迎宾路维修中首次使用玄武岩骨料面层，大大增强了道路的温度稳定性、耐磨性和美观性。2010 年，赛鱼路大修二期工程完工，保晋公园下滩台阶建成。

截至 2010 年，全市城市道路长度累计达到 429.5 千米，城市道路面积 580.5 万平方米，人均拥有道路面积 9.88 平方米，其中，阳泉市区道路长度 118.23 千米，包括 22 条街、20.14 千米，61 条路、92.96 千米，21 条巷、5.13 千米。城市道路的不断完善，充分突出城市骨架的联通功能，不仅方便了市民的出行，而且大大促进了阳泉的经济发展。

2010 年市区主要道路情况统计表

表 -4-1　　单位：米

道路名称	走向	起点	终点	长度	宽度	
					车行道	人行道
北大街	东西	华盛桥北口	河神庙交叉口	2880	16～18	7×2
南大街	东西	义井桥北口	彩石园	5300	12～24	4×2
德胜东街	东西	第四人民医院	阳泉电影院	1421.4	12～18	5×2
德胜西街	东西	色织厂	自来水调压站	630	6	—
巨兴街	南北	公安局西侧	百货大楼东侧	271.6	7	2.5×2
兴隆街	南北	交电大楼西	桃南东路	315.58	7.5	5×2
华盛街	南北	新建路	桃南东路	230	9	5.5×2
福寿街	南北	五一照相馆	与河边街交点	280	7	3×2
阳盛街	南北	阀门厂	桃南东路	180	8	3.5×2
长顺街	南北	福寿街	桃南东路	256.34	7	1×2
朝阳街	东西	南山南路	龙潭东路	680	9	4×2
新华东街	东西	工商局门口	劳动培训中心	1290	7	4×2
新华西街	东西	劳动培训中心	拥军路南口	1240	6	5×2
新市街	东西	与福寿街交点	新泉路	362	5	1×2
保全街	东西	新泉路	太上小区	230	4	—
太上街	东西	新泉路	下站小学	100	5	—
赛鱼街	东西	矿山路	赛鱼村	550	6	1×2
桥东街	东西	河神庙	煤山路	1050	6	2.5×2
桥西街	东西	煤山路	水泉沟	830	5	2.5×2
泉中路	南北	南山宾馆	李家庄桥	3200	17～21	5×2

续表 -4-1

道路名称	走 向	起 点	终 点	长 度	宽 度	
					车行道	人行道
桃北东路	东西	五渡桥北口	桃河大桥北口	2850	22	5×2
桃北中路	东西	桃河大桥北口	阳煤大桥北口	3200	18	5×2
桃北西路	东西	阳煤大桥北口	赛鱼桥北口	3000	18	4.5×2
桃南东路	东西	五渡桥南口	桃河大桥南口	2600	12 ~ 18	6×2
桃南中路	东西	桃河大桥南口	阳煤大桥南口	3200	12	4×2
桃南西路	东西	阳煤大桥南口	赛鱼桥南口	3000	12	3×2
南山北路	南北	燕川食府门口	劳动培训中心	450	12	4×2
南山南路	南北	劳动培训中心	大阳泉桥	1350	9 ~ 12	4.5×2
新建路	东西	接三角线路	移动大厦	1840	6 ~ 12	3.5×2
新泉路	南北	新建路	市交通局	275	9	3×2
新泉北路	南北	市交通局	开发区大连路	1061.49	19.3	3×2
洪城路	南北	桃北中路	电石厂	1840	9	4+5
古城路	南北	青年路	古城居委会	470	6	0.5×2
青年路	东西	东连泉中路	西接洪城路	923	7	4×2
北胜路	东西	市七中	市水泵厂	650	6	5×2
公园路	东西	油娄沟	南山公园东门	333	7	1×2
南庄路	南北	工行南办	南庄煤矿	1278	14	5.5×2
三角线路	东西	桃源大桥	接迎宾路	1210	12	3.5×2
迎宾路	南北	市第一医院	火车站	294.6	18	6×2
平定路	南北	太旧高速公路平定出入口	义井桥	8364	24	2×2
南外环路	东西	义井桥南口	平坦立交桥	8600	16	1×2
赛鱼路	东西	赛鱼桥北口	太旧高速公路坡头出入口	7163	33	3×2
狮脑山路	东西	接新华西街	百团大战纪念碑	6447	7.5	—
小阳泉路	东西	南大街	小阳泉庙前	583.2	7	1.5×2
拥军路	南北	新华西街西口	南大街	414	7	6+4
龙潭东路	东西	南庄路	南山北路	930	9	3×2
工业学校路	南北	南大街	西垴小区	223	6 ~ 7	3×2
七一路	南北	桃北中路	北大街	280	7	1×2
白草堰路	东西	市林业局	新华东街	178	4	1×2

续表 -4-1

道路名称	走向	起点	终点	长度	宽度	
					车行道	人行道
白草堰南路	南北	阳光广场北路	新华东街	138.09	7	2.5×2
平安路	南北	义井桥北口	李白线交点	1070	12	1.5×2
城信路	南北	桃北中路	北大街	318	7	3×2
阳光广场东路	南北	北深沟立交通道	新华东街	250	15	3×2
阳光广场北路	东西	阳光广场东路	市七中操场西	280	15	2×2
李白路	东西	李家庄	白羊墅桥南口	4500	12	1×2
矿山路	南北	赛鱼桥南口	一矿办公楼	2600	10～17	4.5×2
煤山路	南北	阳煤大桥北口	四矿	2450	9～15	5.5×2
西河路	南北	马家坪东侧	西河村	1400	9	1×2
育才路	南北	弹簧厂门口	阳煤集团砖厂	950	5	1.5×2
大连西路	东西	虹桥路南口	接泉中路	2800	20	10×2
大连东路	东西	接 207 国道	虹桥路南口	2180	20	10×2
宁波路	南北	御康山庄	市审计局	836	15	6+4
虹桥路	南北	烟台路	大连西路	636	25	5+10
烟台路	东西	青岛路北口	宁波路北口	613	15	5×2
香港路	南北	烟台路	大连西路	679	7	4×2
青岛路	南北	天津路	大连西路	326	15	5+10
天津路	东西	青岛路	宁波路	908	10	10×2
惠泽路	南北	惠泽园小区	大连西路	120	6	4.5×2
北山路	南北	猫脑山水厂	大连西路	300	6	1.5×2
审计局路	南北	新泉北路	市审计局	258.05	8	2×2
华盛北路	南北	桃北东路	虹桥南路	340	16	4.5×2
虹桥南路	南北	华盛北路	大连西路	247.44	22	4×2
学院路	南北	太原理工阳泉学院	烟台路东口	1040	7	1.5×2
天桥路	南北	天桥北口	二轻局门口	200	7	5×2
教育学院路	南北	教育学院	新华东街	60	9	—
党校路	南北	北大街	市委党校	182.9	6.6	—
针织厂路	东西	南庄桥北口	针织厂	548	7	2×2
天成巷	南北	市一院西侧	口腔医院	329	7	2.5×2

2010年市区主要路灯分布情况表

表-4-2　　单位：盏

序号	道路名称	路灯总数
1	泉中北路	178
2	桃北中西路	485
3	北大街	132
4	桃北东路	311
5	桃南中西路	454
6	桃南东路	94
7	泉中路	540
8	德胜街	104
9	南大西街	156
10	南大街	311
11	南山南北路	30
12	南庄路	47
13	新建路	23
14	狮脑山路	241
15	青年路	15
16	古城路	12
17	洪城路	23
18	二中路	9
19	深圳路	9
20	党校	11
21	河神庙	9
22	平坦小区	102
23	七一路	55
24	华盛北路	16
25	华盛桥	34
26	新泉桥	45

续表 -4-2

序号	道路名称	路灯总数
27	桃源桥	193
28	西河滩	29
29	瓦窑坡	14
30	桥北街	6
31	华盛街	14
32	天桥	24
33	新华书店	2
34	兴隆街	49
35	太上小区	20
36	福寿街	7
37	东太上街	3
38	新泉路	12
39	东营盘	9
40	阳胜街	5
41	官坊街	14
42	新市街	9
43	铁林巷	5
44	保全街	5
45	工业学校	3
46	月亮湾	45
47	天成巷	25
48	武警路	9
49	油娄沟	18
50	人大市委院	264
51	政府广场及后院	437
52	新华楼	10
53	观象台	6
54	三角线	13

续表 -4-2

序 号	道路名称	路灯总数
55	新华西街	66
56	教育学院	4
57	朝阳街	16
58	环保路	15
59	南深沟	24
60	虹桥南路	20
61	新泉北路	87
62	审计局路	11
63	阳光小区	35
64	小酱沟	19
65	新华东街	20
66	沙江小市	21
67	小阳泉路	67
68	政府高杆	24
69	南大西街高杆	12
70	泉中路高杆	24
71	华盛桥北路高杆	24
72	平定路	305
73	义井桥	16
74	南外环路	358
75	1#、2# 隧道	90
76	平坦立交桥	177
77	赛鱼路	231
78	简子沟	2
79	宏成大桥	24
80	百草堰南路	5
81	平定外环路	55
82	城信路	65

2010年市区主要桥梁夜景照明设施分布情况表

表-4-3　　　　单位：盏、米

序号	街道名称	路灯总数	LED灯带长度
1	平坦立交桥	1254	—
2	宏成大桥	190	1142
3	桃河桥	873	1196
4	华盛桥	194	1221
5	桃源桥	—	1420
6	泉中路彩虹桥	1708	—

三、桥梁

建市前，城矿两区仅有桥2座，总长度为247米。一座桥是入侵阳泉日军于民国28年（1939）胁迫800余名民工在桃河中游（今华盛桥址）兴建的人车两用木桥，长227米，宽4米。另一座建于民国32年，跨越正太铁路，连接上站、下站的天桥，其桥身为钢梁，桥面铺设木板，长20米，宽3米，桥头两端均设有挡柱，禁止车辆通行。

建市后，为适应城市发展的需要，城矿两区桥梁建设发展迅速。最大的桥梁为始建于1959年的桃河大桥，该桥位于泉中路，采用钢筋混凝土梁式结构。1983年扩宽桃河大桥，选用“一排两根柱”的结构方式，既保证了过水路面不受影响，又使桥的总体造型美观大方。为使新旧桥型协调一致，正桥两边的加宽部分采用了“单悬臂柱”式结构。改造后的大桥长190.9米，宽26米。其宽度为当时山西桥梁之最。截至1990年，城矿两区共有桥21座，总长度2738.8米。1993年，位于南外环、跨越桃河的平坦立交桥开工建设，并于1995年10月交付使用，该桥设计荷载汽-20、挂-100，跨径组合分为主桥、南匝道、北匝道。截至1999年，全市共改扩建南外环路立交桥等27座桥梁。2000年之后，随着桃河南北的联系加大，连接桃河南北的交通要道桃河大桥交通压力不断增大，2001年，对桃河大桥进行了维修加固。为了缓解桃河大桥的压力，加强桃河南北连接，2005年至2006年，建成新泉北路桃河大桥（简称新泉桥），2007年，桃源大桥竣工通车，2008年，宏成桥竣工通车。此后，以跨桃河连接南北为目的的桥梁拔地而起飞跃南北，成为城市的一道景观。截至2010年，全市主要桥梁有24座，其中行车桥梁23座、行人车辆1座，总长度2876.18米。

桃河大桥　位于市区中部，始建于1958年，长177.6米，宽26米，面积4617.6平方米，为8孔22米装配式钢筋砼T型梁桥。该桥由于交通量不断增加，1983年进行扩

桃河大桥

宽，加宽后跨径不变，桥面由原来的15米扩宽为26米，边孔两侧均设喇叭口，新桥与旧桥两侧桥台均为重力式桥台，桥墩为桩柱式，高8.2米。设计荷载为汽-13级，拖-60级。2001年对该桥再次进行维修。2007年，对桃河桥栏杆、人行道进行维修，共铺设路沿石400米，铺设人行道面积900平方米，更换汉白玉栏杆400米，共投入人工1560工日，完成投资120万元。

天桥　位于市区中部，横跨石太铁路线，桥长60米，宽13米，面积780平方米。天桥最初为木头桥，1963年3月至7月改建为钢筋砼梁桥，开始设计为两孔结构，后分别于1972年和1979年进行过两次扩建工程，南北各延伸一跨。现该桥为四孔简支结构，且结构形式不一，设计荷载为汽-6级。此桥梁为阳泉市南北连接的重要交通枢纽，南方向通往商业区，交通量及行人量较大。

平坦立交桥　位于市区中部，1993年开工建设，1995年10月通车。主桥长577.35米，宽17米至24米，西南匝道长151.45米，桥宽9.9米，西北匝道长130.83米，桥宽9.9米。设计荷载为汽-20级，挂车-100级。该桥于2007年进行改造，主要对立交桥西北、西南匝道接桃北、桃南路的转角处的转弯半径部分及西北、西南匝道在原分叉附近的圆弧连接桥部分进行改造，共改造面积810平方米，完成投资300余万元。2009年，该桥北段续建工程完工，北段主桥总长278米，宽17米至20.5米。

新泉桥 位于市区中部，横跨桃河，2005年开工，2006年完工。桥长154.6米，宽26米，其中车行道宽16米，设计纵坡3%，主跨跨径76米，引桥跨径分别为25米和26.5米；桥梁设计标准为城—A级，设计最大过载能力75吨，桥面采用预应力箱梁结构，主跨采用下承式钢管砼系杆结构，完成投资2600余万元。该桥外形主体结构如彩虹，集景观、实用、抗洪为一体，具有强烈的现代感和视觉效果，是全省唯一一座混凝土系杆结构的桥梁，也是当时全市科技含量最高的一座城市桥梁。该桥把开发区、滨河世纪城、上下五渡村和桃南的城市商业区紧密联系起来，对缓解城区南北交通压力起到重要作用。

桃源桥 位于市区东部，从桃南东路向北跨越桃河连接桃北东路，建于2006年。桥长156米，宽28.5米，由中国市政工程华北设计研究院和北京工业大学设计，山西省建筑工程集团总公司承建，完成投资1600万元。

宏成大桥 位于市区中部，位于深圳街南口跨越桃河处，2007年开工，2008年完工。桥长154米，宽27.5米，为双索面稀索独塔斜拉桥，完成投资2600余万元。

2010年阳泉市主要桥梁情况列表

表-4-4

名称	位置	建成时间	改扩建或维修时间	长（米）	宽（米）	面积（平方米）	结构
桃河大桥	泉中路	1959年	1983年扩建 2001年维修	177.6	26	4617.6	砼梁桥
天桥	德胜街中段	1963年	1972年扩建 1979年扩建	60	13	780	砼梁桥
华盛桥	华盛街北段	1979年	2002年维修	154	9	1386	砼横架桥
南庄桥	南庄路中段	1965年	1995年扩建	62.3	24.7	1538.81	砼梁桥
大阳泉桥	大阳泉路	1979年	2002年维修	45.1	12	541.2	砼梁桥
泉中路跨线桥	泉中路	1990年	—	153	24.6	3763.8	砼梁桥
铝厂吊桥	铝业公司	1982年	—	154	1.5	231	悬索钢架桥
洪城河桥	洪城河路中段	1987年	—	9	8	72	砼梁桥
芦湖桥	赛鱼路	1996年	—	82.34	41.8	3441.81	砼梁桥
马家坡桥	赛鱼路	1996年	—	98.68	44.27	4368.56	砼梁桥
义井桥	南大街东端	无资料	1996年扩建	65.7		2552.5	砼梁石桥混合

续表 -4-4

名称	位置	建成时间	改扩建或维修时间	长（米）	宽（米）	面积（平方米）	结构
王家峪桥	南外环路	1995 年	—	48	20	960	砼梁桥
小槐树桥	平定路	1996 年	—	37	16.6	614.2	砼梁桥
平坦立交桥	南外环路	1995 年	2006 年维修	826	—	12550	砼梁桥
体育馆桥	体育馆南	1995 年	—	30.5	10.6	323.3	砼梁桥
李家庄桥	泉中北路	1997 年	—	217	19.7	4274.9	石拱桥
南新华桥	北胜路	2002 年	—	12.6	9.3	117.18	砼箱涵
简子沟跨线桥	简子沟	—	—	50	8.5	425	砼梁桥
新泉桥	新泉路	2006 年	—	154	26	4004	一跨下承式钢管砼系杆桥
桃源桥	汽运一公司	2006 年	—	156	28.5	4446	钢筋混凝土梁桥
宏成大桥	深圳街口	2008 年	—	154.9	27.5	1509.75	斜拉桥

四、排水

城区最早的排水、污水沟道是民国 27 年（1938）修建在市一中（今市实验中学）北面至天桥的石砌暗沟，全长 620 米，过铁路入桃河，此外，依附自然沟渠排泄，形成东营盘、铁林巷、桥西街、西营盘、崇德里、火车站 6 处坑塘，每逢夏季，死水汇积，蚊蝇滋生，臭气熏天。

建市初期，在建设道路的同时，有计划地开挖了排水渠道。1949 年先开挖街巷排水沟 12 条，疏通上下站暗水道 700 余米。1950 年兴建德胜街暗水沟 111 米；延长河边街砖砌暗水沟 30 米。1955 年在下站和北大街修建排水沟 1580 米，总投资 0.79 万元。1957 年疏通暗道明渠 74 条；自筹资金完成市一中（今市实验中学）操场暗水沟 185 米，延长河边街出水口 113 米。1959 年兴建银行街下水道 500 米，巨兴街砖砌下水道 477 米，总投资 2.7 万元。1963 年完成教场街至河边街下水道工程，将部分路段的明沟易为暗道，总投资 6.25 万元。1965 年在太上街又砖碹污水阴沟 100 米。

在建设渠道排水的同时，管道排水也逐渐兴起，后因渠道排水难以适应城市发展要求，逐渐被管道排水所取代。1953 年，在长顺街铺设了城区第一条下水管，全长 43.2 米，系城区管道排水之首例。1960 年在铁林巷、保全街、太上街埋设下水管道 520 米；在北大街铺设钢筋混凝土管 1702 米。1964 年在北大街铺设下水管道 1090 米，砌检查井 9 座；在教场街埋设支管 310 米，砌检查井 12 座。1965 年铺设太上街暗沟混凝土管 354.85 米。1970 年至 1978 年集中人力、财力疏通淤塞的暗水道，将排泄功能极差的砖碹暗水道改为坡度较缓的铁铸下水管，同时对排水管网予以修正，毁弃了断裂下沉的砖砌暗水道，另择址兴建排水道，并以钢筋水泥管铺设。在路面部分每隔 20 米便设一雨水箅，以改善路面排水条件。

20 世纪 80 年代后，随着旧城改造及城市道路建设的全面铺开，城市排水已形成管网体系，道路排水和污水排泄均列入城市文明建设的范畴，因而有了更大的发展。1981 年铺设下水管道 1350 米，1982 年铺设 5558 米，1983 年铺设 1673.51 米。1984 年在旧城改造扩建道路的同时，注意铺设排污水管网，有效地减少了道路开挖频率。当年，在南大街和德胜街铺设直径 8000 毫米混凝土排水管 1663 米，又在北郊路铺设 723 米水泥管与 269 米铸铁管。1985 年首次在北大街铺设雨污分流大口径排水管道 1772 米。1986 年完成洪城河路、阳钢北路、工业学校路水泥混凝土管道 812 米，砖砌雨水箅 41 座。1987 年配合改造复寿街，安装水泥下水管 56 米。1988 年分别在桃南东路和桃北东路铺设下水管 1520 米和 1620 米。1989 年在北岭坡至狮脑山森林公园路铺设直径为 450 毫米的下水管 50 米。1990 年在迎宾路铺设直径为 450 毫米的混凝土管 93 米。至此，城矿两区下水道总长达到 32.83 千米，排水覆盖率达到 71%。

20 世纪 90 年代以后，随着城市排水管网的逐步形成，城市排水主要以养护维修及完善为主。1992 年，德胜东街铺设污水管道 676 米，完成银行街、公园路、泉中路（原北郊路）、新华街、洪城路等 28 条道路的路面及排水管道路维修并新埋设污水管道 580 米。1993 年，清挖下水井 2788 座（次），拆修补盖下水井、雨水井 329 座，桃北东路铺设下水管道 290 米，南庄路铺设下水管道 334 米。1994 年，南外环路砌筑边沟 1000 米。1995 年，南大街、北大街、桃南东路、青年路、二中路等 16 条主次干道维修排水管道、更新管道 446 米。1996 年，南外环路改造雨水井 304 座并安装支管 1188 米，南大东街铺设雨污管 3670 米。1997 年，疏通清挖泉中路、洪城路、新华街等 12 条道路 487 米管道和 1674 座下水井。1998 年，在德胜东街（化工厂段）埋设管道 873 米并砌筑下水井 58 座，在南大西街一期埋设管道 116.83 米并砌下水井 10 座。1999 年，在北大街二中通道口铺设直径 600 毫米排水管道 30.64 米，在北大街小学通道口铺设直径 600 毫米排水管道 50 米，河边街人防工程铺设直径 1200 毫米排水管道 680 米并砌下水井 58 座。是年，阳泉市污水管网工程全面开始投资建设，工程将现有的排水管网改造成为雨水管网并新建成污水管网。

2001年，桃南东路人防地下通道铺设排水管306米、砌下水井42座，对泉中路、北大街、南大街、德胜街4条道路及太上街、朝阳街、观象台等10条小街小巷进行排水管道维修。2002年，污水管网工程在桃河铺设主干线管道18.096千米（建成污水检查井424座、跌水井18座），铺设支线管道4.15千米（建成污水检查井111座）。工程累计清淤旧排污管道2.604千米、改造城市旧管道12.45千米，完成投资4358万元。2003年，污水管网工程铺设桃南、桃北主管道22.24千米、支管道8.24千米，铺设完成西河、洪城河、泉中路、五渡河、蒙村河5条支线8.24千米，清淤排污管道2.604千米，改造城市旧管道12.45千米，完成投资5270万元。此外，在桃南中、西路铺设直径300毫米混凝土雨水管2251米、砌筑雨水井286座，在新华东街西段（新华小学至劳动培训中心）铺设直径600毫米排水管201.5米，铺设直径300毫米排水管28.4米。2004年，污水管网工程完成桃南、桃北主干线管道24.84千米，铺设完成西河、洪城河、泉中路、蒙村河等支线11.62千米，改造城市旧管道12.45千米，完成投资5837万元。是年，城市污水处理工程竣工并投入运行，日处理城市污水5.4万吨，全市污水处理率达60%左右。此外，平坦小区一巷、二巷，平坦小区长巷、白草堰等11条城市小街小巷铺设雨水、污水管道46601米。截至2004年，污水管网工程收集污水能力达5.8万立方米/日。

2005年，道路维修中开始采用排水截流蓖加固工艺，既增加了截流蓖的抗压能力，延长了道路使用年限，又提高了市政设备的利用率，取得了较好的社会效益和经济效益。2006年，南外环路铺设雨水管2702米、砌筑雨水井235座，南新华街铺设直径300毫米钢筋混凝土污水管81.9米，北岭坡四巷铺设直径400毫米钢筋混凝土污水管59米、铺设直径500毫米钢筋混凝土污水管87.5米，阳光广场路修复直径500毫米钢筋混凝土雨水管16米。2007年，新泉桥铺设直径300毫米的排水管道95米，小阳泉排水改造铺设排水管道50米，平定路、赛鱼路清挖排水明渠580米。2008年，白草堰南路铺设直径400毫米雨水主管54米、直径300毫米雨水过路管21米，铺设直径400毫米污水主管74米、直径300毫米污水支管12米，砌筑污水检查井3座、双联箅雨水收水井7座；改造北岭坡至大阳泉村排水系统，开挖沟槽、浆砌片石排水沟长240米，预制、安装钢筋混凝土沟盖板170块，砖砌排水涵洞长约50米（热力换热站院内），砌筑雨水检查井1座、大型雨水收水井1座，铺设直径800毫米承插式钢筋混凝土排水圆管35米。2009年，南大街中段铺设直径800毫米钢筋混凝土雨水干管约550米，预留直径400毫米钢筋混凝土雨水支管308米；李家庄桥安装直径600毫米钢筋混凝土雨水管85.3米；赛鱼路安装直径300毫米至直径600毫米混凝土管道8219.43米，砌筑雨水口、检查井633座。

截至2010年，城市排水管道长度累计达329.8千米，排水管道密度达6.4千米/平方千米。

五、城市客运

（一）城市公交

1. 营运车辆

1949 年以前，境内公共交通事业十分落后。当时不但没有统一的管理机构，载客车辆也仅是些许个体劳动者自筹资金购置的黄包车、畜力车、胶轮车或人力三轮车，且大多活动于人口流动较为频繁的火车站，主要接送商贾至矿区、平定县及郊区荫营、白泉等地。

1949 年以后，随着各项事业发展，城市公共交通提上政府议事日程。1953 年成立阳泉市搬运公司，1954 年改称为阳泉市运输公司，当时投置一辆卡车围上篷布，后马槽设上下铁梯，以卡代客，客货混载，城市第一辆公共汽车诞生。1953 年成立阳泉汽车中心站，有汽车 13 部。1957 年阳泉汽车中心站与阳泉市运输公司合并成立市运输局。翌年 8 月，市政府向市城市建设局投置 5 辆单门解放客车，由市运输局（当年 10 月更名为交通局）代管，专门承担市区短途客运。从此，以卡代客或客货混载之状况开始改观。1963 年，市交通局设立公共汽车队，亦即阳泉市公共汽车公司前身。1964 年阳泉市公共汽车公司成立，隶属市建设局，有营运客车 13 部，分别是 2 部 BK640、5 部 SP640、5 部解放单门客车、1 部以卡代客车。1965 年增加至 19 部。1969 年之后，公司运营车辆得到进一步增长。1969 年至 1970 年，省建设厅相继分配来 4 部 TK644 型、4 部 BK640 型、1 部 SP640 型客车，并批准将 5 部单门解放客车更新为 SK640 型客车。至此，营运车辆均为双门型单车，客运车辆趋于统一。1971 年至 1973 年，省建设厅分配 7 部 SP640 型、2 部 BK640 型、9 部 TK644 型客车。到 1973，营运客车增至 56 部，车型 4 种。1976 年，省建设厅又分配 5 部 SP641 型、3 部 TY640 型客车，并拨给 8 个全车总成，供公交公司组装客车使用，至此，营运车辆达到 64 部，车型 5 种。1983 年省建设厅调入 7 部 660 型铰接通道客车和 3 部 640 型客车，结束了营运车辆皆系单车之清一色状况。到 1986 年，营运车辆达到 87 部。1987 年之后，随着城市客运市场的开放，个体运营车辆迅猛壮大，一些企业通勤车也纷纷以增加收入为目的，加盟城市客运。其中形成较大规模的阳泉矿务局交通队（后改名为阳煤集团客运公司），拥有大型铰接接车、大客及中巴 50 多部，并从以往接送职工上下班为主改为市场经营为主，其大型铰接车既接送职工也面对市民拉乘零票。至此，阳泉客运市场由市公交公司、个体客运、矿交车队组成。到 1990 年，客运车辆增至 98 部，包括 SP、TY、NK、京Ⅰ型、NK 通道、CQ、BK、NZ、PK 共 9 种车型。1996 年营运车辆增至 173 部。1997 年营运车辆 174 部。1998 年，由于国家实行强制车辆报废政策，车辆使用年限由 15 年降为10年，当年公共汽车公司运营车辆近半数达到报废年限，营运车辆数下降为168台。1999年之后，公共汽车公司进一步加大融资力度，购置车辆数总共达到200余部。

进入21世纪，城市公交客运有了较大的发展。2001年，全市拥有公交标准运营车辆350标台，每万人拥有公共交通车辆7.33标台。2002年，全市拥有城市公交标准运营车辆361标台，每万人拥有公共交通车辆7.4标台。2003年，增至389标台，每万人拥有公交车辆7.7标台。2005年，增至422标台，每万人拥有公共交通车辆8.18标台。2005，市公共汽车公司更名为市公共交通总公司。到2006年，全市共有城市公交标准运营车辆446标台，万人拥有公交车辆8.5标台。其中，公交总公司拥有营运车辆260标台。2008年，全市拥有城市公交标准运营车辆614标台，其中市公共交通总公司381标台、阳煤集团运输部139标台、个体运营车辆94标台。每万人拥有公共交通车辆11.27标台。市公共交通总公司拥有运营线路31条，运营线路长度403千米。到2010年，全市拥有城市公交标准运营车辆588标台，其中，市公共交通总公司397标台，阳煤集团运输部191标台。每万人拥有公共交通车辆8.4标台（含矿区、开发区）。

2. 营运线路

1958年，公共汽车仅有桃河南至阳泉矿务局一矿，桃河南至平定县城2条线路，总长18千米。到1964营运线路增至6条，为庙上线、平定线、荫营线、西南舁线、牵牛镇线和南窑庄线，总长102千米，站点总数达40个。其中牵牛镇线最长，单程为24.7千米。1965年新增三泉线，同时牵牛镇线延伸至东村，改名东村线，营运线路增至7条，总长111千米，站点54个。1970年新增山底线、杨家庄线，营运线路增至9条，总长146千米，站点69个。1971年山底线停运，新增旧街线、燕龛线，共有营运线路10条，总长166千米，站点83个。1972年新开辟四矿线，杨家庄线延伸至高垴庄，旧街线延伸至山南口，庙上线、平定线、荫营线增设站点，当年营运线路11条，线路总长177千米，站点107个。1973年开辟小河北线和咀子上线，山南口线延伸至张靖，燕龛线缩回榆林垴，营运线路共有13条，线路总长192千米，站点124个。1974年，小河北线延伸至巨城，当年线路总长234.5千米，站点128个。1979年开辟环行线路，营运线路已达14条，总长238.5千米，站点150个。1981年，白泉线停运，营运线路缩至13条，总长253.5千米，站点152个。同时，各线路车有了路别称呼，其中一矿线（庙上线）为1路、平定线为2路、三泉线为3路、环行线为4路、二院线为5路、燕龛线为6路、清城线为11路、四矿线为12路、东会里线为13路、巨城线为14路。1982年，4路环行线、12路四矿线停运，营运线路缩至11条，总长222.5千米，站点148个。1983年，平定线延伸至贵石沟矿，清城线延伸至盂县，营运线路总长231千米，站点148个。1984年至1985年，部分线路收缩，线路总长减为165千米。1986年，19路张庄线、20路里社线开通，营运线路13条，总长217千米。1990年，营运线路计15条，总长为217.5千米，站点341个。1996年营运线路增加到23条，总长273千米。1998年增至29条线路，总长292千米。随着城市客运市场全面开放，个体客运的加入，公交客运远郊线路逐步萎缩。原6路燕龛线、11路盂县线、13路交口线、17路岔口线、19路张庄线、20路里社线、7路高垴庄（杨家庄）线等停运，14路娘子关线缩至巨城。1999年，营运线路减至21条线路，总长254千米。此后，通过开辟市区线路和近郊线路，到2006，营运线路达到26条，总长为303千米，站点565个。2007年，翠枫山风景区"游1路"、郊区杨家庄和谐生态园"游特1路"公交旅游专线开通。截至2010年，全市公交车运营线路55条，其中，市公共交通总公司拥有运营线路39条，阳煤集团运输部拥有运营线路16条。全市公交车运营线路长度795千米，其中，市公共交通总公司运营线路长度557千米，阳煤集团运输部运营线路长度238千米。

2010年阳泉市公交总公司各线路长度统计表

表-4-5

区 域	路 别	起讫站点	营运里程（千米）	日行趟次	开营时间	途经站点
城 区	4	一公司——公司	9	300	1977	22
城 区	21	火车站—北岭坡	6	206	1987	17
城 区	16	火车站—南庄矿	5	170	1997	14
城 区	24	开发区—白草堰	8	85	1998	18
城 区	22	火车站—西峪	5.5	105	1998	17
城 区	25	铁路医院—工大	7	85	2000	27
城 区	33	北岭坡—太工	7.5	55	2004	19
城 区	804	龙凤沟—日潭	5	6	2009	6
城 区	游3	南山公园—狮脑山	10	6	2010	1
城 区	805	居馨花园—滨河	7	16	2010	8
城 区	806	大阳泉—李家庄	7.5	16	2010	14
矿 区	803	黄石板—一矿—坡头	12	42	2009	22

续表 -4-5

区 域	路 别	起讫站点	营运里程（千米）	日行趟次	开营时间	途经站点
城矿区	1	火车站—一矿	11.5	224	1964	27
城矿区	10	火车站—保安—闫家庄	38	6	1971	32
城矿区	12	火车站—四矿广场	7.5	28	1972	15
城矿区	102	一公司—二矿	7	48	1997	19
城矿区	101	一公司—一矿	12	42	1998	31
城矿区	103	义井—水泉沟	10	70	2000	22
城矿区	104	一公司—四矿	8	132	2000	19
城矿区	106	太行城—铝矾土矿—孙家沟	15	100	2000	30
城矿区	801	一矿—大村	13	16	2003	6
城矿区	802	水泉沟—西峪掌	11.5	63	2004	28
城矿区	游 1	火车站—翠枫山	24	8	2007	32
城矿区	112	一公司—北大街—二矿	7	14	2009	22
城矿区	808	五渡—滨河车场—西河滩	12	15	2009	20
郊 区	5	滨河车场—荫营矿	14.5	60	1964	32
郊 区	9	滨河车场—西南舁	25	30	1964	37
郊 区	3	滨河车场—三泉	10	65	1965	15
郊 区	8	滨河车场—河底	23	45	1970	38
郊 区	14	滨河车场—巨城会里	25	30	1974	33
郊 区	26	一公司—魏家峪	7	56	1997	17
郊 区	游特 1	滨河车场—生态园	16.5	16	2007	21
县 区	2	滨河车场—东升	15.5	160	1964	35
县 区	18	滨河车场—苏村（下冶头）	24.5	100	1983	40
县 区	204	滨河车场—西锁簧	20	4	1995	36
县 区	201	滨河车场—师范—东关	16.5	80	2008	34
县 区	203	滨河车场—里社	18	12	2008	37
县 区	205	滨河车场—冶西	21	18	2008	36
盂 县	盂县快客	火车站—阳泉北站	46	25	2009	0

3. 票务管理

1964年，市公共汽车公司沿用市交通局营运客票规定，票面价格为18种，0.03元起价，混级升值，票面价间隔0.02元、0.03元、0.05元不等，最高票面价0.80元；8月，单价降为0.025元人/千米，最高票面价0.65元，票面价格为15种；年底单价再次下调为0.021元人/千米。1965年，单价下调为0.018元人/千米，票面价格为14种，起价0.03元，混级升值，最高票面价0.50元。1966年，普通客票下调为0.016元人/千米；市区火车站至前庄线始用月票，月票价格3元与2.5元两种。1969年，在除西南舁线、东村线、山底线外其他线路试用月票，历时一年余，因亏损严重，1971年恢复只限于火车站至前庄线使用月票。1972年，普通客票票面价格改革，票面价格改为0.05元起价，0.05元升值，票面价格9种，最高票面价0.45元，平均价格仍为0.016元人/千米。1984年，零票价格上调为0.0195元人/千米，票面价格19种，最高票面价0.95元；月票分为普通与公用月票两种，票面价4种。1986年，票面起价调整为0.10元；市区线路启用了盲人乘车证。1991年，零票价格调整为0.035元人/千米，全部线路实行0.10元起价，0.10元进制。1992年，市区线路调整为0.0443元人/千米，票价0.20元起价，0.10元累进，5站进制，最高票价0.50元；郊区线调整0.20元起价，0.20元进制，最高票价2.40元；市区1路、12路月票价格调整为职工月票12元、学生月票6元。1993年至1994年，4路、21路线实行0.30元一票制。1995年1月起，1路、12路线实行0.30元一票制。1998年，实行市区三站以内（包括三站）0.3元票价，三站以上0.5元票价，后调整为0.4元一票制。1999年，市区统一调整为0.5元一票制，并在市区23路、24路开始试行无人售票。是年，根据市政府安排，市公交公司为全市8000余名70岁以上的老年人办理了免费乘车证。2002年，市区和近郊线路全部调整为1元一票制，远郊线路调整为1元起价，0.5元进制（一般10千米以上进制）；市内单线月票调为职工30元、学生15元，并新增通用职工月票50元、学生月票30元。2003年市区公交线路1路线（百货大楼至红岭湾）、12路线（百货大楼至四矿）、16路线（百货大楼至南庄矿）、23路线（开发区至一公司）、24路线（开发区至白草堰）等全部实行无人售票，票价1元。2004年11月，月票价格调整，成人单线月票由原30元调整为35元，通用月票由原50元调整为55元；学生学期单线月票由原90元调整为120元，学生学期通用票由原180元调整为210元。2005年公共汽车公司对老年人免费乘车限制放宽，即从当年7月1日起，70周岁以上老年人只要持山西省颁发的老年优待证，可随时随地乘坐任何一辆公交车，不再有时间和线路约束，同时停止办理企业制作的老年乘车证。2009年12月1日起全市范围内推行使用城市公交系统公交IC卡，分为普通卡、成人卡、学生卡。普通卡，可多人同时乘车刷卡，可跨月、年使用，每次充值最低20元、最高700元，每次充值赠送充值金额的10%（卡内最高余额为800元），市区线路每次乘车刷卡金额1元，郊区及平定线路分段计费，收费方式等同于零售票额。成人卡，发行对象限本市区常住人口和取得暂住证的暂住人口，凭本人身份证申领，可乘范围为市区线路和已经开通IC刷卡的线路，分为30元、50元、70元三种（30元票种限乘50次/月、50元票种限乘120次/月、70元票种限乘200次/月）。只限本人使用，当月有效，过月作废，当月25日至下月5日为充值期。学生卡，为学生专用卡，贴持卡人照片，发行对象限市教委核准的全日制大学、高中（含中专、技校、职高）、初中、小学在校学生，凭本人有效证件及一张一寸近期免冠照片申领，价格为180元/张，每学期可乘720次，过期作废。学生卡只限本人使用，每学期开学前一个月为充值期，每年8月10日至9月20日为审核时间。2010年，市区和近郊线路零售票额仍然为1元一票制，远郊线路为1元起价，分段收费。

1964年，年客运量290.6万人次，营运里程47.81万千米，票款收入44.68万元，之后客运量呈上升趋势，1966年为640.4万人次，营运里程108.8万千米，票款收入63.68万元。1972年，客运量突破1000万人次，达1048.4万人次，营运里程199.74万千米，票款收入101.09万元。1985年，客运量突破2000万人次，达2206万人次，营运里程354.57万千米，票款收入300.80万元。1988年，客运量突破3000万人次，达3590万人次，营运里程428.76万千米，票款收入412.37万元。1990年，客运总量4240万人次，营运里程486.9万千米，票款收入568.18万元。1996年，客运总量5720万人次，营运里程775.06万千米，票款收入1885.64万元。2000年之后，随着全市客运量、营运里程的逐年递增，票款收入也在逐年增加。2002年，全市客运总量5488万人次，营运里程1234万千米，票款收入3259万元；2005年客运总量6470万人次，营运里程1505万千米，票款收入4171万元；2006年客运总量6582万人次，营运里程1424万千米，票款收入4388.73万元。到2010年，全年公交客运总量达9678万人次，营运总里程达2275万千米，票款收入完成6952万元。

4. 场站建设及维修设施

1964年，市公共汽车公司在桃河桥南端始发车站临时借用两间旧平房，设站务调度室和司售人员休息室，车辆夜间停放在市交通局。1965年，在始发车总站新建一简易木结构候车室。1971年，新建占地6542平方米的桃河桥公共汽车站车场和占地900平方米的火车站公共汽车站车场，迁桃河桥南端始发车站至此。桃河桥公共汽车站建有站务调度室、司售人员休息室、水泥结构候车室，为平定县和郊区方向发车总站；火车站公共汽车站建有一简易木结构调度室，为矿区方向发车总站。1982年，火车站公共汽车站简易木结构调度室改建为水泥结构，并设置司售人员休息室。是年，全市各站点设置了站杆、站牌，以示标记。1983 年，桃河桥公共汽车站新建锅炉房、食堂等配套设施，火车站公共汽车站车场拆除旧房，新建简易钢架预制结构平房。是年，分别在红岭湾和平定设 1 路、2 路终点站临时木结构调度室。1985 年，在 1 路、2 路客车上试用送话器，降低了售票员的工作强度，提高了公交服务质量。1991 年，桃河桥公共汽车站车场调度楼建成。1993 年，在火车站东侧三角线地段新建 4 路停车场及调度楼，面积仅百余平方米，只能供 4 路车停车。此后，市公共汽车公司各场站没有再建，只是对部分场站进行简单维修。2003 年，4 路调度站迁往五渡口（一公司），建成 4 路环行和 101 路综合调度办公楼、车场。2005 年，市公共汽车公司更名为市公共交通总公司。2006 年，占地 16154 平方米的开发区停车场投入使用，是年，市公交总公司拥有停车场 28200 余平方米、办公场地 5579 平方米、维修车间 1787.6 平方米、材料库房 454.8 平方米、检修场地 375 平方米。2007 年，公交 1 路、21 路、16 路、22 路、10 路、游 1 路、12 路等线路始发站都迁至新火车站广场。截至 2010 年，市公交总公司拥有 5 个公交客运停车场（义井公交客运停车场、开发区公交客运停车场、火车站公交客运停车场、滨河公交客运停车场、桃南东街客运万通停车场）。

1969 年前，公共汽车公司始设维修客车的简易工厂，并于公司大院西建了车库，内设两条检修地沟，车辆维修项目仅限于小修和一、二、三级保养，及简单的机加工和手工钣金。1965 年，为提高维修能力，购置皮带车床、空气压缩机、电焊机及枪电钻各 1 台。1970 年，开始具有中修（大三级保养）和一般机加工能力。1971 年，首次进行客车大修，改变大修车辆出市局面，当年大修客车 4 台次，三级保养 104 台次，二级保养 208 台次，一级保养 1360 台次，小修 6800 台次。1973 年，始创 15 天大修一台客车纪录。1974 年，大、中修车 10 台，各级保养 1945 台次。其间，公共汽车公司新购进一批维修设备，共有普通车床 2 台、台钻 4 台、空气压缩机 2 台、电焊机 2 台、镗缸机 2 台，容积式油泵、立式钻床、砂轮机、硒整流式充电机、万能铣床、牛头刨床、曲轴磨床各 1 台。1977 年至 1983 年，维修设备进一步完备，服务和维修能力不断增强，车辆完好率和工作率得到大幅度增长。1984 年，车辆维修能力在保证公司内部维修任务前提下，开始对外承接保修及加工任务。1987 年以后，随着经营规模的扩大和技术设备的进步，现代化、先进的维修设施设备逐步投入和应用，1987 年至 1990 年，年均大修车辆 12 台，中、小修 130 余台次。1991 年以后，随着车辆报废各项政策的出台实施，车辆大修、中修基本取消，车辆保修主要以安全保养、强化保养、车辆整修为主。2008 年，市公交总公司一次性购新车 130 台，大部分老旧车辆被淘汰，车辆维修以保养为主。2008 年至 2010 年之间，年均大修车辆 42 台，一级保养 888 台次、二级保养 892 台次。截至 2010 年，市公共交通总公司拥有车床、镗缸机、磨缸机、钻床、剪板机、拆边机、空压机、风炮等维修设备40余类115台，自制设备6件。

（二）城市出租汽车

1. 运营管理

阳泉城市出租汽车客运事业起步于20世纪80年代。1980年12月，市公共汽车公司有出租小轿车2辆，至1985年发展为14辆。1985年以后个体出租车进入市场。1991年，阳泉市成立城市出租客运管理处，负责全市出租客运业务，出租客运车辆必须到该处注册登记，办理有关手续，否则按无证营运处罚。1995年4月市城市出租车客运管理处更名为市城市客运交通管理处，隶属市基本建设办公室。同年，市城市客运交通管理处划归公用事业管理局管理。1996年，郊区成立出租车管理部门，设城市客运交通管理站，之后不久划归市城市客运交通管理处管理。2001年，市城市客运交通管理处划归市建设局管理。2007年，盂县成立城市客运交通管理站。2008年，市城市客运交通管理处成建制划归市交通局管理，并入市交通局所属事业单位市道路运输管理处。2009年，平定县也成立城市客运交通管理站。2010年，出租汽车客运管理职责从市道路运输管理处划出，单独设立市出租汽车管理处，原市城市客运交通管理处人员仍划入市出租汽车管理处。

2. 出租车辆

20世纪80年代中期，全市出租汽车车辆仅有30余部，车型主要以达契亚、菲亚特及黄面的为主。1992年出租车辆发展为90部。1994年6月，全市第一家出租汽车经营企业德荣公司成立。到1995年，全市大多数黄面的逐渐被夏利车取代，当时汽车档次和营运质量在全省处于领先地位。1995年至1996年全市出租汽车发展迅速增长。到1996年，全市出租汽车总量发展到1475辆，从业人员达2000余名。2004年，盂县成立第一家出租汽车经营企业——盂县通达公司，拥有出租汽车300余辆，从业人员600余人，至此，全市出租汽车达到2200余辆，从业人员4400余人，经营企业13家。是年，全市开展首次城市出租汽车经营权有偿出让工作，共出让经营权635个，更新出租汽车636辆，收取有偿使用费1260多万元，车型为捷达、富康、桑塔纳等，同时，统一车牌（统一使用“晋CT”字打头的出租汽车专用牌照）、统一车身颜色（薄荷青车身白腰带或白车身环保绿腰带），并设置统一的顶灯、计价器、座套、防护网、服务监督卡等。其中，2003年底全市达到报废年限的出租汽车为553辆，更新488辆（占报废车辆总数的88%），压缩车辆65辆，提前报废更新车辆147辆。2008年，城市客运出租汽车累计达1411辆。2010年，城市客运出租汽车累计增加到1552辆。

3. 出租车价格

1993 年以前，城市出租车价格没有明确规定，由企业或个体经营者随行就市，或者经营者与乘客相互约定。1994 年，全市出租车规定出租车起租里程 3 千米，车千米租价 1.20 元，起租价 6 元，此出租价格为最高限价。实际经营中，各出租车经营单位和个体经营者根据市场情况，自行将价格下浮为 2 千米起租，车千米租价 1 元，起租价为 3 元。1998 年，夏利、天津大发等普通型出租汽车起租里程 2 千米，车千米租价 1 元，起租价 4 元，夜间行驶（晚 22 时至次日早 5 时）统一在标准费基础上每千米加收 20%，回空里程超过 5 千米加收 50% 回程费。此价格一直沿用至 2005 年。2006 年，全市出租汽车起租里程 2 千米，起租价 5 元，夏利车每千米运价仍执行 1 元，富康、捷达、桑塔纳等中档轿车每千米运行价仍执行 1.20 元，夜间行驶价在上述规定价格基础上加收 20%，夜间行驶时间调整为 20 时 30 分至次日 5 时。此办法一直沿用至 2010 年。

六、城市供水

（一）简况

阳泉近代供水历史起自于清光绪三十一年（1905），时在小阳泉村官道坡底桃河南岸修筑大口水源井，并安装直径 100 毫米管道，用蒸汽泵送水至崇德里 200 立方米的高位水池，形成浅井、管道、水池、机械等阳泉第一套供水系统，主要供正太铁路运行的蒸汽机车上水及车站人员、德胜街永安客栈等一些商号、旅店、饭店及居民用水。自此，境内由传统分散取水用水时期进入近代给（供）水时期。此后，阳泉开始采用大工业生产方式推行集中供水，出现了自来水，成为山西第一个应用近代技术取水进城的地区，也是全国仅有的几个近代供水系统之一。至光绪三十三年正太铁路阳泉站管辖地各火车站共建成有 10 个近代供水站点，日供水能力达 1500 立方米，是当时山西境内应用近代供水规模最大的地区。建市之前，以阳泉为中心区域的集中给水，基本具备了覆盖镇区及部分辖区用水的能力。给水水源先后有古道底、苹果园、蔡洼 3 座，年总给水能力在 150 万立方米以上，年总给水量在 55 万立方米左右。其间，境内兴起的交通、冶金、煤炭、电力等产业也先后建成小型自备供水系统，具备少量给水能力。建市初期，城市供水严重不足，公用日供水能力仅 500 立方米，自备供水能力仅为公用供水能力的 60%，市政府在西河滩建设加压系统，将供水范围由下站扩大到上站和白草堰等高地，并建设南山水库、蔡洼群井、坡头水库等工程，在平定县、盂县城铺设管道，使得市区以及平定县、盂县县城供水能力大幅提高。1972 年开始，为彻底解决阳泉市多年来吃水困难的问题，市委、市政府在财政非常困难的情况下，开工建设娘子关提水工程。20世纪80年代初期，阳泉市和平定县娘子关提水工程先后投产，日增加供水能力21.6万立方米，阳泉长期缺水的困难基本解决。20世纪90年代之后，城乡供水基本步入正轨，公用水源以娘子关供水工程为主，配合以山南水库、尚怡水库、东兰水源等，城矿区以及郊区荫营镇、平定县城、盂县城都实现了管网入户、双向水源的供水体系；自备供水在新建小区、工厂用水等覆盖率达98%。进入21世纪，经过几十年的现代化供水建设和发展，全市供水系统形成公用供水为主、自备供水为补充，以市县供水为主、其他供水为辅的供水格局。2000年，市自来水公司有效供水量达2915.7万吨，水质综合合格率99.84%。2008年，市自来水公司开始建设再生水利用工程，当年完成有效供水量达3220.6万吨，水质综合合格率100%。2010年，累计投资7995万元的再生水工程基本完工，但由于资金短缺，不具备运行条件。当年完成有效供水量3112万吨，完成销售收入8212.27万元，水质综合合格率99.72%；完成污水处理量2954万吨、日均处理8.1万吨、COD减排完成8049吨、城市污水处理率达到82%、出水水质100%达标排放。

（二）供水水源

古道底水源 曾称官道坡水源、小阳泉水源、六水源，是境内兴起近代供水后建设的第一个水源，建于清光绪三十一年（1905）六月，废于1971年，位于阳泉市区西侧小阳泉村的官道坡下，系圆筒状砌石大口浅井，井孔3米、井深15米以上，新成井时水量充裕，水质很好。阳泉建市后，因水源补给区进行了大量建设，将原有河道占用，使该水源由紧靠桃河到远距桃河1500米，同时新建的桃河大坝又切断了桃河对该井侧向补给的通道，使丰水井变为枯水井。另外，村民紧靠水源开凿小煤窑，既破坏了灰岩渗流条件，也造成了水质恶化。因此，该水源于20世纪70年代报废，80年代后改建为向南山、北岭坡一带高地供水的加压站。

苹果园水源 时称第一水源，俗称南洋井、北洋井，建于民国26年（1937），废于1963年，位于洪城河口入桃河处西岸的三角漫滩地内。民国26年10月30日，日军占领阳泉后，在洪城河入桃河口处圈地数亩，建“北洋井”，翌年，又在距北洋井南侧200米处凿成“南洋井”，合称“南、北洋井”，用以向西营盘驻军第十五大队即石山部队司令部、第五陆军医院、平潭菜园、军用飞机场建设工地供水。阳泉建市后，该水源划归阳钢，作为钢铁生产专用，被编为阳钢内部的二水源，又叫苹果园水源。1963年，因水源枯竭报废，后改建为阳钢职工宿舍区。

蔡洼水源 时称第二水源地，阳泉建市后改称第一水源地，建于民国27年（1938），1973年报废，位于桃河南岸的蔡洼村。该水源建成后水量充裕、水质优良，主要向新建阳泉发电厂的建设工地供水和投产后电力生产供水，1944年之后水量减少，改为补充供水，并向镇区主要街道供水。阳泉建市初，蔡洼水源为当时唯一向市区供水的公用供水水源。此后，因道路扩宽、河床改造、河坝修筑和工业建设等，影响和破坏了地下补给条件，使该水源水位急剧下降而被迫停用，于1971年以建设用地卖给阳泉矿务局机厂修建第七车间。

蔡洼群井水源　阳泉建市后第一个群井水源，建于1958年至1963年，日供水能力5000立方米左右，群井东起市区，西至四矿桥的桃河南岸阶地。水源控制范围8平方千米，沿桃河南岸为主，共布井7孔（利用旧井3孔，新建4孔；北岸1孔，南岸6孔）。1号水井，即原蔡洼水源。2号水井，位于市区西桃河南岸距1号井600米左右，系圆筒状截潜流大口井，旺季日产水可达6000立方米，在桃河汛期时，有直接渗水现象。20世纪80年代后，因道路、河道改造及工厂建设，损坏了集水廊道，切断了补给条件，水量骤减，随着桃河水质污染加重，水质也日渐下降。3号水井，位于2号水井东部1500米桃河南岸的一阶地内，为圆筒形大口井，建成后平均日产水不足100立方米，且逐年下降，在枯水季无水，于1961年停用，1967年枯竭报废。4号水井，位于1号水井以东5000米，西河滩段的桃河南岸阶地上，为圆筒形大口井。建井后桃河河坝同时建成，切断了补给条件，不久便干涸，无利用价值，1961年报废。5号水井，位于市区河边街兴隆巷西侧，为圆筒形砌石井，旺水期日产水500立方米左右，枯水期日产不足20立方米，后因水量减少，于1976年报废。6号水井，即古道底水源。7号水井，又名人工湖水源井，位于桃河北岸洪城河西侧一阶地内，为管状浅层井，建成后因桃河水质受到污染而使该井水质受到影响，便用为补压水井，后因水井周围大量进行建设活动，补给能力大大降低，产量减少，水质差，1976年停用，1982年报废。

辛兴群井水源　位于距市区10千米的桃河上游，赛鱼大桥到坡头村西基岩出露段以内，布井16孔。该水源于1959年开始筹备，全部工程分3期建设：第一期1～10号井，1965年开工，1967年完工；第二期11～15号井，1969年开工，1971年完工；第三期大口井，1972年冬开工，1973年春完工。整个工程建设历时14年，投资366.86万元。1987年至1991年，先后对该井群的12号、15号、8号、5号井进行技术改造，由管井改为大口井；1994年15号、13号、14号被阳煤集团三矿扩建圈用。

水库式水源　全市水库式水源主要有坡头水库和山南水库。坡头水库位于郊区坡头村东芦湖河谷出口处，距市区24千米，构筑在桃河支流的芦湖下游入桃河之前的河口间。1959年11月动工兴建，1960年8月竣工，总投资150万元。坡头水库由于流域范围小，植被覆盖率低，水土流失严重，在水库结构中又无泄洪、泄沙的必需措施，故仅运行3年，便积沙33万立方米，1963年停用并闲置，1977年、1980年先后通过破坝取水的方式进行废库利用。1996年，在库内凿井取水，亦有一定的效果。山南水库位于寿阳县芹泉乡高崖村，距市区40千米。1972年动工兴建，1974年7月竣工，总投资503万元。该水库投产后，经多年运行，大坝稳定，渗漏正常，管道基本畅通，净水处理系统运行良好，一直沿用至今。2009年至2010年，历时近两年、总投资517万元的山南水库除险加固工程竣工，全市供水保证率进一步提高。

娘子关水源　位于境内平定县娘子关泉域，系城市主力水源和唯一可靠水源。娘子关供水工程分两期建设，其中，第一期工程从1971年开工建设，建成于1979年，1980年元月正式交付使用，主要取用娘子关电厂的工艺冷却尾水；第二期工程是国家1998年确定的“双千亿”工程之一，包括输水、水源、加压、配水四部分。二期工程建设中，输水工程于1996年开工，1998年完工；水源工程于2001年开工，2003年达到试运行条件；加压工程的三级泵站于2002年4月开工，到2004年，主体部分已完工、二级泵站的部分土建工程也完工；配水工程的水厂工程已基本完成，配水管网完成9条管线，完成了总工程量的80%；猫脑山配水厂及9条城市供水管线已全部完成。2007年5月29日，娘子关供水二期工程水源泵站与原一期工程各泵站联网并正式投入运行，从此，全市居民彻底结束了饮用娘子关电厂工业冷却尾水的历史，饮上了清洁、安全的泉水。2008年至2010年，全市实施娘子关水源保护工程，使得该水源水质明显改善。

（娘子关供水）二期工程泵站

（三）供水管网

清光绪三十一年（1905），从小阳泉村官道坡下的古道底水源开始途经瓦窑坡、沙沟广场、聚兴街、德胜街沿途的利华工场、永安客栈及阳泉火车站到崇德里高位水池，敷设DN135毫米瓦斯管道3.2千米，后又接通天主教堂等地，为火车站和周围少数居民、坐商供水，是境内第一条用于近代供水的管道。与此同时，在阳泉火车站属的娘子关至榆次车站等10个供水站点也都敷设有专用的小口径无缝钢管，总长度约为12千米。日军入侵阳泉后，对阳泉供水实行军管理，从古道底水源供水管道的桥南街沙沟广场管段和车站机务上水段管段，分别敷设DN100/75毫米支管道2.2千米，专供日军家属宿舍、日军旅团司令部和日军其他部队驻地专用。民国27年（1938）春，日军从“南、北洋井”到日军独立步兵第十五大队司令部、日军菜园、日军第五陆军医院等分别铺设DN200/150毫米铸铁管道4.3千米。是年秋，修筑蔡洼水源时，从水源到镇区内的保晋街打蛋厂以东，包括简子沟水池配水管道，铺设DN300毫米铸铁管道5.5千米。民国29年春，敷设了阳泉下站兴隆街为中心的主要街道供水管道，并从桥北街与上站古道底水源供水管道联通，实行并网供水。民国31年，在蔡洼水源二期供水工程中增设了DN150毫米联通管道和镇区内不同口径的街巷管道。翌年，由日军片山部队接替百武部队修筑桃河木桥时，敷设DN150毫米沟通桃河南北的过河管道0.4千米。到民国34年，镇区已有主管道20余条，计22.50千米，其中，DN75毫米以上12.06千米，DN300/200毫米水源主管道10.44千米。

建市初期，市区DN100毫米以上的城市公用管网仅剩13.44千米。从1948年始，在原有管网基础上，对市区以下站为主的管网进行了扩建和改造，保全街、铁林巷、广义巷、桥北街等所属的管网由小口径更新为大口径，对市区东营盘、官坊街等无管网地段进行延伸。到1949年10月，市区已拥有DN100毫米以上城市供水管道23.10千米，比建市初增加71.88%。

1949年10月至1956年，为了加快以市区为重点的供水管道建设速度，完善和延伸了上站、桥南街、市政府、一中及油娄沟一带的供水管网，修筑了西河滩加压站和北岭坡高位水池，铺设管道开始向南山一带的白草堰、大阳坡供水，从保晋阁沿阳钢铁路增敷DN300毫米铸铁管道。到1956年，市区DN100毫米以上城市供水管网达到38.25千米，是城市供水管网发展较快的一个时期。

1956年至1959年第一个城市规划建设期，开始对阳泉市不合理管网有计划地改造，DN100毫米以上城市公用供水管道的长度增加到49.30千米；1959年至1963年第二个城市规划建设期，市级公用管道长度发展到71.6千米；1963年至1971年第三个城市规划建设期，DN100毫米以上的城市公用管道长度已有101.40千米；1971年至1984年第四个城市规划建设期，市区管道总长达到了181.4千米，是解放以后发展较快的又一个阶段；1984年至1998年第五个城市规划建设期，DN100毫米以上的城市管网达364.2千米；1998年至2000年第六个城市规划建设期，城市管网的布局更加趋于合理，到2000年，市区共有DN100毫米以上供水管道386.08千米，管网覆盖范围达150平方千米以上，各种供水用户15000余家，供水人口50余万人。到2008年，全年城市供水管道累计达到592千米，城市供水总量7166万立方米，城市供水人口达到54.46万人。到2010年，全市城市供水管道累计达到596千米，有效供水量达3112万立方米，城市供水人口达到58.72万人。

（四）供水管理

1. 水质检查

境内的水质检验业务起步于清光绪三十一年（1905）近代供水兴起之后，开始对水质的浑浊度、硬度、味和臭等一般项目进行日常观察和检验，但基础业务极其粗放，管理控制极差。民国26年（1937）以后，近代供水规模扩大，由日军驻晋司令部卫生调查班开展对供水水质的色度、硬度、盐素含量、漂浮物等水质项目的抽检。民国34年，山西省政府建设厅承办水质检验业务，检验范围包括民用土井水，检出项目仍沿袭日伪时期的4项。

阳泉建市后，针对全市没有专门的水质检测机构、人员、设备情况，供水人员采用目测的方法对水源漂浮物、颜色、味道等进行感官性查看。1950年，阳泉水电公司组建了以适应热电生产软化水和供水水质联合检验的水质化验室，是阳泉市第一个水质检验机构，开展对管网水的浑浊度、味和臭、色度、总硬度、杂菌、总碱度及漂浮物7个项目进行周期检验。1952年，水、电管理分开后，原有的小型水质化验室划归电厂，城市供水失去仅有的自检能力，开始每半年委托省防疫站检验一次，项目有杂菌数、大肠菌数、浑浊度、透明度、色、臭、味等20余个项目。1958年，市自来水厂组建市级供水水质化验室，有计划地开展水质检验及管理。1959年，水质检验范围从水源水、出厂水扩大到管网水，检测点10个，检测项目20余个。

1976年，建设部新颁布了《生活饮用水水质标准》，为改善全市供水水质检测管理工作、改善供水水质、扩大和加强水质业务建设提出新要求。1976年至1986年，市区供水水质检测范围西起山南水库的汇水源头，东至娘子关取水头部，从水源到水龙头都为水质控制范围，形成日、周、旬、月、季、年交叉检测和分析报告的周期制。随着国家加大对水质检测的重视程度，全市水质检测点、项目、次数也在逐年增加。到1993年，水质检测点达20余个，检测项目达30余个，并形成了每日检测的工作制度。进入21世纪后，全市公用供水和较大自备供水均达到每不超过2万用水人口的范围设1处检测点，每点每月的采样检验次数均在2次以上。

2. 计量价格

境内传统取水期，曾以担、箱为取水计量单位，民国32年（1943），境内公用水台安装日本生产的水表，试行以水表计量售水。阳泉建市，全面恢复供水后，除少数地方有水表外，其余供水都处于混乱中，市政府每月按实际用水人数 ×0.6 立方米计量。1952年至1954年开始有计划地对用水大户安装水表计量，20世纪60年代基本完成，较大用水户安装水表计量率达70%以上。20世纪80年代，市区逐步开展供水进户、装表计量改造，对无水表户全部安装水表计量。到1990年，市区共安装水表78375块。进入21世纪后，用水计量器具100%入户，工作人员凭水表收取水费，部分新建小区开始刷卡计量用水量收取水费。

传统取水时期，境内政府不定水价，由卖水经营者与用水户协商的方法，议定每担水的价格。清光绪三十一年（1905），阳泉铁路给水所对用水的商号、居民收费标准为居民用水每人每月每吨水计收0.5元（法币）。民国34年（1945），国民党统治时期，供水经营管理混乱，公用给水场取水每担（挑）水达10元（法币）。阳泉建市后，实行“以米价折合水价”的办法，12两小米1立方米水。1950年，供水销售水价统一以人民币计，生产用水0.12元/立方米，生活用水0.06元/立方米，电力用水价格为其他生产用水的70%，环境卫生用水为生活用水的70%，对军烈干属、孤寡老弱、少数民族等生活用水实行免费。1963年，生产用水0.16元/立方米，生活用水0.15元/立方米，商业用水0.14元/立方米，绿化用水0.098元/立方米；1967年，生产用水0.12元/立方米，生活用水0.10元/立方米，商业用水0.10元/立方米，绿化用水0.07元/立方米。从1980年开始，对维持了10余年不变的供水价格连续4次调增，1983年生产用水0.33元/立方米，生活用水0.10元/立方米，商业用水0.33元/立方米，绿化用水0.07元/立方米。1991年4月和1992年11月，市政府再次组织调价，在总体价格水平上调幅略有加大。1992年生产用水0.68元/立方米，生活用水0.30元/立方米，商业用水0.68元/立方米。1994年，工商用水为1.30元/立方米，消费性用水为0.9元/立方米，此次调价用水分类简单，价格调幅较大。2000年，在1994年的基础上平均调增0.30元/立方米。2006年，自来水供水价格再次进行调整，居民用水价格1.65元/立方米，行政事业性用水为2.80元/立方米，工业用水为3.20元/立方米，经营服务用水为3.80元/立方米，特种用水为18元/立方米。2008年，对居民水价进行调整，调整后的居民水价由1.65元/吨调整为2.10元/吨。此价格一直延续到2010年。

（五）节水措施

建市前，境内无节约用水管理机构和组织，也无有效的节水措施和手段，更无实际意义上的节水活动。

建市初，市政府和军管会通过行政协调和组织管理手段，针对城市用水紧张局面，采取“水源统筹、限制给水”等措施，减少用水浪费。1959年，市委、市政府组织开展“保水度荒”为目的地节约用水管理并采取“开源”“节流”措施，尤其是1960年至1962年、1970年至1972年境内遭受旱灾和水荒期间，都是通过此种措施渡过的水荒。进入20世纪80年代之后，全市各级节水机构陆续成立，节水机制、措施更加完善。1987 年，市节约用水管理办公室成立，节约用水管理进一步强化。首先，在全市实行计划供水：对企业内部的供、用、排水情况组织调查；对日用水百吨以上的企业进行水平衡测试；协助企业建立用水档案，充实用水计量仪表；建立用水管理机构和规章制度；对用水单位实行节奖超罚，对超标准用水加价收费；对城市居民用水实行装表计量收费，取消生活用水包费制。其次，通过技术措施加强节水力度。工业节水采用循环用水工艺应用、选煤工艺改造和废水除尘、水冷工艺和净化系统改造等 7 项技术措施，建筑节水采用提高水价、半封闭工地管理措施，生活节水采用用水制度改革、推广节水型卫生洁具措施，农业节水采用喷灌技改、滴管技改、渗灌技术等措施，此外，还开展水环境治理和改善，对生活污水、工业污水等排放提出要求。再次，通过经济制约促进节水，水资源费和超计划累进加价费、排水费和供水增容费以及水价调整和污水处理费的开征，都促进了节约用水的管理。截至 2000 年，工业重复用水率由 80 年代的 40% 多提高到 1992 年的 81%，稳定到 2000 年的 82%；工业万元产值耗水量，由 1992 年的 370 立方米降低到 1998 年的 219 立方米；城镇生活卫生洁具推广应用率达 95% 以上。2010 年，全市完成节水 470 万吨，工业重复用水率达 98%，万元工业增加值用水量 32.2 立方米。

七、城市供热供气

（一）供热

1949 年以前，境内居民采暖基本采用火炕或火炉取暖，厂矿企业多采用火炉取暖，也有少数单位采用小型工业锅炉兼顾采暖。1949 年后，在沿用火炉取暖的同时，锅炉取暖发展较快，并经历了由旧式蒸气锅炉蒸气供暖、由小吨位锅炉向大吨位锅炉的新式热水锅炉热水供暖到运行效率较高、节能成效较好的水管式快装锅炉进行供暖。到 1984 年，仅市房产部门的供暖面积就达到 8 万平方米。

从 20 世纪 80 年代开始，企事业单位和小区供暖锅炉逐步推广，广大居民逐渐告别火炕和火炉，但同时也带来能源巨大浪费和环境质量的急剧恶化。为了扭转重度环境污染的状况，从 1988 年起市区开始实行集中供热，20 年来先后经历了区域集中供热和热电联产供热两个发展阶段。区域集中供热采取拆小建大的办法，取缔小锅炉，集中建设大吨位供暖热水锅炉，分区分片供热，每个区域锅炉房供热面积在 7 万平方米至 20 万平方米之间。1988 年，全市投资 146 万元于平潭街居民新区建立了第一个集中供热站，有 16 个单位计 3.9 万平方米住宅面积受益。到 1990 年，平潭街集中供暖二期扩建工程竣工，装置了 240 万大卡 / 小时的热水锅炉 2 台，改造了上煤出渣系统和水循环、水处理系统，集中供热区的住宅受益面积达到9.8万平方米，为1988年初建时的2.5倍。同年，德胜街集中供热一期工程竣工，新增供热面积7万平方米。当年全市集中供热面积达17万平方米，1995年增加到60万平方米，2000年发展到120万平方米。至2001年，全市计有一招、兴隆街、太上街、七一市场、油娄沟、北岭坡等几个较大的集中供热区域，供热面积达130余万平方米，年均发展速度达10万平方米。热电联产集中供热是充分发挥全市周边电厂较多的优势，利用电厂低品位蒸汽和循环冷却水进行供热，彻底取缔了市区燃煤供暖锅炉方式。2002年，市区热电联产开始启动实施，当年热电联产集中供热工程实现两个热源联网运行，分别为河坡电厂热源项目和辰光热电有限公司热源项目。其中，河坡电厂热源项目以山西河坡发电有限责任公司两台50兆瓦和两台100兆瓦机组为供热热源，热化范围为桃河以南城区及桃河以北的经济技术开发区，覆盖面积17平方千米，规划供热能力500万平方米；阳泉市辰光热电有限公司热源项目以辰光热电有限公司两台15兆瓦循环流化床锅炉为热源，热化范围主要是市区北大街片，近期规划供热总面积为120万平方米，远期规划供热总面积为260万平方米。

从2002年至2010年，热电联产集中供热工程经过连续八年建设，基本形成了覆盖市区大街小巷的供热网络，共敷设供热管道636千米，建成投运热力站78座、中继泵站1座以及调峰热源厂1座，形成供热能力1229万平方米，实际供热面积1190万平方米，供热用户11.35万户，热电联产工程累计投资8.4亿元。到2010年，市区共有供热热源4个。一是山西河坡发电有限责任公司，装备两台50兆瓦和两台100兆瓦机组，供热能力500万平方米；二是热力公司调峰热源厂，装备4台全国最大的64兆瓦链条无烟煤锅炉，稳定供热能力300万平方米；三是南煤集团龙川电厂，装备2台135兆瓦机组，供热能力500万平方米；四是山西阳光发电有限责任公司，装备4台300兆瓦机组，设计供热能力1200万平方米，现状供热能力500万平方米。

热力中继泵站

2002年至2010年期间，热电联产供热面积年均发展速度超100万平方米以上，市区热电联产供热普及率90.33%，居全国同类型以上城市前列。2010年，新增供热面积132万平方米，超出计划指标82万平方米，入网供热面积达到1216万平方米；年度现价供热产值达到16407万元，比上年净增2295万元，比上年增长16.3%；企业资产总额达到9.4亿元，比上年净增1.23亿元，比上年增长15.1%。

随着供暖方式的转变和国家节能环保要求的日益提高，全市的采暖方式也在不断变化。在采暖设施上，由原来的管式、钢串片等低压低效散热器发展为后来的高压高效对流式散热器及各种美观耐用的工艺型散热器，同时更加舒适节能的地暖也开始日渐增多。在安装方式上，由原来的上下串联式逐步向分户供暖推广，全市分户热计量工作从2007年开始试点，试点面积15万平方米，但由于资金问题、用户配合问题等原因，分户改造工作推进艰难。2010年，分户计量工作取得明显成效，全年实现分户计量改造34.49万平方米，完成投资1500万元，3236户居民率先跨入分户计量时代。

（二）供气

阳泉市供气主要是使用矿井瓦斯气，1964年，阳泉矿务局七尺煤层邻近层瓦斯抽放试验成功。1970年，矿务局一矿、二矿、三矿相继建立了瓦斯供应系统，铺设供气管道（线）80千米，开始向部分居民供气。至1975年，矿务局已有3129户家属、1126间集体宿舍、20个职工食堂、32台茶炉和3台锅炉用瓦斯代替了煤炭。1978年成立市煤气化工程领导组，负责统一筹划城市供气事宜。1985年矿区改造发展了944户居民生活用气。1986年始向平潭居民区供气，用户达1700户。1987年为阳泉宾馆和市政府家属区的170户居民供气。1990年，城矿两区日供气量已达1.84万立方米，煤气中低压管道总长108.19千米，用户累计达到3.85万户，其中城区1.35万户。此外，尚有液化石油气作为管道煤气的补充，自1989年建站供气到1990，用户已达3000户，服务站点遍布市区。

2002年，全市燃气供气管道276千米，燃气用户120728户；年供气总量7419万立方米；石油液化气用户16596户，年供气总量943吨。2003年，燃气供气管道278.44千米，燃气用户124148户，年供气总量8324万立方米；液化气用户16706户，年供气总量1942吨。2004年，燃气供气管道280.47千米，燃气用户129441户，年供气总量10228万立方米；液化石油气用户16600户，年供气总量808吨。

截至2010年，全市燃气供气管道达到580.96千米，燃气用户累计达到159427户，全年燃气供气总量58750万立方米，居民用气普及率达到91.65%。

第二节　环境卫生

一、机构

建市之前，境内无专司清扫卫生的机构，处于“各扫门前雪”的状况。粪便处理主要由近郊义井、义东沟、五渡等村菜农担掏，亦有肩挑运往菜田售后维持生计者。

建市之后，环境卫生工作逐步纳入国民经济发展规划，清洁工人被列为全民所有制事业编制。1953年，站上区成立卫生清洁队，有职工5人、单人手推独轮车5辆，专门处理城市垃圾。粪便则由长途掏运粪便回原籍的榆次人以及专业售粪便的“邢台帮”处理。1956年，成立市卫生生产队，有平车13辆、洒水马车2辆。1957年，市政府协助借款1500元，组建了阳泉最早的环卫清洁队，时称卫生队，有工人41名、牲畜12头，并购进第一部洒水车，负责清运市内395个厕所的粪便和每日两次的街道清扫工作。1958年，在义井村北侧建蓄粪池2个。1960年，卫生清洁队和卫生生产队合并成立市卫生管理队，隶属市卫生局，有固定职工116人。该队直接与生产队挂钩，以肥换工。1962年6月至10月，市卫生管理队隶属市建设局。1962年10月至1968年复归市卫生局领导。1965年，市卫生管理队有拉运垃圾的58－1型汽车8辆、130汽车2辆，日运垃圾量在60吨至80吨，另有80名农民自带口粮，从事城市粪便清运工作。1968年至1972年，市卫生管理队划归城区管理。从1973年至1980年又划归市卫生局。1980年，市卫生管理队更名市环境卫生管理处，归城市建设局，有职工258人、合同工145名，配有清运粪便、垃圾及洒水机动车辆31部，垃圾站点400余个，年清运垃圾5.8万吨，年清运粪便6万余吨。1984年以后，逐步改革生产管理办法，实施“以岗定人，以人定责，以责计分，以分计酬”的生产经济责任制，提高了经济和社会效益。1988年，有垃圾自卸车、提升式垃圾密封车、粪罐密封车、铲车、洒水车等各种车辆46台，减轻了环卫工人的劳动强度，提高了劳动工效。

1990年3月，阳泉市环境卫生管理处一分为二，划归城矿两区政府，分别成立城区环境卫生管理处和矿区环境卫生管理处。主体部分归城区管理，矿区清扫街道的范围为桃北中路（深圳路口至河神庙）、桃南中路（列检所至华越集团门口）。阳泉矿务局（阳煤集团）也组建了矿容（城建）管理监察大队，对该局范围内的市政公用设施、基建施工、园林绿化、矿容矿貌、环境卫生等方面实行管理监察。

分立后的城区、矿区环卫处各自在机构上都进行了变革。城区于1997年6月23日成立环境卫生综合执法办公室，负责城区范围内的市容环境卫生管理和摊点收费。2000年6月，城区范围内小街小巷环境卫生作业也开始由城区环卫处负责，城区环卫处根据片区的划分成立了市容监察队、上站环卫所、下站环卫所、北大街环卫所和南山环卫所；8月，又组建清运中心、清洁中心。2004年7月，设立城区环卫处收费科，对全城区实行统一管理、规范收费。2009年3月，城区范围内的小街小巷、支次干道划归街道办事处负责，城区环卫处仅负责全区主要大街的清扫保洁任务。矿区政府在成立环境卫生管理处之后，又成立了城市管理领导组、城市管理监察中队。2002年2月6日，市城市管理行政执法局矿区分局和矿区行政执法大队成立；10月28日，行政执法分局和行政执法大队单独设置；10月29日，阳煤集团城建管理监察大队及中队撤销，原职责范围划归矿区行政执法大队。2009年，矿区执法分局根据“矿区亮化工作实施方案”的要求，成立了工作小组，具体负责协调推动全区的亮化工作。2010年，在创建国家园林城市工作中，矿区执法分局又成立了拆迁行动小组，保证了主要街路拆临拆违工作任务的完成。

截至2010年，城、矿两区共有环卫职工1724名，其中，城区1442名（在岗正式工143名、临时工653名、“4050”人员548名、离退休人员98名），矿区282名（在编职工42名、临时工240名，包括“4050”人员70名）。年清运垃圾13.69万立方米，年清掏粪便6.62万吨，清扫保洁面积达174万平方米。

二、环卫作业

（一）街道清扫

20世纪50年代，城区分为若干卫生区，由各单位分片包干清扫。住宅区由各居民委员会分组划片，责任到户。60年代初期，实施《城市卫生管理条例》，规定各企事业单位干部职工、居民要承担所分配的各项卫生任务，重要节日前都要突击大扫除，然后组织检查评比。严禁在街道、公共场所倒垃圾、泼污水。各单位的生产垃圾、基建垃圾一律由自己处理。1970年开始，清扫队伍专业化，由专门人员清扫主要街道，日清扫面积15.8万平方米。1980年，市卫生管理处划归市城建局后，主要清扫范围为东起四中、西起平坦街新区、南至泡沫塑料厂、北至八中，范围内的主要大街清扫方式采用“一扫两保”的工作模式，市区环境有了较大的改观。1984年，环境卫生管理处与街道居民委员会分工合作，各街道坚持日清扫两次，日清扫面积为28.07万平方米。此后，每年的日清扫面积呈增长趋势，1990年达到47.5万平方米。

城、矿两区环卫工作划分后，1996年，北大西街—赛鱼路段的清扫工作划归矿区，矿区街道清扫面积增至23.09万平方米。1997年，城区环卫处街道日清扫面积达47.27万平方米，保洁率达100%。1998年，城区的南大街、矿区的北大西街的清扫保洁实行社会公开招标承包，使道路清扫保洁打破常规走向市场。1999年，城区范围内75万平方米的街道全部实现了全天候保洁；矿区管辖的主要街道，如北大西街、桃北中路至赛鱼段、河神庙路段、洪城河路段等地段的清扫保洁方式由定时清扫保洁改为全天候清扫保洁。2000年6月，城区的大面积清扫任务以及小街小巷的清扫责任分别划归上站、下站、北大街、南山4个环卫所管理，清扫范围扩至东到义井桥，西到外环1号隧道，南至五号桥，北到李家庄旧桥范围内的道路，小街小巷清扫面积达到137万平方米。矿区环卫处从2001年开始到2008年，实行清扫费用和保洁质量承包责任制，确定了清扫保洁质量标准，出台了承包实施方案，公开竞标承包，对区内主要街道按照国家二级道路清洁标准进行考核。同时，在日潭小区设立了矿区环卫处日潭管理所，对小区内6000余平方米的街道进行全天候保洁。到2008年，矿区日清扫面积达50万平方米，清扫保洁率达100%。2009年，城区范围内的小街小巷、支次干道归街道办事处负责，城区环卫处只负责全区主要大街的清扫保洁任务；矿区环卫处则对各主次干道实行“阵地式”管理，保证了清洁效果，日清扫面积达52万平方米。2010年，城区环卫处清扫范围为市区主要道路大街；矿区环卫处清扫范围为桃南中路、桃北中路、北大西街、洪城路、桥东街、平潭小区、日潭小区。城矿两区日清扫面积为174万平方米。

（二）垃圾清理

建市前，境内垃圾清运主要是肩挑人担，亦有畜力驮运者。20世纪50年代，全靠人力车沿街收运。60年代，清运垃圾始用机械，到1970年，城市垃圾清运全部使用机械，建筑和工业垃圾用于工程回填，生活垃圾运至郊外固定地点进行无害化处理或做肥料。80年代，垃圾清运方式为“日产日清”，大街上用了垃圾桶，清运方式有部分由垃圾桶直接倒入汽车内，工作效率提高了很多。1990年，全市清理垃圾10.99万吨。

1994年，德胜街第一座垃圾中转站建成。1997年，城区环卫处清运垃圾125099.28立方米，矿区以治理脏、乱、差为重点，清理生活垃圾500余吨，清理建筑垃圾100余吨。1999年，德胜街垃圾转运站投入运行，清运收集范围为德胜街、西街、泉中路、南大街（环卫处至小阳泉）、南山北路，配有小型清运收集车辆3台、集装箱清运车1台，日处理垃圾50吨。同时南大街、德胜东街、迎宾路、天成巷、巨兴街实行了定时定点倾倒垃圾，彻底取消了垃圾点和裸露垃圾。当年的垃圾清运量达136359立方米。2000年，城区环卫处与德国萨克森州签订了《垃圾无害化处理意向书》，使全市的垃圾无害化处理有了初步发展；矿区开始创建无裸露垃圾居民区，首先在平潭街街道办事处推行垃圾袋装化，并配备专人，定点、定时进行清运和收集。2001年7月，北大街城市中心广场垃圾中转站投入使用，该中转站采用垃圾压缩工艺，是当时全省首座采用此项技术的垃圾中转站，清运收集范围为北大街、二中路、青年路、泉中北路、桃北中路、深圳街、阳钢新街，配有小型垃圾收集车3台、集装箱清运车1台，日处理垃圾40吨；平潭小区也设置了垃圾中转站，使用了封闭式垃圾清运箱，避免了垃圾的二次污染，年清运生活垃圾及建筑垃圾1.1万吨。2002年，新华西街生活垃圾转运站投入运行，清运收集范围为北岭住宅生活一区、二区、三区、四区、五区、六区，新华西街、南山南路、武警路、小阳泉绿矾沟住宅区，配有小型垃圾收集车2台、集装箱清运车1台，日处理垃圾55吨。2006年，矿区环卫处又投入资金110余万元，在四矿口、平潭小区建成液压举升式生活垃圾中转站两座，全年共清运各种垃圾49850余吨。2007年，城区范围内取缔了所有裸露垃圾点，全部设置了桶点和箱点，时有垃圾点540个，摆有垃圾桶1300个、大箱30个，多数垃圾桶是新型塑料桶。2010年，城区新建2座中转站，更换了20辆密封清运车，投资200万元更换辖区范围内的垃圾桶、果皮箱、垃圾容器，年清运垃圾12万立方米；矿区出动车辆4台次，清理死角垃圾10余吨，全年共清运各种垃圾1.69万立方米。

（三）公厕管理

建市初期，境内公厕数量少，且为旱厕。城市粪便清运在1955年以前，均由私人清运。1957年以后，粪便清运统一由卫生清洁队管理，分城区、矿区两大片，从所收取卫生管理费中支付清运开支。1965年以后，市卫生管理队将城市厕所向近郊生产队分配，由各生产队出劳力进城清运，30%的城市粪便用于大秋作物农田，70%的粪便用于市蔬菜基地。1980年，境内开始在新建住宅楼内设住户厕所。当年统计，城矿两区计有46座公厕，524座房管厕。1990年，公厕46座，其中有3座水冲厕所。1990年，全市粪便运量达到7.99万吨。

1993年，矿区对管辖内的513个公共厕所进行了清淘粉刷，其中维修厕所213个。1997年，城区范围共有173座包淘厕、43座公厕、85座房管厕，其中收费公厕18座，年清淘粪便65546吨。1999年，城区范围内的43座公厕卫生实行专人负责、分片包干制度，年清淘粪便65063吨；矿区环卫处增加了淘粪车，年清淘粪便2200吨。2000年，城区范围共有49座私人厕所、20座房管厕所、81座包淘厕所，年清淘粪便6.5万吨。2001年，矿区环卫处在公厕管理中实行了专人负责、责任包干制度。对所管5座旱厕实行定期清淘、定期粉刷与保洁、定期消杀蝇虫，达到了干净整洁的标准，并对所管4座收费水冲式公厕，严格依照市物价局标准，公开收费价格。2005年5月起，矿区环卫处将境内7座环保公厕向社会免费开放，解决了流动人口及当地居民群众入厕难的问题。全年共清淘粪便3918吨。2006年，矿区投资42万元，在阳煤集团一矿医院、赛鱼口、平潭小区、洪桥商场、明珠大厦、四矿口、市妇产医院等处摆放了7个新型环保公厕，方便了群众的生活，在虎尾沟社区办公楼、矿务局大院社区办公楼启用了两座水冲式公厕，全年共清淘粪便 6200 吨。2008 年，城区范围内共有 24 座水冲厕和 70 座旱厕，年清淘粪便 6.5 万吨。2009 年，矿区全年清淘各类粪便达到 5280 吨。2010 年，市政府拨专款，投资 850 万元在城区新建 5 座公厕，购置生态厕 15 座，公厕实现了提档升级；矿区环卫处将 3 座旱厕改造为水冲式公厕，在太行国际公园、工程处医院、四矿口、二矿口、桃南路洪桥口、煤山路、三矿中学、外国语学校东侧、矿区法院 9 个地方摆放 9 座生态公厕，并全部对外开放。截至 2010 年，全市年清淘粪便 6.62 万吨，其中城区 6.5 万吨、矿区 0.12 万吨。

第三节　园林建设

园林建设工作是随着城市建设发展而兴起的。1958 年建成的南山公园是全市第一座城市公园，绿化覆盖率达 81%。随着城市化水平的不断提高，园林建设工作也逐步得到加强。除新建城市中心公园、狮脑山森林公园、桃河公园等游园外，市区南山公园和 7 条主要街道都栽种了灌木和花卉，新建 6 处连片绿地，并逐步建成一些花坛和街心小游园，出现了南大西街绿化样板工程和集娱乐、休息、停车为一体的北大街城市中心广场。到 1999 年，全市园林绿化面积达 428 公顷，全市人均公共绿地面积达 1.28 平方米。2000 年之后，全市先后开展了“城市绿化年”和“创建园林城市”活动，并适时制定实施了推进以“蓝天、碧水、绿地、青山、大道和桃河风景线”为目标的文明城市创建计划，以及“显山露水、依山就势、错落有致、城在林中、林在城中”的发展思路，不断加大城市绿化资金投入，加快城市园林建设步伐。全市先后建成了赛西路风景林地、阳光广场、河神庙三角绿地、彩石园、西垴坡疏林广场、义井桥头绿地、狮脑山道路绿化、西垴坡山体绿化、狮脑山苗圃、李家庄小游园、南庄口小游园等城市园林绿化景点，以及文化宫、北大街小学、色织厂、南山宾馆等城市环境综合整治绿地。截至 2000 年，全市绿化覆盖面积累计达 744 公顷，建成区绿化覆盖率达 17.76%；园林绿地面积累计 428 公顷，建成区绿地率达 10.21%；新建公共绿地面积 1.1 公顷，累计达 59.81 公顷，人均公共绿地面积达 1.28 平方米。截至 2006 年，全市建成区绿化覆盖面积累计达 1296.66 公顷，绿化覆盖率达 30.12%，人均公共绿地达 6.29 平方米。到 2008 年，建成区绿化覆盖面积累计达 1936 公顷，建成区绿化覆盖率 37.79%，人均公共绿地面积达 8.79 平方米，建成区绿地率 34.11%，当年阳泉市被评为山西省省级园林城市。到 2010 年，全市建成区绿化覆盖面积累计达 2050.18 公顷，建成区绿化覆盖率 39.75%，人均公园绿地面积达 8.96 平方米，建成区绿地率达 36.05%。

一、公园

南山公园　位于市中心区，始建于1958年，山地相对高度70米，占地面积16.65万平方米，其中各类绿地面积135520平方米，绿化覆盖率达81%。南山公园利用有利的地理优势，结合山体落差，经过多次大规模的改、扩、增建工程，形成天然园林和仿古建筑形式为主的综合性山地公园。公园建筑有健身舞场、仿古建筑凌云阁、人造瀑布、荷花池、半壁长廊等。此外还有动物展区，包括狮虎房、熊山、百鸟园以及猴山，共拥有各类动物100余只，其中以占地面积为990平方米的猴山为代表。2008年，按照市政府的要求，对南山公园进行了自建园后最大规模的绿化改造，形成了以常绿乔木为主，乔、灌、草复层绿化的立体结构式园林。

南山公园一角

城市中心公园　位于桃河北岸城区与矿区毗邻处，原名桃河公园、儿童公园，占地面积7.33万平方米，其中绿地面积2.60万平方米、建筑面积1.43万平方米、水域面积1.39万平方米、道路0.65万平方米，绿化覆盖率达38%，绿地率达44%。公园由人工湖、游乐场、丝语鲜花世界、现代化花卉温室、牡丹园、银杏林、露天舞场、健身区八大主要景区构成，是全市唯一一所以儿童为主要服务对象、以人工水域为主景的休闲娱乐场所。1993年，公园建成了占地面积11000平方米的华北首家大型水上娱乐城——水上世界，主要设施有三个规格的高空滑道、惊险吊车、人工造浪以及神奇涌泉和儿童游乐区。2003年因设备老化停止运行。2006年，公园投资50余万元建成占地面积1200平方米的现代化温室。

狮脑山森林公园　位于海拔1164米的狮脑山峰顶，距市中心10千米，为市区最高景点，占地132.27公顷，植被资源丰富。该公园始建于1986年，经过多年建设现已粗具规模，不仅有6.67公顷的天然次生林，而且植物品种达1000余种，为全市西南部重要绿色屏障，发挥着重要的改善生态环境的作用。该公园系以纪念百团大战的八路军英雄业绩为主要内容的纪念性森林公园，主要建筑有百团大战纪念碑和百团大战纪念馆。百团大战纪念碑，1986年4月5日动工兴建，

1987年6月30日竣工。纪念碑坐北朝南，从低到高，由主碑、三座副碑、一座大型圆雕、两座题字碑、烽火台、“长城”组成，整个建筑群占地1.67公顷。百团大战纪念馆，建于1995年，为省、市级爱国主义教育基地。展厅总面积301.4平方米，共布置照片126件138幅，绘画5件，书法10件14幅。展览内容分四个部分，第一部分惊世壮举、辉煌战果，第二部分英雄史册、宏伟工程，第三部分不朽精神、深刻教益，第四部分书法绘画。1997年，百团大战纪念碑（馆）被中宣部命名为全国首批“百个爱国主义教育示范基地”。2010年为进一步挖掘狮脑山公园红色旅游资源，提升公园生态功能，市委、市政府启动狮脑山公园改扩建工程，共完成维修添翠楼、钟亭、纪念碑广场工程，以及新建百团大战纪念馆和环园主干道工程。

桃河公园　位于横贯阳泉市区的桃河滩槽内，是以桃河综合治理为目标建设的生态型公园，从赛鱼桥至五渡桥，全长9.03千米，建有主槽宽70米、两侧滩槽平均宽40米的复式河道，滩槽部分全部绿化，河道实现梯级蓄水，蓄水水源为市污水处理厂生产的中水。公园总面积140万平方米，其中已绿化面积72万平方米，绿化覆盖率62%；计划蓄水面积68万平方米，已蓄水面积30万平方米。公园水工和绿化部分于2002年9月1日开工建设，2003年7月18日竣工；蓄水工程部分于2006年11月开工建设，2007年4月23日竣工。工程总造价约2.4亿元。公园整体设计理念以突出阳泉地方特色，实现生态化、本土化、现代化为主。按不同的景观设计风格，主要有赛鱼桥段、四矿桥段、儿童公园段、华联商厦段四个重点景观区，音乐喷泉广场、生态岛等39处景点。在以乔、灌、花、草植物造景为主的基础上，适当增加园林建筑、雕塑小品、喷泉水景和奇石等，共栽植乔木33个品种7279株，灌木38个品种6223株，模纹色块8.66万平方米，藤本植物4.46万株，草坪40万平方米，地被花卉4万平方米，为全市城市景观主轴线。

北山公园　位于阳泉经济技术开发区，是山西省最大的城市山体公园、唯一的欧式建筑公园，2006年10月9日正式开放。

北山公园是在阳泉经济技术开发区近80万立方米废渣、垃圾和75万平方米的猫垴山次生林灌区上新建的。总规划面积86万平方米，占地86.67公顷。工程由市政府投资、北京中国园林景观规划设计研究中心设计、开发区管委会承建，计划投资8000万元，分两期进行建设。公园景观主体风格为“森林、生态、欧式、简洁”。公园依据地形地质特征，规划为两个景区：对原有废渣堆进行改造，建设成开朗、壮阔的欧式园林风格景区；经过整理修饰后的猫垴山，形成典雅、幽静的中式园林景区。工程自2004年8月开工建设，到2006年12月完成投资5600万元。

已完工的一期工程，主要景观为南大门、万人广场、台阶步道、浮雕、旱喷广场、群雕、廊道、文化长廊、林荫广场。

南大门　一到北山，屹立在游人面前的是由四根3米×3米×12米的钢筋混凝土独立柱组成的门柱，柱面采用3～12厘米的米黄色花岗岩材质，每根门柱有两面为3米×5米的欧式浮雕。典雅华贵的浮雕镂刻，浑厚宏伟，威严壮观，是明显的欧洲“巴洛克”建筑风格。到了夜晚，32组射灯把四根门柱照耀得通体闪亮。

万人广场　进入南大门，就是北山公园的万人广场。广场东西长98米，南北宽88米，用6万多块花岗岩铺就，舒展开阔。晚间，12组高达8米的“人文之光”景观灯交相辉映，庄重而气派，是举行大型集会和文化演出等活动的理想场所。

浮雕台阶　登临广场北侧的156级台阶叠起的花岗岩甬道，抬眼望去，是以《圣经》故事为主题的21块依次推高的巨幅浮雕。台阶长88米、宽18米（两侧各6米台阶、中间6米为青石浮雕），台阶基层采用30厘米厚3∶7灰土，600厘米厚C20钢筋混凝土垫层，面层采用3厘米厚芝麻灰花岗岩铺砌。青石浮雕由21幅欧式浮雕组成，浮雕采用20厘米厚青石雕刻而成，雕刻厚度12厘米。白天，浮雕被不断循环的潺潺流水洗涤着、轻轻地抚弄着，显得圣洁、明丽、肃穆、恢弘，令人仰之弥高。夜晚，在88组地角灯柔和光晕的笼罩下，更显沉静、朦胧、深邃、亲和，扑朔迷离，斑驳多姿。

旱喷广场　浏览着精美的浮雕，信步登上甬道台阶的最高点，就是北山公园的旱喷广场。旱喷广场占地4400平方米，基层为30厘米厚3∶7灰土和10厘米厚C20混凝土垫层，面层采用3厘米厚中国黑、山东白马、万年青、将军红、五莲红花岗岩铺砌而成，居中的音乐喷泉，最高扬程可达到15米，可喷出21组美丽的图案。

雕塑群像　旱喷广场向上走就是以希腊神话为主题的大型雕塑群像。群雕由15组独立雕像组成，主要人物为希腊神话中之奥林匹斯众神，整体高12米，人物高6米，长49.2米，宽10米。设计者是为澳门海滩设计妈祖雕像的王建庄先生。整个雕塑意在通过石材不同组合和层次交错变化，表达欧洲远古文明杰出代表的古希腊之丰富多彩、源远流长；并与广场中央的喷泉融为一体，与广场两侧6棵极具中华色彩的松树相映成趣、相得益彰，以体现东西方人民崇尚真理正义的共同信念和人类向往和平胜利的永恒理想，打造一个极富有欧风欧韵、又汲取本土文化元素的亲切、温馨的观赏环境。所以，这组雕塑又被称作“胜利之光”，喷泉称作“和平之泉”。

休闲廊道　东西对称的两条休闲廊道各长120米、338级，沿山势蜿蜒而上，如同二龙腾起，又似双臂舒展，拱卫着中间葱葱郁郁的万米大草坪。廊道两边一路敷设有24组灯光廊柱。

文化长廊 长69米，宽14米，高21米，建筑面积1602.81平方米，由8幅浮雕、20根罗马柱组成，面层为米黄色花岗岩。主体结构起势大气、落地沉稳，造型雍容华贵、棱角分明，装饰丰繁绮丽、线条严谨；敦实挺拔的廊柱，通达豁亮的拱门，堪称是典型的古罗马建筑。这座文化长廊，是公园的标志性景观，是一路游览而到达高潮的篇章。

林荫广场 面积7000平方米，基层为30厘米厚3∶7灰土，10厘米厚C20混凝土垫层，由舒布洛克、青石碎拼、花岗岩、维罗生态地板砖铺砌的4组错落有致的平台组成。

台地憩园 主要分为春园、夏园、秋园、冬园及欧园五园，以欧式造园风格为主，白昼有绿荫掩映，夜间有庭院灯装点，为游人提供了格调典雅、品位高尚、境界不俗的休闲小聚的好平台。

阳泉植物园 位于市区东部王母垴山上，南与化工厂接壤，东邻义白路，与开发区隔桃河相望。规划占地面积73公顷，工程概算总投资1.5亿元，计划分两期实施，其中一期工程占地面积42万平方米，建设内容为“一轴六区”，包括海棠春雨景区、东大门区域、花语夏馨、松海云风景区、花果峪景区、丹枫秋爽景区和主干道。一期工程于2007年11月24日奠基，截至2010年，一期主干道和“海棠春雨”景区已建成，完成投资4390万元。

赛鱼公园 位于桃河阳泉段流域上游，东起赛鱼，西至芦湖桥，全长5.58千米，总建设面积17.3万平方米。公园于2009年开工建设，分土建、绿化两部分实施，总投资1.46亿元。公园土建部分于2009年5月开工，通过改造河道主槽、新建复式河道、铺设雨污管网、河道疏浚等方法完成了原有河道的综合治理，工程绿化部分于同年11月开工，主要完成了公园水电管网等基础设施铺设、园区道路建设、景观雕塑小品建设、配套管理设施建设、74个品种乔灌木、地被植物的种植以及“煤城印象”“机林矿语”“鱼化龙广场”“梅花灯阵广场”“平潭秋月广场”等20余处景点建设。

赛鱼公园一角

二、广场游园

阳光广场　位于城区白草堰小区南端，原为一条自然形成的深沟，环境脏、乱、差问题十分突出，市委、市政府决定将深沟进行填埋，在此建立一处环境宜人的休闲、娱乐、健身场所。广场于2002年5月正式开工建设，2003年10月1日竣工，工程总投资1043.5万元，规划总用地3.02公顷，主要包括七中操场1.29公顷、小游园1.73公顷等，分为硬化区和绿化区。硬化区面积0.52公顷，主要由东部的圆形主广场、东南部的儿童乐园、中部的散步观赏区和西北部的半圆形副广场组成，内部配置转椅、座凳等。绿化区面积1.24公顷，主要由树林、草坪、花池、护坡绿化等组成，树种以国槐为主，配以雪松、金丝柳等高大乔木；绿篱及花池采用紫薇、红叶李、冬青等小乔灌；护坡用女贞、黄杨等组成色块造型，形成了乔木、灌木错落有致，红花绿叶交相辉映的视觉效果。

市政府广场　位于南山之麓，南大西街、泉中路交衢地带，1998年拆围还绿，市委、人大门前6414平方米的绿地结束了它作为单位附属绿地的历史，成为阳泉的又一道景观。为了与南山公园形成统一协调的绿地景观，政府广场于1996年、1998年分期进行了大面积改造，形成了依山就势的园林式广场。政府广场新建绿地利用自然地形，将植物、长廊、山石、雕塑、喷泉浑然天成地结合在一起，形成南疏北密、南高北低、南山北水的新景观。广场环围6万平方米，其中绿地面积2.1万平方米，扩建改造后全长1950米的南大西街横贯其间，形成南北对峙的多样景观，趋北绿地簇拥、喷泉绽放，趋南绿地亭台凉阁、潺潺流水，点缀其间的园林小品，触目皆景，曲径通幽。政府广场浮雕浓缩山城十大景观，有平定林里关王庙、冠山、娘子关瀑布、南山凌云阁、儿童公园、太旧高速公路、选煤楼、紫荆花以及阳泉全景。青铜浮雕“人与自然”面积70平方米，采用装饰性布局，以人写景、以景拟人，取四个人体为立意主体，比拟春、夏、秋、冬与日、月、星、晨，以及霞云瑞雪、山川河流、禽鸟花果，表现了人类文明与自然环境和谐交融的永恒主题。

新泉观广场　位于小阳泉，建于明永乐年间，距今已有590多年的历史，主要由新泉观、老君乐楼、过街石牌坊三部分组成，1997年3月小阳泉居委会组织对新泉观进行了重新修复。2005年，占地面积4611.3平方米的新泉观广场建成，是一个集民俗、社会活动、休闲、特色文化为一体的开放式休闲广场绿地。广场整体风格为规则式轴线广场绿地，由庙前广场、古戏台活动广场及南侧下沉式疏林广场三部分组成。绿化种植形式采取规则式与自然式相结合，庙前广场绿化以规则式种植为主，种植12株侧柏，以延伸石牌坊与古庙环境关系。周边绿地内植物采用自然式植物配置，以油松、白皮松、碧桃、樱花、牡丹、迎春等植物为主，突出色叶植物与地被植物高低组合，力求自然明快，相互呼应；地面采用青石板铺装，花池贴蘑菇石。

西垴坡彩石园　位于南大西街西端，瓦窑坡至简子沟中段，是连接外环路与市区的一个集游览、观赏与休憩于一体的多功能综合性小游园。该工程筹建于2000年8月，于2001年10月1日竣工，工程分两期进行，由市园林管理处设计施工。该园占地面积约1.3万余平方米，其中绿化面积7945平方米，占总面积的62%；硬化面积2233.36平方米。由农家小院、太极广场、假山水池、疏林草地四大景区组成。农家小院由青石铺设，建有磨盘、水井等；太极广场以阴阳八卦为圆心，由大理石拼制而成的12生肖围绕其中，6面影壁景墙以蘑菇石贴面，立意于易经中的6爻；假山水池采用了“小中见大”的园艺手法进行叠山、理水，假山是根据石头的自然肌理堆砌，匠心独具，而水池很好地与假山配合，表现了水与山的呼应；疏林草地种植银杏、白玉兰、雪松等各类乔木1169株，紫荆、丁香等灌木6500余株，以及各种攀缘植物等。

西垴坡疏林广场　西垴坡疏林广场也称福寿园，北临西垴坡彩石园，南接矿区林场，于2002年3月26日动工兴建，7月15日竣工，建设总面积1万平方米，由市园林局管理处设计施工，栽植雪松、白蜡、银杏等乔灌木2.7万株，栽植地被植物8316株，播种草坪5992.88平方米。全园采用混合布局手法，背倚青山，力求自然，除广场绿化外，外围绿地铺设自然卵石园路。植物配植以自然式群落配植为主，主要栽植品种有石楠、银杏、青桐、白蜡、雪松、桧柏等。广场外围配置雕花石凳，地面采用花纹广场砖铺装，两个图案广场之间为垂柳林荫道相连接，全园配置6组灵璧石，由当代书法名家题词。

河神庙小游园　位于城、矿两区结合部的休闲绿地，于2002年3月6日动工，5月1日竣工，由市园林局管理处设计施工。工程建设总面积5270平方米，共栽植各种乔灌木5652株，播种草坪2600平方米。小游园整体绿化布局以自然式为主，规划设计为喷泉景墙广场和疏林广场。喷泉景墙广场采用青石板铺设，小游园东西轴线位置设置一组景墙喷泉作为全园中心主景，三道景墙，前后错落，墙体规则式点缀蘑菇石，两侧挡墙双面安装16组狮头跌水，与水池喷泉相互响应，水的柔感与景墙的石感一动一静，令人遐思。小游园植物配植以自然式种植为主，西侧三角绿地种植七叶树，与天文北斗七星相响应。绿地内种植雪松、紫薇、龙柏球、桧柏等乔灌木，顺着自然式石板、卵石镶嵌的小路，前方是疏林广场，广场种植三排法桐，形成林带，疏林广场同时也是北大街与桃北路的人行通道。

南庄路小游园　位于居民较为集中的南庄路与南深沟路交叉口，为开放式街头游园绿地，于2004年10月10日开工，2005年7月1日竣工。建设面积2578.5平方米，其中绿化面积2036.65平方米，共栽植树木34个品种11104株（乔木287株，灌木10817株），播草1810.52平方米。游园植物配置以国槐、垂柳等乡土树种为主，以白皮松、油松、桧柏等为主要常绿树种，同时搭配樱花、银芽柳、红瑞木、黄刺梅、金银木等观赏树种，充分合理地运用不同植物品种的季相变化，创造不同的植物景观。同时，铺设游览、观赏园路213平方米，铺装休闲健身广场328平方米，修建四角双亭1个。

绿矾沟小游园　位于小阳泉与北岭坡道路交汇处，于2001年11月开工，2002年5月完工，建设总面积3700平方米，绿地面积3700平方米，总投资60万元。

牡丹园　位于市区朝阳街原圆珠笔厂东侧，于2007年12月开工，2008年5月建成，占地12369.34平方米，绿化面积9555平方米。园内共栽植油松、蜀桧、白皮松、雪松、黄杨球、国槐、法桐、青桐、银杏、樱花、红叶李、百日红、榆叶梅、西府海棠、丁香、大叶黄杨、女贞绿篱、牡丹等20多种乔灌木，另有桃、柿子、石榴等多种花卉果树分布在游园周围坡地。其中牡丹800余株，包括盛名的姚黄、魏紫、玉面桃花、景玉等，涵盖了9大色系，40多个品种；建有牡丹观赏区、太湖景石、休闲长廊、游人步道等。

常青园　位于市区北岭坡热力加压站南侧，占地面积9300余平方米，于2008年1月开工，当年6月竣工。此处原有大阳泉水井四处，积水终年不枯，因此采取低处做水、高处筑亭、周围植绿原则，建造有小湖、假山、凉亭等，植物以常绿乔木为主，形成了乔、灌、草复层绿化的立体结构。园中植有雪松、白皮松、油松等乔木，种有龙柏、洒金柏、黄杨球等低矮灌木，其间点缀银杏、红叶桃、黄栌等观花、观叶植物，整个游园三季有花四季常青，故名常青园。

樱花园　位于德胜街东侧旧火车站旁边，占地面积2394.84平方米，绿地面积1676.83平方米，于2008年2月开工建设，当年5月建成。该游园是搬迁原有的1路汽车站，建设的以樱花为主的主题游园。园中种植樱花120余株，品种有早樱、晚樱和美女樱等，配合植物季相变化，还种植有雪松、油松、白皮松，同时点缀玉兰、辛夷、海棠、碧桃、丁香、木槿等时令开花乔灌木。园中堆土成山，顶部建木质方亭，并利用植物、山石及景墙、亭、长廊等建筑小品组织空间，由规则式通道和自然曲折小路相互贯通。

香岛园　位于原阳钢三角地，位临阳泉市文化广场，总占地面积2163平方米，于2010年11月19日开工奠基，计划完成修砌地下排水函、绿化、园路及广场铺装等工作。同期还计划完成景观雕塑、点景石等其他景观建设并安装移动厕所、音响设备、垃圾桶、座椅和标识牌等必要设施。公园绿化采用常绿和落叶乔木搭配，配植彩叶树种和造型花灌木，同时在林下种植地被植物和花镜，形成立体景观效果和生态植物群落。

三、绿地

狮脑山道路绿化 狮脑山道路绿化工程建设面积13057.5平方米，其中，绿化面积10294.3平方米，硬化面积2763.21平方米。工程概算280万元。工程于2004年6月18日开工，12月3日完工，完成工程的80%，约244万元（实际到位资金50万元）。栽植树木16299株，其中乔木1630株、灌木14669株，共挖坑830个，平场面积10694.28平方米，倒渣151立方米，回土5709平方米，投工1815.5个；道路两侧建10块景点绿地共1200平方米，建停车场、茶室、亭、长廊1座（处）。狮脑山道路两侧绿化带建设于翌年5月20日竣工，完成道路两侧景点绿地10块计7829.7平方米。狮脑山道路边坡绿化工程完成投资270万元。其中，道路边坡栽植各类乔木1.4万余株，狮脑山东坡栽植各类乔木2.1万余株。

狮脑山路

河边街黑桥绿地 该绿地所在地原为20世纪50年代、60年代居民自建平房区，一直是全市脏、乱、差较为严重的地段，影响了全市的城市环境。2004年，全市启动实施了河边街黑桥绿地建设工程，工程于5月15日动工，6月15日整体竣工，由市规划局等部门负责拆迁，拆迁面积为1844平方米，园林局负责设计施工绿化工程建设。

阳钢黑桥桥头绿地占地总面积2024平方米，共栽植树木10133株，播种草坪953平方米，临路建植模纹花坛361．32平方米，铺设林荫广场614．53平方米，广场内种植国槐43株，广场周边绿地内点缀了7组景石，并配植迎春、丁香、连翘、百日红等各类花灌木，配合街景绿化，背景植物配植利用乔、灌、草、花的多样化，以雪松、桧柏等高大乔木作为植物群落主体，突出植物色彩季相变化，力求整体协调统一。

坡头收费站出口绿地 该绿地位于全市西入口赛西路西端，建设于2002年3月26日，6月7日竣工，投资618915.1元，建设面积10670.95平方米，共栽植雪松、栾树、红枫等树木

14905株，其中常绿乔木231株、落叶乔木411株、常绿灌木6498株、落叶灌木7765株，播种草坪10670.95平方米。

2009年，结合高速收费站改造和307国道改线工程对绿地和原洗车站东西两侧绿地进行景观改造提升，分两部分实施，一是移植和调整现有绿地内的苗木，二是对保留的绿地进行提升，在丰富植物品种的同时，增加亮化和园林小品等配套设施。工程于2009年10月1日开工，年底竣工，共新植树木330株，移植树木800余株，起挖灌木3895株，外运渣土780立方米，砌筑花岗岩道牙140余米，砌筑挡墙1100余立方米，开挖土石方28000余立方米，铺装广场300余平方米，安装灯具210余套，并安装新姿雕塑一座。

赛西路风景林地　赛西路道路风景林地绿化工程于2002年3月7日动工，风景林地长5千米、宽为20米，绿化面积136000平方米。工程由市建设局组织，市园林处设计和协调施工，主要由郊区政府、矿区政府、阳煤集团等单位承担施工，共栽植毛白杨、江南槐、雪松、栾树、红枫、黄杨、金叶女贞、红叶小檗等各类乔灌木151296株，树木成活率达95%以上，播种草坪20764．85平方米，建置绿带1万平方米。

体育馆门前绿地　市体育馆东侧绿地工程建于2001年9月，仅用半个月即建成，占地总面积2250平方米，绿化面积1937平方米，绿地率为86%，总投资8万元。绿地内设有喷灌系统240米（PVC管铺设），圆形广场225.5平方米采用红方砖及碎大理石拼铺，并采用红石板铺砌，其中园路87.5平方米、绿地外围道牙安装244米、绿地面积1937平方米。种植植物20个品种，雪松4株、白皮松6株、垂柳5株、丁香5墩、红瑞木5墩、大叶女贞8株、连翘4墩、火炬7株、白日红5墩、龙柏球3株、红叶李8株、蜀桧12株、凤尾兰10株、花石榴1株、红叶2株、大叶黄杨600株、金叶女贞1000株、桧柏100株（原有苗木组球），共计种植苗木2478株、花卉240株。

第四节　市政工程选介

建市前，阳泉站区共有道路、小巷26条，桥4座，照明系统主要在个别街道和小巷安装木杆路灯且数量极少，街道基本没有排水设施，生活污水倾泼于路面，雨水流入河道或塘坑洼地，泥水坑、污水沟俯首皆是。建市后，市政建设部门开始逐渐整修街巷、加固桥梁、开挖排水沟，但是当时的建设并没有合理的规划，大多是单位、厂矿自行投入，城市基础设施非常薄弱。1956年1月，市政养护队成立，负责市区道路、桥梁、排水等设施的养护。1958年，全市的经济有了较大的发展，带动了市政设施建设的飞跃，市政府率先在北大街铺设了沥青路面。1958 年至 1960 年，阳泉市第一座混凝土梁式大桥——桃河大桥建成。1960 年，路灯由白炽灯易为二代光源的高压水银灯，灯杆也由木杆易为钢筋混凝土杆塔。城市排水管网则于 1965 年后渐趋完善。截至 1990 年，全市共有道路 74 条，雨污排水管道 32.28 千米、明沟排水渠 3.684 千米，路灯 1879 盏，桥梁 16 座，防洪堤坝 43 千米。

20 世纪 90 年代后，市政建设进一步加快，施工技术也更加先进。1992 年，市政工程养护管理处将煤气发生炉作为沥青混凝土加工的导热装置装在生产线上，解决了沥青加工的污染的耗能问题。之后，南庄路、桃北东路、德胜东街、平坦立交桥、南大东街、南大西街等一系列新建或扩建工程陆续完工，全市的市政面貌焕然一新。进入 21 世纪后，全市的市政建设迎来了新高潮。道路、桥梁的整修和新建使城市的路网更加完善，路灯、排水等市政设施的覆盖使城市的功能更加突出，比之建市时，城市的面貌发生的翻天覆地的变化。截至 2010 年，全市城市道路长度累计达到 429.5 千米，路灯盏数达到 14792 盏，主要桥梁达到 24 座，排水管道长度累计达到 329.8 千米。

桃河阳泉城区段综合治理工程　该工程建设规模从赛鱼桥至五渡桥，由西向东全长 9.03 千米，整个河道由原先的 150 米宽，改造为主槽宽 70 米（行洪主槽），两侧滩槽平均宽 40 米的复式河道，滩槽部分全部绿化。工程总投资 2.01 亿元，建设面积 72 万平方米，于 2002 年 9 月 1 日开工建设，2003 年 7 月 18 日竣工，主要包括水工部分和绿化部分。水工部分于 2002 年 9 月 1 日开工建设，2002 年 11 月完工，历时 80 天，共开挖土石方 183 万立方米，土石方回填 138 万立方米，平衡土石方 25 万立方米，土石方外运 45 万立方米；内堤、锁坝、护底、河坝等砌石 34 万立方米，浇注盖板、压顶等混凝土 2 万立方米，修筑防洪围堰 9 万立方米，完成投资 1.18 亿元。绿化部分于 2003 年 3 月 1 日开工建设，2003 年 6 月 30 日完工，历 4 个月，完成了 79 处景观景点及附属工程建设，铺就了宽 3 米、长 18 千米的防洪通道，完成了 70 余万平方米的绿化任务及供电、供水、照明等配套工程建设。绿化建设规划设计由上海同济大学景观规划设计院编制，整体设计理念以突出阳泉地方特色，实现生态化、本土化、现代化为主。按照不同的景观风格，全线划分为赛鱼桥段、四矿桥段、儿童公园段、华联商厦段四个重点景观标段，以乔、灌、花、草植物造景为主，适当增加园林建筑、雕塑小品及喷泉水景和奇石等，共栽植乔木 33 个品种 7279 株，灌木 38 个品种 6223 株，藤本植物 44642 株，地被花卉 4 万平方米，模纹色块 86592 平方米植株 1568970 株，新建草坪 40 万平方米。桃河阳泉城区段综合治理工程实际历时 7 个多月，达到了桃河复式河道防洪达到百年一遇标准，主槽河道行洪量达到10年一遇标准，同时，实现了把桃河建设成为全市的城市景观轴线和人民群众休闲、娱乐、健身的绿色走廊的治理目标。

桃河公园河道梯级蓄水（试验段）工程是在桃河赛鱼桥至五渡桥长10千米的区域内实施全线蓄水，建溢流坝118座，溢流坝前蓄水深0.7米，蓄水末端水深0.1米至0.2米。溢流坝建成后共形成60万平方米的水体，总蓄水量28万立方米。整个工程完工后，可有效改变全市局部小气候，引导城市风向，改善城市环境，提升城市品位。为了检验河道蓄水后泄洪能力、排淤能力，避免盲目建设，为桃河蓄水工程全线铺开总结经验，首先对桃河矿区试验段和城区试验段进行了建设。城区试验段西起西河口，东至华联商厦背后，长2千米。工程于2006年11月25日开工，2007年1月竣工，共挖运土方13万立方米，平整场地15万平方米，浇筑混凝土6万立方米，砌石2万立方米，建溢流坝29座、蓄水池28个，完成投资1270万元。蓄水工作于2007年5月21日开始，5月28日结束，采用阳泉市污水处理厂处理后的中水蓄水（铺设管道6千米，投资780万元），共形成蓄水面积15万平方米，蓄水量7万立方米。矿区试验段西起赛鱼桥，东至四矿桥，长1.8千米。工程于2007年3月开工，4月11日竣工，共挖运土方13万立方米，平整场地15万平方米，浇筑混凝土6万立方米，砌石2万立方米，建溢流坝28座、蓄水池27个，完成投资1300万元。蓄水工作于2007年5月21日开始，5月28日结束，采用桃河辛兴截潜流蓄水，共形成蓄水面积15万平方米，蓄水量7万立方米。

公园景观

桃河公园河道梯级蓄水二期工程分两段进行，一是阳煤集团工程处至西河口段，长2551米；二是华联商厦至五渡桥段，长1948米。工程于2008年9月9日开工，12月31日竣工，铺设中水管道6.7千米，建溢流坝61座、蓄水池62个，蓄水面积30.5万平方米，完成投资6500万元。

娘子关供水工程　该工程东起娘子关镇河滩村，西至市区北山公园东侧终端配水厂，共穿越1县2区8乡36个自然村，提水距离长达33千米。工程分两期建设，由国家批准的取水流量为3立方米/秒，总计取水量为25.92万立方米，一、二期工程的取水流量均为1.5立方米/秒，日均产水能力12.96万立方米。该工程由取水、加压、输水、配水等内容构成。取水工程包括1#、2#水源泵站和一、二期共用的3.5千米DN1600输水管道，加压工程包括三级并列且系统独立的双加压泵站和三段、双线1.3千米DN1200扬水管道，输水工程包括一、二期共用的10.69千米的输水隧洞及两趟14千米DN1200输水管道，配水工程包括2个配水车间、3个1万吨水池、1座1.6万吨水池及城市管网。一、二期供水系统坐标位置并列，运行系统基本各自独立。整个供水工程具有“一长四高”的特点，即：长距离（33千米），高扬程（470米），高能耗（2.1千瓦小时/吨），高落差（408米），高压力（7.5公斤）。一期工程（时称“阳泉市娘子关提水工程”）于1971年第一次开工建设，中途因故停建，1975年8月第二次开工建设，至1979年12月竣工，1980年1月正式交付使用；二期工程于1995年11月开工建设复线工程，1998年12月完成，2001年10月底二期工程全面开工，2004由于资金问题停工。后继续完善取水头部工程，于2007年5月完成。截至2010年，工程累计完成投资1.9亿元。

城市供水管网改造工程　该工程是对使用年限久远、老化漏损严重的政府广场至四中、猫脑山至义井桥、猫脑山至华盛桥、桥北街至新建路等38条约36.6千米的城市供水管网进行改造，工程概算投资4029万元，建设工期三年。工程于2004年5月开工建设，到2006年底，工程累计改造管网14.9千米，完成投资1886.56万元。

热电联产集中供热工程　该工程于2002年开工，到2006年底，完成工程投资8.4亿元，共敷设供热管道636千米，基本建成了覆盖市区大街小巷的热电联产供热网络，形成供热能力1229万平方米，实际供热面积1190万平方米，供热用户11.35万户，市区热电联产供热普及率90.33%。截至2010年，阳泉市区共有供热热源四个。一是山西河坡发电有限责任公司，装备两台50兆瓦和两台100兆瓦机组，供热能力500万平方米；二是热力公司调峰热源厂，装备4台全国最大的64兆瓦链条无烟煤锅炉，稳定供热能力300万平方米；三是南煤集团龙川电厂，装备2台135兆瓦机组，供热能力500万平方米；四是山西阳光发电有限责任公司，装备4台300兆瓦机组，设计供热能力1200万平方米，现状供热能力500万平方米。

城镇燃气利用工程　该工程是阳泉市城市基础设施建设的重大项目之一，是山西省利用亚行贷款建设“山西大气环境改善项目”的子项目之一。工程利用五矿矿井瓦斯气气源，与市区原有煤气管网设施并网，连接平定县及郊区荫营镇，形成了东至氧化铝厂，西到阳煤集团一矿，南接阳煤集团五矿，北连郊区荫营镇的城市煤气输配系统，工程于2002年7月开工，2005年底完工并投入运行。建成5万立方米的储配站3个（北区储配站、南区储配站、五矿储配站），改造储气柜3座，新建调压站38座、控制监测系统3套，新建中低压煤气管道123千米，完成投资22020万元（其中，亚行贷款1415万美元，折合人民币11320万元，银行贷款和各级筹资10700万元）。该项目的实施，使全市的供气结构、供气能力及能源结构得到显著改善，进一步拓展了阳泉市的城市供气区域，为全市城市建设和经济发展提供了有力保障。煤气使用由生活领域扩大到生产领域，供气覆盖区域从原来的市区扩大到平定县城、郊区城镇，不仅使管网沿线居民成为直接受益者，同时促进了一大批工业用户和公共福利用户的燃煤设施改造和产业发展。该项目的实施，每年可直接减少甲烷排放2.89万吨，替代原煤13.94万吨，减少烟尘排放5639吨、二氧化硫排放2408吨、二氧化碳排放266万吨，实现了社会效益、环境效益、经济效益的同步提高。

市区燃气管网改造工程 该工程是对市区大阳泉矿抽放站至大阳泉储配站、城储站至铝氧厂、马家坪至北郊储配站等12条燃气管网和相关储配站、控制系统、用户引入管及150个凝水缸等进行改造，工程计划投资1.14亿元，分年度逐年改造。工程于2005年4月开工，到2010年，共改造南大西街、南大东街、桃北东路、化工厂路、大连东路、阳铝路、平安路、义平路、大阳泉矿至大阳泉储配站等中压煤气管网44.29千米，更新防腐用户引入管9100户及更新凝水缸160个，累计完成投资4803万元。

市区燃煤设施改造工程 该工程是对全市58座工业炉窑、70台工业锅炉、50台茶浴炉、85户餐饮大灶的燃煤设施及配套管网设施进行燃气化改造，计划总投资1.25亿元，分年度逐年改造。工程于2006年1月开工，到2010年，共改造高压电瓷厂、国泰耐火材料公司、瀑里炉料公司、瀑里澳发合成材料公司、瀑里瑞光合成材料公司、铝业公司等工业企业的工业炉窑25座，山西远鑫实业公司、泉美国际大酒店、交通集团、商业银行、隆鑫商厦等单位的燃煤锅炉81台，氧化铝筹建处、市艺校、北大街小学、市财政局、矿山救护大队、南山宾馆等单位的茶浴炉29台，铁路医院、海外海大酒店、东方幼儿园等单位的餐饮大灶203户，完成投资5577万元。

第四章 村镇建设

第一节 概 况

1997年，市委、市政府成立以市委副书记为组长的阳泉市村镇建设领导组，领导组办公室设在市建设局，各县区也成立相应的村镇建设领导机构，并每年从财政拿出50万元作为小城镇建设专项经费，用于小城镇建设的规划、建设和管理，从机构、人员和经费上保证了小城镇建设工作的顺利开展。在每年召开的全市小城镇建设工作会议上，市村镇建设领导组都要和各县区签订“小城镇建设目标责任状”，同时，各县区领导组要和乡镇也签订责任状，将小城镇建设任务层层分解下达到基层，确保任务落实、责任落实。

全市涉及小城镇建设的县区包括郊区、平定县、盂县，共20个建制镇，12个乡集镇。其中，郊区荫营镇为国家级试点小城镇，平定县冠山镇和娘子关镇、盂县秀水镇和南娄镇、郊区荫营镇为全国重点镇，平定县娘子关镇和张庄镇、盂县路家村镇和南娄镇、郊区荫营镇和河底镇6个镇为省级示范小城镇。平定县、盂县的县域体系规划是由市规划设计院进行编制，郊区县域体系规划是由山西省小城镇发展中心进行编制，到2010年，三个规划已经全部编制完成。

全市的小城镇规划工作起步较晚，多年来，规划和建设工作往往不能同步，有总体规划的小城镇分散于各个县区。1998年，平定县冶西镇开始全镇的规划编制工作。2001年至2002年，郊区河底镇完成《河底镇区总体规划》。2002年9月，第三轮《荫营镇总体规划》通过省级专家评审小组评审。2006年，盂县的西烟镇、上社镇、苌池镇，平定县的东回镇、柏井镇和冶西镇6个建制镇完成总体规划编制工作，并通过评审。截至2006年，全市已完成16个建制镇的总体规划。盂县牛村镇的总体规划于2007年编制完成，盂县孙家庄镇由于阳泉客运车站的建设，该镇将逐步纳入县城的总体规划之中，因此，暂缓编制孙家庄镇总体规划。平定县的锁簧镇和巨城镇也于2007年完成总体规划的编制工作。2007年至2010年，全市完成西烟镇、上社镇、苌池镇、东回镇、柏井镇、冶西镇、旧街乡、梁家寨乡、西潘乡、锁簧镇、巨城镇总体规划的编制工作。2010年，市委、市政府通过了《阳泉市率先全面城镇化实施方案》，目的是要通过5年乃至更长时间的建设，主城拓展实现融合，生态新城粗具规模，辅城建设形成框架，小城镇和产业集聚带基本成型，逐步形成科学合理的新型城镇布局体系。

此外，村庄布局规划工作也有序开展。村庄布局规划是根据全市的经济发展、人口流动和区域协调发展情况来科学预测村庄的发展趋势，合理确定村庄规模和布局，确定应当发展的村庄、限制发展并逐步撤并的村庄，指导迁村并点工作和新农村建设工作。2006年，小河村名村保护规划工作完成，并通过了省建设厅的评审，娘子关镇的名镇保护规划工作也开始编制。2008年，全市开展了村庄布局规划编制工作，并同山西省规划院签订规划编制合同，基础资料的收集工作已基本完成，规划工作完成了初稿。根据省委、省政府的安排，全市要在“十一五”期间完成全市936个行政村的新农村建设规划编制工作，2006年全市的31个村全部委托阳泉市规划设计院进行了规划编制。到2010年底，全市71个重点推进村的规划工作已基本完成。

第二节　小城镇建设

20世纪90年代初，全市小城镇建设开始起步。1995年，郊区荫营镇被建设部确定为“全国500家中小城镇建设试点镇”。1996年，郊区河底镇按照工业主导小城镇的发展思路，以改善镇区道路建设为突破口，实现镇区建设的阶梯式发展。是年，盂县路家村镇聘请省测绘专家进行总体规划，并投资9000多万元完成“十里一条街”工程，建成长6.8千米、宽40米道路，连接沿路8村。进入21世纪后，全市的小城镇建设发展劲头迅猛。2001年，郊区的荫营镇、河底镇、义井镇、平坦镇新开或续建建设工程项目21项，总投资8610万元。2005年，盂县梁家寨乡成立了盂县梁家寨温泉管理委员会，对阳煤集团职业病防治所、盂县税苑培训中心、盂县鑫安苑宾馆进行了改造。2006年，平定县建成了冶西村、聂家庄村居民住宅楼，共投资1580万元。2007年，试点镇共完成村镇建设项目48项，完成投资4.08亿元，小城镇建设步伐加快。建制镇绿化工作广泛开展，重点对盂县上社镇、牛村镇，平定冠山镇、柏井镇，郊区义井镇等的主要出入口和公路两侧及主要活动场所进行了绿化，全市建制镇新增绿化面积20万平方米，绿化覆盖率提高了0.51个百分点，达到21.5%。此外，娘子关镇、小河村、官沟村、后峪村等先后成功申报为旅游村镇，促进了全市旅游产业的发展。2008年，试点镇共完成村镇建设项目42个，完成投资6.9亿元。建制镇绿化覆盖率达到22.5%，娘子关镇被评为旅游名镇、小河村被评为旅游名村。同时，郊区大阳泉村为保护古村落，申报了历史文化名村名镇。2009年，试点镇共完成村镇建设项目89个，完成投资16.08亿元。2010年，试点镇共完成村镇建设项目40个，完成投资5亿元。

1995年4月，荫营镇被建设部确定为“全国500家中小城镇建设试点镇”之一。自此，郊区的小城镇建设开始向全区辐射。郊区在小城镇建设中实施了“四走四变四集中”战略，在“扩容提质”上迈出新步伐，办公新区、集中供热、街路改造、客运、市政等方面的建设力度大大增强，呈现出了郊区小城镇全方位建设、大规模发展的良好态势。荫营镇以瑞丰小区建设为重点，完成了住宅4.6万平方米和1.5万平方米的商业设施建设，完善了小区内的步行街、道路、绿化等配套设施；还投资900万元建成了长4.18千米、宽18米的玉泉南路，将荫营镇区与白泉工业区连为一体。此外，荫营镇将“西改东扩”纳入重要工作日程，“东扩”计划投资1.8亿元，范围为东起上下千亩坪及207国道，西至下荫营铁路桥，南自南窑庄村，北讫二院路，建设用地94.13公顷，其中建筑面积为26440平方米的政府办公楼已全面开工建设，2010年底已全部完工；“西改”即西大街改造工程，主要包括三项重点工程，即郊区实验二小建设工程、镇区西大街改造工程、集中供热工程，建成后的西大街将成为宽26米，供热面积40万平方米，水、电、气、暖整体配套的高标准的镇区主要街道，截至2010年工程已部分开工。河底镇建成了长8千米、宽8米至12米的河底路，同时，还进行了住宅建设和镇区集中供热以及2500米河道治理和70千米公路绿化等工程，完成投资600万元；完成了建筑面积5000平方米的河底镇集贸市场，对发挥河底镇的周围辐射作用，发展河底经济，提高农民生活水平起到重要推动作用。截至2010年，郊区完成小城镇建设投资1.4亿元。

平定县以改善人居环境为目标的旧城改造，吸引社会力量投资旧城改造，取得了良好效果。2004年的武衙门改造工程涉及范围7公顷，动迁居民550户，拆除旧建筑4.4万平方米，新建各类建筑10万平方米，修建县政府至一中共计1.1千米长的城市道路，建设了东升新村11万平方米的住宅及学校和医院等其他配套设施，与东升市场联为一体，为县城东扩奠定了良好基础。是年，平定县加大基础设施的配套建设力度，投资6522万元建设县城污水处理厂；煤气工程已完成大部分中低压管网的铺设，煤气用户入户稳步增加。2005年，平定县为了改善平定师范的整体形象和办学环境，提升教育在小城镇的作用，实施了平定师范改扩建工程，拆迁

23000平方米，年内完成投资1100万元。是年，西关街改造和东升路改线工程完工，长1100米的娘子关镇区主干道一街四路的改造工程完工，设计规模为8000吨/天的娘子关污水处理厂工程也已动工建设。娘子关镇利用自然资源和悠久的历史独特优势，逐步完成了绿苑小区、平阳湖水上人家、固关长城等工程，初步形成了以旅游为主的新型小城镇。截至2010年，平定县完成小城镇建设投资2亿元。

盂县以道路交通、市政基础设施为突破口，下大力改造县城及周边的基础设施，通过产业带动使乡镇企业逐步向大的城镇集中，组织起较大规模的乡镇企业集团，初步形成了小城镇发展与产业发展相结合的局面。2000年之后，盂县加快小城镇建设，开工建设了一系列工程，使全县的小城镇建设粗具规模。投资6000万元的盂县金龙大街作为一项民心工程，全部建成并通车运行；投资2100万元完成了全长2880米的新建路改造工程；供水二期工程已全部完工，投入运行。南娄镇则完成了3.5千米的盂榆外环路建设，使整个镇区的位置和布局更趋合理，更具发展潜力，投资1500万元建设了高标准的镇中心医院，投资1200万元完成了连接金龙街至孙家庄段道路建设并改造了盂寿路和下曹路；投资1800万元完善了总长4000米的西小坪工业园区道路建设，这些道路建设都进一步完善了盂县周边的交通骨架，增强了彼此的沟通和交流能力。路家村镇的“十里一条街”在2000年全线贯通以后，沿线三产建设也随之全面启动，极大地改善了镇区环境。截至2010年，盂县的小城镇建设完成投资1亿元。

截至2010年，全市县域体系规划和建制镇规划的编制已基本完成，小城镇建设快速发展，已粗具规模。郊区、平定县、盂县政府所在地荫营镇、冠山镇、秀水镇的住宅建设、商贸、文化教育等已形成规模，城镇面貌有了很大改观，旅游设施建设得到较快发展，其他小城镇的建设也有较大发展，但发展的规模和质量还需进一步提高。随着国家几条重要的高速公路、快速铁路的开通，全市小城镇对外交通状况得到明显改善，同市区的联系也更加紧密和便捷，同时，小城镇镇区规模的扩大和道路网的建设也加快了基础设施建设步伐，城市各项配套功能更加完善。2006年至2010年间，全市村镇建设总投资达80多亿元。

第三节　新农村建设

建市后，全市农村基础设施建设随着农村经济的发展可划分为两个阶段。第一个阶段是1949年至中共十一届三中全会前，为保证基本生产生活的缓慢发展阶段。在此阶段，境内农村农业生产条件落后，农民的“口粮”问题尚不能解决，其主要任务是发展农业生产、解决温饱问题，因此基础设施建设的重点集中在农田水利等农业基础设施建设上，村镇建设的进展比较缓慢。青砖、灰瓦、石屋、土窑构成了农村基本的色调，多数农户都生活在上辈人留下的建筑院落中，少数新建的房屋也都是式样老旧、面积较小。公共基础设施虽在20世纪六七十年代有所发展，但都较简陋。乡村道路多为“高脚路”；电力、通信大部分村都未通达；吃水基本靠水井或旱井；农村学校大都利用废弃的庙宇、祠堂，鲜有新建；部分有条件的村建起了供销社和代销社；一座戏台或礼堂成为农村的高标准配置。第二个阶段是中共十一届三中全会之后，为满足农民不断增长的物质和精神文化需求的蓬勃发展阶段。在此阶段，改革开放的富民政策解放了农村生产力，使农业、农村经济得到较快发展。特别是从20世纪80年代开始，随着乡村两级集体乡镇企业的快速发展，使大多数农民的生活有了较大改善，农民手上有了积蓄，农村集体有了积累，广大农村掀起了四轮建设浪潮。第一轮从1980年至1990年，以农民自主建设为主要特征；第二轮从1991年至2000年，以整村推进小康村建设为主要特征；第三轮从2001年至2005年，以建设文明生态村为主要特征；第四轮从2006年至2010年，以建设社会主义新农村为主要特征。

20世纪80年代初，市、县两级党委政府采取了相应的政策措施予以引导和扶持农村建设。首先是制定和规范建房地基标准和审批程序，使人口多、居住条件差的农户优先得到房基

郊区上千亩坪村文化广场

地。其次是开始抓村镇建设规划，于1984年5月举办为期4个月的村镇规划助理员培训班，为3个农业县区培养25名专职助理员，并在各县（区）城建局内设置村镇规划管理机构，并于1985年至1990年完成了对全市57个乡镇、1039个村的初步规划。第三是培养了一批村镇建设典型。到1990年底，平定县冶西镇、娘子关镇、锁簧镇等新兴集镇已按计划实施了建设工程并粗具规模，郊区王垅村和小固庄村等也根据规划建成了新村。特别是平定县冶西镇，采取集体和个人共同投资的方法搞集镇建设，使村镇面积由0.12平方千米扩大到0.42平方千米，镇中心建起长1000米、宽25米的光华大街，并建成镇政府办公大楼、学校、幼儿园、百货大楼、影剧院、公园等。除集镇建设外，广大农村约50%以上的农户盖了新房。此期间，盂县农村有30126户农户新建或翻修了住宅，其中新建住房达到15.56万间；平定县农村新建房屋、窑洞14.7万间（眼），还兴建了一批学校、幼儿园、敬老院、卫生院等公共设施，并修筑简易村级公路和架设桥梁，全县所有农村都通了汽车、通了电，新建电影院（剧院、礼堂）20个、戏台185个、乡镇文化站19个、村文化活动室310个，有81个村用上了自来水；郊区农村新建房屋窑洞6.34万间（眼），还兴建了学校、幼儿园、图书室、卫生所、舞台等公共设施，村村通电、通汽车。这一时期的农村建设以农户自建为主要特征，绝大多数房屋为砖石、木结构，一家一户建一个小院，一般都是样式较旧、标准较低，多数村没有严格执行规划要求。

20世纪90年代后，市委、市政府提出了“1995年阳泉农村初步达小康”的奋斗目标，并在制定的小康标准里把对村镇建设的要求作为重要内容，要求全市农村人均砖木石结构或钢筋混凝土结构居住面积达16平方米，村容村貌整洁卫生，实现村村绿化、美化、主要街道硬化，以及行政村通车、通电、通邮、通电话等。1995年，初步达到小康水平的村有770个，村镇规划、街道硬化、村容美化、环境绿化取得一定进展，村容村貌有了较大改观，并涌现出一大批村镇建设先进典型，如平定县的张庄镇、宋家庄村、新村，盂县的路家村、北娄村，郊区的河底镇、上千亩坪村、瀑里村等。平定县冶西村的村镇建设规划被建设部授予1991年“第三批村镇规划试点评比优秀奖”和1993年“部级城乡建设优秀设计三等奖”。从1997年开始，全市把村镇建设和小城镇建设与调整产业结构、推进农村小康建设紧密结合起来，通过努力，全市村镇建设和小城镇建设均取得了重要进展。截至1999年，全市300人以上的行政村全部完成了村镇规划，并通过了专家评审，省定的56个小康建设示范村和市定的30个村镇建设示范村进行了较大规模的旧村改造，总投资近2亿元，总建筑面积达27万多平方米。其间，涌现出了盂县路家村、北娄新村，郊区荫营镇和河底村，平定县张庄镇、冶西镇、娘子关镇等一批示范典型，郊区荫营镇还被列为国家建设部确定的全国小城镇建设试点镇。全市农村建设基本实现乡乡有文化站、村村有文化室，95% 以上的村有舞台、剧院、舞厅等文化娱乐设施，30% 的乡镇和 40% 的村安装了闭路电视和差转台，百户农户拥有电视机 105 台，其中彩电占 60% 以上；基础设施不断完善，实现了镇镇通油路、乡乡通公路、村村通机动车的“三通”目标，其中 80% 的乡（镇）和 35% 的村通了油路，一半以上的村兴建了供水设施，农民用上了安全卫生的自来水；农村社会福利事业持续发展，养老保险、残疾人就业等形成制度，大多数乡镇建有敬老院、养老院，“五保户”供养得到保障。

进入 21 世纪，全市农村工作紧紧围绕建设小康社会和农民增收这个主题，全力推进农业产业化、农村工业化和农村城镇化进程，促进农村宽裕性小康建设和文明生态村镇建设，以创建文明生态村镇为载体全面推进社会主义新农村建设，把建设文明生态村镇摆到重要议事日程。经过努力，全市农村城镇化步伐进一步加快，农村城镇化水平进一步提高。以平定县县城、盂县县城和张庄镇、娘子关镇、南娄镇、路家村镇、荫营镇、河底镇为重点，新建了一批道路、住宅、教育、文化、娱乐、供电、通信等基础设施项目，共投入资金 10.1 亿元，示范小城镇完成建设项目 96 个。“十五”期间，全市共完成村通硬化路 3460 千米，95% 的行政村实现了村通硬化路目标。全市农村人口由 2000 年的 73.95 万人下降到 71.58 万人，城镇人口占总人口比例达到 55.2%，城镇化水平名列全省前茅。2004 年，市委、市政府制订出台了《关于在全市实施文明生态村镇创建的意见》，再次全面部署开展了创建活动。有 34 个村被市委、市政府命名为首批“三星级文明生态示范村”，到 2005 年底，全市已建成高标准文明生态示范村 100 个。

“十一五”期间，全市按照统筹城乡发展的要求，抓住国家政策机遇，大力加强基础设施建设，农村面貌发生明显变化，城镇化水平稳步提高。新农村水、电、路、气、暖、网络等全面配套发展，硬化路、“农家店”、文化大院、安全饮水工程、健身休闲广场等等逐渐成为新农村的标准配置，单元楼、住宅小区、集中供暖、集中供气等一些城市设施越来越多地进入了农民的生活范畴。全市累计完成村通水泥（油）路 5460 千米，在全省率先实现了“村村通”硬化路；实施了龙华口水电站建设、娘子关水源地保护等一批水利项目，建成各类农村饮水安全工程 643 处，解决了 694 个自然村、31.3 万人的饮水安全问题；完成各类造林 3.8 万公顷，建设完善道路林带 1028.7 千米，建成园林村 300 个；累计发展农村沼气 1736 户，推广秸秆气化炉 23135 户，建成了盂县坡头村、郊区牛家峪村大型沼气和盂县南头村秸秆供气工程；全市累计新建和改造“农家店”901 家，受益居民达到 62 万人，拉动农村消费增长 20%。31 个省级示范村和 282 个重点推进村建设成效明显，完成了 1608 户、5602 人的移民搬迁，一大批农民从大山走出，进入城市和小城镇长期居住。到 2010 年底，全市城镇化率达到 62.1%。

第四节　村镇选介

一、小城镇选介

（一）荫营镇

荫营镇，是山西省唯一一家“全国小城镇建设综合示范镇”，是阳泉市郊区政府所在地，为郊区政治、经济、文化中心，镇政府所在地距市中心城不足10千米。全镇辖38个行政村，总人口7.2万人，总面积111.62平方千米，镇区规划面积22平方千米。2001年之后，该镇的小城镇建设坚持“高起点规划、高标准建设、规范化管理、市场化运作”，累计投入资金69512万元，先后开展了中心区行政、商业、住宅、文化等建设和东南部工业园区建设，共完成建筑面积40万平方米，硬化镇区道路42万平方米，建绿地20余万平方米。水、电、气、暖、通信、有线电视等基础设施日益完善，初步形成功能分区明显，布局合理的阳泉市组团式中心城市的重要组成部分和以特种新型材料工业为主导的工贸型城镇格局。荫营镇是全市建设规模最大、建设速度最快的小城镇，为境内小城镇建设起到了示范作用。2010年，全镇农村经济总收入30.07亿元，农民人均纯收入6452元，财政总收入14209万元。

（二）河底镇

河底镇，民国前属平定州，古称“青龙镇”，历史上就是平定州州北地区重要的政治经济文化活动中心和商品集散之地。全镇辖32个行政村，总人口5.01万人，总面积102.32平方千米。河底镇作为郊区第二大镇，区位优势明显，交通条件发达，自古就是连接平定县、盂县的重要枢纽，207国道、214省道贯穿境内，阳五高速、京昆高速交汇过境。镇政府所在地距市区20千米，距规划开发的新城区不足10千米，镇区中心距阳五高速入口7千米、距京昆高速入口不足1千米，地理位置优越，交通十分便利。2000年，全镇以滴苇路建设为重点拉开了河底镇城镇建设的序幕，先后投资8000余万元完成滴苇路一、二、三期工程和燕龛路及通村公路建设，充分改善了全镇的道路通行状况；投资400万元整合了镇区内的电网、水网资源；投资150万元完成了镇区内路灯安装、道路绿化等工程。特别是投资600万元建成的镇区集中供暖工程，既改变了过去脏、乱、差的面貌，又有效地带动了服务设施和住宅楼等建设工程。此外，为提升全镇文化品位，增加居民休闲空间，还投资300万元改造明灵王祠，投资500万元建设河底青龙市场，投资600万元建设河底景观广场。2001年，该镇投资20万元编制了河底镇建设总体规划，并通过省级评审，使镇区总体建设具备了规划性、科学性、合理性、超前性。2010年，全镇农村经济总收入23.17亿元，农民人均纯收入6480元，财政总收入8008万元。

（三）冠山镇

冠山镇，位于平定县中西部，系山西省百强乡镇和全省文明小城镇的示范点，以及“全国重点镇”，辖42个行政村、12个居委会，总人口10.5万人，总面积93.76平方千米。冠山镇紧邻阳五高速、石太铁路，国道207线、阳涉铁路纵穿镇域南北，太旧高速、国道307线横贯镇域东西，交通便利。该镇坚持市场为导向，实施科技兴农战略，大力推进农业结构调整，在确保粮食安全生产的条件下，重点开发花卉苗木经济作物和新特优反季节蔬菜，全镇蔬菜种植面积达266.67公顷，构建了城郊型农业的新格局。全镇工业经济以产权制度改革为突破，坚持“彻底改、改彻底”的原则。2005年，全镇工商企业基本实现了民营化。2006年，该镇提出“建设工业物流中心，争创全国乡镇500强”的奋斗目标，培植一大批龙头企业和新的经济增长点。2010年，全镇财政收入4.03亿元，农村经济总收入33.6亿元，农民人均纯收入6720元，外来直接投资82000万元，规模以上工业总产值完成70361万元。

（四）娘子关镇

娘子关镇，位于山西省东部、晋冀两省交界处，隶属平定县，辖5个行政村，有驻地机关、企事业、部队30多家，总人口1.63人，总面积22.5平方千米。太旧高速、阳井公路、白娘公路贯穿境内，交通极为便利，桃河、温河在镇区交汇后改称绵河注入河北省，境内水资源丰富，泉眼众多，遍布全镇多个村庄，两侧高山耸立，河水缓缓流过镇区，呈典型的河谷地带。改革开放之后，镇区经济社会发展迅速，优越的区位优势，快捷便利的交通条件，丰富的水资源和矿产资源，以及国有中型企业娘子关发电厂对经济发展的助推作用，使经济产业形成了以水产养殖、运输、旅游、房地产、商贸、餐饮为主的新型格局，具有城镇标志性的休闲、健身、集中供暖、通信、文化娱乐等公共设施逐年完善，人民生活水平不断提高。近年来，娘子关镇坚持“政府引导、市场运作、社会参与”的原则，着力发展旅游业，成效明显。2007年被授予中国历史文化名镇，获得“中国乡村旅游飞燕奖暨最佳古村镇文化奖”，2008年被省政府授予山西省旅游名镇称号，参加四川黄龙溪国际古镇镇长论坛宣传推介娘子关，先后有4个特色旅游产品完成商标注册。2010年，全镇生产总值84080元，农民人均纯收入6375元。

（五）秀水镇

秀水镇，是盂县县政府所在地，总面积48.25平方千米，辖30个行政村，总人口10万余人，其中城镇人口5.7万人、农业人口3.5万人。该镇以推进农村农民城镇化建设为中心，以构建美丽秀水、富裕秀水、文化秀水为目标，充分利用区位优势，加大旧村改造力度，推进南关、西关、大横沟、小横沟、中兰的旧村改造，推进东寨、南坪、北关旧村改造，以及水车湾、南白水、东城武等19个村进行街道亮化，共安装太阳能路灯700盏，全面完成了30个行政村街巷亮化全覆盖，各级改善中小学办学条件，秀水中学顺利投入使用，环境整治工作成效显著，共配备230名卫生专业人员，积极推进小横沟物流园已建设，完成两个专业市场一条街的规划设计，推进西城武蔬菜新品种试验基地和北庄千亩采摘园建设。2010年，全镇经济总收入完成9.3亿元，财政总收入9462万元，农民人均纯收入7701元。

（六）路家村镇

路家村镇是盂县的南大门，是盂县的产煤大镇和经济强镇，是省委、省政府确定的首批小城镇建设试点镇，总面积92平方千米，辖37个行政村。2009年之后，该镇以打造全县一流的“卫星城镇”为目标，以基础设施建设、市场建设、生态建设、住宅建设四大建设工程为内容，不断丰富小城镇建设的内涵。全镇37个行政村都通了水泥路（沥青），主要入村路口都进行了美化和绿化。投资4300万元长7千米的“十里一条街”修复工程全面竣工，包括排水系统、水稳层、沥青混凝土路面、太阳能路灯、绿化、人行道等设施。这些工程对于改善路家村镇镇的投资环境及提升沿路群众的生活质量，起到了极大的推动效益。2010年，全镇经济总收入17.10亿元，财政总收入1.19亿元，农民人均纯收入7967元。

二、新农村选介

（一）桃林沟村

郊区平坦镇桃林沟村地处城郊接合部，全村耕地面积66.67公顷，人口1267人。20世纪90年代初，该村曾经是有名贫困落后村。1994年8月，该村确立了“大力发展集体经济，积极发展个体、私营经济，走共同富裕道路”的工作思路。经过努力，该村的新农村建设取得一定的成绩。一是救活本村濒临倒闭的年产8000吨的煤矿，新建年产8万吨的坑口，集资购买了邻村的一座停产煤矿，

桃林沟村一角

使煤炭工业成为全村经济的支柱产业。与此同时，以股份制方式把全村66.67公顷耕地集中起来，用煤炭积累的300万元资金对其进行改造，栽植了桃树43.33公顷、葡萄13.33公顷，建成集旅游、观光、休闲为一体的“桃林园艺中心”，实现了农业的高产、优质、高效。在坚持发展壮大集体经济的同时，该村积极鼓励、支持、引导个体、私营经济的发展，村集体在用地、用水、用电等方面给予优惠，已经形成种植和养殖基地6个、商业店铺4个，全村呈现出集体经济和非公有制经济共同发展，“现代工业带生态农业、生态农业促第三产业”的良性发展态势。二是按照“统一规划、突出重点、分步实施”的原则，硬化了5千米通村公路和全村大街小巷，建设3座夜光彩虹桥；建成“桃苑居”住宅小区和30多栋村民小康住宅楼，使全村170户村民住进水、电、煤、暖配套齐全的新居，总投资达到2000多万元；栽植6000株雪松，实现全村绿化；新建花卉大棚1.33公顷，实现全村美化；还组建起环卫队伍，完成了全村厕所改造任务。三是不断加大精神文明建设上的投入，先后建起图书阅览室，拥有图书2000多册；改造村小学并新建了幼儿园；全面推行农村合作医疗制度；建立了农村养老保险制度，男60岁、女55岁的村民每月可领取50元至200元养老金；建立成人科技、文化培训制度；从2004年起，每年举办“桃花节摄影大赛”；成立文艺队伍，活跃村民文化生活。2005年5月，入选全国文明村镇候选名单；同年9月，被市委、市政府授予“首批三星级文明生态示范村”称号。2010年，桃林沟村经济总收入3900万元，人均纯收入9650元。

（二）上千亩坪村

郊区荫营镇上千亩坪村位于郊区荫营镇东区，属阳泉新城北部规划区域，全村耕地面积43.4公顷，人口1486人。中共十一届三中全会之后，该村充分利用地理优势和丰富矿产资源，大力发展集体经济。在原有铝矾土矿的基础上，相继建起了耐火材料厂、驾驶员培训学校、机械加工厂等乡镇企业，集体经济不断壮大，村民收入逐年提高，社会各项事业蓬勃发展。近年来，在村、支两委带领下，上千亩坪村村容村貌发生新的变化。旧村改造一期工程完成，由9幢住宅楼组成总面积4.5万平方米的隆馨小区初步建成；投资10余万元建成的文化广场为村民提供了休闲、娱乐、活动的场所；投资6余万元对学校、幼儿园进行全面整修，并配备了微机；投资46万元完善住宅一条街，使村镇建设有了新的发展；饮水安全、村道硬化、医疗卫生设施改造、村级组织活动场所建设、文体设施建设等民生工程全部完成，新型农村养老保险、便民连锁商店、广播电视等实现全覆盖。2009年开工建设的千亩坪人文景区是全市一道靓丽风景线，景区包括翼德广场、千园公园和张飞文化园三大板块。其中，翼德广场占地16800平方米，投资580万元，2009年3月动工，2010年9月告竣；千园公园位于翼德广场东，总面积8万平方米，投资700

万元，2010年开工建设。该村曾获阳泉市“文明生态示范村”、山西省“新农村建设推进村”等称号。2010年，上千亩坪村经济总收入6836万元，人均纯收入6326元。

（三）宁艾村

平定县张庄镇宁艾村位于平定县东南，全村耕地面积289.4公顷，人口5700人。改革开放之后，该村党总支带领全村党员干部和群众，大力发展村办企业，积极扶持农户发展家庭经济，集体经济和农户家庭经营都得到迅速发展。进入21世纪，村党总支和村委会按照因地制宜、讲求实效的原则，高起点规划，高标准起步，投入了新农村建设并取得显著进展。一是实施安居工程，集资1200万元建设高标准小二楼86套、18000平方米，建商品排窑27套、5670平方米，全村98%的农户迁入了新居。二是大力兴建基础设施，由集体投资430万元，对全村大街小巷全部进行了硬化，总里程达27千米；投资107万元建公厕80个、垃圾点65个，购置了全套粪便、垃圾清理设备，同时安装中华灯4套、路灯150套，实现了全村环境的净化、亮化；投资150万元打深井1眼，村民吃上了自来水；投资140万元新建了两座大桥，为生产、生活提供了方便；安装了7座“小灵通”信号塔，实现了生产、生活的信息化。三是助学兴教，投资105万元修整、改造村学校教学楼，更换桌椅800套，配套电脑60套；对2001年后考入大专院校的学生分别给予1500元至3000元的助学金；协助镇政府解决价值113万元的土地5公顷，新建了镇中学。四是发展商贸娱乐，投资120万元新建和改造商业店铺40个，共1860平方米；修整了村文艺舞台，硬化广场5000平方米；新建酒楼2个；建成集文化、商饮、农贸、体育、娱乐为一体的群众文化活动中心——“世纪乐广场”。五是实现道路绿化，投资30万元对环村林带和村主要道路、街道进行了乔灌草花结合的绿化、美化。2010年，宁艾村经济总收入11269万元，人均纯收入6323元。

（四）宋家庄村

平定县冠山镇宋家庄村位于县城南部，与山西阳光发电有限责任公司、阳煤集团五矿矿区东西相邻，全村耕地面积92.13公顷，人口2981人。该村历史文化底蕴深厚，村内有古庙2座，其中老爷庙（俗称三面阁）的建筑风格独特，影响较大。此外，还有各种宅堂18座，占地面积21458平方米，据专家考证为明末清初时期形成的宅堂建筑群。2003年，在实施旧村改造和新农村建设规划中，将保护和有效利用开发“明清宅堂建筑群”作为村中发展的长远规划。同时，当年还将改善村民住宅作为首要工程规划，决定利用5年时间投资5000万元建造6万平方米的20栋居民住宅楼，并修建2.5万平方米的休闲活动广场。截至2008年，该村已基本建成设施齐全的住宅区，并配套实施了改路、改厕、改水等工程。2009年又投资380万元全面实

宋家庄村村民文化艺术节活动现场

施煤气入户工程，620户家庭接入和使用上干净的煤气。该村曾被授予市级文明村、省级文明村。2010年，宋家庄村经济总收入19193万元，人均纯收入7076元。

（五）西小坪村

盂县南娄镇西小坪村位于盂县城西，全村耕地面积148.07公顷，人口1800人。2003年至2006年，该村完成村路硬化12千米；对中、小学校舍进行改造，新建二层小学教学楼1栋，并安装暖气。2004年至2006年，新增土地28.33公顷，改造三坡地21.33公顷，实现耕种机械化；出资300万元钻700米深井2眼，日出水量2000立方米，解决村民用水困难；为中小学配置多媒体电教室，实现远程宽带网络教学；出资220万元购置新医疗器材，有菲利浦彩超X光机、妇女肿瘤前期诊新仪等设备；每年为60岁以上村民免费体检，为全体村民缴纳农村合作医疗费，并为全村“五保户”、特困户不定期给予生活补助和救助。2007年，全村工业总产值达3.8亿元，解决就业人员5200人，拉动第二、三产业，拓宽了村民增收渠道。2008年，聘请山西省小城镇规划所对新区进行了全面规划，投资6000万元，占地120亩（8公顷），建成4.2万平方米住宅楼，2010年全部竣工。2010年，西小坪村经济总收入1424万元，人均纯收入7911元。

（六）水泉村

盂县秀水镇水泉村位于盂县中南部，全村耕地面积10.67公顷，人口540人。1995年，投资 30 万元建起 600 平方米高标准小学教学楼。1996 年，从县水厂铺设自来水管道进村，解决了村民吃水难的问题。1999 年，设计出新村规划蓝图，改造工程同时启动。2003 年，利用金龙大街拆迁占用 2.82 公顷土地和拆迁集体固定资产补偿的 110 多万元资金，启动新村小别墅建设，当年建成 20 套，面积 3600 平方米；2004 年，利用安置拆迁返还资金继续兴建 5800 平方米小别墅，高层建筑也全面铺开。2005 年，为 107 户拆迁户新建 1 万平方米的 3 栋 6 层单元楼竣工，投资 100 余万元硬化入村公路和小区街道 3.2 千米，投资 30 万元兴建花池 2 个、栽种风景树 2 万余株，为居民安装了暖气、天然气和电力设备。2010 年，投资 1000 余万元的第四栋、第五栋单元楼工程和小别墅居民二层楼竣工；植树 2 公顷，林木覆盖率 25%；投资 12 万在主要街道两旁植树，种花种草，农户庭院养花种树，公路干线有环村林带；主要街道铺设下水道 4000 余米，建公厕两座、垃圾集运点 6 处，实现了无乱倒垃圾、无乱泼脏水、无乱堆柴草、无侵占街；投资 8 万元安装路灯 60 余盏；村内设卫生所，有医护人员 6 名，配有 B 超、化验、放射等设备，实现保健、就医、防疫方便及时，治小病不出村。2010 年，水泉村经济总收入 400 万元，人均纯收入 7555 元。

水泉公园

第五章 房地产开发与管理

第一节 房地产开发

1949年，由市房管部门直管的公有房产总建筑面积为7.80万平方米，其中住宅面积5.49万平方米，人均居住面积仅1.09平方米。

20世纪50年代，市政府和各企事业单位重视房产建设，公有房产有了很大发展。至1959年底，建筑面积达到47.60万平方米，其中住宅面积35.46万平方米，人均居住面积增加到2.38平方米。这一时期，由于城市人口骤增，虽然建筑面积增加幅度亦很大，人均居住面积却一直在2平方米左右徘徊。

1961年至1966年，全市基建投资被压缩，城市住宅投资跌至建市初期的水平，6年间住宅建设投资仅915万元，占这一时期基建投资的7.5%，新建住宅9.45万平方米。1967年至1978年，城市基建投资稳中有升，但用于城市住宅建设的投资仍然偏低，这一时期住宅建设总投资额3691万元，占这一时期基建总投资的6.7%，新建住宅36.29万平方米。至1978年，全市建筑面积累计达到100.50万平方米，其中住宅面积62.61万平方米，人均居住面积为2.91平方米。

1978年以后，由于实施旧城改造方案，基本建设发展速度加快。市政府为了改变居民居住条件和城市面貌，先后成立了阳泉市房地产开发公司、阳泉市城市建设开发公司以及阳泉市城区房地产开发公司，对城市可利用土地进行统一征地、统一规划，并按照先地下后地上的原则，对住宅新区进行配套建设。如平潭街、北岭坡等地兴建的住宅小区，在注重“经济、适用、美观”

的同时，还注意全面设计，立体施工，与此同时配套建设了商业网点、幼儿园、中小学等公共设施。1979年至1990年，城矿两区住宅建设投资累计达3.05亿元，占这一时期基建总投资的11.2%，新建住宅151.29万平方米，相当于1949年至1978年30年公有住宅建设总面积的1.68倍。至1990年，城矿两区总建筑面积为410.00万平方米，其中住宅面积211.03万平方米。人均住宅面积达5.75平方米，分别为1949年的5.2倍，1978年的1.97倍。

1990年以后，住房建设持续稳步发展，房地产建设队伍不断壮大，房地产开发企业由1990年前的3家发展到1999年的13家。房地产建设投资额、住宅施工面积、住宅竣工面积逐年增长，年投资额由1993年的5559万元增长到1999年的32075万元，年平均增长79.5%，累计投资106968万元；年住宅施工面积由1993年的17.48万平方米增长到1999年的69.92万平方米，年平均增长50%，累计施工面积282.74万平方米；年住宅竣工面积由1993年的7.14万平方米增长到1999年的27.05万平方米，年平均增长46.5%，累计竣工面积92.6万平方米。到1999年，全市住宅建筑总面积达到658万平方米，住宅使用总面积达到492.35万平方米，住宅居住总面积达到428.46万平方米，年末居住人口45.46万人。人均住宅使用面积达到10.83平方米，人均居住面积达到9.42平方米。

2000年以后，随着人民生活水平的大幅度提高，住房需求也随之增加，房地产建设得到了飞速发展，房地产开发建设竞争日趋激烈。房地产开发企业由1999年前有13家，到2001年发展成为33家，到2010年发展成为107家。企业性质也由原来单一的国有发展成集国有、股份、私营的多元化形式。从2000年至2010年的10年间，房地产建设投资累计达到175.51亿元，累计住宅施工面积2359.63万平方米、竣工面积448.07万平方米。到2010年，住宅建设进一步加快，居民居住条件继续改善城矿区住宅建筑总面积达到1536万平方米，人均住宅建筑面积达到30.38平方米。

第二节　房地产管理

一、直管公房管理

（一）基本情况

境内公有房产是在解放初期接收国民党政府弃留房产基础上发展起来的。1949年，公产房统一由房管部门直管，总建筑面积约7.80万平方米，其中住宅面积5.49万平方米。1952年，市人民政府将各公营企事业使用的地方公有房产权移交各单位管理，成为各企事业单位的自管房产。随着工业生产和城市建设的不断发展，房产逐年增加，至1990年，全市公房总建筑面积达到410万平方米，其中住宅面积211.03万平方米。到1991年，市直管公房辖区范围东至四矿桥，南至大阳泉，西至东营盘，北至泉中路，合计746幢，7977户，建筑面积370505.3平方米。

20世纪90年代开始，随着城市建设的发展，全市危旧房屋改造步伐进一步加快，部分直管公房进行拆迁。经过6年的改造，到1997年，直管公房管理户数达到7325户，建筑面积425873.34平方米。

1997年6月，住房制度改革，市直管公房开展出售工作，当年出售直管公房881套，建筑面积50905.6平方米。之后，直管公房管理户数逐年下降，到2010年，直管公房管理户数降至3298户，建筑面积163292.8平方米。

（二）租金管理

20世纪50年代初期，市内公房开始出租，租金每间每月1元至3元，月底用户向房管部门交纳。1966年8月特大洪水过后，发生了“房荒”。“文化大革命”中又出现了用户拖欠和拒交房租现象。20世纪70年代以后，居民陆续搬进楼房住宅，租金始用单位面积计价，每平方米0.2元至0.4元。但是长期的“低租金”“国家包”不合理的住房制度，难以实现住房资金的良性循环。20世纪90年代，“提租补贴，分步实施”的住房改革制度，全市直管公房租金标准进行4次变动。1993年6月，租金标准核定为每平方米0.35元；1995年8月，租金标准提高到每平方米0.53元；1998年9月，租金标准提高到每平方米0.72元；2000年1月，租金标准提高到每平方米1.00元。历次租金调整，都要考虑减免政策和地段、房类、朝向、层次、结构、屋内设施等调节因素及有关规定，对于营业用房综合考虑多种因素，执行协议租金，并随市场变化浮动。房产主管部门委托所属的房管所与承租人签订直管公房租赁合同，期限一般为5年。每年年初，房产主管部门给所属的房管所下达租金收缴任务计划，通过租金月报表的形式掌握收缴情况，年终对租金任务完成情况进行考核。租金收支执行两条线，租金收入归产权单位所有，上缴财政，支出时由房产主管部门申请财政拨付，主要用于房屋的维修、管理。

（三）维修管理

1952年后，市房管部门直管的房产由房产部门负责维修，维修资金则主要靠租金、财政补贴或单位筹集。1959年，市房管局组建修缮工程队，对直管公房实行了统一养护和修缮。其后，房管部门对破漏危房的维修与改造面积和投资呈现逐年上升趋势。1965年为1485平方米，3824元；1971年为2885平方米，8765元；1978年为8765平方米，15.3万元；1985年为3.29

万平方米，75.29万元。至1990年，用于危房修缮改造的资金突破200万元。1992年，市房地产管理局下设3个房地产管理所，由3个房地产管理所担负公房维修任务，负责直管公房的大、中、小修，还承担查险、抢险、防汛、危房改建、城市维护、管道维修和其他突击性、计划性的修理养护任务。1993年至2006年，直管公房共完成大修面积19.94万平方米，中修面积8.84万平方米，小修则实行管养结合、分块包干，并建立24小时维修值班制、首问责任制、公开服务承诺制，一般要求水电急修不过夜，小修不超过三天，方便居民。2010年，直管公房维修1352次，小修完成率为100%。

（四）互换调整

全市直管公房互换工作始于20世纪60年代初。本着“有利工作，方便生活”的原则，市房地产管理局曾设立了专门的接待室管理此项工作，每年有近百个住户互换房屋。特别是1988年和1989年，仅东营盘就有24户居民互换到北岭坡居住，解决了各自的居住困难。20世纪90年代，直管公房的互换按照工作程序由房地产主管部门委托所属的房管所办理。1997年开始，随着城市建设、住房商品化进程的加快，直管公房的调整、互换频率增加，每年都有近百户居民调整互换房屋，解决住房困难。尤其1997年至1998年，直管公房房改售房步伐加快，居民调整、互换住房达到400余户。2001年至2010年，有700余户居民调整互换了住房。通过居民间住房调整互换，调剂余缺，提高了房屋使用率。

二、房地产市场管理

（一）交易管理

20世纪90年代之前，全市房屋（私房）交易一直沿用1950年政务院公布实行的《契税暂行条例》，城市私房交易涉及面广和政策性强，交易量较少。1985年至1988年，4年间仅有80户申请私房交易，其中有72户交易成功，成交金额不足8万元，建筑面积2000余平方米。

1992年3月，阳泉市房地产交易所成立，同年9月，市政府颁发《阳泉市房地产交易市场管理办法（试行）》。翌年，市物价局、市房地产管理局联合印发了《阳泉市房地产估价实施细则》。1995年，市房地产交易所新建200余平方米的交易场所并开展供求登记、咨询、评估、交易鉴证、商品房预售备案等业务。此后，房地产市场交易量逐年增加。1993年至1998年，全市房地产成交7326宗，涉及面积近3000平方米。1999年，阳泉市被省建设厅确定为年内全省开放住房二级市场的试点城市之一。当年全市已购公房上市交易70套，建筑面积4583.25平方米，成交金额297.77万元；已购经济适用住房上市交易12套，建筑面积1332.92平方米，成交金额 112.16 万元。2000 年之后，全市房地产交易量稳步上升，房地产交易市场进一步活跃。2006 年，市房产交易所共办理购买商品房手续 1496 件，建筑面积 20.52 万平方米，成交金额 29073.15 万元。其中，商品住宅 1424 套，成交面积 19.24 万平方米，成交金额 26095.95 万元；经济适用房 7 套，成交面积 0.11 万平方米，成交金额 87.63 万元。2007 年，办理购买商品房手续 897 件，建筑面积 10.39 万平方米，成交金额 17235.21 万元。其中，商品住宅 849 套，成交面积 9.06 万平方米，成交金额 13854.74 万元；经济适用房 16 套，成交面积 0.15 万平方米，成交金额 129.29 万元。2008 年，办理购买商品房手续 1946 件，建筑面积 22.56 万平方米，成交金额 41102.7 万元。其中，商品住宅 1776 套，成交面积 19 万平方米，成交金额 31289.8 万元；经济适用房 10 套，成交面积 0.082 万平方米，成交金额 69.45 万元。2009，办理购买商品房手续 1705 件，建筑面积 20.55 万平方米，成交金额 42886.54 万元。其中，商品住宅 1539 套，成交面积 16.89 万平方米，成交金额 33655.77 万元；经济适用房 13 套，成交面 0.12 万平方米，成交金额 114.81 万元。2010 年，办理购买商品房手续 2026 件，建筑面积 22.44 万平方米，成交金额 45565.98 万元。其中，商品住宅 1934 套，成交面积 21.67 万平方米，成交金额 39540.42 万元；经济适用房 7 套，成交面积 0.07 万平方米，成交金额 68.51 万元。

1993—2010 年阳泉市房地产交易情况表

表 -4-6

年 份	交易数量（宗）	成交面积（万平方米）	成交金额（亿元）
1993	312	5.07	—
1994	427	5.11	—
1995	486	6.29	—
1996	382	22.40	—
1997	4964	183.48	—
1998	755	52.18	—
1999	1148	51.31	—
2000	1117	45.63	2.83
2001	1150	23.74	2.01
2002	1619	43.13	4.35
2003	5311	63.66	5.94

续表 -4-6

年 份	交易数量（宗）	成交面积（万平方米）	成交金额（亿元）
2004	10237	117.02	8.2
2005	6862	71.86	6.05
2006	5242	76.35	9.21
2007	3538	39.64	4.08
2008	5277	34.57	4.3
2009	5399	50.85	7.96
2010	7536	62.43	10.06

（二）租赁管理

20 世纪 90 年代之前，全市房屋租赁没有统一的管理。随着经济的发展，全市房屋租赁市场越来越活跃。为了完善强化房地产租赁市场的管理，维护租赁双方的合法权益，使房地产租赁市场逐步规范化、程序化和制度化，1993 年 4 月，市房地产管理局、市工商行政管理局、市物价局联合印发了《阳泉市房屋租赁市场管理实施细则》，对全市的房屋租赁市场管理工作作出了具体的规定。1993 年以后，市房地产交易所通过与市工商局相关部门联合办公，重点抓大单位、大企业和繁华闹市区密集商业网点的房地产租赁管理，对单位职工承包和对外进行出租的自管房屋，主动上门请出租单位提供有关书面证明和承包合同，共同拟定发证计划，全市的房地产租赁管理工作取得了一定成效。1998 年 3 月，市房地产管理局与市工商局联合下发了《关于进一步加强房地产租赁市场管理的通知》，明确规定房屋租赁要到房地产交易所登记备案并办理“房屋租赁证”。但是由于房地产租赁市场的管理工作涉及面广，政策性强，必须有房管、物价、工商、公安、税务等部门密切配合，按照各自的职能，协同进行。2003 年以后，随着工商部门的退出，加上各相关职能部门缺乏统一协调，始终未能形成合力，全市房屋租赁管理逐步削弱。

（三）抵押管理

阳泉市的房地产抵押工作起步于 1996 年，尤其是自《中华人民共和国城市房地产管理法》《中华人民共和国担保法》《中华人民共和国城市房地产抵押管理办法》等法律法规颁布之后，全市建设银行、工商银行、中国银行、农业银行等各大专业银行及其分支行、农村及城市信用社等金融机构都不同程度地开办了房地产抵押业务，并且房地产抵押业务不断健全，逐步走向多样化，如房产抵押贷款、土地使用权抵押贷款、在建工程贷款、个人住房按揭贷款等，全市每年都要有价值上亿元的房地产进行抵押，许多抵押权人通过抵押权的行使保障了自己的合法权益，而多种抵押业务的开展，对全市房地产业发展也起到了极大的促进作用。

针对全市房地产抵押活动在起步阶段存在着抵押权的设定不符合法律规定、不办理抵押登记、仅以房屋所有权证抵押等不规范行为，市房地产管理局、市房地产交易中心（房屋产权产籍登记中心）通过与市人民银行协商，于2000年10月制定出台了《阳泉市房地产抵押管理规定》，用以保障房地产抵押规范经营。多年来，市房地产交易中心（房屋产权产籍登记中心）积极主动地努力做好抵押登记、权属鉴证等一系列工作，逐渐形成了一整套行之有效的管理制度和办法，在保证金融机构贷款运转安全、维护当事人合法权益和抵押信贷正常经济秩序等方面起到了关键的作用。

2000—2010年阳泉市房地产抵押情况表

表-4-7

年 份	抵押数量（宗）	抵押面积（万平方米）	抵押金额（万元）
2000	155	22.46	19667.83
2001	174	22.91	27724.39
2002	285	18.01	21344.51
2003	558	17.84	25008.54
2004	528	16.37	33330.42
2005	460	17.71	27401.47
2006	647	29.21	52641.88
2007	338	24.98	35786.42
2008	676	33.8	52550.61
2009	877	43.01	30546.86
2010	1223	56.45	111464.7

（四）中介管理

20世纪90年代之后，随着停止住房实物分配、开放存量住房交易市场、居民个人成为市场主体，以消费者为服务对象的各种房地产中介服务日趋活跃，全市相继出现了一批从事房地产咨询、评估和房地产经纪为主的中介服务机构。1992年9月出台的《阳泉市房地产交易市场管理办法（试行）》对经纪人管理作出初步规定，即经纪人必须经县级以上工商行政管理部门和市房地产交易市场管理部门进行资格审查，并经工商行政管理部门核发营业执照后方可在房地产流通中从事中介服务活动。

2000年12月，由市房地产交易中心下属企业改制成股份制有限责任公司的阳泉市天成房地产估价事务所是全市第一家具有国家二级资质的专业房地产价格评估和房地产经纪的中介服务机构。到2010年底，全市从事房地产中介已办理资质的服务机构有5家，从业人员取得注册房地产估价师资格证的有24名，取得房地产经纪人资格的有15名，这些中介机构的发展为活跃全市房地产市场，促进全市房地产流通起到了一定的积极作用。

三、产权产籍管理

（一）产权管理

建市初，全市即进行了房地产的全面登记调查工作，随后由华北人民政府颁发了房产土地所有证，政府确认了各自的房产所有权。1985年，全市在进行全面彻底的房屋普查基础上，重新核发了“私有房屋产权证”，并建立健全了必要的产权产籍资料。但在1990年以前，全市的房地产产权管理还主要是对城市私产房屋进行管理，公产房、单位房、全民产和集体产政府一直未全面进行产权确认。

1990年4月，根据建设部和省建设厅的统一部署，阳泉市开展了第一次全市范围的城镇房屋产权总登记发证工作。之后，市房屋登记发证工作领导组制订了《阳泉市城镇房屋所有权登记发证实施办法》。到1994年5月，市区房屋产权产籍登记发证工作基本结束，对全市146个单位发放了产权证1446本、发证房屋面积1052.45万平方米，私产房屋发证2980户、建筑面积22.1万平方米，发证比例占到了全市实有房屋建筑面积的90%以上。

1998年7月1日，阳泉市启用全国统一制作的房产证，同时停发旧的房屋权属证书，新房屋权属证书分为“房屋所有权证”“房屋共有权证”“房屋他项权利证”三种，新证从权证编号、权利内容、附记到填发机关全部实行计算机缮证。2000年，全市旧房屋所有权属证书换发工作基本结束。到2010年，市房地产交易中心共办理房屋所有权登记1576万平方米，缮发权证10万余本。

（二）产籍管理

1963年，由于洪水灾害，市内部分私人房产档案被洪水冲毁（走），“文化大革命”期间房地产档案资料又失散了一部分，造成了产权不清、产籍不符，产权纠纷案件时有发生。

1985年全市进行房屋普查，初步建立起了私房产籍资料；1990年的全市城镇房屋产权总登记和1997年的换发全国统一房屋权属证书之后，全市房地产档案资料逐渐健全。

2003年1月，市房地产交易中心成立房地产综合档案室，对历年来全市在房地产产权管理中形成的产籍档案进行专业化管理。到2010年，该档案室共库存房地产档案90012卷，平均每年为房地产申请人、人民法院及房地产仲裁机构提供查阅房地产权属档案500余人次，有效地维护了房地产权利人的合法权益。

（三）房地产测绘

全市房屋产权登记开始恢复后，全市的房屋产权产籍管理工作一直由市房地产管理局房屋产权管理科承担，由于受机构编制的限制，一直未能建立专业的房地产测绘队伍，在房屋产权确认中作为重要依据的图、档以及房屋面积都是由产权登记人员用皮尺到现场手工丈量确定，房产测绘基础薄弱在一定程度上给全市产权登记带来了不利影响。

2000年2月，成立了隶属于市房地产交易中心、具有独立法人资格的房地产测绘专业机构——阳泉市房地产测绘所，同年4月24日该所经山西省测绘局核准为国家丙级资格。到2010年，房地产测绘所累计完成房地产测绘作业36692宗，测绘建筑面积1075.47万平方米。

四、物业管理

中共十一届三中全会后，随着住房制度改革的不断深化，住房二级市场的逐步开放，大批居民住宅的投入使用，人民群众的居住条件有了明显地改善，住宅管理也出现了产权多元化的新格局，推行住宅小区社会化、专业化、企业化、经营型的物业管理已成为市场经济发展的迫切需要。阳泉市的物业管理经历了一个从无到有、从小到大的发展过程，1997年随着全市第一家物业管理公司康达物业的成立，阳泉市的物业管理开始起步，经过10年的发展，到2006年，全市已拥有物业管理企业31家，从业人员1000多人，92%以上的企业经理取得了建设部颁发的上岗证书，50%以上的管理人员取得了省建设厅颁发的上岗证书。物业管理面积344.11余万平方米，其中住宅建筑面积319.26万平方米，范围包括住宅小区、办公写字楼、厂矿、学校等的小区绿化、环境卫生、安全秩序、家政服务、住宅装潢、社区活动、后勤管理诸方面“多层次管理，全方位服务”，覆盖率达全市所有房屋建筑面积的35%。

经过不断的探索实践，全市物业管理初步确立了一个企业化管理、产业化发展、市场化运营、规模化操作、社会化服务的新体制，而且根据本市实际先后制定了《阳泉市居住小区物业管理暂行办法》《阳泉市物业管理服务收费暂行办法》《阳泉市物业管理服务收费等级考核暂行办法》

和《业主公约》《服务公约》《承诺制度》等地方性管理办法，逐步建立了物业管理的一系列规章制度，住宅小区管理向高档化、智能化方向发展。1998年，康达小区被评为全国物业管理优秀小区；阳光小区，佳园小区分别于1999年和2002年评为省级优秀物业管理小区。2008年，全市各物业管理公司代管房屋建筑总面积532万平方米，其中住宅建筑面积460万平方米；物业管理面积覆盖率达49.81%，其中新建住宅小区物业管理面积覆盖率达到了100%，物业管理水平不断提高。

2010年，全市在册物业服务企业55家，其中市级（城区、矿区、郊区）46家，平定县8家，盂县1家。全市从事物业服务的人员近3000人，其中管理人员队伍400余人。全市各物业管理公司代管房屋建筑总面积727.3万平方米，其中住宅建筑面积607万平方米；物业管理面积覆盖率达56.88%，其中新建住宅小区物业管理面积覆盖率达到了100%。

第三节　住房体制改革

一、住房制度完善

为了改变计划经济时期形成的“低租金”“国家包”不合理的住房制度，实现住房资金的良性循环，纠正住房分配中的不正之风，作为全省住房改革的试点，1987年10月，成立了阳泉市住房制度改革领导组并下设办公室。1988年初，拟订了《阳泉市住房制度改革方案》，并在3月15日的市政府常务会议上原则通过。1988年12月，市住房制度改革办公室在摸底、调查、测算的基础上，完成了《阳泉市住房制度改革试行方案》，同时，先后出台了《阳泉市城镇公有住宅出售暂行办法》《阳泉市城镇居民购买公有住宅的贷款规定》《阳泉市公有住宅出售暂行办法实施细则》等配套政策，有效地推动了住房制度改革。

1992年11月，《阳泉市城镇住房制度改革实施方案》正式出台。其基本内容是推行住房公积金，分步提租发补贴，分配住房买债券，开展集资合作住房，建立三级住房基金，分步实施到位。1993年6月，与之配套的《阳泉市人民政府办公厅转发市住房制度改革九个配套办法的通知》正式下发，规定租金标准为每平方米0.35元，住房补贴为1992年底月工资的4%，售房标准价为每平方米240元，住房公积金缴交率单位和个人分别为3%。

1994年7月，随着国务院《关于深化城镇住房制度改革的决定》的出台，全市城镇住房制度改革进入深化和全面实施阶段。1995年2月，阳泉市的第二个房改方案《阳泉市深化城镇住房制度改革方案》出台，核心是小步提租，不发补贴，全面建立住房公积金，加快公有住房出售。同年8月，《阳泉市公积金筹集使用管理办法》《阳泉市住房租金实施办法》《阳泉市公有住房出售办法》《阳泉市集资合作建房管理办法》《阳泉市住房资金筹集使用管理办法》等8个配套办法出台，办法对相关政策价格做了相应的调整，租金标准提高到了每平方米0.53元，住房公积金缴交率单位和个人分别提高到5%。公有住房出售的标准价提高到每平方米437元，增加了房改成本价为每平方米602元，自此全市住房公积金制度正式开始实施。到当年底，全市参加房改单位10个1710户，归集住房公积金795万元。1996年，增加到26个1903户，累计出售建筑面积9.8万平方米，归集住房公积金1864.4万元。1997年，增加到58个3883户，累计出售建筑面积25.5万平方米，回收金额6700万元，归集住房公积金3166.73万元。

1998年9月，阳泉市制定出台了《阳泉市人民政府关于进一步深化城镇住房制度改革加快住房建设的实施意见》，从1998年7月1日起，全市停止住房实物分配，停止住房实物分配后，新建经济适用住房只售不租；对房价与家庭年收入之比（本地区一套建筑面积为60平方米的经济适用住房的平均价格与双职工家庭平均工资之比）在4倍以上的职工实行住房补贴；公有住房出售取消标准价，实行成本价，成本价调整为每平方米673元，租金标准提高到每平方米0.72元，从1999年1月1日起执行。2000年10月，阳泉市出台了《阳泉市住房分配货币化实施方案》，住房分配货币化是一项新的改革措施，其内涵是住房由实物分配变为货币分配，由二次分配变为一次分配。此方案确定了当年测算职工住房补贴额度的经济适用住房平均价格为1160元，住房补贴系数为10%。2001年，全市住房制度改革出售公房面积20.6万平方米，归集住房公积金3440万元，累计归集13888万元。2002年，出售公房面积3.93万平方米，归集住房公积金5010万元，累计归集18898万元。2003年，出售公房538户，面积4.93万平方米，归集住房公积金12398万元，累计归集53690万元（含两县、郊区及阳煤集团）。2004年，出售公房1866户，面积10.34万平方米，归集住房公积金8858.02万元，累计归集62548.02万元（含两县、郊区及阳煤集团）。2005年，出售公房136户，面积6442平方米，归集住房公积金10086.68万元，累计归集712969.22万元（含两县和阳煤集团）。2006年，出售公房1124户，面积57839平方米，归集住房公积金12061.24万元，累计归集85030.46万元（含两县、郊区及阳煤集团）。到2006年，随着住房制度改革的不断深化，全市初步形成了与社会主义市场经济体制相适应的多层次的城镇住房供应体系，即最低收入家庭享受由政府或单位提供的廉租住房保障，中低收入家庭购买经济适用住房，其他收入高的家庭购买、租赁市场价商品住房，重点发展经济适用住房的城镇住房供应体系。到2010年，在继续稳步出售公有住房，加速推进住房分配商品化、社会化进程的同时，进一步深化了住房分配货币化改革，有力地推动了公有住房的出售。当年共出售公房365套，面积2.22万平方米，归集住房公积金5.22亿元，累计归集23.39亿元（含盂县、平定县、郊区及阳煤集团）。截至2010年，全市参加住房公积金职工19.26万人，占应参加职工人数的83.99%。

1994—2010年阳泉市公有住房出售情况统计表

表-4-8

年 份	当年出售面积（万平方米）	累计面积（万平方米）	当年出售套数	累计套数
1994	3.82	3.82	595	595
1995	0	0	0	0
1996	13.98	17.8	2621	3216
1997	124.2	142	18784	22100
1998	9	151	1203	23303
1999	51	202	6417	29720
2000	28.43	230.43	3090	32810
2001	20.6	251.03	2239	35049
2002	3.93	254.96	485	35534
2003	4.93	259.89	538	36072
2004	10.34	270.23	1866	37938
2005	10.86	281.09	1356	39294
2006	5.78	286.87	1124	40418
2007	2.69	289.56	473	40891
2008	5.1	294.66	946	41837
2009	1.8	296.46	278	42115
2010	2.22	298.66	365	42480

阳泉市公有住房租金标准 出售价格调整情况表

表 -4-9

租金标准（元 / 平方米）	标准价（元 / 平方米）	成本价（元 / 平方米）	实施时间	依 据
0.35	240	—	1993 年 6 月	《阳泉市人民政府办公厅转发市住房制度改革九个配套办法的通知》（阳政办发〔1993〕80 号）
0.53	437	602	1995 年 8 月	《阳泉市公积金筹集使用管理办法》等九个配套办法（阳政办发〔1995〕60 号）
0.72	—	673	1999 年 1 月	《阳泉市人民政府关于进一步深化住房制度改革加快住房建设的实施意见》(阳政发〔1998〕78 号）
1.00	—	673	2000 年 1 月	《关于调整公有住房租金标准的通知》（阳价房字〔1999〕144 号）

说明：租金测算标准依据国发 43 号、晋政发 109 号，标准租金按双职工月均工资的百分比测定，计算公式为，职均工资（上一年）×2（双职工）× 百分比 /12（月份）/ 面积

二、住房资金管理

1992 年 12 月 15 日，阳泉市住房资金管理中心成立，隶属于市财政局，正科级事业单位，平定县、郊区、盂县和阳煤集团也分别设立相应的住房资金管理机构。

2000 年之前，住房资金各项业务由中国建设银行代管，2000 年之后交回住房资金管理中心，正式由管理中心统一管理。2003 年 3 月，市住房资金管理中心更名为市住房公积金管理中心，列入市政府直属工作部门序列，为副县级建制，内设办公室、资金管理科、资金核算科、征稽执法科 4 个科室和市区管理部 1 个派出机构。

2004 年，平定县、郊区住房资金管理机构从地方财政局移交回市住房公积金管理中心，成立了平定管理部和郊区管理部。

2006 年 1 月 10 日，市住房公积金管理中心盂县管理部正式成立，与市住房公积金管理中心并网运行。盂县管理部成立后，阳泉市成了全省第一个县区全部建立住房公积金制度且财政补助到位的城市。至此，阳泉市住房公积金管理中心正式进入统一决策、统一管理、统一核算、统一制度的“四统一”管理模式。

2007 年 10 月，为尽快理顺全市住房公积金管理体制，按照国务院颁布的《住房公积金管理条例》和省市有关文件要求，根据阳编办字〔2007〕55 号文件，中心增加编制 13 名。2008

年1月，为完善管理中心内部控制体系，增强风险防范能力，保障住房公积金资金安全，全面推进住房公积金制度健康发展，管理中心增设内部审计科和信息技术科。

2010年，住房公积金管理中心编制45人，领导职数3人，其中主任1名（副县级），副主任2名（正科级）。内设办公室、资金管理科、资金核算科、征稽执法科、信息技术科、内部审计科6个科室，及市区、平定、郊区、盂县4个管理部和阳煤集团分中心共计5个派出机构。

归集业务　住房公积金归集业务开始于1993年，当时公积金业务是委托式运作，公积金的归集、核算都由建设银行阳泉分行代为管理，所有数据信息全部由银行掌握。管理中心只负责对银行的单据进行业务的审批、记录、汇总和核算。2000年，公积金业务由银行交回住房资金中心。管理中心编订了一系列政策办法，包括《住房公积金归集管理办法》《住房公积金归集业务操作规程》，制定住房公积金的归集统计统一指标，规范公积金归集业务。2002年，市住房资金中心发展住房公积金归集额达0.64亿元，此后，住房公积金归集额以年均29.87%的增幅快速增长。2007年，阳泉市同丰商贸有限责任公司、阳泉市长顺房地产开发经营总公司、太原可口可乐饮料有限公司等一批民营、合资企业开户并缴存住房公积金，实现了非公有制单位缴存住房公积金零的突破。2010年，全市住房公积金归集额达5.21亿元，累计归集额21.07亿元（不包含阳煤集团）。

提取业务　2001年，市政府办公厅下发《阳泉市职工个人住房公积金支取暂行办法》，对住房公积金提取业务作出规范。2006年，市住房公积金管理中心编定《住房公积金支取、转移、封存业务操作规程》，规范住房公积金提取、转移、封存业务。2007年，市政府办公厅下发《阳泉市住房公积金支取管理办法》，标志着提取业务正式走入规范化的轨道。2008年3月，管理中心对新增职工所在单位已破产的，职工失业、下岗而未再就业的等6种可以提取的情形作出详细解释，扩大了提取人员范围，简化他人代办提取公积金所需手续，进一步完善了住房公积金提取制度。2009年，新增还贷提取公积金政策，当年提取额8412.86万元，比2008年激增83.3%，2010年提取额达到11510.96万元。

贷款业务　1996年至1998年，阳泉市的住房公积金只针对住房建设项目发放贷款，当时经市房改领导组批准，由住房资金中心（市住房公积金管理中心前身）委托银行向经济适用住房发展中心和市房改办发放贷款1420万元。2002年，管理中心正式开展了住房公积金个人住房贷款业务。当年共发放贷款16笔，贷款金额62.84万元。2006年，为规范公积金贷款业务，防范资金风险，管理中心出台《阳泉市住房公积金贷款管理办法（试行）》《个人住房公积金贷款档案管理办法》《住房公积金贷款业务操作规程》等制度，当年发放贷款2811.5万元。

2007年至2009年，管理中心针对全市房地产市场的变化及职工需求不断调整贷款政策，具体包括提高贷款额度上限、增加贷款最长年限，降低贷款首付比例、增加贷款额度比例，增加贷款种类、扩大贷款范围，增加贷款担保方式、降低职工贷款门槛，优化业务流程、简化办事环节、缩短办事时限等。2009年全市公积金贷款增至27927.5万元，2010年为25219.9万元。

第四节 安居工程

为进一步调整住房供应结构，切实解决广大人民群众的住房基本需求，1996年，国家开始实施安居工程建设，阳泉市作为全国88个试点城市之一，建设任务是投资5000万元建设安居工程8万平方米。到1997年，全市共建成安居工程标准住宅楼35栋2270套，建筑面积21.7万平方米，造价800元/平方米。2004年，全市把调整住房供应结构，建设中低价位、中小户型普通住宅作为一项重要工作来抓，当年完成中低价位住宅建设5805套，建筑面积58.38万平方米，平均价格1400元/平方米。2005年至2006年，全市又连续两年把建设安康居住工程作为市政府为民办的实事之一，两年共建成安居住房117.67万平方米，进一步缓解了全市中低收入家庭的住房困难。同时，根据建设部等5部委《城镇最低收入家庭廉租住房管理办法》《山西省人民政府关于建立和完善城镇廉租住房制度的通知》文件精神，阳泉市于2005年颁布实施《阳泉市城镇最低收入家庭廉租住房管理办法》，建立廉租住房制度，并采取发放租赁住房补贴、租金核减、实物配租等方式，切实解决弱势群体的住房困难。2005年，全市共解决廉租住房保障对象117户（套），其中市本级核减特困户租赁房租金52户8402.82元，并解决下站特困户住房26户，平定县核减特困户租赁房租金11户2511.49元，阳煤集团解决特困户住房（实物配租）28户。2006年，全市发放廉租住房补贴资金18.7万元，解决廉租住房保障对象326户。

2007年，全市建设安康居住工程42.39万平方米、4243套（套型面积90平方米以下3316套，占总建筑面积的78%），其中，市本级安康居住工程建设14.01万平方米，平定县安康居住工程建设13.8万平方米，盂县安康居住工程建设7.0万平方米，郊区安康居住工程建设7.58万平方米；落实廉租住房保障资金250.35万元，其中，市财政预算安排235万元，区级财政配套资金15.35万元；解决廉租住房保障对象407户（其中新纳入保障范围181户），发放廉租住房补贴资金39.7万元；拆除棚户区建筑面积1.5万平方米（324户），新建住宅338套，建筑面积3.3万平方米，完成投资3000万元改造拆除国有重点煤矿棚户区房屋建筑面积7.71万平方米、3835户，新建住宅开工面积25.02万平方米、3750套，完成投资3亿元。

2008年，全市新开工建设经济适用住房55.54万平方米（7116套）。其中，企业职工集资建房2.39万平方米（283套），国有重点煤矿棚户区改造新建住宅25.72万平方米（3860套），康居苑城市棚户区改造项目3.73万平方米（444套），盂县裕新苑小区建设10万平方米（1011套），平定县嘉山小区建设1.7万平方米（280套），郊区南炉新区建设12万平方米（1238套）。全市新开工建设廉租住房5.43万平方米（1100套）。其中，市政府集中新建廉租住房0.53万平方米（100套），国有重点煤矿棚户区改造配建廉租住房2.57万平方米（505套），县、区新建廉租住房2.325万平方米（495套）。全年解决廉租住房保障对象844户，落实廉租住房保障资金5103.23万元。其中，市、县财政预算安排897.23万元，争取中央预算内新增廉租住房资金1045万元，企业自筹3161万元。

2009年，全市新开工建设各类保障性住房82.55万平方米（10705套），占目标任务的137.41%，完成投资7.23亿元。其中，新建廉租住房5.3万平方米（1024套），完成投资5847万元；新建经济适用住房11.23万平方米（1366套），完成投资1.01万元；新建国有重点煤矿棚户区改造项目45.53万平方米（6310套），完成投资3.32亿元；新建城市棚户区改造项目20.49万平方米（2005套），完成投资2.32亿元。当年，全市开展城市低收入家庭住房状况调查工作，把全年人均可支配收入低于6650元（人均月收入约为554元）且人均住房建筑面积低于10平方米的城市家庭纳入廉租住房保障范围，将保障面积扩大到13平方米，租赁补贴调整为每平方米每月9元。全年发放廉租住房补贴资金1204.3万元，4264户住房困难家庭解决基本住房需求。其中，市本级1845户538.1万元，郊区336户70.2万元，平定县793户203万元，盂县1290户393万元。

2010年，全市各类保障性住房完成投资8.13亿元，其中，新建项目完成投资5.94亿元，续建项目完成投资2.19亿元。全年新建各类保障性住房93.37万平方米（11255套）。其中，新建廉租住房5.14万平方米（945套），完成投资7563.2万元；新建经济适用住房37.07万平方米（3914套），完成投资2.06亿元；新建城市棚户区改造项目20.84万平方米（2699套），完成投资1.66亿元；续建国有重点煤矿棚户区改造项目竣工37.56万平方米（4800套），完成投资1.6亿元；新建国有工矿棚户区改造项目30.32万平方米（3697套），完成投资2.06亿元。当年，全市扩大保障范围，将廉租住房保障收入标准提高到全年人均可支配收入低于8000元的城市家庭，全年符合廉租住房保障条件的家庭4507户，发放租赁补贴资金1295.6万元。

第六章 建筑业

第一节 概 况

建市初，在恢复生产的同时，阳泉市筹建了工矿建筑公司、晋阳木厂、晋泉木厂、晋安木厂等单位。1952 年，在晋阳木厂、晋泉木厂、晋安木厂的基础上，吸收红相木厂及太原的一个建筑队，正式组建了市建筑工程公司。同年，阳泉矿务局成立基本建设处，组建了 3 个土建队，承担全局小型修建维修。1953 年，全市建筑队伍计 4583 人，完成建筑施工产值 690 万元。随着社会主义建设事业的发展，建筑企业的规模和经营范围逐步扩大，建设队伍日益壮大。至 1958 年，全民施工企业的职工人数达到 12628 人，连同临时合同工总人数超过 2 万人。

1966 年至 1976 年“文化大革命”期间，建筑业发展停滞不前，职工人数锐减，施工产值和全员劳动生产率下降，一些企业出现了较大的亏损。以 1968 年为例，是年职工总人数 3051 人，分别为 1952 年和 1959 年的 73% 与 26%；施工产值 278 万元，分别为 1952 年和 1959 年的 30% 与 9.9%；全员劳动生产率 991 元 / 人，分别为 1952 年与 1959 年的 39% 与 42%。

1976年后，建筑业得以恢复并迅猛发展。职工总人数，1978年为8018人，1985年为17149人，1990 年增至 17299 人；施工产值，1978 年为 2181 万元，1985 年为 10753 万元，1990 年增至 19389 万元；全员劳动生产率，1978 年为 2489 元 / 人，1985 年为 6270 元 / 人，1990 年增至 11208 元 / 人

20 世纪 90 年代，建筑业得到了较大规模的发展。建筑业队伍涵盖了房屋建筑、市政工程、

公路交通、电力通信、矿山水利等产业。从1993年起，建筑业企业从业资格开始考核，逐步形成了分类明确的一、二、三、四级，同时市级建设主管部门还可根据各自实际，批准非等级从业资格的建筑业企业从事建筑行业。到2000年，全市建筑业企业达到120家，从业人员（自有职工）超过10000人。2001年以后，建筑业企业从业资格做了较大调整，由单一的分级制企业，变为总承包企业、专业承包企业、劳务分包企业三大类。全市的建筑业企业按照新标准重新进行了定位，一是总承包企业逐步向管理型企业发展，而专业承包企业和劳务分包企业主要为总承包企业提供服务，这样使工程建设过程逐步趋向专业化、多样化；二是企业的转型为大量进入城市的农民工提供了较多的就业机会，使农民工向新型产业化工人过渡成为现实；三是建筑业企业的发展，也给企业的从业人员带来新的要求和变化。总承包企业在承包工程时，形成了以项目经理管理制度为核心的承包机制，项目经理作为一种个人从业资格要经过培训、考试、考核、上岗等环节来定岗作业，并要与其他相关的专业技术人员，如施工员、质量员、安全员等组成项目班子，项目班子成为代表企业参与市场竞争的主要力量。2005年，全市共有总承包企业25家、专业承包企业45家、劳务分包企业22家，从业人员（包括农民工）达3万余人。

2000年以后，市场经济的迅猛推进，建筑市场竞争形成雏形，建筑业企业进入多元化、多层次竞争状态。从2001年起，建筑业企业按照国家及省“国退民进、国有民营、大力发展私营建筑业企业”的要求，进行了较大规模的体制改革，大量建筑业企业改制为有限责任公司，民营建筑业企业迅速崛起，涌现出了华通路桥集团、五建工程有限公司、五龙市政有限公司等非国有企业代表企业，这些企业在全市的经济建设中，发挥了民营企业的诸多优势，为全市的经济建设作出了积极的贡献。同时，中央级、省级建筑业企业以及外埠河南、河北等地建筑业企业也纷纷进入阳泉市建筑市场参与建设，全市建筑市场逐渐形成了中央和省建、外埠建筑业企业、地方建筑业企业“三分天下”的格局。此外，企业的技术装备也发生了较大的变化。现代化的挖、铲、推、运等机械设备大量进入施工环节，独立式塔机、高层附着式施工电梯成为施工现场垂直运输的首选设备，与施工相配套的电子检验检测设备进入实用阶段。技术装备的更新，极大地解放了劳动力，促进了建筑业企业生产力的发展，竣工总产值也从1990年的2亿元，迅速增长到2005年的12.7亿元。

2006年，全年建筑施工企业完成建筑业增加值4.5亿元，完成竣工产值13.00亿元，完成房屋建筑施工面积为233.6万平方米，完成房屋建筑竣工面积为58.31万平方米；2007年，全年建筑施工企业完成建筑业增加值5.3亿元，完成竣工产值19.5亿元，完成房屋建筑施工面积为280.5万平方米，完成房屋建筑竣工面积为62.1万平方米；2008年，全年建筑施工企业完成建筑业增加值6.0亿元，完成施工产值66.6亿元，完成房屋建筑施工面积为275万平方米，完成房屋建筑竣工面积为85.2万平方米；2009年，全年全市建筑业实现增加值15.10亿元，具有建筑业资质等级的总承包和专业承包建筑业企业实现利润总额4.15亿元；2010年，全年全市建筑业实现增加值27.55亿元，具有建筑业资质等级的总承包和专业承包建筑业企业实现利润总额4.6亿元。

第二节 建筑管理

一、行业管理

随着行业分工管理的细化，建筑业行业已不是单一以建筑施工为主的行业，国家对整个建筑业作了相应的专业划分，按照工程类型分类，可分为房屋建筑、公路、铁路、港口与航道、水利水电、电力、矿山等12个专业。建设行政主管部门主要负责房屋建筑和市政基础设施工程建设的监督管理工作，其他分别由其相应的主管部门负责管理。随着政府机构精简、职能细化，部分职能分化，行业协会成为协助主管部门进行行业管理的主要力量。2000年，由阳泉市建筑业企业参加的独立社团法人机构阳泉市建筑业协会成立，成了全市建筑行业的管理机构。其主要职责为研究、探讨本地区建筑业改革与发展的方向、理论、方针和政策，接受政府委托进行专题调研，向政府主管部门提出行业发展的经济、技术政策的建议；引导和推进建筑业科技进步，不断提高工程质量；协助政府主管部门制订和实施行业发展规划和有关法规，推进行业管理，协调执行中出现的问题；制定行约行规，建立行业自律机制，规范行业行为，促进行业精神文明建设；维护企业合法权益，开展行业的公益事业和有益于行业发展的活动；开展行业和企业有关工程质量、安全生产、企业管理等的创优、评优、表彰活动。

二、施工管理

1990年至1995年7月，由阳泉市基本建设办公室行使建设行政主管部门职责，负责全市建筑业及建筑施工的行政执法管理。市基本建设办公室下设市基本建设招标投标管理处、市建筑工程质量监督站、市集体队伍管理处、市建设经济管理站、市建筑劳保统筹管理站等事业单位，对全市建筑施工实施监管。1995年7月机构调整，成立了阳泉市建设委员会并归口管理市规划局、市房管局、市建筑工程管理局、市政公用管理局，并由市建设委员会及市建筑工程管理局承担建筑业管理的具体工作。1997年阳泉市建筑工程管理局变更为阳泉市建筑业总会，1998年阳泉市建筑业总会撤销，建筑业管理职能划归阳泉市建设委员会承担，其下属市基本建设招标投标管理处、市建筑工程质量监督站、市集体队伍管理处、市建设经济管理站、市建筑劳保统筹管理站等事业单位一并划归市建设委员会管理。2001年7月，市政府再度进行机构调整，由市建设委员会、市房管局、市政公用管理局合并组成阳泉市建设局，承担建筑业管理的相关职能。2009年，阳泉市建设局更名为阳泉市住房保障和城乡建设管理局，建筑管理相关职能仍由其管理。

1990年至1997年，建筑业的管理主要依据《山西省建筑市场管理条例》进行管理，1997年国家颁布了《中华人民共和国建筑法》，建筑业管理进入到了新的阶段。随后，国家和国务院及山西省先后颁布和实施了相关一系列法规，使建筑市场管理进一步强化。1998年，阳泉市有形建筑市场成立，实现了建筑施工程序的“一条龙”服务和“一站式”管理，规范了全市房屋建筑和市政基础设施工程交易行为。1999年阳泉市建筑安全监督站成立，进一步加强了建筑施工安全生产管理。2003年市政府制定出台了《阳泉市建筑市场管理办法》。2004年阳泉市行政审批服务中心建设项目招标投标管理分中心成立，同时挂牌设立了阳泉市建设工程交易中心。此后，全市建筑业管理工作步入规范化轨道。

三、质量管理

建筑工程质量和安全生产起步于20世纪90年代。1997年市工商银行多层住宅楼工程获得省优工程，并首次获山西省质量最高奖“汾水杯”。到2005年，全市先后有35项工程获得了省优工程，供电局办公楼、市第一人民医院病房大楼、山西太行“恒康家园”高层住宅B座获得了“汾水杯”。建筑安全生产管理从1999年开始进入严管期，并全面推行安全文明施工的相关要求，至2005年先后有30余项工程获得省级安全文明、安全文明示范工地、安全生产质量标准化工地。2001年，建设部对阳泉建筑安全生产进行专项检查，对全市8项工程进行了仔细检查，工程状况全部符合相关要求，在全国受检的60个地（市）中取得了第21名的成绩，使山西省在全国总体排名上升至第13名。2005年，市建设局首次被省政府授予安全生产管理模范单位并受到表彰，在全省建设系统是第一家。

2008年是安全生产“隐患治理年”。根据国务院办公厅和省、市人民政府办公厅有关文件要求，在巩固全市建筑安全隐患排查治理工作成果的基础上，切实做好建筑施工安全隐患排查治理工作，防止和遏制重大生产安全事故发生。2008年3月至12月，全市开展了建筑施工安全生产隐患排查治理工作。全年共组织开展安全大检查 11 次，累计检查建筑工程 1870 项次，下达隐患整改通知书 83 份，停工整改通知书 111 份，排查出各类安全隐患 4100 多项。2008 年全市接受山西省政府隐患排查督查 2 次，山西省建设厅安全隐患排查督查 4 次，建设部工程质量安全隐患排查督查 1 次，市政府隐患排查督查 1 次，受到了各级检查组的好评。全年建设工程开工前安全生产条件审核率达 100%；百亿元施工产值死亡率为 0，年负伤频率 0.4‰；建筑工程安全监督覆盖面市区达到 100%，县区达到 30%；特殊工种持证上岗率 100%；全年创建安全质量标准化工地 23 个。2010 年，全市市级安全质量标准化工地达 23 个，达计划 15 个的 153%；省级安全质量标准化工地达 11 个，达计划 5 个的 220%。建设工程开工前安全生产条件审核率为 100%。全年共组织开展各类安全生产大检查 11 次，消灭隐患 661 条、重大安全隐患 5 条，杜绝了建筑施工死亡事故。

四、节能工作

2008 年，阳泉市以“节约能源，保持环境，改善建筑功能与质量”为目标，坚持资源开发与节约并举，开始了建筑节能工作。当年办理建筑节能设计审查备案 350 余份，面积近 170 万平方米，同时还完成了全市建筑节能普查工作，建立了“既有建筑项目数据库”和“节能改造计算表”，当年“既有居住建筑项目”共 384 项，建筑面积达到 139.37 万平方米；“市区既有建筑项目”共 124 项，建筑面积达到 50.87 万平方米。此外，根据实际情况研究制定了《阳泉市部分既有居住建筑节能改造实施方案》《既有建筑供热计量及节能改造项目清单》，为开展既有建筑节能改造奠定了基础。“十一五”期间，省政府下达给阳泉市的既有建筑节能改造任务为 42.9 万平方米，截至 2009 年，全市完成了 12.7 万平方米的改造任务，至 2010 年，剩余的 30.2 万平方米改造任务已全部完成。2010 年，全市共完成 34.49 万平方米的改造任务，累计完成 47.19 万平方米的改造任务。

第三节　建筑设计

建市前，境内无专司勘测设计的机构。建市后，在国民经济恢复时期，由于全市的设计赶不上建设的需要，因此，在 1953 年成立市建筑工程局，并于该局设立了设计科，当时共有干部 4 人（技术干部 3 人、行政干部 1 人），由于设计水平有限，只能设计一般平房。1954 年，通过学习掌握了预算、测量及绘图技术，同时也学会了设计二层混合结构建筑物，但结构部分的设计与计算还需太原及大同的设计部门帮助完成。1955年，经过不断学习，掌握了结构的计算技术。1956年，全面掌握了三层以上混合结构建筑物的设计，并初次设计了工业厂房及车间。1957年为划分设计与施工的职责，设计科改组为阳泉市民用建筑设计组归市直接领导，由于干部下放和支援市房产管理处。1958年设计组改为阳泉市设计处直接由市城市建设局领导，当年设计水平迅速提高，初步掌握了工业设计，全年完成了10个工厂的设计，经过投入生产及审查都全部符合生产要求和国家标准。1959年开始承担市政设计任务，设计了防洪及道路工程，并为白南铁路支线设计了桥梁和涵洞。从1953年至1959年，设计建筑面积达16.97万平方米，投资为1352.53万元。设计类型包括工厂、办公楼、宿舍、住宅、学校、医院、文化体育场所、河坝、铁路桥梁、公路、自来水塔等。1984年4月经市政府批准，阳泉市设计处变更为阳泉市建筑设计院，为自收自支、自负盈亏的县级事业单位，经省建设厅批准具有乙级设计资质，其主要职能是承担全市工业与民用建筑、工程概预算、工程地质勘查。1995年4月经建设部批准，由国家乙级设计院晋升为甲级设计院，是继山西省建筑设计院、太原市建筑设计院之后的全省第三家甲级建筑设计院，也是全市唯一的国家甲级设计院。2010年，市建筑设计院共有在职职工178人（在编116人、人事代理62人），各类专业技术人员136人（其中高级职称20人、中级职称72人）。一级注册建筑（结构）师8人，二级注册建筑（结构）师10人，注册监理工程师14人，注册设备、电气、规划、造价师、建造师10人。拥有喷墨绘图机、扫描仪、彩色打印机、刻录机等先进设备及配套软件，内含建筑、结构、水、暖、电设计。拥有4台钻机、1部装载机、1个土工实验室及工程监理、工程勘察、装潢装饰、工程咨询、工程造价等专业部门。

20世纪80年代后，市建筑设计院先后完成了具有代表性的大型和高层勘察设计的工程有平定影剧院（1980年）、阳泉宾馆（14层，1984年）、阳泉工会大厦（14层，1984年）、阳泉物资大厦（16层，1986年）、阳泉铁路旅客站房（获省优秀设计二等奖，1988年）、阳泉基建办大楼（15层，1992年）、阳泉国税局综合楼（16层，1992年）、市科技活动中心（16层，1992年）、阳泉工商大楼（16层，1993年）、泉美大厦（24层，1993年）、华联商厦（10层，1994年）、工商银行阳泉支行营业楼（20层，1996年）、市信托投资公司红楼改扩建工程（12层）（获山西省优秀设计一等奖，1997年）、阳泉公路分局综合大楼（12层，1997年）、汽运四公司机修车间（三跨工业厂房，1999年）、阳泉一中改扩建工程（2000年）、天利购物中心（2001年）、远鑫大厦（12层，2003年）、地方税收培训中心（12层，2003年）、北冰洋大厦（13层，2004年）等。2005年，市建筑设计院设计完成了阳泉市革命烈士纪念馆（碑）迁址新建工程，2006年完成了矿区采煤沉陷区综合治理工程中的古城、巨兴居住区的工程设计工作，以及全市

“百项重点工程”中的美隆国际商业广场设计工作，2008 年，完成全市“百项重点工程”中的阳泉移动通信大楼设计工作。1991 年至 2010 年，共完成设计施工图面积 996 万平方米，完成勘察钻探进尺 32 万标米，完成收费 15407 万元。

规划设计院　阳泉市规划设计院的前身为阳泉市城乡规划管理处，成立于 1995 年，是全市唯一从事城市规划设计、市政工程规划设计、建筑工程设计、工程地质勘探的乙级综合规划勘察设计单位。2010 年，全院编制 63 名，实有在职人员 59 人。其中专业技术人员 57 人（高级 22 人、中级 33 人、初级 2 人），管理人员 2 人，内设机构有办公室、技术科、财务科、城市规划设计室、市政工程规划设计室、村镇规划设计室、建筑工程设计室、地质勘探队。阳泉市规划设计院组建之后，针对旧城改造、新区开发、城市环境的改善、城市品位的提高开展一系列工作。先后完成了泉中北路改扩建规划设计、桃南西路改扩建规划设计、政府广场规划设计、小阳泉旧区改造和南大西街规划设计、德胜东街改扩建规划设计、城市广场规划设计（上海同济大学方案）、桃河公园规划设计（上海同济大学方案）、荫营瑞丰花园小区规划设计、临汾市三元小区规划设计、长治市南关及南营两小区规划设计、阳泉市城市热电联供规划设计、阳光小区规划设计、阳泉市城市综合整治规划设计等。还与清华大学合作完成了《阳泉市城市总体规划（1998—2020）》编制工作，完成了《阳泉市城市近期建设规划（2003—2005）》编制工作，完成了《阳泉市绿地系统规划（1998—2020）》编制工作，完成了太原理工大学阳泉学院教学楼规划及设计、太原理工大学阳泉学院阶梯教室教学楼规划及设计。

第四节　建筑装潢

一、装饰装修

20 世纪 80 年代，全市开始出现建筑装饰装修行业，但是当时水平较低，装饰装修极为简单。一直到 20 世纪 90 年代之前，全市的建筑装饰装修行业发展都是较为缓慢的。从 1990 年开始，建筑装饰装修在建筑工程中投资比例逐步上升，尤其是 2000 年以后，居民住宅装修投入达到了 500 元 / 平方米至 800 元 / 平方米，公共建筑装饰装修投入达到了工程总价的 50% 以上甚至更高。建筑装饰装修材料由过去的项目单一发展至丰富多彩，墙体涂饰、门窗及配件、地砖及多种材质地板、厨卫洁具向适用、现代、高档稳步提升。与此同时，建筑装饰装修企业也逐步发展成为较大的产业群体，其中取得建筑业从业资格的建筑装饰装修企业从 1995 年的 10 余家发展到了 2005 年 50 余家，之后随着装修市场整顿规范，到 2010 年缩减为 43 家。

二、技术推广

1990年后，先进的建筑技术得到广泛应用，其主要标志是大量新型施工机械和设备的采用，并且随着工程建设的进程，每个施工环节有了较大的变革。一是土石方和基坑的开挖实现了机械作业，基本上消除了人工开挖，极大地解决了劳动强度问题；桩基作业开始使用专业成孔、成桩机械，效率和质量有了极大保障。二是施工现场的垂直运输和水平运输实现了机械化，不再是简单的“人推肩扛”，主要使用独立塔机和附着式电梯。三是建筑的模板系统有了极大的进步，从单一的木板模和木柱支撑，过渡到了标准钢模板、大型钢模板、大面积竹胶模板及钢管支撑系统。脚手架也基本全部使用钢管架，增加了强度和安全性。四是砼拌合逐步向着商品（成品）砼过度，商品砼企业成为建筑领域不可缺少的主要力量。五是施工现场基本实现安全文明管理。现场办公和工人居住场所实现了规范化、标准化，极大地改善了一线工人的工作环境和生活条件，有力地促进了“以人为本”思想的全面落实。

1990年后，建筑材料虽然仍以钢筋、水泥、黏土砖为主，但其他新型材料也逐渐进入建筑市场。门窗材质从单一木质，变化为铝合金、塑钢等多种类型；给排水管、室内供暖管更多使用多类型的工程塑料管；电气开关由过去较单一品种过渡为声控、光控、触摸等多种类型；室内外防水材料由单一油毡，过渡为SBS等多种防水材料。

随着新技术、新材料、新工艺在建筑业的推广应用，建筑业企业的技术管理不再是粗放式管理，几乎所有建筑业企业都取得了ISO 9000等质量认证，落实在对应项目上的QC成果、企业工法有了较多的积累，建筑业企业整体技术素质有了较大提高。同时在建筑施工现场的技术管理工作，有了较强的辅助性工具，如钢筋扫描仪、钢筋保护层厚度测定仪、红外线测距仪、砼强度数显回弹仪等现代检测设备在1999年以后广泛进入施工现场。对各类建筑材料的检验检测，也随着技术的提高有了极大的前置性。这些技术的使用，使得建设工期较过去有了较大的突破，一般5000平方米左右的项目可以做到当年开工当年竣工。

第七章 环境保护

第一节 环境污染

一、水污染

（一）地表水污染

到20世纪50年代，市区的主要水域桃河的水质基本是好的。随着工业的发展和城市人口的增加，工业废水和生活污水排放量增加，到20世纪70年代，桃河的水质已变化，开始形成污染带。20世纪80年代至90年代，桃河上游污染较轻，进入市区后，随着工业废水和生活污水注入，污染逐渐加重。污染由重到轻的顺序大致是五渡吊桥处最严重，依次是白羊墅、水文站附近、酒厂前、晓庄、娘子关。主要污染物是氰化物、化学耗氧量、氨氮、亚硝酸盐氮、悬浮物、生化需氧量等。

2001年至2010年，桃河地表水水质状况不断改善。据监测统计，桃河娘子关断面地表水化学需氧量年均浓度由2001年的13.8毫克/升下降为2010年的13.3毫克/升，2001年至2002年为Ⅳ类水质，属轻度污染；2003年至2010年符合水质功能要求，达到Ⅲ类标准，水质良好。桃河晓庄断面地表水化学需氧量年均浓度由2001年的26.4毫克/升下降为2010年的12.3毫克/升，2001年至2003年为Ⅳ类水质，属轻度污染；2004年至2006年符合水质功能要求，达到Ⅲ类标准，水质良好；2007年至2010年达到Ⅱ类标准，水质优。桃河白羊墅断面地表水化学需氧量年均浓度由2001年的109毫克/升下降为2010年的29.3毫克/升，2001年至2006年为劣Ⅴ类水质，属重度污染；2007年至2010年转为Ⅳ类，属轻度污染。桃河阳泉段地表水污染沿途的变化呈现两头低，中间高。阳泉的入境断面晓庄的水质为优，从进入市区开始，污染逐步加重，市区控制断面白羊墅，为轻度污染，流至出境断面娘子关后，由于河流的自净作用及娘子关泉水的稀释，出境时污染减轻水质良好。

平定县、盂县、郊区地表水的污染均属有机质的严重污染，其主要原因都是沿途接纳了大量工业废水、生活污水和医院污水等所致。2001年至2010年监测，平定县南川河簪石桥断面、盂县秀水河的河下、温河的温池两个断面、郊区温河的韩庄桥断面均为劣Ⅴ类水质，属重度污染，主要污染物为氨氮、化学需氧量、生化需氧量。

（二）地下水污染

阳泉市复杂的地质构造为地下水的赋存及泉水出露创造了有利条件。古时，境内水资源丰富，四处泉水喷涌，仅大、小阳泉一带，就有泉水五处，泉眼终年涌漾不息，“漾泉”因此而得名。娘子关泉是华北地区最大的岩溶泉，分布于平定县娘子关镇桃河与温河交汇处附近，由32个泉水组成泉群，最大流量15.8立方米/秒（1964年），1956年至1979年多年平均径流量为3.38亿立方米，1980年至2000年多年平均径流量为2.72亿立方米，泉水排泄量十分稳定，为标准的稳定性大泉，是阳泉市工农业及城市生活重要的供水水源。但随着经济的发展，泉域内大量开采地下水、煤矿开采等破坏了泉水的补给条件，使得泉水流量有逐年减少的趋势，而且受到不同程度的污染。

据1981年至1982年对桃河沿岸井水取样分析、监测结果表明，桃河上游松散层除少数井污染外，其余均符合饮用水标准；市区到程家村沿桃河流域的地下水则污染较重，主要污染物是氰化物。其中矿务局北井、南井超标最严重。矿务局北井氰化物年均值0.0004毫克/升至0.474毫克/升，全部超标，最大值超标17.4倍；矿务局南井年均值0.0004毫克/升至0.314毫克/升，最大值超标11.5倍。

“十五”与“十一五”期间地下水水质没有明显变化。据2006年至2010年监测结果，自来水13#井为Ⅲ类水质，水质良好；娘子关一级泵站、化工厂新水井为Ⅳ类水质，电厂2#井为Ⅴ类水质，水质较差，主要超标项目为总大肠菌群数、总硬度、硫酸盐、氰化物、氨氮等。从2006年起，地下水水质有所下降。2010年在测的四个地下水井中，娘子关一级泵站、化工厂新水井为Ⅳ类水质；电厂2#井为Ⅴ类水质，均超过了国家地下水质量Ⅲ类标准，主要超标项目为总大肠菌群数、总硬度、硫酸盐；娘子关一级泵站因地质因素，除总硬度、硫酸盐外，其他指标均达标。

二、大气污染

阳泉是能源重化工城市，环境污染十分严重，尤其大气污染最为严重。其主要污染物有二氧化硫、氮氧化物、总悬浮颗粒物、降尘等。环境监测资料表明，20世纪80年代初期，总悬浮颗粒物、二氧化硫超标但并不突出。以1985年为例，总悬浮微粒物年平均浓度为0.89毫克/立方米，日均值超标率98.1%；二氧化硫年平均浓度为0.0136毫克/立方米，日均值超标率28.6%。1985年至1995年，阳泉市区属重污染，以总悬浮颗粒物、二氧化硫污染为主。1996年至2000年，大气环境污染特征发生变化，非采暖期的工业污染影响开始突出。总体上看，20世纪90年代，大气污染维持在较高污染水平上。

治理前的"土小企业"

2001年至2010年，市区环境空气质量持续改善。据监测统计，市区空气质量二级以上天气2001年为7天、2002年为28天、2003年为56天、2004年为122天、2005年为225天、2006年为275天、2007年为319天、2008年为345天、2009年为353天、2010年为348天；空气综合污染指数2001年为7.36、2002年为7.26、2003年为7.04、2004年为6.23、2005年为4.68、2006年为3.27、2007年为2.86、2008年为2.02、2009年为1.80、2010年为1.87；2003年至2005年连续三年在全国113个重点监控城市中空气质量排名倒数第二，2008年前进到正数第五十位，2009年前进到正数第三十五位。2010年，市区环境空气中二氧化硫、可吸入颗粒物、二氧化氮年平均浓度分别为0.044毫克/立方米、0.078毫克/立方米、0.029毫克/立方米，均达到国家空气质量二级标准。

郊区、平定县、盂县大气污染均以二氧化硫和可吸入颗粒物为主，是典型的煤烟型污染。2001年至2005年，三个县区政府所在地空气质量均为劣三级，空气污染严重。2006年开始，环境空气质量不断改善。平定县城二级以上天气由2006年的105天，增加为2010年的341天，空气综合污染指数由2005年的8.47，下降为2010年的1.90；盂县县城二级以上天气由2006

年的162天，增加为2010年的353天，空气综合污染指数由2006年的4.16，下降为2010年的1.65；郊区荫营镇二级以上天气由2006年的175天，增加为2010年的356天，空气综合污染指数由2006年的5.46，下降为2010年的1.69。2010年，平定县城环境空气中二氧化硫、可吸入颗粒物、二氧化氮年平均浓度分别为0.054毫克/立方米、0.074毫克/立方米、0.021毫克/立方米，达到国家空气质量二级标准；盂县县城环境空气中二氧化硫、可吸入颗粒物、二氧化氮年平均浓度分别为0.039毫克/立方米、0.079毫克/立方米、0.017毫克/立方米，达到国家空气质量二级标准；郊区荫营镇环境空气中二氧化硫、可吸入颗粒物、二氧化氮年平均浓度分别为0.047毫克/立方米、0.071毫克/立方米、0.016毫克/立方米，达到国家空气质量二级标准。

三、固体废物污染

阳泉市固体废物主要为工业固体废物和生活垃圾，其中，工业固体废物主要包括冶炼废物、粉煤灰、炉渣、煤矸石、尾矿、放射性废物、危险废物、其他废物8种类型。

（一）工业固体废物

阳泉市是全国重要的能源重化工基地之一，采矿业、冶金、电力、化工行业为本市产生工业固体废物的主要行业。据统计，1990年，全市固体废物累计堆存量为7337.96万吨，占地面积约255.54万平方米。

2001年至2005年，全市累计产生工业固体废物4483.42万吨，年平均896.68万吨，其中煤矸石3023.61万吨、粉煤灰800.35万吨、炉渣336.19万吨、冶炼废渣106.26万吨、危险废物1.013万吨、放射性废物0.3万吨、尾矿产生量为0.14万吨，其他废物215.56万吨。按行业统计，煤炭行业为主，占总量的67.9%，其次为电力行业1029.90万吨，占总量的23.0%，其他占9.1%。2001年至2005年，每年全市工业企业万元产值固体废物产生量（现价）分别为13.02吨/万元、14.29吨/万元、13.32吨/万元、13.20吨/万元、6.50吨/万元，其年度变化呈下降趋势，下降率达50.1%。2010年，阳泉市工业固体废物产生量为1964.6万吨，主要包括煤矸石1326.7万吨、粉煤灰121万吨、炉渣159.5万吨、危险废物0.023万吨、冶炼废渣1.97万吨，脱硫石膏40.6万吨。

境内产生工业固体废物的企业主要有阳泉煤业（集团）有限公司、阳泉南煤集团有限公司、山西省阳泉荫营煤矿、山西省阳泉固庄煤矿、山西阳光发电有限责任公司、山西河坡发电有限责任公司等。

（二）工业固体废物综合利用

2001 年至 2005 年，全市工业固体废物综合利用量累计 491.93 万吨，年均 98.39 万吨，年均利用率 10.97%。综合利用率较高的行业主要有冶金业、纺织业、耐火业，其利用率分别为 58.1%、50.2%、42.8%。煤炭业产生工业固体废物最多而综合利用率较低，其利用率为 4.7%。

到 2010 年，全市固体废物综合利用水平进一步提高，综合利用量为 459.7 万吨，综合利用率为 23.4%。其中，煤矸石综合利用方面，以利用发电和生产建筑材料为重点，全市共建成矸石电厂 3 家，有阳煤集团 3×135 兆瓦煤矸石综合利用电厂、阳煤集团发供电公司第二热电厂 18 兆瓦、南煤集团 2×135 兆瓦煤矸石综合利用电厂，总装机容量达到 693 兆瓦，年利用矸石和劣质煤 300 余万吨；较大矸石砖厂 6 家，有阳煤集团一矿多营公司建材厂、二矿多营公司建材厂、南煤集团矸石砖厂、阳泉市太阳石建材公司、平定县熹霞新型建材公司等，总产量达到 4 亿多块，年利用矸石 42 万吨。全市煤矸石年利用量为 342 万吨，利用率为 34%。粉煤灰综合利用方面，以生产建筑材料为重点，全市共建成山西新星墙体材料厂、阳泉市宇都蒸压加气混凝土砌块厂、娘子关加气混凝土砌块厂等 3 家加气混凝土砌块厂，年产加气混凝土砌块 20 万立方米；华通路桥集团建材公司、平定海源巨隆建材公司等 2 家免烧砖厂，年产粉煤灰、炉渣免烧蒸压砖 1.4 亿块；阳光发电公司、河坡发电公司等 2 个干出灰综合利用项目，年产商品混凝土 30 万吨。全市粉煤灰年利用量为 122 万吨，利用率为 55%。

四、噪声污染

随着阳泉经济的长足发展，交通运输量增加、城市人口增多，噪声污染有进一步加剧的趋势。2001 年至 2010 年，通过环保及相关职能部门加强禁鸣路段和生活噪声的管理以及工业噪声的治理，继续开展和巩固噪声达标区建设，噪声污染趋势有所控制，城市区域环境噪声和城市道路交通噪声均未超过国家所规定的标准限值。

区域环境噪声　市区主要包括城区、矿区、开发区，建城区面积 42 平方千米，人口约 40 万。市区区域环境噪声监测工作从 2001 年开始，2001 年至 2010 年，各年度区域噪声平均等效声级昼间分别为 54.2dB（A）、53.8dB（A）、52.4dB（A）、53.2dB（A）、52.6dB（A）、53.6dB（A）、52.9dB（A）、54.4dB（A）、53.7dB（A）、54.0dB（A）。按照“声环境质量评价技术规定”进行评价，2001 年至 2010 年各年度的区域环境噪声均低于国家标准限值，质量等级为较好。

道路交通噪声　噪声监测点布设在市区 18 条主要交通干线的 40 个路段。2001 年至 2010 年，各年度道路交通噪声平均等效声级分别为 73.5dB（A）、72.4dB（A）、71.8dB（A）、68.7dB

（A）、67.9dB（A）、66.2dB（A）、66.5dB（A）、66.8dB（A）、66.5dB（A）、65.3dB（A），呈逐年好转趋势。按照“声环境质量评价技术规定”进行评价，2001年至2003年道路交通噪声质量等级由中度污染到轻度污染，2004年至2010年道路交通噪声质量等级为由较好变为好。随着道路的改善，外环路的通车，交通噪声污染有所缓解，影响范围缩小。

功能区噪声　市区功能区划分为4个类区，噪声监测共布设7个点位。2001年至2002年，各功能区噪声值全部超标。2003年至2005年除1类区超过标准0.6dB（A）至2.5dB（A）和4类区夜间噪声值超过标准9.7dB（A）至11.1dB（A）外，其余各功能区都达标。超标最严重的是2005年4类功能区测点，昼间超过标准1.4dB（A）；夜间年平均值超过标准11.0dB（A）。2006年至2010年各年度昼间噪声达标情况均好于夜间，昼间噪声除2006年四类功能区超标外，其余的均达标；夜间噪声2006年至2010年4类功能区均超标，2006年和2008年的1类功能区超标，其余的2类、3类功能区和2007年、2009年、2010年的1类功能区均达标。与“十五”相比，各类功能区的噪声都明显降低。

第二节　污染防治

阳泉属于典型的工矿型城市和能源重化工地区，20世纪80年代之后，随着煤矿、电力、化工、冶金、耐火、建材等行业的迅速发展，加之长期形成的“城在矿中，矿在城中”的城市格局和自然形成的“两山夹一沟”的地理环境，致使结构性、区域性、流域性污染问题十分突出。2000年以前，重点对污染企业实施尾部治理，实现主要污染物达标排放。2000年以后，为加快污染治理步伐，改善环境质量，阳泉市坚持结构调整与污染治理相结合，突出重点行业、重点区域、重点流域污染治理，采取超常规、大投入的措施，污染治理取得阶段性成果，重点区域环境质量有效改善。

一、重点行业污染治理

为解决长期形成的结构性污染问题，以重点行业为突破口，确立了“调整结构、整合资源、革新工艺、根治污染”和“以污染治理促进工艺革命，以工艺革命带动产业发展”的工作思路，抓住全国上下产业结构调整的有利时机，对耐火、电力、煤炭、冶金、化工等重点行业实施大调整、大整合、大治理，实现了加快发展和降低污染的“双赢”目标。

（一）耐火行业工艺改革和污染治理

耐火行业是阳泉市的支柱产业，一直沿用传统的倒烟窑烧成工艺。针对其生产技术水平低下、工艺落后、燃料结构不合理、污染严重的问题，2002 年，市、县环保部门在盂县西小坪耐火材料公司等耐火企业进行了“隧道窑煤气烧成”代替“倒烟窑燃煤烧成”工艺改造的试点工作。在取得成功经验的基础上，2003 年，市政府抓住全国耐火行业市场形势有利发展的机遇，及时出台了《阳泉市关于加快耐火行业污染治理的意见》，在全市上下迅速掀起了一场以“变燃煤为燃气、变人工控制为自动控制、变倒烟窑为隧道窑”为主要内容的产业革命。2003 年 7 月 15 日，市政府在郊区召开现场会，推广郊区的治理经验。9 月 10 日，全省耐火行业推进清洁生产治理污染现场会在阳泉召开，总结推广阳泉耐火企业污染治理的经验和做法。2004 年，市政府下发了《关于对全市耐火行业实施专项清理整顿的通知》，按照“限期治理、逾期关停”的原则，对全市耐火行业进行了专项清理整顿。到“十五”末，全市 351 家耐火企业、1122 座倒烟窑中，共关停 50 家，拆除燃煤倒烟窑 1000 余座，建成煤气烧成的隧道窑 110 座、梭式窑 371 座，不仅彻底改变了耐火行业黑烟滚滚的面貌，而且产量提高了 1.5 倍，促进了耐火产业的上档升级。2006 年，开始了由煤气改天然气的第二轮耐火工艺改造。盂县西小坪耐火材料公司投资 1.2 亿元，率先启动了天然气改造工程，在全部关闭原有煤气发生炉的基础上，新建自动化控制的天然气隧道窑 11 条，不仅彻底解决了污染问题，而且降低了成本，提高了效益。2010 年，全市已有 88 家耐火企业改用天然气，20 多家签订了天然气改造合同，年替代原煤 45 万吨，减排二氧化硫 1.2 万吨，不仅从根本上解决了污染问题，而且实现了耐火产业绿色革命。

（二）冶金行业工艺性环保改造

2000 年之后，按照国家产业政策和环保政策的要求，结合企业的长远发展和技术进步，阳泉市重点抓了阳泉铝业公司和兆丰铝冶公司“自焙槽变预焙槽”的环保扩能改造，电解铝产量达到 18 万吨，新增生产能力 12 万吨，主要污染物粉尘、氟化物排放量分别削减了 16899 吨 / 年、1466 吨 / 年，粉尘净化率达到 98%，实现了沥青烟零排放，烟气污染问题得到了较好治理。同时，按照“淘汰落后，上大压小”的政策，2007 年 6 月彻底关闭了阳泉第一钢铁厂。

（三）电力行业烟气脱硫工程

二氧化硫是造成阳泉市大气环境污染的首要污染物，占污染负荷的 60% 以上。电力企业是二氧化硫的排放大户，2005 年起，市委、市政府全面开展电厂脱硫工作。阳煤集团第三电厂脱硫工程投资 4200 多万元，2005 年完成了 1 号、2 号炉脱硫工程，2006 年备用的 3 号炉脱硫工程也完成了设备安装，进入调试阶段。娘子关发电厂 4×100 兆瓦机组脱硫工程，总投资

5000多万元，2005年完成了一台机组的除尘脱硫一体化改造，2006年剩余三台机组的除尘脱硫改造工程也基本完工。河坡发电公司2×50兆瓦机组脱硫工程，投资1.68亿元，采用半干法脱硫技术，于2005年6月22日正式启动，2006年12月28日投入运行。山西阳光发电有限公司4×300兆瓦机组脱硫工程，投资2.4亿，采用石灰石——石膏湿法脱硫技术，于2006年4月18日开工建设，2007年9月11日投入运行。到2008年底，全市原有9家电力企业中，相继关闭了娘子关、辰光、国阳第一热电、盂县衡光、平定远鑫5家电厂，其余4家共投入5.9亿元，率先在全省整体完成脱硫工程，并全面投入运行。2009年，启动了脱氮工程，阳光发电公司投资1000余万元完成了1号机组低氮燃烧系统改造工程，年削减氮氧化物2000余吨。

（四）煤炭行业矸石山综合治理与生态恢复

阳泉作为典型的工矿型城市，长期的煤炭开采，形成矸石山26座，堆存量2亿多吨，而且每年以1000万吨的速度增加，不仅大量占用土地，而且严重污染环境。2000年之后，阳煤集团的一矿、二矿、三矿和荫营煤矿、固庄煤矿每年投资1000余万元进行自燃煤矸石山的治理，煤矸石山自燃趋势蔓延问题得到了有效遏止。2005年，阳煤集团在完成五矿矸石山生态恢复工程的基础上，投资370万元对三矿280矸石山进行生态重建，覆土绿化面积70亩（4.67公顷），矸石山的治理已从单纯的污染防治转向生态恢复与综合治理。2006年之后，全市全面发起煤矸石治理攻坚战。2007年初，市政府出台了《关于加快矸石山综合治理的意见》，明确了矸山治理的时限、标准，并多次召开矸山治理动员会、现场会、推进会，市人大、市政协经常组织代表、委员进行视察和调研，督促加快了治理进度。为了科学治理，确保效果，2007年5月，市委、市政府邀请国家环保总局、中国环境科学院、山西省环保局等权威部门的专家和学者就矸山污染治理和生态恢复进行了专题研讨论证，专家们一致认为，阳泉市治理煤矸石山污染思路非常明确、技术路线正确可行、措施到位、成效明显。同时，专家还就覆土厚度、草种选择、矸石回填及综合利用提出了许多建设性意见，为治理矸山提供了科学依据。阳煤集团、南煤集团、荫营煤矿、固庄煤矿等煤炭企业积极响应市委、市政府号召，采用“放缓坡度，分层碾压，黄土覆盖，整体绿化”的方法，到2008年，累计投资3亿多元，完成矸山治理面积4300亩（286.67公顷），基本完成了退役矸山治理任务，彻底解决了影响全市市区环境的最大污染源，昔日的火焰山披上了绿装。

（五）矾石烧制行业污染治理

2007年，阳泉市发起了淘汰矾石行业落后产能攻坚战。市政府出台了《关于加快矾石烧制行业污染治理的意见》，市、县政府统一组织，环保、公安等部门联合行动，对全市342座矾石竖窑全部淘汰关闭。同时，通过对落后生产工艺的淘汰取缔，矾石烧制行业符合国家产业政策的技术设备也在逐步推广应用，促进了矾石行业的上档升级。

二、重点区域环境综合整治

城市环境综合整治是改善环境质量，提高人民生活水平的重要途径。2000 年之后，以市区及各县（区）政府所在地、娘子关旅游区为重点，通过实施园林城市绿化、热电联产、燃气利用、原煤禁烧和污染严重企业的异地搬迁改造，使重点区域环境整治成效明显。

（一）市区环境综合整治

以改善人居环境，提升城市品位为目标。一是连续实施七期热电联产集中供热工程，共拆除燃煤锅炉 600 余座、烟囱 520 余支，改变了市区烟囱林立、炉渣遍布、烟尘飞扬的状况。特别是 2009 年投资 3.3 亿元建成龙川热源集中供热工程，2010 年投资 8000 余万元建成阳光热源集中供热工程，市区集中供热面积达到 1828 万平方米，集中供热率达到 90.3%，市区范围基本实现集中供热全覆盖。二是大力实施清洁能源改造工程。开展了餐饮业禁烧原煤和油烟治理专项行动，共没收或拆除燃煤灶火 640 余台，改造燃煤灶火 600 余户，安装油烟净化装置 380 户，市区气化率达到 90.4%、清洁能源使用率达到 95% 以上。在扩大民用的同时，市区周边的高压电瓷厂、瀑里耐火厂等工业企业全部改用城市管道煤气。三是大力开展扬尘治理，取缔非法煤场 140 余家，清理储煤 20 余万吨，100 多家企业完成煤场挡风抑尘墙建设任务，扬尘污染问题得到有效遏制。四是大力实施机动车尾气治理。全市已有 1300 多辆出租车、210 多辆公交车更换使用天然气，机动车尾气年检合格率达到 82.13%。五是加快市区及周边重污染企业的关停搬迁步伐。先后关停搬迁了 1 个钢铁厂、2 个电厂、3 个电石厂、3 个水泥厂等一批重污染企业，使城市功能布局更趋合理。六是深入开展国家园林城市、国家卫生城市、国家环保模范城市“三城同创”活动，实施“绿化、亮化、净化、美化”等工程，建成北山公园、保晋文化园、开发区悦沁园、桐语园、王母垴植物园一期工程以及石太铁路阳泉市区段绿色通道综合治理工程等重点绿化工程，创建一批园林单位、园林学校、园林社区。到 2010 年，城市建成区绿化覆盖率达 39.75%，绿地率达 36.05%，人均公共绿地面积达 8.96 平方米，建成省级园林城市。

（二）县区政府所在地环境综合整治

平定县为改善县城空气质量，2000 年后，先后关闭了县水泥厂、远鑫电厂等 8 家重污染企业，投入 4653 万元建成了燃气利用工程，煤气用户达到 1.9 万余户；投资 5014 万元，大力推进热电联产工程，拆除小锅炉 130 多台，实现集中供热面积 260 万平方米，集中供热率达到

68.5%。盂县大力推进县城集中供热和天然气供热改造工程，拆除燃煤锅炉400余台，实现集中供热面积220万平方米，集中供热率达到73.3%。郊区荫营镇针对耐火企业四面包围、黑烟滚滚的污染问题，搬迁了6家耐火企业和荫营货站，同时实施了集中供热工程，镇区环境面貌焕然一新。2010年，平定县、盂县、郊区政府所在地空气质量全部达到国家二级标准，二级以上优良天数分别达到341天、353天、356天。

（三）环境基础设施建设

不断完善城市污水处理工程，污水处理率进一步提高。全市投资投入3亿元，建成市区及平定县、盂县、郊区4座生活污水处理厂，并全部投入运行，全市污水日处理能力达到15.8万吨，在全省率先实现了“县县污水处理厂都投运”的目标；投资8600余万元，建成市污水处理厂再生水利用和平定污水处理厂中水回用工程，均具备了试运行条件；投资5800万元，建成阳煤五矿、新景矿、固庄煤矿等重点企业生活污水处理工程；投资3359万元，建成阳煤一矿、二矿、三矿、五矿、荫营、固庄、南庄、大阳泉等重点煤矿矿井水处理或回用工程，并全部投入试运行。污水处理能力和资源化水平的提高，对改善全市水环境质量、完成COD减排任务发挥了积极作用。城市生活垃圾处理厂于2007年9月建成并投入运行，日处理生活垃圾600吨，实现了生活垃圾无害化处理。市医疗废物集中处置中心于2008年12月底建成并投入运行，日处理医疗垃圾5吨。

垃圾处理站

三、重点流域环境治理

（一）桃河阳泉城区段综合治理

桃河横贯阳泉市区，是境内最大的一条河流，是阳泉人民的母亲河。20世纪末，由于环境的污染，实际已经成了一条纳污河。进入21世纪，市委、市政府下决心对桃河城区段进行综合治理。2002 年 8 月 27 日，阳泉市召开治理桃河建设家园全民动员大会。9 月 1 日，桃河阳泉城区段河道综合治理工程全线开工。2003 年 7 月 18 日竣工，投资 2.01 亿元。该工程建设从五渡桥至赛鱼桥全长 9.03 千米，整个河道由 150 米改造为主槽宽 70 米，两侧滩槽宽各 40 米，滩槽部分全部绿化，形成了风格各异、错落有致、供市民休闲的绿化景观，绿化总面积 72 万平方米。2006 年 11 月，投资 2050 万元，又启动了桃河蓄水工程，2007 年 5 月竣工。桃河城区段综合治理工程建设使桃河复式河道防洪目标达到了百年一遇标准，主河道过洪量达到了 10 年一遇标准。利用滩槽空间进行绿化、美化、亮化，加强了城市生态功能，把一个污水横流、杂草丛生的臭河滩变为一个水清、草绿、环境优美的现代公园，改善市区的环境面貌，成了城市景观轴线。

（二）蒙村河综合治理

蒙村河位于阳泉市矿区，是桃河的一条支流，全长 3.1 千米。20 世纪 90 年代之后污染严重，直接影响了桃河的景观。2005 年 4 月 8 日，蒙村河清理整治活动全面开始，由阳煤集团负责实施。蒙村河清理分两步实施，第一步彻底清除河道内的垃圾和杂物；第二步硬化河床，所有工业废水必须实现闭路循环或达标排放，生活污水全部进入城市污水管网。工程于 2005 年 9 月 25 日开工，2005 年 12 月 31 日完工，完成主体工程投资为 4700 万元。主要工程有河道清淤 142763 立方米、砌石 41726 立方米、打混凝土盖板 28100 立方米、浇筑混凝土 2000 立方米、挖柱坑 700 个、河道内修建污水沉淀池 6 个，污水全部进入了污水管网，改善了沿河居民的生活环境。

（三）娘子关水源保护工程

娘子关泉承担着阳泉地区 80% 以上的供水任务，是全市最重要的生产、生活水源。2007 年，市人大通过了《关于加强娘子关水源地保护的议案》，市政府制订《阳泉市娘子关泉源（水源地）保护总体方案》，按照“一年起步、三年明显见效、五年全部完成”的要求，对娘子关水源地进行综合治理。截至 2010 年，共完成投资 9663 万元，实施了污水处理、垃圾处理、环境卫生整治、泉域周边拆迁治理、污染企业关停搬迁、生态建设及河道治理“六大工程”。投资 3561 万元建成了日处理污水 8000 吨的娘子关污水处理厂，并投入试运行；投资 2116 万元的垃圾填埋场工程进入最后建设阶段，防洪坝、泄洪管、截洪沟、主坝等场区主体工程已基本完成；关闭搬迁了直接影响水源地的娘子关电厂等 6 家重污染企业；泉口周边 50 米拆迁全部完成，累计拆迁 29 户居民和 3 家单位，拆迁面积 5600 平方米，拆出场地 1.4 万平方米，封堵旱厕 57 个，设置环卫厕所 31 个；河道生态修复治理工程，共平整河道 4 千米，清淤 6 万余立方米，种植了大量垂柳、芦苇及灌木，面积 4 万多平方米，水源地生态环境进一步改善。

2000—2010 年阳泉市主要空气污染物比较表

表 -4-10　　　　单位：毫克 / 立方米

区域/年份	可吸入颗粒物				二氧化硫				二氧化氮				综合污染指数			
	市 区	平定县	盂 县	郊 区	市 区	平定县	盂 县	郊 区	市 区	平定县	盂 县	郊 区	市 区	平定县	盂 县	郊 区
2000	3.02	1.81	1.28	2.04	3.08	4.91	2.83	1.42	0.69	1.33	0.49	0.91	6.79	8.05	4.60	4.37
2001	2.83	1.75	1.44	1.56	3.80	4.33	3.33	1.73	0.73	0.71	1.05	0.94	7.36	6.79	5.82	4.23
2002	2.73	1.89	1.24	3.32	3.78	4.67	3.73	1.93	0.76	0.70	0.41	0.84	7.27	7.26	5.38	6.09
2003	1.75	1.73	1.31	2.72	4.17	4.13	3.70	2.30	0.64	0.95	0.56	0.83	7.04	7.30	5.57	5.85
2004	1.62	1.49	1.44	3.25	3.93	6.6	4.10	3.13	0.68	0.69	0.48	0.81	6.23	8.78	6.02	7.19
2005	0.13	0.13	0.13	0.72	0.16	0.39	0.17	0.11	0.05	0.05	0.03	0.07	—	—	—	—
2006	0.11	0.15	0.12	0.58	0.10	0.34	0.16	0.11	0.04	0.05	0.03	0.07	—	—	—	—
2007	0.09	0.11	0.09	0.21	0.09	0.28	0.12	0.14	0.04	0.05	0.03	0.03	—	—	—	—
2008	0.07	0.07	0.08	0.08	0.06	0.08	0.08	0.06	0.03	0.02	0.01	0.02	—	—	—	—
2009	0.07	0.07	0.06	0.07	0.05	0.06	0.06	0.06	0.03	0.03	0.02	0.02	—	—	—	—
2010	0.08	0.07	0.08	0.07	0.04	0.05	0.04	0.05	0.03	0.02	0.02	0.02	—	—	—	—

第三节 环境管理

一、环保宣传教育

1988年开始，全市每年都要利用“4·22”地球日和“6·5”世界环境日，广泛开展环境宣传大型纪念活动，市领导发表电视讲话和报刊文章，出动宣传车，散发宣传资料，开展环境咨询，多层次、多形式地宣传环境保护法律法规及有关科普知识。1990年6月5日，围绕“儿童与环境”这个主题，在儿童公园组织了由2000多名儿童参加的大型游园活动。从1994年开始，为配合三晋环保行，开展阳泉环保行活动，充分利用新闻媒体，及时报道有关环保重大行动，大力表彰环保守法典型，公开曝光不法排污行为，有力地震慑了环境违法行为。2000年，广泛开展了“绿色学校”和“绿色幼儿园”创建活动，市北大街小学和市实验幼儿园分别被省教委、省环保局命名为全省第一批省级“绿色学校”和“绿色幼儿园”。2002年，市环保局和市文化局共同组织了纪念“4·22”世界地球日“蓝天碧水情”环保文艺会演。2003年，市环保局分别与团市委、市妇联联合组织了“阳泉市环境保护十大杰出青年”“阳泉市巾帼环保十明星”的评选和表彰。2004年，阳泉市环境科学研究所所长高铁锁荣获“山西省十大杰出环保青年”称号，平定县环境保护监测站站长张学文荣获“山西省优秀环境保护青年”称号，市环境保护监测站分析测试中心主任李素英荣获“山西省巾帼环保十明星”称号，固庄煤矿环保工程师李烨荣获“山西省优秀巾帼环保工作者”称号。2005年，阳泉环保行活动的主题是“治理环境污染，改善人居环境，建设和谐社会”。2006年始，每年都要利用“4·22”地球日和“6·5”世界环境日，广泛开展环境宣传大型纪念活动，市领导发表电视讲话和报刊文章，出动宣传车，散发宣传资料，全方位、多层次宣传环保法律法规及科普知识，在全社会营造了浓厚的环保氛围。充分发挥各新闻媒体的舆论监督作用，为环保重大行动开辟专栏、专版，对环保工作进行跟踪报道，同时利用新华社、《人民日报》、中央电视台等中央级新闻媒体和《山西日报》、山西电视台等省部级新闻媒体，大力宣传阳泉环保成就。积极开展“绿色社区”“绿色学校”“环境友好型企业”等绿色创建活动。到2010年，全市共创建成31个绿色社区，118所绿色学校，1个环境教育基地，6个环境友好型企业。其中，矿区红岭湾小学、城区北大街小学成为国家级绿色学校。

二、环保目标责任制

1988年，全市采用行政、法治等手段强化环境管理，促进污染源的治理，对阳泉矿务局、阳泉钢铁公司、娘子关电厂等污染大户实行了环境指标考核。对污染严重、难以治理而且群众反映强烈的污染源，利用合同形式限期治理，当年共签订环保合同15项。对排污单位进行经济制裁，当年征收罚款244.9万元。1989年，开始推行环保目标责任制、城市环境综合整治定量考核制、排放污染物许可证制度、限期治理制度和污染集中控制5项制度。是年5月25日，市长与29个有关单位的主要负责人分别签订了环境保护目标责任书，至1990年，签订目标责任书的单位已增加到38个，有18个重点企业完成了水污染排放种类和数量的申报登记，阳泉矿务局、阳泉钢铁公司、晋东化工厂等8个重点企业领取了临时排污许可证。全市大中型项目“三同时”执行率达到了100%。2000年后，在每年召开的全市环境保护工作会议上，市长都要与各县（区）、有关单位签订了环境保护目标责任书，并实行平时考核与年度考核相结合的办法进行，对环保目标责任制完成好的单位，市政府将予以表彰奖励。2008年，市政府出台了《阳泉市环境保护奖励基金管理办法》，设立了每年不低于300万元的环境保护奖励基金，实施环保绩效考核，为环保任务的完成起到积极的推动作用。

三、环境评价制度

为了避免走过去“先污染、后治理”的老路，全市对新改扩建项目按照《环境影响评价法》和《建设项目环境管理条例》的要求，严格执行环境影响评价制度和“三同时”制度（建设项目中防治污染的措施必须与主体工程同时设计、同时施工、同时投产使用），实行了环保全过程跟踪管理，把住环境门槛，严格环境准入。2001年至2005年期间，全市457个新改扩建项目，全部执行环境影响评价制度；121个竣工投产项目，全部执行了“三同时”。此外，全市依法停止了对万汇钢铁公司等违法项目的建设和生产，先后否决了阳煤集团10万吨聚氯乙烯、100万吨水泥及山西远盛公司2×50兆瓦煤矸石电厂、南煤集团2×135兆瓦煤矸石电厂等高耗能、重污染项目的选址。否决后，市政府分管领导亲自带领环保、规划等有关部门领导和技术人员，先后深入到平定县、郊区等地进行实地调研考察，重新在平定西郊至南上庄和郊区杏树坡为他们选定了有环境容量且适合企业发展的厂址。既重视了环保，又将企业留在阳泉，创优了全市的经济发展环境，有效地控制了新污染的产生。2006年至2010年，市环保局共审批建设项目环评259个，并否决或重批了娘子关电厂、河坡电厂、阳煤氯碱等10余个选址不当或污染严重的项目。认真执行《规划环境影响评价条例》，推进重点区域、重点行业的规划环评工作，完成了经济技术开发区、平定龙川工业区、郊区白泉工业区、城乡一体化建设、土地利用总体规划等规划环评，为区域经济发展和环境管理提供了决策依据。

阳泉市志

YANGQUANSHIZHI

[上　册]

第五编

交通　邮电

秦汉开始，在漫长的封建社会中，境内有简陋驿道连接内外、传递邮件，虽经朝代更迭，但几无变化。清朝末期情况发生突变。清光绪三十二年（1906），山西省首条铁路——正太铁路通达境内并在阳泉设站，极大地改善了阳泉地区的交通条件，迅速把阳泉地区的交通、邮电事业拉入到近现代社会的行列。民国10年（1921）、民国26年，又有平（定）辽（县，今左权县）公路和阳（泉）盂（县）公路先后建成。东西方向的正太铁路、南北方向的辽—平—盂公路初步构成了阳泉地区的交通网络，成为境内沟通内外、联系四方的便捷通道。

民国36年（1947）5月4日阳泉建市后，境内交通、邮电事业步入快速发展时期，特别是经过改革开放之后大力度建设，境内的交通、邮电事业发生了翻天覆地的变化。铁路建设方面，1972年石太线建成复线铁路，1982年石太线改造成为国内第一条电气化复线铁路，2009年又建成了山西省首条铁路客运专线（石太线），另外还建有20多条铁路支线、专用线及一流站场，境内铁路的客货运能力始终处于业界领先水平。公路建设方面，1949年之后，先后建成并多次改造了境内南北向的207国道和东西向的307国道，新建了众多的市、县（区）、乡（镇）、村公路，1996年山西省建成的首条高速公路（太旧高速公路）横贯市境东西，2010年开通的阳五高速公路阳泉至盂县段纵贯市境南北，到2010年，全市已经形成了纵横交错、遍布城乡、四通八达的现代化交通网络。随着境内交通条件的迅速改善与现代科技的突飞猛进，境内邮电事业也在快速发展。行业分工愈来愈细，设施设备频繁更新，业务范围逐渐扩展，市场竞争异常激烈，特别是从1998年10月邮政、电信分开经营之后，这种态势更加明显。邮政方面，除了传统业务，又新增了邮政储蓄、电子商务、保险、特快专递及民营快递等新兴业务并快速发展。电信方面，呈现联通、移动、电信、铁通4大公司并营的格局。2010年，全市邮政业务总量1.45亿元，电信业务总量25.27亿元，固定电话用户33.8万户，移动电话用户102.8万户，宽带用户19.6万户，邮政、电信事业已经成为支撑经济发展、社会进步、人民生活的重要基石。

第一章 铁路

第一节 石太线

石太线（石家庄—太原）东起河北省会石家庄，中经河北井陉，山西阳泉、寿阳、晋中，西至山西省会太原，在太原北站与南、北同蒲线连接，上行全长237.216千米，下行全长240.863千米，双线电气化铁路，共有车站35个。石太线横穿阳泉市区，境内长69千米，占石太线总长的29.24%，与境内的白荫支线相连接。阳泉市境内的车站自东向西有娘子关、程家、下盘石、岩会、乱流、白羊墅、阳泉、赛鱼8个，其中，一等站有白羊墅、阳泉2个，三等站有娘子关、乱流、赛鱼3个，四等站有程家、下盘石、岩会3个。石太线沿线矿产资源丰富，有煤、铁、铝矾土、耐火黏土、石灰石等，其中煤炭资源最为丰富，阳泉煤业（集团）有限责任公司（1997年由阳泉矿务局改制而成）所生产的各种煤通过石太线供应国内各地。石太线是山西通向华北、华东和中南的晋煤外运中路主要通道，是全国铁路网中的一条重要运输干线。

石太线，原称正太路，亦称正太线。因最初计划将起点设于河北省正定县柳林堡，终点止于太原而得名。正太线于清光绪二十二年（1896）六月由山西巡抚胡聘之奏请开办太原至正定铁路，由山西省商务局借外债修建，得到清政府批准。次年五月，胡聘之将勘察情况上奏，提出向华俄道胜银行借款，得到批准。光绪二十四年五月，山西省商务局与华俄道胜银行在北京总理各国事务衙门签订《柳太铁路借款合同》16条等相关事宜。光绪二十六年义和团兴起，修路之事暂被搁置。

清光绪三十年（1904）四月，距筑路的最初动议8年之后，正太路开始兴建，设计全长

240.90千米。全线先后分6段陆续施工，第一段由枕头（石家庄）至乏驴岭，第二段由乏驴岭至下盘石，第三段由下盘石至平潭村（阳泉），第四段由平潭村至韩家城，第五段由韩家城至段廷，第六段由段廷至太原。全线建成一段即开通使用一段，第三段下盘石至平潭村工程于光绪三十二年九月竣工，既而阳泉站建成。全线工程除石家庄至下盘石两段由外国包工商承包部分工程外，其余由中国包工商承包施工。全线隧道均为人工开凿爆破，桥涵多为就地取材建筑石拱桥，跨度5米至10米，最大20米；较大河流用铁桥，跨度20米至70米，基础多达岩层；钢轨用法国威昂式每米28千克，木枕，轨距1米。全线至光绪三十三年十月开通使用，历时三年半。由于法国人施工尽量从简，造成全线通车后，还有许多工程尚未完工，之后又经过两年多的补修，于光绪三十六年（1910）才全部完工。是时，境内的白羊墅站设有2股道，总延长0.38千米；阳泉站设有5股道，总延长1.9千米；赛鱼站设有3股道，总延长1.1千米。

民国26年（1937）“七七事变”爆发后，日本发动全面侵华战争。10月18日占领石家庄，10月20日占领阳泉，11月8日占领太原，控制正太铁路全线。随后强抓壮丁，修复铁路，开始“铁道一元化控制”的殖民统治。次年，日军为进一步掠夺阳泉的资源，将正太路改为标准轨距1.435米，同时进行技术改造，与京汉、同蒲铁路相连接，提高了对掠夺物资的运输能力。改轨工程分两期进行，第一期工程由石家庄至南张村，自民国27年11月动工，民国28年4月竣工，采用区间内在米轨外侧按标准轨距铺设每米40千克钢轨的办法，建成四线式线路，站内分为米轨和标准轨两种站线，列车各自到发；第二期由南张村至太原，民国28年6月开始提前将南张村至太原展宽为标准轨距，10月完工，至此正太路全线展宽为标准轨，实现正太路与同蒲线的连接，正太路从此改称石太线。

民国34年（1945）8月抗战胜利后，国民党政府接管石太线。民国36年5月2日阳泉解放，境内铁路回到人民手中。然而，国民党并不甘心失败，在同年8月4日一夜之间破坏了境内全部铁路和桥梁。民国36年11月12日石家庄解放，晋察冀边区铁路管理局成立，开始组织铁路修复工作。民国37年7月18日，在石家庄举行德州至阳泉通车典礼，此为华北解放区通车的第一条人民铁路。8月16日至12月10日，阳泉至榆次段的铁路修复通车。民国38年4月24日太原解放，4月27日石太线全线通车，至此石太线全线回到人民手中。

中华人民共和国成立后，为适应国民经济的发展需要，提高晋煤外运能力，1951年9月，国家开始对石太线进行改造，改造后的阳泉站场增加到11股。随着煤炭产量的不断增长，单线已不能满足运输的需要。1956年3月开始对阳（泉）石（家庄）段进行复线改造，1958年7月开通运营。阳（泉）石（家庄）段复线开通后通过能力由32.7对提高到57.6对，提高

76%。1958年7月，阳（泉）石（家庄）段旧线技术改造工程开工，要求标准与复线一样，1960年12月完工。阳（泉）太（原）间技术改造于1960年完成，复线建设于1972年完成。至此，石太铁路全线均成为复线，运输能力大幅度提高。随着国民经济的发展，货物发送量也在迅猛增加，20世纪70年代山西煤炭产量较1949年增长40多倍，外运量增长90多倍，而铁路运输能力只增长了5倍，铁路运输量还是不能满足国民经济快速发展的需要，铁路的运能和运量矛盾突出，严重制约着国民经济的发展。为此，1974年4月，国家计委批准对石太线进行电气化改造，工程分为石家庄至阳泉和阳泉至太原北两段。设计输送能力石阳段上行重车近期4000万吨、远期5000万吨；阳太段2000万吨。石阳段于1975年5月开工，1980年9月9日全段一次送电成功；阳泉至太原段于1978年5月开工，1982年9月完工。

石太线电气化改造后，石阳段列车牵引定数上行由2400吨提高到3500吨，下行由1000吨提高到1800吨，至1982年输送能力上行比电气化改造前提高50%，下行提高35%，达到4000万吨的设计能力。阳太段开通后，列车牵引定数提高59%，旅行速度提高31.5%，机车日车千米提高26.2%，机车日产量提高22.2%，列车平均牵引总重量提高53.2%，上行牵引从2200吨提高到3500吨，减少了阳泉站有调中转，消除了（阳泉站辖区）赛鱼口列车等线现象，加速了车辆周转。

简子沟编组站

1983年1月1日太原铁路局撤销后，石太全线由北京铁路局继续进行配套施工。石太线全线电气化开通于1987年12月，年运输能力石阳段上行达到5176万吨，下行达到1117万吨；阳太段上行达到2912万吨，下行达到1156万吨，不但较开通初期大大提高，而且超过远期的设计运输能力。1988年至2001年，先后完成电力增容、双回路、阳泉站改造、简子沟站改造。至2010年，石太线经过多次技术改造，线路基础不断加强，列车通过能力逐年提高。

第二节 石太客运专线

石太客运专线是中国开工最早的高速铁路，是中国中长期铁路规划的“四纵四横”客运专线的“一横”—青太（青岛至太原）客运专线的重要组成部分。东起河北省石家庄北站，途经河北省鹿泉市、井陉县、平山县和山西省盂县、寿阳县、阳曲县，西至太原站，正线全长225千米，山西境内总长109千米，阳泉境内54千米，盂县境内52千米。2005年6月11日开工建设，总投资130亿元，2009年4月1日正式通车。全线采用双线、全封闭、全立交设计，使用电力牵引，设计和运营时速为250千米，为双线电气化高速客运专线，初期使用CRH5型动车组及其他旅客列车。该线桥梁多、隧道多、隧道长，全线共有桥梁94座、隧道32座，隧道长度占全线的58.7%。其中全长27.8千米的太行山隧道是中国建成通车最长的铁路山岭隧道。

石太客运专线盂县段投资约50亿元，段内隧道长度约34千米，桥梁总长度约8.5千米，其中太行山隧道总长约2×27.8千米，西城武特大桥长约3.9千米。石太客运专线全线唯一中间停靠站——阳泉北站，承担着旅客乘降任务。阳泉北站设有1000人容量的客运站1座，客运站站房按1万平方米的规模建设。石太客运专线全线开通后，乘客30多分钟就可到达石家庄和太原，120多分钟到达北京，方便了百姓出行，对阳泉市的经济发展和投资环境改善具有很大的推动作用。

第三节 朔黄线

朔黄线西起神朔铁路的神池南站（山西省神池县），东至河北省黄骅港，横跨山西、河北两省。途经山西省神池、宁武、原平、定襄、五台、盂县，河北省平山、灵寿、行唐、曲阳、定州、安国、博野、蠡县、肃宁、河间、青县、沧州，抵黄骅港市。正线总长588千米，其中山西省境内184千米，河北省境内404千米。该线横跨盂县北部地区4个乡，境内长25千米，在滴溜磴站设有客货两运站1处。

朔黄线是国家Ⅰ级干线，双线电气化重载铁路。设计运输能力近期为6885万吨，远期1亿吨。总投资175.49亿元，由神华集团、铁道部、河北省、山西省共同出资58.8亿元，其余资金源于国家开发银行和日本海外协力资金贷款。前期工作始于1985年，1992年9月国务院批准立项，1997年11月25日正式开工。重点工程梁山隧道（全长12780米）和寺铺尖隧道（全长6403米）分别于1995年12月和1996年10月先期开工建设。朔黄线工程动用路基土石方6358万立方米，修建隧道77座、桥梁216座（其中双线特大桥、大桥150座，单线特大桥、大中桥62座），建设车站41个。朔黄线地质情况复杂，线路横穿恒山、云中山脉和忻定盆地，多次跨越滹沱河、穿越太行山。按照“统筹规划，分段建设，及时投产，尽早发挥效益”的建设方针，神肃段（神池—肃宁）于1997年11月开工，2000年5月铺通并开通临管运营。其电力、牵引供电、通信、信号工程于2000年6月开工，2001年12月建成。肃黄段（肃宁—黄骅港）2000年3月开工，2001年8月铺通，10月开通临管运营。其“四电”工程于2001年6月开工，2002年11月1日建成。朔黄线原预留的肃黄段第二线工程于2003年5月开工建设，2004年5月竣工，9月朔黄线双线电气化全线开通。

第四节 阳涉线

阳涉铁路是铁道部和山西省合资建设的国家重点工程。北起石太线的白羊墅车站，向南经山西省阳泉市、平定县、昔阳县、和顺县、左权县，跨黎城县边缘，到达河北省涉县，与邯长线的悬钟站接轨，全长199千米，阳涉线在阳泉境内长25.3千米。

1984年7月，邓小平、杨尚昆、薄一波等老一辈无产阶级革命家对阳涉线的建设作出重要批示，同意修建阳涉铁路。1985年5月，国家计委批准由铁道部、山西省、晋中地区三方集资修建阳涉铁路。阳涉铁路纵贯太行山腹地，崇山峻岭，沟壑纵横，地理环境复杂，地质条件较差，工程十分艰巨。按照“分段建设，分期投资，逐步延伸”和“固本简末，先通后备”的建设原则，分两期建设。一期工程白左段（白羊墅—左权）和麻悬段（麻田—悬钟）于1986年开始建设，1995年9月铺通（其中白羊墅至平定段缓建，利用阳煤集团五矿专用线运行）。二期工程左权—麻田段，1998年开工建设，2002年10月18日全线铺通。2002年12月通过初验投入临管运营。2003年3月1日起，石太线部分货物列车经阳涉线分流运输。2004年2月12日通过国家正式验收。同年10月25日，铁道部批准同意阳涉线于11月1日与全路各营业线开办货物直通运输。

阳涉线全线总投资22.74亿元，注册资本金为152415万元。其中铁道部出资84078万元，占资本金的55.16%；山西省出资44837万元，占29.42%；阳煤集团公司出资23500万元，占15.42%。总投资与资本金的差额近7.5亿元由公司申请国家开发银行贷款解决。阳涉铁路等级为国铁Ⅱ级，单线，设计内燃机车牵引，预留电气化条件，设计输送能力为每日客车3对、年货运量1700万吨。工程动用路基土石方1949万立方米，修建特大、大、中、小桥105座，涵洞393座，隧道55座，桥隧总长占全线的31%。2002年12月开通车站13个，依次为平定、北庄口、宁艾、昔阳、北亩、石窑坪、泊里、和顺、寒王、左权、粟城、麻田、悬钟。2009年12月开通仪村、石港口、原庄、泽城4站，共计开通17个车站。为提高运输生产能力，确保行车安全，2001年至2010年，阳涉铁路有限责任公司相继对全线的线路、通信、信号、电力进行全面技术改造，并对平定、宁艾、北亩站场进行改造。阳涉线北与石太线、南与邯长线两条晋煤外运通道连接，减轻了石太线运输压力，形成晋煤外运中部第二条通道，拉动了太行老区的经济发展。

2001年9月8日，阳涉铁路有限责任公司成立，由山西省和铁道部两个股东组成董事会和监事会，实行董事会领导的总经理负责制。2006年，董事会、监事会由铁道部北京铁路局、山西省晋中市国有资产监督管理委员会、阳泉煤业（集团）有限责任公司三方组成。公司独立经营、独立核算、自主经营、自负盈亏，对阳涉铁路建设资金筹措、建设实施、生产经营、债务偿还和资产保值增值实行全过程负责。

第五节 支 线

境内铁路支线建设起步于1958年。随着省营企业山西阳泉荫营煤矿、山西阳泉固庄煤矿和地方龙头煤矿——阳泉市南庄煤矿的建成投产，支线铁路开始成为境内各大型企业与铁路站场间的重要通道。境内先后修建了白荫支线（白羊墅—荫营煤矿）、白南支线（白羊墅—南庄煤矿）、荫固支线（荫营—固庄煤矿）。这样，以石太干线为轴心，二北一南3条支线铁路成为发展煤炭运输、支援国家建设的重要运输线。

白荫铁路支线 位于石太干线之北，是境内第一条支线铁路，由荫营煤矿投资340万元兴建。该线于1956年由铁道部第三设计院进行勘测设计。1958年4月由武汉铁路局第五工程队承包修建，同时参加施工的还有荫营煤矿第五、第六劳改管教队。1959年7月正式运营。白荫支线起自白羊墅车站西端信号机内，上行正线最外方道岔接轨，终至荫营煤矿火药沟矿井，全长19.78千米。其中正线长度15.586千米，站线长度4.194千米，轨距为1.435米，最大坡度20‰，最小曲线半径300米，路基宽度4.9米，采用43千克/米钢轨。途经河坡、下五渡、侯家沟、桃坡、甄家庄、余积粮沟、三泉、上烟、南窑庄、下荫营、上荫营等地。全线设有11组道岔、桥梁6座、涵洞25道、隧道1座。有荫营煤矿货站、荫营货站、上烟货站、桃坡货站、五渡货站5个货站，全部为专用装煤站，1962年发送量为60万吨。1967年发送量为90余万吨。为适应白羊墅车站电气化改造后的技术设施要求，20世纪七八十年代，荫营铁路装车站进行改建，各种技术标准及设备也相应提高，煤炭运输量不断增长。1987年至1994年期间，司法部投资1.4亿元完成装车运输系统技术改造及装车站线改建工程，年运输能力达到240万吨。2008年对K13+850—K14+950进行专用线大修，2009年对K13+300—850进行道岔大修，更换钢轨、道岔、混凝土轨枕，完成清筛、补砟、整理线路等。另外，为10个人行和机动车道口安装列车接近报、预警装置，保障铁路运营和行人、机动车的安全。1988年至2010年，铁路年外运量均在100万吨以上，其中2002年、2004年、2007年突破200万吨。2010年为175万吨。

白南铁路支线　位于石太线白羊墅火车站之南，由国家投资285万元，阳泉市组织南庄煤矿职工及周边村民参与兴建。该线于1959年1月19日动工，1960年1月24日竣工，起点为石太线白羊墅站西SN26号上行进站信号机，途经晋东化工厂、义东沟、义井、南庄等地，终点至南庄煤矿装车站，全长6.2千米。与此同时，成立白（羊墅）南（庄煤矿）铁路管理站，负责该段铁路的运行与维护，主要是运输国营南庄煤矿的煤炭。后来随着经济建设的不断发展，在白南铁路支线上又相继建成5条支线，即1966年10月接通义井矿铁路线，全长1129米；1969年12月25日建成木材铁路专用线，全长938米；1986年12月建成大阳泉煤矿铁路线正线，全长2253米；1988年5月19日建成化工轻工公司铁路专用线，全长501米；1992年8月1日建成食品公司铁路专用线，长度为358米。并相继增设轨道衡线路、安全线、牵出线等。线内最大坡度为19‰，最小曲线半径为400米，钢轨分为24千克/米、43千克/米两种类型，线路为Ⅱ级铁路。随着线路设施的日趋完善和所连接企业的产能提升，铁路年运量从刚建成时的34万吨逐年增加。1997年，白南铁路管理站改制为阳泉市通泰铁路有限责任公司。2001年阳泉市以南庄煤矿为核心企业，联合大阳泉煤矿、通泰铁路公司组建南庄煤炭集团有限责任公司，阳泉市通泰铁路有限责任公司更名为南煤集团通泰铁路有限责任公司。2003年后，原有的蒸汽机车全部更换为4台新型内燃机车，并配备相应的检修实验设备，年运输能力达到300万吨。到2010年一直保持300万吨的运输能力。

荫固铁路支线　位于白荫支线以北，由固庄煤矿投资兴建。该线是在1956年铁道部第三设计院对白荫支线勘测设计时，作为远期规划同时设计的。1967年正式动工修筑，1968年荫（营）三（都）支线通车，1969年铁路延修至固庄煤矿。1983年3月28日，为解决固庄煤矿改扩建后煤炭外运问题，经煤炭工业部批准，在矿井扩建和新建选煤厂的同时，新建丈八平硐铁路装煤线。1994年2月，固庄煤矿苇泊装车站铁路专用线简易通车。荫固支线起于白荫支线区间13.04千米处，向北经三都至固庄煤矿，全长8.84千米，线内最大坡度为20‰，最小曲线半径为200米，年货运量80余万吨。支线设山西煤运阳泉分公司郊区公司发运站、山西能源发运站、三都站（盂县货站）、固庄煤矿站4个装卸货物站点。2007年至2010年，固庄煤矿分期分段对荫固支线AK0—AK6+300段线路进行改造，钢轨由43千克/米更换为60千克/米。2010年货运量为200余万吨。

第六节　专用线

铁路专用线是伴随着阳泉工矿企业的发展从无到有、从小到大逐步发展起来的。阳泉建市初期，率先改造阳泉矿务局二矿铁路专用线和阳泉钢铁公司铁路专用线。此后，随着经济的恢复发展，工农业生产，特别是煤炭、铝矾土矿、硫黄等原料产品的产量逐年增长，运输量随之增加，于是各企业纷纷投资，陆续建起企业专用铁路线。到1990年，境内共有阳泉矿务局、阳泉铝矾土矿、阳泉发电厂、阳泉粮油公司、阳泉晋东化工厂、阳泉水泥厂等大型厂矿、企业建造的铁路专用线35条。这些企业专用线均与国家干线铁路的站场直接相通，为各厂矿企业的发展发挥了重要作用。后来随着经济的发展和国有企业改革，有的专用线完成历史使命被拆除，至2010年，境内共有专用线25条。

阳煤集团一矿铁路装车专用线　1955年8月动工兴建，1956年10月竣工通车。自阳泉站运转三车间石卜咀集配站4号道岔出岔，向西北方向至一矿煤炭铁路装车站，全长3.79千米。站内装车线有5条，年发货量1300万吨。1988年电气集中信号投入使用。1989年全部实现机械轨道衡计量。20世纪90年代，机械轨道衡改为机电结合轨道衡和全电子轨道衡。进入21世纪，对轨道衡进行周期大修，对线路进行整修。2010年煤炭发送量为398.90万吨。

阳煤集团二矿铁路装车专用线　始建于正太路运营初，因矿井临铁路，在井口至铁路间设有窄轨手推车线。民国26年（1937）日军侵占正太线后将该线改为单行标准轨，阳泉建市后对其进行了改造。该线自阳泉站运转二车间简子沟站2号道岔出岔，向西至二矿煤炭铁路装车站，全长1.18千米，站内装车线有4条。一矿、三矿、四矿铁路专用线开通后，二矿铁路专用线主要运输东四尺、小南坑所产煤炭，年运输量160万吨。1985年安装全局第一台机械轨道衡。1987年将人工道岔改为电气集中控制。1992年二矿6502电气集中信号开通。之后又陆续对线路进行维修改造。2010年煤炭发送量为608.7万吨。

阳煤集团三矿铁路装车专用线　1955年8月动工兴建，1958年8月开通使用。自阳泉站运转三车间石卜咀集配站6号道岔出岔，向西跨越蒙河大桥，至三矿煤炭铁路装车站，全长1.65

千米，站内装车线有 4 条。1989 年改人工道岔为电气集中控制。2006 年更换 43 千克钢轨为 50 千克钢轨。2010 年煤炭发送量为 347.90 万吨。

阳煤集团四矿铁路装车专用线　1955 年 8 月动工兴建，1959 年 10 月竣工通车。自阳泉站运转三车间石卜咀集配站石卜咀 1 号道岔出岔，向东北至四矿煤炭铁路装车站，全长 1.27 千米，站内装车线有 4 条。1987 年进行改扩建，增加 5 股道计 2 千米。1989 年改人工道岔为电气集中控制。1990 年安装机械轨道衡 1 台。1993 年机械轨道衡改为机电结合轨道衡。2010 年，根据《关于阳泉煤业（集团）有限责任公司拆除部分铁路专用线的复函》，拆除阳煤集团机厂线和部分四矿铁路专用线 K0 + 755 至装车站内各股道。

阳煤集团新景矿铁路装车专用线　1997 年 5 月 18 日开通使用，煤炭运输能力为每年 125 万吨。自阳泉站运转二车间简子沟站 8 号道岔出岔，向西至新景矿煤炭铁路装车站，全长 9.06 千米，站内装车线有 3 条。2007 年对线路进行拨道整修。2008 年简子沟至新景矿更换电缆 7 千米。2010 年，对 3K+490 处道口进行大修，对走行线 K4.2—K5.5 进行中修，当年煤炭发送量为 379.50 万吨。

阳泉煤炭天成铁路（原铝矾土矿）集运专用线　建于 1966 年。1977 年、1983 年曾对该线进行改建和整修。自白羊墅站 124 号道岔出岔，向西北方向至阳泉煤炭铁路集运站，全长 320 米，站内设有 4 条装车线，年发运量 50 万吨。2010 年煤炭发送量为 515.70 万吨。

阳泉二电厂铁路专用线　1993 年 11 月动工，线内铺轨 5.75 千米，大桥 3 座总长 806 米，隧道 1 座全长 714 米，1996 年 12 月竣工，1997 年 11 月 8 日开通，接轨于阳涉线北庄口车站（属阳涉铁路有限公司管辖），年发送量 210 万吨。2010 年发送量为 58 万吨。

阳泉钢铁公司铁路专用线　始建于民国 33 年（1944）。当时，占领保晋铁厂的侵华日军，为方便运输，始建跨桃河铁路桥，但直至日军投降仅完成桥基和 5 孔桥洞的施工。阳泉建市后，继续修建，于民国 37 年全线通车。该线起自阳泉火车站，终于阳泉钢铁公司，全长 1.5 千米。线内最小曲线半径为 120 米，最大坡度为 1.4‰，钢轨类型为 43 千克 / 米。中途设铁路桥 1 座，终点设装车线 2 条。主要装运铁矿石、焦炭、生铁、锰铁、铁合金等生产原料及产品，年货运量约 70 万吨。2005 年 3 月，阳泉钢铁公司进行破产拆除改造。同年 5 月，铁路部门拆除阳钢铁路专用线。

第七节 站 场

一、阳泉火车站

阳泉火车站地处阳泉市区东部，位于石太电气化线路上，站中心里程位于石太线自石家庄北站起107.30千米处，扼晋煤外运中路咽喉通道。始建于清光绪三十二年（1906）九月，初期只有5股站线，后增至8股，道岔均为手动，采用萨氏机械联锁，闭塞方法为单路签，由法国人强占经营。为适应国民经济的发展，提高晋煤外运能力，1951年9月，国家在对石太线进行技术改造的同时，对阳泉火车站进行改造，改造后的阳泉站增加到11股站线。1956年阳泉站晋升为一等站。1957年4月1日，阳泉火车站站场扩建工程开工，向东段延长股道，北侧扩建编组线10股，站场东西间达1.78千米，比原站场扩大一倍，原线路改为到发线，拆除旧侧线4股，增修货物线及车辆段管线3股，1958年5月竣工。1961年成立阳泉运转大车间。1982年1月，运转大车间分成运转一、二车间。1983年2月，成立运转三车间。

阳泉旧火车站

阳泉火车站建站初期，办公区在由法国人修建的老站房（德胜东街87号）。20世纪70年代末搬到老站房对面的单身职工宿舍楼。1990年，位于德胜东街219号的新客站竣工后，搬至新客站。为改善办公环境，1998年又搬至新建路130号阳泉火车站新办公区。至此，阳泉火车站结束近一百年无正式办公场所的历史。

随着国家经济发展和改革开放的不断深入，铁路生产力布局也不断调整。2004年11月15日，按照石家庄铁路分局《关于站段生产力布局调整中有关事宜的通知》，石家庄分局白羊墅站以整建制划归阳泉火车站管理。2005年3月18日，根据北京铁路局、北京铁路局党委《关于撤销北京、天津、石家庄分局实行路局直接管理站段的指导意见》，阳泉火车站直接归北京铁路局管理。2006年3月17日，根据北京铁路局、北京铁路局党委《关于公布2006年运输站段生产力布局调整实施方案的通知》，撤销井陉车务段，整建制并入阳泉火车站。经过几次调整，新的阳泉火车站管辖范围东接北京铁路局石家庄南站获鹿站，西接太原铁路局坡头站，东端以石太线下行进站信号机21千米280米为界，西端以石太线117千米为界。2009年1月石太客运专线阳泉北站车间成立，同年4月1日开通试运营。石太客运专线采取动车组和普速客运列车混跑的模式运营，阳泉站的旅客运输、行政管理机构发生变化。

至2010年，阳泉火车站行政机构设办公室、劳动人事科、计划财务科、安全技术科、运输和统计科、职工教育科、信息技术科和房产设备管理科，党群组织设党委、纪委、工会、团委，辖党群工作办公室。阳泉站下设阳泉调度车间、运转一车间、运转二车间、运转三车间、货运车间、客运车间、房产设备综合维修车间、石太客运专线阳泉北站、白羊墅运转车间和货运车间10个生产车间。阳泉火车站在境内辖6个中间站，自东向西依次为娘子关、程家、下盘石、岩会、乱流、赛鱼。多元经营企业有阳泉铁路实业总公司、阳泉劳动服务公司、白羊墅劳动服务公司。共有职工2949人，其中干部408人；女职工346人；共产党员1057人，团员111人；高、中、初级专业技术人员分别为1人、56人、211人，有工人技师122人、高级技工1061人。

阳泉火车站主要担负着山西省阳煤集团所属一矿、二矿、三矿、新景矿，国营统配煤矿山西省阳泉市荫营煤矿、固庄煤矿、南庄煤矿，阳泉市煤炭运销公司、晋中煤炭运销分公司煤炭的外运组织任务，以及石太线阳泉地区及阳泉站所辖沿线各中间站的旅客运输、下行列车（空车除外）全部及上行列车的编解，阳泉市三区两县、山西昔阳和河北井陉周边地区的石油、化工、煤炭、矿石、矿建及军运物资的到发任务。站区有东、南、西、北4个场分布在桃河南侧。至2010年，阳泉站连续6年获阳泉市政府“安全生产模范单位”称号。

二、白羊墅火车站

白羊墅火车站始建于清光绪三十二年（1906）九月，地处阳泉市区东部，位于石太电气化线路上，站中心里程位于石太线自石家庄北站起101.68千米处，东接乱流站，西接阳泉站。东端以石太线下行进站机100.48千米为界，距乱流站3.08千米；西端以石太线上行进站机102.57千米为界，距阳泉站3.80千米。民国25年（1936），车站由初期的2股道建成3股道。1952年扩建为4股道。1958年车站进行复线改造，改建成6股道，并修建1条装煤线（9道）。1971年8月白羊墅中心站成立。1972年12月白羊墅站成为二等站。1994年8月晋升为一等站。1996年8月1日停止办理客运业务。白羊墅站主要担当石太线上下行无调中转列车的技术作业、机车换挂、货场及白荫、荫固、白南专用线的取送作业。业务性质为货运站，技术性质为区段站，站区有南、北、西 3 个货场，分别在车站的西侧和南侧。2004 年 11 月 15 日，因铁路生产力布局调整，白羊墅站结束近百年独立经营的历史，以整建制划归阳泉火车站，成为阳泉火车站的一个生产车间。日接发列车 47.2 列，日均办理 2349 辆，日均装车 478.4 辆，货物发送量为 1141 万吨。

三、娘子关火车站

娘子关火车站地处阳泉市平定县东端，位于石太线电气化铁路上，站中心里程位于石太线自石家庄北站起 70.610 千米处，东端以石太线下行进站信号机 69.28 千米为界，与南峪站（河北省井陉县）相距 4.03 千米；西端以石太线上行进站信号机 71.17 千米为界，距程家站 4.65 千米。设有 7 条线路、2 条专用线，按技术作业为中间站，按业务性质为客货运站，等级为三等站。主要担负客运、货运、军运、装卸作业和列车到发等工作。2010 年，共有干部职工 48 人。全年旅客发送量完成 93208 人次，货物发送量完成 3 万吨。

四、程家火车站

程家火车站地处阳泉市平定县东部，位于石太线电气化铁路上，站中心里程位于石太线自石家庄北站起 76.74 千米处，东端以石太线下行进站信号机 75.82 千米为界，与娘子关站相距 4.65 千米；西端以石太线上行进站信号机 79.96 千米为界，距下盘石站 2.77 千米。设有 5 条线路，按技术性质为中间站，等级为四等站，主要担负货运、军运、装卸作业和列车到发等工作。2006 年 11 月 1 日，程家站改为乘降所，主要是方便通勤职工上下班，客运业务取消，但图定客车在此有到开点的，亦准许旅客上下。2010 年，共有干部职工 16 人。

五、下盘石火车站

下盘石火车站地处阳泉市平定县东部，位于石太线电气化铁路上，站中心里程位于石太线自石家庄北站起 84.53 千米处，东端以石太线下行进站信号机 82.73 千米为界，与程家站相距 2.77 千米；西端以石太线上行进站信号机 85.22 千米为界，距岩会站 4.24 千米。设有 3 条线路，按技术性质为中间站，等级为四等站，主要担负列车接发作业。1996 年 10 月停止办理客运业务。2010 年，共有干部职工 11 人。

六、岩会火车站

岩会火车站地处阳泉市平定县东部，位于石太线电气化铁路上，站中心里程位于石太线自石家庄北站起 90.22 千米处，东端以石太线下行进站信号机 89.45 千米为界，与程家站相距 4.19 千米；西端以石太线上行进站信号机 91.35 千米为界，距乱流站 4.22 千米。设有 4 条线路，按技术性质为中间站，按业务性质为客货运站，等级为四等站。主要担负客运、货运、军运、装卸和列车到发等工作。2010 年，共有干部职工 33 人。全年旅客发送量完成 22682 人次，货物发送量完成 16.45 万吨。

七、乱流火车站

乱流火车站地处阳泉市平定县东部，位于石太线电气化铁路上，站中心里程位于石太线自石家庄北站起 96.26 千米处，东端以石太线下行进站信号机 95.56 千米为界，与岩会站相距 4.22 千米；西端以石太线上行进站信号机 97.41 千米为界，距白羊墅站 3.08 千米。设有 6 条线路、3 条专用线、2 条货物线。按技术性质为中间站，按业务性质为货运站，等级为三等站。主要担负着货运、装卸作业和列车到发等工作。2005 年 3 月 1 日改为乘降所。2006 年 1 月 1 日乱流乘降所取消。2010 年，共有干部职工 52 人。全年货物发送量完成 78.74 万吨。

八、赛鱼火车站

赛鱼火车站地处阳泉市西部，站中心里程位于石太线自石家庄北站起 114.33 千米处，是北京铁路局的分界口，西与太原铁路局坡头站（以上行进站信号机 115.02 千米）为界，距坡头站 5.60 千米；东与阳泉火车站运转二车间（简子沟场）下行进站信号机 113.12 千米为界。设有 8 条线路、3 条专用线、1 条货物线。按业务性质为货运站，按技术性质为中间站，是北京铁路局与太原铁路局的分界站。20 世纪 50 年代年均发送旅客 2 万人次，60 年代年均发送 11 万人次，70 年代年均发送 18 万人次，80 年代年均发送旅客达到 24 万人次。1994 年 4 月停办客运业务。2010 年 7 月停办货运业务，主要办理列车接发。2010 年，日均接入列车 48 列，日均交出 52 列。2010 年，共有干部职工 40 人。

九、阳泉火车站运转一车间（阳泉站场）

阳泉火车站运转一车间（阳泉站场）地处阳泉市区东部，位于石太电气化线路上，中心里程 107.30 千米。阳泉站场于清光绪三十二年（1906）创建，初期为单线 1 米窄轨，仅有站线 8 股。

1937年“七七”事变后，日军为加紧掠夺中国矿产资源，将正太路改为标准轨距。正太路全线展宽后改称石太线。

1952年，天津铁路局对阳泉站场进行局部扩建，在原站场北侧增铺3股半调车线，同年12月完工。站场共有线路11.5股。随着铁路运量的不断增长，站场的作业能力明显不足。1957年4月1日阳泉站场扩建工程动工，1958年5月竣工交付使用。改造后的阳泉站场有到发线10股、编组线10股、货物线4股，站场东西长1.784千米，比旧站场延长800米，股道增设延长10.5千米，增加或拆除120多副道岔，改造原来5千米长的一段出站线路。建成土驼峰1座，并于1959年4月和1960年4月两次进行改造。

1959年至1961年，铁道部、太原铁路局对阳泉枢纽工程进行改造。1961年，阳泉站场自南向北共有线路21条，为一级横列式编组场，其中，1—10条为到发线、11—19条和21条为调车线、20条为走行线。阳泉运转一车间（甲调、乙调）配属两台调车机，主要担当上行和下行列车（空车除外）改编、上行和下行列车无调中转、客车接发、专用线装卸作业点的取送作业及始发列车的编组任务。2010年，运转一车间共有干部职工143人。

十、阳泉火车站运转二车间（简子沟编组场）

阳泉火车站运转二车间位于阳泉火车站西2千米处。1973年，石太线上行货运量为2100万吨，运输能力达到饱和。1974年，国家开始对石太线进行电气化改造。1975年5月，石家庄至阳泉段改造工程动工，工程包括新建白羊墅编组场、简子沟站场，改建阳泉站、赛鱼站等。1980年6月1日，新建的简子沟编组场开通使用，为一级横列式编组场，有线路22条，其中，到发线8条、编发线4条、编组线9条、走行线1条，有非机械化驼峰1座。1988年简子沟调车场点连式减速顶投入使用。

简子沟编组场西咽喉与简子沟西信号所单线连接，长1.181千米。为提高车站作业能力，缓解到发能力紧张状况，北京铁路局于1998年4月开始对简子沟编组场进行改造，2001年7月竣工。改造后的简子沟编组场线路仍为22条，其中，1—10条为到发线，11—14条为编发线，15—22条为调车分类线。配属1台调车机，主要担当下行空车的到达、集结和上行编组始发组织运输任务。2010年，共有干部职工145人。

十一、阳泉火车站运转三车间（石卜咀集配站）

阳泉火车站运转三车间（石卜咀集配站）位于阳泉火车站西北7千米处，始建于1957年，

1959年竣工，有矿车到发线8股、卸车线1股，是连接阳煤集团一矿、三矿、四矿（2010年拆除）的矿车集配站。配属4台调车机，主要担当阳煤集团一矿、二矿、三矿、四矿、新景矿装车点煤炭发运列车到达的送空、取重、集配组织运输任务。2010年，共有干部职工122人。

十二、白羊墅运转车间（白羊墅编组场）

白羊墅运转车间即白羊墅编组场，始建于清光绪三十二年（1906）九月，地处阳泉市区东部，位于石太电气化线路上，站中心里程位于石太线自石家庄北站起101.80千米处，东接乱流站，西接阳泉站，距乱流站3.08千米，距阳泉站3.80千米。建站初期，站场为单线1米窄轨，仅有2股道，全长328.50米。后正太路全线展宽为标准轨，并改称石太线。1958年，车站复线改造成6股道，并自修1条装煤线。

1974年，国家对石太线进行电气化改造。1975年5月石家庄至阳泉段开始施工，包括新建白羊墅编组场一级三场（上行场、下行场和调车场）36股线路。改造后整个站场向南扩展，向东西延伸，建有机械化驼峰1座，下行场有8条线路，上行场有9条线路，调车场有19条线路。1980年9月9日开通试运营，12月正式运营。主要担当石太线上下行无调中转列车的技术作业、机车换挂、货场及白荫、荫固、白南专用线的取送作业。2010年，日接发列车48列，日均办理2365辆，日均装车700辆，货物发送量为1664万吨；共有干部职工301人。

第八节　桥梁　隧道

一、石太线石家庄至阳泉段桥梁、隧道

石太线石家庄至阳泉段上下行线共有大、中、小型桥梁155座，隧道34座。阳泉市境内自石太下行线68千米至117千米间，共有桥梁86座，隧道27座。中长隧道有东武庄一号隧道和东武庄二号隧道。

东武庄一号隧道　全长1403.24米，中心里程为石太下行线80.51千米，在程家—下盘石站间。1956年7月18日开工，1958年7月1日竣工，全长1376.74米，其后在石方洞口接长明棚26.50米。

东武庄二号隧道　全长1378.1米，中心里程为石太上行线80.44千米，在程家—下盘石站间，建成时间不明，1958年随石阳复线修建开始改建此隧道，1959年6月30日竣工，全长1344.10米，其后石方接长34米。该隧道为双线洞，自然通风，有照明设备，内有44个避车洞。

二、朔黄线隧道

寺铺尖隧道为朔黄铁路上的重要隧道，全长6407米。西北出口在山西省定襄县境内，东南出口在山西省盂县境内。为双线电气隧道，碎石道床，J2型钢筋混凝土枕，60千克/米钢轨。除出口81.70米位于半径800米的曲线上外，其余均为直线。纵向坡度为9.5‰的下坡，最大埋深927米。

三、阳涉线桥梁、隧道

阳涉线全线修建有特大、大、中、小桥105座，涵洞393座，隧道55座，桥隧总长占全线的31%。阳涉线上最长的桥梁为南川河特大桥，最长隧道为官道沟隧道。

南川河特大桥　位于平定县北碆石村石太高速公路与平黎公路的交会处，横跨两公路和南川河，全长760.96米，为阳涉线上最长的桥梁，1986年8月动工，1988年1月竣工。为4×24M+20×32M预应力混凝土梁特大桥，高18米，有23个桥墩，涉台为耳墙式桥台，台高85米。

官道沟隧道　位于平定县城至宁艾站区间内，全长133米，穿越梨林头至官道沟间的低缓山梁。隧道最大埋深56米，两端山洞门外均为较大的路堑，隧道为115‰的单坡，山洞身中部位于直线上，两山洞口段位于R=500米及R=600米的反向曲线上。此隧道绝大部分在苍岩中，其主要为奥陶系石灰岩、石炭密页岩夹砂岩、灰岩及煤层。因地处斜坡，排水良好，未做其他排水、防水设施。隧道设避车洞，1986年6月2日开工，1987年10月27日竣工。

第九节　铁路运输

一、客运

（一）客运设施

石太线刚通车时，境内客运设施简陋。至阳泉建市初期，虽陆续增添了一些设备，但简陋状况没有大的改观。之后，随着经济建设的恢复和发展，以及客流量的逐年增加，全市客运设备逐步得到改善，较好地满足了旅客的需求。至2010年，阳泉市规模较大的铁路客运设施主要有阳泉新客站和阳泉北站。

新客站　由铁道部第三勘测设计院和阳泉建筑设计院共同设计，框架结构，由北京铁路局

阳泉站

太原铁路工程处承建，投资1700余万元，于1987年9月5日动工兴建，1990年12月15日竣工，1991年9月30日正式启用。新客站主体高度48.7米，建筑面积1.2万余平方米，设有贵宾室、宾馆服务设施、候车大厅等，可同时容纳旅客1200人。2002年至2004年，阳泉火车站投资350万元先后对新客站主体建筑内、外进行全部装修。2010年，阳泉火车站客运车间共有干部职工58人。

阳泉北站　石太客运专线于2006年6月开工兴建，2009年4月1日开通试运营。2009年1月，阳泉火车站成立石太客运专线阳泉北站车间。阳泉北站位于石太客运专线K108＋400处，地处阳泉市西北部，距阳泉市中心46千米。主要客运设施有候车大厅（2600余平方米）、售票厅（200余平方米）、站台2个（长550米、宽8米）、旅客地下通道1个（长82米、宽8米）。2010年，阳泉北站共有干部职工93人。

阳泉北站

（二）旅客发运

正太路于清光绪三十三年（1907）通车运营，初期平均每天开行客车2对，均为昼间行驶，夜间停运，客运量小。清宣统元年（1909）始设一等车3辆，全线年客运量达19.79万人次。

民国21年（1932）石太线收归国有后，翌年在石家庄至阳泉间加开客货混合列车1对，逐日开行运输客货。据正太路民国22年客运统计记载，阳泉、赛鱼、白羊墅3站旅客发送人数合计9.46万人次，占正太路全线35个车站旅客发送总数的11.99%。民国26年全面抗战开始，正太铁路以军运为主，旅客运输几乎停止。民国28年12月，石太线白羊墅、马首、段廷及北合流间开始客运服务。翌年5月，石家庄至阳泉旅客列车由2661临时试运。民国29年8月“百团大战”开始后，因战火不熄，客运列车停、运无常。民国35年6月，太原至石家庄间只开直达客车和混合列车各1对，客运任务主要是遣送日军俘虏和日本侨眷，后因内战再起，石太线客货运输秩序再次被打乱，旅客列车时运时停。

中华人民共和国成立后，铁路旅客运输逐步走上正轨，旅客运量逐年增长。1952年境内铁路各站发送人数为58.43万人次，1955年即达76.54万人次，是1952年的131%。此后，除“文化大革命”期间大搞串联，人数一度猛增外，旅客运量基本稳定。1980年境内铁路电气化复线改造完成后，客运量也随之大幅度增长，客运量最大的是阳泉火车站。1982年，阳泉火车站、白羊墅火车站共运送旅客119.02万人次。1985年全市客运量达220万人次。1985年后，铁道部先后两次上调运价，加之20世纪80年代后各地公路建设飞速发展，公路客运人数日增，所以“七五”计划期间境内铁路客运量年递增率为-1.3%，铁路客运量总体呈下降趋势。

1991年阳泉新客站投入运营。之后铁道部多次调图提速，至2008年，阳泉火车站日均接发旅客列车都是10对左右，车种有慢车、管快、直快、特快，白天、夜间均有，列车按照运行图行驶。每年暑期和春节运输高峰期，铁路部门都增开临时列车。1978年至2010年，境内旅客发送总量大体上呈“N”字形走势，其中阳泉火车站旅客发送量所占比例最大。白羊墅火车站于1996年8月1日停办客运业务。1996年6月25日太旧高速公路开通后，铁路客运受到影响，旅客发送量逐年递减，由1995年的228.90万人次一直跌至2004年的85.10万人次。2005年后，阳泉铁路旅客发送量缓慢增加。2009年4月1日，石太客运专线阳泉北站开通，旅客出行在铁路线路、列车等级、列车时速上有了更多选择，当年全市旅客发送量为165.30万人次。2010年增长为177.70万人次，全市旅客发送量呈增长态势。

1984—2010年阳泉市铁路客运情况统计表

表-5-1　　　　单位：万人次、%

年 份	客运量	增 速	年 份	客运量	增 速
1984	223.00	2.80	1998	141.00	-2.80
1985	220.00	-1.40	1999	114.00	-19.15
1986	215.00	-2.30	2000	101.40	-10.80
1987	177.00	-18.30	2001	102.50	1.10
1988	230.00	30.00	2002	104.60	2.00
1989	228.50	-0.60	2003	88.50	-15.40
1990	206.00	-9.80	2004	85.10	-3.80
1991	200.00	-2.90	2005	86.40	1.50
1992	219.00	9.30	2006	89.00	3.00
1993	233.00	6.40	2007	148.50	66.90
1994	231.00	-0.90	2008	151.20	1.80
1995	228.90	-0.90	2009	165.30	9.30
1996	171.40	-25.10	2010	177.70	7.50
1997	145.00	-15.30	—	—	—

至2009年，阳泉火车站是境内旅客发送量最大的车站。1978年旅客发送量为100余万人次，之后逐年递增，到1995年增长到195万人次，是车站历史上旅客发送量最多的一年。1996年阳泉火车站旅客发送量减少到142万人次，之后逐年递减，到2003年旅客发送量仅完成69万人次，旅客发送量跌至低谷。之后缓慢回升，2006年至2008年，旅客发送量平均每年以5万人次左右的速度递增，旅客发送量又呈现出增长态势。2009年4月1日，石太客运专线阳泉北站开通后，出于列车时速、出行舒适度等考虑，旅客发送量在阳泉北站、阳泉火车站和其他各站之间形成分流。2009年，阳泉火车站旅客发送量为80.14万人次，阳泉北站为47.32万人次。2010年，阳泉火车站旅客发送量为83.87万人次，阳泉北站为89.23万人次，超过阳泉火车站的旅客发送量，成为境内旅客发送量最大的车站，且增长势头迅猛。

1949—2010年阳泉火车站客运量统计表

表-5-2　　　　单位：万人次

年份	客运量	年份	客运量	年份	客运量
1949	—	1970	65.48	1991	148.28
1950	23.54	1971	83.44	1992	162.09
1951	27.92	1972	85.10	1993	172.25
1952	30.49	1973	75.72	1994	190.57
1953	33.31	1974	84.61	1995	195.60
1954	37.09	1975	81.37	1996	142.05
1955	41.35	1976	87.05	1997	120.34
1956	37.82	1977	99.40	1998	104.13
1957	43.46	1978	102.14	1999	92.26
1958	52.04	1979	99.16	2000	90.35
1959	62.31	1980	99.42	2001	86.54
1960	75.14	1981	102.97	2002	88.49
1961	94.53	1982	115.02	2003	69.00
1962	74.43	1983	128.82	2004	81.40
1963	55.12	1984	145.05	2005	81.84
1964	51.45	1985	149.50	2006	100.65
1965	50.83	1986	151.41	2007	115.43
1966	51.38	1987	151.99	2008	120.73
1967	92.82	1988	144.64	2009	80.14
1968	114.09	1989	163.64	2010	83.87
1969	79.00	1990	154.29	—	—

二、货运

（一）货运设施

阳泉站（区）东、南、北、西4个货场先后于民国25年（1936）、1981年、1983年、1990年建成并投入使用。原东货场位于市区内、铁路线路北侧，其他3个货场均位于市区泉中路西、桃河南侧。

西货场暨新货场地处市桃南中路一巷，西货场工程是石太线电气化工程的尾工，1982年完成购地，1983年完成拆迁，后停止建设。1988年复工，1990年竣工投入使用，工程总投资595万元。主要工程：新铺线路0.32千米，桥涵7.20延长米，房屋4063.80平方米，货物站台2座3225平方米，给水管路700米，排水管路1100米，通信电缆8.80千米，电力电缆2.10千米，路面硬化7011平方米，围墙1000米。西货场建成后，成为阳泉火车站各货场的组织指挥中心，加强了货运管理，提高了货运能力。

东货场主要办理普零危零集装箱的发到和部分贵重怕湿整车（日用百货、纸烟、糖果、针纺织品、中西成药、五金交电器材等）货物装卸车。1997年7月，因阳泉火车站优化资源配置，调整货运生产结构，位于新建路的原东货场货二专用线和货三专用线停止营业，原在东货场办理的货物到发业务移至西货场办理。1997年9月17日，阳泉火车站实业总公司利用东货场开发的下站综合菜市场开业，实现年纯利润20余万元。2003年，市委、市政府对东货场地段进行整体改造规划。2008年5月，下站综合菜市场停止营业。2009年1月21日，由阳泉市三宏房地产公司承建的天融中心商业广场暨天融中心花园奠基，2010年工程在建。

南货场主要办理包装成件（成捆）及部分散堆装的货物发到。北货场主要办理长大、笨重、机械设备、吊抓油桶、集装化整车货物和笨零货物的发到。

（二）货物发运

1. 各站线货物发运

阳泉位于晋中东部，是中国最大的无烟煤生产基地，阳煤集团公司（前身为阳泉矿务局）是中国最大的无烟煤矿，生产的无烟煤品种多样、质地优良，远销海内外。因此阳泉铁路货物发运主要以煤炭为主，兼运其他钢铁、化肥、化工原料、生铁制品、耐火材料和外贸出口物资等。境内除阳煤集团一矿、二矿、三矿、新景矿、二电厂等25条专用线外，还有在站内、市内桃南中路一巷、二巷的阳泉站综合性货场3个，货物线10条，分别办理整车、集装箱的到发，有4个装卸作业区。2004年11月15日，因铁路生产力布局调整，原石家庄铁路分局白羊墅站以整建制划归阳泉火车站。白羊墅站（区）有西、南、北3个货场，分别在白羊墅车站站场的南侧和西侧，使阳泉站的货场增加到6个，专用线增加到30条。1984年至2004年，全市铁路货运量除个别年份运量下滑外，总体呈缓慢增长态势。从2005年起，煤炭市场好转，煤炭运量大增。2005年全市铁路货运量突破3000万吨大关，之后每年均以200万吨左右的速度递增。至2010年，全市铁路货运量达到4066.50万吨，为历史最好水平。

1984—2010年阳泉市铁路货运情况统计表

表-5-3　　　　单位：万吨、%

年 份	货运量	增 速	年 份	货运量	增 速
1984	2383.70	3.90	1998	2342.00	-4.20
1985	2423.30	1.70	1999	2273.00	-2.90
1986	2453.00	1.24	2000	2264.00	-0.40
1987	2294.00	-6.50	2001	2343.00	3.50
1988	2426.00	5.80	2002	2572.00	9.80
1989	2671.00	10.10	2003	2730.00	6.10
1990	2546.00	-4.70	2004	2966.00	8.60
1991	2424.00	-4.60	2005	3114.00	5.00
1992	2527.00	4.10	2006	3325.70	6.80
1993	2638.00	4.40	2007	3520.80	5.90
1994	2457.00	-6.90	2008	3785.20	7.50
1995	2585.00	5.20	2009	3940.40	4.10
1996	2578.90	-0.20	2010	4066.50	3.20
1997	2445.00	-5.2	—	—	—

阳泉火车站是境内铁路货运大户，而在阳泉火车站每年的货运总量中，煤炭发运量又占有绝对大的比例，除少数年份占比80%多以外，其余均在90%以上，1973年竟高达96.42%，为历年之最。

1949—2010年阳泉火车站货运量统计表

表 -5-4　　单位：万吨、%

年 份	货运量	煤炭发运量	煤炭占比	年 份	货运量	煤炭发运量	煤炭占比
1949	—	—	—	1972	847.54	814.01	96.04
1950	—	—	—	1973	868.43	837.34	96.42
1951	137.18	129.41	94.34	1974	969.77	929.46	95.84
1952	159.89	149.64	93.59	1975	1197.26	1148.34	95.91
1953	168.13	153.07	91.04	1976	1185.66	1134.02	95.64
1954	248.51	225.26	90.64	1977	1294.03	1230.28	95.07
1955	268.13	243.14	90.68	1978	1212.72	1143.26	94.27
1956	301.75	276.89	91.76	1979	1154.00	1073.98	93.07
1957	397.94	370.11	93.01	1980	1258.77	1169.34	92.90
1958	542.35	511.22	94.26	1981	1267.29	1163.34	91.80
1959	619.88	572.82	92.41	1982	1299.94	1190.23	91.56
1960	721.50	672.90	93.26	1983	1332.16	1228.55	92.22
1961	554.34	529.33	95.49	1984	1419.01	1307.25	92.12
1962	529.10	507.79	95.97	1985	1416.35	1324.39	93.51
1963	537.82	513.27	95.44	1986	1416.40	1326.31	93.64
1964	585.51	547.44	93.50	1987	1412.51	1312.49	92.92
1965	620.11	564.10	90.97	1988	1538.44	1354.14	88.02
1966	563.69	507.22	89.98	1989	1657.12	1483.01	89.49
1967	435.34	386.16	88.70	1990	1585.06	1441.17	90.92
1968	440.93	405.42	91.95	1991	1501.87	1381.26	91.97
1969	713.67	680.83	95.40	1992	1500.82	1362.93	90.81
1970	815.64	773.02	94.77	1993	1361.03	1210.64	88.95
1971	780.27	737.04	94.46	1994	1457.56	1315.82	90.28

续表 -5-4

年 份	货运量	煤炭发运量	煤炭占比	年 份	货运量	煤炭发运量	煤炭占比
1995	1460.07	1313.61	89.97	2003	1464.05	1389.81	94.93
1996	1454.12	1317.72	90.62	2004	1541.09	1476.18	95.79
1997	1322.94	1211.74	91.59	2005	2669.91	2535.35	94.96
1998	1168.35	938.40	80.32	2006	2825.83	2683.41	94.96
1999	1218.91	110.98	91.05	2007	3521.02	2879.14	81.77
2000	1248.94	1136.52	91.00	2008	3698.34	3110.30	84.10
2001	1313.08	1208.44	92.03	2009	3791.26	3188.45	84.10
2002	1393.55	1298.38	93.17	2010	3938.90	3329.56	84.53

2. 阳涉线货物发运

按照阳涉线的建设原则，平昔段建成后，即由阳涉铁路临时运营管理处开始组织货物运输。管内煤炭资源丰富，运输货物以煤炭为主，兼木材、矾石、粮食、水泥、钢材等少量其他物资。随着运输条件的不断改善和煤炭产量的增加，货物运输量逐年增加，运量由 1988 年的 0.6 万吨增加到 2010 年的 1169 万吨。1997 年 11 月 8 日，管内阳泉二电厂专用线开通，从此阳涉线开始办理管内运输装卸业务，同时租用二电厂一台内燃机车进行货物运输。2002 年 10 月阳涉铁路全线临时开通运营，蒸汽机车全部下线，有 11 台内燃机车担当牵引。管内运输与管外发运相结合，货运量大幅度上升，取得较好的经济效益，“以路养路、自我发展”的目标基本实现。

1988—2010 年阳涉线货运情况统计表

表 -5-5　　单位：万吨、万元

年 份	货运量	平定站装车	运输收入
1988	0.60	—	—
1989	18.90	—	109.80
1990	17.60	—	96.60
1991	23.60	—	125.40

续表 -5-5

年 份	货运量	平定站装车	运输收入
1992	70.40	—	480.80
1993	81.80	—	611.70
1994	84.00	—	626.90
1995	89.30	—	680.50
1996	95.20	—	732.60
1997	132.20	—	1345.00
1998	148.70	—	1551.00
1999	205.30	—	2035.00
2000	284.00	—	2419.00
2001	279.50	—	2523.00
2002	209.60	—	1689.00
2003	242.80	—	1820.00
2004	335.50	—	3356.30
2005	512.40	139.00	5802.80
2006	268.60	190.00	9028.00
2007	275.30	232.00	19539.00
2008	275.30	232.00	19539.00
2009	745.00	215.00	13960.00
2010	1168.90	198.00	29988.00

第十节 多元经营

阳泉铁路实业总公司是经工商行政管理部门登记注册的多元经营企业，成立于 1984 年 11 月，隶属阳泉火车站，归阳泉火车站多元经营管理委员会领导，企业性质为国有企业。下设子公司 7 家，即阳泉储运分公司、白羊墅储运分公司、阳泉计量站、铁道宾馆、阳泉市洁燃贸易运销有限公司、三宏房地产开发有限责任公司、商贸部。阳泉铁路实业总公司主营业务为物资储运、销售、代购、代销，物资种类包括金属材料（不含贵金属）、生铁、建材、木材、机电产品及矿产品（国家不准经营者除外）、五金、交电、化工原料及产品（不含火工、危险化学品及一类剧毒化学品）、煤炭及矸石（限阳煤集团协作煤）、机动车配件、农副土特产品等，还有铁路货运代理、餐饮、住宿等。

至2010年，阳泉铁路实业总公司资产总额6700万元，是阳泉市的纳税大户。连续多年被山西省、阳泉市评为“重信用、守合同单位”，2004年、2005年获北京铁路局“超亿元单位奖”及北京铁路局、河北冀铁集团多经系统创收第一名，2009年获河北冀铁集团“优秀企业”称号。

1984—2010年阳泉铁路实业总公司经营情况统计表

表-5-6　　单位：人、万元

年份	从业人员	营业收入	年份	从业人员	营业收入
1984.11—1985	82	42	1998	458	1713
1986	82	190	1999	666	2119
1987	143	210	2000	666	5292
1988	153	289	2001	417	5665
1989	383	1283	2002	518	7668
1990	170	531	2003	526	10146
1991	149	339	2004	529	11957
1992	153	599	2005	963	22795
1993	319	1102	2006	1010	34238
1994	385	999	2007	1048	27335
1995	385	988	2008	884	28253
1996	428	1590	2009	181	3049
1997	446	1618	2010	506	5846

第二章 公路

第一节 机构

一、山西省公路局阳泉分局

1950年10月，山西省人民政府交通局阳泉公路管理站成立，俗称东站。1951年9月，原驻阳泉的左权公路管理站改名为阳泉公路管理西站。1953年3月，东、西两站合并，统称阳泉公路管理站。1954年1月25日，阳泉公路管理站设址阳泉市。1954年3月17日，改称山西省人民政府交通厅公路局阳泉管理站。1958年9月2日，省交通厅公路局阳泉管理站下放给阳泉市交通科，改称阳泉市公路管理站。1959年8月1日，阳泉市公路管理站改称阳泉市公路养护管理站。1961年6月，市公路养护管理站归晋中专署交通局领导，更名为山西省晋中专署交通局阳泉公路管理站。1962年1月27日，阳泉公路管理站改归阳泉市交通局领导，易名为阳泉市交通局公路管理站。

1962年6月1日，山西省阳泉公路管理段成立，原来由榆次公路管理段管辖的左权、和顺、昔阳、平定、盂县5个公路管理站，加上新设的阳泉、苇泊公路管理站，以及阳泉机动车辆监理所划归阳泉公路管理段领导，负责公路建养管理、养路费征收及汽车监理等业务，办公地址在河边街原排车社办公楼。1966年3月15日，平定、昔阳、和顺、左权、盂县5个公路管理站复归晋中公路段领导，阳泉公路管理段下设阳泉、苇泊2个公路管理站和阳泉监理所。1974年9月，根据省革委会文件要求，阳泉、苇泊公路管理站更名为阳泉、苇泊公路交通管理站。1979年11月1日，山西省阳泉公路管理总段成立。11月7日，阳泉、苇泊管理养护段成立，归阳泉公路管理总段领导。1982年2月6日，阳泉、苇泊管理养护段分别更名为阳泉南郊公路养护段、阳泉北郊公路养护段。1985年2月5日，2个养护段合并为阳泉郊区公路养护段。

1987年3月24日，山西省阳泉公路管理总段更名为山西省公路局阳泉分局，设14个科室，基层设7个科级单位。1994年3月，盂县清城收费站成立。2000年8月，盂县洞沟收费站成立。2005年1月，盂县上社收费站和梁家寨收费站成立。2007年3月，盂县东庄头收费站成立。从2009年6月1日零点起，全省还贷二级公路取消收费，5个收费站停止收费。2010年，山西省公路局阳泉分局内设13个科室，即局长办公室、党委工作部、人事劳资科、财务科、计划统计科、养路科、工程技术科、工团工作部、纪检监察室、安全资料科、公安路政科、监察室、审计科，编制60名，正县级建制，担负着阳泉地区国、省道干线公路的路网改造、公路养护、路政管理、收费公路管理、公路勘测、设计、试验、公路物资供应等任务。下设平定县、盂县、郊区、盂县东公路段4个公路管理段，梁家寨、上社、沙井、东梁、槐树铺、西郊、白泉、交口8个公路超限运输检测站，物资供应站、养护中心、勘测设计所、旧关隧道管理站、试验室、机关后勤服务中心6个附属生产单位。

二、市交通局

市交通局的前身为1957年10月由省交通厅运输局阳泉中心站与市运输公司合并成立的省交通厅阳泉运输局。1958年10月，省交通厅阳泉运输局改称市交通局。阳泉市人民政府于1955年3月成立的交通科归市交通局。市交通局内设7科2室，即私营运输改造科、人事劳组科、供应科、路政科、保卫科、运务科、计财科、办公室和保健室；下设4个车队、1个普通技术学校和昔阳、和顺、阳泉、盂县、苇泊、左权、上社、平定8个汽车站。1972年12月，市交通局设运务路政科。其时交通局内设机构8个，即办公室、武装部、政治处、保卫科、生产技术科、运务路政科、计统财务科、劳动安全科，人员编制65人；下属单位为汽运一公司、汽运二公司、汽车修理厂、配件公司、阳泉公路段、阳泉机动车辆监理所、汽车配件厂、阳泉搬运公司（下属5个搬运队）。1984年4月，市交通局内设机构17个，即党委办公室、组织部、宣传部、纪检委、武装部、工会、团委、秘书科、人事科、劳资科、教育科、保卫科、机务科、财务科、安全科、生产计统科、行政科；下属单位有运输管理处、路政科、阳泉公路管理总段、第一汽车运输公司、第二汽车运输公司、第三汽车运输公司、汽车修理厂、运输一场、运输二场、运输三场、第二耐火材料厂、物资供销站。1987年2月，市交通局路政科更名为阳泉市交通局道路管理处。1988年9月，市交通局内设机构18个，编制73人。1997年机构改革后，内设机构减为8个，即办公室、人事劳资教育科、财务征费管理科、规划发展科、工程科、运输监察科、党委工作部、纪检委（监察室），行政编制37人。2001年机构改革中，内设机构变为7个，即办公室（纪检组、监察室）、综合规划科、财务征费科、公路管理科、运输管理科、人事法规科、科技教育科，行政编制21人。2010年2月，根据市政府机构改革方案，市交通运输局为正县级建制，为市政府工作部门，内设机构9个，即办公室（纪检组、监察室）、人事法规科、综合规划科、财务收费管理科、公路建设管理科（市国防动员委员会交通战备办公室）、运输管理科（出租汽车行业指导办公室）、科技科、路政治超科、市地方海事局，行政编制25名。下属事业单位有市运输管理处、市道路管理处、市交通路政管理处、市出租汽车管理处、市公路客运服务中心、市公路开发中心；下属企业单位有市公共交通总公司、市交通集团有限公司、汽车修造运输有限公司、交通集团筑路有限公司。

第二节　国　道

一、207国道

国道207线，路线名称为锡林浩特—海安线，是纵贯中国南北的重要公路之一，起点为内蒙古锡林浩特，经张家口、襄樊、常德、梧州至广东海安。在阳泉境内路线起点位于盂县十八盘K886+601处，终点位于平定县张庄坡K969+253处，路线全长82.65千米。国道207线阳泉段有一级路8.50千米、二级路50.46千米、三级路23.69千米；有高级路面62.51千米、次高级路面20.14千米。全线有桥梁30座1294米，其中大桥3座453米、中桥8座441米、小桥19座400米。

国道207线阳泉段修建于20世纪70年代初，是在原国防路（代号07050）的基础上形成的。国道207线南北纵跨阳泉盂县、郊区和平定县，由多条路段组成，1986年经公路普查后统称207国道，沿途经东关头、东木口、交口、东会里、霍树头、韩庄、三郊、杨树沟、二院、白泉、五渡、义井、暂石、锁簧、官道沟、张庄等地。其中，盂县十八盘至郊区二院路段，是国家为加强国防基础设施建设，提高路网国防应变能力，1972年由交通部公路一局施工，在原有羊肠小道的基础上改造成国防路，公路等级为三、四级，路面为沙土路面。郊区二院至五渡段，原为旧阳盂线，阳泉建市初期修建，后拓为县乡路，1984年至1986年改造成二级路，铺筑沥青路面。郊区五渡至义井桥段，原为李白线的一部分，1974年至1983年间陆续建成，公路等级为二级。郊区义井桥至平定张庄坡路段，原为平辽公路的一部分，始建于民国9年（1920），由美国红十字会采用“以工代赈”的方式修筑。民国31年，平辽公路改为阳（泉）左（权）公路。1949年以后，此路不断维修扩建。1961年平定公路管理站利用生硫黄渣在县境段进行铺装试验，提高公路质量。1966年4月开始将北砻石至昔阳大寨坪30.95千米段进行黑色路面表处，并将锁簧至梨林头段改线，至1968年竣工，成为平定县第一条油路。后来为适应全国各地群众参观大寨的需要，1977年至1979年拓宽成二级公路，加铺黑色碎石路面。

从1981年起，该路前后进行大修改造10次。1981年至1984年，郊区咀子上至二院19千米三级路，加铺3厘米厚的黑色表处路面。1984年至1986年，郊区二院至五渡12千米三级路改建成二级公路，铺筑沥青路面。1985年至1987年，对原穿越平定县城的6千米路段进行城外改线，公路等级为二级，铺筑沥青路面。1993年，郊区二院至白泉4千米沥青路面改造成水泥混凝土路面，路基宽16米。1996年，郊区义井桥至平定砻石9千米二级路拓宽为城市一级道路，路基宽40米。1998年至1999年，盂县十八盘至东会里18千米三、四级公路改建成二级公路，铺筑水泥混凝土路面。2004年，对盂县东会里至郊区咀子上6千米沙砾路段进行路面改造，铺筑沥青混凝土路面。2005年，郊区咀子上至杨树沟18千米路段在沥青表处的基础上加铺沥青混凝土路面，郊区二院至白泉4千米水泥混凝土路面加铺沥青混凝土路面。2006年，对平定至昔阳杜庄14.48千米的公路进行改建。2009年、2010年对东木口至白岩沟23.8千米的公路进行改建，工期为两年半。至2010年，该路线路基宽度7.5米至40米，路面宽度7米至26米，技术等级为三级至一级。

二、307国道

国道307线，路线名称为黄骅—银川线，东起天津歧口，经石家庄、太原至宁夏银川，是横贯中国东西的一条重要公路。阳泉境内路线起点位于平定县旧关K389+374处，终点位于郊区新店K462+310处，路线全长72.94千米，其中，公路部门养护里程53.44千米，市政养护里程11.16千米，另有8.34千米重复路线。国道307线阳泉段有一级路9.80千米、二级路8.36千米、三级路46.44千米；有高级路面13.30千米、次高级路面51.30千米。全线共有桥梁23座1102米，其中大桥2座440米、中桥5座320米、小桥16座342米。

国道307线原名太（原）旧（关）线，后改名为太（原）石（石家庄）线，民国21年（1932年）由原驿路始建为简易公路。民国30年，日军为方便作战、掠夺资源，将太原通往北平的简易道路扩建为公路。后来虽几经整修，但南川河至旧关段路面仍狭窄弯急，无桥梁设施，解放战争时期该路又遭严重破坏。阳泉建市后，20世纪50年代两次组织沿线群众进行全面整修，该路恢复通车。1960年至1963年，磘石至旧关路段先后用矿渣和硫黄渣铺路，改善稳定了路面。1966年阳泉市遭遇百年不遇的特大洪水，此路遭到破坏。1967年至1969年，该路被陆续改建成三级公路路基，铺筑泥结碎石路面。1970年至1972年，阳泉桃河桥至新店22千米路段被列入国防公路（代号07017）进行修建改造，并铺筑渣油表处路面，公路等级为三级。1976年至1978年，磘石至旧关路段37千米路面进行黑色碎石表处。至此，太石公路阳泉境内全部铺筑油路。1986年经公路普查后始称307国道，阳泉境内主要经过旧关、槐树铺、柏井、小桥铺、石门口、磘石、义井、赛鱼、辛兴、坡头、旧街、新店等地。

该路从1986年起经过7次大修改造。1986年，对市区桃河大桥至矿区河神庙路段进行拓宽改造，铺筑沥青路面，宽18米。1991年，对平定县小桥铺段进行改线，修筑小桥铺大桥，桥长301米，桥面宽7米。1996年，郊区赛鱼至坡头7千米路段拓宽为城市一级道路，路基宽40米，铺设沥青混凝土路面。1997年，对平定县桥头村至磘石13千米路段进行路面改造，铺设沥青碎石路面。1998年，对郊区旧街至新店3.5千米路段进行路面改造，铺筑水泥混凝土路面。2000年，对矿区河神庙至赛鱼路段进行路面改造，路面宽18米。2006年，对旧关至新店二级路45.17千米公路进行改建。至2010年，该路线路基宽度10米至40米，路面宽度9.5米至32米，技术等级为二级至一级。

307复线公路

第三节 省 道

一、石阳线

省道石阳线，路线名称为石盆口—阳泉线，编号为S214，起点为忻州市五台县的石盆口。阳泉境内路线起点位于盂县芙城口K54+000处，终点位于郊区五渡K160+892处，境内路线全长106.89千米，其中净里程为104.29千米，其余与国道207线重复。有一级路6.27千米、二级路98.02千米；有高级路面98.14千米、次高级路面6.15千米。全线共有桥梁47座1712米，其中大桥2座267米、中桥14座880米、小桥31座565米。路线途经芙城口、会里、下社、上社、肖家汇、兴道、藏山、苌池、盂县县城、南关、乌玉、清城、榆林垴、郊里、苇泊、三都、荫营、李家庄、五渡。

省道石阳线阳泉境内原路线起点位于盂县牛道岭，2003年至2004年，对芙城口至贾家峪16千米路段进行县际路改造。2004年工程竣工后，为保证干线公路的合理布局，省公路局将石阳线路线走向由石盆口—牛道岭—会里方向改为石盆口—芙城口—会里。

会里至下社路段1966年盂县利用民办公助方式修建。下社至盂县路段1954年发动群众建成简易路，1967年进行改建。1993年至1996年，盂县发动沿线群众将藏山—盂县水泥厂15千米路段拓宽成平微二级公路，铺筑沥青路面。2003年至2004年，会里至盂县50千米路段被列入县际路改造工程，会里至藏山路段由三、四级沙砾路改为沥青混凝土二级路，对藏山至盂县段路面进行改善。

盂县至郊里路段1957年至1958年修建，1972年铺筑渣油表处路面。1991年至1993年，省公路局投资对该21千米路段进行改建，修建成二级收费公路，铺筑水泥路面4千米、沥青路面17千米。郊里至荫营路段原为老阳盂公路（绕白泉、山底而行），1958年至1960年，山西省、阳泉市先后对该路段进行改造形成大干线，1968年至1969年铺筑渣油表处路面。1986年至1989年，对经过荫营镇的3.43千米路段进行改线，建成二级公路。1988年至1990年，将郊区二院至郊里10千米路段改建成平微二级公路，路基为16米。2003年至2004年，盂县至二院路段被列为路网改造工程，由阳泉公路分局组织施工，对40千米二级路的路面进行改善。

荫营至李家庄路段原系大车路，阳泉建市后，由沿线群众和荫营煤矿逐年整修成简易公路，后建成三级公路，并于1968年铺筑渣油表处路面。1970年由于战备和运输需要，开通黄砂岩复线。1996年，为改善郊区通往市区的道路条件，郊区政府筹资对该路进行改建，标准为山重一级公路，路基宽26米，路面宽23.5米，工程于1996年8月开工，1997年6月竣工，建成后交由阳泉公路分局养护。

李家庄至五渡3千米路段原系县公路李白线的一部分。为缓减市区交通压力，1974年开始修建，经过断断续续的施工，直到1983年才建成，标准为山重二级公路。

1986年后，省道石阳线阳泉段先后进行大修改造7次。至2010年，该路线总里程104.29千米，路基宽度8.5米至30米，路面宽度8米至27米，技术等级为二级至一级。

二、盂榆线

省道盂榆线，路线名称为盂县—榆次线，路线编号为S216，起点在盂县南关，经寿阳县到榆次市（今晋中市）。该线在阳泉境内16.91千米，沿途经中兰村、南娄镇、许家沟、南上社等村镇，其中三级路10.78千米、四级路6.13千米，路面等级全部为高级路面。有绿化里程12千米，桥梁5座101米，其中中桥1座55米、小桥4座46米。

该路原为榆（次）寿（阳）线和寿（阳）盂（县）线。1968年，省商业厅为解决盂县煤炭经寿阳火车站发运问题，决定将榆（次）寿（阳）线和寿（阳）盂（县）线连接起来。经省计委批准，修建寿阳山底至盂县大贤11.8千米公路，山西省投资13万元，分别由寿阳、盂县各自组织力量施工。1969年，山西省又投资15万元进行寿阳至盂县公路的续建，当年全线竣工。为满足煤炭外运要求，1983年对榆盂线全线进行改造，至1993年9月完工交付使用，累计投资785万元，全线新建为沥青路面。2004年至2005年，对全线进行路面改善，铺筑沥青混凝土路面。盂榆线阳泉段从起点盂县县城至南上社，路线平缓较顺直；从南上社至寿阳交界为山岭重丘区，公路在山中盘绕，坡陡弯急，最大纵坡10.9%，最小半径为13米，多处指标超限。1990年后，盂榆线阳泉段先后进行大修改造6次。至2010年，该线路总里程16.91千米，路基宽度7.5米至8.5米，路面宽度6米至7米，技术等级为四级至三级。

三、双阳线

省道双阳线，路线名称为双山—阳曲线，在阳泉境内的起点为盂县仙人乡双山，终点为东梁乡东蒋村，路线编号为S314。双山—阳曲线的前身为阳平线（阳曲—平山线），2001年公路普查后改为揽阳线（揽头起—阳曲线），2005年又改成双阳线。省道双阳线是通往河北省平山县的一条重要干线，阳泉境内全长87千米（有3千米复线），其中一级路12千米、二级路75千米，全部为高级路面，水泥混凝土路面12千米，沥青混凝土路面75千米。有桥梁40座1533米，其中大桥3座666米、小桥37座867米。

双阳线原系一条人行和铁轮车路，从东梁经盂县城、牛村、交口至山北段，1964年由盂县交通局组织发动沿线群众修建而成，主要指标不达标准，大部分路段是随着自然地形修建的。之后，随着国民经济的发展及交通运输的需要，逐年进行改造。1984年，省公路局补助80万元，由盂县交通局对县城—牛村10千米路段进行改建，新建油路。1986年至1993年，由省投资578万元，对牛村—东会里10千米路段进行改造，新建油路，标准为平微三级。1993年，盂县政府发动沿线群众对山北—揽头起路段进行整修，同时对东梁至寺家坪部分路段也进行拓宽。1994年至1995年，盂县政府贷款接通乌玉至元吉3千米连接线，标准为平微二级。1996年，由盂县政府主办，阳泉公路分局承建，对东梁—盂县城37千米路段进行全面拓宽改造，标准为二级，投资2230万元。2005年3月15日，由阳泉公路分局承建，对双山—东蒋段89千米进行改建，其中一级路12千米、二级路75千米，2006年9月30日完工。至2010年，该路线路基宽度8.5米至26米，路面宽度8米至22.5米，技术等级为二级至一级。

双阳线

四、娘阳线

省道娘阳线（娘子关—阳泉），原称阳井线（阳泉—井陉），2001年公路普查后改为娘阳线。路线编号为S315，路线起点位于山西、河北交界处的娘子关，终点为阳泉郊区白泉村，是通往河北井陉、石家庄的一条重要路线，全长32千米，二级公路，其中高级路面10千米、次高级路面22千米，另有6千米的复线。有桥梁19座1304米，其中大桥5座622米、中桥8座574米、小桥6座108米，有隧道1处666米。

阳井公路阳泉境内段系20世纪70年代修建的国防公路，始建于1972年9月，1974年6月10日竣工通车。1980年部分路段进行油渣表处，同时修筑娘子关桃河大桥，1984年至1985年，该线荫营至娘子关段扩建为二级油路，并改从娘子关入井陉地都。1990年，省公路局投资对该线水峪至娘子关段进行较大改造，新建改建大中桥梁8座，其中娘子关大桥于当年8月竣工。

至 1990 年，阳井公路平均路面宽度为 7.5 米，沿途共修建桥梁 19 座 1301.3 米，涵洞 108 道。

为解决两头宽中间窄的“卡脖子”路段，1991 年，阳泉市利用贷款先加宽娘子关大桥。1992 年至 1993 年将圪套桥—娘子关大桥之间 23 千米路段按山重区二级标准进行拓宽，在 K13—K14 之间增建 666 米长的巨城隧道。2002 年 7 月至 9 月，又投资 2300 万元对圪套桥—娘子关大桥 20 千米路面进行大修，其中水泥路面 10 千米、沥青路面 10 千米。娘阳线属山岭地区，石灰岩地形，总的走向由东向西，沿河傍山而行。娘子关—圪套之间大小桥梁均跨越温河，这一段路沿线山高、沟深、地势险要，并途经娘子关重镇。至 2010 年，该路线路基宽度 7.5 米至 25.3 米，路面宽度 7 米至 22.5 米，技术等级为二级至一级。

五、阎贾线

省道阎贾线，路线名称为阎家庄—贾家峪线，路线编号为 S345。路线起点在盂县阎家庄，终点至贾家峪，全长 30 千米，由原县公路梁平线（梁家寨—平山线）和省道石阳线部分路段组成。全线为二级公路，沥青混凝土路面，有桥梁 6 座 293 米，其中大桥 1 座 143 米、中桥 1 座 58 米、小桥 4 座 92 米，另有 2 千米的复线。

梁平线西起盂县梁家寨，与阳（泉）石（盆口）公路衔接，东至河北平山县，经北峪口、阎家庄与河北省交界，境内全长 17 千米。1967 年，省交通厅拨款 97.52 万元建设，1968 年基本完工，有涵洞 66 道。1968 年，省交通厅再投资 10.75 万元，铺筑沙砾路面，1969 年竣工。

小河口—贾家峪路段，原为省道石阳线的一部分，2004 年东纵公路改建工程竣工后，石阳线改走芙城口，小河口—贾家峪路段与原县公路梁平线一起改成省道阎贾线。贾家峪—梁家寨温泉 20 千米路段作为东纵公路的连接线，于 2004 年进行二级路改建，投资 3800 万元。阎家庄—梁家寨温泉段改建工程全长 11 千米，设计标准为山岭重丘区二级公路，路基宽 8.5 米，设计行车速度为 40 千米 / 小时。2005 年 11 月开工，2006 年 8 月完工。至 2010 年，该路线路基宽度 8.5 米，路面宽度 8 米，技术等级为二级。

第四节　高速公路

一、太旧高速公路

太旧高速公路西起山西省省会太原，途经晋中市、寿阳县、阳泉市、平定县，东至省界旧关，全长 140.7 千米，是山西省第一条全封闭、全立交高等级公路，系国家“八五”重点公路建设项目。

太旧高速公路按双向四车道标准设计，于1993年5月奠基，1996年6月25日全线通车。太旧高速公路所经地区地形地质情况复杂，四跨石太铁路线、六跨307国道，建有隧道1条、特大桥3座、大中桥61座、小桥13座，属山岭重丘区高速公路。全线设武宿、晋中北、寿阳、阳泉、平定5处互通式立交，设武宿、晋中北、寿阳、阳泉、平定、旧关6个收费站。工程概算总投资301446万元，实际投资293408万元。太旧高速公路建设创下当时三项全国之最——工期最短、造价最低、质量最优。1997年12月，获全国建筑行业质量最高奖——鲁班奖。

太旧高速公路在阳泉境内由新店至旧关横贯西东，长66.73千米，宽21.5米至23米，沿途经过近30个村庄，设有坡头、平定、旧关3个进出口。太旧高速公路的开通，大大缩短了太原、阳泉至北京及环渤海地区与东部沿海地区的行车时间，方便了山西省与外界的联系，打开了山西对外开放的东大门。

二、阳五高速公路

阳五高速公路（阳泉—五台山）是山西省东纵干线公路的重要组成部分，全长182千米。该项目采用BOT（基础设施投资—建设—经营）模式，由国家特大型中央A级企业中国建筑工程总公司投资建设。

阳泉市至盂县段是阳五高速公路的一期工程，是山西省“三纵十一横十一环”高速公路网中“东纵”的重要组成部分。南起于平定县西郊村以西1.5千米处，与太旧高速公路相接，止于盂县元吉村，与石太高速铁路阳泉北客运站连接线相接。阳泉至盂县段公路主线长41.2千米，按双向四车道标准设计，设计速度80千米/小时，路基宽度24.5米，投资估算31.98亿元。2008年1月11日，阳五高速公路阳泉至盂县段开工，建设工期3年。主要工程量包括：路基土石方788万立方米、桥梁23座11.41千米、隧道2座3930米、枢纽1处、互通4处、通道22座、涵洞22座、天桥11座、采空区处治2.15千米。2010年12月30日，阳泉市郊区下千亩坪至盂县元吉段开通。其余工程仍在建设中。

三、太阳高速公路

太阳高速公路（太原—阳泉）是国家高速公路网北京至昆明的重要路段，也是山西省高速公路规划网“三纵十一横十一环”主骨架第五横的重要组成部分，于2010年3月28日开工建设。该路线起点为阳泉市平定县岔口乡神水泉东，途经平定县、郊区、盂县、阳曲县，终点为太原市尖草坪区阳曲镇新兴村，与原太高速公路和太原西北环相接，全长123.47千米，是全省第一条标准的双向6车道高速公路，设计速度每小时100千米，路基宽度33.5米，投资概算143.75亿元，预计建设工期为3年。太阳高速公路阳泉境内段80.10千米，投资概算95.83亿元。

四、阳泉西环高速公路

阳泉西环高速公路系山西省高速公路规划“三纵十一横十一环”的重点工程，属省投市建项目。起点为太阳高速公路盂县南枢纽互通，往南经盂县南娄和鹿峪、郊区保安至终点新店村，与太旧高速公路相交。路线全长22.50千米，总投资22.27亿元，设计时速80千米，设互通式立交2座（南娄互通、旧街枢纽互通）。全线设匝道收费站2处（南娄、旧街），设隧道管理站1处（与南娄收费站合建）。2010年8月阳泉西环高速公路项目通过省发改委立项批复，计划于2011年5月开工建设，工期3年。

第五节　县乡村公路

一、简况

阳泉市地处石太铁路中点，距晋冀两省省会太原市和石家庄市均为120千米，是山西东部南北交通的枢纽，素有“晋冀门户”“三晋要冲”之称。明清时期，境内已设驿道。该道于清光绪二年（1876）七月重修后，由寿阳驿入境，经测石、赛鱼、平潭、黑砂岭、平定城、柏井、固驿铺、甘桃驿、故关达河北井陉。境内长70千米，是当时山西七大驿道之一。阳泉建市初期，阳泉市仅有土路3条40.2千米、大车路4段19.5千米、高脚路14段116千米，且标准低、质量差。1949年12月，阳泉市成立第一个专业公路运输机构——省交通局运输公司阳泉客货转运栈（阳泉市交通局的前身）。1950年1月，山西省调拨给阳泉客货转运栈日产丰田牌破旧汽车6辆，此为阳泉市汽车运输之始。但路况低劣，阳泉至昔阳40千米路程，朝发夕达，足见其艰难。

1957年，阳泉地区公路运输载货汽车发展到198辆，客运汽车、吉普车、卧车和特种车从无到有发展到27辆，新修和改建多条市区、县城通往乡镇的公路，使阳泉地区与和顺、左权、五台、阳曲、榆次以及河北平山、井陉等地的公路连接起来，建立起多条出境通道。

20世纪60年代初，境内交通运输仍处于滞后状态，路况较差，严重制约经济发展。为提高货物外运能力，改善城乡道路交通状况，市、县两级党委和政府努力克服资金、技术等困难，先后改建、扩建桃荫线（郊区桃坡—荫营）、大西线（郊区大西庄—西岭）、梁平线（盂县梁家寨—河北平山）、东均线（盂县东梁—均才）等公路，初步形成通畅便利的交通运输网络。

1974年3月，修建桃河北路07017国防公路工程。继之，又修建桃河南岸战备公路、大阳泉环形公路、07050线荫营—阳泉段战备公路、郊区白泉—平定207国道。到1977年，全市农村公路通车里程20条132千米，其中，县公路7条58千米，有路面里程49千米；有乡公路11条64千米，有路面里程37千米；有专用公路2条10千米，全部为有路面里程。

中共十一届三中全会召开后，境内交通事业得到快速发展。至1980年，全市公路建设速度明显加快，组织公路建设大会战，改造阳泉—大寨公路之义井—平定坡段；赛鱼大桥、华盛大桥、五渡大桥和南滨河路全部建成通车，新增榆林垴—燕龛3千米县公路1条，阳泉市13个农村人民公社全部通公路。到1980年，全市农村公路通车里程143千米，其中，县公路8条61千米，有等级里程21千米，有路面里程53千米；有乡公路11条67千米，无等级路，有路面里程55千米；有专用公路3条15千米。

20世纪80年代，随着国民经济的快速发展，煤炭需求量大幅增加，晋煤外运任务加重。加之1983年平定县、盂县划归阳泉市管辖后，阳泉交通事业发展空间进一步扩大。公路建设中，除对省道地（都）白（毛梁）段进行改造外，对境内的县乡公路也进行提质改造。至1985年，全市农村公路通车里程578千米，其中县公路19条358千米，有等级里程300千米，有路面里程302千米；有乡公路25条205千米，有等级路90千米，有路面里程146千米；有专用公路3条15千米；乡公路大西庄—西岭线9千米升格为县公路。

从1986年起，阳泉市响应省交通厅“自力更生为主，国家补助为辅”和“打通出口路，接通断头路，接通产煤地和工农业产品集散公路”号召，新建李家庄—白泉二级路3千米、苇泽关—旧关四级路8千米、张庄—郭家垴四级路15千米、芝角—土塔四级路11千米；将原乡公路夫城口—青口头线17千米改造扩建为三级公路。到1990年，全市农村公路通车里程51条630千米，其中有县公路22条377千米，有等级里程332千米，有路面里程328千米；有乡公路26条238千米，有等级里程145千米，有路面里程195千米；有专用公路3条15千米。

20世纪90年代初，阳泉市在积极支持和参与太旧高速公路建设的同时，狠抓全市公路建设。阳井线水峪至娘子关段20.5千米（原为24千米）改建工程经过三年的建设，于1993年9月29日竣工通车，里程缩短3.5千米，提高了行车速度，缓解了307国道的交通压力。1996年3月10日，铺开与太旧高速公路接轨的平定路、赛鱼路“两路”建设工程，“两路”全长16千米，双向6车道，为城市一级道路，工期100天，总投资1.2亿元。

1991年至2000年，阳泉市采取全民义务修路、公办民助、多渠道筹集资金、招投标等多种方式，大规模进行阳（泉）井（陉）线、阳（泉）盂（县）线、李（家庄）荫（营）线等干线公路的改扩建工程，全省首家提前实现省委、省政府提出的“三通”（镇镇通油路、乡乡通公路、村村通机动车）目标，省委、省政府给予嘉奖，《山西日报》专版登载省委、省政府的贺信和阳泉市各县区公路“三通”目标完成情况。至2000年，全市农村公路通车里程达77条838千米，拥有等级里程801千米，有路面里程835千米，有晴雨通车里程639千米。

进入21世纪，全市实施“四个一批、五级联网”（每年完成一批市级重点公路建设工程，每年完成一批县乡公路大修恢复工程，每年完成一批乡级公路改造工程，每年完成一批村级公路硬化工程；国道、省道、县道、乡道、村道五级联网）公路建设工程，农村公路建设得到长足发展。投资2881.13万元完成省道阳井线大修工程；投资8326万元建设东太国防公路；投资1亿元建设东纵干线阳石线会里—白毛梁103千米的二级路改建工程；投资2.03亿元建设义白路一级公路10千米；完成上六线、苇滴线、平东线、白乱线、玉泉路等较大公路建设改造工程，总里程419千米，总投资7.72亿元。至2005年，全市农村公路通车里程达4467千米，公路建设总投资16.2亿元。2001年至2005年，全市共改造和建设县乡公路931.9千米，实现100%的乡（镇）通水泥（油）路目标，全市100%的建制村通了公路，96%的建制村通了水泥（油）路，成为全省第一家市、县（区）全部获奖的地市。

2006年至2010年，市委、市政府把公路建设作为推动战略目标实施的重要举措，构建起“五纵五横四循环”公路网络，加快“县县连高速路、乡乡铺沥青路、村村通水泥路、户户筑硬化路”的步伐。实施县乡公路改造、通达通畅、村村通、户户通等工程，累计建设农村公路4305.7千米，总投资17.5亿元，在全省率先实现村村通水泥（油）路全覆盖。国道307复线一期坡头—水峪一级公路、新店—旧关段改造、平定西环一期工程、盂县214省道运煤通道、郊区新城大街等一大批工程先后完工，共投资31.05亿元。至2010年，全市农村公路通车里程达4847.03千米（全部为等级路、有路面里程和晴雨通车里程），其中县道53条749.97千米，乡道111条863.23千米，专用公路1条3.54千米，通村水泥（油）路1862条3230.29千米。全市公路路网密度达到117.45千米/百平方千米，基本形成南北互通、东西连接的立体综合交通网络。

二、县公路

县公路简称县道，是连通县与县、县城与主要乡镇、连接三个以上乡镇的公路。县公路由地市交通部门编制规划，报省交通厅审批，由县（区）交通部门组织实施，负责管养。境内县公路是在旧有小道的基础上逐步改建、扩建后形成的。至2010年，全市共有县道53条，总里程749.97千米，全部为等级里程、有铺装路面里程和晴雨通车里程。

2010年阳泉市县公路情况表

表-5-7

县区	线路编号	线路名称	起止地点	里程（千米）	桥梁（座/米）	涵洞（个）	隧道（道/米）
郊区（12条）	X292140311	杨树庄—白岩沟	张山峪—G207	7.22	1/19	21	—
	X294140311	娘子关—白羊墅	乱流村—G207	4.45	1/66	5	—
	X295140311	滴水崖—苇泊	S214—S214	10.34	2/70	24	—
	X296140300	荫营—桃坡	S214—S214	8.32	—	27	—
	X297140311	连庄—大西庄	西岭村—G207	8.65	—	6	—
	X298140311	河南口—苇泊	G207—S214	4.09	2/107	9	—
	X299140311	霍树头—牵牛镇	G207—X295	9.45	2/66	11	—
	X300140311	白泉—白羊墅	G207—G207	10.33	3/378	6	—
	X311140311	水峪—韩庄	辛庄—G207	7.82	1/338	—	—
	X312140311	辛兴—后峪	G307—翠枫山	11.78	3/198	12	—
	X313140311	辛兴—吴家掌	G307—吴家掌	8.09	2/56	—	—
	X322140311	东村—五架山	X299—五架山	5.84	1/58	—	—
平定县（21条）	X286140321	东庄头—西郊	范家岩—G307	44.17	9/453	91	—
	X287140321	苇泽关—旧关	S315—G307	8.37	—	13	—
	X288140321	七亘—柏井	七亘—G307	30.43	6/111	71	1/100
	X289140321	东回镇—张庄镇	X288—G207	26.17	3/48	20	—
	X290140321	洗马堰—寨坪	洗马堰—寨坪	18.05	7/240	37	—
	X291140321	平定—赵家	平定东关—赵家村	22.47	6/216	32	—
	X292140321	杨树庄—白岩沟	杨树庄—张山峪	26.08	2/93	50	1/58
	X293140321	官道沟—南阳胜	G207—左家村	13.18	5/146	17	—
	X294140321	娘子关—白羊墅	娘子关镇—乱流村	30.34	10/659	31	—
	X297140321	连庄—大西庄	X286—西岭村	4.06	—	3	—
	X311140321	水峪—韩庄	S315—南庄村	5.85	2/55	4	—
	X314140321	董寨—黄统岭	S315—X292	9.80	—	20	—
	X315140321	桃叶坡—郭家垴	X289—X289	11.89	—	2	—

续表 -5-7

县 区	线路编号	线路名称	起止地点	里 程（千米）	桥 梁（座/米）	涵 洞（个）	隧 道（道/米）
平定县（21条）	X316140321	槐树铺—北青线	G307—北青村	13.32	—	11	1/146
	X317140321	宁艾—南阳胜	X293—X293	16.56	1/45	12	—
	X318140321	聂家庄—潘家峪	X291—潘家峪	12.75	2/53	24	—
	X319140321	黄安—娘娘庙	X289—谷洞村	16.37	—	2	1/230
	X320140321	三岔口—冠山	三岔口—冠山	7.45	1/20	11	—
	X321140321	维社—甘井	维社村—甘井村	5.32	—	12	—
	X323140321	石门口—官道沟	G207—G307	13.34	—	23	—
	X324140321	西回—石门口	西回—石门口	14.89	2/32	—	—
盂 县（20条）	X282140322	夫城口—东梁	S214—S314	53.02	21/990	153	1/120
	X283140322	六岭关—上社	六岭关—S214	25.62	3/72	39	—
	X284140322	前元吉—晋盂铁厂	前元吉—秀水镇	6.54	2/95	6	—
	X285140322	交口—孙家庄	G207—X284	20.32	8/133	28	—
	X286140322	东庄头—西郊	S314—范家岩村	3.37	2/26	—	—
	X301140322	揽头起—山北	揽头起—S314	10.24	1/15	8	—
	X302140322	候庄—和安	X282—和安村	20.54	—	3	—
	X303140322	肖家汇—宋庄	S214—X282	19.33	2/48	26	—
	X304140322	柏石—管头	柏石村—管头村	19.06	2/30	—	—
	X305140322	西管头—北下庄	G207—X285	8.78	—	3	—
	X306140322	土塔—芝角	X285—S214	10.89	3/102	—	—
	X307140322	河底—石窑	河底村—石窑村	11.11	—	—	—
	X308140322	楼子坪—皇后	S214—皇后村	10.20	3/50	14	—
	X309140322	白土坡—牛村	G207—S314	8.00	1/70	2	—
	X310140322	寺家坪—西烟	S314—X282	17.34	1/25	4	—
	X920140322	盂县—上峪	盂县城—西南管村	16.88	4/62	39	—
	X938140322	陈家庄—小河口	五台盂县界—梁家寨	15.27	2/42	64	—
	X325140322	七里峪—杨树凹	S314—G207	12.43	1/14	1	—
	X326140322	七里沟—良种场	S214—S216	8.81	4/144	10	—
	X327140322	石阳线—水神山	S214—水神山	5.01	—	—	—

三、乡公路

乡公路又称乡道，是乡（镇）所在地村庄连通相邻近国道、省道、县道和周围村庄的公路，村与村、村与其邻近国道、省道、县道及相关企业、货物集散地等连接的公路。乡公路规划由地（市）交通部门编制，报省公路局审批，由县（区）交通部门组织实施。乡（镇）公路是在旧有小道基础上拓宽改扩建后形成的。至2010年，全市共有乡公路111条，总里程863.23千米。

2010年阳泉市乡公路情况表

表-5-8

县区	线路编号	线路名称	起讫地点	里程（千米）	桥梁（座/米）	涵洞（个）
郊区（21条）	Y034140311	西南舁—张家井	X292—张家井	8.97	—	—
	Y037140311	北舁口—代家庄	G207—代家庄	3.58	—	—
	Y03814031	三郊—东落菇堰	G207—东落菇堰	5.41	—	—
	Y039140311	千亩坪—东落菇堰	G207—东落菇堰	4.43	—	—
	Y040140311	旧街—后山	G307—后山村	15.50	4/91	6
	Y041140311	榆林垴—曹家掌	榆林垴—曹家掌	4.12	3/49	—
	Y044140311	大阳泉—西峪掌	大阳泉—西峪掌	3.83	1/33	—
	Y045140311	洪城河—魏家峪	洪城河—魏家峪	3.14	—	—
	Y046140311	荫营—矾窑	荫营—G207	4.64	—	—
	Y047140311	白泉—林里	G207—南窑庄	5.11	1/18	—
	Y048140311	西南舁—石窖垴	X292—石窖垴	6.16	—	—
	Y049140311	河下—小河	河下村—X294	5.65	—	—
	Y050140311	山头—高垴庄	S315—高垴庄	4.98	—	—
	Y051140311	鸡凹—东落菇堰	下千亩坪—东落菇堰	4.95	—	—
	Y061140311	南流—武家山	南流—Y036	5.16	—	—
	Y062140311	关家峪—街上	S214—刘备山	5.48	—	7
	Y063140311	白泉—柳沟	G207—柳沟村	5.97	1/8	7
	Y064140311	路家山—和谐园区	X300—X300	8.01	—	—
	Y065140311	西峪—狮垴山	Y044—狮垴山	6.36	—	5
	Y066140311	常家山—坡头	常家山—G307	11.17	2/54	—
	Y112140311	王家峪—狮脑山	王家峪—狮脑山顶	6.22	—	1

续表 -5-8

县 区	线路编号	线路名称	起讫地点	里 程（千米）	桥 梁（座/米）	涵 洞（个）
平定县（44条）	Y017140321	维社—岭上	前社村—王家庄村	5.52	—	—
	Y021140321	甘桃驿—企明	G307—企明村	4.01	—	4
	Y023140321	马山—潺泉	马山—潺泉村	4.17	1/32	—
	Y027140321	三岔口—理家庄	岔口村—理家庄	5.43	—	—
	Y029140321	南阳胜—范家掌	X293—圣堂村	5.43	2/26	—
	Y030140321	北庄口—常家沟	G207—X290	4.79	2/84	—
	Y031140321	西武庄村—背峪村	西武庄村—背峪村	5.60	—	—
	Y032140321	西城—北后峪	西城村—北后峪村	6.08	3/42	4
	Y033140321	杨白线—秋林村	杨白线—秋林村	5.56	—	—
	Y035140321	山西线—红岭村	山西线—红岭村	5.42	—	—
	Y042140321	红富庄—竹梨庄村	红富庄—竹梨庄村	7.36	—	—
	Y043140321	杨白线—主铺掌	神水泉—主铺掌	7.74	—	—
	Y052140321	连庄—槐树梁	连庄村路口—槐树梁	5.00	—	—
	Y053140321	后石窑—白家掌	X289—白家掌	5.13	—	3
	Y056140321	西头岭村—小岭村	西头岭村—小岭村	10.99	—	—
	Y057140321	金窝庄—吊沟村	金窝庄—吊沟村	7.46	—	—
	Y058140321	孟家掌—麻地峪	孟家掌—麻地峪	10.22	—	—
	Y059140321	河北岸底—贤沟村	河北岸底—贤沟村	8.95	—	—
	Y060140321	西白岸—东白岸	西白岸—东白岸	13.04	—	—
	Y067140321	七柏线—里洪水	前洪水村—里洪水村	6.82	—	—
	Y068140321	移穰—桥头	移穰—桥头	12.36	—	—
	Y069140321	马山—多乐沟	马山—多乐沟	13.50	—	—
	Y070140321	里徐峪沟—枣岭	里徐峪沟—枣岭	5.01	1/32	2
	Y071140321	木槽—王口	木槽—王口	13.67	—	4
	Y072140321	阳井线—权黄	S315—权黄	7.07	—	3
	Y073140321	赵家庄—有金岩	东赵家庄—有金岩	5.29	—	4
	Y074140321	白瑶—食足	X292—食足	4.12	—	3

续表 -5-8

县区	线路编号	线路名称	起讫地点	里程（千米）	桥梁（座/米）	涵洞（个）
平定县（44条）	Y075140321	前牌岭—柏木井	前牌岭—柏木井	9.07	—	2
	Y076140321	前壤—董寨	Y052—S315	12.08	—	2
	Y077140321	阳井线—金窝庄	阳井线—金窝庄	7.44	1/67	—
	Y078140321	阳井线—回城寺	S315—回城寺	13.03	—	—
	Y079140321	小东岔—娘娘庙	谷洞村—香梨掌	13.00	—	—
	Y088140321	龙庄村—庙堰村	龙庄村—庙堰村	6.30	—	—
	Y089140321	富峪村—权黄村	X292—权黄村	16.33	—	—
	Y090140321	冯家峪—富家岭	冯家峪—富家岭	13.16	—	—
	Y092140321	卢家峪—甘桃驿	卢家峪—甘桃驿	14.24	—	—
	Y097140321	苏村—夏庄	苏村—夏庄	9.48	1/34	—
	Y098140321	赵家庄—王家坪	赵家庄—王家坪	11.20	—	—
	Y099140321	东锁簧—庄窝村	东锁簧—庄窝村	12.35	—	—
	Y100140321	下冶头—圣堂	下冶头—圣堂	7.87	2/36	—
	Y108140321	圪套—卫垴	圪套—卫垴	5.01	—	—
	Y109140321	苏峪—范家庄	苏峪—范家庄	9.27	—	—
	Y110140321	杨家沟—苇池	C154—苇池	7.30	1/13	—
	Y111140321	甘井—南坪	甘井—X286	5.16	—	—
盂县（46条）	Y001140322	前杨家坪—刘家村	S214—X308	8.21	3/148	5
	Y002140322	南娄—郭村	S216—X920	6.43	3/106	4
	Y003140322	陈家庄—西小坪	S214—西小坪村	6.51	1/18	—
	Y004140322	北娄—王家湾	S216—王家湾村	8.63	5/69	3
	Y005140322	罗汉堂—独子口	罗汉堂—独子口	10.93	—	—
	Y006140322	闫贾线—檀山沟	S345—檀山沟	7.42	2/200	—
	Y007140322	北峪口—赵家岔	北峪口—赵家岔	11.00	1/30	—
	Y008140322	清城—郊里	清城村—S214	6.10	4/96	—
	Y009140322	盂县—乌玉	盂县城—S214	4.45	1/47	—
	Y010140322	阳石线—田家庄村	S214—田家庄	5.44	—	—

续表 -5-8

县区	线路编号	线路名称	起讫地点	里程（千米）	桥梁（座/米）	涵洞（个）
盂县（46条）	Y011140322	黄沙口—下石塘	S214—下石塘村	13.51	—	—
	Y012140322	土芝线—北关	X306—C525	9.23	2/53	—
	Y013140322	交孙线—牛家村	X285—S314	5.35		—
	Y014140322	小峪口—马圈	北木口—X283	8.03	2/37	—
	Y015140322	东麻河—西麻河	东麻河驿—西麻河	4.50	—	—
	Y016140322	孙家庄—水神山	S284—水神山	4.17	—	—
	Y018140322	西麻河驿—石门子	Y015—X285	10.61	—	—
	Y019140322	锡海—西峪	G207—S314	9.48	—	—
	Y020140322	石家庄—李庄	石家庄村—X282	9.97	—	—
	Y022140322	北村—盆子掌	X282—盆子掌村	7.95	—	—
	Y024140322	口子—吉古堂	口子—偏亮村	10.78	—	—
	Y026140322	双阳线—北洪	S314—Y086	5.01	—	—
	Y028140322	黄树岩—对王只	黄树岩—对王只村	5.75	—	—
	Y054140322	水泉—马乡	水泉—马乡村	6.52	—	—
	Y055140322	上社—碓臼水	S214—莲花掌	14.76	—	—
	Y080140322	西长池—西掌	西长池—西掌村	4.80	—	3
	Y081140322	七里峪—仙人	S314—仙人村	5.66	—	2
	Y082140322	石宝村—角雨村	S314—角雨村	12.33	—	5
	Y083140322	西烟—洪镇	X282—洪镇村	10.28	—	3
	Y084140322	牛村—武家庄	X309—郊区界	7.25	1/45	—
	Y086140322	北下庄—洪庄	X285—洪庄村	7.00	1/16	1
	Y087140322	七里沟—清城	S214—S214	6.68	1/24	10
	Y093140322	小马线—榆林坪	Y014—榆林坪村	5.47	—	—
	Y094140322	水占—烧瓷窑	S314—烧瓷窑	5.43	—	—
	Y095140322	小马线—上鹤山	Y014—上鹤山村	10.00	—	—
	Y101140322	后峪沟—西盂北	Y018—X306	10.60	—	—
	Y102041322	南社—后河东	X310—X282	6.74	1/12	—

续表 -5-8

县区	线路编号	线路名称	起讫地点	里程（千米）	桥梁（座/米）	涵洞（个）
盂县（46条）	Y103140322	寺西线—杏树坡	X310—杏树坡村	8.98	—	—
	Y104140322	锡海—郑家沟	G207—X285	5.12	—	—
	Y105140322	苏家岭—西邢	苏家岭—X282	6.89	1/24	—
	Y106140322	南进圭—沟掌	X282—沟掌	7.79	—	4
	Y107140322	梁家寨—下社	S345—S214	17.98	1/120	—
	Y114140322	双阳线—理家庄	S314—理家庄	5.65	—	—
	Y115140322	观音堂—管头	X920—S314	7.83	—	1
	Y116140322	石阳线—大西里	S214—大西里	5.77	1/90	—
	Y117140322	骆驼岩—武家庄	Y084—北沟	7.41	—	—

四、村公路

1978年以前，境内村公路发展缓慢，严重制约着农村经济的发展。1978年，阳泉市提出“县县通油路、乡乡通公路、村村通机动车”的建设目标，开展农村公路改造建设工程。20世纪80年代中期，阳泉市提出“镇镇通油路、乡乡通公路、村村通汽车”的“新三通”建设目标，对农村公路进行大规模改扩建。经过十几年建设，提高了全市农村公路等级和路面质量。2002年，市委、市政府提出“四个一批、五级联网”公路工程建设目标，在广大农民群众参与下，村村通水泥（油）路工程全面展开，农村公路建设得到快速发展。2009年，阳泉市在全省11个地市中率先实现农村公路“村村通”全覆盖，累计投资16.2亿元，完成“村村通”公路建设总里程3146千米，全市960个建制村全部通了水泥（油）路，阳泉市路网密度、有路面铺装里程等指标获全省第一。8月25日，全省村通水泥（油）路全覆盖现场会在阳泉市召开。至2010年，阳泉市村公路共有1862条3230.29千米，其中平定县401条1338.29千米、盂县1013条1269.96千米、郊区448条622.04千米。村村通水泥（油）路全覆盖工程为促进“三农”发展、推动全市经济建设发挥了重要作用。

五、专用公路

1998年全省公路路网调整普查前，阳泉市共有专用公路3条15千米，有等级里程11千米，其中三级4千米、四级7千米；有路面里程11千米，其中高级4千米、次高级5千米、中级2

千米；有晴雨通车里程9千米；有绿化里程5千米。经路网改造、调整、合并，至2010年，阳泉市有锁簧村—新城村煤运专用公路1条3.54千米。

锁簧村—新城村煤运专用公路起点为平定县锁簧镇东锁簧村，终点为平定县煤矿桥。1995年，平定煤矿自筹85万元、养路费补助14万元改建为全长3.54千米的三级水泥路，全部为水泥混凝土铺装路面、晴雨通车里程和养护里程，有绿化里程3千米，为平定煤矿专用线。线上有专用公路桥梁1座17米，为永久性小型桥梁。

第六节　公路桥梁

境内现存最早的桥梁是明万历二十二年（1594）修建的平定小桥铺的永善桥。另外还有济川桥、利涉桥、秀水桥等古桥，但因桥面窄、承载差，不便汽车通行，阳泉建市后陆续进行了改扩建。民国28年（1939），侵占阳泉的日军在桃河中游修建华盛木便桥1座，宽3.6米，可单行车辆。1951年，华盛木便桥改建为水泥衔架结构，拓宽至9.3米，成为市内一座公路桥。1956年、1957年，建成韩庄桥、南沟桥、李家庄桥3座公路桥，合计143千米。

"二五"时期（1958—1962年），为解决境内桃河、滹沱河两条季节性河流雨季影响交通的问题，先后建起赛鱼口桥、桃河大桥、义井桥、荫营桥、苇泊桥、白毛梁桥、三郊桥7座大小不等、结构各异的桥梁。"三五"时期，结合国民经济的全面调整，配合干线道路的建设，新建和扩建了一批桥梁。到1965年，全市公路桥梁为61座，总长度1378.74米，其中永久式桥梁59座1368.58米，半永久式桥梁2座10.16米。"四五"时期，公路建设的重点是大修国防公路，1970年至1973年境内修建的3条国防公路中，太（原）石（家庄）公路先后修建桥涵16座，阳（泉）平（山）线仅杨树沟—咀子上路段改扩建中就修建桥梁3座94米，旧关—北郊白毛梁公路完成桥涵23座272.68米。

1978年中共十一届三中全会召开后，为适应经济快速发展的需求，阳泉市围绕城市中心，对城区、矿区、郊区车流量大的桥梁进行改扩建。1980年，新建和改建赛鱼大桥、五渡大桥，使车辆从城市边缘分流，减轻了城市道路压力，加快了车辆行驶速度，提高了运输周转量。1990年，全市共有公路桥梁182座6187米，均属永久性桥梁，其中大桥11座1597米、中桥30座1611米、小桥141座2979米；位于国道上的桥梁37座2005米、省道上54座1869米、县道上53座1257米、乡道上32座885米、专用公路线上6座171米。

2001年至2010年是阳泉公路交通史上发展最快、最好的时期，各项工作均实现历史性跨越。2002年，市委、市政府提出“四个一批、五级联网”公路建设目标后，经过全市交通部门的努力，一批县级、乡级和村级公路得到新建、拓宽、改造、提级或延伸，与此同时，修建了一批农村公路桥梁。至2010年，全市公路桥梁有612座44046.15米，其中农村公路拥有桥梁314座10909.10米；全市公路共有隧道9道，其中国道隧道1道1540米、省道3道1151米、县道5道654米。

2010年阳泉市公路桥梁情况表

表-5-9　　　　单位：座/米

	桥 梁	特大桥	大 桥	中 桥	小 桥
全 市	612/44046.15	5/7873.61	78/19252.12	137/8514.82	392/8405.60
国 道	148/14098.14	3/5203.71	31/4943.95	35/2272.72	79/1677.76
省 道	150/19038.91	2/2669.90	36/12639.07	29/1906.00	83/1823.94
县 道	134/5138.90	—	7/1109.10	32/1882.20	95/2147.60
乡 道	57/1753.50	—	2/270.00	6/358.00	49/1125.50
专用公路	1/17.00	—	—	—	1/17.00
村 路	122/3999.70	—	2/290.00	35/2095.90	85/1613.80

第七节　公路运输

一、管理机构

1949年12月，阳泉市第一个专业运输机构——山西省人民政府交通局运输公司阳泉客货转运栈组建成立，直属省运输公司领导。1951年3月15日，阳泉客货转运栈改组为阳泉联运支公司，隶属省联运公司。1952年8月改组为国营山西省运输公司阳泉运输支公司。1953年11月25日，阳泉市搬运公司成立，承担短途客货运输业务。1954年2月25日，省运输公司将阳泉运输支公司所辖的阳泉中心汽车站划出，改组为省交通厅运输局阳泉中心站，专营长途客货运输。同年11月30日，阳泉市搬运公司改组为阳泉市运输公司。1957年10月，阳泉中心站与市运输公司合并成立省交通厅阳泉运输局。1958年10月，省交通厅阳泉运输局改称市交通局，负责客运、货运管理工作。

二、客运

阳泉建市初，行人靠搭乘人（畜）力货车往来。1950年1月，阳泉客货转运栈从省交通局调回日产丰田牌旧汽车6辆，开始客货运业务，开通阳泉—昔阳班车客运，客运汽车为加蓬卡车，设木椅供旅客乘坐，客货混装。1952年8月，阳泉客货转运栈更名为阳泉运输支公司后，在阳泉市、盂县、平定县、寿阳县、昔阳县、和顺县、左权县开展长途客货运业务。1953年营运汽车增加到13辆。同年11月25日市搬运公司成立，开展短途客货运输业务。1954年2月省交通厅运输局阳泉中心站成立，专司长途客运业务，仍以卡车运客，发车班次逐渐由单日发车改为每日发。

到20世纪70年代末80年代初，全市基本实现客运客车化，线路逐步由干线道路延伸到支线，由城镇辐射到乡村，由辖区内营运发展到跨省市营运。随着公路客运市场的逐步放开，个体客运经营户购置不同车型的客车、出租车开始进入客运市场。至1988年，全市道路客运线路由1978年22条196千米营运里程发展到54条954千米营运里程。到1989年，全市三区两县57个乡镇均开通班车客运。1993年，阳泉市第一辆高档车——南京依维柯中巴客车进入客运市场，经营阳泉—太原客运班线。1994年，城区、矿区发往太原的社会普通中巴客运班车达到40余辆，全市客运班线、运力均有较大发展。1996年6月25日太旧高速公路建成通车后，阳泉至太原、石家庄、北京的高速公路客运班车线路也先后开通，并加快客车上等级步伐。

2004年，阳泉市开展“村村通客车”工程。当年，全市新开通农村客运班线8条，整合3条，新增农村班车48辆。至2005年，全市32个乡镇全部通客车，954个行政村中有888个村通客车，行政村通客车率为93%；共开通农村客运线路166条，有农村客运车辆479辆，农村客运设施建设覆盖率高、密度大，居全省前列。2009年，《阳泉市城乡公交一体化实施方案》出台，按照“五定”（定线、定班、定点、定站、定票价）“六统一”（统一管理主体、统一规费政策、统一营运车型、统一营运标识、统一调度排班、统一服务标准）公交服务模式，全市优化整合客运线路，推行公交片区经营和公司化经营，公交车辆进入农村客运市场。至2010年，全市有道路班车客运经营户11户，拥有载客汽车565辆12005座；有旅游客运经营户2户，拥有旅游客车40辆1487座；有道路旅客客运班线207条，其中省际29条、跨地市30条、市内跨县74条、县乡内74条；有农村客运车辆329辆6112座，农村客运线路141条，有道路客运汽车站21个、候车亭533个、招呼站牌866个；全市乡镇通客车率达100%；通车行政村增至941个，通客车率为98.1%。市公交公司有公交客车391辆（432标台），客运线路42条；

平定县东方世纪公交公司有公交客车23辆，客运线路11条；阳煤集团有矿交兼营客车180辆（225标台），兼营35条客运班线；全市有出租汽车客运经营户14户，有营运出租车1552辆。

1949—2010年阳泉市道路客运情况表

表-5-10

年份	客车总数（辆）	其中营业性	客位（座）	其中营业性	客运量（万人次）	旅客周转量（万人千米）	年份	客车总数（辆）	其中营业性	客位（座）	其中营业性	客运量（万人次）	旅客周转量（万人千米）
1949	—	—	—	—	—	—	1966	70	22	2638	880	90.35	3561.85
1950	—	—	—	—	—	—	1967	83	34	3158	1360	179.63	6863.50
1951	—	—	—	—	—	—	1968	90	35	3438	1400	221.36	5019.85
1952	以卡代客	—	—	—	1.90	71.70	1969	97	37	3718	1480	133.96	5274.84
1953	以卡代客	—	—	—	8.60	378.90	1970	98	34	3758	1360	142.88	6287.98
1954	以卡代客	—	—	—	12.50	545.80	1971	106	32	4041	1443	184.01	7757.09
1955	以卡代客	—	—	—	19.70	868.90	1972	121	43	4893	1935	151.19	6243.55
1956	1	—	34	—	28.70	1154.90	1973	136	45	5493	2015	146.03	6218.06
1957	1	—	34	—	58.80	1786.80	1974	143	46	5773	2055	166.40	7047.49
1958	16	10	569	365	72.90	2495.70	1975	182	76	7333	3255	169.21	7308.71
1959	16	10	569	365	161.60	3850.20	1976	193	76	7693	3255	217.66	8882.81
1960	16	10	569	365	285.70	4086.50	1977	213	91	8493	3855	257.80	10468.70
1961	22	16	769	565	130.00	3087.90	1978	244	88	9718	3720	232.70	9237.20
1962	23	16	803	565	159.80	3486.40	1979	285	79	10095	3297	219.20	8116.20
1963	19	15	676	540	217.20	3467.50	1980	306	77	10077	2966	255.61	7863.30
1964	37	10	1258	340	116.40	2881.40	1981	316	79	10112	2992	306.17	10578.21
1965	48	15	1698	540	90.29	3080.54	1982	342	80	12305	3200	331.13	11598.61

续表 -5-10

年份	客车总数（辆）	其中营业性	客位（座）	其中营业性	客运量（万人次）	旅客周转量（万人千米）	年份	客车总数（辆）	其中营业性	客位（座）	其中营业性	客运量（万人次）	旅客周转量（万人千米）
1983	394	86	14176	3440	334.57	12537.44	1997	2365	487	29975	8446	2067.00	57716.50
1984	441	91	15888	3850	387.76	13241.61	1998	2575	526	30760	8942	2569.40	70063.50
1985	546	96	17886	4032	515.83	16149.10	1999	2399	538	29617	9146	2553.00	73920.00
1986	589	112	19456	4655	533	18988.00	2000	2225	546	32414	9408	2781.50	87322.90
1987	718	122	20874	4835	513.9	18072.80	2001	2248	576	33268	10339	2947.20	93514.00
1988	812	139	21232	5124	1235.2	36825.00	2002	2345	596	33900	10728	3061.80	88536.00
1989	862	219	19826	6221	1580	43681.20	2003	1753	621	26293	11718	2812.00	82784.00
1990	1376	246	18989	6653	1432.41	43441.90	2004	2203	647	29808	12940	3025.00	93045.00
1991	1295	256	20245	6868	1436.1	43799.00	2005	1876	666	24146	13479	3266.00	112498.00
1992	1465	272	21721	7922	1548.5	48577.00	2006	1805	670	23989	13546	3371.00	116306.00
1993	1550	274	21406	8203	1646	51850.00	2007	2224	736	27108	15130	3218.80	111649.00
1994	1828	348	25377	8760	1789.80	54656.00	2008	—	760	—	16143	3266.50	113655.00
1995	1801	391	28333	8211	1877.40	57446.00	2009	—	648	—	14210	3100.00	106900.00
1996	1451	415	21346	8300	1985.80	59202.70	2010	—	605	—	13492	2500.30	57740.00

说明：未含吉普车、卧车

三、货运

阳泉建市初期，道路货物运输市场运力只有60辆私营个体马车，其余是来自寿阳、榆次、昔阳、河北等周边市县季节性参加营运的民间私营运力，其中有200多辆胶轮大车从事煤炭运输，800多辆铁（木）轮车从事矿石运输，150多辆人力独轮车和20多辆排车从事市内搬运。1950年，阳泉客货转运栈从省交通局调回日产丰田牌旧货运汽车6辆，并动员组织民间私营运力开展道路货物运输，以马车、驮力、平车为主，主要营运路线为阳泉至左权、阳泉至盂县。1952年8月，国营山西省运输公司阳泉运输支公司成立后，下辖中心汽车站，实行合同运输，大宗货物运输由国营运输企业分配，执行全省统一运价。为加强搬运工作，1953年11月成立市搬运公司。1954年2月25日，省运输公司将阳泉运输支公司所辖中心汽车站改组为省交通厅运输局阳泉中心站，专营长途客货运输业务。11月30日，市政府将市搬运公司改组为市运输公司。1956年6月，境内公私合营和私营运输企业并入市运输公司。到1957年，境内共有载货汽车198辆（其中营业性载货汽车116辆650个吨位）、群众运输马车429辆、货运人力车2128辆，完成货运量186.5万吨，货物周转量1934万吨千米。

1978年中共十一届三中全会召开后，随着国家改革开放政策的逐步深入，道路运输行业进入快速发展时期。境内对国营运输企业实行政企分离，形成全民、集体、个体一齐上的运输组织形式。到1988年，阳泉个体运输户发展到263户，全市货运汽车由1978年的1918辆增加到9718辆，货运量由1978年的316.22万吨增长到2476.40万吨，货物周转量由1978年的7113.67万吨千米增长到99266.40万吨千米。随着经济的快速发展，社会车辆逐年增多，成为阳泉市道路运输的一支生力军，缓解了全市道路运输市场的紧张局面。到2005年，全市载货汽车拥有量达23569辆，其中全市营业性货运汽车经营户2570户，有营运载货汽车9604辆、挂车1405辆，载重吨位75659吨（含挂车16746.60吨），全年全行业完成道路货运量7445.90万吨，货物周转量355679万吨千米。至2010年，全市共有载货汽车34415辆，其中全市营业性货运汽车经营户5358户，有营运载货汽车16394辆、挂车374辆，载重吨位175375吨（含挂车8228吨），全年全行业完成货运量3528.30万吨，货物周转量246960万吨千米。

1949—2010年阳泉市道路货运情况表

表-5-11

年份	汽车总数（辆）	其中营业性	载重（吨）	其中营业性	货运量（万吨）	货物周转量（万吨千米）	年份	汽车总数（辆）	其中营业性	载重（吨）	其中营业性	货运量（万吨）	货物周转量（万吨千米）
1949	—	—	—	—	—	—	1955	135	113	517	449	157.90	1863.60
1950	6	6	12	8	—	—	1956	161	106	589	424	169.50	1933.00
1951	6	4	12	8	20.20	222.30	1957	198	116	896	650	186.50	1934.00
1952	14	8	45	29	87.70	795.40	1958	307	238	1539	1332	216.40	2623.30
1953	27	13	120	78	80.00	1040.70	1959	511	343	1882	1378	225.50	2900.00
1954	151	45	541	223	146.70	1757.60	1960	512	343	1885	1378	242.10	3574.30

续表 -5-11

年 份	汽车总数（辆）	其中营业性	载 重（吨）	其中营业性	货运量（万吨）	货物周转量（万吨千米）	年 份	汽车总数（辆）	其中营业性	载 重（吨）	其中营业性	货运量（万吨）	货物周转量（万吨千米）
1961	457	355	1726	1420	158.20	1779.80	1986	7549	6426	34967	32385	2425.00	94702.00
1962	444	346	1560	1344	99.00	1420.90	1987	8524	7293	38015	34938	2500.00	77136.70
1963	487	360	1627	1399	69.80	1094.90	1988	9718	8479	38843	35748	2476.40	99266.40
1964	494	362	1641	1407	97.87	1564.97	1989	11168	9979	44885	41912	2740.70	112254.20
1965	542	407	1803	1563	113.33	2535.34	1990	9696	8460	42014	38224	2864.00	114872.00
1966	619	468	2174	1797	203.27	2734.41	1991	10116	9112	44832	42102	2925.70	116770.50
1967	671	515	2563	2173	231.54	2783.81	1992	10234	9067	43104	39800	3213.40	125167.00
1968	729	570	2805	2406	182.26	2622.78	1993	10798	9325	43388	40544	3401.00	132356.00
1969	779	616	3009	2601	210.65	3508.18	1994	11793	10578	46409	42626	3533.40	143041.30
1970	803	636	3105	2686	217.61	4386.71	1995	12144	10378	48458	42075	3749.30	155626.20
1971	897	688	3429	2906	194.16	4415.62	1996	14420	11263	57368	49141	4129.60	170031.90
1972	970	752	3721	3176	231.22	5080.51	1997	11307	10400	46621	43818	4294.00	175070.20
1973	1103	845	4081	3436	235.64	4676.39	1998	10055	9164	43017	40043	4984.50	211344.50
1974	1280	969	4718	3940	245.01	4684.51	1999	10092	9105	42663	39696	5069.90	219586.00
1975	1460	1098	5261	4465	251.37	5052.46	2000	10135	9047	42545	39290	5436.50	233086.70
1976	1572	1189	5947	4875	243.43	5435.41	2001	11142	9990	53963	49335	5914.00	285356.00
1977	1633	1249	6254	5179	275.44	6438.56	2002	10685	9581	52003	48613	6150.90	299620.00
1978	1918	1452	7315	5917	316.22	7113.67	2003	8999	8680	46016	44772	6423.00	309337.00
1979	2999	2213	10689	8960	628.90	13142.85	2004	11390	11065	79670	78743	6721.00	333321.00
1980	3530	2801	13890	12133	717.63	16997.68	2005	9604	9604	75659	75659	7445.90	355679.00
1981	4451	3561	17359	15312	659.75	16655.98	2006	8498	8498	70467	70467	7683.00	364142.00
1982	4813	3882	18445	16304	925.13	25819.88	2007	8612	8612	69414	69414	7932.10	371117.00
1983	5309	4300	20889	18568	1212.20	41204.50	2008	11771	11771	97889	97889	8128.50	384773.00
1984	6549	5471	25483	23005	1097.92	52418.75	2009	12855	12855	114891	114891	7280.00	338500.00
1985	7408	6288	30872	28296	2284.00	96882.00	2010	16394	16394	175375	175375	3528.30	246960.00

说明：1. 未含消防车、救护车、工程抢险车、特种车等；

2. 2005 年后汽车总数未含非营业性车辆

进入21世纪，随着电子商务与网络购销的出现，境内新型物流行业——快递业紧随时代步伐兴起，传统的货物运输模式随之发生改变。2005年3月，阳泉市申通快递公司成立，为境内首家民营快递公司。2007年9月，阳泉宅急送快运公司成立。2010年，阳泉韵达快递公司、阳泉速达圆通快递公司、阳泉百世汇通快递公司、阳泉天天达速递公司先后成立。各快递公司起初规模较小，人员、运递车辆和业务量也较少。后来随着网络购销的快速发展，各快递公司经营场所面积不断扩大，分部数量、派送人员、运递车辆和业务量逐年增长。至2010年，全市6个快递公司从业人员有57名，运递车辆24辆，业务量累计达到42万件，业务收入54万元。其中，申通快递公司从业人员30名，运递车辆12辆，业务量约34万件，业务收入45万元，在全市快递业市场份额中占最大比例。

四、企业选介

（一）阳泉市客运总站

位于市德胜东街，西距火车站约400米，占地面积8625.82平方米，主体建筑分为交通大厦和客运车站候车厅两部分，主楼高14层86.78米（地下1层、地上13层），建筑面积14216平方米，候车厅面积862平方米，停车场面积8293平方米。阳泉客运总站于1999年5月26日开工建设，总投资5621.90万元，2001年10月主体竣工，当月13日投入试运营。客运总站是阳泉市唯一的一级长途汽车客运站，站内各种服务设施齐全，全站计算机联网管理，车辆调度、结算与旅客进站购票、检票，全部采用计算机网络系统运作。客运总站多点全天候全程安全监控，配备有SMEX-V10080型多能量X射线安全检查设备和热水器、综合服务台、综合服务部、药箱、行李推车、轮椅、担架等便民服务设备。

2010年，全站有职工102人，进站运营车辆270部7896座，运营班线59条，其中省际班线16条、省内班线39条、区内班线4条，平均日发班次222个，日均输送旅客3200余人次，运营班车辐射北京、天津、西安、郑州、石家庄、魏县、定州、安国等16个省外大中城市及省内太原、大同等24个市县。2001年10月至2010年12月，客运总站共发运营班次71.40万次，输送旅客909.78万人次，实现售票收入27363.81万元，上缴各种税金398.20万元，安全生产无事故，完成上级下达的各项目标任务。2006年至2010年连续5年被市交通局评为“先进单位”。2007年被省交通厅命名为“全省交通行业文明和谐示范窗口”。

2010年阳泉市客运总站班车线路表

表-5-12　　　　单位：千米、元

	发车线路	里程	车型	票价	发车时间	途经站点
省际（16条）	阳泉—石家庄	121	高一级	35	6:00—18:30 每20分钟一班	高速直达
	阳泉—定州	192	高一级	51	8:00、9:30、13:30、14:30	正定 新乐 承安铺 寨西店
	阳泉—安国	230	高一级	61	11:00、12:30	定州 东亭 五女集
	阳泉—燕赵	246	高一级	65	14:00	灵寿 行唐 曲阳
	阳泉—保定	260	高一级	69	9:00、14:10	望都
	阳泉—林州	347	高一级	83	7:00	河口 耽车
	阳泉—五龙	350	高一级	99	16:00	涉县 林州、
	阳泉—魏县	367	高一级	80	9:00	松烟 永年 邢台 邯郸 成安 魏县
	阳泉—濮阳	420	高一级	132	10:30	邢台 邯郸 安阳 汤阴
	阳泉—新乡	433	高一级	123	7:30（两天一班）	荫城口 杨寨河 辉县
	阳泉—郑州	540	高一级	141	9:00	邢台 邯郸 安阳 汤阴 浚县 新乡
	阳泉—北京	424	高一级	111	8:00、9:00、10:00、11:00、14:00、15:30	高速直达
	阳泉—滑县	423	高一级	111	6:30（两天一班）、11:10	邢台 邯郸 安阳 汤阴
	阳泉—临漳	345	高一级	82	8:00（两天一班）	涉县 峰峰 磁县
	阳泉—天津	424	高一级	110	9:00	高速直达
	阳泉—西安	735	高一级	192	18:00	临汾 侯马 运城 渭南
省内（39条）	阳泉—太原	115	高一级	37	6:00—8:30 每25分一班、8:30—10:00 每15分一班、10:00—11:00 每10分一班、11:00—13:00 每20分一班、13:00—13:30 每30分一班、13:30—19:00 每20分一班	高速直达
	阳泉—大同	410	高一级	120	9:00	代县 应县 怀仁
	阳泉—榆次	105	高一级	33	9:45、13:00、14:00、15:00、16:30	高速直达
	阳泉—寿阳	45	中型中级	12	7:15、8:00、8:40、9:20、10:00、10:40、11:20、12:00	张静 芹泉

续表 -5-12

	发车线路	里 程	车 型	票 价	发车时间	途经站点
省内（39 条）	阳泉—卷儿岑	74	中型中级	18	12∶50、13∶30、14∶00、14∶40、15∶20、16∶00、16∶40、17∶20、18∶10	张静 芹泉 寿阳 马首
	阳泉—曹家庄	69	中型中级	14		张静 芹泉 寿阳 落摩寺 曹家庄
	阳泉—落摩寺	66	中型中级	14		张静 芹泉 寿阳 后沟 落摩寺
	阳泉—太安驿	67	中型中级	17		张静 芹泉 寿阳 白家庄
	阳泉—于家庄	61	中型中级	15		张静 芹泉 寿阳
	阳泉—黄岭	79	中型中级	19		张静 芹泉 寿阳 平舒
	阳泉—宗艾	56	中型中级	12		张静 芹泉 寿阳
	阳泉—大北河	76	中型中级	19		张静 芹泉 寿阳
	阳泉—原平	234	高一级	74	7∶30、13∶50	忻州
	阳泉—忻州	172	高一级	55	8∶20、13∶20	低速直达
	阳泉—五寨	383	高一级	101	6∶00（两天一班）	直达
	阳泉—静乐	261	中型中级	57	5∶45	阳曲 豆罗 忻州 合索 三交 牛尾庄 悬钟 康家会 娘子神
	阳泉—太谷	132	高一级	42	13∶45	东阳 北阳
	阳泉—祁县	157	高一级	50	7∶20、13∶55	东阳 北阳 太谷 东观
	阳泉—平遥	180	高一级	57	8∶00、14∶00	东阳 北阳 太谷 东观 祁县 洪善
	阳泉—介休	207	高一级	66	14∶10	太谷 祁县 平遥
	阳泉—文水	189	高一级	50	13∶30	清徐 交城 文水
	阳泉—临县	380	高一级	100	6∶00（两天一班）	清徐 交城 文水 汾阳 中阳 离石 大武
	阳泉—武乡	199	中型中级	57	8∶20	墨灯 武乡洪水 蟠龙
	阳泉—晋城	385	高一级	97	9∶00、12∶10	高平

续表 -5-12

	发车线路	里 程	车 型	票 价	发车时间	途经站点
省内（39 条）	阳泉—长治	263	高一级	75	6:30、7:50、8:50、10:00、11:00、12:30	桐峪 黎城 潞城
	阳泉—左权	124	高一级	36	6:00、6:50、7:25、8:00、8:45、9:45、10:45、12:00、13:00、13:40、15:20、17:00	喂马 弓家沟 寒王 下其至 左权
			中型中级	30		
	阳泉—和顺	85	中型中级	20	5:50、6:45、7:35、8:15、9:55、10:25、11:15、12:00、12:30、13:00、13:30、14:00、14:30、15:00、15:30、16:00、16:40、17:20、18:10	毕家岭 杜庄 高岩底 三齐 后峪 刑村 和顺
			高一级	25		
	阳泉—昔阳	36	中巴	10	6:45、7:00、7:15、7:30、7:45、8:00、8:15、8:30、8:45、9:00、9:15、9:30、9:45、10:00、10:15、10:30、10:45、11:00、11:15、11:30、11:45、12:00、12:15、12:30、12:45、13:00、13:15、13:30、13:45、14:00、14:15、14:30、14:50、15:10、15:30、15:50、16:10、16:30、16:50、17:10、17:30	渡海 昔阳
	阳泉—榆社	165	中型中级	39	7:30、14:00	石匣 榆社上口 王景
	阳泉—黄岩底	56	中型中级	14	8:55	留庄 虹桥关 凤居
	阳泉—瓦邱	65	中型中级	15	9:20	建都 柯栳会 北界都 西固壁 瓦邱
	阳泉—民安	73	中型中级	18	9:30	留庄 虹桥关 凤居 赵壁 赵庄 闫庄
	阳泉—郝家	95	中型中级	19	10:20	建都 栲栳会 北界都 西固壁 东冶头 李家垴 南营 孔氏 王寨
	阳泉—庄窝	93	中型中级	19	10:50	安坪 沾尚 广阳 安丰

续表 -5-12

	发车线路	里 程	车 型	票 价	发车时间	途经站点
省内（39 条）	阳泉—阳坡	78	中型中级	16	10:15	建都 栲栳会 北界都 西固壁 东冶头 北庄
	阳泉—石亭	56	中型中级	12	15:20	背后峪 南沟
	阳泉—西寨	69	中型中级	14	13:00	巴州 上秦山 山庄头 小都
	阳泉—翟絮	59	中型中级	12	10:30	留庄 虹桥关 凤居 东寨
	阳泉—库屯	54	中型中级	11	11:00	巴州 上秦山
市内（4 条）	阳泉—上盘石	25	中型中级	5.5	7:50、9:20、10:50、12:50、16:30、17:50	乱流 龙庄 移穰 岩会
	阳泉—神子山	28	中型中级	6	7:15、8:40、11:20、14:00、16:00、18:10	乱流 龙庄 移穰 赵家峪
	阳泉—下盘石	28	中型中级	6	9:50、14:30、18:30	乱流 龙庄 移穰 岩会 上盘石
	阳泉—西塔堰	35	中型中级	7.5	10:20、17:00	乱流 移穰

（二）山西省阳泉汽车运输有限责任公司

隶属于山西省汽车运输集团，是客货兼营的省属中型国有公路运输企业。其前身为 1950 年 1 月成立的省政府交通局运输公司阳泉客货转运栈，主要承担阳泉至昔阳的客货运输任务，最初只有从省里调来的日本丰田旧汽车 6 部、18 名职工。1951 年 3 月改组为山西省联运公司阳泉联运支公司，业务由单一的公路运输变为公路、铁路、航运、水运综合衔接联运。1952 年 8 月改称国营山西省运输公司阳泉运输支公司。1954 年 2 月改组为省交通厅运输局阳泉中心站，担负阳泉市及周边地区长途客货运输任务。1957 年 10 月，与市运输公司合并成立省交通厅阳泉运输局，1958 年 10 月改称阳泉市交通局。1959 年 10 月，阳泉中心站与阳泉市交通局分设，中心站仍担负长途客货运输。1960 年 4 月，阳泉中心站撤销，成立汽车五队（驻阳泉）、汽车六队（驻和顺）、汽车八队（驻盂县）和阳泉汽车站，属晋中交通局统管。1961 年 1 月汽车五队、六队、八队、阳泉汽车站合并成立晋中地区第二运输公司。1962 年 6 月晋中第二运输公司收归省管，改称山西省阳泉汽车运输公司。1970 年 3 月，阳泉汽车运输公司下放到晋中地区革委会，成立晋中地区汽车运输公司。1975 年 8 月，归省交通局统一管理，改称山西省阳泉汽车运输公司。1998 年 5 月改制成立山西省阳泉汽车运输有限责任公司。2001 年，山西省运输总公司组建为山西汽运集团。到 2010 年，省运阳泉公司拥有 20 个经济实体、17 个职能处室、在册职工 1132 人、离退休人员 718 人，拥有各类车辆 443 部，资产总额达到 9132 万元；下设阳泉、平定、盂县、左权、昔阳、和顺、寿阳、榆社 8 个汽车站。

20 世纪 80 年代，随着计划经济向市场经济的转变，客运市场由专业运输企业垄断的格局被打破，阳泉公司的线路和班车都不同程度地萎缩。1994 年，公司推行客运单车承包经营，使客运经营走上自我发展的轨道。1995 年，吸引社会车辆进站，统一管理，开辟新的市场。1996 年太旧高速公路通车后，公司迅速发展豪华、快速、直达客运班车。2005 年，公司内抓管理，外拓市场，客运业务取得长足发展。至 2010 年，拥有客车 357 辆（普通客车 160 辆、中级客车 107 辆、高级客车 90 辆），总座位数 8047 座；营运线路 138 条（省际 26 条、市际 42 条、县际 70 条）。

公路货运主要是晋煤外运，多年中，阳泉公司利用老企业的优势，积极与各煤矿联系业务，在阳泉市场占据了主要地位。另外，开辟公路零担业务，拓宽经营渠道，弥补了因煤炭市场疲软而造成的运力不足问题。20 世纪 80 年代，面对日益激烈的市场竞争，公司通过一系列改革，在阳泉乃至全省货运市场站稳脚跟。2006 年，组建成立阳泉市物流协会，公司货运向物流一体化方向发展。2007 年，公司货运收入达到 3334 万元。2010 年，公司完成客运量 592.01 万人次，旅客周转量 54465.40 万人千米，完成货运量 187.30 万吨，货物周转量 29963.40 万吨千米。公司货运发展开始转向现代物流业，货运线路除阳泉市外，还辐射到太原、大同、天津、上海、北京等省市，呈现出良好的发展势头。在 2008 年至 2010 年度山西省质量信誉考核中，公司被评定为“AAA 级运输企业”。

（三）阳泉市交通集团有限公司

其前身为 1951 年成立的交通工厂，位于市桃南东路 344 号。1956 年 10 月成立汽车队。1969 年改称汽车一队。1970 年改称阳泉市第一汽车运输公司。1987 年，公司被省政府命名为“省级先进企业”。1990 年，公司 8 项指标达到“国家二级企业”标准。1997 年 1 月，阳泉市第一汽车运输公司整体兼并破产的第二、三、四汽车运输公司，组建成立阳泉市交通集团有限公司，为国有控股公司。

1999年，企业自筹资金230万元兴建建材专营市场——万通大市场。2000年引进高档墙地砖生产项目，所生产的华伦陶瓷墙地砖入选北京2008奥运会场馆工程。2006年，公司投资9000万元兴建万通汽贸物流园区。2009年10月竣工投入运营，公司整体迁入新址。万通汽贸物流园集汽车客货运输、城市出租客运、旅游客运、汽修汽贸汽配、汽车售后服务、汽车维修急救、现代物流仓储发运、煤炭发运、货运交易、外事旅游、航空售票、墙地砖生产、建材装饰商贸市场、餐饮娱乐、房地产开发、设计与施工、润滑油生产营销等为一体，形成多元化、多功能、多层次、全方位的运营模式，公司实现由分散式经营向集群化经营的整合，实现从传统货运业向现代物流业的转型。

2004年10月，市交通集团有限公司获得国家注册国际多边认可证书，被全国总工会授予"全国再就业先进企业"称号。在中国道路运输协会发布的2005年度中国道路运输资质企业100强中，市交通集团有限公司名列第31位。2008年再次被评为"中国道路运输百强诚信企业"。被交通部、人事部联合授予"全国交通系统先进企业"称号，被省交通厅评为"安全生产管理工作先进单位"，获多项市级荣誉。至2010年，市交通集团有限公司成为国家客货运输双二级资质企业，汽车维修一类一级企业。公司占地20.33万平方米，建筑面积5万平方米，拥有分公司、子公司24户，注册资本5723.45万元，经营资产2.18万元，在册职工1116人，从业人员近6000人。全年营收总额41407万元，年度运输利润总额1310.70万元。

（四）阳泉汽车修造运输有限公司

前身为1965年1月1日成立的阳泉市汽车修理厂。1989年9月晋升为"国家二级企业"。1997年1月企业破产重组为阳泉市交通集团汽车修造有限公司。同年12月改制为阳泉汽车修造运输有限公司，为国有控股股份合作制企业，位于市桃南东路322号。2008年11月，公司成立阳泉汽车修造运输有限公司服务中心，迁入新址郊区驼林头村（白泉工业园区内）。

2010年，公司在册职工732人，离退休职工277人，拥有固定资产3023万元，下辖轿车修理厂、调修厂、汽车销售、万通西装饰市场、房产公司等8个分公司；有营运货车539辆7600个吨位，全年完成货运量256万吨，货物周转量3.84亿吨千米。公司形成以公路货物运输、汽车维修、汽车救援为主业，以汽车销售、物资供应、汽车装潢、汽车上户、年检代理服务、汽车检测、驾驶员培训、承揽工程、建材装饰市场、房产租赁、事故车拆解定损、旅游、信息网络、餐饮娱乐、泊车住宿及现代仓储物流为一体的大型综合服务中心。2008年至2010年，公司连续被省运管局评为"AAA级企业"，被省道路运输协会评为"全省道路运输百家诚信企业"。

（五）阳泉市公共交通总公司

1963年初，市交通局设立公共客运汽车队。1964年1月，市交通局将公共客运汽车队在册职工19人和7辆客车、1辆以卡代客货运汽车移交市城市建设局管理。同年4月1日，市公共汽车公司正式挂牌运营，客运总发车站设在桃河大桥东南端。1964年，市公交营运线路有6条，即庙上线、平定线、荫营线、西南舁线、牵牛镇线和南窑庄线，线路总长102千米。1968年改为市人民汽车公司。1982年改为市公共汽车公司。2005年12月更名为市公共交通总公司。2008年11月由市建设局划归市交通局管理，是市交通局下属的中型二类企业，位于市经济技术开发区宏苑二区，经营全市城乡公交客运。2008年，市公共交通总公司共有城市公交客车386辆，经营公交客运线路31条。

至2010年，公司占地面积1.80万平方米，建筑面积4389平方米，下设7个分公司、3个保修厂、4个三产实体，总资产1.32亿元；在册职工2375人，拥有营运公交客车350辆，营运公交客运线路39条，5处停车场（2处为临时）；日客运量36万人次，全年完成客运量9655万人次。

第八节 交通规费征稽

一、机动车交通规费征稽

（一）机构

山西省阳泉交通征费稽查处成立于1987年1月，副处级事业单位，人员编制87人。1996年更名为山西省交通征费稽查局阳泉分局，规格升为正处级，为省交通厅垂直管理、派驻阳泉市的行政执法机构，人员编制125人。2008年，阳泉分局在编正式职工109名，辅助性工作人员126名（其中养路费征管辅助人员61名、通行费征管辅助人员65名）。2008年12月，《国务院关于实施成品油价格和税费改革的通知》下发，规定自2009年1月1日起，在全国范围内统一取消公路养路费、航道养护费、公路运输管理费、公路客货运附加费、水路运输管理费、水运客货运附加费，标志着阳泉交通征稽的历史使命完成。

（二）规费征稽

阳泉交通征费稽查机构1987年成立后，从当年1月1日开始履行公路养路费和车辆购置附加费的征收管理职能。1990年8月10日受市政府委托在娘子关桃河大桥代征机动车辆通行费。1991年8月10日受市政府委托在307国道阳泉段小桥铺大桥代征机动车辆通行费。1991年10

月1日起征收公路货运补偿费（2001年2月16日规范为公路货运附加费）。1993年3月1日起征收新增车辆费（2000年7月1日取消收费）。1995年起代征铁路道口安全管理费。

20多年中，阳泉交通征费稽查部门广大干部职工牢记“为国家征费、为兴路开源”的使命，积极适应灵活多变的市场形势，抓住不同时期的阶段性特征，转变观念，调整思路，实现征管思路由“以费收为中心，稽查为龙头”向“以费源管理为龙头，高效稽查和依法清欠为手段”的转变，征管方式由粗放式向精细化、由数量型向质量型的转变，保持了规费征收的持续增长，为全市交通运输事业的发展特别是公路建养工作作出了贡献。1987年阳泉交通征费稽查处成立之初，努力贯彻落实省征稽局“征管一条龙”工作方针，主要负责养路费、车辆购置附加费的征收稽查工作。1994年、1995年为“交通征稽管理年”，稽查处以规费征收为中心，以稽查为龙头，将交通征费稽查管理工作细化为19项考核指标，层层签订目标责任书，开展交通规费征稽工作。2002年，为适应市场新形势，阳泉交通征费稽查分局以费源管理为龙头，以高效稽查为手段，本着“硬指标量化、软指标硬化”的原则，深化目标责任考核，建立起纵向到底、横向到边的责任制网络，同时建立责任追究制。2004年，阳泉交通征稽分局成为全省首批开始实施银行代征养路费、启动异地征收养路费工作的单位，在不断探索与实践过程中，逐步实现由粗放式管理向集约式管理、由经验式管理向开放式管理的转变。2008年，找准车户利益和规费征收的最佳结合点，充分发挥政策主导作用，出台《山西省交通征费稽查局阳泉分局专业汽车运输（租赁）公司管理办法（试行）》，此为全省交通征稽系统唯一一个由地市分局自主创新、专门针对运输企业下发的政策性文件。与此同时，狠抓源头政策控管，协调公安交警支队车辆管理部门，在车辆注册、登记、年检等6个环节中协助检查交通规费缴纳情况，强化联办源头管理功能，杜绝源头上的规费流失，保障了2008年分局规费征收任务的超额完成。2009年，随着国家成品油价格和税费改革的进行，境内二级公路收费站相继撤站，停止收取通行费。2010年7月21日，阳泉征稽分局按照协议将娘子关、小桥铺收费站部分资产和人员移交市交通运输局，完成收费站停止收费和移交工作。同年，按照国家成品油价格和税费改革人员安置工作部署，阳泉征稽分局有21名工作人员划转税务人员，全部到任上岗。

从1987年成立交通征稽机构起至2008年征稽业务停止，累计征收公路养路费等各项交通规费33.16亿元，其中公路养路费22.81亿元、货运附加费3.34亿元、车辆通行费3.94亿元、车辆购置附加费2.62亿元、新增车辆费0.39亿元，代征铁路道口安全费0.06亿元。1987年，阳泉征稽处征费额为3585万元；1995年突破亿元大关，累计征收11990万元；2005年，阳泉交通征稽费收增长速度和超收额两项均名列全省交通征稽系统第一位。2008年，累计征收

26745万元，超收3945万元，完成年度计划任务的117.30%，创历史最好成绩。阳泉征稽分局连续多年获省征稽局“完成目标责任制优秀单位”称号。在社会主义劳动竞赛中记省集体三等功1次。

1987—2008年阳泉市交通规费征稽情况统计表

表-5-13　　　　单位：万元

年份	公路养路费	货运附加费（货运补偿费）	车辆通行费	车辆购置附加费	新增车辆费	代征铁路道口安全费
1987	3587.71	—	—	191.06	—	—
1988	4043.63	—	—	210.69	—	—
1989	4340.53	—	—	149.88	—	—
1990	4758.39	—	188.29	86.17	—	—
1991	6199.98	47.73	588.99	47.74	—	—
1992	5755.68	2274.56	1093.01	32.43	—	—
1993	6086.62	2649.98	1809.56	190.85	110.00	—
1994	7122.68	2205.07	2789.11	1550.64	346.67	—
1995	10910.75	1079.64	2504.30	2697.82	671.00	—
1996	10472.77	1092.26	1904.65	3127.84	997.78	33.35
1997	9892.25	1046.80	1887.84	2691.72	701.73	33.33
1998	10499.66	1128.02	1561.84	1704.87	426.66	31.25
1999	7824.77	883.31	1273.13	2011.41	537.49	28.84
2000	8566.41	921.95	1165.90	2773.80	268.99	28.34
2001	9456.09	1111.51	1984.62	4833.75	—	34.86
2002	11675.60	1585.60	1938.59	3927.43	—	39.55
2003	1233.73	1699.36	2626.59	—	—	42.52
2004	15427.01	2396.75	3850.56	—	—	47.82
2005	19768.01	3572.96	4322.57	—	—	61.53
2006	17405.31	2872.46	3277.10	—	—	66.00
2007	21984.05	8.69	1532.00	—	—	78.85
2008	22834.55	3779.10	3009.57	—	—	96.03

二、农用车辆交通规费征稽

（一）机构

1988年6月，市编制委员会同意市交通局设立“阳泉市拖拉机征费稽查科”，负责全市拖拉机养路费的征收稽查工作，编制从市交通局道路处编制中调剂解决，经费自收自支。1993年3月，市拖拉机征费稽查科更名为市交通规费征收稽查处，为正科级事业单位，由省交通征费稽查局管理，行政工作隶属于市交通局，人员编制20人。根据《国务院关于实施成品油价格和税费改革的通知》，从2009年1月1日零时起，阳泉市交通规费征稽系统停止征收拖拉机养路费等交通规费。2010年5月组建阳泉市交通路政管理处，市交通规费征收稽查处至此终止。

（二）规费征稽

阳泉市交通规费征收稽查处主要征稽对象是拥有拖拉机、畜力车、农用车的单位和个人，项目有公路养路费、公路货运附加费、铁路道口费、建勤费。根据省交通厅的统一规定，境内公路养路费始征于1985年1月1日；公路货运补偿费始征于1991年8月，2001年后改为公路货运附加费；铁路道口机动车辆安全管理费从1996年1月1日起开征。从2009年1月1日起，阳泉市执行国家费改税政策，以上收费项目取消。市交通部门于1993年2月开始征收建设和养护勤务费，同年10月根据省财政厅文件规定停止征收，1995年1月1日又开始征收，1998年3月20日停止。

1985—2008年阳泉市拖拉机 畜力车 农用车公路养路费和

货运附加费征稽情况统计表

表-5-14　　单位：万元

年 份	平定县	盂 县	郊 区	城 区	矿 区
1985	24.00	23.00	23.00	0.90	3.50
1986	27.00	26.00	28.00	1.10	4.00
1987	29.00	27.00	31.00	1.23	4.40
1988	22.03	13.35	34.60	1.25	4.86
1989	31.20	26.55	40.88	1.66	5.60
1990	36.10	30.46	41.15	1.86	5.67
1991	48.18	27.77	48.56	2.29	6.33
1992	64.43	29.87	54.29	2.77	8.33

续表 -5-14

年 份	平定县	盂 县	郊 区	城 区	矿 区
1993	101.06	83.62	92.35	5.81	13.29
1994	75.35	54.32	95.65	8.90	10.83
1995	97.99	80.55	98.16	8.34	10.87
1996	122.15	90.00	96.37	12.50	17.67
1997	127.09	87.60	107.82	8.46	10.31
1998	139.44	72.25	111.52	11.04	12.87
1999	139.98	77.49	115.69	12.19	14.96
2000	166.78	131.23	128.37	14.08	15.16
2001	184.30	121.64	126.78	15.35	16.28
2002	220.31	147.22	197.86	17.23	18.60
2003	251.49	143.68	214.20	19.21	19.53
2004	265.79	144.84	203.62	25.26	24.06
2005	237.10	201.30	171.70	23.80	6.10
2006	220.60	207.50	174.30	21.90	21.80
2007	226.98	191.84	190.19	21.04	20.59
2008	244.79	200.67	166.73	20.88	20.05

1996—2008 年阳泉市拖拉机 畜力车 农用车铁路道口费征稽情况统计表

表 -5-15　　　　单位：万元

年 份	平定县	盂 县	郊 区	城 区	矿 区
1996	1.54	1.51	1.50	0.25	0.25
1997	1.64	1.11	1.62	0.26	0.27
1998	1.91	1.17	1.71	0.24	0.24
1999	1.92	1.28	1.65	0.29	0.30
2000	2.08	1.79	1.62	0.31	0.30
2001	2.30	1.66	1.62	0.33	0.30

续表 -5-15

年 份	平定县	盂 县	郊 区	城 区	矿 区
2002	2.18	1.50	1.81	0.25	0.25
2003	2.02	1.08	1.55	0.27	0.27
2004	1.82	1.02	1.51	0.26	0.25
2005	1.68	1.66	1.21	0.26	0.06
2006	1.61	1.66	1.24	0.22	0.22
2007	1.65	1.59	1.52	0.24	0.24
2008	1.95	1.44	1.23	0.22	0.21

1993—1998 年阳泉市拖拉机 畜力车 农用车建勤费征稽情况统计表

表 -5-16　　　　单位：万元

年 份	平定县	盂 县	郊 区	城 区	矿 区
1993	50.02	19.48	47.17	108.35	6.70
1994	—	—	—	—	—
1995	57.86	43.88	59.10	35.87	4.86
1996	58.57	51.68	66.69	40.30	9.79
1997	61.52	54.43	66.95	51.36	12.38
1998	23.80	5.84	50.94	7.37	37.01

三、道路运输管理规费征收

道路运输管理规费是国家（或省级地方政府）批准征收的，主要用于县乡公路基础设施建设、养护、维修、技改和管理的专项资金，是公路交通事业发展的主要资金来源之一。山西省开征的道路运输管理规费主要有公路运输管理费和公路客运附加费（1993 年至 2000 年间名称为公路客运站场建设费）两项。

阳泉市道路运输管理处负责道路运输管理规费征收工作，由车籍所在地县级以上运政管理部门负责按期征收，实行全省统收统支收支两条线的预、决算管理办法，各县级运管部门按期征收规费逐级全额上解市、省道路交通运政管理部门，由省运管局统一集中解缴省财政。公路运输管理费按省、地（市）、县三级运管部门1∶2∶7比例，公路客运附加费按省、地（市）、县三级运管部门4∶3∶3比例，省财政厅、省交通运输管理局、市运管处按规定比例逐级返还各级运政管理部门，由省、地（市）、县三级运管部门分级管理。全市各级运管部门严格执行国家专款专用的财政规定，将运管规费按规定分别用于道路交通运政事业管理经费和道路客运基础设施建设专项资金。

境内公路运输管理费的征收始于1979年，公路客运附加费（1993年至2000年间名称为公路客运站场建设费）征收始于1989年。随着运输市场的发展变化，山西省对公路运输管理费和公路客运附加费（公路客运站场建设费）的征收办法作过几次调整，阳泉市严格执行全省标准，规范收费。全市营运车辆逐年增加，运管费收入逐年提高，为全市道路交通运输事业的发展提供了可靠的交通运政事业管理经费。根据国务院文件，从2009年1月1日起取消上述收费，实施成品油价格和税费改革。至2008年，全市运管系统累计征收公路运输管理费21035万元、征收公路客运附加费7016.30万元。

1979—2008年阳泉市公路运输管理费征收情况统计表

表-5-17　　单位：万元

年 份	市道路运输管理处	平定县	盂 县	郊 区
1979	23.70	12.00	0.90	—
1980	16.00	14.80	5.10	—
1981	16.10	15.00	7.10	—
1982	28.60	20.00	17.80	—
1983	24.90	20.80	24.50	—
1984	19.50	21.00	18.50	4.10
1985	19.30	23.00	14.50	15.30
1986	58.50	24.60	16.20	22.80
1987	86.00	31.00	21.50	24.00
1988	61.10	39.80	26.10	39.70
1989	103.80	40.80	34.70	37.30
1990	136.40	69.70	50.00	68.90
1991	144.50	85.60	71.40	96.50

续表-5-17

年 份	市道路运输管理处	平定县	盂 县	郊 区
1992	125.60	104.20	67.70	105.50
1993	197.00	104.00	93.50	100.50
1994	181.20	99.30	95.00	119.50
1995	219.50	100.00	100.00	129.50
1996	241.60	123.80	125.60	130.00
1997	198.20	141.90	130.50	145.40
1998	183.40	134.30	147.00	156.00
1999	206.40	125.90	135.70	138.00
2000	216.80	122.65	142.60	141.00
2001	304.40	104.20	142.30	143.00
2002	464.80	102.60	145.80	129.00
2003	445.70	96.00	152.00	122.70
2004	720.10	111.00	150.80	122.00
2005	1007.30	135.00	171.80	121.90
2006	2082.60	308.70	319.70	244.00
2007	1552.00	407.50	444.50	294.00
2008	1799.30	663.70	784.00	441.00

1989—2008年阳泉市公路客运附加费征收情况统计表

表-5-18

单位：万元

年 份	市道路运输管理处	平定县	盂 县	郊 区
1989	10.50	9.80	1.70	5.00
1990	11.00	9.10	1.90	5.50
1991	35.00	11.90	3.30	6.10
1992	39.90	15.30	3.50	8.90
1993	58.30	17.90	2.70	9.00

续表 -5-18

年 份	市道路运输管理处	平定县	盂 县	郊 区
1994	42.20	28.50	12.00	9.10
1995	48.80	30.60	13.00	8.60
1996	100.20	25.70	22.00	21.00
1997	103.70	58.00	26.00	36.30
1998	105.20	56.40	33.40	30.00
1999	71.30	56.70	32.80	30.20
2000	104.90	54.90	35.00	36.20
2001	390.60	102.00	70.60	57.50
2002	458.70	111.00	72.80	67.80
2003	295.30	92.00	39.70	43.30
2004	502.30	113.40	53.50	66.80
2005	524.80	113.50	52.30	62.40
2006	540.60	84.80	75.00	54.60
2007	444.30	88.00	88.70	61.00
2008	546.50	85.10	98.40	60.00

四、307 国道复线通行费征收

307 国道复线坡头至水峪段一级公路，于 2005 年 9 月 26 日开工，全长 28.8 千米，总投资 9.7 亿元，2007 年 12 月 18 日竣工通车。307 国道复线（北外环）的建成，使阳泉市城市空间向北拓展 50 平方千米，相当于再造了一个阳泉市区面积，同时与平定路（南外环）、义白路（东外环）一起构建成阳泉大外环，打通一矿、三矿、四矿、洪城河、李荫路、桃荫路、义白路等连接线和断头路，形成纵横交错的城市道路网络格局。

307 国道复线通行费由阳泉市宏大公路经营有限公司大村收费站负责征收，由市交通运输局主管，于 2007 年 12 月 29 日开始收取车辆通行费，批准收费年限为 11 年。至 2010 年，共收取车辆通行费 1.29 亿元，通行量达 472 万辆次。

第九节　公路管理

一、机构

1950年10月，山西省交通局阳泉公路管理站成立，为阳泉地区首个公路管理机构。1955年3月，市政府设立交通科。自此，公路管理站负责干线公路的养护和管理，交通科负责县乡公路的养护和管理。1958年9月，阳泉公路管理站下放给阳泉市交通科，改称阳泉市公路管理站。同年10月，交通科与阳泉运输局合并成立阳泉市交通局，阳泉市公路管理站隶属于市交通局，负责干线公路的养护和管理；市交通局设立路政科，负责县乡公路的建设、养护及管理。1962年6月，阳泉公路管理段成立，隶属于市交通局。原属榆次公路管理段的左权、和顺、昔阳、平定、盂县公路管理站划归阳泉公路管理段，加上新设的苇泊、阳泉2个公路站，其时阳泉段共管辖7站1所（阳泉车辆监理所），负责5条干线公路316.67千米及市区8条主要地方道路84.50千米的养护、管理、养路费征收任务，路政管理的范围扩大。1979年4月1日，根据晋交字〔1979〕80号文件规定，公路实行分级管理，公路管理段负责国道和省道的养护、管理，市交通局负责县乡公路的养护、管理。1980年12月30日，山西省阳泉公路管理总段（1979年11月成立）将县公路7条52千米、社队公路9条55千米及道班房等设施移交市交通局路政科。至1981年，路政科共负责养护和管理县乡公路18条120千米。1983年9月，平定县和盂县划归阳泉市管辖，两县的县乡公路由晋中交通局移交阳泉市交通局。1987年2月27日，省交通厅对公路管理体制再次调整，依照公路的行政等级，分别由各级公路管理机构管理，市交通局路政科更名为道路管理处。1987年3月，山西省阳泉公路管理总段更名为山西省公路局阳泉分局。1988年4月，国、省道路政管理职能划归阳泉公路分局公安科，公安科与路政科两块牌子、一套人马。1990年，平定县、盂县和郊区3个公路段相继设立路政管理所。随后，阳泉公路分局在平定县、盂县和郊区设立公安值勤室，与3个路政管理所合署办公，从事公路治安维护与路政管理工作。1999年，全市公路路政管理机构名称改为山西省公路路政管理总队阳泉支队和山西省公路路政管理总队平定路政管理大队、盂县路政管理大队、郊区路政管理大队。2001年8月15日盂县洞沟路政管理大队成立，2010年3月16日撤销，成立盂县东公路段管理大队。至2010年，山西省公路路政管理总队阳泉支队下属路政管理大队4个。

1994年6月，市交通局道路管理处内设路政办公室，负责全市县乡公路的路政管理，同时两县一区均设立路政管理所，均配有专兼职路政管理员10余人。2010年3月15日，阳泉市交通路政管理处成立。

2010 年阳泉市公路通车里程 路面情况统计表

表 -5-19　　单位：千米

	项目分类	里程	等级					有铺装路面	简易铺装路面（次高级）	未铺装路面（中级、低级、无路面）	晴雨通车里程	绿化里程	养护里程
			高速	一级	二级	三级	四级						
全市	国道	210.30	66.72	24.23	111.72	7.63	—	210.30	—	—	210.30	137.98	199.14
	省道	310.00	40.60	29.24	232.79	3.55	3.82	310.00	—	—	310.00	209.47	310.00
	县道	749.97	—	10.93	55.26	420.46	263.32	648.69	93.49	7.79	749.97	504.33	749.97
	乡道	863.23	—	—	5.97	91.72	765.54	739.45	50.11	73.67	863.23	202.52	863.23
	专用公路	3.54	—	—	—	3.54	—	3.54	—	—	3.54	3.54	3.54
	村道	3230.29	—	5.13	11.11	51.17	3162.88	2780.06	87.32	362.91	3230.29	33.42	3230.29
郊区	国道	79.10	14.26	13.97	43.24	7.63	—	79.10	—	—	79.10	44.26	67.94
	省道	54.83	28.13	14.03	12.67	—	—	54.83	—	—	54.83	47.57	54.83
	县道	96.38	—	—	18.81	43.75	33.82	91.91	4.47	—	96.38	56.94	96.38
	乡道	128.84	—	—	5.97	25.28	97.59	100.77	15.73	12.34	128.84	66.89	128.84
	村道	622.04	—	—	6.37	27.75	587.92	570.19	7.49	44.36	622.04	12.42	622.04

续表 -5-19

	项目分类	里程	等级					有铺装路面	简易铺装路面（次高级）	未铺装路面（中级、低级、无路面）	晴雨通车里程	绿化里程	养护里程
			高速	一级	二级	三级	四级						
平定县	国道	107.60	52.46	10.25	44.89	—	—	107.60	—	—	107.60	93.72	107.60
	省道	35.53	8.27	3.05	24.21	—	—	35.53	—	—	35.53	10.42	35.53
	县道	350.83	—	—	23.36	234.37	93.10	341.06	9.77	—	350.83	226.47	350.83
	乡道	367.99	—	—	—	23.92	344.07	311.14	—	56.85	367.99	29.97	367.99
	专用公路	3.54	—	—	—	3.54	—	3.54	—	—	3.54	3.54	3.54
	村道	1338.29	—	5.13	3.82	10.39	1318.95	1184.39	2.04	151.86	1338.29	15.41	1338.29
盂县	国道	23.60	—	—	23.60	—	—	23.60	—	—	23.60	—	23.60
	省道	219.64	4.19	12.17	195.91	3.55	3.82	219.64	—	—	219.64	151.48	219.64
	县道	302.76	—	10.93	13.09	142.35	136.39	215.72	79.25	7.79	302.76	220.92	302.76
	乡道	366.40	—	—	—	42.53	323.87	327.54	34.38	4.48	366.40	105.65	366.40
	村道	1269.96	—	—	0.92	13.02	1256.02	1025.48	77.80	166.68	1269.96	5.60	1269.96

说明：国道、省道含重复线路和高速公路

二、国道和省道管理

（一）护路宣传

国民经济恢复和发展时期，各级政府对公路建设和管养工作十分重视，在机关、学校和广大群众中开展爱路护路宣传教育，推进了路政管理工作。“文化大革命”时期，公路管理机构遭到冲击，交通秩序混乱，公路建设、管养、宣传工作几乎瘫痪。1975 年 9 月， 公路养护职工和交通管理人员密切配合，坚持“全面养护，加强管理，统一规划，积极改善”的方针，宣传贯彻落实交通部《公路养护管理暂行规定》。1983 年 7 月，国务院印发《关于加强公路路政管理，保障公路安全畅通的通知》。1987 年 10 月，国务院颁布《中华人民共和国公路管理条例》。1988 年，阳泉市成立贯彻条例领导组，市交通局、公路分局、交警支队以及三区两县积极配合，在公路沿线进行广泛宣传，覆盖面达 25 个乡镇 165 个村庄和厂矿企业。1998 年 1 月，《中华人民共和国公路法》开始施行。2000 年 4 月 1 日，交通部《超限运输车辆行驶公路管理规定》施行，此为《中华人民共和国公路法》颁布实施后交通部出台的第一个路政管理方面的配套规章。2002 年 11 月 26 日，交通部出台《路政管理规定》，于 2003 年 4 月 1 日起施行。为保证国家路政管理法律、法规及其规章制度的正确贯彻执行，阳泉公路分局成立宣传活动领导组，制定实施方案，在人员、物资、经费方面做到三到位，宣传形式除利用广播、电视、电台、报刊等新闻媒体及广告、标语、传单等进行宣传外，还在所辖的国省道、公路沿线有重点地设置永久性的宣传架，利用护岸、挡墙、广告牌粉刷宣传标语等，在全市营造了浓厚的爱路护路氛围。

（二）依法治路

随着国家路政管理法律、法规的不断健全和完善，20 世纪 90 年代，全市公路管理在继续依靠政府、发动人民群众爱路护路综合治理公路环境的同时，注重加强路政管理法治化建设，使路政工作逐步走上法治化管理的轨道。阳泉公路分局及所属路政管理所相继成立公路巡回法庭，解决了一些多年未能解决的“钉子”问题，强行拆除一些违章建筑，遏制了在公路两侧违章乱搭乱建的势头，在加强管理、依法治路方面成效明显。1993 年 7 月，阳泉市中级人民法院公路法庭成立；盂县、平定县、郊区人民法院公路法庭分别于 7 月、9 月、11 月成立。同年 12 月 29 日，阳泉公路分局和阳泉市中级人民法院在盂县路政管理所召开现场会，推广盂县依法治路和盂县公路法庭主动办案的典型经验，取得良好的典型效应。在随后的两年时间中，市、县两级公路法庭在路政违章依法查处方面发挥了很好的作用，保护了国家路产路权的完整。1997 年 7 月，盂县路政所被省交通厅授予“精神文明示范窗口单位”称号。为全面推进路政执法工作，阳泉公路分局于 1999 年 6 月、10 月先后两次组织联合清障行动，对已建成的文明路段、拟建的文明路段、过村镇路段等开展集中整治，出动公安、路政执法人员60余人次，机动车30辆次，拆除违章建筑10处，清理垃圾渣土228处1702立方米，清理杂牌广告800余块，取缔违法摊点50余处，没收水管5000余米，打通排水沟3000余米，下发违章通知书64份。各县区路政所也开展集中清障行动，公路沿线肆意侵犯路产路权的行为得到有效遏制。2001年至2010年，全市发生路政案件10270起，发现10140起，查处10119起，结案10112起。2001年，阳泉公路分局路政支队被省交通厅授予“交通行政执法先进单位”称号。在路政执法中，对立案查处的路政案件，凡涉及损路赔偿的，严格按照有关规定执行。1992年6月下旬启动对车辆抛撒费的收取工作。从2000年10月9日零时起，对超限运输车辆收取赔（补）偿款。此外，各路政大队每年治理过村路段、清理路障、清理垃圾渣土等堆积物、拆除违章建筑、清除非公路标志牌、整治平交道口，净化了公路环境，促进了境内国省干线公路文明路的创建。

三、县乡公路管理

（一）路政管理

境内早期的路政管理重点放在管制雨后行车上。1953年，阳泉市根据省政府颁发的《交通局管理站办事规定》，在阳盂、阳左、太旧三条主要干线公路上，陆续竖立弯道、危险、鸣号、桥梁限载等禁令标志、警告标志和指示标志，并保持清晰完好。1979年，《山西省公路路产保护奖惩办法》实施后，设立专兼职路政管理员，定期上路检查，公路秩序进一步好转。1983年9月，平定县和盂县划归阳泉市管辖，两县的县、乡公路由晋中交通局移交阳泉市交通局，全市形成市交通局主管、各县区交通局具体组织实施的地方公路两级养管体制。1987年，国家、山西省《公路管理条例》先后下发，全市公路管理工作进一步加强。1994年6月，市交通局道路管理处设立路政办公室，负责全市县、乡公路的路政管理。同时，平定县、盂县和郊区均设立路政管理所，均配有专兼职路政管理员10余人，统一着装进行路政管理。

1997年7月3日，《中华人民共和国公路法》颁布实施后，市交通局制定了公路路产损坏举报制度，聘请百名兼职路政监督员沿线监督，使路产损坏发现率大幅度提高。2000年，市交通局道路管理处选聘15名行风监督员，设置举报电话和投诉箱，向社会各界发放“行风状况调查问卷”，接受社会监督。2003年1月27日，交通部公布《路政管理规定》，使路政管理工作有法可依、有章可循。2004年，市交通局道路管理处投资3万元为路政执法人员制发服装，投资13万元配备路政稽查车，组织上路巡查，处理公路维权案件，全年查处损坏公路路产路权案件11起，治理超限超载车辆6500余辆次。2006年，市交通局道路管理处与治超站点、治超站点与执法人员均签订责任状，做到“岗位职责、管理措施、责任追究”三落实，年内发现损坏公路案件32起，查处率100%，结案28起，收取公路赔（补）偿费26.60万元。2008年，查处损坏公路案件13起，结案13起，收取赔（补）偿费99.90万元。

2010年3月15日，阳泉市交通路政管理处成立后，以“保护公路、执法为民”为宗旨，按照“打基础、树形象、抓重点、见成效”的工作思路，建章立制规范行为，加强培训提高素质，全年查处损坏公路案件7起，全部结案。

（二）运政管理

1949年12月，境内第一个专业运输管理机构——省交通局运输公司阳泉客货转运栈成立，直属省运输公司领导。之后，随着全市经济的迅速恢复，境内各煤矿产量急剧上升，运力明显不足，加之管理不力，运输秩序亟待整顿。1951年3月，阳泉客货转运栈改称阳泉联运支公司，开展铁路、水运、航运等衔接运输（亦称“联运”）业务。同年5月，实行统一运价、统一调度、统一货源管理办法。

1958年10月市交通局成立，下设运务科负责运政管理工作。1959年，贯彻中央和山西省关于开展短途运输的文件精神，于9月1日成立市交通局运输指挥部。1961年，国营汽车运输企业归省运输公司，客货运输仍由省划定路线和运营区域，地方专业运输企业（包括集体运输企业和农副业运输企业）由市交通局运输指挥部管理。为适应运输事业发展需求，1978年市交通局社会运输管理处（简称运管处）成立，下设市区、赛鱼、荫营3个运输管理站，对客货运输业、搬运装卸业、汽车维修业和运输服务业进行管理。运管处主要履行原交通运输指挥部的职责，在行政上贯彻实施各级政府部门有关运输的方针、政策、法规等，在业务上继续实行“三统一”管理。

20世纪80年代后，随着运输市场的放开，全市出现国营、集体、个体一起上的局面，运管处严格发放“准运证”，加强运输市场管理。1983年，交通部、省交通厅下发《关于停止办理载货汽车跨省准运证的通知》和《关于停止办理载货汽车跨省准运证的通知的补充通知》后，市交通局出台《关于进一步加强农村运输工具组织管理的通知》《关于进一步加强公路运输管理，坚决制止乱收费的通知》《关于公路货运统一结算凭证管理的通知》等一系列规章制度，有效控制了运力投放和非法经营，使运输市场更加规范有序。1986年，全市道路运输管理系统实行三级运政管理体制，阳泉市设运输管理处，平定县、盂县、郊区分别设运输管理所，县区和乡镇按片区规划，共设10个乡镇运输管理站，承担辖区内道路客、货运输经营以及道路运输相关业务等管理工作。各县区运管部门逐步实施开业审批、年度审验、政策引导、信息引导的审批制度和调控措施，实行运输行业企业准入的经营许可审批管理、户籍簿管理、道路客货运输车辆营运证、标志牌管理、道路运输运单管理、车辆技术管理等制度，推进合同运输、合同维修，促进了行业管理的法治化、程序化和规范化。1987年，对参加运营的社会客运车辆实行“三定”（定站点、定线路、定班次）管理，同时加强对大宗货源和重点物资运输的管理，促进了交通运输业的平稳发展。

1991年，全市运管部门全面实行道路运输行业年度审验工作制度。1995年，《山西省道路运输管理暂行条例》颁布实施，使运政行业管理有法可依。2000年，运管部门开展客货运输企业资质评定和客货运输市场、汽车维修市场、汽车驾培市场、客货运站场专项整顿，着力解决运输市场经营主体多、小、散、弱的问题，全市股份制企业、民营企业明显增多，运输市场组织化、规模化程度明显提高，形成新的道路运输业生产能力。2003年9月，市行政审批服务中心交通分中心成立，实行“一门受理、窗口运作、统一收费、承诺办结”的一站式运政服务模式，运政管理更加高效、廉洁、优质。2004年7月1日，《中华人民共和国行政许可法》《中华人民共和国道路运输条例》正式实施后，全市运输管理部门进一步规范管理程序，做到运政管理法治化、岗位职责明确化、办事程序规范化。

2008年，全市道路运输管理跨入城乡一体化大交通管理格局，全市道路客运市场集约化程度显著提高，营业性客运经营户由2000年的191户整合为17户，户均车辆从3辆增加到42辆，形成以阳泉市为中心，以255条客运线路为经纬，覆盖全市城乡山村，连接6个省、市（直辖市）的客运网络；全市评定一级到五级货运企业218户，危险品运输经营户由2000年的66户整合为12户，户均车辆从2辆增加到18辆。是年，全省运管系统实现省、市、县三级业务联网办公。实施运政联网移动稽查，开通96566运政热线和阳泉市道路运输管理网站，开展网上政务大厅办公，启动卫星定位系统，实现道路运输行业远程安全监管。

至2010年，凡在境内从事道路客运（含道路班车客运、旅游客运、公交客运、出租汽车客运）、货物运输（含现代物流业、普通货物运输、危险货物运输）、机动车维修、驾驶员培训、搬运装卸和汽车客货运输站（场）等道路运输相关经营者均纳入道路运输行业管理，运管部门全面实施道路运输行业公共行政、公共服务管理。根据国家政策和社会需要，全市运管系统不断培育、发展道路运输市场，严格对道路运输行业和运输市场实施行政许可，加强对运输市场开展全面整顿和专项整治，采取专项检查、定期检查、抽查、暗查、路查、巡查、年度审验、质量信誉考核等多种形式，使道路运输市场得到严格监管、规范执法，全市道路运输市场统一、开放、竞争、有序，推动了全市经济的发展。

第十节 公路养护

“一五”期间，阳泉市遵循“因地制宜，就地取材”和“群众义务建勤为主，国家投资为辅”的方针，在发动群众整修和养护公路的同时，组建专业养路队伍，通过推广先进经验、采纳合理化建议、开展劳动竞赛等，使养路专业水平不断提高，路况有了显著改善。1958年，在阳盂、阳左公路沿线组建16个养路队，负责养护所辖的92.24千米干线公路。1959年11月，全市固定常年养路队有19个，养路队员220名，养护阳盂、阳左、太旧等干线公路和厂矿道路共223.7千米。从1960年8月1日起，阳泉市将市辖公路干线和地方道路的群众养路队改组为11个专业养路道班，编制道工166人，报酬由工分制转为工资制（每人月资40.9元）。1962年，将养路工人改编为12个道班，养护干线公路及主要地方道路共143.5千米，阳泉公路管理站与市交通局路政科合并办公，采取定人、定线、分片包干的办法，对道路勤检查、勤保养、勤维修。至1962年，全市共有各种道路236千米，分别由阳泉、苇泊2个公路管理站和各公社、厂矿养护管理。1962年全省公路检查评比，阳泉公路管理段获“优秀公路段”称号。1963年2月，山西省人民委员会颁发《山西省公路养护和管理试行办法》。1963年至1965年，全市共完成大、中修及水毁工程投资107.84万元，小修保养工程投资77.21万元，阳泉辖区干线公路达到路面平整坚实、路肩整齐、水沟畅通、标志完善的目标。

20世纪70年代，公路日常养护由道班工人和民工建勤代表工养路队员完成。国、省道公路的养护由阳泉公路分局负责，各公路段承办；县道养护由县、市交通局负责；乡村公路的养护管理主体为乡镇政府，由各村委会负责养护实施，县（区）交通局负责行业管理，统一考核养护质量标准，鉴定养路效果。养护质量分优、良、次、差4个等级，采用百分制考核。1971年，山西省革命委员会发布《关于山西省公路养护和管理试行办法》，规定采取“道群共养”模式进行道路养护。阳泉公路管理段组织技术革新小组，自力更生，土法上马，先后革新成功卧牛式碎石机、皮带运输机、分层振动筛、油路养护车、滚筒式油石拌和机等机械设备，改善了劳动条件，降低了费用，提高了工作效率。1973年以后，在新铺和翻修的油路工程中，均以黑色碎石进行施工。与此同时，沥青的使用和施工工艺的改进，使公路养护质量提高。1975年全市油路好路率达到94.10%。1975年，交通部颁发《公路养护管理暂行规定》，重申公路养护工作实行分级管理。1979年，省交通厅下发《关于改革公路管理体制实行分级管理的通知》，规定干线公路由固定工人和协议工组成专业道班养护，县公路由民工建勤代表工组成养路队养护，社队公路及厂矿公路由各人民公社及使用单位自管自养。

1980年9月，市交通局恢复路政科。12月30日，阳泉公路管理总段将阳泉、苇泊2个养护段养护的县公路7条52千米、社队公路9条55千米及道班房固定工12名、民工建勤代表工49名、养路队员46名一并移交市交通局路政科。至此，全市公路养护管理体制改革基本完成。1984年，根据省交通厅《关于各公社（乡）设立交通管理员的通知》，全市各县（区）所属公社（乡）先后都设置交通管理员，负责县、乡公路的养护管理。1986年，阳泉公路管理总段改称山西省公路局阳泉分局，负责国道和省道的管养，市交通局负责一般干线和县乡公路的管养。

自1986年起，阳泉公路分局在交通部、省公路局科研专家的指导下，应用和推广阳离子乳化沥青技术，提高了公路养护水平。为缓解交通量逐年递增、车多路窄、大流量、低等级的矛盾，1990年，阳泉公路分局开展道班"十化"建设竞赛活动，即道路优良化、管理科学化、设施标准化、养路机械化、庭院园林化、住宿公寓化、设备电器化、学习制度化、就餐食堂化、经营多样化，加强道班自身建设，推动养护上等升级。通过几年的实践，公路好路率稳中有升。1993年9月，全省"路好、人富、环境美"建设现场会在阳泉公路分局郊区公路段召开。1995年，阳泉公路分局出台《公路养护管理一体化方案》，建立起养管一体新体系，带动养护管理水平全面提高。从1997年起，阳泉公路分局开展"四个一百工程"，即建设百千米文明路、建设百千米绿色走廊、建设百千米广告长廊、建成百人路政管理网络。1998年，阳泉市在全省率先实行养护管理机制改革，路面实行机械化集中养护，路基养护实行个人竞标承包制，沙砾路道班实行多班一长制，道班实行末位淘汰制，公路养护试行养护工程费制和岗效工资制，效果明显。2003年4月，阳泉公路分局制定出《日常养护管理办法》和《养护大中修工程管理办法》，日常养护推行量化考核，路况明显好转。自2004年起，以"消除隐患，珍视生命"为主题，实施公路安全保障工程，共修建防护墩7163米、防护矮墙18167米、防撞护柱7995米、波型梁护栏750米，安装更新标志294块，使公路安全防护能力显著提高，大大降低了交通事故死亡率和重大交通事故发生率。"十一五"期间，全市干线公路路况整体提高。2010年，境内国道、省道全部为有路面里程和高级路面，文明路建设里程达293.65千米，全市干线公路年平均好（优良）路率77.50%，年平均技术状况指数84.80。

公路养护

与此同时，各县区因地制宜，多种方式开展农村公路养护工作。确定养护主体、职责和任务，以及资金筹措、补助标准、考核奖励等办法，实行属地管理，县公路由县交通局养护中心负责养护，乡公路由乡镇管理站负责养管，村公路由村民委员会养管。县、乡专业养护队伍实行聘用制，大、中型养护工程实行招标制，村公路养护人员实行合同制。逐级签订工作目标责任状，根据年度工作目标开展考核奖惩，按合同考核兑现工资。2005 年 7 月 20 日《阳泉市农村公路养护管理实施办法》下发后，市财政每年将列入预算的 280 万元作为养护专用资金，实行“以奖代补”。至 2010 年，全市基本建起以县区为责任主体的农村公路管养体制、以公共财政投入为主的资金管养渠道和以养护市场化为趋向的养护生产机制，县区交通局有养护中心，乡镇有管理站，村委有管理员，农村公路养护质量稳步提升，行车环境明显改善。

第十一节　超限超载治理

随着经济的快速发展，公路上行驶的重型卡车、大型平板车、汽车以及其他载重卡车超限运输的数量和比重逐年加大，导致公路早期破坏和桥梁损毁严重。1989 年，阳泉市根据交通部《超限车辆行驶公路管理的规定》开始治超工作。阳泉公路分局在国道 307 线平定县石门口乡西郊（出省口旧关）、207 线盂县仙人乡交口（出省口十八盘）和省道阳井线郊区白泉（出省口娘子关）设置超限运输检测点 3 个，由省公路局统一配置安装固定式超限运输检测设备开展治超工作，超限超载现象得到明显遏制。但大部分超限车辆为逃避检查，纷纷驶入县乡公路中，造成县乡公路损坏。由于治理超限超载问题涉及面广，加之利益驱动，特别是源头问题没有得到有效解决，使超限超载成为一个顽症。为此，交通部多次下发有关文件。2000 年 4 月 1 日，交通部《超限运输车辆行驶公路管理规定》实施。2004 年 4 月，交通部、公安部等七部委联合下发《关于在全国开展车辆超限超载治理工作的实施方案的通知》。

2004 年，为保护公路基础设施，严防路桥毁损，阳泉市按照山西省的统一安排部署，开展车辆超限超载治理工作，市政府出台《全面开展车辆超限超载治理工作的实施方案》。市交通局、阳泉公路分局各成立一支流动稽查队伍，由市治超领导组统一领导，配备便携式称重仪等设备。市交通局的流动稽查队和各县区政府负责辖区县乡公路的治超工作；阳泉公路分局的固定检测点和流动稽查队负责国、省道干线公路的治超工作，设有西郊、白泉、交口 3 个治超检测点；市公安局负责全市范围内超限超载车辆“大吨小标”（汽车实际载重吨数超过核定载重吨数）和非法改装车辆的吨位恢复、路面治理、维持现场秩序等工作。与此同时，治超领导组与各县区、各主管部门及执法人员层层签订责任状，与煤矿、料场、运输企业层层签订责任书，对全市“大吨小标”车辆进行调查摸底、登记造册、及时更正。

2005年，全市9个治超点共检测车辆89.89万辆次，查处超限车辆6.44万辆次，卸载11.50万余吨，更正“大吨小标”车辆5110辆。2007年12月，在全省开展的“无缝隙、拉网式”治超总行动中，全市交通系统提出零改装、零超载、零违纪的“三个零”工作目标，组织治超执法人员416人，组建4支稽查队，进行执法7.59万人次，检测车辆47.71万辆次，查处超限超载车辆375辆次，卸货372.78吨，超载率降为0.08%，公路“三乱”（乱设站卡、乱罚款、乱收费）和“收黑钱、送黑车”等违规违纪行为得到有效遏制。2008年12月市治超办成立。2009年，全市治超站点累计检测车辆25.80万辆次，查获超限车辆28辆次，接到路政案件举报电话16起，查证落实11起，其余按规定分别进行处理。

2010年，查处损坏公路案件7起，结案7起，全市超限检测站点共检测车辆37.62万辆次，查处超限超载车辆83辆次，卸载238.69吨，超限率为0.008%。治超信息化建设初步实现源头企业、县级运管机构、市级运管机构三级治超网络系统对接，所有固定监测站点和零散货物过磅点的网络监控实现全覆盖。2008年至2010年，阳泉市连续三年获得全省“治超工作优秀市”称号。

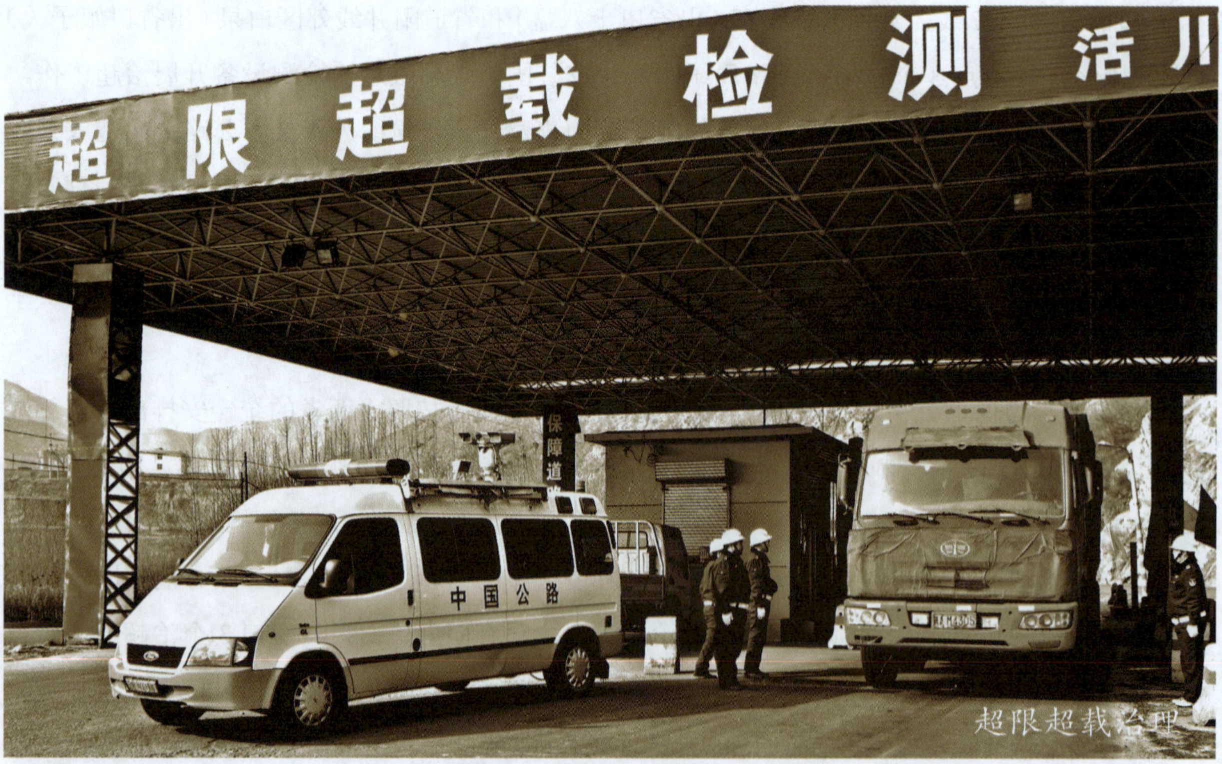

超限超载治理

第三章 邮 政

第一节 机 构

一、邮驿

邮政机构古称邮驿，早在春秋战国时期即已设立。汉代置邮亭，专司传递军情和官署公文，但时间久远，详情无考。明洪武二年（1369）平定州城东关长乐坊（今平定东关）曾设递运所1处，掌粮物递送。同时，在平定、盂县境设置有急递铺，司文书传递。翌年，在芹泉（今属寿阳县）、平潭（今属阳泉市矿区）分别设立驿站。清废递运所，设置驿站、铺递。清雍正二年（1724）平定升为直隶州，下辖寿阳、盂县、乐平（今昔阳县）3县，3县驿站统属平定州辖，平定州共有甘桃、柏井、平潭、芹泉、寿阳、太安驿6处驿站，设铺递43处，配铺兵106名。后来随着近代邮政的出现，驿站的作用日渐消失，邮驿开始走向衰落。民国2年（1913）1月，驿站全部撤销。

二、局所

至迟于清光绪二十八年（1902），大清邮政在今城区上站沙江小市处已设有平定邮政局，隶属太原邮政局。因其靠近正在筹备修建的正太铁路及其阳泉站，流动人员多，邮政业务量大，收入颇丰，设专职人员5名。至清宣统元年（1909）平定州邮政局先后在寿阳、盂县、娘子关、阳泉、乐平、辛兴、荫营、东沟、锁簧、宗艾、芹泉、河底、清城等地开办了13个邮寄代办所。清宣统三年，平定邮政局迁回州城十字街，新增设阳泉邮政局占州邮政局。民国2年（1913），中华邮政取代大清邮政，按行省划分邮务区，下设一、二、三等邮局。是时，阳泉邮政局、平定邮政局改称中华邮政阳泉邮局、平定邮局（均为二等局），隶属于山西邮务管理局；盂县脱离平定州始设邮务管理局，直属山西邮务管理局。民国8年，娘子关代办所升成三等邮局，另增设白泉、贵石沟、西郊、义井、白羊墅、平潭垴6个代办所。民国24年，盂县改邮务管理局为盂县邮局，属三等局，下设上社、西烟、清城3个代办所。至民国26年，境内共设邮局4所，即二等局阳泉、平定和三等局盂县、娘子关，下设代办所14个。

民国26年（1937）至民国27年，境内国土相继沦入日本侵略军手中，原邮政机构全部关闭。民国27年1月，日伪率先在盂县设立邮局，翌年在今市区兴隆街10号开办二等甲级邮局、在平定城设二等乙级邮局、娘子关开三等乙级邮局，恢复通邮。这些机构初归日伪把持的北平邮政管理局，民国28年8月复归山西邮政管理局。与此同时，在中国共产党的组织和领导下，抗日根据地内的党、政、军都各自组建交通组织，群众团体的信函则由妇救会、儿童团、青救会沿村转送。境内曾设平（定）西平（定）东交通局、平定（路北）交通局和二专区（盂县下社）邮政办事处，分属冀太联办总局太行区一、二分局和晋察冀边区邮政管理局冀晋分局。根据地或解放区的交通机构由总局下设分局，分局下设交通站，上下自成体系，站站互为网络，形成自己的交通干、支线。通过四通八达的交通线传递公文信件，发行抗日报刊，护送抗日干部穿越封锁线，沟通上下级关系，密切前后方联系，为民族解放事业作出了贡献。

民国36年（1947）5月2日阳泉解放，5月4日阳泉建市。同年建立邮政机构，业务上归晋冀邮政管理分局领导。翌年平定县成立邮电局，归晋中地区邮电管理局领导。民国38年1月阳泉市正式成立邮电局，8月分设邮政、电信两局，分属山西邮政管理局和太原电信指挥局。1952年1月，阳泉邮政、电信两局合并为邮电局，隶属山西省邮电管理局，全局有职工52人。1958年11月10日，平定县、盂县邮电

20世纪50年代的阳泉市邮电大楼

局成为阳泉市邮电局的中心支局，阳泉邮电局属晋中邮电处。1959 年至 1961 年，盂县、平定县邮电局又先后从阳泉邮电局分出，直属晋中邮电处。1962 年 1 月 1 日，阳泉市邮电局脱离晋中邮电处，直属山西省邮电管理局领导。1967 年，阳泉市邮电局由群众组织“临时接管委员会”行使领导权。翌年，成立革命委员会。1969 年，市邮政、电信机构再度分设。1973 年 10 月 1 日阳泉邮电机构又合并，直属省邮电管理局至 1990 年。1975 年，阳泉邮电局撤销革命委员会。1983 年 9 月，平定县、盂县划归阳泉市管辖，两县邮电局随之脱离晋中地区邮电局归属阳泉市邮电局。1990 年，阳泉市邮电局下设 6 个分局、8 个支局，共设各类邮电局所 126 个，其中城区 77 个、平定县 23 个、盂县 26 个。全市平均每 1.1 万人拥有 1 处邮电服务机构。

为促进邮政、电信事业的发展，1998 年 10 月，阳泉市根据国家行政管理体制改革要求，实施邮电分营，分别成立阳泉市邮政局和阳泉市电信局，直属省邮电管理局。分营 10 年间，阳泉市邮政局不断投入资金，加强局所建设，提升服务能力。2008 年，全市邮政局所为 70 处，其中邮政支局 35 处、自办邮政所 28 处、代办所 7 处。2009 年邮政支局所总数为 70 处，其中自办网点 61 处、代办网点 9 处，设置在农村的局所 38 处。至 2010 年，邮政支局所总数为 68 处，其中自办网点 59 处、代办网点 9 处，设置在农村的局所 31 处；邮政代理储蓄网点 51 处，均为联网网点；便民服务站 33 处，邮政报刊图书销售点 3 处，集邮品销售点 4 处。2010 年，阳泉市邮政局按照专业化经营实施方案，以“专业管理、专业营销、专业队伍、专业核算”为主线，以理顺“条块关系”为重点，对机构设置进行改革，机构分为机关部门、专业局（公司）和支撑单位。机关部门有综合办公室、人力资源部、市场业务部、计划财务部、工会办公室；专业局（公司）有储汇业务局、保险业务局、函件广告局、报刊发行投递局、集邮公司、电子商务局、分销业务局；支撑单位有安全保卫中心、护卫中心、生产指挥调度中心、信息技术局、机要分局、后勤公司。

第二节 邮件运递

一、邮路

清代，境内邮政以平定为中心，主干邮路有 6 条，即平定—太原 120 千米、平定—盂县 46 千米、平定—沁州 225 千米、平定—襄垣 220 千米、盂县—忻州 125 千米、盂县—寿阳 43 千米。

民国时期，邮政中心从平定移至阳泉，主干邮路亦调整为 5 条，即阳泉经河底、清城至盂县城，计 30 千米；阳泉经平定城、锁簧、昔阳、和顺、辽县至榆社，计 184 千米；阳泉经平潭垴、石卜咀、赛鱼、辛兴至坡头，计14.50千米；阳泉经五渡、王垅至白羊墅，计5千米；阳泉经小阳泉、大阳泉至西峪掌，计5.50千米。其中阳泉至盂县、阳泉至榆社为逐日步差邮路，其余为间日步差邮路。另外，阳泉境内还设有通往义井、南庄和义东沟的邮路；平定县、盂县两地各设支线邮路4条通下属乡镇。

抗日战争和解放战争时期，境内抗日根据地设邮路4条，即西辽城（涉县）—麻田（辽县）—和（顺）东—昔（阳）东—平（定）东；沁县—武乡—武西—榆社—和（顺）西—昔（阳）西—平（定）西；盂县—下社—五台山；沁县—平定，其中辽平线、沁平线为交通干线。当时为适应战争需要，邮路经常变换路线。民国29年（1940），盂县抗日民主政府转移至北峪口和河北省平山县杨家庄一带后，交通邮路也随之转经河北省抵达五台山地区。此外，随着抗日根据地的发展，抗战后期还开辟了平（定）东至桐峪的邮路。这些邮路中设有若干交通站，从而构成通向各抗日根据地和延安的邮政网路。

阳泉建市后，邮运工作以阳泉为中心设立主干邮路2条，即阳泉至盂县，阳泉经平定、昔阳、和顺至左权，邮路全长302千米，均为步班。在县以下仍沿用解放战争时期交通邮政网路，由交通员递运邮件。阳泉建市后，邮政事业得到进一步发展，主干邮路虽仍是上述2条，但县区邮路变化较大，邮路总长度增至1271千米。为加快通邮速度，1953年10月至1967年7月间，市邮电局干线邮路邮件运递委托山西省阳泉汽车运输公司长途汽车站托运，邮电局派人押运，全市增设委办汽车邮路263千米。1967年7月1日，阳泉至左权自办汽车邮路开通，随后将邮路延长到榆社。1971年11月1日，阳泉市至盂县的自办汽车邮路开通。至1973年，所有委办汽车邮路均改为自办汽车邮路。是年，全市邮路总长为1292千米，其中市内邮路192千米，农村邮路1100千米；自办汽车邮路180千米，摩托车邮路153千米，自行车邮路959千米；步班邮路撤销。1987年1月，阳泉至和顺、左权及阳泉至榆社邮路撤销，全市邮路减为1096千米。翌年，阳泉市邮电局根据行政区划和地理形势，将城、矿、郊3区划分了47个投递道段，分归各县区邮电局、中心支局负责管理。平定县、盂县作为全市干线中的两个基点分别设邮路47条和54条。

1990年，全市邮路长度达998千米（乡以上），其中，市内邮路222千米，农村邮路776千米（郊区67千米、平定县270千米、盂县439千米）；自办汽车邮路499千米，摩托车及其他机动车邮路443千米，自行车邮路56千米。1992年，全市邮路延长到1127千米。1997年，全市邮路1367千米。2000年增加至1453千米。进入21世纪，随着高速公路的快速发展，部分邮路按地市划分归太原邮政。2008年，全市邮路长度1214千米。2009年，全市邮路12条，单程总长816千米，其中农村邮路3条147千米。2010年，全市邮路7条，单程总长603千米，其中农村邮路3条183千米。

二、邮运工具

民国以前，境内驿站、铺递和邮政局所的运递形式主要为人力徒步、畜力驮运两种。阳泉建市后，邮政运输工具逐步得到改善。1949年，平定邮电局配备境内第一辆自行车，创自行车运递之始。随后，1952年市邮电局配备12辆自行车作为投递工具，开办自行车邮路207.10千米；1955年盂县设自行车邮路5条332千米，全市自行车投递基本普及。自1953年10月起，境内对远途邮运开始使用汽车，设（委办）汽车邮路263千米。1958年阳泉市邮电局购置邮运汽车1部，主要承接火车邮件。1971年阳泉至盂县汽车邮路开通，同时乡邮投递中的自行车班改为摩托车班，摩托车邮路长91千米。随着邮运工具的不断更新，20世纪70年代后，除市内短途和个别村庄为自行车或步班投递外，基本实现投递工具机动化。

1990年，全市共有邮政汽车19辆、摩托车33辆、自行车163辆，机动运输工具邮路占总邮路的89.38%。1997年，邮政汽车增至50辆。2000年，全市拥有邮政汽车65辆，邮政摩托车37辆。2008年，全市邮政汽车增至68辆，摩托车39辆。2009年有邮政汽车82辆。2010年，全市有邮政汽车71辆。

三、投递

境内农村投递清末一般为2日至5日一班，且无固定投递点及路线，投递点多集中在商号、学校等处，人们互相捎转或自己亲自去取。民国时期，境内曾设代办所10余处，邮件由各邮局乡差送至代办所，通过代办所转交收件人。中华人民共和国成立后，农村投递始正常运作，各县区按区划划分段落，固定投信人和班次。以盂县为例，1955年逐日班519村，隔日班221村，3日班83村。1959年后，农村投递工作发生变化。邮件由县区先运至下属公社，然后再由社办乡邮员投递到公社各处及大队和部分生产队。1964年，平定县22个公社和35个大队可逐日到达，314个生产队可隔日到达，全县邮程达1311.50千米（含村）。20世纪70年代县区开始使用摩托车投递。1973年、1974年先后开通平定县城至岔口、旧关、七亘、锁簧、维社和盂县县城至御枣口、西烟、东庄头的摩托车投递邮路8条。70年代末至80年代初，郊区和两县又先后开设汽车邮路3条。1990年，全市乡乡实现逐日通邮；逐日通邮村达724个，占到需投递村总数的70%；其余村庄均为隔日投递。至2008年，全市划分段道22条，共计718千米。

2009年农村投递路线91条，单程长3272千米。2010年农村投递路线83条，单程长3559千米，全市32个乡镇、955个行政村全部实现通邮，农村每周平均投递频次5次。

市内投递始于阳泉建市初，范围仅限于今城、矿两区。初为步班，日投两班。1952年由步班改为自行车投递。1971年配备2辆摩托车进行投递。20世纪80年代后，随着城市经济建设的飞速发展，市内邮递量急剧增加。从1988年始，根据行政区划和地理形势，市内投递段统筹划分为30个。2008年，城市投递段道有46条，单程长871千米。2009年城市投递段道61条，单程长1116千米。2010年城市投递段道61条，单程长1278.80千米，每日平均投递频次2次。

四、邮政编码

20世纪80年代后，世界进入信息时代，高速信息成为经济发展的前提和基础。国家邮电通信部门采用四级六位数编码结构，以加速邮件分拣作业的机械化、自动化。四级六位数编码的前两位数字表示省（直辖市、自治区），前三位数字表示邮区，前四位数字表示县（市），最后两位数字表示投递局（所）。阳泉市邮政编码是045000。

从1989年5月5日起，邮电部决定在全国使用邮政编码。初期人们不习惯，使用率较低。为此，阳泉各级邮政部门加紧宣传监督，寄信书写邮政编码逐步为广大用户所接受。从1990年起，邮寄信件一律使用标准信封并书写邮政编码，当年书写率达90%以上。2010年，全市标准信封使用率、邮政编码书写率达到100%。同时，根据中国邮政集团公司规定，县及县以上城市邮政编码后2位“00”统一调整为“99”，解决部分城市邮编存在的“多局一码”和“一码跨多局”的问题，提高邮件和信息处理效率，阳泉市的邮政编码调整为045099。

2010年阳泉市邮政编码一览表

表-5-20

邮电局所	邮政编码	邮电局所	邮政编码	邮电局所	邮政编码	邮电局所	邮政编码
阳 泉	045099	桃南东路	045007	桥 上	045051	新建路	045103
四矿桥头街	045021	南山路	045008	荫营矿	045053	新建东路	045104
赛 鱼	045026	南庄路	045009	平 定	045299	新建西路	045105
义 井	045017	泉中路	045010	东门街	045201	上 社	045118
桃园北路	045012	小阳泉路	045011	东大街	045202	下 社	045140

续表 -5-20

邮电局所	邮政编码	邮电局所	邮政编码	邮电局所	邮政编码	邮电局所	邮政编码
新化西街	045013	四 矿	045022	东 升	045202	牛 村	045152
平坦垴	045010	马家坪	045023	巨 城	045238	东 梁	045157
西河村	045012	平坦街	045024	石门口	045246	仙 人	045148
李荫路	045018	三 矿	045025	东 回	045227	北下庄	045144
白羊墅	045020	沙 坪	045027	岔 口	045242	西 烟	045124
开发区	045041	二 矿	045028	张 庄	045217	西 潘	045155
大连路	045042	一 矿	045029	冶 西	045213	孙家庄	045132
宁波路	045043	大 村	045030	冠 山	045299	苌 池	045128
南外环路	045099	白 泉	045056	柏 井	045223	秀 水	045199
德胜东街	045001	旧 街	045035	娘子关	045233	南 娄	045115
德胜西街	045002	西南舁	045068	锁 簧	045215	清 城	045113
兴隆街	045003	李家庄	045019	盂 县	045199	梁家寨	045136
南大街	045005	杨家庄	045070	东关街	045101	路家庄	045111
北大街	045006	河 底	045060	集贸街	045102	—	—

第三节 邮 务

一、函件

清光绪二十九年（1903）平定州建邮寄代办所时，只开办平挂信函业务。后陆续增办明信片、盲人读物、印刷品邮寄业务。

民国时期业务有所增加。民国36年（1947）阳泉建市前，主要业务有信函（含平信、挂号、快件、保险）、明信片、新闻纸（报纸）、印刷品、商品传单、货样贸易契、瞽者文件（盲人读物）等。

民国31年（1942），境内抗日根据地内的交通（邮）局亦办理信函、报纸等业务，是年后半年，冀太联办太行区交通局（内含平东、平西交通局）共寄递信件 8.33 万封，新闻纸 76.09 万件。此外，抗日战争时期，交通（邮）局在业务上还曾与中华邮政一度联邮，发往国民党统治区的信函由中华邮政运递，国民党统治区发往根据地的信函由交通（邮）局运递。仅民国 31 年后半年，冀太联办太行区交通（邮）局即代收中华邮政邮件 2258 件。但这种局面不久即被破坏。

阳泉建市后，于 1950 年开办新闻稿件邮资总付业务。1955 年实行银行联行专用信封制度。1958 年开办国内保价印刷品业务。1960 年开办特种挂号信函业务，主要用于交寄粮票、油票、布票、户口迁移证、粮油转移证和党团组织关系等。1957 年至 1969 年，解放军战士交寄平信只要加盖“军人免费”三角戳记便可免费交寄。20 世纪 80 年代中期再度实行此制度。“文化大革命”期间，邮政快件、保险等业务均被取消。1978 年至 1988 年间，函件业务新增邮政快件、有声信函两种。1990 年，阳泉市办理的国内函件业务有信函、明信片、印刷品、盲人读物，等级分平常、挂号、特种挂号、保价、快件 5 种；国际函件业务有信函、明信片、航空邮件、印刷品、盲人读物等。是年，全市函件业务总量达 1269 万件，其中出口函件达 365 万余件，收入 101 万元，占全市邮政收入的 32.43%。到 1997 年邮电分营前，业务总量达到 114747 万件。

1998 年 2 月，阳泉市邮政局注资成立邮政函件广告局，负责经营全局的函件和广告业务。经过多年发展，至 2008 年主要经营业务包括商业信函、对账单业务、《山西邮政广告》、邮资封、片、卡业务、印刷品业务及户外广告发布等。2008 年业务收入 510.97 万元，2009 年业务收入 687.58 万元。2010 年，业务量为 1180.66 万件，业务收入 667.84 万元。

二、包件

清光绪二十九年（1903），平定州邮寄代办所开设普通包裹邮传业务，基本以个人零星包裹为主，也有大宗商品包裹。民国 23 年（1934）增设保价包裹、快递小包业务。抗战开始后，根据地亦办理包裹邮寄业务。民国 31 年阳泉所属太行区共寄递包裹 271 件。民国 36 年至民国 38 年间，境内已解放，但阳泉以西仍为敌占区，故只受理通往解放区的包裹。

1950 年包裹邮寄范围可达全国，年出口包件达 3000 件。1951 年，包件资费执行全国统一“三联单”（收据、投递单、存根）制度。随着业务量的增大及包裹邮寄程序的不断改进，1962 年又改“三联单”为“单页包裹详情单”，简便了收寄程序。1966 年包裹邮寄制度进一步改革，全市包裹业务均采用“国内包裹邮资已付”戳记制度，营业窗口收寄包裹不再粘贴邮票，是年全市包件出口量达到 2.4 万件，是 1950 年的 8 倍。随着科学技术的进步，1971 年 2 月市邮电局开始使用上海产包裹收寄机进行作业，加快了邮寄速度。1978 年全市出口包件 5 万件，是

1966年的2倍。1979年1月阳泉市增设甲乙类保价包件业务，20世纪80年代初又开办国际包件业务，方便了用户。用户除原有的国有商业部门外，国有企业、集体企业、个体户都成为包裹业务的主客户。

1990年，阳泉市开设的国内包裹业务有民用包裹、商品包裹、快递小包；国际包裹业务有普通包裹、脆弱包裹、保价包裹。是年，全市包件业务量达20万件，其中出口量达3.40万件，交换品19.90万件，总收入11.95万元（国际包裹收入1409元），占到邮政总收入的3.84%。1996年，包件出口量达到高峰，为6.50万件，收入43.40万元。2000年下滑为3.40万件，收入39.66万元。2009年业务量为2.40万件，收入65.50万元。2010年业务量下降为1.72万件，收入31.12万元。

三、汇兑

清光绪三十二年（1906），境内初办汇兑业务，时称“汇寄银钞”。民国年间，汇兑业务细分为普通汇票、定额汇票、高额汇票、小额汇票、电汇汇票5种，其中以普通汇票使用较多。普通汇票为100元至1000元，款额以汇兑印纸表示；定额汇票分5元、10元、15元、20元、50元、100元6种，面额款数固定，每种汇票上印有款额及基本汇费数目，不另贴汇兑印纸，以收汇和兑付局预留“印签和签押”作为稽核依据认兑；小额汇票为100元及100元以下，也贴有汇兑印纸。当时在抗日根据地和解放区也办理汇兑业务，民国31年（1942）冀太联办太行区交通局（内含平东、平西交通局）汇兑业务量达118.17万元。

民国36年（1947）阳泉建市初，只办理通向各解放区的汇兑业务。中华人民共和国成立后，汇兑工作面向全国。初以办理个人普通汇兑款为主，并规定300元为最高汇款限额。1952年，全市汇票出口2044张。1954年为方便划汇工作，市邮电局在中国人民银行阳泉支行设立汇兑资金银行专户。1957年为进一步健全汇兑工作，阳泉市正式配备专职汇兑检查员，使汇兑工作从服务、资金划拨到稽核进一步配套。此外，汇兑业务自1949年以后进行多次改革。1949年至1955年沿用旧式三联汇票；1955年至1959年改用按汇款金额剪格式竖写两联汇票；1958年又改为二联复写式，并使用专用汇套；1962年取消汇套，与全国统一，改将汇票装入汇款通知单代汇套寄发，并一直沿用。1981年，为适应经济发展的需要，以便商利民为目的，将最高汇兑限额由300元改为5000元。

1990年，全市汇票业务量达27万张，其中出口汇票20.5万张，是1978年的1.19倍；汇票收入3.70万元，占邮政总收入的1.19%。1995年，出口汇票达到22.20万张，收入101.80万元。

2000年，国内汇票业务量达到18.20万张，开发汇票金额20316万元，收入173.72万元。2003年，在电子汇兑系统中统一开办邮政汇款回音卡业务，使电子汇兑应用系统业务的功能日趋完善，同时为客户提供更加丰富和多元化的电子汇款服务。2005年，邮政储蓄应用系统与邮政汇兑应用系统互通（简称“两网互通”）工程全面切换上线，邮政汇兑重要业务单据采用专用防伪纸张的防伪技术，汇兑业务在安全性和便捷性上均得到提高。2009年，国内汇票业务量为26.79万张，开发汇票金额9.01亿元；兑付汇票3.10万笔，兑付汇票金额5377.25万元；实现收入243.54万元。2010年，国内汇票业务量为25.63万张，开发汇票金额10.51亿元；兑付汇票2.85万笔，兑付汇票金额3.65亿元；实现收入287.61万元。

四、报刊发行

抗日战争前，境内报刊发行均由各报刊出版部门自行经营，通过报业、报贩、报童派发和零售。抗日战争时期，各抗日根据地内的交通局负责报刊发行。平定在抗战时设有平（定）西、平（定）东两个报刊分销处，负责《胜利报》等党内报刊的发行。阳泉建市初，报刊主要由各代销处经销，邮局只办理一部分，且属委托性质，业务收入极少。

1949年12月，中央人民政府出版总署、邮电部分别召开全国报纸经营工作会议和全国邮政工作会议，确定“邮政合一”的方针。遵照此方针，1952年市邮电局开始办理报刊发行业务，并在阳泉矿务局医院门口设立第一个报刊零售门市部。发行方式主要通过在大单位、机关、工厂、学校、部队建立报刊发行站进行发行，是年订销报纸72.7万份，订销杂志9.9万份。1952年12月，邮电部和新闻出版总署联合决定自1953年1月起将原来由新华书店发行的杂志全部移交邮电局办理。邮电局报刊发行量大幅增加，下属发行站点也相应得到发展，到1966年，全市有报刊发行站100余个，订销报纸累计476万份，订销杂志累计35万份，分别是报刊发行初期的6.6倍和3.6倍。1967年后，随着“文化大革命”的深入，有许多报刊被打成“黑报”“黑刊”，许多发行站被迫停止工作。

直至1976年，阳泉市的报刊发行工作才逐步恢复发展。到1978年，全市订销报纸累计1290.7万份、杂志70万份，分别是1966年的2.7倍和2倍。伴随着精神文明建设的不断深化，1988年，全市报刊发行站达270个，年订销报纸2379.2万份、杂志163.7万份，分别是1978年的1.84倍和2.34倍。1990年，全市共设立报刊发行站279个，零售门市部（点）6处，年订销报纸2379.8万份、杂志153.1万份，收入111.5万元，占邮政总收入的35.81%。1993年，全市订销报纸3297.3万份、杂志190.8万份，实现收入191.8万元。此后，随着新闻媒体种类的不断增多，人们获取信息的渠道开始多样化，尤其是互联网开通后，人们获取信息更加经济、方便、快捷，报刊发行受到影响。2000年，订销报纸累计1755.2万份、杂志127.7万份，收入340.17万元。2008年业务收入近500万元。2009年业务收入682.48万元。2010年业务收入为716.20万元。

五、邮政储蓄

境内在中华邮政时期曾设此业务，详情无考。1986年6月25日，市邮电局天桥中心支局率先开办此项业务，种类有活期储蓄、定期储蓄、整存整取定期储蓄、零存整取定期储蓄、定活两便储蓄、有奖储蓄、活期储蓄异地存取（只在该支局办理）、汇转储、储转汇等。同年11月，矿区石卜咀中心支局、赛鱼支局也相继开办此项业务。1987年6月30日，一矿邮电所、西南异邮电支局、河底邮电支局、白泉邮电支局、辛兴邮电支局、郊区荫营中心支局、荫营煤矿邮电所等也同时开办邮政储蓄业务。

1990年，全市有邮政储蓄营业点14个，发展邮政储蓄户15.4万户，收储余额3083万元，年收入45万元，占邮政总收入的14.45%。1995年，全市邮政储蓄余额2.27亿元，年收入742万元。2000年，储蓄余额累计净增5.67亿元，实现收入1494.49万元。2005年后，邮政储蓄实现超常规快速发展。2005年储蓄余额累计净增10.54亿元，实现历史性突破，完成省邮政局计划的292.8%，全省排名第二，增幅达到147%。2006年储蓄余额净增11.13亿元。

2008年3月，按照集团公司、省邮政公司的统一安排部署，中国邮政储蓄银行阳泉市分行成立，实现邮银分开，此为继1998年邮电分营以后中国邮政的又一次大的经营体制改革。2009年，阳泉市邮政储蓄分行金融业务结构调整工作稳步推进，效益进一步提高，全年邮储业务收入完成3691.09万元，完成省公司预算的104.24%，全省排名第一位，比2008年增长13.99%；全年邮储累计新增余额2.31亿元，活期余额累计净增1.92亿元，新增存款占比82.86%，累计占比达到18.06%，较年初增长3.73个百分点，提升幅度全省排名第一；付息成本率由年初的3.32%降至1.99%，下降1.33个百分点；在全省“专业进位 区域争先”竞赛活动中，储蓄收入由2008年的全省第八位上升到第三位。

2010年，阳泉市邮政储蓄分行储蓄业务累计完成4794.61万元，比2009年增长30.44%，完成省公司预算的111.45%，位列全省第一；累计净增平均余额21757万元，活期净增平均余额累计完成1916万元，累计活期占比为18.32%，较年初提高0.26个百分点；邮储余额净增累计完成5.92亿元，完成省公司年预算目标的105.71%，两项指标均位列全省第三。

六、电子商务

电子商务局前身为寻呼分局。2002 年 8 月更名为阳泉市邮政局电信业务分局，开展 17951 代售卡业务。2005 年 3 月成立阳泉市邮政局电信代办公司，设立专营厅，代收移动营业款，办理航空机票业务。当年代办电信专业整合网络资源，代收话费业务在三区两县开展，全年专营厅累计代收话费 1064 万元。在代收话费和代收移动营业款业务的强力拉动下，全局代办电信业务发展升至全省中游水平，实现收入 33.3 万元，增幅 7.1%，位列全省第六。2008 年实现收入 163.49 万元，增幅 26.39%；短信业务收入实现翻番，达 49 万元，成为新的收入增长点。

2006 年 4 月更名为阳泉市邮政局信息业务局，开办邮政短信业务。2009 年 2 月信息业务局更名为电子商务局，同年实现收入 221.29 万元，完成省公司预算的 126.45%，全省排名第三位。2010 年收入完成 273.98 万元，完成省公司预算的 103.39%；短信业务收入完成 116.88 万元，占专业收入的 42.66%。

七、保险业务

2004 年阳泉邮政局保险代理分公司成立。2005 年保险代理专业在县区邮政局实行一把手责任制，每季组织竞赛活动，加强专柜建设，及时兑现奖励，调动起一线职工的工作热情，全年代理保险累计实现保费 3137.9 万元，手续费收入 60.6 万元，收差 51.8 万元，分别完成年计划的 137.6%、106.2%、106.7%，完成保费及手续费进度全省排名由年初第七位上升至第三位。

从 2008 年起，保险业务充分依托邮政柜台进行销售，开展“热情服务多说一句话”活动，扩大保费市场份额。同时广泛利用职工的社会关系群体进行营销，实现职工和企业双方收益，全年累计完成代理保费 1.92 亿元，完成省公司计划的 157.18%，全省排名第二；增幅 141.1%，全省排名第三，占邮政总收入比重达到 9.55%，成为阳泉邮政第二大支柱业务。2010 年完成代理保费 14402.79 万元，基金、理财、国债三项业务共计实现收入 10.31 万元。

八、分销专业

2010 年实施专业化经营改革后，分销业务局成立，是阳泉邮政新型业务板块，经营业务主要包括农资产品、日化品和零售预包装食品以及酒水。邮政分销业务依靠深入千家万户的投递服务平台以及便民（“三农”）服务站，满足了客户对礼仪商品和递送服务的双重需求。当年实现收入 237.66 万元，完成省公司预算的 129.16%。

九、集邮

1982年11月，阳泉市集邮协会成立，有理事12人，会员83人。1983年1月阳泉市邮票公司成立后，积极组织货源，发展业务，全年业务收入73181元。1987年1月，邮票公司制作发行《阳泉风光》明信片，一套10枚。20世纪90年代，境内集邮业务快速发展，主要有常规集邮品、集邮礼品、中高档年册、形象宣传年册及邮票个性化业务，集邮品有封、片、卡、折、册5大类。1994年11月，制作发行阳泉市化工轻工公司企业拜年卡，系阳泉市第一枚广告邮资片。1998年为纪念阳泉市水利局集邮协会成立，启用"水——生命之源"邮政宣传戳1枚。1999年，全市集邮业务量达258.1万枚，集邮品2.53万册，收入486.21万元。2000年8月，郊区荫营镇集邮协会成立，此为全市第一个农村集邮组织。2009年公司实现收入316.79万元，全省排名第二位。2010年收入完成353.39万元。

十、机要通信

阳泉建市初，机要通信工作由中共阳泉市委及各级县委负责管理。1951年8月机要通信机构与战时交通局合并成立军邮局，统称"军邮"。1953年改称机要交通局。1957年4月1日，根据国务院关于邮电部门成立机要通信机构的通知，机要工作移交邮电局，由各市县邮电局负责全市、县（区）级以上单位及非县级独立单位机要文件的收寄和投送，阳泉市邮电局设机要通信组专门负责机要通信工作。1978年，机要通信组改为机要通信科。1990年，全市共收寄机要文件5万余件，经济收入达1.92万元，占邮政总收入的0.62%。

2000年，机要通信科更名为机要通信局。至2007年，市邮政局机要通信部门贯彻"保密安全第一，准确迅速传递"的工作方针，发扬"宁肯熬红眼，不能误了点"的阳泉机要精神，出色完成机要通信任务，50年累计经办机要邮件209万件，接发火车百分之百无误点，内部处理各环节无疏漏，从未发生失密丢损事故，实现质量全红"五十连冠"。同年4月1日，市邮政机要通信局出席全国"庆祝邮政机要事业成立五十周年"大会，作为全国地市局机要工作先进单位代表作经验发言，获"全国邮政机要事业五十周年先进单位"称号。2009年机要业务量为0.81万件，实现收入6.1万元。2010年机要业务量为0.83万件，实现收入6.3万元。

第四章 电 信

第一节 机 构

清末邮传档案记载，清光绪三十三年（1907）平定州设有报房，为山西省五处电报局所之一，此为境内电信业务之始。当时仅办理单一电报业务，用户多为军政官方或大商号，业务量不大。民国元年（1912），平定报房改称平定电报局，为境内第一个电报局。民国20年阳泉电报局设立，利用清闲报路开办长途电话业务，同年8月开通阳泉至太原、阳泉至平定长话电路。民国21年7月，平定、阳泉电报局相继改设报话营业处。日军侵占阳泉期间，电报电话业务被日伪军控制。民国36年阳泉建市初，未单设电信机构，工作由市政府秘书处代管。为保证党、政、军、民通信需要，广大电信职工积极恢复发展电信事业，增设线路。民国38年1月，阳泉市设立邮电局，不久单设电信局。后电信与邮政机构几经分合，业务发展时快时慢。1958年，全市共有长途电话线路10条，均以实线传输为主。20世纪70年代，长话通至北京。1980年，长话业务话路达34条。1987年增至79条。1989年，市邮电局首开数字显示式无线寻呼业务。1990年，全市长话业务话路共138条，交换机容量200门，分别是1978年的6.9倍和2.5倍，全市无线寻呼用户有117户。此外，市内电话、农村电话和传真业务也得到快速发展，

1998年10月，境内的邮政、电信分营，阳泉市电信局成立。之后，电信事业发展迅猛，电信市场日新月异，随着电信体制改革的不断深化，电信业务独家经营的格局被完全打破。1999年7月移动通信从市电信局分离，2002年10月中国网通阳泉通信公司成立，2008年10月中国网通阳泉通信公司与中国联通阳泉公司合并为联通公司，铁通公司和北方电信公司也相

继登陆阳泉。至此，境内出现联通公司、移动公司、铁通公司和北方电信公司阳泉市分公司并营的局面。

1999年，全市固定电话用户达10.1万户，电话普及率达到10.39部/百人；无线寻呼用户达3.6万户，移动电话用户22699户，互联网用户1120户。2007年，全市固定电话用户38.4万户（含小灵通），固定电话普及率为28.03部/百人；移动电话用户72.8万户，移动电话普及率为53.12部/百人；互联网用户近10万户。随着移动电话的普遍使用，境内固定电话安装率下降，移动电话数量迅速上涨。至2010年，全市固定电话用户33.8万户，固定电话普及率为24.73部/百人；移动电话用户102.8万户，移动电话普及率达到75.12部/百人；互联网用户近19.6万户。

第二节　电信业务

一、中国联通阳泉分公司

（一）机构

中国联合网络通信有限公司阳泉市分公司是中国联通公司在阳泉市的区域性营业机构，于2008年10月15日由中国网通阳泉通信公司和中国联通阳泉分公司合并成立。

随着国家对电信体制改革的不断深化，1998年10月阳泉市的邮政和电信正式分营，10月8日市电信局成立。1999年7月移动独立运营。经过两年多的电信体制改革，2000年8月中国电信集团公司山西省电信公司阳泉市分公司成立。2002年10月18日南北电信分营，中国网通集团山西省通信公司阳泉市分公司成立。中国网通阳泉通信公司下辖平定、盂县、矿区、郊区4个县区分公司和15个职能管理部室、31个中心，拥有自办营业网点34个，租赁营业网点37个，有正式员工555人。主要经营国内、国际各类固定电信网络与设施，包括本地无线环路，基于电信网络的语音、数据、图像及多媒体通信与信息服务，相关的集成、技术开发等业务；承担着全市党政军和公检法的特殊通信服务、抗震救灾应急通信服务以及全市普遍通信服务等任务。

中国联通阳泉分公司于1999年7月注册，2000年4月与国信寻呼阳泉分公司融合成立。成立初期，公司主要经营无线寻呼业务。至2008年，发展到经营移动业务（包括GSM和CDMA）、数据与互联网业务、长途业务、电信增值业务以及与主营业务有关的其他业务。2008年，中国联通阳泉分公司在全市建立了以自有渠道为主、指定营业厅为辅、代办点为补充的三级营销网络，营业网点遍布全市所有乡镇，达200余个。GSM网经过13期的投资建设，共建设基站267个，交换容量达48.6万门，无线容量达19万门。通信网络实现深度、广度上的良好覆盖，市区覆盖率98%，乡镇覆盖率96%，境内高速公路、国道覆盖率95%，绝大部分旅游景点覆盖率达到90%。市场规模逐步扩大，GSM网用户数达到19万户，占移动用户市场份额的19.14%。公司被评为“山西省守合同重信用单位”，天桥营业厅、维系中心获得省级“青年文明号”称号。

2008年10月15日，中国网通阳泉通信公司与中国联通阳泉分公司合并为中国联合网络通信有限公司阳泉市分公司。合并后下辖平定、盂县、矿区、郊区4个县区分公司和16个职能管理部室、32个中心、6个班组，正式员工达到557人。主要经营移动电话、固定电话、小灵通、宽带和信息应用、信息内容、系统集成等通信信息服务产品，公司拥有世界风、新势力、如意通等移动网业务品牌，以及亲情1+、大众电话等固网业务品牌。至2010年，阳泉联通建成以电话网为主、分组交换网、数字数据网、ATM宽带网、多媒体通信及国际互联网等先进网络共存的综合通信网，拥有以智能网、七号信令网、数字同步网、电信管理网等为基础的电信支撑网，形成全市最大的通信网络。公司先后获得“山西省诚信单位”“山西省维护消费者合法权益先进单位”“山西省五一劳动奖状”“山西省用户满意企业”等荣誉。

通信机房

（二）业务建设

1.固定电话

市邮电局于1956年8月1日架通阳泉市到各乡政府间的电话。1966年11月15日，JAB-1A型步进制自动电话交换机1000门安装工程竣工，运行26年，于1992年12月25日完成历史使命退役。1988年4月10日零时，联通阳泉市分公司引进日本纵横制市话C400 3200门、长途C82 300线交换设备开通。1993年12月26日零时，由中德合资北京国际交换系统有限公司生产的EWSD数字程控交换设备割接开通，此工程为1993年市委、市政府确定的城市建设八大基础设施工程之一，总投资7300万元，工程项目包括数字程控交换机市话2.93万门、长途1020线。该工程的开通实施，使全市公用市话交换设备容量达到4万门以上，通话质量明显提高，并实现国内、国际直拨功能。与此同时，阳泉市（包括平定县、盂县）电话号码由5位升至6位，全市市话实现联网，从而使阳泉市成为全省第一个实现本地电话网的地市。1995年全市电话网顺利实现电话号码升7位。2000年，公司本地网固定电话用户为9.52万户，其中市话用户8.61万户，农话用户0.91万户。到2010年，公司拥有24.5万固定电话用户。

2. 无线市话和移动业务

无线市话俗称“小灵通”，是一种新型通信工具，采用先进的微蜂窝技术，以无线方式接入固定电话网，使传统意义上的固定电话在无线网络覆盖的范围内可随身携带使用，随时随地接听和拨打本地、国内、国际及港澳台电话，是固定电话的延伸和补充。此项业务于2001年12月15日首先在城区、矿区开办。为不断满足全市用户的需求，市通信分公司克服重重困难，建成拥有3.2万门基站容量、5万门设备容量、覆盖全市三区两县主要人口集中区近50平方千米的无线市话网络。2003年2月12日在平定县开通“小灵通”业务，3月12日在郊区、盂县又相继开通此项业务，从而使阳泉市成为山西省11个地市中第一家市县区全部开通“小灵通”业务的地市。2008年有“小灵通”用户7.98万户，平均每年增长2.4万户。2009年，随着原联通和网通公司的合并，公司建设重点转向GSM网和WCDMA网的网络建设，无线市话业务不再投资，从而导致无线市话业务萎缩。公司进行业务引导，让原无线市话用户慢慢转向GSM网和WCDMA网。2008至2010年，新建2G基站324个，新建WCDMA-3G基站249个。2010年，公司拥有小灵通用户5万户，移动电话用户24.34万户。

3. 宽带业务

公司宽带业务起步于1995年5月，是通过本地电话网（含N-ISDN）拨叫特定的号码（如163）接入宽带互联网，俗称窄带业务。该业务的接入方式包括主叫付费拨号接入、注册用户拨号接入、上网卡拨号接入，窄带业务的用户数量经历了缓慢增长到迅速膨胀的过程。随着互联网时代的到来，窄带技术已不能满足广大用户的需求。2002年初，公司引进接入宽带IP城域网技术，接入方式包括xDSL、LAN、WLAN及其他方式，实现宽带接入互联网的服务。随着宽带业务的日益发展，上网速率由原来的最快64Kbps提升到1Mbps以上，宽带业务逐渐取代窄带业务。2010年，公司拥有宽带用户13.48万户。

（三）网络建设

交换网络，1993年至1998年开通202、219、404、406、505、515、606、616、808、818市话端局10个，1993年至2010年开通190个模块局和接入网点。长途局于1995年投入运行，功能由两个汇接局承担。1999年开通两个LSTP七号信令网。2001年开通无线市话小灵通和本地智能网设备。2003年5月开通关口局1个。2006年3月开通智能化汇接局2个，交换设备主要有西门子EWSD、中兴ZXJ10和华为CC&08三种机型。2010年，全市交换机总容量达到342484门，各局的信令方式均采用7号信令准直连，且各局和两汇接局之间开有直达电路，所有话音都通过两汇接局转接。

传输网络，经由境内的一级干线有济石太银干线，济石太银6个SDH/622M系统（含军线1个系统）于1997年开通；青济石太5个SDH/2.5G系统，其中1个SDH/2.5G是省内系统，于1999年开通；传输二级干线有省内东环、省内南环，分别于1997年和2001年投入运行。

数据网络，基础数据网络（分组交换网、DDN网、帧中继网络、ATM网络）于1995年至1997年投入运行。IP网络（窄带IP网络、宽带IP网络），窄带IP网络于1995年起步；宽带IP网络于2002年投入运行且发展迅速，2010年出口带宽达到4×2.5G，宽带IP网络主要有ADSL用户和FTTX+LAN等用户。

光缆网络，经过多年建设，到2005年，公司光缆网络基本形成以主干层、配线层、接入层为主的层次清晰的网络结构，其中主干层、配线层多为环网，形成光缆东环、南环、西环、北环为主的保护环网，接入层光缆逐年发展。2010年，全市光缆线路总长度6834.864皮长千米。

电缆网络，自1993年开始建设，2010年形成包括主干电缆、配线电缆、用户引入线等在内的庞大网络，主干电缆线对数达到372150对，配线电缆线对数达到456735对，阳泉联通公司建成一个网络覆盖全市，集数据、无线市话、固定语音及智能业务等为一体的综合性、安全性、全面性的通信网络。

二、中国移动阳泉分公司

（一）机构

1999年7月23日，根据上级要求，移动通信业务从市电信局分离，山西移动通信公司阳泉分公司组建，同年9月15日正式挂牌运营，为副处级建制，受山西移动通信公司垂直领导。公司下设“五部一室”，即综合办公室、人力资源部、计划建设财务部、市场经营部、网络部、党群工作部；设盂县营业部和平定县营业部。

2002年7月，公司实施资产剥离，全面完成注资重组工作，资产注入中国移动香港有限公司，企业性质由国有独资企业转变为外商独资企业，名称改为中国移动通信集团山西有限公司阳泉分公司。2010年，公司共有各类员工480人，下设综合部、财务部、人力资源部、党群（工会、纪检）工作部4个机关部室和市场部、集团客户部、客户服务部、网络部、工程部5个专业部门，以及基站动力维护中心、本地接入维护中心、传输数据维护中心、网络优化中心、集团客户中心、业务支撑中心6个中心，下辖平定县、盂县两个分公司和市区、矿区、郊区3个营业部。

阳泉移动经营移动通信业务（语音、数据、多媒体等）；IP电话及互联网接入服务；从事移动通信、IP电话和互联网等网络设计、投资和建设；移动通信、IP电话和互联网等设施的安装、工程施工和维修；经营与移动通信、IP电话和互联网业务相关的系统集成、漫游结算清算、技术开发、技术服务、广告业务、设备销售等；出售出租移动电话终端设备、IP电话设备、互联网设备及其配件、柜台租赁，并提供售后服务。公司拥有“全球通”“神州行”“动感地带”等服务品牌，用户号码段有159、158、152、151、150、139、138、137、136、135、134。

（二）业务建设

1999年公司成立之初，拥有总资产7525万元，移动交换机总容量为47500门，数字基站38个，模拟基站8个，数字载频155个，客户数22653户，移动电话普及率为1.79%。

公司组建后，坚持贯彻省公司“衔接、起步、腾飞”战略安排，抓管理，构筑运营全新模式；快建设，满足市场增长需求；闯市场，业务发展势头迅猛；抓服务，树立全新企业形象；清欠费，保证企业良性运作，实现快速发展。公司以“我们在乎您的感受”自主服务品牌建设为切入点，开展“畅通网络，诚信服务”“沟通100”“满意100”等服务，内容不断丰富，环境不断优化，质量不断提升，始终保持同行业领先水平。2000年，公司客户突破5万户，达54126户。2001年，完成阳泉城域网、互联网建设。2002年，公司全面落实集团公司提出的“业务与服务”双领先发展战略，以客户需求和市场变化为导向，创新经营谋发展，重点突破快建设，以人为本促改革，再造流程严管理，净增客户22625户，达125223户，基站退服率全省排名第一，网络五项指标持续保持全省前三。2003年5月7日，在省公司部署防治“非典”信息通信系统建设工作28小时内，完成市定点医院——阳泉市第二人民医院“多媒体专家会诊系统”建设工作。5月9日，按期完成“移动电话指挥调度通信系统”建设，并投入使用；同时建设完成覆盖全市三区两县的“防治‘非典’信息通信系统”，标志着公司“视讯通”与“会务通”业务正式开通。7月25日，在市委、市政府召开的全市“非典”防治总结表彰大会上，公司获“非典防治先进集体”称号。2005年6月30日全面启动“村通电话”工程建设，公司员工克服地形复杂、目标分散、户外作业气候条件差等困难，在短短5个月的时间内新建43个基站、16个直放站、16个IP接入，覆盖目标村72个，于11月30日完成全市“村通电话”工程。

2006年实现运营收入3.39亿元，收入份额提高到48.86%；净增通话客户11.9万户，占新增移动通信市场74.99%的份额，累计达47.6万户，市场占有率达到61.98%；以重点业务为龙头，全面推进新业务和数据业务发展，新业务收入累计完成6397万元，数据业务收入累计完成1731万元。加大农村信息化推广力度，全年共为农村铺设光缆2500余千米，接入村庄达到851个，净增农村移动电话签约用户5万户、农村IP电话用户1832户、农信通用户8143户、农村宽带用户249户，全市所有行政村实现“村村通电话”“村村能上网”，农村信息化工作取得阶段性成果。

2007年，公司不断深化区域经营，努力拓展市场，收入份额和客户份额持续提升，全年实现运营收入37587万元，市场份额达51.36%；净利润实现9077.67万元；净增客户9.1万户，累计达56.7万户，客户份额达66.31%；实现所有县市及乡镇EGPRS无线网络的连续覆盖；完成城市高话务区的“查漏补盲”覆盖工程；对144个边缘行政村进行无线通信覆盖，增强网络覆盖的深度和广度。

2008年，公司以区域化经营为核心，以“金牌服务，满意100”为主线，坚持科学发展，大力实施经营创新，持续开展系列营销活动，效果明显，客户满意度始终领先。在网络建设上，完成168个网点建设任务；完成石太高速铁路覆盖工程建设工作；完成数据工程41项、网络优化工程79项。2009年，公司把网络运行质量作为核心优势，不断加大投资力度，加快建设速度，全年建设网络基站670个，无线网络覆盖全市100%的乡镇、99%以上的农村及人口，网络质量持续领先；交换容量达120万门，光缆总长度达到12834皮长千米，覆盖全市100%的乡镇、98%以上的农村；TD网络建设不断完善，实现市区、矿区、开发区的覆盖，1月19日正式商用，获省公司“2009年度山西移动TD网络质量大会战”三等奖；完成15期工程、城域网8期工程、石太高速客运专线覆盖工程建设。

2010年，公司抢抓机遇，智慧经营，市场份额持续提升，运营收入累计完成5.4亿，全省排名第三；增幅10.63%，全省排名第二；针对性展开营销服务，中高端客户稳定性不断增强，全年月均保有率完成113.06%，全省排名第二；集团客户营销再创新高，全年完成集团信息化收入1888万元，全省排名第二；宽带业务收入完成2010万元，全省排名第一。至2010年，阳泉移动公司客户规模从成立初的2万余户发展到93万户，市场份额达76%；运营收入从0.56亿元增长到5.4亿元；基站数量从46个增长到670个；交换容量从4.7万门增长到120万门；

传输网络从无到有，光缆总长度达到12834皮长千米，覆盖全市100%的乡镇、98%以上的农村，有营业网点406个，在全市构建了一张覆盖范围广、承载能力强、安全、稳定、高效的精品网络。

公司先后获得“全国精神文明建设工作先进单位”“全国巾帼文明岗”和国家级“诚信单位”“青年文明号”，以及省级“守合同重信用企业”“模范单位”“文明单位”“文明和谐单位标兵”“诚信单位”“青年文明号”等称号。

（三）服务品牌

阳泉移动公司的品牌塑造经过了“以业务为定位标准”到“以用户为定位标准”的发展过程，成功打造了“全球通”“动感地带”“神州行”三大服务品牌，在全市逐步形成一个覆盖高、中、低档消费群体的完备的品牌体系。

1. 全球通

全球通是中国移动针对中高端、商务客户推出的客户品牌，是中国移动最早、最先推出的旗舰品牌。全球通业务于2004年在全国推出，在提供亲切、快捷、贴心服务的基础上，注重对客户个性化需求的满足。阳泉移动同步开通该项业务，全球通为VIP客户量身定制了“全球通VIP俱乐部”、VIP机场服务、大客户经理服务、高尔夫俱乐部等个性化增值服务，以及人性化的10086人工接听服务界面、积分奖励回馈、灵活完善的跨区服务和延伸服务等。至2010年，阳泉移动全球通收费用户数达6.6万，客户数量占阳泉移动客户总数的7.1%。

2. 神州行

神州行是中国移动针对大众客户群体推出的客户品牌，其宗旨为“自由、实惠、便捷”，口号为“轻松由我”，主要产品包括神州行标准卡、大众卡、家园卡和神州行产品等。2000年，神州行业务由中国移动在全国范围内推出。同年6月21日，山西移动在全省各地推出神州行业务。2006年5月，阳泉移动对神州行业务统一形象宣传、统一设计营销产品，以“神州行，我看行”开展宣传和推广，神州行业务以其低廉的资费和良好的服务功能深受广大群众欢迎。至2010年，阳泉移动神州行客户数量达到76万，客户数量占阳泉移动客户总数的82.3%。

3. 动感地带

动感地带（M-ZONE）是中国移动通信针对年轻群体推出的客户品牌，特点为“新奇、时尚、好玩”，主要面向15岁至25岁的年轻人，以校园市场为阵地，以丰富的数据业务应用和专属的动感特权为年轻人营造了一个创新、个性、有趣的家园。2003年3月，动感地带由中国移动在全国全面推出，口号为“我的地盘，听我的！”阳泉移动同步开通该项业务。动感地带业务发展经历了从拇指时代开始的“时尚、好玩、探索的诞生”，到以M（M-ZONE）计划作为特权体现的“年轻人通信自治区”，以及以商业联盟作为有力支撑的“年轻人生活自治区”，再到以3G终端和丰富业务为主的“年轻人的3G生活”和“移动互联行动派”等阶段。至2010年，阳泉移动动感地带用户达9.9万，占山西移动所有客户数量的10.7%。

三、中国电信阳泉分公司

（一）机构

按照中国电信集团公司的统一部署，中国电信集团公司山西省阳泉市电信分公司于2003年1月28日注册成立。公司下设3个部、3个中心，分别为综合部、市场部、网络部和市区营业中心、平定营业中心、盂县营业中心，有员工11人。2008年10月1日，中国电信收购联通CDMA移动网络，中国电信阳泉分公司随之成为固网和移动业务全业务运营商。至2010年，公司下设2个县分公司、7个职能部门、3个营销中心，分公司为平定县分公司、盂县分公司，职能部门为综合部、财务部、市场部、合作渠道部、网络发展部、政企客户部和运行维护部，营销中心为城区营销中心、矿区营销中心、郊区营销中心，有员工74人。

中国电信阳泉分公司经营的业务包括基础电信业务、增值电信业务和一般经营项目。基础电信业务即800MHzCDMA第二代数字蜂窝移动通信业务和CDMA2000第三代数字蜂窝移动通信业务。增值电信业务即信息服务业务（仅限移动信息服务）。一般经营项目即经营与通信及信息业务相关的系统集成、技术开发、技术服务、技术培训、技术咨询、信息咨询；设备及计算机软硬件的销售、安装和设计与施工；通信设施租赁；安全技术防范系统的设计、施工和维修；利用自有媒体发布广告。

（二）业务建设

中国电信阳泉分公司以“创业、创新、创造”为理念，以“简捷、务实、高效”的作风大力实施品牌战略，以诚信立足，以品质求发展，全面提升服务质量，树立了崭新的企业形象。

2003年，中国电信阳泉分公司为客户提供国际长途、国内长途、本地电话、IP电话、电话卡等多种话音业务，提供窄带、宽带、专线等多种接入方式。2004年，公司业务收入超计划完成，固定电话发展1万余部，宽带用户发展1000余户。2005年，推出“超级一号通”“商务领航”“七彩铃音”等新业务；全年固定电话发展5000余部，宽带用户发展2000余户。

2006年后，面对市场的压力和挑战，公司全体员工牢固树立市场意识、竞争意识和效益意识，迎难而上，实现公司业务的持续、稳定、健康发展。2007年，加大政企客户服务力度，制定了“1%的市场做到100%的业务渗透，实现商务领航品牌统领”的营销目标，当年政企客户收入占比

72%，转型业务收入占比从2006年的23%上升到50.4%；制定了宽带与固话捆绑销售的营销策略，实现“我的e家”本地品牌化。2008年，探索“网格化营销+系统化促销”经营模式，努力实现“我的e家”和“商务领航”两大品牌业务的落地，促进了重点业务的快速发展。10月1日接手移动网络运营。针对普通用户，开展“暖冬一家行”业务发展竞赛活动，尝试移动、固定业务捆绑营销模式，促进了移动、宽带业务的发展。针对集团客户市场，开展针对性、个性化主动营销，收到良好效果。2009年，先后开展“百日会战”“冬季攻势”“春蕾行动”等一系列营销活动，不断掀起全业务发展高潮。同时推进终端社会化销售，完善终端销售产业链，以良好的售后服务促进终端销售，树立了良好的品牌形象。

2010年，以信息切入、行业应用为突破，开展聚类市场营销。重点以行业应用为突破口，主要在企业翼机通、车辆定位等方面下功夫进行攻坚，先后与阳煤集团华鑫电气有限公司签订了企业翼机通合作协议，与阳泉石油公司和阳泉市保安押运公司进行合作。开展对团委及大学生的营销工作。同时推出“寸草心”“互联网手机”等产品，实现重点业务重点突破。组织开展“宽带奋斗目标”冲刺活动，快速提升宽带业务规模发展，树立了中国电信光纤宽带速度快、不掉线的业务优势。

（三）网络建设

2003年，公司骨干基础网投资建设完成。2004年，公司滚动性投资计划100%完成，管道类项目完成率为81.25%，主要建设了本地电话网、城域网，同时对部分骨干基础网络进行优化、补充、完善，特别加大区域传输网、城域网的建设，为开拓市场打下基础。2005年至2007年，加强本地电话网、城域网的建设和完善，综合通信能力不断增强；进一步增强网络安全意识，增强网络应对突发事件的能力，确保网络安全畅通；以网络维护工作为要点，以防阻防障为重心，提升网络运行质量，努力提高管理水平和服务水平，保证了传输网络的平稳运行。2008年10月1日公司正式接收C网，组织技术人员对辖区进行C网信号扫盲，为经营工作奠定基础；开通7个基站，新建13套室内分布系统，解决了部分酒店、商场信号覆盖弱的问题，提高了网络运行质量。2009年，组织C网整治工作，确保移动网质量的进一步提升，完成本地网阳泉—盂县、阳泉—平定传输成环工作。2010年，大力提升网络运维保障水平，全力保障宽带业务发展需要，加快有线宽带“广覆盖建设”进度，扩大网络覆盖的广度和深度，矿区、城区旧小区覆盖达80%以上；全力支撑移动业务发展需要，完成部分公路覆盖和山区覆盖，3G网络除极偏远的个别区域外全部实现信号覆盖；加强片区故障保障力度，宽带故障申告率下降到9.19%；加强网络优化工作，对市内高速公路进行专项优化，网络覆盖率达到99%。

（四）客服工作

中国电信阳泉分公司成立后，始终坚持“用户至上、用心服务”的理念，不断加强管理、完善体系，推进服务创新，提高服务水平和服务质量，用户投诉100%受理、100%处理，新装机用户100%回访，用户服务满意度保持在95%以上，10000号投诉回单及时率100%，回单合格率100%。

2003年公司成立后，迅速建立健全内部服务质量保证体系和市场快速反应机制，实施品牌战略，以人性化、个性化、专业化的服务思想，建立了“以市场为主导、以客户为中心、以效益为目标”的新型运作模式，全面提升服务质量，服务工作逐步实现从被动服务向主动服务、窗口服务向全过程服务、大众化服务向差异化服务的转变。2004年，公司加强业务流程基础管理工作，制定规章制度，明确岗位职责，强化监督管理，培训工作人员，通过流程整合使业务处理逐步规范化、制度化。2005年、2006年，公司继续以加强服务意识和执行制度规范为重点，坚持以用户的感知度提高服务质量，加快建立行业比较优势。在外部监督方面，成立服务质量监督委员会；在内部管控方面，进一步细化考核内容，明确部门职责，加强后端对前端的支撑响应，服务质量明显提高。2007年至2009年，公司以服务规范化为重点，进一步完善客户服务体系，打造差异化服务品牌，以服务促发展。开展营业厅标准化建设、客户服务热线综合管理、对客服人员进行业务技能培训，并以点带面，逐步实施服务创新；完善营销组织体系，加大专业化营销组织建立力度；提高终端维护服务标准，加快响应速度，丰富服务内容，提高了用户对公司服务的满意度；建立健全服务管理和质量监督体系，设置专职服务管理人员负责日常的监督考核，做到日日有检查，月月有通报；加强客户维系工作，通过开展个性化服务和特色新业务，不断提升客户满意度，促进了各项业务的发展。2010年，公司实施“人有我优”服务提升战略，实行装维分离，重新明确人员分工，明确奖惩制度，充分调动装维人员的工作积极性；制定了由资源管理岗统一派单、回访筛选、统一回单的闭环工作流程；修订上门服务流程和绩效考核办法，提高了工作效率，为客户提供了及时、周到和高质量的服务。

2008年，中国电信阳泉分公司被省质量与名牌协会用户委员会授予“山西省用户满意企业”荣誉称号；2006年，被省消费者协会评为“诚信单位”；2010年，被山西省通信管理局评为“山西省电信资费管理先进单位”。

四、铁通阳泉分公司

（一）机构

2002年5月1日，铁道信息有限责任公司阳泉分公司正式挂牌成立，隶属铁通河北分公司管辖。公司下设市场部、财务部、技术与建设部、综合办公室，有正式员工87人。2003年1月1日，客户服务部和计费中心成立，隶属市场部管理。4月1日，铁道通信和社会公众市场实行分立管理，公司划转38人到石家庄铁道通信服务中心。8月1日，公司为进一步细化经营组织，相继成立桃南、桃北、平定、盂县4个经营部，负责区域内铁通电信产品经营、客户服务、工程建设、设备维护等工作。11月，“114”查号台正式开通。公司下设市场部、财务部、网运部、通信业务部和综合办公室，有正式员工50人。

2004年1月1日，铁通阳泉分公司归属铁通山西分公司管辖。1月20日，公司总部——铁道通信信息有限责任公司（为国有大型基础电信运营企业）由铁道部移交国资委管理，并更名为“中国铁通集团有限公司”。铁通阳泉分公司作为总部的一个分支机构，随之更名为“中国铁通集团有限公司阳泉分公司”，位于市迎宾路1号，下设四部一室，即市场部、财务部、通信业务部、网运部、综合办公室，有正式员工50人。2007年1月1日，设备维护中心、线路维护中心、数据中心成立，隶属网运部管理，公司有正式员工56人。2008年1月1日，公司成立“10050”客户服务呼叫中心，负责业务咨询、业务预受理、话费查询、故障申告、质量投诉、意见建议及号码查询等服务。2008年5月23日，中国铁通由国资委移交中国移动管理，作为中国移动的全资子公司独立运作，标志着全国新一轮电信体制改革正式启动。2008年，公司下设市场部、财务部、网运部、综合部、计划建设部、工程管理项目中心和客服中心，有正式员工61人。2009年5月1日，公司成立协同业务发展部，以全面拓展城市宽带和NGN-IP电话业务为主；12月15日，铁通阳泉分公司与石家庄通信段顺利完成铁路专网资产划转交接工作，铁通专网资产及人员正式划转铁道部管理，公司有正式员工57人。2010年11月，铁通阳泉分公司实行机构改革，设市场营销部、网络业务部、综合部3个机关部门，桃南、桃北、平定、盂县、协同5个区域经营部，线路维护中心、设备维护中心2个中心，公司有正式员工60人。

公司自2002年成立后，始终坚持“以服务赢得市场，以质量塑造品牌，以差异化增强竞争力”，不断深化改革，加强管理，在确保铁路通信畅通的基础上，大力开拓公众电信市场，取得较好的经济效益和社会效益。公司可提供固定网本地电话、国内国际长途电话、IP电话、数据传送、互联网、视讯、卡类、呼叫中心、虚拟专网、网络托管、传真存储转发等多项基础和增值电信业务。公司主营收入由2002年的206.42万元增长到2010年的678.4万元，年均递增6%以上；全员劳动生产率年均增长10%。至2010年，公司拥有通信线路840千米，局用交换机容量31600线，数据业务端口5296个，资产总额达到1707.60万元，固定电话在网用户12550户，宽带在网用户3206户。根据《中华人民共和国电信条例》及信息产业部有关文件，中国铁通所采用的资费标准与同行业其他运营商相比，享受10%～15%的优惠。

（二）业务发展

阳泉铁通发挥全网一体优势，在保证铁路用户需求基础上，扩大固定电话市场覆盖，大力发展宽带网、智能网。2002年至2004年推出的主要业务有电话业务、卡类业务、互联网业务、视讯业务、呼叫业务。电话业务包括固定电话、公用电话、主叫免费“800”、一号通、主被叫分摊付费“4007”；卡类业务包括“96201”智能卡、固定电话缴费卡、IP电话、长途电话卡、商务绿卡电话、企业联名卡；互联网业务包括“95868”上网直通车、ADSL宽带上网、数据通信；视讯业务即全视通业务；呼叫业务包括呼叫中心、电话会议中心、铁路客运信息服务、电话QQ语音聊天、“95105128”娱乐在线、“95105129”激情点送、“10219800”电话聊吧。2004年，固定电话在网用户8964部，年均递增18%；ADSL在网用户753线，年均递增23%。

2005年，公司主推“197”长途主叫注册业务，此项业务是中国铁通作为基础电信运营商向广大用户提供的标志性业务。至年末，固定电话在网用户5196部，ADSL在网用户1271线。2006年，公司推出“铁通新时速”业务，依托大容量、高速率的全国性宽带IP网络CTTNET，为用户提供灵活多样的宽带接入服务。至年末，固定电话在网用户达到24551部，ADSL在网用户达到3035线。2007年，推出“汇意通”电话新业务，属多方通信会议电话业务，是一项融合多种通信手段、支持所有运营商通信终端进行电话会议的产品。至年末，固定电话在网用户23231部，ADSL在网用户3551线。

2008年，公司推出“智控眼”业务，是提供图像、声音和各种报警信号远程采集、传输、储存、处理与转播的一项全新的增值业务，11月实现铁通营业厅代办移动业务的服务。至年末，固定电话在网用户17471部，ADSL在网用户3571线。2009年推出固话“易套餐”业务，此业务是用户缴纳套餐金额后，获得一定的通话时长，通话时长可消费套餐中规定的各项语音业务。其中以推广“15元易套餐”为重点，控制了语音业务下滑的趋势，保持了语音业务的稳定。至年末，固定电话在网用户14238部，ADSL在网用户3745线。2010年推出“互联网专线”业务，是采用最新的宽带接入技术，按照客户的需求提供各种高速率的专用链路。至年末，公司固定电话在网用户12550部，ADSL在网用户3206线。

（三）网络建设

2002年，公司敷设光电缆95千米，建设端局点1个。2003年，累计敷设电缆233.2千米，建成通信管道4.6千米，建设交换局点4个，交换机开通容量达到2000线，建设城域网8个局点，开通容量达到1248线。于6月19日开通3×2兆中继扩容，解决了铁通与网通间的互联互通问题。2004年，累计敷设电缆430.2千米、光缆74.55千米，建成通信管道12.73千米，拥有交换局点15个，交换机开通容量达到26798线，ADSL局13个，开通容量达到2128线。2005年，敷设电缆681千米、光缆86.2千米，建成通信管道14.06千米，拥有交换局点17个，交换机开通容量达29230线，ADSL局17个，开通容量达3104线。2006年，累计敷设电缆694千米、光缆88.2千米，建成通信管道15.6千米，拥有交换局点19个，交换机开通容量达到31600线，ADSL局点18个，开通容量达到4128线。2007年，累计敷设电缆730千米、光缆90.7千米，建成通信管道19.3千米，拥有交换局点19个，交换机开通容量达到31600线，ADSL局点18个，开通容量达到4720线。2008年，通信线路建设情况基本不变，ADSL开通容量增至5296线。2009年，阳泉铁通与阳泉移动协同发展，新建小区宽带建设4个1600户，小区网络覆盖延伸工程4个1500户。2010年11月5日，实现阳泉铁通与阳泉移动传输资源的共享。

阳泉铁通公司采用先进技术，构建了完整、统一、先进的通信网。通信网络以铁路全国长途网为依托，本地网覆盖全市三区两县，互联网实行全程全网统一调度、统一管理，集中于ATM技术的IP城域网具有反应快速、组网灵活的优势。公司引进国内外先进技术，改造、扩建、完善了基础骨干网、传输网、交换网和城域网，各局点构成业务环保环，加强了网络的可靠性和稳定性。并建立相关的配套支撑网，其中包括七号信令网、数字同步网等。

第三节 互联网管理

一、机构

阳泉市经济信息中心的前身是阳泉市经济信息处理中心（阳泉市计算机技术服务中心），于1984年开始筹建，1985年正式成立，两块牌子一套人马，为阳泉市计划委员会管理的正县级全额预算事业单位，内设办公室、综合科、研究室、软件科和硬件科5个科室。1997年，市计算机服务中心降格为正科级自收自支事业单位，为市经济信息处理中心下设机构，编制13人。2001年1月20日，阳泉市经济信息处理中心更名为阳泉市经济信息中心，仍为正县级建制，内设办公室、综合科、硬件科、软件科、信息科和网络控制中心6个科室。2005年11月内设科室改为7个，即办公室、发展研究室、新闻信息科、硬件科、软件科、网络控制中心、培训科（数字认证中心）；人员编制25名，设主任1名、副主任2名。下设阳泉市计算机技术服务中心。

1997年10月，阳泉市成立信息化工作领导组，市长任组长，分管市长任常务副组长，四大班子秘书长任副组长，各县（区）长及市直各部、委、局、办负责人为成员。领导组办公室设在市经济信息中心。

2005年，阳泉市信息化工作办公室成立。2008年7月，市机构编制委员会下发《关于阳泉市信息化工作办公室与阳泉市经济信息中心合署并变更隶属关系的通知》，明确市信息化工作办公室与市经济信息中心合署，两块牌子一套人马，其隶属关系由市发展和改革委员会（前身为市计划委员会）管理改为由市政府办公厅管理。主要负责统一规划全市经济信息系统建设，审批各部门和县区经济信息系统建设方案等。2009年8月参照公务员管理。至2010年，机构设置和人员编制未变。

二、网络建设

（一）阳泉互联网办公网站工程

1997年，国家利用第三期日本政府贷款计划进入实施阶段。在这个计划中，阳泉市被列为全国利用第三期日本政府贷款建设经济信息系统试点城市之一，争取到日本政府贷款1000万日元（折合人民币70万元）。与此同时，地方政府配套资金50万元人民币。

市经济信息处理中心作为工程项目的具体实施者，结合阳泉经济发展状况和与世界经济接轨、融入全球经济一体化的必然趋势，解放思想，大胆创新，在建设资金不变的条件下，将原计划只建设阳泉市经济信息系统改为建设包括市委、市人大、市政府、市政协四套班子在内的阳泉互联网一期工程。1999年4月16日，市委、市政府召开工程建设动员大会，拉开阳泉互联网办公网站（中国阳泉国际互联网站）工程建设的帷幕。

经过广大工作人员一年多的艰辛努力，工程三期日贷项目设备全部到位，网上业务的组织建设初见成效，网络工程布线系统工作结束，市政府大楼和市委大楼数百个办公室的网络综合布线、压线、安装信息座等工作与网控中心机房主体系统施工结束，硬件设备和软件调试全部完成，首批上网十大业务、外网主页的设计就绪，具备开通运行条件。2000年5月，阳泉互联网办公网站、中国阳泉国际互联网站正式开通。两个网站的服务宗旨是让阳泉走向世界，让世界了解阳泉；让政府高效运转，让政务面向国民；让企业驾驭市场，让社会共享信息。2004年

11月，在北京举办的全国地市电子政务应用调查总结大会暨2004年中国电子政务高峰论坛上，阳泉市获得“全国地市政府电子政务管理奖第一名”。

2005年，市经济信息中心完成市级、县区级光缆主干和光缆分支干线的建设任务，架设主干光缆1500芯千米，完成包括市级四套班子在内的约80%以上的市直部、委、局、办的计算机城域网络工程，铺设光缆1500芯千米，上网微机约3000台，通向各部、委、局、办的带宽为1000兆，到桌面为100兆；完成市区约180个县级单位外网网站虚拟服务器托管的建立和改造，全市各单位统一出口外接互联网；网上内容升级为十大频道上百个栏目，特别是视频新闻基本实现事发后2小时发布上网。2005年，信息产业部通过6个月的网上实测，阳泉市的党政门户网站——中国阳泉公众点击率在全国500个城市中名列第12位。至2010年，两网站运行正常。

（二）阳泉市千兆党政计算机城域网工程

为加快全市政府职能转变、提高行政质量和效率，为办公自动化技术提供平台，促进全市党政信息化建设步伐，2002年11月，根据市委办公室、市政府办公室下发的《阳泉市党务政务信息化建设指导意见》和《阳泉市党务政务信息化建设方案》文件要求，阳泉市千兆党政计算机城域网工程开始建设。工程建设领导组下设研制开发工作组，市经济信息中心负责工程建设的具体实施。

阳泉市千兆党政计算机城域网工程投资总规模3000万元，资金用途为架设光纤、网络系统和通讯系统的设备购置，以及系统开发安装费、运行费、维护费、培训费等。工程是在阳泉互联网、阳泉市经济信息系统一期工程（阳泉市五大班子光纤主干网）项目的基础上，进一步建设阳泉市城域光纤计算机专网。工程包括架设光纤主干线，强化基础设施建设，人才培养和引进，完成各个数据库建设及电子政府、电子商务、电子教育主体工程，以及其他的初期工程；实施各个领域的信息化工程、宽带入户工程，形成全市国民经济和社会信息化体系。

2004年4月8日，阳泉市党政计算机城域网千兆主干线正式开通。2005年4月27日全线升级为千兆网。该工程铺设光缆1500芯千米，覆盖全部市区范围（含城区、矿区、开发区），可接入200多个单位，通过通讯公司线路长途宽带接入远郊县区。2005年，省科技厅通过鉴定，认为该项目的社会应用效果显著，对全国中等城市城域网建设具有较高的推广价值，达到国内先进水平。至2008年，共建设市区计算机专用千兆光纤城域网络覆盖面积35平方千米，连接全市200个党政单位，架设光缆2500芯千米，主干、支干节点全部升级为千兆，党政机关之间通讯带宽由2兆上升到1000兆，扩大500倍。至2010年，该城域网运行正常。

（三）市县乡村四级党政计算机网络工程

2004年5月19日，根据市委办公厅、市政府办公厅《关于建设阳泉市市、县（区）、乡（镇）、村（社区）四级党政计算机网络的方案》要求，市委、市政府组织开展全市党务政务信息化暨阳泉市市、县（区）、乡（镇）、村（社区）四级党政计算机网络工程启动仪式，全面铺开全市四级党政网建设工程。

工程建设的总体目标是在三年内使阳泉市的基础设施建设、重点业务建设、电子政务面向社会服务，达到全国同等城市先进水平，为阳泉市国民经济和社会发展创建良好的环境，缩小城乡差别，改善市民、村民与政府的信息不对称状况。2005年，工程建设取得阶段性成果。一是完成市、县区两级联网工程。市政府与五个县区和开发区党政网光缆互联，城区、矿区、开发区政府专用光缆和市政府连接，达到千兆宽带接入能力；平定县、盂县、郊区租用网通光缆专线与市政府连接。5个县区和经济技术开发区全部完成办公局域网建设任务，基本实现所属各部门局域网或计算机的互联互通。二是督促指导县区政府建设连接乡镇、街道办事处的党政网，并向具备条件的村、社区辐射。全市32个乡镇全部通过光缆实现与所属县区党政网的互联，部分农村通过ADSL实现上联。

2008年，全市四级党政网建设工程实现市政府与5个县区和经济技术开发区党政网光缆互联，完成5个县区和经济技术开发区党政办公局域网建设任务；32个乡镇、13个街道办事处实现与市政府政务网互联互通；县区、乡镇两级党政机构联网率达100%，约90%的社区计算机接入政府网；完成近800个村的接入任务，占全市行政村的80%。至2010年，网络运行良好。

（四）中欧信息社会阳泉示范项目

2005年8月，阳泉市被国务院信息化办公室列为“中欧信息社会项目”六个试点城市之一，确定的示范项目是“阳泉城乡公共服务系统”，即建设面向城市和农村的公共服务系统，强化政府的服务功能和运转效率。项目与阳泉市原有的信息化战略有机结合、互相促进，地方政府的配套资金主要用于硬件建设。

中国—欧盟信息社会项目是中国政府与欧盟的合作项目，旨在利用先进的信息和通信技术改善政府服务，并促进中国与欧洲的政府机构和私营机构建立联系与长期的合作。项目的主要方式是智力援助，以培训、研讨、考察学习为主要内容。2006年3月27日，中欧信息社会阳泉示范项目正式启动。至2009年，该示范项目全部完成。网络系统建设方面，完成党政城域网、市县乡村四级党政网、乡村社区信息化示范站点三大系统；电子政务建设方面，完成网上市长信箱、市委社情民意通道、政府百件实事网上办、政府信息公开和党政电子公文传输、视频会议、可视协同办公等应用系统；服务型政府建设方面，完成阳泉城乡公共服务系统网站、行政审批、社会保险、网上信访等项目。2009年6月22日，市委、市政府组织召开总结大会，宣布中国阳泉英文网站和全市100个乡村、社区信息化示范站点正式开通运行。6月30日，中国—欧盟信息社会项目在北京召开项目总结会。通过该项目，中欧双方信息化领域的领导定期会晤，双方的机构和专家建立联系，形成专家网络，为合作奠定了良好的基础。

（五）乡村与社区信息化示范点建设

为加快农村信息化建设，发挥信息化对农村经济社会发展的巨大作用，市委、市政府决定建设乡村、社区信息化示范点。2007年5月，市委办公厅、市政府办公厅出台《关于创建农村、社区信息化示范点的通知》。2008年，市委办公厅、市政府办公厅出台《关于创建第二批农村、社区信息化示范点的通知》。在近两年时间里，市、县区两级信息化办公室工作人员行程约5000千米，对拟选的150个站点进行严格筛选。至2008年，建成乡村、社区示范点100个，分布在全市32个乡镇12个街道办事处区域内。参与示范点建设人员1000余人，站点共配置计算机200套、激光打印机100台，组建局域网100个，均专线宽带接入互联网。先后培训信息管理和服务人员1500人次，保证每个站点有2名会收集、会分析、会传播信息的专职或兼职信息服务人员。全市100个乡村、社区信息化示范点统一配置标准化的信息查询服务设备，统一配置计算机、打印机，统一服务标识，开发出功能完善的信息查询服务系统，定期将市、县（区）、乡（镇）、乡政务信息和各类便民信息发送到示范点上，向群众提供公益性信息查询服务，深受广大群众欢迎。

（六）阳泉政府英文网站项目

为宣传阳泉、建立国际化信息窗口、为国际化用户提供更加便捷的服务，2008年11月，阳泉政府英文网站建设项目启动，工期6个月，2009年4月全面完成开始运行。

在阳泉政府英文网站建设期间，借助欧盟项目资金的支持，市信息办共组织召开8次研讨会，分别就国内外政府英文网站调研、阳泉市政府英文网站的功能和栏目设计、各栏目内容组织、招商项目内容组织、各栏目内容的翻译和审校等进行专题讨论；举办培训班3期，培训专题分别是英文网站建设暨国外电子政务发展、政府英文网站信息管理员培训、政府英文网站管理员培训。阳泉政府英文网站的建设还得到欧盟项目专家的支持与帮助，先后有3位欧盟电子政务和信息技术专家莅临市信息办，参加研讨会，介绍先进经验，并就英文网站的规划、栏目设计、页面设计等提出意见和建议。阳泉政府英文网站开设有阳泉简介、图说阳泉、中欧信息社会阳泉示范项目建设、投资信息、景点介绍等栏目，至2010年运行良好，起到宣传阳泉的作用。

第四节　无线电管理

一、机构

1985年，市政府组建阳泉市无线电管理委员会，下设办公室，为正处级单位，行政编制5名。1989年，阳泉市无线电监测站成立，为市无线电管理委员会办公室下属正科级事业单位，人员编制3名。1997年11月，山西省机构编制委员会下发《关于全省无线电管理委员会及其办事机构设置意见的通知》，撤销阳泉市无线电管理委员会及其办事机构阳泉市无线电管理委员会办公室，成立山西省无线电管理委员会办公室在阳泉市的派出机构——山西省无线电管理委员会办公室阳泉市管理处，实行垂直管理。为正处级建制，行政编制6名。下属事业单位有阳泉市无线电监测站。

二、无线电监管

中共十一届三中全会召开以前，受国家"少设严管"政策的限制，全市无线电台数量很少，只限于军队、邮电、公安、广播等部门使用。中共十一届三中全会召开后，无线电管理方针由"少设严管"转到"无线电管理工作为政府首脑机关服务、为国防建设服务、为经济建设服务，中心是为经济建设服务"上，由此，机关、企事业单位和个人都可以根据工作需要设置使用不同类型的无线电台。

1986年，无线电管理工作正式从军队移交到地方后，阳泉市无线电管理委员会办公室于当年对全市无线电台站进行全面普查，当时设置的无线电台主要有长波、中波、短波、超短波、广播电台、电视台，应用范围以邮电、广播、公安、司法等重要部门为主，各类台站总数约350部。1986年以后，随着全市经济的发展，各业务部门专用的无线通信网迅猛发展，包括固定通信、移动通信、广播电视、雷达导航、遥控遥测、射电天文等，被广泛应用到通信运营商、广播、电视、铁路、交通、公安、煤炭、水电、金融、司法、防火防汛等行业。1990年，全市无线电台数发展到1463部。1995年，全市各类无线电台数为3514部。之后，随着移动电话的开通使用和迅速普及，全市无线电通信事业得到迅猛发展。2000年，全市各类无线电发射设备（含手机）数为55894部；2005年增长为45万余部；2010年发展到104万余部。

面对全市各类无线电发射设备（含手机）的迅猛增长，无线电管理部门的主要任务是采取行政、技术、法律、经济手段维护好阳泉市的电磁环境，保护各类无线电台站的正常运行，特别是要通过技术手段发现干扰，排查干扰，净化电磁环境。阳泉市无线电管理部门按照上级要求，加强对《中华人民共和国无线电管理条例》的宣传力度，通过报纸、电视等新闻媒体对全市无线电管理情况及时进行报道，提高了市民遵守国家法律法规的意识。进入21世纪，无线电干扰现象时有发生，之前单纯的行政管理手段已不能满足工作需要，这为无线电管理工作提出更高的要求。2003至2005年间，山西省无线电管理委员会办公室阳泉市管理处投资80万元购置无线电监测车1辆，投资150万元购置FSP30频谱仪、TFR-2967综合测试仪、嘉兆8103场强仪等设备。2008年完成阳泉市B级站（含1个中心控制机房和3个遥控监测站）的建设。2010年投资600余万元购置1辆无线电监测测向车，为做好无线电检测、监测、监听和干扰排查提供了有力的技术支持和保障。

山西省无线电管理委员会办公室阳泉市管理处每年开展正常的无线电监听监测800小时以上，年检设备1000余部，干扰排查率达到100%。完成全市各类无线电台站的核查、发证和设备年检任务。开展无线电监测监听工作，保障过境飞机的飞行安全、广播电视的正常播出，以及防汛、防火无线通信网的正常运行。通过加大对违章设台和无线电干扰的查处力度，净化了全市的电磁环境，促进了全市经济发展。2004年，山西省无线电管理委员会办公室阳泉市管理处在全省无线电测向技术比赛中获团体第一名。2005年、2006年、2010年在全省年度工作目标责任状考核中被评为优秀单位。

第五节 长途电信线务管理

一、机构

阳泉长途电信线务局的前身为阳泉线路段，成立于1960年，隶属于山西省线路中心站。1961年6月晋中线务站成立后，阳泉线路段划归其管理。1962年7月更名为阳泉线务段。1984年2月22日，经省邮电管理局同意，成立阳泉电缆段。1989年12月2日，根据行政区域划分，为便于维护管理，成立阳泉线务分局，职能科室为三科一室，分别为技维科、财供科、公安科和办公室，下设阳泉电缆段、阳泉明线段和昔阳线务段。1993年3月更名为阳泉长途电信线务局，编制53人。1998年，职能科室变为综合部、运维部、安保部和财务部，编制44人。2000年5月，下设各线务段更名为阳泉线务一分局、阳泉线务二分局和昔阳线务分局。2007年8月，昔阳线务分局划归晋中线务局后，分局整合为阳泉线务一分局、阳泉线务二分局、盂县县域维护中心，至2010年未变。

二、线务监管

长途通信线路是党政军民重要的信息桥梁，对经济社会的发展起着至关重要的作用。随着通信技术的飞速发展，阳泉长途电信线务局所维护的长途线路由原来的架空明线、直埋电缆全部实现光缆化。光缆由光纤和护套组成，其中光纤是一种光导纤维（俗称“玻璃丝”），粗细和人的发丝相近，一根光纤可以开通3万多对话路，光纤是信息社会中各种信息网的主要传输工具，因此，维护通信光缆的安全畅通责任重大，任务艰巨。

阳泉长途电信线务局隶属于山西省长途电信线务局，是长途通信线路的专业维护组织，始终坚持“预防为主、防抢结合”的方针，坚持根据季节规律、维修作业周期以及社会影响环境，科学管理，精心维护，使长途通信线路设备的机械性能和传输性能始终保持良好状态，为全程全网通信提供了优质的长途通信通道。阳泉长途电信线务局承担着国家长途通信济（济南）石（石家庄）太（太原）银（银川）一级光缆干线和太（太原）阳（阳泉）、五（五台）阳（阳泉）、榆（榆社）阳（阳泉）、新榆（榆社）阳（阳泉）4条二级光缆干线，以及本地网光缆的维护保障任务。2004年，在接收本地网、联通广电代维后，人均维护量达到180余千米。

通信光缆分地下埋设和架空线路两种，电杆上的宣传牌是架空光缆的标志，标石及路面上的宣传牌是埋设地下光缆的地面标志。阳泉长途电信线务局所维护的一、二级通信光缆干线是国家通信骨干网的重要组成部分。多年中，阳泉长途电信线务局坚持以维护工作为中心、安全生产为重点、制度落实为主线、管理创新为突破，抢险救灾，施工盯守，护线宣传，巡回检修，隐患排查，扎实做好每一项工作，为保证国家通信大动脉的畅通无阻作出了贡献。在全省长线局际竞赛中始终名列前茅，2004年获得第一名的好成绩。

2006年3月27日，太旧高速公路距离寿阳出口2000米（K460+500）处出现大面积路基沉陷，整个路基下沉3米左右，路段最大沉陷达到8米，路面塌方长约100米，造成寿阳至阳泉段高速公路交通中断，使得整个处于高速公路隔离带的国家一级干线济石太银光缆、太阳二级光缆和代维联通一级光缆3条干线光缆岌岌可危。阳泉长途电信线务局闻讯后组织人员火速赶赴现场，与晋中线务局的支援队伍一起连续奋战45小时，立电杆8根，完成济石太银光缆、太阳二级光缆和代维联通一级光缆3条光缆共计1000余米的割接迁改，将干线光缆安全地移到高速公路之外，完成抢修光缆、保障通信任务。至2010年，全局光缆干线无障碍，线路设备完好率保持在98%以上，光缆传输特性合格率保持在99%以上，徒巡到位率保持在99%以上，车巡到位率保持100%。

阳泉市志

YANGQUANSHIZHI

[上　册]

第六编

经济综述

阳泉是老工业基地。20世纪初，正太铁路的通车和保晋公司的落户，揭开了阳泉近代工业及山西近代煤炭工业与冶金工业的序幕。之后，随着交通运输和采掘冶炼业的发展，域外的许多行商坐贾、富资闲民纷纷云集于境内，开店设铺，办厂创业，阳泉地位跃升，成了山西东部重要的商品集散地、资本集聚区、经济开发区，并于民国36年（1947）5月4日正式建市。60多年来，阳泉人民励精图治，逐步把一个山区煤矿小城建成了一个以能源重化工为主、多业蓬勃发展的颇具规模的现代化城市。其间，经历了两次经济体制的重大转变，出现了两个发展较快的时期。第一个时期是中华人民共和国成立初期。党和政府着手对半封建、半殖民地的经济制度进行根本性的改造，创建新的经济体制。主要是没收官僚资本、完成土地改革及社会主义改造，确立以全民所有制和集体所有制为主要形式的社会主义公有制结构，建立集中统一的计划经济管理体制。第二个时期是中共十一届三中全会以后的30余年。阳泉市坚持对内搞活经济、对外实行开放的方针，改革从农村到城市、从微观到宏观、从经济基础到上层建筑、从局部实验到全面展开，旧体制的模式逐步被淘汰，新体制的框架逐步建立起来并得到不断完善，有力地推动了全市经济持续快速稳定发展。特别是进入21世纪之后，“在全省争先发展、在中部同等城市率先崛起”的奋斗目标以及“大开放、大企业、大项目、大民营”发展战略的提出，激发了全市人民锐意进取的精神，全市综合经济实力大幅攀升。2010年，全市主要经济指标：国内生产总值（GDP）429.4亿元，为1978年的76.67倍，年平均递增14.52%；工业总产值597.36亿元，为1978年的64.35倍，年平均递增13.9%；财政收入100.12亿元，为1978年的132.2倍，年平均递增16.5%；社会固定资产总投资298.37亿元，为1978年的127.76倍，年平均递增16.36%；社会消费品零售总额160.46亿元，为1978年的91.76倍，年平均递增15.17%；城镇居民人均可支配收入17084元，为1978年的68倍，年平均递增14.1%；农民人均纯收入6560元，为1978年的49.7倍，年平均递增12.98%。

第一章 经济指标

第一节　综合经济指标

随着改革开放的不断深化，阳泉市国民经济持续快速发展，经济总量迅速壮大，区域经济综合竞争力明显增强。

1978年至1980年（“五五”时期），全市国内生产总值、财政收入、社会固定资产总投资、社会消费品零售总额、城镇居民人均可支配收入、农民人均纯收入平均增长速度分别为3.70%、4.87%、9.20%、14.39%、10.77%、13.82%。

1981年至1985年（“六五”时期），全市国内生产总值、财政收入、社会固定资产总投资、社会消费品零售总额、城镇居民人均可支配收入、农民人均纯收入平均增长速度分别为8.10%、11.36%、17.43%、19.52%、13.29%、27.80%。其中，财政总收入、社会固定资产总投资和农民人均纯收入平均增长速度分别比“五五”时期提高了6.49、8.23和13.98个百分点。

1986年至1990年（“七五”时期），全市国内生产总值、财政收入、社会固定资产总投资、社会消费品零售总额、城镇居民人均可支配收入、农民人均纯收入平均增长速度分别为6.30%、11.64%、9.36%、12.38%、21.57%、3.24%。这一时期随着城市改革力度的加大，城镇居民人均可支配收入加快，其增长速度高出“六五”时期8.30个百分点，其中，1989年全市地区生产总值比1980增长2.1倍，提前一年实现了中共十三大提出的地区生产总值比1980年翻一番的第一步战略目标。

1991年至1995年（“八五”时期），是全市经济增长较快的一个时期，主要经济指标除财政收入之外均呈两位数增长。国内生产总值、财政收入、社会固定资产总投资、社会消费品零售总额、城镇居民人均可支配收入、农民人均纯收入平均增长速度分别为12.16%、8.11%、17.35%、16.89%、18.06%、19.01%。1996年全市地区生产总值比1980年增长4.2倍，提前四年实现了地区生产总值比1980年翻两番的第二步战略目标。

1996年至2000年（“九五”时期），受国际金融危机的影响，多数经济指标出现回落。全市国内生产总值、财政收入、社会固定资产总投资、社会消费品零售总额、城镇居民人均可支配收入、农民人均纯收入平均增长速度分别为8.10%、18.69%、-2.99%、8.73%、4.16%、9.63%。其中，社会消费品零售总额、城镇居民人均可支配收入、农民人均纯收入平均增长速度分别回落了8.16、13.90和9.47个百分点，社会固定资产总投资还出现了-2.99%的负增长。

2001年至2005年（“十五”时期），改革开放的深度发展和企业改制收到了明显效果，主要经济指标又恢复实现两位数的高位运转。全市国内生产总值、财政收入、社会固定资产总投资、社会消费品零售总额、城镇居民人均可支配收入、农民人均纯收入平均增长速度分别为11.70%、33.97%、28.43%、16.21%、15.93%、7.62%。

2006年至2010年（“十一五”时期），面对国际金融危机的影响，结构性矛盾的困扰，国家实施了扩大内需的政策，全市启动“百项工程”建设，积极扩大投资，“十一五”时期是“十五”时期固定资产投资总额的4.5倍，促进了经济的平稳增长，综合经济指标在“十五”时期大幅攀升的基础上，仍保持了近11%的年均增速。全市国内生产总值、财政收入、社会固定资产总投资、社会消费品零售总额、城镇居民人均可支配收入、农民人均纯收入平均增长速度分别为10.8%、22%、35.3%、17.9%、13.7%、11.8%。其中，社会固定资产总投资、社会消费品零售总额和农民人均纯收入的平均增长速度比高位运转的“十五”时期分别高出6.9、1.7和4.2个百分点。

1978—2010年阳泉市主要经济指标平均增长速度统计表

表-6-1　　单位：%

主要经济指标	“五五”时期（1978—1980）	“六五”时期（1981—1985）	“七五”时期（1986—1990）	“八五”时期（1991—1995）	“九五”时期（1996—2000）	“十五”时期（2001—2005）	“十一五”时期（2006—2010）
国内生产总值	3.7	8.1	6.3	12.16	8.1	11.7	10.8
第一产业	5.5	13.3	2.7	-0.8	-4.3	-0.2	7.5

续表 -6-1

主要经济指标	"五五"时期（1978—1980）	"六五"时期（1981—1985）	"七五"时期（1986—1990）	"八五"时期（1991—1995）	"九五"时期（1996—2000）	"十五"时期（2001—2005）	"十一五"时期（2006—2010）
第二产业	4.3	5.1	7.1	12	7.3	12.1	11.5
第三产业	-1.3	27.3	5.8	19	11.2	11.8	9.9
财政总收入	4.87	11.36	11.64	8.11	18.69	33.97	22
社会固定资产总投资	9.2	17.43	9.36	17.35	-2.99	28.43	35.3
社会消费品零售总额	14.39	19.52	12.38	16.89	8.73	16.21	17.9
城镇居民可支配收入	10.77	13.29	21.57	18.06	4.16	15.93	13.7
农民人均纯收入	13.82	27.80	3.24	19.10	9.63	7.62	11.8

说明：国内生产总值及第一、二、三产以可比价计算，其他指标以现行价计算

1978—2010 年阳泉市国民经济主要指标统计表

表 -6-2

年份	国内生产总值（万元）	其中			工业总产值（万元）	农村经济总收入（万元）	财政收入（万元）	社会固定资产总投资（万元）	社会消费品零售总额(万元)	城镇居民人均可支配收入（元）	农民人均纯收入（元）
		第一产业	第二产业	第三产业							
1978	56000	6000	42000	8000	92820	—	7573	23354	17487	251	132
1979	60000	6000	45000	9000	93725	—	6881	23264	17638	278	168
1980	62000	7000	47000	8000	100942	—	8328	27847	22885	308	171
1981	62000	9000	44000	9000	104298	—	8667	26247	25251	341	191
1982	68000	8000	49000	11000	118281	—	10832	34225	27046	377	227
1983	94000	11000	66000	17000	132519	49976	12760	37861	31022	418	328
1984	92000	10000	60000	22000	155504	72529	16387	48080	39905	463	478
1985	116435	10300	79703	26432	177268	95098	14261	62195	55825	575	583
1986	138745	9861	100436	28448	195788	109185	15622	61592	60402	711	599
1987	152543	8967	109702	33874	211432	120686	16747	51833	66300	828	605
1988	180652	17576	121300	41776	228226	140690	17992	59738	82080	902	642

续表 -6-2

年份	国内生产总值（万元）	其中			工业总产值（万元）	农村经济总收入（万元）	财政收入（万元）	社会固定资产总投资（万元）	社会消费品零售总额（万元）	城镇居民人均可支配收入（元）	农民人均纯收入（元）
		第一产业	第二产业	第三产业							
1989	220717	24836	135696	60185	257150	173173	23128	80898	94707	1201	660
1990	238522	26063	159706	52753	275418	187100	24726	97294	100056	1527	684
1991	250927	19791	169725	61411	482330	208800	26361	113533	111563	1767	702
1992	317614	20865	212142	84607	345476	263056	26408	125280	124727	2038	809
1993	367359	23835	232505	111019	459587	389803	35153	185365	160103	2423	940
1994	462788	34518	280364	147906	570658	643130	26899	211084	181775	2972	1224
1995	609599	40047	371048	198504	617962	947957	36510	216553	218361	3503	1639
1996	738703	45769	461648	231286	760835	1309670	42963	315450	256868	3833	2055
1997	819160	29341	514461	275358	857370	1708700	45472	396556	279207	3954	2466
1998	868370	31979	504734	331657	777393	1976700	48217	320347	299412	3621	2661
1999	909187	20839	533942	354706	1821148	1834100	48218	235003	319527	3912	2599
2000	980913	26884	558186	395843	752900	1724200	86000	186033	331765	4295	2596
2001	1067718	29160	598289	440269	830300	1770900	137300	218769	345974	4872	2723
2002	1178278	34772	655580	487926	999000	1848500	16700	290678	370183	5924	2877
2003	1377918	25579	781260	571029	1259700	1931300	204300	378322	402044	6638	2112
2004	1686407	34260	970008	682139	2015100	1969900	274500	491780	483330	7998	3437
2005	2002511	35371	1154065	813075	2226100	2166900	371200	650029	703175	8992	3748
2006	2374387	39660	1410019	924708	2531300	2385300	438000	923059	811536	10122	4140
2007	2732413	51434	1614102	1066877	3245500	2455600	570200	1240873	980554	11676	4724
2008	3106528	50768	1839327	1216433	4002400	2719300	681300	1563960	1231115	13306	5427
2009	3487100	58461	1992722	1435917	4664600	2917700	780900	2424632	1356082	14240	5801
2010	4293774	65845	2553062	1674867	5973600	3141200	1001200	2983717	1604652	17084	6560

说明：本表按现行价计算

1978—2010 年阳泉地区生产总值增长图

图 -6-1

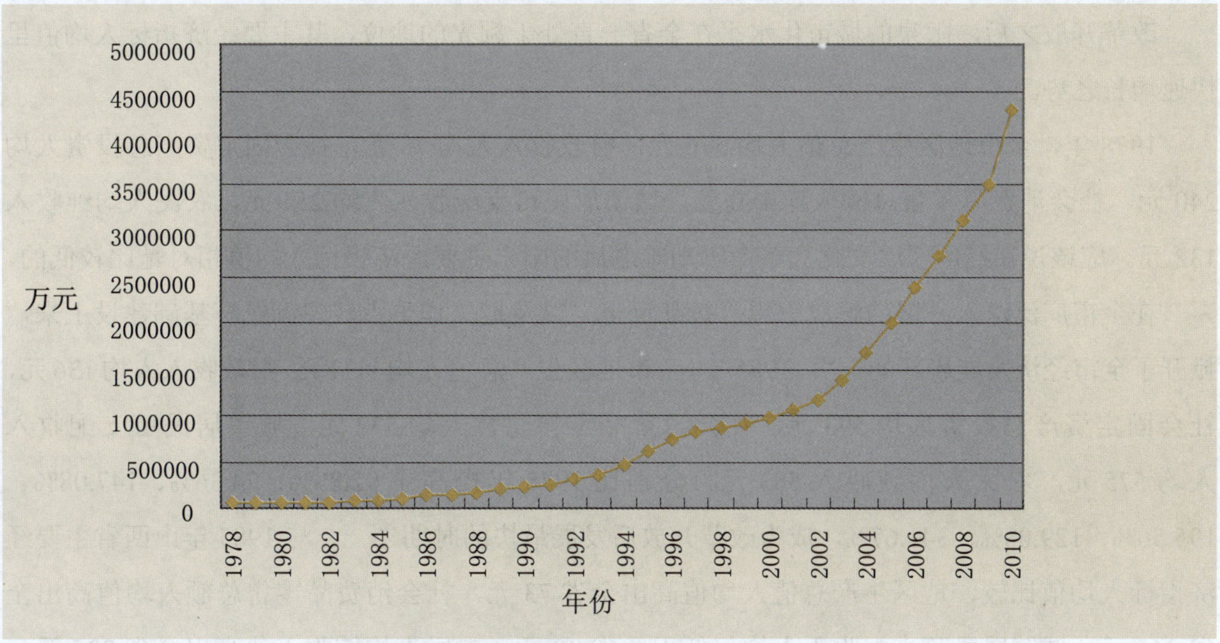

1978—2010 年阳泉市财政总收入增长图

图 -6-2

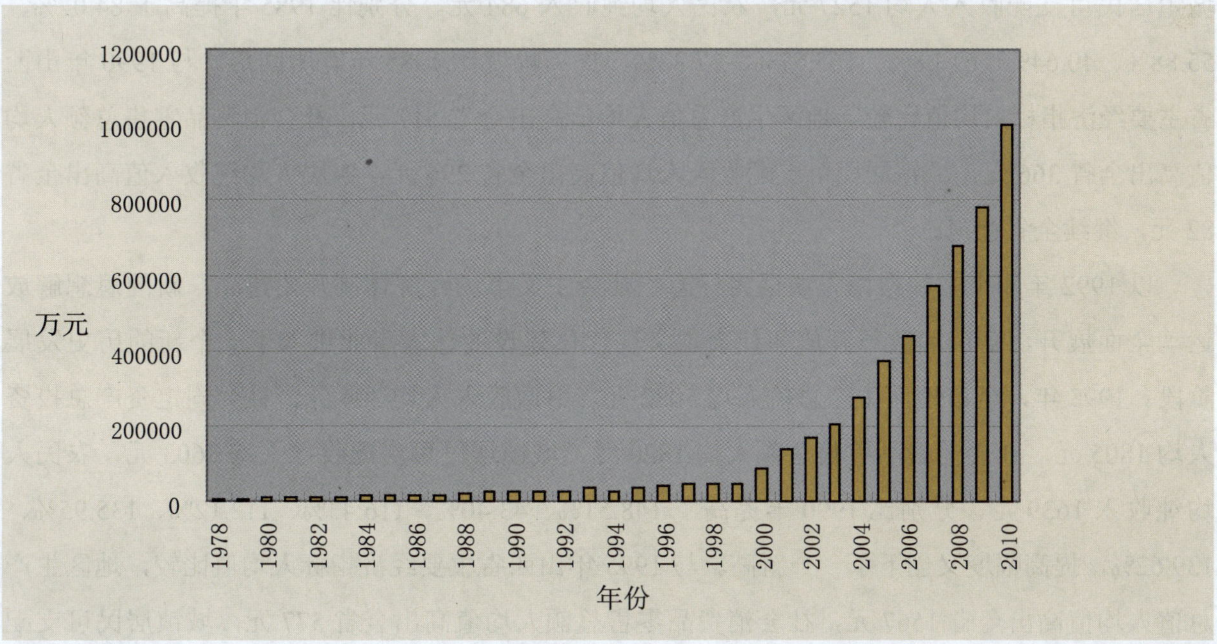

第二节 人均经济指标

改革开放之后，阳泉的城市化水平在全省一直处于领先的地位，其主要经济指标人均值呈快速增长之势。

1978 年，全市地区生产总值人均 576 元，财政收入人均 78 元，社会固定资产总投资人均 240 元，社会消费品零售总额人均 180 元，城镇居民可支配收入人均 251 元，农民人均纯收入 132 元。应该说在经历了“文化大革命”劫难之后的阳泉主要经济指标人均值相对是比较低的。

在全市广泛深入开展的解放思想“拨乱反正”以及把工作重点转移到经济基础建设上来，掀开了全市经济发展崭新的一页。1985 年，全市地区生产总值人均 1111 元，财政收入人均 136 元，社会固定资产总投资人均 593 元，社会消费品零售总额人均 532 元，城镇居民可支配收入人均 575 元，农民人均纯收入 583 元。分别比 1978 年提高了 92.88%、74.36%、147.08%、195.56%、129.08%、341.67%，成为改革开放后发展最快的时期之一。与 1985 年山西省主要经济指标人均值比较，地区生产总值人均值高出全省 73 元，社会消费品零售总额人均值高出全省 245 元，城镇居民可支配收入人均值低于全省 20 元，农民人均纯收入值高出全省 225 元，在全省处于领先地位。

随着改革开放不断引深，经济指标持续平稳增长。1990 年，全市地区生产总值人均 2045 元，财政收入人均 212 元，社会固定资产总投资人均 834 元，社会消费品零售总额人均 858 元，城镇居民可支配收入人均 1527 元，农民人均纯收入 684 元。分别比 1985 年提高了 84.07%、55.88%、40.64%、61.28%、165.57%、17.32%，提高幅度比 1985 年有所回落。与 1990 年山西省主要经济指标人均值比较，地区生产总值人均值高出全省 517 元，社会消费品零售总额人均值高出全省 366 元，城镇居民可支配收入人均值高出全省 296 元，农民人均纯收入值高出全省 82 元，继续全省领跑。

以 1992 年邓小平视察南方谈话为标志，社会主义市场经济体制开始建立，新的思想解放运动全面展开，全市的改革开放和社会主义现代化建设的伟大事业进入了一个新的历史发展阶段。1995 年，全市地区生产总值人均 5082 元，财政收入人均 304 元，社会固定资产总投资人均 1805 元，社会消费品零售总额人均 1820 元，城镇居民可支配收入人均 3603 元，农民人均纯收入 1639 元。分别比 1990 年提高了 148.51%、43.40%、116.43%、112.12%、135.95%、139.62%，提高幅度又创下了一个新高。与 1995 年山西省主要经济指标人均值比较，地区生产总值人均值高出全省 1567 元，社会消费品零售总额人均值高出全省 577 元，城镇居民可支配收入人均值高出全省297元，农民人均纯收入值高出全省431元，继续高于全省平均水平。

面对国际金融危机的冲击，全面加快改革步伐，从放权让利、政策调整向抓大放小、转换机制、实行公司制、股份制方向深化，初步建立起了现代企业制度，国民经济实现平衡过渡。2000年，全市地区生产总值人均7894元，财政收入人均692元，社会固定资产总投资人均1497元，社会消费品零售总额人均2670元，城镇居民可支配收入人均4295元，农民人均纯收入2596元。分别比1995年提高了55.33%、127.63%、-16.65%、46.70%、19.21%、58.39%，提高幅度明显回落，其中社会固定资产总投资人均还出现了-16.65%的负增长。与2000年山西省主要经济指标人均值比较，地区生产总值人均值高出全省2172元，社会消费品零售总额人均值高出全省430元，城镇居民可支配收入人均值比全省低429元，农民人均纯收入值高出全省690元，除城镇居民可支配收入人均值之外均高于全省平均水平。2000年部分经济指标在全省的位次：一般预算收入第11位，城镇居民人均可支配收入第4位，规模以上工业增加值第10位，社会消费品零售总额第9位。

进入21世纪后，全市的改革开放进入了完善社会主义市场经济体制，全面推进体制创新，加快重要领域关键环节改革步伐，全面建设小康社会的新时期。2005年，全市地区生产总值人均15908元，财政收入人均2949元，社会固定资产总投资人均5164元，社会消费品零售总额人均5586元，城镇居民人均可支配收入8992元，农民人均纯收入3748元。分别比2000年提高了101.52%、326.16%、244.96%、109.21%、109.36%、44.38%，是一个各项经济指标提高幅度明显加快的时期。与2005年山西省主要经济指标人均值比较，地区生产总值人均值高出全省3413元，社会消费品零售总额人均值高出全省1397元，城镇居民可支配收入人均值高出全省28元，农民人均纯收入值高出全省857元，各项经济指标均高于全省平均水平。2005年部分经济指标在全省的位次：一般预算收入第7位，城镇居民人均可支配收入第7位，规模以上工业增加值第11位，社会消费品零售总额第3位。

“十一五”始，全市集中力量，汇聚各方才智，融通多元资本，启动实施“百项工程”，树立以项目建设为载体，以“百项工程”为抓手，推进经济结构调整，全市经济步入了以资源为依托，以新型能源、新型材料、铝工业、化学工业为主导的可持续发展的良性轨道，资源型城市转型发展成功起步。2010年，全市地区生产总值人均31359元，财政收入人均7312元，社会固定资产总投资人均21791元，社会消费品零售总额人均11720元，城镇居民人均可支配收入17084元，农民人均纯收入6560元。分别比2005年提高了95%、147%、322%、110%、90%、75%，是一个各项经济指标提高幅度明显加快的时期。与2010年山西省主要经济指标人均值比较，地区生产总值人均值高出全省4974元，社会消费品零售总额人均值高出全省2407元，城镇居民人均可支配收入高于全省1486元，农民人均纯收入高出全省1824元，各项经济指标均高于全省平均水平。2008年部分经济指标在全省的位次：一般预算收入第8位，城镇居民人均可支配收入第7位，农民人均纯收入第2位，规模以上工业增加值第7位，社会消费品零售总额第6位。

阳泉市部分年份主要经济指标人均值表

表 -6-3　　单位：元

主要指标＼年份	1978	1985	1990	1995	2000	2005	2010
地区生产总值	576	1111	2045	5082	7894	16056	31359
财政收入	78	136	212	304	692	2949	7312
社会固定资产总投资	240	593	834	1805	1497	5164	21791
社会消费品零售总额	180	532	858	1820	2670	5586	11720
城镇居民人均可支配收入	251	575	1527	3603	4295	8992	17084
农民人均纯收入	132	583	684	1639	2596	3748	6560

阳泉市部分年份主要经济指标在全省位次表

表 -6-4　　单位：位次

主要指标＼年份	2000	2005	2008
一般预算收入	11	7	8
城镇居民人均可支配收入	4	7	7
农民人均纯收入	10	8	2
规模以上工业增加值	10	11	7
社会消费品零售总额	9	3	6

1978—2010 年阳泉市农村居民人均纯收入增长图

图 -6-3

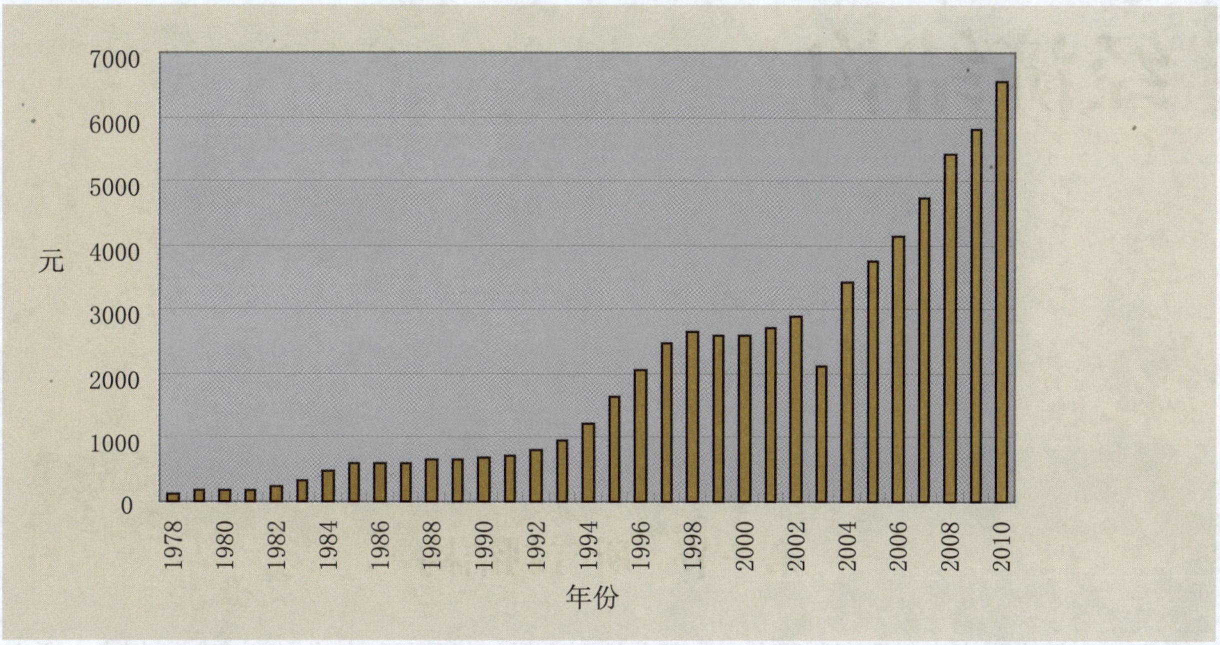

1978—2010 年阳泉市城镇居民人均可支配收入增长图

图 -6-4

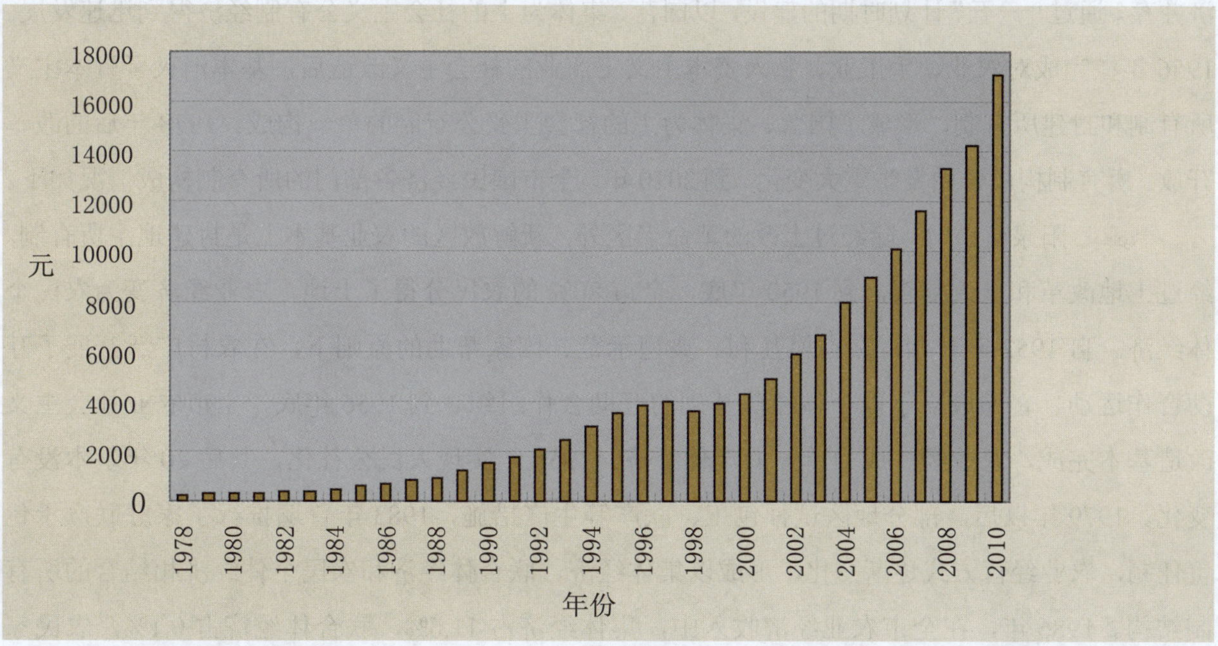

第二章 经济结构

第一节 所有制结构

历史上境内生产资料所有制同全国大部分地区一样，经历了原始公社所有制、奴隶主所有制、封建地主所有制、资本主义所有制，此外还存在以个人劳动为基础的小私有制即个体所有制。民国36年（1947）阳泉建市以后，通过没收官僚资本，建立了全民所有制经济；通过农村土地改革，80%的农民获得了土地、牲畜等生产资料。全市国营、集体、公私合营、个体私营经济并存。通过“一五”计划时期的建设，以国营、集体为主的社会主义公有制经济得到迅速发展。1956年在完成对农业、手工业、私人资本主义工商业的社会主义改造后，基本消灭了资本主义所有制和封建所有制，形成了国营、集体为主的社会主义公有制的单一构成。1978年后的改革开放，所有制构成开始发生重大变化。到2010年，全市国民经济各部门的所有制构成情况如下。

农业　阳泉建市时，除经过土改的革命老区外，新解放区的农业基本上是封建地主所有制。经过土地改革和土改复查，到1950年底，全市80%的农民分得了土地，农业经济变为农民个体经济。自1952年开始，在自愿互利、典型示范、国家帮助的原则下，在农村广泛开展了互助合作运动，普遍成立了以个体经营基础的互助合作组织。到1956年底，全市农业社会主义改造基本完成，农业经济成为单一的集体经济。1958年实现人民公社化，其后20年基本没有变化。1979年以后，部分地区试行包工、联产等生产措施，1983年普遍推行了家庭联产承包责任制，农业经营方式逐渐变化，形成以集体经济、联合体经济和农民个体经济相结合的所有制结构。1986年，在全市农业经济收入中，集体经济占11.6%，联合体经济占0.1%，农民家庭经济占88.3%。到1990年，农业经济构成发展为：集体经济占15.20%，联合体经济占0.31%，农民家庭经济占84.49%。1991年至2010年，农业经济构成一直保持农民家庭经济占主体（85%左右），其他成分占比变化不大的总趋势。

工业　阳泉建市后，即着手建立国营工业企业，到1949年已有7家国营企业。1952年，国营企业发展到15个，产值占到工业总产值的79.50%；集体所有制企业产值占9.70%；个体私营企业占10.80%。1956年社会主义改造基本完成后，个体私营工业转入公私合营，集体所有制经济有了较大发展。1957年，在工业总产值的所有制构成中，全民所有制占80.90%，集体所有制占19.10%，个体私营工业完全取消。此后至1980年，全市的工业经济基本上是以全民所有制为主的单一构成，其比重最高时达到91.30%。20世纪70年代后，农村集体所有制工业得到一定发展，工业经济成分有所变化。1980年，全市工业总产值构成中全民所有制经济所占比重为78.70%，集体所有制经济比重为21.30%。中共十一届三中全会以后，随着乡镇集体工业的迅速崛起，全市工业经济成分变化较大，出现了个体经济、合作经济等多种经济成分。1990年11月，香港比菲公司中国山西万山钢铁有限公司的成立，使全市所有制构成又增添了新的经济成分。1990年，全市工业总产值中各所有制经济成分所占比重分别为：全民所有制企业占41.81%，集体所有制工业占53.42%，私营企业占3.35%，混合制企业1.42%。

1980—2010年部分年份阳泉市工业总产值中各所有制企业所占比重简表

表-6-5　　单位：%

年 份	国有企业	集体企业	私营企业	三资企业	混合制企业
1980	78.70	21.30	—	—	—
1990	41.81	53.42	3.35	—	1.42
1995	42.69	46.57	3.25	1.42	6.06
2000	63.72	21.32	0.45	4.49	10.02
2005	10.74	6.08	4.56	1.69	76.93
2008	9.08	7.01	4.52	2.82	76.58
2010	5.11	8.49	3.78	3.16	79.45

1992年后随着社会主义市场经济体制的健全，所有制成分的变化拉动经济发展活力不断增强，国有企业、集体企业所占比重逐年下降，私营企业、三资企业、混合制企业所占比重逐年提高，

特别是混合所有制企业更是增长迅猛。1995年，国有企业占42.69%，集体企业占46.57%，私营企业占3.25%，三资企业占1.42%，混合制企业6.06%。2000年，国有企业63.72%，集体所有制企业占21.32%，私营企业占0.45%，三资企业占4.49%，混合制企业10.02%。2005年，国有企业10.74%，集体所有制企业占6.08%，私营企业占4.56%，三资企业占1.69%，混合制企业76.93%。2010年，国有企业占5.11%，集体企业占8.49%，私营企业占3.78%，三资企业占3.16%，混合制企业占79.45%。

商业 阳泉建市初期，商业经济成分主要是个体私营经济。1952年，在全市3843万元的社会商品零售总额中，国营和合作社经济占47.2%，集体经济占7.5%，个体私营经济占44.7%，公私合营经济占0.6%。1956年商业系统实行全行业公私合营后，经济成分发生较大变化，国营经济比重明显提高，占到了社会商品零售总额的74.7%，集体经济占10%，个体经济下降到5.1%，公私合营经济上升到10.2%。1957年以后，集体商业缓慢发展，个体私营商业被取消，农村供销合作社转为全民所有制经济。直到1978年，商业经济基本上是国营经济占绝对优势，国营商业零售额占到95.4%，集体只占4.6%。1979年后，在改革开放的形势下，个体商业逐渐恢复，集体商业迅速发展，商业的所有制构成发生很大变化。1990年，全市社会商品零售总额110070万元中，国营商业所占比重下降到46.6%，集体商业比重上升到31.9%，个体私营商业比重达到21.5%。

1978—2010年部分年份阳泉市社会消费品零售总额中各所有制企业所占比重简表

表-6-6　　单位：%

年　份	国有企业	集体企业	私营及个体	其他企业
1978	95.40	4.60	—	—
1990	46.60	31.90	21.50	—
1995	43.48	18.91	23.55	14.07
2000	24.11	14.53	34.72	26.64
2005	20.97	8.23	42.66	28.13
2008	17.42	6.82	12.16	63.61
2010	13.41	3.86	25.05	57.68

说明：2008年、2010年数据为限额以上零售业销售份额，私营及个体一栏为私营企业数据，未包括个体经济

1990年之后，国营商业企业和集体商业企业所占比重逐年下降，私营及其他经济企业所占比重呈逐年上升趋势，大量的国有及集体企业通过改制变成私营和股份制企业，私营及股份制企业逐步成为市场主体。1995年，国营企业占43.48%，集体企业占18.91%，私营及个体企业占23.55%，其他企业占14.07%。2000年，国营企业占24.11%，集体企业占14.57%，私营及个体企业占34.72%，其他企业占26.64%。2005年，国有企业占20.97%，集体企业占8.23%，私营及个体企业占42.66%，其他企业占28.13%。2010年，国营企业占13.41%，集体企业占3.86%，私营及个体企业占25.05%，其他企业占57.68%。

建筑业　阳泉建市初期，建筑业有国营、合作社经营和私营3种经济成分。随着公私合营和所有制改造，全民所有制经济占据了主导地位。1979年以后，集体施工队伍得到发展，建筑业中集体经济成分有了提高，但国营经济仍占主导地位。1990年，全市建筑安装企业完成的施工产值中，全民经济占91.1%，集体经济只占8.9%。

1990年以后，国有及集体企业所占份额逐年下降，私营及股份制企业逐渐成为市场主体。全市建筑安装企业完成的施工产值：1997年国有企业占67.71%，集体企业占30.11%，混合制企业占2.71%；2000年国有企业占33.36%，集体企业占20.16%，混合制企业占46.48%（国有控股企业占其中的65.69%）；2005年国有企业占6.15%，集体企业占7.14%，私营企业占18.59%，混合制企业占68.12%（国有控股企业占其中的65.69%）；2010年国有企业占4.79%，集体企业占2.38%，私营企业占28.90%，混合制企业占63.93%（国有及控股企业占其中的48.98%）。

1979—2010年部分年份阳泉市建筑业完成产值中各所有制企业所占比重简表

表-6-7　　单位：%

年　份	国有企业	集体企业	私营企业	混合制企业
1979	98.04	1.96	—	—
1990	91.10	8.90	—	—
1997	67.71	30.11	—	2.17
2000	33.36	20.16	—	46.48
2005	6.15	7.14	18.59	68.12
2008	14.90	2.40	41.28	41.41
2010	4.79	2.38	28.90	63.93

说明：由于统计方法不同，1979年以前数据未按所有制情况统计

第二节　产业结构

一、三次产业结构

阳泉建市初期，一产、二产基本持平。之后，随着城市工业化的推进，二产发展强势。改革开放之后，按照市场需求、产业关联、技术进步和效益优先的原则，正确处理三次产业总体配置和发挥资源优势，加强第一产业，调整和提高第二产业，着力发展第三产业，呈现出三次产业共同发展，产业结构逐步升级的新局面。从1978年至2010年，全市的国内生产总值中，第一产业呈下降趋势，第二产业下降至2000年后出现低幅度反弹，第三产业呈上升趋势。三次产业的比例：1978年为10.7∶75.0∶14.3；1985年为8.6∶68.9∶22.5；1990年为10.9∶66.9∶22.2；1995年为6.6∶60.9∶32.5；2000年为2.7∶56.9∶40.4；2005年为1.8∶57.6∶40.6；2010年为1.5∶59.5∶39.0。2010年与1978年比较，第一产业增加值增长一倍，年均递增2.4%，比改革开放前30年的年均增速加快1.1个百分点；第二产业增加值增长11.4倍，年均递增8.5%，比改革开放前30年的年均增速加快1.8个百分点；第三产业增加值增长41.3倍，年均递增13.2%，比改革开放前30年的年均增速加快8个百分点。

1978—2010年阳泉市三次产业国内生产总值（增加值）构成表

表-6-8　　单位：%

年　份	第一产业	第二产业	第三产业
1978	10.7	75.0	14.3
1985	8.6	68.9	22.5
1990	10.9	66.9	22.2
1995	6.6	60.9	32.5
2000	2.7	56.9	40.4
2005	1.8	57.6	40.6
2007	1.9	59.1	39.7
2010	1.5	59.5	39.0

说明：1995年后，地方生产总值改为增加值统计

二、工农业结构

阳泉建市初期工农业产值基本持平。之后，随着工业化进程的推进，工业产值增幅加快。

1978年至2008年，全市工业产值比例较大幅度上升，农业产值较大幅度下降。全市工业和农业产值之比例：1978年为90.75∶9.25；1985年为92.48∶7.52；1990年为94.91∶5.09；1995年为96.95∶3.05；2000年为97.70∶2.30；2005年为98.58∶1.42；2008年为97.66∶2.34；2010年为97.31∶2.69。

在工业产值中，轻重工业比例1980年为13.27∶86.73，之后轻工业比重开始下降，重工业比重上升，到1991年轻重工业比例为9.46∶90.54。从1991年至2000年期间，轻重工业的比重保持相对稳定，1995年轻重工业比例为7.28∶92.72，2000年轻重工业比例为7.93∶92.07。进入21世纪之后，轻工业比重继续下降，重工业比重继续上升，2005年轻重工业比例为1.51∶98.49。2008年轻重工业比例为1.45∶98.55；2010年为1.69∶98.31。

在农林牧渔业中农业产值呈下降趋势，牧业产值呈上升趋势，林业和渔业相对稳定。农林牧渔业之比例：1995年为61.35∶9.98∶27.85∶0.92；2000年为61.41∶7.02∶30.21∶1.36；2005年为47.56∶4.86∶45.89∶1.69；2008年为55.27∶7.98∶32.73∶0.79（此比例中还应包括其他3.23）；2010年为56.87∶43.13。

第三节　投资结构

一、所有制划分的投资结构

阳泉建市后，随着社会经济的不断发展和繁荣，全市固定资产投资也不断地增长。20世纪50年代初全市固定资产投资年均59.97万元，70年代初年均3312.2万元。1978年全市固定资产投资为23354万元，1985年为62195万元，1990年为97294万元，1995年为216553万元，2000年为186033万元，2005年为650029万元，2010年为2983717万元。

全市固定资产投资中，从建市至2002年国有经济一直占据绝对的优势。50年代中期在完成社会主义改造后国有经济一枝独秀，改革开放以后对国有经济的投资依然占据绝对优势。1998年，全市固定资产投资32.04亿元，其中，国有经济投资28.51亿元，占88.98%；集体经济投资2.19亿元，占6.86%；其他经济投资1.33亿元，占4.16%。2002年固定资产投资29.07亿元，其中，国有经济投资16.01亿元，占56.08%；集体经济投资6.12亿元，占21.05%；其他经济投资6.94亿元，占23.87%。从2003年之后随着其他经济投资的增速，国有经济投资的“老大”地位受到动摇。2004年，全市固定资产投资中的内资额为48.79亿元，其中，国有经济为15.67亿元，占32.12%；集体经济为5.20亿元，占10.67%；其他经济为27.30亿元，占

57.21%。从2008年开始，全国为抵御金融危机，扩大内需，开始大规模的基础设施建设，因此，国有投资开始大幅增长。2010年，全市固定资产投资中的内资额为250.1592亿元，其中，国有经济为152.15亿元，占60.82%；集体经济为34.99亿元，占13.99%；其他经济为63亿元，占25.19%。

在全市固定资产投资中，房地产的投资增速较快。1991年，全市房地产的投资为1657万元，1995年为8218万元，2000年为26542万元，2005年为119927万元，2010年为43.34亿元。

二、三次产业划分的投资结构

建市后，全市固定资产投资始终贯穿以发展生产力为主的生产型经济投资结构，突出能源重化工建设方向。在全民基本建设投资中生产与非生产性投资比例，“二五”期间为85∶15，“三五”期间为86.3∶13.7，“四五”期间为81.8∶18.2，“五五”期间为80.4∶19.6，“六五”期间为69.8∶30.2，“七五”期间为73.2∶26.8，1949年至1990年，全市工业部门投资（即第二产业）累计达29.7亿元，占全部投资的76%，其中煤炭工业投资21.5亿元，占工业部门投资的72.4%。

1990年后，全市固定资产投资中，第一产业和第三产业投资呈逐年增长之势，第二产业投资呈下降趋势。1995年全市固定资产投资17.31亿元，其中，第一产业投资0.013亿元，占0.08%；第二产业投资13.51亿元，占78.05%；第三产业投资3.787亿元，占21.88%。三次产业结构投资之比为0.08∶78.05∶21.88。2010年全市固定资产投资298.37亿元，其中，第一产业投资15.39亿元，占5.16%；第二产业投资130.37亿元，占43.69%；第三产业投资152.61亿元，占51.15%。三次产业结构投资之比为5.16∶43.69∶51.15。2010年与1995年比较，第一产业投资增加15亿元，提高了5个百分点；第二产业投资增加116亿元，回落了34.36个百分点；第三产业投资增加149亿元，提高了29.27个百分点。

第四节　技术结构

一、工业技术构成

境内采煤、冶铁、陶瓷制造等生产行业历史久远，工艺考究。民国6年（1917）山西商办全省保晋矿务有限公司落户阳泉开山西现代工业之先河，在煤铁行业率先使用了立式现代炼铁炉、绞车、运煤车，水泵等许多重要的机械设备。

民国36年（1947）阳泉建市以后，随着经济建设的恢复和发展，生产技术落后的面貌不断改变，工业生产的机械化、半机械化程度逐步有了提高。由于注重生产方式的改变，加大设备投资的力度，到“文化大革命”之前的1965年全民工业机械化半机械化程度达到70%以上，集体工业达到50%以上。

20世纪70年代至80年代，全市工业生产在大力提高机械化程度的同时，开始向自动化方向发展，生产方式上呈现出自动化、机械化、半机械化和手工业生产逐渐被现代化机器所取代的全新时代。据1985年工业普查，全市乡镇以上工业企业已拥有生产设备原值11.31亿元，占到当年生产用固定资产原值的56.6%，其中，80年代出厂的新设备占38.12%，70年代出厂的较新设备占52.94%，70年代以前出厂的老设备仅占8.94%。在全部设备中，进口国外先进设备总值3.01亿元，占27.1%。在县以上工业企业基本生产车间直接生产的6.19万名工人中，从事自动控制作业的工人0.07万人，从事机械化操作的工人1.05万人，占16.96%，从事半机械化操作的工人1.89万人，三者几乎占工人总数的一半，达48.63%。

1990年以后，尤其是进入21世纪之后，全市的工业技术有了长足的进步。技术结构的变化主要表现在三方面。一是产学研合作。随着社会主义市场经济体制的逐步建立，企业被推向市场，针对企业规模偏小，传统行业比重大，技术开发能力弱等情况，提倡企业走产学研合作的道路开展企业技术创新的途径，使企业成为产学研合作的主体。在产学研合作中，引进技术、人才、项目或者依托高等院校与科研单位共同开发新产品、新技术。主要合作方式有3种。①聘用人才、委托研发。企业通过技术难题招标等形式，将难题交给对方，并付一定费用，提供一些条件，解决后用于生产实际。②合作开发、联合开发。企业的新产品、新技术开发，与合作方共同开发，企业利用高等院校、科研院所人才、设施和技术信息等方面的优势，高等院校、科研单位利用企业的生产条件和管理经验，通过优势互补，实现合作目标。③共建实体，利益共享，风险共担。由合作双方共建技术中心、中试基地等形成利益共同体，保证长期、稳定的合作关系。在推进以企业为主体的产学研合作中，全市工业企业中80%以上的企业都与产品技术相应的科研院所建立长期稳定的产学研合作关系。涌现出一批科技成果转化的典型。二是企业信息化建设。通过实施企业信息化建设，企业信息化水平得到较大提升，企业在战略决策、产品设计、生产过程控制、成本控制、财务和物流管理、销售网络建设和管理等专项管理方面的信息化运用得到加强，企业资源计划、供应链管理、客户关系管理等综合性管理信息化系统得到推广应用。有效转变经营观念，改造传统落后的管理思想和方式，再造业务流程，优化组织机构，减少管理层，提升管理水平。企业明确信息工作组织机构，建立信息工作制度，建立局域网并通过多种方式接入互联网的企业达 90% 以上；开展财务、采购、销售、物资管理信息化应用的企业达到 90%；机械制造企业有 60% 以上的企业实现计算机辅助设计（CAD），有 10% 的机械制造业龙头企业实现企业资源计划管理（ERP）。三是自主知识产权。全市大中型工业企业都建立企业技术人员科技创新、技术创新激励制度和办法，对企业技术人员完成的技术改进、技术革新、技术开发、技术服务项目，具有新颖型、先进性、实用性的发明创造和先进操作技法，引进先进技术、先进设备的消化吸收和革新等科技创新和企业技术创新工作，已取得明显的经济效益和社会效益的，分别给予 5000 元至 10 万元的奖励。对技术开发项目、新产品项目实现项目负责制，课题组人员有项目自主选择权、经费支配权、工资奖金分配权，享受弹性工作制等。全市建立市级以上企业技术中心的企业，至少拥有 1 项具有自主知识产权的专利技术，建立省级企业技术中心的企业其自主知识产权专利拥有平均在 5 项以上。

至 2010 年，全市获自主知识产权的企业达到 50 余家、300 余项。全市建立国家级企业技术中心 1 户、省级企业技术中心 4 户、市级企业技术中心 23 户、市级行业技术中心 1 户。

二、农业技术构成

建市初期，全市农业生产技术还十分落后，从耕作到灌溉、收获，均为人畜劳动，生产工具是传统的犁、耙、锄、镰、胶轮大车、小平车等，劳动强度大、效率低，农村没有一个村通电。20 世纪 50 年代，农业机械开始用于生产，主要有柴油发动机、水泵及农产品加工机械等，农业的机械化程度有了一定提高。之后到 70 年代初，先后引进了耕作、收获、加工、运输等农业机械，农业机械化水平虽然有了很大提高。但因自然条件的限制，田间作业的主要生产环节仍以人力为主，劳动工具没有重大变化。

进入 80 年代后，随着农村经济体制改革的逐步深入，乡镇企业迅猛发展，农业机械化水平进一步提高。1997 年全市第一次农业普查资料载年末农用机械和设备拥有量：大中型拖拉机 338 台，小型拖拉机 4172 台，大中小型拖拉机配套农具 1895 台（件），农用电（柴）油机 3282 台，联合收割机 10 台，农用水泵 1726 台，机电井 410 眼。农业技术员数：初级 385 人，中级 109 人。

2006 年全市第二次农业普查资料载年末农用机械和设备拥有量：大中型拖拉机 180 台，小型拖拉机 4900 台，大中小型拖拉机配套农具 2900 台（件），农用电（柴）油机 3282 台，联合收割机 9 台。农用机械使用情况：机耕面积占 37.33%，机电灌溉面积占 0.97%，机收面积占 0.2%；农业技术职称人员数：初级 900 人，中级 200 人，高级 100 人。第二次农业普查技术构成中的主要指标一般都高于第一次普查的结果。

第三章 经济体制改革

第一节 农村经济体制改革

一、农村经济管理体制

民国36年（1947）至1950年，全市农村通过土地改革运动，彻底废除了封建的土地私有制度，实现了耕者有其田，20余万户农民家庭分到了土地。1951年在土地改革中分到土地的农民开始自愿组织互助组，采取还工和计价结算相结合的办法，促进了生产的发展。

1954年，在互助组的基础上，向初级农业生产合作社迈进。收益分配遵循公私兼顾的原则，先是由个人交纳，后由初级社负责统一交纳农业税和国家所选购的农产品，然后对余下的实物、现金进行合理分配，使国家、集体和社员个人利益都得到合理安排。到年末，市郊共办初级社175个、入社农户6646户，平定县共办初级社483个、入社农户23229户。至1955年初，市郊农村和当时归属晋中地区的平定县和盂县基本上完成了半社会主义的农业合作社的转变。初级社阶段由于农村土地、劳力以及其他生产资料的配置基本趋向合理，土地生产率大幅提高，全市粮食总产量以年均6.8%的幅度增长。这一阶段出于对初级社和整个农村管理的需要，全市各级党政机构设立农村管理机构部门，农村经济经营管理体系初步建立。

从1956年开始，初级农业生产合作社以极快的速度转为高级农业生产合作社，土地无代价转为集体所有，耕畜、大型农具等主要生产资料折价卖给集体，土地实行统一经营，按劳分配。随着全国农村掀起的社会主义建设高潮，全市农业合作化运动超高速度发展，完全社会主义性质的高级农业生产合作社成为农业生产的主要组织，农村的生产关系发生了根本性的变化。

土地等重要生产资料由农民所有转为合作所有，取消了土地报酬制度。到1958年，平定县和盂县的高级农业生产合作社分别达到了302个和399个，初级农业生产合作社的转型基本结束，全市基本完成对个体土地经营的社会主义改造。

1958年，刚建立起高级农业生产合作社的农村，又迅速掀起了进一步改变生产关系的人民公社化运动。人民公社实行“政社合一”“一大二公”，一切生产资料归属公社所有，生产上实行大兵团作战，组织上实行工农兵学商五位一体，按军事化要求，实行师团连排编制，集中食宿，大办集体食堂，这些都被视为“左”的错误。1960年冬，全市对农村人民公社的体制和政策进行调整，开始对“左”的错误进行纠正，初步建立农村人民公社“三级所有，队为基础”的三级所有制，以生产队为基本核算单位，坚持“各尽所能，按劳分配”的原则。其间，公社总结推广以计划管理、劳动管理、财产管理、财务管理和收益分配为核心的“四大管理加分配”的农村集体经营管理制度，成为农村经济经营管理的核心。其时，郊区有12个人民公社，平定县有23个（1970年后有3个划归郊区）人民公社、364个生产大队，盂县有28个人民公社、531个生产大队。1984年，全市撤销了政社合一的人民公社体制，建立乡（镇）人民政府，撤销生产大队，组建村民委员会。

中共十一届三中全会后，农村土地承包经营管理全面推开。全市农村经过了小段包工、联产到劳、包干到户、二轮延包等过程，普遍推行了家庭联产承包责任制。家庭联产承包责任制是继土地改革、土地集体经营后，土地生产经营制度的又一次革命。农村全部实行联产承包责任制，第一次在“耕者有其田”的基础上，实现了“耕者自做主”，农民土地生产经营的积极性空前高涨。

小段包工 1976年，盂县土塔公社白家庄大队农民开始悄悄试行包工不包产、任务到组、责任到人、定额计工、限期完成，从夏管到秋收以组作业，按劳动的质量和数量计算报酬，开了全市农村生产责任制的先河。1979年，平定县在地处偏僻的青杨树村等地试行小段包工、定额计酬的生产责任制，即土地生产经营权集体所有，投工定额到组，责任到人，包工不包产，定额计工，限期完成，从夏管到秋收以组作业，按劳动的质量和数量计算劳动者报酬。

联产到劳 1980年，全市农村生产队普遍开始实行“定产到田、联产计酬”责任制，即土地生产经营权归集体所有，田间管理等劳动投入责任到劳，联系产量计算报酬，超产奖励，减产赔偿。联产到劳解决了计划经济时期投劳和收益不挂钩问题，调动和提高了农民生产的积极性，带动了土地产出率和粮食产量的大幅度提高。

包干到户 1982年，全市农村开始实行联产承包责任制。联产承包责任制是在坚持土地等基本生产资料公有制的前提下，生产队将土地承包到户，实行按劳带地（责任田），以人分地（口粮田），分户独立经营，自负盈亏，即包干到户。到1983年底，全市共有1011个生产大队、3276个生产小队、168893农户和110余万亩（6.67万公顷）土地（占全市面上耕地总面积的97.4%）实行了家庭联产承包责任制。剩余29个生产大队（主要为蔬菜专业村）的186151亩土地实行队组集体承包经营生产责任制。全市3934个队办企业中有59.4%的企业实行集体承包，40.3%的企业实行了能人承包。

1984年，土地承包期延长到15年以上，市、县（区）各级党委政府着手组建乡（镇）、村合作经济组织。特别是村一级在原来生产大队的基础上，普遍建立村级合作经济组织。到1985年4月，全市57个乡镇均建立了合作经济组织（经济联合社、农工商总公司、企业管理委员会等），1043个村中有945个建立合作经营组织（农业合作、经济联合社、农工商总公司等）。这些合作经济组织较好地为农户家庭经营提供产前、产后服务。由于大力发展乡镇企业，一些农民从土中解放出来进入非农业生产领域，从而开始了分工分业的新局面。全市出现了一些从事非农业劳动力退包责任田的现象，共有7374户退包责任田35627亩（2375. 13公顷），于是就在全市出现了1278集中承包土地的商品粮专业户。以家庭联产承包责任为特征，合作经济为主体，多种经营形式协调发展的统分结合的双层经营体制基本确立。

1988年，农村改革进一步向纵深发展。积极推行两田（责任田和口粮田）分离，到1990年共分离责任田12.96万亩（0.86万公顷），建立土地评等定级制度，全市实行土地等级质量管理的村有473个，面积57.5万亩（3.83万公顷），乡村两级建立起农机、水保、林业等技术服务组织1622个，服务人员达8460人，改革使农村发生了前所未有的巨大变化。1992年起，随着农村产业结构的调整，市委、市政府作出发展高产、优质、高效农业的决定，并连续出台了一系列优惠政策，鼓励、支持农村建立商品粮基地、果林基地、畜牧基地、水产基地、蔬菜基地。全市各级农村经济管理部门主要职责成为“三大管理”（农村土地承包管理、农村财务和集体资产管理、农民负担监督管理）、“三项指导”（农业产业化经济、农业社会化服务体系建设、农民专业合作经济组织）和农村经济收益分配统计。市农业局设农村经济经营管理站，县（区）农业局设农村经济经营管理站（办），乡（镇）设农村经济经营管理站（组），全市形成完整的农村经济经营管理体制。

20世纪90年代展开的二轮延包是在家庭联产承包的基础上，给农民吃上自主经营“定心丸”的一大举措。在总结家庭联产承包责任制经验教训的基础上，全市农村开始延长土地经营承包期。按照“大稳定、小调整”的基本原则，将“责任田、口粮田”统称为“承包田”，一次性和农户签订土地承包合同30年，把农民土地经营自主权长期固定下来。全市的二轮延包工作从1993年冬天开始试点，1994年秋冬大面积铺开，到1998年整顿、完善和再落实，直到1999年底基本结束，历时6年。到1999年底，全市已有985个村完成二轮延包工作，占全市农村总数的95%以上，其中发放土地经营权证的村958个。二轮延包的推行，进一步推进了土地所有权、使用权的分离，有利于在兼顾公平的前提下，实行土地合理流转，土地使用权逐步向种田能手和土地经营大户集中，使土地生产能力最大限度得到发挥。2003年2月，《中华人民共和国农村土地承包法》颁布施行，以法律的形式进一步明确了土地承包中所有者、经营者双方的权利和义务，土地承包经营权流转的原则和方式，土地承包经营纠纷的解决和法律责任，使农村土地经营有法可依，土地流转有序进行，农村土地经营体制翻开了崭新的一页。之后至2010年全市农村经济体制没有出现大的变动。

二、农民负担监管

农民负担是一个历史范畴，中国历代封建王朝的兴衰，都与农民负担问题有着密切关系。中华人民共和国成立后，也一直存在着农民负担问题。80年代中后期，农民负担问题真正引起了国家和全社会的关注。

中共十一届三中全会召开到1982年底，农村体制改革所形成的新的分配原则是“交够国家的，留足集体的，剩下都是自己的”，这一时期全市农民负担主要是村提留（包括公积金、公益金、管理金），尽管负担比例比较大，但在统一经营、统一管理、统一分配的体制下，农村的各项生产费用、公益事业等开支，均在统一分配中扣除，因而农民个人对负担直接感受不到。

1984年全市农村普遍实行家庭联产承包制，农户即是生产单位，又是消费单位，开始承担过去由集体统一开支的部分公益事业和社会负担，并新增社会义务工。1986年起，除以上负担项目外，新增加公共事业统筹费（即乡镇统筹费），农民负担逐年增加。但是，由于全市乡镇企业发达，集体经济占主体，乡村两级统一经营收入占农村经济总收入的70%以上。所以，在乡镇企业和集体经济发达的村，直接向农民摊派的比例不大。但是，在多种经营不发达，集体经济薄弱的村，各种费用全部或大部分向农民摊派，农民负担加重。据农业部门统计，全市提留统筹总额1984年为4930万元，1989年增加到15941万元，增长3.2倍。到1990年，全市农民直接负担1313万元，间接负担7855万元，分别占上年人均纯收入的2.74%和16.36%。

这一时期农民负担加重的主要原因。一是各种名目的摊派和部门收费逐年增加，少则十几项，多则几十项、上百项。农民反映强烈的收费项目有农村教育收费，农用汽车、拖拉机的乱收费、乱罚款，以及硬性征订报纸杂志的摊派等；二是享受补贴的村干部、勤杂人员、民办教师普遍增加；三是兴办公益事业远远超过农民承受能力；四是一些非生产性开支增大。

为了遏制农民负担增加的趋势，1990 年国务院发出《关于切实减轻农民负担的通知》，1991 年国务院发布《农民承担费用和劳务管理条例》，标志着减轻农民负担工作开始步入依法管理轨道。该条例明确授权由各级农业行政主管部门负责农民负担监督管理工作，乡镇日常工作由乡（镇）农村经营管理站负责。规定农民合理负担项目、比例、提取办法及使用范围，严格对收费、罚款、集资和各种摊派的审批程序。1993 年 5 月 31 日，山西省人民政府发布《山西省农民承担费用和劳务管理实施办法》。1992 年 12 月，中共阳泉市委、市人民政府农民负担监督管理领导组成立，随后各县（区）都成立相应的机构，全市农民负担监督管理工作体系逐步形成。

1993 年 4 月 3 日，中共阳泉市委办公厅、阳泉市人民政府办公厅印发《关于清理检查农民不合理负担工作的安排意见的通知》，开展了中华人民共和国成立后全市规模最大的清理农民不合理负担工作。一是开展农民负担调查摸底。1993 年 5 月初，市委、市政府从市直各部门抽调 123 名干部并组织五批农村工作队 252 名队员，对全市三个农业县（区）、57 个乡（镇）、151 个村、1510 个农户进行重点调查。调查显示，全市 1992 年农民负担总额为 10498 万元，人均 143.58 元，占上年人均纯收入的 20.5%；其中农民直接负担总额为 1431 万元，人均 19.58 元，占上年人均纯收入的 2.79%。在直接负担中，超过条例规定比例的乡（镇）有 11 个，占乡（镇）总数的 19.3%。村有 334 个，占村总数的 32%。农民承担的义务工总数为 255.73 个，劳均 8.6 个；劳动积累工总数为 502.53 个，劳均 16.9 个。在“两工”中，以资代劳总数为 45 万个，资金总额 183 万元，劳均 4.06 元。二是开展清理检查农民不合理负担工作。在市委、市政府的统一部署下，对 1993 年后涉及农民负担有关文件规定、项目、做法进行大规模清理。全市共清理 1983 年后涉及农民负担文件 196 件，项目 157 个。1993 年 6 月 9 日，中共阳泉市委办公厅、市政府办公厅《关于纠正、废止、禁止涉及农民负担文件、项目和做法的通知》，“纠正 6 个文件”“废止了 3 个文件”“禁止 10 种做法”“建立四项制度”。1993 年 6 月 24 日，中共阳泉市委、阳泉市人民政府农民负担监督管理领导组办公室发出通知，宣布对 51 项在农村开展达标升级竞赛活动中向农民收费和摊派的项目一律取消。三是核减农民负担超限乡（镇）、村。全市把核减压缩超限乡村作为县（区）是否真正减轻农民负担的主要指标来衡量，下大力狠抓核减工作。到 1993 年底，全市 11 个直接负担超限乡（镇）全部控制在《条例》规定的限额之内，334 个超限村压缩核减到 7 个，占全市总数的 0.7%。

四是确立了减轻农民负担“四项制度”。即实行党员代表会和村民代表会的“两会”制度，凡涉及农民出工、出钱的事要经“两会”讨论，提高透明度，加强民主监督；实行财务预决算审批制度。全市57个乡（镇）、1024个村每年要制定出乡（镇）、村农民承担费用和劳务的预决算方案，并报县（区）、乡（镇）农民负担监督管理部门审批备案。预决算方案要张榜公布，接受群众监督；实行农民负担监督卡制度。各乡（镇）、村根据审批后的预算方案，通过分户上账、记卡，发放到农民手中，负担卡以外的各种乱收费、乱摊派、乱集资农民有权拒绝交纳；实行农民负担“一票否决”制度。对在年度内农民负担超过国务院规定比例的，不得评为先进单位，乡（镇）党政“一把手”和经管干部不得晋级、提拔、评奖。

贯彻落实中共中央、国务院《关于切实做好减轻农民负担工作的决定》，1997年全市农民负担以乡农民人均纯收入为依据改为以村农民人均纯收入为依据计提。各县（区）农民负担监督管理部门严格审批当年预算。1997年度农民负担预算，全市村提留、乡统筹总额4540.3万元，占上年农民人均纯收入的3.16%；其中村提留2618.7万元、乡统筹1921.6万元，分别占上年农民人均纯收入的1.82%和1.34%。1999年7月1日起在全市农村经济合作社范围内统一使用村提留、乡统筹专用票据和内部往来专用收款票据，由各级农民负担监督管理部门负责管理和监督使用。规定凡不使用统一票据而收费收款的，付款单位或个人有权拒付并向监督管理部门举报，财会人员对不合理的票据不得作为报销和结算凭证。同时，全市建立了农民负担监测试点制度，1998年平定县在马山、柏井2个乡、6个村、30个农民家庭设立农民负担监测点，统一设置印发“家庭经营日记账”，真实反映农民负担状况，并在全县范围内聘请100名懂政策、作风正派、有威信、办事公道的农民党员和群众担任农民负担监督员，由县政府颁发聘书，进一步实施有效监督。

1999年，全市实行农民负担“一定三年不变”制度，即从1998年至2000年，农民承担的村提留、乡统筹费的绝对额，不仅要严格控制在上年农民人均纯收入的5%以内，而且不得超过1997年的预算额。1997年全市农民负担预算总额4540.3万元，占上年农民人均纯收入的3.16%；1998年、1999年全市农民负担总额分别为2475万元、2678万元，占上年农民人均纯收入的1.75%和1.34%。全部控制在了1997年农民负担预算额之内。

1999年10月15日，国务院、省政府分别召开减轻农民负担工作电视电话会议。为贯彻落实会议精神，阳泉市人民政府办公室下发《关于印发减轻农民负担工作大检查的实施方案的通知》，并成立由专管农业的副市长任组长，市直有关负责人组成的减轻农民负担大检查领导组，在全市范围内开展继1993年之后第二次大规模的农民负担大检查。重点检查党中央国务院减轻农民负担政策、法规的落实和集中力量清理检查涉及农村“三乱”情况和在农村的达标升级活动。检查结果显示，全市57个乡（镇）、1033个行政村，1999年全部推行农民负担“一定三年不变”制度。全市共清理涉农收费项目134项，不符合政策规定的11项，其中教育部门3项，涉及金额73.1万元，全部做了清退。公安部门2项，交通部门1项，停止执行。乡（镇）一级不合理收费项目5个，全部取消。同时，全市加大对加重农民负担典型案件查处力度。1998年9月，市农民负担监督管理领导组办公室、市乡镇局对盂县电业局非法收取盂县南娄集团分类综合电价收费，四年中给盂县南娄集团增加额外负担270.3万元，并控闸断电，给盂县南娄集团造成经济损失67.5万元一案进行调查，并及时向山西省人大、省政府农民负担检查组反映。通过近两年的不懈努力，最终山西省政府裁定盂县电业部门返还南娄集团134万元。

推行治理农村“三乱”专项治理部门负责制，谁主管，谁负责，哪个系统发生的“三乱”，由哪个主管部门负责治理。2002年市教育局牵头成立“治理中小学乱收费领导组”，加大清理本行业农村学校收费项目的清理整顿工作，当年清理出不符合国家规定的收费项目2项，收费金额8.11万元，并进行取消和清退。市供电部门积极开展农村用电综合治理，及时纠正并返还农网改造中村集体为农网改造施工队提供的小工费、生活费158.2万元。

2003年5月，按照山西省委、省政府的统一安排部署，全市农村全面开始农村税费改革试点工作。农村税费改革前的2002年，全市农民直接负担总额为3167.97万元，其中，农业税及附加806.73万元，农业特产税32.58万元，提留统筹2328.66万元，全市农民人均负担为46.2元。2003年农村税费改革后，全市农民直接负担总额870.26万元，全市农民人均负担12.7元。农村税费改革前后相比，全市农民减负的绝对值为2297.71万元，全市农民人均减负33.5元。全市减负率为72.5%。

按照农村税费改革要求，农村劳动积累工和义务工逐步取消，2003年不超过10个，2004年不超过8个，2005年全部取消。为加强税费改革后农村“一事一议”筹资筹劳的管理，2004年12月，市农民负担监督管理领导组办公室和市农村税费改革领导组办公室联合出台《关于村内集体生产公益事业“一事一议”筹资筹劳的实施意见》，规定村内进行农田水利基本建设，修建村级道路等集体生产公益事业所需劳务和资金要严格实行“一事一议”，由村民大会或村民代表大会讨论决定，筹资筹劳要严格按民主程序进行，不准违背议事程序、扩大议事范围、超过规定标准；不准把“一事一议”筹资筹劳变成农民的固定负担，不准强行以资代劳。

2003年5月，全省农村税费改革工作电视电话会议之后，全市农村税费改革工作进入实质性阶段。改革的主要内容是“四个取消、四个调整和一项改革”，即取消乡统一筹费和农村教育集资等专门面向农民征收的行政事业性收费和政府性基金、集资，取消屠宰税、农业特产税，逐步取消过去统一规定的劳动积累工和义务工，调整农业税收政策，改革村提留征收办法。2004年9月，全市32个乡（镇）、956个行政村的220946户农户的计税土地面积和主税常年产量全部落实到户，村村都进行了民主评议、张榜公布，群众认可。全市共落实计税土地面积72.62万亩，其中平定县26.11万亩、盂县34.78万亩、郊区11.77万亩。全市落实常年计税产量为1.28亿公斤，其中平定县亩产184.87公斤、盂县亩产175.13公斤、郊区亩产162.1公斤。

2004年，全市进一步落实中央“关于农业税降低一个百分点”的规定，平定县、郊区全部取消农业税，总额为461.89万元，其中平定县331.53万元、郊区130.36万元。盂县农业税降低两个百分点即116.65万元。2005年全市农村全部取消农业税，即已征收数千年的“皇粮国税”，比2006年全国取消农业税提前一年。经过改革，村提留、乡镇统筹、农业特产税、屠宰税及面向农民的收费、义务和劳动积累“两工”、集资全部取消。改革前，全市农民年人均负担46.22元，改革后人均负担仅6.92元，减轻39.3元，减负率达85.03%。

继2005年全市农村全部取消农业税之后，国家又对种粮农户的土地实施经济补贴，用农民的话来说就是“过去种地要纳税，如今种地还要给钱”。至2010年全市每年实施补贴的农田面积为72.62万亩（4.84万公顷），其中平定县26.11万亩（1.74万公顷）、盂县34.78万亩（2.32万公顷）、郊区11.77万亩（0.75万公顷），每亩补贴金额为30元至40元。

第二节　企业体制改革

一、手工业社会主义改造

1949年，全市有手工业者12208人，大多处于分散自营状态。市供销社通过贷款订货，帮助改组了一批自发的合作社。至年底，全市建立供销生产合作小组90个，有组员1000余人。1950年1月，甘河磺业社成立，成为全市第一家手工业基层合作社。至1951年全市相继成立了9个手工业社和156个手工业生产小组，有社（组）员2022人。1951年10月，阳泉工矿区成立手工业生产合作社联合筹备委员会，到1952年底，全市参加联社的合作组织已达到49个，有会员6300多人，占到全市手工业从业人员的53%。同年12月，市手工业生产合作社联合社正式成立。随着社会主义集体经济在手工业中的比重不断增加，手工业品已从1952年由私商经营60%至80%的比例，提高到80%以上由国营公司和合作社经营，并且签订长期合同，走上了计划轨道。1954年，手工业社会主义改造进入高潮，全市手工业合作组织发展到128个、社员13300余人，生产小组24个、组员460余人，供销生产社1个、500多人。组织起来的合作社组全年生产总值达到800多万元，人均800多元，比1952年分别增长了79%和15%。1955年，市手工业联社对所属手工业社组进行调整，采取转、限、停等手段，制止了个体手工业的盲目发展，促进了手工业的社会主义改造。到1956年，全市剩余的2296个分散个体手工业者，除去不可能组织的132人外，全部走上了组织起来的道路，基本实现了全面合作化。1956年底，全市有手工业合作社110个，合作小组22个，组织起来的从业人员16178人，年总产值达到了1900万元，比恢复时期的1952年提高了54.83%，比1949年增加了1.59倍。

二、工商业社会主义改造

工商业的社会主义改造始于1952年。当年，全市共有私营工业88家，私营商业2532户。由于国营工商业的崛起和国家对私营工商业的逐步限制政策的实施，到1953年私营商业营业额在全市营业额中的比重由1952年的73.84%下降为33.68%。私营商业户在经营范围、进货渠道、批零差价等方面受到了国家有关法令的限制，加之信誉又普遍比不上国营和合作社营销店，于是陆续有些百货、烟酒小店转而为国营公司经销代销。1953年至1954年间，全市私营粮油业、棉布业随着国家粮油统购统销和棉布计划供应政策的实施，实现了全行业的经销代销，并带动了饮食、服务等行业的改造，到1955年底，全市私营商业已有527户走上了经营代销道路，占到了总户数的36.65%。

1954年，按照中共中央试办公私合营工业企业的指示，首先在永胜煤矿、建设铁厂和恒大化学等私营企业进行公私合营的改造试点。1955年，市委、市政府制定了《阳泉市对资本主义工商业及其他行业按照“分行归口”原则进行安排改造的暂行规定》，拟定了对私营工商业改造的具体计划。1956年全国资本主义工商业的社会主义改造进入高潮。1月23日，市工商联主任及同业公会主任20多人向市政府呈送了公私合营申请书。1月24日，市政府正式批准市区17个行业、939户私营工商业实行全行业公私合营。1月30日，市内运输业3个车队、46部汽车获准公私合营。至此，全市经过委托加工、计划订货、统购包销、委托经销代销、公私合营、全行业公私合营等一系列过渡形式，全部完成了对资本主义工商业社会主义改造的历史任务。实现全行业公私合营后，对资方实行“定息”办法，资本家的生产资料实际已转归国家所有。1956年，全市工商业都大幅超额完成全年的生产计划任务，国内生产总值较1955年增长了20.01%，其中工业总产值相当于1949年的21.7倍，平均每年递增55.2%。

三、工业经济体制改革

（一）改革阶段

全市工业企业改革大致经历了四个阶段。

一是放权让利阶段（1978—1984）。改革开放之初，国务院先后于1979年、1984年下发了《关于扩大国营工业企业经营管理自主权的若干规定》和《关于进一步扩大国营工业企业经营管理自主权的暂行规定》（即“扩权十条”），赋予了企业自主经营、自负盈亏必要的权利。阳泉市也下发了《阳泉市国营企业全行业经营承包责任制试行办法》等文件，在国营企业中普遍实行了扩大经营自主权的改革，调动了企业生产经营的积极性，企业的活力有所增强。1983年和1984年推行了两次利改税政策，逐步对国家与企业的分配关系进行调整，实现了国营企业应当上缴国家财政的收入，主要通过税收的形式上缴国家，税后利润归企业自行安排使用，使企业逐步做到了“独立经营、自负盈亏”。

二是政企分开与两权分离阶段（1985—1992）。1984年，中共十二届三中全会通过了《中共中央关于经济体制改革的决定》，明确了增强国有企业发展活力是经济体制改革的中心环节，政企不分是传统国有企业制度的根本弊端。提出了在所有权和经营权分离的原则下逐步推进政企分开，使企业成为独立经营、自负盈亏的商品生产者和经营者。这一阶段又出台了《阳泉市贯彻落实〈山西省以增强企业活力为中心的经济体制改革实施方案〉的意见》和《补充规定》等文件，使阳泉的国有企业与全国、全省的形势一样普遍实行了承包经营责任制，使企业具有了经营自主权并制定和完善了相应的经营管理制度，较好地处理了国家与企业之间、企业与职工之间的利益关系，调动了企业的积极性，增强了企业发展的活力。

三是现代企业制度建立与抓大放小阶段（1993—2002）。1993年，中共十四届三中全会通过了《中共中央关于建立社会主义市场经济体制若干问题的决定》，明确指出国有企业改革的方向是建立现代企业制度，将现代企业制度概括为四句话十六字，即“产权清晰、权责明确、政企分开、管理科学”。市委、市政府先后出台了《阳泉市国有企业改组建立有限责任公司的试行办法》《阳泉市中小型企业组建企业集团的试行办法》《阳泉市中小型企业产权制度改革试行办法》等一系列文件，使现代企业制度建设得到推进，国有企业在建立企业法人治理结构、促进投资主体多元化、转换企业经营机制、抓大放小、关闭破产等方面有了较快进展，国有企业改革和发展取得了重大突破。

四是股份制成为公有制的主要实现形式阶段（2003—2010年）。2002年，中共十六大提出要深化国有企业改革，进一步探索公有制特别是国有制的多种有效实现形式，确立了“建立中央政府和地方政府分别代表国家履行出资人职责的国有资产管理体制”。阳泉在这一阶段也出台了《阳泉市关于推进企业改革的指导意见》等文件，有力地推动了这一阶段的改革进程，企业改革进入了以股份制为主要形式的现代产权制度改革新阶段。

（二）改革重点

扩充企业自主权　企业改革首先从扩权开始。1979年，国家经委在北京召开的全国企业管理改革试点座谈会，提出要扩大企业的生产经营权、财权、物资权、外贸权、劳动招工权、职工奖惩及机构设置权、干部任免等权力。同年7月13日，国务院正式下达《关于扩大国营工业企业经营管理自主权的若干规定》，以引导扩权试点工作的正常进行。1979年后全市企业扩权工作伴随着城市改革的试点进程，在个别企业中进行探索。1984年5月，全市召开经济工作会议制定出台了《关于进一步扩大市、县营工商业和集体企业自主权的试行办法》，该办法从生产经营计划、产品销售和价格、劳动人事、工资奖金、经营方式和利税、经营管理6个方面，明确了企业应有的权利。1985年初，中共山西省委、省政府依据《中共中央关于经济体制改革的若干决定》，印发了《山西省以增强企业活力为中心的经济体制改革实施方案》（即“三十五条”）。同年3月，《阳泉市贯彻落实〈山西省以增强企业活力为中心的经济体制改革实施方案〉的意见》（即“二十二条”）出台，向企业下放“六权”，推行“两制”，进一步扩大了企业的自主权。“六权”为：企业经营方式选择权、执行指令性计划的主动权、产品自销定价权、专项基金和自留资金的支配权、工资奖金分配权、劳动力招收使用调配权；“两制”为：厂长（经理）负责制和各种形式的经济责任制。调查显示，当年全市落实省“三十五条”和市“二十二条”的企业有328家，约占企业总数的66.67%。1986年5月5日，出台了《阳泉市贯彻落实〈山西省以增强企业活力为中心的经济体制改革实施方案〉的意见的补充规定》，继续简政放权，当年全市为企业让利1100多万元，减收企业各种基金费用500多万元，从而为企业自主经营营造了更为宽松的环境，增强发企业的活力。

国家与企业分配关系的改革　1978年，国家开始对企业实行按工资总额提取基金的制度。规定企业全面完成国家下达的8项指标后，可按职工全年工资总额的5%提取企业基金；完成4项指标者可提取3%，完不成4项指标者不得提取企业基金。计划经济体制下的国家对企业利润统收统支的格局开始打破。1979年，国务院颁发《关于国营企业实行利润留成的规定》，提出了全额利润留成的办法，企业提取的基金与实现利润挂钩。1980年全额利润留成又改为基数利润留成加增长利润留成。1983年实行第一步利改税，即国家对企业利润按一定比例征收所得税。当年全市有19户企业进行第一步利改税。1984年10月，实施第二步利改税，全市有319户国营企业进行改革，将其应当上缴国家财政收入部分按11个税种向国家缴税，税后利润由企业自主安排使用，从而调动了企业和职工的积极性。

厂长（经理）负责制　1984年后，随着企业自主权的不断扩大，企业管理体制由党委集体领导、厂长行政指挥、职工民主管理转向厂长行政负责、党委监督保证、职工民主管理的新体制。1985年，全市工商企业全面推行厂长（经理）负责制，强化了厂长的行政指挥职权，把责、权、利紧密结合在一起，明确了厂长的法人地位，改革了以党代政、党政不分的旧体制。在实行厂长（经理）负责制的同时，企业内部由过去的一级核算，开始实行二、三级核算，车间班组层层实行承包，联责联利，企业内部干部任用实行招标招聘，车间人事组阁、工种调配、奖金分配权力均下放到车间，变集权管理为分级分权管理。1985至1986两年间，全市工商企业中94%的企业实行了厂长（经理）负责制和厂长任期目标责任制。

承包经营责任制　在企业继续进行扩权让权，实行经济责任制以及厂长（经理）负责制的基础上，自1987年7月始，在全市试推行承包经营责任制。在坚持“包死基数、确保上交、超收多留、歉收自补”的原则下，全市实行承包制的企业根据行业特点和状况，分别实行“两保一挂”（保上缴利润、保技改项目、工资总额与上缴利润挂钩）、上缴利润递增包干、扭亏增盈承包、综合承包经营责任制等承包经营方式。承包集体和承包人的选定一般采取公开招标，平等竞争、择优选聘，个别特殊行业或企业采取委托承包、认标承包。1987年，全市第一批实行承包经营的企业主要集中在煤炭、交通、轻工、二轻及重工业系统，主要以委托承包为试点，将经营者的经营目标用合同的形式确定下来。1988年全市第一轮承包全面铺开，全市476个工商企业有470个实行承包。第一轮承包在坚持一考核、二审计、三兑现的原则下，实行半年一考核、一年一兑现，到1989年底第一轮承包到期。1990年初，在稳定政策、完善措施、分类指导的原则下，市政府出台了《阳泉市关于完善企业承包经营责任制的指导意见》，对已承包企业采取稳定为主、续包为主、少数调整，拉开了第二轮承包的序幕。二轮承包中克服第一轮承包中存在的短期行为和重经济、轻管理、轻精神文明等弊端，承包指标在第一轮的基础上加以充实完善，分为经济指标、管理指标和后勤指标三部分，同时把精神文明建设一同列为考核项目。第二轮承包中，政府明确规定，对大中型工交企业不再实行招标承包和个人承包，同时特别强调企业党组织、工会分别同组管局党委、工会签订工作目标责任状，经营者与职工代表大会签订“双保集体合同”，使承包体系更加趋于完善、合理。首批35个参加第二轮承包的企业于1990年10月15日正式签字，截至年底，全市共有179个企业进行了第二轮承包。

转换经营机制　1992年，邓小平视察南方讲话的发表掀起了新一轮国有企业改革的高潮。这一轮改革的关键在转换经营机制，核心是改革企业劳动、人事、工资制度，打破“铁交椅”“铁饭碗”“铁工资”，改革“大锅饭”，逐步在企业形成“干部能上能下、职工能进能出、工资能升能降”的制度。全市的国有企业改革分两步进行。第一步，在试点基础上全面推行“三项”（劳动、人事、工资）制度改革。1991年在全省国有企业改革试点的17个企业先期开始了劳动、人事、工资制度改革，并取得了经验。到1994年底，全市实行“三项”改革的的企业达到376家，涉及职工20余万人，有280家国合商业实行了“国有民营”或“集有民营”。市委、市政府相继出台《阳泉市企业职工养老金计发办法》《阳泉市城镇企业职工工伤保险制度改革试行办法》《阳泉市企业女职工生育保险暂行办法》等社会保险方面的配套改革措施，成为全国地级市中首个同时出台社会保障措施的城市，受到了国家和省的表彰。这些配套措施的出台，为国企改革的顺利进行和维护社会的稳定提供了重要保障。第二步是股份制改革。从1993年3月起，全市国有企业展开了以产权制度改革推进建立现代企业制度为核心的新一轮改革。1994年1月确立了第一批18家试点企业。市委、市政府制定了《阳泉市中小型企业产权制度改革试行意见》《阳泉市国有企业改组建立有限责任公司的试行办法》《阳泉市中小型企业组建企业集团的试行办法》《阳泉市城镇集体企业股份合作施行办法》等一系列改革举措，为稳定推进国企改革提供了依据。当年，全市有12户城镇集体所有制企业完成了股份合作制改造。同时对小型国有企业采取了破产、兼并、托管、租赁等措施，解决了企业所面临的困境，收到了重点突破、整体推进的效果。到1996年，全市有32户企业依法实施破产、盘活存量资产1.6亿元，18户企业进行了兼并，16户企业实行了托管，20多户企业实行了分立经营和租赁经营，8户企业实行联营。在企业集团组建和股份制改造方面，全市18户企业完成了股份制、股份合作制改组，建立起现代企业制度，有效地缓解了资金不足、运行不活、管理僵化等矛盾，提高了国有资产的使用效益。“三项”制度改革和股份制试点的推行，使全市国有企业开始呈现良好的发展态势。

“抓大放小”改制重组　1997年7月24日召开的阳泉市经济工作会议，明确提出了“解放思想、抢抓机遇、以大带小、整体推进、全面放开搞活国有企业”，出台了《阳泉市国有企业改制总体实施方案》《阳泉市小型企业产权制度改革实施办法》《阳泉市股份合作制改造指导意见》等文件，在全市铺开了新一轮国企改制工作。市委、市政府按照“以市场为导向、以资本为纽带、以建立现代企业制度为目标、以产权制度改革为突破口、以股份制和股份合作制改造为主要形式，以国有资产保值增值、企业增效、职工增收为目标，全面开放、整体搞活国有企业和城镇集体企业”的工作思路，首先在全市铺开了对中小企业的改制工作。到1997年，创造出了“联舟成舰型”“兼并扩张型”“母子经营型”“产权让渡过型”“先股后租型”“整体拍卖型”“增量扩股型”“职工买断型”“一企多型”“破产重组型”等10种改制形式，使国有资源、资产得以优化重组，优势企业实力明显增强。在“放小”的同时，按照特新材料生产基地的要求，市委、市政府先后组建了燕龛煤炭集团有限公司、阳泉电石集团公司，并积极酝酿阳泉铝粘公司、河坡电厂、南庄煤矿、大阳泉煤矿等4个大企业实行强强联合，组建阳泉煤电铝集团公司，走出改革的新路子。全市35户企业享受到了兼并破产、减员增效、增资减债的优惠政策，为地方国企减债10.98亿元。2001年，全市开始着力建设“五大产业群体”（即陶瓷、煤电铝、磁材、特种耐火材料和新型建材），国有企业进一步改制重组。主要有6种方式。一是通过低成本扩张，推动重点企业做大做强。南庄煤炭集团收购了春泉公司，使357名职工重新上岗。重组后的春泉化工产品日产量比历史最高水平高出了37%，同时使南煤矿集团的非煤产业比重达到了38.8%。二是破产重组同步进行，经营体制真正转换。市水泥厂破产后，被太原狮头水泥集团接管而获得了新生。三是增量扩股。市煤运公司对燕龛煤炭有限公司、上社煤矿、上社二景矿控股经营取得双赢效果。四是深化内部改革。市供销社家电公司将国家资本退出，实行职工控股和经营者持大股的股份制改造后，年销售额达到2亿元，成为华北地区最大的家电专营公司。五是优化资本结构。市商业集团采取“缩水”回收债权的办法，全集团有5户企业的7481万元债务被剥离，有3户企业的6399万元债务得到处置。六是承债式转让，使一些有发展前景但尚处于困境的中小型企业出现转机。

第三节　市场体系建设

一、农业经济市场化

中共十一届三中全会后，农业经济体制改革的发端在农村，向社会主义市场经济体系的转变也首先从农村开始。1979年11月，市委召开农村三级干部会议，通过认真进行真理标准问题的讨论补课，进一步解放了思想，作出了放宽农村政策的七条规定，在劳动管理和分配方面给农民较多的自主权，调动了农民生产的积极性，迈开了农村经济市场化的第一步。从1980年9月起，全市开始在农村推行承包责任制，到1982年，初步形成了多种主要形式的责任制形式。1984年初，废除人民公社制度，标志着全市农村完成了由人民公社体制到家庭承包经营基础上的双层经营体制的改变。农民作为承包者成为独立核算、自负盈亏的商品生产者。这就为农民作为经济实体的法人进入市场和农村建立社会主义市场经济创造了必要的条件。在购销体制方面，从1979年4月开始，全市农村经济市场以“调”为主，对农副产品收购价格作了多次调整。先是提高了粮食和其他经济作物等农产品收购价格，从1985年起取消了农副产品统派制度，放开生猪、水产品、蔬菜等副食品价格，特别是粮食收购放开，小麦、玉米等主要粮食品种实行最低保护价，从而把农民和大多数农产品推向市场。这就为农民进入市场经济创造了一个必要条件。进入20世纪90年代，随着农村产业结构调整，从1992年起市委和市政府作出发展高产、优质、高效农业的决定，并连续出台了一系列优惠政策，鼓励、支持农村建立商品粮基地、果林基地、畜牧基地、水产基地、蔬菜基地。1995年，市委、市政府狠抓农业产业化经营，培育起田园乳业、大寨核桃露、三来马铃薯全粉、肉鸡加工、蜜蜂研究所蜂蜜生产加工等一批农业“龙头”产业，带动千家万户的农民进行生产，形成农工贸一体化、产供销一条龙的产业链条，把农民和农副产品彻底引入市场。到2010年全市农村经济步入了社会主义市场经济的快车道，年农村经济总值达到173.71亿元，相当于改革开放初期的50多倍。

二、工业经济市场化

从1982年起，逐步扩大工业企业管理的自主权，推行厂长（经理）负责制，改善企业劳动、工资制度、实行利改税，逐步使企业焕发生机。全面推行企业承包责任制，企业内部引入了竞争机制和风险机制，从1992年开始，在试点的基础上全面推行劳动、人事、工资三项制度改革，使企业真正有了自主生产销售、自主用工、自主确定工资的权利。同时稳步推进股份制经营，在城市集体企业和农村乡镇企业中推行股份合作制经营，使企业产权逐步明确。通过上述改革，为企业进入市场创造了必要的基础条件。1997年，按照“抓大放小”方针，国有企业进一步改制重组，伴随着“五大产业群体”的建设，全市国有企业在做大做强的同时，逐步建立起现代企业管理制度，开始自主地进入市场，成为社会主义市场经济的主角。在狠抓国有企业、集体企业和乡镇企业改革的同时，十分注重发展民营企业，并从政策、信息、资金、技术、土地等多方面给予倾斜性支持，以山西远鑫集团、盂县西小坪耐火材料厂为代表的一大批民营企业迅速发展壮大，成为全市经济新的增长点。民营企业作为市场经济的产物与国有企业、集体企业平等竞争，丰富和完善了社会主义市场经济的内涵，加快了全市工业经济市场化的进程。

三、人才市场

1985年8月，阳泉市人才交流开发服务中心组建，同时开放人才市场。至2010年，全市各级人才市场共接待各类求职专业人才10万余人；先后有1800余个企事业单位进入市场自主选择人才，为1000多个用人单位代理招聘业务；有4万余名各类专业人才进入市场自主择业；同时开拓了国际人才输出市场，已有200多名专业人才走出国门到21个国家（地区）施展才华；培养实用专业人才633人，举办各类培训班63期，培训人员8000余人，为全市经济建设和社会发展提供了人才保障。

四、劳动力市场

20世纪50至70年代，全市劳动力就业是在计划经济体制下进行的。1979年开始，全市实行劳动部门介绍就业、自愿组织起来就业和自谋职业的“三结合”就业方针。这一方针政策适应所有制结构和产业调整结构的要求，冲破了统包统配的国家包揽就业制度的束缚，使大批知青返城和劳动年龄人口高峰等形成的严峻就业问题得到较好的解决。这一时期，作为安置知识青年和待业青年的劳动就业服务企业取得长足发展，在全市劳动就业史上写下了辉煌的一页。1981年，全民、集体、个体经济多种渠道安置就业，有效缓解了就业难的压力。1984年实行公开招收、自愿报名、德智体全面考核、择优录用的招工办法。1985年起，全民所有制企业全面推行合同制用工制度，下放企业用工自主权。1986年，开始了固定制度改革，并在市属7个国有企业进行优化劳动组合试点工作。1988年6月，阳泉市职业介绍中心组建成立，按照市场导向为广大劳动者和用人单位牵线搭桥，提供求职登记、职业指导、职业介绍等“一站式”就业服务。9月正式开办劳务市场，为求职者和用人单位提供平等用人的场所和条件。1992年，城乡劳动力就业统筹管理、劳动者自主择业、企业自主用人的机制开始形成。1998年，全市国有企业进入劳动力市场的下岗职工6955名。同年，政府开始实施再就业培训计划，推动下岗职工和失业人员参加再就业培训。1998年至2000年，全市共组织6762名下岗职工和失业人员参加培训，接受培训半年后，就业率达到68%。从2001年起，政府开始实施第二期再就业培训计划，对有志于开办中小企业的下岗职工和失业人员进行创业培训，并帮助其进行工商登记，获得小额贷款，通过发展中小企业以吸纳更多的下岗职工和失业人员再就业。2002年，全市对距法定年龄5年以内、符合内部退养条件的职工，实行内部退养，并通过出资扶植社区公益性就业组织，开展环境保洁、社区保安、社区服务等项目，安置其就业，取得了较好的效果。到2005年底，全市下岗职工已经全部走出中心，并轨率达到了100%。至此，全市国有企业下岗职工基本生活保障制度并轨工作基本完成。国有企业下岗职工分流问题顺利平稳地解决，标志着全市劳动力工作进入了一个新的历史阶段。至2010年，全市国有企业下岗职工累计有45703人，其中有25963人实现再就业。

五、产权交易市场

阳泉市产权交易市场成立于2005年，隶属于市政府国有资产管理委员会，为国有独资企业，是为各企事业单位国有资产产权及其他经济组织的产权效益提供交易场所、设施、信息、咨询服务的唯一一家法定综合产权交易机构。业务范围包括国有及国有控股、参股企业（包括行政机关、事业单位、社会团体等部门所属的国有及国有控股、参股企业）整体或部分国有物权、债权、股权和知识产权等各类财产权的转让；行政、事业单位财产权的转让；中外合资、合作企业或其他企业整体或部分国有物权和知识产权等各类财产权的转让；集体性质企业整体或部分国有物权、债权、股权和知识产权等各类财产权的转让；政府投资形成的基础设施特许经营权及户外广告、出租车经营权等城市资源性经营权的转让；其他非公有制经济组织或个人的物权、债权、股权和知识产权等各类财产权的转让；国家和地方政府规定的其他产权的转让；非上市公司制企业、股份合作制企业的股权集中办理托管、质押、挂失、查询、分红派息、继承和交易变更、咨询、策划；旧机动车辆交易等。至2010年，阳泉市产权交易市场共受理产权界定和产权效益业务10万余件次。

旧机动车交易市场

第四章 经济协作

第一节 城市协作

阳泉市与国内其他城市间的经济协作主要是物资协作。20世纪50年代，阳泉运输业还不发达，短途运输车辆很少，许多小煤窑的煤运不出去，不能有效地支援国家建设。为解决这一矛盾，在省政府的统一安排下，1958年，市政府邀请江苏、上海、湖北、河北等省市组织运输队伍，带人、带车、带油、带粮到阳泉，开始了以自运煤为主的经济协作工作。起初双方并无交换条件，只是由这些省、市主动向境内一些煤矿支援机电设备、粮食、肉之类的生产和生活资料。1973年之后，小煤矿所用坑木、钢材短缺，经与自运煤省市商议，比照小煤矿采煤消耗的原材料，由兄弟省、市每运1万吨煤补给80立方米木材、4吨钢材，由山西省统一平衡调剂使用。但由于其他省、市也存在上述物资紧张问题，补给物资很难完全实现。

1979年以后，改变单纯物资协作的方式，积极开展与其他城市间的资金、技术、人才、设备等多方面的联系和协作，通过缔结友好城市，加强横向联系，拓宽了经济技术协作的渠道。仅以物资协作为例，据不完全统计，1980年至1990年，全市协出硫铁矿3802吨、电石103吨、钢材400吨、磺块100吨；协进木材8711立方米、钢材2467吨、水泥15354吨、粮食7753吨、猪肉500吨、食盐9700吨、玻璃20086标箱、棉纱200吨、柴汽油4700吨、各种专用设备和器械218台（套）。

1988年7月13日，市政府与天津市塘沽区政府签订《关于建立长期友好和经济技术协作关系》的协议书，在国内缔结了第一个友好城市。之后，阳泉市又分别同山东省潍坊市、淄博市，江苏省镇江市，河北省石家庄市、沧州市等城市建立了友好城市关系，开展城市间的经济技术协作。1988 年 12 月 2 日，市政府还与海南省三亚市政府签订了《经济技术协作议定书》，建立了市级经济往来关系。

1990 年以后，阳泉市加大与国内兄弟城市经济社会友好合作关系的力度，寻求投资发展商机，实现经济合作双赢。其间，又与国内的 12 个城市结为友好城市，分别是：四川省德阳市（1991 年 5 月 18 日）、江苏省盐城市（1991 年 11 月 10 日）、江苏省湖州市（1993 年 4 月 18 日）、江苏省昆山市（1993 年 4 月 21 日）、四川省乐山市（1993 年 9 月 8 日）、辽宁省盘锦市（1993 年 9 月 8 日）、湖南省岳阳市（1998 年 6 月 25 日）、河北省秦皇岛市（1998 年 7 月 14 日）、四川省广安市（1999 年 5 月 19 日）、海南省海口市、江苏省徐州市、山东省临沂市。

至 2010 年，阳泉市与国内 18 个城市结为友好城市。此外，参加了全国 16 城市政协联谊会、中国煤炭城市促进会、山西省五城市联谊会，同山西煤科院、杭州大学、北京理工大学等 19 个大专院校和科研单位建立了友好协作关系，在上海、北京、秦皇岛、天津、广州、厦门、重庆等地设立了办事机构，并与天津航道局联合进行塘沽四码头运煤线建设等。

第二节　经济联合体

经济联合体是在改革开放初期出现的新事物，是社会主义社会一些经济组织在自愿协商基础上组织起来的一种相对稳定的松散型经济联合组织。参加联合的原则是自愿结合、平等互利、各方不改变自己的领导体制和隶属关系，不改变所有制和财务关系，联合的内容和项目都要用合同的形式固定下来。参加联合体的各方实行独立核算、自负盈亏、等价交换的原则。经济联合体能发挥参加联合各方的优势，扬长避短，有利于搞活经济。中共十一届三中全会以后，随着改革开放的不断深入和社会经济的日益繁荣，阳泉经济由过去封闭半封闭的局面转向开放式的局面，各种形式的经济联合体开始出现，并在全市经济中发挥了越来越重要的作用。

1980 年，市泡沫塑料厂由于原材料不足，与太原化工厂协商从 1980 年至 1983 年 5 月联合经营，经山西省计委、省财政厅同意执行，协议规定：太原化工厂按工厂成本价保证供应阳泉市泡沫塑料厂所需的生产原料，阳泉市泡沫塑料厂将该项产品所得利润的 42% 分配给太原化工厂。1981 年，投产后连续 11 年亏损的市化肥厂，通过协作与江苏省宿迁化肥厂签订了技术协作协议，请宿迁化肥厂的领导、技术人员、熟练工人顶岗跟班，传授管理经验，提高了该厂管理人员的素质，同年四季度起步扭亏，1982 年始翻身盈利。1983 年，阳泉色织厂通过协作引进江苏省江阴色织八厂的技术，试制投产了腈纶膨体花呢、中长花呢、涤棉花夫格等7种化纤产品、17个花型、35个花色，其中膨体花呢在山西省属首家试制成功，颇受消费者欢迎，畅销北京、内蒙古、青海等9个省、直辖市、自治区，企业由亏转盈。由于经济联合体有利于企业发展、搞活经济，自1980年起迅速发展，到1985年，仅市二轻工业局就有32个企业和省内外的45个单位建立了联合经营、产品扩散、经济技术协作、补偿贸易等多种经济联合体，开展了物资、技术、资金、人才四位一体的协作，弥补了企业的自身不足，发挥了企业的内在潜力。

随着改革开放的深入发展，阳泉市认真贯彻落实国务院《关于进一步推动横向经济联合若干问题的规定》和山西省政府制定的十二条措施，企业横向联合的领域不断拓展，经济联合体由工业企业之间的联合拓展到工商联营、工贸联营等多种形式。以市物资系统为例，1985年始积极发展横向联合，对短线产品资源进行开发，建设物资资源和销售两个基地。首先，以投资和补偿贸易的形式，与生产企业进行协作。几年中，共投资580万元帮助企业进行技术改造、发展生产，然后，以补偿形式占有企业的产品供应市场。其次，利用当地长线产品串换市场上急需的物资，如利用电石、生铁、废钢材串换聚乙烯、聚丙烯、镀锌板、不锈钢等。第三，变单向流通为双向流通，拓宽渠道，增加销售。几年中，阳泉物资企业与外地许多企业建立了购销协作关系，金属公司与天津钢厂，化轻公司与太化，再生公司与长钢、太钢、武钢，机电公司与天津焊条厂、汽车制造厂，建材公司与邯郸水泥厂，物贸中心与南京汽车制造厂等，都有密切的业务往来和协作关系，组织回大量紧缺物资。

1988年以后，经济联合体进一步发展，出现了企业集团。同年5月，阳泉钢铁厂参加以太钢为龙头的太原钢铁企业集团，后又参加由新余、绍兴、湘潭、灵川等企业参加的东方锰铁企业集团。市针织厂参加由太谷纺织厂牵头，有平遥第一针织厂、长治针织厂、承德针织厂联合组成的山西如意针纺织联合公司，同时还参加北京抽纱公司集团，使企业的原料来源和产品销售有了比较稳定的渠道。市物资局化轻公司、机电公司参加山西七地市和全国晋冀鲁豫物资企业集团，此外，市五交化批发公司、阳泉百货大楼、第一钢铁厂等也都先后参加外地、外省的企业集团，还组建以盂县城关磁性材料厂为龙头的山西省稀土永磁集团，以市玛钢厂为主体的阳泉玛钢集团和以阳泉地毯厂为骨干的阳泉地毯集团等。其中阳泉地毯集团吸收市辖平定县、盂县以及省内榆社县，河北省藁城县、井陉县，内蒙古乌盟等地19个地毯企业，统一产品标准、统一技术要求、统一商标、统一原材料供应和对外销售，取得良好的经济效益。1990年，市地毯厂完成工业总产值336.6万元，比组建集团前1988年的240万元，增长了40.25%。

1990年后，全市加大了与周边省市政府及部门之间的交流，消除行政壁垒、市场障碍，建立为经济协调、可持续发展服务的政策性宏观保障体系，以进一步促进经济联合体的发展与壮大。通过整合交通、人力、旅游、教育、产业、信息等系统，使区域内各种资源得以优化配置，逐步形成发展统一、开放有序的市场体系。据不完全统计，2000年，全市有各种联合公司、工贸中心、集团企业、总厂以及合资等经济联合体性质的企业共500余家，其经济总收入、利税均占到了全市的50%以上。市特种水泥厂在接管五渡水泥厂的基础上，又与太原狮头水泥股份有限公司实现强强联合，成立阳泉狮头特水有限公司，企业实现上市，产品销往日本、韩国、美国、英国及东南亚等国，被中国建材院列为重点出口基地。钰牌商标荣获山西省著名商标称号，并荣获一项“名牌产品”和两项发明专利。

进入21世纪之后，围绕资源型城市转型和循环经济体系建设，全市经济联合体的建设和发展速度更加迅猛。一是继续打破所有制、行业以及地区界限，做大做强集团公司、联合公司、总厂等经济联合体性质的企业。南煤集团有限责任公司的联合重组，就是对全市经济发展产生重大影响的骨干企业之一。2001年3月，南庄煤矿联合大阳泉煤矿、阳泉通泰铁路公司成立南煤集团。2004年，南煤集团进行股权重组，由国家开发投资公司、山西省经济建设投资公司、阳泉市国资委共同参股。重组后的南煤集团由2座煤炭生产矿井、5个非煤产业公司、10000余名员工组成。2005年，南煤集团原煤产量298.5万吨，比集团公司成立之前的2000年增加152.7万吨，总收入完成9.45亿元，比集团公司成立之前的2000年增加7.34亿元，增长了3.5倍；实现利税3.08亿元，比集团公司成立之前的2000年增加2.77亿元，增长了近9倍。至2008年，全市经济联合体性质的企业发展到800余家，比2000年增加了60%。二是以成立行业和产业协会组织为抓手，以发挥行业和产业的整体优势服务经济建设。针对全市核桃基地建设滞后，技术指导不到位等情况，各县乡均成立核桃产业协会，以提高管理和技术水平。在此基础上，于2006年7月21日成立阳泉市核桃产业协会。市核桃产业协会的成立，对核桃基地建设、技术培训交流，为核桃经营开发提供产前、产中、产后服务，使全市15万亩（1万公顷）核桃基地如期见效。以太行山优质核桃生产的大寨核桃露已成为阳泉市的第一个中国名牌产品，产品不仅畅销国内市场，而且走出国门，深受消费者的青睐。招财鱼核桃油的生产也随着核桃基地的建设不仅应运而生，而且市场前景看好。同时，整合全市的农业技术人员及农机具，成立市、县乡（镇）农机协会，形成农机管理、服务、维修一体化的新网络和新模式。至2010年，全市农村的1200多台拖拉机、500余台旋耕机播种机及各种配套机具的作用得到充分发挥，年土地机耕达到50余万亩（3万余公顷），机播达到20余万亩（1万余公顷）。

第五章 对外经济联系

第一节 外向型经济

对外贸易在1978年之前属于条管单位，人财物都属省管，实行的是计划体制下的统购统销，对外贸易合作的自主权很小。1980年后，外贸系统开始实施经营体制改革，在原有外贸机构人员的基础上，逐步分出外贸五金矿产公司、外贸粮油土畜产公司、外贸轻纺机化公司、外贸包装货源公司、外贸新产品公司等专业公司，但主要任务还是完成出口商品的收购和调拨。

1991年，随着国家外贸体制改革的不断深化，外贸企业下放到地方管理，市外经贸局开始申请自营进出口权并获得批准，组建市进出口公司，开始自营对外贸易业务。与此同时，市内大型企业阳泉钢铁公司、阳泉铝矾土矿等企业也相继获得自营进出口权，全市形成专业外贸公司和生产企业自营出口并举的格局。1995年全市开始实行“大开放、大贸易、大外经”战略。1996年，市委、市政府出台《关于进一步扩大开放，发展我市外经、外贸的意见》《关于鼓励外商、港澳台同胞及华侨投资的实施办法》《关于鼓励引进引进资金、技术、人才的若干规定》等3个政策性文件系统地提出了包括指导思想、奋斗目标、政策措施、组织领导等在内的“外向带动”战略，明确一系列优惠政策，建立外向型专项基金，对外贸易出口、招商引资、出口基地建设专项倾斜支持的政策。当年全市出口创汇总额突破1000万美元大关。

2001年，中国加入WTO为外贸经济合作的开展带来机遇和挑战。一方面针对入世对阳泉市产生的影响，着手加快政府职能和经济基础管理方式的转变，制定应对措施，另一方面，推进外贸经营主体的多元化。圣火炉料有限公司成为全市第一家取得自营出口权的私营企业，从此，私营和个体企业逐步成为全市外贸出口的骨干力量。

对外贸易的进一步发展受益于国家出口资格审批权限的下放。资格审批权由最初的外经贸易部和省外经贸厅，逐步下放到地方备案登记即可经营出口业务，方便了基层企业。2006年12月20日，市商务局在全省首家开通网上对外贸易者备案登记系统，为全市各类企业申办对外贸易经营权，提供方便快捷的服务，仅2007年全市就新增对外贸易经营权企业12家，累计达92家。2008年在国际、国内形势不断变化的背景下，全市对外经济合作仍取得新进展。年内全市进出口总额实现15456万美元，提前两年完成“十一五”商务发展规划目标。

2010年，全市对外贸易成绩突出。全年完成进出口总额29145万美元，其中进口总额实现16027万美元，首次高于出口总额。全年办理外贸进出口自营权企业11家，全市获权企业达116家。

第二节　招商引资

改革开放之初，阳泉市引进一批国外先进设备，对提升市属企业的技术装备，促进全市经济发展发挥了作用。进入20世纪80年代，充分利用各种宣传方式和手段，宣传对外开放和地方经济优势，提高阳泉知名度。1986年阳泉市被国务院批准为甲级开放城市，先后与英国切斯特菲尔德市和美国华伦市建立了国际友好城市关系。1988年兴办了全市第一家合资企业——山西合诚汽车检测有限公司。1996年，山西省第一条高速公路——太旧高速公路暨连接市区的平定、赛鱼两路建成通车。同年阳泉市举办招商月活动，邀请20多个国家和地区的110多位客商，共签订合同25项，总投资达4.8亿元。之后贯彻落实“让阳泉走向世界，让世界了解阳泉”战略，连续几年举办招商月活动，签订经济技术合同100多项，总投资达60多亿元。

21世纪后，市委、市政府重视对外开放、招商引资工作，抓住东部崛起战略机遇，实施资源型城市转移和环境治理，提高城市品位，增强外商投资的吸引力。投入人力、物力、财力，使招商引资工作取得明显的效果。为适应经济全球化、区域经济一体化的新形势，进一步优化投资环境，2006年，阳泉市出台《进一步扩大对外开放的决定》《进一步改善投资环境和扩大招商引资的实施办法》和《市直部门2006年招商引资有关工作的奖励办法》，提出“主动接轨，借力发展”战略，全市各级、各部门把招商引资作为经济工作的“一号工程”，全市69个部门公开承诺服务经济发展和项目审批过程中严格实行首办责任制、限时办结制，在优化投资环境的同时，有关部门重点提出221个比较优势突出、市场前景看好的招商引资项目，利用各种招商平台，特别是由市长亲自带队参加重要的展洽会、博览会等，在全市掀起新一轮对外开放、招商引资的高潮。2006年先后组团参加山西（上海）经贸合作洽谈会、山西（香港）投资洽谈会、首届中部贸易投资博览会等大型招商活动，仅在上海、香港、长沙3次招商活动中，阳泉市与国内外客商签订合作项目31项，总投资442.87亿元，合同、协议利用外资384.06亿元。同时，还组织有关县区、部门和企业参加厦洽会、高交会、山西国际投资合作项目对接洽谈会，宣传阳泉的投资环境，展示阳泉的对外形象，扩大阳泉的对外合作与交流。为确保对外签约项目有效实施，按照“一个项目、一个领导、一套班子、一抓到底”的要求，建立责任明确、分工细致的项目落实责任制，对总投资在1亿元以上的项目，设立由市领导牵头的项目跟踪服务小组，实行“一对一”的跟踪服务。2007年，全市先后组织93家企业和项目单位参加了10多次招商活动，特别是第二届（郑州）中部博览会、山西珠三角（广州）投资合作洽谈会、第一届中国（太原）国际博览会、3次大型招商活动，取得突出的成绩，落实签约项目63项，完成项目审批29项，开工建设项目34项。西格里泉海石墨有限公司等项目的引进投产对优化全市出口产品结构起到推动作用。全市当年共有169个对外经济合作项目到位外来资金66.98亿元，占当年全市固定资产投资总额的50.4%。2008年，在北京举办的不列颠哥伦比亚—加拿大专场洽谈报告会、太原龙城百姓商品展览会、第十二届中国国际投资贸易洽谈会、亚欧食品合作（西安）洽谈会等，为阳泉企业开拓国际市场，促进经济合作奠定基础。

截至2010年，利用国际金融贷款用于社会公益项目建设成效显现。利用日本政府贷款建设中国互联网阳泉站点工程，利用法国政府贷款建设污水处理工程，利用西班牙政府贷款建设阳煤一矿煤矸石建设项目，利用亚行贷款建设城镇燃气利用工程等项目，进一步改善全市的大气环境，提高市民的生活质量、城市品位和对外形象。一批由外商直接投资的生产性项目建设，如山西日本能源润滑油有限公司等促进全市产业结构的调整，带动产品的创新和升级换代。

第三节　对外经济技术合作

阳泉市的对外经济合作在改革开放初期，主要是参与发展中国家的友好援助项目，向外派出建筑工程、医疗卫生、农业技术等人员。20世纪90年代，由于阳泉市仍然没有外经权，劳务输出断断续续，境外承包工程更是空白。对外经济合作在“三外”（外贸、外资、外经合作）中一直是“软肋”。

进入21世纪后，国家制定出台一系列政策鼓励支持有优势的各种所有制企业对外投资，实施“走出去”战略。在这一背景下，阳泉市的一些具有实力的企业开始探索“走出去”的路子。

2002年，市建筑集团总公司首先获得对外承包工程的经营资格，但获权后并未有实质性运作。2003年，阳煤集团宏厦一建在没有取得对外承包工程资格的情况下，在蒙古国图木尔廷——敖包锌矿露天矿基建剥离工程中一举中标，25名施工人员和9台大型施工设备开进了蒙古国，实现了阳泉市对外承包工程零的突破。在工程实施过程中，宏厦一建的施工队伍以特别能战斗的姿态，展现了中国工人阶级的风采。2006年6月，宏厦一建正式在蒙古国注册了全资子公司——中国独资宏厦一建有限公司，这也是中国煤炭施工企业在蒙古国建立的第一家独资企业。2007年，宏厦一建与蒙古国布仁集团签署合作协议，双方决定共同出资100万美元成立布仁房地产有限公司。同时双方还签署了合作开发铁矿项目的协议。同年宏厦一建获得了商务部批准的对外承包工程经营资格。

阳泉市的国际市场不断扩大，贸易国别不断增加。利用广交会、上海跨国采购会、东盟博览会等一系列国际国内知名展会，拓宽交流合作渠道，巩固扩大贸易市场。2008年，阳泉市的贸易国别达到16个，贸易额超过600万美元的国家达到8个，日本、俄罗斯、德国、韩国、意大利、印度、美国、荷兰成为主要贸易国。

国际合作稳步发展，对外承包工程与劳务输出继续保持稳步发展，至2010年，全市累计输出劳务525人，宏厦一建累计完成境外承包工程营业额达到了21199.65万元。

阳泉市“十一五”利用外来资金规划与实际到位资金图

图-6-5

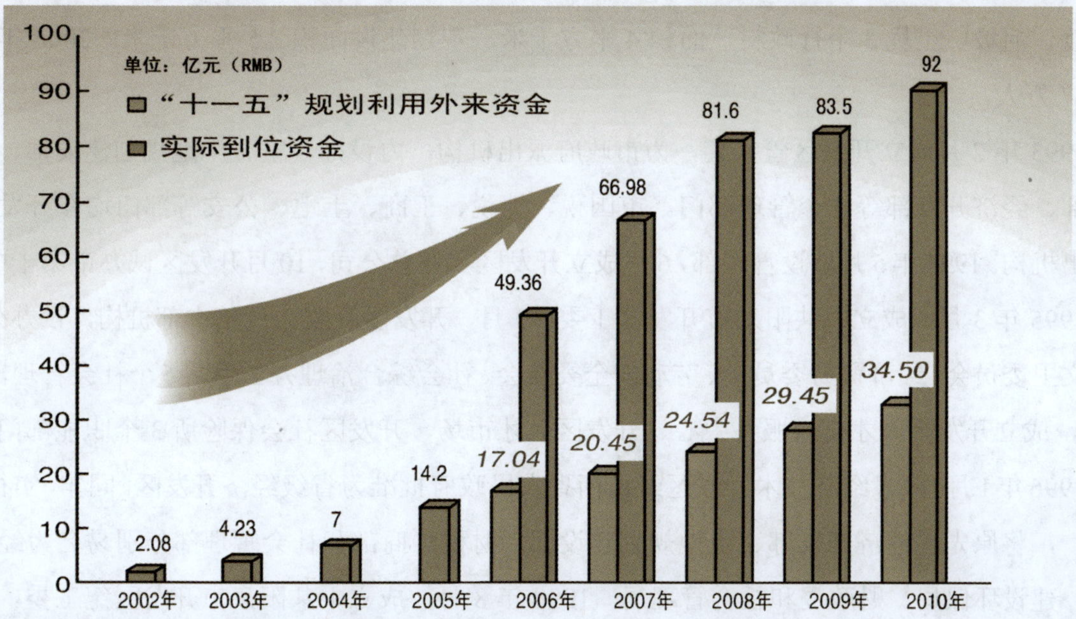

第六章 开发区建设

第一节 机 构

阳泉经济技术开发区，简称开发区，创建于1993年2月。1996年1月经山西省人民政府批准为省级开发区，区域总面积为10.06平方千米，其中规划建设面积3.83平方千米，分东、西两区。西区为起步区，其所辖范围东起下五渡村，西至平坦垴村，南起滨河世纪城，北至李白公路，包括平坦垴、上五渡两个行政村，面积为6.06平方千米，规划建设面积1.33平方千米；东区为扩展区，其所辖范围东起王垅村，西至白荫铁路，南起石太铁路，北至驼岭头村，包括下五渡、河坡、王垅3个行政村，面积4平方千米，规划建设面积2.5平方千米。2008年总人口3.47万人。

1993年2月成立开发区管委会，为市政府派出机构，内设办公室、土地规划建设部、财税工商部、经济开发部等4个管理部门。市国税、地税、工商、土地、公安等部门均在开发区设立派出机构。1994年5月增设管理部，6月成立开发区实业总公司，10月开发区试办市第十中学。

1995年3月，成立中共阳泉市开发区工委。9月，开发区管委会调整内部机构，设办公室、科教文卫委员会、经济贸易委员会、劳动安全委员会、社会综合治理办公室等5个社会管理部门。10月，成立开发区人才交流服务中心、开发区人才市场、开发区社会保险所3个职能部门。

1996年1月，阳泉经济技术开发区经山西省人民政府批准为省级经济开发区。同年，实行“部改局”，将原先的经济开发部、土地规划建设部、财税工商部和社会管理部分别易名为经济开发局、建设环保局、财政局和社会管理局。1998年8月，成立中共阳泉市开发区纪工委。2006

年6月，设立党群办公室和人事劳动局。

截至2010年，开发区的领导机构设管委会、党工委、纪工委，实行管委会主任负责制；内设机构有党群工作办公室、管委会办公室、人事劳动局、财政局、建设环保局、社会管理局和经济开发局等7个；所属事业单位包括招商服务中心、社会保障中心、人才交流中心、教育处等4个；驻区派出机构有国税、地税、工商、土地、公安、消防、质量监督和交通征稽等8个，其中土地分局为省国土资源厅派出机构。

第二节　经济技术开发

开发区成立之后，逐步完善投资环境，积极创造条件多渠道引进项目和人才，开拓创新、与时俱进，综合经济实力增势强劲。

一、经济指标简况

开发区的各项经济指标呈逐年递增之势。1993年，全区地区生产总产值完成9003万元，工业总产值完成4500万元，财政总收入完成336万元；1999年，全区地区总产值完成3.28亿元，工业总产值完成1.79亿元，财政总收入完成1969万元，科工贸总收入2.76亿元；2002年，工业总产值完成2.65亿元，财政总收入完成2060万元，科工贸总收入达4.01亿元。

2005年，经济运行进入了快车道，当年签订入区建设协议的生产项目6个，总投资15亿元。全年完成科工贸总收入8.48亿元，完成计划的106%，增长32.74%；地区生产总值完成2.74亿元，完成计划的102.9%，增长26.1%；工业总产值完成5.57亿元，完成计划的101.21%，增长26.95%；社会零售品消费总额完成2.59亿元，完成计划的103.47%，增长21.33%；固定资产投资额完成3.1亿元，完成计划的103%；国土收益完成3800万元，完成计划的3.8倍；财政总收入完成4588万元，完成计划的123.83%；居民人均可支配收入是3894元，增长6%。

2007年，全区入驻工业企业房地产项目达到23项，总投资23.1亿元。其中，工业企业项目共9项，总投资达4.96亿元；房地产项目14项，总投资18.14亿元，发展速度明显加快。全年完成地区生产总值完成4.4亿元，完成计划任务的102.79%；工业总产值完成9.24亿元，完成计划任务的104.72%；财政总收入达到了8529万元，为计划任务的112.67%，增收1273万元，提前一年实现了翻一番的奋斗目标。

2010年，全区经济继续实现平稳持续快速增长，主要指标全部完成和超额完成年度目标，经济发展的质量、效益和协调性进一步提升。全区财政总收入突破亿元大关，达 1.69 亿元，是“十五”期末的 3.7 倍，年均增幅 27.50%；地区生产总值完成 7.86 亿元，是“十五”期末的 3 倍，年均增幅 24.60%；工业总产值完成 15.34 亿元，是“十五”期末的 2.8 倍，年均增幅 22.40%；工业增加值完成 4.75 亿元，是“十五”期末的 2.8 倍，年均增幅 20.40%；社会销售品零售总额完成 6.99 亿元，是“十五”期末的 2.2 倍，年均增幅 17.10%；固定资产投资完成 14.60 亿元，是“十五”期末的 4.7 倍，年均增幅 36.30%；一般算收入完成 7687 万元，是“十五”期末的 3.8 倍，年均增幅 33.45%；外贸进出口总额完成 5967.7 万美元，是“十五”期末的 4.2 倍，年均增幅 33.40%。

二、招商引资和工业园区建设

开发区始终把招商引资工作放在各项工作的重中之重和第一要务的位置，按照全区产业规划布局储备、包装、退出一批科技含量高、投资回报好的项目，以及部分社会公益项目，吸引国内外投资者落户开发区，并且进一步创新招商引资方式，积极采取小分队外出招商、上门招商、代理招商等形式，主动出击，提高了招商引资的针对性和成功率。认真研究招商引资优惠政策，算好投入产出账，在土地使用、财税扶持等方面提出具有开发区特点的优惠措施。进一步增强服务意识，提高服务水平，实现一条龙服务，不断改善投资环境。同时，针对建设用地日益减少的情况，为了使有限的土地发挥出更大的效益，管委会及时调整招商思路，在招商引资中提出了“四不进区”的原则，即有污染的项目不进区，能耗高的项目不进区，土地单位面积投资强度不达要求的不进区，科技含量低的项目不进区，从而变以往的“引资”为“选资”，变原来的追求速度和数量为“速度”与“质量”并重。

东区工业园区是市政府规划的承接高新技术项目的工业园，其地理位置在市区东北侧，地貌情况复杂，土山沟壑，纵横交错，经多次勘察，考虑市区多种因素情况，由市委、市政府决定设立阳泉市工业园区。该园区规划面积 270 万平方米，可提供工业项目建设用地达 4000 余亩。东区工业园区针对西区容量已满，发展空间逐渐缩小，从客观实际出发，培育技术密集程度高、产品附加值高、耗能小、无污染的工业企业。至 2008 年，东区已有建工暖通设备生产项目、年产 200 万台（套）自动化特种仪表生产项目、中驰纳米科技有限公司的纳米级精细铁粉项目等开工建设，项目总投资达 8.5 亿元，项目达产后可实现年产值 25 亿，实现年利税 12 亿。

至 2010 年，入区项目累计达到 120 个，其中，非生产经营性项目 90 个、建筑面积达 85 万多平方米，生产经营性项目 30 个。共引进生产经营性项目资金 18.69 亿元，其中引进境外资金1280万美元、引进非生产经营性项目资金51.66亿元。项目的引进，使开发区产业集聚效应初显，为高新技术园区、精细化工园区、现代物流园区、现代服务业等“四大园区”建设奠定了坚实的基础。全区各类工商企业达500余家，其中“三资”企业4家，即日本润滑油公司、台湾方大食品添加剂、精诚化工有限公司和保诚汽车修理厂。“三资”企业年上缴税金占到全区税收总额的20%。开发区不断增强自主创新能力，以集约化上规模，以内涵式求发展，努力实现经济增长方式由生产要素驱动型向创新要素驱动型转变，企业技术创新活动保持快速发展势头，核心技术和新产品的研发力度不断加大，科研经费支出稳步增长，产业智能密集度明显提高，形成了以矿用机械制造、电子信息、环保节能等技术领域为代表的富有特色的高新技术产业化格局。

三、主要引进开发项目

中驰纳米公司的纳米铁粉项目，总投资7000万元，年产纳米铁粉1200吨，产品报送湖南大学国家级纳米材料实验室，完成了对产品的鉴定，2006年4月份组织了国内知名专家对该生产工艺和技术进行了论证。项目于2006年8月9日举行了奠基仪式，规划设计部分前期工作已完成，完成投资2450万元，主要用于产品试验设备的购置，并包括试验经费等。项目建成后，年可实现产值197520万元，实现利税112155万元。

新恒利钢材有限公司的“钢材构件加工项目”，该项目为引进的生产加工类项目，建设地址在东区工业园区A区平台，占地面积30亩，是以建筑市场为前提加工生产建筑钢材及钢结构工厂构件。该项目总投资3000万元，利用外资3000万元，于2006年8月18日开工建设，已完成投资1360万元，到位资金2000万元，3300平方米生产车间已完工，办公楼主体完工，外围墙正在建设。该项目建成后，年可实现产值8000万元，利税800万元。

自动化特种仪表生产项目，占地面积56.97亩，总投资1亿元，年产200万台特种仪表，分两期建设。其中一期工程投资4936万元，于2006年4月13日开工建设，已完成投资3258万元，主厂房已完工，设备基本到位。该项目建成后，年可实现产值21000万元，利税2000万元。

建工暖通设备生产线，该项目总投资3200万元，年产自力式流量控制阀8万台、水泵5000台、锅炉300台，于2006年7月开工建设。该项目已累计完成投资2000万元，5000平方米铆焊车间、机加工车间、生产车间已完工，部分生产设备已安装，办公楼主体完工，生活楼已建成，锅炉房、配电室等附属设施完工，地面硬化完成，道路及排水完工。该项目建成后年可实现产值6500万元，实现利税1200万元。

科技孵化器项目，总投资5000万元，占地面积50亩，总建筑面积18000平方米，项目分三期建设，其中一期工程投资2600万元、建筑面积8000平方米。于2006年7月开工建设，已完成投资2192万元，主体工程正在施工，活动中心正进行内外装修。

葡萄糖酸钠项目，由河南省内黄县永恒建筑安装有限公司投资，总投资5000万元。该项目年产葡萄糖酸钠5000吨，总建筑面积7000平方米。项目建成后，年可新增销售收入5200万元，利税1357万元。

商品混凝土搅拌站项目，建设用地约40亩，由阳泉五龙商品混凝土有限公司投资，项目总投资3200万元，年生产商品混凝土60万立方米。主要建设内容有搅拌主机系统、计量系统、控制系统、气动系统、骨料供给系统、主体框架及环保系统。于2008年6月底开工建设，已完成投资150万元，建成投产后，可新增销售收入年12000万元，利税2740万元。

阳煤集团120万米输送带项目，总投资21736万元，占地面积363亩，于2005年7月开工建设，于2009年底完工，进入设备安装阶段，项目2010年投产后年实现收入226000万元，实现利润4447万元，税金1519万元。

阳泉铝业公司年产5000吨合金型材项目，总投资26000万元，于2005年开工建设，于2008年建成投产，项目建成投产年实现产值87606.8万元，实现利税15157.25万元。

阳泉经济技术开发区东区工业园区入区项目简表

表-6-9　　单位：万元

序号	项目名称	总投资	建设规模	经济效益	
				新增收入	新增利税
1	“钢材构件加工”项目	3000	10000吨/年	8000	800
2	“零界颗粒切割法”纳米级精细铁粉项目	200944	年产1200吨纳米铁粉	4230479	518224
3	暖通设备生产项目	3200	年产流量阀8万台，锅炉300台，水泵2000台	6500	1200
4	高新技术创业园区孵化器项目	5000	总建筑面积18000平方米	—	—
5	阳煤集团120万米输送带项目	21736	120万米输送带	26000	5966

续表 -6-9

序 号	项目名称	总投资	建设规模	经济效益	
				新增收入	新增利税
6	200 万台（套）自动化特种仪表生产项目	10000	年产 200 万台（套）特种仪表	21000	2000
7	商品混凝土搅拌站项目	3200	60 万立方米 / 年	12000	2740
8	葡萄糖酸钠生产项目	5000	年产葡萄糖酸钠 5000 吨，总建筑面积 7000 平方米	5200	1357
9	年产 5000 吨合金型材项目	26000	年产铝合金型材 5000 吨	87606.8	15157.2

此外，还有一批具有鲜明特点的企业先后入驻开发区：华奥钢结构有限公司的起重机械生产项目，获国家特种设备生产 A 级资格证书；阳泉建工申华暖通设备有限公司是拥有 5 项国家实用新型专利和一项国家发明专利的企业；（台湾）方大添加剂是开发区首家被评为省级名牌产品的企业；奥伦胶带有限公司是阳泉市由“地下”转“地上”的典型企业。这些企业的入驻，增强和激发了开发区的经济发展活力。

第三节　公共服务建设

开发区管委会始终坚持以人为本，在实施经济技术开发的同时，把关注民生、改善民生、构建和谐，以及城乡一体化建设和为群众办实事办好事作为重中之重，收到了较好的效果。2006 年之后，上五渡村已完成改造面积 10 万平方米，拆迁安置居民 500 户，占全村人口的 86%；下五渡村已完成改造面积 4.1 万平方米，拆迁安置居民 413 户，占全村人口的 48%；平坦垴村已完成改造面积 12.1 万平方米，拆迁安置居民 502 户；大连路西路口棚户区改造，共安置居民 1000 余户，不仅实现了农村的城市化，提升了开发区形象，而且极大地改善了居民的生活条件。管委会每年都要从解决群众切身利益问题入手，办好几件实事。先后在全区率先减免了义务教育阶段学生学杂费，由财政出资，开展了劳动力就业再就业技能培训，在所属 5 村村民中全面开展了养老保险、医疗保险等社会保障工作，减轻了农民负担，减除了农民的后顾之忧，一个使广大村民“老有所养，老有所医，老有所乐，老有所居”的和谐环境正在逐步形成。

开发区所在地原为“七沟八梁一面坡”的猫堖山，相对高差达68米。16年来，累计完成基础设施投资5.1亿元，动迁土石方970余万立方米，已形成以大连路、宁波路、烟台路、天津路、虹桥路等主干道为骨架的道路网络，道路总里程达到11.6千米。铺设供热管网4.74千米，供热面积达到35.4万平方米。铺设主供水管网6.7千米，供水能力达到60万立方米/年。供气能力达到48万立方米/年。架设供电线路8.6千米，供电能力达到1963千瓦。为提高全区的城市化水平作出了很大的努力。

截至2010年，开发区已形成由1所大学、1所中学、5所小学和9所幼儿园组成的布局合理的教育服务网络。以综合医院为龙头，以社区医疗服务站和5村卫生所为网络的医疗服务体系正在逐步形成。建立了6个社区服务机构，增强了社区服务功能。从事城市商业服务的私营和个体工商户达到270余户，比建区初期增长了242.3%。现代城市服务业增长迅速，第三产业在财政收入中的贡献率逐年增加。

同时，以“森林、生态、欧式、休闲”为主题的北山公园和悦沁园、桐语园、康达园3个万平方米游园的建设改造以及园林化创建活动的开展，不仅极大地改善了居民的生活条件，而且极大地提升了开发区的对外形象，提升了开发区的环境质量。截至2010年，开发区园林化创建共完成投资5089.9万元，绿地率达到35.18%，高出国家标准0.18个百分点；绿化覆盖率达到42.18%，高出国家标准2.18个百分点；人均公共绿地面积达到11.49平方米，超过8平方米/人的国家级标准，实现了率先达到国家级园林城市标准的奋斗目标并通过省级验收。开发区管委会多次荣获省、市“创建工作示范单位”称号。

北山公园

阳泉市志

YANGQUANSHIZHI

[上　册]

第七编

工　业

阳泉境内工业发端历史久远，早在一千多年前的北齐时即有冶铁作坊，至迟在唐代已烧制瓷器，元代采煤业已形成规模，清代兴起炼磺业。在清光绪三十一年（1905）发生的山西争矿运动影响下成立的山西商办全省保晋矿务有限总公司，揭开了山西近代煤炭工业的帷幕。民国5年（1916）山西商办全省保晋矿务有限总公司总部迁址阳泉，并在各矿厂的采掘、冶铁中最先使用机器，促进了地方采煤业、冶铁业的发展，为阳泉老工业基地和城市的形成奠定了基础。但到中华人民共和国成立初期，境内工业规模较小、产品单调、技术相对落后，发展比较缓慢。

1949年，全市全民所有制工业企业7家，集体或个体手工作坊100多家，全年工业总产值仅为3092万元。中华人民共和国成立后，全市工业经过60多年的发展，特别是改革开放30多年的发展，产品更加丰富、结构更加合理，规模逐步壮大，技术装备明显改善，经济效益稳步提高，多种经济形式竞相发展，乡镇企业异军突起，工业经济整体实力显著增强，焕发出勃勃生机。60多年来，全市工业经济一直保持高速增长态势，基本形成了以煤炭为主导，电力、冶金、化工、耐火、建材、装备制造等产业全面发展的具有地方特色的较为完备的工业体系。2010年，全市完成工业总产值540.68亿元，比1949年增长1748倍，比1978年增长69倍；实现利税110.05亿元，比1949年增长10427倍，比1978年增长304倍。阳泉作为全国重要的能源重化工基地，为全国的社会主义现代化建设事业作出了巨大贡献。

第一章 电力工业

第一节 发 电

民国7年（1918），保晋公司燕子沟煤矿安装1台1.9千瓦发电机发电，用于井下照明，成为境内最早的工业电源。民国9年至民国29年，保晋铁厂电灯处安装2台120马力（88.2千瓦）发电机，所发之电除自用外，还为站上（阳泉火车站周围）街巷、商店、居民提供照明。民国23年发电量为21.51万千瓦小时。民国29年阳泉发电厂建成发电后，直到1955年，一直是阳泉地区唯一的电源。20世纪50年代后，由国家投资在境内建设了一批大型电厂和地方中、小型电厂，加上厂矿企业的煤矸石自备电厂和县、乡、村的水力发电站构筑了阳泉电源的多元结构，其中阳泉发电厂、娘子关发电厂、河坡发电厂、阳光发电厂（二电厂）先后并入太原、华北电网，全市的发电量逐年提升。1949年发电总量为230万千瓦小时，1965年为4919万千瓦小时，1978年为118108万千瓦小时，1990年为286154万千瓦小时，2000年为988230万千瓦小时，2008年为1466943万千瓦小时，2010年为1393700万千瓦小时。2010年的年发电总量分别是1949年、1965年、1990年、2000年、2008年的6378倍、298倍、5倍、1.41倍、0.95倍。

一、火力发电

阳泉的发电主要以火力发电为主。民国27年（1938），侵占阳泉的日军为了加紧掠夺境内煤铁资源，在改造正太铁路阳泉段的同时，于菜（蔡）洼择址修建电厂。民国29年7月，从北京万寿山原盘端来瑞士产60赫650千瓦机组设备至阳泉；翌年，又从东北迁来英国产50

赫2500千瓦发电机组设备，于民国31年底正式投产运行。是年，该厂装机容量为3150千瓦。因频率不同，两台机组各自单独运行，交替使用，至阳泉建市前夕，其供电最高负荷为2000千瓦，年发电量为230万千瓦小时。

阳泉建市至1955年，为独立电网时期。此间，太原和阳泉之间未建成统一电网；阳泉发电厂是唯一的电源点，也是山西三大主力电厂之一，对阳泉市的城市用电和工农业生产作出了巨大贡献。阳泉建市初期，随着生产的恢复与发展用电量急剧增长。为适应城市发展的需要，阳泉发电厂于1951年11月又增装了1台美制容量为1000千瓦的快装机，年底投入运行。与此同时，国家还投资为该厂增装美国产容量为1500千瓦的发电机组，于1954年3月投入运行。1955年，该厂装机达到4台，总容量增至5500千瓦（“一五”时期为统一频率，将原60赫650千瓦机组改为50赫500千瓦），年发电量达到2341万千瓦小时，为1949年的10.18倍。

全市各业特别是煤炭工业发展迅猛，电力的供需矛盾仍很突出。为此，中央燃料工业部于1955年4月16日，将设备容量为2500千瓦的1辆发电列车从榆次郭家堡变电站调来支援发电，直到1955年底，太原—阳泉（以下简称太阳线）110千伏输电线路送电到阳泉马家坪变电站后，列车发电站才停止运行。

阳泉发电厂与太原联网，打破了阳泉地区独立供电的被动局面，缓解了用电供需矛盾。但因供电线路长，缺乏安全可靠的电力保障，一旦线路发生故障，将导致地区大面积的停电，而且威胁到坑下数万名煤矿工人的生命安全。针对阳泉地区始终存在着保障电源的特殊性和必要性，山西省电力工业厅责成厅基建局设计院在阳泉发电厂进行扩建设计。设计扩建规模原为4机5炉，即4台全国产最大的1.2万千瓦汽轮发电机与5台65吨/时播散式链条炉。1959年12月工程开工，第一台发电机组于1960年10月简易发电，1966年5月全部竣工；第二台发电机组于1970年12月完工投入运行。但因阳泉发电厂厂区狭小，布置拥挤，如扩建4.8万千瓦以上机组需拆除大量已有建筑，经水电部批准，不再安装新的发电机组。这样，阳泉发电厂实际扩建规模即2×1.2万千瓦。发电机组投产后，使阳泉发电厂由1949年底的小电厂、小机组、小电网发展成为大容量、大机组、大电网的保安电厂，具备了地区保安电源的特殊地位。

阳泉发电厂作为全市唯一的电源，经过设备的不断更新和挖潜，年发电总量提高到了5000万千瓦小时以上，但仍不能满足阳泉工业发展的用电缺口。1965年，国家在娘子关筹建装有4台单机容量为100兆瓦火力机组的大（二）型发电厂，其中一号机组于1971年正式投产发电，开创了山西首台10万千瓦机组建设发电的先河。1971年，全市火力发电总量为22128万千瓦小时，其中娘子关电厂发电9995万千瓦小时。到1982年娘子关电厂4台机组全部投产发电。

随着娘子关发电厂的全面投产发电，全市火力发电量大幅攀升，1978 年为 18108 万千瓦小时，1985 年为 244606 万千瓦小时。20 世纪 80 年代中后期，为了适应经济建设发展的需要，落实国家多层次、多渠道办电的方针，以缓解用电的供需矛盾，阳泉市人民政府决定兴建河坡发电厂，并于 1988 年动工建设。

1990 年后是全市电力工业迅速发展的一个重要时期。河坡发电厂（河坡发电有限公司）一期工程 2 台 50 兆瓦火力发电机组分别于 1991 年 12 月、1992 年 10 月投产。二期工程 2 台 100 兆瓦火力发电机组分别于 2000 年 6 月和 12 月投产发电。阳泉二电厂（阳光发电有限公司）于 1993 年 12 月开工建设，总装机容量为 4 台 30 万千瓦凝汽式燃煤发电机组特大型发电厂，为国家“八五”期间计划重点建设项目。阳泉二电厂设备选型均采用国际国内先进产品，锅炉引进美国技术生产的“W”火焰燃烧炉，是世界上较先进的燃烧无烟煤的电站锅炉，其燃烧效率高、操作简便、经济耐用、性能良好；控制系统是德国西门子公司制造的 TEIEPERM-ME 集散控制系统，其特点是系统硬件和软件都具有灵活的组态和配制能力，是其时发达国家广泛采用的较先进的数字网络型微处理系统；先进的网络系统与不同的现场控制站、监视站和工程站连接起来，共同完成信息的采集、控制、显示、操作和管理功能，现代化达到了国内一流的水平。1996 年 12 月，阳泉二电厂一号机组投产发电，1997 年 11 月、1998 年 12 月、1999 年 11 月，二号、三号、四号机组分别投产发电。娘子关发电厂为了贯彻山西省委省政府的“变输煤，为输煤和输电并举”的战略方针，为了缓解华北地区的用电紧张局面，在 1994 年实现三号机组、四号机组东送电的基础上，1998 年二号机组在改造性大修之后，开始向河北送电。至此娘子关发电厂的运行方式成为山西 110 千伏、220 千伏和河北 220 千伏三个网络，一厂三网的运行方式正式形成。一厂三网的特殊的运行方式，带来了非同寻常的经济效益，由于严格的管理，过细的工作，实现了东送电的安全周期运行，为完成省局属发电量作出了突出贡献。这一时期是全市的火力发电量提高较快的时期，1990 年发电量为 28614 万千瓦小时，1995 年发电量为 358297 万千瓦小时，2000 年发电量为 988230 万千瓦小时。2000 年全市的发电量分别是 1990 年和 1995 年的 34.54 倍和 2.76 倍。

2000 年以后，全市发电进入高速运转期。这一时期的特点是根据国家政策兴建煤矸石电厂以增加新的电源。阳泉煤业集团煤矸石综合利用电厂为 3 台 135 兆瓦火力发电机组，南煤集团矸石电厂为 2 台 135 兆瓦火力发电机组。新的电源的增加，使全市的发电量继续攀升。2001 年发电量为 1108660 万千瓦小时，2005 年发电量为 1405427 万千瓦小时，2007 年发电量为 1491770 万千瓦小时。2007 年后，由于娘子关电厂的关停，全市的发电量开始出现减少，分别为2008年的1466943万千瓦小时和2009年的1225364万千瓦小时。2010年出现回升，年发电量为1373900万千瓦小时。

二、水力发电

阳泉水力发电资源主要有北部盂县的滹沱河、龙华河、乌河和东部平定县娘子关的泉水群，其中尤以滹沱河条件最佳，龙华河、乌河水量有限，利用率不高。滹沱河发源于山西省繁峙县横涧乡的泰戏山，境内流经盂县庄里、梁家寨、北峪口3个乡21个村，长44千米。经勘测，理论蕴藏量为6.69万千瓦，可开发量为3.6万千瓦。娘子关泉水群分布于桃河河谷中，从西塔崖至娘子关有大小泉眼32个，其中西塔崖村泉口、城西村泉口、河北村泉口和娘子关瀑布具备水力发电的条件。经勘测，理论蕴藏量为0.2万千瓦，可开发量为0.06万千瓦。

1958年，响应中共中央“农业为基础，水利是命脉，大兴农田水利建设”的号召，境内掀起大办小水电的热潮。最先由盂县下社乡在龙华河畔河西、泽泊、河东3个村联合兴办小水电。当时，水电站址选定在泽泊村，开挖引水渠道总长为500米，安装了1台24千瓦水轮发电机，1959年10月建成发电。后因河水有水期短，经济效益不佳，于1962年2月停运。下社乡兴办小水电，使农民亲眼看到了用电的优越性，为以后境内各乡村兴办水力发电起了示范作用。1965年，娘子关镇河北村和娘子关村分别安装了28千瓦和40千瓦水轮发电机，也办起了小水电站。1958年，龙华河率先得到开发利用。

1966年，水利电力部在山西省洪洞县召开了北方各省、市参加的小水电现场会议。在会议精神的感召和鼓舞下，滹沱河流域的梁家寨乡、北峪口乡、庄里乡的20多个村庄，沿着河岸开渠引水，兴建小水力发电站。小至5.5千瓦，大至75千瓦，建成了一批灌溉和发电兼顾的水轮泵站，除用于电灯照明外，还用于碾米磨面、引水上山开发水浇地等。进入20世纪80年代后期，多数乡村都使用电网供电，小水力发电机即停止运转，这些小水电站停用的原因是开支大、成本高，电价比大电网电价高。其时部分小水电站介绍如下：

梁家寨乡水力发电站　属乡办发电站，位于盂县北部滹沱河干流上。1977年开始由乡贷款、国家给予补助的方式开工兴建，安装了2台75千瓦发电机，1980年又安装2台125千瓦水轮发电机（设计水头为18.5米，流量为4立方米/秒），分别在1978年8月和1982年5月建成发电。配合电站发电还安装了2台共500千伏安升压变压器，升压10千伏后向乡属各村供电，供电线路长44.5千米。1984年11月前独立运行，1984年后并入电网，水丰季节自发自用，枯水季节由电网供电。该电站总装机容量400千瓦，年发电量为100万千瓦小时左右。1996年停运。

北峪口乡水力发电站 属乡办发电站，位于盂县东北部滹沱河干流上，由政府财政拨款建设。1972年第一次安装投运1台100千瓦水轮发电机（设计水头为6米，流量为3立方米/秒），1979年2月又增装了2台125千瓦水轮发电机组（设计水头为12米，流量为4立方米/秒），分别于1983年和1984年投运。同时，还配套安装有2台180千伏安升压变压器，建10千伏线路33千米，向全乡各个村送电。1990年，全乡有20个行政村、1387户通电。2000年停运。

娘子关水力发电站 位于平定县娘子关村与河北省交界的娘子关瀑布下绵河岸边，1969年建成。安装1台100千瓦水轮发电机（设计水头20米，流量1立方米/秒），安装1台100千伏安升压变压器，升压为10千伏，并有1.3千米10千伏线路供电到娘子关村。年发电量80万千瓦小时。20世纪90年代停运。

夫城口水力发电站 位于盂县夫城口村，属县营发电站。1975年盂县县政府在资助乡村开发滹沱河、兴办小水力发电的基础上，提出了建设夫城口水电站的计划任务书，并报送山西省政府。1977年山西省政府批准建设后，工程由省电力局设计和订购机组，初次设计规模为4台800千瓦水轮机，以后改为2台800千瓦机组。当年拨款20万元，先打通了一条宽5米、高3.2米、长361米的隧洞，1979年2台800千瓦机组到货后，由于资金不落实而停建。1984年山西省政府批准复建，并决定由省、市、县联合投资360万元进行建设。省电力局农电局拨款60万元作为35千伏联网建设费用当年到位。于1988年底安装2台800千瓦机组并建成升压站。1989年主要项目倒流坝、冲沙闸、输水管道建成；发电机安装调试完毕。1990年经报请有关部门审定投产发电。1992年8月1日正式并网发电，年发电量约190万千瓦小时。

1990年后，境内北部盂县的滹沱河、龙华河、乌河和东部平定县娘子关的泉水群的小水力发电站均无发展，且时关时停现象频繁。2008年，盂县龙华口水电站开工建设。该工程是国家发改委、水利部确定的水电农村电气化电源工程，是山西省兴水战略35项重点工程之一，是阳泉市百项工程和盂县重点基础设施建设工程。龙华口水库大坝设计为碾压混凝土重力坝，坝顶高程575米，正常蓄水位为571.6米，相应库容为2633万立方米，总库容量为3001万立方米，电站发电机容量为20兆瓦。工程总投资40935万元，于2010年实现大坝合龙。

部分年份全市年水力发电量：1991年486万千瓦小时，1994年709万千瓦小时，1997年700万千瓦小时，2004年245万千瓦小时，2006年225万千瓦小时。

1991—2010年阳泉市发电量简表

表-7-1　　单位：万千瓦小时

年份	发电总量	火力发电						水力发电
		总计	阳电	娘电	河电	二电	其他	
1991	278920	278434	16029	256975	1782	—	3648	486
1992	378755	378251	16507	262074	36011	—	63659	504
1993	346828	346423	16238	241174	62082	—	26929	405
1994	344511	343802	14907	245135	57567	—	26192	709
1995	359092	358297	15840	254845	57439	—	30173	795
1996	366085	365463	13948	251250	58900	8073	32292	622
1997	510500	509800	—	—	—	—	—	700
1998	682930	682930	—	248860	53488	310555	70027	—
1999	810167	810167	—	248071	43023	427734	91339	—
2000	988230	988230	—	241986	68147	588215	89882	—
2001	1108660	1108660	7716	252316	139858	624088	91622	—
2002	1246762	1246762	13420	271994	172260	695702	93386	—
2003	1402091	1402091	—	286545	211480	793618	110448	—
2004	1454417	1454173	—	279571	218053	843168	113381	244
2005	1405680	1405427	—	256985	213079	820688	114695	253
2006	1474962	1474737	—	267133	217439	822988	—	225
2007	1491770	1491770	—	207516	206859	783988	293407	—
2008	1466943	1466943	—	147234	212399	733893	373417	—
2009	1225364	1225364	—	—	168067	691688	365609	—
2010	1373900	1373900	—	—	192801	742988	438111	—

第二节 供 电

一、电网建设

阳泉电网位于山西电网的中东部，西面与太原晋中电网相接，东面与河北南网相连，是山西电力向东输送的主要通道。

阳泉电网分为城市配电网、农村电网、主网三个层面。20世纪80年代末，由于电网建设资金短缺，电网发展较为缓慢。阳泉电网仅有1座220千伏变电站，供电网络以110千伏为主干网。各电压等级的变电站布点少，供电线路半径大，输送容量不足，电力供需矛盾突出，影响当地经济发展。1994年，随着阳光发电厂新建和太原二电厂扩建，作为电厂配套工程，阳泉电网加快了建设步伐。1998年至2002年，抓住全国城乡电网改造的机遇，全面实施城网和农网改造，使阳泉电网发生了根本性变化。220千伏供电网络成为主干网；城市配电网实现“手拉手”联络；农村电网布局和结构得到优化和加强，供电能力增强，可靠性提高，基本改变了较长时期农村电力基础设施简陋落后的状况。为适应全省输煤变输电的战略，消除电力外输“瓶颈”现象，增强阳泉电网抗风险能力，2008年11月，建成并投运500千伏阳泉变电站，阳泉电网实现跨越式发展。

电网

（一）城市中低压配电网

阳泉市城市中低压配电网主要是市区（包括城区、矿区、经济技术开发区）地域内的10千伏及以下配电网络。

城市中低压配电始于民国29年（1940），为3.5千伏高压配电线路，至1955年，线路总长度为44.66千米。1955年，太原—阳泉110千伏输变电工程建成，市区的配电网络全面进入10万千伏时代，且随着工业生产和人民生活的需要而发展很快。至1990年，阳泉地区城网有35千伏公用变电站1座（西峪变电站），主变压器2台，总容量11200千伏安；35千伏公用线路13条，长度56.2千米。有10千伏公用配电变压器86台，总容量14825千伏安；有10千伏公用线路15条，长度160.2千米。有35千伏用户变电站7座，主变压器17台，容量116150千伏安；有35千伏用户线路6条，长度19.07千米。有10千伏用户变压器414台，容量106165千伏安；有10千伏用户线路11条，长度77.45千米。

同时根据电网发展基本原则，为简化电压等级和减少变电重复容量，减少投资和降低损耗，省电力公司提出对经济和用电负荷发展较快的地区，停止发展城市35千伏输变电。据此，1994年，阳泉城网将原35千伏西峪变电站进行升压改造，在原址新建110千伏西峪变电站。从此，公用35千伏变电站退出了城市配电网，保留了35千伏线路向用户供电。

20世纪90年代，城市配电主要以10千伏电网为主。但是当时线路少，导线截面小，电杆低矮，线和树矛盾突出，供电半径长；有的线路既带工业用户，也带农业用户；有的线路既带重点用户也带一般用户；高损耗变压器多，加大供电损耗；网架薄弱，供电可靠性差。随着用电负荷的增长，城市配网设施不断增加。1995年，阳泉城市配电网10千伏公用变压器增至103台，总容量增至23170千伏安；110千伏公用线路增至19条，长度增至162.85千米。有用户35千伏变压器38台，总容量146170千伏安；35千伏线路9条，长度22.51千米。有用户10千伏变压器484台，总容量112660千伏安；10千伏线路23条，长度82.91千米。

1998年至2002年，全国开展大规模的城市配电网建设与改造。阳泉市被国家计委列为全国首批城市配电网改造23个城市之一，争取到国家5.2亿元投资。2001年底省电力公司根据全省实际将国家下达阳泉的投资规模优化调整为4.25亿元。其中10千伏及以下配电网工程投资规模1.86亿元。完成的主要项目：新建7个10千伏开闭所，改造1个10千伏开闭所；新建改造配电室23个；以上两项增加配电变压器容量17275千伏安。新建和改造10千伏架空主干线路125.1千米；改造10千伏分支线31.4千米。新建10千伏电缆主干线路36.7千米、10千伏电缆分支线路24.9千米，增设20台电缆分支箱。新建主电缆沟道3851米、住宅小区分支电缆沟道3248米。新增箱式变压器97台、杆上变压器30台，增加变电容量65185千伏安。改造低压电缆223千米、低压绝缘导线114千米。新增改造柱上开关24台。改造低压台区175处、一户一表28950户。

在城市配电网建设改造中，大量推广应用新技术、新产品，比如裸导线改为绝缘导线，交联电缆替代油浸纸绝缘电缆，油开关更换为真空开关，淘汰高损耗变压器，使用微机保护，无载变压器更换为有载调压变压器。市中心布置开闭所，主干网形成“手拉手”等。配电网设备逐步实现小型化、无油化、绝缘化、低损耗、全密封、免维护、少维护的技术特点。10千伏主干线绝缘化率由改造前的13.86%提高到40.6%，电缆线路由2.5千米增加到35.6千米，“手拉手”线路由8条增加到34条，平均供电半径由5.3千米减小到4.04千米，无油化率由59%提高到90%。城市配电网建设与改造后，取得良好的经济和社会效益。供电可靠性由1998年的99.36%提高到2002年的99.83%，电压质量由85%提高到96.8%。城市配电网上了一个新的水平，不仅满足了广大电力用户日益增长的用电需求，而且配合城市建设、环境治理，为美化、亮化城市作出了贡献。2002年，阳泉地区城市配电网有10千伏公用变压器216台，总容量96415千伏安；有10千伏公用线路52条，长度208.206千米；有35千伏线路14条，长度43.91千米。有用户10千伏变压器605台，总容量182940千伏安；10千伏线路15条，长度47.83千米。

2005年，建立健全各项生产规章制度和技术标准，补充完善了设备台账、记录。掌握和积累设备运行数据，按周期进行运行分析，及时发现处理存在的问题。统一设备安全标识，建立起安全标识台账。执行检修工艺标准和现场作业指导书，提高检修规范化、标准化水平。开展配电网地理信息系统（GIS）建设，提高配网管理自动化水平。成立了配网管理领导组，形成管理网络，明确职责任务，严格考核奖惩，使城市配电网在设备改造的基础上，管理也得到相应提高。

2006年，对10千伏煤专线进行技术改造，新建线路1.9千米；对石油线进行技术改造，新建线路4.1千米；新建开发东区、平安路杆上变压器及配电线路。38台配电变压器加装了无功补偿箱。对部分10千伏开闭所、变台、线路进行了大修，提高了设备健康水平。

2007年，新建10千伏滨河开闭所1座，改造五渡变电站—后底沟电缆沟，更换中低压电缆分支箱。对3座变台、3个配电室进行了标准化整治。

2008年，新建110千伏城北变电站—滨河开闭所10千伏线路1条，作为第二电源；改造5个老旧公用配电室；改造兴隆商业街破损低压线路及配电间；对18条公用线路加装18台柱上真空开关；改造微波线，更换水泥杆43基、导线5437米，有效防止了风偏、山火引起掉闸事故。

2009年，通过大修更换低压导线8000米，低压分线箱85台、建成4条标准化线路。通过技术改造，更换低压电缆9500米、低压配电箱212个、低压开关柜33面；安装防雷装置159组；更换绝缘子拉线276条，提高了设备健康水平。

2010年，对10千伏部队线、田园线进行改造。拆除战备路东变台、小阳泉东变台、瓦窑坡变台等3个老旧变台，新装沙江、小阳泉、开发区东3台箱变，单台容量630千伏安。配合城市道路扩建，将10千伏深圳街支线由架空线改为入地电缆供电。对22个低压台区老旧接户线进行更换。更换了6台电缆分支箱和92台低压分线箱。配合泉东路建设，搬迁7条10千伏及以下线路。

截至2010年，城市中低压配电网有10千伏公用线路96条（变电站出线58条，开闭所出线38条），总长度339.48千米。其中，架空裸导线58.13千米，架空绝缘导线172.96千米，绝缘化率达74.74%；电缆线路108.39千米，电缆化率35.01%；手拉手线路42条，线路联络率43.30%；全电缆线路46条（变电站出线14条，开闭所出线32条）。低压线路272千米。有10千伏公用开闭所9座，变压器17台，总容量7900千伏安；公用配电室34座，变压器44台，总容量22945千伏安；公用箱变154座，变压器164台，总容量86280千伏安；公用柱上台式变压器73台，容量2270千伏安；公用配电变压器容量139825千伏安；10千伏开关柜153面，线路柱上开关66台，环网柜39台，高压电缆分支箱30台，低压分线箱1809台。有10千伏专用线24条，长度49.55千米；专用变压器492台，容量220835千伏安。

（二）农村电网

农村电网由平定、盂县、郊区3个县区境内35千伏及以下供电网络组成，承担着县区内工农业生产及人民生活用电任务。阳泉农村电网发展较早，20世纪80年代，通过对10千伏线路“两线一地”制供电方式和高损耗变压器改造，实现了10千伏线路全部由3条架空线路供电的方式和使用低损耗变压器，提高了供电安全可靠性和节能降损；同时通过村村通电工程，全市所有行政村实现供电全覆盖，走在全省前列。

截至1991年，全市农网有35千伏公用变电站11座，变压器19台，总容量72150千伏安；有35千伏公用线路18条，长度199千米；有10千伏公用变压器1206台，容量86727千伏安；有10千伏公用线路49条，长度1888.8千米。有低压线路6130.13千米（其中公用线路1079.89千米）。

1992年9月，盂县夫城口水力发电站至盂县35千伏上社变电站35千伏线路建成投运，长度22.8千米，解决了发电站电力上网问题。

1993年3月10日，盂县35千伏东宋输变电工程第一期工程开工，新建35千伏东宋变电站1座，新增变压器2台，容量6300千伏安×2；新建35千伏线路1条，长度8.8千米；10千伏线路5条，长度5千米。1994年12月22日竣工投运。6月28日，平定县35千伏官道沟变电站扩建增容，将原5600千伏安变压器更换为1万千伏安变压器。

1994年12月28日，平定县35千伏万子足变电站扩建增容，将原3150千伏安变压器更换为5600千伏安变压器；35千伏柏井变电站扩建增容，将原3600千伏安变压器更换为4950千伏安变压器。

1995年8月29日，郊区新建35千伏苇任线（110千伏苇泊变电站—35千伏任家峪变电站），长度2.678千米。

同时对农网10千伏及以下中低压配电设施进行了整修，总投资600余万元，改造线路348.8千米，降低供电损耗，减轻农民负担79万元。截至1995年，农网有35千伏公用变压器22台，总容量100550千伏安；35千伏公用线路19条，长度198.29千米。有10千伏公用变压器1223台，容量94240千伏安；有10千伏公用配电线路52条，长度1834.93千米。有用户35千伏变压器56台，总容量164915千伏安；35千伏线路27条，长度74.93千米。有用户10千伏变压器2156台，容量342966千伏安；10千伏线路78条，长度1070.29千米。

1996年，盂县南娄地区通过10千伏线路供电，担负着南娄乡、下曹乡部分村及城关部分地段的用电，负荷达4500千瓦，线路、变压器严重超载。经县政府、上社煤矿及供电部门多次协商，由南娄、下曹、城关等就近用电的乡镇企业、上社煤矿、县政府共同集资，建设南娄35千伏输变电工程。新建35千伏南娄变电站1座，新增主变压器1台，容量8000千伏安，于1998年9月28日竣工投运，缓解了南娄地区供电紧张局面。

1997年6月，平定35千伏大峪输变电工程开工建设，新建35千伏大峪变电站1座，新增主变压器1台，容量8000千伏安；新建220千伏红卫变电站—大峪变电站35千伏线路1条，长度4.82千米，10千伏出线4条，于1999年4月22日竣工投运。9月，对郊区35千伏燕龛变电站进行技术改造。新建35千伏燕龛变电站—35千伏程庄变电站35千伏线路1条，长度2.62千米。形成郊区110千伏苇泊变电站—35千伏任家峪变电站—35千伏燕龛变电站—35千伏程庄变电站—110千伏苇泊变电站的环状供电方式，提高了安全可靠性。

2000年，农村电网有35千伏公用变电站13座，主变压器23台，容量116450千伏安；用户35千伏变电站16座，主变压器32台，容量79240千伏安。有35千伏公用线路20条，长度193.03千米；用户35千伏线路29条，长度117.50千米。有10千伏公用变压器1889台，容量174745千伏安；用户10千伏变压器1738台，容量114356千伏安。10千伏公用线路76条，长度1971.80千米；用户10千伏线路77条，长度1076.01千米。

1998年至2002年，国务院关于改造农村电网改革农电管理体制实现城乡同网同价（简称两改一同价）的通知下发后，按照山西省电力公司的统一安排，阳泉农村电网开始实施大规模的改造工程。工程分两个阶段，一是组织准备阶段。成立农网改造工程领导机构，调查摸底，编制规划计划，提出工程项目、概预算，制定技术标准和管理制度，进行工程设计、设备招标等项报上级审批。基层单位从施工组织、安全措施、设备材料等方面做好前期准备工作。二是工程实施阶段。确立农民舒心、政府放心、供电企业称心的目标，坚持执行“五制”（项目法人责任制、资本金制、招投标制、工程监理制和合同管理制），严控施工安全，严把工程质量关，做好工程后期的验收、财务决算、审计、档案交接等工作，完成农网改造任务。

2003年，累计下达投资37713.76万元，其中，一期工程为26596.66万元，完成26878.2万元，全部决算；二期工程为11117.1万元，完成7661.1万元，决算4502.98万元。完成的工程项目：新建110千伏变电站1座，主变压器容量31500千伏安；改造110千伏变电站3座，总容量18500千伏安；新建35千伏变电站6座，总容量22620千伏安；改造35千伏变电站11座，新增容量32050千伏安；新建35千伏线路8条，长度61.59千米；改造35千伏线路3条，长度25.23千米；改造10千伏线路72条，长度917.5千米，改造低压线路3500千米。完成957个行政村250072户农村居民户的一户一表改造，村完成率91.3%，户完成率90.28%。建成3个县区调度自动化系统，建成9个35千伏无人值班变电站。

通过农村电网改造，取得明显的社会效益和经济效益。一是农村电网技术装备水平和供电能力提高，实现了旧貌换新颜；二是拓展了农村电力市场，农民生产生活用电不再受制于“卡脖子”，生产生活用电增长；三是提高了供电质量，降低了线损，减轻农民负担，实现了城乡用电同网同价，使农民得到实惠。

2004年，按照国家电网公司的部署，对农网改造工程进行了“回头看”。对发现的问题，进行检查整改，10月9日接受省发改委的检查验收。同时抓紧农网改造二期遗留工程，完成了7个35千伏变电站的开关无油化改造，完成2个35千伏变电站综合自动化改造，完成28条10千伏线路改造，长度491千米，35千伏线路30.82千米。

2005年5月，建成投运盂县35千伏西潘变电站，新增主变压器1台，容量2000千伏安；6月建成35千伏路家村变电站，新增主变压器2台，容量6300×2千伏安；12月1日，建成投运郊区35千伏辛兴变电站，新增主变压器1台，容量8000千伏安。

2006年，根据山西省电力公司安排部署，进行了县区城市配电网改造。阳泉郊区、平定、盂县3个县城电网改造总投资6212.19万元，工程项目22项，到年底完成20项，完成投资6181万元，为计划的99.5%。完成的工程项目有新建郊区35千伏苇燕线8.4千米、苇西线8.25千米；平定110千伏陈家庄变电站增容，新增主变压器1台，容量4万千伏安；郊区35千伏西南舁变电站增容，新建主变压器1台，容量6300千伏安；35千伏白泉、燕龛、东宋、西烟、冶西变电站主变压器增容改造，新增容量4.74万千伏安。平定、盂县、郊区县城新增配电变压器9台，新增容量3980千伏安。改造10千伏线路13.43千米、低压线路32.38千米等。

2008年6月，郊区35千伏辛兴变电站增容改造，新增主变压器1台，容量8000千伏安；新建35千伏双辛线，长度2.68千米、35千伏荫东线，长度4.76千米。

2009年，新建盂县35千伏孙家庄变电站，新增主变压器2台，容量10000+8000千伏安；改造平定35千伏万子足、大峪变电站，新增主变压器2台，容量1.6万+8000千伏安。

2010年，编制了农村电网“十二五”发展规划，阳泉供电分公司分别与平定、盂县、郊区政府签订了共同推进农村电网建设战略合作协议。提出了新一轮农村电网升级改造项目计划，着手编制了有关规程制度，进行了工程项目的初设、概算并上报审查取得批复文件，进行了物资材料的招标采购，做好了新一轮农村电网升级改造的准备工作。年末，阳泉农村电网有公用35千伏变电站19座，主变压器34台，总容量23.47万千伏安；有用户35千伏变电站20座，主变压器38台，总容量19.72万千伏安。有公用35千伏线路43条，长度366.12千米；有用户35千伏线路41条，长度239.04千米。有公用10千伏变压器1731台，总容量21.38万千伏安；有用户10千伏配电变压器3035台，总容量70.36万千伏安。有公用10千伏开闭所1座，有公用10千伏线路98条，长度2412.83千米；有用户10千伏线路102条，长度591.62千米。有农村低压线路6054.63千米。

（三）电网主网

1. 110千伏电网

1955年12月，太原—阳泉首条110千伏电网建成。至1991年，阳泉地区有110千伏公用变电站8座，主变压器15台，总容量36.96万千伏安；有110千伏公用输电线路20条，总长度334.75千米。有用户110千伏变电站1座，主变压器8台，总容量36.60万千伏安；有用户110千伏线路4条，长度26.65千米。阳泉电网主要电源是娘子关电厂和阳泉发电厂，依靠2条110千伏线路组成单环网供电。110千伏系统电压低，网架薄弱，供电能力及供电可靠性差。

1992年，为了配合河坡发电厂2×5万千瓦机组投产后电力向外输送，同时阳泉钢铁公司25000千伏安硅铁炉和电解炉要投产用电，经省电力公司批准，开工建设110千伏白羊墅输变电工程。新建110千伏白羊墅变电站，主变压器2台，容量为3.15+5万千伏安；新建110千伏河白（河坡电厂—110千伏白羊墅变电站）双回线路，长度2×5.36千米，采用LGT-240型导线，1993年12月30日全部竣工投运。同时建设110千伏河马（河坡电厂—110千伏马家坪变电站）

线路，长度 9.12 千米，采用 LGT-240 型导线，1992 年 11 月竣工投运。

随着阳泉市区南部用电负荷的增长，原承担供电的 35 千伏西峪变电站已不能满足供电需求，为此，将 35 千伏西峪变电站升压改造为 110 千伏变电站，列入重措项目，新增主变压器 2 台，容量 2×3.15 万千伏安，1993 年 5 月开工，1994 年 10 月 25 日投入运行。

在新建变电站的同时，根据各地区用电负荷的增长，对负荷较重的变电站进行增容改造。1994 年 4 月 110 千伏簪石变电站新增主变压器 1 台，容量 3.15 万千伏安；1994 年 9 月 110 千伏马家坪变电站将 2 台主变全部更换为 5 万千伏安有载调压变压器；1995 年 1 月 110 千伏城西变电站 1 号主变压器由 1.5 万千伏安增容为 3.15 万千伏安。

20 世纪 90 年代中后期，220 千伏红卫、海落湾变电站相继建成投运，为 110 千伏电网增加了新的电源点。从 2 座 220 千伏变电站向 110 千伏变电站送电的线路先后开工建设。1995 年 11 月 15 日建成 110 千伏红蚕线（220 千伏红卫变电站—110 千伏蚕石变电站），长度 2.44 千米，采用 LGT-240 型导线；1995 年 11 月 16 日建成 110 千伏红西线（220 千伏红卫变电站—110 千伏西峪变电站），长度 8.75 千米，采用 LGT-185 型导线；1977 年 5 月建成 110 千伏红泊线（220 千伏红卫变电站—110 千伏泊里变电站），长度 4.33 千米，采用 LGT-150 型导线；1998 年 12 月建成 110 千伏海马双回线（220 千伏海落湾变电站—110 千伏马家坪变电站），长度 2×4.64 千米，采用 LGT-300/50 型导线；2000 年 8 月建成 110 千伏红陈线（220 千伏红卫变电站—110 千伏陈家庄变电站），长度 11.526 千米，采用 LGT-240 型导线。这些线路的建设投运，提高了 110 千伏电网供电可靠性。

1998 年，随着阳泉市开发区规模扩大，用电负荷增长，原有供电能力已不能够满足用电需要。为此，1998 年 5 月在开发区新建 110 千伏五渡变电站，主变压器 2 台，总容量 8 万千伏安；同时建设 110 千伏长五双回线（220 千伏长岭变电站—110 千伏五渡变电站），长度 2×1.11 千米，采用 LGT-240 型导线，1999 年 2 月竣工投运。

1999 年 11 月平定陈家庄输变电工程开工，新建 110 千伏陈家庄变电站，第一期工程安装主变压器 1 台，容量 3.15 万千伏安。建设 110 千伏红陈线（220 千伏红卫变电站—110 千伏陈家庄变电站），长度 11.53 千米，采用 LGT-240 型导线，2000 年 8 月竣工投运，从而缓解了平定张庄地区原有 35 千伏供电造成的供需矛盾突出，影响工农业生产的问题。

2000 年，在城乡电网改造中，先后开工建设 110 千伏荫营、城中输变电工程。新建 110 千伏荫营变电站，主变压器 1 台，容量 3.15 万千伏安；新建 110 千伏长荫线（220 千伏长岭变电站—110 千伏荫营变电站），全长 2.6 千米，采用 LGT-240 型导线，2000 年 12 月 25 日竣工投运。

新建110千伏城中变电站，主变压器2台，总容量8万千伏安。该站是阳泉地区首座室内综合变电站，同时又是首座集中控制变电站，担负着110千伏马家坪、白羊墅、西峪、瀑里、西岭、娘子关、五渡7座变电站的监控任务，为7个站无人值守创造了条件。该站于2001年12月14日竣工投运。

由于加快了电网建设步伐，使阳泉地区110千伏电网设备增加，供电能力提高。到2000年，全市有110千伏公用变电站12座，主变压器24台，总容量74.21万千伏安；有110千伏公用线路31条，总长度287.66千米。有110千伏用户变电站4座，主变压器14台，总容量46.20万千伏安，有110千伏用户线路3条，总长度23.35千米。电网结构趋于合理，供电可靠性增强。阳泉110千伏电网的电源来自阳泉二电厂、娘子关电厂、河坡电厂及220千伏长岭、红卫、海落湾变电站。

2004年，110千伏荫营、陈家庄变电站增容改造，分别新增主变压器1台，总容量8万千伏安。新建110千伏线路3条，总长度22千米。2005年，盂县南娄地区工业迅速发展，原35千伏南娄变电站已不能满足供电需求，为此对南娄变电站进行升压改造，由35千伏升为110千伏，新增Ⅱ号主变压器1台，容量4万千伏安；新建110千伏温南（220千伏温池变电站—110千伏南娄变电站）Ⅱ回线路，长度11.79千米，采用LGT-240/40型导线，2005年12月28日竣工投运。

2006年5月开工建设阳泉经济技术开发区东部驼岭头输变电工程，新建110千伏驼岭头变电站，新增主变压器2台，容量4万+5万千伏安；新建110千伏长驼双回线（220千伏长岭变电站—110千伏驼岭头变电站），长度2.67+2.62千米，采用LGT-240/40型导线，当年12月29日竣工投运。新建110千伏南娄变电站Ⅰ号主变压器，容量4万千伏安；2006年8月26日竣工投运；110千伏秀水变电站Ⅰ回主变压器由3.15万千伏安，更换为5万千伏安，于2006年6月5日竣工投运。新建110千伏温秀Ⅱ回线（220千伏温池变电站—110千伏秀水变电站）和110千伏温苇Ⅱ回线（220千伏温池变电站—110千伏苇泊变电站），长度分别为6.03千米、19.85千米，分别采用LGT-240/30、LGT-185/30型导线，2006年10月23日竣工投运。

2006年9月28日，110千伏辛兴输变电工程开工建设，新建110千伏辛兴变电站，新增主变压器2台，总容量8万千伏安；新建110千伏线路2条，总长度3.2千米；2007年6月22日竣工投运。

2008年4月1日，110千伏盂县中社输变电工程开工建设，新建110千伏中社变电站，新增1号主变压器7台，容量4万千伏安；新建110千伏温中（220千伏温池变电站—110千伏

上马。工程分两期进行，一期工程2004年7月2日竣工新增主变压器1台，容量15万千伏安。新建220千伏温长（220千伏温池变电站—220千伏长岭变电站）线路。由220千伏海长（海落湾变电站—长岭变电站）线路π入温池变电站。新建线路长度14.29千米（其中与海落湾变电站连接的πB线长度为7.239千米，与长岭变电站连接的πA线长度为7.185千米），采用2×LGT-240/40导线，2004年7月竣工投运。

在阳泉中部、西部、北部电网升级后，东部地区电网矛盾突显。进入21世纪后，东部地区电网建设列入规划方案。2002年9月1日开工建设220千伏连庄输变电工程。工程分两期进行。一期工程新增主变压器1台，容量15万千伏安；于2003年8月30日竣工投运。新建220千伏连红（连庄变电站—红卫变电站）线路，长度17.71千米，采用2×LGT-240型导线，使用铁塔47基，2003年1月竣工投运。新建220千伏娘连（娘子关电厂—连庄变电站）线路，长度12.96千米，采用2×LGT-240型导线，使用铁塔31基，2003年1月竣工投运。

阳泉兆丰铝业公司由于生产规模扩大，原110千伏供电已不能满足其需求，为此兆丰铝业公司投资建设220千伏变电站，新增主变压器2台，容量2×63000千伏安，整流变压器4台，容量4×66304千伏安；新建220千伏红兆（红卫变电站—兆丰铝业）线路，长度8.89千米，采用2×LGT-300型导线，2003年5月18日竣工投运。2006年由该公司投资又新建了220千伏电兆（阳光电厂—兆丰铝业）线路，长度8.88千米，采用2×LGT-300型导线，当年4月7日竣工投运，提高了企业供电可靠性。是阳泉市唯一的用户220千伏变电站。

2007年8月，围绕500千伏阳泉变电站建设，开工建设500千伏变电站6条220千伏送出线路工程，分别是220千伏长岭变电站—220千伏温池变电站π入500千伏变电站线，长度4.4千米；500千伏变电站—220千伏温池变电站双回线路，长度22.4千米；500千伏变电站—220千伏连庄变电站双回线路，长度10.5千米；娘子关电厂—220千伏长岭变电站220千伏线路接入500千伏变电站线路，长度8.5千米，2008年11月26日竣工投运。

2008年11月16日，随着石太高速铁路建设，阳泉北火车站牵引变电站电网线路工程开工建设，新建220千伏双回线路，长度2×9.2千米，采用2×LGT-300/40型导线，使用铁塔28基，2009年2月26日竣工投运。

2009年3月16日，220千伏连庄变电站增容改造工程开工，新增2号主变压器1台，容量15万千伏安，6月29日竣工投运。3月，220千伏平定苏峪输变电工程开工建设，新增主变压器1台，容量15万千伏安；新建220千伏苏峪变电站至220千伏海落湾变电站双回线路2×16千米、220千伏苏峪变电站—阳光电厂双回线路2×3.2千米，采用2×LGT-300/40型导线，使用铁塔24基，2010年4月30日竣工投运。该线路也为阳光电厂至220千伏海落湾变电站双回线π入220千伏苏峪变电站线路。

2010年4月20日，220千伏海落湾变电站增容改造工程开工，将原2台15万千伏安主变压器更换为2台18万千伏安主变压器，当年6月23日竣工投运。截至2010年，阳泉地区主网有220千伏变电站6座，主变压器11台，总容量165万千伏安。有用户220千伏变电站1座，主变压器6台，总容量39.12万千伏安。主网有220千伏线路22条，长度374.54千米；有用户220千伏线路3条，长度21.27千米。6座220千伏变电站组成两个双环网，成为阳泉电网的主干网。

3．500千伏电网

阳泉市是由输煤变输电的城市。“十五”末，境内发电装机容量为206.785万千瓦，发电量为140.6亿千瓦小时，外送电量约85亿千瓦小时。进入“十一五”时期，新建电厂逐年增加，输出电量逐年加大。而阳泉电网“十五”时期最高电压等级仍为220千伏，220千伏线路穿越功率较大，部分线路不能满足N-1导则要求，在正常检修或事故情况下不仅影响本地区供电，同时也影响电力外送。为消除电力外送“瓶颈”现象，提高阳泉电网供电能力和安全可靠性，增强电网抗风险能力，由阳泉供电分公司统一规划，山西省电力公司论证审核，国家电网公司有关部门评审，国土、环保等有关部门评估，山西省发展改革委员会批准，2007年8月30日开工建设500千伏阳泉输变电工程。新建500千伏阳泉变电站，站址在郊区荫营东垴村，占地76亩。新增主变压器2组4台，总容量200万千伏安。新建500千伏太原侯村变电站至500千伏石家庄北变电站500千伏双回线路π入500千伏阳泉变电站，其中500千伏侯阳I线长度101千米、500千伏阳北线长度122千米，采用4×LGT-400型导线。新建220千伏送出线路6条，总长度80千米，2008年11月26日竣工投运。该站建成投运是阳泉电网跨越式发展的标志，使阳泉电网上了一个新的台阶，实现了历史性突破。

500千伏阳泉变电站建成投运，成为阳泉电网的枢纽。通过侯阳线、阳北线两个通道与太原、河北500千伏电网连接，既能使阳泉乃至山西电网富裕电力向河北省输送，又能为阳泉电网提供了可靠的电源支撑。

2010年，阳泉电网以500千伏变电站为中心，通过阳光电厂和5个220千伏变电站，组成了两个双环供电网架，110千伏变电站深入负荷中心，形成辐射型供电格局，阳泉电网变得更加坚强。

1991年阳泉电网变电线路设备统计表

表-7-2

电压等级	变电部分（台/千伏安）				线路部分（条/千米）		
	变电站（座）	小计	公用	用户	小计	公用	用户
220千伏	1	2/240000	2/240000	—	1/24.73	1/24.73	—
110千伏	—	23/735600	15/369600	8/360000	24/361.4	20/334.74	4/26.652
35千伏	—	73/312165	21/85350	52/226815	56/314.76	31/255.14	25/59.616
10千伏	—	3571/496715	1292/101552	2279/395163	127/3081.74	64/2049.08	63/1032.69
6千伏	—	14/2540	—	14/2540	9/6.66	7/4.86	2/118
合计	1	3683/1787020	1330/796502	2353/990518	217/3789.29	123/2668.53	94/1120.758

2000年阳泉电网变电线路设备统计表

表-7-3

电压等级	变电部分（台/千伏安）				线路部分（条/千米）		
	变电站（座）	小计	公用	用户	小计	公用	用户
220千伏	3	6/840000	6/840000	—	11/417.426	11/417.426	—
110千伏	12	38/1204100	24/742100	14/462000	34/311.012	31/287.661	3/23.251
35千伏	13	126/456616	23/116450	103/340166	73/375.52	33/235.714	40/139.806
10千伏	—	4383/604331	2057/240445	2326/363886	216/3425.66	112/2179.987	104/1245.674
6千伏	—	60/20645	4/880	56/19765	15/11.88	7/4.83	8/7.05
合计	18	4613/3125692	2114/1939875	2499/1185817	349/4541.499	194/3125.618	155/1415.881

2010年阳泉电网变电线路设备统计表

表-7-4

电压等级	变电部分（台/千伏安）				线路部分（条/千米）		
	变电站（座）	小计	公用	用户	小计	公用	用户
500千伏	1	2/2000000	2/2000000	—	—	—	—

续表 -7-4

电压等级	变电部分（台 / 千伏安）				线路部分（条 / 千米）		
	变电站（座）	小 计	公 用	用 户	小 计	公 用	用 户
220 千伏	6	22/2209216	11/1650000	11/559216	25/395.806	22/374.539	3/21.267
110 千伏	20	56/2115100	39/1501500	17/613600	52/463.263	45/406.172	7/57.091
35 千伏	19	133/919606	34/234650	99/684956	95/581.606	44/357.011	51/224.595
10 千伏	—	5889/1374045	2082/377570	3807/996475	281/3408.155	158/2759.223	123/648.932
6 千伏	—	29/13280	0/0	29/13280	9/7.27	7/4.87	2/2.4
合计	—	6131/8631247	2168/5763720	3963/2867527	462/4856.100	276/3901.815	186/954.285

二、电力调度

（一）调度机构及调度范围

1. 调度机构

1949 年开始，阳泉电力调度一直沿用两级调度体制，即地区级调度及县区级调度。地区级电力调度机构为阳泉供电分公司调度所，是阳泉电网生产运行的指挥中心，又是电力通信、调度自动化的运行单位。县级电力调度机构分别为平定、盂县、郊区供电支公司调度所。2002 年 12 月城区支公司调度所成立并投入运行。

地区调度所执行省电力调度中心的调度命令并接受业务指导。县区级调度所执行地区调度所的调度命令并接受业务指导。

除供电系统的调度机构外，阳泉电网所辖大用电客户如阳煤集团、北京铁路局石家庄供电段岩会牵引站、太原铁路局太原供电段测石牵引站、阳泉铝业公司也分别设有调度机构，执行地区调度所调度命令并接受业务指导。

2. 调度范围

从 1955 年与太原联网至 1990 年，由于阳泉电网规模小，各电压等级的站、线布点少，因此，电力调度的主要工作都集中在地区调度所。1991 年后，地区调度所负责编制阳泉电网的运行方式及调度计划，执行省级调度下达的调度命令。指挥阳泉电网 10 千伏、35 千伏及部分 110 千伏变电、线路设备操作和事故处理。县区级调度只负责辖区内各变电站 10 千伏分路开关、10 千伏变台的设备操作和 10 千伏用户的调度管理。

随着电网规模的扩大和地区、县区两级调度装备水平提高，调度范围也在逐步扩大。2010年，地区调度所调度范围包括地区小电厂9座，机组61台，总容量13.2万千瓦；110千伏变电站20座，主变压器55台，总容量209.01万千伏安；220千伏线路4条，110千伏线路50条；35千伏变电站部分设备。县、区级调度所调度范围包括本县境内农网35千伏变电站的全部设备、10千伏配电线路及变台、开闭所等。盂县支公司调度所还调度盂县境内小水电厂4座，装机8台，总容量0.26万千瓦。

（二）调度管理

1．检修管理

电网检修分为计划检修、设备临时检修、事故抢修等。计划检修是从设备健康水平出发，并结合电力供需平衡要求，根据变电站设备、输电线路运行规程的要求，继续坚持由地区调度所会同生产技术部门组织设备运行单位编制年度、月度检修计划，经省调度中心和分公司分管领导批准后，由地区调度所下达，各运行、检修单位执行。省调度中心调度的220千伏及以上设备，需在开工前2天由地区调度所向省调度中心提出申请，省调在开工前1天答复。属地区调度所调度的设备，由设备运行检修单位在检修开工前1天提出申请，经批准后办理工作票。

设备临时检修主要针对设备运行过程中发现重大或严重缺陷，危及设备安全时采取临时停止运行，进行检修的措施。由设备运行单位根据缺陷危急程度，向调度部门提出申请，经和生产技术部门研究审定批准执行。调度部门严把设备临时停运关，减少无计划临时检修，提高供电可靠性，尽量避免给电力客户造成生产和生活方面的损失。

事故抢修是针对设备运行中发生事故采取紧急抢修的措施。由设备运行单位提出申请，经调度部门批准执行。

在检修管理中，调度部门严把办票关，严格审查检修工作申请票，工作时间、工作内容、影响(停电)范围必须填写清楚。检修工作开工后，未经当值调度员同意，不得随意增加工作内容。

严把检修工作时间，一是当值调度员提前熟悉检修计划，准备好单项操作票和综合操作票，和变电运行人员认真核对。二是督促变电运行人员在检修人员未到现场前即进行操作，加快操作速度。三是随时了解检修现场工作进度，早结束、早报告。以此来严格控制检修时间，避免延期送电。

2．运行管理

（1）运行方式

20世纪70至80年代，阳泉电网以娘子关电厂、220千伏长岭变电站为支撑点，以110千伏环网（娘子关电厂—马家坪变电站—河坡电厂—泊里变电站—西岭变电站—娘子关电厂）与娘子关电厂2号联络变压器形成的电磁环网以及220千伏长岭变电站—郊区110千伏苇泊变电站、220千伏长岭变电站—盂县110千伏秀水变电站双回线路，构成阳泉主网110千伏网络运行方式。

1990年至1997年，阳泉220千伏红卫变电站建成投运，阳泉电网又增加1个支撑点，形成了“长岭变电站—红卫变电站—娘子关电厂”220千伏环网主电源支撑结构。110千伏主干网分别以长岭变电站、红卫变电站、娘子关电厂为电源支撑点，形成3片网络供电方式。

1998年至2005年，相继建成投运了220千伏海落湾、温池、连庄变电站，阳泉电网实现了220千伏双环网供电方式（即长岭变电站—红卫变电站—阳光电厂—海落湾变电站—温池变电站—长岭变电站和长岭变电站—娘子关电厂—连庄变电站—红卫变电站—长岭变电站）。原110千伏环网被打开，分别接入220千伏变电站，形成220千伏变电站向110千伏变电站辐射型供电网络方式。

2005年至2010年，随着500千伏阳泉变电站建成投运，阳泉电网以500千伏阳泉变电站为中心，通过阳光电厂和6座220千伏变电站组成两个双环网（即500千伏阳泉站—连庄变电站—红卫变电站—长岭变电站—500千伏阳泉变电站；500千伏阳泉变电站—温池变电站—海落湾变电站—苏峪变电站—阳光电厂—红卫变电站—长岭变电站—500千伏阳泉变电站）的供电网架。110千伏变电站深入负荷中心，基本实现两路电源互为备用，形成辐射状供电方式。

500千伏阳泉变电站

（2）负荷管理

20世纪80至90年代初，阳泉电网负荷基本保持在17万千瓦左右。1993年开始，随着乡镇工业的崛起，一批中小型高耗能企业和阳泉铝厂陆续建成投产，至1997年，用电负荷猛增到43.5万千瓦。

1997年至2002年，阳煤集团自备电厂装机容量达10.6万千瓦，在正常情况下基本不用大电网供电，加之亚洲金融危机影响和产业结构调整，阳泉电网用电负荷持续出现负增长。

2003年，阳泉地方经济开始回升，停产的高耗能企业陆续重新开工，加之龙庄电石厂增容，阳煤兆丰铝厂投产，到2005年底最大负荷比2002年增长61.2%，达66.9万千瓦。

2007年开始的世界金融危机对阳泉市经济的影响逐渐显现，阳泉支柱产业和中小企业均受到较大影响。2008年下半年开始，用电负荷逐月下降，12月份仅有50.3万千瓦。至2009年下半年有所回升，12月达到64.9万千瓦。2010年，用电负荷快速增长，5月13日全市最大瞬时负荷达88.8万千瓦。但由于电煤供应和节能减排的原因，全市供电最大缺口达12万千瓦，出现了拉闸限电情况。

电力调度部门在负荷管理上的方法：一是在正常情况下，根据省电力公司下达的统配用电指标和地方小电厂的机组出力情况，结合各县（区）及大客户用电情况研究制定负荷分配方案，报市经贸委批准后执行；地调和县调严格控制本地区负荷，通过调度自动化系统显示的数据监视负荷情况；二是运行中发现临时缺电情况由地调通知县调或用户临时限电；三是在系统发生事故时，由地调根据事故情况按事故限电序位表指挥拉限、和用户加强沟通；四是电力供应紧张时或用电高峰时，按照“先避峰、后错峰、再限电、最后拉路”和“先生活、后生产”的原则，合理调配电力资源。

（3）电压管理

电压是电能质量的主要标志。阳泉供电分公司电压管理的模式是领导组下的专责人员负责制，生技部门设电压无功专责工程师，调度所负责电压合格率指标。

电压无功管理执行的标准是能源部1989年颁布的《电力系统电压和无功电力技术导则》，主要考核综合电压合格率。从1995年达“网标”开始，五个必备条件中“电压质量”为其中之一。随后开展的“达部标”“创一流”活动中，“电压质量”均被列为必备条件。

电压调整的主要手段是投入或停用无功补偿装置，以及调整变压器分接头。阳泉电网1995年以前只有1座220千伏长岭变电站，负荷大，供电半径长，所供的110千伏盂县秀水变电站110千伏母线最高电压仅104千伏；8座110千伏变电站就有3座是无载调压主变压器；35千伏变电站均为无载调压变压器，严重制约着调压能力。10千伏配电线路供电半径长，承载负荷大，线径小；配电变压器少，市区范围仅有60余个变台。1996年电压质量调查，不少城市居民用电高峰时电压仅140伏，低峰时只达150伏，引起用户不满。

1994年，市区西峪变电站由35千伏升压改造为110千伏，投入补偿电容器6000千乏；年底110千伏白羊墅变电站建成投运，投入补偿电容器8400千乏；1995年，盂县35千伏东宋变电站投入补偿电容器1200千乏。除增加补偿装置，增强调压能力外，在管理上，在110千伏变电站安装了电压越线报警器，提醒运行人员及时调整变压器接头；要求有载调压变电站每天调整变压器分头不少于10次；调度所每季度下达110千伏变电站10千伏母线电压运行曲线。

1997年至2002年，大规模城乡电网改造，各电压等级的变电站、线路建成投运，10千伏配电变压器、开闭所、线路大幅增加，保证电压质量从技术上成为可能。阳泉电网电源充足、电压较高。电压管理出现质的变化，从过去电压由低向高调转变为电压由高向低调，保证电压在合格范围内，电压合格率也由过去超下限转变为超上限。

为保证各级电压在合格范围，选定变电站母线作为阳泉电网电压监测点，实行动态管理，通过调度自动化系统遥测采集数据，按实时数据进行统计。2010年，阳泉电网共设16个电压监测点，电压监测点电压合格率为99.8%；城市电压监测点6个，城市电压合格率为99.94%，电压范围在9.9～10.7千伏。

（三）调度通信

微波调度通信始于20世纪90年代初。1991年，阳泉电网第一座微波站在狮脑山建成投运，该站是连接山西电网和华北电网第一条微波通信主干电路的通信枢纽站。从此，山西电网和华北电网微波通讯开通。

1995年，哈里斯程控交换系统代替纵横制交换机，阳泉电网通信技术由模拟时代进入数字程控时代。

1997年，阳泉电力调度至110千伏五渡变电站、220千伏连庄变电站至110千伏娘子关变电站至110千伏城西变电站架设起第一条光缆通道，中兴光纤传输技术在阳泉电网首次应用。

2008年，阳泉电力通信网络采用数字微波、音频电缆、华为SDH光纤通信、省主干光纤通信等多种传输手段和路由器、智能化PCM等多种交换、终端设备，使通信网更加完善。

2010年，农村电网各供电所采取软交换通信技术和数据通信业务，建成农电营销视频网、生产MIS网以及电源监控业务，这些业务均通过通信网络承载，通信网络技术得到广泛应用。

（四）调度自动化

调度自动化始于20世纪80年代时期。1990年调度自动化远动装置采用的是兆瓦Y-D/Z前台转发机和286后台机。经过运行发现有两大不足，一是转发装置功能不全，不能满足调度实用化要求；二是单机运行不可靠。鉴于上述原因，1991年对兆瓦Y-D/Z前台机进行改造，更换286后台机。经过对兆瓦Y-D/Z前台机扩容，使其从原只能接收16个厂站信息扩展为可接受24个厂站信息，并解决了传输数据周期长、实时数据刷新慢、遥信变位优先插入等问题，达到了实用化指标。后台机更换为两台386机，采用双机系统，一台运行，一台备用。1993年2月1日进行实用考核期，至7月31日已连续运行6个月，8月14日经省电力公司考核验收合格。

随着电网的发展，原微机系统在稳定性、准确性、可维护性等均不能满足自动化系统的要求。1995年安装VAX4200小型机，并对通信RTU进行改造，将电缆、载波、微波通道配成四线制。该系统采用WINDOWS用户界面，人机对话界面良好，操作方便，功能比较完善，1995年5月投入运行，8月份通过了省电力公司验收。

2000年开始进行调度自动化升级工作，更换模拟屏，全部软硬件按双服务器、双网络、双电源设计。2001年4月完成了新系统SCADA功能投运，9月份完成了新系统PAS功能调试，实现了状态估计、潮流计算、无功优化、负荷预报等高层运用。12月份将9座110千伏无人值守站接入新系统，使阳泉电网集控功能上了新台阶。

2007年至2008年进行了地区调度数据网建设，自动化主站、6座220千伏变电站、县（区）支公司数据网及二次安全防护系统投入运行。

2010年，实行了调控合一的电网运行新模式，自动化系统实现了实时信息分层显示。

第三节　用　电

一、用电结构

1949年始，阳泉市全社会用电始终由国民经济行业用电和城乡居民生活用电两部分构成。其中，行业用电在20世纪70至90年代统计分类为7类，即：农、林、牧、渔、水利，工业，地质普查与勘探业，建筑业，交通运输、邮政业、通讯业，商业、公共饮食、物资供销及仓储业，其他事业。进入21世纪，随着国民经济的发展，产业结构的调整，出现一些新兴产业，在统计分类上进行调整，增加了信息传输、计算机服务和软件业，金融、房地产、商务及居民服务，公共事业及管理组织。将地质普查与勘探业归入工业，取消了其他事业类目。

工业　在行业用电中，工业作为全市支柱产业，用电量一直占较大比重。1991年全市有用户4183户，用电设备容量61.45万千瓦，年用电量16亿千瓦小时，占全行业用电量的88%；1996年有用户4981户，用电设备容量92.52万千瓦，年用电量25.82亿千瓦小时，占行业用电量86%；2000年有用户7335户，用电设备容量80.7万千瓦，年用电量27.24亿千瓦小时，占行业用电量87%；2005年用电量49.89亿千瓦小时，占行业用电量92%；2010年有用户7046

户，用电设备容量305.77万千瓦，年用电量49.51亿千瓦小时，占行业用电量88.02%。

农林牧渔业　用电始于20世纪70年代。1991年全市有用户951户，用电设备容量13.85万千瓦，年用电量4823.91万千瓦小时，占全行业用电量的2.6%；1996年有用户560户，用电设备容量5.84万千瓦，年用电量1.6亿千瓦小时，占全行业用电量的5.5%；2000年有用户621户，用电设备容量8.9万千瓦，年用电量5162.18万千瓦小时，占全行业用电量的1.7%；2005年有用户618户，用电设备容量5.5万千瓦，年用电量3491万千瓦小时，占全行业用电量的0.65%；2010年有用户3102户，用电设备容量4.7万千瓦，年用电量4946万千瓦小时，占全行业用电量0.88%。

建筑业　用电始于20世纪60年代。1991年全市有用户56户，用电设备容量7420千瓦，年用电量113.86万千瓦小时，占全行业用电量0.06%；1996年有用户67户，用电设备容量4085千瓦，年用电量138.36万千瓦小时，占全行业用电量比重仍然很小。2000年有用户108户，用电设备容量4340千瓦，年用电量989.27万千瓦小时；2005年用电量1493万千瓦小时，占全行业用电量的0.28%；2010年有用户1414户，用电设备容量99543千瓦，年用电量7503万千瓦小时，占全行业用电量的1.33%。

交通运输 邮政业　用电始于20世纪50年代。1991年全市有用户77户，用电设备容量18.9万千瓦，年用电量1.4亿千瓦小时，占全行业用电量的7.7%；1996年有用户58个，用电设备容量5.12万千瓦，年用电量1.6亿千瓦小时，占全行业用电量的5.5%；2000年有用户117户，用电设备容量107820千瓦，年用电量1.7亿千瓦小时，占全行业用电量的5.9%；2005年用电量1.9亿千瓦小时，占全行业用电量的3.59%；2010年有用户404户，用电设备容量62.9万千瓦，年用电量2.19亿千瓦小时，占全社会用电量的3.9%。

商业 公共饮食 物资 仓储业　用电始于20世纪60年代。1991年全市有用户134户，用电设备容量8289千瓦，年用电量62.87万千瓦小时；1996年有用户122户，用电设备容量1483千瓦，年用电量116.74万千瓦小时；2000年有用户365户，用电设备容量2912千瓦，年用电量1188.26万千瓦小时；2005年用电量4893万千瓦小时，占全行业用电量0.91%；2010年有用户9791户，用电设备容量12.08万千瓦，年用电量10.1亿千瓦小时，占全行业用电量1.8%。

信息传输 计算机服务和软件业　2005年用电量1059万千瓦小时，占行业用电量的0.20%；2010年用电量2597万千瓦小时，占行业用电量的0.46%。

金融 房地产 商务及居民服务业　2005年用电量2288万千瓦小时，占行业用电量0.42%；2010年用电量8881万千瓦小时，占行业用电量1.58%。

公共事业及管理组织 2005年用电量6223万千瓦小时，占行业用电量1.16%，2010年用电量11426万千瓦小时，占行业用电量2.03%。

城乡居民生活用电 用电始于20世纪50年代。1996年全市有用户31823户，用电设备容量3.4万千瓦，年用电量1.17亿千瓦小时，占全社会用电量的3.5%；2000年有用户33050户，用电设备容量7.9万千瓦，年用电量1.42亿千瓦小时，占全社会用电量的4.5%；2005年有用户127279户，用电设备容量12.72万千瓦，年用电量1.88亿千瓦小时，占全社会用电量的3.38%；2010年有用户30.43万户，用电设备容量72.04万千瓦，年用电量3.83亿千瓦小时，占全社会用电量6.38%。

阳泉电网1995—2010年全社会用电量 最大负荷发展曲线图

图-7-1

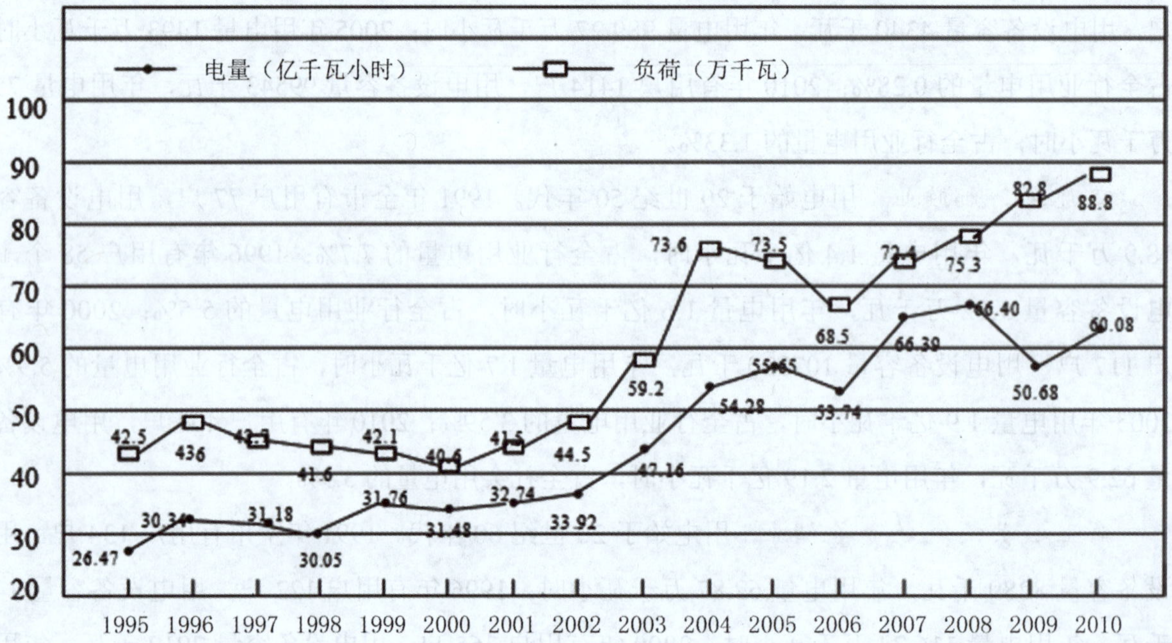

二、“三电”工作

20世纪80至90年代，阳泉市设置了以政府分管副市长担任组长的“三电”（计划用电、节约用电、安全用电）领导组，设置了以政府经济管理部门负责人担任主任的“三电”办公室，阳泉供电分公司的用电管理部门负责“三电”工作的日常业务。各县（区）也相应设置了“三电”领导工作机构。

1995年7月5日至6日，面对紧张的电力供需形势，召开了阳泉市“三电”工作会议，传达了山西省“三电”工作会议精神，回顾总结了阳泉市1988年后“三电”工作开展情况，研究了应对紧张供电形势的办法，安排部署了工作。

2000后年，随着电力体制改革的深化和政企职能分开，“三电”工作由政府经济部门承担。供电部门将用电工作中发现的问题及时向政府部门汇报沟通，取得支持和理解，完成政府部门交办的任务。

（一）计划用电

20世纪70年代至80年代，计划用电工作主要致力于两个方面：一是根据省电力公司下达的用电指标，结合阳泉市各县区、各行业用户的用电情况，分解下达，保障或限制用户的用电；二是运用行政或技术手段控制用户在指标范围内用电，达到“谁超限谁”“限电不拉路”的目标。

1991年至1995年，阳泉地区高耗能企业相继投产，电力供需矛盾突出，出现持续性缺电局面。电力供应成为生产企业安排生产生活的首要因素，形成“以电定产”的状况。市“三电”领导组下达超计划限电序位与事故拉路限电序位表，要求各县区、各企业严格按计划指标用电，“谁超限谁”。合理安排用电计划，按照“先避峰、后错峰、再限电、最后拉路”的原则，把避峰用电、错峰用电作为缓解用电紧张的主要措施。

1996年至2003年上半年，随着大电厂和企业自备电厂投产运营，加之经济结构调整，社会用电量下滑，电力供应出现了由缓和到富裕，供大于求的状况。供电部门采取扩大售电的多项措施，以完成计划用电指标。

2003年下半年开始，经济结构调整成效逐步显现，一批新型产业建成投产，电力需求旺盛，电力供应又进入紧缺阶段，形成“以发定用”的状况，持续到2008年三季度。此间，按照“总量平衡、强化预警、调控需求、保障安全”的工作思路，在做好负荷分析预测的基础上，合理安排用电计划、精心编制错、避峰预案，加强电力需求侧管理，监督检查用电计划落实。与用户签订计划用电协议，对用户用电负荷实行“四定”，即定企业、定设备、定容量、定用电时间。按照“先生活、后生产”的原则，合理调配电力资源。在分配用电指标时，先留足城乡居民生活用电指标，不因保工业而挤占居民生活用电。

2008年四季度开始至2010年，由于金融危机的影响，电力紧缺的状况逐步趋于缓和平稳阶段。

（二）节约用电

20世纪70年代至90年代，阳泉市节约用电工作主要通过产品单耗考核，加大功率因数调整电费和峰谷电价的执行力度等办法，引导用户自觉进行节约用电工作。1996年，为了缓解电力供需矛盾，市经委和市供电局联合下发《关于大力开展节约用电工作的通知》，在全市大力推广节电工作。当年推广节能灯具1万只，节电30万千瓦，直接经济效益达10多万元。1997年至2000年，由于用电形势好转，节约用电工作主要由企业自觉进行。

进入21世纪，提出开发与节约并重的能源方针，加强负荷控制管理，利用负控技术装置监察用户负荷，促使用户按计划用电。同时供电企业内部从抓线损入手，促进电网内部节约用电工作。

（三）安全用电

电力用户的安全用电工作，主要从两方面进行。一是对用户进网作业电工加强管理。1994年下发《阳泉市进网作业电工管理实施办法》，对进网作业电工的条件、学习培训、考核、发证等作出规定。每年坚持对电工进行培训，针对高压电工、低压电工、特种电工分别安排培训时间。培训结束进行严格考核，合格者方可发放电工证，允许进网作业，并每年进行复审。二是依法对用户的用电设备进行安全检查，建立健全用户设备档案台账。每年统一时间组织用户开展春季安全大检查，发现和消除设备缺陷。进入2000年后，针对煤矿和高危用户安全事故高发的特殊形势，在市政府的领导下，对供电区域内的煤矿及高危用户加强安全大检查，检查“四证”（采矿许可证、煤炭生产许可证、矿长资格证、工商营业执照）是否齐全，不全者停止供电。配合煤矿安全整顿，对各煤矿（重点是乡镇煤矿）的供电方式、供电设施、备用和保安电源全面清查，消除安全隐患，2005年省政府实施煤炭行业“三大战役”后，全面开展供电安全整顿。2006年对55座矿井采取了断电措施，组织用户开展了反事故应急演练，制定了事故情况下的应急供电方案。

三、电力营业

（一）电价

阳泉电网销售电价执行山西省电力公司转发的国家、省有关部门关于山西电网销售电价有关规定。

1. 目录电价

1976年至1991年，销售电价执行1976年水利电力部印发的《电、热价格表》。1993年，销售电价执行国家计委、电力工业部《关于印发〈山西电网电价表〉的通知》，废止了1976年《电、热价格表》。1994年，根据晋价重字〔1994〕22号文件，山西电网调价、平均加价幅度为每千瓦小时2.7分，中小化肥生产企业用电优待，居民生活用电价格不变。1996年，根据晋价工字〔1996〕111号文，山西电网调整电价，单价提高，没有特殊变化。1997年和2000年又分别对大工业电价、容需量电价作了调整，将三峡基金、城市附加费、电力建设资金并入基本电价。2002年，根据晋价管字〔2002〕330号文，城乡居民用电实行同网同价，并对总表计费的居民用户电价每千瓦小时折扣3分。2005年，为疏导电价矛盾，实施煤电价格联动，国家发改委发文调整了上网电价和销售电价。山西电网销售电价平均提高每千瓦小时2.32分。2006年，按照晋价商字〔2006〕195号文件，山西电网销售电价平均每千瓦小时提高2.81分。2008年，按照省物价局〔2008〕187号文件，从2008年7月1日起，将山西电网销售电价平均每千瓦小时提高2.9分。其中居民生活和化肥生产用电不作调整。2009年，按照国家发改委通知，从2009年11月20日起，山西电网销售电价平均每千瓦小时提高3.88分（含可再生能源电价附加），其中居民生活用电不作调整。

1993年山西省电网销售电价表

表-7-5

电价类别	电度电价（元/千瓦小时）			基本电价	
	不满1千伏	1～10千伏	35千伏及以上	最大需量（元/千瓦/月）	变压器容量（元/千伏安/月）
居民生活电价	0.220	0.210	0.210	—	—
非居民照明电价	0.298	0.288	0.288	—	—
非工业、普通工业电价	0.251	0.245	0.236	—	—
大工业电价	—	0.176	0.167	13.50	9.00
其中：电解烧碱、电石、 电炉黄磷、合成氨	—	0.166 0.156	0.157 0.147	13.50	9.00
农业生产电价	0.203	0.196	0.186	—	—
贫困县农业排灌电价	0.060	0.058	0.055	—	—

说明：以上电价自1993年4月1日起执行

2002年山西省电网销售电价表

表-7-6

电价类别	电度电价（元/千瓦小时）			基本电价			
	不满1千伏	1～10千伏	35千伏及以上	110千伏	220千伏及以上	最大需量（元/千瓦/月）	变压器容量（元/千伏安/月）
一、居民生活电价	0.465	0.455	—	—	—	—	—
二、非居民照明电价	0.513	0.503	0.503	—	—	—	—
三、商业电价	0.647	0.637	0.637	—	—	—	—
四、非工业、普通工业电价	0.409	0.399	0.389	—	—	—	—
其中：中、小化肥电价	0.345	0.335	0.325	—	—	—	—
五、大工业电价	—	0.289	0.274	0.264	0.259	21.000	14.000
其中：电炉铁合金、电解烧碱、合成氨、电炉钙、镁磷肥、电炉黄磷	—	0.276	0.261	0.251	0.246	21.000	14.000
电石	—	0.266	0.251	0.241	0.236	21.000	14.000
中、小化肥	—	0.248	0.233	0.223	0.218	21.000	14.000
六、农业生产用电	0.331	0.321	0.311	—	—	—	—
其中：非贫困县深井及高扬程农业排灌电价	0.271	—	—	—	—	—	—
七、贫困县农业排灌用电	0.180	0.175	0.170	—	—	—	—

说明：1. 表中所列价格，除贫困县农业排灌电价外，均含三峡工程建设基金每千瓦小时0.7分；

2. 表中所列价格，除农业生产、贫困县农业排灌外，均含城市公用事业附加费。具体标准：居民生活、非居民照明和商业电价每千瓦小时1分；非普工业电价每千瓦小时0.7分；大工业电价每千瓦小时0.5分（其中电炉铁合金、电解烧碱、合成氨、电炉钙镁磷肥、电炉黄磷、电石每千瓦小时0.4分）；

3. 根据《国家计委关于在“九五”期间继续征收电力建设基金的通知》（计交能〔1996〕583号）文件的规定，对已下放地方的国有重点煤炭企业生产用电、核工业铀扩散厂和堆化工厂生产用电价格，按表所列的分类电价每千瓦小时降低1.7分执行；农业排灌、抗洪救灾及原化工部发放许可证的氮肥、磷肥、钾肥、复合肥生产企业用电，按表所列分类电价每千瓦小时降低2分执行；

4. 年生产能力在10万吨以上的电解铝企业生产用电价格，在上表所列大工业电价的基础上每千瓦小时降低2.9分（含取消原电力建设基金2分）；

5. 农村果树灌溉用电执行上表所列农业生产用电价格；

6. 以上电价自2002年12月10日抄见电量执行

2008 年山西省电网销售电价表

表 -7-7

用电分类		电度电价（元/千瓦小时）					基本电价	
		不满1千伏	1~10千伏	35~110千伏以下	110~220千伏	220千伏及以上	最大需量（元/千瓦/月）	变压器容量（元/千伏安/月）
一、居民生活用电		0.467	0.457	—	—	—	—	—
二、一般工商业用电		0.650	0.635	0.625	—	—	—	—
其中：中、小化肥电价		0.404	0.394	0.384	—	—	—	—
三、大工业用电		—	0.406	0.391	0.381	0.376	37.50	25.00
其中	电解烧碱、合成氨、电炉黄磷	—	0.393	0.378	0.368	0.363	37.50	25.00
	电石	—	0.383	0.368	0.358	0.353	37.50	25.00
	中、小化肥	—	0.293	0.278	0.268	0.263	27.00	18.00
四、农业生产用电		0.357	0.347	0.337	—	—	—	—
其中	非贫困县深井及高扬程农业排灌电价	0.297	—	—	—	—	—	—
	贫困县农业排灌用电	0.206	0.201	0.196	—	—	—	—
五、趸售用电		0.288						

说明：1. 表中所列价格，除贫困县农业排灌电价外，均含三峡工程建设基金每千瓦小时 0.7 分；

2. 除农业生产、贫困县农业排灌用电外，均含城市公用事业附加费。具体标准：居民生活用电每千瓦小时 1 分，一般工商业用电每千瓦小时 0.8 分（其中：中小化肥用电每千瓦小时 0.7 分），大工业用电每千瓦小时 0.5 分（其中电炉铁合金、电解烧碱、合成氨、电炉钙镁磷肥、电炉黄磷、电石用电每千瓦小时 0.4 分；

3. 除农业生产用电外，均含可再生能源电价附加，具体标准：居民生活、中小化肥用电每千瓦小时 0.1 分；

4. 下放地方的原国有重点煤炭生产企业用电按表中工业用电价格执行，取消其农网还贷资金原每千瓦小时 1.7 分的优惠

2．峰谷电价

峰谷电价的执行始于 20 世纪 80 年代。1986 年，阳泉电网开始执行 1986 年省经委、财政、物价等部门联合下发的《关于试行峰谷电价的通知》。1992 年、1996 年，省有关部门先后以

晋价重字〔1992〕235号文和晋价工字〔1996〕106号文件，对峰谷电价办法进行修改，加大了峰谷价差，高峰电价在目录电价基础上上浮50%（商业服务业上浮60%），低谷电价在目录电价基础上下浮46.5%（商业服务业下浮57%）。峰谷时段全年固定为高峰、平段、低谷各8小时。以后随着基本电价的调整，峰谷电价也随之调整，但管理办法至2010年无变化。

3．功率因数调整电费

1983年水利电力部修订的《功率因数调整电费办法》一直沿用至2010年。该办法对160千伏安以上高压供电的工业用户和装有带负荷调整电压装置的电力用户以功率因数0.9为界限；对100千伏安以上电力用户和大中型电力排灌站以功率因数0.85为界限；100千伏安以上的农业用户以功率因数0.8为界限；小用户和居民用户不作规定。在执行中，对超过规定标准的给予奖励，对不达标准的予以处罚，以用户电费为基数进行调整。

4．农村综合电价

20世纪90年代初，农村用电电价仍执行目录电价加规定的维管费等。1994年2月起，按照晋价重字〔1994〕18号文件，农村开始执行分类综合电价。2002年，国家计委批复山西省城乡居民生活用电同网同价。统一后的电价为每千瓦小时0.475元，其中包括每千瓦小时5.6分的农村电网维护费。农村用电电价至2010年无变化。

5．优惠电价

1998年至1999年，阳泉和全省一样，用电量出现负增长。1999年6月，省经贸委、省电力局联合下发《电力优惠促销若干规定》，对符合国家产业政策的高耗能企业生产超基数用电量实行优惠；对居民生活用电实行阶梯电价，月用电量101至200千瓦小时电量优惠3分钱，2000千瓦小时以上优惠5分钱，电锅炉用电在非普电价基础上优惠5分钱。从1999年7月1日起执行。2000年4月30日作了调整，2003年9月8日停止执行。

（二）电费抄收

1．抄收方式

抄收方式始于20世纪50年代，至90年代初，阳泉电网电费一直实行手工抄表，向用户发放“抄表通知单”，告知交费时间和金额；收费以到用户现场走收和营业厅柜台坐收两种方式为主。随着经济的发展，电力用户急剧增加，传统收费方式已不能满足用户需要，1993年开始，与银行合作，对城镇居民用户电费收取改为供电部门抄表后先进行电费核算，审核无误后打印出电费发票并送至银行储蓄网点，由银行柜员收代扣电费。此后随着用电营业自动化系统建设，2001年市区支公司率先与工行、建行、农行下属的200多个网点实现计算机联网，营业区居民凭交费卡就近交电费或电话查询电费，改变了抄表员送单到户和居民定点交费方式。2006年，实现了全市范围内所有工行和建行的营业网点都能受理电费业务，保证居民电费正常交纳。2008年，IC卡表预付电费方式在居民用户中推广，在城区、开发区更换7000多块统一规格的IC卡表。2009年，在3个超市、2个社区，安装19台电费自助终端，方便市民交费和查询电费业务。2010年，进一步加强和金融机构合作，开通银联卡在自助电费终端交费功能。

2. 电费回收

电费回收在20世纪50至80年代不存在问题。1991至2010年间，影响电费回收的主要是工业企业用户。工业企业生产正常，销售好，回款快，电费就能按期交纳；反之，电费回收就困难重重。面对这种情况，供电部门从企业内部和外部两个方面先后采取多种措施，应对收费难的问题。从内部来讲，采取领导分片包干，分解电费回收指标，责任到人，出台电费回收奖惩办法；此后又将电费回收和经济责任制挂钩考核，发扬“三千”（千方百计、千辛万苦、千言万语）精神，调动员工收费积极性和责任性保证电费回收。从外部来讲，一是取得省、市有关部门领导的理解和支持，1994年，省经委、市经委领导亲自出面，召开欠费大户座谈会，制定电费回收10条规定，当年收回历年所欠电费1463万元。此后，市经委领导多次帮助协调电费问题。二是取得用户的理解和支持。多次召开用户座谈会，宣传电是商品、用电交费、欠费停电有关规定，使用户顾全大局，履行责任。三是采取付费售电、预付电费、电费储蓄等分期付款、收取保证金等措施，降低电费风险。四是结合用户经营情况以订金、质押、抵押、担保等形式与用户签订电费保证合同。对有条件的用户实行煤电、水电、铝电互抵的方式回笼资金，2001年回收互抵资金达9264万元。五是依法按程序催交电费。将用户交纳电费与计划用电指标挂钩，加大违约金的收取力度；依法按程序采取停电措施。

第四节 企业选介

一、阳泉供电分公司

1965年，阳泉供电局成立，既是企业，又代替地方政府行使管电职能。1989年6月，阳泉供电公司成立，保留阳泉供电局名称，一套机构两块牌子。1997年9月，阳泉供电公司改称阳泉供电分公司，保留阳泉供电局名称，隶属山西省电力公司（山西省电力工业局），是省电力公司所辖地区级供电企业和省电力公司委托的法人单位，生产经营活动归省公司统一领导。

2000年12月，随着山西省电力工业局（保留山西省电力公司）的撤销，阳泉供电局撤销，其代地方政府行使的管电职能消失。至2010年，阳泉供电分公司担负着阳泉市2县（平定县、盂县）3区（城区、矿区、郊区）供用电管理和电网建设任务。2010年底，有职工1313人；固定资产原值28.47亿元，净值15.64亿元；辖区面积4570平方千米，营业网点30个；供电人口136.92万人；全社会用电量60.08亿千瓦小时，最大用电负荷88.8万千瓦。

（一）电网建设

1978年至1990年，阳泉供电局投运35千伏及以上变压器32台，总容量57.6万千伏安，相当于1978年全市变电设备总容量的4.9倍。新建35千伏及以上线路407千米，相当于1978年全市输电线路的2.2倍。1978年，阳泉供电局年供电量6.42亿千瓦小时。1990年供电量17.64亿千瓦小时，为1978年的2.7倍，年均增长6.3%。

1991年至2002年，阳泉市供电量年均增长4.6%。为适应用电负荷增长需要，“九五”期间，阳泉市加大电网建设力度，建成110千伏变电站2座，220千伏变电站2座，主变压器总容量59.30万千伏安，110千伏及以上线路119.39千米，使电网结构不断完善，供电安全可靠性提高。2001年起，阳泉供电分公司开展城乡电网改造，多方筹集资金，更新改造城乡配电网络，提高供电能力，形成阳泉市220千伏变电站之间单环网供电，并向110千伏变电站辐射供电的新型供电网络。2002年，阳泉市有220千伏变电站3座，变电容量84万千伏安，输电线路413.13千米；110千伏变电站20座，变电容量150.31万千伏安，输电线路306.63千米，其中公用14座110千伏变电站全部实现无人值班；35千伏变电站62座，变电容量52.26万千伏安，输电线路447.08千米，其中公用17座35千伏变电站全部实现无人值班。

2002年至2010年，阳泉供电分公司适应社会经济形势，抓住电网改造与建设的机遇，电网建设步入快车道，实现了跨越式发展。先后建成500千伏变电站1座，主变压器2台，总容量200万千伏安；220千伏变电站3座，主变压器5台，总容量81万千伏安；110千伏变电站6座，主变压器13台，总容量58.7万千伏安；35千伏变电站2座，主变压器6台，总容量9万千伏安。建成220千伏线路11条；110千伏线路9条，长度94.11千米；35千伏线路4条，长度62.6千米。阳泉电网形成以500千伏变电站为中心，通过阳光电厂和6座220千伏变电站组成两个双环网的供电网架，实现了两路电源互为备用，110千伏变电站介入负荷中心，形成辐射型供电格局。

（二）管理工作

1978年中共十一届三中全会召开后，阳泉供电局着力扭转“十年动乱”给企业带来的危害，恢复生产正常秩序。1983年4月，按照中共中央、国务院《国营企业全面进行整顿的决定》和省电力工业局的部署，组织进行企业整顿工作，建章立制，狠抓管理，讲求效益，实行经济责任制。注重科技信息化建设，1984年开始推广应用计算机，1990年，全局拥有计算机32台，在生产管理、人事管理、用电管理等专业得到充分应用，通过省电力工业局实用化验收。

1987年实行局长负责制，开展达标升级活动。1988年推行目标管理。1990年，计量管理、档案管理分别达国家二级标准，物资管理经华北电管局验收认证为国家二级，阳泉供电局被省电力工业局授予先进单位称号。

1991年至2002年，阳泉供电分公司开展“上星级、创一流”活动，推进电网科技进步和可持续发展。设立集控中心站实时监控5个110千伏无人值守变电站，实现计算机远程监控和遥测、遥信等远动功能，电网调度实现自动化无纸办公和双通道通信，继电保护装置发展为微机型保护，电网综合自动化程度日益提高。加大设备整治力度，到1996年有8个变电站被命名为无渗漏站；1997年被省电力工业局命名为无渗漏企业。以经济效益为中心，组建大用户营业所，集中管理5000千伏安以上的用电大户。加强市场调查、分析、预测，运用峰谷差别和电力优惠政策等价格手段，开拓用电市场。全面推行内部模拟市场运作，进一步降低成本。以优质服务为宗旨，各营业窗口全部实行承诺服务，强化行风建设，取得良好的经济效益和社会效益。加强班组建设，1998年被华北电管局评为“班组建设先进单位”。1999年，220千伏海落湾变电站成为全省第一个达标投产变电站，并于2000年通过国家电力公司验收。1999年12月17日至2002年3月31日安全生产记录达836天。供电可靠率由1990年99.27%提高到2002年99.97%。售电量由1991年18.61亿千瓦小时提高到2002年的25.81亿千瓦小时。2002年，全员劳动生产率完成13.87万元/人·年，实现利税1770.78万元。1991年至2002年阳泉供电分公司共完成科技项目34项。

2002年至2010年，阳泉供电分公司紧跟电力体系改革步伐，以创建一流供电企业为目标，实施标准化、规范化、精细化管理，开展“基础管理年”活动和同业对标活动，提高企业管理水平。加快科技信息化建设步伐，充分运用数字信息化技术手段和装备，武装企业生产运行、检修、试验、营销、办公等各专业，提升企业现代化管理水平。以人为本，实施人才发展战略，建设人才队伍，创造有利于人才教育培养、人力资源开发、人才成长进步的良好环境，增强企业的发展后劲。加强精神文明建设，使企业建设发展得到有力支撑，加快现代公司建设步伐。

1998年，阳泉供电分公司被省精神文明建设委员会授予省级文明单位称号。2001年，被省委授予先进基层党委称号。2002年，被国家电力公司命名为“一流供电企业”和“双文明单位”。2003年，获山西省五一劳动奖状。2005年，被中央文明委命名为全国精神文明建设先进单位；被全国总工会、中央文明委命名为全国创建学习型组织先进单位。

1978—2010 年阳泉供电分公司生产经营指标完成情况表

表 -7-8

年份	生产指标			经营指标		
	供电量（亿千瓦小时）	售电量（亿千瓦小时）	线损率（%）	销售收入（亿元）	销售税金（万元）	售电平均单价（元/兆瓦时）
1978	6.09	5.77	5.25	0.42	627.44	71.01
1979	6.42	6.13	4.59	0.42	634.91	71.23
1980	6.99	6.75	3.52	0.46	694.3	70.66
1981	7.46	7.18	3.81	0.6	895.43	71.11
1982	8.35	8.07	3.32	0.81	271.24	71.70
1983	9.4187	9.1981	2.34	1.13	313.9	71.93
1984	10.44	10.13	2.93	1.36	528.9	73.37
1985	11.76	11.33	3.65	1.1	896.91	74.33
1986	13.30	12.81	3.69	1.06	1058.91	74.8
1987	14.68	14.15	3.59	1.22	1160.62	78.64
1988	15.66	15.12	3.46	1.38	1297.52	82.64
1989	16.61	16.02	3.52	1.74	1633.51	98.04
1990	17.64	17.02	3.5	2.25	2147.39	118.83
1991	19.30	18.61	3.54	2.54	2789	125.05
1992	21.02	20.20	3.88	3.25	3511	160.92
1993	22.92	22.03	3.89	4.46	4889	202.26
1994	24.39	23.46	3.82	5.56	2901	237.13
1995	25.96	24.96	3.86	7.92	3889.56	239.11
1996	29.84	28.70	3.81	7.74	4936	260.84
1997	30.70	29.56	3.70	8.3	6246	280.64
1998	25.99	25.05	3.60	7.23	5807	288.66
1999	26.25	25.30	3.6	7.21	5671	284.77

续表 -7-8

年份	生产指标			经营指标		
	供电量（亿千瓦小时）	售电量（亿千瓦小时）	线损率（%）	销售收入（亿元）	销售税金（万元）	售电平均单价（元/兆瓦时）
2000	25.58	24.65	3.60	10.76	5247.52	289.88
2001	26.46	25.70	3.60	7.49	5531	293.67
2002	26.80	25.81	3.70	7.75	5782	300.06
2003	37.10	35.66	3.89	11.03	7159	312.18
2004	44.86	43.08	3.95	14.56	8498	337.9
2005	45.58	44.15	3.14	18.57	8969.57	349.30
2006	43.66	41.94	3.95	16.83	9610	387.4
2007	44.67	42.94	3.88	19.8	11416	428.45
2008	45.49	44	3.29	22.27	7296.63	430.57
2009	34.52	33.21	3.80	15.29	9349	405.41
2010	42.56	40.51	4.80	18.17	10148.7	438.81

二、阳泉发电厂

民国27年（1938），侵占阳泉的日军为了加紧掠夺境内的煤铁资源，在改造正太铁路阳泉段的同时，于阳泉矿区菜（蔡）洼择址修建电厂。民国29年7月，从北京万寿山原盘端来瑞士产60赫650千瓦机组至阳泉发电。该厂供电最高负荷为2000千瓦，年发电量约为230万千瓦小时。民国36年阳泉建市至1955年，为独立电网时期。此间，太原和阳泉之间未建成统一电网；阳泉发电厂是境内唯一的电源点，也是山西三大主力电厂之一，对阳泉市的城市用电和工农业生产作出了巨大贡献。境内各业特别是煤炭工业发展迅猛，电力的供需矛盾突出。为此，中央燃料工业部于1955年底，决定太原—阳泉（以下简称太阳线）110千伏输电线路送电到阳泉马家坪变电站后，实现了阳泉发电厂与太原联网。与此同时，阳泉发电厂设计扩建规模为4机5炉，即4台全国产最大的1.2万千瓦汽轮发电机与5台65吨/时播散式链条炉。

1959年12月工程开工，第一台发电机组于1960年10月简易发电，1966年5月全部竣工；第二台发电机组于1970年12月完工投入运行。但因阳泉发电厂厂区狭小，布置拥挤，扩建4.8万千瓦以上机组需拆除大量已有建筑，经水电部批准，不再安装新的发电机组。这样，阳泉发电厂实际扩建规模即2×1.2万千瓦。发电机组投产后，由1.5万千伏安主变压器将阳泉发电厂6千伏电压升至35千伏，通过340、341、342出线进入马家坪变电站与系统并列运行，使阳泉发电厂由1949年底的小电厂、小机组、小电网发展成为大容量、大机组、大电网的保安电厂，具备了地区保安电源的特殊地位。阳泉发电厂部分年份年发电总量：1991年16029万千瓦小时，1994年14907万千瓦小时，1996年13948万千瓦小时。1999年，阳泉发电厂归属山西阳光发电有限责任公司。2002年，成立阳泉辰光热电有限责任公司，为山西阳光发电有限责任公司的二级公司。

三、娘子关发电厂

位于晋冀两省交界的娘子关下。石（家庄）太（原）铁路、阳（泉）井（陉）公路由其南北两翼通过，西距阳泉市39千米，东距河北省石家庄市84千米，是山西省第一个单机容量为10万千瓦的大型火力发电厂。

1958年开始选址，1966年2月由华北电力设计院开始设计，5月正式动工，1982年5月全部竣工。工程建设分两期进行，历时16载，共安装4台10万千瓦发电机组。其中，1号机组于1971年10月20日投运，这是山西省首台10万千瓦发电机组；2号机组于1975年12月30日投产发电；3号机组于1980年12月29日投产发电；4号机组于1982年9月13日投产发电。至此，娘子关发电厂总装机容量40万千瓦，日发电量900余万千瓦小时，成为20世纪80年代山西电网的4个主力电厂之一，也是华北电网的骨干电厂。在电厂内设有220千伏和110千伏升压站，各出5条输电线路，连接晋冀两省，将电流送往山西和京、津、唐地区。1990年，该厂固定资产原值为2.47亿元，累计发电达到304.06亿千瓦小时，实现产值17.97亿元，相当于国家投资的7.2倍。

娘子关发电厂于1990年后，先后实施循环水改造、三期灰场、除尘脱硫等一系列重点工程，发电量一直在高位运行。1991年年发电量256975万千瓦小时，1998年年发电量248860万千瓦小时，2003年年发电量达到了创纪录的286545万千瓦小时。2005年年发电量256985万千瓦小时，2008年年发电量147234万千瓦小时。

2008年6月，娘子关发电厂平定张庄厂址作为2台60万千瓦发电机组“上大压小”项目的可研补选厂址，取得水利主管部门、省级规划主管部门同意厂址选址的文件，土地预审手续上报国土资源部，与相关部门签订了供水协议，并取得燃料生产企业同意供应燃料的承诺文件。2009年娘子关发电厂停产待迁，至2010年底新厂的选址建设仍然在紧张地进行之中。

四、山西阳光发电有限责任公司

山西阳光发电有限责任公司（原名阳泉二电厂），位于平定县境内，与太旧高速公路相邻。该工程是国家“八五”计划期间重点建设项目，总装机容量为4台30万千瓦机组。1991年12月，国家能源投资公司和山西省计划委员会联合签署阳泉二电厂建设协议书，各自投资50%合资建设。1993年，国家计委批准建设。工程设计由山西省电力设计院负责，施工主要由山西省电建三公司承担，山西省电力科学研究院负责调试。

公司厂区

阳泉二电厂安装由东方汽轮机厂生产的N3000-16.7/537537/-4型亚临界、高中压合缸、双排气、一次再热、凝汽式汽轮机组，东方电机厂生产的QPSN-300-2-20型发电机各4台。1#、2#机组锅炉为东方锅炉厂生产的DG1025/18.2-II“W”型火焰、正压直吹式、亚临界、一次中间再热、自然循环锅炉；3#、4#机组锅炉为北京巴威锅炉厂生产的B & WB-1025/18.3M“W”型火焰、中储式、亚临界、一次中间再热、自然循环汽包炉。1993年12月25日工程正式开工，4台机组相继于1996年12月、1997年11月、1998年12月、1999年11月投产发电。1999年7月，山西国际电力集团有限公司（原山西省地方电力公司）与山西省电力公司按照9∶1的出资比例，在原阳泉二电厂的基础上，组建了山西阳光发电有限责任公司。2003年1月山西通宝能源股份有限公司转让山西国际电力集团有限公司所持阳光公司全部股权，成为阳光公司的控股股东。

山西阳光发电有限责任公司严格按照《中华人民共和国电力行业标准》的要求，对照国内一流火电企业的运行技术标准、工作标准、管理标准三大体系，打破原有电力企业运行的管理分专业的旧模式，全新的实施了机、电、炉三专业一体化，集控运行全能值班新模式。完善修订规程制度，健全运行记录运行分析，设置安全培训台账，强化对渗漏事故的监控，节能降耗，生产能力节节攀升。年发电量：1996年8073万千瓦小时，1998年31055万千瓦小时，2003年793618万千瓦小时，2004年843168万千瓦小时，2008年783988万千瓦小时。

山西阳光发电有限责任公司为国际电力集团有限公司控股的首家装机百万千瓦大型火力发电企业，国家一流火力发电厂，公司注册资本金为11亿元。2010年，年发电量742988万千瓦小时。公司多次被评为国家级一流火力发电厂和“无渗漏企业”及阳泉市年度纳税大户，获得山西省五一劳动奖状。

五、阳泉河坡发电有限责任公司

公司前身为阳泉河坡发电厂，位于阳泉市郊区河坡村南，近临石太铁路和307国道，交通十分便利。1988年，阳泉市人民政府经国家电力部批准开始筹建地方集资的阳泉河坡电厂，为其时山西省最大的集资办电项目。

第一期工程是2台5万千瓦机组，分别于1991年12月和1992年10月投产。20世纪90年代部分年份的发电量：1992年36011万千瓦小时，1994年57567万千瓦小时，1996年58900万千瓦小时，1998年53488万千瓦小时。1998年8月，阳泉河坡发电厂通过资产重组、规范改制，成立河坡发电有限公司。公司由格盟国际能源有限公司控股、阳泉市参股，注册资本金48879.28万元人民币，实行董事会领导下的总经理负责制，产权清晰，权责明确。

第二期工程是2台10万千瓦机组分别于2000年6月和12月投产发电。4台机组均为热电联产机组，年发电能力约为20亿千瓦小时，设计总供热能力为500万平方米。2000年后，公司面对电力市场竞争日趋激烈、煤源紧张和煤价上涨、环保任务突出等严峻形势，强化内控，挖潜降耗。2005年6月22日，投资1.6亿元的环保脱硫除尘改造工程正式开工建设。经过一年多时间的工程建设，2台5万千瓦机组脱硫工程于2006年12月28日顺利完成并正式投入运行，脱硫效率达到了90%，符合国家排放标准要求。2台10万千瓦机组脱硫工程也于2006年底投入运行。同时，投资358万元完成贮灰场加坝和配套工程建设，为实现阳泉的“碧水蓝天”、为电力行业的节能减排作出了积极的贡献。公司积极履行社会职责，承担阳泉市80%的集中供热任务，是阳泉市城市集中供热的第一个热源点，连续安全稳定运行，取得了明显的社会效益。2000年之后部分年份的发电量：2000年68147万千瓦小时，2003年211480万千瓦小时，2005年213079万千瓦小时，2010年192810万千瓦小时。

六、阳煤集团热电厂

阳煤集团热电厂包括第一热电厂、第二热电厂、第三热电厂，担负着集团公司的生产、生活用电和部分供热任务。第一热电厂地处矿区贵石沟，是阳煤集团第一座坑口自备电厂。1988

兆丰铝业公司自备电厂

年开工建设，1999年12月26日竣工投产，占地4.05万平方米、4台沸腾燃烧锅炉、3台6兆瓦抽凝汽式汽轮发电机组，装机容量18兆瓦，年设计发电量9700万千瓦小时，供热75万吉焦，供热面积约70万平方米；主要承担阳煤集团五矿地区生产、生活用电和供气供暖任务。由于产业结构调整的缘故，于2007年1月1日划归阳煤集团铝电集团管辖后关停。第二热电厂位于阳泉市区西南部边缘的一矿矸山上，距离市中心约15千米。始建于1993年5月，1997年6月竣工投产。原安装有4台沸腾燃烧锅炉、3台6兆瓦抽凝汽式汽轮发电机组，装机容量18兆瓦，年设计发电量9000万千瓦小时，供热89.6万吉焦，供热面积92万平方米。第二热电厂属于集团公司坑口自备电厂，主要承担阳煤集团一矿地区生产、生活用电和供气供暖任务。1999年11月26日，被山西省资源综合利用评审委员会认证为综合利用电厂，并于2002年6月18日通过ISO9001质量体系认证，2002年12月8日通过ISO4001环境体系认证。从2003年开始响应国家“上大压小”政策，组织实施垃圾发电项目的前期工作。第二热电厂为阳泉市转型跨越发展、打造综合绿色新能源发电集团的重要载体。2010年，通过派人外出调研考察，详细了解垃圾项目的相关政策、节能效益和发展趋势，形成考察调研报告申报阳泉市政府。第三热电厂位于阳泉市西北辛兴村、新景矿西侧，紧临太旧高速公路、石太铁路和307国道。始建于1995年，1997年10月27日一号机组正式并网发电，1998年9月23日二号机组正式并网发电。一期总装机容量为2×35兆瓦，年设计发电量4.2亿千瓦小时，年供热量1.81×106万吉焦，供热面积92万平方米。第三热电厂属于阳泉市热电联产集中供热的热源之一，担负着矿区382万平方米的供热面积。2003年12月14日启动60兆瓦机组的扩建项目。2004年7月，启动二期工程建设，总装机容量为1×60兆瓦，并于2006年12月正式投运生产。从2005年开始，先后投入5000余万元，对除尘脱硫设施进行改造，各项指标达到了国家的最新排放标准。2005年通过ISO9001质量体系认证和ISO4001环境体系认证。2009年8月1日冷凝热集中供热工程热泵站工程开工，至2010年3月17日6台冷凝热泵全部试运行且收效良好。

七、南煤集团煤矸石发电厂

南煤集团2×135兆瓦煤矸石发电厂位于平定县石门口乡西郊村。2006年2月19日国家发改委正式批准，9月3日开工建设，总投资14.8亿元，规划年发电量为17亿千瓦小时，由东北电业管理局第四工程队中标施工。南煤集团2×135兆瓦煤矸石发电厂于2008年正式建成投产发电。2009年南煤集团煤矸石发电厂易名南煤龙川发电公司，同年为解决阳泉市的集中供热问题上马龙川热源改造项目，为阳泉市的百项工程。工程总投资1亿元，供热面积520万平方米，工程包括首站建设和5.5千米管线敷设，从6月1日开工至11月1日竣工。该工程的建设不仅使龙川发电公司发电余热得到利用，而且可以增加公司2台机组的开机时间和发电小时。

第二章 冶金工业

第一节 钢铁工业

一、炼铁

土法炼铁 境内铁矿开采冶炼历史悠久。据《山海经》载，仇犹国（今盂县）“白马之山，其阳多玉，其阴多铁，多赤铜”，此为境内有关铁矿的最早文献记载。《隋书·百官书》载，北齐时在境内的原仇县（今盂县）已设置局丞，管理冶铁业。到宋代冶铁业兴隆。史载：“庆历二年(1042)河东铸大铁钱,太原境内五台、平定皆有铁冶”。另外境内盂县存宋宣和六年(1124)铸造的大铁钟亦可为冶铁业发达之明证。明代晋省冶铁州县共19处，境内平定州列于首位。清代冶铁业进一步发展：清咸丰四年（1854），平定州河底镇（今属郊区）设宝泉分局，开炉29座鼓铸铁钱，五年后因铁钱窒碍难行而停炉；同治九年（1870），平定州为晋省五大冶铁处，每日可产铁百余吨；光绪二十四年（1898），盂县牛村、白土坡、南流、赵家堖、清城等村有焖铁炉60余座，年产生铁4500余吨。

传统土法炼铁采用的是土制坩埚炼铁法。土坩埚为圆筒状，内径约0.2米，高约0.5米，由碾碎的耐火黏土做就。炼铁时，在坩埚内盛满碎铁矿石，然后入炉冶炼。炼炉分两种，即焖炉和铣炉。焖炉和铣炉配套使用，一般是一座焖炉配用两座铣炉。焖炉为长方体炉状，容积较大，所需炉温不高，其四面墙根按一定距离留有风道和风口，为自然通风；铣炉亦为长方体炉状，容积较小，所需炉温要高，有进风口，需人力供风。焖炉冶炼的是矿石，炼就的是一种海绵状的荒铁；铣炉则是将荒铁二度冶炼，使铁与矿渣分离，将铁液浇铸成型后使之成为成品生铁。境内平定县的维社、宁艾、冠庄，郊区的荫营、三泉，盂县的清城等地至今尚存冶铁遗址、遗物，有的用废弃的坩埚垒砌院墙、地堰，有的则堆积成山，俗称炉渣山。民国年间，境内土法炼铁呈衰退之势。以盂县为例，民国21年（1932）全县采铁矿石1.3万吨，产生铁2500吨；1949年全县采铁矿石仅600吨，生铁产量为335吨，仅有焖铁炉3座，炉壕20道。平定县也仅有少量采矿炼铁户，主要分布在县城附近及县境北部。

1949年以后，境内私营炼铁户多转为土铁联社，主要制作铁加工品。当时盂县的一些土铁联社仍有从事焖铁生产者，全县的生铁年产量达到4200余吨，但很快就出现颓势。1958年“大跃进”期间，全民动员，家家上山挖矿，村村土法炼铁，全市铁矿石年开采量达到12.88万吨，土法炼生铁2.1万吨，但多为次品劣质货。1959年全民性的大战钢铁运动停止，盲目采炼现象结束。此后，境内再未出现过土法炼铁。

高炉炼铁　境内采用高炉炼铁始于保晋铁厂。民国6年（1917），保晋公司召开股东会议决定筹建保晋铁厂，总投资为大洋70万元，其中开办资本50万元、营业资本20万元。保晋铁厂厂址在桃河北岸、平潭垴村东南，属于民资官办，为山西省最早采用近代先进技术设备的冶铁企业。首任厂长赵铁卿三赴日本，从大阪三洋铁厂购回日产20吨的炼铁炉及与其配套的热风炉全套设备。民国10年，保晋铁厂第一座高炉正式安装（容积为58立方米）。民国15年8月1日炼出第一炉铁，约3吨。为了表示纪念，厂方用其铸成一座两米多高的大鼎，并在鼎上镌刻了介绍铁厂创建和发展概况的铭文。保晋铁厂第一高炉投产后，分别在民国18年、民国21年、民国23年和民国25年进行了4次大修，使高炉有效容积增至70.58立方米，日产量达到35吨，年产量保持在4000～5000吨之间。民国15年至民国26年期间，生铁总产量4.89万吨。民国25年兴建第二座炼铁炉时，购置250马力汽风机1台，工程未竣工即爆发了日军侵华战争。

1921年时的保晋铁厂

阳泉沦陷后，保晋铁厂被日军强行接管，更名为山西军管理第三工厂阳泉制铁厂。日军劫夺阳泉铁厂之后，出于掠夺中国资源补偿战争巨额耗费的需要，对第二高炉继续投资建设，于民国31年（1942）建成投产。从此，高炉所用铁矿石由本地改用河北省磁山和宣化的铁矿。民国32年初，日方应付太平洋战争的颓势，陆军司令部急令阳泉制铁厂建设第三高炉，并于同年10月投产。是年，该厂生铁产量达到1.2万吨，翌年又增至1.9万吨。日军侵占阳泉8年间，共劫夺阳泉铁厂生铁5万余吨。

民国34年（1945）日本投降后，阎锡山派公营事业督理委员会接管阳泉制铁厂。其间，高炉设备遭到破坏，生产濒临崩溃。民国36年5月4日阳泉建市后，晋察冀军区对阳泉铁厂实行军事管制，并根据军区命令，将该厂的第二高炉全部设备拆卸，转移至晋冀鲁豫解放区的晋东南的故县，同时调去100余名技术工人帮助安装，建成故县铁厂（即今长治钢铁公司前身）支援全国的解放战争。民国37年2月复修后的阳泉铁厂第一高炉恢复生产，最高日产达31吨；之后二号高炉和三号高炉相继恢复并投产。1949年全市炼铁企业1个，年产生铁0.76万吨，铸铁管0.04万吨，铸铁锅12.66万口。

1958年是全市高炉炼铁发展的一个重要年份。这一年，阳泉铁厂在既无资金又无设备的情况下，以高炉大修费充资，采取“共产主义大协作”，以“放卫星”速度新建炼铁高炉4座，使该厂高炉增至7座，总容积达620立方米。此外，境内还有苇泊钢铁厂容积为15立方米的高炉1座，平定钢铁厂4立方米的小高炉4座，盂县桃园铁厂15立方米小高炉1座，晋盂钢铁厂50立方米的高炉2座，盂县五五铁业社6.5立方米的小高炉1座。1958年，全市炼铁企业达28个，年产生铁12.63万吨。1959年在全国小高炉生产竞赛中，平定钢铁厂获得二等奖，其代表出席了全国小高炉会议并受到朱德委员长的接见。

1958年阳泉铁厂新建的6号高炉

1960年后因连年遭灾，经济困难，基建战线缩短，企业进行关、停、并、转，职工精减下放，阳泉钢铁厂仅留2座高炉继续生产。到1962年，全市炼铁企业减至2个，年产生铁仅5.49万吨，分别为1958年的7.1%和43.5%。之后，通过贯彻“调整、巩固、充实、提高”的方针，全市炼铁业在困境中再度崛起，到1965年，全市炼铁企业回升至6个，年产生铁13.34万吨，锰铁798吨，年产量基本与1958年持平。

1966年至1976年，因受“文化大革命”影响，生产很不稳定，产量大幅度下跌。特别是受“派性”和“武斗”干扰最严重的1969年，全市生铁产量跌至4.84万吨，仅为1965年的36.28%。其间，一些在调整时期关闭的企业虽得以恢复，但发展缓慢，这些企业是：苇泊钢铁厂（1966年恢复生产），晋中盂县钢铁厂（1969年3月筹建），平定铁厂（1970年重建）。1971年10月30日阳钢在大修8号高炉时，自行设计改建成全国第一座无炉衬锰铁高炉并投产。

1977年以后，全市生铁厂家陆续采用新工艺、新技术、更新改造设备，炼铁生产稳步发展。1978年全市炼铁企业8个，年产生铁11.48万吨，锰铁3.77万吨。是年，阳泉钢铁厂完成四号高炉的改扩建工程，有效容积达186立方米，高炉由炉缸、炉腹汽化冷却逐步过渡到全身汽化冷却，而且实现斜桥上料，集中控制。1979年和1980年，阳泉钢铁厂铸造生铁和高炉锰铁分别获得山西省优质产品称号。1983年，晋盂钢铁厂55立方米高炉建成投产。1984年，盂县五五铁厂对28立方米高炉进行技术改造，用布袋除尘代替湿式除尘，用球式热风取代孔式热风，提高了产品质量，降低了能源消耗。1985年，阳泉钢铁厂余热利用节电工程竣工运行，3台高炉电风机由汽风机取代，既缓解了大气污染，又提高了经济效益。1990年全市有炼铁企业10个，年产生铁28.76万吨，锰铁6.3万吨，分别为1978年的1.25倍、2.51倍和1.56倍。

1990年后，阳泉钢铁公司实施了两项重要工程以增强企业的竞争活力。一是硅钙工程，于1990年10月筹建，1991年4月动工，1992年5月主体工程完工，总投资1750万元。1993年8月正式投产，生产品种为锰铁、硅锰合金，年生产能力分别为1万吨和6000吨，产品出口韩国和日本等国家和地区。1998年12月由于技术和资金方面的原因被迫停产。二是实施离心球墨铸管工程，于1992年筹建，设备由瑞典引进，总投资245万美元，包括3条铸管生产线，1条管配件生产线和大量机修辅助设备、备品、备件及管模等，年生产铸管及管体制配件能力为3.2万吨。离心球墨铸管工程经过两年多的设备安装调试，于1995年8月25日正式投产，至1996年10月停产，共生产4400余吨球墨铸管。

以阳泉钢铁公司为“龙头”的全市钢铁企业从“八五”开始把环保治理工作提至了议事日程上，做了大量具体实际工作，有效地遏制了废渣、废气、废水和烟尘对环境的污染。1993年阳泉钢铁公司制定实施《山西阳泉钢铁公司环境保护管理条例》，对 1 号高炉进行改造性大修；对 4 号高炉实施原料转动系统除尘工程和硅钙扩建工程电炉环保设施工程，经调试技术指标均达到了设计要求。1994 年，阳泉第一钢铁厂整治厂貌厂容，治理含氰污泥污水，投资 1200 余万元购买环保监测仪器和整修废水排放口。寻求高炉煤气干法除尘的成功之路，以根治含氰污泥污水对环境的污染。同时对高炉布袋除尘做了大量的工作，通过再次完善，改进设备，投入调试运行，当年高炉煤气排放次数和时间分别比上年降低了 51.24% 和 51.41%。1995 年，晋盂钢铁厂和平定县钢铁厂等在环保治理方面也相继真抓实干，办好事，办实事。实施除尘排污工程，使含氰废水直接外排中氰化物的排放量，由 1990 年的 10 吨，降到了 1995 年的不足 1 吨。1997 年，阳泉钢铁公司投资 93.46 万元对余热 3 号炉进行了改造，同时对 C400 风机进行了增量增压改造，使煤气的回收率和利用率得到了进一步的提高。同时投资 30 万元对氰污水处理设施的沉淀池系统进行了加固，使桃河断面氰化物浓度平均值降至 0.014 毫克 / 升。

这一时期不仅在环境治理方面成效显著，也是生铁产量稳中有升的最好时期之一。随着经济体制改革的不断深入及企业外部环境的有效改善，竞争意识逐渐渗透到企业内部；同时，韩庄、兴泉、白羊墅等一大批乡镇冶金企业相继兴起，促进了高炉炼铁业的进一步发展，年产生铁量呈增长之势。分别为：1991 年 28.24 万吨，1992 年 30.08 万吨，1993 年 41.29 万吨，1994 年 35.15 万吨，1995 年 33.76 万吨，1995 年 35.93 万吨，1997 年 32.78 万吨。

1998 年以后，阳泉传统的炼铁工业开始面临巨大的困难。由于中小冶金企业设备老化简陋、工艺落后、能耗较高、环境污染严重，国家政策明令开始加以限制的缘故，特别是大型企业阳泉钢铁公司的全面停产，全市生铁产量开始回落。分别为 1999 年 13.68 万吨、2000 年 12.67 万吨、2004 年 17.95 万吨、2005 年 18.55 万吨、2007 年 19.63 万吨、2008 年 6.66 万吨。2009 年全市年产生铁 4.11 万吨，仅为 1990 年产量的 14.29%。

二、炼钢

土法炼钢　境内土法炼钢之始无考。其方法主要包括炒制法、锻制法和灌钢法 3 种。炒钢与炒铁方法雷同。其程序一般是先将碎铁块置于坩埚内，然后将坩埚入长方体状底部铺就无烟煤的煅炉。接着点燃煅炉，用鼓风器鼓风，待炉温升高炉内生铁块熔化后，一边鼓风保持炉温，一边由炒钢工匠用铁棒搅动坩埚中的铁水（搅拌过程中部分碳元素在与空气接触中被氧化而减少），当熔化液搅成黏状时取出，经锻打成型，其含碳量减小到 0.5% ～ 2% 之间，即为成品钢；若炒得过火含碳量偏低，则成熟铁。用锻制法炼钢是以熟铁坯为原料，由工匠在煅炉中反复加热反复锻打炼制。通过加热使其与炭火接触，致含碳量增高；通过折叠锻打使杂物挤出，纯度提高。这样锻就的块状物俗称渗碳钢，其多用于制作刃器和机具。明末，境内工匠曾被官方强使打造兵器，说明其时土法炼钢技术已开始应用；至于民间用土钢制作锄、锹刃口的历史会更早。灌钢法亦为传统制钢方法。其是利用生铁含碳量高、熟铁含碳量低的特点，将熔化后的生铁液灌入熟铁液中，均衡成含碳量合乎要求的钢。这是一种较先进的土法制钢法，需要现代化的化验检测技术与之匹配。

土法炼钢在1958年全民大炼钢铁中被广泛采用。这一年炒炉、煅铁炉场在全市处处可见。以阳泉钢铁厂为例，该厂仅用7天的时间就在桃河木桥东侧的河滩内建起了近百座炒钢炉，利用电力鼓风进行生产，仅10月、11月两个月时间就生产炒钢997吨，其含碳量一般在1.7%左右。1960年后国民经济调整时期，随着炼钢转炉的使用，炒钢炉从此废弃，土法炼钢随之结束。

转炉炼钢 1958年秋，全市调动110个单位的5万余名职工、学生大战东垴湾，削山填河32万立方米，为阳泉铁厂开辟了3.6万平方米的建设炼钢车间的场地。阳泉铁厂动员全厂职工组织技术攻关，大搞小转炉炼钢试验，同年9月下旬第一座1.5吨转炉建成投产，且在不到两个月的时间内，就先后建成0.5吨至2.5吨的炼钢小转炉14座。1958年全市共生产钢3458吨，钢材2979吨。1959年，阳泉矿务局机修厂（矿务局机厂前身）建成1.5吨的电弧炼钢炉，并生产出第一炉45号碳素钢，年内共生产161吨。同年，盂县五五铁厂也建起了小型炼钢转炉并投产。1960年以后，阳泉市钢铁企业相继关闭停产。1963年全市仅生产钢728吨，钢材已成为空白。

1966年5月，阳泉钢铁厂与山西线材厂搞配套生产，重新上马转炉炼钢炼制钢锭，当年产钢锭575吨。1968年，阳泉钢铁厂炼钢车间新建3吨电弧炼钢炉，直接用矿石炼钢试炼成功，后因所需矿石品位高、耗电量大，成本显高，改用废钢件作原料炼钢。阳泉矿务局机修厂电弧炉炼钢于1966年恢复生产后，至1970年的5年间共产钢5322吨。1970年晋盂钢铁厂1.5吨炼钢侧吹转炉建成并投产。苇泊钢铁厂（后更名阳泉市第一钢铁厂）于1972年增加小型轧钢设备一套，年生产钢材2.5万吨。1978年，全市钢产量为0.32万吨，钢材4.82万吨。

1978年中共十一届三中全会以后，随着改革开放政策的全面实施，全市炼钢企业进入了一个新的振兴时期。1978年平定钢铁厂在技术改造的基础上，成功地进行了海绵铁电钢炉炼钢试验，炼出了第一炉蠕铁钢锭模，该产品获山西省1978年科研成果三等奖及冶金部颁发的奖状。“铁水粒化—固体脱碳—电炉炼钢技术”是山西省“七五”期间的一项重大科学技术开发项目，1986年10月由山西省冶金厅进行可行性论证后，1987年经省科委批准立项，确定由阳泉市第一钢铁厂进行工业性试验。由于北京科技大学、阳泉第一钢铁厂和阳泉钢铁公司等单位的通力协作，共同努力，该项试验于1990年获得成功，炼出14炉合格的Q55轻轨钢。1990年，全市钢产量为0.43万吨，钢材5.76万吨，铁合金达6.82万吨。

阳泉钢铁公司生产的主要产品走在了全省冶金行业的前列。铸造生铁，是阳钢的传统产品，符合GB-718-82国家标准，质量稳定，含硫磷低，块度适中，表面光洁，铸件成品率高，机械性能好，广泛适用于轻工、机械、军工等行业，为山西省和冶金工业部优质产品。高炉锰铁，产品符合GB4007-83的要求，化学成分稳定，杂质含量低，块度适宜，表面光洁，适用于炼钢作脱氧剂或合金剂，1981年被评为山西省优质产品称号。高碳锰铁，产品符合GB3795-87的要求，化学成分稳定，杂质少，品种齐全，块度均匀，表面光洁，质量达到国际标准，适用于炼钢作脱氧剂或合金剂，1985年被评为山西省优质产品，1986年起连续6年被评为冶金部优质产品。锰硅合金，产品符合GB4008-87的要求，成分稳定，含杂质低，块度适宜，表面光洁，广泛适用于炼钢作复合脱氧剂、合金剂，1990年被评为山西省优质产品。硅钙合金，产品是严格按GB3419-82组织生产的新产品，适用于炼钢作复合脱氧剂和铸造铁生产中作孕育剂。铸钢件，公司生产各种牌号的高锰钢铸件、碳素钢铸件、低合金钢铸件，其化学成分稳定，表面平整光洁，尺寸偏差小，机械性能好，抗拉强度、延伸率、冲击值、硬度等均达到国家标准。

1990年至1997年，阳泉钢铁公司、阳泉第一钢铁厂、晋盂钢铁公司和盂县五五铁厂等炼钢企业通过实施挖潜改造，产品产量趋于平稳运行。以全市钢材和铁合金的年产量为例：1992年分别为4.88万吨和6.65万吨；1993年分别为6.22万吨和5.27万吨；1994年分别为5.24万吨和6.50万吨；1995年分别为4.81万吨和6.80万吨；1996年分别为5.11万吨和10.25万吨；1997年分别为5.21万吨和2.89万吨。

1998年后，全市钢铁企业面临前所未有的困难。1999年阳泉钢铁公司全面停产，2003年正式破产。阳泉市第一钢铁厂经营遭遇诸多困难，效益一直下滑，直到难以维系，被迫于2000年停产，2005年实施对外承租后，企业易名中亚钢铁铸件有限公司，仍未能正常生产。2003年晋盂钢铁公司停产，2006年2月与河北帝华房地产开发有限公司合作成立阳泉帝华冶金工业股份有限公司，并于2007年5月恢复生产，亦未能正常生产。诸多钢铁企业的生产不正常不景气，同生铁生产量一样，钢产量亦呈下滑之势。部分年份全市钢材和铁合金的年产量：2002年分别为1.06万吨和1.83万吨，2003年分别为2.09万吨和0.87万吨，2004年分别为2.18万吨和1.08万吨，2005年分别为2.62万吨和1.13万吨，2006年分别为2.28万吨和1.28万吨，2007年分别为2.12万吨和0.92万吨，2008年分别为0.35万吨和0.74万吨。

三、加工

铸造 境内铸铁业历史悠久。据《盂县金石志略》载，县城隆福院大钟，铸于唐贞观元年（628）十二月（钟高0.6米，径宽0.53米，上8方下8齿，上下径相等）。《晋乘蒐略》载，北宋庆历二年（1042），境内平定始铸大铁钱。可见至迟在唐宋，境内就已有铸造业了，而且达到了一定的水平。此外，尚有盂县城三圣寺大铁钟，铸于宋宣和六年（1124）、平定县城钟楼巷的大铁钟（已遗失）铸于金代天德年间、盂县方山村清心寺的大铁钟铸于明代正德九年（1514）、平定县黄统岭寿圣寺的大铁钟铸于明万历三十七年（1609）等。至清代咸丰年间，铸铁业隆兴，户部在河底镇（今属郊区）设立宝泉分局，开炉29座鼓铸铁钱。

明清两代，铁铸器皿如铁锅、铁壶、铁炉条、铁犁铧等已广泛运用于日常生活和生产之中。光绪《平定州志》称"铁产州北诸山中，居民冶铁为主。凡日用器具，运货他方，甚利便之"。民国初期，境内铸铁产品日渐增多，年产铁锅达40余万口，主要产于盂县清城、平定东沟、荫营、三泉一带，产品行销山西、河南、河北、山东及东北各省。民国26年（1937）日军占领阳泉后，因战火连绵，铸造业生产萧条，到中华人民共和国成立的1949年，全市铁锅产量仅为12.66万口，铸铁管0.04万吨。

1949年以后，铸造业迅速恢复并发展。以铸铁锅为例，至1954年产量已达到45.01万口，基本恢复到民国初年的生产水平，且涌现出了任家峪铸锅厂和三泉铸锅厂等几个生产大厂。任家峪铸锅厂的"任"字牌铁锅系列产品以原料好、工艺精、质量高，在全国21个省（市）辟有销售市场。进入20世纪60年代以后，阳泉市铁业生产除保留传统产品铁锅外，一部分则转向生产铸管，主要产品有各种水管、煤气管、井壁管以及变压器管、自行车管、喷灌管等。主要生产厂家有市铸管厂和市钢管厂。至1965年，铸管年产量达到1.46万吨，铸锅年产量为119.42万口。铸管工艺不断革新，改平铸为卧铸、潮模为干模、木模为铁模，并使用铸管机、切管机、打压机等成套设备，改土法为液压立式铸造。1979年，任家峪铸锅厂的"任"字牌铁锅被轻工业部评为优质产品；三泉铸锅厂的"泉小锅"牌铁锅被评为全市十大名牌产品之一。之后，全市铸管的年生产量一直保持在2万吨上下，铸铁锅的产量一直稳定在100万口左右，历史最高年产量为1988年277万口。1990年，全市铸铁管产量为5.32万吨，铸铁锅年产量为139万口。

1990年至2000年，全市铸铁管年产量呈增长之势，1991年3.64万吨，1992年4.01万吨，1993年5.28万吨，1994年5.98万吨，1995年4.79万吨，1996年7.22万吨，1998年8.36万吨，

1999年7.33万吨；其间，开始生产铸铁暖气片并投放市场，年产量分别为：1992年3000吨，1993年3700吨，1994年1036吨，1995年3360吨，1996年1906吨。2000年后，全市铸铁管年产量开始出现回落，分别为2001年2.14万吨，2002年2.7万吨，2003年0.82万吨，2004年后停止生产。其间，工矿配件铸造年产量分别为：2001年5766吨，2002年7347吨，2003年5248吨。

铁制品　铁制品行业即五金制品行业，是由手工业熟铁行业发展起来的。远在明代嘉靖年间，当地所生产的锹、锄已掌握熟练的擦生工艺。到20世纪20年代，仅白泉村，就有锹行数十家。杨家庄专事锄板生产的有名作坊就有魁盛永、聚生祥等5家。盂县清城一带有制锄作坊19座，年产30万张（清城村就有5家锹坊，年产达10万余件）。熟铁行业的产品，工具五金以锄板、锹为主，日用五金以京钉、方钉、车川、车键为主。其中章召村（今属郊区）一带所产的蘑菇钉远销京、津一带，被钉鞋业冠以“京钉”美称。东村（今属郊区）所产车川、车键，装配木制大车车轮，经得起山路颠簸，长久不落，名闻晋、冀车行。杨家庄、清城等地所产擦生锄板，销路甚广，远销冀、鲁、豫及东北各省；所产铁锹则销售于山西、内蒙古、河北等省。1949年以后，由于木制大车逐渐为胶轮大车取代，京钉、方钉被机制圆钉、秋皮钉占领市场，遂于50年代后期被淘汰。杨家庄擦生锄板在60年代由手工转为半机械化、机械化生产，并一度振兴。后终因擦生工艺复杂，利润微薄，于1971年被迫转产。20世纪80年代，代之而起的五金产品有梅花套筒扳手、机制铁锹、电焊钳及机制铁钉等。1990年，市二轻直属企业的五金制品工业分为日用五金和工具五金2个行业6个厂家。1990年后，全市五金和工具5个厂家相继破产，其中，阳泉市纤维木板厂1999年破产重组为阳泉市高频焊管有限公司，主要生产低压流体输送用管、变压器管、自行车管、钢木家具管等5个品种、100余个规格。2010年公司资产总额4186万元。

阳泉铁锅销往境外（1961年）

第二节 电解铝工业

阳泉有丰富优质的铝矾土矿藏，但与冶铁业的发端相比较冶铝业的起步要晚得多。1966年，在市区东白羊墅择址兴建阳泉铝氧厂，为境内冶铝生产之始。20世纪70年代末阳泉铝氧厂氧化铝生产线投产，由于技术不过关效率低下，时关时停生产很不正常，年氧化铝产量在1～5万吨左右徘徊。在计划经济向市场经济转转型之际，阳泉市政府自筹资金，于1988年12月5日，在阳泉铝氧厂建成第一期6000吨电解铝生产线，并于1990年1月25日正式投产，当年全市电解铝产量为0.55万吨。1992年5月16日，第二期6000吨电解铝生产线开工建设并于当年投产。1994年，阳泉矿务局和香港莫兆记企业有限公司合作成立了山西兆丰铝冶有限公司，并在五矿贵石沟筹建氧化铝生产线，于1996年正式投产。1995年5月18日，阳泉铝业股份有限公司第三期1.8万吨电解铝生产线开工建设，并于1996年6月18日投产。第三期1.8万吨电解铝生产线及电解工艺采用65千伏旁插电解槽共20台，工程主要包括电解车间、配电所、整流所、氧化铝贮仓、化验楼、锅炉房、磨棒间等，总建筑面积2.49万平方米，总投资1.99亿元。1995年，全市电解铝产量为1.47万吨，为1990年的2.67倍。

1996年4月阳泉铝氧厂正式挂牌成立有限公司，公司占地面积20万平方米，固定资产3.4亿元，总资产4.6亿元。1996年至1998年，阳泉铝业股份有限公司相继建成了铝型材生产线、阳极糊生产线、电工圆铝杆生产线。从而形成了年产3万吨电解铝、5000吨铝型材、7000吨阳极糊、1.2万吨电工圆铝杆的综合有色冶铝加工企业。阳泉铝业股份有限公司1993至1998年的6年期间，共实现利税5353.78万元，成为阳泉市的利税大户。1998年，全市电解铝产量为3.59万吨，为1995年的3.07倍。

2001年11月8日，阳煤集团氧化铝厂动工兴建10万吨电解铝项目，于2003年底全部建成。该项目全部采用国际先进的240KA大型预焙阳极电解槽，电解效率达到93%～95%，具有投资少、效率高、污染低等特点。2002年，阳泉铝业股份有限公司根据国家关停5万吨以下电解铝生产企业的有关文件精神，决定对阳铝进行技术改造，并把电解铝二系列改扩建作为重头戏。在整个改扩建过程中，公司始终坚持以发展为第一要务，组织全体员工夜以继日、全方位立体交叉作业，仅用130余天的时间，创下了最短时间完成同类项目之最、用最小的先期投入完成项目之最，两个国内同行之最的纪录。电解铝二系列改扩建工程于当年9月19日投产，竣工后的年电解铝生产能力达到了10万吨。2003年，全市电解铝产量9.61万吨，为1996年的6.54倍。2005年，全市电解铝产量首次突破10万吨大关，达到11.72万吨。

2006年10月，阳煤集团氧化铝厂（氧化铝筹建处）与煤矸石自备电厂合并重组为山西兆丰铝电股份公司。公司主要生产重熔铝锭、电工圆铝杆、铝棒，其中“兆丰”牌重熔铝锭为山西省优质产品和名牌产品，畅销全国各地。2007年8月1日，山西兆丰铝电股份公司一期技改高精铝板带铸轧项目开工建设，并配套13万吨电解铝工程，总投资达13.32亿元。2008年，阳泉铝业股份有限公司不断推进品牌战略，加强了“白羊”“奋飞”“保福禄”等商标的管理工作，努力提高产品质量，使“白羊”铝锭产品优等合格率达到了100%，连续16年经国家轻金属监督检验中心抽检合格，并且赢得了用户的一致好评。当年公司生产的“白羊”铝锭产品商标被国家工商行政管理总局认定为“中国驰名商标”，实现了阳泉市中国驰名商标零的突破。与此同时，阳泉铝业股份有限公司和山西兆丰铝电股份公司利用电解铝生产线改造的机遇，加大了烟尘治理，全部实现了达标排放。2008年，全市电解铝产量达到14.95万吨，创历史最高纪录。2009年，山西兆丰铝电股份公司二期电解铝工程完工，年产能达到了25万吨，该企业也由此进入山西百强企业行列。

2010年，受国际金融市场的影响，加之原材料涨价，全市电解铝产量开始出现回落，当年产量13.69万吨，为2008年的91.57%。

第三节 铝矾土工业

一、矿藏分布

铝矾黏土矿是境内主要的矿产之一，其大致沿阳（泉）盂（县）公路和阳（泉）长（治）公路两侧呈带状分布。南起平定县的张庄和锁簧，经郊区的荫营和河底，北至盂县南部的土塔一带，断续延伸约50千米，分布面积达200平方千米，保有储量7.1亿吨。境内共有大型铝土矿床9处，中型矿床9处，小型矿床2处，铝土、黏土矿点25处，铝土、黏土共生矿点19处，为山西省重要的铝黏土矿原料基地。

铝矾黏土矿质量优良，埋藏浅，易于开采，矿层最大厚度约24.3米，平均厚度为5.7米，矿体上部覆盖岩层一般不厚，多在50米以内，且均位于地下水面以上，故水文地质条件简单，在采剥过程中，不可能有水害。

铝矾黏土矿的主要类型是高铝矾土，也有硬质黏土、半软质黏土和一定数量的铁矾石。高铝黏土的有益成分是三氧化二铝，主要有害成分为氧化钙。在高铝矿层中，一般上部氧化铝含量较低，下部氧化铝含量较高，且多为致密块状之特级、一级高铝黏土。氧化铁含量随氧化铝增高而增高，多以结核状出现。氧化钙多以皮膜状出现于矿石裂隙之中。境内的铝土矿以含铝量高、有害杂质低、碱金属氧化物含量低为主要特点。

二、开采

境内铝矾黏土矿的开采最早出现于20世纪50年代初期。当时生产工具非常简单，生产方式也很原始，一般用镐刨土，撬棍挖石，耙子簸箕装矿，毛驴排车拉运。开采矿区主要在郊区的小河村、白羊墅村和五渡村一带，且只开采露头矿。村民多三五组合，选采矿点，就地开采，就地煅烧加工。在铝黏土矿表层覆盖较厚的地方，一般采用竖井或斜井穿透岩土层后在井下采矿。这种采矿方法，对设备的要求较高，在设备不到位的情况下采矿，危险性就比较大。此方法在郊区、平定县、盂县一些铝土矿蕴藏量丰富的乡镇至80年代还一直沿用。90年代，随着采掘机械化水平的不断提高，土法开采被逐步淡出并淘汰。

机械开采　机械开采主要用于露天矿山。从20世纪60年代开始在阳泉铝矾土矿的太湖石矿区、红土坡矿区、青岩底矿区陆续使用。机械开采一般分三步进行：第一步是矿山剥离。即用穿孔机先打爆破孔进行松动爆破，尔后用电铲挖土，由载重汽车将土和岩石拉运至排土场。第二步是清顶。这是在矿山剥离中，为了保护矿层，有意留下一定厚度的岩层（一般厚度在0.5～1米左右），采矿前要将矿层上部残留的岩土清除掉。第三步是采矿。在开采过程中，边采边选，工人既是采矿工又是选矿工，效率较低。所采矿石品种齐全，有高铝黏土、硬质黏土、半软质黏土、铝土矿和铁矾土5种。机械开采的普遍使用始于90年代中后期。大型的采掘机械不仅在阳泉铝矾土矿这样的大型国有企业使用，而且一些遍布农村的规模较小的采区也都开始使用，皆为露天开采，老百姓称之为“挖山”，开采量也随之大幅攀升。2000年，全市用于铝矾土矿石开采的大型的采掘机械有100多台（件），2005年猛增至500多台（件），2010年突破1000多台（件）。机械开采带来的资源浪费和环境破坏等负面的影响凸显。

三、煅烧

土窑煅烧　土法煅烧始于20世纪50年代初期的郊区小河、白家庄等村。它是一种比较原始的生产方式，一般是采矿与煅烧同地进行，即在采矿场附近，选择合适的地形，挖坑煅烧。生料的运输距离较短，工人既是采矿工，又是煅烧工。土法煅烧在70年代的郊区、平定县和盂县农村仍有沿用，至80年代后期基本绝迹。

土炉煅烧　土炉建造须选择一个合适的坡地地形，在坡地上挖10米×10米左右的簸箕形的坑（其大小可按需要容量确定），口顺坡，最深处约5米，三面砌石，名烧窖，其规格容量一般为100吨、150吨或200吨，也有更大的。煅烧工艺第一步装窖。炉子建成后，选用大块顽石铺底，因为耐火材料的有害元素是钙，故忌用石灰石。铺底时要留有通风火道，用以点火通风。第二步用大块无烟块煤密集铺在窖底，底炭的多少随窖的容量大小而定，一般为0.5米厚。第三步是装料，按分段煅烧的原则，在底炭上装一定品级的矾石生料，装料时是一层炭一层料。装料上炭时，窖边加大块，中间布花炭，炭量依矿石品级不同而增减，品级愈高，布炭愈多。第四步是封顶。窖装至高出地表，堆成锥形，在矿石表面盖上小块煤和碎石混合物，将窖顶封好。第五步是封炉口。炉口与底部的点火口相通，一般用大块矿石封口。点火煅烧时在点火口用干木材点火，自然通风。点着后的炉子昼夜不灭，从炉底一直烧到炉边、炉顶，直至矾石塌下，原来的锥形成了平的或凹坑。煅烧完成后，再保留一段时间降温，即可取出成品。出窖与选料，首先将没有烧好的红皮块放至一旁待烧，然后将烧就的熟料推至炉外场地，由专人挑选，将杂质、成品（又分级别）分别堆放。土炉煅烧由于产能落后，至20世纪80年代中期已基本被回转窑煅烧取代，至90年代中后期绝迹。

高炉煅烧　高炉煅烧为竖直煅烧，连续装、连续烧、连续出。境内第一座高炉是阳泉铝矾土矿于1955年建于王垅村口的小高炉。该炉用砖砌，圆形，中空，下部较粗，上部较细，形如酒瓶，入炉煅烧的原料是块状的生矿石，燃料为无烟块煤。1964年，阳泉铝矾土矿曾在红土坡矿区附近的小河口建高炉4座进行生产。1977年，该矿在太湖石矿区建成容积为90立方米的境内第一座机械化竖窑。其有效高度为17.5米，原料为30～50毫米的高铝生料块，燃料为重油。因用重油煅烧高铝矾土设计上存在很多问题，工艺技术上也不过关，经多次试验不成功，故未正式投产。

回转窑煅烧　1977年由冶金工业部投资，用重油作燃料的回转窑，在阳泉铝矾土矿建成并一次试产成功。回转窑的规格为直径3米，煅烧带为3.6米，长度为60米，斜度3.5%，转速为0.7～1.5转/分钟。回转窑可用两种方法煅烧：一是用5～35毫米的块状矿石直接煅烧的块法生产线；二是粉矿成球后进窑煅烧的球法生产线。回转窑投产后，产量稳步增长，到1985年超过设计水平7.2万吨/年，实际完成7.5万吨/年。由于煅烧温度高，烧结完全，产品质量稳中有升。其中高铝特级、一级熟料于1982年双双获省优质产品称号。1985年特级熟料获冶金部优质产品称号，产品畅销美、英、德、意、日等国。至20世纪90年代，铝矾土矿石的主要煅烧仍以回转窑煅烧为主。2000年后，回转窑煅烧在淘汰落后产能中逐步绝迹。

管状回转窑煅烧　大型管状回转窑被用于烧结铝土矿石始于20世纪90年代末期，2005

年后已被“上大压小”整合之后的铝矾土加工企业广泛使用。同时在氧化铝生产中用它烧结铝土矿，也用以煅烧氢氧化铝。大型管状回转窑的长度达191.5米，直径达5.8米，用重油、天然气或粉煤做燃料。为了增加物料在烧结和煅烧带的停留时间，而将窑的直径制造得大些，这种窑的生产率和同样长度的直径不变的窑生产率相比较，可提高30%，节约10%～12%的燃料，并且改善了产品的质量。大型管状回转窑的生产率主要决定于供给物料的热量，其值与传热面积和气体与物料间的平均温度差成比例。用离心泵（或活塞泵）在12个大气压下，经由喷嘴将生料浆雾化喷入（烧结铝土矿炉料时）或注入（烧结霞石炉料时）窑内烧结。用排风机将天然气燃烧所需的空气经过冷却机吸入窑内。炉箅式冷却机冷却烧结块时，吸入了两倍于所需二次风的冷空气，这些空气可达到的最高温度（600℃～700℃）。由回转窑中出来的温度为1000℃的烧结块在冷却机中被冷却到75℃。在圆筒冷却机中空气冷却烧结块（然后将空气加入窑中），同时在冷却机的外表面上以水淋的方式进行冷却。采用大型管状回转窑烧结铝土矿石，从而提高了回转窑的生产率，并获得了较纯的产品，具有极好的应用前景。至2010年全市烧结铝土矿石已百分之百采用管状回转窑煅烧，既节省能源减少排污，又提高了经济效益。

四、耐火材料

1949年之前，境内虽然有丰富的高铝黏土资源，但加工为耐火材料基本是空白。民国初年开办的保晋铁厂，其炼铁炉所用的高温耐火砖也都是漂洋渡海由日本进口的。之后，在保晋铁厂开始加工生产耐火砖，但主要供厂内使用。1949年，在今郊区平潭垴村建了窑业厂（即市第一耐火材料厂的前身），为境内最早的耐火材料厂家。1953年，平定县的岩会、石门口、大峪等村先后建耐火材料厂社。1954年在今郊区荫营建耐火材料厂（金桥第一耐火材料厂的前身）。当时生产设备落后，多系土法煅烧，手工操作，主要产品为普通黏土耐火砖、耐火管等。1954年，全市耐火砖产量为0.81万吨，煅烧耐火熟料2.29万吨。

耐火材料工业的发展出现在20世纪70年代初期。国内大规模的经济建设，特别是冶金工业的发展，需要多品种、多规格的耐火成型材料，所以，境内一些资源丰富的社队便排除干扰，就地取材，办厂加工耐火材料。这些耐火厂家当初都不同程度地受过“重副轻农”的所谓“批判”，但多数还是顽强地生存下来了。1972年全市耐火材料厂家发展至34个，年产耐火砖3.6万吨，煅烧耐火熟料11.46万吨。进入80年代后，在平定县的城关、锁簧、岩会、巨城、岔口、石门口，盂县的城关、清城、下曹，郊区的荫营、河底、三郊、杨家庄、李家庄等地，逐步形成了以耐火材料为主的工业小区，经过改革开放，横向联合，给企业注入了新的活力。1982年，全市耐火材料厂家达64个，耐火砖年产量5.68万吨，年煅烧耐火熟料9.99万吨。

20世纪80年代中后期，是耐火材料工业发展的关键时期。通过企业整顿，经营承包，更新设备，引进技术人才，产品质量和产量均创历史最好水平。耐火材料产品延伸至3大类19个品种，分别为：高铝质制品，包括一般高铝砖、高炉用高铝砖、热风炉用高铝砖、炼钢电炉顶用高铝砖、盛钢桶用高铝质衬砖、铸钢用高铝质耐火砖、高铝质熟料骨粉、高铝质熟料细粉；黏土质制品，包括高炉用黏土砖、黏土质耐火砖、热风炉内黏土质耐火砖、玻璃窑用大型黏土质耐火砖、盛钢桶用黏土质衬砖、盛钢桶内铸钢用黏土质耐火砖、生黏土细粉、鸿沟铸用黏土质耐火砖；硅酸铝耐火纤维制品，包括硅酸铝耐火纤维（原棉）、硅酸铝耐火纤维制品（毡和各种异形制品）、高温结合剂等。其中获部优的产品：高铝矾土熟料（阳泉铝矾土矿，1985年）、铝镁砖（平定县巨城第二耐火厂，1989年）、炼钢电炉顶用高铝砖（郊区下千亩坪耐火厂，1990年）；获省优的产品：一级高铝矾土熟料（阳泉铝矾土矿，1982年）、高铝砖（郊区上烟耐火厂，1984年）、烧钢电炉顶用高铝砖（郊区下千亩坪耐火厂，1986年）、黏土质耐火砖（郊区后沟耐火厂，1986年）、铝镁砖（平定县巨城第二耐火厂，1987年）、高铝质耐火砖（郊区王垅耐火厂，1987年）、铝镁质耐火浇注料和一级高铝矾土熟料（阳泉铝矾土矿，1988年）、高铝砖（郊区上烟耐火厂，1988年）、耐酸瓷砖（平定县耐火材料厂，1988年）、镁铝砖（平定县巨城第二耐火厂，1988年）、焦炉用硅砖（盂县西小坪硅砖厂，1988年）、高密度黏土砖（盂县南娄乡耐火厂，1988年）、铝镁砖（平定县巨城第二耐火厂，1989年）、磨料青钢玉（阳泉铝矾土矿，1990年）、热风炉用高铝砖（郊区下千亩坪耐火厂，1990年）。产品畅销国内22个省市自治区及美、意、德、日十数个国家和地区。1990年，全市耐火材料厂家发展至142个，耐火砖产量43.6万吨，煅烧耐火熟料132.2万吨。

20世纪90年代，经历了改革开放激烈的市场竞争的耐火材料工业，产业结构不断优化，产品质量逐渐提高，经济效益日益攀升。在全国率先对耐火行业进行了整体环保综合改造治理，淘汰了落后生产工艺和落后生产设备，全市境内开始淘汰污染严重的烟筒窑，累计推倒了500多座烟筒，改造烟筒窑为比较先进的倒烟窑，耐火生产能力大大提高，形成了以荫营耐火城为中心的全国四大耐火生产基地之一。主要产品有普通黏土、高铝砖、硅砖、镁砖、轻质砖等。截至1999年，全市年销售收入在500万元以上的耐火材料企业已有29个，产量达到了236.1万吨，年实现工业总产值3亿元，销售收入2亿元。

2000年之后即“十五”和“十一五”时期，是耐火材料产业发展的鼎盛时期。“十五”期间，随着全国钢铁和焦炭市场的好转，对耐火材料需求量大幅增加。全市耐火行业与时俱进实施大规模的技术改造，在全国率先对耐火行业进行了整体环保综合改造治理，加大了淘汰落后生产工艺和落后生产设备和力度，实施了“变烧煤为烧气、变人工控温为电子控温、变倒烟窑为隧道窑”的“三变”工艺革命，全力推进耐火材料产业向绿色环保、清洁生产、节能高效方向发展，取得了显著成效。全市累计推倒了1000多座污染严重的“蒙古包”即倒烟窑，建成100多条工艺先进的隧道窑，吨耐火砖消耗煤炭由过去的1吨下降为0.4吨，劳动强度大大降低，经济效益显著提高，环境污染明显减轻。同时，实施了西小坪耐火公司年产4万吨不定型耐火材料、年产6万吨高密度硅砖，耀森耐火公司10万吨高铝砖，南娄工业集团20万吨特种耐火材料，恒誉窑业工业公司、华岭耐火公司等一批耐火企业的异地改造项目进入白泉工业园。随着这些项目的相继投产，使全市耐火行业的整体实力明显增强。产成品率明显提高，能源消耗同步下降。耐火产成品率由原来的75%左右提高到90%以上，其中，西小坪耐火材料公司和华岭耐火材料公司的产成品率达到97%以上。吨砖平均煤耗下降了40%，其中，硅砖由1吨下降到0.6吨，高铝砖由0.7吨下降到0.4吨，黏土砖由0.6吨下降到0.3吨。全市耐火材料生产能力大大提高，年生产能力达到了200万吨以上。到2004年底，全市规模以上耐火企业产品产量从2000年的33.31万吨增加到60.14万吨，年均增幅16.2%。

“十一五”期间，全市已经形成以西小坪耐火材料公司为龙头企业，西小坪耐火材料工业园、白泉工业园窑沟耐火区、巨城耐火工业区等3个耐火工业园区；产品有硅砖、高铝砖、黏土砖、不定型耐火材料等8个系列、100多个品种，并远销欧洲、东南亚各地。到2010年，全市规模以上耐火企业由2005年的25户发展到36户，工业总产值、销售收入分别从2005年的5.68亿元、5.13亿元增加到7.18亿元、6.18亿元，占全市规模以上工业的比重为2.9%，提高了0.7个百分点。2010年，全市耐火材料工业完成工业总产值8.7亿元，完成工业增加值4.78亿元。

第四节　企业选介

一、阳泉钢铁公司

位于平潭垴村东桃河北岸，前身为保晋公司阳泉铁厂，始建于民国6年（1917），系国内最早的现代冶金企业之一，山西省重点钢铁企业和冶金部重点铁合金企业之一。保晋公司阳泉铁厂由山西商办全省保晋矿务有限总公司投资银圆70万元（其中开办资本50万元，营业资本20万元），向日本和美国订购现代冶铁设备，包括3座贝氏热风炉、3台立式锅炉、1部30马力（22千瓦）送风机及全部耐火砖等。择址平潭垴东高埠地筹建，招雇200余名工人投入建厂，

阳钢破产前实景

由毕业于英国南威尔斯大学冶金专业留学生赵铁卿任厂长。保晋铁厂正南门门楣上镌刻有保晋公司经理崔廷献书的“保晋铁厂”四个大字和“一脉薪传光焰不息，十分火候功夫纯青”的楹联。民国10年秋第一座高炉落成，容积为58立方米。民国15年第一座高炉试产成功，日产生铁18吨，此为山西省高炉生铁冶炼的发端。至民国26年，保晋铁厂的规模：职工753名，熔炉为2座，热风炉4部，机床30台，发电机4台，锅炉2具。民国26年日军强行接管保晋铁厂并实行军管。民国29年更名山西制铁矿业所阳泉铁厂。日军侵占阳泉8年间，共劫夺阳泉铁厂生铁5万余吨。民国34年日本投降后，阎锡山接收阳泉铁厂，更名阳泉矿务局铁厂。民国36年5月4日阳泉建市后，阳泉矿务局铁厂于1950年更名中央重工业部钢铁局阳泉铁厂，至1952年3座高炉先后恢复生产，5年共产生铁9.52万吨，共为国家上缴利税334.34万元。1958年更名阳泉市矿区人民公社第一钢铁厂。1959年更名山西省地方国营阳泉钢铁厂。其间阳泉钢铁厂生产设备有了很大提高。至1960年，有7座高炉，3座炼钢转炉，固定资产总值2699万元，职工总计7460人。1966年至1976年“文化大革命”期间，由于受“左”的思想的影响，10年累计亏损3739.03万元。1978年更名山西阳泉钢铁厂。中共十一届三中全会之后，阳泉钢铁厂老厂焕发青春。1982年实现扭亏为盈，1984年至1988年实现利税2510万元，创历史最好水平。1988年更名山西阳泉钢铁公司。1996年更名山西阳泉钢铁集团有限公司。进入20世纪90年代后，阳泉钢铁公司在困境中跋涉。其间实施了硅钙工程和离心球墨铸管工程，但均因设备运行不正常而被迫停产。1999年5月11日，阳泉钢铁公司由于与市场经济不相适应、资金严重短缺无法周转等原因，被迫全面停产整顿。2002年4月12日，阳泉钢铁公司正式由省冶金厅下放阳泉市管理并继续组织破产重组。2003年11月30日，阳泉钢铁公司召开九届十六次职工代表大会，就阳泉钢铁公司《企业破产职工补偿及安置预案》进行审议和表决。大会应到职工代表264名，实到251名，列席和特邀代表120名。经过与会代表认真、慎重的审议抉择，最后职代会以179票通过了《企业破产职工补偿及安置预案》。2003年12月9日阳泉钢铁公司正式提出破产申请，市中院受理后于2004年1月2日依法裁定其破产，并发布破产公告。

二、阳泉市第一钢铁厂

位于郊区苇泊村，始建于1958年，原名苇泊钢铁厂。系阳泉市营钢铁企业。占地面积17.6公顷，固定资产2470.6万元，职工1300人；拥有轧钢、炼铁、硅锰、炼钢4个主体车间，有25立方米高炉2座，250×4线材轧机1列，1800千伏安矿热电炉2台，3吨空气侧吹转炉1座。苇泊钢铁厂初建伊始隶属于市手工业管理局，以小高炉炼铁为主，兼营铸造日用铁货。1958年生铁产量0.34万吨。1963年至1965年国民经济调整时期，企业“下马”停产3年。1966年恢复生产。1969年更名阳泉市工农钢铁厂，由集体所有制转为全民所有制，隶属阳泉市工业局，当年15立方米高炉改扩建为25立方米高炉。1972年增加小型轧钢设备1套，是年生铁产量0.70万吨，钢材0.01万吨。1966年至1983年连续17年亏损，一直由国家财政补贴。1983年一举扭亏增盈。1985年新建25立方米高炉1座，恢复阳泉市苇泊钢铁厂名，当年生铁产量达到2.04万吨，钢材2.45万吨。1983年至1987年共实现利润474.7万元，上缴利税1015.14万元。1988年更厂名为阳泉市第一钢铁厂。1989年该厂建成了年产4600吨硅锰合金车间。进入20世纪90年代以后，阳泉市第一钢铁厂经营面临诸多困难，效益一直下滑，至难以维系，被迫于2000年停产。2005年，实施对外承租后，企业易名中亚钢铁铸件有限公司，以生产线材和盘条为主，至2010年产量2万余吨，产值8000余万元。

三、阳泉铝矾土矿

位于郊区下五渡村，隶属于山西省冶金工业厅，为国内大型的专业性冶金辅助原料矿山之一。始建于1955年，原名为平定耐火黏土厂，是由白羊墅耐火黏土生产小组、会里农业社副业生产矾石厂、王垅私人合伙矾石厂3个生产单位组建而成。1957年平定耐火黏土厂建于白羊墅火车站西，时有职工549人，年煅烧耐火黏土9万吨。1958年划归阳泉市管辖后，改名为阳泉市耐火材料厂。1961年又更名山西省地方国营阳泉市铝矾土矿，由冶金部和山西省冶金厅共管。20世纪60年代初期，阳泉铝矾土矿三大采矿区（太湖石矿区、红土坡矿区和青岩底矿区）采矿和煅烧逐步完成由手工操作、土法生产向半机械和机械化的过渡。1977年为确保白羊墅车站正常扩建施工，除维持在白羊墅的红土坡和青岩底采区的生产外，铝矾土矿矿部全部迁往太湖石矿区（郊区下五渡村）。从1979年至1990年，阳泉铝矾土矿共出口煅烧高铝耐火矾土 17.2 万吨，产品远销美、英、德、意、日等国，创外汇总额达 1767.6 万美元。1990 年后，由于铝矾土市场急剧变化，竞争日益激烈，阳泉铝矾土矿的经营效益逐年下滑。截至 1995 年，累计亏损 5148.4 万元。为使企业走出困境，该矿根据晋发〔1996〕52 号文中第五条提出的“生产经营确有困难的国有企事业采取分立的办法，分块搞活，对有望搞活的车间，分厂或生产厂依法设立具有法人资格的新企业。分立出的新企业，要按资产比例相应承担原企业债务”之规定，于 1997 年元月由省经贸委、省冶金厅批准，进行资产重组分块搞活。阳泉铝矾土矿一分为二，分离出有独立性、有活力的部分组建成立了山西阳泉太湖石耐火材料总厂与分立后的阳泉铝矾土矿成为两个独立的法人企业，同为省冶金厅主管的两个省属企业。2006 年，山西阳泉太湖石耐火材料总厂与分立后的阳泉铝矾土矿被阳煤集团公司兼并。

四、山西兆丰铝冶有限公司

公司厂区

位于山西阳泉矿区贵石沟，由阳煤集团和香港莫兆记集团有限公司合资兴建，有专用货位与石太铁路对接。公司成立于 1994 年，1996 年正式投产，2010 年有从业人员 1070 余人，具备年产 12 万吨电解铝生产能力。公司新建投产的 10 万吨电解铝项目，2001 年 11 月 8 日动工，2003 年底全部建成。该项目全部采用国际国内先进的 240KA 大型预焙阳极电解槽，电解效率达到 93% ～ 95%，具有投资少、效率高、污染低等特点。2006 年 10 月，与煤矸石自备电厂、氧化铝筹建处合并重组为山西兆丰铝电股份公司。公司主要生产重熔铝锭、电工圆铝杆、铝棒，其中“兆丰”牌重熔铝锭为山西省优质产品和名牌产品，畅销全国各地。公司在产品主要集散地中心城市上海、杭州、天津、南京、广州、香港等地设有销售服务网点。公司先后被评为省市优秀外商投资企业、经济效益先进企业、守信用重合同单位、质量信誉“AAA”级企业、省百强企业。先后通过ISO9002质量体系认证、ISO14001环境管理体系认证和OHSAS18001职业安全健康管理体系认证。

五、阳泉铝业股份有限公司

公司厂区

位于郊区白羊墅村，是集科、工、贸、服务为一体的企业集团。主要从事铝产品深加工、型材加工、铝合金铸造、电子工业用散热器、碳素材料、再生铝和再生塑料以及科研、酒店等业务，公司是山西省百强利税企业之一，阳泉市属企业利税大户。阳泉铝业股份有限公司技术力量雄厚，生产工艺、设备先进，检测手段完善，以传统产业新型化和新兴产业规模化为方向，用科技引领企业发展，全面提升企业的技术水平，走新型工业化道路。2005年，白羊牌重熔用铝锭被认定为“山西省名牌产品”和“全国铝锭质量过硬十佳名牌企业”产品，并在上海期货交易所正式注册。2006年，“白羊”商标被认定为中国驰名商标，山西省著名商标，实现了阳泉市中国驰名商标“零”的突破。阳泉铝业股份有限公司是国家级“守合同重信用企业”“中国质量、服务、信誉AAA级企业”“山西省环境行为绿色等级企业”“山西省创新型试点企业”，曾获全国五一劳动奖状、山西省五一劳动奖状，并多次被评为省市最佳企业、模范企业。2010年，公司占地面积65万平方米，企业总资产7.5亿元，在册职工1547人，拥有各类专业工程技术人员300人，其中具有高、中级职称人员100多名。同年，由于受国际金融危机的冲击，工业总产值完成9.53亿元，产品销售收入完成9.3亿元。

六、盂县万汇钢铁有限公司

位于盂县孙家庄村，前身是建于20世纪50年代的盂县五五铁厂。境内资源丰富且品质优良，为冶铁铸造生产经营提供了得天独厚的条件。公司集质检、生产、配套服务为一体的冶铁铸造生产企业，有固定资产1.5亿元，年生产铸造、炼钢生铁能力为40万吨。公司在原五五铁厂28立方米、50立方米高炉的基础上，根据国家产业政策和可持续发展战略，改造为102立方米、210立方米两座，高炉采用重力除尘、10个布袋箱体二级除尘；冲渣水采用水池、管网闭路循环，实现废水零排放；烧结为先进的45立方米带式烧结机，机头采用重力和旋风二级除尘，机尾粉尘采用布袋除尘。为降低能耗，3座高炉全部采用喷煤技术，吨铁可降低焦比100千克。万汇钢铁有限公司在“十一五”期间扩建1380立方米的高炉，形成从炼铁到炼钢、扎材和发电建材的循环经济。2010年，公司完成产品销售收入2.82亿元，实现利税1129万元，实现利润518万元。

七、阳泉帝华冶金工业有限公司

位于盂县秀水镇东园村，前身是1968年建成的市属国营老企业——晋盂钢铁公司。公司是集烧结、制氧、炼铁、炼钢、连铸为一体，具有年产钢30万吨生产能力的地方重点钢铁骨干企业，主要产品为钢坯。公司生产设备工艺先进、技术含量高，技术优势在同行业中占领先地位。主要生产设施为3座128立方米高炉、炼钢转炉2座、2机2流连铸机1套、30立方米烧结机2套、制氧机组2套。2005年12月27日市政府第22次常务会议，通过了晋盂钢铁集团有限责任公司的改制方案。2006年2月，晋盂钢铁集团有限责任公司与河北帝华房地产开发有限公司达成了“先尝后买”的框架性协议，成立阳泉帝华冶金工业有限公司。2007年5月1日，原晋盂钢铁集团有限公司三号高炉点火之后，二号、四号高炉和炼钢、制氧、烧结等工序相继点火和启动，全面恢复生产，形成了年产30万吨生铁和25万吨钢的生产能力，安置1300余名职工上岗，为企业和社会的稳定作出积极的贡献。2010年，公司完成销售收入8000余万元，实现利润75万元。

1991—2010年阳泉市冶金工业主要产品产量简表

表-7-9　　单位：万吨

年份	生铁	钢材	铁合金	电解铝	耐火材料制品	粉末冶金
1991	28.24	2.93	7.10	0.55	125.83	—
1992	30.08	4.88	6.65	0.64	116.13	—
1993	41.29	6.22	5.27	1.01	110.81	—
1994	35.15	5.24	6.50	1.14	153.93	—
1995	33.76	4.81	6.80	1.17	155.56	—
1996	35.93	5.11	10.25	1.47	228.69	2.69
1997	32.78	5.21	7.89	2.98	272.03	2.78
1998	22.88	3.73	6.23	3.59	233.11	2.98
1999	13.68	4.02	2.85	3.99	236.10	2.59
2000	12.87	—	2.12	4.64	33.31	0.66
2001	29.98	—	1.82	4.03	30.65	1.14
2002	36.44	1.06	1.83	4.08	29.29	1.05
2003	47.96	2.09	0.87	9.61	37.02	1.32
2004	17.95	2.18	1.08	11.99	60.14	1.95
2005	18.55	2.62	1.03	11.72	55.37	1.76
2006	24.20	2.28	1.88	11.27	48.31	2.43
2007	19.83	2.12	0.92	14.24	57.41	2.60
2008	6.66	0.35	0.74	14.95	62.92	1.32
2009	4.11	—	0.08	8.29	72.59	0.90
2010	—	—	—	13.69	81.41	1.09

第三章 化学工业

第一节 炼磺制酸

一、采矿

清光绪十年（1884），平定州北（今郊区）农民李聚奎雇佣5人开采硫铁矿石，经营5年后歇业，此为境内硫铁矿开采之始。清末民国初，境内有采坑6座，采矿工人最多时达156人，年采矿量约1300吨。民国32年（1943），日商裕和洋行在境内（今郊区）甘河、上五渡、长岭等村设立采矿点，每个采矿点约30人左右，年产硫铁矿石300吨左右。日军投降后，采矿点为省硝磺局第一炼磺厂接收。

民国36年（1947）5月阳泉建市后，硫铁矿生产获得新生。到1949年全市小硫矿窑有10个，均属个体经营、集资合办、以股合伙的性质，生产规模很小，年产硫铁矿石946吨，磺块353吨。1950年采矿点增至32个，矿井37座，从业人员1370余人，年产硫铁矿石2717吨，磺块626吨。

20世纪50年代开始，境内硫铁矿的开采由今郊区拓展至平定的前锁簧、梨林头、谷头、东白岸、西白岸、新村等地。开采技术也有了改进，巷道的宽度高度均增至1.5米以上，照明改用电石灯，取矿由锤击镐刨变成了凿眼装黑色炸药炸取，运输增加了小车搬运。1953年甘河磺业社将电引入硫铁矿井下照明，并购回1台空压机，使用苏式01-30型风钻打眼，开半机械化采矿之先河。1954年，甘河磺业社又将采掘巷道进一步扩展至2米至2.2米，增加了坑木支护，在井下铺设轨道400余米，并购置了小型矿车和卷扬机，进一步用机械化代替了人力畜力。1957年，全市7个磺业社中，甘河、三泉、上烟、后沟、河底磺业社5家共有空气压缩机8部，凿岩机7部，电动机15部，吊车3部，风钻8部，电钻5部。1958年平定县的前锁簧、梨林头、谷头、东白岸、西白岸、新村6个磺业社共拥有各类电风动机械设备20余部，并于当年转为地方国营企业。同年，地方国营盂县硫磺厂在清城投产，有矿井4个，土炉40盘。到1959年，全市硫铁矿企业的职工总人数达到4550人，硫铁矿石的年产量达到8.99万吨。1960年至1962年的经济困难时期，特别是“文化大革命”期间，由于受“左”的错误干扰，硫铁矿石的年产量一直在5万吨上下徘徊。

1977年阳泉市硫铁矿工业公司成立，原属市工业局的硫铁矿全部移交该公司，下属8个企业，32个矿井（竖井15个，斜井17个），当年硫铁矿产量为14.97万吨，占到全市总产量的46.4%。阳泉市硫铁矿工业公司被列为全国重点矿山之一，国家投资620万元，对公司所属矿井进行挖潜改造，工程包括新建2个矿井，改扩建4个旧井。到1982年工程全部竣工，该公司的生产能力由年12万吨提高至25万吨。

1983年至1984年，全市投资450万元进一步改善硫铁矿井的通风和运输设备，并更新了供气、供水设施；巷道掘进开始采用电动凿岩机、装岩机等，从而使全市硫铁矿年产量达到76.70万吨，其中市硫铁矿工业公司为21.89万吨。

1990年以后，由于受市场疲软的影响，硫铁矿产品一度滞销。硫铁系统职工顽强拼搏，克服重重困难，使硫铁矿工业在疲软中得到了持续发展，全市硫铁矿石的产量稳中有升，分别为1990年80.92万吨、1991年83.59万吨、1992年86.56万吨。其间国家和地方投资2799万元，对市硫铁工业矿公司所属义东沟、漆水沟、甘河、三泉、荫营、河底6座矿厂进行旧井改造，还在桃坡新建了一个年发运量为百万吨的货场转运硫铁矿石，并配置了550米的铁路专用线。

1994年4月，市硫铁矿工业公司并入市化工局。重新组建的市化工局大刀阔斧地改革矿山企业生产管理机制，引导企业自选市场、自主经营，打开了硫铁矿石生产经营的被动局面。义东沟、甘河、三泉、荫营等6家国营硫铁矿公司均甩掉了长期经营亏损的帽子，硫铁矿石的生产经营进入最好的发展时期。1991年全市硫铁矿石产量83.59万吨，到1994年增长到99.99万吨，增长了19.62%。之后的年产量更是一路攀升，分别为1996年194.13万吨、1997年176.50万吨、1999年114.28万吨。

2000年后，硫铁矿生产受市场环境的制约，或因资源枯竭而关闭，或因产业结构调整而停产，硫铁矿石产量锐减。以郊区的硫铁矿石年产量为例，2005年仅3.9万吨，不及20世纪90年代中后期年产量的十分之一。

二、炼磺

明代中叶，境内已生产硫磺，只是由于当局对炼磺业屡加封禁而中止。清宣统元年（1909）平定州北荫营村的史三毛联合三泉村的郭风梧以及太原的张培烈筹资2000银圆，开办荫营硫铁公司从事采矿炼磺，于民国9年（1920）倒闭。民国10年，史三毛独资经营“义和永”硫磺厂，资本2500银圆，于民国18年歇业。

阳泉建市初，境内一直沿用“一炉三罐法”制取硫磺。1950年郊区甘河村成立全市第一个磺业生产合作社后，使采矿炼磺由季节性生产转向长年生产，由亦工亦农向专业化方向发展。1951年在市手工业联合社的组织和倡导下，各磺业社派员到省内阳城县学习炼磺新经验，引进了“淋炉炼磺”法，即在原有土炉的基础上增加了升华室和冷却缸，将挥发到大气中的部分气体在冷却缸内得到回收，既减少了对大气的污染，提磺率也上升到6%～7%。南窑庄磺业社在推广应用中又加以改进，每炉由3罐增至12罐，比阳城的淋炉容积增大了3倍，提磺率达到了12%。1952年在甘河磺业社的带动下，全市推广“灵石炉”（亦称“樊李小炉”）的炼磺新工艺。此种炼磺方法，省去了外热法的采坩、碾坩、和泥、制罐等生产工序，所用硫铁矿石也由含硫率40%下降为30%，降低了原料成本，而提磺率仍可保持在10%～12%。是年全市磺块产量1293吨，磺粉产量585吨。1955年，阳泉市硫磺产品以含砷、氟等杂质低、含硫率达95%以上的优等质量打入苏联及东欧市场。

1956年全市投资80万元，建成“阳城炉”1500盘，从此阳城炉完全取代了灵石炉。阳城炉的投产是阳泉市炼磺史上又一次重要的革命，其采用分层装料、上炭、压边、外实中虚、四平一匀的操作工艺，提磺率平均达到22.5%。在此期间，甘河磺业社1951年和1952年连续两年被评为全国模范磺业生产合作社，成为全国四大模范社之一。1957年甘河磺业社主任李玉藻出席了全国手工业合作总社第一次社员代表大会。阳泉的磺业生产开始驰名全国。阳城炉的投产使硫磺产量剧增，是年全市磺块产量即达到1.66万吨，磺粉产量1864吨，分别为1955年的9.96倍和1.71倍。到1959年，全市主要的炼磺炉都采用了平炉炼磺法，当年全市硫磺块产量1.92万吨，磺粉产量9162吨。

20世纪60年代和70年代，炼磺工艺几经革新，喜忧参半。1966年，阳泉矿务局机修厂和山西大学实行厂校挂钩，在机修厂试验沸腾炉焙烧，投资20万元的试验费而未能成功。1972年荫营硫铁矿大平炉试验回收尾气制硫酸的新工艺取得了成功，经国家化工部、商业部专业会议鉴定得到认可，先后接待了全国24个省市硫磺生产单位的参观学习团。1976年，市化工局自筹经费3万元，在简易的直径2.5米的圆炉上试验前部产硫磺、后部产硫酸的竖炉炼磺制酸新工艺，取得了一些数据。翌年，山西省环保局投资30万元，甘河矿自筹资金10万元，建成了直径为3米的竖炉4座，但因矿区地处阳泉城区的上风向，而且炼磺后的炉渣污染水源问题又无法解决，致使这一新的炼磺制酸工艺未能取得经济效益。

进入20世纪80年代后，随着国内化学工业的发展，硫磺的需求量日增。全市磺块产量1980年为7102吨，1985年为5899吨，1990年达到8300吨；磺粉产量1980年为4070吨，1985年为4032吨，1990年达到2650吨。

磺块的生产流程，由硫铁矿石提炼磺粉，再由磺粉去粗取精提炼成为磺块。由于生产需要二次加工，生产成本高昂，且粉尘烟尘污染严重，1990年后，全市的磺块产量明显减少。1991年全市磺块产量为3425吨，仅为1990年产量的41.57%。之后几年虽然全市硫铁矿石的产量呈增长势头，但磺块的生产始终处于低迷状态。分别为1992年1483吨，1993年2588吨，1994年648吨。1995年，全市生产磺块的国营厂家市硫铁矿公司、荫营硫磺铁矿公司等退出磺块生产。是年，全市磺块年产量为3020吨，分别为平定县一磺厂126吨、郊区村办工业750吨，平定县村办工业2144吨。1996年后，全市仅有平定县和郊区几家村办企业生产磺块，至2000年停止生产。

三、制酸

1958年，郊区试办苇泊硫酸厂采用小节流工艺制造工业硫酸，年生产能力约3000吨，该厂于1962年国民经济困难时期下马停产。20世纪70年代初期，适应工业发展的需要，制酸工业又重新发展起来，到1975年全市硫酸年产量达到2380吨。硫酸生产采用的是国内较先进的沸腾焙烧、水洗、两转两吸工艺流程。1976年平定县磷肥厂硫酸车间建成投产，年生产能力为1万吨。1982年国家投资62.7万元对其进行了技术改造，1984年该厂又贷款190万元进行再次技改，从而使年生产能力达到了年2.4万吨。该厂生产的硫酸以质量好、性能稳定，倍受用户青睐，产品“大林山”牌工业硫酸1986年被山西省人民政府命名为省优质产品，1987年又被化工部命名为部优产品。1987年全市硫酸产量为5.74万吨。1990年10月竣工投产的阳泉市硫酸厂是全市“七五”期间五大重点工程之一，其生产工艺为两转两吸酸洗流程，主要生产设备有鼓风机、沸腾焙烧炉、废热锅炉、旋风除尘器、第一洗涤塔、第二洗涤塔、脱气塔、电除雾器、干燥塔等。该厂的年生产能力为3万吨，投产后运转正常。

1990年后，依托本地资源优势，阳泉制酸工业发展态势始终处于良性运行。1991年全市有硫酸生产企业4个，年生产硫酸10.04万吨，首次突破10万吨大关。1996年阳泉市硫酸厂投资100万元对工艺流程实施升级改造，仅用时90余天，技改任务完成后，该厂的年生产能力由4万吨提高到了5万吨。1996年全市生产硫酸18.74万吨，为1991年的1.87倍。1998年，面对国内化工市场疲软，广大职工精神振作、负重拼搏、咬定目标开拓进取，较好地完成了任务，全年生产硫酸21.91万吨。2000年平定县磷肥厂停止硫酸生产，与此同时全市增加生产硫酸的民营企业3家，并未对硫酸生产造成太大的影响，年产量仍然达到了15.70万吨。之后，全市硫酸生产厂家一直稳定在7家，年产量分别为：2002年17.58万吨、2005年12.18万吨、2007年11.06万吨。2008年世界金融危机后，全市硫酸产量出现严重滑坡，分别为2009年3.8万吨、2010年1.31万吨。

第二节 化肥生产

一、碳铵

1965年，平定县开始筹建化肥厂，于1967年建成投产，当年生产碳酸氢铵411吨，为境内碳铵生产之始。1966年盂县化肥厂筹建，于1968年建成投产。1969年阳泉市化肥厂筹建，于1970年建成投产。三厂均为年生产3000吨的小合成铵厂，生产能力低，设备不配套，生产技术管理落后，经济效益差，年产量一直达不到设计生产能力，长期处于亏损经营。1971年，全市碳铵生产量仅7096吨。

平定化肥厂于1977年国家投资300万元进行技术改造，使合成氨和碳酸氢铵生产能力分别提高到年产5000吨和2万吨；1985年再次投资400万元，对关键生产设施进行改造，达到了600系列小氮肥生产装置规模，年产合成氨、碳酸氢铵的能力分别提高到1.5万吨和6万吨的水平。盂县化肥厂于1972年至1985年投资680万元进行4次技术改造，使生产能力逐步达到设计的小氮肥装置水平，年生产合成氨、碳酸氢铵的能力分别达到了1.25万和4.5万吨。阳泉市化肥厂于1978年投资250万元进行技术改造，使合成氨和碳酸氢铵的生产能力分别达到5000吨和2万吨。1981年阳泉市化肥厂与江苏宿迁市化肥厂进行技术协作，为对方提供无烟煤炭，对方给予技术管理方面的支持，使合成氨和碳酸氢铵的年生产能力分别达到7500吨和3万吨。1984年全市的碳铵生产量达到了1.81万吨，其中平定化肥厂8165吨、市化肥厂5293吨、盂县化肥厂4655吨。

阳泉市3个国营化肥厂一直处于全省小化肥生产的领先行列。1977年平定县化肥厂被化工部评为全国小氮肥百面红旗单位。1987年阳泉市化肥厂被省化工厅命名为无泄漏工厂。1988年阳泉市化肥厂所产山泉牌碳酸氢铵获省优产品称号。1988年平定县化肥厂和盂县化肥厂双双被省化工厅命名为无泄漏工厂。

1990年后，全市化肥行业围绕“抓管理、上等级、挖潜力、创效益”的基本指导思想，实行了以责权利为核心的经营承包责任制，使氮肥的年产量突破2万吨大关，吨氨煤耗全年平均2274公斤，吨氨耗电全年平均1488度。同时平定化肥厂、盂县化肥厂、阳泉市化肥厂全部创建为无泄漏工厂，成为全省化肥行业创建无泄漏工厂率达100%的地市之一。

1998年，随着国内外对节能环保事业的重视，以及国内产业升级的强有力支撑，老工业基地的一批高污染、高能耗、高资源消耗的化工企业被淘汰。1999年7月阳泉市化肥厂停产。2000年4月，盂县化肥厂停产，并于2009年3月由盂县人民法院裁定破产。2003年经改制后的平定县化肥厂资不抵债停产。2007年，盂县启动“3652”尿素项目工程建设。建设规模为年产36万吨合成氨、52万吨尿素，6万吨甲醇，总投资18亿元。该项目为阳泉市百项工程和阳泉地区唯一规划建设的大型化肥项目，也是山西省工业转型发展技术改造的重点项目之一。至2010年工程进展顺利，累计完成投资4.65亿元。

全市部分年份氮肥年产量：1991年2.42万吨，1995年2.47万吨，1998年2.61万吨，2000年1.73万吨，2005年0.85万吨，2008年2.59万吨。

1991—2010年阳泉市化学工业主要产品产量简表

表-7-10 单位：吨

年份	硫铁矿	硫酸	合成洗涤剂	氮肥	磷肥	电石	塑料制品	烧碱
1991	835963	100366	4783	24213	3850	59528	2155	—
1992	865558	108072	6535	24654	2585	70348	2062.71	—
1993	885970	95473	6387	21796	2093	80215	3099	—
1994	979936	102003	5029	23964	1760	89080	2954	—
1995	1464024	151662	5143	24654	2585	73605	3545	1200
1996	1941340	187436	6139	25668	5433	130155	4135	4560
1997	176500	176500	5200	22800	9500	138200	4928	2700
1998	—	219124	5693	26103	238	110398	4868	13444

续表 -7-10

年 份	硫铁矿	硫 酸	合成洗涤剂	氮 肥	磷 肥	电 石	塑料制品	烧 碱
1999	1142800	172515	5024	23914	—	111176	8184	13469
2000	—	157022	1329	17263	—	123878	730	16289
2001	—	163241	747	4884	—	119343	3803.85	20589
2002	—	175808	527	11690	—	141963	3653.70	22798
2003	—	147348	—	11042	—	153473	733	25394
2004	—	163635	—	32702	—	109921	—	23338
2005	—	121863	—	8542	—	83616	4847	23550
2006	—	127846	—	33349	—	94997	5093	22711
2007	—	110614	—	25899	—	92907	2691	10209
2008	—	80289	—	—	—	41934	600.56	12541
2009	—	38000	—	—	22	53401	188.40	18478.99
2010	—	13100	—	—	82	—	295.20	65038.90

二、磷肥

境内的磷肥生产始于1969年，当时的年产量为22吨。1971年至1975年全市社办小磷肥厂增至25家，仅平定县就有15家。1976年全市磷肥产量达到1335吨。1976年国家投资300万元筹建平定县磷肥厂，翌年投产。1980年平定县二轻局的第一硫磺厂、第二硫磺厂都组建了磷肥车间，到1983年因磷肥滞销而停产。与此同时，乡镇的小磷肥厂也陆续停产，仅剩平定县磷肥厂独家生产。

平定县磷肥厂是国营骨干企业之一，其主要产品有磷肥、硫酸、亚硫酸铵、焦亚硫酸钠、发烟硫酸、电瓶酸等6种产品。1982年被评为全国小磷肥百面红旗单位，1987年被省政府命名为省级先进企业，被省化工厅命名为全省小磷肥企业第一个无泄漏工厂。同年，平定县磷肥厂大林山牌过磷酸钙被评为省优产品。

1990年后，全市仅有平定县磷肥厂独家生产磷肥，由于该厂产能落后，污染严重，经营至1998年被迫停产，磷肥生产自此终止。

阳泉市部分年份磷肥年产量：1991 年 3850 吨，1993 年 2093 吨，1995 年 2585 吨，1997 年 9500 吨，1998 年 238 吨。

第三节　电石产业

一、电石

1958 年，市第一工业局投资 13.34 万元在洪城河建成全市首家电石厂，即阳泉市电石厂。时该厂有职工 154 人，主要生产设备有 750 千伏安敞开式电石炉 1 座，年生产能力为 1350 吨。此为阳泉电石生产之始。1977 年，平定县娘子关公社从湖南省冷水江市引进先进技术，筹建电石厂（即娘子关电石一厂），于翌年正式投产，年产电石为 1127 吨。至 1987 年，平定县娘子关电石二厂、娘子关电石三厂、龙庄电石厂、南坳电石厂，郊区李家庄电石厂、白泉电石厂、西河电石厂、甘河电石厂、龙风沟电石厂，阳泉矿务局电石一厂和阳泉矿务局电石二厂等电石厂相继成立。至此，全市电石生产便由独家经营向群体化发展，一个国营、集体双轮并转的局面开始形成。1988 年全市电石厂 12 家，年电石生产量达到 4.42 万吨。

在众多的电石生产厂中，尤以市电石厂生产规模最大，生产工艺最为先进，产品质量也最好。进入 20 世纪 80 年代后，该厂在新的体制下焕发了生机。1981 年将原有 3600 千伏安电石炉改造成为 5000 千伏安电石炉。1982 年该厂与天津大沽化工厂进行经济协作，投资 180 万元建成 5000 千伏安半封闭式电石炉 1 座。1987 年再度与天津大沽化工厂合作，投资 200 万元又建 5000 千伏安半封闭式电石炉 1 座，有效地促进了发展。该厂生产的晋泉牌电石于 1986 年被评为省优质产品。1990 年，全市 12 家电石生产厂家共有电石炉 27 座，年产量为 5.11 万吨。

1995 年，市电石厂自筹资金 200 余万元进行石灰氮项目开发建设并取得成功，实现了电石—石灰氮—双氰铵产品系列化生产。1996 年，是全市电石行业发展的最好年份。是年，全市拥有电石生产企业 10 家、电石炉 17 台（套），生产能力为 25 万吨。2000 年阳泉市电石厂改制为阳泉市电石集团公司，同年贯彻执行国务院关于加强环境保护和“三废”治理的有关指示，把电石生产过程中对环境的污染问题列入重要的议事日程，投入 210 余万元对电石炉尾气排放进行治理，治理工程投入正常运行，并通过了环保达标验收。2004 年，由于市场、环保、资金等原因，市电石集团公司停产，同时期相继停产的有阳泉市泰山化工有限公司、金石化工有限公司、平定县娘子关电石厂、平定县龙庄电石厂、郊区李家庄电石厂、郊区白泉电石厂等。

按照全市节能减排的有关要求，阳泉电石有限公司于 2007 年 7 月 31 日对运行 30 多年的省内首座钢制电石炉烟筒实施成功爆破拆除。此次爆破拆除是市国资委按照国务院、省市政府关于电石行业清理整顿及淘汰落后产能的重大举措。2009 年 12 月，由阳煤集团和山西经贸资产经营有限责任公司共同出资成立山西阳煤电石化工有限责任公司，该项目设计年生产 100 万吨，一期 40 万吨总投资 9.9 亿元，达产后年销售收入 12 亿元，年利税 2 亿元以上。

部分年份全市电石产量：1991 年 5.95 万吨、1995 年 7.36 万吨、2000 年 12.39 万吨、2005 年 8.36 万吨、2009 年 5.34 万吨。

二、双氰胺

双氰胺为电石延伸加工的化工产品。1986 年平定县娘子关镇投资 42 万元创建双氰胺厂，年生产双氰胺 500 吨。系全市第一家双氰胺生产厂家，其产品于 1988 年获阳泉市星火计划一等奖和山西省星火计划二等奖，1990 年被评为山西省优质产品，远销沪、鲁、豫等省市，并打入国际市场。继娘子关双氰胺厂之后，平定县南坳乡宋家庄石灰氮厂、阳泉市电石厂双氰胺生产车间和阳泉市化肥厂双氰胺生产车间，相继建成投产，年生产能力分别为 500 吨、2000 吨、1000 吨。1990 年全市双氰胺生产厂家 6 个，年产量为 2250 吨。

1994 年，平定县娘子关双氰胺厂与日本合资组建山西玉新双氰胺有限公司，利用当地得天独厚的石灰石资源，发展碳化工产业，逐步形成了以石灰石为基础的双氰胺系列、氨氮胍碳酸盐、三氮唑、盐酸胍等。其双氰胺产品在 1998 年和 1999 年召开的第二届中国农博会和第三届中国农博会上分别获金奖和名牌产品奖。2004 年，山西玉新双氰胺有限公司改制组建成立山西致诚化工有限公司，公司与太原理工大学、杭州化工研究院等重点院校联合研究开发新产品精微双氰胺，该产品批量生产后，成为国内进口双氰胺的替代产品，很快占领了国内市场。全市部分年份的双氰胺年产量：1995 年 4933 吨，2005 年 2800 吨。

三、石灰氮

石灰氮是电石延伸加工的化工产品。1987 年 7 月娘子关镇双氰胺厂投产后，除生产双氰胺之外，还生产石灰氮，形成了电石、石灰氮、双氰胺石灰石加工生产链。当年，该厂生产石灰氮 4000 吨。到 1990 年，全市生产石灰氮的企业已增至 7 家，分别是娘子关镇双氰胺厂、娘子关石灰氮厂、平定县南坳乡宋家庄石灰氮厂，郊区李家庄乡电石厂、郊区平潭乡甘河石灰氮厂，城区永安化工厂和阳泉市电石厂。全市年生产石灰氮 3.2 万吨。

1995 年，阳泉电石企业集团公司（原市电石厂）新上石灰氮生产线一条，年生产能力 1 万吨。

1998年，三利化工娘子关石灰氮有限公司成立。同时生产石灰氮的厂家还有阳泉晋阳碳素有限公司和鑫远碳素制品有限公司等。至2010年，全市生产石灰氮的厂家4个，年生产量在5000吨左右。

第四节　其他化工产品制造

一、聚氯乙烯和烧碱

聚氯乙烯和烧碱是阳泉两种主要的化工产品。阳泉最早生产聚氯乙烯和烧碱的厂家是1989年破土动工兴建的阳泉市氯碱厂，主要产品烧碱、液氯、合成盐酸广泛运用于化工、医药、纺织、电力等行业。氯碱工程的建成投产，不仅填补了阳泉市化学工业发展中的一项空白，而且为全市经济建设以及结构调整作出了积极的贡献。1996年，市电石集团投资1230万元，完成了氯碱二期技改任务，使烧碱、液氯等产品的产量翻了一番。1997年后，市直化工企业一手抓生产，一手抓新产品开发和项目建设，下大力气调整产品结构，使企业优势产品项目发展明显改观。1998年全市氯碱工程项目建设又累计投资3200余万元，为重点化工产品聚氯乙烯和烧碱的发展创造了更为有利的条件。2003年12月，阳煤集团年产10万吨聚氯乙烯、年产10万吨烧碱项目由山西省经贸委正式批准立项。2005年4月，该工程在位于平定县南上庄村南破土动工建设，总投资3.67亿元。项目既是山西省和阳泉市的重点调产项目，也是阳煤集团化工主业确定的重点项目。2006年10月，阳煤集团聚氯乙烯项目正式投入生产。

部分年份全市聚氯乙烯产量：1994年184吨，1995年127吨，2007年4.36万吨，2008年3.95万吨，2009年1.49万吨，2010年5.35万吨。

部分年份全市烧碱产量：1995年1200吨，2000年1.63万吨，2005年2.36万吨，2008年1.25万吨，2010年6.50万吨。

二、塑料

1964年10月，山西省轻化厅引进美国维肯公司生产聚氨酯泡沫塑料的成套设备，并交由阳泉市手工业管理局筹建阳泉市泡沫塑料厂。1966年6月，阳泉市泡沫塑料厂建成投产，当年生产泡沫塑料（聚酯型聚氨酯软质泡沫塑料）60吨，为省、市泡沫塑料工业之发端。1968年生产出新品种聚酯型聚氯酯硬质泡沫塑料。1981年，市泡沫塑料厂生产的翠醚型泡沫塑料被评为省优产品。1982年开始生产聚酯型聚氯酯软泡沫，当年产量达到430吨。1985年对进口发泡机进行改造，从而使发泡机的年生产能力达到5000吨。1986年，平定县柏井塑料泡沫厂建成投产。1990年全市塑料泡沫生产厂家为2个，年生产泡沫塑料3500吨。1999年，阳泉市泡沫塑料厂破产。2000年后，又发展起了阳泉再生塑料颗粒加工厂、阳泉市恒旭塑料再生制品厂等3家生产塑料泡沫的民营企业，年生产量在500吨上下徘徊。

1960年，在平定县城西关嘉河北岸兴建的平定塑料厂，为境内最早的塑料制品企业，产品为吊盒、灯口、纽扣等。1964年阳泉市化工社购进晋城县产的热合机后，始生产雨衣、手提包等塑料复制品。1965年，市化工社又购进2台75型塑料挤出机，进行塑料鞋底的生产。1966年全市塑料制品的产量为74吨。

1970年，阳泉市化工社易为名阳泉市塑料厂。1970年至1972年，阳泉市塑料厂先后购进各种塑料专用设备9台（部），为塑料制品的生产拓宽了渠道，产品增加了钳把套、军用拉火管、塑料碗、飞盘、喷雾器等数十种，至1978年，全市塑料制品的总产量增至552吨。

1978年中共十一届三中全会后，一批乡镇塑料制品企业也应运而生。1983年，盂县王村塑料制品厂、平定县阳胜塑料加工厂和冶西社办塑料制品厂相继投产。1986年，平定县塑料厂生产的聚氯乙烯塑料获省优产品称号。1987年，平定县塑料厂生产的晋锦牌电缆护层塑料获省优产品称号。1988年，城区文化用品厂生产的双喜牌讲义夹（塑料制品）获省优产品称号。1990年，平定县塑料厂生产的晋锦牌软聚氯乙烯塑料获省优产品称号。1990年全市有塑料加工企业30个，年塑料制品的产量为2560吨。

1990年后塑料制品的品种增多、技术工艺提升，主要产品有聚氯乙烯、聚乙烯、聚丙烯、酚醛制品以及塑料丝和人造革等30多种。全市塑料制品的厂家发展始终很稳定，没有出现大起大落的现象。最多时的企业包括平定县新型塑料装饰材料厂、盂县北娄工业集团公司塑料编织厂、盂县塑料制品厂、阳泉城区福利塑料厂等58家。

部分年份全市塑料制品产量：1991年2155吨，1995年2062.71吨，2000年730吨，2005年4847吨，2008年600.56吨，2010年295.20吨。

三、橡胶

地方橡胶工业是在个体手工业补胎的基础上发展起来的。1958年，以市机械生产合作社的补胎车间为基础筹建阳泉市地方国营橡胶厂。1959年7月，市橡胶厂人力、畜力车内胎开始配套生产，并列入省计划内产品。1960年生产人力、畜力车内胎12.9万条，合格率在90%以上。1962年由于产品质量和原辅材料供应不足，人力、畜力车内胎停产，之后再未恢复生产。1963年，市机械生产合作社生产出首批晋阳牌胶鞋。1964年，市橡胶厂组织人员到天津学习生产夹布输水胶管技术，并于年内生产出阳泉首批输水夹布胶管。20世纪70年代市橡胶厂组织科技人员到太原胶管厂学习后，对厂内的压延机进行了改造，把贴胶改成了擦胶，提高了胶管的附着力，从而稳定了产品质量。1981年，平定县成立橡胶风筒厂，为全省首家生产矿用橡胶导风筒的专业厂家。1984年，平定橡胶风筒厂生产的矿用导风筒获省优产品称号，次年获部优产品称号。1986年，市橡胶厂生产的吸水胶管创市优质产品称号。1987年，市橡胶厂生产的吸水胶管获省优产品称号，市鞋厂生产的娘子关牌冷粘圆口布鞋获省优产品称号。

1990年后，阳泉市生产的橡胶胶管产品已发展到输水夹布胶管、钢丝吸水管、喷砂管、耐酸管、风压管等30余个、408个规格。销售也由省内拓展到河北、山东、陕西、四川等地。主要生产厂家有阳泉市宏通实业总公司兴辉橡胶制品厂、阳泉市晋东橡胶制品厂、阳泉市泉鑫橡胶制品厂、郊区柱塑橡胶厂、平定县源塑橡胶制品厂、盂县橡胶制品厂等38家。

部分年份全市橡胶产品产量：橡胶胶管1991年98.1万米、1992年115.9万米、1993年79.21万米、1994年30.70万米、1995年62万米、1996年51万米、1997年25.05万米、2003年15.05万米；橡胶风筒1991年22.77万米、1993年19.17万米、1995年29万米、1997年27万米、2003年10.05万米。

四、火工产品

清康熙十九年（1680），境内河底（今属郊区）要氏一家始用土法生产黑色火药。抗日战争时期，平定（路北）县任家峪（今属郊区）等村生产火药，制造手榴弹、地雷等。1954年12月由三义成火药铺、复兴火药铺等4家手工业作坊自愿联合，组建了三泉化工合作社生产火药。1966年全市生产炸药4267吨。同年阳泉市的炸药产品被列入国家计划，成为国家民用炸药的定点生产单位。1970年平定县开始生产炸药，当年产量为50吨。进入20世纪70年代后，全市炸药生产呈增长之态势，没有出现大起大落的现象。部分年份炸药年产量：1971年4299吨、1978年5517吨、1985年7810吨、1990年10312吨、1995年10693吨、2002年3018.65吨、2005年6400吨、2010年5016.43吨。

清乾隆年间，境内的平定城下湾即有黄家火铺制作并经销焰火花炮。其后，平定城制作焰火花炮的手工作坊时兴时衰，产品单一。1953年，由个体火工作坊组建了平定县火药厂。1954年，三泉化工厂建成，主要生产黑火药及其配套产品一、二硝基黄色炸药等。1962年至1963年，三泉化工厂的9名女工学习花炮制作技术，并生产出阳泉花炮投放市场。1972年平定县火药厂更名为平定化工厂，除生产黑色、黄色火药外，还生产烟花、爆竹。1985年，晋东化工厂在开发民品生产中筹备生产烟花；1986年，经兵器部和山西省有关单位批准，定为烟花生产基地，产品打入国际市场；1987年，该厂生产的五台山牌礼花弹获山西省优质产品奖。1995年平定化工厂停止花炮生产。2000年后，随着郊区杨家庄乡花炮厂爆炸事故的发生，全市生产花炮的厂家（晋东化工厂除外）均陆续停止生产。

五、合成洗涤剂

阳泉市生产经营洗涤剂的企业主要是阳泉市日用化工一厂。该厂隶属于市轻工业局，为全民所有制企业。始建于1953年10月，前身是原市民政局领导下的成衣局、炊具厂、洗涤剂厂合并的烈军属缝纫厂。1969年下放城区管理，1971年转产合成洗涤剂（洗衣膏），并更名为日用化工一厂。1974年划归轻工局管辖。该厂在1971年至1981年期间，主要生产250克袋装“向阳”牌白色洗衣膏。从1982年起，又增加了“泉花”“洁美”“春泉”3个品种的洗衣膏，色泽为粉红色，并加入增白剂及香料。1985年开始试产了“洗发香波”及“洗洁净”，产品投放市场以后，因质量稳定，价格合理，销售一直处于供不应求的局面。特别是“春泉牌”洗衣膏先后于1983年、1987年两次获省优产品奖；卫生间盥洗剂于1987年获省、市优秀新产品奖。为了扩大洗衣膏的批量生产，市日化一厂不断进行技术改造，更新、增添设备，使产量由1972年的101.27吨提高到1987年的5000吨，产品远销广东、四川、河南、河北、陕西等地，固定资产比建厂初增加了3.79倍。1987年，开发了“餐具洗洁净”，受到社会各界的欢迎。1989年，该厂与阳泉市洗涤剂厂合并组成合成洗涤剂总厂后，又开发了“浓缩洗衣粉”“护发素”“春泉高效洗衣膏”等新产品，并实现了洗涤产品系列化。1990年后，阳泉合成洗涤剂总厂、阳泉洗涤用品厂、阳泉市日用化工厂等纷纷关停破产。2002年3月，南庄集团有限公司承债式收购阳泉市中院判决给春泉公司主要债权人的部分资产和负债，增资扩股后成立南煤集团化工有限公司，继续生产合成洗涤剂这一阳泉市的传统产品。2005年停止生产。

部分年份全市合成洗涤剂产量：1991年4783吨，1993年6387吨，1995年5143吨，1998年5693吨，2000年1329吨，2002年527吨。

第五节　企业选介

一、山西北方晋东化工有限公司

系中国兵器工业总公司所属的国有大型一类企业，前身为民国27年（1938）冀鲁豫、太行、太岳三大军区整编而成的兵工六厂。民国37年7月，第六兵工厂及所属各分厂奉华北人民政府之令由晋东南迁至阳泉建新厂，厂址在市区南大街271号。1951年根据兵总办字第32号命令，改厂名为中央兵工总局第一〇四厂。1955年根据二机部二局34号文启用国营阳泉化工厂第二厂名。到1958年已建设成为生产导火索、雷管、拉火管、黑火药等多种军工产品的火化工企业。1963年三机部579号文批准该厂第二厂名更改为国营晋东化工厂。20世纪60年代，在新建军民品线的同时，机修、工具、运输、木工、冲压、中心试验室、靶场、铁路专用线等设施及工艺也初具规模。1978年中共十一届三中全会以后，锐意改革，开拓创新，团结求实，把工厂办成了军民结合型的一流企业。晋东化工厂重视科研队伍和职工素质的提高，为适应国防建设的需要，先后有350名职工派往兵校学习，1002名职工参加了在职培训，在工厂建设中发挥了积极的作用。工厂注重在大中专毕业生中选拔优秀人才充实科研和生产第一线，使人才形成阶梯结构并合理流动。工厂先后为支援军工和地方工业建设派出干部179人、工程技术人员418人，这些职工在北京、太原、西安等地的重点国防工厂建设中作出了巨大贡献。与此同时，对越南、

公司办公楼

阿尔巴尼亚、罗马尼亚、柬埔寨等国家进行技术和人才援助，24次派员赴北京为刚果（布）、厄瓜多尔、委内瑞拉、南非等国实习生授课。该厂生产的民爆器材、黑火药、烟花、ABS塑料包箱、金属镀膜等系列产品，畅销国内外市场。其中，黑火药获国优、部优称号，棉线导爆索获国家银质奖，塑料导爆索、礼花弹等获省优质产品称号。2004年8月，按照改革脱困工作的要求，原晋东化工厂实施分离破产重组为山西北方晋东化工有限公司，剩余资产组建了山西北方晋东科贸有限公司。公司遵照"精干军工主体、放开民品经营、发展高新技术、壮大核心业务"的战略方针，形成了军品、民品、三产。军品由母公司直接管理。民品和三产由逐步实现投资主体多元化的子公司管理。至2010年，公司已组建民爆器材、包装材料、汽车贸易、汽车运输、牧业管理、恒利实业、建筑安装等7个子公司。

二、山西锁簧稀土股份有限公司

位于平定县锁簧镇北庄村，1986年建成，是集化工、有色冶炼为一体的股份有限公司。产品分三个系列：一是硫酸系列，产品有92.5%、98%、104.5%三种浓度的工业硫酸，规模为5万吨/年，氨基磺酸，规模为3000吨/年；二是稀土系列，年产4000吨的氯化稀土，同时生产氯化镧、氯化铈、氧化铈、碳酸铈、氧化镨、氧化钕、氧化镨钕、少钕氯化稀土、钐铕钆富集物、氯化铵等，广泛用于玻璃、陶瓷、电子、磁材、汽车尾气净化等；三是钴系列，规模为600吨/年，产品有氧化钴、草酸钴、氯化钴、碳酸钴、阴极铜、电解锰等，用于制造锂电池、合金材料、陶瓷颜料等，是一种高性能、高科技产品。公司拥有一流的生产、分析设备和先进的工艺技术。产品质量保证体系通过了ISO9001∶2000认证。产品畅销全国各地，出口美国、日本等地，享有良好声誉。2005年4月，公司荣立山西省集体一等功，连年评为省级"AAA级信用度企业"和"守合同重信用单位"。2010年销售收入达到8700万元，利税达1900万元。

三、山西新派塑胶有限公司

系阳泉煤业集团有限责任公司控股与新加坡豪利机械有限公司合资创办的新型企业。位于石太高速公路阳泉西出口处，是山西省最大的塑料建材生产企业之一。公司拥有占地2.8万平方米的新派塑胶工业园区，现代化厂房和国际一流的德国PVC管材挤出生产线和国际先进水平的香港奥克兰全自动电脑数控精密注塑机，采用新加坡进口模具组织生产，具有完整的质量控制和检测手段。其新派塑胶产品通过ISO9001质量标准体系认证和ISO14001环境管理体系认证，并获国家金奖，被国家建设部评定为国家小康住宅建设推荐产品。山西新派塑胶有限公司拥有员工464人，固定资产净值4374万元，总资产13310万元。2010年，完成工业总产值3978万元，实现产品销售收入3571万元。

四、山西奥伦胶带有限责任公司

原名阳泉矿务局奥伦胶带加工厂，成立于1964年。2001年8月改制为山西奥伦胶带有限责任公司，并于2005年5月划归阳泉华越机械有限责任公司。企业注册资本2339.11万元，有员工440多人。主导产品有PVC整芯阻燃输送带、PVG输送带、普通分层带系列产品等。同时制造、加工、销售成品钎、煤钻杆煤、瓦斯管等煤矿机械配件，修理单体液压支柱。主导产品PVC整芯阻燃输送带2003年同行业单一产品销售量位居全国第二、山西省第一。产品主要销往山西、陕西、宁夏、山东等省区。主导产品PVC整芯阻燃输送带，先后被中国质量检验协会评为“国家质量监测合格产品”“质检合格好产品”和“全国质量稳定合格产品”；被中国质量标准认证协会评为“国家权威机构认证质量信得过好产品”；被中国名牌与市场战略促进委员会评定为“中国市场公认畅销品牌”。2000年后，公司被山西省人民政府、山西省工商管理局命名为“守合同重信用”单位，被山西省质量技术监督评定为省内同行业唯一的“质量信誉等级AA级”企业，被省企工委评为“文明单位”。

生产车间

五、阳泉市精诚化工有限公司

系中外合资经营企业，位于阳泉经济技术开发区下五渡村。主要生产和销售氨基磺酸及其他相关的化工产品，自1995年底建成投产，已拥有固定资产2000万元，年生产能力2万吨的生产规模，在国内和国外均居领先地位。其主导产品氨基磺酸广泛运用于食品、医药等行业，远销国内20多个省市区及欧洲、美洲、东南亚、韩国等地，其中出口外销量高达50%。公司通过挖掘技术潜力，加大对生产工艺流程和生产技术革新改造的力度，使产品质量达到

HB2527-93 优级品标准。2001 年，公司已通过国际化标准组织 ISO9001 认证，其质量管理和质量保证更趋现代化和国际化。2004 年初，公司引进先进技术，开始投产三聚氰胺，填补了山西省化工产业的一项空白，年产能为达 6000 吨，品质优良，受到国内国际市场的肯定。公司重视生产环境的改善和区内的绿化建设。不惜投入大量资金，采取环境保护措施，对生产过程中产生的污染物，采用密闭循环再处理利用的方式，不产生排泄，达到了环保部门的认同。同时，大面积种植花草绿树，整个环境优美怡人，堪称花园式“绿色工厂”。2006 年，公司完成工业总产值 3218 万元、工业增加值 416 万元、产品销售收入 2590 万元，实现利税 541 万元。2010 年，完成工业总产值 6124.3 万元，完成工业增加值 2325.5 万元，完成产品销售收入 5397.7 万元，实现利税 973.1 万元。

六、山西晋达碳素股份有限公司

前身为平定县碳素厂，始建于 1986 年，1988 年建成投产。公司拥有总资产 3.93 亿元，净资产 1.23 亿元，职工 2200 人，其中各类专业技术人才 510 余人，是山西省最大的碳素制品生产企业。主要产品：预焙阳极、半石墨阴极炭块、底块、侧块、角块、电极糊、石墨电极、高纯天然石墨粉等十余种产品，年销售量达 15 万吨。产品畅销全国 20 多个省市区，远销中东地区和欧盟国家。2003 年 10 月公司为进一步做大做强，向集团化迈进，分设三个具有独立法人资格的子公司，由原旧厂区注册为“山西晋达聚鑫碳素有限公司”，新厂区注册为“山西晋达弘远碳素有限公司”，与上海吴泾碳素实业公司合资注册为“山西晋沪碳素有限责任公司”。2004 年，山西晋达聚鑫碳素有限公司兼并了阳泉宇通铸造有限公司，山西晋达弘远碳素有限公司与山西兆丰铝冶股份有限公司合资成为山西兆丰碳素有限公司。2005 年，公司与上海方合资新组建“山西泉海石墨有限责任公司”，主要生产细结构石墨、高纯石墨、高强度高密度石墨、普通石墨纯化粉等，该产品不仅弥补了山西省的空白，而且位居全国同行业四家企业之首，产品不仅国内领先，同时远销日本、美国、韩国等国际市场。2006 年后，公司先后被农业部授予“中型二档乡镇企业”；省人民政府授予“山西省明星乡镇企业”和“出口创汇先进企业”，生产的阳极糊赢得“国际博览会金奖”；中国技术监督协会授予“全国碳素质量过得硬企业”；省科技厅授予“高新技术企业”；省民营经济发展局授予“百强民营企业”，阳泉市委、市政府授予“阳泉市十强乡镇企业”；省乡镇企业管理局、省民营经济发展局授予“全省百强民营企业”；省国家税务局、省地方税务局授予“山西省纳税信用 A 级单位”，市国家税务局授予“民营企业纳税贡献大户”；连续 5 年被中国农业银行山西省分行评为“AAA 级信用度企业”等。

第四章 建材工业

第一节 水泥及其制品

一、水泥

境内石灰石资源丰富，分布广，储量大，品位高，为发展水泥工业提供了丰富的原料。1957年，盂县手工业联社开始筹建境内历史上第一座小水泥厂。翌年，阳泉矿务局、阳泉市第二工业局、阳泉市郊区工业局先后建成4座小水泥厂。此为境内水泥工业的发端。

盂县手工业联社水泥厂于1958年建成投产，当年生产水泥760吨。翌年9月，由集体所有制转为地方国营之后，名称、隶属关系几经变更，1979年9月停办，前后共生产水泥6.35万吨。1958年，阳泉市第二工业局分别在郊区下五渡、苇泊两村兴建了第一、第二水泥厂，为阳泉市最早的地方国营水泥企业，年产水泥2万吨，主要生产石灰石矿渣及石膏矿渣300#无熟料水泥。第二水泥厂建成后不久便停产。第一水泥厂于1961年3月停产下马，直到1967年才又恢复生产，同时改名为阳泉市水泥厂，年设计规模为3.2万吨。1958年，由阳泉市郊区工业局在平定东关大林山东侧筹建小水泥厂，时称八一水泥厂，当年生产水泥96吨，于1960年下马关闭。1958年6月，阳泉矿务局水泥厂筹建，采用土法上马生产无熟料石灰矿渣水泥，最初日产不过300公斤，标号只有200#左右；同年9月试产硅酸盐水泥获得成功，于年底建成Φ2.73×10米的两座立窑，形成年产3.2万吨的生产能力。

1971年至1980年是阳泉水泥工业的振兴时期。1972年郊区河底公社兴建的全市第一个公社（乡）办的兴华水泥厂，经历了两年筹备工作后投入生产，年生产能力为4.4万吨，主要生产 325#、425#、525# 水泥。1971 年 1 月盂县地方国营水泥厂在西白水村北也开始动工，年设计生产能力为 7000 吨；同年 12 月 26 日开车试产，至年底生产水泥 2853 吨。1979 年 6 月，该厂又进行改扩建工程，年生产能力扩大至 3 万吨。到 20 世纪 70 年代后期，平定县水泥厂大搞新产品开发，生产出 425# 高标号矿渣硅酸盐水泥，年生产能力由 70 年代初的 5000 余吨增至 3.4 万余吨。1978 年娘子关发电厂开始兴建厂属水泥厂，翌年建成投产，年设计能力为 3.2 万吨；固庄煤矿也随之建水泥厂。1976 年，盂县孙家庄、平定县槐树铺等公社水泥厂相继筹建投产，到 1980 年全市水泥企业已发展到 19 个，年产水泥 16.2 万吨。

1981 年至 1990 年，在改革开放大潮的推动下，国民经济的快速发展给水泥工业带来新的生机。一方面，国营水泥企业积极投入资金进行技术改造，扩大原有生产规模；另一方面，一批相当规模的新型乡镇水泥骨干企业蓬勃而起。全市出现了一个市、县国营水泥企业、厂矿水泥企业、乡镇水泥企业共同发展的新格局。全行业技术水准、生产规模、生产工艺、产品质量等都向前跨进了一大步，并在全市建材工业中居于主导地位。1983 年阳泉市水泥厂开始进行重大技术改造，把落后的土立窑改造成 Φ2×8 米塔式机立窑，并增设 1 台 1.83×6.4 米球磨机，年生产能力由 3.2 万吨增加到 6 万吨。1985 年 10 月通过省级鉴定验收；1987 年又被列入省市重点技改项目，投资 814 万元再次扩大生产规模，新建 Φ2.5×40 米二级旋风三钵立筒预热回转窑 1 座及所属配套设备，并改进了回收粉尘工艺，于 1988 年 7 月竣工投产，从而形成年产 12 万吨的规模。1985 年盂县水泥厂经省计委批准列入全省“七五”时期重点扩建项目，总投资 3519.12 万元，由秦皇岛矿山设计研究所和国家建材科学院水泥所共同设计，兴建年产 13.5 万吨、Φ3×48 米二级悬浮立筒预热干法回转窑生产线，由 45 个单项工程组成，新增大中型机械设备 624 台（件），建筑面积达 8.5 万平方米；预热技术从捷克引进，烧成系统实行仪表控制，其自动化水平领先于全市同行业。该项目于 1986 年 9 月 9 日开工，到 1990 年 7 月第一期工程基本完成。该厂主要生产矿渣硅酸盐水泥和普通硅酸盐水泥两大类产品，产品标号为 325#、425# 和 525#，其中秀水牌 325# 矿渣硅酸盐水泥评为省优质产品。由于技改工程尚未全部完工，未能形成新的生产能力，1990 年该厂水泥产量 3.2 万吨。1985 年后，平定县水泥厂投资 244 万元，完成年生产能力 8.8 万吨扩改工程，在原有产量上翻一番。继而在 1988 年又投资 52 万元，购置了市无线电一厂生产的 WPK-IA 型生产配料微机皮带秤，解决了配料不准、质量不稳的技术难题。1990 年完成产量 8.74 万吨，产值 1076.1 万元，实现利润 125.82 万元。阳泉矿务局水泥厂于 1983 年 7 月新上一条回转窑生产线，翌年水泥产量即突破 7 万吨；1986 年又投资 130 万元，对原有生产线进行技术改造，1988 年形成年产 10 万吨的生产能力，1990 年该厂产量达 9.06 万吨。

在上述国营水泥厂改扩建工程进展的同时，乡镇水泥工业蓬勃兴起，其起点高、品种新、标号高、生产总量大，成为全市水泥工业的一支新生力量。1983 年，郊区西南舁乡在大洼村兴建的青山水泥厂于 1986 年建成投产，年设计生产能力为 5 万吨。1985 年，郊区义井乡与中国建材科学研究院水泥所联营，引进新技术在小河村建成全市第一家特种水泥厂。年设计生产能力为 2.5 万吨，产品为快硬硫铝酸盐水泥，标号 $425^{\#}$、$525^{\#}$ 和 $625^{\#}$，其中以 $525^{\#}$ 为大宗产品。1987 年 $525^{\#}$ 快硬硫酸盐水泥项目列为全省星火计划；1989 年 6 月经省有关部门验收并获省优秀产品奖，同年获全国星火产品展金奖。翌年该厂产品在泰国国际展览会获得金奖。1990 年该厂进行扩建工程，再上一条回转窑干法生产线，设计生产能力仍为 2.5 万吨。是年年底，主体工程基本完工。该厂特种水泥产品广泛用于锚喷支护、大型建筑框架等项施工，远销全国 20 个省、市、地区。1990 年全市水泥的年产量为 58.89 万吨，完成产值 7186.8 万元。

1990 年至 2000 年，随着全市改革开放和经济腾飞发展的需要，水泥工业也进入了飞速发展的重要时期。这一阶段发展的一个显著标志就是众多乡镇小水泥企业的迅速崛起，全市由 10 数家猛增至 63 家。主要的生产厂家：盂县西烟镇联营水泥厂、盂县西城武玉龙水泥厂、盂县矿西水泥厂、盂县城关镇工业总公司水泥厂、盂县森茂水泥厂、盂县牛村镇西山头水泥厂、盂县仙人乡仙人水泥厂、盂县孙家庄乡水泥厂、盂县秀水水泥有限公司、盂县城关镇东城武水泥厂、盂县牛村镇西林武水泥厂、盂县牛村镇西林江水泥厂、盂县仙人乡西峪水泥厂、盂县万泉水泥厂、盂且南娄集团水泥有限公司；平定县固关水泥厂、平定县马上固水泥厂、平定县岔口乡食足水泥厂、平定县永固水泥厂、平定县里牌岭水泥厂、平定县石门口乡前徐峪沟水泥厂；郊区凤凰水泥厂、郊区北大西庄水泥厂、郊区王家庄水泥厂、郊区辛兴水泥厂、郊区泉东水泥厂、郊区永盛实业公司水泥厂、郊区兴华水泥厂、郊区高铝水泥厂、郊区腾飞实业总公司水泥厂以及娘子关电力实业总公司水泥厂、经济技术开发区永固水泥厂等。由于水泥生产厂家的增加，水泥产量也明显增加。全市水泥产量 1991 年为 65.86 万吨，1993 年 92.01 万吨，1995 年 98.55 万吨。1997 年突破了百万吨大关，达到了 107.94 万吨。为 1990 年的 1.83 倍。1997 年后略有回落，分别是 1998 年 98.08 万吨，1999 年 99.76 万吨。

20 世纪 90 年代末期的亚洲金融危机的发生，以及保护环境关停中小型污染企业的政策，对全市的水泥工业影响很大，企业运行极度艰难，包括国有企业阳泉市水泥厂、平定县水泥厂、盂县水泥厂在内的诸多乡镇中小水泥企业停产或解体。全市的水泥产量也急剧下滑，分别为 2000 年 56.69 万吨、2001 年 58.19 万吨、2002 年 63.18 万吨、2003 年 69.27 万吨。为使企业走出困境，对水泥企业进行了改制管理，积极扶持大中型企业发展，促进企业增收，迅速恢复经济增长。这一时期得到较大发展的水泥企业有亚美建筑工程材料有限公司和阳泉狮头特种水泥有限公司。2001年，“亚美”牌商标被评为山西省著名商标。2002年，亚美建筑工程材料有限公司与阳泉太湖耐火材料总厂合并，使其发展得到了更大的空间。2003年，公司取得了ISO9001:2000质量管理体系认证证书。2004年，公司进行产品结构调整和产品换代升级，上马100万吨新型干法水泥项目，生产线全线采用先进的集散型计算机控制系统，中央控制、电视监控系统和窑外预分解技术，彻底解决了粉尘排放污染问题，生产装备、技术工艺达到期了国内先进水平。该项目于2005年3月在白泉工业园区奠基动工，2006年6月投产后年产量达到50多万吨。2009年，亚美公司开始批量生产PO52.5硅酸盐通用水泥，水泥质量合格稳定，达到《普通硅酸盐水泥标准规定》要求，深受用户欢迎。2010年，公司年产量达到90余万吨，生产经营规模位列山西省制造业100强第86位、山西省水泥工业第3位。阳泉狮头特种水泥有限公司于2000年由太原狮头水泥有限公司兼并义井乡特种水泥厂组建而成。2002年成为上市公司。2002年接管阳泉水泥厂。其产品钰牌快硬硫酸盐系列水泥覆盖全国并远销日本、韩国、美国、英国及东南亚等国，被中国建材院列为重点出口基地。这一时期虽然关停了不少中小污染水泥企业，由于大企业的骨干带动作用，全市的水泥产量稳中有升，分别是2002年63.18万吨、2004年94.86万吨、2006年106.30万吨、2008年123.13万吨、2010年146.97万吨。

阳煤集团100万吨水泥生产项目

二、商品混凝土

商品混凝土，又称预拌混凝土，简称为“商砼”，是由水泥、骨料、水及其他需要掺入的外加挤、矿物掺合料等按照一定的比例，在搅拌站经计量搅拌后出售并采用运输车，在规定时间内运输至使用地点的混凝土拌合物。由于预拌混凝土质量方面的保证，在建筑、道路等施工中被广泛使用。阳泉地区的商品混凝土的使用始于20世纪90年代的末期。1990年，阳煤宏厦三建成立预拌砼分公司开始预拌混凝土生产，之后，随着城市建设和工农业生产发展的需要，商品混凝土的使用日益广泛。2000年后，商品混凝土的生产企业迅速增加。先后投产的在华通路桥集团商品混凝土有限公司、昌达伟业商品混凝土有限公司、阳泉蒙晋品混凝土有限公司、阳泉祥和商品混凝土有限公司、阳泉五龙商品混凝土有限公司、阳泉晋江商品混凝土有限公司、阳泉百通商品混凝土有限公司、盂县凯通商品混凝土有限公司等10数家。

山西百通混凝土有限公司厂区

阳煤宏厦三建预拌砼分公司是阳泉市建成站最早生产规模较大的一家国有预拌砼生产厂家，位于郊区义井镇王家峪村，占地面积13.3公顷。该公司1996年成立以后，狠抓内部管理，积极拓宽市场，全面引入现代企业管理模式，在激烈的市场竞争中不断发展壮大，至2010年固定资产增加至5000万元，拥有5个分站、6台泵车、32台砼搅拌车、6台砼拖式泵，累计完成产值8.5亿元，上缴利税8000万元。

华通路桥集团阳泉市商品混凝土有限公司始建于2000年5月，公司下设平定站、郊区站。总占地面积15公顷，资产总额9400万元，年设计生产商品混凝土为100万立方米。两个站各占一个区域，形成平定、郊区二位一体、资源共享、相互协调、统一指挥的生产经营体制，市场覆盖三区二县，成为全省大型商品混凝土公司之一。平定站地处平定县与城区交界处原阳泉东收费站西侧，占地面积28.5亩，生产设备有90型混凝土搅拌站一座、120型混凝土搅拌站一座，年生产设计能力为40万立方米；郊区站位于李荫路冯家庄东侧工业园区，占地面积13.3公顷，生产设备有双HZS180混凝土搅拌站一座，年设计生产能力为60万立方米。

昌达伟业商品混凝土有限公司成立于2001年，总占地面积19公顷，拥有员工230余名，其中本科以上学历者60名。自成立之后，企业本着“高起点、高技术、高标准”的三高发展宗旨，依靠“人才兴企、科技兴企”两大发展战略，已发展成为集生产、试验、销售为一体的专业混凝土公司。现已拥有两个搅拌站，四条混凝土生产线，年生产能力达180万立方米，生产工艺先进，运送设备能力匹配，现有混凝土搅拌车42辆，散装车3辆，泵车6辆，车载泵3台，地泵2台，专用加油车1辆，总资产达1.4亿元。可以生产轻质、抗渗、膨胀、早强、抗冻等普通和特种混凝土，多年来已在阳泉及周边地区形成了稳固的销售网络，确立了预拌混凝土可靠的市场地位，其质量与服务赢得了广大用户的信赖。

部分年份全市商品混凝土产量：2004年7.78万吨，2008年40.57万吨，2009年42.09万吨，2010年47.60万吨。

三、水泥制品

1957年，阳泉矿务局预制厂生产水泥格型板用于井下矿山支护。1964年阳泉市建筑工程公司为适应城市建筑业的需要，加快工程进度，在河边街设立的加工厂内组建了一支30余人的队伍专门生产水泥预制件，是年完成产量240立方米。1969年该生产组迁至西河滩扩为一个车间，时有工人70余人，年产檀形板、楼板构件1200立方米。

20世纪70年代后期，全市水泥制品企业开始向群体化迈进，产品向多品种发展。1976年郊区二轻局在三郊村兴建水泥预制厂，主导产品为水泥线杆、煤矸石矿用支架，年产量分别为5000支、4000套。之后，阳泉矿务局企业处及四矿也兴建了水泥预制厂，除生产民用楼房建筑预制构件外，还为矿井生产所需的背板、盖板等构件。平定县供水管理局也在这一时期办起集体企业——平定县水泥制品厂，生产用于路面、墙体等预制构件。

20世纪80年代，不少乡镇和国营企业纷纷兴办水泥预制厂，其中规模较大的有盂县城关镇预制厂、郊区河底镇预制厂、盂县建筑公司预制厂、阳泉矿务局工程三处预制厂等。到1990年，全市生产房屋预制构件3.30万立方米，石棉水泥板5.43万立方米，水泥电杆6248根，井下支架2618套。

1990年后，水泥楼板、井下水沟盖板、大型建筑盖板和公路水泥砖等的生产量不断加大。1991年，全市生产水泥电杆2144吨，水泥砖3800吨，水泥预制构件5.30万立方米。1995年，全市水泥制品企业发展至25家，年产水泥电杆8248根，水泥砖4090吨，水泥预制构件7.11万立方米，石棉水泥瓦37万平方米。之后，随着企业产权制度改革和市场竞争的加剧，不少水泥制品企业先后走向解体或转产，水泥制品品种和产量大幅下降。2005年，全市生产水泥电杆2144吨，水泥砖3090吨，水泥预制构件4.81万立方米，石棉水泥瓦18万平方米。其中，除水泥电杆的产量之外，水泥砖、水泥预制构件和石棉水泥瓦都有不同程度的下降。2010年，全市有科益建材有限公司等5家水泥制品生产厂家生产水泥预制构件和水泥电杆等。

1991—2010年阳泉市建材主要产品产量简表

表 -7-11

年份	水泥（万吨）	商品混凝土（万立方米）	砖（万块）	瓷质砖（万立方米）	日用陶瓷（万件）	大理石板材（万立方米）
1991	65.86	—	65228.95	—	—	—
1992	80.48	—	80523.21	—	—	—
1993	92.01	—	96771.25	88.27	2925.40	54.54
1994	84.76	—	110011.00	230.74	2483.00	55.32
1995	98.55	—	84567.25	119.86	2437.30	49.95
1996	106.60	—	148230.30	249.17	3401.00	138.06
1997	107.94	—	143513.90	337.92	2934.99	135.21
1998	98.08	—	—	384.83	2739.80	121.62
1999	99.76	—	89898.00	397.14	3474.00	88.75
2000	56.69	—	6513.00	140.82	1776.00	102.00
2001	58.19	—	5086.00	91.84	2226.00	—
2002	63.18	—	2136.00	59.00	3324.00	—
2003	69.27	—	4008.00	73.2	3384.00	—
2004	94.86	7.78	—	66.03	3412.00	—
2005	101.27	—	2024.00	78.50	2330.00	—
2006	106.30	—	2630.00	193.8	2668.00	—
2007	156.30	—	2522.00	211.20	2500.00	—
2008	123.13	40.57	889.00	107.99	2770.00	—
2009	122.60	42.09	1267.00	172.00	2770.00	—
2010	146.97	47.60	4383.00	224.75	2261.00	—

第二节 墙体材料制造

一、砖瓦

境内砖瓦生产可上溯至东周。1987年，考古人员在盂县县城附近的仇犹国遗址发现有古城下水道用的板瓦、建筑物屋顶用的筒瓦及瓦当。依据其形制大小、绳纹粗细等特征鉴定，分属春秋和战国两个历史时期。此外，还发现有秦汉时期的变体凤纹瓦当等物。据考古和文物调查资料显示，自汉代至清代，境内墓葬、寺庙、城墙、居室使用砖瓦逐渐增多。清末，正太铁路铺设到阳泉，车站、厂矿、店铺、货栈等纷纷砌房造屋，于是车站附近砖瓦业日兴，生产砖瓦的作坊常年不下20余家，从业人员有200多人。民国26年（1937）出版的《中国实业志·山西卷》载：盂县在民国19年至22年间，有6户砖瓦作坊开业，有工人23人，资本900元，年产青砖3.92万块，瓦18.25万块。

阳泉建市初期，在医治战争创伤的过程中，砖瓦生产随之兴盛。其间砖瓦生产一直沿用手工作业方式，生产组织形式有私营作坊、合作社（组）。1949年，阳泉工矿区有砖瓦作坊14户，从业人员85人，年产值60余万元。到1954年增至56户，从业人员增至282人，年产量为190万块。1952年4月阳泉矿务局为满足自身建设需要，建立了砖厂，建厂不久便对传统烧成方式进行改造，将60个小窑改为大口窑，增加容量，以缩短烧成时间。1955年平定县东关村、梨林头村率先组织砖瓦生产社，仍以手工脱坯、土窑烧制，人均日脱坯不过1000块。1956年，盂县手工业联社成立了第一个集体经济性质的砖瓦生产合作社，有职工21人，当年生产青砖86万块，瓦12万片，到1959年改为地方国营企业，更名为盂县建筑材料厂。

20世纪50年代末，平定县维社、南坳、西锁簧等乡村又相继建成了6个小型砖厂。全市砖瓦产量即由1949年的26万块增至4846万块。其间，阳泉市砖瓦骨干企业普遍完成了手工制坯向半机械化生产的过渡，全市砖瓦生产一直呈稳步发展态势。1960年至1962年由于遭受自然灾害，阳泉市砖瓦企业不得不紧缩生产。1966年“文化大革命”开始后，砖瓦业的生产继续下滑，到1968年产量下降至819万块。

1976年，阳泉市砖厂投资240万元新建小断面隧道窑1座，1979年建成投产。20世纪80年代初，阳泉市砖厂已形成年产4000万块的生产能力。阳泉矿务局砖厂于1986年将轮转窑改造为当时国内最先进的一次性隧道窑，使该厂年产量突破4000万块。与此同时，一批较大规模的乡镇村砖瓦厂逐步投入生产。平定县东关、西关、南关、河头等10个村都相继建成使用制砖机、隧道窑生产的半机械化村办砖瓦厂。郊区区办砖瓦厂及郊区义井、河底等乡镇也相继建成一批规模不等的砖瓦厂。盂县二轻局兴办生产规模为年产500万块的砖厂，10余个乡村两级砖瓦厂相继投产。1986年，平定县娘子关镇城西村投资42万元，利用娘子关发电厂排放出的工业废渣建成了全省第一家加气混凝土砖厂，年设计能力为1.5万立方米；翌年又投资49万元加以扩建，形成年总产4万立方米的两条生产线。

1990年后，随着城市建设发展的需要，全市砖瓦建材业有了长足发展，生产厂家增至50余个，产量稳定增长。分别为1991年65228.95万块，1992年80523.21万块，1993年96771.25万块。1994年全市的砖瓦年产量突破10亿块大关，达到了110011万块。1996年更是达到了创纪录的48230.30万块。1998年后，随着商品混凝土的广泛运用和国家保护资源对用土烧制砖的有关限制政策的贯彻落实，全市砖瓦的年产量开始出现回落。分别为2000年6513万块，2001年5086万块，2002年2136万块，2003年4008万块，2005年2024万块。到2005年全市实心黏土砖烧制企业全部关停或转产。

其间，一批新型的利用废弃物且节能减排的制砖企业应运而生。2000年阳泉市郊区河底砖厂投资200万元，引进了双极真空挤砖机、自动切剖机、对滚机等先进制砖生产线，成功实现了由黏土实心砖向煤矸石烧结砖的产品转型。阳煤集团一矿免烧建材项目由西班牙普亚塔斯公司供应商提供全套设备供货合同，引进先进生产线，为2006年阳泉市百项重点工程，项目于2009年建成投产，每年可消化煤矸石15万吨，节约标准煤2.25万吨，减排二氧化硫5000吨，具有良好的经济效益和社会效益。主要产品普通砖、空心切块、铺路石、路牙石等系列产品经有关质量技术监督部门检验，达到了GBT15229—2002标准。南煤集团新型建材有限责任公司是由南煤矿集团及其子公司广源工业有限责任公司共同出资于2005年建成投产的。该项目是由西安墙材料研究设计院设计，引进德国砖坯挤出机、砖坯切码运用卸坯系统，是目前国内生产规模最大、自动化程度最高、生产工艺最先进、生产质量达到国际一流水平的煤矸石烧结砖生产线。主要生产煤矸石页岩烧结多孔砖和煤矸石页岩烧结空心砖，每年可消化煤矸石100余万吨，节约标煤14.3万吨，推动岗位就业500余人，提供直接经济效益3200多万元。煤矸石页岩烧结多孔砖和煤矸石页岩烧结空心砖具有抗压强度高、寿命长、隔热好、节能显著、放射性极小等特点。该产品建筑节能综合成本低、外观典雅，符合绿色、生态、环保的发展要求和国家出台的最新墙改政策，是黏土砖的替代产品，是清水塘的首选产品。广泛运用于承重结构和非承重结构的工业和民用建筑，用户非常欢迎。

2006年后，全市砖的年产量开始出现回升的势头。到2010年年产量达到4383万块。

二、石料石灰

境内多为石山区，储有丰富的石灰岩、砂岩、花岗岩和宣武岩。在农村居民住宅的院墙以至街道，多用青石（石灰岩）、沙石（砂岩）砌筑，唯加工粗细不同。对其历史上溯已难考据。但从现存北魏、北齐佛龛的开凿遗迹中推断，开山凿石为民所用，最晚始于南北朝；石灰石烧制成的石灰用于建筑施工，则见于唐代墓葬中之壁画。宋代以后，随着采煤业的不断发展，为石灰业提供了充足的燃料，同时也拓宽了石灰的销路。平定县城北宋熙宁年间建造的双塔，即是用石灰砌筑而成的。然而，历代对石料开采，烧制石灰，均不作记载。

1949年，平定县上盘石村12位农民组织起一个石料生产组，日产石子25吨，主要用于铁路路基填充。同年，太原铁路局阳泉公务段在平定县龙庄村也建起一座石料厂，后成为平定县建筑材料厂。

1971年6月，阳泉石料厂在郊区王垅村成立，为全民所有制的石料生产企业。最初有职工30人，年生产能力3000立方米；1985年改为阳泉市建筑装饰材料厂的一个石料车间。1984年平定西郊石子厂建成投产，年产2万立方米。

1990年全市石料产量为14.59万立方米。1995年全市有乡村采石厂家80余户，年生产石料100万立方米。之后采石厂家的规模不断扩大，机械化程度日益提高，生产量也随之增加。2005年，全市有采石厂家70余户，年生产石料700万立方米。2010年，全市采石厂家精减至60余户，产能且大幅提高，年生产量达到1100万立方米。

据1954年《阳泉市石灰砖瓦业文字分析报告》载，民国19年（1930）至民国35年，在五渡、平坦垴、义井、荫营等地皆有烧石灰者，每天每人平均产石灰250公斤。生产一般随修建需要，呈季节性生产。1949年以后，随着经济的恢复，给建材业提供了广阔的市场。1949年阳泉工矿区烧制石灰者仅有8户，从业人员71人；年产值3.83万元，到1952年增为20户，从业人员668人，年产值233.34万元。之后相当长的时期内，石灰主要用于城乡建筑业，生产企业和年产量稳定在30余户和5万吨位左右。

1978年改革开放后，石灰的供求不断加大，到1990年，全市乡村石灰厂家达到100家，年产石灰11.72万吨。之中，平定县西郊至石门口，已发展为石料开采、加工，烧制石灰和防水粉的建材小区。

1995年是全市石灰生产发展的一个具有里程碑意义的年份。这一年，全市生产石灰的厂家增至150余家，年生产石灰161.06万吨。其中，盂县土塔乡石灰厂年生产4.55万吨，盂县东庄头乡石灰厂年生产3.60万吨，玉新双氰胺有限公司年生产2.67万吨，平定县马山乡盈丰石英粉厂年生产1.50万吨。此后，石灰的生产呈下降趋势。至2010年全市有石灰生产企业20余家，年生产30余万吨。另有白灰深加工炼制的野外个体40余户。

第三节　装修材料制造

一、卫生洁具

1976年，郊区石卜咀村开始生产陶瓷卫生洁具。时有职工80余人，年产量1万件。该厂于1988年投资300万元对窑炉改造，新建1条90米长的煤气烧成隔烟隧道窑及1座工业煤气站，并安装旋风除尘器。后又投资80万元对施釉、成型工序改进，把浸釉改为喷釉，人工搬运大桶注浆改为管道注浆，年生产能力由6万件提高到10万件，产品合格率由70%提高到90%以上。该厂生产的"九关"牌卫生陶瓷洁具包括坐便器、水槽、水箱、洗面器4大类40个品种规格，除满足省内需求外，还畅销京、津、豫、鲁、闽等18个省、市、自治区。1989年该厂产品获市优秀新产品奖、山西省乡镇企业产品优秀奖，并达到国家建筑卫生陶瓷A级标准。1995年郊区石卜咀村陶瓷卫生洁具厂易名阳泉市卫生陶瓷厂，当年产量达到25万件（合3246吨），产值500万元，实现利税48万元。1999年，该厂与广东省佛山市陶瓷厂实施技术协作，引进先进烧制技术的同时并对窑炉进行升级改造，使"九关"牌卫生陶瓷洁具产品质量有所提高。2003年，由于多种因素，阳泉市卫生陶瓷厂关停。至此阳泉市卫生陶瓷洁具生产退出。

二、饰面砖

1982年，郊区平潭垴村办起一座建筑陶瓷厂，为阳泉市生产饰面砖之始。初期只有职工13人，年产量3万平方米。1985年将单孔隧道改造成20孔玛沸炉后，年产量增至10万平方米。1987年投资980万元进行第二次技术改造，除新增隧道窑1座外，又购进2台RLETF-2000型压力机，把小球磨机改为大球磨机，干燥制粉改为喷雾干燥制粉；又增加投资3.7万美元从台湾引进喷雾技术，实现了煤气烧成、喷雾干燥、自动化液压成型流水生产线，使生产规模和产品质量得到进一步提高，成为全市最大的建筑陶瓷生产厂家。主要产品有152×152毫米白色釉面砖、地板砖；并将釉面砖加工，采用彩绘、印花、浮雕等艺术手法，二次烧成拼装壁画。此外还生产唐三彩艺术陶瓷，产品分8大类上百个品种。1983年郊区杨家庄乡振华建筑陶瓷厂建成投产，年生产釉面砖8.1万平方米。1986年平定县阳胜乡在南阳胜村投资100万元建成晋阳陶瓷厂，年生产紫砂釉地板砖15万平方米。1990年，全市生产釉面砖30.46万平方米，墙地砖17.2万平方米。1990年之后全市釉面砖、地板砖（瓷质砖）的生产受城市建设发展的影响，产量一路走高。主要生产厂家有阳泉市建筑陶瓷厂、阳泉市桃河新型建材总公司、阳泉市郊区矿渣建材厂、阳泉市耐酸陶瓷有限公司、山西华龙陶瓷有限公司、阳泉市佳和高科电瓷有限公司等20余家。其中山西华龙陶瓷有限公司于2006年12月1日获山西省科技厅授予的“高新技术企业”称号，其瓷质墙地砖产品还成为2008年北京奥运会场馆的首选饰面砖之一。

部分年份全市饰面砖产量：1992年88.27万平方米，1995年119.86万平方米，1998年384.83万平方米，2000年140.82万平方米，2005年78.50万平方米，2008年107.99万平方米，2010年224.75万平方米。

三、马赛克

1983年5月，郊区三泉村动工兴建了全市第一家马赛克厂，同年9月投产，主要生产“环形山”牌陶瓷马赛克。其原料系高级瓷土，采用国内先进技术，经过精选、清洗、研磨、磁选和隧道窑烧制而成，具有色泽鲜艳、拼图别致、强度高、耐磨损、抗老化、吸水率低等特点，是现代宾馆、浴室、卫生间和高层建筑地面、外墙理想的饰面材料。1987年马赛克评为省优质产品。1990年全市生产马赛克4666平方米。1995年，全市生产马赛克的厂家增至3个，主要生产瓷质玻化砖、发廊展厅装饰内墙砖等。2000年后，在生产瓷质马赛克的基础上增加了金属马赛克的生产，包括铝塑马赛克、不锈钢马赛克、钛铁马赛克等。至2005年，由于市场竞争方面的原因，马赛克生产厂家分别停产或转产。

四、大理石　水磨石

1984年，平定县石门口乡在南上庄村筹建长城大理石厂，翌年8月投产，当时只能开采荒料，无加工板材能力。1985年，平定县马山乡在改道庙村创办大理石厂，年产荒料600平方米，翌年正式建成。其采用国产设备加工厚度为10厘米的薄型板材，是为阳泉市大理石板材生产之始。1988年长城大理石厂投资140万元加以改扩建，形成年产大理石板材2万平方米的能力。该厂所生产的大理石板材有天云、梅花绿、松花玉、墨晶玉、万年青、阳泉红、玉莲花、水黄等20个花色品种。1986年创市优产品，1987年获省优产品称号；产品畅销西安、上海、呼和浩特、石家庄、太原等市。该厂除加工生产各种规格板材外，还在产品用途上做文章，将板材加工成工商业牌匾、家用器具餐桌、茶几、花盆、镇纸等。1984年至1987年，盂县梁家寨、北峪口、榆林坪乡也相继办起乡办大理石厂，就地取材加工。在此期间，郊区河底镇任家峪村也办过一座大理石板材厂，但不久便停产了。1989年盂县农机厂利用盂县北部较丰富的石材资源，也建起一座年产5000平方米的大理石板材车间。

20世纪80年代中期之后，建材行业中乡村两级企业，除生产天然大理石板材外还就地购进原料，生产水磨石地面装饰材料。1984年平定县前梨林头村建起全市第一家晋益水磨石厂，主要生产水磨石地板砖，年生产8000平方米。同年，平定县庄窝村投资30万元筹建亨德水磨石厂，翌年4月投产。其以加工制作水磨石异型板材为主，兼生产各种规格的水磨石地板砖，年产量6283平方米。1985年3月，平定县西郊村投资建成全市规模最大的水磨石地板厂，年产能力达到4万平方米。在此期间，盂县、郊区先后兴建水磨石厂20多家。到1990年，全市大理石板材产量达到2.96万平方米，水磨石板材达8.1万平方米。

1990年后，装饰材料市场的需求量的加大，促进了全市大理石水磨石板材生产的发展。1993年，全市大理石水磨石板材产量达到了54.54万平方米，为1990年产量的5倍。1993年盂县成立石材加工厂，主要生产天然万年青、并州青、玛瑙红、风景白、风景绿、云山灰等10数个品种的大理石板材，并销往北京、内蒙古自治区、陕西、河南等省区市。1994年至2000年全市大理石水磨石板材产量一直持增长之势，年产量分别为：1994年55.32万平方米，1996年138.76万平方米，1998年121.62万平方米，2000年102万平方米。2000年后全市大理石水磨石板材生产厂家多因企业严重亏损方面的原因相继停产或转产。但大理石荒料的生产始终没有停止。至2010年，盂县仍有大理石矿山持证企业14个，年生产荒料3.19万立方米。

五、建筑涂料

1984年，阳泉市石料厂与南京建材局共同签署科技开发合同，引进一条涂料生产线。翌年建成投产，并试产出第一批内外墙涂料，填补了全市建材产品一项空白。同年，该厂更名为阳泉市建筑装饰材料厂。主要生产内外墙涂料、地板涂料、滚花涂料、193瓷釉涂料等系列产品，其中193瓷釉涂料获省优秀新产品奖。1985年，平定县城关镇大峪村分别投资12万元、18万元也新建了两个涂料厂，年产量336吨。1990年，全市涂料产量达到1077吨。1995年，全市涂料生产厂家发展至10个，其中个体私营企业9个，年生产涂料3000吨。2001年，全市最大的涂料生产厂家阳泉市建筑装饰材料厂因严重亏损被迫关停。至2010年全市个体经营生产涂料一直未间断，年产量在2000吨上下徘徊。

六、金属门窗

为替代传统的木制门窗，阳泉市变压器厂从1980年开始引进国内较先进的技术设备生产钢制门窗。1984年该厂与市机床附件厂合并为阳泉市水泵一分厂，除生产水泵外，主要生产8大类上百个品种规格的空、实腹门窗，年生产能力0.5万平方米。1985年产量1.78万平方米。

1988年后由于市场原因，年产量逐年下降，到1990年降至1万平方米。其间，阳泉矿务局钢窗厂于1981年建成，主要生产32毫米实腹钢门窗、25A空腹钢门窗、铝合金门窗、钢质喷塑仿铝合金门窗、76系列推拉窗、2056纱窗料型钢等产品，质量合格率均在98%以上。其除在市内销售外，还走向外省市场。1984年，矿区桥头办事处在原五金厂的基础上建成矿区钢窗厂，主要生产固定门窗、分组合门窗、全钉板钢门、平板钢门、平开窗、中旋窗等产品，年生产能力1万平方米。1990年全市钢窗年产量3.1万平方米。1990年后，钢门窗的生产逐步淡出市场，代之而起的是铝合金门窗，不仅新建筑普及铝合金门窗的使用，而且不少的老建筑的门窗也由铝合金门窗替代。2000年以后随着铝合金门窗和塑钢门窗的使用，金属门窗停止生产。

第四节 防水保温材料制造

一、防水材料

1958年，矿区几个手工业缝纫社联合成立了国营化学油毡厂，使用煤焦油生产油毡，年产量500余卷。1965年阳泉市劳动局组织生产服务队（后改称阳泉市油毡厂）在郊区平潭垴村报废的煤窑场址生产油毡。1969年阳泉市油毡厂划归市地方建筑材料生产供应公司管理后，改产石油沥青油毡，年生产800卷。1983年该厂投资25万元改造成一条年产50万卷能力的油毡生产线。1989年全国防水卷材产品行检中阳泉产石油沥青油毡获前10名，并颁发了产品质量荣誉证书。与此同时在20世纪80年代中后期，平定县乡镇建材业中兴办起一批防水材料小型企业，为该行业注入新的血液，使全市防水材料向多样化、多品种发展。1984年平定县巨城镇西小麻村建起防水胶厂，主要生产聚氯乙烯胶泥，年生产能力230吨。同年10月，平定县巨城河东村建材厂投产，主要生产珍珠岩油膏等防水产品，年生产300吨。1985年6月，平定县冶西村建成油毡厂，生产20×1纸胎油毡，年产量240卷。同年10月平定县石门口乡南坪村油膏厂开始生产建筑用油膏，年产量108吨。该村还利用石灰资源，加工制作防水粉，年产2015吨。1989年平定县城关镇西关村投资90万元，建起晋阳防水卷材厂，其生产的“晋阳牌”聚氯乙烯PVCS型防水卷材达到CB/2925-91标准，获市科技进步一等奖和省首届新产品新技术展示会金质奖。1990年全市油毡产量达到16万卷，石油沥青120吨。1995年，平定县晋源防水建材厂建成投产。主要生产修缮、堵漏、补强等加固性防水材料，拥有先进的施工机具设备、工程技术人员和专业施工队伍。其产品具有良好的防水性能，抗老化能力强，使用寿命长，是理想的新型防水材料，主要用于大型屋面板、空心板做防水层用，亦可作刚性层下的防水层及旧建筑混凝土构件屋面的修缮，同时还可作为地下室或地面工程的防水和防潮应用。当年产量120吨，到2000年增加到500余吨，完成产值520万元，实现利税45万元。2005年，以生产新型防水建材的阳泉市翔誉防水建筑材料有限公司建成投产。该厂生产的阳泉防水品牌K11防水涂料是一种双组分聚合物防水材料。浆料由进口高聚物添加多种助剂而成，具有高黏结力、柔韧性、防霉、耐磨等性能；粉料由优质水泥、石英砂及独特的活性物质组成，遇水之后，发生化学反应，渗进结构体内部，并形成结晶体，不仅阻遏各方面的水通过，而且加固了结构体，延长其寿命。适用范围：室内外砼结构、水泥沫底、内外墙及卫浴间的防水处理；水利工程、粮食仓库、隧道、地下停车场、游泳池、饮用水池等。2010年，全市有平定县晋源防水建材厂、阳泉市翔誉防水建筑材料有限公司、阳泉橡胶沥青防水材料厂、阳泉喷涂速凝沥青防水材料厂和阳泉世太建材外加剂有限公司等生产防水建材的企业10余家。

二、保温材料

1984年10月，平定县巨城镇河东村建成珍珠岩厂生产珍珠岩粉及其保温制品，年生产6000立方米。1985年6月，平定县锁簧镇谷头村投资180万元建成年产4000吨的矿棉厂（后更名平定县金龙岩棉制品厂），该厂与太原矿棉厂、山西晋化技术开发公司合营，其产品品种有18～120毫米管壳，并有与管壳相配套的各种弯头、法兰、三通等异形件，还有各种规格的岩棉和缝毡制品，广泛用于电力、化工、冶金等管道建筑工程，是理想的保温、隔热、绝冷和吸声材料；该产品经检验符合国家GB11835-89标准，被评为省优产品。1986年5月，平定县巨城镇卫垴村投资30万元建成轻质保温材料厂，其产品轻质保温砖质量符合国家TB-399标准，大部销往天津和西宁等地。1986年10月平定县岔口乡冯家峪岩棉制品厂建成，总投资86.7万元，年设计能力为3500吨，产品主要销往天津、抚顺、大同等地。1988年，郊区三郊乡辛庄村利用当地丰富的石膏矿石（达国家建筑二级标准）与天津建筑装饰材料厂联合建成年产5000吨半水石膏的石膏粉厂，其产品新型轻质防火防潮隔墙材料，1990年获国家科技成果向中西部地区转移金奖。1995年，平定县谷头新型建材厂在生产石膏隔墙板材的基础上，吸收国内矿棉制品的先进经验，研制开发出矿物棉装饰保温隔声板新产品。该产品列入阳泉市星火计划项目，其技术指标经国家建材总局玻璃纤维制品质量检验中心测试均符合GB1183-89《绝热用岩棉矿渣及其制品》一等品之要求。这种新产品作为高级建筑物室内无棚装饰材料，具有超强的吸音力、优良的保温隔热性和可靠的阻燃性。2007年7月，由阳煤集团宏厦三建投资建设的阳泉市新型节能保温材料公司正式投产，其主要产品膨胀聚苯板、聚苯乙烯颗粒保温砂浆、聚苯板黏砂浆等全部通过国家建筑材料检验中心检测，均符合国家标准，在保温、坚固、耐水、耐旱、抗冲击、抗裂等方面具有明显的优越性。2010年，由华通集团和阳光发电公司联合组建的山西鼎正建材有限公司，为山西省最大的粉煤灰综合利用项目，其产品水泥保温浆，具有良好的保温性能，抗老化能力强，使用寿命长，是理想的新型保温材料。

第五节　其他建材制造

一、速凝剂

1971年，阳泉市建筑工程总公司预制厂在中国科学院力学研究所和沈阳铝镁设计院的帮助下，开始研制水泥外加剂——速凝剂，并在郊区河下村设立速凝剂车间，1974年新产品研制成功。翌年5月通过鉴定，1978年获全国优秀科技项目奖。1978年8月该车间划归市建材局单独设厂，命名为阳泉市速凝剂厂，属全民所有制企业，年产量700余吨。其生产的“阳泉一型”速凝剂经检验符合国家标准，质量合格率为100%。主要销往东北、华北及省内各地。与此同时，阳泉铝氧厂也建起了速凝剂车间，年产量400吨；郊区河底镇河底村建起速凝剂厂，年产量600吨。1990年后，兴起的速凝剂生产厂家有阳泉市银河速凝剂厂、阳泉汇龙建材有限公司等，主要生产液体速凝剂、陶瓷坯体增强剂、矿用高水填充速凝固化材料、瓦斯抽采封孔剂等。2000年后高技术含量的现代化速凝剂生产企业应运而生。阳泉市高星建材外加剂有限公司，位于开发区高新技术园区，采用无机盐有机高分子材料，科学合成新一代高效多功能速凝剂，产品广泛运用于喷混射型混凝土施工、水下混凝土及堵漏抢险工程。

二、玻璃纤维及玻璃钢制品

1984年，郊区辛兴乡张家岩村建起村办小型玻璃钢厂，主要生产各种规格的玻璃钢及全塑落水管，年生产能力5万平方米。1985年，阳泉市建筑材料厂（时称市砖厂）为改变制砖的单一产品结构，引进一条玻璃钢生产线，批量生产玻璃钢瓦、玻璃钢下水管、落水斗等产品。但时间不久便停产了。1987年，阳钢桃河矿渣制品厂投资85万元与郊区上五渡村联营兴建了玻璃纤维厂，翌年10月投产。主要生产中碱玻璃纤维系列产品，纤维纱布和落水管套、浴盆、波型瓦等玻璃钢制品。其规格及机械性能均符合JCI170-80型《玻璃纤维制品试验方法》的规定，远销省内及冀、鲁、京、浙、宁等省市。1987年，盂县东梁乡乡办东风玻璃化纤厂建成投产，主要生产玻璃熟丝和纺织纱，年产值20万元，创利税5万元。到20世纪90年代后，生产玻璃纤维及玻璃钢制品的厂家，或因产品质量低劣，或因设备落后，均已转产或关闭。

三、暖气片及采暖器材

1977年，阳泉市建材机械修造厂投资23万元转产暖气片，年产量4万片。1984年，盂县苌池乡东苌池村办起暖气片厂，主要生产回转式暖气片，年产量7万片。1989年，盂县南娄乡北娄村建起水暖器材厂，主要生产四柱型暖气片，年产量2170吨。1990年，平定县城关水暖管件厂在原城关农机修造厂的基础上改建而成。主要生产“亨”字牌可锻铸铁管连接件，有弯头、管箍、三通、六角外丝、堵头、补心等50多个品种，分镀锌和非镀锌，防腐力强，安装灵活准确。同年，阳泉矿务局机关服务公司防爆电器厂开发生产出散热器新产品，并取得了国家建设部的生产许可证，年生产能力2000平方米，完成产值33万元。1990年后暖气片的生产量大幅度增长。

部分年份全市暖气片产量：1995年6000吨，2000年3.60万吨，2005年1.50万吨，2010年4000吨。

第六节　企业选介

一、山西亚美建筑工程材料有限公司

位于阳泉经济技术开发区东区，2002年12月由阳泉亚美水泥责任有限公司和阳泉太湖耐火材料总厂合并组建而成，是以生产水泥和耐火材料为主的大型企业，是阳泉地区最大的优质水泥生产基地。公司生产的“亚美”牌水泥系列产品，品种齐全，质量稳定，是楼宇、道路、桥梁和井下建筑工程施工的首选产品。主要产品有普通硅酸盐水泥425#、325#，复合硅酸盐水泥325#，砌筑水泥225#。其水泥产品享誉省内外，远销太原、北京、石家庄等地，在一批国家、省、市重点企业使用，如太旧高速公路、太原南外环立交桥、忻州至五台高速公路、阳泉二电厂、阳煤二矿改扩建工程、阳煤五矿煤矸石电厂等建设。企业获得多项荣誉：1997年复合硅酸盐水泥填补了省内空白，被山西省科委列为“九五”科技成果推广项目；同年企业被评为山西省水泥质量三十家优质企业；1998年，复合硅酸盐水泥425#被评为山西省优质产品、全国统检合格产品；2001年，“亚美”牌商标被评为山西省著名商标；2002年，被山西省工商局评为山西省重合同守信誉单位；2003年公司取得ISO9001:2000质量管理体系认证证书。2004年，按照阳煤集团非煤产业发展战略要求，进行产业结构调整和产品换代升级，上马100万吨新型干法水泥项目，该项目经由山西省经委批准立项，2005年3月在白泉工业园区奠基动工，其生产

线由天津水泥工业设计院设计，采用新型干法生产，彻底解决了粉尘排放污染问题，生产装备、工艺技术达到了国内领先水平。2006年6月投产，至2009年公司的水泥年产量达到了90万吨。2009年3月，新产品PO52.5水泥正式批量生产，各项指标的检验结果均符合GB175-2007《通用硅酸盐水泥标准规定》的要求，同年公司位列全国水泥行业500强的第452位。2010年，公司经营规模居山西省制造行业100强第86位，山西省水泥工业第3位。

二、阳泉狮头特种水泥有限公司

位于郊区义井镇小河村，1987年建成，是具有完全独立法人资格的太原狮头集团公司的子公司。占地面积5.1万平方米，员工522人，总资产7680万元。主导产品是“钰”牌快硬硫铝酸盐特种水泥系列产品，标号525#～1025#，共20余种。该系列产品具有早强、高强、微膨胀、耐腐蚀、低碱度有机复合、超大水灰比应用和负温硬化等一系列酸盐普通水泥不具备的特点。是山西省及西部地区唯一生产硫铝酸盐水泥的建材业，年产快硬硫铝酸盐特种水泥和特型材料15万吨。公司充分利用当地资源优势，具有极高的新产品研发能力。其中，525#快硬硫铝酸盐水泥创“山西名牌”和“国家名牌”，超高强硫铝酸盐水泥和高水基速凝单浆充填材料已申报发明专利。2006年，钰牌快硬硫酸盐系列水泥获ISO9002：2000国际标准质量体系认证和山西省著名商标称号。产品市场覆盖国内27个省、市、地区及英、日、韩、澳大利亚等国家和地区。

三、南煤集团新型建材有限责任公司

由南煤集团及其子公司广源工业有限责任公司共同出资建成，2005年投产。该项目是由西安墙材料研究设计院设计，引进德国砖坯挤出机、砖坯切码运用卸坯系统，是国内自动化程度较高、生产工艺较先进、生产质量达到国际一流水平的煤矸石烧结砖生产线。主要生产煤矸石页岩烧结多孔砖和煤矸石页岩烧结空心砖。煤矸石页岩烧结多孔砖和煤矸石页岩烧结空心砖具有抗压强度高、寿命长、隔热好、节能显著、放射性极小等特点。该产品建筑节能综合成本低、外观典雅，符合绿色、生态、环保的发展要求和国家出台的最新墙改政策，是黏土砖的替代产品，是清水塘的首选产品。产品运用于承重结构和非承重结构的工业和民用建筑，用户非常欢迎。

四、山西华龙陶瓷有限公司

位于郊区荫营镇南窑庄村，2003年11月建成投产。是由阳泉市交通集团利用西班牙政府贷款，引进世界先进陶瓷生产设备及工艺兴建的以生产中高档陶瓷墙地砖为主要产品的现代化企业，总投资1.2亿元。其产品有3大系列40多个品种，主要技术指标达到并超过国家及欧洲标准。2004年5月，800×800厘米的各系列抛光砖入选北京奥运会场馆工程。2005年7月，通过ISO9001∶2000质量体系认证和中国国家强制性产品认证。2006年与中国地质大学就煤矸石瓷质砖设备技术达成研发合作协议。2007年公司完成投资700万元，建成抛光车间、超激光工艺生产线，投入运营后年产量达到了360万平方米。2010年，公司完成总产值3589.40万元，实现主营业务收入3950.10万元。

五、阳泉市青山水泥厂

原为郊区西南舁乡集体企业，创建于1983年。1986年建成年产5万吨的2.5×50米中空式回转窑，采用先进的干法生产工艺，按照国际标准组织生产。主要产品有$425^{\#}$、$425^{\#}$R、$525^{\#}$、$525^{\#}$R普通硅酸盐高标号水泥和微膨胀硅酸盐道路水泥。1988年12月取得国家水泥生产许可证。1989年获山西省产品质量优胜企业称号和全国水泥行业十佳地方旋转窑质量优秀企业奖，青梅牌$425^{\#}$普通硅酸盐水泥获省优产品称号。1990年完成产值780万元，上缴利税54万元。1996年通过ISO9000国际标准认证。2000年后，公司实施节能环保综合技术改造项目，年生产能力达到30万吨。2010年，完成工业总产值5800万元，产品销售收入4400万元，实现利税235万元。

六、阳泉市耐酸陶瓷有限公司

位于郊区杨家庄乡，是山西省耐酸陶瓷行业中规模较大的企业之一，是中国建陶协会耐酸专业委员会理事单位，于1983年建厂。公司生产的“百合牌”耐酸砖系列产品广泛运用于化工、冶金、硫酸等工业，畅销省内外。1996年“百合牌”耐酸砖获第三届国际各行业产品博览会优质产品奖。1999年，经由广东佛山陶瓷研究所、山西省玻璃陶瓷研究所、太原理工大学的专家论证，并由市经委批准扩建150万平方米的瓷质砖生产线，总投资1186万元，项目建成投产后，实现了年生产300万平方米墙地砖的规模。同年，“百合牌”耐酸砖被评为’99中国国际农业博览会名牌产品。2010年，公司完成工业总产值2963万元，产品销售收入2704万元，实现利税212.7万元。

第五章 装备制造工业

第一节 机械制造

一、矿山机械

（一）矿车

1979年，盂县贺贾村发现了元代矩形竖井巷道中遗存的简陋木制小车，该车长0.67米，宽0.5米，装有4个木轮，名躺车。是为境内发现最早的煤用矿车，说明至迟在元代已开始制造矿车。清末民国初，保晋公司设立机器工场（厂），生产运煤矿车，为境内近代矿车制造之始。民国9年（1920）保晋公司阳泉各矿厂有矿车221辆，均为保晋公司机器工场（厂）所制造。民国10年之后，保晋公司阳泉铁厂修械厂开始批量生产矿车。矿车分为铁车、铁架车、四角铁木混合车和平板车，容量均为半吨，铸铁车轮，铸铁轴瓦，轨距为500毫米。民国26年，保晋公司阳泉各矿厂有矿车1543辆，皆为保晋铁厂修械厂所制造。日军侵占阳泉煤矿期间，保晋公司和建昌公司改称山西军管理第四工厂，制造部分容量为0.75吨的矿车，其结构仍与保晋公司机器工场（厂）和保晋铁厂修械厂制造的产品相同。

1950年，阳泉矿务局机电修理厂开始制造0.75吨和0.5吨的矿车，并生产与矿车相配套使用的地滑轮、拨绳轮、人字钩、公鸡钩等。同年，国营阳泉裕兴机械厂始生产0.5吨铁铆结构矿车，以满足小型煤矿的需求。1952年，阳泉矿务局机电修理厂为适应立井生产需要，设计生产U型矿车200辆。20世纪50年代末，阳泉矿务局矿山机械厂开始生产U型标准矿车，容量1吨，轨距600毫米，也生产部分V型矿车。60年代初，为减轻卸车工人的劳动强度，阳泉矿务局机电修配厂始生产卸车机，与U型矿车配套使用。卸车机分两种规格：一种为单车1吨，一种为双车2吨。同时，为满足矿井物资运送的不同要求，开发生产出MG1.7-6型、MG1.1-6型和MF1.1-6型3种型号的矿车。从1960年至1979年先后共生产各型矿车9719辆。80年代初，随着乡镇煤矿和村办煤矿的崛起，矿车的需求量逐年增加，矿车生产厂家也随之增多。先后有市煤矿机械厂、市金属结构厂、平定铸造机械厂、盂县矿山机械厂生产U 2型矿车（0.75吨、0.55吨、1.1吨）和V型矿车。

1990年后，国有大中型煤矿井下运输进入电机车化、矿车大吨位化发展的新时期。阳泉矿务局机电修配厂生产出容重6吨、轨距600毫米的MDDE3.3-6型、MDGE3.3-6型直筒式矿车和MCDE5.5-6型侧卸式矿车。同时，为满足井下重、大型和特重型设备与超长材料的运输，以及安全运送矿工的要求，设计制造出轨距为600毫米的特型矿车，包括MP1-6型1吨平板车、MP1.5-6型1.5吨平板车、MZXP8-6型重型平板车与MPR12-6/3型平巷人车。2000年后，阳泉市金属结构厂、平定铸造机械厂、盂县矿山机械厂等企业均停止生产矿车。阳泉市恒轩机械有限公司是一个专门生产矿车的专业厂家，矿车产品有一吨位固定式车、四吨底卸式矿车、V型车、材料车、平板车、平巷人车等。2002年该公司顺利通过了ISO质量认证，其产品固车厢式矿车、底卸式矿车、平巷人车、三十吨平板车获得矿用产品安全合格证书。2007年设计开发的“上开口散装物料运输车厢及其开关装置”获得了国家发明专利。

部分年份的全市矿车生产量：1991年232辆、1992年588辆、1996年468辆、1997年351辆、2003年99辆、2004年280辆。

（二）支护

1969年11月，阳泉矿务局金属支柱厂筹建处开始试制HZWA型金属支柱，翌年即投入批量生产。1971年该厂试制成功与HZWA型支柱配套使用的HDJA型金属铰接顶梁。1983年，阳泉市机床厂研制出S31型液压升柱器，并投入批量生产。1987年，阳泉矿务局机电修配厂研制生产出HL2000-4200型Π形钢梁和托钳。之后又相继开发出滑移支架、紧固卡、锚杆钻机等支护用品，以及单体液压支柱的顶盖、底座等主要配件。矿务局机电修配厂的革新成果被称为“支柱产品上的一次革命”。1989年，矿务局机电修配厂与郑州煤机厂协作，联合研制生产出ZFS4400-16.5/26型放顶煤液压支架，翌年，又联合研制生产出EFBE2200/2416/24型放顶煤液压支架。

20世纪90年代阳泉矿务局华越公司（其前身是矿务局机电修配厂）先后自主开发了ZF、ZZ、ZY系列液压支架产品，其中，ZF系列放顶煤支架被推荐为“山西省名牌产品”；ZF系列轻型单摆杆放顶煤液压支架结构紧凑、整体性强、稳定性好、放煤效果佳，被评为“山西省1999、2000年度百项重大技术难题攻关一等奖”。2004年，华越公司与长治襄垣煤矿签订了总价值达2200万元的ZF4200型放顶煤液压支架制造合同，此为华越公司外部市场的首批产品。2009年，华越公司为阳泉市上社煤炭有限责任公司生产的年产500万吨大采高综采成套设备，于2010年6月进入试运行。这套设备包括ZY800/26/25液压支架、MG750/1900采煤机、SGZ1000/1400刮板机三部分，是阳泉地区综采工作面三机配套最高的综采设备，并且达到了国内同类产品制造的先进水平。此套综采成套设备亦是华越公司成套生产的首套大采高综采设备，它的试运行成功，标志着华越公司高端煤矿成套设备制造能力趋于成熟，达到国内先进水平。同年11月，华越公司与长治襄垣煤矿能源集团签订了一套总价值达2000万元的100架ZY4200支架和2部价值340万元的DSJ120皮带机的订货合同。同时，成立的阳煤集团金属支护有限公司生产的矿工钢T型支架、29U拱型支架等投入市场后受到广泛好评。

4S中心生产的液压支架

（三）装输机械

1950年5月，阳泉矿务局机电修理厂试制出境内第一部上行链板输送机（俗称煤溜），由于煤炭工业部有定点煤机厂制造的CKP-11型等输送机供应煤矿使用，此产品未获批量生产。进入20世纪60年代后，为了适应煤矿生产的需要，阳泉矿务局机电修配厂先后开发生产出SGB620/40（A）型、SGB620/80型和SGB620/40J型3种可弯曲刮板输送机，并开始生产刮板输送机的主要配件——圆环链。1970年，随着地方中小型煤矿采煤机械化程度的提高，对不同型号的输送机需求量不断增多，阳泉市煤矿机械修造厂先后开发生产了多种型号的刮板输送机，主要有SGD-20A型、SGD-20B型、SGWD-20D型、SGW-40T型、SGD-420/30型、

SGD-320/18.5型、SGD-280/7.5型。1975年，阳泉矿务局机电修配厂开始生产供岩巷掘进装载的P60B（A）型耙斗装岩机。同时，开发出JD型带式输送机，并使之系列化。1983年，阳泉市机床厂研制了与可弯曲刮板输送机配套使用的YJ465型单体液压移溜器，并批量生产。同年，平定铸造机械厂始生产SGD-5型套筒链刮板输送机。1989年阳泉市煤矿机械修造厂开发生产出SGB-40T型、SGB-17B型、SGB-22型和30型刮板输送机，以及JD-75型胶带输送机，生产能力为年80部整机。1990年，阳泉矿务局机电修配厂又开发生产出DSP-1063/1000型和DSP-1080/1000型两种强力胶带输送机，基本满足了装输需求。

1990年后华越公司（原名阳泉矿务局机电修配厂）生产的皮带机产品主要有DSJ、DTL以及特大倾角系列等胶带运输机。产品已形成B=1600、1400、1200、1000、800等规格系列，装机功率160-2700KVV，运输距离最大达到3000米以上。皮带刮板输送机产品主要有SGZ1000/1400、SFZ800/1050、SGZ800/800、SGZ764/630、SGZ764/400等重型、超重型刮板输送机，整体性能达到了国内先进水平。2005年，阳煤集团奥伦公司年产120万米输送带项目开工建设，并于2007年建成投产。主要产品为钢丝绳芯输送带、整芯阻燃输送带、织物帆布芯输送带、特种输送带四大系列的输送带。奥伦公司年产输送带达到了54万米，成为专业化、高配置、高标准的输送带专业生产厂家。2009年8月，奥伦公司与唐冶公司签订了出口土耳其7300米分层皮带合同，奥伦皮带首次打入国际市场；与神木焦化厂签订180万元的分层皮带合同，首次介入国内特大煤焦化企业。2010年，奥伦公司的输送皮带的年产量达到了94.84万米。

（四）绞车

民国13年（1924），保晋公司阳泉修械厂生产出境内第一部蒸气绞车（亦称蒸汽卷扬机或高车）。当时，这种绞车不仅在阳泉煤矿各矿厂广泛使用，而且还远销华北地区。据民国26年统计，阳泉各矿厂使用该厂生产的蒸汽绞车共有11台，功率达428马力，占阳泉各矿厂绞车总功率的46%。是年，保晋公司阳泉修械厂开始生产电动绞车。

1949年以后，阳泉矿务局的长壁式采煤新技术得到推广，接着井下采区和巷道广泛使用了无极绳绞车。为满足绞车使用的需求，阳泉矿务局机电修配厂自制了部分800型绞车（滚筒直径为800毫米），又开始生产JD-25型调度绞车。20世纪80年代以后，阳泉市金属结构厂与阳泉市煤矿机械修造厂也先后制造生产出JD-11.4型调度绞车，从而有效地配合了地方小型煤矿的生产。

1990年后，阳煤集团华越公司、阳泉市恒轩机械有限责任公司、阳泉市鑫盛托辊有限公司等绞车生产企业适应矿山发展的需要，不断加大新产品的研制，推出更多绞车更新换代产品，始终处于同行业的领先水平，其主导产品调度绞车、运输绞车、回柱绞车、双速多用绞车、无极绳连续牵引绞车、提升绞车等，除保障供应境内矿山生产外还被省内各矿山使用。2000年后陆续停止生产。

（五）其他采矿机械

其他采矿机械包括煤电钻、炼焦机、振动筛等。1970年，阳泉市煤矿设备厂试制成功煤矿专用电钻，成为煤炭工业部定点生产电钻的厂家。该厂主要产品有ZM12T干式煤电钻、ZMS12T湿式煤电钻和MZ-15A大功率煤电钻等3大类30多个品种，年生产4000台，产品注册为精华牌，畅销河北、山西、河南等地。之后，又相继研制出享有专利的BEB-215/660（380）和BEB-4/660（380）系列矿用隔爆型煤电钻综合保护装置，与煤电钻匹配使用。20世纪70年代盂县矿山机械厂与五五铁厂协作，为石店煤矿焦化车间、南娄焦化厂的70型焦炉、东坪煤矿红旗3号焦炉制造了整套机械设备，还承揽了左权县、太原古交区、忻州市等10多个单位和厂家炼焦设备的制造。在此期间，盂县矿山机械厂在1980年还成功地仿制了推焦机、栏焦机、割煤机和铲运机等矿山机械制品。1986年阳泉矿务局机电修配厂制造出EKX型直线振动筛，并使之系列化。之后，又相继研制出X5032KF筛，T40/100型、80型、60型和T50/120型脱水斗式提升机，K系列往复式给煤机，GE系列电磁振给煤机，还有煤炭精加工使用的M3340型旋流式高精度滚磨机等。这些煤炭加工机具，不仅供应局属各选煤厂，而且还对外出售，以满足市场的需求。

部分年份全市采矿机械设备产量：1991年387吨，1995年1052吨，1998年257吨，2000年209吨，2005年910吨，2008年91812吨，2010年6887.3吨。

二、通用机械

（一）动力

民国5年（1916）10月，保晋公司机器工场（厂）制造出第一部7马力蒸汽机，为境内动力机械制造之始。民国10年，保晋铁厂修械厂生产出第一台30马力火管立式锅炉。该厂所产锅炉从结构上可分为立式和卧式两种，工作方式上可分为火管式和水管式两种。火管式容量较小，功率也小；水管式容量较大，功率也大。保晋铁厂修械厂最大功率的水管立式锅炉于民国23年制造，其功率为150马力。其产品当时除供本地使用外，还销往汉口、保定、天津、太原等地。据民国26年对阳泉各煤行使用锅炉的统计，保晋铁厂修械厂制造的锅炉有18台，总功率达1060马力。

1956年3月，阳泉市机械修造生产合作社始生产动力锅炉。1965年2月，阳泉市电机厂试制成功JN51-4和JO52-4两种规格的电动机，年生产37台，到1967年产量达251台。从1969年至1978年，阳泉市电机厂试制并投产JO系列3号、5号机座的12个品种的电动机，JO-2系列的1号、3号、4号、5号、7号、9号机座的38个品种的电动机，NJ-12系列的1个品种和400瓦、700瓦三相电动吹风机等，这些产品经有关部门鉴定合格并批量生产。1969年至1985年，盂县机械修造厂共生产各种规格的电动机3.15万台；平定县农机（具）修造厂亦生产各种规格的电动机。1983年，阳泉市微型电机厂确定为山西省微型电动机专业生产厂家。1985年，市微型电机厂生产的新系列飞亚牌节能电机获山西省优质产品和优秀新产品称号。

1990年后，阳泉市微型电机厂的主要产品有三相异步电动机、单相电容启动电动机、单相双值电容电动机、圆筒式三相直线异步电动机、单相吹风机、三相吹风机等。产品销往东南亚各国，成为全国48家省以上定点生产企业之一。阳泉电机厂有限责任公司建立了总公司、股东会、董事会、监事会，即“三会一总”的公司新体制，企业内部初步形成了“产权清晰、权责明确、政企分开、管理科学”的现代企业制度。其主要生产制造的传统产品交直流电动机、高低压电器，安装材料质量和销量都稳中有升。1995年建成的民营企业阳泉市勤工技术实业有限公司生产的长压锅炉、热水锅炉、燃气锅炉、压力锅炉等均属高科技创新产品，通过了ISO9001质量体系认证，在全国各种展览会和博览会上获金奖或银奖。

2000年后改制组建的阳泉市通威电机有限公司是山西“力牌”老字号电机生产厂家，产品（电机绕组100%铜线）YC、TI、YS系列分别为71、80、90、100四个机座号，250W-3500W闪单相、三相、二极、四极30余个规格的电机，以及Y系列、80-132机座、75KV以下二极、四极三相异步电动机。产品广泛运用于工矿、机械设备、农业畜牧业等行业，是全市农业机械、小型机具的首选动力源。2005年后，高新技术企业山西省华鑫电气有限公司生产的永滋变濒电机不仅销往全国各地，而且远销俄罗斯、越南、朝鲜等国际市场。

部分年份全市电机产量：1991年分马力电机5.08万台，1992年分马力电机4.52万台，1993年分马力电机3.74万台，1994年分马力电机3.66万台、交流电动机824台，1995年分马力电机6万台、交流电动机1422台，1996年分马力电机2万台、交流电动机1041台，1997年电动机461台、分马力电机4200台、微电机2万台。

（二）金属切削机械

民国9年（1920）8月，保晋铁厂修械厂已生产镟床，是为金属切削加工机床在境内制造之始。1950年，阳泉市裕兴机械厂生产的小型龙门刨床和卧式铣床，行销平定、盂县及河北石家庄、获鹿等地。1957年，平定县燕龛机械厂（今属郊区）生产出钻床、车床等成套的机械产品。1960年，阳泉市矿山机械厂的车床生产技术和制配能力不断提高，开始向全齿轮整机生产过渡，产品C620-JX型普通机床在20世纪60年代中期成为用户的抢手货。1967年阳泉市工农机械厂开始批量生产普通机床。其主要产品有C616机床、MH30平面磨床等，年生产能力为各类机床145台。1971年阳泉市机床厂成立，成为全市最大的专业生产工作母机的厂家。该厂在生产C620-JX型普通机床的基础上，先后开发生产出CQ6137型、CW6163型和C620G型机床，以及Z25-12型自动搓丝机和Z32-7.5型7.5毫米钢球自动冷镦机等产品。1974年市机械修造厂也开始试制并生产机床，主要产品有CO628型机床、B665型牛头刨床、O615型2.81千瓦铣削动力头、JT4036型和JT4046型机械动力头等产品。与此同时，生产机床的厂家还有盂县五五铁厂、平定县模具厂和管件厂等。进入80年代后，由于市场的变化，全市生产机床的厂家相继停产或转产，之后再无生产。

（三）水泵

清光绪三十二年（1906），保晋公司机器工场（厂）生产的唧筒和上水机为境内水泵制造之始。民国9年（1920）保晋铁厂修械厂始生产蒸汽往复式水泵和电动水泵。民国26年保晋铁厂修械厂所产水泵43台，功率为156.5马力，占到保晋公司煤矿水泵总功率的57%。

1949年，阳泉大众工厂开始生产手压泵。1952年阳泉裕兴机械厂试产仿制日本2英寸口径蒸汽泵成功并批量生产。1953年，平定县燕龛（今属郊区）机械厂生产出全市第一台30马力离心式水泵。1957年，阳泉市机械厂批量生产工业用多级离心式水泵、蒸汽往复式泵和K型单级泵。1958年，阳泉市机械厂成为山西省唯一的专业生产水泵的全民所有制企业，在国家再次投资206万元扩建的基础上，于1961年更名为阳泉市水泵厂。水泵生产厂家在20世纪60年代和70年代相继完成的技术改造有：K型单级泵、凸型单级双吸泵和SSM型节段式多级清水泵的制造技术改造；引进SY型电动试压泵与仿美JD型深水泵的技术并批量生产；为山西引黄电灌站开发生产DK型中开式多级离心泵；还开发生产出GC型锅炉给水泵、2QS型和2QY型蒸汽活塞式往复泵、2DS型和2DV型电动活塞式往复泵、S2B型水环式真空泵等。1965年全市的水泵产量为1498台、1970年为1728台、1978年为2715台、1985年为5997台、1990年为3154台。

1990年以后，郊区平坦水泵厂的崛起，使全市水泵生产的实力大增。全市水泵生产厂家认真贯彻上质量、上品种、上水平和提高经济效益的发展方针，围绕高（高标准）、大（大型大气量）、特（特种质料）、优（优质产品），进行产品结构调整和新产品的开发，生产的21个系列、

137个品种、377个规格的水泵，全部属国家更新换代产品。20世纪90年代部分年份全市水泵产量：1991年3551台，1993年3158台，1995年4028台（历年最高），1998年2212台。

2002年，阳泉市水泵厂技术中心被山西省经委等四机构联合授予省级技术中心，该中心拥有科研技术创新队伍65人，其中教授2人、副教授5人、高级工程师11人、工程师28人。技术中心在企业开展的产、学、研和科技创新中发挥了积极的作用。2000年至2010年间部分年份全市水泵产量：2000年1923台，2003年1640台，2005年1262台，2008年2817台，2010年1323台。

（四）阀门

民国9年（1920），保晋铁厂修械厂生产的汽车阀门，为境内阀门制造之始。民国31年，保晋公司机修工厂和保晋铁厂修械厂均生产小口径的铜质或铸铁水阀。

1956年公私合营之后的建设铁厂在生产蒸汽卷扬机的同时，开始零星生产阀门。1960年建设铁厂更名阳泉市矿山机械厂；1963年成立阳泉市矿山机械总厂阀门分厂；1968年撤销阳泉市矿山机械总厂，成立阳泉市阀门厂，生产36个规格的标准低压小口径阀门。1970年全市低压阀门产量为1593吨，1978年为1431吨。1982年成立阳泉市阀门二厂（原称阳泉城区下站小阀门厂），为低压小口径阀门专业生产厂家。20世纪80年代中后期，阳泉市阀门厂的主要产品有城市煤气阀、减水锤止回阀、暗杆楔式单闸板闸阀、暗杆楔式双闸板闸阀、明杆平行双闸板闸阀、暗杆平行双闸板闸阀、明杆楔式单闸板闸阀、旋启式止回阀等28个系列、51个品种、242个规格。阳泉市阀门二厂的主要产品有DN50-150型止回阀、DN80-150型胶闸阀、DN50-50型截止阀、DN50-150型闸阀、DN80-150型中压闸阀等系列，共54个规格。1990年，全市阀门生产量为2881吨。

1990年后，全市阀门生产厂家除阳泉市阀门厂和阳泉市阀门二厂外，又增加了阳泉中压阀门厂、阳泉市勤工实业有限公司等。其时全市的阀门生产量呈逐年增长之势，分别为1991年3151.20吨、1994年3334吨、1996年5705吨。其间龙头企业阳泉市阀门厂以科技为先导，锐意创新，走出了一条科技兴企的发展之路，其产品大口径核安全级碳钢闸阀和低镍铬合金海水阀分别被巴基斯坦核电站和中国第一座核电站——秦山核电站选用，液压控缓闭三维偏心硬密封蝶阀作为机电一体化的国家级新产品，在宁夏扬黄等国家重点工程中使用。

2000年后山西建工申华暖通设备有限公司建成投产，其产品自力式流量控制阀、自力式压差控制阀等暖通类相关产品，先后获得1项国家发明专利和5项创新型专利。2005年10月，阳泉市阀门厂与安徽省合肥市阀门研究所联合成立了产学研一体的省级首家企业阀门研究中心，形成了以企业内部技术资源为依托，以项目为纽带，凝聚社会优良技术资源为支撑的多层次技术创新体系。中心成立后，年均技术创新项目10余个，其中大口径的城市煤气阀、液控缓闭止蝶阀、多密封燃气隔断闸阀、燃气翻板等10余个产品获得了国家专利。

部分年份全市阀门产量：2000年2084吨，2003年4493吨，2005年7159吨，2008年7909.19吨（历年最高），2010年7533.8吨。

（五）起重吊装

民国10年（1921），保晋铁厂修械厂生产的斜坡电动起重机，为境内起重机械制造之始。1956年，公私合营之后的建设铁工厂生产蒸汽卷扬机。1964年后蒸汽原动力逐步被电力原动力所替代，蒸汽卷扬机的生产即停止。1976年，阳泉市机械修造厂在国内率先研制、生产出轻小型吊运设备（即平衡吊），并成为国家机械工业部定点生产平衡吊的企业。1978年，阳泉市机械修造厂与国家机械工业部第八设计研究院合作研制的PHD-300型平衡吊，获全国科学大会奖。20世纪80年代初期，阳泉市电工机械厂从西德引进旋臂起重机样机和技术进行新机研制，相继开发出PHD-50型、200型、500型和YPD-800型、1000型平衡吊，PHD-300矮型电机平衡吊，BZ型各种规格的腚柱式旋臂起重机，以及与平衡吊配套使用的手动式和电动式平衡吊移车，BEQ0.25T、BEQ0.5T和BEQ1T、BEQ5T共4个规格的壁柱式旋臂起重机。

部分年份全市平衡吊产量：1976年为2台，1978年51台，1985年1052台，1990年370台。

山西电工机械有限责任公司主导产品为旋臂起重机和平衡吊，其产品1988年和1992年两次获得山西省经贸委颁发的“优秀新产品税奖”。2002年该厂率先研制成功臂型式起重机和重型式起重机，形成旋臂起重机系列产品和平衡吊系列产品，其起重量为125公斤至10000公斤。产品主要用于钢铁、铁路、汽车、机械加工等行业，除畅销国内外，并有部分产品销往古巴、缅甸、越南、菲律宾等国家和地区，2005年后投入生产的阳泉市华奥起重机械有限公司是起重机械制造的专业厂家，公司技术力量雄厚、设备先进、制造工艺和检验手段科学严谨，主要系列产品水平臂架、小车变幅、上回转、液压顶升式起重机，具有合理、受力均匀、性能卓越等特点。其中，塔式起重机获得国家质检总局颁发的A级设备制造许可证，桥式起重机取得山西省质检局颁发的C级制造许可证。

部分年份全市起重设备产量：1991年702吨，1992年1075吨，1993年918吨，1994年796吨，1998年436吨，1999年439吨，2001年575吨，2005年910吨，2008年380吨，2010年528吨。

（六）仪表

1965年阳泉市仪表厂成立，当年试制成功锅炉压力表并投放市场，年产量为3184台。此外，市仪表厂开发生产的产品还有各种压力表、真空表、标准表和水位表，及各种传感器、YTKJ-4 型压力控制器、0.25 级精密表等。产品规格主要包括 Φ45、Φ50、Φ60、Φ100、Φ150、Φ250 等；产品的测量范围从 0.06MPa 至 100MPa；产品精度等级从 0.25 级至 2.5 级，均属国际标准。产品广泛用于冶金、电力、石油、化工、机械、食品、医疗、运输等行业，其中与天津进出口公司合作研制生产的真空膜盒表还出口到美国市场。

部分年份全市仪表产量：1970 年 3.71 万只，1978 年 3.96 万只，1985 年 6.29 万只，1990 年突破 10 万只大关达 11.86 万只。

1990 年后，面对激烈的市场竞争，狠抓成本、资金、质量、管理和优化资本结构、减员增效等工作，取得了明显的成效。1992 年 5 月 28 日，国务院副总理朱镕基到阳泉市仪表厂考察，重点参观了产品陈列室、出口表装配、精密表、压力控制器装配、氧气表装配、普表装配等科室和车间，对企业生产科研给予很高的评价。2000 年，山西雷迪仪器仪表股份有限公司在阳泉经济技术开发区成立，经过数年的发展，企业形成 18 个系列、1000 余个规格的产品结构。产品广泛运用于航空、石油、化工、水利、电力、冶金、高铁、生物制药、食品等领域以及科研单位的计算检测系统。其中“中航”牌系列测压仪表得到海内外客户的认可。

部分年份全市仪表产量：1991 年 12.88 万台，1995 年 17.44 万台，1998 年 9.05 万台，2000 年 7.28 万台，2003 年 5.41 万台，2006 年 4.46 万台。

（七）纺织皮革机械

民国 9 年（1920 年），保晋铁厂修械厂制造弹花机和织布机，产品销往汉口、保定和省内晋南等地。1971 年，阳泉纺织机械专用器材厂开始生产 1511M 型（即 44 号）棉织机配件。该厂的布机配件年平均产量为 50 吨至 100 吨。至 20 世纪 80 年代中期，布机配件品种达 300 余种，年产值 120 余万元。1971 年阳泉市工农机械厂开始生产皮革下料机，主要产品有 X625 型机械下料机、X1A1 型液压下料机、龙门下料机、X1A3 型机械下料机、烘干机、平光机、刮软机、撞钉机、片帮机等，其中 X2A1 型单头液压下料机获 1980 年山西省科技成果四等奖，1984 年被评为山西省优质产品。

1990 年后纺织皮革机械仅有零星生产，分别为：1994 年，阳泉市组织机械专用器材厂生产组织机械 19 台；1995 年阳泉市轻机厂生产制革机械 147 台；1996 年阳泉市轻机厂生产制革机械 132 台。2000 年后停止生产。

1991—2010 年阳泉市装备制造业主要产品产量简表

表 -7-12　　单位：台、吨

年份	泵	阀门	粉末冶金制品	采矿设备	铸铁件	仪表
1991	3551	3151.20	12440	387	—	128757
1992	3634	3412.75	—	485	—	165730
1993	3158	3173.90	18800	—	—	—
1994	3711	3334	—	525	40578	—
1995	4028	3420	17043	1052	89445	174442
1996	3717	5705	26669	1528	38808	94409
1997	2518	2100	27800	275	105200	100900
1998	2158	2212	29825	257	104282	90470
1999	1959	1604	25899	293	86347	86198
2000	1923	2084	6380	209	4655	72752
2001	1161	2615	11369	71	4116	76351
2002	1326	3161	10514	156	2673	64103
2003	1640	4493	13222	—	1607	54137
2004	1313	18215	18465.77	—	3417.69	50617
2005	1262	7159	17642	910	—	54337
2006	1729	6629	24340	—	—	44623
2007	1732	6586	26000	—	—	—
2008	2817	7709.19	13160	9181	—	—
2009	1580	6714	8960	6869	51333	—
2010	1323	7533.80	10860	6887.30	54700	—

三、农业机械

（一）农业加工机械

1. 水磨水碾

境内的水磨水碾至迟在元代即已开始出现并投入使用，元中书左丞吕思诚《五渡河磨》诗可证。清代，平定州娘子关磨河滩水磨、水碾已广泛使用。水磨、水碾是以水为原动力拖动木轮旋转做功的，一般由能工巧匠根据用户需要而制作，至2010年，仅娘子关存有水磨水碾而再无制造。

2. 电磨电碾

1963年，平定县农机厂开始生产磨面机。1966年，盂县农机机械修造厂开始生产磨粉机。同年，盂县五五铁厂试制成功了离心式面粉机、饲料磨。1970年，盂县农业机械修造厂和平定农机厂对磨粉机进行更新换代，并开始生产碾米机。这些工厂生产的磨面机和碾米机在满足当地需求的同时，还销往省内外。至1980年停止生产。

3. 切脱机械

1956年，盂县五五铁业社试制成功铡草机和玉米脱粒机。1958年，阳泉市功力机械修造合作工厂试制成功了太谷号收割机，后因该机不适用于山地作业，故未投入批量生产。1963年，平定农机厂开始批量生产饲料粉碎机、切草机；1965年，该厂生产的畜力原动力切草机和畜力滚刀式切草机被二轻工业部、农业部、全国手工业总社、全国农具设备新技术展览会评为二等奖。1967年，盂县农业机械修造厂始生产脱粒机，并于1970年更新换代，产品行销县内外。至2000年盂县农业机械修造厂、平定县农机厂、郊区农机厂生产的切脱机械先后停止生产。

（二）农具制造

锄、锹、犁等农具制作系境内机械工业之发端，批量生产并广泛运用于农业生产的历史悠久，这在本志冶金工业铁制品中已有记述。全市主要年份的农具制作数量分别为：1949年17.25万件，1956年51.38万件，1965年54.40万件，1970年13.26万件（仅为1949年的77%），1978年27.52万件，1985年19.85万件，1990年18.65万件。1977年，盂县农机修造厂试制生产小型播种机102部。1980年后由于小型播种机的产品质量不过关停止生产。1994年，全市中小农具制造85.98万件。2000年后，阳泉市鑫耘农业机械制造有限公司生产新型播种施肥机、双向犁、旋耕等农机具，年生产量约2万件左右。其可任意更换、调整进行不同的农活作业，具有适用范围广的特点。

（三）其他机械

1. 拖拉机

1972年，阳泉市农业机械厂研制生产出红旗15马力拖拉机，当年生产15台。1974年，该厂从山东省引进泰山120型拖拉机设计图纸及技术，在此基础上研制出晋阳-120型拖拉机并投入批量生产，当年全市小型拖拉机的年产量达到72台。1977年，盂县五五铁厂生产出12马力的小四轮拖拉机。进入20世纪80年代以后，随着农村经济体制改革的逐步深化，小型拖拉机的需求量急剧增长，产品供不应求。1984 年全市小型拖拉机的产量为 1608 台。1985 年，阳泉市农业机械厂更名为阳泉市拖拉机厂，并设计安装了一条龙生产线。该厂的拳头产品晋阳 -120 型拖拉机以体积小、马力大、爬坡性好、易发动、便操作、适用性强、价格适中，深受广大用户欢迎。1986 年以后，随着拖拉机市场的饱和，供求需要发生明显变化，阳泉市拖拉机的产量也随之出现回落，1987 年 303 台，1989 年 619 台，1990 年 384 台。1990 年后，全市拖拉机的产量更是逐年减少直到停产；其间，1992 年 84 台，1994 年 7 台，1995 年 28 台，1996 年 8 台。

2. 水车

民国 10 年（1921），平定县城西村装成 1 台以水为原动力的木牙轮式水车。其是毕业于山西大学堂（西斋）的本籍人梁永兴设计的，城西村曾立碑详载其事。1966 年 8 月特大洪水将水车与石碑均冲淤毁没。20 世纪 50 年代后，阳泉铁业试验工厂、晋兴铁业社、阳泉机械修造合作社曾批量生产牙轮式水车。60 年代初，平定农机厂也生产过解放式水车，因销路不畅，于 1970 年停产后再未生产。

第二节 电子工业

一、生产经营

1967 年至 1968 年，阳泉一中校办工厂、市陶瓷厂、市机械厂等抽调有关人员组成小组或车间试制初级电子产品，此系阳泉电子工业之发端。1968 年 10 月，经阳泉市革命委员会批准成立市无线电筹备组，负责全市电子工业的统一规划、投资、组织诸事宜。1970 年 4 月，组建阳泉市无线电工业公司。其间，相继建成了阳泉市无线电厂、阳泉市无线电模具厂、阳泉市无线电元件一厂、阳泉市无线电元件二厂、阳泉市半导体器件厂、阳泉市磁性材料厂 6 个电子工业生产企业，填补了市内电子工业的空白。当初，为解决技术力量薄弱问题，各企业先后派出 100 多人（次）到北京、常州、太原等市进行对口专业的培训。时主要产品有“向阳牌”收音机、硅二极管、硅三极管、圆片瓷介电容器、微调电容器、扬声器、磁钢、天线棒等。1970 年，全市电子工业总产值达到 100 万元，固定资产原值 210 万元，职工 751 人。

20 世纪 70 年代初期，电子工业进入稳定发展时期。为了满足城乡人民物质和精神文化生活的需要，各式收音机先后研制成功并投入批量生产，成为当时市场的紧俏商品；高频炉、磁水器等应用产品也普遍受到用户的好评。1973 年，根据中央对电子工业提出的“巩固提高，积极发展”的方针，通过挖潜、革新、改造活动，使生产力得到了较大的发展。1976年，全市电子工业总产值达到668.39万元，相当于1970年的6.68倍。1983年开始，阳泉电子工业在大范围内进行产品结构调整，创建初期生产的收音机、晶体管、可控硅元件、圆片瓷介电容器、微调电容器等产品均被淘汰，在重点生产各类矿用电子产品的同时，又研制生产出甲烷报警器、可控硅中频逆变电源、工业实时控制微机系统、用户程控电话交换机、磁粉、高阻抗偏转磁芯等拳头产品，形成了新的较为稳定的产品结构。

阳泉电子工业通过深化改革，扩大企业自主权、经营权和实行承包生产经营责任制，实现了四个转变：一是经营思想由单纯的生产型转变为生产经营型；二是经营方式由内向型转变为外向型；三是管理手段由单纯靠行政命令转变为经济、行政手段相结合；四是产品生产由注重产品数量转变为注重产品质量。至1990年，全市电子行业共有7个工业生产企业，3个经营公司，1个科研单位，已拥有一定数量的先进设备，包括从法国引进的全自动音圈生产线、具有国内先进水平的双端面磨床、丹麦声学测试仪表、集成电路测试仪、氧化铁20米煤气回转煅烧炉、磁钢烧结22米四孔煤烧隧道窑、扬声器综合参数例验消音室等。建成了10条生产线，即收音机生产线、录音机生产线、予燃料生产线、氧化铁生产线、磁钢生产线、扬声器生产线、机制矾生产线、报警器生产线、钡粉生产线、高档氧化铁生产线。

1992年至1999年，全市电子行业先后投资8000余万元，新建扩建和改造了6500万只T铁技改项目、程控交换机生产装配大楼、高性能瓦磁生产线和列入国家“双加”项目的万吨氧化铁技术改造等。一批新项目的投产大大改变了产品结构，扩大了生产规模，提高了产品的性能和档次。列入国家“九五”重点推广“863”高科技产品陶瓷内衬复合钢管及玻璃用氧化铁市场覆盖率占全国的80%以上，SI201、SI200氧化铁红获省优质产品称号。高频电焊机和中频电炉获省优秀新产品奖。模拟程控交换机、数字数显程控制交换机达到国内先进水平。磁选机和引进日本技术的光干涉式传感器广泛运用于煤矿井下报警。T铁、扬声器、瓦形磁等产品俏销市场，出口东南亚。可视门铃、SGX-2E有线电视网管理控制系统等一批新产品投放市场，取得了较好的经济效益和社会效益。随着改革开放的深入，为适应现代企业发展要求，全市电子工业经过联合、兼并、优化资本结构和资源配置，组建了阳泉电子集团有限责任公司，进一步形成了规模生产和规模经营的格局。

进入2000年以后面对激烈的市场竞争，全市电子行业经历了前所未有的严峻考验。不少电子企业纷纷被兼并改制转产，处于停产或半停产状态。市无线电一厂被阳泉纺织厂兼并，成立恒源电力电子有限公司；市无线电二厂转产成立邮电通信设备股份有限公司；市无线电三厂实施破产后，其资产和职工划归市化肥厂；市无线电四厂先是转产成立阳泉市电器公司，后再转产改称阳泉远东电声有限公司；市无线电五厂先是转产成立阳泉市煤电设备二厂，后改称阳泉电子工程实业有限公司与恒源电力电子有限公司合并；市无线电六厂转产成立阳泉磁性材料有限责任公司。

二、主要产品

（一）扬声器系列

1970 年，市无线电元件二厂生产出 YD80-1、YD66-1 电动式纸盒扬声器和 25 瓦高音喇叭，当时主要靠手工作业，日产量为 1000 ～ 2000 只。1975 年，市无线电四厂研制生产出双磁路扬声器和屏蔽式扬声器新产品。1976 年，YD65 电动式方钢扬声器销往国外，YD80 电动扬声器在全国同行业评比中名列第四。1984 年从法国引进音圈自动生产线，丹麦引进检测设备，建起了消音室后，当年扬声器的产量即达到 500 万只。YD58-1 扬声器 1984 年评为市优产品，1985 年评为省优产品。1987 年，无线电四厂被国务院机电办公室、对外贸易部批准为全国出口扩权企业之一，1988 年又被山西省经贸厅批准为全省机电行业唯一的出口扩权企业。1990 年生产扬声器 238 万只。扬声器系列产品至 1995 年停止生产。

（二）磁性材料

市无线电六厂从 1970 年开始生产磁性材料，主要生产 MXO-400 中波天线磁芯、中周磁芯和 Y15 材料的扬声器磁体等，当年产量为 147 万件。1973 年后又生产出用于气象探测仪的微电机磁体、Y25 锶铁氧体磁块以及用于水处理设备的应用产品磁水器。其间，还生产出用于黑白电视机的偏转磁芯和 U 型磁芯。到 1980 年，全市磁性材料的产量达到 358 万件。进入 20 世纪 80 年代后，开始陆续研制高阻抗偏转磁芯、各种医疗磁体、橡塑封条用磁粉以及黑白电视机的偏转线圈、磁选机等产品。1981 年至 1985 年，投资 200 万元对硬磁生产线进行技术改造，增加了从球磨成型、烧结到测试的成套设备。1986 年，磁性材料的产量已达到 2949 万件。后由于市场原因，1988 年回落到 719 万件，1990 年仅为 120 万件。2000 年后停止生产。

（三）收录机

1968 年，市无线电一厂生产出向阳牌 301 半导体收音机，是市内第一个收音机生产厂家。1973 年，市无线电二厂由生产模具转产半导体收音机，当年即生产 C 型袖珍式半导体收音机 366 台。1974 年，市无线电一厂和市无线电二厂分别研制生产出雁 702A 型 2 波段晶体管收音机和飞雁 601 C 型晶体管收音机。1979 年，收音机的生产由台式转向落地式、由单一收音转向收、录、唱多种功能，产品上了一个新台阶。是年，无线电五厂试制成功了LSK-1型落地式收音机。1980年，无线电一厂生产出泉声牌落地式收音机。1981年，无线电二厂研制生产出飞雁LSL-193落地式收录两用机，并投资85万元建成年产14万台收音机和落地式收录机的半自动无声调试生产线，被四机部确定为收音机定点生产厂家。1983年以后，因收音机市场日趋饱和而产量锐减，至1986年停产。

（四）程控电话交换机

1984年，市无线电二厂利用生产收录机的设备转产通信设备，当年即开发出ZDJ-101型内线电话交换机。1985年至1987年，通过与北京航空学院和邮电部第四试验工厂进行技术转让，研制开发出HJD-02型用户程控自动电话交换机并批量生产。该产品是国内自备软件技术开发较早、国产化程度较高的程控交换机之一，它的开发生产填补了山西省的空白。该机具有容量大、功能高、自动控制和价格低廉等优点。1988年，用户程控电话交换机年产量为4784门。1990年，用户程控电话交换机领取了邮电部颁发的进网许可证，成为全国39家获证企业之一。2000年后停止生产。

（五）甲烷报警器

甲烷报警器主要用于煤矿井下瓦斯测试，具有分段显示甲烷浓度及甲烷超限报警等功能。该产品有连续测试、间断测试、体积小、功能全的优点，数字显示，声光报警，测试精密度高，主要技术指标均达到国内同类产品的先进水平，获1985年、1987年度省优秀新产品奖。20世纪90年代后停止生产。

（六）煤矿电子设备

研制并投产的矿用电子设备主要有：DZK-200-250型、DZK-200-550型井下电机车停车场架线自动停送电装置；DDT井下电机车集中控制调度装置，TKXK井下小型防爆开关，KTS-102型矿灯充电架，DY-150采煤机电控系统；KG-601矿灯充电架，DJ-A型两路对讲机，井下用KD-A型扩音电话，EB-1动力载波机，KGH-1、KGH-2轨道焊机；KKC-50型快速酸性矿灯充电装制等。

（七）阀控式密封铅酸蓄电池

阀控式密封铅酸蓄电池是利用废旧电子产品经无害化处理的高科技产品，由山西吉天利科技实业有限公司生产。产品广泛应用于铁路、航海、航空、照明等行业，并被2008年北京奥运会和2010年上海世博会所用电瓶车安装使用。产品获山西省名牌产品称号，并取得“国家级免检产品证书”“国家级重点新产品证书”。

第三节　企业选介

一、阳泉华越机械有限公司

位于市区桃南中路112号，原名阳泉矿务局机电修配厂，始建于1949年。系阳煤集团控股的子公司及阳煤集团机电设备维修和制造中心，承担着集团公司采掘、通风、运输、排水和选煤等机电设备及配件的生产，是山西省煤机装备成套制造的综合性现代化企业。公司拥有雄厚的技术力量和生产能力，拥有省级技术中心，通过了ISO9001:2008版质量体系认证，先后配制和引进计算机辅助设计系统、大型数控切割机、双工位机器人切割工作站、数控机床、数控折弯机、油缸冷拔成型技术等新设备、新技术、新工艺。公司主导产品为液压支架、采煤机、掘进机、皮带机、刮板机等，具备了液压支架、采煤机、刮板机采煤工作面三机成套制造能力，涵盖了煤矿综采机电设备的全部需求。公司主导产品全部取得了国家生产许可证和煤安标志，其中液压支架2004年被评为“山西省名牌产品”。公司煤机产品以山西省为优势市场，并辐射到了山东、江苏、内蒙古、陕西等省区。公司先后被评为“山西省质量信誉AAA级企业”“山西省制造业百强企业”和“山西省守合同重信用企业”。2010年，公司总资产近6亿元，员工1800余人，年生产能力为10亿元。

公司大楼

二、阳泉水泵厂有限责任公司

位于市区南庄路3号，始建于民国36年（1947）。系阳泉市装备制造业的龙头企业及全国泵行业骨干企业之一。公司集铸造、锻焊、金属切削、机械装配、工模具制造以及热处理、模型制作、检测试验体系完整的装备制造企业，先进的技术、科学的管理、优秀的质量是公司的立足之本。公司拥有各类专业技术人员244名，其中，高、中级工程技术人员95名；生产工人平均技术等级5.5级，技师、高级技术工人120余名，中级技术工人700名。公司积极开展产、学、研合作，与兰州理工大学、中国煤科院唐山分院、华中科技大学、太原理工大学、中科院上海分院、沈阳防腐所等大专院校进行合作，共同研制特殊产品和泵材料。同时企业参与了多项行业标准的制定工作，并拥有多项实用新型专利。广泛开展科技创新，共计有6个系列、14种产品分别获得部优和省优称号，32种产品获省、市科技进步奖。公司产品主要用户涵盖省内的阳煤集团、平朔露天煤业集团、潞安煤业、山西焦煤、山西铝业、神化集团以及山东龙口铝业、河北开滦煤业、河南平顶山煤业等国内大型集团公司。2000年后，公司通过ISO9001质量体系认证，先后荣获山西省重合同守信用企业、山西省制造业信息化工程示范企业、山西省安全质量标准化机械制造二级企业、山西省质量信誉AA级企业及“国家矿用产品安全标志”等称号。2010年，公司被列入阳泉市政府“退城进园”企业搬迁改造计划，计划投资2亿元，建成占地200亩、年产1万台新型节能泵的全新的水泵生产基地。

三、阳泉阀门股份有限公司

位于市区新建路1号，始建于民国13年（1924），是中国最大的低压大口径阀门生产企业之一，中国机械工程学会阀门分会理事单位、山西省通用机械工业协会会员单位、山西省阀门行业组长单位、山西省阀门行业的龙头企业。公司以科技为先导，锐意创新，走出了一条科技兴企的发展之路，先后开发出了闸阀、蝶阀、煤气阀、止回阀、冶金阀、中压阀等100多个系列、2300多个规格的新产品。产品广泛运用于冶金、焦化、水电、化工、耐火、污处理等行业。其中1985年率先研制开发了城市煤气阀，被国家科委和机械部在全国推广。1987年研制生产的API铸铁闸阀远销美国，达到了世界先进水平。1994年开发的大口径核安全级碳钢闸阀和低镍铬合金海水阀分别被巴基斯坦核电站和中国第一座核电站——秦山核电站选用。1997年研制成功的液压控缓闭三维偏心硬密封蝶阀，作为机电一体化的国家级新产品，在宁夏扬黄等国家重点工程中使用。公司先后荣获全国模范职工之家、山西省最佳企业、山西省功勋企业、山西省优秀政工企业等称号。2010年，公司克服金融危机的影响，完成阀门产量6450吨，销售收入14568万元，实现利税902万元。

四、山西吉天利科技实业有限公司

位于盂县藏山北路171号，1996年建成，是一家集设计、生产、销售、安装、服务为一体的专业生产阀控式密封铅酸蓄电池系列产品的高科技企业。公司设有董事会、监事会，实现了总经理负责制和股权管理权分割。公司以“蓄势而启、创新永续”为文化精粹，以“安全是吉、质量为天、服务是利”为理念，实现五年一飞跃的目标。产品主要应用于UPS不间断电源，电力操作电源，火车起动、照明，铁路信号灯，航海航标灯，固定通信、移动通信的直流支持电源等高科技领域。其中吉天利通信用阀控式密封铅酸蓄电池以其优良的性能成为山西省电信、河北省移动、陕西省电力的首选产品，并被山西省移动通信公司网络建设列为唯一指定用直流电源产品。公司先后获国际金奖，山西省“高新技术企业认定证书”“国家级火炬计划项目证书”“国家重点新产品证书”“山西名牌产品证书”“山西省质量信誉等级证书”，通过ISO9001∶2000质量管理体系认证、ISO14001∶2000环境管理体系认证和OHSMS18001职业安全健康管理体系认证，在山西省率先实现三位一体的国际化管理体系，并且通过了泰尔认证中心的产品认证。公司突出技术创新和科学管理，实施名牌战略，在技术上与信息产业部电源研究所及天津大学、清华大学的电化学教授进行技术合作，使公司技术上保持国内领先水平，逐步与国际水平接轨，以实现企业的可持续发展。2010年，完成工业总产值1.60亿元，完成工业增加值1600万元，完成产品销售收入1.42亿元，实现利税3318万元。

五、山西京宇天成科技有限公司

位于平定县冶西镇磁工业园区，2000年组建，是、从事磁性材料生产和技术开发的高新技术企业。公司拥有整条从磁性材料毛坯到成品深加工全套生产线，形成了6000吨烧结钕铁硼磁体年生产能力和10000吨钕铁硼加工能力，生产规模和实力位居全国第五、山西第一。特别是钕铁硼后道精密加工和表面处理技术和能力名列全国第一。公司可生产加工烧结钕铁硼N系列（N35-N50）、M系列（N35M-N50M）、H系列（N35H-N48H）等6大系列、30余个品牌、100余种不同规格的产品，广泛运用于电声、电机、电子、钟表、工业自动化、通讯、计算机、航天航空、测量仪器等领域。公司的营销网络主要分布于长三角、珠三角及环渤海等经济发达地区，同时远销美国、英国、日本、俄罗斯等国家和中国香港、台湾地区。公司与全国5所高等院校保持合作关系，拥有12位长年受聘的高级专家。2008年与中国科技学院宁波材料技术工程研究所成立了共建大块烧结钕铁硼磁体工程技术研究中心，先后开发出N52、50M、48H、42SH等系列高档材料，并取得3项发明专利、10项实用新型专利。公司拥有完善的质量管理体系，已取得北京BCC和英国NQA的GB/TI9001-2008/ISO9001∶2008国际质量环境体系认证、GB/T24001-24001ISO14001∶2004环境管理体系认证和TSI6949体系认证。2010年公司被列为国家技术监督局稀土永磁质量监督网理事单位和山西省稀土协作网理事单位。

第六章 轻纺工业

第一节 纺织工业

一、纺织

境内纺织业起始年代无考。据《山西通志》载，明代平定州已产布帛。清咸丰年间，平定城已有制毡业。进入20世纪后随着正太铁路的通车运行，近代机织布匹开始涌入山城。抗日战争和解放战争时期，根据地发动群众开展大生产运动，进行生产自救，扶植民众纺纱、织布，以解决群众和军队穿衣用布之忧，最终粉碎了日军对根据地的经济封锁。以盂县为例，从民国29年（1940）至民国35年，全县即发展纺车千余辆，织布机50余架，并出现了“七一布厂”和“伍伍纱厂”等合作纺织业；民国38年全县纺车发展到3520辆，织机发展到253架，有力地支援了晋察冀革命根据地军民的对敌斗争。

1953年，境内第一个毡业联合体成立，初称小阳泉毡业小组，生产民用毛毡、毡鞋里、毡帽和军用毡。1958年更名为阳泉市地毯厂。1960年，省纺织厅调拨给市地毯厂织布机100台，始生产棉布。同时，平定城关镇军属生产缝洗加工厂也购置小木机1台，生产棉布；翌年，盂县棉花生产社也开始织棉线粗白布。其间，阳泉地毯厂在与榆次针织厂筹备处、阳泉棉毛针织社合并后，名称曾几经更换，到1964年，正式定名为阳泉市棉织厂，经省计委、纺织厅批准，成为阳泉定点生产色织产品的厂家。两年后，其自制了漂染配套设备，生产技术达到了国家水平，产品花色品种也增至35种之多，成为阳泉棉纺工业的重要厂家之一。为了扭转阳泉轻纺工业力量薄弱的局面，1970年10月，筹建阳泉市纺织厂，并于1972年正式投产。初期设备为国家支援柬埔寨建纺织厂的部分设备（因柬埔寨国内发生政变，纺织部将援柬设备的一部分划拨给阳泉建厂），技术工人主要是从太原、榆次、介休、石家庄等地的纺织部门调来的。所产产品棉纱类有 12 支纱、14 支纱、20 支纱，棉布类有中平布、毕叽、纱卡其、双面卡其等。1981 年，阳泉市纺织厂产品的经济技术指标与省纺织厅考核的 8 项经济技术指标相比，仍多数不达标。针对这种情况，市主管部门从 1981 年开始对该厂进行了全面整顿。通过下放经营自主权，改进设备、技术，加强职工培训，使各项考核指标基本达标，成为全市轻纺工业的支柱企业。

1984 年后，国家把纺织行业推向了市场，给纺织企业带来了明显的压力。全市纺织企业积极行动，以保证产品质量为出发点，发挥纺织企业规模相对较小，转产较快的优势，密切关注市场需求动态，生产适销对路产品，取得较好收益。1990 年，全市棉纱和棉布产量分别达到了 2447 吨和 1855.5 万米，实现工业总产值 7589.1 万元。

1991 年试制成功了 30 支、32 支、36 支纯棉纱和 30×36×96.5 纯棉布等几个新产品。主要有棉纱、棉布、针织面料等。当年全市棉纱和棉布产量分别为 2112 吨和 1431 万米。1997 年按照全市企业改制的要求，市纺织厂对市针织厂实施兼并，组成了阳泉市纺织集团有限公司，下设阳泉市恒源纺织有限公司（原市纺织厂）、阳泉市恒兴针织有限公司（原市针织厂）、阳泉市汇鑫电力设备公司（原市钟表厂）。

阳泉市针织厂绣花车间

2000 年后，由于棉花市场流通体制的变化，棉纱和棉布的生产受到了产量质量和价格诸多方面的严重制约。市纺织集团有限公司在市场需求乏力、能耗单价提高、产品销售下滑、加工订单减少等困难面前，继续以产品为龙头，狠抓内部管理，调产、增量、提质、创效。主要措施：一是把握市场脉搏，以市场营销促进生产，以稳定生产保证产品销售；二是新增设备提高产品质量以促进销售；三是提高员工素质在产品质量上档次上做文章；四是抓挖潜增效和节能降耗工作。在严峻的市场形势面前，2008 年 5 月，经市政府批准市恒源纺织有限公司被迫停产。

部分年份全市棉纱产量：1995 年 1967 吨，2000 年 2505 吨，2005 年 2981 吨，2008 年 453 吨。

部分年份全市棉布产量：1995 年 2174 万米，2000 年 2370 万米，2005 年 1936 万米，2008 年 348 万米。

1991—2010 年阳泉市轻纺业主要产品产量简表

表 -7-13

年 份	棉 纱（万米）	棉 布（万米）	服 装（万 件）	鞋（万双）	家 具（万件）	笔（万支）	纸（吨）	印刷品（万令）
1991	2112	1431	56.09	158.24	16.49	151.55	—	—
1992	2159	1300.48	64.28	252.76	16.31	—	9823.48	—
1993	2438	1603.09	—	154.91	19.61	44.05	—	—
1994	2082	1809.78	59.95	136.61	27.26	17.81	—	—
1995	1967	2174	575	206	37.37	51	14425	—
1996	2305	2300.87	577.40	267.49	31.32	6.55	—	—
1997	2315	2391.80	412.95	144.11	37.27	—	15400	12.07
1998	2274	2233	532.46	49.01	21.96	—	6681	9.59
1999	2413	2426.85	649.98	36.62	11.74	—	4041	7.82
2000	2505	2370	683.95	—	—	—	1598	1.1
2001	2679	2279.52	696.53	—	—	—	1919	0.65
2002	2693	2125	346.48	—	—	—	473	0.49
2003	2929	2309	245.54	—	—	—	—	—
2004	3003	2307.6	—	—	—	—	—	0.43
2005	2981	1936	25	—	—	—	—	—
2006	2806	1762	22.6	—	—	—	—	—
2007	2262	1365	—	—	—	—	—	—
2008	453	348	—	—	—	—	—	—
2009	—	—	—	—	—	—	—	—
2010	—	—	—	—	—	—	—	—

二、针织

1958 年，阳泉市地毯厂、平定县军属社会福利生产缝洗加工厂即加工手套、毛衣、提花线毯、线衣、毛巾、头巾、背心等针织产品。1961年，盂县手工业棉花生产社开始生产针织品。1971年5月20日，阳泉市棉毛织品厂正式定名投产，成为市二轻局直属企业中的微利集体所有制小型企业。主要产品有线衣、毛衣、手帕、汗衫、毛巾、枕巾、沙发布、手套、童巾、毛巾被等，成为阳泉针织业起步较早的企业之一。

1970年10月，阳泉市投资236.6万元筹建了规模较大的针织企业，初称红旗针织厂，1971年更名为阳泉市针织厂，并开始试制产品。当年生产棉毛类衫裤4.63万件，汗布类背心4.89万件，完成工业总产值17.48万元。1973年该厂的生产列入了国家计划。1978年市针织厂外衣车间投入使用后，生产能力大大提高，成为阳泉市唯一的生产针织内、外衣的正规厂家。主要产品有棉毛衫裤、汗布类衫裤、文化衫、涤纶提花面料、涤纶外衣等6种200余个花色。其中，兔毛混纺、香味起绒印花、夜光起绒印花、提花沙发面料4个系列产品先后6次获得部、省、市的表彰和奖励；“幕琦”牌夜光棉印花起绒衫被先后评为山西省和纺织部优质产品；精梳汗布系列产品及电力袜机针通过了省、市鉴定。1985年11月，阳泉市羊毛衫厂建立。其属于阳泉市劳动服务公司管辖的集体所有制企业，主营机械编织各种花色的羊毛衫，主要产品有四季服装、童装等40多种。此外，20世纪80年代后在平定县、盂县还建立了一批县办、乡办针织厂，以满足市场对针织产品的需求。1990年，全市针织产品主要生产企业有市针织厂、市色织厂、平定县棉织厂、盂县针织厂等。年产针棉品折用纱994吨，棉毛类针织衫裤11.72万件，单面布类针织衫裤422.02万件，毛巾89.3万条。

1991年，全市主要针织生产厂家的产品有汗布类衫裤、针织服装、针织面料等。1997年，为了强化企业管理，市纺织厂对市针织厂实施兼并，组成了阳泉市纺织集团公司，市针织厂为其下属单位易名阳泉市恒兴针织有限公司。2000年后阳泉市恒兴针织有限公司积极迎接市场挑战，转换经营方式。一是以外贸出口为主转向以自主出口为主，寻求更适合企业生产条件的客户，力求在签订合同时有好的价位；二是从改进管理方法，适应市场变化入手，从接单到生产，注重工序流程，严把质量关，管理水平有了较大的提高，使生产物流畅通，保证交货，基本上适应了“三多”（款式多、印花多、品种多）订单和小批量生产要求。2002年市色织有限公司针对原材料棉纱价格大幅上涨、成本倒挂、床单布市场萎缩的状况，抓住市场信息，开发出新产品衬衣布料，从而抢到了新的商机，同时还完成了棉纱印染整体工艺创新的项目申报。2004年1月，面对严峻的市场竞争市恒兴针织有限公司和市色织有限公司均被迫停产。

部分年份全市针织品产量：1991年490.32万件，1995年529万件，2000年667.53万件，2005年25万件。

第二节 服装鞋帽制造

一、服装

清代，境内平定城已有服装缝纫店铺。服装制作全部采用手工工艺，且主要是进行来料加工，兼制作马褂、旗袍等成衣进行营销。民国初年，盂县、阳泉镇的手工缝纫作坊也日渐繁华于市。民国26年（1937）至阳泉建市初，因战争等各种原因，经济不振，服装行业很是萧条。

阳泉建市后，服装生产得以恢复。20世纪50年代初，手工合作形式的服装生产社（小组）在各县区崛起。至1958年间，市区拥有手工缝纫合作社5个，职工200人；平定县有手工缝纫制鞋合作社6个，从业者200余人；盂县城关镇建立手工业缝纫合作社1个。1958年市区的5个合作社归市商业局领导，组成阳泉市服装工业总公司，成为全市最早的生产服装的专业公司。其主要承担男女服装及人民解放军军装的加工任务。产品除满足市内各大商店的需求外，还销往太原、晋东南各市县。

中共十一届三中全会以后，服装行业一改以往按指令生产、产品单一的局面，迈开了改革的新步伐。1978年组建了阳泉市棉纺服装厂，主要生产机织服装和棉被、褥套等床上用品。1981年阳泉市皮革厂开始生产羊皮服装，并开发了猪皮服装革、牛皮正面革等，其产品羊革服装和女式皮革装获省优一等奖。1983年建立了市儿童服装厂，专门生产儿童系列服装。随着服装业的兴盛和发展，1984年12月成立阳泉市服装工业公司。1985年，阳泉有历史上最大的服装生产厂——佳丽服装厂建成投产。该厂引进联邦德国百福西装生产线专门生产男女中、高档各类西服、礼服，年生产能力达10万套。在此期间，阳泉服装设计工作也开始起步并迅速发展。同年，在山西省老年、儿童服装设计大奖赛中，阳泉市佳丽服装厂的男西式罩衣和盂县服装厂的风雪衣均获得二等奖，阳泉市工艺美术厂的卡波呢儿童松紧衫获得了三等奖。此外，在山西省皮革制品展销评比会上，阳泉市制革厂生产的女式皮革服装获优秀设计一等奖。1985年后，阳泉市缝纫业产值以每年平均递增8.6%的速度上升。至1990年，全市共有阳泉市针织厂、阳泉市童装厂、阳泉市服装工业公司、阳泉市劳保特种用品公司加工厂、阳泉市佳丽服装厂等13个服装生产厂家；年产服装61.25万件，其中西装6.53万件、童装2.96万件，产值达1183万元。

进入20世纪90年代，市场竞争异常激烈，全市服装行业实施一系列的体制改革以应对市场。1990年12月，市服装工业公司所属华隆、华丽、时代3个商店并入，公司统一管理核算。1993年6月，公司经销部与市服装二厂合并，由市服装二厂独立核算。1997年5月，企业推行民主选举管理，管理机构与下属企业相应作出了调整。2005 年 8 月市服装一厂、市服装二厂分开经营，独立核算。市服装一厂是以加工各种校服、工作服、座套及劳动用品等产品；市服装二厂主要产品是加工汽车座套、椅套、门帘、被罩、床单以及帆布包等产品。服装生产鼎盛时期，全市乡村以上的服装企业还有：阳泉市童装厂、阳泉市劳保特种用品加工厂、阳泉市沙坪针织服装厂、阳泉市赛鱼利民服装厂、阳泉市京联服装厂、阳泉市春苗童装厂、平定县服装厂、盂县服装厂等。

部分年份全市服装加工量：1991 年 56.09 万件，1994 年 59.95 万件，1998 年 532.46 万件，2000 年 683.95 万件（历年最高），2003 年 245.54 万件，2005 年 25 万件，2006 年 22.6 万件。

二、鞋帽

清代，境内平定州就有综合性的服装鞋帽作坊，主要制作布底鞋和红疙瘩小帽。民国 26 年（1937），平定袁广茂开设的“日新恒”衣帽店年生产各种帽子 1000 余顶。制鞋业起步较制帽业要晚，20 世纪 20 年代始出现以加工定做为主的生产作坊，直到 50 年代才出现了以销售为目的的批量生产，但上鞋、制底仍是手工作业。1954 年 3 月 16 日，韩成仁、赵吉祥、杨目贤 3 户鞋业手工作坊组成了阳泉鞋业合作社。在 1956 年合作化中，又有 6 户入社，社员达到 70 余人。1958 年阳泉鞋业合作社转为合作工厂。1959 年至 1960 年，又先后同五星鞋厂、阳泉市鞋面社、平定鞋业社合并，改称阳泉市鞋厂。成立鞋厂后，缝纫机增加到 200 多台，年产鞋达 10 万双，花色品种也由布鞋发展到皮鞋、皮件等。1961 年 6 月生产工艺开始实现半机械化，产品质量大有提高；花色品种也增添了机上鞋、塑料底鞋、压条鞋、工作鞋等。1978 年，该厂生产的男冲注巾鞋和男冲塑巾鞋在山西省同行业质量评比中获第一名。1979 年，男冲注巾鞋在全国同行业质量评比中获得第七名。1982 年，该厂生产的皮鞋获山西省指标评比第一名。同年，在全省上鞋行业劳动竞赛中，阳泉鞋厂被评为优胜企业。该厂生产的男冲注半四眼鞋被评为山西省二轻系统 1983—1984 年度新产品；厂际劳动竞赛中被山西省皮革公司评为优胜企业第一名；半胶粘高跟尖一代女皮鞋，获阳泉市“创优”产品称号。70 年代末至 80 年代初，在上级有关部门的帮助和支持下，市鞋厂调整了领导班子，改善了经营管理，从而有效地调动了广大职工的积极性，各项指标直线上升，仅 1983—1984 年两年就试制新品种 48 个；1985 年在全省老年、儿童服装设计大奖赛中，阳泉市鞋厂的老年鞋获得一等奖；1987 年男布鞋又获省优奖。产品市场也随之扩大到河北等 9 个省市。1990 年，全市共有阳泉市鞋厂、平定县制鞋皮革厂、盂县皮鞋厂等制鞋企业 5 家，年生产布鞋 144.73 万双、皮鞋 21.69 万双。

1990年后，全市的鞋帽加工生产业进入了繁荣鼎盛时期。尤其是乡村鞋帽制作生产厂家全市发展到了数十家之多，涌现出了像平定县水峪村那样的皮鞋专业生产村，产品还销往冀鲁豫等省。其时主要的鞋业生产厂家：山西泉顺制鞋有限公司、阳泉市橡胶厂、平定县制鞋皮革厂、盂县皮鞋厂、盂县晋闽旅游鞋厂等。主要的帽业生产厂家：平定县乡办企业、盂县乡办企业、郊区乡办企业等。1995年，皮鞋生产停止，布鞋的产量也大幅下降，至2000年后基本停止生产。

部分年份全市皮布鞋产量：1991年158.24万双，1993年154.91万双，1996年267.49万双（历年最高），1997年144.11万双，1999年36.62万双。

部分年份全市皮布帽产量：1991年11.2万顶，1992年11.9万顶，1993年10万顶，1994年14.8万顶（历年最高）。

第三节　钟表家具制造

一、木钟

20世纪70年代以前，境内木钟生产尚属空白。为了满足人们修配手表、木钟的需要，1969年，市钟表眼镜社开始生产表壳，并在保证自给自足的同时进行零售。1971年，钟表眼镜社由手工业管理局划归城区管辖，并增设了4台“628型”小车床。1974年，钟表眼镜社更名为钟表修配厂，同年制出300台“365型”木钟。1979年钟表修配厂改称阳泉市木钟厂，并投资200万元在大阳泉村东进行扩建，建设规模为年产30万台木钟。1980年6月扩建完工，进行批量生产。同年，划归市轻工业局管辖。之后因木钟国内市场饱和产品滞销，于1984年12月停产。

二、手表

1976年9月，筹建阳泉手表厂。1977年3月，组装出第一批“乌金牌”男式手表。以后又生产了“山梅牌”“茉莉花牌”中型表。1980年6月由阳泉手表厂牵头，木钟厂、表壳厂3家组成了阳泉市钟表总厂。在手表、木钟、表壳生产均不景气的情况下，1982年市钟表总厂又同上海手表二厂联合生产出“海山牌”“环球牌”手表。1985年6月，市钟表总厂更名为阳泉市钟表仪器工业公司，是年底由于木钟、手表产品滞销而停产。至1986年，全市共生产出十几个品种的男式手表和中型手表25.02万只。产品除在市内销售外，还远销北京、河南、河北、陕西、四川、贵州等省市。

三、石英钟

1986年，阳泉市钟表仪器工业公司停止生产木钟、手表后，正式转产石英钟。企业开展了强化质量、强化管理、强化售后服务3项活动，使石英钟的合格率提高到了94.47%。1987年，石英钟经山西省质量检测研究所两次检查和西安中国钟表测试中心检测考核，全部指标均达到国家标准，受到用户的广泛好评。1989年2月与市制笔厂合并成立市钟表仪器工业总公司。总公司通过一手抓老产品结构的改进，一手抓新产品的开发试制，对所属企业进行了整顿，还开展了管理、生产能力、产品质量及文明生产等方面的达标活动，从而使"精菱牌"系列石英钟在1989年获省优产品称号，1990年阳泉产石英钟经国家钟表监督检测中心检查后，指定为国家A级产品。1991年全市石英钟的年产量还高达7.35万只，至1992年就锐减至3538只。1993年后因技术落后、市场饱和、产品滞销而停止生产。

四、家具

历史上境内家具生产一直沿用以师带徒、分散经营、手工作业、农工兼作的方式。清代，专业生产的作坊开始增多，到清末境内已有木工作坊近30余家，其中平定县城葛治祥木匠铺等家具制作已具备了一定的水平和相当的规模。民国26年（1937）日军入侵后，使以流动揽活为生的家具制作业受到极大影响，而日军的四处暴虐则导致了新生不久的木器作坊的相继倒闭。到民国36年阳泉建市时，木工作坊曾占境内总量85%以上的平定县，仅存木器作坊3家，从业10余人，年产木器数百余件。

1949年后，木器加工业在合作化生产过程中得以恢复和发展。1953年1月，市区率先成立合作生产的木业社，以家具生产为主。接着，平定东关木业生产合作社建立。翌年盂县城关木业生产合作社成立。随后，各县区木业合作社不断增加，规模日渐扩大。20世纪50年代中期，仅市区就有专营木器的店铺61家，延续几千年的流动作业逐步向坐商转化。1958年，境内两县木器加工厂（社）均归入农机厂；阳泉市木业合作社则转为阳泉市地方国营木工厂，职工由原来的13人增至187人，并在购置安装1台电锯，是为全市家具工业走向半机械化生产开端。60年代初，境内家具工业才开始普遍采用机械锯、刨、凿作业，但装配仍沿用手工。70年代后期，新型原材料胶合板、钢材、塑料等应用于家具生产中。1975年，阳泉市东风木材厂开始试产钢木家具、电镀厚座椅；1976年，一条钢木家具生产线基本形成，年生产电镀座椅、电镀沙发、电镀茶几和烤漆沙发10万余件。从此，打破了家具市场单一的"铆榫框架"木制品结构。

中共十一届三中全会后，随着社会经济的发展和人民生活水平的提高，阳泉市东风木材厂、阳泉市城区木器厂、阳泉市钢木制品厂、盂县土塔沙发厂等企业竞相改进生产工艺，大胆引进新型材料，成为各有所长、独具特色的新型企业。1981年“东风牌”电镀厚椅被评为山西省优质产品。1985年阳泉市东风木材家具厂改称阳泉市家具厂，是为阳泉最大的家具生产厂家，该厂生产的YQ-077型电镀厚座椅连续9年保持优质产品的称号。1986年和1987年阳泉市城区木器厂连续两年获得山西省家具行业产品质量评比第一名。此外，家具生产厂家还有市煤炭工业局综合材料厂、郊区杨家庄木器厂、平定巨城镇木器厂、盂县供销社农商联营公司综合加工厂等。至1990年，全市共有家具厂家33个，年产家具18.03万件。其中，木制家具6.73万件，钢木家具11.28万件，其他家具0.02万件。

20世纪90年代全市家具生产骨干企业阳泉市东风家具木材厂、阳泉市城区木器厂、阳泉市钢木制品厂、盂县土塔沙发厂等竞相引进人才，大搞技术创新，使产品的质量在市场竞争中一直保持优势地位，产量也出现了稳中有升的局面。全市90年代部分年份家具产量：1991年16.49万件，1993年19.61万件，1995年37.37万件（为历年产量之最高），1997年37.27万件，1999年11.74万件。

2000年后，全市家具生产厂家转停产者居多。2003年，全市最大的家具厂东风家具木材厂改制为东风家具城，通过结构调整，盘活了存量资产，启动了闲置的生产线，使破产和半死不活的企业得以复兴。2004年，矿区钢木制品厂通过集体股分配、个人参股、改制成为阳泉市保华电机有限公司，实现转产。至此，市场销售为清一色的外地家具。

第四节　器皿制造

一、日用陶瓷器皿

据对平定县柏井村出土白瓷的考证，境内早在唐代就可烧制多种白瓷器皿，其中以各种规格的碗为主。到宋代，瓷器的制作又有了较大的发展。1977年在盂县磁窑坡村发现宋代窑址，从遗存的碗、盆、香炉等残片上的大量印花和图纹，可见其造型、工艺均已达到了一定水平。及至元末，境内已能烧制黑、白、黄釉瓷器皿。到清光绪三十四年（1908），境内瓷窑20余座，日用器皿有杯、盘、碗、碟、瓮等数十个品种。民国3年（1914），在平定县设立平民工厂制作高级紫砂陶器，并从江苏请来名师，汇聚南北陶瓷的风格，研制出装饰花瓶、高级日用套瓷等高档产品。由于其工艺精湛，在北京展出，使平定陶瓷名震一时。民国26年10月日军入侵后，

大肆掠夺境内资源，破坏原有生产设施，制陶遭受重灾。

1949年开始，伴随着手工业互助合作运动，陶瓷生产以互助组的联营形式快步发展。郊区、平定县、盂县均建有陶瓷生产互助组，其中平定陶瓷厂生产的16种工艺瓷曾在1966年广州交易会上受到好评，有些产品还远销美国、加拿大、法国、日本等十几个国家和中国香港地区。进入20世纪70年代后，以集体经济为主要形式的小型陶瓷厂在平定县、盂县不断投产，其规模小，开发产品少，但产量却很大，

1970年至1980年间，阳泉陶瓷器皿的生产一直持续稳步发展，到1980年，全市的陶瓷产量相当于1970年的1.28倍。1985年至1990年间，全市陶瓷器皿的产量以每年平均递增50.2%的速度发展。产品在不断创新的同时，还有不少产品出口创汇，其中平定陶瓷厂生产的棕釉龙纹杯碟、龙纹咖啡色茶具、盘龙花瓶、仿宋黑釉缠枝牡丹纹刻花梅瓶等以出色的工艺而远销海外。牵牛镇生产的硫酸坛，耐酸耐碱性极强，是硫酸容器的极品，被评为山西省优质产品。

1990年后，全市乡镇陶瓷行业迅速崛起，发挥小而精、转产易、更新快的优势，大量选用新型机械，引进高端技术人才，不断追求产品的新、精、特，促使产品质量、工艺、产量较以往有了长足发展。2000年后，面对严重激烈的市场竞争，全市陶瓷行业积极应对、与时俱进、锐意改革，使产品数量和质量均稳中有升，维护了这一地方传统拳头产品的荣誉称号。

部分年份全市日用陶瓷产量：1991年2313万件，1993年2925.4万件，1995年2347.3万件，1998年2739.80万件，2000年1776万件，2003年3384万件（历年最高），2005年2330万件，2008年2730万件，2010年2261万件。

二、砂质器皿

境内砂货向以平定县最佳，生产始于唐代。其砂质器皿以内外光洁、皮薄质细、耐酸耐碱、价格低廉而享誉三晋。据统计，到民国元年（1912），全境砂货业小生产者达170余人，砂货炉76座，年产砂货约84万件。主要产品有火锅、茶壶、锅、瓢、盆、笼屉、罐、花盆等100

余个品种。主要产地为平定县的常家沟、移穰、东小麻、西小麻及郊区的小西庄、王垅、北庄等，其中以小西庄的龙字壶最负盛名。

1949年以后，砂货生产结束了个人单干的历史，以互助组或集体经营的形式继续发展。因受经营观念和地域的限制，规模和产量均不甚大；但生产工艺却十分讲究，深受用户的喜爱，被列为20世纪50年代阳泉十大名牌产品之一，并在1962年全国手工业工作会议上展出。砂质器皿主要销于省内，其中砂茶壶、砂锅等产品也大量销往北京、天津、济南、石家庄等地。

1990年后，全市砂货生产主要集中于乡村企业。其中平定县仍是全市砂货的主要产地，全县有砂货生产厂家4个，年产各种砂货47万件。2000年后，为数本来就不多的砂货生产厂家由于见利微薄，均停产或转产。但砂货这一传统产品的生产仍然在延续，代之而起的是一些砂货生产的个体户和家庭，仅平定县就有30多家。全市年产量约10万件左右。

三、铸造器皿

境内铸造器皿历史悠久。现存的铁制品中就有清雍正十二年（1734）任家峪村民铸造的舂米器具。清代中后期，随着采掘加工业的兴盛，各乡村均依所据矿产进行加工开发，往往几个邻近村庄即组成一个专业生产营销区。清咸丰九年（1859），盂县清城就已成为生产经销铁锅、铁壶、铁温罐等铸造器皿的集散地，享有“日进斗金”的盛誉了。民国年间，近代工业的发达促进了境内矿产加工业的发展，据民国年间《新平定月刊》载：“平定铁锅遍地皆是，除用以自给外，复行远销于河北、山东、辽宁各省”。抗日战争时期铸造器皿的生产受到了严重摧残。民国34年（1945）8月，山底村的20多个铁业手工业者在民主政府的领导下，建成7座炼铁土炉恢复了生产，主要产品有三八印铁锅、西改铁锅等。随后，红土岩的川锅，河底、中佐的茶壶、把把锅、河小货等也相继恢复生产。

阳泉建市后，铸铁业恢复发展较快。在20世纪50年代阳泉形成的十大名牌产品中铸造器皿有：泉小货（各种筒锅，三泉产）、河小货（把把锅、茶壶，河底产）、川锅（广西改

阳泉地区传统铁锅

锅，荫营产）、烟锅（上烟、下烟产）、托付货（饼铛、鏊子等，龙光峪产），占到十大名牌的50%。这些产品虽在造型、规格、型号方面各不相同，但共同特点是不崩不炸，不易生锈；用来盛饭隔日不变味。产品一直盛名不衰，远销长城内外的14个省、市、自治区，深受顾客青睐。80年代后，机械化程度有所提高，各铸造企业在保持原有筒锅、程锅、召锅、烟锅、广锅等传统生产品种的前提下，适应市场需求，将磁化技术、仿瓷技术运用到铁锅制作上，并开始生产系列、套用器皿。

当地厂家生产的传统产品广锅系列曾多次在全国铁锅产品评比中名列前茅。1991年9月，任家峪锅厂生产“任”字牌双边铁锅以无渗漏、锅壁厚度均匀、锅口整齐、无浇铸口痕迹、内外表面光滑、抗炸裂性能强、锅径误差小、色泽一致等，在全国铁锅行业103家参评企业中获第一名。

20世纪90年代中期，铁锅市场需求量锐减，境内铁锅滞销，1996年后产量大幅下降，至2000年基本停止生产。

部分年份全市铁锅产量：1990年139.00万口，1991年173.02万口，1992年252.39万口，1993年169.12万口，1994年169.59万口，1995年224.83万口。

四、玻璃器皿

境内玻璃器皿的生产始于20世纪70年代。1970年阳泉市始建红旗灯泡厂，主要生产15瓦、25瓦、40瓦民用灯泡。因效益上不去，于1972年底转产玻璃器皿，同时更名为阳泉市玻璃器皿厂。起初，由于技术和管理上的原因，致使企业产品单调，积压严重，长期亏损。80年代后，学习农村改革的经验，大胆推行经济承包责任制，调整了产品的生产工序，开发出167种新产品，使生产扭亏为盈。其中酒具、水具、咖啡具、花瓶等造型优美、工艺先进，颇受人们喜爱，不仅畅销省内外，还远销欧美和东南亚24个国家和地区。

进入20世纪90年代，随着市场竞争的日趋激烈，玻璃制品企业逐步陷入了困境。为了解决市玻璃器皿厂职工的生计，市人民政府决定将市玻璃器皿厂并归市纺织厂。进入2000年后，全市玻璃及玻璃制品生产厂家6户、均属个体民营企业，年产量300余吨。

第五节　其他轻工业

一、印铁

印铁制品工业是阳泉市新兴工业之一。1964年正式成立阳泉市印铁制品厂，初以经营印铁包装及装潢业务为主项，1965年开始生产印铁产品，如鞋油盒、茶叶盒等。1973年市印铁厂购进了JT1101型自动印铁机和JT101型上光机，提高了产品质量，但仍不能单靠印铁生产支撑企业。1981年，该厂先后考察了南京、上海等大型印铁厂，引进他们的先进经验和技术，结合实际，投资32万余元建成一条自动印铁生产线，并于1983年正式投产。1984年2月，该厂又投资27万元购置了一套国内较先进的制版设备，其中包括照相、分色、放大设备，使印铁制品达到国内先进水平。1985年11月，该厂再次投资310万元与英国麦尔托哥公司签订合同，全套引进该公司制罐自动生产线，并兴建660平方米的制罐车间，使印铁制品生产开始向自动化方向迈进。产品有茶叶、医药、油漆、日用化工、食品饮料包装盒等40多个品种；印铁制品的外形呈现了方、圆、扁、椭圆、三角形等多种形状。其中，阿胶筒和茶叶筒分别被评为省优产品，涂料铁筒和罐头瓶盖获省优秀新产品奖，410胶水筒因密封性能好而颇得用户喜爱。1990年后阳泉市印铁制品厂产品承担着全国十几个省市90多家用户的印铁包装、装潢任务，广泛运用于化工、食品、医药、文教等行业。印铁制品年产量1990年522吨、1991年402吨。1997年阳泉市印铁制品厂重组改名为阳泉市晋源彩印责任有限公司，1998年公司由北大街搬迁至南庄西路，继续生产经营印铁包装和装潢业务。2005年后企业处于半停产状态。

二、印刷

印刷是境内较早的轻工行业之一，早在明末清初，民间即可进行木刻板印刷。在木刻板印刷品中，流传较广的是《平定州志》和《盂县志》。民国2年（1913），平定县教育科首先购置石印机代替木刻进行印刷。民国9年，盂县城南关王姓开办石印馆，创盂县石印之先河。其后，石印印刷在境内得到了广泛使用。

民国37年（1948）10月，阳泉市总工会创办《阳泉职工报》。当时，报社还没有印刷设备，每周一刊的报纸要到石家庄市去印刷。为此，报社购置了1台印刷机，后又调进5名印刷工人，于1949年10月1日正式由自己印刷报纸，揭开了阳泉现代印刷业的历史。1950年成立了阳泉市印刷厂，由政府增调职工15名，购置印刷机械8台，正式开始对外营业。1952年市印刷厂转为地方国营企业，划归市工业局管辖。20世纪50年代上马的印刷厂家还有平定县印刷厂和盂县印刷厂。50年代末期市印刷厂相继购进了对开电裁刀、订书机、压书机、铸字机和大石印机等，使生产能力一步步提高。60年代，又购进了鲁林机及胶印机等印刷用全套设备，同时增加了商标、装潢及彩印设备，成为阳泉最大的印刷企业。60年代中后期，为了缓解市印刷厂日渐加重的印刷任务又建起了阳泉城区印刷厂和市教育印刷厂等集体性质的印刷企业。

进入20世纪80年代后，各印刷企业均从提高生产技术水平入手，引进设备，更新机械，使工业有了长足发展。80年代初，市印刷厂率先投产了塑料印刷；到1987年，全厂各种机械设备已达107台。1988年至1990年间，又先后投资126.3万元，购置了烫金机、海德堡商标机、不干胶标签机、上光机，使商标印刷整体配了套；还购置了精密激光照排系统、双面胶印机、双色胶印机、折页机、配订压联动机，具备了出版大型书刊的能力，被省出版社定为省级书刊定点出版企业。同期，一些小型集体所有制印刷企业的规模和业务也有了较大发展。阳泉日报印刷厂、郊区义井印刷厂、平定南坳乡庆化印刷厂、盂县仙人乡社会福利印刷厂等也均以各自的优势服务于县区和社会。1990年，全市共有各级各类印刷企业13家。

20世纪90年代，在企业改制中国营集体企业阳泉市印刷厂、平定县印刷厂、盂县印刷厂等分别由个人承包或租赁，转换了企业性质。以阳泉正达彩色印刷厂、阳泉市金融印刷厂、阳泉市一院印刷厂等民营企业迅速成长崛起，并抢占了印刷市场。

部分年份全市印刷品产量：1997年12.07万令，1998年9.57万令，1999年7.82万令，2000年1.1万令，2001年0.65万令，2002年0.49万令，2004年0.43万令。

三、造纸

境内造纸业起始年代无考，但最晚不过清嘉庆年间。据郊区泊里村轩辕阁石碑记载，嘉庆年间该村造纸生产已有规模。在清代至民国年间，境内约有50余户村民利用农闲制造麻纸，日产量约4万张。产品除在市内销售外，还销往昔阳、寿阳等地。抗日战争时期，盂县温池村有12户农民坚持造纸，保证了《晋察冀日报》的印刷用纸。

阳泉建市后，造纸业得到进一步的发展。民国37年（1948），泊里村个体手工业纸坊组成了互助组，日产麻纸5.2万张；1953年，盂县温池村也成立了手工业生产社，日产麻纸3.7万张。1957年，泊里纸业生产合作社与阳泉正在筹建的造纸厂合并，迁址平定县南坳村新建厂房，并改称南坳纸厂。此后，直至中共十一届三中全会之前，境内造纸业主要分布于两县，属于两县管辖的地方企业。其中平定南坳纸厂经过不断的技术改造和设备更新后，在1972年成为山西省唯一的油毡原纸生产厂家。1979年义井造纸厂建成，属集体所有制企业，主要生产油毡原纸、挂面板纸、黄板纸、再生牛皮纸、包装纸。产品除境内外，还销往河北、山东、辽宁等地。1984年后，随着乡镇企业的异军突起，一些乡镇投资建起了造纸厂。1986年娘子关桃河造纸厂投产，年产瓦楞纸500吨；1988年平定县范家掌村建成包装材料厂，年产瓦楞纸50吨。

进入20世纪90年代后，在造纸业不断发展的过程中，随着市场的需求，纸制品也有了一定的发展，包括纸盒厂、纸箱厂等，全市各类造纸企业（含纸制品企业）发展至9家。

部分年份全市机制纸及纸板产量：1992年9823.48吨，1995年14452吨，1997年15400吨，1998年6681吨，1999年4041吨，2000年1598吨，2001年1919吨，2002年473吨。

四、制笔

始建于1972年的阳泉市制笔厂是阳泉唯一的制笔生产专业厂家，也是轻工业部制笔生产的定点厂家之一。其前身是阳泉市印刷厂的一个车间，为填补地方产品空白，由市轻工会投资建成的生产全国统一圆珠蓝色笔芯、简易圆珠笔、测电笔3种产品的企业。当时只有职工24名、设备17台。后经迁址、扩建，到1984年设备增至105台，职工发展到204人，年产值达到122.8万元，并一举甩掉了亏损的帽子。其间，在1979年10月该厂从上海曾引进1台笔芯双八道联合装配机，从而结束了该厂手工装配笔芯的落后工艺。1983年3月该厂同江苏省常熟市建立技术合作关系后，使该厂的圆珠笔套在品种上有了增加，在质量上有了提高，产品行销华北地区50多个百货站点。该厂生产的“101”型统一圆珠笔芯于1983年获市创优产品奖；“032”型双色圆珠笔在1984年全国圆珠笔行业产品质量评比中名列第四名。到1987年底，市制笔厂已拥有固定资产净值119.4万元。1989年2月该厂并入阳泉市钟表仪器工业总公司后，又投资67.3万元添置三色不锈钢套生产线，具备了年产700万套的生产能力，并开发出“019”型折叠式圆珠笔、“024”型中档撴动式不锈钢套单色圆珠笔。1997年后圆珠笔生产停止。

部分年份全市圆珠笔产量：1990年173.45万支，1991年151.55万支，1993年44.05万支，1994年17.84万支，1995年51万支，1996年6.55万支。

第六节　企业选介

一、阳泉市纺织集团有限公司

位于市区南山路198号，始建于1970年，前身为市纺织厂。1997年市纺织厂兼并市针织厂。同年底，按照《中华人民共和国公司法》规定经市经委批准实施改制，由市国有资产管理委员会、市经济建设投资有限公司、市公交资产管理委员会、市国有资产经营公司、市棉纺服装厂共同出资组建市纺织集团公司，下设3个控股子公司：以市纺织厂实体改制为恒源纺织有限公司；以市针织厂实体改制为恒源针织有限公司；以新兴动力器材厂实体改制为汇鑫电力设备有限公司。阳泉市纺织集团有限公司是集纺纱、织布、针织、服装、机电加工为一体的国有控股中型企业，资产总额10392万元，固定资产原值12944万元，生产规模为棉纺纱锭18580枚，织机794台，气流纺400头，针织设备483台（套）。设计生产能力为纯棉纱3000吨，纯棉、涤棉布2200万米，针织汗布衫裤500万件，棉毛衫裤150万件，服装及床上用品12万件（套），针织面料80吨。主要产品有“桃河牌”纯棉纱、“晋源牌”系列纯棉布及床上用品、“碧野牌”针织服装等，多次获省、市优秀新产品奖和优秀质量奖。在省内同行业中多项经济指标多年保持领先地位和水平，曾获中国纺织企业协会排头兵企业称号。

恒源纺织有限公司于2004年投资300余万元，对纺织生产流程进行了全过程的配套技术改造，由单一生产纯棉平布发展到生产高密斜纹服装面料，优化了产品结构，实现了产品升级换代，当年实现利润100余万元。2007年之后受国际国内市场的影响，加之投入不足、技术设备落后，企业经营十分困难，进入了阳泉市特困企业序列。2008年5月经市政府批准停产。

恒源针织有限公司为市纺织集团控股的子公司，于1998年1月登记注册。2003年9月，企业被列为阳泉市特困企业序列。2004年1月市政府批准停产。

汇鑫电力设备有限公司于1998年1月注册登记，由于受资金和市场等因素的制约，基本未能进行运行就于1998年3月被迫停产。

二、阳泉市服装工业公司

始建于1953年，前身是市第一缝纫社和第二缝纫社。第一缝纫社于1953年在河边街成立。第二缝纫社于1956年成立。1959年第一缝纫社、第二缝纫社、矿区缝纫社、平定缝纫社和公私合营缝纫社等单位合并为国营缝纫厂，隶属于市商业局管理。1961年9月，缝纫厂重新组合划分为缝纫一社和缝纫二社，隶属于市手管局。1969年两个缝纫社合并组建阳泉红卫服装厂。1979年红卫服装厂更名阳泉服装厂。1984年12月阳泉服装厂易名阳泉市服装工业公司。1985年8月兴隆、中华服装店合并为新华商店划归公司管理。1986年4月服装一厂、服装二厂实施单独核算。1990年12月公司所属华隆、华丽、时代3个服装商店并入公司经理部统一核算。1993年6月公司经理部与服装二厂合并，由二厂独立核算，银行开户，统对财税。2000年服装一厂与服装二厂合并经营，独立核算，统对财税。2005年8月服装一厂、服装二厂又分开经营。

2006年后服装一厂与服装二厂由个人承包经营。服装一厂以加工各种校服、工作服、座套及劳动用品；服装二厂以加工汽车座套、椅套、门帘、被罩、床单及帆布包等产品。

三、阳泉市正达彩色印刷有限责任公司

位于市区北大西街，成立于1997年7月，属私营性质的有限责任公司。公司为省新闻出版社局指定的书刊、杂志、出版物的印刷厂家，包括装潢、其他印刷品生产厂家。经营范围：印刷出版物、书刊、杂志、报纸、设计制作户外广告、印刷业广告等。公司主要设施设备有：苹果电脑、北大方正PC机、德国AGFA.T5000PLUS高精度扫描仪，德国AGFA.AU258光影跟踪照排机1台、SBY型全自动晒版机1台，德国海德堡SM74四色胶印染机1台、上海北人J2205型双色胶印机1台，ZYH670F混合式折页机1台，深圳精密达TBB50／4A椭圆胶订机1台、德国POLAR波动刀1台等。公司从设计、扫描、制作、发片、晒版、印刷、折页、胶订、裁切、包装等一条龙工艺流程全部实现现代化操作。至2010年一直在阳泉市印刷市场占有较大的份额。

阳泉市正达彩印有限责任公司

第七章 食品医药工业

第一节 食品工业

一、生产经营

食品工业是在传统私营面食加工、副食加工、肉食加工等作坊的基础上发展起来的。1953年成立的阳泉市食品厂为第一家食品国有企业。同年，平定县副食品加工厂成立。1954年盂县副食加工厂成立。这些食品生产厂家的产品主要有月饼、点心、蛋糕、饼干、麻糖等。

20世纪50年代和60年代，由于市场需求的局限，食品工业发展较为缓慢。至1970年，全市仅有食品企业6个，年工业总产值为1075万元，占全市工业总产值的3.41%；固定资产原值128.56万元，占全市的0.3%。进入70年代后，随着县、区营食品工业的蓬勃兴起，至1977年全市食品企业已发展至14个，工业总产值为3127万元，占到全市工业总产值的4.86%。

1978年以后，全市食品工业取得了突破性的发展，老企业进行技术挖潜改造，生产能力不断提高；新企业由国家统办拓展至工办、商办、农工商联营办、镇办、村办、个体办等多种形式。食品工业形成了大、中、小并举，布点纵横成网的局面。到1990年全市食品工业厂家完成工业总产值为4133万元，占到全市工业总产值的2.4%；主要产品产量：罐头526吨，糕点1860吨，糖果186吨，畜肉制品175吨。

1995年，全市食品加工制造厂家共33个，完成工业总产值6632.6万元，占到全市工业总产值的0.54%，与1990年相比减少了1.86个百分点；主要产品产量：糕点1690吨，鲜冻畜肉1514吨、糖果86吨、方便食品57吨。

1999年，全市限额以上食品加工制造厂家共5个，亏损4个，完成工业总产值2273.6万元，占到全市工业总产值的0.14%，与1995年相比较又有较大幅度的下降；主要产品产量：糕点1390吨、方便食品97吨，鲜冻畜肉930吨。

2005年，全市规模以上企业食品加工厂家3个，亏损3个，完成工业总产值1.13亿元，占到全市工业总产值的0.51%，与“九五”期间的1999年有所增长；主要产品产量：糕点7390吨、方便食品1897吨、液体乳11143吨。

2010年全市规模以上企业食品加工厂家3个，亏损1个，完成工业总产值5.93亿元，占到全市工业总产值的1.09%，比“十五”期末的2005年增长了0.58个百分点。主要产品产量：鲜冻畜肉5024.23吨，液体乳7095吨、方便食品3897吨、糕点5390吨。

二、主要产品

云阁牌泉味牛肉　由阳泉市肉联厂有限公司根据传统工艺，结合现代科技研制成的一种软包装熟肉制品。该产品选料考究，以精黄牛肉为原料，经十多道工序及真空灭菌而成。产品风味独特，保质期长，保鲜度好，有丰富的营养成分，口感清香，入口绵中，感官清雅，切面晶亮，颜色红润，常温下可存放1年。该产品经卫生防疫部门质检均符合国家各项标准，上市后受到各界人士的好评，市场潜力很大，1996年获国际食品及加工技术博览会金奖。

马铃薯全粉　由阳泉市三来食品有限公司生产。马铃薯全粉是脱水马铃薯制品中的一种。其产品以新鲜马铃薯为原料，经清洗、去皮、挑选、切片、漂洗、预煮、冷却、蒸煮、捣泥等工艺过程，经脱水干燥而得的细颗粒状、片屑状或粉末状。三来食品有限公司生产的马铃薯全粉畅销省内外，市场前景乐观。

颐寿牌月饼　由市食品总厂有限公司生产。产品以花纹清晰、造型完美、皮馅均匀、表面油亮、酥软可口而深受顾客青睐。1990年在山西省中秋月饼评比中获硬蛋皮类第二名。同年，由省商业厅推荐，参加全国商业部在青岛主办的优质产品评比，被评为优质产品，成为阳泉市食品行业中第一个部优产品。颐寿牌五仁月饼作为老字号企业的拳头产品于2006年被评为山西省著名商标，2007年取得国家QS认证，2009年获山西省地方特色名饼奖。

第二节　酿 造 业

一、生产经营

境内酿酒造醋业历史悠久。明末，平定城嘉河旁曾酿造一种“苦酒”，受到傅山先生的赞赏。清光绪三十年（1904），平定“稳和成”酒坊年产白酒4000公斤，行销晋、冀、京等地。民国初年，境内酿造业作坊增至10余户，产量剧增，其中，盂县的白酒和醋的年产量分别为1.35万公斤和11万公斤，平定县面酱的年产量达到7.75万公斤。

阳泉建市后，私营酿造作坊由城区、平定县城和盂县城拓展到一些大的集镇，如荫营、三泉、锁簧、巨城、牛村、上社、西烟等地。1952年国家成立酒业专卖公司，对酒类经营实行专卖管理。1953年平定县城的万胜泉酱醋加工厂实行公私合营，成为全市第一个集体性质的酿造加工厂。1956年，北深沟酱醋厂（市酿造总厂的前身）始用豆饼代替黄豆生产酱和酱油。1970年在赛鱼兴建酿造车间（市酿造二厂的前身）。1976年，在辛兴乡黄沙咀建成阳泉市酒厂。1978年，全市饮料酒的年产量为101吨。

1978年以后，全市酿造业普遍使用低盐固态发酵工艺，先后添置高压旋转蒸煮锅，克服常压蒸料所用原料生熟不均匀的问题，推广应用机械动力，使酿造业逐步实现了蒸气化、机械化、管道化一条龙流水生产。与此同时，在郊区、平定县和盂县的30余个村镇办起了酱醋厂，年产量5000吨左右，缓解了群众对调味品需求量日益增长的矛盾。至1990年全市国营、集体、个体酿造厂家发展到40余个，年产料酒9521吨（其中啤酒8879吨），无酒精饮料2814吨，冷冻饮品1454吨，酱醋2385吨。

1995年，全市乡以上酿造加工制造厂家共5个，完成工业总产值2570.6万元，占全市工业总产值的0.21%；主要产品产量：醋7159吨，酱油3394吨，酒（白酒和啤酒）10374吨，饮料12162吨。

1999年，全市限额以上酿造加工制造厂家共1个，完成工业总产值601万元，占全市工业总产值的0.04%；主要产品产量：醋7159吨，酱油1432吨，白酒50吨、啤酒3769吨，饮料48吨。

2005年，全市限额以上酿造加工制造厂家共1个，亏损企业1个，完成工业总产值7415万元，占全市工业总产值的0.32%；主要产品产量：酱油47吨，软饮料4004吨。

2010年，全市限额以上酿造加工制造厂家共1个，完成工业总产值5178万元，占全市工业总产值的0.09%；主要产品产量：软饮料16042.6吨。

二、主要产品

阳泉啤酒 由阳泉市酒厂生产，有11° 五星啤酒、12° 狮脑山牌阳泉啤酒、12° 狮脑山牌阳泉特制啤酒3个品种，产品均用优质进口麦芽和新疆香型酒花，采用新配方、新工艺和新的高发酵度酵用菌种，配合传统酿造方法进行生产。色泽淡黄，清澈透亮，口感柔和，泡沫充足洁白、细腻、挂杯持久，有清醇的麦芽酒花香味。1988年7月，获部优产品称号；同年12月，阳泉五星啤酒代表山西省参加了在北京召开的首届全国食品博览会获国家银质奖，阳泉啤酒获国家铜质奖。阳泉啤酒于2000年后随着阳泉酒厂的破产而停止生产。

维尔康 由阳泉市饮料厂生产。产品以爽口、健胃、益脑等特点，自20世纪80年代投放市场后销售经久不衰。维尔康1999年获“山西省放心食品”称号。2005年取得“全国食品工业生产许可证”。

雪贝饮料 为阳泉市食品总厂有限公司生产的系列饮料。该产品采用原汁配制，味道纯正，含果量高，且具有营养、卫生、可口等特点，是防暑、降温、宴请宾客的理想饮品。1990年8月，中国射箭队在阳泉集训期间，对此“一见钟情”，后定为第十一届亚运会中国射箭队的专用饮料。至2010年，雪贝饮料仍正常生产，年产量在2000吨左右。

北岭牌食醋 由阳泉市酿造总厂有限公司生产。以优质高粱、大麦、麦麸为主要原料，采用传统的陈酿工艺，汇融现代生物工程中的先进技术酿造而成，产品呈紫褐色，汁液浓厚，入口柔和，回味绵长，醇香可口，久存不腐。

绞股蓝醋 由阳泉市新华食品厂生产。采用传统配料酿醋工艺配以优良蜂蜜和胶股蓝中药液特制而成，经国家有关部门的鉴定，本品含有多种氨基酸、人参皂甙和维生素B族及糖类、脂类等多种微量元素，有降血脂、软化动脉血管、抗癌种、防疲劳等作用。

大寨核桃露 由山西大寨饮品有限公司生产。大寨核桃露所采用的原料均来自太行山脉的野生核桃，采用中科院配方，北大新技术精制而成。具有纯绿色、纯保健、纯香浓、无色素、无香精、无防腐剂、营养吸收快等特点。大寨核桃露产品市场前景看好，销售势头强劲，获“山西省名牌产品”“中国名优绿色食品”“中国驰名商标”等称号。

第三节 医药工业

境内生产中成药的历史可追溯到清代中期，当时，平定城的“致和堂”药店即可生产丸散膏丹。阳泉建市初，市区、平定县城、盂县城共有中药铺十数座。这些药铺大多可自制中成药，其格局多为前店后厂，规模较小。1956 年 6 月由城区“广升药庄”组建的“成药加工部”（阳泉中药厂的前身）是阳泉市第一家国办的中药生产厂家。此外，还有 1986 年成立的中药饮片厂，有职工 50 人，固定资产 45 万元，年产各种中药饮片 23.98 吨。

西药生产是从 1972 年 3 月市食品公司肉联加工厂原料采集综合车间组建阳泉市生物化学制药厂开始的。当时，仅能生产粉剂 12 吨，片剂 2080 万片，7 个品种。到 1990 年，年生产粉剂可达 30 吨，片剂 5000 万片。同时市一院、市二院、矿务局医院和盂县县医院等陆续成立灭菌制剂室，开始配制小针剂、滴眼剂等灭菌制剂的生产。

1995 年，全市医药企业 2 家，完成工业总产值 435.9 万元，占全市工业总产值的 0.03%。2000 年，全市限额以上医药企业 1 家，完成工业总产值 219.4 万元，占全市工业总产值低至 0.01%。

2000 年后，阳泉中药厂生产经营面临诸多困难。2003 年 5 月，由民营企业家和山西省医药集团有限公司在原阳泉市中药厂的基础上共同出资组建成立山西天陆达药业有限公司。公司位于市开发区，占地面积 22000 平方米、建筑面积 15000 平方米，集生产车间、综合办公楼、辅助用房于一体，具备了年生产片剂 3 亿片、胶囊 3 亿粒、颗粒剂 5000 万袋、丸剂 100 吨、滴丸剂 5000 万袋、软胶囊 3 亿粒、中药饮片 2600 吨、中药材提取量 2000 吨的能力。

山西天陆达药业有限公司

2005 年天陆达药业有限公司正式通过了国家食品药品监督管理局认证并取得了“国家 GMP 认证证书”。2009 年后公司经营出现困难，一直处于停产状态。其间，取得制剂生产许可证的单位市一院、市二院、阳煤集团总医院等仍继续生产合剂、水剂、溶液剂、软膏剂、散剂等普通药剂。

第四节 企业选介

一、阳泉云阁肉制品有限公司

位于郊区义东沟村南，前身为阳泉市肉联厂，始建于1954年10月，为全民所有制大型二类商贸企业，全省食品卫生信得过单位。1998年3月在原肉联厂的基础上改制为云阁肉制品有限公司，下设养殖、屠宰、肉制品加工、生化制药、冷冻储存、经营批发、食品连锁经营、铁路运输等11个部门。主要生产设施：班产能力800头的机械化屠宰车间2100平方米；班产50头牛、200只羊的牛羊生产车间一个；年加工能力1000吨肉制品车间2700平方米；储存能力2500吨的冷库一座。其中，清真冷藏库、急冻间200平方米，日生产冷冻片猪肉30吨；铁路专用线一条；拥有物理检、化学检的肉品品质检验中心以及动力、运输等功能配套设施等。主要产品有“云阁牌”真空包装牛肉系列产品和猪副产品加工、酱卤熟肉制品、鲜（冻）片猪肉、冷鲜肉等。公司1996年被省政府定为“市级定点屠宰场”。1999年5月定为“省级、市级猪肉贮备企业”“冻肉特许批发企业”。2004年企业通过ISO9001国际质量管理体系和HACCP食品安全控制体系认证，被国家商务部认定为“2004年度中国机械化屠宰加工优势企业”。2006年公司获“山西省定点屠宰先进单位”称号，2010年公司完成工业总产值4562万元，实现利税3.64万元。

二、阳泉市食品总厂有限公司

位于市区新华街261号，为全市最大的国有食品加工综合中型企业。该厂始建于1953年，由私营的稻香村糕点作坊、新联醋作坊、瑞义恭酱醋作坊合并而成，厂名阳泉市糕点酱醋加工厂，归属糖业烟酒公司。1970年更名阳泉市食品厂。主要产品有糕点、月饼、饼干、面包、糖果、酱油、醋、酱等10大类100多个品种。之后易厂名为市食品酿造工业公司。1988年4月将酱油、醋、酱等调味品划归市酿造总厂成立阳泉市食品总厂。主要生产设备有上海产隧道式远红外线饼干、面包、糕点烤炉3条，年生产能力为5500吨。该厂生产的“颐寿牌”糕点先后有20余个品种获部、省、市优质产品奖，五仁月饼获商业部优质产品奖，千层果、裱花蛋糕获省优质产品奖。1993年被国家贸易部授予“中华老字号”企业。1996年颐寿牌系列食品获北京国际食品博览会金奖。1998年改制为阳泉市食品总厂有限公司。1999年“颐寿”和“雪贝”商标被评为阳泉市知名商标。2001年至2005年连续被山西省消费者协会授予“诚信单位”称号。2002年“颐寿”牌食品和“雪贝”牌饮料获山西省放心食品称号，被国家技术监督局列为国内外推荐产品。2004年，建成阳泉颐寿华天早餐有限公司，成为市政府为民办实事之放心早餐工程。2010年，企业占地面积3.5万平方米，拥有固定资产5000余万元，职工总人数430人（其中各类技术人员40人），完成工业总产值3022.32万元，销售收入2594.84万元。

三、阳泉田园乳业有限公司

位于郊区辛兴桥北，始建于2000年8月，系省级农业产业化龙头企业，被列为山西省“1331”工程。公司拥有现代化超高温生产车间1个，巴氏杀菌乳、酸牛奶车间1个，养殖奶牛200余头。公司有超高温灭菌奶、超高温乳饮料、巴氏杀菌乳、酸牛乳等4大产品系列十数个品种规格的产品。公司连续多年被评为AAAA级信用单位和质量信得过合格企业。2005年取得国家食品安全市场准入QS证书，是阳泉地区唯一一家通过国家食品安全市场准入的QS证书的乳制品企业。公司科研技术力量雄厚，与中国农业大学食品学院、山西食品研究所、北京巴斯德科技有限公司建立了长期的技术合作关系。阳泉田园乳业有限公司与阳泉市3个农业县区建立了50余个奶牛养殖基地，日可加工200吨奶及奶制品，2010年，加工奶及奶制品4万余吨，销售收入1.5亿元，实现利税1800万元，带动农民饲养奶牛1万余头。

四、阳泉市三来食品有限公司

位于市区西河路，始建于1985年。1996年改制为股份制食品加工企业，是山西省政府认定的高新技术企业。公司下设马铃薯颗粒全粉分公司、食品分公司、唐山马铃薯颗粒全粉分公司、三禾农副产品研究所、土豆种植基地分公司5个分支机构。公司拥有4条生产线，年生产规模可达8000余吨，产品畅销全国各地。主要生产“三来牌”马铃薯颗粒全粉、“老妮儿”牌香酥馒头片、中西式糕点、膨化食品，以及干鲜蔬菜、鸡蛋、谷物分装等。1999年获中国国际农业博览会山西组委会颁发的名优产品奖。2000年获山西省优秀新产品奖。2008年，“三来”商标被评为山西省著名商标，取得了QS食品生产许可证。2010年，公司有职工336人，其中各类专业技术人才35人。

五、阳泉市酿造总厂

位于市区小阳泉路11号，1956年始建，国有商办企业，为晋东地区最大的调味品生产基地，位居山西醋业十强之列，是中国调味品协会、中国营养保健协会、晋商国际联合会会员单位。

主要生产以“北岭牌”为标志的酿制品5大系列100多个品种，年产量5000吨左右。“北岭牌”老陈醋获“中国市场放心健康食品”“2001年国家专项抽查合格——质量合格好产品”“中国国际专利技术与产品交易会金奖”“山西省优质产品”“百姓放心好产品”等荣誉。2010年，完成工业总产值1100万元。

六、山西大寨饮品有限公司

位于盂县南娄镇，创建于2001年4月。公司主营“大寨核桃露”系列产品的开发和营销，拥有北京大学生命科学学院的领先科研技术、中国科学院的高科技配方，美国、韩国进口的一流生产设备和最新工艺，世界上最大最先进的核桃露生产线，以及现代股份公司的先进管理，是山西省“1311”农业产业化龙头企业。是国内核桃产业唯一一家获得“中国驰名商标”的饮品企业。大寨核桃露已开发出适合大众需求的“大众保健型”，适合脑力劳动者需求的“营养保健型”，适合中老年人的“无糖型”，适合白领、金领人士需求的“精品保健型”以及适合酒店佐餐饮用的“佐餐保健型”等产品。由于公司始终不渝地坚持质量是企业生命线的理念，产品先后获“中国绿色食品”“中国保健食品”“国家出口食品卫生许可认证”“ISO9001国际质量认证”“中国驰名商标”等多项认证。2010年，生产核桃露3.5万吨，销售收入2.75亿元，实现税金1218万元。

七、山西天陆达药业有限公司

位于阳泉经济技术开发区，在原阳泉市中药厂的基础上，由民营企业家和山西省医药集团有限公司共同出资组建。2003年5月投资4900万元，建成占地22000平方米、建筑面积15000平方米，集生产车间、综合办公楼、辅助用房于一体的制药企业并投入使用。具备年生产片剂3亿片、胶囊3亿粒、颗粒剂5000万袋、丸剂100吨、滴丸剂5000万袋、软胶囊3亿粒、中药饮片2600吨、中药材提取量2000吨的能力。为适应现代企业和市场竞争的要求，在企业改制、新建厂房、开发新品的同时，公司从强化管理、优化机制、引进人才入手，按照现代企业制度组织机构的要求，设立了董事会、监事会和综合管理部、营销部、质量保证部、生产技术部、设备工程部、物资管理部、财务部。2005年3月30日企业正式通过了国家食品药品监督管理局认证。同年5月初取得“国家GMP认证证书”。2006年3月公司新成立的“山西星灵饮片有限公司”通过了国家食品药品监督管理局的认证。2007年10月，五味牵牛胶囊等6类新药取得新药证书。2009年后，公司经营出现困难，一直处于停产状态。

阳泉市志

YANGQUANSHIZHI

[上 册]

第八编

煤 炭

阳泉煤炭资源丰富，是国内发现和利用煤炭最早的地区之一，系国内最大的无烟煤生产基地，素以“煤乡”称著。境内含煤面积935.44平方千米，占全市总面积近1/4，累计探明储量103.45亿吨。经过100多年的规模开采，煤炭储量急剧减少，截至2010年，保有储量60.80亿吨，可开采储量27亿吨。煤种以无烟煤为主，还有部分贫煤和瘦煤。

境内煤炭开采利用历史悠久，至迟可追溯到北宋时期。元代，境内煤炭开采已有文字记录，如《大元一统志》载，盂县城南有“炭窑十三处”。清光绪三十四年（1908）山西商办全省保晋矿务有限总公司的正式成立，拉开了境内近代采煤业及工业的序幕，成为催生“阳泉市”的重要因素。民国36年5月4日阳泉建市后，煤炭行业始终是经济发展的“龙头老大”，煤炭产量大幅度增加，由1949年的49.06万吨，增加到2010年的5723.7万吨，年产量提高了116.67倍，年均递增8.11%，61年累计生产煤炭达14.33亿吨，有力地支援了国家社会主义建设。

在全市煤炭工业发展过程中，历届市委、市政府积极利用国家的各项优惠政策，不断加大煤炭工业科技含量，努力提高资源回收率和强化煤炭深加工，并开发其他多种经营项目，以实现资源型城市的转型，取得了明显成效。然而，长期的“一煤独大”发展模式所带来的环境污染、山体和村庄塌陷、植被破坏，以及全市经济要素发展失衡等诸多问题还非常突出，破解资源型城市的转型，依然任重而道远。

第一章 综 述

第一节 资源开发

境内煤炭埋藏浅、易开采，是国内发现和利用煤炭最早的地区之一，素以“煤乡”称著。南北朝至唐、宋时期，境内盂县的原仇山、清城、磁窑坡等地冶铁业和陶瓷业甚兴，可能就是利用煤炭作燃料冶制的。宋庆历二年（1042），河东路奉命铸大铁钱，境内平定县即为冶铸地之一。《中国铁矿志》（丁格兰著，谢家荣译）记载：“其时山西铁业亦渐兴，而煤之用途亦渐广。山西铁矿盖已用煤制铁。宋政和元年（1111），以山西产煤甚多，请官置冶。”“山西铁业殊为特别，盖木炭之供给不足，而铁矿附近无烟煤极多，因之就地取材，遂成为特别炼铁方法。生铁以土制坩埚炼之，无烟煤之作用，既为燃料，亦同时为还原剂。此法最初发明在何时尚无可考。所可知者，至迟在宋时已用此法。”坩埚炼铁的遗迹至今在平定县、盂县和郊区的一些地方还可见到。由此可见，至迟在北宋时期，境内的煤炭开发和利用就已形成一定的规模了。

元代，境内煤炭开采便有了确切的文字记载。《大元一统志》载，盂县有“炭窑十三处”。1979年在盂县贺村发现元代煤矿矩形竖井的遗址。明清时期，采煤业进一步发展。明洪武十二年至十三年（1379—1380）编纂的《太原府志》载，平定县有“炭窑二处，西沟一处，谷里（今泊里）一处”。至万历年间，不仅手工业作坊利用煤炭作燃料，连普通农户也用煤做饭取暖。当时平定州城的嘉河由于居民倾倒煤渣而被阻塞，曾造成多次水患。清乾隆年间编纂的《平定州志》和《盂县志》都把煤炭列为物产的首位加以记载。至清末，仅蒙村（今郊区大村一带）就有煤窑10余座。

清光绪二十四年（1898），清廷与英国福公司在原《请办晋省矿务章程》二十条的基础上又加以修订，签订了《山西开矿制铁以及转运各色矿务章程》十九条，将境内平定、盂县及其他三地的矿权拱手送给了英福公司。面对空前严重的民族危机，山西全省掀起了声势浩大的“收回矿权运动”。光绪三十年，英福公司派员到正在修建中的平定境内正太铁路两侧规划矿界。光绪三十一年正月，被后人称之为“山西争矿运动”的大事件，首先在平定州爆发。平定商绅成立保艾公司，并以平潭村为中心，与英国福公司展开了针锋相对的斗争。张士林所著的《石艾乙巳御英保矿纪闻》，详记了斗争的全过程。斗争波及省城太原、北京、上海等地，以至国外。光绪三十二年十月，山西商界筹办全省保晋矿务有限总公司（简称保晋公司），首开阳泉以至山西全省近代煤炭工业之先河。之后，又有建昌煤矿股份有限公司（简称建昌公司）等一批用机器进行生产的煤矿相继开办。光绪三十四年六月三日，保晋公司由清政府正式批准立案，争矿运动取得胜利。其后，境内煤炭生产有较大发展。据民国 22 年（1933）统计，境内盂县有煤窑 27 座、平定县有 300 余座。据《中国实业志·山西卷》记载，民国 25 年，阳泉地区产煤 65.62 万吨，其中保晋公司阳泉矿厂产煤 40 万吨，占阳泉地区产煤的 60%。保晋公司自创办到民国 26 年的 30 年间，阳泉矿厂共产煤 502.32 万吨。

日军侵占阳泉后，对劫夺的保晋、建昌两公司实行殖民掠夺，其他民营煤矿也处在其武力胁迫与经济控制之下。8 年间阳泉煤矿产煤 480 万吨，回收率仅 17%，约有 2300 万吨煤炭资源被丢弃。

民国 34 年（1945）抗日战争胜利后，阎锡山控制的山西人民公营事业督理委员会接管了日军劫夺的阳泉煤矿，民营煤矿大多倒闭，到民国 36 年阳泉解放仅生产煤炭 23.4 万吨。阳泉解放后，人民政府组建国营阳泉煤矿公司，恢复煤矿生产，千疮百孔的旧矿山开始改变面貌。至 1949 年，年生产原煤 49.06 万吨。

1949 年以后，境内煤炭资源开发纳入国民经济发展计划，国家投入大量人力物力，进行井田勘测、矿山铁路、公路和动力设施等基础建设；新建矿井，推广新的采煤方法，增添更新矿井设备，提高机械化水平，扩大了矿井生产能力。到 1957 年，全市煤炭产量达 623.92 万吨。一年的产量超过了保晋公司 30 年的总产量。到 1976 年，全市原煤产量达 1809.69 万吨，为 1957 年的 2.9 倍。

中共十一届三中全会后，境内煤炭工业进入高速发展时期。1980年3月14日，省政府下发《关于印发山西省小煤矿管理试行办法实施细则的通知》，社队煤矿审批权下放，“公社和大队办煤矿由县（市）煤炭主管部门审批，报省、地、市煤炭局备案”。境内社队煤矿迅速发展，但同时也产生了煤炭资源管理上的混乱现象。1981年1月14日，省政府下发《关于开办社队煤矿审批权限收归省地煤局的通知》规定，“社队开办煤矿，由地市县煤炭主管部门审批，报省地方煤管局，取得省人民公社企业局同意后，由省地方煤管局统一审批。”与此同时，对全省社队煤矿进行调查，针对越界开采、乱采乱挖和破坏资源等问题进行整顿。

1983年，阳泉市成立煤炭资源管理委员会，统一规划全市煤炭资源、合理划分统配、地方和乡镇煤矿的矿界，审批境内煤炭资源的占用，协调境内统配和地方煤矿在开采中发生的问题，调处和裁决境内采矿权属和矿界纠纷，越界开采、乱采乱挖和破坏资源等问题得到遏制，境内煤炭企业得到规范。1986年3月19日，《中华人民共和国矿产资源法》颁布，明确规定“矿产资源合理开发利用”，实行矿产资源登记和开采审批程序。阳泉矿务局通过矿井改扩建和建设新井增加产量，在生产中大量运用科学技术，使矿井向大型化、装备现代化、生产集中化发展。地方国营和乡镇煤矿坚持“以矿养矿，分期改造，由小到大，逐步提高”的发展方针，扩大了生产能力。形成了中央部属企业和省营、市营、乡镇煤矿四级开发的格局，同时壮大了从地质勘探、设计、基建、生产到加工利用、环保、科研等多专业技术力量。到1990年，全市共有煤炭企业313个，其中国家统配煤矿1个、省地方统配煤矿3个、市营煤矿10个、县（区）营煤矿12个、乡镇和村办煤矿287个；全市原煤产量达3474.88万吨，比1976年增加92%；其中乡镇煤矿原煤产量为1195.76万吨，占全市地方煤矿总产量的75.23%。

从1991年6月起，对阳泉境内的各类煤矿，陆续进行采矿登记，同时，对历史的原因和其他原因未进行登记的疑难问题进行重点解决。到1993年，境内各类煤矿全部申领了“采矿许可证”。阳泉矿务局、荫营煤矿、固庄煤矿、南庄煤矿，均通过改扩建，提升了煤炭产量和产品质量，开发出更多的煤炭品种。荫营煤矿于1996年完成改扩建工程，矿井产量由原设计生产能力120万吨，提升到240万吨。阳泉矿务局于1997年12月改制为国有独资公司，称阳泉煤业（集团）有限责任公司，所属矿区包括阳泉生产区、平昔区、寿阳区、和左区，拥有7个生产矿、1个技改矿、2个在建矿。

2000年，南庄煤矿开始筹划公司化改制，并于2001年3月，在南庄煤矿基础上组建了南煤集团，2004年又进行了股权重组，重组后的南煤集团由国家开发投资公司控股62.00%，山西省经济建设投资公司参股24.67%，阳泉市国资委参股13.33%。拥有两个煤炭生产矿井，两个生产矿井，核定煤炭生产能力共计320万吨/年。2001年至2003年，阳泉市、县（区）两级煤炭管理部门，进一步落实省、市关于煤矿“关井压产”指示精神，继续加大了对乡镇煤矿整改力度。其间，关闭了因资源枯竭而不具备生产条件、有越层越界现象的违法、违规煤矿。

2004年，国家开始实行煤炭资源有偿使用等政策，按照矿井批准面积和储量，进行收取煤炭资源使用费改革。2005年，经山西省地质权威部门对境内各类煤矿进行了资源储量核查，确定市、县国土资源局按资源收费。同期，市、县两级煤炭行业管理部门，开展煤炭资源整合，狠抓资源回收管理，从各矿井的工业储量、保有储量和可采储量这个源头上，保护煤炭资源，重点推广先进采煤工艺，逐步淘汰旧式采煤方法，提高资源回收率，到2007年，先后关闭了39座不具备安全生产能力的小煤矿。境内各类煤矿基本实现了采煤方法改革，回收率增加了近一倍以上。

在煤炭企业兼并整合过程中，全市通过“大矿带小矿”，立足煤、发展煤、超越煤，积极引导阳煤集团、山西煤销集团、南煤集团等省内大集团参与整合重组，到2010年，全市地方煤炭企业矿井数量，由原来的151个整合为53个，年生产能力提升到4760万吨（不含阳煤集团、南煤集团和荫营固庄等央企或省企矿井数和产煤炭量），其中39座矿井正在建设改造中，已开工的24座矿井建设能力达到年产1800万吨，占矿井建设总能力的58.2%。全市地方煤炭企业矿井总数减少65%，总产能提高60%。境内地方煤企在较短时间内实现了素质提升。同期，阳煤集团在境内拥有6个主产矿，在阳泉以外的其他省内地市（县）拥有晋东、寿阳、晋北、晋南四大生产基地，全公司煤炭年产量达到5000万吨（商品煤4409万吨，折合原煤5000万吨），南煤集团达到300余万吨。

1949年至2010年，全市共生产原煤143315.63万吨，成为全国最大的无烟煤生产基地。

1949—2010年阳泉市原煤产量一览表

表-8-1　　单位：万吨

年份	原煤产量	年份	原煤产量	年份	原煤产量	年份	原煤产量
1949	49.06	1957	623.92	1965	858.56	1973	1325.54
1950	106.16	1958	918.96	1966	816.64	1974	1524.01
1951	152.97	1959	976.11	1967	668.46	1975	1644.26
1952	212.35	1960	1013.60	1968	730.18	1976	1809.69
1953	225.15	1961	736.73	1969	1106.05	1977	1753.03
1954	357.17	1962	739.63	1970	1191.52	1978	1825.38
1955	430.16	1963	775.19	1971	1217.53	1979	1893.56
1956	532.94	1964	797.94	1972	1256.87	1980	2098.81

续表 -8-1

年 份	原煤产量	年 份	原煤产量	年 份	原煤产量	年 份	原煤产量
1981	2259.56	1989	3358.11	1997	3407.97	2005	5560.13
1982	2421.72	1990	3474.88	1998	2834.10	2006	5920.12
1983	2582.18	1991	3415.80	1999	2727.33	2007	6011.10
1984	2926.69	1992	3347.10	2000	2569.31	2008	6582.50
1985	3163.56	1993	3132.10	2001	2913.32	2009	5522.03
1986	3208.22	1994	3396.88	2002	3554.62	2010	5723.70
1987	3154.49	1995	3443.64	2003	4302.21	—	—
1988	3154.60	1996	3498.18	2004	5381.75	合计	143315.63

第二节 管理体制

古代对煤炭开采的管理，主要体现在课税上。这种课税，元代已有确切的文字记载。《大元一统志》载，盂县有“炭窑十三处，去州南招贤村，岁办官课”。朝廷还发布了管理“采打矿炭”的“条画”（即条例，《大元圣政国朝典章》卷 22）。明朝于洪武二十六年（1393）和永乐十三年（1415）两次规定煤业“抽分纳课”（《古今图书集成》食货典卷 222）。明末清初，建立了采煤执照制度，煤炭开采推行“招商承办”，发给“窑照”“煤照”等加以管理。清乾隆五年（1740），签发采煤执照的权限由工部下放到地方官吏。

19 世纪末，山西的近代工业开始起步。清光绪二十二年（1896）山西成立商务局，光绪三十二年十月保晋公司开始创办，三十四年清政府正式批准立案，从而形成中央和地方两级管理体制。保晋公司的创办开境内近代煤炭企业公司制管理的先河，但由于受封建官衙体制的影响，企业内部管理混乱，缺乏竞争力，发展屡受挫折。

民国元年（1912）4 月，山西军政府成立，境内煤矿由其派出的矿务监督署辖理。至民国 4 年 3 月，改归省财政厅兼理。此后，虽然管理部门数次改变，但不论煤矿规模大小，总为省级管理。

日军在民国 26 年（1937）侵占阳泉后，对煤矿实行殖民管理体制，将劫夺来的保晋、建昌两公司的煤矿交由“南满铁道株式会社”的子公司“兴中公司”经营，改称“山西军管理第四厂”。民国29年12月，日军鼓吹“日华合办，解除军管”，成立“山西煤矿矿业所”，将“山西军管理第四厂”改称“阳泉采炭所”；对民营煤矿则施以军事胁迫和经济控制，通过“阳泉民有煤矿业联合事务所”进行煤炭掠夺。

抗日战争胜利后，阎锡山的“山西人民公营事业督理委员会”于民国34年（1945）9月接管“阳泉采炭所”并组成“阳泉矿厂”，后改归“山西省民营事业董事会”经营。至阳泉解放，境内所有煤矿都由山西省建设厅下设的煤炭管理局管理。

阳泉解放建市后，人民政府于民国37年（1948）1月将原阳泉矿厂改建为阳泉煤矿公司。同年3月移交晋察冀边区工业局阳泉办事处领导。同年11月，改建为井阳煤业公司，划归华北人民政府公营企业部管辖。民国38年9月华北煤矿管理总局成立后，将井阳煤业公司改称井阳矿务局。境内私营、合作经营及其他煤矿，分别由阳泉市工商管理局矿业科及平定县、盂县的县工商科管理。

1949年后，境内煤炭工业分由中央和省、专署、市（工矿区）、县地方政府直属或主管，从而形成统一的计划经济管理体制。1950年1月，奉燃料工业部华北煤矿管理总局命令成立了阳泉矿务局。之后，该局上级主管部门几经变更，至1957年，该局一直是中央政府煤炭工业主管部的直属企业。1950年11月，阳泉工矿区人民政府决定成立阳泉煤业管理局，统一管理市属各类煤矿。1952年6月，省公安厅接管了公营裕民煤矿，后成为省营荫营煤矿；榆次专署企业公司接管了公营利民矿等9个小煤窑，将他们组成白羊墅煤矿（1958年10月划归阳泉市）。同年8月，撤销市煤业管理局，成立市工业局，将原煤业管理局所辖的公营煤矿重组为第一、第二地方国营煤矿；1955年，又分别改称汉河沟煤矿和南庄煤矿，该局同时成为私营煤矿的主管局。1956年后，经社会主义改造，境内私营和劳力合伙煤矿均改造成全民所有制或集体所有制企业，也按分级管理的原则纳入相应主管序列。至1957年，统一由山西省工业厅矿业管理局实行行业管理。

1958年后，境内煤矿企业的管理体制曾有数次调整，机构也有过数次变更。至1965年，对阳泉矿务局实行中央和地方双重领导，其管理以煤炭工业部为主；省营荫营煤矿和南庄煤矿的产、供、销以山西省领导为主；其他市属煤矿由1964年组建的阳泉市煤炭工业公司主管。1970年，国家燃化部对管理体制作了调整，阳泉矿务局下放山西省煤炭化工局领导，1975年3月改归山西省煤炭工业管理局管理；1972年2月，市煤炭工业公司撤销，设立阳泉市煤炭管理局。阳泉矿务局和荫营煤矿仍归省煤管局管理，其他煤矿按分级管理的原则，分别由山西省地方煤炭工业管理局和市县煤炭工业管理部门进行管理。

1978年7月21日，国务院批转煤炭工业部《小煤矿管理试行办法》。同年，中共十一届三中全会召开，中共中央、国务院作出把山西建成能源重化工基地的决策，山西省贯彻“有水快流”和“改革、开放、搞活”的办矿方针，社队集体煤矿和个体煤矿大量兴起。随着农村各项经济政策的逐步推行和落实，境内公社、大队（简称社队）兴办的集体煤矿迅速发展，从1979年12月起，由市县社队企业管理局负责对社队煤矿的管理工作。阳泉和全省其他地区一样，境内出现了互相争抢资源、滥挖乱采、破坏资源的现象。

1981年1月14日，省政府下发《关于开办社队煤矿审批权限收归省地煤局的通知》。将开办社队煤矿由县（市）主管部门审批，报省、地、市煤炭局备案的规定，改为开办社队煤矿，由地市县煤炭主管部门审批，报省地方煤管局，取得省人民公社企业局同意后由省地方煤管局统一审批。由省煤管局、省地方煤管局、省社队局组成联合调查组，对全省社队煤矿进行全面调查，针对查出的问题进行整顿。1982年，山西省劳动改造工作局决定，将荫营煤矿固庄大队从该矿剥离，在此基础上，成立山西省阳泉固庄煤矿。

1983年4月，山西省煤炭工业管理局改为山西省煤炭工业厅，阳泉矿务局归其管理；同时，山西省地方煤炭工业管理局改制为厅属二级局，接着市煤炭管理局改称市煤炭工业局，分别管理省营和市营手工业合作煤矿；境内社队煤矿由市、县社队企业管理局和山西省人民公社企业管理局所属山西省矿业公司分级管理。同年10月，山西省煤炭资源管理委员会成立，境内所有煤矿的资源事务均受其辖制，由其统一划分和审批对煤炭资源的占用和开采，并协调各类煤矿在开采中发生的资源归属问题，调处和裁决采矿权属和矿界纠纷。

1984年1月，山西省人民政府印发《关于审批全省各类煤矿矿权资源有关事项的通知》，明确指出全省范围内煤炭资源的开发，统一由省煤炭资源管理委员会审批。矿井建成投产前，须经省主管厅、局验收，严禁私开煤矿。同年1月，阳泉市煤管局改称阳泉市煤炭工业局，在地方煤炭系统煤矿管理体制改革和经营体制等方面进行了积极的探索和尝试。按照中共中央和国务院《关于国营工业企业经济体制改革的决定》及省、市有关文件精神，实行简政放权，由行政管理职能改变为统筹、协调、监督、服务，把生产经营权还给企业，扩大了企业自主权。境内各类煤炭企业改革了用工制度、受益分配制度及核算单位，同时完善了各项经济责任制。境内部分煤矿企业逐步实行了矿长负责制和矿长任期目标责任制。从1985年开始，先后实行了投入产出总承包，实施了“吨煤工资含量包干”“百元产值工资产量包干”“招标投标”“三包三保”“经营承包”“利润包干”等方式方法和措施。其中，军地联营煤矿开始在平定、盂县兴办。1985年9月12日，山西省人民代表大会常务委员会第五号令公布《山西省煤炭开发管理条例（试行）》，明确指出：“煤炭资源属国家所有”“禁止任何组织和个人自行占用煤炭资源，严禁用任何手段转让、买卖、出租或者破坏煤炭资源”。同年10月25日，煤炭工业部向全国各省煤炭主管部门发布《关于颁发〈乡镇煤矿管理办法〉的通知》。要求认真贯彻执行“国家、集体、个人一起上和有水快流”方针，真正做到正规生产、安全生产和文明生产，从而确保乡镇煤矿沿着正确的轨道迅速发展。

1988年后，进行干部制度和用工制度改革，实行增产煤加价、超利留成、提高煤总比价等经济手段，地方中小型煤矿和乡镇煤矿的管理人员由委任制改为选聘制，固定工改为合同工，固定工资改为浮动工资，同期还实行了政企职责分开。通过“七五”期间一系列的改革，境内地方煤矿企业增加了活力，提高了效益。煤炭工业进入新的发展时期。到“七五”期末，阳泉市境内地方煤炭系统共有各类煤矿310座，其中，省营地方统配煤矿1座，市地方国营煤矿10座，县区地方国营和二轻、集体煤矿12座，乡镇和村办煤矿287座。原煤产量达到1641.57万吨，是1976年的5.47倍。其中乡镇煤矿原煤产量为1195.76万吨，占地方煤矿总产量的72.84%。年内，山西省煤炭工业厅上划为煤炭工业部直属，改为山西煤炭工业管理局，阳泉矿务局成为部属企业。同年，山西地方煤炭工业管理局、山西矿业公司撤销，再组山西省煤炭工业厅，其管理职能不变。1987年，为加强县（区）营和乡镇煤矿的管理，平定县、盂县和郊区先后成立煤炭工业管理局，市煤炭工业局设立乡镇煤矿管理处。1988年，煤炭工业部撤销，改设中国统配煤矿总公司，阳泉矿务局成为其所属企业，由山西煤炭工业管理局（亦称中国统配煤矿总公司山西分公司）管理。

1990年10月，省、市、县（区）先后成立矿产资源管理局或地质矿产局。各级政府明确要求，充分发挥职能作用，尽快制止乱采乱挖局面，重点优先发展较大型煤矿，小型乡镇煤矿不宜再批再建。至1990年，境内煤炭工业管理体制是：阳泉矿务局为国家统配煤矿，由山西煤炭工业管理局直属管理；山西省煤炭工业厅管理省营荫营、固庄煤矿和市营南庄煤矿3个地方统配矿，以及境内其他煤矿。阳泉市煤炭工业局管理直属煤矿、乡镇煤矿管理处、阳泉市煤炭运销分公司；对县、区煤炭工业管理局和市属手工业合作煤矿进行业务管理。县、区煤炭工业管理局管理直属煤矿；对县、区手工业合作煤矿实行业务管理；阳泉市煤炭工业局乡镇煤矿管理处对全市乡镇煤矿进行业务管理。

1991年，市政府出台《矿产资源监督管理暂行办法》，对领取采矿许可证管理及审报、登记、审批程序作了明确规定。同期，盂县人民政府也于1991年6月26日下发《关于加强全县矿产资源监督管理的通知》，加强该县矿产资源的监督管理。同年6月起，全市对各类煤矿陆续进行采矿登记，对历史的原因和其他原因未进行登记的疑难问题进行重点解决。到1993年，境内各类煤矿全部申领了“采矿许可证”。从此，新开办煤矿首先必须申领采矿许可证，从而使煤炭资源进入了有序的管理。

1993年至2000年，根据晋政发〔1993〕33号文件指示精神，境内各类煤矿开始分阶段进行以规范开采行为为主的产、运、销全面整顿。其间，阳泉市煤炭工业局将资源管理的专项工作从技术科分离，成立“资源处”。各县（区）煤炭工业管理局也先后成立“资源科”，配合市、县（区）地矿部门，为旧证未换的煤矿全部办理了采矿许可证，并关闭无证矿井。境内消灭了无证及越界越层开采矿井，达到了煤矿整顿目标的要求。

1996年8月29日，新修订的《中华人民共和国矿产资源法》颁布，1997年1月1日起施行。1997年，阳泉煤炭生产企业管理体制发生根本性变化，同年12月，阳泉市最大的煤炭生产龙头企业阳泉矿务局，改制为国有独资公司，称阳泉煤业（集团）有限责任公司，拉开了煤炭生产企业管理体制变革的序幕。

2001年6月，阳泉市土地管理局、阳泉市地质矿产局合并，成立阳泉市国土资源局，为市政府组成部门，为政府主管土地资源、矿产资源的行政部门，各县区亦分别成立国土资源局。2004年，市、县国土资源局，由市政府的组成部门，调整为垂直管理部门，下设执行监察、矿产资源管理和地勘环境管理等职能科、股室，对地质矿产调查评价与勘查规划，矿产资源开发利用与保护规划，按规定承办采矿证的审批、登记发证和转让、出租的审核及监督管理，依法划定矿区范围，对矿产资源的开发利用和保护进行监督管理，对矿产资源储量进行综合管理，对矿产资源勘查进行监督管理，以及编制规划、地质环境保护监督管理，地质灾害调查等工作。国土资源局成立，成为境内煤炭资源管理专职机构，从而使煤炭资源的审批、矿界管理和储量管理纳入了正规。

2001年至2003年，阳泉市、县（区）两级煤炭管理部门，落实省、市关于煤矿“关井压产”精神，加大对乡镇煤矿整改力度，关闭了因资源枯竭不具备生产条件，存在越层越界现象的违法、违规煤矿。

从2004年起，国家开始实行煤炭有偿使用等政策，按照矿井批准面积和储量，进行收取使用费（详情见本章第三节资源整合）。同期，市、县两级煤炭行业管理部门，在各类煤矿制定范围，认真做好资源回收管理，掌握每个矿井的工业储量、保有储量和可采储量。从“三量”源头上保护煤炭资源，重点推广先进采煤工艺的应用，逐步淘汰旧式采煤方法，提高资源回收率。其间，境内煤炭企业管理模式发生重大变化，破产、重组和股份制改造，成为企业的主要管理模式。2001年3月，在南庄煤矿基础上组建的南煤集团，到2004年，又进行了股权重组，国投公司以62%的股份，成为南煤集团最大股东。

2005年12月，阳煤集团经过债转股，成为由山西省国资委、中国信达资产管理公司和中国建设银行共同出资组建的大型煤炭企业集团。

从2006年开始，阳泉境内开展煤炭资源整合重组，煤炭企业管理方式向集团化、公司化和现代企业制度转化。

2009年10月，为适应煤炭主业格局发生的重大变化，确保对安全生产和经营管理的科学管控，阳煤集团对原有煤矿管理体制实施重大改革。成立阳煤集团晋东、寿阳、晋北、晋南4个煤炭区域公司，煤炭主业发展迅速，与上年相比，煤矿数量已由16处增加到现在的47处，集团直管煤矿地域由8个县市区增加到16个县市区，按照现有规模进度。该次煤矿管理体制改革着手组建的晋东、寿阳、晋北、晋南4个煤炭区域公司，作为集团公司总部的派出机构，代表集团并按照授权范围，分别管理辖区内煤矿的日常安全生产、基建技改和经营管理。以此为标志，阳煤集团新战略提出的建立管理跨度适当的母子公司管理体制正式起步。

到2010年，阳泉地区煤炭资源整合、煤炭企业重组工作基本完成，全市煤炭管理体制发生了根本性转变。市、县（区）政府设煤炭工业局，负责贯彻落实国家有关煤炭工业的法律、法规、方针、政策，研究拟定全区煤炭行业发展战略、行业规划，负责全区煤炭行业安全生产监督管理工作，依法行使对煤炭行业的执法职能，制定境内煤炭资源开发中长期规划。

至2010年，境内阳煤集团、南煤集团、燕煤公司、山西煤运（上社、上社二景、程庄、郊区煤运、恒泰），以及古州、汇能、和泰、晋盂、南娄、玉泉、东坪等煤炭企业，经整合重组后，按照公司法和现代企业制度进行管理。即企业资产具有明确的实物边界和价值边界，具有确定的政府机构代表国家行使所有者职能，切实承担起相应的出资者责任；企业实行有限责任公司和股份有限公司制度，按照公司法要求，形成由股东代表大会、董事会、监事会和高级经理人员组成的相互依赖又相互制衡的公司治理结构，并有效运转；企业以生产经营为主要职能，有明确的盈利目标，各级管理人员和一般职工按经营业绩和劳动贡献获取收益，住房分配、养老、医疗及其他福利事业由市场、社会或政府机构承担；企业具有合理的组织结构，在生产、供销、财务、研究开发、质量控制、劳动人事等方面形成了行之有效的企业内部管理制度和机制；企业有着刚性的预算约束和合理的财务结构，可以通过收购、兼并、联合等方式谋求企业的扩展，经营不善难以为继时，可通过破产、被兼并等方式寻求资产和其他生产要素的再配置。

第三节 资源整合

煤炭资源整合是对两座以上煤矿的井田合并和对已关闭煤矿的资源、储量及其他零星边角的空白资源、储量合并，实现统一规划，提升矿井生产、技术、安全保障等综合能力，并对布局不合理和经整改仍不具备安全生产条件的煤矿实施关闭。

阳泉市煤炭资源整合，以协议签订、主体进驻、证照换发、复工复产为重点，在统筹做好资源整合、验收复产、安全生产、冬季用煤和促进经济增长等各项工作的基础上，从2004年10月开始，阳泉市在盂县、平定县和郊区，开展煤矿企业采矿权价款征收工作，成为全省继临汾市后，第二家实行煤炭资源有偿使用的地市。到2005年4月底，盂县、平定县、郊区135座煤矿，按照市政府规定的标准缴纳了采矿权价款，总入库价款达6.37亿元。2005年8月，山西省人民政府决定，在全省开展煤炭资源整合和有偿使用工作。

2006年3月2日，山西省政府颁布了《山西省煤炭资源整合和有偿使用办法》（第187号省人民政府令），对煤矿企业采矿权价款的征收范围、方式、标准、征收部门和分成比例等做了明确规定。5月29日，国务院安全生产委员会办公室下发《关于制定煤矿整顿关闭工作三年规划的指导意见》，落实中共中央关于“用三年左右时间，解决小煤矿问题”的精神，着手解决小煤矿发展过程中存在的数量多、规模小、办矿水平和安全保障能力低、破坏和浪费资源严重、事故多发等突出问题。同年6月，阳泉市3个产煤县（区）的煤炭资源整合和有偿使用方案，得到省煤炭资源整合和有偿使用领导组办公室核准。16日，市政府办公厅下发《阳泉市煤炭资源整合和有偿使用工作采矿权价款处置意见》（阳政办发〔2006〕第46号文件），提出全市资源整合的目标、任务、步骤和相关措施。自此，阳泉市煤炭资源整合和有偿使用工作，进入实质性实施阶段。

2007年2月1日，国家安全生产监督管理总局下发公告〔2007〕第2号，对各省、自治区、直辖市按照有关要求陆续在当地媒体上公告了2006年已经实施关闭和确定关闭的矿井名单，共944处（第三批），其中涉及阳泉市的有37处。至2009年，全市确定了兼并重组整合保留煤矿53座，年生产总能力4760万吨，平均单井单产能力为89.81万吨。各县（区）以每矿井不低于200万元的标准，认真落实44个政策性关闭矿井和无法参与兼并重组整合的矿井的补偿工作。到年底，全市兼并重组整合方案获得批准，协议签订率100%，名称预核准100%，采矿证换发100%。

2009年，平定县实施煤矿企业兼并重组整合，10月21日，阳煤集团与该县被兼并的5个保留煤矿签订了协议。11月2日，冠裕煤业成为全市第一家主体企业进驻接管矿井。到2009

年12月，平定县14个区域方案报批工作全部完成，各企业主体和各保留矿井正式协议全部签订完毕，各保留矿井名称预核准工作全部完成。14个矿的“采矿许可证”全部按时换领，全县煤矿整合工作基本完成。

同年，阳煤集团与山西国新能源发展集团、山西国际电力集团签订协议，合作重组山西宁武榆树坡煤业有限公司。同时，该集团公司又签署了收购山西新大地煤业有限公司的协议。年内，阳煤集团强力推进煤矿重组，将太原、临汾、阳泉、忻州、朔州、晋中等6个市、13个县区的77座小矿整合为31座矿井，新增产能3000万吨，新增煤炭储量25亿吨。阳煤全集团公司煤炭产能和基建规模达到1.15亿吨以上，为3至5年形成亿吨级煤炭基地奠定了坚实基础。

2010年6月4日，阳泉市政府下发《关于进一步完善煤矿企业兼并重组的补充意见》，就煤矿兼并重组整合工作提出“二十条补充规定”，在全市11个主体企业和47座保留煤矿，全面推行了“统一管理、单独核算、按股分红”的煤矿管理新体制，健全了以“矿长（经理）负责制”为核心的法人治理机构，实行了生产统一管理、安全垂直管理的新制度，全面完成了煤矿企业经营权和管理权的整合，为兼并重组整合工作的顺利完成奠定了基础。年内，全市煤矿企业兼并重组正式协议签订率、采矿证换证率、接管到位率、资金补偿按协议进度到位率、主体企业做实做强、矿井关闭到位率均达100%，全市煤矿企业兼并重组整合综合排名位列全省第一。

经过煤炭资源整合兼并重组，到2010年，阳泉境内保留煤炭生产企业60家。阳泉市地方煤矿保留53家，其中，平定县14家、盂县26家、郊区13家；省属7家，阳煤集团5家（一矿、二矿、三矿、五矿、新景矿）、荫营煤矿、固庄煤矿。阳泉市地方煤矿总数由原来的151座整合为53座，矿井总数减少65%，总产能提高60%。阳煤集团则经过整合重组，煤矿数量增加到45处，煤炭储量从37亿吨，增长到168亿吨，生产和基建规模达到亿吨以上，建成阳泉、晋东、寿阳、晋北、晋南5大生产基地，整合煤矿73座，新增产能2760万吨，新增煤炭储量25亿吨。

2010年阳泉市保留煤矿（含省营）简表

表-8-2　　单位：万吨

序号	矿井名称	生产能力	序号	矿井名称	生产能力
1	山西南娄集团阳泉盂县大贤煤业有限公司	120	29	山西阳泉盂县众诚煤业有限公司	60
2	山西平定汇能煤业有限公司	180	30	山西阳泉盂县新胜煤业有限公司	60
3	山西阳泉盂县常顺煤业有限公司	90	31	山西煤运阳泉郊区三晋旧街煤业有限公司	60
4	山西煤运集团阳泉郊区三晋保安煤业有限公司	150	32	山西煤运阳泉郊区三晋鸿泰煤业有限公司	45
5	山西平定古州丰泰煤业有限公司	90	33	山西阳泉郊区坡头煤业有限公司	45
6	山西煤运集团盂县恒泰皇后煤业有限公司	90	34	平定东升同意煤业有限公司	60
7	山西阳泉二景和谐煤业有限公司	90	35	山西平定古州中盛煤业有限公司	60
8	山西阳泉盂县玉泉煤业有限公司	120	36	山西平定古州陈家庄煤业有限公司	60
9	山西阳泉郊区神堂煤业有限公司	90	37	山西阳泉郊区和泰荫营煤业有限公司	60
10	山西平定古州卫东煤业有限公司	90	38	山西阳泉郊区牵牛山煤业有限公司	60
11	山西阳泉盂县跃进煤业有限公司	120	39	南庄煤炭有限责任公司	200
12	山西盂县坤宁煤业有限公司	120	40	大阳泉煤炭有限责任公司	120
13	山西阳泉盂县南湾煤业有限公司	90	41	上社煤炭有限责任公司	210
14	阳泉市燕龛煤业有限公司燕龛煤矿	90	42	燕龛煤炭有限责任公司程庄矿	180
15	山西平定古州冠裕煤业有限公司	60	43	阳泉市上社晋玉煤业有限公司	60
16	山西平定古州富鑫煤业有限公司	60	44	上社二景煤炭有限责任公司	120
17	山西阳泉盂县辰通煤业有限公司	60	45	山西平定古州东升阳胜煤业有限公司	90
18	山西阳泉盂县坡头煤业有限公司	60	46	山西阳泉盂县东坪煤业有限公司	120
19	山西南娄集团阳泉盂县秀南煤业有限公司	60	47	山西阳泉盂县石店煤业有限公司	90
20	山西阳泉盂县东坳煤业有限公司	60	48	平定泰昌煤业有限公司	60
21	山西阳泉盂县清城煤业有限公司	60	49	平定东升兴裕煤业有限公司	90
22	山西煤炭运销集团阳泉燕煤聚银煤业有限公司	60	50	平定裕泰煤业有限公司	60
23	山西平定古州伟峰煤业有限公司	60	51	山西圣天宝地清城煤业有限公司	120
24	山西阳泉盂县兴发煤业有限公司	60	52	山西盂县石裕煤业有限公司	90
25	山西阳泉盂县路家村煤业有限公司	60	53	山西平定恒昌煤业有限公司	60
26	山西阳泉盂县金恒煤业有限公司	60	54	阳煤集团（一、二、三、五矿、新景矿）	2860
27	山西阳泉盂县万和兴煤业有限公司	60	55	山西省阳泉荫营煤矿	240
28	山西煤运集团阳泉郊区漾泉煤业有限公司	60	56	山西省阳泉固庄煤矿	150

第二章
煤田地质与勘测

第一节 煤田地质

一、地质简况

境内煤田位于华北地块、山西台隆中东部。历经太古代之后的多次构造运动，至中奥陶世晚期，由于加里东运动的抬升作用，奥陶系上统、志留系、泥盆系和石炭系下统缺失，使中奥陶统之浅海相灰岩成为石炭、二叠系煤系地层的沉积基盘。中石炭世后期，本溪组沉积在奥陶系夷平面上起了填平补齐作用。

煤系地层沉积初期，地壳相对稳定，波状构造起伏幅度不大，海水时进时退，表现为海陆交互相沉积。至早二叠世，海水退出，形成以河流—泻湖相沉积为主的陆相沉积。三叠纪后期，由于燕山运动、印支运动的影响，缺失了三叠系、侏罗系、白垩系地层，燕山运动使前盖层岩系褶皱、断裂和岩浆活动，形成了现今煤田的构造框架。新生代喜马拉雅运动对本区也有较大影响。

境内煤田矿床分布于奥陶系岩溶大泉（娘子关岩溶大泉）泉域内。矿床水的补给主要是晚古生代碎屑岩山区。受构造和补给条件控制，矿床充水条件差，补给区范围小，补给来源少，后期含水系数（平均采吨煤排水吨数）小于2，属小水矿床、裂隙水矿井，水文地质简单。

煤田各煤层在生成过程中，均生成煤成气。煤层既是生气层，又是储气层，逸散的部分气体在局部石灰岩裂隙和溶洞内积聚，其中烃类含量大于93%，甲烷又占烃类的98%以上，通称瓦斯。煤系地层中石炭系太原组的三层薄石灰岩层也局部含有瓦斯。这些瓦斯对煤田开发有一定威胁。据 1984 年山西煤田地质勘探公司对境内县营以上煤矿瓦斯的鉴定，瓦斯涌出量吨煤 50 立方米以上的就有 46 处，其中的 3 处瓦斯突出矿井，均分布在阳煤集团内。荫营、固庄和南庄煤矿也属高瓦斯矿井。

二、地质构造

境内煤田位于沁水台拗陷东北部边缘。较低序次的娘子关帚状构造、寿阳经向构造分处于煤田东西两侧，北面为盂县东西向构造带，南面为老庙山莲花状构造。由于不同时期、不同方式、不同方向的区域性构造运动的综合作用，特别是新华夏系与盂县东西向构造带的影响，在走向北西、倾向南西的单斜构造基础上，沿走向和倾向均发育有较平缓的褶皱群，其主体构造轴线多呈北北东、北东向，局部发生复合变异。

（一）断层

从勘探和开采中揭露的断层来看，其密度一般为每平方千米 7.5 至 8.3 条，落差大于 20 米的大中型断层偶有所见，落差小于 5 米的断层为大多数。其排列方式以北西和北东东向两组斜列展布。排列形式为走向近似相同的断层，以尖灭侧向的形式作雁行斜列；也有数条走向近似平行的断层，沿正交或斜交于断层作带状排列。逆断层走向多为北北东向，落差一般在 2 米以上，延伸长度较大，分布较零散，对煤层开采影响较大。

（二）褶皱

其密度一般为每平方千米 1 条，背斜、向斜较多，短轴背斜和短轴向斜较少，穹窿与构造盆地更少。褶皱两翼倾角一般在 14° 以下，少量较为紧密，可达 26° 以上。在 15 号煤层中挠曲广泛发育，挠曲带倾角可达 50° ～ 70° 。由于褶皱及短轴褶皱较发育，对采区设计和生产技术管理造成一定困难。

（三）岩溶陷落柱

在矿区、平定县境内地面调查和勘探查明数仅占开采揭露总数的 10% 左右；在盂县则相对减少。陷落柱的水平剖面多为椭圆形，少数为长圆形、圆形、长条形，极个别为葫芦形。其直径大小悬殊，最大的近 400 米，最小的仅有 10 米，而纵剖面呈切顶锥体状，一般是下部比上部大，陷落角一般为 70° ～ 80° 。陷落柱柱体内岩性杂乱，排列无章。岩石块度不一，大小悬殊，岩块之间多为泥质充填，胶结较为紧密；块度以 1 米以下的居多，也有连续 8 ～ 9 米长的砂岩、石灰岩及煤层横亘于柱体之中，稍有不慎易误判为断层。

三、煤层与煤质

境内煤田属沁水煤田东北边缘，为石炭、二叠纪煤系，分布于盂县城—清城—荫营—平定城—张庄一线以西地区，含煤面积935.44平方千米。含煤地层平缓，倾角一般不超过10°，属近水平煤田。

（一）煤层

煤系地层主要赋存于石炭系上统之太原组和二叠系下统之山西组，厚度约200余米，含煤16层。其次，在石炭系中统本溪组及二叠系下统下石盒子组也各有1至2层煤，但多呈煤线，无工业价值。

太原组，厚110～160米，共含煤10层，其中可采和局部可采的煤层有5层。其含煤系数，在市区为11.1%，平定县为7.9%，盂县为10%。该组可采煤层主要在下段，在市区、平定县和盂县南部为15号，俗称“丈八煤”，厚度在6米左右，赋存稳定，全部可采。该组中段有二至三层较稳定煤层，在市区和平定县为12号，俗称“四尺煤”，厚度平均为1.2米左右，市区全部可采，平定局部可采；在盂县为13号，俗称“腰煤”，厚度为1米左右，局部可采。该组上段有两层变化较大的煤层，在市区、平定县为8号和9号，厚度为3米和1.5米左右，均局部可采；在盂县为9号，但因变化又分为9号下和9号上。9号下发育为厚煤层，俗称“丈二煤”，厚度为4米左右，赋存稳定，为全部可采煤层；9号上厚度为1.3～2米，属大部可采。还有10号煤层，厚度0.2～2.9米，分布于平定县，极不稳定，仅个别地区可采。

山西组，厚35～45米，共含煤6层，含煤系数4%～7%，其中可采和局部可采煤层有6号、4号和3号。6号煤在市区和平定县，厚度为1.5米，属局部可采；4号煤在盂县，厚度为1米左右，俗称“三尺煤”，局部可采；3号煤在市区俗称“七尺煤”，在平定县俗称“七尺上”，在盂县俗称“尺八煤”，厚度为0.8～3米，为局部可采煤层。

（二）煤质

境内煤种主要以深变质无烟煤为主，在盂县还赋存有贫煤、瘦煤和瘦焦煤，其中贫煤较多。太原组各煤层主要煤质指标与煤层稳定性相关。其原煤灰分低于16%，含硫量2%～3%。山西组各煤层原煤灰分变化大，为8%～35%，但可选性好，经洗选后可降低10%左右；含硫量低，平均只有0.5%左右，而挥发分和发热量高于太原组。太原组和山西组的胶质层厚度均为零。

（三）风化煤

在煤田边缘和浅部还有储量丰富的风氧化煤，总储量达22248.5万吨。其中郊区为

5048.3 万吨，平定县为 4200.9 万吨，盂县为 12999.31 万吨。其主要质量指标腐殖酸产出率为 20.64% ～ 39.04%，其中游离腐殖酸 1.55% ～ 6.85%；碳分 13% ～ 49.3%；钙镁 4.33% ～ 8.7%。

第二节 煤田勘探

一、地质调查

境内为全国发现煤炭最早的地区之一。古时候，人们发现、认识煤炭，采用的办法之一为“视石”。据清乾隆五十五年版《平定州志》载，境内“土人每视山上石脉，即知炭之有无。穿地至三四十丈者，其坚者槌之难碎，燃之耐久”。二为查矿苗、辨土色，寻找煤层露头。三为视草木，即从煤炭与地表的植被关系找煤。有经验的矿工结合地层地貌，通过岩层、土色、植被、地形地貌、地下水质等自然情形确定煤层露头、是否可采。“一般见四节石，就距丈八煤 20 米左右了”，俗称“固石见煤五丈五”。古代的煤田地质知识，为近代煤田地质科学的产生和发展奠定了基础。

清道光二十年（1840）鸦片战争以后，不少外国学者纷纷到中国进行地质调查。最早到山西进行地质调查的是德国人李希霍芬，于清同治九年（1870）至十一年到山西，曾先后到过太原西山、霍州、大同、五台山、阳泉、昔阳等地进行矿产调查。清光绪二十九年（1903），美国地质学家维利斯来中国进行地理地质调查，由北向南穿过山西省境。途经太原时，将太原西山的石炭二叠系统称“山西系”，其下称为奥陶系石灰岩。这是研究和划分西山煤田煤系地层之开端。三十三年，德国学者布来克来山西调查含煤岩系，认为山西煤系分布广而创名“山西系”。“山西系包括山西晚古生代含煤地层和其上红色砂岩层，整合于寒武系—奥陶系之上，广义的山西系可能大概相当于现今的本溪统、太原统、山西组、石盒子组和石千峰组之和”。翌年，山西保晋公司正式成立后，在阳泉附近收买小煤窑 50 余处，通过对小窑和公司所开矿井揭露的地质情况调查，确定标志层和推算出煤层赋存情况。民国 5 年（1916），保晋公司对阳泉 6 个矿区进行了普遍调查并绘制了阳泉煤田地质图。

民国 6 年（1917）至 15 年，著名地质学家王竹泉先后对大同、宁武、西山、沁水及汾河两侧进行了地质矿产调查，发表了《山西大同、左云、右玉煤田地质》。王氏实测了太原、榆林幅百万分之一地质图，包括山西大部分地区。他把本溪组、太原组、山西组合称“下煤系”，将沁水煤田东翼连成一块大煤田，命名为平（定）、盂（县）、潞（安）、泽（州）煤田。

民国 11 年（1922），李四光到太原西山、东山、阳泉等地调查时，将布来克广义的“山西系”

范围缩小，只代表晚古生代含煤地层，包括下部太原系和上部含煤岩系。民国12年至15年，李四光、赵亚曾等先后调查山西太原、阳泉、昔阳等地，把太原系分为两部分，下部为本溪系属中石炭统，上部称太原系，属上石炭统，并确定了两者的界限。太原系之名称被广泛使用于华北各地及甘肃、辽宁、山东、河南、安徽等省。太原西山成为全国北方上古生界地层划分的主要模式。此后，地质学家曹世禄、赫勒、田奇瑞、李捷、杨仲健、斯行健、尹赞勋等都曾对山西各煤田的煤系地层及古生物化石进行过调查研究。李四光根据西山和阳泉的剖面建立了北方中晚期石炭世的蜓分带，封家荣、黄汲清曾调查过霍山东麓王陶镇附近煤田（沁水煤田西翼中段）。

民国19年（1930）至26年，侯德封主持填绘山西省1/200000地质图和部分地区1/50000地质图，全面展绘了山西省含煤地层的分布，为日后进行煤田地质调查提供了重要的资料依据。并于民国26年对沁水煤田东部武乡附近调查后，著有《山西煤矿概要》一书。

民国26年（1937）至34年，日本侵略军占领期间，为了攫取山西的煤炭资源，全面掌握资源分布状况，曾派人到山西各煤田进行地质调查活动，收集资料，编写专著和调查报告。之后地质勘探和调查一般都同时进行。

二、地质勘探

境内真正意义上的地质钻探，始于民国33年（1944）。年内春夏之间，日本华北石炭开发株式会社在阳泉桃河附近打钻勘探，钻孔4个，总进尺776.17米。1号钻孔在平潭村西南200米处，孔口标高678.97米，孔深122.5米。2号钻孔在平潭村东300米处，孔口标高680.85米，孔深116.65米。3号钻孔在燕子沟坑东北400米处河床之中央，孔口标高693.81米，孔深230.02米。4号钻孔位于赛鱼火车站北600米处，孔口标高723.79米，孔深307米。此次钻探查明桃河附近冲积层厚度为15～25米，在小阳泉与保晋铁厂（阳泉钢铁公司）以西的桃河下部有丈八煤连续赋存。在山西统基部和太原统第一石灰岩之间有1.75米厚的可采煤层，且赋存稳定。并探明了局部水文地质情况。

1952年，燃料工业部修建司及煤矿管理总局派技术人员到阳泉矿务局帮助进行阳泉四矿改扩建勘探设计。1953年4月，阳泉矿务局主要依据地质测量资料，提出《阳泉四矿初步勘探报告》，后在11平方千米井田内补钻10孔、勘探进尺2508米，于1954年10月又提交了《阳泉四矿矿井设计补充地质勘探报告》。这是境内历史上首次精查勘探成果，也是中华人民共和国成立后山西省首批煤田精查地质报告之一。

1953年下半年，阳泉矿务局组建地质处（后改称地质测绘处）与钻探队。1954年春，阳泉矿务局和井陉矿务局的两支钻探队合并为井（陉）阳（泉）轩（岗）勘探队，7月改称华北煤田第一勘探局第五大队，10月又改称华北煤田地质勘探局119队，主要担负阳泉、平定及昔阳、汾孝、轩岗矿区的勘探工作。1955年初，阳泉矿务局重组了钻探队，恢复了1953年秋因原钻探队外调而中止的四矿井田勘探施工，并于三年后根据勘探取得的资料编制了《四矿生产地质报告》。

1955年5月，119队奉命到阳泉，在阳泉矿务局钻探队配合下，对二矿井田进行精查施工。接着又先后在北头咀济生区、三矿井田、大阳泉井田和荫营火焰沟井田进行了精查勘探，并及时提交了相应的地质报告。同年7月至11月，华北地质勘探局215队在盂县进行了以焦煤为主的普查工作。

1956年，按照全国煤田普查会议精神，为加强普查工作，119队在今郊区坡头、桑掌至平定县南部300余平方千米范围内进行了普查，并提交了普查报告。此后，太原煤矿管理局对上述普查区域作了规划。119队又对规划区内的平定一、二号井田进行了精查勘探，精查面积31平方千米，其中有地方煤矿井田面积8平方千米，并于1957年11月提交了精查地质报告。其间，山西省工业厅研究所普查队对南庄煤矿井田进行普查，并于1957年5月提交了《山西省阳泉市南庄煤矿普查报告》。1957年7月，119队又转赴盂县，在215队地质普查的基础上，进行了历时10个月的钻探，提交了《盂（县）寿（阳）间地质普查报告》。

1958年“大跃进”开始后，国家确定平定、昔阳区和左权区（面积为830平方千米）、盂县区（面积为308平方千米）为新的煤炭工业建设基地。根据阳泉矿务局和北京煤矿设计院所做的规划，平定、昔阳区和左权区划作28个井田，盂县区划作24个井田。同时，决定由划归阳泉矿务局的119队担负上述新基地的勘探任务。到1960年，该队先后提交了平定、昔阳区10份精查勘探报告和盂县区3份精查勘探报告。同一时期，华北煤田地质勘探队对白羊墅煤矿7平方千米井田进行了普查勘探，并提交了《山西省沁水煤田阳泉矿区白羊墅煤矿瀑里分矿勘探地质报告》。

1960年至1964年，119队先后进行了荫营煤矿井田的补充勘探和阳泉矿务局三矿、二矿井田的扩区勘探。由于1964年119队奉命调出，尚未完工的二矿井田扩区勘探工程被迫中止。1962年，阳泉矿务局对三矿、二矿井田生产区局部可采煤层进行补充勘探。1964年5月，阳泉矿务局对一矿生产区进行补充勘探，历时18个月结束。因“文化大革命”的影响，这次补充勘探的报告书到1970年1月才编讫提交。

1966年3月，119队按照《阳泉至昔阳矿区井田划分方案》，在新划分的平定贵石沟、苏峪两井田进行精查补充勘探，于当年12月完成了贵石沟井田补充勘探任务。1967年10月，当苏峪井补充勘探正在进行的时候，119队又奉命调出，两年后，由山西煤田地质勘探148队恢复勘探，于1970年9月提交了勘探报告书。1970年5月，省地质勘探2队对平定区冶头井田也进行了精查勘探，历时14个月，提交了精查勘探报告。此外，阳泉矿务局于1969年9月恢复对一矿井田扩区勘探，1970年1月编制提交了补充勘探地质报告；1973年5月又恢复了中断9年的二矿井田扩区勘探，于1976年8月提交了精查地质报告。

1976年以后的几年中，阳泉矿务局、省148队和煤炭工业部第一勘探公司173队先后对阳泉矿区内的桑掌勘探区、矿务局一矿、二矿和三矿井田新扩区进行了第二次勘探；对一矿井田生产区进行了补充勘探；对贵石沟井田首采区进行了补充勘探；还对荫营煤矿进行了补充勘探，并提交了相应的地质报告，为矿井建设提供了充分依据。

1978年至1981年间，山西省148队完成103个钻孔，工程量42841.93米，有水文孔3个，进尺1168.45米，并于1981年12月，提交《山西省沁水煤田平昔矿区马郡头勘探区精查地质报告》。1980年10月至1983年10月，山西省148队完成精查勘探134个钻孔，工程量64466.95米，提交《沁水煤田平昔矿区李家沟勘探区精查地质报告》。

其间，中国煤炭地质总局119队，在马郡头矿区精查区钻孔13个，李家沟精查区钻孔181个，汇编区内211个，汇编区外43个，总进尺96225.84米，提交《山西省沁水煤田阳泉寺家庄煤矿井田地质报告》。

1980年8月至1984年5月，煤炭工业部119队，对寿阳地区煤田状况进行普查，施工勘探线5条，钻孔37个，完成工程量29241.93米。于1984年5月，提交《山西省沁水煤田寿阳（东）勘探区详查设计》。之后，又对该煤田情况进行了详查。详查阶段施工钻孔51个，工程量39142.79米。从普查阶段到详查阶段，施工钻孔88个，工程量68384.72米。最终提交的《山西省沁水煤田寿阳（东）勘探区详查地质报告》，勘探工程量充分，达到了规范和设计要求。

1981年10月至1983年7月，阳泉矿务局地质处对四矿济生区进行了生产补充勘探。1987年后，境内的国有煤矿根据煤炭部的要求，对以往的地质勘探资料进行了系统的研究分析和评价；在此基础上，于1990年全部完成了矿井地质报告，并经上级主管部门批准，使煤矿地质勘探工作实现了标准化和规范化。

1982年，南庄煤矿进行第二次补充勘探，施工钻孔3个，钻探总进尺882.88米，重新计算了储量，对矿区井田范围内的地质构造进行了新的勘查和判定。南庄煤矿有地质钻孔20个，达到精查勘探程度，满足了生产设计的需要。

1987 年后，境内的国有煤矿根据煤炭部的要求，对以往的地质勘探数据分析和评价。在此基础上，于 1990 年全部完成了矿井地质报告，并经过上级主管部门批准使境内煤矿地质勘探工作实现了标准化和规范化。

1988 年至 1991 年，阳泉矿务局地质处对二矿十五采区进行了生产补充勘探，施工钻孔 13 个，总进尺 7982.07 米。

为保证南庄煤矿煤炭生产可持续发展，从 1992 年开始由中国煤炭地质总局 119 勘探队开展地质勘探工作。于 1996 年 12 月提交了《山西省沁水煤田阳泉矿区西上庄井田勘探阶段性资料》。1988 年至 1992 年间，119 队进行了“西上庄—孟家村普查”勘探工作，其间完成控制测量 100 平方千米，施工钻孔 4 个，工程量 3113.63 米，1∶2.5 万航空地质测量，186.5 平方千米。1993 年至 1999 年 11 月间进行了详查地质勘探，井田内供施工钻孔 16 个，利用原普查钻孔 4 个，共 20 个钻孔，勘探面积约 53 平方千米，提交了《山西省阳泉市西上庄井田详查地质报告》。

1996 年，山西省煤炭地质勘探二队为左权县石港煤矿编制了《山西省左权县石港煤矿生产矿井地质报告》。该次编制工作对矿井地质，矿井水文地质及其他开采技术条件等诸多方面做了系统而详细的调查。

1997 年，由山西省煤炭地质勘探二队为石港煤矿进行了精查地质勘探，并于 1999 年提交了《山西省左权县石港井田精查地质报告》。此次物探方法选择和工程布置合理，共施工钻孔 9 个，基本控制了井田煤层的构造形态，对 1∶5000 地形地质图进行了修测，查明了井田煤层的赋存及煤质变化规律，基本查清了井田的开采技术条件，收集了本矿井及邻区的开采资料并进行了系统整理。1997 年，山西省 148 队编制提交《山西省寿阳县黄丹沟煤矿矿井地质报告》。是该井田第一个较为完整的地质成果资料。该报告所称“黄丹沟煤矿”，即现在阳煤集团位于寿阳的开元煤矿。该报告为阳煤集团投资建设开元煤矿，探明了详细的地质资料。

1998 年 6 月，阳煤集团新宇岩土公司提交了《阳泉矿区三矿扩区精查补充地质勘探报告》，共 26 个钻孔，总进尺 14682.42 米。1998 年至 2002 年，在井田西部又补充了 10 个钻孔。

1999 年，中国煤科总院西安分院物探所采用瞬变电磁和直流电法相结合的综合物探方法，对阳煤二矿东部采区与日伪时期开采的老一矿和老五矿采空区积水边界进行物理勘探，提交了《阳泉二矿老空边界综合物探成果报告》。2000 年，中国煤炭地质总局水文物测队开展了一矿南条带首采区 1 平方千米三维地震勘探工程，提交了《一矿南条带首采区三维地震勘探报告》；中国煤炭地质总局物测队开展了五矿西北采区 0.37 平方千米三维地震勘探工程，提交了《五矿西北采区三维地震勘探报告》；江苏省煤炭地质物测队开展了新景矿芦南、芦北采区2.3平方千米三维地震勘探工程，提交了《新景矿芦南、芦北采区三维地震勘探报告》。

2000年，阳煤集团组织物探技术人员对阳泉矿区综采工作面开展了无线电波坑道透视工作。至2001年，共对46个综采工作面进行了坑透工作，针对大于1/2煤厚的断层和长轴大于30米的陷落柱预测准确率达90%以上。2002年，该项探测研究成果获得山西省科技进步二等奖，同年受到阳煤集团重奖。此后，该项探测研究成果得到了全面推广应用。

2001年，中国煤炭地质总局物测队开展了五矿四采区1.9平方千米三维地震勘探工程，提交了《五矿四采区三维地震勘探报告》；河北省煤田地质物测队开展了二矿十五采区1.5平方千米三维地震勘探工程，提交了《二矿十五采区三维地震勘探报告》。

2002年1月开始，阳煤集团新宇岩土公司对黄丹沟煤矿（现开元煤矿）进行生产补充勘探，补钻4个，总进尺1427.79米，钻孔均进行了简易水文观测。年内，中国煤炭地质总局物测队开展了新元矿首采区东翼3平方千米三维地震勘探工程，提交了《新元矿首采区东翼三维地震勘探报告》；中国煤炭地质总局水文物测队开展了新元矿首采区西翼3平方千米三维地震勘探工程，提交了《新元矿首采区西翼三维地震勘探报告》；中国煤炭地质总局物测队开展了五矿四采区首采面、中央区南翼1.53平方千米三维地震勘探工程，提交了《五矿采区首采面、中央区南翼三维地震勘探报告》；黑龙江省煤田地质物测队开展了二矿15号煤九采区2.6平方千米三维地震勘探工程，提交了《二矿15号煤九采区三维地震勘探报告》。

2003年，中国煤炭地质总局水文物测队开展了一矿南条带杨坡堰分区2.7平方千米三维地震勘探工程，提交了《一矿南条带杨坡堰分区三维地震勘探报告》；中国煤炭地质总局物测队开展了五矿南采区2.3平方千米三维地震勘探工程，提交了《五矿南采区三维地震勘探报告》；黑龙江省煤田地质物测队开展了新景矿芦南二区4.3平方千米三维地震勘探工程，提交了《新景矿芦南二区三维地震勘探报告》。

2004年5月，阳煤集团新宇岩土公司，对开元煤矿东北翼15号煤层合并区进行生产补充勘探，施工钻孔6个，总进尺914.14米，补勘揭露的可采煤煤层均符合煤田钻孔质量验收标准的优质或合格标准。年内，中国煤炭地质总局物测队开展了新元矿首采区东翼南部3.24平方千米地面综合物探工程，提交了《新元矿首采区东翼南部地面综合物探报告》；中国煤炭地质总局物测队开展了开元矿二水平东翼2.8平方千米三维地震勘探工程，提交了《开元矿二水平东翼三维地震勘探报告》；黑龙江省煤田地质物测队开展了五矿南翼二采区、五林井三采区5.18平方千米三维地震勘探工程，提交了《五矿南翼二采区、五林井三采区三维地震勘探报告》。

山西综合普查队开展了开元矿二水平西翼4.2平方千米三维地震勘探工程，提交了《开元矿二水平西翼三维地震勘探报告》。

2005年，中国煤炭地质总局水文物测队开展了二矿390水平开拓掘进区3.3平方千米三维地震勘探工程，提交了《二矿390水平开拓掘进区三维地震勘探报告》；黑龙江省煤田地质物测队开展了新景矿芦南二区中部2.39平方千米三维地震勘探工程，提交了《新景矿芦南二区中部三维地震勘探报告》。

2006年，中国煤炭地质总局水文物测队开展了寺家庄矿中央、南一盘区5.22平方千米三维地震勘探工程，提交《寺家庄矿中央、南一盘区三维地震勘探报告》；黑龙江省煤田地质物测队开展了一矿八下山、十上山5.88平方千米三维地震勘探工程，提交《一矿八下山、十上山三维地震勘探报告》；江苏省煤炭地质物测队开展二矿九采扩区1.25平方千米三维地震勘探工程，提交《二矿九采扩区三维地震勘探报告》；山西省第六地质工程勘查院开展了寺家庄矿北一盘区3.03平方千米三维地震勘探工程，提交《寺家庄矿北一盘区三维地震勘探报告》。

2008年，山西省第六地质工程勘查院开展了二矿11采区2.48平方千米地面综合物探工程，提交了《二矿11采区地面综合物探报告》，黑龙江省煤田地质物测队开展了新景矿保安区东部6.8平方千米地面综合物探工程，提交了《新景矿保安区东部地面综合物探报告》。

2009年，山西山地物探技术有限公司开展了石港抽采瓦斯技术研究区4.44平方千米三维地震勘探工程，提交了《石港抽采瓦斯技术研究区三维地震勘探报告》；山西省煤炭地质物探测绘院开展了新景矿佛洼区2.88平方千米地面综合物探工程，提交了《新景矿佛洼区地面综合物探报告》。2010年，黑龙江省煤田地质物测队开展了二矿13采区2.84平方千米地面综合物探工程，提交了《二矿13采区地面综合物探报告》。

截至2010年，境内煤田地质情况，包括阳煤集团在其他外埠煤田地质情况的勘探、钻探工作基本完成。经勘探和钻探探明，全境含煤面积约为935.44平方千米，占全市面积近1/4，保有储量约为68.73亿吨，两县四区中有三个县区产煤。省营以上煤矿井田面积595.44平方千米，储量49.23亿吨；市营及市营以下地方煤矿井田面积340平方千米，储量19.5亿吨。主要煤种为无烟煤、贫煤、瘦煤。主要开采3号、6号、8号、9号、12号、15号煤层。全境煤炭资源进入科学开发时期。阳煤集团实施“煤与非煤并重”发展战略，加快对外扩张和中小煤矿联营重组步伐，拥有23个煤矿，该集团公司煤炭生产呈扩张、跨越发展态势。阳泉境内完成资源整合，由151座煤矿整合为52座煤矿，全境煤炭工业实现了规范化、集约化、集团化生产时期。

三、水文勘探

（一）盂县煤田区域水文勘探

1957 年 9 月至 1958 年 4 月，华北煤田地质勘探局 119 地质队在盂县和寿阳地区进行普查勘探，其范围约 700 平方千米，对部分泉井进行了观测，共调查泉水多处及水井 62 个，并对部分河流作流量观测，绘制有 1∶50000 水文地质图。完成水文钻孔 39 个，均按规定作简易水文观测工作，并进行了抽水试验和物探电测水文试验，各钻孔电测试验的层位深度及结果均符合要求，以上钻孔均为清水钻进，而且对现有生产矿井及古窑充水性，进行了访问及资料收集工作，对贯穿该县区域的河流作了短期观测，了解变化规律，同时对水井进行一次性社会调查，对个别水井（观沟村前 41 号水井）冲层作了一项简易抽水试验，泉水观察 8 处。

（二）桃河两岸和赛平区水源钻探

工程涉及面积 20 平方千米，处于娘子关泉域南北两个径流带汇流中心，分两个阶段施工。1973 年 12 月至 1983 年 5 月为第一阶段，首先在阳泉市体育场南侧桃河河床中，以大口径管井开发奥灰岩溶水获得成功，在东起体育场、西至赛鱼村的桃河及其两岸地区，共开凿岩溶水井 9 眼，钻探进尺 4459.70 米，装机容量 730 千瓦，抽水量 13500 立方米 / 日，形成了初具规模的供水水源地。1983 年 5 月至 1990 年为第二阶段，共施工钻孔 24 个，钻探进尺 11828.06 米，其中，小口径勘探观测孔 4 个，钻探进尺 2246.98 米，大口径抽水钻孔 20 个，钻探进尺 9581.08 米。全部工程共完成钻孔 33 个，钻探进尺 16288 米，先后有 8 个单孔抽水试验 8 次，孔组抽水试验 4 次，大型群孔抽水 1 次，试验钻孔 28 个，其中抽水孔 14 个，抽水量 21893 立方米 / 日。

（三）平定县贵石沟区域水文地质勘探

贵石沟矿区供水水源勘探是解决矿井的就近就地供水问题，合理开采矿区岩溶地下水。由原国家煤炭工业部第三水文地质队于 1981 年至 1986 年 12 月进行水源勘探，历时 5 年 2 个月。勘探程度：东部为初步勘探，西部为找水勘探。勘探范围：西至冶西，东至黏土矿以东 1.5 千米，东西长 12 千米，南北宽 5 千米，面积为 60 平方千米。本次勘探施工共 9 个钻孔，钻探进尺 5186.81 米，勘探区 9 个钻孔均进行了测井工作，共完成 4930.03 米实测，全部进行了测斜。

（四）西上庄井田水文地质勘探

西上庄井田精查阶段的全部钻孔（共 11 个）均作了简易水文观测，并对涌（漏）水层段深度及涌（漏）水量进行了记录。完成了一个水文地质钻孔（7-2 孔），作了二次抽水试验，并观测奥灰含水层水位。

（五）阳煤集团有关水文地质勘探

进入2000年后，阳煤集团矿区东部埋藏浅区的煤炭资源逐渐枯竭，开采工作逐步向西部埋藏较深的区域延伸。该区奥灰水位西高东低，矿区西部15号煤层局部处于奥灰水水位以下，承受一定的奥灰水头压力，其中新景矿、二矿和五矿深部的15号煤层底板均受到奥灰水的威胁，存在不同程度的带压开采问题。

2005年，阳煤集团利用国债安全资金，开展了阳泉矿区水文地质补充勘探工作。该勘探的目的旨在查明15号煤底板奥灰的水文地质特征，为15号煤防治奥灰水提供依据。该勘探分别由山西省煤炭地质114勘察院、阳泉新宇岩土公司、中国煤炭地质总局华盛水文地质勘查工程公司施工。勘探中共施工钻孔17个，其中地面孔10个，进尺9864.59米，井下孔7个，进尺3755.25米，钻探总进尺为13619.84米。奥灰揭露厚度达391.46米至478.25米，抽（注）水试验5次。其间还进行了水质测试、岩样测试和地球物理勘探等工作。初步查明了勘探区15号煤底板下奥灰的水文地质特征，为15号煤的安全生产提供了基础水文地质资料，对15号煤防治奥灰水有指导意义，达到勘探工程的预期目的。

第三节 煤田测绘

一、控制测量

境内煤矿开采，在元、明时期以前规模很小，煤田测绘方法简单，多用罗盘仪定方位，碎步量距，悬挂半圆仪测倾角，矿坑内测绘采掘简图，或以经验看石脉定采向。清光绪二十四年（1898），随着资本主义对中国的经济侵略，英国福公司取得了平、盂、潞、泽等地的煤炭开采权。为了加快资源掠夺速度，英国福公司在阳泉煤田开始测绘，使用经纬仪测方位、水平仪测高程。光绪三十四年，山西商办全省保晋矿务有限总公司正式成立，揭开了山西近代民族资本机器采煤业的序幕。保晋公司平定分公司各矿厂广泛运用近代测绘仪器设备和方法进行煤田测绘，提高了测绘效率和质量。

境内矿山控制测量始于1950年。年初，阳泉矿务局测设了40平方千米的矿区小三角网，统一了全矿区的坐标系统，满足了国营煤矿恢复生产的急需。

1953年，在国家尚无统一规范的情况下，为满足新矿井设计和扩大井田控制范围的需要，阳泉矿务局与地质部144队合作，采用假定坐标系统，施测天文方位角，埋设起算原点（埋石在矿务局机关院内），重新建立了矿区70平方千米的独立四等三角网。

1955年全国第一届矿山测量工作会议后，该局按照燃料工业部对测量工作的要求，根据苏联1939年大地测量法式，自拟三角和水准测量细则，施测了425平方千米独立三等网和四等补点34平方千米生产区网，网中基线设在今城区西河滩，全长1097.169±0.002085米，相对误差1/500000。同时，选用石太铁路高程，从阳泉站铁路水准点B M 5起，至今郊区坡头水准点B M 24止，为三等水准干线，全长15千米；用四等水准联测基线两端的高程和各矿的水准高程，首次统一全矿区的高程系统。控制网的建立成为境内各煤矿井上下测量的依据。由于作业规范不统一，观察精度不高，测量成果在纯几何平面上，未进行投影处理，且未与国家网联测，属较低精度的独立三角网。但是，这些成果对当时境内各煤矿的生产建设都起到基础作用。

1956年以后，境内各煤矿按照国家要求，平面控制测量和高程控制测量分别采用1954年北京坐标系与1956年黄海高程系。阳泉矿务局担负了阳泉矿区三、四等水准网的测设和三、四等三角网的重建，以国家一、二等三角网和水准网为依据，根据矿区近期和长远规划，按照由高级到低级，由整体到局部，分级布网、逐级控制、急用先测的原则进行布网和施测，其精度满足1/1000大比例尺测图和矿井贯通测量的要求。1958年，首先施测了东自白羊墅，西至坡头，北起盂县，南到昔阳，控制面积为1500平方千米的三、四等水准网，覆盖全境。

1964年，根据国务院1958年批准的《一、二、三、四等三角测量细则》和1959年颁布的《大地测量法式》，重建了阳泉矿区三、四等三角网，可满足1/1000大比例尺测图和各种井上下测量的需要。同时，还施测了四等水准点43个，作为矿区的高程控制系统。上述控制测量平差计算成果，均经国家测绘主管部门批准，并纳入国家测绘成果表。

1965年4月，在唐山召开的煤矿区坐标选定会议上，阳泉矿务局、荫营煤矿为阳泉煤矿区选择了与北京平面坐标系统有解析关系的矿区控制网系统。至当年末，阳泉矿务局、荫营煤矿和南庄煤矿根据各自的特点，在国家一、二等控制网的基础上，相继加密了三、四等网，测设了近井点网，满足了地面和井下各种测图、勘探、设计、生产和建设的需要。

1965年阳泉煤矿区地表控制网情况表

表-8-3

投影方法	中央子午线	平面坐标系统	测区边缘距中央子午线距离（千米）	测区平均高度（米）	三角网投影平面高程（米）	矿区高程系统	矿井开采深度（米）
高斯—克吕格正形投影	113°33′27.07″	北京	50	680～1600	637	黄 海	300

1966年后，在“文化大革命”的影响下，境内各煤矿的测量机构不是被缩编，就是被撤销，技术人员被下放，矿山测绘工作瘫痪，多数三角点标架遭损坏。1972年，阳泉矿务局地质连（原地质测量处缩编）重建了矿区四等网，共施测三角点35个，控制面积200平方千米。1974年，国务院颁布了《国家三角测量和精密导线测量规范》及《一、二等基线测量细则》。阳泉矿务局、荫营煤矿和南庄煤矿按此规范和细则，对基本控制网进行了施测，并对新旧点作了投影和重新埋石，将水平方向观测值化算到高斯投影面上，将基线长度化算到高斯面上，将天文方位角化算为坐标方位角，进行了三角平差和成果表编印。

1983年，为满足贵石沟新矿区建设的需要，利用原有控制网中12个二、三等已知点，新设了23个四等点，由EOK-2000型远红外光电测距仪测边，布设了四等测边三角网，控制面积200平方千米，不仅满足了阳泉矿务局贵石沟新矿区生产建设的需要，同时也为周边地方煤矿生产建设提供了必要的技术数据。同年，在贵石沟矿井50平方千米的井田内建立红外光电测距四等导线网和四等水平网，保证了矿井主斜井、副立井和4个风井的同时施工，满足了巷道贯通的测量精度。

1985年至1990年，阳泉市郊区矿业公司（1987年更名为阳泉市郊区煤炭工业管理局）以国家四级网点为基础，在阳泉矿务局地质测量处配合下，先后为旧街、辛兴、平坦（联营）、小菜营、西峪、曹家掌、程庄等36座新建煤矿进行了近井点的布控；并为大阳泉、西峪掌、河底、燕龛、牵牛镇、邓家峪等29个煤矿的配井工程进行了近井点的布控，满足了井巷施工精度要求，保证了井筒正常施工。其间，共布测点约200个，面积合计50平方千米。

1990年，阳泉矿务局地质测量处派员参加煤田地质遥感局举办的煤炭系统GPS定位技术培训班。年内，阳泉煤矿区各煤矿坐标系统全部采用了1954年北京坐标系统，高程系统全部采用了1956年黄海高程系统。矿区水准网以三等网为首级控制，井口水准基点按四等水准测量精度要求，满足了矿井生产建设的需要。1992年11月，该地质测量处在全省煤炭系统首家引进美国产阿什泰GPS全球卫星定位仪（单频）3台套，标称精度为10mm+10ppm，同时引进GPPS预处理和IGGG后处理平差软件。1993年，阳泉矿务局在全省首家完成阳泉市150平方千米地籍四等GPS控制网的布设，布点约50个。1994年至1995年，完成阳泉矿区500平方千米航测四等控制网和100千米的一级导线网，同时完成260平方千米的相片调绘任务。1998年至2002年，用于矿区四等以上GPS控制测量约200点。

2001年7月，郊区煤炭工业局成立矿山测绘中心。2003年6月，该中心配备了红外线激光测距仪、日产拓普康全站仪、GPS定位仪等较先进的测量仪器设备，同时办理了国家三级测绘资质证，开始独立测绘作业。至2006年，主要完成了坡头、郊里基建煤矿的近井点布控，同时开始对区内保留矿井的原有近井点进行复核。

2003年，盂县为了矿井开拓和贯通的准确性，委托山西省煤炭地质公司地测队对该县煤矿的近井点各类井口进行了全面控制。2004年，阳煤集团地质测量部，引进法国产RTK GPS流动站2台，Z-max GPS接收机5台，用于完成阳泉矿区三维地震控制测量和放点等工作。2009年至2010年，阳煤集团地质测量部组织、实施、完成了阳泉矿区GPS控制网测量项目。阳泉矿区GPS控制网覆盖了集团公司在寿阳、阳泉市区、郊区、平定、盂县、昔阳、和顺、左权等县区境内生产、基建、规划的井田范围，面积约2500平方千米。该工程实际施测GPS C级点42个、D级点141个、E级点（测区内各矿近井点）161个，四等水准线路285千米，提供了1980年西安坐标系和1954年北京坐标系两套成果资料。阳泉矿区GPS控制网的建立，改造、整合和统一了阳泉矿区控制网，为矿井生产和建设提供了测绘基准保证。

二、地形测量

清光绪二十五年（1899），英福公司派出以葛拉斯为首的勘测队到阳泉调查煤炭资源，为境内煤矿区近代地形测绘之发端。6年后，该公司测量工程师萧密德沿正太路两侧测绘了地形图四五十平方英里（约100平方千米）。

清光绪三十二年（1906）保晋公司筹办后，测绘了境内北迄黄沙堰至荆家掌至前庄一线，南到狮脑山，东至下五渡村，西到赛鱼火车站范围内的1/20000地形图，图内划定了该公司所属6个矿厂的矿界。

日军侵占阳泉煤矿后，其“山西军管理第四厂”在民国27年（1938）拟订四年开采计划时，测绘了1/50000矿区地质地形图。到民国31年，日本华北开发株式会社在制定五年开采计划时，测绘了1/10000地形图以及远景规划图。

1952年，地质矿产部华北局222队与阳泉矿务局组成地质调查队，其中阳泉矿务局派出的8名测量人员，完成了1/5000地形图39平方千米，以及各种比例尺的大小图件658幅。

1953年，燃料工业部煤矿管理总局测量队（后改称华北煤田测量大队）对阳泉矿区1/5000地形图进行了修测，以适应煤矿恢复和生产发展的急需。此后，华北煤田地质局测量大队又与119队合作，先后完成了阳泉矿区荫营、坡头、冶西、平定、一带的1/5000地形图432平方千米。

1955年，华北煤田地质勘探局215队在盂县进行地质普查时，完成了地质地形测量800平方千米。“一五”后期，阳泉矿务局地质测量处先后完成了1/2000地形图163平方千米，

1/5000地形图24平方千米，该局生产矿区1/10000地形图51平方千米。当时测绘的地形图，使用小平板仪配合经纬仪测量，用视距法确定地形点的距离，采用地方平面坐标系和铁路高程系，图形采用矩形分幅法。

阳泉矿区盂县勘探区于1958年7月至11月先后进行了地形碎步测量工作和地形底图测量制作，采用国际J-59-71图幅、高斯—克吕格6度带投影、中央子午线113度，坐标系统采用1954年北京平面坐标系统，地形图比例分别为五千分之一和万分之一。大地测量控制网、水准网皆由山西省煤矿管理局地质局1958年3月绘制，主要依据国家测绘局方山刘备山所引出丈量三等基线与国家控制边长相校正，高程用1956年黄海水平面为准。地形图质量评价，从钻孔测量结果来看，基本与实际相符，个别地方取舍不当，在地形平坦地带，地物测的不够多，但地形基本与实地相符，可作为地质精查勘探及采矿设计所用，唯有万分之一地形图质量较差，于1960年又重订制作了五千分之一图作为可靠依据。

1973年8月，阳泉矿务局首次应用航空摄影测量技术，利用中国民航二中队733航区摄影资料进行外业调绘，采用全能成图法，完成1/5000地质地形图400幅，控制面积1600平方千米，经外业检查，全部达到优级标准。现阳泉矿区全部采用其地形图，并根据需要将中央子午线修正为111°，即国家6°带。

1979年，阳泉矿务局利用山西省测绘局7541航区摄影资料，施测了昔阳区1/5000地形图480平方千米，成图120幅；利用山西省煤勘二队在寿阳区调绘的1/5000地形图，添加了阳泉矿区独立坐标网，加印了120幅。

1980年，阳泉矿务局地质测量处在35平方千米的生产区内，采用航空摄影测量技术，由中国民航二中队直升机拍摄1/4000航片，首次在阳泉矿区测绘了1/1000地形图135幅。航空摄影测量技术在煤田地形测绘中的应用和推广，全面更新了矿区地形图，取得了成图周期快、测图精度高、信息丰富等效果。之后，利用航测技术测绘矿区各种比例地形图得到大规模推广应用。同年，由中国民航二中队直升机在阳泉矿区拍摄了1/4000航空摄影图片，首次在阳泉矿区测绘了1/1000大比例地形图135幅。1982年，阳泉市城建局测量队以1956年黄海高程系为南庄矿井测绘了1∶2000地形图。

1990年，山西省煤炭工业学校以1956年黄海高程系为南庄煤矿测绘了1∶500地形图。1991年，阳泉市城建局以1985年国家高程基准，为南庄矿井测绘了1∶1000地形图。

1994年至1995年，阳泉矿务局地质测量处完成阳泉矿区500平方千米航测四等控制网和100千米的一级导线网，同时完成260平方千米的相片调绘任务。至此，阳泉矿区基本形成覆盖生产矿井、在建矿井及规划矿井的1∶5000井田区域地形图和生产矿井的1∶500、1∶1000工业广场平面图，满足了矿井地面生产建设的需要。对于测绘小范围的各类地形图，随着测绘仪器设备和技术手段的进步，经过了“照准仪塔尺视距小平板测图法”“分度器塔尺视距小平板测图法”“分度器激光测距仪小平板测图法”等几个阶段。

2003年7月，阳煤集团地质测量处采用全站仪野外数据采集数字化测图技术，完成阳泉市郊区保安煤田1∶500地形图测绘。从此实现了内外业一体化向量成图，完成了从手工模拟到微机数字化成图的历史变革，提高了作业效率和成图质量。先后完成兆丰电解铝一期、二期，开元公司改扩建，新元公司矿井建设，40万吨氧气铝，奥伦120万米输送带等工程的地形测绘。

2004年，阳煤集团组织完成昔阳区、和左区1050平方千米的1∶5000航测地形图。之后，阳煤各矿相继完成了地测数据库的建立、八大矿图及专题图的矢量化及微机成图，并通过局域网，实现地测图形、预测预报等的网上传输浏览，彻底改变了绘图工作流程和工艺，实现了地测数据的实时更新，动态管理。

2009年，阳煤集团完成了阳泉矿区五矿工业广场12.5平方千米1∶500航测数字化成图及缩编1∶2000、1∶5000比例尺地形图。

2010年，全市地方煤矿的测绘水平进一步提升。平定汇能煤业（中韩合资企业）建立了现代化测量机构，配备了GPS全球定位全站仪现代化测绘仪器、集成计算机绘图打印机。平定县古州煤业、盂县上社、郊区保安等30多个煤矿，培养了一大批大、中专专业测绘技术人才。测绘仪器均更新为GPS全球定位全站仪现代化测绘仪器，从外业测量到内业计算、到绘图成图，全部实现一站式自动化。

三、矿井测量

清光绪三十二年（1906），保晋平定分公司设立测绘股，主要担负矿井测绘，这是境内乃至全省煤矿最早的测量机构。当时矿区无统一坐标系统，只在各井口设假定坐标，井下用罗盘仪等简易仪器进行测量，绘制采掘简图。宣统元年（1909），该公司在开凿阳泉第二矿厂燕子沟立井时，延请外籍矿师，开始使用四脚游标经纬仪。

民国5年（1916），保晋总公司迁址阳泉后，在各矿厂也设立了测量股，进行井下巷道挂线和导向等工作，按时填绘采掘工程平面图、煤层剖面图。

民国7年（1918），山西实业厅向全省矿商通告：“所有请矿之案，图件若不完备，经本厅限期令其更正与补呈，凡已愈期限者，业经一律按照条例取消原呈。”在政府当局的催促下，矿商为得到批准开矿，才四处招聘测量人员，测绘必要图件。境内建昌公司、广懋公司、富昌公司等使用机器生产的煤矿，相继仿照保晋公司设立测绘机构或配备专职测绘人员，而小型煤矿则聘请大矿的测绘人员进行测绘。

阳泉建市后，民国37年（1948）3月成立的国营阳泉煤矿公司，为尽快恢复国营裕公矿和国营四矿的测量工作，招回原有的测绘人员，同时将搞过测量的四散的外乡人予以招工安置，扩大了测绘队伍。同年4月，市政府设立工商管理局，其中设测量股，指导小煤窑恢复生产，并处理小煤窑矿界纠纷。

1950年，阳泉矿务局在局计划科下设勘测组承担地质测量业务。同年11月，由省工业厅培训的测绘人员被派往阳泉工矿区煤业管理局所辖的第一、二国营煤矿（即汉河沟和南庄煤矿的前身），承担测绘工作。1952年，阳泉矿务局在局、矿两级设立地质测量股，进行地面和矿井测量，建立地面控制网，统一井上下坐标和高程系统，测绘各种图纸资料，满足了矿井生产需要。

为了适应大规模的新矿井建设和旧矿井的改造扩建，1953年，阳泉矿务局抽调30%的干部组建了地质勘查处，各矿设立了地测科。在完善测量机构的同时，对测绘队伍进行充实和提高。除了依靠国家分配来的大中专毕业生外，还举办短训班培训人员，尤其注重在实际工作中提高其专业水平。1954年11月，全国第一届矿山测量会议之后，该局及时将地质勘查处调整为地质测量处，并首次在四矿井下设立了全国煤矿第一个岩移观测点，次年又设立两个点并获得数据，为岩移观测积累了经验，此后各矿均开展了该项工作。1955年，在全国尚无统一标准的情况下，该局自拟了《测绘细则》和《图式符号》，在统一井上下平面和高程控制的基础上，实测了井下一级导线31千米，设永久点360个，施测了一级水准30千米，取得很大成绩。煤炭工业部于1956年6月在阳泉矿务局召开了华北、西北矿山测量经验交流会，会议重点介绍了该局地面控制测量、井下测量及矿井原图绘制等技术与经验。此后，境内各煤矿按照煤炭工业部颁发的《生产矿井测量规程》《煤矿建井测量暂行规程》和《地面移动观测规程》，调整矿山测量工作，使其逐步趋于正规化。

1960年后，阳泉矿务局、荫营煤矿、南庄煤矿根据煤炭工业部重新颁发的《生产矿井测量试行规程》和《矿山测量图例》，建立和完善了煤矿必备的8种基本图纸。1964年，阳泉矿务局开始试验在聚酯薄膜上绘制矿井原图并取得经验。同年，该局总结了十年中岩移观测的成果，并与唐山煤炭研究所合作，制定了山西第一份《地表建筑物及主要井巷保护试行规程》。

1973年，阳泉矿务局推广了一井双定向和两井双定向的井下定向方法，完成了二矿东立井、桑掌风井、西四尺副立井的井下定向测量，精度达到或超过国家规定的标准。聚酯薄膜矿图绘制技术由毛面进步到光面和涂层，二底图复制从重氮型发展到铬胶型；利用微泡片基复制二底图，效率比人工描制提高10倍以上。1975年，阳泉矿务局聚酯薄膜矿图，取代了传统的裱糊图纸，使矿图整洁美观、精度可靠、图像清晰。二底图复制从重氮型发展到铬胶型复制的成功，解决了聚酯薄膜易老化的问题。之后，聚酯薄膜矿图绘制在荫营、南庄等煤矿也得到推广。

1979年后，阳泉矿务局装备了光电测距仪，施测了贵石沟矿井四等导线和四等水准网。之后，又相继装备了激光指向仪、陀螺经纬仪；同时研究出“任意弦支距法”，用于矿井曲线巷道中线标定。新型测量仪器的使用和测量方法的改进，提高了矿井测量精度，保证了矿井巷道延伸和巷道贯通工程的质量。

1980年，阳泉矿务局与山西矿业学院合作，对历年来取得的岩移观测资料进行了系统的研究和分析，首次提出了矿井采动地表变形规律问题，并将这一成果纳入1964年制定的阳泉矿区《地面建筑物及主要井巷保护试行规程》，用于解决本矿区的山体滑移、建筑物保护以及“三下”（建筑物下、铁路下和水下）采煤问题。1983年，与中国煤炭科学院唐山分院协作，率先在国内开展了“村庄下采煤”试验，采出村庄下压煤72万吨。之后，又在小型工业建筑物下、高压输电铁塔下和矿井大巷下，均采出数量可观的压煤，避免了大量资源的损失。

1989年，阳泉矿务局研制了“贵石沟矿区井上下控制测量微机管理系统”。同年8月，该系统通过了山西煤炭工业管理局主持的鉴定，并获1990年科技成果一等奖，之后，该系统推广到全省和陕西、浙江、江苏、河南、贵州等省的20多个矿务局和煤矿。同年，该局地质测绘处购置DE201B型静电复照仪一台，用于大幅面、高精度各类图纸的按比例缩放。1991年引进HS-778工程静电复印机用于各类图纸的快速准确复印。

1989年1月，国家能源部颁发的《煤矿测量规程》及1992年阳泉矿务局编写的《煤矿测量规程实施细则》，是阳泉矿区煤矿测量部门较为统一规范的技术规程，对规范矿井测量的技术标准具有重要的指导作用。1990年，阳泉矿务局基建处刘洁心测量高级工程师编程的“矿区井上下控制测量微机管理系统”通过省煤管局组织的专家鉴定，该系统包括平面图形数据处理、竖面数据处理、坐标系统换算及井下日常导线延伸计算等功能，实现了测量成果的微机处理和管理，使测量成果处理手段达到了一个新的水平。之后，该局所属各矿导线数据均用此软件平差处理。

1992年，阳泉矿务局地质测量处引进集日本产RoLandDPX-4600型平台式绘图仪、A0幅面Summagraphics LCL数字化板、Compaq486/33微机及煤航Pccad绘图软件为一体的Dos系统支持的数字化成图系统，实现了矿图绘制从手工纸质到微机数字磁盘的历史性跨越。

1994 年 5 月，煤炭部颁发《矿井地质测量工作质量标准化标准》，阳泉矿务局地质测量处相应制定了地测专业实施细则。1997 年，阳泉矿务局下属各矿地测标准化全部达到部级水平。随着计算机技术的普及和应用，原来的软硬件系统已不适应形势的要求。

随着地方煤炭工业的发展，境内各类地方煤矿在测量仪器和设备方面逐步向高科技、现代化迈进。1997 年，盂县组建了煤炭科技信息服务中心，测绘等级为丙级，成为该县第一个有资质的测绘单位。尽管如此，还是不能满足煤矿测量需求，之后，盂县先后组建了矿产资源开发服务站、东坪煤矿、石店煤矿、跃进煤矿、兴峪煤业有限公司、恒泰煤炭实业有限公司等 10 个有资质的测绘单位，其中丙级 2 个、丁级 8 个，并在测量仪器和设备配备上逐步向高科技现代化迈进。

1999 年，阳煤集团地质测量处引进 HP750cPlus 喷墨绘图仪、Summagrid Ⅴ数字化板、威远图 Wetop-sv300 绘图软件组合的数字化成图系统。编绘图纸快捷方便、图形输出精度高、速度快。2003 年引进丹麦产 ContexA0 幅面工程扫描仪、HP800 彩色喷墨绘图仪，实现对图纸的扫描向量化及输出，提高了绘图质量和工效。同年，随着该集团公司地测信息化的开展，为各矿统一引进了北京龙软地测空间网络管理信息系统及配套的数字化板、HP800 彩色喷墨绘图仪。

2001 年后，郊区煤炭工业局为下设的矿山测绘中心，在原有经纬仪、水准仪、滚筒晒图机等基础上，又配置了高科技红外线测距仪 1 台，高精度全站仪 1 台，奥拓 CAD、SV300 制图软件各 1 套及电脑 3 台、0 号数字化制图板 1 台、惠普 A0 图纸打印机 1 台等仪器设备 8 台（套）；培训测绘及微机操作人员 6 人。至此，郊区各类煤矿的图纸结束了手工绘制的历史，进入了微机数字化管理阶段，改变了绘图工作流程，提高矿图精度和制作工效。其间，各煤矿设立技术科并配备技术测绘人员，负责测绘工作，使区、乡、矿三级测绘网络基本形成，并按《煤矿安全规程》要求，在阳煤集团地测处及省地测部门的配合下，完成了郊区 54 对生产矿井 11 种图纸的测绘任务。

2004 年，国家煤矿安全监察局下发《煤矿地测防治水安全质量标准化标准及考核评级办法（试行）》，该办法取消了储量专业内容。同年，阳煤集团各矿相继完成了地测数据库的建立、八大矿图及专题图的向量化及微机成图。同时通过局域网，实现地测图形、预测预报等的网上传输浏览。彻底改变了绘图工作流程、工艺，实现了地测数据的实时更新，动态管理。2005 年，阳泉矿务局地质测量处制定了地测防治水专业实施细则。

2004 年之后，随着山西省煤矿兼并重组工作的推进，平定县煤炭工业科学技术也发生了更大的变化。县内阳煤集团所属3个煤矿，矿井测绘由其自行测绘。该县直接监管的10个煤矿中，汇能煤业（中韩合资企业）建立了现代化测量机构，人员配备为大中专学历，配备了GPS全球定位全站仪现代化测绘仪器、集成计算机绘图打印机。古州煤业所属9个煤矿，相继派出专人进行专业学历提升教育，培养了一大批大、中专专业测绘技术人才。至2006年末，盂县各类煤炭企业共有测绘仪器、设备202台件，其中罗盘仪91台、经纬仪58台、水准仪40台、全站仪13台，具有资质的测绘单位有11个，培养测绘人员100余人，其中领取资格证的65人、有中级职称的15人，形成了一支力量雄厚、装备优良的煤矿测绘队伍。

其间，阳泉市各地方煤矿在原有图纸的基础上，又变更和增加了避灾路线图、井下电器设备布置图、巷道布置图、井下运输系统图、安全监测装备布置图、排水防尘防火注浆及压风等管路系统图、抽放瓦斯压风充填管路系统图、井下通信系统图，矿井地质和水文地质图，新完成制图2200余幅，使产煤县（区）各类煤矿的测绘及图纸质料管理上了一个新的台阶。同时，为煤矿进行安全评价和领取安全生产许可证以及开展安全标准化建设提供了基础资料保证。

2007年，阳煤集团在新元矿首采工作面上方地表建立地表岩移观测站，求取了综放开采条件下的岩移参数。2008年，阳煤集团地质测量部制定、下发了《地质测绘成果资料管理暂行办法》和《阳煤集团地质勘查测绘工程管理实施办法（暂行）》。2009年，阳煤集团地质测量部制定并下发《采掘进尺管理规定》。同年，阳煤集团与太原理工大学合作完成的《多元测量数据的精细处理与可视化系统》投入使用，实现了井下基本控制导线的计算机严密平差，提高了井下导线的精度。同年，该集团公司在五矿8303工作面上方地表，建立地表岩移观测站，求取了综放开采条件下的岩移参数。并在各矿推行15秒导线进顺槽，以提高工作面的导线精度。

截至2010年，阳煤集团在二矿71503工作面，利用寺家庄首采工作面上方地表建立地表岩移观测站，求取了综放开采条件下的岩移参数。阳泉矿区岩移规律的观测研究和参数的求取，为保护煤柱设计、采动灾害评价、塌陷补偿、“三下”压煤开采等工作提供了翔实的数据和依据。年内，阳煤集团地质测量部制定并下发了《地测远程管理信息系统管理办法》《阳煤集团瓦斯地质工作管理规定》和《阳煤集团矿井防治水管理规定》。阳泉市地方各煤矿经整合后，其测绘仪器全部更新为GPS全球定位全站仪现代化测绘仪器，从外业测量到内业计算、到绘图成图，全部实现一站式自动化。自此，全市智能现代化测绘、绘图设备仪器，替代了常规人工外业测量、内业计算、绘图、成图等烦琐、复杂的工序。

第三章 煤矿建设

第一节 煤矿建设管理

民国36年（1947）阳泉建市后，市政府贯彻晋察冀边区“恢复生产，支援全国解放”的方针，于民国37年1月成立阳泉煤矿公司，恢复了煤矿的生产；同年8月，颁布《禁止破坏煤矿暂行办法》和《登记煤矿临时办法》并施行。

1949年开始，根据“全面恢复，重点建设”方针，国家集中财力、物力，对阳泉矿务局进行恢复建设。据此，阳泉工矿区人民政府为调整煤矿布局，按规定对境内公、私营煤矿进行了整顿，并全部进行登记、测绘，对不宜恢复的小煤窑加以封闭，将一些位于公营煤矿井田范围内的小煤窑加以赎买，并将部分从业人员转入公营煤矿。阳泉矿务局将四矿井田内的私营晋祥厚和庆泰两座小窑有偿收回后关闭，从业人员全部录用。人民政府以3.6万元人民币，赎买私营民丰矿后，将其划归地方国营第二煤矿，录用从业人员174名。这些措施均有效地保证了重点煤矿的恢复和建设。

其间，山西省公安厅劳动改造工作局，在荫营裕民煤矿、邓家峪万生煤矿基础上，组建山西省监狱裕民煤矿。

按照国家“把基本建设放在首位”的指导方针和“大规模进行新矿井和选煤厂的建设，继续进行原有矿井的改造和扩建，充分发挥原有生产矿井的潜力”的精神，阳泉工矿区从1952年开始，坚持新建和改建相结合，以改建为主；大中小相结合，以中小为主的原则，加快了建设速度，以阳泉矿务局为代表的国营大中型煤矿得到较快发展。

1957年9月12日，国务院下发《关于发展小煤窑的指示》，取消了1950年至1952年政务院批准颁布的对小煤窑限制过严、要求过高的3个法规性文件，执行山西省人民政府作出的《放宽对小煤窑的开采管理，以解决群众烧煤困难，发展工副业生产》的决定。

1958年2月，阳泉矿务局将基本建设处、设计处、定额管理站并入建设工程公司，12月又将该公司改称基本建设部。辖3个建井工程处、1个建筑安装工程处和1个企业处。1960年，阳泉矿务局撤销基本建设部，成立基本建设处，内设工程科、设计室和定额管理站，统一管理矿务局基本建设工程项目及施工队伍。翌年7月，撤销企业处，所属厂队和人员，分别并入建井工程处和建筑安装工程处。10月，建井工程处和建筑安装工程处合并，组建了矿井工程公司。

1963年至1965年，根据中央“调整、巩固、充实、提高”的方针，按照“缩小基本建设战线，集中有限资金确保开工和保留项目建设”的思路，阳泉矿务局恢复了基本建设程序；省、市营煤矿则按照山西省地方煤矿管理局制定的《山西省小型煤矿基建程序》《山西省地方煤矿井巷建筑工程设计预算试行定额》《山西省地方煤矿基建施工图设计及预算审批暂行办法》等规范性文件，将基本建设逐步纳入正规管理的轨道。

1966年至1976年“文化大革命”期间，阳泉矿务局建设管理交由生产部门代管，在很大程度上削弱了建设管理工作。同时，根据国家“扭转北煤南运”和“支援三线建设”指示精神，煤矿建设施工队伍被调往南方施工。

1980年，中共中央、国务院作出建设山西能源重化工基地决策之后，阳泉市地方煤炭系统贯彻中央“有水快流”和“国家、集体、个体一齐上”的方针，社队煤矿开始以较快速度发展，私营煤矿开始兴办。同时，地方国营和乡镇煤矿坚持“以矿养矿，分期改造，由小到大，逐步提高”的发展方针，扩大了生产能力，地方煤矿建设的投资逐年加大，建设速度加快，矿井综合生产能力得到较大提高，煤炭成为全市工业的主体，在全市经济中占着举足轻重的地位。1983年9月，平定县和盂县划归阳泉市，乡镇煤矿在阳泉地方煤矿中占了主导地位，乡镇煤矿依靠自己的力量，在国家银行贷款的帮助下，因地制宜地进行了老矿改造和大批新矿井建设。

1984年1月，阳泉市煤管局改称阳泉市煤炭工业局，在地方煤炭系统煤矿管理体制改革和经营体制等方面进行了积极的探索和尝试。从20世纪80年代中期开始，企业自主权扩大以后，由计划经济时期企业向政府主管部门上缴利润，改为“利转税”。国家对煤矿建设的投资方式也相应发生了根本性改变，由国家拨款投资，改成了“拨改贷”。境内各类煤炭企业的投资、建设体制，发生了重大变化。这一时期，地方统配煤矿南庄煤矿以及荫营煤矿和固庄煤矿，均组建了专门的基本建设队伍，或自筹资金，或利用银行贷款，对煤矿井下采掘、运输、通风、供电环节，进行较大规模的改扩建。对地面办公大楼、职工住宅、学校、医院等工程进行建设完善。各产煤矿县区平定、盂县、郊区及所属各拥有煤炭资源的乡、镇、村，或利用集体资金，或由私人投资，或通过银行贷款，对煤矿进行投资，到 1990 年，在全市乡镇先后共建立起 287 个煤矿。其间，私挖滥采、越界开采、安全事故剧增，河水断流、环境污染、植被破坏、山体和住宅塌陷等隐患也逐步开始显现。

从 20 世纪 80 年代末期到 90 年代中期，煤矿建设生产管理的秩序相对是比较混乱的。1998 年 8 月，山西省成立“依法整顿关井压产领导组”，下发《山西省煤炭工业关井压产实施方案》，对关井压产的指导思想、原则和主要对象以及关井的范围、标准、措施都作出了明文规定。与此同时，阳泉市地方煤炭行业围绕企业改革，整顿煤炭生产秩序。

1999 年，阳泉市煤炭工业局先后出台 10 个有关地方煤炭工业发展的指导意见，促进地方各类煤炭企业改革、改制、改组，不断适应市场经济体制运作的要求，打破传统的计划经济体制下的管理模式，逐步实现自主经营、自负盈亏，成为煤炭市场经济的主体。

进入 21 世纪后，淘汰安全隐患多、生产技术落后、资源浪费严重的小煤矿，对具有一定生产能力的中型煤矿进行兼并重组和股份制改造，成为阳泉地区煤矿管理的重要模式。阳煤集团是域内率先开展兼并、收购周边煤矿，按照现代企业制度进行股份制管理的龙头企业。2000 年 4 月，经阳煤集团和寿阳县政府同意，以优势互补、共同发展的原则，无偿兼并寿阳开元煤矿，成立阳煤集团寿阳开元矿业有限责任公司。7 月，并购重组了山西石港煤业有限责任公司。

从 2001 年开始，国家对煤炭产业政策进行调整，按照国家“关井压产”方针，阳泉市、县（区）两级人民政府开始对境内资源枯竭、整改无望的小煤矿有计划地实施了关闭。

2004 年，根据国家政策，境内对各矿开始按照矿井批准面积和储量收取使用费，同时基本停止了新建煤矿的审批，并关闭年产 9 万吨以下的小煤矿。同年，为确保地方煤炭工业持续稳定发展，阳泉市根据省政府 2004 年提出的对煤矿实行“资源整合、关小上大、联合改造、优化结构”的指导方针，各产煤县（区）政府聘请专家论证，于 2005 年，先后编制出《煤炭资源整合和有偿使用工作方案》，经上报得到省、市政府的批准后开始实施。按照方案要求，进行资源整合改造的矿井，改造后生产能力须达到 9 万吨 / 年以上。其间，郊区新建设两座较大型矿井鸿泰煤矿和保安煤矿，能力分别为 90 万吨 / 年、30 万吨 / 年。

经过多年的关停并转，破产重组，优化组合，至 2006 年，阳泉境内共有各类地方煤矿 158 矿（座），比 1990 年的 287 座，绝对数净减少 129 座。

2007 年，境内地方煤炭系统坚持建设大企业和淘汰小煤矿双管齐下，不断提升煤矿产业集中度和生产规模。平定阳胜30万至90万吨、燕龛80万至120万吨、上社70万至150万吨、郊区保安90万吨、盂县清城联营45万吨项目开工建设，这些新建项目，于2008年和2009年陆续投产。

2009年，全市各煤炭工业管理部门认真贯彻落实省政府《关于加快推进煤矿企业兼并重组的实施意见》（晋政发〔2008〕123号）和《关于进一步加快推进煤矿企业兼并重组整合有关问题的通知》（晋政发〔2009〕10号）和市政府有关文件精神，继续加大实施煤矿企业兼并重组整合工作的力度。

截至2010年，全市地方煤炭企业矿井数量，由原来的151个整合为53个。阳煤集团以兼并、重组、收购、并购、整合、股份制等方式，整合煤矿73座、28个包，新增产能2760万吨，新增煤炭储量25亿吨。全公司煤矿数量由2008年的9处，扩张到2010年的45处。煤炭储量从37亿吨增长到168亿吨，生产和基建规模达到亿吨以上，建成阳泉、晋东、寿阳、晋北、晋南5大生产基地。千万吨煤矿有一矿、二矿2个。

第二节　矿井建设

一、矿井建设项目

清光绪三十一年（1905），时任清廷工部左侍郎的盛宣怀与北洋大臣袁世凯、山西巡抚张曾敭合办同济矿务公司，投资10461两白银，在石卜咀村的后山先生沟、庄庄沟、段家碑（今段家背）建成立井7个，又在汉河沟开工建设立井2个。光绪三十二年，保晋公司接手建设汉河沟的1对立井。至民国21年（1932），共建新井11个，投资共49684元（银圆）。这些矿井以立井或斜井开拓，井深百米左右，井径在3.2～4.26米之间。

民国26年（1937）日军侵占阳泉后，为了加紧掠夺煤炭资源，从民国30年开始，先后新建了东亚坑立井和小南坑、善邻坑、大南坑、共荣坑斜井；连同太原西山、东山和寿阳3处的矿井，共投资1329.9万元。日军投降至阳泉解放未建新井。

1950年至1952年，根据国家“全面恢复，重点建设”的方针，燃料工业部将阳泉矿务局的矿井恢复和新建列为基本建设项目，三年中恢复和新建了6对矿井，分别是二矿小南坑、二矿燕子沟井、三矿丈八二坑、三矿裕公井、三矿一号井、四矿七尺井，新增生产能力102万吨年，完成投资2101.47万元。

1953年开始的“一五”期间，阳泉被列入山西省煤矿重点建设矿区，国家对阳泉矿务局和省营荫营煤矿加大了基本建设的投资力度。至1957年，开工新建矿井9对，恢复建设矿井1对，分别是一矿北头咀七尺井、一矿北头咀丈八井、一矿黄石板井、二矿四尺井、三矿二号井、三矿裕公四尺井、三矿丈八井、四矿二坑（恢复）、火焰沟四尺（荫营矿）、火焰沟丈八（荫营矿），新增生产能力164万吨/年，期内完成建设投资4759.21万元。

1958年“大跃进”开始后，基本建设程序被打乱。在“大炼钢铁”“以钢为纲”的口号下，把开发炼焦煤作为重点，盲目在盂县开工新建7对总设计能力为275万吨/年的焦煤矿井，耗资341万元，后因地质情况不明而全部报废。按程序列项的矿井工程也因资金不足而停建或缓建。在国民经济恢复时期，荫营煤矿于1965年开工建设设计能力45万吨/年的固庄平峒，到1973年建成投产，完成投资1410.97万元。

“文化大革命”期间，矿井建设基本处于停滞状态。1973年3月，阳泉矿务局重新开工建设1959年停缓建的一矿北头咀丈八井；但由于配套工程赶不上，该井北翼采区到1978年9月才投产，全部建成则到了1980年6月，该井累计完成投资6712.26万元。

从1981年开始，阳泉地区贯彻“有水快流”精神，乡镇煤矿、地方煤矿和省营以上煤矿，均出现超常规发展态势，兴建了各种所有制形式的煤矿数百座。其中平定县从1979年至1985年，用于煤炭工业建设的投资计7447.6万元。有张庄镇办三坑、杨家沟联营煤矿、南后峪联营煤矿、苏峪煤矿、东三联营煤矿、阳胜煤矿、南坳乡办煤矿、城关镇东关煤矿等41座煤矿。1981年，阳泉矿务局五矿即平定贵石沟矿井立项。1984年，阳泉矿务局五矿成立，正式开工建设。1991年12月建成投产。设计生产能力400万吨/年。相继开工建设的大型矿井还有大阳泉煤矿（1980年）、程庄煤矿（1986年）、上社煤矿（1989年）、阳胜煤矿（1983年）等。

20世纪90年代是全市矿井投资建设相对稳定的一个时期。1990年，阳泉矿务局新景矿以该局三矿改扩建工程的形式开工建设。总投资18亿元。1998年10月1日建成投产，设计生产能力220万吨/年，后增至320万吨/年。

阳煤集团新景矿

进入21世纪以后，全市各煤炭企业紧抓企业发展的有利时机，在国家省市方针政策的指引下，积极推进煤矿联营整合重组和资本多元化工作，坚持煤矿建设“三路并进”（老矿挖潜、新建矿井、联营整合），强强合作、互利共赢、扩容提效的战略，项目建设和资源整合的步伐进一步加快，投资和规模非常之大。

2004年，全市地方煤矿累计投入15.32亿元，建成国家一级安全质量标准化矿井1个，国家二级安全质量标准化矿井11个，国家三级安全质量标准化矿井8个；省小型二级安全质量标准化矿井13个，省小型三级安全质量标准化矿井105个；2个一级质量标准化矿井，6个二级质量标准化矿井。郊区以神堂嘴、坡头和鸿泰3个基建矿井为重点，在全市乡镇煤矿率先建成了二级质量标准化矿井。其间全市地方煤炭行业完成了南庄200万吨/年、东坪90万吨/年、石店90万吨/年、跃进90万吨/年四项改扩建工程，生产能力净增了260万吨；建成了南庄、燕龛和盂县南娄3个生产能力达200万吨的大集团公司，建成了平定东升、郊区中兴和盂县恒泰、东坪、石店等7个生产能力达100万吨的大企业，累计完成投资达9.85亿元，占总投资的73.5%。与此同时，阳煤集团决定将三矿竖井划给新景矿，对三矿进行破产申请，同时对新景矿进行改扩建，矿井设计生产能力由320万吨/年，增至750万吨/年。阳煤集团与华能集团交通能源控股公司签署合作协议，在左权成立山西石港煤业有限责任公司，矿井年产量150万吨。矿井改造二期工程完成后，年生产能力达600万吨。

2005年后，全市地方煤矿积极开展安全专项整治，关闭生产规模较小的9万吨/年以下的矿井，整合现有煤炭资源，提高煤炭生产集中度。当年，平定阳胜煤矿年产90万吨矿井工程开工建设。

2006年，该县投资1.013亿元兴建标准化矿井，其中山西汇能煤业有限公司年产原煤90万吨矿井建设开工。

2008年，全市地方煤炭行业有5项工程，列入全市“百项工程”能源建设项目，全年累计完成工程投资19.13亿元，占总投资的83.5%。其中，郊区保安煤矿90万吨矿井建设工程完成投资4.2亿元，并全部完工；平定汇能煤业有限公司90万吨矿井改扩建工程累计完成1775万元，占总投资的10%；盂县大贤煤矿经省煤炭工业管理局批准正式开工。全年12个基本建设矿井中有5个竣工，新增产能171万吨/年。有11个资源整合矿井开工建设。

截至2010年，全市完成投资并投产的项目工程：总投资5亿元的郊区保安煤矿90万吨/年建设项目，总投资1.2亿元的平定汇能煤业有限公司90万吨/年建设项目，总投资1亿元的盂县石店煤矿30万吨/年焦化厂配套回收工程项目等。

二、矿井改扩建项目

20世纪以前，境内煤窑虽多，但规模甚小，全系人工开采，只要能维持生产，矿井不进行改造或扩建。保晋公司成立后，在自建新井的同时，还在其购买的小煤窑中选择条件适宜的进行改造或扩建，使之与新井配对，作为通风、人畜出入、下料的副井，或将井筒刷大安装绞车作为提升主井，以提高矿井的生产能力。民国26年（1937）日军入侵后，曾对原保晋公司的部分矿井进行扩建，增添设备，扩大生产能力。从日军投降至阳泉解放未对矿井进行改扩建。

阳泉建市后，境内煤矿企业对旧矿井进行了恢复建设。1953年，国家把煤矿矿井的改建扩建工程列为基建项目，项目建设内容主要是扩大采区，延深开采水平，改造提升、运输、通风等生产环节，提高矿井生产能力。阳泉矿务局自1954年开始，对二矿小南坑等3对矿井进行改扩建，至1958年陆续完成，共增加生产能力126万吨/年，完成建设投资3864.77万元。同期，白羊墅煤矿泊里斜井和南庄煤矿平沟斜井也进行了改扩建，共完成投资131万元。

1961年，阳泉矿务局对三矿二号井进行635水平的延深扩建和提升环节的改造，到1965年告竣，使生产能力由30万吨/年提高到45万吨/年，完成投资569.11万元。

1966年后，由于“文化大革命”的影响，阳泉煤矿矿井建设基本处于停滞不前的状态。1973年，阳泉矿务局对三矿二号井再次进行矿井扩建和生产环节改造，至1979年工程告竣，使生产能力由45万吨/年提高到120万吨/年，完成投资2172.02万元。

为缓解全国煤炭需求紧张的局面，1974年国家扩大了对地方煤矿建设的投资。当年阳泉市义井煤矿利用国家投资进行扩建，1975年工程结束，使生产能力由15万吨/年增加到30万吨/年，完成投资108.13万元。盂县东坪煤矿自1974年至1976年进行了扩建，使生产能力由11万吨/年增加到30万吨/年，完成投资89.69万元。

中共十一届三中全会后，煤炭企业认真总结了多年的经验，把矿井改扩建作为基本建设的主要任务，乡镇煤矿则在建设中贯彻“扶持、整顿、改造、联营”的方针，全面实施矿井的改扩建，并得到了国家政策的扶持。1981年山西省计划委员会首次把国家贷款安排于乡镇煤矿的扩建投资，由中国人民建设银行以1.8厘的利息发放，不足部分由企业自筹或由农业银行贷款解决。至1990年，境内煤矿共完成矿井改扩建工程14项，其中阳泉矿务局2项、省营煤矿2项、县营煤矿3项、乡镇煤矿7项。

20世纪70年代末开始的阳泉矿务局二矿改扩建工程，为了集中生产、简化运输系统，改革开拓部署，采用了多煤层穿层石门布置方式。将井田划分为560和470两个水平，以560水平大巷穿透8号、9号和12号三个煤层，470水平大巷开采15号煤，减少了井筒和水平大巷，实现了多煤层联合开采，单井年产量增加到360万吨。该工程于1978年1月正式开工，1984年12月21日560水平建成投产，1986年12月25日470水平的改扩建工程也如期告竣。主斜井由西四尺井的东、西斜井改建而成：将这两个斜井以净断面10.24平方米的规格开拓，斜长分别延伸到1350.29米和1249.32米，井筒采用锚喷砼支护。两个副立井规格相同，井筒直径6米，断面28.27平方米，垂深275.5米。

煤矿改扩建作为提高煤矿产量、提升矿井科技水平的主要途径，在20世纪90年代是重中之重的工作。1993年，平定县阳胜煤矿及苏峪、南后峪、杨家沟3个联营煤矿投资564万元用于生产矿井改扩建。从1994年开始，阳泉矿务局三矿裕公井进行改扩建，设计生产能力提升到45万吨/年；与沈阳煤矿设计院合作完成了三矿裕公井扩律45万吨的设计。之后，阳泉矿务局三矿进行了大规模的改建和扩建工程，设计能力由330万吨/年，提高到550万吨/年。从1995年开始，阳泉矿务局一矿北丈八井南条带西大巷，也进行了改建扩建，设计生产能力提升到150万吨/年。1996年10月，省营荫营煤矿完成改扩建任务，设计生产能力由120万吨提升到240万吨。1997年7月，阳煤三矿改扩建一期工程竣工投入生产，1998年该工程被命名为新景矿。

进入21世纪后，根据国家对乡镇煤矿提出的“资源整合、关小上大、联合改造”煤炭产业政策，境内煤矿在整合改造的同时，主要进行以采煤方法为主，并与之能力相适应的供电、运输、通风等环节能力改造工程。2001年，郊区重点改造工作面27个，其他环节配套改造60余项，投资2472.3万元，生产能力由147万吨/年提升到170万吨/年。平定县通过采煤方法改革改扩建提升能力矿井共46矿。2002年9月，盂县北关煤矿有限责任公司联合开采项目开工，设计生产能力为15万吨/年，概算1047.85万元，实际完成投资1000万元。完成矿建工程量2533米，土建工程量360平方米，设备安装工程量12台套。竣工时间2003年5月。同年10月，阳泉市南煤集团技术改造工程开工，设计概算5356.24万元，实际投资5780万元。期内完成矿建项目8个，土建项目2个，设备安装6台。竣工时间2004年7月，生产能力达到200万吨/年。2003年，盂县石店煤矿和东坪煤矿从改革采煤方法上提升矿井能力，从长壁炮采一跃进入综采。总投资4150万元。石店煤矿上综采机组一套，总投资1800万元。2004年，盂县跃进煤矿、长胜煤矿、兴峪煤业有限公司先后也上了综采机，乡镇煤矿和个体煤矿先后进行了以改革采煤方法为主的矿井改造。2004年4月，郊区旧街煤矿投入资金1.2亿元，开始进行矿井改扩建工程，生产能力由9万吨/年提升为30万吨/年，该工程于2004年12月21日开始施工，

2007年7月28日全面竣工验收，投入生产。2004年10月，阳泉市燕龛煤炭公司程庄煤矿安全改造项目工程开工，实际投资1453.65万元。竣工时间2005年11月30日，生产能力达到30万吨/年。2005年2月，山西东升阳胜煤业公司扩建矿井90万吨/年工程开工。同年，平定兴达等6座煤矿改扩建工程正式启动。

2006年后，全市煤炭企业先后投入大量资金，加快推进采煤方法改革，推广综采、轻型综采或高档普采等采煤工艺，着力提升煤矿单井生产能力。2006年，阳泉市上社煤炭责任有限公司实施技术改造“三年规划”和生产能力提升改造工程，累计投资12478.99万元，用于井筒延伸、采煤方法改革、提升运输改造、机电设备购置安装及地面辅助设施建设等等。同年9月，矿井技改一期工程全面完成，原煤生产能力从30万吨/年提升到了70万吨/年。2006年，平定卫东煤矿（30万吨/年）、冠山镇办煤矿（15万吨/年）等9个改扩建项目开工建设。同年，盂县北下庄乡康家沟煤矿将8、9号井与15号矿井整合进行改扩建，是盂县一座较大的立井提升矿井。

2008年，阳煤集团所属山西国辰建设工程设计咨询有限公司，完成了集团公司一矿狮子坪初步设计、二矿470水平和390水平开拓延伸工程设计、二矿800万吨环节改造可研报告、五矿赵家分区初步设计、新景矿北条带工程设计和新景矿420水平开拓延伸方案，以及诸矿风井工程设计等多项设计任务，上述煤矿即按照设计方案，对相关工程进行了建设和改造。阳泉地方煤矿6个改扩建矿井中，平定阳胜煤业、丰泰煤矿改扩建工程竣工井投产，其中阳胜煤业公司完成投资2.06亿元，实现了年产原煤90万吨的目标，结束了该县煤炭生产无综合机械化开采的历史，成为平定县第一座大中型煤矿。丰泰煤业15万吨/年改扩建项目累计完成投资2714万元，转为生产矿井。汇能煤业投资7174.88万元，进行了年产原煤90万吨的改扩建建设。此外，燕龛煤炭公司、平定富鑫煤矿和盂县进昌煤矿，也完成了各自的改扩建工程，进入试运转阶段。

截至2010年，全市有39座地方矿（井）完成改扩建提升工程，其中市直5座、平定县9座、郊区7座、盂县18座。

三、采矿工程设计

境内煤矿采矿工程设计始于民国初年。民国4年（1915）发布的《山西省财政厅饬知各矿商遵照矿例办理文》中规定，矿商须向矿业事务所报送“探矿区图及探矿工程表……采矿区图、矿业施工计划书”等。其“矿业施工计划书”中“关于矿床事项”和“选矿之事项”已涉及地质条件、井口位置、开拓方式和开采方法等 24 个方面的内容。保晋公司等使用机器生产的煤矿企业，设有井务课（科、股）担负采矿工程设计，但受生产力水平限制，甚不正规。其他小煤窑就更谈不上设计，只是随施工简单筹划而已。

1950 年，阳泉矿务局在计划科内设专人负责设计工作。1952 年增设设计股，对该局恢复和新建矿井项目进行采矿工程简单设计；有些项目则组织专业技术人员、老工人和局矿领导组成“三结合”设计小组，在现场边踏勘、边设计、边施工。1951 年 8 月开工建设、1952 年 10 月建成的四矿七尺井，是中华人民共和国成立后山西第一个新建矿井项目，其采矿设计就是由该局设计股承担的。该井以斜井开拓，生产能力 15 万吨 / 年，一个采区两个工作面，炮采，投产当年即达到设计能力，但未能形成正规的成套设计文件。1952 年 11 月开工建设的三矿一号井，是“三结合”设计小组提出施工方案，边设计、边施工进行的。到 1954 年达到施工方案要求后，才编制矿井设计。这两对矿井的设计内容，已经涉及审查地质资料，确定井田，核算储量，选择井口位置、井筒类型、开采水平和巷道，采区布置，设计井筒、井底车场、峒室、大巷、采区巷道及车场，确定采煤方法、采掘机械造型、运输及通讯方式、灾害预防措施，确定施工组织及劳动组织，提交各种施工图及概、预算等内容。

1953 年以后，境内大型煤矿新建和恢复矿井，均按照燃料工业部颁发的《第一个五年计划期间煤矿矿井设计技术方向》进行。阳泉矿务局新建矿井的采矿工程设计主要由北京煤矿设计院承担。同时，该局也成立了设计处，到 1956 年已有专业设计技术人员 35 名，已能承担中、小型恢复矿井的初步设计和提供全套的矿井设计施工图。三矿二号井和裕公四尺井均由北京煤矿设计院编制初步设计，两井设计能力均为 30 万吨 / 年；全部施工设计则是由阳泉矿务局设计处完成的。二矿西四尺斜井设计能力为 21 万吨 / 年，也是由北京煤矿设计院编制开发方案，由阳泉矿务局设计处根据方案完成矿井设计的。其间，该设计处还独立完成了二矿东四尺井和小南坑改扩建矿井设计，两井设计能力分别为 21 万吨 / 年和 75 万吨 / 年。此外，山西省工业厅基建处矿井改造办公室设计科承担了盂县西兰煤矿设计能力 21 万吨 / 年的东坪斜井设计项目。该井先有初步设计，确定开采范围，选定井口位置，再作井筒设计施工图；井筒施工见煤后才设计井底车场、巷道布置等施工图。

1958 年，随着“大跃进”的兴起，境内矿井基建体制频繁变动，采矿设计部门归属不定，冲击了正常的设计程序，影响了设计质量。1959 年，阳泉矿务局设计处降格为设计室，该室设计的盂县 7 对焦煤新井，总设计能力 275 万吨 / 年；因地质情况不明，煤种、储量不清而全部报废。1964 年，煤炭部正式颁发《煤炭工业设计规范》后，采矿设计逐步走向正轨。这一时期，阳泉矿务局矿井采矿设计中，将采煤工作面长度加长到120米，顺槽设计长度达600米，运输大巷设计沿走向、顺主要煤层（或在其下）布置，以采区或盘区方式设计开采；通风方式均按中央并列式或对角式设计，回风大巷与运输大巷并行布置；煤层群开拓方式多以分水平方式设计；在井巷断面设计上，参照苏联井巷设计及有关规程，选取下限参数；井底车场选用简单的尽头环形；巷道支护设计除沿用木支架或料石砌碹外，还选取金属梁及预制混凝土支架；在采区上下山及顺槽布置上，均沿煤层开凿、双巷掘进、贯眼连通方式。本期由山西煤矿设计院承担了荫营煤矿固庄平峒（设计生产能力45万吨/年）和平定煤矿矿井改扩建两个设计项目。

1966年至1975年，境内矿井设计能力已达120万吨/年。阳泉矿务局于1973年和1974年完成设计的新建一矿北丈八井和改扩建三矿二号井，设计能力均达到120万吨/年。设计中，已开始采用岩石集中大巷、岩石上下山、采区石门、岩石集中顺槽、煤层群联合开采的开拓方式，并加大采区和工作面尺寸，有的工作面跨上山或采区石门布置，有的布置为倾斜长壁工作面，并合理布置溜煤、行人、运料等斜巷和峒室。在井巷断面设计上，从实际需要出发适当加以扩大；在支护方式选择上，广泛采用金属支柱、锚杆等；在运输方式设计中，采用大容量底卸式矿车或胶带输送机。井底车场设计突破了尽头式，采用两条卸煤线方式；通风广泛采用分区通风方式。随着电力工业的发展，这一时期，市、县营和重点社队煤矿采矿工程，已开始按提升、运输、排水、通风、采煤半机械化的要求进行设计。

中共十一届三中全会以后，境内国家统配煤矿和地方煤矿的设计力量不断得到加强。1978年8月，阳泉矿务局设计处重组。同年，煤炭部修改并重新颁发了设计规范；1981年又颁发《煤炭工业设计工作暂行条例》。其间，境内煤矿采矿设计有了较大突破，与综合机械化采煤相适应的倾斜条带式开拓布置已广泛应用，大巷推广了胶带输送机；电子计算机也应用于开采方案优化设计及采区优化设计中，选用穿层石门联合开采各煤层、分区并列式通风等先进设计方案。1978年，阳泉矿务局设计处独立完成的该局二矿改扩建工程成套设计，把原3对小井（设计能力为141万吨/年）联合成为1对井口（设计能力435万吨/年）出煤的特大型矿井。该设计采取多煤层联合布置、集中开拓，简化了井下与地面生产系统，用一对主斜井、一对副立井、穿层石门、条带开拓，用两个水平和一个辅助水平开发整个井田；并将环境保护和安全配套同步设计，从而结束了该矿多煤层多井口出煤的历史。同年4月，南庄煤矿提交了《南庄煤矿矿井技术改造设计》，7月获煤炭部批准；该设计将原两斜井改建为联合开拓、集中生产、三吨底卸式矿车电机车运输、钢缆胶带输送机集中提升，使设计生产能力由42万吨/年提高到120万吨/年。

1979年至1984年，阳泉矿务局设计处先后完成了设计能力45万吨/年的贵石沟六号层斜井和丈八斜井两对矿井的设计；邯邢煤矿设计院完成了设计能力400万吨/年的贵石沟矿井设计。1985年，阳泉矿务局设计处与邯郸煤矿设计院，合作完成3090万吨/年规模的“阳泉矿区建设可行性研究”（即阳泉平昔矿区的总体规划）。其间，山西煤矿设计院完成了荫营煤矿、固庄煤矿的改扩建设计，使生产能力分别扩大到240万吨/年和150万吨/年。

阳泉地方煤矿设计处自1984年成立后，提交了设计能力45万吨/年的大阳泉矿、程庄矿初步设计2件，设计能力21万吨/年的上社、燕龛、平定县卫东煤矿初步设计3件，以及平定县、盂县和郊区乡镇煤矿建设的初步设计多件。

1990年，阳泉矿务局设计处与太原煤矿设计院、邯邢煤矿设计院，合作完成4015万吨/年规模的阳泉矿区总体发展规划（即阳泉、平昔、寿阳矿区总体规划）。1994年，阳泉矿务局设计处完成三矿裕公井扩建45万吨的设计；与沈阳煤矿设计院合作完成了三矿裕公井扩建45万吨/年的设计；与沈阳煤矿设计院合作完成三矿设计能力由330万吨/年，提高到550万吨/年的可行性研究和初步设计；1995年，阳泉矿务局设计处完成一矿北丈八井南条带西大巷150万吨/年的方案设计。

进入21世纪后，全市以阳煤集团设计处为“龙头”的设计团体设计能力水平大幅攀升。2000年6月阳煤集团设计处改名为山西国辰建设工程设计咨询有限公司，是阳煤集团下属子公司，资质晋升为煤炭乙级，并拥有建筑乙级和勘察乙级资质。到2008年，该公司完成了一矿狮子坪初步设计、二矿470水平和390水平开拓延伸工程设计、二矿800万吨环节改造可研报告、五矿赵家分区初步设计、新景矿北条带工程设计和新景矿420水平开拓延伸方案，以及诸矿风井工程设计等多项设计任务，还完成了阳泉矿区东四县资源整合开发方案。

截至2010年，山西国辰建设工程设计咨询有限公司完成了境外新大地、景福、兴峪、裕泰、兴裕、泰昌、上河、堡子、中卫青洼、石丘、山凹、东沟、汇嵘、下交、森杰、河寨、登茂通、元堡、泰安、南岭、碾沟等21个矿井项目的设计任务。

四、矿井施工

（一）平峒（巷）施工

宋元时期，境内（今阳泉矿区一带）就有煤矿。至清中叶，立井采掘井深达30余米。断面渐大，均用锤、錾开凿。除井口和表土层用木石支护外，井壁不砌碹；用辘轳提碴。除立井外，还有平峒。清乾隆《平定州志》载，民间煤窑“凿山为穴，横入十余丈取之”，此横入之穴即平峒矿坑。

1949年开始，境内新建矿井的平峒开拓施工手段、规模及效率有了很大的进步。1954年后，施工中开始使用仿苏01-30型手持式凿岩机（风钻）打眼，电雷管引爆硝胺炸药落岩。1956年阳泉矿务局工程处建设北头咀平峒矿井时，施工技术及机械化程度已大大提高，施工工艺为全断面掘进，改变了原来先掘小洞再刷大砌碹的二次成巷方式，加快了施工进度。该平峒全长1100米，断面11.6平方米，料石砌碹，平均月进尺36米。这一施工技术很快在全省得到推广。

20世纪60年代初，凿岩机装上了供水设备，改干式打眼为湿式打眼，放炮逐渐完善为全断面一次爆破，劳动组织为多工种平行作业方式。1965年，阳泉矿务局三矿工程区十一队在一号井大巷开拓中，应用煤炭部总结推广的全国16项平峒（巷）施工经验（简称“16推”），使该队设备配套形成了机械化作业线。但同期地方小煤矿的岩巷开拓仍是钢钎大锤打眼爆破，人力装岩、推车，小断面掘进，二次刷大砌碹的施工方式，月进仅二三十米。

1973年，阳泉矿务局率先对巷道成巷支护形式进行改革，开始试用光爆锚喷施工技术。一矿在断面为15.5平方米的北丈八井南、北翼回风巷施工中，以锚喷支护代替钢木支护和料石砌碹，顺利地通过了砂岩、松软岩层、陷落柱和节理发育的岩层破碎带，最高月进318米。1974年12月，在张华沟斜井施工中应用激光指向、光爆锚喷、耙斗装岩机装岩，组织“三突击六平行”作业法，创全省单头成巷106米新纪录。

到20世纪70年代末，境内省营以上煤炭企业平峒（岩）巷施工机械设备和施工工艺已形成配套，形成激光指向、风钻打眼、耙斗装岩机装岩、蓄电池机车调车，滞后掘进面打锚杆、喷混凝土支护的工艺流程。市、县营和部分重点乡镇煤矿的岩巷施工普遍为一次成巷料石砌碹支护，月进30米左右。

1983年，阳泉矿务局工程处在二矿470水平岩石大巷施工中，在14.8平方米的巷道断面上同时布置10台7655型风钻打眼，两台ZYP-30型0.6立方米耙斗装岩机装岩，2.5吨和4吨蓄电池电机车调车，8吨架线式电机车运输，两台转子II型喷射机双枪作业，锚喷支护，施工时实行图表管理、浅眼多循环、三掘一喷、多工序平行交叉作业方式，于同年9月和翌年4月，分别月进312米和352.7米，创全省岩巷月进新纪录。

1987年4月，在贵石沟矿井平巷施工中，引进瑞典阿特拉斯科普柯公司制造的由TH530双臂钻车和3000L、2000DL侧卸式装岩机组成的岩巷钻装机组，在宽度达4.5米的岩巷中，一次性完成凿岩、出碴及打锚杆孔，创月成巷151.7米的全国纪录。这一时期，县营和乡镇煤矿由于无专业施工队伍，靠农村包工队施工，仍大量采用普通钻爆法、人工装岩、料石砌碹支护的施工方法，月进尺仍为三四十米。

1990年后，全市国营大中型煤矿依靠科学进步，加强科学管理，在煤矿巷道施工中普遍推广使用新技术和新设备。1991年，阳泉矿务局在岩巷试用国产液压钻车配备侧卸式装岩机、5吨电机车机械化作业线5条，减少了平巷施工人员的数量，减轻了工人劳动强度，提高了单进水平和安全性。1994年，阳泉矿务局平巷施工中应用双锚支护首次突破5万米大关，创历史最好水平。

标准化巷道

2000年，阳煤集团全面推广锚杆、锚索支护工艺，全年共完成进尺突破10万米大关，再创历史最好水平。2007年，为提高采掘侧巷道的支护强度和双锚巷道的单进水平，在一矿和新景矿进行21.6毫米大直径锚索支护试验并取得一次性成功。截至2010年，境内重点煤矿实施的平巷工程有新景矿芦北平巷工程、二矿北茹平巷工程、一矿阳坡堰平巷工程、五矿南翼平巷工程等。

（二）斜井施工

清中叶，境内煤窑斜井的开凿虽仍为手工，但已具相当规模。清光绪三十三年（1907），保晋平定分公司开凿简子沟第一、二斜井时，已开始使用汽动力卷扬机、轨道矿车提升出碴和汽动力水泵排水。这是山西省第一个用半机械化设备开凿的斜井。民国26年（1937）日军侵占阳泉煤矿后，将劫夺的原保晋公司阳泉矿厂的汽动力压风机用于斜井施工，开凿了4对斜井。

1951年至1953年，阳泉矿务局建成的四矿七尺煤斜井，为全省新建的第一对斜井。1954年后，施工中开始使用仿苏01-30型手持式凿岩机（风钻）打眼，电雷管引爆硝胺炸药落岩。1958年一矿北头咀丈八斜井主井施工中，首次使用金属拱形无腿支架临时支护，为掘砌平行作业的大断面一次成巷施工方法创造了先决条件。1973年，阳泉矿务局在一矿北头咀丈八斜井恢复建设南斜风井时首次应用光爆锚喷技术。1974年12月，该局在张花沟斜井施工中应用激光指向、光爆锚喷、耙斗装岩机装岩，组织“三突击六平行”作业法，创单头成巷106米的全省最高纪录。这一时期，荫营煤矿推广了光爆锚喷施工技术；市、县营中小型煤矿在新建或改建斜井施工中，也开始使用耙斗装岩机装岩，并推广了一次成巷和掘砌平行作业法。1975年后，斜井施工逐步形成光爆锚喷机械化作业线，大型矿井井巷逐步淘汰了料石砌碹的笨重施工方式。

进入20世纪80年代后，斜井施工向机械化优选强化配套发展，使其形成作业线。1984年10月，阳泉矿务局第二工程处施工的贵石沟矿井主斜井，设计斜长1140米，开拓断面19.05平方米，倾斜16度，被列为机械化优选强化配套施工科研攻关工业实验项目。到1984年12月，其累计进尺达306.7米，平均月进尺102.23米，最高月进尺150.7米，创造了全国纪录。这一施工项目1985年获国家科技进步三等奖。其间，郊区新建各类煤矿29座，均为斜井，有区营煤矿，更多的则是乡镇煤矿和村办煤矿。如区营野沟煤矿新建15号煤坑斜井，1990年8月正式竣工交付生产。1985年9月，义井乡大阳泉村煤矿新建鑫15号煤坑斜井，1993年1月正式竣工投产。1985年10月，辛兴乡桑掌煤矿新建斜井一对，1991年11月正式竣工投产。1986年至1990年，阳泉市地方煤矿新建矿井23座均为斜井。其中盂县新建的各类煤矿中，矿井以一斜一立的形式为多。

1991年至2000年，全市地方煤矿投巨资致力于矿井建设。平定县新建矿井8座，总投资6238.23万元。盂县新建矿井11座，基本建设投资6317.0万元。如1992年8月开工建设的盂县下南煤矿，设计概算728.90万元，实际投资819.80万元，于2005年9月竣工投产。郊区新建各类矿井8座，建井投资5237.28万元。如1996年7月，平坦乡神堂煤矿新建斜井一对，2005年正式竣工交付生产。1998年12月，辛兴乡坡头村煤矿新建斜井一对，2005年5月建成投产。

进入21世纪后，全市各煤矿为扩大生产规模，提高经济效益，十分重视矿井建设，在走内涵扩大再生产道路，下大力气抓好老矿井改造的同时，又开辟了外延扩大再生产的道路。2002年，阳煤集团所属新元公司新建矿井，于2007年4月试运行，其主斜井长1225.5米。阳煤集团所属平舒公司新建矿井于2007年9月试运行，其主提升斜井长820米。

2004年至2010年，阳泉市地方煤矿开展安全专项整治，关闭布局不合理、安全生产无保证、资源枯竭和生产规模较小的9万吨/年以下矿井，整合煤炭资源，提高煤炭生产集中度。这一阶段，煤矿新井建设较少。

（三）立井施工

元代，境内已有立井建设。1979年盂县贺村发现元代矩形立井遗址，其井筒上下断面相同，长1.2米，宽1.6米，垂深9～10米，井壁钎凿较整齐。至清朝中叶，境内的立井井深已达30余米，断面渐大，均用锤、錾开凿，除井口和表土层部分用木石支护外，井壁不砌碹，用辘轳提碴。

清光绪三十四年（1908）至民国9年（1920）8月，保晋公司燕子沟东立井以新法施工，深仅百米，前后费时12年，耗资10万银圆。其间发生较大事故8次，死亡多人，最后仍是靠人工开凿告竣，足见当时探索立井施工新法之艰难。但这一立井在施工中已采用混凝土和料石砌井壁、水泥三合泥密闭瓦斯、开小井排放瓦斯等技术，并运用蒸汽动力卷扬机、井架、罐笼提升排矸，电灯照明，进行了电引爆火药爆破的尝试。

阳泉建市初期在煤矿恢复建设中，凿井主要靠人力，以锤、钎、锹为主要施工工具，用三角木井架、电力小绞车提升，人力排矸。1953年以后，立井施工技术得到较快发展。1956年3月开工的阳泉矿务局三矿竖井，采用全断面开拓，挂钢井圈临时支护，单层吊盘，分段掘砌。施工机具用仿苏01-30型凿岩机手持打眼，甘油炸药爆破，220伏电源发爆器引爆，0.1立方米仿苏式抓岩机装岩，1～1.5立方米吊桶由直径2～5米绞车单钩或双钩提升，U型矿车排矸；通过瓦斯层时用“覆盖黄土层全断面爆破法”和11千瓦、28千瓦两台局部通风机进行压入式和抽出式通风。该井的建设代表了“一五”时期山西煤矿大型立井普通凿井法施工的技术与装备水平。20世纪50年代后期，立井施工技术有了较大进步。1958年，阳泉矿务局一矿北头咀丈八副立井建设中采用正规循环作业法施工，井壁石料砌筑，设置金属井架，用金属井圈临时支护，并装置保护盘和工作盘两层吊盘掘砌，平行作业，顺利完成开凿任务。

1974年，阳泉矿务局一矿北头咀张花沟通风立井施工中首先采用了光爆锚喷技术。这一时期，地方煤矿在立井施工中，仍沿用风钻打眼，电雷管硝胺炸药爆破，人工装岩，吊桶提碴，木棚支护，料石砌碹，掘砌单行作业，电力吊泵排水，局部通风机送风。料石砌碹时有的仍做基础“葫芦”，木井架，手动稳车悬吊保护盘、水泵、风筒等，月进尺20～30米。小型立井施工设备仍很简陋，只有提升小绞车、简易木支架；有的仍采用木制辘轳，无保护盘和临时支护，分段掘砌，先掘后砌；有的只砌碹表土层，坚硬岩石部分不砌；有的用钢钎铁锤打眼，硝胺炸药电雷管爆破，月进尺10～20米。

进入20世纪80年代后，境内大型立井施工机械化程度逐步提高，并加强了施工管理。阳泉矿务局对立井施工加强了机械配套，其配套设备及工艺：激光指向；多台7655型凿岩机配以环型钻架、FJD-6型伞形钻架打眼；直眼、深孔，大直径药卷、水胶炸药、毫秒雷管，光面爆破法，全断面一次爆破；容量0.4～0.6立方米的大型中心回转式抓岩机装岩；滚筒直径2～3米绞车、1～3立方米吊桶提升，托架或坐钩式卸矸矿车排矸；搅拌机搅拌混凝土，输料管下料，紧跟工作面锚喷临时支护，二次复喷永久支护；使用Ⅳ型或Ⅴ型金属井架；高扬程吊泵排水；多台局部通风机串联通风。由于机械设备配套和施工技术逐步提高，施工纪录不断刷新。1983

年11月，阳泉矿务局工程处七一队施工的高家沟立风井，掘进断面与净断面分别为31.16平方米、28.26平方米，垂深217米，每小时涌水量6～7立方米，锚喷支护，月成井122米；1984年6月，该处五五队在净径4米、深281.2米的矿区供水工程进风立井施工中，采用“三掘一喷”作业法（3个班掘进、1个班锚喷），“四、六”制循环作业，采用Ⅲ型金属支架，8～10台7655型凿岩机同时打眼，2台0.1立方米抓岩机同时装岩；1立方米吊桶、滚筒直径1.6米绞车单钩提升，月成井177.02米，创全国立井施工新纪录。在施工中通过瓦斯涌出层时，采用“增大风量法”“打钻孔预抽瓦斯法”“高压注浆封堵法”和“预探孔注浆堵封法”诸种技术，顺利通过瓦斯层。

这一时期，地方国营中型立井施工采用钢井架、稳车、吊盘，风钻打眼、硝胺炸药电雷管爆破，小型抓岩机装岩，1立方米吊桶提碴，“工”字钢井圈临时支护，料石砌碹。乡镇煤矿小型立井施工仍采用简易木井架，小绞车提升，无临时支护，分段先掘后砌的工艺，施工技术亟待提高。

由于阳泉地区地质地貌、煤层走向和水文地质等特点，立井模式并不多见。进入20世纪90年代后，境内乡镇煤矿和村办煤矿兴起并发展至顶峰，由于受到资金和技术限制，多采用“短平快”式的斜井方式开采煤炭。为数不多的立井有2座。其一是2003年5月开工建设生产能力为15万吨/年的郊区鸿泰煤矿，其二是2005年5月开工建设产能力90万吨/年的保安煤矿。

从2006年开始到2010年间，阳泉境内按照国家政策进行煤炭资源整合重组新建矿井甚少，其中未见有立井新建。

第三节 其他建设

一、选煤厂建设

1962年，阳泉矿务局开工建设一矿选煤厂。该选煤厂由阳泉矿务局和北京矿业学院共同设计，入洗原煤能力240万吨/年，由原煤准备及贮存、主厂房、煤泥处理和产品装车四部分组成，主要洗选设备为重介质斜轮分选机，配套设备为脱介筛、搅拌筒、磁选机和介质泵等。限于资金和设备条件，洗选过程中所产生的煤泥水尚不能闭路循环，对环境有一定污染。建设工程由煤炭工业部第七工程处施工，1965年12月10日竣工投产，投产能力为150万吨/年，土建竣工总体积1.3万立方米；安装主要机电设备321台（套），敷设电缆12100米，装置各种工业管道6300米，完成投资491.59万元。一矿选煤厂是全国第一座无烟煤重介质选煤厂。

1968年5月，阳泉矿务局二矿选煤厂开工建设。山西煤矿设计院承担设计，由阳泉矿务局工程处施工，1978 年 1 月竣工投产，设计入选原煤能力 150 万吨 / 年。其生产系统和洗选工艺基本与一矿选煤厂相同，但主要生产系统的工艺流程实行集中监视和控制；共有 105 项建筑和安装单列工程，土建竣工体积 2.06 万立方米，安装主要机电设备 355 台（套），敷设电缆 11600 米，装置各种工业管道 32300 米，共投资 1067.91 万元。原设计拟将煤泥水实现闭路循环，但由于设备能力不足，未能满足要求。也是山西第一座采用集成电路自动控制的重介质无烟煤选煤厂。

进入 20 世纪 80 年代后，各主要煤矿在选煤厂建设中注重采用新设备，新技术，以扩大生产能力，提高产品质量，消除洗煤污水对环境的污染。1981 年 8 月，阳泉矿务局开工建设四矿选煤厂，由煤炭工业部选煤设计研究院设计。该厂设计入选原煤能力为 150 万吨 / 年，采用重介质斜轮分选机，分主洗、再洗两道工序进行；采用 300 平方米自动压滤机作煤泥回收，煤泥水厂内闭路循环，集成电路自动化控制，经洗选可生产 7 个煤炭产品。1982 年 8 月，一矿选煤厂扩建工程开工，由煤炭工业部选煤设计院承担设计，将设计入洗原煤能力提高到 450 万吨 / 年，成为当时山西最大的重介质无烟煤选煤厂，工艺流程集中监控，介质比重自动调配，煤泥水闭路循环，可洗选 5 个煤炭产品，1986 年 12 月移交生产。

1985 年 5 月，南庄煤矿投资 1400 万元兴建跳汰式选煤厂，设计入洗原煤能力 90 万吨 / 年，洗选产品以中、小块无烟煤为主，于 1989 年 10 月建成投产。之后，荫营煤矿兴建了入洗原煤能力为 180 万吨 / 年的重介质选煤厂。同年，为了洗选焦煤，盂县石店煤矿建成一座入洗原煤能力为 30 万吨 / 年的跳汰式选煤厂。

1988 年 1 月，阳泉矿务局对二矿选煤厂进行扩建，由平顶山选煤设计院进行设计，入选原煤能力增加到 435 万吨 / 年，改原重介选块工艺为块煤重介、末煤跳汰，并增加煤泥压滤系统，可洗选 5 个煤炭产品。主要设备选用 3 台 27 平方米国产跳汰机，计算机控制 9 台核子皮带秤和 4 台轨道衡计量，还采用了工业电视、重介系统比重自动测试和煤、水位自动显示、PC 可编程序集中控制等，实行自动化管理。同年 3 月，该局又开工建设五矿选煤厂，年入选原煤能力为 400 万吨 / 年。同样由平顶山选煤设计研究院完成设计，采用跳汰工艺选煤。设备全部为国产，主要有 35 平方米筛下空气跳汰机，DG116-12 型过滤机，堆取能力为 1200 吨、800 吨的 DG3030 型堆料机。入选后可产出的煤炭产品：年产块精煤 70 万吨，末精煤 107 万吨，混煤 156 万吨，排矸石 58 万吨，概算投资 9795.64 万元，总建筑面积 24544 平方米。

20 世纪 90 年代后，随着工业用煤对质量要求的不断提高，全市各煤矿对选煤场的改扩建的力度也日益加强。五矿大井选煤厂于 1991 年 12 月建成投产，年处理原煤能力 400 万吨。由平顶山选煤设计研究院完成设计，韩城矿务局建筑安装工程处承建，安装工程由阳泉矿务局工程处、第三工程处承建。之后经过多次技术改造后的五矿选煤厂洗选能力提高到500万吨/年。1992年，盂县煤炭工业局为寻求解决煤矿原煤滞销出路投资180万元，兴建了富亚洗煤厂，年入洗能力10万吨，2003年正式投产。同年7月，阳泉矿务局二矿选煤厂改扩建工程建成投产，入选原煤能力增加到435万吨/年。1993年10月，经山西省人民政府批准，山西天泉煤炭有限公司成立。这是阳泉市郊区首家中外合资的煤炭企业，是阳泉市乡镇煤炭行业的第一座洗煤厂。同年由阳泉市郊区旧街煤矿与石家庄开发区天诚公司、中国人民解放军石家庄陆军学院、香港裕通贸易公司四家联合出资组建。该项目是阳泉乡镇地方煤矿的第一座坑口洗煤厂，填补了地方煤矿无煤炭深加工的空白。1998年4月，大阳泉煤矿选煤厂一期工程立项，5月开始建设，入洗能力60万吨/年。一期工程入洗能力30万吨/年，1999年6月完工。此后，经多次改造扩建，到2005年，该选煤厂入洗原煤能力120万吨/年，采用湿式跳汰工艺。1998年，始建于20世纪80年代的五矿小井选煤厂改称五林井选煤厂，并对跳汰系统进行了改造，处理量由80吨/小时，提高到120吨/小时。之后又经过两次技术改造，形成原煤提升能力500吨/小时的跳汰选煤厂。1998年，南庄煤矿投资约300万元，对该矿洗煤厂洗选系统实施改造，同年3月至5月间，完成基础设计工作，6月，开始设备安装调试，8月初，选煤厂实施改造后的洗选系统正式投入使用，每年可新增洗出量30万吨。1999年，盂县城关联营煤矿与白羊墅车站和山西省能源公司在郊区三都发运站联合共办了一座年入洗能力30万吨的洗煤厂。

2001年8月，阳泉神火选煤运销有限公司，在荫营镇上烟煤炭发运站建设了年洗选能力90万吨的选煤厂，采用跳汰工艺选煤，可生产冶金高炉喷粉煤、洗中块、洗小块等5个品种，于2003年5月投产，是郊区第一座采用自动控制的跳汰式无烟煤选煤厂。

全市选洗煤厂的建设随着煤炭供需的走俏仍居高不下。2001年至2005年，随着矿井原煤产量的不断提升，阳煤集团二矿选煤厂又进行了一系列技术改造工程，使年处理能力由435万吨提高到810万吨。2003年至2006年，郊区以集股合资或个人独资方式，相继建设了10座洗选煤厂，其中较大规

阳煤集团新景矿选煤厂

模的有：阳泉市玉祥选煤厂，设计能力60万吨/年，选煤工艺为跳汰式；阳泉永贸洗配煤有限公司，设计能力60万吨/年，选煤工艺为跳汰式；阳泉市鑫地煤炭有限公司洗煤厂，设计能力30万吨/年，经2006年改扩建，生产能力达90万吨/年，选煤工艺为跳汰式。阳煤新景矿选煤厂于1997年10月建成投产，设计洗选能力360万吨/年，为全重介选煤厂。分原煤准备车间、块煤车间、末煤车间3大主洗车间。2006年至2008年投资1.53亿元进行技术改造，使洗选能力提高到600万吨/年。2006年，盂县东坪煤矿新建年入选能力为120万吨的洗煤厂，2007年10月，该厂建成投产。同年，平定阳胜煤矿对洗煤厂进行改造，新建一座90万吨/年的跳汰洗煤厂，并配套了相应的储装系统。

2008年，国家投入4万亿元刺激经济之后，全国煤炭需求量持续旺盛，境内煤炭供不应求，煤炭产量和销量不断提升，以集股合资或个人独资方式建立的选煤厂，成为产煤区、县的主要方式。截至2010年，全市国有、集体、个体洗选煤厂发展至100多家，年洗选能力达到4000余万吨。

二、矿山运输线建设

清光绪三十三年（1907）正太铁路建成，为境内煤炭大量外运奠定了基础。保晋公司开办伊始，即修筑了铁路运煤装车线，开晋省近代矿山运输建设之先声。民国3年（1914），建昌公司也修筑了自己的运煤装车线。

民国7年（1918）冬，保晋公司为改善贾地沟矿的运输条件，铺设了跨越桃河的轻便铁轨，从井口至赛鱼火车站，全长2250米，在桃河上架设了简易木桥，仅在夏季河水猛涨时停运。民国8年5月，该公司又投资2.2万银圆，兴建了一条钢制单线式架空索道。设备从日本国进口，由大阪安全索道株式会社制造并协助安装。该索道起于第五矿厂（平潭垴矿），跨桃河至正太铁路，全长762米，以蒸汽机械为动力，实用功率20马力，每小时运量为15吨。这一架空索道堪称晋省煤炭工业建设史上的一个创举。民国14年（1925），广懋公司铺设了由石圪叠矿至阳泉火车站全长4千米的铁道。铁道修通之后，便与保晋公司形成竞争局面。保晋公司利用当地民众对广懋公司占用耕地和挤掉牲畜运输的不满情绪，煽动民众拆毁了建成不久的铁道。

民国26年（1937）日军侵占阳泉煤矿后，为了加速掠夺煤炭资源，于民国28年10月完成了正太铁路的改造，将原来的窄轨换成标准轨。之后，又对一、二、五坑旧有的铁路运煤装车线进行了改造和延长。至民国31年，出岔增加到8股，线路总长约5.5千米。民国31年，阳泉采炭所在桃河上架设了两座混凝土桥墩、木结构桥面的运煤桥，上铺轻便铁轨，有蒸汽无极绳绞车牵引矿车运输。这两条运输线，一条从三坑（原保晋公司第三矿厂）至赛鱼火车站储煤场，全长1500米；另一条从四坑（今阳泉矿务局四矿）至正太铁路南储煤场，全长1870米。

阳泉建市后，矿山运输建设得到迅速发展。1952年，阳泉矿务局对二矿的运煤装车铁路线进行了改造和延伸；1955年，修建了总仓库列车发电站铁路线（后改作货运装卸铁路专线），共形成铁路固定资产7.24万元。1956年10月，建成并开通了境内第一条煤炭铁路专用线。该线由石太铁路简子沟区间出岔，跨越桃河，直通一矿黄石板矿井，全长9.8千米，共投资579.7万元。1952年，白羊墅煤矿投资100万元，兴建了该矿至白羊墅火车站的运煤公路。1956年，荫营煤矿出资511.6万元，兴建白羊墅车站至荫营煤矿铁路专用线（白荫线），于1959年7月正式开通运行，全长16.35千米。

1958年，白羊墅煤矿自筹资金64.9万元，修建了由瀑里坑口至白羊墅火车站的5.8千米窄轨铁路。营运两年后，因其不合规范而停运。1959年，阳泉矿务局相继兴建了由石卜咀集配站至三矿和四矿的铁路专线、由一矿红岭湾材料场至北头咀矿井的铁路专线，以及二矿储木场、水泥厂和乱流3条铁路卸货线。到1962年，工程全部完工，累计投资392.52万元，线路总长6.1千米。1964年，投资9.78万元，将白荫线延伸至邓家峪矿井，延伸段长3.9千米。1960年，南庄煤矿投资285万元，历时一年，建成了由白羊墅火车站至南庄煤矿的铁路专用线（白南线），全长8.2千米。

1966年，盂县投资13.6万元，在郊区三都村西侧兴建盂县煤炭铁路货运站，1968年8月完工投入营运。1977年又投资120万元，建成了6个容量为1万吨的煤库和1个存煤场，年发运煤炭达250万吨。1968年，荫营煤矿投资426万元，经3年建设，开通了自白荫铁路集装站至固庄矿井9.69千米铁路专用线。同年，阳泉矿务局开始对二矿、三矿、四矿铁路站线扩建，新建化工厂专用线，扩展石卜咀集配站线，到1975年完成投资364.33万元，建成铁路9.9千米。

1978年，阳泉矿务局对石卜咀集配站进行了改造，将原有的7股道扩大为8股道，并将一股道和二股道的两端各延长200米，容车量扩大到50辆。翌年工程告竣，使该站的编解能力由原设计的750万吨提高到900万吨。1978年，建成由石太线简子沟直通二矿选煤厂的装煤专用铁路线，使装车量增加到50辆。1983年，又投资250万元，对石卜咀集配站进行6502电气线路自动化配套，第二年9月竣工，使编解一趟列车所需时间由过去的10分钟减少到7秒钟，是当时华北地区的第一个电气化集配站。

1985年3月，阳泉矿务局建成并开通五矿贵石沟铁路专用线。该线东接白羊墅火车站D K 2.1千米处，西至贵石沟矿井选煤厂，全长17.007千米；共建有2个隧道，大小桥梁13座，其中最大的一座是横跨平昔公路及城南河的 15 孔预应力钢筋混凝土大桥，全长 458.49 米，高 25 米。该线设平定县地方装煤站、平定站、冠山庙站和五矿站 4 个车站；自开工到营运，累计投资 4520.75 万元。1986 年，大阳泉煤矿投资 540 万元建成与白南线接轨、全长 3.4 千米的专用线。至 1990 年，盂县东坪煤矿铁路专用线在建；阳泉矿务局三矿铁路专用线改扩建工程也于当年 12 月正式开工。

20 世纪 90 年代，随着公路运输的提升，不仅减轻了铁路的压力，也使煤矿铁路专运线的建设趋缓。1997 年，阳煤集团新景矿铁路专用线开通营运，该铁路专用线在桃河上建筑有砼预制梁大桥一座全长 840 米，装车站内线路全长 11.4 千米，有两股装车线，有效长 2000 米，可送取整列。2001 年，阳煤集团寿阳新元矿专用线开始建设，设计和寿阳站接轨。2006 年寺家庄公司铁路专用线开工建设，拟与昔阳站接轨。

截至 2010 年，省营和地方煤炭系统有铁路专用线 62.4 千米，阳煤集团拥有铁路专用线总长已达 77 千米，全市铁路运煤专线达 139.4 千米。上述铁路干（支）线和专用铁路线的建设和投入使用，为实现煤炭生产建设的规模效益创造了外运条件。也为阳泉地区的煤炭经济奠定了坚实的基础。

三、动力建设

清光绪三十一年（1905），同济矿务公司在庄庄沟（今属矿区）开凿竖井，安装锅炉，以其为蒸汽发生器，由蒸汽为原动力推动蒸汽机运转，带动绞车等设备进行工作。之后，保晋公司在阳泉各矿厂陆续安装锅炉。起初锅炉购自美国、日本或国内的天津。民国 7 年（1918），阳泉保晋铁厂开始生产锅炉、蒸汽机和汽绞车，这些动力设备便不再外购。民国 14 年，使用锅炉蒸汽动力的煤矿发展到 7 家。七七事变前，资本在万元以上的煤矿基本上都使用了蒸汽动力。据统计，保晋公司阳泉矿厂共有锅炉 29 台，其中保晋铁厂自制的有 18 台，总功率 779.1 千瓦；建昌煤矿公司共有锅炉 17 台，总功率 911.4 千瓦。这些锅炉中，功率为 88.2 ～ 110.3 千瓦的大型锅炉有 13 台，其余的都是 8.8 ～ 44.1 千瓦的中小型锅炉。

民国 7 年（1918），保晋公司在燕子沟煤矿东立井施工中，安装 1.9 千瓦直流发电机 1 台，试用电灯照明成功，此为境内使用电力之始。民国 21 年，公司各矿厂陆续安装交流或直流发电机 5 台、功率达 83 千瓦。建昌煤矿公司在民国 17 年有发电机 1 台、功率为 18 千瓦；据民国 25 年编《全国矿业要览》记载已有 48 千瓦发电机 1 台。发电机均以蒸汽为原动力，由于电力有限，只用于矿井主要巷道照明和水泵排水。民国 26 年，煤矿有各型发电机 6 台，功率 129.5 千瓦。

日军侵占阳泉后，其山西军管理第四厂劫用了保晋公司和建昌公司原有的蒸汽动力设备和发电机。为了加快掠夺煤炭资源，于民国27年（1938）11月开工建设菜洼发电所（今阳泉发电厂前身）。民国29年，其第一台650千瓦机组投产；两年后，第二台2500千瓦机组投产。该发电所用两条3.3千伏线路以直配方式向阳泉采炭所各矿送电，于是煤矿机械、电器设备大量增加，蒸汽动力逐渐改为电力。据日本华北开发株式会社的统计资料，民国31年，阳泉采炭所各矿的变压器有114台，总容量达1419千伏安；新增加的各型电动无极绳绞车、小绞车和水泵共674台，总功率为2183千瓦；各种电动机121台，总功率为2264千瓦；各种机床有40余部。

民国37年（1948）阳泉解放后的第二年，国营阳泉煤矿公司即组织力量抢修3.3千伏直配煤矿配电室等动力系统，迅速恢复了国营裕公矿和四矿的生产。

1952年6月，在电力不足的情况下，阳泉矿务局以3台蓝开夏卧式动力锅炉、220.5千瓦蒸汽绞车，恢复了二矿燕子沟立井的生产。1953年随着“一五”计划的实施，煤矿输变电工程项目列为矿井建设的主要内容。当年，为满足用电急需，太原电业局决定，由阳泉营业所施工，很快完成了阳泉发电厂至三矿3.3千伏线路。同时，动力电源电压也由220伏改为380伏。同年，南庄煤矿建成容量为250千伏安的配电室。

1955年，太原至阳泉110千伏输电线路和马家坪110千伏地区变电站建成投运，阳泉配电网10千伏升压改造工程告竣。当年末和翌年初，阳泉矿务局又建成三矿和四矿10千伏变电所。这两座变电所电源均引自马家坪变电站，将10千伏电压降变为6千伏和3千伏电压等级，分别向各矿井供电。至1956年，阳泉矿务局拥有变压器373台，总容量达1.95万千伏安；汉河沟煤矿建成容量为180千伏安的配电室；荫营煤矿也将蒸汽动力改为电力。

1956年，阳泉地区3.3千伏配电升为10千伏配电后，开始建设至平定县的10千伏输电线路。靠近输电线路的市营白羊墅煤矿、平定县同意煤矿等都开始使用电力。而远离输电线的宁艾等煤矿和尚未通电的盂县境内的煤矿都装备了锅炉，使用蒸汽动力。

1958年，随着马家坪变电站的增容和扩建了35千伏开关场，阳泉矿务局建设了第一座35千伏桃南变电所。1959年初，二矿东四尺斜井建成后，取消了燕子沟立井的蒸汽动力。接着，在当年和1961年，又先后建成了蒙村和北头咀两座35千伏变电所。这3座变电所均由马家坪变电站一回或二回35千伏路线馈送电源。至此，阳泉矿务局各矿都有了自己投资的独立的变电所。同年，阳泉—任家峪—盂县35千伏输变电线路建成投运，平定10千伏农网线路延伸，随之荫营煤矿和南庄煤矿对原有的配电室增容扩建，分别于1960年和1965年建成10千伏变电所；固庄矿井建起了35千伏专线。这一期间，各市营、县（区）营煤矿和各社队自办的小煤矿，都先后建起了配电所或配电室。至20世纪60年代中期，境内各煤矿都用上了电力，从而结束了以蒸汽为动力的历史。

1969年，阳泉矿务局采区延伸，机械设备大量增加，造成采区电压降增大，远距离供电设备起动困难。为此，该局对生产矿井的电源进行了升压改造。到1970年，该局各矿电源由380伏统一升至660伏。同时，电机车所用的直流电也由20世纪50年代的直流发电机或汞弧整流器整流改为大功率硅整流，电机车电压也由250伏升为500伏。

1973年以后，由于采用高电压、大功率强力采煤机和运输机等设备，加之矿井的改扩建，阳泉矿务局用电量迅速增加，到1975年，最大负荷已达28769千瓦，年用电量已上升到1.67亿千瓦小时，原有的35千伏和10千伏变电所难以满足需要。为此，从当年10月开始，对矿区供电设施进行改造和扩建，陆续建设了赛鱼、马家坡、张花沟、桑掌、刘家垴和五矿小丈八6座35千伏变电所和110千伏矿区变电站，8年间，累计投资1703.51万元。1973年，荫营煤矿也建起了35千伏专线。

中共十一届三中全会后，国家把山西列为全国的能源重化工基地，境内国统煤矿和地方煤矿不断向大型化发展，对供电及设施的需求日益提高。1985年后，境内使用综采和高档普采设备的大中型煤矿，井下供电均完成了升压改造，采区也改为6千伏供电。综采和高档普采工作面还都设置了移动变电站，容量有630、500、315千伏安3种。采区变电所以6千伏级电压馈送移动变电站，降变为1140伏供工作面电气设备。随着高电压设备的应用，具有检漏、漏电闭锁、绝缘监视等保护性能的国产千伏级PBL-6型高压防爆配电箱陆续装备于井下，同时配用了VGSP型双屏橡套电缆。

1986年后，阳泉矿务局又陆续投资203.12万元，对矿区供电网进行更新改造，并在1990年新建了贵石沟矿井广场35千伏变电所。至此，该局形成了以矿区110千伏变电站为中心，连接10座35千伏变电所，变压器总容量达477400万千伏安、高压输电线路长达66.3千米的企业自有专用电力网。至1990年，阳泉市煤炭工业局直属煤矿也都架设了供电专用线，变电所发展到5个，供电总容量达10350千伏安。

1995年，在阳煤集团三矿东西畛35千伏变电所设计中，使用GBC-35成套配电装置，两层布置，充分利用空间，减少了占地面积。在继电保护及自动装置设计中，淘汰了电磁保护，在多个35千伏变电所设计中应用微保测控变电所综合自动化系统，成为“无人值守”变电所。

进入21世纪后，各采煤县区对供电设施的改造升级力度加大。2003年，平定县政府对全县39个9万吨以上煤矿进行永久性双回路供电改造，工程总投资7500万元。至2005年全部完成双回路电源建设任务。2006年，平定县营阳胜煤矿90万吨/年矿井改扩建工程动工后，作为技改配套项目35千伏变电站开始建设。该矿井已竣工投产，完成投资4000万元。2005年，盂县各类煤矿全面实现了双回路供电。兴峪煤矿、南上社煤矿、万泉煤矿、新胜煤矿和振兴煤矿先后完成了10千伏高压直接入井。井下由各移动变电站输送给采、掘工作面，电压等级：掘进工作面电压660伏，综采机组电压1140伏，完全满足了安全生产用电。其他煤矿均实施了10千伏高压变660伏入井。在电源双回路的基础上入井线路也实行了双回路。保证了煤矿安全用电，促进了煤矿安全生产。

南煤集团大阳泉煤矿原采用双回路供电系统，供电线路长度2千米，电压等级为10千伏，导线截面为95平方毫米，运行主变压器型号为S9-5000/10一台，S7-320/10两台，备用变压器型号为S7-3150/10一台。矿井设备总装机容量10000千瓦，2004年核定供电系统生产能力为124.5万吨/年。随着矿井生产能力的提高，矿井用电负荷的增加，2006年与阳泉供电局联营，在大阳泉煤矿地面新建有一座35/6千伏变电站，双回供电电源（309线路和308线路）引自阳泉市电业局泊里110/35千伏安变电站不同馈电母线段上。矿井主供电线路为LGJ-150型钢芯铝绞线。矿井地面变电站现安装有两台容量为1万千伏安的变压器，一台运行、一台备用，已投入使用。

2006年至2010年，阳煤集团投资6159万元用于矿区电网改造，实施了多项改造工程。国辰公司重点完成了三矿选煤厂技改6千伏线路、机关供电系统改造、三矿中沙坪热力站配电工程、赛鱼降压站—桑掌降压站35千伏架空电力线路、苏村降压站—马家坪降压站35千伏架空电力线路、新景矿黄沙咀降压站、芦南降压站35千伏架空电力线路、三矿蒙村35千伏变电站换主变工程设计。工程由宏厦一建承建。二矿北茹到五矿排矸井的35千伏输电线路建成投运后，形成东西环绕阳泉和贵石沟矿区的供电格局；佛洼35千伏变电站建成投产为新景矿的西扩提供了新的供电保障。至2008年，新建110千伏降压站和35千伏降压站20座，架设35千伏以上输变电线路近200千米。与此同时，阳煤集团发电事业的快速发展，也为该公司提供了重要的电能动力。2006年投产的6兆瓦发电机组，使发供电分公司的总发电能力达到16.6兆瓦。405兆瓦煤矸石综合利用电厂项目三台机组投运后，保证了五矿、兆丰公司等用电大户的需求。

四、地面工程建设

境内古代煤矿生产规模小，产品就地销售或自采自用，矿井附近基本上无地面建筑。清光绪二十四年（1898），英福公司掠得山西煤铁开采冶炼权后，即在平定州策划筹办煤矿，并开始建设地面简单建筑物。同年，山西与英福公司签订“赎回平、盂、潞、泽、平阳府属开矿制铁转运正续各章程合同”后，福公司将在平定州所有厂房机器等移交保晋公司。民国10年（1921），保晋公司经营的各矿厂，建有地面建筑物，包括办公室、招待室、机器室、储材室、寝室、工人室等，这些建筑物均为砖木结构。

阳泉建市后，煤矿建设规模明显提高，为煤矿生产的附属设施也必不可少。在三年经济恢复和“一五”时期，阳泉矿区煤矿地面工业建筑工程还不甚完善。绞车房、头灯充电室、配电室及简易的储装系统建筑，仍以砖木结构为主。装火车煤仓大都为半壁滑坡式，用料石砌成。土建施工皆靠人力，脚手架外挂“安全网”，脚手架多为麻绳绑扎竹竿而成。1952年，地方国营白羊墅煤矿投资100万元，修建了白羊墅煤矿至白羊墅火车站专用公路。1957年，盂县西兰煤矿迁往东坪村时，在建矿的同时就新建了职工宿舍和办公场所，地面建筑不断增加。

1955年至1958年期间，阳泉矿区国家统配煤矿阳泉矿务局地面工业建筑已有选煤厂、选煤楼、装火车调仓等。采用了装配式钢筋混凝土结构，开始使用简单机械施工。1957年，重点地方煤矿汉河沟煤矿修建一座可容纳850余人的俱乐部，砖混结构，顶部采用人字架由钢筋连接。同年，盂县石店煤矿自筹资金，职工义务劳动在矿区修建了一座容纳1300人的大礼堂。为砖木结构，顶部人字架由钢筋连接，成为当时境内地方煤矿最大的建筑物。

1958年，白羊墅煤矿修建了职工俱乐部，可容纳观众1100人。钢筋混凝土结构，顶部人字架由钢筋连接，建筑中首次使用简易机械设备，混凝土浇灌使用了提升塔、0.4立方米铁料斗，单轮小铁车，脚手架绑扎采用8号铅丝。同年，各县（区）煤矿通了电，各类煤矿开始建筑配电室，当时地面建筑工程基本上由本矿组织招纳一些有技术的泥瓦工，组成施工队完成，大型工程施工则依靠阳泉矿务局工程处的技术和设备支持。

1966年，省营地方统配南庄煤矿新建半壁滑坡式煤仓，仓储量达5000吨。1970年，该矿修建了筛选楼，施工中采用木制K型架，手动液压千斤顶，提高了施工速度。这一时期，重点地方国营煤矿在技术改造时，配合白南铁路专用线因地制宜地利用地形，进行煤矿地面工业建筑施工。1968年，义井煤矿建筑了储量为3000吨的吊仓式煤仓，95.36平方米的配电室，288平方米的头灯充电室。同时建起生产作业厂房3060平方米，修建职工集体宿舍2498平方米。

中共十一届三中全会后，阳泉矿务局地面工业建筑工程的地基处理、垂直提升、水平运输、工程结构等方面技术水平迅速提高。由过去人工吊泥、吊砖改变为自制钢架，小绞车提料，房屋结构也由砖木结构改为预制板或现浇水泥结构。1978年至1985年，阳煤集团在解决矸石自燃发火问题的方案中，设计选用了汽车排矸、分层碾压并喷洒石灰乳工艺。1984年至1988年，阳煤机关南（北、西）区、新（扩）建改造小区热水集中供热锅炉房3座，解决了居民住宅热水采暖问题。1988年，阳泉市大阳泉煤矿建设容积为3500立方米的两个筒仓，2006年新增一套快速装运系统，新增容积为23000立方米方仓；炸药库符合有关规定且经阳泉市公安局有关管理部门审核批准，达到安全标准。

20世纪90年代，在新建的地方煤矿中对地面建筑的要求提高投入资金加大。1991年，阳泉市上社煤矿正式开工建设，建矿初期，基建工程全部采用清包方式，即自备材料，由外委施工队伍进行施工。1995年后，该矿各项基建工程完全按照市场化运作，所有工程均由专业的施工队组大包施工。阳泉市上社二景煤炭有限责任公司1996年经省经委批准开工建设，到2007年累计完成建筑物8230.35平方米，投资703.58万元。基建工程采用专业施工队伍大包施工，2007年初，公司成立基建部对工程投资，质量、进度、安全进行控制。

进入21世纪后，阳煤集团在地面建筑中始终走在全市的最前列。2002年至2005年，阳煤集团先后完成了一矿、二矿、五矿、新景矿等风井工程的地面配电工程、阳煤集团矿区供水改造、瓦斯电站室外配套工程、氧化铝一期至五矿煤气系统改造、五矿至阳光电厂输煤通道、兆丰一期改扩建外部水源及供水管路等项多项工程。2007年，阳煤集团在全省率先完成对一矿、二矿、二矿矸山生态恢复系统进行改选。通过治理能消除上述灾害，令矸石裸露的矸山，变成绿草茵茵的丘陵、绿地，矸山治理还能增加部分耕地，可有效地改善阳泉市的空气质量与景观。在完成一矿、二矿、三矿矸山生态恢复设计后，得到了社会的广泛好评和良好的赞誉。

2006年至2010年，阳煤集团完成的重点地面建筑有一矿储煤厂扩建工程、一矿综采厂房设计、二矿桃南集中供热工程、二矿文化广场设计、三矿文化广场设计、五矿集中供热工程、集团公司供水工程设计、华越公司皮带加工制作车间、矿一中教学北楼工程等。

2009年至2010年，阳煤集团又先后对13座矸石山进行治理，治理面积达到337.12万平方米，其中治理平台229.85万平方米、坡面104.15万平方米、马道3.12万平方米；一矿1座、二矿5座、三矿4座、五矿1座、新景矿1座、平舒矿1座。

第四章 煤矿生产

第一节 生产管理

一、采掘管理

清代以前，境内地方煤矿生产方式落后，煤矿开采长期使用镬、锤、钎、锲、錾、锹等工具，采掘不分，或以掘代采。采掘方向和井下采掘部署均由“把总”或有经验的矿工指挥。清朝中叶，境内煤矿采掘管理由“领事”负责，由其确定采掘方向和采掘面规格。清光绪三十四年（1908）以后，保晋公司阳泉矿厂由矿师制定采掘计划，按设计要求进行管理，坑务课测绘股进行矿井测绘，按设计要求给定采掘方向和采掘面规格，由坑务员监督井下坑道开凿、修理、工程进度以及质量、规格等。其间保晋公司各矿厂有的生产环节虽然使用机械，但采掘仍以搬根凿壕手工作业为主。据资料记载，当时回采率仅为20%，采煤工效在0.491吨/工至0.625吨/工之间。该公司在民国8年（1919）从美国购进一台汽动力割煤机，为阳泉地区也是山西第一台采煤机械。同年，在第二矿厂用旧有空气压缩机做压风实验未获成功，始终未正式下井使用。

民国6年（1917）至民国26年的20年间，保晋公司逐步改变传统开拓方式，进行较正规的开拓部署。各矿厂逐步开始将井田每长宽各100丈划为一个区，成为现代采区的雏形，采和掘开始分为两个环节。多以立井开拓，其井下开拓布置方法是在井底先开掘井底车场，接着送大巷，在大巷的两侧布置采区。

民国26年（1937）10月，日军侵占阳泉煤矿后，矿井采掘技术管理全部由日本技师掌握，监工负责执行。从民国28年至民国34年间，境内煤矿在原有矿井的基础上，又新开凿了新三坑、小南坑、东亚坑和赛鱼南北斜井，均以斜井开拓，采煤方法由房柱式逐渐向分段残柱式过渡，即在大巷两侧先把采区掘成30米或20米见方的煤柱，称之为破方煤柱。破方煤柱一直延伸到采区边沿，然后回采。民国33年，在贾地沟矿开采丈八煤层，用单水平开拓，布置倾斜分层走向长壁式工作面，后因日军投降，未及开采。民国34年9月阎锡山派人接管阳泉煤矿，采用两段式残柱采煤法或三段式残柱采煤法。

民国36年（1947）5月2日阳泉解放后，国营四矿和国营裕公矿，在恢复生产时，仍沿用旧时的搬根凿壕作业，掘进与采煤混同的残柱高落式采煤法。

1949年11月，全国煤矿会议决定改革落后的生产技术，推广长壁式采煤法。燃料工业部于1950年5月颁布《国营煤矿全面推行新生产方法的决定》。至此，阳泉矿区煤矿在变革煤炭生产技术中，始将掘进同采煤分别进行，按照国家技术政策，扭转采厚丢薄、损失资源的开采方法，执行自上而下的开采程序，对矿井采掘部署进行了改革。

1950年1月阳泉矿务局成立后，首先决定将掘进作业由人力搬根凿壕，改为手把钢钎捅眼后又改为一人把钎，一人打锤凿眼，明火点燃火药爆破掘进，辅以轻轨，人工装车运煤，巷道开始使用梯形木棚支护。1951年6月，煤巷掘进开始使用煤电钻打眼，由电雷管引爆硝铵炸药落煤。次年，阳泉矿务局各煤矿全部使用煤电钻打眼。1952年各矿设测绘股，按时编报地质说明书，作为编制采掘规程的依据。为避免矿井采掘失调，贯彻燃料工业部提出的“采掘并举，掘进先行”的方针，各矿组建了开拓掘进队，确定合理的采掘比例，编制采掘计划，绘制采掘进度图，制定作业规程。在采掘过程中，执行交接班、班前班后会、工程质量检查验收等制度。1953年后，阳泉矿务局各矿生产技术科和测绘科的技术力量逐步得到充实和加强，生产管理制度渐趋完善。1956年，市营和市管地方煤矿的采掘管理逐步建立起来。同年，阳泉矿务局开始在采掘过程中推行正规循环作业管理办法，提高了效率，增加了产量。

1953年，阳泉市地方国营南庄煤矿工人李四福创造性地进行劳动，成功制造了手摇钻，可用于坑下采煤的打眼放炮，以此取代了搬根凿壕的下炭方法，此法随后在阳泉市和县（区）地方国营各煤矿得到了推广使用。1956年之后，阳泉矿区地方国营煤矿相继使用煤电钻打眼。

1958年“大跃进”开始后，正规循环作业制度被打破，矿井采掘比例失调。到1960年，阳泉矿务局亏欠进尺22440米，9对矿井开拓煤量不足，3对矿井回采煤量不足。其他煤矿“三量”（即开拓煤量、准备煤量、回采煤量）不足的占50%以上。1961年，煤炭部颁发《矿井和露天矿开拓煤量准备煤量和回采煤量划分范围、计算方法和矿井巷道划分范围的规定》。规定，开拓煤量不得小于3～5年，准备煤量不得小于1年，回采煤量不小于4～6个月。从此，阳泉矿区地方各类煤矿主管局和矿按月考核“三量”。重点地方煤矿“三量”均基本达到部颁标准。矿井采掘失调问题，始终是影响煤炭生产的重大问题。其间贯彻中共中央提出“调整、巩固、充实、提高”八字方针后，采掘管理混乱的局面开始扭转。市营、市管煤矿相继设置生产技术科或生产股，加强了采掘管理，开始推行正规循环作业管理办法。同年，阳泉矿务局制定了《采煤正规循环作业条例（草案）》，8月正规循环率逐步提高。之后，建立健全原始记录、技术数据、消耗定额、图纸档案、设备账卡等基础资料。结合学习开滦矿务局林西矿质量标准化经验，总结、制定了各种标准，汇编成册。与此同时，组织各基层队组大练基本功，开展群众性的技术练兵活动。按照山西省煤炭管理局制定的《全矿井正规循环作业标准及评比办法》，制定了实施细则和补充办法。设立了采掘正规循环作业检查登记表，按时填报，定期汇报检查，推动了采掘正规循环作业。1964年，荫营煤矿丈八井采用倾斜分层金属网假顶长壁式采煤法，推行正规循环作业法，带动了全矿的质量标准化活动。矿井“三量”不足的煤矿，经过1963年至1965年的调整。扭转了采掘比例失调的局面，均达到部颁标准。

1966年“文化大革命”开始，阳泉各局、矿一度陷入派性斗争，武斗频发，规章制度废弛，管理松散，阳泉矿务局和地方煤矿的矿井“三量”出现不足，采掘失调，产量降低。同年9月7日，《人民日报》根据中共中央毛泽东主席指示，发表《抓革命，促生产》的社论。12月9日，中共中央政治局扩大会议讨论并通过了《关于抓革命、促生产的十条规定（草案）》。阳泉各局、矿贯彻“抓革命、促生产”指示精神。采掘管理力度进一步加大，“三量”失调迅速得到扭转。

20世纪70年代初，阳泉矿务局在四矿矿井改造工程中，实现丈八煤和四尺煤两个煤层的联合开采。四尺煤斜井下延开拓与丈八煤矿井底板岩层内的水平大巷相连接，达到两井联合提升，将原四尺煤斜井作为两个煤层开采共用的排矸、运料斜井，实现两井综合开拓、分区通风。这种综合开拓、联合部署的方法首次突破阳泉煤矿沿用多年的分层建井、分层开采的模式。

1973年，煤炭工业部和省煤管局向阳泉矿务局提出“大干三年，挖掘现有矿井潜力，让煤炭产量比设计能力翻一番”的号召。从1974年开始，阳泉矿务局对全局4个矿、12个坑口，进行了34项技术改造工程，彻底摘掉了“三量”失调的帽子。并于1974年，首次突出千万吨大关。1976年，局、矿两级选派400多名机关干部，深入到63个采煤队、38个掘进队，阳泉市委、市政府也派出6个工作组，分赴各矿厂调查研究，进一步加强采掘管理，经过连续3年的艰苦奋斗，到1976年，全局煤炭产量达到1252万吨，实现了“翻番”目标，采掘管理功不可没。1975年这项改革在一矿北头咀七尺煤井9采区取得成功，之后，又逐步在其他各矿推广。1978年，在二矿改扩建工程中，为提高矿井生产能力，延长矿井服务年限，实行集中生产，简化运输系统，又一次改革井田开拓，采用斜井—立井方式，进行分区通风，采区以多煤层穿层石门部署，工作面以倾斜长壁布置，实现多煤层集中生产联合开采。至20世纪70年代末期，随着综采机械化程度的提高，为适应工作面推进速度加快的需要，阳泉矿务局对采区开拓部署再次进行改革，打破在缓倾斜煤层布置走向长壁工作面的陈规，采取倾斜长壁工作面部署，加大采区和工作面尺寸，取消岩石下山，工作面作业时沿倾斜方向推进，为开拓部署又闯出了一条新路。这一时期，阳泉地方的乡村办矿无论新建或改扩建矿井，均采用以斜井为主的开拓方式。生产矿井基本按要求布置开拓，分出了运输、回风大巷。

中共十一届三中全会后，境内煤矿贯彻中央“调整、改革、整顿、提高”八字方针，重点抓了采掘管理的整顿工作，恢复健全规章制度。按照山西省煤管局加强开拓、掘进“三优先、五固定”（即优先供应材料、设备，优先供给矿车，优先补充人员，固定领导、固定队伍、固定任务、固定设备、固定地点）的要求，成立以总工程师为首的开拓掘进会战领导组，开展开拓掘进会战，使采、掘关系逐步趋于正常。

1981年起，阳泉地方国营煤矿南庄煤矿以及平定同意煤矿、平定煤矿、盂县东坪煤矿等，在矿井开拓、技术改造或矿井扩建过程中分别采用浅部矿井合并开拓或几个矿井在深部合并开拓。这种多井筒分区式开拓，便于分期建设，缩短周期，尽快达到设计产量；同时，对采区布置进行改革，普遍加大了顺槽和工作面的长度。

1982年，境内各局、矿根据煤炭工业部西山会议精神，制定采区设计、采掘计划和采掘作业规程的编制和审批办法。阳泉矿务局随着综采、综掘队的比例加大，制定了综采，综掘工作面和设备管理办法。现场管理的工作重点转向机械设备维修、人员培训和班组建设。1984年，阳泉矿务局陆续引进多台综掘机用于煤巷掘进。综合机械化掘进技术首先在该局得到应用。至1987年，全市各产煤县（区）成立煤炭工业管理局后，煤矿采掘逐步进入正规。设立了技术股，对所辖煤矿开拓掘进进行管理和指导，同时对“三量”进行审查考核，每年对开拓、掘进巷道计划和布置进行审核，协助煤矿进行规划。

20世纪90年代以后，全市县营或区营煤矿及重点乡镇煤矿在矿井开拓部署上，逐步采用斜井—暗斜井、立井—斜井混合、单一立井开拓的方式。进入2000年之后，随着阳泉矿区地方各类煤矿采煤方法改革的广泛推广，长壁回采成为开办煤矿的必要条件，乡镇煤矿采掘走向较为正规的道路，“三量”也都能达到或超过标准。由于机械化程度的提高，井下采区尺寸由原来的200～300米扩大到400～600米，壁式工作面的长度由原来的40～70米扩大到80～150米，顺槽长度也由200～300米加长到400～600米。

其间，阳泉矿务局依据有关的政策法规，针对各矿井具体地质条件，根据企业特点和实际需要，编制生产标准和实施细则以及规章、措施，使企业生产全过程中做到有法可依、有章可循，并不断加以充实和完善，推动企业的安全生产管理。同时，响应煤炭部和煤炭工会联合会在全国统配煤矿开展重点队上纲要生产竞赛活动，阳泉矿务局在所属矿井掘、开队组大力开展“上纲要，创水平”竞赛活动。

进入21世纪后，阳煤集团多次组织开掘系统有关人员进行培训学习，举办锚索支护技术培训班50余期，接受培训的达1万余人次，聘请国内资深锚索支护专家教授课，提高了广大职工对锚索支护技术的认识水平。同时深挖内部潜力，努力改进施工工艺，全面推进平行作业，并对平行作业的情况进行定期检查、考核和评比。全市地方乡镇煤矿对采区正规开拓布置，由仓储式采煤法布置改为短壁后退式 π 形钢梁放顶采煤法布置，使采区回采率由过去的30%左右，提高为70%左右。郊区旧街煤矿布置东采区8101综采工作面顺槽巷，采用锚杆、锚索铁丝网及钢带联合支护，工作面配备EBZ55型悬臂式掘进机，综掘工作面日进尺12至14米，最高月进已达360米，使巷道掘进作业的落煤、装煤和运煤全部实现了机械化，结束了区内乡镇煤矿没有综合机械化掘进工作面的历史。

截至2010年，阳煤集团为进一步强化采掘管理，分别试验了三一重工生产的EBZ200H型和EBZ260H型及EBZ318H型岩巷掘进机；华越创立生产的EBZ315型和EBZ220G型岩巷掘进机；凯盛重工生产的EBZ255型岩巷掘进机。其巷道成型好、劳动强度低、掘进效率高等优点得到充分发挥。境内南煤集团、荫营煤矿、固庄煤矿，以及郊区、平定、盂县整合后的各类不同所有制煤矿，采掘管理的水平也得到进一步增强，普遍采用综掘机，进行煤巷、半煤巷和岩巷掘进，成为这一时期的主要特点，采掘失调的局面得到全面整治。

现代化综采工作面

二、生产调度

阳泉建市初期，境内各类煤矿刚恢复正常生产，管理制度尚不健全，各生产环节还不够协调，生产极不均衡。1953年4月，国家要求国营厂矿迅速建立包括生产调度在内的生产责任制，以保证生产计划的完成。燃料工业部和华北煤矿管理总局对生产调度的性质、权限和任务作了具体指示。当年8月，阳泉矿务局开始建立了局、矿、井（区）三级调度机构。生产调度制度的建立，使生产逐步进入有序管理。当时，调度工具是磁石式电话、算盘、铅板、手推油印机和自制灯光信号调度台。

1958年“大跃进”开始后，正常的生产秩序被打乱，规章制度被废弛，生产调度曾一度失去作用。1959年，荫营煤矿、南庄煤矿等市营煤矿设专职或兼职调度员，负责上报生产、安全情况。1961年后，阳泉矿务局以中共中央“工业七十条”为纲进行整顿，加强调度领导、充实人员，建立通风、电力、运输、运销、安全专业调度。至1963年，按照山西省煤管局《国营煤矿企业生产条例（草案）》，制定了《生产调度工作条例》，调度工作有了统一规范。荫营煤矿和南庄煤矿于1962年建立调度室，统一由山西地方煤管局调度生产、运销。1964年，阳泉市煤炭工业公司在生产科内设置调度，统一调度市营煤矿。这一时期调度的主要任务是抓采掘调整和工程质量，定期总结分析影响均衡生产的问题，突破“上传下达，下情上报”的局限性，实现组织、监督、协调和控制的全面职能，摸规律、抓关键，用科学方法组织生产。

1966年后，受“文化大革命”的影响，阳泉矿务局各级调度机构难以发挥作用，但和各级调度人员，按照“抓革命、促生产”的工作方针，坚守工作岗位，保证了矿井正常通风、排水，和正常生产。期内阳泉市煤炭工业公司的调度也被撤销。1970年中央召开全国煤矿会议后，阳泉矿务局加强了对生产调度的领导，生产调度恢复指挥作用。1973年，阳泉市煤炭管理局在生产科内设置调度；同年，山西省煤炭化工局地方煤矿管理处设立调度组后，恢复了对荫营煤矿和南庄煤矿的直接调度。

中共十一届三中全会后，经过拨乱反正，调度工作得到加强。1981年和1982年，煤炭工业部颁发《煤炭生产调度工作条例》和《全国煤矿生产调度系统业务竞赛办法及评比标准》；山西省煤炭工业管理局制定《统配煤矿调度条例》和《地方煤矿调度实施细则》后，境内各煤矿（局）调度业务建设有了统一准则，业务竞赛系统化。1981年，阳泉矿务局投资80余万元，更换井下通讯主电缆34.8千米，增加井下防爆电话机100余部，更新调度总机7台。原来的磁石电话机全部更新为供电电话机，调度指挥系统上了一个新台阶。1982年，阳泉市煤炭管理局正式设立调度室。同年8月，山西省地方煤管局调度工作会议在阳泉市义井煤矿召开。1983年4月，阳泉矿务局制定《调度管理体制改革方案》。并以该局一矿为试点单位，对其可行性进行了为期4个多月的实践考核。在此基础上，于当年11月建立了处级建制的总调度室，至年末所属各矿相继建立总调度室。1984年1月，阳泉矿务局召开全局总调度室工作会议，颁布了《阳泉矿务局总调度室工作细则（草案）》。新组建的局总调度室脱离生产处领导而成为独立的处级单位，在局长和生产副局长直接领导下进行工作。对沿用了30年之久的旧的调度体制进行了改革。1984年至1985年，阳泉矿务局投资约200万元，更换井下通讯电缆35千米，增加井下防爆电话机161部，更新调度总机24台，增添模拟信号盘7块、传真机13台、复印机13台、电动中文打字机5台、电子计算微机4台、工业电视监控机3台、自动录音电话机10部和录像机2台。调度指挥系统向电子化方向迈进了一大步。

1985年，山西煤炭工业管理局实行直接对阳泉矿务局、荫营煤矿、南庄煤矿及阳泉市煤炭管理局调度。同年，阳泉矿务局总调度室对日常调度摸出的一些规律，归纳出“调度日常生产管理流程图”，实现了组织日常生产程序化。调度工作开始由生产型向生产经营型转变；由业务型向管理型转变。为了搞好调度工作，建立健全了领导干部值班制、现场跟班制、队长汇报制，事故分析制、工程设备检查验收制、定期例会制、月计划会议等制度。年末，阳泉矿务局总调度室，二矿、四矿总调度室被煤炭工业部命名为先进调度室。阳泉矿务局在1984年和1985年更新调度总机24台，增添模拟信号盘7块、三类文字传真机13台，复印机13台、电动中文打字机5台、微型电子计算机4台、工业电视监控机3台、录音电话机10部和录像机2台，与山西煤炭工业管理局之间建立了两通道特高频无线电通讯。新设备的使用，使调度工作实现了灵、快、准。

1987年7月，阳泉市煤炭工业局对境内地方煤矿实行行业归口管理，市局调度室的调度内容和工作量不断增加，人员和装备不断得到加强，调度管理制度渐趋完善，调度职能业务由生产、经营调度转向产、销、存、效益的全过程调度。至1990年，在市局调度室与县（区）、乡（镇）、村煤矿和3个县（区）煤管局之间，运用了自动电话、录音电话和无线电台、对讲机等现代化通信设备，从而建立起调度网络。

20世纪90年代，随着《煤炭生产许可证管理办法》和《乡镇煤矿管理条例》两部行政法规的组织实施，全市地方煤炭企业生产建设与技术改造进一步加快，尤其是矿山调度数字化建设，迈上了一个新的台阶。地方煤矿矿井行政通讯、调度通讯采用C & C08型交换机，通信电缆采用HYA型市话通信电缆。井下通信设有固定调度电话通信系统，下井电缆选用矿用阻燃电缆MHIAV型。安全监测监控矿井选用的系统为KJ90型煤矿安全生产监测监控系统，该系统融计算机网络技术、监测监控技术于一体，主要由地面中心机房、备用电源箱、监测分站、各种智能传感器、传输电缆和系统软件组成。主信号电缆采用型号为 PUYVR39-1，井下信号电缆为 PUYVR 专用阻燃电缆。这一时期，阳煤集团逐步构建了工业以太网矿井生产综合监控系统，将矿井排水管理纳入安全生产调度系统及跟班人员稽核系统。

阳煤集团新景矿安全生产调度指挥中心

进入 21 世纪后，全市进一步加强对各级各类煤矿调度室的组织领导工作，制定了调度室职责范围，建立完善了《调度室工作制度》《监控室管理制度》《调度主任、调度员、监控人员岗位责任制》，对全市煤矿的安全、生产、技术等方面进行总调。各重点产煤县区安全监督管理局（煤炭工业局）始终坚持调度碰头会，对当日的下矿情况、发现的问题、处理的程度以及解决办法进行收集汇总，由调度会综合后提出具体意见，分头进行处理。为了加强调度管理不断完善各种制度，先后建立了“调度日志”，主要记载上级来文来电、社会举报信访、领导批示和当天遗留的问题，对安监人员下矿检查情况逐日汇总登记。

2004 年至 2005 年，全市各类煤矿全部安装了瓦斯监控系统，煤矿调度室实时对井下各采掘工作面、各进回风巷道的瓦斯进行了监控，并与市局调度室监控进行了网络连接，局调度室可通过终端监视器对各矿井下的瓦斯情况实时监测，对出现的种种异常现象及时反馈煤矿处理。同时，各煤矿又安装了原煤产量监控系统，并与市局调度室实现了网络连接。

2006 年，郊区旧街煤矿在改扩建的同时，同步进行了煤矿信息化工程建设，建立了地面计算机管理网络系统和生产调度指挥系统。该系统以两个集线器（HVB）将服务器及两个网段连接起来构成大网，设计要求与区局总机网口连接，通过五类双线连接，从服务器到集线器，从集线器到各终端共享 10MB 的宽带网。该系统和地面计算机管理网络系统整体考虑。由主站、传入接口、传输电缆、分站和各种传感器组成。至 2007 年，阳泉市地方煤炭系统累计投入建设和运行资金 6000 多万元，对境内煤矿生产调度系统，包括机房设施建设、网络运行维护、设备维护更新、软件升级改造，进行了完整的系统建设。并投资增设了视频监控系统，由过去单一瓦斯监控扩大到人员定位、产量监控，对各矿调度室等工作人员等多方位全面监控，使调度室进入了科学化、现代化管理。

2010年7月26日，为进一步强化生产调度指挥，遏制安全生产事故，阳煤集团颁布《关于强化集团公司领导值班的总经理令》。规定每天的正值班长由集团公司副总师以上领导担任；副值班长由集团公司生产技术部、机电动力部、通风部、安全监察局、地质测量部、基本建设管理部正职和常务副职以及总调度室常务副职（副职）担任。集团公司值班长是当日安全生产的最高指挥官，肩负企业安全生产经营指挥职责。

截至2010年，全市各类所有制的煤炭生产企业生产调度指挥系统，均实现了电子化、信息化、数字化和网格化。

第二节　开　采

一、开拓

20世纪以前，境内小煤窑多在煤层露头处和浅显处，以平峒与斜井形式开采。为避开岩石，大多沿煤层走向拓进，故立井较少。煤窑分单眼井（俗称独眼井）和双眼井。双眼井的井底贯通，以利通风。矿井开拓以自然通风风力所及（一般在600米左右）为止，以单向或双向向两翼开拓。单向开拓时，从井底沿煤层走向开一条总路（即大巷），在总路两侧分段掘采；双向开拓时，在总路两侧各开支路（俗称岔），在各岔内分段设工作面掘采。

清光绪三十四年（1908）保晋公司正式成立后，逐步改变传统开拓方式，进行较正规的开拓部署，公司所属各矿厂逐步开始将井田每长宽100丈划为一个区，成为现代采区的雏形，采和掘开始分为两个环节。多以立井开拓，其井下开拓布置方法是在井底先开掘井底车场，接着送大巷，在大巷的两侧布置采区。

民国26年（1937）后，日军侵占阳泉期间开凿了新三坑、小南坑、东亚坑和赛鱼南北斜井，均以斜井开拓，井下开拓部署除沿用房柱式、残柱式外，并混用前进长壁式。主要方法是在大巷两侧先把采区掘成30米或20米见方的煤柱，称之为破方煤柱。破方煤柱一直延伸到采区边沿，然后回采。民国33年，在贾地沟矿开采丈八煤层，用单水平开拓，布置倾斜分层走向长壁式工作面，后因日军投降，未及开采。

1949年以后，境内国营煤矿按照国家技术政策，改变采厚丢薄、损失资源的开采方法，执行自上而下的开采程序，对矿井开拓部署进行改革。矿井开拓采用分层建井、独立开采的方式，以平峒开采3号煤，斜井开采12号煤，立井开采15号煤。平峒开拓采用盘区式，沿煤层走向布置主要大巷，由大巷向倾斜方向开拓上下山，布置盘区；斜井、立井开拓采用阶段盘区式，将井田划分为2至3个水平阶段，开拓水平大巷，然后水平垂直大巷布置上下山盘区。采区布置，一般沿上下山布置双翼采区，一翼走向长度为300米，倾斜长一般为500米至700米，将倾斜长划分为若干60～90米的区段，即为采煤工作面，工作面沿走向开采，即为走向长壁式工作面。双翼采区内有供采煤、运输和通风使用的专门巷道，从工作面到运输大巷，形成一个完整的生产系统。1956年，南庄煤矿也采用了这种井田部署方式开拓。之后，在各矿普遍推广。

由于采用新采煤法，采与掘相分离，有的煤矿重采轻掘，出现开拓煤量与准备煤量比例失调而影响正常生产的现象。为解决这一问题，燃料工业部提出了采掘并举、掘进先行的方针。阳泉矿务局在全国率先组建开拓队，编制采掘作业计划，确定合理的采掘比例关系，执行开拓作业规程，以确保矿井生产正常衔接。

之后，随着矿井延伸，逐渐暴露出沿煤层开拓永久性大巷的弊端。为此从1962年起，阳泉矿务局在丈八煤层开采中，进行将永久大巷开拓在煤层底板下降压区内的试验，在三矿竖井试验了盘区石门、岩石集中顺槽、溜煤眼方式布置丈八煤采区，对工作面分层顺槽进行内错式、外错式、重叠式布置方式的试验。1965年，在上述试验成功的基础上，四矿丈八煤24采区采用了盘区石门、集中岩石顺槽、煤层顺槽沿空送巷和工作面跨石门的综合无煤柱布置方法。这项开拓布置的改革，取得了明显的经济效益。采区回采率由67.75%提高到92.03%，巷道维护费由每年每米44元减少到2.7元。到1974年，该局丈八煤层的采区开拓布置都采用了这种方式。

采区岩巷部署开拓的改革为矿井联合开采创造了条件。到20世纪70年代初，在四矿矿井改造工程中，实现丈八煤和四尺煤两个煤层的联合开采。四尺煤斜井下延开拓与丈八煤矿井底板岩层内的水平大巷相连接，达到两井联合提升，将原四尺煤斜井作为两个煤层开采共用的排矸、运料斜井，从而实现两井综合开拓、分区通风。这种综合开拓、联合部署的方法首次突破阳泉煤矿沿用多年的分层建井、分层开采的模式。

随着综采机械化程度的提高，为适应工作面推进速度加快的需要，在20世纪70年代后期，阳泉矿务局对采区开拓部署再次进行改革，打破在缓倾斜煤层布置走向长壁工作面的陈规，采取倾斜长壁工作面部署，加大采区和工作面尺寸，取消岩石下山，工作面作业时沿倾斜方向推进，为开拓部署又闯出了一条新路。1975年，这项改革在一矿北头咀七尺煤井9采区取得成功，之后，又逐步在其他各矿推广。

1978年，在二矿改扩建工程中，为提高矿井生产能力，延长矿井服务年限，实行集中生产，简化运输系统，又一次改革井田开拓，采用斜井—立井方式。该矿井生产能力435万吨/年，服务年限117年，开采3、6、8、9、12、13、15号煤层，共有11个井口，其中主斜井两个、副立井两个、风井7个，有560、470两个水平。主斜井由原西四尺井的东、西斜井延伸改建而成，用作强力胶带运输机提升；新开凿副立井两个，用作人员升降、材料运输和排矸；利用原有的3个风井，再开两对出入风井，进行分区通风；采区以多煤层穿层石门部署，工作面以倾斜长壁布置，实现多煤层集中生产联合开采。

从1981年起，南庄煤矿、荫营煤矿，以及平定同意煤矿、平定煤矿、盂县东坪煤矿等，在矿井开拓、技术改造或矿井扩建工程中，分别采用浅部矿井合并开拓或几个矿井在深部合并开拓，都充分利用原有的井筒及地面工业建筑设施，集中出煤，分区进回风、提矸、运料、升降人员，从而提高矿井生产能力和技术经济效果。这种多井筒分区式开拓，便于分期建设，缩短周期，尽快达到设计产量；同时，对采区布置进行改革，普遍加大了顺槽和工作面的尺度。1990年，建设中的生产能力为400万吨/年、服务年限为105年的阳泉矿务局五矿贵石沟矿井也是采用斜井—立井、多井筒多水平方式实现大型矿井的综合开拓。各乡镇煤矿也都按照正规要求布置开拓，分出了运输、回风大巷、采区和采掘工作面巷道，并部署提升、运输、通风、排水和供电系统。

20世纪90年代，仍然是地方煤矿采掘发展的最好的一个时期。1992年，国营上社煤矿采用煤层斜巷开拓。1996年，郊区区营神堂煤矿以一对斜井进行开拓，对9号、12号、15号煤层进行联合开拓部署，即分别在9号、12号煤层设甩车场，提升改多级提升为二级提升，既减少了提升设备，又增加了提升能力。1997年，大阳泉煤矿鑫泉坑在小野沟施工竖井一支，使矿井由斜井开拓方式，变成了斜井—立井混合开拓方式，实现了分区通风。

进入21世纪后，由于对国家安全生产的重视抓大并小政策的贯彻和落实，新建矿井向大中型矿井发展，年产15万吨以下矿井一律不予审批，现有矿井可通过改造提升矿井能力，加大了煤矿改扩建的力度，加之国家对煤矿安全的重视，要求矿井必须开凿有两个畅通的人行出口。开拓量也随之增加。随着机械化水平不断提高矿井开拓基本实现机械化，大大提高了开拓进度减少了建井工期。其间，阳泉地方县（区）营及重点乡镇煤矿在矿井开拓部署上，逐步采用了斜井—暗斜井、立井—斜井混合、单一立井开拓的方式。2002年，阳泉市上社煤炭有限责任公司重组后，煤、岩巷开拓采用耙岩机装岩替代人工装煤、岩，增加了作业安全程度。2003年，郊区区营鸿泰煤矿开始兴建，使用两支竖井对矿井进行开拓部署，井下根据通风、运输需要，分别开掘了轨道大巷、皮带大巷与回风大巷，按单翼布置采区，采区内单翼布置工作面，此为区内煤矿历史上首次采用的开拓部署方法。

2003年后，全市各类煤矿的采掘计划按年度编制和审批，分别在厚煤层矿井中对采区正规开拓布置，由仓储式采煤法布置改为短壁后退式π型钢梁放顶采煤法布置，使采区回采率由过去的30%左右，提高为70%左右。至此，全市各类煤矿的开拓走上了按计划正规部署之路，使矿井采掘接续更趋合理。

2004年，郊区旧街煤矿进行改扩建并对矿井延深，生产能力由9万吨/年提升为30万吨/年，新配提升竖井、暗竖井各一支，使矿井形成了立井—斜井混合开拓方式，使3号、8号、9号煤层实现联合开采，井下布置综采和综掘工作面，成为区内历史上生产能力最大、机械化水平最高的乡镇煤矿。同年，上社二景煤炭责任有限公司开拓延伸15号主斜井及配套回风巷，同时开拓15号材料暗斜井，至2007年12月已形成15号煤层第一个工作面15101。

2006年，郊区年产90万吨的大型现代化矿井保安煤矿，在建设中矿井设计采用3支竖井对井田进行开拓，实现多井筒、多水平大型矿井综合开拓方式，根据生产能力、矿井通风要求，井下分别在＋315米水平岩石中开掘轨道、皮带、回风三条大巷，各采区大巷也分别送在岩石中。上下组煤通过轨道运输斜巷与水平轨道大巷联络，实现矿井多煤层集中生产、联合开采。

2006年至2010年间，阳煤集团为进一步扩张煤炭资源、扩大生产规模、提高经济效益，加大了新矿井建设和煤炭资源整合力度，煤炭主业逐步从阳泉地区，扩大延伸到全省范围。至2010年，该集团公司所属矿井共有43个，其中新建大型矿井6个，采用斜井开拓方式的矿井为新元、平舒、榆树坡、元堡，采用主斜井—副立井开拓方式的矿井为寺家庄，采用立井开拓方式的矿井为七元。

截至2010年，全市所有煤矿均采用长壁式采煤方法，年产9万吨以下的煤矿均被淘汰，平定阳胜煤业公司、汇能煤业公司，盂县东坪煤业公司、上社煤业公司，郊区保安煤矿、鸿泰煤矿，以及程庄煤矿，均实现了综合机械化采煤，全境煤炭生产进入“大矿时代”。

二、掘进

古代煤矿掘进巷道长期使用镐、锤、钎、锲、锹等工具采掘，为使巷道坚固和提高效率，采用刨根、凿墩、掏槽再用钎、锤打凿破碎，而后将煤落下运出坑外。刨底槽时，为保证人身安全，槽前留尺许煤柱，俗称“马脚”，待左右底槽掏成后，砍去“马脚”，煤即坠落。不坠时在上部凿小孔，插铁锲，以锤打落，破为所需块度运出。这种“搬根凿壕”（或称刨根凿壕）

的掘进方法，在阳泉地区具有普遍性。

清光绪三十四年（1908）以后，保晋公司阳泉矿厂由矿师制定采掘计划，按设计要求进行管理，坑务课测绘股进行矿井测绘，按设计要求给定采掘方向和采掘面规格，由坑务员监督井下坑道开凿修理、工程进度以及质量、规格等。保晋公司各矿厂有的生产环节虽然使用机械，但采掘仍以搬根凿壕手工作业为主。只在遇到煤质硬不自行坠落时，以少量黑色炸药爆破落煤。为使用矿车运输，这些矿的巷道宽 6 ～ 8 尺，高 5 尺。顶板破碎处以戴帽点柱或梯形木棚维护，对采区小巷不加支护。

民国 26 年（1937）日军占领阳泉煤矿后，为了掠夺更多的煤炭，井下煤巷掘进量随之增加。在掘进中开始采用人工钢钎打眼，黑色炸药爆破落煤，但仍以“搬根凿壕”为主。煤巷支护使用两腿一梁式的梯形木棚支护，井下峒室采用青砖、石料圆拱砌碹支护，而采煤小巷道基本不加支护。

1949 年以后，国家对煤矿建设列入计划，采掘工艺不断创新，巷道掘进也有了严格的标准和要求。1950 年 5 月，燃料工业部颁布《国营煤矿全面推行新生产方法的决定》。至此，阳泉矿区煤矿在变革煤炭生产技术中，始将掘进同采煤分别进行，按照国家技术政策，扭转采厚丢薄、损失资源的开采方法，执行自上而下的开采程序，对矿井采掘部署进行了改革。下半年，阳泉矿务局开始用手把钎捅眼，明火点黑火药爆破掘进。人工捅眼效率很低，眼深只 0.6 米，后改为一人把钎，一人打锤凿眼，深度可达 1.5 米。1951 年 6 月，阳泉矿务局煤巷掘进开始使用煤电钻打眼，由电雷管引爆硝铵炸药放炮落煤。自此，阳泉矿区煤矿开始了电钻打眼放炮、人工装煤，人力推车的半机械化掘进。次年，该局各矿全部使用煤电钻打眼。1953 年，阳泉矿务局又为该局重点掘进队装备了 C-153 型装煤机，打破了千百年来的人工装载作业方式。

1953 年，阳泉市地方国营南庄煤矿工人李四福创造性地进行劳动，在采煤工作中，刻苦钻研，多次试验，制造了成功了手摇钻，用于坑下采煤的打眼放炮，以此取代了“搬根凿壕”的方法，此法随后在阳泉矿区地方国营荫营煤矿、汉河沟煤矿、白羊墅煤矿、阜山煤矿等重点煤矿得到了优先推广使用。各县（区）煤矿对手摇钻做了多种改进，有锤把钻、拐把钻、转盘钻、双轮钻等。盂县石店煤矿、平定县同意煤矿的双轮钻一人操作，每分钟可钻进 30 厘米，效率提高许多，劳动强度降低。1956 年之后，阳泉矿区重点地方国营煤矿相继使用煤电钻打眼。1965 年后，阳泉矿区县区营以上煤矿和部分重点乡村办煤矿在掘进中基本上都使用了煤电钻。

这一时期，阳泉矿务局开拓、采掘计划由局计划科采煤股编制，各矿生产技术科负责执行。1952 年各矿设测绘股，按时编报地质说明书，作为编制采掘规程的依据。为避免矿井采掘失调，贯彻燃料工业部提出的“采掘并举，掘进先行”的方针，各矿组建了开拓掘进队，确定合理的采掘比例，编制采掘计划，绘制采掘进度图，制定作业规程。在采掘过程中，执行交接班、班前班后会、工程质量检查验收等制度。1953年后，阳泉矿务局各矿生产技术科和测绘科的技术力量逐步得到充实和加强，生产管理制度渐趋完善。

1958年，盂县东坪煤矿架设专线通电后开始使用煤电钻打眼，硝铵炸药爆破落煤，成为该县首家使用煤电钻打眼爆破掘进的煤矿。随后石店煤矿也通了电，用上了煤电钻。1959年12月8日《人民日报》刊登了新华社记者拍摄的反映石店煤矿矿井下使用煤电钻打眼照片。

1958年的“大跃进”使境内采掘失调的问题突显出来。以阳泉矿务局为例，到1960年，阳泉矿务局亏欠进尺22440米，9对矿井开拓煤量不足，3对矿井回采煤量不足。其他煤矿“三量”（即开拓煤量、准备煤量、回采煤量）不足的占50%以上。为了解决采掘失调的问题，按照燃料工业部提出的“采掘并举、掘进先行”的方针和国家技术政策，阳泉矿务局确定了合理的采掘比例关系，开始编制采掘作业计划，按计划组织管理掘进生产。同时制定掘进作业规程，施行正规循环作业和建立工程质量检查验收等制度。在掘进巷道支护方面，依照安全性和永久性的要求，从材料和形式等方面不断进行探索和试验，先后采用水泥预制棚、各式锚杆支护、金属棚，以至光面爆破、锚喷联合支护，都取得了成效。

矿井采掘失调、重采轻掘问题，始终是影响煤炭生产的重大问题。1961年初，中共中央提出“调整、巩固、充实、提高”八字方针后，采掘管理混乱的局面开始扭转。市营、市管煤矿相继设置生产技术科或生产股，加强了采掘管理，开始推行正规循环作业管理办法。同年，煤炭工业部颁发《矿井和露天矿开拓煤量，准备煤量和回采煤量划分范围、计算方法和矿井巷道划分范围的规定》后，阳泉矿务局制定了《采煤正规循环作业条例（草案）》，8月正规循环率逐步提高。之后，建立健全原始记录、技术数据、消耗定额、图纸档案、设备账卡等基础资料。结合学习开滦矿务局林西矿质量标准化经验，总结、制定了各种标准，汇编成册。与此同时，组织各基层队组大练基本功，开展群众性的技术练兵活动。按照山西省煤炭管理局制定的《全矿井正规循环作业标准及评比办法》，制定了实施细则和补充办法。设立了采掘正规循环作业检查登记表，按时填报，定期汇报检查，推动了采掘正规循环作业。至1966年，由于“文化大革命”的干扰，阳泉矿务局和地方煤矿出现反弹，亏欠大量掘进进尺，部分煤矿又一次出现采掘比例失调。

20世纪70年代初期，全市各类煤矿均逐步建立了地测专业机构或配备了专业技术测绘人员，开始编制矿井采掘计划和掘进作业规程，掘进按计划施工和组织正规循环作业，不但保证了巷道施工直线，克服了盲目掘进给矿井运输、通风等带来的不利因素，而且使得施工速度较60年代前有较大提高，单头月进达100～120米。

1973年，阳泉矿务局装备了一批国产ZYP-17型掘进装煤机，使掘进机械化程度达到28.51%。同年，平定县平定煤矿、同意煤矿开始配备耙斗式装煤机与刮板运输机。跃进煤矿在二号井自制安装了扒斗机在掘进巷道爬煤装车，减轻了劳动强度。此后，境内市、县营较大煤矿盂县东坪煤矿、石店煤矿等也都在煤巷掘进中使用了装载机械。

中共十一届三中全会以后，随着煤矿的发展，煤矿技术的提高和煤矿管理的逐步加强，阳泉矿区国家统配和重点地方煤矿重点抓了开拓掘进工作，以补足亏欠。到1980年，县（区）营以上重点煤矿采掘关系趋于正常。阳泉矿区各县（区）产煤乡镇企业管理委员会或乡镇工业公司先后均下设了测绘组为社办煤矿、村办煤矿建立了图纸资料。开拓平面图、井上下对照图、巷道布置图等成为煤矿必不可少的图纸，为指导开拓掘进巷道提供了可靠的资料。

为适应综采技术的推广，保持足够的准备和回采煤量，从1980年起，阳泉矿务局陆续引进了一批AM50型半煤岩掘进机、MRH-S50-13型和MRH-S100-40型煤巷掘进机，以及日本生产的MRH-550-r3型煤巷掘进机，效果显著。这些新型的综合掘进设备，使巷道掘进作业的落煤、装煤和运煤全部实现了机械化。1982年，该局岩巷施工机械逐渐向配套化发展，大耙斗装岩机、大吨位蓄电池电机车相继投入使用。1984年，又陆续引进多台综掘机用于煤巷掘进。其后，在岩巷施工中应用了岩巷机械化作业线。大大加快了掘进速度。1986年7月，该局二矿西四尺井和三矿竖井试用法国制造的液压钻车和与其配套的侧卸式装岩机。1988年，一矿北丈八井西大巷试用国产CTH10-2F全液压钻车及配套的ZC侧卸式装岩机。1988年开始，乡镇煤矿为减轻劳动强度，提高掘进进度，绝大部分煤矿在掘进巷道中开始安装使用扒斗机，数量达到了161台。

1990年后，阳泉矿务局综掘设备普及了淮南产仿奥地利AM-50型掘进机，当年综掘进尺达到了32543米。乡镇煤矿在掘进煤岩巷道中，从人工打眼发展到电钻打眼。在岩巷中由人工抱钻、干打眼改变为岩石电钻打眼、空压机、风钻代替了电钻，有的煤矿购置了小型空压机在井下作业大大提高了开拓掘进进度。但是绝大部分煤矿一直都是人工装岩，为了节省劳动强度，工人们采用在放炮落岩前铺块铁板，岩石落在铁板上进行铲装可减轻劳动强度。

1991年，阳泉矿务局在岩巷应用了液压钻车配备侧卸式装岩机、5吨电机车机械化作业线5条，气腿式凿岩机配备0.6立方米耙斗装岩机转载机械化作业线12条，减少了作业人员数量，减轻了工人的劳动强度，同时提高了单进水平及安全性。同年，境内各乡镇煤矿掘进工作面在装运方面，仍采用人力装车和推车，部分煤矿使用11.4千瓦小调度绞车调车运输，基本实现了半机械化掘进。

与此同时，各地方煤矿的掘进水平也都上了一个台阶。以上社二景煤炭责任有限公司为例，其9号Ⅲ采区煤巷掘进采用综掘机掘进，截割头截割喷雾降尘，对旋轴流局扇通风，掌面瓦斯探头监控瓦斯，锚杆、锚索、钢带、金属网支护，转载机皮带运输，工作电压1140伏，辅助电压660伏，10千伏高压直接供给工作面移变，多个转载由防尘系统洒水降尘，大大提高了工作进度。15号延伸采区煤巷掘进，采用煤电钻钻眼，煤溜皮带运输、锚杆、锚索、钢带、金属网支护，掌面局扇通风，探头监控瓦斯，转载是由防尘系统洒水降尘，工作电压660伏。

进入21世纪以后，新的采掘技术及设备大量被使用。2000年，佳木斯生产的MRH-SIOO型掘进机，在阳煤集团投入使用。从该年开始，境内重点基建和改扩建煤矿在巷道掘进工艺上有了较大的进步和发展，掘进手段由原来的打眼放炮、人力装运推车的半机械化掘进，发展到了全机械化的综合掘进，巷道支护采用金属锚杆、挂网、锚喷支护工艺，使掘进速度、巷道掘进质量、支护质量都有了大幅度提高。6月，阳煤一矿北丈八井8804工作面走向高抽巷的掘进中，采用自制滑靴式耙岩机配合皮带、煤溜装载，创月进206米的新纪录。9月，上社煤矿东大巷采区煤巷掘进采用煤电钻钻眼，煤溜皮带运输，木棚支护，掌面局扇通风，探头监控瓦斯，转载点由防尘系统洒水降尘，工作电压660伏，南大巷煤巷掘进采用了综掘机掘进，截割头截割喷雾降尘，对旋轴流局扇通风，掌面瓦斯探头监控瓦斯，锚杆锚索W钢带铅网支护，转载机皮带运输，工作电压1140伏，辅助电压660伏，10千伏高压直接供给工作面移变，各个转载点由防尘系统洒水降尘，大大提高了工作进程。

从2003年2月1日起，阳煤集团除3号、8号煤外的所有煤巷、半煤岩巷炮掘工作面，符合条件的均采用毫秒管全断面一次爆破。同年，郊区鸿泰煤矿开工建设，于2005年布置3101工作面顺槽巷掘进，其规格：巷宽3.5米、巷高2.5米，断面为8.75平方米的矩形巷道，此为区内首次掘进最大断面的采煤顺槽巷道，仍采用炮掘法施工，运输改为刮板运输机，支护首次采用了锚杆、钢带、网、锚索联合支护，较木棚支护无论在支护强度和巷道稳定性上都有极大提高，增加了巷道服务年限，大大降低了巷道维修费用，经济效益突显。

2004年，郊区旧街煤矿进行改扩建建设，2006年布置东采区8101综采工作面顺槽巷，其规格：巷宽4.0米、巷高2.7米，断面为10.8平方米的矩形巷道，采用锚杆、锚索铁丝网及钢带联合支护，掘进工艺为综掘。工作面配备EBZ55型悬臂式掘进机，主要技术特征：生产能力100立方米/小时，掘进断面面积13平方米，最大切割高度3.3米，最大切割宽度4.2米，切割头卧底量 0.2 米，装运能力 25 立方米 / 小时，功率 77 千瓦，重量 35.5 吨。配套设备：配备 SGB-420/22 型刮板机和 SSP-650/30 型胶带机运输，局部通风机选用 DSF11- № 6 型，N=2×11 千瓦，配备 φ10×800 毫米抗静电阻燃风筒。综掘工作面严格按作业规程组织正规循环作业，日进尺 12 至 14 米，最高月进已达 360 米。此新型的综合掘进设备，使巷道掘进作业的落煤、装煤和运煤全部实现了机械化，大大加快了掘进进度，保证矿井有足够的准备和回采煤量。此综掘工作面的安装运行，结束了区内乡镇煤矿没有综合机械化掘进工作面的历史。

从 2005 年开始，为了提高岩巷掘进效率，阳泉境内各煤矿，包括阳煤集团在内的国有大型煤炭生产企业，均进一步加大了综掘设备的投入。2005 年，盂县县营新胜煤矿首先购置了 S100-41 型掘进机两部，月进度达 1200 米，成为盂县第一家使用掘进机的煤矿，大大提高了掘进效率。随后，该县县营东坪煤矿为了彻底解决采掘失调问题，分别购置安装了 S100-41 型、S100S55 型综掘机各一台，加快了掘进进度，实现了采掘协调。乡镇煤矿下南矿也购置了掘进机。与此同时，平定县阳胜煤矿也装备了综掘机，煤巷掘进使用综掘工艺。2006 年，阳煤集团引进 S-200 型掘进机和 ZMC-30 型全液压侧卸式装煤机，形成了以装煤机或 S-200 型综掘机、刮板运输机、皮带运输机为主的机械化作业线。2007 年，平定卫东煤矿实现了综合机械化掘进。2009 年，该县汇能煤业也采用了综掘机。

2009 年 3 月，阳煤集团在新景矿 80112 工作面走向高抽巷，试验了三一重装生产的 EBZ-132CZ 型窄机身掘进机，表明该机型比较适合阳泉矿区半煤岩巷道的综掘作业，迈出了阳泉矿区半煤岩巷综掘作业的第一步。同年 10 月，该公司又在一矿 S8301 工作面走向高抽巷（沿 12 号煤层）试验了 EBZ132CZ 型掘进机，从进尺统计情况分析，单头月度平均进尺为 311.8 米，正常情况下掘进单进水平为 353.4 米 / 个 / 月，日进最高为 18.5 米，月进最高为 518 米。充分体现了 EBZ132CZ 型拟进机住杠煤岩巷道的适用性和可靠性。2010 年，在半煤岩巷，又使用了 ZMB37-W 型扒斗装煤机，与耙岩机相比，具有可实现全断面出秆、减轻工入的劳动强度、用时少（装运一个循环比耙岩机平均用时减少 50%）、使用范围广，高瓦斯区域、煤与瓦斯突出危险区域煤巷掘进面均可使用等优点。

截至 2010 年，全市地方煤矿经过整合重组后，其综合机械化掘进水平达到了一个新的水平，综合机械化掘进得到广泛应用。阳煤集团公司陆续增加的大功率综掘机有 EBH-120 型、EBZ-135 型、EBZ-150 型、EBZ-160 型、EBZ200 型等大功率掘进机。综掘机械化程度达到 64.92%，综掘进尺达到 187986 米，煤巷综合单进达到 260.35 米 / 个 / 月，从而形成了以大功率掘进机、胶带运输机、刮板运输机和锚杆钻机为主的机械化作业线，煤巷掘进实现了机械化。

掘进机

三、采煤

境内古代采煤，是在煤层露头或很浅的地方直接挖坑露天采取（称炭穴）。发展至沿煤层露头打峒或打井进入地下采掘，采掘面称为“膛”“掌子面”“茬口”“窝子”等。采煤称“攻煤”“凿煤”“砍炭”。至元代已能凿石建井，进行巷道开采。一个工作面同时可容十几名工人工作。由于工作面宽窄不同，形成了晋北以房柱法，晋中、晋南以残柱法采煤为主。房柱法以宽面前进开采，工作面之间留煤柱。残柱法采煤是在大巷向左右两侧掘巷，到一定深度将相邻两巷贯通，形成纵横巷道将煤层切割为方块。待到预定边界或遇断层时，掘巷来回穿插煤柱或扩帮挑顶采煤，形成许多“残柱”。旧时私人开办小煤窑生产方式十分简陋。观山势，辨岩层，选择坑口位置。开始凿井进入地下采煤。

清光绪三十四年（1908）后，保晋公司各矿厂，用房柱式采煤法开采 15 号煤层。在运煤，通风巷道两侧布置采区，采区内开掘出 25 米至 32 米不等的若干煤房为采煤场地，煤房之间以联络巷相通，回采在煤房中进行。煤柱留下暂不采，等煤房采完后再回采煤柱。采煤完全靠人力“搬根凿壕”进行，只取块炭，不要末煤，采区回收率不足 20%。所用工具通常是铁镢、铁锹、铁锤、铁錾、条筐和木担。民国8年（1919）该公司从美国购置一台汽动力割煤机，在阳泉第二矿厂试用，未能成功。

民国26年（1937），日军侵占阳泉后，仍沿用残柱和房柱采煤法。次年，日军在阳泉煤矿将房柱式改为残柱式采煤，使用黑色火药爆破落煤。民国31年，为提高产量，又改为残柱高落式。日军侵占阳泉8年间，开采煤炭480万吨，丢弃煤却达2300多万吨之多，回采率仅17%，使资源遭到严重破坏。民国33年，在贾地沟矿井布置过厚煤层倾斜分层长壁式采煤工作面，但未等试验，日军即告投降。从抗日战争胜利至阳泉解放，其他煤矿基本仍沿用房柱法采煤。

1949年11月，全国煤矿会议决定改革落后的生产技术，推广长壁采煤法。1950年4月，阳泉矿务局在四矿一坑15号煤开采中使用带状充填长壁式采煤法，未能成功。5月，燃料工业部颁发《国营煤矿全面推行新生产方法的决定》，7月6日，《人民日报》发表题为《实现采煤方法的全面改革》的社论。阳泉矿务局根据该局矿区煤层地质情况，结合东北煤矿的生产经验，在15号煤层进行走向长壁式倾斜分层煤皮顶板下行陷落采煤法试验。实验于同年9月开始，在四矿一坑301工作面进。到12月，实验获得成功，随即在全局推广。之后，单一煤层走向长壁式陷落顶板采煤法在二矿小南坑3号煤开采中使用成功。此法除不分层外，与开采15号煤的新法工艺相同。接着，推广到12号煤层的开采中。至此，阳泉矿区煤炭开采进入了长壁式炮采时期。长壁陷落顶板采煤法在山西省逐渐推广，成为山西的主要采煤法。这一时期，阳泉地方各产煤县（区）营以下煤矿，仍沿用残柱式采煤法。

1952年，山西省工业厅作出了《关于在所属煤矿中推行先进采煤方法的决定》。7月，阳泉矿务局首次在三矿二坑15号煤301工作面使用民主德国制截煤机，由此开始了长壁式采煤工艺的破、装、运、移等工序的改革，并进行顶板支护材料的合理选择。

1953年1月，阳泉矿务局在厚煤层分层开采中，于三矿二坑试用木板作假顶，代替15号煤原留中层煤皮假顶获得成功，从而提高了回采率，但木材消耗很大，万吨耗材达230～300立方米。对此，又对假顶材料的选择进行了多种试验。在3号、12号煤开采中，使用仿苏KMП-I型截煤机。同年7月，在三矿二坑308工作面试验金属网假顶分层采煤法获得成功，采区回采率达62%，遂予以逐步推广。1955年5月，阳泉矿务局在二矿小南坑3号煤开采中使用苏制康拜因联合采煤机；同时还创造了割一刀煤、放一茬炮的“一刀一炮”作业形式。由于工序多而复杂，还需部分人力装煤，效果并不明显；联合采煤机功率小、截深大、速度慢，需要专用的采煤机道，造成采煤后悬露的顶板面积大，不易控制，使用效果也不理想，故两种采煤机械到20世纪60年代中期均逐渐停用。1956年9月，为改善工作面支护条件，该局将

CTK型摩擦式金属支柱与木支柱混合使用于二矿小南坑3号煤工作面。由于两种支柱的支撑性能不同，试用效果不佳。1957年，在三矿二号井采煤一队全部使用金属支柱获得成功，此法由境内推广到全省。

1957年，阳泉地方国营煤矿中南庄煤矿、汉河沟煤矿和白羊墅煤矿先后采用了单一煤层走向长壁式采煤法。1958年，南庄煤矿在15号煤层试验了长壁分层煤皮假顶采煤法并获得成功，而后又改为金属网假顶，分三层开采。其他各煤层均采用单一走向长壁式采煤法，煤电钻打眼放炮落煤，链板输送机运煤，金属摩擦支柱、铰接顶梁支护。之后，在汉河沟和白羊墅煤矿15号煤推广使用了这种技术。这一时期，境内县（区）营和乡村小煤矿仍沿用各种柱式采煤法。在国家各种劳动保护政策指导下，强调安全第一的方针，加强了采煤的安全和技术管理，规定了采掘规格，防止乱采乱挖，在落煤方法上推广"分层破肚"（中间掏槽）和"刨根起底"法代替"刨根"。消灭了"炭檐"、对顶板及时观察、支柱，以保安全。使采煤工作面的布置、规格和回采方向都逐渐走向正规。房柱式采煤法由大巷开口改在盘区上下山巷的两侧平巷内，风流通过工作面形成系统，回采时后退扩帮、挑顶，并与邻房每隔一定距离贯通，作安全出口。回采时的宽度、支护、推进时两邻房的错距、房颈尺寸因矿而异；残柱式采煤法，纵横巷道基本布置整齐，大小一致，回采时相邻面前后错开，推进速度一致，成一斜线。

1961年，阳泉矿务局按正规循环作业规程，调整采掘比例，规定了回采工作面正规循环的五个必备条件：一是采长80～120米；二是循环产量500～800吨；三是产运比例为1∶16；四是作业方式为"两采一冒"（即两班生产，一班放顶）；五是六级以上技术工人比例应占40%以上。这5个条件的规定推动了正常生产秩序的建立和采煤工作面的科学管理。

1965年11月，阳泉矿务局将闲置的康拜因联合采煤机，改装为浅截式滚筒采煤机（简称改装机组），并与CKP-30型改装可弯曲链板输送机、HZJA型金属支柱和HDJA型金属铰接顶梁配合，使用于四矿二坑12号煤回采工作面。自此境内煤炭生产进入普通机械化采煤（简称普采）时期。此后，又使用国产MLQ-64型采煤机组，配合SGW-44型可弯曲链板输送机进行作业。同年，盂县石店煤矿在开采四尺煤层中推行了短壁式工作面，进行过试采，但其他煤矿仍沿用各种柱式采煤法。在国家劳动保护政策指导下，在落煤方式上有所改进。对采煤的布置和煤柱的大小回采方向逐步向正规发展，房柱式、残柱式开采方法也由大巷乱开口，改在盘区上下两侧平巷内，风流通过工作面形成系统，回采时后退扩邦、纵横巷道基本布置整齐、大小一致，按先后顺序破方，高落式回采，而通风形式仍然为扩散通风。

1966年"文化大革命"爆发后，阳泉煤炭行业因派性斗争严重，煤炭产量受到影响，但机械设备的增加并未受到太大的影响。到1970年，阳泉矿务该局共有采煤机组27台，其中改装机组20台；采煤机械化程度达到26.75%。1970年和1971年，阳泉矿务局又先后使用国产MLQ-80型采煤机组和WBJ-1型拖钩式刨煤机替代改装机组，使用SGW-150型输送机取代了SGW-44型，并在工作面顺槽采用SPJ-800型吊挂皮带输送机。

1973年，煤炭工业部在全国确定了5个综合机械化采煤（以下简称综采）样机试点，阳泉矿务局四矿为其中之一。同年2月，在该矿12号煤4212工作面进行了综采关键设备国产BZZ型自移液压支架的试验。1974年3月，国产第一套中厚煤层综采设备在四矿12号煤层4223工作面进行工业性试验。综采设备由BZZB型垛式液压支架、MLSS2-150型双滚筒采煤机、SGW-150型可弯曲链板输送机和RB-100/100型乳化液泵站等设备组成；工作面顺槽配备有转载机、可伸缩皮带输送机和移动变电站等，这次试验获得成功。综采工艺使生产过程五道工序简化为采煤、移架两道工序，使落煤、装煤、运输和支护实现了机械化。其作业方式为“三采一准备”（即三班出煤、一班准备），以正规循环进行生产管理。从此境内采煤生产技术进入了综采新阶段。

1974年9月，阳泉矿务局在一矿3号煤层808工作面进行了波兰OK-1/R型液压支架及其配套设备的试验，得出了对于3号煤层顶板液压支架应短顶梁、靠煤帮、高初撑、大压强的结论。据此，该局与有关科研机构和生产厂家合作，研制了YZ-1725型单铰掩护式和JY-Ⅱ型掩护式液压支架，并先后于1976年5月和1979年9月分别应用于一矿北头咀井3号煤907工作面和四矿15号煤8241工作面。经过探索和总结，于1979年12月制定出《阳泉矿务局液压支架选型规范》。到1975年，阳泉矿务局普采机械化程度上升到55.62%。普采作业一般采用“两采一冒”或“三班上煤，采准（备）平行”两种方式，以综合工种分段作业，进行生产管理。

其间，阳泉矿务局对全局4个矿、12个坑口进行了34项技术改造工程，从而使各矿的生产能力大大提高。在1974年原煤产量首次突破千万吨大关和1975年原煤产量达到1100万吨的基础上，跨入1976年后，局、矿两级选派400多名机关干部，深入到63个采煤队、38个掘进队，住在井口，吃在井口，指挥在井口，日夜战斗在生产第一线。为帮助矿务局实现“翻番”，阳泉市委、市政府也派出了6个工作组，分赴各矿厂调查研究，帮助解决“翻番”中遇到的困难和问题。由于上下一心，奋力拼搏，到年底，全局煤炭产量达到1252万吨，胜利实现了“翻番”目标，受到国家和省领导的表彰，《山西日报》于12月31日还以3个版面的篇幅报道了“翻番”纪实和煤炭工业部与山西省委的贺电。这次“翻番”不但起到了为国家排忧解难的作用，也为全国的工人阶级作出了表率，证明了阳泉的煤矿工人是一支特别能战斗的队伍。“翻番”

决战中涌现的被煤炭部誉为“严细成风的硬骨头采煤队”——三矿裕公井二队，就是这支队伍的光辉代表，当时，曾被煤炭工业部树为全国煤炭战线“十面红旗”之一。

1977年，平定县同意煤矿随着矿井装备的提升，采煤技术的提高，采煤工艺推广了条带式电煤钻打眼、炸药、电雷管爆破落煤，推帮敲顶，扒斗机装煤，刮板输送机装车，无极绳绞车运输，翻车机卸煤的半机械化生产，结束了几十年来沿用的手工操作的开采方式。

中共十一届三中全会以后，全市各煤矿加快了采煤机械化的进程，煤炭工业呈现新的鼎盛时期，现代化采煤技术进一步提高。阳泉矿务局致力发展提高综采技术的步伐，于1979年又引进联邦德国WS1.7型、X型液压支架及其配套设备，在3、6、8、9、12、15号6个煤层全面使用综采工艺。综采使矿井产量、工效、机械化程度得到迅速提高，回采机械化程度由1974年的44.37%提高到1980年的79.61%，同期综采程度也由2.65%提高到40.18%。1980年，荫营煤矿、固庄煤矿已推广了普采生产技术；平定县同意煤矿也改革采煤方法，上了两个分层长壁工作面，并使用普采技术进行生产。

20世纪80年代，阳泉矿务局在综采工艺推广应用中得到不断发展和完善，同时还对尚在使用的普采技术进行了革新。1982年，对综采工作面的边角煤和需改变方向开采的工作面，成功地应用了旋转式和往复式开采工艺，避免了综采设备停产搬迁，提高了综采设备的有效利用率，取得明显经济效益。1984年，在普采工作面用单体液压支柱替代金属摩擦支柱，实现高档普通机械化采煤（简称高档普采）。第一套高档普采配套设备由DZ22-30/120型外注式单体液压支柱（工作面一般装备1500根）、MIQ6-150型采煤机和SGW-150型链板输送机组成，于当年12月在三矿竖井15号煤708上层工作面安装投产。高档普采比综采投资少，比普采产量高，因而得到迅速推广，使阳泉矿务局基本形成以综采为主、高档普采为辅的煤炭生产新格局。当年，平定同意煤矿装备了两个高档普采工作面，首开地方煤矿使用高档普采技术的先例。接着，荫营煤矿也于1986年开始以高档普采技术进行生产。阳泉矿务局在完善综采工艺的同时，还努力探索综采高产高效的路子。1988年，该局与郑州煤机厂合作研制了中位开天窗放顶煤ZFS4400-16.5/26型液压支架，并于当年12月在一矿北丈八井8605工作面进行15号煤一次采全高新工艺的工业性试验。1989年8月，该设备通过了由中国煤矿机械公司和中国统配煤矿总公司组织的鉴定，并正式定型批量生产。接着，该局以ZFS4400-16.5/26型液压支架配备KGS-320/ B型采煤机（亦兼配千瓦B-3RDUW/S型采煤机）、RYBNIK-80型或SGX-764/320型链板输送机（前部）与SGB-630/220型链板输送机（后部），组成能满足年产百万吨要求的第一套综采放顶煤配套设备，并进行扩大试验。到1990年8月，综采放顶煤回采队年产达104

万吨。该设备于当年9月通过部级鉴定。中国统配煤矿总公司综采放顶煤工艺技术评定会一致认为：综采放顶煤是一种新型的采煤工艺，对缓倾斜、急倾斜煤层的开采工艺是一项改革，在阳泉矿区内可作为主导工艺全面推广。1990年，阳泉矿务局综采工作面有17个，占采煤工作面总数的47%；综采产量966万吨，占回采总量的66.4%；回采机械化程度由1985年的77.9%（其中综采占46.98%），提高到99.38%（其中综采占66.33%）；有高档普采工作面19个，月平均单产21694吨，高档普采年产量达473万吨，占回采总量的32.47%。至此，该局已基本消除了非机械化采煤工作面。同期，一些生产规模较大、设备和技术力量较强、交通方便的县（区）营煤矿采用了长壁式采煤法。

与此同时，全市县（区）营、二轻及重点乡镇煤矿开始推进采煤方法改革，推行了短壁刀柱采煤法及巷柱式（仓储式）采煤法。短壁刀柱采煤法大多在薄及中厚煤层（3号、6号、8号、9号、12号）中使用，其布置方法：工作面按壁式布置，走向长约100～200米，切眼长20～40米，开采时，工作面视顶板情况沿走向推进12～16米时留3～4米的煤柱，然后再开一切眼，再往前推进，此而复始，直至采区运输、回风大巷。此类工作面支护多采用木戴帽点柱，打眼、放炮落煤，人工装平车或矿车运输。郊区区营红土岩煤矿在12号煤工作面采用WGD-22型链板输送机运输。巷柱式采煤法多在厚煤层（15号）煤层使用，其方法是在采区内工作面仍为壁式布置，形成进风、回风顺槽和开切眼，再在进、回风顺槽之间每间隔10米掘一小穿巷（回采巷），形成“一采、一准（备）、一掘（进）”的布局，回采时在小穿巷内由回风至进风扩帮挑顶后退式进行。1989年，红旗煤矿将此采煤法进一步改进，为减少掘进工作量和煤柱损失，将工作面改为对拉式布置，即两个工作面共用一条运输顺槽，在其两侧掘送回风顺槽。运输顺槽沿煤层底板掘进，两条回风顺槽沿煤层顶板掘进，以此解决了首次放炮挑顶堵塞回风巷的问题。工作面运输是在小穿巷和进风顺槽巷分别铺设SGW-22型和SGW-40型链板输送机，至大巷接矿车以无极绳绞车运输。该矿工作面严格按作业规程“两采一准”组织正规循环作业，使日产量达到280吨，工效4吨/工，采区回采率也由20世纪70年代以前的20%左右，提高为50%左右。这种采煤方法布置简单、产量大、回收率较高、坑木消耗少，运用较为广泛，且在乡镇煤矿技术力量薄弱、职工队伍素质较低的情况下容易掌握。因此，很快在郊区辛兴、大南沟、小南沟、大村、北头咀、西峪掌、坪上、邓家峪、任家峪、山底等20余座煤矿中得到推广。针对乡镇煤矿回采率低的状况，市煤炭工业局于1990年初，在平定县召开了全市乡镇煤矿采煤技术现场经验交流会。决定在30个乡镇煤矿中进行短壁式采煤技术改造。当年末已有20个矿开始采用短壁式采煤方法，占计划的67%。短壁式采煤技术的采用，使乡镇煤矿的回收率提高2至3倍，生产条件得到改善，安全系数、经济效益也相应提高。

进入20世纪90年代以后，全市煤矿的采煤方法改革进一步发展。其煤矿采煤方法的主要特点：在实区内生产的矿井，薄及中厚煤层普遍采用了壁式或壁式刀柱采煤法；厚煤层采用了巷柱式采煤法。在古空残区内复采的矿井仍采用残柱式或高落式（掏葫芦）采煤法，此类工作面占35%。1990年，阳泉矿务局在全局淘汰了普采和炮采，推广应用了综采放顶煤技术，进一步加快了综采的发展步伐，全局采煤机械化程度达100%。同年，郊区区营红土岩煤矿在四尺坑首次布置长壁炮采工作面，其走向长度300米，切眼长度80米，使用HZWA-2000型摩擦金属支柱配以2.0米9号工字钢支护，使用SGW-30型链板输送机运输，循环进度0.8米，“两采一准”作业，采高1.7米，平均日产300吨，回采工效6.6吨/工，采区回采率达80%。

其间，省市先后对各县区重点煤矿在采、掘、机、运等环节，系统改造给予资金扶助，申报项目计划审查后，省市煤管局采取从生产补贴款中列支给以一定补助，其余由自筹资金解决的办法扶持煤矿改革发展。经过市县两级技术人员现场验收后，上级批准了一批项目投资并全部落实到位，为全面推行新采起到了推动作用。1993年，郊区旧街煤矿在西采区3号煤层同样布置长壁式回采工作面，使用WZWA-2500摩擦支柱配以HDJA-1000型金属铰接顶梁支护，运输采用了SGW-40T型双链刮板输送机。此后区营矾窑煤矿、乡镇办青山煤矿、大莱营煤矿、村办河底煤矿、里龙光峪煤矿、老虎沟煤矿等都使用了此种采煤方法。此期间，全区共计完成工作采改44面次，占工作面总数的50%。并完成了与之配套的矿井运输、提升等生产环节改造83项。已进行采改的矿井资源回收率普遍达到了60%以上。1992年至1993年在煤矿经济最困难时期，盂县煤炭工业局，为了采煤方法改革，从全县煤矿中选拔了15个低煤层的矿井进行布置推广长壁工作面。先后在康家沟煤矿、补子沟煤矿、东吉煤矿等开掘出40～60米长的工作面，配备摩擦支柱，实现长壁采煤。同时，向省市煤炭局申报了新采项目计划，要求在“煤炭补贴款或专项维简费”中给以扶持。1993年，平定煤矿和同意煤矿首次实现了悬移支架采煤。1995年，盂县涧沟军办矿移交县煤管局后，在丈八煤层布置了长壁工作面，高落式一次采全高采煤法。盂县厚煤层一次采全交长壁采煤法起到了示范和样板作用。为推广采用长壁采煤方法“八五”至“九五”期间，阳泉市上社二景煤炭责任有限公司从1996年起，采煤方法采用仓房式耙机采煤法。耙机采煤法是回采小穿和备用小穿全部掘通，形成全压通风系统后，回采小穿利用耙机后退式方式，下底煤开帮回采。

1997年，阳泉矿务局改制成功，阳泉煤业（集团）有限责任公司成立，迎来了煤炭生产全面进步的新时期。同年阳泉市煤管局第23号文，下达补套项目369万元。对盂县路家村煤矿运输系统改造、孙家庄乡古咀接替井提升改造、牛村联营矿等10个煤矿进行技术改造。1998年，平定县各煤矿学习借鉴“少装药，放小炮，减少爆炸震动”和“多钻眼，钻空眼，增大爆破自由面”等生产工艺，大大增加了产炭率。

进入21世纪，对全市所有生产矿井进行以改革采煤方法为主的矿井配套改革。在薄煤层及中厚煤层，全部实现短壁式开采，在厚煤层（15号）实现壁式放顶煤开采，使采区平均回收率由20世纪90年代的40%左右，提高到70%以上。2003年，根据国务院安委办〔2001〕6号第六条规定，阳泉市加大改革采煤方法力度，提出《关于加快我市地方煤矿采煤方法改革步伐的指导意见》。至2003年12月，全市150多个开采实体煤田的矿井，已有上社煤炭有限责任公司、郊区鑫坪实业总公司煤矿、平定东关联官煤矿、平定鸿泰煤业、平定中盔煤业、平定大峪煤矿、盂县石店煤矿、盂县东坪煤矿等50余个矿井完成采煤方法改革，资源回采率由原来的30%提高到60%以上。

2004年7月，市政府下发阳政发〔2004〕81号文件《关于全市煤矿推行改革采煤方法意见》。要求全市地方国营煤矿和各产煤县（区）煤矿正规化采煤工作面必须采用壁式布置，并符合有关标准；如短壁工作面不低于40米至80米（首采工作面不低于30米），长壁工作面不低于80米；采煤工作面的进、回风顺槽必须符合两个安全出口和全负压通风的要求，工作面和顺槽必须实现煤溜或皮带运输；支护标准必须采用摩擦金属支柱或液压支柱、支架，II型梁或铰接顶梁，取消木板梁；顶板管理必须实行全部跨落法。同年11月，阳泉市上社二景煤炭责任有限公司进行采煤方法改革，将耙机采煤法改为综采队顶煤长壁采煤法。截至2005年，全市各类地方煤矿均进行了采煤方法改革，实现了壁式开采，其中综合机械化采煤矿5个，悬移液压支架炮采矿10个，摩擦金属支柱炮采矿14个，单体液压支柱放顶煤炮采矿12个。综合机械化开采矿井产量占全市地方煤炭产量的35%。

2006年，全市煤炭系统坚持实施“科技兴煤”战略，深入推进采煤机械化升级改造工程，所有生产矿井全部实现了壁式开采，60万吨/年以下矿井全部实现了“一井一面”，16个30万吨/年以上矿井实现了机械化采煤，占30万吨/年以上矿井总数的88.89%，其中高档机采有2矿2面。综采有12矿15面。全市地方煤矿采煤机械化程度总体达到42%以上，采区回收率平均达到52%以上。其中市营煤炭企业采煤机械化程度达到了100%。2006年，阳煤集团公司一矿综五队和三矿综五队，通过推行大采长、大走向的工作面开采，采用重型综放设备，当年产量双双突破了400万吨大关。2007年，阳煤集团在一矿S81203工作面首次试用Φ110MM悬浮式单体液压支柱，进行两巷顶板的加强支护，ZFT21000/22.5/35型端头架也在该工作面试用。与此同时，盂县也集中力量，推广采煤方法改革，首先在县营东坪煤矿、石店煤矿购置了4MG200-W1型综采机组试行综采，提高了生产效率和产量，保证了安全。东坪煤矿年生产能力45万吨，提高到90万吨，从此盂县采煤方面推向了一个崭新的阶段。

2008年，市煤炭工业局提出了全市地方煤矿必须坚持正规布巷和壁式开采，积极采用机械化采煤和单体液压支柱、悬移支架或综采支架，严禁擅自恢复已经淘汰的落后采煤方法的要求。按照这样的要求，督促推进了6个机械化升级改造项目。如盂县跃进煤矿9～60万吨改造完成，并通过验收；上社煤矿70～150万吨、盂县常顺煤矿21～90万吨完成科研和初步设计的审批等。至年底，平定县所有煤矿均实现了壁式采煤方法，年产9万吨以下煤矿均被淘汰，阳胜煤业实现了综合机械化采煤；汇能煤业实现了综合机械化采煤。从2008年开始，阳煤集团采煤工作面的设备逐步向重型化、高科技方向迈进。

2009年，全市地方煤矿加快实施了上社70～150万吨/年、上社二景30～90万吨/年、常顺煤矿90万吨/年、兴峪煤业90万吨/年、圣天宝地90万吨/年5个煤矿的机械化升级改造工程，有18个机械化开采矿井的机械化程度达到96%、采区回收率达到78%，全市所有煤矿的机械化程度达到52%、采区回收率达到60%。同年，阳煤集团首次在寺家庄公司15104工作面采用大采高综合机械化采煤工艺，7月布置成功并试验开采。该公司二矿全年原煤产量突破了千万吨大关。

截至2010年，阳泉市各地方煤矿随着煤矿企业兼并重组整合工作的推进，一举进入了“大矿时代”，全部实现综合机械化开采。阳煤集团46个综采队有24个队，年产超过100万吨，其中综放队15个、综采队9个，商品煤产量完成5158万吨，创建企后的最高纪录。

第三节 运输与提升

一、井下运输

古代境内煤炭开采，井下运输除人背、肩挑之外，主要用托筐和拖车拖的办法。1979年在盂县贺村发现的元代矩形矿井里，就遗存有木制小车（长0.67米、宽0.5米，下装4个木轮）和条筐。置于舟形木撬或四轮小车上（称小拖），每筐约重100～200斤，拖工四肢着地匍匐前进，由工作面拖至井底或地面。有的在木撬上钉上铁条或装上小轮或在巷道内铺以木板，以减少摩擦力。开采厚煤层的斜井或平峒，多用畜力运输。民国9年（1920），《山西矿务志略》记载：“平定县坑口皆属横形，资本稍大者，煤厂内有坑口两座，彼此相通，籍以运煤，坑道之高阔均五尺许，骡马由此入坑，至采煤场，装载妥当，复由彼口出坑。”这种运输方式一直延续到20世纪初。竖井则用辘轳提升。

保晋公司创办后，在阳泉各矿厂，井上、下铺设道轨用矿车运输。矿车有0.56吨容量的方形木矿车、铁矿车、平板车等，道轨每米重9磅或12磅，部分为保晋铁厂自制的生铁轨。至民国26年（1937），保晋公司阳泉各矿厂共有矿车1543辆，铺设道轨21740米。起初工作面的煤先装入拖筐，拖或抬至大巷再装入矿车推至井底，后来铺至工作面直接装煤。主大巷延伸较远后，大巷、斜坡上安装了绞车。在下放重车的斜坡中，工人创造了一种无动力自动轮（俗称王八轮），其方法是在斜坡上车场安装一个带闸的竖轴木轮，直径约1.2米，钢丝绳在轮上缠绕两三圈，绳的一端在坡上挂重车，另一端在坡下挂空车，推重车下坡，利用重力带上空车，自动轮上有杠杆可控制车速。此法经济方便，一直沿用至20世纪50年代。

这一时期其他较大的煤矿井下运输与保晋公司基本相同。民国9年（1920），建昌公司在井下安置电力绞车，索引矿车运输，为境内井下电力运输之始。

日军侵占阳泉期间，修建了荣洼发电所，原保晋公司各矿厂及其他较大的煤矿所使用的蒸汽绞车逐渐换位电绞车。民国30年（1941）至民国31年，阳泉煤矿在井下顺槽安装了一批由电力驱动的内齿轮小绞车（俗称电马机），各矿井下主要运输巷道中安装有3台电力无极绳绞车，共96马力，5台蒸汽无极绳绞车，共266马力。民国31年，阳泉发电厂建成投产，阳泉煤矿井下蒸汽绞车全部更换为电绞车。

1949年以后，阳泉矿务局井下运输全部采用了电力无极绳绞车，从采区巷道到水平大巷、井底车场，形成了无极绳运输一条龙。到1953年，无极绳运输占总运输量的95.5%。职工们进行技术革新，研究出双槽轮装置，以减少顺槽绞车安装台数；采取缩小钢丝绳张力，适当加大弯道半径，使用五角拨绳轮压绳方法，使矿车不须摘挂钩直接通过90度弯道；还将人字形挂钩的正螺纹改为反螺纹，解决了矿车运行中松扣跑车的问题。与此同时，阳泉地区各产煤县、区的井下运输系统得较快改善。

1954年，阳泉矿务局开始对无极绳绞车运输进行自动化管理研究和探讨，改革操作方法，不用绞车司机，由信号工远距离控制。其技术在当时是全国最先进的，曾被专题介绍到苏联等国。这种运输方法被推广到全省，成为山西煤矿运输的一大特点；并且还成为境内地方中、小型煤矿长期使用的运输方法。1955年8月，该局三矿二号井建成投产后，井下运输首次使用6吨架线式电机车，每次能牵引一吨矿车20辆。

1956年，平定同意煤矿以蒸汽绞车代替了人畜力提升，到1958年又改用电力绞车。1958年，全省第一次煤矿技术改造现场会在平定召开，推动了境内煤矿的运输提升建设。之后，各小煤矿因地制宜，利用小锅炉、小锅驼机和汽车内燃机、柴油机等作动力，提高了矿井的运输和提升机械化程度。

1957年，阳泉矿务局在按超级瓦斯矿井管理的二矿小南坑、三矿裕公井和竖井采用蓄电池电机车。1958年后又将蓄电池电机车全部改为有保安防护装置的架线式电机车。之后，架线式电机车逐渐取代大巷无极绳运输，其功率也逐渐加大，由6吨改为10吨。到20世纪60年代初，该局井下运输普遍使用载重量为1吨的U2型固定矿车。

同一时间，阳泉地方中、小型煤矿井下运输系统，其主要巷道也逐渐用蒸汽绞车或电力绞车代替人力、畜力；有的则使用人力胶轮小平车；或铺设轻便铁轨，用人力推车进行运输。工作面顺槽仍为人力搬运。

20世纪70年代初，阳泉矿务局对生产矿井进行了挖潜、革新和改造，首先改造的是井下运输环节。在工作面顺槽和采区上、下山，普遍采用KDS-30型胶带运输机、SPJ-800型吊挂胶带运输机和SPJ-800型可伸缩胶带运输机。SGW-800型可伸缩胶带运输机在工作面顺槽使用，改变了以往链板输送机多台分段运输，既减少中转次数，又节省人力和设备，且简化了管理、降低了费用，因而提高了采区运输能力，同时建造了容积50吨至150吨的煤仓。之后，煤仓容积又扩大到200吨至500吨。

1976年，阳泉矿务局建造的一矿北头咀平峒井底缓冲煤仓容量达3000吨。这些井底煤仓的建造避免了因空车误时而影响出煤，为连续生产和运输创造了条件。从1975年起，该局对矿车卸载作业也进行了革新改造；1976年4月，MD3-6型3吨底卸式矿车运输系统在三矿一号井投入运行，这种矿车的车厢和车底可自由开合，煤炭可自行卸下，整列煤车（20～50节）可以不摘钩、不停车，就完成卸载作业；装一列约5分钟，卸一列仅用1分钟，提高效率10倍以上。1977年3月，煤炭工业部在阳泉矿务局召开3吨底卸式矿车定型会，会上决定该局二矿使用的方斗型矿车为定型产品，并加以推广。

在此期间，较大的地方煤矿如南庄煤矿等，在采区与水平大巷分别使用了吊挂式胶带运输机和架线式电机车。社、队小煤矿也已较多采用电力小绞车或无极绳绞车，有的以小绞车辅助人力牵引胶轮平车。1971年，平定煤矿使用了扒斗机，可弯曲刮板输送机和大巷的无极绳绞车运输。1976年，该县煤矿使用皮带运输运煤、双滚筒串车提升。卫东煤矿运输系统大巷为调度绞车配1吨矿车，采区为sgw30、40刮板机。至20世纪70年代末，平定县所有煤矿均使用电力绞车，或为单车、双车，串车或为无极绳绞车提升。

20世纪80年代以后，阳泉矿区随着矿井向多煤层联合开采、集中生产和大型化发展，井下运输也随之发生了变化，用于斜井提升的新型强力胶带运输机也应用于井下大巷运输。1981年，南庄煤矿实现了三层煤联合生产、联合运输，在采区使用吊挂式胶带运输机，水平大巷为架线式电机车运输，并采用了3吨底卸式矿车运输系统。荫营煤矿在水平运输大巷配合架线式电机车，安装了长202米的钢缆胶带运输机，并建造了井下煤仓，实现了连续运输。

其间，阳泉矿务局四矿、三矿二号井和一矿北丈八井等都实现了井下胶带连续运输。1984年，该局从英国HSD公司引进一套MTNOS型胶带运输机安全监控设备，将其安装在一矿北丈八井，用于从井下运输巷道至地面选煤厂的11部胶带运输机之间的称量、煤仓仓位探测、故障识别、声光报警等，使胶带运输系统实现了自动化。各地方煤矿经过改、扩建，也开始向大型化发展。1989年，红旗煤矿丈八井采煤方法改革后，首次在采煤工作面及顺槽铺设SJD-420/30型刮板运输机运输。至20世纪80年代末，区内小煤矿除坪上、山底、小沟等少数煤矿井下仍有畜力拉平车运输外，其余煤矿均使用了JD-11.4型调度绞车牵引矿车或胶轮平车运输。

20世纪90年代以后，国家统配煤矿阳泉矿务局及地方大型煤矿井下运输系统，均实现了集中化、自动化和大型化，县区营及乡镇村办煤矿杜绝了井下蓄力运输，运输大巷基本实现了调绞接力运输和无极绳绞车运输。阳泉市地方国营大阳泉煤矿主运输系统，主斜井及运输大巷共选用一部ST2000型钢丝绳芯胶带输送机，总运输长度2000米，将煤炭从采区集中煤仓直接运送至地面。

这一时期，全市大部分煤矿使用提升绞车，部分乡镇小煤矿使用JD-25调度绞车、JD-40调度绞车作为主提升，大多乡镇煤矿则使用11.4千瓦调度绞车或25千瓦调度绞车接力运输，电矿车运送。平定煤矿、同意煤矿等县营煤矿工作面运输则采用40煤溜，大巷运输采用25千瓦调度绞车、无极绳绞车接力运输。

进入20世纪后，全市煤矿的井下运输随着矿井向多煤层联合开采、集中生产和大型化发展，也随之发生了变化。其间，阳泉矿务局井下运输系统日臻完善，保证了井下运输能力与煤炭生产的同步发展，成为阳泉境内煤矿井下原煤运输的典范企业。

完善了道轨、道岔、矿车、电机车、阻车器、强力皮带等运输系统。1997年开始试用30千克/米道轨，1998年在主要生产矿井运输大巷全面推广使用30千克/米道轨，小巷使用22千克/米及以上道轨。到2004年，井下主要运输大巷基本实现了30千克/米道轨。2004年，运输大巷气动司控道岔在五矿试验成功，并在全阳煤集团推广应用。同年，一矿在不改变矿井主运大巷运输条件的情况下，在原3吨底卸矿车的基础上，改制4吨底卸式矿车取得成功。二矿470水平、三矿竖井先后使用了4吨底卸式矿车。2004年1月，与抚顺北龙电机车厂共同研制开发了ZK20/6/550电阻调速架线式电机车；同年4月，与中国北车集团永济电机厂开发试制了CJY-20/6P型交流变频电机车，9月，第一台试制车在北丈八井下进行工业性试验。2005年，该集团公司20吨电机车从试验走向成熟，并在二矿、五矿、三矿推广使用。2006年8月，在三矿一号井运输大巷对10吨架线电机车进行气动控制系统改制试验，实现了气动制动、气动撒砂、气动摘挂钩、气动升降弓、气动喇叭5种功能，机车制动距离大幅下降；2007年在一矿、二矿、五矿进行推广。2007年11月，由阳煤集团生产技术部与山西华鑫变压器有限公司、五矿联合试制的电（气）动阻车器，在五矿大井510斜坡上部车场进行工业性试验；2008年在阳煤集团进行了推广使用。2009年1月，在一矿北丈八井三采区无极绳连续牵引车（梭车）正式投入运行，为改变小巷运输方式（即取缔对拉绞车）奠定了基础。2009年6月，在北丈八井三采区试用第一列无极绳连续牵引（梭车）配套人车，探索解决采区轨道巷运送人员问题。同时在三采区斜坡（坡度18°，坡长140米）安装了行人助力车，解决了工人爬坡疲劳问题。2009年10月，五矿为了解决标准长轨（约10米）在井下小巷运输困难的问题，开始使用22千克/米标准长5米轨道和标准轨道夹板；2010年4月，一矿北丈八井北翼运输大巷开始更换38千克/米轨道，为北翼运输大巷列车提速做前期准备。同年7月2日，在一矿召开“集团公司无极绳连续牵引配套人车和行人助力车现场推广会”，之后，无极绳连续牵引车在集团公司全面推广应用。2010年12月，阳煤二矿对470水平南大巷开始更换38千克/米轨道。

煤仓下运煤线路建设更加规范标准。2003年9月，二矿将采区煤仓绕道，底卸仓卸载车场由折返式车场改造为环形车场。2004年6月，一矿北丈八井南翼3吨底卸煤仓投入使用。2004年5月，为了给4吨底卸式矿车和20吨架线电机车的使用做好准备，二矿对底卸煤仓进行了加固增载改造。2005年10月，一矿北翼建成了4吨底卸煤仓，仓容1000吨。2007年，二矿将四个折返式车场改造为循环式车场，铺设重轨3950米，新增一个1000吨采区煤仓、一个井底循环底卸煤仓、一条主斜井皮带巷，使竖井运输系统形成了一个完整的环形系统，大大减少调车工序，节省了时间，提高了效率。2010年3月，一矿北丈八井北翼运输大巷将三吨底卸仓改成四吨底卸仓，实现了20吨电机车牵引25辆四吨矿车卸煤，有效地提高了北翼运输效能。2010年6月，五矿大井520水平西北翼新煤车绕道完成改造后投入使用，实现了煤车、人车分流运行，保证了人员上下车的安全。

通信系统建设日臻完备。2000年，五矿安装了ZDD-19C型载波通信装置。2004年5月，新景矿架线电机车使用了载波通讯。2005年7月，一矿完成了北丈八井泄露通信系统升级改造一期工程（地面—井底—西大巷—采区往外）。2006年9月至11月完成了二期工程，全井西、北电机车运输大巷实现了漏泄通讯。2006年五矿520水平安装“信、集、闭”（KJ15A矿井机车运输监控系统）并投入试运行。2007年新景矿安装“信、集、闭”控制系统，2008年开始试运行，2009年四季度开始正式投入使用。

这一时期，阳泉地方煤矿在整合、改制等政策性因素促进下，井下运输系统也得到实质性提升。2001年，全市所有煤矿井下运输系统，全部改为JT800、JT1200、JT1600提升绞车等。2006年，全市垂深50米以上煤矿，全部更换为JT1600提升机。2007年，全市所有煤矿的主提升系统全部安装了皮带提升机。截至2010年，全市地方煤矿经过整合重组，井下运输能力得到很大提高，基本上实现了机械化、皮带化连续运输。

二、提升

清末以前境内矿井提升，平峒和斜井以人挑、背负或人牵驴骡入井驮载；立井在井口安装木制辘轳，用筐和绳由人力绞动，将煤提升出井。

保晋公司成立后，阳泉各矿厂装备了锅炉、蒸汽绞车（亦称卷扬机、汽高车），立井在井口装设铁制或木制井架和天轮，蒸汽绞车滚筒上缠绕钢丝绳通过天轮，把煤块提升上来。起初，井底煤炭是用铁链绑缚或用圆筐装载的；后来，改用罐笼装载，将载煤矿车推入罐笼，即被连车带煤，提出井口。斜井或平峒则用蒸汽无极绳绞车，将载煤矿车牵引出井。民国9年（1920）第二矿厂燕子沟东立井的日提升能力达1200吨；民国15年第一矿厂铁炉沟斜井安装使用的蒸汽无极绳绞车，牵引钢丝绳1676米，配用拨绳轮、压绳轮和地滚轮，钢丝绳上随摘随挂矿车，空车入井，重车出井，循环往复，日提升能力千吨以上，为当时国内一大创举。该公司使用的蒸汽绞车，初期由外地购进；民国13年后则由保晋阳泉铁厂自制。其时，建昌、广懋、宝昌、保晋中孚、平记等煤矿，也都相继使用了蒸汽为动力的绞车。境内的小煤窑仍采用人力或畜力，主井用辘轳提升，斜井、平峒人背畜驮。直到阳泉解放都没有什么变化。

民国26年（1937），日军侵占山西后，阳泉较大的煤矿，仍用原提升设备生产。民国31年，在阳泉煤矿9个立井和3个斜井中，共使用蒸汽绞车13台，功率1045马力。日提升能力共计44231吨，年提升能力150万吨左右。同年，阳泉蔡洼电厂建成，煤矿开始用电绞车提升。日军投降时，部分绞车被损坏。

民国36年（1947）阳泉解放后，国营四矿丈八东斜井安装55.1千瓦电动无极绳绞车提升。国营裕公矿一坑东斜井安装立式蒸汽锅炉3台，带动55.1千瓦无极绳绞车提升；二坑东斜井安装22.1千瓦单钩电动绞车提升。斜井提升的无极绳绞车使用“公鸡钩”摘挂矿车运输。

阳泉建市初期，阳泉矿务局一面使用原有提升设备恢复矿井生产，一面对矿井提升设备进行技术改造，采用了较大功率的电力设备。1950年，四矿一坑东斜井提升与井下大巷运输共用一台电力无极绳绞车，功率183.8千瓦，运距2000余米，是当时境内功率最大的绞车。将电力无极绳绞车用作斜井、平峒提升，将挂单车改为挂双车，最大可在25°的斜井提升。还可进行远距离操纵，这种方式曾在地方煤矿改造中广为采用。1957年6月，阳泉矿务局二矿小南坑由斜井改为平峒后，在境内最先使用蓄电池式电机车提升。1958年又改为有保安防护的架线式电机车，进一步提高了运力。此后，用于平峒提升的无极绳绞车逐步由架线式电机车所取代。1958年1月，三矿裕公井改建竣工，斜井提升由无极绳绞车改为ZEM2500/1200A双钩绞车提升。1959年初，阳泉矿务局二矿东四尺井进行改造，将原立井蒸汽绞车提升改造为电力无极绳绞车提升，至此该局结束了蒸汽动力的历史。同年12月，三矿竖井主、副井均安装苏制缠绕式双滚筒绞车，电机功率550千瓦，滚筒直径4米，主井用6吨箕斗提升，每小时提升160吨；副井用罐笼提升3吨矿车。

其间，地方煤矿也对矿井提升进行了重点技术改造。1952年，南庄、汉河沟、白羊墅等煤矿使用了蒸汽动力绞车提升，1953年至1957年又采用了电力无极绳绞车。平定县同意煤矿和盂县西兰煤矿于1956年以蒸汽绞车代替了人、畜力提升。1958年南庄、汉河沟、白羊墅、同意等煤矿均改用电力绞车提升。1959年荫营煤矿所有矿井也都使用了电力绞车。一些县（区）和社、队经营的小煤矿在“尽量节省人力，充分利用畜力，争取利用动力”的方针指导下，还掀起了矿井提升运输技术的改造高潮。同年，在平定县召开了全省第一次小煤矿技术改造现场会，推动了各小煤矿因地制宜地利用小锅炉、小锅驼机和汽车内燃机、柴油机等作动力，提高了矿井提升的机械化程度。

20世纪60年代后，随着国家经济的恢复和发展，手工业开始有了新的突破，工业厂家为了提高煤炭的产量，制造出了麻机（小绞车），在电力工业发展的基础上，郊区境内的区营和社队小煤窑基本上都开始使用电动力，较大的小煤窑基本上都安装了小绞车，提高了运输能力，煤炭产量逐步上升，使郊区的煤炭加工业有了较大的发展。在提升运输上用小绞车从井下把小平车装煤后通过大巷运输到井上，取消了牲口驮煤的原始生产力，一般一平车能装600余斤。

1965年，随着普采机械化程度和矿井产量的提高，矿井运输和提升环节已不能适应需要，于是成为挖潜、革新、改造的重点。1968年11月，国产第一台长距离钢缆胶带运输机在阳泉矿务局四矿一井取代了无极绳绞车。该机电机功率为280千瓦，胶带宽1米，全长2650米，速度每分钟90米，每小时运量360吨，最大可达500吨，比原设备每小时提高120吨。这是山西煤矿使用长距离胶带运输机的开端。之后，三矿二号井，二矿西四尺井的主提升斜井于1976年也先后安装了这种运输机。同年三矿竖井将6吨箕斗改装为9吨箕斗。平峒提升都采用了3吨底卸式矿车。

中共十一届三中全会后，境内矿井向大型化发展，采取了集中生产、集中提升。1979年5月，阳泉矿务局一矿北丈八井和北四尺井的主提升斜井安装使用了强力胶带运输机。1986年竣工的阳泉矿务局三矿裕公井扩区工程，在井下与一号井设立联络巷，由胶带运输机经联络巷将煤炭运至一号井井下煤仓，由一号井3吨底卸式矿车、架线式电机车集中提升。至此，阳泉矿务局淘汰了绞车提升原煤。南庄煤矿和荫营煤矿在矿井技术改造中，于1981年后将无极绳绞车分井提升改造为斜井钢缆胶带运输机集中提升。

1987年，阳泉矿务局二矿经过改扩建，全矿实行集中生产、集中提升，其主提升斜井使用一部强力胶带运输机；其一对副立井分别使用2台JKM-3.25-4型落地式多绳摩擦轮绞车，牵引双层一吨四车多绳罐笼，提升人员、材料和矸石，主斜井和副立井的提升设备为井上操纵，集中控制。1990年3月投产的材料斜井，使用JK-25/30型提升机，承担井下长材料和大型设备的运输。1991年12月投产的贵石沟矿井，其主斜井安装胶带长1120米、宽1.4米的强力胶带运输机，担负全井原煤提升；一对副立井分别为主提升和辅助提升，主提升井安装一个双层1.5吨4车特别加宽罐笼，担负人员、设备和材料提升作业，辅助提升装有一个单层1.5吨双车多绳罐笼和一个平衡锤，担负长材料和零星人员的升降作业。这些提升设备的操纵都采用集中控制。至1990年，全市地方乡镇和村办煤矿都使用电力绞车，或为单车、双车、串车，或为无极绳绞车提升。

1990年后，随着境内煤炭生产量的不断增长，提升能力亦日益提高。1992年，五矿大井副立井绞车使用JKD-2.8×6型绞掣，立井罐笼提升，滚筒直径2.8米，电机功率630千瓦，F-D供电，直流拖动，是阳煤集团第一部井筒式多绳（6绳）摩擦绞车。1994年，五矿大井主斜井安装投运了一部唐山冶金矿山机械厂生产制造的GD-4500型高强度直流直联钢丝绳芯胶带输送机，随后五矿小井也安装了一部DX-1000型钢丝绳芯胶带输送机。1997年，新景矿副立井绞车投运，使用IKD-3.5×4型绞车，立井罐笼提升，平衡锤提升，滚筒直径3.5米，电机功率1000千瓦，直流直联，是阳煤集团第一部模拟数字化直流拖动绞车。7月，主斜井安装了由沈阳矿山机械厂制造的TD-1400型钢丝绳芯胶带输送机，胶带宽1400毫米、带强4000牛/毫安、运输长度为1380米，同时在大强度皮带机上应用了国际上最先进的CST软启动系统，该系统采用的调速装置可有效避免重载起停对设备造成的冲击，电机功率达3×1000千瓦。

其间，为满足采煤方法改革和能力提升以及提升安全需要，郊区矿井严格按照设计对提升系统进行了大规模改造，各类矿井取消了调度绞车代替主绞车提升。1997年7月，石店煤矿丈八坑口安装了河南焦作矿务局机电总厂生产的STJ-800型强力皮带输运机。提升能力为250吨/小时。东坪煤矿改革采煤方法后丈八井安装皮带机提升。1999年7月，阳泉市地方国营上社二景煤矿正式投产，其主井主提升一直采用JD-40绞车牵引矿车提升，每钩四车，主井提升改为DTD80皮带输送机，提升能力是400吨/时，带宽800毫米。副井投入使用，提升采用JTP-1.6半滚筒提升机，直径1.6米。

进入21世纪后，提升设施能力进一步提高并对绞车进行大规模的电控数字化改造。2003年，阳煤集团对主提升绞车进行大规模电控数字化改造，同年，一矿矸山绞车成为境内第一部采用全数字交流电控系统的绞车。2004年，新景矿副立井绞车成为境内第一部采用全数字直流电控系统的绞车。2005年，三矿裕公副井绞车成为境内第一部采用低压交流变频调速电/绞车。2006年，该集团公司在阳泉境内有7部强力胶带输送机，担任大型原煤运输任务，在用的主要提升绞车电控系统，全部改造更新为全数字电控系统。

其间，地方煤矿对提升改造的力度也不小。2002年后，燕龛煤矿，主井采用单钩串车提升方式，绞车房安装有JTD-1600/1224型单滚筒绞车一部，功率130千瓦，提升能力42.7万吨/年。程庄煤矿主井提升采用FJ87-1000/2×160型皮带。副井采用双钩串车提升方式，绞车房安装有2JK-2.5型双滚筒绞车一部，提升能力满足180万吨/年的需要。2003年，盂县县营集体石店煤矿采煤方法改革，主井提升方式采用STJ-800型钢绳芯胶带输送机运输。主斜井装备1台STJ-800型钢绳芯胶带输送机，副井采用单钩串车提升方式，主要提升矸石、材料、设备等。2004年，地方国营上社煤矿主井提升更换为DTL120/55/4×250型强力皮带机，提升能力是550吨/时，副井提升系统也进行了相应的技术改造，增加了矿井的提升能力。2005年，跃进煤矿采用综采机采煤改造的同时对主提升进行改造。其丈八坑口主提升，采用唐山冶金机械厂生产的钩绞强力皮带机型号为DST120，功率440千瓦，带宽1米，输送能力为450吨/时。

2005年，企业改制重组后的阳泉市燕龛煤炭有限责任公司，下设两个分公司煤矿。一是燕龛煤矿，主井采用单钩串车提升方式，绞车房安装有JTD—1600/1224型单滚筒绞车一部，功率130千瓦，提升能力42.7万吨/年。二是程庄煤矿，主井提升采用FJ87-1000/2×160型皮带。副井采用双钩串车提升方式，绞车房安装有2JK-2.5型双滚筒绞车一部，提升能力满足180万吨/年的需要。2006年6月，郊区鸿泰煤矿以竖井开拓，在主立井安装1台JKMD-2.25×4（I）E-

（HT）型摩擦轮提升机，提升容器为GTG-1.5型双层单车罐笼。此为区内乡镇煤矿安装最大型、提升能力最大、各类安全技术最先进的大型立井提升绞车。其间，盂县乡镇煤矿随着机械化的发展，先后在下南、榆林垴、康家沟、路家村等10座乡镇煤矿和1座民营煤矿，在主井安装了钢丝强力皮带机为主提升设备。截至2008年，全县有17个矿井安装了强力皮带机提升，占到全县煤矿的37%。同期该县采用电动绞车提升的矿井有36个，占矿井总数的63%。

从2006年开始，阳泉地区各产煤县、区所属煤矿进行煤炭资源整合和煤矿重组，一大批提升能力差、提升设备落后、提升设施安全隐患多村办煤矿、乡镇煤矿、联营煤矿和私营煤矿被淘汰。经过整合后的各煤矿，其提升能力得到进一步加强，提升水平得到进一步提高。截至2010年，阳煤集团有7部强力胶带输送机担任大型的原煤运输任务，在用的主要提升绞车电控系统已经全部改造更新为全数字自动化电控系统。全市地方煤炭生产企业井下原煤外运系统全部实现了皮带化、标准化、规范化；阳煤集团井下原煤外运实现了皮带机连续运输、主提升绞车实现了全数字电控化。

三、井上运输

清代以后，境内地面运输主要靠驴、骡驮运。清光绪三十四年（1908）保晋公司正式成立后，其阳泉一、二、三、四矿厂，用轨道矿车或驴骡运至火车站。民国8年（1919），第五矿厂在桃河北岸委托日本大阪安全索道株式会社投资2万元架设一条单线架空索道，全长2500英尺（762米），钢索直径为7/8英寸，绳速6英尺/秒（1.63米/秒），运斗容积8立方英尺，每斗载重340磅，动力12马力，桃河北岸所产煤炭等，均经该索道运往南岸，日运量约为300余吨。

日军占据阳泉期间，境内地面装运设施：第一、二、五坑均在正太铁路南侧，各坑均有铁路支线，煤由人推矿车或汽绞车运至站台装车；三、四两坑在位于桃河北面，运距较远，用驴、骡或无极绳绞车运至南岸装车。

1949年以后的很长一段时间，阳泉矿务局在内的国营大中型煤矿，地面运输除大量使用汽车外，运输木材、支护材料、大型设备等，轨道运输则更为普遍。电瓶车则通常应用于车间与车间之间的机电备件、设备或工具运输。而在郊区、平定、盂县的小煤窑，以至于后来的社办煤矿和村办煤矿人推矿车或驮运，这种较为原始的运输方式，甚至一直延续到20世纪70年代末。直到80年代初，汽车和拖拉机，才成为阳泉境内各地方煤矿的地面运输的主要方式。

1980年后，全市老挖改造工程中，其材料运输系统：矿井地面建有完善的设备修配、运输，材料运输系统，通过地面窄轨铁路、车场与副井连接，然后由副井将材料、设备运至井底车场，然后通过井下运输系统运到各使用点。煤炭运输系统，则由井下原煤仓通过主井皮带运至洗煤厂，矿井建有大型选煤厂一座，原煤通过筛分、洗选后分品种运至贮煤场存储，然后通过铁路外运销售。20 世纪 90 年代末期企业改制重组后的阳泉市燕龛煤炭有限责任公司程庄煤矿，地面材料通过矿车运输到井下，矸石从材料斜井提升到地面后，经矿车运输到矸石山，煤炭经主井胶带机提升上来后，经筛分楼筛分，用皮带运到煤场，汽车外运。燕龛煤矿地面材料通过矿车运输到井下，矸石从主斜井提升到地面后，经矿车运输到矸石山，煤炭经主井绞车提升上来后，经简易振动筛分后，用矿车运到煤场，汽车外运。

燕龛煤业集团公司空中排矸走廊

阳煤集团各矿地面材料和设备运输系统，均采用轨道架线电机车、蓄电池机车和柴油机内燃机车牵引运输，三矿有无极绳绞车运输方式。其矸石排放方式大致经过 3 个发展阶段。20 世纪 80 年代前期以前，主要使用无极绳绞车牵引 1 吨矿车、箕斗、1 吨“V”形矿车拉至山顶人工排矸。80 年代中期至 90 年代中期，是无极绳绞车、电机车，矿车和汽车并用的阶段。如 1984 年五矿六号层井投产，排矸系统为井下矸车经 130 千瓦无极绳绞车提升到地面，再经翻车装入汽车运至矸山排放。1988 年 1 月，一矿矸山排矸方式改变为利用 12 吨自卸式汽车排卸矸。1991 年，贵石沟井正式投产后，地面排矸系统为汽车从选煤厂矸仓接矸，直接拉运到矸山排卸，井下排矸利用 1.5 吨矿车装矸，通过中央区排矸立井直接提运到矸山，秆山用汽车排矸。1997 年，新景矿地面排矸系统将选煤厂洗选出的矸石，经胶带输送机拉运到矸山矸楼，再利用汽车进行排放，这时采用了胶带输送机。此后，采用胶带输送机运输矸石的方式得到较多的采用。2005年5月，该集团公司一矿对地面矸石楼至井下翻车矸石仓的运输方式进行了改造，由架线电机车运输改为胶带输送机运输，这一时期，地面运矸系统还大量采用汽车直接运输。2010年8月，该公司一矿东副立井操车系统，将原压风动力操作的复式阻车器、推进机、摇台操车系统，改造为液压动力操作系统，其使用可靠性、安全性和生产效率都有较大提高。

截至2010年，由于国家经济发展迅速，对煤炭的需求量不断增大，铁路成为境内煤炭外运的瓶颈，六轴、五轴为代表的大吨位汽车，担负了重要的煤炭外运任务。阳煤集团、南煤集团、荫营煤矿、固庄煤矿，以及郊区、平定县、盂县等产煤县（区），均采取汽车运输的方式解决煤炭外运困难，弥补铁路运输的不足。

第四节　通风　排水　照明

一、通风

境内古代煤窑通风，有自然通风和人工通风两种。多采取自然通风，唯在风流不畅时辅以人工通风，用风车、风柜等向煤窑内扇风；或在井口、井底生火炉，加热空气，利用冷热空气的比重不同，对流进行通风。明代以前多是单眼井，通风采用“裱风法”和“腰风法”。自然通风又分单眼井通风及双眼井通风法，后者较为普遍。单眼井通风是用“裱风法”和“腰风法”。裱风法是在斜井筒的一角砌一三角形风道，或在立井筒一侧凿一小沟，用片石与井筒隔开，作为回风道。回风道出口高于井筒，形如烟囱，俗名“噘嘴”，新鲜风流从井口进入井下，污风经裱墙隔出的风道由“噘嘴”抽出。腰风法是开凿高低不同的两井，高的出风井只开凿半截，用横洞与低的进风井半腰凿通，进风井下半截用裱风法砌筑风道至横洞，从而形成自然风流。这样节省了风井下半截的工程量。明清时期阳泉地区的煤窑多为双井，有出风井和进风井之别，分别开凿在不同的高度，井下互相连通，形成通风系统。

清光绪三十四年（1908）之后，保晋公司阳泉各矿厂至少有两个通风井，采用两翼对角式或立井并列式、立井中央并列式布置自然通风系统，井内巷道设置风门、密闭墙，用以引导风流方向。其他较大煤矿也大都采用这种通风方式。民国16年（1917），保晋公司阳泉第一、二矿厂各安装一台美制西罗哥式汽动抽风机，额定风量为16万立方英尺/分（抽风量分别为3932立方米/分和5243立方米/分）。该机的使用首开山西煤矿机械通风之先例。但抽风机安装后并未经常使用，只有在必要时才使用，平时仍以自然通风为主。

日军侵占阳泉煤矿后，只顾掠夺资源，并不重视改善通风条件。原保晋公司购置的通风机一直闲置未用，仍靠自然通风。由于通风不良，井下温度很高。据资料记载，夏季采掘工作面温度高达30℃，有的甚至高达40℃，因而煤炭自燃及瓦斯燃烧和爆炸的事故不断发生。

1950年3月和8月，阳泉矿务局为改善矿井通风，先后在四矿丈八井2号立井和裕兴矿二坑分别安装了日制147千瓦和110.3千瓦轴流式通风机一台，仍使用原自然通风系统的风路。由于风路长，巷道曲折起伏，断面不规则，风阻大，加之横贯不密闭，漏风严重，故有效风量仅为30%左右。因此工作面风量仍然不足，开拓掘进面新鲜风流进不去，瓦斯积聚现象时有发生；同时从采空区还涌出大量瓦斯，严重威胁安全生产。四矿曾因此而于1951年7月被迫停产。8月，燃料工业部华北煤矿管理总局通风工作队到该矿帮助改进通风管理。通过对通风巷的扩大和整修、密闭，将通风等积孔由1.6平方米扩大至2.5平方米；又在丈八煤1号立井增装110.3千瓦风机1台，两台风机同时运转，总风量由3000立方米/分增至4300立方米/分；并将串联式通风改为分区通风。由于采取了这些措施，从而解除了瓦斯威胁，恢复了生产。

1951年，燃料工业部颁布了《煤矿技术保安暂行规程》。根据该规程的规定，阳泉地区各煤矿绝大多数矿井属于三级或超级瓦斯矿井；加强矿井通风建设，改进矿井通风管理，是阳泉地区煤炭生产的首要工作。1952年5月，阳泉矿务局四矿安装了1台147千瓦国产50-I型轴流通风机。此后，国产通风机和苏制By型通风机在阳泉矿务局渐次取代了日制旧式风机，并在境内其他各煤矿也使用开来。1953年后，阳泉矿务局通过整定主风机，提高其效能，整修巷道，减少其阻力等措施，提高了矿井通风标准，还结合单一煤层新矿井建设，增建风井，增装风机，改造通风系统。到1957年，全局共新开风井8个，增装风机8台；矿井风量达3000～4500立方米/分；通风方式为中央并列式；井下通风网络逐步实现分区通风，严禁串联通风；通风阻力为686～1470帕，等积孔为1.9～2.3平方米。1958年，该局二矿东四尺井安装2By-1.8型、功率310千瓦大功率通风机后，该局陆续将三级或超级瓦斯矿井使用的单级风机改为功率在300千瓦以上的双级大功率通风机，进一步提高了矿井供风效能。

这一时期，各地方煤矿也对通风系统进行了改造。1956年，荫营煤矿始用机械通风，安装70B2型通风机。同年，汉河沟煤矿使用离心式主通风机取代自然通风，使矿井通风量达900立方米/分；1968年又增装70B2型通风机1台。1957年，南庄煤矿新建丈八井投产，以11千瓦局部通风机供风，结束了自然通风的历史；1972年建成通风井，安装了2台70B2型通风机，形成机械通风系统。1958年，白羊墅煤矿在井下首次使用1台0.8千瓦局部通风机，以改善自然通风条件，翌年安装75千瓦B2-165型主通风机，实现了全矿机械通风。

1962年，山西省煤管局下达了矿井“通风能力计算方法”。第一次提出了矿井应进风量的计算公式和通风能力、有效风量、采掘工作面配风量计算的规定。对当时统一计算口径，保证工作面风量起了积极作用。1968年，义井煤矿安装了70B2-21-18主通风机。至20世纪60年代末，郊区所属的社队煤矿也普遍实现了机械通风。阳泉矿务局由于不断对矿井进行改扩建和应用普采技术，开采强度加大，采区延伸，原有的通风能力日趋不足。从1965年至1975年，阳泉矿务局先后新建风井8个，开凿通风巷道3.3万米，将通风方式改为多风井布置的单翼式或双翼式分区通风。同时还积极推行“三无”（通风巷道无断棚、无积水、无杂物）、“四有”（有足够断面、有专人检查、有专业维修队、有维修记录）、“两保证”（保证不冒顶、保证畅通无阻）的通风管理，从而使矿井有效风量提高到80%以上。

其间，各地方煤矿通风能力也普遍低于综合生产能力20%～30%。通风能力的不足，制约了生产的发展。因而此后一段时间里，各个煤矿都把通风环节的改造和通风技术的改进作为矿井建设的重点来抓。一些地方煤矿也增装、新装或革新了通风机械，并加强了通风管理。汉河沟矿、义井矿和南庄矿分别在1968年和1972年增装和新装了双级轴流式抽风机；荫营煤矿于1974年将通风机风叶改装成扭曲风叶，使风量提高10%。

1980年后，全市煤矿通过挖潜、革新、改造，产量逐年上涨，通风成为薄弱环节，制约着生产发展。为此，对通风系统不断地进行了改造。一是改革开拓部署，将主要进回风巷开凿在岩层中，改善了维护状况，降低了风阻，有效风量率大幅度提高。二是加强通风管理，通风巷道基本做到了“三无”（无断棚、无积水、无杂物）、“四有”（有维护专业队、有专人检查、有足够断面、有维护记录）、“两保证”（保证不冒顶、保证畅通无阻）。三是用大型通风机取代小风机。四是改造了一批性能差、能耗高、风量小、效率低的70B2型风机。

其间，各地方煤矿也都陆续增装或更新了大功率的通风设备。汉河沟煤矿在1977年和1981年，先后在七尺坑和四尺坑，分别装备了25千瓦轴流和40千瓦B2-001型离心主风机，至1990年矿井总风量为2316立方米/分，有效率90%；南庄煤矿于1984年完成矿井改扩建工程，安装70B2-21-18型和28型主风机各2台，2台运转，2台备用，实现了联合分区通风，至1990年全矿井总供风量9100立方米/分，有效率86%；白羊墅煤矿至1990年，有主通风机2台，矿井总风量为1085立方米/分，有效率85%；义井煤矿于1982年将主通风机的电机功率由55千瓦改为130千瓦，以增加风量，至1990年，矿井总风量885立方米/分，有效率83%；荫营煤矿于1986年在所属3对矿井各装备了大功率通风机4部，并增加了相应能力的备用风机。到1990年，平定县、盂县的县营煤矿也装备了大功率通风机，各乡、镇煤矿也都实现了机械通风。

随着综采的进一步发展，矿井的开拓部署改革，向多煤层联合开拓、集中生产和大型化发展。阳泉矿务局采取增建风井、11分区通风和选用大功率风机增大风量的综合措施，以适应这一要求。至1990年，该局11对生产矿井共安装主要通风机50台，其中运转25台，电机总容量23000千瓦，总排风量容量能力达20万立方米/分。由于改扩建矿井的采区尺寸加大，机械化程度提高，以及集中生产，瓦斯涌出量增加，需要风量大幅增长，矿井通风阻力有很大变化。据1990年1月测定，运转主要通风机工况风压平均为3000帕，其中4000帕以上5台、3000帕以上为3台，计8台，占运转主要通风机的44.44%。矿井等积孔增大，一般采用单台主要通风机的为2.63～3.57平方米，多台主要通风机系统矿井为5.56～7.37平方米。

20世纪90年代，全市各煤矿经过不断整顿，各矿井全部安装了主要通风机，并将不能满足矿井通风的小功率主扇及以局代主的主扇予以全部更换，并为高沼气矿井配备了备用主扇，确保安全运行。各矿井掘进工作面通风也全部安装了JBT-11型局部通风机，消灭了自然风、扩散风通风方式。这一时期，矿井安装主扇主要型号为轴流式BK54-NO11-16B型，功率17～30千瓦。1991年，野沟煤矿一号井建成投产，副井安装4-72-11NO20B型离心式主扇2台，功率55千瓦，此为首次安装离心式主扇。同年7月，阳泉市地方国营上社煤矿开工建设，建矿初期，通风设施很不完善，矿井通风方式为中央并列式，主风机为一台30千瓦的局扇，供风量仅有1300立方米/分，井下部分工作面采用串联通风，总风量严重不足。1995年，阳泉矿务局组成6个强化“一通三防”预防重大事故责任领导组，分赴各矿、处督促检查工作，局矿两级领导根据工作组提出的9个具体问题进行整改，使全局安全形势大为改观。同年，阳泉矿务局通风质量标准达到了部级标准。

进入21世纪后，按照新《煤矿安全规程》要求，阳泉各类煤矿全部配齐同等能力的备用主扇，并使用离心式主扇通风的矿井设置了反风道，同时各类矿井对井下风桥、风门等通风设施进行了标准化建设。此阶段，煤矿安装主扇主要型号为BK54-NO11-20B型轴流式及4-72-11NO10C、12D、16B、20B型离心式主扇，功率17～55千瓦。2002年11月，南煤集团将矿井12号煤与15号煤的混合式通风系统改为分层独立通风，扩大了总回风巷的回风断面，增大矿井通风能力，确保了生产的需要。2005年至2006年，平定县煤矿全部配备两台主扇，且具备同型号、同等能力。新更换的通风设备为FBCDE型节能主扇。卫东煤业、富鑫煤业、泰昌煤业、汇能煤业、阳胜煤业实现了局部通风的“双风机双电源”自动切换。2006年，郊区旧街煤矿进行矿井改扩建试生产，在副立井安装2台FBCDZ-NO19型防爆对旋轴流通风机，功率分别为

185×2 千瓦，一台工作，一台备用，经测试矿井总进风量 3750 立方米 / 分，总回风量 3950 立方米 / 分，始为区内乡镇煤矿安装功率最大、通风能力最大的矿井。

其间，阳煤集团的通风系统得到了进一步提高和完善，2002 年后，阳煤集团逐步加大投入，新投运了一批进、回风井，复用并改造了一批回风井，投运了一批主扇，同时对一些能力不足和设备老化的主扇进行技术改造。2008 年，阳煤集团确定通风系统优化方案，规定新建矿井风量富余系数为 2.0，生产矿井风量富余系数为 1.5。根据这一优化方案，各矿开始进行相关技术改造。截至年末，主要生产或试生产矿井共安装主扇 56 台，运行 28 台，总装机容量 109660 千瓦，总排风量 343331 立方米 / 分，保证有足够的风量稀释瓦斯，改善井下工作环境，拥有比较富裕的通风能力。

截至 2010 年，全市地方煤矿更新和改造了矿井通风设备，完善了瓦斯防治系统，安装了瓦斯安全监控系统、井下人员管理系统产量监控系统和工业视频系统，并实现联网在线运行，其中，完成联网测试和升级改造的达 93%，建成瓦斯治理示范矿井 6 座，所有矿井瓦斯监测监控系统在线运行率达到了 90% 以上、监控覆盖率和迅速处置率均达到了 100%，南煤集团南庄煤矿、大阳泉中煤矿及燕龛煤炭有限责任公司程庄煤矿初步建成了国家瓦斯治理“双百工程”示范矿井。全市煤矿系统实现了瓦斯事故为零的目标。

二、排水

古代，境内矿井排水主要是人工排水。方法有三种：一是用牛皮包（又称牛皮囊）作盛水工具，坑上安装辘轳，用人力绞车提升排水；二是倒槽法，采煤时先采下山，采出的空区，作为开采另一区的蓄水区，这样一区倒一区地排水；三是放水法，靠近水塘的矿井，按地势凿一水道，将采区涌水引入水塘。

清光绪三十一年（1905），同济矿务公司在境内开凿矿井时，用蒸汽水泵排除井筒内积水，开境内机械排水之先河。光绪三十四年山西保晋公司正式成立后，阳泉各矿厂均使用蒸汽水泵排水，到民国 15 年（1926），有 2.5 英寸（6.35 厘米）和 3 英寸（7.62 厘米）水泵共 7 台。民国 19 年后，该公司陆续购买蒸汽发电机 6 台，所发电力除用于照明外，也用于电动水泵排水，从而进入电力排水阶段。其时，建昌公司也开始采用蒸汽泵和电力泵排水，其他如广懋、富昌、中孚、平记、全顺等 10 余座资本在万元以上的煤矿均使用小型蒸汽泵排水。其余小煤窑仍采用传统的人工排水方法。

日军侵占阳泉煤矿后，阳泉采炭所各矿井也采用蒸汽泵和电力泵排水。民国 31 年（1942），共有蒸汽水泵24台、功率233.7千瓦；电动水泵9台、功率68.4千瓦。之后，因采用高落式残柱采煤法生产，使井下涌水量增大。随着发电厂建成供电，电动水泵数量增加到36台，总功率达940.8千瓦，而蒸汽水泵仅剩1台、功率7.4千瓦。使用电水泵最多的是简子沟坑，有11台，其中功率最大的为73.5千瓦。日军投降后，由于矿井停工停产，一些排水设备被破坏，致使矿井被水淹。

阳泉解放后，人民政府积极恢复生产，组织力量排除矿井积水。民国37年（1948）3月，为恢复国营裕公矿的生产，在井下安装了功率为150千瓦的离心式电水泵1台，用75天时间排除了全部积水。1950年阳泉矿务局成立后，在被水淹的矿井中安装了一批电动水泵进行排水，迅速恢复了生产。据1952年5月统计，全局共有电动水泵40台，总功率达1357千瓦。1953年后，阳泉矿务局在矿井改造和建设中，按《煤矿技术保安暂行规程》的要求，对矿井排水进行正规标准设计和建设。在立井、斜井和平峒的下山修筑了能容纳16小时正常涌水量的水仓。水仓分主、副两部分，以便轮换清理。同时，各生产矿井均配备了8小时内能排除24小时涌水量的电力水泵3台。其中一台运转、一台备用、一台维修。同期，各地方国营煤矿也逐渐使用电力水泵进行排水。地方国营南庄煤矿于1953年使用了电力水泵，南大变电所供电后，南大坑井下由气泵排水改为电力排水，安装30千瓦水泵。之后，地方国营汉河沟、白羊墅煤矿也相继使用电力水泵取代了蒸汽水泵。荫营煤矿于1955年安装使用了电力水泵。到1956年，仅荫营煤矿就拥有各种型号电力水泵3035台，其中功率最大的为440千瓦。同年，南庄煤矿在平匀坑安装使用排水设备2台，水泵型号是SMM150×51台90千瓦；SMM150×61台110千瓦。铺设直径150毫米排水管路450米。

1965年后，随着阳泉矿区电力工业的发展，各大、中、小型煤矿已普遍使用电力水泵排水。进入20世纪70年代后，许多煤矿又将一些能耗高、效率低的水泵逐渐淘汰，装备了较为先进的国产水泵。

其间，郊区二轻系统及社队小煤矿仍为人力排水。1966年，红土岩、坪上、汉河沟煤矿先后购置安装水泵，开始使用电力水泵排水。20世纪60年代末至80年代初，随着郊区电力工业迅速发展，各类煤矿普遍用上了电泵排水。区营红土岩煤矿于1976年淘汰了效率低、耗能大的旧式苏制水泵，更换为国产DF46-30×5型防腐耐酸泵，效率提高达85%以上。1978年，辛兴煤矿建成投产，安装D25-50×7型水泵2台，功率55千瓦，排水管直径101毫米，扬程达350米。1984年，红旗煤矿丈八井安装4DA-8×9型水泵3台，对矿井进行分级排水。此一时期，多数矿井安装8小时内能够排除24小时涌水量的水泵2台，其中一台工作、一台备用，其主要型号为D型、DA型为主，配用防爆电动机。并多数矿井在副井底设置一个水仓，沿副井筒敷设一趟排水管路。大多数矿井，排水扬程较大时，则采用分级排水方式。井下采区排水，使用潜水泵将工作面积水排至运输大巷水沟内，自流至井底水仓。1974年，阳泉市地方国营南庄煤矿下四尺井安装排水设备，使用5DA-8×7型100千瓦水泵1台，铺设直径125毫米排水管复路300米。

1984年，南庄煤矿在594水平中央安装中央水泵，水泵型号150DⅡ-30×7型，160千瓦4台，铺设直径270毫米排水管路800米。井底车场建有井下＋594.0m水平主排水泵房，与中央水泵房联合布置。主排水泵房安装两台MD155-30×7型多级离心水泵运行，单台水泵流量155立方米/小时，实测排水量149.2立方米/小时，扬程210米。安装两台150D30×7型多级离心水泵备用，单台水泵流量155立方米/小时，实测排水量146.48立方米/小时，扬程210米。地面有一台150D30×7型多级离心水泵。每台水泵均配YB315M-4型电动机一台，功率160千瓦。在井底车场附近的运输大巷侧布置主、副水仓，采用主副水仓分别布置形式。主水仓有效容量为2000立方米；副水仓有效容量为1900立方米，水仓总容量3900立方米。

20世纪90年代后，阳煤集团逐步构建了工业以太网矿井生产综合监控系统，将矿井排水管理纳入安全生产调度系统及跟班人员稽核系统。郊区区营及部分乡镇新建或改扩建矿井，基本上都按正规设计建立了正规水仓及排水系统。

进入21世纪后，全市煤矿进一步完善综合防治措施，严格执行“有疑必探，先探后掘”的原则，普遍在工作面使用潜水泵、胶管或皮管管路排水。2001年之后，郊区区内各类煤矿经过基本条件和2004年领取煤矿安全许可证制度两次整顿，原有矿井全部按照设计要求，对原有的排水系统进行了改造，全部安装使用工作、备用、检修三台水泵，配备了防水闸门、压力表、两条排水管道，建有专用主、副水仓，容量满足矿井最大涌水量排水需求，并实行双电源、双供线路手动切换，有效地保障了矿井排水安全。

2005年，平定县煤矿排水管路全部更换为铸铁管或钢管，主副水仓改为“三泵两管”。2006年，郊区鸿泰基建矿井在主立井井底设置主排水泵房和主副水仓，容量分别为304立方米，水泵房安装D46-50×10型离心式水泵3台，1台工作，1台备用，1台检修。沿主立井铺设有两趟108毫米排水钢管，长度分别为600米，1趟工作，1趟备用。水泵配用YB2-315L-2型电动机，功率132千瓦，额定扬程500米，实测单台排水能力41.2立方米/小时。此为区内煤矿首次安装功率最大之排水泵。至2006年12月，郊区所有煤矿全部采用了不同型号的电力排水设备，统计总数为268台，其中较大功率主排水泵108台，且各矿井排水系统按照《煤矿安全规程》规定，日趋完善，为煤矿安全、正常生产，提供了有力保障。

其间，阳煤集团排水系统得到进一步改善和提高。其主排水一般采用卧式多级大功率离心水泵，吸入式的排水方式。矿井积水或者使用小功率水泵，或者使用水沟，集中入于中央水仓即主泵房，然后再由大功率水泵排出地面，有效地控制了水患的发生。截至2010年，全市各煤矿全部配备了不小于200米的探水设备。

三、照明

境内煤矿井下照明，宋代以前用小瓷盘、瓷碗做灯具，在巷道两壁凿灯龛，燃植物油照明。为提高亮度有的加灯罩。明、清时期，逐渐转为用携带式矿灯，俗名“油葫芦”“油鳖”或“裸火”。灯具用铜、铁或陶瓷制成小圆壶状，前有壶嘴（灯头），后有壶柄。壶嘴内用一缕棉线或棉花做灯芯，并可手提或嘴咬，也有的没柄，用布缠绕固定于头上。在盂县发现的元代竖井遗址中，就已有陶瓷灯具。这种灯具的形状制作与明清时期所用的“油鳖”灯基本相同，为圆壶状，前有壶嘴为灯头，壶柄可手持，或口衔，或插挂。

清光绪三十四年（1908），保晋公司阳泉各矿厂矿工照明仍用“油葫芦”，少数职员用安全灯照明以及检查瓦斯。民国7年（1918），保晋公司在开凿燕子沟东立井时，始装1.5千瓦直流发电机一台，其所发电力用于井下电灯照明。之后，该公司阳泉各矿厂相继安装发电机，在井下车场或主要大巷用于电灯照明，其电压为110伏或220伏不同。民国9年，平定建昌公司煤矿在井下也开始使用电灯照明。

日军侵占阳泉煤矿后，在阳泉蔡洼建设了发电厂，煤矿的汽动力设备开始向电动力转换，照明也逐渐使用电灯。

1950年12月6日，阳泉矿务局四矿首次在阳泉矿区开始使用携带式蓄电池防爆安全矿灯（俗称头灯），灯液有酸性和碱性两种。此后，安全矿灯在该局逐渐推广。同年，阳泉市重点地方国营南庄煤矿、汉河沟煤矿、白羊墅煤矿和阜山煤矿则以乙炔灯（即电石灯）取代了“油鳖”灯。1951年，燃料工业部颁发了《煤矿技术保安试行规程》，要求煤矿井下固定照明禁止使用裸露的灯泡，并对蓄电池矿灯使用、保管、维修、发放都做了详细规定。阳泉矿务局和阳泉矿区省市营重点煤矿根据矿井瓦斯等级、有无煤尘爆炸威胁和照明地点的不同，分一般使用、一般矿用型、安全型和防爆型灯具，用电电压统一为110伏。

1953年，阳泉市地方国营南庄煤矿首先转为用电动力和电力照明。到1956年，山西省、阳泉市重点地方国营煤矿南庄煤矿、白羊墅煤矿、汉河沟煤矿和阜山煤矿井下矿工都按《煤矿技术保安试行规程》标准全部配备了安全矿灯，井下固定照明设备也按《煤矿技术保安试行规程》要求进行了改造。1956 年，阳泉矿区县区营重点煤矿盂县西兰、平定宁艾等煤矿装备了锅炉，使用蒸汽动力发电供井下照明。20 世纪 50 年代末，阳泉矿务局矿井固定照明全部改为防爆型白炽灯，照明线路改造成橡套或铠装电缆。

其间，阳泉矿务局架设了双回路高压输电线，建设了3.5千伏变电站，高压由3.3千伏升为6.6千伏，6.6 千伏高压送入各矿井下变电所，采区变电所降至 380 伏后分送采掘设备，并在大巷、峒室内安装普通型固定电灯照明。至1958年，阳泉—任家峪—盂县35千伏输变电线路建成投运，平定 10 千伏农网线路延伸，随之省营地方统配荫营煤矿和市营南庄煤矿对原有的配电室增容扩建，分别于 1960 年和 1965 年建成 10 千伏变电所。市营白羊墅煤矿和义井煤矿相继建立变电所各一个。到 1965 年，全市重点地方国营煤矿全部转为用电动力和电力照明。境内各类煤矿均建成了供电线路，结束了以蒸汽机为动力生产的历史。

20 世纪 70 年代，全市各类煤矿的井下开始普及使用国产矿灯。省、市、县营重点煤矿的井下固定照明也逐渐普及橡套线路和防爆荧光灯具。

1980 年后，全市地方煤矿开展安全整顿，各煤矿全部使用矿灯，彻底消灭了明火照明。井下车场，大巷使用防爆白炽灯固定照明。全部使用防爆矿灯照明，防爆矿灯一般以铅酸蓄电池作电源，型号多为 KS 型系列，额定电压 4 伏，额定容量 0.1 安，每充一次电后照明时间可达 11 小时。矿灯房均建在井口，矿灯用 KTSC 型充电架充电。井下固定照明电压均为 127 伏，一般由 KSG 型干式变压器产生。

1983 年，国务院正式确定将山西建成能源重化工基地后，随着 220 千伏输电线路贯穿全省，全市煤矿和电力建设规模进一步扩大，建成了 110 千伏变电站。这一时期，阳泉地区煤矿的供电有了较大发展，省、市重点国营煤矿和县区营煤矿都按《煤矿安全规程》要求安装了各种防爆灯具。乡镇煤矿则使用普通灯具照明。移动照明全部使用安全头灯，各种明火灯已基本绝迹。

20 世纪 90 年代后，随着科技的发展，全市煤矿井下照明全部实现了防爆化，井下电灯更换为具有防爆性能的防爆灯。同时，矿灯也逐步实现防爆化。1992 年，盂县煤炭工业局在县境内所有煤炭推广使用了上海虹桥科研所研制的防爆矿灯。1995 年，阳泉矿务局井下照明，全部由防爆型日光灯替换了防爆型白炽灯。从 1996 年开始，国家实施“绿色照明”工程，矿工使用的照明灯，由铅酸电池白炽灯，发展为锂电池双光源 LED 灯，井下巷道照明由日光灯换为 LED 灯，供电电源由 2.5 千伏安照明信号综合保护装置，逐渐更换为 4 千伏安的照明综合保护装置，部分矿井使用 10 千伏安的照明综合保护装置。

进入21世纪后，新一代双灯头防爆矿灯诞生，彻底解决了矿灯在井下损坏，灯泡无法更换问题，当一个灯泡损坏后，另一个灯头可开启，不影响照明。2004年，上社煤矿根据《煤矿安全规程》的要求，井下照明全部采用ZXZ8-2.5型信号综合保护装置照明，固定照明全部改为防爆型白炽灯，地面照明和生活照明全部采用节能型灯具。2005年，盂县各矿井筒大巷全部安装了防爆型白炽灯，在上下山顺槽巷道也全部安装了防爆白炽灯。2006年起，全市境内煤矿根据国家政策进行整合重组，井下照明灯具得到进一步提升。

截至2010年，全市煤矿井下车场及机电峒室、中心变电所、大巷运输照明，基本上淘汰了能耗大、照明效果差的隔爆型白炽灯，大中型煤矿开始使用新材料LED巷道灯制造的光源和恒压恒流源做稳压源的照明灯具隔爆型LED巷道灯、隔爆型LED照明灯，既高效节能，使用寿命较长，而且光效高，亮度大，光源正常使用平均寿命达50000小时以上，解决了井下频繁更换普通灯管的问题。

第五节 煤炭加工

一、原煤洗选

历史上境内煤炭生产都是简单的人工作业，所生产的煤炭都是混煤，煤炭选块加工主要是手选。在阳泉地区民间，煤被称为“煤”和“炭”，“末者为煤，块者为炭”。如需要块炭时就在煤坡上拣大块炭和中块炭供应用户，一般大中块炭都作为炼铁、烧矾石、烧石灰用，并无任何煤炭加工业，限于采煤全部都是用牲口驮、小平车拉，有的竖井都是用辘轳人工从井下把煤炭绞起来，一般都用箩筐，一箩筐最多能装80斤左右的煤，如有大块炭就的用专用工具绑好通过辘轳绞上地面。这种简单的生产状况一直维持至20世纪50年代初。

清光绪三十四年（1908）保晋公司正式成立后，煤炭开始外销，便用人工分选，乃为山西煤炭选块加工之始。该公司阳泉矿厂按煤块重量将原煤分选为大、中、小、碎块和末煤5种：大块50公斤以上；中块50公斤以下30公斤以上；小块30公斤以下10公斤以上；碎块为10公斤以下；末煤为不成块之细末。分选加工在井下进行，运出井外待销，因末煤销路不畅，大多弃之井下。据民国9年（1920）统计，阳泉各矿厂原煤分选率，大块为47.01%；中块20.53%；小块9.53%；碎块22.92%，境内其他较大煤矿也效仿之。

日军侵占阳泉煤矿时期，初时仍沿用旧法分选。不久，为掠夺资源，所产煤炭不分块末全部外运，而在井下增加由采煤工挑拣矸石的工序，以提高质量。到民国33年（1944），在简子沟修建了简易铁路装车煤仓，安装了固定筛进行筛选，为境内筛选之先。

阳泉建市初期，境内较大煤矿仍沿用旧法分块选煤。之后，为了提高商品煤的质量并分级增值，拣矸选块成为煤炭加工的主要手段，以灰分率、含矸率为商品煤的质量指标之一。1953年后，阳泉矿务局各生产矿井普遍安装了井口固定筛，将原煤筛分加工成两级产品，筛上物为混块，人工拣矸后成为块炭；筛下物为混煤。该局于1958年12月建成设计筛选能力90万吨/年的四矿选煤楼，原煤经滚轴筛、苏制ГУП-Ⅲ型吊式振动筛，选出50毫米以上大块、50～25毫米的中块和25～13毫米的小块及13毫米以下末煤，大块经手工拣矸成为普通大块和手选大块，共有5个产品。同年，荫营煤矿设计筛选能力120万吨/年的选煤楼建成投产，筛选产品有特块和大、中、小块及末煤。1959年7月盂县石店炼焦厂建起小型木槽流式洗煤厂加工炼焦煤，开境内洗选加工焦煤的先声，但因工艺不过关，不久即停用。

为适应煤矿生产机械化程度和产量日益提高的需要，以及出口商品煤质量的要求，阳泉矿务局于1961年建成设计筛选能力255万吨/年的三矿选煤楼，以2台滚轴筛、10台苏制ГУП-Ⅲ型吊式振动筛进行筛选，经人工拣矸加工，选出50毫米以上大块、50～25毫米的中块、25～13毫米小块和13毫米以下末煤，而末煤质量稳定，符合出口要求，年出口量达20多万吨。1963年，该局又对四矿选煤楼进行技术改造，装备了GS1000×2000概率筛，LBT振动筛、三角振动筛、偏心振动筛及胶带运输机，电气总容量达367千瓦，增建总容量为1720吨的方格型装车仓6个，使筛选能力由90万吨/年扩大到167万吨/年。1965年，与该局一矿选煤厂配套，建成设计筛选能力150万吨/年的选煤楼，筛选产品有大块、中块、小块和末煤，除末煤外其他产品供选煤厂入洗再加工，成为50毫米以上洗大块、50～25毫米洗中块和25～13毫米洗小块，不仅增加了产品品种，同时提高了产品质量。1971年至1974年，荫营煤矿固庄矿井选煤楼和南庄煤矿选煤楼相继建成，筛选能力分别为45万吨/年和53万吨/年。1978年1月，阳泉矿务局二矿设计能力150万吨/年的选煤厂投产，原煤经筛选处理，再洗选加工，增添了13毫米以下洗精煤品种。

20世纪70年代，煤炭产业随着机械化程度的不断提高，境内社队煤矿将小平车、牲口驮煤全部取消，改用大型绞车矿车运输，煤炭产量日益提高。为了走煤炭加工的路子，有的煤矿安装了振动筛，将煤炭上井后直接倒入筛内，通过振动将煤沫筛下将块炭通过筛口流入，提高了块炭加工的生产率。

进入20世纪80年代后，为使煤炭产品适应市场需求，提高经济效益，境内煤矿都把原煤选洗加工放到了重要地位。1984年，阳泉矿务局三矿选煤楼进行改扩建，安装2台重型振动筛、

1台17轴滚轴筛、10台组合等厚筛和1台GS1000×2000型概率筛和铸石刮板运输机、胶带运输机等设备，电气设备容量达488.7千瓦，建成吊仓77个、滑坡仓1个，总库容量2450吨，使筛选能力由255万吨/年扩大到385万吨/年。尔后又增添了跳汰洗选设备，使筛选成为一级加工，洗选为二级加工。同年，荫营、固庄、南庄3个煤矿也都对原选煤楼进行扩建，筛选能力分别由原来的120万吨/年、45万吨/年和53万吨/年，扩大到240万吨/年、90万吨/年和60万吨/年。之后，荫营煤矿在原选煤楼基础上，扩建了重介质洗选系统，进行二级加工，入洗能力达180万吨/年。

1985年8月，阳泉矿务局五矿筛选能力90万吨/年的选煤楼投产，筛分加工六号层斜井和小丈八井两对矿井的原煤。同年，盂县石店煤矿建成境内首座跳汰式焦煤选煤厂，入洗焦煤30万吨/年。1986年7月，阳泉矿务局设计能力150万吨/年的四矿选煤厂建成投产；12月，一矿选煤厂扩建工程竣工，使洗选能力达到450万吨/年，实现5至7个产品，商品煤又增加了冶金喷粉煤品种。从此阳泉矿务局的煤炭产品实现了由民用煤向工业用煤的转变，发电用煤品种增加，拓宽了产品的销路。

其间，郊区红土岩煤矿于1987年建成设计能力为12万吨/年的选煤厂；郊区大阳泉村办煤矿分别在两个生产井口建起了小型筛选厂；郊区野沟煤矿于1990年建成设计能力为21万吨/年的风力选煤系统，经风选，可分为五级颗粒精煤。还有盂县东坪、跃进等23座中小煤矿，也先后增装机械选块设备。1990年，南庄煤矿设计能力90万吨/年的洗煤厂建成投产。

南煤集团洗煤厂

原煤经过选洗，不仅适销对路，受到广大用户欢迎，而且使企业取得了可观的经济效益。据阳泉矿务局测算，原煤经筛选后，吨煤售价可提高3元；经洗选后吨煤售价可提高5.8元，仅此一项，每年可增加利润6000余万元。二矿选煤厂1978年投产后，累计洗选块精煤约400万吨，累计总产值8.49亿元，上缴利税4573万元，实现利润达1.18亿元。至1990年，全市无烟煤经选洗加工实现商品煤23个品种，其中有12种分别获得国家、部和省的优质产品称号。

从1990年开始，全市地方煤矿积极走“内涵增值”之路，使煤炭深加工有更进一步的发展。1990年8月，郊区野沟煤矿投资341万元，建成年选能力21万吨的风力选煤楼，试车成功并投入运行。该选煤楼使原煤经风选后，按照煤炭、矸石比重，分级筛选出五级精煤精块的颗粒：0～6毫米，6～13毫米，13～25毫米，25～30毫米，30毫米以上的精块，把优质无烟煤分为大小不同的颗粒，销往河北、河南、山东等地。1992年，盂县煤炭工业局在煤炭洗选上做了尝试，投资180万元在该县城关镇大横沟村东占地兴建跳汰式洗煤厂，以解决该县高硫煤和高灰分煤滞销问题。

其间，1990年，阳泉矿务局对一矿选煤厂进行技术改造，采用跳汰洗煤工艺，可生产专供钢铁厂使用的1号、2号、3号喷粉煤，年产量30万吨。1991年11月，经国家质量奖审定委员会批准，阳泉矿务局一矿“十级洗中块煤”获国家银质奖章，成为该局第一个国优产品。1990年至1996年，新旧500号压滤车间相继投入使用，实现了煤泥水闭路循环和清水洗煤。1992年7月，阳泉矿务局对二矿选煤厂进行技术提级，改原重介选块工艺，为块煤重介、末煤跳汰，并增加煤泥压滤系统，实现5个产品，开发了喷粉煤品种。1994年10月，阳泉矿务局五矿大井选煤厂，经过技术改造，实现了洗水闭路循环，被煤炭部命名为煤泥水闭路循环一级达标选煤厂和一级质量标准化选煤厂。1999年，安装一套小时处理量为50吨干选系统。

1997年10月，阳煤集团建成投产的新景矿选煤厂，块煤车间分两大系统，采用重介浅槽分选机。末煤车间分四大系统，采用重介三产品旋流器洗选工艺。主要产品有洗中块、喷粉煤、洗中煤、末原煤、煤泥。设计年产广喷粉煤135万吨。1998年，阳煤集团五矿小井选煤厂，改称为五林井选煤厂。

进入21世纪，全市地方煤炭系统选煤业得到长足发展。阳泉市神火选煤运销有限责任公司于2001年8月，以原上烟货站、洗煤厂为核心，分别由煤炭运销公司阳泉分公司和盂县煤运公司、南社煤矿三家股东共同出资3086万元，通过资产重组、清晰产权、规范改制而形成的责权明确、自主经营的法人实体。是阳泉市境内地方煤炭选洗销的较大无烟煤货运基地。2002年，郊区旧街煤矿投资150万元，增加完善了浮选工艺和压滤设备。2005年投资300万元，进行第二次技术改造，淘汰了原有的滚筒工艺，新上了8平方米跳汰洗煤面机，使生产能力达到了60万吨。这一时期，洗选设备随着经济发展技术进步不断改进。新型洗选主要是通过先进的设备系统采用具有动力作用的自生介质—煤泥水作为加重剂，靠机械运动和圆筒中多头螺旋叶片的翻卷，按煤与矸石密度的不同进行重力分选，然后经过分级脱泥，脱水筛和旋流器完成二次清泥去杂，达到洁净煤的目的。在选用设备时主要技术特征：入料粒度、入料量、吨煤耗电量，包括煤层水处理进行比较，选用高效、低耗的设备。

其间，阳煤集团与时俱进洗选设备的更新提质速度非常之快。2000 年 12 月，阳煤新景矿增建了原煤筛分车间。2002 年，对末煤车间的工艺进行改造，取消了预脱泥工艺，安装了水冲溜槽，拆除了螺旋分选机，安装了煤泥介质旋流器。2003 年度获全国十佳选煤厂称号。2001 年 1 月，二矿选煤厂引进澳大利亚约翰芬雷公司生产的煤泥离心机成套设备，完成对选煤厂煤泥水系统进行技术改造。2006 年至 2008 年，阳煤新景矿又对块煤重介车间、压滤车间、块煤仓、末煤重介车间进行优化改造，增加了先进设备，使洗选能力提高到 600 万吨 / 年。2009 年，进行了 3 号块原煤与 8 号、15 号块原煤的分离改造工程，改造后既降低了中块限下率，同时新增了小块品种，年增加利润 4000 万元以上。截至 2010 年，该集团公司有选煤厂 10 座，年处理能力 5000 万吨以上。大量选煤新工艺、新方法在该集团公司得到应用和推广，有效提高了选煤厂处理能力和洗选效率，满足了矿井洗选的需要。

二、炼焦

阳泉的焦炭企业主要分布于盂县境内。盂县煤炭资源大部分为贫瘦煤，仅在盂县北部的石店、东坪、秀寨井田，储藏有 1.6 亿吨焦煤和瘦焦煤，适合于焦炭生产。这些地区素有炼制焦炭的传统，民国 6 年（1937），盂县南关村郑贤嘉、刘生俊等人曾与保晋公司合资，在石店村开办煤窑，试图挖煤炼焦，并购置安装了抽水的蒸气锅炉一台，但开始生产不久，即因日军入侵而停办。民国 36 年盂县解放。民国 37 年，盂县石店村民付根保、巩成栋、贺九保、李均等人集资并在人民政府扶持帮助下，开办“三合窑”挖煤炼土焦，年产量 300 余吨，供阳泉铁厂和其他各地。

1951 年，“三合窑”由盂县政府接办并投资扩建，更名为石店炼焦厂。到 1956 年，年产土焦 28.11 万吨。1957 年，县营东坪煤矿建立炼焦车间，炼制土焦。1958 年“大跃进”时，全县简易炼焦炉纷纷上马。至 1959 年，县营红旗炼焦厂经扩建，开始生产机制焦炭，当年全县生产焦炭 15.2 万吨，比 1956 年翻了 2.4 番。至 1965 年后，该县焦炭产量一直徘徊在年产 11 万吨左右。

20 世纪 70 年代，盂县将焦煤生产转化为焦炭产品，从焦炭中提取多种化工产品。1974 年，石店煤矿组织分配到煤矿的大学生（上山下乡插队青年）组成科学试验组专门对焦炭生产中提炼化工产品进行研究。当时土炼焦，他们用废旧管材，将煤焦油提取后，再利用焦油，生产出汽油、柴油、润滑油、粗苯和硫胺等产品，为盂县煤焦综合利用奠定了基础。改革开放后，盂县煤炭加工与综合利用，逐步发展，机械化炼焦代替了土法炼焦，在炼焦基础上再搞综合利用，提取新的产品。

1978年中共十一届三中全会后，盂县政府组织对土焦炉进行技术改造，以减少对环境的污染和部分回收煤焦油，焦炭生产有了迅速发展，焦化企业全部实现了机制炼焦。1982年4月，石店煤矿又新建了70型焦炉一座。当年12月22日举行了投产典礼。1984年，东坪煤矿三号焦炉生产焦炭28900吨，大大超过了设计能力，石店煤矿两组焦炉总产量达到11万吨。超过设计能力2万吨。在焦炭市场形势走高的同时，南娄乡办企业于1984年，自筹资金280万元，在石店煤矿全力支持下，仅用8个月，就建成70型焦炉一座。随着机焦生产的扩大，土焦法炼焦逐步取消，所占比重逐年下降。1987年2月，东坪煤矿第二组红旗三号炉投产，设计炼焦能力4万吨/年，实际生产5万吨/年，年产焦油6000余吨，并通过回收煤气，用于职工食堂、烧锅炉。

20世纪90年代后，由于盂县的主焦煤逐渐匮乏使焦炭生产受到一定影响。1991年，石店煤矿以全国炼焦煤气业50家最大经营规模第43名、最佳经济效益第19名的成绩，获全国炼焦煤气业最佳企业称号。1992年，南娄乡焦化厂停产。东坪煤矿与南娄乡工业总公司签订联营协议，6月3日，东坪煤矿南娄焦化厂正式投产，年产焦炭5万吨。东坪煤矿丈八和四尺焦煤日产量分别增加80吨，成为盂县工业战线县、乡两级企业联营办厂的一种新的尝试。1994年建成跳汰洗煤配煤炼焦，充分利用优劣煤合理配比，生产优质焦炭。

1998年，山西晋玉煤焦化集团有限公司成立，该集团公司下有焦化厂、自备电厂、洗煤厂、铁路专线发运站、煤矿等。焦化厂年产焦炭45万吨，现有在建焦炉35万吨；自备电厂电力总装机容量4×3000千瓦，6000千瓦已经投产，在建二期工程为6000千瓦；洗煤厂年洗煤能力60万吨；铁路专线年吞吐量100万吨；煤矿年生产能力100万吨，其中50万吨配焦煤。正在新建的配焦煤矿井，煤层厚度1.5米左右。为了保证煤炭资源的最大回收率，改良焦炉从2.8米炭化室的机制焦炉到4.3米炭化室的捣固焦炉，以及实现了化产回收的转变。新建的TJL43500型捣固焦炉，采用双联下喷、单热式、废气循环、侧装煤捣固焦炉，技术设备水平处于国内领先地位。

进入21世纪后，东坪煤矿为适应国家产业结构调整的政策，从2001年开始，着手兴建45万吨螺旋式洗煤和焦化厂改建SL-96型焦炉两个项目。该项目位于盂县路家村镇闫家沟村，项目占地100亩，总投资2000万元，年生产40万吨二级冶金焦，项目整体工程将分两期建设。

一期工程于 2002 年 5 月 1 日开工，后因资金问题停工。同年，民营企业晋玉焦化有限公司在南娄镇北上社村新建焦炉一座，年生产焦炭 60 万吨。主焦煤源主要依靠外购，以加工为主业。同年 4 月以后，陆续投资 20 余万元进行环保改造，安装一套装煤出焦消烟除尘系统，回收 85% 的剩余煤气用于锅炉房，节约用炭 150 吨。

2002 年，山西省经贸委晋经贸能源字〔2002〕545 号文件，批准民营企业盂县中信焦化有限公司成立，地址在南娄镇北娄村，设计能力 60 万吨的 2×25 孔 TJL-4350D 型焦炉一座，与配套的熄焦、备煤、筛贮焦、化产回收于一体的焦化厂，占地面积为 18.81 公顷。2003 年 3 月开始筹建，2007 年 12 月，一期工程投产运行。

2003 年以后，国家、省、市加大了对焦化工业的结构调整力度和焦化企业的整顿改造力度，到 2004 年，阳泉市焦化工业基本上制止了那些原始粗放型、浪费资源、排污不达标的焦炉。关闭、淘汰了东坪煤矿焦化厂、东坪村太行焦化厂和常家沟焦化厂等 3 家焦化企业。为适应环保要求，石店煤矿于 2005 年 1 月，开始兴建“4350D”型焦炉，设计生产能力 60 万吨。一期工程于 2006 年 7 月建成投成，年生产焦炭 30 万吨，焦油 6000 吨。通过增加碳化室高度、增设原煤捣固工艺、争化煤气等工艺，不但使焦炭质量大为提奇，达到了二级冶金焦标准，而且为金属镁生产提供了优质煤气。2007 年，该矿采用引资承包方式，配套了化产设施，年生产粗苯 1500 吨。同年，该矿又投资 2000 万元，建设了焦化污水回收工程，年处理废水 8 万吨，为企业可创效 100 万元。通过以上改造，石店煤矿焦炭生产逐步实现了生产工艺机械化，生产管理现代化，生产环境清洁化。

从 2007 年下半年以后，为贯彻落实国家、省、市对焦炭工业的结构调整和焦化企业的整顿、治理、改造等宏观调控政策，阳泉市关闭淘汰了生产设备落后、焦炭质量差，排污不达标的 3 家企业，焦炭生产能力有所回落。2004 年生产焦炭 28.02 万吨，销量 28.02 万吨；2010 年全年生产焦炭仅 14.10 万吨，2010 年年产量仅为 2004 年的 50.32%。

三、型煤加工

境内在古代就有人工制作型煤，俗称“煤糕”，也称“泥糕”。人们在煤层露头处挖采煤屑，或把使用炭块时剩余的煤屑，用红土作黏合剂，用水和成泥，然后铺在地上，经晒干、风干后成型，既方便搬运，又方便存放，发热量仅次于炭块，还能节约大量煤炭，多用于家庭做饭取暖。直到现在，阳泉乡下农村，甚至城市取暖不便的棚户区居民，仍有打“泥糕”取暖、做饭的成俗。“泥糕”即是最早的“型煤”加工。

阳泉建市后，由于阳泉地区煤炭资源丰富，城乡居民和工业用煤多使用块炭，型煤加工业直到改革开放后才得到发展。20世纪80年代末、90年代后，全市有型煤加工点50余处，均为个体经营的小型作坊。

1998年，盂县煤炭工业局组织有关人员到北京、天津、石家庄等城市考察锅炉改制后燃用的型煤标准和质量，同时去临汾学习型煤加工配方及经验。1999年，盂县煤炭工业局对全县有条件的煤矿或乡镇企业给予扶持，进行型煤加工，南娄煤炭集团公司和石店煤矿先后提交新建型煤厂立项申请，当年被批准立项。同年8月，该县新莲“玉宇合成炭厂”成立，年产型煤能力3万吨。2000年10月正式投产，经过脱硫加工生产出圆球形型煤，型煤原料以原煤为主，经过粉碎，添加化学剂，再经过机器挤压成型，成合成炭，硬度高、不易损，运输极为方便。

1999年，阳泉市奥威型煤项目被列为全省“1311”规划中经济结构调整最有潜力的项目之一。该项目从1999年7月始至2003年4月，经过了调研、设计、审批、调试及试生产等阶段。于2001年10月开工建设，批准概算6530.54万元，设计能力30万吨/年，到2003年4月，基本具备了正式生产条件。该工程实际完成投资额7463.84万元。其中型煤6906.82万元、洗煤557.02万元。型煤自动生产线于2003年1月9日产出第一批型煤，至2003年12月共试生产型煤4000吨。从2003年11月至2004年2月，分别在山东临沂、诸城、山西寿阳及境内三都等地化肥造气炉和水煤气发生炉进行了试烧。在型煤项目建设期间，经市场调查，为满足用户对煤质的需要；确保产品质量，所以决定配套投建30万吨/年的洗煤车间。选煤工程于2002年8月动工，与型煤工程同步建设，所需资金从型煤工程中挤出投入。项目初设批准概算550万元。实际完成投资557.02万元。工程于2003年5月完成，9月投产。型煤和洗煤生产均已于2006年全面停产。

截至2010年，型煤产品仍然是全市广大农村冬季取暖和日常生活民用之必备品。

第六节　综合利用

一、煤矸石利用

阳泉市是中国最大的无烟煤生产基地，经过长期开采，在全市周边已形成占地约250万平方米的矸石山26座。截至2010年，积存煤矸石1.2亿吨，占地0.31万亩，且因煤炭产品的深加工，每年新增煤矸石700万吨。因此，煤矸石的综合利用意义重大，是变废为宝、改善环境、利国利民之举。

（一）水泥生产

1965年，阳泉矿务局建成年设计生产能力为2万吨的水泥厂，试验在原料中掺入30%的煤矸石，经煅烧制造“火山灰硅酸盐水泥”获得成功。从1965年8月至1966年1月，短短几个月的时间，利用三矿燃尽的煤矸石1500吨，就制成300号水泥6000吨，取得明显效益。从1979年至1985年，又先后进行了30多项掺矸比例试验。运用不同的比例分别制成了325号和425号水泥。1999年后改制为山西阳泉亚美水泥有限公司。2007年6月4日，山西阳泉亚美水泥有限公司成功地对42米高的烟囱实施了爆破，告别了沿用20多年的落后生产设施，公司一分厂正式关闭。2008年，亚美水泥有限公司搬至阳泉市经济技术开发区义白路，继续利用矿渣生产各种类型的水泥。其间，固庄煤矿也建有煤矸石水泥厂一座，利用矿渣生活水泥。

（二）制砖

1970年，阳泉矿务局二矿建成全省第一座矸石砖厂，用间壁式马蹄窑进行半机械化生产，年设计生产能力为450万块，标号在180号以上，正品率达98%，各项技术指标均优于黄土砖。1979年，该局一矿矸石砖厂建成投产，窑型为一次码烧小断面隧道窑，年产1200万块，标号为150～200号。1981年4月，又建成了四矿矸石砖厂，窑型为隧道窑，年生产能力为500万块，其标号达到200号。1983年，一矿矸石砖厂又进行了扩建，增建了相同规格的两条隧道窑，并在窑体冷却段安装了自行设计的余热锅炉，每小时可供煤矿职工洗澡用热水4～6吨。

2004年2月，南煤集团自筹资金8000万元，引进德国砖坯挤出机、砖坯切码运及卸坯系统，开工建设具有世界领先技术水平和国内较大规模的年产5亿块煤矸石烧结砖生产线。该项目是由西安墙体材料研究设计院设计，一期工程第一条1.3亿块生产线于2005年8月投产。同时，每年综合节约土地约108亩，仅土地一项每年节约资金648万元。空心砖还具有良好的隔热保温性能，用煤矸石烧结空心砖建造的建筑物节约能耗明显。每年可为阳泉地区提供直接社会效益3200多万元，当年消耗煤矸石30万吨。第二条生产线和二期工程投产后，最终可形成年产5亿块煤矸石烧结砖的生产能力。烧结砖全部以煤矸石和过火矸石为基本原料，其硬度、塑性、热值等各种指标符合GB6763-2000《建筑材料产品级建材用工业法扎放射性物质控制要求》，一年可消耗煤矸石60万余吨。

2009年3月31日，阳煤集团一矿免烧建材厂投产。一矿免烧建材项目是阳煤集团首次利用国外低息贷款，引进先进自动化生产线进行规模生产的项目。项目投产后，每年可消化煤矸石15万吨，节约标准煤2.25万吨，减排二氧化硫500吨，安置待业人员60名，产值达到1600万元，具有良好的经济效益和社会效益。整个项目投资2965万元，占地面积28000平方米，

煤矸石利用

采用西班牙普亚塔斯机械设备有限公司制造的液压和高频震动相结合的全自动切块机械生产线，以过火煤矸石、粉煤灰、炉渣、河砂、水泥为原料，主要生产普通砖、空心切块、铺路石、路牙石等系列产品，经山西阳泉质量技术监督检查测试，达到了 GB/T15229-2002 标 准。项目生产过程全封闭、无污染、无放射，系列产品抗压强度高，密实度好、耐候性强，是绿色环保产品。

（三）沸腾炉燃料

1974 年，阳泉矿务局工程处安装了一台以煤矸石为燃料的沸腾炉，供生产和生活用热水，是全省最早使用煤矸石的沸腾炉。1978 年后，荫营煤矿生产和生活用锅炉逐渐全部改为沸腾炉，以煤矸石作燃料。20 世纪 80 年代后，沸腾炉使用煤矸石技术在阳泉矿务局各矿得到推广，先后安装了煤矸石沸腾炉 10 余台，用于供应生活用热水。煤矸石沸腾炉的使用至 2000 年之前绝迹。

（四）发电

2004 年 1 月，阳煤集团 405 兆瓦大型煤矸石电厂动工建设。该项目总投资 17.46 亿元。2006 年 6 月 30 日，3 台发电机组全部投产运行。自此，该公司五矿 400 万吨洗煤厂所产生的煤矸石将被“吃干榨尽”。同时也标志着阳煤集团公司大型“煤、电、铝”工业园区在南川河畔建成，进入全国煤炭企业现代化管理的行列。

2006 年 9 月，南煤集团着手筹建 2×135 兆瓦煤矸石综合利用电厂工程。该电厂生产工艺采用 460 吨 / 时循环流化床锅炉直接供冷技术，选址于平定县石门口乡西郊村北 500 米，距阳泉市区约 12 千米，处于城市下风向；技术设备选用 460 吨 / 时循环流化床锅炉和先进的空冷机组。环境保护方面选用炉外脱硫技术，脱硫效率可达 90%。电厂采用南庄、大阳泉、新纪选煤厂洗矸、参烧中煤作为燃料；采用平定污水处理厂中水为水源。该项目总投资约为 15.3 亿元，年发电量约为 17 亿千瓦小时，实现销售收入 3.5 亿元，年实现利税 1.5 亿元。电厂定位为公用电厂，并网发电。

（五）复垦和生态恢复

从20世纪90年代开始，阳煤集团大力发展循环经济和综合利用技术，充分利用矸石、中煤、矿井水、电厂废渣等，扎实推进资源节约型和环境友好型企业建设。该公司在保证新排放矸石按照环境保护要求处置的同时，投资2420万元，进行矸山防自燃、造地、生态恢复和科学试验研究。煤矸石山经多年灭火治理，于1998年，实现全矿区内矸山灭火工程。2000年，该公司开展小规模的矸山治理和试验研究，并在下属二矿、三矿280、三矿大垴梁、五矿矸山，恢复植被和造地800亩。至2009年，该公司全面完成历史遗留的所有煤矸石山的生态恢复工作。为控制污染，减少烟尘、二氧化硫排放，阳煤集团投资4900万元用于锅炉除尘器、锅炉脱硫系统、锅炉燃气改造和水泥厂粉尘治理。保证了包括电厂锅炉在内的93台、1245蒸吨锅炉达标排放。特别是2005、2006两年三电厂锅炉完成了除尘脱硫改造，采用半干法脱硫和布袋除尘技术。该项工程的完成，提前达到国家火电厂2010年污染物排放标准，改善了矿区和阳泉市的空气环境质量。

治理后的矸石山

二、矿井瓦斯利用

境内煤层气，主要由阳煤集团、南煤集团、荫营煤矿、固庄煤矿等大中型煤炭骨干企业开发。阳煤集团的煤层气开发，始于20世纪50年代。1957年，阳泉矿务局采用顶板穿层钻孔法抽放四尺煤邻近层瓦斯试验成功，所抽出的矿井瓦斯符合《城市煤气设计规范》规定的煤气质量标准。

1958年，阳泉矿务局开始局部试用瓦斯，率先在四矿将瓦斯用作锅炉和职工食堂的燃料。接着，又在四尺煤入风井口建起了以瓦斯为燃料的空气加温站。同时，利用瓦斯做原料和燃料建起一座试验性的炭黑厂，生产灯烟炭黑，并取得一定效果。此外，还进行了以瓦斯代替汽油作汽车燃料和用作发电厂燃料的试验。当时利用规模很小，只限于瓦斯抽放站附近。主要用于坑口食堂、烧茶炉、锅炉、坑口加温利用等。1964年，阳泉矿务局在七尺煤层邻近层瓦斯抽放试验的成功，使矿井瓦斯的抽出量不断增加，为日后进行瓦斯利用开辟了广阔的前景。

1970年后，阳泉矿务局在一、二、三矿陆续建立了三个瓦斯抽放、输送、利用系统，铺设了总长85300米的大、小管径的瓦斯输送管线。其中，主干管线7200米，分支管线32100米、家庭用户管线46000米，这些管线将瓦斯送入职工住宅，供职工生活燃用。同年，该局自行设计建起一座年产300吨的炭黑厂。到1975年，该局已有5378户家用住宅，2383间集体宿舍，22个职工食堂，31个茶炉和4台锅炉利用了瓦斯矿井气。其间，瓦斯利用有了较大发展，但仍然存在急待解决的问题。主要是：瓦斯管道没有统一标准，既有废旧铸铁管，又有瓷管和胶管；管道漏气严重，供气压力没保障；瓦斯管理混乱，浪费严重；没有储气设备，供气和用气不均衡的矛盾难以解决。为此，阳泉矿务局于1975年派人到天津、抚顺等地学习城市煤气供应技术和管理经验，并编写了《阳泉矿务局瓦斯利用设计规划方案》。根据该方案，阳泉矿务局于1977年开始煤气化工程建设。到1982年，共铺设瓦斯主干管18.69千米，瓦斯分支管及部分庭院用户管1.5千米，建成容积为3万立方米的储气罐。这些成果为以后的瓦斯开发奠定了基础。由于资金等客观原因，原有的瓦斯利用系统未及时改造，影响了效能的发挥。1977年，阳泉矿务局又开工建设瓦斯利用工程，共铺设瓦斯输送主管线18690米，分支管线1500米，及部分庭院用户管线，建成一座容积3万立方米储气罐，购置安装了罗茨鼓风机、煤气表、调压器及灶具配套设备，使瓦斯利用系统进一步得到改善。荫营煤矿也将矿井瓦斯用作居民日常生活燃料。

全市煤层气开发利用较早的煤矿还有南庄煤矿、荫营煤矿、固庄煤矿等国有煤炭企业和盂县部分煤炭生产企业。20世纪80年代初，对煤层气进行了开发，主要用于区域内居民的燃气需求。1982年，市政府决定在市区、矿区推广使用瓦斯。同年，阳泉矿务局和抚顺煤研所共同研究撰写了《阳泉矿区瓦斯利用可行性研究报告》，该报告论证了阳泉矿区及城区范围内利用瓦斯的可行性。1983年1月，根据《阳泉矿区瓦斯利用可行性研究报告》，阳泉市成立煤气化工程领导组和煤气化工程指挥部。

1984年，阳泉市煤气化工程被列为国家重点工程，此工程被列为国家重点节能项目。该工程包括铺设管线10.9万米，建设5万立方米储配罐2个，5000立方米加压站2座、3万立方米气柜1个，调压站41个，计量站1个。可供5.8万户居民和15个工矿企业及公用福利事业单位用气。同年，中国市政工程华北设计院承担并完成了该工程总体设计。同年4月7日，阳泉矿务局也成立了瓦斯利用工程指挥部，并实施矿区煤气化工程。工程一方面建立新系统，主要建设了赛鱼5万立方米储配站，敷设了中低压网管60千米，建立了调压站25座，完成了基地建设工程量4408平方米；同时对旧系统进行改造，主要建立了二次加压站3个，更换了3万立方米储气罐站的部分设备，购置了运行机具和完成了通信工程等。总工程量约占全市煤气化工程量的三分之二。1985年，与市煤气化工程部分中低压管网相结合，采取边建设边送气的措施，使3万立方米煤气储配站系统发挥了应有的效果。

1985年6月25日，阳泉矿区苹果园居民小区正式送气。12月31日，矿务局大院、洪城河、矿务局医院、四矿口等5个居民小区正式送气。到1987年，矿区煤气化工程完成工作量1482.5万元，占预计投资的80%；民用瓦斯户20142户，气化率74%。新建系统的用户普遍安装了专用灶具和煤气表，原有居民的灶具也得到改造。此后，又陆续建成了赛鱼5万立方米储配站，半坡5000立方米储配站，大垴沟5000立方米储配站，并同原建的水泥厂3万立方米储配站并网运行；建成29座区域调压站，敷设160千米中低压管网，后万基地建设4408平方米。同年，城区瓦斯利用主干管线全部竣工，本着边建设边受益的原则，开始陆续向市区居民供气。1987年，南煤集团扩大了民用气覆盖范围，在矿区居住的职工家属全部用了煤层气。1989年，阳泉市煤气化工程竣工投入使用。至1990年，阳泉市煤气用户发展到3.85万户，年供气量达5043.97万立方米。

1991年9月，阳泉市煤气工程建设项目顺利通过国家竣工验收。同年，南庄煤矿进行了小规模的瓦斯抽放试验，抽放泵站安装两台1.48×66WD-1型罗茨鼓风机，一台使用，一台备用，转速为580转/分，功率55千瓦，流量60立方米/分钟。抽放地点选择在6号煤6309工作面（上部3号煤不可采）和12号的4501工作面（上部6号煤未采）。抽放方式为邻近层钻孔抽放，经过抽放，解决了瓦斯超限问题，消除了安全隐患。根据1992年上半年抽放情况记录，当时平均纯瓦斯抽放量为7.3立方米/分钟，抽出瓦斯未被利用，全部排空。

1993年10月，阳泉矿务局瓦斯利用工程指挥部撤销，成立阳泉矿务局煤气公司。1995年，大阳泉煤矿瓦斯抽放系统与市煤气公司主管联网，年向市区供气300立方米。其间，南庄煤矿投资530万元进行了瓦斯利用工程建设，由抚顺矿务局煤气工程公司承建。该工程设计规模按

6.5立方米/分钟纯瓦斯，甲烷含量按35%计算，日供混合气量为26742立方米/天，气化居民3442户，气化食堂两个（2500人），气化锅炉2吨/小时开水炉一台。该工程位于南庄矿界内西段，站内占地面积约3500平方米，主要有10000立方米储气柜、加压机房、采暖、避雷、厂区供排水、厂区照明、工艺管道等组成。站外有中、低压煤气管道、调压站及室内煤气等工程。供气系统主要由矿抽放站抽出矿井气体充入储气柜，再经过加压机房加压，送至市煤气公司主干管，别一部分经由矿井调压站稳压后送至居民区用户。

1996年11月，阳泉矿务局煤层气开发总公司成立。1997年11月，煤层气开发总公司与煤气公司合署办公。同年，盂县振兴煤矿安装ZBE3400泵站和地面抽放系统，铺设管线1200余米，从工作面抽出后，安装支管800米，送往食堂、澡堂作燃用，成为盂县煤矿瓦斯抽放利用的先行者。

进入21世纪后，阳煤集团投入大量资金，用于改善煤气设施，提升系统输配能力。2001年，在5个储配站安装了瓦斯传输自动监控系统，实现了连续检测、数字显示和超限报警，并实现了煤气输配数据向阳煤集团的并网运行，确保了用户的生活正常用气。同年10月，阳泉矿务局煤层气开发总公司改制更名为阳煤集团煤层气开发部，阳泉矿务局煤气公司改制更名为阳煤集团煤气分公司，除负责阳泉矿区的煤气储存、输配、用户管理外，还担负向城区、平定县供应煤气的任务。2002年，阳煤集团对赛鱼至洪城河之间的23个雷诺调压站进行改进调试，首次实现了赛鱼5万立方米储气柜向阳泉矿区及阳泉市赛鱼以东段煤气二级输配运行管理，供气压力由原来的8千帕提高到45千帕，保证了供气压力的均衡和用户的安全用气。

2003年至2006年，阳煤集团为消除瓦斯漏气难以发现的隐患，陆续在6个储配站安装加臭装置，将四氢噻粉药剂按20毫克/立方米剂量加入输配系统。同时在6个储配站安装变频装置，每年可节能15万千瓦小时。为提升煤气输送能力，将桑沟、沙沟、宋家庄、大南沟、小南沟段的9千米煤气输送管路由DN400改造为DN720；在水泥厂储配站和5万站分别更换两台罗茨鼓风机（容积更换为120立方米），供气总量提升530立方米/分，输送煤气每天可增加76万立方米。2005年5月，阳煤集团利用阳泉市亚行贷款建设的五矿5万立方米低压卷帘式柔膜干式储气柜和储配站建成投运，并于2005年2月和2006年2月实现向平定县和阳泉市供气。2006年6月，阳煤集团煤层气发电项目工程开工建设，工程包括3个瓦斯发电站，利用联合国CDM机制发展循环经济的示范项目，于2007年6月竣工投产交由阳煤集团煤气分公司管理运营。其间，大阳泉煤矿瓦斯抽放系统改造完毕投入运行，抽放能力由原来的60立方米/分钟提高到150立方米/分钟，实现了既能分层又能联合的抽放方式。阳泉市中能煤层气开发有限公司程庄发电站建成投入使用，工程总投资3467万元，发电规模为16×500千瓦。

2007年8月，阳煤集团与北京赞成公司、中国科学院理化技术研究所在五矿合作进行的含氧煤层气分离液化工业实验取得成功。2008年3月5日，与杭州新亚低温工业公司共同开发研制的NCNG电控双燃料（瓦斯、柴油）汽车改装试验成功。2006年至2010年，该集团煤层气开发利用分公司供气量及收入呈直线增长。供气量从8381万立方米增加至42018万立方米，增长了5倍；收入从2655万元增加至21022万元，增长了7.92倍。2008年7月，阳煤集团煤层气发电CDM项目在第二监测期的减排量获得CERS（经核证的减排量）签发，签发量为441073吨（二氧化碳当量的温室气体），获得减排收入3500万元。之后，又获得联合国网站公示认证的煤层气电厂2008年第三监测期减排量444842吨，氧化铝厂2008年第一监测期减排量146760吨，第二监测期减排量228740吨，共计820342吨，可实现碳交易资金643万欧元，折合人民币5916万元。2009年，阳煤集团与煤炭科学研究总院签署课题现场试验合作协议，研究低浓度煤层气浓缩技术与装备研制。同年，荫营煤矿将煤层气用于发电，取得一定的经济效益。

截至2010年，阳煤集团共建有储配站7座，总储配能力达18万立方米，建有区域调压站41座，专用调压站21座，敷设中低压管网512.89千米，煤气用户已达56698户，公福利用户134户，累计供气138760万立方米，向阳泉市区供气33697万立方米，向平定县供气6067万立方米。

第七节 技术革新

一、阳煤集团技术革新项目

1962年，阳泉矿务局在二矿井田生产区补充勘探中，首次应用了物理测井技术，用以校正和寻找钻探中被打落或打丢的煤层，并配合无岩芯钻进，加快了勘探的进度。

1992年，阳泉矿务局与煤炭科学总院西安分院，共同研制出MKD-5大直径钻机，3号煤、12号煤层中大钻孔代替密集小钻孔和倾斜岩石抽放巷技术得到推广。

1997年10月，阳煤集团试验成功U+L型通风方式，1998年开始推广。到2000年工作面产量即由100万吨提高到300万吨。该技术于2004年，获得国家科技进步二等奖。

2001年，阳煤集团开发研制了XFP-I型斜巷联锁式防跑车装置，10月在新景矿井下西二联巷试验取得成功，并在阳煤集团推广使用。2001年，由阳煤集团生产技术部、一矿运输科与中国兵器工业集团第207研究所共同承担井下动态距离防追尾报警装置的研制任务，经过多次试验改进，于2003年5月有效报警距离达到200～220米，性能也基本稳定可靠，同年在阳煤集团全面推广使用。

2004年至2005年，阳煤集团研制成功智能瓦斯引排装置，经过进一步完善后，在全集团公司推广使用。

2006年1月9日，在全国科学技术大会上，阳煤集团和煤科院重庆分院研究完成的《高瓦斯易燃煤层高产高效综放面瓦斯综合治理技术研究与应用》科研项目获国家科学技术进步二等奖。这是阳煤集团建企后获得的国家最高科技进步奖，也是全省煤炭系统唯一的获奖项目。2006年，阳煤集团二级瓦斯防治后备断电保障系统研究试验成功，并在集团公司所属煤矿装备了该系统。

2007年，阳煤集团为了提高采空侧巷道的支护强度和双锚巷道的单进水平，在一矿和新景矿进行了21.6毫米大直径锚索支护试验。

2008年，阳煤集团在三矿和新景矿进行了球形锚具替代普通锚具的试验研究。同年，在新元公司西三中间巷、西四中间巷和东四正巷试用锚索桁架控制体系。同年，由阳煤集团公司生产技术部、连云港东速电子有限公司和二矿，在二矿8号煤十三区斜巷单钩绞车运输系统，共同完成了采用雷达实时监测监控，挡车栏采用底升方式的新型雷达捕车器研究试验，之后，在集团公司全面推广应用。

2009年9月，阳煤集团与中国矿业大学合作开展高应力巷道高强度锚索支护技术研究与应用，在一矿的81202工作面回风巷和新景矿80111回风巷、切巷试验了直径21.8（1×19丝）锚索。通过对采集的矿压数据统计分析，与1×7普通锚索支护相比，1×19矿用锚索支护效果好，围岩变形量小，巷道掘进期间断面收缩率得到有效控制，破断率明显降低。

2010年，三矿在K8403工作面使用TWK固化剂加固过导水陷落柱试验取得成功。超前在K8402尾巷、回风巷向陷落区域施工77个注浆孔，进行了预防性加固，于12月3日至10日安全顺利通过。一矿在8809、81101Jl作面末采利用锚网支护代替木梁支护施工拆架道工艺，缩短了拆除工期15天。一矿、三矿、长沟公司等单位使用了综采电缆单轨吊，操作简单，安装方便，安全可靠。

2010年1月16日，由中国矿业大学（北京）周心权教授和程远平教授任主任委员专家，对阳煤集团“突出煤层煤巷掘进工作面水力挤出快速消突技术研究”“低透气性煤层瓦斯抽采工艺技术研究”“地震反演技术预测煤矿瓦斯富集区的研究与应用”“高瓦斯综放面着火原因分析及防灭火技术研究”“高瓦斯综放面自然发火规律及防灭火技术研究”五项成果进行了鉴定。经鉴定，通风安全（瓦斯方向）的三项研究成果均达到国际先进水平，通风安全（防灭火方向）的两项研究成果均达到国内领先水平，并建议在行业中广泛推广应用。3 月 27 日，阳煤集团冷凝热集中供暖工程得到国家专家组首肯。4 月 23 日，由中国煤炭工业协会组织召开的阳煤集团瓦斯治理项目科技成果鉴定会在北京举行。阳煤集团 6 项瓦斯治理项目科技成果通过权威鉴定，其中，“置换解吸和抑制解吸技术防治瓦斯突出实验研究”和“阳泉矿区煤与瓦斯共采技术研究与实践”达到国际领先水平，“钻孔水力割缝抽采瓦斯关键技术研究”“大采长、双尾巷综放面瓦斯治理和自燃防治技术研究”“扒孔散热风力排渣钻杆提高煤层钻进效率实验研究”“瓦斯抽放水环泵结垢控制技术与装备研究”4 项研究成果均达到国际先进水平。

二、其他煤矿技术革新项目

1983 年，煤矸石作水泥混合材试验项目，完成者宋坤亮，获阳泉市科技进步奖。

1990 年，GRC 钢筋混凝土矿用支架项目，由郊区水泥预制厂研制。GRC 钢筋混凝土矿用支架是国内首创的较为理想的木材代用品，具有重量轻、强度大、不腐烂等特点，省工省时，并能实现煤矿标准化开拓。

1994 年，阳泉市东科公司研制出 KJ23 型瓦斯监控系统。当年，盂县新源煤矿龙凤矿刘一井、神益沟、大贤三坑和牛村新建矿 7 个煤矿安装了该系统。

1991 年至 1996 年，半石墨阳极、电极糊、阳极糊的研究项目，由晋阳碳素有限公司历时数年试验研究成功。半石墨阳极、电极糊、阳极糊使用的原料是优质低硫焦和沥青，通过粉碎、筛选、混合、定型、焙烧等工艺生产而成。1996 年获国家博览会金奖，1997 年 10 月获国际博览会金奖。此为境内煤炭深加工项目首次获得的最高奖项。

第五章 煤矿安全

第一节 安全管理

古代境内煤窑安全设施很差，一旦发生水、火、瓦斯事故，即井毁人亡，安全由“把总”（又名老窑傅）全面负责，主要是管风、防水、放瓦斯和看顶板，首要任务是管风，其次是防水。俗称“风是命、水是病”，主要靠生产实践中摸索出的一些经验进行安全管理。

清光绪三十四年（1908）保晋公司正式成立后，即在阳泉矿厂建立安全制度，成为境内首家有安全管理的煤矿。阳泉矿厂订有《坑内保安规则》15 条和《管理火药规则》7 条，还订立了瓦斯、水、火危险预防措施 6 项。但安全设施投资甚少，规则措施只有部分付诸实施，各种事故时有发生。据民国 11 年（1922）保晋公司阳泉矿厂的统计，当年共有矿工 1136 人，年产煤 225701 吨，年内事故死亡矿工 28 人，百万吨死亡率高达 124.06。其他小煤窑安全情况则更差。民国 5 年，桃林沟白家坡煤窑一次透水事故，使 30 名矿工全部遇难。日军侵占阳泉煤矿期间，为了掠夺煤炭，置矿工死活于不顾，根本谈不上安全管理。8 年间，大的瓦斯爆炸事故就有 4 次发生。民国 31 年 10 月二矿井下的一次瓦斯爆炸，死伤矿工 100 多人；两年后该矿又一次发生瓦斯爆炸，有 60 名矿工遇难。

中华人民共和国成立后，国家十分重视煤矿的生产安全。1949 年 11 月召开的第一次全国煤矿会议，确立了“安全第一”的方针，把安全生产列为煤矿各项工作的首位。至 1952 年，国家陆续颁布了《关于煤矿保安问题的决定》《煤矿技术保安试行规程》《煤矿技术操作规程》《公私营煤矿安全生产管理要点》《矿业开采管理要点》等一系列关于安全生产的规章。境内各煤矿从建立健全安全管理机构入手，结合各矿的具体情况，制定了一系列具体的实施细则。1950年1月阳泉矿务局一成立，即设立了保安科（后改为安全检查科），所属各矿设保安股（后改为保安科，并增建通风科）。同时，除严格执行上级规定的保安规程和操作规程外，阳泉矿务局还制定了采煤和掘进及各工种作业规程。地方各类煤矿也都设置了管理安全的工作机构或专人，并具体制定了各项安全规程。对于小煤窑则进行了普查和整顿，对“独眼井”和缺乏安全设施、水火隐患严重的小煤窑一律关闭停产。

1950年11月，阳泉成立煤业管理局。翌年5月该局撤销，6月，成立阳泉市地方工业局，该局属综合性的企业管理局机构，阳泉市地方国营第一煤矿（和平、胜利煤矿合并而成，即后来的汉河沟煤矿）、阳泉市地方国营第二煤矿（即后来的南庄煤矿）以及阳泉地方国营永祥煤矿等归属工业局领导。其中的南庄煤矿建矿初始未设立专门的安全管理机构和队伍，在生产科配备安全检查员，定期组织安全检查。

1952年起，地方各类煤矿先后设置管理安全的工作机构，充实配备安全工作人员，安全工作逐步走向正规。1952年汉河沟煤矿成立安全科，配有专职安全管理人员。同年，盂县政府设矿产管理科，负责全县煤窑的安全生产管理，翌年矿产管理科改为矿产管理局。1954年，平定县50人以上的煤矿都设立了安全生产委员会，小煤矿则设有安全生产检查组。其间，地方各类煤矿先后关停不符合安全条件的小煤窑86处。

1956年后，煤矿安全工作得到了进一步加强。根据煤炭工业部的指示，阳泉矿务局在原安全技术检查处和驻矿安全技术检查科的基础上，组建了阳泉矿务局技术安全监察局和驻矿安全技术监察组，监督检查各项安全规程的执行情况，同时制定完善各项规程的实施细则。地方各大、小煤矿也都建立了安全检查科或专职安全检查员，进一步装备了安全设备和仪器，建立了安全技术责任制、领导值班制、安全生产会议制、安全检查制、交接班制、事故分析制、火药雷管管理制等制度，配设了专职放炮员，并普遍开展了安全活动日、百日无事故等活动。同时，阳泉矿务局还成立了军事化的矿山救护队，在各个煤矿开展安全救护知识培训等。1956年，该局百万吨死亡率降至2.86。

1958年9月25日，阳泉市成立第三工业局，专管地方煤炭生产。局机关设有生产科，科内配有安全、采煤、地质等专业人员，对基层单位的生产、安全予以指导和检查。同年，阳泉矿务局安全监察局降格为技术安全检查处。安全工作受到削弱，事故大幅度上升，百万吨死亡率上升到8.34。由于受“大跃进”的影响，煤矿安全管理滞后事故频发。其中荫营煤矿由1957年的无死亡事故，到1960年其百万吨死亡率上升至23.42。

针对煤炭安全面临的严峻形势，1960年煤炭部颁发了《煤矿安全生产的几项暂行规定》《地方小型煤矿安全生产几项暂行规定》。全市各煤矿贯彻规定，使安全状况迅速好转。阳泉矿务局重新恢复了安全监察局，向各矿派驻安全监察站，充实了安全监察人员，重建了局、矿长安全工作责任制；同时，修改、补充了92个工种的操作规程共2150条。

地方各煤矿也都重新恢复和健全了安全检查机构和制度。1961年4月至1963年12月，阳泉市煤炭管理局经历了与机械局冶金局合并为重工局、重工局又与化工局合并成立工业局等过程。其间，市工业局一直保留安全管理机构。1964年，市工业局又分为工业局、化工局和煤炭工业公司3个部门，煤炭公司及下属的南庄煤矿、白羊墅煤矿、汉河沟煤矿和阜山煤矿，均设有安全管理机构并配有相应的安全管理人员。1961年，南庄煤矿成立安全科，设专职安全员。安全科下设安全检查、通风瓦斯和密闭三个业务组。1965年6月，阳泉煤炭工业公司按“托拉斯”形式组织经营与生产，局机关设有安全质量科，配备管理人员3名。经过整顿全市煤矿安全形势大有好转，1965年阳泉矿务局的百万吨死亡率降至1.76，低于此前任何一年。同期地方煤矿的事故发生率也大幅下降。

1966年至1976年“文化大革命”期间，正常的生产秩序被打乱，安全监察机构再次被撤销，规章制度被作为资产阶级的“管、卡、压”而废除，事故发生率不断上升。1970年，阳泉矿务局的百万吨死亡率上升到5.1；荫营煤矿也由1965年的2.62上升为9.94。一些农村社队乱开小煤窑，“独眼井”大量增加，安全隐患满目皆是。1971年后，为改变安全恶化的局面，各矿采取了一定的措施。阳泉矿务局首先贯彻中共中央1970年下达的《关于加强安全生产的通知》和煤炭部《煤矿安全生产几项主要制度的暂行规定》，并在采掘队组各小班配备一名专职安全检查员，改变了生产第一线安全工作无人负责的状况，还制定了《矿井安全生产暂行规章制度》，印发给各队组学习。1973年，陆续恢复了局、矿的安全工作机构，同时总结安全工作经验，树立安全生产的标兵。先后总结推广了该局严格通风瓦斯管理，10多年没有发生瓦斯爆炸事故的经验，以及三矿采煤三队23年安全生产、二矿工程区19年安全生产和通风区安全生产1000天、一矿放炮员马泉山和二矿放炮员冯进坚持遵章作业，分别22年和20年安全无事故的经验。三矿裕公井采煤二队1975年被煤炭部授予“严细成风的硬骨头采煤队”称号，树为全国十面红旗之一。1975年，全市各煤矿贯彻国务院转发的《全国煤矿安全生产工作会议纪要》，对事故采取“三不放过”（即事故原因分析不清不放过，事故责任者和群众没有受到教育不放过，没有防范措施不放过）的办法。

中共十一届三中全会以后，“安全第一”的方针在境内各煤矿得到认真贯彻。首先，充实加强了各级安全管理机构。阳泉矿务局又恢复了安全监察局，地方煤矿和平定县、盂县、郊区的乡镇煤矿主管部门也都成立了安全监察科或监察站，自上而下形成了安全管理的网络。阳泉矿务局大力推行二矿井（区）设置安全监察队的做法，到 1987 年，全局安全监察人员就增加到 710 人。其次，进一步完善了以安全生产责任制为中心的各项规章制度，广泛深入地开展安全教育。阳泉矿务局在安全监察工作中建立了“三坚持”[即坚持深入现场，坚持参加安全检查、坚持参加井（区）队的安全活动]“八制”（安监人员岗位责任制、事故分析制、事故追查制、会议制、学习制、安全资料积累制、干部分片包干制和安监局每月对安监站的检查评比制）“八簿”（值班登记簿、安全谈话簿、追查事故登记簿、安全检查登记簿、违章登记簿、重大隐患事故登记簿、安全生产大事记登记簿和安全活动登记簿）“一汇”（调查汇报）“一报”（安全简报）“一单”（安全问题联系通知单）“一表”（安全图表）的工作制度。该局还将 1977 年至 1981 年发生的典型事故案例印发给职工学习讨论。

与此同时，乡镇和村办小煤矿的安全工作也有了进一步加强，平定县、盂县和郊区都先后成立了安全生产委员会。平定县、盂县和郊区针对乡镇煤矿管理干部和职工安全生产素质差的情况，采取一般培训和专业培训相结合、全员培训和全年培训相结合的方式，对工人和各矿矿长进行了有计划、有步骤的安全技术培训。从 1984 年起，对各小煤矿均进行了以安全为重点的全面整顿。郊区对各小煤矿逐一进行了瓦斯鉴定工作，加强了安全技术培训工作。1987 年 7 月，根据国务院和山西省关于煤矿实行行业归口管理的精神，市政府将阳泉市乡镇企业管理局所属的乡镇煤矿统归阳泉市煤炭工业局管理。为了切实加强对全市乡镇煤矿的管理，同年 8 月成立了乡镇煤矿管理处，专职负责全市乡镇煤矿的安全检查、监督管理和技术服务。当时共有管理人员 47 人。同年 7 月，盂县、平定县、郊区均成立了煤炭工业管理局，将国营、二经、乡镇煤矿统一管理，设立了安全股，配备了安监人员，负责各县（区）煤矿的安全管理工作。仅 1989 年、1990 年两年，平定县、盂县、郊区就培训矿井瓦斯员、放炮员、安全员、电工等近 6000 人次。由于措施有力，境内煤矿安全状况有了进一步好转，各项事故特别是重大事故明显减少。

1990 年后，全市各产煤单位的安全工作进一步加强。阳泉矿务局全局上下把安全管理作为重中之重，不仅各种安全会议和安全文件连续不断，而且在年度会议上将安全作为主要议题，作出了《关于动员全局职工反事故、保安全，实现百日无死亡事故》决定；以及《致全局职工职家属的一封信》。各县区乡镇设立安监站或煤检站，负责辖区内乡镇煤矿的安全监督管理。大小煤矿均设有专人管理安全。年产 5 万吨以上的煤矿设立了安全矿长，年产 5 万吨以下的煤矿设立总安全员，各矿每班都配有专职安全检查员。

这一时期，阳泉矿务局安全投入逐年加大。全局开始实行黄牌警告制度，建立安全生产经济制约机制，对安全实行重奖重罚。1996年10月，平定县成立山西省煤矿安全纠察队平定县分队，主要负责监督检查全县煤炭准销票证管理制度的执行情况，依法纠察检查各类煤矿产运销秩序；参与煤矿秩序整顿和安全生产整治，煤矿日常安全纠察，执行合法煤矿公示牌制度；依法对全县需要关闭、清理、停产整顿的煤矿实施监督检查。其时全市煤矿的百万吨死亡率下降至1以下，其中阳煤集团控制在了0.5以内。

根据市委、市政府《关于印发阳泉市市级党政机构改革方案的通知》（阳发〔2001〕30号），2001年设置阳泉安全生产监督管理局（挂煤炭工业局的牌子），为正县级建制，是市政府主管安全生产工作的直属机构，内设办公室、工商贸安全监督管理科、矿山安全监督管理科3个科室。同时，相继出台《阳泉市地方煤矿安全生产管理办法》《关于进一步加强安全生产工作的决定》《进一步加强地方煤矿安全生产工作的意见》《煤炭生产安全费用提取和使用管理办法》和《关于规范煤矿维简费管理问题的若干规定》等文件，实行煤矿安全例会制度、煤矿安全风险抵押金制度和采煤方法改革保证金制度，有力地促进了全市地方煤矿安全生产管理工作。

2003年之前，阳煤集团的安全工作一直比较稳定，在高瓦斯矿井中创造了连续25年未发生较大事故的记录。针对当年三矿裕公井矿发生的28人死亡的特大瓦斯爆炸事故，全公司掀起了一场反“三违”，查隐患、堵漏洞、细整改的安全工作热潮。阳泉市安全生产监督管理局亦吸收事故教训，下发《关于规范煤矿安全管理工作的指导意见》，要求全市6万吨（包括6万吨）以上的煤矿必须建立健全“三科一室”——安全科、通风科、机电科和调度室，安全科必须配备专职安全员，对每一矿井，每一班进行巡回检查。年产9万吨以上（包括9万吨）煤

生产活动规范有序

矿的安全科必须配备专职通风安全检查员。各采煤队、掘进队必须配备兼职安全员，进行跟班盯岗检查。

2004年4月，根据国务院《关于进一步加强安全生产工作的决定》《山西省煤矿安全生产监督管理规定》及财政部、国家发展改革委和山西省财政厅、山西煤炭工业局有关精神，市煤炭工业局、市安全生产监督局和市财政局联合制定《煤炭生产安全费用提取和使用办法》和《关于规范煤矿维简费管理问题的若干规定》。同年5月，为加大对全市地方煤矿的监管力度，市安监局（市煤炭工业局）向社会广泛招聘驻矿安全监督员，报名人数达827名，通过资格审查、笔试、面试、体检等程序，对符合拟聘条件的316人又经过岗前集中培训和上岗试用考核，最后共招聘驻矿安监员279名，其中市营煤矿16名、盂县109名、平定71名、郊区83名。同年8月，市安监局（煤炭工业局）与驻矿安全监督员签订正式聘用合同，颁发驻矿安全监督员资格证书和聘书，并派驻到257个重点煤矿开展安监工作。同时，在全市地方煤矿推行企业法人（投资人）安全问责制度，强化企业投资人、董事长、总经理的安全主体责任，形成了企业法人（投资人）自我问责、主动负责的机制。2006年5月南煤集团公司成立安监局，出台《南煤集团公司安全生产管理暂行规定》，对安全生产监督管理、安全质量标准化检查、重大安全生产隐患排查、应急管理、重大危险源管理、事故管理、安全会议、安全生产信息等方面的内容做了详细规定和要求。

2005年3月，国务院安委办派出第二检查组对阳煤集团进行安全专项检查。对阳煤集团多年来积累的瓦斯治理经验给予了充分的肯定，并对存在的“一通三防”问题提出了整改要求。阳煤集团以及全市各地方煤矿针对矿井在水、火、瓦斯、顶板、煤尘、运输、机电等方面潜在的危险源，制定完善了各项规章与制度，并认真贯彻落实国务院446号令和国家《关于煤矿负责人和生产经营管理人员入井跟班》的规定，随时掌握井下安全生产的动态，及时发现和消除事故隐患，有效地制止违章违纪现象，同时，平定、盂县、郊区和其他市营煤矿积极推行南煤集团安全账户制度，“三违”现象逐年减少。截至2006年，全市所有地方煤矿（158矿）全部建立了安全科、通风科、机电科、技术科和调度室等安全管理机构，安全监督管理人员达1855人；杜绝了一次死亡6人以上的事故，百万吨事故死亡率为0.58。阳煤集团因违章造成的工伤事故下降13%，百万吨事故死亡率下降为0.09，创历史最好水平。

2006年后，全市各类煤矿均建立了安全风险抵押金制度和实施细则，激励了职工安全生产的积极性。2007年，在全市煤炭系统进一步突出和加强煤矿安全生产工作，持续开展了两个攻坚战、八项整顿规范和隐患排查治理专项行动。全市煤炭系统的事故起数明显减少。2009年，阳煤集团下发《关于建立安全预想制度的通知》，将矿井生产、通风、运输、供电、防治水“五大系统”在生产组织过程中可能发生的事故环节和因素进行预想，并提出针对性的预防措施、解决办法、切实做到预防为主，防患于未然，效果明显。

截至2010年，全市所有保留煤矿全部推行了向社会和职工的“双向”承诺，并层层签订了安全责任状，将安全生产责任落实到各系统、各环节、各岗位及每一个职工，安全形势平稳。同年，全市地方煤矿的百万吨事故死亡率为0.67；阳煤集团的百万吨事故死亡率为0.3265。

第二节　瓦斯防治

一、瓦斯灾害预防

古代采煤对瓦斯了解不够，经常出现燃烧现象，境内人称“壬火”或“各子火”。经过长时间的实践，凭经验判断井下有无瓦斯。清朝末期，开始用明火灯检查矿井瓦斯，矿工一手持灯，一手捏毡帽罩着油灯，从巷道下方慢慢向上举，若火焰由黄变蓝并升高时，即可断定瓦斯浓度高，有险情，立即用毡帽将油灯扣灭。然后，用风车吹散或用明火燃尽瓦斯。这种测试和处理瓦斯的方法极不安全，也不科学。清宣统元年（1909），保晋公司开凿燕子沟东立井时瓦斯涌出，因明火燃炮和油灯照明，先后4次引起瓦斯燃烧、爆炸，伤亡多人。此后，该公司阳泉矿厂各矿井使用瓦斯检定灯（亦称火焰安全灯）测定瓦斯。这种灯准确度低，安全性差，需要有一定经验的人使用。

日军侵占阳泉煤矿期间，在井下使用了日制电桥式理研瓦斯检定器检查瓦斯，检测数值虽然精确，但由于通风不良，局部瓦斯燃烧和爆炸事故仍连连发生。

1949年，燃料工业部即提出“安全第一”方针。在煤矿瓦斯检查测试方面，也有了新的方法。用一种叫“罐罐灯”测试瓦斯，这种灯是用几层铁砂网围住火苗，利用多层砂网使网交叉阻挡了煤炭爆喷，然后，根据火苗颜色和火苗长短，确定瓦斯浓度的高低。

阳泉矿务局于1950年首先设立矿井专职瓦斯检查员，并全部装备了本多式瓦斯检定灯。1951年又按照《煤矿技术保安试行规程》，建立了瓦斯检定灯使用、保管、维修和发放的管理制度。1952年1月，该局制定“装备与管理并重、以加强管理为主”的预防瓦斯事故工作原则，设立独立机构通风科（后为区）负责矿井通风瓦斯管理，同时建立了巡回图表瓦斯检查制度、瓦斯检查员、放炮员、通风班长现场交接班制度和领导值班制度。为了加强明火管理，还严格进行井口检查，禁止携带烟草和点火物品入井，这一做法被长期坚持下来。在加强管理的同时，配备了理研10型、18型光干涉瓦斯检定器和少量美制MSA瓦斯检定器。这一时期，阳泉地方煤矿瓦斯防治通常采用自然通风，有的小煤窑甚至利用火风压通风，明火照明。

1953年4月，由燃料工业部、煤矿管理总局和阳泉矿务局成立了瓦斯研究委员会，并组建了瓦斯研究研究小组，作出“以抽放为主、改进通风系统增加风量为辅”的结论。并对当年通风系进行改造，建立健全了瓦斯检查制度。开采程序上，确定了先采上层，逐层释放瓦斯的方针，把主采丈八煤改为先采七尺煤和四尺煤。阳泉矿务局结合生产，即展开对瓦斯及其综合治理的研究工作。1954年，充感式瓦斯鉴定器研制成功并首先在该局煤矿推广使用。同时，部分煤矿开始使用通风机、实现了机械通风。有的煤矿配备了安全灯检查瓦斯，对瓦斯进行了初级的防治。

1958年，境内各煤矿都装备了国产58型瓦斯检定灯和经过改进的AQO-12A型瓦斯检定灯。随着长壁式炮采技术的应用，由放炮和残药燃烧引发的瓦斯事故比重增大。因此，境内大中型煤矿都按照《煤矿技术保安试行规程》要求，设立了专职放炮员，配备使用了防爆型发爆器和安全炸药，对火药的收发、运送、存放和使用都制定了相应的规章制度。20世纪60年代，东坪煤矿、跃进煤矿、石店煤矿先后购置了“理研”牌瓦斯鉴定器进行检测。同时，阳泉矿务局针对煤与瓦斯突出的问题开展预测研究。到20世纪70年代末，在高级工程师金元斌的主持下，探索出了3号煤层煤与瓦斯突出静态预测公式，可靠性达70%～80%，预测后采取卸压抽放措施，可减少煤与瓦斯突出。

1978年，阳泉矿务局与抚顺煤矿安全仪器厂等单位合作研制的AQD-1型采煤机瓦斯自动断电仪通过鉴定，1979年投产制造，并在该局推广使用。同年，郊区60座煤矿全部配齐瓦斯检查仪器。到1983年，全区所有煤矿，均在井下安装了防爆型电气设备，消除了明火照明及刀闸开关，煤矿安全系数进一步提高。

根据煤炭部修订并重新颁发《煤矿安全规程》，省政府下达了紧急通知，拟订了安全整顿十条标准。20世纪80年代初期，阳泉市各煤矿按照《煤矿安全规程》和国家、省政府的要求，逐步加大瓦斯集中治理力度。阳泉矿务局结合煤炭地质勘探开展了地质构造与瓦斯储存关系的研究，于1986年5月编制出境内第一份《矿区瓦斯地质图》。20世纪80年代后期，境内大中型煤矿相继使用了AYJ-1型和MJC-100型瓦斯遥测装置，法国CTT63/40U型集中监测系统，波兰CMC-1型数字式瓦斯监测装置，国产AU-1型、KJ4型和TF-200型矿井瓦斯集中监视遥测系统。至1990年，仅阳泉矿务局安装使用的瓦斯监测仪器就有5个类型共15套。

进入20世纪90年代后，按照《煤矿安全规程》规定，对全市煤矿进行一年一度的矿井瓦斯等级鉴定，并按矿井瓦斯等级对瓦斯进行防治和管理。实施“大风机、大主扇、大风量”战略，通过更换大风机，改造小断面巷道，解决矿井总风量不足的问题，提高矿井有效风量，降低采掘工作面瓦斯超限的频率。1993年，南庄煤矿建立了瓦斯抽放系统。同年，大阳泉煤矿也建成瓦斯监控系统，制定了切实可行的通风瓦斯管理制度，并开展了“一通三防”大会战，对存在的问题都制定了严格的整改措施予以处理，通风瓦斯管理达到了甲级管理标准。同年5月，盂县跃进煤矿投资79.58万元，安装了BTF-S型瓦斯监控系统，成为盂县首家实现瓦斯监控的煤矿。

对矿井瓦斯治理的科研投入逐年加大。1994年，阳泉市东科公司研制出KJ23型瓦斯监控系统。当年，盂县新源煤矿龙凤矿刘一井、神益沟、大贤三坑和牛村新建矿7个煤矿安装了该系统。1996年，又有兴峪煤矿、东庄头煤矿、跃进煤矿、振兴煤矿、康家沟煤矿5个煤矿分别安装了由阳泉东科公司生产的KJ23型、太原高新公司生产的KJ78型和北京中心安泰生产的KJ38型瓦斯监控系统。1996年，盂县振兴煤矿投资90万元，安装了地面固定瓦斯抽放系统，每分钟可抽出混合气体50立方米，瓦斯浓度在15%～30%之间。1997年，郊区投入大量资金，更换了主扇、局扇、挂式报警仪、风表等新型装备。1998年，盂县南娄集团大贤三坑为解决瓦斯涌出量高的问题，安装了地面固定瓦斯（干式）抽放系统，试用后由于达不到安全抽放条件而放弃。1999年，盂县根据上级要求，为防止瓦斯事故要求在高瓦斯矿井全部安装，风、电、瓦斯电闭锁装置。当年，高瓦斯矿井都增设了瓦斯断电仪和瓦斯电闭锁装置。

全市各煤矿普遍开展用现代化的手段对瓦斯进行监测监控实施等级鉴定。2003年5月，阳煤集团开始建立“数字煤矿安全，广域网络信息动态实时多级监管系统”。2004年1月，阳煤集团组建瓦斯监测监控中心，实现了各矿瓦斯监测数据动态联网和网上瓦斯数据实时查询显示。2006年，阳煤集团所属各矿装备有KJ4、KJ66、KJ90、KJ1O1、KJ2000等多种型号的瓦斯监视器监测系统。同时，试验研究成功并装备了二级后备断电保障系统。2001年，郊区投资1580万元，为23座通风系统不合理的矿井进行了通风系统改造；完成瓦斯抽放、配风井、风机房等大型工程60余项，购置主扇78台，使所有矿井安装了备用主扇。2001年12月，南庄煤炭集团公司与煤炭科学研究总院重庆分院，签订KJ90煤矿综合监控系统工程合同和相关的技术协议，2002年4月KJ90监控设备安装到位。2004年，对全市261个地方矿井瓦斯等级进行了鉴定，摸清了瓦斯矿井的底数。同年，全市共更换大主扇风机46台。采掘工作面全部实行了分区独立通风，严格加强了局扇专人管理，高瓦斯矿井掘进工作面实现了“三专两闭锁”，低瓦斯矿井实现了“两闭锁”，严格监督煤矿以风定产，杜绝了超通风能力组织生产的问题。2005年，南庄分公司KJ69人员监测系统分两次安装完成，一期工程于4月安装完毕投入运行；二期工程于2006年9月开始安装，同年12月安装调试完毕投入运行。

至2006年，全市各煤矿均建立健全了通风管理机构，配齐了通风管理员、安全检查员、井下爆破工、测尘测风工，基本上满足了井下专面专人检查要求；同时，建立健全了现场交接班“一炮三检”“三人连锁放炮”等规章制度，做到了通风瓦斯数据记录齐全，记录牌、检查图表，瓦斯台账三对口，杜绝了空班漏检现象。全市大多数煤矿配备了高低浓度光干涉式矿用甲烷传感器、风电甲烷闭锁装置以及低浓度甲烷传感测定器，煤矿安全生产监督管理网络已经形成。全市所有提升能力的矿井全部更换了大功率、大风量的主扇和备用主扇，煤尘严重和有爆炸倾向的矿井全部安装了防尘洒水系统，所有矿井全部安装使用了瓦斯监测监控系统，高瓦斯矿井在线运行率基本巩固在90%以上，入井人员全部佩带了瓦斯报警头灯，管理人员和特殊工种人员全部佩带了便携式瓦斯检查仪。全市建立了28套固定瓦斯抽放系统、配备了58台移动式抽放泵，并架设了“双回路”电源。

阳泉矿区是全国瓦斯涌出量最大的矿区，也是全国瓦斯抽采难度最大的矿区之一。在治理瓦斯方面阳煤集团始终走在前列。2007年，阳煤集团完善主扇系统的运行监测。2008年7月，公司完成各矿监测系统改造升级，完成22套三级联网；还完成一系列新技术攻关，实现数字煤矿安全实时测控管综合一体化信息系统的应用。2009年2月，阳煤集团完成KJ90NBA、KJ1O1N安全监控、瓦斯抽放监测系统的升级改造，规范安全监控系统的年检制度，完善集团公司CWebGIS煤矿综合自动化监测监管系统，在原基础上新增矿图管理、系统监察、综合调度、瓦斯分析等15种功能。2010年，井下工业以太网实现了真正意义物理上的环网，保证传输信道的迅速、稳定，并在一矿、三矿、新景矿进行千兆专网改造。建立起集团公司内部交互网手机断电系统，通过手机实现“三级断电”。采掘机安设无线机载，掘进面风筒安设风量传感器。

2010年，全市各级煤炭管理部门，结合煤矿实际和矿井风期涌出量预测情况，要求各煤炭生产企业确保高、低浓度两套系统进行瓦斯抽放。全市高瓦斯矿井全部编制了瓦斯抽放设计，实施了地面瓦斯抽放系统建设，并组织专家先后对高瓦斯矿井进行“瓦斯治理会诊”，使各煤矿进一步完善了通风系统、矿井专用回风井、采区专用回风巷道，局部通风机全部采用了双风机、双电源、自动切换。同时，专门成立了瓦斯督导检查机构，定期研究治理工作，完善规章制度，先后组织开展了以“一通三防”为重点的安全大检查、“一通三防”大会战等工作，分别对所属煤矿开展瓦斯等级鉴定，对高瓦斯矿井进行重点监控以确保安全。

二、瓦斯治理

瓦斯灾害预防在阳煤集团及各产煤县、区均积累了比较多的经验和办法，随着煤炭科学技术的发展，现代化监测监控系统不断得到及时装备和应用，有效地预防了瓦斯灾害的发生，但依靠科技进步，对瓦斯灾害进行科学治理、开展煤层气开发利用，阳泉在瓦斯治理方面始终保持了领先水平。

（一）通风治理瓦斯

1953年4月，燃料工业部华北煤矿管理总局与阳泉矿务局组成瓦斯研究组，对阳泉矿区矿井瓦斯进行研究和治理，得出宜以抽放为主，以改进通风系统增加风量为辅的结论。鉴于矿井瓦斯抽放处于起步试验阶段，便结合改变煤层开采程序，自上而下逐层开采，逐层释放瓦斯，以通风稀释瓦斯浓度，并将此作为一项基本措施。

1. 掘进通风治理瓦斯

1955年前，矿井掘进强度小，瓦斯涌出量少，且通风距离不长，采用全风压通风方法。具体形式有风障法、风筒通风法和平行巷道法3种，其中风筒通风法又分柔性和刚性（骨架）两种。1955年后，随着掘进强度的加大和局部通风机（俗称局扇）的应用，阳泉煤矿掘进工作面通风广泛采用了局部通风机压入式通风治理瓦斯的方法，此法又分为单巷压入式和综合掘进压入式两种。1975年，阳泉矿务局在掘进工作面装置瓦斯传感器连通瓦斯遥测警报仪，用以监测瓦斯。1986年，在高瓦斯矿井、煤（岩）与瓦斯突出矿井中和矿井瓦斯喷出区域，实现了“三专两闭锁”掘进安全装备系列化，即掘进工作面局部通风机安装专用变压器、专用开关、专用线路，并装有风电闭锁和瓦斯电闭锁。

1990年后，阳煤集团掘进工作面普遍采用11～28千瓦轴流式局扇及直径500～600毫米的风筒。1991年，该公司装备了第一台对旋局部通风机（2.30千瓦）。2001年，阳煤集团开始推广“双风机双电源”装备标准，到2003年，各主要掘进工作面全部装备完毕。2005年后，阳煤集团突出煤层的掘进工作面禁止采用单巷掘进，全部实施双巷掘进，并大幅度提高全风压配风量，每分钟不低于1500立方米。2008年，又推广了双巷掘进倒移不停风；局扇最大功率达到2×55千瓦，风筒直径最大达1米。2009年，全公司掘进工作面局部通风机实现了“双风机双电源”。2010年7月，高突矿井的煤巷、半煤岩巷、瓦斯涌出异常的岩巷、远距离掘进巷道，全部使用了智能瓦斯排放装置。

2. 采煤工作面通风治理瓦斯

1953年，阳泉矿务局改革矿井通风系统，将采区与工作面的串联通风改为并联通风，使采煤工作面的通风成为独立系统，并成为通风治理瓦斯的主要部分。当时开采15号煤层，大多采用适用于低瓦斯矿井或低瓦斯煤层且工作面瓦斯涌出量在5立方米/分以下的U型通风方式。

若遇工作面回风侧上隅角积聚瓦斯时，则用钉布障法或骨架风筒导出法处理解决。在开采3号、12号煤层的工作面，采用U型通风。当工作面送风量达到极限，无法解决回风巷瓦斯浓度超限和回风侧上隅角瓦斯积聚时，大多采用了U＋L型通风方式。进入20世纪80年代后，由于矿井开采深度增加，采煤机械化程度提高，开采3号、8号、12号、15号煤层的综采工作面瓦斯涌出量相应增加，一般瓦斯涌出量为40～50立方米/分，最大可达132立方米/分。为此，阳泉矿务局和中国矿业学院北京研究生部合作，于1984年研究并试验了综采工作面Y型通风。Y型通风既能治理工作面瓦斯，改善作业环境，又可减少巷道的掘进量，提高采区回收率，当年即获山西省科技进步二等奖。同时，Y型通风巷旁充填技术研究，以及对其资源与支护总体经济效益的评价，被列入国家“七五”科技攻关项目。1986年对U＋L型通风进行了改进。改进后的通风方式为偏Y型，同时兼有Y型和U＋L型的某些特点。综采工作面采用偏Y型通风系统，使主、副进风巷均可安装机电设备；主进风巷安装设备减少后，保证了有效断面和配风量，减少了通风阻力，同时为边采边维修创造了条件；使采区上下安全出口畅通，提高了抗灾能力；使工作面年产量达50万吨以上，单产水平较前提高40%。随着综采技术的推广和发展，工作面单产产量大幅度提高，尤其是开采15号煤层的产量提高更大，随之而来的是顶板活动频率加快，上邻近层瓦斯在单位时间内的涌出量也剧增，往往造成工作面上隅角和回风风流瓦斯浓度超限，在采用U型通风又无瓦斯抽放系统的情况下，加大风量的办法往往事半功倍。从1986年开始，配合应用增阻升压和增阻降压的通风管理办法，治理15号煤层开采工作面上隅角和回风风流瓦斯浓度超限，取得了显著效果。

1997年10月，阳煤集团试验成功15号煤采U+1型通风方式，即“一进一回”＋内错尾巷＋走向高抽巷布置方式，1998年开始推广，到2000年工作面产量即由100万吨提高到300万吨。该技术获得2004年国家科技进步二等奖。15号煤采煤工作面“U+I”型通风方式推广后，禁止了采用层间调压解决15号瓦斯的技术，之后10年内未发生过15号工作面自然发火。在15号煤分层开采期间主要采用均压防灭火，至1996年大面积自然发火后，1997年首次采用沿顶板岩层打注胶孔，采空区注高分子材料的防灭火技术，成功启封了五个着火封闭工作面。2008年，该公司又引进了注液氮灭火技术，形成注胶与注液氮相结合技术，成功用于新景矿和五矿灭火启封，其中，五矿8403工作面从封闭到成功启封只用了两个月时间，大大缩短了自然发火工作面的启封时间。2009年，规范采煤工作面巷道布置，回风和尾巷分别直通采区回风巷，内错尾巷平行于回风巷布置，开采前与工作面垂直贯通；单一煤层尾巷与回风巷平行全长布置，与切巷贯通。采掘工作面严格按集团公司核定的产量、进尺组织均衡生产，严格控制采掘机截割强度。新元公司3号煤采煤工作面布置“三进两回”系统。2010年，寺家庄公司15号一次采全高采煤工作面，布置两进两回十内错尾巷通风系统。

（二）邻近层瓦斯涌出治理

境内矿井瓦斯抽放始于1954年。当时阳泉矿务局四矿401采煤工作面在开采过程中采空区涌出大量瓦斯，影响安全生产而被迫停产、封闭；遂用巷道法予以抽放，但未获成功。之后，又在该矿三坑12号煤层采煤工作面和掘进工作面用巷道法进行瓦斯抽放，均未奏效。阳泉矿务局通过总结经验，建立了“边采边抽，边抽边采”的治理邻近层瓦斯涌出理论，并于1956年制定了《处理四矿瓦斯试行方案》，该方案经煤炭工业部组织科研单位审定确认。1957年3月，煤炭工业部指定抚顺煤研所等有关单位到现场给予配合，共同进行试验。同年5月，试验获得成功，开创了全国矿井邻近层瓦斯抽放的先例，并成为矿井安全生产治理瓦斯不可缺少的技术措施，而被纳入正常生产工序。特别是顶板钻孔抽放矿井邻近层瓦斯技术，在国内有关刊物刊登后，引起国内外煤炭界的重视。这项技术曾作为交流项目向国外介绍。荫营煤矿在1963年也采用了这项技术。

20世纪80年代中期，阳泉矿务局对1957年四矿12号煤层地面垂直钻孔抽放瓦斯的试验再次进行研究，认为此法适用于地面平缓、打钻和铺设管道方便、埋藏不深的首采煤层，遂于1984年贵石沟五矿小丈八斜井投产前再次试用这种方法。该井开采15号煤层，其上部煤层均不开采。于是在首采工作面上部垂直钻孔，待邻近层卸压后，使用地面垂直钻孔法抽放邻近层瓦斯，先后有5个钻孔抽放，共抽出瓦斯238.8万立方米，平均抽放量7.15立为米/分，单孔最大抽放量15.8立方米/分，工作面平均抽出率61.58%，最高时可达89%，邻近层瓦斯抽出率93.7%；回风巷风流瓦斯浓度平均0.31%，工作面回风侧上隅角瓦斯无超限，没有受到瓦斯威胁，试验获得成功。之后，该法得以推广应用。

至1990年，抽放邻近层瓦斯的方法到发展为二大类7种不同形式。其中，穿层钻孔类可分为矿井回风侧、进风侧、迎向和地面垂直钻孔4种形式；矿井顺层巷道类可分为倾斜顶板岩石巷、走向顶板岩石巷和超前顶板岩石巷3种形式。钻孔法从技术上又可分为开采煤层巷道向上下邻近层打钻的顶、底板穿层法和由地面向邻近层打垂直孔法。这些不同形式和技术，或单独应用，或综合应用，成为阳泉矿区各大中型煤矿抽放治理矿井瓦斯的主要手段，基本上摆脱了邻近层瓦斯涌出对矿井安全生产的威胁。

1991年，阳煤五矿中央区8204综放工作面开采15号煤层，上部煤层均未开采，试验用顶板巷道沿10号煤层布置走向高抽巷抽放邻近层瓦斯。1992年6月开始抽放，抽放效率达90%

以上，成为阳煤集团15号煤层综放面瓦斯治理的关键技术。在走向高抽巷成功推广的基础上，2003年，又试验成功了15号煤倾斜高抽巷技术，用于解决15号煤初采期瓦斯治理的难题。

1992年，在中国统配煤矿总公司安全局支持下，阳泉矿务局与煤炭科学总院西安分院，共同研制出MKD-5大直径钻机，1993年，在三矿裕公井12号煤五下山1104工作面和五矿贵石沟井15号煤8108综放面进行抽放试验。3号煤、12号煤层中大钻孔代替密集小钻孔和倾斜岩石抽放巷技术得到推广。1999年11月，阳煤二矿首次使用MKD-6型液压坑道钻机，在80603工作面沿顶板钻进近水平大直径钻孔，钻孔直径200毫米，钻孔深度329米。2009年，该集团公司开始对抽采系统进行改造，新建抽采系统抽放能力富余系数不小于2.0，在建和已投运抽放泵站能力富余系数小于1.5。2010年开始提高走向高抽巷层位，与15号煤层间距不得小于8.5倍采高。

（三）开采煤层瓦斯预抽与瓦斯突出治理

1955年，阳泉矿务局在四矿三坑12号煤层巷道掘进工作面，采用巷道法预抽瓦斯未获成功；1963年，又在一矿北头咀矿井开采3号煤层的掘进巷道，采用煤层钻孔法进行预抽试验，亦未取得明显效果。1966年8月，一矿北头咀矿井602工作面3号煤层首次发生瓦斯突出；进入20世纪70年代后，瓦斯突出频繁发生。于是开采煤层瓦斯预抽便与瓦斯突出治理结合进行。

1976年，煤炭工业部在阳泉矿务局召开开采煤层预抽瓦斯座谈会，决定由阳泉矿务局、辽宁煤研所和四川矿业学院联合组成处理阳泉七尺煤层瓦斯实验小组，进行大直径密集钻孔预抽煤层瓦斯试验。试验基本获得成功，但这种方法设备、技术投资太大，未能得到推广。结合以往采用小密集钻孔法和其他抽放方法进行瓦斯预抽的实践，阳泉矿务局总结出了“高负压、密钻孔、深封孔、长期抽”的办法，并在全省高沼气矿井中得到推广，取得明显效果。1981年3月，在三矿一号井3号煤层综采工作面采用浅孔煤壁注水法防治瓦斯突出，试验获得成功。此法使瓦斯突出由平均每日1.88次降为0.36次，1982年该局注水工作面达到27个。1985年，瓦斯突出减少为23次，强度也大为减小。为了充分发挥综采工作面的生产能力，1986年进行了长卸压钻孔防突试验。这种方法分两种，一是工作面采前在开切巷煤壁打长卸压孔，二是在正常回采中边生产边打煤壁长卸压钻孔。前者首先在一矿北头咀矿井1028综采工作面试验，并获得成功；后者在三矿一号井进行试验，也获成功。两种方法都得到了推广应用。3号煤层在开采中，不仅在回采工作面有瓦斯突出，在巷道掘进时瓦斯突出也频繁发生。1987年，阳泉矿务局在三矿一号井进行了掘进工作面使用超前钻孔法进行防治试验，效果十分明显。由于进行了预排瓦斯，回风瓦斯浓度由钻孔前的1.6%降为0.5%，降低了68.28%；放炮后最大瓦斯浓度由10%以上降为1%左右；百米突出次数减少53.8%，总突出次数减少79%，突出强度和突出煤量显著减小或减少。超前钻孔法不但保障了煤基掘进安全生产，而且提高了工时利用率和经济效益，因而被推广应用。

阳煤集团从2002年在突出工作面试验本煤层瓦斯预抽防突技术开始，本煤层瓦斯预抽进入快速发展阶段。2005年，对封孔技术、钻机钻具、钻孔布置，又进行了技术攻关和完善，从2006年末开始，按照“先抽后采、监测监控、以风定产”方针，大幅度降低瓦斯超限对安全生产的威胁，强制实施本煤层瓦斯预抽。2007年，在寺家庄、石港，2008年，在运裕开始试验地面钻孔预抽技术。2008年，在寺家庄试验成功了“突出煤层煤巷掘进面水力挤出快速消突技术”，为掘进面预防瓦斯突出开辟了一条新路，为缓解本煤层瓦斯预抽和生产衔接之间的矛盾，在石港公司与西安煤科院联合试验引进了千米钻机树状孔抽放技术，与三矿多营公司开发了瓦斯集气装置。经过3年持续不断的投入，截至2008年，全集团公司形成了“密钻孔、大孔径、高抽巷、大管路、本煤层专用抽放系统”的抽放格局。为治理矿井瓦斯打下坚实的基础。2009年，本煤层、邻近层瓦斯抽采实现了分源分系统抽放。2010年，订购千米钻机23台，组建宏厦一建和新宇岩土两个专业打钻队伍。实现由局部预抽向区域预抽转变。高突矿井陆续建立健全了瓦斯实验室，每个实验室配备瓦斯含量、压力测试仪器1～2台套。在五矿、一矿试验底板岩石抽放巷抽放本煤层瓦斯技术，在寺家庄矿进行井下水砂压裂增加煤层透气性试验。

（四）围岩瓦斯治理

清宣统元年（1909），保晋公司开凿燕子沟东立井至38米处，遇K3石灰岩层（俗称猴石层）涌出瓦斯而冒险作业，先后引起4次瓦斯燃烧和爆炸事故，伤亡矿工多人，建井工程几经停顿。该公司先后聘请中外矿师多名，但均束手无策。到民国7年（1918），该公司技术人员采用圈砌井壁密闭瓦斯等方法防治瓦斯，使多年停工的矿井终于凿成，解决了中外矿师无法解决的问题，可谓有创造性。

1956年，阳泉矿务局三矿竖井建设时，当副立井掘至72.4米深处，距K3石灰岩层1.2米处，从炮眼喷出瓦斯和水，被迫停工。后采用覆盖黄土层全断面爆破法，并对黄土层上部加大风量，同时井筒施工采用快打壁座砌井，用1∶4水泥砂浆充填料石井壁，以防止瓦斯继续涌出。这一方法使施工安全通过8.7米的瓦斯涌出层段。

1957年，四矿为降低矿井瓦斯涌出量，在已采完一年的三坑12号煤层4014、4015工作面采空区，从地面打钻，每个采空区打1个垂直孔，与地面瓦斯抽放系统连接进行抽放，使井下回风巷风流瓦斯显著减少。之后，对采空区瓦斯涌出规律进行研究，至20世纪80年代末，因地制宜地先后使用采空区相邻巷道钻孔法、下部煤层开采时钻孔抽放上部采空区瓦斯和老空区地面专用抽放等几种方法，对采空区瓦斯涌出进行治理，其抽放瓦斯量已占到矿井瓦斯抽放量的25%左右，效果较显著。1959年，二矿西四尺井建井时，当主、副斜井通过12号煤层向下延深开拓至K3石灰岩层时，出现大量涌水和瓦斯涌出，运用围岩瓦斯抽放的方法，抽放瓦斯500万立方米。同时，12号煤层运输大巷和回风配巷开拓中，底板中大量涌出瓦斯，采用底板钻孔穿透围岩抽放瓦斯，连续抽放2年，共抽放20万立方米，既保证了矿井安全施工，也保证了采区安全生产。

1970年3月，一矿北四尺矿井三下山双巷掘进，当正巷掘进695米、副巷778米时，瓦斯大量涌出。为查明来源，在副巷底板岩石钻孔探测，斜深15.73米时见K3石灰岩层并出现涌水和高压瓦斯涌出，生产被迫停止。遂对正、副巷封闭，先后使用罗茨和叶式鼓风机抽放，分别能抽放瓦斯55.8%和86.5%，其余的瓦斯仍通过密闭墙上的瓦斯排放管向三下山副巷排放。抽放围岩瓦斯后，矿井北翼总回风风流瓦斯浓度下降到0.6%左右，解决了瓦斯对安全生产的威胁。三矿二号井胶带运输斜井井底水仓需开凿在12号煤层底板K3石灰岩层内，1979年9月10日因放炮引起瓦斯着火、爆炸，并导致大量瓦斯涌出，随后停止施工进行封闭。但闭墙内的围岩瓦斯约以每分钟5立方米涌出，进入二号井进风中，为解决进风风流瓦斯问题，将水仓闭墙用瓦斯管道与矿井抽放系统连接，进行长期抽放，彻底解决了进风风流瓦斯问题。

20世纪70年代末至80年代，境内煤矿建设立井或斜井时，大都通过10号煤层至15号煤层间的K4、K3和K2三层石灰岩层，其节理发育，较破碎，裂隙多，局部地区含有瓦斯，尤以向斜区瓦斯量大，并伴有大量涌水。对此采用预排瓦斯、增大风量法和钻孔注浆封堵裂隙法取得显著效果。如1979年10月施工的二矿西副立井，1980年施工的南山进、回风立井，1984年9月施工的五矿贵石沟中央风井和排矸井及1986年10月平定县聂家庄乡镇煤矿斜井施工等。

2010年，阳煤集团宏厦一建成矿建第二项目部742队在二矿北茹十一采区回风配巷经过K2石灰岩层，施工存在巷道瓦斯涌出量大的问题，采取顺层打钻抽放措施后，得到解决。围岩瓦斯抽放，一般在特殊涌出情况下进行。抽放办法有岩层钻孔法和巷道封闭法。巷道封闭法效果较好，但往往因井筒或巷道不能停止作业而采用钻孔法，边抽边施工。由于钻孔法不能把岩层涌出瓦斯全部收集起来，因而井筒或巷道内仍有一部分瓦斯涌入新鲜风流中。只有在新鲜风流中瓦斯浓度不超过《煤矿安全规程》的规定时，才能使用钻孔法。

第三节　其他灾害防治

一、煤尘防治

境内煤矿粉尘防治始于1953年。同年，阳泉矿务局四矿首先从煤尘治理着手，利用排水管将井下水引至采煤工作面输送机头进行洒水消尘。之后，将洒水管路延伸到顺槽运输巷道，直至井口翻车机旁，到1955年，建成了静压洒水防尘系统。这种煤尘防治办法很快在全局推广，并纳入作业规程。

1957年，煤炭部召开全国防尘会议，要求中央直属企业和省营煤矿在全岩和半煤岩巷全面推广湿式凿岩和综合防尘。1958年，煤炭部在开滦召开湿式凿岩现场会后，确定在阳泉矿务局推广，取得经验，带动其他煤矿。

1958年，煤炭工业部在开滦召开湿式凿岩现场会，确定阳泉矿务局为重点推广单位。1960年，该局当年实现了煤巷掘进工作面静压洒水灭尘。同年，荫营煤矿自1960年开始在井下设置洒水装置，后又在各矿井铺设了输水管道，安装了喷雾防尘设备。1963年，《防止硅尘危害工作管理办法（草案）》颁发，规定井下有人工作地点和人行道的空气中，粉尘中含游离二氧化硅大于10%时，最大煤尘浓度不得超过2毫克/立方米。根据这一标准，阳泉矿务局各矿抓紧了综合防尘工作，洒水管道开始向采掘工作面延伸。到1964年，阳泉矿务局在岩巷、半煤岩巷开拓掘进中，又全部实现了湿式凿岩。1976年，三矿综采工作面使用了水力引射点，使煤尘含量由每立方米1000毫克下降为16.1毫克。此法推广后，防尘工作由被动转向主动。

1977年，大阳泉煤矿在建矿初期，矿井主要工作就是岩石大巷的开拓，所使用的凿岩机（风钻）采用喷水打眼，放炮后又人工洒水降尘。1979年，平定同意煤矿新建800立方米的静压水池一座，在各转载点设立圆锥洒水喷头和自动喷雾水幕，主要大巷设置了喷雾水幕，实现了各工作面的洒水防尘。

1981年4月，煤炭工业部对加强煤矿防尘工作消除粉尘危害作了具体规定。阳泉矿务局三矿一号井七尺煤采煤工作面进行浅孔注水以防治瓦斯突出，同时使煤尘含量降低了69%。此法很快在全局推广，并纳入作业规程，于是粉尘防治成为生产中必不可少的工序。接着，该局又组建了4个专业灭尘队，承担井下清扫煤尘，刷白巷道，装置并维护巷道喷雾点、水幕等防尘设施的工作。1983年，该局自制分流捕尘器，使电钻打眼降尘率达70%以上；同时采用水炮泥放炮，在掘进工作面安装除尘风机以净化风流，进一步降低了粉尘含量。通过综合防治，该局井下粉尘基本得到控制。

1985年，盂县石峪煤矿开凿矿井，按照设计在距井底260米的主副井筒贯通处开凿了一个容积80立方米的蓄水池，矿井所有回采、掘进工作面都进行洒水灭尘。

其间，其他县营以上煤矿也都安装了洒水消尘系统，并采用了煤电钻湿式打眼和水炮泥放炮等防尘措施。但乡、镇、村办煤矿的粉尘防治工作仍很薄弱，多数尚未起步。

进入20世纪80年代后，境内各煤矿均采取了综合防尘措施，方法有净、动压洒水，煤体深、浅孔注水，分层破网注水，水炮泥、湿式打眼，使用抑尘器，捕尘器、引射器等。通风方面用Y型通风系统，掘进工作面用抽出式除尘风机净化风流，定期清扫、刷白大巷。

防尘水带

1990年后，阳煤集团首先在综采工作面支架下使用与移架、放煤联动的自动喷雾。工作面移架放煤时，本架及下架喷雾能自动打开抑制工作面粉尘飞扬。在采煤机组上安装机组内、外喷雾装置。有效抑制机组割煤产生的大量粉尘，同时在综放工作面实行长孔动压注水，增加煤体水分含量，从根源上控制工作面粉尘产生。同时在综掘工作面综掘机上安装综掘机内、外喷雾，炮掘工作面安设放炮喷雾，在各类采掘巷道距煤头50米范围内安设粉尘净化水幕。使采掘巷道的粉尘浓度显著下降，作业环境得到明显改善。并按规定在井下各类巷道安设隔爆设施（隔爆水棚），构筑了煤矿粉尘防治的第二道防线。

1995年，山西省劳动厅晋劳矿字〔1995〕第16号文件对煤炭工业部防治重大瓦斯煤尘事故的三个规定进行了转发。阳泉市地方煤矿根据文件规定要求，积极建立和完善防尘洒水系统，在岩巷中打眼全面推行湿式打眼。乡镇煤矿采取粉刷大巷，清除巷道中浮煤来解决井筒、井底车场和运输大巷的煤尘堆积和飞扬问题。工作面煤尘防治，主要采取使用水炮泥放炮，达到其降低煤尘的目的。

1998年，上社煤矿在各采掘工作面均安装了防尘管路。2000年，大阳泉公司为降低工作面粉尘，采用水炮泥风堵炮眼防尘（所谓水炮泥，就是在泡眼装药后，炮眼的端头位置盛水的筒状圈）。大巷和工作面的防尘主要就是铺设洒水管道进行防尘。

2000年后，国家对煤矿防尘工作有了新的更高的要求，郊区各煤矿在防尘方面投入大量资金，完善和补建防尘设施，井下重新更换了防尘管道，工作面安装了防尘洒水定时定量喷头，巷道煤溜机安装防尘喷嘴。

2004年4月，国家安全生产监督管理局（国家煤矿安全监察局）局务会议通过《煤矿企业安全生产许可证实施办法》，明确规定，煤炭企业必须制定职业危害防治措施，综合防尘措施，建立粉尘检测制度，为从业人员配备符合国家标准或行业标准的劳动保护用品。同年，盂县全县煤矿在原有防尘设施的基础上，更换了旧管路，并在井下的所有转载点全部安装了喷雾装置，在主要进风巷、回风巷及上下山和采掘工作面巷道中，均安设了净化水幕，在大巷每间隔50～100米增设防尘水管三道，并全部采用防尘喷头洒水，有效地降低了煤尘飞扬，改善了井下工作环境。郊区鸿泰煤矿工业场区建有2个容积为300立方米的静压水池，井下各主要进、回风大巷、进回风顺槽、工作面均敷设管路且按规定沿途设有支管三通、阀门、喷嘴式消火栓、水帘、水幕等尽心防尘。

2005年，《煤矿安全生产法》和《作业场所职业健康监督管理暂行规定》《职业病防治法》颁布，阳煤集团将矿井粉尘防治落实到单位和责任人，完善了矿井综合防尘供水管路系统。设置不小于200立方米以上的静压水池，水量能满足矿井连续2小时的生产的用水量，部分矿井配备有污水处理系统。防尘管路首末端及各类喷雾装置上安装过滤器和压力表，保证了矿井防尘用水的水质和水量，延缓了各类喷雾设施的使用寿命。同年，盂县防尘洒水工程全面推开，各煤矿在地面都修筑了100～300立方米的静压水池，向井下压水灭尘。大阳泉煤炭公司组建了专业防尘队伍，主要负责煤尘防治和瓦斯抽放。

2006年，阳煤集团在井下推广使用洗巷刷浆列车，该设备自带水箱和加压泵，清洗巷道简单方便，减少防尘人员工作量，提高了洗刷效率。同时，为了解决回采工作面因供水距离长，水压衰减，喷雾设备水压不足的问题，该集团公司在综采综放工作面推广使用加压泵，加压泵压力可达8～12兆帕，满足了工作面各类喷雾设施的降尘用水，降低了工作面粉尘浓度。同年，盂县煤矿先后委托山西设备安全技术检测中心对全县煤矿井下主要作业场所进行了粉尘测试。回采工作面的分散度平均值为83%，掘进工作面的分散度平均值为86%，粉尘检测结果符合《煤矿安全规程》的要求。2007年，阳煤集团在各条运输线路的转、卸、装载点及煤仓放煤口安设喷雾装置，并在卸载点安设防尘罩和挡尘帘。有效控制了运输过程中造成的粉尘二次飞扬。缩减了各条运输巷道的冲洗周期，减少了运输巷道的粉尘堆积。同时，定期为井下接尘人员发放个体防护用品，加强井下粉尘作业环境中职工个体防护。

从2008年开始，阳煤集团公司在井下炮掘工作面，推广使用放炮自动感应喷雾装置，该喷雾装置在受放炮冲击波震动后能自动打开，有效抑制放炮时所产生的大量煤岩尘，改善炮掘工作面作业环境。在采掘工作面的回风巷，推广使用与喷雾设施联动的粉尘浓度传感器，当巷道内粉尘超限时，喷雾能自动打开，抑制粉尘飞扬。2009年，该公司在钻孔作业中，大力推广水射流孔口除尘器，有效抑制打钻时孔口粉尘的大量飞扬。同时加大了对煤矿井下粉尘各项指标的监测，尤其是加强了个体呼吸性粉尘监测，这项工作由集团职业病防治所具体负责。同时，阳泉地方煤矿所有矿井瓦斯监测监控系统在线运行率达到了90%以上、监控覆盖率和迅速处置率均达到了100%，全年实现了瓦斯事故为零的目标。2010年，阳煤集团在综采综放面，推广回采工作面尘源跟踪喷雾降尘系统，抑制机组割煤时产生的大量煤尘。同时在掘进工作面，推广使用综掘机轻型高压喷雾降尘装置，有效地抑制了掘进作业中的产生的大量粉尘。

截至2010年，全市地方煤炭企业经过全面整合重组粉尘防治也达到了一个新的水平。主要根据煤尘的分类、产生因素及产生地点，通常采取“预防为主、综合防尘”措施，通过降尘、除尘、捕尘等防治方式，配备粉尘检测设备，对具体的尘源点根据粉尘产生的不同原因采取不同的方法进行防治。如煤层预注水，即在采煤工作面配备煤层注水设备，对煤层进行采前预注水。湿式作业则是在掘进巷道和硐室采取湿式钻眼、冲洗井壁巷帮、水炮泥、爆破喷雾、装岩（煤）洒水和净化风流等综合防治措施。通风除尘是在每个采、掘工作面按设计配风供给风量，使作业地点有足够的配风，既能及时吹散、稀释作业场所粉尘，同时又防止风速过大，吹起扬尘。喷雾降尘即在掘进工作面和回风工作面的原煤运输及转载点，均同时采用喷雾洒水防尘。在放炮后由喷雾器降尘，对转载点、装矸点以及翻车机和溜煤眼等处采用喷雾器降尘。并加强粉尘监测，各矿井普遍配备防尘人员，配备粉尘采样器，呼吸性粉尘测定仪等检测化验设备，在矿井建设和生产期间及时对井下粉尘进行监测和化验。

二、火灾防治

古代小煤窑主采块炭，碎煤遗弃井下，采后不封闭，自燃十分严重。境内丈八煤层及其顶板中含有很多硫铁矿结核，开采过程中极易氧化自燃，古窑老塘中就有许多火区。保晋公司开办后，注意了矿井火灾的防治，规定工人入坑前要进行查验，以防引火物带入井中，在井下常备有水、土、沙、石和铁车以便灭火。

1950年3月，阳泉矿务局四矿采用机械通风后，采空区漏风严重，丈八煤井18南巷工作面严重自燃，后经采取调风、调压、加强密闭等措施，抑制了火区蔓延，但未能根治，到1965年先后复燃了3次。全局自1950年至1975年共发生煤炭自燃12起，大都采用直接灭火、调风、调压、黄泥灌浆等方法进行了治理。

除内因火灾外，在生产中还往往因电器或其他原因造成外因火灾。为此，从20世纪50年代起，阳泉矿务局及其他大、中型煤矿的主要巷道、峒室采用石料砌筑或不燃性材料支护，变电所、火药库通道内均砌筑防火门，并在这些场所以及井底车场、采煤工作面机电设备集中安放处都备有沙箱、灭火器材。同时，还修筑高山水池，铺设有消防供水管道。

与此同时，市地方煤矿在矿井火灾的防治上，主要是预防外因火灾和内因火灾的发生，在外因火灾上的防治，首先是防止失控的高温火源，其次是尽量减少可燃物的存在。在内因火灾的防治上，一是对开采方式。在开采方法上采取相应措施，要求煤层切割量少、留煤柱少、回采率高，回采速度快及采空区易于封闭隔绝，以防止煤炭自燃。二是采取通风技术措施，对于综采放顶煤工作面，加强通风管理，减少落山漏风量，并经常检查一氧化碳的浓度，对巷道的高冒区、微风区、盲巷定期检查，尤其对各煤层回采区的闭墙附近定期检查气体，取样分析。三是预防性灌浆。采取注水、注浆、注氮气等措施，防止工作面采空区煤自燃。

1966年7月，阳泉矿务局四矿丈八煤从顺槽煤壁中冒出烟雾，当矿山救护队用水扑灭时，裂缝中往外喷火，后经喷射泡沫灭火剂，方控制住火势蔓延。8月，该局用黄泥灌浆密闭火区，才将火区彻底控制。此后，该矿建立了永久灌浆灭火系统。

1967年，盂县跃进煤矿1号井南采区出现了自燃起火，从南区巷道冒出烟雾，经矿领导组织工人经过7天7夜抢救，密闭了50多个贯眼才得到控制。1969年，盂县清城乡滴水崖煤矿因井下积煤发生自燃，也是通过紧急密闭才控制了火情。

1977年后，阳泉矿务局对煤炭自然发火的成因、规律和合理有效的防治方法，进行了长期的观察和研究，对其成因有了进一步认识，认为在众多的灭火方法中，调风、均压较为理想。截至1989年，该局有5对矿井在丈八煤层的开采中自然发火共42次，冻结煤量320万吨。该局因此制定了严格的火区管理制度。

1989年，南庄煤矿15号煤旧南墙发生火灾事故，由于水源不足，火势较大，救护队员当即采取封闭灭火法，经过半个多月方将火彻底扑灭。

1990年后，全市各煤矿在地面机房、配电室等重要场所配齐灭火器、沙箱等消防器材。井下采掘工作面配电点等重要场所，完善了消防灭火器材，井下使用抗静电、防阻燃电缆和运输皮带，装炮时用土炮泥，防止放炮引起火灾。这一做法一直坚持沿用。

2001年，盂县为防治井下火灾，制定了具体措施，如减少采空区丢煤，永久性巷道全封闭支护，大巷全部采用砌碹支护、井下电器设备全部选择“MA”标志的隔爆型电器设备、机电设备胶带机头峒室采用不燃性材料支护等。同年，该县上社公司为控制和消除引爆火源，采用了煤矿安全炸药和毫秒雷管，严格执行打眼、装药、封孔及“一炮三检”“三人连锁”炮前炮后洒水制度。

2004年，全市对容易自燃和自燃煤层的煤矿，在工作面装配了一氧化碳和温度传感器，采取有效综合预防自燃发火的措施，并要求煤矿发现自燃发火，可能危及区域中人员生命安全时，必须撤离人员，采取措施进行处理，彻底清除火灾隐患后，方可生产。之后，在境内高瓦斯矿井掘进工作面全部设置了隔爆设施。

2005年，阳煤集团各矿逐步为矿井瓦斯检查工和火区观测工配备了一氧化碳、甲烷、二氧化碳、氧气等四合一便携式检测仪。同时为火区观测工配备了红外线测温仪，并在回采工作面回风和内错排瓦斯巷安设了甲烷、一氧化碳和温度传感器。加强了火灾预测预报，提高了矿井抗灾能力。

2009年后，在全市自燃发火较为严重的矿井，相继建立完善了矿井防灭火系统、火灾束管监测系统、低温注氮系统，并将采掘工作面局部防灭火措施纳入采掘作业规程。同时为各矿火区观测工配备了红外线热像仪。此外，各矿还按要求设立地面和井下设置消防材料库，并储存足够数量的消防材料和工具的品种和数量。进一步提高了矿井火灾防范和处理能力，形成了较为完善的防灭火管理体系。

截至2010年，全市各矿完成整合重组，火灾防治能力进一步加强。各煤矿在生产中加强浮煤清理工作，建立阻化剂防灭火系统，普遍采取煤矿安全监控系统和人工检测两种预防措施防治火灾。绝大多数煤矿均装备了矿井火灾束管采样监控系统，以防治煤层自燃。对于外因火灾的防治，各煤矿主要采取硐室混凝土碹支护，按规定配备消防器材，设置井下消防管理系统，使用矿用隔爆型电气设备和阻燃性电缆、皮带，井下设防火栅栏两用门和防火墙，及时密闭废弃巷道和盲巷等措施。对于其他原因引起的火灾，各煤矿则采取措施积极防治：一般布置坑木场、矸石场与主斜井口间距大于80米，万一坑木场、矸石场发生火灾，不会波及井下；矸石处理采用层层堆放压实且喷洒石灰乳的处理方法，最后覆盖黄土并绿化，确保不发生矸石自燃现象；主斜井井口房采用不燃性建筑材料，并设有防火门和防灭火器具，以阻止地面明火入井；在工业场地，则设地面消防材料库，库房内均按规定配备消防器材。

三、水灾防治

境内地下岩溶水以奥陶系灰岩和第四系冲积层潜水为主，奥灰水水位线在标高410米左右，低于所采煤层标高470米的最低高度。煤矿井下主要水源来自大气降水，因属温带干旱大陆性气候，降水量小，因此井下涌水量小，一般含水量吨煤0.2至0.5立方米，故无大的水患。矿井积水，利用排水沟或小功率水泵先集中排至中央水仓，再用大功率水泵排出地面。虽然井下涌水量不大，但生产矿井的周围许多历代开采的小煤窑，开采深度、范围和积水量等情况均无确切数据，给矿井开采造成一定的威胁。

古代煤矿偶有水害造成淹井事故。清嘉庆二十二年（1819），固庄沟煤矿窑就因水淹人与牲畜50余口遇难。清光绪三十四年（1908）保晋公司成立后，在其《坑内保安规则》就有对水火防治的规定："各坑内备有救火堵水之一切质料，以防不测。"同时，对水火征兆的检查也作了规定，"各坑内施工人作工之际，各坑多员分段察视，以免煤顶塌陷，炸气发现，水火忽至，至伤工人等事。"

中华人民共和国成立后，人民政府对矿井水害防治极为重视，在"安全第一"方针指导下，1951年燃料工业部颁发《煤矿安全生产试行规程》，对地面和井下防水、探放水都做了明确规定，并制定了"有掘必探"（后改为"有疑必探"）的工作方针。同时强调各煤矿必须做好防、探水的基础工作。

根据这些规定和方针，阳泉矿务局开始进行防、探水基础工作。在恢复水淹矿井的生产时，首先召集知情人员访问调查该矿井水淹前的情况，对井下积水量反复进行测算，同时结合矿井地质测量工作，将300多处古空老窑的位置标注在采掘图上。在矿山救护队的协助下，对一些老窑进行了实地探测，基本上查清了老窑开采范围和积水情况。对靠近老窑的采区，在布置工作面之前，先要划出老窑积水区，探水线和警戒线。距实际测得的老窑边界50米，距调查推断线150～200米；警戒线在探水线外100米。生产采掘接近警戒线前，本着"有疑必探，先探后掘"的原则，根据矿井水文地质资料编制防、探水作业规程。在警戒线内掘进，设专人检查出水预兆，必要时提前探水。在开采水害威胁严重的煤层时，要采取建筑防水闸门、防水墙，加大排水能力等措施，进行综合防治。为防治地表水对矿井的侵害，制定了一整套灾害预防和处理计划；每年在雨季到来之前，都要对地面塌陷地区进行实地调查，充填裂缝，并备足防洪抢险救灾物资。"一五"期间，阳泉矿务局有8台探水钻机，每年对老窑和上边邻近煤层积水均进行疏放。

与此同时，全市地方煤矿大多数在煤层露头带或浅部开采，矿井周围多有老空，有的将井筒建在老空区。“一五”时期南庄煤矿、白羊墅煤矿配备了手摇钻或用6米钢钎探水。1955年至1956年间，南庄煤矿对全井田的古井进行了全面调查，对开采的煤层、开采的走向范围进行了全面的登记和测绘，并绘制了1∶5000的《南庄煤矿古空分布图》，同时对位于沟谷中的古井进行了填封，对采空区裂陷的河床进行了铺砌，以防地面水渗入井下。1958年，全省在汉河沟煤矿召开经验交流会，推动了地方煤矿的放探水工作。20世纪60年代，各地方煤矿基本掌握了探放水技术，透水事故逐渐减少。70年代，为防止水害发生，南庄矿、汉河沟矿、白羊墅矿、义井煤矿坚持执行探放水制度。80年代，老空水仍然是地方煤矿尤其是乡镇煤矿的主要灾害之一。其间，全市市营煤矿备有探水钻，采取“有疑必探”的措施，未发生透水事故。

20世纪70年代至80年代，阳泉矿务局各矿采区逐渐延伸，受老窑透水的威胁逐渐减少。但对已采区的积水仍采取谨慎态度。

1986年，阳泉市煤炭工业局向市营煤矿和各县区煤矿下达《关于预防透水事故的指令》，要求各矿必须认真做好社会调查，对矿井周围积水情况和位置，明显地标注在采掘工程平面图上；必须坚持有疑必探，先探后掘原则；必须配备探水钻、水泵等设施设备，防止透水事故发生；必须编制探放水说明书及作业规程；同时注意观察各作业面出水情况，发现透水预兆时要迅速撤离人员。

20世纪90年代后，全市各煤矿均在每年的雨季到来之前均成立“雨季三防”领导机构，并制定相关措施，组织抢险队伍，储备足够的防洪抢险物资。但由于乡镇煤矿放探水技术设备比较落后，透水事故时有发生。1992年，盂县煤炭工业局组织技术人员对全县所有煤矿调查摸底，并在图纸上标明古空、老空、停采巷道、积水位置，科学的指挥生产。经调查，全县有29个煤矿存在水患威胁。最大隐患矿井有玉西煤矿，西部秀南煤矿采空区，积水10万立方米；受河床地表水威胁的矿井有秀水联营煤矿和南关煤矿。其他煤矿均有古空水、河床水、临矿采空区水以及上组煤采空水等水患，应引起煤矿的足够重视。1995年8月，郊区程庄煤矿在井下修建1号主水泵房及水仓，安装两台D46-30×9型主水泵，功率55千瓦，每小时排水能力46立方米。

进入21世纪后，针对水患在井下造成的严重危害，预防力度不断加大。2000年9月，盂县上社煤矿根据国家对煤矿质量标准化的要求安装了4DA-8×7型同等能力的多级水泵三台，其中一台运转、一台备用、一台检修，并采用双回路管路排水。2001年6月24日，盂县东坪煤矿二坑在本矿井巷道内掘进时由于停采巷道没有在图纸上标明，导致打透停采巷积水，发生透水事故，造成人员死亡。事后，东坪煤矿制定了严格的探放水制度，坚持有掘必探，先探后掘，有效杜绝了透水事故。2004年，全省煤矿申领安全生产许可证，全市地方煤矿对探放水引起足够重视，凡是证件齐全的煤矿全部购置了探水钻，制定了探放水制度及措施，坚持有掘必探的方针，真正把防治水工作放在了议事日程，为安全生产奠定了良好的基础。2005年7月，程庄煤矿新建2号主水泵房及水仓，安装两台D46-30×9型主水泵，每小时排水能力46立方米。8月，将1号主水泵房的两台水泵一台更换为功率110千瓦、号型MD85×6的主水泵，同时还留有一台55千瓦、D46-30×9型主水泵。同年，盂县上社煤炭公司制定《综合防治水措施》。井下防治水方面，严格执行“有疑必探，先探后掘”的原则，掌握周边煤矿的地质情况，避免盲目掘进作业；同时由技术部每月进行地质地测预报，将地质、水文数据及时通知掘进队组，确保了安全生产。地面防治水方面，每年雨季来临之前，公司制定了“雨季三防措施”，进行地表山缝、河床渗漏段调查充填工作，防止地表水、大气降水渗入井下，并进行河道疏通工作，确保顺利度过了汛期。2006年，南庄煤矿井底车场建有井下＋594米水平主排水泵房，与中央水泵房联合布置。矿井正常涌水量Qn=100立方米/小时，最大涌水量Qm=150立方米/小时。

这一时期，阳煤集团随着老区生产的接续、新建矿井及整合矿井的增多，矿区开采范围越来越大，相关的水文地质勘探程度严重不足，阳煤集团面临的水害问题越来越突出。隶属于阳煤集团的阳泉矿区各矿，开采水文地质条件各异，防治水工作难度逐步加大。

2009年，国家颁布《煤矿防治水规定》，对煤矿防治水害工作提出了新的指导意见。防治水工作应当坚持“预测预报、有疑必探、先探后掘、先治后采”的原则，采取“防、堵、疏、排、截”的综合治理措施。并要求各矿必须配备满足需要的防治水专业技术人员、配齐专业的探放水钻机、建立专门的探放水队伍。同年，阳煤集团出台《“有掘必探、有采必探”实施管理办法》。并在所辖矿井组建专门探放水队伍，配备了包括200米钻进能力以上、不同钻距的探放水钻机（至少3台）和相应的物探设备。严格按照“预测预报、有掘必探、有采必探，先探后掘、先探后采”要求和“探掘分离”规定，探放水作业队伍在防治水管理机构领导下开展工作，不得与掘进队、回采队、通风队、瓦斯抽采队和注水队合并管理，并不得以抽采孔、注水孔代替探水孔。未经探放水确认安全的开拓、掘进和回采工作面不得生产作业。同时健全了防治水管理制度，完善了各类水文基本图件，并确保真实完整、定期修正。严格规范了防治水设计编制，建立了探放水作业验收制度。

2010年，全市地方各煤矿均实行探水队和掘进队分离，建立了探放水作业优先机制，并实行探放水工作驻矿安监员现场监督签字制度。绝大多数煤矿建立了以总工程师为首的防治水技术管理体系和防治水专家会诊制度，并成立了防治水办公室。阳煤集团日常井下开拓、掘进工作面（探水警戒线以外的区域）探放水作业，均先行进行物探超前探测，其钻探验证必须验收确认安全后，方进行正常作业。开拓、掘进工作面的钻探验证，须保证掘进中心水平上不得少于 3 个孔，在垂向上每 1.5 米，至少布置一个探放水孔。对回采工作面物探资料的可疑点，必须在钻探验证基础上，延顺槽方向每 50 米打一个钻探验证孔。在井下进行综合探测中，针对物探资料未连续覆盖或两种物探成果相互矛盾的情况，须按照超前探放老空水进行钻探放水设计施工，有效地防止了重特大水害事故的发生。

第四节 矿山救护

境内煤矿矿井灾害救护组织始建于 1950 年。同年 5 月，阳泉矿务局组建了矿山救护队（队员不脱产），装备 6 台美国布劳杜式呼吸器和 1 台日本北川式手动充氧泵，是全省第一支矿山救护队。1952 年 1 月 8 日，该局四矿发生重大瓦斯爆炸事故时，救护队随即赶赴现场，抢救出伤员 46 名，显示了抢险救灾的重要作用。同年 4 月，该救护队转为专职的准军事化组织，有队员 17 名，还增加了 16 台苏式呼吸器，除完成本局救护工作外，还担负阳泉市、平定县、盂县以及邻近其他 3 县的煤矿抢险救灾任务。1954 年，该救护队建立了基地，配备了苏制全套矿山救护装备，建立了基地。

1956 年至 1958 年，阳泉市矿山救护队和荫营煤矿救护队相继组建，境内矿山专业救护力量得以加强。之后，各救护队为提高整体应战能力和队员的技术素质，按照《救护规范和战斗条例》，进行准军事化战术、装备维修、矿井巷道熟悉程度和业务、生活管理等内容的训练。阳泉矿务局救护队在 1958 年至 1965 年的 8 年间，在该局 15 起丈八煤层自然发火和 1960 年大同白峒矿煤尘爆炸事故中，显示了强大的应战能力，都出色地完成了抢险救灾任务。到 1965 年，全市各救护队都以国产新装备取代了日、苏、德各式旧设备，仅阳泉矿务局救护队就有二小时呼吸器 15 台，四小时呼吸器 130 台，电动充氧泵 2 台，自动苏生器 6 台，救护车 6 辆、装备车 2 辆。全队人员近百名，其中救护指战员 70 余人。

1965 年，山西省矿山救护队进驻阳泉矿务局，抽调该局救护队部分队员，组成包括 6 个小队的大队，阳泉矿务局救护队为其直属队。在“文化大革命”期间，山西省矿山救护队于 1968 年撤销，其中有 2 个小队归属阳泉矿务局救护队建制。

中共十一届三中全会后，阳泉矿务局矿山救护队扩编为大队，设2个中队、6个小队。阳泉市和荫营煤矿的矿山救护队也由小队扩编为中队，盂县也组建了矿山救护小队。在调整建制的同时，各救护队按照煤炭部和山西省煤管局制定的条例和办法，制定了战斗值班制度、预防检查制度、装备维修制度、培训制度和奖惩制度。在开展技术比武、竞赛评比活动的基础上，开展了创甲级队活动，使各队的抢险救灾能力有了进一步提高。

1979年，阳泉矿务局救护大队成为全省首批甲级队，1983年，被全国煤矿地质工会命名为安全生产先进集体。1977年至1987年，该大队共出动963队次、9802人次，参加灾害事故处理552起，抢救遇险人员391名，其中得救者206人。

根据（晋煤安字〔1991〕第150号）《关于印发山西省〈关于切实加强各级矿山救护管理的暂行规定〉》的精神，经市政府批准，1992年2月阳泉市煤炭工业局矿山救护中队升格为阳泉市军事化矿山救护大队（简称“阳泉市救护大队”，下同），为区域矿山救护大队，副县级建制。下设7个战斗小队，共有123名救护队员。2003年11月，阳泉市救护大队管理体制进一步完善，战斗力进一步增强，内设3个科室（作战训练部、后勤保障部、办公室）、两个中队（市直属中队、盂县中队）、9个战斗小队，145名指战员。救护范围覆盖了阳泉市三区两县和晋中东部地区，主要服务阳泉市157个地方煤矿158井及325个非煤矿山、235个危化品企业和80个建筑施工企业。2004年，阳泉市救护大队增添指挥车4辆，救护车6辆，装备车1辆，其他救护装备、设施，如矿灯、综合训练器等，也得到大规模增加。2005年8月，为适应用工制度改革，阳泉市救护大队先后3次面向社会招聘27名高标准服役制救护队员，救护大队人数达到159人。

与此同时，阳煤集团矿山救护大队得到进一步加强。2006年5月3日，三矿神堂咀进风斜井玻璃钢瓦斯抽放管着火，造成井下多人中毒遇险，救护大队指战员建议：给井下电机车司机佩用正压呼吸器，救护队员乘车通过烟雾区进入遇险人员集中地点，及时给23名遇险矿工佩带了压缩氧自救器，现场用苏生器对2名中毒严重的矿工进行救治，使23名矿工安全脱险。2007年6月25日，二矿80706已采工作面进风闭墙发现明火，该大队经过三天两夜连续奋战，于27日零点成功封闭了80706已采火区，保证了二矿的正常生产。同年9月22日，三矿竖井扩二区8202工作面发现明火，救护大队，进行了火区侦察，之后采取直接灭火、接风筒排放瓦斯、注氮、贯通巷道、打临时墙、砌永久闭墙等措施，把高压灭火胶管接到着火地点，成功封闭了该工作面。其间该救护大队处理阳煤集团公司各矿井下事故86起，其他安全技术工作19次，出动357队次，3254人次，抢救遇险遇难人员62人，其中47人生还，抢救矿山财产及资源价值1亿元以上。

2010年3月28日，山西华晋焦煤有限责任公司王家岭发生透水事故，153名矿工被困井下。阳煤集团救护大队接到赴王家岭煤矿抢险救援命令后，在集团公司副总经理、安监局局长余北建带领下，32名救护指战员组成的第一批抢险救援队伍于29日凌晨2点到达河津市待命，当日19时接到指挥部命令，全体指战员连续作战14个小时，完成了井下监护、排水、水位观察、气体监测等任务，为指挥部科学、有效的制定救援方案及时提供了可靠、准确的资料，为迅速营救153名被困矿工的生命奠定了坚实的基础。在这次生死大营救中，阳煤救援队首次打开生命之门，第一个营救出被困矿工，并同兄弟救护队一起，成功营救出115名被困矿工，创造了中国煤矿救援史上的奇迹。

抢险演练

截至2010年，阳泉市救护大队共有职工191人，设3个中队，各项矿山救护装备功能齐备，设施完善，为应急救援工作的顺利进行提供了有力保障。阳煤集团救护大队共有救护队员150人，设3个中队。同年，阳煤救护大队出动96个队次、948人次，参加安全技术工作91队次；共处理井下各类事故9起，其中瓦斯爆炸事故2起、煤与瓦斯突出事故1起、火灾事故1起、水灾事故1起、其他事故4起；在抢险救援工作中，抢救遇险遇难人员226名，从死亡线上挽回7名矿工兄弟生命。

第六章
煤炭营销

第一节 国内营销

一、渠道和销量

境内煤炭生产至明代已有较大发展，煤炭产品已作为商品除供本地消费外，还用驴骡或骆驼运至正定、获鹿一带贩卖。

清光绪三十二年（1906），正太铁路通至阳泉后，煤炭通过铁路外运，阳泉站附近的煤栈业随之兴起，阳泉即成为晋东地区的煤炭集散地。保晋公司创办后，其阳泉矿厂通过其设在石家庄、保定、北京、天津、汉口、济南等地的分公司或分销处，积极开展煤炭营销活动。民国7年（1918），该公司还将煤炭经塘沽由海路销至广东及香港。其时，该公司不仅销售其自产煤，而且还收购经销其他煤矿所产的煤炭，每年外运达20万吨左右。

除保晋公司外，境内的建昌公司、广懋公司也向外地开展销售业务，分别销往石家庄、北京、天津、汉口、上海以及四川等地。其他小煤窑所产煤炭主要供当地民户和手工业作坊之用，也有一部分销售给平山、阜平、井陉、寿阳等地的煤商。

民国初期为阳泉煤炭的畅销时期。部分年份煤炭的销售量：民国7年（1918），11.34万吨；民国8年，16.08万吨；民国9年，18.20万吨；民国10年，20.48万吨；民国11年，20.23万吨。

从民国13年（1924）起，国内军阀混战，战事连绵，铁路不时中断，运费昂贵，苛捐杂税剧增。因而销路堵塞，使阳泉煤只能在正太铁路沿线的石家庄、获鹿一带少量销售，在太原、榆次一带售些碎末煤，而且要跌价销售。民国13年至民国17年，阳泉地区煤炭销售量的最好时期，分别是 30.31 万吨、31.17 万吨、33.87 万吨、18.2 万吨、28.9 万吨。

民国 18 年（1929）起，外国资本为了转嫁经济危机，又向中国倾销煤炭，而且受到政府当局的各种优惠待遇，阳泉煤无法与之竞争，各煤矿只好减员减产，且 85% 的煤炭只能在正太铁路沿线销售。民国 23 年，平定县（含保晋公司阳泉矿厂）销售煤炭 50.42 万吨；盂县销售 1.28 万吨。民国 22 年，山西省政府制定《山西省政十年计划案》中有“山西煤炭，销售不及产量之半，因此无扩充开采之必要，应提倡分采合销，以免各厂之间竞争”，于民国 25 年成立了阳泉煤业公司。阳泉地区的煤炭营销首次实行统购统销，但仅在民国 26 年销售 10 万余吨，其后便因日军入侵而中止。

日军侵占阳泉煤矿后，即对煤炭营销实行严密控制。规定，“煤炭的运回数量必须达到 65%。尽管华北煤荒日益严重，对日煤炭输出总数也不能减少”。阳泉煤除大部输往日本外，只有少量销售到平津一带。据统计，阳泉“山西军管理第四厂”在民国 27 年（1938）、28 年各销售 3496 吨、1399 吨，分别占总产量的 3.5%、0.4%，其余均为日军所用或运回日本，总量约 200 万吨。民国 30 年至民国 33 年，在日军严密控制下的盂县曲曲城、教场、山底村（今属郊区）的煤窑给盂县抗日民主政府设在车轮、关地和东关头等村的煤站供应了块炭 150 余吨。

阳泉解放后，民国 37 年（1948）正太铁路修复通车，国营阳泉煤矿公司在石太、石德和津浦 3 条铁路沿线设点销售煤炭，销售近 6 万吨。同时，石太铁路合作社和石太煤铁贸易公司也进行阳泉煤炭的营销业务。同年底，井阳煤业公司组建后，阳泉国营煤矿的煤炭销售纳入统一渠道。井阳煤业公司在石家庄开办营业所，原阳泉煤矿公司的销售点移交石家庄营业所统辖。该营业所根据华北人民政府企业部的统一安排，逐月向各生产矿下达指标，组织国营煤矿的销售工作。民国 38 年，国营四矿、裕公矿共销售煤炭 30 余万吨。境内私营小煤矿的煤炭除本地自销外，由阳泉市宝兴亨煤铁贸易货栈收购、推销，主要销往邻近县市。

1950 年初，井阳煤业公司石家庄办事处更名为燃料工业部驻石家庄办事处；1952 年 5 月，该办事处撤销，阳泉市煤建公司成立，市区所产煤炭都统一由该公司收购外运。1950 年至 1952 年，阳泉矿务局经铁路外销 317.54 万吨；地方销售 4647 吨。平定县、盂县所产煤炭由山西省煤矿公司与中国煤建公司订立合同，由自销改为包销。这一时期，阳泉煤炭外销呈逐年增长趋势，当地销煤量相对减少。外销煤主要为生活用煤，工业用煤仅占 10%。

1953 年，国家大规模经济建设开始，全国工业用煤量增长，国家为了保重点和按计划供应，从当年起，实行了煤炭统一分配的制度。阳泉矿务局被列为国家统一分配（简称统配）的局矿，其后陆续又有荫营煤矿、固庄煤矿和南庄煤矿被列为山西省地方统配煤矿。统配矿（局）所产煤炭完全由国家和省按分配计划统一调拨。其他非统配煤矿所产的煤炭，属于指令性生产计划内的也实行统一分配。在国家每年召开的煤炭订货会议上，根据国家分配计划，各矿（局）与用煤单位签订供货合同。阳泉煤炭销售流向主要为河北、山东、安徽、江苏、浙江、广东等省以及北京、天津、上海等市。1959年，荫营煤矿至白羊墅火车站的白荫铁路通车，该矿的煤炭销售实现了铁路运输。1960年，南庄煤矿至白羊墅火车站的南庄煤矿坑口铁路专用线正式通车，该矿区当年销售煤炭23.78万吨，均为铁路发运。这一时期，汉河沟煤矿、白羊墅煤矿所产之煤大都由公路外用。20世纪60年代至70年代，全市社队煤矿的销售工作均由各矿负责，所产之煤大都以民用为主，均为就地销售。

中共十一届三中全会后，山西成为能源重化工基地，阳泉的煤炭生产和煤炭销售都有了迅速增长。阳泉的无烟煤不仅用于人民生活，而且更多地用于工业生产。据阳泉矿务局1984年统计，当年所销煤炭的55%用于工业，45%为民用。销售结构的变化，进一步扩大了阳泉无烟煤市场。

随着地方煤矿的崛起，煤炭销售量的猛增，1984年7月，成立阳泉煤炭运销分公司，隶属于阳泉市煤炭工业局。负责全市地方煤炭系统（包括市、县、乡、村）的煤炭运输销售业务。同时成立平定县煤炭运销公司、盂县煤炭运销公司和郊区煤炭运销公司。为防治煤炭资源流失，先后在全市各出县路口和主要下线增设了娘子关、旧关、交口、七里沟、河坡、北峪口、东梁等煤检站。

1986年，根据山西省人民政府《关于加强煤炭产运销管理的通知》，阳泉市煤炭生产执行“以销定产、整顿提高、加工转化、稳定增收”方针，煤炭销售实行统一管理，在国家计划指导下，实行以销定产，做到产、运、销、存一本账，实现产、运、销基本平衡。

1988年，山西省人民政府下发《关于加强煤炭运销管理有关问题的通知》。为适应商品经济的发展，逐步改善价格严重违背价值的不合理状况，提高全市煤炭行业的经济效益，增强煤矿发展后劲，遵照省政府领导指示精神，市政府办公厅下发《关于煤炭统一经销的实施办法（暂行）》，进一步加强了全市煤炭运销工作管理，煤炭经营环节由代销改为统一经销。

20世纪80年代末，境内煤炭销售遇到销售史上史无前例的困难。主要表现：资金短缺，三角债拖欠严重，煤矿资金周转处于停滞或半停滞状态，境内煤矿购买设备款项多采取“以煤抵账”形式支付；“销售煤无回款”的恶性循环模式给当时的销售工作带来了极大的负担。为克服销售困难给行业带来的弊端，全省地方煤矿实行统一计划、统一票据、统一价格、统一结算、统一调度的“五统一管理”，这一措施的实施在当时效果还是比较明显的。

1990 年，全市国营大中型煤矿破解经济运行困难，努力拓展销售渠道，销量出现大幅增长的势头。阳泉矿务局煤炭销售到 17 个省、直辖市、自治区和广州、沈阳、大连、哈尔滨 4 个计划单列市，当年销量达 1540.52 万吨；荫营、固庄煤矿的煤炭销往河北、吉林、上海、江苏、浙江、山东等 6 个省、市，当年销量分别达 132.35 万吨和 55.41 万吨；南庄煤矿的煤炭主要销往河北、上海、江苏、浙江、山东等 5 个省、市，当年销售 68.2 万吨；其他煤矿的煤炭主要销往北京、天津、河北、江苏、浙江、安徽、山东、广东、辽宁、吉林、上海等省、市，当年共销售 1288.51 万吨。

1992 年下半年，国家放开了煤炭价格，标志着煤炭市场由计划分配体制向市场配置过渡。1993 年，全国煤炭行业被推向市场，阳泉矿务局适时调整营销战略，实现了由民用煤向工业用煤的转变。末煤万面，1992 年，阳泉矿务局所供电厂用煤只有 2 个，年销售量为 40 至 60 万吨。

随着煤炭市场放开，针对民用煤市场开始出现逐年萎缩的状况，全市煤炭的销售重点开始由民用向工业用煤转变，身边发电用煤、水泥和化肥的转变，并打入了华东、华南等空白市场。大力组织青岛港、天津港的煤炭发运工作。同时按照市场的需求，扩大对大、中、小块炭的销售量。

1994 年，经山西省人民政府批准，增建和扩建铁路煤炭发运站 5 个，并在公路设立煤焦销售营业站，负责收取“能源基金”。

1995 年，阳泉矿务局末煤所供电厂增加到 18 个，电煤年销量突破 500 万吨。块炭方面，主要供应全国几百家中小化肥厂。洗精煤方面，形成了以鞍钢、本钢、唐钢、宝钢为主的长期稳定的市场结构。

1996 年后，为建立长期稳定的市场体系，全市的煤炭销售从两个方面努力。一是在计划上向重点用户和市场倾斜，增加与重点用户的接触；二是把合同兑现率放在了重要位置上，做到与重点用户相抵触的用户必须让步。走直供和配送相结合实际的路子，对大用户和重点用户实行直供，对中小用户则实行配送。

1997 年，阳煤集团在大用户直供用煤方面的销售量达到了 700 万吨以上，占到了总销量的一半。

1998 年，阳泉煤炭运销分公司的业务范围包括原煤开采、煤炭洗选、公路、铁路运销及服务、房地产开发等，年销售煤炭总量 2200 万吨，年销售收入 46 亿元，年产煤炭 500 万吨，年实现利润 1.8 亿元，上缴税金 2.4 亿元，全系统总资产 25.9 亿元。1999 年，根据用户需要，阳煤集团公司开发出特 1 号喷吹煤，成为供韩国浦项无烟煤单一煤种的最大供货商。

进入 2000 年后，为了规范全省办矿秩序和煤炭生产经营秩序，调控煤炭生产总量，保护合法煤炭企业权益，根据《山西省煤炭管理条例》规定，结合煤炭纠察执法工作需要，山西省煤炭工业局决定将《山西省煤炭准销票》更名为《山西省煤炭总量控制销售票》(简称销售票)。《山西省煤炭准销牌》更名为《山西省合法煤矿公示牌》（简称煤矿公示牌）。无煤矿公示牌和煤炭销售票的煤矿不得生产、销售煤炭。任何单位和个人不得销售、购买和运输无煤炭销售票的煤炭。2002 年，为缓解运输紧张的状况，在山西省经贸局、省煤管局、省煤运公司、阳泉市煤矿运分公司大力支持和帮助下，阳煤集团开通了公路运输销售。至 2005 年，阳煤集团销售工作实现了由大工业用户向战略合作用户的转变，当年煤炭销售实现 2636.89 万吨，创历史新高。

2006 年，阳煤集团从超常发展的思路出发，进一步实施大工业用煤的战略转变，电煤销售量占到了整个市场份额的 60% 以上，百万吨电厂用户达到了 6 个，其中 200 万吨以上电厂 2 个。同年，阳泉煤运分公司煤炭运量达 2200 万吨，实现三级基金 3.56 亿元，实现利润 1.8 亿元。

2007 年，山西省煤炭工业局下发（晋煤经发〔2007〕2004 号）《山西省关于煤炭销售票（公路内销）查验回收管理办法》，为做好全省煤炭销售票（公路内销）查验回收管理工作，由山西省煤矿安全纠察队，在盂县和平定设立销售办公室，具体发放回收销售票，同时按照管理办法规定，建立了辖区内煤炭用户的用煤档案。对煤炭生产、经营加工转化的企业销售票据的申领、使用和回收进行监督管理。

2008 年，按照《山西省煤炭销售票使用管理办法》，阳泉地区实行按月申领、发放煤矿销售票制度。同年，全市煤炭销售量达到 6585.05 万吨，创销售历史的最高纪录。

2009 年，阳泉集团公司在喷吹煤市场上，开辟了一些实力较强的大型民营钢铁企业，并在国际市场上适当增加了现货贸易。在块炭销售方面，向技术先进、规模大、效益好的企业倾斜，构建了稳定的销售渠道，同时对用户实施分级管理，实施不同的发运政策，有效克服了需求下滑带来的影响。

2010 年，面对复杂多变的国内外经济环境，面对冶金煤、块炭、电煤矿市场相继下滑，根据国家产业政策和铁路流向布局，对销售市场实施优化，寻求潜在用户，以减轻市场压力。全市煤炭的销售量完成 5763.90 万吨，仅比最高销售年份 2008 年少 821.15 万吨。同年，阳煤集团在电煤主体市场布局上，形成了比较稳定的华北、山东市场。在喷吹煤主体市场上，形成了以鞍钢、本钢为主的东北市场，以首钢、河北钢为主的华北市场。在化工块炭主体市场上，立足内部化工企业，确保内部化工企业的发运量，保证了化工企业稳定生产。全公司全年共销售 5130.10 万吨（含阳泉境外矿井）。年内，全市地方煤矿销售煤炭 1814.53 万吨。

1985—2010 年阳泉市原煤销售量一览表

表 -8-4 单位：万吨

年 份	原煤销量	年 份	原煤销量	年 份	原煤销量	年 份	原煤销量
1985	2895.31	1992	3186.89	1999	2616.38	2006	5196.59
1986	2920.34	1993	3001.84	2000	2566.46	2007	6012.52
1987	2976.14	1994	3299.19	2001	3036.37	2008	6585.05
1988	3108.05	1995	3391.98	2002	3377.35	2009	5486.11
1989	3283.43	1996	3437.30	2003	3974.63	2010	5763.90
1990	3081.37	1997	1626.18	2004	4924.16	—	—
1991	3151.40	1998	2604.06	2005	4972.18	—	—

二、内销价格

清末以前，境内煤炭价格无考。进入民国以后，保晋公司等较大煤矿的煤炭销售价格，分别按本地价、外埠价区分；按最高价、最低价限定；按煤炭粒度定价。

阳泉建市初期，境内煤炭企业以生产和销售原煤为主，国家没有制定统一价格，价格灵活。当时，煤炭生产工艺简单，成本较低，出厂价格低廉。阳泉矿务局原煤出厂价每吨低于 2.6 元（旧币），一些远离铁路交通线的私营小煤矿原煤出厂价格更低，每吨在 1.8 元至 2 元左右。

1953 年后，阳泉矿务局执行的是燃料工业部华北煤矿管理总局制定的出厂调拨价格。1958 年，国家按不同煤种、品种、规格和煤质统一规定的作价办法出台后，阳泉地方煤价按照山西省的统一规定，作了相应的调整，纳入全国统一价格体系之中。1962 年 8 月，根据国民经济发展和煤炭供求情况变化，阳泉无烟块煤的出厂价上调，上调幅度在 25% ～ 77.5% 之间。

1966 年，煤炭部制定出《煤炭产品出厂价管理办法》于 1 月 1 日执行。这是中华人民共和国成立后第一次出台的全国统一的煤炭价格标准。这次定价按煤炭产品加工方法、粒度和水分不同，划分品种和等级。山西根据国家定价原则确定，阳泉矿区无烟煤分 6 个品种 14 个等级，新增加了选洗加工煤品种，矿场上火车交货价为 24.2 ～ 26.2 元 / 吨。1974 年燃化部修订《煤炭产品出厂价格管理办法》，将阳泉无烟煤的出厂等级价提高了 4% 左右，并新增 11 个等级，从 1975 年 1 月 1 日起，阳泉矿务局、荫营煤矿和南庄煤矿，统一执行了这次定价。其他地方煤矿执行省内地方工业及民用煤的出厂价格，每吨平均 13.2 元。

1979年煤炭部颁发《煤炭质量规格及出厂价格》及《煤炭出厂价格计算和管理办法》，于当年5月1日起执行所规定的价格。新的煤炭价格主要是针对企业因生产手段和技术装备的更新，致使生产成本上升而作相应的调整。新定价普遍高于过去的价格。新定价把阳泉无烟煤产品按用途、加工方法和质量规定为精煤、粒级煤、洗选煤、原煤、低质煤5类、13个品种、13个等级，其中九级洗大块（粒度大于50毫米）每吨38.9元，比1975年同质四级大块上升54.6%；混煤、混末煤、末煤3个品种共8个等级，价格最高的十三级每吨23元，最低的每吨19.2元。其他地方煤矿执行省物价管理部门确定的地方工业及民用煤价格，在1980年，地方工业用煤每吨提高到15.2元，平均提价15%；民用煤仍维持在每吨5～8元。到1984年，境内属省定价的煤炭企业的工业用煤和民用煤价格每吨由12.5元提高到17.5元，提高40%，其他小煤矿提价不超过5元（亏损煤矿可扩大到8元）。同时取消工业用煤和民用煤两种价格，执行统一销售价。

1985年，煤炭部重新制定《煤炭质量规格及出厂价格》并修订《煤炭出厂价格计算和管理办法》，同年3月下发生效。阳泉矿务局和荫营、固庄、南庄三煤矿执行了修订后的价格。这次煤炭产品按用途、加工方法和质量规定为5类27个品种，定价中，精煤以十一级（灰分10%～10.5%）的比价为100%，每吨基本价格为49.6元；一级精煤每吨基本价格为57.09元；原煤以十四级比价为100%，每吨基本价格为22.1元。根据定价，阳泉无烟煤洗选煤分为12个品种12个等级。其中九级选大块（粒度大于50毫米）为每吨41.7元；取消了混末煤品种，混煤、末煤共分12个等级，其中十三级混煤每吨24.6元，比1979年上升6.9%。同年，境内属省物价局定价的地方矿的上火车价格作了调整，煤价由每吨煤加收短途运输费2元，综合平均煤价每吨调高4.25元。并且，按指导性计划上火车出省销售，执行吨煤向用户在价外加收20元的经济政策。1988年7月1日，全境各类煤矿按照山西省人民政府（晋发〔1988〕40号）文件规定执行，均在价外向用户加收水资源补偿费，原煤每吨加收1元，洗精煤每吨加收2元。

1989年，中国统配煤矿总公司对全国统配煤矿煤炭出厂价格计算和管理办法进行修订后，阳泉矿务局及荫营、固庄、南庄地方统配煤矿，从1990年1月1日执行无烟煤各品种等级编号共200个价目，出厂价格最高为29.5号末煤，每吨35.54元；最低为17.5号末煤，每吨16.44元。境内其他煤矿从1990年8月25日起，按照（国家物价局〔1990〕价重字695号）文件规定，在上火车销售价外向用户加收生产补贴款，每吨加收10元；同年又按照（山西省物价局〔1990〕晋价重字178号）文件规定，同时向用户加收吨煤10元短途运杂费补助。1990年，其他煤矿上火车销售无烟煤每吨51.9～53.1元（剔除加价部分）。

计划经济时期煤炭价格基本由政府统一定价，进入20世纪90年代后随着国民经济的稳步增长，煤炭价格也随之逐年提高。1993年至1994年煤炭价格部分放开。1994年8月，在国务院的干预下，确定电煤价格上涨4%，基本平息了各地煤、电企业价格争议。1997年吨煤价格提高到了149元。受国际金融市场的影响，至2000年吨煤价格又跌至118元，基本与成本相当。

2002年之后，中国经济开始强劲增长，固定资产投资加大，许多较大规模的钢厂、电厂相继投产，煤炭的需求量逐年增长，煤炭市场的紧俏使得煤炭生产企业抓住了有利时机将煤炭价格逐年提高，并逐步取消价格指导。为了促进煤、电双方顺利签订煤炭购销合同，在每年煤炭订货会上仍发布一个参考性的协调价格。随着国家对电煤价格的逐步放开，电煤重点合同价格呈不断上涨的趋势。2006年后，国家煤炭价格完全放开，由供需双方根据市场供求关系协商确定。阳煤集团煤炭综合售价2003年为175.70元/吨，2004年为221.10元/吨，2005年为295.10元/吨，2006年为320.16元/吨，2007年为320.7元/吨，2008年为430.9元/吨，2009年为437.99元/吨，2010年为469.8元/吨。境内地方煤矿同样按照市场情况，适度灵活调整煤炭销售价格。

第二节 煤炭出口

一、渠道和销量

保晋公司创办后，就致力于开拓国外市场，直到民国6年（1917），境内煤炭以“平定硬煤”之名在天津塘沽首次出口日本国。同年出口煤炭1007吨，总售价4532关平两（1关平两折合银圆1.63元）。翌年，保晋公司在天津俄租界设立海外分销处，专门经营煤炭出口业务，将“平定硬煤”销往日本、东南亚诸国及中国香港地区。民国7年至民国11年，该公司共出口“平定硬煤”42868吨，价值561252银圆，占其总产量106.7万吨的4%。其间，广懋公司也开展了煤炭出口业务。民国12年，香港市场“平定硬煤”被越南煤所取代，随着大同煤炭出口日本，“平定硬煤”对日出口量也逐年减少。后来，由于军阀混战和世界经济危机，“平定硬煤”的出口继续萎缩，到民国21年，出口完全中断。

民国26年（1937）日军劫夺阳泉煤矿后，阳泉煤炭被大量掠往日本，其中民国27年掠往日本的煤炭为7337吨，占年产量的74.3%；翌年，掠往日本的煤炭为297400吨，占年产量的97%。这种赤裸裸的殖民掠夺，根本不是任何意义上的对外贸易。

1957年，境内恢复煤炭出口。1957年至1984年的28年间，阳泉矿务局共调拨出口煤炭367.23万吨，主要品种为阳泉末煤和阳泉块煤。其中三矿年出口量达20多万吨。出口业务由中国五金矿产进出口总公司与外商签约，由山西五金矿产进出口公司和阳泉市外贸公司向阳泉矿务局调拨收购煤炭并具体办理出口业务，所得利润和外汇上缴中央财政。出口海港主要是秦皇岛，主要销往亚洲的朝鲜、日本、泰国、菲律宾、土耳其和印度尼西亚等国。

中共十一届三中全会以后，国家对外贸易体制进行了改革。除阳泉矿务局出口煤炭外，荫营煤矿和平定、盂县等地方煤矿的煤炭也开始对外出口。1980 年，山西省地方煤炭对外贸易公司成立（后改称山西省煤炭进出口公司），该公司 1980 年至 1982 年组织了阳泉地方煤矿的煤炭出口共 19.68 万吨。1984 年 7 月，中国煤炭进出口总公司在阳泉矿务局设立办事处，作为该公司的派出机构，直接办理出口煤炭调运业务。1985 年，为鼓励煤炭生产企业多出口、多创汇，国家对煤炭出口开始实行计划内收购和计划外代理的双轨制。1985 年至 1990 年，阳泉矿务局除调拨收购出口煤炭 69.67 万吨外，还经代理出口煤炭 72.12 万吨，出口海港主要为秦皇岛，也有少量煤炭经由青岛、烟台、深圳等港口。海外市场有日本、菲律宾、新加坡、泰国、德国、英国、美国等国家。

1990 年后，阳煤集团（阳泉矿务局）煤炭出口业务由阳煤集团选煤运销处出口分公司具体负责，地方煤炭的出口也由该公司经办。主要出口产品为块炭和末煤。1990 年至 1992 年共出口 15.71 万吨，1993 年至 1995 年停止出口。

1996 年阳泉无烟煤恢复出口。阳泉煤炭的出口仍由阳煤集团选煤运销处出口分公司具体负责。1999 年东南亚经济危机爆发后，出口煤矿国际市场的价格逐渐走低，国内许多煤炭企业对煤炭出口产生了重重顾虑，阳泉煤炭企业紧抓国家对出口煤炭的一系列鼓励政策，利用有利时机，果断出击，不断扩大出口国际市场的份额，提升速度非常之快。1996 年的出口量为 2.11 万吨。1998 年突破了 10 万吨大关，达到了 11.13 万吨。2000 年突破了 100 万吨大关，达到了 126.19 万吨。2002 年出口量达到了创纪录的 202.52 万吨。2003 年至 2007 年共出口煤炭 614.37 万吨。

2008 年 7 月，山西国阳新能国际贸易公司成立，负责全市及阳煤集团的煤炭出口业务，选煤运销处出口分公司成建制并入该公司。8 月，受国际金融危机和国家对出口煤加征 10% 关税的影响，阳煤集团出口煤量开始减少。阳泉无烟煤全部由国家指定的神华集团有限责任公司、中国中煤能源股份有限公司、中国五矿集团公司、山西煤炭进出口公司 4 家专业公司代理。阳煤集团新景矿一直为阳煤集团的出口煤基地，出口煤品种为 1 号精煤。当年全市煤炭的出口量为 118.61 万吨。

2010 年，阳泉市面对全国由煤炭出口大国转变为净进口国的严峻形势，狠抓出口煤炭的产地监管工作，按照《进出口煤炭检验管理办法》和《进出口煤炭外来杂物控制技术规范》的要求，结合实际采取多项监管措施，保障阳泉煤炭出口稳步上升，在全国煤炭出口大幅下滑的情况下逆势上扬。年内出口煤炭461批、140万吨、货值23415万美元，与2009年同比分别增长14%、26%、102%。

二、出口价格

1949年以前，境内出口煤价格无考。1957年，阳泉煤恢复出口后，出口计价办法是以签订合同规定的煤质规格为标准。若水分高出国家规定，扣重；若发热量超出或低于规定，按公式计算递增或递减。出口煤合同主要是执行政府之间的贸易协议，由外贸部门收购，只作收购统计，出口价格由外贸部门根据国际煤炭市场掌握。

1976年后，尤其是中共十一届三中全会以后，中共中央坚持对外实行开放，对内搞活经济的政策，逐步增加了煤炭出口数量，并下达出口商品创汇计划，优先出口地方煤，阳泉块煤得以大量出口，但动力煤优于无烟煤，随国际煤炭市场需求而变化。1976年，阳泉块煤平均价每吨对日本29.4美元。1977年，平均价每吨对日本31.49美元。1978年，平均价每吨对日本29.43美元，对罗马尼亚22.25美元。1979年，平均价每吨对日本40.6美元；阳泉混煤42.54美元。1980年，平均价每吨对日本55.23美元，阳泉混煤42.54美元。1981年，平均价每吨对日本71.39美元；阳泉混煤55.90美元。1982年，平均价每吨对日本77.75美元；阳泉混煤55.90美元；对菲律宾42.54美元。1984年，平均价每吨对日本66.16美元；对菲律宾66.90美元；阳泉混煤49.86美元。1985年，平均价每吨对日本71.20美元；阳泉混煤对日本49.94美元。1986年，阳泉中块每吨对日本70.41美元；阳泉混块对日本48.80美元。1987年，阳泉中块每吨对日本60.06美元；阳泉混煤对日本42.63美元，对菲律宾33.57美元。1988年，阳泉混煤每吨对菲律宾33.35美元。1989年，阳泉混煤每吨对律宾33.23美元。进入20世纪90年代后阳泉无烟煤的出口价格基本持上扬态势。1994年阳泉无烟煤价格36.40美元/吨。2000年，阳泉无烟煤价格26.40美元/吨。2005年，阳泉半无烟煤价格（离岸价）103.5美元/吨。2006年，阳泉1号、3号、块煤价格（离岸价）74.16美元/吨。2007年，阳泉1号块煤价格（离岸价）71.49美元/吨。2008年，阳煤泉1号、3号、块煤、末煤价格（离岸价）193.66美元/吨。2009年，阳泉1号、3号煤价格（离岸价）93美元/吨。2010年，阳泉1号煤价格（离岸价）178美元/吨。阳泉市地方煤矿煤炭出口价为167.25美元/吨。

第七章 煤炭企业

第一节 国有大中型煤炭企业

一、阳煤集团

阳泉煤业（集团）有限责任公司，简称阳煤集团。其前身为阳泉矿务局，成立于1950年1月，1997年12月20日更名为阳泉煤业（集团）有限责任公司。是国内最大的优质无烟煤生产基地、高炉喷吹煤加工和出口基地，是国家首批确认的特大型煤炭质量标准化现代化企业，山西省属五大煤炭集团之一。

阳煤集团办公楼

阳煤集团作为全国最大的无烟煤生产基地。经过60余年的发展，已成为一个以煤炭和煤化工为主导产业，铝电、建筑建材地产、装备制造、贸易服务四大辅助产业强势发展的煤基多元化企业集团，拥有阳泉煤业、山西三维和太化股份3个上市公司在内的502个分子公司，总资产1001亿元，职工17.6万人，位列中国企业500强第93位，中国煤炭企业100强第10位。

阳煤集团以盛产“阳优”牌无烟煤驰名中外，具有得天独厚的资源赋存，交通畅达便利，人文环境优越，装备设施精良，科技实力雄厚。矿区井田规划总面积1322.28平方千米，地质储量1204450.9万吨，可采储量633592.1万吨。主要产品有块炭、末煤、冶金用末精煤等5大品种、20多个产品，其中多个品种获国家、省优质产品称号，是电力、冶金、化工、建材和民用的上好燃料和原料，在全国设有便捷高效的销售网络，产品主要行销国内的大钢厂、大电厂以及化工、建材、化肥企业，并部分出口国外。

阳煤集团在“煤与非煤并重”的发展战略取得巨大成效基础上，开始实施“强煤强化、做强主业”的发展战略，加快对外扩张和中小煤矿联营重组步伐，至2010年已拥有23个煤矿、10家化工企业。煤炭和化工产业横跨晋冀鲁3个省12个地市，基本构建起了煤炭、煤化工、铝电、建筑地产四大循环经济产业链，初步实现了资源和能源的梯级开发利用。2010年，公司煤产量完成2621万吨，采购集团及子公司完成煤炭1919万吨，实际销售煤炭4538万吨，全年主营业务收入279.41亿元，实现利润332.10万元。

阳煤集团先后获得多项荣誉称号，包括首届中国煤炭工业优秀企业奖、煤炭工业优秀奖金石奖、质量标准化现代化矿务局、AAA级信用度企业、国家级守合同重信用企业、国际信用企业、中国企业信息化标杆企业、煤炭工业科技进步十佳企业、山西省优秀企业、山西省经济结构调整突出贡献企业、山西省精神文明建设先进企业、全国五一劳动奖状等。

阳煤集团下属企业简介：

（一）阳煤集团一矿

阳煤集团一矿位于山西省阳泉市矿山北路，1956年7月建成投产，是阳煤集团有限责任公司的特大型骨干生产矿井之一。井田面积83.6平方千米，地质储量10.6亿吨。可采储量6.4亿吨。矿井设计能力为240万吨/年，核定能力为290万吨/年，主采3号、12号、15号煤层。矿井产量已持续多年保持在400万吨以上，是煤炭部最早命名的现代化矿井和特级质量标准化矿井，并获煤炭工业二级企业和行业级高产高效矿井称号。

阳煤一矿拥有年入洗能力450万吨的矿井型重介选煤厂。主要产品有大、中、小块炭，喷粉精煤1号、2号、3号、烧结煤、十六级末煤等8个产品，其中十级洗中块为国优产品、十二级洗大块为部优产品、十一级洗小块和十六级末煤为省优产品。产品获国家“银质奖”，被中煤质协授予“质量管理奖”。是高炉冶炼、矿石烧结、火力发电、化工助燃的上等燃料，产品已通过ISO9000认证，行销全国，部分出口远销日本、韩国、巴西和马来西亚。阳煤一矿于1958年突破100万吨大关，2000年突破200万吨大关，2003年突破500万吨大关。2010年，全矿原煤产量突破1000万吨大关，达到了1018万吨，销售收入突破18亿元大关，井下职工人均工资6.38万元，取得了改革发展的历史突破。

阳煤一矿自1994年后，连续10年保持了省级文明单位称号，连续9年保持了高产高效矿井称号。特别是1998年以来，先后立省三、二、一、特等功各一次，2001年矿党委被中共中央授予“全国先进基层党组织”称号，2002年被中煤政研会和中煤工业协会分别授予“全国双文明煤矿”和“全矿双十佳煤矿”称号，2003年，被中共中央文明委授予“全国精神文明建设先进单位”称号。

（二）阳煤集团二矿

阳煤集团二矿位于矿区桃河南，成立于1951年5月，是集团公司的特大型骨干矿井之一，是全国煤炭行业特级质量标准化、现代化矿井。

阳煤集团二矿矿井核定生产能力为年810万吨位，井田面积为60.06平方千米，工业储量为4.9亿吨，可采储量为4.33亿吨。井田地质构造简单，煤层稳定，主要可采煤层有3号、8号和15号煤，拥有多个品种，包括中块、小块、喷粉煤、末煤等。广泛运用于冶金、电力、化工、机械及民用建筑行业，在国际国内都有较好的市场，并具有良好的品牌信誉。阳煤集团二矿毗连阳泉市区，石太铁路、307国道及太旧高速公路越境而过，使其兼备交通地域之便利。

阳煤集团二矿经过了3次较大规模的改扩建工程，全矿有3个低位放顶煤采煤队、2个普通综采队、11个掘进队，采掘、运输、提升、洗选加工及装车外运全部机械化作业。强化各项基础工作，提升经营管理水平，依靠科技进步，生产能力大幅攀升。2009年，全矿原煤总产量在阳煤集团率先突破1000万吨大关。2010年，年产量达到了1122万吨，销售收入实现23.34亿元，利润完成2.8亿元，工人人均工资达到6.5万元，持续保持阳泉地区产量、效益第一大矿的地位。

阳煤集团二矿建矿59年来累计生产煤炭1.78亿吨，为促进阳泉市及全国的经济发展作出了巨大的贡献，先后全国五一劳动奖状、全煤系统文明煤矿、全煤系统科技创新型矿井、全国先进基层党组织、全国模范职工之家、全国特级安全高效矿井等称号。

（三）阳煤集团三矿

阳煤集团三矿始建于1950年5月，此前曾为保晋公司属矿，是一个多井口组成的大型煤矿。井田面积40.46平方千米，地质储量1.92亿吨，可采储量9629.1万吨。主要开采煤层为3号、12号、15号煤层，生产含碳量较高的优质无烟煤。主要品种：12级洗中块、小块，15级至18级选末煤等产品。其中15级、16级末煤连续22年被评为省优产品，并远销日本、韩国、巴西等国家，深受用户欢迎。

阳煤集团三矿是一个多井口大型煤矿。一号井于1953年4月建成投产，二号井于1955年投产，裕公井于1958年1月投产，竖井于1959年12月投产。1976年原煤产量由1950年的20万吨增长到442万吨，利润达到了1280.24万元。2006年原煤产量由1976年的442万吨增长到627万吨，利润达到了3.24亿元。2010年原煤产量538万吨，利润减亏增盈1366万元，职工人均工资6.27万元。全矿杜绝了重特大事故，各项工作创建矿历史上最好水平。

阳煤集团三矿1975年被煤炭部树为“全国十面红旗”之一；1988年三矿被中煤总公司命名为质量标准化和现代化矿井；1991年晋升为煤炭工业二级企业；能源部全国煤矿地质工会授予“全国统配煤矿矿际竞赛先进单位”；1996年，煤炭工业部授予“煤质管理标准化矿井”、山西省煤炭（厅）局授予“机电工作先进单位”“国家二级计量和全面质量管理二级合格企业”；2002年9月，三矿竖井被中国煤炭工业协会评为“全国煤炭行业高产高效矿井”；2005年获“全国煤炭工业特级高产高效矿井”、全国煤炭工业“双十佳煤矿”称号；2009年和2010年连续被中国煤炭协会评为“全国煤炭工业行业一级安全高效矿井”。

（四）阳煤集团四矿

阳煤集团四矿是阳泉地区最早的煤矿之一，也是第一座退出阳煤集团序列的破产煤矿。该矿的工业化开采可上溯至清光绪三十四年（1908）七月。四矿从清光绪三十四年七月成立，历经保晋公司经营、日本侵略军占领、军阀阎锡山统治。民国36年（1947）5月阳泉解放，1950年1月阳泉矿务局成立。20世纪50年代末，四矿自己制造“土机组”割煤，是全国煤炭系统“采煤工业革命”的重点矿。60年代末，中国自行设计制造的第一条长距离钢缆带式输送机在四矿试验成功。70年代初，中国自行设计制造的第一套综采支架、双滚筒采煤机都选在四矿试验并取得成功。四矿总结、提炼的关于采煤、掘进、通风、机电、运输等方面的经验，曾被山西省煤管局和煤炭工业部有关规程的制定所采用推广。

1988年，四矿达到部颁质量标准化特级矿井标准，1989年达到现代化矿井标准，1991年被中国煤炭工业企业管理协会授予“中国煤炭工业一级企业”称号，连续多年被山西省精神文明指导委员会命名为“山西省精神文明建设标兵企业”。全国劳动模范曹大良、赵宝玉，自学标兵赵昧玉均出自四矿。

面对资源枯竭的现实，1999年，四矿开展了“二次创业”大讨论并付诸行动，“边破边创”。2003年10月，四矿宣告破产。2009年5月成立四矿留守处。2009年9月，矿井彻底关闭。从

1949年到关闭破产，四矿累计为国家生产煤炭达8500多万吨。

在国家政策扶持下，四矿从2000年起，先后兼并、重组、新建开元煤矿、景福煤矿、运裕煤矿、南岭煤矿、新大地煤矿、裕泰煤矿、碾沟煤矿、瀑里煤矿、兴峪煤矿9座矿井，2003年5月成立的华鑫电气公司在山西省煤机制造业中享有盛誉。随着企业体制机制的变化，兼并重组的煤矿或企业均成为独立企业。原四矿工业厂区被改造成为宜居生活小区。

（五）阳煤集团五矿

阳煤集团五矿位于平定县境内，北距市区18千米，东距平定县城6千米，太旧高速公路和铁路专用线立体交叉，贯穿矿区中部，通讯交通便利，是阳煤集团十大主体生产矿井之一。矿井井田面积82.3平方千米，可采储量2.11亿吨，主采8号、15号煤层，服务年限84年。

阳煤集团五矿始建于1984年12月，1990年建成投产。该矿采、掘、开、机、运、通、选、销、供等工种和专业，成龙配套，形成了独立的生产体系，生产的煤种主要有：喷粉精煤、洗中块、洗小块、末煤、煤泥、中煤等，销往全国7个省市170多个用户，主供冶金、电力工业，并出口巴西、日本、韩国、澳大利亚等国家和地区。该矿以技术进步为依托，科技兴企。不断加大装备投入，提高机械化程度。采煤由建矿之初的普采、高档普采到1992年12月一举实现了综合机械化采煤，从分层综采到一次采全高放顶煤综采，采掘机械化程度达到100%。建矿30年来业绩辉煌，年生产煤炭由建矿初期的100万吨，提高到了570万吨；经济效益由年亏损7000多万元到年盈利近4亿元；职工年人均收入由建矿初期的1000多元，提高到6万元以上。

阳煤集团五矿多年来获100多项荣誉：被煤炭部评为全国煤炭工业先进集体、被省国资委评为先进基层党组织、被省企协会功勋企业、被省国资委评为双文明单位等，还先后取得全国安普知识竞赛三等奖、煤炭工业科技进步先进矿井、中国制造业信息化最佳实践奖、山西省文化工作先进单位等多个专项荣誉。

（六）阳煤集团新景矿

新景矿位于阳泉市区西部，距离市中心18千米，濒临石太铁路和太旧高速公路。于1990年开工建设，总投资18亿元。1998年10月1日正式建成投产。井田煤层贮藏稳定，均为优质无烟煤。可采煤层8层，主采3号、8号、15号煤。一期工程可采储量1.6亿吨，采区服务年限52.4年，年设计生产能力220万吨。主要产品有1号喷粉煤、洗中煤、洗中块、小块、中煤、末煤等。1号喷粉煤获山西省优质名牌产品称号。公司内设花园式工业园区，是阳煤集团标志性矿井。

新景矿井下全部综合机械化采煤，其中3号、8号煤为普通综采，15号煤为低位放顶开采，配备巷道顶板离层自动监测报警系统等先进设备，拥有完善的瓦斯监测监控系统，全部实现了分区通风。井下供电系统安装有6千伏防越级跳闸保护装置，实现了配电室无人值守。采区工作面和顺槽均选用了国内先进设备，主斜井皮带采用了美国CST软启动技术，主扇风机为上海制造的GAF型，是国内煤炭企业采用的最大鼓风机，还拥有国内先进的KJ90型煤矿安全生产监控系统，副立井提升机也是全国最先进的设备。

新景矿是阳煤集团的出口煤基地。该矿拥有一座较大规模的全重介选煤厂，年设计入选原煤360万吨。主要产品特1号、1号冶金高炉喷吹精煤，产品质量优良，适销对路，主要出口韩国和日本。2010年生产原煤630万吨，实现利润8000万元，在册职工7332名，人均工资6.5万元。

新景矿先后荣获全国煤炭系统安全高效矿井、全国煤炭工业科技创新型矿井、全国煤炭工业企业文化示范矿、全国能源化学系统先进工会、山西省五一劳动奖状、山西省集体一等功、山西省明星企业等荣誉称号。

（七）寿阳开元矿业有限责任公司

寿阳开元矿业有限责任公司成立于2000年3月，为阳煤集团所属公司，是依法享有民事权利、承担民事责任的独立法人实体，属全民所有制企业。公司地处寿阳县城西北14千米处的平舒乡境内，交通便利、环境优雅，是阳煤集团第一家驻外兼并煤炭企业。

阳煤集团寿阳开元矿业有限责任公司的前身为寿阳县黄丹沟煤矿。该矿始建于1970年，设计生产能力为30万吨/年，实际生产能力为15万吨/年，2000年3月18日，遵循优势互补，共同发展的指导思想，经阳煤集团和寿阳县政府同意，该矿被阳煤集团无偿兼并。新组建的阳煤集团寿阳开元矿业有限责任公司井田位于沁水煤田的西北隅，面积27.5平方千米，地质储量3.9亿吨，共含煤17层，为石炭系、二迭系煤质、煤种和主要产品结构为：3号、9号、15号、15号下煤为井田赋存稳定，市场走俏的主采煤层。其中3号煤、9号煤的煤质量好，为当前市场十分青睐的特低硫、特低磷瘦煤，是国家提倡的环保型主电煤。1号筛选末煤指标稳定、质量上乘，在国内外享有盛誉，产品出口日本、韩国等地。

阳煤集团寿阳开元矿业有限责任公司获全煤系统文明煤矿、安全质量标准化国际一级矿井、全国企业信息化先进单位、山西省优秀企业等称号。

（八）山西石港煤业有限责任公司

山西石港煤业有限责任公司位于左权县寒王乡石港村，距左权县城11千米。公司原名石港煤矿，始建于1958年，属左权县县营企业。2004年7月，阳煤集团对其实施了并购重组。

2005 年 8 月，阳煤集团与华能集团交通能源控股公司签署合作协议，成立山西石港煤业有限责任公司，成为阳煤集团有限责任公司所属控股子公司。

石港公司具有明显的地域优势和优良的地质赋存条件。公司坐落在太行山腹地，距左权县城以北 11 千米、207 国道 1 千米、阳涉铁路 1.3 千米，交通十分便利；当地民风淳朴，投资环境优良。矿区井田面积 7.8 平方千米，矿井保有储量 5154.5 万吨，可采储量 3176.1 万吨。主采 15 号煤层，煤种为贫煤。煤层灰分 15.78%，挥发分 12.33%，硫分 1.10%。发热量 6600 大卡以上，煤质优良。

石港公司由阳煤集团实施并购重组后，制定了全面改造旧井方案，迅速启动了改扩建工程。使井下巷道具备了机械化作业运输、安装的条件。地面工程中，影响井下作业进度的主扇风机和锅炉房已经安装完毕，2006 年 1 月正式投运，为井下加快作业进度创造了条件。同时，充分利用国家“煤炭资源整合与有偿使用”政策，积极与当地政府进行沟通，对左权县境内的 33 座地方煤矿调研摸底，全面掌握当地煤炭资源开发利用和生产经营情况状况，确定位于公司煤田周边的煤矿为近期联营的目标，相继与永佛寺煤矿、下丰垴煤矿、五里垴煤矿、殷家庄煤矿、寒王煤矿等企业进行商谈签订了合作意向书。2010 年，石港公司年生产原煤 101.66 万吨，实现利润 28 万元，比计划增盈 405 万元。

二、荫营煤矿

荫营煤矿位于郊区荫营镇，1952 年建矿，是一座现代化的中型煤矿，属省营煤炭企业。

荫营煤矿有井田面积 24.3 平方千米，地质储量 2.48 亿吨，可采储量达 1.67 亿吨。其产品为无烟煤，主要品种有五种：洗大块、洗中块、洗小块、末煤和型煤，适用于建材、化工、冶金、电力和民用。前四个品种均获得过煤炭部和山西省“优质产品”称号。该矿有铁路专线与石太线相连，交通十分便利。1994 年，在国家统计局公布的排列中，跻身于“中国煤炭行业一百强”；1996 年被煤炭部评定为“部级质量标准化矿井”，同年，被山西省委、省政府授予“文明单位”称号；1999 年被山西省精神文明建设委员会授予“山西省精神文明建设先进企业”称号；1998 年、2000 年度两次被山西省委、省政府授予“模范单位”称号。

进入 21 世纪之后，矿山生产技术品位、科技含量、矿井质量档次得到根本性的提高，采掘工作实现了以综采综掘为代表的机械化；支护方式实现了以液压支架、综采支架为主体的金属化。机电、通风、地测、调度、矿山救护等煤矿生产要素，实现了现代化装备、现代化管理为主要特点的标准化，安全生产保障体系得到了根本性增强，为创建高产、高效、高科技的现代化矿井奠定了重要的物质基础。矿井经过大规模地改扩建后，由原来的年产 120 万吨，提高到了年产 240 万吨。2010 年，完成原煤生产 175.7 万吨，销售 177.2 万吨，实现工业总产值 8.87 亿元，增收 6400 多万元。

三、固庄煤矿

固庄煤矿位于郊区河底镇小固庄村。1982 年 1 月建矿，是一座现代化的中型煤矿，属省营煤炭企业。

固庄煤矿井田面积 12.33 平方千米，矿井储量 1.29 亿吨，主要产品为无烟煤，有块煤、末煤、精煤 3 大系列 6 个品种，其中九级洗精块和十六级末煤连续多年被评为山西省优质产品，块炭率达到了 30% 以上。适销对路的产品和便利的铁路公路运输条件，使产品畅销河北、山东、北京、江苏、上海及东北地区，深受用户青睐。

固庄煤矿年设计生产能力和洗选能力均为 150 万吨。全部采用国内较先进的综采低位放顶支架，一次采全高、回收率高，安全系数大。矿井支护采用锚杆、锚索、锚喷工艺，供电系统采用 35 千伏线路双回路供电，矿井质量标准化水平达到了省级，其中调度、机电、掘进三个系统达到了部级标准，现场管理保持了省级先进型。安全生产实现了领导程式化、管理责任化、目标具体化、培训规范化、奖罚制度化。进入 21 世纪后经受住了各种挫折和考验，顶住了煤炭市场大起大落带来的巨大冲击和压力，始终保持了经济的平稳发展。“九五”期间经济增长速度保持在 7.5% 以上，2002 年，该矿产量、销量、工业产值、产品结构、职工收入均创历史最好水平。2010 年，原煤矿生产量为 98 万吨，销售量为 98 万吨，实现工业总产值 5.63 亿元，生产均衡率达 91.9%。固庄煤矿先后被国家煤炭工业部授予“特级质量标准化矿井”、被中国质协评为“创优质名牌企业”、被国家五部委评为“全国质量管理小组活动优秀企业”。

第二节 地方煤炭企业

一、南煤集团

南煤集团位于市区南 2 千米处，有 11.4 千米铁路运输专线与石太线白羊墅车站接轨，硬化公路与市区南外环路相通，向东 7 千米可进入太旧高速公路，交通十分便利。

南煤集团的前身是始建于 1952 年 10 月的南庄煤矿。建矿时国家以 3.6 万元赎回私营民丰矿后初称阳泉市地方国营第二煤矿，1954 年改称南庄煤矿，属市营煤炭企业。南庄煤矿于

1960年建成与石太铁路接轨的运煤铁路专用线，并经过3次规模较大的改扩建，具备了年生产200万吨以上的生产能力，为阳泉市的经济建设作出了巨大的贡献。2001年3月组建成立南煤集团，2004年进行股权重组，重组后的南煤集团由国家开发投资公司控股62.00%，山西省经济建设投资公司参股24.67%，阳泉市国资委参股13.33%，注册资本为5.25亿元。

南煤集团有2个煤炭生产矿井（南庄和大阳泉）、8个非煤产业公司以及一个拟建煤电一体化企业（一期年产500万吨的煤矿和规模为2×600兆瓦坑口电厂）。新区及老矿区煤炭总储量达10亿吨之多。两个生产矿井核定年煤炭生产能力共计320万吨/年，并分别配套洗选能力为150万吨/年和120万吨/年两座选煤厂，企业总资产达35.38亿元。

南煤集团煤炭产品主要有洗中块、洗小块、洗精煤、筛末煤，为低硫、低灰、高发热量的优质无烟煤产品，是理想的化工、电力、冶金和民用燃料。非煤产业主要有年发电量12亿度的煤矸石电厂，年发电2400万度的煤层气发电站，年生产2.6亿块煤矸石烧结砖的新型建材公司，拥有3台内燃机车的铁路运输公司，以及机械制造、物业管理等单位。

南煤集团从提升主业入手，为摆脱困难发展壮大，从2001年至2005年，先后投资2.6亿元对南庄矿井和大阳泉矿井进行技术改造，并对相应的通风系统、供电系统、瓦斯抽放系统、提升运输系统进行了配套改造。两对矿井的生产能力提高到了年320万吨。2010年，南煤集团的原煤产量达到了335万吨，销售收入20.8亿元，实现利润830万元，煤炭主业的地位依然不可撼动。

二、上社煤炭有限责任公司

上社煤炭有限责任公司位于盂县城北12千米，距市区50千米。前身是原义井煤矿的接替井，为山西省煤炭运销总公司阳泉分公司系统控股的煤矿之一。矿井井田属沁水煤田，煤炭资源丰富，煤种齐全，煤质优良。矿区井田面积13.82平方千米，地质储量2.10亿吨，可采储量6873.27万吨，有较强的可持续发展优势。可采煤层为5号、8号、9号、12号、15号，主采9号和15号煤

层，煤层厚度分别为3.96米和5.47米。煤质为低硫、中灰、高发热量优质贫煤——无烟煤，属优质动力煤。矿井于1991年7月1日动工建设，2000年9月竣工投产，设计能力45万吨/年。2002年9月，为优化资源配置，深化企业改革，阳泉煤运分公司和阳泉市经济贸易委员会对上社煤矿进行了第一次资产重组和股份制改造。股份制改造后上社煤矿更名为阳泉市上社煤炭有限责任公司。为实现阳泉市煤炭工业整体发展规划目标，公司立足建设规范化的公司制运作机制，进一步引深企业的股份制改造深度，发展多种成分所有制，2005年5月，公司吸纳民营企业参股，完成了企业的第二次重组，最终由山西煤销集团阳泉有限公司、阳泉市国资委、山西汇才能源物贸有限公司共同出资改制。2006年实施技术改造提升，井下全部实现综采综掘，矿井的年生产能力提升到了150万吨。2009年，根据上级文件精神，该公司凭借自身优势，结合周边小煤矿现状，对盂县苌池南上社煤矿、阳泉市上社煤炭有限责任公司二坑进行了资源重组，产能得到了进一步提升。2010年，上社煤炭有限责任公司生产原煤208.10万吨，销售收入2.65亿元，实现利润1718.46万元。

三、燕龛煤炭有限责任公司

燕龛煤炭有限责任公司位于郊区北庄村西，距市区25千米，距阳盂二级公路1千米。1997年11月，燕龛煤矿兼并陈庄煤矿，改制组建国有现代公司制煤炭企业。并于2002年9月，又一次重组，由阳泉市煤运分公司控股，是山西省60家重点地方煤矿，阳泉市36家重点企业之一。公司有井田面积11.88平方千米，保有地质储量1.38亿吨，可采储量7767.4万吨。公司生产优质无烟煤，有陈庄、燕龛两对矿井，产品有末煤、块煤。“十五”期间，矿井技术改造被国家经贸委列为“双高一优”重点项目。2006年被列为阳泉市“百项工程”之一。总共投资2.5亿元用于矿井改扩建项目建设，完成了矿井井下采掘装备的更新、双回路供电、通风系统、运输系统、抽放系统、监控系统的改造，公司的原煤生产能力提高到了年产120万吨。2010年，生产原煤119.8万吨，销售收入2.1亿元，实现利润4544.35万元。公司多次获阳泉市安全生产先进单位和守信用企业等称号。

四、上社二景煤炭有限责任公司

上社二景煤炭有限责任公司位于盂县南娄镇南上庄村，距市区55千米，于1996年2月进行初期工程建设，1999年7月建成投产。前身为阳泉市上社煤矿第二坑口。公司井田面积1.95平方千米，保有地质储量3390。6万吨，可采储量1445.5万吨。开采煤层有5号、8号、9号、12号、13号。

上社二景煤炭有限责任公司

公司自2002年9月实施资产重组后，累计投资8060万元，对矿井的供电、通风、提升、排水、运输、抽放、监控和采煤等八大系统进行了不同程度的改造和完善，回采率由32%提高到了84%，生产能力也由年21万吨提高到了年80万吨。2006年公司生产原煤50万吨，销售收入1.3亿元，实现利润2400万元。2010年公司生产原煤85万吨，销售收入1.8亿元，实现利润3456万元。

五、保安煤业有限公司

保安煤业有限公司位于郊区旧街乡保安沟，距307国道3千米、市区20千米。石太铁路和太旧高速公路从井田南部通过，交通便利。该矿于2005年由山西省煤炭运销总公司阳泉公司郊区分公司投资4.5亿元开工建设，为阳泉市“十一五”规划的重点项目。保安煤业井田面积14平方千米，地质储量18.30亿吨，可采储量10.68亿吨，生产能力为年产90万吨，服务年限为80年。企业坚持以市场为导向，改革为动力，调整产品结构，对矿井设计进行了优化完善，并采用主、辅、回3个立井开拓，中央并列通风系统，采用单水平联合布置，综采机机械化开采。保安煤业于2008年建成并试生产，各设施设备运行正常。2010年，公司生产原煤50万吨，销售收入2.8亿元，实现利润2450万元。

六、东坪煤业有限公司

皮带运输走廊

东坪煤业有限公司位于盂县县城东南方2.5千米处，阳盂二级公路经过矿区，交通极为便利。公司成立于2010年11月4日，是山西晋盂煤业有限公司中唯一的全资公司，前身是盂县东坪煤矿，始建于1957年。2009年，煤矿企业兼并重组整合中，由盂县东坪煤矿、盂县南关煤矿、盂县秀水镇泥河村煤矿、盂县寨沟煤业有限公司、盂县宏昌泰煤业有限公司整合而成，注册资本3.74亿元。公司总资产10.31亿元，净资产6.74亿元。矿区地处沁水煤田北部尖端，井田面积16.02平方千米，地质储量1.34亿吨，可采储量8207万吨；可采煤层4号、8号、9号、15号，批准开采煤层4号—15号煤层，主采太原组15号煤层，核定生产能力120万吨/年，是一个集原煤开采、选煤、选炭于一体的安全环保型标准化矿井。公司下辖1个生产矿井、2个煤炭洗选加工车间、3个“三产”服务公司、4个辅助生产队及18个职能科室。年产原煤90万吨，选煤车间年入选原煤120万吨，产品成为低硫、中灰、高热量的优质动力煤，畅销河北省及周边地区。矿井为瓦斯等级低、安全质量标准化一级矿井。2010年，公司生产原煤50万吨，销售收入3.8亿元，实现利润2450万元。

七、古州煤业有限公司

古州煤业有限公司公司总部位于平定县城府新街，濒临太旧高速公路平定入口处，交通便捷。是经省煤矿企业整合领导组批准确定的煤炭主体企业之一，由平定县政府于2009年9月出资1.08亿元注册成立的法人独资公司。公司下属10个子公司，其中，全资子公司1个，为山西平定古州煤业同意煤业有限公司；51%控股子公司8个，分别为山西平定古州卫东煤业有限公司、山西古州冠裕煤业有限公司、山西平定古州伟峰煤业有限公司、山西古州富鑫煤业有限公司、山西古州丰泰煤业有限公司、山西平定古州中盛煤业有限公司、山西平定古州陈家庄煤业有限公司、山西古州中天新能源有限公司（太阳能光伏产业项目）；40.05%控股子公司1

个，为阳胜煤业有限公司。公司煤田总面积 79.61 平方千米，可采储量 1.75 亿吨。通过矿井提升改造后，机械化开采水平将由整合前不足 30% 提高 100%，资源回收率由整合前的 30% 提高到 80% 以上，产能由整合前的 363 万吨 / 年提升到 630 万吨 / 年（其中 90 万吨 / 年的 3 座、60 万吨 / 年的 6 座）。平均单井产能也由 16.5 万吨提升到 70 万吨。矿井提升改造全面完成后，将实现年产值收入 31 亿元、实现利润 11 亿元、上缴利税 9 亿元。

八、石店煤业有限公司

石店煤业有限公司位于盂县孙家庄镇石店村，距县城 6 千米。前身为盂县石店煤矿，始建成于 1951 年，隶属于盂县轻工业局，为集体所有制企业。系沁水煤矿田东北部边缘，煤田面积 8.18 平方千米，可采煤层为 15 号，地质储量 2400 万吨。公司坚持发展理念，不断更新设备扩大生产能力，强化企业经营管理，引进新技术开发新产品，逐步走向兴旺繁荣。1976 年建成丈八矿井并投产；1980 年建成山西省第一座 70 型焦化炉并投产；1991 年投资 196.6 万元，完成新建风力选矸炉 2 座和焦化配煤场项目；2000 年投资 100 万元兴建型煤场；2003 年 10 月，综采设备技术正式投入使用，使原煤生产和回收率大幅提升；2005 年投资 1.2 亿元改造“70 型”焦炉，投资 4000 万元兴建入洗原煤 60 万吨的重介质洗煤场，两项工程分别于 2006 年 6 月和 8 月正式投产。2010 年，公司原煤产量 100 万吨，焦炭产量 60 万吨，焦油产量 5000 吨，镁锭产量 3000 吨，还原罐产量 2000 支，全年销售收入 7.6 亿元，实现利润 1 亿元。

石店煤业有限公司

阳泉市志

（中）

主　编　任佟苏　王　刚　郭玉珠
副主编　董雪卉　刘玉林　苏小平　张卫萍　高忠乐

YANGQUANSHIZHI

阳泉市地方志编纂委员会　编

方志出版社
Publishing House of Local Records

中文目录

中册

第九编　农业　林业　水利

第十编 乡镇企业

第十一编 商业贸易

第十二编 旅游业 服务业

第十三编　财税　金融

第十四编　经济管理

第十五编　中国共产党

第十六编　人民代表大会

第十七编　人民政府

第十八编　人民政协

第十九编　党派团体

第二十编　政　务

第二十二编　公安　司法

第二十三编　军　事

阳泉市志

YANGQUANSHIZHI

[中　册]

第九编

农业 林业 水利

阳泉地处内陆高原，境内山地面积约占75%，丘陵和平原面积约占25%，水源匮乏，生态脆弱。受自然条件影响，境内农民虽勤于耕作，但由于地块分散、土壤贫瘠、干旱少雨，农业发展受到严重制约。好在境内矿产资源丰富，乡民心灵手巧，久已兴盛的采掘业、手工业成为农业经济的重要补充，大多农村走上了一条“以副补农”“以工养农”的经济发展模式。然而，“文化大革命”时期，由于“左”的影响，境内农村经济的传统模式遭否定，农民被束缚在先天不足的耕地里找饭吃，农村经济发展异常艰难。中共十一届三中全会之后，阳泉市全面落实因地制宜、多元发展的政策方针，坚持以科技为龙头，走出了一条农科教一体化的新路子，农业、林业、水利各项事业协调发展。进入21世纪以后，阳泉市积极落实中央和地方惠农政策，减轻农民负担，增加惠农补贴，深化农业、林业、水利改革，成效明显。粮食生产总体稳定，种植结构更趋合理；养殖规模逐步增大，良种比重大幅提高；农机推广成效显著，机械化水平快速提升；退耕还林政策有效落实，森林覆盖率持续增长；水利意识普遍增强，水利事业迈向更高水平。截至2010年，全市耕地面积814065亩（54271公顷），粮食产量多年保持在2亿公斤以上；可利用草地176万亩（11.73万公顷），已利用的草山草坡面积160万亩（10.67万公顷）；有林面积177.8万亩（11.85万公顷），森林覆盖率25.94%；全市多年平均水资源总量为5.06亿立方米，人均水资源占有量为407立方米，略高于全省380立方米的平均水平，不到全国2200立方米平均水平的五分之一。全市农业年总产值达12.91亿元（按现行价格计算），其中农业产值7.18亿元、林业产值1.10亿元、牧业产值4.22亿元、渔业产值975万元、农林牧渔服务业3048万元；农机经营年总收入5.68亿元；水资源累计征收3亿元。

第一章 机构

第一节　市农业委员会

民国年间，平定县、盂县设有农业局，主管农林业。

抗日战争和解放战争时期，在中国共产党领导的晋察冀边区政府中设有主管农业的机构。民国36年（1947）5月，阳泉建市。民国37年，市政府内设农林科，负责全市农业工作。

1957年4月，市政府内设农林科改为市农林水利局。同年8月，随着郊区人民委员会的成立，市农林水利局又恢复为农林科，隶属于郊区人民委员会，负责全市农业工作。下设有农业技术推广站、病虫测报站、畜牧兽医工作站、农业会计辅导站、林业工作站。

1958年，农林科更名为市农业建设局。内设办公室、农技科（包括种子站、植保站、农业技术推广站）、畜牧科（包括畜牧兽医工作站、家畜检疫站）、农业会计辅导站、林业科。

1961年5月，市农业建设局迁回市人民委员会办公。下设办公室、生产科（包括种子站、植保站、农业技术推广站）、畜牧科（包括畜牧兽医工作站、家畜检疫站）、水利机电科、林保站。1964年，又增设了经营管理科、计统科、人事科、兽医院。

1965年12月，市农业建设局内设政治处、行政科、人事科、畜牧科、副业管理处、兽医院。

1966年，"文化大革命"开始。1967年，市农业建设局陷于瘫痪。1968年5月，阳泉市革命委员会成立，实行党政合一的"一元化"领导，下设办事组、政工组、生产组、保卫组"四大"工作机构。1969年1月，在郊区组织了全市农林水机牧临时业务班子。1970年5月，成立市农林水利局系统革命领导小组，归市革委生产组直接领导，生产组内设有农林水利办公室。

1971年8月，市革命委员会生产组撤销，成立市革命委员会农业组，负责全市农业工作。

1972年6月，市革命委员会农业组撤销，成立市农林局。设有办公室、生产科（包括农业技术推广站、植保站、种子站）、畜牧科（包括畜牧兽医工作站、家畜检疫站）、林保科，及国营林场、国营苗圃、良种场、兽医院等下属单位。1975年9月，市革委农业办公室成立，与市委农村政治部一套机构两块牌子，内设政工科、农业学大寨办公室。

1980年2月，撤销市农林局，分设市农业局、市林业局。

1981年10月，市农业局、林业局、水利局、农机局、气象局与郊区的农业局、林业局、水利局、农机局、气象局并为一套机构两块牌子。

1983年12月，市农业局、市农机局合并，成立市农牧局。

1984年5月，按照农林水职能，设立市农牧局、市林业局、市水利局，从原农牧局中分出农机部分设立市农业机械化技术服务中心。市农牧局内设秘书科、人事科、计财科、农技科、特产科、畜牧科、经营管理科、市区域规划办公室（代管）。

1986年8月，市农业办公室成立，作为市政府的办事机构同市委农村工作部合署办公，内设办公室、合作经济科、生产建设科、宣传教育科。

1996年9月，按照市委、市政府《阳泉市党政机构改革方案》，撤销市农业办公室（市委农村工作部），设市委农村工作领导小组办公室和市政府农业委员会，实行合署办公，为市委市政府统管农业和农村工作的机构，内设办公室、合作经济科、农业科教科、扶贫开发科，并管理农业区划综合考察队。同时，将市农牧局更名为市农业局。内设有办公室、人事教育科、计划财务科、监察室。编制20人，实有27人。设局长1名、副局长3名。下设市畜牧站、市家畜检疫站（动物检验站）、市畜禽繁育改良站、市畜禽病防治站、市草原管理站、省农业广播电视学校阳泉分校、市农作物良种场、市农业技术推广站、市植物保护检疫站、市土壤肥料工作站、市果树站、市农村合作经济经营管理站、市种子公司（站）、市蜜蜂研究所等事业单位。

2001年6月，根据市委、市政府《阳泉市市级党政机构改革方案》，成立市农业局，与市委农村工作领导小组办公室两块牌子一套机构，主管全市农业和农村工作，承担原市农业局以及市乡镇局的行政管理职能和行业管理职能，不再保留市委农村工作领导小组办公室、市政府农业委员会。市农业局内设办公室、人事教育科、产业发展与政策法规科、种植业管理科、畜牧业管理科、农村工作科、扶贫开发科、乡镇企业科、纪检组（监察室）9个科室。2003年6月，市委常委会决定，市乡镇企业服务中心改为市政府直属事业单位，同时挂市民营经济发展局牌子，与市乡镇企业服务中心为一套人马两块牌子。市农业局承担的乡镇企业行政管理职能和行业管理职能划归市乡镇企业服务中心，市农业局撤销乡镇企业科，其余科室不变。

2007年，市农业局机关内设10个科室，分别为办公室、人事教育科、计划财务科、政策法规科、种植业管理科、畜牧业管理科、农村工作科、扶贫开发科、市场信息科（文明生态村镇创建工作领导组办公室）、纪检组（监察室）；下属事业单位19个，分别是市蔬菜中心（副县级）、山西省农业广播电视学校阳泉分校（副县级）、市农村服务中心（副县级）、市植物保护检疫站（市农药监督管理站）、市土壤肥料工作站、市农村经济经营管理站、市果树站、市农业技术推广站、市种子管理站、市动物检疫站、市畜禽繁育改良站、市草原管理站、市畜禽疫病防治站、市动物疫病检测中心（市畜牧站）、市养蜂技术推广站、市名优产品开发中心（市农业资源区划办公室）、市农业局离退休人员管理服务中心（市农业局机关后勤服务中心）、市农业行政综合执法支队、市农作物良种场。局行政编制29名，事业编制218名。市农村服务中心和市农作物良种场为自收自支事业单位，其余事业单位均为全额财政预算事业单位。同年，全额事业单位市老区建设促进会办公室和自收自支事业单位市扶贫开发贷款担保中心挂靠到市农业局，下属事业单位增加到21个，事业编制增至223名。2008年，新增全额事业单位市农产品质量安全检验检测中心，12月，更名为市农产品检验检测中心。

2009年11月，撤销市农业局，设立市农业委员会（同时挂中共阳泉市委农村工作领导组办公室牌子），正县级建制，为市政府工作部门，将原市农机局承担的农业机械化管理行政职责划入市农业委员会，撤销市农机局。内设办公室、人事教育科、计划财务科、种植业管理科、畜牧业管理科、新农村建设办公室、农村政策与经营管理科、农业综合开发科、农产品质量安全监管科、市场信息科、纪检组（监察室）。

第二节　市林业局

民国初期，境内林业工作由林区署管理。山西省第一小林区署设于阳曲县（今太原市），第二小林区署设于五台县。平定县归第一小林区署管辖，盂县归第二小林区署管辖。

民国年间，平定县、盂县配有林业技术人员，并设林场或苗圃。

日伪统治时期，盂县、平定县均属第二林区署管辖。民国28年（1939）后，曾在盂县分别建立县、区、村苗圃，但育苗造林只是应付门面，收效甚微。

1949年至1980年2月，境内林业管理工作由市农林局、市农业建设局或市农牧局中的专门科室负责。

1974年，阳泉市森林调查队成立，隶属市农林局领导。1976年6月，经省农林局批准，将阳泉市森林调查队改名为阳泉市林业勘测设计队。

1980年2月，撤销市农林局，设市农业局、市林业局。市林业局内设办公室、营林科、林保科、果树工作站、林业勘测设计队。1998年1月，市林业局行政编制15人，内设办公室、营林管理科、林政保护科、纪检组（监察室、人事科）4个行政科室和林业技术推广站、林木种苗站、森林病虫害防治站、森林植物检疫站、公安林业派出所（防火指挥部办公室）、绿化委员会办公室、林业基金征收管理站、林业勘测设计队8个事业科室。2001年，市政府以《阳泉市人民政府办公厅关于印发市农业局、市林业局、市水利局职能配置、内设机构和人员编制方案的通知》对市林业局的职能配置、内设机构和人员编制重新确定，行政编制由原15人核减为13人，不再保留市森林植物检疫站，其人员职能整体并入市森林病虫害防治检疫站。2004年，林业勘测设计队更名为林业调查规划处。

2006年12月，市林业局在职行政人员13人，其中局长1人、副局长2人、纪检组长1人、助理调研员1人、科级以下公务员8人，内设办公室、营林管理科、林政保护科、纪检组（监察室、人事科）4个行政科室和林业技术推广站、林木种苗站、森林病虫害防治检疫站、公安林业派出所（防火指挥部办公室）、绿化委员会办公室、林业基金征收管理站、林业调查规划处、狮脑山林场、中心苗圃、林业科学研究所、林产品经销公司11个事业科室。

2008年12月，经市编制委员会办公室批准，撤销阳泉市公安林业派出所，在此基础上组建阳泉市公安局森林公安分局（阳泉市公安局森林公安警察支队），同时保留阳泉市森林防火指挥部办公室的牌子。2010年9月，经市机构编制委员会办公室批准，成立了阳泉市林权管理中心。

2010年，市政府以《关于印发市林业局主要职责内设机构和人员编制规定的通知》对市林业局的职能配置、内设机构和行政人员编制重新确定，局机关行政编制为14名。其中局长1名、副局长3名（其中1名兼任绿化委专职副主任、正县级）、总工程师1名、纪检组长1名，内设办公室、营林管理科、林政保护科、纪检组（监察室、人事科）4个行政科室和林业技术推广站、林木种苗站、森林病虫害防治检疫站、绿化委员会办公室、林业基金征收管理站、阳泉市公安局森林公安分局（阳泉市公安局森林公安警察支队）、林权管理中心、林业调查规划处、狮脑山林场、中心苗圃、林业科学研究所、林产品经销公司12个事业科室。

第三节 市水利局

1964 年 1 月，阳泉市农业机械水利局成立，内设办公室、水利科、机械科、农村电力处、农业机械公司、国社公营简子沟电灌站。1965 年 10 月，市农村电力处人员、业务移交市供电局管理。

1968 年，成立市农业机械水利局革命领导小组，王根丑任组长。1969 年 1 月，撤销市农业机械水利局革命领导小组。1970 年，市农林水利局系统革命领导小组成立，归市革委生产组直接领导。1971 年 8 月，市革委撤销生产组，成立农业组。1972 年 12 月，市革委农业组下属的农业机械水利局分设为水利局和农业机械管理局。1975 年 12 月 15 日，阳泉市农田基本建设指挥部成立。

1954 年 7 月，市防汛抗旱指挥部成立。1973 年 6 月，市革委决定，市防汛抗旱指挥部下设两个办公室：城市防汛办公室，设在市城建局；农村防汛抗旱办公室，设在市水利局。1977 年 6 月，调整和加强市防汛抗旱指挥部，在矿务局、城区、郊区分设指挥部。

1981 年 10 月，市农业局、林业局、水利局、农机局、气象局与郊区的农业局、林业局、水利局、农机局、气象局各局并为一套机构两个牌子，受市农委和郊区革委领导，按县团级单位对待。内设办公室、管理科、勘探设计室、计划财务科。

1983 年 2 月，市水土保持委员会成立，日常工作由市水利局负责，组成人员 11 人；2 月，市水资源管理委员会成立，组成人员 14 人，办公地点设在市水利局。

1983 年，市水利局内设办公室、管理科、勘探设计室、计划财务科、工程科。

1984 年 11 月，市水利局与郊区水利局分开办公。市水利局有 41 人，郊区水利局有 32 人。市水利局内设办公室、管理科、勘探设计室、计划财务科。

1986 年 9 月，市水资源研究所成立，编制 9 人，同市水资源管理委员会办公室合署办公，隶属市水利局领导。市水利局内设秘书科、工程科、管理科、计划财务科、防汛抗旱办公室、水资源办公室、勘探设计室、物资供应站、娘子关泉域管理站、劳动服务公司。1987 年 4 月，市编制委员会办公室批准市水利局成立水土保持工作站和水产工作站。水土保持工作站为市水保委员会的办事机构。

1991 年，市水利局增设水政科，主要负责宣传贯彻《中华人民共和国水法》和水法规以及有关的方针、政策，对各种水事活动依法进行检查监督，对违犯水法的行为提出行政处罚意见并负责行政处罚决定的实施，配合公安、司法部门查处违犯水法的重大案件，对下级水利部门作出行政处罚决定的行政复议，管理全市水利执法体系的建设。1992 年，阳泉市水土保持监督总站成立，与市水土保持工作站两个牌子、一套人员，隶属市水利局领导，主管全市水土保持监督管理和执法工作，负责建设和管理水土保持监督执法体系，贯彻实施水土保持法律、法规，编制水保监督执法规划、计划，对法律、法规的执行情况，水土流失及防治情况以及水保治理成果的管护情况进行监督检查，归口管理全市水土保持监督执法队伍和水保监测工作。1993 年，市政府常务会议决定山南水库隶属于市水利局管理。1995 年，阳泉市山南水库管理处成立，主要负责水库工程的日常维护、运行管理和安全检测工作，负责库区水情汛情测报、洪水险情防范、水源合理调蓄工作，负责库区水资源保护、开发和合理利用工作，实行计划供水、用水计量、合理收费，配合有关部门制定库区绿化、水土保持规划、保护水源、防止污染。

1997 年，根据《阳泉市水利局职能配置内设机构和人员编制方案》，市水利局内设办公室、计划财务科、规划建设科、工程技术管理科、纪检组（监察室，挂人事教育科牌子）。下设事业单位有市娘子关泉域管理站、市水利基本建设工程质量监督站、市防汛无线电中心台、市水产站、市水利勘测设计室、市水资源研究所、市水利物资供应站、市山南水库管理处、市水土保持委员会办公室、市人民政府防汛抗旱指挥部办公室、市水资源管理委员会办公室。其中，市水土保持委员会办公室与市水土保持工作站、市水土保持监督总站一个机构三块牌子，市水资源管理委员会办公室同时挂市水利局水政科牌子。

水务局办公楼

2001年，根据《市农业局、市林业局、市水利局职能配置、内设机构和人员编制方案的通知》，市水利局内设办公室、水政科、计划财务科、规划建设科、工程管理科、纪检组（监察室、人事教育科）。原市建设委员会所属事业单位“阳泉市人民政府防汛抗旱指挥部城市防汛办公室”成建制划归市水利局，更名为“阳泉市城市防洪调度中心”。

2003年10月，市水产站更名为市水产技术推广站并挂市渔政监督管理站牌子。

2009年，根据《阳泉市人民政府机构改革方案》，组建市水务局，将市水利局的职责和市建设局承担的供水、节水、排水、污水处理的职责进行整合，不再保留市水利局。市建设局的相关机构成建制划入市水务局管理。

2010年，根据《阳泉市水务局主要职责内设机构和人员编制规定的通知》，市水务局内设办公室、计划财务科、水资源科（水政科）、规划建设科、工程管理科、供水排水科、纪检组（监察室）。原市建设局所属事业单位市节约用水办公室、市污水处理厂（市排水管理处）成建制划归市水务局；原市政府国有资产监督管理委员会监管的市自来水公司改由市水务局监管。

第四节 市农机中心

1964年1月，阳泉市农业机械水利局成立。1972年12月，阳泉市农业机械管理局单设。1984年更名为市农业机械化技术服务中心，1997年加挂“阳泉市农业机械管理局”牌子，2001年更名为市农业机械化发展中心，2005年增挂“阳泉市农机局”牌子。2008年12月列为参照公务员管理的事业单位。2010年，取消阳泉市农机局的牌子，隶属关系从市政府直属变为市农业委员会管理。

2010年，全市有市级农机管理机构1个，县（区）级农机管理机构3个，乡镇农机管理站32个。

第二章 耕地 劳力

第一节 耕地面积

明洪武十一年（1378），境内平定实有耕地9.7万亩（6466.67公顷）。洪武二十四年，境内盂县实有耕地24.8万亩（1.65万公顷）。万历九年（1581），民间告发有豪强舞弊吞占耕地的现象，故明政府专门派员清丈土地两次，丈量结果：平定实有耕地23.60万亩（1.57万公顷），盂县实有耕地92.58万亩（6.17万公顷），合计境内耕地面积达116.18万亩（7.75万公顷）。为平抚民意，盂县还专门立石为记。清光绪年间，境内耕地80余万亩（5万多公顷），其中，光绪四年（1878）盂县实有耕地60.32万亩（4.02万公顷），光绪十一年平定实有耕地22.91万亩（1.53万公顷）。

民国20年（1931），平定县有耕地55万亩（3.67万公顷）；民国25年，盂县耕地达60.25万亩（4.02万公顷）。据《山西统计年鉴》载，民国29年，境内共有耕地111.89万亩（7.46万公顷），其中平定县59.04万亩（3.93万公顷）、盂县52.85万亩（10.57万公顷），人均耕地为2亩（0.13公顷）。在总耕地内，含水地1.24万亩（833.33公顷）、旱地40.84万亩（2.72万公顷）、坡地33.77万亩（2.25万公顷）、沙地13.53万亩（0.90万公顷）、山地22.51万亩（1.50万公顷）。此后，随着日本侵华战争的进一步蔓延，导致不少耕地荒芜。到民国31年，全境耕地仅剩97.26万亩（6.48万公顷），其中平定县49.56万亩（3.30万公顷）、盂县47.70万亩（3.18万公顷）。至民国35年，耕地降至87.91万亩（5.86万公顷）。民国35年冬，境内各解放区遵照中共中央“五四”指示，开展土地改革运动，没收地主和富农多余的土地，分给无地或少地的农民，还组织农民恢复战争时期荒芜的耕地，积极垦荒拓地，到1949年，全境耕地面积134.71万亩（8.98万公顷），占全境土地总面积的20%，人均耕地2.55亩（0.17公顷）。

1953年，境内耕地面积达到历史最高点1391978亩（92799公顷）。之后，随着矿产开发、退耕还林、各项建设等，耕地面积逐年递减。截至2008年，全市56年共减少耕地（绝大部分为耕种许多年的上等地）577920亩（38528公顷），是2008年全市耕地总量的70.99%。其中，1955年至1965年减少123237亩（8216公顷），1965年至1975年减少25205亩（1680公顷），1975年至1985年减少68155亩（4544公顷），1985年至1995年减少39602亩（2640公顷）。2010年，全市耕地81.41万亩（54271公顷），与1949年比，减少53.31万亩（35538公顷），年均减少8735.85亩（582.59公顷）；与1978年比，减少40.64万亩（27091公顷），年均减少1.35万亩（903.03公顷）；与1990年比，减少32.83万亩（21884公顷），年均减少1.82万亩（1215.78公顷）。

2010年，全市814065亩（54271公顷）耕地中，郊区有115605亩（7707公顷），占全市耕地面积的14.20%；平定县306045亩（20403公顷），占全市的37.59%；盂县为392415亩（26161公顷），占全市的48.20%。

1949—2010年部分年份阳泉市耕地面积情况图

图-9-1　　单位：万亩

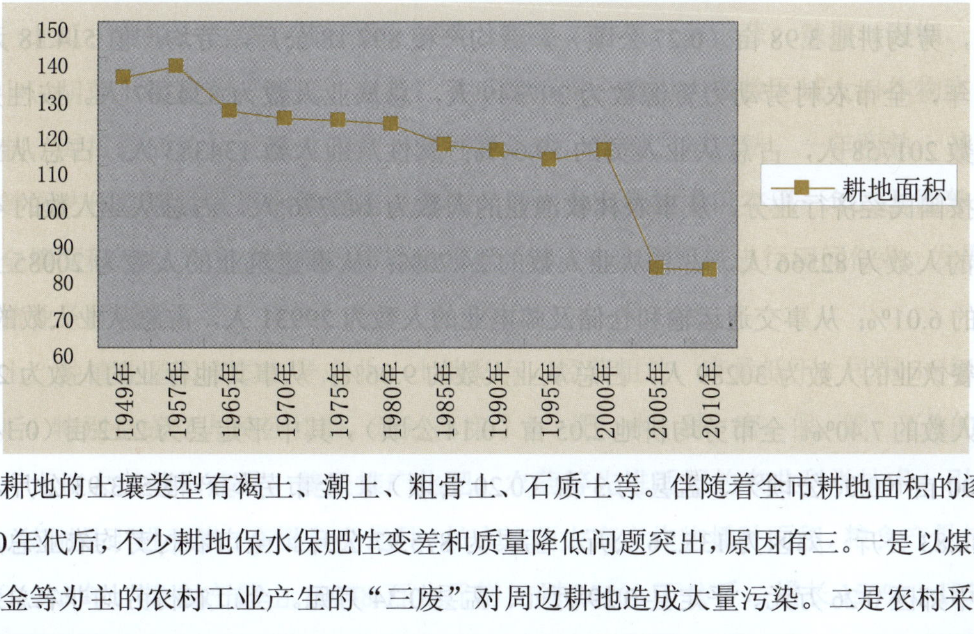

全市耕地的土壤类型有褐土、潮土、粗骨土、石质土等。伴随着全市耕地面积的逐年减少，20世纪80年代后，不少耕地保水保肥性变差和质量降低问题突出，原因有三。一是以煤炭、耐火、化工、冶金等为主的农村工业产生的“三废”对周边耕地造成大量污染。二是农村采矿业的不合理发展对地下保水层的破坏，不仅使许多耕地由“保水田”变成“跑水田”、“水地”变成“旱地”，还使人畜饮水产生困难。三是耕地有机肥施用量减少，1958年至1978年，一般亩均施用有机

20世纪80年代，境内农村废除人民公社制度，实行家庭联产承包责任制，改革农产品统派购制度，拥有生产经营自主权的农民激发出前所未有的生产积极性，为种植业发展注入了新的活力。调整种植结构，实施科教兴农，开展土壤普查，大搞科学种田，粮食品种单一化有所改变，豆杂作物、经济作物播种面积逐年增加，到1990年，豆杂类粮食作物在整个粮食作物中所占比例由1979年的4.84%上升到8.85%；粮食作物与非粮作物的种植比例由1979年的96.6∶3.4调整为84.5∶15.5；粮食产量达到2.58亿公斤，油料产量达到745.7万公斤，蔬菜产量达到1.13亿公斤；种植业产值达到9421万元，占到农业总产值的63.69%，分别是1949年的13.42倍、1978年的1.30倍。

1991年至2000年，阳泉种植业大力发展高产优质高效农业，认真实施“双千工程”和日元贷款项目，努力推进农业产业化进程，蔬菜产业得到较快发展，食用菌和药材、花卉人工大面积栽培从无到有，面积不断扩大，甜玉米、糯玉米等特色农产品不断涌现，进一步丰富了农产品市场。经过各级科技人员的努力，广大农民的辛勤劳作，阳泉市在遭遇1997年至2000年连续4年大旱的情况下，农业生产仍然取得较为满意的成绩，到2000年，全市粮食作物播种面积92.2万亩（6.15万公顷），比1990年的95.9万亩（6.39万公顷）减少3.9%，总产1.32亿公斤。油料作物播种面积4.98万亩（3320公顷），比1990年的8.69万亩（5793.33公顷）减少42.7%，总产341.3万公斤。蔬菜播种面积9.69万亩（6460公顷），比1990年的8.67万亩（5780公顷）增加11.8%，总产9876.2万公斤。药材播种面积4800亩（320公顷），是1990年117亩（7.8公顷）的41倍。同时建成一批高科技示范园区、1000余亩（60多公顷）日光温室和两个现代化智能连栋温室。

“十五”（2001—2005）期间，面对加入世界贸易组织（WTO）的新形势，国家连续两年（2004年和2005年）发布两个一号文件——《中共中央国务院关于促进农民增加收入若干政策的意见》和《中共中央国务院关于进一步加强农村工作提高农业综合生产能力若干政策的意见》，市、县各级全面贯彻落实，认真进行税费改革，积极开展种粮补贴，突出抓了特色农产品生产开发和绿色农产品基地建设，全市农业生产呈现一派新气象。一是减免农业税。2004年，平定县、郊区就全部免除农业税238万元和93万元，盂县在上年的基础上减免农业税2个百分点，即110万元，三县区合计免除农业税441万元；2005年，全市3个农业县区全部免征农业税及其附加，两年全市共计为农民减免农业税及其附加1500多万元。二是开展粮食补贴。2004年，按照中央和省的安排，对种植小麦和玉米的农户每亩补贴10元和5元，发放补贴资金339.4万元，同时，还对平定县、盂县10个乡镇109个村农户的12.6万亩（0.84万公顷）玉米发放良种补贴资金63万元。全市共发放补贴资金408.76万元。同时，阳泉市还出台化肥补贴政策，2004年，对种植玉米的农户，按亩施25公斤化肥，每公斤补贴0.2元对农民进行据实补贴，共兑现市级补贴资金200万元；2005年，增加了对种植谷子农户的补贴，压缩了玉米良种的补贴面积，实际补贴400余万元。减免农业税和种粮补贴政策的落实，使广大农民真正走进了种粮有补贴、种田不纳税的新时代，有效地调动了农民的生产积极性。全市以玉米为主的秋杂粮产业区建设和蔬菜为主的绿色农产品开发工作取得明显成效。粮食产量连续两年稳定在2亿公斤以上，平定县张庄镇上马郡头村的马有明、陈安斌两位农民获全国粮食生产大户称号；全市共认证“西回”牌小杂粮、“玉田”牌蔬菜、“理家牌”苹果、“三昇”牌苹果等无公害粮菜果生产基地8个，面积10.3万亩（6866.67公顷），其中，粮食7.5万亩（5000公顷）、蔬菜2.3万亩（1533.33公顷）、水果0.5万亩（333.33公顷）；“十五”末，全市适宜畜牧业发展需要的（以中原单32号为主）粮饲兼用型玉米种植达到5万余亩（3000多公顷），以平菇、香菇、金针菇为主食用菌年生产达到46万公斤，花卉苗木种植面积达到1000余亩（60余公顷），盆栽观赏植物和鲜切花达到36.3万盆（枝）。

“十一五”（2006—2010）时期，中共中央连续5年下发了5个中央一号文件（2006年《中共中央国务院关于推进社会主义新农村建设的若干意见》、2007年《中共中央国务院关于积极发展现代农业扎实推进社会主义新农村建设的若干意见》、2008年《中共中央国务院关于切实加强农业基础建设进一步促进农业发展农民增收的若干意见》、2009年《中共中央国务院关于2009年促进农业稳定发展农民持续增收的若干意见》、2010年《中共中央国务院关于加大统筹城乡发展力度进一步夯实农业农村发展基础的若干意见》），省政府也同时出台相应政策贯彻落实。为此，阳泉市围绕建设现代农业，突出粮食安全和农产品质量安全，认真落实中央粮食补贴政策，稳步推进种子企业政企分离改革与基层农业技术服务体系改革，扎实开展粮食高产创建活动，大力实施京晋科技合作农业项目工程、九阳科技合作农业项目工程和蔬菜产业发展工程三项工程，科学推广玉米优质高产综合栽培、测土配方施肥、谷子优质高产栽培、蔬菜设施栽培、无公害蔬菜栽培组装配套、薯类高产综合栽培、果菜病虫无害化防控等八项农业技术，有效地促进了农业发展。其间，重点开展了四方面工作。一是继续落实粮食补贴政策。粮食补贴范围不断扩大，补贴标准逐年提高。在2005年补贴小麦、玉米和谷子的基础上，2006年又增加了对豆类、黍、稷等除薯类以外的粮食种植户的补贴。2007年，粮食直补标准：小麦每亩补贴10元，玉米、谷子、杂粮（薯类除外）每亩补贴5元；粮食综合补贴标准：小麦每亩补贴20元，玉米每亩补贴14元，谷子、杂粮（薯类除外）每亩补贴10元。同年，玉米良种补贴标准：每亩补贴5元。2009年后，小麦、玉米良种补贴每亩10元实现全覆盖。到2010年，粮食直补的标准：小麦每亩补贴10元，其他粮食作物（不含薯类）每亩补贴5元；农资综合补贴的标准：小麦每亩补贴51元，其他粮食作物（不含薯类）每亩补贴35元。良种补贴的标准：小麦每亩补贴10元，玉米每亩补贴10元。五年中粮食直接补贴、农资综合补贴和良种补贴三项补贴总额依次是959.6万元、1538.8万元、3672.5万元、4121.0万元和4277.8万元。二是积极开展粮食高产创建活动。2008年至2010年开展的玉米丰产方建设，投资1020万元，在平定县和盂县的34万亩（次）耕地上实施了秸秆还田、机深耕和增施有机肥三项农艺措施；2007年至2010年，在盂县投资700万元开展了玉米基地县建设；2005年以后，分别在3个农业县区投资1000余万元，开展了耕地综合生产能力建设。依托这些建设工程，2008年以后在3个农业县区开展了玉米高产创建活动，即使在大旱的2010年，盂县孙家庄镇紫牛庄村10亩吨粮田创建点平均亩产仍然达到800公斤（经省、市、县农业部门实测）。伴随这些活动的开展，适时适地推广应用了大量农业新技术、新品种，如一增四改玉米增产技术，测土配方施肥技术，先玉335玉米新品种等。高产创建活动的开展，大量农业新技术、新品种的应用，有力地提升了粮食生产能力。三是大力推进蔬菜产业发展。2008年，市政府出台《关于全市蔬菜产业发展的实施意见》，重点鼓励设施蔬菜的发展，到2010年，全市累计新建日光温室4018亩（267.87公顷）、新发展蔬菜大棚1414亩（92.27公顷）。四是着力加强无公害农产品开发。到2010年，全市经国家和省认证的包括粮食、蔬菜、干鲜果在内的无公害农产品35个，认定的无公害农产品产地总面积达到42万亩（2.8万公顷），其中绿色农产品产地总面积2.8万亩（1866.67公顷）。

2010年，全市种植业生产在遭遇伏、秋连旱等多种自然灾害的情况下，农作物总播种面积完成88.33万亩（58886.67公顷），其中，粮食作物播种82.97万亩（55311.33公顷），总产20818.5万公斤；油料作物播种5964亩（397.6公顷），总产30.0万公斤；蔬菜作物种植30073.5亩（2004.9公顷），总产8847.8万公斤；水果面积27638亩（1842.53公顷），总产1320.8万公斤。种植业产值按可比价计算为63530.9万元，占到农业总产值（为118184.5万元）的53.76%，是1990年的6.74倍。这是阳泉市自2004年之后，在耕地面积及粮田面积减少的背景下，连续7年粮食获得好收成，产量都在2亿公斤以上，打破了自1986年至2003年18年时间，粮食生产徘徊不前，大幅震荡的局面，先后两次被省委省政府评为“粮食生产先进市”。郊区赵五栋、平定张长有分别被评为“2009年度全国粮食生产大户”和“2009年度全省种粮大户”。

第二节　粮食作物

清光绪年间到2010年，境内主要粮食作物有玉米、高粱、谷子、糜、黍、水稻、小麦、大麦、莜麦、荞麦、大豆、豌豆、小豆、绿豆、马铃薯、甘薯等，到21世纪初，糜、水稻、大麦、莜麦、荞麦、豌豆已不多见。随着科学技术的发展，育种技术的提高，粮食作物品种不断更新，特别是20世纪60年代后引进的玉米、高粱杂交种子，更是前人所没有的，兼备高产、优质之品质。除冬小麦是当年秋天播种，第二年夏天收获外，以上作物均为春种秋收作物或是夏种秋收作物。粮食作物种植面积在阳泉农作物种植面积中始终占据主体地位，1949年时，播种面积是124.76万亩（8.32万公顷），占农作物总播种面积137.16万亩（9.14万公顷）的90.96%，1985年时，播种面积是94.68万亩（6.31万公顷），占农作物总播种面积117.53万亩（7.84万公顷）的80.56%，2010年时，播种面积是82.97万亩（5.53万公顷），占农作物总播种面积88.33万亩（5.89万公顷）的93.836%。

一、玉米

玉米分布于境内广大农村，当地人称玉茭，原产于美洲，明朝时引进中国，随后引入境内。由于抗性强，产量高，品质佳，效益好，用途广，种植面积不断扩大，阳泉也成为国内玉米适宜种植区之一。民国年间，玉米播种面积在20～30万亩（1.33～2万公顷）之间，亩均产量一般在110公斤左右。民国36年（1947年）阳泉建市后，种植面积达到40万亩（2.67万公顷）上下。1950年播种面积40.7万亩（2.71万公顷），占全市粮食作物播种面积的32.3%，占全市农作物总播种面积的29.4%，

玉米地

总产量4641万公斤，占粮食作物总产量的46.3%，亩均单产114公斤。20世纪60—90年代，种植面积增加到50万亩（3.33万公顷）上下。1983年播种面积55.07万亩（3.67万公顷），

占全市粮食作物播种面积的50.7%，占全市农作物总播种面积的44.1%，总产量达到1.97亿公斤，占粮食作物总产量的62.4%，亩均单产达到358公斤；1990年，全市播种面积为56.44万亩（3.76万公顷），其中郊区8.38万亩（0.56万公顷）、平定县23.91万亩（1.60万公顷）、盂县24.15万亩（1.61万公顷），总产量达到1.80亿公斤，平均亩产319公斤。21世纪，玉米种植面积和产量进一步提高。2008年，全市播种面积为67.81万亩（45206公顷），总产量为1.97亿公斤，亩均产量290.6公斤，其中，盂县南娄镇20430亩（1362公顷）亩产量达到418公斤，为全市最高；平定县冶西镇13920亩（928公顷）亩均产量达到400公斤，次之。2010年，阳泉遇到极端天气，低温、晚霜、干旱、大风、冰雹、暴雨、洪涝、连阴等灾害相继发生，其中旱灾从5月中旬产生，一直持续到7月30日，历时80天，降水大幅减少的同时，7月上旬、下旬还出现了持续高温天气，全市仍然取得较好收成。全市玉米播种面积为69.98万亩（46654公顷），占全市粮食作物播种面积的84.3%，占全市农作物总播种面积的79.2%，总产量为1.91亿公斤，占粮食作物总产量的91.7%，亩均产量272.8公斤。其中，盂县孙家庄镇紫牛庄村10亩吨粮田高产创建点平均亩产仍然达到了800公斤（经省、市、县农业部门实测）。

二、高粱

高粱在境内大部分地方均有种植。1949年全市种植高粱18308亩（1220.53公顷），其中平定县12900亩（860公顷）、盂县4608亩（307.20公顷）、郊区800亩（53.33），亩均产量92公斤，其中平定县105公斤、盂县75公斤、郊区62.5公斤。20世纪50年代，全市种植面积在1.89～2.79万亩（1260～1860公顷）间，亩产量在70～112公斤间。20世纪60年代，种植面积在2.55～3.80万亩（1700～2533.33公顷）间，亩产量在89～183公斤间。20世纪70年代，由于推广高产杂交种，加之国家粮食短缺，种植面积增加到2.75～17.33万亩（1833.33～11553.33公顷）间，10年中有6年在5万亩（3333.33公顷）以上，3年在10万亩（6666.67公顷）以上，1976年亩产量增加到106.5～352公斤间，达到了1949年至2010年间的极值。20世纪80年代后，种植面积逐步减少，在4.45～2.06万亩（2966.67～1373.33公顷）间，亩产量在129～308公斤。由于杂交高粱适口性比传统高粱更差，人们较少食用，除酿酒外也不及玉米用途广泛，20世纪90年代后，种植面积进一步减少，在2.10～1.07万亩（1400～713.33公顷）间，亩产量77～294公斤。21世纪，种植面积迅速减少，从近万亩减至几百亩，亩产量在250公斤上下。2010年，全市高粱播种面积208.5亩（13.9公顷），已属零星种植，总产量3.5万公斤，亩均产量167.87公斤。

三、谷子

谷子即粟，当地人称为谷，在境内种植历史可上溯至春秋战国时期。由于其耐瘠薄、耐储存、富营养，系20世纪50年代前境内种植面积最大的粮食作物。其米即小米，曾经是本地人的主食，尤其是妇女坐月子必喝米汤（粥）。20世纪50年代后，随着玉米杂交种子的应用，谷子种植面积逐年下降，到2010年时只占粮食作物面积的7.5%，分布也主要集中于境内的东、西部地区。具体变化是，1949年种植面积是44.4万亩（2.96万公顷），超过玉米的种植面积，总产量2528.5万公斤，平均亩产57公斤。1950年至1957年，播种面积在40万亩（2.67万公顷）上下，平均亩产在59.5公斤至76.5公斤之间。1958年至1970年，播种面积在35万亩（2.33万公顷）上下，平均亩产在69.5公斤至117公斤之间。1971年至1994年，播种面积从30万亩（2万公顷）减至20万亩（1.33万公顷），平均亩产由100公斤上下增至200余公斤，1995年至2003年，播种面积从20万亩（1.33万公顷）减至10余万亩（6000余公顷），平均亩产一直维持在200余公斤以内。栽培管理方面，旧时采用“稀植法”，产量不高，1949年以后开始推行“密植法”，产量逐步提高，1962年至1966年，平定县锁簧公社立壁大队赵三虎生产队推行合理密植，连创全国旱作谷子最高亩产——440公斤。为此，1965年农业部部长廖鲁言，副部长何吉丰、江一真等到立壁进行了考察。1966年，谷子专家陈家驹在立壁考察6个月，对赵三虎旱地谷子丰产经验进行了科学总结；同年《人民日报》《山西日报》《农民报》均在显著位置作了报道。1990年，全市谷子播种面积20.66万亩（1.38万公顷），总产量4153.1万公斤，平均亩产达201公斤，比全省平均亩产153公斤高出48公斤。2008年，全市播种面积为64995亩（4333公顷），总产量为1191.4万公斤，亩均产量183.3公斤。其中，盂县西潘乡的2550亩（170公顷）谷子亩均产量达到354.9公斤，单产最高。2010年，全市播种面积为62436亩（4162.4公顷），总产量873.59万公斤，平均亩产140公斤。

谷子地

四、黍糜稷

黍也称黍子、梅黍，黍米叫黄米，性黏，可直接食用，加工成面后可做成黏糕；糜也叫糜子；当地有农民把稷叫黄罗伞，其米均称稷米，营养价值优于小麦和大米，是应对饥馑的中药粮食作物，加工成面后多做煎饼。糜、稷种植多见于20世纪80年代前，生育期较短，抗旱、耐贫瘠，主要用于冬小麦收割后的回茬或救灾作物，80年代后已不多见。阳泉建市初期，全市黍、糜和稷3种作物的种植面积在10万亩（6666.67公顷）上下，20世纪80年代下降到5万亩（3333.33公顷）上下，2000年前后在3万亩（2000公顷）上下，2010年时在1.5万亩（1000公顷）上下。1950年至1970年平均亩产量在50～100公斤，1970年至2010年间产量提高，一般在100～240公斤，1996年最高单产曾达245公斤。

五、水稻

水稻主要种植于境内海拔较低的河谷两岸，如盂县的上社、西潘，平定县的娘子关、坡底等。20世纪30年代，娘子关、坡底等村种水稻200余亩（10余公顷）。1949年，盂县种植水稻300余亩（20余公顷），亩产100公斤。1953年，全市种植水稻800余亩，亩产140公斤。1972年全市种植面积增加到1089亩（72.6公顷），其中平定县542亩（36.13公顷）、盂县547亩（36.47公顷），总产19万公斤，亩均产量174.5公斤，其中平定157公斤、盂县195.5公斤。20世纪80年代开始，种植面积减少到300亩（20公顷）左右，并一直保持到2004年。2004年，全市种植面积270亩（18公顷），总产量3万公斤，亩均产量111公斤。2005年后只是零星种植。

六、小麦

小麦在境内大部分地方都有种植（个别高海拔地区除外），主要分布在盂县滹沱河、平定县桃河下游河谷地带。多数地方当年9月种下，第二年6月下旬收获，东梁等高海拔乡镇7月下旬或8月上旬收获。民国22年（1933）平定县种植0.93万亩（620公顷），民国25年盂县种植2.7万亩（1800公顷），平均亩产40余公斤。1949年，全市播种面积13.02万亩（8680公顷），其中平定县5.79万亩（3860公顷）、盂县2.56万亩（1706.67公顷）、郊区4.67万亩（3113.33公顷），亩均产量46公斤，其中平定县50.5公斤、盂县30公斤、郊区49.5公斤。1950年至1959年，全市小麦播种面积基本稳定在13万亩（8666.67公顷）以上，1959年达到17.5万亩（1.17

万公顷)，每亩产量48～62公斤。1960年至1979年，播种面积在15.56～22.80万亩(1.04～1.52万公顷）间，每亩产量57～149公斤。1964年，平定县官道沟大队曾创旱地小麦亩产400公斤的记录，农业部部长廖鲁言等曾于1965年到官道沟进行考察。1979年后，全市小麦播种面积逐年减少。1982年，播种面积时已下降到8.5万亩（5666.67公顷），1983年、1985年、1988年分别只有7.5万、5.1万和1.9万亩（5000公顷、3400公顷和1266.67公顷），到1990年，全市播种面积1.75万亩（1166.67公顷），平均亩产188公斤。1991年至2000年，全市播种面积从近2万亩（1333.33公顷）减至近1万余亩（600余公顷），平均亩产189～274公斤。进入21世纪，小麦播种面积减少更快。2003年时播种面积还有11175亩（745公顷），2004年时已降至5715亩（381公顷）。2008年，全市播种面积3615亩（241公顷），总产量113.9万公斤，亩均产量315.1公斤。2010年，全市播种面积2250亩（150公顷），总产量61.54万公斤，亩均产量273.5公斤。

七、莜麦 荞麦

境内莜麦也叫燕麦，荞麦以苦荞为主。在境内种植面积均较小，主要分布于海拔较高的盂县西部和北部，亩产多在100公斤上下。2010年只有零星种植。

八、豆类

豆类在境内各地均可种植，品种多样，常见的有大豆、小豆、豌豆、绿豆、菜豆等。因其颜色和大小的不同，其中大豆又分黄豆、大黑豆、小黑豆、青豆等，小豆又分白小豆、红小豆等，菜豆则以红芸豆为主。除果实外，大豆叶和小豆叶还是平定县、郊区一带农民沤制酸菜——豆叶菜的好原料。境内豆类以大豆种植面积最大，种植方式有单作也有间作；小豆、绿豆、菜豆（红芸豆）多属零星种植且多间作，豌豆21世纪后已不多见。民国24年（1935），平定县种植大豆1500亩（100公顷），亩均产量73.5公斤。1949年，全市大豆种植面积7.63万亩（5086.67公顷），亩均产量43.5公斤。1954年大豆面积达10.6万亩（7066.67公顷），为1949至1954年种植面积最大的年份。后由于粮食短缺，种植面积逐年减少。1976年种植面积降为4098亩（273.2公顷），为1949年之后最低年份。20世纪80年代后，随着政策鼓励、市场需求扩大和全市种植结构的调整，种植面积有所回升。1985年全市大豆播种面积达到2.58万亩（1720公顷），1990年种植面积3.08万亩（2053.33公顷），1995年，达到3.7万亩（2466.67公顷）。随后，种植面积又逐年减少。2010年，全市豆类播种面积达21114亩（1407.6公顷），总产量

183.12万公斤，平均亩产86.73公斤。其中，大豆面积11895亩（793公顷），总产量91.3万公斤，亩均产量76.77公斤；其余杂豆面积9219亩（614.6公顷），总产量91.82万公斤，亩均产量99.6公斤。

从1949年至2010年，豆类单产提高不快。大豆平均亩产从50公斤到100多公斤，小面积单产可以达到200～300公斤甚至更高；小豆、绿豆的亩产比大豆还低。

九、薯类

境内薯类包括马铃薯和甘薯，当地人称前者为山药、后者为红薯，两者皆为粮菜兼用作物。马铃薯适合在境内的高海拔、冷凉地区种植，种植时间较早，民国年间（以盂县为主）种植面积就达5万亩以上，亩均产量50公斤左右（5斤折1斤粮食，下同）；甘薯适合在境内的低海拔、温热地区种植，是平定县于民国35年（1946）从河北引种成功的，后在全市范围逐步推广。1949年至2000年间，除60年代至80年代前期薯类面积降为4.4万亩（2900公顷）左右外，其他时期内均在6万亩（4000公顷）以上，1983年，全市亩均产量达到252公斤，1990年，平定县15289亩（1019.27公顷）薯类亩均产量达到282公斤。进入21世纪后，薯类播种面积开始递减，2010年，全市薯类播种36033亩（2402.2公顷），总产量（折粮）581.5万公斤，亩均产量161.4公斤。其中，马铃薯面积为28453.5亩（1896.9公顷），总产量（折粮）454万公斤，亩均产量159.56公斤；甘薯面积为7579.5亩（505.3公顷），总产量（折粮）127.51万公斤，亩均产量168.23公斤。

1949—2010年阳泉市粮食作物播种面积和产量统计表

表-9-1

年份	播种面积（公顷）				总产量（吨）				亩产（公斤）			
	合计	平定县	盂县	郊区	合计	平定县	盂县	郊区	合计	平定县	盂县	郊区
1949	83170.5	31806.7	34216.7	17147.2	90025.0	42910	30740	16375	72.2	89.9	59.9	63.7
1950	84062.6	31854.3	35624.8	16583.5	100235.0	44290	36585	19360	79.5	92.7	68.5	77.8
1951	85083.2	31743.1	36818.9	16521.2	102310.0	43875	38830	19605	80.2	92.1	70.3	79.1
1952	84561.2	31861.6	36994.5	15705.1	111155.0	44610	47145	19400	87.6	93.3	85.0	82.4
1953	85817.1	31849.2	38276.5	15691.4	117480.0	46540	50825	20115	91.3	97.4	88.5	85.5
1954	85735.7	31817.0	38325.7	15593.1	102150.0	47260	34970	19920	79.4	99.0	60.8	85.2

续表 -9-1

年份	播种面积（公顷）				总产量（吨）				亩产（公斤）			
	合计	平定县	盂县	郊区	合计	平定县	盂县	郊区	合计	平定县	盂县	郊区
1955	84749.2	31869.7	37352.1	15527.5	99415.0	43160	36325	19930	78.2	90.3	64.8	85.6
1956	83864.8	31355.4	37666.1	14843.3	114980.0	50450	42745	21785	91.4	107.3	75.7	97.8
1957	82217.8	31209.7	36004.0	15004.1	100480.0	41380	40340	18760	81.5	88.4	74.7	83.4
1958	80859.3	31226.4	34983.3	14649.6	135180.0	54585	53400	27195	111.5	116.5	101.8	123.8
1959	76883.0	31183.5	32800.5	12899.1	122850.0	52120	48570	22160	106.5	111.4	98.7	114.5
1960	76607.9	30256.7	34467.7	11883.5	93705.0	37405	39125	17175	81.5	82.4	75.7	96.4
1961	75422.1	29815.6	34666.1	10940.3	92675.0	37580	41905	13190	81.9	84.0	80.6	80.4
1962	77072.5	30774.3	34801.3	11496.9	103835.0	42995	45215	15625	89.8	93.1	86.6	90.6
1963	80303.1	31907.0	34732.2	13663.9	133120.0	53850	55200	24070	110.5	112.5	106.0	117.4
1964	79842.9	31824.3	34213.7	13804.9	158025.0	63655	64640	29730	131.9	133.3	126.0	143.6
1965	79956.2	31559.4	34477.0	13919.8	144375.0	55015	60035	29325	120.4	116.2	116.1	140.4
1966	82310.9	32248.1	34933.3	15129.6	145795.0	50435	64540	30820	118.1	104.3	123.2	135.8
1967	80659.5	31498.9	34394.9	14765.7	140060.0	53160	58080	28820	115.8	112.5	112.6	130.1
1968	79637.1	31590.6	34146.2	13900.3	121785.0	44605	52590	24590	101.9	94.1	102.7	117.9
1969	80042.5	32018.0	34070.3	13954.1	157865.0	61170	62060	34635	131.5	127.4	121.4	165.5
1970	81692.6	32482.5	34422.0	14788.1	192720.0	81665	69610	41445	157.3	167.6	134.8	186.8
1971	81311.2	32208.3	34524.3	14578.6	216545.0	98825	72500	45220	177.5	204.6	140.0	206.8
1972	79252.0	31171.1	33877.3	14203.7	122015.0	47780	48415	25820	102.6	102.2	95.3	121.2
1973	79333.9	30601.7	34125.5	14606.7	156950.0	62805	58645	35500	131.9	136.8	114.6	162.0
1974	77458.5	30623.3	32706.8	14128.4	205675.0	77750	87190	40735	177.0	169.3	177.7	192.2
1975	77367.7	31062.2	32092.8	14212.7	244605.0	97180	104000	43425	210.8	208.6	216.0	203.7
1976	77384.2	31070.3	32360.4	13953.5	251595.0	119560	81640	50395	216.7	256.5	168.2	240.8
1977	77240.1	30897.3	32370.3	13972.5	281645.0	142250	85720	53675	243.1	306.9	176.5	256.1
1978	75509.1	29890.3	32071.1	13547.7	224870.0	92745	93420	38705	198.5	206.9	194.2	190.5
1979	76408.0	30602.1	32601.9	13204.1	329590.0	146910	122345	60335	287.6	320.0	250.2	304.6
1980	74593	29447	32527	12618	219830	85315	95680	38835	196.5	193.1	196.1	205.2
1981	74960	30112	32583	12264	258390	121155	90620	46538	229.8	268.2	185.4	253.0
1982	73600	28760	32588	12251	226670	100530	85520	40620	205.3	233.0	175.0	221.0

续表-9-1

年份	播种面积（公顷）				总产量（吨）				亩产（公斤）			
	合计	平定县	盂县	郊区	合计	平定县	盂县	郊区	合计	平定县	盂县	郊区
1983	72488	28064	32485	11931	315840	136020	122175	57625	290.5	323.1	250.7	322.0
1984	71045	27954	31241	11847	243845	105735	92180	43750	228.8	252.2	196.7	246.2
1985	61593	23560	27580	10453	233995	105735	89730	38524	253.3	299.2	216.9	245.7
1986	64488	24668	29283	10529	181822	62366	79401	40045	188.0	168.5	180.8	253.6
1987	63267	24493	28440	10327	137961	43540	77405	16992	145.4	118.5	181.4	109.7
1988	64099	24721	29110	10257	246936	121490	83763	41640	256.8	327.6	191.8	270.6
1989	64557	24860	29442	10247	250077	119649	89337	41054	258.2	320.9	202.3	267.1
1990	63903	24705	29083	10106	257631	120771	93972	42849	268.8	325.9	215.4	282.7
1991	64036	24751	29130	10147	137481	59659	56072	21726	143.1	160.7	128.3	142.7
1992	63980	24922	29027	10025	148710	49280	81741	17668	155.0	131.8	187.7	117.5
1993	63524	24544	29160	9811	252619	110506	101242	40872	265.1	300.2	231.5	277.7
1994	63800	24470	29590	9730	221844	73536	111646	36652	231.8	200.3	251.5	251.1
1995	63200	24030	29730	9431	178713	66203	68186	36336	188.5	183.7	152.9	256.9
1996	63101	23950	29900	9238	203866	89394	75670	38762	215.4	248.8	168.7	279.7
1997	63003	23956	29806	9233	143978	50621	71692	21635	152.4	140.9	160.4	156.2
1998	62355	23740	29657	8951	186593	45827	122539	18203	199.5	128.7	275.5	135.6
1999	62610	24301	29290	9007	86959	21305	55975	9656	92.6	58.4	127.4	71.5
2000	61445	23515	29278	8644	131706	44381	74159	13142	142.9	125.8	168.9	101.4
2001	61343	23492	29220	8622	142938	54461	70306	18141	155.3	154.6	160.4	140.3
2002	59630	22226	28995	8388	196251	84916	82663	28642	219.4	254.7	190.1	227.6
2003	50135	20466	22793	6868	152917	61951	71105	19830	203.3	201.8	208.0	192.5
2004	51915	20282	24524	7101	221888	92998	107056	21798	284.9	305.7	291.0	204.6
2005	51921	20478	24579	6856	200516	85320	93323	21843	257.5	277.8	253.1	212.4
2006	52476	21055	24546	6875	202492	79921	100172	22399	257.3	253.1	272.1	217.2
2007	53104	21602	24650	6851	227285	90719	114344	22762	285.3	280.0	309.2	221.5
2008	53718	22055	24938	6725	220405	92386	107612	21284	273.5	279.3	287.7	211.0
2009	54293.2	22296.6	25158	6838.6	219645	95534	102286	21825	269.7	285.6	271.0	212.8
2010	55311.4	22332.8	26266	6712.6	208184	76745	115793	15646	250.9	229.1	293.9	155.4

第三节 油料作物

境内种过的油料作物有大麻、胡麻、芝麻、苏子、葵花、花生、油菜、蓖麻等。其中大豆虽可作为油料作物，但当地是以粮食作物种植，胡麻、苏子多属零星种植。除蓖麻果实为工业原料外，上述作物果实及其油脂曾是当地人们食用油的主要来源。油料作物在全市农作物总播种面积中所占份额不大，1949 年全市种植面积 19964 亩（1330.93 公顷），占农作物总播种面积的 1.45%，直到 1983 年，面积都在 5 万亩（3333.33 公顷）以内，1984 年达到 63708 亩（4247.02 公顷），1985 年达到最高 14.44 万亩（9626.67 公顷），占农作物总播种面积的 12.29%。2000 年后，播种面积基本维持在 5 万亩（3333.33 公顷）上下，到 2010 年时已减至 5964 亩（397.6 公顷），占农作物总播种面积的 0.68%。平均亩产由 1949 年的 30 多公斤增至 1983 年的 140 公斤，一般年份在 100 公斤上下，2010 年平均亩产 50.36 公斤。

一、大麻

大麻在平定一带叫小麻，是油麻兼用作物，种植历史较早，其籽粒榨油曾是当地的主要食用油，炒熟粉碎可与玉米面、白面做成可口的干粮，成熟的茎秆经沤制脱皮，可加工成麻绳。常常单行种在农田边缘，起栅栏的作用。20 世纪种植面积较大，在 1 万亩以上，是主要的油料作物。2000 年后零星种植，平均亩产 100 公斤上下。

二、葵花

葵花主要种植于境内平定县和盂县。植株高大粗壮者多种在盂县东梁、西烟一带，籽粒用来炒食；植株细小者多种在平定县一带，叫油葵，生育期较短，适合复播、救灾，籽粒用来榨油。全市播种面积几千亩至上万亩不等，1985 年 43015 亩（2867.67 公顷），2000 年 16800 亩（1120 公顷），2010 年 6900 亩（460 公顷）。平均亩产 100 ～ 200 公斤。

三、芝麻

芝麻在境内多数地方有种植历史，主要集中在平定县。有黑芝麻、白芝麻之分，炒后多用来做烧饼配料等，榨油后叫香油。1981 年全市播种面积 239 亩（15.94 公顷），1986 年 1013 亩（67.53 公顷），2000 年 1950 亩（130 公顷），2010 年 132 亩（8.8 公顷），全市平均亩产量在 50 ～ 100 公斤。

四、花生

花生在当地叫落花生，生长季节较长，适宜种植在气候温暖、雨量适中的沙质土地区，平定县的岩会、娘子关、南阳胜，盂县的上社、下社等地均有种植。1981年全市播种面积502亩（33.47公顷），1987年1660亩（110.67公顷），1998年1050亩（70公顷），2010年500亩（33.33公顷）。平均亩产量在50～100公斤。

五、油菜

境内栽培的是芥菜型油菜，名小芥。主要种植于盂县的东梁、西烟等地，多间作或混作。1987年全市播种面积100亩（6.67公顷），2000年6300亩（420公顷），2010年1800亩（120公顷）。平均亩产量在50～250公斤。

六、蓖麻

蓖麻在平定一带称大麻，叶子可养蚕，籽粒榨油后是重要的工业原料，也曾是当地有名的出口农产品。1981年全市播种面积17518亩（1167.87公顷），1985年88606亩（5907.07公顷），1990年35787亩（2385.8公顷）。1989年前，曾在境内广泛种植，其中平定县种植面积较大。后来由于出口市场受限，效益不佳，2000年种植面积下降到10800亩（720公顷），2010年降至400亩（26.67公顷）。平均亩产量在50～80公斤。

第四节　蔬　菜

一、简况

境内种植蔬菜的历史较早。清代，平定州后沟村李氏家族生产的“黄瓜干”是山西省进贡清廷的八大贡品之一，清乾隆皇帝曾亲笔赐书有“龙筋”二字的皇票。光绪年间，当地种植的蔬菜有芥菜、韭菜、芹菜、葱、蒜、茄子、白菜、萝卜、莙达、莴苣、茼蒿、葫芦、蔓菁、芫荽、花椒、木耳、麻茄、豆角、西瓜、南瓜、丝瓜、王瓜、菜瓜、甜瓜、北瓜，农民自种自用或自销。民国初年，义井一带出现了以种菜为生的菜农。1954年，义井（含义东沟村，1956年义井分为义井、义东沟两村）最先成立了“曙光蔬菜生产合作社”，担负起向市区提供蔬菜的任务；1956年，围绕市民吃菜难问题，阳泉市开始在近郊建设蔬菜基地，当年划出菜地1.61万亩。

1958年，基地开始定型，有19个村被正式列为基地，菜农人口1.9万人，共有菜田1.43万亩（953.33公顷），年生产蔬菜1921万公斤。到1976年，全市蔬菜总产突破5000万公斤大关，达到5199万公斤，按当时市区人口17.5万人计算，每人每天平均消费蔬菜为0.81公斤，基本实现了蔬菜自给。1979年，基地达到29个，蔬菜种植面积达到1.66万亩（1106.67公顷）。1987年，小阳泉村、平潭街村因城市扩建，土地全被征用，村民（菜农）全部转为城市市民。全市基地缩减至27个村，商品菜种植面积下降到1.46万亩（973.33公顷）。1989年后，在挖掘市区近郊老基地潜力的同时，开始着手向平定县、盂县较远的、条件较好的地区扩展蔬菜基地，并吸纳河北、晋中等地的蔬菜进市，逐步建立起一个“近郊、远郊、外地相结合”的蔬菜供给系统。同时完善流通体系，建立蔬菜批发交易市场，于1990年建立了泉东、泉西、泉中3个蔬菜批发市场。

1991年10月，市政府蔬菜办公室和市农牧局蔬菜站合并组成阳泉市蔬菜中心，负责有关蔬菜项目的实施和技术的推广工作。1994年7月5日，经外经贸部批准实施的日援山西阳泉蔬菜栽培项目正式投入运行。先后建成了GRC型高标准日光温室1040亩（69.33公顷），分布在平定县、盂县、郊区的35个蔬菜生产基地；建成蔬菜批发市场、集贸市场和零售网点，构成较完整的蔬菜流通体系；建成阳泉市蔬菜中心主楼第一期工程；利用日援先进仪器设备形成了较为先进的电化教育系统、检测化验系统和办公系统。1993年3月17日至19日，农业部农业司在阳泉市召开了“北方十省（市、区）蔬菜节能型日光温室现场会”，与会人员参观了阳泉市节能型日光温室、总结交流了各地建设日光温室的经验。1996年，阳泉市实施“万亩蔬菜基地工程建设”项目，全市新增蔬菜种植面积10026亩（668.4公顷），商品蔬菜总面积达到28000亩（1866.67公顷），商品菜产量达到9714万公斤。

从20世纪90年代后期开始，为了进一步丰富人民群众的“菜篮子”，阳泉市积极引进新技术，大力实施系列蔬菜项目工程，蔬菜生产稳步发展。全市建设了平定县南上庄、新城，盂县下庄，郊区瀑里、南庄、枣园等8个蔬菜高科技示范园区。这些示范园区的建设，对全市蔬菜基地的发展起到辐射和带动作用，有力地推动了全市蔬菜生产向科技化、市场化、信息化、产业化方向的转变。1997年至1998年，阳泉市实施“7533”工程。即用两年时间建设高标准商品菜田7000亩（466.67公顷），新建日光温室500亩（33.33公顷），挖潜改造老菜田3000亩（200公顷），发展节水灌溉菜田3000亩（200公顷）。在城区、矿区居民相对集中的南庄路、泉中路、矿山路等处开设15个蔬菜直销市场，先后有500余户菜农进城直销自己种植的蔬菜。2000年在平定县石门口乡南上庄村、平定县张庄镇新城村、平定县岔口乡理家庄村分别建成面积为2000平方米的现代化智能连栋温室。温室采用智能控制，配备有增温保温系统、灌溉系统、降温排湿系统、二氧化碳补气系统和补光系统。主要种植的蔬菜作物：荷兰太空彩椒、以色列樱桃番茄、荷兰无刺黄瓜等稀特品种。2001年至2005年，阳泉市实施“山西省双千创优工程”蔬菜子项目，建立平定县石门口乡南上庄村中心示范区1个，平定县、盂县、郊区项目实施区的蔬菜新品种覆盖率达到95%，新技术覆盖率达到85%，蔬菜优质率达到90%，蔬菜基地亩均增加纯收入300元。2002年，市政府决定在全市主要蔬菜生产基地推广无公害生产技术，2003年，郊区旧街乡枣园村首批认证无公害蔬菜生产基地2400亩（160公顷）。2004年，市政府为了促进农民增收，确保“菜篮子”产品运输的快捷、高效、畅通无阻，保障城乡人民身体健康，开通了菜篮子产品“绿色通道”。运送农产品的车辆在全市范围内免收过桥、过路费，允许进入市区通行。“绿色通道”减少了流通的中间环节，方便了菜农直销蔬菜，丰富了城镇居民的蔬菜供应。2005年，阳泉市蔬菜中心制定《阳泉市无公害蔬菜栽培系列技术规程》，全市无公害蔬菜栽培迅速推进，年内，全市共认证无公害蔬菜生产基地8400亩（560公顷），认证的无公害蔬菜品种达10个。截至2005年，全市商品蔬菜占用耕地面积30000亩（2000公顷），播种面积50000亩（3333.33公顷），日光温室2200亩（146.67公顷），商品菜产量1.2亿公斤，蔬菜总产值1.3亿元。2008年，市委、市政府把蔬菜产业作为全市农业的三大产业之一，出台《阳泉市人民政府关于全市蔬菜产业发展及京晋蔬菜合作项目的实施意见》，并制定了发展设施蔬菜的补助政策。针对2009年11月9日至12日境内出现的罕见雪灾（降水量超过60毫米，积雪深度达40厘米以上），全市2000余栋2824亩（188.27公顷）日光温室、蔬菜大棚受到不同程度的损毁，蔬菜受冻面积3680亩（245.33公顷），灾害涉及27个乡（镇），73个村，经济损失2.69亿元，省、市政府及时进行了救灾扶持。有力地推动了蔬菜产业的发展。截至2010年，全市商品蔬菜种植面积5万亩（3333.33公顷），设施蔬菜面积7500亩（500公顷），其中日光温室5800亩（386.67公顷）、蔬菜大棚1700亩（113.33公顷）。2010年，全市商品蔬菜产量1.3亿公斤，产值2.2亿元。冬春季节（12月至次年5月）的蔬菜自给率达24%。

二、种类及品种

境内种植蔬菜的历史较长。据清光绪《平定州志》载，当时境内种植的蔬菜有26种。平定后沟村、河头村一带种植的本地黄瓜，可加工成“黄瓜干”。此外，平定大峪的萝卜“枕头白”、郊区义井的芥菜、蔓菁都是当地著名的优良品种。民国初年，平定城关和郊区义井一带仍有较多的个体菜园。蔬菜种类基本保持清朝时所有的、较普遍的小白菜、大白菜、葱、蒜、韭菜、土豆（马铃薯）、豆角、芥菜、蔓菁、白萝卜、胡萝卜、黄瓜、西红柿、茄子、北瓜、茴子白、菠菜、水萝卜、芫荽、尖辣椒、倭瓜、南瓜等20余种。但是，每种蔬菜只有1个传统的品种。

直至20世纪50年代末，蔬菜种类只增加了柿子辣椒1种；茴子白、豆角、胡萝卜、西红柿已发展成2个品种，大白菜发展到了3个品种。

在20世纪60年代，引进了冬瓜、瓠瓜、豇豆等蔬菜，全市蔬菜种类达到30多种。在1972年和1979年，全市有两次规模较大的引种活动，共引回新的蔬菜种类6种，品种达259个，主要蔬菜基本达到了早、中、晚熟品种，不同形状、颜色、风味品种，不同抗逆能力品种的配套。

20世纪80年代后到1990年，境内先后引进了生菜、绿菜花、乌塌菜等南方菜和稀特菜，全市蔬菜种类达54种121个品种。茴子白、北瓜、白萝卜、大白菜大部分采用了一代杂交种，其余蔬菜也都换上了新育成的优种，基本实现了各种类型品种（或杂交种）的配套。

平定黄瓜干

20世纪90年代后，随着设施蔬菜的发展，逐步引进了一些反季节蔬菜品种和国外的优良蔬菜品种。反季节栽培就是用特殊的品种在不适合传统品种种植的季节进行栽培。如，从国外引进的可进行春季栽培的大白菜、白萝卜、胡萝卜等品种。截至2005年，全市蔬菜栽培品种总计达到了130多个，其中稀特菜有樱桃番茄、空心菜、油麦菜、茼蒿、荷兰豆、太空彩椒、番茄观赏树、抱子甘蓝、紫甘蓝、生菜、结球生菜、无刺黄瓜、香瓜、各种芽苗菜等。食用菌类有木耳、平菇、香菇，金针菇等。加工类蔬菜有平定县后沟村生产的“龙筋”牌黄瓜干。

到2010年，全市又引进栽培了法国冬冠、晶莹系列和美国碧玉北瓜，粉皇102、天福502、京1号和樱桃西红柿，孢子、羽衣甘蓝，华冠青菜，迷你二号、冬冠系列、津优4号、5号、津绿5号黄瓜，京秀小西瓜以及厚皮、网纹甜瓜、香瓜，长白一号木耳，草莓等50余个新品种。

第五节　其他作物

一、药材

境内山大坡广，自然植被中中药材资源丰富，有种药采药的历史。据清朝光绪年间记载，境内天然中药材有连翘、车前子、枸杞、牵牛、黄芩、酸枣仁、菟丝子、荆芥、茯苓、天麻、柴胡、远志、益母草等。平定县药岭寺因地势隐蔽药材多，在解放战争时期曾建过八路军制药厂，1949年后建起的阳泉中药厂，产品畅销周边地市。改革开放后，境内中药材种植又有新的发展，除原有中药材种类外，又增加了甘草、桔梗、黄芪、生地、穿地龙、栝楼、党参、山茱萸、山桃等数十种，数量较多的有5种，即穿地龙、黄芩、柴胡、山桃、桔梗。其中，柴胡、黄芩、桔梗较为有名，2000年后还引种了杜仲、金银花、板蓝根、射干等。1983年全市中药材种植面积452亩（30.13公顷），1990年117亩（7.8公顷），1994年750亩（50公顷），2000年4800亩（320公顷），2010年15430亩（1028.7公顷）。扩大的中药材种植面积，多集中在郊区、平定县的退耕还林土地中，种植方式以间作为主。

二、花卉

境内野生植物资源丰富，野草山花遍地，有较早的花卉栽培历史。清朝光绪年间栽培有葵菊、石竹、鸡冠、牡丹、芍药、刺梅、风仙、紫荆、山丹、八仙、迎春、月季、蔷薇、金盏、木槿、五色梅、翠蛾梅、木红花、千叶莲。2000年前，花卉以庭院栽培为主，之后，花卉栽培作为一种产业逐步兴起。特别是随着地膜覆盖、日光温室等现代农业技术的应用，花卉产业逐步兴起，在栽培传统花卉的同时，开始大量引进栽培南方花卉、外国花卉以及反季节花卉，以满足人们多样的消费需求。2010年，全市花卉生产企业7个，主要分布在郊区、平定县的近郊，拥有露地生产基地651亩、保护地（温室类）41个4万平方米，全年生产盆栽观赏植物2.9万盆。主要花卉品种有君子兰、蝴蝶兰、百合、康乃馨、满天星、郁金香，发财树等等。

三、烟草

1949年前，境内就有种烟吸烟的历史。本地烟草俗称旱烟，属黄花烟草，旱烟的茎、叶、花经晾晒加工后，自用或销售。1985年全市种植面积为986亩（65.73公顷），1994年1500亩（100公顷），2010年只是零星种植。

四、纤维作物

纤维作物主要指棉花、麻类，在境内都有栽培历史。阳泉建市前，境内平定县石门口、盂县下社等地有栽培棉花的历史。后苦于气候和技术的原因，始终没有大面积种植。麻类在境内种植的主要是大麻，属油麻兼用作物，在油料作物中记述。

第六节　作物良种

农作物优良品种在作物生产中的作用首当其冲。境内农作物良种从自繁自育，到成为一项产业、工作，大大推动了农业的进步、实现了农产品的优质、高产和高效，主要经历了三个发展阶段。

一、自育繁种

历史上，农作物种子均靠自繁自育。1958年，阳泉市种子站成立，成为全市种子工作的新起点。市种子站对农民进行选种方面的技术性指导，收集整理境内农作物品种资源，筛选优良地方品种；负责种子的计划调拨等。种子供应则由各公社粮站负责。

1958年至1977年，在国家“自繁、自选、自留、自用，辅之以调剂”的“四自一辅”种子工作方针的指导下，境内开始引进玉米双交种以及其他作物新品种，种子站引进推广了杂交玉米、高粱、小麦、谷子、大豆等新品种。这一时期，玉米品种处于农家品种和双交种的混合发展时期。1960年，市种子站首次从山西省农科院引进了一批杂交玉米品种进行试验示范。其中有罗马尼亚双交种：维尔42、维尔156、中杂44号等。1965年以前，境内玉米种植的主要品种有竹叶青、金棒槌、金皇后、二皇后、大黄玉米、二黄玉米、白马牙、六月黄、狗牙玉米等，其中竹叶青、金皇后为种植面积最大的品种。1968年，引进杂交高粱新品种晋杂5号、晋杂4号、晋杂12号，因抗病、增产效果显著，逐步取代了原有的农家高粱品种。1969年，引进繁育了玉米双交种春杂12号，到1975年，春杂12号占玉米播种面积的60%以上，成为种植面积最大的主导品种。20世纪70年代，又以推广单交种为主，搭配部分双交种。这个阶段引进推广的单交种有长单1号、晋中301、丹玉6号、白单4号、忻黄单9号、忻黄单17号等，搭配品种有春杂12号和一些农家种。1978年，引进了玉米单交种中单2号、太单1号、丹玉6号等，其中，中单2号表现为适应性、抗逆性优良，很受农民欢迎。1990年，该品种高峰期种植面积

家肥3000公斤以上；采取堆沤、翻压、覆盖等措施，做到秸秆还田；实行测土配方施肥技术，合理调整（全）氮、（有效）磷、（速效）钾比例；种植绿肥、粮肥轮作，培肥土壤；新造地应增施硫酸亚铁和新型土壤改良剂60公斤/亩，加速生土熟化，改善土壤理化性状。三是深松细耙。加厚活土层，使耕层厚度达到20厘米以上；增加土壤蓄水保墒能力，改良土壤结构。“十一五”期间，在山西省委、省政府实施“2000万亩耕地综合生产能力建设工程”中，全市以旱平地土壤培肥、坡耕地综合治理、沟坝地整治与培肥为重点，进一步加大中低产田改造力度，到“十一五”期末，全市共建设旱地高产稳产田32.7万亩（2180公顷）。

二、旱作技术

阳泉农业是典型的雨养农业，从境内“十年九旱，年年春旱”实际出发，兴农必先治旱。因此，紧紧依靠科技进步，不断总结、改进、提高传统抗旱技术，因地制宜地引进、推广先进的旱作农业技术，是阳泉粮食增产、农业增效的一个有效途径和重要措施。为此，1996年开始，境内采取以点带面的形式，对旱作农业技术进行推广。主要采取工程措施和生物措施相结合的办法，进行保土、保水、保肥的“三保田”建设；按降雨规律和土壤水分变化规律，适时深松细耙、纳雨蓄墒；增施有机肥，千方百计实行秸秆还田、平衡施用化肥，培肥土壤；建立合理的轮作倒茬制度，用地养地相结合；引进、推广适宜境内种植的抗旱耐旱高产新品种；地膜覆盖、秸秆覆盖，增稳保墒，增肥土壤；实行生产机械化，在境内虽不宜使用大型农机，但可推广小型的适用农机具；采取旱井集雨等措施，因地制宜地发展节水灌溉，提高抗旱生产能力。简言之即“六水”，建设土壤水库蓄水、秸秆和地膜覆盖保水、旱井与旱窖集水、保护性耕作和抗旱良种应用省水、平衡施肥和抗旱剂调水、农田灌溉节水等。经过15年的努力，到2010年，全市旱作农业技术推广面积达到近40万亩（2.67万公顷），先后涌现出一批像平定县宁艾、立壁，盂县大吉、苌池，郊区三郊等亩均产粮达千斤以上的先进示范典型，

地膜覆盖

在平定东南部和盂县西部已逐步形成具有不同地方特色的旱作农业技术体系。

三、立体种植

立体种植是指在单位面积耕地上，通过间套复种等手段，按照作物茎秆高低、根系深浅、成熟早晚和喜阳耐阴等生长特性，把两种或两种以上适宜共生的农作物经过合理配置种植在同一块农田中，最大限度地利用光、土、水、热、肥和劳动力等资源，夺取高产高效。境内应用立体种植技术的历史源远流长，20世纪80年代后，立体种植技术得到进一步发展，出现了粮粮、粮菜、粮油药两种两收、三种三收等多种模式，其中，小面积的马铃薯套种玉米、马铃薯间作玉米、玉米套种马铃薯复播萝卜、玉米套种花生复播白菜、玉米套种绿豆复播芥菜、小麦全生育期地膜覆盖套种玉米复播胡萝卜等立体种植示范田的亩均产值都达到千元以上。2005年，立体种植主要适用于全市的6.2万亩（0.42万公顷）水浇地和近20万亩（1.34万公顷）旱地高产稳产田。“十一五”期间，随着全市核桃基地建设步伐的加快，核桃林间作套种以小杂粮为主的矮秆作物模式得到广泛推广应用，到2010年，全市立体种植面积达到20万亩（1.34万公顷）以上，其中应用面积较大的、以粮食作物为主的立体种植模式主要有以下四种：

小麦套种玉米 以250厘米为一带，第一年9月下旬至10上旬在每一带内种9行小麦，行距20厘米，占地160厘米，亩成穗要达到40～45万穗；第二年4月下旬至5月初，在每带留下的90厘米空挡中套种2行玉米，行距30厘米，株距26.6厘米，亩留苗2500株。要求整地时亩施优质农家肥5000公斤以上，碳铵50公斤，磷肥40公斤；小麦要浇好孕穗水、灌浆水，拔节期应重追穗肥，后期应叶面喷施磷酸二氢钾。玉米大喇叭口期应重施穗肥。该种立体种植模式的投入产出比一般可达到1∶3.8。

玉米间作大豆 以160厘米为一带，玉米采用宽窄行种植，窄行距44厘米，宽行距116厘米，株距25厘米，亩留苗3300株；在玉米宽行距中间种3行大豆，行距29厘米，穴距17厘米，一穴双株，亩留苗14700株，玉米大豆间距29厘米。要求亩施优质有机肥5000公斤，碳铵40公斤，磷肥50公斤，玉米大喇叭口期要结合中耕培土，亩追施尿素10公斤。大豆盛花期应亩喷施磷酸二氢钾150克和钼酸铵15克。该种立体种植模式的投入产出比一般可达到1∶3.9。

核桃林间作小杂粮 具体生产模式多样，总的原则是，在每亩核桃林中，根据核桃树密度的大小、树冠的大小，一般可间作套种杂粮作物0.3～0.5亩（0.02～0.03公顷），相当于没有占用耕地，就生产了一部分粮食。

马铃薯套种玉米 以200厘米为一带，种植2行玉米，3行马铃薯，2行玉米间窄行距40

厘米，株距25厘米，亩留苗2600株；宽行内种3行马铃薯，行距35厘米，穴（株）距30厘米，亩留苗3300株。马铃薯与玉米间距45厘米。要求亩施优质有机肥3000公斤以上，碳铵40公斤，磷肥40公斤，马铃薯现蕾开花期和玉米大喇叭口期要分别结合中耕培土，亩施尿素10公斤。该种立体种植模式的投入产出比一般可达到1∶4.0以上。

四、玉米粒播技术

玉米是阳泉市主要的农作物，玉米产量直接关系全市粮食总产量。2007年，国家提出玉米增产“一增四改”的思路（即增加玉米的种植密度、改种耐密高产品种、改套种为平播、改粗放用肥为配方施肥、改人工种植为机械化作业），为提高玉米单产提供了方向。玉米单粒播种技术正是适应了这一需要而出现的一项新型种植技术，但必须配套整地、播种、施肥等相应的生产操作技术，才能保证达到高产目标。2007年，市农技和种子部门联合，与推广先玉335玉米新品种紧密衔接，在全市推广玉米单粒播种面积5000余亩（300余公顷）。秋收测产结果表明，比对照农大3138亩（209.2公顷）均增产30%～50%。个别的甚至更高，如郊区西南舁咀子上村王林贵种植单粒播种玉米1.65亩（0.11公顷），产玉米1400多公斤，亩产850公斤，同比增产54%；盂县仙人乡仙人村李俊杰种植单粒播种玉米6亩（0.4公顷），产玉米5400公斤，平均亩产900公斤，同比增产63%，增产效果非常显著。2008年至2010年，全市推广面积逐年稳步增大，达到2万亩（1333.33公顷）以上。

五、甘薯茎蔓快速生秧技术

甘薯茎蔓快速生秧技术是一项利用上年收获甘薯后的废弃茎蔓再生秧苗的先进技术，一般一株茎蔓可再生出40根秧苗，具有节约成本、生秧苗多、苗质量高、生产收益好的特点。2006年，市农业技术部门与阳泉市浩丰小杂粮专业合作社联合在平定县南上庄村的试验基地，利用甘薯茎蔓快速生秧技术，试种了1亩（0.07公顷）早熟甘薯，到8月2日，试验田正式收获，产出甘薯1500公斤，获得丰收，使阳泉市成为华北地区首次利用茎蔓快速生秧技术成功试种早熟甘薯的地级市。试验表明，用这种技术栽培甘薯，比普通甘薯亩增产近500公斤，而且还能早熟2个月，市场价格在1.8～2元/公斤之间。2007年，全市采用甘薯茎蔓快速生秧技术育甘薯秧苗16万株，在平定县石门口乡前徐峪沟、盂县仙人乡狮子神、郊区荫营镇杨树沟等村示范种植50余亩（3公顷多），甘薯总产15.5万公斤，按2007年市场价计算，总收入达到19万元以上，亩均收入最低的也在3600元以上。2008年，因一些非技术原因，未能进一步顺利地推广下去。

六、蔬菜工厂化育苗技术

20世纪80年代初期，阳泉市试验成功了工厂化育苗技术，该技术分三室配套式和电热自动控温式两种形式。它可以使育苗工作免受自然气候的限制，依照人们的计划培育出高质量的秧苗，有利于冬季蔬菜种植。这项技术的推广应用，使育苗工作步入现代化阶段。配合工厂化育苗，1975年，阳泉开始推广使用营养钵育苗技术，改变了一直沿用的割坨育苗法，使培育出的秧苗在定植时根系不受任何损伤，不经过缓苗就可直接生长，从而进一步发挥了育苗的效果。制作营养钵的原材料为废报纸和塑料膜，造价低，效用高，深受广大菜农的青睐。

七、塑料薄膜覆盖技术

20世纪60年代中期，塑料薄膜开始在农业生产中推广使用，时称“白色革命”。1965年，又在义东沟村进行了塑料薄膜小拱棚北瓜栽培试验，在1971年至1974年间，塑料小拱棚大面积发展起来，到1979年，全市塑料小拱棚达到360亩（24公顷）；进入20世纪80年代以后，随着科学技术的发展，小拱棚的重复利用率得到了提高，每年2月下旬至3月初可覆盖韭菜、菠菜、小葱，3月中旬覆盖茴子白，4月上旬覆盖主茬菜北瓜或者黄瓜、西红柿、青椒、茄子等。一经覆盖，蔬菜的上市时间便可提早15～30天，增产1～3倍，经济效益十分明显。1990年，全市塑料小拱棚面积为1060亩（70.67公顷）。1972年7月，在郊区义东沟村建起了阳泉市第一个塑料大棚，到1979年全市塑料大棚面积发展为160亩（10.67公顷），以生产黄瓜为主，兼有西红柿、北瓜、油菜、芹菜、菠菜。此外还用于春天的育苗。塑料大棚可使春茬菜的上市时间较大田提早40多天，秋茬菜则延后1个月，增产1～2倍。后因塑料小拱棚和日光温室的发展，塑料大棚开始缩减，到1990年，仅剩89亩（5.93公顷）。1979年，从改造大田生产能力入手，引进地膜覆盖栽培技术，该技术的应用不仅可以使被覆盖蔬菜增产30%以上，可以提早上市10天左右，而且还可以节水、省工，减轻病虫害，充分发挥肥效，增强抗灾能力。该技术引进后，因实践效果极佳，很快得到普及，到1990年突破7000亩（466.67公顷），到2005年蔬菜生产全部采用这项技术。这项技术于1990年前后应用到粮食生产上，在海拔较高的盂县东梁、西烟一带，更换更长生育期的品种，成功使玉米生产上了一个大台阶。2010年时，全市地膜覆盖玉米面积达到6万亩（4000公顷）以上。

八、日光温室技术

1989年，阳泉从辽宁省辽阳市和瓦房店市引进节能型日光温室的建造和栽培技术，温室骨架采用竹竿和钢架，跨度5.5～6米，高度2.5米，后墙和山墙的厚度为1米，有后屋顶。1990年在义东沟村和瀑里村共种植5亩（0.33公顷）试验田，亩产量4000～5000公斤，亩收入5000～6000元，试验获得成功。这种温室不需加温、取材方便、造价低、保温性强、经济实用，可进行冬季生产。1991年至1994年，全市推广发展GRC型日光温室，种植面积1040亩（69.33公顷），亩产量5000公斤，亩收入6000～7000元。GRC型日光温室的骨架采用钢筋+玻璃纤维+硫铝酸盐早强水泥的复合材料，跨度为5米，高度2.6米，无后屋顶。这种温室具有轻质、高强、节省钢材、无立柱、造价低、寿命长等优点。1995年至2000年，引进推广山西省二代日光温室建造及栽培技术。骨架采用竹竿和钢架，跨度6.5～7米，高度3米，有后屋顶，前屋面主采光角度32°。2000年，在平定县石门口乡南上庄村、平定县张庄镇新城村、平定县岔口乡理家庄村分别建成面积为2000平方米的现代化智能连栋温室。该温室由山西农业大学设计，骨架采用全镀锌钢结构，覆盖材料为塑料薄膜，六连栋，高度5米，配有滴灌、微喷、防虫网、遮阳保温幕、排风降温系统、锅炉加热系统。2001年至2005年，推广建造山东寿光式大跨度日光温室。温室骨架采用竹竿和钢架，跨度10米，高度4米，墙体厚度1～3米，有后屋顶。温室造价约为每亩3万元～5万元，具有跨度大、保温性能好、栽培空间大等优点。2010年，全市日光温室面积发展到3200亩（213.33公顷），亩产量10000公斤，亩收入1.5万元。

九、蔬菜设施栽培主要技术

膜下灌溉　将地膜覆盖的拱形垅改成两边高中间低的栽培垅，上覆地膜，在中间的小沟内浇水，称“膜下灌溉”。这种方法可有效降低湿度，节约用水。

反光幕张挂　在日光温室中，靠近后墙的植物得到的光照很少，容易造成生长不良，在温室后墙的底部张挂钩反光幕反射阳光用于改善光照条件。反光幕是将铝箔附于塑料薄膜上（为工业制成品），整体厚度约 0.1 毫米，宽度为 1 米。

节水灌溉技术　在设施栽培中，采用滴灌、喷灌、渗灌、微喷等方式进行灌溉，达到节约用水的目的。

遮阳网技术　在夏季的设施栽培中，由于温度较高，且没有好的降温措施，因此要采用遮阳网遮挡阳光来降温。遮阳网为黑色，材质为 PVC，编织成网状，网的密度不同遮阳率也不同，遮阳率在 50%～90%，根据需要来选用。

防虫网技术　在设施栽培的通风处张挂，防止害虫在设施内外进行迁飞传播，利于控制设施内的虫害。防虫网为白色，材质为 PVC，编织成不同孔径的网，根据生产需要选择使用。

测土配方施肥技术　检测土壤中的养分状况，根据不同的种植方案提出施肥的种类和数量，从而达到节约成本、提高产量、减轻环境污染的目的。

病虫害综合防治技术　采用物理、生物和化学的方法，综合防治病虫害的技术。物理方法有使用黄板诱杀、杀虫灯、防虫网等；生物方法是利用天敌来消灭和控制害虫；化学方法是用生物农药和低毒的化学农药来防治害虫。

嫁接技术　采取嫁接换根来解决连作障碍并适应冬季低地温的环境的技术。可进行嫁接作物有：黄瓜、北瓜、西红柿、茄子等。嫁接的方法有：劈接法、插接法和靠接法。

“四位一体”的栽培技术　即“日光温室＋畜禽养殖＋沼气生产＋蔬菜种植”的无害化生产技术。在日光温室中进行畜禽养殖和蔬菜种植，畜禽的粪便排入沼气池中发酵产生沼气，沼气燃烧为温室加温并进行二氧化碳施肥，也可用于做饭，沼渣和沼液作为有机肥施入菜田。

第八节　植物保护

一、监管机构

阳泉建市前，没有农作物病虫防治专门机构。为了加强农作物病虫害的防治工作，1955 年，境内第一个病虫测报站（虫情测报站）在平定县维社村设立。1956 年，白泉农作物病虫测报站建成，负责阳泉市及晋东六县的病虫测报。1958 年 8 月阳泉市成立了农作物病虫防治站。1962 年迁至平定县北碁石村，主要以黏虫、钻心虫为测报对象。20 世纪 70 年代为了从根本上防治农作物病虫害，1972 年后，在平定县娘子关、北庄头、立壁等地设立粮食作物病虫情报点。

1974年，阳泉市第一个蔬菜病虫测报站在郊区义东沟村建成。1984年阳泉市植物保护检疫站成立，负责全市范围内农作物病虫草鼠害的测报、防治和农业植物检疫工作及植保新产品新技术的试验示范和推广工作。在郊区下白泉、下烟等地特邀病虫情报员9名。到1992年，除白泉测报站外，其余都瘫痪停止运作。1996年，白泉测报站列为全国农作物重大病虫测报网区域测报站，承担农业部玉米螟和黏虫、省农业厅粟灰螟和地下害虫的监测工作。2005年形成了以白泉区域测报站为中心，以市植物保护检疫站聘请的15个病虫动态监测员为补充的病虫动态监测网络。

1985年经研究决定，市、县（区）设立了专门的农业植物检疫机构。县区检疫机构负责行使省内检疫的签证权，市级检疫机构负责出省检疫的签证权。配备了专职检疫员，选聘兼职植物检疫员。

1999年12月，阳泉市农药监督管理站成立，与阳泉市植物保护检疫站是“一套人马，两块牌子”，负责全市农药的监督管理工作。1999年，全市有专职检疫员9人，兼职检疫员31人，所有检疫人员实行持证上岗。2004年，全市4个植物检疫机构执法主体和法人资格全部独立，取得了省间调运植物委托签证权。2005年，全市专职检疫员增加到15人。2010年换发了市、县（区）4个省间调运检疫签证委托书，全市专职检疫员共15人。

二、病虫草鼠害的测报

20世纪50年代初平定北砻石测报站、白泉测报站就开展了对黏虫发生规律的研究，并相应采取一系列的防治措施收到了显著的效果。1982年阳泉市在白泉测报站开展了“粟灰螟性诱剂在测报上的应用研究”。从1989年白泉测报站列入全国重大病虫测报网后，系统观察对象主要为黏虫，1995年增加了玉米螟。测报方法由初期的谷草把、杨树枝把、糖醋诱杀发展到黑光灯等先进设备。在测报上应用数理统计方法测报小地老虎、玉米螟和田间损失率、分布型的调查。通讯方式也由1979年开始时的模式电报发展到1998年的电话传真、2002年的计算机网络技术应用，为及时准确有效地防治农作物病虫害提供了科学可靠的情报信息和防治依据。2002年阳泉市植保信息网站建立，并与农业部和省植保总站信息联网，实现了资源共享，既方便了向部、省及时上报信息，与其他地市进行业务交流，也能及时向县区发布指令和信息。同年，开始与电视台联合制作节目，通过电视媒体发布预报，病虫预报实现了网络化、可视化，为领导提供决策依据，为农民提供适时信息。经过多年校核，一般中长期预报准确率达85%以上、短期预报达95%以上。较准确的病虫测报增强了病虫防治的主动性，在减轻生物灾害中发挥了十分重要的作用。全市各测报站（点）每年5月1日开灯，10月1日关灯，10天一报，特殊情况5天一报，在工作中坚持系统调查，逐步掌握了害虫发生为害规律，开展了中长期预报，及时发布短期预报，科学指导防治，有效控制了危害。玉米矮花叶病1996年、1997年、1998年严重流行，因为准确发出了预报，有效地进行了防治，确保了玉米战略的顺利实施。1997年美洲斑潜蝇传入境内，给城乡人民的“菜篮子”造成严重影响，通过狠抓虫情预报，加大防治力度，有效地控制了美洲斑潜蝇大面积发生的趋势。2003年开始在测报工作中使用了频振测报灯，2004年开始应用了GPS全球定位系统和Super制图工具技术，有效提高了预报质量。2005年至2006年，市植物保护检疫站对全市所有的农作物病虫草鼠害测报数据进行了整理，并全部输入计算机建立了档案资料，为预测各大病虫草鼠害的发生提供了历史依据。2007年，阳泉市开始统一使用“山西省农作物灾害监测预警系统”，主要用于测报数据的上报和查询。据初步统计，因病虫预报准确，防治及时，每年减少有害生物造成的损失在15%～30%左右，同时减少了盲目用药，节约了成本，取得了显著的经济效益、社会效益和生态效益。截至2010年，全市建立健全不同区域、负责多种作物和多种病虫动态监测点15个，配备专业防治队20支，防治队员196人。

三、病虫草鼠害的防治

农作物病虫草鼠害的防治工作是植保工作的一个重要内容。20世纪50年代初，国家提出“治早、治小、治了”和“以防为主、防治并举”的植保方针。境内各县（区）就坚持“地里光、场面光、街道光、院内光”的标准，大搞根茬秸秆处理，使玉米螟和粟灰螟的危害大大减轻。1965年，盂县西部地区谷子钻心虫发生面积3万亩（2000公顷），1966年针对粟灰螟进行预测预报，定期定点观察，掌握了6月23日为防治适期（卵孵化盛期），当年防治面积达8万亩（5333.33公顷），基本上控制了螟虫危害。

20世纪60年代末期，境内开始使用有机磷杀虫剂敌百虫、敌敌畏、乐果、马拉硫磷等，病害的防治主要使用汞制剂赛力散、西力生、铜制剂波尔多液、铜皂液、硫制剂石硫合剂、退菌特、代森锌等有机磷、有机胂杀菌剂等。20世纪六七十年代，在防治病虫害中每年均要主动进行春季防御战、夏季保苗战、秋季保收战三大防治病虫攻坚战。

1975年国家制定了“预防为主，综合防治”的植保方针，强调农业防治、生物防治、化学防治和物理防治等各项措施协调应用。阳泉市成立了生物防治工作站，开展以菌治菌、以菌治虫。推广应用自制的农抗769菌素防治玉米、谷子等作物黑穗病，代替赛力散等汞制剂，同时防治谷子的白发病、玉米大斑病也用“775”闷种。1982年推广了瑞毒霉拌种防治谷子白发病，推广面积10余万亩（0.67万公顷），防治效果为95%以上。同时用以菌治虫，用自制的白僵菌防治菜青虫，以400倍液喷雾治白菜菜青虫，死亡率81%。1988年进行了以蜂治虫，主要用赤眼蜂控制玉米螟，寄生率在80%以上。

1984年，全市基本上完成了高效低毒的有机硫制剂、有机磷制剂、菊酯类制剂、抗生素制剂和生物药品与对人、畜、环境有严重污染的六六六、滴滴涕等高残留有机氯制剂、汞制剂、铜制剂的替代工作。引进推广的瑞毒霉、乙磷铝、拌种双、禾穗胺、粉锈宁、百菌清、氧化乐果、辛硫磷乳剂等新型杀菌剂、杀虫剂，具有用量少、效果好的特点。在防治谷子白发病、蔬菜霜霉病、果树腐烂病、禾谷类作物黑穗病，特别是过去难以防治的玉米、高粱丝黑穗病等，防治效果在90%以上，平均每亩增产15公斤，对抑制病虫害发挥了较大作用。

20世纪90年代以后，随着病虫害的频繁发生和农药的大量使用，害虫抗药性问题日趋突出，同时农药残留超标和环境污染等新问题出现，防治病虫害不仅要注重防治效果和防治成本，而且要考虑农药残留、环境污染和害虫抗药性等负面作用。为使有害生物控制与食物安全、生态环境以及抗药性发展有机联系，开始在实践中大面积推广应用高效、低毒、低残留化学农药及BT、阿维菌素等生物制剂。1997年市植保站向市科委列项，组织推广了“玉米田病虫草鼠害综合治理技术”，加强病害预测预报，选用抗耐病品种，合理轮作、适期早播、病发初期及早进行除草灭蚜，地膜覆盖、除病苗、喷施锌肥，苗期喷施1.5%植病灵乳剂1000倍和病毒A。1998年全市综合防治玉米矮花叶病18.3万亩（1.22万公顷），经济效益达360余万元，控制了该病的流行危害。

随着种植业结构的调整，一些次要病虫害成为重要病虫害，而一些在历史上从未形成危害的病虫害也大面积发生。2000年6月20日平定县南上庄600亩（40公顷）中药材发生严重的暴食性害虫，有棉铃虫、烟青虫等，田间虫株率达100%，平均每平方米有虫400～600头，高的达800头左右。市植保站制定方案，开展有效防治，及时控制了虫害。2003年，在平定县南上庄、西郊等地又出现了一些突发性害虫，以黄尾毒蛾为主，危害到周边的农作物，市植保部门及时制定防治方案，指导农民适时防治，未造成大的损失。

2003年后，为加强重大病虫害的防御工作，市植保站每年拟制《阳泉市农业主要病虫发生趋势及防治预案》。在病虫害发生防治高峰期，市植保站技术人员深入田间地头，将技术方案送到农民手中，特别是在暴发性害虫的防治工作中，市植保站组织了两支机防队，一支是平定县南上庄统防统治服务队，配备了3台机动喷雾器，统一配药，统一防治，这支机防队由平定县植保站统一调度，负责平定县全县农作物重大病虫害的统防统治工作。在2003年白粉虱、黄尾毒蛾、黏虫等的防治工作中作出了的贡献。另一支是盂县梁家寨机防队，由小麦病虫测报员负责，配备了机动喷雾器3台，确保了盂县农作物各重大病虫害防治工作的顺利开展。

2005年5月，玉米苗枯病在全市发生流行，主要品种为张玉1059，最严重的发病率为40%，面积为1000亩（66.67公顷）。主要是由于品种抗病性差，加之播期早，地温低延长了出苗时间，幼苗感病概率增加，市植保部门分析了发病原因，提出了针对性防治建议。8月底玉米青枯病在盂县梁家寨乡发生，发病率最严重的20%，面积约0.3万亩（200公顷）。受5至6月份高温干旱气候影响，红蜘蛛在境内发生1.3万亩次（866.67公顷次），主要在玉米、蔬菜和果树上发生，一般百株螨量2000～3000头，虫株率为15%，全市防治3.2万亩次（2133.33公顷次）。

2006年，为有效控制农业重大生物灾害，提高植保部门处置突发性生物灾害的能力，阳泉市根据实际制定了《阳泉市农业重大生物灾害应急防治预案》，成立了农业重大生物灾害应急指挥部和有害生物专家组，在病虫害发生高峰期，实行重大病虫值班制和灾情报告制。当年，受特殊气候影响，稀点雪灯蛾首次在平定县张庄、东回、柏井、石门口等乡镇玉米田暴发，发生面积9.2万亩次（6133.33公顷次），防治18万亩次（1.2万公顷次）。其中发生较重的4.5万亩次（3000公顷次），发病率一般地块40%～55%，个别地块高达98%，玉米秸秆覆盖地、临近有杂草的地块重于一般地块。根据当时苗小、虫龄大、幼虫活动能力强等实际情况，采取了人工捕捉与药剂防治相结合的防治措施，组织农民群防群治，人工捕捉面积累计10.72万亩（7146.67公顷），捕捉害虫2300余万头；药剂喷洒面积3.06万亩（2040公顷），扑杀害虫3500余万头，挽回经济损失500余万元。2007年发生范围、发生面积和发生程度均轻于2006年，共涉及4个乡镇、39个村、2.51万亩（1673.33公顷）玉米田。但2007年发生比2006年早，比2006年提早一个多月出现幼虫，主要发生在生物覆盖田、阳坡草滩和庭院等地。防治3.6万亩次（2400公顷），挽回经济损失130余万元。2008年发生范围和面积进一步缩小，只有平定县东回、石门口、柏井3个乡镇的1.31万亩（753.33公顷），并得到了有效防控，未造成危害。

2007年，全市农作物病虫草鼠害总体呈中等偏轻发生。玉米丝黑穗病发生3.5万亩次（2333.33公顷），有回升势头；谷子病虫害也呈上升趋势，其中粟叶甲中等发生；马铃薯主要虫害有豆芫菁和28星瓢虫，豆芫菁主要发生在盂县、郊区，虫株率为30%～40%，28星瓢虫主要发生在盂县东梁、西烟等马铃薯主产区。

2008年，全省小地老虎大发生，境内小地老虎在全省来说总体为中等偏轻发生，但对于

产地检疫分布图。2006年，全市共外调鲜活农产品28批次，计247.8吨，以苹果为主。2007年，全市外调鲜活农产品21批次，计194.3吨。2008年，全市外调鲜活农产品17批次，计227吨。2009年，全市共外调鲜活农产品24批次，计16.88万公斤，其中省内调运15批次，计12万公斤；省间调运9批次，计4.88万公斤，品种以苹果为主。2010年，全市共外调鲜活农产品25批次，计25.60万公斤，其中省内调运22批次，计21.90万公斤；省间调运3批次，计3.70万公斤，品种以苹果为主。

（三）检疫对象的封锁扑灭

1997年，检疫性害虫美洲斑潜蝇传入境内，涉及25个乡镇，59个村，发生面积1.6万亩（1066.67公顷）。1998年发生面积增加到2.85万亩（1900公顷），给全市蔬菜生产带来严重威胁。市委、市政府高度重视，1997年8月，市政府安排部署封锁扑灭工作。1998年市政府在冶西镇组织召开了全市“扑灭美洲斑潜蝇现场会”。市县植检部门实施统防统治技术，推广生物农药阿维菌素，科学、合理、及时防治，使该虫得到有效控制，确保全市蔬菜的正常生产。

2003年8月，检疫性害虫苹果棉蚜首次在境内发现，分布在郊区西南舁乡9个村的部分果园，发生面积150亩（10公顷）。2004年发生面积有所缩小，只发生了10亩（0.67公顷）。2005年、2006年控制在10亩（0.67公顷）以内。2007年、2008年发生面积扩大为1200亩（80公顷），发生程度轻于往年。经过行之有效的积极防控，到2010年12月，全市苹果棉蚜发生面积已缩小到100余亩（6公顷多），且为零星发生，范围仍控制在郊区一带。

五、农药械应用推广与监管

（一）农药械应用推广

1953年，境内开始引进六六六、滴滴涕等有机氯农药。20世纪50年代后期又引进有机磷农药，主要品种有1605、1059、敌百虫、敌敌畏等。60至70年代，推广应用乐果、3911等内吸杀虫剂。1983年国务院作出取代六六六、滴滴涕等高残留有机氯农药的决定后，阳泉市认真地抓了有机氯农药的取代工作，在试验示范的基础上积极引进和推广辛硫磷、溴氰菊酯、速灭杀丁、氧化乐果、久效磷等10多个高效中毒低残留新品种。截至1984年，全市基本上完成高效低毒的有机硫制剂、有机磷制剂、菊酯类制剂、抗生素制剂和生物药品对人、畜、环境有严重污染的六六六、滴滴涕等高残留有机氯制剂、汞制剂、铜制剂的替代工作。引进推广瑞毒霉、乙磷铝、拌种双、禾穗胺、粉锈宁、百菌清、氧化乐果、辛硫磷乳剂等新型杀菌剂、杀虫剂。2000年以后，在病虫害的防治中全市大力推广高效低毒低残留化学农药、BT（苏云金杆菌）

等环保型农药。推广的农药品种主要有辉丰菊酯、快杀灵、太强、BT等杀虫剂；菌毒清、多菌灵等杀菌剂；禾耐斯、4D丁酯、氟乐灵等除草剂；天丰素、旱地宝等植物生长调节剂；溴敌隆、杀鼠醚等杀鼠剂。2003年，引进了佳多频振式杀虫灯。2004年6月27日，全市在平定县后沟村和南上庄村召开了“频振杀虫灯应用推广现场会”，到2005年全市推广70多台，取得了显著的经济、生态和社会效益。1997至年2000年全市引进十几种除草剂，进行了试验示范，筛选出适合境内玉米田化学除草的品种——禾耐斯（玉米播后苗前喷）。为了认真贯彻落实国家关于禁止在蔬菜、水果、中药材等作物上使用高剧毒农药和2007年1月1日起全面禁止甲胺磷、对硫磷、甲基对硫磷、久效磷、磷胺5种高剧毒农药在农业生产中使用的有关规定，全市农业部门积极做好高毒农药替代工作。2005年，在全市范围内开展了小麦蚜虫和玉米螟的替代防治药剂的田间试验，初步筛选出替代药剂吡虫啉和苏云金杆菌，组装成配套技术进行大面积推广。

按照省植保“双百工程”实施方案，2006年、2007年连续两年在全市范围内开展了“农药械经营放心店”及适合全市无公害农产品生产使用的“农药、药械产品”评选活动，确定了5家农药械经营放心店和10%哒螨灵乳油、10%吡虫啉可湿性粉剂等20个农药械植保满意产品。

2009年，市农业部门对全市已备案和新提出办理农药经营许可证的农药生产、经营单位的基本情况进行调查摸底、规范整顿和现场勘验。对符合条件的生产、经营单位发放申请表，对其经营人员进行备案，实行上岗培训、闭卷考试，考试合格者发放上岗证，单位换发农药经营许可证。共发放“农药经营许可证”32家、上岗证55个。同时对全市农药生产、经营单位全部进行建案，发放统一的进销台账和“禁、限用农药公告”和“阳泉市农药经营规范制度”等，要求经营户严格按农药规范制度办事，对禁、限用农药要严格把关，对所经销农药进货、销售及用途都要记载清楚，做到经营管理规范化、科学化、日常化、为农业生产营造良好的外部环境。2010年，对符合条件的生产、经营单位进行农药经营许可证年检，共年检24家经营单位，新办理农药经营许可证9家，核发农药经营人员上岗证17个。全市农药经营企业达到33家。11月起开始在3家高毒农药经销店实行购买告示制度。

（二）农药市场监管

1997年5月《农药管理条例》颁布实施，1998年5月《山西省农药管理办法》颁发，农药监督管理工作实现有法可依，有章可循。1998年5月4日至10日，全市以学习、宣传、贯彻落实《农药管理条例》为主题，组织开展了声势浩大的《农药管理条例》宣传周活动。1998年依据《山西省农药管理办法》有关规定及晋农精神，制定了《阳泉市农药经营许可证发放办法》。凡全市内有经营具有毒性农药的单位，须办理农药经营许可证，农药经营人员实行上岗培训制度。到2005年，全市已举办农药经营人员上岗培训4期，累计培训280人次，对全市30家农药经营单位核发了农药经营许可证。2006年5月，对全市农药经营人员进行了第五期培训，特别是对剧毒、高毒农药定点经营和高剧毒农药禁限用有关规定进行了强调，并当场发放禁限用高剧毒农药宣传画500余张。对所有农药经营单位全部进行重新审核、换证。

1999年开始，市农业部门在每年春播前组织一次全市范围内的农药市场大检查。2000年检查农药60余吨，农药品种123种，没收假伪农药85公斤；2002年，贯彻国务院《关于继续开展严厉打击制售假冒伪劣商品违法犯罪活动联合行动的通知》和农业部《关于加强农药标签管理工作的紧急通知》精神，在全市范围内开展了农药产品扶优打假执法检查，检查农药经营单位5个、生产企业4个，农药品种75个，合格率为80%，不合格品种中大多为标签问题，其中擅自扩大使用范围为主要问题，对违反国家有关规定的单位依法进行了严肃查处；2005年6月，对全市农药标签进行了抽样，共抽样品标签26个，合格率为42.3%，不合格样品标签中，假冒仿造、无农药登记证的为7个，占不合格的46.7%。2006年6月，对全市农药标签进行了抽检，抽检了10个农药经营单位、20个农药标签，合格率为70%，不合格的产品均为随意扩大使用范围。2007年6月、8月，对全市21个农药经营单位农药标签进行抽检，共抽标签样品46个，合格率为94.9%，不合格产品主要为随意扩大使用范围。2008年6月至7月对全市农药市场2008年1月1日以后生产的农药产品标签进行了抽取，共抽取5个经营单位的20个标签样品，合格率为100%。7月，省农药检定所对全市农药市场进行了抽样，抽取农药样品4个，对药液进行化验，合格率为100%，未发现有高毒农药成分。

2008年3月、4月，配合农业部农药管理新规定的施行和“农药登记管理年”活动，对全市蔬菜、水果种植大户和农药经营人员就农药使用和农药管理6项新规定进行了重点培训。5月上旬在《山西省农药管理办法》颁布10周年之际开展了一次“农药登记管理年‘进千店，入万村’宣传活动”，赠送并发放了《农药管理六项规定问题解答》《农药科学选购和合理使用》宣传册和《购买放心农药简明挂图》3000余张（册）。为强化源头治理，5月下旬对全市农药生产企业有关情况进行了调查，建立了农药生产企业联系制度，每个农药生产企业都有一名农业部门的联系人，负责宣传农药管理新规定，了解企业的生产及其产品市场动态，督促依法经营。

2009年3月、5月、6月、7月、9月对全市农药市场进行了全面检查，检查范围由城郊进一步扩展到乡村，整顿规范了全市农药市场。检查一方面以甲胺磷等5种高毒农药、毒鼠强等禁用农药和限用高毒农药的销售使用为重点，另一方面以农药标签为重点，主要检查产品登记证号、有效成分名称、含量、登记作物、防治对象、毒性标识和企业名称标明等。共出动检查人员 288 人（次），检查农药生产经销企业、蔬菜、水果生产企业或农民专业合作经济组织 186 家（次），没有发现生产、销售和使用甲胺磷等五种禁用高毒有机磷农药的行为。农药标签共抽查 106 个，合格率 97.17%。

2010 年 3 月、5 月、6 月、7 月、12 月对全市农药市场进行了全面检查，农药以禁限用高毒农药、违禁添加高毒农药成分、农药产品有效成分不足和违规标签为检查重点；农药标签检查以产品登记证号、有效成分名称、含量、登记作物、防治对象和毒性标识和标明企业名称为重点。共出动检查人员 1020 人（次），检查农药生产经销企业、蔬菜、水果生产企业或农民专业合作经济组织 113 家（次），没有发现生产、销售和使用甲胺磷等五种禁用高毒有机磷农药的行为。农药标签共抽查 73 个，合格率 100%。

（三）高剧毒农药整治

2002 年，为落实部省市关于在蔬菜产区禁止销售和使用剧毒、高毒农药的通知精神，市农业局下发了《关于禁止在蔬菜、瓜果和中药材上使用剧毒、高毒、高残留农药的通知》，10 月 15 日至 11 月 30 日在全市范围内开展了一次农药安全管理专项整治活动，加强违禁剧毒、高毒农药和急性剧毒杀鼠剂的执法检查。2003 年，实行销售和使用剧毒高毒高残留农药申报和登记备案制度，严格控制此类农药的使用范围，全面禁止甲胺磷等剧毒高毒高残留农药在蔬菜果树上使用，加快了新农药的试验示范筛选，大力推广高效低毒的环保型农药。2004 年，高剧毒农药的销售建立了台账，明确剧高毒农药的来源、去向、使用情况，实行可追溯管理。

为认真贯彻落实国家关于禁止在蔬菜、水果、中药材等作物上使用高剧毒农药和 2007 年 1 月 1 日起全面禁止甲胺磷、对硫磷、甲基对硫磷、久效磷、磷胺等五种高剧毒农药在农业生产中使用的有关规定，2006 年，阳泉市成立剧毒高毒农药专项整治领导组，制定实施方案，对高毒农药实行定点经营，准许经营国家规定在粮棉等作物上可使用的高剧毒农药。全年全市共举办各种农药使用培训班 20 余个，培训人数达 1.5 万余人次，发放各种宣传资料 3.5 万余份（册）。

2007 年后，全市继续加强五种高毒农药专项清查工作，进行不定期逐店逐库清查和重点整治，设立了举报电话，发放了统一的进销台账和“禁、限用农药公告”，对禁限用农药严格把关。同时，采取多种形式进行宣传、培训，提高农民科学安全用药水平。要求生产基地建立生产档案，严格执行禁用限用高毒农药和农药安全间隔期的规定，确保种植业产品质量安全。截至 2009 年，全市共培训农民 8310 余人次，散发宣传资料 12350 余份。

2010 年，全市继续开展农产品生产基地高毒农药的整治活动，依法查处违法违规行为。严格实行高毒农药定点经营。认真搞好高毒农药替代工作，在盂县早熟马铃薯产区推广低毒高效农药辛硫磷，替代甲拌磷（3911），切实保障农产品质量安全。开展了阿维菌素防治小菜蛾试验，安排试验100亩，根据试验效果反应，该药低毒高效，防治效果好，可以大面积推广。同时，积极推广新型植保喷雾器械，促进植保器械更新。同年7月，为了进一步推进阳泉市农药监管年活动，加强禁用、限用农药监管力度，组织执法人员对全市部分蔬菜基地进行安全用药大检查，主要针对郊区东村，平定鑫源、华通等蔬菜基地进行了检查。结果表明，全市各大蔬菜基地用药做到了统一进货、统一使用，所使用农药基本达到了要求标准，未发现违禁用药。同时，还重点对农药安全间隔期进行了强调，防止出现农药残留超标问题。通过检查，增强了菜农对农药残留的认识，提高了基地安全用药意识。

（四）毒鼠强整治

2003年7月，农业部等九部委联合发出《关于清查收缴毒鼠强等禁用剧毒杀鼠剂的通告》。8月，市政府成立了由副市长李体柱任组长，农业、公安、计委、质监、工商、环保、安监、药监、爱卫会等有关部门参加的毒鼠强专项领导组，领导组办公室设在市农业局，市植保站（农药监督管理站）负责日常工作。市农业局也及时成立了农业系统的专项整治领导小组。市政府办公厅转发了市农业局起草的《阳泉市毒鼠强专项整治工作实施方案》，提出了工作目标和具体任务。全市专项整治活动从8月上旬开始，年底结束，分为四个阶段进行：第一阶段为宣传教育，集中收缴流失在社会上的毒鼠强阶段；第二阶段为市场检查，统一清查、排查阶段，时间为8月15日至10月15日；第三阶段为统一灭鼠阶段，时间为10月15日至11月15日；第四阶段为总结阶段，时间为11月15日至12月31日。整个活动全市共出动检查人员580多人次，出动检查车辆170台次，检查集贸市场49个、农村大集庙会8个、检查经营户2200多户，取缔无证流动商贩28户，查扣、收缴各类鼠药3038袋（支、瓶）、散装鼠药40公斤。为加强杀鼠剂的管理，在取缔非法经营单位和摊点的同时，建立和完善杀鼠剂经营体系，疏通流通渠道，市农业局转发了“山西省农业厅《关于转发农业部等四部委〈关于开展杀鼠剂经营资格核准工作的通知〉的通知》的通知”，全市共核发鼠药经营许可证29个。

（五）农药残留监测

2001年3月，市农业局建立“农药残留实验室”，配备必要的速测仪器设备，开始蔬菜农药残留监测工作，并制定每月15日前进行检测等全市蔬菜检测制度，在重大节日前实行重点市场和重点地区的蔬菜检测，重点检测“无农药残毒放心菜”基地的蔬菜。2002年，全市共检测蔬菜样品650个，检测阳性率为12%。2003年，全市蔬菜农药残留定点监测扩大到全市范围，共检测蔬菜样品482个，阳性率为2.7%。2004年，全市共检测蔬菜样品202个，阳性率为2.48%。

2007年，阳泉市开始对全市农产品质量安全进行例行监测，2007年4月、7月、9月、10月、11月、12月共抽取各种蔬菜、水果样品7次（农业部抽样1次），390个样品，超标或使用禁用药为16个，超标率为4.1%。超标样品主要来源于外地。于6月、11月抽取230个蔬菜、水果样品进行速测，超标样品7个，超标率为3.04%。

2008年1月、4月、9月、11月对市蔬菜、水果生产基地、批发市场、农贸市场、超市等地的蔬菜、水果进行了例行抽样检测，于5月、10月对韭菜、芹菜、土豆和苹果进行了专项抽样检测，共抽取样品数190个，超标率为2.11%，比2007年下降了2个百分点。对超标样品生产基地、市场，下发了限期整改通知函，并检查整改情况，保障了全市人民的食菜果安全。

2010年，重点对全市蔬菜进行了农药残留例行和专项监测工作。在1月、4月、9月和11月对蔬菜生产基地（包括普通基地和认证基地）、批发市场和超市进行了例行监测抽样，主要抽取了瓜菜类、果菜类、茎类、绿叶菜类等160个蔬菜样品。于5月5日在蔬菜生产基地、批发市场和超市对韭菜和芹菜进行了专项监测，抽取韭菜样品7个，芹菜样品10个。10月对批发市场和农贸市场的苹果进行了专项检测，共抽取了10个苹果样品。187个样品全部送省农产品质量安全检验监测中心进行检测。结果，合格率为96.80%，超过省厅95%的考核目标。

蔬菜样品监测

第四章 养殖业

第一节 概 况

历史上，境内传统养殖以耗粮少的羊、鸡为主，其次是驴、牛、猪等。饲养形式多以家庭为单位散养。畜禽品种单一，处于维持生计或简单的再生产发展状态中，畜牧基础相当薄弱。据《山西统计年编》载，民国28年（1939），盂县有牛2800头、驴9391头、骡631头、马55匹、猪2183头、羊31060只。另据平东抗日民主政府资料，民国33年，平东（县）有牛3735头、驴3870头、马3匹、猪360头、羊19011只。

阳泉建市后，养殖业较前有所发展，但在整个农业产业中仍属薄弱环节。

1949年，全市有牛1.83万头、驴3.34万头、骡1360头、马249匹、猪1.10万头、羊16.23万只；畜牧业产值119万元，仅占农业总产值的3.4%。此后，养殖业在国民经济的恢复发展中得到稳步发展，1959年达到阳泉建市后的第一个高潮，产值达到328万元，是1949年的2.76倍，占到农业总产值的5.1%。同时，随着人民生活水平的提高，养殖结构也发生变化，猪、羊及大牲畜成为主要饲养对象，其中尤以生猪饲养速度最快，1966年生猪存栏数已达到9.19万头，是1949年的8.35倍，畜牧业产值突破600万元。“文化大革命”开始后，在“左”的思想影响下，片面强调“以粮为纲”，使稍有起色的畜牧业遭受严重挫折。1967年至1970年，全市畜牧业年产值停滞于400万元左右。1971年中共中央毛泽东主席发出关于发展养猪事业的指示后，境内各社队贯彻“自繁自养，公养私养并举”的方针，加强集体养殖场管理，使畜牧业生产得以较快发展。1971年至1978年，全市畜牧业年产值均在1500万元上下，其中1976

年最高，达 2054 万元。当年全市有猪 27.19 万头、羊 37.13 万只、大牲畜 6.58 万头，分别是 1949 年养殖量的 24.72 倍、2.29 倍、1.23 倍。

1979 年后，农村经济政策进一步放宽，允许一部分人先富起来。作为工矿区的阳泉，利用矿产资源致富成为大部分乡村脱贫的首要选择。直到 1983 年后，以养殖业生产为主的专业户才逐渐出现并发展起来。他们根据市场需要，加大猪、羊及肉牛的饲养量，相应地减少大牲畜的喂养。同时新增养兔、养鸡、养鱼、养蜂等项目。但因个人养殖力量较小，初期技术也跟不上，故在 1979 年至 1984 年间，全市的牧业产值在农业产值中的比例仍不达 5%，城乡居民副食品供需矛盾则越来越突出。针对这一情况，市委、市政府决定用 3 ～ 5 年时间，有计划地建设一批副食品生产基地，切实有效地解决城镇居民的菜篮子问题。1988 年，畜禽养殖作为基地建设的重点，以饲料、种畜禽、商品畜禽及畜禽产品生产一条龙的规模性系列生产经营代替原有的农家散养或单一养殖，实行国家、集体、个人一齐上，自主经营、自负盈亏的管理机制。至年底，全市建成投产 7 个鸡场、4 个奶牛场、2 个渔场、2 个种兔场、2 个种猪场、1 个饲料加工厂。经过两年的发展，到 1990 年，养殖规模经营已成为副食品基地建设的骨干，全市共建成规模经营养殖场 120 个，养殖专业户 1986 户，大大改善了城乡市场的副食供应，使全市副食品的零售价格指数上涨幅度比 1988 年回落 35 个百分点。

20 世纪 90 年代，全市的畜牧业发展以猪、鸡为主，通过推广一系列适用的新技术，提高畜牧业的科技含量，使全市的养殖技术更加成熟，通过引进一系列优良的新品种，提高畜禽的良种覆盖率，使肉蛋奶的供应能力更加巩固。同时，由于体制、市场等因素，淘汰了部分规模养殖企业。到 2000 年，全市肉类总产量达到 10186 吨，禽蛋总产量达到 6308 吨，鲜奶总产量达到 2566 吨。

进入 21 世纪，市委、市政府高度重视畜牧业的发展。2001 年 9 月，首次召开全市畜牧业发展现场会，明确提出“畜牧强农”的发展战略，要求力争在 3 ～ 5 年内把畜牧业发展成为全市农业的主导产业，使畜牧业成为广大农民增加收入的主要渠道。2002 年 3 月 15 日，市委、市政府提出《关于加快全市畜牧业发展的意见》，结合阳泉实际，确定“把畜牧业收入在农业总收入中的比重由 2000 年的 33.6% 提高到 40%，2008 年达到 50%；畜牧业为农民提供的人均纯收入，在 2000 年 156 元的基础上，到 2005 年人均增加 500 元”的“畜牧强农”发展思路。在政策资金扶持下，民营畜牧业快速崛起，在全市确定的市级畜牧业重点扶持项目中，民营企业占到 90% 以上，民营企业投资在 20 万元以上的有 380 个。2002 年，全市用于发展畜牧养殖业的各项投资 9460 万元，收入达 2.9 亿元。

同时，为使畜牧业发展的各项措施落到实处，市政府出台一系列配套政策，2002年9月市政府办公厅印发《关于加强县区畜牧中心和乡镇畜牧兽医站建设的实施意见的通知》，把畜牧兽医体系建设放在了全市农村经济发展的重要位置。平定县为落实完善的服务体系，提出实行“三权归县”、县为基础、防检统一、条块结合、双层管理、以县为主的管理体系，在全市起到了很好的带动作用。2002年11月阳泉市出台《阳泉市发展畜牧业提供贷款贴息扶持资金的使用办法》，对全市的畜牧业养殖基地、龙头企业及有一定养殖规模的养殖项目进行贷款贴息扶持政策。从2002年开始至2004年，全市筹集3000万元作为发展畜牧业贷款贴息扶持资金，到2005年，全市畜牧业贷款贴息资金实际到位1763万元，其中市级到位1260万元、平定县到位298万元、盂县到位155万元、郊区到位50万元，总计为326个养殖、生产加工企业兑付贴息资金1430万元。其中市级为62个养殖、生产加工企业兑付贴息资金950万元。2004年6月29日印发了《阳泉市发展畜牧业奖励办法》，以鼓励广大农民发展养殖业，对畜牧业发展先进乡（镇）、推广小额信用贷款先进乡（镇）、养牛专业村、养猪专业村、奶牛养殖大户、肉牛养殖大户、生猪养殖大户进行奖励。2004年至2005年两年全市共发放奖励资金142.4万元，有23个养殖大户、33个单位受到奖励。

为了发挥金融资金对畜牧业的推动作用，2004年6月21日阳泉市盛元农牧业信用担保有限公司正式挂牌成立。按照1∶2的比例，市政府注入100万元，阳泉市盛元饲料有限公司注入200万元，作为担保本金筹建了担保公司。盛元农牧业信用担保有限公司是全省首家专门面向农民提供担保的公司，解决了奶牛养殖户贷款难、担保难的问题。到2005年，阳泉市盛元农牧业信用担保有限公司为养殖企业提供担保贷款1100万元。为了进一步解决畜牧业发展的融资问题，在市政府多次与国家开发银行协商和相关部门的努力下，2004年12月，用于扶持畜牧业发展的国家开发银行山西省分行3000万元贷款资金顺利到账，按照规定程序为16个畜禽养殖、肉类、乳制品加工和饲料加工等项目落实了贷款。这些项目全部建成后，可实现年收入33095万元，年利润1770万元，可安排2100个就业岗位，实现农民增收1500万元，具有可观的经济效益和社会效益。

一系列政策文件的出台和项目企业的建成投产，使阳泉市畜牧业有了一个良好的发展氛围，使当初“网破、线断、人散”的困窘状态得到了改善，推动了畜牧业各个环节的快速发展，为“畜牧强农”战略成功实施打下了坚实的基础。特别是在“十一五”期间，随着全市经济的转型发展，一些工矿企业和民营企业转型发展到畜牧业上来，先后新建了一批起点高、规模大、带动力强的规模养殖企业，具有代表性的有：阳泉远鹏养殖有限公司、平定县鑫生园养殖基地、平定县余康养殖有限公司、盂县德胜生态园区、山西枣园农产品开发有限公司、平定县乾丰养殖有限公司、盂县汇荣养殖有限公司、阳泉市金凤凰农业科技有限公司等，很好地带动了全市畜牧业的发展。

2010年，全市畜牧产业总收入达到7亿元。生猪存栏20万头、出栏26万头；禽类存栏210万只；肉牛存栏1万头、奶牛存栏3000头；羊存栏6.7万只、出栏5.6万只；肉类总产2.1万吨、禽蛋产量1.6万吨、牛奶产量0.9万吨。全市奶牛存栏在100头以上养殖场7个，肉牛存栏100头以上养殖场12个，生猪存栏千头以上养殖场26个、其中出栏万头以上养猪场达到16个，蛋鸡存栏3万只以上养殖场20个、其中5万只以上养殖场达到17个。另外，阳泉建市初到20世纪80年代，农村役畜如驴、马、骡、耕牛的饲养量由少到多，但随着社会的进步、特别是农村电气化、机械化的发展，从20世纪90年代到2010年，这些役畜的饲养量逐步减少、有些品种甚至淘汰。

第二节 饲草 饲料

阳泉草地是以草本植物和灌木为主覆盖的土地。草地既包括草山草坡等天然草地，也包括改良草地和退耕还草地等人工草地。

阳泉市地处黄土高原与华北平原阶梯的边缘，属中低山区。全市98%草地分布于各类山地间，主要有盂县的牛道岭、蚍蜉垴、两岭山、方山，平定的七岭山、东浮山、黑尖山，郊区的狮脑山、双足山。全市草地占国土面积的39.3%，和全国的平均水平相当，接近耕地与森林面积之和，是耕地面积的2.3倍，森林面积的1.5倍。主要草种有：白羊草、苔草、针矛、胡枝子、百里香草等。草地植被覆盖率多在60%～70%，高度平均15至20厘米之间。2010年，全市草地面积达2695342亩（179689.47公顷），其中平定县783360亩（52224公顷）、盂县1733208亩（115547.20公顷）、郊区178774亩（11918.27公顷）。全市喜暖灌木草丛类草地2595810亩（173054公顷），其中平定县783360亩（52224公顷）、盂县1633676亩（108911.73公顷）、郊区178774亩（11918.27公顷）；山地灌丛类草地48041亩（3202.73公顷）；山地草原类草地51491亩（3432.73公顷）。全市的草地主要分布在盂县西部和北部，以及平定县的东部和南部。其中10万亩（0.67万公顷）以上连片草地主要分布于盂县梁家寨、上社和平定县东回、岔口等乡镇共70多万亩（4.67万公顷），5万亩（0.33万公顷）成片草场主要分布于盂县梁家寨、西烟、上社、苌池和平定县岔口、娘子关等乡镇共60多万亩（4万多公顷）。

一、饲草

据农业部门统计，2010年全市276万亩（18.4万公顷）草地面积中，可利用草地176万亩（11.73万公顷），已利用的草山草坡面积160万亩（10.67万公顷），累计种草保留面积1.3万亩（900公顷），其中人工种草8022亩（534.80公顷）、改良草地5130亩（342公顷），年产牧草5亿公斤，年载畜量26万羊单位。牧草种类主要有苜蓿、沙打旺、红豆草、无芒雀草、香草等。自20世纪90年代末，境内陆续引进了小冠花草、新疆大中紫花苜蓿、山西省紫花苜蓿、聚合草、苏丹草等优良牧种进行人工和飞播种植。2010年全市新增饲草面积1920亩（128公顷），其中人工种草1500亩（100公顷）、改良草地420亩（28公顷）。此外，全市产各类秸秆、林木果树叶片、农副产品加工后的糠麸、皮壳、糟渣等3亿多公斤。合计年产各类青干饲料9亿公斤，年可供45余万羊单位畜禽食用。

二、饲料

境内多以玉米、黑豆、高粱、饼粕、秸秆、糠麸作畜禽饲料。以每头每年计算，骡马400～500公斤，牛驴猪150～180公斤，羊10～15公斤。1984年，平定县、盂县、郊区先后办起10余个饲料加工厂，生产复合饲料。1988年搞集约化规模养殖时又新建了20个饲料厂。1990年，全市各级各类饲料加工厂30余个。2010年，全市大型饲料生产加工企业45个，全部为阳泉市养殖场自建企业，年产全价料8.2万吨。

第三节　畜禽养殖

一、牲畜饲养

（一）马

历史上，境内养马甚少。据清光绪版《平定州志》载：清乾隆年间，平（潭）、甘（桃驿）两驿站共有驿马162匹。民国28年（1939），《山西统计年编》载：盂县有马55匹。1949年，全市养马249匹。1951年增至1000匹以上。随着农村生产的不断发展，马的饲养量也逐年增加。到1980年，全市养马达3447匹。但在20世纪80年代后，由于农业机械化水平的不断发展提高，马的饲养量日渐减少，全市存栏马由1990年的980匹下降到960匹，以后逐年减少，2010年，全市仅养马134匹。

（二）驴

驴是境内传统的役用牲畜。民国28年（1939）盂县有驴9311头。民国33年平定县有驴2000头。1949年，全市有驴3.34万头。1953年突破4万头，养殖最高年份1954年达4.56万头。1958年后，骡、马日益增加，驴的数量减少，到1961年已不达3万头。20世纪70年代后，随着机械化的广泛推广应用，农用畜力逐年减少，1978年时全市养驴不足2万头。1983年农村推行家庭联产承包制后，由于境内人均耕地面积不大，靠人力亦可耕种，加之饲养驴用料多，费力大，故饲养量进一步降低，1990年全市养驴仅7411头，2010年全市养驴仅943头。

（三）骡

阳泉建市前，全市养骡甚少，1949年全市养殖1360头。由于骡不仅体壮力强，耐久性好，抗病力强，而且用料少，很符合境内农村的生产需要，故其饲养量一直呈发展趋势。1972年全市饲养量突破了万头，是1949年的7.66倍。1983年达20354头。1990年，全市有骡2.39万头，是1949年的17.57倍。到2010年，全市养骡仅5359头。

（四）牛

1. 耕牛 肉牛

境内传统养殖以土种黄牛为主。这种牛具有体型小、行动灵活等特点，以耕种为主，兼肉用。民国28年（1939），盂县养殖1.24万头。民国37年，平定（路南）县与平定（路北）县共养殖6401头。1949年，全市养牛1.83万头。由于养牛不及养驴养骡的收益大，故发展速度较缓慢。到1958年，全市饲养2.09万头。1967年，全市饲养数量达到3.13万头。20世纪70年代后，养牛数量日渐减少，1979年全市养牛数量降至2.62万头。20世纪80年代后，由于农业机械化水平的提高，耕牛数量逐步减少。1983年，平定县率先发展起了役肉兼用牛的饲养，平定县有5头以上的养牛专业户178户，饲养肉牛1600头，出栏29头。1990年，全市新建18个规模经营养牛场，主要培育肉牛，养殖量1887头，黄牛存栏9341头，出栏肉牛880头，为市场提供牛肉115.8吨。同期，境内还开展了人工牛黄种植试验。1981年平定县兽医站在槐树铺、陈家圪梁两村选实习牛两头，进行人工接种育牛黄试验获得成功；1987年盂县西烟镇南头村个体农民穆福成聘请县畜牧科技人员在自家牧场的120头黄牛身上种植牛黄亦获成功。牛黄种植为肉牛业发展闯出一条新路。此后，全市肉牛养殖业不断发展壮大，真正成为农民增收的一个产业，到2008年，全市肉牛养殖达到28269头，但是随着市场行情的逐步低迷，肉牛养殖的效益逐步降低，全市的肉牛养殖量出现了递减，到2010年，全市的肉牛养殖量为8456头。

2. 奶牛

民国25年（1936），境内曾设福生牛乳厂，产量不详。1953年，市民王海泉在平坦街成立海泉奶牛场，当时，场内有土种黄牛6头，日产奶25公斤。至1956年公私合营后，海泉奶牛场改为阳泉公私合营奶牛场，有土种黄牛30头，日产奶70多公斤，在当时很难满足市场需求。随后，全市也相继建成投产了几家奶牛养殖场，但因设备简单，资金紧张等诸多因素，奶牛业发展仍然举步维艰。直到20世纪80年代后，随着人民生活水平的不断提高，对牛奶的需求量也迅猛上涨。1990年全市存栏奶牛685头，年产奶1095.5吨，基本满足市场需求。到2008年，全市共有奶牛养殖场（户）400余户，存栏奶牛总数5600头，牛奶类总产量达到0.85万吨，奶产品不但满足境内市场需求，还远销至外省地市。随后，由于受三聚氰胺事件的影响和奶牛养殖比较效益的下降，全市奶牛养殖量逐步减少，到2010年，全市奶牛饲养量为2940头。

（五）猪

阳泉建市前，境内生猪养殖量较少，且以民间散养为主。民国23年（1934），平定县养猪1850头。民国28年，盂县养猪2183头。民国36年阳泉建市时，市区养殖446头。1949年，境内共有1.09万头。1953年，郊区西南舁乡大洼农业社第一个办起养猪场，养猪300头，开创了境内集体养猪之先河。此后，生猪养殖主要采取集体养母猪，社员养仔猪的办法，以每年增长近千头的速度发展。到1957年，全市存栏猪2.77万头，1959年存栏5.45万头。在经历20世纪60年代国家处于困难时期时，粮食饲料紧缺，生猪存栏量锐减。1961年全市存栏仅为1.24万头。1964年后，通过贯彻公社、大队、生产队三级饲养的方针，生猪养殖才逐步得以恢复。1971年，全市生猪饲养量首次突破10万头大关，达到14.66万头，年末存栏11.63万头。此后几年间，生猪连年饲养量均保持在10万头以上，切实满足了人民的生活需要，大大缓解了市场的供需矛盾。1987年至1990年，随着全市副食品基地建设步伐的不断加快，以及科学饲养和科学管理的普及，全市养猪业逐步转向规模经营，养猪行业得到不断发展壮大。2010年，全市出栏猪258887头，提供猪肉1.86万吨，全市出栏1000头以上的规模生猪养殖场（户）46户。

（六）羊

境内养羊历史悠久，主要有山羊、绵羊两个品种。据《山西统计年编》载，民国28年（1939），盂县有羊3.11万只。1949年初，全市养羊16.23万只。20世纪五六十年代，全市进入引进优质羊种和进行改良品种的重要阶段，对全市养羊业的发展起了促进作用。1969年全市有羊37.66万只，是1949年的2.32倍。70年代以后，随着养猪业的日益兴盛，以及羊的繁殖量少、生长期长、寄生虫病侵害较重等客观原因，养羊业基本处于停滞状态。1979年全市养羊26.9万只，比1970年减少了9.95万只。20世纪80年代末全市兴起规模养殖热潮，对全市养羊业的发展起到了一定作用，虽然在随后几年中，由于林牧矛盾等原因，由原来散养转变为集约化养殖，养殖羊数量仍然稳中有升。全市1987年养羊7.19万只，1990年10.48万只。到2010年，共存栏羊62691只，其中山羊24531只、绵羊38160只，年出栏羊57850只，为市场提供羊肉837吨、羊毛43吨、羊绒5.2吨，全市出栏100只以上的规模养羊养殖场（户）有143户。

（七）兔

历史上均在民间自养、自销，具体养殖数量不详。20世纪90年代郊区神峪村开集体养兔业之先河。年末存栏6.65万只。1990年，全市存栏6.47万只，出栏11.79万只，年可为市场提供兔肉164.1吨。

境内兔养殖业在1987年前大都以民间自养、自销的简单生产形式为主。1987年郊区神峪、盂县梁家寨村率先建起集体养兔场，实行集约化笼养，年末存栏6.65万只，养兔业逐步发展。2001年后，全市兔养殖品种以獭兔为主，肉毛兼用。2010年，全市兔存栏107300只，出栏494200只，提供兔肉1.2吨。

二、家禽饲养

（一）鸡

境内养鸡历史悠久，一般系自养自销。在民国23年（1934）时，平定县养鸡3.27万只。1953年，全市养鸡4.57万只。此后以每年平均增长1.1万只的速度发展，到1957年，全市存栏9.01万只。“大跃进”开始后，农村生产受到制约，以家庭饲养为主的家禽养殖受到了干扰。直至20世纪70年代初，家庭养殖才得以恢复，但鸡的饲养量仍较少。进入20世纪80年代后，家庭联产承包责任制推行开来，家禽养殖业日益欣荣。在1984年，平定县立壁村建起了全市第一座集体养鸡场。1986年全市养鸡专业户达到850

郊区桃林沟全凤凰蛋鸡养殖场

户，养鸡10.78万只，为缓解市场禽蛋供应起了积极的作用。1989年在瀑里村投资201.93万元建成阳泉市种鸡场后，带动了阳泉周边县（区）的养鸡业。到2010年，存栏蛋鸡240.54万只，年出栏鸡74.97万只，为市场提供鸡蛋19809吨，全市存栏1万只以上的规模养殖场（户）50个。

（二）鸭

境内鸭的饲养量很少，只在平定县南部的个别乡镇饲养。民国23年（1934），平定县养鸭1200只。在1984年，平定县尚怡水库养殖混种雏鸭800多羽，存成鸭500只。1986年，平定县又从哈尔滨引进优种鸭蛋1000枚，在孙家沟鸡场电孵化出400多羽雏鸭，成活300羽。1990年至2008年，由于鸭的养殖技术含量和产品更新换代问题难以解决，阳泉市养鸭产业逐渐退化，不再养殖。

三、其他养殖

（一）蜂

养蜂在境内历史悠久，清光绪版《平定州志》中就有养蜂的记载。传统养蜂主要是野蜂训化后养殖，产量甚微，早期品种主要有中华蜜蜂和意大利蜂两种。中华蜂多是收捕野蜂，以桶养、洞养为主，产量不高，民国23年（1934），平定县养蜂150箱。阳泉建市后养蜂数量日渐增多，1955年郊区义井村创办养蜂场，养殖意蜂60多箱，均为16框卧式大平箱。之后，阳泉市土产公司、盂县土产公司、平定县冠山林场等单位相继成立养蜂场，规模大都在60～80箱，私人饲养量多在10箱蜂左右。1978年后，个人养蜂规模逐步扩大，国营蜂场渐渐退出，转给私人。1987年，阳泉市引进郎氏十框标准蜂箱，引进良种意蜂1471箱，放于民间饲养，养蜂技术和产量随之提高。1990年，全市养蜂1367箱，年产蜂蜜35.3吨。

1988年10月，市科委成立了“阳泉市养蜂研究所”，属正科级事业单位，1990年更名为“阳泉市蜜蜂研究所”，专门进行养蜂宣传和推广工作。到1997年，全市蜂群数量达到4800余箱。1997年，阳泉市蜜蜂研究所由市科委成建制划归市农业局。随着全市农村畜牧养殖业结构的调整，蜂产品产量逐年增长，养蜂业逐渐成为全市农村经济发展的一项优势产业。为了持续推进养蜂业发展，2003年，市蜜蜂研究所更名为市养蜂技术推广站，制定全市蜂业发展规划，进行科学养蜂技术推广、培训和指导服务。在养蜂业发展中，积极推广无公害蜂产品生产技术、蜜蜂授粉农艺措施、蜂病综合防控技术以及蜜蜂遗传育种、蜂种引进改良等工作，并先后引进了浙农大1号、平湖蜂王、松丹1号、2号、白山6号、喀阡黑环系蜂王、美意、国蜂213、喀意黄山王中王、黄山1号等多个优良蜂种。同时，大力推广“定地小规模养蜂高产”“成熟蜜生产技术”“保蜂罩繁蜂法”“抖蜂撒粉治螨法”“蜂王带节制套控产法”“蜂群室内越冬技术”“人工育王技术”“数控养蜂法”等多项养蜂新技术。2008年起，在全市推广蜜蜂标准化养殖、标准化管理、标准化生产，建立了12个标准化养蜂示范基地，9个蜜蜂良种繁育点，通过技术培训，示范引导，辐射带动，提高了蜂农的饲养管理技术水平和养蜂生产经济效益。同时，积极扶持蜂农成立蜂业合作社，共建立蜂业合作社18家，并鼓励合作社创建自主品牌，规范养蜂技术，提高产品质量，把原先的分散型养殖向集约型转变，优化组合资源，提高生产效率和产品价值，有效地提高蜂农的收入。合作社注册了“珍益康”“贻佰顺”“华淼圣源”“狮脑山”等蜂产品商标，为扩大阳泉市蜂产品知名度奠定了基础。2009年6月，山西平定金得蜂蜜饮料有限公司正式建成投产，年产蜂蜜800吨、蜂蜜饮品5400吨，成为全市的蜂蜜生产的龙头加工企业，阳泉蜂业初步形成了“龙头企业＋蜂业合作社＋示范基地＋养蜂户”的蜂业产业化生产格局。养蜂业已经成为全市农业增效、农民增收的新亮点。

2010年，全市养蜂农户560多户，40群以上的规模养蜂户达120多家，100箱以上规模养蜂户30余家，蜂群1.5万群，全市年产蜂蜜510吨，主要是品质优良的洋槐蜜和荆条蜜。蜂产品不但有蜂蜜和蜂王浆，还开发出了蜂花粉、蜂胶等。

（二）蚕

历史上平定养蚕业颇盛。据清光绪版《平定州志》载：“生绢色黄如平阳之黄绢”，可见作为丝织业基础的养蚕业曾一度发达。阳泉建市后很长时间内，只有零星家户养蚕。1982年，平定县有16个大队重兴养蚕之业，共养蚕26张，产茧465公斤。1983年，平定冶西农场、城关农场共产茧5210公斤。1990年后，境内仍有零星养殖，但无具体统计。

（三）其他

改革开放后，随着人民生活水平的提高和国内外贸易的发展，市场对特种禽类等的需求不断增加，全市的特种养殖业在20世纪90年代得以迅速发展，成为全市畜牧业的一个新兴产业。以鹌鹑、鹿、鸽子等为主，发展比较稳定。阳泉市多数品种都是1983年以后引进饲养的。特种养殖业是从20世纪80年代开始自发起步，经市政府和业务主管部门的支持和引导，在市场竞争中，经历了“遍地开花”“花开花落”“稳定发展”的曲折过程。但受销路、效益等问题的影响有些特种养殖很快萎缩，转为小规模、小批量的饲养，没有实现真正地做大做强。2010年，全市鹌鹑存栏6万只，梅花鹿存栏260只，肉鸽存栏4.02万只，其产品大部分供应阳泉市场。

第四节 畜禽繁育改良

一、良种引进改良

（一）猪

1953年前，境内饲养的全部是土种黑猪。1953年，阳泉市农牧局从太原畜牧场引进苏联大白猪，在郊区大洼、东垴等农业社繁殖培育。1969年，市农牧局从哈尔滨引进哈白猪，分至郊区各大队饲养。中共十一届三中全会后，科学作为第一生产力日益得到人们的认识和重视，运用科学技术选择良种进行推广以加快生猪繁育，成为养殖业在新时期的新目标。1984年盂县引进大约克夏瘦肉型猪在县良种场、养猪场进行纯种繁殖。同年，平定县也引进瘦肉型猪太原花猪、北京黑猪、杜洛克等进行良种繁育。在频频引进优良品种的同时，针对以往种猪良性保持时间短，致使引进良种资金浪费的问题，1987年郊区杨家庄乡杏树坡村、盂县乌玉村均办起集约化密闭式种猪场，以现代化管理手段来强化种猪良性延续，先后引进北京黑、长白、法国白、杜洛克、太原花猪、约克夏等优种猪，成为全市的优种猪基地。1990年，平定县建起种猪基地，进一步加快了阳泉市良种化养殖的步伐。随着市场经济的发展，之后形成以长白、大白、杜洛克为主导品种的生猪生产。2010年，全市以长白、大白、杜洛克为主的种猪共计存栏2780头。

（二）蛋鸡

境内笨鸡属柴鸡。1954年首次从河北引进白来航鸡、澳洲黑散养于农户中，后又引进九斤黄、芦花等优种进行推广。但因澳洲黑体格高大，耗食多，产蛋量少而逐渐淘汰；来航、芦花则得以长久保持，并在20世纪六七十年代又屡次引进。1983年，随着养鸡业的兴盛，良种日益增多。1988年，市集约化规模鸡场引进海赛克斯、北京白、红布罗、星布罗、罗斯、罗曼等。20世纪90年代后，逐步形成以适应境内的罗曼、海兰等为主的蛋鸡品种。2010年，全市存栏海兰褐父母代蛋种鸡8.6万套。

（三）牛

1. 肉牛

建市后，为了促进农业生产，阳泉市大量引进蒙古牛、秦川牛和晋南大黄牛。20世纪60年代，郊区曾引进役用牛夏洛来、三河牛。20世纪70年代阳泉开始引进西门塔尔、海福特，以及草原黄牛等优良品种。经多年培育筛选后，认定肉、役、奶兼用牛西门塔尔和肉用牛海福特比较适合境内养殖。1976年，平定县、盂县引进西门塔尔优良种牛冷冻精液，改良阳泉土种黄牛，改良后的黄牛较土种黄牛生长周期缩短一半。到1983年全市已广泛普及牛人工授精技术，本交所用种公牛基本淘汰。

2. 奶牛

1954年，阳泉矿务局从太谷引进黑白花杂交二代奶牛。1956年，阳泉市奶牛场引进荷兰黑白花、北京黑白花奶牛进行饲养。随着奶业的迅速发展，以饲养荷斯坦为主的奶牛数量和质量都快速提高。2010年，全市存栏荷斯坦奶牛2580头。

（四）羊

历史上，境内以饲养土种山羊、绵羊为主。1954年，首次引进美利奴、高加索、新疆细毛羊进行改良。1971年市农牧局引进新疆细毛羊与本地羊杂交形成半细毛羊后大面积推广。1982年阳泉市又引进大青羊、小尾寒羊、绒山羊等用于改良，但推广面积不大。1990年，全市作种的纯良种有半细毛羊8915只、大青羊50只、山西细毛羊4只、小尾寒羊220只、绒山羊42只。之后，改良方向转为肉用型，先后引进波尔山羊、道赛特、萨福克、德克赛尔等优质肉羊进行改良。2010年，全市存栏良种肉羊52086头。

（五）兔

1954年，市农牧局首次引进力克斯皮兔、西德长毛兔，但没有大规模繁殖和推广。20世纪80年代后，随着开放搞活方针的落实和阳泉市外贸出口量的增大，为了平衡供需，1986年外贸局引进青紫兰、大耳白、公羊、丹麦、新西兰等优种兔，大多养殖于郊区神峪种兔场、盂县梁家寨种兔场。作为特种养殖的肉兔，在20世纪90年代后发展逐步稳定，并受市场青睐。1990年，全市共有上述各种纯种兔2100余只，之后随着市场发展，以饲养白色獭兔为主。2010年，全市存栏白色獭兔9.8万只。

二、种畜禽生产管理

种畜禽的引进和培育逐步使种畜禽的生产和管理更科学和规范，并形成一定的规模。尤其是传统养殖中的猪和鸡的稳定发展，促进了种鸡场和种猪场的建立和完善。进入20世纪90年代，以科学发展观为指导，节粮型畜牧业进一步发展，肉兔、肉鸽等特种养殖兴起，21世纪，全市肉羊养殖进入一个新的阶段，种羊场应运而生。国家对种畜禽场的管理法规也相继出台和完善，对种畜禽的生产和经营行为加强监督管理，为畜牧业生产的发展提供种源保障。2010年，全市先后建有8个种畜禽场（其中种猪场4个、种公猪站1个、蛋种鸡场3个），为全市畜牧业生产持续发展奠定了基础。

2002年，平定县华亿瘦肉型种猪场在平定县冶西镇赵家庄村建成，成为全市最早的瘦肉型种猪基地，在菜篮子工程建设及引领生猪养殖从传统肥猪品种向优质瘦肉型品种转变中发挥了推广作用。随着人民生活水平和市场对畜产品品质要求的提高，畜牧业生产由传统向现代转变，品种优良化成为生产的重要基础。2008年，阳泉市余康种猪场建于阳泉市平定县冠山镇冠庄村，种猪标准化管理水平进一步提升。后来，山西春光养殖专业合作社建于阳泉市盂县南娄镇观音堂村，以合作社方式与当地农户形成利益共享、风险共担的繁育技术服务模式。2010年，阳泉家园种猪育种有限公司建于平定县巨城镇移穰村，注重生态绿化促生态养殖实现了安全高效、绿色循环生产，被农业部及省农业厅评为标准化种猪场。2010年，平定丰吉生猪人工改良良种服务中心建于平定县冶西镇范家庄村，配套美国自动采精设备、种猪智能化性能测定设备、程序化精液检测及分装设备、粪污四级沉淀处理及有机肥料制作等现代化生产设施，成为全省规模最大标准最高的种公猪站。2009年始被农业部认定为良补工程供精单位，其产品“多仔牌”优质种公猪精液应用覆盖到全市及周边晋中地区，得到用户良好评价。2010年，全市存栏优良种猪2780头，推广优质种公猪精液5.6万份。

1990年，阳泉市种鸡场建于郊区义井镇瀑里村，是全市最早的蛋种鸡场，在推动全市蛋鸡生产规模化发展中发挥了重要引领作用。2004年，平定县康盛养殖有限公司建于平定县冶西镇苏峪村，阳泉市龙飞养鸡场建于阳泉市郊区义井镇白羊墅村北。蛋种鸡生产规模进一步扩大的同时，以标准化生产和新技术的应用保障种鸡安全生产，并探索分阶段饲养的多元化产品供应，带动境内蛋鸡饲养业的发展。2010年，全市存栏海兰褐父母代种鸡8.6万套，正大褐1.2万套。

阳泉市种畜禽场的建设坚持布局合理化、养殖规模化、设备现代化、管理科学化，本着安全高效、绿色环保、集约经营、科学发展的要求进行生产，更加注重生态环境建设，各种畜禽场均配套建设沼气池等粪污处理设施，并应用繁育新技术不断提升生产水平，从而保障种畜禽质量安全。

三、繁育技术推广

（一）牛冷冻精液人工授精技术

牛冷冻精液人工授精技术是指用输精枪将解冻后的种公牛精液，注入发情母牛的阴道，以此来代替公母畜自然交配的最有成效的繁殖技术。1953年，市畜牧兽医工作站技术干部关怀祖和配种能手王占地在郊区义井组建了阳泉市配种站，首开牲畜品种改良工作。20世纪50年代，境内平定县、盂县、郊区先后引进推广人工授精改良牲畜的技术。这一新技术的运用，对加速改良畜禽和推广优良品种起了重要作用。1978年，郊区西南舁、旧街、辛兴等公社进行黄牛冷冻精液人工授精繁殖改良取得成功，并向香港出售改良牛 20 多头。1983 年后，“冷冻精液人工授精技术”已广泛运用于奶牛和肉牛繁育改良中，并不断成熟。2010 年全市规模牛场基本普及人工授精技术。

（二）牛羊胚胎移植技术

胚胎移植技术是指将一头良种母畜配种后的早期胚胎取出（或通过体外受精及其他方式得到体外生产的胚胎），移植到另一头同种且生理状态相同的母畜体内，使之继续发育成为新个体的过程，也称“借腹怀胎”。

2004 年，市畜禽繁育改良站与有关科研院校首次合作引进了奶牛胚胎和肉羊胚胎的移植技术，并在平定兴发养殖有限责任公司、郊区金满地生态农业科技有限公司、盂县兴东牧业有限公司等繁育基地进行了首次试验。

2006 年，在奶牛和肉羊胚胎移植技术逐渐成熟的基础上先后又引进了肉牛的胚胎移植技术。胚胎移植新技术的成功应用，标志着阳泉改良畜禽的技术水平进入一个新的发展阶段。当年共做胚胎移植 330 例。一是平定兴发胚移基地在市县两级部门的共同支持下，与新疆呼图壁生物有限公司合作开展黄繁奶胚移 67 枚。二是在盂县鸿泽养殖公司与河南农科院及山西省家畜胚胎生物工程中心的技术人员合作首次在盂县开展奶牛胚移 103 枚，肉牛胚移 30 枚。三是在阳泉市兴盛苑种羊场开展肉羊胚移 130 例，进一步加快了肉羊改良步伐。到 2007 年，全市共推广成功 1171 例，其中奶牛胚胎 693 例，肉牛胚胎 30 例，肉羊胚胎 448 例，通过胚胎移植生产的优秀后代进一步开展杂交改良，迅速提升了畜牧业产量和质量，加快了畜牧增收。但由于胚移技术难度较大，优质胚胎成本较高，2007 年之后胚移技术没有继续应用推广。

（三）奶牛性控冻精应用技术

奶牛 XY 精子分离性别控制技术是指将牛的精液根据含 X 染色体和 Y 染色体精子的 DNA 含量不同而把这两种类型的精子有效地进行分离后，将含 X 染色体的精子分装冷冻后，用于牛的人工授精，而使母牛怀孕产母牛犊的技术。这种根据精子 X、Y 染色体的不同而分装冷冻的冻精就叫性控冻精。2007 年，阳泉市畜禽繁育改良站与平定畜牧兽医局技术人员在充分调研基础上，从北京奶牛中心引进优质奶牛性控冻精，在平定华润乳业养殖有限公司开展示范应用。经过一年的运作，取得预期效果。所做的 20 例能繁母牛受胎率达 80%，所生犊牛全部为母犊，性控率 100%。

在示范成功的基础上，2008 年 5 月，奶牛性控冻精的应用实施在阳泉市正式启动，阳泉市畜禽繁育改良站与天津 XY 公司、省家畜冷冻精液中心合作，引进奶牛性控冻精 1000 支投入使用，使奶农“母牛生母牛，五年十头牛”的梦想变成现实。到2010年累计使用奶牛性控冻精863支，出生犊牛375头，其中19头公犊，356头母犊，产母率达94.9%。

（四）猪人工授精技术

猪人工授精技术是通过人工方法采集种公猪精液，经过检测、稀释、分装、保存和运输等过程，再用人工的方法将精液输入到发情母猪生殖道内，并使母猪正常怀孕的过程。2008年10月，猪人工授精改良技术推广率先在平定县启动，以平定华亿瘦肉型种猪场作为种源基地，向全市提供种猪精液及人工授精技术服务。此项技术的及时推广，大大减少当时生猪市场波动低谷时的生产成本，收到良好的经济和社会效益。当年完成2000例，受胎率85%。2009年5月，平定丰吉生猪人工改良良种服务中心筹建并运行，年提供精液能力10万份，成为山西省规模最大标准最高的种公猪站，并通过“标准建站、合理布网、高效配送、资源共享、辐射周边”的原则探索出供精站—乡镇站—代理点—养殖户的推广模式，将应该技术推广辐射到平定县、郊区、盂县及晋中市昔阳县、寿阳县等周边县区，受胎率达到87.2%。其运作模式属山西省首创，效应得到省农业厅高度评价，对节本增殖、规避风险、促进生产具有重要现实意义。山西省农业厅2009年和2010年连续两次全省生猪改良现场会在平定县召开，平定县作为生猪改良技术应用和体系建设的典型在全省推广。2010年猪人工授精技术推广良种公猪精液5.6万份。

第五节　疫病防治与检疫

一、疫病防治

（一）机构

20世纪40年代，境内李云桂立桩行医，为牲畜治病。阳泉建市后，随着运炭马车队的兴盛，牲畜的饲养量、流动量和私人兽医数量也逐渐增多。1952年，全市民间兽医发展到38人。当时盂县县城、西烟、牛村、清城等地均建立有联营兽医站，用中草药对大牲畜流行疾病进行预防治疗。1953年阳泉畜牧兽医工作站成立。同年8月，组建了联合兽医站，站长李云桂，成员多是从民间招募的兽医。1956年4月公私合营后，市区联合兽医站发展到了6个，大大缓解了兽医紧缺的状况。同时，联合兽医站组织市、公社、大队防疫员119人进行兽医防疫知识讲座学习，每人配备防疫包1个，形成了市、社、队自上而下的三级防疫网，并运用中西医结合的办法，以预防为主，大力防治牲畜疫病，配合畜牧生产。1956年，6个联合兽医站合并为2个，即站上区联合兽医总站和荫营区联合兽医总站。总站下设李家庄、赛鱼、白泉、河底、西南舁、千亩坪、三都7个分站。各分站采用划分责任区、分片包干的办法防治家畜疾病，指导牲畜饲养管理。1963年，站上区联合兽医总站转为阳泉市兽医院。在1976年至1983年间，市兽医院先后举办了8期兽医培训班，培训人员495人。1984年，市农牧局畜禽疫病防治站成立，取代了兽医院，平定县、盂县、郊区农业（牧）局也分别设立畜禽疫病防治站（畜牧兽医技术服务中心），并在全市57个乡镇建起57个兽医站，使牲畜、家禽的疫病防治工作得到科学化、专业化的管理，从而大大方便了群众，提高了工作效率。到1990年，全市57个畜牧兽医站共有职工210人。

2000年7月，全市57个乡镇畜牧兽医站进行改革，重新组建了盂县的秀水、南娄、牛村、西烟、东木口，郊区的荫营、平坦、义井、河底，平定的冠山、张庄、东回、柏井、巨城14个乡镇畜牧兽医站中心站，在职人员93人，使全市基层畜牧兽医体系管理体制逐渐理顺，全都实行县以下畜牧兽医机构垂直管理，乡镇畜牧兽医站列入全额事业编制，乡镇畜牧兽医站工作人员实行全员考试考核、招聘，人员工资全额列入财政预算，进一步稳定了一线队伍。

2002年，国家动物疫情测报网平定测报站在平定县畜牧中心建成。2003年11月，市农业局设立阳泉市动物疫病检测中心，正式启动动物疫病防控体系建设和完善工作，市委市政府相继出台了《关于加强县区畜牧中心和乡镇畜牧兽医站建设的实施意见》《发展畜牧业畜牧兽医体系配套建设方案》等一系列文件。当年，配备多种现代化监测仪器的市动物疫病检测中心建成运行，畜牧兽医部门服务能力得到增强。随后，各农业县区也相继建起或完善兽医实验室。2010年，全市共有793名村级防疫员，定期接受培训，配备疫苗冷藏包、注射器、工作服等，承担着全市960个行政村的散养畜禽防疫任务，实现动物疫病防控工作零距离服务。各规模养殖场户也都配有专门的防疫员，负责对本养殖场户的畜禽进行程序化免疫。此外，全市逐步建立执业兽医制度，进一步推动畜牧兽医体系的正规化建设，2010年，首批13名执业兽医从业人员通过考试，获得国家执业兽医资格证书。

此外，2001年以后，市、县两级动物疫病防治站，乡镇兽医站不断加强冷链设施建设，截至2005年，市级配备10立方米冷库2个、冰箱4台、冰柜2台、冷藏运输车1辆；县区配备12立方米冷库1个、冰箱13台、冰柜1台；乡镇站配备冰箱19台、疫苗冷藏箱80个，基本形成了一条完整的冷藏冷冻链条，保证了动物防疫工作中疫苗冷藏冷冻及运输的需要。

（二）疫情

境内常见的畜禽疫病为仔猪大肠杆菌病、大牲畜肠胃病、雏鸡白痢及流行性感冒，猪萎缩性鼻炎、细小病毒病、猪附红细胞体病。1949年至1990年，全市共进行了3次较大的疫情调查。

1991年至2005年根据疫情流行情况进行了抽查。

1953年，阳泉市首次进行畜禽疫情调查。发现境内对牲畜侵害严重的疫病主要是流行性传染病和寄生虫病。为此，在加紧防治的基础上，1956年4月市农牧局家畜检疫站组织市内各兽医联合站对市区2个区7条街32个乡镇进行了大范围的疫病调查。1953年至1956年，畜禽主要传染病有炭疽、破伤风、马鼻疽、牛结核、鸡新城疫、猪瘟、猪肺疫、猪丹毒、羊出血性败血病、羊疥癣等。其中流行猖獗、危害性较大的疫病是炭疽传染病和羊疥癣病。

1965年，全市进行个类畜禽寄生虫病的调查。结果表明，境内各类寄生虫共计有19种，其中对牲畜威胁较大的绦虫和捻转胃虫，矛形吸虫次之。受寄生虫侵扰严重的地区为郊区西南舁、东村、河底、三郊等公社。是年，阳泉市首次发现奶牛布病和结核病。

1980年至1982年，市防疫部门进行了第三次畜禽疫情普查。1978年至1980年间，畜禽传染病有炭疽、马腺疫、鼻疽、破伤风、结核、猪口蹄疫、猪水泡病、鸡新城疫、禽霍乱等，对畜禽危害较大的流行传染病有猪口蹄疫、鸡新城疫、猪传染性胃肠炎、破伤风等。畜禽寄生虫共12种，比20世纪60年代减少7种，较普遍的牲畜寄生虫是矛形双腔吸虫。

1991年至2005年间，山西省家畜疫病防治站，市畜禽疫病防治站，平定县、盂县、郊区畜牧中心，在监测检查时发现猪的疫情有猪萎缩性鼻炎、猪细小病毒病、猪附红细胞体病、猪口蹄疫，牛的疫情有奶牛口蹄疫，羊的疫情有羊口蹄疫、羊痘、布鲁氏菌病。

2006年2月2日，郊区瀑里村暴发禽流感疫情。在郊区义井镇瀑里村种鸡场出现死亡鸡1.5万只。2月7日，经国家禽流感参考实验室确诊为H5N1亚型高致病性禽流感，这次疫情的发生是由于禽流感病毒发生变异所致。2006年2月7日，发生在瀑里村种鸡场的高致病性禽流感疫情确诊后，市委市政府立即启动《阳泉市预防控制高致病性禽流感应急预案》，对疫点、疫区和受威胁区分别采取了紧急处置措施。一是拔除疫点。对疫点瀑里村种鸡场饲养的鸡全部扑杀，并对病死鸡和扑杀鸡全部进行了深埋和无害化处理，对该鸡场的鸡蛋及饲养用具、饲料等污染物全部销毁，并做了无害化处理。二是封锁疫区，扑杀疫区内所有家禽。2月6日，市预防控制禽流感指挥部即以瀑里村为中心，将方圆3千米以内的区域范围划定为疫区。疫区涉及郊区、平定县、城区的2个乡镇、1个街道办事处，15个村及4个社区，在疫区中存栏家禽187745只，其中平定冠山镇6个村，分别是王家庄村、西沟村、岭上村、石板坪村、鹊山村、红卫村，存栏家禽2990只；郊区义井镇5个村，分别是瀑里村、圪台村、白羊墅村、小河村、河下村，开发区4个村，分别是王垅村、河坡村、上五渡村、下五渡村，存栏家禽184632只；城区4个社区，分别是小河社区、铝业公司社区、南边堰社区、白羊墅社区，存栏家禽123只。

从2月6日起，市政府发布封锁令，对疫区实行为期21天的严密封锁。在通往疫区的路口，市县（区）、乡（镇）各级都设置了消毒检查站，严格禁止与发生疫情有关的禽及其产品出入。同时，关闭了疫区周围13千米以内的禽类及其产品交易市场。与此同时，对疫区内与禽及其禽制品有关物品进行了严格处置，对疫情发生前21天内的禽及其禽产品全部予以无害化处理，对鸡舍、笼具、饲养用具、生产区内外全部进行全面彻底的清理消毒。据统计，在疫区销毁禽及其禽产品27.93吨，销毁饲料62.13吨，使用消毒液34.56吨，累计消毒面积达1373万平方米。三是受威胁区进行紧急免疫注射。受威胁区是疫区向外边缘向外延伸5千米的区域，涉及郊区的3个乡镇17个村，平定县4个乡镇47个村，城区5个办事处45个社区，开发区1个村3个社区。对受威胁区内的223229只家禽，全部进行了高致病性禽流感疫苗紧急免疫注射。2月28日，经省、市动物防疫监督机构检查验收评估，疫点、疫区的各项防控指标都达到了解除封锁的要求，市政府宣布，从即日起解除对疫区的封锁，撤销设在通往疫区的所有消毒检查站，恢复疫区周围13千米以内的禽类及其产品交易市场。

继禽流感之后，每年春秋两季对牲畜口蹄疫、高致病性禽流感、高致病性猪蓝耳病、猪瘟等重大动物疫病的应免免疫率均达100%。截至2010年，境内连续4年未发生重大动物疫情。

（三）防治措施

阳泉地处京畿要道，畜禽传染源广，疫情复杂。建市前，由于不重视疫病预防，疫病袭来时发展迅猛，畜禽传染病率和死亡率极高。20世纪50年代，境内开始全面贯彻“预防为主、防治结合”的方针，广泛宣传预防工作的重要性，倡导群众采用圈、棚、笼隔离饲养牲畜，规定定期用石灰水对畜禽圈舍进行消毒，收到一定成效。为了更好地控制疫情，1953年首次对市内各马车队的大牲畜进行炭疽疫苗防疫注射、对居民散养鸡进行新城疫刺种工作。1958年猪瘟疫苗试制成功后，即在郊区12个乡进行现场制苗、注射，收到满意的防疫效果。此后，防疫站、兽医站人员坚持每年春、秋两季下乡，对各种家畜、家禽进行防疫注射。大牲畜主要注射炭疽疫苗，猪主要注射猪瘟疫苗、猪肺疫疫苗、猪丹毒疫苗，鸡主要注射马立克（在小鸡出生后24小时内注射）、鸡新城疫疫苗（Ⅰ系、Ⅱ系），羊主要注射羊痘。此外还将白砒卡耳、四黄素、五黄素注射液配合使用，并向群众发放青链霉素、地霉素等药物以备急用。对大牲畜疫病防治除采用防疫注射的措施外，还兼用传统灌汤药的办法。一般是春灌茵陈汤，夏灌消黄散，秋灌理肺散，冬灌茴香散。防治工作的综合进行，大大降低了牲畜发病率。1974年引进抗破伤风血清后，对家畜破伤风的治疗又提高到了一个新的水平。1985年后，全市动物防疫工作在《家畜家禽防疫条例》（1985年2月14日国务院颁布）《中华人民共和国动物防疫法》（1997年7

月3日八届全国人大常委会第二十六次会议通过）《重大动物疫情应急条例》（2005年11月国务院颁布）的指引下，坚持“加强领导，密切配合，依靠科学，依法防治，群防群控，果断处置”的方针，大力开展了程序化免疫，模式化驱虫，严格消毒，对引进畜禽实行隔离饲养，定期开展抗体检测，对高致病性禽流感等动物重大疫病实施强制免疫，对染疫动物及其污染物实施无害化处理等措施，有效防控了动物重大疫病的发生。到1990年，全市已基本消灭了马鼻疽、马传贫、炭疽，稳定控制了猪瘟、猪丹毒、猪肺疫、猪口蹄疫等多种传染病的发生。此外，寄生虫病经药物驱虫亦取得较好成效。到2010年，重大动物疫病的各项防控工作扎实推进，全市疫情防控形势稳定，连续4年没有发生疫情，促进了畜牧业的平稳发展。

二、动物检疫

1953年9月，阳泉市家畜检疫站成立，属市农牧局管理。主要对过境机动车辆启运的牲畜和国营零售公司屠宰场、私人经营的回民屠宰场进行宰前、宰后检疫。1954年初，又增加了对奶牛布氏、结核病的检疫项目。1954年10月，为了进一步加强市场检疫工作，使检疫工作做到有章可循、有法可依，市农牧局起草《阳泉市家畜屠宰及肉品卫生管理暂行规则》，报上级部门审议后，认为条款明细，对加强检疫工作有很大作用，遂于1955年3月在全省推广。1956年12月，阳泉市人民委员会据该规则进一步明确规定：凡出入阳泉市的各种肉类及肉食品，必须持有市家畜检疫站的检疫合格证方准出入或上市销售。随着检疫范围及任务的不断扩大，检疫力量明显不足，为了更好地实施该规则，1976年至1980年，市农牧局先后组织了5次检疫培训班，培训人员200余名，从而使检疫队伍紧张的状况得到缓解。

1981年，市家畜检疫站改为阳泉铁路兽医检疫站，主要负责铁路运输的畜禽及产品的检疫和消毒。1983年平定县和盂县划归阳泉后，增加了平定县检疫站和盂县检疫站。1987年后，为了切实保证食品检疫的效果，经山西省考核通过，市内确定了省级检疫监督员15名，以协助检疫人员搞好检疫工作。1990年，全市设有检疫站4个。1993年6月，经市机构编制委员会同意，市家畜检疫站增挂“阳泉市动物检疫站”和“阳泉市兽医卫生监督检验所”两块牌子。

1998年12月，市政府召开了由市农业局、贸易局、工商局、卫生局等有关部门参加的会议，决定由市农业局动物防疫监督机构委派动物检疫员对市生猪定点屠宰场实施集中检疫。1999年1月，市动物检疫站委派动物检疫员驻场对定点屠宰场生猪实施集中检疫。同年，全市完成了生猪的“定点屠宰、集中检疫”工作，共设生猪定点屠宰场点5个，每年生猪屠宰检疫10余万头。

2001年4月，经山西省纠风办、山西省农业厅、山西省高速公路管理局等有关部门批准，在平定县旧关、盂县东木口分别设立省界动物防疫监督检查站。两个监督检查站建成后，实行24小时值班，对运载动物及其动物产品的车辆，实行严格的查证验物，规范车辆消毒，每年检查、消毒往来车辆达6000多车次。同年6月，全省在平定旧关动物防疫监督检查站召开了省界动物防疫监督检查站建设现场会，主要是对在全省邻界设立检查站的重要性和必要性进行了强调，对检查点的管理情况、履行职责情况进行了现场观摩学习。

2003年至2008年，市农业局每年都对全市动物防疫监督员、检疫员进行培训，累计培训400人次。截至2008年，全市“两员”人数达到135人。2009年1月，两次接受农业部、省动物卫生监督所对阳泉市动物防疫监督工作的考核，在千分考核制中的动物检疫监督部分，市动检站获得了满分的好成绩。

2010年，随着国家对基层动物卫生监督设施建设力度的加大，境内盂县及郊区、城区、矿区均被列入国家县级动物检疫监督基础设施建设项目县，项目建设中的监督执法车、采样车及仪器、设备等于2009年陆续到位，投入使用，大大提高了基层动物卫生监督执法工作力度。

开展能繁母猪保险及动物防疫工作，是贯彻中央一号文件精神，落实国家扶持生猪生产政策的重要内容。2010年8月，市动物检疫站和人保财险阳泉分公司联合在全市推开能繁母猪上保险的工作，逐步建立完善能繁母猪养殖及保险风险预警体系。同时进行了能繁母猪专用耳标及档案操作全流程的培训。

2010年开始，阳泉市加大动物标识及疫病可追溯体系建设，一方面安排业务骨干到北京参加动物标识及疫病可追溯体系建设培训，一方面结合春、秋防疫工作对全市的猪、牛、羊三类动物采取边免疫、边打耳标、边建档的工作方式，积极推进动物标识化建设进程，并强化防疫档案建设管理，促进动物标识及疫病可追溯体系建设工作的有序开展。

示范和退耕还林等工程建设的机遇，大搞荒山造林，取得了突破性成绩，实现了森林面积、蓄积、覆盖率三个同步提高。到“十五”期末，全市森林面积达到137.58万亩（9.17万公顷），四旁零星植树1675.70万株，林木蓄积量达170.10万立方米，森林覆盖率23.1%。同时，依靠科技进步，加快林业结构调整步伐，森林资源的保护和管理得到加强，林业产业发展加快，产值大幅度增长。林业生态、社会、经济三大效益愈来愈显著，为促进全市社会经济持续、快速、健康发展发挥了重要作用。“十一五”期间，全市生态大发展、绿色经济大跨越，以创建国家级园林城市为总目标，启动了通道绿化、交通沿线荒山绿化、环城绿化、园林村镇绿化、城市绿化、厂矿区绿化六大绿化工程，掀起了“阳泉是我家，绿化靠大家”的植树造林新高潮，共完成各类造林56.3万亩（3.75万公顷），全市有林面积增加到177.8万亩（11.85万公顷），森林覆盖率达到25.94％。

第二节 采种育苗

一、采种

阳泉建市后，采集树种开始的最晚，走了一条先植树、后育苗、最后才采种的道路。因而在20世纪50年代，采种甚少。到了20世纪60年代，随着育苗事业的发展，采种才被列入计划，采集的种子，除自用外，交售国家。采集的树种主要是桃、杏、椿、榆。到70年代，政府对采种工作更加重视，主要是采集油松、侧柏、刺槐、紫穗槐等。80年代，采集的树种主要有油松、侧柏、刺槐、紫穗槐、山桃、山杏等。90年代，采集的树种主要有刺槐、臭椿、紫穗槐、油松、山桃、山皂角、山杏等。从2000年开始，随着造林任务的逐年增加，对种子的需求量也在不断加大，同时加大了乡土树种的育苗力度，每年均派专人进行采种。年均采集山皂角树种5万公斤、山桃树种4～5万公斤、油松种子4000余公斤、山杏树种2500公斤，刺槐250公斤，臭椿100公斤，紫穗槐100公斤。所采树种大部分用于各育苗单位或育苗大户使用，大量的山桃种子用于直播造林和育苗，少量为商贩外调。

二、育苗

阳泉建市初期，境内植树造林用苗，多是砍杨柳枝条或野生苗栽植，有时也采用直播造林。直到1953年才在大阳泉筹建了市区第一处苗圃，采用公办民助的方法，开始育苗。到1955年，公办民助的苗圃由5亩（0.33公顷）扩至10亩（0.67公顷），与此同时，育苗也在市区农村开展，市区育苗面积达 172 亩（11.47 公顷）。1956 年，全市贯彻国家“农业合作社培育苗木收入免纳农业税”的规定和“自采、自育、自栽”的方针，大大地推动了育苗工作，这一年市区共育苗 183 亩（12.2 公顷）。1964 年 6 月，国营阳泉市苗圃在白羊墅正式成立。这时除农业社育苗外，国营育苗也不断扩大。1964 年市区共育苗 345 亩（23 公顷），其中国营 77.6 亩（5.17 公顷），占育苗总面积的 22%。1972 年，贯彻省革委“用百分之一耕地育苗”的规定，使育苗工作又向前发展了一步。1980 年，育苗 1063 亩（70.87 公顷），占耕地的 0.5%。20 世纪 80 年代，树种由原来仅有杨、柳、榆、椿等阔叶树，新增了油松、侧柏、落叶松等针叶树和黑椋子等经济树以及泡桐等速生树种。20 世纪 90 年代，在全市广大地区开展了育苗基地建设，各县（区）以各乡镇林业工作站为中心，针对各乡镇的林业生产计划，安排育苗规模和品种。育苗规模逐渐扩大，品种逐渐增多。从 2000 年开始，全市的育苗工作以基地育苗为突破口，依托基地和育苗大户，带动了育苗事业的蓬勃发展。“十一五”期末，全市有各类苗圃 142 个，按经营规模划分，面积小于 10 亩（0.67 公顷）的 61 家，面积大于等于 10 亩（0.67 公顷）小于 100 亩（6.67 公顷）的 20 家，面积大于等于 100 亩（6.67 公顷）小于 500 亩（33.33 公顷）的 46 家，面积大于等于 500 亩（33.33 公顷）小于 1000 亩（66.67 公顷）的 13 家，面积大于等于 1000 亩（66.67 公顷）的 2 家。全市固定职工人数 1423 人，经营总面积 31274 亩（2084.93 公顷），其中新育苗面积 6121 亩（408.07 公顷），产苗量 14777.32 万株，容器苗 673 万袋，产值 5018.5 万元。从 2003 年开始，针对有规模的育苗基地予以补助，使育苗工作走上了新的发展阶段，主要培育的苗木品种有油松、杨树、刺槐、国槐、五角枫、山桃、侧柏、核桃、花椒、白蜡、火炬等。

第三节 植树造林

明清时，境内在民间有清明前后栽树的习俗。民国 2 年（1913），山西省公署设立山林总局，着手在荒山野岭上植树。民国 6 年，执政者阎锡山将发展林业作为创办“六政”的一项重要内容，并亲自召开种树动员大会，以政府之力督饬人民植树造林。民国 7 年，阎锡山亲率省城各机关僚属于清明节举行植树典礼，每人栽 1 棵树，为全省各机关树立典范。在阎锡山政府督饬下，全省各地开始进行有组织的植树造林活动。今境内保安沟、蒙村沟、汉河沟、黄沙岩、杏树坡等地的老梨园，以及散布的杨、槐、松、柏等老树，大都为民国时期栽植。据民国 31 年山西省政府编纂的《山西省统计年鉴》中 72 个县机关人民植树表所列：平定植树 120341 株，成活 76549 株，成活率 63.6%；盂县植树 255510 株，成活 179123 株，成活率 70.1%。此后至 1949 年，因战火不断，境内的造林绿化止步不前。

建市后，市委、市政府对植树造林工作十分重视，组织带领全市人民，进行了卓有成效的植树造林、绿化家园工作，大致经历了以下5个阶段。

一、集体造林（1949—1957年）

1949年至1957年，市委、市政府发动全市人民大力开展植树造林。传统的个人行为变为集体的有组织的活动。这一时期，市政府除贯彻省政府《秋季林业工作指示》中关于“封山育林”的指示，先后对王兰山、狮脑山、郗家山、刘备山、玉泉山、南韩庄、邳彰庙、任家峪、下章召等山实行封禁外，还以各县区、厂矿及合作社为单位，广泛开展植树造林，绿化荒山。其间，1950年3月，阳泉工矿区人民政府作出决定，每年4月3日至9日为全区植树造林周，并规定每年每5户植树1棵，各机关、厂矿、团体、学校每2人植1株。当年，仅植树造林周就植树3280株，为倡导群众植树开了个好头。1953年，市区共插木植树5.36万株，育苗32.8亩（2.19公顷），荒山播种造林5亩（0.33公顷）。

1952年市区造林1.13万亩（753.33公顷）和植树69万株，为1952年摸底时的累计保存数。

1954年，阳泉矿务局雨季插木造林5万株，成活率达70%，从而为全市雨季造林开拓了一条新路，彻底改变了历史上只有清明前后植树的传统习惯。1955年，平定县桥头村38个老汉组成林业队治理刁窝山，一年刨鱼鳞坑5500个，播种花椒、核桃、黑枣等树1万余株。1956年，站上区大阳泉乡5个农业社共播种造林141亩（9.4公顷）；矿务局插木造林239.5亩（15.97公顷）。1954年至1957年，仅市区两季（春季、秋季）造林即达0.8万亩（533.33公顷），四旁植树210.6万株及各类果木树万余株。此外，这一时期，各行业和单位之间还互相竞争，开展营造各种纪念林活动，如青年营造的青年林，妇女营造的妇女林等。蓬勃发展的群众集体造林成效非凡，截至1957年，全市累计造林达8.59万亩（5726.67公顷），年平均造林1.07万亩（713.33公顷）。

二、曲折发展（1958—1978年）

1958年至1978年，是境内植树造林曲折发展阶段。1958年，农业上提出的“人有多大胆，地有多大产”的口号，亦波及到林业战线。当时所下达的生产任务多不切合实际，根本无法实现。1959年要求全市造林121万亩（8.07万公顷），零星植树3亿株，结果因目标多没有实现，并且因为急于求数量而忽视了质量，致使栽植的树木成活率很低，甚至有些地区为了凑任务，还“平调”私人树木，伤害了个人造林积极性，影响了四旁绿化工作。

1962年后，市委、市政府接受教训，一边稳权发证，平抚群众被挫伤的造林积极性，一边于1963年组织林业科技人员赴晋南夏县、郭道和晋东南长治、老顶山林场及平顺县羊井底参观学习四旁绿化和改变山区面貌的经验。1963年至1965年，组织了多次大规模造林会战，取得一定成效。1964年，市区一次造林会战即出动5.3万人，在南山、北山、桃河两岸及公路、街道两旁补植10余条总计50多千米的行道树木。三年年均造林1.84万亩（1226.67公顷），是新中国成立后前9年平均造林面积的2倍。

1966年“文化大革命”运动开始后，境内把私人树木当作“资本主义尾巴”砍掉，再次损伤了个人植树造林的积极性。这期间，仅平定一县1971年就有133个村将农民的3.68万株树木收归了集体，并砍伐了1815株私人树木。70年代中期，强调“以粮为纲”，使一些经济树木被迫“退林还耕”，造成不可弥补的经济损失。在这一时期，社队、县区，国营林场和集体会战的造林都有一定发展。“三五”时期，仅城区即发动28.88万人次参加绿化城市和狮脑山造林活动。1973年3月，市革委会召开了植树动员大会，一次即出动7.58万人进行植树，掀起了植树造林的大会战。1977年，为了加速林业上“纲要”，市区组织了3次造林战役，每次战役均有10万余人参加，目标是绿化城区、郊区、矿务局、煤管局、荫营煤矿等7个绿化区，重点是搞好十几座荒山造林和13个大队及阳泉至平定、阳泉至盂县、阳泉至旧街3条干线公路，河边街、新建路、青年路、战备路4条城市主要街道的绿化。1958年至1978年间，植树造林较多的是1976年和1978年，分别造林5.99万亩（3993.33公顷）和8.31万亩（5540公顷）。特别是1974年后，年造林面积均达3.5万亩（2333.33公顷）以上。这20年间，全市年平均造林达2.87万亩（1913.33公顷）。

三、多种责任制（1979—1990年）

1978年中共十一届三中全会后，境内的造林绿化由单一的群众运动逐步过渡为各种形式的责任制。在“运用经济手段，促进林业发展”中，各社队实行定额管理，超额者奖，不达者惩，铁路、公路绿化都要与社队签订合同，按合同办事；机关、厂矿、学校内部要种花植树，美化环境；国营林场、国营苗圃要试验和繁育推广优良新品种；广大农村则配合发放林权证、树权证和“三山”（自留山、责任山、义务植树山）的划定，充分调动了农民造林致富的积极性。1984年，针对林业生产周期较长的特点，不少农村将“三山”承包年限由过去的15年延长到30年、50年，进一步解除群众惧怕政策“变”的思想顾虑，打开了人工造林的新局面。

其间，平定县潺泉乡青杨树村放手让群众承包荒山，1984年该村出现了承包千亩以上的大户3户；盂县南娄乡对植树造林成绩显著的单位和个人规定了奖励办法，掀起了全乡植树热，一季植树达万株以上者就达101户；郊区神峪村与壶关县王五全签订合同，引进石质山地造林经验，进一步推动了人工造林的发展。1979年至1984年，全市累计造林49.35万亩（3.29万公顷），四旁植树4080万株。由于造林面积同实际存活之间存在差异，故1985年市林业勘测设计队对全市实存森林树木进行了实查。截至1984年，全市人工造林保存64.29万亩（4.29万公顷），四旁植树保存1546.1万株，造林保存率为65%，四旁树保存率为15%。

1986年，全市共完成荒山造林15万亩（1万公顷），超额年计划50%。其中成活率在85%以上的面积占到一半还多；生产植树1084万株，超额年计划一倍多；义务植树489万株，超额年计划的96%；在国营造林方面：全市3个国营林场完成造林4052亩（270.13公顷），平均成活率达80%以上。1987年，全市完成荒山造林11.84万亩（7893.33公顷），超额年计划18%；四旁植树1543.87万株，超年计划2倍。与往年相比，六项林业生产指标略有下浮或基本持平，林业发展速度在大旱年景中未出现大起大落现象。全市义务植树运动出现新高潮，据统计，参加植树人数达51万人次，占应参加数的90%以上；完成义务植树454万株，超年任务82%。特别是作为义务植树带头项目的“书记山”绿化活动向纵深发展，全市17处“书记山”绿化面积达1.5万亩（0.1万公顷），其共同特点是“领导积极，规划科学，进展较快，质量较好”。1988年，全市完成荒山造林13万亩（0.87万公顷），其中造林成活率在85%以上的面积达9万亩（0.6万公顷），成活比重由1987年的49%提高到70%；四旁植树1803万株，比上年增长17%。其中生产性植树1422万株，是年计划的2.8倍。全民义务植树开始向基地化、效益化发展，有47万人参加活动，占到全市总人口的43%。完成义务植树381万株，超过年度任务的52%。全市9个乡的“书记山”规划面积11483亩（765.53公顷），至年末造林3458亩（230.53公顷），平均成活率达88%，加上前两年的完成面积，三年共绿化荒山8030亩（535.33公顷），占到规划的70%。义务植树和“书记山”绿化成为带动整个绿化事业的重点项目，成为林业建设的一大突破口。1989年，全市共完成荒山造林7.45万亩（4966.67公顷），平均造林成活率在85%以上。完成四旁植树1200万株，其中生产性植树840万株，义务植树360万株。2月，经全市人民投票评选及市九届人大常委会第八次会议通过，确定油松、国槐为阳泉市市树。

1990年，全市完成荒山造林13.08万亩（8720公顷），平均成活率82%，其中达国家规定标准、成活率在85%以上的9.4万亩（6266.67公顷），占总完成面积的72%；完成四旁植树1255万株，其中生产植树938万株、义务植树317万株。在1985年第一次飞播的基础上，年内又进行了第二次飞播，面积2万亩（0.13万公顷），其中有效面积19295亩（1286.33公顷），占飞播区总面积的95%。飞播总投资10万元，其中省厅资助5万元、市县财政各资助2.5万元，亩均投资5元，比人工造林耗资降低近1倍，飞播效益，按最小成功率40%计算，可增加0.8万亩（533.33公顷）后备森林资源，播区内人均占有林地近8亩（0.53公顷），有效促进了林业的发展。截至年末，全市实存森林面积94.86万亩（6.32万公顷），四旁树2205万株。

四、良性发展（1991—2000年）

1991年，全市完成人工造林12.04万亩（0.80万公顷），平均成活率77.8%，其中成活率在85%（国营造林90%）以上的达标面积5.37万亩（0.36万公顷），占总完成量的44.6%。分别在盂县、平定飞播造林4万亩（0.27万公顷），并全部实行封禁，使全市封山育林面积累计达23万亩（1.53万公顷），为加快东部偏远山区绿化闯出了捷径；全市完成四旁零星植树1021万株，其中生产植树737万株、义务植树284万株，平均成活率84.6%。1992年，全市完成荒山造林15.4万亩（1.03万公顷），平均成活率达84.7%，其中成活率在85%以上的合格面积10.4万亩（0.69万公顷），占完成量的67.7%；飞播造林圆满实现设计任务，作业质量达到标准要求。在盂县、平定两县飞播造林5.2万亩（0.35万公顷），有效面积4.7万亩（0.31万公顷），占飞播面积的90%，播区林地全部实行封禁。四旁植树超额完成计划，成活率明显提高。全市实际植树845万株，其中生产植树550万株、义务植树295万株，平均成活率达93.4%，市区外围大环境绿化向西北、东南延伸，高标准造林0.3万亩（0.02万公顷），累计绿化面积达1.3万亩（0.09万公顷），近郊4个突出山头实现基本绿化。

1993年，境内荒山造林大幅推进，实行各类造林相结合，突出抓规模造林，全市完成造林24.9万亩（1.66万公顷），人工荒山造林15万亩（1万公顷），平均成活率达83.5%，其中成活率在85%以上的合格面积9.2万亩（0.61万公顷），占到61.3%。由市区机关厂矿划片包干、职工义务植树实施的市区大环境绿化，分段造林0.3万亩（0.02万公顷），平均成活率86.9%，累计绿化保存面积达1.7万亩（0.11万公顷），搭起了城市外围防护林的基本框架；以绿化偏远山区为目标，飞播造林有效面积4.4万亩（0.29万公顷），有苗面积率达86.7%，加快了大山大川的绿化步伐。同时，全市完成零星植树710万株，其中生产植树325.5万株、义务植树384.5万株，平均成活率达93.3%。在春旱严重，任务翻番的情况下，全市荒山造林保持了快速增长势头，营林质量稳中有升。1994年，境内造林灭荒速度加快，实行了速度、质量、效益三同步。全市完成各类造林27.6万亩（1.84万公顷），其中荒山人工造林17.5万亩（1.17

万公顷），平均成活率达86%，造林合格面积占到85%；飞播造林4万亩（0.27万公顷）。同时完成植树688万株，平均成活率95%，其中全民义务植树298万株。1995年，在春季严重干旱的困难情况下，全市完成各类造林28.2万亩（1.88万公顷），其中荒山人工造林平均成活率达85.3%，完成合格面积12.6万亩（0.84万公顷），保持了正常年景的成活水平；飞播种造林有效面积8.27万亩（0.55万公顷），落种均匀，平均每亩出苗340株，飞播质量明显好于往年。全市完成四旁零星植树644万株，其中义务植树299万株。高质量、快节奏的造林绿化，加快了灭荒进程，进一步改善了城乡生态环境。

1996年至1998年，全市完成各类新造林76.35万亩（5.09万公顷），其中人工造林58.65万亩（3.91万公顷）、飞播造林17.7万亩（1.18万公顷），造林质量稳中有升。全市零星植树2110万株，造林灭荒和中间地带绿化齐头并进，进一步改善了城乡生态环境。1999年至2000年，造林绿化扎实推进，全市共完成各类造林34.35万亩（2.29万公顷），其中人工造林22.35万亩（1.49万公顷），飞播造林12万亩（0.8万公顷）。全民植树活动积极开展，累计栽植零星树木1159.87万株，其中义务植树584.07万株、生产植树575.8万株，广大农村针对气候特点坚持宜造则造，宜整则整，适时开展造林预整地，共计预整造林地17万亩（1.13万公顷），为春明植树造林奠定了良好基础。

五、精品造林（2001—2010年）

2001年后，全市造林绿化开始向“精品”化转变，主攻造林灭荒，突出重点工程，共完成各类造林12.55万亩（0.84万公顷），其中开展荒山植苗造林5.44万亩（0.37万公顷）、发展以核桃、红枣、仁用杏为主要树种的经济林2.10万亩（0.14万公顷）、人工直播造林2.01万亩（0.13万公顷）、封山育林3.0万亩（0.2万公顷）。城镇农村立足绿化美化精品化，积极组织各种形式的植树活动，共计655万株，其中义务植树345万株、生产植树310万株。针对气候持续干旱的实际，许多地区集中精力适时进行预整造林地，共完成8.36万亩（0.56万公顷），为春季植树造林奠定了基础。2002年，全市林业工作以退耕还林为主旋律，全面加快造林绿化进度，共完成造林面积20.36万亩（1.36万公顷），其中人工植苗造林18.28万亩（1.22万公顷）、封山育林2.08万亩（0.14万公顷）。在人工植苗造林总面积中，退耕还林完成15.15万亩（1.01万公顷）、太行山绿化示范工程完成1.2万亩（0.08万公顷）、桃河上游生态林业工程完成0.4万亩（0.03万公顷）。此外，全市实施人工直播造林2.6万亩（0.17万公顷），低效林改造0.45万亩（0.03万公顷），均完成省下达的任务。

2003年至2004年，全市完成造林绿化任务27.2万亩（1.81万公顷），完成义务植树731.5万株。郊区作为全省建设“绿色山西”重点示范区，完成建设任务1万亩（666.67公顷），其中人工植苗造林0.4万亩（266.67公顷），造林成活率达87%，封山育林0.6万亩（400公顷），另外完成核桃基地4.06万亩（0.27万公顷）。2005年，全市完成人工造林10.14万亩（0.68万公顷），其中建设“绿色山西”重点县0.4万亩（266.67公顷），市区“两山绿化”0.1万亩（66.67公顷），小型生态公益林0.6万亩（400公顷），核桃基地0.3万亩（200公顷），群众造林0.3万亩（200公顷），封山育林1.94万亩（0.13万公顷）。在大力推进荒山造林的同时，立足城镇绿化美化，积极开展多种形式的义务植树活动。全市参加义务植树人数63万人，占适龄公民的84%，完成义务植树340万株。市县（区）建立义务植树基地38处，其中市级2处，县乡级36处，基地规划总面积4万亩（0.27万公顷），完成造林4.3万亩（0.29万公顷）。

2006年，全市共完成人工造林14.16万亩（0.94万公顷），其中交通沿线荒山造林2万亩（0.13万公顷）、环城绿化0.9万亩（0.06万公顷）、核桃基地4万亩（0.27万公顷）、厂矿区绿化0.15万亩（0.01万公顷）、大户造林0.55万亩（0.04万公顷）；完成义务植树221万株，合计2.16万亩（0.14万公顷）。“十一五”期间，全市要高标准建设园林村镇500个，各级林业部门结合农村环境综合治理，开展全方位的村镇绿化美化，2006年完成园林村绿化村镇100个。此外，市区所有驻地单位、厂矿、企业，实行“一矿一企绿化一山一沟”包点绿化。市区驻地单位和市属以上企业143个规划造林任务1.2万亩（0.08万公顷）；市直行政事业单位，部分厂矿、企业共120个上缴2007年至2010年绿化费360万元，由市绿委办组织专业队伍完成造林0.12万亩（80公顷）。2007年，全市完成各类造林11.03万亩（0.74万公顷），其中交通沿线荒山造林、环城绿化3.99万亩（0.27万公顷），矿山绿化0.9万亩（0.06万公顷），封山育林3.54万亩（0.24万公顷）；完成义务植树330万株。到年末，全市森林面积达137.58万亩（9.17万公顷），四旁零星植树1675.7万株，活立木蓄积170.1万立方米，森林覆盖率23.1 %，全市人均林地1.1亩（0.07公顷）。2008年，全市共完成各类造林10.7万亩（0.71万公顷），其中完成人工造林7.7万亩（0.51万公顷）、实施封山育林3万亩（0.2万公顷）。在人工造林中，交通沿线荒山造林1.4万亩（0.09万公顷），环城绿化1.2万亩（0.08万公顷），矿区绿化0.16万亩（0.01万公顷），京太高速绿化0.8万亩（0.05万公顷），核桃基地建设1.89万亩（0.13万公顷），市县造林0.25万亩（0.02万公顷），民营造林0.4万亩（0.03万公顷）。全市栽植各类绿化苗木760多万株。2009年至2010年，全市共完成各类造林25.72万亩（1.71万公顷），其中交通沿线荒山绿化1.31万亩（0.09万公顷）、科技示范林完成0.2万亩（0.01万公顷）。

此外，完善主干道路林带建设200千米，完成园林村绿化170个，义务植树400万株。

第四节 经济林建设

一、干果林建设

境内气候温暖、雨量适中，非常适合核桃、花椒、红枣、黑枣、柿子等多种干果树的生长，故境内干果树的种植有着很悠久的历史。清光绪年间有记载的主要就是上述几种。民国23年（1934），平定县产核桃即达4万公斤。

建市后，境内干果生产得到了长足发展。1958年，在娘子关至白羊墅铁路两侧大种核桃树，形成了31千米的“核桃墙”。在每年的植树造林中，也广泛种植干果树。特别是栽植数量较少的郊区，1965年仅有核桃61.64万株，年产量0.3万公斤；到1977年产量已达4.43万公斤。

1978年改革开放后，干果种植面积迅速扩大，1985年，全市仅核桃产量一项就达到160.10万公斤。到1986年，全市经济林建设已由疏散经营走向工程化建设，形成了布点合理、面积集中的经济林基地，先后建成滹沱河流域花椒基地、平定冶西镇木本粮油基地等。1990年，全市年产花椒30万公斤，核桃164.67万公斤，有效地增加了农民收入。1990年至2000年，全市干果经济林面积和产量逐年增加。2000年全市年产核桃103.3万公斤，花椒23.5万公斤。

2001年至2005年的5年时间里，全市干果经济林产业得到了长足发展，特别是市委、市政府提出了“35155”工程，发展以核桃为主的干果经济林15万亩（1万公顷），出台了一系列扶持政策推动核桃产业发展。2003年3月，市政府出台了《阳泉市核桃基地建设补助和奖励办法》，每亩市、县、村各补助30元，村民自筹30元；市级补助主要是对当年栽植连片面积500亩（33.33公顷）以上，成活率95%以上的核桃种植大户和村进行补助；同时为调动基层干部和广大群众栽植核桃的积极性，对全市种植面积排名前三名的乡镇、村和大户进行奖励（其中对排名前三位的乡镇，奖励党委书记和乡镇长，第一名1.5万元，第二名1万元，第三名0.8万元；对排名在前三位的村，奖励第一名5万元，第二名3万元，第三名2万元；对排名在前三位的大户，奖励第一名3万元，第二名2万元，第三名1万元）。2005年8月，市政府再次出台了《阳泉市核桃基地建设补助与奖励办法》，规定对2002年之后新发展核桃面积在50亩（3.33公顷）以上的村或户，连续8年每年每亩给以市、县级补助资金20元，并决定对2002年之后累计发展核桃面积达万亩以上的乡镇给以10万元奖励。由于各级政府的高度重视，群众种植积极性空前高涨，干果林的种植栽培规模逐年推进，干果种植收入已成为农村经济发展的又一增长点。到2005年12月，全市干果林发展面积达20.5万亩（1.37万公顷），其中作为重点优先发展的核桃达15万亩（1万公顷），花椒、红枣、柿子等共计5.5万亩（3666.67公顷）。2002年至2005年，全市累计干果品产量达1034万公斤，果品收入4827万元，年均产量为207万公斤、收入965万元。其中核桃五年果品产量达617万公斤、果品收入3243万元，花椒等果品产量达417万公斤、果品收入1584万元。5年来，作为全市重点优先发展的核桃干果，本着区域化布局、规模化发展的原则，集中连片发展500亩（33.33公顷）以上基地137处、1000亩（66.67公顷）以上基地10处，先后有平定县的东回镇、石门口乡，盂县的上社镇、下社乡、南娄镇、西潘乡6个乡镇累计发展规模达到万亩以上。同时，全市不断引深果品的深加工，先后建成核桃露加工企业两处。全市果品加工企业年加工能力达6.5万吨、产值6.5亿元，年转化核桃果品600万公斤以上。果品的深加工转化为核桃基地建设插上腾飞的翅膀。

2006年至2010年，全市干果经济林产业得到跨越式发展，市委、市政府把发展核桃为主的干果经济林产业作为农村产业结构调整，农民增收致富的主导产业，予以扶持。2006年6月，市政府牵头陆续成立市、县、乡三级核桃产业协会，专门负责为核桃基地建设和管理提供产前、产中和产后社会化技术服务。2007年，市政府又投资50万元面向全市招聘组建一支50人的市核桃管理技术服务队，并有针对性地对服务队员进行多次专业技能培训，使队员熟练掌握核桃基础知识及核桃育苗、科学栽培、整形修剪及病虫害防治技术，帮助种植户对核桃进行科学管护。到2010年，市级核桃管理技术服务队已发展到70人，成为全市核桃基地建设的一支主力军。为继续推动广大群众种植核桃的积极性，2008年，市委、市政府出台《关于加快发展农业产业化的若干意见》，将以核桃为主的干果产业列入三大富农主导产业。2010年，市委、市政府又连续出台《关于进一步加大核桃产业扶持力度的通知》和《关于印发〈城乡生态化实施方案〉的通知》两个政策扶持核桃产业发展。第一，新增核桃用苗实行财政补助。新发展的核桃经林业主管部门把关和验收，符合标准要求的，其所用苗木均享受财政补助，其中一级苗每株补8元、二级苗每株补7元，资金来源由市、县（区）两级财政各承担50%。第二，通道两侧新增核桃面积落实退耕政策。在通道两侧种植核桃经济林的耕地，将按照国家退耕还林的政策，连续8年，以每亩每年170元的标准向所属农户直补，其中市级每亩每年补85元、县（区）级每亩每年补85元。第三，扶持培育当地核桃苗。引导广大育苗专业户和育苗单位，开展核桃优良品种苗木培育，以克服全市核桃基地建设苗木缺乏、种源混杂、品种不纯的不利局面。为了迅速扩大全市核桃苗木种源，之后三年，凡培育核桃苗木的单位和个人，市、县（区）两级将给予扶持。通过林业主管部门验收合格的，每亩一次性补助350元，其中市每亩资助200元、县（区）

每亩配套150元。同时，对符合标准要求的苗木，按照当时市场价，优先使用本地苗木。第四，保持原有奖励办法不变。继续对当年新发展核桃面积排名在前三名的乡（镇）、村和个人大户，以及累计在万亩以上的乡（镇）进行奖励，其中当年新发展核桃面积排名在前三名的乡（镇），奖第一名1.5万元、第二名1万元、第三名0.8万元；排名在前三名的村，奖第一名5万元、第二名3万元、第三名2万元；排名在前三名的大户，奖第一名3万元、第二名2万元、第三名1万元。2003年始新发展核桃面积累计在万亩以上的乡（镇）一次性奖励10万元，超过1.5万亩（1000公顷）的再一次性奖励5万元。

通过这些奖励措施，充分调动了广大干部和农民参与核桃基地建设的积极性。截至2010年，全市核桃基地总面积达23.42万亩（1.56万公顷），其中盂县11.38万亩（0.76万公顷）、平定县8.74万亩（0.58万公顷）、郊区3.3万亩（0.22万公顷），涉及30个乡镇415个村，全市核桃万亩乡镇达到8个（上社、下社、梁家寨、西潘、南娄、石门口、东回、柏井），建成平定县西回、南上庄、宋家庄、盂县北关、东寨5个双千亩村；乔家庄、桥耳等42个千亩以上规模种植村；500～1000亩（33.33～66.67公顷）种植村126个，全市核桃基地基础已经奠定，核桃产业化雏形已经形成。

盂县北关核桃基地

截至2010年，全市干果经济林总面积达到了29.7万亩（1.98万公顷），其中核桃栽植面积23.42万亩（1.56万公顷）、花椒2.53万亩（0.17万公顷）、红枣2.96万亩（0.20万公顷）、杏0.79万亩（0.05万公顷）。全年干果总收入达到了7488.83万元，其中核桃产量总产量达到244.7万公斤、产值达6980万元，红枣产量达到7.6万公斤、产值64.2万元，花椒产量6.5万公斤、产值269.2万元。核桃、花椒、红枣三大品种齐头并进，仅核桃产业一项就为全市农民人均增收贡献110多元，经济效益非常喜人。

在加大种植面积的同时，全市以核桃为主的干果经济林产业发展继续走“龙头企业带动，名品名牌增效”的路子，取得了可喜的成效。到2010年，全市不仅有山西大寨饮品有限公司、山西欢乐喝彩食品有限公司、阳泉市万和油脂有限公司三家干果经济林加工龙头企业，年产值达2.65亿元；同时还涌现出盂县龙祥优质核桃种植专业合作社、巾帼农产品开发专业合作社，平定县东安农业生态专业经济合作社、宏利花椒合作社、石门口乡南上庄经济合作社等经济林专业合作社，打造出“大寨”核桃露、“欢乐喝彩”核桃露、“招财鱼”核桃油、“黄安”牌核桃和红枣、“平阳公主”牌花椒、“藏山尚品”沙棘茶等干果类产品品牌，深受广大群众欢迎，有力地推动了全市干果经济林产品的品牌化进程，扩大干果经济林产品的影响，而且为以后上规模、上档次打下了良好的基础。

（一）核桃

核桃在境内具有悠久的种植历史，是本地传统的干果食品，向以个大、皮薄、取仁容易、出油率高而著称，逢年过节更是家家必备，被奉为招待宾朋之上品；远销京、津、绥远（今包头）及省内的阳曲等地，20世纪70年代曾是境内主要的外贸产品。民国23年（1934），平定县一县产核桃即达4万公斤。可见，在民国年间核桃种植就已颇具规模了。阳泉建市后，核桃生产得到了长足发展。1958年，在娘子关至白羊墅铁路两侧大种核桃树，形成了31千米的“核桃墙”。此外，在每年的植树造林中，也广泛种植核桃树，从而使核桃树的种植由昔日盂县占主导地位，平定个别乡镇有栽植，发展成了全市栽植。特别是栽植数量较少的郊区，1965年仅有核桃61.64万株，年产量0.3万公斤；到1977年产量达到4.43万公斤。当时，核桃主要分布在盂县北部地区的梁家寨、北峪口、庄里、西潘、上社、下社和平定县娘子关、东回、潺泉、马山、槐树铺、柏井等地。中共十一届三中全会后，鼓励农民尽快致富，种植面积亦迅速扩大。1985年，全市核桃产量就达到160.10万公斤。随着产量的不断增加，利用资源优势，进一步加工产品，以取得更好效益，便成为境内干果业发展的热点。1986年，平定冶西镇建起了以核桃生产及加工为一体的核桃生产基地。随之全市两县即以核桃为原料，生产出了核桃乳汁、核桃仁罐头、糖炒核桃仁等深加工产品。产品以独特的风味、新鲜的制作享誉三晋大地。1990年，全市核桃总产量达164.67万公斤。其主要品种有龙眼核桃、隔年核桃、大绵核桃等。2002年开始，借国家退耕还林好政策和山西省发展东西两山（太行山、吕梁山）核桃经济林的产业布局，全市除东梁、西烟以外的大部分地区开展了大规模、长时间的种植核桃进程，截至2010年，全市核桃种植面积已达23.42万亩（1.56万公顷），年产量244.7万公斤。盂县生产的大寨核桃露更是畅销全国，走出国门。

（二）花椒

境内有悠久的花椒种植历史，以色泽紫红、香味浓郁、麻性持重、仁大油多而著称。《全国通邮地方物产志·山西篇》“物产调查”载，民国24年（1935），平定销往外地的花椒达4600公斤（含今阳泉郊区的450公斤），可见，境内的花椒种植在当时已有一定规模。1949年，境内产花椒3.97万公斤。1974年至1990年平均年产量达到20万公斤以上。1987年，全市花椒产量达33.98万公斤，创历史最高水平。1988年，盂县下社乡下庄村进行良种花椒、核桃间作试验成功后，花椒的单产比单种时提高了24%，为进一步发展花椒生产提供了借鉴。1990年，全市花椒产量达29.46万公斤。其主要品种有小椒、大红袍、狗椒、金椒等。集中种植于盂县滹沱河流域和平定县娘子关、黄统岭、槐树铺等地区，其他地方零星种植。2010年，由于老树淘汰及政策原因，全市种植花椒2.53万亩（1686.67公顷），花椒产量6.55万公斤。

（三）红枣

境内种植红枣历史悠久，民国24年（1935），平定有红枣树11万株，1984年，经平定县普查，全县有枣树8.9万株，主要分布在潺泉、马山、东回等地，多零星种植。1990年，全市红枣总产量达9.7万公斤。主要品种有郎枣、木枣、团枣、金丝枣、酸枣等。受传统、政策等因素影响，红枣产业发展缓慢，2010年，全市红枣2.96万亩（1973.33公顷），产量7.58万公斤。

（四）柿子

栽培历史悠久。主要分布在盂县滹沱河流域梁家寨、北峪口和平定县娘子关、槐树铺、马山、南阳胜等地。加工产品柿饼、柿干是传统的干果食品，深受人们喜爱。1949年后，栽植数量亦有增加，但速度缓慢。1984年平定县经过普查，共有柿树2.27万株。1990年，全市柿子年产量达55万公斤，其主要品种有牛心柿、盖柿、小柿、左权绵柿等。2010年，全市生产36.40万公斤。

（五）黑枣

主要分布在境内平定县南阳胜、马山、冶西、娘子关等地及盂县滹沱河流域的部分地区。种植量不大。1990年，全市总产约6万公斤。20世纪90年代之后，种植与产出甚少。

除上述干果外，境内还种植有板栗、文冠果等干果，栽植面积较小。

二、水果林建设

阳泉属暖温带大陆性季风气候，四季分明，光照充足，雨热同期，是北方水果经济林适宜生长区。水果种植历史悠久，遍布全市乡村。清朝光绪年间，种有桃、杏、李、梨、槟果、沙果（林檎、花红果）、苹果、葡萄、石榴、无花果等，一般由农家在房前屋后、地头路边自行栽种，只有个别富裕户连片栽种成园。如解放前平定的北庄杏园、保安梨园、南后峪梨园等，均是当时有名的果园，出产的大接杏、笨梨等享有盛名。1949年，全市果园面积934亩（92.27公顷）。

1949年后，境内林果业走上集体经营的道路，引进外地果苗，大造“花果山”成为当时的时尚，苹果就是这时引进的，从而开启了境内大苹果时代。1953年郊区率先引种东北苹果，在大洼、东垴栽植，继而又推广至杨树沟、下章召、东南舁等地，并获得成功，同时，平定、盂县亦纷纷引进苹果树苗在牛角沟、上冶头、里牌岭等地进行栽植，引进的品种也不断扩大，仅平定县在1958年至1966年间就引进各类果树苗30万株，其中苹果20余万株；有298个大队建了果园，果园种植面积达7479亩（498.6公顷），年产量达398.5万公斤，苹果远销香港。1970年，全市果园面积达1.32万亩（880公顷），年总产量为367.5万公斤。20世纪70年代初，强调“以粮为纲”，不惜毁掉挂果林木，使果木的植伐持平，造成经济损失，水果业发展缓慢。1971年至1975年间，全市果园面积基本保持在1.7万亩（1130公顷）左右，最低的1974年，果园面积仅达1.47万亩（980公顷），1976年以后发展较快，到1978年时全市果园面积达2.62万亩（1746.67公顷），年总产量为817万公斤。

中共十一届三中全会后，境内把发展山区林果业当作壮大农业经济、促进农民致富的重要途径，大力发展水果种植。到1983年水果种植面积达到3万余亩（2000公顷），之后经过1985年至1988年的发展，到1990年，全市水果面积达5.11万亩（3406.67公顷），水果产量达765.2万公斤。1995年以后，全市水果业在各方面都有了较大发展，至1998年，全市水果面积达7.62万亩（5080公顷），人均水果占有量约20公斤。到2000年，全市水果面积达7.29万亩（4860公顷），产量937.9万公斤。随着种植面积的不断扩大，果农开始积极引进新品种、推广新技术、改善种植结构。从20世纪80年代后期开始，阳泉开始推广水果矮化密植栽培技术。从90年代开始，特别是1992年以后推广使用果园平衡施肥、疏花疏果、生物覆盖、穴贮肥水、叶面喷肥、冬夏合理修剪、病虫害综合防治、果实套袋及摘叶转果、铺设反光膜、激素促控技术等适用栽培管理技术。2005年又推广了苹果小冠开心型树型技术。2006年以后引进了高光效树型修剪技术，对老果园进行树型改造。并推广了果园生草覆盖技术。2010年又推广了绿色防控技术，对果树的病虫害防治，重点推广频振式杀虫灯、黄板、诱虫袋和生物农药等无害化防控技术，确保果品质量安全。同时，针对果业发展中，结构不合理、效益不好、树种品种单一的问题（以评估种植为例，1999年，全市苹果种植面积占水果总面积的89%，其中中晚熟和晚熟品种又占80%以上），积极进行树种、品种的调整，对树龄大、品种老化的果园进行更新、淘汰，对树龄小、品种差的进行了高接换优。经过调整，2003年与1999年相比，苹果面积比例由89%下降为82%，富士、新红星等苹果优良品种比例由48%增加到55.11%，国光等老品种比例下降了4个百分点。苹果以外的其他树种比例增加7个百分点。2004年，全市通过高接共更新老苹果园1.5万亩（1000公顷），占苹果结果面积的20%。而且早熟品种比过去增加了20%，其他树种与苹果的比例为1∶4.5。2007年后又引进了一些优良小杂果品种，通过几年的调整，到2010年，小杂果比例大幅度增加，果品结构趋于合理。

2000年后，由于20世纪80年代中期至90年代中期建成的部分果园粗放经营，提前进入衰老期，加之种植结构的调整，全市水果种植面积逐年减少，到2005年，全市水果面积4.11万亩（2740公顷），产量902.3万公斤。2010年，全市水果总面积为2.76万亩（1840公顷），总产量达到1320.8万公斤。

在阳泉水果业的发展过程中，示范园区建设发挥了积极作用。1992年后，通过推广配套适用的旱作栽培技术，特别是通过1993年至1995年三年经济林管理年活动和1997年至2001年的省级优质水果示范园建设项目实施，全市水果业生产跨上了新的台阶，建成了以平定县理家庄、前石窑、立壁、移穰、上冶头、宁艾、上马郡头、新村、南后峪、小峪、南上庄、聂家庄；盂县北庄、下王、大围、仙人、西小坪、上细腰；郊区西南舁、下白泉、林里、魏家峪、牛家峪、西峪等一批水果生产基地。示范园总面积4500亩（300公顷）。2002年至2009年实施了省级无公害示范园建设项目，形成了一些管理规范的优质无公害水果园区，尤其是郊区西南舁乡兴建了以苹果为主的6000多亩（400多公顷）无公害果品生产基地，并获得了“山西省无公害苹果生产基地”的认证，注册了“三舁”品牌果品。2010年，全市开展了标准化果园创建活动，当年全市创建标准化示范园面积1816亩（121.07公顷），涉及郊区西南舁乡16个村，171户果农，生产果品275万公斤。优质水果示范园建设项目的实施，标准化果园的创建，促进了先进适用技术的推广，提高了全市果业管理水平，有效增加了果农经济收入。

2010年，境内所产水果主要有苹果、梨、桃、杏、葡萄等，此外还有石榴、山楂、草莓等。其中梨、桃、杏、山楂、石榴为境内传统种植品种，其他果树多为外地引进品种。

（一）苹果

清光绪年间，境内种的是槟果、沙果（林檎、花红果），其特点是产量少、果实小、皮薄、味道甜美，但不耐储存，容易破损，这被认为是中国土生苹果品种或与苹果相似的水果。清末，美国人在山东烟台等地引进西洋品种苹果，此后，西洋品种苹果逐渐在中国市场上占据主要地位，中国土生品种苹果逐渐被果农淘汰，种植范围不断缩小。1953年，郊区率先从东北引进西洋品种苹果树苗，在大洼、东垴栽植，继而又推广至杨树沟、下章召、东南舁等地。1954 年、1958 年，平定县、盂县也分别引进这些苹果树进行栽种。经过多年的发展，这些苹果树已占绝对多数。到 1990 年，全市苹果园面积已达 4.45 万亩（2966.67 公顷），零星种植 75.14 万株，年产量达 566.3 万公斤，居全市水果面积和产量的首位。其主要品种有小国光、红玉、红元帅、金冠、大国光，其次有青香蕉、印度青、倭锦、鸡冠、红斜子、醇露、黄魁、祝光、伏锦、八月舒、迎秋、瑞香、北斗、红星、短枝富士、超红、乔纳金等。1987 年后引进的短枝型品种有新红星、烟青、金矮生、新国光、好矮生、银红、魁江等。20 世纪 80 年代后期开始大面积引进富士、新红星、新光、金矮生等新品种和短枝型品种，逐步淘汰倭锦、国光、红玉、红元帅、青香蕉等老品种。1992 年以后，又引进了红富士系、红乔纳金、燕山红、乐乐富士、新世界、藤木一号、皇家嘎拉等品种。2007 年从省果树研究所引进了寿红、早富士、嘎拉等。2010 年，全市苹果种植 2.13 万亩（1420 公顷），总产 1012.4 万公斤。主要栽培品种有红富士系、红乔纳金、燕山红、乐乐富士、新世界、藤木一号、皇家嘎拉等品种。

（二）梨

栽培历史悠久。郊区集中产于保安沟、蒙村沟、汉河沟、黄沙岩等地。1949 年以前，境内梨的品种为油梨、笨梨、鸭梨，果品体积小，汁液中等，肉质粗糙，味带酸。20 世纪 50 年代引进和改良品种后，品质有了很大提高，种植数量也不断增加。1990 年，全市有梨园面积 4506 亩（300.40 公顷），零星树 15.93 万株，年产量达 77.7 万公斤，是当时全市种植面积与产量居第二位的水果。主要品种有油梨、鸭梨，其次有雪花梨、慈梨、酥梨、猪嘴梨、晋蜜梨、香蕉梨、茄梨、棠梨等。1992 年以后，引进红香酥梨、硕丰梨、玉露香、莫梨、七月酥、皇冠、晋蜜梨、黄金梨、丰水梨等。2010 年，全市种植梨 3190 亩（212.67 公顷），总产 113.0 万公斤。

（三）桃

传统种植品种。主要种植于平定县，其中槐树铺一带的雪桃，历史较长，但在 20 世纪 70 年代被砍掉。郊区主要分布于汉河沟、魏家峪、大村、街上、南杨家庄等地。年产量稍次于苹果、梨。1990 年，全市产量达 15.2 万公斤。主要品种有五月鲜、六月白、大久保，其次还有雁过红、撒花红、蟠桃、雪桃、岗山 500 号、北京 2 号、北京 7 号、北京 13 号、雪桃、毛桃、山桃等。2007 年后，引进了意大利油桃、北农 26、太久宝、早久宝、金秋、瑞蟠 2 号、瑞蟠 3 号等新品种。2010 年，全市种植桃 854.1 亩（56.94 公顷），总产 78.7 万公斤。

（四）杏

境内传统种植果木。主要分布于平定各乡镇，在郊区汉河沟、街上、魏家峪等地也有种植，但数量较少。其中平定产的大红袍杏属于山西名杏，零星分布在锁簧镇北庄村、张庄镇张庄村、宁艾村、新村和南阳胜乡南阳胜村一带。其茸毛少，果皮韧，肉厚，纤维少，汁液多，甜酸可口。经山西农业大学专家分析：每百克鲜果中含可溶性固物14克，还原糖2.63克，苹果酸0.657克，柠檬酸0.686克，维生素C 8毫克，为优良的鲜食及加工兼用果品之一。1990年，全市产量为8.3万公斤。主要品种有沙金红、白干杏、大接杏、白小杏、大红袍杏、李梅杏、毛杏、山杏等。2010年，全市种植杏260亩（17.33公顷）。

（五）葡萄

栽培历史悠久，但长期处于庭院和零星栽植状态，20世纪80年代后才开始集中栽植。据1983年统计，全市葡萄栽植面积190亩（12.67公顷），年产量4万余公斤，产品只占当年全市水果总产量的3%。主要分布于平定县娘子关河谷和郊区韩庄、街上、义东沟、牛家峪等地。1990年，全市共有葡萄园711亩（47.40公顷），年产葡萄5.9万公斤，主要品种有玫瑰香、龙眼、牛奶、黑鸡心、巨峰、保尔加尔、黑奥林、乍娜、红富士、藩若尼亚、杨格尔、葡萄皇后等。1992年以后陆续引进了克瑞森、红双味、皇家秋天、红玛奶、红缇、黑缇、峰后、高妻、天缘奇、红提玫瑰等葡萄品种。2010年，全市种植葡萄168亩（11.2公顷），总产12.1万公斤。

（六）山楂

种植历史悠久。历史上多处于野生状态，因产量大、味酸、不易久存，专门栽植的很少，20世纪80年代后，才开始连片种植。1986年，郊区、平定县、盂县开始建设山楂生产基地，1990年前后，以山楂为原料的加工产品也相继问世。平定县张庄镇不满足于串糖葫芦和做山楂糕、山楂条、山楂罐头，引进新技术，生产出以纯山楂为原料的“爱维特”果茶。该果茶酸甜适度，口感醇绵而不腻，成为三晋大地的名牌饮品。1990年，主要种植品种有大金星、小金星、敬口、粉口、艳红果等。2010年，全市山楂种植面积360多亩（20多公顷），总产量4.1万公斤。

（七）石榴

境内栽植历史悠久，以前主要生长于家户庭院，主要品种有冰糖石榴、朱砂石榴、酸石榴等。1992年以后，平定县以娘子关镇河北村为代表的一些村庄开始有规模地种植石榴，仅河北村就种植石榴1000多亩（60多公顷），主要品种有泰山红、江石榴、河阴软籽、大籽冬石榴等。娘子关村还建成了可观光休闲的石榴园，在娘子关镇的不少村，石榴已成为农村经济的支柱产业。2010年，全市石榴结果面积700亩（46.67公顷），年产量80万公斤。

（八）中华猕猴桃

1988年平定新村果园从河南引进水果新品——中华猕猴桃，1990年开始挂果。经化验，果实含维生素C达150毫克/100克，高于全国推广的79-1、79-2、79-5、81-51等品种的含量，同时也高于欧美Abo比88.90毫克/100克的含量。属发展型果品。21世纪后，种植极少。

第五节　林　场

一、简况

1958年，平定县红育口学校建起境内第一座林场。1960年，盂县成立诸龙山国营林场。紧接着，平定县药岭寺国营林场、阳泉市狮脑山国营林场相继建成。1971年，阳泉市农村第一个集体林场在郊区杨家庄公社建立。1973年，郊区荫营公社街上村林场建成，为村办集体林场。此后几年，乡、村级集体林场发展迅速。1978年后，接受20世纪70年代“毁田造林”“伐林造田”的教训，遵循“宜林则林，宜田则田”的原则，林业部门对全市林场进行了调整。1983年后，全市建立了一批家庭林场。截至1990年，全市共有林场79个，其中国营林场3个、乡办林场34个、村办林场28个、学校林场3个、坑木林场11个。林场面积84.73万亩（5.65万公顷），宜林总面积达37.79万亩（2.52万公顷），已造林21.59万亩（1.44万公顷）。其中国营林场总面积为71.21万亩（4.75万公顷），宜林地31.48万亩（2.10万公顷），造林14万亩（0.93万公顷），实际保存面积4.9万亩（0.33万公顷）。1990年，国营林场完成造林2754亩（183.6公顷），平均成活率为83.8%。2000年后，境内国有林场按照各自工作目标，团结一致，艰苦创业，圆满完成各项工作任务。2004年，3个国有林场（阳泉市狮脑山林场、平定县国营林场、盂县国营林场）完成造林6700亩（446.67公顷）、抚育550亩（36.67公顷）、补植补种7000亩（466.67公顷）、新育苗330亩（22公顷）、容器育苗5万袋，其中狮脑山国有林场造林200亩（13.33公顷）、抚育400亩（26.67公顷）、完成育苗20亩（1.33公顷），平定县林场造林1000亩（66.67公顷）、抚育150亩（10公顷）、补植补种5000亩（333.33公顷）、完成育苗10亩（0.67公顷），盂县林场造林5500亩（366.67公顷）、补植补种2000亩（133.33公顷）、完成育苗300亩（20公顷）。2005年，3个国有林场完成造林3476亩（231.73公顷）、抚育1200亩（80公顷）、补植补种2000亩（133.33公顷）、新育苗300亩（20公顷）、容器育苗5万袋。其中，狮脑山国有林场造林450亩（30公顷）、抚育200亩（13.33公顷），平定县林场造林1000亩（66.67公顷）、抚育1000亩（66.67公顷），盂县林场造林2026亩（135.07公顷）、补植补种2000亩（133.33公顷）。2006年至2007年，全市国有林场经营总面积达128713.5亩（8580.9公顷），其中盂县林场75384亩（5025.6公顷）、平定县林场38359.5亩

（2557.3 公顷）、狮脑山林场 14970 亩（998 公顷）。管头山、药岭山、狮脑山等山脉生长良好的森林植被为改善全市生态环境发挥着重要作用。3 个林场共完成造林 7060 亩（470.67 公顷）、抚育 10650 亩（710 公顷）、补植补种 3100 亩（206.67 公顷）、封山育林 5000 亩（333.33 公顷）。其中，狮脑山国有林场完成造林 1360 亩（90.67 公顷）、抚育 3550 亩（236.67 公顷），平定县林场造林 5000 亩（333.33 公顷）、抚育 5165 亩（344.33 公顷），盂县林场造林 700 亩（46.67 公顷）、补植补种 3100 亩（206.67 公顷）、抚育 1835 亩（122.33 公顷），太行山封山育林 5000 亩（333.33 公顷）。2008 年至 2009 年，3 个国有林场抓住春、雨季有利时机，大力开展营造林生产，共完成各类造林 7610 亩（507.33 公顷）、抚育 9750 亩（650 公顷）、封山育林 15000 亩（1000 公顷），育苗 77 亩（5.13 公顷）。其中，狮脑山国有林场完成造林 710 亩（47.33 公顷）、抚育 600 亩（40 公顷）、育苗 15 亩（1 公顷），平定县林场造林 2900 亩（193.33 公顷）、抚育 4300 亩（286.67 公顷）、苗 40 亩（2.67 公顷），盂县林场造林 4000 亩（266.67 公顷）、封山育林 15000 亩（1000 公顷）、抚育 4000 亩（266.67 公顷）、育苗 22 亩（1.47 公顷）。创收 111 万元，其中狮脑山林场 25 万元、平定县林场 21 万元、盂县林场 65 万元。

二、主要林场

阳泉市狮脑山林场　始建于 1963 年，场部位于市区西南方向 7 千米处的狮脑山上，总经营面积 10500 亩（700 公顷），分为郊区旧街乡大乐寺、平坦镇后峪和狮脑山三个作业点工作，主要树种有油松、侧柏、刺槐，主要灌木有黄栌、黄刺玫、荆条等，属财政差额预算事业单位，2010 年有在职职工 29 人。经过 40 余年几代林业职工的不懈努力，昔日的荒山秃岭如今变的郁郁葱葱，森林覆盖率达 57.6%，各项环境指标俱佳。随着改革开放和生态环境建设步伐的加快，

狮脑山林场

林场由单一的造林生产向公益事业、生态效益、景观效益、经济效益转变。2002年9月经省政府批准为省级森林公园，与林场为一套人马、二块牌子。此后，先后投资200余万元，对基础设施进行了改造，该公园已拥有高中档客房62间，设施全部配套，可同时容纳120人住宿就餐，初步具备接待能力。经过多年的运行，为林场探索出一条可持续发展的路子。“十一五”期间，该林场共完成各类造林2370亩（158公顷）、抚育4450亩（296.67公顷）。

平定县国营林场　始建于1960年，位于山西省中段东侧素有“晋东大门”之称的平定县境内，东至城西4千米的冠山，西至寿阳县，南至昔阳县，北与阳泉市交界。林场隶属平定县林业局。2010年有在编职工21人，离退休12人。辖区有药岭寺、赵家、秋林3个保护站，全区林业用地面积为4.06万亩（0.27万公顷），其中有林地2.908万亩（0.19万公顷）、疏林地200亩（13.33公顷）、灌木林地0.34万亩（226.67公顷）、未成林地0.62万亩（413.33公顷）、无立木林地20亩（1.33公顷）、宜林地1700亩（113.33公顷），森林综合覆盖率71.3%；全林区活立木总蓄积量3.4万立方米，固定资产净值152万元，场部办公用房73间、面积约1460平方米，辅助用房28间、面积约560平方米，还有45间危房、约900平方米。在上级领导的积极支持下，林场在近年来实现了“五通”（通路、通水、通电、通电话、通网络），修建了防火瞭望塔，配备了望远镜，发电机等基础设施。林区有林道400多千米。林区内主要为中龄林和幼龄林，林业用地中乔木林树种为油松（占林分面积的65%）、辽东栎（占林分面积的20%）、漆树、构树、五角枫、椴树、刺槐等树种，灌木有胡枝子、榛子、醋柳、连翘、黄刺梅、荆条、锦鸡儿、六道木等，草本植物有羊胡草、铁杆蒿、黄背草、柴胡、黄芩、党参、黄连等。林区有动物种类54种，其中鸟类28种，兽类20种，两栖爬行类6种，列为国家级保护的珍稀动物有金钱豹、梅花鹿、青羊、苍鹰、雀鹰等，列为省级保护的有杜鹃、小杜鹃、普通夜鹰、戴胜、星头啄木鸟等。林场在“十五”期间完成林业生产任务4500亩（300公顷），在秋林作业点新育苗20亩（1.33公顷），在药岭寺完成了1000亩（66.67公顷）的人工防护林工程，绿化了2千米的旅游通道，在秋林作业区实施了1500亩（100公顷）的中幼林抚育，封山育林1400亩（933.33公顷），太行山绿化造林550亩（36.67公顷），被县市评为优质工程。“十一五”期间共完成造林8400亩（560公顷）、抚育10965亩（731公顷）。

盂县国营林场　始建于1960年，场部设在县城西17千米处的南娄镇管头村。林场隶属于盂县林业局，2010年，有职工32人。林场由滹沱河、管头山、诸龙山3个营林区、17个作业点组成，经营面积7.83万亩（5220公顷），林业用地面积7.73万亩（5153.33公顷）。其中有林地2.99万亩（1993.33公顷）、疏林地0.91万亩（606.67公顷）、灌木林地1.43万亩（866.67

公顷），未成林地450亩（30公顷）、无立木林地0.6万亩（400公顷）、宜林地1.75万亩（1166.67公顷）。活立木蓄积量为8.04万立方米。森林覆盖率39.5%。林场现有固定资产160.89万元，有办公楼一座，防火专用车4辆，瞭望台一座。3个营林区、17个作业点均有简易公路相通。林场森林植被中乔木有油松、侧柏、桦树、山杨、栎类等，主要优势树种为面积1100亩（73.33公顷）的油松和面积410亩（27.33公顷）的侧柏，灌木有黄刺玫、沙棘、王榛子、忍冬、山桃等，草类有白茅草、苔草、铁杆蒿等。"十五"期间完成营林生产任务5000亩（333.33公顷），经验收成活率和保存率分别为90%和85%。"十一五"期间完成造林4700亩（313.33公顷）、抚育7835亩（522.33公顷）、补植3100亩（206.67公顷）、封山育林25000亩（1666.67公顷）。

第六节　森林保护

一、林业管理

（一）林权管理

1949年以后，全市根据国家有关政策进行过几次土地、山林权属的确权工作。一是1981年按照省政府《批转关于稳定山林权属颁发林权证的办法》通知精神，成立了阳泉市山林树木稳权发证领导小组，下设办公室，全面铺开稳权发证工作。此次稳权发证工作历时一年半，共发放林权证1631份、树权证29494份、宜林地使用证4096份，共确认成片林39178亩（2611.87公顷）、四旁树834054株。二是2004年6月根据省政府办公厅《关于开展林权登记发证工作

林业局办公楼

的通知》精神，开展了林权登记发证工作，对全市境内的国有、集体和个人以及机关、团体、农场、厂矿、企业、学校、部队等单位以及城镇、园林、铁路、公路、水利等部门拥有的森林林木和林地全面进行登记，发放全国统一式样的林权证，对1982年以前发放的林权证给予换证。截至2006年，全市共发放林权证13110本，申请登记林业用地252.50万亩（16.83万公顷），四旁树143.60万株。三是进行集体林权制度改革，全市集体林权制度改革从2009年郊区试点开始，2010年全面启动。截至2010年，全市调查集体林地总面积为385.5万亩（25.7万公顷），纳入集体林改的面积为355.8万亩（23.72万公顷），完成集体林地勘界确权341.01万亩（22.73万公顷），产权明晰率为95.8%，实行家庭承包经营227.47万亩（15.16万公顷），其中包括联户承包的16.88万亩（1.13万公顷），家庭承包率达84%，签订林地承包合同24.3万册；发放林权证4.11万本，发证面积312.25万亩（20.82万公顷），发证率为87%。

（二）林地管理

1949年开始，各级政府特别重视森林保护，制定了一系列护林政策和法规。1950年2月，山西省政府发布《关于严密保护山林的布告》。1963年5月，国务院制定《森林保护条例》；同年，省林业厅发出《关于贯彻执行国务院〈森林保护条例〉的通知》。1967年9月，中共中央、国务院、中央军委、中央文革小组发出了毛泽东批示“照发”的《关于加强山林保护管理，制止破坏山林、树木的通知》。1979年2月国家颁发《中华人民共和国森林法（试行）》，使林业管理步入法治化轨道。1982年，市政府转发了中共中央、国务院发布的《关于坚决制止乱砍滥伐森林的紧急指示》，进一步加强林木保护管理工作，使乱砍滥伐行为有所收敛。林地管理实行严格的林地用途管制，征占国有和集体林地必须按法定程序审批，林地用于非林业生产等必须持有“使用林地许可证”。林地审批严格按照《占用征用林地审核审批管理办法》执行，用地单位按规定支付林地、林木补偿费、安置补助费、森林植被恢复费等费用，专门用于恢复森林植被。

（三）森林采伐

森林采伐从1986年起实行限额管理，省政府每五年制定一次采伐限额，并逐级下达年度采伐指标，对木材生产进行统一计划管理，凭采伐许可证采伐森林和林木。1982年，市政府发出《关于使用木材采伐证的通知》，对申请采伐林木的单位，按木材生产计划和《中华人民共和国森林法》《森林采伐作业规程》《森林采伐更新规程》等有关规定进行审批。同时森林更新坚持谁采伐谁更新的原则，经过严格审核审批，全市森林采伐量远远低于限额指标，实现了森林资源长大于消。

（四）封山禁牧

为加快培育森林资源，扩大森林覆盖面积，全面建设“生态阳泉”，2003年7月，市政府下发了《封山禁牧通告》和《关于实施封山禁牧的意见》。全市实施封山禁牧区域主要集中在盂县、平定县、郊区3个农业县区，截至2010年，全市散养的山羊数量由封禁前的32万只下降到1.02万只，舍饲养殖牛、羊3.8万只（头），固定牛舍、羊舍29.6万平方米（固定羊舍5.6万平方米）。通过实施封山禁牧，全市野外放牧现象得到了有效控制，从根本上遏制了放牧对森林资源造成的破坏，保证了退耕还林和新造幼林的正常生长，形成了乔灌草、多树种、多层次的植被类型。同时调整了养殖结构，改良了畜种，节省了饲料，促进了全市农、林、牧协调发展。

二、森林防火

随着森林资源的不断增加，护林防火任务不断加大。自1959年之后，历届市政府都设立指挥机构，组织开展森林防火工作。阳泉市护林防火指挥部始建于1974年，1982年8月，更名为阳泉市人民政府森林防火指挥部，办公室设在市林业局公安林业派出所。“八五”期间，市森林防火指挥部出台关于扑救森林火灾预案，制定森林防火指挥部职责，认真落实行政领导负责制。同时，广泛开展防火宣传教育，严格野外火源管理，联防联治工作稳步推进，全市共投入防火经费162万元，发生火灾24起，过火面积31614亩（2107.6公顷），受害林地10158.6亩（677.24公顷）。“九五”期间，市政府与县（区）政府签订森林防火责任状，市森林防火指挥部制定森林防火指挥、监督、报告、调度四项制度，组建市级森林消防专业灭火队3支、80人。在国家防火办和省森林防火指挥部的大力支持下，配置林火卫星监测仪1套，与国家、省防火办实现联网，全市共投入防火经费125万元，发生火灾15起，过火面积19591.95亩（1306.13公顷），受害林地5196亩（346.4公顷）。特别是“十五”期间，全市森林防火工作得到了长足的发展，逐步走上了科学化、法治化、规范化、专业化、标准化轨道。截至2010年，全市市级森林防火指挥中心1处，视频监视系统1套，瞭望塔8座，有线通信线路291千米，防火道路30千米，电台27台，对讲机132台，卫星电话6台，风力灭火机871台，灭火水枪1020个，2号、3号工具10575套，灭火弹13000发，防火宣传碑（牌）1350个，专业扑火队15支800人，半专业扑火队23支1670人，护林人员2000名。这期间全市重点加强了森林防火责任、预防、扑救三大体系建设，森林防火观念实现由林业部门单一搞防火向政府抓防火转变，防火工作评估由重结果轻过程向过程与结果并重转变，由季节性防火向常年性防火转变。市森林防火指挥部制定森林防火责任追究制度、风险抵押金制度和森林防火举报奖励制度，市、县、乡、村层层签订森林防火责任状，村与农户签订野外用火“十不准”承诺书，建成市级森林防火指挥中心，全市共投入防火经费379.41万元，发生火灾10起，过火面积1.34万亩（892.61公顷），受害林地0.43万亩（287.29公顷）。全市投入防火经费489.5万元，发生火灾1起，过火面积126亩（8.4公顷），受害森林面积12.45亩（0.83公顷）。

“十一五”期间，着力构建森林防火工作长效机制，加大资金投入，下大力抓好森林灭火专业队建设，最大限度地保护了现有森林资源安全。2006年，市政府出台《关于进一步加强森林防火工作的实施意见》，着重从森林防火责任、防范、应急、保障、奖惩五个方面，具体提出加强森林防火工作的长效机制。市森林防火指挥部制定《阳泉市重特大森林火灾应急处置预案》和《森林防火责任状考核办法》，组织编印《森林防火知识必读》。狮脑山林场安装森林防火微波电视监测系统，护林员和瞭望塔（哨）值勤人员月工资每人400元以上，由县（区）财政从煤炭价款中直接支付。2008年，市政府推行了森林火灾肇事者及相关责任人电视曝光制度，起到了教育广大群众的效果。2009年，全市建成了覆盖全市重点林区的林火监控系统，总投资877.2233万元，分别由省、市、县按比例承担。林火监控系统的建成使用大大提高了全市森林火灾的预防扑救能力。到“十一五”期末，全市共有瞭望塔8座，防火道路177.7千米，车载台22台，对讲机236部，卫星电话6部，风力灭火机925台，灭火水枪1270个，灭火弹16500发，其他灭火工具2万余把，专业、半专业灭火队共79支2590人，护林员3800人。全市发生火灾12起，过火面积3.24万亩（2162.83公顷），受害林地4541.4亩（302.76公顷）。

第六章 水利

第一节 概况

境内河流除盂县西部有22平方千米属黄河流域汾河水系外，其余均属海河流域子牙河水系。古时，境内水资源丰富，到处泉水喷涌，仅大、小阳泉一带就有5处泉眼终年涌漾不息。明清之后，因滥伐森林、遍采煤炭，水资源遭到很大破坏，并造成近代之后“雨则水涨，雨止则涸，无长流渠道可以疏引”的状况。尤其在山洪暴发时，沿岸居民及田禾屡遭冲淹，广大人民饥荒不断，生活艰辛。民国年间，许多村庄主动改造生存环境，开凿水井、挖渠、防洪筑坝，但因烽火连年，硝烟不断，终未成大举，人民仍处在旱洪灾害频繁、水贵如油的困境之中。

建市后，市委、市政府组织领导广大群众自力更生，艰苦奋斗，勤俭办水利。1949年至1957年，主要以打旱井、建水井，改造简便提水工具来发展小型水利。到1957年，全市共有旱井1210眼、水井752眼；其中，机电井21眼、装机153马力，新式畜力水车100部。

1958年后，随着集体经济的壮大，水利工作重点转向“修库建池抓蓄水，发展机电提水灌溉”上。广大干部群众采用土法上马、土洋结合、中小并举的办法，使机电井站和多级高扬程提水灌溉工程逐步发展起来，灌溉面积增长较快。到1970年，全市共建成中、小型水库15座，总库容2537万立方米；建成塘坝水池517个，总容量45万立方米；建成水井1777眼，其中配套机电井326眼，装机3562马力；建成机电灌站210处，装机1万马力；水浇地达到7.71万亩（5140公顷），相当于1949年的3385亩（225.67公顷）的22.78倍。20世纪70年代，围绕“全国北方地区农业会议”精神，以“学大寨、赶昔阳，大干快上，建设稳产高产田”为目标，采取“远引、深挖、大蓄、高提、喷灌”相结合的办水方针，实行建设水源工程及井、站、人畜吃水工程相配套，并大搞工程配套受益，有效地缓解了全市城乡缺水的紧张状况，保证了工农业生产用水，推动了国民经济的发展。在此期间，建成了阳泉娘子关提（供）水工程、郊区温河水利工程、山南水库供水工程等。但由于“文化大革命”的影响，部分工程未按基建程序办事，加之“重建轻管”等弊病，造成一些水库防洪标准低，不能充分发挥蓄水调洪的作用，同时也为管理利用留下了许多隐患。20世纪80年代后，水利工作的重点逐步转移到以提高经济效益为中心的管理上来，把加强管理贯穿于水利工作的各个方面。1982年起，主要做了重点小流域户包治理工作，把需治理的小流域划分成片，包给农户，并规定了户包治理50年至100年不变的政策，从而加快了综合治理的步伐，同时也促进了边远山区的脱贫致富。

20世纪90年代后，全市水利事业有了全面快速的发展。1993年开始，兴建了一批以乡（镇）供水为主的集中供水工程。2000年后，全市重点实施了农村饮水解困和饮水安全工程、水源工程、节约用水工程、水土保持生态工程、防洪保安工程“五大工程”。2000年至2005年，开展了两轮饮水解困工程，全市提前完成解困目标；2006年，启动五年农村饮水安全工程。2010年，全市实现饮水安全全覆盖。

1949年至1989年40年，全市水利总投资为29416万元，其中国家补助15764万元、群众自筹13652万元。国补资金中，水土保持投资为3262万元，水电工程投资为935万元，吃水饮水工程投资为4348万元，抗旱投资为436万元，防洪投资为4359万元，小水电工程投资为2424万元。1990年之后，国家用于水利建设的投资大幅增加。1990年至2005年，水利建设面临前所未有的大好机遇，16年共完成水利基本建设投资51913万元，其中中央投资达15256万元。2006年至2010年完成水利投资8亿元，其中市级以上投资达4.03亿元。

第二节　饮水工程

一、简况

阳泉是一个十年九旱、水资源缺乏的土石山区，据第二次水资源评价1956年至2000年系列，全市水资源总量为5.06亿立方米/年，较第一次评价（1956—1984）水资源总量5.84亿立方米/年减少13.3%，人均占有量407立方米。“山高石头多，出门就爬坡，滴水贵如油，年年为水愁”，这是境内群众生活的真实写照。由于特殊的自然地理地质条件，历史上人畜吃水就十分困难，加之近现代煤炭资源的过度开采，破坏了中浅层地下水源，缺水状况更加严重。因此，解决全市人民的饮水一直是水利工作的重点之一。

建市后，市委、市政府始终把解决吃水困难作为发展全市经济的头等大事来抓。建市初期，全市解决干旱缺水主要靠打旱井、修水洞，拦蓄雨水。20世纪70年代，因地制宜地采取蓄、引、提、挖等多种办法，积极利用桃河水、矿坑水，大力挖掘地下水，修建了许多水利工程。从1971年开始，为了解决城乡水源，组织开展了四项水源工程。一是从盂县穿山跨沟、筑坝修渠34千米的温河引水工程，1977年工程竣工；二是义井公社小河大队深挖岩溶水（垂直深度350米）的人工深斜井工程，1978年完工；三是解决城市水源的娘子关提水工程，1980年一期工程试水成功，投入生产；四是在桃河上游寿阳县境内修建山南水库工程，1974年完工蓄水。到1987年，全市共建成人畜饮水工程793处，其中提水工程182处、装机9186.9千瓦（335台），引水工程55处、引水渠长165.23千米，蓄水工程556处，另有旱井14870眼。这一时期的水利工程使历史上长期缺水的阳泉市区及975个村、35.56万人、3.35万头大畜吃水困难问题得到解决。同时，新出现的101个缺水村、5.5万人、0.34万头大畜的饮水问题也得到解决，占到应解决用水问题村庄的93%。

1988年后，全市不断加大农村人畜饮水工程建设和投资力度，全市农村人畜饮水工作走上了一个快速发展的新时期。1993年省委、省政府从全省煤炭基地建设导致农村人畜饮水困难的实际出发，作出了从煤炭行业筹资解决农村人畜饮水困难的决定，并开展了以乡镇供水为主的跨村、跨乡集中供水工程建设。为了解决边远山区饮水困难，2001年市委、市政府决定在全市实施“一户两井”工程，平定县东回、柏井、石门口、岔口，盂县西烟（含南社）、东梁、仙人（含东庄头），郊区西南舁、河底等15个乡镇打旱井24000眼。为进一步改善全市农村饮水条件，市委、市政府对主要利用旱井解决饮水问题的乡村实施旱井集雨自来化工程，市、县（区）财政给每户各补助100元，实行一户一场一井一泵，将旱井水直接接入厨房。

2000年至2005年，全市实施两轮“饮水解困”工程，使农村饮水条件得到极大改善。其间，兴建了平定县岔口、马山、巨城、冠山、下冶头、巨城岔口、南片、柏井，郊区三郊、杨家庄、西南舁、李家庄、白泉、河底、南沟，盂县仙人、土塔、孙家庄、城西、清城、牛村等21处集中供水工程，兴建了单村提水工程268处、引水工程73处、蓄水工程227处，建成旱井水洞15988眼，维修改造了平定县黄统岭，盂县王村、东兰、长池4处集中供水工程，完成总投资11611.1万元，共解决和改善了741个自然村、24.82万人、1.62万头大畜的饮水困难问题。经过6年实施“饮水解困”工程，全面解决了全市最严重缺水地区的饮水困难问题。阳泉市被评为全省三年饮水解困先进地市，市水利局获2002年省劳动竞赛委员会“五一劳动奖状”，平定县和盂县分别被评为全省2001年度和2002年度饮水解困先进县和红旗县，郊区水利局荣立2002年省劳动竞赛委员会集体一等功。

截至2005年，全市农村人畜饮水困难基本得到解决，但也存在着工程标准低、水资源保证率不高、水质不达标以及采煤漏水导致的水资源破坏等问题，全市的农村饮水安全问题仍然严重。一是饮水水质不达标，涉及19.56万人，其中氟超标0.97万人、砷超标0.35万人、苦咸水5.63万人、未经处理的Ⅳ类及超Ⅳ类地表水2.59万人、细菌指标超标严重未经处理的地表水0.35万人、污染严重未经处理的地下水6.90万人、其他饮用水水质超标问题2.77万人；二是水量不达标，涉及7.47万人；三是用水方便程度不达标，涉及0.97万人；四是水源保证率不达标，涉及4.44万人。据2005年调查统计，全市饮水不安全人口共32.44万人，占全市农村人口的44%。

为解决上述问题，2006年全市开始实施饮水安全工程。从2006年起，全市连续将饮水安全工程列为市政府“百项工程”和年度为民办的“十件实事”之一，坚持以人为本、服务民生的原则，以集中供水工程为重点，认真组织实施，先后建成了平定县新村供水、石门口引水，盂县四贾村连片供水、闫家沟供水，郊区牛家峪、上白泉、下烟净水等一批供水工程，饮水安全水平得到很大提高。截至2010年，全市共建成各类农村饮水安全工程643处，其中兴建了集中供水工程8处、单村提水工程418处、引水工程64处、蓄水工程153处，完成总投资1.67亿元，共解决和改善了694个自然村、31.3万人的饮水安全问题，农村自来水入户率较“十五”末提高了30%，达到90%。在工程建设中，市水利局从2008年开始在全市范围组织开展了饮水安全达标乡镇创建活动，用3年时间使32个乡镇全部达到饮水安全标准。

娘子关供水二期工程供水管道

二、重点工程

冠山镇集中供水工程　平定县冠山镇集中供水工程兴建于2003年，以平定县城市自来水管网为水源，流量为1.0立方米/秒。该工程管道布置分两条主输水管线，共铺设110毫米塑料压力管道4.9千米，新建水池2个、共2000立方米，维修水池2个、共4000立方米，安装3DA-8×6型和3DA-8×7型水泵各2台，装机共60千瓦，新建泵房2处、共40平方米，改造维修泵房2处、共30平方米，建管理站1处50平方米。工程总投资76万元，主要解决冠山镇4个自然村、4820口人、78头大畜的生活用水。

巨城岔口集中供水工程　平定县巨城镇和岔口乡位于县城北部，分别距县城30千米和50千米，共辖79个行政村，49811人。两乡镇地处奥陶纪石灰岩地质区，由于自然条件、地质、地貌等特点，造成了该区严重缺水。为彻底扭转该地区群众饮水困难局面，2004年决定兴建巨城岔口集中供水工程。工程以阳泉市娘子关提水管线连庄放水口为水源，提水量为0.4立方米/秒，建泵站四级，铺设主管道经巨城镇到岔口乡，由于工程投资较大，分两期实施。2004年完成第一期工程，建泵站二级，铺设直径160毫米钢塑管6250米、直径110毫米钢塑管2750米，建管理站及泵站2处180平方米，安装水泵电机2台套、共装机56千瓦，80千伏安变压器2台，配电设施2套，安装IC智能卡8套，新建1000立方米蓄水池1个、500立方米蓄水池9个，工程总投资208.54万元，主要解决巨城镇东小、西小麻、柳树峪、河东、龙门垴、北庄头、万子足、巨城等8个村、6034人、261头大畜的饮水困难及沿主管线企业的生产生活用水。2005年完成第二期工程，建泵站二级，铺设直径125毫米钢塑管8500米，建管理站及泵站2处、共180平方米，安装水泵电机2台（套）、共装机110千瓦，80千伏安变压器2台，安装IC智能卡11套，新建1000立方米蓄水池3个，500立方米蓄水池1个，维修水池7个，工程总投资162万元，主要解决岔口乡的岔口、东峪井、马上固、罗面咀、红富庄、白瑶、红岭、竹梨庄、铁金沟、岳家庄和黄龙庄11个村、6400人、287头大畜的饮水困难及沿主管线企业的生产生活用水。

石门口引水工程　平定县石门口乡位于县城东部，太旧高速公路与307国道横穿境内，交通便利。20世纪80年代，为解决人畜吃水问题，石门口乡利用平定县娘子关提水工程，兴建小型引水工程，曾一度解决了该乡的饮水困难问题。2000年后由于工程设施维修、管理差，设施设备严重破损，大部分管道已完全报废，工程不能正常运行，造成了该乡严重缺水。为了彻底改变这种被动局面，按照县政府“10个乡政府所在地全部吃上娘子关水”的要求，2008年新建石门口引水工程，重点解决石门口乡石门口、小桥铺、前徐峪沟3个村2950人、180头大畜的饮水安全问题。石门口引水工程，以娘子关提水管线小桥铺放水口为水源，铺设直径125毫米钢管10米、直径90毫米塑钢管6100米、直径63毫米塑钢管300米，新建蓄水池1处、容水2000立方米，维修蓄水池3处、容水3300立方米，建管理站一处20平方米。工程于2007年3月开工建设，10月完工。工程总投资83.3万元，总投工1.35万个工日，总工程量1.71万立方米。

苌池镇集中供水工程　孟县苌池镇位于县城北部，全镇地处奥陶纪石灰岩地质构造，全乡长期严重缺水。20世纪70年代，新建了北水南调工程。即从原肖家汇乡东兴道村钻井1眼（现兴道村行政隶属苌池镇）建加压站，铺设提水管道，送水到苌池镇，主体工程建成后，因资金不足，边远山村只能到就近的供水点拉水。2005年改建孟县苌池镇集中供水工程，在苌池镇兴道村（原第一级提水站）钻深井一眼，井深80米，出水量120吨/时，新建300立方米调蓄水池4个、维修高位水池1个，扬输水管道17650米，全部采用钢塑管，安装4DA-8×8和4DA-8×9水泵4台、250QJ80-120/6水泵2台，15千瓦小时机电2台、维修机泵管理房总建筑面积310平方米等。经三级加压后送至高位水池，从高位水池自流引水至东苌池、西苌池、南苌池、芝角等村，工程总投资283.07万元。该工程解决了苌池镇东苌池、西苌池、南苌池、芝角、神泉等32个村庄、23355人、1217头大畜的人畜吃水困难，同时为32个乡村企业提供生产用水。

城西集中供水工程　孟县城西集中供水工程初建于2001年，于2004年扩建、投资346万元，水源为孟县东兰供水站截潜流水源，出水量3000立方米/日；深井出水量50立方米/时；大横沟煤矿排水量为400吨/日，提水量320吨/日。经一级加压后送至东兰、南关、大横沟和抗旱服务队，经二级加压到高位水池，自流经小坪梁、东小坪到西小坪三级站，直径200毫米管道长9400米，再经三级加压到高位水池，分三路用直径100毫米管道输水。一路自压至南小坪村供水，管道长1200米；一路自压至白道村供水，管道长1100米；一路自压至路家峪口供水，管道长1000米。主要解决南娄镇小坪梁、东小坪、西小坪、南小坪、白道、路家峪口村，秀水镇东兰、南关、大横沟9个自然村、11978人、405头大畜的人畜吃水困难，同时为5个乡村企业提供生产用水。

牛村镇集中供水工程　孟县牛村镇位于孟县东部12千米处，全镇共辖34村，东部因采煤漏水，西部又地处石灰岩区，全镇人畜吃水非常困难。为了彻底解决牛村镇饮水困难，2005年决定兴建牛村镇集中供水工程。该工程新钻600米的深层岩溶井1眼、出水量50吨/时，在深井处建第一级加压站，由深井分两路管线，一路铺设管道650米，送至牛村镇集中供水处理站，一路铺设管道4293米，利用其自然落差自压至各用水户，工程总投资为289万元。解决了土台沟、柴家圪洞、牛家圪洞3个自然村、3所学校、12个机关单位，共4396人的生活用水。

盂县下曹集中供水工程　下曹集中供水工程于2007年11月开工，2010年6月完工，完成投资359万元，解决了西南关、东南关、秋子峪等16村、1.1万人的饮水问题。工程建设内容主要有深井工程、蓄水工程、管道工程、输变电线路工程、机电设备配套工程、管材管件配套、自动化管理系统、沿途控制管理房等工程。

河底集中供水工程　郊区河底村人畜饮水历史上就较为困难，进入20世纪70年代以后，郊区兴建了区内最大的骨干水利工程——温河水利工程，河底村成为最早的受益村之一，全村人畜饮水曾一度得到解决。但随着时间的推移，温河来水量及水质逐年下降，使该村的人畜饮水重新陷入了困境。为此，该村于1990年投资50万元，在村庙上打深井一眼，井深500.32米，静水位460米，动水位475米，井口地面高程832.6米。但由于水质不仅硬度高，且部分有害矿物质含量超标，该村又于2001年建设了净水工程，配套了净水设备，净化水质后向村民供水，并且附带建设了纯净水生产设备。在此基础上，2004年兴建了河底集中供水工程，共铺设管路40千米，新建容量1450立方米的调节池6个，配套及更新机泵2组，总装机容量59千瓦，新建270平方米厂房一处，配套净水设备一套。村中75%的农户吃上自来水并安装了水表，实现了以表计量、以表收费。该工程解决了8个自然村，7000人饮水问题。

郊区白泉集中供水工程　郊区白泉片的东落菇堰、西落菇堰、鸡洼、东梁庄、西梨庄、段家庄、小河北等7村人畜饮水一直以旱井、水洞为主，遇到干旱年份，旱井蓄不上水，人畜饮水就发生困难。为了彻底解决7村饮水困难问题，2004年4月5日开工建设白泉集中供水工程，工程分三期进行，于2006年10月31日竣工。主要建设内容有新打深井1眼，新建建筑面积550.79平方米的供水站1处，安装自动化控制系统1套，铺设管路10049米，配套机泵3组，装机165千瓦，新建200立方米水池1个，共完成投资241万元。工程解决了周边7个村、6342人、57头大畜的饮水困难问题，并可向白泉工业园区提供部分用水。同时还成立了白泉供水站，专门负责白泉供水工程的建设和运行管理，其主管单位为郊区抗旱服务队。

石卜咀饮水工程　郊区平坦镇石卜咀村位于阳煤集团四矿的中心地段，人口约11000人，为了从水量、水质上改善全村饮水现状，2007年石卜咀村与阳煤集团联合建设净化水工程，在满足本村用水前提下，多余水量可提供给阳煤集团，增加了工程效益。工程内容包括兴建建筑面积400平方米的净化水厂1处，500立方米储水池1个，安装净化水设备1套，更换深井泵、变压器等机电设备等，工程总投资334万元。

第三节　灌溉工程

一、简况

建市初期，境内除近郊义井、义东沟等几个村有30多眼辘轳井和畜力水车，灌溉少量菜园外，其余地方再无水利设施。农业生产经常受到干旱的严重威胁，粮食产量低，平均亩产只有65公斤。中华人民共和国建立后，随着社会主义革命和建设的深入发展以及集体经济的不断壮大，一个由小到大、由土到洋的用机械化电气发展农田水利的群众运动，于1957年冬在全市农村逐步展开，近郊的公社和大队开始发展农电，改造和打新水井，使用电力水泵抽水，逐步把人畜力水车改造为电力水车。1963年后，全市水利建设有了初步发展，逐步实现了电力提水上山高扬程灌溉，并持续建设了各种水利设施。20世纪70年代初，由于旱情不断，全市采取远引、深挖、大蓄、高提、喷灌等方法解决水源不足的问题。80年代，按照“加强经营管理，讲究经济效益”的水利工作方针，全市的水利工作重点转移到管理上来，取得了较好的效果。1990年后，全市在桃河上游、滹沱河干流、温河流域、阳胜河流域以及城市近郊大力发展自流灌溉、旱井集雨、煤矿弃水利用工程，兴建了阳胜河节水灌溉增效示范项目、南上庄省级节水园区、平定县雨水集蓄利用等工程，同时对郊区温河灌区、盂县裕民渠等老灌溉工程进行了维护和改扩建。截至2010年，全市有效灌溉面积达到87.2平方千米，其中机电灌站为37.8平方千米、井灌区为15.1平方千米、小型水利为21.4平方千米、万亩灌区为12.9平方千米；全市节水灌溉面积达到68.2平方千米，其中渠道防渗面积10.4平方千米、低压管灌面积22.9平方千米、喷滴灌面积24.2平方千米、微灌面积10.7平方千米。

二、灌区工程

郊区节水灌溉工程

温河灌区位于郊区北部，距市区25千米。始建于1971年11月，1981年10月竣工，工程总投资800万元。温河水利工程是一项以自流引水为主，提水调节为辅的综合利用地表水资源的骨干水利设施。总干从盂县温池导流坝取水自流到分水闸后，分入南、北干渠，南、北干渠及总干渠全长35.85千米。温河灌区经过多年运行，渠道老化，渗漏严重，灌区效益减退。2001年11月，阳泉市对温河灌区投资447万元进行改造，完成渠道改造20.48千米，灌区渠系水利用率由过去的40%提高到了80%以上，有效灌溉面积也由1.2万亩（800公顷）扩大到2万亩（1333.33公顷）。2008年4月2日，温河净水工程奠基开工，到2010年2月工程完工，完成总投资3000万元。新建净水处理厂一处，设计规模为2.0万立方米/日，修复改造了输水管渠及配套设施。为郊区城郊型农业的发展和产业结构的调整提供了有力保障。

三、渠道工程

境内自流引水渠道主要分布在盂县滹沱河、龙华河、乌河及平定县南川河和郊区桃河上游。引水水源大部为河水，少量为水库、塘坝蓄水和地下截潜流水。工程均由公社和大队集体修建，属集体所有。彭真渠是全市兴建最早、最长、水量最大、效益最显著的渠道。截至2010年，全市自流引水渠道520处，其中平定县49处、盂县435处、郊区36处，总长659.15千米，其中平定县109千米、盂县452.15千米、郊区98千米，有效灌溉面积2.5万亩（1666.67公顷）。1990年后未新修渠。

彭真渠 位于梁家寨乡的滹沱河北岸，系抗日战争时期在革命根据地内修建的一项较大引水工程，是滹沱河流经盂县的最大自流灌溉渠道。该渠于民国29年（1940）由晋冀边区政府第一行政专署负责人吕东、马志远主持勘测规划。翌年2月17日，经当时任中共中央晋察冀分局（北方分局）书记的彭真踏勘后批准，由晋察冀边区政府拨小米1.5万公斤修建。民国30年3月6日正式开工。后因日本侵略军经常大扫荡，滹沱河一带被划为“火焚区”，开工不久便被迫停工。民国33年6月日军撤走后，重新开凿，于翌年5月建成通水。渠道系围山开凿的岩石渠，全长8.5千米，平均宽度2米，深度1.2米，过水流量为2.7立方米/秒。民国37年，渠道延伸至沙湖滩，渠道长度达到12.5千米。渠首位于蔡家坪村西，受益村为蔡家坪、鳌头、独自口、梁家寨、张家坪和沙湖滩6村，可灌溉1000亩（66.67公顷）土地，对发展生产，支援前线，改善人民生活起了重要作用。经盂县抗日民主政府批准将该渠命名为“彭真渠”。群众为了感谢共产党和彭真对人民的关切之情，在渠旁立了石碑（碑在“文化大革命”中被毁）。该渠在1958年大办水利时维修过5492米，所余7000米因年久失修过水不畅，渗漏严重，影响正常受益。中共十一届三中全会后，国家和受益集体先后投资17万元，发动村民投工50万个，对渠道进行了加宽、防渗和维修管理，并先后新开支渠60余条，沿渠还修建了小水电站，水轮泵站，拦河坝等工程设施，使水浇地扩大为2500亩（166.67公顷），还在渠旁新栽花椒树5万株，核桃树8000余株，促进了老区经济的发展和人民生活水平的提高。2004年，市水利部门筹资近100万元，组织对该渠进行了大规模复修，维修导流坝1座，新修渡槽1座，进一步扩大了该渠的灌溉效益。

裕民渠　位于盂县北部地区的滹沱河畔，渠道整体位于滹沱河南岸，渠首建在梁家寨乡独自口村南，西高东低，与滹沱河平行顺流而下，渠道全长12500米，大部分为土渠，属于引滹沱河水自流灌溉渠道。沿渠灌溉御枣口、梁家寨、沙湖滩、张家坪、豹川村、王只村6个行政村的耕地和林地。受益村现有人口4170人，耕地4470亩（298公顷），经济林1950亩（130公顷），木材林830亩（53.33公顷）。该渠始建于民国35年（1946）的战争时期，由于年久失修，加之当时施工的条件和环境所限，渠道2004年已无法正常运行。裕民渠改造工程于2006年3月开工，11月完工，完成防渗渠道3000米，完成投资44万元，新增和改善灌溉面积3750亩（250公顷）。

复兴渠　是盂县较大的一条自流灌溉渠道，位于梁家寨乡滹沱河左岸，该渠从梁家寨乡老坟湾上游滹沱河引水，流经梁家寨、沙湖滩、大崔家庄三村，全长4500米，灌溉着3村2000余亩（133.33公顷）耕地，是当地重要的水利灌溉设施。该渠始建于民国35年（1946年），由于年久失修，2007年，经水利部门规划设计并积极争取，复兴渠维修改造工程被列入了2008年财政部小型水利工程项目，获得扶持资金78万元。工程于2008年4开工，2008年11月完工，完成投资100万元，完成1500米渠道防渗，200米导流坝一座，冲沙闸1个，进水闸2个，改善灌溉面积2000亩（133.33公顷）。

四、节水工程

20世纪80年代至90年代，阳泉市实施的节水工程有盂县清城节水、乌玉节水、上社节水、平定东关节水等，80年代实施了第一个节水工程项目，90年代后期开始大面积推广。90年代以后，山西省水利厅治水方针转向节水工程，因此全市加大了改革力度，并制定了各种规划和一些切实可行的措施，推广高效节水增产园区建设，农业灌溉形成新的发展方向，促进了全市产业结构调整，为农业增效、农民增收和促进社会经济全面发展起到了重要的作用。截至2010年，全市节水灌溉面积达到10.23万亩（6820公顷），喷灌79处，微灌18处。

阳胜河节水灌溉增效示范项目　该项目位于阳胜河中上游主河道两岸，平定县城西南，主要受益村有南阳胜、夏庄、西城、新城、新村、宁艾6个行政村。工程于2002年10月31日开工建设，2003年3月31日完工试水，4月20日全线试水成功，完成工程量4.3万立方米，总投工7.31万个，完成投资207.33万元，其中国债资金100万元，地方自筹107.33万元。建成节水灌溉面积2600亩（173.33公顷），全部种植蔬菜，其中半固定微喷带1900亩（126.67公顷），水鸟微喷灌100亩（6.67公顷），滴灌500亩（33.33公顷），微喷带固定喷灌100亩（6.67公顷）。该工程结合当地农业调产的实际情况，调整了种植结构，充分调动了农民的积极性，大大提高了作物灌溉保证率，促进了作物增产，同时节约了用水量，节水13万立方米，增产蔬菜效益为156万元。此后微灌工程老化后未更新，只剩下管道工程可使用。

南上庄省级节水园区　该工程位于平定县南上庄村，于2003年5月1日开工建设，6月30日正式竣工，完成总投资100.55万元，总工程量1.35万立方米，总投工1.39万个。建成节水灌溉面积2070亩（138公顷），主要种植玉米和蔬菜。其中半固定式喷灌1385亩（92.33公顷）、移动式喷灌315亩（21公顷）、微灌300亩（20公顷）、滴灌70亩（4.67公顷）。该园区种植结构合理，管理科学规范，科技含量增大，经济效益明显，年增产效益为69.48万元，亩均节水50立方米。该工程具有一流的经济效益、社会效益和环境效益，对全市发展节水、引导农业产业结构调整，促进农村经济的发展具有典型的示范带动作用。

南庄节水增效园区　该工程位于阳泉市郊区东南部，包括义井镇的南庄、西峪、大阳泉、义东沟四个村庄，属义井镇管辖。该项目建成于2005年。建成节水增效园区2600亩（173.33公顷），种植苗圃花卉、大田蔬菜和温室蔬菜，其中滴灌面积400亩（26.67公顷）、微喷面积150亩（10公顷）、管灌面积2050亩（136.37公顷）。项目总投资187.56万元，其中省农村水利资金30万元、市财政配套12万元。该工程不仅提高了水源灌溉利用率，增加作物的产量，同时也具有一定的社会、环境效益，一年就节水9.6万立方米，年增产503万元。

平定县雨水集蓄利用工程　该工程建设于2004年10月，2005年6月完工，该工程涉及东回镇的西回、前石窑2个行政村，新增补充灌溉面积600亩（40公顷），建成50立方米的集雨旱井水窖360个，蓄水池4个（容水7000立方米），总容水量25000立方米，建盘山集水渠3.0千米，浆砌片石集雨场1.0万平方米，并利用山坡、公路等非耕地配套建设自然坡面集雨场28万平方米，配套供水设施36台，输水塑料管道6千米。其中，西回村建3000立方米水池1个，500立方米水池2个，50立方米水窖220个，总容水量15000立方米；前石窑村建3000立方米水池1个，50立方米水窖140个，总容水量10000立方米。工程完成总投资139.8万元，完成工程量5.2万立方米，总投工4.1万个。这是在阳泉范围内首次实施雨水集蓄利用工程，具有较好的经济效益、社会效益和环境效益。工程总增产值23.64万元，并有效地改善了农业生产条件，促进了当地经济发展，加速农民群众脱贫致富的步伐，为平定县及全市雨水集蓄利用项目发展起到了示范带动作用。

平定南阳胜小型农田水利工程　南阳胜村位于阳泉市平定县张庄镇，全村人口1330人，耕地面积2800亩（186.67公顷），其中旱地1400亩（93.33公顷），大牲畜190头，猪、羊500头（只），人均收入3620元。平定南阳胜小型农田水利工程于2007年9月开工，于2008年1月完工，新建400立方米高位调蓄水池一座，集井14个，铺设管径110毫米PVC管道3300米，管径90～65毫米PVC管道5100米，微喷带17250米，流动喷灌机2台，发展灌溉面积600亩（40公顷），其中半固定喷灌500亩（33.33公顷）、喷灌带微喷100亩（6.67公顷）。工程总投资92万元，其中中央28万元、省级财政18万元。工程完成后，项目区内作物灌溉保证率大大提高，灌溉水利用系数达到了90%以上，工程年节水1.5万立方米。

郊区河底镇节水示范项目　该工程在河底镇东村、苏家泉村、五架山村、上章召村、下章召村、东南沟村和北庄村7个行政村实施。于2008年4月开工，2009年11月完工，完成投资616万元，铺设管道3800米，完成滴灌面积500亩（33公顷），涌泉灌面积770亩（51.33公顷），管灌面积3780亩（252公顷）。工程建成后，年节水12.64万立方米，年可节电3.79万千瓦小时，年增产值499.88万元，水利因素增值199.95万元。

第四节　水保生态建设

一、简况

境内丘陵起伏，山高坡陡，沟壑纵横，植被稀少，坡陡流急，水土流失严重。加之陡坡开荒，乱砍滥伐，开山取石采矿等原因，植被毁坏严重，加之汛期暴雨山洪冲刷，致使水土流失加剧。水土流失不仅给人民生活、生产带来严重困难，而且造成土壤肥力下降，农业减产，水库淤积报废，河床淤积抬高，直接影响防洪安全。据统计，全市水土流失面积3042.5平方千米，占全市国土总面积的68.3%。年表土（泥土的最高层）侵蚀量为563万吨，年平均侵蚀模数为1700吨/平方千米；桃河上游地区侵蚀高达3000吨/平方千米至5000吨/平方千米。

建市后，全市广大干部群众坚持不懈地开展水土保持工作，农业生产条件和生态环境得到较大改善。1955年，全市各县（区）成立了水土保持机构，按照“培养重点，取得经验，发动群众，稳步前进”的指导思想，全面推广了阳高县大泉山水土保持治理经验，发动和组织广大干部群众开展了植树造林、打坝治沟、建造梯田和小型农田水利工程等水土保持工作。1957年

12月全国第二次水土保持工作会议之后，全市落实“全面规划、因地制宜，集中治理，连续治理，综合治理，坡沟兼治，治坡为主”的水土保持工作方针，水土保持工作得到了全面发展，到1957年，全市累计治理水土流失面积17.27平方千米。

20世纪60年代至70年代，在全国农业学大寨运动的影响下，水土保持工作以改土治水为重点，全市上下掀起了以建设“大寨田”为中心，大搞农田水利基本建设的高潮。1965年，郊区率先成立了农田基本建设专业队，人数达500多人，坚持常年搞重点工程，以后逐步发展到5000多人。到70年代初，县（区）、乡、村各级都组建起常年农建专业队，与群众运动密切配合搞农建。经过多年的艰苦奋战，到1978年，全市综合治理水土流失面积达到1126.4平方千米，其中建设基本农田639平方千米。

改革开放后，水土保持工作得到迅速发展。1982年6月，国务院发布了《水土保持工作条例》，确立了“防治并重，治管结合，因地制宜，全面规划，综合治理，除害兴利”的水土保持工作方针，1985年市、县（区）两级完成了水土保持专项规划，提出了全市水土保持生态建设的目标任务、发展方向和措施布局，为全市水土保持工作奠定了基础。这一时期，全市水利部门先后在郊区保安沟，平定县寨坪沟、理家庄，盂县王村沟等11条小流域开展了水土保持综合治理的试点工作，以小流域为单元的水土保持综合治理工作得到全面发展。平定县理家庄坚持治山治水与治穷致富相结合，治理水土流失与经济发展相结合，以经济林建设为突破口，大搞小流域综合治理，建设经济林2000亩（133.33公顷），发展主导产业，壮大流域经济，彻底改变了昔日贫困落后的面貌，成为省、市农业战线的先进模范，1991年被水利部评为全国水土保持先进单位。随着改革的不断深入，全市大力推行了以户包为主的水土保持责任制形式，责权利结合，治管用统一，充分调动了广大人民群众治山治水的积极性。

1991年《中华人民共和国水土保持法》颁布，水土保持工作进入了“预防为主，全面规划，综合防治，因地制宜，加强管理，注重效益”的新时期。全市进一步加强了水土保持监督管理和执法工作，市、县（区）两级先后成立了水土保持监督机构，建立健全了水土保持监督执法体系，广泛开展了水土保持法治宣传活动，增强了全社会的水土保持意识。水土保持监督执法工作，以开发建设项目水土保持方案审批为核心，以水保违法案件查处为突破口，人为水土流失现象得到有效控制。

进入21世纪，国家高度重视水土保持生态环境建设，阳泉市的水土保持工作围绕建设“生态阳泉”战略目标，确立了“集中连片、统筹规划、突出重点、扶持大户”的水土保持工作新思路。全市进一步加大了水土保持生态建设的力度，先后实施了太行山水土保持综合治理项目、水土

平定县水保工程

保持国债项目、国家水土保持重点建设工程等一批大型水土保持建设项目。2000 年至 2003 年，全市先后实施 4 年水土保持国债项目，水土流失治理范围涉及平定县、盂县、郊区 3 个农业县区，总投资 1000 余万元。工程建设上，狠抓了以精品小流域建设为重点的水保生态建设工程，郊区作为全省 12 个城市水土保持试点县（区）之一，重点实施了荫营镇刘备山水土保持综合治理工程，配合桃河市区段的治理工程，主要进行了桃河上游保安沟水土保持综合治理。2002 年平定县、盂县水保国债项目，争取到国债资金 326 万元，采取了专业队治理，国家资金扶持，群众集体投工，初步治理水土流失面积 56.3 平方千米。2003 年郊区被列入山西省水土保持国债项目治理区，投资 230 万元，其中国补资金 130 万元，重点实施了桃河上游保安沟水保综合治理工程，共完成综合治理面积 14 平方千米。

2002 年后，全市进一步创新了水土保持的工作机制，掀起了民营水土保持生态建设的高潮。2002 年，市政府出台了《扶持民营生态建设大户的办法》，明确规定，经营面积在 2000 亩（133.33 公顷）以上，年度完成 500 亩（33.33 公顷）以上，水利水保工程完成规划任务的 30% 以上，奖励补助 3 万元，并授予“民营生态建设大户”的称号。截至 2010 年，全市 2000 亩（133.33 公顷）以上民营水保生态大户达到 138 户，经营面积 61 万亩（4.07 万公顷），已治理面积 20 万亩（1.33 万公顷），总投入 9000 余万元。民营大户已成为全市水保生态建设的生力军。

二、重点工程

国家水保重点建设一期工程阳泉市项目　2003年，阳泉市3个县区被列入国家水土保持重点建设一期工程项目。项目区位于海河流域上游，总面积882.26平方千米，涉及平定县、盂县、郊区3个农业县区、12个乡镇、176个行政村，农业人口17.5万人，主要包括平定固企河、盂县阴山河、郊区阳西等3个项目区。一期工程从2003年至2007年实施五年，年治理规模由过去的4万亩（2666.67公顷）增加到9万亩（6000公顷）。

在项目区布局上，以各类水土保持“精品”示范点为中心，以乡村道路为纽带，由点向面扩展，由面向点集中，以项目区统一规划，小流域互相链接，逐步形成有一定规模的、具有项目区特色的水土保持工程示范区。在项目区治理中，按照“谁投资、谁受益、谁管理”的原则，以村为单位建立了以民营水保大户牵头，结合专业队治理的运行机制。在小流域综合治理的组织形式上，坚持大户治理、专业队治理、集体组织分户管理等责任制形式，推行项目公示制、投工承诺制等管理制度，深化改革，创新机制，充分调动广大人民群众的积极性，加快水土流失治理步伐。

截至2007年，五年累计完成投资5308万元，完成水土流失治理面积50.42万亩（33613.3公顷），占五年计划的107%。其中，基本农田1.5万亩（1000公顷），水保林26.36万亩（17573.3公顷），经果林2.28万亩（1520公顷），封禁治理20.28万亩（13520公顷），旱井252座，谷坊485座。项目区内水土流失治理度达到70.45%，林草保存面积达到宜林宜草面积的81.23%，泥沙减少71.47%，农民人均收入增加70%。

阳西项目区位于阳泉市区西部，桃河上游，总面积280.53平方千米。按照创建国家级园林城市的战略部署，以城市上游和周边生态建设为主体，沿桃河两岸及较大支流综合布设水土保持措施，为下游的阳泉市区建设水土保持生态防护屏障。项目实施5年（2003—2007），完成水土流失治理面积108.63平方千米，占计划的105%。其中，基本农田3570亩（238公顷），占计划的100%；水保林89310亩（5954公顷），占计划的101%；封禁治理65355亩（4357公顷），占计划的113%；谷坊106座，占计划的100%，治理佛洼、芦胡、龙门、马家坡、官沟、南沟、半坡、保安、刘备山、上庄10条小流域。

平定县固企河项目区位于平定县东部，总面积371.73平方千米。按照建设“生态大县”的发展战略，开展流域治理，大搞生态经济，以村镇为中心向周边拓展，以道路为纽带向纵深推进，连片建设水土保持林，集中发展核桃经济带。2003年至2007年，项目完成水土流失治理面积125.57平方千米，占计划的107%。其中，基本农田5946亩（396.4公顷），占计划的102%；水保林97440亩（6496公顷），占计划的101%；封禁治理73950亩（4930公顷），占计划的120%；谷坊146座，占计划的100%；旱井210眼，占计划的100%，治理乱安、柏木井、马山、西回、潺泉、石窑川、麻地峪7条小流域。

盂县阴山河项目区位于盂县东部，总面积230平方千米。按照生态立县的指导思想，沿主干公路在东部山区大力推进水土保持植被工程建设，以“大寨核桃露”饮品企业为龙头，开发核桃产业，建设东部生态经济区。2003年至2007年，项目完成水土流失治理面积101.98平方千米，占计划的108%，其中，基本农田5523亩（368.2公顷），占计划的101%；水保林76871万亩（5124.7公顷），占计划的101%；封禁治理63501万亩（4233.4公顷），占计划的118%；谷坊233座，占计划的100%；旱井42眼，占计划的100%，治理麻河驿、香草坪、东关头、盂北、石旧都、法轮、土塔、北坡、仙人、千峰岭10条小流域。

国家水保重点建设二期工程阳泉市项目　在国家水保重点建设工程投资缩减规模控制的前提下，经过努力争取，2008年阳泉市三个农业县区全部纳入了二期项目范围，从2008年开始在阳泉市继续实施五年水土治理工程，计划治理水土流失面积450平方千米，治理小流域39条，总投资将达到13500万元。2008年7月22日，国家水保重点建设工程2008年工作会在阳泉市举行了现场观摩。2008年国家水保重点建设工程二期项目在平定县娘子关、盂县龙华河、郊区北部三个项目区启动实施。2008年至2010年，全市国家水保重点建设工程二期项目共完成总投资2582万元，治理水土流失面积188.2平方千米，水土流失治理度达到了51%，较“十五”末提高了8.3%。

截至2010年，全市累计治理水土流失面积1553.16平方千米。其中建设基本农田596.3平方千米，营造水土保持林439.24平方千米，经济林100.18平方千米，封禁治理252.34平方千米，灌木林130.5平方千米，种草34.6平方千米，水土流失治理度达到51%。

1991—2010年阳泉市水土流失治理情况汇总表

表-9-2　　单位：平方千米

年　份	规划面积	新增治理面积	分项治理面积				
			基本农田	水保林	经济林	种　草	封育治理
1991	25.3	25.3	3.84	20.46	1	—	—
1992	26.9	26.97	4.26	16.77	5.94	—	—

续表 -9-2

年 份	规划面积	新增治理面积	分项治理面积				
			基本农田	水保林	经济林	种 草	封育治理
1993	21.5	21.64	2.78	18.86	—	—	—
1994	26.7	26.8	2.23	24.57	—	—	—
1995	29.3	29.36	4.31	20.73	—	0.7	3.62
1996	29.8	29.8	4.1	25.4	—	0.3	—
1997	38	38.3	5.9	24.3	—	—	8.1
1998	35.5	35.6	6.9	28.7	—	—	—
1999	34.5	34.9	11.4	21.5	—	2	—
2000	38	38.6	6.6	32	—	—	—
2001	34.5	34.6	4.4	30.2	—	—	—
2002	36.5	36.7	3.1	33.6	—	—	—
2003	48.5	48.7	2.6	33.8	10.1	0.4	1.8
2004	60	61	1.78	36.23	—	—	22.99
2005	60	60	1.93	36.06	—	—	22.01
2006	60	69.53	2.21	36.04	2.63	—	28.65
2007	60	60	1.95	30.96	3.76	—	23.33
2008	38.2	38.2	1.42	7.49	2.98	—	26.31
2009	72	74.25	2.15	22.71	4.42	—	44.97
2010	72	72.6	2.23	22.06	4.42	—	43.89
合计	847.2	862.85	76.09	522.44	35.25	3.4	225.67

说明：数据来源为水土保持年报

第五节 防洪 抗旱

一、防洪

阳泉是一个多暴雨地区，历史上洪水为患十分严重。境内有绵河、滹沱河两条干流及温河、桃河、龙华河、乌河等支流。年降雨量东部、南部多于西部、北部，1970年至2000年30年间平均降水量541.1毫米，年际间相差悬殊，多雨年高达866.4毫米（1963年）。洪水多因暴雨形成。阳泉建市前，因河道缺乏治理，汛期山洪暴发，四处漫溢冲刷，两岸人民屡遭冲淹。阳泉建市后，市委、市政府高度重视防洪抢险工作，特别是1954年7月22日成立阳泉市防汛抗旱指挥部之后，采取了水毁修复、河坝维修、中小型水库加固等工程措施，多次战胜了洪灾，大幅减少了损失。

1959年8月24日，桃河最大洪水流量为2200立方米/秒，赛鱼冲毁木桥100多米，市区冲毁木桥两孔，阳泉发电厂、河边街河堤冲毁120米，阳泉矿务局二矿宿舍区水深2米，市区因洪水冲淹死亡6人，造成经济损失100多万元，郊区农村损失也很严重。据水文资料分析，这次洪水接近50年一遇标准。桃河上游各主要支流，当时分段记载情况是测石火车站实测洪水为1088立方米/秒，坡头段实测为1203立方米/秒，桑掌段实测为1500立方米/秒。

1963年8月2日至9日，全市连降暴雨，市区7昼夜总降雨量332毫米，日最大降雨量为132毫米。降雨重点在东部地区，由东到西逐步递减，平定县的东回镇降雨量为725毫米，是1963年8月暴雨海河水系在阳泉境内的最大记录，桃河出现了特大洪水，造成全市范围包括市区、平定县、盂县相当严重的灾害损失。全市总计死亡72人，倒塌房屋39936间、窑洞28784眼、仓库32处，造成危房（窑）73609间（眼），出现溜山滑坡、村庄地裂下沉612处，迁村1个。洪水淹没小煤窑、砖窑、矾石场等73座，其余手工业、畜牧业，厂矿经济财产损失无法估计。

1966年8月23日，位于太行山迎风坡的阳泉市区、平定县一带骤降一场历时较短的大暴雨，个别地点为特大暴雨。平定县床泉村24小时内暴雨量达到580毫米，平定县东回村为302毫米，昔阳口上为286毫米。桃河阳泉市以上全流域从23日10点起普降暴雨，至晚21时左右大雨止，历时12小时，全流域平均降雨量189.3毫米，最大暴雨强度集中在15时至20时的5个小时中。由于暴雨集中，全流域产流（全流域都产生地表流量），桃河暴发洪水，12时30分阳泉水文站出现洪水，至17时12分达到洪峰，流量为1810立方米/秒，频率分析接近于20年一遇的洪水。由于当时桃河堤防不完整，从赛鱼到白羊墅南岸有7处653米堤防发生了决口，咆哮的洪水汹涌冲入市区，水深1.2～2米，15条街道全成泽国，有62个工厂、149座仓库、88个商店、2个学校、4个医院、3个影院、16个居民委员会所辖4048户以及阳泉汽车站、阳泉火车站被淹，24日凌晨1时左右，洪水停止漫流，水势渐有减缓。这次洪水，造成市区被冲淹、停电停水，26000人直接受灾，全市死亡57人，重伤40人，塌房1200间，工交损失惨重，直至9月15日石太线火车中断23天才恢复单线运行，是山西省铁路运行中断的最高纪录，全市财产损失达1亿元之巨。

1977年5月29日，全市夹杂风、雹的降水有80毫米，桃河形成洪水，流量550立方米/秒。郊区有6个公社89个大队，受灾面积8.2万亩（5466.67公顷），死亡13人（其中城市6人），冲走和打死羊近千只，洪水淹房1100间，倒塌123间，冲走粮食约5000公斤，倒塌地堎13.5万丈，冲毁土地7600亩（506.67公顷），河坝1万米，渠道1.8万米。矿务局5个矿井进水，停产3小时至8小时，石太路火车中断3个小时。市区有19个厂矿、企业倒塌厂房、宿舍1730平方米，冲毁设备270台，共损失250万元。

1990年7月11日凌晨，桃河上游突降暴雨，两小时降雨达120毫米，市区桃河洪峰流量达1500立方米/秒，桃河娘子关出口洪峰达到2400立方米/秒，这是继1966年后最大的一次降雨，造成石太铁路停车5个半小时，冲毁上下游大坝1000多米，直接经济损失达500多万元。

1996年汛期，全市多次遭受洪涝灾害，工农业生产受到严重影响，经济损失巨大。全市有57个乡镇1039个村普遍受灾，受灾人口57.5万人，农作物受灾面积78.93万亩（52623公顷），全市损坏房屋9478间，倒塌房屋7386间，受伤146人，死亡大牲畜1353头，247个企业停产，87条县乡公路中断。石太铁路阳泉段停运1小时，冲毁路基237千米，全市经济损失达5.12亿元。

2006年8月14日、15日，全市普降大雨，市区降雨量达105毫米。8月15日早7时40分，地处郊区小南沟的辰光热电厂储灰场下的涵洞坍塌，约30万立方米的粉煤灰随洪水下泄，突发煤渣泥流，致使下游的小南沟村、阳煤集团部分家属院以及阳煤集团金属支柱厂等临街的房屋、厂房、设备被煤渣泥流淹没。郊区小南沟48户受灾，140间房屋被不同程度的淹没，倒塌房屋4间，11辆汽车被淤，冲毁土地0.2公顷（3亩），损失约500万元；阳煤集团的金属支柱厂等单位及77户居民，直接经济损失7678万元，间接经济损失达1亿元。灾害发生后，市委、市政府高度重视，市领导亲临现场指挥抢险。市区、郊区、矿区指挥部分别启动紧急预案，组织防疫、卫生、民政、保险、供电、供水、治安等部门积极投入到抢险和灾区人民安置工作中。阳煤集团共出动挖掘机60台（次）、装载机164台（次）、推土机17台、其他大型车辆70余辆（次），共清除灰渣7.15万立方米。此次灾害无一人伤亡，没有发生疫情，群众情绪稳定，生产生活秩序很快得到了恢复。

二、重点工程选介

桃河河道防洪治理 桃河是穿境而过的一条季节性河流，汛期径流量较大，防洪任务重。桃河筑坝防洪最早始于民国29年（1940），日伪军在阳泉发电厂至桃河南岸修筑4千米河坝，翌年即被洪水冲毁90%。20世纪50年代初，因经济条件所限，曾在河边街和西河滩等险段修过临时性土坝、丁字坝、铅丝笼坝、干砌石坝等防护工程。1959年桃河发生大洪灾后，1960年市委、市政府决心大搞群众运动根治桃河，共发动厂矿企业集资600余万元，组织党团员、干部职工参加义务劳动，并采取分段包干的办法，掀起了“筑坝治桃”大会战。历经3年的紧张施工，于1962年建成桃河南、北两岸防洪大坝16.7千米。坝体为内倾拥壁式，水泥浆砌块石，坝高8.3米，河道压缩为150米至200米。工程设计防洪标准为“一百年一遇，三百年校核”，因当时财力有限，已成大坝只达“五十年一遇”防洪标准。为此，市委、市政府多次向国家和省有关部门报告，后经省计委和国家计委转发建工部审查意见，“确定两岸大坝按五十年一遇设计，二百年一遇校核，维持原状，进行加固延长。”1964年夏，市政府继续安排了大坝加固配套工程，至9月完成河边街段长2250米大坝的加高和坝后培土。对桃河大桥至四矿桥南、北大坝坝后培土8.42万立方米，建成1289米长的边山浆砌石排洪沟1条，修建明暗排水沟21.5万米。1965年，又完成河边街东头延长大坝60米，修筑桃河护基潜坝32条。同时在义井河建成河坝1202米。由于1966年8月23日的桃河发生特大洪水、冲毁坝堤，1967年，由市城建局、阳泉矿务局等7个单位将溃坝包干修复。1974年，市区在桃河上游建成山南水库，并修建桃河大桥至上五渡北岸大坝1557米。1977年6月，在桃河赛鱼以上河道分散筑坝1440米，造地263亩（17.53公顷）。同年，市委下达城乡大会战治桃筑坝任务，组织市区厂矿企业、机关单位分段包干，挖基筑坝，到1979年12月，治桃工程基本完工，形成了初步的防洪工程体系，建成南北岸主、副坝1.2万多米，排洪渠1500米，整个工程总投资763万元。1978年在建设白羊墅铁路编组站时，又配套修建了五渡至市铝氧厂桃河两岸防洪大坝5.3千米。1983年完成五渡公路桥下游堤防建设2千米。1990年，经过不断的整修、新建，桃河防洪大坝总长已达34千米，河床宽度控制为150米。1995年完成赛鱼桥以西北岸8千米的堤防建设。2002年，全市投资2.1亿对桃河市区段进行了治理，将赛鱼至五渡段桃河8.92千米河道改造成复式断面，主槽宽70米、高3米，滩槽宽平均各40米，治理后的桃河防洪标准为百年一遇。

三、抗旱

阳泉是一个干旱灾害多发地区，历史上干旱灾害十分严重。干旱灾害给人畜饮水、工农业生产和生态用水带来很大困难，致使作物不能播种，生长发育受阻，萎蔫枯死，减少收成，工厂缺水停产，生态环境遭到破坏。抗旱救灾工作，关系到社会经济发展和社会稳定。阳泉建市后，市委、市政府十分重视抗旱工作，1954年还成立了市防汛抗旱指挥部专抓此项工作，兴建大量水利工程设施，大力推广旱作农业技术，动员组织全社会力量进行抗旱救灾，在抗旱减灾中发挥了重要作用。尤其是改革开放之后，随着全市经济快速发展，加大了抗旱工作力度，农村饮水解困全面完成，农村饮水向自来水入户和饮水安全发展，农业灌溉水平、城市供水保证率不断提高，全社会抵御干旱灾害的能力不断增强。

据《水旱灾害纪实》资料统计，东汉永和四年（139）至民国36年（1947）的1808年中发生干旱83年。民国36年至2005年，发生旱灾47年。阳泉建市后，1959年至1961年三年连旱，整个东山地区遭受严重干旱，当时，全市水位下降，河水断流，粮食大幅度减产，外流人员1万多户，6万多人。市人民政府发放救济款4.3万元，并派出大批干部下乡帮助抗旱。通过发动群众“低标准，瓜菜代”，自制代食品，开展大种大养，生产自救，终于走出了人缺粮、畜缺草、浮肿死亡率高的严重困境。1971年至1973年三年连旱，尤其是1972年是1949年之后降雨量最少的特大旱年。在1972年3月至9月，未下过一场透雨，耕地含水量只有3%，严重的地方甚至出现野草不生，庄稼树木枯死的情况。郊区16万亩（1.07万公顷）秋田中成灾面积达14.7万亩（0.98万公顷），其中绝收面积3万亩（0.2万多公顷）；市区内因缺水停产，澡堂被迫关门、理发店只理发不洗头、饭店吃饭不给喝汤。为此，各级党政领导和群众一起全力投入抗旱斗争，仅郊区农村春播时担水就达900余万担，水利配套1012项，寻找大小水源60余处，扩大浇地面积8000亩（533.33公顷）；为了缓解市区水荒，市领导组织汽车、火车从娘子关拉水，定量供给市民。1972年，李先念副总理到山西视察，途经阳泉视察后说“山西旱得很厉害，阳泉旱得快冒烟了。”这是对阳泉旱情的真实写照。大旱之后，市政府狠抓了娘子关提水、温河引水、山南水库等一批骨干水利工程建设。

1985年至1987年三年连旱，1987年全市113万亩（7.53万公顷）农作物受旱，有70万亩（4.67万公顷）土地5厘米至10厘米含水量仅有9%左右。26座水库干涸，3.6万眼深井、水洞无蓄水，农村缺水人口达23.5万人。全市调动96辆汽车、132台拖拉机、1437万辆小平车拉水抗旱，10万多人拉水点种。平定县、盂县、郊区先后成立了抗旱服务队活跃在农村抗旱第一线，建成了盂县思源、郊区白泉等一批抗旱应急供水工程，为农村提供供水、水利工程施工安装、材料供应、机泵维修、拉水送水、喷灌机租赁服务，保证水利设施都能正常开启运行，极大地支持了农业抗旱。

1997 年至 2001 年五年连旱。1999 年，全市 60 多个单位，500 多人分两批带着拉水车辆奔赴春播第一线，支援抗旱春播工作。2000 年是第四年干旱，全市机关、事业单位、国省营企业、人民团体和个人开展了支农抗旱献爱心活动，短短几天，全市 170 个单位的干部和职工积极参加捐款活动，共捐款 53.1585 万元，有力地支援了抗旱春播工作和人畜饮水困难。五年中，全社会全力支援农村抗旱，激发了农民群众战胜干旱灾害的信心。

2008 年冬到 2009 年春出现 50 年不遇的冬春连旱，全市共下达各类省、市抗旱资金和物资 385 万元，解决了 8.2 万人、0.37 万头大牲畜的临时性饮水问题，解决了盂县王甫庄等一批特别缺水村的饮水问题。

据统计，从 1995 年至 2005 年，全市抗旱挽回粮食作物减产损失 36619 万公斤，约计 2.98 亿元，挽回经济作物损失 2.33 亿元，两项合计挽回经济损失 5.31 亿元。“十一五”期间，抗旱减灾挽回粮食 23750 万公斤。

第六节　水库　小水电站

一、水库

建市后，为解决人民生活用水、发展农田灌溉、保证城乡发展经济用水、减轻旱洪灾害威胁，20 世纪 50 年代末，市委、市政府在全市掀起群众性大办水利高潮。1959 年 9 月动工兴建了全市第一座水库——平定县大石门水库，总库容 1319 万立方米。此后，库容 55 万立方米的阳泉坡头水库、库容 40 万立方米的平定县冠庄水库、库容 1036 万立方米的平定县东回岭南河水库也相继上马。经过数年的不懈努力，截至 1969 年，境内水库共计 11 座，已建成总库容 1953 万立方米。

20 世纪 70 年代是境内水库建设的高潮期，特别是 1972 年全市发生特大旱灾后，城乡严重缺水，迅速解决水源、大抓蓄水设施建设成为当务之急。这一时期，全市施行中小并举、层层落实等举措，开展大建水库工程，到 1974 年，全市已有各类型水库 118 座，是 1972 年的 4.5 倍，创水库工程建设的最高纪录。70 年代中后期，围绕水库骨干工程大搞配套受益工作，有效地缓解了用水的紧张状况。但由于受“文化大革命”影响，重建轻管，大搞水库“翻身”工程，甚至盲目推行边施工、边勘测、边设计的“三边”做法，造成水库防洪标准低、泥沙淤积严重、不能充分发挥蓄水调洪作用等许多后遗症。

20 世纪 80 年代之后，在认真总结经验教训的基础上，全市果断地停建和缓建了一批水库工程，如郊区温池中型水库、李家庄乡团结水库、苏家泉野河沟水库、义井乡西峪掌水库等，并对已建成但渗漏淤积严重，不能正常发挥作用的一些小水库做了除名销号，从而把人力、财力集中投入到重点水库建设和维修上，确保了大型水库的作用。

鉴于全国水库绝大多数建于20世纪50年代末到70年代初，限于当时的技术经济条件，有相当一部分水库存在不同程度的病险问题，不仅效益难以充分发挥，而且成为重大安全隐患，中共中央、国务院决定从2008年开始大幅度增加投入，集中对病险水库进行除险加固。阳泉市根据中央要求，结合工作实际，一是全力实施山南水库除险加固改造项目。该项目是阳泉市2008年唯一列入部级规划的项目，工程总投资517万元，于2009年3月开工，2010年12月竣工并验收，完成左坝肩帷幕灌浆、放水洞灌浆、溢洪道改造、右岸滑坡体排水渠建设、坝顶铺砖等工程；二是根据省厅对小型水库拟降一批、报废一批、加固一批的精神，全市对长期不蓄水、防洪隐患较大的龙门水库和冠庄水库进入报废处理程序；三是积极开展全国第四批病险水库除险加固规划和水库应急除险前期工作。组织完成主要水库的大坝安全鉴定工作，2010年，全市有3座小型水库列入中央和省内除险加固规划，另有3座小型水库完成大坝安全鉴定。

截至2010年，全市农村共有水库24座（含山南水库），总库容4235万立方米，对控制调蓄境内地面径流、缓洪削峰及灌溉、供水、养鱼发挥了重要作用。其中，中型水库1座，库容1319万立方米；小（一）型水库9座，库容2551万立方米；小（二）型水库14座，库容365万立方米。9座小（一）型水库分别是市直管的山南水库，平定县的尚怡、原坪、上冶头、岭南河、后底沟、下董寨、岔口水库和郊区油瓮水库；14座小（二）型水库分别是平定县的夏庄、榆林沟、多西沟、上马郡头、南沟、杜家峪、白杨沟、冠庄、黄龙蟠、岳家庄、龙门水库和盂县的黄树岩、灯花水库。

二、水电站工程

全市水力发电资源主要有滹沱河、龙华河等河流，尤以滹沱河条件最佳。滹沱河盂县段位于太行山区，又处于河流下游，周围植被较好，河道曲折，坡陡流急，河床窄深，沿河大都基岩裸露，覆盖很少，具备建设水电站的条件良好。1957年驻境部队在娘子关水帘洞下侧修建的水电站为全市境内第一座水电站，装机1台74千瓦。1987年在娘子关下的绵河右岸建成的一座装机2台总装机400千瓦的小型水电站，设计先进、运行良好，电站为有坝引水式，厂房为河床淹没式，水轮机室采取水压式，年可发电120万度，为农村用电和农业灌溉提供了廉价的电能。1958年在龙华河畔的泽泊村兴建小水电站，开挖引水渠道500米，安装1台24千瓦水轮发电机，1959年10月建成发电。1966年，水利电力部在山西召开北方各省、市参加的小水电现场会议，在会议精神的感召和鼓舞下，滹沱河流域的沿河各个乡村，开渠引水，兴建小水力发电站，小至5.5千瓦，大至75千瓦，共建成25处灌溉和发电兼顾的水轮泵站，除农村用上电灯照明外，还用于碾米、磨面、引水上山、开发山上水浇地。20世纪80年代后期，大多数乡村由于电网供电，小水力发电站停止运转。1995年，借国家第三批电气化县规划的机遇，县、市计委、水利部门都向省作了立项报告，批准2家。根据基建程序，1996年上报盂县闫家庄水电站项目建设书、可行性研究报告书以及初步设计书，2001年立项，经审查后，批复电站装机2×2000千瓦，设计水头28米，引水流量20立方米/秒，总投资3886万元。2004年进行招投标，确定施工单位，10月27日奠基，2005年5月工程正式开工建设。截至2010年，闫家庄水电站工程500米引水渠、拦河大坝、进水闸、冲砂闸已全部完工，引水隧洞2200米贯通，压力前池、厂房基础开挖完工。

2001年盂县被水利部列入400个水电农村电气化县的建设行列，报告中规划了滹沱河六级开发水电站，第一级水电站为夫城口水电站增容改造，总装机3200千瓦；第二级为王家庄水电站，装机6000千瓦；第三级为龙华口水电站，装机3000千瓦；第四级为御枣口水电站，装机4800千瓦；第五级为王只水电站，装机4800千瓦；第六级为闫家庄水电站，装机4000千瓦。

2003年至2004年将王家庄水电站的可行性研究报告、初步设计上报省计委、水利厅，经审查后，批复王家庄水电站装机6000千瓦，设计水头44.09米，设计流量17.4立方米/秒，设计年发电量3460万千瓦小时，工程总投资4395万元。2004年5月，王家庄水电站工程项目开标竞标，确定了项目施工单位，经过一段前期准备工作，电站的“四通一平”（施工现场水通、电通、路通、通信要通；施工现场要平整）完成，于2006年12月1日，王家庄水电站工程奠基，正式开工建设。截至2010年，王家庄水电站工程引水隧洞进洞口开挖300米，出洞口开挖350米，两支洞口分别开挖150米。

三、重点工程选介

大石门水库 位于海河流域子牙河水系桃河支流的阳胜河上、距县城20千米的大石门村附近，控制流域面积143平方千米。该水库始建于1959年，1960年停缓建，1964年续建，1965年10月竣工投入使用。水库总库容1319万立方米，年平均径流量423.29万立方米，是阳泉市唯一一座中型水库，对石太铁路、307国道公路、太旧高速公路境内段及下游居民的防洪保安有重要作用。

水库坝高31.6米、坝顶长度100米，为浆砌石重力坝，进口宽度30米的右岸开敞式溢洪道，坝内直径1.1米的砼输水涵管。1976年，又投资136.6万元（其中国家补助135万元），建成四级提水泵站1处，年均提水92万立方米，解决古贝、石门口、锁簧、张庄4个乡镇35个村5万人、3500头大牲畜的吃水和工农业生产用水。1979年起，开始开辟养鱼水面375亩(25公顷)，年产成鱼7500公斤。到1990年，水库已运行25年，库内淤积泥沙579万立方米，年均淤积23.88万立方米，有效库容只有398万立方米。水库存在着防洪不达标、水库淤积严重、溢洪道中、下游冲刷严重等问题，被国家列为病险水库。2002年，国家投资417万元对溢洪道进行了加固改造，完成土方9465立方米、石方15316立方米，砼3186立方米、金属结构7吨。

尚怡水库　位于平定县城西12千米的南川河上游支流中川河上，总库容590万立方米。大坝为黏土心墙砂砾石混合坝，坝底高程826米，坝顶高程854.2米，大坝高28.2米，坝底宽125米，坝顶宽5米，坝顶长380米，为小（一）型水库。1974年动工兴建，1976年10月未达设计标准竣工，1978年安装工作闸门蓄水收益。1981年5月续建工程开工，次年5月竣工。大坝加高1.2米，加到28.2米，达到坝顶高程854.2米，溢洪道宽度由12米扩大到19米，坝前水位深7米。最大泄洪502立方米/秒，泄洪洞泄量88立方米/秒，共计泄量590立方米/秒，达到50年设计，200年校核的防洪标准。设计洪水位851.35米，校核洪水位853米，溢洪道堰顶高程847.2米，死库容100万立方米，调洪库容456万立方米，总库容590万立方米。1982年发展养鱼水面286亩（19.07公顷），投放鱼苗45.7万尾。1984年又引进河北白洋淀捕捞技术，同年仅水费收入就达13.2万元，供水对象为平定县自来水公司、阳泉二电厂、五矿申华公司和莹玉陶瓷公司等，比1983年翻了两番，从而使水库由自给迈向盈余，当年盈利8.5万元，水的利用率也由原来的70%提高为90%以上。为此，1985年在水电部海河流域水库管理经验交流会议上，尚怡水库被授予“库小贡献大，人少办事多”锦旗一面，成为全市水利管理的先进典型。1989年，又率先引进了水库网箱养鱼高产技术，当年设网箱100平方米，共产成鱼7500公斤。1990年扩大为432平方米，共产成鱼3.2万公斤，创产值20万元，利润3.4万元。

建库运行30多年来，尚怡水库为县城居民、县营骨干企业、下游部分农业灌溉累计供水5500万立方米，年均供水近200万立方米，同时保护下游南川河两岸43千米河坝、12个村庄3万余人、5000余亩（330余公顷）耕地，包括太旧高速公路在内的30千米交通干线以及阳光发电有限公司和阳煤集团五矿等14个大中型企业不受洪水威胁。防洪效益突出，供水效益显著，在平定县国民经济和社会发展中具有十分重要的地位。

油瓮水库　油瓮水库位于阳泉市温河主河道武家庄断面以上500米处，水库控制流域面积

600 平方千米，属海河流域子牙河水系，总库容 100 万立方米。兴利库容 75 万立方米，设计防洪标准为 50 年一遇洪水，校核防洪标准为 100 年一遇洪水。水库于 1973 年 10 月开工，1976 年 6 月竣工。大坝为浆砌石重力式溢流坝，坝高 18.75 米，坝顶长 60 米。水库的主要作用是拦蓄夏、秋两季的洪水，为两岔河扬水站提供可靠水源，以保证灌区人畜吃水和农田灌溉。郊区油瓮水库年供水量约 40 万立方米，供水对象为河底、荫营镇和西南舁乡，年均供水收入 30 万元。

原坪水库　原坪水库位于平定县城西 12 千米的冶西镇原坪村，水源来自海河流域子牙河水系在桃河的最大支流南川河上游支流北川河，控制流域面积 27.8 平方千米，属于石炭系砂页岩构造地区。流域长度 11 千米，纵坡 1.6‰，上游地貌植被较完整，松散岩孔隙水发育明显。多年平均降雨量 600 毫米，多年平均径流量 322 万立方米，多年平均输沙量为 2.5 万立方米。

原坪水库于 1977 年 10 月动工兴建，1981 年 5 月竣工，1995 年由于太旧高速公路建设施工的影响，水库大坝于 9 月 4 日出现裂缝险情，于 1996 年 12 月 3 日破土动工进行除险加固，1997 年 5 月 15 日大坝主体工程完成，6 月 30 日全部工程完成，新库总库容 382 万立方米，兴利库容 172 万立方米。达到 50 年设计 300 年校核的防洪标准。大坝为黏土斜墙砂砾石混合坝，坝底高程 780 米，坝顶高程 807.5 米，大坝高 27.5 米，坝底宽 141.31 米，坝顶宽 6 米，坝顶长 270 米。溢洪道堰顶高程 800 米，宽度 6 米，长 300 米，纵坡 2.0%，最大泄量 147.9 立方米 / 秒；泄洪洞直径 1.2 米，长 101.2 米，纵坡 0.85%，进口底高程 788.037 米，出口底高程 787.17 米，最大泄量 13.8 立方米 / 秒。两项共计泄量 161.7 立方米 / 秒，闸门为手电两用闸阀。设计洪水位 805.2 米，校核洪水位 807.05 米。

水库运行多年来，确保了水库下游南川河北岸 12 千米沙坝及两岸 1 万亩（666.67 公顷）耕地、14 千米交通干线、6 个工厂、28 个村庄、阳煤集团五矿、阳煤集团三矿以及太旧高速公路等不受洪水威胁；解决了周边化肥厂、磷肥厂、电厂、镁厂、阳煤集团五矿以及县城及南川河沿岸各乡镇村的生活、生产用水；提供下游 3000 亩（200 公顷）耕地灌溉用水。

山南水库　阳泉市山南水库位于寿阳县尹灵芝镇高崖村，控制流域面积 89 平方千米，总库容 535 万立方米，主要建筑物有大坝、溢洪道、放水洞、泄洪洞，输水管线，担负下游 307 国道、石太铁路、太旧高速公路及阳泉市的防汛任务，同时也是阳泉市水质优良的西线水源，是一座以防汛为主，兼顾城市供水的小（一）型水库。建成后一直由市城建部门管理，1995 年移交市水利局，并成立阳泉市山南水库管理处。山南水库于 1972 年动工修建，1974 年 7 月完工蓄水，总库容 583.6 万立方米，有效库容 393 万立方米，控制流域面积 89 平方千米，对桃河汛期调蓄洪水，保证市区防汛安全有重要作用。水库主要解决市区居民生活用水和工业生产用水，日供水能力1.5万立方米。工程总投资503万元，总投工83.9万个，动土石79万立方米。水库大坝为均质碾压土坝，坝高40米，坝顶长120米，宽4米。溢洪道最大泄洪量596立方米/秒，泄洪洞最大泄洪量32.4立方米/秒，由平板闸门控制。输水卧管直径0.4米，至黄沙咀水厂埋设直径0.3米输水管道16千米（内有铸铁管10千米，水泥管6千米）。1974年7月中旬，经水电部管理司、省防汛办、省建委防汛检查组联合检查，确定该库为一级险库，要求进行除险加固。为确保市区汛期安全，水库运行一直坚持“汛前空库迎洪、汛末关闸蓄水”的原则。1988年2月拨款31.8万元，对建库遗留工程问题进行了处理；1989年拨款10万元，维修了白家庄水库桥；1990年拨款2万元，安装了防汛无线电通信设备。1997年9月至1999年9月，争取国补资金1318万元对山南水库进行了除险加固改造，主要建设项目有溢洪道改建、大坝防渗处理、新建泄洪洞、大坝下游培厚等，通过以上改造，使水库防洪标准提高到30年洪水设计、300年洪水校核的标准，防洪能力大大加强，防洪效益也充分发挥。

由于原有供水管道运行20多年老化失修，严重破损，供水漏失率高达35%。2000年筹措资金822万元（其中贷款近700万元），对原供水管线进行改造，于2000年6月全面完工，日供水能力提高到1.2～1.9万立方米，给水库充分发挥供水效益奠定了基础。2005年筹资370万元，兴建净水厂一座，日处理能力1.6万立方米，水质达到了国家生活用水标准，为扩大水库供水效益创造了条件。

山南水库

龙华口水电站 该水电站位于盂县北部，站址位于滹沱河与龙华河交汇处于下游约5千米处滹沱河右岸，水库位于龙华河上盂县下社乡会里村上游约0.5千米处。主要承担山西省盂县农村电气化县项目的电网调峰、填谷、调频及紧急事故备用等任务。龙华口水库大坝设计为碾压混凝土重力坝，坝顶高程575米，最大坝高66米，正常蓄水位为571.6米，相应库容2633

万立方米，总库容为 3001 万立方米，发电库容 2018 万立方米，为年调节水库；电站装机容量为 20 兆瓦，多年平均发电量 3565 万千瓦小时。龙华口水电站是山西省实施“兴水战略”确定的 35 项应急水源重点工程之一。工程于 2007 年 11 月 23 日奠基，建设工期为 30 个月，总投资 4.09 亿元，其中省级投资 1.2 亿元，市级投资 0.8 亿元，县级投资 1 亿元，银行贷款 1.09 亿元。2008 年 8 月正式开工，2009 年 1 月 5 日大坝实现截流、主体工程开工，公路改线工程于 2009 年 10 月完工通车，2010 年 12 月 8 日大坝浇筑至 575 米高程，大坝主体工程实现封顶，累计完成投资 2.6 亿元。

夫城口水电站　夫城口水电站 1982 年开始筹建，1992 年并网发电，建设周期 10 年，装机 800 千瓦水轮发电机 2 台，总装机容量 1600 千瓦，年设计发电量 800 万千瓦小时。该工程国家投资 560 万元，市县自筹 200 万元、贷款 325 万元，建成后形成固定资产 1000 万元，流动资产 30 万元。截至 2010 年，年均发电 400 万千瓦小时，年创利税 20 万元。

梁家寨乡水电站　1977 年由乡贷款，国家给予补助，开工兴建 2 台 75 千瓦发电机，1980 年又兴建 2 台 125 千瓦水轮发电机，设计水头 18.5 米，流量 4 立方米 / 秒，分别在 1978 年 8 月和 1982 年 5 月建成发电。同时，安装 2 台共 500 千伏安升压变压器以 10 千伏的电压向各村供电，安装 10 千伏线路 44.5 千米。1984 年以后并入国家电网，年发电量为 100 万千瓦小时。截至 2010 年，总装机容量为 2×125 千瓦，年发电量为 100 万千瓦小时，年均收入 25 万元。

北峪口水电站　该水电站属于国家投资建设。1972 年安装投运 1 台 100 千瓦水轮发电机，设计水头 6 米，流量 3 立方米 / 秒。1979 年 2 月，又开工兴建 2 台 125 千瓦水轮发电机组，设计水头 12 米，流量 4 立方米 / 秒。安装 2 台 180 千伏安升压变压器，共建 10 千伏线路 33 千米，向全乡各村送电。1991 年，在阳泉供电局、盂县电业局的支持下，又投入 10 多万元，完成水电站的增容改建工程，新安装 200 千瓦水轮发电机 1 台，于 1993 年 5 月 6 日正式投入发电。截至 2010 年，电站总装机容量为 300 千瓦，年发电量 100 万千瓦小时，年均收入 25 万元。

绵河水电站　平定县娘子关绵河电站位于娘子关镇娘子关村绵河下游，1986 年 1 月开工建设，1987 年 7 月竣工，1987 年 8 月 22 日投产运行。工程属集体管理，开发形式为引水式，设计水头 4.3 米，设计流量 10.12 立方米 / 秒，坝型为溢流坝，坝长 50 米，坝高 7 米。总装机容量 2×200 千瓦，设计年发电量 288 万千瓦小时。总投资 66.22 万元，其中国补资金 30 万元，贷款 5 万元，自筹资金 31.22 万元。截至 2010 年，电站总装机容量为 400 千瓦，年发电量 150 万千瓦小时，年均收入 38 万元。

第七节 水 产

一、简况

1980年以前，阳泉市渔业生产基本上是空白，只在水库和蓄水池中投放一些南方引进的苗种，没有形成规模，每年进行一次捕捞生产，产量甚微。全市水产养殖业从20世纪80年代开始起步，特别是《中共中央、国务院关于放宽政策、加速发展水产业的批示》下发以后，全市渔业以稳定、持续、高速度地发展，出现了国家、集体、个体一起办渔业的局面。虽然因阳泉市山多地少，水资源贫乏，大面积挖池养鱼受到一定限制，但全市水产养殖紧紧抓住“三水”（地热水、余热水、冷泉水）优势，大力发展集约化温流水养鱼技术，使全市水产养殖得到了有效发展，成鱼产量连年提高。全市渔业发展大体经历了三个阶段。一是起步阶段（1980—1993年）。通过贯彻国家、集体、个人一起上的渔业发展方针，实现了渔业多种所有制的共同发展。1980年坡底村建成2.7亩流水池塘，利用电厂余热水引进养殖罗非鱼，成为平定县第一家水产养殖场。1984年开始，盂县用协作煤政策，引进浙江湖州养鱼技工挖池养鱼，几年间盂县发展水产养殖场近10家。二是过渡阶段（1993—1998年）。通过渔业生产方式的改革，全市水产养殖生产能力和配套水平进一步提高，不断向集约化方向迈进，实现了由传统养殖向集约化养殖的转变。利用电厂余热水进行集约化养殖，面积发展到94亩，通过配备增氧机、改进饲料加工设备和控制水温等手段，单产由每亩4000公斤提高到了6000公斤，一年四季可向社会提供鲜活鱼600吨。罗非鱼成了拳头产品，形成了“娘子关——罗非鱼”区域特色。三是调整发展阶段（1998—2010年）。通过调整产品结构，形成了以罗非鱼为主，2009年后以鲟鱼取代罗非鱼，鲟鱼成为全市主养品种，因地制宜推广名特优品种，增产增效明显，生产规模逐步扩大，基础设施不断完善，综合生产能力显著提高，科技含量明显增加，产业结构得到优化，市场供应日益丰富，渔业产量、产值连年大幅度增长。2010年，全市水产品产量539吨，养殖水面达到540亩（36公顷），实现渔业产值970万元。

阳泉市在渔业发展中注重水产科技推广。1985年山西娘子关渔业有限公司完成了山西省科委下达的《温流水高密度饲养尼罗罗非鱼》的试验任务，1988年该项目获“省科技进步二等奖”；1989年该公司又引进淡水白鲳饲养繁殖试验成功，《淡水鲳的人工繁殖及苗种培育》项目1992年获“市科技进步二等奖”；1996年承担的《小体积网箱内高密度养鱼技术开发》被市科委列入星火项目，并圆满完成了市科委下达的任务，同年12月通过市科委验收；1998年《罗氏沼虾引种试养》项目获得成功，1999年该项目获市“科技成果一等奖”；1999年承担的《罗非鱼原种大规模苗种繁殖及养殖技术》项目列入农业部丰收计划，2001 年项目完成，2002 年该项目获“市科技应用成果一等奖”；2008 年完成《鲟鱼的引进与推广》项目，2009 年获阳泉“市科技进步成果推广及产业化二等奖”；2008 年完成《全人工饵料饲养加州鲈试验示范》项目，2009 年获阳泉“市科技进步成果推广及产业化三等奖”；2008 年至 2010 年承担了农业部《新吉富罗非鱼养殖推广示范》项目，2010 年获农业部“农业技术推广成果三等奖”。

全市水产养殖的主要养殖方式有平定县娘子关镇利用电厂余热水高密度饲养罗非鱼，盂县梁家寨利用温泉水养殖罗非鱼，盂县滹沱河、龙华河、乌河流域池塘养鱼，平定县尚怡、原坪水库养鱼，其中全市水产品产量的 70% 为娘子关的罗非鱼。2009 年 3 月，娘子关电厂关停后，罗非鱼生产逐渐萎缩。全市加大了娘子关渔业养殖品种结构调整，在平定县大力推广鲟鱼养殖，在盂县推广加州鲈养殖。2010 年娘子关鲟鱼推广面积达到了 50 余亩（3 公顷多），鲟鱼产量 300 吨，鲟鱼产值 650 万元。全市水产养殖发展过程中大力推广健康养殖技术，通过苗种专项整治，创建部、省级水产健康养殖示范场和推行无公害水产品产地认定和产品认证，不断普及健康养殖技术，扩大健康养殖的覆盖面，为生产优质安全水产品创造了良好的养殖环境。截至 2010 年，全市已有部级水产健康养殖示范场一家——山西娘子关渔业有限公司，省级水产健康养殖示范场一家——平定县娘子关鑫盛养殖场，对树立示范典型，扩大辐射带动，保障全市水产食品质量安全，为全面推进全市水产健康养殖作出了很大贡献。到 2010 年，山西娘子关渔业有限公司和平定县娘子关鑫盛养殖场均通过无公害农产品产地认定，生产的鲟鱼通过无公害农产品产品认证，产地认定面积 50 亩（3.33 公顷），认证产品 300 吨。

二、重点企业选介

山西娘子关渔业有限公司　其前身为平定县娘子关镇坡底渔场，1980 年平定县娘子关镇坡底村利用娘子关电厂余热水建成 2.7 亩（0.18 公顷）流水池塘，通过省水产科学研究所实施“温流水高密度饲养尼罗罗非鱼”项目，引进罗非鱼进行试验养殖成功，在省、市、县三级渔业主管部门及计委支持帮助下，1986 年渔场发展到 30 亩（2 公顷），年产罗非鱼 5 万公斤。之后，随着养殖技术的成熟及罗非鱼价格升高，渔场得以迅速扩张，到 2006 年，渔场从建场时的 2.7 亩（0.18 公顷）逐步发展到占地 103 亩（6.87 公顷），流水池塘水面达 75 亩（5 公顷），固定资产由 1980 年的 4 万元发展到现在的 920 万元，单位面积产量由每亩 2800 斤提高到亩产 7500 公斤，年总产量达 50 万公斤以上，年销售鱼苗及成鱼 37.5 万公斤，销售收入 540 万元，实现利税 120 万元。同时带动周边发展集体和个体水产养殖场 15 户。公司 2004 年 2 月通过省水利厅的“山西省无公害水产品产地认定”（证书编号：WNCR-SX04-00202），其生产的罗非鱼2005年6月通过了农业部农产品质量安全中心的“无公害农产品认证”（证书编号：WGH-05-01419）。公司产品销往北京、天津、石家庄及本省的太原、大同、忻州、阳泉等地。养殖品种以罗非鱼、彩虹鲷为主，兼养淡水白鲳、革胡子鲶、淡水鲨鱼、罗氏沼虾等。公司已成为华北地区最大的高密度温流水饲养罗非鱼养殖基地之一。2009年娘子关电厂关停后，山西娘子关渔业有限公司通过承包，建起罗非鱼越冬大棚，除保留一部分池塘生产罗非鱼外，大部分池塘通过改造，调整养殖品种转产鲟鱼。当年引进鲟鱼发眼卵100万粒，培育大规格苗种50万尾，投放鲟鱼苗种10万尾，规格10～15厘米/尾，年鲟鱼产量6万公斤。2010年引进鲟鱼发眼卵150万粒，培育大规格苗种100万尾，投放鲟鱼苗种15万尾，规格10～15厘米/尾，年鲟鱼产量10万公斤。

娘子关坡底渔场

平定县娘子关鑫盛养殖场 渔场建成于2007年，2008年投入生产，渔场有流水养殖池塘7亩（0.47公顷），主要生产鲟鱼，年鲟鱼产量10万公斤。2008年通过省水利厅的“山西省无公害水产品产地认定”，渔场生产的鲟鱼2009年5月通过农业部农产品质量安全中心的“无公害农产品认证”。2009年，投放鲟鱼苗种15万尾，规格10～15厘米/尾，年鲟鱼产量15.5万公斤。2010年，投放鲟鱼苗种26万尾，规格10～15厘米/尾，年鲟鱼产量20万公斤。

第七章 农业机械

第一节 概 况

阳泉市农业生产的传统工具大多是以人畜力为动力的铁木石制农具，如犁、耧、耙、盖、锄、锹、杈、镰刀、扁担、簸箕、碌碡、碌杆、石磨、石碾、扇车、拉斗水车、手推独轮车、畜力铁轮大车等。这些农具在境内沿用了千余年，直到阳泉建市，农民仍以木犁耕地、木耧播种、人担驴驮、人畜碾磨、碌碡脱粒、人工打场；只是在个别村庄的富户中开始用胶轮大车或小平车作为运输工具。同时，由于战争等原因，农具损失较大。据山西省1950年初的典型调查，老解放区已缺短农具15.4%，新解放区达35.8%。

随着土地改革和合作化运动的开展，为引导农民尽快地恢复和发展农业生产，境内各级政府都把发展生产力的重点放在了生产工具的改革上。农业生产合作社对原有的整地、播种、收割、运输等传统农具进行了改革，并引进推广新式农具。1952年，阳泉市首次引进煤气机、锅驼机等动力机械及山地犁、双轮双铧犁等耕作机具。随后，电动机、柴油机、拖拉机等动力机械和农用汽车相继引入。在大搞革新农具的过程中，平定县维社红星农业生产合作社曾因革新农具达26种之多而受到国务院总理周恩来的嘉奖。到60年代初，短短几年间，全市仅以锅驼机、煤气机为动力的农用水泵就达到335台；以解放人畜力为目的的运输工具也发展较快，1962年全市胶轮大车发展到1177台，小平车发展到4277辆。

20世纪60年代末至70年代初，开始逐步引进大型耕作、脱粒、收获机械。但因地处山区，田地狭窄且依山势高低分布，大型农用机械只能在少数地区适用，故引进数量不多，发展速度较慢。而在同期引进推广的电动米面加工机械却发展迅速，除边远山区外，大部地区实现了米面加工电气化，从而把广大妇女从磨台、碾台上解放出来。

20 世纪 70 年代，农业机械进入发展阶段，排灌、动力、运输、加工机械迅速增加。尤其是排灌机械成为当时最受农民欢迎的新式农具。到 1978 年，全市共有各类排灌机械 1384 台，农业运输汽车 210 部，农副产品加工机械 952 台，农机总动力发展到 17.18 万千瓦。

中共十一届三中全会以后，随着农村经济体制改革的不断深入和多种经营的不断发展，全市农业机械公有制的单一格局被打破，国家、集体、个人同步发展，互相竞争的新格局逐步形成，农业机械投资主体由集体为主转变为以农民投资为主体，并率先体现为运输机械的快速增长。1978 年全市共有农业运输车辆 210 部，到 1990 已增长为 4076 部，运输业成为当时农民致富的重要途径。20 世纪 90 年代后，农机经营在农机运输业的带动下进入了发展快车道。2000 年，全市农机从业人员达到 19164 人，农机经营总收入达到 1.89 亿元。

进入 21 世纪后，全市农业机械化事业实现了全方位发展。各级农机部门采取“试验示范，典型引路”的办法，重点引进推广了化肥机械深施、机械精少量播种技术，机械化秸秆还田、机械化深松等技术，相继推出了机械化旱作农业技术和机械化保护性耕作技术。这些技术的引进，带动了全市农业机械化技术的发展，减少了化肥的挥发损失、提高化肥有效成分的利用率，改良了土壤结构和增加土壤养分，改善生态环境和土壤的蓄水保墒能力、提高土地再生产能力。同时，针对阳泉市农业生产基础条件差、生态环境薄弱的特点，全市重点紧抓生态农业工程建设，把沟坎滩地的治理和挖掘中低产田生产潜力作为工作重点，集中机具、集中时间、统一组织、统一规划，每年完成生态农业工程 1 万亩（666.67 公顷）。2005 年，全市农机从业人员达到 3.2 万人，农机经营总收入达到 4.83 亿元。2010 年，全市农机从业人员 2.89 万人，农机经营总收入 5.68 亿元，比 1985 年增加了 4.98 亿元。农机经营已成为农民增收的重要手段。

第二节　机械装备

一、动力机械

1952 年，境内开始使用煤气机、锅驼机等动力机械。之后逐渐有了柴油机、电动机。1959 年又首次引进小型拖拉机。1962 年引进了农用汽车。动力机械的不断更新，推动了农村经济的发展，而农村经济的发展又促进了对农用动力机械的需求。到 1978 年，全市农机总动力增加到 17.18 万千瓦。改革开放后，农用动力机械得到了更大的发展，1990 年，总动力达 54.99

万千瓦，是1978年的3.2倍，2002年全市农机总动力突破百万千瓦，2010年全市农机总动力121.52万千瓦，是1978年的7.07倍。

（一）拖拉机

1．轮式拖拉机

阳泉地处山区，在一定程度上制约了农业机械化的发展。历史上，农民一直以人力畜役耕种为主，直到1959年，郊区上千亩坪、下千亩坪、义东沟才各引进了1台捷克PF-6型汽油手扶拖拉机，掀开了阳泉机械耕种的第一页。1966年，义东沟村引进了2台跃进20型拖拉机。此后，东方红150型小四轮拖拉机、东方红802型拖拉机等作为农业耕作、播种的主要牵引动力被大量引购到境内，分布面积广泛，成为农业生产的重要工具。1978年，仅郊区轮式拖拉机就达1116台、1.37万千瓦。80年代后，随着农村经济力量的不断壮大，便于山区作业的小型轮式拖拉机数量猛增。1991年，全市轮式拖拉机达6125台、6.51万千瓦，分别是1978年的5.49倍和4.75倍。在随后的一段时间内，全市轮式拖拉机的数量有小幅度下降，但随着农机购置补贴政策的出台，掀起了新一轮的购买拖拉机热潮。截至2010年，全市轮式拖拉机达7500台、9.63万千瓦，其中手扶拖拉机4679台、3.37万千瓦。

2．链轨拖拉机及推土机

1973年，郊区东村公社购买了1台东方红75型链式拖拉机，也是本境第一台链式拖拉机。他们在该机上安装了1台单缸液压推土铲，使其既可翻土，又可推土。随后，在全市得以推广使用。20世纪70年代中期，山西省昔阳县生产的小型链轨拖拉机问世，郊区侯家沟村首先购入使用，随即在全市推广开来。但由于其质量比较差，价格又偏高，到1987年时，被本市用户全部淘汰。截至2010年，全市链轨拖拉机有273台、1.37万千瓦。

（二）农用运输车

农用运输车主要指从事农、林、牧、副、渔业生产运输的汽车和其他机动车。1962年，境内首次引入2部农用运输车，到1978年发展到210部、1.37万千瓦。年平均递增率达33.76%。20世纪八九十年代，随着农村经济的飞速发展，阳泉市农用运输车辆一直呈快速增长态势，充当着农民致富的主力军。1992年，全市农用运输车1838部。1999年，全市农用运输车达10532部。2005年，全市农用运输车辆已增长到20929部。2010年，全市农用运输车有21301部、87.53万千瓦。

（三）电动机、柴油机

1954年、1956年，平定县率先引进、使用了10马力柴油机和电动机。1957年，国营一〇四厂（山西北方晋东化工有限公司）支援市郊义井、义东沟、大阳泉村各1台电动机。1959年，市郊东村引进第一台60马力柴油机。之后，随着农村经济的发展，电动机、柴油机逐年增加，到1978年，电动机、柴油机分别发展到4025台、4.08万千瓦和427台、4547千瓦。1990年，全市拥有农用电动机1.60万台、14.98万千瓦，柴油机102台、1384千瓦。截至2010年，全市柴油机、电动机分别发展到2.335万台、14.72万千瓦和2291台、2.04万千瓦。

二、耕作机械

（一）犁

20世纪50年代以前，境内农民沿用传统的木犁、铁犁进行耕作。1952年首次引进山地犁、双轮双铧犁等半机械化农具，使原来的“犁不下三寸土”，加深到五、六寸，为提高单位面积产量创造了条件。60年代中期，七寸步犁、三铧犁、二铧犁得以广泛推广。1966年郊区引进境内第一部与中型拖拉机配套的机引犁，之后机引犁开始在境内推广；但因山地多、地块小，进展缓慢。

1988年后，配合机械化旱作农业及家庭生产的需要，适宜境内的主要耕作机具是与大中型动力配套的435、335重型犁，325、525中型犁；与小四轮拖拉机配套的1L，XQ-220悬挂二铧犁、1L，DF-130翻转单铧犁（浮山犁）。其中发展最快的是浮山犁，自20世纪80年代初引进推广之后，到1990年，全市发展到712部。截至2010年，全市共有各类机引犁3221台，以悬挂式为主。

（二）旋耕机

1968年，郊区义井、甄家庄、河底等村引进10台沈阳工农71型手扶拖拉机，拖拉机直接配带旋耕机。1970年，阳泉市又引进1台大型旋耕机。旋耕机因受地势限制，长处不宜发挥，故发展速度较慢。1978年，全市仅62台。20世纪80年代后，随着一些集约化农场的建立和机械化示范工程的建设，加之旋耕机型号不断完善，适应性提高，农民使用旋耕机越来越多。截至2010年，全市共有旋耕机3014台，基本与机引犁持平。

（三）镇压器

镇压的作用在于农作物播种后提墒，提高出苗率。镇压长期沿用传统石砘，直至1980年，郊区侯家沟村才引入境内第一台机引镇压机械。1987年春，盂县乌玉村自制1部可调式滚筒镇压器，并在盂县推广。1990年，全市拥有机械镇压器118部。此后，机引重型耙逐步在阳泉得到推广应用，该机具可同时完成耙地、镇压作业。原使用的镇压器除在特殊干旱年份外，已很少使用。2000 年全市机引耙达到 367 台，截至 2010 年，全市机引耙达到 524 台。

（四）播种机

1952 年，全市推广使用郊区下章召创制的梅花耧进行播种。1957 年，盂县引进畜力牵引的 10 行谷物播种机 12 部，后因不适宜山区作业而未能推广。1966 年，盂县首先引进机引 BFX-l6 型悬挂式 16 行谷物播种机 1 部，此后又先后引进了 8 行、7 行、12 行谷物播种机和 4 行棉麦播种机。20 世纪 80 年代后，针对境内春播季节墒情差、农时紧、用种多、保苗难等情况，开始引进推广玉米精量播种机械。1985 年引进吉林公主岭农机厂生产的适合家庭使用的 ZBFC-1型侧充式小型精量播种机，试播成功后当年推广 50 台。1989 年引进 2BQ-6 型精播机 5 台，翌年推广 30 余台，全市精播技术得到大面积推广。1998 年引进 2BGM-3 型覆盖免耕播种机，2002 年从北京引回了 2BJF-18 型多功能播种机。2000 年之前，全市播种机排种方式以窝眼式为主，有部分气吸式和气吹式；2000 年之后，勺式排种盘逐步增加，并占据主导地位。2000 年，全市拥有播种机 685 台。2003 年，引进 2BJF-9 型牧草精播机。2005 年，全市播种机达到 3567 台。之后，随着机械化精量播种技术的推广，播种机得到广泛应用。截至 2010 年，全市拥有播种机 7073 台，且大部分为精量半精量播种机。

（五）地膜覆盖及还田机械

20 世纪 70 年代初，地膜覆盖技术率先运用于蔬菜塑料大棚的育苗上，80 年代初才在大田作物上得到广泛应用。1987 年全市引入机引铺膜机 66 台，1990 年，全市机引铺膜机发展到 141 台，人畜力铺膜机增加到 65 台。到 20 世纪 90 年代末，地膜覆盖所带来的白色污染逐渐被人们认识，机械逐年减少。2000 年，全市共有地膜覆盖机 418 台。2005 年，有地膜覆盖机 402 台。之后，地膜覆盖机一直稳定在 400 台左右。截至 2010 年，全市共有地膜覆盖机 395 台。

秸秆直接还田是 20 世纪 80 年代中期阳泉市引进的一项新技术。1986 年引进 4JF-150 型还田机在盂县苌池试验成功，1987 年在平定大峪、郊区三都等地引进 4F-90 小型秸秆还田机进行进一步的试验示范，之后在境内迅速推广。1997 年，市农机科研所研制了小型玉米秸秆粉碎还田机。1998 年，市农机科研所研制了 4YP-2 型玉米秸秆覆盖机。20 世纪 90 年代后期机械化秸秆还田技术在机械化旱作农业和机械化保护性耕作工程中得到广泛应用，还田机械有了较大发展，截至 2010 年，全市秸秆还田机达到 484 台，机械化秸秆还田面积 28.27 万亩（1.88 万公顷）。

三、收获机械及场上作业机械

（一）收获机

境内传统的收获工具是镰刀。1959年，盂县最先引进太谷马拉小麦收割机。直到1979年，郊区和平定县才引进小型3马力机动割晒机试用，其后又引进与12马力小拖拉机配套的185

收割机作业

型小麦收割机。1985年，盂县乌玉引进了4YW-2型卧式玉米联合收割机。1998年，娘子关镇引进了4L-0.75X谷物联合收割机2台，收割效果良好。2000年，全市拥有玉米联合收获机4台，小麦联合收获机2台。2003年，引进9ZGX-0.84旋转割草机春雨牌9GX-1.25型双圆盘割草机、4G-25型斜挂式割草机。2005年，全市有玉米联合收获机17台，小麦联合收获机2台。2006年，盂县引进天津农业开发有限公司生产的4YW-Q型不对行背负式玉米联合收割机。2007年，平定县引进河北长勤机械有限公司生产的4YW-2型背负玉米联合收割机。2010年引进福田雷沃4LZ-2型玉米收获机6台，4YZ-3自走式玉米联合收获机1台。由于地理环境和机具成本价格较高，多年来，市农机部门一直在尝试和探索引进新的机型，直到2010年阳泉市在农作物收获方面的机械水平还不高。2010年，全市拥有玉米联合收获机24台、马铃薯收获机40台。

（二）脱粒机

境内传统脱粒工具主要是石碾、杵臼、连枷等。1958年，盂县首次引入脱粒机。1959年，郊区、平定县也引入使用。1978年，全市脱粒机达313台。此后，脱粒机数量大幅度上升，

1987年达到1455台。20世纪80年代，适应家庭联产承包制的需要，小型脱粒机的数量增长很快，2000年增长为1715台，2005年达到2249台。截至2010年，全市拥有机动脱粒机2398台。

（三）清选机

清选机在境内运用较晚，20世纪70年代末80年代初才开始引进。之前一直沿用的传统有簸箕、扇车等。到1982年，郊区共有清选机82台。5年后，全市发展到162台。随着家庭承包责任制的建立，过去集体所有的一些大型农机的保养受到影响，数量也随之减少，但适合家庭使用的小型清选机却颇受农民青睐。为此，1984年平定县农机研究所研制出了适合家庭使用的小型清选机——5XF-48型人力清选机，并通过市级鉴定，获阳泉市1983年、1984年度科技进步二等奖，在境内得到广泛推广使用。此后，随着农业单位经营规模缩小，清选机使用越来越少，到1990年，全市大型清选机数量下降到120台。同时，大多数机动脱粒机具备了清选功能，清选机被机动脱粒机所替代，传统的清选机逐步淘汰。

（四）排灌机械

历史上，境内灌溉一向采用人畜力提水的办法。1953年12月，首次引进水车10部，安装在义井、苇泊两村。1955年秋，在全市第一个通电大队柳沟村安装了境内第一台电动水泵，由1台7千瓦电动机带动运转。1957年平定县引进4台三联泵，分别在东关、下盘石、娘子关等村使用。1958年盂县开始用煤气机、柴油机带动水泵，灌溉农田。1974年7月，郊区牵牛镇大队试制成功64-2型喷灌小水泵和柴油机流动喷灌车。1975年、1976年，盂县、平定县也先后开始使用喷灌机械。到1978年，全市用于农田排灌的水泵、喷灌机械达到3461台，灌溉面积3.32万亩（2213.33公顷）。2000年，全市有农用水泵2507台，节水灌溉类机械602套。随着蔬菜产业、设施农业及水产业的发展，农用排灌机械得到较快发展，2006年，盂县秀水镇南村建成了200亩（13.33公顷）的喷灌设施。截至2010年，全市有农用水泵13859台，节水灌溉类机械555套。

四、畜牧机械

（一）饲料粉碎机、切脱机

1957年，郊区率先引进了全境第一台饲料粉碎机和第一台切脱机，但发展比较缓慢。20世纪60年代又引进榆次产的红旗切脱机，并于1968年由荫营农机厂仿制，成功后进行了大面积推广。1978年，东村公社引进了第一台青饲料粉碎机。虽经历了20余年，这两种机械在郊区仅有208台和154台。1987年，全市饲料粉碎机发展到656台，切脱机发展到1134台。由于农村生产经营体制的变更，畜牧业转向以个体经营为主，致使畜牧机械的发展出现萎缩。2000年，全市拥有饲料粉碎机415台。进入21世纪，阳泉市提出了“畜牧强市”的战略部署，市农机中心配合全市农业产业结构调整步伐，多方争取资金30万元，组织有关技术人员赴甘肃、上海等地对牧草种植，加工机械和技术进行了考察，引进了2BGF-18型多功能播种机，9KYQ-7050型圆草捆捆扎机、9BM-7050型圆草捆包膜机，9ZGX-0.84旋转割草机等牧草种植、加工机械，经试验，这些机具作业效率高、效果好，为全市实施“畜牧强市”发挥了积极作用。从2002年引进种植紫花苜蓿并试种成功后，2003年，全市种植300亩（20公顷），年产量达10.8万公斤，带动了全市牧草饲料种植，同年在全省首家引进了新疆机械研究院设计、洛阳东迪公司制造的牧神S-900青黄贮饲料收获机，在平定乱流试验成功，解决了境内农民玉米秸秆转化为饲料的技术难题。截至2010年，全市饲料粉碎机有1346台。

（二）养殖机械

从1987年5月始，平定县宋家庄村和盂县黄沙口村推广了池塘机械化高密度养鱼，同时引进了增氧机、打浆机、颗粒饲料加工机、膨化饲料机等机械，有效地促进了养殖业的发展，取得了良好的经济效益和社会效益。如平定县宋家庄村在11.8亩（0.79公顷）鱼塘中投放鱼苗47220尾，亩均4000尾，总计收入达38500元。1988年，盂县乌玉村在引进全封闭式机械化养猪新技术的同时，也引进了成套机械化饲料加工机械，从而为养殖机械的使用和发展揭开了新的篇章。进入21世纪后，随着畜牧业的发展，饲料搅拌机、秸秆揉丝机等养殖机械得到了较快发展，截至2010年，全市各类养殖机械达到1398台。

第三节　机械化推广

一、种植业机械化

20世纪60年代中期，境内开始在种植作业中使用机械。20世纪70年代各类机械使用数量明显增加，但精密程度和系列化配套方面较差。20世纪80年代后，随着经济的不断发展，农业机械化程度进一步提高，特别是1987年9月山西省人民政府发出《关于振兴旱作农业的决定》后，境内根据“因地制宜、分类指导、讲求实效”的原则，广泛推广了“机械化旱作农业技术”。这一技术需要使用大量机械，而阳泉的地形地貌在一定程度上又限制了机械的使用，故在机械化适度规模经营中需注重土地、劳动力和机械设备等的合理配置。为此，市政府先后在盂县乌玉、东梁和平定宁艾等村进行试点示范，引入系列精密农机，实施耕、耙、播、收、脱、运的作业机械化。以东梁村为例，实施机械化种植的，劳均管理农田 70 余亩（4.67 公顷），劳均产量 1988 年为 2.15 万公斤、1989 年为 2.01 万公斤、1990 年达到 2.30 万公斤，比当地分户用人力经营的，劳均产量每年均高出 7 倍以上，而且从整体上看，无论从提高劳动生产率、土地产出率、经济效益，还是壮大集体经济，改善农业生产条件，推广新技术新机具上，都有收益，充分显示了农业机械化的高效、低耗。经过试验表明，在阳泉一套大型作业机组可承担作业面积 1000 亩左右（66.67 公顷），亩投资约 140 元，每亩需投入人工 5 ～ 8 人，劳均管理面积百亩左右；一套小型作业机组承担作业面积约 250 亩（16.67 公顷），亩投资 60 元，每亩需投人工 10 ～ 12 个，劳均管理面积 30 亩（2 公顷）。旱作农业试点示范的成功，为全市因地制宜、合理调配、优化组合农业机具，推广发展农业机械化，加速农业现代化进程起了积极作用。1990 年，全市有 42.2% 的耕地不同程度地使用了机械作业，其中 30 个乡 90 个村的 7 万亩（4700 公顷）耕地全部实施了机械化旱作农业技术，占全市总耕地的 6.13%。21 世纪 90 年代后，随着机修梯田工程、机械化旱作农业及保护性耕作工程等重点项目的实施，改善了生活环境，减少了水土流失，机耕、机播和机械植保等常规作业有了很快的提高，农业机械作业已经成为农民耕作的首选。

（一）机耕

1966 年，境内开始机耕作业。1970 年郊区机耕面积达 1509 亩（100.6 公顷），1978 年达 5.30 万亩（3533.33 公顷）。1987 年，全市机耕面积达到 39.13 万亩（2.61 万公顷）。20 世纪 90 年代后，新购农机中旋耕机占多数，全市采用旋耕机进行机耕的面积逐年增加。机耕作业采用机引犁和旋耕机，耕作深度多为 20 厘米左右，部分地区可达 25 厘米以上。

机耕作业

2000 年，全市机耕面积达到 51 万亩（3.4 万公顷）。截至 2010 年，全市机耕面积达 61.36 万亩（4.09 万公顷），其中机械深松深耕面积 11.8 万亩（7866.67 公顷）。全市可机耕地基本实现机耕。

（二）机播

20世纪50年代境内即出现机械播种，20世纪六七十年代使用量逐年增加。1985年，根据阳泉市玉米种植量大的实际，开始引进各式精量玉米播种机，1988年后精量播种机械大面积推广使用。用该机械播种可比人畜力提高工效70倍；每亩可比其他机械节约种子1.5～2公斤；因精播多为单株苗和双株苗，消耗水分和养分也相对少，既可省地力，又可达到苗全苗壮的效果。1990年全市机械精量播种玉米8.08万亩（5386.67公顷）。2000年，全市机播面积达到35.3万亩（2.35万公顷），机播玉米多使用两行、三行播种机，部分地区使用四行播种机。截至2010年，全市机播面积达53.21万亩（3.55万公顷），其中精量和半精量播种面积19.55万亩（1.30万公顷）。此外，由于阳泉市山地居多，尚有部分耕地采用半机械化播种，即使用人力点播器进行播种，亦可实现精量和半精量播种。

（三）机械化旱作农业和保护性耕作技术

20世纪80年代末到90年代末，阳泉市重点实施了机械旱作农业技术。1991年北方旱作农业会议在山西召开，盂县的乌玉、后元吉、苌池、东梁等地作为机械化旱作农业的典型接受了包括原农业部部长何康、时任农业部副部长张延喜等在内的与会代表参观。1999年全市机械化旱作农业面积为37.52万亩（2.50万公顷）。同年，盂县承担了国家级机械化旱作农业示范区建设项目，该项目总投资400万元，其中国家财政投资200万元、省财政投资100万元，建设了农机服务站1个，机具设备配套343台件。与此同时，全市涌现了一批机械化农场，1988年全市机械化农场达39个，经营土地13663亩（910.87公顷）。其中盂县乌玉机械化农场的实践探索，在中央电视台“新闻联播”节目中作了专题报道。1997年，阳泉市引进ISQ全方位深松机，分别在平定县宁艾、郊区三郊和盂县西小坪等地进行了试验，经测试，机械化全方位深松松土深度可达40～50厘米，比常规耕翻深6～20厘米，土壤容重降低0.2克，雨水渗透能力提高5～10倍。经测定，全方位深松地比未深松地增产70公斤，增产15.9%。2001年，由平定县承担的机械化保护性耕作示范推广项目正式立项。

机械化保护性耕作农业是将作物秸秆覆盖在土壤表面，对土地进行少耕、免耕作业的农业技术，可以减少水土流失，保持土壤有机质含量，提高土地蓄水保墒能力，这一技术的实施可以实现农业的可持续发展，保护农业生态环境。1994年，市农机中心在盂县下曹乡西小坪村和西烟镇乌耳庄村开展耕作模式试验研究，试验了整秆覆盖、整秆半覆盖及深松作业，为机械化保护性耕作做了先期探索。经过10年推广实施，2010年，全市机械化保护性耕作面积达7.3万亩（4866.67公顷），项目实施地点涉及平定县、盂县、郊区的10个乡镇38个村。全市实施机械化保护性耕作的玉米平均亩产 530.2 公斤，比对照田增产 16.09%，粮食总产 1060.4 万公斤，亩省工 5 个，亩增收节支 239.7 元，大大减少了能耗和农民支出，减轻了农民负担。特别是 2010 年平定县被列入国家级机械化保护性耕作示范区，项目总投资 508 万元，共争取国家投资 270 万元、省级投资 71 万元。

二、运输作业机械化

境内传统的农业运输方式主要靠人背驴驮，少部分使用独轮车、小平车及畜力二轮车。解放后，小平车、畜力二轮车以村庄为单位得到逐步普及，20 世纪 50 年代末开始出现拖拉机运输，但数量较少。20 世纪 70 年代初，境内运输机械化得到了初步发展。1978 年，全市共有农业运输车辆 210 部。中共十一届三中全会后，搞多种经营的农民增多，运输业日渐兴盛，农用汽车、拖拉机在农忙时节穿梭于田间，在农闲时节则从事运输。1987 年，全市农业机械运输工作量达 1576.57 万亩（105.10 万公顷），经济收入达 1.21 亿元，占全市农村社会总收入的 9.8%。1990 年，运输作业量达 1926.08 万亩（128.41 万公顷），经济收入达 1.33 亿元，占农村社会总收入的 5.7%。1990 年，全市各类运输机械共有 6.76 万辆，其中农用汽车 3550 辆、农用运输车 526 辆（拖车 6176 辆）、油槽车 4 辆。这些机械承担了整个农村的运输业务，使机械化程度达到 80% 以上。之后，全市农用运输机械逐年增长。2005 年，全市农用运输车辆已增长到 20929 部。2010 年，全市共拥有各类农用运输车 21301 台，其中三轮汽车 12626 台、低速载货汽车 8880 台，即使在偏远的农村，农用运输已基本由农用三轮车和手扶拖拉机完成。全市农业运输已基本实现机械化。

三、其他机械化

（一）场上作业、米面加工

境内传统的农产品加工以人畜力碌碡、碌杆、石磨、石碾为主，解放后，以村为单位，逐步配置了电磨等，到 1990 年，全市 95% 以上的农村从打场到米面加工均实现了机械化。全市场上作业及米面加工机械设备共计 1.91 万台，其中碾米机 1218 台、磨面机 2538 台、榨油机 314 台。之后，米面加工机械一直稳定在这个数量上，但大部分机具老旧，更新换代较慢。

（二）集体农场

20 世纪 80 年代后期，全市狠抓机械化农场的发展，对适度规模经营进行了探索。到 1987 年，全市拥有机械化农场试点单位 13 个，经营土地 6015 亩（401 公顷），劳力 282 人，劳均种植土地21.33亩（1.42公顷），拥有各种农机具136台，平均亩产494.1公斤，总收入为81.7万元，劳均收入2897.16元。1990年，全市有机械化农场60个，经营土地5万余亩（3000余公顷），实现机械化旱作农业面积7000亩（466.67公顷）。其中盂县乌玉村1985年集中510亩（34公顷）责任田办起机械化农场，推行机械化旱作农业技术，整个农场从耕、耙、播种、镇压、除草、收获、运输、脱粒到秸秆还田等80%的农活实现了机械作业。农场每亩土地全年经营实用人工由过去的25个减少到6个，而粮食却连年增产，取得了良好的经济效益和社会效益。20世纪90年代后，随着农机社会化服务体系的建设，集体农场的机械化作业功能逐步由农机服务组织取代，集体农场数量有所下降，主要集中在少数工矿经济发达，村集体经济实力较强的村庄。进入21世纪后，农业专业户和农机大户的发展进入快车道。2007年，阳泉耘丰农机专业合作社在郊区荫营镇成立，承担周边乡村的农机作业。2009年，平定龟背山农场在平定县冶西镇成立，经营土地500亩（33.33公顷），到2010年全市较大规模的个体农场有6个。

（三）设施农业

1993年，在平定县南上庄、新城，盂县下庄，郊区瀑里、南庄、枣园建设了8个蔬菜高科技示范园区。之后，全市的设施农业得到较快发展。2000年，在平定县石门口乡南上庄村、平定县张庄镇新城村、平定县岔口乡理家庄村分别建成面积为2000平方米的现代化智能连栋温室。温室采用计算机智能控制，配备有增温保温系统、灌溉系统、降温排湿系统、二氧化碳补气系统和补光系统。到2005年，全市商品蔬菜共占用耕地面积达3万亩（2000公顷）。截至2010年，形成一定的规模，全市商品蔬菜种植面积5万亩（3333.33公顷），设施蔬菜面积7500亩（500公顷），其中日光温室5800亩（386.67公顷）、蔬菜大棚1700亩（113.33公顷）。随着设施农业产量和效益的不断提升，广大农民从中获得了很大收益，设施农业已经成为强市富民的一个重要产业。但是，发展初期大部分地方设施农业的机械化装备水平却较低，多数劳动和作业均为原始的手工完成，劳动强度大，效率低，而且作业质量差。这在一定程度上制约了蔬菜品种、品质、产量、效益的扩大和提高。阳泉市农机部门积极想办法，为农民购置卷帘机、微耕机、二氧化碳气肥增施器等先进适用的农业机械进行购置补贴，提高其机械化装备水平。大棚卷帘机改变了传统的人工卷帘操作的方法，比人工操作提高效率15倍以上，解决了每天卷放草帘的劳动强度，改善了严冬露天操作的环境，由于每天能提前光照时间和缩短放帘时间1个多小时，提高经济效益。在农机部门的引导和扶持下，农民开始认识并购买大棚卷帘机，大棚卷帘机从无到有，到2010年已达到3067台。

（四）生物质气化炉

为了让农民用上清洁的能源，节约煤炭资源的消耗，从2007年开始，市农机中心加大了生物质气化炉的推广力度，市、县农机部门积极协助益民炉具厂对产品进行了技术革新改造，对户用炉具在内部结构、外形进行了多处的改进，降低了焦油量，增加了电子点火、暖气等装置，进一步方便了用户，扩大了产品的适用面。帮助益民炉具厂完成了对保和牌气化炉的省级鉴定，争取到了该产品的农机推广许可证，协调有关机构，帮助该厂解决扩大生产所需资金200万元。2008年8月15日，全省秸秆气化炉机具选型暨现场培训会在郊区白泉村召开，市益民节能炉具厂生产的第三代秸秆气化炉因功能和节能方面具有独特优势，被省农机局指定为示范产品，并争取到省农机补贴资金100万元。2008年，全省推广保和牌气化炉1185台。此后，由于农民的认识程度及生物质气化炉本身存在一些缺陷和问题，该技术并未得到大范围推广。

第四节 农机管理

一、农机科研

1972年12月，阳泉市、平定县、盂县均建立了农机科研所。1987年在科研体制改革中，保留了市农机科研所，而将县级所并入县农机推广站。各级科研所除先后承担了“农业机械化综合区划”“机械化城郊型农业模式研究”等课题外，还积极对农机农具进行改造和研制。20世纪70年代，盂县农机科研所就曾研制出抓石起吊机、液压装载机、平地机、饲料粉碎机、玉米剥皮机、电扇车等。20世纪80年代，平定县农机科研所研制成5行小麦播种机、2行玉米播种机、5XE-48型清选机等。1987年，市农机研究所研制出了人力点播器；1995年，《阳泉市农业耕作体制研究》通过了市科委专家鉴定，并获得了省农机局科技进步三等奖；1997年，研制的小型玉米秸秆覆盖机和小型玉米直接粉碎还田机，获市科技成果三等奖；2001年，研制的2BY-人力单行播种机，获市科技成果三等奖；2002年，进行了秸秆综合利用示范研究项目；2009年，所承担的省农机局树枝粉碎项目通过了省农机局的项目验收组验收。上述试制机具的推广运用均收到较好的效果。

二、农机推广

1972年，境内市、县两级农机推广站建立，主要从事农机新技术、新机具的宣传、推广、应用和适应性试验示范。先后在全市推广了胶粘剂堵漏、机械化笼养鸡、机械化养猪、高密度

机械化耕整地及马铃薯播种

养鱼、机械化精量播种、秸秆直接粉碎还田、机械铺膜、机械化全方位深松、化肥深施、机械化保护性耕作、机械化设施农业等新技术。通过实用技术优化组合、合理分配，有效提高了农作物秸秆利用率，提高土壤有机质含量，增强土壤的蓄水保墒能力，提高化肥施用水平，增强抗病虫害能力，使粮食实现增产增收。2010 年，全市机械深施化肥面积 38.70 万亩（2.58 万公顷），优质小杂粮机械化生产及加工技术作业面积 15.10 万亩（1 万公顷），设施农业机械化配套工程实施面积 0.18 万亩（122.67 公顷），牧草机械化生产及加工作业面积 7.01 万亩（4673.33 公顷），机械化节本增效工程新增示范区 1 万亩（666.67 公顷）。1988 年推广的“宋家庄蓄水池机械化混养、网箱套养罗非鱼技术”，经过约 1600 亩（106.67 公顷）水面应用，年产鲜鱼 81.7 万公斤，年总收入 659.2 万元，年利润 271 万元，为全市人民每人每年提供鲜鱼 0.7 公斤。该技术 1991 年获阳泉市科技进步二等奖。1995 年承担机械化全方位深松技术推广，2000 年获阳泉市科技应用成果三等奖。2000 年，盂县承担了国家级机械化旱作农业工程示范项目，2002 年 12 月通过验收。2000 年 6 月玉米机械化地膜覆盖技术的推广通过山西省科技厅组织专家进行科技成果验收鉴定，达国内领先水平，同年获山西省成果推广及产业化类一等奖，2003 年获山西省农村技术承包集体三等奖。2005 年承担的牧草机械化生产加工技术项目，于 2008 年获山西省科技进步三等奖。

三、农机质量鉴定与农机市场监管

1973年，阳泉市农机试验鉴定站成立，与农机科研所一套人马两块牌子。1984年分开，业务上单独办公，负责市内农机产品试验鉴定、质量监督工作。截至2010年，市农机鉴定站共完成各类鉴定试验任务16项，质量监督任务14项。1992年和1999年两次取得中华人民共和国计量认证合格证书，先后购进了国家标准、行业标准600余份，购进了HRD-150电动洛氏硬度计，量缸表，游标卡尺等。20世纪90年代后，与市质检、工商部门加强了农机市场的日常检查，重点查处伪劣“三无”农机产品，整顿农机市场。1999年6月，市农机鉴定站、市消费者协会在全省首家联合成立了“阳泉市农机产品质量投诉站”，并在平定县、盂县、郊区设立了3个分站，向农机消费者提供农机信息和业务咨询，受理消费者投诉，努力拓宽农机质量投诉受理渠道，提高投诉受理工作水平。向社会公布农机质量投诉电话，本着依法维护各方当事人合法权益的原则，科学公正、廉洁高效地妥善调解和处理各类农机质量纠纷，坚持投诉月报制度，使农机质量投诉工作制度化、规范化、日常化。积极开展农机质量调查，重点对各类重点推广农业机械的适用性、安全性、可靠性和售后服务等情况对用户进行了调查。2002年，成功调解处理了盂县路家村镇傅家坳村民因农机产品质量引起农机事故，受害方获得了11.7万元的赔偿款。2005年后，全市各级农机部门充分发挥农机市场监管职能，以打假扶优为手段，每年大力开展“3·15”农机维权宣传活动，散发宣传资料，解答群众各类疑问和咨询，向社会公布了市、县区的农机质量投诉监督电话，积极开展农机市场“打假”专项治理行动。坚持标本兼治，打防结合，属地管理原则，充分发挥农机管理部门的技术优势，协同工商行政管理部门深入开展全市农机打假专项治理行动，严厉打击制售伪劣农机等违法行为。提高全社会特别是农民的维权意识，营造全社会“打假维权”的良好氛围。2005年，省农机局授予农机市场秩序专项整治工作先进单位称号，2008年和2009年度省农机局授予农机质量投诉监督先进单位称号，2010年度省农机局授予农机质量调查工作先进单位称号。

四、农机技术培训

1973年始，阳泉市、平定县、盂县相继设立农机培训班。初期以培训拖拉机驾驶员为主，1978年后增加培训农机管理人员、修理工、机具操作手等。平定县还与驻地部队联办军地两用农技人才培训班。1990年，全市各县区农机部门都建有培训基地，配备了专业师资力量及相应的教学仪器设备，全市全年共培训农机人员4000人次。1994年，按国家农业部标准，平定县、

全省农机操作手大赛比赛现场

盂县和郊区分别建成有教室场所、有食宿配套、有教学设备、有师资配备的“四有农机校”。2005年，《中华人民共和国道路交通安全法实施条例》实施后，平定县和盂县按照社会化办学标准分别成立两所农机培训学校。

2005年后，为全面提高全市农机作业人员的操作技能和整体素质，逐步提升农机化效率与质量，培育新一代职业农民，推动全市农业机械化又好又快发展，市农机部门坚持“政府推动、学校主办、部门监管、农民受益”的原则，创新模式，加快速度，提高质量，大力开展对农机作业人员的培训工作。重点培训农业机械基础知识、农业机械结构性能和操作技能、农业机械使用维护保养和知识、农业机械田间作业技术规范、农业机械化法律法规及经营管理知识等。在培训方式方面采取集中和送教下乡相结合、实物教学与电化教学相结合、课堂教学与开展演示和现场培训等实际操作相结合的方式，全面开展农机化培训工作。重点培训新购机农民和拖拉机驾驶员、玉米收获机械和薯类收获机械操作手等。2010年，全市共举行农机技术培训班18期，其中现场会8次，培训班10次，共培训农民3139人，其中培训农机操作人员2464人、农机技术人员373人、农机管理人员241人、农机监理人员42人。

五、农机供应

计划经济时期，境内农机销售统一由国有农机公司负责。1963年，平定县、阳泉市农机公司先后建立，翌年盂县农机公司建立。各公司主要经营农业运输、农田作业、水利排灌、农副产品加工等各种机具及零配件的购销。1990 年，全市农机供应系统共拥有固定资产 144 万元，销售额 2201 万元，利润 63 万元。由于农机供应工作成绩突出，1984 年，盂县农机公司获全国农机供应系统“优质服务先进单位”称号；1988 年至 1990 年平定县农机公司连续三年获山西省“优质服务先进单位”称号。21 世纪 90 年代末，由于受到市场的冲击和经营管理不利等原因，市、县农机公司都出现了亏损。之后，平定县、盂县农机公司分别进行了改制。2004 年农机购置补贴政策实施后，经省农机局批准，全市有 4 家农机定点经销商经销农机补贴产品。2010 年，全市有各类农机经销点 63 个。

六、农机服务网络建设

随着农机管理机构和农机科研工作的不断加强，全市农机服务网络也逐步形成，到 1972 年，凡是有条件的公社都建立了拖拉机站。1975 年，全市 50% 的生产大队建立了农机队，主要从事田间机械作业。20 世纪 80 年代后，随着土地经营形式和农机经营格局的变化，农机服务组织在改革的大潮中不断完善自我。到 1988 年，一个以县区服务部为主导，乡镇农机管理服务站为主体，村农机服务队为基础，个体养机户为补充的服务网络基本形成。1997 年，平定县农机中心投资 15.5 万元成立农机服务队，本着“优质服务、适当收费”的宗旨，开展服务。2005 年，全市成立农机行业互助协会 2 个，共吸纳团体会员 29 家，个体会员 1560 个；同时，培育农机大户 20 个，成立乡级中心服务站 2 个，培育农机示范乡 1 个，成立县级农机租赁服务站 1 个。新出现的农机行业互助协会和农机租赁服务站广受农民的欢迎。各级农机部门积极发挥作用，服务基层农民，鼓励农民兴办农机专业合作社，2007 年，阳泉耘丰农机专业合作社在郊区荫营镇成立。翌年，平定县、盂县又发展 3 家农机专业合作社。农机部门不断规范和引导农机社会化服务组织健康发展，加大对农机合作社人员、农机大户的专业培训，提高合作社自我完善、自我管理、自我发展的能力。截至 2010 年，全市有农机化作业服务组织 29 个、农机专业合作社 20 个、农机户达到 22299 户、农机维修厂及维修点 115 个、专项维修点 85 个。

七、农机安全监管

1975 年，阳泉市及平定县、盂县分别设立农机监理站。1984 年 7 月，市农机监理站改称农机安全监理所。随后，郊区、平定县、盂县均改称农机安全监理站，乡村组建了农机安全联组。开展农机安全宣传教育、农机具技术检验、核发牌证、年度审验、农机事故处理和农机驾驶员考核、发证、年检工作。1994年，《山西省农业机械管理条例》颁布实施。全市农机系统按照“安全第一、预防为主”的方针，牢固树立安全发展的理念，以农机安全生产专项整治为主线，从制度建设、队伍建设、基础设施建设入手，严把“上户关、审验关、考试关”，积极开展“安全宣传月”“百日安全无事故”“平安农机”等活动，进农村、进厂矿、进学校宣传农机安全知识。特别是2009年，盂县农机中心免费进村入户为农机户挂牌，平定县农机中心为挂牌车辆进行柴油补贴等，有效提高了全市拖拉机的挂牌率、检验率和驾驶员的持证率。2010年，全市检审验拖拉机1764台，创建平安农机示范县1个、示范乡3个、示范村64个、示范户670个，实现了无死伤农机事故发生的管理目标。

1988年，市农机安全监理所获山西省安全监理目标一等奖。1990年10月，省政府授予平定县农机监理站“农机安全先进单位”奖杯。1999年，平定县农机监理站获农业部“安全监理、优质服务”示范窗口称号。2010年，平定县被农业部、国家安全生产监督管理总局评为全国“平安农机”示范县。

八、农机具购置补贴

2004年，党中央、国务院出台了农机购置补贴政策，安排专项资金对农民购买农机具给予一定比例的补贴，鼓励和支持农民购买先进适用的农业机械。市农机局与市财政局联合出台《阳泉市农业机械更新购置补贴资金使用暂行管理办法》，对全市购置指定的农机具进行补贴。随着《中华人民共和国农业机械化促进法》和《山西省农业机械化条例》的相继颁布实施，给阳泉市的农机化事业带来了难得的发展机遇，农机购置补贴这一惠农政策实施给农业机械的发展注入新的动力和活力。阳泉市农机部门积极争取资金，创新工作机制，完善补贴程序，加大管理力度。每年均要出台《阳泉市农业机械购置补贴资金使用方案》，与县（区）农机部门签订农机购置补贴工作责任书。对农机购置补贴政策进行了全方位、大范围的宣传报道，做到公开、透明，积极为农民选机、购机、用机搭建信息平台。加强管理，强化监督，严把农机具质量关，保证了农机补贴资金的安全运行和农机补贴政策落实到位，让党的惠农政策走进千家万户，使购机农民买得放心、用得满意。2010年，全市共争取国补资金1452万元，补贴农机具4780台，受益农户4003户。截至2010年，累计争取各级农机购置补贴资金3242多万元，带动社会投资1亿元，通过农机购置补贴政策的带动，加快了全市农业机械的发展，促进了农机装备结构的优化，有效提高了粮食综合生产能力。

阳泉市志
YANGQUANSHIZHI

[中 册]

第十编

乡镇企业

阳泉地区山多田少，农业基础薄弱，但自然资源特别是矿产资源丰富，因而境内农民至迟在北宋便依托身边自然资源，或简易采煤，或土法炼铁，或制陶烧瓦，形式多样，就地取材，各显其能，促成了悠久发达的地方手工业。阳泉乡镇企业正是在传统手工业基础上逐步发展起来的。

中华人民共和国成立后，境内农民走上合作化道路，原以手工业为主的农村个体、私营企业陆续加入合作社，并依靠合作社力量兴办了一批小型企业。

20世纪80年代初，市委、市政府从地方资源优势出发，提出了由地下采掘业向地面加工业转移、采掘和加工相结合，由初级加工产品向深度加工产品转移、初加工和深加工相结合，由传统工艺向现代化技术转移、老工艺和高新技术相结合的“三转三结合”方针，使全市的乡镇企业逐步走上了规范、规模经营之路。至20世纪80年代中后期，全市初步形成了煤炭、采矿、化工、建材、冶金、耐火、纺织、印染、造纸、陶瓷、食品、服装鞋帽、机械制造为主，包括交通运输、建筑、商贸服务和农副产品加工在内的多层次的产业结构，基本实现了初级产品的采掘生产向加工增值为标志的递进转移，形成了以乡村工业为主、以集体经济为主、以资源和资源延伸加工为主及以乡村办企业为主体的新格局，走出了一条适合地方特点的农村兴企、农民致富之路，从而使乡镇企业成为全市经济发展的重要支柱，在全市经济中有着“三分天下有其一”的显赫位置，形成了当时轰动全国的“阳泉模式”。

20世纪90年代，阳泉乡镇企业根据时代发展和市场需求，不断引进新技术、新设备，发展加工业，开发新产品，自我滚动，自我发展，走出了一条农村发展社会主义市场经济的新路子。阳泉乡镇企业由资源型经济向资源开发加工型经济转移的实践，引起了省内外专家的高度重视，被认为是“内陆发展乡镇企业的模式”，是“中西部地区脱贫致富奔小康的希望”所在。

进入21世纪，阳泉乡镇企业在“政府引导、企业主导、一企一策”方针指导下，加快了自身产权制度改革。到2004年，全市地面乡镇企业民营化率达96.84%，基本实现民营化。之后，乡镇企业的内涵和外延均发生了很大变化，原先意义上的“乡镇企业”已然成为一个历史符号。

需要注意的是，政府对乡镇企业的考察评价体系，在不同时段、甚至不同年份都是有差异的，故本编有些数据的缺失是难免的。

第一章 概况

第一节 “阳泉模式”创立

境内乡镇企业是在地方丰富的矿产资源和传统手工业的基础上发展起来的。最初是以农民自发为主，采取手工业、季节性生产方式进行生产。中华人民共和国成立后，随着农业合作化运动的开展，农村原来以手工业为主的个体、私营企业加入了合作社，同时，依靠合作社的力量先后兴办了一批小手工业、运输业、采矿业等类企业，称为农村工副业。随着人民公社的出现，在优先发展农业生产的前提下，这种传统的手工业以社、集体企业为主要载体，依托集体经济的资金积累和农民的劳动积累，得到了进一步的发展。但后来在“以粮为纲”、片面发展的“左”倾思想等因素的影响下，其进程一波三折。

1978 年 3 月，市委主持召开为期 15 天的全市农村社队企业“双学”（“工业学大庆”“农业学大寨”）工作会议，提出立即着手做好发展社队企业的规划和大队工矿企业的过渡，提出每个公社和大队，特别是穷社穷队和当时还没有企业的白点大队，要因地制宜，大力发展企业，当年一定要消灭空白。这是“一次高速度发展社队企业的誓师会”。

1978 年 12 月中共十一届三中全会的召开及 1979 年 7 月《国务院关于发展社队企业若干问题的规定（试行草案）》的颁布，为农村经济的发展创造了一个宽松的环境。依据《国务院关于发展社队企业若干问题的规定（试行草案）》及阳泉市情，市委、市政府确立了“依托煤炭优势起步，带动其他行业发展”的方针，提出了以发展“黑（煤炭）、白（铝土矿）、黄（硫铁矿）”等为主的社队企业规划。很快，境内以采掘业为主、多业并举的社队企业如雨后春笋般发展起来。到1983年，采掘类企业已由1978年的385个发展到594个，其产值也由1978年的8664万元增加到15929万元，占到当年农村工业总产值的51.8%，境内农村形成了以采掘业为主体的重型产业结构。

1983年，对农村“三级所有”体制进行改革，大量剩余劳动力从农田里解放出来，境内8万多农民成为“离土不离乡，进厂不进城”的企业主力军，社队企业最终从农业中分离出来，逐步形成了植根于农村的工业、建筑业、运输服务业等相对独立的体系。

1984年，《中共中央、国务院转发农牧渔业部〈关于开创社队企业新局面的报告〉的通知》下发后，全国社队企业改称“乡镇企业”，其范畴也明确为“社（乡）、队（村）举办的企业，部分社员联营的合作企业，其他形式的合作企业和个体企业”。这样，“乡镇企业”不仅从名称上取代了“社队企业”，而且从范畴上也突破了原社队企业的单一集体所有制形式和比较严格的地域限制，开始在更广大范围内组织多种生产要素的联营与合作，形成了地位重要的农村社会生产力。

1985年，阳泉市按照省委、省政府《关于加速发展乡镇企业的决定》精神，结合地方实际，提出了“多轮驱动，多业并举”“集体个人一齐上，千家万户办企业”和“三转三结合”（由地下采掘向地面加工业转移，采掘和加工相结合；由初级加工产品向深度加工产品转移，初加工和深加工相结合；由传统工艺向现代化技术转移，老工艺和高新技术相结合）的方针，大力推动发展乡镇企业。到年底，全市乡镇企业发展为12883个，拥有职工133387人；乡村企业3449个，个体企业8580个，联户合作企业854个，形成了“集体个人一齐上，千家万户办企业的多轮驱动格局”，以及以煤炭、化工、建材、冶金、耐火、机械为主，包括交通运输、建筑、商业服务和农副产品加工在内的多层次产业结构。

1987年至1990年，面对市场急剧变化、产品销售不畅的困难局势，市委、市政府按照中央对乡镇企业提出的“积极扶持，合理规划，正确引导，加强管理”的十六字方针，把乡镇企业发展的侧重点转移到“挖内涵，上水平，创名优，争效益”上来，从而引导乡镇企业扭转了被动局面，使其在更高水平上得以发展壮大。1990年，全市12720个乡镇企业中，有4个被省政府命名为省级先进企业；有101个达到市一级企业标准，34个达到市二级企业标准，70个达到市三级企业标准；有51种产品领到生产许可证，144种产品被评为部优、省优或市优产品；有34个企业的20多种产品打入国际市场，远销世界12个国家和地区。1991年，在全市12823个乡镇企业中，有15个企业被省政府命名为省级先进企业，21个企业被评为省系统先进企业；110个企业被评为市级先进企业，有242个企业达到市一级标准，94个达到市二级企业标准，149个达到市三级企业标准；有210个企业领到产品生产许可证，165种产品被评为部优、省优或市优产品。开发新品种29种，其中4种获省级科技进步奖、4种获市级科技进步奖、2种产品获市级产品开发“星火”奖；13种产品在“七五”全国“星火”计划成果博览会上获奖，其中金奖2项、银奖3项、优秀奖8项，有34个企业的20多种产品打入国际市场，远销12个国家或地区。同年，全市乡镇企业总产值24.23亿元，纯收入17.5亿元，上缴税金9300万元，固定资产原值达到11.7亿元，呈现出速度和效益同步增长的好势头。

至此，经过长期的发展，境内农村形成了以乡村工业为主、以集体经济为主、以资源和资源延伸加工为主、以乡村办企业为主体的乡镇企业格局，走出了一条适合本地特点的农村兴企之路，乡镇企业成为全市农村经济的重要支柱，在全市经济中有着“三分天下有其一”的显赫位置，形成了当时轰动全国的“阳泉模式”。

第二节 产权制度改革

1992年，中共十四大明确提出建立社会主义市场经济体制的改革目标。之后，随着经济市场化、国际化的加速，乡镇企业存在的产权不明晰、政企不分、责权不明确、所有制结构不尽合理等诸多问题逐渐暴露出来，迫使阳泉乡镇企业先后进行了三次产权制度的重大改革。

全市乡镇企业第一次重大改革是从1993年开始的。1993年12月，市委、市政府制定《阳泉市农村推进股份合作制试行意见》，提出坚持在“发展中求规范，规范中求发展”的原则，全面推进“股份合作制”改革。改革是以产权制度改革为核心，实施以乡村集体企业改革为重点、突破资本运营为难点、强化经济发展为基点的“三点”战略。改革的具体要求是对实力较强的龙头骨干企业实行股份制；对多数效益较好的中小乡村集体企业实行股份合作制；对“小、微、亏”企业实行兼并、租赁、拍卖；新办企业一步到位，全部实行股份制或股份合作制。乡镇企业第一轮改革促进了投资结构的优化，促进了科技进步，也促进了规模经济的发展和资本运营的起步，触动了产权，给阳泉乡镇企业的发展注入了活力。至1995年，全市农村股份合作制企业累计达到1395个，其中新办企业312个，原企业改制的1083个。共组建不同形式的企业集团33个，其中产值1亿元以上的6个。建成不同特色的经济小区10个，其中郊区荫营耐火城被农业部命名为部级示范区，平定县锁簧镇被命名为省级示范区。1995年，全市乡镇企业总数达到40046个，比1990年增长2.14倍；从业人员24.03万人，比1990年增长0.5倍；营业收入93.14亿元，比1990年增长5.32倍；总产值109.66亿元，比1990年增长4.25倍；工业产值70.62亿元，比1990年增长2.78倍；利税达6.8亿元，比1990年增长2.7倍。

全市乡镇企业第二次重大改革是从1996年开始的。1996年9月，市委、市政府制定《关于“九五”期间进一步推动我市乡镇企业加快发展加快提高的意见》，确立了“市场导向、规模经营、质量第一、效益优先”的指导原则，规划了“九五”全市乡镇企业发展的目标任务，提出了加快经济体制和经济增长方式“两个根本性转变”，以及实施规模经营、科技兴企、名优产品、外向带动“四大战略”和实现规模经营、科技兴企、名优产品、对外开放、产业结构、经济效益“六个突破”的发展思路，并且明确了相关的政策措施。同年11月，市政府又制定《关于加快推行农村股份合作制的意见》，进一步明确加快推进股份合作制的思路是扶大、股中、放小，强调乡镇企业的改革要坚持“发展与规范并重，边发展、边规范，争取一步到位”的原则。以上两个“意见”的出台，有力地推动了境内乡镇企业的第二次重大改革。至1998年，全市乡镇企业建成产值亿元以上企业73个，出现了全国乡镇企业同行业最大的耐火材料基地——荫营耐火城，全国最大的氧化锆专业生产线——阳泉千亨氧化锆厂，全国最大的磁性材料生产厂家——盂县磁性材料集团，全国最大的耐酸材料生产厂家——盂县乌玉耐酸砖厂等8个全国第一的领先企业。出现了平定金属针布厂、平定金属镁厂、平定黄磷厂、平定铬盐厂、阳泉特种水泥厂等14个华北地区第一的领先企业。出现了平定永艾食品厂、平定张庄碳素厂等19个全省同行业第一的领先企业。全市农村人均乡镇企业营业收入、总产值、工业产值、上缴税金等主要指标均名列全省前茅。平定县、盂县、郊区均跨入山西省乡镇企业发展20强县（区）行列。1998年，全市乡（镇）村集体企业改制数累计达到1842个，股本金总额累计达19.5亿元，实现营业收入111.5亿元，入库税金完成2.33亿元；全市乡镇企业实现增加值352737万元，占全市生产总值的37.55%，为阳泉成为全省率先实现整体达小康的地市做出了贡献。

全市乡镇企业第三次重大改革是从2000年开始的。经过两次大规模的乡镇企业产权制度改革，农村社会生产力与生产关系的矛盾得到一定调节，进一步激发了所有者、经营者和生产者的积极性，但是乡镇企业仍然存在政企不分、产权不清和运行不规范等问题。全市乡镇企业第三次改革在汲取以往经验教训的基础上，适应新形势的要求，在改革的指导思想、工作思路、目标任务和政策措施等方面都有大的突破。一是在指导思想上，借鉴外地经验，从阳泉的实际出发，确定了以建立现代企业制度为目标，以促进规模经济和非公有制经济发展为重点，坚持“能私不股”“能售不租”“能集不散”的原则，坚持体制创新和结构调整相结合的原则，全面推进乡镇企业机制转换和体制创新。二是在改革思路上，提倡净资产500万元以上的乡村集体企业原则上组建成股份有限公司或有限责任公司，真正实现政企分开，积极支持和鼓励经营层和经营者持大股或控股；提倡净资产500万元以下乡村集体企业采取出售、租赁、转让、拍卖等形式，转化为非公有制企业，实现“集退民进”。三是在改革目标上，用两年时间，完成乡村集体企业改制任务，使龙头骨干企业初步建立现代企业制度，非公有制经济发展步伐明显加快，并取得显著成效。四是大力培植龙头骨干企业，并以此为核心，通过资产重组和资本运营组建企业集团，发展规模经济。2002年，市委、市政府在继续探讨乡镇企业改革方面通过研究比较，选择了苏南模式，提出阳泉市乡镇企业要大发展，就得大改革，就要彻底改、改彻底，全力推进乡镇企业民营化。到2004年，全市1648个乡镇地面企业中，除497个起步就是民营企业外，有863个企业经过改制转为民营企业，有236个企业改为股份制企业，有6家民营企业买断或并购市、县国有企业，全市乡镇企业民营化率达到96.84%，基本实现民营化。从此，原有意义上的“乡镇企业”体制已经完全被打破，其内涵、外延及相关的统计口径也都发生了很大变化。至2010年，全市乡镇企业有2991个，从业人员111828人，当年实现增加值509600万元，占到全市生产总值的11.86%，对地方经济发展的贡献率明显下降。

阳泉市长青石油压裂支撑剂有限公司

第二章 构成

第一节 所有制构成

境内乡镇企业的基本构成包括乡办企业、村办企业、合作合伙企业、户办（个体）企业、股份合作制企业及“三资”企业等。其中股份合作制企业、“三资”企业起步较晚。

一、乡办企业

乡办企业是伴随着人民公社的诞生而发展起来的。1958年，在农村机械化的号召下，全市各乡镇普遍建起了农机修造厂，一些煤炭资源丰富的乡镇还兴建了小煤矿。此后20年间，乡办企业经历了时收时放的曲折历程。一直到改革开放后，乡办企业才跃进到崛起之势。1984年，乡办企业由1980年的275个增加到316个，占全市乡镇企业总数的5.57%；从业人员由1225人增加到20549人，占乡镇企业总人数的36.10%；总产值由11162万元增加到24285万元，占乡镇企业总产值的30.51%。

“七五”期间，全市乡办企业规模扩大，企业数量虽由1986年的366个降至1990年的346个，从业人员却由1986年的25604人增加到28458人，净增2854人，增长11.15%；总产值由30602万元增加到50285万元，净增19665万元，增长64.2%。1990年，乡办企业、从业人员、总产值分别占到全市乡镇企业总数的2.72%、17.95%和24.07%。1995年，全市乡办企业351个，其中郊区96个、平定县104个、盂县151个；从业人员32168人，其中郊区7623人、平定县9159人、盂县15368人；总产值147345万元，其中郊区388539万元、平定县42576

万元、盂县330069万元；乡办企业的从业人员、总产值分别占到全市乡镇企业的13.38%和13.44%。1996年之后，随着乡镇企业产权制度的改革，原有的乡办企业模式逐渐被淘汰。

二、村办企业

中共十一届三中全会前，境内的村办企业均为附属于农业的副业，没有形成独立的产业。中共十一届三中全会后，村一级农村经济的改革，为村办企业的发展奠定了基础。1983年，全市村办企业已发展到3068个，产值达34759万元，形成了以采掘业为主的独立产业，并安排农村劳动力62999人（占当年农村劳动力总数的30%以上）。1984年，村办企业各项指标大幅度增长。企业数增加到3877个，较1983年增长了26.37%，占全市乡镇企业总数的68.31%；从业人员增加到26810人，较1983年增长了21.9%，占全市乡镇企业从业人员的47.11%；总产值增加到46431万元，较1983年增长了33.6%，占全市乡镇企业总产值的58.31%。1985年后，随着全市乡镇企业产业结构的调整，村办企业从实际出发，利用采掘业积累的资金和管理经验，大力发展矿产品原材料加工业，到1990年已形成以煤炭、建材、冶金、机械为主，包括交通、运输、建筑、商业服务和农副产品加工在内的多层次多行业产业格局，成为乡镇企业的主体。1991年，全市村办企业有2448个，安排劳动力106715人，总产值达到129722万元，分别占到全市乡镇企业总数的19.25%、67.30%和62.11%。1995年，全市村办企业2458个，其中郊区962个、平定县792个、盂县704个；从业人员124824人，其中郊区57001人、平定县42952人、盂县24871人；总产值459067万元，其中郊区213450万元、平定县148107万元、盂县97510万元；村办企业的从业人员、总产值分别占到全市乡镇企业的51.94%和41.86%。1996年之后，随着乡镇企业产权制度的改革，原有的村办企业模式逐渐被淘汰。

三、合作合伙企业

20世纪80年代，农村实行家庭联产承包责任制后，一部分农民利用自己的节余资金和剩余劳动时间，自愿组合，结成各种形式的生产协作、联营或合作企业，成为乡镇企业中一个新的组成部分。

1984年，全市合作合伙企业发展到468个，从业人员达到3974人，总产值达7058万元，分别占到全市乡镇企业总数的8.25%、6.98%和8.86%。此后，联户（合作）经济稳步发展，到1990年，此种企业形式已发展到591个，占到全市乡镇企业总数的4.65%；从业人员3715人，占乡镇企业从业人员总数的2.34%；产值达5502万元，占乡镇企业总产值的2.63%。1995年，全市合作合伙企业1941个，其中郊区10个、平定县1613个、盂县300个；从业人员7567人，其中郊区318人、平定县5433人、盂县1816人；总产值43883万元，其中郊区1093万元、平定县26365万元、盂县16425万元；合作合伙企业的从业人员、总产值分别占到全市乡镇企业的3.15%和4%。1996年之后，随着乡镇企业产权制度的改革，统计口径发生变化，相关数据不详。

四、户办（个体）企业

个体经济在中国农村源远流长。民国36年（1947）阳泉建市前，境内农村就有不少专门从事手工业生产的作坊和个体商户。20世纪50年代后期，在农村合作化运动高潮中，个体经济随之消失。20世纪80年代初，随着家庭联产承包责任制的推行，个体经济再度出现。随后在党的政策扶持下，个体经济迅速发展，并成为乡镇企业的一个重要组成部分。

1984年至1990年，乡村户办（个体）企业由1014个发展到9335个，净增8321个，增长8.21倍，在全市乡镇企业总数中所占比重由17.87%上升到73.38%；个体从业人员由5581人增加到19673人，增长24.3倍，占乡镇企业从业人员的比重由9.81%上升到12.41%；户办（个体）企业总产值由1848.05万元增加到23383万元，增长6.8倍，占全市乡镇企业总产值的比重由2.32%上升到11.19%。至1992年，个体私营企业增加为17448个。

1995年，全市乡镇企业中个体企业35296个，其中郊区10172个、平定县19124个、盂县6000个；从业人员75786人，其中郊区17811人、平定县35356人、盂县22619人；总产值446313万元，其中郊区141154万元、平定县160952万元、盂县144207万元；个体企业的从业人员、总产值分别占到全市乡镇企业的31.53%和40.7%。

2000年，全市乡镇企业中个体企业10703个，其中郊区441个、平定县4702个、盂县5084个、开发区476个；从业人员30877人，其中郊区1636人、平定县11941人、盂县16502人、开发区798个；增加值55865万元，其中郊区1984万元、平定县11121万元、盂县39807万元、开发区2953万元；个体企业从业人员、增加值分别占到全市乡镇企业的17.94%和13.56%。

2005年，全市乡镇企业中个体企业10538个，其中郊区1043个、平定县5764个、盂县3731个；从业人员35791人，其中郊区7286人、平定县18103人、盂县10402人；增加值121338万元，其中郊区22358万元、平定县50873万元、盂县48107万元；个体企业的从业人员、增加值分别占到全市乡镇企业的20.06%和20.62%。之后，因统计口径发生变化，相关资料不详。

五、股份合作制企业

1992年，中共十四大明确了建立社会主义市场经济的改革目标。1993年，市委、市政府在安排乡镇企业工作时，提出了要“试办、兴办一批股份合作企业”，并且要求“每个县区办成10～20个具有典型示范作用的股份制企业”。同年12月，市委、市政府制定《阳泉市农村推进股份合作制试行意见》，该意见分总则、企业的设立、资产评估、股权设置、企业管理、财务管理及收益分配、企业变更与清算、加强领导、其他共9个方面56条，详细制定了组建股份合作制企业的内容和具体操作办法。同时编写了关于《阳泉市农村推行股份合作制试行意见》的说明，对农村股份合作制合股协议书、可行性研究报告、资产评估程序、股东（代表）大会会议纪要、合并与分立、终止与清算等主要内容作了明确的规定。1992年，全市农村试办股份合作制企业113个。1995年，全市乡镇股份合作制企业达到339个，从业人员30597人，增加值2.18亿元，利税总额5980万元。2000年，全市乡镇股份合作制企业减少为248个，从业人员减少为22087人，增加值3.05亿元，利润总额3101万元。至2010年，全市乡镇股份合作制企业减少为119个，从业人员减少为7201人，增加值2.65亿元，利润总额4561万元。

第二节 产业构成

境内乡镇企业是在丰富的矿产资源和传统手工的基础上起步的，在其产业构成中，以采掘业为主的乡镇工业企业（第二产业）一直占有相当大的比重，乡镇农业企业（第一产业）所占份额很小，乡镇企业中的第三产业在1978年后发展较快，所占比重呈上升趋势。20世纪90年代开始，随着乡镇企业体制改革的不断深化，其产业构成也处于不停的变动之中。由于统计口径多有变化，此处仅显示境内乡镇企业在1978年至1990年时段的产业构成情况。

第一产业 中共十一届三中全会前，乡镇企业中的第一产业主要是为适应集体经济发展和农民生活需要而举办的小型养殖业和农副产品加工业，由于受政策导向等诸多因素的影响，其数量和规模都很小，在全市乡镇

奶牛养殖

企业中所占份额更是微乎其微。1978 年，乡镇第一产业在全市乡镇企业总产值中占 2.1%，第一产业从业人员占乡镇企业总人数的 16.9%。1978 年以后，乡镇企业虽然发展较快，但第一产业的发展相对较慢，在全市乡镇企业中所占份额非但没有增加，还有所下降，到 1984 年，全市乡镇企业总产值中第一产业所占的份额仅有 0.56%。此后，乡镇企业第一产业所占比重基本保持在 0.3% 至 0.4% 之间，到 1990 年仅为 0.48%，其从业人员占乡镇企业从业人员总数的 0.87%。

第二产业 以采掘业为主的重工业一直是阳泉乡镇工业的重要组成部分。1978 年，全市乡镇企业总产值中第二产业的产值占到 97.9%，第二产业从业人员占乡镇企业总人数的 81.7%。在乡镇工业内部，轻工业产值仅占 4.06%，重工业产值则高达 95.94%（其中采掘业产值占 61.4%）。长期发展的结果，使阳泉乡镇企业形成了以采掘业为主的重型产业结构。针对这种状况，市委、市政府在 1984 年提出了“三转三结合”的产业结构调整方针，从而使以采掘业为主体的重型产业结构开始发生变化。1990 年，乡镇企业第二产业产值占到乡镇企业总产值的 85.67%；从业人员占乡镇企业总人数的 85.53%。在乡镇工业产值中，轻工业所占比重上升至 6.3%，重工业所占比重下降至 93.7%（其中采掘业产值占 37.5%，原料工业产值占 14.1%，加工业产值占 48.4%），产业结构调整初见成效。

第三产业 乡镇企业中的第三产业包括运输业、建筑业、商业饮食服务业、信息咨询业和旅游业等，1978 年后得到较快发展。1984 年，乡镇企业第三产业的产值占到乡镇企业总产值的 12.60%，到 1990 年增长为 13.85%；从业人员也相应增加。第三产业在整个乡镇企业中所占比重和作用呈逐渐上升趋势。

娘子关村水上人家

第三节　产品构成

从 20 世纪 50 年代农业合作化时期，一直到 70 年代改革开放前，乡镇企业产品多数是未经加工的初级产品，其中尤以一些简单的矿产品为主，经过加工的中间产品或最终产品很少。

进入80年代以后，随着改革开放的不断深入，通过改革工艺，引进先进技术，一些技术含量高、工艺较复杂的农副产品在不少乡镇涌现。到2010年，乡镇企业生产产品种类有260余种，主要产品如下。

煤炭资源生产系列：有原煤、炭块、煤粉、型煤、碳素、电极棒、吸附剂、阳极糊等产品，原煤生产已由销售原煤向煤炭加工转化。

石灰石资源生产系列：由加工石料、石粉发展到生产水泥、特种水泥、电石、石灰氮、双氢胺、固色剂、轻质碳酸钙、钙粉、钙塑等产品。

铝矾土资源生产系列：由铝矾土生料、熟料、铝矾土粉、高铝耐火普通砖、高铝耐火异型砖发展为粉末冶金罐镁铝砖、镁砖、硅砖、刚玉砂、棕钢玉、硅酸铝耐火纤维、高温黏结剂、石油开采支持剂、保温轻质耐火砖、铝酸盐耐火水泥，并开始向电解铝、铝合金方向发展。

硫铁矿资源生产系列：由矿石到磺块、磺粉，发展到生产硫酸、二硫化碳、草酸、硫脲等硫化工产品。

高岭土资源生产系列：由日用粗细陶瓷器皿、建筑陶瓷、高档卫生陶瓷、工艺制品发展为耐酸罐、耐酸板、耐酸砖、釉面砖、锦砖和“唐三彩”等产品。

新开发资源生产系列：主要有大理石板材、岩棉、岩棉板、岩棉毡、氧化镁、矿棉、矿棉板、矿棉毡、工业硅、树皮雕紫砂陶、紫砂陶地板砖等产品。

农副业食品加工和酿造业生产系列：由农副业原产品淀粉、粉条、粉皮、醋、酱油、豆制品、食用油发展为精制油脂、果脯、罐头、糕点、腐竹、果酱、饮料等产品。

黑色金属冶炼生产系列：由低级手工工具、生活日用品、简单农机具、铸铁管制造等发展到小高炉冶铁、硅铁、轧钢、粉末冶金材料、还原钛铁粉、普通铁锻、低合金白口铁锅、中碳锰低合金淬头钢球等研磨材料、精密铸钢件、水暖器材、煤气灶具、玛钢制品、拖车转盘、复杂机械配件、多型号水泵、电焊条、磁块、磁芯等，第三代永磁材料等产品。

轻工生产系列：主要有各式服装，高级裘皮大衣，各种款式、花色、规格的普通鞋及高级皮鞋、皮靴等制品。

第三章 效 益

第一节 经济效益

一、资金投入

阳泉乡镇企业起步初期的原始投入主要是农业的资金积累和生产工具等物质积累、工副业积累、自然资源及土地的无偿占用等。据统计，1958年至1978年，境内农村经济总收入中用于扩大再生产的集体提留由454万元增加到2420万元，增长4.33倍；工副业的产值增长了5.77倍（1978年农村工副业收入为96300万元）。农业和工副业的资金积累为乡镇企业后来的发展提供了必要的物质基础。

乡镇企业起步之后，为了增强企业竞争能力，扩大生产规模，提高产品科技含量，开始争取信贷资金、各级财政或各部门的支农资金。此外，从20世纪80年代初期开始，乡镇企业还不失时机地采取引入资金、群众集资、企业自筹等多种方式，大量筹集资金，增加投入，从而使其生产规模迅速扩大，经济实力大为增强。

第一是信贷资金的投入（主要来源于农业银行和农村信用社的贷款）。这是乡镇企业解决其发展资金的主渠道。据统计，1978年至1990年，农业银行与农村信用社这两条渠道提供给全市乡镇企业的贷款余额达16.7亿元。此外，工商银行等其他金融机构也程度不同地为乡镇企业发放了贷款，有力地支援了乡镇企业的健康发展。1995年，金融机构为乡镇企业贷款1.01亿元；2000年，金融机构为乡镇企业贷款0.48亿元；2005年，金融机构为乡镇企业贷款6.33亿元；2010年，金融机构为乡镇企业贷款19.88亿元。

第二是各级财政与各部门的支农资金。这是国家对乡镇企业的一种直接支援。据统计，1985 年至 1990 年，市财政共发放财政支农周转资金 834.7 万元；1987 年至 1990 年，市经委发放重点扶持资金 6444.4 万元；1986 年，省乡镇企业管理局通过拨改贷方式向市 6 个乡镇企业发放贷款 68 万元。1995 年，国家及有关部门为乡镇企业提供扶持资金 596 万元；2000 年，国家及有关部门为乡镇企业提供扶持资金 661 万元；2005 年，国家及有关部门为乡镇企业提供扶持资金 780 万元；2010 年，国家及有关部门为乡镇企业提供扶持资金 10680 万元。此外，省、市、县对“星火计划”项目及重点项目技术改造的投入，均对乡镇企业的发展起到了积极的促进作用。

第三是引入资金、群众集资、企业自筹。这是农村经济改革中乡镇企业为谋求自身发展采取的一些经常性办法。引入资金是指通过联合经营、补偿贸易、产销协作等形式所引进的资金及无形资产等。群众集资以合资经营的联户企业和集资入股的股份合作制企业居多，这类企业的特点是群众自愿结合、共同投资、共担风险，经营方式较为灵活，企业人员少，规模小。企业自筹是指企业本身发展所积累的税后用于扩大再生产的部分，即加工增值的部分。此外，乡镇企业的发展资金还通过民间借贷、农村合作基金等补充渠道进行投入。

二、固定资产

1978 年改革开放初期，全市乡镇企业固定资产原值仅 5926 万元。经过十几年的发展，1990 年达到 10.90 亿元，比 1978 年增长 18.39 倍，年平均递增 27.5%。到 2006 年，全市乡镇企业固定资产原值达到 877568 万元。因统计口径变化，部分年份无固定资产原值统计数据。

1978—2010 年阳泉市乡镇企业固定资产情况表

表 -10-1　　单位：万元

年 份	原 值	年 份	原 值	年 份	原 值	年 份	原 值
1978	5926	1985	28327	1992	150077	1999	360200
1979	8641	1986	48889	1993	195421	2000	406800
1980	10748	1987	71344	1994	243794	2001	—
1981	13695	1988	73028	1995	281736	2002	510660
1982	16845	1989	89324	1996	334865	2003	620124
1983	18398	1990	108990	1997	355400	2004	690135
1984	23610	1991	123625	1998	352841	2005	807930

续表-10-1

年份	原值	年份	原值	年份	原值	年份	原值
2006	877568	2008	—	2010	—		
2007	—	2009	—				

三、主要指标

（一）乡镇企业总产值

全市乡镇企业总产值1978年为2.51亿元，此后十几年增长迅速，1985年为10.67亿元，1990年为20.89亿元，2000年为176.39亿元，2010年为193.56亿元，分别比1978年增长3.25倍、7.31倍、70.27倍、77.12倍。

1978—2010年阳泉市乡镇企业总产值情况表

表-10-2 单位：万元

年份	原值	年份	原值	年份	原值	年份	原值
1978	25124	1987	138421	1996	1440500	2005	2347458
1979	29690	1988	155909	1997	1068204	2006	2583488
1980	33780	1989	185242	1998	1318391	2007	1829504
1981	39650	1990	208891	1999	1439500	2008	1899580
1982	44412	1991	242298	2000	1763899	2009	1792580
1983	52793	1992	316918	2001	1921505	2010	1935597
1984	75629	1993	454908	2002	1858278		
1985	106738	1994	760384	2003	1994237		
1986	123709	1995	1096608	2004	2156862		

（二）乡镇企业总收入

1978年，全市乡镇企业总收入为1.38亿元，1985年增长为6.99亿元，1990年为14.93亿元，2000年为140.57亿元，2010年为165.88亿元，分别比1978年增长4.07倍、9.83倍、101.86倍、120.2倍。

1978—2010 年阳泉市乡镇企业总收入增长情况表

表 -10-3 单位：万元

年 份	原 值	年 份	原 值	年 份	原 值	年 份	原 值
1978	13791	1987	92556	1996	1273664	2005	2044496
1979	16711	1988	109240	1997	928500	2006	2231752
1980	19024	1989	141365	1998	1111459	2007	1694405
1981	20779	1990	149324	1999	1111500	2008	1733662
1982	26180	1991	173581	2000	1405700	2009	1559922
1983	33088	1992	235559	2001	—	2010	1658817
1984	45671	1993	361192	2002	1521756		
1985	69891	1994	622008	2003	1642299		
1986	81342	1995	931358	2004	1805297		

（三）乡镇企业总利润

1978年，全市乡镇企业利润总额为3628万元，1985年增加到14323万元，比1978年增长2.95倍。此后，由于市场变化和企业自身原因，企业利润不够稳定。1990 年，全市乡镇企业利润总额为 9668 万元。1995 年，全市乡镇企业利润总额为 18776 万元。2002 年，全市乡镇企业利润总额为 22556 万元。2010 年，全市乡镇企业利润总额为 69823 万元。

1978—2010 年阳泉市乡镇企业利润总额（营业盈余）统计表

表 -10-4 单位：万元

年 份	原 值	年 份	原 值	年 份	原 值	年 份	原 值
1978	3628	1985	14323	1992	10168	1999*	27081
1979	7903	1986	12098	1993	14138	2000*	31698
1980	8573	1987	14841	1994	23869	2001*	40357
1981	9487	1988	13442	1995	18776	2002	22556
1982	9823	1989	12841	1996	37364	2003	25561
1983	11779	1990	9668	1997	50419	2004	33599
1984	12960	1991	9244	1998	39802	2005	59687

续表 -10-4

年份	原值	年份	原值	年份	原值	年份	原值
2006	70288	2008	76375	2010	69823		
2007	62684	2009	58020				

说明：表中加＊年份统计数据为“营业盈余”数额

（四）乡镇企业上缴税金

1978年，全市乡镇企业上缴国家税金590万元。1979年至1990年，乡镇企业共上缴税金58277万元，年均上缴4856.42万元，其中“六五”期间年均4014.4万元，“七五”期间年均7409.8万元。1990年上缴税金8984万元。1995年上缴税金52546万元。2002年上缴税金27617万元。2010年，上缴税金152586万元。

1978—2010年阳泉市乡镇企业上缴税金（生产税净额）情况表

表 -10-5　　单位：万元

年份	原值	年份	原值	年份	原值	年份	原值
1978	590	1987	6229	1996	46673	2005	92564
1979	612	1988	7228	1997	31073	2006	109125
1980	544	1989	8701	1998	32822	2007	108090
1981	1580	1990	8984	1999*	24739	2008	129563
1982	2401	1991	8607	2000*	38719	2009	134373
1983	3474	1992	11588	2001*	42274	2010	152586
1984	6529	1993	16835	2002	27617		
1985	6088	1994	25071	2003	35084		
1986	5907	1995	52546	2004	59413		

说明：表中加＊年份统计数据为“生产税净额”

第二节 社会效益

乡镇企业在阳泉国民经济中占有举足轻重的地位，而且社会效益也十分明显。

一是为农村剩余劳动力提供了广阔的就业场所。阳泉农村人多地少，发展乡镇企业为农村剩余劳动力提供了就业的机会和门路，使农民变成“离土不离乡、进厂不进城”的乡镇职工，较好地解决了农民就业难的社会问题。1990年，乡镇企业从业人员达到15.86万人，在全市农村劳动力总数中所占的比重由1978年的14.2%提高到55.2%。2000年，乡镇企业从业人员17.22万人，占全市农村劳动力总数的46.67%。2010年，乡镇企业从业人员11.18人，占全市农村劳动力总数的28.14%，原来乡镇企业中有一部分从业人员转移到其他行业。

二是促进了农业生产，带来了农村经济的繁荣。乡镇企业在取得一定效益之后，采取“以工补农”“以工建农”的措施，保证了对农业的投入，强化了农业的基础地位。如“七五”期间，全市乡（镇）村两级企业为支援农业生产投入资金5039万元，增加了农业发展后劲，有力地支援了全市农业基地、林果基地、畜牧业基地、蔬菜基地的建设，促进了农副产品的迅速增长，活跃了城乡市场。

三是增加了社会商品的有效供给。改革开放之后，乡镇企业向社会提供的有效商品大幅度增长，在全市部分重要工业产品产量中所占的比重越来越大。以1990年为例，乡镇企业生产原煤1175万吨，占全市煤炭总产量的比重由1978年的14.8%提高到了33.8%；生产焦炭9.07万吨，占全市总产量的32.7%；生产铸铁管4.33万吨，占全市总产量的81.4%；生产耐火熟料110.04万吨，占全市总产量的89.3%；生产硫铁矿67.19万吨，占全市总产量的83%；生产水泥29.13万吨，占全市总产量的48.6%。乡镇企业出口产品交货总额达2084万元，占全市出口产品交货总额的40.4%。乡镇企业的发展，为社会创造了巨大的物质财富。截至2010年，全市乡镇企业产品种类已达260余种，这些产品投放市场后，增加了社会商品的供给量，缓解了供求矛盾。

四是增加了农民收入，是农民致富的主要源泉。改革开放后，全市农民从整体上逐步告别了贫困，多数农民由温饱型步入宽裕型，有的已达到小康水平。农民收入增加，村容村貌改善，新农村建设进入了快车道。许多村庄建起了楼房和别墅，农民逐步过上城市化生活。如郊区的桃林沟村和上千亩坪村、平定县的宁艾村和宋家庄村、盂县的西小坪村和水沟村，成为农民致富、新农村建设的典范村。1978年，全市农村居民人均纯收入只有112元。1985年，全市农村居民人均纯收入达到583元。1990年，全市农村居民人均纯收入684元。1995年，全市农村居民人均纯收入1639元。2000年，全市农村居民人均纯收入2596元。2005年，全市农村居民人均纯收入3748元。2010年，全市农村居民人均纯收入6201元。

五是为农村精神文明建设提供了可靠的物质基础，带动了农村文化、教育、卫生、科技等事业的发展。多数地方将乡镇企业利润中的很大一部分资金，投入教育事业和社会福利事业，从而促进了农村教学条件、医疗设施、居住状况、生活福利的极大改善，农民日益增长的物质文化需要逐步得到满足，农村社会主义精神文明建设水平不断提升。

郊区义东沟村

六是造就了一大批乡镇企业的管理人才和技术骨干，促进了农民素质的整体提高。随着乡镇企业的发展，数以万计的农民从农田涌向矿上、工厂，产业位差迫使人们进行智能更新升级。为适应乡镇企业发展，各县区投入大量资金，对广大农民、乡镇企业职工进行培训和再教育，农民的文化水平明显提高。到1990年，在全市乡镇企业职工中，具有高中以上文化程度的有25100人，占职工总数的15.83%，并且形成了一支4000多人的技术队伍。到2010年，在全市乡镇企业职工中，具有大中专以上文化程度的有10255人，占全市乡镇企业职工人数的9.2%；具有高级职称的339人、中级职称的1189人、初级职称的2316人，占全市乡镇企业职工人数的3.4%。全市乡镇企业的职工素质和人才结构得到显著改善。

第四章 生产经营

境内乡镇企业是在本地丰富的矿产资源和传统手工业发展的基础上建立起来的。在20世纪50年代，境内农村各业走上了合作化道路，原以手工业为主的农村个体、私营企业，逐步参加合作社，并依靠合作社力量先后形成了一批小手工业、采掘业和运输业等，这就成为后来乡镇企业的发展雏形。中共十一届三中全会前，这些企业在农村均为附属于农业的副业，没有形成独立的产业。中共十一届三中全会后，村办企业、乡（镇）办企业以及后来的合作、合伙企业、户办（个体）企业、股份合作制企业的形成与壮大，使乡镇企业的生产经营也由过去的较为单一少量变为多元并形成门类，乡镇企业逐步形成了以煤炭、建材、冶金、机械为主，包括交通、运输、建筑、商业服务和农副产品加工在内的多层次、多行业产业格局。

第一节 工业企业

境内包括乡镇企业性质的工业企业主要由采矿业、耐火材料、冶炼铸造、化工、建材、机械、运输、批发零售、餐饮服务等类别组成。

一、煤炭开采

境内煤炭储量大，埋藏浅，农民有从事煤炭采掘的传统。农业合作化运动中，原从事煤炭开采业的农民先后入社，一批个人小煤窑经过合作社的改造，逐步向合作化、集体化经营方向转化，形成了早期的乡镇煤矿。与此同时，农村小煤窑落后的人背马驮、搬根凿壕、自然通风、人工排水、油灯照明的小生产作坊式生产有所改变，生产经营有了长足发展。到1957年，原煤产量达到36.19万吨，较1949年的16.5万吨增长1.19倍。

1958年人民公社化运动中，在“全党全民大办钢铁、大办工业”的号召下，境内的乡镇煤炭工业有了较大发展。之后，经过3年调整时期和“文化大革命”，社队煤矿发展虽经历了几起几落的曲折历程，但作为农村副业生产的主体仍然保留了下来。1971年，国务院农业机械会议要求各地尽快建立县社队三级农机修造网络，大力发展“五小”（小钢铁、小煤窑、小农机、小水泥、小化肥）工业，社队煤炭采掘业因此得到发展。到1977年，社队煤矿的采掘、通风、提升、供电、排水等技术水平都有了一定提高，基本达到了半机械化程度，但矿井规模仍很小。1977年，社队煤矿产量达到219.18万吨。

1978年以后，随着改革开放的不断深入，乡镇煤矿（1984年始社队煤矿更名为乡镇煤矿）有了较大的发展，并从农业中逐步分离出来，成为农村工业的主体。1981年至1982年，平定县从承包前村级集体积累的1770万元中拿出60%来兴办村级煤矿，同时为东回、马山、潺泉、槐树铺等12个无煤乡划出矿界，先后开办了东三矿、杨联矿、苏峪矿和南后峪矿4个联营煤矿。盂县亦组织无煤乡镇与有煤乡镇联营办矿或独立开矿，乡办煤矿迅速发展起来。1986年，全市乡镇煤矿已达到280座，生产能力有了较大提高，规模较大的矿井逐渐增多，其中年产9万吨至15万吨的煤矿达48个，占全市乡镇煤矿总数的17%；年产15万吨以上的煤矿12个（其中30万吨的1个），占全市乡镇煤矿总数的4.3%。

1984年以后，乡镇煤炭工业在增加原煤产量的同时，注重了加工增值和资源的综合开发利用，改变了过去单一性的产品状况。以煤为主开发出喷粉煤、洗精煤、蜂窝煤等新品种；以炭为主筛选出不同规格的块炭。这些初加工产品“七五”期间共转化煤炭557万多吨，增值4.62亿元；此外还发展了一批煤炭深加工企业，碳素、电极糊、阳极糊、吸附剂等煤炭深加工产品开始投放市场，无烟煤型焦、聚氯乙烯、人造橡胶、乙炔化工、煤矸石砖等新产品也进入实验试制阶段。“七五”期间，通过煤炭深加工共消化煤炭320万吨，增值2.14亿元。

1990年，全市有乡镇煤矿287个，原煤产量达到1195.57万吨，占全市地方煤矿煤炭总产量的72.53%。其中盂县南娄乡大贤煤矿已发展成一座机械化程度较高的中型煤矿，年产无烟煤30多万吨，其矿井生产规模位居全省乡镇煤矿之首。在煤炭加工增值方面，仅平定县就发展此类企业94个，其中平定县碳素厂是全市最大的煤炭深加工企业，年设计能力为3万吨，年产值500万元，年消化煤炭6万吨，年增值达400多万元。

1995年，全市乡镇企业中有煤炭采选企业273个，原煤产量达到1191万吨，占全市地方

煤矿煤炭总产量的34.59%，从业人员39371人。2000年，全市乡镇企业中有煤炭采选企业268个，原煤产量达到684万吨，占全市地方煤矿煤炭总产量的26.62%，从业人员34373人，实现增加值40301万元。2004年，全市乡镇企业中有煤炭采选企业42个，原煤产量达到1300万吨，占全市地方煤矿煤炭总产量的24.16%，从业人员13629人，实现增加值40110万元。2010年，全市乡镇企业中有煤炭采选企业34个，原煤产量达到619.72万吨，占全市地方煤矿煤炭总产量的11.3%，从业人员13695人，实现增加值110033万元，利润总额26664万元，上缴税金35012万元。

二、耐火材料

境内乡镇耐火材料工业的雏形成形于农业合作化时期。那时，部分集体、民办陶瓷厂利用传统的烧窑，烧制耐火砖瓦，其产品多用于民用建筑和小型炼铁业。1976年，乡（镇）村耐火材料企业（当时称为社队企业）发展到52个，产值达3264.68万元。随着国家改革开放和现代化建设的进程，境内乡镇耐火企业上规模、上档次、上效益，在充分利用自身技术翻新改造普通耐火材料产品的同时，上挂下联，与国内耐火材料科研单位和大专院校实行横向联合，使乡镇耐火企业的生产规模不断扩大，产品种类日益增加。在郊区荫营镇的18个耐火材料企业中，就有11个与全国著名的钢铁企业实行联合，其产品不仅畅销国内20多个大中城市和地区，而且远销世界13个国家和地区，1982年至1990年共创汇400多万美元，占全镇创汇总额的70%以上。郊区荫营镇下千亩坪耐火厂，1984年与唐钢古冶耐火厂实行联营，引进人才、技术和管理方法，投资350万元，对原厂进行全面技改扩建，当年便实现产值220万元，纯利润达80万元；产品也由原来的3种增加到30多种，1989年产值达到700万元，利税185万元。到1990年，全市的耐火产品生产已由最初的生铝矾土、熟矾石开发出高铝砖、碳铝滑板砖、刚玉砖、硅砖、镁砖、镁碳砖、铝镁砖、铝质耐火材料、蓝晶石耐火材料等系列产品，耐火材料工业成为阳泉乡镇工业的支柱产业之一。与此同时，阳泉市也成为全国“三大”耐火材料基地之一，可为焦炉、炼铁炉、炼钢转炉、电弧炉、炉外精炼及铸锭、连铸生产线等提供137个品种的耐火材料制品，其产品不仅销往国内的首钢、鞍钢、包钢、太钢、马钢、武钢、攀钢等大型钢铁企业，而且还出口日本、德国、俄罗斯、美国等国家。1990年，全市乡镇耐火材料工业企业发展到210个，其中年产值300万元以上的企业有5个，最大的企业为郊区荫营镇下千亩坪耐火厂；从业人员15182人；乡镇耐火材料工业企业累计创部优产品2个，省优产品16个，省乡镇企业系统优质产品12个，市优产品18个，占全市乡镇企业创优产品总数的29.09%，并有7种产品10次在全国及国际博览会上获奖。

1991年至2010年，境内乡镇耐火材料工业发展相对稳定。1995年，全市乡镇企业生产耐火砖100万吨、耐火熟料162万吨。2000年，全市乡镇企业生产耐火砖155万吨、耐火熟料181万吨。2005年，全市乡镇企业生产耐火砖172万吨。至2010年，全市已有6大系列的耐火砖、耐火粉、耐火罐、耐火管、耐火纤维、耐火球等2000个品种的传统耐火产品以及7个类别、上百个品种的特异性耐火材料制品。

三、冶炼铸造

境内冶炼铸造历史悠久。民国37年（1948），农村有生铁炉500余座，职工4816人，年产生铁17310吨。中华人民共和国成立后，1958年至1960年间，在“以钢为纲”“大炼钢铁”的形势下，乡镇冶炼铸造业经历了短时的畸形发展时期，钢铁产量急剧上升，但质量下降。1976年，全市社队冶炼铸造业的产值为6629万元，保持了一定程度的发展态势。

1958年郊区上章村土炉冶炼钢铁

中共十一届三中全会以后，全市乡镇企业立足传统产业，依靠科技进步，“借船出海”，在传统冶炼业的基础上，炼钢、镁、锰铁、硅铁等新兴冶炼业纷纷出现。1984 年 10 月，全省第一家个体经营的轧钢厂——盂县下曹乡西小坪村农民武申有筹办的轧钢厂建成投产；11 月，第一家生产硅铁的专业厂——平定县红兴铁合金厂建成投产。这一年，全市乡镇冶炼铸造业产值达到 4947.59 万元，占全市乡镇工业产值的 11.06%。1985 年 9 月，全省第一个乡办液压铸管厂——盂县下曹乡液压铸管厂投产，填补了阳泉市的一项空白。1986 年 9 月，全市最大的乡镇冶炼企业——阳泉市第三钢铁厂在郊区韩庄村建成投产，年设计生产能力为 4200 吨；1990 年该厂投资 130 万元进行技术改造，引进先进设备 4 台套，新建化验室 1 座，完成技改后，新增产值 190 万元，新增利税 35 万元。1990 年 4 月，华北地区最大的金属镁生产厂家——平定县南坳乡庙沟金属镁厂建成投产，设计能力年产金属镁 5000 吨。至此，阳泉市乡镇企业冶金产品生产链已由最初单一的炼铁，发展到生产轻轨、钢材、钢制品等钢材系列产品，硅铁、碳化硅、硅锰、中碳锰等硅铁系列产品，镁锭、铸造镁合金、铝镁合金粉、牺牲阳极等镁系列产品，以及海绵铁、粉末冶金、铸管、钛铁粉、电焊条、暖气片、玛钢体等产品。2010 年，全市乡镇企业中有黑色金属冶炼及加工业企业 16 个，从业人员 774 人，总产值 71734 万元，利润总额 1396 万元，上缴税金 2546 万元。

四、化工

民国 37 年（1948），境内农村有磺厂 21 个，炉 381 盘，职工 641 人。此后至 1976 年，乡镇化工工业发展缓慢，生产方式落后，产品品种单一。1976 年，乡镇化工企业共有 42 个，产值为 383.42 万元，占乡镇工业总产值的 9.3%。

中共十一届三中全会以后，阳泉作为山西能源重化工基地的重要组成部分，化学工业得到较快发展。特别是随着科技进步和有效综合开发利用资源意识的增强，乡镇企业煤化工、硫化工、钙化工及其他化工逐步发展起来。1985 年，规模较大的乡镇化工企业发展到 17 个，产值达 438.29 万元。“七五”期间，乡镇化学工业紧紧依托资源优势，努力提高产品的科技含量，注重了产品的加工增值，延伸了加工层次，形成了平定锁簧硫化工、平定张庄煤化工、郊区李家庄和平定娘子关钙化工等系列化化工产品生产小区。由硫铁矿延伸加工的化工产品主要有磺粉、硫磺块、工业硫酸、二硫化碳、硫氰酸胺、工业硫脲、二氧化硫脲、硫酸钡、硫化钡、草酸、氨基磺酸等；由石灰石加工的产品有石灰、水泥、轻质碳酸钙、钙粉、钙塑、电石、乙炔黑、乙炔气、石灰氮、双氰胺、固色剂等；由原煤加工的产品有碳素、吸附剂、电极糊、阴极糊、阳极糊等。同时还发展了原料、市场“两头在外”的如铬盐、蒽醌、黄磷、农药、火工、橡胶等化工产品生产企业。华北最大的黄磷生产企业——平定县岩会乡黄磷厂的生产原料主要来自云南、贵州、四川、安徽，由于在生产工艺上引进了国内先进的电炉制磷法以及电除尘等与之配套的技术装备，产品质量可靠，黄磷含磷量达99.9%，已销售到吉林、内蒙古、湖南、天津、北京等地，而且“三废”排放部分也能回收利用，取得了经济和环保双重效益，1990年该厂生产黄磷1200吨，完成产值1020万元，实现利税61万元。

20世纪90年代后期开始，境内乡镇化工产业发展总体呈现下降态势。1995年，全市乡镇企业中有化学原料及化学制品制造业企业93个，从业人员8725人，总产值55951万元。2000年，全市乡镇企业中有化学原料及化学制品制造业企业86个，从业人员6366人，总产值61748万元。2004年，全市乡镇企业中有化学原料及化学制品制造业企业11个，从业人员2328人，总产值38966万元，增值税1833万元。2010年，全市乡镇企业中有化学原料及化学制品制造业企业9个，从业人员1961人，总产值24492万元，上缴税金447万元。

五、建材

乡镇企业的建材工业主要包括水泥、水泥制品及砖、瓦、石灰、碎石等传统建材工业企业。进入20世纪80年代后新型建筑材料企业也有长足发展。1990年，全市乡镇建材工业企业有822个，产值达5.10亿元，占当年乡镇工业产值的43.4%，是乡镇企业重要支柱产业之一。进入21世纪，建材市场产能过剩，建材企业得到整合。到2010年，全市乡镇建材工业企业共有32个。

（一）水泥及水泥制品

境内乡镇水泥业起步较晚。1958年至1981年，乡镇水泥业生产设备以蛋窑、普立窑为主，平均年生产能力不到2000吨，且90%以上的生产厂家没有化验室，产品规格型号极不稳定。“六五”期间，乡镇水泥企业自筹资金3600多万元，重点对窑型进行改造，以机立窑代替蛋窑和普立窑，并购置了齐全的化验设备，普遍建立了化验室。五年间，乡镇水泥产品合格率由原来的不达50%上升到95%以上。1985年，阳泉兴华水泥厂年产4万吨水泥的机立窑生产线建成，成为当时山西省乡镇企业最大的硅酸盐水泥生产厂。1986年，郊区西南舁乡又建成设计能力为年产10万吨水泥的青山水泥厂，生产能力居全省乡镇企业之冠。这一年，全市乡镇水泥企业发展到41个，从业人员4209人，年产量达29.7万吨，比1979年增长10倍多，占到全市水泥总产量的35.25%；产值达1826.91万元，占到乡镇建材业产值的6.24%。1986年至1990年，水泥产品在原有低标号水泥的基础上，又开发了高标号水泥、特种水泥、水泥预制件（制品）等新产品。1990年，全市乡镇水泥及水泥制品企业共有51个，产值2819.31万元。郊区义井乡乡办企业——阳泉市特种水泥厂生产的快硬硫铝酸盐特种水泥1989年在全国星火成果适用技术展览交易会上获得金奖后，1990年又在泰国曼谷国际博览会上获得金奖。

1995年，全市乡镇企业生产水泥59万吨、水泥砖5万块、水泥预制件19万平方米。2000年，全市乡镇企业生产水泥44万吨、水泥预制件3万立方米、水泥瓦7万片。2005年，全市乡镇企业生产水泥102万吨、水泥预制件5万立方米。2010年，全市乡镇企业生产水泥50.23万吨、水泥预制件3.32万立方米。

（二）砖瓦 石灰 碎石等传统建材

砖、瓦、石灰、碎石等传统建材业在阳泉有着悠久的历史，并经历了一个由手工业生产到机械化生产的发展过程。近代之后，几乎村村都有开采加工点。民国36年（1947）仅乡村砖瓦企业就有98个。中华人民共和国成立后，适应城市建设的发展和人民居住条件改善的需要，传统建材业在一段时期内得到较快发展。此后到1976年的20多年间，由于政策的不稳定等因素，传统建材业发展受到一定影响。70年代，传统建材业的手工作业方式开始向半机械、机械化过渡，制砖机、粉碎机等机械设备及回转窑普遍应用。1976年，乡镇砖瓦企业发展到143个，产量达20789万块（片）。此后，乡镇砖瓦企业适应城乡经济建设发展的需要和人民生活水平上升后对住宅改扩建能力的提高而不断增加，生产规模日益扩大，产量逐年增长。1986年乡镇砖瓦企业为277个，产量达83939万块（片），产值3964.48万元。1990年乡镇砖瓦企业的规模扩大，数量减少，全市共有乡镇砖瓦企业163个，产值4471.67万元，占当年乡镇建材工业产值的8.76%。石灰、碎石等传统建材的产量也有明显增长。1995年，全市乡镇企业生产砖121529万块、石灰147.5万吨、瓦3083万片。2000年，全市乡镇企业生产石灰64.66万吨、砖38019万块、瓦2479万片。其他年份及相关数据不详。

（三）新型建材

乡镇新型建筑材料工业是20世纪80年代开始逐步发展起来的，主要有玻璃、涂料、油毡、油膏、防水卷材、石棉制品、保温材料、大理石板材、卫生陶瓷、釉面砖、锦砖、马赛克、岩棉、石膏、地板砖等生产企业。1984年，郊区平潭垴村依据本村黏土资源丰富的优势，办起建筑陶瓷厂，把黏土加工成釉面砖、墙地砖，后又引进唐三彩瓷板画生产技术，其中，白色釉面砖于1985、1986年分别获得山西省和农牧渔业部优质产品称号；轻质高强耐火保温砖、唐三彩瓷板画于1987年分别获得山西省科技进步二等奖和三等奖。厂长梁作义1987年被评为当代中国优秀农民企业家，1988年被评为山西省最佳农民企业家，1989年被评为山西省特级劳动模范。

平定县晋源防水卷材厂，坚持“科学技术是第一生产力”的办厂原则，从湖南大学等单位引进新技术，采用炼焦副产物煤焦油和高分子聚氯乙烯树脂为原料，生产防水卷材，取得了较好的社会和经济效益，其产品在全国首届新产品、新技术交流洽谈展示会上获金奖。

1995年，全市乡镇企业生产大理石板材5.87万平方米、水磨石板材13.92万平方米、釉面砖134万平方米、花岗石板材5.01万平方米、石膏28万吨、建筑陶瓷909万件、卫生陶瓷25万件。2000年，全市乡镇企业生产大理石板材5.29万平方米、水磨石板材17.21万平方米、釉面砖162.95万平方米、花岗石板材4万立方米、石膏4万吨。其他年份及相关数据不详。

六、机械制造

乡镇机械制造业最初是为适应农业合作化的需要而兴建的。20世纪50年代，境内乡村相继建立一些铁木家具社和机电排灌站。1958年“大跃进”运动中，又建立一批农机修配厂。20世纪70年代，在实现农业机械化的过程中，境内普遍建立县（区）、社、队三级农机修造厂，促进乡镇机械工业的发展。全国泵业协会成员厂家——郊区平潭水泵厂就是这时建成的。20世纪80年代，全市乡镇机械制造业在原有的基础上，引进资金、人才和技术，开发出矿用机械、交通机械、纺织机械以及磁性材料等系列产品。平定县金星金属针布厂1989年投产后，采用国内先进技术，引进仿瑞士格拉夫生产设备，与国内设备相配套，生产金属针布，成为全省唯一的金属针布专业生产厂家。郊区旧街乡以金鑫车辆制动配件厂为骨干建设机械生产小区，并开发出闸瓦、挂车转盘等交通机械产品，成为当地重要的支柱产业。至1990年，全市共有乡镇机械制造企业56个，从业人员2765人，产值达2702.98万元，占全市乡镇工业产值的2.3%。

20世纪90年代后期开始，境内乡镇机械制造业受市场经济及自身资金、技术、管理、体制等的影响，发展受到制约，逐渐开始萎缩。1995年，全市乡镇企业中有普通机械制造业企业43个，从业人员2476人，总产值12010万元。2000年，全市乡镇企业中有普通机械制造业企业20个，从业人员1526人，总产值9841万元；专用设备制造业1个，从业人员40人，总产值713万元。2004年，全市乡镇企业中有电气机械及器材制造业企业1个，从业人员215人，总产值1065万元。其他年份及相关数据不详。

七、其他

中共十一届三中全会后，历届市委、市政府在规划发展乡镇企业时，始终把发展以轻工业为主的其他工业列入议事日程，要求各县、区在发展传统手工业的基础上，从改善人民生活质量入手，大力发展乡镇轻工生产企业，开发城乡人民生活必不可少的系列产品。平定县维社乡里社瓷厂是全市最大的民用陶瓷企业，它改变了过去传统手工生产工艺，建有两条生产线，设备先进，工艺精湛，质量稳定，年产各种民用瓷2000万件，主要生产中高档餐具、茶具、酒具系列产品及普通盘碗和各种工艺品等，产品销往全国23个省、市、自治区。郊区杨家庄乡小西庄村，生产砂货历史悠久，主要产品砂锅、砂药壶、砂火锅名扬中外。据传清康熙皇帝出巡路过平定，用砂壶烧水解渴后，曾御书"龙"字，以赞其美。1982年，该村砂货厂的产品砂药壶被山西省人民政府授予优质产品奖。1984年，该厂与市应用技术研究所共同改革传统工艺，研制成功电砂火锅，后又研制出带釉火锅，产品品种不断更新，质量越来越好。

1990年，全市已有轻工产品生产企业488个，从业人员达到7733人，产值达到7386.68万元，占到全市乡镇工业产值的6.28%。其产品主要有布鞋、皮鞋、旅游鞋、矿用鞋、滴塑手套、家具、茶几、黑陶、景泰蓝、日用陶瓷等。这些产品不仅改善了轻重工业之比，而且对美化人民生活起了积极的促进作用。

1995年，全市乡镇企业中有工艺美术品制造业企业13个，从业人员305人，总产值3381万元。2010年，全市乡镇企业中有工艺品及其他制造业企业14个，从业人员3696人，总产值35946万元，上缴税金1737万元；非金属矿物制品业企业77个，从业人员21282人，总产值400551万元，上缴税金22487万元；通信设备、计算机及其他电子设备制造业企业1个，从业人员378人，总产值15242万元，利润总额2669万元，上缴税金1393万元。

第二节　农业企业

境内乡镇企业中农业类企业在改革开放前为数不多，改革开放之后、特别是20世纪90年代开始进入一个快速发展时期。1995年，全市有农业企业90个，从业人员1997人，增加值2078万元，总产值8674万元，利润总额141万元，上缴税金201万元。2000年，全市有农业企业85个，从业人员1724人，增加值2234万元，总产值9432万元，营业盈余242万元，上缴税金213万元。2004年，全市有农、林、牧、渔企业130个，从业人员3560人，增加值5719万元，总产值19695万元，利润总额997万元，上缴税金275万元。2010年，全市有农、林、牧、渔企业105个，从业人员1765人，增加值10792万元，总产值40362万元，利润总额2092万元，上缴税金3258万元。

一、种植

境内乡镇种植业企业是在传统农业的基础上和以社队集体所有制形式发展起来的，主要有农场、林场、果园、菜园等。1974年4月，郊区杨家庄公社社办林场建成。到1976年，郊区13个公社189个大队共有社队种植业企业19个（其中社办企业2个，队办企业17个；农场2个，林场17个），产值17.35万元。其中最大的农场——东村公社农场，从业人员为60人，农产品产量达1.43万公斤。1983年，境内共有乡镇种植业企业424个，从业人员4232人，产值290.46万元。其中农场21个，农作物播种面积5324亩；林场81个，面积25272亩；果园309个，面积12904亩；药材场5个，面积130亩；其他种植业企业8个。

1984年以后，随着农村经济体制改革的进一步深化和家庭联产承包责任制的推行，在“决不放松粮食生产，积极发展多种经营”方针的指导下，乡镇种植业企业逐步向专业化、商品化、现代化方向发展，出现了种植业专业户和适度规模经营单位。1990年，乡镇种植业专业户和家庭农场发展到2351个，联户农场3个，集体农场131个，规模经营的村发展到292个；乡镇种植业产品达到110多种，比1983年增加了63种。此外，种植业企业的生产和管理方式亦得到了改进，如平定县新村、理家庄村、移穰村的果园及郊区瀑里村的蔬菜园地的生产和管理，均实现了与传统方法完全不同的新型模式。

截至2010年，全市共有种植专业合作社300余家，种植大户约150户。其中，郊区东村蔬菜基地为省级设施蔬菜标准园，有206名员工，已建成蔬菜生产基地500亩，包括温室300亩、大棚200亩，并在位于城市中心地段的西河滩蔬菜批发市场设立了销售专区，每年亩均温室收入3万元，其“东恒”牌注册蔬菜商标已成为阳泉市的知名品牌；另有市级蔬菜生产标准园6个，分别为郊区的路家山村蔬菜生产标准园、关家峪村蔬菜生产标准园，平定县的瑞盛种植有限公司、鑫源农业公司，盂县的鑫升专业合作社、振盛专业合作社。这些专业化、标准化、规模化蔬菜生产基地的建成，对全市种植业的发展起到了很好的示范与带动作用。

郊区东村蔬菜基地

二、养殖

乡镇养殖企业是在传统的一家一户分散经营的基础上发展起来的。20世纪50年代农业合作化时期，境内部分村、社办起了一些小型养殖场，从事家禽、家畜的饲养，主要是为农业生产服务。20世纪70年代贯彻“自繁自养，公养私养并举”的方针，各社队集体养殖场得以较快发展。1976年，全市有猪27.19万头，羊37.13万只，大牲畜6.58万头。“六五”期间，由于农村经济政策的进一步放宽，乡镇养殖业有了较快的发展，特别是“六五”后期的1984、1985年，兴建起不少养殖场。“七五”期间，养殖业商业化、企业化过渡基本完成，全市5年间共发展现代化养鸡场21个，年出栏21.34万只，禽蛋年产量180.23万公斤；养猪场24个，年出栏肉猪58003头；养羊场14个，年出栏2.83万只；养兔场3个，年出栏5.01万只；奶牛场4个，年产牛奶89.1万公斤；渔场3个，年产成鱼10.5万公斤。平定县娘子关镇坡底渔场是全市最大的渔场，年产成鱼6万公斤，鱼种7.5万公斤，产值120万元。

截至2010年，全市共有养殖专业类企业（含合作社、公司、场等）400余家，养殖大户263户。其中，平定钰鹏蜂业合作社为全市首个注册蜂产品商标（“珍益康”）的养殖专业合作社，成立于2007年，有社员12人，产品包括食用蜂王浆、蜂蜜、蜂胶等5个品种；平定县雨润集团以平定县瑞盛公司为核心，建成父母代肉种鸡场1个、年产10万吨的饲料加工厂1个，平定县每个乡镇都建成年存栏10万只、年出栏50万只的标准化肉鸡养殖示范场1个；另外，阳泉田园乳业有限公司、郊区康元奶牛养殖场、平定县三康生态农业科技有限公司、盂县鑫兴生猪养殖有限公司等都是具有一定规模和效益的现代化养殖类企业。这些企业的发展和运营，对促进全市养殖业的发展起到了积极作用。

平定县余康标准化养猪场

三、农副产品加工

20世纪50年代农业合作化时期，境内部分农村为适应集体经济的发展，满足社员生活需要，有一些社队和农户办起了粮食、油料、肉类等农副产品加工作坊，但数量较少，生产方式落后，商品化程度不高。

1978年后，随着农村经济的发展和农村多种经营的扩大，乡镇农副产品加工业向专业化、商品化发展。第一是农副产品加工品种不断增多，除粮食、油料、肉类以外，还增加了林果、野果、茶叶等，品种达30余种。第二是加工手段和技术水平提高，在粗加工的基础上，增加了糕点、普通饮料、保健饮料、营养食品、罐头、熟肉制品等产品。平定县后沟村用传统工艺熏制的黄瓜干，曾得到清乾隆皇帝御书“龙筋”的称誉。20世纪80年代在传统技艺的基础上，采用现代科学技术，改进了熏制瓜干的工艺设备，使其年产量达到1000多吨。平定县里社村生产的双醋，质纯色正，味浓香久，柔绵酸甜，开胃爽口，年产量达150吨，1984年被评为山西省食品行业优质产品。第三是经营规模扩大。1985年，全市以农副产品为原料的乡镇加工企业有388个，从业人员2547人，产值993.14万元。到1990年，乡镇农副产品加工企业发展到381个，从业人员4399人，产值4317.31万元，比1985年增长3.35倍。

20世纪末至21世纪初，境内的农副产品加工业发展速度加快。截至2010年，全市较大规模的农副产品加工企业近30家，其中，郊区的阳泉市裕盛源农产品开发公司、山西三来食品有限公司、阳泉市华新食品厂，平定县的阳泉万和油脂有限公司、山西冠霖农业科技有限公司、平定县保康黄瓜干专业合作社，盂县的山西大寨饮品有限公司、盂县乌河农业开发有限公司、山西欢乐喝彩食品有限公司等均是境内的知名企业或龙头企业，这些企业的发展壮大，有力地促进了地方农副产品加工业的发展。

盂县大寨饮品有限公司核桃露生产线

第三节　其他企业

一、运输

20世纪50年代初期，境内许多农业生产合作社从生产需要出发，办起了运输队。50年代后期，各人民公社又相继办起一批集体所有制的运输企业，主要运输工具为胶轮大车和小平车。据统计，1957年境内农村有胶轮大车542辆，小平车913辆。60年代中期，一些村社开始使用小型拖拉机和农用汽车。此后，随着生产的不断发展和集体经济的日益壮大，乡镇交通运输业亦相应得到了发展。1976年，全市农机总动力为113717千瓦，比1965年增长10倍；拥有大中型拖拉机460台，比1965年增长75.7倍；小型拖拉机689台，比1965年增长137倍；农用载重汽车105辆，比1965年增长9.5倍。这时虽有了运输队，有了车辆，但还没有形成独立的运输业，多从属于社队，服务于社队。

中共十一届三中全会以后，中共中央、国务院推行了积极扶持、正确引导乡镇企业健康发展的大政方针，境内农村的交通运输业随之得到迅速发展，并由从属的位置向专业化、独立经营的方向发展，增加了一大批运输专业队（户）和运输企业，运输工具得到更新，运输量得到增大。1980年，社队交通运输企业有150个，收入651.12万元，占社队企业总收入的8.7%。到1985年，境内乡镇交通运输企业发展到4464个（其中个体交通运输专业户达3794个，占总数的85%），收入达到7395.86万元，占到乡镇企业总收入的10.58%。随着整个乡镇企业的发展，农村产业结构发生了重大变化，包括乡镇交通运输业在内的乡镇第三产业的比重明显上升。1988年，全市乡镇农机总动力为491125千瓦，比1978年增长1.9倍；农用拖拉机达5106台，比1978年增长1.2倍；农用汽车和载客汽车分别达到3168辆和615辆。这一年，全市乡镇公路货运量为1981万吨，占全市公路总货运量2476万吨的80%；客运量为772万人次，占全市公路客运总量1235万人次的62.5%，成为境内公路交通运输一支重要力量。

1990年，全市乡镇交通运输企业发展到4877个（其中个体运输专业户4528个，占总数的92.84%），从业人员达10702人（其中个体户为6527人，占总数的60.99%），乡镇交通运输业收入达到15197.29万元，占当年乡镇企业总收入的10.18%。

从20世纪末到21世纪初，总体上看，全市乡镇企业中交通运输业企业的数量在逐步减少，但其质量和效益呈上升趋势。1992年，全市乡镇企业中交通运输业企业6516个，从业人员1.33万人，总产值30384万元。1995年，全市乡镇企业中交通运输业企业16491个，从业人员26864人，总产值202029万元。2000年，全市乡镇企业中交通运输仓储业企业4968个，从业人员13356

人，总产值210495万元，利润总额5836万元，上缴税金2285万元。2005年，全市乡镇企业中交通运输仓储业企业4088个，从业人员15116人，总产值242084万元，利润总额4670万元，上缴税金4216万元。2010年，全市乡镇企业中交通运输仓储业企业140个，从业人员4063人，总产值93509万元，利润总额1826万元，上缴税金7993万元。

二、建筑

20世纪80年代前，境内乡镇建筑企业多以社队集体组织或个人之间的联合形式而存在，并从事间歇性的施工。主要从事修路、修桥、兴修水利等集体公益事业和村户民用建筑，其经济指标占农村社会经济指标的比重很小。

20世纪80年代后，随着商品经济的发展和城乡建设步伐的加快，建筑业迅速发展。1985年，乡镇建筑企业增加到227个，其中乡办3个，村办35个，合作52个，个体137个；从业人员3983人；总产值1425.38万元，占当年乡镇企业总产值的1.8%。1990年，全市乡镇建筑业企业减少到154个，产值增加到1662.08万元，占全市乡镇企业总产值的1.1%。

20世纪90年代，全市乡镇企业建筑业继续提升。1992年，全市乡镇企业中建筑业企业224个，从业人员4800人，总产值6794万元。1995年，全市乡镇企业中建筑业企业1626个，从业人员13316人，总产值57394万元。2000年，全市乡镇企业中建筑业企业436个，从业人员7166人，总产值87035万元，利润总额2521万元，上缴税金2314万元。

进入21世纪，全市乡镇企业中建筑业企业有所减少，但对社会的贡献仍在增大。2005年，全市乡镇企业中有建筑业企业172个，从业人员7550人，总产值153146万元，利润总额3370万元，上缴税金3813万元。到2010年，全市乡镇企业中有建筑业企业32个，从业人员4207人，总产值66300万元，利润总额2473万元，上缴税金5138万元。

三、批发零售

商品批发零售业遍及全市乡村，在促进农村经济和满足农民需求方面具有重要作用。1992年之前，相关资料不详。1992年，全市乡镇企业中有商品流通企业2583个，从业人员0.56人，总产值8.47万元。1995年，全市乡镇企业中有商品流通企业9636个，从业人员15411人，营业收入117437万元，上缴税金2572万元，利润总额4055万元。2000年，全市乡镇企业中有商品流通企业2959个，从业人员9583人，总产值144125万元，上缴税金2376万元，营业盈余1843万元。2005年，全市乡镇企业中有商品流通企业2796个，从业人员8842人，营业收入128799万元，上缴税金3175万元，利润总额2283万元。2010年，全市乡镇企业中有商品流通企业399个，从业人员2609人，营业收入67543万元，上缴税金4283万元，利润总额1258万元。

四、餐饮服务

乡镇餐饮服务业包括农村集体和个人兴办的旅馆、照相馆、理发店、饭店、茶馆等。50年代初，国家对农副产品、主要生产资料和日用品实行统购统销政策，对私营工商业实行社会主义改造。1956年全行业实行公私合营后，国合商业一统天下，饮食旅馆等行业也完全纳入国家计划管理范畴。“文化大革命”期间，农村餐饮服务业被当作资本主义尾巴割掉，所剩无几。

中共十一届三中全会后，乡镇餐饮服务业出现了多种经济成分、多种流通渠道、多种经营方式并存的新局面。1985年，全市乡镇餐饮服务业企业发展到3273个，从业人员达到11708人，营业收入4101.21万元，占全市乡镇企业总收入的5.87%。1990年，全市乡镇餐饮服务业企业增加到3295个，从业人员减少为8103人，营业收入1.10亿元，占到全市乡镇企业总收入的7.39%。

20世纪末到21世纪初，全市乡镇企业中餐饮服务业企业的数量逐步下降，但整体质量和效益稳中有升。1992年，全市乡镇企业中餐饮服务业企业2261个，从业人员0.57万人，总产值3501万元。1995年，全市乡镇企业中餐饮服务业企业5405个，从业人员13057人，增加值2584万元，上缴税金1162万元，利润总额2373万元。2000年，全市乡镇企业中餐饮服务业企业1525个，从业人员6108人，总产值64525万元，上缴税金1211万元，营业盈余1208万元。2005年，全市乡镇企业中餐饮服务业企业3598个，从业人员6917人，总产值84773万元，上缴税金1895万元，利润总额2242万元。2010年，全市乡镇企业中餐饮服务业企业657个，从业人员5168人，总产值93087万元，上缴税金4680万元，利润总额1367万元。

第五章 产 品

第一节 传统产品

境内乡镇企业生产的传统产品主要有各种农机具、铁制品、陶瓷、砂货、食醋、黄瓜干等。其中尤以砂货、铁货、陶瓷、黄瓜干著称。

砂货 《平定县志》载："平定砂器始于唐代"。但在一个秦墓中出土的秦代平定砂器，发现平定砂器的最早生产年代比史志记载还要早800年。主要产地为平定县的常家沟、移穰、东西小麻和郊区的小西庄、王垅、北庄等村。唐代即已生产，是山西省地方土特名产之一。产品采用境内优质黏土，经打泥、制型、焙干、烧制而成。1982年，郊区杨家庄乡小西庄生产的砂货被评为山西省优质产品。1984年，该村与市应用技术研究所共同改革传统工艺，研制成功电砂火锅，后又制成带釉火锅，从而使这一古老的传统产品又添新品。砂货种类繁多，品种上百种，其中常用的有火锅、茶壶、锅、瓢、盆、笼屉、罐、花盆等器具。阳泉砂货，煎药不变性，煮肉不变味，烧饭不变色。产品畅销京、津等地。2010年，仅平定县就生产砂货百万件。

黄瓜干 主要产于平定县后沟、河头两村。明洪武年间开始生产，以清脆、爽口、香醇味厚、食用方便而受到人们的青睐。清代被定为进贡皇室的物品，享有"龙筋"之誉。在传统技艺的基础上，应用现代科学技术，改进了工艺设备和包装，年产量达到1000多吨。黄瓜干选用优质无刺无籽幼瓜制成，富含人体必需的维生素、钾盐、氨基酸、糖类等多种营养成分，能促进胃肠蠕动，有降低胆固醇的作用。黄瓜干除满足境内需求外，还销往京、津等地。

陶瓷 平定自唐宋就制作陶瓷器。随着沧桑历变，生产工艺日臻完善。民国年间利用境内资源生产紫砂陶器，并在传统工艺的基础上不断创新。当时的平民工厂生产的紫砂陶器和其他陶瓷誉满北方。20世纪60年代，平定瓷厂生产的工艺美术瓷曾在广交会上受到好评，远销美国、加拿大、法国、日本等十几个国家和中国香港等地区。70年代末80年代初，平定陶瓷厂生产的棕釉龙纹杯碟、龙纹咖啡色茶具、蟠龙花瓶、仿宋黑釉缠枝牡丹纹刻花瓶和卷草纹刻花嘟噜都具有较高的艺术观赏价值。其中棕釉瓷色调润泽，光亮明快；黑釉瓷剥底镏花，黑白分明。制作工艺十分考究。年出口量达400多万件。

铁锅　境内铁锅生产历史悠久，尤以郊区的任家峪、三泉等地生产的铁锅最为出名，曾畅销省内，远销省外。其产品不仅具有防锈、防腐、经久耐用的特性，还有保温性好、保鲜性强以及可为人体健康提供必需的铁元素等优点。用此铁锅炒菜煮饭，色鲜味纯，深受人们喜爱。

擦鋑锄板　产于郊区杨家庄等地。最早生产于明朝。以四边齐整、厚薄均匀、背脊流顺、平整光滑、鼻经方正、鼻板扎实、不卷刃不生锈而驰名。曾畅销于河北、河南、山东等省。1961年经中华全国供销合作总社鉴定，质量达到全优，并参加了中华全国小农具名牌产品展览。

第二节　名优产品

境内乡镇企业优质产品评选是从1982年开始的。到1990年，全市共有144项产品入选，其中由化学工业部、农牧渔业部、建材局等部委分别命名的优质产品有7项；由山西省政府命名的优质产品有30项；由山西省乡镇企业管理局命名的优质产品有39项；由阳泉市政府命名的创优产品有68项。此外，“七五”期间，全市乡镇企业还有13种产品获得全国星火计划成果博览会奖；有5种产品获得全国星火计划成果适用技术展览交易会奖。1987年至1990年，在山西省颁发的科技进步奖和星火科技奖项目中，全市乡镇企业产品共有18项获奖。1982年至2010年全市乡镇企业获得省部级优质产品和著名品牌、著名商标的产品共有107种。

阳泉市乡镇企业获省部级优质产品和著名品牌一览表

表-10-6

产品名称	生产企业	优质产品（著名品牌、著名商标）	授予单位	年 份
轻三锄板	郊区杨家庄乡农机厂	优质产品	山西省人民政府	1982
砂火锅	郊区杨家庄乡小西庄砂货厂	优质产品	山西省人民政府	1982

续表 -10-6

产品名称	生产企业	优质产品（著名品牌、著名商标）	授予单位	年 份
一级高铝熟料	郊区西南舁乡东南舁村矾石厂	优质产品	山西省乡镇局	1982
813 四柱散热器片	郊区旧街乡旧街村铸造厂	优质产品	山西省乡镇局	1982
耐酸坛	郊区河底镇牵牛镇村陶瓷厂	优质产品	山西省人民政府	1983
砂药壶	郊区杨家庄乡小西庄砂货厂	优质产品	山西省人民政府	1983
铸铁管	郊区河底镇下章召村铸造厂	优质产品	山西省乡镇局	1983
双醋	平定县维社乡里社村醋厂	优质产品	山西省乡镇局	1983
三节头皮鞋		优质产品	山西省乡镇局	1983
一等高铝砖	郊区荫营镇上烟村耐火厂	优质产品	山西省人民政府	1984
152×152 白色釉面砖	阳泉建筑陶瓷厂	优质产品	山西省乡镇局	1984
冷水咀	郊区西南舁乡农机厂	优质产品	山西省乡镇局	1984
硅砖	盂县城关镇耐火一厂	优质产品	山西省乡镇局	1984
152×152 白色釉面砖	阳泉建筑陶瓷厂	优质产品	山西省人民政府	1985
硅砖	盂县城关镇耐火一厂	优质产品	山西省人民政府	1985
还原钛铁粉	平定县巨城镇会里钛铁厂	优质产品	山西省乡镇局	1985
152×152 白色釉面砖	阳泉建筑陶瓷厂	优质产品	农牧渔业部	1986
$75^{\#}$ 硅铁	平定县锁簧镇陈家庄村铁合金厂	优质产品	山西省人民政府	1986
DL-75 电炉顶用高铝砖	郊区荫营镇下千亩坪耐火厂	优质产品	山西省人民政府	1986
黏土质耐火砖	郊区荫营镇后沟村耐火厂	优质产品	山西省人民政府	1986
工业硅	平定县工业硅厂	优质产品	山西省乡镇局	1986
$325^{\#}$ 矿渣水泥	郊区河底镇水泥二厂	优质产品	山西省乡镇局	1986
$325^{\#}$ 矿渣水泥	郊区义井乡义井水泥厂	优质产品	山西省乡镇局	1986
108×108 白色釉面砖	阳泉市建筑陶瓷厂	优质产品	山西省乡镇局	1986
LQ-75 高铝球	郊区义井乡王垅耐火厂	优质产品	山西省人民政府	1987
环山牌陶瓷锦砖	郊区荫营镇三泉建筑陶瓷厂	优质产品	山西省人民政府	1987
大理石板材	平定县长城大理石厂	优质产品	山西省人民政府	1987

续表 -10-6

产品名称	生产企业	优质产品（著名品牌、著名商标）	授予单位	年 份
还原钛铁粉	平定县巨城镇会里钛铁厂	优质产品	山西省人民政府	1987
MZ-87 镁铝砖	平定县巨城镇第二耐火材料厂	优质产品	山西省人民政府	1987
工业硅	平定县工业硅厂	优质产品	山西省人民政府	1987
DL-80 高铝电炉顶砖	郊区荫营镇上千亩坪耐火厂	优质产品	山西省乡镇局	1987
盛钢桶用不烧铝镁衬砖	秦皇岛耐火材料厂阳泉瀑里分厂	优质产品	山西省乡镇局	1987
425# 普通硅酸盐水泥	阳泉市青山水泥厂	优质产品	山西省乡镇局	1987
75# 硅铁	平定县红星铁合金厂	优质产品	农 业 部	1988
还原钛铁粉	平定县巨城镇会里钛铁厂	优质产品	农 业 部	1988
ML-80 镁铝砖	平定县巨城镇第二耐火材料厂	优质产品	山西省人民政府	1988
高密度黏土砖	盂县南娄耐火材料厂	优质产品	山西省人民政府	1988
焦炉硅砖	盂县西小坪硅砖厂	优质产品	山西省人民政府	1988
连续铸铁管	盂县下曹乡液压铸管厂	优质产品	山西省人民政府	1988
单级单吸清水离心泵	郊区平潭水泵厂	优质产品	山西省人民政府	1988
425# 普通硅酸盐水泥	阳泉市青山水泥厂	优质产品	山西省人民政府	1988
一等高铝砖	阳泉市上烟耐火材料厂（复评）	优质产品	山西省人民政府	1988
岩棉	平定县金龙岩棉厂	优质产品	山西省乡镇局	1988
工业硅	平定县张庄工业硅厂	优质产品	山西省乡镇局	1988
轻质碳酸钙	郊区苏家泉轻钙厂	优质产品	山西省乡镇局	1988
焦炉硅砖	郊区下白泉硅砖厂	优质产品	山西省乡镇局	1988
耐酸瓷砖	盂县乌玉耐酸砖厂	优质产品	山西省乡镇局	1988
ML-80 镁铝砖	平定县巨城镇第二耐火材料厂	优质产品	农 业 部	1989
轻质碳酸钙	郊区苏家泉轻质碳酸钙厂	优质产品	山西省人民政府	1989
92.5% 工业硫酸	平定县锁簧镇硫酸厂	优质产品	山西省人民政府	1989
龙华牌岩棉	平定县金龙岩棉制品厂	优质产品	山西省人民政府	1989
采光牌电石	平定县龙庄电石厂	优质产品	山西省乡镇局	1989

续表 -10-6

产品名称	生产企业	优质产品（著名品牌、著名商标）	授予单位	年 份
浇铸用黏土砖	荫营镇耐火厂	优质产品	山西省乡镇局	1989
硅砖	平定县理家庄硅砖厂	优质产品	山西省乡镇局	1989
75# 硅铁	平定县硅铁厂	优质产品	山西省乡镇局	1989
热风炉用高铝砖	郊区上白泉第二耐火材料厂	优质产品	山西省乡镇局	1989
九关牌卫生陶瓷	阳泉市卫生陶瓷厂	优质产品	山西省乡镇局	1989
快硬硫铝酸盐水泥	阳泉市特种水泥厂	优质产品	山西省乡镇局	1989
特制工矿靴	阳泉市山塔鞋厂	优质产品	山西省乡镇局	1989
DL-75 电炉顶用高铝砖	郊区荫营镇下千亩坪耐火厂	优质产品	农 业 部	1990
425# 普通硅酸盐水泥	阳泉市青山水泥厂	优质产品	建 材 局	1990
92.5% 工业硫酸	平定县锁簧镇硫酸厂	优质产品	化学工业部	1990
双氰胺	平定县娘子关双氰胺厂	优质产品	山西省人民政府	1990
太岳牌粉煤灰加气混凝土砌块	平定县娘子关加气混凝土厂	优质产品	山西省人民政府	1990
DL-65 热风炉用高铝砖	郊区荫营镇下千亩坪耐火厂	优质产品	山西省人民政府	1990
DL-75 电炉顶用高铝砖	郊区荫营镇下千亩坪耐火厂	优质产品	山西省人民政府	1990 复评
加气混凝土砌块	平定县娘子关加气混凝土厂	优质产品	山西省乡镇局	1990
18# 铸造用生铁	平定县西白岸铁厂	优质产品	山西省乡镇局	1990
乙炔炭黑	平定县电石厂	优质产品	山西省乡镇局	1990
工业黄磷	平定县岩会乡黄磷厂	优质产品	山西省乡镇局	1990
浇铸用轻烧高铝砖	盂县南村耐火材料厂	优质产品	山西省乡镇局	1990
耐酸瓷砖	阳泉市耐酸陶瓷厂	优质产品	山西省乡镇局	1990
浇铸用黏土砖	郊区东古耐火材料厂	优质产品	山西省乡镇局	1990
钢丝绳卡	阳泉市辛兴玛钢件厂	优质产品	山西省乡镇局	1990
510 铝碳滑板砖	阳泉市东风耐火材料厂	优质产品	山西省乡镇局	1990
热风炉用格子砖	阳泉市三泉耐火材料厂	优质产品	山西省乡镇局	1990
远鑫牌铁粉、钛铁粉	山西远鑫实业有限公司	山西省著名商标	山西省人民政府	2001

续表-10-6

产品名称	生产企业	优质产品（著名品牌、著名商标）	授予单位	年 份
钰牌水泥	阳泉狮头特种水泥有限公司	山西省著名商标	山西省人民政府	2001
太行牌釉面砖	山西省阳泉建筑陶瓷厂	山西省著名商标	山西省人民政府	2001
京武牌硅砖、耐火砖	山西盂县西小坪耐火材料有限公司	山西省著名商标	山西省人民政府	2001
冲浪牌 HBLT-68 铝碳滑板砖	阳泉市东风耐火材料厂	山西省名牌产品	山西省人民政府	2001
远鑫中碳锰铁（GB/T3795-96）	山西远鑫实业有限公司	山西省名牌产品	山西省人民政府	2001
青梅牌 32.5# 普通硅酸盐水泥	阳泉市青山水泥集团总公司	山西省名牌产品	山西省人民政府	2001
大寨牌核桃露	山西大寨饮品有限公司	山西省名牌产品	山西省人民政府	2003
冲浪牌 HBLT 系列铝碳滑板砖	阳泉市东风耐火材料有限责任公司	山西省名牌产品	山西省人民政府	2003
吉天利牌阀控式密封铅酸蓄电池	山西吉天利科技实业有限公司	山西省名牌产品	山西省人民政府	2003
远鑫牌 FeMn82C1.5 中碳锰铁	山西远鑫实业有限公司	山西省名牌产品	山西省人民政府	2003
京武牌 JG-94 焦炉硅砖	山西盂县西小坪耐火材料有限公司	山西省名牌产品	山西省人民政府	2003
金鑫牌梳棉盖板针布	山西金星纺织器材有限公司	山西省名牌产品	山西省人民政府	2003
大寨牌核桃露	山西大寨饮品有限公司	山西省名牌产品	山西省人民政府	2005
吉天利牌阀控式密封铅酸蓄电池	山西吉天利科技实业有限公司	山西省名牌产品	山西省人民政府	2005
金鑫牌梳棉用盖板针布	山西金星纺织器材有限公司	山西省名牌产品	山西省人民政府	2005
京武牌焦炉硅砖	山西盂县西小坪耐火材料有限公司	山西省名牌产品	山西省人民政府	2005
晋达牌预培（焙）阳极	山西晋达碳素股份有限公司	山西省名牌产品	山西省人民政府	2005
远鑫牌中碳锰铁	山西远鑫麦克林铁合金有限公司	山西省名牌产品	山西省人民政府	2005
古州牌西餐具	阳泉平定莹玉陶瓷有限公司	山西省名牌产品	山西省人民政府	2005
“大寨”牌核桃露	山西大寨饮品有限公司	山西省名牌产品	山西省人民政府	2007
“吉天利”牌阀控式密封铅酸蓄电池	山西吉天利科技实业有限公司	山西省名牌产品	山西省人民政府	2007
“京武”牌焦炉、热风炉用硅砖	山西盂县西小坪耐火材料有限公司	山西省名牌产品	山西省人民政府	2007
“远鑫”牌中碳锰铁	山西远鑫麦克林铁合金有限公司	山西省名牌产品	山西省人民政府	2007

续表 -10-6

产品名称	生产企业	优质产品（著名品牌、著名商标）	授予单位	年 份
“金鑫”牌梳棉用盖板针布	山西金星纺织器材有限公司	山西省名牌产品	山西省人民政府	2007
“古州”牌日用瓷器	阳泉平定莹玉陶瓷有限公司	山西省名牌产品	山西省人民政府	2007
“颐寿”牌糕点	阳泉食品总厂有限公司	山西省名牌产品	山西省人民政府	2007
“林里”牌粉末冶金用还原铁粉	阳泉市林里粉末冶金有限公司	山西省名牌产品	山西省人民政府	2007
“娘子关”“玉新”牌双氰胺	山西致诚化工有限公司	山西省名牌产品	山西省人民政府	2007
快硬硫铝酸盐水泥	阳泉天隆工程材料有限公司	山西省名牌产品	山西省人民政府	2008
马铃薯全粉（颗粒状）	山西三来食品有限公司	山西省名牌产品	山西省人民政府	2008

阳泉市乡镇企业产品获“七五”全国星火计划成果博览会奖项目表

表 -10-7

产品名称	获奖单位	获奖等级
硫脲	平定县太行化工厂	金 奖
高储能镉镍蓄电池	山西航平新型电池厂	金 奖
氯化胆碱	盂县南娄工业总公司	银 奖
黄磷	平定县岩会乡黄磷厂	银 奖
碱式氯化铝	阳泉市三晋化工厂	银 奖
金属镁	平定县南坳乡庙沟金属镁厂	优秀奖
硝基苯胺	盂县南村工业总公司	优秀奖
双氰胺	平定县娘子关双氰胺厂	优秀奖
乙炔炭黑	平定县电石厂	优秀奖
快硬硫铝酸盐水泥	阳泉市特种水泥厂	优秀奖
镁碳砖	平定县镁碳砖厂	优秀奖
稀土永磁材料	山西省磁性材料一厂	优秀奖
灭杀毙	阳泉市新型农药厂	优秀奖

阳泉市乡镇企业产品获省科技进步奖 星火科技奖项目表

表 -10-8

获奖项目	获奖企业	获奖名称	年 份
稀土永磁材料	盂县城关镇磁性材料厂	山西省科技进步二等奖	1987
漂珠轻质高强耐火保温砖	阳泉建筑陶瓷厂	山西省科技进步二等奖	1987
弥散型复合式高铝质透气砖	阳泉市瀑里耐火厂	山西省科技进步三等奖	1987
唐三彩瓷板画	阳泉建筑陶瓷厂	山西省科技进步三等奖	1987
高密度硅砖	盂县城关镇耐火材料一厂	山西省星火科技二等奖	1987
渣料高铝钢包底衬砖	郊区荫营镇下千亩坪耐火厂	山西省星火科技三等奖	1987
蒽醌产品开发	平定县有机化工厂	山西省星火科技一等奖	1988
双氰胺产品开发	平定县娘子关双氰胺厂	山西省星火科技二等奖	1988
粉煤灰加气混凝土制品	平定县城西加气混凝土厂	山西省星火科技三等奖	1988
双珠式挂车转盘	阳泉市旧街汽车配件厂	山西省科技进步二等奖	1989
铝碳滑动铸口砖	阳泉市东风耐火材料厂	山西省科技进步二等奖	1989
PVC-S 型聚氯乙烯防水卷材	平定县防水建材厂	山西省科技进步三等奖	1989
金属针布新工艺及新型针布	平定县金属针布厂	山西省科技进步二等奖	1990
灭杀毙	阳泉市新型农药厂	山西省科技进步二等奖	1990
200 吨 / 年木质活性炭节能炉型	平定县会里化工厂	山西省科技进步三等奖	1990
利用硫酸渣生产墙地砖	阳泉建筑陶瓷厂	山西省科技进步三等奖	1990
镁碳砖产品开发	平定县镁碳砖厂	山西省星火科技二等奖	1990
煤质颗粒活性炭产品开发	平定县振华活性炭厂	山西省星火科技二等奖	1990

第三节 高新产品

境内乡镇企业高新产品的开发是从“六五”后期开始的，至2010年，累计开发高新产品100余种，其中部分产品还是市场紧俏品种。

氧化锆　国家科委高新技术攻关项目由郊区千亨氧化锆厂于1989年开始生产，年生产能力300吨。氧化锆是一种很有发展前途的化工产品，主要用于国防工业、电子工业、陶瓷行业以及光学玻璃、高线耐火材料、远红外涂料的制造等。

重铬酸钠　由平定县铬盐厂于1989年开始生产，年产2000吨。重铬酸钠，又名红矾钠，为橙红色单斜棱状或细针状结晶，为强氧化剂，是铬系列产品的基本原料，主要用于碱性湖蓝染料、糖精、合成樟脑及合成纤维的生产。

稀土永磁材料　山西省重大科技攻关项目由山西省磁性材料一厂于1985年开始生产，是以锡、钠、镨等稀土元素及铁、钴、铜、锆、硼等其他元素为原料，通过粉末冶金法制造出的一种高磁性能产品，主要用于电子行业。到2010年，已研制成功并开发出200多种新产品。产品销往全国29个省、市、自治区及欧美、东南亚等13个国家或地区，年产量达50多吨。

工业黄磷　由平定县岩会乡黄磷厂生产，年生产能力1600吨，是五钠、农药及其他化工产品的主要原料。

碱式氯化铝　由阳泉市市三晋化工厂引进国内最先进的净水剂工艺制成，年产量5000吨。碱式氯化铝又名聚合氯化铝，是一种优良、高效、快速、无机高分子净水剂，吸湿性强，易溶于水。主要用于自来水和工业污水的净化，此外还广泛用于造纸、耐火水泥、纺织、石油等领域。

蒽醌　山西省星火计划项目由平定县有机化工厂于1988年生产，年产量500吨，曾获1989年全国星火计划成果适用技术展览交易会金奖及山西省星火科技一等奖。蒽醌是生产染料的中间体，以蒽醌为原料可加工生产一氨基蒽醌、二硝基蒽醌系列产品。

双氰胺　山西省星火科技项目由平定县娘子关双氰胺厂于1988年生产，年产量达500吨。主要销往国内19个省市及英国、美国、日本等十几个国家和地区。双氰胺又名氰基胍、三聚氨基氰，是以石灰氮为主要原料，通入二氧化碳，经水解脱钙、聚合、结晶烘干而成的白色颗粒结晶或粉末，主要用于医药原料、塑料工业、印染、农药、化肥、炸药等。

工业硫脲与二氧化硫脲　由平定县太行化工厂于1989年开始生产，产品畅销国内各省（市）、自治区，并出口美国、日本及欧洲国家，其中工业硫脲获全国“七五”星火计划博览会金奖。工业硫脲为白色结晶体，主要用于石油、农业、医药、选金矿、电镀、照相、印染等行业。二氧化硫脲是工业硫脲的深加工产品，主要用作印染还原剂、纸浆漂白、乳胶敏化剂、化纤催化剂、有机合成中的抗氧剂、氨基树脂中的硬化剂等。

425#、525#快硬硫铝酸盐水泥　主要由市特种水泥厂生产。该厂生产的425#、525#快硬硫铝酸盐水泥曾获1989年全国星火计划成果适用技术展览交易会金奖，获1990年泰国国际博览会金奖。其可以用来配制抗渗、抗冻、抗硫酸盐侵蚀的混凝土，冬季施工锚喷支护，拼装浆锚、抢修抢建、堵漏、复杂地质小口径固井、预制大型构件、现浇注框架结构工程等，特别适用于生产玻璃纤维水泥复合制品、制杆、制管及人造大理石制品。

金属镁系列产品　由平定县南坳乡庙沟金属镁厂生产，年产金属镁系列产品1500吨，主要包括铝镁合金、铸造镁合金、压铸镁合金、牺牲阳极镁等。金属镁锭是一种质轻、化学性能活泼的轻金属，广泛用于国防、化工、铸造、船舶、航天等行业，是生产镁系列产品的基础原料。牺牲阳极镁，用于淡水和土壤环境中设备、管道的保护。铸造镁合金，用于承受负荷大的汽车发动机、摩托车、轮子仪器的零部件。铝镁合金，用于国防、冶金化工及烟火等行业。压铸镁合金，主要用于汽车工业和风动工具。

固色剂Y产品　由平定县娘子关双氰胺厂于1994年开始生产，年生产能力为500吨。该产品以双氰胺为主要原料，经和甲醛、氯化铵反应而成。

包膜氧化钛新产品　属于国家级星火计划项目，由阳泉市攀宝色素厂于2000年生产。该产品生产中，在常温高压下用干法生产出包膜颜料替代传统颜料，有效地提高了钛元素的利用率。该产品以当地煤矸石作基料，具有投资少、工艺先进成熟、产品质量可靠、细腻光泽、耐高温、耐磨损、着色力强的特点，技术水平居国内领先。

混合氯化稀土　属于山西省星火计划项目，由平定县锁簧硫酸厂于2001年生产，年生产能力2000吨。该项目依托包钢稀土研究院为技术支撑，采用国内先进的酸法生产工艺，经高温焙烧、沉淀、酸溶等工序，开发生产混合氯化稀土。

高性能钕铁硼磁体精加工　属于国家级星火计划项目，由盂县嘉丰永磁材料有限公司于2002年生产，年生产能力钕铁硼磁体100吨、磁体精加工200吨。采用国内最先进的磁材生产工艺，经真空熔化、大型气流磨制粉、大容量气粹炉烧结、粉末冶金干法制造工艺，开发生产高性能钕铁硼磁材，并深加工磁体元器件，产品质量达国内外同类产品先进水平。

马铃薯全粉　山西三来食品有限公司续建项目，引进国外先进设备，采用特殊蒸煮工艺，开发具有鲜薯风味及高营养价值的马铃薯全粉，可最大限度地保持马铃薯的细胞完整性和可复水性。该项目是2000年的接转项目，历年投资1800万元，2001年竣工投产，新增产量700万吨，年收入600万元。

预焙阳极　国家级星火计划项目，由阳泉市晋阳碳素有限公司于2001年生产，年生产能力5万吨。该项目采用先进成熟的技术开发生产，在生产中采用烟气二次燃烧技术，可大量减少焙烧过程的集气量，使其排放量达到国家规定标准。2001年实现产值1.2亿元，利税2000万元。

SF6 高强度大瓷套 属于国家级星火计划项目，由郊区瀑里高压电瓷有限公司投资1500万元于2001年开工建设，2002年4月正式投产。该项目立足于当地丰富的煤炭、电力及陶瓷灯资源优势，采用高强瓷质配方和高精度的研磨、装配技术，开发生产电网改造必需的 SF_6 高强度瓷套，产品质量达到国内同类产品先进水平。

1979—2010年阳泉市乡镇企业主要矿产品产量统计表

表-10-9　　　　单位：万吨、立方米

年 份	铁矿石	熟矾石	生铝矾土	黏 土	原 煤	硫铁矿	石 膏	石 英	硅 石	长 石	白云石	大理石
1979	0.45	19.33	5.01	11.48	97.31	5.49	—	—	—	—	—	—
1980	0.44	19.60	4.35	10.96	156.92	8.05	—	—	—	—	—	—
1981	0.51	27.48	12.22	7.00	194.84	10.73	—	—	—	—	—	—
1982	0.46	29.98	18.27	8.08	210.94	12.52	0.31	—	—	—	—	—
1983	4.82	47.86	21.28	16.27	814.47	38.23	0.70	—	—	—	—	—
1984	13.06	51.60	33.40	16.96	1044.30	53.40	1.94	—	—	—	—	264
1985	37.61	89.76	51.99	30.41	1203.32	16.09	1.32	2.21	0.26	—	—	5410
1986	23.64	98.79	59.87	34.93	1191.81	29.41	2.89	3.74	7.34	0.30	—	4964
1987	28.63	88.66	67.06	41.99	1096.44	54.46	2.90	4.43	3.72	0.32	2.36	10296
1988	29.99	90.93	66.10	47.28	1058.43	69.70	3.21	4.66	3.15	0.76	2.64	5990
1989	23.58	119.83	63.10	23.86	1152.22	68.44	6.82	4.63	2.35	5.99	5.93	2950
1990	22.56	110.04	76.57	59.21	1174.57	67.19	6.01	2.62	3.54	4.08	11.41	2780
1991	26.1	—	96	38	1201	73.28	5.84	2.43		2.21	8.53	4168
1992	27	—	115	40	1097	71.60	9	2.83	0.75	0.75	1.6	5375
1993	45.35	—	126	—	1079	78.10	11.3	—	—	—	—	8020
1994	48	—	140	—	1174	91.4	19	—	—	—	—	—

续表 -10-9

年份	铁矿石	熟矾石	生铝矾土	黏土	原煤	硫铁矿	石膏	石英	硅石	长石	白云石	大理石
1995	45	—	167	—	1191	100.76	28	—	—	—	—	—
1996		—	204	—	1193	114.97	6	—	—	—	—	—
1997	45	—	170	—	917	—	22	—	—	—	—	—
1998	49	—	202	—	892	115	38	—	—	—	—	—
1999	34	—	137	—	724	115	16	—	—	—	—	—
2000	46	—	202	—	684	75	4	—	—	—	—	—
2001	—	—	—	—	—	—	—	—	—	—	—	—
2002	60	—	249683	—	665	61	—	—	—	—	—	—
2003	49	—	210	—	1028	52	—	—	—	—	—	—
2004	55	—	223	—	1274	56	—	—	—	—	—	—
2005	104	—	266.8	—	1300	—	—	—	—	—	—	—
2006	110	—	290	—	1311	—	—	—	—	—	—	—
2007	114	—	300	—	1427	—	—	—	—	—	—	—
2008	74	—	244	—	1107	—	—	—	—	—	—	—
2009	61	—	126	—	673.8	—	—	—	—	—	—	—
2010	65	—	142.91	—	619.76	—	—	—	—	—	—	—

第六章 企业选介

阳泉市下千耐火材料有限公司

位于郊区荫营镇下千亩坪村。最初为1979年下千亩坪村的村办耐火材料厂，主要生产耐火粉。1984年与唐山钢铁公司耐火厂联营，开始生产高炉砖。经过几年发展，产品拓展到7大类100多个规格，其中，炼钢电炉顶砖在1986年被评为省优质产品，炼钢电炉顶砖、低蠕变热风炉高铝砖1990年分别被评为部优质产品和省优质产品。2000年，通过ISO9001∶2000质量体系认证。2003年，企业实行体制改革后，更名为阳泉市下千耐火材料有限公司，厂区面积12.8万平方米。该公司中心化验室是省级无机材料工程技术中心。改制之后，主要产品有高炉用高铝砖、烧成微孔铝碳砖、低气孔黏土砖、玻璃窑用莫来石砖、热风炉低蠕变系列高铝砖、水泥窑抗剥落高铝砖、套筒窑用耐磨砖等，专利产品有滑板砖系列、鱼雷式铁水罐内衬砖、钢包用微膨胀砖，其中鱼雷罐内衬用氧化铝碳化硅碳砖获第五、第六届国家博览会金奖。该公司产品销往国内大型钢厂及伊朗、津巴布韦、俄罗斯、日本、德国等国家。2008年，该公司有员工810人，固定资产2196.5万元，总产值7600万元，出口交货值2928万元，主营业务收入7216.8万元，上缴税金743万元。该公司曾被评为省级先进企业、部级（农牧渔业部）先进企业。

山西阳泉华岭耐火材料有限公司

位于郊区白泉工业园区。最初为1956年创办的老虎沟耐火材料厂，1998年1月实施体制改革，并更名为山西阳泉华岭耐火材料有限公司。该公司是生产高炉、热风炉、电炉及其他高温窑炉用耐火材料制品的重点企业，还是参与拟定高炉高铝砖、热风炉用低蠕变高铝砖、电炉顶用高铝砖、微膨胀高铝砖、铝镁碳钢包衬砖等产品国家标准的主要单位之一。通过体制的完善和技术的创新，该公司已逐步发展成为耐火制品的高新技术企业，主要产品有热风炉用低蠕变高铝砖、低蠕变黏土砖、低蠕变耐热震高铝砖、低蠕变红柱石砖、高炉用超致密黏土砖、高铝砖、莫来石砖、刚玉莫来石砖、电炉顶用高铝砖、盛钢桶用高铝砖、水泥窑用抗剥落高铝砖、硅莫砖、耐碱砖、不烧高铝砖及玻璃窑用低气孔黏土砖，其中热风炉用低蠕变高铝砖、低蠕变黏土砖、电炉顶用高铝砖、高荷软高铝砖、微膨胀高铝砖于1998年分别获得省优秀新产品二等奖、省科技进步二等奖、省优质产品奖，并列入省火炬计划项目、国家级火炬计划项目。1997年通过ISO9001∶2000国际质量体系认证，取得自营进出口权。产品主要销往武钢、太钢、昆钢等大中型钢铁企业，部分出口英国、俄罗斯、印度、日本、澳大利亚等国家。2000年被评为省科技示范企业、省科技先导型企业、省技术创新先进企业，2002年被评为省高新技术企业，2004年省政府授予科技型先进民营企业称号。2005年10月16日，由该公司主办成立了阳泉市耐火材料研究所，同年11月由原址整体搬迁至白泉工业园区。2006年11月，该公司与武汉科技大学共同建成产、学、研基地。2007年，先后与北京中钢联、北京通达签订战略合作协议，展开全面合作。本着总量提升、规模扩张、优化资产结构的思路，经过多年的努力，该公司在生产、技术、经营等方面均取得了不俗的业绩。2008年，该公司有员工350人，固定资产3574万元，总产值2644.6万元，主营业务收入2800.1万元，出口交货值933.3万元。

山西阳泉华岭耐火材料有限公司

山西圣火炉料有限公司

位于郊区荫营镇前洼村。2003年1月建成，是与韩国CLOVERCO公司共同出资组成的中外合资企业，注册资金58.47万美元，其中韩资20万美元。该公司成立后，先后与洛阳耐火材料研究院、武汉科大、河南科大、西安建筑科技大学等大专院校、科研院所及其专业技术人员签订了技术合作协议，通过合作提高了企业的科技含量。2003年，该公司加入中国耐火材料行业协会，并取得自营进出口企业资格和ISO9001:2000质量管理体系认证证书。经过几年的滚动发展，该公司已成为一个集科、工、贸为一体的园林式科技耐火基地，先后被评为先进外资企业、先进集体、纳税大户、科技工作先进集体、“三八”创业示范基地，并被授予山西省质量信誉A级标准证书、热心社会公益事业最佳实践奖。该公司主要产品有高铝质、黏土质、硅质、特种四大系列及不定型耐火材料，定型制品主要有炼钢电炉顶高铝砖、高炉用高荷软低蠕变高铝砖、高炉用高铝砖及刚玉砖、热风炉用高铝砖和低蠕变砖、玻璃窑和焦炉用硅砖、不烧电炉顶砖、高密度低气孔黏土砖等，不定型耐火材料主要有钢包浇注料、中间包涂料、钢纤维增强浇注料、低水泥浇注料、自流补炉料、喷补料、捣打料、可塑料及优质耐火火泥等，产品辐射全国各地，并远销日本、美国、韩国、德国、意大利、比利时、加拿大、南非等国家和地区。2008年，该公司有员工360人，固定资产4153万元，总产值3023.3万元，主营业务收入2987.2万元，利税332万元。

阳泉市林里粉末冶金有限公司

位于郊区荫营镇南窑庄村。最初是1992年建成的林里粉末冶金厂，1997年改制为阳泉市林里粉末冶金有限公司。其主导产品为还原铁粉，有4大系列12个品种，用于汽车、摩托车、家电、航天、电子、办公装备、食品、医药、水处理等行业。该公司年生产能力3万吨，占全国还原铁粉产量的近1/3，全国铁粉（含喷雾铁粉）产量的近1/5，是全国最大的还原铁粉生产基地之一，被认定为山西省高新技术企业。该公司已通过ISO9001:2000质量管理体系认证，2001成为具有自营进出口权的企业，并与美国、德国、日本、瑞典等国家广泛开展业务交流和技术合作。2002年至2005年，投资1.18亿元，成功实施了年产3万吨用铁精矿生产高性能还原铁粉项目，产品科技含量达到国际先进水平。该公司有85米隧道窑4条；钢带式精还原生产线4条，其中引进德国的具有世界先进水平的铁粉精还原生产线1条。2008年，该公司有员工220人，其中大专以上管理和技术人才62名、全国知名专家3名、享受政府津贴的专业技术拔尖人才1名；固定资产3694.6万元，总产值5697.6万元，主营业务收入6430.5万元，出口交货值3863.4万元，利税605.2万元。

阳泉精工铸造有限公司

位于郊区旧街乡旧街村。最初为1992年建成的阳泉市矿山安全设备厂，主要生产斜流式通风机。1996年乡办企业体制改革时并入旧街铸造集团有限责任公司，不到一年解体停业。1997年初改建为阳泉市鑫瑞达铸造有限责任公司，2000年又改建成阳泉市朝辉箱体铸造公司。2004年10月，为扭转严重亏损局面，该企业与杭州精工铸造有限公司联营，组建成立了阳泉精工铸造有限公司，并投资1000余万元建成一条年生产能力3万吨的V法铸造生产线，主要生产叉车平衡重。该公司充分利用杭州公司的影响力和声誉，按产品的工艺性和适应性进行分区生产，实现管理、技术、市场、资源的共享，经济效益逐年上升，2006年成为郊区亿元企业之一。2008年，该公司有员工120人，其中工程师4名；固定资产542.8万元，总产值9850万元，主营业务收入9725.5万元。

阳泉狮头特种水泥有限责任公司

位于郊区义井镇小河村。1987年建成，占地5.1万平方米，初名阳泉市特种水泥厂，系原义井乡办集体所有制企业。总投资1120万元。主要生产矿渣水泥和硫铝酸盐水泥，设计年生产能力5万吨。1990年，对硫铝酸盐水泥窑炉进行配套技术改造，使产品质量显著提升；同年，其生产的快硬硫铝酸盐水泥，在泰国首都曼谷举办的中国星火实用技术成果展览会上获得金奖。该厂被省乡镇局评为质量优胜企业。1992年，快硬硫铝酸盐水泥被省经委推荐为质量信得过产品。1993年，该厂被中国战略策划中心授予山西省乡镇企业综合实力百强企业称号。1997年10月，该厂实施产权制度改革，更名为阳泉特种水泥有限公司，并确立了“科技为先，质量为本，效益为重”的生产经营方针，把降低成本和加大引资力度作为发展方向。2000年5月，该公司并入太原狮头水泥股份有限公司，更名为阳泉狮头特种水泥有限责任公司。实现合作后，新上马的10万吨特种水泥生产线顺利投入生产。2001年5月通过质量体系认证，同年8月实现股票上市，成为郊区第一家工业企业股票上市的企业。2002年，年产10万吨回转窑水泥生产线正式投产。2003年，该公司对阳泉市水泥实业有限公司实行兼并收购。2008年，该公司有员工264人，固定资产3308万元，生产特种水泥0.8万吨，总产值390万元，利税20万元。

阳泉市华新食品厂

位于郊区李家庄乡甄家庄村。1994年建成，占地1.3万平方米，是山西省东部产量最大、品种最全的酿醋企业，主要生产绞股蓝养生保健醋、陈醋、老陈醋系列产品。该企业秉承山西千年酿造绝技，将传统的酿造工艺与现代的生产设备科学地结合起来而进行生产，使其产品以特有的“绵、酸、香、甜、鲜”而著称。特别是属于国家专利产品的绞股蓝养生保健醋，1994

年在全国第一届国际保健节上被评为向国际推荐的中国优质保健品，1995年由联合国在北京举办的第四次世界妇女大会的妇女儿童用品展销会中名列140多家参展企业产品销售量的第六名，1996年在山西省“名优特新”产品评比中入选省“名优产品”之列。2006年，该企业通过ISO9000国际质量管理体系认证，取得食品质量安全市场准入QS证；同年，获得优秀出口企业称号，其“六合牌”商标被评为山西省著名商标。2008年，该厂有员工60人，固定资产1800万元，生产各类醋5400吨，总产值2100万元，出口交货值101万元，利税81万元。

山西三来食品有限公司

位于郊区平坦镇西河村。1985年建成，初名阳泉市欣青食品厂，年产饼干、糕点等食品10余吨。1991年引进自动化烤箱生产线，年产量达到300吨，当年在全市食品行业综合评比中名列第二。1996年改制为股份制企业，更名为山西三来食品有限公司。该公司占地26666平方米，建筑面积16475平方米，主要生产马铃薯颗粒全粉、香酥馒头片及各种中西式糕点，是市内规模较大的食品加工企业。1999年，引进建成马铃薯颗粒全粉生产线，其生产的马铃薯颗粒全粉成为中国国际农业博览会名优产品。2004年3月，该公司与山西大学合作，采用现有国产马铃薯品种进行了葡萄糖氧化酶法降低还原糖和微波流化干燥生产马铃薯颗粒全粉等新工艺试验，生产出了与进口马铃薯颗粒全粉质量相同或相近的产品，同年被省政府评为“省农业产业化百龙企业”。2005年12月，通过ISO9001:2000国际质量管理体系认证。2006年，被省科学技术厅认定为高新技术企业，并获得“山西省科技进步二等奖”和阳泉市“成果推广及应用二等奖”。2007年，其颗粒全粉“三来”商标被山西省工商局评定为“山西省著名商标”。2008年，该公司被山西省中小企业局评定为“2007年度全省百家最具成长性中小企业”。该公司主导产品“三来”牌马铃薯颗粒全粉，畅销福建、湖北、山东、湖南、陕西、河南、东北等省或地区。该公司下设马铃薯颗粒全粉分公司、食品分公司、唐山马铃薯颗粒全粉分公司、三禾农副产品研究所、土豆种植基地分公司5个分支机构；有马铃薯颗粒全粉生产线四条，年生产设计能力10000吨；另有馒头片生产线、糕点生产线各一条，年生产能力达600吨。2008年，该公司有员工180人，固定资产1037.3万元，主营业务收入2313.4万元，利税180万元。

平定莹玉陶瓷有限公司

位于平定县冠山镇里社村。1987年建成，初名平定县里社瓷厂，为里社村办集体所有制企业。建厂初期与山东博山陶瓷厂联营，采用滚压成型隧道窑、烘干尾气回收两条先进的生产线，主要生产日用普瓷、日用细瓷两大系列40多种产品，独自开发的黑釉开光茶具、酒具，质量达到国家标准，1989年被评为市一级企业。1990年生产各种瓷器2500万件，产值达1000万元。1998年获自营进出口权，1999年获输美陶瓷许可证，2001年被省科技厅评为高新技术企业，2003年通过ISO9001：2000质量管理体系认证，2006年获山西省产品证书和质量信誉AA级证书，2007年“古州”牌获山西省著名商标。2007年投资800万元新建1条年产300万件骨质瓷生产线。该公司拥有3条先进的出口西餐瓷生产线，可生产浮雕、釉下手绘、贴花瓷等三大系列各种规格的产品，年产量突破2000万件，产品畅销海内外，是阳泉市规模较大的外向型企业，也是山西省“守合同重信用”企业。2007年，该公司有员工1200名，固定资产4600万元，年产日用瓷2500万件，销售收入5500万元，上缴利税500万元，年出口创汇500万美元。

莹玉陶瓷

山西晋达碳素股份有限公司

位于平定县张庄镇宁艾村。1988年建成，初名平定碳素厂。主要产品为预焙阳极、半石墨阴极炭块、底块、侧块、角块、电极糊、石墨电极、高纯天然石墨粉等10余种产品。产品畅销全国，并远销中东地区和欧盟国家。至2006年，山西晋达碳素股份有限公司下设4个子公司，即山西晋达聚鑫碳素有限公司、山西兆丰碳素有限公司、山西晋沪碳素有限公司、山西泉海碳素有限公司，总占地面积24万平方米，员工2300名，总资产33020万元，净资产13832万元，年生产规模15万吨，销售收入3.2亿元，出口创汇1400万美元，年创利税2500万元。2007年，该公司进行了体制改革和资产转让重组，保留了一个年产10万吨的“预焙阳极”子公司。至2007年，该公司有员工670名，占地12万平方米，总资产17330万元，所有者权益11281万元，全年产品产量4.5万吨、增加值1224.8万元、销售收入12862.8万元、出口创汇143.3万美金、上缴税金145.9万元，年人均工资超过1万元。该公司曾被山西省政府授予“出口创汇先进民营企业”、被山西省国家税务局、地税局授予“山西省纳税信用A级单位”等称号，2000年至2004年连续五年被中国农业银行山西省分行评为“AAA级信用度企业”。

山西锁簧稀土股份有限公司

位于平定县锁簧镇北庄村。1986年建成，初名平定县锁簧硫酸厂。2000年进行改制，更名为山西锁簧稀土股份有限公司，注册资本3475万元，员工400余名，占地8万平方米，是集化工、有色冶炼为一体的高新技术企业，产品分硫酸、稀土、钴三个系列。该公司拥有一流的生产、分析设备和先进的工艺技术，通过ISO9001∶2000质量管理体系认证。产品畅销全国各地，并出口美国、日本等地，享有良好声誉。该公司2005年荣立山西省集体一等功，2006年获得农业部“全国乡镇企业创名牌重点企业”称号，连续多年被评为省级“AAA级信用度企业”“守合同重信用单位”及阳泉市“纳税大户”“红旗单位”“明星企业”。

山西远鑫实业有限公司

位于阳泉经济技术开发区。1992年创建，占地100万平方米，员工4000余名，是一个集生产、制造、贸易、服务、矿业、电力、房地产开发为一体的多功能综合性集团公司，下设远鑫麦克林铁合金有限公司、远鑫焊接材料制造有限公司、远鑫电力化工有限公司、远鑫综合利用发电有限公司、北京分公司、杭州分公司、海南分公司、内蒙古远鑫镍业有限公司、阳泉市个体私营企业信用担保有限公司、远鑫房地产开发有限公司等16个分公司，其原钛铁粉生产线为全国最大的生产基地。主导产品为还原钛铁粉、中碳锰铁、硅锰合金、电石、发电、有色金属等，其中，原钛铁粉、中碳锰铁两个产品均通过ISO9002国际质量体系认证和ISO9001∶2000换版认证，并被中国国际农业博览会授予“名牌产品”称号；“远鑫牌”中碳锰铁被认定为山西省名牌产品，“远鑫牌”钛铁粉被认定为山西省著名商标。1995年后，该公司连续多年被山西省农业银行评为AAA级信用度企业；2001年至2005年，连续五年被团中央命名为国家级“青年文明号”单位；2004年，被评为“山西省百强民营企业”“中国优秀民营科技企业”，被国家工商总局授予“守合同重信用企业”称号；2005年，被中华全国总工会授予“模范职工之家”称号、被农业部授予全国诚信守法乡镇企业称号。多次被省、市、县评为“模范纳税大户”“优秀私营企业”“重合同守信用企业”。

山西金星纺织器材有限公司

位于平定县锁簧镇前梨林头村。其前身是建于1977年的平定县锁簧镇办煤矿二坑。煤炭资源枯竭后，在省科技交流中心大力协作下，于1989年引进仿瑞士格拉夫金属针布生产线，建成平定县金星金属针布厂。经过十几年的发展，该厂成为山西省唯一一家高科技的纺织器材生产企业。1997年与台湾合资成立山西阳明织袜有限公司，1998年兼并锁簧镇办电焊条厂。2000年改制为山西金鑫针布有限公司，同年引进意大利斯克达西公司新型盖板针布生产线，2002年8月该设备正式交付使用。2003年在进口盖板针布设备的基础上，自主研制植针机取得成功，生产线全程微机数控，热处理采用氢气淬火，实现了产品色泽均匀、硬度稳定，盖板针布产品达到国际先进水平。为了满足梳棉技术的发展以及高速高产清梳联的推广，该公司于2009年10月研发出JXZB—智能型金属针布生产线，采用计算机优化设计，技术先进，精度高，卓越的人—机界面，大屏幕彩色触摸屏人—机界面，操作简便直观。2010年，其盖板针布产品获得两项国家专利。该公司的金属针布产品曾获山西省科技进步奖、全国星火计划金奖，新型盖板针布是国家重点新产品、山西省名牌产品。该公司是AAA级信用度企业、守合同重信用企业，是山西省首批环境行为评价“绿色企业”、环境友好型企业及山西省高新技术企业。其“金鑫”商标是山西省著名商标。该公司是中国纺织机械器材工业协会针布委员会委员、中国纺织机械器材工业协会理事单位，在全国同行业中其科技实力名列前茅。该公司有员工300人，其中大中专以上学历70人、中级职称54人、高级职称16人。2010年，该公司生产金属针布4800台套、盖板针布5100副，实现收入2800万元，利润260万元，税金290万元。

金属针布智能生产线

山西南娄集团股份有限公司

位于盂县南娄镇。初是1968年由盂县大贤村、秀村两个煤矿组成的拦掌公社五七煤矿。之后，又于1970年创建农机站和农机厂，1978年筹建耐火厂和水泥厂，1984年建成机械化焦化厂。1985年更名为南娄乡工业总公司。20世纪90年代起，企业投入巨资对各厂矿进行大规模的技术改造，逐步形成年产100万吨原煤、5万吨耐火和3万吨水泥的生产能力。1995年南娄乡工业总公司更名为南娄集团，1998年工业总产值突破2亿元。1999年实施股份制经营，实行全员入股，包租经营模式。2001年又建成大寨饮品有限公司、大寨铝塑建材有限公司。2002年南娄集团由有限责任公司变更为股份有限公司，全名为山西南娄集团股份有限公司。2003年注册南娄集团运输有限公司。2005年预算投资5亿元筹建2×5万千瓦煤层气电厂项目。2009年南娄集团形成了区域性的东西南北中5个经济园区，即以小城镇商贸为中心的中区，规模产值3亿元；以煤矸石电厂为中心建设循环经济产业链为主体的东区，规模产值10亿元；以大寨核桃露为高新产业为代表的西区，规模产值6亿元；以煤炭资源型产业群为主导的南区，规模产值25亿元；以耐火材料为特征的北区，规模产值6亿元。1995年被省政府命名为全省最佳经济效益乡镇企业；1997年被农业部授予全国乡镇企业管理先进单位称号；2003年被农业部确认为全国大型乡镇企业，被省委省政府授予结构调整先进乡镇企业和模范单位称号；2006年至2008年连续3年被省政府评定为全省百强企业。2010年，销售收入59172.6万元，利税10464.8万元，利润8732.4万元。

清城工业集团有限公司

位于盂县路家村镇清城村。最初为1969年的清城公社企业联合社，后称清城乡乡办企业管理委员会。1989年5月更名为清城工业公司，1997年5月改制为清城工业集团有限公司，2008年10月注册为山西清城工业集团有限公司，拥有清城煤业有限公司、阳泉燕煤聚银煤业有限公司、圣天宝地清城煤矿有限公司、无纺布制品有限公司、耐火材料制品有限公司、农机铸造有限公司、鑫源工贸有限公司、奥奇工业有限公司、众鑫实业有限公司、运输有限公司、纤维毡厂、活性炭厂、型煤厂、配煤厂、洗煤厂、电机厂、食品加工厂、供水公司、商贸中心、职工医院等20多个独立的生产和经营单位，生产和加工50多类产品，固定资产6亿元，从业职工5000余人。省政府授予其“安全生产先进单位”“明星乡镇企业”“省级乡镇企业示范区”等称号，中国农行山西省分行授予其“AAA级信用度企业”称号。

山西大寨饮品有限公司

位于盂县南娄镇南娄村。2001年建成投产。该公司通过ISO9001国际质量体系认证及国家出口认证，其产品大寨核桃露，先后获中国绿色食品、中国保健食品、山西省著名商标等称号。该公司是山西省农业产业化龙头企业，带动周边农民种植核桃树15万亩，先后开发出适合大众消费的大众型、适合脑力劳动者需求的营养型、适合中老年和糖尿病患者的无糖型、适合酒店佐餐饮用的精品型等多种产品，销往北京、天津、河北、河南、山东等省（市）。2010年，该公司生产核桃露3.5万吨，销售收入27475万元，缴税1218万元，利润318万元。

山西大寨饮品有限公司

山西盂县西小坪耐火材料有限公司

位于盂县南娄镇西小坪村。原名西小坪耐火材料厂，始建于1970年。1994年更名为山西盂县西小坪耐火材料有限公司。1989年以煤为燃料，生产焦炉、热风炉硅砖以及配套的黏土砖、高铝砖、各种水泥、保温材料；1994年生产焦炉、热风炉硅砖、半硅砖、黏土砖和其他不定型耐火材料。2005年后，以天然气为燃料，年产焦炉热风炉硅砖25万吨、半硅砖和黏土砖5.5万吨及其他不定型耐火材料3万吨，年产值30000万元，利税5000余万元。1994年通过ISO9001质量体系认证，2009年通过ISO14001、OHSAS18001环境管理体系和职业健康安全管理体系认证。“京武牌”商标和焦炉硅砖分别被评为山西省著名商标和省名牌产品。盂县西小坪耐火材料有限公司的产品除销往首钢、鞍钢、武钢等国内各大型钢厂外，还远销美国、日本、德国、津巴布韦、印度、南非等十几个国家和地区。其焦炉硅砖产品占国内市场份额的40%～50%，西小坪耐火材料有限公司被鞍山焦耐设计院定为大型焦炉用耐火材料定点生产厂家，并被国家标准化管理委员会聘为全国耐标委委员单位。该公司有职工1980名，其中高级技术人员5名、中级技术人员240名、工程技术人员240名、技术工人500名。主要设备中，粉碎方面有50吨大干碾14台，直径1500×5700球磨机11台，除铁器195台（套），自动配料10条，直径1500×400混碾机55台及相配套的脉冲除尘设备。成型方面有500吨摩擦压力机10台，300吨摩擦压力机85台，1.2米×1.7米×24.5米隧道干燥窑178条。烧成方面有1.8×1.8×180米隧道窑两条，3.2×1.5×180米隧道窑两条，320平方米倒烟窑20座，250立方米倒烟窑84座，煤气发生炉33台，成品库房4.5万余平方米。该公司的检验设备在国内耐火材料生产企业中为先进设备，检测结果准确，除常规分析设备外，还有分析速度快、自动化程度高、数据准确的高温抗析仪、X荧光多元素分析仪及X光衍射分析仪、原子吸收分光光度计、耐磨试验机。硅砖所采用的原料为五台山胶结硅石，胶结硅石具有比结晶硅石晶形转化优越许多，在无矿化剂的作用下就可进行转化。通过科学配方，合理的生产工艺，使产品中石英更多地转化成鳞石英，残余石英含量低，导热性能好。机械成型，对原材料特性的掌握及先进的生产工艺，外形尺寸公差优于标准值，使产品外型尺寸偏差小，不需加工切割。采用倒烟窑和小断面的隧道窑烧成工艺，使产品真密度低，残余膨胀小。年产耐火材料20万吨。2010年，公司完成工业总产值3.2亿元，完成工业增加值1.87亿元，完成产品销售收入2.82亿元，实现利税5190万元，实现利润2118万元。

天然气隧道窑

中科三环盂县京秀磁材有限公司

位于盂县秀水镇西关坪。1987年在城关企业磁性材料厂的基础上，由山西省科委投资270万元，成立了山西省磁性材料一厂。主要产品是铁氧体磁材、钐钴磁材和新一代钕铁硼磁材。随着科技进步，铁氧体和钐钴磁材逐步退出市场，新一代钕铁硼磁材成为方向。1993年，该厂购买深圳钕铁硼生产线，年产钕铁硼磁材30吨，产值固定在1000万元。1996年，以天津华泰集团为发起人，联合山西省磁性材料一厂、四达强磁公司成立山西华泰磁性材料厂，产能达到年产30吨，产值达到12000万元。1998年至2000年，由天津华泰集团与天津建设集团合作成立上市公司——天津津滨发展有限公司，在盂县投资4000万元成立津滨新材料有限公司盂县磁材厂，设计规模为年产500吨，成为津滨的唯一磁材基地，山西省乡镇企业上市第一家。

后来由于种种原因，天津津滨发展有限公司于2000年11月撤走全部设备，盂县磁材厂停产。2002年，北京中科三环高技术股份有限公司投资500万元，租赁原山西华泰厂房设备，成立中科三环盂县京秀磁材有限公司，2002年5月试生产，年底生产钕铁硼磁材200吨。随后不断增加投资扩大生产规模，注册资本达到2500万元，产能达到年产500吨，销售收入稳定在年3500万元。2009年在全球金融危机冲击下，该公司不断推出新产品，保证生产维持在正常年份的300吨左右，销售额在2000万元以上。2010年，该公司销售收入3455.9万元，利税82.2万元，利润20.8万元。

山西圣天越投资集团有限公司

位于盂县金龙西街延伸线紫轩国际酒店。最初由承包煤矿开采起家，是盂县起步较早的民营企业。2006年11月正式成立山西圣天越投资集团有限公司。2008年10月建成占地14000多平方米的集培训、酒店、综合办公于一体的高标准大楼。该集团公司下设盂县新胜煤业有限公司、盂县天然气有限公司、盂县紫轩天然气培训服务有限公司、盂县腾龙物资有限公司、盂县国新能源有限公司、盂县紫轩小区物业管理公司、盂县华阳天然气热力有限公司、盂县广原房地产开发有限公司、盂县新生小额贷款有限公司等9个子公司，并于2009年1月建成准四星级酒店——紫轩国际。2010年，该集团公司有职工800余人，销售收入5.29亿元，缴税2098万元，利润3196万元。

山西吉天利科技实业有限公司

位于盂县苌池镇芝角村。1996年成立，以生产铅酸蓄电池为主，是盂县较大的民营企业之一。2002年通过ISO19001:2008质量管理体系认证、ISO14001:2004环境管理体系认证、OHSAS18001职业健康安全管理体系认证，在山西省率先实现三位一体的国际化管理体系认证。产品通过国家泰尔认证中心的产品认证、欧盟的CE认证、美国的UL认证。该公司先后获得多项产品专利，并取得“国家级免检产品”“国家级重点新产品”“山西省名牌产品”“山西高新技术企业”等资质或称号，成为中国移动通信基站建设蓄电池产品的主流厂商。2005年5月，山西吉天利科技实业有限公司在中国移动UPS用12V蓄电池招标时中标，成为华北、华中、西北、西南四大区域供货商，是中国移动、中国网通、中国电信的战略合作伙伴，还是“山西省50强民营科技企业”。该公司拥有吉天利半导体照明有限公司、吉天利煤矿安全装备有限公司、吉天利再生资源综合利用有限公司、山西高能蓄电池科学技术研究所等实体，共有员工368人，

蓄电池

其中大专以上学历的职工165人、中级以上职称的技术人员96人，是国内专业生产阀控式密封铅酸蓄电池的高新技术企业。该公司产品广泛应用于铁路、航空、航海、UPS不间断电源及火车启动、照明等高科技领域，远销全国20个省、市、自治区。2010年，该公司生产蓄电池107600千伏安时，销售收入14237.8万元，利税3318万元，利润2669万元。

阳泉市东兴实业有限公司

位于盂县孙家庄镇高家庄村。是由王金全于1994年发起设立的盂县首家股份制企业。最初只有一个运输车队和经销部，后增加煤矿1座、高科技蓄电池厂1个、煤机加工厂1个。2007年投资2000万元新建酒楼1座，2008年投资1500万元新建汽车驾校1所，2009年投资100万元新建客运公司1个。经过多年发展，该公司已成为集煤炭生产销售、客货运及科学研究、科技开发、人才培训、饮食服务等为一体的集团公司，拥有固定资产1亿元、职工1168人，其中专家级教授2人、高中级专业技术人员80人，年产值1.2亿元、利税2704万元。2003年被省委、省政府评为山西省管理先进民营企业，多次受到省、市、县政府表彰，被命名为明星企业、一级企业。2010年，该公司实现产值1.35亿元、利税3000万元。

昕亮木业有限公司

位于盂县苌池工业园区。始建于1984年，是集设计、生产、销售、服务为一体的大型专业家具制造企业。2008年开始改扩建，累计投资4500万元，建设厂房16300平方米，购置各种先进设备200余台（件）。共有员工260名，其中高中级技术人员30名、大中专毕业生39名。设有木器生产部、塑钢门窗生产部等5个生产车间。生产的家具有板台系列、书房系列、沙发座椅系列、餐桌餐椅系列、卧房系列、储物柜系列等，是一个年生产能力1200套（件）的民营企业。2010年，该公司生产家具1200套，销售收入1300万元，实现利税200万元。

阳泉市志

YANGQUANSHIZHI

[中 册]

第十一编

商业贸易

境内的商业贸易古已有之，明清时期呈现盛况，至今市区南部的大阳泉村还完好地保留着一条拥有40余家店铺门面的商业古街。清光绪三十二年（1906），正太铁路通达境内并在阳泉设站，极大地改善了阳泉地区的交通状况，也为阳泉地区的商业贸易发展创造了有利条件。到民国初期，阳泉已成为晋东地区最大的商品集散地，境内商业网点1333个。民国26年（1937）日军入侵后，商业店铺陆续倒闭。至民国34年日本投降时，境内私营商户仅存189户。

阳泉建市后，商业贸易得以复兴。1949年，全市商业网点1629个，从业人员2690人，零售总额995万元。之后很长一段时期，由于计划经济体制的制约，境内商业贸易发展缓慢，仅存国有和集体两种所有制形式。至1978年，全市国有和集体商业网点1518个，从业人员10088人，零售总额19030万元。

中共十一届三中全会后，全市贯彻执行计划与市场调节相结合的方针，开放集贸市场，搞活商品流通，一个以国有商业为主、集体商业为辅、个体和私营商业为补充的社会主义市场逐步形成，并显示出强大生命力。到1990年，全市商业网点发展至8377个，从业人员30314人，分别为1949年和1978年的11.27倍和3倍；零售总额增至83872万元，分别为1949年和1978年的84.29倍和4.41倍。以零售总额而论，国有和集体商业为73517万元，个体商业10355万元，分别占全市零售总额的88%和12%，虽然个体商业有了较大发展，但国有商业仍占主导地位。

20世纪90年代开始，境内商业流通体制改革力度加大，推行承包经营责任制，实行经营、价格、分配、用工“四放开”，至1992年，全市推行“四放开”的独立核算商业单位147个，占全部核算单位的99.3%。至1999年，境内除烟草、食盐行业继续专营外，公有制和非公有制商业企业在市场竞争中此消彼长。

进入21世纪，境内商业以“发展经济、保障供给”为宗旨，满足人民日益增长的物质需求，商品流通异常活跃，商业贸易空前繁荣。2010年，境内商业立足“保增长、扩消费、惠民生”目标，全市社会消费品零售总额实现160.5亿元，外贸进出口总额实现29145万美元，增幅位列全省各市之首。

第一章 商业体制

第一节 管理机构

民国18年（1929），时国民政府颁布《工商同业公会法》，境内各商家在平定县公署和阳泉街公所督导下，开始制定章程，组织同业公会。至民国19年，境内较大的十几个行业，如钱庄、广货、杂货、煤铁栈、粮面、药业、棉布、银器加工、饭业等都成立同业公会。各业公会选出负责人1人，委员3至5人，负责处理本行业事务。各商户按规定缴纳一定底金作公会经费，同业公会受商会领导。民国31年，平定（路北）县贸易局成立；翌年，改称兴隆号，以民办公助形式开展供销业务。

民国36年（1947）6月，阳泉市贸易管理局成立，系阳泉解放建市后首个商业管理行政机构。翌年7月，改为阳泉市工商局。1953年1月，市人民政府设商业科。1955年2月，成立阳泉市工商行政管理局；6月，分设阳泉市商业局。1956年，随着境内对私营工商业社会主义改造基本完成，同业公会因完成历史使命而消失。1957年，市商业局将所属饮食服务公司、社会福利公司、副食蔬菜杂货公司、文化用品公司、专卖公司、盐业分销处6个专业公司划出，成立服务局。1958年，服务局、供销社先后并入商业局；同年，平定县划归阳泉市郊区，成立郊区商业局，担负农村供销社的管理工作。1960年6月，新成立对外贸易公司。1961年9月，供销社与商业局重新分设。同年，将商业局所属对外贸易公司划出，成立对外贸易局，同时挂“阳泉市对外贸易公司”和“晋中地区外贸公司阳泉中转站”牌子。1965年，市对外贸易公司与晋中地区外贸公司阳泉中转站合并，挂“阳泉市外贸公司”牌子。

1969年12月，对外贸易局改为对外贸易公司，又划归商业局。同年，供销社并入商业局。1971年1月，工商行政管理机构划归商业局领导。1973年4月，对外贸易公司再从商业局分出，成立对外贸易局，同时挂对外贸易公司之牌，实行一套机构、两个牌子。同年，供销社与商业局重新分设。

1982年取消商业局革命委员会，恢复商业局。1983年11月，对外贸易局改为对外贸易公司。1985年，对外贸易公司更名为对外经济贸易局。至1987年10月，内设办公室、人事教育科、贸管科、外经科、财务统计科、行政科，编制30人。1989年，阳泉市商业局增设物价科和基层组织科。9月，确定编制人数96人。

1996年9月，在市级党政机构改革中，撤销市商业局，组建商业集团公司，至1997年12月，内设机构有办公室、对外贸易管理科、对外经济合作科、人事教育科、计划财务统计科、外贸管理服务处等。1997年3月，市贸易局与市商业集团公司实行两个牌子、一套机构的运行机制。

2001年，阳泉市党政机构改革，撤销市贸易局，保留市商业集团公司并转轨为经济实体，对外经济贸易局更名为对外贸易经济合作局。2002年，市商业集团公司规范企业化运作机制，机关12个科室调整合并为8个。2004年7月，市商务局作为市政府主管国内外贸易和国际经济技术合作的职能部门正式成立，内设办公室、对外贸易科、外资管理科、规划财务科、市场运行调节科、改革发展科7个职能科室。2009年，商务局增设市场秩序科。至2010年，市商务局行政编制25名，内设机构为办公室、规划财务科、市场秩序科、市场运行调节科、商贸服务管理科、对外贸易科、外资管理科、对外经济合作科、纪检组（监察室）9个科室；直属事业单位4家，其中全额预算事业单位2家——市商务执法大队（原市生猪定点屠宰与酒类流通管理所）和商务局机关后勤服务中心（离退休人员管理服务中心），自收自支事业单位2家——市商业医院和市商务人才培训中心。

第二节 民营商业

明朝时期，境内河底镇已有大量客商从事商业运营。明万历四年（1576），赛鱼商客荆大和、荆重明修建皮场庙茶棚三间。明清时期，境内因区位优势特殊，商业曾一度繁荣。“盂东南密迩畿辅，为忻、代诸州商贾辐辏孔道”、晋东商业古道。“开道以来，车驱络绎，商贾通行”，“上通秦晋，下接燕赵，往来商旅，靡不遵行”，“之秦之蜀之公车络绎，商贾阜通货贿后接踵焉”。盂县人“赀产不符养赡者，往往服贾于远方，虽数千里不辞远”。“平（定）、盂（县）

虽瘠壤，其拥赀数十百万之家，亦尚恒有”。境内商人曾一度纵横于中国商界，铸就了大批豪商巨贾，形成了众多商贸重镇。

清末至民国初，境内形成两个纵横连贯的商业网络：其一是以平定县城为中心，由柏井、测鱼、松塔、平潭、河底、岔口、娘子关等集镇形成的平定县东西南北中商业体系；其二是以盂县城为中心，由清城、牛村、上社、西烟等集镇形成的盂县东西南北中商业体系。时境内商业网点1333个，其中平定县1003个、盂县330个。组织形式有私人独资、合资两种，经营方式有坐商、摊贩、货郎担三种。

阳泉最早的私营店铺散见于义井、大阳泉、小阳泉、赛鱼一带。形成原因有二：一是阳泉系山西东部的门户，地理位置重要；二是阳泉盛产煤铁。光绪三十二年（1906），正太铁路在阳泉设立火车站后，随着采矿、交通运输业的发展，私营商业也得以发展。到民国9年（1920），阳泉上站下站商业市场初步形成。当时主要商店为估衣、杂货、粮油、客店、小饭铺等，约有100余家商户。民国5年，山西商办保晋矿务有限公司的“本号”首先在阳泉成立，并将总公司由太原迁至阳泉办公，开办了6个矿厂、1个铁厂（阳泉钢铁公司的前身），加速了阳泉经济的发展。接着有了街道，迁来居民，商户增多，“茂记”“逢元号”“宝兴盛”等陆续迁来开张；进而有了茶庄、药店、银号、京货行、广货行等。平定县城和石家庄市较大的商号也纷纷在阳泉投资建分号，形成了阳泉集镇的雏形。民国12年（1923），阳泉商会成立，首任会长李敬德。商会在组织私营商号及摊贩正当经营和稳定市场方面起过积极作用。时平定县商行分布有网点278户，从业人员484人；盂县私营商户有183户。

1936年阳泉镇上站 下站街道主要商号简表

表-11-1

街道	布设商户名称
长顺街	永裕成杂货店、肉铺、豫丰书局、压面杂货铺、刘满堂杂货铺、于学海杂货铺、吕永端杂货铺、朱光亮米面铺、冯元昌粮店、梁三喜面铺、三星聚点心店、高富估衣铺、玉春泰杂货店、窝窝店、高玉柱饭铺、福义楼饭店、玉泉饭铺、磨坊、袁家鱼虾菜铺、高二狗米面铺、德兴昌器店、熟皮铺、阎文同钉鞋店、张盛铜匠铺、宝生照相馆、曹吉成饭铺、刘家皮铺
华盛街	高富堂烧饼店、点心铺、黄璞山镶牙馆、理发店、同义永粮店、元盛鞋庄、长胜客店、清华浴池、王金柱卖水店、同仁铁货栈、积庆铁货栈
隆盛巷	桂香成纸烟铺、孙家木匠铺、和平裁缝铺、聚玉涌杂货铺、增泉涌油店、隆盛饭庄、马好人诊所、杜福祥油店、刘智鞋店、蔡生华茶水店、福顺旅店
中华街	福盛浴池、水果店、石梦林修表店、张家裁缝店、刘子敬裁缝店、冯老宽熏肉店、东亚修表店

续表 -11-1

街 道	布设商户名称
兴隆街	古宝斋古玩店、广盛元药店、王瑞甫烟草店、三星居水果店、罗老德菜铺、合春茶庄、一心成百货店、天合成绸布庄、慎丰裕鞋店、双泉涌土布店、孙大圣洋铁铺、王生永木匠店、新贵理发店、同义兴日杂店、致和洪药店、王家土布店、杨家土布店、逢元号杂货店、永盛公布庄、自成永绸布店、老曹缝纫铺、晋东药房、任衡杂货店、宏康糖坊、李宏毅修表店、裁缝铺、张罗铺
楼儿街	德益昌五金店、宝兴昌小百货店、万和堂药铺、德玉成压面铺、同和堂药店、杜家二小洋铁铺、吉祥油店、魏銮金饭庄、宝记镜庄、吴广林磨面杂货店、宝光照相馆、朱家三顺铁炉、同记茶庄、朱有芳杂货店、赵宗奎裁缝店、毕家挂面铺、土布店、王山成洋铁货店
福盛街	孙麻子修表店、宝盛兴绸布店、华兴百货商行、三义银楼、天增春茶庄、魁元堂书局、荆家鞋店、杜家废品收购店、华兴商行、德春茶庄、聚锦恒绸店
复寿街	天顺成铁货店、高寿山烧饼店、鼎裕亨伞铺、张家菜铺、茂记碱庄、粮店、蒸馍铺、二合公肉铺、田记酱油醋作坊、永通川碱庄、刘老二裁缝铺、锦绣斋镜庄、义生堂药店、发亿永粮店、郭聚宝瓷器店、德裕兴铁货店、睿源钱局、溥艾钱局、溥裕成铁货店、老鹰牌煤油公司、元庆永镜庄、德庆祥杂货店、自成永杂货店、天合成麻铺、毕家麻铺杂品店
太上街、上义巷和广义巷	秤杆作坊、永太公铁货店、广懋公司、三合永铁店、上义栈铁货店、益寿堂药店、祥记煤油公司
保全街	酱园、德润浴池
德胜街	王玉山百货店、水果点心店、粮店、同盛饭馆、同兴大柜、旅店、糖果店、合春茶庄、聘兰斋点心店、久大精盐公司、糖店、裕晋公盐店等

日军占领阳泉期间，疯狂掠夺矿产资源，致使市场萧条，物价飞涨，苛捐杂税繁多，私营商举步维艰，多数趋于倒闭。1945年日本投降时，境内私营商户存有189户，分别为阳泉85户、平定县41户、盂县63户，仅为抗战前夕的30.53%。

阳泉建市时，境内有坐商385户、摊贩332户。市人民政府施行“贷粮扶商”政策，市场贸易得到恢复。至1949年，境内共有私商1592户，从业人员2317人，小商贩占总户数的78.37%，占从业总人数的44.68%。1953年，全市坐商、行商、摊贩3850户，从业人员4858人。由于国家对私营商业实行限制改造政策，到1955年全市私营商户减少到1139户，从业人员1709人，并于1956年3月实现公私合营。1958年市区仅存私商3户，从业人员6人，至1960年绝迹。“文化大革命”时期，视小商小贩为“资本主义的温床和尾巴”，并加以批判和取缔。

中共十一届三中全会后，随着对内搞活、对外开放政策的逐步落实，民营商业迅速发展。1980年全市有私商38户，从业人员44人。到1984年，全市私商发展至2826户，从业人员3552人，成为社会主义商业的重要补充部分。1990年全市共有私商6020户，从业人员7359人，比1980年分别增长157.4倍和166.3倍。

1991年，境内城乡市场商品充裕，销售逐渐回升，民营商业得到较快发展，个体有证商业7044个，从业人员8572人；个体经济全社会消费品零售额1.79亿元。1992年，境内商业流通领域改革进一步深化，计划经济体制下的流通格局被逐步打破，非国有成分异军突起，在流通领域逐步形成了多种经济成分共同发展的局面，民营经济进入商业各流域，个体有证商业机构达9140个，从业人员达11727人。1993年，境内市场呈现繁荣兴旺局面，民营经济在各种经济类型中表现突出，社会商品零售总额达3.77亿元，在经济类型中占23.2%；1994年，境内消费品市场繁荣活跃，民营经济全社会消费品零售总额达4.64亿元，连续两年增幅在40%以上。

1996年，境内的非国有经济零售额16.15亿元，增速有所回落。1997年后，境内部分工业企业生产不景气，职工下岗，收入减少，而居民购房、企业改制、职工入股等因素使购买力大量分流，社会需求不旺，商业市场低迷。但民营商业迅速发展，流通领域竞争日趋激烈。1998年，非公有制经济发展迅速，私营和个体经济消费品零售额分别达1.04亿元和7.45亿元，分别增长12.9%和16.0%。1999年，境内采取增加城镇居民收入、降息、开征利息税等一系列启动市场措施后，全市消费品市场由“稳”转“活”，在社会消费品零售总额中，私营、个体及股份制经济消费品零售额分别达到1.35亿元、9.63亿元和3.11亿元，分别较上年增长30.2%、29.3%和39.2%。

2000年后，境内的民营商业蓬勃发展，尤其在餐饮服务行业表现突出，以泉美大酒店、东海大酒店、燕川食府、北冰洋大酒店为代表的高档餐饮店，以各地特色为代表的中档饭店及个体小吃店遍布阳泉，餐饮业零售额每年以20%以上的速度增长。电子产品市场也风生水起，摩托罗拉、三星、诺基亚等众多国内外品牌手机代理商云集市场，联想、方正、清华同方、惠普、苹果等品牌电脑梯次推出。各类服装品牌店、专营店聚集河边街中心商业区，副食小超、化妆品专营、日杂店、蔬菜粮油经销店、烟酒店遍及大街小巷，满足了市民生活需要。2003年，首家民营现代化大型购物商城阳泉天利购物广场成立，总投资7800多万元，总面积近2万平方米。2004年7月，民营企业新世隆超市正式开业。

以2004年12月31日和2008年12月31日为时间节点，阳泉市进行过两次全国性经济普查，俗称“一普”“二普”。普查结果显示，境内民营商业经营户较为集中的5个行业依次是批发和零售业、交通运输业、居民服务和其他服务业、住宿和餐饮业、工业。

“一普”“二普”阳泉市民营商业经营户行业分布简表

表 -11-2　　单位：户、%

“一普”	户数	比重	“二普”	户数	比重
批发和零售业	12352	40.6	批发和零售业	15272	54.2
交通运输业	9436	31.1	交通运输业	4034	14.3
居民服务和其他服务业	3074	10.1	居民服务和其他服务业	3444	12.2
住宿和餐饮业	2814	9.3	住宿和餐饮业	3003	10.6
工业	1912	6.3	工业	1178	4.2
卫生和社会福利业	327	1.1	卫生、社会保障和社会福利业	352	1.2
租赁和商务服务业	239	0.8	租赁和商务服务业	160	0.6
建筑业	83	0.3	建筑业	132	0.5
文化、体育和娱乐业	72	0.2	文化、体育和娱乐业	146	0.5
教育	57	0.2	其他	482	1.7
合计	30366	100	合计	28203	100

说明：表中工业包括采矿业、制造业和电力、燃气及水的生产和供应业

伴随着境内城镇化的发展进程，阳泉市滨河商业带逐步兴起，国际国内跨国私营连锁集团相继进驻。2009 年 1 月 10 日，沃尔玛阳泉店开业，沃尔玛阳泉店地处桃北东路商业区，建筑面积 1.76 万平方米，营业面积 9600 平方米，经营生鲜、食品、服装、家电、日用百货等 2.5 万余个商品品种。2010 年，市区以兴隆、河边街为中心的核心商圈向四周扩展，沿桃河的滨水商业带功能初步显现，新天地商业广场、金街购物中心、美隆国际商业广场等具有现代流通色彩的大型多功能商业中心正在形成，上述这些商业带日益成为境内民营商业的龙头并带动民营商业走向兴盛。

2002—2010年阳泉市民营商业情况简表

表-11-3

年份	个体工商业			私营企业			
	户数（户）	从业人员（人）	注册资金（万元）	户数（户）	投资者（人）	雇工（人）	注册资金（万元）
2002	13323	21564	15897.00	1334	3246	13785	80250.85
2003	17230	31512	19577.00	1692	4384	19394	130014.00
2004	17900	32833	23063.00	2555	7400	27876	266088.00
2005	12944	24459	23100.65	3344	9099	33953	342947.00
2006	14191	27280	27088.25	4088	11395	39550	385670.90
2007	24951	46993	40392.94	4607	13176	45330	442171.30
2008	26645	48946	43469.04	5951	13094	54168	644531.20
2009	25159	45396	58426.65	5819	13953	55068	742858.74
2010	27520	53494	83761.45	6114	13079	47405	1018315.05

第三节　合作商业

1953年，阳泉市人民政府根据中央《关于加强市场管理和改造私营商业》的指示精神，制定了改造私营工商业的措施，并对私营商业进行登记发证工作。1954年，国家对棉布实行统购统销政策，促成阳泉市棉布行最先实行全行业改造，共有私营棉布零售商50户（不含土布业），从业人员137人，资金8.74万元，全部改造为公私合营经销店。是年，对私营商业的改造对象着重放在棉布、针织、小百货、鞋帽业、五金、化工原料、交电等行业。对大批发商通过断绝其货源迫使其自然淘汰；中、小批发商一部分转为零售，一部分改从国营商店进货代搞批发。截至年末国营商业即全面覆盖了粮、棉、油批发领域。对零售商，则根据国营商业的可能与私营自愿原则，采取批购零销、代销商品、代理业务、公私合营等形式进行改造。1955年，通过控制公私经营比重，采取适当撤点、撤品种、热货照顾、银行贷款、迁移地址、合资并店、以大带小、以先进代落后等措施限制私营商业，并对市区159户纯商户改造为经销、代销的国家资本主义的初级形式。1956年3月，境内商业1479户2844人全部纳入不同形式的国家资本主义轨道和合作道路，分别为市区748户1852人、平定341户409人、盂县390户583人。改造形式主要按5种类型确定，即定息、经销代销、合作小组、自营、加工。另外，对旅店、理发、澡堂、照相、油刷、洗染、钟表共63户298人采取定息、合作、自营3种形式进行改造。为适应改造工作需要，建立了公私合营贸易总店、公私合营纺织品零售总店、公私合营百货总店、公私合营饮食业总店、公私合营蔬菜总店和公私合营副食总店6个公私合营总店。私营商业经过改造后， 劳动效率有了很大提高，营业额显著上升。1956年，市区公私合营商业和饮食服务业的销售总额达1014万元，完成计划的126.54%。

1958年，受“左”的影响，境内开始关闭自由市场，多种经济成分并存局面逐步改变，形成了国营商业独家经营局面。1961年，根据中央《关于调整管理机制的若干规定》，在全市恢复由国营公司归口领导合作商店的体制。各归口公司先后成立了合作总店，派出公方经理进行经营管理，并设立党支部加强党的领导。同年，盂县在国民经济调整中，105名小商小贩从国营公司退出，组成合作商店，经营饮食、服务、杂货、百货、副食，下设门市部14个，流动资金1.03万元。1962年，恢复食品合作商店，下设兴隆街、新市街2处营业网点，人员8人，主营生肉、熟肉加工、羊杂割，为公司加工羊下水。但因当时粮食紧张，供肉凭证凭票，加之几年内人员自然减员，营业难以维持，于1969年撤销商店，人员由国营公司安排。副食公司合作商店从国营商店退出后，恢复副食总店进行管理。网点较具规模的有四矿口、红岭湾、大脑沟、德胜街、长顺街、兴隆街、赛鱼、天成巷8个商店。1965年，赛鱼副食商店转为国营，其他各店因副食货源紧缺，凭证供应，经营一般。至70年代，副食商品结构不断调整，业务范围逐步扩大，经营才得以恢复。1964年至1968年，蔬菜合作经营处于兴旺阶段，5年累计销售452万元，实现利润5.76万元。1971年，蔬菜合作商店并入国营公司。1973年8月，又从国营公司退出，重新组成合作商店。网点有长顺街、新市街、德胜街、二矿桥南、矿区俱乐部、五渡、水泉沟共7个，职工72人。饮食公司和服务公司于1964年11月分设，各自成立合作商店。1965年8月，两公司合并为饮食服务公司，两个合作商店合并为饮食服务合作商店。下设清真饭店、新泉饭店、恒盛饭店、洗染业、钟表业、赛鱼修表店、赛鱼理发馆、赛鱼照相馆10个网点。当年销售25万元，利润8717元。1973年，饮食、服务两公司分家，合作商店也相应分设为饮食公司合作商店和服务公司合作商店。百货合作商店和贸易合作商店于1961年从兴隆街商店划出后，合并成立了百货公司合作商店，下设网点5个。1962年设立党支部，由百货公司派干部任党支部书记。1965年，百货公司派出经理对百货合作商店进行管理，从此进入发展时期。60年代年均销售额50万元，年均利润1.5万元。到70年代后期，年均销售增至90万元，年均利润3万元。1979年，百货公司合作商店招收30名知识青年，这批新招收人员既非私营商业人员，又无股金，称为“新集体”人员，给合作商业注入新鲜血液。

进入20世纪80年代后，合作商业在改革开放中发生了深刻变化。1982年6月，市商业局根据国有商业部、省商业厅发出的《关于加强对集体商业的领导，改进企业管理的意见》，对所属各国营公司归口领导的合作商店进行整顿。首先变更名称，百货公司合作商店更名为百货公司复寿街商店，糖业烟酒公司合作商店更名为糖业烟酒公司副食杂货商店，蔬菜公司合作商店更名为蔬菜公司南大街商店，饮食公司合作商店更名为饮食公司荣清商店，服务公司合作商店更名为服务公司德胜街商店。名称变更后，企业仍保持集体所有制性质，实行单独核算、自负盈亏，属国营公司领导。集体商业的公积金大部分留给企业，主要用于扩大经营、新建网点、增加设备，弥补正常亏损和其他不能在费用中摊提的经费。此后，经营上全部放开了对集体企业的限制，可与国有企业公平竞争。集体企业成立工会组织，职工实行退休制度，调动了集体职工的经营积极性。随着城市经济体制改革的步伐，集体企业也进入市场，80年代集体企业不同程度地有所发展。

进入20世纪90年代后，由于市场竞争加剧，机构变化频繁，旧城改造中拆除网点较多，加之集体人员部分又进入老龄，多数合作商店先后撤销。到1996年，仅存百货业的复寿街商店和饮食业的2个合作饭店、1个表店、1个照相馆。

糖业烟酒公司副食杂货商店到80年代后期，经营规模逐步扩大，经营档次也由中低档向中高档转变，货源渠道扩展到市外大中城市。1990年，随着糖业烟酒公司体制改革的全面展开，将原合作商店撤销，人员和资金归公司统一管理。1993年，改制后的四矿口、红岭湾、兴隆街、德胜街、天成巷、大脑沟合作商店，实行内部承包责任制，与糖业烟酒公司逐年签订承包目标责任状。1993年后，四矿口、红岭湾、大脑沟实行国有民营；兴隆街、天成巷、德胜街商店出租给个体经营。

蔬菜公司南大街商店在蔬菜经营放开后，千方百计扩大销售，增加了副食、日用小百货、土产、日杂类商品。但一方面由于资金短缺、经营场地小、形不成规模，另一方面，蔬菜经营不如个体摊贩灵活，销售呈下降趋势，1985年比1982年销售额下降49万元。加之退休职工增多，费用加大，出现亏损。1986年、1987年旧城改造中拆除了德胜街和长顺街两个蔬菜合作网点。1988年，蔬菜合作总店被撤销，下属二矿桥南、新市街、百草堰、五渡、华光5个蔬菜合作商店和新泉旅店实行单独核算。1990年旧城改造中，新市街蔬菜合作商店被拆除后撤销。1991年，华光蔬菜合作商店由于经营不善，企业亏损，划归国营大阳泉蔬菜商店。1992年11月，二矿桥南蔬菜合作商店因经理退休，无人担当此任，通过民主协商，划归国营二矿蔬菜商店。五渡蔬菜合作商店和新泉旅店均属租赁场地，条件差、费用高，于1996年划归国营。至此，蔬菜公司集体企业几经变动全部划归国营。

饮食公司和服务公司于1985年合并，合作总店撤销。下属清味斋饭店、荣新饭店、德容表店、赛鱼照相馆、赛鱼修表店、赛鱼理发店、洗染业7个网点（118人），各具备一级法人资格，直接归饮食服务公司管理。1989年，旧城改造中拆除洗染业网点，人员并归国营。1989年，赛鱼修表店、赛鱼理发店划归劳保特种用品公司。到1996年，饮食服务合作网点仅剩4个，即西来顺饭店（原清味斋饭店）、新雅饭店（原荣新饭店）、德容表店、赛鱼照相馆，总资产76.6万元，年销售144万元，年利润7988元。百货公司复寿街商店，在1986年旧城改造中，投资27万元，在复寿街购置一幢二层楼，营业兼办公，建筑面积210平方米。1988年又投资40万元在兴隆街购置200余平方米的营业场地。商店于1985年成立工会组织，职工实行退休制度，参加三项制度保险。改革开放中，商店经营类别放开，进货渠道扩宽，经营状况良好，1987年销售182万元，利润7.6万元。购置新楼后，由于资金短缺，部分场地租赁经营，1996年租金达36.5万元，销售70万元。

进入2000年后，合作商业门店陆续变卖，仅有福寿街商店靠出租场地维持经营，境内合作商业基本名存实亡。

第四节　集体商业

境内的集体商业主要以供销合作社商业为主，其他集体商业为补充。早在阳泉建市前，境内的供销合作社在中国共产党领导下，由农民群众自愿合作建立起经济组织，成为境内最早的社会主义集体商业模式。到20世纪90年代初，随着计划经济供销渠道的中断，境内集体所有制企业难以为继。与此同时，境内的生产资料、农副产品个体经营者涌现到各级市场。到1997年，集体所有制企业或实行租赁制，租赁场地坐收租金，或实行股份制改造分享股金。由此形成了一批规模较大的非公有制经销企业，成为境内集体商业的重要补充。

一、供销合作社商业

民国27年（1938）8月，盂县上社建立供销合作社，发展社员，吸纳股金，开展购销业务，以解决根据地军需民用。民国29年，平定（路北）县、平东县发动群众，筹集资金，在西家庄、测鱼、南蒿亭等村创办合作商业，坚持为生产服务，为群众服务。到民国 31 年，境内根据地共建立区供销社 15 个，村供销社 500 余个，其中平定（路北）县大西沟村合作社被评为晋察冀边区模范合作社，并出席了边区群英大会。为了适应战时需要，当时所办的各类供销合作社在组织上坚持群众性，管理上采取民主性，经营上发挥灵活性，对根据地的经济建设起了非常重要的作用。

民国 38 年（1949）4 月，阳泉工矿区供销合作总社成立。是年，境内基层社总数共 74 个，分别为市区 11 个、盂县 19 个、平定县 44 个，年商品零售总额 326 万元。建社初期，供销社的资金主要来源于社员股金，且只对入股社员买卖，以尽力满足社员生产、生活上的供需要求。随着工农业生产的恢复和发展，逐步扩展到对非社员营业，实行社员凭社员证购买紧俏商品的优惠政策。国家在税收、贷款利息、价格、运输补贴等方面对供销社实行政策倾斜。对大宗农副产品，供销社为国家代购代销，资金由国家低息贷款；对于化肥、食盐的经营，国家在运费上还给予补贴。

社员交售鸡蛋

1956 年，国家对农业、手工业、资本主义工商业的社会主义改造基本完成后，社会主义的统一市场基本形成。在“发展经济，保障供给”总方针的指引下，供销社开始履行国营商业的职能，并在经营上实现了三大转变：一是从单一服务于社员转向服务于全社会；二是从解决社员生产、生活困难转向满足全体劳动人员不断增长的物质文化生活的需要；三是对主要农副产品为国家代销转向自主经营。供销社根据国家计划、政策，全面负责对农副产品的收购及农业生产资料和日用工业品的供应。1956 年，全市供销社总数达 194 个，其中市区 142 个、平定县 23 个、盂县 29 个，年商品零售总额 1898 万元。1957 年 11 月，根据国务院《关于改进商业管理体制的决定》，供销社实行了政企合一的组织形式。1958 年 6 月，基层供销社及其以上的各级供销社由集体所有制转为全民所有制。是年，市供销社机构被撤销，成立阳泉市郊区商业局，负责管理原平定县以及郊区的基层供销社。1960 年，由于货源紧缺，一部分商品实行凭证计划供应，一部分商品如糖果、糕点、白酒等实行高价供应。1961年10月，集体商业与国营商业分家，又恢复了市供销合作社建制。1969年，市供销总社并入市商业局革命委员会，基层供销社分别由县、区革命委员会财贸办公室管理、领导。1973年4月，市供销总社与市商业局第二次分家。供销社与商业局两度合并，取消社员民主管理制度，停止对社员的优惠分红，加之管理上统得过死，社群关系遭到破坏。到1978年，全市供销社基层网点达1178个，其中市区225个、平定县373个、盂县580个，从业人员3304人，其中市区1429人、平定县939人、盂县936人，社员股金44.8万元，年商品零售总额6230万元。

中共十一届三中全会以后，市供销系统坚持治理整顿和深化改革的方针，把为农业生产服务、扶持农业商品经济发展作为首要任务，坚持上级社与下级社结合、专业经营部门与非专业部门结合，精心组织农村急需货源，有效把握农业生产供求趋势，为发展农村经济和改善农民生活作出了贡献。进入20世纪80年代后，市供销总社推行主任（经理）负责制和任期目标承包经营责任制，实施中，层层分解任期目标（目标体系大体分为主要经济指标、管理指标和精神文明建设三大项），健全主任（经理）民主决策机制，制定检查考核、奖惩兑现制度，积极启动市场，发挥主渠道作用，并不断统一认识，突出重点，开展扩购增销活动，增加经营设施，改进销售方法，推进购销业务的开展。各级供销社还通过修订社章，召开社员代表大会，民主选举产生各级理事会、监事会组成人员，恢复社员代表大会制度等办法，动员广大农民主动入股参与民主管理工作，从而使供销社真正成为农民集体经济合作组织。上述改革措施的实施，对于完善企业自我约束、自我发展内部机制，调动各方面的积极性起了很好的作用。从1986年至1990年在全省供销系统考核的主要经济指标中，市供销总社连续5年居全省同行业首位。1990年在全省考核的11项经济指标中，获得费用利用率13.18%、流动资金周转4.05天、资金利用率3.13%、人均创利795元、企业积累增长率9.57%、经济包袱额和亏损额最小7项第一。1990年，市供销总社辖农业生产资料公司、土产日用杂品公司、物资回收公司、农副土特产品采购供应公司、副食果品公司、棉麻畜产品公司、日用工业品公司、家用电器公司、小商品批发公司9个公司。全市基层供销社990个，从业人员4460人；社员股金为504.3万元，年商品零售总额达17340万元。相当于1978年的11.26倍和2.78倍。

1991年，境内供销社商业达1025个，从业人员4730人。1992年后，随着改革开放的不断深化，市场经济体制的逐步建立，境内农村城镇集体、个体工商业者如雨后春笋应运而生，供销合作社在对手林立的环境中艰难运行，经营工作面临严峻挑战和困难。此后，为了适应社会主义市场经济发展的需要，境内供销合作系统在管理体制和内部机制方面进行了改革，内设科室由原来的13个调整为7个，即办公室、人事劳资科、财务计统科、业务信息科、基层组织科、基建行政科、安全保卫科。下属企业15个，即家用电器公司、物资回收有限公司、日用杂品有限公司、农业生产资料有限公司、土产日杂用品总公司、棉麻粮油总公司、日用工业品公司、储运公司、小商品批发公司、新茂副食品公司、建筑材料公司、远洋贸易有限公司、副食果品公司、汽车修理厂、劳动服务公司。1995年2月，中共中央、国务院作出《关于深化供销合作社改革的决定》，指出供销合作社的问题实质上是农业、农村和农民的问题，要把供销合作社真正办成农民的合作经济组织，真正成为加强党和政府与农民密切联系的桥梁和纽带。围绕这一要求，境内供销系统围绕为“三农”服务的宗旨，通过创办农民专业合作社、农副产品分购联销等多种形式，在帮助农民增收、引导农民进市场、参与和推动农业产业化、实现农业现代化方面发挥了重要作用。

2000年，市供销系统商品销售完成4.5亿元，农副产品收购完成2301万元，农业生产资料供应完成3650万元，废旧物资收购完成2300万元；此外，圆满完成政府委托的化肥、农膜、棉花、抗旱防汛物资等重要商品储备工作，在全省供销社系统考核中名列前茅。全市供销系统以企业经营资产、职工经营商店为主要形式，大力转换经营机制，基层社807个门店中有649个开始推行抽本经营，其中平定318个、盂县107个、郊区224个，有74个门店实行承包经营，有49个门店实行联营联利计酬，整体拍卖5个门店，通过以上形式，基层社销售达12655万元。2002年，全市供销系统加快调整步伐，将棉麻公司、远洋贸易公司、果品公司、工业品公司、建材公司等经营困难企业分别划归回收公司、小商品公司、土产公司、农资公司等大单位管理，有效解决了困难企业发展滞后问题；同时加快发展现代流通，改造传统网络，商品销售总额完成4.7亿元，上缴税金332.7万元。2003年，全市供销系统积极推进体制创新：一是老公司承担债务，新公司实行民营，从根本上切断企业亏损源头，市废旧物资回收公司改制前负债率达108%，公司一次性出售库存商品后组建了2个民营股份制企业；二是引进社会资本，推进企业改革，市供销社引进民营资本对佳佳美、华盛、金三角连锁超市进行股份制改造，经过调整布局结构，转换经营机制，上述企业经营活力明显增加；三是回购银行债权，实现资产重组，天元家电公司和土产公司共同筹资85万元回购长城公司600万元债权，天元家电回购了工业品公司的人财物和债权债务，完成了工业品公司的资产重组。11月27日，阳泉家电公司改制为阳泉天元家用电器有限责任公司，是市委、市政府确定的全市商贸系统企业改革的第一家试点单位。经过一系列改革，全系统年内商品销售完成5.2亿元，社会贡献总额完成1731万元。2005年始，市供销社以“万村千乡”市场工程（指2005年开始实施的农村现代流通网络建设工程。国家通过安排财政资金，以补助或贴息的方式，引导城市连锁店和超市等流通企业向农村延伸发展“农家店”，力争用三年时间，在全国建设25万家标准化“农家店”，覆盖75%以上的县，形成以城区店为龙头、乡镇店为骨干、村级店为基础的农村现代流通网络，以改善农村消费环境，满足农民生产生活需求）和“新网工程”（为健全农村市场体系，发展适应现代农业要求的流通产业，全国供销合作总社决定实施“新农村现代流通服务网络工程”，旨在大力发展农业生产资料现代经营服务网络、农副产品市场购销网络、日用消费品现代经营网络和再生资源回收利用网络）建设为契机，全面推进基层社网络化改造，加快实施农村便民店建设，以开放办社、创新体制、产权多元、增强活力为目标，积极完善法人治理结构，到年底，平定县完成职工身份置换905人，支付经济补偿金645.5万元；郊区完成614人，支付253万元，通过撤并整合，保留了大的门店和骨干网络。年内，盂县供销社成为国家级“万村千乡”市场建设试点县具体承办单位，在全县14个乡镇布建了乡镇级中心超市1个、村级农家店59个，规范和激活了农村消费市场，为农民安全消费发挥了积极作用。

盂县西烟镇农家店

2006年，“万村千乡”市场建设工程取得突破性进展，并在盂县、平定、郊区全面推开，平定和郊区列入国家试点县区，至10月末，全市累计完成“农家店”改造315个，吸纳农村富余劳动力1400余人，受益农民30万人。到2007年，全市累计投资2129万元，建设和改造“农家店”745个，营业面积达3.81万平方米，吸纳劳动力1854人，受益农民47万人，覆盖了100%的乡镇和78%的行政村，提前3年完成了商务部提出的目标，改善了农村生产生活消费不安全、不方便、不实惠的现状，拉动农村消费增长达20%。2007年，全市供销系统以建设新农村现代流通网络工程为突破，全面推进基层社网络化改造，列入“新网工程”建设范围的102个试点村和推进村的便民店，年内建成95个。通过“新网工程”示范带动，全市新增农家店、便民店413个，基层社网点改造总数达626个。7月，全省新农村现代流通网络工程建设工作会议在阳泉召开，中共中央委员、全国供销总社党组书记、副主任王君出席会议，各市、县分管市长、县长、供销社主任到会，并分两路实地参观了市、县（区）网络建设成果，王君对“新网工程”给予肯定。按照统一标识、统一采购、统一配送、统一价格、统一管理的要求，至2008年，全市供销社系统基层社网点改造总数655个，网点改造乡镇覆盖率达100%；村级覆盖率68%；同时建成2个市级、4个县区级物流配送中心，实现了多种商品向各级营业网点的及时有效配送，农资类和日用消费品类配送比例逐步提高。市供销系统还利用自身网络优势，“一店多能，一网多用”，引入移动、网通、人寿保险、医药供应等多种服务项目，真正把便民店办成农村综合服务的中心，初步打造了全市农村现代流通服务体系的雏形，促进了农村经济发展。在搞好传统服务的同时，供销系统还与市、县农资公司积极推进农业生产资料连锁经营步伐。盂县西烟是主要产粮区，西烟供销社抓住为粮农服务的主题，通过对种粮大户实行免费测土施肥、新品推荐、运费补贴、二次返利等服务，赢得群众信赖。盂县供销社引进推广优良玉米品种，分别在全县4个不同区域引种美国“先玉335”玉米500余亩（33.3公顷），受到农民欢迎。平定县供销社成立金资鑫源担保公司，为西回小杂粮基地提供担保贷款30多万元，同时市社也给予4万元投资设备款，使其2008年销售翻了两番，促进了农民增收。平定县供销社还扶持建立平定福满堂油葵专业合作社，根据当地山地较多的自然条件，引进耐干旱、种植简易好管理、经济效益较好的油葵进行种植，并逐步开展深加工，调整当地农业产业结构，促进农民增收，带动当地农民种植油葵1000亩（66.7公顷）以上，取得较好的社会和经济效益，支持了当地农业产业化发展。改制后的郊区义井供销社发挥体制优势，组织成立了经营面积达1.2万平方米的大型木材市场。为更好地服务新农村建设，寻求各方合作与支持，向省、市财政项目库申报项目24个，涉及货物配送、农副产品加工、再生资源利用等为农服务领域，投资额4亿多元。

2007年阳泉市建设和改造“农家店”情况简表

表-11-4

地 区	农家店数量（个）	覆盖乡镇（%）	覆盖行政村（%）
阳泉市	745	100	78
盂 县	340	100	75
平 定	264	100	83
郊 区	141	100	76

2009年，“万村千乡”工程累计投资3000余万元，建设和改造“农家店”894家，营业面积达45940平方米，覆盖全市100%的乡镇和93.5%的行政村；同时，投资300余万元建设和改造了14个乡镇配送站，“农家店”商品统一采购或配送率达50%，农村富余劳动力就业3100人，受益农民达62万人。2010年，投资400万元建设改造乡镇级配送站18个，全市32个乡镇配送站全部建设改造完成，累计投资640万元。农家店商品统一采购或配送率进一步提升，食品统一采购或配送率达到70%。继2009年实现农家店覆盖全市行政村目标之后，2010年实现乡镇配送站覆盖全市乡镇目标，两项全覆盖在全省11市率先实现。截至2010年，市供销社内设办公室、合作指导科、组织人事科、财务科、监察室，下设平定县、盂县、郊区3个县区社，10个市级直属企业，20个县级直属企业，40个基层供销社，各级各类经营服务网点655个，全系统有干部职工2000余名。市供销社机关成为参照公务员管理事业单位。市社直属企业辖农业生产资料有限公司、土产日用杂品有限公司、晋东汽车商城、烟花爆竹专营有限公司、日用杂品有限公司、物资回收有限公司、小商品批发公司、佳佳美超市有限公司、天元家用电器有限公司9个公司。全系统商品销售总额完成62756万元，完成目标任务的104.6%；农资供应总额完成4988万元，完成目标任务的108.4%；农副产品收购完成3155万元，完成目标任务的116.9%，经济工作保持了平稳健康发展势头。

二、其他集体商业

1957年，市商业局成立百货、蔬菜、糖业、食品合作总店，下设合作网点30余个。1958年全市有机关、厂矿办的合作小组、合作社商店318个，从业人员1177人，年商品零售总额656万元。1960年由机关、厂矿、学校办的合作商店减少至89个，之后一直至1979年，这种集体性质的商户在100个左右徘徊。1979年以后，机关、厂矿、学校、街道、农村、驻军等普遍创办服务性的集体商店。

1984年3月，市商业局成立劳动服务公司筹备组；5月，建立商业局劳动服务公司，所属企业成为商业局直属国营单位主办，商业局劳动服务公司主管，独立核算、自主经营、自负盈亏的集体所有制企业。职工来源以待业青年为主体。1984年至1985年后半年，商业局直属单位共有劳动服务小型企业10个，网点31个，有560名待业青年转为集体职工。1985年，全市服务性的集体商店为855户，4425人，年商品零售总额9270万元。1990年，境内其他集体商业机构869户，从业人员7086人，年商品零售总额12744万元。

1991年，境内其他集体商业机构870个，从业人员6959人。随着改革的深入和各主办单位情况的变化，先后有饮食服务公司、糖业烟酒公司、劳保特种用品公司、服装厂、百货纺织品批发站等单位收回了劳动服务网点。到1992年，商业局劳动服务公司主管的企业为9个商业，即百货公司振兴总店所属赛鱼利民商店、矿区志民商店、福寿街新春商店、蔬菜公司所属青年路服务站、食品公司兴华肉食店、五交化批发公司综合经营部、糖酒批发公司石榴园饭店、食品总厂综合商店和牛奶厂粮油经销部。当年，百货公司机构改革后，百货公司振兴总店撤销，所属利民商店、新春商店、志成商店划归商业局劳动服务公司直管。1994年，食品公司、食品总厂先后收回了各自主办的劳动服务网店。到1996年，商业局劳动服务公司直管和主管的集体商业仅剩下6个。此后，集体商业逐步萎缩，在商业体制中的地位日益下降。至2010年，境内其他集体商业或转型，或改制，或重组，几近消亡。

第五节　国有商业

民国30年（1941），平西县在松塔（今属寿阳县）、上马郡头、土岭头分设晋太亨商店、晋泉恒公营酒房和晋泉涌公营酒房，系境内国营商业之发端。民国36年7月，阳泉市人民政府成立第一个国营商业管理机构阳泉市贸易管理局，并将接管的保晋公司煤铁行改名宝兴亨，成为市区经营人民生活用品的第一家国营商号。1949年，全市共有国营商业机构7个，从业人员265人。1953年至1954年，国家对粮油、棉纱、棉布实行统购统销，将上述物资纳入国家计划轨道，平抑物价，打击投机倒把，活跃城乡经济，使境内国营商业有了长足发展。1954年，阳泉已建有花纱布公司、油脂公司、专卖公司、木材公司、零售公司、百货公司、食品公司和专卖事业公司等8个国营公司，此外还有中国煤炭公司阳泉批发站、榆次专区办事处驻阳泉供销站、中国交通电工器材公司太原分公司阳泉经营处、山西省盐务管理局阳泉运销分处、中国石油公司供应组等，从而使阳泉初步形成了以国营商业为主，供销合作社为辅，包括私营资本主义商业和个体商业等经济成分并存的商业结构。1955年6月，阳泉市商业局成立后，对资本主义商业实行“分行归口”，并进行社会主义改造，推行新的经济核算制。1956年，市商业局下属15个公司和1个批发站，即百货公司、饮食公司、副食品公司、蔬菜公司、社会福利公司、花纱布公司、专卖公司、医药公司、中药公司、五金公司、交电公司、文化用品公司、石油公司、煤建公司、木材公司和百货二级批发站，国营商业机构发展至268个，从业人员2890人。1958年，取消原有专业公司系统上下级领导关系，由统一领导，分级管理改为分级管理，分工经营，关闭自由市场，改变各种经济成分并存的局面，形成国营商业独家经营的格局。兴隆街商店带头掀起“学天桥、赶天桥”热潮，并在全市国营商业系统开展了“人人为我，我为人人”的讨论，因其在经济效益、服务质量和社会效益各方面成绩卓著，于1959年出席了全国群英会。1958年至1960年，国营商业受“左”的干扰，正常购销活动受到影响。1960年至1962年经济困难时期，商品供应紧张，商业系统被迫采取计划分配，凭证限量供应的办法，保证人民群众生活的最低要求。1964年，兴隆街商店被评为全国十大先进零售商店。1965年全市国营商业机构254个，从业人员3422人，商品零售额5249万元。国营商品零售额在全市社会商品零售额中所占比例上升至59.6%。

“文化大革命”期间，境内商业贸易领域基本形成高度集中的一种成分、一个部门、国营独家经营的经济模式，影响和制约了商品经济的发展。以供销社集体商业并入国营商业的1972年为例，当年，国营商品零售额为7923万元，供销社商品零售额为3899万元，总计11822万元，国营商业零售额在全市社会商品零售额中所占比例高达88.2%。

中共十一届三中全会后，境内国营商业打破旧的格局，适应改革开放形势，逐步建立和完善新的流通体制，发展横向联合，不断开拓市场领域，为实现从小区域、小市场、小流通、小循环向全省和全国大市场、大流通、大循环过渡做了准备工作。1982年9月27日至10月15日，阳泉市举办建市后规模最大的物资交流大会。15个省、市、县153个单位及100多名个体商贩、小手工业者参加了大会，总成交额达1100多万元。1983年，平定县、盂县划归阳泉市后，两县商业局由市商业局管理，使国营商业辐射面更广，吞吐力更强，商品信息更灵通，横向联合更多，商品流通更活跃。1984年根据完善企业内部经营机制，理顺企业内部各方面关系的要求，对国营大中型商业企业实行经营承包责任制，对小型企业实行“改、转、租”，以增强商业企业活力。1988年，承包企业占到总数的96.2%；小型企业采取改革措施的有134家，占到小型企业总数的97.1%。为了更好地发挥国营商业的主导地位和主渠道作用，在充分调动职工积极性的基础上，境内开展了社会主义劳动竞赛和文明经商优质服务活动，职工精神面貌大为改观，服务质量明显提高。到1990年，市区第一轮承包到期的27个企业完成销售98537.2万元，完成承包考核指标的135.27%；实现利润2011.6万元，完成承包基数的117.83%。3年时间，企业还贷351.4万元，固定资产增值1150.9万元，自有流动资金增加477.4万元，企业实力明显增强。1990年，全市国营商业机构498个，从业人员11391人，销售总额达43433万元。

1991年，国有商业主导地位日益加强，全民所有制经济零售额5.79亿元，但受市场经济的发展影响，商业部门经济效益开始下滑。国有商业实现利润总额1387万元，较上年下降22.7%；亏损企业亏损额2270万元，较上年增亏56.2%；商品流通费增长12.9%，流动资金平均占用额增长6.2%。针对市场变化，境内各商业企业围绕提高经济效益的中心，采取措施增加销售收入，减少亏损。一是突出特色经营，取得总经销、总代理权。1992年，百货公司抢先经营化妆洗涤用品，销售突破500万元；五交化批发公司销售名牌自行车7018辆，占全公司销售的38.33%。当年，百货大楼、糖业烟酒公司、兴隆百货大楼、百货纺织品公司等企业都和厂家建立了总经销、总代理。二是开展联营业务和多种经营。市劳保特种用品公司、市糖业烟酒公司、市百货公司、市食品公司等企业根据实际情况，利用自身优势，采取不同方式开展联营和多种经营。三是采取让利酬宾展销、联谊联销、开架销售、巨奖销售及引厂进店、门前设摊、跟集赶会等多种促销手段，扩大销售。市百货公司举办16家大中型企业联手巨奖销售，百天销售额达4852万元，其中有奖销售3200万元。四是转换和完善内部机制，调动企业销售性。1995年，各商业企业普遍采取销售与个人收入挂钩的形式，形成强大的促销动力，市百货大楼有限公司销售达4671万元，比1994年增长30%。五是实现连锁经营，促进流通产业现代化。1995年，糖业烟酒公司以隆鑫购物中心为龙头，将公司所属天桥、平潭街、赛鱼、桥头、北大街、儿童食品厂等店厂作为分店进行连锁经营，到1996年销售增长418.6万元，利税增长24.5%。第六，创新经营方式，实行超市经营。1998年9月28日建成开业的人民菜市场，实行超市经营，日销售额达8万元，到年底销售达136万元。

1992年邓小平南巡谈话后，境内国有大中型商业推行经营、价格、分配、用工“四放开”改革，到年底，实行“四放开”的独立核算单位147个，占全部独立核算单位148个的99.32%。小型商业的改革主要推行国有民营职工个人柜台利润承包、国营职工合伙集股经营等新机制。当年，市食品公司、市蔬菜公司、市商业招待所职工合股基金多方出资，经省、市体改委审查批准，组建了阳泉市红楼食品蔬菜有限公司，系阳泉商业系统建立现代企业制度的首家企业。1993年，境内国有商业企业社会商品零售总额66366万元，在各种经济类型中占41%，呈逐年下降趋势。1994年，境内又相继组建市劳保用品有限公司、五金电器有限公司、五交化股份有限公司、百货大楼股份有限公司。在股份制改造过程中，市商业局党委坚持党管干部原则，出台《股份制企业干部管理暂行办法》，促进了现代企业制度的规范化。同年，市商业管理系统深化产权制度改革，大面积推行国有民营改革，以自筹资金、自主经营、自主分配为核心，明确产权所有者和经营者的责、权、利关系。推行了一人牵头集体承包、个人承包、全员或集体柜台大包干、留职停薪、租赁柜台、夫妻店等形式，充分调动经营者的积极性。到年底，实行国有民营的小型企业98个，占124个独立核算小型企业的79%。

1996年，国有经济消费品零售总额达9.54亿元，增速缓慢。1997年后，境内因部分工业企业生产不景气，职工下岗，商业市场低迷，国有商业市场占有份额明显下降。有鉴于此，市商业集团公司出台总体改制方案，商业集团公司主要领导组织专业队伍深入企业，具体帮助指导改制工作。当年组建了泉中菜市场有限公司、矿区百货大楼有限公司、晋东商业大楼有限公司、兴隆百货大楼有限公司、人民商场有限公司、聚鑫服务大楼有限公司、食品总厂有限公司等7家公司制企业，还组建了法人控股的迎宾服务大楼有限公司。对所属70个小型企业，重点实现股份合作制改造。当年，改组为股份合作制的小型企业18家，出资入股职工604人，占到改制企业职工总数669人的90.28%，募集个人股金214.15万元。1996年至1997年，市商业管理系统按照“抓大放小”的要求，对国有商业企业进行战略性改组。在继续搞好隆鑫购物中心连锁经营试点的基础上，又发展了蔬菜、食品和照相3个行业的连锁经营。将市食品公司所属南大街、海鲜楼、矿区、四矿4个零售门店从食品公司分离出来，组建食品连锁店，划归肉类联合加工厂管理，以扩大鲜肉的屠宰、购销，平抑市场肉价，方便群众生活。此外，市商业集团公司以市场为导向，运用宏观调控手段，大力推进国有资产存量调整、改组和优化配置，重组资产价值达4203万元，盘活资产1500万元，涉及企业23个、职工1940人，分别占到企业总数的16%、职工总数的26%。到1998年，在全系统范围内基本建立起以公司制和股份合作制为主要形式、符合市场经济要求的现代企业制度。直属企业改组为公司制的18家，占到直属企业总数20家的90%；出资总额6249.88万元，其中国家股4331.95万元、法人股140.9万元、职工合股基金会出资1777.03万元，分别占到69.31%、2.25%、28.43%。1998年国有商业的经济消费品零售总额7.27亿元，1999年国有商业的经济消费品零售总额7.10亿元，呈现连续下降态势。

2000年，境内商业系统不断创新经营业态，积极实施特色经营、错位经营战略，从而达到扩销增效目的。华联商厦实施经营方针、商品模式、经营布局“三转移”战略，在经营方针上，建立“店中店”，争取总代理，发展民营；在商品模式上，突出品牌化、系列化、精品化、规模化，全年引进品牌商品50个，平均销量占到总销量的60%；家电类商品销售4023万元，占到总销量的40%，树立了全市商业龙头形象。隆鑫商厦有限公司推行“店中店”，调整商品经营结构，增强竞争实力。糖业副食批发公司取得金六福酒在山西的总经销权，仅此一项年销售达800多万元。矿区百货大楼独家买断“金猴”集团处理滞销皮凉鞋经销权，蔬菜副食公司取得“铁狮子”系列酒、“宁露”红葡萄酒在阳泉总经销权，五金电器公司取得TCL阳泉总代理等一系列的总经销、总代理经营模式的出现，增加了企业效益，全市国有商业系统商品总销售49333.8万元。各国有商业企业在搞好商品经营的同时，还大力实行资产经营，以联营、民营、承租等形式，盘活资本，降低经营风险。百货大楼改造装修后，引进品牌好有实力的厂家搞联营，年创收420万元；华联商厦以经营场地竞价承租方式，搞活资产面积1/3，增收370万元；华龙超市出租卖场600平方米，增收100多万元。年内，国有商业系统还加大建设改造力度，基本建设投资完成3020万元，建筑面积33360平方米，新增营业面积9600平方米，装潢3万平方米，改善了购物环境，完善了服务功能，提升了经营档次。2001年，是境内国有商品流通领域体制发生重大变化的一年，市商业集团公司实行产权清晰、权责明确、政企分开、管理科学的现代企业制度改革，着重发展综合购物中心、连锁超市、便利店“三大经营业态”，建立以品牌商品为纽带、物流配送和超市连锁有机联结的新型运行机制，完成商品销售52787万元，上缴税金1288.6万元。年内，市商业集团公司基本建设投资5038万元，改造、装潢、新建市场营业面积2.81万平方米，经营档次提升，经济效益出现回升态势。2002年，市商业集团公司加大处置不良资产力度，对已剥离出的7009.5万元不良资产与金融资产管理公司协商，研究缩水、评估、定价、回购办法。其中，五交化股份有限公司通过盘活资产和职工集资的办法，筹集650万元处置了3500万元不良资产。2003年，阳泉市商业集团公司围绕“国有资本”退出工作，出台《国有企业产权制度改革的意见》。在系统内企业中开展为期4个多月的清产核资工作，在华联商厦、华龙超市、酿造总厂3个单位进行改革试点。年内，集团公司严格按照连锁经营的有关原则，以华龙超市为龙头，将赛鱼超市有限公司、市场副食有限公司所属的矿区、平坦、新建路3个菜市场划归华龙超市，组建华龙超市连锁集团。同时，全市商贸流通领域在连锁经营、物流配送、电子商务等方面都取得长足发展，天元商厦发展连锁门店4个，华龙超市发展连锁门店10个，全市连锁门店发展30个，连锁经营销售总额增长36%，在全社会消费品总额中占比提高2.3%。

华联商厦

2006年5月，华联商厦成功实现企业改制，与著名民营企业浙江华联商厦有限公司、阳泉市国资委达成三方增资扩股重组协议，并联合组建阳泉华联商厦有限公司，由国有企业改制为混合所有制企业。9月，市粮油公司、市物资集团利用双方地处市中心的资产优势，把现有国有资产作价投资入股，与民营企业隆泰自动化有限公司三方合作，共同出资建立混合所有制企业，兴建了美隆国际商业广场，占地1.7万平方米，由5层商业购物裙房和2栋14层公寓楼组成，集商业、餐饮、娱乐、休闲于一体，总建筑面积7.5万平方米。同年，市国资委监管的商贸流通企业面对日益激烈的市场竞争，采取措施，利用现有的地理位置和资产等优势，通过改扩建和完善硬件设施，扩大营业面积，改善经营环境，不断提高企业的竞争能力。阳泉百货大楼、隆鑫商厦、百货纺织品公司等5户企业的改扩建项目，总投资3572万元。项目完成后，新增商业建筑面积19686平方米，营业面积11750平方米，到年底，上述项目均建成投入运营。年内，阳泉市“12343”（“1”是发展一条滨河商业带、“2”是建设两个可持续发展商圈、“3”是建设和完善三个市级商业中心区、“4”是建设和整合四类特色商业街、“3”是建设三大物流中心）的市场建设体系全面启动。

2008年，沿桃河的太行国际商城、滨河世纪城的沃尔玛阳泉店、农贸市场、五金建材城、滨河世纪广场已大部完工并开业投入运营，一条滨河商业带功能初显；在构建两个可持续发展商圈中，市区以兴隆街、河边街为中心的核心商圈向四周扩展，富百家商业广场、美隆国际广场、金街陆续开工兴建是其主要标志，以平定东升市场、山海天饭店，郊区王朝大酒店、华龙超市荫营店为代表的两个城市外围商圈正在兴起；三个市级商业中心区，以华联商厦为代表的河边街商业中心、以天利购物广场为代表的北大西街商业中心服务功能完善，以沃尔玛阳泉店为代表的桃北东路商业中心迅速崛起；三个物流中心建设中，市交通集团在城市北部李荫路和307复线交汇处的物流中心建设雏形初显，平定商贸物流园开工兴建，这些标志着全市城市商贸流通体系基本构建起来，流通产业的改造提升进入全面实施阶段。2009年，金街购物中心和美隆商业国际广场相继开业，国际国内著名连锁品牌沃尔玛、麦当劳、肯德基、苏宁电器等巨头成功引进，到2010年，以新天地商业广场为代表的桃北东路商业中心，形成了一个具有较高人气、较强竞争力和多种商业体制并存的新型商业中心区。

第二章 商品市场

第一节 概 况

阳泉是伴随着近代采掘业、交通业发展而出现的一座新兴城市。清光绪三十二年（1906），正太铁路在小阳泉村东的沙江口设火车站，之后，交通业和采煤业迅速崛起，拉动了境内商业经济的繁荣，行商坐贾蜂拥至此开店设铺，至民国初年，阳泉上站和下站已有杂货、纺织品、粮油、饮食服务、金融等行业的150余家商号，城市雏形显现。

民国36年（1947）阳泉建市后，市委、市政府面临百废待兴的局面，对私营商业一方面为其创造宽松发展环境，一方面对其实施社会主义改造，阳泉市国营商业得到快速发展，以国营商业为主导的商业格局逐步形成。到1949年，全市已有贸易公司、土产公司等国营商业机构7个。1953年至1954年，国家对粮食、棉纱、棉布实行统购统销。其间，国营商业增设花纱布、油脂、木材、百货、食品、专卖事业等专业公司。阳泉市商业局成立后，所属国营商业增设饮食、副食品、蔬菜、社会福利、医药等生活资料和服务性公司，专业公司达到15个。到1957年，又增设百货、石油、纺织品、中药材、医药、工业器材等7个批发站，这时的国营公司所属零售机构及归口领导的公私合营门店达到963个；全年购进总额4661.80万元，销售总额4993.48万元，分别为1949年的297.9倍和271.7倍。从此，国营商业在批发零售市场上已占绝对优势，形成了以国营商业为主体、集体商业为补充的社会主义统一市场。1958年至1960年的“大跃进”时期，冲击了商业市场，影响了商业正常发展。根据“统筹兼顾，保证重点，安排一般”的方针，对少数供不应求的人民生活必需品，实行凭票限量供应；对人民生活关系密切的商品，实行以人定量供应；对井下和高温工人、病人、产妇等要特殊照顾的，实行特需供应。当时，凭票供应的商品多达99种。在计划经济年代，国营商业一支独大，商品流通体制实行统一领导，分析管理，主要商品经过国营批发部门进入零售单位销售。当时的阳泉二级批发站包括百货纺织、五交化、糖烟酒副食、医药等专司批发业务。零售单位以二级站为主要的进货渠道，对紧缺商品实行分配，凭证供应，一般商品则敞开销售。这种单一的批发零售体制一直延续到70年代末期。

中共十一届三中全会后，通过拨乱反正，正本清源，使阳泉商业焕发生机。在中央“调整、改革、整顿、提高”和“对内搞活经济，对外实行开放”的方针政策指导下，对过去长时间形成的封闭式、单一型、国营商业“一统天下”的商品流通体制大刀阔斧加以改革，基本形成了以公有制商业为主体的多种流通体制、多种经济成分、多种经营方式、多条流通渠道并存的开放式商品流通体系。进入20世纪90年代，商业流通体制改革加大力度，进一步推进承包经营责任制，实行经营、价格、分配、用工“四开放”。为了改善购物环境，完善服务功能，提升经营档次，阳泉市加大市场建设、改造力度，商品流通设施不断完善，阳泉百货大楼、人民商场、矿区百货大楼、赛鱼百货大楼、兴隆百货大楼、五交化商场、泉中菜市场、隆鑫购物中心、百纺商城、迎宾饭店等崭新的现代化多功能商业设施拔地而起。1997年，阳泉华联商厦竣工，成为当时投资最多，规模最大，功能齐全的综合性商场。在激烈的市场竞争中，国营商业冲破传统封闭的经营范围，向跨地区、跨行业、跨部门的经营方向迈进，拓宽进货渠道，多方开辟货源，零售单位由原来直接对二级批发站变为面对多方批发和生产厂家，商品流通日趋活跃。

2000年以后，商品市场进一步扩大，境内家居建材、汽车、电子市场发展迅猛；新型业态发展较快，连锁、超市、配送、代理、专卖、直销、网购，蓬勃兴起，以华龙超市、天元家电、天泰药业为代表的本地企业连锁经营不断做大做强。沃尔玛、北国商城、苏宁电器、国美电器等国际国内知名企业进入阳泉，促进了阳泉商贸流通业发展步伐加快，现代化程度逐步提高，服务功能和服务水平不断提升，高中低档消费得到满足。2005年，市商务部门贯彻落实搞活流通、扩大消费政策，在城市、农村、社区大力实施“三轮驱动”战略，农村实施“万村千乡”市场工程，社区实施社区商业“双进”工程，以滨河新天地、华联商厦、金街购物中心为代表的市级商业集聚区初步形成，农村便民连锁商店实现全覆盖，社区便民服务消费更加便捷，服务领域不断拓宽。同时“双三十”农产品市场工程，家电、汽车以旧换新工程，家电下乡工程等的积极推进，全市消费品市场繁荣稳定。到2010年，全市共有批发零售企业13480家，商品交易市场20多个。

第二节 批发市场

清末民（国）初，境内主要有粮食市场和生产资料日杂交易市场，且大多集中在平定县城、盂县城和阳泉。1949年以后，国营、集体商业进货渠道实行了归口管理。随着国营商业和供销社的形成、壮大以及工业品的日益发展，商品购进也随之发生变化，主要商品须通过国营批发部门才能进入零售单位。时国营各专业批发公司（又称阳泉二级批发站）包括百货批发公司、纺织品批发公司、五交化批发公司、劳动保护用品批发公司、糖烟酒副食批发公司、医药批发公司等。各专业批发公司专司采购批发业务，对紧缺商品实行分配，一般商品放开供应。这种单一采购和批发体制一直延续至1978年。

阳泉市最早经营百货、文化、针纺织品类的国营机构是市百货公司。1950年5月，中国百货公司山西省榆次分公司阳泉支公司成立时，除经营上述商品外，还经营糖业烟酒、五金工具、化工石油等商品，批发零售兼营。体制是“条条”领导，为榆次分公司的报账单位。购进渠道1950年至1952年是榆次分公司进货，但娘子关以东商品流动和资金运转的线路是“直线运输，曲线划拨”，即商品由上海、天津等地进入娘子关，直接到阳泉车站，资金则通过榆次分公司划拨至省外，1952年，市百货公司在平定县设百货批发小组。

1953年，第一个五年计划开始，中国百货总公司建站核资，百货商品形成大流通。一级站供应阳泉百货公司娘子关以东的货物与资金形成同步运行，是“按省下达计划，跨区供应货源”，即一级站按省下达计划，再把山西省计划中供阳泉的一块切出给石家庄，阳泉百货公司直接在石家庄二级站进货，这样避免了货物倒流，节约了运费。当年，中国花纱布公司山西省公司阳泉批发商店成立，专营棉花、棉纱、棉布及少量绸缎，直接从省花纱布公司购进。同时榆次专区百货公司在盂县派驻百货小组，开展批发业务。1954年5月1日，由榆次专区百货公司派员组建了平定县百货公司、平定县花纱布公司和盂县百货公司，分别经营百货、文化、棉布、针织、纺织等商品的批发业务。进货渠道是榆次百货公司、阳泉百货公司及阳泉花纱布批发商店。1955年第四季度，中国百货公司山西省阳泉批发站成立，为省百货公司直接管理的二级站，专营批发。阳泉市文化用品公司同时成立，经营文化和体育用品的批发业务。百货批发站的购进渠道有3条。一是从中央站进货。中国百货总公司每一年召开两次全国订货会，时间一般为春夏之交和冬季各一次。计划管理的商品，会前由总公司和山西省公司逐级将分配方案下达到阳泉百货站，阳泉百货站按照分配方案，结合市场实际情况提出进货计划。二是从全国二级站进货。中国百货总公司在全国各大、中、小城市设有二级站，阳泉百货站和全国500多个二级站都有业务往来。阳泉百货站常驻天津、太原、上海的采购人员，除落实好中央站的合同外，还负责和这500多个二级站的业务往来。三是组织地方产品生产、收购、包销、促进地方产品参加全国流通。以后，虽有分合变化，但商品购进基本上是这种形式，一直延续到20世纪80年代中期。1965年，学习唐山经验后，批、站合一，批发业务扩大到晋东6县。对计划内商品，按比例进行二次分配，即从中央站购进货物后，在阳泉百货站开供货会，将计划内商品按比例（市区约60%，6县约40%）再按各县人口比例进行分配。

1978年以后，随着改革开放的不断深入，一个多种经济成分、多种流通渠道、多种经营方式并存的商业格局逐步形成。商业部门在激烈的市场竞争中冲破传统封闭式的经营范围，向跨地区、跨行业、跨部门的经营方向迈进。购进渠道也从原来的二级批发站走向一级批发站和生产厂家。商业部门及个体户跑遍全国20余个省、直辖市、自治区的500余个厂家和一级批发站，拓宽了购进渠道，瞄准了市场有竞争力的代表商品，积极组织货源，投放市场。20世纪80年代，零售企业为减少流通环节，降低流通费用，增加花色品种，先后组建了一些批发部，如市百货公司批发部、市劳保公司宏丰商场批发部、赛鱼商店批发部。这些批发部购进渠道广，大多根据市场变化购进紧俏大件商品。市百货公司批发部经营化妆品，在80年代末、90年代初形成规模。1992年，百货公司批发部进一步与京、津、沪、宁等地名优产品厂联手，实行总经销、总代理，建立稳固的进货关系，拓展60多类1000余个品种的化妆洗涤用品。1996年，百货纺织品批发公司购进4699.7万元，销售5061.1万元。

2000年，糖酒副食批发公司取得“金六福”酒的山西省总经销权，实现销售724.51万元。五金电器有限公司组建五交化名优厂家批发中心，取得TCL国际电工阳泉地区的总代理，东方红油漆阳泉总经销，齐齐哈尔灯泡山西地区总经销，新增销售43万元。2005年，市商务局重点扶持了农副产品批发市场建设，对蔬菜副食有限公司“蔬菜瓜果批发交易市场改扩建项目”、云阁肉制品有限公司“肉类食品批发交易市场建设项目”、郊区“青龙农副产品批发市场建设项目”和盂县“东盛市场改扩建项目”进行跟踪指导。其中蔬菜瓜果批发交易市场改扩建项目和肉类食品批发市场建设项目列入省商务厅重点项目。蔬菜瓜果批发交易市场改扩建项目于年内规划立项并动工，600平方米的肉品交易大厅建成并开业。年内，全市的传统批发零售业仍在各业态中占主导地位，完成销售额54.15亿元，在全社会消费品零售总额中占比77%。

2007年，蔬菜瓜果批发交易市场（建于桃南中路）作为全市最大的交易市场，其改扩建列入了市政府重点工程和百项工程。该工程于2006年6月初开始施工，到2007年7月竣工，累计投资1300余万元，实现了市场东西贯通，建成了5层综合交易楼5588平方米，改造新建交易大棚4100平方米，改造新建交易楼2000平方米。改扩建后的市场新增易场地5000平方米，使交易场地达到2.4万平方米；新增建筑面积6500平方米，使建筑面积达到1.25万平方米；新增市场固定经营户200户，使固定经营户达到518户；新增季节性临时摊贩300人，使临时摊贩达到760余人；市场辐射全市三区两县从事蔬菜瓜果经营的商户1500户3000余人。市场年吞吐量占到全市居民蔬菜瓜果消费总量的90%左右，交易品种有蔬菜、瓜果、肉食、水产、速冻、干鲜调味品6大类上万个品种，年交易额达3000余万元，形成了晋东地区规模最大、辐射范围最广的综合农产品批发市场，基本满足了市民及周边老百姓的菜篮子需要。年内，市商务局在对市肉联厂肉类批发市场、平定东升市场、郊区荫营市场、盂县市场服务中心等一批农副产品批发市场的服务设施进行调查摸底的基础上，积极向省商务厅争取资金支持。市商务局围绕农副产品市场建设、物流配送、连锁经营、网上购物等新型业态重点给予政策支持。当年为农副产品市场建设项目和重点流通发展项目争取资金85万元，促进了全市城乡市场功能的进一步优化。

2009年，阳泉市蔬菜瓜果批发交易市场、粮油综合交易市场、华龙超市连锁集团被省政府确定列入全省“双三十”农产品市场工程建设体系。蔬菜瓜果批发交易市场改扩建项目于9月开工，完成硬化工程5500平方米；粮油综合交易市场改扩建项目于5月开工，完成基础建设项目1200平方米；华龙超市农副产品物流配送中心、冷链系统改扩建项目于8月开工，建成配送中心2个，冷库2座，改造库房6间，组建起一支物流配送汽车队。农产品流通基础建设进入改造提升阶段。2010年，市蔬菜瓜果批发交易市场改扩建项目、华龙超市农副产品物流配送中心及冷链系统改扩建项目列入全省“双三十”农产品市场工程建设体系。蔬菜市场投资48.69万元，硬化路面4550平方米；华龙超市投资120余万元，建设冷链蔬果保鲜库一座，在所属华龙、乐购、华购新增8组冷链保鲜柜，扩大蔬菜经营区面积，所属6店全部实现计算机联网管理。两家共获得省农副产品市场建设资金30万元。新华食品厂绞股蓝醋和平定西回小杂粮被列入全省农副产品加工市场开发项目，分别获得省级财政支持30万元。

"一普""二普"阳泉市批发业法人单位情况简表

表 -11-5

分 类	法人单位（个）		就业人员（人）		资产合计（万元）		主营业务收入（万元）	
	一普	二普	一普	二普	一普	二普	一普	二普
批发业	315	450	9052	8843	182225.9	481603.0	502313.1	1648321.0
食品、饮料及烟草制品批发	18	30	994	657	22659.6	37197.0	55004.9	76417.0
纺织、服装及日用品批发	9	5	129	37	884.0	166.0	1352.3	679.0
矿产品、建材及化工产品批发	184	228	6249	6217	130441.8	385678.0	402149.0	1502933.0
机械设备、五金交电及电子产品批发	72	130	886	1092	15930.7	39218.0	24582.2	51167.0
其他批发（含农畜、文体用品、医疗器材等）	32	57	794	840	12309.8	19344.0	—	17125.0

说明："一普""二普"即第一、第二次全国经济普查，时间节点分别为 2004 年 12 月 31 日、2008 年 12 月 31 日

第三节 零售市场

清末至民国初，境内形成平定和盂县两个商业中心，时境内商业网点1333个，以坐商、摊贩、货郎担为主，构成了当时的境内零售市场。阳泉最早的零售市场散见于义井、大阳泉、小阳泉、赛鱼一带。正太铁路在阳泉设立火车站后，到民国 9 年（1920），阳泉上站、下站商业市场初步形成，当时主要商店为估衣、杂货、粮油、客店、小饭铺等，约有 100 余家商户。

阳泉建市后，国营市百货公司在批发业务的同时在市区设零售网点，1950 年 5 月，设第一个门市部进行零售业务。1958 年，国营商店逐步接受了贸易公司的几个门市部，接着新建了河边街商场、德胜街商场，并在矿区新建了赛鱼商店、马家坪商店，商店又在各居民集中的地方设立门市部。到 60 年代后，国营百货公司在市区和矿区下设的百货网点已有 50 多个，这些网点遍布十里煤乡，除经营百货文化用品外，还经营副食和五金电器商品。网点所在地基本上形成当地人民经济生活中心。从 70 年代初到"文化大革命"结束，五金、交电、化工商品购进、销售始终保持在 2000 万元至 2400 万元的水平。

1978 年改革开放后，境内的私营和个体经营者再次进入五金、交电、化工商品流通领域。90 年代初，五交化商品销售转旺。全市最大的百货商店市百货大楼 1992 年家电类商品销售 776.4 万元，占大楼销售总额的 21%。进入 20 世纪 90 年代，境内一些百货零售商场相继改扩

建为商业大楼。平定县百货公司下设 3 个零售网点，盂县百货公司下设门市部 10 个。这些零售企业在计划经济年代，商品来源主要是市百货站。采购商品的方式：一是企业组织专门采购队伍统一采购；二是企业将采购职能分散于各个商品部（组），由各商品部（组）确定专职或兼职采购人员采购。在市区，因距百货纺织品批发站近，采取第二种办法为多。零售企业特别是兴隆街商店的几个商场将百货纺织品批发站当成自己的仓库。为加强经济核算，在商场内仓库很小，货物进店直接上柜台，什么时候用，什么时候到百纺站进货。零售企业要求商品要勤进快销，除计划分配的商品外，要求批发站有什么商品，柜台上就有什么商品，所以一般百货商品在零售商店经营品种多，资金占用少，周转快，经营费用低。但百货商品由于是一个渠道进货，所以经营品种基本雷同。1990 年，国营企业泉中菜市场落成开业，该市场位于城区繁华地段长顺东街，建筑面积 2900 平方米，营业面积分三层共 2000 平方米，是阳泉市“七五”期间重点菜篮子工程之一。主要经营四季鲜菜、山珍海味、副食杂品等 10 大类 150 余个品种，年销售额逾 1000 万元。1990 年，全市商业网点增至 8377 个，其中国营 498 个、集体 1859 个、个体 6020 个，从业人员 30314 人，分别比 1979 年增长 4.27 倍和 1.82 倍。各种网点遍布城乡，分布合理，供需矛盾基本解决。一个跨系统、跨行业的横向经济联系网络正日益显示出其旺盛的生命力。商品流通体制也初步实现了由“封闭式，多环节”向“开放式，少环节，多渠道”的转变。

1994 年，山西省政府经济体制改革委员会批准市五交化批发公司改制为阳泉五金交电化工股份有限公司，市五交化商场改制为阳泉五金电器有限公司。国有零售商业企业阳泉华联商厦，自 1994 年 9 月 4 日动工兴建，1997 年 10 月 1 日建成并试营业。该工程总投资 1 亿元，建筑面积 2.8 万平方米，营业面积 1.5 万平方米，是境内规模最大、设施先进、功能完善的大型现代化商业企业。1996 年，隆鑫购物中心再次投资 220 万元进行改造扩建，新增营业面积 2000 平方米。糖业烟酒公司年购进总额 2283.9 万元，年销售总额 2261.58 万元。泉中菜市场年销售食糖 36 吨；经营卷烟 74 种，年销 238 箱；经营酒 239 种，年销 680 吨；年销售副食品总额 3444.5 万元，销售副食品占总销售的 45%。蔬菜公司年销售副食品总额 1500 万元。1996 年，各百货零售商店购进 11180 万元，销售 15810.5 万元。1999 年 3 月 6 日，阳泉华龙超市奠基开工，9 月 18 日试营业。总投资 1800 万元，建筑面积 8300 平方米，营业面积 7600 平方米，停车场 3000 平方米，系境内当时最大的仓储式超市。

2000 年，境内商业系统继续加大市场建设和改造力度，泉中菜市场、隆鑫商厦有限公司、兴隆百货大楼、百货大楼股份有限公司、百货纺织品有限公司等基本建设投资 3020 万元，建筑面积33360平方米，新增营业面积9600平方米，装潢面积3万平方米。各零售商家抓住假日市场，开展各种促销活动，发展假日经济，华龙超市春节期间，正月初一到初八销售额101.19万元；华联商厦10月1日至7日商品销售实现420万元。2005年，华龙超市连锁集团、放心早餐工程进一步发展壮大，华龙超市在矿区、郊区新改建的连锁店于12月开业，增加营业面积8500平方米。启动农村市场建设，盂县被列入商务部“万村千乡”市场建设工程试点县。市食品总厂有限公司不断对放心早餐产品结构进行调整，在原有早餐50余个品种的基础上，逐步开发出了早餐饼、枣糕、花糕、金银花卷、寿桃、面羊、豆浆、奶茶、面条、饼丝等适合当地群众口味的地方特色产品，并引进了纯净水、牛奶制品、榨菜、熟肉等产品，使产品品种增至100余个；销售网点发展到42个，日销售额由过去的5000余元增至1.2万元以上，收到了良好的经济和社会效益。

2007年，市商务局大力推动“便利消费进社区、便民服务进家庭”的“双进工程”。促进社区商业发展，完善提升社区商业功能，合理配置超市、便利店、菜市场、快餐店、药店、理发店、洗衣店等必备性业态和一些选择性业态，最大限度满足居民日常生活需求。在2006年，选树南煤社区、平定东门街社区为省级社区商业示范社区的基础上，2007年又选树南煤社区为国家级商业示范社区，选树市中心广场社区、郊区义井村社区等5个社区为市级社区商业示范社区。2010年，市商务局在建设社区标准化菜市场、商业示范社区、再生资源回收、家政服务培训等方面取得成效。投资1900万元建设改造的城区朝阳菜市场、矿区赛鱼菜市场等10个标准化菜市场相继完成，新增摊位933个，营业面积达17230平方米，年营业额3600万元。全市社区标准化菜市场达12个，其中获得省级财政补贴的有5个。矿区马家坪社区继城区南煤社区之后，被推荐评选为国家社区商业示范社区，选树惠泽社区、滨河西社区等10个社区为市级商业示范社区。以天元废旧电器回收处理有限公司为主体，在义井镇小河村建设阳泉天元废旧电器回收拆解中心，该项目于10月开始筹备，12月实现试运行，通过了省、市环保部门测评，占地4.3万平方米，年拆解能力达60万台，计划投资9600万元，2010年完成投资350万元。废旧电器回收拆解工作在全省率先实施。家政服务培训工作从2009年开始起步，培训家政服务人员500人，培训人员就业率达80%，其中3人代表山西省参加全国妇联组织的家政服务员职业风采大赛，取得个人第二的好名次，并全部获得“全国优秀家政服务员”荣誉称号，家政服务培训工作全省排名第一。2010年10月，境内商业系统开展汽车以旧换新工作，市商务局坚持宣传、服务、监督三到位，促进了以旧换新工作的顺利开展，拉动境内汽车消费效果明显，累计办理以旧换新车辆699辆，发放2009年财政补贴资金913.3万元，实现新车消费8722.91万元。

"一普""二普"阳泉市零售业法人单位情况简表

表 -11-6

分类	法人单位（个）		就业人员（人）		资产合计（万元）		主营业务收入（万元）	
	一普	二普	一普	二普	一普	二普	一普	二普
综合零售	176	123	4776	5823	73085	67338.5	78737	41094.3
食品、饮料及烟草制品专门零售	76	79	863	2638	13366	46308.9	24891	21661.7
纺织、服装及日用品专门零售	101	66	1560	1641	16126	26134.2	40596	10177.2
文化、体育用品及器材专门零售	50	37	477	453	9768	6694.3	18264	6693.6
医药及医疗器材专门零售	54	33	686	951	4392	10791.3	14579	5746.5
汽车、摩托车、燃料及零配件专门零售	133	105	2269	2411	90977	50279.0	231371	149309.0
家用电器及电子产品专门零售	100	79	859	913	22704	10126.0	41488	19554.0
五金、家具及室内装修材料专门零售	231	176	1959	1711	41731	32139.4	73634	25082.5
无店铺及其他零售	88	115	1118	1734	22232	20600.7	26018	44209.1
合计	1009	813	14567	18275	294380	270412.3	549578	323527.9

第四节 网点选介

阳泉百货大楼股份有限公司 位于阳泉市德胜街。1985 年 7 月 1 日建成开业，其前身是始建于 1958 年 4 月的德胜街商店，1959 年并入兴隆街商店，更名德胜街商场，与河边街商场、兴隆街商场同为兴隆街商店直属商场。1982 年，市政府投资在商场原址兴建全市最大百货商场，1983 年 1 月 20 日开工，1985 年 4 月 30 日竣工，7 月 1 日营业，定名巨灵百货大楼，楼体为 5 层结构，营业商厦占 4 层，建筑面积 6998 平方米，营业面积 4400 平方米。1985 年 7 月 2 日，巨灵百货商场宏张开业，营业面积为 4396 平方米，系当时全市最大的百货商场。1986 年 12 月，市商业局撤销兴隆街商店，其所属巨灵百货大楼、兴隆街商场、河边街商场各自成为独立核算的经济实体，归属百货公司。1987 年，商业局公开招聘大楼经理，原经理张裕文以 77.44 高分中标，并与市财政局、商业局签订为期 4 年的"上缴利润递增包干"承包合同。1991 年开始第二轮承包（3 年），6 月 1 日更名阳泉市百货大楼。1992 年 11 月 1 日，百货公司解体，大楼等 7 个大中型零售企业与百货公司脱钩，成为商业局直属公司科级单位；同时，将原百货公司所属南大街商场和南华商场划归大楼代管。1994年，南华商场全建制并入大楼，省政府经济体制改革委员会批复同意其改制设立阳泉百货大楼股份有限公司，12月26日公司创立，注册资本1051.8万元。年末，与山东威海皮鞋工业集团公司、烟台制鞋产业总公司和市百货大楼职工合股基金会共同成立股份有限公司，其中国有股占86.04%、法人股占1.43%、职工股占12.53%。1995年3月，制定和实施《联销对档计酬办法》，促进了销售增长，当年实现销售4671.8万元，实现利润204.35万元，创建店最高纪录。1999年至2000年，公司新建仓库1000平方米、盘活地下室仓库开设850平方米食品超市、扩建商场1260平方米，公司营业面积达6500平方米。2002年9月，市政府综合整治拆除南华商场526平方米建筑，涉及转移商品及设备总额90余万元，置换到德胜东街铁路医院东侧三角地段约0.11公顷土地，易地重建。2003年，公司按照"打造经营特色，激活存量资产，提升区位优势，重塑百大形象"的经营调整与发展思路，实现了降低经营亏损目标，还用200万元回购了工商银行不良贷款本息660多万元。2005年2月，公司成为国资委重点监管企业，总资产2754万元，总负债2461万元。2006年，盘活后院空置场地及库房资产154万元，吸收社会投资182万元，新增1900平方米营业面积，营业总面积达8400平方米。到2010年，初步实现扭亏为盈。公司从开业至2010年共实现销售5.4亿元，上缴利税2711万元，先后被命名为全国商业诚信企业、山西省城市文明经营示范单位、全省消费者信得过单位、全省维护消费者合法权益先进企业、文明单位等省级以上荣誉24项。

阳泉百货大楼

阳泉华联商厦有限公司　位于阳泉市桃南东路。前身为阳泉市河边街商场。1994年，华联商厦动工兴建，初名阳泉商业大厦。1997年10月，商厦试营业，更名为阳泉华联商厦。1999年10月华联商厦正式营业。2004年，市商务局确定华联商厦为民营化改革试点单位。由华联商厦管理层、阳泉市国资委、浙江省著名民营企业浙江华联商厦有限公司三方共同投资入股。

2006年5月华联商厦改制完成并挂牌成立，更名为阳泉华联商厦有限公司。2007年，华联商厦斥巨资实施加层改造工程，2008年竣工，经营规模和内外部环境有了质的提升。2009年10月16日，华联商厦举办十周年店庆，商厦客流量40余万人次，销售额达751.3万元，是平时的6倍。2010年，华联商厦向玉树地震捐款，荣登CCTV赈灾晚会，在阳泉引发巨大反响。截至2010年，公司占地面积5247.55平方米，营业面积3万平方米，主体8层，地下1层，户外休闲广场2000平方米，停车场地3000平方米，主要经营家用电器、服装、鞋、黄金、珠宝、名表、化妆品、羊绒、皮具、运动系列、健身器材、内衣、家纺等10余大类数万种商品。华联商厦定位于以中高档消费为主流，以品牌专卖为特色的经营格局，先后引进了国内外名品屈臣氏、周大生、老庙、欧米茄、玛丝菲尔、沙驰、JEEP、比音勒芬、ONLY、杰克琼斯、艾格、耐克、阿迪达斯、爱慕、百丽、富安娜、同仁堂等，入驻知名品牌600多个，整个经营卖场逐步形成了“与潮流同步、与时尚并行、与经典相伴、与优雅共融”为特征的精品化格局。华联商厦建立了规范的现代企业制度和先进的经营管理体系，经营体制主要包括自营、联营、租赁3种方式，2007年至2010年，累计商品销售8亿元，商品销售年均增长率达57.76%；累计上缴税金1108.67万元。阳泉华联商厦有限公司是华联商厦集团在山西省的唯一成员单位，是境内市场成熟度、市场竞争力、社会影响力较强的大型百货零售企业。先后被中国质量诚信企业协会、中国品牌价值评估中心授予“全国质量诚信AAA级品牌企业”，山西省消防总队授予“消防安全四个能力建设达标三星级单位”。阳泉市工商行政管理局、阳泉市消费者协会评为“守合同重信用企业”“消费者满意单位”和“消费维权先进单位”。

阳泉食品总厂有限公司　位于阳泉市新华东街。前身是市零售公司（食品加工厂），初建于1953年11月，由私营稻香村糕点作坊福兴号、同元号、新联醋作坊、瑞义恭酱醋作坊合并建成，厂址在阳泉市新市街，面积仅200平方米，主营蛋糕、蜜蜂糕、月饼，日产量250多公斤。1954年食品厂归食品公司管理，迁至上站附近。1956年，私营糕点酱醋作坊实行公私合营，迁至下站老君庙。1958年，市糖业烟酒公司在福寿街建成糕点酱醋加工厂，整合了公司合营糕点酱醋厂，员工达50余人，日产量1500公斤左右。60年代初市政府将新华街原工业局办公大楼转让给糕点加工厂（现公司所在地），员工增至100余人。1961年始，糕点厂扩大生产，购买了饼干机、修建了面包生产厂房，并于1964年投入生产，人员增至212人，形成初具规模的食品加工企业。1970年成立阳泉市食品厂，从糖业公司分离出来，成为阳泉市商业局领导的独立核算单位，糕点厂、醋厂、酱厂并入食品厂，形成了食品、酱油醋、调味品综合加工企业。1972年，食品厂开展“四龙一化”科研革新大会战，形成饼干、面包、蛋糕、酱油生产一条龙、锅炉蒸气化的生产模式，改变了阳泉食品加工业单一的手工作坊生产历史。中共十一届三中全会后，为适应市场经济的新形势，先后引进上海饼干生产流水线、远红外线生产隧道炉和饮料生产线。1984年，食品厂改组为阳泉市食品酿造工业公司。1988年撤销食品酿造工业公司，分设阳泉市食品总厂和酿造总厂。1991年至1993年，开始实行承包责任制，食品总厂与上级部门签订承包经营责任状，销售完成767万元，先后有60余种产品获部、省、厅、市优质产品奖，其中“颐寿牌”五仁月饼获商业部优质产品奖，千层果、裱花大蛋糕、奶油饼干获山西省优质产品奖，“雪贝”饮料成为第十一届亚运会中国射箭队专用饮料。1998年，在国有企业改制大潮中，阳泉食品总厂改制更名为阳泉食品总厂有限公司。2004年，启动“放心早餐”工程，相继开发出婚庆系列、生日系列、思念系列、面食系列、团餐系列、枣泥馅料、年馍系列、营养饮品等一批富有浓厚民风民俗的地方特色产品，销售辐射太原、石家庄、北京、厦门、唐山、内蒙古等地区。2006年，组建阳泉市颐寿豆香村食品有限公司，引进1条国内豆制品生产线，改变了“白豆腐、黑作坊”的豆制品生产历史。截至2010年，公司员工达400人，年销售收入1816万元，年上缴利税31.5万元；公司下设阳泉颐寿华天早餐工程有限公司、阳泉颐寿豆香村有限公司、食品厂、乳品厂、饮料厂、酿造厂等子公司，拥有100余个放心食品连锁销售网点，主营产品有“颐寿”牌中西糕点、月饼、面包、枣泥、放心早餐、豆制品、“雪贝”牌系列饮料、乳制品、“北岭”牌酱油醋等，年生产能力达2万吨，成为境内最大的国有食品综合加工企业。1993年食品总厂被国内贸易部授予“中华老字号”企业。1996年“颐寿牌”系列食品获北京国际食品博览会金奖。2006年“颐寿牌”商标被评为山西省著名商标，糕点、饮料、月饼、豆制品、酱油醋分别于2006年、2007年获国家QS资质认证，2008年“颐寿牌”糕点、月饼被评为山西省名牌产品。

阳泉蔬菜副食有限公司 位于阳泉市桃南中路。前身为阳泉市蔬菜公司，成立于1956年2月。1978年10月后，蔬菜商品逐步取消凭证供应，打破了蔬菜公司独家经营的格局。1984年，蔬菜公司实行划小核算单位，撤销7个中心商店，变三级管理为二级管理。国营菜店蔬菜收购实行高价收、低价售的办法，经营中的政策性亏损由政府核定亏损额，纳入地方财政定额补贴，超亏不补，减亏分成，11种大路菜价稳定在1980年的水平。年末，国营菜店取消包销包购制度，开始推行经营责任制，基本保持微利经营。1985年，蔬菜经营出现向农村倒流现象，单一蔬菜品种向多品种、高档次发展。1980年至1985年，蔬菜收购量18153万公斤，年均收购3630.5万公斤；销售量20562.5万公斤，年均销售4132.5万公斤，销售呈逐年上升趋势，基本满足了市民需求。1986年，蔬菜公司投资36万元建成豆制品生产线。1989年，建成占地600平方米的400吨恒温库，结束了土窑储存蔬菜、手工操作加工豆腐的历史。同年，农民自销和集贸市场蔬菜经营开始扩大，多种经济成分并存，国营鲜菜销售下降为2694万公斤，较1979年下降34%。1990年，市区楼儿街蔬菜批零市场经过改造扩建，成立了大型综合性的泉中菜市场；1991年，集零售、批发、服务于一体的矿区菜市场建成开业；1992年8月，蔬菜瓜果批发交易市场建成，这些零售市场的相继营业，增加了蔬菜经营网点和仓储数量。1995年，商业体制改革，蔬菜公司将泉中菜市场、红楼菜市场、南大街商店、大阳泉商店分离出去，制定三年扭亏为盈奋斗目标，至1997年实现扭亏为盈。1997年，蔬菜批发交易市场新建交易楼1555平方米，交易大棚1600平方米。9月29日，建成瓜果批发交易市场，距交易市场仅百米，形成了交易面积为1.6万平方米的东西两场。2003年，按照商业集团公司“三步走”改革发展战略，于6月将矿区菜市场等3个超市划归华龙，恒温库和交易市场进行拆并。在防控“非典”期间，按照市政府关于平抑菜价、稳定市场的要求，组织销售20多种蔬菜992万公斤，发挥了国营蔬菜主渠道作用。2006年，蔬菜瓜果批发交易市场改扩建工程总投资1300余万元，建成五层综合交易楼5588平方米，改造新建交易大棚3100平方米，改造新建交易楼2000平方米。2009年11月，50年不遇的暴雪突降山城，蔬菜紧缺，公司上下保供应、保稳定，完成6种限价供应蔬菜100万公斤。为适应市场发展需求，蔬菜瓜果批发交易市场实施信息系统和检验检测系统建设项目，于10月20日开工，2010年10月底完工，完成投资271万元，硬化地面7000余平方米，建成农产品农药残留检验检测中心、监控中心、信息系统机房、网站、结算中心和LED大屏幕报价系统等配套设施，进一步改善了市场交易安全环境，为实现企业信息化、规范化管理奠定了基础。截至年末，有交易场地2.4万平方米（租赁5000平方米），建筑面积1.25万平方米，主营蔬菜、副食、肉禽蛋、粮油、豆制品等，职工124人，下属8个单位，其中子公司1个、零售门店3个、批发企业2个、旅店1个、代管股份合作制1个，形成了集交易、仓储、服务、食宿为一体的多功能大型综合性批发交易市场；交易量达14.2万吨，占全市城乡居民需求量的95%以上，是辐射境内及寿阳、昔阳等地的蔬菜瓜果集散中心、菜价形成中心和信息中心，为丰富全市菜篮子，繁荣稳定市场，起到了积极作用。公司先后获全国蔬菜流通协会、农业部、省农业厅“定点市场”，中国农产品市场协会“理事单位”，省商业诚信承诺“优秀企业”等称号。

阳泉隆鑫商厦有限公司　位于阳泉市桃南东路。系国有控股商业企业，前身为1952年成立的中国专卖事业公司山西省阳泉市专卖处，主营烟、酒批发业务兼零售。1955年，更名为中国专卖公司阳泉市公司。翌年，成立阳泉市副食公司，12月将蔬菜、副食、食品3公司合并为阳泉市副食蔬菜杂货公司。1956年，贯彻党中央关于对资本主义工商业实行社会主义改造的指示，阳泉市经营糖业、烟、酒的私营商店、摊点全部实行公私合营或组成合作商店（小组），成立了公司合营总店和合作中心店。公司合营店共有分店8个，分别为兴隆分店、长顺街分店、新市街分店、河边街分店、楼儿街分店、福寿街分店、巨兴街分店、保全街分店。1958年4月，将市副食蔬菜杂货公司改组为蔬菜食品公司，其原有副食业务划归市专卖公司，更名为山西省阳泉副食烟酒公司。1961年，公司更名为山西省副食品公司阳泉市公司。1962年，更名为中国糖业烟酒公司山西省阳泉市公司。1982年，公司所属合作商店更名为糖业烟酒公司副食杂货商店。1984年，公司更名为山西省阳泉市副食品公司。1991年9月，糖业烟酒公司筹集90多万元，相继新建、改建、扩建和购置了8个营业网点，新增营业面积1050平方米。1993年初，市糖业烟酒公司采取集资、借贷等多种手段筹集700万元，新建起建筑面积7200平方米的隆鑫购物中心，内部设副食部、百货部、服装部、隆鑫酒家。1995年，隆鑫购物中心将糖业烟酒公司所属天桥副食商场、赛鱼副食商店、平潭街副食自选商场、桥头副食商店、南山副食商店、北大街副食商店改设为分店，实行连锁经营。1996年，隆鑫购物中心又投资220万元进行扩建改造，新增营业面积2000平方米，3个月完工投入运营，实现了当年投资当年收益。1998年，企业改制更名为阳泉隆鑫商厦有限公司。2008年，公司投资140万元进行整体装修。2010年3月，公司投资1450万元进行“增加四层、完善消防设施、卖场全面装修”3项工程，9月完工，新增营业面积2600平方米，提升了经营档次，形成了“大而专”的经营格局，截至年底，公司营业面积1.2万平方米，结构布局为主体地下1层、地上4层，主营内衣、鞋类、针织羊毛衫、羽绒服、服装等中高档商品，有品牌专厅/柜100多个，职工175人，下设4个经营部门和10个职能科室，年销售额5000余万元，成为集购物、住宿于一体的综合性商场。公司先后获中消协“诚信单位”、省消协“诚信单位”、省工商局“消费者维权站先进单位”、省“卫生先进单位”“重合同守信用单位”“文明单位”等称号。

隆鑫购物中心

阳泉市华龙超市 位于阳泉市北大街。前身系阳泉市百货公司，成立于20世纪50年代，是境内最早的百货零售企业。20世纪90年代末，商业系统内部改革调整，于1999年3月停止经营，阳泉市商业集团公司批准在百货公司基础上创立阳泉市华龙超市；超市于3月6日奠基，9月18日建成并试营业，11月17日正式营业，成为阳泉市第一家超市业态的经营单位。占地面积9000平方米，经营面积7600平方米，分上下两层，经营品种2万种，经营品类有零售烟、出版物零售出租、零售预包装食品兼散装食品、乳制品，一般经营项目有日用百货、服装鞋帽、针织纺品、钟表眼镜、文体用品、健身器材、日化用品、五金、交电、摩托车、日杂、手机、鲜花、黄金饰品、缝纫机及其零配件、建材、装潢材料及加工、家具、现代办公用品、仓储、柜台出租、家电维修等。2003年5月，阳泉市商业集团公司实行内部改革，将系统内的阳泉市泉中商厦（2005年更名为华龙购物中心）、阳泉市赛鱼超市有限公司及阳泉市蔬菜公司的3个独立门店（新建路菜市场、平坦菜市场、矿区菜市场）成建制划归华龙超市组建连锁经营，华龙超市成为商业系统第一家由单体店向连锁经营发展的企业。2005年，华龙超市主管单位由阳泉市商业集团公司变为阳泉市国有资产管理委员会。2006年3月，华龙赛鱼超市有限公司进行增资扩股二次改制，员工占股35.9%，国有占股64.1%。2007年4月对下属新建路菜市场、矿区菜市场进行改革，实行“员工控股、国有参股”的改制方式，员工参股58.11%、国有参股41.89%。随着市场的变化与发展，华龙超市逐步实施了以超市业态为主体、多业态同步发展的经营战略——以华龙超市为依托，通过资源整合，实行统一经营、统一管理、连锁加盟运营模式，形成了一业为主、多业及多种所有制并存的连锁经营综合体。“十一五”期间，华龙超市主体店单店销售47752.5万元，实现利润659.61万元，上缴税金2669.58万元；连锁经营实现销售81504.3万元，实现利润84.3万元。截至2010年，华龙超市连锁集团下设9个直营店、3个商品配送中心，38个品牌加盟店，138个农家店，覆盖城、矿、

华龙超市

郊三区，年销售额2亿元，实现利税1204万元。华龙超市先后获得全国商业服务业先进企业，省商贸先进企业、商业诚信优秀企业、明码标价优质单位、价格诚信单位、消费者维权站先进单位、诚信经营示范企业、质量信誉A级企业等称号。

山西省阳泉糖酒副食批发有限公司 位于阳泉市新建路。1965年9月成立，是山西省晋中专区国营阳泉综合站分设的百货、纺织、五交化、糖业烟酒四站之一。时有固定资产10万元，职工45人，行政上隶属阳泉市商业局管理领导，业务受山西省糖业烟酒公司指导。1970年6月，市人民政府决定将其与市盐业公司合并，更名为山西省阳泉糖盐烟酒批发站。1973年7月，又与盐业公司分开，企业名称恢复为山西省阳泉糖业烟酒批发站。1974年，投资13万元在新建路建设综合营业大楼，翌年，企业办公地址迁至新楼，实现了行政业务办公和营业开票提货集中一体化，方便了顾客。1978年11月，为加强酒类市场管理，市政府设立山西省阳泉酒类专卖管理处，实行一套机构、两块牌子，代行其行政职能。1980年1月1日起，企业更名为山西省糖业烟酒公司阳泉采购供应站。到1982年，企业固定资产增至103万元，年销售额2641万元，实现利润66万元，职工增至90人。1983年9月，山西省烟草公司阳泉公司成立，从企业内划出新建路仓库1幢，计建筑面积2500平方米，价值20余万元，划出职工23人，企业更名为山西省副食品公司阳泉采购供应站。1985年1月，划归市商业局管理领导后，更名为山西省阳泉市副食品批发公司。3月，阳泉市副食品公司并入。1986年8月，更名为山西省阳泉市糖酒副食批发公司，年内实现销售2008万元，年末固定资产155万元，职工81人。1987年1月，糖酒副食零售业务分出，更名为山西省阳泉糖酒副食批发公司，开始推行以3年为一期的两轮承包。9月，企业增设酒类专卖科、贸易科，扩大经营品种，增加调味品、茶叶及其他副食品批发业务。1988年7月，成立河边街综合商店，增加零售经营方式。1989年7月，成立学生饮料厂，实行多种经营。1992年，开设石榴园饭店、北大街批发部、石榴园商店。1994年，新增南大街批发部、赛鱼批发部、兴隆街批发部。1995年，成立流动批发部和副食商场，经营规模和实力进一步增强。1996年，公司经营品种1400余种，年销售额达3958万元，固定资产1345万元，营业厅300平方米，仓库总面积9226.6平方米，全部账务处理实行电脑管理。1998年3月，企业实行股份制改制，职工入股60万元，企业入股132万元，更名为阳泉糖酒副食批发有限公司，10月，成功举办“阳泉市首届糖酒节”。1999年，对304号大院东库房进行改建，建成3层办公楼，并于当年迁入。同年，启动对东营盘副食库的开发改建工作。2000年初，公司成功获得五粮液酒厂出品的金六福全省总代理资格；到2003年销售4433万元。2005年，又取得53度老白汾阳泉地区总代理资格；到2008年共销49.74万件，计18059.14万元。

2010年4月，汾酒厂品牌整合，公司争取到53度老白汾、53度玻汾、48度瓷汾、38度乳玻和小玻的阳泉总代理资格，当年公司销售达4290万元。

阳泉兴隆百货大楼有限公司 位于阳泉市兴隆街。始建于1952年，初名阳泉市国营百货公司第一门市部，门面为5间瓦房，营业面积64平方米。经过改造扩建，到1957年，营业面积增至400平方米，门市部建制改为百货公司兴隆街商店，实行单独核算。1959年，该店与相继新建的河边街商场、德胜街商场组建为兴隆街商店。1962年，取消地区性商店建制，兴隆街商店归百货公司领导。1963年，兴隆街商店更名为中国百货公司山西省阳泉市公司兴隆街商店。到1964年，兴隆街商店下辖河边街、兴隆街、德胜街3个商场，职工216人。“文化大革命”开始，兴隆街商店更名为东风路商店，1972年11月恢复兴隆街商店名称。1985年4月，兴隆街商店改变建制，视同商业局直属公司级，仍隶属百货公司。1986年12月，撤销兴隆街商店建制，其原属巨灵百货大楼、兴隆街商场、河边街商场，各自独立核算，分别隶属百货公司。1989年在旧址上扩建了一座服务功能齐全的百货大楼，同时兴隆街商场更名为兴隆百货大楼，营业场所为4层结构，营业面积3600平方米，经营针织、服装、鞋帽、百货、文化用品、家电、糖酒、副食等1.8万余种商品。1997年，改制为阳泉兴隆百货大楼有限公司。2003年，又重新调整经营结构与整体布局，扩大营业面积，拥有了现代化的商业气息。截至2010年，公司拥有4层营业大楼，注册资本341.4万元，职工181人，营业面积3800平方米，主营童装、内衣、羊毛衫、皮鞋、男女服装等穿着类商品。2010年完成销售额3800万元，创利税100万元。作为一家老字号的商业企业，1959年曾被命名为全国集体、财贸、基本建设战线社会主义建设的先进集体；1964年被商业部命名为“全国商业战线十面红旗”之一，成为全国大中城市百货商店联合会成员，李素珍被选为第三届人大代表，并授予全国“三八红旗手”称号；1989年在“三个十”优质竞赛中获得集体二等功；1992年获得山西省消费者协会授予的“全省消费者信得过单位”；1993年被国内贸易部评为“中华老字号”企业；1994年12月被山西省工商行政管理局评为“重合同守信用单位”；1995年2月被国内贸易部授予“全国商业信誉企业”；12月被山西省贸易厅授予“文明单位”；2006年7月被山西省商务厅、山西省商业联合会、山西省消费者协会联合命名为“山西省商业诚信优秀企业”；2010年被市政府授予“2009年度阳泉市内贸流通先进集体”“2010年度安全生产先进企业”称号。

阳泉云阁肉制品有限公司 位于阳泉市义平路。前身是阳泉市肉联厂，始建于1954年10月，另设清真牛羊站，主要经营活畜存栏、宰杀批发、中转调运。生猪、菜羊经营量年突破万头。1965年，饲养厂和牛羊站合并，更名为阳泉市肉类加工厂，开展猪、羊、牛及大牲畜的屠宰和猪副产品加工，日屠宰生猪300头至400头。1970年，成立阳泉肉类加工厂综合车间，利用猪脏器和下脚料进行生化制药。1972年，经上级批准，综合车间更名为阳泉市生物化学制药厂，填补境内化学制药空白。1979年后，生猪收购价格放开，肉类加工由单一生产型企业转化为生产经营型企业，原省内统一调拨改为各地自行组织货源，企业开始从计划经济和市场调节相结合的体制过渡。1983年，新建冷库投产，并入肉类加工厂。1985年，肉类加工厂迁至新址到义平路18号，占地7万多平方米，形成了收购、饲养、屠宰、熟肉加工、生化制药、冷冻加工储藏及水、电、气供应配套的肉类联合加工企业，1986年2月，肉类加工厂更名为肉类联合加工厂，简称肉联厂。1991年，生猪放开经营后，食品公司和肉联厂实行工厂与公司合一，精简机构，对外两块牌子，食品公司迁至肉联厂办公。1992年至1995年，进行技术和网点改造，总投资1305万元，建成18个项目，其中较大的有投资500万元建成肉制品3条生产线，车间扩建2700平方米，投资260万元建成西河滩食品交易市场2600平方米，投资30万元开通铁路专用线等。1993年11月，食品公司与肉联厂实行分离体制改革。1996年10月，将食品公司销售网点划归肉联厂，组建食品连锁店，肉联厂固定资产增到5600万元，拥有职工520人，形成饲养、加工、销售一体化的经营格局。为提高肉制品市场竞争力，开发“云阁”牌系列产品50多种，“云阁”牌泉味牛肉获“1996国际食品及加工技术博览会”金奖。1996年7月，万头养殖场一期工程竣工。市政府确定肉联厂为境内生猪定点屠宰、集中检疫的屠宰厂家，8月1日挂牌营业，肉联厂迈上产销一体化的道路。1998年3月，在原肉联厂基础上改制为云阁肉制品有限公司，注册资本754.1万元，商业集团公司以实物方式出资637.4万元，占总股本的84.52%，阳泉云阁肉制品有限公司职工合股基金会以现金方式出资116.7万元，占总股本15.48%。公司占地面积7万多平方米，资产总额6047.11万元。2004年，公司将化工厂门市部等资产交于商业集团公司整体处置，折款348.2万元，处置了多年来1438万元的不良贷款。改制后，公司下设10个基层单位，分别从事养殖、屠宰、肉制品加工、冷冻储存、经营批发零售、食品连锁经营、铁路运输等，职工总数525人，在职职工255名（女职工119人）。其中各类专业技术人员40人、大专以上学历21人。公司于1996年被省政府定为“市级定点屠宰场”。1999年5月定为“省级、市级猪肉贮备企业”和“冻肉特许批发企业”。2004年通过ISO 9001国际质量管理体系和HACCP食品安全控制体系认证，11月，被商务部认定为“2004年度中国机械化屠宰加工优势企业”。2006年至2010年，公司先后被评为“流通服务企业工作先进企业”“山西省定点屠宰先进单位”称号。

第三章
商品营销

第一节 日用百货

清末至民国初，境内形成平定和盂县两个商业中心，时境内经营日用百货的商业网点 1333 个，以坐商、摊贩、货郎担为主。正太铁路在境内设站后，到民国 9 年（1920），阳泉上站、下站商业市场初步形成，当时日用百货商店主要有估衣、杂货、粮油、客店、小饭铺等，约有 100 余家商户。

民国 36 年（1947）阳泉建市后，百货用品及纺织业恢复和发展较快，百货用品和纺织品货源好转，市场供应趋缓。1950 年，全市主要商品销售情况：手表 20 只，自行车 200 辆，暖水瓶 3000 个，肥皂 2201 箱，棉布 127.98 万米，毛线 1000 公斤。1951 年，建立阳泉市百货站后，计划商品一律由二级站平衡分配，非计划商品则由各经销公司商店看样选购。1954 年，实行了棉布计划收购和计划供应，城镇职工和居民用布一律凭票供应，工业用布、公共用布、临时性用布和劳保用布，须核实后由商业主管部门批准酌情供应，农民多售农副产品可奖励一定数量的布票。凭票供应标准和范围，随生产的变化有增有减。1956 年，全市主要商品销售情况：手表 2848 只，自行车 2934 辆，缝纫机 246 台，暖水瓶 2.12 万个，肥皂 1.49 万箱，棉布 838.9 万米，毛线 0.65 万公斤。1956 年以后，百货品和纺织品货源充裕，市场繁荣，但由于网点减少，给人民生活带来不便。20 世纪 60 年代初期，货源严重不足，供需矛盾突出，不少百货品和针织品都实行凭票供应。1962 年市场开始经销化纤布，当年销量 3.33 万米。

“文化大革命”期间，百货用品货源又趋紧张，部分商品再次定量供应，纺织品的数量和花色品种均趋减势，棉布、针织品都供不应求。1968年全市主要商品销售情况：手表5004只，自行车3256辆，缝纫机2842架，暖水瓶2.18万个，肥皂1.81万箱，棉布212万米，化纤布17.1万米，毛线1.27万公斤。手表、自行车、缝纫机逐渐被称为“三大件”，成为结婚的必备品。

中共十一届三中全会以后，生产发展，货源增加，百货纺织品经营允许三级批发单位和零售商店多渠道进货，各类商品齐全，逐步敞开供应。20世纪80年代初，开始销售摩托车。90年代市场上出现数码照相机。1990年全市主要商品的销售情况：手表4.33万只，自行车1.9万辆，缝纫机5286架，摩托车2911辆，暖水瓶12.11万个，肥皂4.1万箱，棉布462.73万米，化纤布106.79万米，毛线5.69万公斤，鞋208.88万双，与1978年相比，各类商品的销售量均成倍增长。

进入20世纪90年代，境内商业部门采取有效措施，改革创新百货经营模式和品种。一是打破长期沿用的逐级批发经营模式，放开搞活，减少环节加快商品流转；二是抓“大”放“小”，将部分小商品放开，让私营个体户经营；三是改善经营设施，优化购物环境，突出“名、优、特、新”商品，兼顾一般商品。通过上述措施的逐步实施，境内百货商品供给逐步充裕，城市居民日用品消费支出增加，档次逐步提高。以1991年为例，城市居民开始注重化妆及保养，年人均化妆品支出9.52元，较上年增长12.5%；香皂、药皂支出增长10.6%；牙膏等其他个人日用品支出增长10.3%。在服饰打扮上舍得花钱，服装面料追求挺括、舒展，纯毛和真丝面料备受推崇。城市居民人均衣着与床上消费品支出达273.88元，较上年增长21.5%。而且更讲究样式新颖，购买成衣率大增，并追求品牌产品，人均购买成衣支出较上年增长39.2%，其中购买高档羽绒服装支出增长96.4%、购买丝绸服装支出增长1倍多。随着服装档次的提高，居民对鞋的要求也相应提高，百元左右的皮鞋、旅游鞋已被部分消费者接受，人均购鞋支出46.44元。个人装饰品趋向高档次，金银珠宝受到青睐，人均购买金银珠宝支出15.92元，较上年增长10倍，而购买手表的支出下降38.2%。在居民家庭中，家具更新换代加快，新式组合家具日益增多，城市居民家具支出金额较上年增长74.8%，年末百户城市居民家庭拥有组合家具57套。1995年，境内日用百货批零商场创新经营，创新服务，日用消费品市场较快发展。百货纺织品批发公司增设装饰面料、童装、床上用品等经营项目，基本形成了专业化、规模化、批零一体化的经营格局。人民商场推出“十大鞋业”和8个名优系列专柜，并明码标价开架销售。阳泉市百货大楼（原巨灵百货大楼）、隆鑫购物中心、宏丰商场都开始服装开架销售。1996年，各百货零售商店购进11180万元，销售15810.5万元。百货纺织品批发公司购进4699.7万元，销售5061.1万元。1997年，阳泉市最大的商业市场华龙超市开业。大卖场的相继开业，适应了居民的销售需求，居民的生活质量明显提高，人们逐步形成吃要均衡营养，穿讲舒适漂亮，住求宽阔温馨，行图便利迅速，娱乐高雅享受的消费新观念。衣着消费追求时尚、高档与个性的释放，成衣化方向更加明显。1999 年城镇居民家庭人均用于衣着方面的支出 414.10 元，较 1992 年增长 35.43%，其中用于服装方面的支出为 267.70 元，比 1992 年增长 61.6%，用于服装的支出较衣着方面支出的增幅高出 26.2 个百分点。农村居民家庭年人均衣着支出达 134.3 元，在支出总量上超过 70 元的小康标准。2000 年，城乡居民的穿着打扮呈多样化和高档化特点，居民购买成衣服装的支出增长了 8.8%，而购买衣着材料的支出下降了 29.25%。

进入 21 世纪，城乡居民收入继续增长，消费水平不断提高，日用百货商品更新换代加快。数码相机、电动车、家用汽车进入寻常百姓家庭。2006 年，城市居民人均消费性支出 6314.18 元，增长 3.7%。其中，在衣着方面人均支出为 902.75 元，人均生活消费支出 641.69 元。农村居民人均生活消费支出 3494 元，增长 30.2%。随着居民生活水平逐步提高，消费环境逐步改善，消费者品牌消费的理念日益凸显。伴随阳泉地产业兴起，投资百货成为新宠，百货商业网点不断增加。富百家广场、金街购物中心、沃尔玛（山西）百货有限公司阳泉桃北东路分店、美隆国际百货商场等大型卖场先后开业，居民日用百货消费更加方便。2009 年，限额以上批发零售业日用品类零售额 0.92 亿元，服装类零售额 1.52 亿元，化妆品类零售额 0.20 亿元，金银珠宝类零售额 0.49 亿元。2010 年，全市社会消费品零售总额 160.47 亿元。其中城镇消费品零售额 137.62 亿元、乡村消费品零售额 22.85 亿元。全市限额以上批发零售业日用品类零售额 0.90 亿元，服装类零售额 2.06 亿元，化妆品类零售额 0.15 亿元，金银珠宝类零售额 0.59 亿元。

第二节　家用电器

清末至民国初，境内家用电器匮乏。阳泉建市后，家用电器商品由百货公司经销，营业额小，品种单一。境内只有电子管收音机等商品。1956 年，平定县贸易公司开始销售电子管收音机，1963 年，电子管收音机开始进入盂县市场。1960 年，增加排气风扇、台风扇。1964 年，境内开始销售晶体管收音机。1965 年，境内主要家电商品销售中，收音机 899 台，各种风扇 70 台。1971 年，黑白电视机上市销售 69 台。1973 年，境内主要家用电器商品销售中，收音机 4220 台，电视机 93 台。

中共十一届三中全会以后，五交化商业兴旺发达。1980 年，山西省阳泉市五金交电化工批发公司、山西省五金交电化工公司阳泉采购供应站始从全国各地直接购进名优商品，品种增多，数量充足，收音机、电视机、录音机、电风扇、洗衣机、录放像机、电冰箱、电烤箱、电炒勺、电淋浴器等大量投放市场。1990年，境内主要家用电器销售中，电视机2.43万台（其中彩色电视机1.76万台），电风扇1.21万台，收录机1.94万台，洗衣机1.16万台，电冰箱4360台。

20世纪90年代初，家用电器销售较旺，境内销售商品增加了录像机、排油烟机、空调器等。五交化商场经营面积达到1600平方米，交电大楼经营面积达到2500平方米，经营品种在7000多种，是阳泉市较有实力的五交化专营商店。1991年，市供销社家用电器公司成立，经营电视机、洗衣机等几十种家用电器，到1992年商品销售达1380万元，实现利税20.5万元，成为境内家电市场实力较雄厚的家用电器企业。1992年，市百货大楼家用电器类商品销售额达776.4万元，占大楼销售总额的21%。1996年，国有五金交电市场发生变化，市区五金交电化工股份有限公司、交电大楼、五金电器有限责任公司购进额分别为6135.1万元、1456.7万元和1988.3万元；销售分别为7772.7万元、2110.5万元和2322.2万元，除五金交电化工公司增长46%外，其他企业均有下降。1996年，各主要商品销售情况是：电视机19513台，录音机6847台，电风扇8802台，洗衣机11271台，电冰箱7355台，录像机1059台，排油烟机3694台，空调器172台。1996年，市供销社家用电器公司扩大经营规模，建成天元商厦，并于1997年1月18日试营业，5月18日正式营业，并在太原、大同、长治、石家庄设立分公司，在市内赛鱼、四矿口、长顺街及平定县城设立连锁店。到1998年，公司经营品种增加到1.19万种，员工增加到300人，商品销售额达18681万元，利税182.48万元。

进入21世纪，家用电器新品频出，液晶、等离子平板彩电，全自动洗衣机，三门、对开门冰箱，变频空调等相继上市；小家电产品种类繁多，式样新颖。2000年，市家电公司按照现代企业制度，积极推进内部改革，至年末，职工个人入股259万元，改制后的山西天元科贸股份有限公司下设9个子公司，采取总经销、总代理、连锁经营等方式，又在平定、盂县、郊区、昔阳、和顺、寿阳等建立10个销售网点，全公司年销售额1.74亿元，天元商厦成为境内最大的家电卖场。2002年，市供销社按照建立现代企业制度的要求，顺利实现社有资本从家电公司有序退出，顺利实现了阳泉天元商厦家用电器有限公司投资结构多元化。2003年，天元家电提出了“巩固老客户，开发新品种，发展新市场”的经营思路，在市区德胜东街投资控股了全市最大的手机通讯广场，在南大街、北大街、平坦街和盂县，分别开设了中央空调工程公司、格力空调专卖店、天元国美电器城、天元电器盂县连锁店等经销网点，经营业态有了新突破，公司总资产达1.65亿元，营业面积达1万平方米，职工人数达400人，年销售1.63亿元，实现利税380万元，在全市家电市场的占有率达到75%以上。2004年，全市农村居民家庭生活耐用消费品百户拥有量普遍增加，电视机、洗衣机、收录机等传统耐用家电产品基本普及，每百户分别达到122台、87台和98台；同时一些新型耐用消费品也以较快速度进入农民家庭，其中电话机拥有77部、移动电话49部、家用计算机3台、空调器3台，较上年增长11.6%、122.7%、200%和50%。2005年，天元商厦投资600万元进行升级改造，新增营业面积1600余平方米，达到8000余平方米；经营品种在传统家电的基础上增加了手机、数码产品等，日最高销售额突破150万元，全年销售实现1.8亿元，推动了全市家电消费品的升级换代，满足了市场需求。2006年，城镇居民每百户购买空调2台，计算机6台，微波炉4台，淋浴热水器3台，移动电话4.3部；农村居民每百户拥有彩电113台，洗衣机90台，电风扇66台，电冰箱45台，电话机89部，移动电话109部，家用电脑11台。

天元商厦

2009年，国家实施“家电下乡”新政策。3月24日，“家电下乡”工作在阳泉启动，境内农村居民持身份证在家电下乡销售网点购买指定家电产品，可享受13%的财政资金补贴，补贴资金由中央财政负担80%、省级财政负担20%。阳泉天元家电有限公司是境内唯一一家被商务部确认的“家电下乡”销售企业。市商务局加强对流通企业和销售网点的监管，完善“家电下乡”工作机制，“家电下乡”产品购销两旺。到2010年，备案家电下乡产品指定销售网点计259个，“家电下乡”产品种类由最初的4个扩大到10个，累计销售104008台件，销售金额23288.58万元，兑付家电下乡产品补贴2580.57万元。方便实用、节能环保型家用电器受到消费者的青睐。此外，2010年，国家还实施家电以旧换新政策，消费者凭以旧换新凭证可在省内任何地区购买新家电，并按销售价格的10%享受财政补贴。至年底，境内家电以旧换新销售中标企业网点发展到15家，回收旧家电2219台，金额48628元，销售各类新家电2211台，金额988万元，发放财政补贴近90万元。国美电器、苏宁电器等零售巨头落户阳泉，家电消费环境日益改善，家用电器趋向节能环保，更新换代加快。全市限额以上批发零售业家用电器和音响器材类销售额2.63亿元。城市居民家庭平均每百户主要家用电器拥有情况：洗衣机98.75台，电冰箱93.13台，彩色电视机115台，家用电脑63.13台，组合音响20.63套，微波炉 29.38 台，空调器 30 台，淋浴热水器 46.88 台，移动电话 156.25 部。农民居民家庭平均每百户主要家用电器拥有情况：洗衣机 96 台，电冰箱 55 台，电视机 133 台，抽油烟机 23 台，空调器 4 台，微波炉 8 台，电话机 90 部，移动电话 160 部，家用电脑 27 台。

2009—2010 年阳泉市家电下乡产品分县区销售情况简表

表 -11-7　　单位：台、元

地区	冰箱		彩电		手机		洗衣机		计算机	
	销量	销售金额	销量	销售金额	销量	销售金额	销量	销售金额	销量	销售金额
城区	12436	27693063	8709	28207508	83	69736	8961	9731087	5484	20242500
矿区	1548	3503967	1579	3875748	5	2517	887	1019397	249	868710
郊区	3234	7029630	396	1335716	18	8643	454	516776	19	66185
平定	9841	21970388	7699	19545530	29	21093	6585	6293389	1335	5085448
盂县	6499	14727203	5262	14624756	40	33130	4766	4552631	1314	4916196
合计	33558	74924251	23645	67589258	175	135119	21653	22113280	8401	31179039

地区	空调		热水器		微波炉		电磁炉		合计	
	销量	销售金额	销量	销售金额	销量	销售金额	销量	销售金额	销量	销售金额
城区	2916	9176362	3142	5712440	454	348976	360	149324	42545	101330996
矿区	248	743690	310	613233	60	48183	58	22458	4944	10697903
郊区	88	266706	413	974879	1	599	4	1574	4627	10200708
平定	1390	4441403	2711	5955702	294	195492	416	159356	30300	63667801
盂县	908	3240794	1717	4282227	620	421694	466	189727	21592	46988358
合计	5550	17868955	8293	17538481	1429	1014944	1304	522439	104008	232885766

第三节　生产物资

阳泉建市前，境内主要经营生漆、桐油、锡箔、颜料和油漆工具，货源一般由天津、上海、汉口入境，也经营日、美、英、法等国的进口染料，称“洋货”。1953 年市百货公司开始经营化工商品时，销售量很小，其中包括一、二类化工物资，建材物资，农用物资等，除油漆全部是上海产品外，化工一部分及染料大部分是进口商品。1958 年，市物资管理局成立。20 世纪 60 年代，商品经营统得较死，地区封锁，条块分割，进货渠道也只有地方和外地系统调入，地方产品原则上是统购包销。其间，受“生产资料不是商品”理论的影响，化工商品的经销由商业牌价改成供应价，利润很小，企业没有利润上缴任务。70 年代下达利润考核指标，但政策没有放开，商品流通渠道单一，基本上是等客上门，分配供应，经营不活。进入 80 年代以后，突破了行政封锁和条块分割，推行经营责任制，扩大经营自主权，增加网点，发展横向经济联系，运用价格杠杆开拓一、二类化工商品的经营，发展新型精细化工商品的经营。经营品种 50 年代约 300 个，60 年代增为 550 余个，70 年代上升到 860 余个。1958 至 1984 年的计划经济时期，国家实行物资分配供应，要求物资企业保本经营，适当取费，盈亏持平，由省物资局统一管理人财物，此为境内生产物资流通的第一个阶段。

1984 至 1990 年，境内的生产物资进入到计划分配与市场调剂并行的双轨制时期，物资部门逐步实现了由单纯依靠国家计划分配物资向市场调节组织计划外物资的转变，1984 年 7 月份由省物资局条管下放到阳泉市属地管理。1987 年，阳泉市物资管理局内设办公室、财务科、审计科、业务科、劳资科、行政科、保卫科、市废钢铁回收办公室、监察室等，人员编制 60 人。同年，阳泉成立化轻公司，经营品种多达 2000 余个，其中硫酸、炸药、雷管、电石、纯碱、烧碱、橡胶、轮胎等的销量较大。1988 年 5 月 12 日至 14 日，阳泉市举办了物资流通体制改革后的第一次综合物资调剂会，省内外 60 个单位派员参加，成交额近 1000 万元。1990 年经营品种有 2420 种，其中香精 160 种、胶粘剂 160 种、油漆 600 种、化工 600 种、染料 900 种；批发进货 9000 余万元，销售总额达 7500 万元。

20 世纪 90 年代，随着社会主义计划经济向市场经济的转变，境内物资企业在经济转轨过程中，受国家宏观政策调整影响和大批个体私营物流企业出现的冲击，计划体制下的后遗症逐渐暴露，高贷款、高库存、高外欠、高费用、高价位导致购销逐年下降，利润滑坡，连年亏损。1991 年，境内生产资料市场稳中见旺，物资系统购进总值 4.12 亿元，销售总值 4.52 亿元，实现利润 1036 万元，主要物资供应状况良好，钢材增长 11.3%，木材增长 5.0%，水泥下降 7.9%，机电设备增长 15.6%。1992 年，境内生产资料市场异常活跃，全市物资供销企业生产资料购进总值 6.17 亿元，销售总值 6.52 亿元，实现利润 1176 万元，主要生产资料供应量稳步增长，钢材 7.25 万吨，木材 10.72 万立方米，水泥 2.49 万吨，机电设备 2 亿元。1993 年，境内生产资料市场经历了由旺转淡、价格由涨趋落、供求由紧趋松的过程，全年物资供销业仍保持较快增长，全市县及县以上物资供销企业购进生产资料总值 8.22 亿元，销售总值 9.05 亿元，实现利润1113万元。1994年，境内生产资料市场购销回落，县级县以上物资系统购进总值5.67亿元，销售总值6.18亿元。1995年，境内生产资料市场平衡发展，县上以物资部门生产资料购进7.17亿元，销售7.66亿元。

1996年，境内生产资料买方市场出现，物资系统适时调整经营结构，巩固主营、抓住专营、发展多营。为巩固开拓传统主营物资市场，物资系统对原有各专业公司的经营项目做了调整，通过资产重组，剥离组建了钢材、炉料、汽车摩托车三大生资市场。新组建的企业轻装上阵，短期内在经营上形成规模，取得较好效益。通过资产重组，机电、化轻、金属等总公司机电产品、化工轮胎等主营业务更加明确突出。在特许专营业务上，物资系统加强市场管理规范交易行为，维护市场秩序，使国家特许专营市场得到健康发展。此外，在发展多营方面，全市物资系统的仓储、运输、餐饮、住宿、家电、厨具、食品、修理等一大批三产项目成为转岗安置职工和新的经济增长点。1992年至1999年，全市物资销售总量46.51亿元，年均达9.25亿元，15种主要物资销量分别为：生铁43.10万吨、钢材38.36万吨、钢403.1吨、铝1013.8吨、铅66.6吨、锌219.5吨、烧碱1486吨、纯碱2.62万吨、橡胶3358吨、轮胎29.98万套、水泥17.31万吨、木材29.98万立方米、汽车1.10万辆、玻璃1.49万箱、废钢铁14.44万吨，有力促进了境内工农业生产的发展。12月，经市政府批准，市物资管理局更名为阳泉市物资集团公司，下辖金属材料总公司、机电设备总公司、化工轻工总公司、木材总公司、物资再生利用总公司、建筑材料总公司、生产资料服务总公司、物资贸易中心、货运站、劳动服务公司、散装水泥办公室、海口海洋公司和物资综合服务公司等13个子公司和分公司。1997年至2002年，是境内物资系统特别是国有、集体企业经营困难、步履维艰的时期，企业一直处在发展资金不足、历史包袱沉重、市场份额减少、经济效益低下的低谷中。

进入21世纪，物资购销市场受区域经济形势好转，特别是煤炭热销的影响和拉动，呈现购销增幅明显态势，以2001年为例，物资购进1.71亿元，销售收入完成1.82亿元。主要物资销售量：生铁5123吨、钢材1.84万吨、铝1吨、铜1吨、铅2.2吨、锌1.9吨、烧碱12吨、纯碱1410吨、轮胎8178套、水泥70吨、木材1229立方米。2002年，市物资集团公司有成员公司15个，职工1339名，有经营网点48个，经营占地18.5公顷，大中型仓库5座，占地16万平方米，铁路专用线2条1218米，年吞吐各种物资45万吨，为全市最大的物资流通企业。主营市政府授权范围内的国有资产经营，国内贸易局归口的生产资料、生活资料的批发零售。年内营业收入13651万元，实现利税357万元。8月，市物资集团公司针对企业实际困难确立“以稳定促改革、以改革求发展”的工作方针，经过2年努力，使处于极端困难的物资系统逐渐步入稳定、改革、发展的良性轨道。2005年，市物资集团完成销售收入2.48亿元，实现利税351万元。年内，发展物流业成为物资流通的新趋势，阳泉市物流协会、省运阳泉公司物流园区32户物流业户先后开展了城市物流配送业务；平定县鑫源汽车运输服务有限公司开展了农村物流配送试点工作。至2010年，市物资集团公司内设办公室、业务科、劳资科、财务科、保卫科、档案室等，下辖基层企业15个。

第四节 医药商品

一、机构

民国4年（1915）8月，美国基督教友爱会在平定兴建友爱医院。民国22年，法国人在阳泉创办医院。1949年，阳泉工矿区供销合作社中药材经销部成立。1954年3月，经山西省医药总公司批准，成立"山西省医药公司阳泉西药房"，隶属市商业局领导。同年，还成立阳泉医药采购供应站和阳泉药材采购供应站。1955年，在药房基础上成立"中国医药公司山西省阳泉市公司"，有职工20余人，设零售门市部1个、批发部1个，隶属市商业局领导。由于市场变化和经济建设的需要，1956年6月，山西省供销社中药材经营管理处改组为中国药材公司山西省公司，阳泉在同年成立阳泉药材公司（与中药材经销部合并），同时挂有中国药材公司阳泉采购供应站的牌子。全市共有零售网点16户，从业人员144人。1957年，改称中国医药公司山西省阳泉批发站。1958年，阳泉药材站与阳泉市医药公司合并为"中国药材公司山西省阳泉药材采购供应站"，归市卫生局领导。1959年9月，山西省卫生厅将阳泉药材站收回，由山西省卫生厅直接领导，名称变更为山西省阳泉药材采购供应站。

1960年2月，山西省卫生厅将供应站下放到阳泉市卫生局管理，在原山西省阳泉药材采购供应站基础上，分别成立山西省阳泉市药材公司，山西省晋中药材站阳泉分站。1963年10月，根据山西省卫生厅的要求成立药材医药两个市公司。12月市卫生局将公司移交市商业局领导，并在原名称上又称中国医药公司山西省阳泉公司，实行两个名称、一套机构。1960年至1962年部分药品紧缺，到1965年药品购销恢复正常；其间，市药材公司一度对中西药品实行分级管理和平衡分配，起到十分重要的调节作用。1965年9月，山西省药材公司决定，将原中国医药公司山西省阳泉公司、中国药材公司山西省阳泉公司、山西省晋中药材采购供应站阳泉分站3个单位撤销成立中国药材公司山西省阳泉采购供应站，属市商业局领导。

1978年1月，全省医药（药材）公司归省统一管理，成立为山西省医药公司阳泉采购供应站。

1979年，改称山西省药材公司阳泉分公司、山西省医药公司阳泉分公司，实行两块牌子、一套机构，公司领导按县处级由省医药总公司统一管理。1980年1月，山西省医药管理局将东六县（盂县、寿阳、平定、昔阳、和顺、左权）医药公司划归阳泉药材分公司管理。1987年10月，内设行政办公室、监察室、劳动人事科、计划统计科、财务科、物价科、审计科、科教质检科、基建储运科、武装保卫科、中药科、药品科、器械化玻科，下辖平定、盂县、寿阳、昔阳、和顺、左权等县医药药材公司及中药厂、中药饮片厂、药材总店。1988年，撤销中药科，分设为药材科、成药科，设立劳动服务公司。1991年，增设老干部科，撤销中药饮片厂，行政办公室分设为经理办公室、行政科，器械化玻科分设为器械科、化玻科。1992年12月19日，根据山西省医药管理局通知，公司更名为山西省阳泉医药药材公司，隶属于山西省医药管理局（总公司）领导。1993年6月，经阳泉市人民政府批准，增挂阳泉医药管理局牌子。直属药材站、医药站、中药厂、新特药经营部、药材总店、劳动服务公司6个生产经营机构，管辖郊区、平定、盂县及寿阳、昔阳、和顺、左权等7个县区医药药材公司。1995年7月，根据山西省医药总公司文件通知，将寿阳、昔阳、左权、和顺4县公司划归晋中药材公司管理。为规范医药经营秩序，加强药品管理，境内所有药品生产、经营企业经过有关部门审核验收后于1997年7月31日悬挂山西省医药行业标志，零售药店悬挂全国零售药店统一的“绿十字”标志。

2001年，阳泉医药药材公司将原阳泉医药采购供应站、阳泉药材采购供应站注销，合并为公司本部直属业务经营部，实行财务统一管理、分级核算；同时，在同质同价原则下，统购部分药品、成药品种，形成规模经营。年末，经省局验收，阳泉医药药材公司有8个批发企业、19个器械经营单位、45个零售药店通过验收，并全部换发“药品经营许可证”。2002年2月，随着阳泉市药品监督管理局成立，阳泉医药管理局自行取消，公司行政职能也随之取消。2005年4月26日，山西省政府召开会议，将阳泉医药药材公司下放给阳泉市国有资产管理委员会管理。平定、盂县公司也一并移交属地管理。阳泉医药药材公司为正处级建制，公司下属企业天泰药品零售连锁总店和新特药经营部。截至2010年，阳泉医药药材公司设有经理办公室、人力资源部、质量管理部、经营管理部、财务管理部，下属天泰药品零售连锁总店、新特药经营部2个企业，正式职工467人，离退休人员215人，具有药学专业技术人员占到经营人员的60%以上。

二、经营管理

阳泉建市前，境内受医疗条件所限，人民长期习惯于用中药防病、治病，就诊中医，吃的是中药。境内医药品主要以中药零售商业为主，零售网点21个，经营人数109人。其中，位于郊区河底的元兴盛药店是清朝光绪年间开设的，为阳泉建店经营中草药最早的一家中药房，当时主要以中药材的加工、炮制、切片，并做一些简单的中成药丸、散。

1933年法国人创办医院，设药品房，供给医院患者用药。阳泉建市初，药材经营以私营为主，有致和洪、义元隆、三和堂等，一般从太原、石家庄进货，经营中西药品400余种。1954年，新成立的阳泉医药采购供应站经营药品、医疗器械、化学试剂、玻璃仪器等4大类商品，阳泉药材采购供应站主营中草药、中成药批发、中药材收购和饮片加工业务。

“文化大革命”期间，特别是1971年以后，青霉素、链霉素等主要西药紧缺，安宫丸、醒脑静、杜仲、麝香等20余种药品实行“特供”，“吃药难”问题长期困扰人民群众。中共十一届三中全会以后，药品紧缺局面好转。药品经销取消计划分配，实行库存公开，用户自由选择，许多药店增加了拆封零售、代客煎药、加工丸散、送药上门及来函邮购等业务。同时，增添小伤包扎、义务注射、缺货登记、儿童老年用药专柜等便民服务项目。不少药店除从二级站进货外，还到全国各地自行选购名优药品。1985年至1990年，中西药品及医疗用品销售额分别为1643万元、1510万元、1559万元、2380万元、2912万元和2516万元，有效满足了顾客需求。

进入20世纪90年代后，阳泉医药商业在改革中艰难经营，随着计划经济向市场经济的转变，为进一步扩大商品销售，发挥医药商品企业主渠道供应作用，促进新药特药经营业务开展，保证和满足阳泉人民群众对新药特药日益增长的需求，逐步建立境内医药批发经营新格局。1992年1月，阳泉医药药材公司组建了新药特药经营部，位于城区南庄路北口，为全民所有制企业，单独核算，经营方式为二级批发，主营药品、成药新特药；建筑面积4049平方米，营业面积809平方米，仓储面积1619平方米；时有职工36名，年销售额520万元，利税10万元。12月，山西省药材公司阳泉郊区公司在郊区荫营镇挂牌成立，为全民所有制三级批发企业，经营方式和范围包括批发、零售中药材、中成药、西药品，人、财、物、产、供、销隶属于阳泉医药药材分公司领导。该公司担负着13个乡镇卫生院、260余个村办及厂矿企业卫生所、24万余人的防病治病所需药品的供应任务。

2000年，市医药药材公司加大内部改革，推动企业规模发展，制定出台《业务经营管理办法》，创办《医药经营动态》简报，扩大购销信息交流，增强购进计划性和价格的公开透明度，截至年底，全区商品库存全部清理老产品后实现回升，较清理前增加商品储存200万元。投资11万元对益寿堂药店进行了初步改造，开拓了药品超市经营，投资6.7万元改造了盂县西烟四级批发站，公司大院一期改造工程仓库综合楼竣工，1100平方米新库房交付使用，为药业发展奠定了良好基础。到2002年，阳泉医药药材公司本部经营3大类药品品种达3189个，在积极与全国各大名优厂家发展业务的同时，成为西安杨森、宛西制药、石药集团等名牌产品阳泉地区的独家代理商。2004年，阳泉医药药材公司把清欠作为重点工作来抓，设置专门机构，配备专门人员负责清欠工作，到年底，应收账款较年初下降121万元。公司先后3次参加了铁路医院、阳煤集团总医院、市第一人民医院的招标采购，投标品种1000多个，在众多投标商中中标率居首位。年内，公司还加大改制力度，在批发上实行划小核算单位，分块进行改制；在零售上对各门店实行承包、租赁的方法进行改制，解决各药店亏损问题；天泰药品零售总连锁总店将所属18家药店按自愿原则进行股份制或承包制改制，取得较好效果。到年底，经省、市药监管理部门检查验收，公司所属批发企业、零售门店全部通过了GSP认证。

2006年，阳泉医药药材公司将机关原有11个科室合并精简为“三部一室”，并新聘任一批年轻干部作为部门负责人。2008年，阳泉医药药材公司对所属药店进行整合重组，统一划归天泰药品零售总店管理；同时，稳步推进新药特药经营部改制工作。年内，还积极参与新型农村合作医疗药品集中招标采购工作，11月，公司确定经营部专人负责招标工作，筛选出质优价廉的890种药品参加招标，其中824种药品中标，拓宽了公司销售渠道，培育了新的利润增长点。2009年，阳泉医药药材公司经考察论证后决定建立医药物流配送中心，报市国资委、市发改委、市规划局和市环保局等部门同意后，于5月开工建设，并于12月建成，23日开始运营，实现了县、乡、村三级药品统一配送目标。2010年，阳泉医药药材公司保持稳定发展势头，销售收入实现4670万元。阳泉医药药材公司担负着境内及周边县区群众防病、治病用药的采购和供应工作，以高质量的药品、优质的服务满足了群众用药需求。

此外，阳泉市药品监督管理局在加强监管的同时，制定了阳泉市申请开办药品零售企业的有关规程，截至2002年，批准设置90家。2003年，根据阳泉市药品市场的具体情况，确定了“城市高标准，农村要扶持”的总体思路，到年底共受理开办零售药店申请257家，批准设置202家。2004年12月，在原阳泉市药品监督管理局基础上，组建了阳泉市食品药品监督管理局。2005年，对186户药品零售企业进行了GSP认证，其中通过认证185家，不通过认证1家。到2007年，批准设置357家。截至2010年，全市共有药品批发企业7户，药品零售连锁企业1户，药品经营零售企业458户，其中县城以上178户、农村药店280户；医疗器械经营企业180户。

2010年阳泉市发证药品零售企业情况简表

表-11-8

企业名称	地 址
山西省阳泉医药药材公司新药特药经营部益寿堂药店	阳泉市南大街212号
山西省阳泉医药药材公司神农大药房二部	阳泉市南庄路建筑二公司旁
山西省阳泉医药药材公司零售药店	阳泉市桃南东路232号
山西省阳泉医药药材公司零售大药房	阳泉市桃南东路232号
山西省阳泉医药药材公司爱心大药房	阳泉市桃南东路192号（总工会底商）
山西省阳泉郊区医药药材公司同济大药房	阳泉市新华东街阳光小区13号楼4号
山西省阳泉医药药材公司劳动服务公司二矿药店	阳泉市矿区二矿小南坑服务楼
山西省阳泉医药药材公司神农大药房	阳泉市桃北中路（矿区百货大楼）
山西省阳泉医药药材公司劳动服务公司永鑫大药房	阳泉市矿区平坦小区四号楼底商
山西省阳泉医药药材公司劳动服务公司三矿药店	阳泉市矿区赛鱼街121号
山西省阳泉郊区医药药材公司北岭药店	阳泉市北岭小区
阳泉市天泰药品零售连锁总店大兴矿药店	阳泉市南山北路3号
阳泉市天泰药品零售连锁总店康泰药店	阳泉市南庄路
阳泉市天泰药品零售连锁总店义生堂药店	阳泉市南大街77号
阳泉市天泰药品零售连锁总店深圳药店	阳泉市泉中北路
阳泉市天泰药品零售连锁总店致和洪药店	阳泉市南大街东垴17号楼底商
阳泉市天泰药品零售连锁总店南山药店	阳泉市南山北路
阳泉市天泰药品零售连锁总店万和堂药店	阳泉市福寿街34号
阳泉市天泰药品零售连锁总店天桥药店	阳泉市天桥坡
阳泉市天泰药品零售连锁总店北大街药店	阳泉市北大街50号
阳泉市天泰药品零售连锁总店天成药店	阳泉市新华东街四区13号楼（A楼）9号底商
阳泉市天泰药品零售连锁总店沙坪药店	阳泉市三矿沙坪新居11号底商
阳泉市天泰药品零售连锁总店桥头药店	阳泉市矿区桥东街
阳泉市天泰药品零售连锁总店赛鱼药店	阳泉市三矿赛鱼矿山路商场
阳泉市天泰药品零售连锁总店日潭药店	阳泉市矿区日潭小区4号底商
阳泉市天泰药品零售连锁总店康福药店	阳泉市北大西街318号

续表 -11-8

企业名称	地　址
阳泉市天泰药品零售连锁总店济生堂药店	阳泉市洪西区 13-7 号底商
阳泉市天泰药品零售连锁总店一矿药店	阳泉市一矿红岭湾
阳泉市天泰药品零售连锁总店康达药店	阳泉经济技术开发区宁波路东
滋生堂大药房有限公司	阳泉市百货大楼股份有限公司东侧底商
滋生堂大药房有限公司晋东大药房	阳泉市南大街 136 号（晋东商贸大楼）
滋生堂大药房有限公司五龙大药房	阳泉经济技术开发区烟台路祥和嘉苑底商
滋生堂大药房连锁有限公司沃尔玛店	阳泉市桃北东路滨河世纪城沃尔玛超市内
滋生堂大药房有限公司大阳泉大药房	阳泉市佳禾绿洲 27 号底商
滋生堂大药房有限公司宏苑大药房	阳泉经济技术开发区大连路宏苑二区
滋生堂大药房有限公司矿务局大药房	阳泉市矿区北大西街 179 号矿区文化广场一层
滋生堂大药房有限公司沙坪大药房	阳泉市一矿沙坪街沙坪商场底商
滋生堂大药房有限公司四矿大药房	阳泉市矿区四矿口
山西吉祥大药房医药连锁有限公司百草堰药店（德康大药房）	阳泉市城区新华东街阳光小区 18 号楼
吉祥大药房有限责任公司南山药店	阳泉市南山南路人防工程（新世隆超市内）
吉祥大药房有限责任公司一矿药店	阳泉市矿区一矿里沙坪 10 号楼 1 号底商
吉祥大药房医药连锁有限责任公司北大街药店	阳泉市矿区洪城路洪西小区 8 号楼 1 号商铺
吉祥大药房医药连锁有限责任公司赛鱼药店	阳泉市矿区赛鱼路太行国际新城 B 区底商
吉祥大药房医药连锁有限责任公司红岭湾药店	阳泉市矿区一矿红岭湾商场底商
吉祥大药房医药连锁有限责任公司咱家药店	阳泉市矿区煤山路
吉祥大药房医药连锁有限责任公司宏泉药店	阳泉市矿区宏泉小区 A2 楼底商 4 号
吉祥大药房医药连锁有限责任公司沙坪商场药店	阳泉市矿区一矿沙坪街沙坪商场药店
金象大药房医药有限责任公司	阳泉市北大街 205 号
百草大药房有限公司	阳泉经济技术开发区大连路口
百草堂大药房	阳泉市矿区四矿口
百康大药房	阳泉市南煤集团 39 号家属楼 10、11 号底商
百林医药有限公司	阳泉市南大街 234 号
佰益大药房	阳泉市南山南路（市肿瘤研究所对面）

续表 -11-8

企业名称	地 址
宝林堂药店	阳泉市新华西街军干所底商 1 号楼 1 层 13 号
保质大药房	阳泉市新泉北路农贸市场后底商 6 号
便民药房	阳泉市二矿小南坑 66-1-1 号
朝阳大药房	阳泉市南山南路 8 号
呈祥堂大药房有限公司	阳泉市天成巷 81 号底商
春秋丰禾大药房有限公司	阳泉市城区南大街新华馨居 1 号楼 6 号底商
春语药店	阳泉市矿区四矿煤山路 45 号
德仁堂大药房有限公司	阳泉市南大西街小阳泉 4 号楼
德仁堂大药房有限公司德胜大药房	阳泉市德胜东街 95 号
丰康大药房	阳泉市青年路西侧丁字路口
广生堂大药房	阳泉市德胜东街 4—10 号
海诺大药房有限公司南大街店	阳泉市城区南大街 71 号
好邻居大药房	阳泉市郊区义井街燕竹花园小区 1 号楼 4 号底商
洪东堂大药房	阳泉市青年路一号楼底商七号
黄河大药房有限公司	阳泉市南庄路轻工开发底商
回春大药房	阳泉市矿区馨康家园 54 号
汇丰大药房有限公司北大街分店	阳泉市北大西街 298 号
汇丰大药房有限公司青年路分店	阳泉市青年路 33 号
汇丰康大药房（阳泉市金谷源大药房有限公司二部）	阳泉市一矿沙沟综合市场内
汇康大药房	阳泉市二矿蔡洼二区社区办公楼内
汇康大药房	阳泉市矿区桥东街悦馨居 27 号底商
吉象大药房	阳泉市城区南庄路二建底商
佳和大药房	阳泉市城区三角线电力小区
金保康药房	阳泉市四矿段北沟口
金谷源大药房有限公司	阳泉市二矿综合市场商贸底商南 3 号
金吉祥大药房	阳泉市矿区二矿商场旁
金象大药房医药有限责任公司西河药店	阳泉市矿区西河路馨康家园 34 号楼底商

续表 -11-8

企业名称	地　址
晋乐大药房	阳泉市德胜东街 53 号
晋乐大药房赛鱼店	阳泉市矿山路 5 号
晋乐大药房有限公司	阳泉市南大街 114 号
君悦达计生药具经营部	阳泉市城区铁林巷楼 2-9 号
康丰大药房有限公司一部（经济技术开发区益民药店）	阳泉市矿区煤山路四矿小区
康福寿药店	阳煤集团五矿水滩社区
康久大药房有限公司	阳泉市郊区义井村（阳泉市南大街 420 号）
康民药店	阳泉赛鱼村（三矿西川）
康明大药房	阳煤集团二矿菜市场旁
康乔药房	阳泉市矿区赛鱼街
康源大药房	矿区桃北西路金花园小区底商 2-D3
康源大药房（山西康源大药房有限公司华龙药品专柜）	阳泉市南山南路龙泉花园第 E-F-G 幢 F 号
矿区如意药店	阳泉市三矿如意庄
老百姓大药房有限公司	阳泉市桥北街 49 号
老百姓大药房有限公司老百姓大药房三部	阳泉市滨河世纪城 108、109、132、133 号底商
老大康药店（阳泉市大康药店）	阳泉市四矿口
联丰便民药店	阳泉经济技术开发区梅苑小区 5 号楼底商
龙康大药房	阳泉市北大西街西苑底商住宅楼 1 号
民康大药房有限公司	阳泉市新建路 316 号
民心大药房	阳泉市矿区五矿苏村社区
泉汇药房	阳泉市城区新华东街博士苑小区 1 号楼底商
仁康大药房	阳泉市新建路 201 号
仁济堂大药房有限公司（仁济大药房）	阳泉市南庄路 219 号
荣福堂药店	阳泉市矿区西河路 18—4 号房
瑞丰大药房	阳泉市城区泉中北路银龙苑 18 号底商
神宝顺经贸公司汇丰堂大药房二部（正和堂大药房）	阳泉市香榭大道 8-5 号
神农氏大药房	阳泉市桃北西路华龙宜购一层

续表 -11-8

企业名称	地　址
顺康大药房有限责任公司	阳泉市新华街 19 号楼 11 号底商
天和堂药店有限公司	阳泉市北大街 218 号阳煤总医院东辅楼一层
天润大药房有限公司	阳泉市矿区矿山路赛龙购物中心
天润大药房有限公司二部	阳泉市青年路六号楼 10 号
天润大药房有限公司三部	阳泉市太行国际新城 B 区 7-3 号底商
同济堂大药房	阳泉新华东街阳光小区 13 号楼 4 号
同源堂大药房有限公司	阳泉市三角线溢鑫苑小区 1 号楼 3 号底商
同真堂大药房有限公司	阳泉市矿区宏泉小区 A2 楼底商 4 号
万康大药房	阳泉市矿区赛鱼路太行国际新城 A 区 -2-4
万民大药房	阳泉经济技术开发区大连西路北后底沟口
万寿堂大药房有限公司	阳泉市城区南山北路
文行科技有限公司民生医药	阳泉市泉中路 68 号 6 号商铺
心连心大药房	阳泉市北大街公路局临街 1 层 3 号底商
新金谷源大药房	阳泉市二矿小南坑 81 号楼负一层
阳光百姓大药房有限公司	阳泉市城区新建路 255 号
阳光百姓大药房有限公司南山店	阳泉市技校教学实验实习大楼底商朝北
一心药店	阳泉经济技术开发区天津路康达一期
益和堂药店	阳泉市南山南路 1 号楼底商
益康大药房有限公司（益康大药房）	阳泉市北大街 57 号
益寿堂大药房有限（阳泉市天益堂大药房）	阳泉市南庄路 C-7 底商（鸿龙小区口）
永安药店	阳泉市矿区平坦二区 3 号底商
永康药店	阳泉市马家坪住宅小区 A8 楼 2 号底商
御德堂大药房	阳泉经济技术开发区烟台路 10 号底商
誉德堂药店	阳泉市城区誉德堂药店
众康大药房（阳泉市金联农贸市场滨河大药房）	阳泉市滨河世纪城农贸市场二楼

说明：药店顺序按国营、私营连锁、私营药店名音序排列

第四章 粮油贸易

第一节 概 况

民国36年（1947）阳泉建市后，市政府在发展粮食生产的同时，十分重视粮食的管理、供给和经营工作。1949年10月，成立了负责公粮征收的分粮库，隶属于市政府财政科；晋察冀边区组建负责市场供应的“华北粮食公司阳泉支公司”，1950年更名为“中国粮食公司阳泉支公司”，形成境内首个国家粮食管理和经营机构。1953年，阳泉市粮食局成立。到1987年10月，共有职工83人，内设办公室、人事劳资科、购销科、储运科、基建科、行政科、保卫科、审计科，局属企业有粮食工业公司、粮食运输公司、饲料公司、粮油贸易公司、第一仓库、第三仓库、上烟粮库、油脂公司、转运站、专供管理所、矿区粮油供应公司、城区粮油供应公司、劳动服务公司等。

随着粮食流通体制改革的深入，1992年9月，市粮食局实施政企分设管理体制改革，将原局直属企业全部划归阳泉市粮油购销总公司，负责管理全市粮食企业的经营业务，市粮食局对总公司实行行政管理。1998年9月，阳泉市粮油购销总公司撤销，10月组建了阳泉市粮油公司和阳泉市泉美商务大厦2个企业公司，隶属于市粮食局。2003年，阳泉市粮油公司被撤销。2004年，粮食购销市场全面放开，全市国有粮食购销企业依据有关规定进行撤并重组，盘活国有资产。2005年，市粮油公司和泉美商务大厦成建制划归阳泉市国有资产管理委员会管理。截至2006年，全市粮食系统保留国有粮食购销企业24个，返聘及保留职工423人，分别比改制前减少45.45%和57%，在全省率先完成了人员分流任务。2010年10月，全市“放心粮油”

工程建设完成，销售网络遍布三区两县。市国有粮食部门从无到有，逐步发展成为全市粮油贸易的主体，全市粮食总产量从1949年的9万吨增长到2010年的20.8万吨，保证了军需民食，为支持经济建设，维护社会稳定作出了贡献。

第二节　粮油购销

清末至民国初，境内的粮食购销由市场自发调节。阳泉建市后，境内粮油购销大体经历四个阶段：一是自由贸易阶段（1953年之前），粮食供求由市场自由调节，实行征收公粮制度；二是统购统销（统一收购、销售、调拨、加工“四统一”）阶段（1953年至1983年），粮食由国有粮食部门垄断经营；三是由“四统一”到国家统一调拨和市场调节相结合的“双轨制”阶段（1983年至1993年），在完成国家粮食统购任务后，粮食余缺调剂和品种调剂，由产需双方议购议销，粮食多渠道经营开始形成；四是深化粮食流通体制改革，建立适应社会主义市场经济要求，符合中国国情的粮食流通新体制阶段（1993年以后），粮食配置以市场为主，粮食价格以市场供求形成，粮食购销市场全面放开，实行多渠道经营，国家实行宏观调控。

一、征购

1953年10月之前，境内的粮食市场基本控制在私营粮商手中，粮食供求由市场自发调节。1953年10月，阳泉市执行粮食“统购统销”政策，向农户征收公粮、统购余粮，当年实际征收公粮2445吨，统购余粮4535吨，两项共计6980吨。1954年计征办法基本未变。从1955年至1965年，阳泉市农村粮食统购统销进入定产、定购、定销的“三定”阶段。1955年，阳泉市对25352个农户进行了“三定”工作，定产总量15277.7吨，确定征购总数2361.1吨，其中定购343.8吨、征收2017.3吨、定销8338吨。1956年7月，粮食“三定”由直接对农户改为对农村社队。1966年2月2日，阳泉市人民委员会发出《关于粮食征购实行一定三年不变的通知》，全市农村粮食统购统销进入“一定三年”阶段，政策在阳泉实行了5年。1971年11月8日，阳泉市革命委员会根据中共中央和省革命委员会统一安排，下达了粮食征购实行“一定五年”不变的通知。

中共十一届三中全会后，政府粮食收购价格提高，其中计划内收购部分提价20%，超计划收购部分在其基础上再加价50%。1980年第二个“一定五年”结束后，1981年继续执行原政策规定。到1982年，国务院决定实行粮食征购、销售、调拨包干“一定三年”的办法。省政府确定了阳泉市各项包干数字，三年不变。并规定多购少销的粮食归地方支配，少购多销的缺口由地方财政负担。1983年9月，平定县、盂县划归阳泉市管辖，两县带入原晋中地区确定的粮食征购包干“一定三年”的任务指标。境内开始进入由“四统一”到国家统一调拨和市场调节相结合的“双轨制”阶段，在完成国家粮食统购任务后，粮食余缺调剂和品种调剂，由产需双方议购议销，粮食多渠道经营开始形成。1985年初，国家取消粮食统购改为合同定购，定购的品种为玉米、小麦、稻谷、大豆。合同定购的粮食按照倒“三七”的比例计价，即统购价占三成，超购价占七成，定购外的粮食实行市场价。在销售上也逐步缩小粮食统销范围，将工业、饲料用粮退出统销范围，改为由市场调节。从而形成了计划购销与市场购销并存的粮食流通双轨制。1990年11月，国务院决定从当年秋粮收购开始，将粮食合同定购改为国家定购。

1991年，中共十三届八中全会作出《中共中央关于进一步加强农业和农村工作的决定》，粮食购销体制改革步伐明显加快。1993年，阳泉市相继放开粮食购销价格，结束了长达40年之久的粮食统购统销历史，粮食工作向社会主义市场经济过渡。1994年，国家定购粮食全部实行“保量放价”（保留定购数量，收购价格随行就市）政策。1997年，按照省政府安排，阳泉从秋粮上市起，属于国家定购的小麦、玉米、高粱、小米（含谷子）只能由粮食部门主渠道收购，不得多渠道到农村直接收购粮食。全市各粮食收购企业将保护价格张榜公布，开展收购，为群众交售粮食提供方便。由于粮食连年丰收，而市场相对疲软，造成粮价大幅下跌，严重挫伤了农民种粮积极性。1998年，阳泉敞开收购、户交户结、按保护价收购等一系列政策出台，调动了农民售粮积极性。从事粮食收购的国有粮食企业，收购粮食所需贷款由农业发展银行严格按照“库贷挂钩”原则供应和管理。

2000年6月，《阳泉市粮油市场管理办法》出台，纳入市场管理的主要粮油品种为稻谷（大米）、小麦（面粉）、玉米和食用植物油。2002年，根据国务院“放开销区、保护产区、省长负责、加强调控”的粮食改革精神，出台保护小麦，放开玉米的政策。阳泉市主要粮食品种为玉米，因此，全市粮食收购实际全部取消了按保护价收购的政策，收购价格、收购市场全面放开，实行粮食购销市场化。同年，根据国务院退耕还林政策，为保护退耕户利益，实行了给退耕户补助粮食政策，每亩退耕地每年补助原粮100公斤，阳泉市3个农业县（区）全部纳入退耕还林工程县，2002年供应退耕还林补助粮食15150吨，2003年为10600吨。从2004年7月1日起，向退耕户供应粮食由补助实物改为补助现金。10月，阳泉出台《关于进一步深化粮食流通体制改革的实施方案》，全市国有粮食购销企业充分发挥骨干作用，积极开展代购、代销、代储、代加、即购即销、分购联销、联购促销等多种方式收购农民余粮，全方位提供优质服务，最大限度满足全市农民售粮要求。2005年，全市粮食系统开始粮食流通执法体系建设，同年发布《阳泉市粮食流通管理实施办法（试行）》，对全市境内粮食购销、储运等经营活动进行规范管理。此后至2010年，国有粮食购销企业充分发挥主渠道作用，利用仓储设施、收购网点、人员经验等方面的优势，积极开展粮食收购工作，在玉米收购中，变被动收购为主动收购，为农民提供免费脱粒、装卸、运输等服务，通过“订单收购”“预约收购”“上门收购”等方式，努力掌握粮源，保证了粮食征购工作。

1991—2010年阳泉市粮食收购情况统计表

表-11-9　　单位：吨

年份	合计	平定	盂县	郊区	市直
1991	71802	19608	18418	11451	22325
1992	227571	22625	36310	12384	156252
1993	186333	29048	33995	21598	101692
1994	305733	24703	28068	16463	236499
1995	258803	24138	33109	15012	186544
1996	114357	16667	12551	4088	81051
1997	115040	11661	8481	2773	92125
1998	125873	1080	22741	4278	97774
1999	155413	22486	44070	8127	80730
2000	186170	55307	59491	15375	55997
2001	99910	34791	28240	5221	31658
2002	98883	34358	34944	3291	26290
2003	76760	31966	18898	3646	22250
2004	123668	29721	28254	6243	59450
2005	29992	15678	12055	2254	5
2006	41118	18364	19569	2935	250
2007	78210	20637	20170	5000	32403
2008	60975	18550	30036	6040	6349
2009	78947	22078	26880	19040	10949
2010	102046	22512	25200	14200	40134

二、销售

计划供应　境内居民用粮，在建市初期仍以私商销售为主，政府为稳定粮价，保障民食，也组织国营专业公司从事粮食经营，并努力提高在市场销售中所占比重。1953 年 10 月，根据中共中央决定和政务院命令，对城乡缺粮人民实行计划供应（简称统销），取缔私商自由经营粮食。1954 年 7 月，市人民委员会颁布《关于粮食、食油计划供应暂行办法》，进一步强调不准私人经营粮食，实行面粉定量供应，杂粮控制销售的办法。给城镇居民按户发放购粮证，定时、定点、分区划片供应。

定量供应　1955 年，根据国务院和省人民委员会的相关规定，境内居民用粮根据劳动强度不同、年龄大小等条件，每人每月定量标准规定为 6 等 15 级，粗细粮全部实行定量供应的办法。从 1953 年至 1974 年全市用于居民供应的粮食总量为 81679.5 万公斤，食油总量为 1613.3 万公斤。1974 年，阳泉市根据商业部关于推广旅大市管理粮食经验的通知精神，将职工口粮分为基本口粮和工种补差粮两部分。将基本口粮归到户，填写在职工家庭购粮证上，凭证购粮；工种补差粮归职工所在单位掌握，根据职工在单位所从事的劳动工种和出勤情况，由单位按月发给相应数量的工种粮补差券。中共十一届三中全会后，随着国内经济的逐步好转，市粮食局于 1980 年开始发行阳泉市代居民存粮券，分面粉、大米、小米和玉米面四个票种若干种面额，同时建立了居民存粮券的收支统计制度。1988 年山西省人民政府根据国家对粮食“保住一块，放开一块”的方针，在全省范围内对计划定量供应的粮食进行压缩。除居民基本口粮和大中专在校学生和部队供应仍执行定量供应外，其他如职工工种粮、工商行业用粮等，放开销售价格，按市价供应，全市实行的旅大粮食管理办法随之结束。

1991 年 5 月 1 日起，境内调整粮油统销价格。6 种食用油（花生油、大槽芝麻油、菜籽油、精炼棉籽油、茶籽油、豆油）实行购销同价，其他粮油品种的统销价格也相应调整。山西省确定阳泉为全省粮食系统经营管理体制和财务体制改革的试点，停止阳泉平价粮油批零差额核算办法，实行平价粮油调销同价，定额补贴的办法。从 1992 年 6 月 1 日起，食油改为议价供应。除军供仍按平价供应外，其他各项用油价格全部放开，居民食油供应实行保量不保价。7 月 1 日起，“阳泉市油票”（包括补助油票）作废。根据粮食购销体制改革政策精神，为实现政企分开，境内成立阳泉市粮油购销总公司。原市粮食局下属 13 个企业从 9 月 1 日起划归新组建的总公司管理。12 月 1 日，《阳泉市粮食购销体制改革方案》正式出台，针对全市粮食系统企业内部经营混乱、相互挤占、管理不便等弊病，改变经营平价粮油多头承担亏损的状况，实行政企分开、统一经营，盈亏两条线的管理体制。

定量供应取消 1993年，境内放开粮食价格和经营，居民口粮凭证定量供应的办法随之取消。随着粮食购销市场放开，粮食市场一度出现粮价上涨、居民抢购粮油现象。由于居民购粮数量大和加工能力限制，造成部分粮店粮食脱销。1995年，开始实行“米袋子”省长负责制，为平抑市场粮价，搞好居民生活，按照山西省人民政府安排，阳泉从1995年4月1日起对城镇居民实行凭证定量限价供应标准粉的办法（平定县从6月1日起实行）。定量以外的面粉、大米、食油价格实行差率控制，居民自由选购。为满足不同层次居民的需求，9月，在定量限价供应品种中又增加了特一粉和特二粉。到1995年，全市实际限价供应折合小麦27584吨，占总供应量的68.78%。由于粮价变化，限价供应粮价与市场粮价已基本持平，限价供应实质上已无太大意义。但为控制粮价上涨幅度，确保全市粮食市场稳定，定量限价供应作为一种宏观调控的有效措施继续执行。1996年，根据全省粮食连锁经营临汾现场会精神，阳泉市粮油购销总公司对所属60多个粮店分期分批地发展连锁经营。当年20个粮店进行试点。为加强对全市粮油市场的宏观管理和调控，维护市场秩序，1997年10月，阳泉市粮油批发市场成立，负责组织粮油、饲料的批量交易和全市粮油购销市场的业务管理。

2001年5月1日，阳泉市取消市镇居民粮食供应转移证明，城镇居民户口在全国范围内迁移，以及农业户口转为非农业户口，不再办理市镇居民粮食供应转移证明，取消了市镇居民粮食供应证。2003年4月24日，受非典型性肺炎疫情和周边地区粮食市场价格波动影响，境内粮食销量大幅上升，市政府紧急动用市级储备小麦1000吨，连夜加工面粉投放市场，保证了市场稳定。2004年，市粮食局制定《关于应对突发事件保证市场粮食供应的紧急预案》，完善了应对紧急情况的保证措施。全市粮食经营企业及网点达1070个（国有粮食部门138个，其他社会企业及网点约920个），其中市内网点390多个（国有68个）、县区网点680多个（国有70个）。2005年5月26日，位于市西河滩的阳泉市粮油综合交易市场正式开业。该市场由市政府拨专款支持，市粮油公司筹建，建筑面积1万平方米。

国有粮店供应 1953年，国家对粮食实行统购统销政策后，境内按照方便群众、分区设点的原则在城镇设置粮店。国营粮店成了城镇居民唯一的购粮单位。粮店成立之初，粮油供应设备简陋，售粮是木制面柜、粮箱、木杆秤，售油是铁皮油桶、油提，粮油搬运全靠人力，劳动繁重。到20世纪70年代初，各粮店普遍改用小台磅秤粮，售油使用手压售油器，职工劳动强度稍有减轻。70年代后期，市内各粮店基本上使用了电力售粮机，抽油器由手提式改为手摇式，有的粮店改为电动抽油泵。各粮店都增设了新式手推车，用以搬运大米包、面粉、油桶，进一步减轻职工劳动强度。80年代后，电力售粮机由于误差大、使用不便等原因逐渐被淘汰，重新使用小台磅秤粮和手压售油器。1982年，城镇粮店实行平议兼营、生熟兼营、主副兼营。除各种议价粮油经营外，还经营油条、豆浆、豆腐脑、馒头、包子、烧饼、馄饨、面包、糕点、机压面条等熟食品，有的开设了小型餐馆，向多样化发展，方便了居民生活。

1993年，为更好地发挥国有粮店主渠道作用，阳泉市粮油购销总公司采取了“巩固阵地、稳定队伍、放开经营、自谋发展”的经营战略，先后给粮店一系列优惠政策：改承包中销售额的指令指标为指导指标；一次性拨款60万元用于门店改造。截至年末，销售单位自行购进粮油9大类30余种共8056吨，年内全部扭亏为盈。1998年，境内实行粮油连锁经营。市粮油公司分别成立面粉和食油配送中心，对全市各粮店进行统一供货、统一调拨。

2002年，随着粮食购销市场化改革的进行，境内的粮油经营主体多元化，市场竞争加剧，少数不法经销商在粮油商品中滥施滥用添加剂、增白剂等化学物质，甚至销售有毒大米、有毒食油，严重危害人民群众身体健康。为整顿和规范粮食市场，市粮食局在全系统内开展创建“放心粮油、放心厂店”活动，在粮油经营中坚持优质服务，保护消费者利益。随着国家粮食流通体制改革和经营体制改革的逐步深入，粮食购销全面放开，长期执行计划供应的粮店，面对日益激烈的市场竞争，经营日益艰难，开始车拉、人背，走街串巷，送货上门推销粮食。市粮油公司对粮店实行经营权下放，采取个人租赁、承包经营等办法，实现了国有粮店所有权和经营权的分离。

2010年阳泉市粮油公司城矿区粮店分布表

表-11-10

分布区域	企业名称	企业地址
城 区	阳泉市粮油调销中心（分支机构4家）	西河滩
	阳泉市粮油直属库309面粉销售一部	桃南中路一巷14号
	阳泉市粮油直属库309面粉销售二部	桃南中路一巷14号
	阳泉市粮油直属库309面粉销售三部	桃南中路一巷14号
	阳泉市粮油直属库309面粉销售四部	桃南中路一巷14号
	阳泉市桥北商贸城（分支机构2家）	桥北街
	阳泉市桥北商贸城桥北街门市	桥北街

续表 -11-10

分布区域	企业名称	企业地址
城 区	阳泉市桥北商贸城桥北街粮店	桥北街
	阳泉市粮油综合交易市场	桃南中路一巷 14 号
	阳泉市粮油公司南大街中心店（分支机构 11 家）	南大街 153 号
	阳泉市粮油公司德胜街粮店	德胜街
	阳泉市粮油公司太上街粮店	太上街
	阳泉市粮油公司东营盘粮店	东营盘
	阳泉市粮油公司五渡粮店	下五渡村
	阳泉市粮油公司北大街粮店	北大街
	阳泉市粮油公司义井粮店	义 井
	阳泉市粮油公司南大街粮店	南大街
	阳泉市粮油公司新华街粮店	新华街
	阳泉市粮油公司大阳泉粮店	大阳泉
	阳泉市粮油公司北岭坡粮店	北岭坡
	阳泉市粮油公司西河滩门市部	西河滩
	阳泉市油脂公司（分支结构 1 家）	南大街 75 号
	阳泉市油脂公司粮油经销部	南大街 75 号
矿 区	阳泉市矿区粮油销售中心（分支机构 5 家）	北大街 318 号
	阳泉市粮油公司一矿粮店	庙 上
	阳泉市粮油公司二矿粮店	二矿小南坑
	阳泉市粮油公司三矿粮店	赛鱼口 10 号
	阳泉市粮油公司四矿粮店	四 矿
	阳泉市粮油公司沙沟粮店	一矿沙沟

三、议价粮油购销

1953 年，国家实行粮食计划收购和供应政策之后，境内将 16 家私人粮面行组成 4 个代销店，为国家代销粮油、并付给 2% 至 3% 的代销手续费。1956 年至 1957 年，随着国家对粮食的严格控制和“左”的思想的影响，境内关闭了粮食购销市场。中共十一届三中全会后，境内形成以国营粮食部门为主渠道，多种经济成分、多种经营渠道、多种经营方式并存的粮食购销格局。国营粮食部门冲破单一经营的模式，逐步走上平价粮油、议价粮油兼营的轨道。

随着人民生活水平的提高，议价粮油在市民生活中所占的比重越来越大。1984 年 12 月，市粮食局组建市粮油贸易公司，负责全市粮食系统议价经营工作，各县区粮食局也成立相应工作机构，负责整个粮油市场调节。之后，在市内和各县区相继成立一批议价粮油专营门市部。粮店在经营平价粮油的同时也兼营议价粮油，以补充平价粮油不足。议价经营对于活跃城乡粮油市场、方便群众生活、平抑市场价格起到了主要作用。在国营粮食部门大力发展粮油贸易的同时，一些集体企业、个体经营者积极参与粮油贸易活动。境内一些工矿企业为安排职工生活，也直接从外地购入粮油，在职工中进行分配。1991 年，全市粮食部门议价经营年销量达 4 万吨，实现利润 28.24 万元。1993 年，阳泉市粮油贸易公司全年总经营量 30495 吨，创利 63500 元。2003 年，阳泉市粮油贸易公司撤销。2004 年，粮食购销市场全面放开，粮食配置以市场为主，粮食价格以市场供求形成，实行了多渠道经营的粮食流通新体制。

四、“放心粮油”工程

为提升粮食流通的服务功能，满足城乡居民粮油消费需求，保障质量安全，促进粮油市场的稳定和繁荣，2008 年，根据山西省粮食局《关于大力推进粮食现代物流体系建设的意见》《关于“放心粮油工程”建设的实施意见》的精神，阳泉市粮食局制定了全市“放心粮油”工程建设的三年规划，并开始组织实施。当年，以山西阳泉西河滩国家粮食储备库为建设主体，注册成立“阳泉市康茂粮油配送中心”，作为区域性（市级）放心粮油配送中心，整修完成 400 多平方米的“放心粮油”周转仓库一座，为建立全市配送网络奠定了基础。盂县粮食局以盂县粮油批发市场为基础，建成县级“放心粮油”配送中心 1 个，发展连锁中心店 6 家、放心粮油门店 36 家，形成县、乡、村三级配送联运网络。平定县粮食局建成县级“放心粮油”配送中心 1 个、连锁中心店 10 家、基层门店 50 家的营销网络。平定县、盂县两个县级配送中心当年投入运营，共配送各种粮油 194 万公斤，营业额达 600 多万元，作为全市第一批“放心粮油工程”建设项目，通过了省粮食局组织的考核验收，并分别获得奖励金 30 万元。

2009 年，市粮食局按照“整体建设、重点突出、全面推进、夯实基础”的工作思路，建设完成 1 个市级配送中心、2 个县级配送中心（累计 4 个）、40 家骨干示范店、304 家放心粮油门店（点）（累计 383 家），实现销售量 751.5 万公斤，销售收入 1924 万元，利润 48.25 万元，辐射37个乡镇办、646个行政村、40个社区，惠及67万人，为全面建设“放心粮油工程”奠定了基础。2010年，市粮食局与各县（区）粮食局、局直各单位签订“放心粮油”工程目标责任，由局党组成员分片包干，实时监管。全年共建设市级配送中心1个、县级配送中心6个、乡镇中心店50家（含40家骨干示范店），放心粮油门店（点）500家，完善提升40个“放心粮油”骨干示范店建设完善490个“放心粮油”经销网点，其中改造提升383个，新建107个（农村店43个、社区店64个），实现销售量1272万公斤，销售收入3563万元，利润75万元，辐射32个乡镇办、960个行政村、85个社区，惠及130万人，超额达到粮油销售1100万公斤、利润70万元的目标，圆满完成建设、改造、完善、提升的任务，三年规划全部落实到位。

五、粮食流通市场监管

2004年，国务院颁布实施《粮食流通管理条例》后，粮食市场全面放开，粮食法治体系开始建立；为维护全市粮食流通市场秩序，2005年，阳泉市粮食局增设“监督检查科”，负责全市粮食流通监督检查工作中有关政策法规的组织实施。2006年3月，“监督检查科”更名为“市场监督检查科”。同年，郊区粮食局设市场监督检查股，平定县粮食局、盂县粮食局将粮食市场监管工作并入业务股，市、县两级粮食行政管理部门内设的粮食流通监督检查管理机构组建到位。2006年8月30日，市粮食局向市机构编制委员会申请成立“阳泉市粮食流通管理稽查队”和平定县、盂县、郊区粮食流通管理稽查队。12月，市机构编制委员会批准成立阳泉市粮食流通管理稽查队，为正科级全额预算事业单位，编制8名，隶属市粮食局，依法对全市粮食流通市场进行管理。同时，批准成立平定县、盂县、郊区粮食流通管理稽查队，为股级全额预算事业单位，分别隶属于各县区粮食局。

市场监督检查科成立后，开始对照粮食行政管理部门履行职权所涉及的法律法规，梳理行政执法依据11件，当年累计办理粮食收购资格证25家，其中市级3家、盂县12家、平定县3家、郊区7家。10月11日，市粮食局、市工商行政管理局、市质量技术监督局、市卫生局、市物价局等五部门联合制定《阳泉市粮食流通市场监管联合执法实施办法》，共同担负起对全市粮食流通市场的监督管理职责。2007年7月，市粮食局派出市、县（区）局13人参加了山西省粮食局组织的粮食流通检查行政执法培训班，经考核全部取得了粮食流通监督检查执法资格证。8月，市粮食局1名稽查队员参加了国家粮食局组织的粮食行政执法培训，并取得“全国粮食库存检查资格证”。2008年，市粮食局与市工商、卫生、技术监督等部门配合，进行了“迎奥运”粮油市场检查整顿。在“三聚氰胺奶粉事件”后，对全市市场销售的成品粮进行安全检查，确保市民吃上放心粮油。2008年共开展各类粮食监督检查8次，检查粮食经营企业180个，完成粮食收购资格证年检24家，被国家粮食局评为“2008年度全国粮食流通监督检查工作先进单位”。

2009年，市粮食局先后派出100人参加了国家、省粮食局和市政府举办的粮食流通检查执法和行政执法培训班。建立健全粮食流通执法检查制度，先后制定了收购资格许可审核办理2个程序1个规定、粮食库存管理8项制度2个办法以及粮食监督检查管理规定和粮食行政执法案卷评查制度，制定《阳泉市粮食流通监督检查工作考核暂行办法》，提高了依法行政的水平。同年，市发改委、市粮食局等十部门联合开展了全国粮食库存检查，对全市4个行政区域的35个粮食储存点，共计252个储粮仓库进行了彻底清查，清查结果表明，全市粮食库存账实相符，数量真实，质量良好，顺利通过了省级复查和国家级抽查，并受到省粮食局表彰；对全市粮食收购经营者进行了3次检查，对5家企业违规行为作出现场纠正和限期整改处理，进一步规范了粮食收购市场；对放心粮油经销网络进行了2次全面检查；会同相关部门对粮油市场进行专项检查3次，出动人员120余次，检查粮食经营户44家；对7家卫生较差的粮店提出责令改正；对市区290户非国有粮油经营户进行了2次检查。

2010年，市粮食局组织开展粮食库存检查工作，对全市纳入粮食统计范围的19个企业的粮食库存等情况进行检查；对放心粮油工程进行14次抽查，出动检查人员400余人次；对粮食流通市场进行专项检查11次，下发最高最低库存量通知书34份，注销粮食收购资格证3家，变更1家，下发责令改正通知书6份。

第三节　粮油储运

20世纪初，境内经营粮食的商贩陆续开业，采用“店库合一”的形式，没有粮仓，上市的粮食主要靠私商贩运。粮食储运设备比较原始，数量有限。阳泉建市后，境内国营粮食部门的粮油储运工作从无到有，为促进全市国民经济的发展，保障居民生活发挥了作用。中共十一届三中全会以后，随着生产发展和流通体制的变化，阳泉市投入大量资金，兴建仓房、油罐、铁路专用线，添置各类粮仓机械设备，研究防治虫霉鼠雀的新方法，开展“四无粮仓”活动，建立起完备的粮油储备体系，制定了规范的仓储管理制度，有效保证了粮油储藏安全。到2004年，境内实行了粮食购销市场化和经营主体多元化，取消了粮食运输凭证制度，形成公平竞争、规范有序、全国统一的粮食市场。

一、粮油储存

（一）储备与储藏

阳泉建市后，政府对粮油库存非常重视，通过各种办法，充实库存。1953年实行统购统销政策以后，粮食库存稳定增长。1960年以后经济三年困难时期，境内粮食库存急剧下降。中共十一届三中全会后，农村实行联产承包责任制，粮食连年丰收，粮食库存逐年大幅增加。1990年，境内粮食大丰收，到1991年，境内粮油库存达23万吨，给储存带来一定困难。1994年，阳泉建立粮油市级储备，此后规模不断增加。1998年，成立阳泉市储备粮油管理中心，受市粮食局委托负责全市各级储备粮油的保管、调拨、轮换等工作，直接管理阳泉市级储备粮。

储备粮为维护阳泉粮食市场稳定发挥了积极作用。2003年4月，发生“非典”疫情期间，市内粮价发生异常波动，市政府紧急动用储备粮稳定市场。随着粮食购销市场化改革的深入，储备粮成为进行粮食宏观调控的重要手段。2004年，市政府为加强对粮食市场的宏观调控，增强抵御粮食市场风险的能力，确保全市粮食安全，将全市粮食储备在4万吨的基础上增加4.5万吨，总规模达8.5万吨，其中市级储备6万吨、县（区）2.5万吨。首次建立县（区）粮食储备，完善了粮食储备体系。根据全市小麦短缺的实际情况，储备粮中小麦的储备量达80%以上。2005年《阳泉市储备粮油管理暂行办法》发布实施，储备粮油管理纳入法治化、规范化、科学化管理轨道。2006年，阳泉市市级储备粮6万吨，食油储备600吨，再加上县级储备、中央和省储粮及企业自收粮食，已达15万吨，粮食储备初具规模，为应对各种突发事件奠定了坚实的物质基础。2007年，阳泉市各级储备粮16.9788万吨，其中中央储备粮7.4288万吨、省储备粮1.5万吨、市级储备6.06万吨、县级储备2.05万吨，商品粮5212吨，粮食库存共计17.5万吨，全市4个挂牌国家粮食储备库的仓储企业全部达到省级创建标准，获“省级示范站（库）”称号。

2008年5月，省粮食局将存放在忻州的5000吨玉米调入阳泉市西河滩国家粮食储备库，阳泉市粮食储备能力、抵御风险能力得到进一步提高。市粮食局先后与河北、山东、江苏等地5家粮食单位签订了粮食产销合作协议，与小麦主产区合作，为全市粮食购销建立了稳定的产销衔接渠道。7月25日，在位于西河滩的国家粮食储备库举行阳泉市粮食安全工程庆典仪式，庆祝西河滩储备库2万吨面粉厂投产、5000吨省级储备粮入库、2号万吨粮仓竣工、1号万吨粮仓奠基。2009年7月，市粮食局建立了可供城镇居民10天口粮的市级成品面粉2000吨和小包装食油100吨的应急储备。11月中旬，阳泉市发生特大雪灾，全市因交通阻断粮油蔬菜等价格大幅上涨，市级2000吨成品面粉的有效供应，有力平抑了粮食市场价格，确保了全市粮食市场稳定。2010年，市粮食局新增1.5万吨市级玉米储备粮和400吨小包装食油储备，市级储备粮可以满足全市人民半年消费，储备的成品粮可以满足城镇居民10天的消费，储备的成品食油可以满足城镇居民1个月的消费，全市粮油应急储备能力得到进一步提高。

（二）仓储设施

1. 粮食仓库

阳泉建市后，人民政府接收两座营房，其中一座盐库作为粮仓（现东营盘），实际容量仅2900吨，这是境内第一座粮库。1951年，市粮食部门建造了第一座正式粮库，位于西营盘，为窑洞型仓房，实际容量1125吨，仓顶部为晒粮场。1984年市粮食局建成位于市西河滩的第三仓库的立筒仓，仓容量7500吨，为当时单仓容量最大的粮仓。全市有铁路专用线的粮库一个，专用线有效长度89米。到1990年，全市共有粮仓130座，实际容量12.92万吨。

1991年，全市粮食系统库存粮油一直高达20万吨左右，50%以上粮油只得靠露天或租库储存，其中露天储粮1.06万吨、外租库储存10.13万吨，仓房不足成为突出问题。为缓解“储粮难”，阳泉市抓紧投资进行粮仓建设和改造扩建，对仓房墙、顶、地面进行改造，安装排风扇，提高了库房防潮、隔热、通风性能，实现准低温储藏，一些仓库开始采用电子测温管理技术。7月1日，上烟粮库筹建组开始工作，当年完成投资737万元，建成10座粮仓，仓容量总计达3万吨；1992年11月，更名为“山西阳泉国家粮食储备库”。1993年，市粮食局第三仓库在寿阳物资库的租赁库撤销，库存小麦35104吨划归阳泉国家粮食储备库管理，其中专储5104吨、甲字粮1.5万吨、丙字粮1.5万吨，其余部分调回三库立筒仓。阳泉国家粮食储备库又于1995年建成1.5千米长铁路专用线一条。1997年，市粮食局第三仓库挂牌为山西阳泉西河滩国家粮食储备库和省粮食储备库。此后，平定和盂县的国家粮食储备库经批准相继挂牌成立。1999年，为进一步加强市级储备粮库建设，经市人民政府批准，西河滩国家粮食储备库与市饲料养殖有限公司进行资产置换。西河滩储备库由市区桃南中路西河滩整体搬迁至郊区杨树沟。

2000年，西河滩储备库A4号库竣工，A4号库为24米跨度高大平房仓，建筑面积2813平方米，存粮线高6米，仓容量1.3万吨，时为阳泉市单仓容量最大、质量最好的粮食仓库。2003年，同等规模的A3号粮库建成使用。2005年，A2号库开始筹建。到2005年，西河滩储备库总仓容量达到3.5万吨，良好的仓储设施和先进的管理经验使该库成为全市唯一的中央储备粮代储库。与此同时，各县区粮食部门也积极筹措资金新建库房。新建仓型大多为存粮线高4米至6米的高大平房仓。库房采用了新型防水、防潮、隔热材料，门窗用彩钢板制作，仓储条件得到大幅改善。截至2005，全市国有粮食仓储企业总体仓容达23.5万吨。

2006年，山西阳泉国家粮食储备库筹资420万元建设的高大平房仓竣工并投入使用。2007年，山西阳泉西河滩国家粮食储备库仓容1.3万吨的A2号高大平房仓建成，全市完成新建粮库仓容达8.3万吨，创粮仓建设规模之最。盂县粮食局、平定县粮食局实施“退城进郊”战略，启动粮库迁建工程。其中，盂县粮食局投资1800万元在苌池镇东苌池村新建总仓容3万吨的粮库，7月山西盂县国家粮食储备库整体迁入。平定粮食局投资1500万元在石门口乡乱流村新建的总仓容4万吨粮库主体工程完成，2008年投入使用。2008年，A1号粮库开工建设。全市新落成的粮仓中，同步配置了环流熏蒸、机械通风、微机粮情检测等储粮设施。各粮食购销企业对建设较早的仓库逐步进行了拆除新建或改造。到2008年，全市仓容总量达到26万吨，形成了设施先进、配套齐全、管理规范的地方储备体系，全市储粮设施的现代化程度达到一个较高的水平。2009年，山西阳泉西河滩国家粮食储备库A1号万吨粮库工程竣工，粮仓建设取得可喜成绩。同年5月，盂县国家粮食储备库上划给中储粮山西省分公司，纳入中央储备粮垂直管理体系，企业名称变更为中央储备粮盂县直属库，隶属于中央储备粮山西分公司。11月19日，根据《国务院关于组建中国储备粮管理总公司有关问题的批复》中储粮公司可以划转上收一定规模的粮食储备库的指示精神，平定县政府与中央储备粮太原直属库签订《山西平定国家粮食储备库资产上划管理协议书》，将乱流库资产、人员全部上划，更名中储粮太原直属库平定分库。2010年，山西阳泉西河滩国家粮食储备库筹集240余万元用于仓储设施建设，仓库仓容、仓储水平得到很大改观，被省粮食局授予“现代化粮库”称号。平定县粮食局投资60万元对山西平定国家粮食储备库进行了大规模改造，经改造达到了市级规范仓标准。

2005年阳泉市各类仓型分布情况表

表-11-11　　单位：吨

仓型	仓容量				
	合计	市直	平定	盂县	郊区
房式仓	225022	87100	60682	63155	14085
立筒仓	2500	2500	—	—	—
地下仓	6650	—	1700	4950	—
简易仓	800	800	—	—	—
合计	234972	90400	62382	68105	14085

2010 年阳泉市各类仓型分布情况表

表 -11-12　　单位：吨

仓 型	仓容量				
	合 计	市 直	平 定	盂 县	郊 区
房式仓	185205	110600	36400	24120	14085
地下仓	1700	—	1700	—	—
简易仓	800	800	—	—	—
合 计	187705	111400	38100	24120	14085

2. 油脂仓库

1956 年 2 月，原属商业局的油脂公司划归粮食局，时只有一座食用油库房，地址在东营盘。食油以桶存为主，20 世纪 60 年代末至 70 年代初先后配备了部分小型油罐，储量很小。1979 年市粮食局组建了直属油库，并于 1982 年在郊区河下村建成新库，有大型油罐 6 个，其中最大的一个油罐容量达 800 吨，总容量是 2560 吨，全部采用散储形式。

1991 年，境内油脂总储量达 3150 吨。1992 年 5 月 1 日，市粮食局油脂仓库更名为阳泉市油脂公司，经营平价油脂、油料制品及油脂加工。1994 年，扩建 5000 吨钢板油罐，拥有钢制大型储油罐 8 座，仓容量达到 1 万吨，另有铁路专用线一条，自备油罐车 4 部。1998 年 11 月，在市油脂公司基础上成立阳泉市直属油脂储备库，作为市油脂收储企业，同时与市油脂公司分离，平均年储备市级食油 600 吨左右。2002 年 7 月，市直属油脂储备库由山西省粮食局信良植物油库兼并。

3. 粮食机械

随着境内粮库的建立，市粮食部门开始投入资金购置粮仓机械。1954 年购进第一批粮食机械是两台 18 米倾斜式输送机。以后逐步对所属的第一、二、三库的粮仓机械进行扩充。20 世纪 70 年代以后，粮仓机械化建设有了较快的发展。负责面粉周转经营的第三仓库的成品库至面粉厂安装了两套平型输送机，将面粉厂刚下机的袋装面粉直接输入成品库。输送机上下密封，输送面粉风雨无阻。输送机在粮食作业中的应用已相当广泛。机型也不断增多。有皮带输送机、斗式升运机、刮板输送机、螺旋输送机。使用最多的是移动式皮带输送机。在露天作业中，普遍作堆垛用，是粮库机械化中最主要的输送设备。1984 年市粮食局在第三仓库修建了容量为 7500 吨的立筒仓，铺设了铁路站台至立筒仓的原粮输送线，粮食出库采用微机自控系统，提高了粮食储运工作的机械化程度，保证了作业安全。同时期市内各粮库普遍使用电阻测温技术，一些仓库使用了微机测控新技术，但由于技术原因不久便被淘汰。到1990年，全市粮食部门用于粮食机械投资累计达百万元以上，大中型仓库基本配备了粮库机械。此后，粮仓机械建设有了更快的发展，并着重转到散存、散装、散运、散卸方向。使用了移动式转向输送机、伸缩输送机、提升机等更先进的输送设备，多功能粮食取样器、电子衡器、地上笼、轴流风机、离心式风机等机械通风系统和环流熏蒸系统。截至2010年，对条件较好的库房普遍安装了全数字粮情电子测控系统。库站改造、新设备的使用和普及，对完成粮食流转、减轻劳动强度、节省费用开支、保证储粮安全，都发挥了积极作用。

4. 检验设备

在粮油检验方面，20世纪60年代前，境内主要以感官检验为主，用简陋的设备检验粮食的水分、杂质及纯粮率。检验粮食水分是用“油蒸式”水分测定器，该仪器是阳泉市用于检验粮食的第一台仪器设备。60年代后，购置了分析天平（1/10000）1台，化验水分更换为隧道式烘箱测定器。到20世纪80年代，市内各粮库普遍设置化验室，购置了检验仪器和一些辅助设备共计250台件，基本满足了粮油质量检验的需要。此后，容重器、分样器、架盘天平、机械天平、精密天平、电热干燥箱、电动粉碎机、电动取样器、自动筛选器、粮食黏度测定仪等一系列检化验仪器更新换代，使粮食检验更加精细、科学。到2008年，全市国有粮食仓储企业多方筹措资金，安装了机械通风、粮情测控、环流熏蒸等仓储设施，配置了粮油品质检测仪器及输送机、扒谷机、吸粮机、接粮漏斗等装卸设备。粮食储备企业安置了地磅，实现散粮计量。

（三）仓储管理

从阳泉建市到1953年，境内粮食仓储管理比较混乱，保管技术措施比较原始，设备简陋，严重危害储粮安全。1953年，随着统购统销政策的实施，境内粮食保管量开始增加，粮食仓储开始走向正规，主要以常规储粮为主，以清洁卫生为基本环节，防霉防虫。同时，学习余杭保粮经验，彻底清扫、清理仓具，剔刮虫巢，药剂消毒，嵌缝粉刷。库内要求面面光，库外要求“三不留”（不留杂草、不留垃圾、不留污水）。1955年，粮食部提出开展“四无”（无害虫、无霉变、无鼠雀、无事故）粮仓活动的号召，境内粮食企业广泛展开活动。到1957年，石卜嘴粮店（后改称虎尾沟粮店）成为全市第一个实现“四无”粮仓的单位。市粮食局从1958年开始对“四无”粮仓活动实行按季检查、年终评比、合格发证的工作制度。1959年，全市粮食保管工作加强了对虫害的治理，主要措施是化学药剂熏蒸。当时使用的化学药剂主要有氯化苦、溴代甲烷等，之后又用磷化铝代替了其他药剂，使用至今。市粮食局一库、三库还设置防化岗位并配备了专职或兼职防化员。“文化大革命”开始后，“四无”粮仓活动长期处于停滞状态。但经过广大粮食干部职工的努力，粮食保管工作还有一定的发展，先后实行了异品种压盖、中草药防治、低温储藏等保管方法。

1978年，全市的“四无”粮仓活动向深度广度发展，逐步向科学储粮迈进，不仅增加了电阻测温，还积极开展密闭、压盖、塑料覆盖等储粮方法。1985年，全市粮食系统仓储企业贯彻“以防为主、综合防治”的保粮方针，因地制宜开展科学保粮工作，由点带面，逐步推广，科保项目多样化，技术含量不断加大，科学保粮质量和比例逐年提高。1991年在粮油保管员中全面实行“三定三包一保证”（即定人、定仓、定量；包质量、包损耗、包费用；保证实现“四无粮仓”）的承包责任制。当年市粮食局第三仓库在粮食保管中成绩突出，被中商部授予“全国粮油保管先进单位”。1999年11月，市粮食局制定了全市仓储管理“八项制度、一个办法”（储备粮油管理制度、粮油保管制度、粮油进出库制度、粮情检查制度、清洁卫生制度、化学药剂使用管理制度、安全保卫制度、粮油品质检测制度和科学保粮试行办法），作为加强粮库建设的一项重要内容，全市粮食仓储单位普遍建立起粮食安全保管责任制，层层签订工作责任书。为提升仓储工作整体水平，粮油保管员素质建设逐步加强。同年，阳泉市开展粮油保管员职业资格认证工作。截至1999年，全市粮食系统保管员具有初级、中级、高级保管员技术资格证书的达50%以上。

2001年全国开展粮食清仓查库工作，清查国有粮食部门库存粮食的入库时间、数量、品种、质量及其他情况。山西省委派太原市粮食联合清查组对阳泉市进行检查。清查组按“有粮必查、有库必到”的原则对全市8个储粮单位54个点进行了清查。通过清查，全市粮食实际库存19.32万吨，溢余653吨，差率0.31%，符合账实相符要求，且为全省误差最小，山西省粮食清仓查库领导组授予阳泉西河滩国家粮食储备库“粮食安全管理先进集体”称号。2002年8月，市粮食局制定《关于推行粮油保管员持证上岗制度的实施办法》，规定全市国有粮食购销企业粮油保管员均需持有市粮食局统一颁发的粮油保管员资格证方可上岗。

2003年后，境内的粮食保管开始注重绿色和经济，仓储科学技术向“三低、三高”（即低损耗、低污染、低成本；高质量、高营养、高效益）方向的非化学防治技术方向发展。环流熏蒸、机械通风和粮情测控等新技术得到广泛应用，大大提高了储藏技术管理水平。2004年，全市粮食系统广泛开展省、市两级“示范站（库）”创建达标活动。“示范站（库）”是“四无”粮仓活动的继承和发展，到2005年，山西阳泉国家粮食储备库、山西阳泉西河滩国家粮食储备库、平定国家粮食储备库、盂县国家粮食储备库等单位先后获得省、市级“示范库”称号。2007年，阳泉市4个挂牌“国家粮食储备库”的仓储企业全部达到省级创建标准，获省级“示范站（库）”称号。2008年，阳泉国家粮食储备库通过省粮食局现代化粮库验收，全市储备粮科学保粮率达100%。2009年，市粮食局继续开展示范站（库）建设和现代化粮库建设活动。当年，阳泉市有10个站库达到了“示范站（库）”标准，阳泉国家粮食储备库和盂县储备库均达到了现代化粮库建设标准。2010年，阳泉市西河滩储备库筹集240余万元资金用于仓储设施建设，被省粮食局授予“现代化粮库”的称号。平定县粮食局投资60万元对山西平定国家粮食储备库进行了大规模的维修改造，粮库达到了市级规范仓标准。围绕创建“示范库（站）”和“现代化粮库”活动的开展，全市粮食仓储管理逐步由传统的管理模式向现代化管理模式转变。绿色储粮取得积极进展，全市储备粮科学保粮率五年内均在98%以上。

二、粮油调运

（一）粮油调拨

1949年前，境内粮油主要靠私商贩运。1949年后，阳泉粮食流通进入统一调度与自由流通并存时期。当时粮食流转大体上有四个渠道：国营粮食企业执行系统内统一调度原则，组织县间、市间、省间的粮食流转调运；供销合作商业和地方国营商业自行组织货源采购调运；私商自购、自运、自销；农民自产、自运、自销。从1952年开始到1978年，国家实行粮油统一调拨，数量也越来越大，境内每年净调入粮食从2.5万吨增至7.5万吨左右，与其他省、市发生粮油调运关系必须通过省粮食局编制调拨计划和运输计划，再由境内粮食部门具体组织实施。粮食调入，粗杂粮主要来自晋中、晋东南地区，其间接收过东北调入的玉米。小麦和面粉除从临汾、运城地区和外省调入一部分外，从70年代初期开始接收大批进口小麦，主要来自美国、加拿大、阿根廷、澳大利亚等国，由青岛港和秦皇岛港、天津港转运。大米主要由湖南、湖北调入。组织调出以外运玉米为主。对于市内各粮店日常销售的粮油，由各需粮店向调运部门提出下月要粮计划，由调运部门组织力量送粮，采用送货制。

中共十一届三中全会后，随着粮食形势的好转，境内逐步放宽粮食政策，议价粮油经营数量不断扩大。这一时期，在粮食政策上逐步形成“双轨制”，即平价粮经营仍由国家粮食部门统一管理，市内各国有粮食单位严格执行市粮食局下达的粮油调运计划。议价粮则通过市场机制调节，实行以国营粮食部门为主渠道的多渠道经营方式。1993年阳泉粮食购销价格放开以后，粮食调拨改为市场调节，需调入、调出的粮食通过产销直接订货的方式解决。1994年至1997年，市粮油购销总公司对市内国有粮食经营单位进行了经营体制的改革，规定下属各基层单位在调拨面粉、食油时，一律凭总公司印制的取货单取货；负责面粉、食油供应的第三仓库、油脂公司凭取货单发货，并开具发货明细表。2004年，粮食流通体制改革进一步深化，境内放开了粮食收购市场和价格，实行粮食购销市场化和经营主体多元化，取消粮食运输凭证。10月，阳泉市政府制定《关于进一步深化粮食流通体制改革的实施方案》，在全市建立统一、开放、竞争、有序的粮食市场体系，办好农村集市贸易，取消粮食运输凭证制度，严禁各种形式的区域性封锁，形成公平竞争、规范有序、全国统一的粮食市场。

（二）粮油运输

20世纪50年代，境内粮食部门长途调运粮食多采用火车运输，短途调运和市内运输以人力车、畜力车为主。70年代后，短途调运开始使用汽车，畜力车逐步退出，人力车限于库内使用。

铁路运输　阳泉建市后，铁路运输逐步成为粮油调入调出的主要方式。由于粮油调运任务的不断扩大，从实行统购统销之后到20世纪70年代中期，市粮食部门在市内先后开辟了3个铁路接粮点。一是营三线，阳泉钢铁厂专用线市粮食局第二仓库段，站台长75米，可同时装卸6个车皮；二是煤业线，为租赁铁路部门的专用线，全线有效使用长度为57米，可同时装卸5个车皮；三是第三仓库专用线，是粮食部门出资铺设的装卸粮油专用铁路线，全线长215米，有效使用长度为90米，可同时装卸5个车皮。1995年阳泉国家粮食储备库建成1.5千米长铁路专用线1条。截至2010年，粮油的铁路运输仍以包装为主。

公路运输　20世纪50年代，全市公路运输落后，粮食部门使用汽车从运输部门租用。1958年开始购置汽车，先购回两部旧日本丰田汽车，到1973年达到14部，并成立了汽车队。1981年11月，汽车队更名为“阳泉市粮食局汽车队”，时有车辆17部。1985年1月，在原市粮食局汽车队的基础上，成立了阳泉市粮油运输公司。到1990年，阳泉市粮食局共有各型汽车107部。1991年，粮油运输公司创利46.26万元，在全省同行业中名列榜首。在粮食统一计划调拨时期，全市平价粮油运输由市粮油运输公司会同平定县粮食局车队统一安排，并签发行车命令。其他车辆均不得拉运平价粮油。如遇特殊情况确需拉运的，由粮油运输公司签发行车命令方可拉运。严禁使用社会车辆拉运平价粮油，如遇特殊情况确需拉运的，须经市粮食局批准。1993年，随着粮食经营的放开，粮油运输开始了市场化运作。1998年，粮油运输公司划归泉美商务大厦管理，更名为“泉美商务大厦汽车队”。随着市场经济的发展，截至2010年，阳泉市的粮油运输企业已消亡，粮油运输经营主体多元化，粮食运输除铁路运输外，公路靠租用社会车辆运输，公路运输为主要运输方式。按照现代粮食物流“四散化”（即粮食散储、散装、散运、散卸）要求，公路运输大多为散装，提高了流通效率，降低了流通成本。

第四节 粮油加工

境内的粮食加工业从解放前的手工业小作坊，通过改造、合并和调整，由分散到集中统一管理，不断研究新工艺，采用新设备，引进新技术，开发新品种，粮食、油料、熟食品、饲料加工生产能力不断提高，满足了市场供应，保证了市场的繁荣稳定。

一、粮油工业

（一）面粉加工

阳泉建市后，为解决矿区人民生活问题，人民政府多方鼓励工商业发展，机械制粉业也应运而生。到1949年，私营电磨作坊发展到5家，这些私营作坊除自营加工外，还代国营粮食部门加工，加工品种主要是玉米、豆类、莜麦等。小麦粉主要靠计划调入。1956年，在对资本主义工商业实行社会主义改造过程中，市内原“宏丰”“复盛源”“联合”3家私营电磨坊合并，实行公私合营，定名为“阳泉市公私合营三合电磨厂”，全市制粉业开始统一经营。

1960年，国家投资45.2万元在市西河滩兴建了一座制粉楼，设计日生产能力为50吨，1961年8月5日建成投产（后称面粉一厂）。新制粉楼投产后，进行了多次技术革新。到20世纪80年代，日生产能力达95吨。1979年6月，市粮食局又在西营盘建成了日产150吨的制粉车间（后称面粉二厂）。为更好地组织生产，1984年12月，市粮食局成立了阳泉粮食工业公司，直接管理面粉一厂、二厂，同时对平定、盂县两县的粮食加工业务进行指导。为满足市民不断增长的消费需要，1987年，市粮食局又投资269万元，在面粉一厂建成了年产8万吨的等级粉车间，除标准粉外还生产出了质量上乘的上白粉、精粉。平定、盂县的制粉业也同步发展，不断增大。到20世纪90年代初，全市粮食日加工生产能力达370多吨，满足了行业用粮和市民生活需求，粮食工业公司成为阳泉地区最大的面粉加工企业。

1993年粮价放开以后，阳泉粮食工业公司转换经营机制，结束产、供、销脱节的体制，初步形成了自采原料、自主加工、自主定价、自主销售的新型运营机制。当年产量31902吨，实现利润27万元。新机制运行以后，通过改进工艺，提高了面粉质量，结束了阳泉人民吃“黑白面”的历史。1994年，粮食工业公司开始实施品牌战略，创出“309”面粉品牌。包括标准粉、特制一等粉、特制二等粉、精粉在内的“309”系列面粉以精度高、粉色纯受到广大消费者欢迎，当年该公司入选中国500强食品制造企业。1996年经过全面技改后，面质更加优良、稳定。该系列产品无任何添加剂，其精度、粉色、面筋值、粗细度等9项指标均优于国家标准，为百姓认可的“绿色食品”。年内，阳泉粮食工业公司投资1000万元进行了制粉设备技术改造，对原有设备进行了整体更新。共更换各种设备173台套，其中磨粉机、高方筛和清粉机全部为国内厂家经过引进、吸收和改进世界先进设备制造技术后生产的新一代制粉设备。在工艺上采用了瑞士布勒公司的长粉路标准工艺，由原来六部磨组合一条粉路改变为十二部磨组合一条粉路。在生产运转过程中，采用了微机控制。整套设备的运转情况，全部通过模拟显示屏进行监控。通过技术改造，提高了出粉率和面粉质量，并填补了阳泉市专用粉（饺子粉、面包粉等）生产的空白。新产品采用不同量级的新式复合包装，方便了人们购买。同年6月，撤销面粉一厂、二厂建制。1997年，面粉市场活跃，小型面粉厂逐渐增多。包括阳泉国家粮食储备库“三虎”牌面粉、平定粮食局“古州”面粉在内的各种品牌面粉纷纷面市，“309”商标被评为阳泉市知名商标。省内太原、晋中等其他地市特别是河北、河南、山东等外省面粉大量进入阳泉市场，境内主要面粉生产企业市场占有率逐步下降，加工量随之减少，逐渐进入了停产、半停产状态。

2004年，全市年加工小麦能力达10万吨以上，能够保证全市面粉市场供应。国有粮食部门共有面粉加工企业5个，年加工小麦能力8.5万吨以上，其中粮食工业公司5万吨/年，平定、盂县、郊区面粉加工企业共3.5万吨/年。2007年，市粮食局为建立稳定、可靠的成品面粉加工基地，结合国有粮食企业发展现状，按照“一库一厂”的方针，大力发展面粉加工业。盂县粮食局3万吨面粉加工厂建成投产，阳泉国家粮食储备库对原有年产2万吨制粉设备进行了技术改造，西河滩国家粮食储备库开始新建2万吨面粉加工厂。到2008年，全市四个粮食储备库全部建设了面粉加工厂，实现了“厂库结合，一库一厂”。其中，阳泉国家粮食储备库和西河滩国家粮食储备库两个面粉厂共同经营“三虎”面粉品牌，该品牌被山西省粮食行业协会评为“放心面”。盂县国家粮食储备库面粉厂经营的“玉雪”品牌在县内打出声誉，平定国家粮食储备库面粉厂注册了“娘子关”面粉商标。全市国有面粉加工企业通过努力经营，发展到年产7万吨的生产能力，保证了全市面粉供应。2009年，市粮食局在西河滩粮食储备库新建小麦面粉加工生产线投入使用，使“三虎”牌面粉年生产力达4万吨，实现利润21万元。同年，盂县面粉厂企业效益不断增强，年生产能力明显提高。年生产力达1.5万吨，年利润25万元左右，盂县市场占有率达35%左右，产品辐射郊区等周边。12月，平定面粉厂因经营不善停产整顿。2010年，市粮食局针对直属面粉加工企业规模偏小，市场竞争不利的现状，实施“一把雨伞两人撑，小厂联手闯市场”的合作战略。西河滩和上烟面粉厂两家联合，通过品牌、标准、价格、经营方式标准化的经营方式，并投资50万元在阳泉电视台、电台对“三虎牌”面粉进行大力宣传，使企业效益得到好转，实现产值1500多万元，同比增长40%。

（二）其他粮油加工

挂面生产　1949年，全市有4家轧面作坊，2家挂面作坊，后并入“公私合营三合电磨厂”，随后成为市粮食局面粉厂一个生产车间。1966年，出售给城区上站街道办事处，并成为全市唯一的一个挂面生产厂。为满足市场需要，市粮食局于1980年10月和1981年2月又开设了矿区挂面厂和市区挂面厂，年生产能力达800吨，成为全市主要的挂面生产基地。此后粮食部门又成立了几家挂面厂，机构也几经变更。2004年，随着粮食市场的逐渐放开，阳泉市内挂面厂由于销路受阻等原因陆续停产倒闭。

方便面生产　1986年，阳泉市政府投资200万元，注入隶属阳泉市轻工局的阳泉市矿工食品厂进行方便面生产车间开工修建。由于当时粮食属于计划经济管制，原料短缺不能批量生产。1990年4月，矿工食品厂划归市粮食局，更名为方便食品厂，由粮食工业公司负责管理。随后方便面生产设备投入使用，生产出了全市自产的第一块方便面，打破了外地方便面一统市场的局面。生产的“顿思达”牌方便面在阳泉市场占有一席之地。1993年，方便食品厂与第一仓库合并改组为阳泉食品工业公司，1994年与北京天坛食品公司联营，开发出方便面新品种，年销量达1500吨。1996年，由于南大街公路拓宽工程，拆迁、占用公司用地1/3，企业经营受到巨大损失，加上设备落后、产品单一、经费短缺、无研发人才等原因，旧产品销售不畅，新产品推出不利，公司被迫停产。2009年10月阳泉食品工业公司随同阳泉市工业公司一同宣布破产。

粮油熟食品　20世纪80年代以后，粮食部门在“本业为主、多种经营”的精神指导下，开始发展粮油熟食品加工业务。粮食局下属基层单位筹建了各种熟食品加工厂。基层粮店在搞好粮油供应的同时，也积极开展以转化平价粮为主的粮油熟食品加工及销售业务，全市经营网点骤增，花色品种增多，主要品种有油条、馒头、麻花、包子、烧饼、馄饨、面包、蛋糕、月饼、元宵等，取得了较好的社会效益和经济效益。到80年代末，市内粮食部门熟食品业年利润达40多万元。1995年7月，阳泉市粮油购销总公司下属粮油运输公司曾负责筹建了稻谷加工厂，安装碾米设备，进行试产，但由于原料成本高等原因，产品还没有正式上市加工厂就于1996年6月被撤销。2007年，平定县粮食局粮油购销中心依托县内资源优势，开展筹建小杂粮加工基地，积极探索新的经营模式。2008年，平定县粮油购销中心开展了集面粉、调味、特产等20多个品种为一体的小杂粮加工，以“公司＋农户”的经营模式，建立了小杂粮加工基地，注册了“喜耕田”小杂粮商标品牌，走杂粮精品道路，但经营量不大。2009年，平定县粮食局在开发小杂粮项目上狠下功夫，使产品发展到4大类40多个品种，市场销量不断提高。10月，平定小杂粮亮相全国粮油食品展，获得好评。2010年，在注重研发小杂粮新品种的同时，平定县粮食局把工作重心放在开拓市场，扩展销售渠道上。平定小杂粮逐渐走出阳泉，出现在北京、石家庄、太原等大中城市的粮食市场。与此同时，郊区粮食局积极与好麦食品有限公司联合，发展面包加工业，走上了转型发展之路。

油脂加工　阳泉市油脂工业发展缓慢，市民食用油主要依靠外部购进解决。1993年，市油脂公司开发生产出芥末油、小磨香油等“风味食用油”系列产品。1996年阳泉市粮油购销公司购进成套油脂精炼设备，总投资270万元，其中贷款152万元、企业自筹118万元。1997年7月，生产线投入生产，年产量达到2000吨，生产的色拉油系列产品，在当时畅销一时。经过几个月的运转，由于生产线工序要求严格复杂，运作成本高，产品销路不畅，致使设备不能满负荷运行，加之用于生产的原料、货源得不到保障，企业被迫停产至今。

综合利用　加工粮食后的副产品和下脚料，有多种用途。解放初期，境内主要用作饲料，没有进行过深加工、精加工。20世纪60年代开始，粮食部门形成大规模粮油生产加工能力后，十分重视其综合利用和开发，先后研制出了白酒、核黄素、食用醋等，但未形成生产规模，逐步停产关闭。

二、饲料工业

解放初期，阳泉市饲料加工业还未形成，主要业务就是对饲料的统一管理和统一供应。改革开放后，饲料工业随着养殖业的逐步发展不断进步。1983年6月，全市第一家饲料厂在郊区杨树沟建成，当年产出各种配合饲料215吨。平定、盂县也相继建起了一些小型饲料厂。1984年12月，成立了阳泉市饲料公司。随着饲料需求量急剧增长，1985年9月，饲料公司又建成了新的饲料加工车间。1990年10月，投资建成了10万吨的饲料加工车间，成为全市饲料加工的骨干企业。1991年，饲料公司4个蛋鸡饲料产品被省粮食局评为优良产品，1个猪饲料产品获山西省优良产品奖，全年实现利润62.7万元，居全省同行业之首。

1997年，市粮油公司对所属饲料公司、方便食品厂、挂面厂进行兼并重组为阳泉市饲料养殖有限责任公司和阳泉市粮油食品有限责任公司，开展食品、肉、蛋连锁经营。1998年市饲料养殖有限责任公司对饲料加工机组进行了技术改造，年加工能力达到1.5万吨。1999年租赁市肉联厂养猪场扩大规模，生猪存栏达到4000头。成为阳泉市唯一集饲料加工、养殖为一体的国有控股公司。作为市重点“菜篮子”工程之一，承担市活猪储备任务。随着多渠道经营的发展，市场竞争激烈，粮食系统国有饲料厂经营竞争乏术，销售不畅，20世纪90年代末，境内的饲料加工企业大多数停产或转产。

第五章 专营专卖

第一节 石 油

一、简况

境内的石油经销始于清末，时由西北驼帮队驮运（煤油）至此。其后，个别铁货店开始销售“洋油”，但因价格昂贵且油源没有保障，逐渐自行消失。清光绪三十一年（1905），正太铁路动工，一批外籍筑路工人又将煤油照明带入，使用煤油照明的主要是位于德胜街的各家商（店）铺和各工矿。清光绪三十三年，永茂煤油专营商店在下站开业，境内始有石油经销店。民国元年（1912），美孚天津分公司辖区内石家庄段“德祥永”商号在境内开始经销煤油和灯具。随着煤油灯在境内普及，煤油市场逐渐打开。到民国21年，逐步形成了以“祥记”“义聚”“永通川”为首的“三油行”代理商垄断势力做煤油生意。

阳泉建市后，晋中榆次专区供销社于1949年成立阳泉供销社货栈，担负煤油调拨。1952年，市商业局成立石油小组，专营石油经销业务。1955年，市商业局成立石油公司。1957年又成立了石油批发站，负责境内及平定、昔阳、和顺、左权、盂县、寿阳6县的石油供应业务。

1985年，市石油批发公司从商业局划出归市财委领导。截至1990年，市石油公司下设经理办、人事科、业务科、直销配送科、财务科、安全储运科、审计科、政工办、监察科、零管科等10个职能科室。下属油库、润滑油公司、4个县级公司（盂县、平定、郊区、市区）。1998年，中国石油化工总公司重组成立中国石油、中国石化两大集团公司，阳泉石油分公司（以下简称阳泉公司）上划中国石化集团并成为其子公司。1999年，阳泉公司开展企业内部重组，积极推进“市县一体化”改革，人、财、物集中管理，业务实行全区“统进分销、油品统一配送”，财务实行“收支两条线”，全区统一核算。

2000年，阳泉公司深入开展以“减员增效”和体制改革为核心的改制工作。2005年，根据深化“市县一体化”改革方案要求，阳泉公司取消县公司管理层次，成立了盂县、平定、郊区、桃南、桃北5个片区，由零售管理部管理；市公司机关取消了原有10个职能科室，建立了零售、直销、润滑油、物流、财务核算5条专业线，实现了人事劳资、财务、经营的统一管理。至2010年，阳泉公司内设财务结算部、零售管理部、商业客户部、物流配送部、非油品业务部、综合办公室、政治思想工作办公室、人力资源科、安全基建质量科、发展规划科、实物资产科，共有职工500余人。

二、供销

境内石油供销经历了三个时期。

计划分配供销时期（1951年至1982年）。1951年以推销灯用煤油为主，供农村和城市居民照明用油。1952年开始供应汽油，1954年开始供应柴油和润滑油（脂），1955年供应柴油超过煤油，柴油主要用于农业机械。1958年全国大炼钢铁，境内用油需求大增，汽油供应成为五大品种之首。1960年，由于中苏关系破裂，加上国际反华势力对中国全面封锁，石油成品油全面紧俏，导致境内20%的汽车停驶。1961年，开始实行定量分配、计划供应，首先保证农业生产（抗旱、救灾）和与农业生产有关的各项用油。对其他工业、基本建设和交通运输用油需要核定供应。1964年，阳泉工农业发展逐步走上正常发展轨道，石油供应量也逐年增加。1965年，境内取消定量，敞开供应。“文化大革命”开始后，境内石油供应受到影响，但供应仍保持上升趋势，到1967年，石油供应达10672吨。1970年，石油供应恢复凭证供应制度，对汽车、拖拉机、排灌机械、工业生产用油实行定额供应管理，非生产性用油单位按季（月）向石油经营部门申报用油计划（包括机具数量、消耗定额、用途等），经审核后供应。1970年，石油供应达16506吨。1976年石油供应达43309吨。

中共十一届三中全会后，石油分配计划由市计委下达，各县区计委执行分配计划。1980年，石油的计划管理改为年度计划，由阳泉公司根据上级下达的计划，草拟境内分配方案，市计委审查后送市计划会议平衡，由市计委下达。季度计划由石油公司按照分配原则统一平衡后进行分配。石油分配按照农业、轻工业、重工业的顺序，保证重点、统筹兼顾、合理安排、择优供应的原则，分为必保、重点、一般，区别情况分配供应。必保对象为公安、消防、邮电通讯、医疗急救，其用油保证供应；重点对象为农业、交通运输、轻纺化工，其用油优先安排；一般单位用油从紧安排；调整企业和非生产性用油，控制供应。1981 年，阳泉市石油计划分配改过去以机具数为分配依据的定额包干为以生产任务为主，结合机具数和历史耗油水平的定额包干。

高价油、自采议价油时期（1983 年至 1994 年）。1983 年 4 月，阳泉公司开始经营高价汽油和柴油，对用户的高价油供应均采用签订合同的办法，高价油出现供不应求的现象。1984 年，高价的汽油、柴油、煤油作为市场调节商品，在境内敞开供应。1985 年，石油经营管理体制改革，产、供、销、人、材、物、内、外贸实行一条龙管理，市计委不再管理石油计划分配。同时，自采油作为国家计划分配油料不足的补充部分，开始进入阳泉，销售品种有汽油、柴油和润滑油。1986 年后，自采油纳入境内的进销计划，由于价格偏高，差价 500 元至 600 元，购者甚少，销售不畅。1987 年，阳泉石油供应缺口达 2 万吨，占全年需求量的 20%，缺口全靠自采油补充，当年达到 19987 吨，占销售总量的 18.5%。自采油销售开始上升，高价油销售逐年下降。1988 年，阳泉公司全面推行经理负责制，工作重点逐步转向以抓自采油为主。自采油成了抢手货，供应时有脱销，是年销售达 24613 吨。1989 年，自采油市场出现疲软，库存增大，资金回笼难。1990 年，阳泉石油销售行业对自采油销售进行价格调整，实行优惠销售，用户一次购油 30 吨至 100 吨优惠 1%，100 吨以上优惠 2%，是年销售 9.05 万吨。1993 年国家取消高价油销售后，自采油销量逐年提高，1993 年达 56920 吨，占石油销售总量的 82.30%；1994 年达 67340 吨，占总量的 86.23%。1994 年，中央取消石油价格双轨制，实行计划内外价格并轨和提高价格水平的改革，同时对原油成品油的资源实行政府统一配置，整顿流通秩序，计划经济时期的分配制度随之取消。

市场经济时期（1995 年以后）。1995 年，国家实行资源配置新办法，取消炼油企业自销权，自采油（即计划外油）停止供应。1998 年，阳泉公司及所属加油站上划中国石油化工集团公司，成为其直属销售企业。2000 年，阳泉公司推行“市县一体化”管理，将县级公司的管理、批发、经营和财务职能全部上移至市级公司，县公司成为市公司的经营部，所有全资加油站实行报账制，用人用工和分配由市公司统一管理，加大了对成品油资源的归口管理力度。2001 年，阳泉公司实行系统油罐车集中管理、油品统一配送，对市区零售公司、润滑油公司实行与市公司同区域统一核算，对县区公司、副营实体实行会计集中核算；精简县级公司管理层，管理人员全部迁至中心站现场办公，实现扁平化管理。2004 年，阳泉公司实施了以优化物流配送和强化成品油市场营销为重点的经营管理体制改革，打破了由行政体制造成的块块管理模式，变横向管理为纵向管理，变综合管理为专业管理，集约化经营能力和精细化管理水平明显提高。2005 年，国家对成品油定价机制再次调整，境内石油价格历经几次重大变革，曲折前行，不断朝着市场决定价格的方向发展。

2007年，阳泉公司作出“拓展市场、完善网络、打造品牌”的部署，加快发展优质加油站营销网络建设，提高经营和服务水平，下辖71座加油站，库容量5.31万立方米油库1座，铁路专用线1条，成品油运输车队1支，油罐车21部，固定资产达1.23亿元，年销量16万吨。2008年，阳泉公司面对资源紧缺和下半年金融危机等矛盾，积极采取措施应对挑战，全年完成销量15.2万吨，被省工商局授予“重合同、守信誉”企业称号。2009年，阳泉公司加强与省公司协调，最大限度提高资源兑换率，保证境内资源充足。面对市场上社会加油站质量和价格的冲击，严格执行市场最低价格，主打“中石化”品牌，保证油品供应，提高服务水平，履行国有企业的社会责任。至2010年，阳泉公司下设盂县、郊区、平定和桃北4个零售片区。固定资产1.65亿元，有库存量5.13万立方米油库1座，年吞吐油品量50余万吨；加油站70座，年零售成品油12.5万吨，年销售成品油20余万吨，占到阳泉市场需求量80%以上，是境内最大的成品油销售企业。阳泉公司成立近60年来（1951年至2010年），在资源紧缺、价格倒挂的情况下，严格服从国家对成品油市场调控，坚决执行国家定价，全力保证境内成品油市场供应，发挥了主渠道的保障和供应作用；累计销售成油品410万吨，上缴国家税费35亿元，为地方经济发展作出了贡献。

1990—2010年山西阳泉石油分公司成品油销量统计表

表-11-13　　　　单位：吨

年 份	销售总量	汽 油	柴 油	煤 油	润滑油
1990	17500	10439	5300	846	915
1991	88079	56800	20300	738	241
1992	14895	7275	7245	57	318
1993	47905	27650	16300	2755	1200
1994	45729	29400	15570	131	628
1995	19859	12000	7618	30	211
1996	66586	43517	21031	1738	300
1997	109804	77465	30882	654	803
1998	113315	77197	35021	205	892

续表 -11-13

年份	销售总量	汽油	柴油	煤油	润滑油
1999	54001	22815	30361	257	568
2001	84500	27550	55544	230	1176
2002	84900	33258	50294	180	1168
2003	99000	39456	58019	165	1360
2004	134027	40097	91433	105	2392
2005	148900	38900	106000	500	3500
2006	157950	42500	110350	850	4250
2007	163470	48500	106290	180	8500
2008	152000	50980	96807	2.5	4211
2009	173725	64346	106947	0	2431
2010	203202	77155	122408	0	3639

三、储运

1951 年，境内灯用煤油的调运主要通过铁路，从榆次调运至阳泉。1953 年开始调运桶装汽油、柴油、煤油，每桶装 135 升，另有少许润滑油。1958 年 5 月 10 日，阳泉公司油库动工建设，油库占地面积 7200 平方米，库储量达 6900 立方米，配套 98 米长的铁路专用线与铁路主线结合工程也同时施工，至 1959 年 12 月竣工并投入使用，解决了境内石油的贮藏问题，品种包括汽油、柴油、煤油、润滑油、润滑脂 5 大类。所需成品油从天津、甘肃、新疆、东北三省等地炼油厂调运进阳泉白羊墅油库。1976 年，油库扩建，库储量达到 1 万立方米。从 1960 年至 1983 年，阳泉公司承担平定、昔阳、和顺、左权、盂县、寿阳 6 县的石油供应调运转运业务，公司汽车队及各县公司汽车队承担运油任务。1984 年，昔阳、和顺、左权、寿阳划归榆次石油分公司供应。1985 年，成品油货源供应紧张，调运困难。1987 年，阳泉公司积极开展自采油工作，调运量有所增加，同年新建 5000 立方米立式内浮顶油罐 1 座，库储量达 1.59 万立方米。1988 年，国家将成品油调运由指令性计划改为指导性计划，阳泉公司按季分月向炼油厂作出进货计划，保持与炼油厂的联系、沟通，确保计划落实。

随着国民经济的发展，境内石油销量逐年增加，年周转次数超过 6 次，为适应市场变化，经省石油公司批准，阳泉开始储油系统改扩建工程。工程分两期进行，一期主要包括轻油、润滑油付油设施及整个润滑油系统改造，于1991年9月验收投产；二期主要包括5000立方米内浮顶油罐3座、1000立方米消防水池1座、288平方米消防泵房、450米输油管线、1362平方米桶装库房等配套工程，于1992年4月开工，历时1年半，投资437.5万元。1993年，阳泉油库二期改扩建工程通过验收投入运营，油库占地面积扩大到12万平方米，库储量达3.41万立方米，担负着境内及晋中3县的石油供应调拨任务。

2000年，阳泉公司车队统一油品配送成品油到公司所属加油站，油罐车数量增至17辆。2001年，公司油库在连续6年获得山西省石油总公司“五好油库”基础上，首批进入“星级油库”行列。2003年，成立直销配送科，加强了石油运输工作，同年，阳泉油库被省集团公司评为“二星级油库”，并连续8年获省“五好油库”称号。2004年，油库再次扩建改造，库储量达5.13万立方米，年吞吐量50余万吨，较改造前提高了1.3倍，解决了库储存量不足的问题。

2006年5月30日，由中石化销售公司投资建设的石家庄至阳泉的成品油输油管道工程开工，并在平定冶西镇苏村举办了开工典礼，该工程全长150千米，在阳泉段全长70千米，线路主体工程于12月底结束；9月，晋中石油分公司所属和顺、昔阳2个片区共15座加油站纳入到阳泉分销库配送范围，实现了跨区就近配送。2007年12月，输油管道建成投入使用，年输送成品油340万吨，阳泉泵站每年下载量达17万吨，输油管道综合技术指标达到国际先进水平，为境内的石油运输提供了便捷。随着工矿企业的发展，以及国家、省市重点工程加大力度建设，油品运输任务逐年加大，到2010年，阳泉分公司油罐车数量增到27辆，一次运送油品量达238吨，较好地满足了市场需求。

四、加油站点建设

义井加油站系境内第一座加油站，始建于1979年，占地面积2464平方米，安装50立方米油罐2个，加油机2台。1980年6月，建成李家庄加油站，占地面积2331平方米，安装50立方米油罐4个，加油机2台。1981年5月，建成平坦街加油站，占地面积280平方米，安装15立方米油罐2个，加油机2台。1984年5月，建成荫营加油站，占地面积1465平方米，安装50立方米油罐4个，加油机4台。随着公路建设的不断发展和机动车辆的迅速增加，1985年至1989年，阳泉公司先后又建成10座加油站，不仅为沿途车辆加油提供方便，而且解决了各用油单位存储油品的困难和存储油品中安全隐患问题。

20世纪90年代初，石油市场放开后，境内各行业均开始建设加油站，1991年至1997年，境内共建加油站106座，其中阳泉公司建21座、社会建85座，阳泉公司加油站点布局不合理、市场控制力弱等问题显现。1998年，阳泉公司积极扩点建站，加速网点建设，加油站数量增至35座，占全市加油站数量的34%。至1999年，又增至38座，基本覆盖全市城乡。

2000年，阳泉公司把新建、收购、改造加油站，优化零售网络作为提高市场占有率的重要措施，先后新建加油站4座，收购社会加油站15座，租赁社会加油站13座。2001年，阳泉公司加油站点达到57个。2002年，对全系统所属55个加油站的222台加油机252把加油枪安装了税控装置，从4月1日起启用。2003年，完成新建站1个，大型改造站3个，租赁站4个，发展农村网点2个，加油站点达到65个，使零售网点的数量、布局更趋合理。2005年，阳泉公司加快石化加油站网络建设，积极推行使用中国石化加油IC卡，实现了“一卡在手，各地加油”；年内，还对45座加油站进行了改造，安装IC卡系统，实现了加油款的电子支付，销售1500张，累计600万元，彰显了石化网络的优势，对提高零售市场占有率，打造石化品牌起到了重要作用。阳泉公司规范加油站管理标准，提高加油站服务水平，在加油站推广达标创星工作，通过开展“油中感谢”等促销项目，提高专业化营销和服务水平。到2010年，公司加油站达到70座，形成了遍布阳泉市三区两县零售网络，为提高社会和经济效益发挥了积极作用。

义井加油站　始建于1979年，位于城区南大街465号，历经数次改造后，至2010年，占地面积1078平方米，经营汽油、柴油和润滑油，加油机4台，二级加油站。2001年，被省公司评为“三星级加油站”。2003年，在全省系统首家使用IC卡加油。2010年销售总量4915吨。

小阳泉加油站　始建于1999年，位于城区南大西街西段，占地面积2097平方米，加油机8台，经营汽油、柴油和润滑油，2010年销售总量6931吨。

公园加油站　始建于1999年，位于矿区桃北中路，占地面积931平方米，加油机4台，经营汽油、柴油和润滑油，二级加油站。2010年销售总量7656吨。

义平加油站　2008年收购，位于郊区义白路南边堰，占地面积3223平方米，加油机4台，经营汽油、柴油和润滑油，2010年销售总量4099吨。

李家庄加油站　始建于1980年，位于郊区李家庄村，占地面积1297平方米，后有所扩建，经营汽油、柴油和润滑油，加油机6台，二级加油站。2001年，被评为省级“消费者信得过单位”，2010年销售总量3362吨。

白泉加油站　1997年收购，位于郊区上白泉村，占地面积3746平方米，加油机6台，二级加油站。后有所扩建，经营汽油、柴油和润滑油，2010年销售总量3796吨。

苇泊加油站　始建于2005年，位于郊区苇泊村，占地面积5600平方米，加油机12台，一级加油站。经营汽油、柴油和润滑油，2010年销售总量4159吨。

东关加油站　始建于1985年，位于平定县城东大街，占地面积960平方米，加油机6台，三级加油站。经营汽油、柴油和润滑油，2010年销售总量3165吨。

庄窝加油站　始建于2007年，位于平定县庄窝村，占地面积3069平方米，加油机4台，二级加油站。经营汽油、柴油和润滑油，2010年销售总量4883吨。

南鄄石加油站　始建于2007年，位于平定县南鄄石村，占地面积1806平方米，加油机4台，二级加油站。经营汽油、柴油和润滑油，2010年销售总量4445吨。

金龙桥加油站　始建于1982年，位于盂县西关金龙大街，占地面积2895平方米，加油机4台，三级加油站。经营汽油、柴油和润滑油。2001年，被省公司评为“三星级加油站”。2010年销售总量5648吨。

金龙西街加油站　1999年收购，位于盂县西关村，占地面积1804平方米，加油机4台，二级加油站。经营汽油、柴油和润滑油。2010年销售总量6352吨。

芝角加油站　1997年收购，位于盂县芝角村，占地面积1133平方米，加油机4台，二级加油站。经营汽油、柴油和润滑油。2010年销售总量4522吨。

清城加油站　2000年收购，位于盂县清城村，占地面积2226平方米，加油机4台，三级加油站。经营汽油、柴油和润滑油。2010年销售总量3533吨。

第二节　食　盐

一、简况

1949年，榆次长芦盐业支公司抽调4人到境内组建阳泉盐业推销组，成为境内第一个盐业机构。1950年初，改称中国盐业公司太原直属公司阳泉盐业推销组，归榆次盐业分销处领导。1951年，山西省盐业公司成立，阳泉盐业推销组直属其领导，名称改为中国盐业公司山西省阳泉盐业分销处。1955年，阳泉盐业分销处更名为山西省盐务管理局阳泉运销处，业务归山西省盐务管理局管理，人事、党务归阳泉供销合作社领导。1956年，阳泉运销处业务归山西省盐务管理局榆次运销分局管理，人事、党务仍归阳泉供销合作社领导。1957年至1961年，阳泉盐业运销处随其他10多个二级批发站合并为阳泉市农副产品采购供应站。

1964年下半年，山西省盐业公司阳泉市公司成立，业务归山西省盐业公司管理，党务、人事仍归阳泉市供销合作社领导。经营范围为阳泉市区。1965年，阳泉盐业批发站成立，实行两块牌子、一套人员管理，内设人秘科、业务科、财务科。1971年初，阳泉市盐业公司盐业批发站与阳泉市糖业批发站合并，成立阳泉糖、盐、烟酒批发站。1973年7月1日，阳泉糖、盐、烟酒批发站分家，恢复山西省盐业公司阳泉市公司和山西省阳泉市盐业批发站，人、财、物归阳泉市供销合作社领导，业务由山西省盐业公司管理。

1980年5月，山西省盐业公司将各地市盐业公司业务收回统一管理，阳泉市盐业批发站被撤销，成立山西省盐业公司阳泉分公司，人、财、物归山西省盐业公司领导，性质为山西省盐业公司派出机构；干部任免、党务工作仍归阳泉市供销合作社领导。1985年初，山西省盐业公司将干部任免管理权收回。1987年，盐政机关撤并，由盐业经营管理部门监管。1988年，经山西省编制委员会批准，恢复山西省盐务管理局建制，4月16日，山西省盐务管理局恢复工作，下设13个盐政管理站，阳泉为其中之一，全称为山西省盐务管理局阳泉盐政管理站，同山西省盐业公司阳泉分公司为两块牌子、一套人员。1992年，山西省盐务管理局阳泉盐政管理站更名为山西省盐务管理局阳泉盐务分局。

2003年，阳泉分公司和阳泉盐务分局分设，负责阳泉及晋中地区和顺、昔阳盐业市场管理，驻地为阳泉市新建路328号。至2010年，未再发生变化。

二、运销

阳泉建市前，境内盐业市场大都为历代封建统治阶级和官僚资本主义及食盐商贩控制。1949年，阳泉盐业推销组成立后，开始以“公营”食盐为主。由于当时对资本主义工商业的改造还未开始，经济形势正处于困难时期，在盐业市场上还允许部分私人经销食盐，但统一归阳泉食盐推销组管理，销售量每月在30吨左右。阳泉盐业推销组刚组建时的购进方针是“以销定进”，提前45天作出下季度购进计划报上级主管单位，由国家统一调拨，进货渠道在天津塘沽。由于当时全国刚解放，治安状况不好，常有抢盐事件发生，所以进货采取武装押运，当时经营数量较少，月均仅90吨左右。供应范围是山西东六县（左权县、平定县、盂县、寿阳县、昔阳县、和顺县）和阳泉市，经营品种只有食盐，购进量年均2000吨左右。

1952年，经营品种增加至工业盐、农牧盐、渔业盐和再制盐、原盐。1957年，购进渠道由天津塘沽改为河北汉沽，同时取消了私人对食盐的经营，盐业业务全部归回阳泉盐业经销处。1965年，阳泉盐业运销业务逐步向系统化、规范化迈进，盐业经销业务也不断扩大。1967年，为满足人民群众生活需要，阳泉盐业批发站组织职工加工粉碎盐，并开始向产区增调粉洗盐。

1972年，增调免税盐，后改为减税盐。1976年7月25日，阳泉盐业批发站为满足市场需要，派贾世廉、王春元到汉沽调盐，恰遇唐山大地震，王春元不幸遇难。1977年至1978年，境内曾调运青岛精盐，后因价格问题改调湖北精盐。1979年，由于河北盐资源紧张，阳泉盐业批发站增调部分山东盐。1981年，又增调新疆盐和湖北盐。1984年至1985年，增调内蒙古盐。1985年，增调四川精盐。

20世纪90年代初期，境内食用盐的品种主要是粉碎盐（原盐粉碎后加碘）和精制碘盐，90年代初期后是精制碘盐。1994年，境内各类盐商品由省公司直接调拨，盐品种更加丰富。食盐盐种主要以湖北盐为主，工业盐则以山东、四川、青海、内蒙古、河北、天津等产区为主。

2000年，阳泉盐业公司严格购销计划，确保购进碘盐卫生合格；同时，围绕销售中心进一步加强工业盐用户的管理，在工业盐销售旺季向全市工业盐用户发《致全市工业盐用户的一封信》500封，增进了相互了解和支持，为完成全年工作奠定了良好基础。2001年，根据省公司工作方针，阳泉分公司在境内开始推广精碘盐和小包装盐，并利用下乡检查之机，入户走访群众，面对面进行碘盐监测与非碘盐对比，至年底，县区公司小包装盐推广率达97%以上。年内，还对工业盐促销管理采取信用等级制和提供优质服务，工业盐实现了7543吨的销售业绩。2003年4月至5月，受全国范围“非典”疫情影响，境内爆发食盐抢购风波。10月底和12月初，受粮油等副食品涨价及舆论误导等因素影响，又先后出现2次食盐抢购风，在市政府支持和各部门配合下，食盐抢购风得到平息。2004年，加大了对各类盐种用户的档案完善力度，按照物流配送食盐直达零售户的要求，专门到工商部门查找零售户档案，合理布局网点，科学安排配送线路，扩大配送市场。自2005年起，境内取消小包装盐的加工，改由产区分装后直接运达。阳泉盐业分公司高度重视500克小包装的推广普及和销售工作，全部取消粉洗盐供应，明确规定各县区公司和白羊墅批发部只供应500克精碘盐和工业用盐，全年500克精碘盐销售占到全部食盐销售的96.4%。此后，为满足不同人群的消费需求，省公司陆续推出多品种盐，包括钙盐、铁盐、锌盐、硒盐、核黄素盐、雪花盐、日晒盐和专为心脑血管疾病特别是针对高血压病人食用的低钠盐。

2006年，阳泉分公司根据省公司的总体部署，在食盐供应结构上进行调整，不仅保证500克精碘盐的供应成果，还严格加强对食品加工用盐的管理，特别是积极推广纸塑盐、系列盐。9月，阳泉分公司与各大超市、批发市场联系，采取送货上门配送方式进行纸塑盐的推广，并确定7大超市作为推广的突破口，到年底销售500吨。年内，阳泉分公司还加大对碘盐的宣传力度，利用农村庙会等传统节日，出动人员车辆到盂县北部山区、平定东部开展“赠碘盐、送温暖、讲科学、讲政策”活动，3次共赠送碘盐1.2吨。2007年，阳泉盐业分公司把推广品种盐作为全年工作的重点，组成宣传推广小组，深入大型早市和繁华地段进行宣传，发放各种宣传资料3万多份；同时，与各社区联系，对属地居民进行食用盐知识推广，提高广大消费者吃盐用盐的常识，年内共销售品种盐60余吨，其中雪花盐6吨、其他品种盐54吨。2008年，阳泉盐业分公司进一步完善自营网络的信息管理系统，把自营区域内的客户信息、每月销售情况、网点铺设等信息资料录入电脑实现微机化管理，随时掌握市场第一手动态资料，为有效监控市场、提升服务打下了基础。在配送方面，在区域接壤地带，采取不需电话预约，主动送货上门的办法，有效避免私盐倾销，促进了全年盐业务销售任务的完成。2009年，阳泉盐业分公司优化产品结构，逐步更新新一代绿色营养盐，推出数种多品种营养盐，通过宣传推广，品种盐逐渐走进人民生活。同时，根据省公司建设新的“产区分装、直达县级、就站分发”的商品调运新模式的总体部署，稳步实行直接配送模式，对不能直达的采取火车站到盐后，通知各县公司和用盐单位直接在车站配送，有效降低了短途运输成本，节约了运输费用。2010年，阳泉盐业分公司把搞好自营业务作为对外争市场、对内强管理的重点，用改革的方法实现了终端配送，客户经理分片服务的前期模式，配送率达90%以上。通过以量定标，竞标选区，片区负责人与客户经理双向选择，自由组合，并签订责任状，按月考核，以吨提成，按月预结，年终结算的方式兑现奖励。截至2010年，山西省盐业公司阳泉分公司担负阳泉市的城区、郊区、矿区、平定、盂县和晋中市的昔阳、和顺各种盐商品的购、销、调、运、储业务。供区人口165万，储备能力1.2万吨，年各类盐销量1.3万吨左右。其中食用盐8000吨左右、工业盐5000吨左右。

2000—2010年阳泉盐业分公司经营情况简表

表-11-14　　单位：吨、万元

年份	购进量	销售量	销售收入	年份	购进量	销售量	销售收入
2000	15462	15340	946	2006	17132	14263	1532
2001	15931	15352	952	2007	11156	14138	1612
2002	—	14997	928	2008	18132	15600	1567
2003	—	16506	1274	2009	—	16610	1700
2004	—	16545	1527	2010	19085	15059	2043
2005	—	18024	1661	合计	—	172434	15742

三、监管

2000年，阳泉盐务部门根据供区实际，以案件查处为突破口，依照宣传和稽查并重方针，共查处各类私盐违法案件271起，查获私盐335吨，3案8人情节严重者被追究刑事责任。2003年，政企分开后，全省盐务系统涉盐违法案件540起，查获违法盐产品4700余吨，引起了省委、省政府高度重视。省政府办公厅向全省发出《关于开展整顿和规范盐业市场秩序专项治理行动的通知》。境内加大了依法治盐力度，从严、从重打击各种涉盐违法活动，与河北盐务部门配合，强化接壤区域盐业市场管理，严防相互倾销和不合格盐产品流通；特别是加强重大节日期间的专项执法行动，突出对大案要案的查处打击。2004年，配合省盐务分局开展了一系列打假缉私活动，打击了私盐贩的气焰，净化了盐业市场。2006年，盐务分公司配合盐务分局查处涉盐案件，查扣各类盐3.5吨，罚款2万余元。2007年，在食盐监管方面，阳泉盐务分局下发通知要求县区公司密切监控边远山区、碘缺乏病重点地区及河北接壤的周边地区的市场动态，加大稽查和宣传力度。2003年至2007年，境内共查获各类涉盐违法案件15起，查获涉案盐产品32.5吨，没收27吨，罚款8.5万元。

2008年，阳泉盐务分局加强了对食品加工用盐和工业用盐的监管，对食品加工用盐户生产的品种、年用量及是否取得工商、卫生等部门的许可证进行了复查，重新更换账册，发现问题及时通报相关部门处理。2009年元旦、春节两节前夕，阳泉市盐务分局在两节期间市场巡查中，在阳泉市城区、矿区、平定县发现400克包装假冒食用碘盐，经查，这些假冒碘盐为手机1345330**** 号的人开灰色面包车所送，此间有一商户提供送盐面包车车号，经分局向阳泉车管所核查为未登记使用车牌号。随后对辖区多处可疑区域和门店进行布控，于4月10日上午9时，会同市公安局治安支队在平定东升市场将白某驾驶的车牌号为晋CHB618东风小康运送私盐车查获。经查车上装有假冒400克食用碘盐42袋（每袋20公斤），食品加工用盐5袋（每袋20公斤）。随后在其家中查获假冒400克小包装袋2.2万条，使用过的肠衣盐包装袋119条，其他盐包装袋19条，小型封口机1台，散盐20公斤。同日，分局将此案移交阳泉市公安局治安管理支队处理，有效维护了群众利益。

第三节　烟　草

一、简况

早在明万历年间，烟草种植就传入了山西省曲沃县，随之在山西省境内逐步开始种植。阳泉市境内何时种植烟草尚无确切资料记载，但从烟草有吸食及烟草税收的历史年限推断，在明末清初，境内已有农民自收自吸“旱烟”，同时随着曲沃县的烟草种植及烟丝加工业的发展，在境内逐步出现种植晒烟、烤烟。据记载，阳泉平定县、盂县均种植黄花烟地方品种，具体品种有阳泉烟叶、平定小叶烟、盂县小叶烟。但阳泉烟叶及平定小叶烟基本相似，盂县小叶烟则不同，阳泉烟叶、平定小叶烟从移栽至开花仅需20天左右，而盂县小叶烟从移栽至开花需要61天，从叶间看阳泉烟叶和平定小叶烟为钝尖，盂县小叶烟则为剑尖。这些品种均为农民自种、自制、自吸“旱烟”，在当地，群众也称其为“小兰花”。

清末和民国初期，烟草管理体制逐步加强。民国4年（1915）9月，山西省烟酒公卖局成立后，今属阳泉辖区的平定县、盂县两县均随之实行“官督商销”公卖制度，在当地经销的旱烟、水烟、鼻烟均纳入公卖管理。民国27年，晋察冀边区设立晋北各县税务征稽机构，阳泉市的平定、盂县成立税务征稽局，负责烟草的管理和税务的征稽，至民国29年两县征稽局撤销。民国37年（1948）10月，华北人民政府成立华北税务局，负责烟酒等税收及烟酒公营的事宜。

中华人民共和国成立后，境内烟草管理体制发生变化。阳泉市百货公司于1950年成立后，开始管理和经营卷烟业务。1952年，阳泉市国营烟酒专卖公司成立，负责统一管理全市卷烟市场，并独家经营卷烟的批发业务。1953年，卷烟业务由阳泉市商业局管理。1956年，境内卷烟业务又划归市供销社代管，至1961年6月，商业体制调整，卷烟业务由新成立的副食品公司管理。1962年，国合分设，阳泉市糖业烟酒公司成立，卷烟业务划归其负责。1965年，成立阳泉市糖业烟酒采购供应站，主管东六县卷烟调拨及市辖区卷烟批发。1969年与市盐业公司合并，成立糖盐烟酒批发站。1972年，重新成立糖业烟酒采购供应站，卷烟业务重新归市糖业烟酒公司管理，直到1983年阳泉市烟草专卖局（公司）组建为止。

1983年9月，根据国务院“烟草实行专卖”的决定，境内正式组建阳泉市烟草专卖局、山西省烟草公司阳泉市公司，实行两块牌子、一套人马，属全省首先建立的4个市公司之一，其管理范围按照经济区域划分，组建寿阳、和顺、左权、昔阳、平定、盂县6个县级烟草公司，负责其管理及经营业务。1984年6月上划山西省烟草专卖局（公司）垂直领导。1984年10月，按照国务院建立各级烟草专卖管理机构的精神，经山西省烟草专卖局批准，山西省阳泉市烟草专卖局成立，并建立了平定、盂县两县烟草专卖局，形成了阳泉市烟草专卖局、阳泉市烟草公司政企合一，两块牌子、一套人员的烟草专卖管理与烟草经营独立机构。1997年12月，烟草专卖局（公司）实有职工63人，内设办公室、业务科、专卖办公室、财务科，下设2个批发部、5个烟行和5个农村自设批发网点，下辖平定、盂县2个县级烟草专卖局（公司）。

2001年，成立城、农网管销部，实行卷烟销售与专卖管理专销一体机制，访销配送模式。2002年，撤销管销部，设立营销股、配送中心、专卖管理股，并增设城关、锁簧、巨城、柏井4个专卖管理所。2004年，成立平定卷烟营销部，设营销服务及配送中心、专卖稽查中心。2005年，取消配送中心和专卖稽查中心，设立营销股、客户服务股、专卖管理监督股，取消财务股、行政办，设立综合办。2007年，增设内部监督管理股。2010年，阳泉市烟草专卖局下设综合办公室（安全保卫科）、经济运行科（督查考评科）、专卖监督管理科、财务管理科、审计科、人事劳资科、监察科（法规科、与纪检组合署办公）、信息中心、营销中心和物流中心，下辖平定、盂县两个局（营销部）。

二、供销

境内民间自古有种植“旱烟”的习惯，多是利用房前屋后空地小规模种植，基本上是自种自吸。阳泉建市初，烟草除农民分散自种本地小叶烟自食外，已成为市场和消费者不可或缺的商品。清朝末年，上市卷烟制品并无官方管理的营销机制，其在市场及民间流通均以小商小贩经营，直至民国4年（1915）后，在平定县、盂县成立烟酒公卖局的基础上，才有了较为系统的营销管理部门，但真正经营烟草制品（如水烟丝、旱烟丝、机制卷烟）的，仍以当时的烟酒公卖店、杂货店、副食日杂店及部分货郎担等为主。最早在阳泉境内出现的较大店铺是民国9年（1920）阳泉下站“逢元号二店”。该号有店员17人，经营项目涉及烟酒、海鲜、干鲜果品等。

阳泉建市初期，卷烟主要由私人经营。随着经济的恢复和人民生活的稳定，糖业烟酒需求量增加，糖业烟酒业迅速发展。20世纪50年代初，糖业烟酒批发由山西省晋中专区国营商业阳泉综合站经销。1950年全市销售卷烟2829箱。1952年，市区成立中国专卖公司山西省阳泉市专卖处，主要经营烟、酒批发业务兼零售，并管理全市烟酒专卖市场，1954年平定县酒类专卖处更名为专卖公司，增加卷烟业务。1956年，成立市副食公司；同年，烟酒副食行业公私合营，由副食公司管理、改造。三年困难时期，烟草供应严重缺额，城市农村都实行凭票供应，烟草销售4372箱。1965年山西省阳泉糖业烟酒批发站成立，经营食糖、纸烟等。此后，卷烟营销一直由糖业烟酒批发站经营和管理。在此期间，平定县、盂县均成立了糖业烟酒公司，境内的卷烟经营大部分由个体经营商贩及后成立的国营副食、百货、供销社等商店从糖酒批发站、糖酒公司购进后在市场销售。“文化大革命”期间，烟草严重不足，供应再度出现紧张局面。

中共十一届三中全会以后，烟草业顺应改革趋势，调整内部运行机制，引入竞争、定额管理、奖惩等，调动了职工积极性，销售额直线上升，1978 年全市卷烟达 1.48 万箱。1983 年，市烟草专卖局设立后，起初只在市区及县城内设批发部，批发销售对象集中在国营商业企业，不直接向个人销售，时有卷烟经营零售户 660 户。随着经济发展和国家政策变化，在不断增加批发部的同时成立阳泉市金叶贸易中心，统一管理公司三产部门，如红梅、石林、兴隆、红河等烟行，将卷烟销售深入城乡两地，逐步建立覆盖全市的卷烟代销点。1984 年，卷烟批发业务全部由阳泉市烟草公司经营，市商业局所属副食品公司和百货公司下属零售商店继续经营卷烟零售业务。与此同时，平定县、盂县也将卷烟业务由原两县糖酒公司剥离，成立了平定县、盂县烟草公司。市、县烟草业务全部归属烟草行业后，阳泉市烟草公司负责全市烟草业务调拨，平定县、盂县烟草公司负责批发，形成了二级调发、三级批发的运行机制。1990 年，改变了信息采集仅与部分个体户代表交流的方式，全市烟草的进、销、存开始施行微机化信息管理。

进入 20 世纪 90 年代，境内卷烟销售由卖方市场逐步转向买方市场，在市场经济条件下，严格执行中国烟草专卖法律法规，完善经营体制，规范境内烟草专卖市场，扩大营销网络，适应了市场需求。1991 年至 1995 年，境内共销售卷烟 142314 箱；销售额由 1991 年的 6582 万元增长到 1995 年的 15731 万元，增长 139%，年递增 24.3%；实现利税 2291 万元，年递增 36.3%；国有资产由 1991 年初的 254 万元增加到 1995 年的 1165 万元，各项指标均在全省名列前茅。市烟草公司在境内建立起 35 个卷烟批发网点，营业面积达 1.82 万平方米，并投资开办了集餐饮、住宿、娱乐于一身的金叶酒店和红梅烟行等 4 个卷烟专卖店。在经营体制上也逐步向连锁经营、下伸批发、配送货的现代营销体制转变。1995 年，市公司将农村卷烟销售网络建设作为全面开展网建工作的第一步，采取“场地租赁、人员聘用、商品移库、货款单存”的办法，在平定、盂县、阳泉市郊区的乡镇共建直销和委托批发店 24 个，是阳泉市首批手续完备、任务明确、签订合同、管理到位的批发网点，辐射自然村 240 多个，担负着对 35 万人口的卷烟市场供应。

1997 年，阳泉烟草行业采取建设连锁店占领市区市场，抓住中心店形成农村网络，高标准、高起点统一规划，在阳泉市农村卷烟市场中，投资 200 余万元形成以 13 个自设自建网点为主，委批网点为辅，布局合理、统一规范标准、辐射功能完备的卷烟批发网络。1998 年，全市农村网点卷烟销售量达到 11370 箱，占到行业总销量的 38%，其中地产烟销售占到全部地产烟销售的24%以上。1999年，公司转换经营机制，建立集约化经营模式的网络改造工作，在继续完善农网辐射功能的同时，对城市网点开展了访销送货试点，逐步培育新型的网络运行机制。烟草价格实行全市统一价，价格制定主要根据市场行情及山西省烟草公司对一、二、三类烟规定的最低毛利率来定价（一、二类烟毛利率在10%以上，三类烟毛利率在8%以上）。“九五”期末，全市共建成运行农村网点20个，城网访销送货便捷，基本建成了全市卷烟销售网络体系，卷烟总销量完成15.6万箱，较“八五”12.5万箱增长了25%；行业实现利税4191万元，比“八五”的3428万元增长22.26%，年均递增4.45%；固定资产总值达2156万元，较“八五”末的1169万元增长84.8%。

2000年，市烟草系统在主抓以“管销一体、访销送货”为核心的城市卷烟销售网络建设的同时，大打城市网建规范运营战，组建城市卷烟配送中心，首次对全市城镇卷烟零售户进行摸底编码，将其纳入城网销售网络。购置了送货车辆，统一喷涂代表着烟草配送网络整体规范运行的图案，充实访销送货人员，制定了城网运行制度，分区划片进行访销送货制度。2001年，按照“完善城网、改造农网”目标，全面实现了城农网并轨运行。并投资近百万元开发“阳泉市烟草公司YQ—OMA网络系统”，着重建设全市卷烟配送网络系统微机化、自动化和POS机的配置及相应软件的开发运用工程，初步实现了全市行业专卖案件查处、户籍化管理、网络销售、督察监管、经济数据信息共享的现代化信息网络模式，达到全省信息化管理先进水平，提高了工作效率。年底，“双网”配送遍及城乡，城市卷烟零售经营户入网率达98%以上，农村入网率达95%以上。2002年，局（公司）对网络运行机制进行改革，全面开展卷烟大配送和专卖“户籍化”管理工作，撤销管销一体的管销部，建立专卖稽查、卷烟访销、卷烟配送三个中心，构建营销网络主体，实现对零售商户的大访销、大配送和“户籍化”管理。2003年，公司建立以“电话订货、网上配货、电子结算、现代物流”为主要标志的标准化、程序化、信息化网络运行模式，制定电话订货工作方案，推行“电话订货”访销模式，利用电话实现快速访销，利用电脑实现电子订货、在线划款，大大提高访销工作效率，为零售经营户提供了快捷优质的服务。2004年，整合开发全市性的电话订货信息网络系统，以品牌档次为划分标准，把阳泉市卷烟市场统一划分为3个档次区域，进行有重点、分层次、定计划的集中访销。阳泉市城区和平定、盂县城关为高中档卷烟的主销区；城郊接合部和重点集镇为中低档卷烟的主销区；广大农村市场为低档卷烟的主要推广区。形成以高、中、低档卷烟为划分标准、城市向农村市场辐射的具有“十字交错，三环连接，八区电访”特征的电话访销运行模式。全市5000余户经营者，按照辖区分片分线定时电话订货；为方便客户，成立了阳泉市烟草公司物流中心，改变了按县区各自送货的方法，全市按照电访数量，由物流逐户分拣、打码，由物流中心配送人员定时定线把卷烟送到客户手中。同时，在营销货款结算方面，有效减少了失误，大大降低了资金风险。2005年，市烟草专卖系统遵循“城网上水平，农网创服务”网建工作方针，加大物流设施建设力度，于5月11日举行物流设施建设开工仪式，至年底主体工程基本完工。与此同时，将提升农网服务水平作为网络建设工作重点，在偏远乡镇建立3个“管理服务大厅”，做到专卖稽查和客户经理阵地前移，停止对偏远村落的“委托访送”，开辟访销送货专线，专人上门服务，营造出精细化、个性化、具体化的农网服务模式。省烟草专卖局（公司）局长、总经理李泽华到阳泉调研，对阳泉烟草营销工作的改革成效特别是电访员微笑服务给予肯定。

2006年，阳泉烟草以订单供货为中心，全面提升卷烟销售网络运行水平。按客户订单组织货源，在强化流程考核中提高员工素质，完善品牌机制，开展协同营销，构建订单供货模式取得成效。11月，全省各地市领导及省局机关副处以上干部在阳泉召开现场会议，阳泉烟草电访工作经验受到全省同行好评，掀起了学习阳泉烟草电访经验热潮。2007年，阳泉烟草系统突出农村网络建设，设立3个烟草专卖管理营销服务大厅，统一城农网运行模式、统一人员配置标准、统一工作流程、统一零售客户动销台账、统一专卖管理服务册，大大减少客户手工填写台账的烦琐和不便。10月，新的烟草综合办公大楼的建成并投入使用，彻底改变了旧的阳泉烟草物流、营销的落后现状。新卷烟仓库占地面积1790平方米，分为5大仓储区域132个数字货位，可容4200多箱卷烟，到年末已基本形成语音提示出入库位置、电子显示入库卷烟数量、微机实地自动生成出入库数据的自动化运行模式，为烟草行业从传统商业模式向现代流通体系的转变打下了基础。2009年，建立客户“网购码”，开辟网上订货专项网页，选取具备条件、有参与意向的零售客户签订“网上订货协议书”，11月23日全面启动网上订货，优化营销服务模式，至年底，网上订货户达1031户。2010年，阳泉市烟草行业加强工商协同营销，与红云红河等5个厂家召开工商培育品牌恳谈会，开展了“中华精准营销再上新水平”活动，对“中华”卷烟实行“实时购进、投放和关注”，努力做到市场供求平衡；同时稳步推进网上订货和电子结算工作，全市网上订货率由4月底的29%提高到年底的91%，电子结算成功率达99%以上，物流“线路、车辆、人员”实现了整体流程再优化。

1991—2010 年阳泉市烟草公司卷烟购销统计表

表 -11-15　　单位：箱

年 份	从生产者购进	从省外购进	销售总量	年 份	从生产者购进	从省外购进	销售总量
1991	14531	14531	32312	2001	—	18788	33749
1992	242	13192	24415	2002	29879	23423	34891
1993	17	23020	30235	2003	38626	29572	44483
1994	6439	17344	31030	2004	40674	33969	46287
1995	15244	24681	30549	2005	40892	34192	46495
1996	—	24885	41031	2006	48397	34980	48679
1997	—	24659	43834	2007	48671	41132	48507
1998	—	22749	33208	2008	49984	43492	49331
1999	—	22927	29650	2009	52270	—	51001
2000	—	23591	33697	2010	50957	—	51600

1984—2010 年阳泉市烟草公司主要财务指标表

表 -11-16　　单位：万元

年 份	销售收入	销售成本	销售税金	三项费用	营业利润	利润总额	资产总额	负债总额	所有者权益总额	固定资产原值	固定资产净值
1984	2373	2281	1	50	41	38	501	417	84	40	36
1985	2632	2524	3	57	48	33	495	390	105	52	50
1986	2720	2595	15	64	46	46	525	408	117	90	82
1987	2965	2834	14	65	52	50	838	694	144	114	99
1988	4365	4135	27	99	104	102	1109	884	225	125	100
1989	5189	4937	29	106	117	113	1454	1171	283	170	135
1990	6339	5955	42	133	209	204	990	727	263	225	175
1991	6582	6219	39	139	185	177	825	389	436	255	187
1992	7136	6564	61	166	345	340	1354	819	535	402	322
1993	12298	11443	92	313	450	426	2547	2005	542	437	338

续表-11-16

年 份	销售收入	销售成本	销售税金	三项费用	营业利润	利润总额	资产总额	负债总额	所有者权益总额	固定资产原值	固定资产净值
1994	10947	10060	17	468	402	349	2339	1626	713	743	578
1995	15731	14584	14	756	377	456	3027	1858	1169	1165	961
1996	18181	16802	19	892	468	455	2830	1470	1360	1245	966
1997	27225	25784	35	898	508	485	4983	3387	1596	1089	811
1998	26186	24751	18	902	515	518	4612	2724	1888	1283	948
1999	26322	25109	10	740	463	485	5509	3386	2123	1361	954
2000	26708	25305	22	911	470	447	6148	3992	2156	1615	1132
2001	23551	21652	24	1067	808	393	5087	2751	2336	1722	1159
2002	27252	24411	47	1366	1428	1492	4722	1647	3075	1823	1153
2003	34256	30018	73	1495	2670	2674	6090	1660	4430	1998	1283
2004	46243	39290	94	1818	5041	5084	9485	2552	6933	2337	1473
2005	39594	31026	137	2150	6281	6296	11439	1336	10103	2555	1577
2006	44661	34018	174	3043	7426	7377	15664	1881	13783	2653	1700
2007	49005	36010	195	3215	9585	9587	21466	5017	16449	7954	6681
2008	55649	40234	215	4615	10585	10440	24480	3651	20829	11785	9912
2009	65322	48449	2392	4955	9550	9562	25367	3217	22150	11815	9017
2010	74043	54745	4344	5393	9604	9674	32336	7281	25054	11932	8591

三、市场监管

阳泉烟草专卖局（公司）组建后，不断加强卷烟市场监督管理，对卷烟专卖许可证实行每年验证。1984 年实行了专卖许可证及卷烟准运证制度。1992 年，《中华人民共和国烟草专卖法》实施后，境内烟草系统严格履行法律赋予的职责，清理整顿卷烟市场，打击非法倒卖卷烟和制售假冒卷烟活动，维护卷烟流通领域的正常秩序。1994 年 4 月，为加强专卖管理，严厉打击卷烟走私贩私违法活动，维护正常卷烟流通经营秩序，经山西省政府和山西省烟草专卖局、阳泉市烟草专卖局批准，在 207、307 国道交叉口设立专卖检查站，1995 年 1 月撤销。1998 年实行对专卖证件、合同监管、案件处理全面进行微机信息化、规范化管理。截至1999年，境内共查处各类卷烟违法案件8000多起，收缴非法卷烟4.3万件，上缴财政罚没收入80万元。

2000年，阳泉烟草系统加大专卖监管力度，围绕创建管销一体机制，市局配置4个稽查队，县局各配置2个稽查队，并配备专用检查车及通信设备强化市场监管；同时，划分市县各稽查队的市场监管责任区，针对性地打击各自辖区内的“假私非超”卷烟活动，保持市场净化率达到90%以上。2002年对烟草市场卷烟零售户实行“一户一证、一号、一卡、一书、一档、一表、一簿”的“户籍化”管理。2003年下半年，由“户籍化”管理向诚信等级服务新管理方式过渡。专卖管理工作以突出服务、引深管理、区别对待为手段，实现专卖等级差异化服务管理，逐步形成以专卖管理为先导，以管促销，市场化经营、模式化发展、专业化服务、规范化考核、人文化管理的良性发展机制。重点打击各类违反专卖法律法规行为，保护卷烟零售户的合法经营，维护国家和消费者的利益。2004年，全市烟草专卖管理工作以“打假打私”为中心，突出专卖“四项管理”工作。一是抓好户籍化管理向“诚信等级化”管理升级工作，对全市卷烟零售经营户进行重新规划和细分，按照“诚信等级化”管理标准开展服务；二是加强专卖信息化管理，将专卖管理与访送服务用信息技术集成在一起，提高专卖管理水平；三是加强证件管理，合理布局零售点；四是加大市场整顿力度，重点打击制假、贩假违法行为，对记录在案的烟贩子、嫌疑“窝点”加强监控，开展“百日打假”专项行动，净化卷烟市场，维护消费者利益。

2005年至2007年，烟草专卖管理以“打网络”为重点，提高控制市场能力，切实加大打击贩假网络力度，保持卷烟打假的高压态势。开展“百日打假”活动，抽调专人组成打击贩假网络专项工作组，制定公安、工商等部门参与的联合执法行动方案，严厉打击制售假冒卷烟行为。向全市卷烟零售户发放“第一、二封信”和“打假一号通告”，切实做到依法经营、依法管理、依法行政。对贯彻落实情况公开向客户进行测评，在测评结果“满意”的基础上，采取登报注销的方法清理300余个长期不经营卷烟或经营场所改作其他用途、无法与其取得联系的经营户，提高卷烟零售许可证的“含金量”。制定评选“诚信经营户”办法，经过严格筛选，分两批为81户卷烟零售户授予“诚信守法户”牌匾。2008年，烟草专卖充分发挥联合打假机制优势，与市工商局、阳泉日报社联合开展有奖征集制售假烟线索活动，扩宽线索收集渠道，两次召开公检法、烟草四部门联席会议，增强协同执法合力；规范了专卖许可证6项主要申请审批流程，有效促进了证件、案件管理水平的不断提升。2009年，建立重大案件协调、检查考核和后勤保障工作机制，形成了市县联动、上下结合、保障有力的两级打假机制，采取集中整顿与日常监管相结合，为卷烟经营保驾护航。成功收网了经营3个月之久的“1·20”网络案件，该案涉案金额400余万元，判刑3人，行政处罚22人，涉案金额、抓获人员均为阳泉市历史之最，实现了打假破网工作新突破。2010年，全市共查处违法案件612起，查扣违法卷烟803.69万支，涉案金额677.54万元，捣毁贩藏售假窝点21个。涉案金额达532.79万元的"4·17"网络案件成功收网，9名嫌疑人全部抓捕归案，并被依法判刑，查获规模、判刑人数创历史之最。

1984—2010年阳泉市烟草专卖局卷烟查处情况统计表

表-11-17

年份	查处案件（起）	查扣违法卷烟		其中		罚没款（万元）
		数量（箱）	金额（万元）	走私烟（条）	假冒烟（条）	
1984—1990	350	2700	59	—	—	20
1991	392	2031	—	—	—	328.52
1992	—	—	—	—	—	—
1993	—	—	—	—	—	—
1994	276	2348	300	—	540	1
1995	128	4859	330	—	69	0.23
1996	168	1780	140	—	560	—
1997	192	1560	160	—	1320	32
1998	2498	2480	190	4	7	0.5
1999	3133	3281	152	5	1567	34.8
2000	4995	2684	—	2	1908	6.67
2001	6775	3246	—	17	2121	12.35
2002	8677	1703	233	—	1042	7.26
2003	3637	1042	—	—	624	7.52
2004	2129	2421	—	—	2328	1.8
2005	3527	996	—	—	949	0.48
2006	2847	219.98	85.03	—	39813	0.59
2007	662	134.98	83.98	—	32057.8	2.65
2008	476	142.09	171.79	—	27674	24.32
2009	623	157.45	231.22	—	36777.5	1.74
2010	612	160.74	677.54	—	36694.5	2.39

第四节 民爆物资

境内的民爆器材经营始于20世纪60年代，原为市化轻总公司下属的业务部门，承担着境内民爆器材的进、销、存经营工作，在各个经济时期为全市工农业建设和经济发展作出了贡献。

1998年8月，在物资集团经营结构调整中，组建成立市内唯一的国有独资专营企业阳泉市民爆器材专营中心。该企业专营民用爆破器材、炸药、电火雷管、导火索，兼营化工轻工原料、民爆器材专业运输等公路货运业务，并对民爆器材非法经销、使用负有稽查任务。中心成立后，加强了民爆器材的专营业务能力，购置了民爆物品专用运输车2部，筹资维护阜山火工库，改建占地1.8万平方米仓库，形成年经营爆炸品6000吨的能力。1992年至1999年，供应炸药4.25万吨、雷管8654.3万发、导火索1900万米，确保了阳泉市煤炭生产和各类矿山的民爆物品的安全使用。1999年，民爆中心销售收入3200万元。

随着经营步入正轨，民爆中心逐步收回了为客户配送的项目。2001年，又投资100万元对系统内经营不善的物资宾馆装修改造，实行租赁承包，年增营业收入80余万元。随着企业实力不断增强，为彻底解决阜山库年久失修带来的安全隐患，2003年，民爆中心向市政府提出搬迁阜山库的申请，经可行性论证，市计委给予立项，后经选址、规划、征地、设计、施工、验收等程序，位于市郊白家庄村十节岭的新火工库完成建设任务，并于2004年投入使用。新库占地面积41亩（2.7公顷），建筑面积2000平方米，投资300余万元。新库的建成并投入使用彻底解决了原阜山库存在的安全隐患和储量不能满足需求的矛盾。

2006年4月，国务院第134次常务会议通过了《民用爆炸物品安全管理条例》，并决定自2006年9月1日起施行。新条例的施行，对民爆行业提出了新要求。为了适应新形势，原阳泉市民爆器材专营中心按照市委、市政府《关于进一步推进市属国有企业改革的实施意见》和省国防科工办关于印发《山西民爆生产流通企业整合方案》文件精神，向市物资集团公司提出企业改制申请。市物资集团同意批准了改制申请。改制后，阳泉市民爆器材专营中心改称阳泉市民爆器材专营有限公司，隶属于市物资集团公司，为国有独资公司，以批发、零售民用爆破器材为主营项目，办公地址位于市区南大街152号物资大厦11层。2007年，市民爆公司长期依托特许优势，垄断了境内民爆器材经营权，连续多年被省民爆局、市政府、市物资集团公司评为先进企业荣誉称号，取得了较好的经济效益和社会效益。

2008年8月，受煤矿兼并重组影响，阳泉原有300家煤矿缩减为53家。境内一大批生产工艺落后、资源浪费严重、安全投入档次不高、经营规模小的煤矿被淘汰，而被整合的煤矿恰是民爆公司多年来主要服务的用户，民爆公司主要销售业务锐减，企业遇到前所未有的困难。面对严峻的销售环境，主动向市场要效益、向管理要效益，紧紧抓住工业园区和新农村建设契机，将民爆器材销售延伸到新型市场。在给用户送货时，为满足用户需求，改变作息时间，按照用户需求时间及时配送物资。到2010年，民爆器材专营公司面对不利市场因素，奋力经营，瞄准全市及周边公路建设和新农村建设及园区建设的商机，主动上门服务；同时争取到了固庄煤矿、荫营煤矿等大中型企业的合作，弥补了地方小煤矿关停而主营业务的不足，实现了全年20万元的利润目标。

1999—2010年阳泉市民爆物资销售情况简表

表-11-18

年 份	销售额（万元）	税 金（万元）	炸药销量（吨）	雷 管（万发）	导火索（万米）
1999	3232	57	3996	1101	216
2000	3125	14	4418	1020	171
2001	3508	67	5144	1122	177
2002	3129	59	4178	973	177
2003	4243	62	6510	1217	188
2004	4681	77	6734	1277	227
2005	4244	124	5638	1121	219
2006	4884	140	6294	1036	135
2007	4479	157	6154	865	121
2008	3709	147	4834	520	38
2009	2232	110	2126	207	1
2010	2722	87	2996	148	5
合计	44188	1101	59022	10607	1675

第六章 对外贸易

第一节　出　口

阳泉建市前，境内商品出口主要是土特产品和煤炭。土特产品包括核桃、花椒、羊绒等，大部分通过私营商贾以廉价收购或实物交换方式采集，然后批量向京、津等地输送，转销海外，仅盂县一地每年就有约7万公斤的核桃，约1.5万公斤的花椒销往欧美及俄罗斯和蒙古。民国6年（1917），境内保晋公司煤炭始销往日本等国家和地区，吨售价计银4.5海关两。民国9年，保晋公司于天津设置保晋海外分销处，加快推销，转运出口，吨售价计银6.75海关两，时煤炭出口数额无考。民国26年阳泉沦陷至民国34年日军投降，其间劫煤炭总量逾200万吨。

民国36年（1947）阳泉建市后，土特产品及畜产品大都由国营商业公司和供销社收购，直调口岸外贸公司出口。1960年6月，成立市对外贸易公司，年内出口供货总值990余万元。出口产品主要有煤炭、硫黄、生猪、皮毛、肠衣等。后历经十几年发展，对外贸易基础设施有较大改善。外贸仓库、出口产品加工车间、外贸货场、铁路专用线等相继建成并投入使用，为扩大出口创汇创造了条件。中共十一届三中全会后，对外贸易得到较快发展。1980年，分设市五金矿产进出口公司、市粮油食品土畜产进出口公司和外贸汽车队。之后又成立了市轻纺机化进出口公司，并在外贸汽车队的基础上成立市外贸包装货源公司，新设外贸新产品公司、云泰贸易公司，共有职工200余人。外贸企业主体增加，实行独立核算，自主经营。

1988年，市政府出台《阳泉市关于加快深化外贸体制改革的实施方案》，在对外经济贸易系统实施承包经营责任制，外贸企业千方百计组织收购、调运，不断改善经营管理，当年全市即完成出口总额4380.25万元，年内市对外经济贸易局同全国14个省、29个有进出口权的公司和口岸建立了经济贸易往来关系，出口商品包括粮油食品、土畜产品、轻工、工艺品、纺织品、五金矿产品、化工、机械、医药9大类，50余个品种。出口商品主要销往美国、日本、联邦德国、苏联、沙特阿拉伯、阿拉伯联合酋长国、加拿大、挪威等国家和地区。1990年，国际市场和国内经济形势严峻，给外贸出口供货带来资金短缺、货源和市场疲软等困难，当年仍完成出口供货5159.64万元，并新开发出口商品7种：碳化硅、红铅丹、铸铁件、立德粉、活性炭、蜂蜜、双氰胺。全年出口商品类别：粮油食品，出口金额175.86万元，占全年出口金额的3.41%；土畜产类487.39万元，占9.45%；轻工类101.67万元，占1.97%；工艺品类24.87万元，占0.48%；纺织品类519.50万元，占10.07%；五金矿产品类3150.94万元，占61.07%；化工类194.86万元，占3.78%；机械类498.75万元，占9.67%；医药类5.80万元，占0.11%。全年主要出口商品增至52种。

1991年，外经贸企业实行自主经营、自负盈亏体制，全年外贸出口供货总值2982.96万元。其中玉米、活家兔、烟花、麸皮、硅锰合金、高铝砖、黏土耐火砖、焦钠、美阀等9种出口商品超计划完成，开拓和恢复了谷子、扬声器、蝴蝶工艺品、陶粒砂、铸铁件等11种出口商品。1992年12月31日，经国家外经贸部批准，阳泉获得外贸自营进出口权，结束了境内外贸只能为省公司和口岸公司提供货源的历史。1993年6月，市政府决定成立阳泉市进出口公司，并经外经贸部批准获得自营进出口经营权。该公司为全民所有制企业，具有独立法人地位，实行自主经营、独立核算、自负盈亏，并设立天津、北京、广州3个分公司，实现第一笔出口业务8.3万美元，到1999年，已发展成创汇大户，实现销售1170.21万元。1994年是阳泉市外经贸工作全面推进改革的一年，出口创汇首次突破百万美元，达到234万美元，是上年的29倍，出口销售收入实现4757万元。1995年，境内实现自营出口的公司又新增加了市轻纺机化公司和市五金矿产公司。1998年2月，阳泉成立阳泉市五金矿产进出口有限公司（改制企业）。随后，阳泉铝矾土矿、阳泉钢铁公司、南煤集团等大型生产企业也相继取得进出口经营资格，逐步形成外贸专业公司、出口生产企业、外商投资企业多元化开展对外贸易新格局。1992年至1999年，全市累计进出口总额11344万美元，其中外商投资企业进出口完成2786万美元、地方自营进出口实现8558万美元。至1999年，境内出口额在50万美元以上的商品有11种，分别是金属镁、金属硅、三聚磷酸钠、双氰铵、镁合金、耐火砖、锰铁、焦炭、钕铁硼、硅锰合金、矾土，总计出口金额2243万美元，占出口总额的90.18%。1998年，金属镁出口量占全国同行业第三位，双氰铵占全国出口量19.26%，三聚磷酸钠占全国出口量8.02%，金属硅占全国出口量的5.21%。

出口额在50万美元以下的商品36种，总金额244万美元，占出口总额的9.81%。出口国和地区从1992年的空白增加到1999年的27个，实现直接对外签约自营进出口的企业达到21个，其中实现百万美元以上的进出口企业8家。

进入21世纪，阳泉市对外贸易持续增长，出口品种大幅增加。至2000年，镁锭、镁合金、金属硅、三聚磷酸钠、双氰胺、日用陶瓷、钕铁硼、耐火砖、焦炭、酒石酸十大骨干产品出口均超过100万美元以上，直接出口国家和地区达44个。从出口市场分布上看，有英国、德国、意大利、荷兰、葡萄牙、瑞士、俄罗斯等欧洲16国，美国、巴西、阿根廷、墨西哥等美洲8国，日本、韩国、沙特、伊朗、新加坡、塔吉克斯坦等亚洲15国，南非、尼日利亚等非洲3国，澳大利亚、新西兰大洋洲2国。出口市场多元化确保了阳泉对外贸易连续多年保持增长势头。境内出口商品呈大幅度增长的主要是陶瓷餐具，较上年增长255%，价值增长31%，增长原因主要是出口陶瓷国际市场看好，境内厂家发挥了出口自营权的作用，主动到广交会推销产品、洽谈签订合同，使产品远销美国、日本、加拿大、澳大利亚、印度等40多个国家，取得较好经济效益。2001年，境内继续实行对各类出口企业出口创汇每美元由市财政贴息2分钱的鼓励政策，出口达3172万美元。直接出口的品种达58种，涉及冶金、机电、化工、建材、矿产、轻工、纺织七个大类，形成覆盖欧洲15国、美洲7国、亚洲17国、非洲6国、大洋洲2国的销售网络，初步建立起市场多元化的格局。平定里社瓷厂多次参加“广交会”，产品销往多个国家和地区，是山西省首家获得输往美国的日用陶瓷资格企业。年内，出口日用陶瓷253批，其中输往美国61批20万箱851.71件，输往日本、意大利、澳大利亚、墨西哥等国192批31.64万箱，全年实现出口创汇258万美元，成为阳泉市获权生产企业出口第一大户。2002年，全市出口4596万美元，其中，市进出口公司出口2000余万美元，出口额居全市出口企业之首。2003年，全市出口额5819万美元，提前2月完成省、市下达的5307万美元目标。全市直接出口的国家和地区达到51个，遍及五大洲。为了帮助各类外向型进出口企业享受到出口退税和“免、抵、退”税的优惠政策，市外贸主管部门配合企业向省争取退税和调库指标，全市各类进出口企业实际出口退税和出口调库额达2050万元，较上年增长541万元，有效促进了全市各类企业的扩大出口。同时，还特别注重扶植民营经济企业参与涉外经济活动，协助取得进出口经营权。全市除“三资”企业外，获权企业达51家，初步形成国有、“三资”、集体、民营等多种经济成分的经营格局。根据企业的不同情况，全力抓好市进出口公司、晋达碳素、里社陶瓷、阳泉铝业等10家出口规模较大的第一梯队企业龙头塑造，抓好京宇磁材、宇通铸造、精诚化工、方大添加剂等10家出口潜力大的第二梯队企业快速跟进，抓好华伦陶瓷、圣火炉料、林里冶金等12家市场前景好的第三梯队企业迅速启动，通过一年的定向帮促，全市有31家企业产品直接打入国际市场，占到已获权企业的60.78%，其中自营进出口规模百万美元以上企业达到12家。市进出口公司以出口2430万美元业绩位居全省外贸专业公司首位，并进入全省近千家外向型企业出口前20强。

2004年7月，市委、市政府推进流通体制和机构改革，撤销市对外贸易经济合作局，成立市商务局，境内步入内外贸易一体化管理新阶段。市商务局积极帮助企业开拓国际市场，多次组织企业参加广交会、中国—东盟博览会、中国亚欧博览会、跨国采购洽谈会、华东交易会等大型展会，累计成交2亿多美元。同时，广泛宣传国家中小企业开拓国际市场政策，推动企业走出去参加在美国、德国、英国、阿联酋、俄罗斯，巴西、日本、泰国等10多个国家和地区举办的专业展会，展出了耐火材料、陶粒砂、铁合金、化工、五金、工具、阀门、陶瓷、工艺品等优势产品，出口市场结构进一步优化。鼓励企业参加出口信用保险，参保企业12家，通过中信保融资近3亿元。年内，全市出口产品达68种，其中金属镁锭、耐火砖、日用陶瓷、碳素制品等15种骨干产品快速增长，出口额占到全市出口总额的82%，钕铁硼、铁氧体、絮凝剂、金星仪表、工艺蝴蝶、刻花梅瓶、大寨核桃露等10种出口潜力产品前景看好。先后有3个企业到欧盟参加专业交易会，7个企业到越南、意大利、印度尼西亚、泰国、美国、韩国、新加坡等国家和地区进行专项推销，取得显著效果。全市商品出口国家和地区达53个。2005年，境内出口结构进一步优化，资源型产品出口下降。随着国家宏观调控政策和全市产业结构调整，机电产品出口654万美元，较上年增长96.47%；化工产品出口1656万美元，较上年增长114.41%，两类产品出口额占到全市出口总额的30%。铝矾土、金属镁、锰及其制品3大资源型产品出口1177万美元，下降72%。全市获得自营进出口权企业达73户，有进出口实绩的企业达39户，其中1000万美元以上的2户、500万美元以上的4户、100万美元以上的8户。进出口国别达16个，据海关统计，与英国、智利、澳大利亚、德国、荷兰、印度、意大利等国家和地区的贸易额分别增长1252%、804%、142%、27%、14%、10%、7%。

2006年12月，商务部授权阳泉市商务局，开始受理境内企业对外贸易经营者备案登记工作，成为全省首家开通对外贸易经营者备案登记系统的地市。年内，市进出口公司因故破产。2007年，全市进出口产品结构优化明显，对外贸易首次突破亿美元大关，有进出口实绩的企业49家。太行电镕镁有限公司、林里粉末冶金有限公司等5家新获权企业实现自营出口，占到全市自营出口总额的30%，对全市出口的扩大发挥了重要作用。机电产品在原有铁氧体、钕铁硼、碳素制品的基础上新增了仪表、铸铁件、镁挤压型材的出口，中成药品和轻工产品尼龙提手实现了自营出口零的突破，出口商品结构有了明显改善。2008年，全市出口总额12008万美元，较上年增长74.92%，首次突破亿美元大关。部分业绩小的企业增长迅速，一批零业绩企业异军突起；机电产品出口1949万美元，增势迅猛，出口比重升至16.23%；按企业性质看，民营、外资、集体、国有均实现增长，特别是民营企业跃居首位，实现进出口6550万美元，增长108%，在各类企业中比重达42.4%。年内，市商务部门利用广交会、上海跨国采购会、东盟博览会等一系列国际国内知名展会，拓宽交流渠道，扩大贸易市场，在继续巩固欧盟、日韩、俄罗斯、美国市场的同时，开辟和扩大东盟、西亚、南美市场，贸易国别达16个，贸易额超过600万美元的国家达到8个，日本、俄罗斯、德国、韩国、意大利、印度、美国、荷兰成为主要贸易国。

2009年，国际金融危机造成市场需求减少、人民币升值、贸易保护主义抬头等不利因素，境内对外贸易同全国一样受到很大影响。按海关经营单位统计，阳泉市自营出口5370万美元，较上年下降55.3%；按海关收发货单位统计，全年实现出口17324万美元，较上年下降46.8%。随着境内产业结构调整，钕铁硼、铁氧体、碳素产品、镁合金、光振磨块、骨质瓷、甜蜜素、氨基磺酸、磨具、仪表、尼龙提手等科技含量和附加值较高的产品出口量渐增。陶粒砂是2006年后发展起来的出口产品，全市获得自营进出口权的陶粒砂企业10家，主要分布于平定、盂县、郊区，拥有生产线50余条，年生产能力136万吨，位居全国第一，出口（包括代理）48万吨，占全国出口的1/3。平定长青石油压裂支撑剂有限公司等龙头企业，以市场为依托，分别在中国苏里格、美国休斯敦设立储销中心，实施一体两翼战略，产品成为美国、加拿大、巴西等国的抢手货。2010年，全市出口总值13119万美元，排名前五位的企业：如来山冶金工业公司2511万美元、长青石油压裂支撑剂公司2067万美元、五金矿产进出口有限公司1906万美元、方大添加剂（阳泉）有限公司1200万美元、兴陶压裂支撑剂公司（当年出口获权企业）929万美元。出口贸易构成及比重：陶瓷类4564万美元，占34.8%；贱金属类3042万美元，占23.2%；矿产品类2526万美元，占19.3%；化工类2468万美元，占18.9%；机电类490万美元，占3.8%。出口商品涉及6个大类，其中金属镁锭、镁合金、硅钙、日用陶瓷、铝矾土、耐火砖、陶粒砂、还原铁粉、甜蜜素、碳阳极、阴极块、石墨电极、铁氧体、钕铁硼等14种产品年出口额超百万美元。主要出口商品情况：陶粒砂3485万美元、耐火材料3530万美元、镁系列产品875万美元、甜蜜素1200万美元、铁合金1237万美元、还原铁粉525万美元。出口市场由原来单一的中国香港地区中转发展到直接出口美国、欧盟、日本、韩国、东南亚、非洲、南美等60多个国家和地区。

2005—2010 年阳泉市主要出口产品分类统计表

表 -11-19　　　　单位：万美元

类别＼年份	2005	2006	2007	2008	2009	2010	合计
矿产品	596	711	765	863	316	2526	5777
化工及相关产品	1656	1740	1674	2340	1572	2468	11450
耐火陶瓷	991	942	952	1471	1092	4564	10012
贱金属及其制品	2038	2570	2871	5338	2039	3042	17898
机电产品	654	446	595	1949	324	490	4458

2005—2010 年阳泉市按企业性质分类出口产品统计表

表 -11-20　　　　单位：万美元

企业性质＼年份	2005	2006	2007	2008	2009	2010	合计
国有企业	2480	1619	1954	2752	1290	2437	12532
中外合资企业	1174	1737	1985	3640	118	128	8782
外商独资企业	678	922	813	579	839	1200	5031
集体企业	1241	984	1035	1917	583	3060	8820
个体企业	2278	3672	3147	6550	2539	6283	24469

第二节　进　口

阳泉建市前，境内即有进口商品销售，其主要品种有各色棉布、染料、油漆、工矿铁路器材等，人称“洋货”。1949 年至 1979 年，由于国家政策对进口商品管控严格，阳泉市进口商品仍以布料针织、染料漆类、机械类等为主，进口数额由上级部门严格控制。1980 年以后，国家有关部门授予阳泉市审批项目、谈判签约、组团出国、验关商检、结算外汇等权限，进口商品和引进技术设备工作有了较快的发展。从 1982 年至 1990 年，进口成套的大型机械设备 100 多套，进口汽车 1291 辆，摩托车 349 辆。此外，针纺织品、医疗器械、家用电器等的增幅也较大。

由于引进的大型成套设备多为80年代世界先进技术水平的设备，所以对全市经济发展起了很大的促进作用。这批设备（流水线）投产后，运转正常，产品对路，市场前景看好，50%以上的产品打入国际市场，提高了阳泉市的出口创汇能力，加快了对外经济发展步伐。阳泉矿务局自70年代开始引进大型采煤设备。1990年，阳泉共接待来自韩国、西班牙、日本、美国、德国以及港澳台地区的商客共46批57人次；组织境内部分企业及有关部门工作人员共86人次，先后参加了中国贸易会国际展览中心举办的6个国外来展，为企业提供各类信息136条。

1992年以前，阳泉市没有自营进出口权，进口产品主要依靠省内外其他国有进出口公司从国外进口。1993年，阳泉市取得进出口经营资格，始有自营进口业务。1994年、1995年全市自营进口额分别为100万美元、220万美元，占到全市当年进出口总额的近一半。1997年，全市自营进口额240万美元。1998年，全市自营进口额实现1191万美元，首次突破千万美元大关。1999年、2000年，全市自营进口额分别为292万美元、335万美元。境内自营进口主要以山西日本能源有限公司的基础油、平定锁簧硫酸厂的氧化钴和阳泉禾佳公司的电子产品为主。

2001年，全市进口完成433万美元。2003年，全市进口完成751万美元。2004年，新的《中华人民共和国对外贸易法》实施，国家对自营进出口经营权由原来的审批制改为备案登记制，阳泉商务部门抓住机遇，鼓励具备条件的企业申办进出口经营资格，至2005年，全市获得自营进出口经营权企业达73户。2005年，全市进口增势明显，在资源型产品出口低迷的情况下，进口保持了高速增长，进口1919万美元，较上年增长32.3%。全市进出口总额较上年增长5.4个百分点，带动了进口的继续增长。

2007年，随着对外经济技术合作不断发展，阳泉市进口业务逐步扩大，进口产品由过去单一的纺织和机电产品发展到2008年的成套设备、机电产品、医疗设备、矿产品、化工产品等，进口量占全市对外贸易总额的比重逐年提高。2008年，全市进口额3448万美元。2010年，全市进口总值16027万美元，增幅全省排名第二。主要进口产品为基础油、采矿设备、环己胺、等静压石墨、钴精矿等，经营企业以外商投资企业为主。进口贸易构成及比重：矿产品进口总值13965万美元，占全市进口总值的87.1%；机电类1268万美元，占全市进口总值的7.9%；化工类771万美元，占全市进口总值的4.8%；贱金属类11万美元，占全市进口总值的0.2%。按企业划分进口商品情况：阳煤集团国际贸易有限公司进口煤炭总值1亿美元、阳煤集团国际贸易有限公司和山西吉天利科技实业有限公司进口机械设备2100万美元、山西日本能源润滑油有限公司进口基础油3495万美元、山西西格里泉海有限公司进口等静压石墨378万美元，进口额占到全市进出口总额的一半。

2005—2010 年阳泉市主要进口产品分类统计表

表 -11-21　　单位：万美元

类别＼年份	2005	2006	2007	2008	2009	2010	合计
矿产品	1419	1388	1581	2226	3010	13965	23589
化工及相关产品	388	501	451	1086	535	771	3732
耐火陶瓷	0	0	0	0	0	0	0
贱金属及其制品	2	—	0	0	0	11	13
机电产品	95	596	37	0	438	1268	2434

2005—2010 年阳泉市按企业性质分类进口产品统计表

表 -11-22　　单位：万美元

企业性质＼年份	2005	2006	2007	2008	2009	2010	合计
国有企业	9	0	1	0	1651	12088	13749
中外合资企业	0	0	1656	3146	2333	3873	11008
外商独资企业	322	393	330	56	0	57	1158
集体企业	706	149	95	245	0	9	1204
个体企业	102	622	4	1	0	0	729

第三节 出入境检验检疫

一、机构

改革开放前，境内商品检验检疫工作由太原商检局负责。1979 年 5 月，阳泉市进出口商品检验处成立。1980 年 1 月，太原商品检验局阳泉处成立，主要负责阳泉市及晋中地区的平定、昔阳、和顺、左权、榆社、盂县、寿阳等地进出口商品检验工作；实行双重领导，以地方为主的管理体制。1984 年 1 月，更名为山西进出口商品检验局阳泉处，隶属太原商品检验局领导。1989 年 4 月 1 日，阳泉商品检验处更名为阳泉进出口商品检验局，是山西出入境检验检疫局设在阳泉的直属机构，由山西出入境检验检疫局直接领导，管辖阳泉辖区的出入境检验检疫工作。

1999年11月，根据《国务院办公厅关于印发全国各地出入境检验检疫机构组建方案的通知》更名为“中华人民共和国阳泉出入境检验检疫局”。正县级建制。驻开发区大连路与青岛路交汇处。内设办公室、食品及动植物检验检疫科、工业品检验监管科。行政编制11名。至2010年，阳泉出入境检验检疫局内设办公室、综合业务科、食品及动植物检验检疫科、工业品检验监管科，下设阳泉检验检疫技术中心。有职工15名，其中公务员编制13人、事业编制2人。

二、出境检验检疫

1963年，阳泉市外贸公司始出口铝矾土、硫黄等。商品检验工作统一由当时的太原商检局负责。之后随着出口量的逐年增大，为了保证出口矿产品质量和加快检验速度，配合太原商检局把关，市外贸公司于1971年筹建铝矾土、硫黄化验室，时有技术员2人，承担阳泉地区铝矾土、硫黄等矿产品的出口检验工作。市外贸公司化验室在担负全国商检系统出口散装矿产品的取样试验中，由于所提供数据精当，获1978年全国科学大会三等奖。1979年5月，阳泉市进出口商品检验处添置一批必要的化验仪器和检验设备，以适应日益增多的外贸出口商品的检验工作的需要。1986年，市商品检验处不仅对出口商品实施法定检验，办理出口鉴定业务，还对出口商品的质量和检验工作实施监督管理。其主要管理方式之一就是对主要出口商品和生产企业实行质量许可证制度。1989年，陆续增添了一批先进精密仪器设备。同年颁布的《中华人民共和国进出口商品检验法》，进一步确立了阳泉地区进出口商品检验工作主要机关依法施检的地位。从1980年至1990年，全市经商检出口商品的总价值共31008万元。

1996年，市检验部门严格把关，对有关出口商品生产企业进行考核，并颁发认证证书。年内，境内开始实施普惠制（是一种关税制度，是进口国海关课征关税的一种形式，是发达国家给予发展中国家某些出口制成品和半成品单方面的非互惠的以减免或免税的关税优惠待遇），至1999年，境内注册普惠制的企业12家。随着境内进出口形势的变化，1999年，在实施出口质量许可制度的煤炭、锰铁、生铁、电石、双氰胺、釉面砖、三聚磷酸钠等商品及其生产的22企业中，复核了阳泉钢铁公司出口的铸造生铁和锰铁、晋东化工厂的烟花和索类制品、阳泉市电石厂的电石、阳泉市合成洗涤剂厂的三聚磷酸钠、阳泉市建陶厂的釉面砖和卫生砖5家企业的8种商品，重新核发“质量许可证”，促进了出口企业的产品质量，加强了质量许可证制度的实施。8月，经山西省检验检疫局考核后，向平定里社瓷厂颁发了出口许可证，是山西省内首家获得输美日用陶瓷的企业。11月，经国家出入境检验检疫局批准，在阳泉进出口商品检验局的基础上，充实动植物检疫、卫生检疫职能，成立阳泉出入境检验检疫局，负责阳泉市和晋中东部地区的出入境卫生检疫、动植物检疫和进出口商品检验的行政执法。从1980年1月成立到1999年，共检验进出口商品10360批，870余万吨铝矾土，1200余万吨煤炭，260余万吨生锰铁等110余种约6.3亿美元的出口商品。监管着60余户90余种出口商品的质量管理体系。

2000年，市检验检疫部门共检出境货物56个品种458批1967.81万美元。检验一般商品包装59批，其中纸箱54批20.36万个、塑编袋5批3.2万件；危险货物包装性能鉴定2批，其中纸箱1批4280个、塑料袋1批1500件；危险使用鉴定5批，其中纤维板桶1批320个、塑编袋3批357件、集装袋1批14件。此外，配合山西省出入境检验检疫局科技认证处对晋东瑞星包装厂进行了复查换证；对阳煤集团有限公司所属一、二、三矿加强监督，保证了该公司120余万吨出口煤炭的质量；还适时检查了阳泉华岭耐火公司、阳泉市林里耐火厂、阳泉市建筑陶瓷厂等6个企业的质量许可证执行情况，保证了阳泉市出口商品的质量，维护了阳泉出口的信誉和形象。2004年，阳泉市经济结构调整显现成效，出口产品结构发生较大变化，大宗商品铝锭停止出口，共检验检疫出境货物330批984.45万美元，出具原产地证书74份。对出口日用陶瓷加大监管力度，特别是对输美陶瓷，通过全程监控、日常监管、技术指导严控产品质量，共检验输美陶瓷110批58.88万箱，货值377.78万美元。此外，对5家获得“出口煤炭质量许可证”的煤炭企业加强监管，从煤炭加工、成分化验、车皮清洁等进行严格监管，5家煤炭企业出口煤炭402批次125万吨，货值4800万美元。2005年，共检验检疫出境商品487批货值3248万美元；检验出口包装134批1073265件，签发原产地证书201份，监管煤炭出口124万吨，监管装运出口煤炭车皮15361个，主要检验检疫的出口产品是日用陶瓷、高铝耐火砖产品等。2006年，共检出境货物776批8975.90万美元。2007年，市检验检疫部门重点开展了产品质量和食品安全专项整治，配合省局和阳泉市产品和食品安全专项治理领导组深入企业检查4次，走访企业10余家；同时还派出4个检查组，检查企业百余家次，排查出问题45个均得到整改。2008年，为保障奥运期间安全，市检验检疫部门对山西省唯一供奥运蔬菜基地进行检查；开展重点商品专项整治活动，对辖区内所有出口生产企业进行摸排、调查、登记，共摸排企业65家，登记非法检出口商品企业40家，备案建档23家。在2007年通过CNAS认可，开验煤炭、陶瓷两种商品8个项目的基础上，2008年又开验了甜蜜素、铝矾土、高铝砖、水泥、黑砂石、石英石等新商品10种、新项目30余个，共完成出口商品检测150多余批次，获得国家认监委颁发的“日用陶瓷铅镉溶出量检测CN-CA-07-A06能力验证合格实验室证书”。9月，对出口日用陶瓷建立了“符合性声明+首件检验+安全项目检测+符合性验证+日常监管”的创新型检验模式，为企业节约了开支，加快了通关速度。

2009年，市检验检疫部门监管食品企业完成219142枚检验检疫标志加贴工作，检验鉴定出口货物包装材料308批168万个，签发各类检验检疫证书（单）1505份、优惠性原产地证书219份，全市出口企业凭各类“原产地证”享受给惠国关税减免314万元；检验监管出境货物512批12174万美元。加大对平定莹玉陶瓷有限公司、方大添加剂责任有限公司（阳泉）分公司等30余家出口企业帮扶力度，开展“质量安全年”活动，通过采取认证认可、绿色通道、直通放行等扶优扶强措施，帮助提高企业竞争力；帮助1家出口企业按照ISO 17025标准建立了实验室体系，帮助6家出口企业建立了ISO 9000体系；为境内的所有出口商品生产企业免费培训报检员。2010年，检验检疫出境货物1212批28536.22万美元，签发各类检验检疫证书（单）1875份、优惠性原产地证书230份，出口类企业凭各类原产地证享受给惠国关税减免约533万元。年内，阳泉检验检疫局开展“质量提升”活动、质量诚信体系建设、出口食品安全整顿和质量提升服务进万企活动，提升了境内出口产品质量安全水平。

2001—2010年阳泉出入境检验检疫局部分出境商品批次／货值情况简表

表-11-23

单位：批次、万美元

年份	动物产品	食品化妆品及原料	纺织品	轻工品	轻工品	金属及其制品	化工品	机电产品	合计
2001	4/8.6	32/147	6/29	260/464	25/39	15/59	5/10	21/38	368/794.6
2002	–/–	5/14	–/–	346/572	29/55	17/43	3/4	11/59	–/–
2003	1/1	234/340	9/54	93/176	5/6	15/770	6/33	12/64	375/1444
2004	7/17	253/533	9/45	9/30	12/16	4/153	13/88	8/32	315/914
2005	4/1.8	261/490	2/4	36/235	151/1572	10/47	10/555	13/343	487/3248
2006	17/8	241/414	14/31	13/52.7	463/7545	11/170	10/52	7/703	776/8976
2007	23/47	332/653	1/1.44	15/49	524/8656	12/312	44/71	16/222	967/10011
2008	4/2	312/958	1/4	32/404	619/30814	19/798	135/462	21/319	1143/33761
2009	–/–	445/1392	14/29	19/95	426/12097	1/0.03	94/110	50/115	1049/13838
2010	–/–	524/2023	6/7	16/130	512/25963	4/58	96/134	54/221	1212/28536

1993—2010 年阳泉市出境商品检验情况简表

表 -11-24　　单位：批次、万美元

年 份	检验批次	商品货值	年 份	检验批次	商品货值	年 份	检验批次	商品货值
1993	320	537.32	1999	624	2493.33	2005	487	3246.93
1994	402	591.65	2000	458	1967.81	2006	776	8975.90
1995	178	793.08	2001	443	1085.37	2007	967	10011.41
1996	260	1731.05	2002	489	905.21	2008	1143	33761.07
1997	430	2475.88	2003	396	1503.95	2009	1049	13839.19
1998	507	2809.99	2004	330	984.45	2010	1212	28536.22

三、入境检验检疫

阳泉入境检验检疫始于 1979 年，初期检验检疫工作量较小。随着改革开放的日益扩大，为了适应进口贸易业的发展，市商检处配套添置了原子吸收、碳硫联合测定仪等设备。1988 年，商检处签发各类单证 270 份，检验进口商品 189 批，总价值 5585 万元。是年，进口到货的主要商品是成套的机械设备和车辆。商检处在检验工作中，不但与收用货单位密切配合，及时按货物流向发出验收通知单，督促收用货单位验收，还直接对进口商品实施法检，对有严重问题的当即对外提出索赔，当年索赔商品价值共 20 余万元。1981 年至 1990 年，经商检的进口成套设备共 89 台（套），汽车和摩托共 1460 辆。

1996 年 8 月，市商检部门联合市工商行政管理部门对境内流通领域进口家电市场进行了检查，共检查经销进口商品单位 28 家，其中国营商店 23 家、私营商店 5 家；检查的重点是进口彩色电视机、摩托车、空调、化妆品等，查出部分商品无进口手续、未经商检部门检验合格而私自销售及误导消费等问题，共查扣彩电 41 台、组合音响 42 台、录像机 29 台、摄像机 2 台、电熨斗 8 台、小型彩电 2 台、袖珍收录机 49 台等计总价值 28 万元，净化了家电市场，维护了消费者合法权益。1980 年 1 月至 1999 年 12 月，阳泉市商检部门共检验钢材、木材、汽车、家电、成套设备等 8500 余万元的进口商品。

2000 年，市检验检疫部门共检入境货物 18 批 101.7 万美元，其中阳煤集团占至总值一半以上。阳煤集团为扩大出口洗精煤数量，提高质量，从澳大利亚约翰芬蕾工程公司购进 2 台

FC-1400 型精煤离心脱水机、1 台 VM-1400 型煤泥离心脱水机，总价值 54 万美元；设备于 12 月运回，在次年 2 月对设备进行负载试验时，发现其制造方面存在问题，市检验部门配合阳煤集团向进口企业提出索赔，并及时出具检验证书，完成了进口设备检验和索赔工作。2002 年至 2003 年，共检验检疫入境商品 38 批 961.53 万美元，重点抓好疫情预警制度管理、木质包装检疫、实蝇检测工作，对入境木质包装按规定进行了监督焚烧。与技术监督等部门合作，重点检查了进口食品类、机械类及与国计民生密切相关的其他进口商品。2004 年至 2005 年，共检验检疫入境货物 49 批 1383.31 万美元。加大了对入境木质包装和敏感、有毒、有害物质和疫病疫情的监测力度，特别是对美国、日本、韩国和欧盟等国家和地区入境的木质包装及其他检疫物的重点检疫，坚决杜绝国外疫情入境。

2006 年至 2008 年，市出入境检验检疫部门检验检疫入境货物 134 批 7070 万美元，检验覆盖率达 100%；2009 年至 2010 年，加强对流通领域进口商品检验监管工作，联合工商部门对外资零售企业沃尔玛超市及全市相关大型连锁超市经营的进口家用电器、进口食品和化妆品开展监督检查工作，通过对进口产品的索证、索票、登记备案及建立进货台账制度检查，规范了进口商品的经营活动，为市民营造了较好的消费环境，共检验检疫入境货物 69 批 1343 万美元。

1993—2010 年阳泉市入境商品检验情况简表

表 -11-25 单位：批次、万美元

年 份	检验批次	商品货值	年 份	检验批次	商品货值	年 份	检验批次	商品货值
1993	125	265.05	1999	4	26.67	2005	32	1126.00
1994	137	327.41	2000	18	101.70	2006	40	3006.00
1995	120	857.51	2001	23	168.29	2007	45	2653.00
1996	30	31.64	2002	18	715.84	2008	49	1411.00
1997	43	171.48	2003	20	245.69	2009	37	537.00
1998	8	199.64	2004	17	257.31	2010	32	806.00

阳泉市志

YANGQUANSHIZHI

[中　册]

第十二编

旅游业　服务业

阳泉历史悠久，文化积淀深厚，旅游资源丰富，但直到20世纪七八十年代，境内旅游业仍无太大发展。20世纪90年代开始，随着全国改革开放的步伐逐步加快，地方经济结构的矛盾更加突出，境内旅游产业的发展愈来愈引起社会各界的关注。特别是进入21世纪，在地方政府及旅游主管部门的引导与相关政策的推动下，境内旅游业进入一个快速发展时期。各种经济成分、社会资金竞相涌入旅游行业，形成了国有、集体、私营、个体及股份制等多元发展格局，旅游产业一跃而成为朝阳产业。截至2010年，全市开放的旅游景区（点）有16个，可供游人自行参观的景区（景点）达千余个，年接待国内外游客832万人次，年旅游总收入近58亿元，占到全市国内生产总值的7.4%。

境内服务业在计划经济时期发展平缓。改革开放以后，阳泉市的服务业有了长足发展，1978年至2010年服务业平均增速超过9%，高于同期国内生产总值平均增速。“十五”期间，全市服务业固定资产投资占全部固定资产投资的比例近60%，长期形成的主要依靠工业带动经济增长的局面得到改变，服务业成为带动国民经济增长的重要力量；但多为劳动密集型的服务业，以知识为基础的现代服务业发展相对滞后。“十一五”期间，在中央和地方持续、有力的政策扶持下，一方面，境内的传统服务业开始升级换代，得到进一步优化；另一方面，境内的现代服务业也在发展壮大，并有显著提升，信息咨询、职业培训、电子商务、现代物流、现代金融等新兴服务业增长迅速，对地方经济社会发展的贡献作用逐渐增大。

第一章 旅游业

第一节 概况

阳泉历史悠久，历经千万年的发展变化，形成了积淀深厚、内涵丰富、类型多样、特色鲜明的旅游资源。境内古迹遍布，名胜汇集，千山斗艳，万物争辉，成为人们观赏社会文明、游览自然风光的一方胜地。如明成化（1475）版《山西通志》卷七“景致”部分就记载了平定州八景为冠山雨过、帽石烟凝、清泉浸月、红楼晚照、阳泉春色、白岸秋霜、五渡平波、双林古寺。盂县有藏山晚翠、白鹿跑泉、龙潭春色、神门□□、孤山竦岫、仙人伏洞、南峰双鹤、乌川莽月八景；明嘉靖版《盂县志》所载则多达二十五景，至清光绪三年（1877），始定为十景。也有先人们用智慧和劳动创造而遗留至今的巧夺天工的建筑，如银圆山庄、石家花园、大阳泉古村等；还有因重大历史事件而倍受关注的历史遗迹，如藏孤洞、平潭古城等。

雄关伟城　以古关隘娘子关和固关及其附属长城为代表。娘子关位于平定县东部，系历代兵家必争之地，春秋战国时先后为晋国、中山国、赵国据为己有。娘子关城堡依山傍水而筑，坐西向东，居高临下，雄伟高大，气势恢宏，地势险要，扼晋冀咽喉要冲，被誉为“京畿蕃屏”。固关位于娘子关南部、两峰挟持的河谷之中，史称井陉口西出之门，为先秦九塞、太行八陉之一。固关长城原为春秋战国时期中山长城的一部分，横亘山脊南北两端，是锁燕蔽赵的重要军事屏障。古关长城，历经人间沧桑，跨越朝代时空，见证社会发展，写下了特有的关城文化。

文化名山　以藏山和冠山为代表。藏山位于盂县北部，原名“盂山”，因春秋时期晋国义士程婴在此藏育落难的赵氏孤儿而易名。正是由于程婴忠心护孤，赵氏血脉方得延续，也才会有后来位列战国七雄之一的赵国。藏山因此而名播中外，并逐渐形成了以伸张正义、扬善抑恶为核心的厚重的忠义文化。冠山位于平定县城西，是方山山脉的主峰，因其兀然陡立、顶平如冠而得名。山上林木茂密，古迹遍布，虽释道儒等多教并存，然以书院文化教育更胜，成为历史上人才成长的摇篮。元代中书左丞吕思诚、明代吏部尚书乔宇、清代两广提督窦瑸等许多杰出人物都是从这里走出去的，傅山、张佩芳、张穆等众多历史名人也曾到此游历讲学。冠山因此而闻名遐迩，并逐渐形成了以教书育人、传播文化为核心的开放的书院文化。

自然风光　特殊的地理环境造就了境内众多的自然景观。郊区翠枫山自然风景区重峦叠嶂，林木茂密，植物衡繁，尤其是秋日，漫山红遍，层林尽染，堪与香山媲美；郊区龙海山大自然景区山青水绿，翠色连绵，云雾缭绕，如诗如画，被誉为阳泉的黄山；平定药岭寺森林公园山深林密，物种繁多，鹿鸣呦呦，松涛阵阵，风光别样；盂县水神山景区松柏拱翠，灌木葳蕤，风景秀丽，春之林海花浪和秋之霜染红叶令人陶醉；盂县的万花洞、玉华洞、如来洞三大溶洞华北罕见，洞内扑朔迷离，深邃莫测。境内天生万象，千姿百态，景致优美，风光无限，形成了一方特有的自然文化现象。

古建秀姿　境内传统建筑颇多，古色秀姿，建造精美。郊区林里关王庙为中国现存关王庙中最早的建筑，古朴典雅，气势磅礴，建筑风格部分沿袭唐风，大部保持宋代营造法式的建筑规范，是古建筑中的瑰宝。郊区大阳泉村至今保存有较为完整的明清式村落建筑，街巷、商号、戏台、宗祠、庙宇、民居、古树、碑刻等历史遗存，无一不散溢着古色古香。郊区小河村石家花园为近代才女石评梅的祖居，修建于清代雍正年间，设计巧妙，做工精细，其丰富多彩的砖雕、木雕、石雕造型出神入化，整个建筑既有着北方民居的雄浑气派，又不失江南建筑那隽秀风韵。郊区官沟村银圆山庄为典型的北方式民居建筑群，始建于清代中叶，由窑洞组成的11套院落依山而建，浑然一体，气势壮观，独特别致的建筑犹如卧在半山腰上的一条巨龙，被行内专家誉为山西的“小布达拉宫”。盂县万益当建于清道光年间，整体建筑以高大的围墙环绕，由两座院落组成，布局严谨，造型壮观，共有房屋51间，有“晋东第一当”之誉。类似于上述设计独到、构造精美、气势不凡的一大批民居古建，透射出了境内传统建筑文化特有的光彩。

红色旅程　以屹立在狮脑山上的百团大战纪念碑为标志，记录了中国共产党领导阳泉人民为推翻帝国主义、封建主义、官僚资本主义三座大山而走过的革命历程。中国北方第一支红军正规军——中国工农红军第二十四军的诞生地、百团大战纪念碑（馆）、革命烈士纪念碑（馆）、平定七亘大捷纪念碑、药岭寺太行二分区利华制药厂旧址、盂县彭真渠等众多的革命纪念地，成为人们接受革命传统教育和爱国主义教育的重要基地。

田园新韵　随着时代的发展和社会的进步，境内不少农村旧貌变新颜，清新淡雅的田园风光再度受到都市人的青睐，郊区和谐生态园、桃林沟村等即是人们常去的地方。郊区和谐生态园是一处集食、住、行、游、娱为一体的休闲观光农业的大型旅游场所，整个园区以“生态奠基，文化提升，功能多元，和谐共融”为主题，向世人呈现了一幅“区中有园，园中有院，亭台楼阁，交相辉映”的现代农庄胜景图。郊区桃林沟村则是境内社会主义新农村建设的典范，村内新楼林立，村外桃木成荫，特别是在那阳春三月桃花映红满山遍野（盛开）的时节，田园风光更加迷人。体验农村生活、游览田园风光、品尝农家饭菜已成为一种新的时尚。

城中园艺　以桃河公园、北山公园为代表。桃河公园是以市区段桃河综合治理为目标建成的大型生态公园，东西全长9.03千米，总面积72万平方米，绿地面积57.4万平方米，有4个重点景观区和39处景点，园内绿草如茵，花团锦簇，湖波荡漾，环境幽雅。北山公园是山西省最大的城市山体公园和唯一的欧式建筑公园，占地86.67公顷，景观主体风格为“森林、生态、欧式、简洁”，公园包含开朗、壮阔的欧式园林风格景区与典雅、幽静的中式园林景区，融汇中外，兼蓄东西，场景壮阔，气度不凡。

消闲佳境　盂县寺平安温泉、平定县小蘑菇度假村和狮脑山森林公园都是人们休闲度假的好去处。盂县寺平安温泉是中国古代开发较早的少数几处温泉之一，已有1500年的历史，有“高温氡水甲天下，名誉中国第一泉”之美称。平定小蘑菇度假村环境优雅，波光粼粼，湖水与园林相互映衬，是一处以水为开发内容的旅游度假区。狮脑山森林公园植被茂密，树木葱茏，景色优美，娱乐、住宿、会议接待设施齐备，确为消夏避暑、假日休闲之佳境。

数百年来，上列景致吸引了无数游客观光览胜；同时，也为历代文人抒怀言志提供了素材，更为地方史官勾勒本土增添了秀色。据查，乡人孙杰、嘉庆十六年（1811）任的知州吴安祖均有咏州八景之诗作传世（清光绪版《平定州志》有载）；诗人白孕彩（明清之际州人）、著名思想家傅山（明清之际太原人）、尚书乔宇（明代乐平人）等也都有咏八景之力作收在清光绪版《平定州志》中。但是，随着岁月的流逝，特别是20世纪30年代后，境内战乱频仍，旅游资源惨遭破坏，原有景点十之八九面目全非，名存实亡。

民国36年（1947）年，阳泉建市后，部分景区景点有所恢复，但受财力人力所限，又因各类运动频频，人们精力多投入到国民经济建设中，旅游景点恢复进展缓慢。至20世纪80年代，境内专业旅游服务机构仅有成立于1984年的阳泉中国旅行社，旅游景区也仅有藏山承担着接待任务。进入90年代后，市、县、乡（镇）、村四级逐渐开始注重开发境内旅游资源，基础建设投入不断加大，旅游产品逐渐成熟，服务水平有了提高。2000年，阳泉市委、市政府高度重视旅游业，把发展旅游业当作产业结构调整的重要内容来抓。各级计划、财政、交通、水利、林业、方志、文物等管理部门大力支持，加大了境内旅游景区景点的开发建设和宣传保护力度。

进入“十五”时期，尤其是2001年阳泉市政府设立外事旅游局后，经过政府推动和主管部门努力，不断加大对旅游业的投入，旅游资源得到开发，产业雏形初步形成。截至2010年，境内旅游企业发展到50家。其中旅行社达31家，旺季从业人数350余人。旅游星级饭店7家——阳煤集团药林会议中心（五星级）、泉美国际大酒店（四星级）、北冰洋大酒店（四星级）、阳泉宾馆（三星级）、墨玉宾馆（三星级）、东方宾馆（二星级）和阳煤集团盂县温泉疗养院（二星级）。除旅游星级饭店外，全市还有其他旅游住宿设施90多家，客房3000余间，床位7000多个，为阳泉市旅游业的发展提供了保证。2004年，阳泉市第一家外事旅游汽车公司成立，到2010年，公司拥有高档豪华旅游车30辆，直接服务于全市旅游业。

2000—2010年阳泉市旅游情况统计简表

表-12-1

年份	接待国内外游客（万人次）	旅游综合收入（亿元）	旅游景区接待游客（万人次）	景点门票收入（万元）	年份	接待国内外游客（万人次）	旅游综合收入（亿元）	旅游景区接待游客（万人次）	景点门票收入（万元）
2000	98.21	2.59	—	—	2006	434.00	25.20	47.00	880
2001	124.59	3.58	10.50	49	2007	531.30	33.18	151.00	2130
2002	140.91	4.00	12.80	59	2008	586.70	46.21	95.00	3460
2003	124.90	3.90	12.00	58	2009	673.80	46.79	120.00	3600
2004	248.14	6.79	21.00	157	2010	823.00	57.99	164.96	4296
2005	358.00	15.35	35.00	535	合计	4143.55	245.58	669.26	15224

第二节　风景名胜

一、自然景观

境内多处自然景观浑然天成。据《平定州志》《盂县志》记载，计有：“红楼晚照”“白岸秋霜”“阳泉春色”“清泉浸月”“五渡平波”“双林古寺”“帽石烟凝”“冠山雨过”“平潭秋月”“九曲流杯”“石瓮生风”“阳春烟景”“藏山晚照”“伏洞仙踪”“细水回浪”“孤山耸翠”“北台仙月”“西野云禾”“鹿洞鸣泉”“龙潭草暖”“乌川绕玉”和“马水溅珠”22处之多。随着岁月的流逝，以上诸景有的虽已荡然无存，但有的仍具有迷人的魅力，而今又发现了许多绚丽的奇观，其较著名者如下：

狮脑雄姿 位于阳泉市区西南4千米处狮脑山，海拔1164米，因山形似狮而得名。是抗日战争时期朱德总司令、彭德怀副总司令指挥的名震中外的百团大战的主战场之一。山势巍峻，蜿蜒挺拔；树木参天，野藤缠绕；荆棘丛生，花草层层；古刹幽幽，奇石嶙峋。山顶有一巨石，其状如帽，高约丈余，上部凹形处形似石臼，长二尺，深一尺，中生菖蒲，翠绿纤细，积水冬夏而不涸，湛蓝澄清。该石经常被缕缕如烟的轻云所笼罩，人称“帽石烟凝”。为了纪念百团大战，缅怀为国捐躯的抗日英烈，1987年，中共阳泉市委、市人民政府在山顶处建起一座气势雄伟、威严壮观的百团大战纪念碑。纪念碑周围建有供人们游览和休息的狮子阁、钟亭、蘑菇亭等设施，山腰还修复了禅岩、蒲台两座古寺，并且新植了大量树木，从而成为供人们游览瞻仰的风光胜地。

古关飞帘 位于平定县娘子关，系太行山上著名关隘，向有“天下第九关”之称。娘子关附近地下水源丰富，较大的泉水点有11个，其中最大的一个是水帘洞瀑布。其最大水量为3立方米/秒，古人说它为“平地突起，下赴绝涧，悬流百尺，散缕似珠”。倾泻不息的瀑布，好像银链直下，击落在崖底河谷顽石上，浪花飞溅，水雾弥漫，峡谷轰鸣。水雾经阳光斜照，绚丽多彩，蔚为壮观。郭沫若曾赋诗赞颂：“娘子关头悬瀑布，飞腾入谷化潜龙，茫茫大野银锄阵，叠叠崇山铁轨通。回顾陡惊溶碧玉，倒流将见吸长虹。坡地二十六万亩，跨过长江待望中。”

炼石仙踪 位于平定县城东南25千米的东浮山。四周群山环绕，平缓突起，海拔1200余米。山中石头苍紫松软，气孔繁密，入水上浮不沉，相传为女娲在此设灶炼五色石补天所遗。该山不仅以其生动的传说吸引着境内外游客，而且还是一处风景优美、幽静怡神的消暑胜地，向有“游览则虽暑弗暑，登临则无风亦风”之美誉。明人乔宇也曾作《游山诗》赞美：“万叠冈头坐渺茫，松涛风响夜琅琅。昭回接处天应近，沆瀣餐时夜未央。下界浮尘无一到，空山灵气但闻香。悠悠解得南华意，遮莫笙歌到上方。”

玉皇溶洞 位于平定县、盂县与河北井陉县交界地带，太行山红岩岭自然山脉腹地，最高海拔1100米。受太行山喀斯特地貌影响，造就了独特的溶洞景观。早在20世纪50年代，村民们在山上挖硝土时就发现了山里的溶洞。然而，由于落后与贫穷，溶洞一直未得到重视和开发。溶洞是迄今为止在北方山脉中发现的规模最大、钟乳石最丰富的溶洞，共开发出“龙宫”“瑶池”“灵霄殿”1到5号溶洞，总长600多米，面积近8000平方米。在洞穴入口，天然流水冲刷出一条深达千米的沟壑，十分险恶。洞内滴水声振耳膜，让人心生寒意。洞内五彩光线被岩壁反射，如同进入奇幻梦境。从沟壑之中腾起的雾气，凝结成水落在地上，犹如雪花。洞顶上垂下的石笋，仿若利剑，剑锋被打磨得异常光亮。洞壁上浮现着各种石幔、石旗、水母石、伞形石笋。洞内随着灯光变幻，给人带来不同视觉效果，像“带鱼”在海底畅游若隐若现，如冬雪覆松，寒崖垂冰，如炽热火红，形如王母娘娘所赐蟠桃；如石花绚烂多姿，流石坝形似层层梯田。

冠山雨霁　参见“冠山”。

藏山秀色　位于盂县苌池乡北部，属白马山脉西段。山势呈东西走向，南北两峰对峙，极为挺拔峻峭，相传此处即赵氏孤儿藏身处，故名藏山。两峰间建有赵文子祠，亦称藏山祠，始建年代无考。藏山不仅古迹悠久，而且风景秀丽。群峰巍峨，松柏拱翠，峦环涧绕，燕舞莺歌，山色飞岚，四季宜人。春日百花斗妍，幽芳迷漫；夏时浓荫蔽日，气爽清平；秋天层林尽染，山野红遍；冬季银装素裹，玉树琼花。可谓游春、赏雪、避暑之绝佳胜地。古传十景，尤令人神往：一曰“龙凤松”，位于藏山入口处，“龙松”伏地而生，似虬龙盘曲，呈仰天长吟之状；“凤松”袅娜奇立，若仪凤展翅，有凌空翱翔之势。二曰“饮马池”，山泉汩汩，清澈见底，相传为程婴、赵武饮马处。三曰“笏峰”，形状似旧时大臣面君所持之“笏板”，石削如屏，险峻异常，故此得笏峰之名。四曰“南天门”，巍然矗立，有“之”字形石径直达峰巅，素有“南门天险”之称。山顶部有一处自然生成的嶙峋突兀的岩壁，似莲花一朵盛开于崖畔。五曰“日落晚照”，位于东峰半山腰。系一凹地，四周芳草如茵，披青流翠，中央呈苍黄色，每当傍晚，夕晖映射，紫绿万状，光怪离奇，分外妖娆。六曰“拜水洞”，居祠之北，乃就石而凿，呈虬龙状，高丈许，水满时龙躯晃动，麟角笔仙，煞是壮观。七曰“滴水崖”，在东峰山麓岩穴内。涧水顺山石缝罅渗流而注，四季不绝，似水帘洞天。夏日珠翡四溅，声如轻抚琴弦；冬时冰柱倒悬，形若玉幛银丝。八曰“黑龙潭”，居东峰隅之岩洞中。积水成沼，终年不涸，水呈墨色，然掬而饮之却清醇可口。九曰“飞岩楼”，檐牙交琢，典雅富丽，横卧在峭壁半山上，险峻异常。十曰“藏孤洞”，在寝宫后山腰，僻静幽密，相传即赵氏孤儿当年遭难藏身之处。

龙堂瀑布　位于盂县城东北87千米的北峪口乡龙堂村。此处山势横亘，沟谷纵深，悬崖峭壁，重峦叠嶂。瀑布源出山西省五台县、盂县与河北省平山县三县的交界处，流约2千米后依次分三级泻下。流水首先从黑龙池直泻而下，进入大龙池，落差为24.5米；大龙池呈半圆形，直径7米，深1.5米。水出大龙池平流12米后，从第二池泻下，进入二龙池，落差为7.5米；

二龙池亦呈半圆形，径7.2米，深1.6米。水出二龙池平流10米后，从第三池泻下，进入三龙池，落差为32米；三龙池呈坛形，口小腹大，口径2.7米，深4.5米。水出三龙池，下流7米，成一水潭，之后顺沟流去。远望瀑布，银光闪闪，练舞珠飞，犹如素绢；近视清潭，水色青青，晶莹碧透，宛若明镜；天、山、水浑然一体，景色十分壮观。但因交通不便，行人罕至。瀑布东南侧有龙堂寺，故名“龙堂瀑布”。

温泉沐浴　位于盂县城北66千米处滹沱河畔的寺平安村南，是山西省五大温泉之一。该处泉眼密布，水雾弥漫，涓流不竭。水温在40℃～62℃，且水质特异，内含有益人体健康的多种微量元素，经常沐浴可辅助治疗多种疾病。临河而建的疗养所，碧流拱绕；两岸奇峰壁立，山水相融，风光秀丽。河滩建有养鱼池，周围遍布花椒、核桃、柿子、黑枣等果木，绿树成荫，百鸟争鸣。沐浴之余，临池观鱼，登山赏景，可谓美不胜收。

万花奇观　位于盂县城东北35千米万花洞处，为一地下溶洞。洞口离地面约500余米。主洞长约0.5千米，高低不同，宽窄不一。洞内的石钟乳有的如长蛇盘绕，有的像顽猴倒吊，有的似雄狮横卧，有的若金鸡独立，惟妙惟肖，形态各异。主洞旁又有许多支洞，名曰莲花洞、谷穗洞、葡萄洞等，别有天地，各具情趣。置身其间，满目光怪陆离，令人惊叹不已，堪称地下艺术宫殿，大有游赏价值。

翠枫山景　参见“翠枫山景区”。

龙海云雾　参见“龙海山景区”。

高神山脉　位于盂县城北2.5千米处，与水神山相毗邻，属仇犹山之左翼，海拔高1234.6米，是离县城最近的山峰。高神山雄浑挺拔，巍峨耸峙，山上苍松满山，山下秀水潆洄，登此山顶，极目远眺，在茫茫苍苍的烟岚氤氲中，仇犹古城尽收眼底。俯视山下，田园如坪，河流如带；仰神空中，层云荡胸，云海茫茫。登临是山，大有一览众山小之感。

万花洞钟乳石　位于盂县上社镇东南白马山主峰之北麓，系古生代寒武纪石灰岩构造。洞口朝西向南，正面石壁上有民国年间盂县知县王堉昌篆书题刻的“万花洞”3字。洞口前不远处有一小山峰，形似母亲抱儿哺乳，名曰抱儿峰。洞口像一人耳，高0.9米，宽0.8米。入洞下行10余米至洞底，洞内支岔较多，洞底高低不平，内分为3厅3洞，即前厅、中厅、后厅、东洞、隔扇洞和蛙鸣洞。前厅在东洞与蛙鸣洞交叉处，中厅在东洞与隔扇洞交叉处，后厅在东洞往西70米处；东洞长183米，蛙鸣洞长130米，隔扇洞长50米。随着步履移动，上万年天工造化的钟乳石依次映入眼帘，有的依傍洞壁，有的倒悬洞顶，有的屹立于地面，诸多形若“雄狮怒吼”“金鸡独立”“雄鹰展翅”“猛虎下山”“马踏飞燕”“银蛇狂舞”“仙女下凡”“顽猴嬉戏”“飞瀑拖练”“行云流水”“莲花争艳”“雪梨争芳”“葡萄喷香”“谷穗倒悬”，真是千姿百态，气象万千，美不胜收。洞内空气充足，流水潺潺，游人皆感觉呼吸畅快，清爽宜人。洞内生存最多的动物是蝙蝠，数以千计的蝙蝠调皮地倒吊在钟乳石上，给游人增添了无限的情趣。万花洞最高处9.7米，最宽处14米，纵深近500米，洞底面积为2378平方米。在万花洞四周，千山万壑，松柏拱翠，植被良好，有菩萨崖、大峡谷、天桥、小西天、古长城、马水溅珠瀑布等诸多天然景观。

玉华天宫　位于盂县仙人乡东南部天桥路山之西侧玉华洞，系古生代寒武纪石灰岩构造，洞呈东西走向。洞口形似人嘴，高0.8米，长5米，洞口上方刻有民国时期盂县知县王堉昌题书的“玉华洞”3字。玉华洞共有一厅二洞，名曰：休息厅、天洞（亦称天宫）、地洞（亦称地狱），均在一条中轴线上。天宫、地洞为上下洞结构。天宫长36米，最宽处13米，乳白色的钟乳石将洞内装点得冰清玉洁。洞顶吊着一簇簇耀眼的火炬，宛若永不熄灭的“天灯”，地面平光如镜，状若五彩祥云。洞的两侧，钟乳石似排列整齐的文臣武将、金童玉女，个个气宇轩昂，神采奕奕，仿佛是在迎接从远道来的客人。最令人叹赏的是洞根的“玉皇殿”，殿外两道城墙环绕，殿顶前下垂一条条幕帘，透过幕帘之间的缝隙，便可看到“玉皇大帝”端坐的形象，亦使游人若置身仙境。这些天工造化的钟乳石，的确让人叹为观止；地洞洞口在天宫地面中央，无路可通，只能脚踏软梯而下，垂直深度为16米。洞底还有一个斜洞，长20米，高11米。地洞中的钟乳石更是琳琅满目、怪异奇特，有一根钟乳大石柱名曰“摩天柱”，其余钟乳石被人们喻为龇牙咧嘴、鹰嘴猴腮、牛头马面式的妖魔鬼怪，故而称之为地狱。玉华洞最高处14米，最宽处13米，总长为172米，洞底面约1500平方米。

寺平安温泉　位于盂县梁家寨乡寺平安村的滹沱河畔，距盂县城66千米。热矿水水温四季稳定，常年保持在44℃至53℃之间，总矿化度每升0.77毫克至0.89毫克。含氡量每升780贝克至1291贝克。该矿泉水化学类型属低矿化度、弱碱性、高氡、含偏硅性酸氯化物、硫酸钠泉。并含有多种微量元素，其中偏硼酸每升1.6毫克至3.0毫克、溴每升0.86至1.14毫克、锂每升0.32至0.42毫克、锶每升0.9至1.0毫克。此温泉早在南北朝时期就已遐迩闻名，明洪武版《太原志·盂县》云：“温泉水，在县北一百二十里，有三穴。《旧经》云：北齐济南王有疾，求药山中，有鹿毛已剥落，来至泉所浴，数日毛生甚美。王就泉沐浴，疾因而愈。昔济南王之居处，尚有遗迹。一穴出盘石中尤热，东西二穴名灵汤，南流五十步，合滹沱河。”这里奇峰林立，碧波荡漾，树影婆娑，田宅若画，是人们疗养度假的胜地。

二、景区建设

阳泉旅游资源丰富，可供开发的旅游景区景点近千处。但在20世纪70年代前，境内旅游业不具规模，景点建设发展缓慢。1978年改革开放后，历经30多年发展，阳泉市形成了积淀深厚、内涵丰富、光彩照人的旅游文化，古迹遍布，景点汇集，成为人们观赏社会文明、游览自然风光的一方胜地。

1986年，中国正式将旅游业纳入国民经济和社会发展计划，将旅游业写进“七五”计划中，境内旅游业发生了由事业型向产业型的实质转变。特别是自1992年后，社会主义市场经济制度的确立，境内旅游业展示了巨大的市场空间，1993年山水风光游、1994年文物古迹游、1995年民俗风情游、1996年度假休闲游等一系列主题的开展，提升了境内旅游业的发展意识，扩大了阳泉旅游市场影响力，境内旅游事业得到发展，景点景区建设逐步展开。

特别是2000年，阳泉市委、市政府高度重视旅游业，把发展旅游业作为产业结构调整的重要内容来抓，各级计划、财政、交通、水利、林业和文物管理部门大力支持，积极配合，加大了境内旅游景区景点的开发力度；到年底，对公众开放的景点达到12个，分别是平定县境内的娘子关、固关长城、冠山、药岭寺、小蘑菇度假村；盂县境内的藏山、水神山烈女祠、梁家寨温泉；郊区境内的林里关王庙、官沟银圆山庄、小河石家花园；市区境内的狮脑山森林公园等。同时，阳泉还加大投入，相继开发了郊区银圆山庄、平定固关长城、盂县水神山烈女祠和市内的狮脑山等景区景点；并相继开通市区－娘子关、市区－藏山、市区－狮脑山3条“假日旅游”客运专线；编制《阳泉旅游交通图》，整体推出境内的旅游景点。

截至2010年，境内基本成形且对游客开放的景区景点达到16个。平定县境内有娘子关、固关、冠山、药岭寺、小蘑菇度假村；盂县境内有藏山、水神山、梁家寨温泉；郊区境内有翠枫山景区、林里关王庙、官沟银圆山庄、小河石家花园、龙海山景区、和谐生态园；市区境内有狮脑山百团大战纪念碑和狮脑山森林公园等。其中，盂县藏山、郊区翠枫山被国家旅游局评为AAAA级景区，平定县娘子关、郊区关王庙被评为AA级景区，平定冠山被评为A级景区。在这5个景区（点）中，平定娘子关、盂县藏山的知名度较高，年接待游客居全市前列。

景区（点）选介

娘子关 景区位于平定县娘子关镇，由关城、平阳湖、瀑布、水上人家、石榴园等组成。旧称苇泽关，系长城上著名关隘，有“晋冀咽喉”“天下第九关”之称。娘子关军事设施建

娘子关城

造很早，现存城堡建于明嘉靖二十一年（1542），具有重要军事价值。民国时期修筑的河北正定西入晋境太原的正太铁路和今天的315省道在此交汇相辅相成。有关门两座。东门为一般砖券城门，额题“直隶娘子关”，上有平台城保，为检阅兵士和瞭望敌情之用。南门危楼高耸，气宇轩昂，坚厚固实，青石筑砌。城门上“宿将楼”巍然屹立，门洞上额书“京畿藩屏”四字，展示了娘子关的重要性。另有承天寨、老君洞、妒女门、烽火台、点将台、洗脸盆、避暑楼等十多处景点。1988年8月8日，娘子关飞瀑从1987年1月24日断流550天后复流，流量为0.23立方米/秒。2000年，娘子关村成立娘子关旅游开发中心，使景区走上公司化管理模式，并不间断进行投资改造和扩建，形成多处优质景观，关雄、山奇、水美、洞幽，人文景观和自然景观和谐统一。娘子关瀑布落差50多米，飞珠溅玉，蔚为壮观。娘子关村内，家家水声如歌，处处泉水荡漾，组成一幅幅“小桥、流水、人家”的美丽画卷，号称“华北江南”“水上人家”。平阳湖是连接“水上人家”和“娘子关瀑布”的泛舟游乐园。距娘子关不远的“张果老洞”是一处天然的石灰岩溶洞，相传唐仙张果老曾到此驻足而得名。2001年，平定县娘子关镇投资200多万元，修建绵河橡皮坝，为娘子关景区增添了新景观。年内，被省旅游局评为AA级旅游景点。2007年，娘子关被授予中国历史文化名镇，获得“中国乡村旅游飞燕奖暨最佳古村镇文化奖”；2008年被省政府授予山西省旅游名镇城号，先后有4个特色旅游产品完成商标注册。至2010年，年游客接待量达10万人次，门票收入还150万元，旅游综合收入达800万元。

固关　位于娘子关南部、平定县城东42.5千米的娘子关镇新关村，是山西省重点保护文物。京西四大名关之一，始建于公元前369年，比秦始皇统一六国后修建的万里长城还早155年，系长城重要关隘，为历代兵家必争之地，是《吕氏春秋》所指“天下九塞”之一。其地形险要，群山环绕，峰峦叠嶂，一脉峻岭横亘南北，形成了山西、河北两省天然屏障。万山丛中，河谷道路穿村而过，连通晋冀，古称东下太行山的第五陉。据史书记载和专家考证，固关属春秋战国中山长城的一部分，北齐文宣帝天宝六年（555）复修，现存遗迹多为明代建筑，药楼、堞楼、哨台为长城上珍贵文物。其旧城系一座砖城，有两座城门。“明嘉靖二十年（1541），虏寇太原密迩故关，地当要冲，而旧城险不足，乃北筑于隘口”（见明朝直隶监察御史王士翘编西关志·固关卷），后在今之新关村建起一座新城。其新城以石头砌筑，坚固厚实，依山设险，锁晋冀咽喉，城防工程固若金汤，因此改“故”为“固”而称固关。据考证，固关长城是国内现存唯一可考的石砌长城，被长城史学家罗哲文称为“小八达岭”。特别是高速公路跨线桥的建成，又为固关景区平添几分神韵，堪称山西东大门和太旧高速公路上一道亮丽风景。1993年，平定县新关村全体村民集资23万元开始修复固关长城。1998年8月至2000年6月，平定县新关村又多方筹资125万余元，投入义务工1.3万个，对固关长城继续进行修复，2000年7月，村里成立旅游公司走上发展旅游的道路，并开始接待游客。2003年6月，固关长城正式对外开放。到2010年，固关长城已基本具备AAA级景区条件，并且开展了创A的筹备工作。

固关长城

冠山　位于平定县西南4千米处的冠山镇境内，海拔1126米，有公路直通山上，交通方便。属国家A级旅游风景区，冠山森林公园于1994年7月经省林业厅批准为省级森林公园，冠山书院是山西省重点文物保护单位。据清光绪《平定州志》记载：“状如冠，故名”，即冠山从高空俯视，其形状仿佛一顶平放在古州平定大地上的冠帽，所以人们形象地称其为冠山。其最美的是夏日雨过，其时，雨霁天晴，一轮红日西斜，七彩长虹从树丛里凌空腾起；山上各寺庙，经雨水洗刷，异常素雅清新；满山的树丛、灌木、百草青翠欲滴，融成了一片绿海，神韵无匹；大树下水点滴嗒声，千百条山洪、小溪的“叮咚”声，山鸟的鸣叫声，汇成了一部“民族交响乐”，清脆悦耳，动人心魄。山上森林茂密，古松挺拔，高峰奇石俊秀异常，是理想的避暑胜地；佛寺道观，古刹雄宏，书院石窟，碑碣题刻，集释道儒于一山，充溢着深厚的历史文化。现在已开放的景点10余处。其中，夫子洞、冠山书院等古迹以文化教育闻名，从这里走出许多杰

出人物，元代中书左丞吕思诚、明代吏部尚书乔宇、清代两广提督窦瑸等。山以人而名，文以山而兴，钟灵毓秀的冠山曾是历史名人傅山、张佩芳、张穆等人游历讲学的地方，遗址犹存，令人观瞻称颂。2008年5月，山西远鑫实业有限公司投资在冠山景区建设舍利文化园。该文化园主体包括80米高的佛舍利塔和七进舍利文化园等，建筑面积5.4万平方米，整个工程占地18.7公顷，工期3年，建成后将成为中国继法门寺博物馆之后又一舍利文化中心，带动阳泉旅游业上档升级，促进阳泉地区乃至山西东部文化旅游新格局的形成。到2010年，舍利文化园护法广场、山门殿、天王殿、七佛舍利塔、大雄宝殿、千手观音殿等建筑群地面主体已部分完工。

药岭寺　位于平定城南20千米处的药岭山密林深处，坐北朝南，背依崇山峻岭，面对逶迤远山，殿宇楼阁随山势而起。据古碑记载，在明代前，药岭山上就有寺庵僧尼。明宣德九年（1434），平定州千户长高成就辞官为僧，通过募化银钱，在巨石上建起大雄宝殿，并在巨石之南修筑南楼和僧舍，取名清凉寺。因其建在药岭山上，故民间习称药岭寺。之后，他的徒弟道慧、道安等人又经过12年准备和5年施工，于明成化十年（1474）凿成清凉石窟，雕成石佛数十尊。明嘉靖十三年（1534），僧人德增、德宁等又组织了大规模的补修，完成殿宇、僧舍的修葺及塑像、画像800余尊的彩绘、翻新。其后各代也均有局部补修。时历近600年，药岭寺建筑群还保存完好，各类塑像、雕像依旧神态肃然，栩栩如生，来游者四季不绝，是省级文物保护单位、省级自然保护区。1998年，平定县争取到303万元无息贷款，拓宽和修整了南后峪到药岭寺的通山道路，修缮了清凉寺佛像，随后又投资建养鹿场和其他服务设施，形成了一处新的旅游景点。药岭寺森林公园为省级森林公园，原始森林面积达200多公顷，郁郁葱葱，春来翠绿如染，夏时凉风习习，秋到枫叶如火，冬至银装素裹，是一处天然旅游、休闲、避暑胜地。园内有元、明、清三代的建筑群体和石窟古迹，还有美、英、法、黎巴嫩、挪威五国于1918年兴建的异国别墅遗址，为整个景区增添别样韵味。特别是药岭寺旁的原北京军区秦基伟领导建设的八路军制药厂（现北京第四制药厂）遗址，还保存有许多当年的实物，比如药碾、石磨等等。2000年后，景区对制药厂旧址又进行了修复，开辟展览馆，形成一处极具纪念意义的红色旅游景区。2006年阳煤集团在药岭山下开工建设药林会议中心，2008年6月建成并投入运营。2010年2月，被全国旅游星级饭店评定委员会正式下文批准为“五星级旅游饭店”。

药岭寺

小蘑菇度假村　位于平定县治西镇原坪村的原坪水库，距市中心10千米。1998年，由平定县旅游局策划、县水利局投资，利用原坪水库依山傍水的自然优势，先后投资800多万元建设。2000年，一个集快艇、游船垂钓、水上音乐茶座、别墅、餐饮、住宿、会议接待、国内休闲游览为一体的多功能度假村建成。至2010年，年均接待游客近万人次。

藏山　位于盂县城北17千米处，东临石家庄，西靠太原市，南接娘子关，北倚五台山，交通极为便利。因春秋时期晋国义士程婴藏赵氏孤儿于此，故名藏山。据《史记·赵世家》等典籍记载，晋景公时，权臣屠岸贾屡进谗言，致使赵朔全家300多口惨遭杀害。赵盾之孙赵武尚在襁褓之中，幸被其父友人程婴、门客公孙杵臼施计，程婴抱赵氏孤儿逃至此处，藏居15年之久。后人为颂扬程婴、公孙杵臼等人舍生取义的壮烈事迹，遂在藏山立庙祭祀，历代香火不绝。藏山神祠始建年代无考，现存最早文物为金大定十二年重修碑记，尔后元、明、清各代均有石碑记述重修事迹。祠内古建筑30多处，依山构筑，鳞次栉比，布局合理，雄伟典雅。还有摩崖石刻、碑碣铭

藏山

文、浮雕壁画、古鼎古钟等历史文物。黑龙池、滴水岩、南天门、拜水洞和龙凤松等景观也很有特色，自古流传有“藏山十景”。藏山历来为著名游览胜地，明末清初爱国志士顾炎武、傅山等曾在此吟诗留墨。2003 年 10 月，盂县民营企业家杨连富投资 1000 万元买断藏山旅游风景区 30 年的经营权，并围绕生态休闲游、忠义文化游的特色定位，先后投资 1 亿多元对景区进行改扩建，形成占地 10 余平方千米，由“育孤园”“中华藏孤胜地”“三教文化圣地”“仙人峰”4 大旅游版块 168 个景点组成的成熟景区。2008 年 12 月，藏山景区通过国家 AAAA 级景区评审，并列入第八批国家水利风景区名单。2010 年 2 月 4 日，藏山在北京人民大会堂举行“藏山文化推广大使签约新闻发布会”，著名导演陈凯歌与藏山风景区签约，成为藏山景区首位文化推广大使，中央、省、市 50 余家媒体、网络记者受邀采访签约仪式，取得较好地宣传效果。随后藏山举行了电影《赵氏孤儿》启程大典，“星光耀藏山，寻根敬义士”，藏山一时成为国内外瞩目焦点。

水神山　位于盂县城东北 4 千米处的孙家庄镇大吉村北 2 千米处，有 3 条公路可达，其中大吉村至水神山旅游专用线为油路，交通十分便利。水神山由形似“山”字的三个山头组成，中峰海拔 1091 米，东西两峰环抱主峰。境内松柏拱翠，灌木葳蕤，林木覆盖面积 600 多亩（40 公顷），占景区面积 96%。四时风景秀丽，尤以春季林海花浪和深秋的霜染红叶为最，素有“林海花浪仙宫”之美称。每年农历四月初四为庙会日，境内人群结队踏青，是理想的观赏旅游佳境。相传后周皇帝年幼，契丹入侵，朝廷派赵匡胤北上御敌。不料，中途发生“陈桥兵变”，赵匡胤黄袍加身，取后周而代之，周世宗之女柴花公主从小性情刚烈，不甘身委于赵宋，连夜逃走，至水神山觉复国无望，自尽于水神山抱泉楼侧一棵枣树上。当地百姓捐钱、捐物立祠纪念。祠称烈女祠，亦名圣母庙，俗称奶奶庙，倚山而筑，由低向高，进山门，过牌坊，登 81 级台阶便可穿堂门入祠院。正门两侧建有钟鼓二楼，

水神山

正殿3间深2丈余，悬山式屋顶，琉璃脊兽。殿内雕梁画栋，清晰可见，正中塑有柴花公主圣像一尊，温文尔雅，端庄慈祥。正殿供台壁书刻有“石台内系圣母真体所藏，后人修葺不可轻动”的字样。殿内两侧塑有侍女群像，风度翩翩，神态自然。从碑文中可查，此祠最早建于北宋时期，现建筑多为明代建造，清代各朝均有修缮。绕道西南山腰，是水神山又一主要景点梳洗楼，俗称抱泉楼，楼为2层木结构建筑，楼下有一泉，水深尺余。1998年，盂县文物旅游管理局争取回120多万元，对水神山景区内的烈女祠进行翻修。2010年，水神山景区与永清寺达成投资发展意向，由永清寺向水神山投资1000万元进行开发建设。

梁家寨温泉　位于盂县城北74千米处王子村东，南距藏山旅游区53千米，东距革命圣地西柏坡60千米。是中国古代开发最早的几处温泉之一，也是山西省五大温泉景区之一，有“高温氡水甲天下，名誉中国第一泉”之美称，1500多年历史。景区内冬无严寒，夏无酷暑，山环水绕，景色优美。水温60多度，水质极佳，含有钙、镁等多种矿物质和铀、镭、氡等多种放射性元素，对皮肤病、风湿性关节炎、骨质增生、多发性神经炎等疾病有显著疗效。院内园林雕塑精美，绿草如茵，河流两岸奇峰怪石，山环水绕，山水相融。市区发温泉班车每日2趟，当日返回；温泉发县城盂县班车每日6趟。2004年10月，扩大路面铺油完毕。从2005年开始，温泉经济随着公路的开通，客流量呈逐年上升趋势。经过20多年的修建完善，截至2010年，梁家寨有大型温泉疗养院11家，有阳煤温泉疗养院（240人）、县二轻局三星级宾馆（500人）、省老干部疗养院（240人）、盂县国税疗养院（130人）、平安疗养院（80人）、游泳池疗养院（150人）、福音疗养院（100人）、公安疗养院（80人）、煤运疗养院（100人）、石油疗养院（80人）、王子温泉疗养院（100人）等，可住宿、吃饭、洗浴，总占地面积25亩（1.66公顷），日可接待1300人。阳泉煤业集团盂县温泉疗养院于2010年被山西省旅游星级饭店评定委员会评定为“二星级旅游饭店”。

梁家寨温泉

翠枫山景区　位于郊区平坦镇后峪村，东临平定县冶西镇、西靠寿阳县芹泉镇、南接寿阳县松塔镇、北依七岭山脉，占地面积13平方千米，距阳泉市区15千米，紧邻石太铁路、太旧高速公路，交通便捷。翠枫山呈南北走向，属太行山七岭山脉范围，最高峰海拔1430米，相对落差500米至700米。翠枫山的山体是红色砂页岩，属于石灰二叠系砂页岩地质结构，具有北方特色的四季自然景观，属温带大陆性气候，年均气温11℃，夏季降水量在400毫米以上。独特的地形地貌和明显的四季温差，繁衍出大面积的原始次森林，有松、漆、栎、山桃、白桦等100余种珍稀树种，森林覆盖率97%以上，探明的各类植物有300多种，玉竹、益母草等药材180多种；山鸡、野猪、松鼠等野生动物50多种。景区内主要景点有枫叶大道、图腾柱、标本馆、灌木隧道、挡马墙遗址、野猪岭、喊山崖、枫叶亭、消息树、黄巢沟、听泉沟、浪漫溪等。游人可投宿独具特色的山林宿营客房，品尝充满农家风味的山村绿色餐饮和农家庄园野味大餐，是阳泉市近郊一处别具风情的休闲之地。2006年9月30日，翠枫山景区正式对外开放。“十一”旅游黄金周接待游人2.23万人次，门票收入5.75万元。2007年12月，翠枫山自然风景区通过国家AAAA级旅游景区验收，并获得省级“国家级水利风景区”称号。2008年8月31日，列入第八批国家水利风景区名单。到2010年，门票收入100余万元，位居全市各景区第二位。

林里关王庙　位于阳泉市郊区荫营镇林里村，南距市区12千米，占地面积7000平方米。始建于北宋熙宁五年（1072），重修于北宋宣和四年（1122），元、明、清代屡经修葺。庙宇建筑位置坐西南朝东北，北侧与林里村隔河相望。庙宇分内外两院，以正殿为主体，由献殿、过门马殿、南北配殿、围插廊、戏台、饮马亭等，组成了一个较为典型的宋代纯木结构建筑群体。关王庙正殿是全国现存最早的武庙建筑，历经千年沧桑，仍保持着宋代“营造法式”的建造规范，极具科研价值。1981年被收入《中国名胜词典》，1986年8月，被确定为省级重点文物保护单位。1996年11月，被国务院确定为全国重点文物保护单位。1997年被确定为省德育教育基地，1999年6月26日，正式对外开放。2001年12月，通过了山西省旅游局AA级景区的评定验收。至2010年，年接待游人数1.2万人次，门票收入8万多元。

林里关王庙

银圆山庄　位于阳泉市西郊3千米处平坦镇官沟村，属典型的明末清初北方式民居建筑群。步入银圆山庄，要经过一道“银圆坡”，当年在修建坡时耗资巨大，每一块石料折合一块银圆，故后人称之“银圆坡”，山上所建庄落称谓“银圆山庄”，由张家大院和天然矿泉水等景观组成。其中的张家大院始建于清代中叶约康熙三十九年（1700）前后。张家大院地上、地下建筑面积2.4万平方米（含沙湾双喜院），共有房舍185间，窑洞125眼。整体院落依山而建在30米高、75度斜坡的石崖上，上下共有10层建筑，11套院落组成。大院四周苍松唐槐，有观音庙古遗址和300米松树岭，山上松涛滚滚，山下泉水长流，山庄雄伟壮观，令人心旷神怡，被誉为山西的“小布达拉宫”。1998年，官沟村硬化了入村公路1.6千米，对大院的围墙、照壁进行修缮，接通几组院落通道，开发张士林先生旧居、张恒寿教授故居、张梅林烈士纪念室、修复观音亭，修建百寿台阶等配套设施。同时在景区周边植树2万余株，改善周边环境。2001年5月1日，张家大院正式对外开放。至2010年，接待游人6万余人次，门票收入近20万元。

银圆山庄

小河石家花园　位于阳泉市郊区义井镇小河村，是20世纪20年代名震文坛的一代才女、著名女作家石评梅的祖居，始建于清雍正年间，距今已有300余年的历史。景区主要景点有石家花园、石评梅纪念馆、关帝庙、观音庵。石家花园主宅面积1万余平方米，院中窑洞65孔，起嵴房112间，是市重点文物保护单位。整个院落被倒“U”字形的大坡托在半山腰上。一组组小院呈阶梯式排布为三层：一层主要是“含清堂”院落，二层主要是“三元堂”院落，三层主要是“明远堂”院落。花园前后有9道大门21个小院互通，被70余组300余级台阶或左右关联或承上启下似珍珠般串起；小院间有72道过门，过门一关，各小院自成一体。石家花园中的“三雕”（砖、木、石雕）精美绝伦，散见于挂落、雀替、犀头、础石及门楣、前檐饰品上的石雕、木雕作品，构图巧妙，栩栩如生。据统计，木雕有450余件、砖雕有360余件、石雕有300余件。是集北方之雄与南方之秀、艺术审美和历史研究于一身的中国清代北方民居建筑之珍品。石评梅纪念馆建于20世纪80年代初，全国人大常委会委员长彭真于80年代亲笔题写“石评梅纪念馆”，纪念馆分3个展室。1995年被授予爱国主义教育基地。1998年，小河村开始投资进行景区建设。1999年被授予山西省德育教育基地。2001年5月1日，小河村清代民居石家花园向游人开放。2002年9月20日正式对外开放。2003年，被山西省命名为首批历史文化名村。2007年6月，被评为国家级历史文化名村。2008年，石评梅纪念馆被授予山西省爱国主义教育示范基地。至2010年，石家花园年均接待游人1万余人次，门票收入3万多元。

石家花园

龙海山景区　位于郊区义井镇大阳泉村，距市区3千米。由4座山峰组成，分别是龙海山、狮脑山、金山和白沙岩，海拔在821米至1158米之间，占地面积万余亩。区域内自然风光秀丽，历史遗存丰富，人文积淀丰厚，有着宜人的森林小气候，平均气温比市区低5℃～8℃，适宜避暑度假。踏入景区，满目青山绿水，松林连绵，小桥流水相互辉映，如诗如画，被誉为阳泉“黄山”。景区内峰峦起伏，沟壑深谷孕育了丰富的自然景观，有景源30多处，景观50多个。与龙海山有关的光严妙乐国、玉帝登天、神农布粮、五谷亭、虎河神龟、白蛇盘白岩、显灵龙、御河桥、灵感台、天书、史前青碑、唐太宗手书石刻——道本佛源、天水源、同根树、母乳泉、三全鼎、望长寿、结义井、龙凤杨、鸳鸯柳、明目泉、虎穴、龙潭、海豚崖、雁鸣岭、龙鳞露、漾泉之源、树王擎天石等众多奇美的故事，至今还在民间流传。大山密林之中，游故国风光，赏山水秀色，住天然氧吧，品深山野味，用甘泉沐浴，享天仙乐趣，让人美不胜言。古文化遗产蒲台庙、禅岩寺，不仅以它千年古风给人以文化，还以它周边的山水美景让人神往。“林深草末膝，陡险寻幽旷，霜林不嫌客，留看景峥嵘，开窗纳山影，推枕得溪声……”元朝诗人元好问笔下的大自然美好景色，一年四季尽现。民营企业家王春海投资2000万元兴建的瑶池宾馆等设施具有住宿、娱乐、会议接待等功能，成为继藏山后又一个集商务、休闲、娱乐、旅游为一体的景区。至2010年，已累计接待游客3万人次，门票收入20万元。

和谐生态园 位于郊区杨家庄乡白家庄村东山。始建于2003年3月，由民营企业家石忠响应党的“退耕还林”政策，在荒山上投资建设的一所集食、住、行、游、娱为一体的休闲观光农业的大型旅游场所。和谐生态园是阳泉市百项工程之一，注册资金7500万元，到2006年实际投资1.5亿元，以“生态奠基，文化提升，功能多元，和谐共融”为主题的建设目标基本实现。三大区（苗圃区、花卉区、经济林区）、五大园（波微院、英烈山、植物园、圣人书画院、月明院）、和谐门、“八仙阁”及观光休闲配套设施主体工程全部完工，园区绿化、附属设施建设也如期完成，呈现出“区中有园，园中有院，亭台楼阁，交相辉映”的胜景。2006年，被国家旅游局评为国家级农业旅游示范点。2007年“五一”黄金周正式对外开放。截至2010年，累计投资达2亿余元，年接待游客2万余人次，门票收入10万元。

狮脑山百团大战纪念碑 位于市区西南的狮脑山之巅，隶属于市园林局管理。昔日为百团大战主战场之一而闻名于世，被列为全国首批百家爱国主义教育基地。2005年，被省旅游局确定为省级红色旅游景区（详见第二十六编《文化·革命文物》）。

狮脑山森林公园 位于市区西南5千米处，又叫狮脑山林场，是阳泉市三大国有林场之一。2002年经省政府批准为省级森林公园。该园面积799公顷，森林覆盖率达80%以上。林内资源丰富，有天然野生动植物资源，有天然栓皮栎次森林和人工油松林，包括白皮松、圆柏、侧柏、云杉、白皮松、国槐火炬、茶条槭、黄栌、锦鸡儿、陕西荚莲、三裂秀线菊等。此外还有苔草等多种乔灌及地被植物。狮脑山森林公园已形成一处踏春、赏秋、观雪胜地，并为市区构筑起一道美丽的生态防护屏障。2003年，又自筹资金150万元修建了多功能会议楼、多功能餐厅，整修装饰窑洞43眼，硬化场地1800平方米，新建了2座无公害绿色蔬菜温室大棚，确保游人住得舒心、吃得放心、玩得开心，充分感受天然

狮脑山晨雾

氧吧带给人们“养肺”的乐趣。2010年是森林旅游年，狮脑山森林公园强化内部基础建设，完善旅游服务设施，扩大对外开放和服务力度，接待能力得到明显提高，年接待旅游人数达5万人次，创收200余万元，取得了较好的社会效益和经济效益。

2010年阳泉市部分景区（点）情况简表

表-12-2

景区（点）名称	地 址	负责人	门 票
娘子关风景区	平定县娘子关镇娘子关村（距市区80千米）	马贵明	56元
冠 山	平定县冠山镇（距市区12千米）	王维平	20元
固关长城	平定县娘子关镇新关村（距市区55千米）	苏文裕	30元
药岭寺森林公园	平定县张庄镇国有林场（距市区30千米）	张春明	10元
藏山旅游风景区	盂县苌池镇（距市区60千米）	杨连富	80元
水神山旅游风景区	盂县孙家庄镇（距市区45千米）	张金明	—
梁家寨温泉国际旅游景区	盂县梁家寨乡（距市区110千米）	石 振	—
大王庙	盂县秀水镇北关村（距市区45千米）	赵培青	—
诸龙山	盂县下王村（距市区50千米）	康云道	—
普济寺	盂县西潘乡候庄村（距市区105千米）	陈吉明	—
梁家寨滹沱河漂流	盂县梁家寨乡梁家寨村（距市区100千米）	崔爱青	120元
盂县李嘉谷大院景区	盂县孙家庄镇乌玉村（距市区48千米）	孙支军	—
盂县龙台山风景区	盂县梁家寨乡赵家岔村（距市区110千米）	谢 琼	—
盂县天桥山风景区	盂县下社乡上细腰村（距市区80千米）	朱成清	—
盂县藏山翠谷农业生态旅游区	盂县苌池镇小独头村（距市区55千米）	王树彦	—
盂县万花洞景区	盂县上社镇车轮村（距市区90千米）	刘 毅	—
盂县尖山风景区	盂县北下庄乡西麻河驿村（距市区70千米）	孙支军	—

续表 -12-2

景点名称	地 址	负责人	门 票
银圆山庄	郊区平坦镇官沟村（位于阳泉市西 5 千米处）	杨占贵	20 元
关王庙	郊区荫营镇林里村南玉泉山（距市区 10 千米）	张兆平	10 元
小河古村（评梅景区）	郊区义井镇小河村（距市区 7 千米）	周向阳	20 元
翠枫山风景区	郊区平坦镇后峪村（距市区 8 千米）	程建清	50 元
禅智寺	郊区河底镇下章召村（距市区 15 千米）	王苟泉	—
兴隆山旅游风景区	郊区沟底镇程庄村（距市区 25 千米）	程桃小	5 元
和谐生态园	郊区杨家庄乡白家庄村（距市 6 千米）	石建平	25 元
桃林沟生态园	郊区平坦镇桃林沟村（距市区 3 千米）	史清秀	—
狮脑山百团大战遗址公园	阳泉市狮脑山（距市区 5 千米）	王非科	—

2010 年阳泉市旅游资源分类情况简表

表 -12-3

主 类	亚 类	基本类型	单体名称
A 地文景观	AA 综合自然旅游地	AAA 山丘型	藏山、诸龙山、水神山、天桥山、尖山、玉泉山、冠山、药岭山、翠枫山、狮脑山、刘备山、龙海山、莲花掌、东浮华山、卧牛山
	AC 地质地貌过程形迹	ACF 岩壁与陡崖	菩萨崖、程子岩、七机岩、陆师嶂、狮脑山
		ACG 峡谷段落	菩萨崖峡谷
		ACL 岩石洞与岩穴	张果老洞、万花洞、玉华洞、如来洞、仙人洞、藏孤洞、拜水洞
	AD 自然变动遗迹	ADE 火山与熔岩	浮山火山口
B 水域风光	BA 河段	BAA 观光游憩河段	滹沱河、彭真渠、桃河、龙华河、秀水河、香河、绵河、温河、盘石河
	BB 天然湖泊与池沼	BBA 观光游憩湖区	平阳湖
	BC 瀑布	BCA 悬瀑	娘子关瀑布、龙堂瀑布、菩萨崖瀑布

续表 -12-3

主类	亚类	基本类型	单体名称
B水域风光	BD 泉	BDA 冷泉	古漾泉、兴道泉、诸龙泉、观音泉、娘子关五龙泉、井沟泉
		BDB 地热与温泉	梁家寨温泉
C生物景观	CA 树木	CAA 林地	药岭山林场、冠山森林公园、狮脑山森林公园、诸龙山林场、翠枫山、龙海山、桃林沟、七岭山、卧牛山、刘备山
		CAB 丛树	冠山古松、药岭山古松、藏山龙凤松
		CAC 独树	西锁簧汉槐、小河宋柏、冠山宋柏及金槐、大王庙古槐、普济寺古柏、水神山古松、藏山“护孤松”及榆树、大阳泉古银杏、大阳泉唐槐、药岭寺宋金古栎、水上人家葡萄树、瓦岭春秋柏
	CB 草原与草地	CBA 草地	药岭山草甸
D天象与气候景观	DA 光现象	DAA 日月星辰观察地	藏山晚照、冠山雨霁、刘备山云海
	DB 天气与气候现象	DBB 避暑气候地	藏山、诸龙山、水神山、天桥山、尖山、玉泉山、冠山、药岭山、翠枫山、狮脑山、刘备山、龙海山、莲花掌林区
E遗址遗迹	EB 社会经济文化活动遗址遗迹	EBA 历史事件发生地	狮脑山百团大战战场、阳泉保晋运动、平定兵变遗址、牺盟会五县中心、平定特别支部、平定烈士陵园
		EBB 军事遗址与古战场	娘子关、承天军古城遗址、百团大战工事遗址、兴道战役遗址、七亘大捷遗址、承天寨遗址
		EBD 废弃生产地	八路军制药厂旧址
		EBE 交通遗迹	固关瓮城车辙
		EBF 废城与聚落遗址	仇犹古国遗址、古城墙遗址、平潭古城遗址、枣园旧石器遗址、药岭山洋楼遗址
F建筑与设	FA 综合人文旅游地	FAB 康体游乐休闲度假地	桃河公园、南山公园、保晋文化园、北山公园、冶西农民公园、和谐生态园、奕丰生态园
		FAC 宗教与祭祀活动场所	大王庙、府君庙、泰山庙、关王庙、药岭寺、石勒庙、王兰寺、禅岩寺、张飞庙、刘备庙、资福寺、藏山祠、普济寺、烈女祠、建福寺、永清寺、诸龙庙、陆师嶂、仇犹观、文庙大成殿、六泉庙、马齿岩寺、老君庙、崇岩寺、舍利文化园、开河寺、长国寺
		FAD 园林游憩区域	翠枫山、和谐生态园、龙海山

续表 -12-3

主类	亚类	基本类型	单体名称
F 建筑与设	FA 综合人文旅游地	FAE 文化活动场所	石评梅纪念馆、百团大战纪念馆、工人文化宫、砂器文化园、娘子关提水公园
		FAF 建设工程与生产地	娘子关水电站、新景矿、阳铝集团、桃林沟
		FAH 动物与植物展示地	南山公园、王母垴植物园、药岭山
		FAI 军事观光地	娘子关、旧关、固关、十八盘关、盘石关
	FC 景观建筑与附属型建筑	FCB 塔形建筑物	天宁寺双塔、百团大战纪念碑、七亘大捷纪念碑
		FCD 石窟	千佛寺摩崖造像、石佛摩崖造像、陆师嶂石窟、药岭寺石窟、开河寺石窟、冠山夫子洞造像
		FCE 长城段落	固关石长城、六岭关古长城
		FCF 城（堡）	娘子关、固关城堡
		FCG 摩崖字画	冠山石刻、藏山石刻
		FCH 碑碣（林）	冠山、藏山、大王庙等石碑
		FCI 广场	城市广场、石评梅广场、人民广场
	FD 居住地与社区	FDA 传统与乡土建筑	银圆山庄、石家花园、西锁簧 72 门洞院、孙家庄李嘉谷大院、宋家庄王家大院、董家大院、平坦李家祠堂
		FDB 特色街巷	大阳泉明清街
		FDC 特色社区	大宋村、娘子关水上人家、桃林沟、仙人村、理家庄、大阳泉村、大水头村
		FDD 名人故居与历史纪念建筑	张穆故居、石评梅故居、程子岩、藏山、高长虹故居、县城“万一当”、彭真渠、“郑氏民居”、吕思诚故居、董必武路居地、赵亨德故居
		FDE 书院	崇古冠山书院、槐音书院、高岭书院
	FE 归葬地	FEA 陵寝陵园	东周墓、烈士墓
	FG 水工建筑	FGA 水库观光游憩区段	大水头村水库、小蘑菇水库、娘子关平阳湖、尚怡水库

续表 -12-3

主类	亚类	基本类型	单体名称
G旅游商品	GA 地方旅游商品	GAA 菜品饮食	漂抿曲、平定黄瓜干、黑豆叶菜、三八席、四套席、糊嘟
		GAB 农林畜产品及制品	平定东回小杂粮、连翘茶；盂县核桃、盂县花椒
		GAE 传统手工产品与工艺品	剪纸、面塑、刺绣、布老虎、平定砂锅、平定瓷器
		GAF 日用工业品	阳泉铁锅
		GAG 其他物品	娘子关上水石
H人文活动	HA 人事记录	HAA 人物	张穆、窦瑸、张士贵、侯氏、张士林、高远征、高长虹、高歌、石评梅、赵亨德、黄守渊、张瑾瑶、岳勇
		HAB 事件	赵氏孤儿、保晋运动、石评梅与高君宇、百团大战
	HB 艺术	HBA 文艺团体	阳泉市歌舞团
		HBB 文学艺术品	阳泉工人版画
	HC 民间习俗	HCC 民间演艺	阳泉评说、迓鼓、九曲黄河阵、抬阁、背阁、牛斗虎、故事火、马尾猴、皇纲、霸王鞭、狮子舞、旱船、秧歌舞

说明：总计 8 个主类、21 个亚类、52 个基本类型、370 个单位名称

第三节　旅游企业

一、旅行社

阳泉市最早的旅行社是成立于 1984 年的阳泉中国旅行社（阳泉中国国际旅行社），两块牌子一套班子，隶属于阳泉市人民政府外事（侨务）办公室。由于市场和经营的原因，该社自 20 世纪 90 年代后期逐渐停止营业。

1999 年，华信旅行社有限公司成立后，境内旅行社开始真正市场化起步。到 2000 年，全市有证经营的旅行社为华信旅行社、劲松旅行社和华夏旅行社，从业人员 35 人。之后旅行社进入发展时期，由于国家对旅行社实行控制性审批，所以多年来数量增长较缓，但一直保持增长趋势。2001 年，新增昌龙、中环、墨玉、娘子关、藏山、假日 6 家旅行社。2002 年，新增

万景旅行社，全市国内旅行社累计增加到10家，全年旅行社营业额超过3000万元。2003年，新增扬帆、大自然、环宇3家旅行社。2005年，新增5家旅行社。2007年，因铁路部门政策原因，阳泉昌龙、中环2家旅行社停业解散。2008年，新增泰和国际旅行社和交通国际旅行社，全市旅行社达到28家。2009年，28家旅行社营业额为8300万元。2010年，阳泉市旅行社发展到31家，全部为国内旅行社，经营组织接待（团体、散客）国内旅游，承办会议接待及会后旅游，国内旅游咨询，旅游车辆租用、酒店预定、票务预订等业务。

阳泉市旅游管理部门通过下大力改善发展环境、狠抓市场整顿、提高经理人素质，尤其是经过黄金周的积极引导和组织，阳泉旅行社地接业务和"本地游"市场逐步打开，跨入健康有序的发展期。华信、劲松、假日、华夏4家旅行社获得"优秀国内旅行社"称号。2010年全市旅行社营业额达到1.1亿元，从业人员347人，导游人员180人，其中外语导游5人，15名导游顺利晋级中级导游。

2010年阳泉市外事旅游局监管旅行社简表

表-12-4

旅行社名称	许可证号	地 址
阳泉华信旅行社	L－SX00130	阳泉市南大街工商大厦一层
阳泉宾馆华夏旅行社	L－SX00131	阳泉市北大街119号
阳泉劲松旅行社	L－SX00132	阳泉市北大街金联大厦A座七层
阳泉墨玉旅行社	L－SX00250	阳泉市北大街125号
平定娘子关旅行社	L－SX00251	平定县汽车站
盂县藏山旅行社	L－SX00255	盂县宾馆一楼
阳泉假日旅行社	L－SX00257	阳泉市泉中路6号
阳泉阳光旅行社	L－SX00141	阳泉市建设宾馆8楼
阳泉市扬帆旅行社	L－SX00325	阳泉经济技术开发区大连路8号
阳泉市大自然旅行社	L－SX00326	阳泉市桃北中路建设大酒店东侧一层
阳泉市环宇旅行社	L－SX00327	阳泉市泉中路20号南山宾馆

续表 -12-4

旅行社名称	许可证号	地 址
阳泉市海龙旅行社	L－SX00474	阳泉市郊区体育馆
阳泉市春秋旅行社	L－SX00478	阳泉市南大街 49 号
山西阳泉翔宇旅行社	L－SX00479	阳泉市新建路 92 号
阳泉吉祥旅行社	L－SX00480	阳泉经济技术开发区大连路 36 号远东大厦 920
阳泉恒泰旅行社	L－SX00477	阳泉市新建路 4 楼 1 号
阳泉平安世纪旅行社	L－SX00569	阳泉市北大街 35 号
万通国际旅行社	L－SX-CJ00040	阳泉市南大街 58 号南山公园正门
阳泉青春旅行社	L-SX00614	阳泉市巨兴街 22 号
阳泉友谊之旅旅行社	L-SX00661	阳泉矿区马南区 3 号楼 4 号底商
阳泉天海假期旅行社	L-SX00662	阳泉市北大街七一市场劳保公司办公楼 3 层
阳泉荣国旅行社	L-SX00663	阳煤集团机关宿舍 202 室
阳泉接力旅行社	L-SX00663	阳泉泉中路 20 号南山宾馆后楼
阳泉泰和国际旅行社	L-SX00081	阳泉市桃北中路 23 号
阳泉新新假期旅行社	L-SX00702	阳泉市大阳坡 17 原六中口
阳泉四海旅行社	L-SX00703	阳泉市城市广场原花房（西棚）
阳泉虹宇旅行社	L-SX00710	阳泉市火车站出站口西侧
阳泉交通国旅	L-SX00093	阳泉市桃南东路 322 号
阳泉市公交神洲旅行社	L-SX00296	阳泉市德胜街火车站东侧二楼
阳泉市泉美国际旅行社	L-SX00780	阳泉市南大西街泉美国际大酒店一层
阳泉市广电国际旅行社	L-SX00768	阳泉经济技术开发区大连路 23 号广电大厦

二、旅游星级饭店

阳泉市旅游星级饭店起步较晚，截至2005年，仅有阳泉宾馆、墨玉宾馆、东方宾馆3座星级饭店。随着城市快速发展，阳泉市旅游行政管理部门加大对旅游星级饭店的指导和扶持力度，到2010年，阳煤集团药林会议中心成为阳泉市首家五星级旅游饭店，泉美国际大酒店、北冰洋大酒店评为四星级旅游饭店，大大提升了阳泉旅游的接待能力和旅游形象。

药林会议中心　是阳泉市首家五星级旅游饭店，隶属于山西省阳泉煤业集团有限责任公司，位于平定县药岭寺森林公园内，建筑面积2.5万平方米，总投资2.8亿元，于2006年开工建设，2008年6月1日投入运营。下设综合办公室、计划财务部、房务部、餐饮部、康乐部、营销部、工程部、后勤管理部。由会议中心、副楼、别墅区、健身中心4大建筑群组成，有180间客房

药林会议中心

300个床位、6幢别墅、300余位中西餐座、8个会议室及多功能厅、游泳馆、篮球馆、网球馆、羽毛球馆、乒乓球馆、健身房、瑜伽室、斯诺克室、KTV、桑拿、美容美发等服务设施。2010年3月，被全国旅游星级饭店评定委员会批准为“五星级旅游饭店”。6月，药林会议中心承办了“阳煤药林杯”山西省第五届服务技能大赛，中心员工代表阳泉市参赛并获得全省团队第二名，获“团体二等奖”和山西省旅游局颁发的“优质服务奖”。截至2010年，该中心已发展成为集餐饮、住宿、娱乐、健身、旅游和会议、商务、政务于一体的豪华大酒店；有在册员工255人，实现营业收入2115万元。

山西泉美国际大酒店　是阳泉市首家涉外四星级商务酒店，隶属于泉美餐饮公司，位于阳泉市城区南大西街，建筑面积1.3万平方米，投资1亿元，于2005年开工建设，2007年5月试营业，2008年9月被国家旅游局评为四星级旅游饭店，2009年获“山西省最佳四星级饭店”，2010年被阳泉市城区政府授予“城区餐饮行业领军企业”。拥有107间客房，设有行政和公寓楼层，可满足不同人士需求。餐厅可同时容纳400人就餐，22个豪华包房，提供港式粤菜、正

宗美式西餐。酒店定位以政务要员、外资企业、商务洽谈等高端客人为主要客源市场。酒店还具有会议室、健身中心、桑拿洗浴、室内四季恒温泳池、KTV、美容美发、康乐等综合性服务设施。自开业后，酒店成功接待了国务院、省级领导、央视著名主持人、各商业界名人、当红明星、美国一克罗地亚超级篮球对抗赛以及来自美国、法国、英国、韩国、日本等国际友人和港澳台同胞，成为阳泉市主要对外接待和活动的场所。

阳泉市北冰洋大酒店　四星级宾馆，系阳泉市北冰洋炊事制冷设备有限公司投资兴建的股份制民营企业。位于阳泉城区北大街中段80号，于2007年1月开业，建筑面积1万余平方米，是一所集餐饮、住宿、洗浴、商务、会议、健身、旅游、购物、信息服务于一体的高级商务酒店。酒店共有客房126间，其中复式套房4套、商务套房3套，豪华单人间9间、行政标准间92间、微型房18间。位于酒店14楼的多功能会议室可容纳300多人，配有先进的音响设备，投影机、舞台灯光，是各种商务会议、展示会、产品说明会的理想场所。装饰别致的冰苑阁餐厅设有300多个餐位。名厨主理，提供正宗粤菜、精品官府菜、精心制作燕窝、鲍鱼、鱼翅高档国宴菜系以及川菜和当地风味美食。500多平方米的凯悦桑吧设有鸭嘴浴、冲浪浴、豪华干蒸房、独立淋浴间，桑拿包房20间，配备齐全、风格独特。

阳泉宾馆　前身为阳泉矿务局疗养院，始建于1951年，面积2100平方米，由北楼和礼堂组成。北楼坐北朝南，仿欧式三层楼房。一层正中设正门及门庭，楼梯设于大厅左侧。礼堂位于北楼东南侧，坐东朝西，正门呈“凸”字形，上题宋体“礼堂”二字及建造年代“1951”，两坡钢瓦顶，南北设门。该建筑为阳泉市保存较好的三座仿欧建筑之一。1959年10月，改称阳泉宾馆。1965年，近现代学者郭沫若到阳泉，于12月7日在此留宿并题写“飚轮迎月入阳泉，灯电照明半壁天。争赞浑如到香岛，飞来仿佛遇桃源。”的诗句。1986年，阳泉宾馆主楼（南楼）落成投入使用，北楼逐渐退出

阳泉宾馆

主要接待任务。阳泉宾馆是境内首家三星级酒店，隶属于市政府，位于城区北大街中段，与城市中心广场隔街相望，距火车站2千米，占地面积6.4万平方米，有职工440余人，固定资产1.1亿元，属于企业化管理、自收自支、自负盈亏的事业单位。由13层主楼和3层后楼组成，设有客房184间，床位368张，分标准间、双套间、三套间、总统套间，能满足不同档次客人的需要。内设中央空调、闭路电视；自动消防装置。设有大中小型会议室14个，并有一座容纳800人的会议厅及集游泳、舞厅、健身、桑拿、网球为一体的康乐中心。宾馆设有中西式餐厅17个，具有同时接待700人宴会的能力，精心烹制京、鲁、粤、川、晋名菜，地方面食更具特色。是国家旅游饭店协会会员单位、山西省旅游饭店协会常务理事，连续多年被省旅游局评定为全省最佳三星级饭店，先后接待过陈锡联、胡启立、华国锋、田纪云、朱镕基、邹家华、杨汝岱、李德生、李岚清、费孝通等党和国家领导人，接待过美国、英国、日本等30多个国家和地区的外宾及港澳同胞3000余人次。2010年，阳泉宾馆突出会议接待型酒店的服务优势和政府接待的政治优势，成为建馆50年接待省级会议最多的一年。先后接待“全省党史工作会议”“全省办公厅党支部、支部书记赴阳泉开展专题教育活动专题会议”“全省农村‘四议两公开’工作现场推进会”“全省‘五个全覆盖’调研组会议”及“省卫生城市检查团”一行等省级会议53次；特别是接待“省委、省政府观摩团”一行，是接待规格最高、规模最大、接待要求最严的一次；全年共接待VIP客户58人次，接待市级会议263次，营业收入1459.65万元，全年安全经营零事故。

墨玉宾馆　始创于1968年2月，前身为阳泉矿务局招待所。1997年12月更名为阳泉煤业（集团）有限责任公司墨玉宾馆，并于2008年荣膺“三星级饭店”。位于阳泉市北大街125号，占地1万多平方米，是一座集餐饮、客房、休闲洗浴为一体的多功能现代化三星级饭店。墨玉宾馆拥有客房数131间（套），有豪华套房、高级套房、标准间套间，装修风格各异，客房配有中央空调、数字卫星电视、网络电脑系统，适应各种客人需求；餐饮部设中西式豪华餐厅、多功能宴会厅，主要经营粤、鲁、川、京、晋等各式菜系；宾馆设有清华园休闲洗浴中心、商品经销部、洗衣部、婚庆服务部等多个服务接待部门及大中小型会议室，具有接待商务、会议、度假的服务功能。酒店功能齐全、设备完善，环境优雅。酒店实行24小时服务，其餐饮闻名遐迩，客房温馨无限，是商务、旅游的最佳选择。多年来获“山西省诚信单位”“省青年文明号”“省管国有企业文明单位”“山西省最佳三星级饭店”“阳泉市优秀涉外星级饭店”“阳泉市重合同守信用单位”“阳泉市十佳诚信示范店”“阳泉市消费者满意单位”“阳煤集团红旗党支部”等称号。

除上述星级饭店外，阳泉市还有其他旅游住宿设施90多家，客房3000余间，床位7000余个。许多酒店的硬件设施、软件服务等都具备上星条件，为阳泉市旅游星级饭店业发展提供了保证。

2010年阳泉市旅游星级酒店情况简表

表-12-5

名称	星级	地址
药林会议中心	五	平定县药林寺森林公园
山西泉美国际大酒店	四	阳泉市南大街15号
北冰洋大酒店	四	阳泉市北大街80号（泉中路）
阳泉宾馆	三	阳泉市北大街119号
墨玉宾馆	三	阳泉市北大街125号
东方宾馆	二	阳泉市南大街203号
阳煤集团盂县温泉疗养院	二	盂县梁家寨乡

第四节　旅游管理

一、管理机构

2001年6月，作为旅游行政主管部门的阳泉市外事旅游局成立，为正县级建制，是阳泉市人民政府主管全市外事、旅游、侨务工作的直属机构。2008年12月，机构改革后分为阳泉市旅游局和阳泉市人民政府外事办公室2个机构，2009年12月，再次合并为阳泉市旅游局（阳泉市人民政府外事侨务办公室）。市旅游局下辖有直属科级事业单位——阳泉市旅游质量监督管理所，主要职责是监督管理旅游经营活动，受理旅游投诉，参与查处侵害旅游者和旅游经营者合法权益的行为。平定县、盂县、郊区设有文物旅游局，城区、矿区设立文化体育旅游局作为旅游行政主管部门，均为正科级事业单位。

阳泉旅游景区呈多元化管理模式。阳泉市旅游局对景区的管理主要体现在开发建设的规划、发展的行业指导和整体宣传促销上，而各景区的归属、管理又呈现出多样化的特点。平定县娘子关、固关和郊区翠枫山、石家花园、银圆山庄等景区为村办景区；盂县藏山和郊区龙海山、和谐生态园等景区由个人投资开发；平定县药岭寺和盂县水神山景区分别由所在县林业局及旅游主管部门共同管理；郊区关王庙景区属郊区文物管理所管理；平定县冠山景区属平定县文物旅游局管理；百团大战纪念碑隶属市园林局管理，狮脑山森林公园则由市林业局管理。多元化的管理模式在一定程度上调动了各方投资和工作热情，为推动各景区建设和地方旅游事业发展作出了积极贡献。但景区的多头管理也带来了投资渠道不畅、宣传营销乏力、整体优势较弱等弊端。景区的管理有待继续探索和改进。

二、旅游规划

民国36年（1947）5月，阳泉解放建市后，境内依托原有的旅游资源，先后修建了部分革命纪念地，作为民众接受传统教育、祭祀革命先烈的红色景点。如民国37年，郊区河底镇人民为悼念抗日战争和解放战争中牺牲的革命烈士，在中佐村南山上修建烈士塔并立碑纪念。1951年，郊区杨家庄乡小西庄村党支部修建烈士陵园并立碑纪念。1954年，市政府在城区德胜街南侧修建阳泉市烈士陵园；2005年6月纪念抗日战争胜利60周年之际迁至狮脑山。1983年，盂县政府对上社镇里独头村烈士公墓进行修葺。同年，平定县政府投资20多万元，在赵亨德牺牲地冠山镇庄窝村北207国道西侧修建烈士陵园。1985年，平定县在东回镇七亘村口山冈上修建七亘大捷纪念碑。1987年6月，阳泉市委、市政府在狮脑山上修建百团大战纪念碑，并于1997年6月被中宣部命名为全国爱国主义教育示范基地。

1980年前，境内旅游始终处于自发状态，并无规划可言。1981年10月，国务院下发《关于加强旅游工作的决定》后，阳泉围绕《决定》提出国家、地方、集体、部门、个人“五个一起上”方针，将旅游事业提上议事日程。但直至2000年，由于种种原因，旅游规划工作也仅限于纸上。

进入21世纪，特别是2001年6月阳泉市外事旅游局成立后，境内的旅游规划工作步入正轨。2005年，阳泉市外事旅游局为配合全市国民经济和社会发展“十一五”规划的制定，根据境内实际情况编制出《阳泉市旅游产业“十一五”发展规划思路》，较为全面地总结了“十五”期间旅游业发展状况和总体评价，确定了“十一五”期间总体规划目标任务。按照创新发展格局、优化产业结构、突出重点项目、提升产业质量、优化产业要素的要求，“十一五”期间旅游产业发展的主要任务是：转变创新发展观念，培育大旅游的社会发展动力和发展环境，加强政府指导力度，把盂县培植成为具有优势潜力的旅游大县；强化政策引导，扶持优势旅游企业，集团化发展；以点带面，突出地方特色，完善娘子关、藏山、百团大战纪念碑（馆）三个重点品牌，满足群众需求，提高“本地游”服务质量；加大吃、住、行、游、购、娱基础配套设施投入，形成比较完善的旅游产业链；完善旅游产业发展的保障体系，理顺管理体制，改革经营机制，强化宣传促销，走优先发展的路子。

“十一五”期间旅游产业发展重大任务及措施包括：强化政府指导，确保旅游业快速发展；发挥资源优势，突出培植重点；以市场为导向，实施品牌战略；坚持“以人为本”，大力发展“本地游”；明晰产业链条，完善要素市场；强化宣传促销，完善营销体系；优化产业结构，解决投融资体制；强化旅游管理法律法规的落实；举办旅游节庆活动等内容。

2006年开始，阳泉市外事旅游局组织国家和省内部分专家经过多次调研，广泛征求意见，充分论证，于2008年编制完成《阳泉市旅游产业发展总体规划（2008—2020）》。9月1日，由省旅游局主持，组织9位专家及阳泉市政府、市旅游局等单位在太原华苑宾馆进行评审并通过该规划。该规划包括导则及旅游市场分析与定位、旅游资源分析与评价、旅游产业发展的条件分析、旅游产业定位与发展战略、总体布局与分区规划要点、旅游产品体系与重点项目、城市旅游形象与市场营销、旅游要素结构与空间安排、旅游资源保护与环境建设、旅游规划实施的保障体系十个方面的内容。规划认为阳泉交通便利是吸引旅游客源市场的一个重要筹码，阳泉旅游开发中的最大问题是环境问题，现阶段旅游宣传力度不够；确定立足三晋、面向中原、辐射全国、影响海外的客源开发总体原则。规划对阳泉旅游资源单体和组织进行分析评价后，认为娘子关（含固关）旅游区和滹沱河温泉旅游区资源与开发条件相对优越，藏山旅游区资源与开发条件较好。阳泉旅游资源在开发前景上，以娘子关（含固关长城）和滹沱河谷最为优越。可成为两大龙头景区和两大产品。规划提出阳泉旅游产业发展战略思路是：树立一个整体形象——古关泉城，锦绣山水，晋东旅游中心；打造两大重点品牌——娘子关和滹沱河温泉；突出三大地方特色——古、土、青；实施四大旅游工程——旅游产品整合工程、旅游环境营造工程、旅游人才培养工程、国家优秀旅游城市创建工程；建设五能旅游城市——旅游观光、生态感受、休闲娱乐、健体养身、文化体验。

规划关于阳泉旅游开发的空间总体布局分为中心区（城市中心及周边）、南区（平定县）和北区（盂县），并对各景区进行了概念性规划，分别提出了存在的问题、市场定位、开发思路和项目产品策划。在旅游产品体系与重点项目规划中，定义了文化、自然、都市观光游和休闲度假旅游产品体系，策划了历史文化旅游产品、宗教朝觐旅游产品、生态旅游产品、健身旅游产品、科考旅游产品、娱乐旅游产品、探险旅游产品7个专项旅游产品，并将市中心区都市绿色旅游建设项目、市郊“一镇两庄”古村镇文化建设项目、娘子关历史文化名镇旅游建设项目、盂县滹沱河风景区建设项目划为市级重点旅游项目。

三、旅游开发

20世纪80年代前，境内旅游开发较少。80年代后，境内旅游资源如雨后春笋，蓬勃发展，到“十五”期间，旅游资源开发模式逐渐形成国有、集体、民营共同投资建设的局面。2003年，盂县藏山风景区作为境内首家个人投资的旅游景区开发单位，取得一定成绩。郊区翠枫山由郊区前庄村集体投资，截至2010年投入超过1亿元。郊区和谐生态园由企业家石忠投资，从2003年3月至2006年12月，先后投入1亿多元，建设成现代风格的生态园区。平定娘子关、固关景区连续多年投入，完善了景区的基础设施和配套服务项目，形成了一处文化特点鲜明的旅游目的地。市百团大战纪念碑硬化了景区旅游公路，增加了服务设施，已成为具有红色经典内涵的精品旅游项目。2008年5月，山西远鑫实业有限公司投资4亿元建设的舍利文化园在冠山景区奠基动工。药岭寺、关王庙等景区也围绕各自资源优势，加大投入，配套开发。2001年至2010年，境内直接用于旅游景区资源建设开发的实际投资累计达5亿多元。

固关　1996年，平定县娘子关镇新关村开始着手保护和修复“固关长城”古迹；1998年10月，固关长城一期工程顺利开工，投资65万元，其中村民集资24万元，义务工1.3万个，历时9个月修复北段长城620米，敌楼3座，堞楼上瞭望铺2个，登城石栏杆、石台阶150米，护坝70米，护墙30米，复修西峰寺六角亭4个，牌楼2座。同时搞了固关长城西侧绿化，初步具备对游人开放条件。2000年3月，第二期工程开工，投资150万元，修复国道长城跨桥、瓮城、关楼及南段长城800米。2000年，新关村成立固关长城旅游开发中心，正式走上发展旅游的道路。2003年5月，第三期工程修复了明代驻军兵营房、307国道跨线桥、太旧高速公路长城跨线桥、

固关长城

旅游停车场。到2010年，固关长城景区基本建成，再现了昔日雄姿，成为阳泉一处著名旅游景点。

娘子关　1999年，利用河道开发旅游项目，投资220多万元用于橡胶坝及坝袋、泄洪闸、码头、石榴园等建设和游船购置，建成平阳湖景点，并于10月1日竣工试运营。2000年4月，山西省平定娘子关旅游景区开发中心成立，开发了娘子关关城、水帘洞瀑布、平阳湖、水上人家及水上漂流等娱乐项目。2001年4月投资60万元开通瀑布景点至平阳湖景点游步道工程，将关城、瀑布、平阳湖、水上人家几个主要景点有机串联起来。2004年被省旅游局评为AA级景区。2005年投资50万元的关城景点停车场及瀑布景点停车场相继建成，其他旅游服务配套设施逐步完善。截至2010年，实现旅游门票收入300多万元，利税30多万元，2010年年接待游客10余万人次。

冠山　因其形状如冠且高于周围群山而得名，是自宋元后享誉三晋的一座历史名山，为历代文人学者隐居治学之地。1994年，经山西省林业厅批准为省级森林公园。景点主要有崇古书院、资福寺、古戏楼、瓢饮亭、科名坊、登瀛坊、乔宇诗碑、左丞石庵、仰止亭、夫子洞、文昌阁、吕祖阁、槐音书院字纸池、道脉坊、德馨亭、真武洞等，石刻达三四十处。2008年，平定一中投资26万对书院进行修缮，在院内陈列传统文化教育和文献名邦展览，并命名为平定一中传统文化教育基地。引进社会资金53万元修缮资福寺，投资20余万元修建了冠山通水标志性建筑七彩池和石牌楼等旅游景点。2009年，投入92余万元对资福寺千佛殿、伽蓝殿和弥勒菩萨佛龛进行修缮和翻新。位于冠山东侧的冠山舍利文化园，是2008年4月新开工建设的项目，初由山西远鑫集团投资开发，计划投资4.83亿元。至2010年，共完成场地平整和各施工平台建设6处，纵长1050米，宽200米，挖、填、碾压土石方300余万方。后期建设规划包括七佛舍利塔（博物馆）、大雄宝殿、千手观音殿、山门殿、天王殿、七门石牌坊等。

藏山　自20世纪80年代始，由盂县政府投资进行修缮。2003年，盂县政府与杨连富签署协议，由杨连富买断藏山风景区30年经营权。至2010年，杨连富共投资5.6亿元，修复了以藏山祠为核心的“春秋藏孤胜地”，建设了“三教文化圣地”，开展了“育孤园”和“仙人峰”旅游配套建设，投资打深井发掘水资源，修建“藏山风情园”，将藏山风景区扩展到四大板块、168个景点。2009年，藏山风景区被国家旅游局评定为AAAA级旅游风景区。在旅游开发的同时，藏山还在北京、太原、阳泉等地组织多次“赵氏孤儿与藏山”研讨会，参与多部与赵氏孤儿有关的影视剧拍摄和制作。2010年2月4日，由山西省委宣传部、中共阳泉市委主办，盂县县委县政府和藏山风景区承办，在北京人民大会堂举行了著名导演陈凯歌与藏山景区签约仪式，陈凯歌成为藏山“文化推广大使”；3月13日，陈凯歌携电影《赵氏孤儿》剧组在藏山举行“星光耀藏山，寻根敬义士”电影《赵氏孤儿》发源地启程大典，引起社会关注。通过一系列文化挖掘与宣传推广，夯实了“赵氏孤儿”典故与藏山的文化渊源，忠义文化受到广泛关注。

石家花园　郊区小河村利用“石家花园”遗存大院进行旅游开发，成立评梅景区旅游开发中心，2000年评梅景区开始营业，并相继修复石家大院，编制《阳泉市小河古村评梅景区旅游区总体规划》，投入1000万余元新建3000米标准停车场2个，垃圾处理点和公共休闲服务设施、标志标牌、旅游厕所、街道统一铺石板，统一绿化，完成对景区的道路亮化等。同时，对全村及农家乐按照“古村落”风格进行整体风貌保护和改造，盖小青瓦，做坡屋面，统一墙面色调，座脊、色檐，万字格门窗，提升了居民住房形象。至2010年，评梅景区旅游基础设施建设投入达1.18亿元。

银圆山庄　郊区官沟村于1999年左右开始进行旅游开发，对本村民居进行修缮，并于2000年5月1日正式对外开放。景区初名“张家大院”，后于2001年3月更名为“银圆山庄”，并成立银圆山庄旅游开发中心。至2010年，景区投入400余万元，深入挖掘了以明清古建筑文化、红色抗战文化、山西争矿运动文化、张家晋商文化、张家宗祖文化为核心的景区内涵，先后开发出张士林旧居、张恒寿故居、张梅林烈士纪念室，并开展了周边道路建设、景区绿化美化等工程。

桃林沟　郊区桃林沟村自2003年首届“桃花艺术节”开始，逐步向旅游景区方向发展。至2010年，打造了650亩（43.3公顷）近30个品种的桃园、200亩（13.3公顷）20多个品种的葡萄园；建设了生态林260余亩（17.3公顷），主要种植雪松、紫玉兰、龙柏、云杉等观赏价值较高的苗木120多个品种18万余株。同时立足农业生态、田园风光特色，建设桃林人家、桃林瀑布、桃林动物园、桃林水上乐园、桃林垂钓园、桃林园艺观赏园、桃林勇敢者乐园、桃林工艺室、桃林驿站等20余个景点；建设了桃园仙境生态酒店、桃林大酒店、农家乐快餐店、

雪中桃林

农家饭店，能同时接待600人就餐；建设望月轩茶楼、桃林驿站等娱乐、休憩场所。至2010年，桃林沟景区开发建设投资达6500万元。

翠枫山景区　2005年初，平坦镇前庄村与后峪村结成帮扶对子，由前庄村出资，利用后峪村得天独厚的森林资源优势和特殊的气候环境，开发建设旅游景区，并命名“翠枫山”。5月，景区开始立项、审批并开发建设，一期工程投资5000万元，建设度假村、停车场、景区大门、游客中心、售票处、八百米文化大道、怪坡、标本馆、龟蛇馆、农家食坊、多功能演艺大棚、“天水五景”五大水池、飞翔滑道、花露溪水、溪水人家、枫叶亭、佛旨亭、景区内长2.4千米交通道路、“绿野仙谷”全程3.6千米游步道及“日出观景台”“喊山崖”“八面来风长廊”“翠枫亭”等景点。2006年9月27日，翠枫山自然风景区正式挂牌营业。2007年10月被山西省水利厅评定为省级水利风景区。2008年4月被全国旅游景区质量等级评定委员会评为国家AAAA级旅游景区，9月被水利部评为国家水利风景区。

在旅游开发过程中，阳泉市旅游主管部门坚持大投入、大项目带动旅游，仅“十五”期间，全市累计投入资金5亿元作用于旅游基础设施建设，建成旅游公路百余千米，旅游饭店30余家，旅游公厕28座，增强了旅游服务功能；同时，多条公路建成通车，国道207、307线等得到优化改造，形成了纵横交织、四通八达的立体交通网络，为阳泉旅游业发展营造了良好的社会大环境。旅游产业对经济社会发展的综合带动作用日益显现，每年“五一”和“十一”两个旅游黄金周，市旅游局连续组织策划“本地游”活动，通过发动基层参与和强化宣传效果，使在以前不为人知的阳泉旅游逐渐成为市民旅游休闲的热点，游客每年都有大幅增长，景区总体经济收入由2001年的不足百万元增至2010年的2.8亿元，“本地游”成效明显，成为阳泉旅游的一大亮点。到2010年，全市旅游星级饭店增至7家，旅行社发展到31家，旅游商品企业不断增加，旅游交通、旅游电子信息平台呈现蓬勃发展局面。平定县成立娘子关旅游管委会，组建“娘子关旅游投资开发公司”，加大招商引资力度，基本实现管理体制改革顺利起步；山西远鑫集团在冠山投资、阳泉华通路桥集团在娘子关投资，为旅游景区市场化开发、公司化经营、高标准起步奠定了基础；盂县将大水头、万花洞等一批具有开发潜力的景区推向社会，吸引了当地煤炭企业投资。这些具有雄厚资金实力的企业介入景区开发经营，对全市旅游发展提供了强大动力和有力支撑。

第一章 服务业

第一节 概 况

境内服务业随着人们生活、生产需求而逐渐兴起，到明清时已形成规模。但至20世纪70年代中期，现代服务业发展却相对平缓。

1978年改革开放后，境内服务业有了长足发展，至2010年的30多年间，服务业平均增速超过9%，高于同期国内生产总值的平均增长速度。特别是“十五”时期以后，境内服务业发展不断加快，初步形成了比较完整的服务业体系，对经济结构调整产生了积极推动作用。但是，与全省先进市和沿海发达城市相比，境内服务业发展仍显滞后，总量扩张缓慢和结构落后等因素共同制约了服务业的快速增长。进入“十一五”时期，国家和省为支持资源型城市经济转型出台一系列政策，国务院将阳泉市列入中部六省比照实施振兴东北地区等老工业基地有关政策的26个城市之一。提出鼓励积极发展能够充分吸纳就业和促进产业结构优化接续替代产业，对相关项目中央财政给予必要支持，其中服务业就是境内确定的一个重点接续替代产业。在此基础上，随着石太高速铁路专线、阳五高速公路等大型区域性工程的建成，区域性人流、物流、资金流、信息流平台的构建，有利促进了全市现代服务业发展。服务业的发展正在向现代服务业转变，如信息咨询服务业、商务服务业、计算机应用服务业、现代金融业等新兴服务行业增长迅速，逐渐成为境内服务业发展的主要方向。

2008年9月，阳泉市出台《关于加快服务业发展的实施意见》和《关于加快服务业发展的若干鼓励政策》，从10月1日开始执行。该实施意见中，把加快发展服务业作为推进产业结构调整、转变经济增长方式、实现资源型城市转型的主攻方向之一，通过改造提升传统服务业，大力发展现代服务业，不断形成高增值、多层次、广就业、强带动的具有阳泉特色的现代服务业体系，为阳泉新型能源和新型材料工业基地建设提供强有力的支撑。“十一五”期间，境内服务业增加值增长速度快于GDP增长速度，服务领域投资的增长速度高于全社会固定资产投资增幅。服务业作为阳泉市资源型城市转型的重点方向之一，成为吸纳就业的重点领域。2009年，阳泉着力构建“1234”城市商贸网络流通体系，即“一个滨河商业带、两个商业圈、三个市级商业中心、四类有特色的商业街”，积极发展新型流通业，先后引入沃尔玛、苏宁电器、肯德基等知名品牌入驻滨河世纪城。在商贸建设上，放手鼓励民营资本投资服务业，富百家、农贸市场、五金建材城、金街购物中心、美隆国际商城等一批商贸中心投入使用。围绕信息化带动工业化，重点发展电子商务、电子政务、电子教育、电子便民等信息服务，全面打造“数字阳泉”。政策和投资的到位为全市旅游产业、现代服务业快速发展注入了活力。年内，全市服务业实现增加值102.1亿元，占GDP比重的40.5%。

随着政府出台一系列扶持服务业发展的优惠政策，全市传统服务业发展壮大，新兴服务业迅速成长，服务业内部结构不断优化，技术水平逐渐提高，服务业市场化、规范化和法治化程度有序推进。境内服务业发展呈现如下特点，一是服务业在国民经济中的地位不断增强。2010年，全市服务业达4万户，从业人员达14.7万人，相比2004年分别增长185%和168%，增速高于第二产业，为稳定全市就业发挥了重要作用。二是新兴服务业蓬勃发展，传统服务业仍占主导地位。随着科学技术和第二产业的快速发展，现代服务业层次也得到进一步提升，如房地产、社区服务、教育培训、信息咨询、网络服务等新兴服务业不断涌现。从服务业增加值的内部构成来看，传统的服务行业批发零售贸易、餐饮业仍占主导地位，其增加值比重偏大。三是服务业投资成为热点，成为拉动投资的重要力量。“十一五”时期始，以市场化、产业化为方向，破除垄断，放宽市场准入，引导和鼓励社会力量广泛参与服务业发展，以危旧厂房和棚户区改造为着力点，从优化环境、增强城市综合服务功能入手，致力商业基础设施建设，不断加大服务业投入，先后建设改造了一批商贸设施和城市道路，城市面貌发生了新的变化，使服务业发展条件得到很大改善，如已建成并投入使用的太行国际新城等。四是服务业发展不断规范化和市场化。政府加强了对服务业市场的依法监管，引导企业依法经营，诚实守信，建立健全了一些行业协会组织，协调行业经济活动。规范了审批程序、各种收费、各类市场，尤其房地产交易和有形建筑等要素市场行为，建立和完善了项目建设的公开招投标制度，为服务业的发展创造了良好的竞争有序的市场环境。社会保险制度得到深化和完善，已建立起养老保险个人账户，逐步建立了职工医疗、工伤、失业保险制度，推进了劳动力市场服务网络的建设。到2010年，境内服务业领域基本形成“统一开放、公平竞争、规范有序”的市场体系，市场主体进一步发展壮大，多数服务业企业成为自主经营、自负盈亏的经济实体，市场竞争机制基本形成；服务领域拓宽，服务项目增加，新兴服务业的比重提高、传统服务业的服务质量和技术水平明显增强，行业内部结构进一步优化，服务业占GDP的比重达到40%左右。

2010年，阳泉市调查监测中心对全市涉及商务服务业、居民服务业、仓储业、物业管理、计算机服务业、娱乐业、租赁业、科技交流和推广服务业、体育和娱乐业、物业管理及其他服务业10个行业的45家服务业样本企业经营情况进行抽样调查，调查结果显示：服务业样本企业整体发展势头良好。样本企业有3种经济成分，私营企业占七成多。在45家企业中，私营企业32家，占71.1%；国有企业7家，占17.5%；集体企业6家，占11.4%。样本企业集中于五大行业。商务服务业10家占25.6%，主要从事房屋租赁、会计服务、业务咨询、代理广告、广告喷绘活动；居民服务业8家占20.5%，主要从事打字复印、保安服务、美容美发、摄影、汽车修理活动；其他服务业5家占12.8%，主要从事居民维修、汽车修理、自行车修理活动；物业管理和仓储业分别为4家各占10.3%，主要从事居民小区物业管理、粮食储备业务。这些企业在生产经营过程中呈现出一些相近的特点与问题。

生产经营特点 一是经营情况较为稳定。全市45家调查样本企业中，正常生产样本企业40家，占样本总数88.9%。撤销、停产企业5家，占样本总数11.1%。二是综合实力提高。2010年，40家样本企业平均资产总计达1604.3万元，企业平均固定资产原价为660.6万元，企业平均实现营业收入279.0万元。三是吸纳就业能力增强。服务业的迅速发展为社会劳动力提供了更多的就业、创业机会，缓解了社会就业压力。40家样本企业拥有从业人员1788人。四是职工报酬福利提高。随着服务业企业不断壮大，企业职工不仅工资收入有大幅提高，保险、住房补贴及福利待遇增长也较快。2010年，40家样本企业从业人员月平均工资及福利1857.7元，从业人员月平均劳动、失业、养老、医疗保险费345.6元，月平均住房公积金和住房补贴112.5元。

存在问题及困难 一是经济效益有所下滑。40家样本企业实现营业利润由2009年的盈利145.9万元下滑为2010年的亏损550.9万元；实现利税总额由2009年的323.0万元下滑为2010年的-400.8万元；营业平均成本由2009年的165.1万元增加到2010年的222.7万元，平均增加62万元，增长34.9%。40家样本企业资产负债率也由2009年的62.3%加大到2010年的68.6%。二是整体经营规模偏小，竞争力不强。服务业企业户均从业人员45人，户均营业收入279万元。缺乏形成规模化经营的服务连锁企业，难以形成规模效应，大部分企业管理水平不高，服务水平较低，竞争力较弱，发展环境有待优化。传统上对一、二产业扶持优惠政策较多，促进三产发展的政策较多为旅游、流通等少数行业，致使服务业发展的整体水平相对偏低。第三产业总体布局不合理、功能不配套、层次较低、缺乏协调管理的问题。三是结构性差异明显。全市服务业仍以传统生产性运输企业为主，现代化的物流、金融保险、信息咨询、中介、科技等高技术、高附加值的服务业缺乏。农村服务业体系不够健全，与新农村建设的标准和要求还存在差距。认识上稍有偏差。从认识上看，由于受非物质生产劳动不创造新价值的观念影响，对服务业发展重视不够。在政策制定方面，税收政策、信贷政策和其他相关政策偏重于鼓励投资而不是鼓励消费的倾向仍然存在，推进服务业发展的政策措施相对滞后。

2010年，全市实现地区生产总值429.4亿元，服务业增加值达167.5亿元，占生产总值的39.0%。在第三产业中，金融保险业实现增加值18.5亿元，交通运输、邮政仓储业实现增加值36.6亿元，批发零售业实现增加值32.2亿元，房地产业实现增加值12.8亿元。在全市各类就业人员中，服务业内达21.8万人，占全部就业人数的34.4%，但大多分布于劳动密集型产业，以知识为基础的现代服务业发展还较滞后。

第二节 餐饮业

一、简况

境内饮食店铺的产生和发展与交通密切相关。明、清两代，在驿道和集镇上即有饭铺供差役商旅“打尖”，特别是正太铁路开通后，饮食业更是日趋繁荣。民国25年（1936）在上站、下站的商户中饮食业就有13家，分别是：三星聚点心店、窝窝店、高玉柱饭铺、福义楼饭店、玉泉饭铺、曹吉成饭铺、高富堂烧饼店、点心铺、隆盛饭庄、魏銮金饭庄、蒸馍铺、水果点心店、同盛饭馆。1949年全市有饮食网点254个，其中市区168个，均为个体和私营性质。

1956年1月，饮食业实行全行业公私合营和合作化。同年成立阳泉市饮食公司，管辖市区6家国营饭店，35个合营和合作网点，共有职工590人。三年困难时期，饮食业所需原料实行计划供应，食品价格上涨。1961年全市饮食业网点减至49个，从业人员489人，出现“吃饭难”问题。从1962年始经过调整以后，“吃饭难”的问题得到缓解，到1965年全市饮食业网点恢复至84个，从业人员650人。“文化大革命”期间，由于片面强调“为工农兵服务”，不准经营高档菜肴，取消筵席和雅座，取消服务到桌，一律实行“自我服务”，经营品种单一，服务质量下降。1975年，全市饮食业网点191个，从业人员1482人，年销售额355.9万元。

中共十一届三中全会以后，境内贯彻国家、集体、个体一齐上的方针，饮食市场结构发生很大变化。饮食店由国营独家经营变为国营、集体、个体多渠道经营，网点遍及城乡，从业人员剧增。1981年饮食业机构增至314个，职工和从业人员2428人。1984年国营饮食企业分期分批实行放开经营，自选干部、自主经营、自定分配、自负盈亏，打破管理和分配上的“大锅饭”，充分调动职工积极性。为方便市民，活跃饮食市场，在各大饭店还普遍推出专营大众小吃和实行柜台售货与便餐服务相结合的经营项目，并举办周末饮食夜市和早点、夜宵一条街。1985年，饮食业网点增至2308个，其中国营80户、集体135户、个体有证饮食业2093户，从业人员共5597人。此间，各饭店普遍延长营业时间，同时采取店、亭、车、摊和送食上门等多种形式扩大服务范围。各饭店普遍更新设备，装饰门面，在推行大众风味的同时，发掘和引进名菜名点300余种。1986年，在旧城改造中，城区有12个饮食网点被拆除，为弥补由此造成的经济损失，增强企业经济活力中，市饮食公司自筹资金400万元，新建改造人民饭店、迎宾饭店、实习饭店等15个网点，努力使生产加工和设备设施相配套，建筑风格和经营特色相统一。1988年，城矿两区各大饭店及宾馆招待所实现了灶房瓷砖化、餐厅新颖化、桌具整洁化、食品储存冷冻化、用品机具防尘化，设置配菜室、电冰箱、消毒和排烟设备，有的还设置雅座。是年，国营饮食业营业收入由1978年的484.4万元增至1174.9万元，利润由1978年的35.8万元增至42.3万元，分别增长142.55%和19.81%。截至1990年，全市饮食业网点1742个，其中国营39户、集体128户、个体有证饮食业1575户；从业人员5207人，其中国营1160人、集体1372人、个体有证饮食业2675人；有饮食业专业职称人员200人，其中特二级烹调师2人、特三级烹调师5人、一级烹调师11人、二级烹调师41人、三级烹调师39人、四级烹调师13人，二级面点师5人、三级面点师21人、四级面点师5人，一级餐厅服务师2人、二级餐厅服务师7人，一级餐厅服务员9人、二级餐厅服务员40人。有8名烹调名师出国援外，相继在异国他乡工作2至3年后回国，分别是：崔进喜驻突尼斯大使馆，胡相满驻圭亚那大使馆，王敏驻博茨瓦纳大使馆，耿三巴驻缅甸大使馆，董吉福驻意大利大使馆，郭四海驻尼泊尔中水公司，吕学桥驻伊拉克摩苏尔水坝，张建平驻伊拉克摩苏尔水坝总部。

进入20世纪90年代后，境内饮食业成为服务业中最具竞争力的行业，特别是私营和个体饮食业占据市场份额的一半以上，社会效益和经济效益可观。1991年，境内饮食业网点达1713个，从业人员5007人。其中全民所有制饮食业40个，从业人员1195人；集体所有制饮食业134个，从业人员890人。1993年3月，阳泉饭店实施改扩建工程，新增营业面积2000平方米。1995年后，随着境内社会经济不断发展，外来人口逐步集聚增加，餐饮业在网点建设上更新改造、扩大规模、改善环境；在经营项目上，兼收并蓄，百花齐放，突出餐饮特色，特别是境内风味名吃常年受到当地百姓追捧，久盛不衰。境内饮食经营项目大类可分为炒菜、冷菜、小吃、面食、汤锅等，以晋、川、陕、粤、豫、鲁等菜系为主，除境内家畜家禽、时令蔬菜外，从东南沿海引进海鲜珍品及进口食材。各店根据市场需要，不断推陈出新，或挖掘整理传统、地方菜，或学习引进外帮菜，或内外结合创出本店特色菜肴，夜市餐饮一条街也随之出现，逢夏时节更是吸引诸多纳凉百姓。截至1999年，城镇居民人均在外用餐支出达69元。

进入21世纪，随着城乡居民生活水平提高及现代生活节奏的加快，餐饮业面临越来越广阔的市场需求空间，餐饮市场规模持续扩大，推动了餐饮业的快速发展。2000年，境内餐饮业发展迅速，成为阳泉市经济增长的一个亮点。国有企业阳泉饮食服务有限公司不断加大改革力度，调整经营结构，营业收入1339万元，实现利税112万元，连续4年成为阳泉市超百万元利税大户，经济效益名列全省同行业之首。特别是在创新经营方面，将陈旧老化的阳泉饭店内外改造一新，推出了“德克士”西式快餐，填补了境内没有“洋快餐”的空白。此外，境内的个体餐饮业也蓬勃发展，截至2000年底，全市共有个体餐饮业2068户，其中饮食业1100户，从业人员达3210人，注册资金达1045万元。2001年，境内从事餐饮业的经营户1233户，从业人员5565人。按企业类型划分：国有企业8户，注册资金38万元；集体企业7户，注册资金40.8万元；有限责任公司43户，注册资金410.4万元，从业人员420人；私营企业（含个人独资企业）84户，注册资金941万元，从业人员700人；个体工商户1091户，注册资金906万元，从业人员3729人。年内，阳泉市饮食服务公司下属的阳泉面食馆、人民饭店、迎宾饭店、泉香春剔尖馆4家单位到太原参加首届“汾酒”杯山西省面食节厨艺比赛，迎宾饭店的郑彩霞的“三鲜锅贴”，剔尖馆董桂英的“黄米面炸糕”获“山西名吃奖”，人民饭店邢飞的“黑洋酥饼”获“山西优秀小吃奖”，邢飞的“广式小月饼”和面食馆李文胜的“果酱排”“花边饺子”获“山西省名点奖”，剔尖馆任存柱的“三鲜卤剔尖”和面食馆彭建福的“酸菜豆腐卤抿圪斗”获面食品种赛金奖。

2004年，境内限额以上餐饮企业（从业人员40人以上，年营业收入200万以上）有5家，从业人员2823人，营业额7580万元。全市餐饮业营业额6.04亿元。9月至11月，市文明办、省烹饪协会、阳泉日报社联合承办了“美食在阳泉”饮食业评比活动，通过组织阳泉十大饮食名厨、十大名菜和三十道金牌菜、娘子关罗非鱼全国烹饪邀请赛等活动，弘扬了饮食文化，促进了餐饮业健康发展。

2004年“美食在阳泉”饮食业评奖情况简表

表-12-6

奖项名称	获奖单位 个人或品牌
阳泉十大饮食名店	阳泉宾馆 泉美大酒店 东海大酒店 海外海大酒店 沙江酒家 方圆酒楼 森海大酒店 钱江大酒店 盂县宾馆 五洲大酒店
阳泉十大特色饮食店	蒙古人大酒店 麦子大王阳泉店 郊区镇中酒店 香岛酒家 阳泉面食馆 西来顺饭店 天津狗不理阳泉店 盂县金海大酒店 老家肉饼 美江酒店
阳泉十大名菜	金丝富贵澳龙虾 喜鹊登梅（阳泉宾馆） 东海烤鱼 蒜香鸡中翅（东海大酒店） 百灵竹笙乳鸽汤 千层大白菜（泉美大酒店） 红烧极品鲍（海外海大酒店） 酱猪手（沙江酒家） 碧绿扒鲍片（方圆酒楼） 烈火银雪鱼（森海大酒店）
阳泉三十道金牌菜	满载而归 玫瑰戏牡丹 民俗鱼肚 鱼跃九关（阳泉宾馆） 土豆片炒莜面 国宴狮子头 酥皮海王盅（东海大酒店） 龙女锦绣球 红烧极品鲍 家鸡焖糯米 蚝油鸡中翅 八珍半只鸭 过油肉焖花卷（泉美大酒店） 甲鱼煲仔饭 土豆烧甲鱼 鲍汁辽参扣鹅掌（海外海大酒店） 鳜鱼头泡饼 鲍汁牛肉 米粉肉（沙江酒家） 黄文三宝 烤羊排（方圆酒楼） 豆沙萝卜 印尼金瓜盅（森海大酒店） 莜面窝窝（盂县宾馆） 酿白菜 五洲富贵鱼头王（五洲大酒店） 麦香大鱼头（麦子大王） 五香酥鱼（阳泉面食馆） 手抓羊肉（西来顺） 碧绿蟹汁海鲜团（郊区镇中酒家）
阳泉十大名厨	孙金堂（阳泉宾馆）齐晓剑（阳泉宾馆）黄志坚（泉美大酒店）巩学勤（泉美大酒店）曾伟坚（东海大酒店）李树良（东海大酒店）金梁（海外海大酒店）崔国印（沙江酒家）刘少洪（方圆酒楼） 张艳军（森海大酒店）

2005年，随着市内旅游的较快发展和公务、商务活动的拉动，境内餐饮业得到较快增长，尤其在节假日表现明显。餐饮业实现零售额7.39亿元，占社会消费品零售总额的10.5%。限额以上餐饮企业7家，从业人员2249人，零售额11668万元，增幅53.9%。餐饮企业资产总额在1000万元以上的有泉美餐饮有限公司、燕川食府、蒙古人大酒店，资产总额在500万元以上的有海外海大酒店，资产总额在100万元以上的有东海大酒店、钱江大酒店、东方美食广场、七十二行大酒店；年销售收入5000万元以上的为泉美餐饮有限公司，年销售收入1000万元以上的为燕川食府、海外海大酒店、东海大酒店，年销售收入500万元以上的为蒙古人大酒店、钱江大酒店、方圆酒家、东方美食广场。年内，市放心早餐工程网点进行规范改造，由市食品总厂颐寿华天早餐工程有限公司投资70多万元对城区、矿区和开发区的30多个网点进行改造，更新送货车，建起23个铝合金售货亭，流动售货车9辆，截至年底，全部网点日接待量由2004年的3000余人次增至万余人次。品种由年初的40余个增加到70个，方便了广大市民用餐，社会效益和经济效益明显提升。

进入“十一五”后，随着国民经济的迅速发展和城乡居民收入水平的提高，全市餐饮业得到长足发展，酒楼饭店遍布城乡，位于市内范围的高档酒楼饭店主要有燕川食府、泉美大厦、王朝大酒店、钱江大酒店、长江大酒店、方园酒家、王朝海鲜馆、阳泉宾馆餐饮部、墨玉宾馆餐饮部、东方宾馆餐饮部等数十家，能满足大型会议就餐和高档消费人群的需求。遍布城乡的酒楼、饭店、餐馆有上万家，不同档次与各具特色的酒楼饭店满足了不同阶层的消费需求。2006年，限额以上餐饮企业有12家，从业人员2491人，营业收入15278.7万元，增幅近30%。全市餐饮业营业额9.82亿元，增长124.9%，占社会消费品零售总额的11.37%。2007年，以泉美、黄鹤楼、金酷、内蒙古大酒店为代表的泉中路特色餐饮街和以燕川、泉美国际为代表的小阳泉特色餐饮街亮点显现，形成规模。境内限额以上餐饮企业17家，从业人员2605人，营业额16707万元，增幅10.5%。全市餐饮业营业总额13.15亿元，增长33.7%，占社会消费品零售总额的13.35%。2008年，限额以上餐饮企业有26家，从业人员3359人，营业额22543万元，增幅34.9%。全市餐饮业营业额19.3亿元，增长46.3%，占社会消费品零售总额的15.7%。2010年，全市餐饮业实现营业额22.6亿元，增长19%，占社会消费品零售总额的14.11%。截至2010年，全市共有115个较具规模的餐饮业企业，从业人员5488人，其中燕川食府、泉美国际大酒店、东海大酒店、天海商务大酒店、东悦海鲜、景隆花园大酒店等年营业收入在500万元以上的餐饮企业有23家，餐饮业对境内消费市场起到较大的拉动作用。

“一普”“二普”阳泉市餐饮业企业法人单位情况简表

表-12-7

分类	法人单位（个）		就业人员（人）		资产总计（万元）		主营业务收入（万元）	
	一普	二普	一普	二普	一普	二普	一普	二普
餐饮业	58	110	2819	5488	10540.3	38855	10778.1	38077
正餐服务	51	95	2539	5312	8175.6	37981	10274.5	35753
快餐服务	5	4	257	83	2345.9	393	470.1	636
饮料及冷饮服务	1	7	20	33	17.3	293	33.0	1146
其他餐饮服务	1	4	3	60	1.5	188	0.5	543

说明：“一普”“二普”即第一、第二次全国经济普查，时间节点分别为2004年12月31日、2008年12月31日

2010 年阳泉市限额以上餐饮业经营情况简表

表 -12-8

指标名称	法人企业数（个）	年末从业人员数（人）	营业额（万元）	客房收入（万元）	餐费收入（万元）	年末餐饮企业床位数（个）	年末餐饮企业餐位数（个）	年末餐饮营业面积（平方米）
餐饮业	38	4698	47382	13146	31544	1669	15622	56826
其中：国有控股	5	487	4015	1114	2722	394	2640	5094
内资企业	38	4698	47382	13146	31544	1669	15622	56826
国有企业	5	487	4015	1114	2722	394	2640	5094
集体企业	3	138	1022	15	956	36	880	3100
有限责任公司	6	479	3557	237	3092	120	1916	6680
股份有限公司	2	478	2598	—	2598	—	2076	5830
私营企业	20	2901	34892	11342	21378	1029	7660	35272
正餐服务	38	4698	47381	13146	31544	1669	15622	56826

二、企业选介

泉美餐饮服务有限公司 位于阳泉市泉中路 116 号，成立于 2000 年 6 月，前身为 1996 年 4 月开业的泉美大酒店。截至 2000 年，下设 5 个餐饮分店和泉美房地产开发有限公司，即泉美大酒店总部、泉美大酒店一部、泉美大酒店二部、泉美火锅城和泉美烙饼拌汤村，5 个分店共计建筑面积 4650 平方米，具有同时接待 1800 人的服务能力。1998 年至 2000 年上缴税金 260 万元，获省、市、区税务部门纳税光荣户称号。2000 年，公司营业额 2600 万元，有职工 500 人，待业青年和下岗职工占员工数的 48%。2003 年被中国烹饪协会评为“全国绿色餐饮企业”，并凭优质的管理和技术实力被

泉美国际大酒店

全国烹饪协会、山西省品牌协会吸收为会员单位。2004年获“阳泉市守合同重信用企业”“2004年度诚信单位”等称号。2005年，上缴税金454.26万元，10年累计上缴2100余万元，成为阳泉市知名品牌。多年来，泉美公司依法经营，照章纳税，严守法纪，是市政府重点保护企业。经过多年发展，到2006年，泉美又新增泉美盂县分店、泉美阳光分店，建筑面积超过7200平方米，具有同时接待2600人的条件，从业人员1000余人。2008年，旗下的山西泉美国际大酒店被评为“国家四星级涉外旅游酒店”。截至2010年，拥有8个酒（饭）店，分布在城区、矿区和盂县，员工1200余人，是境内最大的餐饮企业，营业面积1万余平方米，并具备同时接待3500人以上的能力。泉美各酒店内外装潢豪华典雅，菜肴颇具特色，主营粤菜、晋菜、川菜、地方风味及自创特色菜，厨品色、香、味、型、养俱佳。

东海大酒店　位于阳泉市迎宾路1号，成立于2003年1月18日，隶属于阳泉市东海餐饮有限公司，属于股份制企业，是阳泉市较大型餐饮业之一。经营面积约3000平方米，经营场所有3层，负一层为自助火锅厅；一层主营中餐；二层设有风格各异的包间和豪华包间19间。酒店主营晋、粤、川等多种菜系，具备同时接待1000人用餐能力，拥有员工近200多人。酒店采用欧式风情，更显高贵典雅，主营晋、粤、川、国宴、火锅等多种菜系。

海外海酒店　位于阳泉市北大街136号，交通便利，地理位置优越，与北冰洋大酒店、景隆花园大酒店、华龙超市、文化宫相邻，与阳泉宾馆隔街相望。从业人员120人。自2001年11月开业后，先后投资280万元，形成固定资产240万元，酒店营业面积达1000平方米，设有大厅和18个豪华包房，装潢时尚，海派风格鲜明，就餐环境温馨优雅，可同时为400位客人提供餐饮服务。酒店管理严格，服务规范，拥有一支高素质的员工队伍，来自广东、上海等地的高级厨师烹饪技艺精湛，以经营海鲜饭菜为特色，以粤菜、淮扬菜、上海菜和本地菜的精美菜肴名扬山城。同时将各菜系精髓融会贯通，采百家之长，形成极富特色的海外海美食文化。酒店的菜品鲜香味美，营养丰富，质优价廉，高、中、低档皆有精品，满足不同层次消费需求。

第三节　住宿业

一、简况

到民国25年（1936），境内已有旅店50余家，多为小型客栈，火炕、通铺，大水壶烧水，宿费较低。日军侵占阳泉后，实行“旅馆组合”，在新市街开办了日本旅馆酒吧，中国人开办的旅店纷纷倒闭。至阳泉建市前夕，开业者所剩无几。

1956 年，住宿业公私合营后成立人民旅社，全市计有国营和公私合营的旅店 25 家，从业人员 95 人。20 世纪 60 年代初期，市第一招待所和第二招待所相继建成开业，主楼均 4 层，所内设有大小会议室、大小餐厅，高、中、低档客房，能一次性接待 500 人至 1000 人的食宿。“文化大革命”期间，方便旅客的各种服务项目被取消，“脏、乱、差”现象严重，旅店数量没有增加，流动人口却增多，出现了住宿难。1973 年全市仅有旅馆 15 家，从业人员 152 人。

中共十一届三中全会以后，贯彻改革开放政策，允许集体、个体开办旅店。1979 年市饮食服务公司颁发《旅店行业服务标准》，全市旅店开展优质服务竞赛活动，结合企业改造进行标准化服务，恢复和增加了服务项目，想方设法为旅客排忧解难。1980 年以后，分期分批对旅店设施和设备进行改造，到 1985 年东风旅馆、晋东旅馆、平定人民旅店、盂县人民旅店等均装修了客房、门面和餐厅，更新了设备，增加了高级客房，并设置小卖部、图书室、游艺室、医疗室、洗衣房、长途电话室、会议室等。本年，经改造落成的高 18 层的阳泉宾馆主楼，作为阳泉改革开放的窗口正式投入使用，被誉为“娘子关内第一驿站”。到 1990 年，旅馆的设施和服务又上了档次，除高级房间外，一般房间也大都配上了电话、电视机、沙发、电风扇等。是年末，全市共有旅店 110 家，从业人员 527 人。

20 世纪 90 年代后，随着境内市场经济的不断发展，对外交流日趋频繁，外来投资、商务、旅行人员不断增加，对住宿业条件的要求愈来愈高，星级宾馆有所增加，经营项目日趋扩大，服务质量有了明显提升。1991 年，境内住宿业 131 个，从业人员 692 人。饮食服务公司多方筹集资金，对旅馆进行更新改造，装修门面。太行旅社新建 3 层营业楼 1 栋，增加营业面积 300 平方米，建高档和中档房 13 间。设置火车和汽车时刻表，增加了代买车票、缝补衣物等业务。1993 年 3 月，撤销实习饭店，将旅店部分单独核算，更名为兴达旅馆。1994 年 8 月，河边街百货商场改扩建，拆去东风旅馆半栋楼，减少客房 36 间、床位 80 个。同年，太行旅社归晋东大楼。1996 年，饮食服务公司下属单独核算旅店有晋东旅馆、东风旅馆、兴达旅馆，迎宾饭店（旅馆部）。旅店业人员 83 人，共有客房 208 间，床位 510 个，年营业收入 80.3 万元，床位周转率 73%。境内大中型宾馆以其规模大、设备好、功能全为优势，为入住宾客提供食、宿、游、娱一条龙综合性服务；小型旅馆则以其低廉的价格吸引外来人员入住。

进入 21 世纪后，境内出现多渠道、多行业经营住宿业的局面。同时，旅游、会展业的快速发展和各类公务、商务活动的增加，也进一步推动了住宿业的持续发展。2005 年后，境内陆续建成开业一批高层现代化的宾馆大楼，多被评为星级（见“旅游”一章中“星级酒店”选介）。与星级宾馆相比，境内的中等快捷类酒店、私营个体小旅馆发展加快，多集中在火车站、汽车站及旅游景点，规模多为1至4层的平房或小楼房，房间多配有木板床、钢丝床，简易家具，有的房间设有电视、电话等，以价格便宜争取客源。2005年，境内个体工商户类的旅馆235家，从业人员1286人，注册资金959万元；私营企业类的旅馆业8家，注册资金618万元。

"一普""二普"阳泉市住宿业企业法人单位情况简表

表-12-9

分类	法人单位（个）		就业人员（人）		资产总计（万元）		主营业务收入（万元）	
	一普	二普	一普	二普	一普	二普	一普	二普
住宿业	42	53	1910	2527	16434.9	19132	4348.8	9073
旅游饭店	2	9	606	1859	8318.7	11434	1342.2	2654
一般旅馆	33	40	1045	587	7266.3	7019	2188.6	5644
其他住宿服务	7	4	259	81	849.9	679	818.0	775

截至2010年，全市共有规模住宿业企业56个，从业人员2527人，形成一批如药林国际会议中心、泉美国际大酒店、北冰洋大酒店、阳泉宾馆、墨玉宾馆等环境好、设施新、年营业收入在2000万元以上的星级旅游饭店。个体工商户类旅馆业2596户，从业人员7892人，注册资金7613万元；私营企业类旅馆业215户，从业人员近4000人，注册资金2.1亿元。全市住宿业实现销售额6.73亿元，占社会消费品零售总额的比重达到4.2%。除星级饭店外，阳泉市还有其他旅游住宿设施90多家，客房3000余间，床位7000多个；有许多酒店的硬件设施、软件服务等都具备上星条件，为阳泉市旅游星级饭店业的成熟提供了保证。

2002—2010年阳泉市住宿业情况简表

表-12-10

年份	个体工商业			私营企业			
	户数（户）	从业人员（人）	注册资金（万元）	户数（户）	投资者（人）	雇工（人）	注册资金（万元）
2002	33	75	11.00	2	2	30	58.00
2003	41	129	62.00	2	3	26	59.00
2004	—	—	—	—	—	—	—
2005	235	1286	959.00	8	13	73	618．00

续表 -12-10

年 份	个体工商业			私营企业			
	户 数（户）	从业人员（人）	注册资金（万元）	户 数（户）	投资者（人）	雇 工（人）	注册资金（万元）
2006	393	1380	1232.80	12	19	99	48377.00
2007	822	1996	1847.10	37	48	218	1168.00
2008	3018	7788	5181.36	203	351	3835	16945.50
2009	3028	7183	7390.65	193	368	3555	17775.50
2010	2596	7892	7612.95	215	394	3547	21454.00

2010 年阳泉市限额以上住宿业经营情况简表

表 -12-11

指标名称	法人企业数（个）	年末从业人员数（人）	营业额（万元）	客房收入（万元）	餐费收入（万元）	年末住宿企业床位数（个）	年末住宿企业餐位数（个）	年末餐饮营业面积（平方米）
住宿业	4	580	2243	1452	619	863	500	2204
其中：国有控股	2	133	742	358	384	474	300	1204
内资企业	4	580	2243	1452	619	863	500	2204
国有企业	3	531	1955	1318	465	762	200	1000
旅游饭店	3	496	1789	1228	389	490	500	2204
一般旅馆	1	84	454	224	230	373	—	—

二、企业选介

景隆花园大酒店　位于阳泉市城区北大街中段，与北冰洋大酒店、海外海大酒店、华龙超市、文化宫相邻，与阳泉宾馆隔街相望，是一个以住宿为主，餐饮、会议、洗浴、购物为一体的综合服务机构。2004 年投资建设，2006 年开业。内设豪华单人间、复式套间、豪华标间、商务套间客房，高中档餐厅，各种会议室。

森海大酒店　位于阳泉市德胜东街 238 号（火车站对面）。酒店拥有各类客房 70 余间，设有中央空调，房内设备齐全。零点餐厅装饰考究，风格迥异的大小豪华包间可供 400 余人就餐，汇聚粤、川、晋菜等地方风味，由全国各地名厨主理。酒店还设有能容纳150余人的会议室、商务设备齐全，能满足不同规格会议之需；同时还设有棋牌、桑拿、美容美发、足疗按摩等娱乐服务。

金源国际酒店　位于平定县东大街与义平路交叉口，毗邻平定县政府办公大楼，总投资1亿元人民币，建筑面积1.8万平方米。由山西汇丰投资有限公司独资建立，是境内首家集餐饮、住宿、会议为一体的综合性商务酒店。酒店拥有130余套客房，多功能会议厅可容纳180人至240人，餐饮可同时满足500人同时用餐。客房包括总统套房、豪华套房、标准套房、三人套房、豪华标准房、标准房，环境舒适、幽雅，日韩风格，独具特色。

五洲大酒店　位于平定县县城东大街146号，隶属于平定电业局普博电力工程有限公司，是集餐饮、住宿、洗浴、会议、娱乐于一体的综合性酒店，营业面积达1900平方米，设有10多个豪华包间，装潢时尚，该酒店秉承"一流的管理、一流的服务、一流的饭菜、一流的卫生"的企业宗旨，聘请八方名厨，汇聚粤、淮阳、晋菜等中华美食，以精美可口的菜品受到广大消费者青睐。

紫轩国际酒店　位于盂县金龙西街延伸线上，距离阳泉北站6千米。2009年1月20日开业，楼高7层，客房数59间（套）。经营总面积1.2万平方米，是集餐饮、住宿、桑拿、KTV、会议为一体的商务型酒店。一楼正门为酒店大堂，左侧是可容纳300人就餐的豪华中餐宴会厅，主营粤、湘、晋等各地风味菜品，右侧是环境优雅的大堂茶吧；二楼设12个豪华VIP餐饮包间；三楼设豪华KTV包间3间，桑拿客房18间，棋牌室7间，还设有台球室和乒乓球室；四楼设有浴区，提供干蒸湿蒸、美容美发和散座休息厅等；五六楼为商务客房；七楼有多功能会议室，可满足商务、座谈、电视电话会议等各类会议的需求，可容纳120人同时进行商务会议、娱乐聚会。

盂县宾馆　位于盂县县城钟镇街，占地面积13735平方米，集餐饮、住宿、棋牌、美容美发、旅行社于一体。客房拥有豪华套间8间、豪华标间47间、普通客房33间，客容量300人，可满足不同层次的个人和旅游团队住宿需要。餐饮部有大宴会厅1间、雅间13间，可容纳500人就餐。菜品精细、主食花样多、品种全，以地方土特产品为主。

盂县温泉疗养院　位于盂县梁家寨乡大崔庄村。有11家疗养院组成。可同时供1300人住宿、餐饮、洗浴。占地面积1.7公顷。温泉疗养院山环水绕，景色优美，水质极佳，温泉中含有多种微量元素，水温平均60度。北有著名旅游景区五台山，南有旅游胜地藏山，是山西省五大温泉景区之一。是集住宿、餐饮、洗浴、旅游为一体的综合性服务机构。

第四节　娱乐业

一、简况

娱乐业作为一种成熟的业态在境内出现时间并不长，但人们对于娱乐的追求由来已久。据《平定州志》等资料记载，早在元代，境内即有戏剧演出活动，这种最古老的娱乐绵延古今。至清代晚期，戏剧演出渐兴，从阳泉境内众多古戏台可见当时戏剧演出的盛况。清末民初，中路梆子班社相继建立，农村戏剧演出极为活跃，境内百分之三十以上的乡村建立过戏剧组织，少数为“秧歌”或“道情”剧，大部分为山西梆子。民国10年（1921），由张子明等人集资修建的境内第一家专业娱乐场所——新华茶园（址在今城区兴隆街）建成开业。

阳泉建市后，政府兴办文化事业成为满足人民文化娱乐需求的主渠道。中共十一届三中全会召开后，伴随着商品经济的出现，文化在意识形态属性之外的商品属性，以及百姓的娱乐需求，渐渐被社会所正视，境内的娱乐业开始萌芽，文化娱乐市场的兴起，基本保持了与全国同步发展的势头，经历了一个由小到大、由单一到多元、由城市向农村辐射的发展进程，呈现出内容与形式多样化、经营模式多元化等特征。重获生机的专业剧团积极复排传统剧目和排演新剧，在城乡演出日趋活跃。

中共十六大以后，文化体制改革不断深化，境内娱乐业步入发展快车道。文化行政管理部门坚持“一手抓繁荣，一手抓管理”，以满足人民群众多样化、多层次、多方面文化需求为目标，积极倡导健康向上、技术先进、安全时尚的新兴娱乐方式，调整优化娱乐业结构，创新娱乐业态，鼓励娱乐业走规模化、专业化、品牌化经营的路子，推动了全市娱乐业经营水平和整体层次的不断提高。

演艺业　民国10年（1921），位于今兴隆街的“新华茶园”开业后，阳泉站戏剧演出活动日趋活跃，除境内戏班和票友组班演出外，北京、河北等地的评剧、京剧、河北梆子戏班，也相继来此献艺。民国24年，由九大股东招股扩建新华茶园，更名为“小戏院”，戏剧演出始终未断，直到民国26年年底被日军占用为止。抗战时期，中共平西县、平东县相继建立了抗日剧团，因环境极其恶劣，坚持时间均较短。民国29年，以杨凯等10大股东集资在今河边街兴建戏院，邀请艺人组班演出，众多名家曾登台献艺。解放战争中，由平东县政府组建的“新生剧团”，以及民办的“共和班”等，都进行了大量演出。

曲艺也是深受百姓喜爱的娱乐行当。解放前阳泉曲艺活动稀少，偶有外地艺人过往做撂地演出。20世纪20年代初期，平定县民间艺人郄富根将当地趣闻编成“顺口溜”“哈哈笑”在街头说唱，逐渐演化成以“说”为主、朗朗上口、通俗诙谐的“阳泉评说”，他只身串村赶庙常年活动在平定、寿阳、太原及河北井陉、石家庄一带，所到之处都颇受欢迎。阳泉建市后，从1948年起，阳泉着手整顿旧戏班，组建市晋剧团。此后，随着社会主义建设的不断进步，人们的娱乐生活日渐丰富，戏曲、歌曲创作演出空前活跃，产生了一批有影响的作品；民间艺人郄富根在省城登台演出评说“哈哈笑”受到好评，省委宣传部领导亲自主持郄富根收徒仪式，“阳泉评说”登上大雅之堂；1962年3月，全国著名相声表演艺术家侯宝林、郭全宝等随中央广播说唱团到阳泉市演出，并为曲艺爱好者授课传艺。专业文艺队伍和文化设施的建设有了较大发展，继晋剧团之后又组建了市豫剧团。

“文化大革命”中，阳泉市演艺事业历经诸多波折，百姓的娱乐生活也变得单调贫乏。市晋剧团、市豫剧团先是被勒令解散，后于1970年成立阳泉市文艺工作团，新组建歌舞队，被解散的剧团再次重新组合，成为文工团的两个队；1972年又分立为晋剧团、豫剧团、文工团。受“左”倾路线影响，戏剧演出以几个样板戏为限，充满政治说教意味，文化“寓教于乐”的功能被弱化。

1978年改革开放后，境内演艺事业获得新生。到2000年，境内演艺业在文化体制改制中焕发新的生机。通过体制机制创新，国有文艺院团增强了内部活力和发展动力，演艺产品的创作生产更加贴近大众和市场，努力打造精品力作成为提升文艺院团竞争力的现实选择，演艺业向着实现社会效益与经济效益“双丰收”的目标迈进。2001年2月21日，著名相声艺术大师马季到阳泉表演，推进了阳泉的演艺事业。到2010年，全市演出团体15家，演出场所5家、固定资产2520万元，总收入650万元。

电影录像业　民国33年（1944），商人郗振铎出资购买一台旧“罗亚罗”放映机，在小戏院安装营业，取名“大华电影院”，电影由此进入阳泉人的娱乐生活。民国36年5月，阳泉建市后，境内电影事业逐渐起步，除工人电影院外，建立多支流动放映队，活跃在矿区和农村。“文化大革命”中，境内电影事业受到影响。1966年11月，境内第一家大型专业电影院——国营东方红电影院（后改称阳泉电影院）动工兴建。1968年竣工，可容纳观众1047人。

1978年改革开放后，电影事业逐步复苏，工人文化宫、东风剧场、阳泉电影院相继建成使用，市、县两级电影公司成立起来，市内国营大企业也都兴建了自己的俱乐部。20世纪80年代初，境内的电影发行放映事业迅速发展，电影放映网点遍布城乡，流动放映队达到228个。1982年11月25日，境内首次上映立体电影《魔术师的奇遇》。这些传统的文化形式，在改革开放初期发挥着娱乐大众的功能。由于政府长期统包统揽文化事业，文化服务主要由政府免费提供，严格意义的“娱乐业”始终难觅踪迹。只有电影需要购票观看，最具备“娱乐业”的特征。境内娱乐业的萌芽，也首先表现为电影业的一枝独秀。

20世纪90年代初期，阳泉市电影发行放映业保持良性发展，群众观影踊跃，影院票房可观，热门影片上映时，常常出现观众爆满、一票难求的情形。90年代中期以后，随着大众娱乐方式的多样化和电视荧屏的丰富，电影观众锐减，一度处于发展低谷。与此同时，录像厅在阳泉大街小巷遍地开花，港产影片吸引了大批观众光顾。90年代后期，VCD碟机逐渐在家庭中普及，录像厅生意日渐惨淡，至2002年逐渐消失。2006年后，境内电影娱乐业逐步复苏，数字放映技术的发展，院线模式的成熟，大众文化消费水平的提高，开启了新一轮影院投资热。与此同时，按照“企业经营、市场运作、政府买服务”的模式，全市首家农村数字电影院线有限公司于2007年成立，开启了农村电影放映业发展新阶段，到2010年，阳泉市在全省率先实现了“一村一月一场电影”公益放映服务目标，实现了社会效益与经济效益双赢。

歌舞业　1985年夏，阳泉市首家露天舞场在儿童公园开办，之后不久在工人文化宫又出现了首家室内舞场，系境内歌舞娱乐业发展的标志性事件。舞厅由20世纪80年代末的5至6家发展到90年代中期的20余家，经营方式从提供简陋的场地发展到茶座包台，亦歌亦舞；歌厅于80年代末在境内出现，伴随卡拉OK一展歌喉的娱乐活动很快流行起来。90年代初、中期，露天设置的卡拉OK点歌经营也风行一时，由于消费低廉，为普通市民所追捧，成为消夏一景。

20世纪90年代中期，境内歌舞娱乐业蓬勃发展。1996年，仅城区歌舞娱乐业就由原几家猛增至77家，火鸟、红豆、蓝宝石等娱乐城出现，其以卡拉OK自娱自乐式的娱乐方式受到百姓欢迎。1999年3月，国务院颁布《娱乐场所管理条例》后，境内歌舞娱乐业正处于低谷，由于原娱乐城被城市规划拆迁后，原经营者或歇业，在或改行，剩余少数人重操旧业，继红豆、蓝宝石、娱乐城之后，较大规模的银河娱乐城、泉美娱乐城等七八家娱乐城再次出现。这些娱乐城的开设在档次上较前有了提升，唱歌设备由原来的一个话筒、一个功放、一台放像机更新为VCD、十几寸的彩色电视机。

进入21世纪，境内歌舞娱乐业格局发生了根本性改变，迪斯科舞厅的火爆登场，量贩式KTV的出现，让境内的娱乐业与现代、时尚、前沿接轨，一批有特色、上规模、上档次的娱乐场所提升着人们休闲娱乐的文化品位，引爆了大众的消费热情。2004年，位于阳泉经济技术开发区香港路1号的中国城自助量贩式KTV开业，员工30人，是中国城连锁企业标志店，营业面积5000多平方米，大小包厢100余间，是阳泉市首家大规模、专业化、时尚化和大众化的文化娱乐休闲场所。至2005年，境内娱乐城的硬件基本达到了高中档要求，有的歌城一次性投资上千万元，更新设备、增加电脑自动点歌功能，十几寸的电视也换成四十寸的大背投，环境得以改善。2005年，全市娱乐场所发展到60家，其中单体KTV8家、租赁式歌城12家（含小厅311个），办理文化经营许可证计331个，舞厅19家。2009年4月，境内另一家大型绿色超市型歌厅阳光钱柜在新天地沃尔玛购物广场四层开业，营业面积5000多平方米，有员工40余人，公司规范经营、阳乐娱乐、安全运行为着力点，高档的装修、新颖的娱乐方式成为境内娱乐业的新亮点。截至2010年，境内歌舞娱乐经营场所达40家（其中城、矿区25家，郊区1家，平定县4家，盂县10家），从业人员1078人，资产总计13787.9万元，营业收入2627.3万元，营业利润653.39万元，经营面积7.1万平方米，增加值20277.8万元。

电子游戏业　20世纪90年代初，电子游戏厅像雨后春笋般出现在大街小巷，带给人们前所未有、新鲜刺激的娱乐体验，尤其让青少年和年轻人沉迷其间。到90年代中期，电子游戏机厅发展迅猛，最多时发展到134家。但由于其带有赌博性质的电子游戏机大量充斥市场，造成诸多负面影响。1996年，省委、省政府下发《关于查禁取缔电子游戏机娱乐活动的通知》，通告要求全省所有电子游戏厅全部关闭，而且不再办理相关手续，电子游戏娱乐活动被全面取缔，境内一些电子游戏厅转入地下继续进行违法经营。2001年9月14日晚，由文化、公安、武警等多部门组成80余人的行动组，连夜突击检查，查封牌机247台、老虎机4台、电路板192块、电脑主机1台、气泵1台，当场销毁电脑显示器37台，抓获涉赌人员8名。之后，电子游戏机在境内销声匿迹。

互联网上网服务业　随着经济的发展，互联网上网服务作为一种新型产业应运而生。境内的网络市场出现在20世纪90年代，起初由电信部门主管，1998年，阳泉市第一家网吧开业，这种具有更高科技含量的休闲方式很快被追逐潮流的年轻人所接受，互联网上网服务业迅速发展起来。年末，互联网上网服务正式由电信移交文化部门主管，时全市网吧仅有几家，且多是家庭作坊式的，一家一户家庭式经营，设施简陋，环境较差，规模小，台数少，多数网吧台数在15台至25台之间，配置低，管理不规范。2002年，文化部门出台《关于加强网络文化市场管理工作的通知》，规定地、市一级网吧计算机总台数不得少于30台，每台面积不得少于2平方米。根据文化部要求，阳泉市对面积不达或台数不达的网吧全部进行重组、合并，重新审核。到2003年，全市网吧整合到119家。随着消费群体的不断改变，人们的需求越来越高，上档次，上规模，发展连锁店势在必行。2004年，网通公司率先在全市开出了连锁网吧，较大型的网吧也争相发展连锁店，网吧聘请技术员、网管，逐步走向了统一着装，专业管理。网吧由过去的局域网形式发展到接入互联网模式，在电脑配置上由原来14、15英寸的球面显示屏发展到多数网吧的宽屏液晶，增添了摄像头、耳麦，电脑处理器也从早先的奔腾 586 发展到后来的双核处理器，内存由原来的 32 兆、64 兆发展到 1G，接入线路也从 ISDN（128KB）发展到 10 兆、100 兆光纤，网速得到大幅提高。在规模上，到 2005 年，全市网吧终端数在 100 台以上的达 90 家；在环境上，设置包间，增添转椅、沙发，开设商务包间、VIP 豪华贵宾间。截至 2005 年，全市共有网吧 138 家，其中连锁网吧 32 家、单体网吧 106 家，网吧由初起时的小、散、乱逐步发展到中、高档居多的网吧，全市网吧固定资产约 5000 万元，解决就业人数 2000 余人，上缴国家利税约 100 余万元。

互联网上网服务业在划归文化部门管理后，经过对网络文化市场的统一规划和历年的专项整治，改变了起步之初选址随意、数量少、终端少、面积小、卫生差的状况，由 2000 年的不足 20 家经营场所、不足 150 台电脑的小行业，发展到 2010 年的 174 家、终端台数 1.3 万余台、从业人员 600 余人、资产 4969.3 万元、营业收入 2846.9 万元、营业利润 985.3 万元、总营业面积达 3.6 万平方米，增加值 2560.4 万元，形成了一定的行业规模，经营模式也由开始的粗放单一，发展为连锁网吧、单体网吧共存的多元模式。

2002—2010 年阳泉市娱乐服务业情况简表

表 -12-12

年 份	个体工商业			私营企业			
	户 数（户）	从业人员（人）	注册资金（万元）	户 数（户）	投资者（人）	雇 工（人）	注册资金（万元）
2002	18	23	19.00	19	40	213	483.00
2003	35	69	64.00	36	84	282	1633.00
2004	35	60	18.20	22	50	115	1725.00
2005	17	29	13.20	16	24	133	1458.00
2006	21	57	48.50	16	24	143	1458.00
2007	22	73	1148.00	17	25	148	1465.00
2008	154	280	1477.50	51	96	547	3521.00
2009	157	361	1710.00	42	97	532	3444.00
2010	185	470	1861.00	42	86	529	3698.00

二、网点选介

阳泉电影院　位于阳泉市德胜东街6号，始建于1968年，隶属于阳泉市文化广电新闻出版局，影院占地面积2500多平方米，有职工25人。主要经营项目有电影放映、房屋租赁。影院现正常营业有三个数字影厅，拥有世界先进的比利时巴可数字放映机。影院固定资产400万元，2010年电影放映收入15.6万元，综合收入91万元。

中国城自助量贩式KTV　位于阳泉经济技术开发区香港路1号。2004年开业，员工30人，是中国城连锁企业标志店，营业面积5000多平方米，大小包厢100余间，是阳泉市首家大规模、专业化、时尚化和大众化的文化娱乐休闲场所，倡导“文明、健康、时尚、新潮”，以“自助、自选、自娱、自乐”为主导，以“品牌、品质、品位”立足市场，并附设量贩式超市，别致的消费方式，吸引学生及大众化消费者，为百姓提供了一个健康的休闲空间。

阳光钱柜KTV　位于阳泉市桃北东路沃尔玛购物广场四层，2009年4月开业。营业总面积5000多平方米，有员工40余人，注册资金400万元。公司拥有良好的经营环境和高素质的员工团队，以规范经营、阳乐娱乐、安全运行为着力点，以用心服务好每一位顾客为企业使命。

第五节　计算机应用服务业

一、简况

境内计算机应用服务业始于20世纪80年代初期，以政府公务应用为主导，企业商用为辅助，个人应用尚并不多见。到1986年3月，全市共有53个单位装设各种型号的计算机278台。在工农业生产中，阳泉矿务局、阳泉钢铁公司、市水泥厂等单位还在部分生产环节采用计算机进行瓦斯监测、水泥配料、高炉配料和计算机辅助设计等。1990年，计算机应用发展到全市工业、农业、交通邮电、文教卫生、科技、金融财会等各行业，在加速全市生产管理现代化、机关事务规范化、传统工业科学化中发挥了重要作用。进入90年代，随着经济发展和人民生活水平的提高，境内计算机应用服务业逐步兴起，民营的电脑销售公司、软件服务企业日益增多。90年代末，境内率先出现首家电脑城——晋东电脑城，并以其专业的服务、多样化的品牌及多元化的产品赢得“阳泉中关村”美誉。

2000年，以联想品牌电脑经销商形式出现的专业化电脑销售、安装、维修一条龙式的计算机应用服务业在境内出现。至2001年初，已涌现出阳泉百货大楼同兴科技联想电脑专柜、晋东电脑城人和科技、市科委飞达科贸服务中心、平定县文化宫超群电脑、盂县金龙西街远方电脑等7家联想电脑经销商。清华同方、三星、方正等国内知名电脑品牌也相继入驻。2002年8月28日，位于阳泉市城区南大街工商大厦对面的晋东IT数码港开业，其前身为恒利电脑城，隶属于晋东集团子公司晋东信息技术有限公司，经营面积1100平方米，经营范围包括计算机网络、电脑经销、网络工程、软硬件开发、电脑培训、特行监控设备服务、电子产品经销、电脑耗材等，入驻电脑品牌有联想、方正、清华同方、长城、华硕、三星等20多种，成为当时境内面积最大、品种最全的电脑城。9月28日，晋东电脑城二期扩建竣工并开业，其在原一层800平方米的基础上，新开发了二层400多平方米，新增软件销售、电脑耗材和品牌电脑。2002年12月28日至2003年1月5日，由市科技局主办，晋东电脑城、IT数码港、天元电脑城联合承办的“阳泉市首届电脑节”在位于南大街中段的市美术院展览中心举办，活动的主题是“科技促进经济发展，电脑创造美好生活”。为期一周的活动吸引了近万人现场观摩、购买，极大地促进了阳泉计算机应用服务业的良性发展，加速了电脑及周边产品的销售，助推了电脑市场走向正规化、品牌化。2003年2月，IT数码港继获得“城区信息科技园”称号后，开始二期招商。8月，天元家电公司在四层开设天元电脑城。三家电脑城的相继开业，进一步带动了阳泉计算机应用服务业的发展。至2005年，境内家用电脑由2002年的每百户拥有18台增至25台。

2009年后，随着滨河商业带的兴起，阳泉市赛格数码电子有限公司成立，并于3月在市桃北东路金联财富中心三楼A区1座开设赛格数码港，建筑面积3800平方米，商铺100余个，入住率85%以上。公司主营项目有数码类、电脑类、办公用品类及耗材类。数码相机类有佳能、索尼数码相机、尼康相机等知名品牌加盟，MP3、MP4、汽车导航仪、移动存储、录音笔、学习机、电子词典、复读机、掌上电脑。电脑类有联想、三星、苹果、索尼、戴尔、华硕、惠普、东芝等品牌机，还包括DIY组装机。办公用品类有美能达、佳能、奔图、格之格复印机，理想一体化速印机，惠普、佳能打印机；松下、夏普投影机，松下、夏普传真机，考勤机、UPS、三木、科密碎纸机等办公设备产品。耗材类有音响、桌椅、软件、网络监控、办公用品、硒鼓、碳粉、打印纸、复印纸、收银纸、相片纸、色带、色带架、鼠标、键盘、耳麦、硒鼓、碳带、墨盒、墨水、油墨、版纸等全系列耗材。赛格数码广场集批发、零售、展示、新品体验及软件增值业务为一体，是政府指定供货商；配备专业售后服务部，技术人员均经过厂家培训，为政府机关、企事业单位、各类院校、大小型文印店、家庭用户提供先进办公设备和优质的售前售后一体式服务，成为阳泉计算机应用服务业又一大型专业卖场。

此外，境内软件业也蓬勃发展，20世纪90年代末期，相继涌现出恒大电子、三度软件等境内软件业龙头企业，并响应2000年6月国务院颁布的《鼓励软件产业和集成电路产业发展若干政策》，加大服务力度，因地制宜推广符合本土的软件应用服务。2008年后，境内软件业特别是以三度软件公司为首的企业加强产用结合，做大产业规模，促进自主创新，大力发展软件服务，境内软件业市场总量保持稳步增长态势，软件销售收入在国内生产总值（GDP）中所占比重不断攀升。至2010年，境内从事软件研究、开发、推广应用、销售、技术服务等企事业单位达40余家，涉及硬件供应商、软件开发商、系统集成商等，成为境内计算机应用服务业的又一中坚力量，对开拓软件市场、推进信息化建设，促进阳泉市软件产业发展起着助推作用。

2002—2010年阳泉市计算机应用服务业情况简表

表-12-13

年 份	个体工商业			私营企业			
	户 数（户）	从业人员（人）	注册资金（万元）	户 数（户）	投资者（人）	雇 工（人）	注册资金（万元）
2002	122	218	188.00	30	45	131	772.00
2003	83	209	169.00	29	98	71	754.00
2004	28	55	58.00	22	40	42	534.00
2005	14	23	19.00	40	64	150	982.00
2006	23	43	28.00	142	171	525	2668.00
2007	45	82	120.60	71	101	297	1619.00
2008	65	120	186.10	177	257	755	4869.00
2009	52	100	190.50	184	281	825	5170.00
2010	62	291	213.80	168	214	676	5662.00

二、企业选介

阳泉市兆和电子科贸有限公司　成立于1998年10月，系阳泉市最早成立的从事清华同方及联想电脑销售及办公设备的销售维修综合性计算机企业，办公地址在市德胜东街铁路公寓一层，其前身为阳泉华联电脑事业部。2000年，公司成为联想电脑在阳泉地区的特约维修站，同时成功签约为阳泉地区特约经销商，系境内最早的联想电脑经销商。经过与联想集团10余年合作，培养出一批技术人才，具有联想认证工程师资格4人、联想销售工程师资格5人，公司销售的联想电脑占全市的70%以上。并且分销到盂县与平定。经过几年不懈努力，公司已成为阳泉市主要的电脑设备及办公系统供应商。2002年10月，公司申请成为一般纳税人，注册资本200万元，法定代表人任招义，注册类型为有限责任公司。经营范围包括零售、维修电脑、办公用品、数码电器及配套设备、销售耗材、水泥、建材、钢材、机械、电子设备（不含小轿车、地面卫星接收设施），零售通信器材、耐火材料，计算机网络集成等。至2010年，公司有职工28人，总公司下设联想晋东家用机专卖店、联想赛格商用机专卖店、售后服务等部门。公司是联想全系列产品阳泉地区最大经销商之一，联想笔记本阳泉顶级金牌店，同时代理HP、IBM、DELL电脑、服务器及笔记本设备，为用户提供最全面的解决方案。此外，作为SHIP（一舟科技）结构化认证系统综合代理商，同时在综合布线方面具有雄厚的技术实力和丰富的施工经验。在安防工程方面有多名工程师参加了三星、北京捷泰科等视频监控的安装调试培训，具有独立设计、安装、调试大中型监控工程的能力。公司代理3COM、华为、D-LINK等公司的网络产品，为用户提供最全面的LAN、WAN解决方案，公司还是三星、佳能、EPSON、HP等办公设备的阳泉经销商，理光传真机阳泉代理商，京瓷办公设备阳泉总代理，基士得耶数码印刷机区域代理，富士通打印机阳泉维修站。主营佳能相机、摄像机，同时也是阳泉地区索尼、松下数码类产品经销商。

阳泉三度软件开发有限公司　成立于2009年4月，公司位于阳泉经济技术开发区高新技术创业园，是获得工信部颁发的计算机信息集成资质并拥有多项企业自主知识产权的高科技创新企业，有员工22名，初步建立了“管理、营销、服务”三位一体的经营运作体系，成为阳泉市著名资深网络互动服务提供商。公司以信息系统运行维护服务和软件定制服务为主营业务，同时注重自主软件的产品研发，共有自主知识产权产品12项，主要产品有“基于云计算的农信通平台”“智能物联网RFID农副产品信息化管理系统”“煤炭行业物流供应管理系统”“超级网站群集云平台管理系统”“三度声形通听障辅助发音系统”等，2009年，与上海复旦大学合作开发“基于云存储的农信通平台”，该项目的实施打造了境内首家以农村信息化、中小企业发展的云计算平台，实现了中小企业信息化建设和农村信息化建设的低成本运作。2010年，开发并成功运营了山西黄土地电子商务网，实现了城市市民与农民供应农产品商户的无柜台交易；开发运营了阳泉一村一品信息网，与阳泉市农委平台对接实现了一村一品信息发布平台。

阳泉市联宇星信息技术有限公司　成立于2007年11月12日，位于阳泉经济技术开发区大连路61号的高新技术创业园406室。是集软件开发、系统集成、软件销售于一身的信息化高新技术企业，成立之初系阳泉市首家软件自主研发公司，下属医疗系统事业部、定制系统事业部2个研发部门，在辽宁下设1个产品测试部。员工25名，大专以上科技研究开发人员18名，是一支工作严谨、技术精湛，高度合作的年轻化队伍。曾为多个企事业单位量身定制管理系统，先后承担过阳泉市热力公司的HR管理系统、阳泉市矿区质监局的特种设备动态监管系统、政府数字化城市管理系统的设计研发、阳泉市地下综合管网管理系统研发等重要工作。

第六节　老字号选介

2006年，商务部启动“振兴中华老字号工程”，阳泉市商务局抓住机遇，积极开展阳泉市“中华老字号”企业的发掘、保护和申报工作。根据规定，命名“中华老字号”有着严格的条件规定和审核程序，必须为1956年以前创建的品牌，拥有世代传承的产品、技艺或服务，取得社会广泛认可，形成良好的信誉品牌，并经商务部审核认定。被命名的“中华老字号”企业将受到国家保护和支持，对于企业进一步创新发展，保护、提升传统产品、技艺具有重要意义。

阳泉食品总厂有限公司的“颐寿”牌糕点1953年就开始生产，工艺独特，深受市民喜爱，特别是2006年后，由阳泉市政府及商务部门扶持开发的“颐寿”牌放心早餐系列产品深入厂矿、学校、社区，为市民提供了价格实惠、放心健康的大众化早餐食品，企业文化与产品在社会发展中得到了传承与创新。

平定县晋阳风味御菜厂“龙筋”牌黄瓜干，明末清初就因色鲜、味美、质脆而久负盛名，远销全国各地并打入国际市场，特别是2000年后屡获国家、省、市农产品博览会优质奖。2010年8月，阳泉食品总厂有限公司和平定晋阳风味御菜厂入选商务部公示的第二批“中华老字号”名录，成为境内首次被核准的“中华老字号”企业。

此外，境内尚有许多创设年代久远，闻名遐迩的“老字号”。“老”是指时间长，历史久；“字”就是人的表字，指表达商号意义的文字；“号”就是堂号。选介如下。

永义公　清光绪年间，境内官沟村（今属阳泉市郊区）张家在承德办永义公商号，专门采购境内特产铁板、铁锅、铁盆、铁鏊、铁壶等铁制品及砂锅、砂壶等砂制品，长途贩运至承德销售，还在热河赤峰、辽宁锦州、河北获鹿等地设“永”字号支店20余个。张家发迹后，于民国初年在故里官沟村办养正小学，后来又将养正小学与附近赛鱼村的县立第五高小合并，并出资在五高设立学生津贴基金。

逢元号 阳泉市糖业烟酒公司逢元号商店，始建于清光绪年间，由平定城祁、马、甄、赵四姓股东组建，店址在平定城十字街，有店员20余人。经营杂货、茶叶、糕点，并有咸菜、甜面酱、酱油、醋四个手工作坊。民国9年（1920），逢元号在阳泉下站设分号，称逢元二店，经营品种增加了纸张、瓷器、铁器、烟酒、海味、干鲜果品等。阳泉逢元号对境内工商业主和流动常客采取“立折子取货，年终结账”的经营方法，生意大振。1956年，逢元号实行公私合营。后逢元号商店经过3次改造、扩建。新建的阳泉逢元号商店在市商业中心区兴隆街，总建筑面积483平方米，固定资金8.4万元，流动资金4.5万元。

致和洪 阳泉致和洪药店原为榆次什贴镇致和洪药店的一个分店，始建于民国24年(1935)。该店在境内信誉度高，货真价实，服务周到，特别重视进货环节，严把质量关。在饮片加工中，精工炮制，严格规范。该店遵循方便顾客的经营宗旨，在坚持正常营业的同时，还设有医药咨询、加工丸药、代客煎药、邮寄药品等方便服务项目。同时聘请当地闻名的中医大夫坐堂就诊。致和洪药店于1956年公私合营后为全民所有制企业，改称阳泉市药材商店第三门市部。1984年恢复致和洪老字号店名。1988年，在兴隆街新落成的致和洪药店，是集传统风格与现代色彩为一体的三层楼建筑，建筑面积510平方米，经营中成药1000余种，年销售总额达60余万元。

新盛魁 新盛魁饭店位于平定城东关狮子口西，始建于清光绪十五年（1889）。该店素以技术考究，服务周到称著。创建之初即把饭菜质量置于首位，在原料选配、火候掌握、器皿使用等方面严格规范和要求。原料不合格，灶上摒弃不用；色味形不合要求，不能端摆上桌。经营饭菜品种有汆、炖、焖、炒、扒等大荤小素，也有鲜汤美点相配，过油肉为该饭店的传统名菜。主食有刀削面、小开条、麻丝卷、绿豆糕、饺子、包子、糖三角、猫耳朵等。地方品种满芝麻糖烧饼，香酥甜脆，不仅为阳泉人所喜食，而且颇受外地客商的青睐。1956年，新盛魁饭店成为公私合营饭店。1960年，易体制为国营饭店。1967年更名大众饭店。1986年恢复新盛魁老字号。新盛魁饭店现有工作人员24人，经营饭菜70余种，年营业额50余万元。

魁盛永 清光绪年间，北杨家庄村（今属阳泉市郊区）魁盛永老字号的锻制锄板就已行销山西、河北、河南、山东诸省。魁盛永的传统名特产品锻制锄板以制作精致、质优锋利、经久耐用而销售长盛不衰。阳泉建市后，在魁盛永铁行基础上成立的杨家庄锄业社，继承传统工艺并发扬光大。1963年，杨家庄锄业社配合中央一机部机械科学研究院的专家，解决了锄板鼻茬吃锤不匀及火度不足长期影响质量的难题，促进了锄板生产的半机械化。杨家庄锄业社后更名为杨家庄农具厂，该厂坚持“包品种、包数量、包质量、包原材料及超额奖励”的“四包一奖”制度，促进了工序间的衔接，增强了职工的责任感，使传统产品的品位不断提高，用户越来越多。

1963年开发生产"擦生锄板"，当年获省优质产品称号。1971年后转产尖锹、梅花套筒扳手，1976年改名为阳泉市五金工具一厂。因市场原因，1998年企业停产。

天合恒　开创人为石风彩，弃仕从商，继承前辈基业，提出"仁中取利真君子，义内求财大丈夫"的经商理念，经营钱庄生意兴隆，财源茂盛。咸丰四年（1854）清朝强行流通铁铸钱，但客户喜欢铜铸钱，石风彩宁肯自己亏本，也不损害客户利益，一律兑给银圆和铜铸钱，钱庄换回一堆铁铸钱，虽损失惨重，但赢得了信誉。

魁盛号　由大阳泉村（现阳泉郊区）郗家创办，先后开办炒铁炉、福盛窑、大兴矿及魁字号商行，范围达河北、北京、山东、辽宁一带，生意兴隆，财源茂盛。"魁盛号"兴盛后，"义"字当先，不忘扶贫济困。清光绪元年（1875），大阳泉创修义学，"魁盛号"郗家捐献土地九十四亩半，粮一石七斗五升八勺，资助修建义学院。光绪三年，华北大旱，民众饥寒交迫，"魁盛号"郗家开仓放粮，舍衣放饭，赈救灾民。

乐亭诊所　民国31年（1942），原平定城友爱医院护士戎乐亭、朱德志夫妇在平定城姑姑寺创办乐亭诊所。戎乐亭擅长口腔科，朱德志擅长妇产科和小儿科。内设病床6张，主要接受产妇，施行新法接产。1959年，乐亭诊所并入县联合医院。1984年，已84岁高龄的朱德志医师，领取了个体行医证，重新挂乐亭诊所老字号开诊。乐亭诊所在1991年朱德志病逝后停业。

第七节　其他服务业

一、理发美容业

清末民（国）初，境内从事理发业者多为外籍人，且以流动理发为主。有的身担剃头挑子走街串巷，有的与商号、工棚联系，定期登门理发，理发工具仅有剃刀。到民国25年（1936），境内理发店增至10余家，营业项目主要是理长发、平发、分发和刮脸，理发工具增加了单手推子和吹风机，理发员多为男性。

民国36年（1947）阳泉建市后，市委、市政府扶持建立理发业工会，理发业发展较快。1955年，在社会主义改造大趋势下，庆和棠、荣华、志新、振山4家理发馆组成理发生产合作社，从业人员44人，隶属市手工业管理局。到1956年公私合营时，全市计有理发店15家，从业人员40余人。服务项目增加了理女发、吹风做型及染发等，各店普遍开展了登门服务活动，并为老弱病残者义务理发。1961年，阳泉市全部理发业归并国营理发部。1968年，成立饮食服务公司革命委员会时，国营理发业下设5个理发店，即兴隆街、上站、河边街、北大街、新市街理发店，时从业人员203人。“文化大革命”期间，境内理发店的经营项目只有剪、刮、剃，取消了烫发、吹风和做发型，一些小店发生了亏损，加之网点减少，社会上出现了理发难。1975年，全市计有理发店16家，从业人员187人。

大众理发

1978年以后，境内贯彻执行国营、集体和个体一齐上的方针，理发网点、从业人员和服务项目增加，服务时间延长，服务能力和质量显著提高。特别是通过改革体制，整顿企业，更新设备，下放权力，实行提成工资制，开展“五讲、四美、三热爱”活动，有效调动了职工积极性。1980年，境内理发业开始推行冷烫技术，到1983年冷烫技术已全部代替了笨重、耗电、安全系数低的电烫。1985年后，又推广了吹风一次成型技术，全市计有理发网点258个，从业人员532人。1986年后，引进了新型4大类27种服务项目，新增加香波护发精洗发和洗发膏洗发，各店均逐步形成了融理、烫、染、美为一体的服务项目体系。随着市场经济的活跃，人们对理发业的要求趋向档次提高、发式多样，理发业逐渐繁荣。同时，集体、个体办理发的日趋增多，特别是江、浙一带的个体理发者风涌入境，使国营理发业受到冲击和影响。截至1990年，全市计有理发网点269个，从业人员529人，理发美容水平都上了一个新台阶。

1991年，境内理发业网点增至364个，从业人员达667人。1995年后，随着市场经济的不断深化，境内的理发业在市场竞争中基本让位于私营个体商业，国有集体老店逐年减少，个体理发店遍布城乡大街小巷，方便了大众。同年11月，饮食服务公司下属的理发业龙头兴隆美发店由华盛街1号楼迁至复寿街，更名为兴隆美容美发厅，继续保持市场龙头地位。截至2000年，境内理发及美容化妆业新增100户，累计282户，年末从业人员363人，注册资金121万元。

2000年后，境内理发业由单纯的清洁理发转向美容护发，服务项目更加丰富。境内街面上众多的“温州”“广州”“南方”发廊、发型设计店面增多，多位于城市车站、临街位置，装修高档，服务质量较高；部分简易理发店多位于背街小巷、乡村集镇，以物美价廉赢得百姓欢迎。

2003年，境内个体工商类理发及美容化妆业达656户，从业人员1121人，注册资金382万元；私营企业8户，注册资金19万元。2006年后，境内的理发业在保证理发质量的前提下，不断创新服务模式，从上海、广州等地学习引进新发型、新工艺，如男发型增加了毛寸、短碎、板寸等，以推剪为主，增加男士的威武感；女发型增加有长穗、短穗等，以刀削为主，增加层次感，烫发运用离子烫技术使头发更垂直飘逸。至2007年，境内个体工商类理发及美容化妆业达992户，从业人员1650人，注册资金578万元；私营企业17户，从业人员147人，注册资金144万元。到2010年时，境内理发业又新增了玉米烫、空心烫、陶瓷烫等，通过不同烫式，达到护发卷曲、自然波浪、梳理方便；彩色焗油以头发颜色的变化使人焕发蓬勃气息，颜色多以栗色、酒红色、蛋黄色为主，深受中青年男女喜爱。

二、照相业

清光绪三十一年（1905），宝光照相馆在下站楼儿街开业，为境内照相业之始。此后，陆续有宝生照相馆、丽生照相馆和朝鲜照相馆开业。民国33年（1944）共有照相馆4家，其中中国人开办的3家、朝鲜人开办的1家。1955年5月1日，市内宝光、梁记、福星3家私营照相馆组成合作社，馆址设在福寿街中段，因择“五一”国际劳动节开张营业，故取名“五一”照相合作社，时有从业人员12人，设备有3部外拍机和1部镜台机。1958年，全市照相业开展技术革新活动，拓宽照相服务业务，逐步增加了生活照、美术照、放大、着色、外拍等项目，并定人定期到企事业单位、部队、学校、农村、林区等地服务。1965年，全市有照相馆6家，从业人员55人。

“文化大革命”期间，一些传统技艺和创新项目被当作“封、资、修”黑货批判，照相业服务质量和效益明显下降。宝生照相馆更名为“文革照相馆”。1968年，境内照相业人员128人。从20世纪50年代至70年代的20余年里，境内照相业一直处于单一黑白照片的落后状态。

中共十一届三中全会后，照相业又恢复生机，集体和个体照相馆相继开业，各照相馆增添服务项目，增加了结婚礼服照、景物照、生活照、化妆照、产品照等，并备有服装、装饰品、生活小道具等供顾客选用，同时开办了发式造型、快照、快洗等业务。1979年，全市有照相机构10个，从业人员116人。

1981年，各照相馆开始推行经营承包责任制。1983年，文革照相馆更名为长顺街照相馆。1984年4月，五一、长顺街、人民、桥头4个照相馆合并为五一照相中心店，同年12月撤销。1985年，饮食服务公司对五一照相馆相继进行重点改造，引进彩色放大机，配备玛米亚120照相机。为了满足群众生活需求，1986 年 7 月，市饮食服务公司又投资 30 万元，购买了具有世界先进水平的“科宝 5C”彩色冲印设备，在原“五一”照相馆的基础上成立了阳泉市彩色冲印中心；又投资 80 万元，在华盛街购买营业大楼，面积达 1280 平方米，将五一照相馆移入大楼。到 1990 年，全市计有照相机构 49 个，从业人员 187 人。此外，尚有单位及流动照相人员经常活动在公园、闹市区及旅游景点为游人拍照。

1991 年后，境内新增的照相网点多为私营个体户，国有、集体老店主要是更新改造、增加设备、扩展服务项目，整个行业呈现出相互竞争、相互依存的局面，境内照相网点 52 个，从业人员 206 人。1996 年后，境内出现中高档的婚纱影楼和摄影中心，均选择地理位置好的城镇繁华闹市和临街门面，装修新颖、格调高雅，以大台北婚纱为龙头的婚纱摄影店在境内生意兴隆，填补了照相业的空白。部分个体照相馆如梁氏彩扩店等，多在节假日到公园、风景区设流动摊点，为游人提供照相服务。

2000 年后，随着人民生活水平的提高，对照相的理念也发生变化，由传统的留影纪念、证件所需逐步向形象上的完美，个性化的追求及新品位、高标准过渡。其中，人像摄影仍是主流，如结婚照、化妆照、生活照、青春写真、儿童写真等不断面世，境内照相业日趋发达。2001 年，境外投资者开设巴黎风情婚纱摄影店，以欧式摄影风格取胜。2005 年后，境内许多照相店开始提供发型设计、化妆、婚纱选配、结婚录像一条龙式服务。随着数码相机的风行，更多的年轻人开始自己涉足照相业，由室内人为景象延伸到户外的旅游或自然风光的影像日渐增多。黑白照相多为身份证、参军、工作证照及艺术摄影，日渐式微。2010 年后，随着滨河商业区的日益兴盛，一些专业人像摄影店落户阳泉，以麦田影像为代表的专业人像摄影店面受到青年人追捧。

三、洗浴业

民国初期，境内第一家浴池业在平定县城学门街开业，名为安家澡堂，仅设有男塘池。其后，又有 3 家浴池在上站和下站相继开业，分别为华盛街的清华浴池、保全街的德润浴池和中华街的福盛浴池。1956 年公私合营后，境内计有浴池业网点 3 个，从业人员 18 人。此间，在市营以上大中型企业中陆续建成并开放了职工浴池，市政府号召各企事业单位内部浴池对外营业，从而缓解了市民洗澡难的问题。“文化大革命”中，浴池业没有发展，市民洗澡难的问题始终未从根本上得到解决。至 1978 年，全市浴池业网点仅有 4 家，从业人员 47 人。

中共十一届三中全会以后，洗浴业有了较大发展。各浴池经过整修扩建增设服务项目，增加女盆塘和淋浴，新添矿泉浴、药浴和桑拿浴，恢复了搓澡、修脚等传统服务项目。同时，阳泉矿务局所属厂矿单位、阳泉钢铁公司、晋东化工厂和阳泉火车站等都扩建了职工浴池，并对外营业，全市各浴池日接待顾客达万余人，基本上解决了市民洗澡难的问题。到1990年，全市共有浴池业网点6个，从业人员71人。1992年后，境内洗浴业呈现各具特色、互相竞争的场面。国有老店数量减少；厂矿企业自办浴池向社会开放，方便了当地居民，受到欢迎；私营个体浴池不断向现代化方向发展，满足了不同层次顾客的要求，受到好评。随着家庭热水器的大量使用，洗浴业由原来单一的清洗变为集沐浴、健身、休闲、娱乐为一体的服务场所。到2000年，境内沐浴业新增10户，累计25户，年末有从业人员43人，注册资金81万元。

进入21世纪后，市场竞争逐渐激烈，阳泉市洗浴业努力改变经营环境，提高服务质量。2002年，阳泉市泉北浴池推出“火炕、药浴”服务项目，有效带动了洗浴业价格上调。随着经济的发展，境内许多星级酒店内开设高档洗浴服务，如2003年开设的位于河边街的万水大酒店的洗浴中心号称华北第一大浴场，装修豪华，设施设备先进，功能齐全，受到都市白领阶层追捧。截至2003年，境内洗浴业个体工商户58户，从业人员179人，注册资金214万元；私营企业11户，从业人员108人，注册资金153万元。

2006年后，境内相继开设的北冰洋大酒店、泉美国际大酒店等星级宾馆均设有洗浴服务，受到入住宾客和附近居民的欢迎。至2007年，境内洗浴业个体工商户50户，从业人员167人，注册资金163万元；私营企业27户，从业人员270人，注册资金631万元。至2010年，境内原国有、集体浴池因城市改造或经营不善等原因逐渐消亡，大批的私营、个体洗浴蓬勃而起，占据了市场的主导位置，并在原有池浴、沐浴、盆浴等普通浴的基础上新增了以浴液变化为主的药物浴、泡泡浴等，以器械变化为主的桑拿浴、冲浪浴等，与洗浴相配套恢复和发展的服务有搓澡、修脚、按摩、捏脚、刮痧、拔火罐等相继而起，新项目的增加方便了人们生活，满足了新形势下人们公关交际、休闲养生、洽谈商务多层次的需要，提高了洗浴业的经营档次和经济效益。

四、维修业

民国初年在境内即有维修钟表、眼镜、自行车，以及修补鞋的个体经营者。他们或租赁铺面，或街市设摊点，一般都本小利微。1956年公私合营之后，从事维修业的个体户少量的转为公私合营职工，多数弃本行而成为工人或农民。1979年市场开放搞活之后，维修业再度兴隆，除一些传统维修项目如补鞋、修锁、修自行车、修雨伞等外，家用电器（收音机、录音机、电视机、洗衣机、电冰箱）、摩托车等的维修成为“热门”。据1990年统计，仅城矿两区从事维修生意的个体户就有500余户。1991年，境内日用品修理业机构655个，从业人员904人。2000年，日用品修理业新增111户，累计413户，年末从业人员达553人，注册资金240万元。

五、缝纫业

民国初年，阳泉有永和合、天合公两个从事服装缝纫的专营店，每个店各有顾工10余人。1956年全市个体缝纫户均转入公私合营的缝纫合作社。随着市场需求量增长，缝纫合作社大多发展成为服装厂。1979年以后个体缝纫业出现且增长势头迅猛，个体缝纫店的服务态度和质量广受顾客青睐。据1990年统计，城矿两区有120余户集体和个体缝纫店铺对外裁剪。至1999年，境内城镇居民家庭人均用于衣着方面的支出414.10元，其中用于缝纫业的24元左右。

2000年后，随着境内经济发展，居民服装消费质量普遍提高，着装品位"个性化"程度不断提升，特别是青年人、中年人更是舍得花钱购买高档次的服饰。截至2010年，居民人均衣着消费1368.98元，增长34.29%。其中成衣类支出1047.44元，占到衣着支出的76.5%；直接影响着缝纫业发展，境内大中型商场内部均设有专业的缝纫店面，方便了居民购置衣物后即时修改，也有部分常年以此为业的店面散见于居民区、集贸市场周边，成为缝纫业的有益补充。

六、企业选介

五一照相馆 位于阳泉市复寿街70号。始建于1959年，隶属于市饮食服务公司，系中华老字号企业。有营业面积623平方米，固定资产原值280万元。主要经营彩卷、装框、塑封、彩色摄影、婚纱摄影、艺术冲扩、放大、冷裱等业务。拥有先进的日本1202型彩扩设备，具有国际先进水平的617照相机，年营业性收入3200万元，是全市照相行业的佼佼者。2002年，根据市场需求，对婚纱摄影部进行重点投资改造，新添婚纱40余套，并装修了化妆间；同时，在"洗、照、扩、批、水"一条龙服务的基础上，提升内部服务质量，建立了一套完整的管理机制；抓住节假日，联合市内旅行社举办了"五一"黄金周照相器材、胶卷贵宾卡优惠促销活动；五一连锁的人民照相馆还上马了立体异型彩色水晶系列，为境内首家引进。2003年，又投资16万元引进了与诺日士彩扩设备配套的数码彩扩，填补了市场空白。2008年，五一照相馆在业内率先开展在线洗相、网上冲扩业务，提高了市场占有率。2010年，主打设备"诺日士3201"激光彩扩机经过6年运行后，故障频发，照片质量受到影响，遂筹资75万元购置了1台"泰来40R"高端彩扩设备，该设备具有冲扩72.6厘米大幅相纸功能，可实现境内婚纱大幅相片就地制作，填补了市场空白，新设备的引进提升了五一照相馆在市场上的领跑地位。

大台北婚纱摄影 位于阳泉市德胜街3号，成立于1997年8月，建店初期营业面积仅400平方米；1999年扩增至800平方米。2001年，在盂县开设分店。2003年，在昔阳县设立分店。2004年初，投资近300万元在桃南东路28号的东风剧场，开设了大台北婚纱摄影旗舰店，营业面积近2000平方米，成为阳泉市规模最大的以拍摄婚纱照、写真照、儿童照、全家福为一体的全新摄影机构。2007年末，在桃河公园景区内修建专业外景拍摄基地，设立大台北庄园及儿童会馆。2010年，投资近千万元修建卢浮宫3D全实景专业摄影基地，成为华北地区小有名气的婚纱摄影公司。该基地使用面积5000平方米，融入摄影界时尚创作元素，遵照五星级会所设计理念打造，分设4层，囊括欧式、韩式、中式，配置有VIP私密新人专属空间、太空舱、视听影院、咖啡吧，人性化的设计体现了大台北人“品质第一，顾客至上”的服务理念。在注重经济效益的同时，该公司积极参与社会公益活动，先后举办为“优秀少年”和“好孩子”免费拍照、千禧新娘大赛、向福利院捐赠学习用品、为太原理工大学阳泉学院提供教学实训基地、为每年阳泉春节联欢晚会提供化妆与造型设计等公益性活动。2002年、2003年、2004年连续三年被阳泉市消费者协会评为诚信单位。2003年，在亚太婚纱摄影行业CEO群英会上，获“亚太群英会最具代表性婚纱影楼”“婚纱摄影行业著名品牌”“摄影大师金鼎奖”“彩妆大师金魅奖”“美丽新娘代言人”多个奖项。2005年，在第六届亚太婚纱摄影行业CEO群英会上获“金钻级（中国）杰出影楼奖”“卓越CEO成就奖”“亚太最佳风尚影楼金像奖”。2006年获首届婚博会全国百家承诺“放心消费影楼”称号。2010被授予“巾帼创业功勋”“工会工作先进集体”称号。

大台北婚纱摄影

阳泉市志

YANGQUANSHIZHI

[中 册]

第十三编

财税 金融

境内古代衙署设有专门征收税赋与分配钱币的机构，不同时代有不同的制度。清代中叶至民国年间，阳泉境内州县主要实行地丁银制，另有各种名目繁多的杂课，人民负担沉重，曾多次发生抗税斗争。中华人民共和国成立后，阳泉市为了实现地方财政经济状况的根本好转，大力发展生产，积极培植税源，促进了财政收入的稳定增长。1949 年至 2010 年全市财政收入累计完成 546 万元，年均增长 15.75%，有力地保障了各项社会事业的发展需要。

阳泉金融业发端较早，明清时期即有“典当生息”的金融活动。清咸丰四年（1854），户部曾在境内河底镇设立“宝泉分局”铸造钱币，每年铸造铁钱折合本银 4.8 万两，投放市场流通。民国初年，境内有了现代金融组织。中华人民共和国成立后，国家建立了统一的社会主义银行体系和货币制度，阳泉市金融业逐步发展壮大，特别是经过改革开放 30 多年的推动，境内金融业更是呈现出多元并驱、竞相发展的超常态势，为促进地方经济发展和社会进步提供了有利条件。截至 2010 年，阳泉市境内有金融机构 46 家，其中国有金融机构 10 家。

第一章 财 政

第一节 财政体制

阳泉建市后，按照中央和省财政要求，阳泉市的财政体制进行了多次改革和调整，总的方向是由统收统支向分税制财政体制过渡。

一、统收统支 分级管理

1951年，阳泉市执行《贯彻1951年度地方财政方案》，规定地方财政年度收入科目为：农业税附加、工商业税附加、罚金收入、没收品变价、公产收入、规费收入、证照收入、契税收入、企业收入、房地产税附加、杂费收入、杂项收入、上年结余。

1956年，规定阳泉市的固定收入为印花税、利息所得税、屠宰税、牲畜交易税、城市房地产税、文化娱乐税、车船使用牌照税、其他（包括契税）收入、以前年度支出收回、上年结余以及各级地方国营企业收入与事业收入。固定比例分成收入为：工商营业税与工商所得税地方留成40%，上解中央60%；农业税上解中央50%，地方留成50%。调剂收入为：商品流通税与货物税上解中央30%，地方留成70%；公债收入上解中央60%，地方留成40%。上述各项收入地方留成部分的省与市划分比例为：除农业税留10%，公债留40%外，其余部分全部解缴省金库。

1961年至1962年，阳泉市执行省财政厅制定的“收支下放，计划包干，总额分成，一年一定”的财政体制，收入超过省核定的任务，其超收部分，除去上解中央部分，其余部分实行比例分成，省分成80%，市县留成20%。

1964年至1970年，山西省实行“定收定支，总额分成”的财政体制，对收支划分进行了调整。收入方面，地方企业收入、商业收入（指商业二、三级批发站和零售商业收入）、工商统一税、工商所得税、各项地方税、农业税、盐税和其他收入，全部作为总额分成收入。支出方面，基本建设拨款和特大的防汛抗旱救灾支出，仍由上级专案拨款；其他各项支出都参与收入分成。收入超收部分实行比例分成；支出结余中，除专项拨款外，其他结余留用。1964年至1967年，确定阳泉市分成比例为省85%、市15%。1970年，收入超收分成比例为省80%、市20%；支出结余留用规定与1967年相同。

1973年，阳泉按山西省的规定，实行“收入固定比例分成，支出结余留用”办法。收入固定比例分成，就是根据各地市财政总收入的多少，分给各地市一部分机动财力。全年阳泉收入分成比例为1%，超收部分分成比例为3%。

1979年，阳泉实行“增收分成，收支挂钩”财政管理体制。增收分成按实际收入比上年增加的部分，实行比例分成，增收分成的比例由省确定。增收分成比例的计算方法是按原来每年分配给市的固定数额的机动财力和超收分成所得的机动财力确定。全年阳泉分成比例为30%。

二、划分收支 分级包干

1980年，阳泉实行“划分收支，分级包干”的财政体制。1983年至1984年，省对阳泉实行“总额分成，分级包干”的财政体制。省对地市重新核定收支包干基数和收入总额分成比例（或支大于收的补助数额）。

1985年至1987年，阳泉市、县（区）实行“划分税种，核定收支，分级包干”财政体制。市的留成比例为57%，平定县44%、盂县54%、郊区35%、城区45%、矿区94%。

1988年，省对阳泉市财政体制作了调整，按1987年中央向地方借款数额调减地方支出基数，将城乡个体工商业所得税等13种小税划作市、县（区）固定收入，相应调整收入基数，市级留成比例调整为47%，市对县区财政体制也相应作了调整。

1992年，确定将盂县晋盂钢铁厂的流转税上划市级，市财政以5.5%的年递增幅度对盂县财力予以补助。

三、“分税制”财政体制

1994年1月，根据山西省人民政府《关于实行分税制财政管理体制的通知》，阳泉市实行“分税制”财政体制。规定市财政主要承担市级党政机关运转所需支出以及全市经济、事业发展所需支出，协调县区发展。县区级财政，主要承担本县区政权机关运转及本县区经济、事业发展所需支出。税收返还的确定以1993年的基期16367万元为准。

2007年，根据《阳泉市人民政府关于调整规范市对县区财政体制的通知》，对县区财政共享收入的分成比例调整为：（1）增值税：中央分享75%，省分享7.5%，市分享2.5%，县分享15%。（2）个人所得税：中央分享60%，省分享12%，市分享4%，县分享24%。（3）企业所得税：中央分享60%，省分享12%、市分享4%，县分享24%。（4）营业税：省分享30%，市分享10%，县分享60%。（5）资源税：省分享30%，市分享10%，县分享60%。

2008年至2010年期间，财政体制未作调整。

第二节 财政机构

民国36年（1947）5月，阳泉市人民政府设财政科，内设行政股、公产股、公粮库，负责全市财政收支、预算和决算。民国38年6月，增设会计股、供应股、地粮股。

1949年，市财政科内设行政股、审会股、供应股、两个粮库及公产管理处。1952年7月，财政监察组成立。1956年8月，市财政科改为市财政局，内设预算科、企业科、会计科、监察科。11月，市财政局、粮食局、商业局、财贸部合并为市财贸部。1957年7月，市财贸部撤销，组建市财政局。1958年9月，财政、税务、建设银行、保险公司合并为市财政局，内设税政科、预算科、企业科、基建科、监察科、保险科、秘书室。1960年9月，内设科室调整为秘书室、税政科、企业科、预算科、基建科、人事科、公社财务科。1961年2月，增设财政监察科；以基建科为基础，另设立中国人民建设银行分支机构。1962年8月，财、税机构分设，财政局内设预算科、企业科、监察科、办公室、实物库。1964年，派出驻市中央企业驻厂员6人，地方企业驻厂员5人。“文化大革命”期间，财政驻厂员制度名存实亡。1967年3月，市财政局改为市财政办公室。1969年11月，市财政小组、人民银行、税务局、建设银行、工商局合并为市财金革命委员会。1972年7月，撤销市财金革命委员会，财政、税务组建为阳泉市革命委员会财政局，内设办公室、税务科、企业科、预算科、农财科。1974年7月，增设省营企业科。1976年3月，省人事局、省财政局分配阳泉市重点企业财务管理员8人：派驻阳泉钢铁厂2人，荫营煤矿2人，阳泉矿务局3人，市财政1人。1978年4月，撤销省营企业科，增设农业财务科、监察科；6月，撤销革命委员会名称，改称阳泉市财政局。

1980年5月，市财政局接管市控制社会集团购买力办公室。1982年8月，增设科研室。

1983 年 4 月，增设实物库；9 月，平定县、盂县财政划归市财政。1985 年 10 月，全市 57 个乡（镇）建立财政所。1986 年，增设综合科。1987 年 1 月，监察科改为人事监察科；9 月，企业科分设为工业企业科和商业企业科，增设会计科；11 月，成立山西省会计函授学校阳泉分校。同年，增设会计师事务所。1989 年 4 月，市税收财务物价大检查办公室成立。1990 年 6 月，增设国债服务部；9 月，设立中央企业财政驻厂员组、省营企业财政驻厂员组（分别简称中企组、省企组）、市营企业财政驻厂员组。

1991 年 12 月，撤销科研室，成立行政科，市国有资产管理局成立。1992 年 7 月，省企组业务划归省财政厅管理，改称“山西省财政厅驻阳泉市财政监察专员办事处”（简称财监处）。1992 年，市住房资金管理中心成立。1993 年 11 月，市国有资产经营公司成立，与实物库为一套机构两块牌子。1997 年 8 月，预算外资金管理局成立，内设计划财务科、征费管理科、基金管理科；9 月，市财政局内设科室调整为：办公室、预算科、工交科、农业科、基建科、城建科、行事科、社保科、人教科、商业科、综合科、会管科、监督科、监察室；局下设两局，预算外资金管理局下设计划财务科、收费管理科、基金管理科，国有资产管理局下设办公室、企业科、产权科、农文行科。1998 年，市会计管理局成立。1999 年 9 月，市会计管理局下设综合科和会计人员管理科；10 月 8 日，市政府采购中心成立；10 月 9 日，预算外资金管理局下设科室调整为收费管理科、征费稽查科、票据管理科；11 月 28 日，会计师事务所、国有资产评估事务所与财政脱钩。财政部驻山西省财政厅监察专员办事处阳泉组撤销。2000 年 4 月 28 日，阳泉市财政局投资评审咨询中心成立；9 月 4 日，国债资产经营中心成立。

2001 年 5 月，市级机关事业单位会计核算中心成立；9 月，市财政局内设科室调整为：办公室、监督科、会管科、监察室、综合科、企业科、农业科、文教科、城建科、国库科、行政政法科、人教科、预算科、外金科、统评科、经济建设科、社保科。12 月，阳泉市农业综合开发办公室成立，与市财政局内设农业科合署办公。2002 年 9 月 30 日，阳泉市财政培训中心成立，与山西省会计函授学校阳泉分校为一套机构两块牌子。2003 年，信息中心成立；撤销原市、县（区）和阳煤集团住房资金管理中心，成立阳泉市住房公积金管理中心，与市财政脱钩。2004 年 7 月，撤销统计评价科，增设税政法治科。2005 年 10 月，市政府采购中心划归机关事务管理局管理。2010 年，市财政局下设科室共 20 个：办公室、监督科、会管科、监察室、综合科、企业科、农业科、文教科、城建科、国库科、行政政法科、人教科、预算科、外金科、税政法治科、经济建设科、社保科、煤炭基金科、农发办、资产管理办。有后勤服务中心、财政信息中心、会计核算中心、实物管理中心、会计函授学校、投资评审中心、方舟担保公司共 7 个企、事业单位。

第三节 财政收入

一、收入总量

阳泉建市后，财政收入逐年提高。1949 年，阳泉市财政总收入 133.4 万元。1978 年全市财政总收入 7572.9 万元，是 1949 年的 56.77 倍。1994 年全市财政总收入 47093 万元，是 1949 年的 353.02 倍、1978 年的 6.22 倍。2010 年全市财政总收入 1001398 万元，是 1949 年的 7506.73 倍、1978 年的 132.23 倍、1994 年的 21.26 倍。1949 年至 2010 年，阳泉市财政总收入共计完成 5452494.2 万元，年均增长 19.01%。

二、收入结构

（一）农业税收

阳泉建市后，农业税收占地方财政收入的比重呈总体下降趋势。1949 年，阳泉市农业税收占地方财政收入的比重为 93.33%，为历年最高；1949 年至 1954 年，这一比重由 93.33% 快速下降为 12.34%；1954 年至 2004 年的 50 年中，该比重由 12.34% 缓慢下降为 2.54%；从 2005 年起，国家不再征收农业税。

（二）工商税收

阳泉建市后，工商税收占地方财政收入的比重呈总体上升趋势。1949 年，阳泉市工商税收占地方财政收入的比重为 5.02%，为历年最低；1949 年至 1954 年，这一比重由 5.02% 快速上升为 84.16%；1954 年至 2010 年的 56 年中，该比重呈振荡下行趋势，由 84.16% 逐步下降到 69.18%，其中最高为 97.01%（1990 年），最低为 46.38%（1960 年）。

（三）企业收入

包括国营（国有）工业、交通、农业、商业及其他企业上缴的利润、固定资产折旧基金、固定资产变价收入和缴回的流动资金等。1954 年，全市企业收入 4.6 万元，仅占地方财政收入的 0.52%；1954 年至 1960 年的 7 年中，这一比重由 0.52% 快速上升到 49.97%；1960 年至 1994 年的 34 年中，该比重由 49.97% 振荡下行为 7.73%；1994 年至 2010 年的 17 年中，该比重呈总体上升趋势，由 7.73% 缓慢上升为 11.29%。

1949 1994 2010 年阳泉市地方财政收入结构比较图

图 -13-1

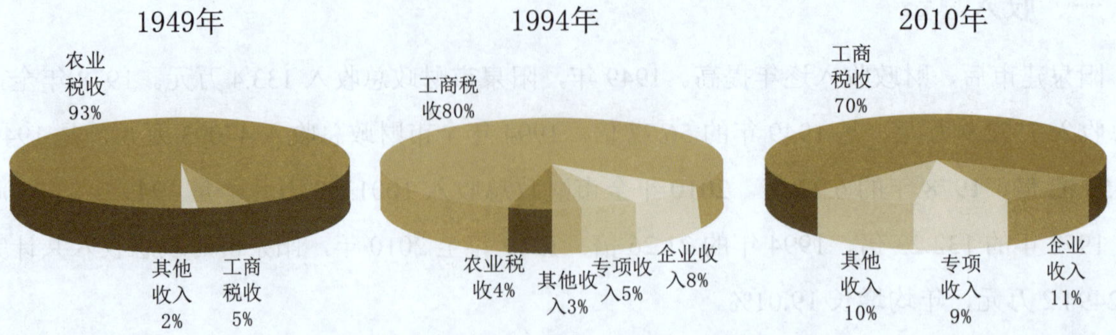

1949—2010 年阳泉市财政收入分类统计表

表 -13-1　　　　单位：万元

年 份	总收入	上划中央收入	上划省收入	地方财政收入	农业税收	工商税收	企业收入	专项收入	其他收入
1949	133.4	—	—	133.4	124.5	6.7	—	—	2.2
1950	212.5	—	—	212.5	115.7	91.3	—	—	5.5
1951	367.8	—	—	367.8	142.5	216.2	—	—	9.1
1952	632.2	—	—	632.2	186.6	442.2	—	—	3.4
1953	751	—	—	751	163	556.5	—	—	31.5
1954	887.2	—	—	887.2	109.5	746.7	4.6	—	26.4
1955	1101	—	—	1101	105.4	842.8	139.6	—	13.2
1956	1361	—	—	1361	122.6	989.4	229.2	—	19.8
1957	1731	—	—	1731	125.9	1344.3	230.7	—	30.1
1958	3258.1	—	—	3258.1	97.9	1955.6	1091.3	—	113.3
1959	5253.8	—	—	5253.8	263	2593.7	2391.9	—	5.2
1960	6177.7	—	—	6177.7	207.6	2865.4	3086.8	—	17.9
1961	2400.6	—	—	2400.6	146.1	1806.5	438.9	—	9.1
1962	2684.2	—	—	2684.2	157.9	1816.5	689.5	—	20.3
1963	2550.7	—	—	2550.7	166.6	1806.2	552.7	—	25.2
1964	2760.4	—	—	2760.4	166.7	2002.9	563.3	—	27.5

续表 -13-1

年 份	总收入	上划中央收入	上划省收入	地方财政收入	农业税收	工商税收	企业收入	专项收入	其他收入
1965	3605.5	—	—	3605.5	157.8	2516.1	902	—	29.6
1966	3732.7	—	—	3732.7	188.6	2665.5	866.9	—	11.7
1967	3379.6	—	—	3379.6	186.5	2469.6	715.4	—	8.1
1968	2764.3	—	—	2764.3	64.4	2164.2	527.8	—	7.9
1969	4183.2	—	—	4183.2	240.5	2896.7	1036.5	—	9.5
1970	5308.2	—	—	5308.2	185	3508.5	1599.7	—	15
1971	5807.1	—	—	5807.1	190.4	3609.6	1961.9	—	45.2
1972	6338.3	—	—	6338.3	91.1	4204.9	2016.2	—	26.1
1973	6432.6	—	—	6432.6	166	4472.2	1783	—	11.4
1974	6353.1	—	—	6353.1	185.7	4970.7	1185.8	—	10.9
1975	7301.8	—	—	7301.8	182.4	5699.2	1409.4	—	10.8
1976	7259.7	—	—	7259.7	165.1	5846.1	1198.7	—	49.8
1977	7811.7	—	—	7811.7	172.3	6341.6	1293.2	—	4.6
1978	7572.6	—	—	7572.6	136.4	6542.3	884.7	—	9.2
1979	6880.7	—	—	6880.7	225.2	6490	158	—	7.5
1980	7716.1	—	—	7716.1	134.2	6405.6	1073.3	—	103
1981	9135.1	—	—	9135.1	184	8045.2	877.5	—	28.4
1982	10831.6	—	—	10831.6	185.8	9478.7	1131.3	—	35.8
1983	12760.6	—	—	12760.6	218.5	11388.3	1037.3	60.5	56
1984	16387.5	—	—	16387.5	198.6	13887.7	2238.1	26	37.1
1985	14261.1	—	—	14261.1	275	12168.5	1517	176.9	123.7
1986	15622	—	—	15622	298.4	13989.8	952	207.9	173.9
1987	16747.3	—	—	16747.3	230.3	15349.4	598.5	300	269.1
1988	17992.4	—	—	17992.4	389	16963.1	-62	272.6	429.7
1989	23127.8	—	—	23127.8	601.7	22242	-1175.6	388	1071.7
1990	24726	—	—	24726	559	23987.1	-1063.8	462.1	781.6
1991	26361	—	—	26361	508	21830	2516	726	781

续表 -13-1

年 份	总收入	上划中央收入	上划省收入	地方财政收入	农业税收	工商税收	企业收入	专项收入	其他收入
1992	26408	—	—	26408	482	24407	57	844	618
1993	35153	—	—	35153	691	33564	-868	1156	610
1994	47093	20194	—	26899	1120	21532	2079	1421	747
1995	61541	25031	—	36510	1210	27688	1566	1765	4281
1996	72090	29127	—	42963	1108	31792	2085	2038	5940
1997	77984	32512	—	45472	960	35235	3108	0	6169
1998	81584	33367	—	48217	1199	35939	2717	1624	6738
1999	78811	30593	—	48218	866	36081	2960	1863	6448
2000	80567	32125	—	48442	807	37621	3386	2467	4161
2001	89063	36258	—	52805	1234	37922	6131	2802	4716
2002	167017	88765	20083	58169	1825	44386	3387	3499	5072
2003	205022	111890	23510	69622	1591	52972	3655	4176	7228
2004	274519	151217	29810	93492	2373	67136	6835	5748	11400
2005	371214	199830	42131	129253	—	108700	8517	11184	852
2006	438056	234053	50247	153756	—	109511	10811	15511	17923
2007	570210	297794	56212	216204	—	137142	27472	25063	26527
2008	681291	351041	68549	261701	—	188849	25779	21723	25350
2009	780811	406112	76959	297740	—	212038	28054	27702	29946
2010	1001398	526028	98438	376932	—	260762	42537	35172	38461

第四节 财政支出

一、支出总量

阳泉建市后，财政支出规模不断扩大。1949 年，阳泉市的财政支出规模为 16.4 万元。1978 年全市财政总支出 4929.6 万元，较 1949 年增长 299.59 倍。1994 年全市财政总支出 34524 万元，较 1949 年增长 2104.12 倍，较 1978 年增长 6.00 倍。2010 年全市财政总支出为 600659

万元，较1949年增长36624.55倍，较1978年增长120.85倍，较1994年增长16.40倍。1949年至2010年，阳泉市的财政总支出共计完成3398903万元，年均增长22.22%。

二、支出结构

（一）经济建设支出

1949年至2010年，全市经济建设支出915170.2万元，占同期财政总支出的26.93%。“一五”时期，经济建设支出占同期财政总支出的36.02%；“二五”时期占62.57%；“调整”时期因投资性支出有所压缩而下降为26.54%；“三五”时期回升到53.09%；“四五”时期新增县办“五小”企业技改补助投资，其他支出项目也有较大增长，经济建设支出占财政总支出的比重为60.81%；“五五”时期为61.52%；“六五”时期，国家进一步调整经济结构，投资结构有所改变，经济建设支出占财政总支出的比重也相应下降为49.83%；“七五”时期经济建设支出27918.1万元，较“六五”时期增长35.74%，占同期财政总支出的35.15%；“八五”时期，经济建设支出39932万元，较“七五”时期增长43.03%，占同期财政总支出的26.70%；“九五”时期，共支出70756万元，较“八五”时期增长77.19%，占同期财政总支出的23.17%；“十五”时期，经济建设支出146639万元，较“九五”时期增长107.25%，占同期财政支出的21.56%；“十一五”时期，经济建设支出575718万元，占同期财政总支出的27.16%。

（二）文教科卫支出

1949年至2010年，全市文教科卫支出1022561.7万元，占同期全市财政总支出的30.09%。其中“一五”时期支出767.5万元，占同期财政总支出的27.03%；“十五”时期支出196357万元，占同期财政支出的28.88%；“十一五”时期支出634567万元，占同期财政支出的30.43%，支出总额是“一五”时期的826.80倍。1949年至2010年，全市文教科卫支出年均递增19.69%。

（三）抚恤救济支出

1949年至2010年，全市抚恤救济支出452104.5万元，占同期全市财政总支出的13.30%。1949年，全市抚恤救济支出2.6万元。1978年，全市抚恤救济支出达到173.4万元。1995年超过1000万元，1999年超过5000万元，2002年超过亿元，2007年超过5亿元，2010年达到72626万元，保持了较快的增长幅度。

（四）行政支出

1949年至2010年，全市行政支出775001.9万元，占同期全市财政总支出的22.80%。1949年，全市行政支出仅9.8万元。1978年，全市行政支出393万元。1984年超过1000万元，1992年达到5000万元，1996年达到1亿元，2006年为47573万元，2010年为124486万元。

1949 1994 2010年阳泉市财政支出结构比较图

图-13-2

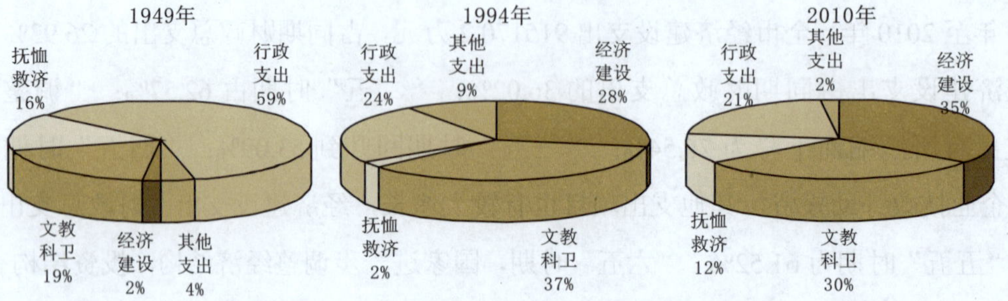

1949—2010年阳泉市财政支出分类统计表

表-13-2 单位：万元

年份	合计	经济建设	文教科卫	抚恤救济	行政支出	其他支出
1949	16.4	0.3	3.1	2.6	9.8	0.6
1950	29.0	2.9	6.9	2.4	15.7	1.1
1951	53.5	0.4	14.6	3.7	34.0	0.8
1952	99.3	0.4	29.1	7.1	61.5	1.2
1953	254.8	42.0	88.7	9.9	114.2	0
1954	370.4	74.7	129.3	25.2	139.8	1.4
1955	514.1	206.6	138.0	29.5	140.0	0
1956	912.9	398.4	200.0	121.8	191.7	1.0
1957	786.9	300.9	211.5	93.4	179.0	2.1
1958	1644.5	1083.0	269.1	105.6	183.2	3.6
1959	2660.4	2090.3	307.4	61.7	196.6	4.4
1960	2494.5	1820.9	361.9	88.1	212.0	11.6
1961	1207.9	439.9	353.7	97.0	212.9	104.4
1962	733.1	122.1	296.8	100.0	204.6	9.6
1963	877.0	199.0	295.9	106.9	245.9	29.3

续表 -13-2

年份	合计	经济建设	文教科卫	抚恤救济	行政支出	其他支出
1964	962.2	288.6	303.4	85.1	252.2	32.9
1965	913.2	242.8	312.6	73.0	237.0	47.8
1966	1045.8	232.4	361.4	156.3	238.6	57.1
1967	1213.1	490.9	361.1	109.4	207.9	43.8
1968	1251.6	591.5	324.5	89.0	213.9	32.7
1969	1997.1	1230.2	322.6	104.3	316.2	23.8
1970	2398.2	1652.1	333.7	82.1	297.0	33.3
1971	2606.7	1606.2	428.5	107.4	319.6	145.0
1972	2533.4	1504.1	493.1	138.5	306.4	91.3
1973	2550.4	1408.6	578.2	178.9	339.7	45.0
1974	2911.7	1817.0	606.1	134.8	304.4	49.4
1975	3287.9	2111.1	661.3	133.5	329.1	52.9
1976	4004.5	2774.4	691.4	139.7	355.0	44.0
1977	4244.7	2933.6	737.7	186.9	351.5	35.0
1978	4929.6	3378.6	892.5	173.4	393.0	92.1
1979	4310.2	2586.8	1022.5	221.9	391.5	87.5
1980	4299.9	2009.0	1226.6	234.2	642.2	187.9
1981	4962.3	2387.7	1412.0	255.9	695.6	211.1
1982	6372.7	3155.7	1708.0	248.9	856.8	403.3
1983	8064.4	4230.2	2371.3	299.9	937.8	225.2
1984	10246.6	5101.7	2787.8	349.4	1382.8	624.9
1985	11632.7	5692.1	2980.6	421.2	1400.2	1138.6
1986	14247.8	6544.2	3608.8	473.5	1701.1	1920.2
1987	12760.0	5341.5	3454.0	431.1	1883.7	1649.7
1988	13814.7	4464.1	4244.0	515.9	2273.5	2317.2
1989	18011.4	5398.2	5501.0	580.6	3258.4	3273.2
1990	20581.5	6170.1	5970.0	557.8	3830.9	4052.7

续表 -13-2

年 份	合 计	经济建设	文教科卫	抚恤救济	行政支出	其他支出
1991	26361	—	—	26361	508	21830
1992	26408	—	—	26408	482	24407
1993	35153	—	—	35153	691	33564
1994	47093	20194	—	26899	1120	21532
1995	61541	25031	—	36510	1210	27688
1996	72090	29127	—	42963	1108	31792
1997	77984	32512	—	45472	960	35235
1998	81584	33367	—	48217	1199	35939
1999	78811	30593	—	48218	866	36081
2000	80567	32125	—	48442	807	37621
2001	89063	36258	—	52805	1234	37922
2002	167017	88765	20083	58169	1825	44386
2003	205022	111890	23510	69622	1591	52972
2004	274519	151217	29810	93492	2373	67136
2005	371214	199830	42131	129253	—	108700
2006	438056	234053	50247	153756	—	109511
2007	570210	297794	56212	216204	—	137142
2008	681291	351041	68549	261701	—	188849
2009	780811	406112	76959	297740	—	212038
2010	1001398	526028	98438	376932	—	260762

第五节　财政管理

一、预算管理

（一）预算编制

从民国 36 年（1947）5 月开始，市财政实行收入全部上缴、支出按标准向上领报制度。

民国 37 年，执行华北区人民政府财务行政管理决定，实行“基本集中，部分分散”的方针，财政管理初步纳入轨道。1950 年，实行全国统一的“统收统支”财政体制。1951 年划分中央、大行政区和省三级财政管理，山西省又对阳泉市划分了一定的收支范围，将契税、罚金、没收等收入下放，抵充地方财政支出。1952 年，成立财政科监察组，实行预算监理制度。1953 年，贯彻实施财政部制定的《各级人民政府暂行总会计制度》，阳泉市确立了 14 个一级单位预算会计。1955 年，实行划分收支，分级管理，将市工业局、建筑工程局等一批国营企业划归市级预算，实行“划分收入，总额分成”的办法。1958 年，实行“收入划分、比例分成，支出包干、结余分成”管理财政预决算。1959 年，又实施“总额分成”，将留解比例分为上解 80%，市留 20%。同时对基层单位实行预算包干制度，“总额控制，归口包干，结余留用”。

1961 年以后，国民经济贯彻“调整、巩固、充实、提高”的方针，财政预决算管理继续实行“收支下放，计划包干，总额分成，一年一定”，超收部分按二、八分成。这种统收统支的管理办法，一直延续至 1979 年。

1980 年，根据中央“调整、改革、整顿、提高”的方针和国民经济计划指标分配的收支任务，以 1979 年财政收支为基础，考虑增减变化因素，将中央划归地方的固定收入和中央财政集中地方企业上缴的基本折旧基金，全部列入市预算。1981 年，规定各级新增加周转金、动用上年预算内外结余，都必须逐级汇总上报省财政厅，由省统一汇总上报财政部批准，非经批准，不得动用。1982 年，全国计划会议确定，收入指标包括中央补助收入、上年结余收入、调入其他资金；支出包括上解中央支出（地方企业折旧上解、挖潜改造资金、科技三项费用、中央借用地方财政款、地方政府购买国库券）。环保部门征收的排污费，作为地方预算收入，用于城市建设的专项基金。

1983 年和 1984 年，陆续实行第一步、第二步利改税，市财政部门执行“两平一稳”（财政收支平衡、银行信贷平衡、经济稳定）的方针，贯彻国务院《关于平衡财政收支、严格财政管理的决定》和财政体制改革的有关要求，根据需要与可能，不断改进预算和决算管理工作。1985 年至 1990 年，始终保持上解比例为 53%、市留 47%。

从 1991 年开始，预算编制继续贯彻治理整顿，深化改革和紧缩财政的方针，大力加强组织收入工作，严格控制财政支出。1992 年，执行国务院颁发的《国家预算管理条例》所规定的国家预算管理实行统一领导、分级管理、权责结合的原则。1994 年，实行分税制财政管理体制。1995 年，实行“零基预算法”，对正常经费的核定采取“统一标准、单位测算、财政审核、审计监督、政府通过、人大批准”的措施，改变了基数加增长办法。1997 年至 2002 年，预算支出坚持“保工资，保重点，保稳定，保平衡”的原则，继续优化支出结构，严格预算约束，保证重点支出。

2003年至2006年，阳泉市加大征管力度，进一步规范和加强对煤炭行业的税收管理。进一步加强能源基金、国土收益、两权收入、国有资产转让收入的收缴管理，确保应收尽收；严禁铺张浪费，堵塞支出漏洞；确保工资及社保发放；着力加强行政事业单位国有资产管理；进一步完善部门预算。

2007年至2008年，财政预算编制实行稳健的财政支出政策，不断调整和优化支出结构；坚持“一要吃饭、二要建设”的原则，把保工资、保运转、保稳定放在首位；增加对薄弱环节、改善民生、深化改革方面的支出；保障“三农”、义务教育、社会保障、公共卫生、环境保护及城乡基础设施建设、园林城市创建等重点支出；量力而行、留有余地、收支平衡、不列赤字。

2009年，加大税收征管力度，严格依法纳税，坚持应收尽收；优化支出结构，科学合理界定财政支出范围，按照“量入为出、量力而行、收支平衡”的原则，进一步调整和优化支出结构，严格控制一般性支出，保障重点支出需要，优先安排人员经费、机构运转所必需的办公经费；严格财政预算管理，硬化预算约束；严格执行接待费、会议费开支标准，节减“人、车、会、话”等开支，努力压缩支出；扩大政府采购范围，凡在政府采购目录及限额内采购的货物、工程和服务一律实行集中采购，深化财政支出改革，提高财政管理水平。加强财政监管，规范财经秩序。对专项资金进行严格管理，及时拨付，专款专用，严格监督，力求高效；不断健全和完善财政监督检查机制，实现财政收支活动法治化和规范化；加强行政事业单位财务管理，规范会计工作秩序，强化会计管理职能；加强行政事业单位国有资产管理，防止国有资产流失。

2010年，财政预算注重城乡统筹发展，加大了财政强农惠农力度。推动农村社会事业发展，促进新农村建设。财政当年投入18201万元，5年累计筹资69866万元，支持建成农村饮水安全工程643处，村通水泥（油）路总里程5460千米，铺设干线光缆累计2000千米，中小学校舍安全改造69.56万平方米，完成新建、扩建乡镇卫生院32所；新型农村养老、乡镇综合文化站和村文化活动室建设、万村千乡市场工程全覆盖目标全部实现。

（二）预算外资金管理

20世纪50年代，境内预算外资金仅有地方附加公粮、机关生产收入和一些单位的“小公务”等项，主要用于补充机关开支和经费之不足。在农村，也有为数甚少的自筹预算外资金，用于文教、卫生等。1955年以后，国营企业的奖励基金和大修基金均作为企业的专项基金放在预算外管理。1958年，国营企业留成和城市公用事业附加也都转入预算外，预算外资金形成地方财政部门管理、行政事业单位管理和国营企业管理三大块。1960年至1962年，国家对预算外资金进行整顿，加强了管理，将部分项目转入预算内，停止了国营企业利润留成。

“文化大革命”以后，随着改革开放的不断深入，国家逐步扩大企业的自主权，企业折旧基金全部留给企业，普遍实行了企业利润留成制度；对一些事业单位也试行收入留用制度，促进了预算外资金的发展。为了有效地控制基本建设规模，从1984年起，凡动用预算外资金用于基本建设的，统一经市财政局审批。市财政局与市建设银行完善自筹资金基建项目的审批制度，规定了严密的资金存入和动用程序，对部分单位采取集中专户存款措施。1990年，180余户行政事业单位和企业主管部门将部分预算外资金集中专户存储。在坚持所有权和使用权不变的原则下，规定单位动用和支取现金必须经市财政局批准。

1991年，对全市预算外资金进行了整顿，扩大了行政事业单位预算外资金的专户储存，严格按照物价部门“收费许可证”发放收费收据，把各项收费纳入财政专户储存管理。健全预算外资金财务管理制度，利用预算外资金抵拨行政事业单位预算支出。1993年起，对行政事业单位收费票据实行领购核销办法，对29个项目基金进行清理，对市政府征收的专项基金进行财务监督管理。1994年至1995年，依据《山西省预算外资金管理条例》，制定了行政性收费纳入预算管理的具体办法，将26个部门、82种行政收费纳入第一批预算管理范围；加强自收自支单位经费的计划管理，统一开支标准；两年中全市行政事业单位预算外资金的专户储存单位增加到450个，储存金额增加了135%。根据《山西省行政事业性收费票据管理规定》制定了符合全市实际的票据管理办法，建立票据管理库，实行票据统一管理、集中存放、定期领购。

1996年，对预算外资金进行清理整顿，全市实行专户储存的单位461户，专户储存额比上年增长98.95%。1997年至1998年，围绕“一统三分”（统一财政专户管理，分级、分类管理和分权使用）指导思想，继续加强预算外资金监管。严格预算约束，实施预算内、外资金的综合运用。邀请人大代表对预算外资金进行视察，现场解决工作中的一些困难和问题。会同物价部门全面搞好行政事业性收费年度审验工作。狠抓票据管理和整顿工作，实行由财政统一印（监）制、统一购领、统一发放。积极参与“三乱”（乱拉赞助、强拉广告、征订书报杂志及乱罚款）治理，切实减轻企业和农民负担。严格遵照国家规定，清理整顿公、检、法等六部门的收费项目。成立了市预算外资金管理局，组建了预算外资金收费大厅，保证了预算外资金及时足额收缴。1999年，成立贯彻“收支两条线”规定工作领导组，全面启用新版票据。2000年，出台《阳泉市2000年落实“收支两条线”规定工作的实施办法》，帮助县区完善收费大厅管理，实现网络化管理，组织预算外资金会计核算电算化培训，邀请网络专家到各县区辅导检查。

2001年，对行政事业单位实行会计集中核算。2002年，推行预算外资金改革，预算外资金收入大规模减少。2003年，会同银行、审计、监察等部门制定《阳泉市市级预算单位银行账户管理办法》，对各单位账户的开立、撤销、年检、变更、管理进行了详细的规范统一。2004年，加大规费收缴力度，出台《关于加强收费工作的意见》。市政府与市国土局、水利局、环保局、建设局、规划局等重点征收单位签署了收费工作目标责任书。至2005年，全市财政预算外资金合计31459万元。

2006年至2009年，对涉及企业行政事业性收费、项目标准集中进行清理规范。2010年，狠抓票据年检，共计检查行政事业性收费119项，单位410个，涉及收费部门45个，年检率达100%；检查收费金额64521.98万元，上缴财政率99%以上。

二、会计管理

（一）会计职称管理

阳泉市于1981年成立会计干部技术职称中级评审委员会。1982年，会计技术职称分部门进行考核评审。

1986年，按照中央职称改革工作组转发财政部《会计专业职称试行条例》规定，对国家机关会计人员专业职务实行任命制，对事业单位会计专业职务一般实行聘任制。1988年，全市有12名高级会计师和1名高级经济师通过评审，有210名会计师和8名经济师通过评审。1989年，全市行政机关有12名高级会计师和45名会计师通过评审，事业单位评出中级以上职称289人。

1992年8月1日起，根据财政部、人事部的规定，除高级会计师外，会计专业技术资格实行全国统一考试，以考代评，中评委不再评审。1992年至2004年，全市共组织了12次考试。2005年至2008年，细化了会计人员继续教育工作制度，对会计人员培训机构实行备案管理和动态管理，引入竞争机制，实行优胜劣汰，全市会计人员继续教育有序发展，4年中参加继续教育的会计人员有1万余人。2009年至2010年，全市共有1962人报名参加会计职称考试，其中参加初级职称考试的733人，参加中级职称考试的1231人。

（二）执业注册会计师资格考试

1991年以前，执业注册会计师资格考试由山西省统一组织。1991年，阳泉市开始组织执业注册会计师考试报名工作。1992年，市财政局下发《关于发展阳泉市注册会计师事业的通知》，要求财会人员解放思想，更新观念，开拓进取，提高业务素质，尽快适应会计制度改革的需要。1993年至2004年，共组织12次执业注册会计师考试。至2004年，全市共有95名执业注册会计师，分别在9家会计师事务所注册。2009年至2010年，组织了两次全国注册会计师、注册资产评估师考试，共有367人参加考试。

（三）会计证管理

1998年8月，根据《山西省会计证管理办法实施细则（试行）》和财政部下发的《会计证管理办法（试行）》，阳泉市组织会计证统一考试，考试科目为会计综合知识（包括会计基础、会计实务、财会法则三部分内容）。“珠算和会计电算化初级知识”不作为此次考试内容，但必须在考试前取得5级以上（含5级）鉴定证书和会计电算化初级知识培训合格证书，方可领取会计证。截至1999年，全市持证会计从业人员12192人。截至2000年，全市累计发放会计证15730个。2006年后，加强会计从业资格证的管理，严格考试制度，杜绝“人情证”“关系证”。2009年8月20日，阳泉市首次进行会计从业资格无纸化考试。截至2010年，共组织会计从业资格无纸化考试9次79场，共有2340人参加考试。

（四）会计电算化培训和珠心算工作

会计电算化知识培训划分为初级、中级和高级三个层次。培养对象和条件为：企业、事业、行政单位在职会计人员、高中以上文化程度。培训内容为计算机基础知识及基本操作、汉字系统及应用软件操作、会计电算化基本知识、会计核算软件基本工作原理。培训不得少于80个学时，其中上机操作不得少于40个学时。1996年，阳泉市财政局开始组织会计电算化培训。1998年，山西省财政厅审核批准省会计函授学校阳泉分校、阳泉市会计学会电算化服务中心等所属会计电算化培训部门，为省财政厅会计电算化（初级）委托定点培训单位。1996年至2003年，共培训7期10314人，合格率100%。

阳泉市珠算心算协会1999年8月正式注册。协会成立后努力推广珠心算、提高珠心算水平，做了大量工作。2009年，阳泉市珠算心算协会参加了山西省第29届珠算心算比赛。2010年，阳泉市珠算心算协会组织1013人参加了珠算等级鉴定。

（五）社会审计改制

1986年11月，阳泉市会计师事务所成立，该所为市财政局下属相对独立的会计审计机构。1999年，根据《山西省会计（审计）师事务所脱钩改制实施办法》，市会计师事务所与财政实行脱钩改制，成为自主经营、自担风险、自我约束、自我发展的社会中介机构，独立承担法律责任。全市原有会计（审计）师事务所11所，通过清理整顿和改制，经省注册会计师协会审核批准，认定符合条件的会计（审计）师事务所9所（山西汇华会计师事务所有限公司、山西博丰审计师事务所有限公司、山西天恒会计师事务所有限公司、阳泉衡立会计师事务所有限公司、阳泉科信会计师事务所有限公司、阳泉方圆会计师事务所有限公司、阳泉宏兴审计事务所有限公司、阳泉方正会计师事务所有限公司、盂县兴盂审计师事务所有限公司）。

2007年，按照市委组织部要求，市财政局成立“注册会计师、注册评估师”行业创先争优活动指导小组。指导小组主要抓了以下重点工作：抓党建，发挥支部堡垒作用；抓学习，强化全员综合素质；抓诚信，树立廉洁自律的形象。

三、财务管理

（一）企业财务管理

1954年以前，阳泉市国营企业的财务管理均由省管，财政局下设的经济建设股只负责监督。1954年至1955年市自来水公司、工业局、建筑工程局划归市管后，企业收入全部上缴，企业只能从奖励基金中提取数额不超过工资总额15%的费用自支；对超计划利润实行的是上缴国家60%、其余40%留给各主管部门的分成制度。1958年，除省专业公司所属二级批发站外，市属商业全部下放到市管，收入缴八留二。是年，市地方国营企业均实行了利润留成制度，留成比例分别为：重工业上缴80.5%，自留19.5%；轻工业上缴83%，自留17%。从1958年10月起，国营、地方国营和归口管理实行定息的公私合营企业停征所得税，改按利润分月上缴，由财政监缴，上解省金库。1959年改革企业流动资金供应办法，企业所需流动资金改由中国人民银行按信贷方式统一供应，统一管理。同年10月，贯彻执行财政部制定的《关于国营企业会计核算工作的若干规定》。1962年至1968年实行提取企业奖励基金办法，金额为工资总额的3.5%。1969年后取消从利润中提取企业基金的办法，将企业基金并入职工福利基金中。1978年以后，根据《财政部关于国营企业试行企业基金的规定》，全面完成国家下达的产量、品种、质量、原燃材料和动力消耗、劳动生产率、成本、利润、流动资金占用8项年度计划指标的企业可提取企业基金，金额为工资总数的3%。1983年《国务院批转财政部关于国营企业利改税试行办法报告的通知》和1984年《国务院批转财政部关于在国营企业推行利改税第二步改革报告的通知》下达后，全市国营企业均以1983年企业实现的利润为基数，结合二步利改税的增减变化予以核定；小型国营企业实行八级超额累进所得税后，自负盈亏7年不变；对亏损企业和微利企业，凡国家政策允许的亏损，实行计划补贴办法，补贴数额和减亏分成比例为一年一定和一定三年不变。1985年，工业企业挖潜、革新、改造的资金由拨款改为贷款。1988年至1990年全市企业继续实行多种形式的经营承包责任制，并按照“治理、整顿”的方针，不断改进和完善企业的财务管理制度。

1992年，根据国家规定，全市再次提高国营企业固定资产单位价值标准。同时，为解决国营企业职工福利基金不足，医药费超支的矛盾，配合社会保险制度的改革，决定提高国营企业职工福利基金提取比例，并调整职工福利基金和职工教育经费的计提基数。1993年7月，根据财政部《工业企业财务制度》规定，全市对固定资产、流动资金、产品制造成本等项重新进行了划定。1997年，全市推行邯钢成本管理经验，强化了企业内部财务管理和成本核算工作。2000年3月，执行《中央行政事业单位固定资产管理办法》对固定资产的计价规定。2002年10月，市财政执行财政部《企业公司制改建有关国有资本管理与财务处理的规定》；同时，执行财政部对利润分配作出的有关规定。2004年5月，市财政按照财政部要求，对企业成本管理作出明确规定。

2008年，加强企业财务及会计行业管理，开展信用担保行业调查，加强对信用担保行业建设的指导，为企业融资创造良好环境；对养老、医疗、失业、生育保险基金进行专项治理，以解决征缴、支付和管理中存在的问题；市财政局、劳动和社会保障局等单位抽调人员组成检查组，对企业改制留守处财经法规制度执行情况、财务管理情况以及各项改制资金、社保资金的使用情况进行了全面检查。2009年，市财政积极配合做好国有企业重组改制工作。根据财政有关政策，积极做好药材公司所属新药特药经营部、粮油公司副食品经营管理中心、粮食工业公司破产关闭工作。继续做好市属国有困难企业职工生活补助发放工作，与劳动部门联合，对纳入发放范围的困难企业职工实行动态管理，逐月对90户困难企业1万余名职工发放生活补助，全年发放补助资金2110万元。2010年，积极与有关部门联系，掌握全市各类企业相关情况，认真做好国家中小企业发展专项资金项目争取工作，全年争取支持企业发展资金2000余万元，促进了全市企业的发展。

（二）基本建设财务管理

1952年10月，阳泉市由交通银行阳泉分支机构办理基本建设拨款和监督工作，工程完成后由交通银行编造基本建设收支报告，送财政部门审核。1954年10月，原交通银行办理的基本建设拨款和监督业务，划交建设银行接办。1955年，全市执行财政部《基建拨款实施细则》。“一五”时期，全市基本建设拨款11937万元，新增固定资产9201万元，全市有78个项目竣工投产。

1958年，阳泉市实行基本建设包干办法。1961年，贯彻国民经济“调整、巩固、充实、提高”的方针，阳泉市在基本建设方面坚持“缩短战线，保证重点”的建设原则，加强基建拨款审查和监督，并对基建计划的执行情况组织了34次大检查。1958年至1961年，全市基建拨款21202万元，建设项目多达320余个，出现了基建投资膨胀现象。1962年，恢复中国人民建设银行阳泉支行，加强基本建设的计划管理。1963年至1965年，加强对基本建设拨款的管理，执行“四按”（按照基本建设计划、按照基本建设程序、按照国家批准的基本建设支出预算、按照基本建设工程进度办事）拨款原则，三年累计拨款6772万元。

1966年至1975年“文化大革命”期间，全市的基本建设管理出现了“投资大敞口，拨款大撒手，核算大锅饭”的混乱局面，基本建设战线拉长，10年累计拨款39015万元，投资效益明显下降。

1976年，阳泉市加强基本建设预算管理，市财政局和市建设银行制定了相关规定。1979年，全市试行预算内基本建设投资供应由财政无偿拨款改为银行有偿贷款办法。1985年1月1日，全市对国家预算内基本建设投资由拨款改为贷款，并实行分级管理。1986年，国家对部分行业基本建设银行贷款实行差别利率。1988年，根据国务院《关于清理固定资产投资在建项目、压缩投资规模、调整投资结构的通知》精神，全市认真清理在建工程。1989年10月，全市进一步加强自筹基建资金管理。

1995年，根据国家规定，阳泉市财政局收回原委托建设银行阳泉市支行代行的部分职能。1997年，根据国务院有关精神，为减轻国有企业债务负担，中央级“拨改贷”资金本息余额转为国家资本金。同年，根据国家计委、财政部的通知，明令取消建设部门、土地管理部门及其他部门的48项基建项目收费。1998年后，国家逐步完善基本建设财务管理，先后制定了一系列规定。阳泉市严格执行了国家的相关规定，使全市基本建设财务管理逐步规范化。1998年当年执行财政部《基本建设财务管理若干规定》。2003年，阳泉执行省财政厅转发财政部《关于印发〈基本建设财务管理规定〉的通知》。2009年4月，执行财政部发布的《基本建设财务管理规定》。

（三）行政事业财务管理

阳泉建市初期，行政经费实行报领制。1953年行政单位建立一级预算后，实行按人员定额核定预算、按月拨款、单位编报决算、财政审核报销的办法，结余上缴或抵充下期拨款。1960年实行“基本包干”的办法，总额控制，分项包干，结余分成，节约留用。“文化大革命”期间，结余不再分成，节约不能留用，一律上缴财政。1980年以后，实行了“预算包干”的办法，年初按费用定额核定全年预算指标，全额包干给单位；年终结余留归单位，下年继续使用，但主要用于事业发展、改善工作条件和集体福利事业。行政事业财务管理办法至1990年没有出现大的变动。

1991年，全市对公用经费进行适当压缩。1992年，市财政与市直各行政事业单位签订经费包干责任书，使“年初核定、单位统管、结余留用，超支不补”的经费包干办法基本得以落实。1994年，全市各级财政部门坚持“一要吃饭，二要建设”方针，千方百计调度资金，采取多种措施，加强财政支出管理，保证了行政事业单位个人经费和必不可少的政府行政经费，以及农业、教育、科技等重点事业发展的资金需要。1995年，市财政认真贯彻“适度从紧”的财政政策，实行定额管理，全市行政事业单位预算全部按“零基预算”法编制。1996年10月，市财政根据财政部《事业单位财务规则》，取消全额、差额和自收自支三种预算管理形式，对事业单位实行“核定收支、定额或定项补助，超支不补，结余留用”的预算管理办法。

2004年，阳泉市启动国库集中支付制度改革，对市级行政事业单位银行账户进行了清理整顿。2009年，执行财政部出台的《关于中等职业学校农村家庭经济困难学生和涉农学生免学费工作的意见》。2010年，制定了《阳泉市市级一般公共服务项目支出绩效考核评价管理暂行办法》，严格控制会务费、差旅费等公用经费支出，大力提倡建设节约型机关，有效规范了经费预算执行。

（四）住房资金管理

1987年，阳泉市住房制度改革领导组及其办公室成立。1988年12月，《阳泉市住房制度改革试行方案》及配套办法出台。

1995年3月，《阳泉市深化城镇住房改革实施方案》出台施行。1996年，全市大力筹集住房公积金，支持安居工程建设。当年净归集住房公积金1069.4万元，归集率35.65%；为安居工程贷款1020万元，并为4000万元安居工程贷款提供了担保。1997年，经市房改领导组安排，住房资金管理中心发放贷款3100万元。1998年，全市住房公积金覆盖面达75%。1999年，贯彻执行国务院颁布实施的《住房公积金管理条例》及省市有关房改会议精神，不断规范管理行为，建立了一套完善的档案收发管理制度和财务核算体系。当年，住房资金管理中心归集住房公积金2222万元。

2000年，市住房资金管理中心在全市推行会计电算化操作，当年共归集住房资金3729万元。2001年，市住房资金管理中心出台《阳泉市职工个人住房公积金支取暂行办法》和《阳泉市职工个人住房贷款暂行办法》，当年住房公积金归集3440万元，归集率71.67%。2002年，市住房资金管理中心开办个人贷款业务，当年归集住房公积金5001万元。2004年，市住房公积金管理中心加强住房公积金网络化管理工作。2005年，市住房公积金管理中心在“市管委会决策，中心运作，银行专户，财政监督”的原则下拟定自身职责。2007年至2010年，阳泉市多方面健全住房管理保障体系，维护职工权益。

（五）会计集中核算

2001年5月31日，阳泉市会计核算中心成立。至9月底，会计核算中心完成制度建设、会计移交、账务初始化和日常核算等项工作，共接收市直一级预算单位98户，审核、录入会计资料133套，在核算中心内部初始化设置建立行政事业账共计122套。2002年至2004年，市会计核算中心努力完善制度建设，强化内部管理。2005年，以“双评”活动为契机，确立“以人为本，服务至上”的服务宗旨，整理编辑了《阳泉市行政事业单位经费开支文件摘要》，分发至所有单位，实现了会计集中核算的“阳光”运作。2007年，会计核算中心通过省二级档案管理考评验收。2008年，会计核算中心严格执行政府采购制度。截至2010年，会计核算中心共有集中核算单位195户，设置账套218个，核算范围覆盖阳泉市市直行政单位和全额预算事业单位。“十一五”期间，共办理资金结算31万笔，完成记账凭证35万张，编制会计报表1.5份；资金流入75亿元，平均每月资金流入量为1.25亿元，资金流出量为1.16亿元。

四、财政监督

（一）财政监察

1952年3月，市财政科设监察组，编制5人。1953年，执行财政部《各级财政监察工作实施细则》。当年的监察对象，主要是与财政科有直接财务关系的行政、事业单位。1953年至1954年，共检查18个单位，其中企业4个、事业单位5个、行政单位6个、基建单位1个、村财政2个。查出违规违纪问题73件，款额35.64亿元（旧人民币）。1958年“大跃进”期间，财政监察机构撤销。1960年3月，市财政局对市民政局及其所属单位的账簿情况实施检查，发现原始凭证不健全、审批手续不严格、开支混乱、铺张浪费严重等问题。1962年，阳泉市重建财政监察科。1963年4月，组建全市财政监察通讯网。1966年，“文化大革命”开始，各级财政监察机构陷入瘫痪。

1978年4月，重组市财政监察科，配备工作人员5名。1981年，在全市范围内开展成本、税收和财经纪律大检查，查出违纪金额379万元。1983年，市财政局负责筹建市审计机构。当年市审计局成立，财政监察工作及人员全部移交市审计局，财政局取消监察科建制。同年财税大检查共查出违纪金额1120万元。1984年5月，市财政局恢复财政监察科，后与市财经纪律大检查领导组办公室合署办公。年内，财税部门大力配合审计部门，全年共查出违纪金额690万元。1985年7月、8月，对全市国营企业财务、成本进行检查，查出有违纪问题的单位35个，违纪案件148件，违纪金额145.9万元。1986年，对公款旅游、请客吃饭等不正之风进行清理和检查，对1984年至1985年支农资金使用情况进行检查。两项检查整顿，对严肃党纪、端正党风，保障经济体制改革的健康发展起到积极作用。1987年，建立财政专项资金追踪反馈责任制。1988年，开展财政收支自查，查出违纪金额345万元。同年9月，对以小汽车为主的全市集团购买力进行检查，查出违规购买专控商品总额396万元，主要是小汽车82辆，违纪金额371万元。1989年，市财税部门建立健全了内部监察、税务稽查和中央、省营企业驻厂员机构；收回应缴入国库的各种罚款1072万元。

1990年至1992年，全市广泛深入开展清理整顿“三乱”（乱收费、乱罚款和乱摊派）工作，共清理、纠正、废止“三乱”项目143个。1994年，全市各级财政部门开展财政收支自查，共查出违纪金额355.29万元。同年3月20日至4月6日，对1992年至1993年支农周转金的发放使用管理情况进行自查，并于4月对平定县进行重点检查，查出违纪金额8.62万元。

1996年至1998年，全市开展“一整两反”（整顿财经纪律，反对铺张浪费，反对官僚主义）集中治理：实行了预算外资金收支统管、政府调控的全新体制；财政收支重点检查查出违纪金额212万元，取缔假账5993个；在市直单位和各区县进行了会计委派制试点工作；对行政村普遍进行财务整顿，推行村务公开制度；落实“收支两条线”；对公款住宅电话、公务接待活动、各种会议支出、公车挂私牌等问题进行了全面清理整顿；1998年4月至8月，集中开展了为期4个月的反对官僚主义斗争，揭摆各类官僚主义问题1000件。1999年，市财政局加强所属单位管理，严格执行财政政策和财经纪律，局党组与各科室签订了党风廉政建设目标责任书。

2000年至2010年，按年度组织开展了专项检查和重点检查。2003年，在全市范围内开展了“收支两条线”专项检查和重点检查，对银行账户管理和总预算管理进行整顿。2004年，配合市纪委等7部门对全市中小学校收费项目、收费标准、会计核算，是否纳入专户管理等内容进行了检查，提出了阳泉市“一费制”的收费标准。2008年，对是年度市级环卫工人最低工资补助、垃圾箱购置两项资金预算管理及使用情况进行跟踪抽查。2009年，选取阳泉市第一人民医院、市中医院两家公立医疗卫生机构，对其2008年度会计信息质量进行专项抽查。2010年，组织开展“小金库”专项治理，对农业、教育、城建等民生领域公共支出管理情况进行了监督；对非税收入征管、县区财政预算执行等进行重点抽查；继续对政府集中采购实行现场监督，参与并监督政策性贷款担保专家论证会；对阳泉市广电总台会计信息质量进行了专项检查。上述一系列财政监察工作，整肃了财经纪律，为政府和企业决策提供了依据。

（二）财务税收检查

阳泉建市初至1956年，阳泉市对私营工商业户、个体工商业户的偷漏税问题进行了重点检查，对偷漏税款进行了查处。社会主义改造完成以后，税收检查工作的重点转移到国营集体纳税户。1959至1978年，逐年进行了税收大检查，取得较好的效果。其中1975年5月至7月，省财政局组织太原、大同、阳泉三市开展税收政策联合检查，对阳泉市检查的20户企业中，有18户漏缴税款43万元。

中共十一届三中全会以后，配合经济体制改革，通过税收检查经常化，完善征管制度，堵塞管理漏洞，促进企业提高管理水平。1979年，检查462户，查出220户漏欠税款88万元，当年入库42万元。1981年5月至9月，检查162户，查出漏欠税款128万元；组织795个进行自查，查出漏欠税款153万元。1983年9月至12月，检查3124户，查出1172户偷漏税款303万元，当年入库249万元。1984年，检查2527户，查出280户偷漏税款113万元。

1985年至1997年，市财政局会同审计、物价、银行等部门，逐年进行了税收、财务、物价大检查，共查出违纪金额8172万元，增加财政收入5101万元。同时，对私设“小钱柜”、公款旅游、公款吃喝、滥发奖金和实物等不正之风进行了彻底清查。1992年至1997年，全市税收、财务、物价大检查覆盖国有企业、集体企业、行政事业单位、个体工商户以及其他各类型单位，对查出的偷漏工商税、偷漏企业所得税、隐瞒收入、截留利润、铺张浪费、扩大开支、乱列成本、违反国家价格法规、乱收费、乱罚款、虚列利润等各类违纪问题进行了纠正处理，查出违纪金额7987万元，为国家挽回流失的财政收入5956万元。

1997年后，税收、财务、物价各项检查纳入日常检查，全市不再抽调人员进行专项检查。

（三）利润监缴

1956年以前，国营企业上缴的利润由财政部门负责征收。1956年9月，财政部决定由税务机关接办监缴工作。1957年，市税务局接办国营工业企业和交通运输企业利润监缴工作。1958年9月至1962年6月财税机构合并期间，监缴工作由财政局企业科管理。

1962年6月1日，市财政和税务机构分设，市税务局设利润监缴科，全面接办中央、省营及市营73户国营企业利润监缴，其中，中央级企业7户，省营企业27户，市营企业39户。配置驻厂员8名，其中，驻中央企业5名，驻省、市级国营企业3名。1963年，市级监缴利润的企业增至62户。1963年至1973年，财税机构几经变动，监缴机构被撤销，削弱了监缴工作。1969年10月，监缴工作由市财金革委会生产组办理；1972年7月，由市财政局企业财务科负责办理；1973年3月，财税机构再次分设，由税务局接办，恢复利润监缴科。1974年，市级监缴利润的企业增至104户。

阳泉市的监缴企业，在各个历史阶段不尽相同。1987年1月，有中央冶金部所属的阳泉钢铁厂和煤炭部所属的阳泉矿务局一矿、二矿、三矿、四矿及机电修配厂；4 月有山西省商业厅所属的专业公司；10 月 1 日有市级各地方国营企业阳泉机械厂、汉河沟煤矿、阳泉磺粉厂、建筑机械厂、电瓷厂、南庄煤矿、阳泉印刷厂、阳泉运输局、阳泉建筑工程局、阳泉自来水厂等 10 个单位。监缴内容为企业利润及各项收入，包括各企业所属的事业收入。

1976 年 3 月，省税务局重新明确省营企业监缴利润工作由当地税务部门办理，阳泉市监缴利润的省级国营企业有阳泉钢铁厂、阳泉矿务局、阳泉供电局、阳泉发电厂、阳泉汽车运输公司。

1983 年，推行第一步利改税。阳泉有 89 户国营企业实行利改税。1984 年，实行第二步利改税，除粮食、外贸、铝矾土矿等少数国营企业外，其余国营企业全部实行了利改税。

（四）财政驻厂员制度

1962 年，国务院决定实行财政驻厂员制度。1964 年，驻市中央企业驻厂员 6 人，地方企业驻厂员 5 人。“文化大革命”期间，财政驻厂员制度名存实亡。1976 年 3 月，省人事局、省财政局分配阳泉市重点企业财务管理员 8 人，派驻阳泉钢铁厂 2 人、荫营煤矿 2 人、阳泉矿务局 3 人、市财政局 1 人。1981 年，为恢复正常的经济秩序，加强财经纪律和检查监督，国务院决定恢复财政驻厂员制度。1990 年，根据市政府常务会议议定，将财政驻厂员组分设为中央企业财政驻厂员组和省营企业财政驻厂员组（下文简称中企组、省企组）。

1992 年，中企组和省企组对中央和省级企事业单位 1991 年财务决算进行了审查。1993 年，两个驻厂员组积极开展对中央和省营企业财务的监督活动。1995 年，市中企组改名为“财政部驻山西省财政监察专员办事处阳泉组”。省企组根据省财政厅安排对所辖工交商企业 1994 年度财务决算进行初审。同年 7 月，省企组业务划归省财政厅管理，改称山西省财政厅驻阳泉市财政监察专员办事处（下文简称财监处）。

1996 年，财监处对所辖省级企业 1995 年度会计决算进行初审，对阳泉公路分局及三县（区）公路段和一个收费站、阳泉征费稽查处及 5 个县区稽查所预算外资金进行了重点检查，对铁路阳泉站等 7 个单位进行了税收财务物价大检查。1997 年，财监处对所辖企业 1996 年度会计决算进行初审，并重点对阳泉石油公司年度会计决算进行了审查；对建行盂县支行、阳泉供电公司等 8 单位进行了财税物大检查。1998 年 4 月 15 日，省财政厅驻阳泉财政监察组举行挂牌仪式。当年，财监处协助市会计师事务所对部分重点企业 1997 年度会计决算进行了审查。1999 年，财监处对荫营、固庄煤矿 1998 年度会计报表进行了审计，对阳泉地税局及其所属税源较大的平定县、盂县、郊区地税局和市税务稽查局进行了检查，对山西中企会计师事务所和山西经桥会计师事务所进行了检查。同年 12 月，财政部驻山西省财政监察专员办事处阳泉组撤销。

2002年，财监处对阳泉市交通征费稽查局2001年财务收支情况进行了检查，对山西阳光发电有限责任公司等3个单位2001年度会计信息质量进行了检查，对3家会计师事务所及6名相关注册会计师提出处理建议3件、整改建议21条。2003年，财监处对阳泉公路局系统2002年的财务收支情况进行了检查。2005年，省财政厅驻阳泉财政监察组有针对性地对煤炭行业的400余名财务会计人员进行专题业务培训，对提高驻地企业财务和会计人员的业务素质发挥了积极作用。

2006年，省财政厅驻阳泉财政监察组对阳泉第一监狱等8户行政事业单位及阳泉荫营煤矿等3户企业2005年度财政财务收支情况进行了检查。2007年，财监处对山西阳光发电有限责任公司等2户单位5个会计核算主体进行了会计信息质量检查，对阳泉征稽分局等6户驻地行政、事业和企业单位38个会计核算主体进行了财政财务收支情况检查，对平定县新型农村合作医疗资金管理情况、阳泉市20个省级财政项目资金、以前年度投入的6个项目资金单位进行了检查。2008年至2010年，财监处致力于构建制度健全、运转有序、执行有力的工作机制，严格落实省财政厅提出的以行政首长负责制、跟踪监督制、动态管理制和问责制为框架的规范权力运行工作监督体系，确保权力"搜索"工作落到实处。

五、国有资产管理

1990年，按照全省首次国有资产管理工作会议精神，阳泉市财政局进行了1989年度全市国有资产摸底调查。1991年，组建了国有资产管理局，建立了国有资产统计分析报告制度，对全市430户全民所有制企业和实行企业化管理的事业单位进行了国有资产产权登记。1992年，市财政协助阳泉市会计师事务所组建了资产评估机构，开始进行资产评估工作。1993年，省国有资产管理局向为市资产评估公司和阳泉会计师事务所颁发评估许可证。根据全省清产核资工作会议精神，阳泉成立了市清产核资领导小组和清产核资办公室。1994年，增加阳泉市审计事务所为临时评估机构；在平定县、盂县、郊区组织了资产评估小组，挂靠市资产评估公司。1995年，为建立全市统一的资产评估法治体系和管理体系，对各评估机构实行年度检查制度；下发了《阳泉市国有资产管理局关于国有资产评估立项、确认工作的若干规范意见》；从当年开始组织全国注册资产评估师执业考试，逐步落实注册资产评估师持证上岗制度。全市清产核资工作从1993年开始至1995年11月底结束，参加清产核资企业累计454户。

1996年，对前3年的清产核资工作进行总结，并建章立制。同年，制定下发了《阳泉市行政事业单位国有资产管理办法》，对全市593个行政事业单位进行了首次产权登记发证工作。

1998年，全面铺开城镇集体企业清产核资工作。1996年至1998年，资产评估工作继续坚持“整顿、规范、发展、提高”的工作方针，规范评估机构与各管理部门从业人员的执法行为。1999年，完成了市会计师事务所、资产评估事务所和审计事务所等评估机构的脱钩改制工作。同年，根据国务院关于清产核资“制度化、规范化、经常化”的要求，逐步建立日常清产核资制度。同年，对全市各驻外单位进行财产清查登记。2000年，对市级行政事业单位的财产进行了清理。

2002年，对全市行政事业单位进行了清产核资。2004年，按照资产评估管理规定，对全市有关评估项目进行了核准和备案，配合省评估协会，对全市6家资产评估机构进行执业检查。2007年，由财政部门牵头，在全市范围内进行行政事业单位资产清查工作。2009年，市财政开始运行行政事业单位资产管理信息系统，为实现行政事业单位资产管理科学化、信息化、动态化、流程化、规范化提供了便利。2010年5月，根据省财政厅《关于正式实施行政事业单位资产管理信息系统的通知》，市财政局成立行政事业单位资产管理信息系统实施工作领导小组及办公室，制定了《阳泉市行政事业单位资产管理信息系统实施方案》，同时发出《关于正式实施行政事业单位资产管理信息系统的通知》，全市行政事业单位资产管理工作重新起步。12月，对全市行政单位机构、人员及资产情况进行了调查清理。

六、政府债务管理

（一）利用外资项目

1985年至2010年，全市利用国际金融组织和外国政府贷款签约的项目共计13个，签约总额约3.2亿元。其中，世界银行贷款项目6个，外国政府贷款项目5个，亚洲开发银行贷款项目2个。这些项目涉及教育、卫生、环保、城市基础设施建设和建材等领域，覆盖全市两县三区。

（二）国债 外债管理及清偿

根据财政部1993年颁布的《世界银行贷款项目财会管理暂行规定》《财政部负责世界银行贷款项目提款报账的暂行规定》和1996年印发的《关于颁布〈财政部负责的世行贷款项目提款报账规定〉的通知》《关于印发〈财政部负责的世界银行贷款项目提款报账的资金回补程序有关问题的规定〉的通知》，阳泉市对世行贷款进行了规范的管理。2002年，为保证阳泉市国债、国外和公益性贷款按时足额偿还，维护偿债信誉，根据省财政厅《关于印发山西省国债转贷资金管理办法》和财政部《关于颁布〈国际金融组织债务清偿办法〉的通知》精神，结合阳泉实际，制定了《阳泉市国债、国外和公益性贷款清偿办法》，对到期不能按照转贷协议、借款合同归还本金和利息的县（区），市财政局将如数扣减对县（区）税收返还；对到期不能归还本金和利息的市级项目借款单位，市财政局将扣减其预算管理的政府性基金或其他资金，从而保证了国债转贷资金、国外贷款、公益性贷款本金和利息的按时足额归还。

七、政府控购

（一）控制社会集团购买力

1959年6月1日，中共中央下达《关于大力紧缩社会集团购买力的指示》，阳泉当年压缩社会集团购买力400余万元，1960年全市压缩社会集团购买力539万元，1961年全市压缩社会集团购买力471万元。1962年至1965年，阳泉严格执行了中共中央和国务院公布《关于厉行节约的紧急规定》，严格执行了中央、省关于控制社会集团购买力的规定。1966年至1976年，由于“文化大革命”的冲击，控购工作基本停顿。

1977年5月1日起，全市社会集团购买力管理恢复核定控制指标、制发购货证、按限额凭证供应商品办法。1978年至1980年，阳泉市对社会集团购买力采取计划管理、限额控制、凭证购买、定点供应、专用发票和对某些商品实行专项审批的管理措施。1981年至1984年8月，全市对社会集团购买力采取计划管理、指标控制、定额供应办法。1984年8月，执行国家计委、国家经委、国家统计局、财政部、中国人民银行、商业部联合下发的《关于改革控制社会集团购买力管理办法的通知》，取消社会集团购买力控制指标，缩小专控商品管理范围，下放审批权限，简化手续。1985年，全面恢复指标管理办法。1986年，市控制社会集团购买力办公室制定了《县以下单位购买专项控制商品目录和审批权限》。1990年7月，简化部分专项控制商品审批手续。8月23日，市财政局下发《关于严格控制用预算外资金购买专控商品的通知》。

1991年，加强专控商品审批管理，认真落实全国控办负责人关于“控购工作仍要从严从紧，防止过高消费再抬头”的指示和省控办“专控商品指标不得突破”的要求，采取有效措施，在全市范围内推行社会集团购买力会计核算办法。1992年1月1日起，对全市社会集团购买力支出控制指标按指令性、指导性划分进行分类管理。1993年5月1日，全国控购领导组下达《关于调整专项控制商品品目的通知》，国家29种专项控制商品品目调整为8种。1996年，阳泉市根据财政部有关规定，将社会集团购买力支出类别重新调整为专项控制商品；机动车燃油费；食品、礼品、奖品、纪念品；文件用品四大类。列入社会集团购买力范围的商品、用品大大减少。1997年8月，对社会集团购买小汽车实行行政与经济手段相结合的管理办法，即按核定编制和规定的配备标准审批，并征收专控商品附加费。1999年11月20日起，停止对社会集团购买小汽车、大轿车征收专控商品附加费。

（二）政府采购

1999年6月，市财政局根据财政部《政府采购管理暂行办法》及《阳泉市政府采购管理（试行）办法》，制定了相关制度。10月8日，市政府采购中心成立。2001年，制定了询价采购货物明细表、询价邀请书、政府采购中心询价采购说明、验收报告书等一整套政府采购询价文件和询价程序；建立并完善了市直机关公务用车定点维修制度。2002年，按省级政府采购目录，把110个项目列入政府采购目录，采购项目逐步由单一的物资采购，扩大到工程和服务领域；按照政务公开与建立社会服务承诺制度的要求，实行“六公开三分离”的运作制度（即公开采购政策法规、公开采购程序、公开采购信息、公开采购结果、公开采购纪律、公开服务承诺；实行采购、验收、付款三分离）；建立了9个专业70余名专业人员的政府采购专家库。2004年，制定了《阳泉市2004年政府集中采购目录及采购限额标准》。

2006年，制定政府采购中心回避制度。2007年，凡采购目录内的项目一律实行集中采购。2008年，进一步推进市直财政预算单位的政府集中采购工作。2010年，加大推进政府采购管理工作力度。

（三）小汽车编制控制

1983年，山西省计委下达小汽车定编指标。1984年，全市小汽车编制指标由市计委控制。1990年，全市小汽车编制由市财政局控办审批。1991年，市财政局控办对用非财政性资金购置的小汽车收取专控商品附加费。1992年，小汽车购置专控商品附加费由省收取。

1993年9月至12月，根据省政府安排，组织了对违纪小汽车的查处。1996年2月，制定了全市对国有企业购买小轿车实行控购管理的审批原则。1997年，对社会集团购买小汽车实行行政与经济手段相结合的管理办法，即按核定编制和规定的配备标准审批。1999年11月20日起，停止对社会集团购买小汽车、大轿车征收专控商品附加费。2002年，对小汽车购置停止审批，行政事业单位用预算管理办法进行控制。

2003年8月6日，对全市党政机关、事业单位开展清车工作。2004年，全市党政机关、事业单位申报审核出来的322辆超标、超编、违规小汽车，按包干负责责任追究制进行了纠正，纠正率达到100%。同年8月，为巩固清车成果，中共阳泉市纪律检查委员会、阳泉市财政局、阳泉市监察委员会、阳泉市公安局联合下发《关于加强党政机关和财政拨款事业单位购置处置使用车辆管理的通知》，对党政机关和财政拨款事业单位车辆管理严格控制，实行财政严格审批，交警严格上户，纪检严格监督的新机制；对车辆编制，购买、报废、维修、保险实行档案管理；对领导干部使用车辆装入个人廉政档案，实施跟踪监督。

第二章 税务

第一节　税收体制

一、复合税制

1950年1月，政务院颁布的《全国税政实施要则》规定，除农业税外，全国开征14个税种。阳泉境内开征10个税种。同年7月，根据“酌量减轻民负”的原则，减并税种，调低税率，实行多种税多次征的复合税制。

1953年，根据“保证税收，简化手续”的原则，全面修正税制，调整税负，试行商业流通税，修正货物税、屠宰税、工商业税，简化交易税，取消特种消费行为税。全国开征14个税种，境内开征9个税种。

1958年9月，根据“基本上在原有税负基础上简化税制”的方针，对工商税收制度进行改革，把原来的货物税、商品流通税、营业税、印花税合并为工商统一税；将所得税从工商税中划出，成为独立税种，并简化纳税环节，简化中间产品征税办法，适当调整税率，奖励协作生产。全国征收工商税收9种，境内开征7种，即工商统一税、工商所得税、盐税、车船使用牌照税、城市房地产税、屠宰税、牲畜交易税。

1959年，城市停征利息所得税，农村停征自行车使用牌照税。

1962年，开征集市交易税（后于1964年暂停征收）。1966年停征文化娱乐税。在此期间，国家征收的工商税收共9种，境内征收8种，即工商税、集市贸易税、车船使用税、房产税、屠宰税、牲畜交易税、特别消费税和工商所得税。

1968年至1973年，国家对工商税制又进行简并。1970年，境内对阳泉矿务局、荫营硫铁矿等86户企业执行“一税一率”的综合税率计税办法。1971年，境内对193户企业试行行业税，并将全市纳税户划分为30个行业、7档税率，最高为20%，最低为3%。1972年，对531个纳税户试行工商税。至此，境内征收工商税收共7种，即工商税、工商所得税、城市房地产税、车船使用牌照税、屠宰税、牲畜交易税和盐税。

1973年，按照“基本上保持原税负的前提下，合并税种，简化征税办法”的原则，全面改革工商税制，将企业缴纳的工商统一税及其附加、城市房产税、车船使用牌照税、屠宰税、盐税合并为工商税，简化税目，调整部分税率。改革后，对国营企业只征工商统一税，对集体企业只征工商税和工商所得税。城市房产税、车船使用牌照税和屠宰税只对个人征收。通过改革，全国开征工商税收8种，境内征收6种，即工商税、工商所得税、城市房地产税、屠宰税、牲畜交易税、盐税。1979年，调整城市房地产税。

1979年后，境内工商税制改革分两个阶段进行。

1979年至1983年，是新的复合税制的形成阶段。主要内容有:（1）开征增值税。1982年7月，对农业机具、机器机械行业试行增值税。（2）开征烧油特别税。从1982年起开征烧油特别税。（3）调整农村税收负担，于1978年、1980年和1982年3次调整农村社队企业负担，延长开办初期的减免税年限。（4）减轻城镇集体经济和个体经济的税收负担。（5）对新产品规定一定的减免税期限，对生产措施专项贷款实行新增利润还贷办法。（6）扩大征税项目。对机关团体企事业单位所属的宾馆、招待所以及银行开始征税。（7）颁布《中外合资经营企业所得税法》《个人所得税法》《外国企业所得税法》3个涉外税法，加强对涉外企业的税收管理。

1983年起，是新的复合税制的完善阶段。主要内容有：（1）对国营企业实行利改税。1983年对89户市级以上国营企业试行第一步利改税，1984年对319户国营企业实行第二步利改税。（2）改革工商税。1984年将原工商税划分为产品税、增值税、盐税和营业税，并调整税率；1984年后，逐步对征收产品税的行业改征增值税；1990年在建材等行业进行“价税分流购进和税法”试点工作。（3）开征资源税。1984年10月对煤炭等行业开征资源税。（4）增设和恢复部分地方税。包括牲畜交易税、城市维护建设税、房产税、车船使用税、特别消费税、城镇土地使用税、筵席税和印花税等。（5）改革所得税制。1985年起，集体企业由工商所得税改征集体企业所得税，执行新的八级超额累进税率；1986年，个体工商业户由工商所得税改征个体工商业户所得税，执行十级超额累计税率；1987年，开征个人收入调节税；1988年，开征私营企业所得税。（6）开征了一些特定行为目的税。1983年，开征能源、交通、重点建设基金和建筑税；1985年，国营企业开征奖金税、工资调节税，集体企事业单位开征奖金税；1987年，扩大建筑税的征收范围，并调整税率；1989年，开征国家预算调节基金。（7）其他。1986年，开征教育费附加税；1988年，煤炭企业征收水资源补偿费，开征烟酒专项收入和价格调控基金。

二、税制结构的调整和优化

（一）分税制改革

1994年，全国实施分税制改革。根据统一税法、公平税负、简化税制、合理分权、理顺分配关系、保障财政收入，建立符合社会主义市场经济要求的税制体系的指导思想，建立了以增值税为主体的流转税制；同时对所得税制进行了大幅度的改革，建立了流转税和所得税并重的双主体税制。在对税制体系进行改革的同时，税务机构的设置也进行了调整，分设国税局和地税局，分别承担相应的税种征收工作。

这次改革的主要内容：（1）以推行规范化增值税为核心，配合征收消费税、营业税，建立新的流转税制格局。新流转税制由增值税、消费税、营业税组成，在工业生产领域和批发零售商业普遍征收增值税，对特定消费品征收消费税，对不实行增值税的劳务和销售不动产征收营业税。（2）统一内资企业所得税，采用33%的比例税率，规范企业所得税税前列支项目和标准，规范国家与企业的分配关系。（3）改革个人所得税，把原个人所得税、个人收入调节税、城乡个体工商业户所得税统一为个人所得税，分不同所得项目分别采用超额累进税率和比例税率，规定了不同的扣除标准。（4）调整、简并了一些税种，使税制有所简化。扩大资源税征收范围，将盐税并入资源税，实行分产品从量定额计算征税的办法；开征土地增值税，用于调节房地产交易中的过高利润，采用四档超率累进税率；调整城乡维护建设税、土地使用税，取消集市交易税、牲畜交易税、烧油特别税、奖金税和工资调节税，下放屠宰税、筵席税给地方。（5）对税收征管制度一并进行了改革，提高征管水平，建立科学、严密的税收征管体系，维护正常的税收秩序。在税种划分方面，确立了中央税、地方税和中央地方共享税。中央税包括：消费税、关税、车辆购置税、海关代征的增值税和消费税。中央与地方共享税包括：增值税、企业所得税、外商投资企业和外国企业所得税、个人所得税、资源税、证券交易印花税。地方税包括：营业税、土地增值税、印花税、城市建设维护税、城镇土地使用税、房产税、城市房地产税、车船使用税、车船使用牌照税、契税、耕地占用税、屠宰税、筵席税、牧业税。另外，停征了固定资产投资方向调节税，废止了农业税。

（二）流转税制改革

1993 年 12 月 29 日第八届全国人民代表大会常务委员会第五次会议通过了《关于外商投资企业和外国企业适用增值税、消费税、营业税等税收暂行条例的规定》，同时废止 1958 年 9 月 11 日全国人民代表大会常务委员会第 10 次会议通过的《中华人民共和国工商统一税条例（草案）》。改革后的流转税制的总体税收负担基本保持原有水平。新的流转税由增值税、消费税和营业税三税并立，交叉调节，即对商品的交易和进口普遍征收增值税，并选择少数消费品再征收一道消费税，对不实行增值税的劳务交易、转让无形资产和销售不动产征收营业税，原来征收产品税的农林牧、水产品，改征农业特产税。

1. 增值税改革。2007 年，财政部、国家税务总局印发《中部地区扩大增值税抵扣范围暂行办法》，规定对中部六省老工业基地城市从事装备制造业、石油化工业、冶金业、汽车制造业、农产品加工业、电力业、采掘业、高新技术产业为主的增值税一般纳税人，发生下列项目的进项税额准予抵扣：（1）购进（包括接受捐赠和实物投资，下同）固定资产；（2）用于自制（含改扩建、安装，下同）固定资产的购进货物或增值税应税劳务；（3）通过融资租赁方式取得的固定资产，凡出租方按照《国家税务总局关于融资租赁业务征收流转税问题的通知》的规定缴纳增值税的；（4）为固定资产所支付的运输费用。2008 年，国务院颁布施行《中华人民共和国增值税暂行条例》，对增值税条例主要作了五个方面的修订：（1）自 2009 年 1 月 1 日起，全国所有增值税一般纳税人新购进设备所含的进项税额可以计算抵扣；（2）购进的应征消费税的小汽车、摩托车和游艇不得抵扣进项税；（3）取消进口设备增值税免税政策和外商投资企业采购国产设备增值税退税政策；（4）小规模纳税人征收率降低为 3%；（5）将矿产品增值税税率从 13% 恢复到 17%。同年，财政部和国家税务总局公布施行《中华人民共和国增值税暂行条例实施细则》，核心内容是允许企业新购入的机器设备所含进项税额在销项税额中抵扣。并对一些具体问题予以明确：一是明确除专门用于非应税项目、免税项目等的机器设备进项税额不得抵扣外，包括混用的机器设备在内的其他机器设备进项税额均可抵扣；二是明确不动产在建工程不允许抵扣进项税额，并对其概念进行了界定；三是根据其上位法授权，将不得抵扣进项税额的纳税人自用消费品，具体明确为应征消费税的游艇、汽车和摩托车。2010 年，国家税务总局公布施行《增值税一般纳税人资格认定管理办法》和《增值税一般纳税人纳税辅导期管理办法》，进一步加强增值税一般纳税人的管理。

2. 消费税改革。2006 年，财政部和国家税务总局对消费税税目、税率及相关政策进行了调整，调整的主要内容包括：（1）新增高尔夫球及球具、高档手表、游艇、木制一次性筷子、实木地板税目；（2）取消汽油、柴油税目，增列成品油税目；（3）取消护肤护发品税目，将原属于护肤护发品征税范围的高档护肤类化妆品列入化妆品税目；（4）取消小汽车税目下的小轿车、越野车、小客车子目，在小汽车税目下分设乘用车、中轻型商用客车子目；（5）调整摩托车税率；（6）调整汽车轮胎税率；（7）调整白酒税率。2008年，国务院颁布施行《中华人民共和国消费税暂行条例》，对消费税条例主要作了两个方面的修订：（1）将1994年之后出台的政策调整内容，更新到新修订的消费税条例中，如：部分消费品（金银首饰、铂金首饰、钻石及钻石饰品）的消费税调整在零售环节征收、对卷烟和白酒增加复合计税办法、消费税税目税率调整等；（2）与增值税条例衔接，将纳税申报期限从10日延长至15日，对消费税的纳税地点等规定进行了调整。同年，财政部和国家税务总局公布施行《中华人民共和国消费税暂行条例实施细则》，对一些具体问题进行了明确：（1）根据其上位法，将1994年之后已经实施的政策调整内容体现到修订后的细则；（2）与增值税实施细则在销售和有偿转让的定义、外汇销售额的折算、价外费用、纳税义务发生时间等规定进行衔接，保持一致。

3. 营业税改革。1993年，重新修订、颁布了《中华人民共和国营业税暂行条例》。营业税主要以第三产业（除商品批发、零售外）为课税对象，主要有交通运输、建筑安装、金融保险、邮电通信、文化体育娱乐、各种服务业、转让无形资产和销售不动产等，实行按含税价格依律计征的方法并对税率进行必要的调整。1997年2月，将金融、保险业税率由5%调高到8%。从2001年起，金融、保险营业税税率每年下调一个百分点，分三年将金融保险业的营业税税率从8%降低到5%。从2003年1月1日起，对改革试点地区所有农村信用社的营业税按3%的税率征收。

（三）所得税制改革

1. 企业所得税改革。根据建立社会主义市场经济体制的要求，为贯彻“公平税负、促进竞争”的原则，1993年12月，国务院发布了《中华人民共和国企业所得税暂行条例》，将原来的国营企业所得税、集体企业所得税、私营企业所得税合并，统一了内资企业所得税制度，从1994年1月1日起施行。这次改革的要点：（1）统一各类企业所得税的税率，实行33%的比例税率，与外商投资企业和外国企业所得税的税率一致，便于今后内、外资企业所得税统一，这个税率与国际上绝大多数国家基本接近。（2）用税法规范企业所得税的税前扣除标准，改变应纳税所得额的确定从属于企业财务制度的状况，稳定和拓宽税基，硬化企业所得税。（3）取消国营企业调节税、能源交通重点建设基金和预算调节基金的征收。（4）企业财会制度改革后，企业的贷款利息进入成本，加速折旧为企业还贷提供相当一部分资金来源，加上其他一些因素，使企业税后还贷能力大为增强，在统一税法的同时，取消了税前还贷，建立了新的企业还贷制度。（5）税法中明确规定确有必要继续执行的两项减免税政策，其他减免税政策一律取消。

于2008年1月1日起施行的新《中华人民共和国企业所得税法》及其实施条例按照“简税制、宽税基、低税率、严征管”的税制改革原则，提出“四个统一”（统一内外资企业税制；统一并适当降低企业所得税税率，区分不同情况适用两种税率，基本税率为25%，低税率为20%，总体税赋水平比原来有所降低；统一税前扣除办法和标准；统一优惠政策，并强化反避税措施）。同时把原来以行政法规、部门规章和规范性文件为载体的政策，上升到法律和行政法规的层次，增强了企业所得税法的权威性、严肃性和约束力。

2. 个人所得税制改革。第八届全国人民代表大会常务委员会于1993年10月31日公布了修改后的《中华人民共和国个人所得税法》并于1994年1月1日起施行。国务院于1994年1月28日 发布了《中华人民共和国个人所得税法实施条例》。之后，根据国民经济和社会发展情况，全国人大常委会于1999年8月30日、2005年10月27日、2007年6月29日、2007年12月29日对《个人所得税法》进行了四次修订，国务院相应地两次对《个人所得税法实施条例》进行修订。1994年，修改后的《个人所得税法》，扣除额为每月800元，对个人工资、薪金所得实行5%至45%的超额累进税率，对个人从事生产经营所得实行5%至35%的超额累进税率；2005年，个人所得税费用扣除额调至1600元，同时增加了对高收入者实行自行申报纳税的规定和有关扣缴义务人应当办理全员全额扣缴申报的规定；2008年3月，个人工资、薪金所得减除费用标准由1600元每月提高到现行的2000元每月。

3. 利息税改革。利息税是指个人所得税的“利息、股息、红利所得”税目，主要指对个人在中国境内储蓄人民币、外币而取得的利息所得征收的个人所得税。利息税始于1950年，按当年颁布的《利息所得税条例》规定，对存款利息征收10%（后降为5%）的所得税；1959年利息税停征；1999年根据第九届全国人民代表大会常务委员会第十一次会议《关于修改〈中华人民共和国个人所得税法〉的决定》再次恢复征收利息税，税率为20%；2007年8月起，利息税税率由20%减按5%执行；2008年10月9日起暂免征收利息税。

（四）车辆购置税改革

2009年，国家税务总局印发加强部分减征乘用车车辆购置税管理的通知，规定对2009年1月20日至12月31日购置1.6升及以下排量乘用车，暂减按5%的税率征收车辆购置税。同年，财政部和国家税务总局印发关于减征1.6升及以下排量乘用车车辆购置税的通知，规定对2010年1月1日至12月31日购置1.6升及以下排量乘用车，暂减按7.5%的税率征收车辆购置税。

第二节 税务机构

一、阳泉市税务局

民国36年（1947）阳泉解放，翌年12月成立阳泉市税务局，局机关驻桥北街9号，设秘书室、行政股、会计股，辖河底、赛鱼、火车站、市内4个稽征所。

1953年，市税务局的内部机构调整为人事、地方税、直接税、货物税、计划、会计、检查、秘书8个股，辖市内、河底、荫营、火车站、平潭街5个税务所。

1958年9月，税务、建行、保险机构并入市财政局，内设税政科管理税收事项，基层设市内、荫营、盂县、昔阳、平定5个财政税务所。1962年7月，税务局恢复建置，设秘书、税政、利润监交、计会、人事监察5个科室，辖站上、北大街、荫营、河底、矿区5个税务所。

“文化大革命”初，市税务局机构瘫痪。1969年10月成立市财经革委会，下设税务等6个办事处。1972年成立市财政局，内设税务科，基层设大庆路、文革街、赛鱼、荫营、河底5个税务所。1973年3月市税务局恢复建置，内设办公室、政保、税政、利润监交、计划会计5个科室。同年7月增设南大街税务所。

1984年，市税务局内部机构调整为办公室、税政一科、税政二科、计会科、调研室、人事科6个科室，下辖一分局、二分局、三分局、郊区税务局、平定县税务局、盂县税务局。1985年12月，税务一分局易名城区税务局，税务二分局易名矿区税务局。1986年1月，税务三分局划分为一分局、二分局、三分局三个分局。同年3月，市税务局增设税政三科、征管科。

1990年，市税务局内设机构调整为流转税科、地方税科、所得税科、政研室、征管科、监察审计科、行政科、政工办、税务检察室、办公室、计会科、人教科、税务稽查队13个科室，下辖一分局、二分局、三分局、阳泉市城区税务局、阳泉市矿区税务局、阳泉市郊区税务局、平定县税务局、盂县税务局。

1994年，全国实施分税制改革，税务机构根据征收税种的不同，分设为国家税务局和地方税务局。

二、阳泉市国家税务局

1994年8月1日，阳泉市国家税务局成立。1995年，成立市国税局稽查分局、市国税局经济技术开发区分局，以及平定县、盂县、郊区、城区、矿区国税局稽查分局。1997年，组建市国税局征收分局、稽查一分局、稽查二分局。对45个基层税务所进行整合，平定县、盂县、郊区国税局分别在各自域内设立征收分局，在农村按经济区划设置了17个中心税务所；城区和矿区国税局不再设置税务所，分别成立征收一股和征收二股。2001年，原市直征收分局、稽查一分局、稽查二分局、稽查分局改设为直属征收局、直属管理局、市国税局稽查局；撤销张庄中心税务所。阳泉市在全省率先实现征管模式转换。2002年，平定县、盂县国税局征收分局分别更名为平定县、盂县国税局城镇分局；郊区国税局征收分局更名为郊区国税局荫营分局；平定县、盂县国税局撤销原征收分局内设的征稽所，分别组建个体分局；撤销16个中心税务所，按经济区划设置管理分局。2005年6月，市国税局共设9个内设机构、2个直属机构、3个事业单位、1个开发区税务分局，同时对全市5个县、区局的内设机构、派出机构、事业单位进行了统一。完成车辆购置税机构设置。同年11月，设置市国税局办税服务厅（车辆购置税）。2008年12月，市国税局稽查局内设综合科、综合选案科、检查科、案件审理科、案件执行科、举报中心6个机构。

2010年，市国税局设置11个内设机构：办公室、政策法规科、货物和劳务税科、所得税科、收入核算科、纳税服务科（纳税服务中心）、征收管理科、财务管理科、人事科、教育科、监察室。另设机关党委办公室、离退休干部科。设置3个直属机构：稽查局，内设综合科、综合选案科、检查科、案件审理科、案件执行科、举报中心；车辆购置税征收管理分局，内设综合科、收入核算科、政策法规科、综合业务科、纳税服务科（办税服务厅）；直属税务分局（大企业税收管理分局），内设综合科、收入核算科、综合业务科、纳税服务科（办税服务厅）、税源管理一科、税源管理二科、税源管理三科。设1个派出机构：市国税局经济技术开发区税务分局，内设综合科、收入核算科、综合业务科、纳税服务科（办税服务厅）、税源管理一科、税源管理二科、税源管理三科。设3个事业单位：信息中心、机关服务中心、票证中心。下属5个县区国税局：阳泉市城区国税局、阳泉市矿区国税局、阳泉市郊区国税局、平定县国税局、盂县国税局。

三、阳泉市地方税务局

阳泉市地方税务局于1994年8月9日组建，实行省地税局和市政府双重领导，以省地税局领导为主。2010年有员工609人。内设10个科室（办公室、人事教育科、纪检监察室、征收管理科、计划财务科、税政管理一科、税政管理二科、规费管理科、政策法规科、机关党务办公室）；下设5个直属事业单位（税务咨询所、票证管理所、信息中心、机关后勤服务中心、干部教育培训中心）；下辖平定县地税局、盂县地税局、阳泉市郊区地税局、阳泉市城区地税局、阳泉市矿区地税局、市稽查局、市地税局经济技术开发区分局、市直属一分局、市直属二分局、市直属三分局、市直属四分局、市直属五分局等 12 个基层局、42 个税务所。

第三节　税收收入

一、税收总量

1949 年至 1993 年，阳泉市境内税收收入总计 386248 万元。1994 年至 2010 年，境内税收收入总计 5098010 万元，其中国税收入 3319273 万元，地税收入 1778737 万元。1949 年至 2010 年，境内税收收入总计 5484258 万元。

1949—1993 年阳泉市税收收入统计表

表 -13-3　　单位：万元

年 份	税 收	年 份	税 收	年 份	税 收
1949	131	1964	2003	1979	6490
1950	207	1965	2515	1980	7016
1951	359	1966	2666	1981	8045
1952	629	1967	2470	1982	9479
1953	720	1968	2146	1983	11420
1954	856	1969	2896	1984	14122
1955	948	1970	3509	1985	16816
1956	1112	1971	3610	1986	18841
1957	1470	1972	4205	1987	19908
1958	2254	1973	4472	1988	21658
1959	2388	1974	4970	1989	28718
1960	2558	1975	5700	1990	29781
1961	1807	1976	5847	1991	32375
1962	1816	1977	6341	1992	35788
1963	1807	1978	6541	1993	46838

1994—2010 年阳泉市税收收入统计表

表 -13-4　　单位：万元

年份	合计	国税	地税	年份	合计	国税	地税
1994	62503	40425	22078	2003	195135	137674	57461
1995	77464	52336	25128	2004	264350	192279	72071
1996	91149	61363	29786	2005	357308	252469	104839
1997	99598	66988	32610	2006	417287	292586	124701
1998	100664	67567	33097	2007	535097	345095	190002
1999	95310	61370	33940	2008	658746	418732	240014
2000	102345	67845	34500	2009	777080	501013	276067
2001	139817	91949	47868	2010	963266	558218	405048
2002	160276	110749	49527	—	—	—	—

二、分税种税收收入

（一）阳泉市税务局分税种税收收入

1949 年至 1993 年，与全国、全省同步，阳泉市税制不断改革，税种不断变化。随着经济的发展，阳泉市税收收入逐年大幅增长。

1952—1990 年部分年份阳泉市分税种税收收入统计表

表 -13-5　　单位：万元

税种	1952	1956	1958	1965	1970	1978	1982	1985	1990
年度合计	470.0	1034.6	1903.5	2313.5	3082.9	5251.0	7334.4	21553.4	38585.1
工商税	—	—	1372.4	1828.2	2555.9	4423.0	6398.0	—	—
工商所得税	47.7	95.4	295.9	189.7	261.7	653.0	740.0	4288.0	—
商品流通税	—	87.5	—	—	—	—	—	—	—
货物税	108.6	311.8	—	—	—	—	—	—	—

续表 -13-5

税 种	1952	1956	1958	1965	1970	1978	1982	1985	1990
工商营业税	116.9	319.4	—	—	—	—	—	—	—
利息所得税	0.5	0.6	—	—	—	—	—	—	—
集市贸易税	—	—	—	0.5	—	—	—	—	—
国营企业工商税	—	—	—	—	11.6	—	—	—	—
产品税	—	—	—	—	—	—	—	8037.0	8612.0
增值税	—	—	—	—	—	—	—	472.0	4364.0
营业税	—	—	—	—	—	—	—	2346.0	6914.0
集体企业所得税	—	—	—	—	—	—	—	—	3674.0
城乡个体所得税	—	—	—	—	—	—	—	—	220.0
个人收入调节税	—	—	—	—	—	—	—	—	138.0
私营企业所得税	—	—	—	—	—	—	—	—	1.0
城市维护建设税	—	—	—	—	—	—	—	546.0	1072.0
车船使用税	—	8.6	13.1	16.7	12.7	10.0	—	—	174.0
房产税	—	22.6	46.8	95.2	49.1	9.0	8.0	6.0	464.0
城镇土地使用税	—	—	—	—	—	—	—	—	749.0
屠宰税	1.9	7.5	6.8	18.9	4.2	—	0.4	0.4	0.5
牲畜交易税	6.8	1.6	3.8	2.0	0.3	—	—	6.0	3.0
资源税	—	—	—	—	—	—	—	574.0	1204.0
奖金税	—	—	—	—	—	—	—	138.0	452.0
国营工资调节税	—	—	—	—	—	—	—	—	71.0
建筑税	—	—	—	—	—	—	—	345.0	1133.0
印花税	—	14.4	—	—	—	—	—	—	1733.0
筵席税	—	—	—	—	—	—	—	—	0.3
特别消费税	1.6	2.2	2.7	5.3	—	—	—	—	1.0
盐 税	—	—	—	—	—	—	—	36.0	0.3
滞罚收入	—	—	—	—	1.4	—	2.0	22.0	53.0

续表 -13-5

税 种	1952	1956	1958	1965	1970	1978	1982	1985	1990
国营企业所得税	—	—	—	—	—	—	—	2968.0	2698.0
国营企业调节税	—	—	—	—	—	—	—	308.0	634.0
烟酒专项收入	—	—	—	—	—	—	—	—	5.0
农业税	186.0	163.0	162.0	157.0	186.0	156.0	186.0	268.0	331.0

（二）国税分税种税收收入

1994 年至 2010 年，阳泉市国税累计完成收入 3319273 万元。其中增值税 3031983 万元，占国税收入的 91.34%；消费税 9499 万元，占国税收入的 0.29%；个人所得税 49285 万元，占国税收入的 1.48%；车辆购置税 81762 万元，占国税收入的 2.46%；企业所得税 139795 万元，占国税收入的 4.21%。

1994—2010 年阳泉市国税分税种收入统计表

表 -13-6 单位：万元

年 份	增值税	营业税	消费税	个人所得税	车辆购置税	外商投资企业和外国企业所得税	其他各税	税款滞纳金罚款收入	企业所得税
1994	39510	4	147	480	—	—	1	27	186
1995	50068	161	245	1289	—	55	7	73	360
1996	60469	0	234	0	—	14	—	306	525
1997	66216	59	226	0	—	-5	—	246	493
1998	66850	131	171	0	—	26	—	10	707
1999	59098	1252	167	12	—	146	—	—	695
2000	63425	1511	112	1957	—	387	—	—	453
2001	86362	1043	78	3584	—	196	—	—	687
2002	105278	454	79	3959	—	166	—	—	813
2003	128347	80	63	3814	—	182	—	—	5188
2004	172557	11	116	4480	—	162	—	—	14953

续表 -13-6

年 份	增值税	营业税	消费税	个人所得税	车辆购置税	外商投资企业和外国企业所得税	其他各税	税款滞纳金罚款收入	企业所得税
2005	231703	—	136	5104	7388	244	—	—	7894
2006	267485	—	191	6652	8507	—	—	—	9751
2007	302420	—	247	7837	12645	—	—	—	21948
2008	377222	—	615	6080	17582	—	—	—	17233
2009	452358	—	2629	3143	12838	—	—	—	30045
2010	502615	—	4043	894	22802	—	—	—	27864

（三）地税分税种税收收入

1994 年至 2010 年，阳泉市地税累计完成收入 1778737 万元。其中营业税 445206 万元，占地税收入的 25.03%；企业所得税 546354 万元，占地税收入的 30.72%；个人所得税 198683 万元，占地税收入的 11.17%；资源税 171356 万元，占地税收入的 9.63%；城市维护建设税 186516 万元，占地税收入的 10.49%；房产税 73880 万元，占地税收入的 4.15%；土地使用税 58991 万元，占地税收入的 3.32%；印花税 35640 万元，占地税收入的 2.00%。

1994—2010 年阳泉市地税分税种收入统计表

表 -13-7　　单位：万元

年 份	营业税	企业所得税	个人所得税	资源税	城市维护建设税	房产税	土地使用税	土地增值税	印花税	车船税	农业四税	其他税收
1994	5580	4479	477	4107	2607	1357	743	0	123	158	1411	1036
1995	7648	3858	887	4452	3152	1557	737	0	324	183	1486	844
1996	9160	4462	2380	4605	3518	1736	971	0	206	153	1171	1424
1997	10381	4636	2241	4849	4139	2176	1357	24	296	186	1046	1279
1998	10637	4114	2788	3726	4270	2722	1522	3	626	178	1399	1112
1999	11519	4281	2906	3446	3699	2535	1505	2	414	199	940	2494
2000	11885	3690	3461	3694	4047	2926	1294	0	573	133	840	1957

续表 -13-7

年 份	营业税	企业所得税	个人所得税	资源税	城市维护建设税	房产税	土地使用税	土地增值税	印花税	车船税	农业四税	其他税收
2001	11721	19918	2836	2611	4211	3265	936	2	703	160	1254	251
2002	14159	11621	3894	5973	6800	3303	903	35	778	181	1825	55
2003	16221	12558	4841	6127	8108	5028	1770	0	1014	176	1591	27
2004	19296	15044	7990	6169	11976	4960	2169	0	1872	219	2373	3
2005	25133	24620	12425	15713	13660	5223	2910	158	2162	314	2521	0
2006	34028	31145	16811	16906	13536	4516	1799	348	2499	328	2785	0
2007	44772	74522	21278	18310	14717	6185	2973	424	3232	367	3222	0
2008	63406	70649	31321	23341	23018	7656	10333	291	4424	1753	3822	0
2009	68320	88990	32932	22862	27753	9269	11854	440	7225	2059	4363	0
2010	81340	167767	49215	24465	37305	9466	15215	1685	9169	3192	6229	0

第四节 税收管理

一、征管体制

阳泉建市后，税收征管工作先后实行管户专责制度、专管员制度，“征收、管理、检查”三分离模式，“申报、代理、稽查”三位一体模式，“以申报纳税和优化服务为基础，以计算机网络为依托，集中征收，重点稽查”的税收征管新模式。

1949 年全国解放至 1954 年 3 月，阳泉市沿用根据地实行的管户专责制度。该制度是专管员制度的前身，对纳税户的管理实行按经济区域设置税务所、按片设税务专管员的办法，实施地区专责的管理形式。之后又实施按行业划分管户，按行业进行专责管理的形式。

1954 年 3 月起，阳泉市逐步推行专管员制度。该制度以专管员为核心，实行专户管理，“一员进户、各税统管、征管查合一”。1984 年，对国营、二轻企业实行行业管理的方式。市税务局所辖三个分局分别负责采矿和交通、工业、商贸金融和建筑业的税务管理。1986 年，落实税务总局《税务专管员“五要”“十不准”》规定；1987 年，市税务局对专管工作开始实行量化考核，要求专管员建立管户基本情况台账等“13 账”、征管户数增减变动表等“10 表”。

1988年至1993年，阳泉市试行“征收、管理、检查”三分离的征管模式，在税务机关内部实行征收、管理和检查的职能划分，对征管权力进行分离和制约。市税务局及8个所辖税务局普遍成立稽查队或检查组，专司税收检查。1990年，全局推行税收和会计制度改革，完善复式记账规程，促进了税收和会计核算水平的提高。

1994年实行分税制后，试行“纳税申报，税务代理，税务稽查”三位一体的征管模式。其主要特点是，取消专管员固定管户制度，把纳税申报、中介机构的税务代理和税务机关的征管有机结合，形成相互依存，相互制约的整体。

1996年至2010年，建立和逐步完善“以申报纳税和优化服务为基础，以计算机网络为依托，集中征收，重点稽查”的新的征管模式。这一阶段，逐步形成集约型、规范化管理，传统的手工操作方式转变为现代化科学征管方式，上门收税转变为纳税人自行申报纳税，专管员管户的“保姆式”管理转变为专业化管理。2001年12月后，阳泉市落实国家税务总局制定的《关于加速税收征管信息化建设推进征管改革的试点工作方案》，以税收征管的信息化和专业化为目标，突出信息化在税收征管中的作用，实现在信息化支持下的税收专业化管理。

二、税务登记

阳泉建市初期，实施税务登记制度，纳税人须在领取营业执照之日起30天内向税务机关申报办理税务登记。20世纪70年代中后期，根据税制的变化，对纳税户普遍进行了纳税登记鉴定，企业交纳的流转税类税种一般每月申报1次，集体企业所得税每季申报1次，国营企业所得税每月申报1次。

1994年至2000年，市国税局和市地税局对管户进行全面清理，国税征管档案实现一户一档，连续记载，地税实行漏征漏管户定期清漏制度。

2001年至2005年，国税、地税、工商、银行四部门完善了税务登记信息交换机制。运用科技手段强化税源控管。国税继续巩固IC卡申报，开通了电话申报系统，推行税控装置。地税研发了“管户核对系统”，推行多元申报。

2006年至2010年，组织开展漏征漏管户清查工作，完成税源情况专题调查，开通电子缴税业务。

三、税务稽查

中华人民共和国成立初期，税收检查工作配合“三反”“五反”运动，着重检查私营工商业和公私合营企业偷税、漏税方面的问题。1956年社会主义改造完成以后，税收检查工作的重点放到促进国营集体企业加强经营管理方面。1975年，太原、大同、阳泉三市联合税收检查团对阳泉市税收实施检查，有18户企业补交税款43万元。

1978年以后，税务检查配合经济体制改革，把日常税收检查、税收专项检查和税收财务物价大检查结合起来，有效地促进了企业管理水平的提高，堵塞了税收漏洞。1981年查补税款181万元，1983年查补税款303万元。1985年发动全市11883个纳税户进行自查，并对其中的5421户进行了专项检查，查补税款920万元。

1986年至1993年，发动纳税户进行自查，开展以打击偷抗税犯罪活动为主要内容的税收检查，开展专项检查，取得显著成效，据不完全统计，共查补税款、加收滞纳金及罚款13027万元。

1994年至2000年，市国税局移交司法机关的涉税案件30余起，补税、罚款额1959万元，征纳双方的法律意识逐步增强，改变了以补代罚、以罚代刑的做法，强化了税法刚性。市地税局成立了专门的税务稽查机构和税务案件举报中心，查补税款9324余万元，加收滞纳金及罚款500余万元，清理欠税1.2亿元。

2001年至2005年，市国税局共计查补税款、加收滞纳金、罚款1.39亿元，有力地打击了各类涉税违法犯罪活动，税收环境得到进一步优化。市地税局推行和完善稽查工作“四分离”机制（选案、稽查、审理和执行四个环节的分离），围绕重点行业和区域，进行税收专项检查和税收专项整治，共计查补税款、加收滞纳金、罚款7553万元，清理以前年度欠税2.15亿元。

2006年至2010年，市国税局开展各类税务检查和区域整治，严厉打击各类涉税违法行为，累计检查各类纳税户2248户，查补收入3.36亿元。市地税局5年中累计查补入库各项收入1.53亿元，税收秩序得到进一步整顿和规范。

四、税票管理

从1950年开始，全市实施了统一的发票管理制度，至1953年，市区通用的发票有批发发票、零售发票、商品流通税发票和总发票4种。1957年，市税务局规定农村社员、个体农民、行商、外埠坐商以及无证商贩销售货物时，一律使用统一发货票。1965年各类企业和个体户使用坐商发票，临时经营和无证个体户使用行商发票。国营和公私合营企业的发票由企业自拟样式经税务机关审查核准后到指定印刷厂印刷；其他企业和单位的发票，由市税务局统一印制，套印税务局查验章，用票者凭证购票。各税务局（所）对发票实行严格管理与检查，发现开大头小尾、涂改、顶替、出卖、白条子进货进料、卖货不开票、伪报丢失、假作销货退回和伪造票据者，均按违章处理，严查严究。1987年制定了统一的发票管理制度，规定市区和市营以上企业使用市统一印制的发票；平定县、盂县的纳税户分别使用各县统一发票，发票分别由市、县税务局统一制发，用票者凭证认购。临时经营者用票可向所在地税务机关申请认购。个体户用票要提供纳税保证金。基层税务机关对发票实行五级台账管理、三级购买审批程序。对交通运输、煤炭运销、商业批发、物资企业、劳保用品等实行特殊的发票管理办法。1988年组织全市发票大检查，查出了违反发票管理制度的涂改、顶替、不写购货单位名称、不盖企业图章等8类问题。1990年对4211户企业使用发票的情况进行检查，查补税款13万元，罚款5万元。1993年初，新版发货票启用，全市组织了两次大规模的发票检查。

1994年至2000年，市国税局发票管理进一步规范化。规范领用手续，严格库存管理。在全市推开IC卡发售发票。开展一年一次的发票检查。印制发票严格执行《发票承印通知单制度》等9项制度。发票库房做到库内有库，库内分柜，全部符合标准。市地税局加强发票管理，健全制度，开展经常性的发票专项检查。

2001年至2010年，市国税局在全市定期开展普通发票专项检查，开展打击借票等不规范行为，打击发票违法犯罪专项整治活动。市地税局规范发票监管，严格以票控税，于2002年组织了一次各类发票的彻查，于2004年在饮食业全面推行了定额刮奖发票，于2005年对租赁和挂靠车辆全部收入实行微机监控，于2006年开展了税收票证和税款入库检查。

五、减免税管理

中华人民共和国成立初期，税收减免权限集中于中央。1959年，国家放宽税收减免权限，属于市税务局审批的减免税项目有试制产品、新建企业产品、困难企业以及地方各税。1961年将上述权限上收。1977年规定，市税务局可以审批千元以下欠税豁免和地方各税减免。1980年，市税务局欠税豁免权限幅度定为5000元至10000元。

1981年，省税务局规定新产品减免税在两年以下的和个体经营纳税确有困难的由市税务局审批。同年，对企业技术改造贷款试行经批准用新增利润和税款还贷的办法。1984年，乡镇、街道及其以下企业和个体户减免税的审批权下放至县区税务局和分局。1985年，市县区级企业的减免税由市税务局审批，同时放宽了新产品和工商所得税政策。1989年1月1日起减免税权一律收回省税务局；11月省税务局规定5万元以下的减免税由市税务局审批，个体户的减免权由县区税务局审批。

1992年6月27日，省税务局规定：（1）产品税、增值税、营业税每户年减税免税额在10万元（含10万元）以下的，由地、市税务局审批；（2）预算外的国营企业和集体企业、私营企业的所得税，每户年减税免税额在10万元（含10万元）以下的，由地、市税务局审批；（3）房产税、屠宰税、牲畜交易税、车船使用税以及个体工商户的营业税（包括产品税、增值税）、所得税的减免，由县（市、区）税务局审批；（4）凡国务院、省政府明文规定的减免税，不再报批，由当地税务机关直接审核办理。1993年7月，市税务局对1992年7月1日以后市、县（区）政府和有关部门的减免税规定进行了清理，对越权的减免税规定和文件予以纠正并停止执行。

1981年至1993年，全市减免税52017万元，批准企业以税还贷14739万元。

2001年至2005年，市国税局为民政福利企业、就业再就业、外资企业等享受税收优惠政策的纳税人减免各类税收2.71亿元，办理出口退税1.74亿元。市地税局为下岗职工再就业减免各项税收和工本费，落实企业安置下岗失业人员再就业税收优惠政策，落实防非典税收优惠政策，落实国产设备抵免税等税收优惠政策，落实所得税税收优惠政策，总计减免抵扣税款和减负3亿余元。

2006年至2010年，阳泉市国税局累计办理增值税转型抵扣7.84亿元、出口退税2.15亿元，资源综合利用等各类税收减免9.6亿元，落实小规模纳税人征收率降低、车购税减半征收以及所得税税制改革等政策3.3亿元，使全市纳税人直接受益22.89亿元。市地税局贯彻落实促进下岗失业人员再就业、促进农民增收、促进技术更新改造、促进环境建设等各项税收优惠政策。据不完全统计，全市共计减免抵扣税款10余亿元。

六、信息化建设

民国37年（1948）阳泉市税务局成立后，为每个税务人员配备了1架算盘。20世纪50年代，在市税务局机关和各税务所配备了手摇计算机。1976年，市税务局机关配备了1台晶体管电子计算机。1978年，各科室和各税务所配备了台式8位计算器。1984年，全市税务人员每人配备了1个电子计算器。

1985年6月，市税务局配备了第一台微机（IBM-PC），并着手税收会统软件的研发。1986年至1993年，市税务局和各分局陆续配备了IBM-PC/XT计算机、286计算机、LASER服务器等；同时成功开发了税收会统软件和业务征收软件，并在全局推广全国统一的GCRS税收报表软件。

1994年至2000年，市国税局和市地税局信息化建设均取得较快进展。两局征收单位和业务科室都配备了电脑，先后由单机发展到局域网、广域网，运行了征管、稽查、防伪等各种软件。

2001年至2010年，市国税局建设了高标准电教中心1个，计算机机房9个，全系统人均微机1台以上。推广了金税工程、防伪税控系统、CTAIS2.0综合征管软件等信息化征管平台，自主研发并推广使用纳税评估应用系统、征管电子档案系统、税收风险管理应用系统、征管数据质量发布平台等多个征管应用系统。市地税局普遍开展电脑和网络培训，推广应用征管、稽查、农税、计会等管理软件等各类软件，煤炭可持续发展基金征收软件、个人所得税管理系统、货运发票税控系统、公文处理系统、视频会议系统、IP电话系统、内部网络系统等各系统平稳运行。同时推行网上文书流程审批，建成市局门户网站。

计算机机房

2003年，平定县地税局被评为全国税务系统信息化建设先进单位。2004年，市国税局获全国税务系统信息化建设先进单位称号。

第三章 金融

第一节 金融体制

中华人民共和国成立后，建立了统一的社会主义银行体系和货币制度。中国人民银行阳泉工矿区（市）支行成为阳泉市境内信贷、结算和现金管理的中心。1949年至1978年，境内只有中国人民银行和中国建设银行2家金融机构。1978年至2010年，阳泉市建立和完善了以人民银行为核心，以金融监管为重点，政策性银行和国有股份制商业银行为主体，地方金融机构为补充的金融运行体系。按照国务院和中国人民银行的部署和安排，阳泉市金融体制进行了多次改革和调整。

1990年4月起，人行阳泉支行连续三年组织清理企业相互拖欠贷款的“三角债”。其中，1990年重点清理了流动资金“三角债”，1991年和1992年重点清理了固定资产投资项目拖欠贷款所形成的“三角债”。1992年，按照邓小平视察南方讲话精神，制定了《加快金融改革开放，促进阳泉经济发展的几点措施》。1992年至1993年，人行阳泉支行重点进行了整顿违章拆借和清理及制止社会集资的专项工作。

1993年，为缓解全市资金供需矛盾，人行阳泉支行向市政府提出了《关于进一步搞活资金，稳定金融，促进全市经济既快又好地发展报告》，并制定下发了《关于进一步严格控制信贷总量的规定》《关于进一步加强固定资产贷款管理的规定》《关于进一步加强同业拆借管理的规定》。1994年，人行阳泉支行认真贯彻落实“继续整顿金融秩序，稳步推进金融改革，从严控制信贷总量，切实加强金融监管”的货币信贷工作方针，紧密结合阳泉的经济金融实际，在整顿金融秩序中求稳定，在深化金融改革中求突破，在控制信用总量中求发展，在加强金融监管中求规范。研究制定了《阳泉市金融机构大额贷款报告制度》《阳泉市金融机构大额提现报告制度》《关于严格控制信贷规模的若干规定》《关于同业拆借管理的若干规定》。

1996年，人行阳泉支行贯彻执行适度从紧的货币政策，支持国有大中型企业及重点企业的生产，制定了《阳泉市金融系统关于进一步搞活国有大中型企业及重点企业，努力创造宽松金融环境的实施意见》。1998年，根据总行下发的《关于改进金融服务，支持国民经济发展的指导意见》，制定了《关于做好当前信贷工作，进一步支持全市经济发展的意见》，保证了全市金融机构信贷资金的及时有效投入。

2000年，阳泉市委、市政府确立了以赶超发展为主题、以经济结构调整为主线的经济发展指导思想，确立了“一年起步、二年入轨、三年初见成效、五年大见成效”的经济发展目标。围绕全市经济发展的总体思路，配合市委、市政府确定的产业结构调整规划，人行阳泉中支加大贯彻实施国家货币政策的力度，指导和协调辖内金融机构增强信贷投放力度，把政府确定的经济结构调整项目作为支持的重点，起草制定《关于充分发挥金融整体功能，进一步支持地方经济发展的意见》，得到市委、市政府的高度重视，转发全市各有关职能部门贯彻执行。

2001年，人行阳泉中支为确保企业改制过程中金融债权的落实，制定《关于积极支持企业改革改制，维护金融债权，防范金融风险的意见》。2002年，人行阳泉中支积极支持全市有市场、有效益、有信用中小企业的发展壮大，制定实施《改进金融服务，加大信贷投入，支持全市中小企业快速发展的意见》。

2003年，人行阳泉中支全力配合市有关部门和企业做好“非典”（传染性非典型肺炎，即重症急性呼吸综合征）的预防和治疗，制定《关于改善金融服务，严格防治“非典”，积极提供资金支持的几点意见》；支持下岗失业实现再就业，制定《阳泉市下岗失业人员小额担保贷款实施办法》；支持全市个体私营经济发展，制定《阳泉市下岗失业人员小额担保贷款实施办法》《关于进一步加强对个体私营经济金融服务的实施意见》。

2005年，为推进农村信用社改革进程，人行阳泉中支制定下发《农村信用社改革试点专项中央银行票据考核实施细则》和《专项中央银行票据现场操作规程》，两个文件为票据发行监测考核工作的有序开展奠定了基础。人行阳泉中支农村信用社改革资金支持工作取得突出成绩，取得“两个百分之百”（三家联社百分之百申报第一期央行票据、三家联社百分之百拿到第一期央行票据），全部拿到人总行出具的34806万元的票据认购协议书，人行阳泉中支在全省进行了经验交流。

第二节 金融机构

一、金融管理机构

（一）中国人民银行阳泉市中心支行

中国人民银行阳泉市中心支行是中国人民银行的派出机构，位于阳泉经济技术开发区大连街69号。前身是民国36年（1947）6月晋察冀边区银行在阳泉设立的兑换所，后逐步扩大为营业所和办事处。民国37年10月，更名为华北银行石家庄分行阳泉办事处。民国38年9月，在此基础上组建中国人民银行阳泉工矿区支行，有职工44人。1952年3月，更名为中国人民银行阳泉市支行。1984年12月，根据《国务院关于中国人民银行专门行使中央银行职能的若干具体问题的暂行规定》，将存贷款业务交由工商银行办理，专门行使中央银行职能，并更名为中国人民银行阳泉市分行，下属平定县、盂县两个县支行。1999年1月，中国人民银行阳泉市分行更名为中国人民银行阳泉市中心支行（下文简称人行阳泉中支）。2003年12月27日，全国人大常委会第六次会议通过《中国人民银行法》修正案后，中国人民银行阳泉市中心支行对银行业金融机构的直接监管职能交由阳泉银监分局负责。截至2010年，人行阳泉中支下设平定县、盂县两个县支行，从业人员225名。

（二）中国银行业监督管理委员会阳泉监管分局

中国银行业监督管理委员会阳泉监管分局（简称阳泉银监分局）是中国银行业监督管理委员会的派出机构，位于城区新华东街228号。成立于2004年1月。统一监督管理辖区内银行、信用社和财务公司以及其他存款类金融机构，维护银行业的合法、稳健运行。内设8个科室，在平定县、盂县设有平定监管办和盂县监管办。截至2010年，阳泉银监分局共有职工42人。

二、银行业机构

1949年至1978年，境内先后成立了中国人民银行和中国建设银行分支机构，部分年份存在过中国农业银行分支机构。1979年10月，重新组建中国农业银行阳泉市分行。1984年12月，设立中国工商银行阳泉市分行，将人民银行办理的存款、贷款，结算等业务划归工商银行办理，人民银行开始专门行使中央银行职能。1987年3月，中国银行阳泉市分行成立，办理工商企业外汇业务。1996年12月，作为政策性银行，中国农业发展银行阳泉市分行成立，主要办理政策性粮棉油收购存款、贷款、结算业务。随着国有银行商业化改革的不断深化，工、农、中、建四家国有银行先后改组为国家控股的股份制商业银行。

迅速突破千万美元大关，至2010年，外汇业务各项指标平稳发展。此外开展了理财服务、小微企业金融服务、电子银行等方面的业务。

中国光大银行股份有限公司阳泉支行　2008年12月成立，是阳泉市首家股份制商业银行，隶属中国光大银行太原分行，从业人员26人。截至2010年，各项存款余额158707万元，其中企业存款余额50121万元，储蓄存款余额76723万元；企业贷款余额128815万元。外汇业务稳步合规发展。开发阳光信用卡等15种信用卡。此外开展了零售业务、理财服务等方面的业务。

中国邮政储蓄银行阳泉市分行　2007年3月，在改革邮政储蓄管理体制的基础上组建，分行地址城区迎宾路16号，在编员工312人。截至2010年，下设3个一级支行、14个二级支行。各项存款余额77.6亿元，其中居民存款余额67.41亿元，公司存款余额10.19亿元；各项贷款余额19465.49万元。外汇业务主要有国际汇款、结售汇及外币储蓄理财业务，规模尚小。2009年3月开办信用卡业务，至2010年有效结存量为1266张。还开办了个人网银、企业网银、电话银行、手机银行等业务。

阳泉市商业银行股份有限公司　为地方性金融机构，位于城区南大街600号。前身是阳泉市城市信用社。1985年12月，北大街城市信用社成立，这是阳泉市第一家城市信用社。1989年4月，阳泉市城市信用合作中心社成立。1991年12月，阳泉市城市信用社由中国人民银行阳泉市分行直接管理。1993年10月，阳泉市城市信用社与市人民银行脱钩。1997年12月，平定县、盂县城市信用社分别划归所在地农村信用社。2002年1月，阳泉市城市信用社由4家法人社合并重组，成为单一法人体系、股份制经济性质的城市信用社。2007年6月，召开阳泉市商业银行股份有限公司创立大会暨第一届股东大会第一次会议，并于2007年9月挂牌成立。截至2010年，内设21个部门，下设15个支行，全行在职职工424人。截至2010年，各项存款余额40.23亿元，其中储蓄存款余额12.85亿元、对公存款余额27.38亿元；债券投资总额2亿元；各项贷款余额28.37亿元。存贷比例70.5%，资本充足率16.65%。2010年12月，开办了金鼎卡，实现了银行卡上线运行。

山西省农村信用社联合社阳泉办事处　2006年12月成立，办事处地址开发区大连西路26号。内设8个科室，人员编制28人。办事处对辖内县区联社进行管理、指导、协调和服务，指导辖内农村信用社规范、健康、快速发展。截至2010年，全市农村信用社各项存款余额179.12亿元，其中储蓄存款余额112.94亿元，对公存款余额66.18%。各项贷款余额103.25亿元，其中短期贷款余额73.31亿元、中长期贷款余额25.15亿元、贴现余额4.79亿元；涉农贷款余额87.80亿元，占各项贷款余额的85.03%，占全市银行业金融机构涉农贷款余额的89.03%。2010年8月开办信合通卡，年末有客户16.7万户，存款余额3.96亿元。截至2010年，理财产品“金成鑫”销售额9000万元；债券市场累计交易金额5640.8亿元。

阳泉市郊区农村信用合作联社　1987年12月成立，原称阳泉市郊区信用合作联合社。1996年，区联社与区农行脱钩。2003年，全区17个法人信用社整合为7个法人信用社机构。2007年7月20日，经中国银行业监督管理委员会山西监管局批准，阳泉市郊区农村信用合作联社正式挂牌开业，从业人员690人。截至2010年，各项存款余额623753万元，各项贷款余额406460万元；累计发行信合通卡67984张，银行卡存款余额16631万元，共发行“金成鑫”理财产品3期，总金额3000万元。

平定县农村信用合作联社　1984年5月7日成立，原称平定县农村信用合作社联合社。2007年7月，平定县农村信用合作联社召开统一法人社创立大会，正式挂牌成立。有42个营业网点，在编员工558人。截至2010年，各项存款余额502011.21万元，各项贷款余额297373万元；共发行“金成鑫”理财产品3期，金额3000万元。

盂县农村信用合作联社　1985年9月成立，原称盂县农村信用合作社联合社。2007年7月，改称盂县农村信用合作联社，并完成二级法人向一级法人的转变。截至2010年，各项存款余额665443万元，各项贷款余额328692万元；累计发行信合通卡49547张；发行“金成鑫”理财产品3期，发行总额达3000万元。

盂县汇民村镇银行　系山西首家村镇银行，成立于2008年8月1日，内设部门3个，有24名员工。该行由阳泉市商业银行联合13位股东共同发起设立，注册资本5000万元。截至2010年，各项存款余额4915.38万元，其中储蓄存款2442.91万元；各项贷款余额11174.06万元，其中涉农贷款占比100%，微小企业贷款7473万元，占比66.88%。

三、保险业机构

中国人民保险公司阳泉支公司成立于1950年11月，是国家统一经营的专业保险机构。1958年12月，全国财政会议决定“立即停办国内保险业务”。1959年5月，中国人民保险公司阳泉支公司撤销，人员并入中国人民银行阳泉市支行。1979年，国务院批准《中国人民银行分行长会议纪要》，明确提出逐步恢复国内保险业务。在相隔22年后，中国人民保险公司阳泉市支公司于1981年10月重新组建开业。1984年，更名为中国人民保险公司阳泉市中心支公司。

随着改革开放形势的发展，阳泉保险市场逐步多元化，由中国人民保险公司阳泉市中心支公司独家经营发展为多家保险公司群雄逐鹿的格局。1996年6月，中国人民保险公司阳泉市中心支公司改组为中保财产保险有限公司阳泉市分公司、中保人寿保险有限公司阳泉市分公司，实行产险、寿险分业经营，后分别更名为中国人民保险股份有限公司阳泉市分公司和中国人寿保险股份有限公司阳泉分公司。2002年6月起，太平洋、平安、大地、泰康等多家保险公司在阳泉市设立分支机构。至2010年，阳泉保险业拥有15家成员，其中有8家财产险公司、7家人寿险公司；在县区分设的保险机构发展到50家，保险业从业人员增加到4000余人。年保费收入由1996年的7656.1万元增加到2010年的148681.7万元，增长18.42倍。保险险种增加到800余个，其中包括人身意外伤害保险、养老医疗保险、子女教育保险、车辆保险、农作物保险、森林保险、种养殖业保险、企业财产保险、家庭财产保险等险种，承担各类责任风险1362亿元，赔付（给付）支出3.45亿元，保险深度为4.52%，保险密度为1352元/人。

中国人民保险股份有限公司阳泉市分公司 成立于1950年11月，公司地址三角线路69号。初名中国人民保险公司阳泉市支公司，归中国人民银行阳泉工矿区支行管辖。1952年7月，公司划归阳泉市财政局领导。1958年10月，根据国家有关规定，公司停办所有业务。1959年5月，公司被撤销。1981年8月，中国人民保险公司阳泉市支公司机构恢复。1985年10月，中国人民保险公司阳泉市支公司更名为中国人民保险公司阳泉市中心支公司。

1996年6月5日，公司分设为中保财产保险有限公司阳泉市分公司和中保人寿保险有限公司阳泉市分公司。中保财产保险有限公司阳泉市分公司承接了中国人民保险公司阳泉市中心支公司除寿险以外的全部业务。1999年1月，中保财产保险有限公司阳泉市分公司更名为中国人民保险公司阳泉分公司。2003年，中国人民保险公司进行股份制改革，中国人民保险公司阳泉分公司更名为中国人民财产保险股份有限公司阳泉市分公司。2010年，公司经营的险种已达300余种，主要有机动车辆保险、企事业财产保险、家庭财产保险、工程保险、货物运输保险、特殊风险保险、农业保险、责任保险、信用保证保险、综合保险、意外伤害保险和短期健康保险等。公司全年保费收入34664.47万元，赔款金额14565.32万元。

自1981年恢复业务至2010年，人保财险阳泉分公司为阳泉市经济建设承担风险总额2000多亿元，为遭受灾害的企事业单位及城乡居民家庭累计支付赔款13.78亿元，在发展阳泉保险事业，促进阳泉经济建设，安定人民生活等方面发挥了积极的作用。

中国人民人寿保险股份有限公司阳泉市中心支公司 是由中国人民保险集团公司为主发起成立的全国性寿险公司。中国人民人寿保险股份有限公司阳泉市中心支公司成立于2009年12月，公司地址北大街金联大厦。截至2010年，累计保费收入7748万元，给付金额4.72万元。

中国人寿保险股份有限公司阳泉分公司 1996年6月，中国人民保险公司阳泉市中心支公司产、寿险分业经营，成立中保人寿保险有限公司阳泉市分公司，主要经营人寿保险、人身意外伤害保险和健康保险3大类业务，公司地址南大街油娄沟。2003年6月进行股份制改革，更名为中国人民财产保险股份有限公司阳泉市分公司，开办人寿、养老、医疗、意外伤害等保险险种180余个，产品供给涵盖社会各领域和各类人群。分公司下设12家分支机构，合作网点159家，开设95519服务专线。1996年至2010年，保费收入由3000万元增长到84948万元，增长27倍，累计保费收入521428.35万元，给付金额80043.34万元，2010年市场份额58.61%。

中国人寿财产保险股份有限公司阳泉市中心支公司 是由中国人寿保险（集团）公司及旗下中国人寿保险股份有限公司共同发起成立的全国性专业财产保险公司。中国人寿财产保险股份有限公司阳泉市中心支公司成立于2008年5月，公司地址阳泉经济技术开发区泉中北路银龙苑小区N楼。截至2010年，累计收取保费9709.48万元，赔款支出3117.12万元。2010年市场份额9.36%。

中国太平洋财产保险股份有限公司阳泉中心支公司 成立于2002年9月30日，公司地址南大街197号。主要承保人民币和外币的各种财产保险、短期健康保险、意外伤害保险和责任保险等，以提供简便快捷的特色服务为宗旨。截至2010年，累计收取保费17626万元，赔款支出5214万元。

中国太平洋人寿保险股份有限公司阳泉中心支公司 成立于2002年6月28日，公司地址北大街16号。以“平时注入一滴水，难时拥有太平洋”为品牌战略，险种覆盖人寿保险、年金保险、健康保险、意外伤害保险等类型。截至2010年，累计收取保费162562.24万元，给付支出15329.37万元。2010年市场份额18.78%。

中国平安财产保险股份有限公司阳泉中心支公司 成立于2005年9月，公司地址阳泉经济技术开发区大连街3号。业务范围涵盖车险、财产损失险、责任保险及信用保证保险等一切法定产险业务及国际再保险业务。截至2010年，累计收取保费11960.26万元，赔款支出3291.96万元。2010年市场份额8.30%。

中国平安人寿保险股份有限公司阳泉中心支公司 成立于2004年6月，公司地址城区泉中路45号美隆国际广场6层。至2010年，累计收取保费9240.78万元，支出293.97万元。

中国大地财产保险股份有限公司阳泉中心支公司 成立于2005年9月，公司地址阳泉城区桃北中路28号科技大厦。原称山西分公司阳泉营销服务部，2008年改建为阳泉中心支公司。

主要承办企业和家庭财产保险、机动车保险、工程保险、各类责任保险，以及短期健康保险、人身意外伤害保险。截至2010年，累计收取保费20618.66万元，赔款支出8102.99万元。

泰康人寿保险股份有限公司阳泉中心支公司　成立于2007年7月，公司地址阳泉经济技术开发区大连西街与保晋路交界处盛世华庭。2007年至2010年，累计收取保费31907.15万元，给付支出704.56万元。2010年市场份额9.48%。

安邦财产保险股份有限公司山西分公司阳泉营销服务部　成立于2008年3月，地址阳泉经济技术开发区大连街36号远东大厦。2008年至2010年，累计收取保费125万元，赔付支出42.1万元。

阳光财产保险股份有限公司阳泉中心支公司　成立于2009年1月，公司地址桃北东街半山写字楼。2009年至2010年，累计收取保费1867万元，赔付支出397万元。

永安财产保险股份有限公司山西省分公司阳泉营销服务部　成立于2009年5月，地址城区滨河世纪城凯旋世纪广场B座。2009年至2010年，累计收取保费600.97万元，赔付支出266.19万元。

太平人寿保险有限公司阳泉中心支公司　成立于2009年8月，公司地址泉中路45号。2009年至2010年，累计收取保费5152.25万元，给付支出0.87万元。

新华人寿保险股份有限公司阳泉中心支公司　成立于2009年8月，公司地址阳泉经济技术开发区大连西街中段。2009年至2010年，累计收取保费5185.45万元，给付支出15.67万元。

四、其他金融机构

除银行业和保险业外，阳泉市还有信托、租赁、财务公司、典当、证券、委托投资、期货经纪、产权交易、担保等多种金融活动。但多数规模小，活动分散，同时活动主要集中在阳泉信达投资管理公司、山西证券有限责任公司阳泉德胜东街证券营业部、方舟担保公司等几个实体。其中阳泉信达投资管理公司历史较长，业务种类较多。典当业在阳泉解放建市前，境内一度盛行，阳泉建市后逐渐衰退。改革开放后典当业得到复苏，但规模很小。

阳泉信达投资管理公司　成立于1988年8月，公司地址阳泉市德胜东街23号。原名阳泉市信托投资公司，系地方性非银行金融机构，注册资本金6800万元人民币。2003年，公司整顿转型为经济实体，更名阳泉信达投资管理公司，属市国资委监管，注册资本金增加为11598万元。截至2010年，下设4个控参股公司：晟鑫期货经纪有限公司、山西鑫晟保险代理有限公司、阳泉市汇通小额贷款公司、郑州鑫晟贸易有限公司。公司历年经营的业务主要有：

证券业务。1993年5月，阳泉市信托投资公司加入上海证券交易所。同年10月，设立证券营业部，开通沪、深股市交易业务。截至1997年6月，累计实现利润3000余万元。

委托投资业务。2003年3月，公司停办金融信托业务，组建了阳泉信通投资管理有限公司，主营证券投资业务，累计实现收益上亿元。该公司于2010年注销。

期货经纪业务。2001年12月，公司出资收购长春高斯达期货经纪有限公司股权。2003年8月，经中国证监会核准，变更为晟鑫期货经纪有限公司。2003年11月，公司在阳泉开业，注册资本金7000万。晟鑫期货经纪有限公司主要从事国内商品期货经纪业务，是上海期货交易所、大连商品交易所、郑州商品交易所会员，同时是中国期货业协会会员。公司下设太原、上海、晋中、郑州、大连、石家庄、长治、北京8家分支机构，建立了相应的服务网络，投资者遍及全国各地。2009年9月，获得监管评级C类CC级。截至2010年，服务客户2583户，管理资产1.41亿元，实现收入1493万元。

产权交易市场。2006年4月，由公司筹建成立了阳泉市产权交易市场并正常营业，后交由阳泉市国有资产管理委员会管理。

保险业务。2006年10月，信达投资管理公司组建山西鑫晟保险代理有限公司。截至2010年，实现保单1110件，保费367万元，手续费收入36万元。

小额贷款公司。2009年7月，信达投资管理公司组建阳泉市汇通小额贷款公司。截至2010年，资产总额1亿元，贷款余额9750万元，各项收入1641万元，实现利润1286万元。

郑州鑫晟贸易公司。2010年7月，信达投资管理公司牵头8个股东投资1118万元，成立郑州鑫晟贸易公司，主要从事期货套利业务。阳泉信达投资管理公司出资400万元，成为控股股东。至年末略有盈余。

山西证券有限责任公司阳泉德胜东街证券营业部　成立于1993年10月，营业部地址阳泉市德胜东街23号。原为阳泉市信托投资公司所属证券营业部。2001年12月，经中国证监会批准，山西证券有限责任公司与省内5家信托公司证券类资产合并重组，实施增资扩募，组建了新的综合性专业证券公司，阳泉市信托投资公司证券营业部即为其中之一。2002年5月1日，营业部更名为山西证券有限责任公司阳泉德胜东街证券营业部。营业面积3000多平方米。下设盂县、郊区、平定县、娘子关等远程证券服务部。业务范围主要为代理发行、买卖、兑付各种有价证券；代收付各种有价证券红利、本息；证券代保管业务；国债理财业务；资金理财业务；代销开放式基金；体育彩票；企业投资咨询等。

营业部管理科学，服务周到，技术设施先进。营业大厅功能齐全，宽敞明亮，三楼设有贵宾室2间、大户室8间，中户区4区100多户，四楼散户交易大厅1000多平方米，可容纳千余人同时进行交易。有先进的行情显示大屏、自助委托机、自助交割机、ATM柜员机等设备，交易行情通过卫星双向接收，交易系统使用恒生2000系统，开通了32条电话中继线。同时还积极拓展无形市场，山西证券金典证券网（http：//www.i618.com.cn）是省内首家网上证券交易网站，投资者可通过金典网站方便地进行股市行情分析和交易。营业部还不断扩展银证合作领域，积极探索智能型服务，全面提升服务层次。

营业部严格遵循国家证券管理法规和交易制度，严格按“法治、监管、自律、规范”的八字方针办事，自觉接受证券监督部门的监管。同时，建立了科学高效的内控制度，严格进行内部管理，注重控制和防范各种金融风险，增强员工的风险防范意识。营业部积极创建文明诚信单位。2002年，营业部被共青团山西省委授予“青年文明号”荣誉称号；2003年，被阳泉市人民政府命名为“重合同，守信用”单位。

阳泉市方舟担保有限责任公司 成立于2008年8月，隶属于阳泉市财政局，首次注册资本金为3100万元，公司地址桃北中街18号建设大厦。公司牢固树立风险意识，坚持市场化运作，严格按照山西省中小企业信用担保有限公司的工作流程及相关规定开展业务，建立健全了申报、初审、考察、机构审核、评审、保后跟踪、代偿、追偿等各个环节的制度，建立和完善了各种合同文本。该公司与阳泉市商业银行签署了合作协议书，建立了长期业务合作关系。截至2010年，申报登记的企业有32户，其中立项20户，企业报送资料20户，已调查企业18户，办理贷款担保3笔，累计为企业流动资金贷款担保420万元。

第三节　金融业务

一、存款

1949年至1990年，随着经济社会的发展，全市存款统计科目和数量均发生较大变化。1949年，经济发展刚刚起步，集体存款不少项目尚未开展，城乡储蓄存款很少。到1990年，全市存款总额增长1200多倍。1991年至2010年，是全市金融机构各项存款业务增长较快的发展时期。到2010年，全市金融机构各项存款余额达877.99亿元。

（一）居民储蓄存款

1949年，城乡居民储蓄存款仅1.1万元。到1990年，城乡储蓄存款达133576万元。1995年以前，居民储蓄存款按城镇居民储蓄存款和农户储蓄存款分别统计，其增长也较为平稳，年均增长在20%左右。从1996年开始，随着经济发展步伐加快，城乡居民收入增加，各金融机构自主经营意识明显增强，各行都把大力组织储蓄存款放在第一位，下大力改善金融服务，合理布局网点，开办代发工资，实行通存通兑，增设自动柜员机，24小时便民服务，同时加大对公款私存的整治力度，实行储蓄存款实名制管理，使居民储蓄存款进入了相对较快的发展时期。到2010年，全市居民储蓄存款达459.53亿元，对全市经济发展起了至关重要的作用。

（二）企业存款（对公存款）

企业存款（对公存款）主要是指各企业、事业、机关、团体、部队等单位的存款。1949年，经济发展刚刚起步，集体存款不少项目尚未开展。到1990年，全市工商企业存款达43534万元，财政性存款5357万元，农村集体存款2778万元，信用社转存款24235万元，基本建设存款6762万元。1995年，机关团体部队存款划归企业存款科目。2000年，农业和农村存款也划归企业存款科目。2002年，信托存款划归企业存款。至此，企业存款包括了财政存款、农业和农村存款、信托类存款。随着全市经济发展速度的加快和经济结构的不断调整，以煤炭、耐火、铝业、电力等行业为重点的企业存款大幅度攀升。到2010年，全市企业存款余额达292.65亿元，成为支撑全市银行业发展的第二大资金来源。

1990—2010年部分年份阳泉市金融机构各项存款余额统计表

表-13-8　　单位：亿元

年 份	存款余额	城乡居民储蓄存款余额	企业存款余额
1990	13.50	7.94	4.50
1991	16.13	16.63	4.89
1995	41.36	43.11	12.34
2000	114.30	84.37	22.41
2005	306.40	195.50	70.17
2010	877.99	459.53	292.65

二、贷款

1949年，阳泉仅有工业贷款0.7万元，商业贷款2.6万元。到1990年，各种贷款增长4000多倍，全市有工业贷款76568万元，商业贷款44372万元，农业贷款10498万元，固定资产贷款

17253万元，以及施工企业短期贷款7021万元，商品住宅贷款15517万元。1991年至2010年，全市金融机构各项贷款呈现出不同的增长变化。2010年，全市各项贷款余额达369.21亿元。

（一）短期贷款

截至2010年，全市金融机构短期贷款余额188.89亿元，较1990年的11.79亿元增长1602.12%，年平均增长114.88%。

工业贷款。1995年以前，物资供销企业贷款、集体工业企业贷款和工业企业科技开发贷款与工业企业贷款分别统计，1996年起全部为工业企业贷款。1991年至1995年，工业贷款增长较为缓慢；1996年、1997年两年增长较快；1998年至2005年，工业贷款一直在22亿元左右徘徊，市属工业企业以中小企业为主，较难获得国有商业银行支持。

商业企业贷款。1995年粮食流通体制改革后，粮棉油收购、储备等项贷款由政策性银行承担，农副产品收购贷款单项进行统计。商业企业贷款1999年达到高峰，贷款余额达14.51亿元。至2005年，商业企业贷款由上年的10.39亿元跌落到8.67亿元。

建筑企业贷款。1990年至1998年，建筑企业贷款余额在1亿元左右徘徊。1999年实施适度从紧的货币政策，对房地产市场集中整顿，建筑企业贷款余额由上年的1.26亿元骤降到0.49亿元。2002年房地产市场升温后，贷款余额又开始迅速增加。

“三资”企业贷款。境内“三资”企业贷款始于1994年，当年贷款余额79万元。1998年“三资”企业贷款升至最高，贷款余额4686万元；2001年起逐年下降。

农业贷款。阳泉农业贷款数量较小。“八五”期间，全市农业贷款增幅缓慢，1994年甚至出现负增长。从1996年开始，全市农业贷款进入快速增长期。

乡镇企业贷款。1991年，阳泉乡镇企业异军突起，当年乡镇企业贷款达1.97亿元。随着乡镇企业经营规模的不断扩大，乡镇企业贷款需求旺盛，贷款余额不断增长。

个体及私营企业贷款。阳泉市个体及私营企业贷款始于1980年，当年贷款余额仅为1000元。随着民营企业发展加快，贷款需求也趋于旺盛。到1991年，个体私营企业贷款余额达824万元，贷款对象也由商业零售及批发扩大到工业企业。

中长期流动资金贷款。1998年，国家清理企业之间相互拖欠货款形成的“三角债”，从固定资产源头注入资金，银行注入的贷款形成中长期流动资金贷款，使当年中长期流动资金贷款新增19632万元。到2004年，中长期流动资金贷款余额达到31181万元。2005年至2010年，随着清理企业“三角债”不再作为经济工作的重点，将一年期以内的贷款划归短期贷款，一年期以上的贷款归并到中长期贷款科目。

（二）中长期贷款

1994年人民银行专门行使中央银行职能后，中长期贷款项目中“地方经济开发性贷款”交由各国有商业银行管理。1995年，对政策性贷款专门设立了“代理政策性银行贷款”科目，该科目于1996年中国农业发展银行阳泉市分行成立后即被取消。1994年，随着房地产市场的发展，“其他中长期贷款和住房贷款”开始办理。以后各国有商业银行又陆续开办了个人中长期消费贷款业务。1996年，房地产开发贷款、个人住房贷款和个人中长期消费贷款合并为“其他中长期贷款”。截至2010年，全市金融机构中长期贷款余额为170.26亿元。

1990—2010年部分年份阳泉市金融机构各项贷款余额分项统计表

表-13-9 单位：亿元

年 份	贷款余额	短期贷款余额	中长期贷款余额
1990	20.55	11.79	1.73
1991	16.67	13.65	1.89
1995	39.85	25.27	11.18
2000	81.60	58.70	17.75
2005	148.20	90.77	49.34
2010	369.21	188.89	170.26

三、结算

中华人民共和国成立初期，中国人民银行阳泉市支行设立会计股，在分理处、营业所设立结算专柜，开展同城结算和异地结算。1949年至1990年，全市银行转账结算业务量增长2300多倍，其中异地结算金额占转账结算金额的38.23%。全市银行坚持钱货两清，维护收付双方的正当权益和银行不予垫款的结算原则，使现金结算与转账结算一直保持在5%和95%左右的比例，减少了现金流通量，节约了社会劳动力。

1991年至2010年，为确保企业资金快速准确入账，减少资金在途时间，先后制定下发了《阳泉市同城票据清算准入退出审批办法》《阳泉市同城票据清算管理办法》等，使全市资金在途时间由原来的7天减少为2天。

截至2010年，全市共核发企业开户许可证30665份。对企业临时结算账户开展检查，先后制定了《阳泉市整顿企业多头开户、维护银行结算纪律的实施办法》《银行支付结算管理办法》《人民币银行结算账户管理办法》《人民币大额可疑支付交易管理办法》等文件，通过对金融机构的检查管理，企业多头开户、多头贷款、企业临时结算账户提现等违规问题得到有效遏制，维护了全市银行正常的结算秩序。

四、保险业务

（一）财产保险

1950年至1996年的46年，中间有一半时间（1958年至1981）停办保险。另一半时间（1950年至1958年，1981年至1996年），境内保险业由中国人民保险公司阳泉市中心支公司独家经营。1996年6月，产险寿险分营，中保财险阳泉分公司承接了中保阳泉中支除寿险以外的全部业务。2002年9月起，先后有太平洋产险、平安产险、大地产险、安邦产险、中国人寿财产保险、阳光产险、永安产险7家保险公司在阳泉市设立分支机构。1996年至2010年，全市财产保险累计保费收入28.26亿元，赔付支出13.17亿元。

中保财险阳泉分公司经营的险种达300余种，主要有机动车辆保险、企事业财产保险、家庭财产保险、工程保险、货物运输保险、特殊风险保险、农业保险、责任保险、信用保证保险、综合保险、意外伤害保险和短期健康保险等。公司积极探索新的经营管理机制和展业方法，重点强化了优质服务和市场开发机构，创造了小公司大发展的经营佳绩。自1981年恢复业务至2010年，中保财险阳泉分公司为遭受灾害的企事业单位和城乡居民家庭累计支付赔款13.78亿元。太平洋产险阳泉中支以提供简便快捷的特色服务为宗旨，主要承保人民币和外币的各种财产保险、短期健康保险、意外伤害保险和责任保险等。承诺全年无休、365天营业、24小时接受报案和快捷事故查勘、理赔。平安产险阳泉中支业务范围涵盖车险、财产损失险、责任保险及信用保证保险等一切法定产险业务及国际再保险业务。贯彻“差异、专业、领先、长远”的经营理念，实行全国通赔，全国统一报案电话95512，实现24小时开通，理赔人员24小时待命。大地产险阳泉中支主要承办企业和家庭财产保险、机动车保险、工程保险、各类责任保险，以及短期健康保险、人身意外伤害保险。公司积极应对市场变化，以优质服务树品牌、树形象。其他财产保险公司以服务促发展、树形象，使承保服务面不断延伸，促进了阳泉市保险业的发展。

（二）人寿保险

1950年至1958年和1981年至1996年两段共23年中，寿险是中国人民保险公司阳泉市中心支公司业务的一部分，与产险一起混合经营，单独的统计数据无考。1996年6月至2010年，前6年境内寿险由中国人寿阳泉分公司独家经营，后8年先后有太平洋人寿、平安人寿、泰康人寿、太平人寿、新华人寿、中国人民人寿保险6家保险公司在阳泉市设立分支机构。前后14年，全市人寿保险累计保费收入74.32亿元，给付支出10.69亿元。中国人寿阳泉分公司是境内最大的人寿保险机构，开办人寿保险、养老保险、医疗保险、意外伤害保险等保险，险种达180余个，产品涵盖社会各领域和各类人群。重视开拓县域和农村市场，积极试点开办农村小额保险。太平洋人寿阳泉中支坚持稳健经营，追求永续发展，不断提高公司偿付能力，险种覆盖人寿保险、年金保险、健康保险、意外伤害保险等类型，开发了“太平盛世”“老来福”等风险保障与投资理财功能兼具的系列产品。其他人寿保险公司坚持诚信合规和特色服务，业绩逐年向好。

1981—1995年阳泉市国内保险业务收支一览表

表-13-10 单位：万元

年 份	保费收入	赔付（给付）支出	年 份	保费收入	赔付（给付）支出
1981	180.80	—	1989	3591.50	861.70
1982	225.82	61.30	1990	4159.30	1051.10
1983	230.00	—	1991	4731.30	1211.70
1984	226.00	—	1992	7262.70	4877.60
1985	589.29	367.25	1993	8251.00	2291.00
1986	1332.30	701.00	1994	5481.70	2249.00
1987	1332.30	850.50	1995	6054.00	3092.80
1988	1892.30	871.90			

1996—2010 年阳泉市国内保险业务收支一览表

表 -13-11 单位：万元

年 份	保费收入			赔付（给付）支出		
	合 计	财产险	人寿险	合 计	财产险	人寿险
1996	7656.10	4622.70	3033.40	4594.70	3114.90	1479.80
1997	10190.70	5533.70	4657.00	4726.46	3006.46	1720.00
1998	12531.10	6617.00	5914.10	4715.54	3337.90	1377.64
1999	14690.40	6979.70	7710.70	5352.50	3987.50	1365.00
2000	17436.51	7383.81	10052.70	6405.12	4324.52	2080.60
2001	19539.96	8005.66	11534.30	7316.18	4801.70	2514.48
2002	43259.49	8948.80	34310.69	6419.30	4586.20	1833.10
2003	57152.19	11844.30	45307.89	9775.14	5920.90	3854.24
2004	59961.75	17085.50	42876.25	9569.16	7670.85	1898.31
2005	71883.43	19110.99	52772.44	10257.52	8179.05	2078.47
2006	84011.92	23431.65	60580.27	13033.96	10519.15	2514.81
2007	110235.00	31275.80	78959.20	32694.75	13821.63	18873.12
2008	157598.78	37590.69	120008.09	45901.49	18507.49	27394.00
2009	161052.41	40471.65	120580.76	43337.17	18847.53	24489.64
2010	198576.91	53650.48	144926.43	34488.27	21031.46	13456.81

第四节　金融管理

一、货币流通管理

（一）现金收入

1949 年至 1990 年，在阳泉市现金收入渠道中，商品销售收入、城镇储蓄存款收入规模较大，分别占现金总收入的 50.51% 和 27.32%。

1949—1990 年阳泉市现金收入统计表

表 -13-12　　　　单位：亿元、%

收入渠道	金　额	比　重	收入渠道	金　额	比　重
商品销售收入	58.96	50.51	城镇储蓄存款收入	31.89	27.32
劳务服务收入	8.85	7.58	汇兑收入	2.15	1.84
税款收入	1.33	1.14	其他收入	6.44	5.52
农村信用收入	7.12	6.09	总　计	116.74	100

1991 年至 2010 年，在阳泉市现金收入中，储蓄存款收入、商品销售收入和服务业收入所占比重较大，分别占现金总收入的 74.34%、11.07%、5.00%。

1991—2010 年阳泉市现金收入统计表

表 -13-13　　　　单位：亿元

年 份	总 计	商品销售	服务事业	税 款	个体经营	储蓄存款	汇兑收入	债券收入	其他收入
1991	20.88	7.47	1.19	0.09	0.05	9.46	0.33	0.18	1.05
1992	27.18	8.65	1.49	0.12	0.05	13.19	0.38	0.43	1.59
1993	38.67	9.19	1.76	0.18	0.14	20.68	0.48	0.50	3.02
1994	48.21	12.17	2.21	0.20	0.21	26.23	0.65	0.36	3.12
1995	66.89	14.35	3.01	0.36	0.23	38.17	0.95	0.28	4.85
1996	82.99	17.5	4.29	0.59	0.4	48.43	1.24	0.23	5.83
1997	103.63	19.16	5.53	0.66	0.51	60.58	1.39	0.86	10.45
1998	137.54	20.84	8.48	0.88	3.16	91.33	1.62	1.06	7.75
1999	170.36	21.95	9.47	1.01	2.82	120.69	1.81	0.74	9.15
2000	211.41	24.77	11.31	1.24	4.13	148.38	2.31	1.17	13.76
2001	265.4	28.66	15.24	2.09	5.78	188.22	4.62	1.45	15.18
2002	277.9	31.57	20.5	2.68	5.19	193.41	4.54	1.12	12.04

二、经理国库

（一）办理国库的吸纳 划分支拨和退付

中华人民共和国成立后，政务院颁发中央金库条例，由中国人民银行代理国库业务，阳泉市设立了支库。1984年中国人民银行专门行使中央银行职能后，阳泉分行设立国库科，与财政、税务机关配合，承担国家财政预算收支的核算报解工作。1990年，核算中央国库款收入总额6907万元、地方国库收入总额43270万元。全市各级银行共为483个国库客户办理资金划拨业务15.05亿元。1991年，上划中央财政预算收入5636万元，上划省级预算收入4900万元，实现地方一般预算收入2.16亿元，地方财政支拨2.07亿元；2010年，上划中央预算收入55.60亿元，上划省级预算收入10.60亿元，实现地方一般预算收入37.51亿元，地方财政支拨69.22亿元。

（二）代理财政发行 兑付国债

1950年，阳泉在境内推销国家人民胜利折实公债42290分（每分相当于煤炭8千克）。1954年至1958年，阳泉市连续5年推销国家经济建设公债，数量无考。1981年至1990年，阳泉市组织推销中华人民共和国国库券13632.6万元（含1989至1990年发行的特种国债和保值公债），并完成了国债兑付工作。1991年至2010年，全市累计发行国债8.75亿元并完成了国债兑付工作。

三、外汇管理

（一）机构

1987年7月，国家外汇管理局阳泉分局成立，与中国人民银行阳泉市分行合署办公，在人民银行内设外汇管理科。1998年，国家外汇管理局阳泉分局更名为国家外汇管理局阳泉市中心支局。主要职责是宣传贯彻执行外汇管理方针、政策，实施国际收支申报制度，分析国际收支、外汇收支，监督管理经常项目、资本项目外汇交易和外汇收支，管理外汇指定银行、外资企业、进出口企业外汇收支，监督检查和打击各类违反外汇法规政策的违法违规行为。

1949年至1987年，全省统一由中国银行太原分行行使外汇管理职能。1987年至2010年，国家外汇管理局阳泉分局行使境内外汇管理职能，阳泉市外汇业务进一步拓宽。

（二）主要工作

1987年至1994年，重点采用外汇额度管理，对企业出口贸易、非贸易（如侨汇旅游、劳务输出）所得的外汇，实行留成额度控制，在核批的额度内可自行使用。1991年12月1日，开办国内居民调剂外汇，价格参照对公调剂外汇价格和居民外汇供求关系，由省级外汇管理局制定。1995 年起，外汇及外汇管理内容有以下 8 项。

1. 进口付汇核销。2001 年至 2010 年，全市进口付汇由 417 万美元增至 2416 万美元。

2. 出口收汇核销。1991 年全市出口收汇额仅为 91.15 万美元，其中，信用证收汇 20 万美元，托收 71 万美元，自寄单据收汇 0.15 万美元。2001 年，全市出口收汇额 2898 万美元，其中，一般贸易额 2890 万美元，来料对口加工收汇 8 万美元。到 2010 年，全市出口收汇额增加到 12717 万美元，其中，一般贸易额 12705 万美元，来料对口加工收汇 12 万美元。2001 年至 2010 年，全市进出口总额 101553.41 万美元，其中，进口总额 32756.29 万美元，贸易顺差 36041.37 万美元。

3. 银行结售汇业务。银行结售汇从 1994 年开始办理，当年结汇收入 174 万美元，售汇金额 12 万美元。随着外贸体制和外汇管理体制的不断改革和发展，到 2010 年，全市银行结汇收入 32584 万美元。其中贸易收入 12246 万美元，包括国内企业外汇收入 10997 万美元，外商投资企业外汇收入 1249 万美元；非贸易收入 881 万美元，主要是国内居民外汇收入，达 831 万美元。全市银行售汇金额 2502 万美元，其中贸易支出 2223 万美元，非贸易支出 255 万美元。

4. 国际收支申报。2010 年国际收支申报中，对公单位涉外收入申报额为 13690.18 万美元，对公单位对外付款 16708.76 万美元。对私涉外收入 466.84 万美元，对私对外付款 873.29 万美元，主要是教育类留学、考试、培训、研修等方面的付款。

5. 外汇账户收支管理。截至 2010 年，全市外汇账户中，经常项目账户 212 户，资本项目账户 14 户，开证、付汇保证金及睡眠户等暂存户 499 户，主要分布在中国银行股份有限公司阳泉市分行、中国工商银行股份有限公司阳泉分行、中国农业银行股份有限公司阳泉市分行、中国建设银行股份有限公司阳泉分行 4 家经营外汇业务的国有商业银行。

6. 金融机构外汇业务监管。金融机构外汇业务监管，主要监管对象为中国工商银行股份有限公司阳泉分行、中国农业银行股份有限公司阳泉市分行、中国银行股份有限公司阳泉市分行、中国建设银行股份有限公司阳泉分行 4 家经营外汇业务的国有商业银行。监管的内容为出口结算（1998 年开办，主要包括信用证项下结算、托收、汇款）、进口结算（包括信用证项下和汇款）、非贸易项下汇款等。1998 年，全市出口结算为 1866 万美元。其中信用证项下 1127 万美元，托收 159 万美元，汇款 580 万美元；进口结算 96 万美元，全部为汇款结算；非贸易项下汇入汇款 34 万美元，非贸易项下汇出汇款 32 万美元。2010 年，全市出口结算为 13690 万美元。其中信用证项下 889 万美元，托收 219 万美元，汇款 12582 万美元；进口结算 16709 万美元，其中信用证项下 10118 万美元，汇款 6586 万美元；非贸易项下汇入汇款 600 万美元，非贸易项下汇出汇款 2727 万美元。

7. 个人用汇。个人用汇是从1999年4月开始办理并汇总的，居民个人兑换外汇支出主要反映在留学用汇、培训、邮购药品、医疗器械、境外亲属发生特殊情况用汇和其他经常项目下的外汇支出，当年全市居民个人兑换外汇支出仅为8.01万美元，其中出国留学用汇5.61万美元，因公提取现钞8.8万美元。到2010年，居民个人兑换外汇支出总计为2756.70万美元，其中自费出境学习用汇1022.61万美元、境外旅游用汇789.39万美元、探亲用汇10.44万美元、商务考查用汇51.74万美元、国际交流用汇0.27万美元、境外培训用汇3.77万美元。

8. 外汇债务。外汇债务包括外债和金融机构贷款。1990年，全市境外金融机构贷款148.75万美元。到2010年，全市外汇债务总额1430.71万美元；全市外商投资企业累计注册21家，注册资本9849万美元，其中外方资本7355万美元。外商投资企业中，独资企业2户，合资企业19户，合资企业所属地区主要有新加坡、韩国、德国及中国香港地区。

四、金融监管

（一）构建金融监管体系

1. 制度体系建设。2004年1月阳泉银监分局成立后，注重金融监管体系的构建，首先抓紧监管制度体系的建设，制定了《辖区银行业金融机构重大事项报告制度》《实时性非现场监管暂行办法》《现场检查项目申报审批制度》《内部信息共享制度》等十余个监管工作制度及办法，内容涵盖现场检查、非现场监管、市场准入管理、风险分析评价等监管工作的各个方面。

2. 操作体系建设。2004年至2010年，阳泉银监分局不断改进和完善监管工作的操作体系。在非现场监管工作中，推行了实时性监管的新模式，对被监管机构的有关资料进行监测、分析，掌握运行状况，把握风险全貌，及时采取针对性的监管措施。在现场检查方面，实行了项目申报审批制度，改进了计划管理，保持了现场检查的连续性和系统性，规范了现场检查工作。在金融机构行政管理工作方面，设立了高级管理人员资格审查和金融机构市场准入两个专门委员会，进一步严格机构行政审批工作。

3. 评价体系建设。为适应专业化监管，2004年至2010年，阳泉银监分局制定《监管工作指引》《监管工作责任制》《监管工作问责制》《监管工作量化考核奖惩办法》等规定，突出分类监管、持续监管和依法监管；修订《阳泉市银行业金融机构市场准入审核操作程序》和《阳泉银监分局金融机构市场准入审查委员会工作制度》，全面提升金融机构行政管理质量与水平。

（二）推进新型金融机构组建工作

1. 规范城市信用社改制工作。银行业监管部门按照申报城市商业银行的政策、规定和程序要求，督促城市信用社在稳健经营、健康发展的基础上，积极做好各项筹备申报工作。2007年9月6日，山西银监局批准阳泉市商业银行股份有限公司开业。

2. 推进新型农村金融机构试点工作。阳泉银监分局积极稳妥开展建立村镇银行试点工作。2008年8月1日，全省第一家村镇银行——盂县汇民村镇银行正式挂牌成立。

3. 抓好邮政储蓄改革工作。银行业监管部门督促邮政储蓄机构突出抓好改革期间的资金安全工作，确保机构改革顺利，业务和人员平稳衔接，进一步提升服务水平和竞争能力。2008年3月18日，中国邮政储蓄银行阳泉市分行挂牌成立。同年6月，邮政储蓄银行32家支行全部开业。

4. 推动股份制银行落户阳泉。阳泉银监分局邀请和引导股份制银行到阳泉设立分支机构，2009年12月16日，光大银行太原分行在阳泉设立了首家异地直属支行。

5. 推进组建财务公司。阳泉银监分局推进境内大型企业集团组建财务公司，引导各类非银行金融机构落户阳泉。2009年12月18日，阳泉煤业集团财务有限责任公司经银监会批准开业。

（三）推进农村信用社改革

2004年至2010年，阳泉银监分局围绕农村信用社统一法人改革目标，加强组织领导，采取有力措施进行扶持帮助，促进了改革的深入进行，取得明显成效。

1. 协调市、县两级政府出台多项扶持措施。这些措施包括：建立专项扶持资金，财政列支返还营业税，按小额农户信用贷款的2%给予专项补助，帮助增资扩股，专项清收不良贷款，取消存款歧视性规定，减免相关收费等。

2. 落实前期准备工作。全市农村信用社开展清产核资，查实各类资产损失38875万元，处理和规范历年挂账1017万元。截至2005年6月，增扩股金17795万元，股金总额增长2.36倍，资本充足率提高了28.5个百分点。清收消化不良贷款，对不良贷款分布情况、沉淀程度、清理难点等进行全面摸底调查，通过落实债权、盘活贷款、土地使用权转让等方式，共清收消化不良贷款10381万元，使各联社均实现资能抵债，资能抵债额41162万元，资本充足率8.95%，备付金比例为18.2%，全市35家农村信用社税前全部实现盈余。规范操作，顺利取得央行资金支持，三家联社均与人民银行签订了专项票据发行协议书。针对农村信用社信用代办站违规经营严重、风险隐患大的问题，组织农村信用社在规定时间内完成593个代办站清理工作。

3. 严格依法履行统一法人程序。制定《阳泉市农村合作金融改革与发展纲要》，为全市农村合作金融改革与发展确定总体目标，设计总体框架。全市各县（区）联社全部成立统一法人筹备工作领导小组；辖内32个农村信用社、3个县（区）联社分别召开社员代表大会，以书面形式达成同意实施统一法人的意见，并通过了有关决议，组织实施了清产核资。选举产生理事、监事，组成理事会、监事会，并选举产生理事长、监事长，理事会按程序聘任主任、副主任和财务负责人。

4. 经山西银监局批准，盂县、平定、郊区 3 家联社分别于 2007 年 6 月 26 日、6 月 28 日、7 月 10 日挂牌开业，成为全省首家整体完成统一法人社组建的地市。全省统一法人社组建工作现场观摩会、全省农村信用社信贷管理系统论证会在阳泉市召开。

（四）加强中小企业信贷服务

2006 年至 2010 年，阳泉银监分局加强中小企业信贷服务，在五个方面持续着力。

1. 完善制度措施。全市银行业监管部门研究制定了《关于进一步推进金融支持小企业发展的意见》《关于进一步优化融资环境，支持中小企业融资的若干措施》等工作措施，有效解决小企业融资难的问题。

2. 设立小企业专营机构，搭建融资平台。全市银行业金融机构设立了小企业金融服务机构，监管部门协助市政府连续三年组织召开了阳泉市“百项工程”银企洽谈会暨项目合作签字仪式。2008 年，辖内 11 家金融机构与全市 41 家中小企业签约贷款金额 143.5 亿元。2009 年，银企双方在充分交流的基础上，共签约项目 35 个。2010 年，又邀请了 16 家省级银行业机构、9 家级市银行业机构与 45 家企业直接见面，推荐了 150 个项目，签署了 15 项贷款协议以及总金额 93.7 亿元的贷款意向。

3. 加强信息沟通。阳泉银监分局创办了《中小企业金融服务情况专报》，发送至市委、市政府及所属各相关部门和各银行业机构，及时传递向中小企业服务的信贷政策，及时报道为中小企业进行金融服务的新思路、新举措。

4. 建立和完善工作机制。进一步建立和完善了小企业信贷营销与审批工作机制、小企业贷款违约信息通报机制。在对小企业信贷条件进行审查时，引导阳泉市城乡信用社大胆创新，减少对小企业正式财务报表、商业计划或各类书面文件等信息的过分依赖，更加注重企业经营发展情况的现场调查和非财务信息等方面的软信息收集与分析，试行效果良好，有力地促进了小企业的发展。

5. 推动农村信用社深入开展“三千三百惠农工程”（全省农村信用社全年累计发放支农贷款 1000 亿元，创建 1000 个省级标准信用村，重点支持 1000 个能带动农民增收的企业；创建 300 个信用市场〔街道〕，扶持 300 个农民专业合作社、为 300 万户农户提供信贷服务）。2007 年后，重点支持了一批农业龙头企业、农村小企业、农民专业合作组织和农户。

阳泉市志

YANGQUANSHIZHI

[中　册]

第十四编

经济管理

阳泉建市之前，境内经济以私有制为基础，管理机构和体制均比较混乱，处于自由发展、盲目运行的状况。阳泉建市之后，市政府设立工商、财税等经济管理机构，在扶持私营经济恢复和发展的同时，积极发展社会主义公有制经济。1953年国家实行第一个五年计划，有计划、按比例发展国民经济的各项制度初步建立。1956年全市对农业、手工业和资本主义工商业的社会主义改造基本完成后，以计划经济为主体的经济管理体制基本形成。1958年至1976年，先后经历“大跃进”和“文化大革命”，由于“左”的错误的影响，用群众运动代替科学管理，经济秩序遭到严重破坏，经济效益普遍降低。与此同时，在经济结构比较简单、生产力水平比较低下的情况下，曾起过积极作用的计划经济管理体制也愈来愈不适应生产力发展的需要，管理过分集中、行政命令手段以及企业自主权过小等问题日益突出起来，严重地制约着经济的发展。

1978年召开的中共十一届三中全会掀开了经济改革发展的新篇章。贯彻中共中央《关于经济体制改革的决定》，全面推行承包（租赁）经营责任制，实行简政放权，开展横向经济技术协作与联合；创办科技市场、劳务市场、资金市场和生产资料市场；在企业内部进行领导体制、经营方式、分配制度、人事劳动制度及管理机构等一系列改革，加强了计划、统计、劳动、社会保障、国有资产、物价、审计、工商、质量技术监督、资源管理等方面的综合协调和监督职能，逐步完善用经济手段和经济组织管理经济，国有企业、民营企业、个体工商户及三资企业蓬勃涌现，生产力的发展步入了快车道，经济运行的态势愈来愈好。特别是进入21世纪以后，随着改革的深化和法治的强化，规范化、制度化、法治化的经济管理体制日臻完善，从而维护了社会主义市场经济秩序和人民群众利益，促进了经济的健康发展与社会的全面进步。

第一章 计划 规划

第一节 机 构

1954年11月1日经山西省人民政府批准，阳泉市计划委员会正式成立，内设综合、生产、财贸3个科室（组）。“文化大革命”开始后，市计划委员会的工作瘫痪，机构随之消亡。1971年，市革命委员会成立计划组。1975年9月撤销市革委会计划组，恢复市计划委员会。1990年，市计划委员会内设办公室、综合科、农业科、工业科、基建科、燃动科、物资科、财贸科、文教科和国土科10个科室。进入21世纪之后，随着市计委综合管理和宏观调控职能的增加，于2001年6月更名为市发展计划委员会。2004年7月，市发展计划委员会又易名为市发展和改革委员会（简称市发改委），同时内部设置市投资促进局。2008年2月，市投资促进局划出成为市政府直属事业单位。2008年12月，成立市资源型城市转型办公室，机构设在市发改委。2009年，市物价局划由市发改委管辖。2010年，市发展和改革委员会下设办公室、工业科、综合科、改革科、投资科、财贸科、能源科、农经科、社会科、环境资源科、外经科、监察室等12个科室，同时，内设市转型办公室，兼管市物价局工作。

第二节 管理体制

1954年，市计划委员会成立，计划工作逐步开展并走上正轨。主要工作是发掘利用一切资源，综合编制全市的经济计划，组织计划执行情况的检查，拟订保证完成计划的具体措施，搜集研

全市工业总产值完成47859万元，年均增长6.9%。原煤、发电量等主要工业产品产量基本上完成了计划任务。

“四五”（1971—1975年）时期，在“文化大革命”动荡政治形势下，阳泉市制定了第四个五年国民经济计划纲要。“四五”计划以备战为出发点，在工业布点上，要求把工业中心从城矿两区移至郊区；在工业内部发展上，要求围绕增加备战物资为中心，高速发展小钢铁工业、机械工业及国防化学工业，同时要求各行各业大办轻工业，计划使轻工业产值占整个工业产值的百分比从1970年的12.3%左右提高到1975年的25%。从“四五”计划的执行情况看，全市期末工业总产值达74837万元，年均增长9.4%；轻工业完成产值8905万元，占当年工业总产值的11.9%，比计划要求速度相差13.1个百分点；原煤产量突破1644.26万吨，为计划的111%；发电量达64363万度，为计划的45.9%；粮食总产达22808万公斤，为计划的72.4%。

“五五”（1976—1980年）时期，阳泉市没有制定五年发展计划。在“五五”前期的年度计划中，由于对经济建设上长期存在的“左”的错误思想没有认真清理，对江青反革命集团的干扰破坏给国民经济带来的严重后果认识不足，因此，按照国务院修订的《1976—1985年国民经济规划纲要（草案）》和1980年全国要实现农业机械化的要求，阳泉制定的各项年度计划指标都定得较高，导致1977年至1978年大上基本建设，全民单位和集体单位基本建设投资额分别比上年猛增38.5%和19.1%。“五五”后期，《关于阳泉市国民经济发展情况和问题的报告》实事求是地分析阳泉经济发展状况，指出经济发展中存在的农业薄弱、轻重工业比例失调、建设投资中生产性投资多、非生产性投资少、污染严重等问题，并提出解决这些问题的具体措施。这个报告对阳泉国民经济发展产生较深远的影响。“五五”后期，根据国家调整精神，对阳泉膨胀的基建规模进行清理和压缩。仅1979年和1980年就停、缓建工业项目25个，压缩投资7500万元，对恢复正常的经济运行起了重要作用。从计划执行情况看，1980年全市工业总产值达1.01亿万元，为计划的106.4%；原煤完成2098.31万吨，为计划的106.4%；发电量完成12.85亿千瓦小时，为计划的107.1%；粮食总产量达2.12亿公斤，为计划的86.3%；社会商品零售额完成2.7亿元，为计划的117.6%。轻重工业比例也发生了明显变化，轻工业比重由1975年的11.9%上升为1980年的13.3%。从投资结构看，重生产性投资、轻非生产性投资的状况有所改观。1980年全民单位非生产性投资占总投资的比例由1975年的15.6%上升到22.2%。

“六五”（1980—1985年）时期，阳泉国民经济全面增长。1985年工业总产值完成1.77亿元，为计划的104.8%，年均增长11.9%；农业总产值完成1.44亿元，年均增长8.0%；原煤产量完成3163万吨，为计划的113.1%，年均增长8.6%；发电量完成24.46亿千瓦小时，为计划的99.8%，年均增长13.7%；生铁21.22万吨，年均增长4.9%；粮食2.34亿公斤，年均增长1.6%；蔬菜1.07亿公斤，年均增长5.9%；社会商品零售总额为6.29亿元，为计划的123.3%，年均增长18.4%。

“七五”（1985—1990年）时期，全市经济发展的重点是：以粮食生产为基础，以乡镇工业为支柱，农、林、牧、副、渔全面发展；巩固和发展无烟煤生产基地建设，继续发展冶金、化工、建材、机械、电子工业；大力发展消费品工业及第三产业。从计划的执行情况看，全市社会总产值期末达56.52亿元，年均增长15.8%，比计划速度提高8.3个百分点；国内生产总值达23.85亿元，年均增长15.4%，比计划超额完成4.75亿元；国民收入达18.29亿元，年均增长11.4%，比计划多完成2.49亿元；工农业总产值达29.02亿元，年均增长8.6%，比计划提高1.5个百分点，提前两年实现第一个翻番；除粮食外，主要工农业产品产量都完成了计划；社会商品零售总额达1.1亿元，年均增长11.9%，与计划要求的速度持平；公路货运量达2863.9万吨，年均增长4.6%，比计划速度降低5.2个百分点。五年间固定资产投资额完成27.88亿元，为计划的95.8%；先后建成南庄矿选煤厂、一矿洗煤厂、贵石沟煤矿、阳泉铝厂、河坡电厂等一批大中型企业；新增原煤生产能力294万吨，洗煤能力540万吨，生铁生产能力6.09万吨。

“八五”（1990—1995年）时期，全市经济和社会发展的重点是：树立农业基础地位，大力发展农业；加强能源重化工基地建设，增强工业发展后劲；加快科技教育事业发展，依靠科技兴市；加强城市基础设施建设，提高城市服务功能。1995年，全市国内生产总值完成65.3亿元，完成计划的128%，“八五”期间，年均递增11.3%，是阳泉建市后发展最快的时期；人均国内生产总值完成5469元，比1990年增长62.6%，年均增长10.2%，超计划4.7个百分点；工农业总产值达到105.25亿元，完成计划的152%，比1990年增长1.2倍，年均增长16.7%，超计划9.4个百分点；财政总收入完成6.15亿元，比1990年增长1.49倍，年平均增长20%；乡镇企业总产值达到109.66亿元，比1990年增长4.25倍，年均增长39.4%。主要产品产量大幅度增长，1995年与1990年相比，发电量由28.6亿千瓦时增加到35.5亿千瓦时，钢由0.43万吨增加到4.45万吨，生铁由28.8万吨增加到33.8万吨，商品硫铁矿由80.9万吨增加到122.7万吨，水泥由59.9万吨增加到94.7万吨。铝锭从无到有，1995年产量达1.1万吨。

“九五”（1995—2000）时期，全市经济社会发展的重点是：进一步强化农业基础地位，发展优质高效农业，加快市场农业和副食品基地的建设步伐；稳定发展能源生产，重点发展化工、建材、冶金、机械电子、轻纺食品等支柱产业；确立科技教育优先的发展地位；第三产业重点发展流通业；继续加强城市基础设施建设。从计划的执行情况看，2000年，全市国内生产总值完成94.71亿元，年均递增7.3%；人均国内生产总值实现7646元，年均递增6.6%；实现财政总收入8.06亿元，年均递增5.56%；全社会固定资产投资累计完成147.9亿元，是“八五”时期的1.73倍。

“十五”（2000—2005）时期，全市经济社会发展的重点是：全面发展农业和农村经济，推进工业结构优化升级，加大改革改组力度，不断拓宽服务领域，大力发展第三产业，加强基础设施和小城镇建设，进一步扩大对外开放，搞好财税金融工作，实施“科教兴市”和可持续发展战略，完善社会保障体系。2005年，全市生产总值突破200亿元，比“九五”末的98.1亿元翻了一番还多，年均增长速度达到了12.03%；财政收入完成37.1亿元，年均增长速度达到了27.6%，比“九五”末的8.06亿元增长了近3.6倍；规模以上增加值完成92亿元，工业企业利税额完成32亿元，分别比“九五”末增长2.11倍、2.54倍。

“十一五”（2005—2010）时期，全市规划确定的重点工作：统筹城乡发展，建设社会主义新农村；深入推进经济结构调整，建设新型能源和新型材料工业基地；转变经济增长方式，建设资源节约型、环境友好型社会；实施“扩容提质”战略，倾力打造特色山城；实施“科教兴市”战略，培育和提高核心竞争力；加快社会事业发展，努力构建和谐社会；发展社会主义民主政治，推进精神文明建设。2010年，全市生产总值由2005年的200.3亿元增加到429.4亿元，年均增长10.8%。财政总收入由37.1亿元增加到100.2亿元，年均增长22%；一般预算收入由12.9亿元增加到37.7亿元，年均增长23.9%。规模以上工业增加值由99.4亿元增加到226.8亿元，年均增长11.6%。固定资产投资由65亿元增加到298.4亿元，年均增长35.6%。社会消费品零售总额由70.3亿元增加到160.5亿元，年均增长17.9%。城镇居民人均可支配收入由8992元增加到17084元，年均增长13.7%。农民人均纯收入由3748元增加到6560元，年均增长11.8%。全市呈现出经济平稳较快发展、社会事业全面进步、人民生活质量明显提高的良好局面。

第四节　年度计划

20世纪50年代中后期，随着计划经济为主体的管理体制逐步形成，市计划委员会开始编制年度计划。1955年，计划机构刚刚建立，仅编制工业生产计划，农林水利计划，文教、卫生、体育计划，商业计划，城市公用事业计划和物资供应计划，指标也很简单。1958年以后，由于“左”的错误影响，经济上急于求成，出现高指标、浮夸风，不顾实际条件盲目追求“大规模”和“高速度”，用群众运动代替科学管理，致使年度计划指标定得太高，实际效果却普遍降低。

20世纪60年代初由于自然灾害严重，加之国家对国民经济进行调整，阳泉计划增长速度出现回落。从1963年开始，按照国家“以农业为基础，以工业为主导”和“调整、巩固、充实、提高”的方针，对国民经济发展进行调整，共编制农业生产、工业生产、基本建设、商业购销、物资分配等17种计划。在73种主要生产资料中，分配物资增加到37种。经过三年调整，全市粮食产量有了较大增长，工业生产稳步上升，产品质量和劳动效率提高，国民经济得到了全面恢复。

“文化大革命”开始后，全市的计划工作受到了严重干扰。1966年至1968年，连续三年均未编制正式的年度计划，直到1969年各级革命委员会成立，局势相对稳定才又恢复年度计划的编制工作。20世纪70年代前期，由于受“左”的思想的影响，阳泉计划指标一般都偏高。如粮食总产量，1971年至1974年连续四年计划指标都是5000万公斤（不含平定县、盂县），但年年都难以实现。70年代中后期，针对经济建设中存在的问题，在编制年度计划中注意对经济和社会发展进行调查和局部调整，收到了良好的效果。

20世纪80年代初，随着思想上的拨乱反正，计划工作中所安排的增长速度均比较切合实际。以工业总产值为例，从1984年开始，计划增长速度最低的年度是6%，最高年度是10.9%，一般年份的增长速度都安排在7%左右，真正起到了对经济发展的指导作用。到1990年，全市在贯彻中央关于“治理经济环境、整顿经济秩序、全面深化改革”方针的过程中，注重了产品结构的调整，努力增加有效供给，进一步控制投资规模，调整投资结构，提高投资效益，主要指标都安排得较为适中。具体为：国内生产总值计划达20.4亿元，计划增长6.2%；工业总产值计划达27.5亿元，计划增长7%；社会商品零售总额达13.9亿元，计划增长13.9%。

1992年初，邓小平视察南方谈话发表后，计划中安排的增长速度进一步加快。国内生产总值计划增长速度最低年份为8%，最高年份为12%。由于亚洲金融危机，影响了阳泉经济发展，1997年之后经济出现下滑趋势。2001年，在中央积极财政政策的影响下，全市大力推进经济结构战略性调整，计划安排的增长速度逐年加快，最低年份10%，最高年份13%。2005年全市地区生产总值完成200.3亿元，比“九五”期末的98.09亿元翻了一番还多，年均增长速度达到了12.03%。2010年，全市主要指标完成情况：生产总值完成429.4亿元，增长14.2%；规模以上工业增加值完成226.8亿元，增长23%；财政总收入突破百亿元大关达到100.12亿元，增长28.3%；一般预算收入完成37.69亿元，增长26.6%；固定资产投资完成298.4亿元，增长23.1%；社会消费品零售总额完成160.5亿元，增长18.3%；海关进出口总额完成2.9亿美元，增长211.5%。

第二章 统计管理

第一节 机 构

1953年2月，市政府设立统计科。1957年，市人民委员会决定将统计科升格为统计局，内设工业、财贸、农业劳资3个室组。“文化大革命”期间，市统计局机构瘫痪。1977年8月，市统计局机构恢复。1986年5月市统计局增设城市抽样调查队，开始对城市居民生活和市场物价变动情况进行抽样调查。1990年，市统计局内设办公室、工业科、农业科、综合科、财贸科、社会科、法规制度检查科等7个职能科室，下辖市农村抽样调查队、计算站2个全额预算事业单位，代管城市社会经济调查队（副县）。1995年4月，市统计局作为公务员过渡的试点单位，经过培训、考试等程序，于1996年8月全部完成公务员过渡。1997年11月，成立阳泉市企业调查队。2001年7月，市统计局内设办公室（纪检组、监察室）、法规科、工业交通投资科、财经贸易科、社会科、综合核算科等6个职能科室，下辖市农村抽样调查队、计算站两个全额预算事业单位（正科），代管市城市社会经济调查队（副县）和市企业调查队（副县）。2006年12月，市城市社会经济调查队（副县）更名为国家统计局阳泉调查队，并升格为正县级建制，不再由市统计局代管。2007年6月，阳泉市企业调查队更名为山西省统计局阳泉市调查监测中心。2007年7月，成立市统计局平定县、盂县、郊区、城区、矿区统计调查监测中心，为全额预算事业单位。2008年增设能源与资源科和单设纪检组（监察室）2个内设机构。至2010年，市统计局内设办公室、政策法规科、工业交通科、贸易外经统计科、社会科、国民经济综合科、能源与资源科、纪检组（监察室）等8个职能科室，下辖市农村抽样调查队、数据管理中心和

5个县（区）监测中心等7个全额预算事业单位（正科），另外，代管山西省阳泉市调查监测中心（副县）。

第二节 统计报表

阳泉建市后，随着国民经济的恢复和发展，全市在国营工商企业中逐步建立健全统计制度，编制统计资料手册（台账），开展统计报表工作，包括工业、财贸、农业和劳动工资、基本建设等的专业统计。1957年，开始实行条条和块块一起上报的“双轨制”，对私营工商企业实行定期统计报表制度。同时，为全面掌握全市经济发展的趋势，增加了工业企业人财物和产供销等诸多统计指标和内容。1958年后随着人民公社的建立，市统计局加强了对农业的统计工作。在全市各公社、生产大队和生产队建立三级农业统计原始记录和台账。“文化大革命”开始后，全市各级统计报表制度被迫中断。统计工作陷于瘫痪状态。中共十一届三中全会后，恢复统计报表制度，报表按所有制形式、国民经济行业和产品等类型分组统计，比较全面客观地反映了全市国民经济和社会发展的情况，成为党政领导决策的重要依据。

1990年以后，随着《中华人民共和国统计法》的颁布实施和改革开放所有制形式发生的深刻变化，统计报表制度改革以准确、及时、全面为核心，以切实提高统计数据质量，反对弄虚作假，提高统计数据的公信力为目的，进行了一系列的改革和探索。

一、专业统计报表制度改革

1991年2月，根据国家统计局、国家计委、建设部、中国人民建设银行联合发出的《关于建立固定资产投资项目新开工统计和竣工统计报告制度的通知》。决定从1991年1月1日起，在全市对新开工项目实行开工统计登记，对全部建成投产项目实行竣工统计报告制度。9月，根据国家统计局、农业部、林业部、水利部、民政部联合发出的《关于布置农村统计一套表制度的通知》精神。在全市范围的3个农业县（区）普遍推开农村统计一套表制度。

1992年2月，根据国务院批转国家计委、国务院生产办、国家统计局《关于改进工业生产评价考核指标的报告》的精神，在全市建立工业增加值统计制度，该制度的实施对反映经济循环和经济效益的工业生产评价考核指标起到了明显的促进作用。1993年全市实施“7+1”一套表改革，改变了以往按专业搜集数据的方法，施行“下去一把抓，上来再分家”的方式，并在当年年报中贯彻实施。经过两年的实践，发现数据搜集方式变化后，数据审核和评估体系未能及时跟进，造成上报数据的质量问题，1995年后放弃“7+1”一套表，改回按专业布置和上报的方式。

1997年10月，依据国家统计局、国家计划委员会、国家经济贸易委员会联合印发的《关于改进工业经济效益评价考核指标体系的内容及实施方案》精神。全市上报的工业经济效益评价考核表，均由总资产贡献率、资本保值增值率、资产负债率、流动资产周转率、成本费用利润率、全员劳动生产率、产品销售率等7项指标组成。

1998年后全市工业统计制度完成两项重大改革。一是建立国有及国有控股工业企业主要经济指标月报分企业报送制度，并逐步推行非国有工业企业主要经济指标月报分企业报送制度。二是建立工业企业信息联网直接报送制度。1999年12月国家统计局、国家经济贸易委员会联合发出通知，决定于1999年12月30日开通5000家大型工业企业信息联网直报试运行系统，并要求各地统计部门和经贸委做好组织报送工作。国家统计局从2001年4月1日开始正式接收入选企业的报表。阳泉市有阳煤集团等32家企业被确定为联网直报单位。

2001年1月，全市开始编制以2000年为固定基期的居民消费价格指数，编制居民消费定基价格指数在中国尚属首次。2003年5月后，在统计报表时，执行国家统计局印发《三次产业划分规定》。三次产业划分范围：第一产业是指农、林、牧、渔业；第二产业是指采矿业，制造业，电力、燃气及水的生产和供应业，建筑业；第三产业是指除第一、二产业以外的其他行业。

2010年，按照国家和省的要求，“三上企业”（规模以上工业、资质以上建筑业和房地产开发企业、限额以上批发零售贸易和住宿餐饮业）统计标准进行修订，规模以上工业主营业务收入由500万元以上调整为2000万元以上。同时固定资产投资统计起点由项目计划总投资50万元提高到500万元。同时工业品价格指数的计算采用国际上通行的链式拉氏公式（链式指数：本月定基指数＝本月环比指数 × 上月定基指数）计算定基指数，并通过定基指数推算同比、环比和其他各种机基期的价格指数。

二、建立新国民经济核算体系

从1992年起，根据国务院《关于实施新国民经济核算体系方案的通知》精神。在全市分两步实施新国民经济核算体系方案。第一步，建立国家和省两级新核算体系基本框架，实现初步过渡；第二步，到1995年基本完成向新国民经济核算体系的全面过渡。1993年11月，把全市的国内旅游统计纳入国民经济核算体系，设立系统统计指标，建立定点统计和抽样统计制度。

1995年10月，国家统计局印发修改后的《中国国民经济核算综合制度（1997年年报和

1998年定期报表）》。这套制度包括国内生产总值核算制度、投入产出核算制度、资金流量核算制度、国民资产核算制度和经济循环账户制度5部分。这套综合制度在全市的实施，标志着新的国民经济核算体系完整框架已经形成，国民经济核算实现了由旧核算制度向新核算制度的全面过渡。

2003年在全市开始实施由国家统计局、国家发展计划委员会、国家经济贸易委员会、财政部、中国人民银行、国家外汇管理局、国家税务总局、国家工商管理总局联合颁布的《中国国民经济核算体系（2002）》。《中国国民经济核算体系（2002）》由5张基本核算表、1套国民经济账户和2张附属表组成。5张基本核算表包括国内生产总值表、投入产出表、资金流量表、国际收支表和资产负债表；1套国民经济账户包括经济总体账户、国内机构部门账户和国外部门账户；2张附属表即自然资源实物量核算表和人口资源与人力资本实物量核算表。此种核算统计体系至2010年未有变动。

三、实施在地统计体制

随着社会经济的不断发展，统计工作的任务越来越重，难度也越来越大。特别是1997年机构改革后，在全市撤销了原有的企业主管局，统计报表直接面对全市约800个企、事业、机关单位，任务极其繁重。为此，在市委、市政府领导的高度重视和支持下，开始酝酿实施在地统计的重大统计体制改革，即所有统计调查单位均由其所在地的县（区）人民政府统计机构统一管理。这项改革经过一年多的试运行，取得了良好的效果，经过补充、完善和调整，于2005年年报开始，在全市正式实施并取得成功。阳泉市是全省首家实施在地统计体制的老工业城市。

第三节 普查和统计调查

普查和统计调查始于20世纪50年代初期。“文化大革命”期间普查和统计调查工作遭到破坏。改革开放之后，普查和统计调查工作不断朝着法治化、制度化、规范化的目标迈进，在经济迅猛发展，社会利益不断多元化所伴随着调查难度日益增加的复杂情况下，全市统计工作从法治、制度和技术层面，积极探索保障数据质量的途径和渠道，取得了良好的效果。

一、普查

1953年、1964年、1982年、1990年阳泉市分别完成了全国第一、二、三、四次人口普查的任务。1956年对全市职工工资状况进行普查。1978年1月在全市进行了第一次科技人员普查。

1990年后随着改革的不断深化，普查的法律依据通过调整渐趋完善。1994年7月国务院批转下发了国家统计局《关于建立国家普查制度改革统计调查体系的请示》。明确规定，（一）实行周期性的普查制度。普查包括人口、工业、农业、第三产业和基本统计单位等，每10年进行一次。上述普查分别在逢0、3、5、7的年份实施；基本单位普查，逢1、6的年份实施。（二）逐步确立抽样调查在统计调查方法中的主体地位。2001年8月经国务院批准，国家统计局、国家发展和改革委员会、财政部联合发出通知，决定调整国家普查项目和周期安排。一是将原定于2003年在全国进行的第三产业普查推迟，并与计划在2005年及2006年分别进行的工业普查、基本单位普查合并，同时将建筑业纳入普查内容，统称为经济普查，定于2004年在全国进行第一次经济普查。该项普查以后每10年进行两次，分别在逢3、8的年份实施。二是农业普查以从事第一产业活动的单位和农户为对象，主要普查农、林、牧、渔业的发展变化情况。该项普查每10年进行一次，由逢7改为逢6的年份实施。三是人口普查以自然人为对象，主要普查全国人口和住房以及与之相关的重要事项。该项普查每10年进行一次，仍在逢0的年份实施。

全市完成的主要普查。1991按照上级的安排，全市于1993年进行第一次全国第三产业普查，1996年进行第三次全国工业普查，1996年和2001年分别进行第一次和第二次全国基本单位普查，1997年和2006年分别进行第一次和第二次全国农业普查，2000年进行第五次全国人口普查和第一次全国R&D清查，2004年和2008年进行第一次和第二次全国经济普查，2010年进行第六次全国人口普查和第二次全国R&D清查。以上普查除1993年进行的第一次全国第三产业普查的调查年度为1991年和1992年外，其余调查年度均为上年。这些普查的结果从不同的角度、不同的侧面，反映了阳泉在不同时期内经济和社会发展的轨迹，向社会各界提供了丰富、翔实的普查资料，为各级领导的科学决策提供了准确、及时、全面的基础依据。

二、统计调查

1961年，先后对全市的土地面积、粮食产量、农民生活、基本建设进行了调查，在66项统计调查中，全面调查50项，典型调查16项。从1982年开始按照国家统计局的统一部署每年对千分之一的人口进行一次抽样调查。

1991年以后随着产业结构不断调整、宏观调控和经济社会发展中热点、焦点问题纷呈，完成国家和山西省陆续建立并实施的一系列常规性调查和一次性调查。

完成的常规调查：从1992年起，完成山西省每年进行一次样本容量为5%左右的人口抽样调查；1995年和2005年完成国家实施的1%人口抽样调查；完成每年进行的1‰人口抽样调查；1992年、1997年、2002年和2007年完成全市进行的投入产出调查；1994年起，完成每年进行的妇女、儿童“两纲”监测；1999年起，完成每年进行的规模以下工业年度抽样调查；完成全市逢0年度进行的R&D科技资源清查；2001年起，完成每年的“黄金周”旅游信息统计调查；2001年起，建立完成每年一次的群众安全感调查；2005年起，建立完成每季度进行一次的劳动力抽样调查以及企业景气调查、城乡6项调查（指城乡居民收入、粮食产量、消费状况等6项调查）等。

完成一次性调查：固定资产投资项目资金拖欠情况调查、大中型流通企业摸底调查、交通运输业能源消耗调查、“非典”疫情快速调查、农村畜禽生产情况调查等。

第四节　统计监督

1984年《中华人民共和国统计法》颁布后，全市各级统计部门均配备专兼职执法检查员，定期在全市开展统计执法大检查，统计工作逐步纳入法治化轨道。

1991年11月，中共中央纪律检查委员会办公厅印发了《关于纠正统计数据虚假现象的通报》；1996年5月15日，第八届全国人民代表大会常务委员会第19次会议表决通过《关于修改〈中华人民共和国统计法〉的决定》。国家主席江泽民签署第65号主席令，公布此决定，自公布之日起施行；1998年6月中办、国办下发《关于坚决反对和制止在统计上弄虚作假的通知》；2000年6月修订《中华人民共和国统计法实施细则》；2006年7月修订《统计执法检查规定》。2009年6月27日《中华人民共和国统计法》由中华人民共和国第十一届全国人民代表大会常务委员会第九次会议修订通过，2009年6月27日公布，自2010年1月1日起施行等，进一步完善了统计工作的法律依据。全市统计系统贯彻落实中央一系列有关统计的法律法规，使统计督查的时效性和准确性得到增强。

1994年、1997年和2001年阳泉市三次接受全国性统计执法检查，检查组对阳泉统计工作给予肯定。同时，市、县两级每年组织统计执法检查，对发现的违法案件依法进行查处，遏制了弄虚作假和虚报瞒报行为，保障了统计数据的质量，提高了统计数据的公信力。

此外，全市各级统计部门通过《统计报告》《阳泉统计信息》《统计专报》《阳泉经济运行监测》和统计公报等形式，向社会公布统计数据，向各级领导反映情况，提供决策咨询和建议，履行统计监督的基本职能。

第三章 劳动管理

第一节 机 构

民国36年（1947）建市之初，市政府始设劳动科。1954年12月，市政府劳动科改称市劳动局，内设办公室、劳动科、劳保科、建设科、工资科、安全检查科6个科室。1967年“文化大革命”中，市劳动局机构瘫痪。1968年7月成立市革命委员会生产组劳动办公室。1972年12月恢复市劳动局建制，内设办公室、工资科、计划科、劳保科、锅炉科、调配科、信访接待室、农村劳力办公室、生产服务处。1982年，市劳动局增设劳动服务公司和锅炉压力容器检验所。1986年增设待业职工管理科。1987年增设劳动保险事业所。1990年，市劳动局内设办公室、职业技能开发科、综合计划与工资科、劳动保护科、信访和仲裁科、社会保险科、劳动监察科和安全生产办公室。之后的10余年间机构未发生变化。

2001年政府机构改革中，将安全生产监督、锅炉压力容器监管、老龄工作等职能划转，并整合市卫生局、市人事局、市民政局等部门的医疗保险、农村养老保险、机关事业单位养老保险职能，设置阳泉市劳动和社会保障局。根据2001年7月市政府办公厅下发《关于印发市民政局、市财政局、市人事局、市劳动和社会保障局、市审计局职能设置、内设机构和人员编制方案的通知》精神，市劳动和社会保障局内设机构8个，局属事业单位9个。2002年4月，成立市社会保障网络管理中心。到2008年，市劳动和社会保障局内设机构8个，分别为办公室、就业科、劳动监察科、信访仲裁科、培训科、社会保险基金管理科、社会保险科、纪检组（监察室）。局属事业单位10个，分别是市养老保险中心、市医疗保险中心、市失业保险中心、市技工学校、市劳服企业管理处、市职业技能鉴定指导中心、市职业介绍服务中心、市劳动保障监察执法队、市劳动教育培训中心、市社会保障网络管理中心。

2009年11月，根据市委、市政府关于《阳泉市人民政府机构改革方案》文件精神，将市人事局的职责、市劳动和社会保障局的职责进行整合，设立阳泉市人力资源和社会保障局。市人力资源和社会保障局机关内设19个科室，分别为：办公室、人事科、政策法规科、财务资金管理科、社保基金监督科、人力资源市场科、就业促进科、职业能力建设科、军官转业安置科（市政府军队转业安置工作领导组办公室）、专业技术人员管理科（市外国专家局）、事业单位管理科、公务员管理科（市公务员局）、工资福利科、劳动关系科（劳动监察科）、社会保险科、工伤认定和劳动能力鉴定科、农民工工作科、信访调解仲裁科、纪检组（监察室）。局属事业单位12个，分别为：市人才开发交流服务中心（阳泉人才市场）、市养老保险管理服务中心、市医疗保险管理服务中心、市失业保险管理服务中心、阳泉高级技工学校、市人事考试中心、市就业指导中心、市职业介绍服务中心、市劳动保障监察执法队、市社会保障网络管理中心、市劳动教育培训中心、市职业技能鉴定指导中心。

第二节　劳动就业

一、用工制度

阳泉建市前，用工多沿袭封建的雇佣制。煤铁行及手工作坊的工人和职员一般由丧失土地流入城市的农民充任，薪水微薄，地位低下，终年在死亡线上挣扎。阳泉建市后，随着各项制度的不断改革，根据国家对社会劳动力招收、使用的有关规定，各类企业和事业单位均实行了以固定工为主的用工制度。在计划经济时期，固定工的招收、录用、分配、安排、调动均由市、县劳动部门统一管理。固定工的调动、工资、劳保福利等国家均有政策规定，不得随意辞退或更动。全民所有制固定工可以在全民所有制单位之间相互调动，也可以调入集体单位；集体所有制固定工可以在集体单位之间相互调动，一般不得调入全民所有制单位。

此外还有3种辅助用工形式。一是临时工、合同工、轮换工制度。20世纪50年代中后期开始实行，招收对象只限于非农业的闲散人员，一般从事临时性、季节性劳动。按照劳动合同规定，到期可以辞退，也有不履约中途劝退者。临时工在使用期间，工资、奖励和劳动保险等待遇一般和同工种固定工相同。二是亦工亦农。1964年开始实行。实行范围包括行政干部及厂矿企业中劳动强度大、条件艰苦、有毒有害的行业。招收对象是农村中的闲散劳力，任职或做工期间不改变农民身份，不迁移户口，不转移粮食关系（不吃商品粮）。亦工亦农对象在工作期间，视个人表现一般都有转为正式工的机会。三是全民制合同工。1983 年开始试行在矿山井下招收农民轮换工。

1986 年，在全市国营企业推行劳动合同制用工制度，这一新型的、充满活力的用工制度，有力地冲击了僵死的统包统配的固定工制度。1988 年，在劳动合同制推行的同时，全市一批企业便开始了对固定工制度的改革，由于在一个企业同时实行劳动合同制（新招工人）和固定工制（原有职工）两种用工制度，企业在管理和调动职工积极性方面出现了一些问题，山西省决定把用工制度改革再推进一步，试行全员劳动合同制。到 1990 年，全市招收合同制工人 40056 人，比 1984 年增长了 5.3 倍。

1992 年，国务院颁发《全民所有制工业企业转换经营机制条例》，赋予企业用人自主权，国家不再下达用人计划，企业用人的数量、条件、方式、招用时间完全由企业自主决定。1993 年，山西省人民政府制定《关于继续推行企业三项制度综合配套改革的意见》，到 1993 年底，全市实行全员劳动合同制的企事业单位发展到 1802 户，合同制工人为 86913 人。1994 年，山西省劳动厅下发了《关于大力推行全员劳动合同制的通知》，同年 7 月 5 日，《中华人民共和国劳动法》颁布，将实行劳动合同制和集体合同列入法律范畴，明确规定用人单位和劳动者建立劳动关系必须订立劳动合同，并对劳动合同的订立、续订、期限、变更、解除和终止、待遇以及集体合同等有关事项作了详尽规定，劳动合同制进入法治轨道。同年末，山西省人民政府下发了《山西省人民政府关于全面实行劳动合同制度的通知》。根据文件精神，全市 3043 户企事业单位全部实行了劳动合同，到 1994 年全市招收合同制工人达到了 100692 人，比 1984 年增长了 14.8 倍。

随着国有企业的兼并、破产，1998 年，其他经济单位职工人数迅速增加，全市城镇私营个体从业人员为 74894 人，比 1997 年增加了 6018 人，而在全市从业人员中，国有经济单位职工人数为 19.4 万人，比 1997 年减少了 2.86 万人。其他经济单位和私营个体经济已经成为吸纳就业的主渠道之一。

随着经济结构调整的加速，长期积累的企业经营机制等矛盾日益显露。1998 年，党中央、国务院确立和实施了国有企业“鼓励兼并、规范破产、下岗分流、实施再就业工程”的方针政策。全市国有企业下岗职工总数达到 1307 人。国有企业下岗职工多为年龄相对较大，文化素质较低和职业技能单一的人员，实现再就业比较困难。为解决下岗职工和失业人员的问题，根据省政府的要求制定了一系列再就业政策并采取了多方面的措施。

从1998年开始，政府实施第一期“三年千万”（三年内累计培训下岗职工和失业人员千万）再就业培训计划，通过动员全社会培训力量，实行政府购买培训成果等有效措施，推动下岗职工和失业人员参加再就业培训，1998年至2000年的三年间，全市组织了6762名下岗职工和失业人员参加培训，接受培训半年后就业率达到68%。从2001年起，政府开始实施第二期“三年千万”再就业培训计划。对有志于开办小企业的下岗职工和失业人员进行创业培训，在培训结束后帮助他们进行工商登记，获得小额贷款，通过发展小企业以吸纳更多的下岗职工和失业人员再就业。

1998年至2001年，全市国有企业下岗职工累计有45703人，其中25963人实现再就业。2002年，为贯彻落实《中共中央国务院关于进一步做好下岗失业人员再就业工作的通知》，切实做好国有大中型企业主辅分离，辅业改制、分流安置富余人员的劳动关系处理等工作，维护职工的合法权益，促进劳动关系的和谐稳定，根据《关于国有大中型企业主辅分离辅业改制分流安置富余人员的实施办法》，制定了一系列措施。首先对距法定退休年龄5年以内、符合内部退养条件的职工，经与职工协商可以实行内部退养，对符合支付经济补偿金条件的，按工作年限给予计算，指导企业尽量做到多分流、少失业、实现富余人员从“岗位”到“岗位”的转换，认真做好职工分流安置方案的审核，督促企业严格按照审核后的方案操作。

通过落实再就业目标责任制，落实再就业扶持政策，实施再就业援助行动，尤其是针对“4050”人员年龄大、就业困难，政府建立了就业服务制度，通过出资扶植社区公益性就业组织，开展环境保洁、社区保安、社区服务等项目，安置他们就业，取得了较好的效果，形成了良好的社会氛围。企业和下岗职工对并轨工作有了新的认识，普遍能够接受和认同并轨工作，到2005年，全市下岗职工已经全部出中心，并轨率达到100%，至此，全市国有企业下岗职工基本生活保障制度向失业保险制度并轨工作基本完成，这标志着就业再就业工作进入了一个新的历史阶段。

2007年，为规范劳动用工秩序，加强劳动合同管理，全面推进劳动合同制度实施，维护劳动者合法权益，省劳动保障厅下发了《关于印发山西省劳动用工备案暂行办法的通知》，文件要求山西境内的各类企业、个体经济组织、民办非企业单位，依法招用劳动者形成劳动关系，都必须到所在劳动保障机构进行劳动用工备案。

2008年，为确保全市就业形势的基本稳定，切实把就业工作搞好，始终坚持“劳动者自主择业、市场调节就业和政府促进就业”的方针，以经济结构调整为主线，以促进再就业为重点，实施积极的就业扶持政策，加大资金投入，完善服务体系，千方百计开辟就业渠道，使就业工作做到了“五到位”，即领导到位、认识到位、政策到位、措施到位、落实到位，各项就业工作持续稳定发展。2009年，就业工作前所未有的巨大压力，实现了就业形势的总体稳定。全市累计实现新增就业22542人，创业就业5110人，下岗失业人员实现再就业人数达到11910人，其中安置就业困难对象3190人，扶持创业510人。

2010年，深入贯彻扩大就业的发展战略，以增加就业岗位为核心，以落实扶持政策为主线，以强化就业服务为手段，以开展就业援助为重点，不断完善促进创业就业的政策体系，努力扩大就业，促进再就业，控制失业，全市就业局势基本稳定。全市实现城镇新增就业2.15万人，创业就业6900人，下岗失业人员再就业1.37万人，城镇登记失业率3.81%，低于省定4.2%的控制目标。

二、再就业工作

阳泉市的下岗职工基本生活保障和再就业工作是从1998年8月开始运行的。1997年12月9日，市政府根据中央、省文件精神，出台《阳泉市人民政府关于进一步推行再就业工程的意见》，明确了全市国有企业下岗职工基本生活保障和再就业工作的方向和任务。并成立了由市委常委、常务副市长张诚任组长，劳动、经委、计委、银行、税务、工会、妇联等部门主要领导参加的阳泉市人民政府解困与再就业工程领导组。领导组下设办公室，办公室设在市劳动局。

1998年7月18日，市委、市政府出台《关于切实做好国有企业下岗职工基本生活保障和再就业工作的实施意见》。至年底，全市有151个国有企业建立了再就业服务中心，其中省营以上企业建立中心25个、市营企业建立中心73个、县（区）营企业建立中心53个。从1998年8月到12月，全市累计有7695名下岗职工领取“下岗待工证”，进入企业再就业服务中心托管，其中省营以上企业进入中心4971人、市营企业进入中心1049人、县营企业进入中心1489人。下岗职工基本生活费和代缴三项保险标准执行每人每月289元。1998年8月至12月，全市共筹集再就业资金1427.47万元，其中省营以上企业筹集1214.41万元、市营企业筹集180万元（财政78万元，社会78万元，企业24万元）、县营企业筹集33.06万元。资金使用共计1338.13万元，其中生活费发放760.36万元、代缴三项保险483.55万元、转岗培训费支出63.88万元、职介费支出24.05万元，其他支出6.29万元。省营企业结余资金89.34万元，为全市社会稳定作出了贡献。为了加强对全市再就业工作的领导，同年9月，全市再就业办公室相继制定了《下岗职工进入中心审批程序》《资金审批程序》《报表制度》《服务承诺》等20余种工作制度和工作程序，使全市再就业工作步入了规范化、制度化的轨道。

1999年，全市建立企业再就业服务中心158个，新增7个。其中，省营以上企业建立中心28个，新增3个；市营企业建立中心74个，新增1个；县营企业建立中心56个，新增3个。全市累计进入中心下岗职工总数23913人，全年新增下岗职工16218人；分流安置8820人，再就业率达37%。其中，省营以上企业进入中心下岗职工13805人，分流安置3353人，再就业率24%；市营及以下企业进入中心下岗职工10108人，分流安置5467人，再就业率达54%。1999年1月至12月，全市共筹集再就业资金6370.56万元，其中省营以上企业筹集4840.68万元、市营以上企业筹集1084万元（财政563万元，社会408万元，企业自筹113万元）、县营企业筹集445.88万元。资金使用共计5231.82万元，其中生活费发放3211.44万元、代缴三项保险1791.32万元、转岗培训费支出136.2万元、职介费支出92.9万元。省营企业结余资金1138.7万元。下岗职工基本生活费和代缴三项保险标准在1998年289元的基础上，根据省政府晋政发〔1999〕39号文件规定，从1999年7月1日起全省下岗职工基本生活保障水平提高30%，由原来的289元提高到376.5元。

2000年，全市的工作重点，由进中心、保生活，转移到了出中心、促就业上来。因此，围绕这个重点，市劳动部门出台《关于认真贯彻落实全市劳动保障工作会议精神，进一步做好下岗职工再就业工作的通知》，从而，加大了下岗职工进入中心的审批力度，并且对在中心的下岗职工的管理也作出了明确的规定。凡两次不接受本行业、企业再就业服务中心和有关部门安排的转岗培训的，要停发生活费。根据这个精神，在交通集团公司开展了通过培训清理隐性就业人员的试点工作。通过20天的培训，交通集团公司有23人被停发生活费。2000年1月至12月，全市共建立企业再就业服务中心220个，新建中心62个；其中，省营以上企业建立中心28个，市营企业建立中心109个、新增35个，县营企业建立中心83个、新增27个。全市累计进入中心下岗职工总数26426人，分流安置7459人，再就业率28%；其中，市营及以下企业进入中心10637人，分流安置4004人，再就业率38%。全市共筹集再就业资金8685万元，其中省营以上企业筹集5805.96万元、市营企业筹集2267.16万元（财政1312.89万元，社会808.08万元，企业自筹146.19万元）、县营企业筹集611.88万元。资金使用共计8204.7万元，其中生活费发放4952.97万元、代缴三项保险3046.56万元、转岗培训费支出169.05万元、职介费支出17.22万元，其他支出18.9万元。省营企业结余资金480.3万元。下岗职工基本生活费和代缴三项保险标准由376.5元提高为387元。

2001年，阳泉市被省政府定为“完善城镇社会保障体系试点城市”，因此，当年的工作重点是促进下岗职工快出中心再就业。围绕这个重点，全市开展了下岗职工“再就业援助行动”，市政府再就业工作领导组办公室出台《关于开展再就业援助行动实施方案的通知》，制定了8项援助措施，为下岗职工平稳出中心走入失业保障奠定了基础。为了使下岗职工能尽快实现再就业，全市开展了下岗职工再就业优惠政策检查，由市劳动部门牵头，经委、监委、财政、建设、人行、物价、税务、工商、工会、妇联12个部门联合出台《关于开展落实下岗职工再就业优惠政策检查的通知》，对各部门优惠政策落实情况，进行了详细检查，使下岗职工自谋职业后能真正享受到优惠政策。2001年，全市进入中心下岗职工26223人，全年减少下岗职工7264人，其中实现再就业6483人、培训下岗职工19986人。共筹集下岗职工基本生活保障资金10238.33万元，代缴养老保险费2614.92万元，代缴医疗保险费772.73万元，代缴失业保险费298.94万元，支付转岗培训费、职介费170.94万元。

2002年，全市在再就业服务中心的下岗职工24592人，全年减少下岗职工7847人，其中实现再就业7209人，再就业率30.1%，培训下岗职工18754人，转岗培训率为91%。共筹集下岗职工基本生活保障资金10558.16万元，支出资金9951.31万元；其中，基本生活费支出6034.95万元，代缴养老保险费2681.79万元，代缴医疗保险费794.35万元，代缴失业保险费300.11万元，支付转岗培训费、职介费139.51万元。

2003年，对下岗失业人员再就业工作提出了明确的目标任务和工作要求，先后出台了《关于进一步做好下岗失业人员再就业工作的实施办法》《阳泉市落实促进再就业扶持政策实施细则》《阳泉市政府就业基金管理办法》《阳泉市下岗失业人员小额贷款实施办法》《阳泉市在中心下岗职工协议期满出中心实施细则》等文件，形成了一整套既有原则性又有灵活性，既有操作性又有实用性的政策体系。根据这些文件及配套的政策，以促进就业为重点，改善民生为前提，切实加强下岗失业人员的管理与服务，为他们创造更多更宽松的就业和创业的条件。同年，根据晋劳社厅发〔2003〕20号文件精神，开始为符合条件的下岗失业人员发放"再就业优惠证"。当年，全市在再就业服务中心的下岗职工17135人，全年减少下岗职工7407人。其中，实现再就业6302人，再就业率39.3%；培训下岗职工13132人，转岗培训率为76%。共筹集下岗职工基本生活保障资金7852.68万元，支出资金7288.32万元；其中，基本生活费支出4314.63万元，代缴养老保险费2112.78万元，代缴医疗保险费600.32万元，代缴失业保险费234.01万元，支付转岗培训费、职介费26.58万元。下岗失业人员再就业人数9785人，其中"4050"人员再就业人数3126人。"再就业优惠证"发放人数24532人。为下岗失业人员减免税费443.06万元，有7名下岗失业人员得到小额担保贷款，共计13万元，用政府就业基金696.3万元为726名解除劳动关系的下岗职工给予经济补偿。

2004年，全市累计进入再就业服务中心的下岗职工9728人，全年减少下岗职工8413人。其中，实现再就业4982人，再就业率78%；培训下岗职工6984人，转岗培训率为71.8%。通过各种渠道共筹集下岗职工基本生活保障资金3102.41万元，其中市财政预算安排400万元。支出资金3102.41万元，其中基本生活费支出570.96万元、代缴养老保险费208.28万元、代缴医疗保险费62.38万元、代缴失业保险费22.63万元、支付经济补偿金1797.99万元。全年共支付再就业培训补贴、职介补贴64.3万元。下岗失业人员再就业人数15648人，其中"4050"人员再就业人数5365人。"再就业优惠证"发放人数30532人。为下岗失业人员减免税费512.76万元，有50名下岗失业人员得到小额担保贷款，共计86.2万元，用政府就业基金1797.99万元为2250名解除劳动关系的下岗职工给予经济补偿。

2005年，通过各种渠道共筹集下岗职工基本保障资金9350万元，在中心下岗职工基本生活保障资金共支出920.57万元；其中，基本生活费支出270.27万元，代缴三项社会保险费312.71万元，共有16个单位的525名下岗职工与企业解除劳动关系，领取经济补偿金416.17万元。有120户4042名企业下岗职工享受内退生活费1002.44万元。有8380名下岗职工享受社保补贴共计1628.47万元。有2248名从事公益性岗位的下岗失业人员享受岗位补贴645.9万元。为955名符合条件的下岗失业人员办理小额担保贷款457万元。有1346名下岗失业人员享受免缴行政事业性收费277.25万元，有1415名下岗失业人员享受税收减免268.8万元。领取"再就业优惠证"实现再就业人数13591人，"4050"人员实现再就业5054人。有2293名下岗失业人员参加免费再就业培训，共享受再就业培训补贴52.37万元，有811名下岗失业人员享受免费职业介绍，共补助职业介绍补贴费12.17万元。

2006年，通过各种渠道共筹集下岗职工基本保障资金13133万元。共有18个单位的381名下岗职工与企业解除劳动关系，领取经济补偿金317.27万元。有132户6069名企业下岗职工享受内退生活费1378.72万元。有14553名下岗职工享受社保补贴共计2851.36万元。有2888名从事公益性岗位的下岗失业人员享受岗位补贴1037.64万元。为830名符合条件的下岗失业人员办理小额担保贷款543.5万元。有236名下岗失业人员享受免缴行政事业性收费1.14万元，有1187名下岗失业人员享受税收减免308.16万元。当年新办优惠证6471个，领取"再就业优惠证"实现再就业人数14016人，"4050"人员实现再就业5099人。有2996名下岗失业人员参加免费再就业培训，共享受再就业培训补贴95.95万元，有2407名下岗失业人员享受免费职业介绍，共补助职业介绍补贴费32.89万元，为590名灵活就业人员发放社保补贴70.89万元。

2007年，将解决“零就业家庭”就业问题作为市政府为民办的23件实事之一。全市各级领导十分重视“零就业家庭”就业援助工作。市政府成立了专门领导组，在劳动保障局设立了“零就业家庭”就业援助工作办公室，各县（区）也相应成立了专门领导组。并于6月形成了《阳泉“零就业家庭”就业援助办法》，到年底共安置“零就业家庭”1219户，占全部“零就业家庭”总数的100%。当年，向139户困难和特困企业的5926名企业下岗职工发放内退生活费1970万元。向19321名下岗职工发放社保补贴共计5131万元。向5118名从事公益性岗位的下岗失业人员发放岗位补贴1506万元。为80名与企业解除劳动关系的下岗职工发放经济补偿金49万元，为43名符合条件的下岗失业人员和3户企业办理小额担保贷款225万元。有1958名下岗失业人员享受免缴行政事业性收费254万元，有1146名下岗失业人员享受税收减免303.56万元。领取“再就业优惠证”实现再就业人数14098人，“4050”人员实现再就业5026人。有4221名下岗失业人员参加免费再就业培训，共支付再就业培训补贴155万元，有8299名下岗失业人员享受免费职业介绍，共补助职业介绍补贴费168万元，公益性岗位安置就业困难人员787人。

2008年，向139户困难和特困企业的7157名企业下岗职工发放内退生活费1824万元。向19303名下岗职工发放社保补贴共计4564.3万元。向5118名从事公益性岗位的下岗失业人员发放岗位补贴1168.26万元。为27名与企业解除劳动关系的下岗职工发放经济补偿金20.64万元，为46名符合条件的下岗失业人员和3户企业办理小额担保贷款374万元。有929名下岗失业人员享受免缴行政事业性收费314万元，有309名下岗失业人员享受税收减免123万元。领取“再就业优惠证”实现再就业人数14910人，“4050”人员实现再就业4800人。有2606名下岗失业人员参加免费再就业培训，共支付再就业培训补贴116万元，有5056名下岗失业人员享受免费职业介绍，共补助职业介绍补贴费118万元，当年新增公益性岗位人员840人。创业就业人数5200人。

2009年，为应对金融危机，省、市先后出台了关于加强就业工作、促进高校毕业生就业、做好农民工就业工作、促进创业带动就业各方面的综合性文件，并制定了贯彻实施的具体办法和配套政策，落实再就业优惠政策和减轻企业负担政策，提升和储备劳动者职业技能的特别职业培训计划等政策措施，形成了应对金融危机、稳定和扩大就业的一整套政策体系。年内全市共有6930名企业下岗职工领取内退生活费1875.6万元；有11833名下岗失业人员享受社保补贴3508.86万元；有5118名从事公益性岗位的下岗失业人员享受岗位补贴1905万元；有21名下岗失业人员和1户企业办理小额担保贷款141万元；有6981名下岗失业人员参加免费再就业培训，享受再就业培训补贴380万元；有12968名下岗失业人员享受免费职业介绍，补助职业介绍补贴费188万元；有10057名困难企业人员领取困难生活补助2131.35万元。认真贯彻落实“五缓四降三补”政策，2009年全市共有86户企业累计缓缴各项保险费5488万元（其中养老保险缓缴3742万元、失业保险缓缴946万元、医疗保险缓缴616万元、工伤保险缓缴169万元、生育保险缓缴15万元），累计降低保险费1865.6万元（其中失业保险降低1470万元、医疗保险降低264.4万元、工伤保险降低36万元、生育保险降低95.2万元），有11户企业享受“三补”政策1000万元，有效地减轻了企业负担，稳定了就业岗位。

2010年，以创建国家级创业型城市为契机，先后出台了关于加强就业工作、促进高校毕业生就业、做好农民工就业、促进创业带动就业等各方面的综合性文件，并制定出台了贯彻实施的具体办法和配套政策。年内共有141户困难和特困企业的6849名企业下岗职工领取内退生活费2062万元；有12250名下岗失业人员享受社保补贴3667万元；有5118名从事公益性岗位的下岗失业人员享受岗位补贴1604万元；有141名下岗失业人员享受税收减免61万元；有4678名下岗失业人员参加免费再就业培训，支出再就业培训补贴315万元；有11714名下岗失业人员享受免费职业介绍，补助职业介绍补贴费244万元；有89户困难企业的11.40万人次享受困难生活补助2251万元。

第三节　劳动工资

阳泉建市初期，工资制度较复杂，国家干部一般实行供给制、半供给制，企事业职工则实行工资分制，均以小米计酬。

1952年，全市进行第一次工资改革，确定以工资分作为统一的工资计算单位，并统一了工资分的实物种类和含量。每个工资分的实物种类和含量为粮食0.8斤，白布0.2尺，食油0.05斤，盐0.02斤，煤2斤。此外，依据按劳分配的原则，建立了新的工人和职员的工资等级制度（企业工人实行八级工资制）。同时，还改革了计件工资和奖励制度，制定了劳动定额，推行按工资标准和劳动定额确定计件单位的新的计件工资。1952年3月和7月两次提高了供给制工作人员的津贴标准，津贴标准分29个等级，津贴多少，按职务评定，个人最高最低差距扩大到20倍。1954年6月供给制加津贴的制度改为包干制。包干后职工的伙食费、衣服费、津贴费均由个人自由支配。1955年11月国家干部全部实行了工资制（货币工资）。到1955年底新的工资制度得以实施，企事业职工所在地区之间、产业之间以及企业内部各类人员之间的工资关系便得到了改善，工资增长幅度在12%～18%之间。

1956年进行第二次工资改革。此次改革取消了工资分制度和物价津贴制度，实行直接以货币规定工资标准的制度。企业工人统一实行八级工资制，企业干部（包括职员与工程技术人员）改行职务工资制，同时推行奖励计件工资。至1957年，全市实行计件工资的工人约占工人总数的30%。

1985年进行第三次工资改革。此次改革旨在贯彻按劳分配原则，解决长期存在着的职级不符，劳酬脱节的矛盾。当年，阳泉市开始进行企业工资改革试点，阳泉市苇泊钢铁厂、阳泉市电器厂首批试行工资总额同上缴税利挂钩浮动。1988年全市国营企业普遍推行工效挂钩，被列入挂钩范围的全民所有制企业151户、59562人，参加挂钩的企业136户、57233人，分别占应挂钩企业总数的90.07%和总人数的96.09%。

1991年，进一步完善职工升级制度，对未实行工效挂钩的企业省里作出了补充规定。企业在完成国家下达生产经营计划和承包主要经济技术的前提下，按企业经济效益指标实现税利增长幅度核定升级面。增长类在11%以下的，升级面为7.5%～11%；增长类在11%～18%的，升级面为12%～15%；增长类在18%以上的，升级面为15.5%～17.5%。经济效益连年稳定增长、被评为省级先进企业或国家二级企业，升级面可增加1%～3%。对于工资总额同复合指标挂钩的企业，地区劳动部门针对经济效益普遍低的形式，提出亏损企业实行工资总额与减控亏损指标挂钩的办法，并在部分亏损企业进行推广。

1992年，市劳动局、财政局、经委联合下发《关于完善工效挂钩办法有关规定的通知》，正式作出亏损企业工资总额同亏控、减亏指标挂钩的规定，工效挂钩工作逐步规范化，制度化。企业在不超过核定比例和工资总额的前提下，有权根据需要自主确定职工的工资形式、奖金水平和安排职工升级；也可以自主增减职工工资，但企业工资总额增加超过一定比例时，国家要征收工资调节税。到1992年底全市全民所有制企业实行工效挂钩的单位回落到100户。

1993年，市劳动局结合全市实际情况，制定《关于贯彻〈山西省全民所有制工业企业转换经营机制实施办法〉落实企业用人和工资奖金分配自主的实施意见》，明确提出了还给企业的18项权利和落实企业各项自主权的具体措施，同时对与《条例》相抵触的7份政策性文件进行了清理废止。市劳动部门组织各企业召开贯彻《条例》总结会议之后省、市组织人员对贯彻落实情况进行了专项交叉检查，企业的劳动用工和工资分配自主权基本落实到位。劳动部门不在下达指令性的职工人数，工资总额和技校招生计划，开始实行动态调控的弹性劳动工资计划。

1994年至1996年，市劳动部门遵照省委指示进一步加强了对弹性劳动工资的改进和完善，适当核增企业工资总额，在人均增资不超过50元的范围内，根据上年平均工资增长幅度的不同情况，分别按人均40元、50元、60元三个档次核增工资。企业核准增加的工资总额，除用于工资改革、实行岗技工资或动态工资外，普遍用剩余的增资额进行了职工升级，大多数职工升了一级，20%的职工升了一级或半级。在各类企业全面推行了《工资总额使用手册》制度，对国有企业实行"工效挂钩""两低于""工资总额包干"等调控办法，完善了以岗位技能工资、动态工资为主的多种内部分配制度，并选择有条件的10户企业进行了经营者年薪制改革，但未成行。在煤炭、化工行业中开展了工资增长指导线试点，同时，由市劳动部门牵头、有关部门参加的企业工资内外收入监督机构，全市工资总额的增长严格控制在省核定的浮动比例以内，初步形成了职工工资随企业同经济效益挂钩的正常调整的新机制。工资改革和调资升级提高了职工的工资水平，维护了社会稳定，推动了企业劳动人事、工资分配、社会保险三项制度的配套改革。从1995年1月1日开始，全市执行省颁布的《山西省企业最低工资暂行规定》，最低工资城区、矿区、郊区执行月标准为200元；盂县、平定执行月标准为160元。"八五"期间，随着企业改革步伐的加快和劳动、工资、保险三项制度的深入，1994年平均工资达到4344元，比1980年增长4.24倍。

1997年，全市认真落实山西省企业最低工资标准，城区、矿区、郊区执行月标准为230元，平定、盂县执行月标准为170元。继续推进企业工资总额弹性计划，指导企业完善以岗位技能工资为主的内部分配制度，在全市各类企业实行工资增长指导线制度，企业在完成资产保值增值任务的前提下，根据生产经营状况、劳动生产率、实现利税，人工成本完成情况确定工资增长幅度。1999年，贯彻省委精神，再次调整企业最低工资标准，从7月1日起全市执行企业最低工资标准，城区、开发区、矿区、郊区调整为300元，盂县、平定调整为220元。

2002年，开展以"工资集体协商"为核心的企业工资分配新机制的试点工作，并在各类企业中大力推广。同时，根据劳动和社会保障部《关于印发进一步深化企业内部分配制度改革指导意见的通知》精神，全市各类企业逐步建立以岗位工资制为主的深化企业内部分配制度，体现了岗位靠竞争、收入凭贡献的精神，逐步将工资性津贴、补贴纳入岗位工资中，使工资收入随企业经济效益和个人劳动贡献挂钩浮动。同年，全市又一次调整企业最低工资标准，城区、开发区、矿区、郊区调整为340元，盂县、平定调整为260元。

2004年7月，根据《山西省最低工资规定》，结合全市经济社会发展、城镇居民消费水平提高的实际，并考虑社会保障和住房公积金等因素，阳泉市开始执行新的企业最低工资标准，城区、开发区、郊区、矿区执行为520元，平定、盂县执行为440元。此外，还相应地提高了小时最低工资标准。全日制小时最低工资标准城区、开发区、郊区、矿区执行为3元，平定、盂县执行为 2.6 元；非全日制小时最低工资标准城区、开发区、郊区、矿区执行为 6 元，平定、盂县执行为 5 元。同年，为了使企业各类人员保持合理的分配关系，山西省劳动保障厅、省财政厅、省国有资产监督管理委员会和总工会联合下发了《关于增加企业职工和退休人员收入的指导意见》，调整在岗职工工资标准，并相应调整企业退休人员统筹项目外的养老金。全市企业原则上对 2004 年 6 月 30 日前在岗职工，按照省拟定《山西省岗位工资参考标准》，相应提高在岗职工工资水平，也可自行调整本单位原工资标准增加职工工资。其中，每月人均 150 元的增资部分，从企业成本列支。

2006 年，根据晋政办发〔2006〕60 号文件精神，参考全省不同地区就业者及其赡养人口的最低生活费用、城镇居民消费价格指数、职工个人缴纳的社会保险费和住房公积金、职工平均工资、经济发展水平和就业状况等因素，全市各类企业开始执行山西省第五次调整最低工资标准，城区、开发区、郊区、矿区执行为 550 元，平定、盂县执行为 470 元。同时，还相应地提高了小时最低工资标准。全日制小时最低工资标准城区、开发区、郊区、矿区执行为 3.3 元，平定、盂县执行为 2.8 元；非全日制小时最低工资标准城区、开发区、郊区、矿区执行为 6.5 元，平定、盂县执行为 5.5 元，于 2006 年 10 月 1 日起执行。

2007 年，根据晋政办发〔2007〕120 号文件精神，全市各类企业开始执行山西省第六次调整最低工资标准，城区、开发区、郊区、矿区执行为 610 元，平定、盂县执行为 530 元。同时，还相应地提高了小时最低工资标准。全日制小时最低工资标准城区、开发区、郊区、矿区执行为 3.65 元，平定、盂县执行为 3.17 元；非全日制小时最低工资标准城区、开发区、郊区、矿区执行为 7 元，平定、盂县执行为 6.1 元，于 2007 年 10 月 1 日起执行。

2008 年，根据晋政办发〔2008〕88 号文件精神，全市各类企业开始执行山西省第 8 次调整最低工资标准，城区、开发区、郊区、矿区执行为 720 元，平定、盂县执行为 620 元。同时，还相应地提高了小时最低工资标准。全日制小时最低工资标准城区、郊区、矿区执行为 4.14 元，平定、盂县执行为 3.56 元；非全日制小时最低工资标准市城区、郊区、矿区执行为 7.9 元，平定、盂县执行为 6.8 元，提高煤矿井下从业人员最低工资标准，将现行的井下采掘人员、井下辅助人员月最低工资标准由 1200 元、1000 元分别调整为 1400 元、1200 元，同时相应提高井下采掘人员、井下辅助人员小时最低工资标准，分别调整为 8.05 元、6.90 元。于 2008 年 10 月 1 日起执行。

2010 年，根据晋政办发〔2010〕18 号文件精神，全市各类企业开始执行山西省第 9 次调整最低工资标准，城区、开发区、郊区、矿区执行为 850 元，平定、盂县执行为 710 元。同时，还相应地提高了小时最低工资标准。全日制小时最低工资标准城区、郊区、矿区执行为4.89元，平定、盂县执行为4.08元；非全日制小时最低工资标准市城区、郊区、矿区执行为9.3元，平定、盂县执行为7.8元，提高煤矿井下从业人员最低工资标准，将现行的井下采掘人员、井下辅助人员月最低工资标准由1400、1200元分别调整为1600元、1400元，同时相应提高井下采掘人员、井下辅助人员小时最低工资标准，分别调整为9.2元、8.05元。于2010年4月1日起执行。

第四节　劳动保险

一、养老保险

1987年，根据阳编字〔1987〕66号文件批复，市养老保险所成立。1月，市政府下发阳泉市贯彻《国营企业劳动合同制工人退休养老社会保险实施办法》，全市全民劳动合同制工人参加养老保险工作起步。

1988年5月，市政府下发关于《贯彻执行阳泉市全民所有制企业职工退休费用统筹暂行办法的通知》，市劳动局下发《阳泉市全民所有制企业职工退休费用统筹暂行办法实施细则》，阳泉市全民所有制企业退休费用统筹工作起步、开展。

1989年4月，根据阳劳险〔1989〕50号文件规定，在全市范围内试行社会保险专管员制度，负责养老保险的申报及退休人员的管理。市劳动局下发《关于直接收缴退休人员活动经费的通知》。12月，市政府下发《关于全民所有制企业职工退休费用统筹补充规定的通知》。至1990年1月，全市全民所有制企业全部实行养老保险。

1991年8月，建立市职工活动中心“南山活动站”。12月，在阳泉宾馆召开全市贯彻省养老保险基金省级统筹大会。1992年2月16日，经山西省劳动厅社会劳动保险公司批准，成立阳泉市离退休职工活动中心。1993年6月，根据国务院国发〔1991〕33号文件和山西省人民政府晋政发〔1991〕93号文件精神，经市政府研究决定，由市保险公司承办的城镇集体所有制企业移交市社会劳动保险事业所。

全市改革城镇企业职工基本养老金计发办法暨医疗、工伤、生育保险制度实施工作稳步推进。1995年9月，在市保险所召开关于验收市商业局社会保险定点医院及职业病防治所建立职业病定点鉴定的专题会议。1997年5月，在市政府广场及繁华街道设立13个宣传站进行声势浩大的社会保险宣传月活动，并首次举办全市养老保险文艺会演晚会。7月，召开全市企业老干部离休费直发会议，社会化发放工作在全市启动。1998年7月在全市各繁华街道设立10个宣传站。编写《社会保险文件资料汇编》，全书共12余万字。同年与工商银行联合向参统企业离退休人员由银行直接发放养老金，全部实行社会化发放。

针对全市参保企业拖欠养老金的问题，在实行社会化发放中，对拖欠部分全部进行了补发，并采取措施杜绝企业形成新的拖欠。1998年一次性补发4315万元。1999年10月，根据晋劳社养〔1999〕39号文件，对全市2.03万名退休人员进行了调待工作，月人均增资52.4元。2001年4月，根据省、市目标任务要求，对市级全部参保企业进行年度缴费责任书鉴定，并对市级参保企业职工缴费工资进行普查。7月，取消计算机软件系统手工操作；根据晋劳社养〔2001〕175号和晋劳社养〔2001〕275号文件对1171名离休人员进行了调待工作，月人均增资250元；首次对参统企业发放社会保险登记证并进行养老保险年检工作。10月，第二次对参保企业拖欠离退休人员的养老金进行了补发，补发金额达559万元。2002年4月，对全市2.8万名离退休人员进行首次领取养老金资格认证工作；根据省、市要求，对市级全部参保企业进行年度缴费责任书鉴定。11月，根据晋劳社养〔2002〕62号和〔2002〕282号文件，对2.33万退休人员进行调待工作，月人均增资30.9元。11月，第三次对参保企业拖欠退休人员的养老金进行了补发，补发金额达2231万元。

2003年7月，根据晋劳社养〔2003〕317号文件，对1090名离休人员进行调待工作，月人均增资130元；2004年7月，全市统一企业养老保险缴费比例，即单位缴费比例为20%，个人缴费比例为8%；对参统企业进行养老保险年检工作。10月，根据晋劳社养〔2004〕303号文件，对2.34万退休人员进行调待工作，月人均增资50元。2005年10月，根据晋劳社养〔2005〕51号文件，对973名离休人员进行调待工作，月人均增资30元。2006年10月，根据晋劳社养〔2006〕229号和晋劳社厅发〔2006〕248号文件，对3.1万名退休人员进行调待工作，月人均增资185元。2007年4月至7月，开展了一年一度资格认证工作，共普查离退休人员和遗属3.6万人，稽核虚报冒领人员15名，追回养老金2.78万元。8月21日，根据8月1日国务院常务会议调整企业退休人员基本养老金待遇要求，按照省厅《关于2007年调整企业退休人员基本养老金的通知》精神，对2006年12月31日前已办理退休、退职手续的人员进行养老金调待工作，并在月底前完成，此次调待全市共涉及41746名退休（职）人员，人均增资98元。12月5日，按照山西省《关于调整企业离退休人员冬季取暖补贴有关问题的通知》精神，对参保人员的冬季取暖补贴进行及时调整，全市共为43268名符合条件的企业退休（职）人员每人补发取暖费620元。2008年1月，按照省厅《关于2008年调整企业退休人员基本养老金的通知》要求，为退休人员人均月增资90元。同时在全市范围内开了农村养老保险调研工作。

2009 年，全市共有企业养老保险参保职工 137461 人，征缴基金 66860 万元，企业退休人员纳入社区管理服务率达到 78%；机关事业养老参保职工 23087 人，征缴基金 8320 万元。落实惠民政策，及时调整各项保险待遇。养老保险连续 5 年提高待遇标准，全市离退休职工养老金水平达到了 1108 元。全市共有 304278 人参加了新型农村养老保险，保费收入 15119 万元。全年为 80729 符合条件的 60 周岁以上农村居民发放了基础养老金，将政府承诺的“为全市 8 万多 60 岁以上农村老人每人每月发放 30 元生活费，实现全市 60 岁以上农村居民新型养老保险全覆盖”这一实事圆满完成。

2010 年，全市坚持以建设“保障制度更完善、服务管理更高效、人民群众更实惠”的社会保障体系为目标，完善社会保障体系，增强社会保障能力。全市企业职工养老保险参保人数达 15.12 万人，基金征缴 8.02 亿元。农村养老保险参保 33.46 万人，征缴基金 1.1 亿元，实现全市 60 岁以上农村居民新型养老保险全覆盖。完成企业退休人员调待工作。退休人员人均月增资 149 元，调待后人均养老金达到 1257 元。

1988—2010 年阳泉市企业职工基本养老保险参保情况简表

表 -14-1　　单位：户、万元、人

年 份	参保企业数	年工资总额	参保人数	离退休人数	征缴基金	离退休费用
1988	214	4147	48883	8436	954	650
1989	213	9245	50115	9283	1883	1362
1990	288	10795	57443	11623	2421	1799
1991	306	12349	58596	12533	2914	2144
1992	808	17753	63577	15794	3772	2809
1993	812	19388	66481	19107	4776	4274
1994	925	22573	77564	23142	5580	5075
1995	732	28942	98687	23771	7628	6834
1996	756	36687	102028	24492	8683	7903
1997	766	40609	10391	25545	10515	10174
1998	824	39493	101097	26982	10421	11750
1999	756	39607	105506	27067	12145	16614

续表 -14-1

年份	参保企业数	年工资总额	参保人数	离退休人数	征缴基金	离退休费用
2000	771	48354	107081	28597	11605	14570
2001	771	41087	107081	29679	12420	16959
2002	771	49276	114080	34327	16044	22395
2003	—	61497	114441	36442	18524	20859
2004	—	68884	112288	38394	22692	22418
2005	—	89818	112216	41233	25713	27455
2006	—	106634	119532	42382	33721	34896
2007	—	147414	122100	44094	45534	46309
2008	—	203540	133689	46772	58260	57509
2009	—	208453	137461	48677	66860	66219
2010	—	271457	151597	51318	94212	80387

2002—2010 年阳泉市机关事业单位养老保险参保情况简表

表 -14-2　　单位：人、万元

年 份	参保人数	征缴基金	离退休人数	离退休费用
2002	14401	1891	1764	862
2003	14321	3647	1968	3499
2004	15399	3383	2138	2845
2005	15721	3823	2762	3457
2006	16611	4511	3038	4323
2007	17514	4896	3214	5123
2008	18166	7060	3827	8461
2009	18567	8320	4520	9118
2010	18611	7693	4626	8482

2002—2010年阳泉市农村养老保险参保情况简表

表-14-3　　单位：人、万元

年份	参保人数	征缴基金	领取养老金人数	保费支出
2002	39367	0.71	368	7.1
2003	42573	166.4	624	33.5
2004	47000	922.7	700	33.75
2005	50522	869.3	954	63
2006	50522	869.3	954	63
2007	63982	3145	2074	239
2008	64855	9644	2074	335
2009	304278	15119	80731	2483
2010	335598	16483	88870	7965

二、失业保险

根据国务院颁布的《国营企业职工待业保险暂行规定》结合阳泉市的实际，于1986年初步建立了待业保险制度。1987年，结合全市的实际情况，制定出台了《阳泉市国营企业待业管理办法》。当年参加待业保险的国营企业436户，企业职工14.8万人，当年收缴待业保险金130万元，享受待业保险对象有四种人，即宣告破产的企业职工；濒临破产的企业被精简的职工；企业辞退的职工；终止、解除劳动合同的企业职工。待业保险金标准最高为70元，最低为25元。

全市将待业保险范围扩大到集体所有制企业，与国有企业同步实施待业保险制度始于1991年，这在全省是首家。在各级政府的领导及各有关部门、企业和职工的支持下，此项工作得以顺利实施，当年参加待业保险的集体企业401个，集体企业职工人数33653人，年收缴集体企业待业保险金61.8万元。1992年，针对待业保险覆盖范围窄，救济标准低，项目单一，资金运用不活等问题，率先在全省进行了扩大待业保险范围的改革，享受待业保险的对象由4种人扩大为7种人。

制定职工待业保险实施地方性法规。1993年，根据国务院第110号令，又在全省率先出台了《阳泉市职工待业保险实施办法》和《阳泉市职工待业保险实施细则》，调整了待业保险基金收缴标准，由原来标准工资的1%，调整为工资总额的1%，并且职工个人每人每月缴纳一元钱，进一步扩大了待业保险范围。当年参加保险的单位1023个，其中，国营企业397个、职工16万人，集体企业465个、职工34800人。待业保险享受对象扩大为十种人，增加了三种人，即经政府批准关、停企业被精简的职工，被企业除名、开除的职工，不超过本企业职工总数0.5%的富余职工。待业金标准最低55元，最高140元。1995年5月，省人大发布了《山西省城镇企业职工失业保险暂行条例》，据此《条例》，阳泉市待业保险制度过度为失业保险制度，当年将失业保险范围扩大到城镇不同所有制的全部企业，提高了失业保险基金（即原先的待业保险基金）收缴标准，单位按全部职工工资总额的1%缴纳失业保险费，职工个人按月工资总额的0.5%缴纳失业保险费。享受失业保险的对象扩大到7类11种人，即依法宣告破产企业的职工；濒临破产企业在法定整顿期间被裁减的职工；按国家有关规定被撤销、解散企业的职工；按国家有关规定停产整顿企业被裁减的职工；终止或非自愿解除劳动合同的职工；企业辞退、除名或开除的职工；按国家和省规定享受失业保险待遇的其他职工。并且提高了救济金及丧葬费、抚恤费的发放标准，增加了2个救济项目。1996年5月1日，为认真贯彻国务院国发〔1996〕29号文件精神，根据市政府统一安排，全市失业保险基金纳入财政专户，实行收支两条线管理的办法，接受财政监督。同时，全市失业保险基金实行市级统筹，使基金能够统筹管理，调剂使用，更好地发挥了失业保险的社会保障功能。1998年7月1日，根据山西省劳动厅晋劳办字〔1998〕202号文件，将失业保险费征缴比例提高到企业工资总额的3%，其中企业缴纳2%、职工个人缴纳1%。

1999年1月22日，国务院颁发《失业保险条例》，对失业保险的覆盖范围、基金筹集、缴费比例、待遇标准、享受条件、基金支出、监督管理等方面进行了重大改革，为加强失业保险制度建设，充分发挥失业保险的作用提供了法律依据，也标志着失业保险制度建设进入到一个新的阶段。同年，国务院还颁布了《社会保险费征缴暂行条例》。从1999年7月1日起，失业保险金一类为210元，二类为182元，医疗费补助按失业金的5%发放。根据国务院两个条例的精神，结合阳泉市情况，先后制定了《失业保险基金管理办法》和《失业人员管理办法》以及《失业保险金征缴管理办法》等制度，加强规范管理。从2002年1月1日起，全市失业金按月最低工资标准的70%、医疗补助金按5%发放，一类地区为255元，二类地区为225元，三类地区为195元。

2003年，根据省劳动厅《失业人员管理工作操作规程》，统一了业务操作程序，规范了失业保险金申领发放工作，加强了对失业人员的管理。2004年，在2002年发放基础上按每类人员增加10元发放失业保险待遇。2005年7月1日起，又在2004年的发放基础上按每类人员增加15元发放失业保险待遇。2006年10月1日起调整失业保险待遇为：一类390元，二类360元，三类330元，医疗补助金按失业金的10%的标准发放。2007年10月1日起，失业保险金在2006年基础上调整为：一类430元，二类400元，三类370元，四类340元，医疗补助金按失业金的10%发放。

2008年，继续开展对非公经济单位失业保险参保的推动工作，出台了《阳泉市人民政府办公厅关于阳泉市非公有制经济单位纳入失业保险覆盖范围的若干意见》和《阳泉市人民政府办公厅关于印发阳泉市非公有制经济单位参加失业保险实施细则的通知》，并下发到各县（区）人民政府。同时，对全市推进非公有制经济单位参加失业保险工作进行了重点安排，将省厅安排的灵活就业人员和非公企业从业人员失业保险扩面指标1.59万人进行了分解，完成失业保险非公扩面16190人，完成目标任务的101.82%。11月28日，下发了《阳泉市人民政府关于阳泉市失业保险基金实行市级统筹的实施办法》。2009年1月1日起在全市范围内全面施行。从2008年10月1日起，根据晋政办发〔2008〕93号文件规定，失业保险金上调为：一类510元，二类480元，三类450元，四类420元，医疗补助金按失业保险金的10%发放。

2009年，出台《阳泉市失业保险基金实行市级统筹实施办法》，进一步增强失业保险基金的调剂功能，分散支付风险，发挥失业保险在促进就业、维护社会稳定工作中的重要作用。全市共有6930名企业下岗职工领取内退生活费1875.6万元；有11833名下岗失业人员享受社保补贴3508.86万元；有5118名从事公益性岗位的下岗失业人员享受岗位补贴1905万元；有21名下岗失业人员和1户企业办理小额担保贷款141万元；有6981名下岗失业人员参加免费再就业培训，享受再就业培训补贴380万元；有12968名下岗失业人员享受免费职业介绍，补助职业介绍补贴费188万元；有10057名困难企业人员领取困难生活补助2131.35万元。2010年，全市共有失业保险参保19.76万人，征缴基金0.64亿元。落实各项促进就业的优惠政策。

1987—2010年阳泉市失业保险参保情况简表

表-14-4

年 份	参保企业（户）	参保人数（人）	征缴基金（万元）	发放失业金（万元）	发放医疗补助金（万元）	享受待遇（人次）
1987	436	148000	130	—	—	—
1988	458	149000	139.5	—	—	—
1989	—	—	160	—	—	—

续表-14-4

年份	参保企业（户）	参保人数（人）	征缴基金（万元）	发放失业金（万元）	发放医疗补助金（万元）	享受待遇（人次）
1990	—	—	178	—	—	—
1991	—	—	171	—	—	—
1992	—	—	285.8	—	—	—
1993	—	—	349	—	—	—
1995	—	—	901	—	—	—
1996	1021	210000	1274	—	—	—
1997	—	—	1149	—	—	—
1998	—	—	1586	—	—	—
1999	—	—	1763	268	1	29270
2000	2006	218000	1887	356	—	16777
2001	1856	200100	2199.8	438	—	21277
2002	1861	202100	2646.24	621.03	44.55	20509
2003	1857	208200	3126.5	1061.06	72.84	41935
2004	1857	188500	3856	1925.58	139.28	82685
2005	1857	189700	4734.73	2119.4	131.7	77045
2006	1857	190800	5016.34	1698.85	134.14	66020
2007	1861	190900	5052	1994	202	46150
2008	1871	194700	5047	1688	168.8	39093
2009	1876	194900	4496.16	3014.58	334.95	62951
2010	1879	197600	6400	2426.2	221.8	42276

三、医疗 工伤 生育保险

全市从1994年开始医疗保险制度改革的试点工作，主要在商贸系统等150余家企业17000余名职工中进行了大病统筹和工伤、生育保险试点。1996年被列为医疗制度改革国家试点城市，1998年国务院颁发了《关于建立城镇职工基本医疗保险制度的决定》，同年又被列为国家20个重点联系城市之一。

2000 年 1 月，市医疗保险中心经市机构编制委员会《关于阳泉市劳动局所属社会保险机构和再就业机构设置和调整有关事项的通知》批准成立，同时市公费医疗办公室职能并入阳泉市医疗保险中心，阳泉市城镇职工基本医疗保险制度正式启动运行。当年，开始执行《阳泉市城镇职工基本医疗保险实施办法》和《阳泉市城镇职工医疗保险医疗管理暂行办法》《阳泉市职工大病统筹保险暂行办法》《阳泉市职工补充医疗保险暂行办法》《阳泉市参保职工慢性病门诊医疗费用管理暂行办法》《阳泉市职工基本医疗保险个人账户管理暂行办法》《阳泉市基本医疗保险定点医疗机构、定点零售药店管理暂行办法》等 8 个办法。市委办公厅、市政府办公厅印发了《阳泉市市直离休干部医疗管理暂行办法》。

2002 年，市政府出台《阳泉市国家公务员医疗补助暂行办法》《阳泉市城镇职工生育保险试行办法》《阳泉市企业职工工伤保险暂行办法》等 3 个办法，市劳动和社会保障局先后印发《关于调整基本医疗保险参保人员进行大型医疗设备检查、治疗和使用“乙类”药品费用个人负担比例的通知》《关于本市参保职工使用血液制品、蛋白类制品的暂行规定》《关于建立医疗保险缴费年限制度的通知》《关于患者参保住院期间到其他医院做大型仪器设备检查有关事项的通知》《关于将治疗性按摩项目列入基本医疗保险支付范围的通知》，针对个人负担偏重的问题，对乙类药品和单独计算费用的大型仪器设备检查个人自付部分作了调整，乙类药品由原来的 20% 降低为 15%，大型仪器设备检查，单独计算的部分分段降低了 10 个百分点，允许危重病人使用蛋白血液制品，努力从各个方面减轻职工个人负担。

2003 年，市政府办公厅印发《关于印发〈阳泉市困难企业医疗保险暂行办法〉的通知》《阳泉市人民政府办公厅关于印发〈阳泉市城镇职工医疗保险结算办法等有关条款内容调整意见〉的通知》《关于转发市劳动和社会保障局市财政局人事局〈阳泉市未参加医疗保险困难企业军转干部参加医疗保险的意见〉的通知 》《关于公务员医疗补助有关问题的批复》《关于印发〈阳泉市城镇灵活就业人员医疗保险试行办法〉的通知》，市劳动和社会保障局下发《关于执行〈阳泉市城镇职工医疗保险结算办法等有关条款内容调整意见〉有关事宜的通知 》。尤其是《关于印发〈阳泉市城镇职工医疗保险结算办法等有关条款内容调整意见〉的通知》，根据基金运行情况，围绕基金收支平衡，略有结余及保持相对合理的医疗消费分担比例，适时地对结算比例等政策进行了较大范围的完善和调整。

调整了统筹基金与个人分担比例。具体情况，一是降低乙类药品自付比例。2002 年 7 月 1 日乙类药品个人先自付部分由 20% 下调为 15%。二是大型仪器设备检查从 2002 年 7 月 1 日起由原来的个人分段自付 30%、40%、50%，降低到 20%、30%、40%，整体下调了 10 个百分点。

三是从2002年8月起，职工住院医疗费用达到起付标准以上至5000元和5001元至10000元部分的个人自付比例，在职职工分段降低5个百分点，退休人员（含中华人民共和国成立前参加革命工作的退休工人）分段降低3个百分点；10001元以上的两段合并，其支付比例统一按现20001元以上标准执行。经调整，基本医疗保险个人负担比例在职和退休职工分别分段降低了3个和5个百分点。四是大病统筹个人自付比例分段降低5个百分点。五是门诊慢性病由原来比住院个人多负担10%，改为与住院同比例结算，个人负担比例总体降低了13-15个百分点。六是参保人员转诊转院（含常驻异地工作、定居参保人员转诊转院）的住院医疗费用，因公出差、探亲期间在异地急诊住院发生的医疗费用，由个人先自付的10%下调为5%，分段计算部分个人负担比例平均下调了3—5个百分点。七是转外地住院床位费由9元提高到20元。

扩大了医疗保险结算范围。一是从2002年7月起，由参保患者原来自付的血液制品、蛋白类制品、治疗性按摩、院外检查等问题纳入结算范围。二是门诊慢性病病种由九种扩大到十二种。在原九种慢性病基础上，将红斑狼疮、精神分裂症、中度以上类风湿性关节炎三种慢性病，纳入《阳泉市参保职工慢性病门诊医疗费用管理暂行办法》结算范围。三是参保职工在定点医疗机构门（急）诊就诊后直接转为住院的，门（急）诊期间发生符合基本医疗保险有关规定的医疗费用，纳入基本医疗保险统筹基金支付范围，实行单独结算，其负担比例为统筹基金70%，个人30%。

减少了年度内基本医疗保险起付标准的次数。参保职工年内住院个人负担的起付标准由5次降为2次。第二次住院起付标准由9%降为6%，三次以上住院的，从第三次起，取消起付标准，其符合规定的医疗费用直接进入分段计算范围。

全市参保职工的基本医疗保险制度进一步完善。2004年，市政府办公厅印发《阳泉市贯彻〈工伤保险条例〉有关问题的实施意见的通知》，市劳动和社会保障局下发《〈工伤职工就医和医疗费用结算暂行办法〉等六个办法的通知》。2005年，市委办公厅、市政府办公厅转发《阳泉市市直离休干部医药费保障办法》，市劳动和社会保障局下发《关于调整基本医疗保险乙类药品自负比例的通知》，印发《阳泉市市直离休干部医药费用管理实施细则》和《阳泉市医疗保险信息系统管理办法》。2006年，市政府转发《山西省关于农民工参加基本医疗保险的暂行办法》《山西省关于农民工参加工伤保险暂行办法》，并先后下发《阳泉市人民政府办公厅批转市劳动和社会保障局关于解决环卫工人退养和医疗问题的意见的通知》《关于调整大病统筹保险费征收标准的通知》，市民政局、财政局、劳动和社会保障局联合出台《阳泉市一至六级残疾军人医疗保障实施办法》，市劳动和社会保障局下发《关于提高大病统筹保险费统筹金最高支付限额的通知》和《关于基本医疗保险参保人员调动个人账户余额处理的复函》，为依法保障参保职工、困难企业、灵活就业人员和农民工的合法权益提供了政策保障。

2007年，阳泉市被列为全国城镇居民基本医疗保险79个试点城市之一。10月，全市启动城镇居基本医疗保险试点工作。当年，城镇居民基本医疗保险基金收入1399万元。市政府先后出台《阳泉市城镇居民基本医疗保险试行办法》《阳泉市市属国有困难企业职工基本医疗保险试行办法》，转发《山西省城镇职工生育保险办法》，印发《关于做好城镇居民基本医疗保险有关工作的通知》《阳泉市城镇职工基本医疗保险政策调整意见的通知》，市劳动和社会保障局、建设局联合下发《省劳动保障厅、省建设厅转发〈关于做好建筑施工企业农民工参加工伤保险有关工作的通知〉的通知》，市劳动和社会保障局、市财政局关于下发《阳泉市城镇居民基本医疗保险基金市级统筹管理办法（试行）的通知》，市劳动和社会保障局先后下发《关于调整系统企业工伤保险待遇的通知》《阳泉市城镇居民基本医疗保险经办管理服务流程（试行）》的通知》《关于转发劳动和社会保障厅关于城镇居民基本医疗保险儿童用药有关问题的通知的通知》《关于转发省劳动保障厅、省人事厅、省民政厅、省财政厅关于印发〈关于事业单位、民间非营利组织工作人员参加工伤保险的实施意见〉的通知》《关于我市城镇居民基本医疗保险参保范围和个人账户问题的补充通知》《关于调整统筹企业工伤保险待遇的通知》。尤其是《阳泉市城镇职工基本医疗保险政策调整意见的通知》的印发，及时提高城镇职工基本医疗保险统筹基金最高支付限额，适当降低个人负担比例，大型医疗设备检查和治疗费用实行单独结算，调整进口医用材料结算标准，适当放宽对参保人员转外地专科医院就医限制，简化参保人员转外就医审批手续，增加常驻异地工作或定居的参保人员选择医院家数，减少门诊慢性病治疗方案审批次数，规范参保人员就医结算程序，降低灵活就业人员参保缴费基数，简化转诊和使用血液制品审批手续，提高参保对象的医疗待遇水平，简化参保患者的就医结算手续。

2008年，全市城镇居民基本医疗保险的收入、支出、累计结余分别为3060万元、1478万元、2981万元，享受城镇居民基本医疗保险待遇6688人次。市政府办公厅印发了《阳泉市城镇居民基本医疗保险部分政策调整意见的通知》，适时进行了政策调整。政策调整后，从2009年开始，全市城镇居民基本医疗保险统筹基金最高支付限额由2万元提高到3.5万元；统筹基金支付比例，一级医院由60%提高到70%，二级医院由55%提高到60%，同时建立了参保居民连续缴费年限与统筹基金最高支付限额挂钩机制，适当放宽了平定、盂县、郊区参保居民转外就医的审批，方便了居民参保就医，增强了全市居民医疗保险政策的吸引力。市劳动和社会保障局下发了《关于调整企业工伤职工伤残津贴、生活护理费及因工死亡职工供养亲属抚恤金的通知》《关于我市城镇居民基本医疗保险医疗费用结算问题有关规定的通知》。尤其是《关于我市城镇居民基本医疗保险医疗费用结算问题有关规定的通知》，及时对居民外伤住院的结算问题、血液制品的结算问题、在校学生意外伤害费用的结算问题以及参保居民生育期间伴随其他疾病的费用结算问题作出了明确规定，保证了参保居民医疗保险待遇的落实。

2009年，全市城镇医疗保险参保53.14万人，征缴基金6.20亿元；工伤保险参保人数11.52万人（其中农民工参保人数达到5.53万人），征缴基金3859万元；生育保险参保5.77万人，征缴基金703万元。在各项社会保险覆盖面不断扩大的同时，非公经济单位和灵活就业人员参保工作也取得显著成效，参加医疗、工伤保险分别达到3.96万人、4.74万人。

2010年，全市医疗保险参保54.85万人，征缴基金7.41亿元；工伤保险参保人数13.51万人，征缴基金4339万元，其中农民工参保人数达到6.53万人；生育保险参保7.3万人，征缴基金757万元。参保人员医疗待遇水平进一步提高。城镇职工大病统筹保险待遇支付限额由12万元提高到13万元，城镇职工基本医疗保险基金最高支付限额由4万元提高到4.5万元。同时，按省《关于调整一至四级伤残人员护理费标准的通知》要求，从2010年1月1日起，及时对全市的一至四级分散安置的残疾军人护理费进行了调整提高。

2001—2010年阳泉市城镇职工基本医疗保险参保情况简表

表-14-5　　单位：人、万元、人次

年份	参保人数	征缴基金	基金支出	基金结余	享受人数
2001	157449	9680	7534	7775	647700
2002	169371	11221	9287	9709	767383
2003	182165	13680	10375	13014	721766
2004	212125	21815	16002	18826	824996
2005	223549	27455	22022	24260	627721
2006	234634	33577	27172	30666	761501
2007	260106	40496	30963	40198	637488
2008	281776	50352	38148	52430	842829
2009	331159	58477	47699	63208	1164061
2010	343173	69778	58942	74044	1280351

2001—2010 年阳泉市城镇居民基本医疗保险参保情况简表

表 -14-6　　单位：人、万元、人次

年 份	参保人数	征缴基金	基金支出	基金结余	享受人数
2001	—	13	—	181（包括市县养老保险部门移交 168 万元）	—
2002	14690	8	—	189	—
2003	24690	61	1	249	1
2004	30911	176	7	419	5
2005	70000	1934	331	2023	320
2006	85074	1488	945	2566	930
2007	96477	2594	1770	3391	865
2008	108969	3887	3100	4178	1607
2009	200154	3517	2190	4308	66799
2010	205298	4328	3054	5582	67878

2001—2010 年阳泉市生育保险参保情况简表

表 -14-7　　单位：人、万元、人次

年份	参保人数	征缴基金	基金支出	基金结余	享受人数
2001	—	18	24	-4（包括市县养老保险部门移交 2 万元）	—
2002	14690	9	29	-24	—
2003	24690	58	8	26	35
2004	24690	90	36	80	171
2005	24690	200	57	223	175
2006	29418	327	130	421	899
2007	30320	430	141	710	474
2008	40231	750	177	1283	472
2009	57671	703	223	1762	471
2010	73006	871	491	2143	604

第四章 工商行政管理

第一节 机 构

民国37年（1948）8月，市政府始设工商行政管理机构，管理工矿、贸易、建设、房管等业。1953年1月，正式成立市政府工商行政管理局。1956年初，撤销市工商行政管理局，职能并入市商业局，对外挂牌市场管理委员会。1964年12月6日，在市场管理委员会基础上成立市工商行政管理局，内设办公室、工商行政科、市场管理科、市场管理所。“文化大革命”初期市工商行政管理局机构瘫痪。1973年4月恢复，内设工商行政管理科、市场管理科、办公室。改革开放后，工商行政管理机构职能不断完善，至1990年市工商管理局内设办公室、监察室、人事教育科、企业注册登记科、商标广告科、经济合同管理科、经济监察科、市场管理科、案件查处科9个科室和1个直属分局，另辖5个县区分局、57个工商管理所。

1994年8月30日，根据省政府的决定，将城、矿、郊3个区工商局变为垂直领导，改为分局，由市工商局统一领导，统一管理。1998年11月，国务院批准国家工商行政管理局体制改革方案，决定省级以下工商行政管理局实行垂直管理。2010年，市工商行政管理局内设办公室、人事教育科、离退休干部管理科、财务科、法制科、企业登记注册科、企业监督管理科、经济检查科、市场规范管理科、合同监督管理科、消费者权益保护科、商标监督管理科、广告监督管理科、党务办公室和纪检监察室等15个机构。下辖城区、矿区、郊区、开发区、平定县、盂县等6个县区分局；主管个体劳动者协会、私营企业协会、消费者协会、工商行政管理学会、广告协会、信用企业协会等6个协（学）会。全市工商系统共有行政编制538人，事业编制92人。

第二节 市场管理

市场监督管理是工商行政管理的主要职责之一。阳泉建市初期，工商行政管理的主要对象是资本主义工商业。1950年至1952年市场管理的重点是平抑物价，打击投机倒把，稳定社会主义经济秩序，组织城乡贸易交流。1953年国家实行统购统销政策后，市场经济范围缩小，市场管理的主要任务是适应大规模经济建设的需要，活跃物资交流，维护和稳定社会主义统一市场，严厉打击破坏统购统销政策行为和加强对小商小贩的管理。1956年成立阳泉市市场管理委员会，负责管理城市的小商小贩和自由市场。1958年由于“左”的思想影响，自由市场和集市贸易全部被关闭。1961年贯彻中央“管而不死，活而不乱”的方针，在县区开放了10多个集市，恢复了农村古庙会，城乡自由市场被放开，物资供应开始趋于缓和。“文化大革命”期间，城乡贸易再度关闭，在此期间，市场管理主要是取缔“黑市”、割“资本主义尾巴”。

1978年中共十一届三中全会后，集市贸易开始复苏。市场管理遵循“促进物资交流，保护合法经营，打击不法分子，维护市场秩序”的原则，不断放宽政策界限，扶植多种经济发展，打破地区封锁，按经济区划组织商品流通，允许农民和个体户可以多渠道自由进货、可以从事长途贩运、可以批发零售。政策放宽之后，全市市场的发展和网点的布局便逐步形成了大、中、小相结合，集中与分散相结合的集市贸易体系。市区的兴隆市场和四季春市场、郊区的综合市场、平定的嘉河市场、盂县集贸中心等大型市场应运而生，上社、孙家庄、青城、西烟、牛村、锁簧、冶西、张庄、东回、娘子关、荫营、河底、白泉等乡镇的集市贸易也蓬勃兴起。为了适应市场发展的需要，工商行政管理部门逐渐从单纯的集市贸易管理扩大到对社会主义统一市场的管理，并大力开展工商法规宣传，提供政策咨询服务等。在坚持经常性的监督检查的同时，逐步形成了重大节日市场大检查制度，对掺杂使假、以次顶好、少斤缺两、随意涨价以及出售伪劣、冒牌商品等行为随时进行查处；严禁金银珠宝、废旧有色金属、迷信品、文物、荒诞淫秽物（包括书刊、图片、录音、录像带）、有毒和腐烂变质食物上市出售，从而有效地维护了市场秩序和消费者的利益，到1990年，全市集市发展到65处，摊位6020余个，从业人员达7359人，年成交额逾1亿元。

1992年之后，全市各级工商行政管理部门围绕经济工作中心，着力服务改革，坚持“抓主体、管行为、查违法”的市场监管三要素，积极培育多元化市场主体，严厉打击制假售假、制黄贩黄、走私贩私、商业欺诈、欺行霸市等违法行为，保护了广大消费者和经营者的合法权益，为全市经济发展创造了良好的环境。至1999年，全市各类市场发展至67个，其中消费品市场63

个、生产资料市场4个，集市贸易成交额达18.01亿元；共查处各类市场经济违法、违章案件3663件，涉案总值1.27亿元。

为了适应新的市场经济形势的需要，从2000年开始在全市范围内加强市场登记，改进管理方式，努力探索生产资料和生产要素市场监管方式、方法。重点开展了煤炭市场、农资市场、节日旅游市场、盐业市场、汽车市场、粮食市场的专项整治。2000年至2005年，全市共查处煤炭掺杂使假案件175起，罚没款560万元；全力以赴开展防治禽流感工作，对辖区的经营户进行了全方位、拉网式的严格检查，共出动检查人员4301人次，出动检查车辆968台次，检查经营户9523户，下架停止销售禽蛋类产品及其制品73370公斤，稳定了市场秩序。

2005年以后，全市的市场建设进入一个新的发展时期。其间，包括农贸市场、建材市场、煤炭市场、家电市场、钢材市场、汽车市场以及一批大型超市的应运而生，市场管理的范围和难度愈来愈大。为了确保市场安全和社会稳定，全市工商行政部门以开展专项整治为抓手，加大了市场管理的执法力度。在食品安全专项整治中，突出重点地区、重点市场、重点环节、重大节日进行违法案件的查处，特别是2008年9月三鹿婴幼儿奶粉质量案件披露之后，立即对全市4128户食品经营户进行了全方位、拉网式的排查，以确保婴幼儿的健康和食品安全。在煤炭市场专项整顿工作中，以打击掺杂使假、收购倒卖非法生产煤炭为重点，检查煤炭经营主体户576户，查处案件100余起，罚没款1000余万元。在打击非法传销的执法行动中，完善监控网络，强化社会宣传和部门协作，加大了打击力度，净化了市场环境。

2010年，继续规范市场主体行为，查处取缔无证经营行为，全市共查处取缔无照经营590户，取缔黑网吧8户。同时严厉打击传销行为取缔传销窝点5个，遣散人员104人，查获传销案件2起，“无传销社区村镇建设”工作受到了省局的充分肯定并向国家总局进行推荐。

第三节　企业登记

民国37年（1948）8月，市工商管理部门开始对全市工商企业的开、歇、停、转业实行日常审核登记并签发营业执照。当时的营业执照分为坐商营业证、行商营业证和摊贩营业证3种。1949年全市登记的私营工商户共2739户，其中私营商业户1592户，占58.12%。

1954年，市工商部门对全市私营工商业和手工业进行了普查登记和全面发证。全市共登记发证的私营工商业有3865户，其中工矿业和手工业1123户、商业1905户、交通运输业837户；从业人员9956人，其中工矿业5505人、商业3055人、运输业1396人；资金总额337.39万元，其中工矿业82.82万元、商业92.02万元、运输业162.55万元。1956年，随着资本主义工商业社会主义改造的完成，城市工商业有835户，其中，组织公私合营的165户，组织为国营经销、代销的357户，组织合作商店和合作小组的24户，加工订货的25户，自营的264户。

1963年，根据山西省人民委员会《关于贯彻执行国务院工商企业登记管理试行办法的通知》精神，市工商部门开展了对工商企业的普查登记，登记范围是除国防工业、国营交通运输业和公用事业以外的工业、手工业、交通运输业、建筑业、商业、饮食服务业等。经过登记，全市共有工商企业437户，其中，国营、地方国营、公私合营企业97户，集体所有制企业258户，个体企业82户；从业人员52100人，其中，国营、地方国营、公私合营企业44857人，集体所有制企业7161人，个体企业82人；资金总额28256.2万元，其中，国营、地方国营、公私合营企业26555.1万元，集体企业1700.3万元，个体企业0.8万元。通过普查掌握了企业的基本情况，建立了企业登记档案，取缔了非法经营，清理了一些自发的个体工商户，加强了对工商企业的监督管理。凡未登记核准的企业一律不准开业。

1977年6月，恢复“文化大革命”期间工商企业登记管理被无端废止的业务后，重新开始对全市集体所有制工商企业进行登记发证。全市登记的集体所有制企业687户，其中各主管局属企业121户、区社企业134户、城市街道企业45户、生产大队所办企业290户、校办工厂31户、外来驻地的采购推销单位13户，其他53户。针对登记中发现的有些企业存在的生产不定型、经营方向不正、管理混乱等问题进行了整顿和处理。经审核评议，为634户签发了营业执照。

为了巩固登记发证的成果，1981年以后，市工商局会同商业、供销、银行、物资等单位发了联合通知，规定凡未取得营业执照的工商企业，银行不予开户，商业、物资部门不予供货，税务部门不予发票，漏登记的企业限期登记，无证经营一律取缔。同时，全面加强了监督管理，为每个工商企业建立了完整的登记档案，严格了登记管理制度和年检报告制度。为避免企业在申请登记中在人员、资金、地址、经营范围等方面出现不实现象，还规定凡新开企业必须有上级主管部门的批准文件，而且对每个申请开业的企业坚持“发证前进行调查，发证时严格审查”的制度，对少数产品质量低劣，长期亏损又污染严重且无法治理的企业，劝其转业或歇业，注销登记。

从1985年开始，依照上级规定对全市工商企业换发全国统一的营业执照。到年末，已换证企业达5227户，占应换证总数的83%。与此同时，结合换证对乱设“公司”“中心”和党政机关办企业的问题进行了清理整顿。共清理出各类公司、中心374个，其中，经过审查重新登记发证的148个，变更企业名称的71个，办理了停业歇业的97个，延缓登记的58个。清理出党政机关和党政机关干部办的企业22户，本着“政企职责分开、官商分离”的原则，经过整顿，有6户与党政机关脱钩，有10户移交他单位经营，有6户歇业。

1989年根据《中华人民共和国企业法人登记管理条例》，各级行政管理部门对全市工商企业进行全面登记，换发营业执照。到年底，经工商行政管理机关登记注册的工商企业为7746户，其中，具有法人资格的企业3358户，经营性分支机构4388户；全民所有制企业1242户，集体所有制企业6437户，联营企业67户。从业人员38.5万人，注册资金29.05亿元。

1992年之后，全市工商行政管理部门充分运用登记管理职能，围绕建立现代企业制度，认真贯彻执行《中华人民共和国公司法》和《中华人民共和国企业注册登记条例》，促进公有制企业沿着改革方向深入发展，截至1999年，全市登记注册的公有制企业为7297户，注册资金为73.25亿元，其中国有企业1774户、集体企业4135户、股份制企业943户、股份制合作企业411户，其他34户。在贯彻法规和条例的过程中，严格执行企业年检制度，企业年检平均率达到了97.35%，累计共查处企业违反登记法规行为5588户（次），依法吊销营业执照3976户。

全市工商行政管理部门始终按照有关的法律法规坚持对企业实施年检，对个体工商户进行了贴花验照，包括内资企业、外资企业、私营企业的年检率均在80%以上。登记注册工作以企业年检、个体贴花验照为契机，加强对各类企业的登记管理制度进一步规范了企业主体资格，有效地防范了企业运行中的风险，维护了经济秩序的健康发展。2002年，全市登记注册的各类企业共有5144户，注册资金总额71.26亿元，其中法人企业2551户、营业性经营单位2593户。全年新登记注册的内资企业354户，注销、吊销企业营业执照1150户。全年持证经营的个体工商户累计达13323户，私营企业1334户。

2004年后，以集中审批、便民高效、公开透明、优化服务、科学监管为思路，以企业登记集中化、监督管理属地化、登记监管专业化为目标，阳泉市工商行政管理实现了登记注册体制、登记注册制度、监督管理方式、信息化服务、内部管理机制五个创新，有效地整合了人力、物力、财力，形成了业务咨询、名称预核、受理审批、收费发证、年检验照、开户刻章、中介服务等“一条龙”、多功能、全方位的注册登记综合服务体系。

截至2010年，登记注册的内资企业共有3709户，注册资本总额130亿元，其中企业法人1844户、营业单位1865户；按企业类型分，全市国有企业1000户，集体企业1300户，有限公司1394户，股份合作制企业12户，其他企业3户。全市私营企业5951户，个体工商户26645户。

第四节 经济合同管理

经济合同是商品经济发展的产物。阳泉建市前，交易实行契约制，有地契、房契、租约、借约等。契约即为以经济活动为内容的合同。

20世纪50年代的社会主义改造时期，工商行政管理部门负责组织私营工商业与国营企业单位之间签订加工订货合同、收购包销合同等，并通过合同进行管理，安排私营工商业的生产经营，调整公私关系，发挥私营工商业者在生产经营中的积极作用。同时，通过加工订货把私营工业的生产纳入国家计划。在社会主义改造基本完成之后，由于国家没有明确规定经济合同管理的主管单位，也没有完整的法规，合同管理工作自然停顿。

1964年合同管理工作得以恢复，但管理的范围很小，只限于管理外地农村社队进入城市从事基建维修、装卸、运输、铁业加工等项目的副业包工队与阳泉市各外出包工单位订立的合同和协议，简称“外包工合同”，这项工作在“文化大革命”期间被中断。

1978年9月，国务院在《关于成立工商行政管理总局的通知》中把管理全民所有制企业和集体所有制企业的购销合同、加工订货合同、调解和仲裁合同纠纷，正式列为工商行政管理部门的一项主要任务。1980年10月，市工商局设立了专管经济合同的机构（经济合同管理科），并配备了专职管理人员，开始了合同管理试点工作。1981年签证蔬菜合同161份。

1982年扩大签证范围，全年共签订蔬菜、生猪收购、粮食收购和外地转来的经济合同计563份，调解各种合同争议案25起，金额达30万元。1984年，根据《中华人民共和国经济合同仲裁条例》规定，成立了市、县（区）经济合同仲裁委员会。各县区工商局都重视发展合同管理网点和培训合同管理人员，全市初步形成了广泛的合同管理网络。据1986年统计，全市共发展合同管理员939名，其中市区546名、盂县230名、平定县163名。1988年全市各级工商行政管理机关遵照《中华人民共和国经济合同法》，认真加强经济合同的监督检查，大力开展调解、仲裁合同纠纷，确认无效经济合同，查处违法经济合同等工作，从而有效地推动了经济合同的订立和履行。当年全市共签订经济合同14.8万份，金额达8.44亿元；受理经济合同纠纷案26件，争议金额139万元；查处违法合同4件，确认无效经济合同18件，挽回和避免经济损失413万元；帮助企业清理拖欠金额达2821万元。同时，全市还广泛开展了“重合同、守信用”活动，有84个单位被命名为县区级“重合同、守信用”单位，有3个单位被授予省级“重合同、守信用”企业称号。1990年，经济合同管理工作得到继续加强。当年共签订经济合同988份，金额1.24亿元；检查经济合同21634份，总额达6.3亿元；确认无效经济合同4份，金额3万元；调解、仲裁经济合同纠纷7件，查处违法合同1份。此外，各级工商部门发挥自身职能优势，先后为14个企业从25个省市清理回拖欠货款1417万元，受到社会好评。

1992年后，全市各级工商行政管理部门深入宣传贯彻《中华人民共和国合同法》和《山西省经济合同监督管理条例》等法律法规，不断强化合同监管力度，促进了合同当事人的诚信履约有效地维护了社会经济活动秩序。截至1999年，全市共签订各类经济合同2588份，合同金额达86.4亿元；共仲裁合同案76件，金额达1486万元，调解合同争议28件，金额584万元；共有537户企业被命名为“重合同，守信用”单位，其中省级80户、市县级457户。

全市工商行政管理部门把营造诚信守约的信用环境放在了重中之重的位置，在建设诚信阳泉上取得了新突破。一是成立了诚信体系建设领导组，为加大合同监管力度工作的顺利开展提供了组织保障。二是开展合同专项调研活动并撰写调研报告，为领导决策提供依据。三是开发经济合同户口软件，使合同管理在信息化、规范化上迈出了新步伐。四是组织守合同重信用的申报工作和守合同重信用活动的开展，定期召开全市重合同守信用的命名和颁证会议。2003年，检查合同2563份，金额9.1亿元，纠正不规范合同33份，金额882万元；对旅游、供水、供气、保险等10家、6类32份合同进行了备案；调解合同争议25起，金额222万元；鉴证合同228份，金额11亿元；办理合同抵押登记136份，抵押物值7.7亿元；查处合同违法案件23起。同时，市政府命名了阳煤集团等259家“重合同守信用”企业，对合同工作管理中成绩显著的3家单位、56名厂（矿、行）长、56名合同管理人员进行了表彰。

围绕打击商品房买卖、房屋租赁、装饰装修、建筑施工、煤矿企业承包合同等重点，大力开展打击合同欺诈专项执法行为。2004年至2008年，全市共查办各类合同案件2420起，罚款480余万元，其中万元以上案件145起。共出动执法检查人员10745人次，出动检查车辆5010台（次），检查合同21075份，合同金额29.8亿元。认真开展合同条款备案工作，包括全市旅游、供水、供电、供气、供热、运输、邮政、电信等合同条款。同时，大力开展订单农业活动，积极利用合同为“三农”服务，共帮扶涉农企业20多家，涉及农田14万亩，签约农户1000余户，订单金额3000余万元。围绕建设信用体系，大力开展“守合同，重信用”活动。

至2010年，全市拥有国家级“守合同重信用”单位9家，省级120家，市级496家。围绕服务百项工程，积极办理动产抵押登记95件，抵押物价价值64870.4万元，主债权金额24290万元，为企业融资8000万元。

第五节　商标广告管理

一、商标管理

1950年政务院颁发《商标注册暂行条例》后，市工商局即在全市工商企业中进行认真贯彻实施。1953年，公私合营恒大化学厂经国家工商行政管理局注册的“金刚”牌氧化铁商标，系全市办理登记的第一个商标。1957年，根据国务院转发国家工商行政管理局《关于实行商标全面注册的意见通知》精神，市工商部门对境内各企业的商标进行了全面注册。到1964年，全市在国家工商行政管理局注册的商标共14件。“文化大革命”期间，许多商标档案被毁，商标使用极其混乱，混同、仿冒、伪造、滥用商标等事件不断发生，严重损害了生产者和消费者的利益。1977年商标注册工作恢复后，工商管理部门对全市商标使用情况重新进行了清理，对16个需要注册的商标经省批准，颁发了商标注册证。1979年正式恢复全国商标统一注册。当年，申请登记的产品共267种，其中，需要使用商标的产品有40种，使用装潢、标牌、标签的227种。同时发现阳泉市原已注册的35个商标有13个属于混同商标，其余22个经审批继续使用。1983年，经审查批准阳泉市印刷厂、阳泉市塑料厂、平定县印刷厂、盂县印刷厂为商标定点印刷单位。1985年市工商局利用报纸、广播、电视等宣传工具广泛宣传《中华人民共和国商标法》，并开始查处违法商标，先后查办违法商标案件11起，罚款1.3万元。1990年，商标管理工作进一步深入，全年核转注册商标申请83件，报请国家商标局核准注册的商标73件，全市累计注册商标达到303件。

1992年后，全市各级工商管理部门紧紧围绕贯彻执行《中华人民共和国商标法》这一中心，从法治宣传和执法监督入手，以加强商标管理工作的深度和力度为突破口，在服务企业发展和规范企业行为等方面取得了可喜的成绩，至1999年全市有效注册商标累计达到528件；有7件注册商标被认定为山西省著名商标，40件注册商标被认定为市著名商标；其间共查处商标违法案件145起，收缴各类假冒、侵权商标标识147万套（张），有效地保护了注册商标专用权和著（知）名商标。

在2002年全市工商行政管理部门开展的专项整治工作中，以宣传贯彻新《中华人民共和国商标法》和《中华人民共和国商标实施条例》为契机，加强了商标监督管理力度。在加大驰名商标、著名商标、知名商标保护力度的同时，对一切商标侵权行为进行了专项检查。共检查各类专营店、专卖店、专修店50余户，共查处了18起商标侵权案件，维护了商标在经营中的合法权益。

运用商标管理职能，实施“名牌战略”，强化企业商标意识、名牌意识、提高优质产品知名度。依法认定24件山西省著名商标。加大商标监管力度，围绕人民群众生活吃、穿、医、用、行等重要商品，以保护驰“著”名商标、涉外商标、奥林匹克标志专用权为重点，对假冒他人商标的行为进行专项治理，依法查处商标假冒侵权行为，保护商标专用权。培育农副产品商标，重点对山西枣园农产品开发有限公司、平定县丰圣专业经济合作社、平定县海源农业有限公司及盂县西烟建红油坊等企业和产品商标进行宣传保护。结合阳泉实际，出台《大力推进全市实施商标战略工作的意见》。截至2010年，全市累计注册商标总量达752件，其中中国驰名商标1件、山西省著名商标33件。驰名、著名商标企业已经成为带动全市经济发展的龙头企业。

二、广告管理

1982年，随着改革开放政策的深入贯彻，广告业务量与日俱增。根据国家工商行政管理局的规定，市工商行政管理局开始负责全市的广告管理工作。同年，对全市广告进行清理、整顿，并将阳泉报社和阳泉人民广播电台确定为广告兼营单位，颁发了广告经营许可证。

1985年全市设有广告经营单位5个，路牌广告37块，全年发布广告853条，广告营业额4.8万元。1988年全市广告经营单位发展到14个，全年发布各类广告1800余条，设置各种大型路牌广告50块，墙壁广告30块。根据市政府批转的《阳泉市户外广告管理暂行办法》，城矿两区设立广告张贴栏40块。与此同时，广告的设计和制作水平逐步提高，表现形式更生动活泼，知识性、趣味性日益增强。1990年，广告经营在整顿中稳步发展，全年通过报纸、电视等发布各类产品和商品广告9500件（次），制作路牌广告42块，广告营业额达到88.5万元。

1992年后，全市各级工商管理部门一方面坚持正面引导广告经营单位宣传名牌产品和著（知）名商标，另一方面严格广告资质审查，加大对广告的执法检查力度，严厉打击广告违法行为。至1999年，共查处广告违法案件214起，处罚广告经营单位19户，吊销广告经营许可证103个。截至1999年，全市登记注册的广告经营单位共有70户，广告经营额达1295万元。

建立科学完备的广告监测系统，实行对广告市场的全方位、全过程监管。2001年至2003年，共监测广告197条，查处违法广告案件110起，收缴违法印刷品广告2万余张，拆除清理不规范户外广告27条（块）。同时，对全市62家广告经营单位进行了资质检查，取消了广告经营资格8户，组织广告经营单位发布公益广告200余条，进一步促进了社会主义精神文明建设。2004年至2010年，全市共查处违法广告案件1450起，罚款190余万元，通过对广告违法案件的查处，维护了广告市场的经营秩序。

第五章 物价管理

第一节 机 构

民国36年（1947），阳泉建市后始设物价管理机构。初期先后由市政府财务科、工商局、工商行政管理局等代管。1957年，市人民委员会成立物价科，开始专管全市物价工作。1959年，市人民委员会物价科归属市商业局，名称为市商业局物价科，对外称市场物价管理委员会，管理全市市场物价。1962年7月，市人民委员会将市商业局所属市场物价管理委员会收回，设立了阳泉市市场物价管理委员会，下设办公室和物价管理科，负责管理全市市场物价。1963年3月，市人民委员会决定成立市物价委员会，将市财委和市计委所管理的物价工作统一移交市物价委员会，具体管理全市物价工作。

“文化大革命”时期，物价工作先后由市革命委员会生产组、计划组负责。1975年9月成立市革命委员会计划委员会物价办公室管理全市物价工作。1978年12月成立市物价局，属市革命委员会直属局。1996年9月机构改革，市物价局归属市计划委员会的部门管理机构。2001年7月机构改革，市物价局列入市政府直属机构，正县级建制。2009年11月机构改革，物价局改为部门管理机构，由市发展和改革委员会管理，副县级建制，内设机构保留原建制。截至2010年，市物价局内设办公室、价格法规科（不设编制与办公室合署办公）、收费管理科、价格管理科、纪检组（监察室）5个科室；局属4个事业单位，即物价检查所、成本调查队、价格认证中心、煤炭价格稽查队（不设编制和成本队合署办公）；机关行政编制11名，中央专项行政编制12名，专项事业编制17名，自收自支事业编制6名。

的收费专项检查，整顿收费秩序规范收费行为。开展了对教育主管部门和学校教育收费情况的专项检查。

2010年，物价检查工作以保增长、保民生、保稳定和抑制通货膨胀为目标的物价检查工作。进行了涉农价费检查，对农民工劳动、就业、劳动合同鉴证、农民建房相关收费，农用机动车辆相关收费、农资价格、农产品市场收费情况进行检查。进行了行业协会收费检查。进行了全市国土、建设、环保、规划、质监部门的涉企收费检查。进行了电力价格质量监督检验检疫部门收费检查。进行了在柴油货源紧缺期间的柴油价格检查，维护消费者的合法权益。进行了针对秋季开学有些学校出现乱收费行为的收费检查。进行了贯彻国务院关于稳定消费价格16项措施，打击乘机哄抬物价、囤积居奇、价格串通、价格欺诈、价格垄断、扰乱秩序的检查。遏制了乱涨价、搭车涨价的势头。特别在粮油蔬菜副食品价格波动较大时，物价检查人员对华龙超市、沃尔玛超市、蔬菜公司、粮油公司等单位的粮、油、肉、蛋、菜价格以及明码标价的执行情况进行了拉网式检查，避免了部分商品的价格暴涨，维护了市场价格的基本稳定。

截至2010年，全市共查处违纪单位（个人）62942个，违纪违法案件85645件，违纪金额31217.98万元，经济制裁8828.7万元，上缴财政6853.63万元，罚款3844.34万元，没收非法收入6131.84万元，退还用户2051.76万元。

第三节　物价指数

阳泉建市前，市场萧条，物资匮乏，商品流通不畅，少数不法商人乘机囤积居奇，市场物价很不稳定。特别是日军侵占阳泉的8年中，掠夺矿产资源，搜刮民脂民膏，以支付浩大的军费开支，因而导致了恶性通货膨胀，社会零售物价指数扶摇直上，骇人听闻。社会零售物价总指数，民国26年（1937年）日军入侵时为100，民国34年日军投降时增至36616.00，零售物价总指数平均每年递增109.15%。其中，粮食类，民国26年为100，民国34年增至26411.48，平均每年递增100.78%；副食类，民国26年为100，民国34年增至37275.95，平均每年递增109.62%；烟酒茶类，民国26年为100，民国34年增至25130.34，平均每年递增99.54%；衣着类，民国26年为100，民国34年增至50223.08，平均每年递增117.58%；日用品类，民国26年为100，民国34年增至42576.17，平均每年递增113.13%；文教用品类，民国26年为100，民国34年增至73889.72，平均每年递增128.34%。与此同时，革命根据地提倡“公买公卖、公平交易”的市场贸易原则，并由工商部门和物资管理部门严格控制物价的暴涨暴落，维护军民的正当消费权利。民国35年，阎锡山统治下的阳泉和平定县城以及铁路、公路两侧，为了囤积物资，开展内战，推行“兵农合一”，且滥发纸币，造成恶性通货膨胀，城乡物价再次直线飞涨。境内平定县小米、玉米、食盐的价格民国35年与民国19年相比，上涨幅度很大。

阳泉建市初期，采取积极措施平抑物价，扭转市场价格混乱局面。1950年3月，中央人民政府政务院《关于统一国家财政经济工作的决定》颁布后，市政府确定“整顿收支，稳定物价”的方针，为人民生活的保障和工农业生产的恢复发展创造了良好的社会环境。1952年全市国营商业零售物价总指数比1951年回落了7个百分点，1953年又比1952年回落了3.8个百分点。1953年11月，依据当时市场情况，国家统一对粮食、油料和棉布实行了统购统销，定量供应。1954年9月又对生猪、鲜蛋实行了派购，统一价格。国营商品的价格对稳定市场价格起到了主渠道的作用。1950年至1957年，国营商业零售物价总指数的递增幅度仅为2.6%。1960年以后由于连续3年自然灾害的影响和“大跃进”导致经济工作在指导上的失误，国民经济严重受挫，粮食、副食品和以农副产品为原料的轻工产品等物资均出现紧缺，供求矛盾尖锐，物价上涨幅度较大。1961年全市国营商业零售物价总指数较上年上涨了9.7百分点，1962年通过对国民经济进行调整，市场价格开始回落，到1964年基本恢复正常。

“文化大革命”开始后，遵照国务院“冻结商品零售价格”“一切不合理价格放在‘文化大革命’后期处理”的指示精神，尽量减少“文化大革命”对物价工作的冲击，避免物价波动。此间，物价指数基本平稳，但由于国民经济比例失调，稳定物价的基础遭到破坏，市场商品短缺，有价无货，凭票供应，严重影响了社会生产的发展和人民生活水平的提高。

中共十一届三中全会以后，根据国家统一部署，对价格管理体制和价格体系进行了改革。1978年至1985年为改革的起步阶段。这一阶段，坚持调放结合，物价水平出现波动，但基本趋于稳定。1980年国营商业零售物价总指数较上年上涨了2.5个百分点；1981年比1980年回落了1.3个百分点；1982年较上年上涨了1.6个百分点；1984年比1983年又回落了2.5个百分点；1985年是这一阶段涨幅最高的一年，比1984年提高了9.5个百分点。

1986年至1990年为加快改革步伐阶段。这一阶段先是以调为主，后是以放为主，市场物价水平呈现上升趋势。这一时期物价变动的特点是，物价呈现明显的阶段性变化。大体经历了两个阶段。第一阶段从1986年至1988年，由于出台项目多，调价商品和放开商品价格上涨面宽且幅度大，加之通货膨胀，需求猛增，抢购风迭起，市场物价涨幅呈逐年增长趋势。1987年和1988年，全市国营商业零售物价总指数分别比上年上涨4.2和12.6个百分点。第二阶段从

1989 年至 1990 年，由于治理整顿措施到位，抑制了通货膨胀，控制了消费基金的增幅。与此同时，市场需求相对平稳，商品销售疲软，使市场物价涨幅呈现回落趋势。1989 年和 1990 年，全市国有商业零售物价总指数分别比上年回落了 2.5 和 15.9 个百分点。

1991 年以后，物价部门遵照国家“既要稳定物价，又要振兴经济”的指导思想，继续稳妥地推进价格改革，向以市场形成价格为主的价格机制过渡，1991 年至 1992 年进一步加快价格改革步伐，大部分商品价格放开，物价部门管理的商品价格逐步减少，市场定价商品占社会商品零售总额的 93%，由政府定价和政府指导价的商品只有 7%，由于固定资产投资规模较大，货币投放较多，需求膨胀等因素，物价从 1992 年开始又出现了逐年上涨的趋势，到 1994 年达到高峰，社会商品零售物价指数为 120.2%，居民消费价格指数为 120.8%，为了抑制物价总水平的过快上涨，物价部门采取积极措施，进行综合治理，有效地缓解了物价总水平的大幅上涨，使物价逐年回落，到 1996 年物价总水平趋于正常。

由于连续多年的宏观调控治理通货膨胀，国家实行财政信贷双紧政策，对住房、医疗、教育、养老保险等方面改革力度加大，使居民对未来的预期消费心理加剧，对商品有效需求产生了抑制作用，1996 年后市场商品出现了供过于求的状况，商品价格处在低位上运行，1998 年至 2000 年社会商品零售物价总指数成负增长。

2001 年以后，为了和国际市场接轨，进一步适应市场经济的需要，城市商品零售价格指数统计调查方法制度改变，重点反映城市居民消费价格指数的变化，不在统计调查零售物价指数。所以 2000 年前主要反映全市零售物指数的变化情况，2001 年后主要反映全市消费价格指数的变化情况。

物价指数统计调查方法制度改变后，市政府和物价部门积极利用调控手段，及时解决价格矛盾，使 2001 年至 2005 年全市物价平稳，物价指数没有出现大起大落现象，体现了价格形成不断趋于合理。2006 年价格比较平稳，2007 年食品类和居住价格涨幅较高，尤其是食品类价格比上年高 13.5 个百分点，是近年来较高的一年。2008 年初国家对食品价格实行临时价格干预措施，使食品价格逐月回落，实现了调控目标。

2009 年，物价部门在上年调控物价的基础上，进一步加强对市场价格的监测和调控，加强对重要商品、农产品、粮油食品和农业生产资料价格进行监测，在全市遭受暴雪灾害期间和元旦、春节期间，动用价格调节基金对蔬菜、肉、鲜奶、调味品、豆制品进行价格补贴，并制定适当的市场价格以控制粮油蔬菜副食品价格过快上涨，保持了市场价格的基本稳定。当年食品类消费价格指数回落 13.3 个百分点，居民消费价格总指数比 2008 年回落 5.5 个百分点。

2010年，由于全市受雪灾、旱灾、水灾等自然灾害的影响和国际货币投放较多，生产成本上升等原因，以农产品为主的生活必需品价格大幅上涨。各级政府为了控制物价过快上涨，国务院下发了增加农业生产，稳定生活必需品价格的措施，再次提出“米袋子”省长负责制和“菜篮子”市长负责制，又提出稳定消费价格总水平，保障群众基本生活的16条规定。省、市政府也先后出台了稳定市场物价的十二条措施和稳定物价总水平保障群众基本生活的实施意见，扶持蔬菜副食品生产基地建设，加大对市场监测和监督检查力度，动用价格调节基金扶持副食品生产基地建设，对低保户、五保户、家庭困难学生、低收入人群发放临时价格补贴，元旦、春节期间对粮、油、蔬菜、副食品进行价格补贴，有效地遏制了消费价格过快上涨，实现了物价控制目标。当年消费价格总指数为102.8%。

1991—2000年阳泉市国有商业零售物价分类指数表

表-14-8

单位：%

年 份	总指数	分类指数					
		食品类	衣着类	日用品类	文化娱乐用品	医药及医疗用品	燃 料
1991	104.8	107.8	108.4	101.1	92.9	107.8	104.5
1992	108.4	114.5	106.7	100.7	95.2	119.1	135.0
1993	114.1	118.7	111.0	108.0	102.6	115.3	132.2
1994	120.2	130.0	118.6	115.1	106.3	116.1	115.8
1995	114.7	124.0	114.7	110.5	106.2	108.9	122.5
1996	106.4	108.8	110.4	103.7	105.5	104.4	104.1
1997	100.8	94.5	111.4	101.9	102.8	102.2	105.4
1998	97.4	96.6	100.6	100.1	90.4	106.8	96.3
1999	97.7	96.4	105.3	94.9	102.4	106.3	93.4
2000	98.6	95.0	105.0	98.1	93.2	105.5	124.4

说明：以上年价格为100

2001—2010 年阳泉市居民消费价格分类指数表

表 -14-9　　单位：%

年 份	总指数	分类指数							
		食品类	烟酒及用品	衣着类	家庭设备用品及维修服务	医疗保健和个人用品	交通和通信	娱乐教育文化用品及服务	居 住
2001	99.5	99.5	97.3	99.4	98.2	97.6	101.5	98.9	102.6
2002	98.2	98.1	97.9	97.5	97.1	85.5	107.1	99.3	102.4
2003	101.7	106.3	102.7	98.4	96.7	100.9	97.5	98.0	104.3
2004	103.8	111.6	103.4	104.0	98.1	96.5	97.6	99.4	101.6
2005	102.5	105.3	103.1	100.0	98.4	102.3	99.8	103.3	101.5
2006	102.1	101.8	105.3	102.4	99.4	102.6	99.7	101.9	101.9
2007	105.1	113.5	106.0	100.9	101.6	103.0	96.4	99.2	103.7
2008	105.6	116.0	101.1	105.7	102.3	103.6	101.6	101.4	103.3
2009	100.1	102.7	100.4	99.4	92.6	101.5	100.4	98.4	99.4
2010	102.8	109.9	106.8	96.0	96.5	103.1	98.5	99.4	100.2

说明：以上年价格为 100

第四节　物价调整

阳泉建市初期，试行国营商业牌价和集市贸易价两种物价。国营商业牌价由政府管理。实行固定批零差率的体制，集市贸易价除个别商品适当限制外，均为自由议价。1952 年，针对当时国营商业制定的购销差率偏紧，适当调高了粮食代销和百货批零的差率。1956 年以后，一方面提高粮食、大麻等农副产品的收购价，另一方面全面降低了 6000 余种日用工业的零售价，逐渐缩小了工农业产品的剪刀差。

20 世纪 60 年代，为了稳定群众生活，对部分日用生活必需品采取了收购价提高后销售价仍不变，差额由财政补贴。同时，扩大凭证定量供应范围，对部分紧俏商品实行高价敞开供应。此外，还采取了一些定价外的补助措施。

20 世纪 70 年代后期，为了缩小工农业产品交换差价，对粮食统购价格普遍提高 20%，超购部分再加价 50%，棉花、油料、畜产品、水产品、林产品等农副产品的收购价格也相应调高；农业机械、化肥、农用塑料等农用工业品的价格则降低 10% 至 15%。农产品提价后，为了不影响城市职工生活水平，国家财政给予了适当补贴。

1984 年，物价调整政策出台较多。全市列为计划管理的品种范围，由 39 种减为 26 种；商业系统管理的一、二类农副产品由 21 种减为 12 种；中药材派购品种由 30 种减为 24 种，其他全部放开。

1985 年取消农产品统派购，实行合同订购，按“倒三七”比例计价，即 30% 为统购价，70% 为超购价。1986 年，解决某些商品价格和非商品价格间存在的不合理问题，调整 56 种商品价格和非商品价格的收费标准。1987 年调整不合理商品价格和收费 44 种。1988 年有 3 项较大的价格政策出台：一是从当年 4 月 1 日起，除城镇居民定量供应的口粮继续实行国家定价外，对工种粮、行业用粮和饲料粮均改为议价销售；二是对生猪、鸡蛋、蔬菜、食糖等副食品的价格放开后，国家财政给职工以适当的补助；三是放开了 13 种名酒和 13 种名烟价格。1990 年，较大幅度地提高了棉花、油料、油脂、糖料等农副产品的收购价格，提高了无烟煤的外销价格，提高幅度为 40%，全年共调整、整顿商品价格和收费标准 76 种。

1991 年，贯彻国务院物价委员会、国家物价局《关于适当缩小地方提价报国务院特批范围的通知》和省物价局《关于认真落实放开商品价格实行企业定价的通知》，在日用工业品方面，取消对电冰箱、黑白电视机、洗衣机、自行车、缝纫机等商品的提价申报制度，实行企业定价。在农产品方面，调整粮食、食油统销价格，调整成品粮 27 种，调整油料 6 种，同时全部放开猪肉销售价格。在工业品价格方面，调整钢铁、原油、电石、硫铁矿石、铁路货运等价格；对统配水泥、橡胶、镀锌薄板和冷轧硅钢片实行计划内外价格并轨。实行新电新价和煤运加价；整顿公路货物装卸费。制定煤炭矿站结算价格。在轻工业产品价格方面，调整自来水、煤气、元钉等价格。放开食糖、纸烟、服装和鞋的价格。全年共调整工业品价格 85 种，其中重工产品价格 53 种、轻工产品 32 种。在非商品收费方面，核定电影院等级，调整票价，调整电话初装费、通话费、学校、医院、宾馆的收费标准，制定平定小桥铺过桥费汽车检测收费等。

1992 年，适应建立社会主义市场经济体制要求，进行价格管理体制改革。生产资料由物价部门定价的 725 种（类）产品，减少为 108 种（类）。其余 617 种（类）生产资料的产品定价权，全部下放企业，由企业自主定价。日用工业消费品，由物价部门定价的 156 种（类）。商品减少为 35 种（类），其中，市只配套管理自来水、食盐、化学药品、中成药、公共汽车票价 5 种（类）。其余 116 种（类）商品的定价权由企业掌握。下放企业定价权的地产日用工业消费品有市销白布、坯布、棉纱、棉毛衫裤、汗衫、背心、学生抄本、洗衣膏、洗衣粉、泡沫塑料、啤酒和三聚酸钠等。农副产品由物价部门定价的171种（类）减少为18（种）类。在下放价格管理的同时，先后调整地方煤矿指令性计划煤炭，地方工业用煤、居民生活用煤、煤气、自来水、公共汽车票价、电力等价格，调整了硫铁矿石、熟铝矾土、整车储运费收费标准，扩大水泥出厂价格浮动幅度。根据国家和上级物价部门安排，调整粮食、冶金、化工、铁路专用线运输调车等产品价格和收费标准。1992年是价格改革步伐较大的一年，据当时测算，在社会商品零售总额中，放开价格的商品额达96.2%价格权限下放，改变过去高度集中的管理体制，给企业注入活力。

1993年，在考虑国家、企业和居民承受能力的前提下，依据国家和省物价局的部署，抓住时机加快价格改革步伐，适时地调整一大批产品价格，在价格体制改革和理顺价格关系两方面迈出了较大步伐，逐步向以市场形成价格为主的目标迈进。先后放开焦炭、生铁、钢锭、钢坯、铁合金、耐火材料等产品价格；放开部分统配煤炭、铁矿石、锰矿石、计划外的钢材价格、放开通信交换设备、民用载重汽车、越野汽车、消防车及消防器材产品等价格；放开影片租价和电影票价，调整居民用电、民用食盐、工业用盐价格；调整地方水泥出厂价格和地产型煤价格。民爆产品价格、计划内铜、锌系列产品价格；调整红霉素、青霉素等药品价格；调整和安排计划内木材供销价格和九三年度棉花供应价格；调整铁路货物装卸费率，县（区）物资公司计划内机电、建材产品、金属、化轻产品进货运杂费标准等。截至年底，632种（类）生产资料产品，116种（类）项目工业消费品和153种（类）的农副产品价格全部放开，由企业自主定价。

1994年，围绕“抓住机遇、深化改革、扩大开放、促进发展、保持稳定”工作大局，妥善处理改革、发展、稳定的关系，推进价格改革、先后调整并整顿电力、石油、化肥、部分药品和钢铁产品价格及部分行政事业性收费项目与标准；大幅提高自来水价格。6月10日出台粮食购销价格改革方案，冬小麦收购价格每50公斤54元，提高42.1%；玉米收购价格每50公斤41元，提高46.4%；标准面粉零售价格每500克由0.62元调为最高限价0.89元，调高幅度为43.54%。为稳定市场，控制物价过猛上涨，对金融、基建等进行整顿，狠抓农业和“菜篮子”工程，动用价格调控基金，成立市场物价监控领导组，制定控制物价方案，对于人民生活密切相关的粮油、副食品、消费品服务等27种主要商品和服务价格实行监测，并颁发《阳泉市居民基本生活必需品和服务价格监审实施细则》，对粮、油、肉、蛋、奶、食盐、民用煤、石油液化气、自来水、学杂费、托儿费、市内公共交通费、医疗费、农村综合电价等23种（类）商品和服务价格，分别采用最高限价、差率控制、企业提价申报和备案等办法实行监审。

1995年至2000年，遵照国家抑制通货膨胀的有关规定，实施出台新的调价政策进行调控。

1996年第二季度出台了粮食购销、石油、电力、公共交通、中小学收费、医疗收费药品、供热、食盐等价格调整措施，1997年对电煤、非普工业用电等价格进行了调整，1998年制定了粮食流通体制改革的实施意见，国有粮食企业对粮食实行顺价销售，调整了城市公房租金标准、医疗标准、煤气价格。1999年后由于物价总水平走势持续低迷，除个别调整公房租金、污水处理费和成品油、石油液化气、农村综合电价等价格外大部分价格保持原来水平。

2001年，围绕全市经济工作中心，突出产业结构调整力度，深化价格改革，调整价格结构性矛盾，制定中标药品最高零售价格，公布国家和省确定的69种化学药品价格。调整成品油价格与国际市场接轨。2002年根据国家和省要求，6月城乡居民用电实现同网同价，城市居民每度电平均加价0.0203元，农村居民平均每度电降低0.067元。2003年，由于受非典型肺炎影响，在防治过程中，市场物价出现波动，为稳定市场，市物价局转发省物价局“加强市场监管、维护市场稳定”等文件31个，根据实际下发“对部分粮油、蔬菜类商品实行最高限价”等文件17个，动用价格调节基金62万元，对蔬菜、粮油等商品实行补贴。2004年，根据国家安排，调整电力价格，除居民用电价格农业市场用电价格以外，其余均作调整，农村综合电价平均每千瓦小时上调4.18分，缓解电力市场用电紧张。制定招标药品市场零售价格，调整公交月票价格和水资源费收费标准，每张月票上调5元，缓解公交企业价格矛盾，调整水资源费收费标准，每吨由0.1元调至0.5元，促进水资源合理利用。

出台物价政策干预，缓解上涨过快之势。2005年，适当提高旅游景点门票，促进旅游事业发展，由于煤炭、电力、石油、化肥、种子等价格较大幅度上涨，对工农业生产和人民生活都产生一定的影响，因此，出台对煤电、化肥等商品采取紧急价格干预政策，保证市场货源充足，价格稳定。当年公布取消89项行政审批收费项目，降低8部门的9项行政事业性收费标准，对新农村建设中所涉及的城镇建设配套费、消防费等6项费用全部免除，落实国家清费减负政策。2006年，实施煤电价格联动，疏导电价矛盾，全市电煤价格相对稳定，制定招标药品的市场零售价格，调整市供热价格，居民热价每平方米增长0.5元，调整规范旅游景点门票价格，调整全市供水价格，除居民用水全部执行新的价格标准。调整医疗服务项目价格，适当提高劳务技术收费，降低大型仪器检查治疗费，调整幼儿园收费标准，出台《阳泉市城市住宅小区物业服务收费管理办法》，并对十家小区物业公司的收费进行审定，落实国家清费减负政策，先后公布取消89项行政审批收费项目，规范公办高中和民办学校的收费标准。2007年，推行脱硫电价和差别电价政策，继续推行药品集中招标，批准出台了瓦斯气热电联产上网电价，每千瓦小时为0.2754元，规范旅游景点门票，出台了供热分户计量收费办法，作为全省唯一试行单位。

结合《物权法》规范物业收费行为，免除了农村义务教育阶段学生学杂费，落实国家的清费减负政策取消和降低了部分收费项目和收费标准，重新核定了医院特需病房的收费标准。

2008年，为保持市场价格基本稳定，确保奥运期间“赛在北京，游在山西”创造良好的市场价格环境，严格控制物价过快上涨，把抑制通货膨胀放在突出的位置。落实临时价格干预措施，保证春节元旦期间粮、油、肉、蛋、奶、液化气等商品的价格基本稳定。严格控制政府定价和政府指导价措施出台，保证市场价格基本稳定，采取措施控制成品油电力价格连锁反应保持市场价格基本稳定，坚决执行对发电用煤实施临时价格干预措施，执行6月19日实际结算价格，保持发电用煤价格基本稳定。落实惠农政策减轻农民负担，全面启动全市清理整顿涉农价格和收费。居民用水12月开始执行省物价局2006年批准执行的价格，每吨水提高0.45元。

2009年，加强价格宏观调控，保持价格总水平基本稳定。公布296种、2349个剂型规格的药品零售指导价格，其中，45%的药品价格降价，平均降价幅度12%；49%的药品价格未做调整；6%的短缺药品价格有所提高。制定医疗废物处理收费标准，确定13个住宅小区物业服务收费标准。调整部分自来水销售价格和水资源管理费，分别从0.50元/立方米和1.00元/立方米调整到1.00元/立方米和2.00元/立方米。取消公路客运附加费，调整公路客运票价、市公交IC卡价格。调整除居民以外的用电价格，平均上调3.88分。全年8次调整汽、柴油价格，汽油每吨提高1520元，柴油每吨上涨1420元。落实国家收费政策，取消和停止100项行政事业性收费，取消公路养路费等涉及交通和车辆收费41项，从6月1日起停止全市二级公路收费。调整市殡葬收费标准、市旅游景点门票价格，开展对收费单位的调研，实行收费公示制度。

2010年，运用价格杠杆，促进全市经济转型发展和结构调整，对高耗能企业执行差别电价，脱硫加价政策。开展清费治乱工作，对收费项目和调价项目进行调研，清理整顿行政事业性收费，治理规范服务性收费，疏导价费矛盾，推进环保收费改革，完善污水处理、城乡生活垃圾处理、排污收费政策措施。制定5个住宅小区的物业服务收费标准，推进天然气价格改革，三次调整成品油市场销售价格，调整居民供热价格和电力企业出厂热价，居民热价调价幅度为27.2%，电力企业出厂热价调价幅度为44%，缓解热电企业的亏损局面，促进全市供热工作正常进行。同时制定供热计量收费标准和供热计量设施安装收费标准，使供热收费更加合理。调整平定供水和煤气价格。公布410个品种规格的化学药品和生物制品、60个中成药零售指导价格，降低17个大类211个规格的单独定价药品零售价格，平均降价幅度19%，重新规范医疗废物处置收费标准。取消34项行政事业性收费项目涉及全市“机动车驾驶员交通违章记分卡”工本费、“职工退休证”工本费、高中信息技术教育费等12项收费。

第六章 审计

第一节 机构

20世纪80年代之前，全市没有独立的审计机构。1952年市财政局设监察科，施行审计职能，“文化大革命”中该机构被撤销。1979年重新组建市财政局监察科，施行审计职能。

1983年8月，根据《中华人民共和国宪法》关于建立国家审计机关，实行审计监督制度之规定，阳泉市审计局正式成立，内设工业交通审计科、财政金融审计科、商业企业审计科、基本建设审计科、行政事业审计科和秘书科。1983年12月至1984年1月，平定县、盂县、郊区、城区、矿区审计局相继成立。1985年，市商业局、市物资局等19个单位先后设立了审计科，市林业局、市文化局等16个单位配备了专职内审人员。1986年，成立市审计事务所，属市审计局自收自支事业单位，2000年改制为山西博丰审计事务所，与市审计局完全脱钩。2001年，增设市审计局机关后勤服务中心，为全额预算事业单位。2008年12月，增设计划管理科、政研室，单设人事教育科。同年，成立阳泉市固定资产投资审计咨询服务中心，属正科级自收自支事业单位，编制6名；成立阳泉市审计信息中心，属正科级全额预算事业单位，与市审计局机关后勤服务中心一个机构，编制为14名。

2010年，市审计局内设办公室、人事教育科、法制科、计划管理科、财政审计科、行政事业科、农业与资源环保审计科、固定资产投资审计科、金融审计科、企业审计科、社会保障审计科、外资运用审计科、经济责任审计科、政策研究室、纪检组（监察室）15个科室。行政编制50名。

第二节　审计工作

市审计局围绕全市经济建设中心，依法开展审计监督。截至2010年，对全市8550个单位进行审计，查出各种违规金额502607.8万元，其中应上缴财政17009.8万元，已上缴财政15175万元，向纪检监察部门和司法机关移送21案48人，为全市经济社会的健康发展作出贡献。

一、财务收支审计

1983年，对市玻璃器皿厂、市保险公司等8个单位进行试审，共审计出各类问题资金275万元。1985年对市、县粮食部门平（价）转议（价）、议（价）转超（价）及财务收支情况进行了全面审计，涉及39个粮食主管部门和所属基层单位，发现违纪金额126.99万元，应上缴财政107.05万元，入库82.82万元。1986年对娘子关发电厂进行财务审计中，提出了包括改革现行管理体制、促进企业由“生产型”向“生产经营型”转变，配合三废治理净化自然环境等12条建议，该厂组织各部门认真研究审计报告中指出的问题，立即采取措施进行改进和纠正，积极落实审计建议，对企业提高经济效益作用明显。1988年对城、矿、郊区的财政及财政预算外资金进行了审计和审计调查，共查出违纪金额187万元。1992年，先后对三区两县的财政收支进行了审计，提出了调整产业结构、增强生产后劲、加强预算外资金管理、开办财政信用、改进财政体制等建议，促进了县区经济的健康发展。1995年该项审计纳入专项审计。

二、行政事业单位审计

1984年，对市城环局、市园林处、市公安局交警队和消防队等189个单位进行了财务收支审计，共查出违纪金额381万元，其中上缴财政204万元。1992年对市民政事业各项资金进行专项审计时，发现市社会福利有奖募捐委员会办公室财务管理混乱问题，下达《关于限期清理整顿阳泉市有奖募捐委员会办公室财务的通知》，责成市民政局对募委财务进行认真清理整顿。1994年对全市公、检、法、司和工商、税务、物价等执法、执纪部门进行了审计，查出违纪违规金额828万元，归还原资金渠道单位221万元。1996年完成了市煤气热力总公司三年资产负债损益情况、联运公司55名群众上访反映问题、蔬菜中心领导离任、交警部门预算外资金管理混乱等群众关注的单位和个人的审计与调查，查出了市煤气热力总公司违纪金额1774万元、账面亏损1150万元等严重违反财经纪律的问题，并建议市纪检监察机关及时介入，有关人员受到了处分或处理。1998年对市交通征费稽查局的车辆购置附加费进行了专项审计，查清多征车辆附加费634万元的问题，维护了车主的利益。1999年该项审计纳入专项审计。2007年对两所医院和两所中学2006年财务收支情况进行审计。审计发现医疗和教育系统为牟取部门利益，违反国家政策乱收费问题突出，严重损害了群众利益。市一院和平定县人民医院存在自立项目收费、重复收费、无证收费、超标准收费等问题，市一中和盂县一中存在违规招生乱收费、私设“小金库”、擅自变更收费标准少收学费、挤占挪用教育事业费、虚报、冒领财政拨款等问题。审计对此进行严肃查处，对市一中重大资产损失问题移送有关部门立案调查处理。

三、工商企业审计

1989年对全市213个实行承包经营的工商企业进行了兑现审计，通过审计有162个单位按规定兑现受奖，有12个单位受罚，有4个单位承包者被终止了合同。1990年完成了对阳泉矿务局及其所属的23个内部核算单位的财务收支审计，共查出违纪金额250万元，上缴财政212万元。1994年对大阳泉煤矿进行资产负债、损益审计，为该矿调减亏损236.7万元，同时对该矿财务管理不规范、存货呆滞残损报废严重和应收账款数量大的问题提出了改进建议。1996年制定了《强化服务意识，为企业创造宽松环境的六条措施》，明确规定审计机关只对与国计民生有重大关系的国有企业、接受财政补贴较多或亏损数额较大的国有企业和本级人民政府指定的国有企业的资产、负债、损益进行审计，对其他企业逐步实行社会审计查证制度。1998年对市粮油购销公司挤占挪用市农行、市农发行粮油购销贷款23.5万元，用于兴建泉美大厦、海南和秦皇岛宾馆饭店，购买房产及高级小轿车等问题进行了清理。2001年针对在国有企业审计中发现的对外提供的会计信息严重失真的问题撰写了《关于严肃财经纪律，提高企业会计报表质量的报告》，列举了市县12个国有重点企业在不同的会计年度隐瞒亏损数额较大的问题，提出了对提供虚假报表者追究党纪、政纪责任，情节严重者追究刑事责任等建议，市政府批转了审计报告，要求各县（区），市直各单位认真贯彻执行。2009年完成了省厅授权的阳煤集团对外投资情况审计。结合全省整合煤炭资源实现转型发展的政策要求，从有利于企业优化投资结构、完善投资监督机制、控制投资风险等方面提出了审计建议。

四、金融系统审计

1993年针对各专业银行存在的压票现象，对市直各专业银行的资金结算情况进行了调查，向政府提出了强化结算纪律和金融稽核、保证结算业务正常进行的建议。1998年开展了对中保财险、寿险公司阳泉分公司资产、负债、损益情况和证券公司审计，财险审计共查出各类违规金额1424万元，寿险审计共查出各类违规金额1316万元，并对严重违反财经纪律的行为进行了处理处罚，共收缴违纪资金52万元。2003年，通过对中国人寿保险公司阳泉分公司2002年度资产负债及损益审计，发现该公司固定资产管理不规范、保险资金沉淀严重、应付佣金管理混乱等问题，对发生问题的原因进行了深入剖析，提出了加强保险业务管理等5条建议。

五、财政决算审计

1986年，对平定县1984-1985年财政决算和税收计划执行情况的审计中，查出违纪金额164万元，审计及时提出基建规模控制不严，不顾财力盲目上马，计划管理不严等倾向性问题。平定县政府十分重视，当即采取得力措施，尽快解决遗留问题。2000年，对市级和5个县（区）财政1999年度预算执行情况和其他财政收支进行了审计，审计发现了预算管理、财政分配中存在的一些薄弱环节和主要问题，提出了促进预算管理、财政资金良性运行的审计建议，市长郭良孝作出重要批示，要求市财政及有关部门必须按照审计提出的整改意见和建议，坚决把整改工作落到实处。2001年对郊区、盂县1999年和2000年财政决算进行了审计，审计共查出了各类违纪违规金额11696万元，审计处罚444万元，处罚单位21户，审计在深入查处违纪违规问题的基础上，及时为政府决策提供信息依据，促进了财政宏观调控体制与方法的不断完善。2002年，对平定县、城区、矿区2000年和2001年两年的财政决算进行了全面审计，共查出各类违纪违规金额7175万元，对16个单位的违纪违规行为进行了经济处罚，撰写的《县区财政困难的原因与对策》，被市委《决策参考》采纳刊载。2005年对市经济技术开发区、郊区、盂县等3个县区2003年和2004年度的财政决算审计，并延伸审计预算执行单位30多个，企业单位10户，共查出各类违纪、违规金额近亿元，针对存在问题，提出了控制建设用地供应总量，整合资源、努力提高资源的综合效益等12条审计建议，县区政府予以采纳。

六、同级预算执行情况审计

1996年，在对市同级预算执行情况审计中，针对发现问题提出了“认真执行预算法，严格预算约束”“积极筹措资金，增加生产性投入”“培植财源、振兴财政”等7条建议，市财政局采纳建议，出台了《煤炭资金、教育附加费等管理办法》，市政府还制定了《预算外资金集中管理的意见等有关措施》等文件；2002年对市财政2001年度预算执行和其他财政收支情况进行审计，审计和审计调查单位达101个，查出违纪金额7471万元，审计揭露和查处了一些较深层次的违纪问题，在整顿和规范市场经济秩序方面发挥了积极作用。2005年，共审计了80个预算执行单位，共查出违纪违规金额38893万元，应上缴财政6469万元，已上缴财政1960万元。2008年，对132个单位的审计和审计调查中，发现了预算约束不强、财政体制改革不到位、税收征管不力、部门单位不严格执行政策损害群众利益等问题，涉及金额63168万元，全面揭示了预算执行中存在的突出问题。市级预算执行审计中，在严肃查处违纪违规问题的基础上，积极寻找和剖析影响全市财政政策不到位、资金使用效益不高等体制性、制度性的缺陷和障碍，重点对城维税征收与主税不配比、增长不同步、城镇医疗保险基金管理中损害群众利益、农村社会养老保险保障水平较低、医疗教育乱收费等问题进行了分析研究，从制度、体制、政策上寻找问题产生的原因，从宏观层面和更高层次提出了促进改革、规范管理、完善制度的33条建议，14条建议已被有关部门单位采纳。市十三届人大常委会第十次会议对市级预算执行审计给予了高度评价。各县（区）针对审计发现的问题，共提出促进财政改革、强化预算管理的合理化建议58条，被有关部门单位采纳30条，有效地推动了预算管理制度、国库集中支付制度、政府采购制度改革。2009年预算执行审计提升层次水平，促进公共财政体系建设。重点围绕非税收入、财政资金结余、政府投资、部门单位落实"民生"政策等方面存在的问题，深入剖析体制性、政策性和制度性的缺陷和障碍，提出了优化财政资源配置、建立政府投资项目监督制衡机制、完善医保统筹管理办法等30条建议，11条建议已被有关部门单位采纳。累计收缴或督促有关部门单位上缴非税收6143.41万元。针对阳泉市现行城市基础设施配套费征管办法粗放、缺乏具体明确的执行标准、45个建设单位欠缴配套费1.23亿元及超规划多建面积10.54万平方米的问题，专题向市委、市政府上报了《审计要情》，从3个方面提出了改进征管办法、增加政府可用财力的建议，市委领导作出批示，要求相关部门认真整改。市纪检、监察、财政、审计、规划、建设等部门组成专项治理工作组，制定了清欠方案，开展了集中清缴工作，促进增加财政保障能力。2010年，预算执行审计以促进公共财政管理体制和预算制度改革、推动积极的财政政策贯彻实施为目标，突出重点，加大力度，全面提升审计监督的层次和水平。全方位监督财政预算执行的质量和效果。开展了扩大内需、节能和淘汰落后产能、循环经济、景区治理等14项专项审计和审计调查，严格监督有关部门执行调整经济结构政策情况。针对阳泉市煤炭企业转产发展资金和矿山环境恢复治理保证金脱离财政监管，在转型发展和"三城同创"中未发挥应有作用的问题，专题向市委、市政府上报了《审计专报》，提出了加强和改进相关工作的具体建议。针对不同单位和资金性质从3个方面提出了健全机制、完善制度、规范管理的6条建议，为推进财政管理体制改革提供了有效依据。

七、固定资产投资审计

1987年，对省政府确定的市内停缓建项目全部实施了跟踪审计，审计总金额达4368万元，促进了停缓建项目的落实。同年，还与市经委配合实行了技术改造项目“先审计后验收”的制度，核减投资32万元，得到了省审计厅的肯定。2001年，对泉中路和桃河桥维修等工程进行审计并在《阳泉日报》全文刊登了市审计局《关于泉中路和桃河桥维修工程的审计公告》《关于北大街道路维修工程的审计公告》。2002年至2003年，根据市委、市政府主要领导的指示，组织了对桃河治理工程城区段工程的全程跟踪审计，共审计各标段送审工程结算金额24515万元，审计核减多计工程价款6417万元，核减率为26%，审计结果先后5次通过《阳泉日报》予以公示，收到了良好的审计效果。2005年，出台了《阳泉市国家建设项目审计监督办法》和《阳泉市审计局关于我市“百项工程”建设项目审计监督的实施意见》，加大了对固定资产投资的审计力度。对政府重点工程投资进行跟踪审计；对义白路、市广播电视中心、污水管网、城市供水管网和市人防指挥中心进行了跟踪审计。针对发现的工程结算工作不及时，项目管理混乱等问题提出审计建议。2008年完成134个投资审计项目，核减投资（结算）3756万元。严格执行《阳泉市国家建设项目审计监督办法》和《阳泉市审计局关于市“百项工程”建设项目审计监督的实施意见》，加大了对固定资产投资的审计力度，努力保证国家建设项目规范运行和资金合理使用，积极服务于政府重点工程建设。开展了对阳泉示范高中工程、桃南中西路大修工程、平坦立交桥续建工程、桃河蓄水二期工程和污水处理厂再生水利用工程等5个重点工程的全程跟踪审计。通过审计，不仅为政府节约了财政资金，而且规范了建设单位的投资行为，有效遏制了工程项目中损失浪费和腐败问题的发生，提高了投资的经济效益和社会效益，为投资拉动经济增长，推进全市产业结构调整和资源型城市转型作出了贡献。2009年，将政府投资项目全部纳入审计范围，彻底扭转了政府投资项目多头审计的局面，审计力度和覆盖面进一步加大。除继续对阳泉示范高中工程、平坦立交桥续建工程、污水处理厂再生水利用工程进行跟踪审计外，开展了对桃河芦湖桥—赛鱼段河道治理及植被项目工程、龙川电厂热源管网工程、义白路二期改造工程、市区公共绿地景观改造工程、深圳街拓宽工程、大阳泉古村保护与开发工程、兴隆街维护与雕塑塑造工程以及市煤气公司承建的燃气、燃煤和向氧化铝供气管网工程等重点工程的全程跟踪审计，完成了保晋文化园和狮脑山公园路竣工决算审计、部分“百项工程”审计调查以及第一批79个中央新增投资项目的跟踪审计。全年对67个政府投资项目的审计，共核减投资（结算）2659万元，节约了财政资金，规范了投资行为，提高了投资效益。2010年，代政府起草并出台了《阳泉市政府投资项目审计监督办法》的意见，进一步完善了全市投资审计工作运行机制和审计结论执行效力的保障机制，明确了审计主体与审计对象之间的职责分工及各自的法律责任，规范了审计机关聘请专业人员、组织社会中介机构参与政府投资项目审计工作的程序和法律责任，为强化政府投资审计监督、节约建设资金、规范投资行为、防范投资风险发挥了积极作用。完成了全市30个“中央扩大内需新增投资项目”、11个“中小学校舍安全工程项目”、11534套“保障性住房建设资金”和7个“污水处理厂和垃圾处理厂建设运营情况”的重点审计调查，及时揭示了项目建设中存在的不规范问题，分别提出了改进建议，全力促进提高政策效益、投资效益和社会效益。开展了对保晋路、平阳路、大连西路、泉中路地下通道、狮脑山公园、热电联产管网等9个政府投资重点工程的全程跟踪审计，严格监督投资行为和资金使用情况。全市审计机关对64个投资项目的审计，共核减投资（结算）1447万元。

八、经济责任审计

1987年对19名厂长（经理）进行离任经济责任审计。2000年根据中央办公厅和国务院办公厅下发的《县级以下党政领导干部任期责任审计暂行规定》和《国有企业及国有控股企业领导人员任期经济责任审计暂行规定》，成立市经济责任审计领导组，有计划地开展领导干部经济责任审计。2003年共完成经济责任审计项目21个，查出违纪违规资金2782万元，对有关责任人处以罚款2.4万元。2004年，制定《阳泉市经济责任审计操作指南》及参考范例审计文书印发各县区、各科室参照实行，起草《阳泉市经济责任审计领导组办公室关于领导干部任期经济责任审计结果运用的实施意见（试行）》。2005年，完成对市水利局局长等9名县级领导干部的任期经济责任审计，查出违纪违规资金8952.5万元，其中被审计领导干部应负直接责任的6688.4万元，应负领导或主管责任的2264.08万元。2008年，完成51个经济责任审计项目，查出各类违纪违规问题10059万元，其中，被审计领导干部应负直接责任的问题3594万元，应负主管责任的问题6465万元。全年工作体现了三个特点：一是把权力大、公益性强、公众关注度高的二级预算单位领导干部纳入审计范围；二是增加对县区科级干部的经济责任审计；三是将审计重点放在领导干部经济决策、资金管理、经济指标完成情况等方面，加大任中经济责任审计力度。针对审计发现的问题，除依法进行处理处罚外，还提出完善内控制度，强化约束机制，规范财政财务收支行为的改进建议。2010年，经济责任审计改革创新，促进建立健全行政问责机制。共完成14名领导干部的经济责任审计，查出各类违纪违规问题3391万元，针对不同问题作出处理处罚，提出促进改革、强化管理的建议，发挥促进权力规范运行的良好作用。

九、外资项目审计

2003年，对阳泉市利用世界银行贷款第七个卫生发展项目、第四个贫困地区基础教育项目进行审计，对配套资金不到位、挤占项目费用等违反世行规定和内部控制缺陷的问题，下达审计意见书，要求有关执行单位进行纠正。2004年对亚行贷款——山西环境改善项目阳泉燃气工程2003年项目执行情况进行审计，并向市政府报送专题报告。2005年完成外资项目审计5个，对平定师范学校世行贷款——第四个贫困地区基础教育发展项目效益情况的审计调查中发现的集中采购的教学设施陈旧过时和质量不好等问题，提出加强项目主管单位与执行单位的密切配合，严格项目管理等审计建议。2006年，对阳泉煤气有限责任公司亚洲开发银行贷款山西环境改善项目阳泉煤气利用工程项目2005年度项目执行情况和财务收支进行审计。对存在的挤占工程项目投资、违反会计基础工作规范，无原始凭证列报工程投资、违反贷款协定，提前办理提款申请，未列工程投资等违反国家法规、贷款协定问题和内部控制缺陷提出审计意见和建议。

十、专项资金审计

2000年，对全市1998年和1999年排污费征缴、使用和管理等情况进行专项审计，共审计市、区两级环保、财政及缴纳、使用排污费单位27个，查出挤占挪用、虚列支出等违纪违规金额336万元。2001年对全市的养老扩面情况进行审计调查，提出加强政府宏观调控，继续扩大覆盖面，加大征缴和清欠力度等建议，市委《决策参考》刊载了审计报告。2002年对市级、平定县、盂县、郊区、开发区2000年至2001年国土资金收缴、使用、管理情况进行全面审计，查出违纪违规金额3634万元，审计归还原资金渠道234万元，审计收缴欠缴国土资金274万元，提出加大国土资金征收力度，严肃国土收益预算管理，建议协议出让土地公告制度，推行土地出让公开招标、拍卖等审计建议。2003年，对防治“非典”专项资金、捐赠款物、SARS医院“非典”期间财务收支以及SARS医院的改扩建工程进行审计，与市纪律检查委员会、市监察委员会联合下发《关于进行防治“非典”专项经费和捐赠款物监督检查的通知》，对专款专物的管理、分配、发放、使用各环节进行全过程跟踪检查，审计资金总额1580万元，纠正各种不合理开支80余万元，规范各种票据100余份。2005年，对阳泉市省级财政性委托贷款使用、管理和效益情况进行审计，共审计127个单位，贷款总额39224.41万元，贷款余额32923.95万元，累计欠息21153.06万元，共查处各种违纪违规金额1330.20万元，收缴省级财政性委托贷款本息670.55万元。2008年，按照中央关于“加强对抗震救灾资金物资监管”要求，在全省率先开展对救灾款物的审计工作。成立抗震救灾款物跟踪审计领导组，下发《关于阳泉市抗震救灾资金物资跟踪审计的实施方案》。全市抽调30名审计人员，分8个审计小组，及时进点实施分阶段、全程跟踪审计。对全市民政、红十字会、总工会、团市委、妇联组织接收的3920万元捐赠款和145万元捐赠物资的跟踪审计中，通过积极协助相关部门建账立册，督促纠正手续不完善、统计不完整、折价不规范等问题，保证救灾款物规范管理、有效使用。先后在《阳泉日报》和阳泉新闻网进行了审计公告，提高救灾款物接收、分配、使用情况的公开透明度。对全市党员缴纳的3671万元特殊党费的跟踪审计后，及时向省厅上报全市各级党组织募集、上缴特殊党费的情况。与市纪委、监察、民政、财政等部门联合下发《关于加强对抗震救灾款物监管确保救灾款物全部用于灾区和受灾群众的通知》，加强对救灾款物的审计监督工作。对全市援川卫生医疗、防疫、监督队应急物资采购等费用的审计中，严格审查相关费用开支情况，保证捐赠资金全部用于抗震救灾工作。对阳泉市援建四川地震重灾区过渡安置房的竣工决算审计中，及时督促纠正参建单位救灾资金管理使用中存在的问题或缺陷，保证援建工作圆满完成。审计结果在《阳泉日报》进行公告。2008年，安排行政事业性收费、政府性基金、国有资源（资产）有偿使用收入、国有资本经营收益、罚没收入、主管部门集中收入等9类政府非税收入的审计（调查），完成对财政、税务、建设、环保、公安、国资委等84个部门及其监管或者派出机构（单位）的专项审计，查出各类违纪违规资金6.15亿元，应上缴财政9776.95万元，已收缴审计专户656.22万元，督促有关部门上缴财政8605.86万元。针对国有资本收益欠缴严重、企业改制不规范导致国有资本收益损失、国土和环保部门少征漏征收入、建设系统滞留收入、车辆收费单位违规发放奖金和经济补贴等问题，审计在依法处理处罚的同时，从规范收入分配秩序、推动社会公平出发，提出改进、完善非税收入管理和深化非税收入改革的意见和建议46条，得到了被审单位的重视和采纳。通过审计，进一步摸清了市级非税收入的规模、结构、分布、流向及征管使用政策的执行情况，揭示了非税收入在征管和分配使用过程中存在的问题和不足，力求逐步改变过去“谁收谁用、多收多用、多罚多返”的分配格局，从机制上解决受利益驱动乱收、乱罚、乱支等现象，有效地促进了非税收入的依法征收和合理有效使用，促进各项改革政策的贯彻落实，为全市改革发展营造了良好的经济环境。2010年，对全市民政、红十字会、慈善总会、团市委接收的抗震救灾资金物资进行了分阶段跟踪审计，严格监督救灾款物的筹集、缴纳、管理、使用情况。共审计救灾资金688.79万元、捐赠物资45万元，并及时在《阳泉日报》和阳泉新闻发布了审计结果公告，提高了救灾款物接收、分配、使用情况的公开透明度，为确保救灾款物的规范管理和有效使用发挥了审计监督的积极作用。

第七章 质量技术监督

第一节 机 构

1955年，市商业局内设立度量衡检定所，始对度量衡器实施检定。1959年6月，在度量衡检定所的基础上，成立市计量管理所，全市的标准化和计量工作正式纳入行政管理的轨道。1973年，市计量管理所更名为市标准计量管理所。1978年，阳泉市标准计量管理局成立。1980年，市标准管理计量局分设为市标准局、市计量局。同年设立市计量测试所。1981年设立市产品质量监督检验所。1984年，市标准局、市计量局合并为市标准计量局。1987年设立市衡器检定所和市耐火材料质量监督检验所。1996年10月，在机构改革时，市标准计量局更名为市技术监督局，1999年，又更名为市质量技术监督局，实行省以下垂直管理，正县级建制。2002年，随着国家机构改革的进一步发展，原来由市县经贸部门承担的质量管理、工业产品生产许可证管理工作划入市县质量技术监督局。2003年，原来由市、县（区）劳动部门承担的锅炉、压力容器、电梯、防爆电器等特种设备安全监督管理职能划入市、县（区）质量技术监督局。至此，阳泉市质量技术监督局成为主管全市质量、计量、标准化、认证认可、特种设备安全监察工作并行使综合管理、行政执法、安全监察工作职能的行政机关。2007年市锅炉压力容器监督检验所和特种设备监督检验所正式合并组建为市特种设备监督检验所。

2010年，市质量技术监督局机关内设办公室、计划财务科、人事科、老干科、党办、监察室、政策法规科、质量科、认证科、监督科、食品科、计量科、标准化科、特监科14个科室和1个行政审批服务窗口，下设稽查分局、质量技术监督检验测试所、特种设备监督检验所3个副处级直属单位和后勤服务中心，辖平定县局、盂县局、城区分局、矿区分局、郊区分局5个县（区）局和开发区分局（副处级）。

第二节 计 量

一、法定计量单位制推行

1978年，在全市城乡中医处方用药、中药销售中一律实行克、毫克计量单位，取消两、钱、分计量单位。1985年4月，市政府发布了《关于本市推行法定计量单位的实施办法》，在全市开展了为期5年的推行法定计量单位工作，规定在统计报表、技术文件、报纸、电视等统一使用法定计量单位；在全市范围内开始推行千克杆秤，停止制造、销售市制杆秤工作。到1989年，新制杆秤和5000余台各类衡器都改用了千克、克、毫克计量，在用的120多台材料试验机实现了用牛顿值测量。1990年，经山西省政府检查验收合格，全市实现了向法定计量单位的过渡。1996年，开展了淘汰无刻度啤酒杯工作，废除非法定计量单位“扎”。

1993年，全面启动土地面积计量单位改制工作，废除一直沿用的市制，即“市亩”“市分”“市厘”等，在各种公文、统计报表、合同、契约、城乡建设规划等方面全面推行新的土地面积计量单位：平方千米（100万平方米，km^2），公顷（1万平方米，hm^2），平方米（1平方米，m^2）。1998年，在全省率先开展商品房面积计量工作，省质监局在阳泉设立山西省商品房公正计量站阳泉分站。

二、计量标准测试

1990年，由省级计量主管部门按照《计量标准考核规范》要求，对全市2个市级、3个县（区）级计量检测技术机构及39个市营企业计量检测机构进行考核发证。1997年，市计量检定测试所通过了省技术监督局组织的考核和国家技术监督局的复查考核。1999年，市质量技术监督部门建立30项计量标准，开展长度、温度、力学和电学4大类85项计量检测工作。2004年，市质量技术监督部门按照JJF1033—2001新规范的要求，对全市4家企业建立的7项企业最高计量标准，2家企业建立的2项社会公用计量标准进行了复查考核及发证。2005年，全市建立保存有10大类60项社会公用计量标准、116项企业最高计量标准，可开展检定、测试项目68种。2010年，市质量技术监督部门对供电和电力生产企业的量传溯源和计量检定工作进行了规范。

三、计量检定

1986年，市标准计量局对阳泉矿务局所属7个检定室进行计量标准技术考核。1987年，市衡器检定所在境内开展衡器、砝码、商用米尺等的强制检定工作。1994年开始了出租车计价器和甲烷报警器的强制检定工作。1999年，开展了电话计费器强制检定工作。2010年，市质量技术监督检验测试所、平定县所、盂县所共检定计量器具22330台件，向社会开展计量检测服务17150台件。

四、计量器具管理

1986年和1988年，全市两次组织开展强制检定计量器具普查工作。普查结果表明，国家明令强制检定的55项111种计量器具涉及阳泉市的有51项94种，共30余万台（套），其中，万台以上的计量器具有电度表、水表、煤气表、电流互感器4种，上千台件的有砝码、氧气表、血压计、汽车里程表、瓦斯测定仪等16种。这些计量器具用于贸易结算方面的有28万台（套），用于安全防护方面的有12319台（套），用于医疗卫生方面的有12150台（套），用于环境监测方面的有500台（套），通过普查推动了计量器具注册登记制度，发放《计量器具登记册》3000本。1991年，重点加强对强检计量器具管理和市场执法检查，对强检计量器具登记造册，制定周检计划，绘制强检网络图，公布强检目录。

2003年，阳泉天俐安全仪器制造厂、阳泉仪表有限责任公司、阳泉新航仪表制造有限公司、阳泉经济技术开发区中宇仪表厂、市隆丰水表厂4家企业取得“制造计量器具许可证”，生产低浓度甲烷传感测定器、压力表、压力式温度计、水表等产品。2004年，全市2家计量器具生产企业、1家计量器具修理企业取得制造（修理）计量器具许可证。2005年，市红海机电有限公司通过制造计量器具许可证考核发证，生产甲烷测定器、甲烷传感器。阳泉天俐安全仪器制造厂、阳泉东科煤矿安全设备有限公司停产。2006年，市压力表厂、市精工特种仪表厂通过制造许可证考核发证。到2010年，全市共有7家计量器具制造企业取得生产许可证。其中，生产压力表系列产品企业5家，生产煤矿用甲烷传感器、甲烷测定器企业1家，生产水表企业1家。

五、计量监督管理

商贸计量监督 1986年，组建商贸计量监督检查机构队伍，开始商贸计量管理执法性监督检查工作。1991年，开展了商贸企业计量达标验收工作，平定城关供销社圆元商场，市兴隆集贸市场被评为“全国商业计量先进单位”“全国计量先进集贸市场”，跨入了全国商贸企业计量工作先进行列。2005年至2010年，全市质监、卫生联合对全市医疗系统开展以医用计量器具检定、使用、管理为主要内容的专项检查。

眼镜制配行业计量监管 2001年4月，启动了“戴放心眼镜，让千万双眼睛更明亮”为主题的“光明工程”活动。2007年和2010年，开展了“光明工程进镜店”活动。

工业计量监督管理 1984年，开始进行工业企业计量定级试点，完成16个工业企业的定级验收。1985年，市标准计量局和市物价局联合开展了“物价计量信得过单位”评选工作，在工矿企业开展了计量定升级验收工作，47个企业被评定为计量合格企业。1989年，阳泉市的工业企业计量定升级工作迈上了新的台阶，晋东化工厂成为第一个跨入一级计量先进行列的企业。至1990年，全市共完成374个工业企业的计量定级、升级工作，其中一级企业1个、二级企业42个、三级企业331个。1999年7月，全市25个产品质量检验机构获得省局计量认证。2002年，推行了《中小企业计量监测保证能力规范》，13家企业通过了二级“计量保证能力”评定，开展了“C”标志试点工作。2003年，山西兆丰铝业有限公司通过了国家计量体系确认，成为阳泉市首家获此殊荣的企业。2004年，全市有7家企业取得了省局颁发的二级“计量检测保证能力单位”证书。2005年，阳泉铝业公司、山西兆丰铝业有限公司2家企业通过了国家级“完善计量检测体系确认”。2006年，全市质量技术系统先后帮助20家中小企业通过了计量检测保证能力等级评定，取得了计量检测保证单位证书。截至2010年，累计帮助37家企业建立企业最高标准125项，开展压力、温度、长度、电磁等20类计量器具量值传递；指导阳煤集团二矿、山西亚美建筑工程材料公司等5家企业通过ISO10012测量管理体系认证，45家中小企业通过山西省二级计量检测保证能力评价考核，为企业控制工艺流程、保障安全生产和保证产品质量提供了技术支撑。

六、计量专项监督执法

1978年，市计量管理部门组建了市商业贸易计量监督检查队伍，印制了红、黑、蓝3种计量检查标牌，对计量先进单位挂红牌，不合格单位挂黑牌。1998年，对全市103家325台燃油加油机进行了税控装置的安装改造。2004年，全面开展了餐饮业计量监督检查和加油站专项整治工作。在全市宾馆、饭店施行了食品质量安全公示制度。2005年，开展了国有煤矿瓦斯计量专项检查。2006年，在全市范围内开展了以检查新建住宅“三表”（水、电、暖）安装使用前的备案、检定及计量性能为主要内容的专项检查。

2009年结合“诚信计量进市场、公正计量进行业、安全计量进煤矿、健康计量进医院、光明计量进镜店、服务计量进社区乡（村）”，开展了“计量惠民专项行动”，强化对批发市场、集贸市场、大型商场超市贸易结算计量器具、民用“三表”、煤矿安全计量器具、医用计量器具的监督检查和指导服务，涉及民生和安全的计量器具的定检率达到了90%以上。2010年，在全省首家制定出台了计量管理技术规范DB1403/T YZJ001-2010《诚信计量示范单位创建基本要求》，率先在与百姓日常生活密切相关的集贸市场、加油站、眼镜制配场所、医院、餐饮业和商店等六大场所推进诚信计量体系建设，营造良好的消费环境。对农村民用“三表”、民用生活计量器具推行免费检定服务制度，免费检定民用“三表”等各类计量器具900余台（件）。

第三节　标准化

一、工业标准化

1981年，制定和发布了阳泉市第一个产品标准《高锰钢铸件》（编号晋Q／YQ-81）。1982年，集中组织开展了制定企业标准的工作，并结合企业整顿、质量检查和新产品鉴定等工作实施监督。1983年，市营以上企业的重要产品标准覆盖率达到95%，基本上消灭了无标准生产项目。1984年，相继建立了机械、电子、建材3个专业标准化技术委员会。按照《山西省企业标准化工作整顿验收细则》，从市营企业选点验收开始，全面展开了工业企业标准化整顿验收。1988年，开展了企业标准普查工作。1989年4月1日《标准化法》颁布实施后，全市各级标准化管理部门都进行了深入宣传贯彻，对市钟表仪器工业公司、汉河沟煤矿、平定塑料厂等33个企业开展的标准化工作情况进行了考核验收。同年，根据《标准化法》的有关规定，编制了《阳泉市企业标准备案管理办法》，首次开展了“食品标签通用标准”执行情况检查，帮助制定了企业标准24个。1990年，标准化工作的重点从组织地方标准的制定转移到对企业标准化工作的监督上。年内，对平定煤矿、三泉硫铁矿等47家企业进行了标准化定级评定，其中升为三级标准化企业的2个、四级标准化合格企业9个、标准化验收企业36个。1994年，全市企业的“双采”工作迈出新步伐，市电工机械厂的平衡吊、东科煤矿安全设备有限公司的甲烷传感器，邮电设备厂的程控交换机三种产品列入国家级重点采标项目。经国家有关部门批准，可以享受“先征税后返还”的优惠政策。1997年至1999年，在全市范围内开展了消灭无标生产活动。当年，建立了粉尘仪检定社会公用标准，开展了粉尘仪、烟尘仪的检定工作，填补了全市强制检定工作的一项空白。2000年，在全省率先开展了企业执行标准时效性认定工作。2001年，制修订企业标准34个。2002年，制修订企业标准39个。2003年，制修订企业标准41个。2004年，开展了企业产品执行标准摸底普查工作，共计对517个企业的1016种产品进行了摸底，建立了企业执行标准档案。当年制修订企业标准34个。2005年，西小坪耐火材料有限公司主持起草的黑色冶金行业标准《焦炉用硅砖》（YB/T5013-2005）发布实施。当年制修订企业标准44个。2006年，山西国阳新能股份有限公司参与起草的国家标准《煤炭产品品种和等级划分》（GB/T17608-2006）发布实施。2007年，阳泉铝业股份有限公司参与起草的有色冶金行业标准《电解铝用预培阳极》发布实施。

2008年，市政府出台《阳泉市人民政府关于推进标准化战略的实施意见》和《阳泉市推进标准化战略奖励办法》，将标准化作为推动全市社会经济发展的重要战略措施，并设立专项资金，重奖在推进标准化战略工作中作出突出贡献的单位和组织。2009年政府年度预算落实了50万元的标准化战略专项资金，“政府推动、企业自主、市场引导、社会参与”的标准化工作体系日益成熟。9月22日市政府召开阳泉市标准化战略推进会，对12个在实施标准化战略中成绩突出的企业给予了共计30万元的奖励，进一步推进了标准化战略的有效实施。

截至2010年，全市共有11家企业主持和参与制修订国家标准、行业标准、地方标准48项。当年由山西北方晋东化工有限公司（原晋东化工厂）主持制定的《导防静电地面设计规范》被国家标准发布实施。

二、农业标准化

1988年，成立市农业标准化技术委员会。1990年，审定《简易日光温室早春西葫芦栽培技术规程》《塑料大棚番茄新整枝法栽培技术规程》《简易日光温室冬季芹菜栽培技术规程》等三项农业标准，确定盂县作为农业标准示范县，成立盂县农业标准化管理委员会，在盂县全面推行上述标准。2003年，成立市农业标准化工作领导组，起草《阳泉市农业标准化工作实施意见》，盂县核桃种植标准化示范项目被列入国家级农业标准化示范项目。2004年，发布实施《无公害黄瓜保护地生产技术规程》等11项农业地方标准。2005年，制定发布《核桃种苗繁育技术规程》《核桃栽培技术规程》《核桃高接换优技术规程》《核桃种植病虫害防治技术规程》4个种植业地方性农业标准。2006年，开展农村清洁能源建设工作。2007年，市首个国家级农业标准化示范项目“阳泉市国家级核桃种植标准化示范区”通过国家标准化委员会验收。2010年，盂县旺兴原种猪场农业标准化示范区、阳泉西回小杂粮农业标准化示范区、阳泉市种鸡养殖标准化示范区3个国家级农业标准化示范区项目通过验收，推动农业增效和农民增收。

三、服务标准化

2005年，制定发布了《阳泉移动分公司服务通则》，实现了全市服务标准零的突破。2006年，制定发布了《阳泉新世隆超市服务通则》。2007年，制定发布了《阳泉东海大酒店服务总则》。2010年，制定完成《园林绿化施工规范》《园林管理养护规范》标准，起草完成《翠枫山风景区旅游服务规范》《平定县农家店物流配送服务规范》进入标准评审阶段。

四、机构代码和商品条码

1993年7月，党政机关、企事业单位和社会团体组织机构代码办证工作正式开始。1998年，设立市条码工作站。1999年，在统计年报工作中开始全面推广应用组织机构代码。2000年，在企事业单位办理营业执照，税务登记证工作中开始全面推广应用组织机构代码。2001年，在银行、车辆管理工作中开始全面推广应用组织机构代码。2002年，阳泉市组织机构代码工作全部进入了市行政审批服务大厅进行办理。2008年，全市组织机构代码数据库数据总量达13590个，准确率达到100%。

第四节　认证认可

2000年，山西黄河质量认证咨询中心阳泉工作站、山西质量认证审核中心阳泉办事处成立。2001年，市质量技术监督局设立质量（认证）科。2002年，阳泉市益泉质量认证咨询中心成立。2008年，市质量技术监督局单独设立认证科，履行监督和管理强制性产品认证、自愿性认证、实验室资质认定方面的工作。

一、管理体系认证

2000年，市质量技术监督局开始推广质量管理体系认证。截至2002年，全市取得质量管理体系认证证书企业143家、环境管理体系认证证书企业12家、职业健康安全管理体系认证证书企业5家及其他管理体系认证证书企业2家。2007年全市质监系统推行ISO9001质量管理体系，市局机关、市稽查分局、市局所属6个县区局顺利通过认证，全部取得ISO9001证书。

二、自愿性认证

1989年，对全市工业企业管理人员组织ISO9001 87版质量管理体系标准培训。1993年，派工作人员参加全国质量管理体系认证培训。1996 年，青山水泥厂成为全市第一家通过产品质量认证和质量体系认证的企业。1999 年，对全市乡镇企业 96 名质量管理人员进行 ISO9001 1994 版质量管理体系标准培训。2000 年，帮助 10 家企业通过 ISO9000 质量管理体系认证。2002 年，山西兆丰铝业公司通过质量管理体系、环境管理体系、职业健康安全“三合一”认证。2007 年市质监系统全面推行 ISO9001 质量管理体系，全部取得证书。

截至 2010 年，全市取得质量管理体系认证证书企业 127 家、环境管理体系认证证书企业 15 家、职业健康安全管理体系认证证书企业 13 家。

三、产品认证

1996 年，境内企业质量认证工作全面展开。到 2006 年，获得强制性认证证书企业 17 家、自愿性产品认证证书企业 2 家、绿色食品认证企业 1 家、无公害农产品认证企业 10 家。2003 年，全市有生产“3C”产品企业 17 家，组织 10 余家生产企业和 88 家经销企业进行“3C”知识培训，查处“3C”违法案件 10 起。2004 年，全市组织学习宣传《中华人民共和国认证认可条例》，并对全系统 100 余名执法人员进行培训，年内有 10 家企业产品获得“3C”证书。2005 年，全市组织开展主题为“确保家居安全，维护生命健康”的建材“3C”认证大型宣传活动，对 50 名认证监管执法人员进行培训。2006 年，制定《阳泉市 3C 企业证后监管程序》和《阳泉市流通领域 3C 经销企业监管程序》，制定企业巡查大纲，指导县区局开展“3C”证后检查工作，重点开展了电线电缆等 5 类 28 种强制性认证产品的执法检查。2008 年，对 18 家强制性产品认证企业全部建立质量档案。2009 年，组织开展玩具产品强制性产品认证专项检查，编制《阳泉市强制性认证企业状况分析报告》。2010 年，组织全市 13 家企业参加全省“3C”获证企业质量负责人培训，开展强制性认证玩具产品专项检查，对山西华阳天成化工有限公司和阳泉市高星建材外加剂有限公司进行装饰装修产品、安全玻璃“3C”获证企业进行专项监督检查。

四、实验室资质认定

1987 年，阳泉市产品质量监督检验所通过省计量认证。2003 年，对 30 家获证检验检测机构进行实验室资源调查，山西省耐火材料产品质量监督检验站通过计量认证 / 审查认可审核并顺利取证。2005 年，开展实验室资源调查，对未提出申请和证书过期的实验室组织执法查处。2006 年，对获得计量认证证书并在有效期的 21 家实验室全部建立档案，制定《计量认证获证机构监督评审程序》，对全市建材、安全、节能、环境保护类实验室进行专项监督检查。2009 年，完成对全市公共检测资源的质量分析。2010年，组织5家实验室参加全省第一批能力验证活动，举办全市系统检验检测机构管理人员培训，对17家获证检测机构开展资质认定实验室专项监督检查，组织参加全省检测技能大比武活动。

截至2010年，全市获得计量认证证书的实验室25家，其中4家为质监系统实验室并同时取得实验室审查认可，山西宏厦公司检测中心通过国家实验室认可。

五、认证市场监管

重点监管获证强制性认证产品生产企业和计量认证获证实验室及认证机构，开展对各类认证违规行为的查处。截至2010年，全市有强制性认证产品生产企业13家、计量认证获证实验室26家，无认证咨询、培训、审核机构，多为外地机构在境内开展认证活动。

阳泉市3C 计量认证获证机构分布表

表-14-10

县区	3C企业			资质认定实验室		
	序号	企业名称	领证产品	序号	机构名称	检测分类
平定局	1	平定晋东电力电缆有限公司（暂停）	电线电缆	1	平定县建信建筑工程试验室有限公司	建筑材料
				2	平定县质量技术监督检验测试所	产品质量
				3	华通路桥集团有限公司试验中心	建筑材料
				4	山西鑫阳车辆服务有限公司	汽车检测
盂县局				1	盂县向春建设工程检测中心	建筑材料
				2	盂县质量技术监督检验测试所	产品质量
				3	阳泉盂县南娄集团运输有限公司汽车检测中心	汽车检测
城区局	1	山西凯盛电气设备有限公司	低压电器	1	阳泉市建筑工程材料质量监督检测所	建筑材料
	2	阳泉市高星建材外加剂有限公司	防冻剂	2	阳泉市建筑材料质量监督检验中心	建筑材料
	3	阳泉市华东电气成套设备厂	低压电器	3	阳泉北斗星工程质量检测有限公司	建筑材料
	4	阳泉市城区腾达电机制造厂（暂停）	小功率电机	4	阳泉市质量技术监督检验测试所	产品质量

续表 -14-10

县区	3C 企业			资质认定实验室		
	序号	企业名称	领证产品	序号	机构名称	检测分类
城区局				5	阳泉市药品检验所	药品检验
				6	阳泉市疾病预防控制中心	职业卫生
				7	山西省耐火材料质量监督站	耐火材料
				8	山西阳泉合诚汽车检测有限公司	汽车检测
矿区局	1	阳泉市金昊电力设备有限责任公司	低压电器	1	阳泉市矿区环境保护监测站	环境监测
	2	山西燕阳电气有限公司	电焊机	2	阳泉煤业集团吉成建设工程检测有限责任公司	建筑材料
	3	阳泉天开电器有限公司	低压电器	3	山西省城市供水水质监测网阳泉监测站	水　质
				4	阳泉市诚辰建设工程检测试验有限责任公司	建筑材料
				5	山西科林矿山检测技术有限责任公司	煤矿设备及环境
				6	阳泉煤业（集团）有限责任公司职业病防治所	职业卫生
郊区局	1	山西华阳天成化工有限公司	防冻剂	1	阳泉市郊区环境保护监测站	环境监测
	2	阳泉市双欢电控设备厂	低压电器	2	阳泉市诚兴建筑工程质量检验有限公司	建筑材料
	3	山西浩普华鑫电气股份有限公司	低压电器	3	山西省公路局阳泉分局试验室	建筑材料
	4	阳泉市通威电机厂（暂停）	小功率电机	4	阳泉市中通汽车检测中心	汽车检测
				5	阳泉市通达汽车检测站	汽车检测
开发区局	1	阳泉市博丰电控设备厂	低压电器			
合计		有效 10 家，暂停 3 家			有效 26 家	

2009年，市政府对方大添加剂有限公司、阳泉市食品总厂等5家山西省名牌产品企业落实了100万元的名牌奖励资金，山西三来食品有限公司生产的马铃薯全粉、山西鑫源电线电缆有限责任公司生产的电线电缆、阳泉天隆工程材料有限公司生产的快硬硫铝酸盐水泥、山西亚美建筑工程材料有限责任公司生产的水泥获选“山西省名牌产品”。2010年，全市省级名牌产品增加到23个企业的24种产品，涉及煤炭、化工、冶金、机械、食品等诸多行业；105家企业通过“山西省质量信誉企业”评审。

三、质量诚信体系建设

2003年，山西国阳新能股份有限公司等3家企业获山西省质量信誉AAA级企业，阳泉华越机械制造有限公司等10家企业获AA级，阳泉市饮料厂等14家企业获A级；2005年全市共有8家企业获山西省质量信誉AAA级企业，24家企业获AA级，39家企业获A级；2007年，全市共有12家企业获山西省质量信誉AAA级企业，33家企业获AA级，50家企业获A级。

四、全方位服务企业

2001年，全市质监系统围绕“以质量为中心，做服务大文章”的工作思路，开展了服务企业工作。2003年，开展了“百企服务”工作。2004年，确定了“优势企业扶优扶强、支柱产业规范发展、特殊行业动态监管”的总体思路和工作目标，在全市系统开展了“三百企业服务工程”。2005年，开展了以“扶优扶强”为目标的“百企扶优”工作。2006年，开展了“千企百优”服务工程；2007年，开展了服务“百项工程”工作，推行了行政执法“五不查”和警示教育“六不罚”制度，营造了亲商、安商、富商的氛围。成立了“园区服务工作领导组”，出台了《服务园区建设工作方案》，组建了园区服务工作站。在各工业园区设立“服务责任公示牌”“服务承诺牌”等，明确服务责任人和服务内容，编制了“园区服务工作流程图”及项目基本情况调查表、服务意见反馈表、服务联系卡、项目需办事项告知卡、项目要求办理事项联系卡等，通过开展全过程、全方位“保姆式”的服务，服务企业工作取得实效。

2009年出台了《阳泉市质量技术监督局服务“三保”工作方案》，制定了《关于深入落实科学发展观 认真开展重点企业重点项目联系活动的实施意见》，对市重点调产项目、专项投资项目、重点企业21家和7个重点项目，明确牵头服务责任，完善服务举措，加大服务力度，落实免费培训、规费减免等各项优惠政策，帮助解决企业发展和重点工程建设中的实际困难。通过有效帮扶，全市共61家企业获得工业产品生产许可证、56家企业获得食品生产许可证、

36家企业取得特种设备制造、安装、改造、维修及充装许可、48家企业通过计量保证能力评价、24家实验室通过资质认定、98家企业获得ISO9001认证、16家企业获得ISO14001认证，企业整体质量管理水平明显提升。开展了“百千万调研培训”，组织系统中层以上干部百余人深入企业进行调研400余人次，形成调研报告100余份，制定了涉及1387家企业近万人的培训方案，结合企业需求，广泛开展企业免费培训服务工作，共进行了32次，万余人的法律法规、产业政策和标准、技术、市场信息的培训，积极引导企业在产业升级、结构调整、市场定位、质量管理、科研创新等方面提升水平。

2010年，印发了《关于对2010年双百企业开展惠企服务有关工作的通知》，对政府199项重点工程中与质监职能相关的66项重点工程项目和110户百企扶优企业全面推行检验检测限时办结、规费减免、行政审批绿色通道等十项服务措施。出台了《阳泉市质量技术监督局“质量提升”活动方案》，全面开展“质量提升服务进万企”活动。通过深入调研、专题分析、集中办公、免费培训、现场指导，全市系统工作人员累计深入企业服务6000余人次，为企业提出合理化建议2500余条，帮助企业解决各类质量问题260余项，指导帮助12家涉及生产许可证的耐火企业规范了产品标识标注、27家检验机构通过了资质认定、40家企业完成了ISO9001质量管理体系认证换证、21家企业领取了食品生产、工业产品生产许可证和特种设备制造、安装、改造、维修及充装许可证，免费培训企业各类人员7000余人次。

第六节　质量监督

20世纪80年代初，随着全市质量监督部门的建立和第三方公证监督检验制度的完善，质量监督的职能进一步发挥。1982年，市质量监督部门先后对市场销售的小麦粉、白酒、热轧钢板、电焊条等商品追踪检查，支持用户索赔，维护了用户的合法权益。

1983年，市标准局与市工商局、物价局、卫生防疫站共同制定了市场商品管理的规定，要求全市商业单位一律不准经销没有生产厂家检验合格证及产地质检部门检验合格证的商品。

20世纪80年代后期，市场商品质量问题较多，假冒伪劣商品充斥市场，干扰正常流通和生产秩序，给消费者造成极大伤害。1989年6月，为贯彻国务院办公厅批转国家质量监督部门《关于严厉惩处经销伪劣商品责任者的意见》精神，市质监部门在3区2县范围内开展了假冒伪劣商品大检查。至1990年，共集中突击检查7次，查批发零售经销商业单位94家，抽样检验商品113批次，查封低压电器、汽车配件、农药、洗衣粉等假冒伪劣商品8740件。

1993年9月，市标准计量局成立了“市场商品质量稽查队”，严厉打击制售假冒伪劣商品行为。1996年，市质监局“96315”打假投诉举报电话开通，2001年，“12365”质量举报电话开通，设立了消费者投诉举报中心。到2008年，共受理消费者关于手机、鞋类、电热水器、劣质地条钢、食品等质量投诉1200余起，处理率达到了100%。

从1998年开始，市技术监督局连续5年组织开展了“查市场、保两节”“查农资、保春耕”“查建材、保建设”“查食品、保健康”专项战役。2000年，市质监局开展了百日打假联合行动，查处了列为山西打假联合行动第一案的劣质钢丝绳案。查处被列入全省八大“万人千店百品交叉打假”重点案件之一的中国联通阳泉分公司经销无质量合格证和以次充好的798台寻呼机，涉案货值金额16.2万余元。2001年，开展了农业生产资料市场，宾馆、饭店等服务业经营性产品，文化用品和食品市场专项整顿。从当年7月开始，在全市范围内开展了“万人千店百品交叉打假大行动”，主要对汽车配件类、移动通信器材类、食品类、调味品、纺织类、皮革类、石油类等22类产品进行了检查。2002年，市质监局将打假重点放在了食品、农资、汽车摩托车配件、矿用防爆电器等直接关系人民群众健康安全的产品上，大力开展了“查市场、保两节”“查农资、保春耕”“打假保健康”“打假保安全”“打假保建设”的“五打五保”活动。先后组织了农资、食品、民爆产品、摩托车、防盗门、VCD、“黑心棉”、金银首饰、建筑市场等9个打假专项战役。2003年，组织开展了“八大战役”，重点对食品、农资、建材、轻工、电器、“黑心棉”、化工、危险化学品、特种设备、“3C”认证产品等10类关系人民群众健康安全的商品进行了检查。同年“非典”疫情发生后，全市质量技术监督系统成立了相应的防非典用品专项检查小分队，对全市生产和经销防“非典”用品的企业进行全面摸查、重点整治。

出台政策法规，加大执法力度。2004年，市质监部门出台了《行政执法例会制度》《行政执法监督与行政执法过错责任追究制度》《文书检查制度》《行政相对人回访制度》和《行政执法人员年度考核制度》。实行了行政执法“首次告诫制度”。开展了食品质量安全“进社区、入乡村”活动，在社区、乡镇、村聘请食品监管联络员，义务监督员，构建了覆盖市、县、乡、村四级食品监管网络。推行了餐饮业“食品质量安全登记公示制度”，对小麦粉、大米、食用植物油、酱油、食醋等15类食品开始实施市场准入。2005年，成立了“食品生产加工企业打假维权协作委员会”，和取得食品生产许可证的企业签订了《食品质量安全承诺书》，举办了“人人关心质量、人人享受质量”食品质量安全知识进社区活动，制定了《阳泉市食品生产加工企业食品质量安全监管工作实施方案》等一系列有关食品质量安全监管的制度，初步构成了全市食品生产加工企业监管的制度体系。组织开展了以农资、矿用瓦斯计、医用氧舱、医用计量器具、加油机、特种设备、煤炭掺杂掺假、食品、建材、矿用产品等为主要内容的专项整治和监督检查。2006年，市质监局制定了《行政执法工作协调制度》和《行政执法工作协调制度运行细则》。组织开展了以农资、建材、危险化学品、消防安全产品、食品、新建住宅“三表”、强制性认证产品、气瓶、土锅炉、煤炭等为主要内容的专项整治和监督检查。同年，郊区泊里村发生禽流感疫情，市质监局立即启动应急预案，对全市的禽、蛋类产品生产加工点、食品冷库等进行了全面检查。

2009年在全市质检系统实施以层级责任制为中心、以预警预判应急反应制度为主要内容的安全监管长效机制。2010年，制定完成了《食品分类、企业分级、监管分等实施指导意见》《工业产品生产许可证获证企业证后监管制度》《资质认定获证实验室证后监督管理制度》等质量安全监管制度，进一步细化层级责任，避免重复执法和监管死角。实施了《食品生产加工环节风险监测方案》，加强预警预判风险监测；进一步健全应急反应制度补充完善了《产品质量突发事件应急预案》《食品安全突发事件应急预案》《特种设备安全事故应急预案》，并组织了演练。同年，市质监部门围绕建材、农资、危险化学品、3C强制性认证儿童玩具、卫生纸、餐具洗涤剂、节能产品等12个重点产品和各类节日热销产品开展了执法打假和专项整治工作。共查处各类违法案件252起，其中万元以上案件54起，有力地整顿和规范了市场经济秩序。同时，加大监督抽查力度，共对全市13家生产企业和9个经销单位的38个批次的产（商）品进行了监督抽查，对不合格产品和企业进行了监督整改和严肃处理。

第七节　特种设备安全监察

2002年3月18日，锅容管特安全监察职能由市劳动局划归市质量技术监督局。2003年，制定了《阳泉市特种设备安全监察动态监督管理体系运行管理制度》，实现了全市特种设备动态化管理。2004年，制定了《特种设备和食品质量安全重大隐患报告制度》。2005年，出台了《重大危险源监督管理办法》，进一步加强对重大危险源的监督管理。2006年，在全省首家出台了《阳泉市质量技术监督局特种设备安全监察监督管理工作规则（试行）》，建立了统一部署、分工协作，各司其职、各负其责，上下联动、信息畅通，重点突出、协调有序的特种设备安全监察工作机制。2007年，设立了特种设备安全协管员，实施了特种设备安全监察联席会议制度。

2002年，全市组织开展了锅炉、压力容器、压力管道及特种设备普查登记工作，对全市范围内2041台锅容管特设备进行普查登记，普查登记率达100%。2003年，开展了气瓶和压力管道安全普查整治工作，完成了气瓶产权转移工作。2005年继续对新增压力管道和盂县境内的长输管道进行普查登记，使压力管道的数量达到了256.5千米。从2002年至2006年，阳泉市质监局加强特种设备的注册登记工作，共注册登记各类固定式特种设备2209台。

2002年土锅炉专项整治工作启动，在全市范围内开展查处非法制造、销售、安装和使用“土锅炉”的活动，当年取缔土锅炉10台。2005年，取缔土锅炉21台，督促整改不规范锅炉7台。2006年，取缔土锅炉12台。2007年，取缔土锅炉4台。

2003年，特种设备应急预案开始逐步建立，并制定了全市第一部特种设备事故应急救援预案。2006年，对应急救援预案进行了重新修订，并于当年12月8日和12日，在盂县和开发区开展了乙炔气泄露着火和电梯关人的应急救援预案的演练。2007年，在市儿童公园组织了大型游乐设施的应急救援预案的演练，在市翠枫山风景旅游区组织了大型滑索应急救援的演练。

2005年，特种设备安全专项整治工作启动，在全市组织开展了高压氧舱、土锅炉、土压力容器、起重机械、游乐设施、气瓶等6大专项整治工作，全年发出安全监察指令书38份，消除事故隐患450条。2006年，全面开展了电站锅炉的专项整治，气瓶、压力管道专项整治和土锅炉等土制特种设备专项整治。全年发出安全监察指令书54份，消除事故隐患460条。2007年，开展了特种设备隐患排查和起重机械专项整治工作，全年共发出安全监察指令书102份，消除事故隐患540条。

2009年，市政府印发了《阳泉市特种设备安全生产专项整治工作方案》，组织召开了全市特种设备安全生产专项整治工作动员会，按照“企业自查自整，县（区）政府排查摸底，省市县三级联动分类整治”方式，全面推进特种设备专项整治，共排查特种设备生产和使用单位381家，各类特种设备3081台、气瓶31327只、压力管道110余千米，对存在问题的特种设备一一督促整改，一一消除安全隐患。省特种设备安全生产专项整治省市县三级联动督查组对阳泉市特种设备整治工作给予了充分肯定和高度评价。

2010年，组织354家特种设备生产使用单位签订了特种设备安全承诺书、制定完善了《特种设备安全监察监督管理工作规则》，进一步完善企业主体责任和部门监管责任。制定了《电梯维保行业安全监管办法》，加强对电梯维保单位的监管。全面深化特种设备安全生产专项整治，市政府印发了《阳泉市继续深入开展特种设备安全生产专项整治工作实施方案》，共检查特种设备生产单位39家、使用单位352家，排查各类特种设备3274台套，查出并督促整改各类问题和安全隐患203项，全市全年无特种事故发生。

第八章
国有资产管理

第一节 机 构

1991年，经市政府批准，成立阳泉市国有资产管理局，为副县级建制，隶属于市财政局，核定编制20人。1992年，各县区均在财政局内部设立国有资产管理股。1995年，各县区均成立国有资产管理局，隶属于县区财政局。1996年机构改革中，成立市国有资产管理委员会，办公室设在市国有资产管理局。2001年，机构改革中撤销市国有资产管理局，其职能分别划入市财政局和市经贸委。

2004年7月，根据国务院《企业国有资产监督管理暂行条例》《关于阳泉市人民政府机构改革方案的通知》精神，成立市人民政府国有资产监督管理委员会，为正县级建制。市国资委将市经济贸易委员会指导国有企业改革和管理体制的职能、市直企业工作委员会的职能、市委组织部管理国有企业负责人的部分职能、市劳动和社会保障局承担的市属企业工资管理等有关职能进行整合。2009年11月，根据市委、市政府关于《阳泉市人民政府机构改革方案》文件精神，设立阳泉市经济和信息化委员会，挂阳泉市人民政府国有资产监督管理委员会牌子，正县级建制，为市政府工作部门。市经信委（国资委）行政编制58人，内设17个科室，分别是：办公室、综合科、经济运行科、技术进步科（行政许可科）、能源交通科、产业发展科、节能降耗与资源综合利用科、信息化推进科、规划发展科、财务监督与考核评价科、产权管理科、企业改革改组科、收益管理与企业分配科、企业领导人员管理科（国有企业监事办公室）、安全监管科（应急管理办公室、信访办公室）、党群工作部（团委）、纪检委（监察室）。

第二节 主要工作

20世纪90年代初期成立的市国有资产管理机构，为促进国有企业改革的深入进行、保证国有经济的健康稳定发展发挥了积极的作用。通过大规模的清产核资，较系统地掌握了全市国有资产的总量、结构、分布和质量状况，为国有资产的有效管理奠定了基础；通过实施企业产权登记制度，在强化企业、单位的产权意识和促进企业产权关系理顺的同时，对企业的出资行为及企业改制行为进行了有效的监督和管理；通过资产评估工作体系的建立，对加强市场经济条件下的产权管理和公平交易，保护资产所有者各方权益，防止国有资产流失发挥了重要作用；通过对国有资产的保值增值考核，初步建立起了政府对国有企业的新型管理模式，为企业建立激励和约束机制奠定了基础；积极参与了企业改制改革和“城市优化结构试点”工作，并重点加强了企业股份制改造及经营国有股权的管理；制定并出台了一批地方性国有资产管理体制的办法制度，形成了较为全面的国有资产管理法规体系。1992年至1999年，对全市31户国有企业累计评估项目4745个，评估资产净值102.6亿元，评估值124.6亿元，增值22亿元，增值率21.44%，保证了国有经济的健康稳定发展。

2004年成立的市国资委负责监督管理市属企业国有资产的范围分为重点监管企业、监管企业和参股企业三类，涉及工业、商贸流通业、建筑、粮食、公用事业等行业的98户市属国有企业，依法指导其改革和重组，并对其保值增值以及推进现代制度建设等方面予以监督管理。

出资企业监管 2005年，市政府确定国资委监管企业范围之后，出资企业主营业务收入快速增长，经济效益逐年好转，经济总量实现快速增长，国有资产实现保值增值，一年一个新台阶。2005年至2010年，主营业务收入逐年增长，年分别完成30.52亿元、33.86亿元、39.13亿元、54.79亿元、56.43亿元、59.94亿元，年均递增15.34%。实现利润逐年增加：2005年一举扭亏为盈，实现利润8747万元，比上年净增11964万元；2006年实现利润26824万元，比上年增长206.67%；2007年实现利润39673万元，比上年增长47.9%；2008年实现利润5.49亿元，比上年增长31.21%；2009年，实现利润5.5亿元，比上年略有增长；2010年实现利润7.36亿元，比上年增长23.48%。2005年至2010年，所有者权益分别为19.26亿元、20.95亿元、25.46亿元、26.49亿元、27.39亿元、28.75亿元；资产保值增值率分别达到107.91%、108.77%、121.53%、120.30%、110.80%、108.61%。在全省率先实行了国有资本收益收缴办法，6年上缴国有资本收益5365.4万元，为建立国有资产经营预算打下了良好基础。职工收入较大幅度增长。2005年至2010年，在岗职工年人均收入分别为12351元、13876元、15902元、

24204元、27788元、32915元，与全市在岗职工的工资差距不断缩小。

国资监管制度化和规范化体系建设 国资委成立后，根据国家政策法规，结合阳泉情况，初步建立完善一系列监管制度。在统计评价、产权管理、投资管理、企业领导班子建设、领导人员考核分配等方面，先后出台了30多个规范性政策文件，多项属全省首创。随着监管制度体系的逐步健全完善，使国资监管正在向制度化、规范化迈进。国有产权管理服务功能明显加强。通过对全市企业国有产权登记，全面掌握了全市国有资产的状况，明确了产权关系，实现了产权动态监管。国资委成立了市产权交易市场，建立健全了产权交易规章制度，企业的国有产权转让全部实现了进场交易、阳光操作。建立了抵押与担保备案制度、资产评估项目的核准备案制度、与各级法院协调企业经济纠纷案件机制等措施，有力地维护了企业的合法权益，保障了国有资产的安全。企业领导人员业绩考核步入正轨。四年来，企业经营业绩考核分配工作从无到有，由点到面、由浅入深，经历了建章立制、实践推进、规范完善的过程。初步建立起自上而下的“考核层层落实，责任层层传递，激励层层连接”的国有资产保值增值责任体系，形成了“重业绩、讲回报、强激励、硬约束”的激励约束机制。四是企业财务监督作用逐步强化。国资委在全省率先实行了重点监管企业财务快报、月报制度。按照全国的统一部署和安排，完成了出资企业清产核资工作。建立了重点企业月度财务分析例会制度、企业内部财务核查审计制度，对重点行业和重点企业的财务运行状况进行专题分析，有效解决企业财务管理方面的问题，提高了企业经济运行质量和效率。优化资本结构成效显著。国资委紧紧抓住国有商业银行及金融资产管理公司处置企业不良贷款的机遇，本着“政府、银行、企业”三赢的原则，全力筹措回购资金，“缩水”处置不良贷款。先后为全市137户企业处置不良贷款达18亿元，增加净资产15.6亿元。成功解除了银企债务链，实现了显著的债务重组效益，保障了企业正常经营和社会稳定，为国企改革发展创造了良好条件。

国企改革和混合所有制改革 2005年后，先后有南煤集团、上社煤炭有限公司、上社二景煤炭有限公司、华联商厦、国泰耐火材料有限公司等7户企业积极引进国家大型企业、民营企业等战略投资者，进行投资主体更加多元化的混合所有制改革，提高了生产能力，促进了企业发展。共引进增量资本3.8亿元，获得股权转让收入2.3亿元。企业整合重组取得突破。市外贸运销有限公司和市外贸五金矿产公司，重组为市五金矿产运销有限公司。华乐门大酒店、商业集团后勤服务中心分别由国际经济技术合作公司、经贸资产经营有限公司实施了重组。市民爆器材专营中心改组为市民爆器材专营有限公司。在完成阳钢破产后，为减轻政府压力，减少财政负担，在阳钢留守处的基础上，组建了市信元资产管理有限公司。劣势企业破产重组步伐加快。阳泉钢铁集团公司破产顺利完成，7000多名职工得到妥善安置，为滨河世纪城的建设打下了良好基础。市春泉洗涤用品厂、市香源硫铁矿有限公司、市锦华服装厂等16户企业依法完成了破产关闭。安置职工12492人，资产变现收入1.11亿元，补发职工工资、集资款、社会保险2442万元。四是分离企业办社会职能工作全面完成。市国资委牵头组织有关部门分四批完成了铁路地区、晋东化工集团公司等中央企业，阳煤集团、阳泉一监、二监等省属企业的分离企业办社会职能的移交工作，共接收37所学校、2所医院、1个派出所，涉及资产3.8亿元，人员4100多人。

国有经济重大项目服务 市国资委加大对重大项目服务和指导力度，出台了《企业发展战略与规划编制大纲》《阳泉国资委监管企业“十一五”发展战略和规划》《阳泉市国资委履行出资人职责企业投资监督管理暂行办法》等，建立了出资企业在建项目进展情况季报制度，加大对企业重大项目服务和指导力度。突出重点抓项目。重点推进了32个项目，总投资30.7亿元，累计完成投资25.9亿元。其中，市铝业股份有限公司铝型材项目、南煤集团2×13.5万千瓦煤矸石综合利用电厂、市属企业棚户区改造工程、市热力公司热源厂等18个项目列入全市“百项工程”，累计完成投资20.8亿元。南煤集团煤矸石综合利用电厂、热力公司热源厂等9个项目已投产达效。市国资委批复的14个企业“短平快”改扩建项目，累计完成投资5.1亿元，大部分投产达效。扎实开展节能减排和淘汰落后工作。对列入“节能减排、淘汰落后”范围的市第一钢铁厂和市电石有限公司的高炉、电石炉及其附属设施，成功地实施了爆破拆除，获得国家、省补偿资金818.8万元。积极筹划“退城进园”项目。按照全市的城市总体规划要求，编制了《市区工业企业“退城进园”规划》，对有发展潜力、符合产业政策、产品有优势的企业，将分步实施“退城进园”。完成了市阀门股份有限公司和水泵厂有限公司等企业的搬迁改制方案，两户企业的7500.8万元不良贷款已“缩水”处置。

第九章 资源管理

第一节 土地资源管理

一、简况

阳泉建市初期，市民政局设专人管理基本建设用地，其职能主要是贯彻执行《国家建设征用土地管理办法》，办理国家建设征用土地和宅基地的报批手续。1982 年 10 月，市政府成立土地管理办公室，始有专门的土地管理机构。1987 年 1 月《中华人民共和国土地管理法》的颁布，以及《村镇建房用地管理条例》《国家建设用地管理条例》的逐步实施，严格办理用地申请及审批手续，制止城乡建设对耕地的乱占滥用，禁止买卖和其他非法转让土地的歪风。针对人多地少、后备资源严重不足的国情、省情和市情，“十分珍惜和合理利用每寸土地，切实保护耕地”基本国策的宣传深入人心。1988 年 5 月 28 日，市政府出台《阳泉市人民政府关于严格制止乱占耕地的通知》，并进行了土地执法大检查。全市共组织检查小组 1352 个，参加自查、互查人员达到 4897 人，共查出违法案件 639 起，违法占地 350.9 亩（23．33 公顷），其中查处 581 起，占应处理案件总数的 90.9%。1989 年 9 月 15 日市政府办公厅转发市土地局《关于清理整顿乡（镇）、村及联办、个体企业用地的方案》，对全市 3120 个乡（镇）、村及联办、个体企业进行了清理整顿，共拆除违法占地建筑 2433 平方米，罚款 22.34 万元，关停并转企业 102 个，恢复耕地 329.31 亩（21.95 公顷）。通过清理查处，全市用地秩序明显好转，违法占地案件逐年下降。1990 年，全市组织大规模的土地开发复垦，当年土地绝对增长 8942 亩（596.13 公顷），扭转了历史上建设用地多于开发复垦土地的被动局面，实现了建设用地和开发土地增减平衡、并略有节余的战略目标，涌现出了盂县南娄乡、平定岔口乡、郊区平潭乡等珍惜土地、依法用地、开发土地的先进典型。

1991年以后，全市土地管理部门始终以宣传为先导，坚持不懈抓全民土地观念教育，土地国情、国策、国法观念逐步深入人心，在全社会形成了依法用地、合理用地、珍惜土地的良好风尚，至1999年全市共节约用地9000余亩（600公顷），开发复垦土地7万余亩，连续多年保持了开发复垦土地大于非农业用地的良好势头，使全市耕地基本稳定在117万亩（7.8公顷）左右。其间，实施了一系列的保护耕地政策法规和措施，以保护耕地基本稳定。以土地使用权制度改革为动力，大胆探索制定出台了加强地产市场管理、深化土地使用制度改革的配套性规范文件，逐步扩大土地出让范围，努力盘活国有土地存量。1995年至1999年，全市共评估土地资产12亿元，共为各级财政征缴国土资金1.08亿元，遏制了土地资产的流失。1996年，根据省人民政府的要求，在全市逐级建立保护耕地目标责任制、签订保护耕地目标责任书，共签订2648份，形成了层层有任务，人人有责任，使保护耕地基本落到了实处。为了加强土地管理，规范土地登记行为，整顿土地市场秩序，做到“凭证管地，持证用地”，根据有关法规规定，1999年全市实施土地证书年检工作。第一阶段从5月至8月底，完成城区、平定县、盂县、郊区政府所在地的土地证书年检工作、地市级成果汇总和成果上报。第二阶段从9月初至12月底结束，完成了乡镇一级和工矿区的土地证书年检工作，完成土地证书年检全部成果汇总、工作总结和成果上报工作。年检具体方法步骤是公告、提交证书、核对证件、实地勘查、加盖印章、案件移交、成果汇总等。

按照国土资源部的规定，市、（县）区国土资源部门于2002年对全市土地利用状况进行了调查，调查工作至10月31日结束。调查结果：农业用地面积382.42万亩（25.47万公顷），其中，耕地108.70万亩（7.25万公顷），园地10.38万亩（0.69万公顷），林地区190.16万亩（12.68万公顷），牧草地42.97万亩（2.87万公顷），其他用地30.21万亩（2.01万公顷）；建设用地40.39万亩（2.69万公顷），其中，居民点用地及独立工矿用地36.70万亩（2.25万公顷），交通运输用地3.31万亩（0.22万公顷），水利设施用地0.38万亩（253公顷）；未利用土地254.83万亩（16.99万公顷），其他7.85万亩（0.52万公顷）。三大地类分别占土地面积的55.79%、5.89%、38.32%。2004年，市国土资源部门把耕地保护和规划管理放在了重中之重的位置，加大了执法力度，全年共查处土地违法案78件，涉及面积13.38公顷，其中集体58件、涉及土地面积1.78公顷（含耕地0.13公顷），个体20件、涉及面积11.5公顷（含耕地0.4公顷）。全年土地案件查处率达100%，共收回土地13.232公顷（含耕地0.53公顷），罚没款 20 万元。2006 年，围绕落实国务院和省有关加强土地资源管理的精神和规定，着力推进市场化建设，在全市认真开展土地秩序整顿。在层层签订耕地保护责任状的基础上，鼓励组织规模化土地开发整理，新增耕地 1875 亩（125 公顷）、整理基本农田 4145 亩（276.3 公顷），完成省下达的指标任务。引导和鼓励盘活国有存量低效土地和农村未利用土地，累计盘活存量土地 52.8 公顷，超过了考核指标 42.8 公顷。还组织完成了统一亩产值标准测算、推开了征收土地听证、公告、征收补偿费用全部落实到位。

2010 年，全市耕地保护工作出现了新的局面。一是层层签订保护责任状，全市耕地保有量为 6.83 万公顷，实现了总量动态平衡并略有增加。二是由市承办的盂县西烟镇、郊区平坦镇两个国家级土地开发整理和复垦项目以及郊区李家庄省级开发整理项目通过验收，累计增加耕地 182.5 公顷，加上市级确定的 12 个项目，全年总共增加耕地达 416.65 公顷，整理基本农田 426.62 公顷，为增强农业后劲和活力提供了基础保证。三是开展闲置土地利用调查。清理、调查闲置低效土地 26 宗、30.9 公顷，有效控制了城市新增建设用地，缓解了城市用地紧张的压力，使低效闲置用地得到了充分、合理的利用，把节约集约用地落在了实处。四是严格执行耕地占补制度。对于各类非农业建设占用耕地项目，按照“先补后占，占多少补多少”的原则，对年度占用耕地 208.57 公顷，采取了由占地单位负责开垦同等数量和质量的耕地，或者按标准缴纳耕地开垦费等方法进行补偿。通过验收，实现了耕地的占补平衡。

二、潜在问题

利用不充分，浪费严重。全市宜林宜牧的荒地资源较为丰富，这些荒地除部分作季节性牧场外，绝大部分未加利用。另外，不少基建单位宽打宽用、多征少用、早征晚用、征而不用；城市规划布局零乱，高层建筑少，平房比重大；农村建房标准超过国家规定标准，占用耕地多，建房四周空地大，未充分利用等。总之，浪费土地资源的现象是普遍的、严重的，同时也说明土地资源的潜力是很大的。利用不当，潜力不能发挥。据 1984 年土地详查资料，全市耕地占 26.9%，林地占 15.2%，草地占 8.5%，宜林宜牧荒地占 28.0%，其他占 21.4%，这种用地结构与全市的土地资源特点（宜林宜牧地广阔，宜耕地很少）是很不相称的，是一种畸形的土地利用结构。其严重地阻碍了土地资源优势的充分发挥，并导致了农业生产低而不稳，林牧渔业发展十分薄弱。所以，调整用地结构是解放生产力，发挥土地资源优势的一项重要工作。掠夺式的开发利用，资源破坏严重。合理的土地开发利用能使土地的生产力不断提高，土地的生态环境保持平衡。然而，全市不少乡镇的土地开发利用却与此不协调，表现为如下形式的掠夺式开发利用：开垦陡坡，造成水土流失；广种薄收，轮荒种植；滥砍、滥伐、滥樵，牧坡超载，引起草场退化，水土流失；用地养地不合理，重用轻养；土地污染严重。

据阳泉市统计资料显示，1949年，全市有耕地134.71万亩(8.98万公顷)，人均耕地2.55亩；1975年全市有耕地122.47万亩（8.15万公顷），人均耕地1.30亩；1988年，全市耕地总面积为114.5万亩（7.63万公顷），人均耕地1.03亩；2010年，全市耕地总面积为102.49万亩（6.83万公顷），人均耕地0.78亩。从1949年至1988年，全市耕地共减少20.21万亩（1.35万公顷），平均每年减少6736.7亩（449.07公顷）。1988年至2010年全市耕地共减少12.01万亩（0.81万公顷），平均每年减少6005亩（400.33公顷）。全市耕地呈下降之势，保护和管理方面面临的形势是比较严峻的。

第二节　水资源管理

一、简况

阳泉属于典型的中低山区，特殊的地理位置、地形条件和气候决定其水资源的主要特点有3个。一是水资源时空分布不均。中心少、边界多，水资源大部分集中在东、北部边界，而经济发展和人口集中的市、县（区）中心区水资源严重短缺，如城、矿区人均水资源量不足200立方米。全市降雨主要集中在汛期，多以洪水形式排泄，无法利用。二是水资源开发利用难度大。滹沱河干流及其支流乌河、龙华河等，年平均出境水量为47500万立方米，由于缺乏控制性工程，利用量不足3%，其与娘子关泉提水工程一样，提水扬程高，引水管道长，水资源开发利用成本高。三是水源单一，安全隐患大。全市主要供水水源为娘子关泉水，一旦娘子关泉水发生污染事故，无其他可靠替代水源，仅靠现有其他水源，难以为继，将对城市发展和生存及人民生活构成严重威胁。全市人均水资源占有量为407立方米，

娘子关泉保护区桃河断面水流量检测

略高于全省平均人均水资源占有量381立方米，不足全国平均水平的五分之一。按国际社会划分标准人均水资源占有量低于500立方米为缺水地区，阳泉市为严重缺水地区。

全市水资源管理以水资源的可持续利用保障经济社会的可持续发展为指导思想，在强化水资源管理、优化配置和保护、全面建设节水型社会、实现水资源可持续利用方面做了大量的工作。一是认真宣传和贯彻《中华人民共和国水法》《山西省水资源管理条例》《山西省泉域水资源管理条例》《取水许可和水资源费征收管理条例》等水法律、法规和相关的规章制度。二是严格执行取水许可申请审批制度。在取水许可审批过程中，严格按规定程序办理取水许可申请，严格执行水资源论证制度，对不符合有关法律、法规规定的，坚决不予审批。截至2010年，全市累计发放取水许可证467套，累计征收水资源费逾10亿元。三是水资源系统自动化建设全面启动。在对全市水井工程进行全面普查的基础上，逐步建立完善地下水水位、水量自动化监测系统，水资源实时监控系统已于2007年全部投入运行。同时，筹措资金200多万元保证该项工作软件、硬件设施全部配套。四是重视水资源基础性工作。至2010年，先后完成了《第二次水资源评价》《娘子关泉岩溶地下水资源评价》《城市饮用水水源地安全保障规划》《地下水控制规划》《水功能区划》《水资源总体规划》等，《阳泉市用水定额》也出台并施行。

二、潜在问题

由于存在自然、社会、经济等不确定性因素，因此，必须从可持续发展的战略高度审视水问题，从阳泉的长远发展认识水危机，从现状需求和长远发展的角度认清水资源潜在问题，是今后一个时期水资源管理实现重点突破，科学谋划阳泉水资源可持续利用的重要前提。

水资源总量不足，泉水流量衰减。全市多年（1956—2000年）平均降水量526.6毫米，地表径流量20600万立方米，地下水资源量为36000万立方米，降水量较20世纪80年代减少了4.8%，地表径流量减少了9.2%，地下水资源量减少了16.9%。娘子关泉是阳泉人民的“生命之泉”，多年（1956—2000年）平均流量为11.03立方米/秒，自20世纪80年代后，受泉域范围内采煤影响、地下水开采和人类活动等因素影响，娘子关泉水流量从历史最大值1964年的15.75立方米/秒，最低降到2006年的5.79立方米/秒，2007年为6.25立方米/秒，年均降幅达0.18立方米/秒。

开发利用率低，缺乏骨干性控制工程。全市水资源分布总体是东北多西南少，北部地区滹沱河干流以及娘子关泉水出露河道能够保持常年有水，其余河流枯水季几乎全部断流，而汛期洪水又集中排泄，大部分水资源成为过境水量。多年来，娘子关泉域是城市及工农业用水的主要水源，而滹沱河地表水资源量大，水质较好，由于没有控制性的骨干工程，边界水开发利用程度极低。

水安全保障不足，缺乏后备水源。市区、郊区、平定县供水水源主要为娘子关泉提水工程，基本无其他供水水源，供水面积150平方千米，供水人口近65万人。由于采用单线供水以及307国道紧邻河道渗漏段，存在安全隐患，一旦娘子关泉水发生水污染事故，形成水质型缺水，将直接威胁城乡居民用水安全。

煤炭开采对水资源的破坏严重。全市现有煤矿多、年生产能力高。大面积、大规模的开采造成地表裂缝、塌陷等地质灾害，导致地表径流剧减。由于采煤而影响地下水资源量年达4500万立方米之多，大量地下水转化为矿坑排水。采煤漏水也导致了地下水位下降，全市235眼岩溶深井已经报废210眼。

水污染形势严峻，水环境恶化。由于大量固体废物（工业生产废渣、生活垃圾、煤矸石等）乱堆乱放及部分河段废污水的任意排放，使周围地表水和地下水受到不同程度污染。全市地表水超Ⅲ类水污染河长占全市总河长的83.1%，其中劣Ⅴ类水污染河长占总河长的35.8%，娘子关泉的主要补给河流桃河中下游、温河、南川河中下游水质均为劣Ⅴ类，河流丧失自净功能，水环境破坏严重。地下水总硬度、硫酸盐普遍偏高，主要集中在桃河、温河、南川河沿岸及锁簧一带。

第三节　矿产资源管理

一、简况

阳泉建市初期，市工商局始设铁业科，专司矿产管理。1950年市工商局铁业科制定了《恢复发展工矿商业的半年计划》。次年全市进行矿产普查，对未履行手续非法开采和尚不具备开采条件的15个矿（坑），责令限期停产，维护了矿产资源的国家所有权。1960年市人民委员会制定颁发了《阳泉市矿山开采管理暂行办法》，依据其中的有关规定，从当年3月起对矿点进行普遍检查，对违反有关规定的18个矿点责令停产整顿。1975年成立市矿山管理处，1980年又易名市市矿山管理局，对矿产资源实施管理。1987年实施《企业和个体采矿暂行管理办法》，对全市1232个全民、集体、个体采矿企业进行了采矿登记，矿界核查，同时实行了有证开采。1990年，市矿产资源管理局认真执行《矿产资源法》，全面落实上级部门赋予的职责，在全省煤矿整顿中以开矿和越界越层矿井数量最少，受到了省政府的表彰。

1993 年之后，遵照国务院和省政府的要求，在全市开展扎实有效的矿业秩序整顿工作。经过整顿，全社会依法办矿，依法采矿，依法经营管理的意识不断强化，全市矿业企业持证率达到了 99%，其中煤矿达到了 100%，违法采矿发案率明显下降。1997 年，市委、市政府制定出台了《阳泉市矿产资源管理办法》《阳泉市矿山企业矿产开发监督管理年度检查办法》《阳泉市矿山企业“三率”考核办法》《阳泉市地质灾害防治管理办法》等地方性法规文件，以加强对矿产资源的法治化管理。1998 年 10 月，在国土资源部烟台召开的全国矿业秩序整顿经验交流会上，阳泉的矿产资源整顿经验得到了充分的肯定。

2001 年 6 月在全市机构改革中，市地质矿产局与市土地局合并成立市国土资源局，负责全市矿产资源和土地资源的规划、管理、保护和合理利用工作。2004 年 8 月，经山西省政府和省国土资源厅批准，出台了《阳泉市征收煤矿采矿权价款实施方案》，同时召开了征收煤矿采矿权价款动员会和新闻发布会，当年全市共征收煤矿采矿权价款 1920.20 万元。根据对全市 165 座煤矿进行的储量核查结果，全市市县营以下煤矿的保有储量约为 12 亿吨，按每吨 2 元征收，征收总额计突破 20 亿元。2005 年，市国土资源局按照省政府的要求和市政府的安排部署，制定了《阳泉市煤炭资源整合和有偿使用实施方案》，成立了市政府主要领导挂帅的领导组，完成了全市的煤炭资源整合和关闭矿井的任务，并通过了省煤炭资源整合领导组的初审。年内，全市参与整合的煤矿为 186 矿、279 井，整合后为 154 矿、182 井，矿井压缩比例为 34. 8 %，为提高资源的利用能力和水平打下了基础。2008 年，全市国土管理部门以科学发展观统领全局，在矿业秩序整顿过程中，实践和探索建立国土资源巡回检查制度、信访接待制度、24 小时值班制度、明察暗访制度、案件通报制度和责任追究制度。建立了乡镇基层网、社会职能网、专业监管网。年内全市共爆破填埋非法坑点 170 个（次），没收捣毁非法采矿设备 188 台（件），清理非法储煤场 177 个，罚款 35.74 万元，矿业秩序整顿取得了明显效果。

2010 年，继续加大煤矿兼并重组工作的力度。对全市保留的 53 个主体煤矿全部进行了换证，换证率达 100%。非煤产业被列为省换证的 97 个保留矿和市换证的 174 个保留矿，共已换证 90 个，注销 27 个。年内共征收矿产资源补偿费 3.78 亿元，收取采矿权价款 5484.8 万元，没收非法采矿设备 869 台（件）、罚款 858.69 万元。

二、潜在问题

阳泉是老工业基地，由于现代交通起步较早，长时间、大规模、超强度开采，资源枯竭问题已日显突出。以全国最大的无烟煤生产基地的煤为例，平均开采强度长时间在 25% 以上高位运行，其可开采贮量逐年减少，其中盂县煤矿剩余服务年限为16年，平定县煤矿剩余服务年限为30年，郊区煤矿剩余服务年限已不到10年。预计到2020年，全市有三分之二的矿井面临资源枯竭。阳煤集团四矿已于2003年实施关闭停产，三矿已申请破产关闭在即。此外，已长时间规模开采的硫铁矿、铝矾黏土矿等，也在逐步走向枯竭不容乐观。由于历史遗留问题多，接替产业发展不足，资源型城市转型面临的压力很大。

资源浪费现象严重。不少矿点回采率只有35%左右，对石炭系下部耐火黏土矿的开采，只采高铝黏土特一级品，而将二三级高铝黏土和上部的硬质黏土矿、半软质黏土矿、高岭岩和下部的铁矾土、山西式铁矿、铝土矿等以及小块高铝黏土矿均与废石混合抛弃和掩埋地下，采富弃贫现象严重。综合评价、综合开采利用程度低。本区各种矿产共生、伴生得多，单一产出的少。如铝土、黏土含矿层中自下而上产有硫铁矿、铁矿、铁矾土、铝土矿、高铝黏土、硬质黏土、软质半软质黏土、高岭岩等共生矿藏，其中有许多矿藏本身就具有多种工业用途，如白云岩、石灰岩、硅岩等。实际开采中多单一开采，综合开采利用程度较低，造成了矿物的严重浪费。此外，由于利益驱逐，缺乏长远观点，没有统一规划和科学技术指导，存在着乱采滥挖、只采不剥、采富弃贫、采易弃难、拣大抛小等一系列问题，也是造成资源严重浪费的原因。

矿山占有储量和开采发展的不协调。阳泉探明的可供开采的矿产资源有52种之多，而批量开采的只有煤矿、铝矾土、硫铁矿等少数几种。此外，如陶瓷黏土、石灰岩、白云岩、大理岩等建筑材料及辅助原料矿产，以及金、水晶、刚玉等大有潜力可挖，但大都尚未被开发利用。

阳泉市志

YANGQUANSHIZHI

[中　册]

第十五编

中国共产党

阳泉地区很早就有中国共产党组织的活动。民国 11 年（1922）12 月，境内铁路工人参加了中共领导的正太铁路工人大罢工。民国 12 年 10 月，铁路工人领袖梁永福成为阳泉地区第一个中共党员。民国 15 年 1 月，中共平定特别支部成立。民国 16 年 2 月，中共阳泉支部成立。民国 17 年 2 月，中共山西临时省委曾决定成立中共阳泉市委。在中国共产党的领导下，境内革命形势空前高涨。20 世纪三四十年代，中国共产党领导发动的著名的平定国民党军高桂滋部武装起义、中国工农红军第二十四军的诞生、为反击日本侵略者而发动的“百团大战”等重大事件都曾在阳泉这块大地上发生，并影响着阳泉发展和中国发展的历史。

民国 36 年（1947）5 月 2 日，阳泉解放；5 月 4 日建市，中共阳泉市委正式建立。到 1949 年中华人民共和国成立前，境内设有中共阳泉工矿区委、中共平定县委、中共盂县县委地方组织，以及建在乡镇、街道、企业、农村、机关、学校、部队、城市社区、社会组织等系统的众多中共基层组织。经过 60 余年的发展，至 2010 年，中共阳泉市委下辖平定县、盂县 2 个县委和城区、矿区、郊区 3 个区委，另有 102 个市直属党委、425 个总支、4908 个支部等基层组织，共有党员 104753 人。

阳泉是中国共产党在夺取全国胜利之前创建的第一座人民城市。建市后，历届中共阳泉市委在中共山西省委的领导下，带领全市人民认真贯彻执行党的路线、方针和政策，科学谋划，锐意进取，开拓创新，积极工作，成为地方社会主义建设事业的坚强领导核心。

第一章 组织机构

第一节 建市前组织

鸦片战争以后，中国开始沦为半殖民地半封建社会。阳泉地区的劳苦大众有着光荣的革命斗争传统，为反对帝国主义和封建主义的压迫，曾一次又一次地奋起抗争。清光绪三十一年（1905）至三十三年，为反对英国福公司攫取山西采矿权，阳泉人民掀起收回矿权的斗争，并使斗争之火蔓延到全省以至留日学生中，促成轰轰烈烈的全省保矿运动，在全国开创收回矿权斗争之先声。清光绪三十二年，正太铁路通至阳泉。不久，山西省当时最大的民族资本主义企业——保晋公司在阳泉开矿建厂，开全省近代机器采煤和冶铁之先河。随之，一批产业工人应运而生，其数量之巨一度居全省之冠，为接受先进思想奠定良好的阶级基础。

民国10年（1921）中国共产党诞生后，中国革命进入一个崭新的阶段。同时，马克思列宁主义的先进思想也逐渐在阳泉大地传播。民国10年冬，在北京读书的石评梅参加了北京大学马克思学说研究会。翌年夏，在北京读书的戎业厚、杜鸿成等先后返回故里平定县，在县城的新民小学组织起马克思主义读书会。同年8月，中共党员张昆弟受李大钊派遣以正太路密查员公开身份，到正太铁路开展工人运动。同年10月，正太铁路工业研究会传习所（两月后改名为正太铁路总工会）成立。之后，共产党员吴献瑞被派到正太铁路阳泉车站组建阳泉传习所，同年12月改名为正太铁路总工会阳泉分会。在党的领导下，阳泉铁路工人于民国11年12月15日参加了正太铁路工人总罢工。翌年2月又举行声援京汉铁路工人的大罢工。经过斗争的锻炼和考验，民国12年10月15日，正太铁路总工会阳泉分会副会长、工人梁永福被吸收入党，成为阳泉地区第一名共产党员。民国14年2月，在太原进山中学读书的盂县籍学生高远征，与进步青年裴丽生等人创办文学团体“石燃社”，积极宣传马克思列宁主义，也被党组织吸收为中共党员。同年冬，中共太原地方执行委员会派王世隆、王鸿钧到阳泉地区开展建立党组织的活动。民国15年1月，吸收平定中学学生甄梦笔（又名甄华）、黄信诚、王鹏年3人加入中国共产党，并组成中国共产党平定特别支部，甄梦笔为支部书记，属中共太原地方执行委员会领导（翌年改属中共山西省委领导），成为中国共产党在阳泉地区的第一个基层组织。与此同时，王世隆还深入到阳泉保晋铁厂和阳泉煤矿，秘密开展建党活动，先后吸收樊琪（又名范琪）、侯丰利（又名侯富山）等8人为中共党员。民国16年2月7日，中共阳泉支部成立，樊琪任支部书记。其间，中共保晋公司阳泉五矿厂和修械厂支部也相继成立，由董森任支部书记。此外，据档案记载，当时中共山西临时省委常委任铭在给中共中央的报告中称，民国16年还曾组建中共阳泉县委，但有关情况不详，有待进一步考证。民国16年4月，蒋介石发动“四一二”反革命政变；同年6月，阎锡山在山西也大搞“清党”活动，捕杀共产党员，阳泉地区的党组织遭到破坏。

民国17年（1928）2月，中共山西临时省委在霍州（今霍县）召开扩大会议，决定在全省组织发动武装暴动，并在全省划定7个暴动区，阳泉为其中之一。同时决定组建中共阳泉市委，由省委委员邓国栋任市委书记，马林（又名赵秉彝、彭令）为宣传委员，樊琪为组织委员。但不久，邓国栋、马林先后被捕，市委未开展工作即遭破坏。鉴于阳泉的地理位置和工作基础，中共中央曾于民国17年3月26日及民国18年3月25日两次致信中共山西省委和顺直省委，要求“对阳泉工作要更加扩大深入”“整顿地方工作的程序，应先从中心区域做起，如太原、阳泉……诸地”。此后，阳泉地区的党务工作有了进一步的发展。据资料记载，民国18年建立过中共阳泉特别支部，民国20年建立过中共阳泉地方党部，但情况不详。

中共阳泉支部遗址

民国19年（1930）10月，中共中央北方局在天津召开扩大会议，确定山西为北方革命的重点，在山西要尽快“组织红军，创建苏区，将山西变成江西第二”。同年11月，中共山西省委成立省军委，中共中央北方局派谷雄一（又名苏亦雄）任军委书记。民国20年7月4日，在中共阳泉地方组织的配合下，赫光、谷雄一组织指挥有关人员在驻平定县城的国民党正太路护路军第11师（军阀高桂滋所属部队）中发动武装起义，在盂县清城村成立中国工农红军第二十四军。后转向河北省阜平县，并在那里建立了苏维埃政府。

民国22年（1933）8月，中共山西省特委派原省委组织部部长何英才（又名杨高梧）到阳泉矿区组建党的组织。第二年，何英才吸收保晋公司二矿厂工人王凤山（又名焦岐峰）及其母亲张秀坤加入中国共产党，并组成中共阳泉矿区小组，何英才任组长。其后便在煤矿工人中发展新党员，党员队伍逐渐扩大。民国24年初，建立中共阳泉矿区支部，何英才任支部书记。与此同时，中共山西省特委又派特委秘书长解俊义（又名林南）深入阳泉铁路系统发展党员。民国22年9月，朱效成（又名朱之尚）、荆连山（又名荆廷壁）、郭汉山（又名郭子杰）加入中国共产党，并组成中共阳泉铁路支部，朱效成任支部书记。

民国24年（1935）“一二·九”运动爆发后，全国掀起抗日救亡新高潮。民国25年9月，中国共产党与阎锡山当局结成抗日民族统一战线，成立山西牺盟会组织。在这样的情况下，历经10年，平定县又重新组建起党的组织。此时，在太原读书的孙竹庭受命返回平定进行抗日宣传和发展党员工作，他先后介绍王谦、窦治中等9人加入中国共产党，并于翌年2月建立两个支部（中共平定第一支部和中共平定第二支部），由王谦、窦治中分别担任支部书记。民国26年，在大同牺盟会工作的侯丰利因病返回原籍盂县西烟养病，吸收侯学元、王洪贵等4人加入中国共产党，于同年2月建起盂县第一个党支部——中共盂县西烟支部，王洪贵任支部书记。与此同时，阳泉矿区党的组织也得到发展，民国26年上半年，经中共山西省工委批准成立中共阳泉矿区委员会（又名中共阳泉工人特别委员会），何英才担任书记，王凤山、杨凤岐任委员。下属保晋公司一矿厂、二矿厂、四矿厂和建昌公司煤矿4个党支部，共有党员40余人。

民国26年（1937）8月，中共山西省工委（后改称中共山西省委）派彭涛到平定组建中共正太特委。中共正太特委受中共山西省工委领导，驻地平定县城，彭涛任书记，王孝慈、王达成（又名顾西宁）为委员，下属平定县、昔阳县、和顺县3个工委。中共平定工委由孙竹庭任书记。其下属除原有的中共平定一支部和二支部外，又新组建中共荫营支部，由王子华任书记。同年10月，根据中共北方局的指示，由石家庄迁至阳泉的中共正太铁路委员会与中共正太特委合并，组建为中共正太铁路沿线特委，负责领导井陉、平定、昔阳、寿阳、盂县和阳泉等正太铁路沿线各地党的工作，驻地阳泉，陶希晋任书记，彭涛任副书记，王达成为委员。民国26年10月下旬，中共盂（县）平（定）阳（曲）寿（阳）榆（次）五县特委建立，刘道生为书记，陈宜胜、王达成为副书记。

民国26年（1937）10月，阳泉沦陷，中共平定县工委、中共阳泉矿区委员会都转移至和顺县石拐镇。同年12月，随着抗日斗争形势的需要，中共平（定）西县工委成立，其后名称几经变化，民国29年3月恢复为中共平（定）西县委，直到抗日战争结束。

民国27年（1938）2月，中共冀晋特委成立中共平（定）井（陉）工作委员会。同月，中共平井工委决定成立中共平（定）东县工委。同年5月，改为中共平（定）东县委，直至抗战结束。

中共盂（县）平（定）阳（曲）寿（阳）榆（次）五县特委于民国26年（1937）11月改为中共盂（县）平（定）阳（曲）寿（阳）四县特委，驻地盂县城关。在特委领导下，建立中共平定（路北）县工委、中共阳曲县工委和中共寿阳（路北）县工委，盂县党的工作由特委兼管。同年12月，中共盂（县）平（定）阳（曲）寿（阳）四县特委又改名为中共盂（县）平（定）阳（曲）寿（阳）中心县委。民国28年3月，中心县委撤销，建立各县县委。民国31年8月，中共盂县县委撤销，以盂县东西两部，分别与平山县、阳曲县、寿阳县部分地区合并，设立盂（县）平（山）县和盂（县）阳（曲）县、寿（阳）东县〔盂（县）寿（阳）县〕，并分别组建各县县委。

抗日战争期间，境内党组织经受了极大的锻炼，党的力量也获得相应发展，由抗战初期的1个党委、5个支部、50多名党员发展为5个县委、32个区委、720个支部，党员发展到7880名。

民国34年（1945）8月抗日战争胜利，阳泉大部分地区都获得解放。同月，中共盂县县委恢复。翌年6月，平（定）东和平（定）西两县合并，组成中共平定（路南）县委。但不久，全面内战爆发，驻阳泉的国民党阎锡山部队占领了盂县县城及平辽公路和平盂公路沿线的许多重要村镇，建立反动武装，屠杀共产党员和革命群众，致使一些基层党组织又遭破坏。民国36年4月，中共领导的晋察冀野战军发起石太战役，4月26日攻克盂县县城，5月2日解放平定、阳泉。

第二节　建市后组织

民国36年（1947）5月，中共阳泉市委成立。成立初期，由中共冀晋区党委领导，冀晋区二地委代管；翌年7月，改归中共中央华北局领导。民国38年8月，又改归中共山西省委领导。同时，根据中共山西省委决定，筹建中共阳泉地委。不久，中共阳泉地委改称中共榆次地委，阳泉市改称阳泉工矿区，中共阳泉市委改称中共阳泉工矿区委，上属中共榆次地委。

1952年3月，阳泉恢复市建置，中共阳泉市委随之恢复，4月1日归山西省委直属。1958年8月中共山西省委决定，将中共阳泉市委委托中共榆次地委（后改称中共晋中地委）代管。同时，平定县、盂县、昔阳县3县并入阳泉市，3个县的建置撤销。1959年6月至1961年4

月，昔阳、盂县、平定又先后恢复县建置，3 县县委归晋中地委领导。1961 年 12 月中共阳泉市委又复归中共山西省委领导。1967 年 4 月 24 日，经中共山西省核心小组批准，中共阳泉市核心小组成立。1969 年 4 月底，中共阳泉市核心小组改称中共阳泉市革命委员会核心小组。1970 年 12 月，中共阳泉市委恢复。在中共阳泉市委的领导下，全市各级党组织也相继恢复。到 1971 年，中共阳泉市委所属的共有城区、矿区、郊区 3 个区委，46 个党委，1 个党组，62 个党总支，922 个基层支部，1.9 万名党员。1983 年 9 月实行市辖县体制后，平定县和盂县又划归阳泉市委领导。至 1990 年，中共阳泉市委下辖平定县、盂县两个县委和城区、矿区、郊区 3 个区委，以及 170 个市直属党委、244 个总支、4140 个支部，共有党员 67825 人。1995 年 3 月，中国共产党阳泉市经济技术开发区工作委员会组建，为阳泉市委的派出机构，代表市委负责开发区的党务工作。至 2010 年，中共阳泉市委辖平定县、盂县两个县委和城区、矿区、郊区 3 个区委，设 1 个经济技术开发区。共有 102 个市直属党委、425 个总支、4908 个支部，有党员 104753 人。

市委办公楼

一、市委领导

民国 36 年（1947）5 月 4 日中共阳泉市委成立，中共冀晋区党委和冀晋区行署派二地委副书记智生元任中共阳泉市委书记兼市长。至 2010 年，阳泉市共召开 10 次党的代表大会，选举产生 10 届市委组成人员。每届书记、副书记、常委依届期列表如下。

1947年5月至1949年9月中共阳泉市委领导人名表

表-15-1

职务	姓名	籍贯	任职时间
书记	智生元	山西定襄	1947.5—1947.9
	任朴斋	山西阳泉	1947.9—1948.7
	程宏毅	山西盂县	1948.7—1948.12
	任朴斋	山西阳泉	1948.12—1949.9
副书记	郭弼成	—	1947.5—1947.9
	陈子谦	—	1947.9—1948.7
	任朴斋	山西阳泉	1947.5—1947.9 1948.7—1948.12
	李开信	山西原平	1948.12—1949.8
	王金林	山西洪洞	1949.8—1949.9
常委	智生元	山西定襄	1947.5—1947.9
	任朴斋	山西阳泉	1947.5—1949.9
	郭弼成	—	1947.5—1947.9
	边绍仪	—	1947.5—1947.9
	陈子谦	—	1947.9—1948.7
	李开信	山西原平	1947.9—1949.8
	赵汝霖	—	1947.5—1949.8
	程宏毅	山西盂县	1948.7—1948.12
	梁晋平	阳泉郊区	1948 具体不详
	王振邦	—	1948.12—1949.9
	贾林放	河北蔚县	1948.3—1949.9
	徐　驰	—	1948.3—不详
	吴士杰	—	1948.3—不详

1949年9月至1952年3月中共阳泉工矿区委员会领导人名表

表-15-2

职务	姓名	籍贯	任职时间
书记	任朴斋	山西阳泉	1949.9—1950.8
	王金林	山西洪洞	1950.8—1952.3
副书记	王金林	山西洪洞	1949.9—1950.8
	史星三	山西阳泉	1950.8—1952.3
常委	王金林	山西洪洞	1951.6—1952.3
	史星三	山西阳泉	1951.6—1952.3
	冯致胜	陕西延川	1951.6—1952.3
	李建标	山西临汾	1951.6—1952.3
	崔泽民	—	1951.6—1952.3

1952年3月至1955年1月中共阳泉市委领导人名表

表-15-3

职务	姓名	籍贯	任职时间
书记	康　洛	河南淯川	1952.3—1954.8
	李玉田	山西武乡	1954.8—1955.1
第一副书记	王金林	山西洪洞	1952.3—1953.4
第二副书记	贾慧生	河北元氏	1952.3—1954.8
副书记	李玉田	山西武乡	1953.4—1954.8
	陈子万	山西昔阳	1954.12—1955.1
委员	王金林	山西洪洞	1952.3—1953.4
	王文如	山西五台	1952.3—1955.1

续表 -15-3

职 务	姓 名	籍 贯	任职时间
委 员	刘其恒	河北安平	1952.3—1955.1
	刘 敏	河北安新	1952.3—1955.1
	张亚平	—	1952.3—1954.8
	贾慧生	河北元氏	1952.3—1955.1
	康 洛	河南洧川	1952.3—1954.8
	谢子和	山西平遥	1952.3—1955.1
	李玉田	山西武乡	1953.4—1955.1
	陈子万	山西昔阳	1954.12—1955.1

1955 年 1 月至 1957 年 7 月中共阳泉市委领导人名表
（中共阳泉市第一次代表大会期间）

表 -15-4

职 务	姓 名	籍 贯	任职时间
书 记	李玉田	山西武乡	1955.1—1957.7
常务副书记	谢子和	山西平遥	1956.9—1957.7
副书记	陈子万	山西昔阳	1955.1—1957.7
	刘 敏	河北安新	1955.1—1957.7
常 委	王文如	山西五台	1955.1—1957.7
	刘 敏	河北安新	1955.1—1957.7
	李玉田	山西武乡	1955.1—1957.7
	陈子万	山西昔阳	1955.1—1957.7

续表 -15-4

职 务	姓 名	籍 贯	任职时间
常 委	芦炳生	陕西清涧	1955.1—1957.7
	林一新	山西平定	1955.1—1957.7
	贾慧生	河北元氏	1955.1—1957.7
	谢子和	山西平遥	1955.1—1957.7

1957 年 8 月至 1959 年 9 月中共阳泉市委领导人名表
（中共阳泉市第二次代表大会期间）

表 -15-5

职 务	姓 名	籍 贯	任职时间
第一书记	李玉田	山西武乡	1957.8—1958.6
第二书记	谢子和	山西平遥	1957.8—1958.6
副书记	陈子万	山西昔阳	1957.8—1958.6
	刘 敏	河北安新	1957.8—1958.6
常 委	王文如	山西五台	1957.8—1958.6
	王定谟	山西昔阳	1957.8—1958.6
	刘 敏	河北安新	1957.8—1958.6
	陈子万	山西昔阳	1957.8—1958.6
	李玉田	山西武乡	1957.8—1958.6
	芦炳生	陕西清涧	1957.8—1958.6
	林一新	山西平定	1957.8—1958.6
	贾慧生	河北元氏	1957.8—1958.6
	谢子和	山西平遥	1957.8—1958.6

续表-15-5

职务		姓名	籍贯	任职时间
书记处	第一书记	李玉田	山西武乡	1958.6—1959.9
	书记	陈子万	山西昔阳	1958.6—1959.9
		王文如	山西五台	1958.6—1959.9
		谢子和	山西平遥	1958.6—1958.7
		刘　敏	河北安新	1958.6—1959.9
		郭存华	山西平定	1958.6—1959.9
常委		王文如	山西五台	1958.6—1959.9
		王定谟	山西昔阳	1958.6—1959.9
		刘　敏	河北安新	1958.6—1959.9
		李玉田	山西武乡	1958.6—1959.9
		陈子万	山西昔阳	1958.6—1959.9
		芦炳生	陕西清涧	1958.6—1959.9
		林一新	山西平定	1958.6—1959.9
		贾慧生	河北元氏	1958.6—1958.12
		谢子和	山西平遥	1958.6—1958.7

1959年9月至1964年8月中共阳泉市委领导人名表
（中共阳泉市第三次代表大会期间）

表-15-6

职务		姓名	籍贯	任职时间
书记处	第一书记	李玉田	山西武乡	1959.9—1961.3
	代理第一书记	郭星来	山西武乡	1961.3—1961.4

续表 -15-6

职 务		姓 名	籍 贯	任职时间
书记处	第一书记	郭星来	山西武乡	1961.4—1962.11
	书 记	陈子万	山西昔阳	1959.9—1960.2
		郭存华	山西平定	1959.9—1961.6
		王文如	山西五台	1959.9—1962.11
		刘 敏	河北安新	1959.9—1962.11
		王定谟	山西昔阳	1959.11—1962.11
		芦炳生	陕西清涧	1960.9—1961.6
		张润槐	山西盂县	1960.9—1961.6
常 委		王文如	山西五台	1959.9—1962.11
		王定谟	山西昔阳	1959.9—1962.11
		芦炳生	陕西清涧	1959.9—1961.6
		刘 敏	河北安新	1959.9—1962.11
		李玉田	山西武乡	1959.9—1961.3
		陈子万	山西昔阳	1959.9—1960.2
		林一新	山西平定	1959.9—1962.11
		郭存华	山西平定	1959.9—1961.6
		张润槐	山西盂县	1959.11—1961.6
		任直生	山西孝义	1959.11—1962.11
		翟吉义	山西平定	1959.11 — 1961.6
		冯致胜	陕西延川	1960.9—1962.11
		郭星来	山西武乡	1961.3—1962.11

续表 -15-6

职务	姓名	籍贯	任职时间
常委	侯有智	山西左权	1961.6—1962.11
	焦剑心	河北平山	1961.6—1962.11
	乔林布	山西洪洞	1961.6—1962.11
	刘尚文	山西盂县	1961.6—1962.11
书记	郭星来	山西武乡	1962.11—1964.8
副书记	王定谟	山西昔阳	1962.11—1964.8
	刘　敏	河北安新	1962.11—1964.8
常委	王文如	山西五台	1962.11—1964.8
	王定谟	山西昔阳	1962.11—1964.8
	刘　敏	河北安新	1962.11—1964.8
	冯致胜	陕西延川	1962.11—1964.8
	乔林布	山西洪洞	1962.11—1964.8
	任直生	山西孝义	1962.11—1964.8
	刘尚文	山西盂县	1962.11—1964.8
	林一新	山西平定	1962.11—1964.8
	侯有智	山西左权	1962.11—1964.8
	郭星来	山西武乡	1962.11—1964.8
	焦剑心	河北平山	1962.11—1964.8

说明：1962 年 11 月 9 日中共山西省委通知撤销市委书记处，同时重新任命市委书记、副书记

1964 年 8 月至 1967 年 1 月中共阳泉市委领导人名表
（中共阳泉市第四次代表大会期间）

表 -15-7

职 务	姓 名	籍 贯	任职时间
书 记	郭星来	山西武乡	1964.8—1967.1
副书记	刘 敏	河北安新	1964.8—1967.1
	王定谟	山西昔阳	1964.8—1967.1
常 委	王文如	山西五台	1964.8—1965.9
	王定谟	山西昔阳	1964.8—1967.1
	冯致胜	陕西延川	1964.8—1967.1
	乔林布	山西洪洞	1964.8—1967.1
	刘 敏	河北安新	1964.8—1967.1
	刘尚文	山西盂县	1964.8—1967.1
	任直生	山西孝义	1964.8—1967.1
	林一新	山西平定	1964.8—1967.1
	侯有智	山西左权	1964.8—1967.1
	郭星来	山西武乡	1964.8—1967.1
	焦剑心	河北平山	1964.8—1967.1
	苏石洪	—	1964.8—1967.1
	张德本	北 京	1964.8—1967.1

“文化大革命”期间，于 1967 年 4 月成立中共阳泉市核心小组，由王植彬任组长，1968 年 1 月增加安克、孟启明为副组长。1968 年 11 月改由周云涛任组长，温藏宝、王植彬任副组长。1969 年 4 月中共阳泉市核心小组改为中共阳泉市革命委员会核心小组，由周云涛任组长，温藏宝、王植彬任副组长。中共阳泉市核心小组成员先后有王植彬、孟启明、张德本、王凯、王三才、安克、张芷、姚静、任直生、孙庆龙、周云涛、温藏宝、王牛孩、王体。中共阳泉市革命委员会核心小组成员有周云涛、温藏宝、王植彬、孟启明、王三才、孙庆龙、任直生、王牛孩、王体。

1970年12月至1987年9月中共阳泉市委领导人名表
（中共阳泉市第五次代表大会期间）

表-15-8

职务	姓名	籍贯	任职时间
书记	周云涛	河北安国	1970.12—1975.1
第二书记	李好山	河北磁县	1973.4—1975.1
书记	李好山	河北磁县	1975.1—1978.10
第二书记	张步英	山西黎城	1977.9—1979.9
书记	马杰	山西原平	1978.10—1983.1
	王建功	河北望都	1983.1—1983.3
代书记	刘寰	山西黎城	1983.3—1983.4
书记	靳广杰	山西孝义	1983.4—1985.5
	路正西	河南博爱	1985.5—1987.9
副书记	王植彬	河北曲阳	1971.1—1979.4
	李好山	河北磁县	1971.1—1973.4
	刘敏	河北安新	1972.9—1980.1
	王体	山西平定	1972.12—1977.12
	马维华	山西沁源	1973.4—1980.5
	贾慧生	河北元氏	1974.2—1976.10
	郭力	山西潞城	1975.1—1983.8
	张富华	山西平定	1976.10—1977.12
	常振华	山西榆社	1977.12—1979.4
	罗陶然	河北平山	1977.12—1983.8
	田泽仁	山西五台	1977.12—1978.1（未到职）
	刘寰	山西黎城	1979.4—1983.8
	周国俊	山西五台	1983.8—1985.5
	路正西	河南博爱	1983.12—1985.5

续表 -15-8

职务	姓名	籍贯	任职时间
副书记	光　敏	山西平定	1985.5—1987.9
	薄应贤	山西五台	1985.6—1987.9
	贾银环	山西平定	1985.6—1987.9
常委	周云涛	河北安国	1970.12—1975.1
	成伍江	河北正定	1971.1 — 1975.1
	王植彬	河北曲阳	1971.1—1979.4
	李好山	河北磁县	1971.1—1978.10
	马维华	山西沁源	1973.4—1980.5
	王三才	山西五台	1971.1 — 1979.1
	王牛孩	山西平定	1971.1 — 1975.1
	苏凤翥	河北故城	1971.1 — 1974.12
	李振生	河北行唐	1971.1 — 1981.11
	孟迎先	山西五台	1971.1 — 1973.4
	温藏宝	河北平山	1971.1 — 1971.12
	刘　敏	河北安新	1972.9—1980.1
	王　体	山西平定	1972.12—1977.12
	王　敏	山西五台	1973.4 — 1978.6
	康启光	湖南长沙	1973.4 — 1977.12
	郭　力	山西潞城	1973.4 — 1983.8
	刘桂增	河北安平	1973.4 — 1980.5
	贾慧生	河北元氏	1974.2 — 1976.10
	乔林布	山西洪洞	1974.12 — 1983.8
	周国俊	山西五台	1975.1—1985.5
	张富华	山西平定	1975.1—1977.12

续表 -15-8

职务	姓名	籍贯	任职时间
常委	卫持英	山西沁县	1975.8 — 1977.12
	原兴华	山东掖县	1975.10 — 1977.8
	任直生	山西孝义	1975.10 — 1980.5
	刘　敏	河北安新	1976.10 — 1980.1
	史雨风（女）	阳泉郊区	1976.10 — 1979.4
	郑六小	阳泉郊区	1976.10 — 1979.4
	刘宝山	辽宁北镇	1977.9 — 1979.9
	张步英	山西黎城	1977.9 — 1979.9
	罗陶然	河北深泽	1977.12 — 1983.8
	常振华	山西榆社	1977.10 — 1979.4
	田泽仁	山西五台	1977.12 — 1978.1（未到职）
	马　杰	山西原平	1978.10 — 1983.1
	王占国	河北沙河	1979.4 — 1983.8
	侯有智	山西左权	1979.4 — 1980.5
	冯致胜	陕西延川	1979.4 — 1983.8
	刘　寰	山西黎城	1979.4 — 1983.8
	郭　璞	山西灵石	1980.5 — 1981.4
	芦荫昌	河北阜平	1980.5 — 1983.8
	田志斌	河北井陉	1980.7 — 1982.2
	李鹤轩	河北唐山	1981.11 — 1983.8
	王建功	河北望都	1983.1 — 1983.3
	侯　仪	山西朔州	1983.8 — 1986.11
	靳广杰	山西孝义	1983.8 — 1985.5
	贾银环	山西平定	1985.6—1987.9

续表 -15-8

职务	姓名	籍贯	任职时间
常委	李同林	山西洪洞	1983.8 — 1987.9
	路正西	河南博爱	1983.12—1987.9
	刘芝田	山西平定	1984.5 — 1985.6
	光　敏	山西平定	1985.2 — 1987.9
	马存义	山西大同	1985.6 — 1987.9
	刘文芳	山西长治	1985.6 — 1987.9
	薄应贤	山西五台	1985.6—1987.9
	郄东臣	河北阜平	1986.5 — 1987.9
	石浒龙	山西定襄	1986.12 — 1987.9

1987 年 9 月至 1992 年 7 月中共阳泉市委领导人名表
（中共阳泉市第六次代表大会期间）

表 -15-9

职务	姓名	籍贯	任职时间
书记	路正西	河南博爱	1987.9—1988.2
	光　敏	山西平定	1988.2—1990.11
	侯伍杰	山西盂县	1990.11—1992.7
副书记	光　敏	山西平定	1987.9—1988.1
	薄应贤	山西五台	1987.9—1992.7
	贾银环	山西平定	1987.9—1992.1
	李天瑞	山西平定	1988.2—1990.2
	梁志祥	河北井陉	1990.12—1992.7
	吴锦文	山西长治	1992.3—1992.7

续表 -15-9

职 务	姓 名	籍 贯	任职时间
常 委	路正西	河南博爱	1987.10—1988.2
	光 敏	山西平定	1987.10—1990.11
	薄应贤	山西五台	1987.10—1992.7
	贾银环	山西平定	1987.10—1992.2
	马存义	山西大同	1987.10—1990.2
	刘文芳	山西长治	1987.10—1992.5
	石浒龙	山西定襄	1987.10—1990.9
	郄东臣	河北阜平	1987.10—1990.12
	李天瑞	山西平定	1988.2—1990.2
	白 善	山西广灵	1988.5—1992.7
	张昌和	山西灵丘	1990.2—1992.7
	侯伍杰	山西盂县	1990.11—1992.7
	张俊华	山西芮城	1990.11—1992.7
	张银芳	山西原平	1990.12—1992.7
	梁志祥	河北井陉	1990.12—1992.7
	吴锦文	山西长治	1992.3—1992.7

1992年7月至1997年12月中共阳泉市委领导人名表
（中共阳泉市第七次代表大会期间）

表-15-10

职务	姓名	籍贯	任职时间
书记	侯伍杰	山西盂县	1992.7—1995.12
	田霍卿	山西沁水	1995.12—1997.12
副书记	薄应贤	山西五台	1992.7—1995.12
	吴锦文	山西长治	1992.7—1994.11
	梁志祥	河北井陉	1992.7—1994.11
	张昌和	山西灵丘	1995.1—1995.7
	郭良孝	山西孝义	1995.1—1997.12
	张俊华	山西芮城	1995.7—1997.12
	魏德卿	山西平定	1995.7—1997.12
	丁贵生	山西壶关	1996.4—1997.12
常委	侯伍杰	山西盂县	1992.7—1995.12
	薄应贤	山西五台	1992.7—1995.12
	吴锦文	山西长治	1992.7—1994.11
	梁志祥	河北井陉	1992.7—1994.11
	张昌和	山西灵丘	1992.7—1995.7
	张俊华	山西芮城	1992.7—1997.12
	卫克兴	山西永济	1992.7—1997.12
	张银芳	山西原平	1992.7—1993.3
	白　善	山西广灵	1992.7—1995.1
	赵迪南	山西清徐	1993.3—1995.11
	魏树军	河北任丘	1993.3—1997.4
	郭良孝	山西孝义	1995.1—1997.12
	王克恭	山西平定	1995.1—1997.12
	刘高官	山西山阴	1995.1—1997.12
	魏德卿	山西平定	1995.7—1997.12
	宋林岭	山西平遥	1995.11—1997.12

续表 -15-10

职 务	姓 名	籍 贯	任职时间
常 委	田霍卿	山西沁水	1995.12—1997.12
	丁贵生	山西壶关	1996.4—1997.12
	张 诚	河北怀安	1996.4—1997.12
	冯岳南	山西河津	1996.4—1997.12
	王亦农	河北定兴	1996.7—1997.12
	杨金永	吉林舒兰	1996.8—1997.12 挂职
	杨秋元	河南林州	1997.4—1997.12

1997 年 12 月至 2001 年 8 月中共阳泉市委领导人名表
（中共阳泉市第八次代表大会期间）

表 -15-11

职 务	姓 名	籍 贯	任职时间
书 记	田霍卿	山西沁水	1997.12—2000.2
	程步云	山西河曲	2000.2—2001.8
副书记	魏德卿	山西平定	1997.12—1998.4
	郭良孝	山西孝义	1997.12—2001.8
	李天太	河北武安	2001.8—2001.8
	丁贵生	山西壶关	1997.12—2000.4
	孙水生	山西绛县	1998.4—2001.8
	郈爱国	山西黎城	2000.9—2001.8
	刘高官	山西山阴	2000.6—2001.8
常 委	田霍卿	山西沁水	1997.12—2000.2
	魏德卿	山西平定	1997.12—1998.4

续表-15-11

职务	姓名	籍贯	任职时间
常委	郭良孝	山西孝义	1997.12—2001.8
	丁贵生	山西壶关	1997.12—2000.4
	宋林岭	山西平遥	1997.12—2001.8
	卫克兴	山西永济	1997.12—2000.11
	王克恭	山西平定	1997.12—2000.9
	刘高官	山西山阴	1997.12—2001.8
	张 诚	河北怀安	1997.12—1998.4
	冯岳南	山西河津	1997.12—2001.8
	王亦农	河北定兴	1997.12—2001.8
	杨秋元	河南林州	1997.12—1999.2
	段永章	阳泉郊区	1997.12—2001.8
	杨金永	吉林舒兰	1997.12—1999.2 挂职
	孙水生	山西绛县	1998.4—2001.8
	弓计来	山西原平	1999.2—2000.11
	程步云	山西河曲	2000.2—2001.8
	郜爱国	山西黎城	2000.9—2001.8
	王舰民	山西榆社	2000.6—2001.8
	林玉平	山西寿阳	2000.9—2001.8
	王建欣	河北定州	2000.11—2001.8

2001年8月至2006年8月中共阳泉市委领导人名表
（中共阳泉市第九次代表大会期间）

表-15-12

职务	姓名	籍贯	任职时间
书记	程步云	山西河曲	2001.8—2006.2
	谢　海	山西繁峙	2006.2—2006.8
副书记	郭良孝	山西孝义	2001.8—2003.6
	李天太	河北武安	2001.8—2006.2
	孙水生	山西绛县	2001.8—2006.8
	郜爱国	山西黎城	2001.8—2006.8
	刘高官	山西山阴	2001.8—2006.8
	林玉平	山西寿阳	2003.1—2006.8
	谢　海	山西繁峙	2003.6—2006.2
	白　云（女）	山西五台	2006.2—2006.8
常委	程步云	山西河曲	2001.8—2006.2
	郭良孝	山西孝义	2001.8—2003.6
	李天太	河北武安	2001.8—2006.2
	孙水生	山西绛县	2001.8—2006.8
	郜爱国	山西黎城	2001.8—2006.8
	刘高官	山西山阴	2001.8—2006.8
	王舰民	山西榆社	2001.8—2006.8
	段永章	阳泉郊区	2001.8—2006.8
	王建欣	河北定州	2001.8—2002.2
	郭忠实	山西山阴	2001.8—2006.8
	宋林岭	山西平遥	2001.8—2002.6

续表 -15-12

职 务	姓 名	籍 贯	任职时间
常 委	林玉平	山西寿阳	2001.8—2006.8
	董　岩	黑龙江宾县	2002.2—2006.8
	尹春生	湖北鄂州	2002.2—2003.12
	高全怀	阳泉郊区	2002.6—2006.8
	谢　海	山西繁峙	2003.6—2006.8
	范谦家	山西万荣	2003.12—2006.8
	白　云（女）	山西五台	2006.2—2006.8

2006 年 9 月至 2010 年 12 月中共阳泉市委领导人名表
（中共阳泉市第十次代表大会届期未满）

表 -15-13

职 务	姓 名	籍 贯	任职时间
书 记	谢　海	山西繁峙	2006.9—2009.3
	白　云（女）	山西五台	2009.4—
副书记	白　云（女）	山西五台	2006.9—2009.3
	郜爱国	山西黎城	2006.9—
	林玉平	山西寿阳	2006.9—2008.8
	李栋梁	山西左云	2009.3—
常 委	谢　海	山西繁峙	2006.9—2009.3
	白　云（女）	山西五台	2006.9—
	郜爱国	山西黎城	2006.9—
	林玉平	山西寿阳	2006.9—2008.8

续表 -15-13

职 务	姓 名	籍 贯	任职时间
常 委	王舰民	山西榆社	2006.9—
	樊盛武	山西晋城	2006.9—
	陈继光	山西平定	2006.9—
	高全怀	阳泉郊区	2006.9—2010.11
	王旭明	山西临县	2006.9—
	范谦家	山西万荣	2006.9—2008.3
	宋师璇	山西介休	2006.9—
	杨永生	山西临猗	2006.9—
	方庆灵	河北滦南	2008.3—
	王 民	山西蒲县	2008.8—
	李栋梁	山西左云	2009.3—

二、工作机构

中共阳泉市委建立初期设置的工作机构有组织部、宣传部、社会部、城工部、秘书室、研究室、公营工矿党务委员会。

民国38年（1949）9月中共阳泉市委改为中共阳泉工矿区委，常设机构有组织部、宣传部、社会部、秘书办公室、研究室、公营厂矿党委、统一战线工作部、纪律检查委员会、职工报社。

1952年3月恢复阳泉市建置后，中共阳泉市委常设的工作机构有秘书处、办公室（一度为书记处办公室）、组织部、宣传部、统一战线工作部、纪律检查委员会（一度为监察委员会）、市直属机关党委会、党校、报社。以后又陆续增设下列常设工作机构：调查研究室、视察室、农村工作部（后改为农村政治部）、农村工作委员会（与农工部合署办公）、工业部（一度改为国营工业部、工交政治部）、地方工业部、公社工业部、基本建设工业部、财贸部（后改为财贸政治部）、文教部、城市工作委员会（一度改为城市街道办公室）。以后又经过多次变动，至“文化大革命”前，常设机构有秘书处、办公室、视察室、组织部、宣传部、统战部、财贸政治部、农村政治部、工交政治部、监察委员会、城工委、党校、市级机关党委、报社。

“文化大革命”期间，于1967年4月成立中共阳泉市核心小组，设有办公室、学习毛主席著作办公室、组织组、资料组、专案组、机要组、联合接待室等工作部门。1968年1月，中共阳泉市核心小组经过调整后，其工作机构仅为办公室。1968年9月，阳泉市革命委员会成立后，中共阳泉市核心小组与市革命委员会合署办公，实行“一元化”领导，其机构设置有办事组、政工组、保卫组、生产组、报社。1971年1月中共阳泉市委成立，其机构仍为办事组、政工组、保卫组、生产组。1972年12月办事组改为秘书处，政工组改为政治部，保卫组改为保卫部。1975年7月政治部撤销，成立组织部、宣传部、文教部、统战部、工交建政治部、财贸政治部、农村政治部，同时还设置有中共阳泉市革命委员会机关委员会（后改为中共阳泉市直属委员会）和阳泉报社。

1976年10月粉碎江青反革命集团，中共阳泉市委的工作机构大体上仍沿袭党政合一的体制。1977年4月市委党校恢复。1978年5月，工交建政治部分设为工交政治部、基本建设政治部。1980年4月成立纪律检查委员会筹备组。同年6月，农村政治部改为农村工作部。同年8月，撤销工交政治部、财贸政治部、基本建设政治部，设立工业交通工作部、基本建设工作部和财政贸易工作部，并成立文教部。

从1981年起，市委本着“党政分开、精简机构”的原则，对工作机构逐步进行调整。至1990年，市委常设工作机构有办公厅、组织部、宣传部、统战部、农村工作部、政法委员会、政策研究室、老干部局、市直机关党委、党校、党史研究室、企业政治部、市国家保密工作局、对台工作办公室、阳泉日报社、接待处。1996年全市党政机构改革中，对党委和政府重复设置、职能交叉、业务相近的机构进行撤销、合并，改革后市委工作部门为8个，即办公室（挂市委对台工作领导小组办公室、市接待办公室牌子）、组织部、宣传部、统一战线工作部、政法委员会（与社会治安综合治理委员会办公室一个机构、两块牌子）、政策研究室、直属机关工作委员会、农村工作领导小组办公室（挂市委农村工作委员会和市政府农业委员会牌子）。

2001年市级党政机构改革中，设置纪律检查委员会（监察委员会与其合署办公）；市委设工作部门8个，即办公厅、组织部、宣传部、统一战线工作部、政法委员会（社会治安综合治理委员会办公室与其合署办公）、政策研究室、机构编制委员会办公室和直属机关工作委员会；设2个部门管理机构，市委市政府信访局由办公厅管理，老干部局由组织部管理。2002年，根据工作需要单独设置市委防范和处理邪教问题领导小组办公室。2004年单独设置市委台湾工作办公室（市人民政府台湾事务办公室）。至2010年未变化。

三、下属组织

中共阳泉市委成立初期，下设中共阳泉市一区、二区、三区3个区委。至民国38年（1949）6月，全市有基层支部124个。民国38年9月改为中共阳泉工矿区委后，下设中共阳泉工矿区一区、二区、三区、四区、五区、六区共6个区委。1952年3月，中共阳泉市委恢复后下设中共阳泉市一区、二区、三区3个区委。之后，随着区划调整，所属党组织亦多次变化。1952年至1966年期间，10个省营以上企业单位设立有党委，5个中等以上学校和4个医疗卫生事业单位都设有总支或支部。同时，市委为加强对市级行政机关和群众团体的领导，在市直单位中，先后建立党组39个、党委14个、直属总支1个、直属支部1个。

1949年10月至1966年5月阳泉市中国共产党组织统计表

表-15-14　　单位：个、人

年份	市委	县（区）委	党委	总支	支部	党员
1949	1	6	1	—	124	4246
1950	1	3	10	—	149	3864
1951	1	3	10	10	151	4031
1952	1	3	2	17	168	4747
1953	1	2	2	30	203	6825
1954	1	2	4	41	460	8073
1955	1	2	6	50	320	9332
1956	1	2	18	110	748	11946
1957	1	2	18	110	748	11946
1958	1	3	—	—	—	—
1959	1	1	35	68	—	—
1960	1	1	57	110	1186	16135
1961	1	1	34	87	761	15801
1962	1	—	30	58	709	14646
1963	1	2	38	58	724	15788

续表-15-14

年份	市委	县（区）委	党委	总支	支部	党员
1964	1	2	40	59	714	14950
1965	1	2	37	52	741	15185
1966	1	2	—	—	—	—

说明：1960年包括平定县，有的年度未包括国营企业

1966年“文化大革命”开始后，党组织多数瘫痪。1970年12月，中共阳泉市第五次代表大会召开，选举产生中共阳泉市委员会，党组织活动趋于正常。月内，中共阳泉市矿区委员会成立，实行与阳泉矿务局政企合一的体制。1971年3月中共阳泉市城区委员会成立。1971年5月中共阳泉市郊区委员会成立。

1971年至1976年10月阳泉市中国共产党组织统计表

表-15-15　　单位：个、人

年份	市委	县（区）委	党委	党组	总支	支部	党员
1971	1	2	46	1	62	922	19049
1972	1	3	36	17	78	1032	21942
1973	1	3	38	18	91	1165	22531
1974	1	3	41	19	98	1252	25458
1975	1	3	41	19	99	1280	26668
1976	1	3	43	19	103	1382	28596

1980年1月，矿区从政企合一体制中分设出来单独建置，1981年2月组成中共阳泉市矿区委员会。1983年9月实行市管县的体制，中共平定县委和中共盂县县委划归中共阳泉市委领导。从此，中共阳泉市委之下有中共平定县委和中共盂县县委2个县委，以及城区、矿区、郊区3个区委。1984年，撤销人民公社建置，恢复乡、镇、村建置；随之，乡、镇、村分别设立相应的党委、总支、支部。

1976年10月至1990年12月阳泉市中国共产党组织统计表

表-15-16　　　　单位：个、人

年份	市委	县（区）委	党委	党组	总支	支部	党员
1976	1	3	43	19	103	1382	28596
1977	1	3	37	26	108	1423	29045
1978	1	3	24	2	107	1446	29559
1979	1	3	25	3	114	1463	29542
1980	1	3	10	—	85	839	30574
1981	1	3	10	—	85	839	30574
1982	1	3	24	32	169	1698	30856
1983	1	5	129	39	160	3416	56213
1984	1	5	129	39	160	3416	56213
1985	1	5	133	61	113	3192	57482
1986	1	5	145	63	189	3570	61238
1987	1	5	149	66	209	3671	63706
1988	1	5	155	66	212	3807	64657
1989	1	5	157	66	215	3914	65664
1990	1	5	170	67	244	4140	67097

说明：1982年前数据不包括平定县、盂县

1995年3月，中国共产党阳泉市经济技术开发区工作委员会组建。1995年9月5日，中共阳泉市直属机关工作委员会设立。2001年，原贸易局党委更名为商业集团公司党委、原二轻总会党委更名为城镇集体工业联合社党委。同年，中国共产党阳泉市直属企业工作委员会、中国共产党阳泉市直属教育工作委员会和中国共产党阳泉市直属建设工作委员会成立。至此，中共阳泉市委直接管理41个党委（工委），后来根据工作需要进行了多次调整。2004年4月9日，全市街道办事处党委改建为街道办事处党的工作委员会。2004年5月28日，市政府国资委党委成立，市委直接管理的党（工）委数量变为33个。

1991 年 1 月至 2010 年 12 月阳泉市中国共产党组织统计表

表 -15-17　　　　单位：个、人

年份	市委	县（区）委	党委	总支	支部	党员
1991	1	5	172	213	4146	68762
1992	1	5	174	240	4263	70321
1993	1	5	186	262	4267	71740
1994	1	5	186	285	4411	74416
1995	1	5	186	313	4457	76615
1996	1	5	192	309	4571	79226
1997	1	5	193	311	4580	81354
1998	1	5	198	349	4674	82997
1999	1	5	201	359	4627	84748
2000	1	5	180	371	4613	86800
2001	1	5	163	365	4404	87367
2002	1	5	168	377	4421	88810
2003	1	5	173	397	4569	89924
2004	1	5	163	385	4490	91476
2005	1	5	170	381	4546	93028
2006	1	5	167	393	4475	94996
2007	1	5	175	392	4571	97811
2008	1	5	174	390	4697	99986
2009	1	5	183	404	4861	102506
2010	1	5	182	425	4908	104753

第二章 党的代表大会

第一节 代表构成

1949年11月至1952年7月，阳泉工矿区召开过四次中国共产党全区代表会议，代表构成不详。

中国共产党阳泉市第一次代表大会（1955年1月7日至13日）的正式代表118名，代表构成不详。

中国共产党阳泉市第二次代表大会（1957年7月23日至8月1日）的正式代表182名。其中，党务机关21名，政法部门19名，农村及农业社31名，工会、共青团、妇联会8名，财经贸易部门13名，工业管理部门和工业企业60名，文教、卫生部门2名，军队2名，基本建设部门15名，交通邮电部门2名，手工业部门4名，街道5名。其中，妇女代表11名，青年8名，工程技术人员3名，有工业劳模4名、农业和手工业劳模6名、先进工作者10名。

中国共产党阳泉市第三次代表大会（1959年9月16日至22日）的正式代表396名。其中，党务机关25名，政法部门28名，人民公社147名，工会、青年团、妇联会6名，财经贸易部门10名，工业管理部门和工业企业146名，文教、卫生部门6名，军队3名，基本建设部门6名，交通邮电部门10名，手工业部门2名，街道7名。其中，妇女代表49名，青年22名，工程技术人员10名，有工业劳模15名、农业劳模6名、先进工作者50名。

中国共产党阳泉市第四次代表大会（1964年8月26日至30日）的正式代表301名。其中，党务机关26名，政法部门20名，人民公社62名，工会、共青团、妇联会5名，工业、交通、邮电部门143名，基本建设部门4名，手工业部门9名，财贸、粮食、供销等部门18名，文教、卫生部门8名，军队3名，街道3名。其中，妇女代表22名，青年10名，工程技术人员6名。

中国共产党阳泉市第五次代表大会（1970年12月28日至30日）的正式代表674名。其中，工农兵党员代表520名，占代表总数的77%；妇女代表119名，占代表总数的17.6%。大会代表都是全市各条战线上的优秀党员。

中国共产党阳泉市第六次代表大会（1987年9月11日至15日）的正式代表350名。其中，科级以上领导干部代表234名、各类专业技术人员62名、先进模范人物46名、解放军和武警部队代表7名、台湾籍党员1名；大专以上文化程度的91名、中专46名、高中44名、初中129名、小学40名。其中，妇女代表63名，少数民族代表6名，50岁以下的代表234名。

中国共产党阳泉市第七次代表大会（1992年7月16日至19日）的正式代表382名。其中，受到各级表彰奖励的174名，占代表总数45%；各级领导干部代表247名、各类专业技术人员68名、各条战线的先进模范人物59名、解放军和武警部队8名。其中，妇女代表73名，50岁以下的代表239名，大专以上文化程度的代表173名。解放战争时期及中华人民共和国成立后各个时期入党的党员都有适当数量的代表。此外，六届市委根据有关规定精神，建议请1937年7月6日以前入党的4名老党员和曾担任过正市级职务、党的关系仍在阳泉市的4名领导干部作为市七次党代会的特邀代表，享有大会正式代表的权利。

中国共产党阳泉市第八次代表大会（1997年12月24日至26日）的正式代表388名。其中，各级领导干部代表258名、各类专业技术人员75名、各条战线的先进模范人物47名、解放军和武警部队8名。其中，妇女代表63名，少数民族代表4名，50岁以下的代表249名，大专以上文化程度的代表262名。中华人民共和国成立后各个时期入党的党员都有适当数量的代表。

中国共产党阳泉市第九次代表大会（2001年8月23日至25日）的正式代表388名。其中，各级领导干部代表260名，各类专业技术人员71名，各方面先进模范人物代表48名，解放军、武警、预备役部队代表9名；大专以上文化程度代表316名，高中、中专45名，初中以下27名；中华人民共和国成立后至“文化大革命”前入党的12名、“文化大革命”中入党的129名、1976年10月后入党的247名。其中，妇女代表76名，少数民族代表4名，50岁以下的代表271名。

中国共产党阳泉市第十次代表大会（2006年8月30日至9月2日）的正式代表438名。其中，各级领导干部代表290名，各类专业技术人员73名，各条战线先进模范人物代表66名，解放军、武警、预备役部队代表9名；研究生文化程度的22名、大学229名、大专138名、高中和中专34名、初中15名；中华人民共和国成立后至“文化大革命”前入党的1名、“文化大革命”中入党的98名、1976年10月后入党的339名。其中，妇女代表88名，少数民族代表3名，50岁以下的代表300名。

第二节 历届大会

中共阳泉工矿区第一次代表会议　1949年11月召开（日期不详）。会议听取了中共阳泉工矿区委《关于全区总方针及今后半年工作的报告》，通过《进一步深入贯彻党的政策，克服困难，为全面完成半年工作任务而努力》的决议。

中共阳泉工矿区第二次代表会议　1950年3月20日至24日召开，出席会议的代表94人。会议听取了中共阳泉工矿区委关于《四个月的工作报告》《1950年工作方针与任务的报告》和《关于继续提高党内的政治思想水平的报告》，讨论了关于在城市开展民主改革运动的问题，检讨了中华人民共和国成立后封建把头制度还继续存在的原因，制定了废除把头制的工作方针与政策，并通过相应决议。

中共阳泉工矿区第三次代表会议　1951年3月15日至19日召开。会议主要是传达贯彻中共山西省代表会议精神，集中讨论了合作贸易、物资交流，工厂管理、工会工作，加强反美爱国思想教育，镇压反革命、整顿民兵武器，以及建党工作共5个方面的问题。

中共阳泉市第四次代表会议　1952年7月5日至8日召开，出席会议的代表107人。会议审议了市委《关于“三反”“五反”运动总结报告》《关于为全面开展爱国增产节约竞赛运动，完成国家工农业生产计划，并增产节约1000亿元而奋斗》的报告，通过关于《中共阳泉市第四次党员代表会议决议》。

中共阳泉市第一次代表大会　1955年1月7日至13日召开，出席会议的正式代表118人，列席代表13人。会议听取并审议了《市委两年零六个月的工作总结和今后工作任务的报告》，讨论通过《关于两年零六个月的工作总结和今后工作任务的报告的决议》《关于加强党的组织建设与思想工作的决议》《关于接受李桂林事件的教训，加强全党的政策原则与组织原则教育，向潜藏在党内及国家企业机关中的坏分子作坚决斗争的决议》。会上选举产生新一届市委组成人员，李玉田当选市委书记，陈子万、刘敏为副书记。同时，还选举产生出席中共山西省第一次代表大会的代表12人。

第一次代表大会期间，曾举行过3次代表会议。第一次于1955年10月8日至13日召开。

主要议题：听取市委关于《提高警觉，坚决地克服忽视政治倾向，认真加强党的政治思想工作》的报告；通过《关于进一步深入开展全面节约和反对浪费运动的决议》《中国共产党阳泉市第一次代表会议决议》；选举产生由7名委员组成的中共阳泉市监察委员会，刘敏兼任书记。第二次于1956年4月17日至19日召开。主要议题：听取市委《第一季度工作总结报告》；讨论《关于进一步开展先进生产者运动的计划》《关于农业社会主义劳动竞赛的计划》《关于1956年至1957年知识分子工作纲要》；通过《进一步开展先进生产者运动的决议》。第三次于1956年7月9日至10日召开。主要议题：听取并审议市委关于《1956年上半年工业、建筑业、交通运输业工作总结和下半年工作安排报告》《1956年上半年财政贸易工作总结报告》；通过《关于对市委1956年前半年工作总结及后半年工作安排意见的决议》；补选出席中共山西省第一次代表大会的正式代表2人和候补代表2人。

中共阳泉市第二次代表大会　1957年7月23日至8月1日召开，出席会议的代表182人，市人民委员会中的非共产党员委员以及市政协常委共15人应邀参加大会。大会审议了市委《两年来的工作基本总结与今后任务》的报告，通过《中国共产党阳泉市第二次代表大会决议》和《关于撤销站上、荫营两区建制，设立郊区委员会的决议》。选举产生新一届市委组成人员，李玉田当选市委第一书记，谢子和为第二书记，刘敏、陈子万为副书记。同时，还选举产生中共阳泉市委监察委员会委员14人，刘敏兼任书记。

中共阳泉市第三次代表大会　1959年9月16日至22日召开，出席会议的代表396人。市级机关和工业、财贸、文教系统，以及人民公社的党员领导干部350人列席会议。大会听取了关于中共中央八届八中全会精神的传达；审议了市委的工作报告，通过《关于当前形势和今后任务的报告的决议》《关于开展整风运动的决议》和《关于继续反右倾、鼓干劲，开展增产节约运动，为提前和超额完成1959年国民经济计划的决议》。大会选举产生新一届市委组成人员，李玉田当选市委第一书记，陈子万、郭存华、刘敏、王文如、王定谟为市委书记处书记。同时，选举产生中共阳泉市委监察委员会委员17人，刘敏兼任书记。大会还选举产生出席中共山西省第二次代表大会的代表23人和候补代表5人。

中共阳泉市第四次代表大会　1964年8月26日至30日召开，出席会议的正式代表301人，列席代表98人。大会审议了市委关于《高举毛泽东思想红旗，在阶级斗争、生产斗争和科学实验三项伟大革命运动中奋勇前进》的报告以及《市监察委员会工作报告》，通过《关于市委、监委工作报告的决议》《关于大学解放军，加强政治思想工作建设的决议》。选举产生新一届市委组成人员，郭星来当选市委书记，刘敏、王定谟为副书记。选举产生市委监察委员会委员

11人，张德本为书记。大会还选举产生出席中共山西省第三次代表大会的代表16人和候补代表3人。

中共阳泉市第五次代表大会　1970年12月28日至30日召开，出席会议的正式代表674人，列席代表56人。大会听取了中共阳泉市革命委员会核心小组关于《一切围绕红太阳转，紧跟毛主席干革命》的工作报告。选举产生新一届市委组成人员，周云涛当选市委书记，王植彬、李好山为副书记。

第五次代表大会期间，召开过2次代表会议。第一次于1978年2月2日召开，选举产生出席中共山西省第四次代表大会的代表，计37人。第二次于1985年6月10日召开，选举出席中共山西省第五次代表大会的代表，计正式代表32人，候补代表3人。

中共阳泉市第六次代表大会　1987年9月11日至15日召开，出席会议的代表350人。会议听取了市委关于《加强党的建设，加快改革步伐，为我市的社会主义现代化建设而努力奋斗》的报告和《关于阳泉市国民经济和社会发展第七个五年计划及2000年设想纲要（草案）的说明》，以及市纪律检查委员会关于《加强党性教育，严肃党的纪律，努力做好端正党风的工作》的报告。大会通过《关于中共阳泉市第五届委员会工作报告的决议》《关于阳泉市国民经济和社会发展第七个五年计划及2000年设想纲要的决议》，以及《关于中共阳泉市纪律检查委员会工作报告的决议》。选举产生新一届市委组成人员，路正西当选市委书记，光敏、薄应贤、贾银环当选副书记。还选举产生市纪律检查委员会委员19人，石浒龙为书记。

中共阳泉市第七次代表大会　1992年7月16日至19日召开，会议出席代表382人，特邀代表8人，列席代表44人。会议听取了市委关于《全面贯彻执行党的基本路线，为阳泉经济跃上新台阶而努力奋斗》的报告和市纪律检查委员会关于《坚持党的基本路线，加强党风廉政建设，为加快我市经济发展作出新贡献》的工作报告。大会讨论通过《中国共产党阳泉市第七次代表大会关于中共阳泉市第六届委员会报告的决议》《中国共产党阳泉市第七次代表大会关于中共阳泉市纪律检查委员会工作报告的决议》。选举产生中共阳泉市第七届委员会和中共阳泉市纪律检查委员会。选举出中共阳泉市第七届委员会委员32人、候补委员5人。

中共阳泉市委七届一次全体会议选举产生新一届市委组成人员，侯伍杰当选书记，薄应贤、吴锦文、梁志祥为副书记。

中共阳泉市第八次代表大会　1997年12月24日至26日召开，会议出席代表388人，特邀代表1人，党内有关负责人、原市级党员领导干部及来宾106人列席大会。会议听取了市委关于《高举邓小平理论伟大旗帜，为在世纪之交实现“三个目标”而努力奋斗》的报告和市纪律检查委员会关于《坚持从严治党，坚决惩治腐败，为我市在世纪之交实现“三个目标”作出新贡献》的工作报告。大会讨论通过《中国共产党阳泉市第八次代表大会关于中共阳泉市第七届委员会工作报告的决议》《中国共产党阳泉市第八次代表大会关于中共阳泉市纪律检查委员会工作报告的决议》。选举产生中共阳泉市第八届委员会委员 33 人、候补委员 7 人，选举产生中共阳泉市纪律检查委员会。

中共阳泉市委八届一次全体会议选举产生新一届市委组成人员，田霍卿当选书记，魏德卿、郭良孝、丁贵生为副书记。

中共阳泉市第九次代表大会　2001 年 8 月 23 日至 25 日召开。会议出席代表 388 人，有关党内负责人、原市级党员领导干部及来宾 118 人列席大会。会议听取了市委关于《认真实践“三个代表”重要思想，为全面实现赶超发展战略目标而努力奋斗》的报告和市纪律检查委员会关于《按照“三个代表”的要求严肃党的纪律，为实现赶超发展战略目标提供保证》的工作报告。大会讨论通过《中国共产党阳泉市第九次代表大会关于中共阳泉市第八届委员会工作报告的决议》《中国共产党阳泉市第九次代表大会关于中共阳泉市纪律检查委员会工作报告的决议》，选举产生中共阳泉市第九届委员会和中共阳泉市纪律检查委员会。选举出中共阳泉市第九届委员会委员 33 人、候补委员 7 人。

中共阳泉市委九届一次全体会议选举产生新一届市委组成人员，程步云当选书记，郭良孝、李天太、孙水生、郃爱国、刘高官为副书记。

中共阳泉市第十次代表大会　2006 年 8 月 30 日至 9 月 2 日召开，会议出席代表 438 人，有关党内负责人、原市级党员领导干部及来宾 117 人列席大会。会议听取了市委关于《坚持科学发展，致力强市富民，为在全省争先发展，在中部同等城市率先崛起而努力奋斗》的报告和市纪律检查委员会关于《履行纪检监察职能，营造风清气正环境，为我市“争先发展、率先崛起”提供政治保证》的工作报告。大会讨论通过《中国共产党阳泉市第十次代表大会关于中共阳泉市第九届委员会工作报告的决议》《中国共产党阳泉市第十次代表大会关于中共阳泉市纪律检查委员会工作报告的决议》，选举产生中共阳泉市第十届委员会和中共阳泉市纪律检查委员会。选举出中共阳泉市第十届委员会委员 37 人、候补委员 7 人。选举出阳泉市出席中共山西省第九次代表大会代表 29 人。

中共阳泉市委十届一次全体会议选举产生新一届市委组成人员，谢海当选书记，白云（女）、郃爱国、林玉平为副书记。

第三章 重大决策

建市60多年来，历届中共阳泉市委在省委的领导下，认真贯彻落实党中央的路线、方针和政策，紧密结合阳泉资源型城市实际和党在各个阶段的中心任务，立足于推动阳泉经济社会又好又快发展和社会政治稳定，深入调研，集思广益，作出一系列重大决策，影响深远。

保护私营工商业

民国36年（1947）5月阳泉解放建市时，境外的许多地方还未解放，位于东西两头的石家庄、榆次、太原等城市尚处在国民党的重兵防守之下，随时都有遭敌袭击之虞。加之日本侵略者和阎锡山官僚资本家的无情掠夺，阳泉市的矿山工厂几乎全部停产，工人多数失业流散，市场一片萧条。面对这种形势，如何稳定民心，迅速恢复生产，缓解群众生活困难，严防阎军来袭，便成为新建市委的当务之急。而其时，全国土地改革正值高潮，阳泉周边一些农村的土改运动也如火如荼地开展起来。由于受“左”的思想指导，土改中一度曾出现侵犯中农利益、不给富农经济出路、不给地主生活出路，以及乱分工商业物资、搞唯成分论、“搬石头”等问题，使本来就很困难的局势变得更为严峻。为此，市委经过研究作出决策：一方面加强宣传攻势，组织生产自救，尽力恢复生产；另一方面从阳泉农村地少人多，历史上向有采煤、冶铁传统和经营手工业（其民族工商业中有中农，有富农，也有少数地主）的实际出发，制定了相应政策。

民国37年（1948）3月作出关于保护工商业发展的决定。市委、市政府联合发布公告，主要内容如下：第一，只没收日伪、国民党官僚资本经营的工商业，对民族资本经营的工商业，不论其规模大小、资本多少，一律加以保护，任何人不得侵犯。农村贫雇农和城市工人、贫民不得强拿私分工商户的财物。第二，允许工商业户雇佣工人、店员，按照劳资两利的原则，双方协商工资待遇。原已雇佣的工人、店员，不经工会批准，不得解雇。第三，允许工商业主在经营中取得合理的利润。第四，鼓励工商业户从外地购进军需民用物资，销售阳泉的土特产品。第五，工商业户不得囤积居奇，不准哄抬物价，违犯者严惩。同年10月，作出阳泉市郊区农村划分阶级成分的决定，并报请中共中央华北局批准执行。决定规定，对以经营手工业为主兼营农业的富农，只没收其多余的土地，不没收其手工业生产资料；本人同样参加劳动的，可以不定为富农分子，而定为手工业生产者。对雇工经营工矿业、手工业的地主，允许其继续经营，只没收其土地。同时，市政府还颁布《禁止破坏煤矿暂行办法》和《登记煤矿临时办法》，对国营、公私合营、私营及工人合作经营的不同类型的煤矿，采取不同的措施强化管理，从而保护了合法开采者的利益，体现了公私兼顾、劳资两利的政策。

由于采取上述政策和措施，不仅避免了土地改革中发生大的偏差，安定了人心，而且使工矿手工业、商业迅速得到恢复和发展，市场更加繁荣。同时，也为新解放城市的管理工作提供了经验。

废除封建把头制度

阳泉建市后，官僚资本主义企业被没收改造为国营企业，一些极端粗暴的压迫工人的管理制度被废弃。但仍有一些封建的残余制度未得到彻底的清理和改革，把头制度就是其中之一。阳泉煤矿在保晋公司时期就实行把头制度，一直延续了几十年。解放后，各矿在生产组织上虽改为以大组长为首的包件工务制度，其实质却并未改变，依旧是企业把产量和工资都承包给大组长，大组长雇佣工人进行生产。工人只对大组长，与企业不发生关系。所以大组长仍然对工人进行政治控制和经济剥削，只不过是名目由“把头”更换为“大组长”而已。

民国38年（1949）9月，华北煤矿管理总局就提出要在煤矿废除把头，由工人自己管理生产的要求。但是中共阳泉工矿区委和阳泉煤矿领导却错误地认为阳泉煤矿不存在把头制，大组长的剥削和贪污行为只是个别现象，因此没有采取有力措施解决这一问题。1950年3月21日《人民日报》发表题为《阳泉国营煤矿存在严重问题，封建把头剥削工人，生产计划屡遭失败》的调查报告。同日，燃料工业部发出《关于全国各煤矿废除把头制的通令》。同月24日，政务院又通过《关于废除各地搬运事业中封建把头制度暂行处理办法》。引起工矿区委的高度重视，立即召开工矿区党员代表会议，就城市开展民主改革运动的问题进行集中讨论。会上，工矿区委对于中华人民共和国成立后封建把头制度还继续存在的原因，从思想上、工作上进行深刻检讨，并就彻底废除把头制度、开展民主改革运动进行讨论，在此基础上通过相应决议。紧接着，工矿区委发出《关于公营煤矿废除把头制的指示》，决定首先在阳泉矿务局开展这一运动。经过一个多月的组织发动，全局共揭露出把头174名，按照政策规定，除罪大恶极者依法惩办外，其余都根据其罪行和悔改表现，分别给予行政处理。与此同时，经过民主选举，从工人中选出60多人担任各级领导职务。局、矿两级还选举产生管理委员会，实行民主管理。之后，在市区地方国营和私营煤矿以及人力搬运等行业中，也陆续开展了废除封建把头制度的工作。到1950年，阳泉市区内沿袭半个多世纪的封建把头制度得以彻底废除。

因地制宜贯彻“八字”方针

1958年至1960年“大跃进”中，阳泉的工业生产过度扩张，导致境内国民经济严重失调。从1961年起，市委贯彻党中央制定的“调整、巩固、充实、提高”八字方针，停建许多基建工程项目，对一些地方企业实行关、停、并、转，同时精减压缩大批职工。在“大跃进”中新建的厂矿企业都被关停，而且一些老厂也被关停，使地方工业只剩下几个煤矿、硫铁矿和一些手工业企业，留下的职工比“大跃进”前的1957年还要少。面对如此状况，一个十分重要的问题摆在市委面前：阳泉的地方工业还能不能发展？应如何发展？市委批评了悲观失望的情绪，批评了停滞不前、无所作为的观点，提出正确领会上级精神、结合阳泉实际谋发展的工作思路，决心因地制宜贯彻中央的八字方针，闯出一条适合阳泉地情、发展工业的新路子。市委一方面认真总结“大跃进”以后盲目上马和被迫精简的教训，另一方面组织力量面向全国进行市场需求的调查。经反复调查研究和论证，市委确定了阳泉地方工业的发展要面向全国、面向未来，发展“全国是短线、山西是缺门、阳泉又有条件”的产业和产品的方针。根据这一方针，全市一方面加大力度恢复和发展了一批阳泉传统名牌产品和民用产品；另一方面利用关停企业废弃的厂房和设施，通过对一些企业进行技术改造和转产，先后新建和扩建粉末冶金厂、泡沫塑料厂、钢管厂、玛钢厂、高压电瓷厂、耐火材料厂、水泵厂、仪表厂、电器厂、农机厂等工厂。仅1963年和1964年两年就试制成功170多种新产品，其中，粉末冶金还原铁粉和压件、玛钢管件、铁皮印刷、连续铸铁管等填补了山西省的空白，有些还是全国首创。1965年5月，第一机械工业部在阳泉市召开了首次铁粉制造技术经验交流会。有10余种铁铸工艺品打入国际市场，阳泉一时被誉为“小锦州”，有些企业成为全省学习的样板企业。通过调整，全市工业产值较前提高28.5%，而且加快了工业群体的形成。到20世纪70年代中期，阳泉大体形成以煤炭为主体，电力、冶金、化工、机械、建材、轻纺、电子、食品等门类齐全的工业体系。

解决城市用水

阳泉建市后，各行各业迅猛发展，城市人口急剧增加，随之而来的城市需水量也越来越大，而采掘工业的不断扩张又使得地下水源受到严重破坏。这样，水的供需矛盾日益尖锐起来，严重制约着全市经济的发展，影响着城乡人民的生活。为解决这一问题，市委、市政府曾采取过多种措施，如决定修建水库、蓄洪水和开发地下浅层水、中层水、深层水，并先后投资2000多万元进行相关工程建设，但始终未能从根本上解决这一问题。到1973年，全市日需水量为7万吨，而供水能力在水旺季也仅有4万吨，到枯水期便只有2万吨左右，差额甚大。

水是阳泉的命脉。为从根本上解决水的问题，市委在1966年前就曾多次讨论过从娘子关提水的设想方案，并进行过初步勘测，但因工程浩大、财力不足未能实现，后来又因"文化大革命"影响而搁置。1973年夏，市委再次研究讨论这一问题，认为从远离市区40多千米的娘子关提水，虽然困难非常大，但没有别的出路，因此，市委决定战胜一切困难，展开这项工程。经过多方努力，在当时国家正压缩基本建设、财力十分困难的情况下，破例取得国家和省对这项工程的支持。1974年11月，国家计委正式批准此项工程的计划任务书。同年12月，市委召开全委扩大会议，通过《关于兴建娘子关供水工程的决议》，并成立娘子关供水工程指挥部。经过前期准备，于1975年7月29日召开1万余人参加的兴建娘子关供水工程全市动员誓师大会，号召"全市人民总动员，艰苦奋斗三五年，引回万代幸福泉"。随即工程破土动工。

这项工程横贯在长30多千米的崇山峻岭、山地丘陵之间，穿越1县2区8乡36个自然村，主体工程由"五站"（加压扬水站3座、11万伏变电站2座）"二厂"（猫垴山配水厂、制管厂）"一部"（娘子关电厂取水总部）"一线"（一条管渠相兼的输水干线）组成。历经4年4个月，于1979年12月竣工。其供水能力为1.5立方米/秒，日供水12.96万吨，总扬程444米，从而结束了阳泉市区饱受缺水之苦的历史。

为解决城市发展中战略水源储备不足的问题，1986年开始组织研究拟制娘子关供水二期工程方案。经过一系列前期准备工作，1996年9月，娘子关供水二期复线工程开工。1998年12月供水复线全线贯通。2001年10月，娘子关供水二期工程全面开工。之后，因资金问题一度停建。至2010年，娘子关供水二期工程完成投资约1.68亿元，已完成水源工程、输水工程、猫垴山配水厂及部分城市管网等建设工程。2010年，全市城市实际日供水量约10万立方米，覆盖城区、矿区、开发区的全部及郊区的70%和平定县的2.5%，供水面积100多平方千米，受益人口60余万人。

兴工建农发展农业经济

中共十一届三中全会后，市委、市政府积极贯彻党中央《关于加快农业发展若干问题的决定》，积极思考阳泉农村改革之路，并就“怎样才能使农民尽快富起来”做了大胆探索。通过调查研究，总结阳泉几十年来农业发展的经验教训，深刻认识到，阳泉农村地少、人多，土地条件差，单靠农业生产，农民是不会很快富起来的；但是，阳泉农村的矿产资源丰富，历史上手工业生产很发达，乡镇企业有着一定基础。过去在“左”的思想影响下，强调“以粮为纲”，限制工副业生产，把绝大部分的农村劳力束缚在人均只有一亩多耕地的狭小圈子里，进行人为的劳动力过量的密集生产。这种单一的、畸形的产业结构，一方面表现为劳力过剩和土地占有严重不足，另一方面却导致大量可利用的矿产资源闲置。因而，发展阳泉农村经济就必须打破农村单一的经济格局，走兴工建农之路。为此，市委在农村经济体制改革中，从实际出发，没有搞一刀切。决定土地可以下放，而乡村集体企业不能拆散分掉，要坚决保护集体经济。就是在土地下放方面，也不搞一刀切，而是采取“宜分则分，宜统则统”的方针，实行口粮田包产到户，责任田有的下放到户，有的按劳承包或成立专业队承包。对林业、果园、畜牧业采取不同的办法承包；对不宜包产到户的大型农业机械和水利设施则实行统一管理。剩余的大批劳动力转向工副业生产。在乡镇企业内部，则实行集体经营、分级管理、专业承包、单独核算的责任制。经过这样的改革，到1983年，全市90%的农户实行了家庭联产承包制，种植、养殖、运输、商业等各种专业户、重点户，以及各种经济联合体相继涌现。1984年，全市专业户达到12192户，新经济联合体达到879个。

1985年，市委根据国民经济发展的需要和阳泉的具体情况，进一步提出调整农村产业结构的目标和要求：一是尽快使自然资源和经济资源的利用合理化；二是使农村各产业的发展基本协调；三是使农村生产同市场需求基本相适应；四是在注重生态效益和社会效益的前提下，努力实现最大的经济效益。根据这个目标和要求，一方面全市上下狠抓农业基础建设，发展粮食、蔬菜、果品和养殖生产基地；并针对部分农村盲目缩减粮田，出现少数土地严重失修和弃耕问题，采取行政措施和经济措施相结合的办法进行综合治理，从而稳定了粮食生产。另一方面在继续发展林业的同时，大力提高畜牧业的比重，并迅速填补了渔业生产的空白。到1994年前后，承包使用土地的年限陆续到期。根据党中央“原定的耕地承包期到期之后，再延长30年不变”的政策和省委《关于进一步深化农村改革、加快农业和农村经济发展的主要政策》《延长土地承包期允许土地使用权有偿转让的实施办法》，阳泉市本着“稳定政策、尊重民意、因地制宜、促进发展”的指导思想，于1993年冬和1994年春进行深化农村改革的试点工作。在总结试点经验的基础上，于1994年10月22日在全市范围内全面开展延长土地承包期工作。鼓励土地承包期间承包地的合理流转和自由组合，允许和支持农民在承包期内转让土地使用权。转让可有偿，也可无偿，期限可长可短。转让期间，原土地承包权不变。到1994年，这些改革政策和相关措施在全市得到较好的落实，使农民的土地使用权得到有效保护。1994年下半年，阳泉市按照山西省的部署，在农村开始推广拍卖“四荒”（荒山、荒坡、荒沟、荒滩）使用权的改革。8月2日，市政府发出《关于拍卖“四荒”暨小流域使用权的实施办法》的通知，在全市范围内推开这项工作。至1994年，全市共拍卖“四荒”2.32万公顷（34.84万亩），收回拍卖款23.8万元，促进了山区农业资源的进一步开发。

这一时期，发展乡镇企业是市委的重点战略部署。首先，市委大力推广郊区“三转三结合”的经验，即地下（采矿）转地上，地下工业同地上工业相结合；采掘转加工，采掘工业同加工工业相结合；低档转高档，低、中、高多级次产品相结合。其次，响亮地提出乡镇企业要“挖内涵，抓外延，上水平，增效益，创名优”的指导思想，相继作出发展乡镇企业的若干决定，进一步明确关于发展乡镇企业的若干政策界限。第三，鼓励乡镇企业打破地域和行业界限，扩大横向联合，并号召全市离退休人员和技术人员到农村去，大力支持乡镇企业，从而促进了城乡经济协作。仅1986年就形成横向联合体及协作项目276项，引进各类技术人才千余人，引进各种新技术和设备269项（套），组成75个联营企业，并在深圳等沿海城市开设了一批“窗口”，有19种产品成为部、省优质产品，有14种产品打入国际市场。

乡镇企业的发展，不仅壮大了集体经济，而且通过以工补农、以工养农、以工建农等多种形式，装备了农业。仅1985年、1986年两年，乡镇企业投向农业的资金就达3500多万元。全市农民人均收入1987年较1978年增长4.5倍，有56%的乡（镇）年经济收入达1000万元以上，有4个乡（镇）达5000万元以上。1988年荫营镇工农业社会总收入10086万元，为阳泉市第一个“亿元乡镇”。1990年和1995年，民政部两度授予“中国乡镇之星”称号。为延续乡镇企业的发展势头，1993年，市委、市政府在安排乡镇企业工作时，提出要“试办、兴办一批股份合作企业”。当年12月，市委、市政府制定《推进农村股份合作制试行意见》，开始第一次产权制度改革。1996年11月，市政府发出《关于加快农村股份合作制的意见》，进一步明确推行股份合作制的基本思路，即扶大、股中、放小，坚持“发展与规范并重，边发展、边规范，争取一步到位”的原则，要求规范改造率达到80%以上，从而掀起阳泉市乡镇企业的第二次改革高潮。至年末，全市新发展股份合作制企业1034个，改制企业926个，股本金总额达6.93

亿元。1997年2月28日，市政府又出台《关于阳泉市创建明星乡镇企业活动的意见》，同时，采取“退二进三”（退出第二产业，进入第三产业）的形式，积极鼓励私营企业的发展，增强农村乡镇企业的发展后劲和竞争力。

探索振兴阳泉经济新路

20世纪80年代开始，随着农村改革的深入和城市企业改革的加快，市委立足现实，着眼未来，组织带领干部群众，积极探索振兴阳泉经济的新路子、新办法。首先，广泛发动群众，教育引导广大干部职工解放思想，更新观念，清醒认识当前国内外经济大发展、大改革的大趋势，以及所带来的良好发展机遇。其次，组织大批干部走出娘子关，南下到一些改革先进城市“取经”，开阔眼界。第三，自上而下开展大讨论，寻找阳泉落后的原因，探索振兴阳泉经济之路。通过深入的调查研究，分析比较，上下取得共识，认识到阳泉经济发展的重要问题是企业经济效益低下。造成这种状况的根本原因，一方面是由于企业管理水平落后，缺乏必要的竞争机制和利益方面的约束机制，技术进步滞后，产品更新换代缓慢，设备老化情况严重，企业发展后劲不足，活力不强；另一方面，是由于产业产品结构不合理。阳泉历史上向以挖煤、冶铁为主，长期形成了以采掘工业和原料工业为主的重型产业结构，加之一些产业产品盲目发展、雷同发展、分散发展，形不成规模经济，缺少能对整个工业发展起重大作用的龙头企业和龙头产品；而且产业结构层次偏低，主导产品单一，产品档次低，批量少，加工深度浅，附加价值小，难以把资源优势及时转化为产品优势和商品优势。

针对上述情况，市委连续作出一系列果断决策。一是从转换企业内部经营机制入手进行改革，使企业放开搞活，建立相应的利益约束机制和风险约束机制。从1987年起，在全市工商企业中普遍推行承包经营责任制，而且在发展中不断完善，由短期承包发展到长期承包；由单一承包发展到多种形式承包；由原厂长、原班子承包发展为本单位、本系统或全市范围内的公开招标承包，并实行抵押承包。在企业内部层层抵押承包，把承包指标量化到车间、班组及个人。之后，又适时引导企业在单体承包的基础上，开展横向联合，推进企业兼并，组织企业集团，并推行股份制试点。在企业内部建立了有效的劳动考核和人事聘任、选拔、辞退制度，推行优化劳动组合，做到收入与效益挂钩，人员优胜劣汰，强化了企业的基础管理工作，使企业由生产型变为生产经营型。此外，还积极培育和不断完善市场体系，相继建立农副产品市场、生产资料市场、金融市场、建筑市场、房地产市场、劳务市场和人才技术市场，为企业走向市场铺平了道路。二是积极探索振兴阳泉工业发展的新路。市委经过广泛发动各界人士献计献策，组织省内外专家、学者座谈，在反复调查研究和综合论证的基础上，明确提出阳泉工业结构调整的基本思路：必须朝着变资源优势、能源优势为商品优势的方向全面调整，要大面积地实现煤炭的深加工、精加工，提高煤炭产品的附加值，积极促进煤炭的载能转化，将产品尽可能地商品化；必须沿着既突出区域分工和比较优势，又能实现综合发展的方向进行调整，要积极发展其他支柱工业，包括电力、冶金、建材、化学、机械、轻纺和电子工业，要加强产业群之间的功能协调和有机联系。三是真正把科学技术作为主导生产力，加快传统产业的技术进步，催育先导产业，从质上改造阳泉的产业结构，促进结构水平的全面升级。

在产业结构调整中，市委通过认真分析全市产业结构中各行业和产品之间关键的链条，明确提出要以发展产品链为主线，发挥资源优势，壮大经济实力。确定要发展的最主要的产品链条有煤炭系列产品链、硫铁矿系列产品链、铝矾土系列产品链。通过这 3 条主干产品链，把一大批相关产业带动起来，并且从中选择一批具有优势或潜在优势的产品，作为行业发展重点和调整产业结构的突破口，形成新兴支柱产业。首先，大力发展电力工业，变输煤为输电，使其成为阳泉经济格局中除煤炭以外的最重要的支柱产业。其次，把冶金工业摆在极其重要的位置，发展铁合金和钢材，以及电解铝、铝材和耐火材料系列，加速实现煤炭的载能化转移。再次，大力发展化学工业，发展具有煤、硫特色的煤化产品链和硫化产品链。另外，要大力发展建材工业，利用本地丰富的大理石、花岗石等自然资源，以及大量的煤矸石、矿渣等，生产建材产品，提高城市的综合经济效益，使其成为全市第四大新兴支柱产业；要面向煤炭工业及其他新兴支柱工业，积极发展机械工业，促进机电产品的升级换代，使其成为全市第五大新兴支柱产业；还要积极发展轻纺工业和电子工业，尤其要把电子工业作为新型先导产业予以发展。也就是说，阳泉的产业结构转换，要重点放在煤变电、铁变钢（钢材）、氧化铝变电解铝和铝材、硫铁矿变硫化工系列产品、老机电产品变高精尖产品等上面，要形成一系列新型产品链。

为实现振兴阳泉工业经济的战略意图，市委根据阳泉的财力和人力状况，首先确定要把有限的资金和人力高度集中，用好用活，发展 5 项重点工程，使其成为“龙头”，实施重点突破。1988 年开始建设 5 项重点骨干项目，即河坡电厂 2×5 万千瓦机组工程、2×6000 吨电解铝工程、1 号 6 吨氧气顶吹转炉工程、4 万吨硫酸工程和 1.2 万吨氯碱工程，5 项重点工程总投资约 3.1 亿元。在 5 项重点工程战略决策出台后不久，市委又领导拟就发展电子工业小区的计划，确定将电子工业重点企业的技术改造作为另一重点工程，于 1989 年开始扬声器 T 铁生产线的技术改造（1990 年 11 月机电部正式行文批准将该项目列入国家“八五”期间电子行业 218 项重点项目之一）。在实施重点工程建设的同时，对整体的产品结构也进行逐步调整，仅 1990 年就完成技术开发项目90项，成功开发出十几种煤炭、铝矾土和硫铁矿深加工产品，从而进一步加大“黑、白、黄”的开发利用，为扭转全市初级产品较多的不合理的产品结构迈出坚实的一步。

1992年初，邓小平视察南方讲话发表后，中共中央、国务院要求国有大中型企业要进一步贯彻落实《中华人民共和国全民所有制工业企业法》，转换企业经营机制，有步骤地把企业推向市场，使企业逐步成为“自主经营、自负盈亏、自我发展、自我约束”的商品生产者和经营者。其核心是改革企业劳动、人事、工资制度，打破“铁交椅”“铁饭碗”“铁工资”，革除“大锅饭”，逐步在企业内部形成“干部能上能下、职工能进能出、工资能升能降”的机制。同年4月初，市委、市政府认真贯彻落实中央和省委精神，在一年多试点工作的基础上，大力推广太原橡胶厂等先进企业经验，进一步开展企业劳动、人事、工资制度改革。到1994年，全市实行三项制度改革的企业达476户，涉及职工20余万人，分别占企业总数、职工总数的85%和95.6%。

1993年，市委积极贯彻落实全省地、市委书记会议精神，决定进一步加快全市股份制度改革步伐，在国有企业中开展以产权制度改革为核心的新一轮改革。为使此次改革稳妥推进，1994年1月4日，阳泉市召开推进国有企业股份制改革动员会，市委要求各级领导“亲自抓点，稳步推进，有章可循，能人牵头，走在前面”。会后，通过组织培训班、外出学习参观、可行性论证等形式，推动股份制合作进程。1995年，市委、市政府又制定出台《阳泉市中小型企业产权制度改革试行意见》《阳泉市国有企业改组建立有限责任公司的试行办法》《阳泉市中小型企业组建企业集团的试行办法》和《阳泉市城镇集体企业股份合作制试行办法》等一系列文件，为推进国有企业改革提供了依据。1996年，市委按照国务院及省委、省政府一系列文件精神，坚持用“三改一加强”（改制、改组、改造，对国有企业加强管理）的办法，因地制宜加快改革，解决国有企业面临的困难和问题。全市国有大中型企业开始按照现代企业制度的规范要求经营企业，对资不抵债的32户企业依法实行破产，有18户企业相互之间进行兼并，16户企业相互之间进行托管，20户企业进行分立经营、对外租赁，还有8户企业与外地、本地企业进行联营。全市有18户企业完成股份制和股份合作制改组，实现了政企分开、两权分离、企业自主经营、国有企业保值增值的目标。

发展第三产业和扶持个体私营经济

第三产业的发展是现代经济社会的一个重要特征。1992年12月31日，根据省委、省政府的安排部署，市委、市政府出台《关于加快发展第三产业的实施方案》。提出阳泉市“八五”

期间第三产业发展的目标是增长幅度要高于一、二产业，到 1995 年，第三产业要占到国民生产总值的 35% 以上；到 20 世纪末占到 40% 以上，达到全国平均水平。在贯彻落实《关于加快发展第三产业的实施方案》过程中，全市第三产业呈现出蓬勃发展的可喜局面。商业服务比重上升，商业网点大量增加，一批规模大、档次高、设施好的大型商厦相继建成投入使用，到 1996 年，全市批零贸易、餐饮业网点达 2.31 万个，从业人员 5.96 万人。流通领域以大型商厦、大型交易市场为骨干，多渠道、多形式、多成分的生产、生活资料市场体系基本形成。运输邮电业迅猛拓展，1998 年，全市长途电话线路达 2049 条，用户电话交换机总容量 4.12 万门，邮电业务总量 1.79 亿元；公路货运量 2342.30 万吨，铁路客运量 141 万人次，运输邮电业所创造的增加值占国内生产总值的比重达 8.1%。金融保险业是国民经济发展中上升最快的行业，占到国内生产总值的 7%。1998 年，全市城乡居民储蓄存款余额达 69.63 亿元，各项贷款余额 65.23 亿元。旅游业作为一种新型产业也蓬勃发展。阳泉市的产业结构不仅实现由“二、一、三”向“二、三、一”的转变，而且在向“三、二、一”产业格局演进，形成具有阳泉特点的经济结构和产业体系。

第三产业的兴起也为阳泉市个体私营经济的发展提供了广阔空间。为贯彻落实中共十四大提出的“坚持以公有制经济为主体、多种经济成分长期共存、共同发展”的方针和省委制定的《关于进一步解放思想，加快改革开放，促进经济发展的意见》，促进全市个体私营经济持续发展，1994 年 1 月，阳泉市制定下发《关于大力发展个体私营经济若干意见》，提出全市要加强统一领导，统筹规划，把个体、私营经济发展作为阳泉经济上台阶的一项重要工作来抓；进一步放宽政策，大力扶持和鼓励个体、私营经济发展；切实解决个体工商户和私营企业生产经营中存在的困难和问题；依法保护个体工商户和私营企业的合法权益；加强对个体工商户和私营企业的教育、监督和管理，推进个体、私营经济健康发展。该文件包括 20 条优惠政策，提出年内新增 1 万个个体工商户和私营企业的目标。为此，规定了“六个不限”，提出“两个方便”和“一个维护”，即发展比例、发展速度、从业人员、雇工人数、经营范围（除国家明令控制商品外）、经营规格和经营方式不限；办证办照、生产经营给予方便；像维护国有企业那样维护个体私营经济的合法权益。至 1994 年，全市个体工商户发展到 2.83 万户，从业人员 3.97 万人，分别比 1993 年增长 24.9% 和 29.5%；私营企业发展到 427 户，从业人员 5388 人，分别比 1993 年增长 55.2% 和 43.4%，发展速度名列全省第一。个体工商户和私营企业两项注册资金达 2.6 亿元，比 1993 年增长 91.9%；工业总产值完成 1.94 亿元，占全市工业总产值的 2.4%；营业额完成 6.5 亿元，其中商品零售额 4.19 亿元，占全市社会商品零售总额的 25.5%。1998 年 1 月，市委、市政府制定出台《关于进一步加快非公有制经济发展的若干意见》，共22条，要求各级党委和政府要把发展非公有制经济作为发展地方经济的重要内容，列入重要议事日程；政府各职能部门和行政执法部门要提供好各类服务，为全市非公有制经济的发展提供便利。该文件为非公有制经济发展提供了有力保障，全市非公有制经济呈现出稳步、快速、健康的发展态势。

市县乡三级党政机构改革

中共十一届三中全会召开后，阳泉市曾进行过两次大的机构改革。但由于多方面的原因，一些深层次的矛盾和问题仍未得到根本解决，机构庞大、职能交叉、人员过多、财政负担沉重和政企不分等问题仍然程度不同地存在于各级党政机关中，尤其是机构设置和职能配置以及管理方式与社会主义市场经济发展不相适应的问题更为突出。这些问题的存在，直接阻碍着全市的经济发展和社会进步。为解决这些实际问题，市委、市政府从1996年开始到2009年，又先后进行了4次机构改革，并大幅度撤并乡镇，从而使全市的党政机构得到精简、干部人事制度得到完善、政府工作职能得到转变。

1996年9月、10月，按照省委、省政府的统一安排和部署，市委、市政府制定出台《阳泉市党政机构改革方案》《阳泉市党政机构改革实施意见》《阳泉市市级党政机关机构改革中人员分流意见》《关于清理整顿非常设机构和各类办公室的意见》等多个文件，为指导实施、推开机构改革工作奠定了基础。到1997年10月，全市党政工作机构、人员编制、领导职数、内设机构均有较大幅度精简。全市原有各级党政机构340个，重新设置为210个，比原来减少130个，精简比例为38%。其中，市级党政机构精简27个，精简比例为33%；平定、盂县两县共精简党政机构47个，精简比例为41%；郊区、城区、矿区三区共精简党政机构56个，精简比例为39%。经过改革，全市各级行政编制总数为6053名，比原来减少1945名，精简比例为24%；市级党政部门的内设机构由原来的636个精简为512个，减少124个，精简比例为20%。2001年6月26日，市委、市政府再次出台《阳泉市市级党政机构改革方案》。本着精简、效能的原则，阳泉市设置党政机构44个，其中市委部门由改革前的15个精简到11个，市政府部门由改革前的48个精简到33个。经过改革，市级和县区党政机构分别精简35%和34%，市、县（区）党政群机构实有人数精简38%，基本达到精兵简政、优化机构、提高效率的目的。为进一步转变政府职能，理顺职责关系，明确和强化责任，调整优化组织结构，2004年和2009年，市委、市政府又分别对职能交叉重叠的机构和部门进行重新调整设置。通过机构改革，使全市各级行政机构设置和人员编制管理进一步规范化、法治化。

阳泉市规模偏小、管理分散的乡镇区划管理格局，不仅不利于乡村管理，而且也不利于生产要素的合理流动和资源的优化配置，农民负担重，财政压力大，行政成本高，制约了区域经济的发展和小城镇建设。为从根本上改变这种状况，2000年11月6日，市委、市政府在充分调查研究、广泛听取各方面意见的基础上，制定下发《关于撤并乡镇工作的指导意见（试行）》，明确撤并乡镇工作的指导思想、目标任务、具体要求和方法步骤等。在具体实施过程中，市委、市政府根据遇到的新情况、新问题，及时下发《关于在撤并乡镇中加强有关工作的通知》《关于在撤并乡镇调整领导班子中选拔、调配、提拔干部有关工作的实施意见》等文件。各县区从实际出发，也制定了一系列配套方案，保证了此项工作的顺利进行。全市撤并乡镇工作从2000年10月22日开始，到年底结束。原有的57个乡镇撤并减少到32个，撤并幅度达到43.9%。其中，盂县的25个乡镇调整为14个，平定县的19个乡镇撤并为10个，郊区的13个乡镇撤并为8个；乡镇领导干部的职数也从627人精简到308人，精简比例达到50.9%。2001年，全市乡镇机关行政编制由之前的1519名精简为853名，减幅44%；事业单位人员编制由1115名精简为748名，减幅34%；清退乡镇临时雇用人员823名。通过撤并乡镇，精简了乡镇组织机构，精干了公务员队伍，降低了行政开支，提高了工作效率，对转变政府工作职能起到积极作用。

持续三年的经济结构调整

改革开放使阳泉的工农业生产得到长足的发展与进步，经济保持了较快增长，但经济结构的不合理问题仍然没有得到根治，还严重制约着阳泉经济的进一步发展。一是产业结构初级化，产业素质低。“九五”时期以后，工业结构重型化的畸重型格局进一步加剧。1999年，重工业的企业单位数和产值占全部工业的比重分别为82.8%和92.2%，分别比1996年提高13个和0.4个百分点。二是产品档次低，科技含量少。1999年，全市有工业产品33类227种，其中，原煤、发电量、硫铁矿、焦炭、电石、耐火材料等占比重较大的主要产品均属矿产品和基础原材料产品，高新技术产品几乎没有，名牌产品更是微乎其微。三是企业规模小，组织结构分散。1999年，阳泉共有工业企业5701个，其中达到国家统计限额（国有大中型和年销售收入500万元以上）的只有192个，仅占3.3%。四是重复建设严重，区域结构趋同。市、县（区）大都以资源采掘以及“黑、白、黄”延伸产品作为主导产业，重复布点建设。五是亏损企业多，经济效益差。具体表现为经济增长速度放慢、经济效益低下、居民收入水平不高、可持续发展能力不强。

1999年10月，全省经济结构调整工作会议召开，省委、省政府提出以潜力产品为切入点，以“一增三优”（培育新经济增长点，培育优势产业、优势产品、优势企业）为主攻方向的结构调整总体思路，拉开全省新一轮结构调整的序幕。市委于1999年12月召开八届二次全会，印发《关于加快调整经济结构推进产业优化升级的实施意见》，明确提出要以赶超发展为主题，以经济结构的战略性调整为主线，对三次产业实行整体性、升级性和素质性调整，稳一、强二、兴三产，重点对工业结构进行战略性调整，以建设特新材料基地为目标，着力培育煤电铝、陶瓷、特种耐火、新型建材、磁材五大新兴产业群体；农业上提出以农业增效、农民增收为目标，大力发展种植业、养殖业、林果业三大主导产业，推进农村宽裕型小康建设。后来又延伸为“一体三化”，即以农民增收为主体，大力推进农业产业化、农村工业化和农村城镇化。2001年8月，市第九次党代会提出的主题依然是以经济结构调整为重点，以体制创新、科技创新和环境创新为动力，全面实施赶超发展战略。2002年5月，市政府转发市发展计划委员会《改造提升传统产业 做大做强新兴产业 坚定不移地推进经济结构调整的实施意见》。阳泉市推进经济结构调整的总体思路更加完善，结构调整的目标和重点更加明确，政策措施和战略部署全面实施，全市上下掀起推进结构调整的新高潮。

在对传统煤炭产业进行改造提升的过程中，市委、市政府以洁净煤为切入点，新建5个50万吨的洗煤矿厂和2个100万吨的配煤中心，建设了30万吨型煤项目，全市洗、选、配煤及型煤生产能力达到2600万吨。阳煤集团用新兴产业逐步替代传统产业，形成以煤炭为基础产业，以煤电铝联产、煤化工、机械制造、轻工、商贸为支柱产业的产业结构。电力产业先后完成5个电厂的综合利用改造、河坡电厂二期工程建设等。加之阳泉铝业、兆丰铝业公司两个电解铝环保改造和扩建工程顺利完成，使阳泉市初现煤电铝产业链的雏形。在调整工业结构、建设“五大产业群体”方面，到2002年，全市有40个项目陆续建成投产，新增产值18亿元，新增利税2.5亿元。其中，电解铝生产能力由1999年的4.2万吨提高到12万吨，销售收入也由1999年的4.8亿元提高到10.82亿元；磁性材料形成9家企业在内的产业群，产品销售收入达到1.23亿元，比1999年增加6300万元；特种耐火材料产量达到138.36万吨，销售收入达15亿元，比1999年增加6.8亿元；陶瓷产业形成16家企业的产业群，销售收入达9100万元，比1999年增加4100万元；新型建材产业实现销售收入1.9亿元，比1999年增加1.1亿元。在调整农业产业结构方面，2002年，全市农业的种养比例和粮经比例分别为58∶42和74∶26，养殖业和经济作物的比例进一步提高。在发展民营经济、改善投资结构方面，2002年，全市民营经济投资占全社会固定资产投资比例从1999年的31.4%提高到2002年的44.9%。全市出口品种继续增加，其中，镁锭、镁合金、金属硅、碳阳极、双氰胺、日用陶瓷、耐火砖、焦炭、铝矾土和酒石酸十大骨干产品的年出口额分别达到100万美元以上，出口市场遍及五大洲的48个国家和地区。

经过调整改造，全市三大产业的构成比例呈现出积极变化，其中第一、第二产业分别下降1.5%和2.83%，第三产业则上升2.44%。工业产业结构的优化提升，使阳泉传统优势产业的关联度、集中度明显提高。

改变阳泉面貌的三大工程

为推进现代化文明城市建设，改善阳泉人民的生存环境，提高人民生活质量和城市品位，从2001年起，市委、市政府经过实地调研和反复讨论，作出围绕加强城市基础设施建设，集中民智和财力，重点开展桃河城区段综合治理、热电联供和城市综合治理三大工程的决策，很快取得显著成效。

桃河城区段综合治理工程。桃河是海河流域子牙河水系的一条季节性河流，源于山西省寿阳县，自西向东横穿阳泉市区。由于过去长期缺乏统一规划和管理，致使河道内垃圾乱倒、私挖乱采、乱搭乱建、乱排乱放现象严重，不仅影响市容市貌，而且污染了城市水体，降低了河道行洪能力，给城市防汛带来极大隐患。20世纪50年代后，随着阳泉市重化工业的发展，桃河污染日益严重，赛鱼往东沿河两岸共有130个排污口向桃河倾泻污水，年排入量高达2800万吨之多，桃河变成一条黑河、臭河。治理桃河，使河水变清，是全市人民的共同企盼。对于桃河的治理，市委、市政府历届领导班子曾先后做过大量工作，但未能根治。进入21世纪，市委再次把治理桃河这项重大民心工程提上重要议事日程，阳泉市“十五”计划、市九次党代会以及市十二届人代会都对治理桃河提出明确要求。市委组织力量进行了大量的调查研究，并责成有关部门会同各方面专家进行科学论证和工程设计，为根治桃河积极创造条件。在充分准备的基础上，2002年4月12日，市委召开常委会议，原则通过《桃河阳泉城区段河道综合治理工程水工部分初步设计方案》。6月13日，市委召开常委扩大会，专题研究桃河治理方案，确定了“全线启动、单面施工、水工部分先行、绿化美化跟进、避开汛期、先建北侧”的总的治理工作思路。8月27日，市委、市政府印发《关于桃河阳泉城区段综合治理工程的实施方案》。9月1日召开誓师大会，桃河城区段河道综合治理工程全线开工。为确保工程如期完成，成立了以市委书记为顾问、市长为组长、市委副书记为常务副组长的桃河治理工程领导组，下设10个施工小组。市委、市政府动员全市党政军民企，组成万人建设大军，经过10个月的紧张奋战，硬是在一个污水横流、乱石滚滚的干河床上，建起全长9.03千米、面积72万平方米集绿化、美化、亮化和景点配套为一体的大公园。2003年7月18日，投资2.01亿元的桃河城区段综治工程竣工。从2006年11月起，进行桃河公园河道蓄水工程，2008年12月完工，铺设输水管线6.7千米，日输中水3万吨，开创了北方干旱城市生态环境改良发展的新模式。

热电联产集中供热工程。为从根本上解决城市环境污染和市民冬季取暖的问题，2002年，市委、市政府把热电联产集中供热工程列为为民办实事、办好事的议题之一，组织相关部门加紧建设。一期工程于2002年5月至10月建成投入运行，完成投资7157万元，实现供热面积230万平方米；二期工程于2003年8月至11月建成投入运行，完成投资4601万元，实现供热面积120万平方米；三期工程于2004年4月至10月建成投入运行，完成投资4000万元，实现供热面积160万平方米。从2007年起，全市继续加大热电联产建设步伐。到2010年，全市集中供热面积达到1829.22万平方米（其中住宅1425.3万平方米），供热普及率达到90.33%，在全国同类型以上城市中名列前茅。热电联产建设工程累计投资11亿元，先后建成4个电厂热源和1个调峰热源厂，敷设供热管网780千米，热力站突破100座，形成供热能力2000万平方米的大型热网系统，基本建成覆盖市区大街小巷的热电联产供热网络，实现了城市环保、安全的集中供热目标，为阳泉市摘掉全国污染“黑三甲”的帽子和创建国家环保模范城市打下基础。

城市综合整治和基础设施建设。为建设文明、卫生和现代化城市，2001年至2002年，市委、市政府进一步加大城市综合整治力度，运用道德、经济、行政和法律等多种手段，集中攻克市区“脏、乱、差”的顽症，加强城市基础设施建设，改善市容市貌。第一阶段全市共查处各类违章、违法行为2942起，立案查处118起，全面整顿市区的泉中路、北大街、南大街和桃南东路4条主干道。2002年6月14日，召开第二阶段城市环境综合整治动员大会，提出新的整治目标和具体措施，规定整治范围是城市的主要道路，整治内容包括拆除违法和临时建筑、取缔规范马路市场、整治交通秩序、实施全方位城市绿化、整饰临街建筑景观、铺装人行便道和加强环卫保洁7方面的工作。到年底，全市共拆除临时、违章建筑4.26万平方米，清运偏僻小巷和居民区长期积存的生活垃圾上万吨，新增绿地58.42万平方米，市容市貌大大改观，此为阳泉建市50多年中规模最大的一次城市综合整治。

县乡公路改造和村村通硬化路工程

阳泉四面皆山，市区中间是河滩，城市就建在山川中间。1993年以前，出省的主要公路干线307国道弯多、坡陡、路窄，每天车流量达1.6万车次，堵车严重，人民群众出行困难，市委决心下大力根治这一难题。

1993年6月，山西省第一条高速公路——太（原）旧（关）高速公路正式动工兴建。阳泉市在积极配合支持全省重点基础设施建设的同时，组织力量，狠抓全市公路建设。当年9月29日，水峪至娘子关公路改建工程竣工通车，缓解了307国道市区到平定段的行车压力，方便了人民群众的生产生活。随后，南外环路和平定路、赛鱼路建成通车。1993年至1998年，全市采取全民义务修路、公办民助、多渠道筹集、招标承建等多种方式，大规模地进行阳（泉）井（陉）线、阳（泉）盂（县）线、李（家庄）荫（营）路等骨干线路的建设，阳泉长期存在的行路难状况得到根本改观。到2001年，阳泉市县乡公路在册里程包括县公路25条，总里程402千米，全部为等级路；乡公路50条，总里程422千米，等级里程385千米。

2002年，市委、市政府针对全市道路交通的实际情况，经过慎重研究决定，从2002年至2006年，实施"四个一批、五级联网"公路建设工程。"四个一批"，即每年完成一批市级重点公路建设工程、一批县级公路大修恢复工程、一批乡级公路改造工程、一批村级公路硬化工程。"五级联网"，即实现国道、省道、县道、乡道、村道五级联网。2002年7月，市委、市政府联合下发《关于再掀全市公路建设新高潮的实施意见》，进一步明确全市公路建设的指导思想、目标任务、方法步骤和措施要求，对全市的公路建设进行了总体安排部署。同时，市委办公厅、市政府办公厅联合下发《关于对全市县乡公路改造和村通硬化路工程实行定点帮扶的通知》，决定由市级领导牵头对全市32个乡镇对口联系帮扶，各行政村由各县区组织单位帮扶。在市委、市政府的全力推进下，全市公路建设取得重大进展。2002年完成245.7千米，2003年完成824.75千米，2004年完成2029.49千米，2005年完成408.74千米，2006年完成1329.42千米。2006年，全市县公路达到44条，总里程693千米；乡公路达到105条，总里程806千米。全市925个行政村实现村村通水泥路，通达率为96.5%，形成乡镇有站、大村有亭、小村有牌的城乡客运一体化发展新格局。至2010年，全市县公路53条749.97千米，乡公路111条863.23千米，通村水泥（油）路1862条3230.29千米，在全省率先实现村村通水泥（油）路全覆盖。

稳步推进社会主义新农村小康建设

阳泉建市后，历届市委、市政府带领全市人民积极探索，大胆实践，使阳泉的农业和农村经济取得长足发展，农村面貌发生深刻变化。从民国36年（1947）建市到1978年中共十一届三中全会召开前，境内主要针对社会生产力水平低、广大农民的温饱难以保障的实际，解决农民的穿衣吃饭和粮食需求问题。1963年至1978年，深入持久地进行农田水利基本建设，注重集体经济的巩固壮大，迅速发展生产，改善人民生活。1978年，全市农村经济总收入为1.83亿元，农民人均纯收入112元。中共十一届三中全会召开后到20世纪末，境内打破人民公社体制，确立以家庭联产承包责任制为主的统分结合的双层经营体制。家庭联产承包责任制普及第一年的1983年，全市农业生产获得全面丰收，粮食总产量达31584万公斤，为阳泉建市后第二个高产年。随后，阳泉多年坚持“决不放松粮食生产，积极发展多种经营”的方针，使全市农村经济冲出单一经营的圈子，实现由单一的种植业经营格局向农林牧副渔和二、三产业全面发展的农村多元经济结构的历史性转变。

20世纪90年代，围绕“在本世纪末实现小康”的目标，市委、市政府大力实施“一体两翼”（以小康建设为主体，以乡镇企业和高产优质高效农业发展为两翼）战略，在农村一手抓高产优质高效农业的发展，一手抓超常规、跳跃式乡镇企业的发展。1993年至1995年，市委、市政府先后出台《关于加快全市农村致富奔小康步伐的意见》《关于加大力度整体推进农村小康建设的意见》《关于发展高产优质高效农业的意见》，有效指导了全市农村小康建设的实践。到1997年，全市3个农业县区全部实现小康，成为全省首家整体达小康的地市，实现从解决温饱到迈向小康的历史性跨越。1997年，全市农村经济总收入达到170.87亿元，农民人均纯收入2460元，居全省第一。

进入21世纪，从中央到地方，各项支农惠农政策扶持的深度和广度空前加大，社会主义新农村建设逐步向经济建设、政治建设、文化建设和社会建设“四位一体”共同发展的目标推进，为此，市委、市政府作出一系列决定。一是狠抓文明生态村镇创建工作，改善农民的人居环境。2004年7月，市委、市政府在考察调研的基础上，出台《关于全市文明生态村镇创建工作的实施意见》，提出“一个突破、一个提高、两个促进”的目标要求，在全市掀起声势浩大的文明生态村镇创建工作。“一个突破”，即以道路硬化、造林绿化、村街庭院净化、亮化为突破口，改善农民的人居环境。“一个提高”，即以建设先进文化为核心，提高农村精神文明建设水平。“两个促进”，即以增加农民收入为基本着眼点促进农村物质文明建设；以锻炼基层干部管理、服务能力和农民群众自治能力为重要着力点，促进农村政治文明与和谐社会建设。二是加强农村基础设施建设。完成村通硬化路工程和“村村通客车”工程，乡镇通达率达到100%，解决困扰农民祖祖辈辈的出行难、行路难问题；通过建设各类人畜吃水工程、自来水入户工程、农田水利基本建设工程等，有效解决农民的饮水和灌溉问题；通过“村村通电话”“村村通有线电视”等便民工程提高农村的信息化水平。三是全面促进全市宽裕型小康新农村建设。市委、市政府先后出台《关于加快推进社会主义新农村建设的实施意见》《关于社会主义新农村村镇建设的若干规定》等，集中精力，加大工作力度，大力实施农业结构战略性调整工程和产业化富民工程。按照“四位一体”协调推进，着重抓好农业和农村经济发展，努力提高农民收入，社会主义新农村建设发展迅猛。2004年至2007年，全市粮食总产量连续4年保持在2亿公斤以上，2007年达到2.3亿公斤。2007年全市畜牧业产值完成5.6亿元，比2006年增长11.6%。大力实施“万村千乡”市场建设工程，农村第三产业全面提速。到2005年，又有平定县冶西镇、巨城镇、郊区李家庄乡3个乡镇和70个村达到宽裕型小康标准。全市累计有12个乡镇、492个村、41.46万农村居民基本达到宽裕型小康标准，分别占到全市乡镇、村、农村居民数的37.5%、51.3%和61%。2010年，全市农村经济总收入达到314亿元，比2005年增长41.5%；农民人均纯收入由2005年的3748元增加到6560元，年均增长11.8%，全市农村经济呈现出平稳较快发展的良好局面。

推动经济转型发展的“百项工程”

为进一步促进全市经济结构调整，着力推进新型能源、新型材料基地建设和社会主义新农村建设，2006年初，市委、市政府在广泛调研的基础上，决定“十一五”期间安排实施232个建设项目（其中“十五”结转项目75个、“十一五”备选项目157个），简称“双百工程”。随后，全市选择118个项目作为推进重点，简称“百项工程”。同年4月7日，市委、市政府召开推进“百项工程”动员会，号召在“十一五”期间，集中全市力量，汇聚各方才智，融通多元资本每年有计划地实施百余项重点工程，发挥项目拉动经济作用，从而保证“十一五”期间固定资产投资年均增长20%，经济增长率达到10%的预期目标。

2006年至2010年，“百项工程”共实施了5年，贯穿“十一五”始末，全市经济社会保持了良好的发展势头。一是保持投资持续大幅度增长，促进财政增收、经济增长，推动经济社会又好又快发展。全市“百项工程”共实施项目工程430个，总投资1638亿元。其中，阳煤集团传输皮带项目、10万吨聚氯乙烯项目、50万伏输变电工程、阳盂高速公路等218个项目建成投产；80万吨氧化铝、大寨核桃露等68个项目一期工程或部分工程完工；龙华口水电站工程、太阳高速公路等工程顺利推进。“百项工程”累计完成投资785亿元，占同期全社会固定资产投资的86%，投资的快速增长有力地拉动了全市经济的持续快速增长。二是为全市产业结构调整、资源型城市转型奠定基础。一批煤炭、电力、高新技术产业和循环经济项目建成投产，传统产业新型化改造取得明显进展，新型材料产业不断发展壮大，多元化支柱产业格局逐步形成。三是增强了城市功能，提升了城市品位，为工矿型城市改造提升奠定基础。围绕城市“扩容提质”战略，全面推进路、水、电、气、暖、通信网络等基础设施建设，城市功能进一步增强。

“三城同创”

阳泉地处太行山干石山区，山地占全市总面积的75.3%，生态环境先天不足。由于地质、气候等方面因素的影响，城市周围的山上植被稀少。加之阳泉作为典型的煤炭资源型城市和老工业基地，生态承载脆弱，环境欠账严重。2005年，市区周围森林覆盖率仅有17%。历届市委、市政府为此做了大量工作。为了从根本上改变这一状况，2006年，市委、市政府制定下发《阳泉市创建国家园林城市规划（2006—2010）》，明确规定用5年时间把阳泉市创建成国家园林城市的目标任务。2009年7月30日，市委、市政府出台《阳泉市“三城同创”实施方案》，确定创建工作的总目标是，到2010年、2011年、2013年分别建成国家园林城市、国家卫生城市和省级环境保护模范城市、国家环境保护模范城市，整体跨入国家园林城市、国家卫生城市和国家环境保护模范城市先进市行列。该方案要求创建工作要坚持以人为本、规划先行、分步实施、政府主导、全民参与、打造精品等原则，重点实施10项工程，即主要街道整饰工程、基础设施配套工程、集贸市场和便民市场建设工程、社区整饰工程、城市亮化工程、园林绿化工程、环境保护工程、城中村和棚户区改造工程、公共卫生和行业卫生整治工程、数字城管工程。2009年8月12日，全市“三城同创”工作全面启动。

国家园林城市创建工作。2006年，市委、市政府以解决城市周围的山上植被稀少、市区周围森林覆盖率低为目标，适时启动六大造林绿化工程，工程项目包括环城林带基础、环城荒山建设和环城标志性景点建设。至2007年5月，市区的环城绿化工程已投资2600万元，实现荒山造林9100亩（606.67公顷）；平定县完成环城林带建设27千米，荒山造林2800亩（186.67公顷）；盂县完成环城林带建设10千米，荒山绿化400亩（26.67公顷）；郊区完成荒山绿化1500亩（100公顷）。2008年，阳泉市顺利通过省级园林城市验收。此后，全市不断加大生态建设力度，造林绿化工作取得突破性成就。至2010年，全市建成区绿化覆盖面积达2050万平方米，比2005年增长44.43%；绿化覆盖率由2005年的28.27%提高到39.75%，增长41%；绿地率由2005年的19.87%提高到36.05%，增长81%；人均公园绿地面积由2005年的5.5平方米提高到8.96平方米，增长63%。2010年9月3日，国家园林城市实地考查验收专家组根据国家有关标准，认定阳泉市达到国家园林城市标准。

国家卫生城市创建工作。2009年8月19日，阳泉市组建国家卫生城市创建办公室，正式启动创建国家卫生城市工作。创建办公室先后制定下发《创建国家卫生城市实施细则》《各行各业创卫达标标准》《阳泉市爱国卫生管理办法》《阳泉市城乡环境卫生清洁工程实施方案》

等文件和制度，并与市住建局、市精神文明办公室、市爱卫会等相关部门联合下发《关于各级文明单位积极投入创卫暨城乡清洁工程的通知》《爱护环境卫生倡议书》等文告，重点开展对城市街道、乡村场所、交通秩序等的治理整顿。创卫办组成督查组，采取巡查、暗访、抽查等方式对创卫和城乡清洁工程整治情况进行监督检查考评，并将检查考评结果在报纸和电视上进行公示，促进了全市创卫工作和整治活动的顺利推进。环卫建设部门先后投资近5000万元，建设有机生物处理厂和达标水冲式、生态式公厕，增建垃圾中转站，设置垃圾筒、果皮箱，更新环卫车辆设备，使全市环卫工作的硬件建设得到强化。至2010年，全市创卫工作取得阶段性成果。

国家环境保护模范城市创建工作。过去的阳泉市“城在矿中、矿在城中”，人多地窄，加上城市和工业的快速发展，环境问题逐年显现，污染问题日趋严重，人与环境矛盾突出。2004年，全国公布的117个污染严重的城市中，阳泉市排名倒数第三，被称为“黑三甲”。这顶“黑帽子”一度压得阳泉人喘不过气来。面对压力，市委、市政府痛定思痛，下决心真抓实干打响整治环境攻坚战。特别是进入“十一五”时期后，市委、市政府坚持环保优先的理念，把加强生态环境建设、促进可持续发展作为城市发展的首选目标和最终价值取向。带领全市人民狠抓治污减排、区域环境综合整治、水环境保护、工业企业达标提升、矿山生态恢复治理等工作，大力实施环保基础设施建设，在全省率先实施大规模的矸石山生态恢复治理，率先实现“县县都建成污水处理厂”的目标，率先实施电厂烟气脱氮。2009年，市委、市政府以“三城同创”为契机，出台《阳泉市创建国家环境保护模范城市工作方案》，进一步加大环境整治工作力度。经过全市上下的积极努力，阳泉市区二级以上天数由2005年的225天增加到2010年的348天，净增123天；空气污染指数由2005年的4.68下降到2010年的1.88，下降59.8%。2006年摘掉全国污染严重“黑三甲”城市的帽子，继2007年、2009年市区空气质量相继达到国家三级、二级标准后，2010年市区及各县区空气质量全部达到二级标准，在全省率先实现“县县空气质量达二级”的目标。2010年，经环保部核查认定，全市二氧化硫排放总量11.125万吨，化学需氧量排放总量0.968万吨，分别比“十五”末下降18.3%和13.6%，不仅连续五年完成省政府下达的年度减排任务，而且提前实现“十一五”减排目标。阳泉市的环保工作取得历史性突破，实现了由重污染城市向宜居城市跨越的重大转折。

第四章 思想建设

第一节 形势宣传

建市初期，围绕生产恢复和发展，以及人民政权的建立和巩固，市委注重在广大人民群众中宣传中国共产党的路线、方针和政策，并通过解决民众的生活困难和失业人员的就业问题稳定民心。土地改革运动中，组织开展关于《中国土地法大纲》的学习和宣传活动，并对毛泽东的《目前形势与任务》《中国革命与中国共产党》等文章加强学习，提高广大人民群众的政治觉悟。

中华人民共和国成立后，市委围绕各项中心任务，积极开展民主改革、镇压反革命、抗美援朝以及“三反”（反贪污、反浪费、反官僚主义）、“五反”（反行贿、反偷税漏税、反盗骗国家财产、反偷工减料、反盗窃国家经济情报）的宣传教育活动。在进行形势任务教育活动中，全市逐步形成以市级报告员、各级党的宣传员和基层读报员为网络的宣传队伍。1953 年党中央制定党在社会主义过渡时期的总路线，全市各级党的组织立即掀起宣传热潮，推动了对农业、手工业和资本主义工商业的社会主义改造。进入社会主义全面建设时期后，市委遵照上级部署在全市开展以“反对官僚主义、宗派主义和主观主义”为内容的整风宣传运动。“大跃进”时期，开展以社会主义建设总路线为主要内容的宣传教育，激发了广大人民群众加快建设社会主义的积极性。自 1960 年起，全市宣传教育工作的主要内容转到以农业为基础和对国民经济实行“调整、巩固、充实、提高”的八字方针上，全市经济开始转入调整的新轨道，农业生产开始回升，城乡居民生活水平也略有上升。但是党在政治上的“左”的错误并没有从根本上得到纠正，中共八届十中全会后，阳泉市和全国一样，逐步突出“以阶级斗争为纲”的宣传教育。“文化大革命”中，林彪、江青反革命集团猖獗作乱，颠倒了许多思想理论是非，严重破坏了党的思想建设。全市宣传部门的干部群众排除干扰，在宣传消除派性、增强党性、维护社会稳定方面做了大量工作，并取得一定成效。“文化大革命”结束后，党的思想建设工作进入新的历史发展时期。市委积极组织广大干部群众揭批林彪、江青反革命集团罪行，拨乱反正，正本清源，开展关于真理标准问题的大讨论，有力地破除了个人迷信，推进了思想解放，使实事求是、实践是检验真理的唯一标准的观点为广大党员干部和人民群众所接受，同时也为实行改革开放做了思想准备。

第二节　中心任务宣传

中共十一届三中全会后，市委在全市广大干部群众中着力宣传党的工作中心转移，从以阶级斗争为纲转移到以经济建设为中心上来，正确引导干部群众完整准确地把握毛泽东思想，坚持四项基本原则，大力解放思想，调动了广大干部群众建设社会主义的积极性。从1982年开始，积极宣传以家庭联产承包责任制为重点的农村改革，为农村土地承包制度改革创造良好的舆论环境，保证了党的各项政策在农村的落实，推动了农村改革的顺利进行。在城市，以扩大企业自主权、鼓励发展个体私营经济、破除“大锅饭”“铁饭碗”为重点，开展深入广泛的宣传教育活动，推动了全市城市经济体制改革的进行。1983年，市委作出《关于加强思想政治工作的决定》，召开了思想政治工作研讨会。之后，在全市扎实开展“四有”（有理想、有道德、有文化、有纪律）教育和轰轰烈烈的“五讲四美三热爱”（讲文明、讲礼貌、讲卫生、讲秩序、讲道德，心灵美、语言美、行为美、环境美，热爱共产党、热爱祖国、热爱社会主义）和争创文明单位活动，在全市营造了文明健康、积极向上的社会氛围。全市围绕学习贯彻党的改革开放基本路线，组建了由900余名报告员和5000余名宣讲员组成的宣传队伍，先后举办4000余场报告会和6000余期学习培训班，为保证党的路线、方针、政策的全面落实奠定思想基础。从1984年起，对全市在职干部进行正规化理论教育，开设的课程有《科学社会主义》《政治经济学》等，参加学习考试的干部有4万余人次，及格率达97%。1988年，市委组织了关于中共十三大精神的宣传教育，有4万余名党员干部参加学习培训。

市委积极宣传和贯彻党中央的正确决策，开展坚持四项基本原则、反对资产阶级自由化、维护安定团结的教育活动，而且把加强社会主义精神文明建设摆在突出位置。1990年，市委作出《关于当前加强宣传思想工作若干问题的决定》，全市90%以上的县级单位都制定了相应的实施方案和意见，全市 13 个县级党委恢复和新设党委宣传部，恢复和新建各类党校 110 所、党员活动室 1050 个。全市精神文明建设更加普及深入，同年成立市精神文明建设协调领导组，市委宣传部增设精神文明办公室，出台《关于加强社会主义精神文明建设的实施意见》，各县区也都先后成立精神文明建设职能机构。从 1995 年起，在全市实施爱国主义教育“4583”工程，编印了《阳泉市爱国主义教育通俗读本》，建成不同等级、不同特色的爱国主义教育基地 200 余个，形成爱国主义教育重点突出、分层推进的格局。加强理论、教材、制度和基地四项建设，开展廉洁奉公勤政为民、爱岗敬业、形势、德育和社会公德五项教育，组织开展塑造文明城市形象、爱我阳泉和社会治安模范城、双拥模范城创建等八项活动，实现典型上、活动上、氛围上的三大突破。1997 年中共十五大召开后，全市宣传工作围绕学习贯彻邓小平理论、“三个代表”重要思想和中央的政策方针展开，各级党委中心组以市、县（区）、乡（镇）党校为阵地，举办各种类型的研讨会、培训班，开展“解放思想、更新观念”等专题大讨论，多次组织开展理论学习“万人百题”答卷活动，全市干部群众的受教育面达到 85%。

2001 年，市委组织广大干部群众认真学习实践《公民道德建设实施纲要》和社会主义荣辱观，大力倡导公民基本道德规范，制定实施意见和工作方案，编印了《公民道德教育读本》《文明手册》等 11 种小册子，在广大人民群众中开展道德实践活动。2002 年中共十六大召开后，市、县（区）两级组成 60 个宣讲团，分赴企业、乡村、学校、社区，集中宣讲 900 余场次，直接受教育群众 50 余万人次。在《阳泉日报》上开设“阳泉人思想论坛”专栏，在全市广大干部群众中开展“当官为什么？”等大讨论，通过思想上的大交流、大讨论、大辩论，澄清糊涂认识，明确是非对错，指明正确方向，在全市营造了积极向上的良好氛围。先后举办“太行精神与振兴阳泉”等大型专题研讨活动，编印《理论与研究》《实践在基层》等研讨文集，促进了全市干部群众的理论学习。围绕“两路建设”“治理桃河”等重点工程，着力于解放思想、更新观念、促进发展的破题攻关，总结提炼出“太旧精神”“治桃精神”，为激励和鼓舞全市干部群众积极投身于赶超发展的进程之中提供了强有力的理论支持。2007 年中共十七大召开后，市委组成 10 个宣讲团分赴各县区和市直各单位宣讲 150 余场次，受教育群众达 5.2 万余人次。各县区和市直各部门组成近 60 个学习宣讲组，深入车间、班组、农户、社区、学校进行宣讲，受教育群众达 50 余万人次。《阳泉日报》、阳泉人民广播电台、阳泉电视台等新闻媒体通过学习动态的报道、学习体会和实践经验的介绍、理论问题的解疑释惑、贯彻实践的先进典型反映等多种宣传形式，为全市学习贯彻中共十七大精神和深入学习实践科学发展观活动营造了浓厚的舆论氛围，使十七大精神和科学发展观家喻户晓，深入人心。

第五章 组织建设

第一节 机构

民国36年（1947）5月，中共阳泉市委成立后即组建市委组织部。民国38年8月中共阳泉工矿区委组织部成立，内设组织科、干部科。1952年3月恢复为中共阳泉市委组织部，至1967年4月内设办公室、干部科、组织科、组织指导科、党员管理科、组织干部巡视组、党员登记组等。1967年4月中共阳泉市核心小组成立，1968年10月政工组成立，内设组织办公室。1970年12月中共阳泉市委恢复，1972年12月至1975年9月政工组改称政治部，内设组织办公室。1975年9月恢复中共阳泉市委组织部，内设办公室、干部办公室、组织办公室、监察办公室、审干办公室、编制委员会，市人事局与组织部合署办公。1978年增设老干部管理科。1979年撤销监察办公室。1980年3月人事局、编制委员会分出，为市革委工作机构。此后增设青年干部科、干部教育科，老干部管理科改为市委老干部局，由组织部代管。

1987年10月，市委明确组织部为市委工作部门，是市委主管党的组织工作、干部工作的职能部门和办事机构。内设办公室、调研室、干部科、组织科、干审科、青年干部科、干部教育科、知识分子工作办公室，代管市委老干部局。人员编制45名，设部长1名、副部长3名。1992年设立党员电化教育中心，为正科级差额事业单位，编制6名。1997年，内设办公室、调研室（中共阳泉市组织史资料征编办公室）、干部任免科、干部综合科、青年干部科、干部调查审理科、干部教育科、组织科，管理部门有市委老干部局。人员编制45名，设部长1名、副部长2名。事业单位党员电化教育中心性质由差额转为全额，编制5名。1999年增设企业干部科。2001年机构改革，组织部内设科室调整为办公室、研究室（中共阳泉市组织史资料征编办公室）、党政干部科、干部综合科（青年干部科）、企事业干部科、干部教育科（市知识分子工作领导组办公室）、干部监督科、组织科，部门管理单位有市委老干部局。部机关人员编制33名，设部长1名、副部长3名。同时，党员电化教育中心增加编制4名。

2002年，干部监督科同时挂举报中心牌子。2003年，党员电化教育中心增加编制1名，增加后编制总数为10名。2004年，增设市人才工作领导组办公室（2006年办公室主任按副县级配备，领导职数1名）。2006年，增设党员管理科，党政干部科挂市委组织部考核工作办公室牌子；同年成立信息中心，与党员电化教育中心合署办公，全额事业单位。组织部内设机构调整为办公室、研究室（中共阳泉市组织史资料征编办公室）、党政干部科（市委组织部考核工作办公室）、干部综合科（青年干部科）、企事业干部科、干部教育科（市知识分子工作领导组办公室）、干部监督科（市委组织部举报中心）、组织科、党员管理科、市委人才工作领导组办公室。部机关人员编制37名，设部长1名、副部长3名。2007年，干部监督科、干部教育科各增加编制1名。2008年，增设大学生村干部管理办公室，设主任1名，按副县级配备。调整后领导职数为6名，分别是部长1名、副部长3名、市委人才办主任1名、大学生村干部管理办主任1名。2009年，党员电化教育中心列为参照公务员法管理事业单位。

第二节　党员队伍建设

阳泉市建市前，党组织和党员数量不多。中共阳泉市委成立后，大力加强党的组织建设，学校、机关和一些厂矿企业陆续建起党的基层组织。1949年，随着市区的扩大，加之党组织的迅速发展，党员发展到4246名，其中当年所发展的党员就有458名。

为加强执政党建设，从1950年下半年开始至1954年12月，市委在全市各级党组织中开展整风及整党运动。在对党员进行登记、审查的同时，对个别犯有错误的党员进行了组织处理。在整顿党的基层组织的同时，又有计划地进行发展党组织和吸收新党员的工作。1952年至1955年共发展新党员2293名，平均每年发展573名。1956年，全市完成对农业、手工业和资本主义工商业的社会主义改造，开始全面建设社会主义的新时期。市委对基层支部不断进行整顿和加强，普遍建立“三会一课”（支部党员大会、支部委员会、党小组会和党课）活动制度，到1965年，全市党员发展到15185名。

“文化大革命”开始后，党员组织活动一度停止。1970年6月，再次开展“整党建党”工作。

1971年至1973年发展新党员5478名，平均每年发展1826名。“文化大革命”结束后，市委明确提出知识分子是工人阶级的一部分。各级党组织注重在知识分子中发展党员的工作，尤其注重发展生产第一线中有文化的先进青年入党，进一步改善了党员队伍结构，提高了党员队伍整体素质。在1981年至1986年新发展的党员中，高中以上文化程度的有3480名，占发展党员总数的53%；各类专业技术人员1837名，占发展党员总数的27.9%。

1984年末至1987年初，根据《中共中央关于整党的决定》和中共山西省委的部署，市委在全市分批开展整党工作。中共第十三次全国代表大会召开后，全市进一步加强基层组织和党员队伍建设。一方面严把“入口”关，1988年至1990年共发展党员4604名；另一方面对党员加强教育工作，严格组织生活制度，每年对党员进行一次民主评议。从1990年开始，在全市基层党组织和党员中推行目标管理制度。至1990年，全市党员发展到67097人。中共十四届四中全会召开后，市委突出“讲学习、讲政治、讲正气”这一主题，先后举办各级各类培训班，在全体党员中开展学习邓小平理论和《中国共产党章程》的“双学”活动。1995年至1997年，农村党建以加强乡镇党委建设为“龙头”，一手抓整顿，一手抓提高，分期分批整、建、帮、扶，圆满完成三年“整后”和半年集中整顿任务。从1996年起，市委每年以责任书的形式分解落实党建工作目标，年终检查验收，量化考核。

1999年4月至8月，在市级领导班子和党员领导干部中深入开展以“讲学习、讲政治、讲正气”为主要内容的党性党风教育，并在2000年3月中旬至4月中旬进行“三讲”教育“回头看”活动。2002年3月，制定下发《中共阳泉市委关于加强和改进党的作风建设的意见》。4月，下发《中共阳泉市委关于开展农村基层党组织建设“三级联创”活动的意见》。至2002年，全市共有党员88810名、党委168个、总支377个、支部4421个。2003年，阳泉市在广大农村党组织中进一步开展“三级联创”活动。2004年8月，阳泉市非公有制企业党建工作座谈会召开，推动了全市非公有制企业党建工作的开展。2005年1月，阳泉市5000多个基层党组织、9万多名共产党员在各级党委的领导和组织下，每批半年，分3批开展了以实践“三个代表”重要思想为主要内容的保持共产党员先进性教育活动。截至2005年，全市共有党员93028名、党组织5097个。2006年全市发展党员3167名。2007年发展党员3057名。2008年，全市培养入党积极分子10452名，发展党员3096名，全市党员总数达到99986名。在2008年四川汶川抗震救灾活动中，全市75246名共产党员自愿交纳“特殊党费”2352.97万元，支援灾区重建工作。

2009年3月到2010年3月，全市各级党组织和广大党员紧紧围绕“统筹城乡、率先转型、全面崛起、富民强市”主题，深入开展学习实践科学发展观活动，党员队伍素质明显提升。从2010年7月开始，全市5448个基层党组织和100456名党员通过公开承诺、领导点评、群众评议、评选表彰等方式，扎实开展创先争优活动，推动了科学发展，加强了党的基层组织建设。

第三节　干部队伍建设

中共阳泉市委成立初期，阳泉市的干部队伍基本上由各级党委和组织部门管理。1953年9月中央下发《关于加强干部管理工作的决定》，提出要在中央及各级党委的统一领导下，实行由中央及各级党委组织部统一管理的干部分级管理制度。按照文件要求，对县、区、乡干部进行分级管理。同时，注重干部管理的系统建设和配套制度的贯彻落实，先后制定和实行干部录用、考核、奖惩、培训、工资、交流、退休等制度，还在管好领导干部、管好党员、干部能上能下、选举制度、培养提拔新生力量等方面进行探索，一直延续到“文化大革命”前。“文化大革命”期间，干部制度建设遭到破坏，阳泉市的干部管理工作陷入无章可循、极度混乱的状态。

中共十一届三中全会以后，中央重新确立了正确的干部路线、方针和原则，全面落实干部政策。阳泉市各级党组织按照中央的要求，本着“实事求是、有错必纠”的原则，为“文化大革命”中遭受打击迫害和被错误下放的干部重新安排工作，为846名符合干部条件的“以工代干”人员办理了转干手续，对1000余名不符合干部条件的人员进行清退，为323名被错误按复员办理的军队干部改办转业干部身份，对1250余名用非所学的专业技术人员进行岗位调整。

从1984年开始，阳泉市各级党政机关进行机构改革。各级政府机关开始转变管理职能，精简合并一些重叠机构；废除领导职务终身制，建立正常干部退休制度；按照干部“革命化、年轻化、知识化、专业化”的要求和德才兼备的原则，选拔一大批优秀中青年知识分子走上各级领导岗位；按照“分级管理、层层负责”和“管少、管好、管活”的原则，适当下放干部管理权限，先后将乡（镇）党委书记、乡（镇）长下放由各县区自行管理，正科级干部下放由各单位自行管理。1989年，阳泉市通过公开考试的办法为市监察局补充工作人员10名，此为全市党政机关面向社会公开招考的首次尝试，也是全市党政机关补充工作人员推行“凡进必考”制度的开端。1990年、1991年，通过公开考试择优录用，市、县（区）两级13个行政部门共补充工作人员115名。2002年、2003年、2004年，全市先后3次面向社会公开招考，为各级行政机关补充公务员212名。从2006年起，开展从优秀村干部中考录乡镇公务员和事业单位人员工作，至2010年，先后录用157人，进一步改善了基层干部队伍结构。

1994年，阳泉市首次开展干部年度考核工作。此后，阳泉市的干部年度考核形成制度，并将考核结果作为调整班子、决定干部升降去留的重要依据。在逐步探索完善的基础上，2010年，制定了《阳泉市县（区）领导班子和市管干部年度目标责任考核评价实施办法（试行）》《阳泉市市管部门（机构、单位）领导班子和市管干部年度目标责任考核评价实施办法（试行）》和《阳泉市市管国有重点企业领导班子和领导人员年度综合考核评价实施办法（试行）》。

1995年，中央下发《党政领导干部选拔任用工作暂行条例》。2000年至2005年，中央又先后出台《深化干部人事制度改革纲要》《党政领导干部选拔任用工作条例》《党政领导班子后备干部工作规定》等。阳泉市认真贯彻中央精神，积极探索干部人事制度改革的方法和途径，大力推进干部人事制度改革，先后出台《县级党政领导干部任职试用期暂行办法》《市管党政干部谈话制度》《干部考察工作责任制（试行）》《县级非领导职务人员管理暂行办法》《县级党政领导干部任职试用期暂行办法》和《关于培养选拔女干部、发展女党员2001—2005年工作意见》等，严格按照民主推荐、组织考察、充分酝酿、集体讨论、依法任职的程序选人用人，干部选拔任用工作步入规范化、制度化、程序化的轨道。1995年、1999年、2006年，采取民主推荐与考试、考察相结合的“一推双考”办法，先后3次公开选拔后备干部1137名，其中正县级后备干部115名、副县级后备干部752名、企事业后备干部270名。2000年至2005年，公开选拔县处级干部87名、科级干部115名，占到同期提拔干部总数的63.6%。在2001年机构改革中，有46个部门的1612个科级岗位实行竞争上岗，占到市直机关科级干部岗位总数的85.4%。2000年至2005年，有326名县级干部拟任人选和1018名科级干部拟任人选通过新闻媒体向社会公示， 接受社会监督。2002年10月，首次采取市委常委会议提名、市委全委会审议和无记名投票表决的方式，选配了矿区区委书记和平定县、盂县、城区的县（区）长的拟任人选和推荐人选。2003年6月至7月，城区、矿区区委分别召开全委会，以无记名投票表决的方式，通过15名街道办事处党政正职拟任人选和推荐人选。阳泉市开始全面推行全委会票决县区、乡镇（街道办事处）党政正职制度。

2006年，市、县（区）、乡（镇）三级党委换届。2007年4月至6月，市、县（区）两级人大、政府、政协和乡镇人大、政府换届。换届后，县区党委班子成员共52名，比换届前减少3名；县区人大、政府、政协和法检“两长”共设领导职数90个，比换届前减少10个，实际配备87名领导干部；党政领导班子成员交叉任职13名，从乡镇等基层一线提拔的干部占同期提拔干部总数的五分之一。新一届县区班子年龄结构、文化结构得到进一步优化，学历层次进一步提高，整体功能进一步增强。乡镇党委班子成员共有271名，比换届前减少44名；党政班子成员交叉任职总数比换届前增加22名。

2008年，围绕提高选人用人公信度这个主题，在选人用人制度、方式、程序等方面进行大胆探索，不断总结完善干部人事制度改革的经验和做法。调整配备领导干部243名，其中提拔110名、平职交流调整73名、安置团职军转干部8名，其他调整配备52名。2009年，坚持干部队伍“四化”方针和“德才兼备、以德为先”的用人标准，加大培养选拔优秀年轻干部力度，完成对机构改革领导班子选配工作，全年调整94名县级干部。2010年，在全面实行县（区）委常委会任免干部票决制工作的基础上，出台《关于实行和完善县（区）委常委会任免干部票决制的指导意见》。全市5个县区共对130名科级干部进行票决，其中提拔42人、平职调整88人。

在领导班子和干部队伍建设中，市委不断强化理想信念教育、宗旨教育、民主集中制教育和廉洁从政教育。建立“阳泉干部在线培训网站”，依托南开大学、清华大学等高校培训干部，增加新知识、新理念、新思维的培训内容，拓宽了广大干部的视野。2006年至2010年，全市共举办各类培训班168期，累计培训干部3.17万人次。下发《关于进一步加强县级党政领导班子思想政治建设的意见》，健全完善上级党委指导下级党组织民主生活会制度，进一步加强对县级党委、党组民主生活会监督指导力度。贯彻中央和省委组织部关于干部学习考核、民主测评、民意调查、考评结果应用等规定，进一步规范选用干部的初始提名、民主推荐、考察评价、讨论酝酿、集体研究等程序。健全科级干部任期报告审核制度、领导干部个人有关事项报告制度、经济责任审计制度等，在各县区推行“一报告两评议”（地方党委常委会向全委会专题报告年度干部选拔任用工作情况，全委会委员对干部选拔任用工作进行民主评议，全委会委员对本级党委新提拔的党政主要领导干部进行民主测评）制度，加强干部监督管理。

第四节　人才工作

2004年4月，市委成立人才工作领导组，统一领导和协调全市的人才工作。同年11月，阳泉市第一次人才工作会议召开，下发《关于进一步加强人才工作的实施意见》，重奖和表彰了一批优秀人才和人才工作者。随后，下发“市委人才工作领导组工作职责”“市委人才工作领导组议事规则”和“市委人才工作领导组成员单位职责”，并认真执行，逐步形成“四管”（管宏观、管政策、管协调、管服务）、“六抓”（抓人才战略研究、抓整体规划制定、抓重要政策统筹、抓创新工程策划、抓重点人才培养、抓典型案例宣传）的人才工作机制。

全市各级党委、政府高度重视人才培训工作。“十五”期间，共举办各类培训班1200余期，

6万余人次参训。先后从全市各级党政机关选派400余名优秀青年干部到经济发达地区和基层挂职锻炼，从企事业单位选派300余名不同层次的管理人才到国内外知名院校进修深造，培训农村实用人才和农村劳动力1.8万余人次。开展“名师育才”工程，市级专家共与193名培养对象结成师徒关系。从2004年开始，市委、市政府实施“一村一名大学生计划”“农村劳动力转移培训计划”“蓝色证书”“绿色证书”等培训工程后，农村实用人才队伍建设走上大规模、群体性、高起点、适用化的轨道。在平定县、盂县、郊区建立6个农村实用人才培养示范基地，每个示范基地每年培训农村实用人才300人以上，农村党员干部和大学生村干部达到60人以上。与此同时，市政府先后从清华大学、北京大学等高等院校和中科院等科研机构聘请知名专家教授为顾问，形成市级重大决策的咨询机构和智囊团；通过有偿服务和柔性流动方式引进部分阳泉市紧缺专业的硕士生和博士生。2005年，市委组织部牵头建立阳泉市高层次人才库，分为本地人才库和阳泉籍海内外高层次人才库两大类。

1991年，阳泉市评选出首届享受市政府特殊津贴拔尖人才37名。1999年，评选出第二届享受市政府特殊津贴拔尖人才54名。2006年，市委、市政府制定出台《阳泉市“十一五”人才发展规划纲要》，并评选出第三届享受市政府特殊津贴拔尖人才103名，其中专业技术人才70名、经营管理人才17名、技能型人才6名、农村实用人才10名。2007年、2008年全面启动省、市两级党委联系高级专家制度，推荐产生16名省委联系的高级专家，与原有的103名拔尖人才合称为市委联系的高级专家，同时制定了《市级专家管理暂行办法》。编印了《阳泉市优秀人才事迹选编（上、下）》系列书籍，拍摄了宣传优秀人才的电视专题片在阳泉电视台播出，对全市第五届职工技术大赛选出的26名“首席员工”进行表彰奖励，在全市营造了尊重人才的浓厚氛围。

“十一五”时期，阳泉市委以科学人才观为指导，党委对人才工作的领导进一步加强。2010年全市第二次人才工作会议召开，下发《阳泉市中长期人才发展规划纲要（2010—2020年）》，提出全市人才发展的指导思想和发展目标，明确了人才队伍建设的主要任务，明确突出抓好高层次创新创业领军人才、适应产业转移的承接型人才和重点领域急需紧缺人才的开发，同时确定实施10项人才开发重点工程。在此基础上，各县区分别制定出台中长期人才发展规划纲要。与此同时，针对专业技术人才队伍建设，市委专门出台《阳泉市专业技术人才队伍建设中长期规划（2011—2020年）》，全市上下形成规范有序、衔接配套的中长期人才规划体系，为全市人才长远发展提供了制度保障。

第六章 宣传工作

第一节 机 构

市委宣传部是中共阳泉市委主管意识形态工作的部门，民国36年（1947）5月阳泉建市后，中共阳泉市委就设置宣传部。民国38年8月，中共阳泉市委改为中共阳泉工矿区委，市委宣传部改为中共阳泉工矿区委宣传部，内设宣传股、教育股，1951年改设为宣传科、教育科、并增设理论研究室。1952年3月，中共阳泉工矿区委改为中共阳泉市委，中共阳泉工矿区委员会宣传部又改为中共阳泉市委宣传部，内设办公室、宣传科、干部科、文艺科、理论研究室、教育科等，并代管中苏友好协会阳泉分会和《职工报社》。1968年9月，中共阳泉市核心小组设立政治部，政治部设有宣传办公室。1975年9月8日政治部撤销后恢复宣传部，内设理论教育科、宣传科、新闻科。1976年10月，内设科室增加办公室、党员教育科、干部管理科、文艺科。1990年，市委组建阳泉市精神文明建设协调领导组，并在宣传部设精神文明建设指导委员会办公室作为其办事机构。1995年增设对外宣传科。1997年1月，内设科室调整为办公室、调研室、干部科、宣传科、文化科、理论科、新闻科，文明办升格为正县级建制，市委宣传部代管。2001年机构改革，文明办调整为宣传部内设科室。2008年7月，增设网络宣传管理科。截至2010年12月，内设科室无变化，人员编制为26名，设部长1名、副部长3名。

市委宣传部下属事业单位有中共阳泉市委讲师团、阳泉市新闻中心、阳泉市思想政治工作研究会办公室。

市委讲师团是中共阳泉市委专门负责全市在职干部理论教育工作的职能部门，成立于1984

年5月，正县级全额事业单位，2009年7月参照公务员法管理。至2010年，内设办公室、教研室和理研室，人员编制11名，其中管理人员10名、工勤人员1名。

市新闻中心是市委、市政府新闻工作的对外报道和协调管理机构。前身为市委通讯组，成立于1984年，为副县级全额预算事业单位。1997年机构改革中，市委通讯组改为市新闻中心，升格为正县级全额预算事业单位。2009年7月参照公务员法管理，内设办公室、通讯科，人员编制11名，其中管理人员7名、工勤人员4名。

市思想政治工作研究会前身为市职工思想政治工作研究会，成立于1984年3月。2007年7月更名为市思想政治工作研究会，正科级，人员编制2名。

第二节 理论武装

一、理论学习

全市宣传部门始终坚持“科学理论武装”的原则，围绕中央制定的路线方针政策以及省委、市委确定的中心工作，按照“提高认识、统一思想、促进发展”的要求，指导、协调和服务全市的理论学习，不断开创全市理论工作新局面。

在依托中心组各级领导干部学习的同时，采取办班轮训、全脱产集中学习、专题研讨、召开经验交流会等多种形式，抓好以县处级干部为重点的广大党员干部的学习。设立县区委理论学习中心组专项经费，列入财政预算，专项经费每年不少于2万元，并按各县区财政收入增长比例逐年递增，为党委中心组理论学习提供了经费上的保障。在历次党的全国代表大会召开后，都要举办学习贯彻会议精神的理论骨干培训班。各县区、市直各单位通过办班培训、举办讲座等形式广泛深入地进行学习宣传。各级理论工作者注重贴近生活、贴近群众、贴近基层，创新宣传形式，推动党的创新理论进企业、进社区、进农村、进学校、进军营。进入21世纪，全市干部群众通过各种方式开展理论学习，受教育面在85%以上。同时继续运用典型引路、推广试点经验的办法，推动全市青年学理论工作。多次组织全市党员干部开展理论学习“万人百题”答卷活动，紧紧围绕邓小平理论、“三个代表”重要思想、学习实践科学发展观等主题，突出把握理论精髓，解放思想，更新观念，先后举办阳泉市学习贯彻中共十七大精神、纪念改革开放30周年、中华人民共和国成立60周年知识竞赛等活动，全市10万余名党员干部和群众参加知识竞赛，进一步推动了理论学习，形成热潮。特别是中共十六大召开后，围绕学习贯彻邓小平理论、“三个代表”重要思想和科学发展观，对全市县处级领导干部、党外干部、中青年干部，尤其是理论骨干进行系统培训。同时，不断开展各种理论研讨活动，根据各个历史时期的理论特点，在全市先后开展“当官为什么”“走出山西学本事，干在阳泉建强市”“振兴阳泉经济”等大讨论，市四大班子领导带头参与，撰写文章，发表观点，引导和促进了思想观念的更新。

二、理论宣传

全市宣传部门从适应发展变化的新形势和群众对理论宣传的新要求出发，抓住群众关心的热点问题，抓住全市改革开放和经济建设的实践问题，充分发挥新闻媒体理论宣传的主阵地作用，组织《阳泉日报》、阳泉人民广播电台、阳泉电视台、阳泉信息网开办理论专版、专栏、专题节目，播发了大量稿件，提高了理论宣传的感染力和说服力，在全市营造了学习理论的浓厚氛围。仅2009年在新闻媒体上开办的各种形式的专版、专栏、专题节目就达300余期，刊播稿件500余篇，内容包括理论问题解惑、学习动态、学习体会、实践经验、先进典型等。在深入学习实践科学发展观活动中，全市宣传部门坚持和发扬理论联系实际、思想教育与典型示范相结合的工作特色，理论和新闻两大部门联手合作，深入基层，深入实际，及时总结并树立先进典型，用身边的事教育身边的人。先后选树郊区枣园村党支部书记马玉田、平定县西回村党支部书记田计罗、盂县西潘乡党委书记武雪、市第三人民医院护士陶蓉等先进人物，并组成“三个代表”重要思想报告团到各县区进行巡回报告，使中国特色社会主义理论体系深入到群众，落实到基层，增强了理论学习的感染力和感召力。中共十七大召开后，组成10个宣讲团，由四大班子领导带队，分赴各县区和市直各单位、企业、乡村、学校宣讲十七大精神150余场次，直接受教育群众达5.2万余人次。各县区和市直各部门组成近60个学习宣讲组，深入到车间、班组、农户、社区、学校进行宣讲，受教育群众达50余万人次，使十七大精神家喻户晓、深入人心。

三、理论研究

各级宣传部门紧密结合全市经济建设的实际，加强对新情况新问题、前瞻性战略性、理论性政策性课题的研究，着眼于新的实践和新的发展，着力于解放思想、更新观念、促进发展等方面的课题研究，进行破题攻关，积极为市委、市政府的重大部署提供理论支撑和决策咨询。围绕“太旧高速”“治理桃河”等重点工程，提炼出“太旧精神”“治桃精神”，为激励和鼓舞全市干部群众积极投身于赶超发展的进程之中提供了强有力的理论支持。广泛开展以挖掘“阳泉人”的精神内涵、促进“阳泉人”整体素质不断提高为主题的“阳泉人”大型系列活动，促进全市理论研究工作向更深层次推进。通过理论联系实际的学习，全市发展思路进一步明晰，各级干部的理论水平得到提升，敢想、敢干、会干的能力进一步增强，推动了全市经济社会的发展。在第三届至第十届全省精神文明建设“五个一工程”评选活动中，阳泉市共有8篇优秀理论文章获奖。与此同时，全市社科研究进展顺利，先后举办5届全市优秀社科成果评审活动，有96项成果参评，指导和促进了全市全面建设小康社会的实践，加快了社科研究成果向现实生产力的转化。

2004年后，先后组织召开“全市纪念邓小平同志诞辰100周年”“纪念山西争矿运动100周年”“坚持科学发展 共建和谐阳泉”等理论研讨活动，组织各县区、各有关部门、社会各界人士，围绕主题，结合实际，深入调研，效果良好。相继编印出版了《理论与实践》《抗战中的阳泉》《山西争矿运动史料与研究》《阳泉市“十一五”规划百题问答》《“鲁尔之梦”》等书籍，为阳泉市的经济发展和社会进步提供了精神动力和智力支持。

第三节 新闻宣传

一、阵地建设

民国37年（1948）3月16日，市委开始创办机关报——《阳泉职工报》。后报纸名称几经变更。1988年元旦更名为《阳泉日报》。1995年新建阳泉日报社新闻大楼。2003年印刷出版彩色报纸。2005年建成新闻采编电子网络系统，实现无纸化编辑。经过60年的发展，《阳泉日报》由最初的小报小刊发展到对开4版的大报。2006年1月1日晚报版扩版。同年，《阳泉日报》开办“阳泉新闻网”网站，在盂县、郊区、平定县设立记者站。

1970年，阳泉电视事业开始起步。经过40年的发展，由原来单一的1个电视台发展到2010年转播40多套电视节目、自办5套电视节目，集广播、电视、有线网络、广告经营于一体的大广电，初步具备现场录播能力，广电网络实现市、县（区）、乡（镇）、村四级贯通和全程信号传输，广播电视覆盖率达100%，全市光缆主干线累计1355千米，有线网络用户20.86万户。2008年，集广播、电视、网络等多种功能于一体的综合性业务大楼——市广电大楼建成投入使用，工程历时5年，投资6500余万元。

二、舆论引导

全市新闻宣传部门加强新闻管理，完善了新闻通气会、新闻发布会、新闻报道方案报审等多项工作制度，建立健全新闻发言人制度和重大突发事件快速反应机制，严格新闻阅评制、总编（台长）负责制、监督稿件三审制、报道差错追究制等制度，整顿全市的新闻采访车辆，确保新闻宣传导向正确、基调平稳和提法准确，维护了新闻秩序和新闻安全，在全市营造了全面建设小康社会的浓厚氛围。围绕市委、市政府的中心工作和重点工作，加大对经济发展、社会进步，特别是建设小康社会、构建和谐社会的宣传报道，组织集中性战役宣传和全面立体宣传。为进一步加强对全市新闻工作的引导，在新闻战线组织开展了多项主题活动。1997年开始，每年评选一次“阳泉新闻奖”。1998年，开展“百名记者下基层”大型采风活动。2005年，开展“供电杯”凡人新事现场新闻竞赛。2006年，开展“共建和谐社会县区行”新闻采风活动，促进了新闻宣传报道质量的提高，展示了阳泉经济发展和社会进步的全貌。

三、省内外媒体宣传

依托省内外媒体，宣传阳泉改革开放后取得的建设成就，宣传阳泉文明开放良好形象，扩大了阳泉市在国内外的影响。特别是进入21世纪后，每年在《人民日报》、中央电视台等国家级媒体播发稿件近50条，在《山西日报》、山西人民广播电台、山西电视台等省级新闻媒体播发稿件800余条。2004年，启动“让阳泉走向世界，让世界了解阳泉”大型系列主题活动。2005年，《人民日报》大幅报道阳泉市纪念抗战胜利60周年活动盛况，《经济日报》宣传阳泉市经济建设和社会发展取得的重大成就。2006年，抓住“平遥国际摄影节”举办的有利时机，开展第二届“中外记者摄影家看阳泉”对外交流和宣传活动。2007年，举办“中国报业百家老总看阳泉”活动，宣传效果良好。2008年，先后组织香港时事评论员访问团和全国“网络媒体山西行”考察团到阳泉市采访，对阳泉内涵丰富的人文、历史、民俗进行宣传，人民网、搜狐网、凤凰网等36家网络媒体进行了宣传报道，先后刊发《坚持科学发展 建设让人民群众满意的阳泉》《煤城发展观——看阳泉如何实现资源型城市转型》等稿件118篇，全国网络媒体广泛转载。香港凤凰卫视评论部副总监、评论员何亮亮撰写的《从阳泉北山公园看山西》发表在2008年9月25日香港《文汇报》上后，迅速被多家知名媒体转载。省委书记张宝顺阅批后在《山西日报》头版配编者按全文转发，对于展示阳泉、宣传山西起了积极作用。2010年，在盂县藏山举行《赵氏孤儿》电影启程大典，200余名中央、省、市媒体记者到场采访，共在各级媒体发稿200余条。

2006年，阳泉市委宣传部被中宣部确定为舆情信息直报点。至2010年，平均每年向中宣部报送舆情信息3000余条，采用300余条，其中被中央领导和中宣部领导批示20余次，连续5年被中宣部授予“舆情信息工作先进单位”称号。

第四节 精神塑造

一、爱国主义教育

阳泉市根据各个历史阶段思想教育的特点，借助党的生日和其他重大节日，组织开展各种纪念活动和主题教育活动，弘扬了爱国主义精神。1992年，在全市组织开展了社会主义教育活动。从1995年起，在全市实施爱国主义教育“4583”（理论建设、教材建设、制度建设和基地建设4项基础建设；廉洁奉公和勤政为民教育、爱岗敬业教育、形势教育、德育教育、社会公德教育5个主题教育；市文明办组织开展“塑造城市形象、爱我阳泉”主题教育活动，政法部门组织开展“社会治安模范城”主题教育活动，民政部门组织开展“双拥模范城”主题教育活动，文化部门组织开展“写阳泉、说阳泉、唱阳泉、爱阳泉”主题教育活动，教育部门组织开展“爱祖国、爱集体、爱学习”主题教育活动，市总工会组织开展“心系祖国、奉献在岗”主题教育活动，团市委和市少工委组织开展“爱国、成才、奉献”主题教育活动，市妇联组织开展“爱我中华爱我家”主题教育活动8项活动；典型上突破、活动上突破、氛围上突破3个突破）工程。1995年阳泉市建成百团大战纪念馆，1997年百团大战纪念馆（碑）入选中宣部命名的全国首批“百个爱国主义教育示范基地”，2010年对百团大战纪念馆（碑）进行了改扩建。2005年将原来位于市区的烈士陵园迁至狮脑山百团大战纪念地，成为全市人民缅怀革命先烈、进行革命传统教育的重要阵地，每年接待干部群众近10万人次。从2005年起规划实施红色旅游工程，与市旅游局联合推出红色旅游景点组合，在中小学生中组织开展红色旅游活动，丰富了爱国主义教育的方式和内容。至2010年，全市形成爱国主义教育重点突出、分层推进的格局，建成不同等级、不同特色的爱国主义教育基地200多个，初步形成市、县（区）、乡（镇）三级爱国主义教育基地网络，并编印了《阳泉市爱国主义教育通俗读本》。

二、公民道德建设

2001年9月20日，中共中央颁布实施《公民道德建设实施纲要》后，阳泉市及时制定下发《中共阳泉市委关于贯彻落实〈公民道德建设实施纲要〉的意见》，要求全市各级各部门充分认识

能机构。1991 年出台《阳泉市文明单位（村）管理办法》，命名全市首批市级文明单位 22 个、市级文明村 9 个，全市精神文明创建工作范围逐步扩大，活动日趋规范。1996 年，中共十四届六中全会作出《关于加强社会主义精神文明建设若干重要问题的决议》。同年，《中共阳泉市委贯彻〈中共中央关于加强社会主义精神文明建设若干重要问题的决议〉的实施意见》出台，撤销市精神文明建设协调领导组，成立市精神文明建设指导委员会，市委书记担任主任职务，各相关单位一把手任委员，加强对全市精神文明建设工作的领导和指导。同时，提升精神文明建设指导委员会办公室（简称文明办）的行政规格，为精神文明创建活动提供了组织保证。

阳泉市的精神文明创建工作成绩显著，得到中央和省委的认可。1990 年 10 月，在湖南长沙召开的全国精神文明建设活动工作会议上，阳泉市以《加强职业道德建设，努力提高人的素质》一文进行了书面经验交流。1991 年，阳泉矿务局机修厂、平定县里社村和盂县乌玉村被省委、省政府命名为“首批省级文明单位”“首批省级文明村”。1992 年，阳泉市确立了以“创建全国文明城市”为目标、全面引深各项精神文明创建活动的工作思路，在全市开展“创三优”（优美环境、优良秩序、优质服务）文明城市竞赛活动，通过加强设施建设、促进管理优化、倡导行为文明，做到城市文明程度和市民文明素质同步提高。1997 年 2 月，省委、省政府在阳泉市召开创建文明城市现场会，对阳泉市的精神文明建设工作给予肯定。1999 年，郊区被命名为“全国文明示范县（区）”，市自来水公司、建行阳泉分行、郊区荫营镇、平定县冶西村被命名为首批“全国精神文明建设先进单位”。

进入 21 世纪，市委、市政府将精神文明建设摆到全局工作的重要位置，群众性精神文明创建活动以文明城市、文明村镇、文明行业为载体蓬勃开展，精神文明建设保持了强大的生机和活力。一是创建文明城市工作强力推进。2001 年，市委、市政府制定《阳泉市 2001—2005 年创建文明城市规划纲要》，明确了实施“铸魂、秀美、形象、连心”四大工程的任务目标。2003 年，市委九届五次全会提出建设“富裕阳泉、文明阳泉、生态阳泉、诚信阳泉”的奋斗目标，使创建文明城市工作有了更高的定位。同年，市委九届六次全会通过《中共阳泉市委关于建设文明阳泉，进一步加强精神文明建设的决定》，将创建文明城市工作摆到更加突出的位置。2005 年，阳泉市被命名为首批“山西省创建文明城市工作先进城市”。从 2009 年开始的以创建“国家园林城市、国家级卫生城市、国家级环保模范城”为目标的“三城同创”活动，将全市的创建文明城市工作推向一个新的高度。二是创建文明村镇工作成效显著。全市紧紧围绕提高农民素质、全面建设小康社会、促进共同富裕、推进农村现代化的目标，不断创新活动载体，组织开展了一系列各具特色、行之有效的活动，全市农民的精神面貌有了可喜的变化，道德素质有了进一步提高，乡村环境有了进一步改善，广大农村社会安定、经济稳步发展。先后制定下发《中共阳泉市委关于进一步加强农村精神文明建设的意见》《中共阳泉市委、阳泉市人民政府关于深入开展文明生态村镇创建工作的实施意见》，出台《阳泉市文明生态村量化考核标准》《阳泉市创建文明生态村以奖代助办法》，修订了《阳泉市文明村镇创建管理规定》《文明村镇考核实施细则》等，召开了全市农村创建文明村镇现场观摩、经验大会。全市农村普遍制定了《村民文明守则》和《村规民约》，“十星级文明户”（爱国守法星、诚信友善星、勤劳敬业星、团结和睦星、科技致富星、优生优育星、孝老爱亲星、文化教育星、清洁卫生星、移风易俗星）创建活动普遍开展，农户参评率在97%以上，科学、文明、健康的生活方式逐步成为广大农民的自觉行为。至2010年，全市2个村镇获“全国文明村镇”、2个村镇获“全国创建文明村镇工作先进村镇”，5个乡镇和16个村获“省级文明村镇”称号。三是创建文明行业工作拓展深化。以创建文明单位为载体，以“服务人民，奉献社会”为宗旨，条块结合，上下联动，创建文明行业活动热潮迭起。制定了《阳泉市关于开展创建文明行业活动的实施意见》，先后两次对《阳泉市文明单位管理办法》进行修订，推出一批星级文明单位。在窗口行业广泛推行“公示制”“服务承诺制”“首问负责制”，要求全市各单位在创建高标准文明单位的基础上创建文明行业。文明单位阵地建设进一步加强，所有省级文明单位、93%的市级文明单位全部设立图书阅览室、文体活动室，成立了文明市民学校。在主要媒体开设“行风热线”，由窗口单位负责人现场解答群众关注的热点、难点问题。围绕建设“学习型机关”“服务型政府”，各级党政机关广泛开展“创建文明机关”“政风行风评议”“做人民满意的公务员”等创建活动，积极推行政务公开，简化办事程序。非公有制经济组织的精神文明建设工作得到加强，“安全文明小区”“军民共建先进单位”“诚信单位”“青年文明号”“文明风景区”等创建活动都取得较好成绩。至2010年，全市共创建“全国文明单位”5个、“省级标兵文明单位”13个、“省级文明单位”41个、“省级军民共建先进单位”6对、“省级文明风景旅游区”2个、“市级文明单位”217个。

第七章 纪律检查

第一节 机 构

中共阳泉市纪律检查机关成立于1950年6月。当时，由于阳泉市改为工矿区建置，故名为中共阳泉工矿区委纪律检查委员会。1952年3月阳泉恢复市建置后，改名为中共阳泉市委纪律检查委员会。1955年10月改为中共阳泉市委监察委员会。“文化大革命”中，纪检机构一度被撤销。进入社会主义现代化建设新时期后，党的纪律检查机构进一步强化，1979年7月重新设立中共阳泉市委纪律检查委员会筹备组。1983年8月正式恢复，并更名为中共阳泉市纪律检查委员会。

阳泉市的行政监察机构最早成立于1952年，1959年7月撤销。1988年1月24日恢复成立阳泉市监察局，内设1室3科，即办公室、信访科、监察科、审理科，全局人员编制20名。1989年8月11日至9月30日，市监察局会同市委组织部、市人事局打破市、区、县地域界线，打破企业干部与行政事业干部界限，按照“公开、平等、竞争、择优”的原则，通过考试、考察公开选拔了10名监察干部，充实了监察队伍。1989年，市监察局内设科室调整为2室5科，即办公室、政策研究室、监察一科、监察二科、审理科、信访科、人事教育科，人员编制30名。

1993年4月，根据市委、市政府阳发〔1993〕10号文件精神，中共阳泉市纪律检查委员会和阳泉市监察局合署办公，同时阳泉市监察局更名为阳泉市监察委员会，实行一套人马、两个机关名称，履行党的纪律检查和政府行政监察两项职能。2008年5月，阳泉市监察委员会又更名为阳泉市监察局，仍然与中共阳泉市纪律检查委员会合署办公。

2010年，阳泉市纪委、监察局编制71名，其中行政编制54名、全额事业编制17名。内设办公厅、宣教政研室、党风廉政建设室、案件审理室、信访室（举报中心）、干部室、纪检监察室、执法监察室、纠正部门和行业不正之风室、监察综合室、行政效能监察室、案件管理室、农村党风廉政建设室和干部培训部（机关后勤服务中心）14个室（部）。

第二节　主要工作

一、党风党纪教育

中共阳泉市纪律检查委员会成立后，始终围绕党的中心工作，重点教育党员模范遵守党纪国法，防止少数人因革命胜利产生贪图安逸、停滞不前的思想。1953年，针对部分资本家用“糖衣炮弹”拉拢、腐蚀党员干部的现象，紧密配合党政部门开展了全市性的党员学习活动，要求党员联系“三反”（反贪污、反浪费、反官僚主义）和“五反”（反行贿、反偷税漏税、反盗骗国家财产、反偷工减料、反盗窃国家经济情报）运动中揭露出来的事实，结合个人思想，自觉抵制资产阶级思想的侵蚀，击退资产阶级向党的进攻。1956年8月，针对当时监察干部思想政策水平低、工作被动且盲目的状况，组织全市监察干部学习中央监察委员会编印的《党的监察工作》。1965年，组织全市监察干部学习《愚公移山》《纪念白求恩》《关心群众生活　注意工作方法》等文章。

1978年6月，各级党委恢复定期民主生活会制度，各种违纪现象受到党纪党规的制约，党风发生明显转变。1979年至1980年，各级党的组织通过开展“三会一课”（定期召开支部党员大会、支部委员会、党小组会，按时上好党课）活动，广泛开展《关于党内政治生活的若干准则》的教育。1984年，组织学习《光明日报》“把支持改革作为纪检工作的重大任务”等专稿文章。同时，加强对广大党员的党性党风党纪教育。1986年，重点解决党员干部政治、工作、人事、组织纪律中存在的问题。1987年，围绕支持改革开放和继续促进全市党风根本好转，在全市党员干部中有针对性地开展了反腐败教育。1990年，针对东欧剧变和苏联解体的国际形势，在全市组织国际、国内形势报告会，80%的党员受到反对资产阶级自由化、坚持四项基本原则的教育。1992年，在全市范围内开展警示教育，宣传先进典型，剖析反面典型案例，用身边的事教育身边的人。1994年，以《反腐倡廉教育讲话》《领导干部读本》和《三晋风范》为教材，对全市党员干部进行廉洁自律教育。

1997年中共十五大召开后，在县级以上党政机关和领导干部中开展以“讲学习、讲政治、讲正气”为主要内容的党性党风党纪教育，开展学习孔繁森、郑培民等先进人物的活动，并运用成克杰、胡长清、李真等反面典型开展警示教育。2002年中共十六大召开后，以开展保持党的先进性教育活动为契机，先后开展“做表率、树形象，清清白白当公仆”“树荣辱观、唱廉政歌”“知识竞赛”等一系列教育活动，掀起学习贯彻党纪条规和《惩防体系实施纲要》的热潮。同时，深入开展廉政文化进机关、进学校、进企业、进社区、进农村、进家庭活动，在全市营造了“以廉为荣”的浓厚氛围。2007年中共十七大召开后，先后举办“正气清风”文艺晚会和“廉政之声”演唱会，组织了反腐倡廉平面公益广告、电视公益广告和廉政短信大赛等活动。在市区主要街道和公交候车亭设置廉政公益广告，在重点路段制作巨型反腐倡廉公益广告牌，定期发送廉政信息，多视角温馨提示党员干部注重廉洁自律。为纪念党的纪律检查机关恢复重建30周年，2008年，阳泉市组织开展了书画摄影展、反腐倡廉理论研讨会等一系列活动，全面总结党的纪律检查机关反腐倡廉的成功经验；10月21日，在《阳泉日报》上发表《高举伟大旗帜、不断探索创新，把反腐倡廉建设提高到新水平》一文。2010年1月，中央印发《中国共产党党员领导干部廉洁从政若干准则》后，阳泉市委、市纪委将《中国共产党党员领导干部廉洁从政若干准则》纳入市管干部培训班必学内容，全市各级各部门多形式集中开展了贯彻实施《中国共产党党员领导干部廉洁从政若干准则》工作，广大党员干部遵守“8个禁止、52个不准”的自觉性进一步增强。

二、党内监督

中共阳泉市纪律检查机关成立后，始终把加强党内监督促进领导干部廉洁自律工作放在重要位置。1983年，中共阳泉市纪律检查委员会恢复重建后，加大力度，加强党内监督工作。1987年至1991年，落实中央纪委下发的《关于对党员干部加强党内纪律监督的若干规定（试行）》，党内监督进一步加强。1993年至2002年，先后开展清理机关干部经商办企业和党政机关兴办经济实体工作，解决了181名机关干部参与经商办企业的问题，清理党政机关兴办的各类经济实体86个；开展引深干部廉洁自律、减轻企业负担专项清理工作，清退机关占用、借用企业钱物176万余元，签订还款协议金额计440多万元；开展清理通信工具专项工作，对违反规定配置的移动电话进行拍卖、清退，对公款安装的电话实行限额报销话费或转为自费；开展制止用公款“吃喝玩乐”和“一整两反”（整顿财经纪律、反对铺张浪费、反对官僚主义）工作，严肃了财经纪律。2003年7月至2006年12月，开展以清车、清房、制止奢侈浪费为主要内容的“三项治理”工作，清理超标、超编、违规小汽车322辆；摸清全市干部职工的住房底数，建起住房档案，对多占住房按政策进行清理纠正；制止奢侈浪费方面，通过强化督促检查、从严控制财政支出、制定一系列制度进行管理和约束，公款吃喝、公车私用、铺张浪费等不良风气不同程度得到遏制。“三项治理”工作被省委、省政府评为一等奖。其间，逐步健全完善了《领导干部双重生活会制度》《党风和廉政建设通报制度》《“两公开、一监督”的办事制度》等。在健全制度的基础上，全市还设置党风和廉政监督岗（组）751个，从社会各界聘请党风监督员4842名，建立科级以上干部廉政档案3344份，设立举报电话566部、举报信箱994个，形成组织监督与群众监督相结合、党内监督与党外监督相结合、上级监督与下级监督相结合的监督网络，强化了约束机制。全市各级纪检监察机关坚持不懈地开展对党员领导干部执行廉洁自律相关规定的监督检查，对领导干部自身存在的影响公正廉洁履行职责的突出问题进行专项治理，促进了党员干部依法履职和廉洁从政。2007年，贯彻落实《中共中央纪委关于严格禁止利用职务上的便利谋取不正当利益的若干规定》，全市党员干部进行申报查纠。2008年，规范党政干部公款出国（境）审批，制定下发《关于规范和加强国家工作人员因私出国（境）管理的暂行办法》。2009年落实《党内监督条例》，市、县（区）两级纪检监察机关对23名领导干部进行函询，对76名领导干部（其中22名县级干部）进行诫勉谈话；对78名新提拔县级干部进行廉政鉴定。2010年，对104名新提拔和调整的县级干部进行廉政鉴定，对群众反映强烈的2个单位和5名党员领导干部取消评优评先资格。

2005年至2010年，阳泉市建立健全《市委常委民主生活会制度》《关于执行“三重一大”规定的办法》《行政过错责任追究办法》等制度，并注重严格执行和不断完善。各县区、各单位坚持“实际、实效、管用”的原则，针对容易发生问题的薄弱环节和部位，先后制定完善反腐倡廉各项制度600多项。同时，按照党委、行政、法律、民主、舆论“五大监督联动”的思路，关口前移，加强事前监督和事中监督，努力做到防微杜渐，不断加强对权力运行的全方位监督。市纪委与市委组织部联合出台关于干部监督工作的相关制度，对新提拔的干部进行廉政谈话，对群众有反映的干部进行组织谈话，对拟提任及转任的领导干部在新闻媒体上进行公示。严格执行述职述廉规定，各级领导干部每年都在一定范围内述职述廉，接受民主测评，保障了广大党员干部群众的知情权、参与权和监督权。加强对领导干部任期内以及国有企事业单位县级领导干部的经济责任审计。2010年，市委印发《关于市委常委会监督市委书记的办法（试行）》《关于市委全委会监督市委常委会的办法（试行）》《关于进一步加强对县（区）党政主要负责人监督的办法（试行）》和《阳泉市党风廉政建设监督工作联席会议制度》。市纪委出台《关于对党员领导干部进行诫勉谈话的制度（试行）》，完善了党内监督制度体系。2010年，全市共查找涉及干部选拔任用、资产资金管理、财务管理、工程建设、行政审批审核、行政执法等128个方面的980个廉政风险点，新出台反腐倡廉制度852个、修改完善1987个、废止371个，完善了惩防体系建设制度体系。

三、反腐倡廉

中共阳泉市纪律检查委员会成立后，始终坚持把反腐倡廉建设置于党的中心工作之中，在参与中服务，在服务中监督，在监督中发展，确保党委、政府中心工作的圆满完成。进入21世纪，紧紧围绕市委、市政府提出的工作目标和阳泉市创建国家级园林城市、实施“百项工程”、推进城乡一体化、新农村建设、国企改革、安全生产、环境保护、节能降耗、招商引资等重点工作开展专项治理和监督检查，确保党委、政府的重大战略决策部署落到实处，着力解决了一系列影响改革、妨碍发展的突出问题。2006年至2010年，对港洽会、沪洽会签约项目进展情况进行跟踪监察，做到“一个项目、一套班子、一支队伍、一条龙服务”，推动了项目落地；聘请百名监督员对全市“百项工程”进展情况进行监督检查，促进项目建设；针对腐败现象易发、多发的环节和部位开展执法监察，特别是2006年开展的对煤矿采矿权价款和土地开发整理专项资金收缴使用情况专项检查，督促有关县区上缴市财政煤炭资源价款1.5亿余元。严厉打击私挖滥采行为，对私挖滥采严重的乡镇、村主要领导进行诫勉谈话。2002年至2010年，查处责任事故65起，涉案人员153人，其中追究县处级干部13人、科级干部82人、其他人员58人，移送司法机关8人。

2001年至2010年，市纪委监察局还承担了全市行政审批制度改革领导组暨办公室的日常工作。至2010年，市本级保留行政审批事项194项（许可事项181项、非许可事项13项），市、县（区）两级行政审批电子监察系统建设基本完成，进一步提高了行政效率，优化了行政审批环境。

四、惩治腐败

中共阳泉市纪律检查委员会成立至1992年，全市各级纪检部门针对经济案件、领导干部案件和团伙案件逐渐增多，以及党纪、政纪、法纪相互交叉等特点，充分发动群众，与政法、行政、监察等部门协调办案，查处了一批违纪案件。1983年至1992年，共查处违纪案件2330件，处理党员1862人，其中县级及县级以上的干部34人。1993年至2010年，全市各级纪检监察机关不断完善查办案件联席会议制度，加强与检察院、审计局等职能部门的联系协调，形成办案合力；加强与县区纪检监察机关的联系沟通，畅通组织协调渠道；严肃工作纪律特别是办案纪律，保证了依纪依法处理案件。全市各级纪检监察机关共受理群众信访举报15789件次，经核实，立查案件3524件。通过查办案件，处分违纪党员干部3897人，其中县处级干部137人、乡科级干部649人。通过查办违纪违法案件，为国家和集体挽回经济损失13814万元。在案件审理方面，严格按照“事实清楚、证据确凿、定性准确、处理恰当、手续完备、程序合法”的要求，坚持实体与程序并重，注重申诉复查工作，充分保障党员干部合法权益，社会效果良好。

案件查办新闻发布会

五、纠风工作

1990年9月，阳泉市纠正行业不正之风领导组成立，领导组下设办公室，办公室设在市监察局，重点治理发生在群众身边、侵害群众利益和影响发展环境的问题，取得明显成效。1990年至2000年，对967个行政事业性收费单位的收费项目进行逐项审查，降低收费标准72项，取消24项，减轻企业负担2800余万元；通过清理各类预算外资金，取消各类账户1087个，全市10289万元预算外资金纳入财政专户管理，清查“小金库”13个，涉及金额44万元；开展纠正医药购销中不正之风工作，全市取缔无证经营药品户71家，清查过期失效药品600余种，销毁假劣药品400余种，价值124万元；巩固和扩大治理公路“三乱”（乱设站卡、乱罚款、乱收费）成果，查处公路“三乱”案件34起，处理当事人和责任人15名，撤除乡、村公路设立的站卡14个，清退临时执法人员539名；查处了一批加重农民负担的典型案件，查处违纪金额75.7万元，农民负担始终控制在3%以内，比国家规定低两个百分点。2001年至2006年，全市各级纠风部门上路明察暗访1200多次，查处公路“三乱”案件423件，处分58人，清退850人，没收违纪款500余万元，实现国务院纠正行业不正之风办公室提出的“公路基本无‘三乱’”目标；药品采取集中招标采购，招标金额超2亿元，品种达1600多种，百姓从中受益300多万元；全市3个农业县区未发生涉及农民负担的恶性案件；配合相关部门严厉打击私挖滥采行为，开展清理国家机关工作人员和国有企业负责人投资入股煤矿工作；纠正征收征用土地、城镇房屋拆迁、企业违法排污、企业重组改制和破产中损害群众利益，以及拖欠农民工工资等突出问题；政务、企务、村务公开工作逐步深化，办事程序更加透明，工作效率明显提高。

2007年，治理教育乱收费工作清退学校补课费7万余元；查处6起公路“三乱”案件，对涉及的35名责任人分别给予党纪、政纪处分；狠刹医药购销不正之风，组织全市16家国有医院参加药械、药品网上集中采购，全市药品集中挂网竞价采购平均降幅为33.3%。2008年，继续规范教育收费，杜绝了“一边免费、一边乱收费”的现象；组织落实强农惠农政策和资金到户情况监督检查，严肃查处坑农害农案件4件；纠正公路不规范执法行为12次，组织处理18人；严肃查处平定县煤炭运销公司石门口营业站和小桥铺营业站乱收费案件，处理责任人21名；全市县级以上医院药品集中挂网竞价采购1.04亿元，挂网采购药品占医院药品采购总额的99%；评比达标表彰项目和节庆活动明显减少；加大对粮食、蔬菜、成品油等价格的监督检查，居民消费价格指数总体涨幅全省最低。2009年，坚决纠正损害群众利益的不正之风，清理整顿15个部门涉农价格和收费项目24项，减轻农民负担2143万元，查处制售假劣农资等坑农害农行为17起；在全市16所二级以上医院全部实行药品挂网招标，全年药价下降幅度32%，查处非法渠道购进医疗器械等案件46起；严肃查处公路“三乱”案件，严格纠正不规范执法行为，给予行政记过、免职、责令作出书面检查、训诫谈话14人，没收违法所得16.7万元，配合省纠风办一次性撤销阳泉境内二级公路收费站6个；查处违规设立收费项目等教育乱收费案件5起，上缴财政罚没款33万元，清退违规资金8.3万元，平定县、盂县和郊区相继成为全国规范教育收费示范县（区）。2010年，严肃查处公路“三乱”16起，给予党政纪处分、组织处理62人；积极开展“2010治超利剑行动”，责任追究4个相关责任单位和12名责任人；取消涉企不合理收费3项，纠正面向企业的乱收费、乱罚款和乱摊派行为13起；清理庆典、研讨会、论坛活动96个，撤销15个；开展中介组织、行业协会专项清理，对32个长期不开展工作或没有年检的单位通过相关程序予以撤销。

在坚决惩治腐败的同时，源头治腐防腐工作不断加强。1996年至2001年，完成政法机关与所办经营性企业彻底脱钩工作，全市清理整顿企业47户，建设工程项目执法监察工作取得明显成果，共立查案件45件，处分违纪人员68人，收缴流失税费和违纪金额605.33万元；建立有形建筑市场，规范工程建设项目的招投标工作；基层民主逐步扩大，政务公开、村务公开、厂务公开、校务公开全面推行；会计委派工作通过试点取得成功经验，并在一些单位全面引深；领导干部经济责任审计和政府集中采购逐步推开；领导干部公开选拔、任前公示和竞争上岗等制度积极推行。2002 年，先后成立市、县（区）两级机关事业单位会计核算中心，撤销各单位独立财务，市级会计核算中心对 270 个预算单位账户实行档案管理，国库集中支付工作全面启动。2002 年至 2006 年，积极贯彻《中华人民共和国政府采购法》，市级集中采购 912 次，完成采购合同金额 3 亿元，节约率 11.8 %；全面深化干部人事制度改革，形成公选县级干部、公选村官、常委会投票决定干部人选、公务员公开招考、纪检部门参与干部考察、任前廉政谈话等一整套新的选人用人机制。2006 年，出台《阳泉市政府投资项目管理办法》；制定了《阳泉市产权交易管理办法》，凡涉及产权交易的一律进入市场，按照规定程序和制度运作，提高了产权转让运作效率和质量，保证产权交易的公开透明；下发《关于规范社团、行业组织和社会中介机构的通知》，加强对行业协会、学会和社会中介机构的管理监督；结合开展先进性教育活动，各单位普遍修订规章制度并严格执行，各方面工作更加规范，从源头上防止了腐败的滋生蔓延。2007 年，积极配合公务员工资制度改革，对统一规范津贴补贴和奖金发放实施有效监督；引深政务、厂务、村务公开，阳泉市获得“全国推动厂务公开民主管理工作先进单位”称号。2008 年，进一步完善工程建设项目招投标监督机制和经营性土地、工业用地以及探矿权、采矿权招标拍卖挂牌出让等制度。2009 年，加大对较大采购资金、重点采购项目的监督力度，全年执行财政集中采购预算 7910 万元，实际采购 6970 万元，节约资金 940 万元；完成对 11 名领导干部的离任或任中经济责任审计，查出各类违纪违规金额 1.95 亿元，针对查出的问题提出整改建议 34 条。2010 年，扩大政府采购范围，市本级完成政府采购 1.64 亿元，节约资金 2179.8 万元，节约率为 13.29%；建立健全国有和国有控股企业产权转让的相关制度，切实加强对国有产权交易的跟踪监督，全市完成国有产权交易 117.6 万元，国有资产转让增值率达到 11.75%；开展“小金库”专项治理工作，查处案件 13 起，涉案金额 442.41 万元；对领导干部经济责任审计工作进行改革，实现从传统的合规审计向更加关注重大经济决策绩效、更加关注行政（司法）运行成本、更加关注行政（司法）效能的转变，并将经济责任审计对象扩展到县区公检法三长；完成对 12 名领导干部的经济责任审计，查出各类违纪违规金额 2.04 亿元，提出审计建议 38 条，下达审计决定 51 条，移送案件 7 起，推进了全市的反腐倡廉建设。

六、实行党风廉政建设责任制

1998 年 11 月，中央颁布实施《关于实行党风廉政建设责任制的规定》后，全市各级党委、政府坚持“标本兼治、综合治理、惩防并举、注重预防”的方针，以完善惩治和预防腐败体系为重点，加强组织领导，落实责任分工，强化检查考核，严肃责任追究，使党风廉政建设责任制得到较好的贯彻落实，成效明显。一是坚持“党委统一领导，党政齐抓共管，党政一把手负总责”的工作格局，各级党委政府不断强化责任意识，切实加强领导，将党风廉政建设纳入总体工作规划，与经济建设、政治建设、文化建设、社会建设和党的建设同部署、同落实、同检查、同考核。二是各级党委（党组）每年都坚持按照“谁主管，谁负责”的原则，将反腐倡廉任务进行分解，明确各职能部门和领导干部的反腐倡廉建设责任，督促将反腐倡廉建设融入业务工作之中，自上而下将责任落实到岗位、落实到人头，形成“横向到边、纵向到底”的责任网络，真正做到“一岗双责”。三是各级党委、纪委按照年初建账、年中查账、年底交账的原则，开展监督检查和责任考核。各级各单位党政班子成员都按照考核规定进行述职述廉，并将考核结果分为优秀、良好、合格、不合格四类予以通报。2008 年，市落实党风廉政建设责任制领导组分县区、市直单位和国有控股企业三类，制定了阳泉市落实党风廉政建设责任制考核办法，进一步加强党风廉政建设责任制的针对性和实效性。2009 年，市委、市政府和市纪委分别出台《关于进一步落实党风廉政建设责任制工作的意见》《党风廉政建设责任制考核实施办法》和《党风廉政建设责任制责任追究暂行办法》，形成各级领导抓分管工作与管人、管事、管安全、管信访、管廉政的“一条龙、五到位”责任体系。2010 年，将落实党风廉政建设责任制、推进惩防体系建设检查考核与年度目标责任考核、领导班子和领导干部考核融为一体，由市委、市人大、市政府、市政协领导带队，对全市各县区、市直各单位落实党风廉政建设责任制、推进惩防体系建设工作进行检查考核，增强责任制考核工作的系统性、科学性和实效性。

从 2007 年起，阳泉市立足新农村建设和农村基层反腐倡廉建设的实际，在全省率先以构建农廉惩防体系建设的思路扎实推进农村基层反腐倡廉建设。市农廉办编印了《廉洁奉公的榜样——阳泉市优秀农村基层干部先进事迹选编》《前车之鉴——阳泉市涉农案例选编》等，并在全市农村基层党员干部中深入开展正反两方面的典型教育。2008 年 6 月，省纪委在盂县召开全省资源性农村党风廉政建设现场会。2009 年 5 月，郊区被命名为“全国村务公开民主管理示范单位”。市农廉办制定出台“阳泉市农村集体‘三资’监督管理办法”“阳泉市关于加强涉农专项资金监管的责任追究办法”等七项制度，牵头组织市直部门建立健全新农村建设和农廉工作 25 项制度，初步形成以农村会计委托代理制、集体资产处置动态监管登记制、集体资源专项管理制为核心的农村党风廉政建设惩防体系。2010 年 2 月，阳泉市被中央纪委确定为农廉工作联系点。至 2010 年，全市先后培训农村党员干部 7100 多人次，农村党员干部受教育面达到 100%；全市农村财务委托代理达到 100%，95.7% 的行政村完成清产核资并健全“三资”（集体资金、集体资产、集体资源）管理台账，89.7% 的村实行“三资”委托代理，全市委托代理资金总额达到 14.63 亿元、资产总值达到 13.78 亿元；全市所有乡镇都设置了“三资”管理台账，960 个行政村全部成立纪检监督小组。2007 年至 2010 年，城、矿两区按照“党委统一领导、纪委牵头组织、街道办事处主抓、有关部门参与配合”的工作机制，先后出台《关于加强社区党风廉政建设的实施意见》，扎实推进社区党风廉政建设工作。各街道办事处党工委和社区党支部通过开展民主评议党员和社区干部、召开听证会、实行社区事务公开等方式，保证了社区群众的知情权、参与权和监督权，使社区党风廉政建设取得明显成效。

七、惩治和预防腐败体系建设

2005 年 12 月，中共中央《关于建立健全教育、制度、监督并重的惩治和预防腐败体系实施纲要》颁布实施后，市委在广泛组织全市广大党员干部学习宣传的基础上，制定出台《中共阳泉市委贯彻落实〈关于建立健全教育、制度、监督并重的惩治和预防腐败体系实施纲要〉的实施细则》，各县区、各单位都结合实际制定了贯彻落实的具体办法和措施。市纪委采取基层宣讲、知识竞答等多种形式不断掀起学习宣传高潮，并通过理论研讨、典型引路等形式，扎实推进惩治和预防腐败体系建设工作，取得积极进展。2008 年，市委印发《中共阳泉市委贯彻落实〈建立健全惩治和预防腐败体系 2008—2012 年工作规划〉的实施细则》，将具体的工作任务分解到教育、制度、监督、改革、纠风、惩处六个方面，包括 152 个小项，涉及牵头单位 51 个、配合单位 82 个。2009 年，由市惩治和预防腐败体系建设领导组办公室主办，阳泉日报社和阳泉铝业股份有限公司协办，在全市开展“奋飞杯”深入学习实践科学发展观、扎实推进惩防体系建设征文活动。2010 年，组织全市近万名党员干部参加全国学习贯彻《建立健全惩治和预防腐败体系 2008—2012 年工作规划》知识答题活动，各单位深入学习、准确把握基本要求，注重营造氛围，加强督促检查，狠抓任务落实，努力构建拒腐防变教育长效机制、反腐倡廉制度体系和权力运行监控机制，全面推进惩治和预防腐败体系建设。

第三节 专项治理

一、建设市场整顿

1989 年，全市开展整顿建设市场、打击经济犯罪活动。在有关部门的配合下，基本查清自 1987 年起全市基本建设总建筑面积约 450 万平方米、总投资约 15.5 亿元的底数，并查处一批违章、违纪和经济犯罪案件，为国家挽回经济损失32.5万元。1990年对全市各重点建设单位的自查自清工作进行全面验收，并对查出的问题及时作出处理，从而基本扭转建设市场的混乱局面。在建工程合格率由1989年初检查的23%上升到46.6%。经省建设市场整顿领导组办公室验收，阳泉市竣工工程合格率为88%。

二、煤炭市场整顿

20世纪80年代末期，境内煤炭市场一度存在非法倒买倒卖、以次充好、掺杂使假等混乱现象。为整顿煤炭市场，1990年，全市各级监察部门具体抓了两方面的工作。一是深入宣传和重点清理。通过宣传党的政策，促使有问题的单位和个人主动交代问题。平定县有47个生产经营单位和114人主动交代了自己的倒卖煤炭问题，分别占到非法倒卖单位和个人的34%和41%。二是重点查处煤炭市场的违法违纪案件。查封110个非法煤点，取缔非法倒卖煤炭的个体店铺4户和违法经营煤炭户238户，查获倒卖煤炭13万吨；另外还有40多个煤矿因各种问题受到不同程度的处罚。通过整顿，煤炭市场秩序大为好转，违反出省煤炭规定的煤炭由之前的日均2000吨下降到日不达百吨，以次充好、掺杂使假的现象也得到控制。

三、农业执法监察

强化农业执法监察是1990年阳泉市监察系统执法监察的具体任务之一。郊区、平定县、盂县监察局从“围绕农业要大上”这个目标出发开展工作，对截留农业专项投资、克扣农用物资、哄抬物价、制售假冒伪劣产品坑农害农牟取暴利的行为进行严肃查处，成效显著。盂县监察局查处了县农机服务中心私分代办拖拉机保险业务手续费4926元、侵占应付给保户2180.44元无赔款优待费、严重侵犯农民合法经济利益的问题；平定县监察局与工商局协同查处了化肥投机倒把、违法经营案件57起，查获非法倒卖化肥及农用物资总值38万元；郊区监察局重点查处了区水利局违反财经纪律、挪用水利专项资金8.2万元的案件和该局某副局长在任供水公司经理期间，贪污、侵吞、挥霍公款1.5万元的问题，并对水利局处以罚款3000元的处罚。针对在农业执法监察中发现的问题，监察部门提出纠正建议并发出限期纠正的监察建议书。9月17日至19日，阳泉市在盂县召开农业执法监察现场会，进行经验交流。农业执法监察促进了农业的稳步发展。

四、“一整两反”

1996年省第七次党代会召开后，省委、省政府作出在全省开展整顿财经纪律、反对铺张浪费、反对官僚主义的决定。随后，市“一整两反”办公室及各县区、各部门按照上级安排部署，积极开展工作，至1999年6月基本结束。

（一）整顿财经纪律

一是基本规范了预算外资金管理。针对之前预算外资金收支使用不规范、监督管理失控比较普遍的问题，1996年、1997年，全市集中对预算外资金进行全面清理整顿和整章建制。1998年重点抓规范化管理，集中整管，全面取消单位收入上缴过渡户规定，并在全省首家设立财政集中征费大厅，澄清全市按规定批准的现行收取基金项目的底子，共213项。废止不符合规定的收费项目24项，年减轻企业和社会负担1120万元。对行政事业性收费、基金等票据实行财政部门统一监制、集中管理，加大专户储存力度，市级专户率在98%以上。二是会计管理工作进一步加强。普遍进行会计工作秩序整顿，帮助158个单位规范了财务制度，查处各类违纪金额212万元，取缔假账5993个，取消会计人员资格15名，受党政纪处分的会计人员7人、领导干部13人。在部分行政、事业单位实行会计委派制试点。三是完成整顿农村财务工作，村务公开工作全面展开。对全市1024个行政村普遍进行财务整顿，查处违纪金额28.2万元，受到党政纪处分29人；916个村推行村务公开。四是落实收支两条线规定取得重大进展。三年清理“小金库”69个，市、县（区）两级公、检、法、工商4部门专户率为99.8%。

（二）反对铺张浪费

在全市“一整两反”工作中，基本完成清理党政机关、事业单位通信工具工作。规范党政机关公务接待活动，公款吃喝玩乐问题明显收敛。从严控制各种会议，基本刹住开会赠送礼品、转嫁会议经费以及大搞庆典活动等不良风气。清理小汽车工作由集中整顿治理转入规范化管理。

（三）反对官僚主义

1996年、1997年，全市主要是加强思想教育，改进作风，强化各级领导干部的公仆意识，查处失职渎职造成重大经济损失和国有资产流失的案件。1998年4月至8月，在全市集中开展反对官僚主义斗争，揭摆各类官僚主义问题1000多件次，查处官僚主义案件29起，处理犯有官僚主义错误的干部35人。

五、“三项治理”

2003年7月至2006年12月，按照省委、省政府的统一安排部署，全市各级纪检监察机关开展以“清车、清房、制止奢侈浪费”为主要内容的“三项治理”工作。经过清理，全市申报核实出来的322辆超标、超编、违规小汽车全部得到纠正；清房工作摸清全市干部职工的住房底数，建起住房档案，对多占的住房按政策进行了清理纠正，全市共有1781人补缴住房超标款1690.25万元，70人退房70套；制止奢侈浪费方面，通过强化督促检查、从严控制财政支出、制定一系列制度进行管理和约束，公款吃喝、公车私用、铺张浪费等不良风气不同程度得到遏制。“三项治理”工作被省委、省政府评为一等奖。

六、政风行风评议

从2003年起，阳泉市连续5年以“端正政风行风、优化发展环境、加速科学发展”为主题，相继在全市60个部门行业、百个工作岗位及其工作人员中开展民主评议政风行风活动。在阳泉人民广播电台开播“行风热线”栏目，在阳泉电视台开播“政风行风面对面”栏目，在《阳泉日报》上开辟“正风镜”专题栏目，并开通“政风行风评议网站”。60个参评单位及各县区按照规定共聘请监督员6381名，采取“三级联动、分类评议”的办法，共举行听证对话会300余场，现场群众和服务对象共提出问题4000多个，现场答复解决率达93.3%，在全市形成市委、市政府统筹部署政风行风，市人大常委会、市政协全程介入监督政风行风，市纪委监委构建平台组织评议政风行风，市、县区、乡镇三级联动齐抓政风行风，社会各界和群众参与匡正政风行风的格局。从2007年开始，全市60个部门和行业在继续开展民主评议政风行风活动的基础上，将评议向岗位延伸，在全市开展“百个岗位、千名人员、万张问卷”评议考核活动，使政风行风评议的针对性、实效性明显增强。2004年至2008年，阳泉市的政风行风评议工作在全省11个地市中唯一一家连续5年受到省政府表彰。

《行风热线》现场直播

七、煤焦领域反腐败专项斗争

按照省委、省政府的统一部署，2008 年 9 月 12 日，全市集中开展煤焦领域反腐败专项斗争会议召开，会上下发《中共阳泉市委、阳泉市人民政府关于集中开展煤焦领域反腐败专项斗争的实施意见》。会后，市煤焦领域反腐败专项斗争领导组及办公室细化任务、明确目标、严格责任，强力推进全市煤焦领域反腐败专项斗争。至 2010 年，全市张贴宣传标语 960 条，办板报 236 块，制作《致全市煤焦领域干部职工的一封信》宣传版面 286 块，在主流媒体刊登宣传文章 104 篇，刊登图片 62 幅，播报节目 60 期，网络宣传 53 次，编印《工作手册》9 类 551 册，召开专题民主生活会 206 次；2602 人主动申报遵守廉洁自律规定情况，其中 3 人申报款项 35.6 万元；2 个单位主动申报遵守廉洁自律规定情况，申报款项 5.5 万元；“581”廉政账户进账 66.7 万元；全市清缴各种税费、基金、价款等各类资金 12.16 亿元；全市各级煤焦办共受理群众举报 67 件，初核线索 32 件，立查 27 件，结案 23 件，处分违纪违法党员干部 31 人，为国家和集体挽回经济损失 2770.92 万元。

2010 年，市委办公厅、市政府办公厅印发《阳泉市煤焦领域惩治和预防腐败实施办法》。同时，市煤焦办针对煤矿企业兼并重组后大部分企业主体属于混合所有制的实际，坚持煤矿企业兼并重组与健全党的建设、纪检监察组织建设同步跟进，要求建立党总支的设立纪检组，建立党支部的设立专职纪检委员，加强对兼并重组主体企业反腐倡廉工作的组织协调和监督指导，推进煤焦领域反腐倡廉建设。

八、工程建设领域突出问题专项治理

2009 年，市纪委在全省率先开展对《中华人民共和国城乡规划法》贯彻执行情况的专项执法监察，治理房地产开发中违规变更规划、调整容积率等突出问题，对 453 个项目进行重点检查，全市收回规划配套费等各项费用 5974.35 万元。从 2009 年 12 月开始，按照中纪委和省纪委的统一部署，深入开展工程建设领域突出问题专项治理工作，组织专门力量对全市总投资额 1048.1 亿元的 978 个项目进行摸底排查和专项督查，将发现的 1662 个问题梳理为违规招投标、违规使用资金、未批先建、批少建多等七大类，下发整改通知，针对性地进行逐一整改。2010 年 5 月，市工程建设领域突出问题专项治理领导组办公室出台《推进工程建设领域项目信息公开和诚信体系建设工作指导意见》。至 2010 年 12 月，整改到位 1392 个，整改率达 83.7%；收缴土地出让金、人防异地建设费、建筑工程养老费、城市基础设施配套费和各种税款及罚没款 1.51 亿元；查处工程建设领域违纪违法案件 29 件 38 人，挽回经济损失 869.86 万元。

九、“作风建设年、狠抓落实年”学教活动

2007年，市委、市政府按照中央倡导的“八个方面”良好风气的要求，在全省各地市中率先部署开展了“作风建设年、狠抓落实年”学习教育活动。活动分宣传发动、学习教育，查摆问题、自我剖析，制定措施、集中整改，巩固提高、全面引深四个阶段推进。市领导带头学习，市委理论中心组（扩大）集中3天时间进行作风建设专题学习。市委提出各级领导干部1/3时间在基层的要求后，市级领导带头转变作风，深入基层，深入群众，调查研究，解决问题。各级党委（党组）紧密联系实际，以解决影响改革发展和群众反映的突出问题为突破口，把作风建设的实际成效体现到工作落实上，市委、市政府年初确定的为群众办的23件实事全部完成；以健全完善长效机制为重点，取得一批制度建设成果。各级纪检监察机关承担了全市各级各部门“两年”学习教育活动的组织协调和具体指导工作，把工作重点放在抓监督检查推动上，将作风建设与提高机关效能相结合，不定期进行明察暗访，对检查发现的纪律松弛、作风散漫的53个单位和92名工作人员作出行政处理和经济处罚。领导干部作风的转变，促进了经济社会各项任务的落实。

十、“信访积案化解年”活动

2009年，全市各级纪检监察机关开展“信访积案化解年”活动。市、县（区）两级纪检监察机关排查出越级访、集体访、重复访、上访老户及矛盾纠纷积案53件，化解36件，办结6件。同时，全面引深省纪委安排的“百名信访干部百日下访”活动，在保证市纪委每月10日定点窗口照常接访的情况下，对信访问题多、群众上访较为突出的县区，由市纪委分管领导带领信访干部开展下访，实现“双窗口”接访。“双百下访”活动中，共接待上访群众87批次198人次，及时处理29件群众信访问题，帮助协调解决涉法上访、群众关心的热点难点上访16件。

第八章 统战工作

第一节 机 构

1950年12月，经中共山西省委批准，中共阳泉工矿区委员会设立统一战线工作部，有秘书2名。1952年3月，中共阳泉工矿区委改为中共阳泉市委，统战部随之更名为市委统战部。1958年内设办公室，有工作人员5名。“文化大革命”开始后停止工作。直到1975年9月8日，市委统战部才得以恢复，规格为正县级。除原来内设的办公室之外，1983年增设一科（民主党派科），1984年增设二科（民族宗教科），1990年10月增设三科（干部经济科）。统战部人员编制1987年为12名。1997年12月为14名。2001年7月党政机构改革时编制为17名，内设办公室、一科（民主党派科）、二科（民族宗教科，挂市民族宗教事务局牌子）、三科（干部经济科）、市委台湾工作办公室（市政府台湾事务办公室）。2004年，市委台湾工作办公室（市政府台湾事务办公室）单独设置，归口市委办公厅。至2010年，市委统战部共有办公室（内设信访办）、一科、二科、三科、四科5个科室，编制15名。

1992年初，市政府设立民族宗教事务处，与市委统战部二科合署办公，一套机构两块牌子。1992年10月，市民族宗教事务处改为市民族宗教事务局（二级局），规格为副县级，归市委统战部管理。2004年6月，市民族宗教事务局升格为正县级建制，为市政府直属机构，开始独立办公。

第二节　主要工作

阳泉是中国共产党的统一战线工作开展较早的地区，作为党在北方地区创建的第一个城市，阳泉市的统战工作有着扎实的基础。民国38年（1949）9月，全市第一次各界人士代表会议召开，吸收各界人士参政议政，共商施政大计。中共十一届三中全会召开后，市委更加重视统战工作，从实际出发，充分发挥统一战线的优势作用，积极落实中央和省委关于加强统一战线工作的政策，全市新时期统一战线工作得到长足的发展和进步。

一、私营工商业改造

民国38年（1947）5月4日阳泉建市，中共阳泉市委成立。市委派出商会干部，与工商界上层人士一起于同年7月组成新商会。中华人民共和国成立后，市委积极贯彻执行对资本主义工商业的利用、限制、改造与和平赎买政策。通过多种途径对私营工商业者进行团结、教育、改造，同时通过委托加工、计划订货、统购统销、委托经销、代销等形式，逐步将私营工商业者纳入初级形式的国家资本主义经济。市委领导主动与工商界人士交朋友，团结、教育各界人士积极为经济建设献计献策献力。新商会积极开展对广大工商界及爱国人士进行中国共产党的路线、方针、政策的宣传教育，教育工商界人士遵纪守法，积极贯彻执行《中国人民政治协商会议共同纲领》，鼓励他们努力发展生产，繁荣社会经济。1956年1月，全市私营工商业17个行业939户顺利完成社会主义改造，实行公私合营。

二、统战政策落实

中共十一届三中全会召开后，全市统战部门贯彻落实中共中央关于拨乱反正的重大决策，遵照实事求是的原则，坚决平反冤假错案，妥善处理历史遗留问题，在落实台胞、台属、知识分子政策方面做了大量工作。据统计，1978年至1987年，全市统战部门共计落实各类统战政策案8008件；从原工商业者中区别小商、小贩、小业主922件，退还“文化大革命”中查抄的财物3452件，清退款额13.6万元；归还私房、宗教房产和民主党派、工商联房产38件360平方米，经济补偿14万元；补发“文化大革命”期间被错扣发的工资78件16万余元；为被落实政策的统战对象清理档案792件，改变结论、去掉不实之词990件，重新安置工作265件；为学非所用的知识分子和使用不合理的非党人士调整工作148件；解决夫妻分居问题50件，对生活有困难的作一次性困难补助257件3452元；解决因错误处理造成工资明显偏低的88件，解决受错误处理人员、家属子女的户口问题94件132人；落实起义投诚人员政策329人，发放起义投诚证件102个。1998年4月5日，中共中央批转中央统战部、公安部《关于全部摘掉右派分子帽子的报告》后，阳泉市委于同年5月建立市级和各级摘帽领导组及办事机构，着手落实中央指示和省委有关部署。按照“先调查、再部署、再行动、最后善后”的方针，分阶段开展工作，根据中央文件规定，实事求是地做好错划右派的复查改正工作。为全面准确地落实党的政策，抽调各大口、各大局“摘办”负责人，组成3个检查组，对17个重点单位进行交叉检查，推动了政策落实工作的完善和到位，为全市在1957年反右派斗争时被错划为右派分子的287人摘帽。2002年，会同市劳动和社会保障局为全市180名原工商业者和“三小”（从原工商业者中区分出来的小商小贩、小手工业者、小业主）人员增发退休金。

三、民主党派工作

阳泉建市后，中共阳泉市委十分重视发挥民主党派和无党派爱国人士的积极作用。1957年4月中国民主同盟阳泉地方组织成立后，市委积极支持他们开展工作。1957年后半年起，由于反右派斗争扩大化，一大批知识分子和爱国人士被错批错整。1978年中共十一届三中全会召开后，经过拨乱反正、落实政策，中国民主同盟阳泉地方组织得到恢复和发展。1982年后，中国国民党革命委员会、中国民主建国会、中国民主促进会、中国农工民主党、九三学社的基层组织相继成立，并于1985年先后升格为市级组织。各民主党派积极稳妥发展，队伍不断壮大，到2010年，全市民主党派成员有919人。

进入21世纪，中共阳泉市委高度重视民主党派、工商联工作。特别是《中共中央关于进一步加强中国共产党领导的多党合作和政治协商制度建设的意见》和《中共中央关于加强人民政协工作的意见》两个文件颁布后，市委坚持中国共产党领导的多党合作和政治协商制度，坚持重大问题在决策前与民主党派、工商联协商；坚持定期与民主党派、工商联、无党派人士进行座谈；坚持开展民主党派与市政府有关部门的对口协商制度，邀请他们列席有关会议，参与决策性文件的制定；坚持组织民主党派参加行政执法检查，围绕重大经济决策和社会发展规划进行考察调研；坚持发挥党外人大代表和政协委员的作用，定期组织他们进行调研考察，提出提案和议案，使政治协商、民主监督工作更加规范化、制度化。

中共阳泉市委主要领导多次深入民主党派机关走访、调研、现场办公解决问题，积极支持民主党派开展各种活动。2009年10月，市委统战部与各民主党派共同讨论通过了《关于阳泉市各民主党派组织发展问题的会议纪要》，支持、帮助、指导各民主党派健康发展，加强自身建设。民主党派市委机关建立后，在全市办公用房普遍紧张的情况下，市委专门调整一栋楼交民主党派使用。2002年，民主党派机关整体搬迁到市农业大厦办公，市财政连续5年坚持逐年增加民主党派办公经费和调研经费，追加政治交接专项经费，优先为党派机关更新工作用车，增加业务经费，改善了党派团体的办公条件。对于党外有代表性的人士，根据有关政策规定，为他们落实政治和生活方面的待遇。对于统战成员在生活和工作中遇到的困难，市委统战部积极协调给予解决。

四、党外干部和知识分子工作

阳泉市对各界党外代表人士的安排，始于1949年全市各界人士代表会议。随着民主党派基层组织的建立完善和党外代表人士的大量涌现，一部分民主党派成员和无党派爱国民主人士被吸收为市人民政府委员和政协委员，有的还被安排到政府、政协和政法部门担任领导职务。

市委统战部在成立之初，就围绕资本主义工商业的社会主义改造、社会主义总路线、社会主义教育等主题召开各种座谈会、举办各类培训班，对全市党外干部和党外知识分子进行教育培训。1978年以后，教育培训内容主要有解放思想、多党合作和政治协商、学习《邓小平文选》等。1995年起，主要进行中国特色社会主义理论、“三个代表”重要思想、政治交接、科学发展观等教育。1995年至2010年，市委统战部主办或与其他部门合办党外干部培训班共7期。通过各类培训，全市党外干部的思想政治素质和业务水平明显提升，一支数量充足、素质过硬、结构合理、代表性强的党外干部队伍基本形成。

全市加强党外干部和党外知识分子工作的政策措施集中体现在中共阳泉市委出台的一系列文件规定之中。特别是中共十一届三中全会后，中共阳泉市委坚定不移地贯彻中央关于党外干部和党外知识分子的方针政策，坚持“尊重劳动、尊重知识、尊重人才、尊重创造”的方针，逐步建立完善培养、选拔、使用党外干部的工作机制，营造有利于党外知识分子发挥聪明才智、党外干部健康成长的良好环境，使党外干部成为促进全市经济社会发展的重要力量。为拓宽渠道，吸纳优秀党外人士，2008年6月，市委统战部对全市范围内副科级以上党外干部及党外高级知识分子进行摸底。2010年，全市共有副科级以上党外干部877人，其中党外地市级领导干部6人，县级干部66人；具有高级职称的党外知识分子798人（正高级33人、副高级765人）。

五、民族宗教工作

阳泉市的民族宗教工作始终坚持“共同团结奋斗，共同繁荣发展”的主题，认真贯彻党的民族宗教工作基本方针，努力促进民族团结进步，促进宗教和谐稳定，民族宗教工作呈现出良好的发展局面。

民族工作方面。阳泉市世居的少数民族很少，居住相对分散，呈多民族杂居的特点。回族和蒙古族是阳泉市人口相对较多的2个少数民族，居住相对集中。2010年，阳泉市共有33个少数民族4000多人。市委积极贯彻执行党的民族宗教政策，遵照民族平等团结的政策和少数民族的习惯，积极培养、提拔少数民族干部和各类专业人员，帮助他们解决生活困难，使少数民族群众感受到民族大家庭的温暖，形成平等、团结、互助的新型民族关系。

宗教工作方面。阳泉市主要有佛教、道教、伊斯兰教、天主教、基督教五大宗教。至2010年，全市信教人数5.78万人。市级宗教团体有市佛教协会、市伊斯兰教协会、市基督教“两会”（基督教“三自”爱国运动委员会、基督教协会）。全市城乡共有保存完好的寺观教堂220多处，经修复和重建的有260多处。至2010年6月，经政府批准的宗教活动场所有26处，基本能够满足全市广大信教群众开展宗教活动的需求。各级党委和政府贯彻执行宗教信仰自由政策，对宗教团体和宗教活动进行依法管理，落实宗教房产政策。2000年7月，市政府出资400多万元异地修建了天主教堂。无偿划拨土地3300平方米（近5亩），资助5万元新建了基督教教堂。维修和扩建伊斯兰教清真寺，一些庙宇相继开放。同时，全市建立起基层宗教工作“三级网络两级责任制”，加强对宗教事务的管理，坚持与宗教人员定期联系制度、集中学习制度和日常检查管理制度，积极解决基层宗教工作中出现的实际问题。

六、非公经济领域统战工作

1978年国家实行改革开放政策后，随着非公有制经济的迅猛发展，以非公有制经济人士为主体的新型社会阶层人士迅速兴起，经济统战工作逐渐成为统战工作的一个重要方面。1988年，全市两县三区相继恢复和建立工商联。进入21世纪，市委坚持用科学发展观指导民营企业发展，充分发挥工商联的桥梁和纽带作用，加强非公有制企业的党、团、工会组织建设，总结民营企业文化建设成果，增加党和政府与民营企业的联系渠道，积极引导非公有制经济人士爱国、敬业、诚信、守法，促进了全市民营经济的快速健康发展。2002年12月，阳泉市光彩事业促进会成立。2004年至2006年，市委统战部牵头，联合市工商联、市统计局、市中小企业局在全市范围内对非公有制企业进行拉网式普查调研。其中2004年开展的全市非公有制经济普查规模大、内容全面系统，历时5个月，上千人参加普查调研工作，最终形成380页的各类汇总数据和调查报告，并据此编纂了90余万字的《阳泉市非公有制经济概览》一书，填补了阳泉市非公有制经济发展基础性数据的空白。2007年，市委统战部会同市工商联、市中小企业局和市级新闻单位，在全市开展“新晋商、新形象”——阳泉市非公有制经济大型宣传展示活动。

至2010年，全市非公有制企业共实施光彩项目90多个，投入资金8亿多元，非公有制经济人士累计捐助社会公益事业资金总额达2亿多元。2010年，在全市非公有制经济人士中，有省人大代表1人，省政协常委1人，省政协委员4人，省工商联执委以上5人；市人大常委1人，市人大代表23人，市政协常委4人，市政协委员24人，市工商联执委以上73人；县区人大常委7人，县区人大代表42人，县区政协常委18人，县区政协委员145人，县区工商联执委以上180人；有3人兼任县区政协副主席，15人兼任市工商联副会长，7人兼任市民间商会副会长，2人兼任县区工商联主席。经过多年的发展，到2010年，民营经济占到全市国民生产总值的33.29%。非公有制企业从数量到运行质量和效益、从规模到结构和抗风险能力、从参与地方经济建设到积极投身光彩事业都有很大的提高和进步，全市形成一支拥护中国共产党领导、走中国特色社会主义道路、发展企业回馈社会的非公有制经济代表人士队伍。

七、海外联谊

服务中心工作、加强海外联谊、为全面建设阳泉小康社会提供最广泛的力量支持始终是市委重视的一项重要工作。1983年，市侨联成立。1988年10月，市海外联谊会成立。至2010年，全市共有归侨126人、新老侨眷5500余人、港澳属30余人，有华人华侨、留学生1000余人。

市委以基层海外联谊会和光彩事业促进会等社团组织为载体，广泛开展海外联谊交友、光彩项目投资、捐资助学济困等招商引资活动，积极挖掘全市海外人才资源，争取他们以信息、技术、投资等形式支持阳泉市的经济发展。通过“以侨搭桥、以侨引桥、侨外找桥”等方式，开展与中国欧美同学会加拿大分会、山西省华侨商会的联系交往，推介节能、低耗、减排的富氧节能燃烧项目。1998年成立的侨联绿色保健鞋业有限公司，产品远销日本、东南亚和欧美等国，安置就业1000余人，每年为国家上缴利税80余万元。多方筹措资金，开展“扶侨助学”活动。2004年，市侨联通过全国侨联从台湾引资20万元，帮助盂县牛村镇建起牛村秀珍爱心小学。2008年至2010年，先后帮助困难归侨侨眷学生30人次，发放助学金近3万元。连续多年开展“送温暖、献爱心”活动，每逢春节、重阳节、中秋节，都组织开展慰问活动。积极挖掘、整合资源，加强与兄弟省市侨联的交流，至2010年，已与河北省承德市侨联、唐山市侨联、浙江省舟山市侨联等缔结为友好侨联，与上海市侨联取得对接。

第九章 政法工作

第一节 机 构

中共阳泉市委政法委员会是中共阳泉市委的工作部门，成立于1983年12月，其前身为1983年9月设立的政法领导组，下设办公室，编制8名。1989年8月，增设政研室、综治办。1991年5月，阳泉市社会治安综合治理委员会办公室成立（简称市综治办），与市委政法委合署办公，一套机构，两块牌子，是市委主管全市社会治安综合治理的职能机构。1995年6月，增设执法检查科。2001年7月，内设机构调整为办公室、政治部、执法检查科、综合治理督查科。2008年4月，增设阳泉市法学会办公室。2009年5月，阳泉市法学会办公室增挂法律政策研究室牌子。

至2010年，内设机构有办公室、政治部、执法检查科、综合治理督查科、阳泉市矛盾纠纷排查调处工作领导组办公室、法律政策研究室（阳泉市法学会办公室），编制23名。

第二节 主要工作

一、“严打”整治斗争

市委政法委成立后，始终把“严打”斗争作为工作的核心内容之一。1983年至1986年，按照中央的统一部署，组织开展以“从重从快、一网打尽”为方针的严打“三个战役”（第一战役为1983年8月至1984年7月全国开展的为期一年的打击刑事犯罪行动，第二战役为1984

年9月各级公安机关对流窜犯和逃犯的集中搜捕行动，第三战役为1986年3月开始的以反盗窃为重点的集中打击行动）。整个行动中，领导带头，广泛发动群众，利用各种媒体大造舆论，取得发案数量明显下降、公共复杂场所秩序好转、群众安全感普遍增强、犯罪分子受到震慑、党群关系进一步密切等成果。1996年至1998年连续开展“打团扫恶”（打击犯罪团伙、扫除社会恶势力）“三打三禁”（打击暴力犯罪、打击流氓恶势力犯罪、打击严重经济犯罪，查禁黄、赌、毒）等专项行动。1996年全市公安机关先后开展7次抓捕行动，全市刑事发案率比1995年下降19%，其中重特大案件下降27.8%。在1997年开展的“三打三禁”斗争中，全年侦破毒品案件7起，查获参赌人员634名，净化了社会风气。1998年，全市刑事发案率较1997年下降0.3%。2001年根据“严打”斗争的需要，市委政法委设立阳泉市社会治安奖励基金，以动员全市广大群众积极参与维护社会治安，同违法犯罪分子做斗争，弘扬正气，确保全市社会政治稳定。为进一步开展“打黑除恶”严打斗争，缉拿犯罪在逃人员，2002年7月，市委政法委发布《关于敦促犯罪在逃人员自首立功的通告》，在短短两个多月时间内，先后有92名犯罪在逃人员投案自首，其中有杀人在逃的要犯，有在逃6年之久的犯罪嫌疑人。2005年开展针对非法采矿现象的“春雷行动”，共查处非法采矿点38个，扣押大型机械92台，处理涉案人员368名。2010年开展“泉安”系列行动，配合省公安厅“5·6”专案组，打掉涉嫌黑社会性质犯罪组织1个。

在开展各类“严打”专项斗争的同时，进一步提出突出打击重点、集中解决治安“热点”问题的工作目标，对各种影响和制约社会和谐发展的不良现象进行查处，消除社会隐患，净化社会风气。针对兴隆街、火车站及中巴车上的扒窃现象和抢劫犯罪时有发生的突出问题，重点开展反扒窃和反抢劫专项斗争；针对民爆隐患较多的现象，开展普查整治；针对娱乐场所卖淫嫖娼、聚众赌博等现象，采取普查集中打、突查重点治等方法予以查处；针对人民群众防火、防盗、防事故、防爆炸、防破坏“五防”意识淡薄等问题，采取拉网式大检查行动，确保人民群众生命财产安全。

二、涉法涉诉信访处置

根据中央的指示精神，市委政法委从地方实际情况出发，理清思路，大胆创新，积极寻求处置涉法涉诉信访工作的措施和方法，取得明显成效。2004年至2008年连续5年被市委、市政府评为信访工作先进集体。2005年，被省委、省政府授予全省处理涉法涉诉先进集体称号。

2002年，针对涉法信访联合接待日制度存在的矛盾聚集、秩序混乱、重复上访、效率低下等问题，市委政法委经过研究改进了信访接待日制度。变集中接访为分流接访，变每月1次接待日为每月5日、15日、25日3次接待日，变联合接待日转处为政法机关直处。制度改进后，到市委、市政府上访的人员明显减少，初步实现信访分流化解和处置效率提高的目标。从同年9月开始，阳泉市又组织开展涉法信访“百日攻坚”工程，全面摸清全市涉法信访的基本情况，逐案建立起台账，建立健全涉法信访排查、登记、建账、调处、劝解、防控等方面的制度和网络，为更好地开展工作打下基础。2009年按照上级部署，市委政法委开展涉法涉诉信访积案攻坚大会战，活动中推行“五建三包”工作法，效果良好。“五建”即建立考核制度、排查交账制度、互通情况例会制度、领导坐班接访制度和办案责任追究制度，“三包”即领导包重点案件、部门包所属案件、干警包自办案件。

在国庆、“两会”召开等重大活动期间，阳泉市连续多年未发生较大的政治波动和群体性赴京、赴省上访事件。2003年，阳泉市处置涉法信访的做法在全省政法系统信访工作忻州现场会上作了经验介绍，得到省委政法委领导的肯定。2007年，在全市政法机关组织开展了“百案评查”活动，注重从源头上解决引发涉法涉诉信访的执法问题。全年共接待涉法上访案件77件426人次，全市确定的20件重点信访案件全部按要求召开公开听证会，当年协调解决15件；各级政法委督办的案件中，中央和省级的6件督办案件全部解决，市级督办案有14件办结并上报结果。

三、执法监督

市委政法委在考虑工作实际的基础上，大胆探索强化政法委执法监督工作的新路子。从2003年开始，将执法检查与执法考评相结合，每年开展全市政法机关执法质量评查考核，并以考评结果为依据，开展政法机关公正执法创建活动，通过创建评比“公正执法星级单位”的方式，督促政法机关自我改进、自我提升，不仅实现了政法委对政法机关的有效监督，也激活了政法机关比学赶超的工作活力。通过8年的创建，阳泉市逐步形成政法委一年一检查一考评、政法机关一年一创建一提高的良好互动工作格局。截至2010年，通过连年创建，盂县公安局等6个单位晋级“公正执法五星级单位”。

四、队伍建设

市委政法委成立后，不断加强政法队伍建设，努力打造一支政治坚定、业务精通、纪律严明、作风过硬的政法队伍。1998年，市委政法委组织开展了全市政法队伍集中教育整顿活动，进一步完善干警录用、奖惩等制度。整顿工作中，全市立案查处干警违法违纪案件76件82人，清理清退一批不适合做政法工作的干警和执法岗位上的临时人员。1999年，市委政法委结合“三讲”教育活动，组织开展“学习临汾市公安局先进经验、争创人民群众满意的政法干警(单位)”的“学创”活动，既突出抓了政法部门的领导班子建设，又加大对违法违纪干警的查处力度。2001年，在全市政法干警中开展学习“三个代表”重要思想活动，市委出台《关于进一步加强政法队伍建设的实施意见》。2003年出台《阳泉市政法干警十条禁令》等规定，并狠抓贯彻落实工作。2005年，开展保持共产党员先进性教育活动，推动了政法队伍建设。2010年，开展创先争优活动，增强了各级政法机关党组织建设。在注重理论学习的基础上，市委政法委精心部署了以“抓基层、打基础、苦练基本功”为主要内容的“三基”建设。经过十几年的努力，全市政法干警的整体素质大幅度提高，活动收到良好效果。

政法队伍“三基”训练

做好宣传工作，对涌现出来的先进集体和个人予以表彰。从2002年8月开始，在全市政法系统中组织开展“执法为民先进集体”和“双十佳政法干警”评选表彰活动，至2008年共有40个基层科室和80名政法干警受到表彰。2010年，开展“执法为民标兵单位”和“十佳政法干警标兵”评选表彰活动，先后有65个先进集体和126名先进个人获得省级以上表彰，涌现出“全国模范法官”于昌明、“全省十佳政法干警”车建丽等一批先进人物。广大政法干警为平安阳泉建设和全市社会和谐稳定作出了应有贡献。

第十章 综治工作

第一节 机 构

1984年，阳泉市成立社会治安综合治理领导小组及办公室。1991年5月更名为阳泉市社会治安综合治理委员会办公室（简称市综治办），是阳泉市社会治安综合治理委员会的常设办事机构，与中共阳泉市委政法委员会合署办公，并归口政法委领导，是市委主管全市社会治安综合治理工作的职能机构，正县级建制。

主要职责是，调查研究全市社会治安状况，依据上级关于社会治安综合治理的方针、政策作出总体部署并监督实施；组织协调和检查各级各单位落实社会治安综合治理各项措施和任务的情况，并总结推广典型经验；对重大案件的防范责任实施查究；对工作任务不落实，导致单位、地区治安混乱的，实施一票否决。市综治办成立之初，内设机构有秘书科、督查科。后几经改革调整，2010年内设综合治理督查科、矛盾纠纷排查调处工作领导组办公室2个科室。

第二节 主要工作

1981年，中共中央、国务院首次提出社会治安综合治理的方针后，阳泉市积极行动，广泛动员社会各部门及广大人民群众运用政治、经济、行政、法律、教育等多种手段，对社会治安实行综合治理。1985年8月，全省社会治安综合治理经验交流会在盂县召开，向全省推广盂县“全党动员，大搞综合治理，实现社会治安根本好转”的经验。1991年2月中共中央、国务院作出《关于加强社会治安综合治理的决定》，全市各级各部门按照“属地管理”“谁主管、谁负责”的原则，坚持“打防结合、预防为主、标本兼治、重在治本”的方针，以“发案少、秩序好、社会稳定、群众满意”为目标，深入开展工作，维护了全市的政治安定和社会稳定，人民群众的安全感逐年提高。

一、推行综治领导责任制

1995年8月，市综治委、市纪委、市委组织部、市人事局、市监察委员会联合制定出台《〈关于实行社会治安综合治理领导责任制若干规定〉的实施细则》，明确规定各级党政“一把手”为本单位、本部门社会治安综合治理“第一责任人”。随后，各级综治、纪检、组织、人事、监察部门积极推进社会治安综合治理领导责任制，建立了党政领导干部和分管综治工作的领导干部抓社会治安综合治理工作的政绩档案，将领导干部晋职晋级、评先受奖与抓综治工作的实绩直接挂钩。纪检监察机关把党政领导干部抓社会治安综合治理工作的情况列为监督、检查的一项重要内容，对抓综治工作严重失职，导致治安秩序长期混乱，发生影响当地社会稳定、政治稳定事件的地区、部门、单位的党政领导干部和分管领导干部进行责任查究。市、县（区）综治委坚持社会治安综合治理“一票否决权”制，积极推进责任制的落实。全市各级各部门自上而下把社会治安综合治理纳入经济和社会发展的总体规划和年度工作计划中，与经济工作、党建工作、精神文明建设同安排、同部署、同检查、同考核、同奖惩。1997年，阳泉市社会治安综合治理工作首次进入全省先进地市行列。2003年、2004年、2005年、2007年、2008年，阳泉市多次被评为“全省社会治安综合治理先进市”。

二、治安防控体系建设

从20世纪80年代起，阳泉市大力加强治安防范工作，全市建立起党委、政府领导，综治机构组织协调，以公安为骨干，以群防群治力量为依托，以社会面治安防范为重点，以科技手段为支撑，多警种联动，专群结合，点线面结合，人防物防技防相配套的治安防控体系。通过多年的实践工作，总结出具有阳泉特色的“四防四治”治安防范工作经验，即以单位为主开展自防自治、对要害部位专防专治、对治安混乱地区（单位）和场所进行重点防治、以行政区域为主建立联防联治，在全省进行推广。2002年，阳泉市成立专职治安巡防队，市级设支队，县区设大队，公安派出所设中队，加强重点时段、重点地区的治安防范力量。至2010年，全市专职治安巡防队员达到2109人。大力推行技防措施，充分利用高科技，针对不同情况广泛实施技术防范。从2006年起，开展社会治安视频监控与报警综合管理系统“天网”工程建设。至2010年，在繁华地段、交通要道、党政机关、金融机构，以及关系国计民生的水、电、气、暖等重点部位安装监控设备270套、安装视频监控器2800余个，实现重点部位全天候、全覆盖实时监控。此外，市级“110”“119”“122”三台合一报警系统于2007年初建成并投入使用，方便了市民报警求助，提高了处警效率。通过一系列工作，全市治安防范能力明显提高，有效地预防和减少了违法犯罪活动的发生。

三、矛盾纠纷排查调处

疏导调解各种社会矛盾和民间纠纷，正确处理人民内部矛盾，避免矛盾激化，始终是社会治安综合治理工作的重要内容。2001年2月，市委办公室、市政府办公室转发市综治委《关于深入开展矛盾纠纷排查调处工作的实施意见》，成立阳泉市矛盾纠纷排查调处工作领导组，在市综治办设置领导组办公室，明确了矛盾纠纷排查调处工作的领导机构、职责任务和工作制度。各级各部门从健全网络入手，在全市构建了市、县（区）、乡镇（街道办事处）、村（社区）四级矛盾纠纷排查调处网络。坚持定期排查调处工作制度，市、县（区）每月召开一次协调会，乡镇、街道办事处、村、社区每半个月召开一次协调会，分析形势，解决问题，确保各类矛盾纠纷和不稳定因素早发现、早报告、早控制、早处置，切实将矛盾纠纷化解在当地，解决在萌芽状态。从2006年开始，按照省综治委的要求，在全市开展了为期两年的“矛盾纠纷调解年”活动，调处了一批影响社会稳定的矛盾纠纷，在全市各县区、各乡镇和街道办事处全部建起矛盾纠纷调解中心。2010年，全市形成以人民调解、行政调解和司法调解为主体的“大调解”工作体系，县（区）、乡镇（街道办事处）、村（社区）三级社会矛盾“大调解”工作平台普遍建立。同年，还建立了社会稳定风险评估制度，出台《关于建立重大事项社会稳定风险评估机制的实施意见》，实现由“保稳定”向“创稳定”模式的转变。2002年至2010年，全市各级矛盾纠纷排查调处组织共排查出各类矛盾纠纷3824起，调处2980起。

四、平安创建活动

1996年，市综治委从硬件建设、软件建设、治安管理、环境秩序四个方面制定出创建标准，采取“典型引路、突出重点、分类指导、整体推进”的方法，在全市范围内开展以创建“安全文明小区、安全文明村镇、安全文明单位”为主要内容的安全文明创建活动。1997年至1999年，开展创建“安全文明铁道线”活动。1998年，推行市综治委委员包建安全文明小区措施。2000年，开展“安全文明小区百日创建”活动。2002年，在全市组织综治委成员单位与基层单位结对子共创共建安全文明社区、村镇、单位活动，推进了基层安全文明创建工作，这一做法得到中央综治委的肯定，在2003年全国社会治安综合治理工作会议上作了经验交流。

2000年至2003年，连续4年开展创建“安全文明铁道示范带”活动。2003年，组织开展“三打三防三创”（打击敌对势力和敌对分子的破坏活动、打击严重刑事犯罪、打击经济犯罪，防高危人群犯罪、防恶性案件和治安灾害事故、防群体性事件，创建安全文明社区、创建安全文明村镇、创建安全文明单位）活动。2004年至2005年，开展创建“安全文明铁道走廊”活动。2004年7月，市委、市政府下发《关于在全市开展创建“平安县（区）”活动的实施意见》，明确了创建活动的指导思想、创建目标、组织领导和工作措施，制定了以“政治局面安定、社会持续稳定、治安秩序良好、文化健康向上、法治环境优良、群众认可率高”为主要内容的创建标准。至2010年，城区、矿区、郊区、平定县、盂县、开发区、阳煤集团均达到“平安县（区）”创建标准，受到市综治委命名表彰。从2009年起，按照全省统一部署组织开展了为期3年的“平安铁路示范县（市、区）和平安铁路示范线”创建活动，效果良好。

五、基层基础工作

基层基础工作是整个社会治安综合治理工作的根基。1992年，市综治委组织开展了“基层基础年”活动。从2000年起，实施“强基固本四大工程”，重点从组织建设、队伍建设、经费保障、制度建设四方面加强基层基础工作。在组织建设上，将乡镇、街道办事处综治办列入编制，配备专门工作人员，并由1名乡镇（街道办事处）党（工）委副书记担任综治办主任，专抓综合治理工作。在队伍建设上，调整充实基层治保会、调委会、专兼结合的联防队等群防组织队伍，全市各类群防群治队伍经过有计划有步骤的调整、充实、培训，做到“组织、领导、工作、制度、报酬”五落实。在经费保障上，建立起长效经费保障机制，市、县（区）、乡镇（街道办事处）综治经费列入同级财政预算。在制度建设上，市综治办制定了县（区）、乡镇（街道办事处）、村（社区）、小区和内部单位五个层次的规范化建设标准，2004年在全市组织开展了综治工作制度化、规范化建设达标竞赛活动。

2010年，开展乡镇（街道办事处）综治工作中心建设，按照“统一组织、统一协调、统一督促、统一指导”的要求，由综治部门牵头组织协调，整合基层法庭、派出所、司法所、信访办、矛盾排查中心等部门的力量，落实每月工作例会、首问责任、检查考核等工作制度，及时排查发现不安定因素，整合多部门力量予以解决，形成一套配置合理、运转有效的综治维稳工作机制，实现了矛盾联调、治安联防、工作联管、问题联治、平安联创、突发事件联勤，受到人民群众好评。经过十几年的扎实工作，全市基层基础工作不断强化，社会治安综合治理工作各项措施在基层得到较好的落实。

六、专项工作

社会治安综合治理专项工作主要包括流动人口治安管理、刑释解教人员安置帮教、预防青少年违法犯罪、学校及周边治安综合治理、企地共建平安社区等，涉及管理、教育、改造等各个方面。2002年8月，市综治委制定下发《关于进一步加强社会治安综合治理专项工作的意见》，设立各专项工作领导小组，依托公安、司法、教育、共青团等相关职能部门成立领导小组办公室，齐抓共管，使各专项工作更加规范有效。开展社区矫正工作，建立社区矫正倒排督查工作机制，仔细排查社区服刑人员，严格落实接收、管理、教育、考核、奖罚、社会保障、解矫等各项制度，确保教育到位、帮扶到位、管控到位。切实加强对流动人口和出租房屋的管理，组织民警深入流动人口聚集地、出租房屋广泛开展户籍宣传，开通“绿色通道”，主动预约办户办证，根据流动人口不同情况，划分为一般型、关注型和管理型三个层次。继续加强对青少年的教育、管理和服务工作，扎实开展“青少年违法犯罪社区预防计划”，开展“未成年人零犯罪社区”和“为了明天工程示范县市”创建活动，严防未成年人违法犯罪，切实加强对未成年人的保护。加强学校及周边治安综合治理工作，在全市中小学建立校园警务室，配备校园协警人员425名，实行24小时看护守卫，构筑起校园民警、公安协勤、保卫干部、保安人员“四位一体”的校园安全警务体制。组织城管、工商、文化、卫生、交警等部门，对校园周边乱摆乱放、无证经营、车辆拥堵等问题及时整治，强化校园周边的治安防控。人防、物防、技防等措施的进一步落实，使各学校的防范管理水平明显提高，为广大师生创造了良好的学习生活环境。2010年，全市建立了由党委政府统筹，政法、综治部门协调，综治委各成员单位共同参与的社会管理创新组织领导体系和工作机制，进一步落实中央《关于进一步加强刑满释放解除劳教人员安置帮教工作的若干意见》，切实做好衔接、帮教、服务、管理工作，努力提高教育改造质量，使刑满释放人员尽快融入社会，严防其重新违法犯罪。

台商企业合作牵线搭桥，为阳泉市进一步吸引台资、深入开展与台湾及台商密集地区的经贸交流合作打下了良好的基础。

同时，市委台办积极开展与台在文化教育新闻等各领域的交流，多次接待到阳泉市参观考察的各类参访团。2002年5月，接待了台湾地区政治受难人互助会参访团一行10人到阳泉市参观访问。2003年2月，接待并协助台湾三立电视台一行7人到平定县下董寨村拍摄正月十六"跑马"习俗。2004年6月，接待台北市山西同乡会返乡参访团一行16人到阳泉市参观。2005年6月，接待并协助台湾东森电视台记者一行2人到阳泉市采访拍摄。2007年1月，接待并协助台湾中天电视台记者一行4人到阳泉市采访拍摄。同年7月，在平定县举办了"第二届两岸乡镇问题对比研究：理论与实践学术研讨会"。2009年6月，接待"台湾记者三晋行——山西民俗文化专题采访考察活动"记者团一行21人到阳泉市参观采访。另外，阳泉市的考察团也多次赴台进行考察交流。通过这些活动，增强了阳泉市与台湾同胞的相互了解和沟通，促进了全市经济社会发展和两岸关系发展。

三、其他工作

2007年12月，阳泉市涉台突发事件应急处理工作领导小组成立，并建立了阳泉市台商权益保障工作联席会议制度，以有效预防、妥善处理涉台突发事件，维护两岸关系和平发展。

至2010年，全市赴台人员共333户1188人，台属共385户1695人，居住在阳泉市的台湾籍同胞有7户。阳泉市有1家台商独资企业——方大添加剂（阳泉）有限公司，2001年3月在阳泉经济技术开发区成立，主要生产和销售甜蜜素等食品添加剂。公司占地37.25亩（2.48公顷），注册资金450万美元，职工160人，年生产甜蜜素1.5万吨，年销售收入达1.5亿元至1.8亿元人民币，年上缴税金约1500万元，产品远销欧洲、美洲、亚洲、非洲等40多个国家和地区，是全国最大的甜蜜素生产企业。

市委台办坚持做好联系走访和来信来访工作，积极帮助台胞、台属解决身份证明、上学、就业、就医等困难和问题。每年元旦、春节前夕，向在台湾的阳泉籍乡亲及台胞、台商朋友寄送贺年卡。每年春节和中秋节，市委台办都要组织慰问台胞、台属活动，并送去慰问品和慰问金。结合重大纪念日，举办各种台胞、台属、台商茶话会或座谈会，畅叙友情乡情，共商发展大计。2008年6月，平定籍台胞陆智明向其母校——平定县实验小学捐助20万元，用于购买48台电脑，并举行了"陆智明现代信息教育中心"揭牌仪式。2010年4月，台属段金玲女士在第一时间代表全家为青海玉树地震灾区捐款1000元。

第十二章 政策研究

第一节 机构

中共阳泉市委政策研究机构最早成立于1948年8月，名称为研究室，正县级，设有主任和研究员各1名。1950年10月更名为政策研究室。1952年撤销。1957年9月，根据中共中央关于加强调查研究工作的决定，市委办公室增设调查研究室，正县级建制，由市委副秘书长兼管。1961年6月并入市委办公室。

“文化大革命”期间，调查研究室停止工作。1975年9月，市委秘书处内设政策研究室，1977年更名为政策调查研究室。1980年8月，政策调查研究室并入市委办公室作为内设科室，并更名为调查研究室。1984年9月机构改革，调查研究室成为市委独立直属部门，更名为政策研究室，正县级建制，内设办公室和政策研究科。1988年10月，市委成立市委政治体制改革办公室，与市委政策研究室一套机构、两块牌子。

1994年12月，市委办公厅印发《中共阳泉市委政策研究室职能配置、内设机构和人员编制方案》，编制11名，内设综合科和研究科。1996年12月，内设科室改为办公室、研究科。2001年，根据市委、市政府机构改革方案，设行政编制8名，其中主任1名、副主任2名，内设秘书科和研究科。至2010年未变。

第二节　主要工作

一、调查研究

政策研究机构成立后，围绕市委各个时期的中心工作，对全市经济社会发展、党的建设、文化教育事业以及民生等进行了大量的调查研究工作，形成一大批有价值、有分量的调研报告。其中，2001 年围绕农民增收问题，通过对阳泉市的地形地貌、资源禀赋、人文习俗、气候条件等进行深入调研，形成调研报告《大力发展畜牧业是阳泉农民增收的根本途径》，引起市委高度重视，在《阳泉日报》头版头条刊发后，掀起全市农民养殖热潮。2002 年，以“调查研究年”和“转变作风年”活动为契机，开展全市优秀调研成果评选活动，评选出优秀调研报告 10 篇，并给予奖励。2006 年后，围绕全市实施的“振兴老工业基地”“打造中国鲁尔区 建设太行明珠城”“资源型城市转型”“建设千亿阳泉 百万新城”等重大战略部署，先后开展调查研究 35 次，撰写完成《“十一五”期间我市老工业基地改造发展的思路及对策研究》《关于推进我市就业与再就业工作的对策研究》《关于加快经济结构调整和城乡基础设施建设，推进资源型城市转型、工矿型城市改造提升的调研》等 30 多篇调研报告，为市委领导科学决策提供了大批调研成果和方案建议，其中不少建议转化为市委决策。2010 年，组织协调开展了 16 项重大课题调研，在全市营造了调查研究的浓厚氛围。

二、文稿起草

政研室围绕全市工作大局，承担了市委历届党的代表大会、代表会议、常委扩大会议和市委召开的有关专业性会议报告、讲话等重要文稿起草任务。2000 年至 2010 年，起草的重要文稿包括《关于贯彻十六大精神加快实施赶超发展战略全面建设小康社会的意见》《中共阳泉市委关于制定国民经济和社会发展第十二个五年规划的建议（草案）》等 15 篇。其中，2002 年结合贯彻中共十六大精神，会同组织、农业等部门对平定县西回村党支部实践“三个代表”重要思想的先进事迹进行调研后，组织撰写的《实践“三个代表”重要思想的典型》一文，市委书记程步云亲自配发专题文章，随后在全市各级党员领导干部中掀起持续一个多月的“当官为什么”大讨论，引起极大反响。2003 年在全市经济结构调整的关键时期，政研室在《决策参考》上专门配发解读浙江、江苏、广东、厦门等地经济发展经验和历程的专题通讯，同时组织撰写了《调整是生命 创新是灵魂 效益是主线 人才是保证 实干是关键》等系列文章，得到市委领导的高度评价，在全市三年经济结构调整表彰会上被评为“服务结构调整先进单位”。

三、书刊编印

1976 年至 1978 年，政策研究室定期出刊《参阅材料》，供市委、市政府主要领导参阅。1981 年起承办面向全市的中共阳泉市委机关刊物《调查研究》，1983 年增办刊物《报刊资料选辑》，到 1988 年停刊，两种刊物共计编印 100 期。1988 年刊发《阳泉政体改通讯》，1989 年增刊《内参汇集》，至 1991 年停刊，《阳泉政体改通讯》共刊出 56 期。1989 年至 1998 年编印《研究与探索》，并增设《情况反映》周刊，共出刊 150 余期。1999 年至 2005 年编印《决策参考》，重点刊登市委、市政府以及各级各部门主要领导的理论和实践文章，后增刊《领导参阅》，到 2006 年连续编发 108 期，累计发行 2 万余份，刊发各类稿件 400 多篇，计 100 余万字。

2007 年，市委将办公厅编印的《调查研究通讯》和政研室的《决策参考》两份内刊进行整合，创办统一的市委机关刊物《阳泉工作》。《阳泉工作》从稿件内容、刊物文风到版面设计、印制质量都做了全新改进，在保证党刊权威性、指导性的基础上，增强实用性、可读性、说服力和亲和力，丰富了党刊内涵，延长了党刊触角，发挥了党刊服务决策和宣传阳泉的作用。《阳泉工作》为双月刊，大 16 开彩色印刷，每期内芯 60 个页码，约 10 万字，属内部资料。至 2010 年出刊 12 期，刊发文章 380 余篇，近 240 万字。

政研室在编辑出版刊物的同时，于 1997 年阳泉解放建市 50 周年之际，会同市委办公厅编辑出版了大型工具书——《阳泉百科全书》。2007 年阳泉解放建市 60 周年之际，政研室组织编纂了综合记述阳泉 60 年自然、经济、社会、政治、文化等百科百业发展情况的工具书——《太行明珠·阳泉》。2010 年，将关于全市转型发展、跨越发展的 16 个典型调研成果汇编成册，编印了《加快转型跨越、实现“千亿百万”》，为阳泉市的转型跨越发展提供了支持。

第十三章 党校工作

第一节 机 构

中共阳泉市委党校的前身为阳泉工矿区在职干部文化补习学校，建于1952年3月。1967年3月停办。1977年4月市委党校恢复，实行党委领导下的校长负责制。

1993年3月，市委党校校长由市委常委兼任，开始设常务副校长主持工作，规格为副厅级，实行校务委员会领导体制，当时有校务委员3名。2002年9月，阳泉行政学院成立，与市委党校合署办公，院长由市领导兼任，设常务副院长主持工作，由市委党校常务副校长兼任，全额事业单位，正县级建制。

2010年，中共阳泉市委党校、阳泉行政学院（简称校院）有教职工134人，其中，在职教职工83人，离退休职工51人；中共党员76人，共青团员8人。在职教职工中，具有研究生学历者12人，大学学历者53人；具有专业技术职务者33人（正高级1人、副高级16人、中级14人、初级2人）。校院内设机构15个，其中，行政管理处室4个，分别为办公室、组宣部、老干部处、行政处；教研

中共阳泉市委党校

处室6个，分别为马克思主义理论教研室、基础学科教研室、经济管理教研室、理论研究室、工运理论研究室、党风廉政建设教研室；教辅处室5个，分别为教务处、学员部、公务员培训部、信息网络部、图书馆。图书馆藏书6.35万册，资料室拥有各种资料600余种，拥有较先进的电教仪器设备，办有校院学刊《阳泉论坛》。

第二节 主要工作

一、基础设施建设

阳泉市委党校建校至20世纪80年代初，教学办公用房均为简陋的窑洞和平房。1984年建成办公楼和学员餐厅。1987年建成教学楼和礼堂，校舍建筑面积达到15229.81平方米。2005年4月，校院新班子上任后，按照市级党校正规化建设的有关要求，针对教学办公设施严重老化的问题，加大基础设施建设力度，对校园绿化美化工作进行重新规划，校园面貌焕然一新。2006年，对学员餐厅进行改造后，可满足近300人同时就餐。2007年7月，启动学员公寓提质扩容改造工程，将办公楼的西配楼整体改造成学员公寓，于次年6月竣工投入使用，接待能力达到近200张床位，初步实现在校学员学习和住宿的分区管理。同时对年久失修、陈旧落后的主楼报告厅、东教室和教学楼大教室多媒体音响视频设备进行更新改造，对校院礼堂、部分教室等进行功能性维修改造，使办公环境和教学功能得到改善。在教学办公设施更新改造方面，相继建设开通校院局域网、中央党校现代远程教育接收站、阳泉干部在线教育平台和数字图书馆，接通Internet 10兆光缆，组建起5个多媒体教室和2个拥有100台电脑的电教室，校院教学、科研、办公信息化建设上了一个新台阶。至2010年，校院拥有教室、报告厅、会议室、研讨室21个，具备1500人同时参加学习培训的办学规模，基本上能够满足全市党员干部学习培训的办班需要。

二、干部培训

中共十一届三中全会召开以前，市委党校以配合各个时期的中心工作举办各种短期培训班为主。中共十一届三中全会后，重点配合党组织对干部进行政治轮训，传授马克思主义基本理论、党建理论、法律知识和党的路线、方针、政策。2000年，《中共中央关于面向21世纪加强和改进党校工作的决定》印发后，根据中央、省委的要求，结合全市干部教育和公务员培训工作的实际，不仅在教学培训班次的设置上作了调整，而且在培训内容、方法、管理等方面进行改革创新。2008 年 9 月，中央颁布实施《中国共产党党校工作条例》，对党校的性质、地位作出新定位，对党校教育总体要求作出新概括，对教学布局内涵作出新界定，对学员管理提出新要求，党校的建设与发展进入新的历史时期。至 2010 年，先后举办县级领导干部轮训班、中青年后备干部培训班、公务员培训班、军转干部培训班、理论骨干培训班、农村干部培训班等各类主体班次共计 314 期，培训学员 4.71 万人次，完成市委、市政府交办的干部培训轮训任务。2005 年以后，在完成好各种主体班次培训任务的同时，积极拓展非主体班培训工作领域，采取与党政机关和企事业单位联合办学、委托办班等形式，培训专业技术人员、经营管理骨干和其他各类人员数万名，使全市各级各类人才和干部队伍素质得到提升。

三、学历教育

党校学历教育是党校教育体系的重要组成部分。1985 年 5 月至 1993 年 7 月，先后举办两年制脱产大专班 7 期，共有 684 名学员从党政干部班、理论班、专修班毕业，取得大专学历。1988 年，开办省委党校函授大专班。1991 年，开设中央党校函授本科班。2000 年 11 月，与首都经贸大学联合举办在职研究生课程班 1 期，招收学员 160 人，其中有 8 人获得硕士学位。2005 年后，面对生源枯竭、班次萎缩等困难，采取措施增强办学应变能力，把招生重点向社区、企业、农村和军营等群体转移，并出台激励政策，发动各县（区）委党校和广大教职员工参与招生宣传工作，组织生源。2008 年，中央党校函授本科班停止招生，开始招收省委党校在职大专班和在职本科班，并在城区党校首次开设市委党校在职大专班。至 2010 年 12 月底，中函本科班、省函大专班、省委党校在职本科班毕业学员分别为 7086 人、10223 人、205 人，各类学历班在校学员总数为 2441 人。

四、科研工作

1985 年至 2010 年，校院教学科研人员在市级以上报刊发表各类文章 587 篇，部分教师还主编或参编了《邓小平领导思想研究》《毛泽东思想新论》等 46 部著作和《马克思主义基础理论》《岗位专业基础知识》等 34 部教材，以及《阳泉手册》《国家公务员知识大百科》等 3 部工具书。其中，有 245 篇文章和 10 余部著作获市级以上奖。2005 年后，启动实施多项全新工作，组织召开全市党校系统科研工作会议，制定出台《中共阳泉市委党校、阳泉行政学院“十一五”期间（2006—2010 年）科研工作规划》，申报立项 6 项省级哲学社会科学课题；创办校院学刊《阳泉论坛》，设立阳泉市构建和谐社会论坛，加强理论研讨，浓厚学术氛围，对繁荣全市社科理论工作起到推动作用，成为全市党校系统为市委、市政府及各级职能部门提供决策参考的重要载体和平台。

《阳泉论坛》是中共阳泉市委党校、阳泉行政学院所办的校院学刊，创刊于2005年10月25日，双月刊，逢单月出版，16开本，48个页码，印数300本，封面为套红印刷，刊号为“山西省内部资料准印证第K085号”。主要栏目有“本刊特稿”“党的建设”“法治建设”“干部教育”“思想政治工作”“新农村建设”“校园信息”等，内容主要是宣传马克思列宁主义、毛泽东思想、邓小平理论、“三个代表”重要思想和科学发展观，宣传党的路线、方针、政策，总结全市党政工作经验，研究工作方法、措施等。2010年1月，改版为四封彩印，在原有对市情问题加强理论研究探讨的同时，还图文并茂地展现全市干部教育工作动态。发行范围是市委、市人大、市政府、市政协领导成员，市委各部委，市直各委、办、局，各县区主要负责人等，全部为免费赠阅。截至2010年，累计出刊31期，共编发各类文章300余篇。

五、队伍建设

校院以创建学习型组织和学习型队伍为主线，以创建特色县区党校、精品科室为载体，把培养造就一支高素质的师资队伍和党员干部队伍作为重中之重来抓。在干部队伍建设中，坚持德才兼备的原则，依照组织程序，先后多次调整充实科级干部队伍，并根据工作需要，相继增设老干部处、工运理论研究室、党风廉政建设教研室。在师资队伍建设上，重视优化教师队伍结构，在引进高学历、高素质教学科研人才方面有了新突破。2006年初，组建成立高级人才培训中心和职工素质教育学校，通过组织理论辅导、业务培训、专题学习等形式，逐步使素质教育工作步入制度化、专业化、系统化运行轨道。在机关党建工作中，按要求对机关党委和工、青、妇组织定期改选换届，加强党的先进性建设，党员、团员和教职工队伍政治业务素质明显提高。在制度建设上，坚持加强管理、从严治校的原则，建立健全教学、科研、管理、党建等方面的多项规章制度，使校院各方面工作逐步走上科学化、规范化管理轨道。按照建设节约型社会的要求，开展节约型校院创建工作，严格办学成本核算，加强后勤管理，强化增收节支，成效明显。

第十四章 机关党的工作

第一节 机 构

1952年12月经市委批准，在机关党支部的基础上设立市直属机关党委会。市直属机关党委是市委直属的一级党委，是市委负责直属机关党的建设的部门。1957年6月在机构精简中撤销。随着市直机关机构的增设，1959年2月经市委研究，重新设立市级机关党委会，内设团委会、武装部。“文化大革命”中，机关党委被撤销。1971年12月重新建立。1978年撤销武装部，设办公室、团委。1978年6月机关党委又被撤销。1979年5月机关党委再度恢复，内设办公室、团委。1984年内设办公室、组宣部、纪律检查委员会、机关团委，编制12名。1987年10月编制14名。1990年5月9日，组宣部分设为组织部和宣传部。

1995年9月，名称改为中共阳泉市直属机关工作委员会，为市委的派出机构，正县级建制。1996年，内设办公室、组织部、宣传部、市直机关纪律检查工委、市直机关团工委、市直机关工会工委，编制16名。2001年，组织部和宣传部合并为组宣部，编制14名。至2010年无变化。

第二节 主要工作

一、思想建设

1952年市直属机关党委会成立后，围绕市委中心工作，着力加强机关干部的政治思想工作。进入社会主义建设时期后，遵照上级部署，开展以“反对官僚主义、宗派主义和主观主义”为内容的整风宣传运动。“文化大革命”中，机关党的工作陷于停顿。直到1979年5月机关党委恢复，并恢复和初步整顿所属总支、支部，组织全体党员开展真理标准问题的学习和讨论，深入批判林彪、江青反革命集团的极“左”路线，促进了思想解放。从1983年开始，在所属总支、支部中开展“四有”（有理想、有道德、有文化、有纪律）教育和“五讲四美”（讲文明、讲礼貌、讲卫生、讲秩序、讲道德；心灵美、语言美、行为美、环境美）及争创文明单位活动。1990年，市直机关党委连续举办党员培训班9期，历时两个半月，对机关2290名党员进行了马克思主义基本理论、党的基本路线和基础知识教育。1995年9月12日至15日，全省机关党建工作经验交流会在阳泉市召开，省委书记胡富国、副书记梁国英出席会议，对阳泉市的机关党建工作给予充分肯定。1997年，在广大党员中深入开展“三讲一树立”（讲学习、讲政治、讲正气和树立机关文明公仆形象）活动，建立健全机关各项规章制度。特别是从1998年开始，坚持重点抓好每年的入党积极分子培训班，工委班子成员亲自授课，培训更加规范。为加强和交流机关党建学习与教育工作，1999年8月召开第一届市直机关党建年会，市委书记田霍卿和省直工委副书记郑根堂出席会议。之后，党建年会改为双年会。至2010年，共召开6届，每届主题不同，党建双年会逐渐成为工委的一项品牌工作，多次得到上级领导的肯定。

2000年，举办了两期以“三讲”（讲学习、讲政治、讲正气）教育为主要内容的基层党组织书记培训班，共培训基层书记240余名。2001年，以纪念中国共产党成立80周年为契机，组建机关干部合唱团，排演《长征组歌》，为机关入党60年以上的老党员颁发纪念章，组织知识竞赛等。从2001年起，工委每年汇编一本综合学习资料，隶属党员人手1册，至2010年共汇编11本。2002年至2004年，以“三个代表”重要思想为指导，以贯彻中共十六大精神为主线，加强机关党员干部培训教育工作。工委分类、分层次培训的做法，先后被中直机关工委《中直党建》、国家机关工委《紫光阁》、省直工委《党的生活》等杂志宣传报道，受到省直工委和市委领导的好评。

在2005年保持共产党员先进性教育活动中，工委选树了先进典型——市交通局汽车修造运输有限公司原总经理、共产党员张玉明，并报请市委作出《中共阳泉市委关于向张玉明同志学习的决定》。同年11月24日，机关工委开通全省第一家以市直机关党建为主要内容的“阳泉机关党建”网。年内，首批确定荫营地区检察院、市气象局、市档案局、市中级人民法院和市人民检察院5个单位为市直机关党员教育基地，随后又增加平定县岔口乡理家庄村和郊区枣园村两个新农村。年底，配合市委组织部召开了机关先进性教育经验交流会，下发《中共阳泉市委关于加强机关党的建设，建立健全保持党员先进性长效机制的实施意见》。2006年，工委和市交通局机关党委开展先进性教育的经验材料被中央党校党建教研部编入《中国共产党基层党建》一书，该书由中央党校出版社出版。2007年，组织机关干部开展中共十七大精神学习贯彻活动，组织知识竞赛，掀起学习热潮。

2008年，与阳泉日报社联合举办了“我的亲历亲见亲闻”征文活动。5月，四川特大地震发生后，市直机关广大党员积极参与到入川支援抗震救灾工作中，并自愿交纳“特殊党费”209.84万元。2009年，组织开展学习实践科学发展观活动，召开市直机关“学习实践科学发展观，立足本职做奉献”先进党员表彰大会，组织演讲活动等。2010年开展创先争优活动，效果良好。

二、组织建设

1952年12月，市直属机关党委会成立后，随着当时形势的发展、变化和行政机构的变动，对所属总支、支部进行了多次调整。市直机关党委虽屡次被撤销、恢复，机关党的组织建设受到一定影响，但总体上不断进步，机关党的各级组织在各个阶段均发挥了积极作用。1979年5月市直机关党委再度重新恢复后，着手恢复了所属总支、支部，使党委各项工作的开展有了组织保证。1988年，市直机关党委隶属有3个党委、25个总支、63个直属支部和129个基层支部，党员总数为3110名。1990年后，党组织和党员目标化管理在隶属党组织范围内全面推开。1995年，市直机关党委改为市直机关工委。1996年，市委出台《关于市直各部门党组指导机关党组织工作的意见》。1998年中央颁布《中国共产党和国家机关基层组织工作条例》后，市直机关工委批准成立全市第一家民营企业党支部——华商顺达联合党支部。1999年批准吸收全市第一个民营企业家入党。

2000年后，工委按照规定程序，指导基层党组织按时选举，做好机关党组织兼职负责人和组织委员培训工作，并围绕市委、市政府的中心工作，先后开展创建标准化党组织和机关党建先进单位、“把身份亮出来、把责任担起来、把形象树起来”和“党员责任岗”等多项主题活动，树立了基层党组织和广大党员干部的良好形象。2006年，首次与各隶属机关党委签订“创建高标准基层党组织责任书”。2007年、2008年，将党建责任书的签订范围分步扩大到各直属党总支和支部。2008年，责成市人才开发交流服务中心和市失业保险中心成立“流动党员服务站”，对流动党员进行管理。2009年，工委隶属党组织单位范围涉及“两新组织”（新经济组织和新社会组织）160多个。2010年，在所属基层支部换届工作中推行公推直选。至年底，市直机关工委隶属党组织共有15个机关党委、32个总支、42个直属支部，支部总数396个，党员总数6172名。市直机关工委先后8次被市委评为“优秀党委”。

三、作风建设

市直机关党委成立后，按照市委要求，结合机关特点，注重抓好作风建设。中共十一届三中全会召开后，随着市直机关党委的重新设立，机关作风建设不断加强。2000年，围绕改进作风，开展“当官为什么”大讨论，市直机关多名一把手在《阳泉日报》上撰文参与讨论。2001年，分组参加全市百日作风大调研，与村民、村干部面对面进行交流，了解基层情况，帮助解决问题。2003年在抗击“非典”斗争中，市直机关各级党组织和党员以多种方式参与抗击“非典”的斗争，展示了机关的良好作风和形象。2005年、2006年，借党的先进性教育活动的开展，结合党建责任制，在机关开展“把身份亮出来、把责任担起来、把形象树起来”等主题活动。2007年，开展思想作风、学风、工作作风、领导作风和干部生活作风“五风”建设，弘扬“八荣八耻”和建设和谐社会的精神。

与此同时，工委以机关党建带动党风廉政建设。一方面，针对市直机关党员干部多、科级干部多、权力相对集中的特点，把反腐倡廉教育的重点确定在机关科级干部、重点领域和部门、关键岗位党员干部三个层面上。在抓好面上教育的同时，严肃处置违法违纪案件。在全市率先召开部分科级党员干部违纪通报会，在机关引起很大震动。另一方面围绕构建教育与预防、惩治腐败体系，在党员教育中把反腐倡廉作为每年的重要内容进行安排。2007年，编写了《警示教育典型案例100例摘编》一书。结合廉政文化进机关活动的开展，要求各单位组织党员干部到警示教育基地——荫营地区检察院、阳泉一监实地接受反面典型的现身说法教育。要求重点领域和部门、关键岗位的党员干部观看有关警示教育片。同时，工委严格执行党建责任制和党风廉政建设责任制，注重抓好基层党组织民主生活会的质量，保证党风廉政建设各项制度和措施的贯彻落实。

四、群团工作

市直机关工会工委1995年正式划归市直机关工委，作为市直机关工委的一个双重管理部门（同时为市总工会的派出机构），结合机关实际开展工作。一是按照工会章程，重视机关工会的组织建设。至2010年，市直机关工会联系单位85个，全部建立工会组织，入会会员8200人。二是做好每年“五一”劳动模范推荐与表彰工作。2010年，市直机关受到市、省及全国表彰的劳动模范和先进工作者260人、先进集体78个。三是关心职工利益。每年春节向市总工会申请专项救济资金2万元至3万元，对因病致困的职工予以救济。至2010年，已救济救助上百人。

同时，为符合条件的工会单位特困职工办理救助证。从2005年起，按照市总工会关于建立职工大病互助互济基金的要求开展工作。到2008年，隶属单位全部参加职工大病医疗互助活动。四是活跃机关气氛，丰富职工文化生活。特别是进入21世纪，坚持每年举办一次职工乒乓球赛，每年开展职工游泳培训，每年组队参加全市网球比赛，每两年组织一次职工篮球赛，不定期组织羽毛球比赛、歌咏比赛、长跑和登山比赛等活动。此外，在抗击“非典”和支援四川抗震救灾中，还组织广大职工进行献爱心捐款。2003年抗击“非典”过程中，组织捐款81万元，在全市76个捐款先进单位中位居第四名，被市委、市政府授予“抗非典献爱心捐款重大贡献奖”。

1996年市直机关团委改为团工委后，作为市直机关工委的另一个双重管理部门（同时作为共青团阳泉市委的派出机构），拓宽思路，创新工作。一是加强组织建设，至2010年，共有共青团员480余人，有团组织31个。按照团市委与新时期团的工作要求，于2006年召开市直机关团员代表大会，对团工委委员进行调整改选。二是引深“青年文明号”创建活动，促进机关精神文明建设。坚持每年对“青年文明号”进行考评、验收，巩固和扩大创建成果，并使创建工作上档升级。至2010年，共有市直机关“青年文明号”6个、市级“青年文明号”11个、市级“青年文明号示范集体”5个、省级“青年文明号”3个、国家级“青年文明号”1个。三是组织和引导广大团员青年开展丰富多彩的活动。先后组织了保护“母亲河”捐款活动、“党在我心中”主题宣传教育活动、各类知识竞赛及文体活动等，参与了全市首届青年书画摄影大赛、市首届青年街舞比赛、“中华魂”读书教育等活动，广大团员青年在各种活动中得到很好的锻炼。2008年四川抗震救灾斗争中，共有30名团员青年奔赴抗震救灾第一线，其中7人表现突出，被批准加入中国共产党。2002年至2006年，连续5年被团市委评为“五四红旗团委”。2004年至2006年，连续3年被团省委评为“五四红旗团委”。

第十五章 老干部工作

第一节 机 构

中共阳泉市委老干部局的前身是中共阳泉市委组织部老干部科，成立于1982年。1983年机构改革中，中共阳泉市委老干部局成立，正县级建制，下设办公室、安置科、组宣科和市直科4个科室，编制13人。1987年10月，市委成立老干部工作领导组。1992年市委老干部局增设退休干部管理科，增加编制3人。1997年机构改革中，市委老干部局人员编制减少为8人，下设办公室、市直科和待遇科3个科室。2001年6月，市委老干部局人员编制又增加为10个，下设科室改为办公室、组宣科、生活待遇科。2005年增设企业离休干部管理科。2008年10月，组宣科更名为政治待遇科，至2010年无变化。

市委老干部局下属事业单位有市老干部休养所、市老干部活动中心、市老年大学办公室。

市老干部休养所于1982年11月成立，正科级全额预算事业单位，归口市委组织部管理。1983年12月，市委老干部局成立后，市老干部休养所归市委老干部局管理。2009年8月参照公务员法管理。

市老干部活动中心成立于1990年，正科级全额预算事业单位。1999年1月，市政府第一招待所撤销，整体划归市委老干部局管理，改称市老干部（老年人）活动中心，为正科级自收自支事业单位。同年7月1日挂牌运行，同时挂“南山宾馆”的牌子。2000年1月升格为副县级。

市老年大学于2002年6月成立，归市委老干部局管理。2007年12月，市老年大学办公室成立，为正科级全额预算事业单位。市老年大学设副县级专职副校长1名，兼任市老年大学办公室主任。2009年11月市老年大学办公室参照公务员法管理。2010年6月，市老年大学办公室设主任1名，市老年大学专职副校长不再兼任。

第二节　主要工作

一、政治待遇落实

从1986年开始，每年春节前，市委、市政府都要举行全市老干部迎新春茶话会，市四套班子领导分别带队对市级老领导和各行业老干部代表进行春节慰问，已形成制度。1991年12月，市委出台《关于进一步加强老干部工作的意见》。1992年12月，市委、市政府决定，退休干部归口市委老干部局统一管理，市委组织部、市委老干部局等六部门联合下发《关于退休干部管理工作和政治生活待遇的若干意见》。1994年11月，市委办公厅、市政府办公厅批转市委老干部局《关于做好退休干部管理工作的暂行规定》，此为全省各地市出台的第一个退休干部管理工作方面的规定。2001年11月，市委再次出台《关于进一步加强老干部工作的意见》，推动了全市老干部工作的进一步开展。

二、生活待遇落实

1990年9月，市委常委会议定，全市离休干部的公用经费单列，乘车费明确，为抗日战争时期和解放战争时期参加工作、年龄在80岁以上的离休干部发放护理费，离休干部遗属无工作的可按比例享受房租补助和烤火费补助。以地市统一明确离休干部公用经费单列，阳泉市在全省是第一家。从1997年1月起，全市建立起市直企业离休干部离休费保障机制，改企业发放离休费为社会劳动保险所直接发放。阳泉市的这一做法比晋政发〔1998〕40号文件的执行早了一年半的时间，得到省委老干部局领导的肯定。1998年10月，在太原市召开的全省老干部局落实“两费”座谈会上，阳泉市作了经验介绍，受到省领导好评。

2005年6月21日，市委老干部工作领导组决定，市属行政、事业、企业单位离休干部医药费按每人每年8000元的统一标准实行统筹。离休干部医药费实行统筹后，财政支持机制的预留资金按不低于统筹金的50%列入预算，以确保离休干部的医药费得到切实保障。对于企业和自收自支事业单位离休干部2005年6月30日以前发生的医药费及以往拖欠的医药费，由离休干部原单位和市财政负责清理。从2005年7月1日起，市直非财政供养单位离休干部的生活补贴、住宅电话补贴全部由市财政解决。市直非财政供养单位离休干部的冬季取暖费定额补贴和离休干部无工作遗孀冬季取暖费发放问题也得到解决。以上三项费用均由市财政拨款，纳入养老保险统一发放。为便于集中部分财力为老干部办实事，对离休干部特需费、公用经费和机关退休干部公用经费的管理使用办法进行改进，市委老干部局按市直财政供养单位离休干部每人每年300元、退休干部每人每年100元的标准提取，统一掌握使用。其余部分由离退休干部所在单位掌握使用。市直非财政供养单位的离休干部按每人每年300元上缴市委老干部局。2008年，市财政拨款2000多万元用于解决离休干部的待遇平衡问题。市委老干部局、市财政局和市人事劳动等部门下发文件，企业、事业单位离休人员全部参照机关离休干部的标准发放津贴补贴。2010年，根据《关于调整机关事业单位人员冬季取暖补贴标准的通知》，对市直事业单位、市直企业单位的离休干部依据文件标准，统一调整了冬季取暖补助标准。

此外，2002年是中央建立干部离退休制度20周年。市委组织部、市委老干部局从5月至11月组织开展了一系列纪念活动。在《阳泉日报》开辟专栏，开展征文活动和专题报道；举办全市老干部扑克、象棋、乒乓球等比赛；举办全市老干部大型文艺演唱会和书法、绘画、摄影展，丰富了广大老干部的精神文化生活。为迎接中华人民共和国成立54周年，2003年9月26日至28日，市委组织部、市委老干部局联合举办阳泉市第一届老干部艺术节，2000多名老干部及工作人员参加，节目总数达70余个，展示了广大离退休干部积极向上的精神风貌。

老干部艺术节

1997年至1999年，市委老干部局连续三年被省委老干部局评为"百日活动"先进单位。2004年10月，平定县东锁簧村老干部党支部被中组部评为先进党支部。2006年10月，平定县委老干部局被中组部授予全国老干部工作先进集体称号。赵书彦、薛茂修、苑桂生先后受到中组部表彰。

第十六章 党史工作

第一节 机 构

中共阳泉市委党史研究室的前身是中共阳泉市委党史资料征集领导小组办公室，组建于1981年10月，与市地方志编纂委员会办公室合署办公，是市委、市政府直属事业单位，无内设科室。1984年7月，党史与方志机构分设。1985年4月改称中共阳泉市委党史研究室，正县级建制。2009年1月参照公务员法管理。单位原内设秘书科、征编科，编制10名。2001年增设宣教科。至2010年未变。

2001年6月，市委党史研究室被省委授予“山西省党史、组织史、当代史工作先进集体”称号，被省劳动竞赛委员会记“集体一等功”。2005年8月，被省委办公厅授予“山西省党史系统先进集体”称号。2006年9月，被中央党史研究室和人事部联合授予“全国党史系统先进集体”称号。

第二节 主要工作

一、党史编研

市委党史研究室成立后，紧紧围绕市委中心工作，认真履行资政育人职能，积极开展党史编研工作，先后编辑出版《中国共产党阳泉市历史纪事（上、下）》《中国共产党阳泉历史（上、下）》《山西改革发展30年（阳泉卷）》《中共阳泉党史人物传（一、二、三集）》

等一批地方党史书籍，计300余万字。与市人才工作领导组、市委组织部合编了《创造者之歌（上、下）》，约60万字；与市档案局合编了《当代阳泉重要文献选编（一、二、三卷）》，约125万字。其中，《中国共产党阳泉历史（上、下）》2004年12月由红旗出版社出版发行，其中收录了30余幅珍贵历史照片和20余幅重大战役图表，客观记述了1926年至2002年中共阳泉地方党组织带领全市人民的奋斗历程和光辉业绩，具有重要的史料保存价值和研究参考价值。

完成全市抗战期间人员伤亡和财产损失普查调研工作，此为列入国家社科调研课题、由中央党史研究室牵头主抓的重点党史研究项目。从2008年起，在省党史办统筹下，经过全市广大普查调研人员大量的调查、走访和统计，历经近三年时间，完成乡镇、县区、市、省、中央5级上报材料，形成96卷调研成果，计300余万字，基本上澄清了境内在抗日战争中的人员伤亡和财产损失情况，为后世留下了一份较为完整而准确的“抗损”史料。2010年10月，《抗日战争时期山西人口伤亡和财产损失课题调研成果（阳泉卷）》由山西人民出版社出版发行，全书分6个部分，60余万字。

承办“中共创建第一城——阳泉”专家论证会。2007年6月，山西省史志院和阳泉市委、市政府共同邀请中共党史学会会长孙英和中央党史研究室、中央文献研究室、中央档案馆、中国社科院以及陕西、山西等地的著名史学专家、教授等20余人，在太原晋祠宾馆举行“中共创建第一城——阳泉”专家论证会。专家学者经过科学论证，最终得出“阳泉市是中国共产党亲手创建的第一座人民城市”这一权威认定结论，为阳泉市打造了一张靓丽的红色历史名片。

完成全市革命遗址、遗迹普查工作。2010年，全市党史部门工作人员对境内革命遗址和遗迹进行首次全面普查，共普查登记遗址、遗迹189处，全部按照规范要求整理建档，向有关单位提出保护、开发、利用的意见和建议，并编辑出版了《山西革命遗址通览（阳泉卷）》。

此外，市委党史研究室还结合市委中心工作，编印了《抗战中的阳泉》《沧桑巨变话春秋》《阳泉市资本主义工商业的社会主义改造》《百团大战 光耀千秋》《中共阳泉市委历届委员名录》等多部内部书籍。1983年至1998年编印《阳泉党史通讯》38期。

二、党史宣教

（一）电视专题片摄制

2001年宣教科成立后，积极发挥现代化电教手段，持续开展内容丰富、形式多样的党史宣教活动。先后与阳泉电视台等单位联合摄制完成《一支红军阳泉来（上、下）》《辉煌再现》

《当代阳泉人》《太行魂——阳泉八年抗战史》《问鼎山城》等电视专题片。其中，《辉煌再现》获全市电教片展播特别奖和第七届“阳泉新闻奖”一等奖。

（二）宣教活动

一是于2002年“七一”期间，与市委组织部、市供电局等单位联合组织开展全市纪念“七一”“供电民心杯”党史知识竞赛。二是于2003年在互联网上建立阳泉党史网页。2004年后，全市县区党史工作陆续建立网页。2010年1月建立阳泉党史网站，加大党史宣传力度。三是2003年“七一”前夕，与阳泉日报社、大阳泉煤矿联合组织了全市“学党史、忆传统”征文演讲活动，共收到征文351篇，在《阳泉日报》刊出26篇，精选10名选手深入市劳教所、市实验小学等单位进行演讲，最后举行演讲比赛和颁奖仪式；2006年，与市安监局、阳泉电视台联合组织了纪念中国共产党成立85周年“安监杯”地方党史知识竞赛，评出一等奖1名、二等奖2名、三等奖3名；2009年，与市委宣传部、市委讲师团、阳泉日报社联合组织了纪念中华人民共和国成立60周年百题知识竞赛和征文比赛。四是于2003年12月26日和2004年8月22日，分别承办了纪念毛泽东诞辰110周年和纪念邓小平诞辰100周年座谈会，播放了市委党史研究室摄制的纪录片《中国出了个毛泽东》和《邓小平与阳泉》。五是做好纪念百团大战胜利70周年宣传教育工作。2010年，按照市委要求做好纪念活动的相关工作。完成百团大战纪念馆新馆300余幅图片的布展工作和10万余字解说词的编撰任务；编印了《百团大战 光耀千秋》一书；组织专业人员对《百团大战纪念碑记》和《狮脑山战斗纪略》碑文进行修改、补充和完善；对已查明的在百团大战中牺牲的5000余名烈士名单进行审核把关，提供给有关部门镌刻在改扩建后的狮脑山革命烈士纪念墙上。

在2007年全省党史系统优秀成果评选中，阳泉市有10项党史成果获奖。其中，《中国共产党阳泉历史》一书和党史专题片《辉煌再现》分别被评为一等奖，另有二等奖2项、三等奖4项、优秀奖2项。

阳泉市志

YANGQUANSHIZHI

[中 册]

第十六编

人民代表大会

民国36年（1947）5月4日，阳泉市建立。民国38年9月，阳泉市改为阳泉工矿区；同月，阳泉工矿区首届一次各界人民代表会议召开，其既有人民代表大会的职能，又兼有人民政治协商会议的职能。1954年6月，阳泉市第一届第一次人民代表大会召开，实现了人民代表会议制度向人民代表大会制度的过渡。之后，人民代表大会和政治协商会议两种职能开始分离。到“文化大革命”开始的1966年5月，市人大在社会主义改造和建设中发挥了重要作用。“文化大革命”期间，人大工作陷于停顿。1978年中共十一届三中全会召开后，人大工作逐步恢复。

1980年10月至1982年7月，阳泉市及境内各县区相继召开人民代表大会，设立人大常委会。之后，各级人大及其常委会围绕地方工作大局，依法履职，扎实工作，综合运用听取和审议专项工作报告、执法检查、工作评议和专题询问等方式，开展对“一府两院”的工作监督和法律监督；紧紧围绕经济社会发展中的重大事项，在深入调查研究、听取和审议专项工作报告的基础上，作出相关决定和决议，依法行使决定权；坚持党管干部和人大依法任免干部相结合的原则，充分发扬民主，依法任免国家工作人员，为促进地方经济转型跨越发展与社会和谐稳定发挥了积极作用。

第一章 组织机构

第一节 各界人民代表会议组织机构

阳泉市人民代表大会的前身是阳泉工矿区各界人民代表会议。它是建国初期在阳泉工矿区人民政府主持下，按社会各界和行业分配代表名额，经过民主党派、工矿企业、人民团体、机关、部队及农村自行推选，与工矿区人民政府共同商定而产生的代表组成的。民国38年（1949）9月26日至29日，阳泉工矿区第一届第一次各界人民代表会议召开，标志着阳泉工矿区各界人民代表会议正式成立。1950年9月10日至12日召开的第一届第四次各界人民代表会议，选举产生各界人民代表会议常务委员会，作为各界人民代表会议闭会期间的常设机关。随即，常务委员会遵照中央人民政府颁布的县各界人民代表会议组织通则，制定了《阳泉工矿区各界人民代表会议组织条例》。1951年8月，根据条例规定，经上级政府批准，工矿区各界人民代表会议代行人民代表大会职权。

1952年3月，阳泉恢复市建制。同年6月遵照省政府通知，阳泉工矿区各界人民代表会议常务委员会改称阳泉市各界人民代表会议协商委员会，它既是各界人民代表会议的常务机构，又是各界人士进行政治协商的统一战线组织。各界人民代表会议及其常务委员会(协商委员会)，是建国初期人民政府联系群众的桥梁，起到广泛听取各界人民意见和协商政务的作用。

1949 年 9 月至 1955 年 4 月阳泉工矿区（市）各界人民代表会议

常务（协商）委员会领导人名表

表 -16-1

届 期	职 务	姓 名	籍 贯	任职时间	备 注
第一届各界人民代表会议（1949.9—1951.8）	主 席	王金林	山西洪洞	1950.9—1951.8	一届四次会议当选
	副主席	聂峙如	山西阳泉	1950.9—1951.8	一届四次会议当选
		王 恭	山西阳泉	1950.9—1951.8	一届四次会议当选
第二届各界人民代表会议（1951.8—1952.9）	主 席	史星三	山西阳泉	1951.8—1952.9	二届一次会议当选
	副主席	聂峙如	山西阳泉	1951.8—1952.9	二届一次会议当选
		王 恭	山西阳泉	1951.8—1952.9	二届一次会议当选
		蒋若鲁	江苏泰兴	1951.8—1952.9	二届一次会议当选
第三届各界人民代表会议（1952.9—1955.4）	主 席	谢子和	山西平遥	1952.9—1955.4	三届一次会议当选
	副主席	聂峙如	山西阳泉	1952.9—1954.1	三届一次会议当选
		王 恭	山西阳泉	1952.9—1955.4	三届一次会议当选

1954 年 6 月，阳泉市第一届人民代表大会第一次会议召开。至 1966 年，市人民代表大会历经 6 届。其间，市人民代表大会没有常设机构，闭会期间由市人民委员会代行其部分职权，办理其日常事务。“文化大革命”期间，市革命委员会代替了市人民代表大会和由人民代表大会选举产生的人民委员会，它在市人民代表大会的历史上占据第七届的位置。1982 年 7 月，市第八届人民代表大会第一次会议召开，选举产生市人民代表大会常务委员会和主任、副主任。至 2010 年 12 月，市人民代表大会又历经 6 届，每届的主任、副主任依届期列表如下。

1982年7月至2010年12月阳泉市人民代表大会常务委员会领导人名表

表-16-2

届期	职务	姓名	籍贯	任职时间	备注
第八届人民代表大会（1982.7—1987.12）	主任	郭　力	山西潞城	1982.7—1983.12	八届一次会议当选
		马维华	山西沁源	1983.12—1987.12	八届三次会议补选
	副主任	冯致胜	陕西延川	1982.7—1983.10	八届一次会议当选
		卢荫昌	河北阜平	1982.7—1983.10	八届一次会议当选
		常　杰	山西长子	1983.12—1987.12	八届三次会议增补
		赵寿山	山西武乡	1982.7—1987.12	八届一次会议当选
		王玉田	山西阳泉	1982.7—1987.12	八届一次会议当选
		王英杰	河北沙河	1982.7—1987.12	八届一次会议当选
		宋绍章	河北丰润	1983.12—1987.12	八届三次会议增补，兼
第九届人民代表大会（1987.12—1992.6）	主任	辛贵玉	山西盂县	1987.12—1992.6	九届一次会议当选
	副主任	莫显标	广东南海	1987.12—1992.6	九届一次会议当选
		徐　来	上海市	1987.12—1992.6	九届一次会议当选，兼
		曹子凝	山西阳泉	1989.5—1992.6	九届三次会议增补
		孙学勤	河北抚宁	1989.5—1992.6	九届三次会议增补
		侯新泉	山西昔阳	1991.3—1991.9	九届五次会议增补
第十届人民代表大会（1992.6—1997.4）	主任	辛贵玉	山西盂县	1992.6—1995.5	十届一次会议当选
		张昌和	山西灵丘	1995.5—1997.4	十届五次会议补选
	副主任	徐　来	上海市	1992.6—1997.4	十届一次会议当选，兼
		孙学勤	河北抚宁	1992.6—1995.5	十届一次会议当选
		郭彦庚	河北深县	1992.6—1997.4	十届一次会议当选
		杨宝国	河南潢川	1992.6—1997.4	十届一次会议当选
		王亦农	河北定兴	1992.6—1997.4	十届一次会议当选，兼
		杜肇昆	山东东平	1995.5—1997.4	十届五次会议补选

续表 -16-2

届期	职务	姓名	籍贯	任职时间	备注
第十一届人民代表大会（1997.4—2002.3）	主任	张昌和	山西灵丘	1997.4—2002.3	十一届一次会议当选
	副主任	徐　来	上海市	1997.4—2002.3	十一届一次会议当选，兼
		杨宝国	河南潢川	1997.4—2002.3	十一届一次会议当选
		杜肇昆	山东东平	1997.4—2002.3	十一届一次会议当选
		李奕明	安徽耒安	2000.4—2002.3	十一届五次会议补选
		张希祯	山西平定	1997.4—2002.3	十一届一次会议当选
		郝爱生	山西左权	1997.4—2002.3	十一届一次会议当选
		董建堂	山西太谷	1997.4—2002.3	十一届一次会议当选
第十二届人民代表大会（2002.3—2007.5）	主任	丁贵生	山西壶关	2002.3—2007.5	十二届一次会议当选
	副主任	刘建田	山西阳泉	2002.3—2005.4	十二届一次会议当选
		杨清风	江西万安	2002.3—2006.4	十二届一次会议当选
		朱礼厚	江苏太仓	2002.3—2007.5	十二届一次会议当选
		王元寿	山西盂县	2002.3—2006.4	十二届一次会议当选
		王七孩	山西平定	2002.3—2007.5	十二届一次会议当选
		张　清	山西阳泉	2003.4—2007.5	十二届三次会议补选
		荆东生	山西阳泉	2005.4—2007.5	十二届五次会议补选
		吴学斌	山西大同	2006.4—2007.5	十二届六次会议补选
		段存寿	山西平定	2006.4—2007.5	十二届六次会议补选
第十三届人民代表大会（2007.5— ）	主任	孙水生	河南武陟	2007.5—	十三届一次会议当选
	副主任	张　清	山西阳泉	2007.5—2010.4	十三届一次会议当选
		荆东生	山西阳泉	2007.5—	十三届一次会议当选
		吴学斌	山西大同	2007.5—	十三届一次会议当选
		段存寿	山西平定	2007.5—	十三届一次会议当选
		吴丽萍	北京市	2007.5—	十三届一次会议当选
		王振国	山西寿阳	2010.5—	十三届五次会议补选

第二章 代表大会

第一节 代表构成

一、各界人民代表会议代表构成

阳泉工矿区（市）各界人民代表会议代表是根据中央人民政府颁布的县各界人民代表会议组织通则和《阳泉工矿区各界人民代表会议组织条例》，由各界人民群众与工矿区人民政府共同推选和协商产生的。

民国38年（1949）9月，阳泉工矿区第一届各界人民代表会议共推选、商定产生124名代表。其中，男性代表118名、女性代表6名；中国共产党代表2名、妇联代表1名、青年团代表1名、武装部代表1名、政府代表2名、各机关代表5名、工人代表72名、农民代表25名、学生代表1名、文教界代表3名、工商界代表8名、医药界代表2名、少数民族代表1名。

1951年8月，阳泉工矿区第二届各界人民代表会议共推选、商定产生180名代表。其中，男性代表169名、女性代表11名；中国共产党代表4名、政府代表12名、各机关代表6名、武装部代表1名、青年团代表2名、妇联代表5名、工人代表65名、农民代表50名、文教代表6名、学生代表2名、工商界代表18名、医药界代表2名、少数民族代表1名、各种能手代表1名、合作代表4名、烈军属代表1名。

1952年3月，阳泉恢复市建制。同年9月，阳泉市第三届各界人民代表会议共推选、商定产生199名代表。其中，男性代表171名、女性代表28名；中国共产党代表5名、政府代表14名、各机关代表13名、武装部代表1名、青年团代表2名、妇联代表6名、工人代表66名、农村代表49名、文教界代表7名，此外，还有学生、工商界、医药界、烈军属、复员军人、部队等各方面的代表。

二、人民代表大会代表构成

根据宪法和法律的规定，阳泉市人民代表大会代表由所属各县区人民代表大会选举产生。

1954年，根据《中华人民共和国选举法》规定，阳泉市进行第一次普选，由街道、厂矿、郊区选举产生阳泉市第一届人民代表大会代表155名，具有一定的广泛性和代表性。

1956年，依法选举出阳泉市第二届人民代表大会代表181名。其中，男性代表140名、女性代表41名；少数民族1名；共产党员60名、青年团员16名、无党派群众105名；工人33名、农民29名、国家机关工作人员76名、文教卫生21名、科学技术9名、工商企业5名、其他8名。

1958年，依法选举出阳泉市第三届人民代表大会代表195名。其中，郊区人民代表大会选出94名，站上街道办事处、平坦街道办事处、石卜嘴街道办事处、赛鱼街道办事处和阳泉矿务局、晋东化工厂等厂矿选出99名，驻地公安部队选出2名。195名代表中，不仅有工人、农民、妇女、青年，还有机关团体、厂矿企业、科学技术、文教、卫生、工商、武装部队、宗教、少数民族、烈军属、荣复军人、归国华侨等各方面的代表，具有广泛的代表性。

1960年，依法选举出阳泉市第四届人民代表大会代表225名。其中，有工人、农民、妇女、青年，还有机关团体、厂矿、科学技术、文教、卫生、工商、武装部队、少数民族、烈军属、荣复军人、归国华侨等各方面的代表，具有广泛的代表性。

1963年，依法选举出阳泉市第五届人民代表大会代表253名。其中，站上区161名、荫营区90名、部队2名；妇女代表58名。代表包括机关团体、厂矿、科学技术、文教、卫生、工商、武装部队、少数民族、烈军属、荣复军人、归国华侨等各方面的代表，以及在社会主义革命、社会主义建设事业中涌现出的积极分子和先进人物。

1965年，依法选举出阳泉市第六届人民代表大会代表253名。其中，站上区162名、荫营区89名、部队2名；妇女代表59名。代表包括农业、厂矿、企业、科学技术、文教、卫生、财贸、机关、团体、武装部队、少数民族、归国华侨、劳动模范、回乡知识青年、烈军属、荣复军人等各方面的代表，以及在社会主义革命、社会主义建设事业中涌现出的积极分子和先进人物。

中共十一届三中全会后，经过一系列拨乱反正和正本清源工作，社会主义民主与法治建设进入新的发展时期。根据1979年全国人大颁布的修正宪法若干规定的决议和《中华人民共和国地方各级人民代表大会和地方各级人民政府组织法》规定，全市人大工作正式恢复。1982年，依法选举出阳泉市第八届人民代表大会代表256名。其中，男性代表195名、女性代表61名；党员139名、非党群众117名；有科技人员22名、少数民族6名、台湾籍同胞2名、归国华侨2名。代表包括工人、党政干部、工交建设系统、农业系统、财贸系统、教育系统、卫生系统、城镇居民、解放军、文艺界、新闻出版界、体育界等各方面的代表。1983年山西省实行市管县体制，盂县、平定县划归阳泉市，市人大代表进行了补选。同年11月24日，市第八届人大常委会第九次会议新增补代表108名，其中平定县53名、盂县39名、城区6名、矿区5名、郊区5名。

1987年，依法选举出阳泉市第九届人民代表大会代表285名。其中，男性代表212名，女性代表73名；具有大专以上文化程度的74名、中专和高中58名、初中100名、高小53名；有工人37名、农民36名、解放军和武警部队9名、科技界35名、教育界20名、文艺界3名、民主党派8名，还有各个行业和少数民族、归侨、台胞、老山前线军人家属、离休人员等方面的代表。

1992年，依法选举出阳泉市第十届人民代表大会代表272名。其中，男性代表212名、女性代表60名；干部64名、工人44名、农民72名、居民20名、解放军和武警部队7名、教科文卫65名；有中共党员200名；具有大专以上文化程度的84名、中专和高中7名、初中98名、初中以下83名。民主党派、少数民族等方面都有适当的代表。

1997年，依法选举出阳泉市第十一届人民代表大会代表287名。其中，男性代表228名、女性代表59名；干部78名、工人41名、农民77名、居民31名、解放军和武警部队8名、教科文卫50名、少数民族2名；有中共党员217名、民主党派2名；具有大专以上文化程度的153名、中专和高中文化程度的129名、高中以下的5名。

2002年，依法选举出阳泉市第十二届人民代表大会代表286名。其中，男性代表231名，女性代表55名；有中共党员212名、民主党派6名；干部103名，工人42名，农民76名，居民23名，人民解放军、预备役部队和武警部队8名，教科文卫34名；少数民族2名；具有大专以上文化程度的210名、中专和高中46名、初中以下30名。

2007年，依法选举出阳泉市第十三届人民代表大会代表288名。其中，男性代表221名、女性代表67名；中共党员187名、民主党派9名、群众代表92名；领导干部81名、工人48名、农民61名、其他劳动者49名、教科文卫等专业技术人员41名、解放军8名；少数民族6名；具有研究生文化程度的14名、大学本科158名、大专76名、高中和中专文化程度23名、初中以下17名。

第二节 历届大会

一、各界人民代表会议

民国38年（1949）9月至1954年6月，阳泉工矿区历经三届各界人民代表会议，开会15次。

阳泉工矿区第一届各界人民代表会议 阳泉市工矿区第一届各界人民代表会议，自1949年9月至1951年8月。共举行会议6次，审议议题14项，听取审议报告8个，选举产生工矿区各界人民代表会议常务委员会组成人员。在1950年9月举行的第四次会议上，选举王金林为各界人民代表会议常务委员会主席。

阳泉工矿区第二届各界人民代表会议 阳泉工矿区第二届各界人民代表会议，自1951年8月至1952年9月。共举行会议2次，审议议题10项，听取审议报告5个，通过决议3项，选举了工矿区人民政府和各界人民代表会议常务委员会组成人员。在1951年8月举行的第一次会议上，选举李建标为阳泉工矿区人民政府主任，选举史星三为各界人民代表会议常务委员会主席。通过《关于开展工矿业爱国生产竞赛与防旱春耕生产节约运动的决议》和《关于组织联营开采小煤窑的决议》。在1952年3月举行的第二次会议上，通过《关于开展群众性清洁卫生防疫运动的决议》。

市第三届各界人民代表会议 阳泉市第三届各界人民代表会议，自1952年9月至1954年6月。共举行会议7次，审议议题21项，听取审议报告17个，通过决议11项，选举了市人民政府和各界人民代表会议协商委员会组成人员。在1952年9月举行的第一次会议上，选举康洛为市人民政府市长，选举谢子和为市各界人民代表会议协商委员会主席。

二、历届人民代表大会

1954年《中华人民共和国宪法》颁布后，明确规定“地方各级人民代表大会是地方国家权力机关”。之后，颁布的地方组织法对县以上地方各级人民代表大会行使职权作了进一步规定。阳泉市人民代表大会自1954年6月至2010年12月，共经历13届（第十三届任期未满），举行会议48次，共审议议题267项，听取审议各项报告209个，通过批准计划和预算以及工作报告等决议、决定214项，审议通过规范性文件20件，选举阳泉市国家机关历届领导人员和阳泉市出席山西省历届人民代表大会代表。市人民代表大会自1954年至2010年历届历次会议期间，代表提出的议案、意见和建议共7108件，其中决定立为大会议案的32件，意见和建议6866件。对这些议案、意见和建议，会后及时转交有关部门按规定时限办理，并负责答复代表。

市第一届人民代表大会　阳泉市第一届人民代表大会，自1954年6月至1956年12月。共举行会议4次，审议议题14项，听取审议报告12个，通过决议、决定9项，选举产生市人民委员会组成人员和出席山西省第一届人民代表大会代表8名。在1955年1月30日至2月3日举行的第二次会议上，选举谢子和为市人民委员会市长，选举唐镇源为市人民法院院长。在1955年8月举行的第三次会议上，通过《关于在全市开展全面节约反对浪费运动》和《关于进一步贯彻粮食统购统销政策改进粮食工作》两项重要决议。

市第二届人民代表大会　阳泉市第二届人民代表大会，自1956年12月至1958年6月。共举行会议3次，审议议题10项，听取审议报告8个，通过决议、决定6项，选举产生市人民委员会组成人员。在1956年12月举行的第一次会议上，选举谢子和为市人民委员会市长。在1958年3月31日至4月1日举行的第三次会议上，根据原选举单位的提请，撤销5名“右派分子”的市人民代表大会代表资格。

市第三届人民代表大会　阳泉市第三届人民代表大会，自1958年6月至1960年8月。共举行会议2次，审议议题10项，听取审议报告8个，通过决议、决定7项，选举产生市人民委员会组成人员和8名出席山西省第二届人民代表大会代表。在1958年6月举行的第一次会议上，选举谢子和为市人民委员会市长，选举唐镇源为市人民法院院长。

市第四届人民代表大会　阳泉市第四届人民代表大会，自1960年8月至1963年8月。共举行会议2次，审议议题12项，听取审议报告8个，通过决议、决定7项，选举产生市人民委员会组成人员。在1960年8月举行的第一次会议上，作出《关于动员全市人民立即开展以粮、钢为中心的增产节约运动的决议》。选举王文如为市人民委员会市长，选举唐镇源为市人民法院院长，补选了2名出席山西省第二届人民代表大会代表。

市第五届人民代表大会　阳泉市第五届人民代表大会，自1963年8月至1965年10月。共举行会议1次，审议议题5项，听取审议报告3个，通过决议、决定2项，选举产生市人民委员会组成人员和出席山西省第三届人民代表大会代表13名。在1963年8月举行的第一次会议上，选举王文如为市人民委员会市长，选举唐镇源为市人民法院院长。

市第六届人民代表大会　阳泉市第六届人民代表大会，自1965年10月至1967年1月。共举行会议1次，审议议题4项，听取审议报告2个，通过决议、决定2项，选举产生市人民委员会组成人员。在1967年10月举行的第一次会议上，选举孟启明为市人民委员会市长。

市第八届人民代表大会　阳泉市第八届人民代表大会，自1982年7月至1987年11月。共举行会议7次，审议议题41项，听取审议报告33项，通过决议、决定34项，选举阳泉市国家机关领导人员43人和出席山西省第六届人民代表大会代表43名。在1982年举行的第一次会议上，选举郭力为市人大常委会主任，选举周国俊为市人民政府市长，选举韩双顺为市中级人民法院院长、李庆荣为市人民检察院检察长。在1983年11月30日至12月3日举行的第三次会议上，补选马维华为市人大常委会主任，补选高根楼为市中级人民法院院长。决定把乔林布等17名代表提出的《建议成立经济技术协作机构，充分发挥煤炭优势与南方先进省、市加强技术协作，加快我市四化建设速度》的议案立为大会议案。在1984年5月举行的第四次会议上，将刘启甲等6名代表提出的《建立阳泉市人才服务公司》、李天瑞等47名代表提出的《贵石沟行政区域管辖一事》2件议案立为大会议案。在1985年4月举行的第五次会议上，将杜世强等4名代表提出的《关于娘子关水质污染应当提到议事日程迅速加以解决》、辛宪成等4名代表提出的《关于临街建设和居民区务必与相应商业网点同步建设》、曹秀琴等9名代表提出的《关于解决入托难、学前教育难》3件议案立为大会议案。在1986年4月举行的第六次会议上，补选光敏为市人民政府市长。将王忠等9名代表提出的《改造市区西部的生态环境势在必行》、孙彦贵等5名代表提出的《蔬菜销售市场开放后，配套改革跟不上的问题》、郭德华等4名代表提出的《关于建立阳泉市妇幼保健院》等3件议案立为大会议案。

阳泉市第八届人民代表大会第一次会议

市第九届人民代表大会 阳泉市第九届人民代表大会，自1987年11月至1992年6月。共举行会议5次，审议议题34项，听取审议报告24个，通过决议、决定26项，选举阳泉市国家机关领导人员42人和出席山西省第七届人民代表大会代表37名。在1987年11月28日至12月7日举行的第一次会议上，选举辛贵玉为市人大常委会主任，选举光敏为市人民政府市长，选举高根楼为市中级人民法院院长、李庆荣为市人民检察院检察长，审查批准《阳泉市国民经济和社会发展第七个五年计划及2000年设想纲要》。在1988年5月举行的第二次会议上，将董义琦等10名代表提出的《关于调整城区、矿区、郊区行政区划问题的议案》立为大会议案。在1989年5月举行的第三次会议上，补选李天瑞为市人民政府市长，将赵培厚等11名代表提出的《全市都要关心我市蔬菜生产的发展》、荆富等10名代表提出的《关于加强乡（镇）人民代表大会的领导，设立乡（镇）人民代表大会主席团常务主席》2个议案立为大会议案。在1990年4月举行的第四次会议上，补选薄应贤为市人民政府市长，将荆富等11名代表提出的《市政府应重视科技兴农，抓好产前、产中、产后服务方面的投入》和城区代表团提出的《建设文明的阳泉，要把治理市区及周边的泥土、秽物的流失作为一件重要工作来抓》2个议案立为大会议案。在1991年3月举行的第五次会议上审查批准《阳泉市国民经济和社会发展第八个五年计划纲要》，通过《阳泉市依法治市的决议》，将李建明等10名代表提出的《关于治理桃河污染，保护娘子关水源的建议》立为大会议案。

市第十届人民代表大会　阳泉市第十届人民代表大会，自1992年6月至1997年4月。共举行会议6次，审议议题36个，听取审议报告30项，通过决议、决定31项，选举阳泉市国家机关领导人员47人和出席山西省第八届人民代表大会代表38名。在1992年6月举行的第一次会议上，选举辛贵玉为市人大常委会主任，选举薄应贤为市人民政府市长，将石怀武等14名代表提出的《关于加快和完善我市供水基础设施的建设，创造搞活开放的基本条件》的议案立为大会议案。在1993年3月举行的第三次会议上，通过《关于积极推进科技进步，大力开展科技兴市工作的决议》，将李俊海等11名代表提出的《关于尽快制定我市全面保护、综合开发、合理利用旅游资源实施方案的意见》的议案立为大会议案。在1995年5月举行的第五次会议上，补选张昌和为市人大常委会主任，将胡宪忠等14名代表提出的《保护城市水源的工作刻不容缓、亟待解决》的议案立为大会议案。在1996年4月举行的第六次会议上，补选魏德卿为市人民政府市长，将李彦良等23名代表提出的《关于解决我市居民用气问题的议案》、王保柱等11名代表提出的《关于解决居民吃菜难、吃菜贵问题的议案》2件议案立为大会议案。

市第十一届人民代表大会　阳泉市第十一届人民代表大会，自1997年4月至2002年3月。共举行会议6次，审议议题37项，听取审议报告30个，通过决议、决定32项，选举阳泉市国家机关领导人员43人和出席山西省第九届人民代表大会代表27名。在1997年4月举行的第一次会议上，选举张昌和为市人大常委会主任，选举魏德卿为市人民政府市长，选举李建忠为市中级人民法院院长、毛联银为市人民检察院检察长，将牛树雨等12名代表提出的《加快修订城市总体规划步伐，绘就跨世纪城市发展蓝图》的议案立为大会议案，通过《关于批准阳泉市市徽的决定》。在1998年4月举行的第三次会议上，补选郭良孝为市人民政府市长，将陈海等13名代表提出的《关于加快我市污水处理厂建设步伐，改善桃河流域水环境质量的议案》和王万柱等12名代表提出的《关于加快落实资金，修建市第一人民医院病房大楼的议案》2件议案立为大会议案。在1999年4月举行的第四次会议上，将李生林等16名代表提出的《关于合理布局并加快我市城市中小学建设的议案》和蒋庆雨等20名代表提出的《关于市中医医院门诊、病房大楼建设的议案》2件议案立为大会议案。在2001年2月举行的第六次会议上，补选王元寿为市人民检察院检察长，审查批准《阳泉市国民经济和社会发展第十个五年计划纲要》。

市第十二届人民代表大会 阳泉市第十二届人民代表大会，自2002年3月至2007年5月。举行会议6次，审议议题36项，听取审议报告31项，通过决议、决定31项，选举阳泉市国家机关领导人员48人和出席山西省第十届人民代表大会代表27名。在2002年3月举行的第一次会议上，选举丁贵生为市人大常委会主任，选举郭良孝为市人民政府市长，选举冯少勇为市中级人民法院院长、张仲马为市人民检察院检察长。在2003年4月举行的第三次会议上，赵银万等13名代表提出的《关于加强农村卫生工作的议案》立为大会议案。在2004年2月举行的第四次会议上，选举谢海为市人民政府市长，将李奕明等10名代表提出的《关于加强全市社区建设的议案》立为大会议案。在2005年4月举行的第五次会议上，将陈海等22名代表提出的《关于加快市区及周边严重污染企业治理的议案》立为大会议案。在2006年4月召开的第六次会议上，作出《阳泉市国民经济和社会发展第十一个五年规划纲要》的决议，将吴祥玉等27名代表提出的《关于倾力打造园林城市、全面提升人居环境的议案》立为大会议案。

市第十三届人民代表大会 阳泉市第十三届人民代表大会始于2007年5月，至2010年12月举行会议5次，审议议题28项，听取审议报告20项，通过决议、决定27项，选举阳泉市地方国家机关领导人员58人和出席山西省第十一届人民代表大会代表27名。在2007年5月举行的第一次会议上，选举孙水生为市人大常委会主任，选举白云为市人民政府市长，选举冯少勇为市中级人民法院院长、张仲马为市人民检察院检察长；将蔡新田等15名代表提出的《关于娘子关水源亟待保护的议案》立为大会议案。在2008年4月举行的第三次会议上，将赵建军等10名代表提出的《加强统筹规划，加快全市区域经济协调发展的议案》立为大会议案。在2009年5月举行的第四次会议上，将荆东生等15名代表提出的《关于加强我市食用农产品质量安全监管》立为大会议案。

第三章 人大常委会工作

市人大常委会是市人民代表大会的常设机构，主要职责是在人民代表大会闭会期间，行使地方国家权力，受人民代表大会监督。常委会坚持民主集中制的原则，集体讨论、决定问题，集体行使法律赋予的重大事项决定权、监督权和人事任免权。市人大常委会的任期与人民代表大会的任期相同，每届任期也是五年。人大常委会由主任、副主任、秘书长和委员若干人组成。人大常委会组成人员，由每届人民代表大会第一次会议选举产生。历届人大常委会组成人员名额不尽相同，八届21人，九届28人，十届28人，十一届30人，十二届30人，十三届37人。

市人大常委会主任主持常委会工作，副主任、秘书长协助主任工作。主任、副主任、秘书长组成主任会议，处理常委会重要日常工作。常委会会议每两个月至少召开一次，由主任召集。正式会议召开前，先召开预备会议，由主任对议程草案进行说明，然后通过会议议程。会议采取分组会议、联组会议和全体会议的形式进行审议。

第一节　决定地方重大事项

讨论决定行政区域内的重大事项，是宪法和法律赋予地方人大及其常委会的首要职权。历届市人大常委会紧紧围绕全市经济、政治和社会发展任务，对涉及行政区域内的经济、政治、教育、文化、卫生、环境和资源保护等方面的重大事项，对人民群众普遍关心和要求解决的重大问题，对实施监督中发现的重大问题，对人大常委会依法行使职权方面的重大问题，及时审议并作出相应的决议和决定200多个。计划和预算事关全市的经济建设和社会发展，市八届人大常委会第十五次会议，市九届人大常委会第十二次会议、十八次会议，市十届人大常委会第九次会议，市十一届人大常委会第十二次会议，市十二届人大常委会第十二次、十五次、二十次和三十三次会议，市十三届人大常委会第六次、十四次会议都曾对涉及调整变更的预算及时进行了审查批准，作出相关决定，既加强了调整预算的法律效力，又维护了预算的稳定性。为实施科技兴市战略，市十届人大常委会在1993年2月召开的第五次会议上审议通过《关于〈阳泉市科技兴市实施方案〉的决议》；市十二届人大常委会在2002年8月召开的第二次会议上作出《关于进一步推进全市科技进步的决议》。市政府依据决议要求，强化领导，狠抓落实，推动了这项工作在全市的开展。2008年，市十三届人大常委会对全市经济社会发展中的重大事项依法作出决议、决定13项，作出《进一步加快旅游产业发展的决议》《批准阳泉市新北大街建设项目贷款的决议》和《批准市桃河公园河道梯级蓄水二期工程等五个项目贷款的决议》等。为强化对人大及其常委会所作决议、决定办理工作的落实，历届市人大常委会综合运用各种方式强化监督，促进市政府及有关部门不断加大办理工作的力度，取得较好效果。为搞好市十二届人大六次会议关于《倾力打造园林城市 全面提升人居环境》议案的办理工作，在2008年市十三届人大三次会议召开期间，专门举行记者招待会，请两位副市长及市建设局、林业局、园林局负责人通报全市园林城市建设的进展情况，并就如何加快园林城市建设步伐回答记者的提问。为确保创建园林城市重点工程项目的顺利实施，市十三届人大常委会听取和审议了市政府创建园林城市、棚户区改造、廉租房建设、采煤沉陷区综合治理、煤矸石综合治理、工业废弃物治理等工作报告，作出《关于强力攻坚确保我市创建国家园林城市目标实现的决议》，每年开展环保行监督活动，组织新闻记者深入采访，对重大排污企业进行媒体曝光，要求政府有关部门严肃查办，人大有关机构跟踪督办，督促纠正了相关的污染环境行为，对阳泉市创建国家园林城市起了积极的推动作用。

1982—2010年阳泉市人大常委会决定地方重大事项简表

表-16-3

会议届次	决议或决定内容	通过时间
八届二次会议	关于进一步加强打击经济领域中严重犯罪活动的决议；关于进一步落实完善农业生产责任制的决议	1982年12月12日
八届七次会议	关于严厉打击刑事犯罪活动的决议；关于阳泉市城市总体规划报告的决议	1983年9月29日

续表 -16-3

会议届次	决议或决定内容	通过时间
八届十六次会议	关于进一步贯彻环境保护法、水污染防治法搞好环境保护工作的决议	1984 年 12 月 9 日
八届二十一次会议	关于设立阳泉市对外经济贸易局的决定	1985 年 8 月 21 日
八届二十六次会议	关于打击严重经济犯罪活动的决议	1986 年 3 月 14 日
八届二十九次会议	关于认真执行土地管理法规坚决制止乱占耕地、滥用土地的决议	1986 年 9 月 6 日
八届三十次会议	关于成立阳泉市选举委员会的决定；关于成立阳泉市环境保护局的决定	1986 年 11 月 20 日
九届一次会议	关于成立阳泉市监察局的决定；关于恢复阳泉市电子工业局等四个机构的决定	1987 年 12 月 29 日
九届三次会议	关于深化农村改革促进粮食生产的决议；关于进一步搞好计划生育工作的决议	1988 年 4 月 20 日
九届四次会议	关于深化企业改革、落实承包经营责任制的决议；关于进一步贯彻执行《中华人民共和国商标法》的决议；关于进一步贯彻执行治安管理处罚条例的决议	1988 年 6 月 9 日
九届八次会议	关于设立阳泉市教育委员会的决定	1989 年 2 月 24 日
九届十三次会议	关于深入开展“扫黄”工作，严厉打击违法犯罪活动的决议；关于县、乡两级人民代表大会换届选举的决定	1989 年 12 月 22 日
九届十七次会议	关于进一步加强安全工作的决议；关于成立阳泉市矿产资源管理局的决定；关于将阳泉市人民政府外事办公室列入市政府机构序列的决定	1990 年 6 月 6 日
九届十八次会议	关于成立阳泉市经济体制改革委员会的决定	1990 年 8 月 4 日
九届二十三次会议	关于进一步加强法治宣传教育、认真开展第二个五年普法教育的决议	1991 年 4 月 25 日
十届五次会议	关于全面推行部门执法责任制的决议；关于贯彻落实《全民所有制工业企业转换经营机制条例》的决议	1993 年 2 月 25 日
十届十三次会议	关于加强商业网点建设和管理的决议	1994 年 4 月 14 日

续表 -16-3

会议届次	决议或决定内容	通过时间
十届二十次会议	关于加强我市村镇规划建设管理的决议	1995 年 4 月 27 日
十届二十二次会议	关于加强桃河水源保护管理工作的决议	1995 年 6 月 29 日
十届二十九次会议	关于批准阳泉市 1995 年本级财政决算的决议	1996 年 8 月 22 日
十届三十次会议	关于许可市人民检察院对市十届人大代表、市十届人大常委会委员张汉源因涉嫌经济犯罪而采取强制性措施的决定	1996 年 9 月 23 日
十一届二次会议	关于阳泉市科教兴市“九五”计划和 2010 年发展规划的决议；关于批准阳泉市 1996 年市本级财政决算的决议	1997 年 8 月 21 日
十一届七次会议	关于阳泉市星火技术密集区“九五”计划和 2010 年发展规划的决议	1998 年 2 月 26 日
十一届十次会议	关于批准阳泉市 1997 年市本级财政决算的决定	1998 年 8 月 27 日
十一届十二次会议	关于阳泉市城市总体规划的决议；关于批准阳泉市 1998 年总预算及本级预算调整的决议	1998 年 12 月 16 日
十一届十五次会议	关于批准阳泉市 1998 年市本级财政决算的决议	1999 年 6 月 10 日
十一届二十一次会议	关于批准阳泉市 1999 年市本级财政决算的决议	2000 年 6 月 15 日
十一届二十九次会议	关于批准阳泉市 2000 年市本级财政决算的决议	2001 年 6 月 29 日
十一届三十次会议	关于进一步开展法治宣传教育的决议	2001 年 8 月 29 日
十二届一次会议	关于批准阳泉市 2001 年财政决算的决议	2002 年 6 月 12 日
十二届二次会议	关于进一步推进全市科技进步的决议	2002 年 8 月 14 日
十二届八次会议	关于进一步加强全市防治非典型肺炎工作的决议	2003 年 5 月 9 日
十二届九次会议	关于批准阳泉市 2002 年财政决算的决议	2003 年 6 月 25 日
十二届十次会议	关于进一步创新创优环境促进非公有制经济发展的决议	2003 年 8 月 21 日
十二届十一次会议	关于进一步加快阳泉经济技术开发区建设和发展步伐的决议	2003 年 10 月 29 日

续表 -16-3

会议届次	决议或决定内容	通过时间
十二届十五次会议	关于批准阳泉市 2003 年财政决算的决议	2004 年 6 月 3 日
十二届二十次会议	关于批准 2004 年财政预算收入超收部分使用安排的决议	2004 年 12 月 28 日
十二届二十二次会议	关于批准阳泉市 2004 年财政决算的决议	2005 年 6 月 10 日
十二届二十八次会议	关于批准阳泉市 2005 年财政决算的决议	2006 年 6 月 15 日
十二届二十九次会议	关于推进职业教育发展的决议	2006 年 8 月 9 日
十二届三十三次会议	关于批准 2006 年市本级财政预算超收部分支出安排的决议	2006 年 12 月 29 日
十二届三十四次会议	关于规范性文件备案审查办法	2007 年 2 月 28 日
十三届九次会议	关于强力攻坚确保我市创建国家园林城市目标实现的决议	2008 年 4 月 30 日
十三届十次会议	关于进一步加快我市旅游产业发展的决议；关于批准 2007 年市本级财政决算的决议；关于批准市人民政府回购阳泉一中（示范高中）新校项目的决议	2008 年 6 月 26 日
十三届十二次会议	关于批准有线电视数字平台建设及电视数字整体转换工程项目贷款的决议；关于修改阳泉市财政预算审查监督办法的决定	2008 年 10 月 24 日
十三届十四次会议	关于批准 2008 年市本级财政超收及其他可统筹财力支出安排的决议	2008 年 12 月 26 日
十三届十五次会议	关于批准阳泉市新北大街建设项目贷款的决议	2009 年 2 月 25 日
十三届十七次会议	关于批准市桃河公园河道梯级蓄水二期工程等五个项目贷款的决议；关于加快全市“3+2”农业产业化富民工程实施步伐的决议	2009 年 4 月 29 日
十三届十八次会议	关于批准 2008 年市本级财政决算的决议	2009 年 6 月 23 日
十三届十九次会议	关于有效促进“三城同创”工作的决定	2009 年 8 月 26 日
十三届二十三次会议	关于批准赛鱼路大修和桃河城区段上游河道治理工程项目贷款的决议	2010 年 1 月 18 日

续表 -16-3

会议届次	决议或决定内容	通过时间
十三届二十四次会议	关于批准植物园工程、赛鱼路大修二期工程、泉东路南段工程和泉西路工程四个项目贷款的决议	2010 年 2 月 4 日
十三届二十八次会议	关于批准 2009 年市本级财政决算的决议；关于大力推进我市创建国家环保模范城市工作的决议	2010 年 6 月 21 日
十三届三十次会议	关于批准 2010 年市本级预算调整方案的决议	2010 年 10 月 22 日

第二节　依法监督

历届市人大常委会紧紧围绕市委的中心工作和涉及人民群众切身利益的重大问题，采取调查、检查、考察、听取工作报告、受理人大代表和人民群众信访、评议“一府两院”工作等方式，加强对“一府两院”的监督，共听取审议“一府两院”工作报告 500 多个，促进了依法行政、公正司法。

一、听取和审议工作报告

听取和审议工作报告，是人大实施监督的一种基本形式。历届历次市人大常委会会议采取分组审议和联组审议相结合的方式，充分发扬民主，让常委会组成人员各抒己见，提出意见建议。每次会议之后，会议工作机构都把组成人员提出的意见和建议整理成文，形成审议意见，经常委会分管领导或主任会议审核，以常委会办公厅文件转“一府两院”，要求做好整改落实工作，并限期予以反馈。如《中华人民共和国矿产资源法》颁布后，为保证这部法律的贯彻实施，发挥资源优势，振兴阳泉经济，1986 年 3 月，市八届人大常委会组成人员和部分人大代表通过考察，基本摸清全市矿产资源和矿山企业底数。针对资源开采中存在的吃肥丢瘦、乱挖乱采、越界抢占等浪费和破坏资源的问题，常委会会议听取和审议了市政府的报告，针对政府及相关部门对此项工作重视不够、工作和措施不力的问题，提出批评，对该报告不予通过，要求市政府及相关部门限期整改以后再行审议。会后，市政府立即召开政府常务会议专题研究，按照人大代表提出的意见建议，强化组织领导，完善管理体制，采取有力措施，不仅对 297 个乡、村煤矿按规定划定矿区范围，而且对不符合安全要求的煤矿责令限期停产整顿，对 847 个乡镇矿山企业整顿后重新发放开采许可证，对10起矿界纠纷案件依法进行了处理。在1987年4月召开的市八届人大常委会第33次会议上，市政府再次报告了此项工作，会议通过该报告。

二、执法检查

为保证国家法律、法规在阳泉市的贯彻实施，努力推进依法治市进程，历届市人大及其常委会都把执法检查放在十分突出的位置，常抓不懈。在开展执法检查的形式上，有省、市、县三级人大或市、县两级人大联动或联合大检查，有组织动员全市各级人大代表参与的大检查，有专门委员会组织的专项检查，有专委会协同“一府两院”开展的检查，有安排各县区人大常委会开展的执法情况自查。省、市、县三级人大常委会开展的联动式大检查，一般先行成立执法检查领导组，由常委会主任任组长，严密制定执法检查方案，然后召开大型的动员会进行安排，先由“一府两院”根据日程安排先期开展自查。在此基础上，由县、市组织在辖区内进行抽查，并写出自查和抽查情况报告。省人大常委会检查组开展检查后，将检查情况写成报告向市人大常委会汇报。这种检查时间长、规模大、范围广、上下通报、反复查，对各方面触动大，重点突出，整改到位，效果好。如1999年省、市、县三级联动开展的贯彻实施《中华人民共和国科技进步法》情况大检查，由市十一届人大常委会主任张昌和任组长，从召开动员会宣传发动、自查抽查、逐级检查、限期整改到最后向常委会报告，历时9个多月。市政府针对检查中发现的问题，制定出3个方面11条具体整改措施，并逐一落实，效果良好。市十三届人大常委会先后开展了对《中华人民共和国节约能源法》《中华人民共和国义务教育法》《中华人民共和国人口与计划生育法》等40多部法律法规的执法检查，强化法律法规实施情况监督。还配合省人大常委会对10多部法律法规的立法工作进行调研，结合实际提出意见、建议。从市第八届人大常委会起，先后对290多部法律、法规的贯彻执行情况进行了300多次执法检查，推动了国家法律、法规在全市的正确贯彻执行。

三、评议和述职评议

为进一步强化人大监督，在充分运用听取和审议专项工作报告、开展执法检查等法定监督形式的基础上，在《中华人民共和国各级人民代表大会常务委员会监督法》出台之前，历届市人大常委会为之进行了大胆的探索和创新。开展评议和述职评议就是在实践中探索的一种行之有效的监督形式。1989年至2010年，市十一届、十二届、十三届人大常委会组织了30余项评议活动，在评议中总结归纳出开展评议工作的五方面经验。一是评议监督体系化。即从过去的人大代表评议政府部门工作发展到选民评议代表、人大代表评议市人大常委会、常委会组织代表评议“一府两院”的工作，形成比较完整的评议监督体系。二是评议对象系统化。从过去的评议对象主要以块为主、评议整个部门为主，发展到以整个系统为主，一次评议自下而上，上下互动进行。三是参与评议社会化。评议工作从过去常委会唱独角戏发展到党委支持、人民群众共同参与的新局面。四是评议效果明显化。评议不仅增强了人大代表的主人翁意识，提高了被评议单位领导和工作人员的公仆意识，密切了干群关系，而且促进了这些单位的作风转变和工作开展，社会反响良好。五是评议路子特色化。评议工作在阳泉市开展较早，而且评议对象规格之高、评议范围之广、组织代表数量之多、评议力度之大，都创出不少成功的范例，全国各地共有30多个地市组团到阳泉市考察评议工作。如为依法对选举或任命的干部进行有效监督，探索开展了对被选举、被任命干部的述职评议。1989年，市人大常委会决定对被任命的市政府组成人员和法检两院的副院长、副检察长共45人，以向市人大常委会作述职报告的形式，对其上半年的工作进行阶段性政绩考核，其中有14人在常委会会议上作了述职报告，31人提交书面述职报告。这一做法得到省人大常委会肯定，并在全省推广。

四、法律法规实施情况监督

历届市人大常委会都坚持把加强社会主义法治建设放在十分突出的位置。一是加强对宪法、法律法规实施情况的监督，每年选择十余部法律法规，采取专门委员会日常执法检查、常委会重点检查、常委会会议或主任会议听取执法情况汇报等方式，推动有关法律法规的遵守和执行。二是加强宪法和法律法规的宣传教育，从1985年至2010年，督促和支持市政府在全市连续抓了5个五年普法教育，召开会议分别审议市政府普法情况的报告，作出决议，并开展跟踪检查，不断推进实施。三是坚持推进依法治市工作。1991年1月，市九届人大五次会议作出依法治市的决议，把基层、行业的依法治理工作作为重点来抓，促使全市基层单位制定依法治理实施方案，涌现出一批先进典型。四是全面推行执法责任制和“两错”责任追究制（过错责任追究制、错案责任追究制），加强对“两制”落实情况的检查监督，查处和纠正了一批违法违规行为和社会影响大、群众反映强烈的案件，取得较好效果。五是通过信访工作加强监督。从1982年至2010年，累计受理人民群众来信来访1.8万余件次，做到件件有答复。还在网上开通主任信箱，拓宽人民群众表达利益诉求的渠道，主动接受群众监督。

第三节　选举和人事任免

在市人民代表大会上选举产生地方国家机关领导人，选举出席省人民代表大会代表，在市人民代表大会闭会期间市人大常委会依法任免地方国家机关工作人员，是宪法和法律赋予地方人大及其常委会的一项重要职权。历届市人大始终坚持党管干部与人大依法选举、任免干部一致性的原则，坚持干部“四化”和德才兼备标准，严格按照法定程序组织选举事宜，依法行使人事任免权，有效发挥了地方国家权力机关的职能作用，为全市经济社会发展和改革开放等各项工作提供了组织保证。民国38年（1949）9月至1954年6月市各界人民代表会议时期，历经三届15次会议，选举国家机关领导人70人次。从1954年6月起至2010年12月，市第一届至第十三届人民代表大会共召开会议48次，选举地方国家机关领导人402人次，选举和补选出席省第一届至第十一届人民代表大会代表共计259人次，撤销人大代表资格5人次。

历届市人大常委会坚持“加强党的领导、充分发扬民主、严格依法办事”方针，在市委的领导下，精心组织，严格把关，指导全市各级人大历次换届选举工作，保证选举合法有效，保证县、乡全部按法定时间和要求召开了人民代表大会。同时，坚持干部队伍“四化”方针和德才兼备的原则，任免、决定任免和批准任免国家机关工作人员，保障了地方国家机关的正常运转，人事任免工作走上规范化轨道。一是提请任命机关提交翔实的材料；二是任前进行法律知识考试；三是人事代表工作委员会在调查研究的基础上进行审议，向常委会会议提交任免事项的审议报告，使常委会组成人员在审议时掌握必要的情况；四是常委会会议审议人事任免议案时安排有专门审议时间，保证组成人员充分发表意见，必要时请提请机关作补充说明或请被任命人员到会回答问题；五是由举手表决、投票表决到电子表决器表决，进一步保证组成人员表达意愿的真实性；六是实行颁发任命书制度，保证权力授予的严肃性；七是建立了受任干部向市人大常委会述职制度，人大常委会有选择地对受任干部述职情况进行评议。从1982年至2010年12月，市八届至市十三届人大常委会共举行会议200次，任免国家机关工作人员1234人次。

第四节　代表工作

历届市人大常委会努力为代表执行职务、履行职责创造条件，使代表不论是在开会期间还是在闭会期间，都能依法履行职务，逐步形成联系代表规范化、代表活动经常化、活动形式多样化、活动内容系统化的良好局面。

为便于人大代表更好地行使职权，市人大常委会先后制定了《阳泉市人民代表大会代表持证考察办法》《阳泉市人民代表大会建议、批评、意见的提出和办理办法》等，建立了常委会组成人员分工联系代表制度、定期走访代表制度等；定期为代表寄送学习资料，定期开展培训，注重提高代表素质；加强人大代表活动小组建设，定期召开代表座谈会和经验交流会，经常走访代表或邀请代表列席常委会会议，认真办理代表来信来访，并组织代表开展各项执法检查、考察和调查研究，参加各种听证会、座谈会或法院案件庭审，评议“一府两院”及人大常委会工作，开展与政府有关领导对话活动，保证人大代表知情知政、参政督政、管理国家事务等权利的实现；重视抓好代表议案及建议、批评、意见的办理工作。1982年至2010年，历届市人大常委会共组织代表考察300余次，都撰写了相应的考察调查报告，提出较有价值的意见和建议2600余条。1982年7月至2010年12月，市人大代表共提出议案1176件，意见、建议和批评4547件，经大会议案审查委员会审查，大会主席团审定或经全体会议代表表决通过，立为大会议案的32件，不仅促进了许多问题的解决，而且帮助和推动了“一府两院”依法开展工作。

第五节　宣传工作

全市人大工作者对人大制度建设和人大工作的宣传与研讨从未间断。从1990年始，历届市人大常委会经常召开人大新闻宣传工作座谈会，每届都要联合出台关于加强和改进人大宣传工作的意见，制定宣传报道人民代表大会制度和人大工作的奖励办法，组织开展宣传人大制度好新闻好作品评选活动，编发《阳泉市人民代表大会常务委员会公报》《信息摘编》，定期组织召开人大制度和人大工作理论研讨会，编辑出版宣传人大工作、弘扬人大代表先进事迹的系列文集，多次组织庆祝人民代表大会成立纪念活动，参加全国24城市人大工作研讨会等。市十三届人大常委会把宣传工作提升到更加重要的位置，创办了《阳泉人大》《阳泉人大工作动态》《阳泉人大工作览要》《县区人大工作动态》《机关建设》《民意之窗》《学习》等内部刊物7种。其中，双月刊《阳泉人大》每期56—72页，10万字左右，至2010年共刊印23期；《阳泉人大工作动态》《阳泉人大工作览要》《县区人大工作动态》《机关建设》《民意之窗》《学习》，至2010年分别刊印192期、99期、66期、127期、86期、18期。在各新闻媒体开设专栏，2010年在《阳泉日报》刊登文稿182篇约13万字、阳泉广播电台播发文稿326篇15.8万字、阳泉电视台播发新闻稿件121篇5.6万字。

阳泉市志

YANGQUANSHIZHI

[中 册]

第十七编

人民政府

阳泉市人民政府成立之前，境内的地方政权从秦朝建立上艾县就开始存在了。先后设立过上艾县、石艾县、原仇县、苇泽县、盂县、乌河县、受州、广阳县、平定军、平定县、平定州、盂州等相应的地方政权。清雍正二年（1724），平定州升为山西省直隶州，领寿阳、盂县、乐平三县。民国时期，境内设有平定县和盂县公署；抗日战争结束后，山西省政府在阳泉设立第二行政督察区公署，管辖盂县、平定等晋东7县。另外，民国时期，中国共产党领导的境内各抗日根据地还建立了平定（路北）县、平（定）东县、平（定）西县、平定（路南）县和盂县等抗日民主政府。

民国36年（1947）5月4日，阳泉市人民政府成立。民国38年9月，撤销阳泉市建制，改设阳泉工矿区，市人民政府改为工矿区人民政府。1952年3月，恢复阳泉市建制，工矿区人民政府复称市人民政府。1955年1月，市人民政府改称市人民委员会。从阳泉建市到“文化大革命”之前，市人民政府（工矿区人民政府、市人民委员会）积极履职，在恢复发展生产、社会主义改造和社会主义建设中发挥了应有作用。“文化大革命”期间，市革命委员会代替了市人民委员会，由于“左”倾错误思想干扰，全市工农业生产和社会秩序受到严重影响。1978年12月中共十一届三中全会召开后，境内各项事业和社会秩序逐步恢复正常。1980年10月至1982年7月，阳泉市及境内各县区相继召开人民代表大会，恢复人民政府。数十年来，市人民政府在中共阳泉市委的领导下，团结带领全市人民，坚持以经济建设为中心，开拓创新，统筹兼顾，奋力拼搏，在推动地方经济社会进步和各项事业发展中发挥了重要作用。

第一章 组织机构

第一节 政府机构

民国36年（1947）5月2日，阳泉解放。5月4日，阳泉建市，智生元任阳泉市人民政府市长。市政府开始归晋察冀边区冀晋行署直辖，由二专署代管；民国36年12月晋察冀边区冀晋行政区和察哈尔省合并组成北岳行政区后，由北岳行署直辖；翌年6月晋察冀边区行政委员会与晋冀鲁豫边区政府合并组成华北联合行政委员会后，归其直辖；9月，华北人民政府成立，由其直辖；民国38年1月，划归河北省石家庄市，由其代管；同年8月，华北行政区划调整，恢复原山西省建制，阳泉市归回山西省，由阳泉专署管辖。到民国38年8月，市政府下设工作机构共15个，即秘书、财政科、社教科、教育科、劳动科、农林科、税务局、邮政局、电信局、工商局、建设局、工矿局、公安局、法院、供销合作总社。市政府下辖组织：初辖一、二、三区3个区政府；民国36年7月，一、二区合并为一区，原三区改为二区后，辖两个区政府；民国37年8月恢复平定县建制，将荫营、河底等68村划入阳泉市后辖一、二、三、四区共4个区政府；民国38年1月平定县、盂县的三郊、牵牛镇等67个村划入阳泉市后辖一、二、三、四、五、六区共6个区政府。

民国38年（1949）9月，山西省人民政府撤销阳泉市建制改设阳泉工矿区，市人民政府改为工矿区人民政府，隶属榆次专署（由阳泉专署改之）管辖。始由任朴斋任工矿区人民政府主任。工矿区人民政府初设15个工作机构，到1952年3月增为22个，即秘书室、财政经济委员会、人民监察委员会、民政科、劳动科、文教科、卫生科、财政科、农林科、税务局、工商局、邮电局、煤业管理局、公安局、省硝磺局阳泉分局、供销合作总社、手工业生产联合社、中国人民银行阳泉支行、粮食支公司、保险支公司、公地产管理处、人民法院。下辖政权组织：初辖6个区政府，1949年10月区政府改为区公所后辖6个区公所；1950年2月将燕龛、东村等60多个村分别回归平定县和盂县后辖一、二、三区3个区公所；同年7月为加强城镇管理，将城市部分划出设立阳泉镇后辖一、二区区公所和阳泉镇公所；1951年6月撤销阳泉镇恢复为3个区后仍辖3个区公所。

1952年3月，经山西省政府决定、政务院内务部批准，阳泉工矿区恢复为阳泉市，4月1日由省直辖。同时，阳泉工矿区人民政府改称阳泉市人民政府，康洛任市长。市政府的常设工作机构，在原工矿区政府工作机构的基础上，随着社会主义革命和建设事业的不断发展，到1954年12月增加到29个，设有秘书处、财政科、文教科、民政科、卫生科、商业科、劳动科、人事科、统计科、农林科、计划委员会、财政经济委员会、人民监察委员会、体育运动委员会、工业局、税务局、公安局、粮食局、建筑工程局、矿产管理局、中国人民保险公司阳泉支公司、搬运公司、供销社、手工业生产合作社联合社、公产管理处、中国建设银行阳泉支行、中国人民银行阳泉支行、人民检察院、人民法院。市政府的下辖政权组织：初为工矿区时的3个区公所（1952年5月区公所改为区人民政府）；1953年4月盂县和平定县共35个行政村划入阳泉市管辖后，结合重新划乡工作，将原3个区调整合并为两个区，一区为城乡混合区，二区为纯农村区。

1955年1月，阳泉市召开第一届人民代表大会第二次会议，依法将阳泉市人民政府改称阳泉市人民委员会，选举产生市人民委员会委员，谢子和当选为市长。市人民委员会初属山西省人民委员会领导，1958年7月划归晋中（榆次）专署代管，1961年12月重归山西省人民委员会领导。到1966年5月“文化大革命”开始的11年零4个月时间内，为适应形势发展的需要，市人民委员会的常设工作机构，经过多次组建、分合、调整，先后设过59个部门。从1966年5月到1967年1月市人民委员会被“造反派”组织夺权，市人民委员会的常设工作机构与“文化大革命”前没有变化，设有委、局、办、公司、社、行（不含双重领导机构，下同）共37个。从1967年1月至1968年9月市革命委员会成立，政权组织的职能由“阳泉市革命造反总指挥部”行使，市人民委员会的工作机构有的陷于瘫痪状态，被迫停止工作，有的企业局和公司被“造反派”组织夺权。市人民委员会时期，其下辖区、县级政权组织（含市直属人民公社、联社、协作区）变动频繁。初将一、二区人民政府改为一、二区人民委员会。1956年3月，为适应对个体农业、手工业和资本主义工商业进行社会主义改造的需要，在全市区划调整中，将一、二区人民委员会分别改为站上区、荫营区人民委员会（站上区主要为城市部分，荫营区为农村部分）。1957 年 8 月，为进一步加强市人民委员会对全市城乡工作的领导，撤销站上区和荫营区人民委员会，将城市部分组建为站上、石卜咀、平潭、赛鱼 4 个街道办事处，归市人民委员会直属；农村部分组建为郊区，设立郊区人民委员会。1958 年 8 月，榆次专署所辖的平定县划入阳泉市，与市郊区合并另组郊区人民委员会；9 月、10 月间撤销街道办事处，成立矿区人民公社委员会；11 月，盂县、昔阳县由晋中划入阳泉市改设盂县联社委员会和昔阳联社委员会，同时撤销郊区人民委员会，分设平定、东回、岩会、荫营 4 个人民公社委员会由市直辖。1959 年 2 月，4 个公社合并为两个协作区，分别组建为平定协作区委员会和荫营协作区委员会，同时将盂县、昔阳两个联社委员会分别改为盂县协作区委员会和昔阳协作区委员会。同年 4 月，撤销平定、荫营两个协作区组成平定联社委员会；撤销矿区人民公社委员会，原旧街、辛兴、义井、李家庄 4 个管理区改为人民公社，划归平定联社委员会，其余部分改设平潭街办事处归市直辖；盂县、昔阳两个协作区委员会分别改称盂县郊区和昔阳郊区人民委员会。5 月，平定联社委员会改称平定郊区委员会。6 月，盂县、昔阳划归晋中专署，平定郊区委员会改称阳泉市郊区人民委员会，城市部分增设站上街道办事处。1960 年 2 月，在平潭、站上街道办事处的基础上分别建立矿区、站上两个人民公社委员会并由市直辖；同年 3 月，原属阳泉市郊区的义井和北大街两个城市人民公社委员会改由市直属。1961 年 4 月，平定县恢复县建制并回归晋中，原阳泉市郊区撤销，市辖的政权组织随区划调整改建为 8 个市直属的城、乡人民公社委员会，即站上、矿区、义井、北大街（11 月改称李家庄）、西南舁、河底、荫营、白泉人民公社委员会。1963 年 2 月，恢复站上区和荫营区建制，原 8 个市直属人民公社调整为 12 个人民公社，分属站上区和荫营区人民委员会管辖。1967 年 4 月，两区人民委员会相继被“造反派”组织夺权。

1968 年 5 月中央煤炭工作会议后，阳泉市实行军管。同年 9 月 18 日至 28 日，召开阳泉市革命群众组织代表会。经过协商选举，并经山西省革命委员会批准，成立阳泉市革命委员会（以下简称“市革委”），周云涛任主任。市革委成立时上属山西省革命委员会，1970 年 4 月改由晋中地区革命委员会代管，1972 年 3 月重归山西省革命委员会直辖；1979 年 12 月山西省人民政府成立后，上属山西省人民政府。市革委集党、政、财、文大权于一身，实行“一元化”领导，其机构设置大体分为三个阶段。第一阶段，从 1968 年 9 月至 1972 年 12 月，为“四大组”阶段。市革委成立初，下设办公室、政治工作组、人民保卫组、生产指挥组。1969 年 8 月，根据山西省革命委员会关于统一各地、市、县革命委员会及所属办事机构印章的规定，将市革委的 4 个工作部门改称办事组、政工组、生产组、保卫组。其特点是党政合一，既是市革委的工作机构，也是中共阳泉市革命委员会核心小组的工作机构。第二阶段，从 1972 年 12 月至 1976 年 10 月，为撤销“四大组”逐步恢复各部、委、局阶段。这一阶段市革委在中央开始部分纠正“文化大革命”错误的形势下，增设经济、文化、教育管理机构，“四大组”相继撤销，开始恢复“文化大革命”前的部、委、局、办机构。到该阶段末，常设工作机构先后共设过50个。第三阶段，从1976年10月至1982年7月市第八届人民代表大会第一次会议召开，为全面纠正和改革“文化大革命”时期不合理的机构设置阶段。从1978年6月起，市革委所属局相继撤销革委会名称，原革委会主任、副主任改称局长、副局长。此阶段市革委工作机构的设置发生过多次变化，到1982年7月，常设工作机构为54个。市革委成立前后，原人民委员会时期下辖的荫营区和站上区分别于1968年6月和1968年9月成立革命委员会。1969年1月，荫营区、站上区分别改设郊区、城区，随之荫营区革命委员会、站上区革命委员会分别更名为郊区革命委员会、城区革命委员会。1970年1月，经省革命委员会批准新设矿区（其前身是城区所属的矿区人民公社），1971年4月成立矿区革命委员会，与阳泉矿务局合署办公，为“政企合一”体制。到1976年10月粉碎江青反革命集团，市革委下辖城区、矿区、郊区3个区级革命委员会。1980年1月市委下发《关于组成矿区筹备领导组的通知》（阳发〔1980〕7号），将矿区与阳泉矿务局分设，成立矿区人民政府筹备组。同年10月后，3个区相继召开人民代表大会，各区的政权组织由革命委员会转变为区人大常委会领导、监督下的“一府两院”体制。当月，城区人民政府成立。1981年9月，矿区人民政府和郊区人民政府成立。至1982年上半年，市革委共下辖3个区级人民政府。

1982年7月，市第八届人民代表大会第一次会议召开，恢复市人民政府，选举周国俊为市长。会后，市级政权组织由单一的革命委员会体制转变为人大常委会领导、监督下的“一府两院”体制；市法院和检察院变为独立的国家地方审判机关和法律监督机关，列为市级政权组织序列。市政府上属仍为山西省人民政府。为适应改革开放和社会主义现代化建设的需要，1983年撤销基本建设委员会、农业委员会，设立行政处和审计局；合并农业局、农机局为农牧局，标准局、计量局为标准计量局，城建局、环保局、房管局为城乡建设环境保护局；改秘书处为办公厅，外贸局为对外贸易公司，电子局为电子工业公司，广播事业局为广播电视局，煤炭管理局为煤炭工业局，建筑工程局为建筑工程总公司，建材局为建筑材料工业公司；还将化工局分设为化学工业公司和硫铁矿工业公司。1984年，设立体制改革领导组（后改为经济体制改革委员会），从农牧局中分出农机部分设立农业机械化技术服务中心；改设计处为建筑设计院，人民公社企业管理局为乡镇企业管理局，侨务办公室由市政府办公厅代管，为市政府直接领导，计划生育委员会由虚设机构改为实质性工作机构。1985年，撤销对外贸易公司，设立对外经济贸易局；明确经济信息处理中心（1984 年成立，与电子计算机技术服务中心一套机构、两块牌子）为县级事业单位。1986 年，设立农业办公室、基建办公室、无线电管理委员会办公室、科技干部局、经济技术研究中心和对外经济技术协作引进办公室，恢复环保局，原城乡建设环境保护局改为城乡建设局。1987 年，设立土地管理局。1988 年，对行政性公司进行整顿，恢复电子工业局、建筑材料工业局、化学工业局和房地产管理局，并设立民族宗教事务处、监察局、教育学院、旅游办公室（与外事办、侨务办一套机构三块牌子）。1989 年，税务局改由地方政府和上级税务机关双重领导，以上级税务机关领导为主的管理体制；市委、市政府信访局由市委办公厅代管改归市政府管理；改教育局为教育委员会，并成立城市管理办公室。1990 年，设立矿产资源管理局。到 1990 年，市政府的常设工作机构共 67 个（下列机构名称后括号内加“序”的为市政府序列部门和单位），其中行政机构 58 个，即办公厅（序）、计划委员会（序）、经济委员会（序）、财政贸易委员会（序）、科学技术委员会（序）、教育委员会（序）、经济体制改革委员会、体育运动委员会（序）、计划生育委员会（序）、人事局（序）、科技干部局、劳动局（序）、财政局（序）、民政局（序）、信访局、公安局（序）、司法局（序）、文化局（序）、卫生局（序）、广播电视局（序）、档案管理局（序）、审计局（序）、监察局（序）、统计局（序）、物价局（序）、工商行政管理局（序）、标准计量局（序）、重工业局（序）、煤炭工业局（序）、化学工业局（序）、电子工业局（序）、建筑材料工业局（序）、轻工业局（序）、二轻工业局（序）、交通局（序）、城乡建设局（序）、环境保护局（序）、物资管理局（序）、房地产管理局（序）、农牧局（序）、林业局（序）、水利局（序）、乡镇企业管理局（序）、土地管理局（序）、矿产资源管理局、商业局（序）、粮食局（序）、对外经济贸易局（序）、地震局（序）、行政处、民族宗教事务处、硫铁矿工业公司、农业办公室、基建办公室、外事（侨务、旅游）办公室（外事办为市政府序列部门）、人民防空委员会办公室、无线电管理委员会办公室、城市管理办公室；事业单位 7 个，即经济技术研究中心、经济信息处理中心、农业机械化技术服务中心、教育学院、建筑设计院、对外经济技术协作引进办公室、地方志编纂委员会办公室；经济组织 2 个，即供销社、建筑工程总公司。

市人民政府恢复后，1983 年 9 月山西省试行市带县体制，将晋中地区管辖的平定县、盂县划归阳泉市管辖，阳泉市政府下辖的区、县级政权组织为城区人民政府、矿区人民政府、郊区人民政府、平定县人民政府、盂县人民政府。其中郊区和两县为农村县区，城、矿两区为城市区。1993 年 2 月，市政府的派出机构——阳泉经济技术开发区成立。1996 年 1 月经省政府批准为集科工贸为一体的省级开发区。开发区管委会拥有市一级审批权限，代表市政府行使市级综合经济及部分行政管理权限，对开发区实行统一领导、统一规划、统一管理。

根据山西省委、省政府有关党政机构改革文件精神，坚持精简、统一、效能的原则，从有利于转变政府职能、加强城市规划建设出发，阳泉市先后于1996年、2001年、2004年、2009年进行了4次机构改革。1996年党政机构改革后，根据中央和省委、省政府的规定，阳泉市设置党政机构50个，其中党委机构8个、政府机构42个，另设部门管理机构6个。2001年党政机构改革后，设置党政机构44个，其中市委11个、市政府32个、议事协调机构的办事机构1个。2004年政府机构改革后，市政府设置机构35个，其中市政府办公厅和组成部门23个、直属特设机构1个、直属机构10个、议事协调机构的常设办事机构1个。2009年改革后，市政府机构不再分组成部门和直属机构，统称为政府工作部门，市政府共设置工作部门32个，另设部门管理机构2个。市政府工作部门为：市政府办公厅、市发展和改革委员会、市经济和信息化委员会（挂阳泉市人民政府国有资产监督管理委员会牌子）、市教育局（中共阳泉市直属教育工作委员会与其合署办公）、市科学技术局、市公安局、市监察局（中共阳泉市纪律检查委员会机关与其合署办公，列入政府机构序列，不计入政府机构个数）、市民政局、市司法局、

政府办公楼

市财政局、市人力资源和社会保障局、市国土资源局、市环境保护局、市住房保障和城乡建设管理局（中共阳泉市直属建设工作委员会与其合署办公）、市交通运输局、市水务局、市农业委员会（挂中共阳泉市委农村工作领导组办公室牌子）、市林业局、市商务局、市文化广电新闻出版局（挂阳泉市版权局牌子）、市卫生局、市人口和计划生育委员会、市审计局、市煤炭工业局、市体育局、市统计局、市安全生产监督管理局、市旅游局（挂阳泉市人民政府外事侨务办公室牌子）、市民族宗教事务局、市粮食局、市食品药品监督管理局、市人民防空办公室、市规划局。部门管理机构为：市物价局（由市发展和改革委员会管理）、市城市管理行政执法局（由市住房保障和城乡建设管理局管理）。市政府工作部门为正县级，部门管理机构为副县级。至2010年未变。

第二节　历任领导

民国36年（1947）5月2日，阳泉解放。5月4日，阳泉建市，智生元任阳泉市人民政府市长。民国38年9月至1952年3月阳泉工矿区人民政府时期和1968年9月至1976年10月市革命委员会时期，市级行政机关领导称主任、副主任。除此之外，至2010年，阳泉市各个时期的市级行政机关领导均称市长、副市长。领导人依时期或届期列表如下。

1947年5月至2010年12月阳泉市市级行政机关领导人名表

表-17-1

机关名称	时期或届期	职务	姓名	籍贯	任职时间	备注
市人民政府	阳泉建市初期（1947.5—1949.8）	市长	智生元	山西定襄	1947.5—1947.9	兼
			任朴斋	山西阳泉	1947.9—1948.1	兼
			王三才	山西五台	1948.1—1948.7	
			程宏毅	山西盂县	1948.7—1948.11	兼
			任朴斋	山西阳泉	1948.12—1948.12	代
			封云甫	河北平山	1948.12—1949.8	

续表 -17-1

机关名称	时期或届期	职务	姓名	籍贯	任职时间	备注
市人民政府	阳泉建市初期（1947.5—1949.8）	副市长	武庆贺	山西阳泉	1948.7—1948.12	兼
			任朴斋	山西阳泉	1947.5—1947.9	兼
					1948.7—1948.12	兼
			史星三	山西阳泉	1949.1—1949.8	
工矿区人民政府	工矿区第一届各届人民代表会议（1949.9—1951.8）	主任	任朴斋	山西阳泉	1949.9—1950.8	上级任命，兼
			王金林	山西洪洞	1950.8—1951.8	上级任命，兼
		副主任	史星三	山西阳泉	1949.9—1951.8	上级任命
			李建标	山西临汾	1950.1—1951.8	上级任命
	工矿区第二届各届人民代表会议（1951.8—1952.3）	主任	李建标	山西临汾	1951.8—1952.3	二届一次会议当选
		副主任	蒋若鲁	江苏泰兴	1951.8—1952.3	二届一次会议当选
			白猷之	山西榆社	1951.8—1952.3	二届一次会议当选
市人民政府	市第二届各界人民代表会议（1952.4—1952.9）	市长	康洛	河南洧川	1952.4—1952.9	上级委派
		副市长	谢子和	山西平遥	1952.7—1952.9	上级委派
	市第三届各界人民代表会议（1952.9—1955.4）	市长	康洛	河南洧川	1952.9—1954.5	三届一次会议当选
		副市长	谢子和	山西平遥	1952.9—1954.5	三届一次会议当选
	市第一届人民代表会议（1954.6—1955.1）	市长	谢子和	山西平遥	1954.8—1955.1	上级任命
		副市长	焦剑心	河北平山	1954.8—1955.1	上级任命
市人民委员会	市第一届人民代表大会（1955.1—1956.12）	市长	谢子和	山西平遥	1955.1—1956.12	一届二次会议当选
		副市长	焦剑心	河北平山	1955.1—1956.12	一届二次会议当选
			王占国	河北沙河	1955.1—1956.12	一届二次会议当选
			林一新	山西平定	1956.3—1956.12	上级任命
			史郁如	山西阳泉	1956.3—1956.12	上级任命

续表-17-1

机关名称	时期或届期	职务	姓名	籍贯	任职时间	备注
市人民委员会	市第二届人民代表大会（1956.12—1958.6）	市长	谢子和	山西平遥	1956.12—1958.6	二届一次会议当选
		副市长	林一新	山西平定	1956.12—1958.6	二届一次会议当选
			焦剑心	河北平山	1956.12—1958.6	二届一次会议当选
			史郁如	山西阳泉	1956.12—1958.6	二届一次会议当选
			王占国	河北沙河	1956.12—1958.6	二届一次会议当选
		第一副市长	王文如	山西五台	1958.5—1958.6	
	市第三届人民代表大会（1958.6—1960.8）	市长	谢子和	山西平遥	1958.6—1958.7	三届一次会议当选
		代市长	王文如	山西五台	1958.7—1960.8	
		副市长	王文如	山西五台	1958.6—1958.7	三届一次会议当选
			林一新	山西平定	1958.6—1960.8	三届一次会议当选
			焦剑心	河北平山	1958.6—1960.8	三届一次会议当选
			王占国	河北沙河	1958.6—1960.8	三届一次会议当选
			张润槐	山西盂县	1959.10—1960.8	三届二次会议增选
			侯有智	山西左权	1959.10—1960.8	三届二次会议增选
	市第四届人民代表大会（1960.8—1963.8）	市长	王文如	山西五台	1960.8—1963.8	四届一次会议当选
		副市长	张润槐	山西盂县	1960.8—1960.9	四届一次会议当选
			焦剑心	河北平山	1960.8—1963.8	四届一次会议当选
			侯有智	山西左权	1960.8—1962.7	四届一次会议当选
			任子钰	山西阳泉	1960.8—1961.5	四届一次会议当选
			郭　力	山西潞城	1960.8—1963.8	四届一次会议当选
			王玉田	山西阳泉	1961.7—1962.7	上级委任
			董　洪	山西繁峙	1962.7—1963.8	上级委任
	市第五届人民代表大会	市长	王文如	山西五台	1963.8—1965.10	五届一次会议当选

续表 -17-1

机关名称	时期或届期	职务	姓名	籍贯	任职时间	备注
市人民委员会	市第五届人民代表大会（1963.8—1965.10）	副市长	焦剑心	河北平山	1963.8—1965.10	五届一次会议当选
			董　洪	山西繁峙	1963.8—1965.10	五届一次会议当选
			郭　力	山西潞城	1963.8—1965.10	五届一次会议当选
	市第六届人民代表大会（1965.10—1966.5）	市长	孟启明	河北涞源	1965.10—1966.5	六届一次会议当选
		副市长	董　洪	山西繁峙	1965.10—1966.5	六届一次会议当选
			郭　力	山西潞城	1965.10—1966.5	六届一次会议当选
			胡之江	广东汕头	1965.10—1966.5	六届一次会议当选
	“文化大革命”时期（1966.5—1967.1）	市长	孟启明	河北涞源	1966.5—1967.1	
		副市长	董　洪	山西繁峙	1966.5—1967.1	
			郭　力	山西潞城	1966.5—1967.1	
			胡之江	广东汕头	1966.5—1967.1	
市革命委员会	“文化大革命”时期（1968.9—1976.10）	主任	周云涛	河北安国	1968.9—1972.3	革命群众组织代表会选举
			李好山	河北磁县	1972.3—1976.10	
		第一副主任	王植彬	河北曲阳	1968.9—1976.10	革命群众组织代表会选举
		副主任	温藏宝	河北平山	1968.9—1970.12	革命群众组织代表会选举
			孟启明	河北涞源	1968.9—1970.8	革命群众组织代表会选举
			王　体	山西平定	1968.9—1976.10	革命群众组织代表会选举
			孙庆龙	河北雄县	1968.9—1976.10	革命群众组织代表会选举
			王三才	山西五台	1968.9—1976.10	革命群众组织代表会选举
			李好山	河北磁县	1970.12—1972.3	
			李振生	山西平定	1970.12—1976.10	
			马维华	山西沁源	1971.12—1976.10	

续表 -17-1

机关名称	时期或届期	职 务	姓 名	籍 贯	任职时间	备 注
市革命委员会	“文化大革命”时期（1968.9—1976.10）	副主任	刘　敏	河北安新	1972.4—1976.10	
			康启光	湖南长沙	1972.4—1976.10	
			郭　力	山西潞城	1973.4—1976.10	
			王进军	山西阳泉	1975.10—1976.10	
			卫持英	山西沁县	1975.10—1976.10	
			任直生	山西孝义	1975.10—1976.10	
	20世纪70年代后至20世纪80年代初（1976.10—1982.7）	主 任	李好山	河北磁县	1976.10—1977.9	
			张步英	山西黎城	1977.9—1979.4	
			刘　敏	河北安新	1979.4—1980.1	
			刘　褰	山西黎城	1980.2—1982.7	
		副主任	王　体	山西平定	1976.10—1977.12	
			王三才	山西五台	1976.10—1979.1	
			马维华	山西沁源	1976.10—1980.5	
			刘　敏	河北安新	1976.10—1979.4	
			郭　力	山西潞城	1976.10—1982.7	
			王进军	山西阳泉	1976.10—1977.12	
			吴景忠	辽宁沈阳	1976.10—1982.7	锡伯族
			卫持英	山西沁县	1976.10—1977.12	
			任直生	山西孝义	1976.10—1980.5	
			常振华	山西榆社	1977.12—1979.4	
			罗陶然	河北平山	1977.12—1982.7	
			孙庆龙	河北雄县	1978.6—1980.6	
			胡之江	广东汕头	1979.4—1982.7	
			赵春山	山西武乡	1979.4—1982.7	

续表 -17-1

机关名称	时期或届期	职务	姓名	籍贯	任职时间	备注
市革命委员会	20世纪70年代后至20世纪80年代初（1976.10—1982.7）	副主任	周国俊	山西五台	1979.4—1980.5	
			乔林布	山西洪洞	1979.4—1982.7	
			刘　寰	山西黎城	1979.4—1980.2	
			韩效仁	山西盂县	1979.4—1982.7	
			王玉田	山西阳泉	1979.4—1982.7	
			常　杰	山西长子	1979.4—1982.7	
			郭汉三	山西阳泉	1979.4—1982.7	
			马如彪	山东单县	1979.4—1982.7	
市人民政府	市第八届人民代表大会（1982.7—1987.12）	市长	周国俊	山西五台	1982.7—1985.5	八届一次会议当选
			光　敏	山西平定	1986.4—1987.12	八届六次会议补选
		代市长	光　敏	山西平定	1985.5—1986.4	八届人大常委会二十次会议决定任命
		副市长	常　杰	山西长子	1982.7—1983.12	八届一次会议当选
			吴景忠	辽宁沈阳	1982.7—1983.12	八届一次会议当选
			韩效仁	山西盂县	1982.7—1983.12	八届一次会议当选
			辛贵玉	山西盂县	1983.12—1987.12	八届三次会议增补
			张泽宇	山东掖县	1983.12—1985.5	八届三次会议增补
			朱光炳	安徽肥东	1983.7—1987.12	八届人大常委会六次会议决定任命
			马余龙	山西左权	1983.12—1985.2	八届三次会议增补
			李希曾	山西左权	1985.6—1987.12	八届人大常委会二十一次会议决定任命
			李奕明	安徽耒安	1985.6—1987.12	八届人大常委会二十一次会议决定任命
			李天瑞	山西平定	1986.3—1987.12	八届人大常委会二十六次会议决定任命

续表 -17-1

机关名称	时期或届期	职务	姓名	籍贯	任职时间	备注
市人民政府	市第九届人民代表大会（1987.12—1992.6）	市长	光 敏	山西平定	1987.12—1988.6	九届一次会议当选
			李天瑞	山西平定	1989.5—1990.2	九届三次会议补选
			薄应贤	山西五台	1990.4—1992.6	九届四次会议补选
		代市长	李天瑞	山西平定	1988.6—1989.5	九届人大常委会四次会议决定任命
			薄应贤	山西五台	1990.3—1990.4	九届人大常委会十五次会议决定任命
		副市长	李希曾	山西左权	1987.12—1992.6	九届一次会议补选
			朱光炳	安徽肥东	1987.12—1988.6	九届一次会议补选
			李奕明	安徽耒安	1987.12—1992.6	九届一次会议补选
			李天瑞	山西平定	1987.12—1988.6	九届一次会议补选
			赵迪南	山西清徐	1988.6—1992.6	九届人大常委会四次会议决定任命
			张义明	河北遵化	1988.6—1992.6	九届人大常委会四次会议决定任命
			魏德卿	山西平定	1992.4—1992.6	九届人大常委会二十九次会议决定任命
	市第十届人民代表大会（1992.6—1997.4）	市长	薄应贤	山西五台	1992.6—1996.2	十届一次会议当选
			魏德卿	山西平定	1996.4—1997.4	十届六次会议补选
		副市长	李奕明	安徽耒安	1992.6—1997.4	十届一次会议当选
			赵迪南	山西清徐	1992.6—1995.11	十届一次会议当选
			张义明	河北遵化	1992.6—1994.4	十届一次会议当选
			魏德卿	山西平定	1992.6—1996.2	十届一次会议当选
			张 诚	河北怀安	1993.2—1997.4	十届人大常委会五次会议任命
			邢燕芬（女）	辽宁黑山	1994.12—1997.4	十届人大常委会十七次会议任命

续表 -17-1

机关名称	时期或届期	职务	姓名	籍贯	任职时间	备注
市人民政府	市第十届人民代表大会（1992.6—1997.4）	副市长	刘建田	阳泉郊区	1995.12—1997.4	十届人大常委会二十五次会议任命
			杨清风	江西万安	1995.12—1997.4	十届人大常委会二十五次会议任命
			杨金永	吉林舒芝	1996.10—1997.4	十届人大常委会三十一次会议任命
			杨增武	山西山阴	1996.10—1997.4	十届人大常委会三十一次会议任命
	市第十一届人民代表大会（1997.4—2002.3）	市长	魏德卿	山西平定	1997.4—1998.4	十一届一次会议当选
			郭良孝	山西孝义	1998.4—2002.3	十一届人大常委会会议任命代市长；同月召开的十一届三次会议上补选为市长
		副市长	李奕明	安徽耒安	1997.4—2000.4	十一届一次会议当选
			张　诚	河北怀安	1997.4—1998.6	十一届一次会议当选
			邢燕芬（女）	辽宁黑山	1997.4—1998.8	十一届一次会议当选
			刘建田	阳泉郊区	1997.4—2002.3	十一届一次会议当选
			杨清风	江西万安	1997.4—2002.3	十一届一次会议当选
			杨金永	吉林舒芝	1997.4—1999.4	十一届一次会议当选
			樊盛武	山西晋城	1997.4—2002.3	十一届一次会议当选
			朱礼厚（女）	江苏太仓	1998.6—2002.3	十一届人大常委会九次会议任命
			王舰民	山西榆社	2000.7—2002.3	十一届人大常委会二十二次会议任命
			陈继光	山西平定	2000.7—2002.3	十一届人大常委会二十三次会议任命
			王敬瑞	山西平定	2000.7—2002.3	十一届人大常委会二十三次会议任命
	市第十二届人民代表大会（2002.3—2007.5）	市长	郭良孝	山西孝义	2002.3—2003.6	十二届一次会议当选
			谢　海	山西繁峙	2004.2—2006.2	十二届四次会议当选

续表 -17-1

机关名称	时期或届期	职务	姓名	籍贯	任职时间	备注
市人民政府	市第十二届人民代表大会（2002.3—2007.5）	市长	白　云（女）	山西五台	2006.4—2007.5	十二届五次会议当选
		代市长	谢　海	山西繁峙	2003.6—2004.2	十二届人大常委会九次会议任命
			白　云（女）	山西五台	2006.2—2006.4	十二届人大常委会二十六次会议任命
		副市长	王舰民	山西榆社	2002.3—2007.5	十二届一次会议当选
			樊盛武	山西晋城	2002.3—2006.9	十二届一次会议当选
			陈继光	山西平定	2002.3—2006.9	十二届一次会议当选
			王旭明	山西临县	2006.9—2007.5	十二届人大常委会三十次会议任命
			王敬瑞	山西平定	2002.3—2007.5	十二届一次会议当选
			李体柱	山西黎城	2002.3—2007.5	十二届一次会议当选
			刘兆林	阳泉郊区	2002.3—2007.5	十二届一次会议当选
			王湜洲	山西平定	2006.9—2007.5	十二届人大常委会三十一次会议任命
			王冬雪	河北保定	2006.1—2007.5	十二届人大常委会三十三次会议任命
	市第十三届人民代表大会（2007.5— ）	市长	白　云（女）	山西五台	2007.5—2009.4	十三届一次会议当选
			李栋梁	山西左云	2009.5—	十三届四次会议当选
		代市长	李栋梁	山西左云	2009.4—2009.5	十三届人大常委会十六次会议任命
		副市长	王旭明	山西临县	2007.5—	十三届一次会议当选
			王敬瑞	山西平定	2007.5—	十三届一次会议当选
			李体柱	山西黎城	2007.5—2009.8	十三届一次会议当选
			刘兆林	阳泉郊区	2007.5—	十三届一次会议当选
			王湜洲	山西平定	2007.5—	十三届一次会议当选
			王冬雪	河北保定	2007.5—2008.2	十三届一次会议当选

第二章 施政纪略

第一节　建市初期施政纪略

民国36年（1947）5月4日市人民政府成立时，全国解放战争中人民解放军还没有转入战略进攻，石太铁路沿线的重要城市石家庄、太原、榆次等地还没有解放，国民党仍重兵据守。地处太原与石家庄之间的阳泉，随时都有受国民党军队东西夹击得而复失的危险。根据晋察冀军区和中共阳泉市委的指示，市政府在市职工会的协助下，积极组织民兵和民工，将一部分重要设备和物资转移到晋察冀和晋冀鲁豫老解放区，以生产军火武器，支援解放战争。民国36年6月，解放战争由战略防御转入战略进攻阶段后，市政府组织群众迅速恢复和发展生产，安定人民生活，支援全国解放战争。

但是，刚建市的阳泉经济萧条，民生凋敝，满目疮痍，恢复生产困难重重。在中共阳泉市（工矿区）委的领导下，市（工矿区）政府利用境内煤、铁、硫磺资源丰富，开采、冶炼有一定基础等有利条件，主要抓了三项工作。一是首先恢复公营企业的生产。到1949年中华人民共和国成立时，煤炭、电力、冶金、化工4个行业中，已建成7家国营企业。二是恢复和保护工商业。提供银行贷款，出台政策扶持，据不完全统计，到民国37年（1948）9月，有200多座煤矿恢复生产，日产量达到2000吨；到1949年12月，郊区农村已有600多座铁炉先后投产，共生产手榴弹壳380万个、地雷350万个、炮弹叶450多吨，源源不断送往前线，有力地支援了解放战争。此外，还生产了铁锅、铁壶、铁锹、铁锄等铁货约1.5万吨，各种砂货约500万件和大量碗、茶具等生活用瓷器，外运华北各地，市场呈现出繁荣景象。三是积极发展手工业。市政府先后成立宝兴亨分总店、供销合作社、铁业联社、煤管局、硝磺局等专门机构，根据市场行情统一按等定价，收购小窑煤、各种铁货和硫磺，组织产品外销。到1949年，计有小煤窑190座、生熟铁炉600余座、炼磺炉542盘、土瓷窑11座，当时市区（即上站和下站地区）的手工业产值已占工业总产值（含村及村以下工业产值，按1980年不变价计算，下同）3092万元的54.58%，手工业开始进入振兴时期。在恢复和发展生产的同时，市政府还通过筹借发放粮食、安置工人就业等方式，想方设法帮助群众度过灾荒，缓解群众的生活困难。从民国36年12月到民国38年4月，在农村开展了轰轰烈烈的土地改革运动，80%左右的贫苦农民获得土地、耕畜等生产资料，广大农民的生产积极性空前提高，1949年农业生产获得大丰收，粮食总产9000万公斤，农业总产值（含村及村以下工业产值，按1980年不变价格计算，下同）3493万元，当时的市区与平定的农副业总产值1047万元，比阳泉建市前平定（当时阳泉为平定所辖）农副业总产值最高年份1936年的544万元增长了92.66%。

第二节　“一五”至“四五”时期施政纪略

中华人民共和国成立后，工矿区（市）人民政府在不断加强地方各级政权建设的同时，积极开展各种社会政治运动和民主改革，尽快恢复和发展工农业生产。1950年，在公营煤矿中废除封建把头制度，加强民主管理；在各工矿企业普遍成立保安委员会或保安组，并大力开展安全生产竞赛活动；成立山西省抗美援朝委员会阳泉工矿区分会，在全民中广泛开展“抗美援朝，保家卫国”和坚决镇压反革命的运动。1952年，开展了“三反”“五反”运动。上述一系列社会政治运动和改革，大大调动了积极因素，从而使国民经济得到全面恢复和初步发展，熟铁货、砂锅、民用陶瓷三大门类手工业产品畅销全国各地，阳泉一度与杭州、潍坊并誉为“全国三大手工业城市”。

从1953年起，市政府和市人委认真贯彻中国共产党在过渡时期的总路线，坚持社会主义工业化和社会主义改造同时并举的方针，一方面实施国民经济发展第一个五年计划，另一方面对农业、手工业和资本主义工商业进行社会主义改造。发展国民经济，在优先发展重工业的指导思想下，根据阳泉资源优势，确定了以煤、铁、磺三业为主的工业发展方向。在国家的支持下，1953年至1956年全市全民单位的基本建设投资累计9424万元，资金主要集中使用于大中型骨干企业改扩建工程。阳泉矿务局、荫营煤矿、南庄煤矿、阳泉铁厂、阳泉发电厂等国营工业生产能力成倍增长，为阳泉市发展成为能源重化工基地奠定了基础。1954年至1956年进行的全市社会主义“三大改造”的胜利，使全市国民经济中各种经济成分的比例关系发生了质的变化，全民所有制和劳动群众集体所有制这两种形式的社会主义公有制经济，已经居于绝对统治的地位。1956年同1952年相比，全民所有制经济的比重由49.83%上升到65.02%，集体所有制工业经济由6.08%上升到12.84%，合作社经济从无上升到22.07%，个体经济由44.09%下降到0.07%。1956年前三种经济已达99.93%，从而为转入有计划地进行社会主义经济建设铺平了道路。

1958年5月中共八大二次会议正式通过“鼓足干劲，力争上游，多快好省地建设社会主义”的总路线。同年6月全市掀起“大跃进”和“人民公社化”运动高潮。市委提出“全市人民苦战3年，生产100万吨钢、150万吨铁”的奋斗目标，全市各行各业广大群众积极投身于大炼钢铁的运动。1958年、1959年，先后建起盂县五五铁厂、桃园铁厂、平定铁厂等10余座小型钢铁厂及上千座小土炉，“五小”（小钢铁、小化肥、小水泥、小机械、小纺织）工业急剧发展。到1960年，工农业总产值由1957年的26566万元增至55852万元，短短3年时间翻了一番。在人民公社化运动中，全市农村于1958年9月在高级农业合作社还未完善和巩固的情况下，过早而不适当地由单一的农业生产合作社转为政社合一的人民公社。同年10月城市也实现公社化。人民公社化打破原有的生产组织形式，实行“组织军事化、行动战斗化、生活集体化”，农村普遍建立“公共食堂”和实行联村核算制。“大跃进”和“人民公社化”运动，使得以高指标、瞎指挥、浮夸风和“共产风”为主要标志的“左”倾错误严重泛滥，生产力和生产关系遭到严重破坏，全市国民经济出现比例失调，农、轻、重在整个国民经济中所占比重分别由1957年的12.2%、9.63%、78.17%变为1960年的6.17%、8.57%、85.26%。

1960年，为战胜“大跃进”和“人民公社化”造成的严重经济困难，市委和市人委积极贯彻中共八届九中全会和中央工作会议（“七千人大会”）精神，实事求是总结经验教训，果断进行了国民经济调整工作。1962年，全市经济形势开始好转，国民经济比例趋于协调。至1965年，全市国民经济保持了健康向上的发展势头，工农业生产稳步上升。

1966年“文化大革命”开始后，市委、市人委被“造反派”组织夺权，工作被迫停止。1967年、1968年全市工农业总产值分别下降到36593万元、35270万元，分别比1966年下降12.33%、15.5%。1968年9月市革命委员会成立后，按照中共中央和山西省委的部署，在市核心小组的领导下，先后开展了“横扫一切牛鬼蛇神”“清理阶级队伍”“一打三反”（打击反革命破坏活动，反对贪污、盗窃、投机倒把）“清查五一六”等运动，在经济战线继续开展了“工业学大庆”“农业学大寨”运动。1975年，根据中共中央关于要搞好安定团结、把国民经济搞上去的指示精神，对各行各业进行整顿，恢复和重建了一系列规章制度。从1969年至1976年，国家对阳泉市发展工业投入的资金成倍增长，8年年均投入3913.13万元，比“文化大革命”前8年年均投入的2875.75万元增长了36.07%。在此期间，市革命委员会利用国家投入的资金，新建、改建、扩建了一大批工业企业，对工业内部的行业结构进行调整，进一步扩大了工业企业的再生产能力，有效增强了工业发展的后劲。

第三节 “五五”至“七五”时期施政纪略

1976年10月粉碎江青反革命集团以后，特别是1978年12月中共十一届三中全会召开后，市政府按照中共中央、省委和市委的部署，组织全市广大干部群众广泛开展揭、批、清江青反革命集团的群众运动，平反历次运动造成的冤、假、错案。通过大量的拨乱反正和正本清源工作，从1979年4月起，开始把工作重点转移到改革开放和社会主义现代化建设的轨道上，组织领导全市人民进行了一系列卓有成效的工作，各行各业的面貌都发生了深刻变化。

一、工业生产

1979年4月中央工作会议后，按照中央“调整、改革、整顿、提高”的方针，进行经济调查，并逐步开展了经济调整工作。1983年，城市经济体制改革全面展开，在部分企业中试行了当年利润承包。1984年，推行以简政放权，政企分开，理顺国家、企业和职工关系为主要目标的改革，从而在更大范围内实行了承包。1985年，市政府制定了《阳泉市关于贯彻落实〈山西省以增强企业活力为中心的经济体制改革方案〉的意见》，在全市范围内全面推行了企业承包经营责任制和厂长、经理负责制。1988年，为增强全市经济发展后劲，市委、市政府决定在“七五”期间上一批重点建设工程，成立了由市政府领导牵头，市经委、计委、人民银行等有关部门负责人参加的阳泉市重点工程指挥部，负责组织实施重点生产性建设项目和技术改造项目，当年开工的有2×50000千瓦机组电厂项目、5000吨电解铝技改项目、7500吨氯碱技改项目、3吨氧气顶吹转炉炼钢技改项目、4万吨硫酸技改项目。1988年至1990年，针对经济过热、通货膨胀等问题，积极稳妥地开展了深化改革和治理经济环境、整顿经济秩序工作，保持和促进了全市工业的稳步增长。1990年，全市工业总产值达到17.52亿元，含村及村以下工业产值27.54亿元，与1978年相比分别增长116.7%和196.72%，年均递增率分别为6.66%和9.49%。

二、农村经济

从1979年开始，贯彻中共中央关于农村改革的方针政策，到1983年11月，全市农村土地下放到户，普遍推行了以家庭联产承包责任制为主的多种形式的农业生产责任制，逐步建立了统一经营和分散经营相结合的双层经营体制，涌现出一批专业户和重点户。1984年撤销人民公社，恢复乡（镇）政权体制；同时适当延长土地承包期，扩大各项经营自主权。1985年改革农产品统购统销制度，组织农民创办了多种形式的合作经济组织，为农民提供系列或单项服务。从1988年开始全面进行蔬菜和副食品基地建设工作，先后筹资9000多万元，建起548个具备一定规模的蔬菜和副食品生产、加工基地，使全市的菜、肉、蛋、奶、鱼、果等自给率大幅度提高。与此同时，还根据地区优势，大力发展乡镇企业，使其逐步成为阳泉经济的“半壁江山”，推动了农村经济的迅速发展。1990年，全市农村经济总收入（按当年价格计算，下列各项同）达18.71亿元，比1978年增长9.2倍；农村居民人均纯收入684元，3个农村县区人均纯收入均达到600元以上；有3个镇农村经济总收入超亿元；有15个乡镇人均纯收入达到800元以上，占乡镇总数的26.32%；有90个村人均纯收入达1000元以上，占村总数的8.66%。

三、财金贸易

财政方面，1980年山西省对阳泉市实行“划分收支，分级包干”的财政体制，到1989年逐步调整为“收入递增包干”体制。与此同时，市对所属两县三区的财政体制也进行了相应的调整。到1988年，对郊区实行“定额上缴，超收全留”，对平定县、矿区实行“基数递增上缴，超收全留”，对盂县和城区实行“核定收支，总额分成”，克服了过去“统收统支”财政体制的弊端，进一步调动了各县区增收节支的积极性。金融方面，从1979年开始积极进行金融体制改革，到1988年初步建立了以中央银行为领导、专业银行为主体，多种金融机构并存和分工协作的金融体系；并对银行信用体系进行改革，加强和改善了金融宏观管理。贸易方面，20世纪80年代以后积极推行外贸体制改革，不断强化工贸结合，努力发展出口生产，大力开拓国际市场，到1990年除保证山西省出口供货外，先后与天津、北京、深圳、广州等14个省市的28个有自营出口权的口岸公司建立了业务往来。从1982年开始，供销社围绕疏理流通渠道、搞活经营、服务农业生产进行了全面体制改革。从1984年起，商业体制改革不断深化，省百货纺织品、五交化、副食品3个二级站按经济区下放归市，组建为市批发公司，理顺批发体制；并撤销了29个零售中心商店，建立了以自然门店为核算单位的新型零售商业体制。

四、城市建设

1980年至1983年制定了《阳泉市城市总体规划》(1987年7月省政府批准)。从1983年开始，以旧城改造为主要内容，努力加快城市建设步伐。到1990年，城市道路长度发展到88.39千米，自来水供水管道总长度150千米，城市居民人均住房面积达到7.76平方米，城市集中供热面积发展到15.5万平方米，城市煤气用户发展到35350户（占城市总户数的22%）。

五、教育科技

教育事业，1981年市政府下发《关于发展职业技术教育的实施细则》，有计划地调整教育结构，制定了发展职业教育的优惠政策，从1984年至1990年共创办职业中学35所。1984年兴办了山西矿业学院阳泉煤炭专科学校和阳泉职业大专班两所普通大专学校（班）。1984年至1990年全市教育经费逐年增长，国拨教育经费累计达1.62亿元，多渠道筹措教育资金累计达9345.7万元，扩建新建校舍320万平方米，购置维修课桌凳25万多套，增添了教学仪器、图书、文体器材116万多件（册），全市实现“三配套”的中小学校占总校数的83.5%。与此同时，市政府贯彻全国科技大会精神，制定了阳泉市科技发展规划，组织开展科研活动，加快科研成果的推广应用，取得显著的经济效益和社会效益。到1990年，全市科研机构发展到22所，1978年至1990年取得科研成果达900项。

第四节 “八五”至“十一五”时期施政纪略

1991年以后，特别是1992年邓小平南方谈话后，市政府按照社会主义市场经济体制要求，确立了加快发展的新思路，大力推进经济社会全面改革发展，全市经济社会发展取得辉煌成就。

一、工业经济和结构调整

市政府加快能源基地建设步伐，1991年至1999年，累计用于国有工业企业的固定资产投资达141.6亿元，年均增长15.6%，逐步建成和改造了南庄煤矿洗煤厂、河坡发电厂、阳泉铝业公司、氯碱厂、阳煤集团新景矿、阳泉二电厂等具有相当规模的工业企业，形成煤炭、电力、冶金、化工、机械、电子、建材、轻纺和食品等门类齐全、具有较强发展后劲的工业体

87.3%，提前4年实现地区生产总值翻两番的战略目标。“九五”后期，随着计划经济向市场经济的过渡，阳泉以能源原材料为主的产业结构矛盾成为制约经济发展的主要症结，工业生产在波动中发展，经济效益下滑。1998年，市政府抓住阳泉市成为全国优化资本结构试点城市的机遇，对有关企业进行兼并破产、减员增效，为企业减负4.33亿元。同时，制定实施了国有企业三年脱困的“386”攻坚计划，合理调整产业结构，充分发挥骨干企业的带头作用，使工业经济在困境中保持了一定增速，基本实现三年改革脱困目标。进入21世纪，市政府及时制定了《关于加快调整经济结构推进产业优化升级的实施意见》，以传统产业新型化和新兴产业规模化为思路，以经济结构战略性调整为主线，对三次产业实行整体性、升级性调整，稳一、强二、兴三产。工业结构调整以建设新型能源和新型材料基地为目标，着力培育煤电铝、陶瓷、磁材、特种耐火材料、新型建材五大产业群体。“十五”期间，全市累计投入50余亿元，实施重点工业调产项目80项，新增工业产值50亿元，带动全市GDP以年均12.03%的速度快速增长。进入“十一五”时期，面对国际金融危机的严重冲击，市政府按照“传统产业新型化、新兴产业规模化、支柱产业多元化”的思路，坚持以项目建设带动结构升级，促进城市转型。五年共实施各类重点项目430个，累计完成投资776.6亿元。40万吨氧化铝、奥伦胶带、龙川电厂等一批重点项目竣工投产；冀东400万吨水泥、吉天利蓄电池、藏山风景区等一批重点调产项目进展顺利。同时，推进煤炭资源整合和煤矿兼并重组，全市地方煤矿数量由158座减少到53座，年设计生产能力由3503万吨提高到4700万吨。“十一五”时期，全社会固定资产投资总额达到913亿元，比“十五”时期增长了3.5倍；全市生产总值由2005年的208.6亿元增长到2010年的429.4亿元，年均增幅达到10.8%。

二、农业和农村工作

20世纪90年代初，党中央作出推进农村小康建设的重大部署后，市政府随即出台《关于加快全市农村致富奔小康步伐的意见》，提出实施以小康建设为主体，以“两高一优”（高产、优质、高效）农业和乡镇企业为两翼的“一体两翼”战略，积极促进农村经济协调发展和农民共同富裕。同时，乡镇企业推行了以股份合作制为重点的产权制度改革，全市乡镇企业在“八五”时期进入发展高峰期。1995年，全市乡镇企业总产值达到109.66亿元，比1990年增长325%，带动全市农民人均纯收入4年时间翻了一番还多，达到1639元。在此基础上，以农业产业化、乡镇企业上档升级、村镇建设和扶贫攻坚为重点，加快建设高标准小康市的步伐，1997年，全市农村率先在全省整体达小康。进入21世纪，全市农村以全面建设小康社会和提高农民收入为主体，大力推进农业产业化、农村工业化和农村城镇化进程。2002年出台《进一步推进全市农业结构战略性调整的实施意见》，提出发展核桃经济林和畜牧业、实施退耕还林，大寨饮品、田园乳业、三来食品等一批龙头企业发展壮大，龙头带基地、基地带农户的农业产业化格局基本形成。乡镇企业进行了民营化改制，2005年，全市乡镇企业民营化率达到96.84%，营业收入在千万元以上的骨干企业有150多个。以平定县城、盂县县城和张庄镇、娘子关镇、南娄镇、路家村镇、荫营镇、河底镇等两城六镇为重点，投入建设资金10.1亿元，完成示范小城镇建设项目96个，城镇化率达到55.2%。同时开展文明生态村镇创建活动，到2005年，共建成高标准文明生态示范村100个。农村全部减免农业税，农民减负率达85%；贫困村由2000年的101个村、3.49万人减少到15个村、3061人。进入“十一五”时期，全面开展以发展新产业、建设新村镇、健全新保障、树立新风尚、培育新农民和创建好班子“五新一好”为主要目标的社会主义新农村建设。在稳定粮食生产的基础上，加快发展蔬菜、核桃、畜牧三大产业，农业产业化发展取得明显成效。2010年，全市农村经济总收入达到314亿元，比2005年增长41.5%；农民人均纯收入达到6560元，比2005年增长75%。高标准完成村通硬化路、村通广播电视、县乡村三级卫生服务、中小学校舍安全改造、农村安全饮水、新型农村养老保险、乡镇文化站建设、万村千乡市场工程“八个全覆盖”。307复线、新城大道、阳五高速市区到盂县段等一大批城乡基础设施重点工程建成并投入使用。

三、服务业

20世纪90年代，市政府在积极推进商贸流通体制改革的同时，加快市场设施建设，华联商厦、天元商厦、华龙超市、桥北商贸城、万通装饰市场、西河滩蔬菜批发市场、平定东升市场等一批大型商场和集贸市场相继建成运营。1999年，全市社会消费品零售总额完成31.95亿元，是1991年的2.56倍，年均递增14.4%。进入21世纪，市政府将加快服务业发展作为推进产业结构调整、拉动城乡消费、实现资源型城市转型的主攻方向之一，强力推进。把旅游业作为服务业发展的龙头，着力打造旅游品牌，加大娘子关、藏山、百团大战纪念馆、翠枫山等景区的规划和建设力度，三晋关隘文化、忠义历史文化、红色旅游和生态休闲健身等旅游品牌形象日益清晰；制定了城市商业网点规划和加快商贸流通服务业发展的实施意见，2006年启动了“12343”市场体系建设工程，“一条滨河商业带、两个可持续发展商圈、三个市级商业中心区、四类特色商业街、三大物流配送中心”的雏形显现；实施“万村千乡市场工程”，“便民连锁滨河世纪城、美隆国际商城等，全市商业设施、服务功能和服务水平进一步提升。以打造数字阳泉为目标，发展了电子政务、电子商务、电子教育、电子便民服务等。加强网络基础设施建设，实施中欧信息社会阳泉示范项目建设，完成市、县（区）、乡（镇）、村（社区）四级联网工程，邮电通信及社会信息化建设全面发展。2010年，全市服务业实现增加值167.5亿元，占地区生产总值的比重达到39%，移动电话普及率达99.85部/百人，互联网普及率达到45.7%。

四、城市建设

20世纪90年代，市政府按照城市总体规划进行了旧城改造和新区建设，先后拆迁改造了七一市场、新华东街、小阳泉旧区等，新建了康达小区、小阳泉住宅小区和日潭小区等，缓解了城市居民住房紧张状况，人均居住面积由1992年的6.6平方米提高到1999年的9.42平方米。加强城市基础设施建设，先后新建了泉中北路、南外环路、太旧高速公路、平定路、赛鱼路、荫营路等。1996年建成的太旧高速公路结束了境内无高速公路的历史。完成娘子关供水复线、煤气二期、集中供热、污水处理厂等市政建设项目，城市综合服务能力增强。以创建文明城市为契机，加强城市管理，1997年跨入山西省卫生城市行列。进入21世纪，针对建成区“两山夹一沟”的实际，提出“依山就势、错落有致、城在林中、林在城中”的山城规划建设新思路，大力实施“扩容提质”战略，加大基础设施建设力度。从2002年开始，实施“四个一批”“五级联网”公路建设工程，到2005年，共建设农村公路3843千米，建设改造县乡公路932千米，使村通水泥路率由2000年的20%提高到96%。在此基础上，“十一五”时期，加快“县县连高速路、乡乡铺沥青路、村村通水泥路、户户走硬化路”的建设步伐。先后开工建设阳五高速、西环高速、太阳高速；新建改建307国道复线、214省道运煤专线、漾泉大道等干线路网道路；实施南外环路大修、平坦立交桥改造、新建宏成大桥等城市道路建设工程。2010年，阳五高速阳盂段建成通车，实现县县通高速目标；农村公路通车里程达到4844千米，通达通畅率达到100%，在全省率先实现村村通水泥（油）路全覆盖；城市道路达到423.4千米，基本形成以“两纵两横一循环”的高速公路网为依托，国、省干线为主骨架，省、市、县、乡、村五级纵横交错的公路网络。大规模的公路建设，拉大了城市框架。2010年，建成区面积达到51.48平方千米，较“十五”期末增加8.49平方千米；城镇化率达到60%，较“十五”期末增加4.8个百分点；实施了七期热电联供工程、城市煤气和天然气管道输送、3座输变电工程等一批水电气暖配套设施建设，城市供水普及率达到100%，燃气用气普及率达到91.65%，集中供热普及率达到90%，城市功能更加完善。

五、生态治理和环境保护

阳泉作为老工业城市，环境污染严重、生态建设欠账较多的问题十分突出。2005年，被列为国家环保总局重点监控的全国113个大气严重污染城市第二位。为切实扭转环境问题上的被动局面，市政府提出实施“绿色矿城”战略，大力推动工矿型城市向宜居城市转型。从2006年起，陆续启动了国家园林城市、卫生城市、森林城市、环保模范城市创建工作。5年共完成各类造林56.3万亩（3.75万公顷），全市森林覆盖率达到25.94%，建成区绿化覆盖率达到39.75%，较“十五”期末提高10.95个百分点。同时，全力打好“电厂脱硫、煤矸石山治理、扬尘污染治理、水源地保护、市区污染企业治理搬迁、环境综合整治”环保攻坚战，累计投入3亿元，全面完成26座、4300亩（286.7公顷）矸山综合治理任务。大力实施热电联产、燃气管网改造、城乡环境卫生清洁等一批环保工程，落实资源综合利用政策，以煤矸石、煤层气、粉煤灰等综合利用为重点，积极发展循环经济，取得显著成效。继2006年退出全国污染严重“黑三甲”城市行列后，2010年市区二级以上天数由2005年的225天增加到348天，空气污染指数由4.68下降到1.88，率先在全省实现县县空气质量达二级的目标。城市生活垃圾无害化处理率达到100%，环境保护取得显著成效，城乡环境面貌明显改善。

六、改革开放

1991年以后，市政府坚持对内搞活经济、对外实行开放的方针。在农村，通过深化农村经济体制改革，推行家庭联产承包责任制，延长土地承包期，不断完善统分结合的双层经营体制，建立土地使用流转制度，切实减轻农民负担，坚决推行农村股份合作制，大力发展规模化、产业化、社会化现代农业，加快了农业产业化进程。在城市，围绕改革政府职能和管理手段、增强企业活力、完善所有制结构、培育社会主义市场体系等开展了改革。积极推进国有企业改革，从放权让利、政策调整向抓大放小、转换机制和实行公司制、股份制方向深化，建立现代企业制度，实现了体制和机制的改革与创新。不断推进市场体系改革，原有的商品市场得到完善，新的市场体系如资本市场、劳务市场、信息市场、科技市场等在探索中逐步建立并发展壮大。同时形成以公有制为主体、多种所有制经济共同发展的格局；实现分配制度改革，形成按劳分配为主体、多种分配方式并存的分配体制。稳步推进党政机构改革、事业单位改革，在全省率先成立行政审批服务中心、会计核算中心和城市行政综合执法机构，促进了党政机关职能转变。集体林权制度、医药卫生体制、县乡财政管理体制等方面的改革迈出实质性步伐。1992年，市[illegible]起，开始了真正意义上的对外贸易。1995年，提出“大开放、大经贸、大外经”的思路，组织参加了大阪、东京国际商务大会和广交会等对外经贸活动，外商客户扩展到美、日、韩等18个国家的50多家企业。1996年，举办了全市首届招商活动月活动，对外开放势头不断扩大。至1999年，先后与国内外18个城市结为友好城市，与28个国家和地区建立经贸关系。1992年至1999年，全市综合利用外资1.58亿美元，是1992年的9.5倍；累计兴办“三资”企业92家；外贸进出口总额累计1.13亿美元，获得自营进出口权的企业增加到21家。进入21世纪，顺应中国加入世贸组织的新形势，实施“大开放”战略，“十五”期间，实际利用外资年均增长91.6%。2006年，制定出台《关于进一步扩大对外开放的决定》和《关于进一步改善投资环境加强招商引资的实施办法》，实施“借力发展”战略。先后在上海、广州、深圳、厦门、重庆建立招商引资工作联络站，积极参加“中博会”“西洽会”“东盟博览会”等大型招商活动，举办了重点工程项目北京、上海和深圳推介会等活动。“十一五”期间，全市利用外资总额达到373亿元，是“十五”时期的12.6倍；对外贸易额达到7.35亿美元，是“十五”时期的2.4倍；德国西格里、沃尔玛、中国建筑总公司、华润集团等500强企业陆续落户阳泉。

七、社会事业

科技事业，20世纪90年代中期，市政府实施“科教兴市、人才强市”战略，相继出台科技兴市、促进民营科技企业发展、科技进步奖励办法等一系列政策措施。政府投入逐年递增，科技队伍进一步壮大，科研水平不断提高。1994年，被国家科委命名为国家级星火密集区。为适应高新技术发展需要，2003年成立全省首家科技型中小企业信用担保中心，为全市科技型中小企业累计担保贷款近1亿元。2006年，市政府提出建设创新型城市的战略，先后出台《关于建设创新型城市的意见》《阳泉市建设省级科技示范区实施意见》等10多个针对科技创新的具体措施。5年间，政府累计投入资金1.95亿元，实施市级以上科技项目598项。开工建成科技大厦和全省首个市级高新技术创业园区。先后投入近60万元重奖科技人才和科技型企业家18名。专利申请数量由2006年的75件增长到2010年的406件，入选“国家知识产权试点市”。围绕传统企业升级改造和培育新兴产业，积极开展京晋科技合作，先后与中科院、清华大学、北京农林科学院等省内外28所高校院所、200多名行业专家建立合作关系，实施产学研项目30多项，在耐火材料工艺改革、蓄电池、生物复合肥等领域取得一系列科技成果。2010年，全市规模以上工业企业普遍建立了技术研发机构，建成国家级企业技术中心1家、省级企业技术中心6家、省级工程技术研究中心1家、博士后科研工作站1家、市级企业技术中心29家。培育高新技术企业 42 家，民营科技型企业达到 52 家，科技对经济社会发展的支撑和引领作用不断强化，科技综合实力显著提升。教育事业，1992 年以后，全市以实施“基本普及九年义务教育，基本扫除青壮年文盲”（以下简称“两基”）为重点，把普及九年义务教育作为科教兴市的突破点。1995 年成为全省第一个实现“两基”达标的地市。1996 年出台《关于进一步实施素质教育的意见》，大力推进素质教育，1997 年成为全省唯一的素质教育实验市。2006 年，加快义务教育标准化建设步伐，全面落实城乡义务教育政策，努力提高“普及九年义务教育”水平；支持发展职业学校教育和对贫困生的补助，加快示范高中、师范专科学校等教育重点工程建设。2008 年，小学适龄儿童入学率达到 100%，初中阶段入学率达到 99.6%，残疾儿童少年入学率达到 98%，成为全省第一家整体实现高标准“普及九年义务教育”达标地市。2010 年，全市学前教育普及率达到 90.8%；高中阶段毛入学率达到 93.2%，基本普及高中阶段教育；普通教育与职业教育比例达到 1∶0.9。同年 5 月，阳泉师范高等专科学校成立，结束了阳泉市没有市属普通高等院校的历史。全市高等教育毛入学率达到 27%。2010 年，全市共有各级各类学校 487 所，在校学生 20.8 万人；专任教师 1.4 万人，本科及以上学历 8078 人。全市基本建立起学前教育、义务教育、高中阶段教育、成人教育和高等教育布局合理、结构优化、协调发展的现代国民教育体系，实现了各级各类教育的均衡、协调发展。文化事业，1991 年以后，通过加强公共文化基础设施建设和实施重点文化惠民工程，全市公共文化服务体系基本形成。2007 年建成阳泉文化中心。到 2010 年，建成乡镇综合文化站 32 个，在全省率先实现“全覆盖”；建成农村文化活动室 910 个；全市 83 个社区全部建立了文化活动中心；农村电影放映在全省率先实现“一村一月一场”目标；广播电视综合人口覆盖率为 100%。全市有 4 处国家级、7 处省级、19 处市级、140 处县级重点文物保护单位，有全国历史文化名镇、名村各 1 处，有 1 个国家级、10 个省级非物质文化遗产保护项目，市级保护项目 12 个。卫生事业，1991 年以后，市政府加快卫生事业发展。相继建立市中医医院、盂县中医医院、平定县中医医院、市妇幼保健院、市肿瘤研究所、市药品检验所等医疗机构。1996 年，全市医疗机构通过科学严格的管理，43 所医院达到不同等级标准。1997 年起，进一步完善和强化疾病预防控制、医疗救治、卫生监督三大体系。2003 年“非典”之后，投资 8000 多万元对市、县（区）疾控中心和传染病区进行改、扩、新建，成立市紧急医疗救援中心，在应对“非典”、禽流感、甲型 H1N1 流感及重大事故和灾害中发挥了重要作用。同时，高度重视农村卫生工作，投资 4475.88 万元，对乡、村卫生机构进行改扩建。以县区医院为龙头，32 个乡镇卫生院与 15 个分院及 820 个村卫生所，覆盖

[illegible]卫生技术人员 9133 人，床位 7017 张

卫生事业的快速发展保障了人民群众的健康，全市人口平均预期寿命从改革开放前的67.64岁提高到73.2岁，高于全国平均水平。体育事业，1991年以后，市政府加快体育公共设施建设。2010年，全市共有各级各类体育场地1210个，人均体育场地面积达到1.13平方米。开展全民健身活动，常年参加体育锻炼的人数占到总人口的39.2%。体育组织从单一的“广播体操”发展到拥有18个单项协会。1998年以后，阳泉运动员参加国家级重大比赛共获得96个冠军。同时，通过制定实施扶持措施，积极发展体育产业，全市初步形成体育彩票、体育竞赛（表演）、体育健身、体育器材服装销售为主的体育产业模式。

八、人民生活

20世纪90年代以后，市政府为确保改革开放顺利推进，从解决民生问题入手，努力做好就业和社会保障工作。从1998年开始，按照党中央、国务院“鼓励兼并、规范破产、下岗分流、实施再就业工程”的方针，政府开始实施下岗职工和失业人员再就业培训计划。几年间，通过强化再就业目标责任制，落实再就业扶持政策，实施再就业援助行动，增设环境保洁、社区保安、社区服务等项目安置就业，取得较好效果。到2005年，全市下岗职工并轨率达到100%，全市国有企业下岗职工基本生活保障制度向失业保险制度并轨工作基本完成。2007年，以创建国家级创业型城市为契机，先后出台关于加强就业工作、促进高校毕业生就业、做好农民工就业、促进创业带动就业等方面的综合性文件，并制定了贯彻实施的具体办法和配套政策，为全市稳定就业和促进创业提供了政策保障。同时积极筹措就业资金保障政策落实，2007年至2010年共筹集就业资金5.03亿元，使用4.82亿元，实施“五缓四降三补贴”政策减轻企业负担1.23亿元，对稳定就业发挥了作用。2010年，全市就业人员63.26万人，其中，城镇就业人员23.74万人，登记失业率3.78%。全市新型农村社会养老保险覆盖人群达到33．2万人，阳泉成为全省首个实现新农保全覆盖的地市。医疗保障方面，先后建立了城镇职工基本医疗保险制度、城镇居民基本医疗保险制度和新型农村合作医疗制度。2010年，全市城镇基本社会保险覆盖率达到90.05%，其中，养老、医疗、失业保险覆盖率分别达到92.3%、92.84%和85%。加大保障性住房建设力度，通过建设廉租住房、经济适用住房、棚户区改造、采煤沉陷区治理和农村危房改造等，着力解决全市中低收入家庭住房问题。2010年，城镇、农村居民人均住宅建筑面积分别达到30平方米和27.1平方米，较2005年分别增加10.59平方米和4.88平方米。城镇居民人均可支配收入达到17084元，是2005年的1.9倍；农民人均纯收入6560元，是2005年的1.8倍。群众消费档次逐步提升，消费领域进一步拓宽，城乡居民生活质量稳步提高。

阳泉市志

YANGQUANSHIZHI

[中 册]

第十八编

人民政协

民国 36 年（1947）5 月 4 日，阳泉市建立。民国 38 年 9 月，阳泉市改为阳泉工矿区；同月，阳泉工矿区首届一次各界人民代表会议召开，其既有人民代表大会的职能，又兼有人民政治协商会议的职能。1952 年 3 月，恢复阳泉市建制。1954 年 6 月，阳泉市第一届第一次人民代表大会召开后，人民代表大会和政治协商会议两种职能分离。1955 年 4 月，中国人民政治协商会议山西省阳泉市委员会正式成立。到“文化大革命”开始的 1966 年 5 月，市政协按照自身职能，在社会主义改造和建设中发挥了重要作用。“文化大革命”期间，政协工作陷于停顿。

1978 年 12 月中共十一届三中全会召开后，政协工作逐步恢复。到 1986 年 6 月，市、县（区）两级政协机构全部恢复或建立，政协工作进入全新时期。数十年来，市、县（区）人民政协认真贯彻落实中国共产党的路线、方针、政策，紧紧围绕事关发展大局和社会各界关注的重大问题与重要工作，开展调查研究，撰写调研报告，积极办理提案，发挥了人民政协协调关系、汇聚力量、建言献策、参政议政的重要作用，为全市经济建设和社会发展作出了积极贡献。

第一章 组织机构

第一节 各界人民代表会议组织机构

民国38年（1949）9月26日至29日，阳泉工矿区第一届第一次各界人民代表会议召开，阳泉工矿区各界人民代表会议正式成立。1950年9月10日至12日，第一届第四次各界人民代表会议召开，选举产生各界人民代表会议常务委员会，作为各界人民代表会议闭会期间的常设机关。1952年6月遵照省政府通知，阳泉工矿区各界人民代表会议常务委员会改称阳泉市各界人民代表会议协商委员会，它既是各界人民代表会议的常务机构，又是各界人士进行政治协商的统一战线组织。各界人民代表会议及其常务委员会（协商委员会），是建国初期人民政府联系群众的桥梁，起到了广泛听取各界人民意见和协商政务的作用。

第二节 政治协商会议组织机构

1955年4月，中共阳泉市委根据《中国人民政治协商会议章程》的规定，开始筹备建立中国人民政治协商会议山西省阳泉市委员会（以下简称市政协）。经过与各民主党派、各人民团体及各界无党派民主人士协商，并经阳泉市各界人民代表会议协商委员会扩大会议通过，产生政协委员39名。当月9日至11日举行市政协第一届委员会第一次会议，市政协正式成立。从此，阳泉市有了固定的统一战线组织形式。随即，第一届委员会第一次常委会议决定设立学习委员会。市政协机关由5人组成。至1966年，市政协共历经5届，召开8次全体会议。

“文化大革命”期间，阳泉市政协工作陷于停顿。中共十一届三中全会后，经过一系列拨乱反正和正本清源工作，于1980年11月市政协召开五届十九次常委会议，正式恢复工作，市政协机关设秘书处。为适应新时期政协工作的需要，1984年3月市政协召开六届十次常委（扩大）会议，讨论通过市政协机关“一厅四室”（办公厅、文史资料办公室、工作组办公室、学习委员会办公室、提案联络办公室）的机构设置。同年5月3日，市政协召开3个委员会和11个工作组成立大会，成立学习委员会、提案工作委员会、文史资料研究委员会和祖国统一工作组、教育工作组、科学技术工作组、农业工作组、工交工作组、财贸工作组、城乡建设工作组、妇女工作组、文化体育工作组、医药卫生工作组、民族宗教工作组。1987年将祖国统一工作组改成祖国统一工作委员会，同时又增设政法工作组。1989年2月，市政协第七届常委会第七次会议决定，将市政协的11个工作组和4个委员会改设为8个专门委员会，即学习委员会、提案委员会、文史资料委员会、经济技术委员会、科教文卫委员会、法治委员会、联络委员会、“三胞”（台湾同胞、港澳同胞、海外侨胞）联谊委员会。到1990年，市政协机关的机构设置为“一厅”（办公厅）和上述“八委”，工作人员增至33名；市政协委员会共召开7届、19次会议。1990年4月召开七届四次会议时，市政协委员总数225名，其中中共党员90名，占委员总数的40%；各民主党派、无党派人士135名，占60%；具有大专以上文化程度的占47.11%。

人大政协办公楼

2001年12月，根据中央、省、市机构改革要求，市政协机关的机构设置为“一厅一室六委”（办公厅、研究室、提案委员会、经济科技委员会、农村委员会、文教委员会、社会法治和联络委员会、学习和文史委员会），人员编制28人。2007年5月将经济科技委员会更名为经济委员会、文教委员会更名为教科文卫体委员会、社会法治和联络委员会更名为社会法治委员会。2007年5月，市政协十一届一次会议委员总数292名，其中中共党员117名，占委员总数的40%；各民主党派、无党派人士175名，占60%；具有大专以上文化程度的占94%。至2010年，市政协机构和人员编制无变化。

第三节 历任领导

1955年4月，政协阳泉市委员会正式成立。至2010年12月，市政协共历经11届委员会。按照法定程序，每一届政协委员会第一次全体会议均选举产生主席、副主席、秘书长和常务委员，个别因工作调动、年龄等原因造成空缺的，由政协全体会议增选产生。政协阳泉市委员会历届主席、副主席依届期列表如下。

1955年4月至2010年12月政协阳泉市委员会领导人名表

表-18-1

届期	职务	姓名	籍贯	政治面貌	任职时间	备注
政协阳泉市第一届委员会（1955.4—1957.6）	主席	李玉田	山西武乡	中共党员	1955.4—1957.6	一届一次会议当选，兼
	副主席	王　恭	山西阳泉	无党派人士	1955.4—1957.6	一届一次会议当选
		董　洪	山西繁峙	中共党员	1955.4—1957.6	一届一次会议当选
		刘德恩	山西昔阳	中共党员	1956.5—1957.6	一届二次会议增选
		高荣钾	河北交河	民建会员	1956.5—1957.6	一届二次会议增选
政协阳泉市第二届委员会（1957.6—1959.10）	主席	李玉田	山西武乡	中共党员	1957.6—1959.10	二届一次会议当选，兼
	副主席	王　恭	山西阳泉	无党派人士	1957.6—1959.10	二届一次会议当选
		林一新	山西平定	中共党员	1957.6—1959.10	二届一次会议当选

续表-18-1

届期	职务	姓名	籍贯	政治面貌	任职时间	备注
	副主席	刘德恩	山西昔阳	中共党员	1957.6—1959.10	二届一次会议当选
		商子和	山西阳泉	民盟盟员	1957.6—1959.10	二届一次会议当选
政协阳泉市第三届委员会（1959.10—1963.8）	主席	李玉田	山西武乡	中共党员	1959.10—1963.8	三届一次会议当选，兼
	副主席	王　恭	山西阳泉	无党派人士	1959.10—1963.8	三届一次会议当选
		商子和	山西阳泉	民盟盟员	1959.10—1963.8	三届一次会议当选
		许　坚	山西翼城	中共党员	1959.10—1963.8	三届一次会议当选
		董　洪	山西繁峙	中共党员	1959.10—1963.8	三届一次会议当选
政协阳泉市第四届委员会（1963.8—1965.10）	主席	郭星来	山西武乡	中共党员	1963.8—1965.10	四届一次会议当选，兼
	副主席	王　恭	山西阳泉	无党派人士	1963.8—1965.10	四届一次会议当选
		林一新	山西平定	中共党员	1963.8—1965.10	四届一次会议当选
		商子和	山西阳泉	民盟盟员	1963.8—1965.10	四届一次会议当选
政协阳泉市第五届委员会（1965.10—1967.1）（1980.11—1982.7）	主席	郭星来	山西武乡	中共党员	1965.10—1967.1	五届一次会议当选，兼
	副主席	王　恭	山西阳泉	无党派人士	1965.10—1967.1	五届一次会议当选
		林一新	山西平定	中共党员	1965.10—1967.1	五届一次会议当选
		商子和	山西阳泉	民盟盟员	1965.10—1967.1 1980.11—1982.7	五届一次会议当选
		甄林昭	山西阳泉	中共党员	1965.10—1967.1	五届一次会议当选
		侯有智	山西左权	中共党员	1980.11—1982.7	五届十九次常委会增选
		焦剑心	河北平山	中共党员	1980.11—1982.7	五届十九次常委会增选
政协阳泉市第六届委员会（1982.7—1987.12）	主席	焦剑心	河北平山	中共党员	1982.7—1983.11	六届一次会议当选
		郭　力	山西潞城	中共党员	1983.12—1987.12	六届三次会议补选
	副主席	胡之江	广东汕头	中共党员	1982.7—1983.11	六届一次会议当选
		马如彪	山东单县	中共党员	1982.7—1983.11	六届一次会议当选
		许　坚	山西翼城	中共党员	1982.7—1983.11	六届一次会议当选
		孙建成	山西太原	中共党员	1982.7—1983.11	六届一次会议当选

续表 -18-1

届期	职务	姓名	籍贯	政治面貌	任职时间	备注
政协阳泉市第六届委员会（1982.7—1987.12）	副主席	尤坤南	广东陆丰	无党派人士	1982.7—1984.9	六届一次会议当选
		梅汉文	河北井陉	九三学社社员	1982.7—1987.12	六届一次会议当选
		韩效仁	山西盂县	中共党员	1983.12—1987.12	六届三次会议补选
		王　敏	山西五台	中共党员	1983.12—1987.12	六届三次会议补选
		商子和	山西阳泉	民盟盟员	1983.12—1987.12	六届三次会议补选
		刘伯文	台湾宜兰	民革党员	1983.12—1987.12	六届三次会议补选
		潘金成	福建永春	无党派人士	1983.12—1987.12	六届五次会议补选
		高东升	山西文水	中共党员	1986.4—1987.12	六届六次会议增选
政协阳泉市第七届委员会（1987.12—1992.6）	主　席	郭　力	山西潞城	中共党员	1987.12—1992.6	七届一次会议当选
	副主席	高东升	山西文水	中共党员	1987.12—1992.6	七届一次会议当选
		梅汉文	河北井陉	九三学社社员	1987.12—1992.6	七届一次会议当选，兼
		潘金成	福建永春	无党派人士	1987.12—1992.6	七届一次会议当选
		张鸿仁	天津市	中共党员	1987.12—1992.6	七届一次会议当选，兼
		赵文华	河北永清	无党派人士	1987.12—1992.6	七届一次会议当选，兼
		张耀增	北京市	民革党员	1987.12—1992.6	七届一次会议当选，兼
		刘芝田	山西平定	中共党员	1989.5—1992.6	七届三次会议增选
政协阳泉市第八届委员会（1992.6—1997.4）	主　席	李希曾	山西左权	中共党员	1992.6—1997.4	八届一次会议当选
	副主席	胡善瑜	山西盂县	中共党员	1992.6—1997.4	八届一次会议当选
		赵文华	河北永清	无党派人士	1992.6—1997.4	八届一次会议当选，兼
		张耀增	北京市	民革党员	1992.6—1997.4	八届一次会议当选，兼
		侯宽春	山西平定	中共党员	1992.6—1997.4	八届一次会议当选，兼
		朱礼厚（女）	江苏太仓	无党派人士	1992.6—1997.4	八届一次会议当选，兼
政协阳泉市第九届委员会（1997.4—2002.3）	主　席	李希曾	山西左权	中共党员	1997.4—2000.4	九届一次会议当选
		丁贵生	山西壶关	中共党员	2000.4—2002.3	九届四次会议增选

续表 -18-1

届期	职务	姓名	籍贯	政治面貌	任职时间	备注
政协阳泉市第九届委员会（1997.4—2002.3）	副主席	胡善瑜	山西盂县	中共党员	1997.4—2002.3	九届一次会议当选
		赵文华	河北永清	无党派人士	1997.4—2000.4	九届一次会议当选，兼
		朱礼厚（女）	江苏太仓	无党派人士	1997.4—1998.4	九届一次会议当选，兼
		史吉文	阳泉郊区	中共党员	1997.4—2002.3	九届一次会议当选
		李儒泉	山西寿阳	中共党员	1997.4—2002.3	九届一次会议当选
		张云翔	山西平定	民革党员	1997.4—2002.3	九届一次会议当选，兼
		李玄如	山西原平	无党派人士	1997.4—2002.3	九届一次会议当选，兼
		朱纯国	湖南澧县	无党派人士	2000.4—2002.3	九届四次会议增选，兼
政协阳泉市第十届委员会（2002.3—2007.5）	主席	宋林岭	山西平遥	中共党员	2002.3—2007.5	十届一次会议当选
	副主席	鲁宏成	山西阳高	中共党员	2002.3—2004.4	十届一次会议当选
		徐来（女）	上海市	无党派人士	2002.3—2007.5	十届一次会议当选，兼
		张云翔	山西平定	民革党员	2002.3—2007.5	十届一次会议当选，兼
		李玄如	山西原平	无党派人士	2002.3—2007.5	十届一次会议当选，兼
		朱纯国	湖南澧县	无党派人士	2002.3—2007.5	十届一次会议当选，兼
		李晴海	阳泉郊区	中共党员	2002.3—2007.5	十届一次会议当选
		陈保京（女）	河北石家庄	中共党员	2002.3—2007.5	十届一次会议当选
		李裕厚	山西盂县	中共党员	2004.4—2007.5	十届三次会议增选
政协阳泉市第十一届委员会（2007.5— ）	主席	刘高官	山西山阴	中共党员	2007.5—	十一届一次会议当选
	副主席	李裕厚	山西盂县	中共党员	2007.5—	十一届一次会议当选
		马文建	山西沁源	中共党员	2007.5—	十一届一次会议当选
		王振国	山西寿阳	中共党员	2007.5—2010.5	十一届一次会议当选
		许文珍	山西盂县	无党派人士	2007.5—	十一届一次会议当选，兼
		赵永红（女）	山西平定	民盟盟员	2007.5—	十一届一次会议当选，兼
		李天祥	山西定襄	九三学社社员	2007.5—	十一届一次会议当选，兼
		任衍钢	山东济宁	民进会员	2007.5—	十一届一次会议当选，兼

第二章 政协全体会议

第一节　委员构成

按照《中国人民政治协商会议章程》规定，政协阳泉市委员会由中国共产党、各民主党派、无党派人士、人民团体、各少数民族和各界的代表，以及特别邀请的人士组成，设若干界别。政协委员经提名推荐、协商确定建议名单、审议通过、公布程序产生。

政协阳泉市第一届委员会（1955.4—1957.6），有委员39名，代表16个界别。其中，中国共产党3名、中国新民主主义青年团1名、工会联合会4名、农民手工业2名、民主妇女联合会2名、民主青年联合会1名、合作社1名、工商业联合会3名、工商技术界3名、教育界3名、医药卫生界2名、对外和平友好团体1名、戏剧界1名、华侨1名、少数民族1名、特别邀请人士10名。

政协阳泉市第二届委员会（1957.6—1959.10），有委员63名，代表18个界别。其中，中国共产党4名、中国民主同盟2名、中国共产主义青年团1名、工会联合会5名、农民3名、民主妇女联合会2名、民主青年联合会1名、合作社3名、工商联4名、科学团体1名、中苏友协1名、工程技术界4名、教育界4名、医药卫生界4名、戏剧界2名、少数民族3名、归侨2名、特别邀请人士17名。

政协阳泉市第三届委员会（1959.10—1963.8），有委员118名，代表19个界别。其中，中国共产党7名、中国民主同盟2名、无党派人士3名、中国共产主义青年团3名、总工会8名、农民5名、妇女联合会4名、青年联合会2名、手工业合作社3名、工商业联合会7名、文艺界6名、科学技术协会7名、教育界6名、新闻界2名、医药卫生界7名、中苏友协1名、少数民族3名、归侨2名、特别邀请人士40名。

政协阳泉市第四届委员会（1963.8—1965.10），有委员95名，代表20个界别。其中，中国共产党7名、中国民主同盟2名、无党派人士2名、中国共产主义青年团2名、总工会7名、农民5名、妇女联合会5名、青年联合会2名、手工业4名、工商界6名、工程技术界7名、文艺界4名、教育界5名、医务界5名、供销社3名、少数民族1名、宗教界1名、中苏友协1名、归侨2名、特别邀请人士24名。

政协阳泉市第五届委员会（1965.10—1967.1、1980.11—1982.7），有委员95名，代表20个界别。其中，中国共产党7名、中国民主同盟2名、无党派人士2名、中国共产主义青年团2名、总工会7名、农民5名、妇女联合会5名、青年联合会2名、手工业4名、工商界6名、工程技术界7名、文艺界4名、教育界5名、医务界5名、供销社3名、少数民族1名、宗教界1名、中苏友协1名、归侨2名、特别邀请人士24名。

政协阳泉市第六届委员会（1982.7—1987.12），有委员103名，代表18个界别。其中，中国共产党9名、中国民主同盟3名、无党派人士2名、中国共产主义青年团3名、青年联合会2名、总工会7名、妇女联合会6名、农民5名、文学艺术界4名、科技界9名、教育界6名、医药卫生界6名、新闻界2名、体育界1名、少数民族2名、归侨2名、宗教界1名、特别邀请人士33名。

政协阳泉市第七届委员会（1987.12—1992.6），有委员197名，代表25个界别。其中，中国共产党11名、中国国民党革命委员会6名、中国民主同盟8名、中国民主建国会6名、中国民主促进会7名、无党派爱国人士4名、中国农工民主党4名、九三学社2名、中国共产主义青年团4名、总工会8名、妇女联合会7名、青年联合会2名、工商业联合会6名、文化艺术界10名、科学技术界30名、社会科学界12名、农林界7名、教育界15名、医药卫生界12名、体育界3名、新闻界3名、少数民族5名、归国华侨4名、宗教界3名、特别邀请人士18名。

政协阳泉市第八届委员会（1992.6—1997.4），有委员234名，代表27个界别。其中，中国共产党13名、中国国民党革命委员会阳泉市委员会4名、中国民主同盟阳泉市委员会7名、中国民主建国会阳泉市委员会6名、中国民主促进会阳泉市委员会8名、中国农工民主党阳泉市委员会7名、九三学社阳泉市委员会4名、无党派爱国人士5名、中国共产主义青年团阳泉市委员会5名、阳泉市总工会8名、阳泉市妇女联合会7名、阳泉市青年联合会3名、阳泉市工商业联合会6名、阳泉市归国华侨联合会4名、阳泉市科学技术协会6名、文化艺术界13名、科学技术界29名、社会科学界10名、农林界12名、教育界20名、体育界4名、新闻界5名、医药卫生界14名、对外友好团体2名、少数民族6名、宗教界2名、特别邀请人士24名。

政协阳泉市第九届委员会（1997.4—2002.3），有委员260名，代表28个界别。其中，中国共产党14名、中国国民党革命委员会阳泉市委员会7名、中国民主同盟阳泉市委员会8名、中国民主建国会阳泉市委员会7名、中国民主促进会阳泉市委员会8名、中国农工民主党阳泉市委员会7名、九三学社阳泉市委员会5名、无党派民主人士5名、阳泉市总工会8名、中国共产主义青年团阳泉市委员会5名、阳泉市妇女联合会7名、阳泉市青年联合会3名、阳泉市工商业联合会8名、文化艺术界12名、科学技术界20名、阳泉市科学技术协会5名、社会科学界6名、经济企业界27名、农林界13名、教育界18名、体育界4名、新闻界4名、医药卫生界14名、对外友好团体2名、少数民族5名、阳泉市归国华侨联合会4名、宗教界4名、特别邀请人士30名。

政协阳泉市第十届委员会（2002.3—2007.5），有委员280名，代表28个界别。其中，中国共产党16名、中国国民党革命委员会阳泉市委员会7名、中国民主同盟阳泉市委员会8名、中国民主建国会阳泉市委员会7名、中国民主促进会阳泉市委员会8名、中国农工民主党阳泉市委员会7名、九三学社阳泉市委员会6名、无党派人士6名、阳泉市总工会8名、中国共产主义青年团阳泉市委员会5名、阳泉市妇女联合会7名、阳泉市青年联合会3名、阳泉市工商业联合会8名、文化艺术界12名、科技界20名、阳泉市科学技术协会5名、社会科学界8名、经济企业界34名、农林界15名、教育界18名、体育界4名、新闻界4名、医药卫生界14名、对外友好团体3名、少数民族5名、阳泉市归国华侨联合会4名、宗教界4名、特别邀请人士34名。

政协阳泉市第十一届委员会（2007.5— ），有委员292名，代表29个界别。其中，中国共产党20名、中国国民党革命委员会阳泉市委员会7名、中国民主同盟阳泉市委员会8名、中国民主建国会阳泉市委员会7名、中国民主促进会阳泉市委员会8名、中国农工民主党阳泉市委员会7名、九三学社阳泉市委员会7名、无党派人士7名、阳泉市总工会8名、中国共产主义青年团阳泉市委员会5名、阳泉市妇女联合会7名、阳泉市青年联合会3名、阳泉市工商业联合会7名、阳泉市科学技术协会5名、文化艺术界11名、科学技术界18名、社会科学界9名、经济企业界41名、农林界16名、教育界16名、体育界3名、新闻界4名、医药卫生界12名、对外友好团体4名、社会福利界3名、少数民族4名、阳泉市归国华侨联合会5名、宗教界4名、特别邀请人士36名。

第二节　历届会议

一、各界人民代表会议

各界人民代表会议既有人民代表大会的职能，又兼有人民政治协商会议的职能。从民国38年（1949）9月至1955年4月，阳泉工矿区（市）各界人民代表会议共历经3届，召开15次会议。

阳泉工矿区第一届各界人民代表会议　自民国38年（1949）9月至1951年8月。共举行会议6次，审议议题14项，听取审议报告8个，选举产生工矿区各界人民代表会议常务委员会组成人员。在1950年9月举行的第四次会议上，选举王金林为各界人民代表会议常务委员会主席。

阳泉工矿区第二届各界人民代表会议　自1951年8月至1952年9月。共举行会议2次，审议议题10项，听取审议报告5个，通过决议3项，选举产生工矿区人民政府和各界人民代表会议常务委员会组成人员。在1951年8月举行的第一次会议上，选举李建标为阳泉工矿区人民政府主任，选举史星三为各界人民代表会议常务委员会主席。

阳泉市第三届各界人民代表会议　自1952年9月至1955年4月。共举行会议7次，审议议题21项，听取审议报告17个，通过决议11项，选举产生市人民政府和各界人民代表会议协商委员会组成人员。在1952年9月举行的第一次会议上，选举康洛为市人民政府市长，选举谢子和为市各界人民代表会议协商委员会主席。

二、政协全体会议

政协阳泉市第一届委员会　自1955年4月始，1957年6月止，召开全体会议2次。

第一次全体会议于1955年4月9日至11日召开。应出席委员39名，实出席35名。会议听取了李玉田作的《关于目前形势与1955年度政协任务》的报告和王恭作的《阳泉市协商委员会四年来的工作总结》的报告；会议选举李玉田为市政协主席，王恭、董洪为市政协副主席，董洪兼任市政协秘书长。会议选举10名委员为市政协一届委员会常务委员。会议通过《关于1955年工作任务的决议》。

第二次全体会议于1956年5月17日至19日召开。应出席委员58名，实出席58名，列席人员30名。会议听取和讨论了中共阳泉市委书记、市政协主席李玉田传达的毛泽东在中共中央政治局扩大会议上的报告；学习和讨论了周恩来在全国政协第二届委员会第二次会议上的政治报告；听取了市政协副主席董洪传达的政协山西省第一届委员会第二次全体会议精神；听取和审议了市政协副主席王恭所作的《常务委员会的工作报告》及《提案审查的报告》，通过相应决议。会议增选4名常务委员和2名副主席。会议共收到委员提案16件。

政协阳泉市第二届委员会　自1957年6月始，1959年10月止，召开全体会议2次。

第一次全体会议于1957年6月17日至22日召开。应出席委员63名，实出席63名，列席人员50名。会议学习讨论了毛泽东在最高国务会议上作的《关于正确处理人民内部矛盾的问题》的讲话和在中共中央宣传工作会议上的讲话；听取了驻会常委尤坤南作的《中国人民政治协商会议山西省第一届委员会第三次会议的传达报告》；听取并审议了王恭作的《中国人民政治协商会议山西省阳泉市第一届委员会工作报告》和李玉田作的《关于目前形势与我们的任务的报告》及《提案审查的报告》。会议通过政协阳泉市第二届委员会第一次全体会议提案审查委员会名单和相应决议；选举李玉田为市政协主席，王恭、林一新、刘德恩、商子和为市政协副主席，刘德恩兼任市政协秘书长。选举14名委员为市政协二届委员会常务委员。会议共收到委员提案62件。

第二次全体会议是与阳泉市第二届人民代表大会第三次会议于1958年3月31日至4月1日联合召开的。应出席委员63名，实出席46名。会议听取了联席会议议案审查委员会主任委员林一新作的《关于议案审查意见的报告》；听取和讨论了中共阳泉市委第一书记李玉田作的《关于资产阶级分子、资产阶级知识分子和民主党派成员自我改造问题》的报告，阳泉市人民政府市长谢子和作的《关于进一步动员全市人民为一年基本实现“六无、六净”市而奋斗》的报告，通过相应决议。联席会议共收到委员、代表议案92件。

政协阳泉市第三届委员会　自1959年10月始，1963年8月止，召开全体会议2次。

第一次全体会议于1959年10月18日至24日召开。应出席委员118名，实出席83名，列席人员14名。由于平定县自1958年8月划入阳泉市，故委员和常委中增加了平定县人士（1961年4月平定县归回晋中地区，平定县委员和常委也随之撤出）。全体委员列席阳泉市第三届人民代表大会第二次会议，听取讨论了阳泉市人民政府副市长王文如作的《政府工作报告》、副市长侯有智作的《1958年财政决算和1959年财政预算（草案）及九个月执行情况的报告》、副市长张润槐作的《1959年国民经济计划执行情况和1960年国民经济计划意见的报告》。驻会常委尤坤南作了《关于政协山西省第二届委员会第一次会议的传达报告》，王恭作了《政协山西省阳泉市第二届委员会常务委员会工作报告》、李玉田作了《政治报告》、委员刘敏作了《关于提案审查的报告》。会议选举李玉田为市政协主席，王恭、商子和、许坚、董洪为市政协副主席，许坚兼任市政协秘书长。选举18名委员为市政协三届委员会常务委员，通过相应决议。

会议收到委员提案40件。

第二次全体会议于1960年8月25日至30日召开。应出席委员112名，实出席83名，列席人员21名。会议听取了中共阳泉市委书记处书记刘敏作的《关于目前国内外政治形势的报告》、尤坤南作了《关于中国人民政治协商会议山西省第二届委员会第二次会议的传达报告》；王恭作了《关于本会常务委员会的工作报告》和《提案审查报告》。会议期间，全体委员还列席了阳泉市第四届人民代表大会第一次会议，听取讨论了《全市人民动员起来，高举毛泽东思想红旗，立即开展以粮、钢为中心的增产节约运动，为提前和超额完成今年国民经济计划而奋斗》的报告及其他报告，通过相应决议。会议共收到委员提案12件。

政协阳泉市第四届委员会 自1963年8月始，1965年10月止，召开全体会议1次。

第一次全体会议于1963年8月15日至23日召开。应出席委员95名，实出席78名，列席人员10名。会议听取了王恭作的《中国人民政治协商会议山西省阳泉市第三届委员会常务委员会会务工作报告》，并进行审议。全体委员列席了阳泉市第五届人民代表大会第一次会议。会议选举郭星来为市政协主席，王恭、林一新、商子和为市政协副主席，许坚为市政协秘书长。会议选举14名委员为市政协四届委员会常务委员，通过相应决议。会议共收到委员提案56件。

政协阳泉市第五届委员会 自1965年10月始，1982年7月止，其间，因“文化大革命”中断活动近14年之久，仅开过1次全体会议。

第一次全体会议于1965年10月19日至25日召开。应出席委员95名，实出席70名，列席人员11名。会议听取审议了王恭作的《关于中国人民政治协商会议山西省阳泉市第四届委员会常务委员会工作报告》。全体委员列席了阳泉市第六届人民代表大会第一次会议。会议选举14名委员为市政协五届委员会常务委员，通过相应决议。会议共收到委员提案50件。

政协阳泉市第六届委员会 自1982年7月始，1987年11月止，召开全体会议7次。

第一次全体会议于1982年7月20日至29日召开。应出席委员103名，实出席93名，列席人员14名。会议听取审议了焦剑心作的《中国人民政治协商会议山西省阳泉市第五届委员会常务委员会工作报告》及《提案审查情况的报告》，全体委员列席了阳泉市第八届人民代表大会第一次会议。会议选举焦剑心为市政协主席，胡之江、马如彪、许坚、孙建成、尤坤南、梅汉文为市政协副主席，王立瑞为市政协秘书长。会议选举16名委员为市政协六届委员会常务委员，通过相应决议。会议共收到委员提案147件。

第二次全体会议于1983年3月29日至4月5日召开。应出席委员103名，实出席94名。会议听取和审议了胡之江作的《政协阳泉市第六届委员会常务委员会关于六届委员会一次会议以来的工作报告》；听取和讨论了中共阳泉市委副书记罗陶然的讲话；审议了提案审查委员会《关于六届一次会议以来提案办理情况的报告》和《六届二次会议提案审查情况的报告》。会议通过相应决议，共收到委员提案 61 件。全体委员列席了阳泉市第八届人民代表大会第二次会议，听取讨论了《阳泉市 1982 年工作和 1983 年主要任务的报告》及其他报告。

第三次全体会议于 1983 年 11 月 30 日至 12 月 3 日召开。应出席委员 111 名，实出席 103 名。与会委员列席了市人民代表大会八届三次会议。新增了政协委员，并对失去代表性的委员作了适当调整（委员中党外人士的比例由本届一次会议时的 53.4% 增加到 60.4%），并通过相应决议。

第四次全体会议于 1984 年 5 月 4 日至 10 日召开。应出席委员 114 名，实出席 80 名，列席人员 63 名。会议听取了韩效仁作的《关于六届二次会议以来的工作情况及今后工作意见的报告》、王敏作的《山西省政协五届二次会议和省人大六届二次会议精神传达报告》，中共阳泉市委书记靳广杰在会上作了题为《锐意改革，积极进取，为开创我市人民政协工作新局面而奋斗》的讲话，梅汉文作了《关于本次会议提案审查情况的报告》。会议补选了市政协常务委员及部分政协委员。共收到委员提案 66 件，其中立案 63 件、作为建议处理的 3 件。全体委员列席了阳泉市第八届人民代表大会第四次会议，听取并讨论了《政府工作报告》及其他报告。

第五次全体会议于 1985 年 4 月 24 日至 30 日召开。应出席委员 118 名，实出席 96 名，列席人员 40 名。会议听取审议了市政协副主席韩效仁作的《政协阳泉市六届四次会议以来常务委员会的工作报告》、市政协副主席梅汉文作的《政协阳泉市六届四次会议以来提案办理情况的报告》。会议补选市政协副主席 1 名，并通过相应决议，共收到委员提案 120 件。全体委员列席了阳泉市第八届人民代表大会第五次会议，听取和讨论了《政府工作报告》及其他报告。

第六次全体会议于 1986 年 4 月 13 日至 20 日召开。应出席委员 159 名，实出席 143 名，列席人员 49 名。市政协主席郭力在开幕式上讲话，中共阳泉市委副书记光敏出席会议。会议听取审议了市政协副主席韩效仁作的《市政协第六届委员会常务委员会的工作报告》；提案委员会向大会提交了《第六届第五次会议以来提案办理情况的书面报告》。会议通过相应决议。增选了 1 名副主席、5 名常委。会议收到委员提案 158 件，收到列席人员提出的意见和建议 9 件。全体委员列席了阳泉市第八届人民代表大会第六次会议，听取和讨论了《政府工作报告》及其他报告。

第七次全体会议于 1987 年 5 月 26 日至 29 日召开。应出席委员 158 名，实出席 124 名，列席人员 40 名。会议听取并审议了市政协副主席梅汉文作的《市政协第六届委员会常务委员会工作报告》和提案审查委员会《关于市政协六届六次会议以来提案办理情况的报告》。会议通过相应决议，共收到委员提案108件。会议期间，全体委员列席了阳泉市第八届人民代表大会第七次会议，听取讨论了《政府工作报告》及其他报告。

政协阳泉市第七届委员会 自1987年11月始，1992年3月止，召开全体会议5次。

第一次全体会议于1987年11月26日至12月5日召开。应出席委员198名，实出席173名，列席人员14名。中共阳泉市委书记路正西和山西省政协秘书长王瑞生到会讲话。会议听取和审议了市政协副主席王敏作的《沿着十三大指引的方向，进一步发挥政协职能作用，把我市政协工作提高到一个新水平》的工作报告、副主席潘金成作的《市政协六届委员会提案工作委员会关于六届七次会议以来提案工作情况的报告》和《政协阳泉市第七届委员会第一次会议提案审查委员会关于本次会议提案审查情况的报告》。会议选举郭力为市政协主席，高东升、梅汉文、潘金成、张鸿仁、赵文华、张耀增为市政协副主席，韵友忠为市政协秘书长。会议选举32名委员为市政协七届委员会常务委员。会议共收到委员提案226件。会议期间，全体委员列席了阳泉市第九届人民代表大会第一次会议。

第二次全体会议于1988年5月4日至7日召开。应出席委员197名，实出席168名，列席人员74名。会议听取并审议了市政协副主席潘金成作的《市政协七届委员会常务委员会工作报告》、提案委员会《关于七届一次会议以来提案办理情况的报告》和提案委员会主任路金美作的《关于七届二次会议提案审查情况的报告》。会议通过相应决议，共收到委员提案101件。会议期间，全体委员列席了阳泉市第九届人民代表大会第二次会议，听取和讨论了《关于阳泉市1988年国民经济和社会发展计划（草案）的报告》及其他报告。

第三次全体会议于1989年5月4日至9日召开。应出席委员220名，实出席187名，列席人员99名。会议听取并审议了市政协副主席高东升作的《政协阳泉市第七届委员会常务委员会工作报告》、副主席潘金成作的《关于七届二次会议以来提案工作情况的报告》和《关于七届三次会议提案审查情况的报告》。增选了副主席和常委，通过相应决议。会议共收到委员提案165件。会议期间，全体委员列席了阳泉市第九届人民代表大会第三次会议，听取和讨论了《政府工作报告》及其他报告。

第四次全体会议于1990年4月7日至13日召开。应出席委员225名，实出席189名，列席人员168名。会议听取并审议了市政协副主席赵文华作的《市政协七届委员会常务委员会工作报告》、提案委员会主任路金美作的《关于七届三次会议以来提案工作情况报告》和《关于七届四次会议提案征集和审查情况的报告》。增选了2名常委，通过相应决议。会议共收到委员提案189件，全部立案。会议期间，全体委员列席了阳泉市第九届人民代表大会第四次会议，听取和讨论了《政府工作报告》及其他报告。

第五次全体会议于 1991 年 3 月 22 日至 27 日召开。应出席委员 254 名，实出席 235 名，列席人员 126 名。中共阳泉市委书记侯伍杰作了题为《以七中全会精神为指导，进一步做好新时期政协工作》的讲话。会议听取和审议了市政协副主席潘金成作的《市政协七届委员会常务委员会工作报告》、副主席梅汉文作的《关于市政协七届四次会议以来提案工作情况报告》和《关于市政协七届五次会议提案征集和审查情况的报告》。会议通过相应决议，共收到委员提案 150 件，立案 139 件。会议期间，全体委员列席了阳泉市第九届人民代表大会第五次会议，听取并讨论了《政府工作报告》及其他报告。

政协阳泉市第八届委员会　自 1992 年 6 月始，1997 年 4 月止，召开全体会议 5 次。

第一次全体会议于 1992 年 6 月 8 日至 14 日召开。应出席委员 234 名，实出席 213 名，列席人员 85 名。中共阳泉市委副书记、市长薄应贤作了题为《全面贯彻党的基本路线，更好地服务于社会主义经济建设》的讲话。会议听取并审议了市政协副主席张鸿仁作的题为《团结奋斗，继往开来，进一步开创我市政协工作的新局面》的工作报告、副主席梅汉文作的《关于七届委员会第五次会议以来提案工作情况的报告》。会议选举李希曾为市政协主席，胡善瑜、赵文华、张耀增、侯宽春、朱礼厚（女）为市政协副主席，韵友忠为市政协秘书长，32 名委员为市政协八届委员会常务委员。会议通过相应决议，共收到委员提案 207 件，立案 178 件。会议期间，全体委员列席了阳泉市第十届人民代表大会第一次会议，听取和讨论了市长薄应贤作的《政府工作报告》及有关报告。

第二次全体会议于 1993 年 3 月 9 日至 12 日召开。应出席委员 246 名，实出席 240 名。中共阳泉市委副书记吴锦文作了题为《创新务实，团结奋进，为推动经济上新台阶做贡献》的重要讲话。阳泉市人民政府市长薄应贤就《政府工作报告》的讨论稿作了说明。会议听取并审议了市政协副主席胡善瑜作的《工作上新水平，促阳泉经济登上新台阶》的工作报告、副主席朱礼厚作的《政协阳泉市第八届委员会提案委员会关于八届一次会议以来提案工作情况的报告》（书面）、副主席张耀增作的《政协阳泉市第八届委员会关于八届二次会议提案征集和审查情况的报告》。增选了 3 名常委，通过相应决议。会议共收到委员提案 104 件，立案 102 件。此外，列席人员提出建议 3 件。

第三次全体会议于 1994 年 3 月 6 日至 9 日召开。应出席委员 254 名，实出席 250 名，列席人员 64 名。中共阳泉市委副书记吴锦文作了题为《认真履行职能，充分发挥优势，为开拓我市改革和发展的新局面而奋斗》的讲话。会议听取和审议了副主席赵文华作的《适应形势，找准位置，强化职能，发挥优势，为全面推进改革开放和经济建设服务》的工作报告、副主席朱礼厚作的《八届二次会议以来提案工作情况的报告》（书面）。会议期间，全体委员列席了阳泉市第十届人民代表大会第四次会议，听取和讨论了《政府工作报告》及其他报告，通过相应决议。会议共收到委员提案161件，立案161件。此外，列席人员提出意见建议4件。

第四次全体会议于1995年5月15日至18日召开。应出席委员246名，实出席241名，列席人员71名。中共阳泉市委书记侯伍杰到会并讲话，会议听取并审议了市政协副主席胡善瑜作的《政协阳泉市八届三次会议以来常务委员会的工作报告》、副主席朱礼厚作的《政协阳泉市第八届委员会提案审查委员会关于八届三次会议以来提案工作情况报告》、阳泉市人民政府市长薄应贤作的《政府工作报告的说明》（协商稿）、副主席张耀增作的《提案审查情况的报告》。会议补选了政协阳泉市第八届委员会秘书长和1名常委。通过相应决议。会议共收到委员提案253件，立案251件，作为建议处理的2件。

第五次全体会议于1996年4月15日至19日召开。应出席委员261名，实出席261名，列席人员72名。中共阳泉市委书记田霍卿作了题为《同谋大业，共绘蓝图，奉献韬略，共创佳绩》的讲话，会议听取并审议了市政协副主席胡善瑜作的《政协阳泉市八届四次会议以来常务委员会的工作报告》、副主席朱礼厚作的《政协阳泉市八届四次会议以来提案工作情况的报告》（书面）和《政协阳泉市第八届委员会第五次会议关于本次会议提案审查情况的报告》。通过相应决议。会议共收到委员提案298件，立案294件，作为建议处理的4件。会议期间，全体委员列席了阳泉市第十届人民代表大会第六次会议，听取和讨论了《放开胆子，迈大步子，为实现我市跨世纪赶超目标而努力奋斗》的报告及其他报告。

政协阳泉市第九届委员会　自1997年4月始，2002年3月止，召开全体会议5次。

第一次全体会议于1997年4月14日至19日召开。应出席委员260名，实出席245名，列席人员76名。会议听取并审议了市政协副主席胡善瑜作的《政协阳泉市第八届委员会常务委员会工作报告》和副主席朱礼厚作的《政协阳泉市第八届委员会常务委员会关于提案工作情况的报告》，会上还宣读了九届一次会议主席团致八届政协离任委员的致敬信。会议选举李希曾为市政协主席，胡善瑜、赵文华、朱礼厚（女）、史吉文、李儒泉、张云翔、李玄如为市政协副主席，陈正金为市政协秘书长。选举36名委员为市政协九届委员会常务委员，通过相应决议。会议共收到委员提案321件，立案319件，作为建议处理的2件。会议期间，全体委员列席了阳泉市第十一届人民代表大会第一次会议，听取并讨论了《政府工作报告》及有关报告。

第二次全体会议于1998年4月8日至11日召开。应出席委员260名，实出席232名，列席人员54名。会议听取和审议了市政协副主席胡善瑜作的《市政协九届一次会议以来的工作情况报告》、副主席朱礼厚作的《政协阳泉市九届一次会议以来提案工作报告》；听取了副市长李奕明关于《政府工作报告》（征求意见稿）的说明；听取了市政协副主席朱礼厚作的《市政协提案委员会关于九届二次会议期间提案审查情况的报告》。通过了相应决议。会议共收到委员提案327件，立案319件，作为建议处理的8件。

第三次全体会议于1999年4月8日至11日召开。应出席委员269名，实出席251名，列席人员57名。会议听取并审议了市政协副主席胡善瑜作的《市政协九届二次常委会工作报告》、副主席李儒泉作的《政协阳泉市第九届委员会提案委员会工作报告》和《市政协提案委员会关于九届三次会议期间提案审查情况的报告》。通过相应决议。会议共收到委员提案299件，立案283件，作为建议处理的16件。会议期间，全体委员对《政府工作报告》及有关报告进行了协商讨论。

第四次全体会议于2000年4月14日至17日召开。应出席委员266名，实出席259名，列席人员64名。会议听取审议了市政协副主席胡善瑜作的《市政协第九届常委会工作报告》、副主席李儒泉作的《市政协九届三次会议以来提案工作情况的报告》和《政协阳泉市第九届委员会提案委员会关于九届四次会议期间提案审查情况的报告》。会议改选丁贵生为政协阳泉市第九届委员会主席，补选了副主席，通过相应决议。会议收到委员提案142件，立案128件，作为建议处理的14件。会议期间，全体委员协商讨论了《政府工作报告》及其他有关报告。

第五次全体会议于2001年2月24日至28日召开。应出席委员266名，实出席248名，列席人员73名。会议听取和审议了市政协副主席胡善瑜作的《市政协第九届常委会工作报告》、副主席李儒泉作的《市政协九届四次会议以来提案工作情况的报告》和《政协阳泉市第九届委员会第五次会议关于本次会议提案审查情况的报告》，通过相应决议。会议收到委员提案348件，立案272件，作为建议处理的76件。全体委员列席了阳泉市第十一届人民代表大会第六次会议，听取并讨论了阳泉市人民政府市长郭良孝作的《关于阳泉市“十五”计划纲要的报告》及有关报告。

政协阳泉市第十届委员会　自2002年3月始，2007年5月止，召开全体会议5次。

第一次全体会议于2002年3月24日至27日召开。应出席委员280人，实出席263人。会议听取和审议了市政协副主席史吉文作的《政协阳泉市第九届委员会常务委员会工作报告》、副主席李儒泉作的《政协阳泉市第九届委员会常务委员会关于提案工作情况的报告》。通过相应决议和提案委员会关于提案审查情况的报告。会议选举宋林岭为市政协主席，鲁宏成、徐来

（女）、张云翔、李玄如、朱纯国、陈保京（女）、李畤海为市政协副主席，焦希勃为市政协秘书长，选举42名委员为市政协十届委员会常务委员。会议共收到提案390件，立案302件，作为委员来信或建议转交有关部门88件。全体委员列席了阳泉市第十二届人民代表大会第一次会议，听取并讨论了《政府工作报告》。

第二次全体会议于2003年4月17日至20日召开。应出席委员280人，实出席256人。会议听取和审议了市政协副主席鲁宏成作的《政协阳泉市第十届委员会常务委员会工作报告》、副主席 来作的《政协阳泉市第十届委员会常务委员会关于提案工作情况的报告》。会议通过相应决议和提案委员会关于提案审查情况的报告，共收到提案276件，立案247件，作为委员来信或建议转交有关部门29件。全体委员列席了阳泉市第十二届人民代表大会第三次会议，听取并讨论了《政府工作报告》。

第三次全体会议于2004年2月24日至27日召开。应出席委员283人，实出席258人。会议听取和审议了市政协副主席鲁宏成作的《政协阳泉市第十届委员会常务委员会工作报告》，副主席徐来作的《政协阳泉市第十届委员会常务委员会关于提案工作情况的报告》。会议通过相应决议和提案委员会关于提案审查情况的报告，共收到提案283件，立案260件，作为委员来信或建议转交有关部门研究和参考的23件。全体委员列席了阳泉市第十二届人民代表大会第四次会议，听取并讨论了《政府工作报告》。

第四次全体会议于2005年4月7日至10日召开。应出席委员283人，实出席254人。会议听取和审议了市政协副主席鲁宏成作的《政协阳泉市第十届委员会常务委员会工作报告》，副主席徐来作的《政协阳泉市第十届委员会常务委员会关于提案工作情况的报告》。会议通过相应决议和提案委员会关于提案审查情况的报告，批准鲁宏成辞去十届政协副主席职务，补选李裕厚为市十届政协副主席。会议共收到提案332件，立案308件，作为委员来信或建议转交有关部门研究和参考的24件。全体委员列席了阳泉市第十二届人民代表大会第五次会议，听取并讨论了《政府工作报告》。

第五次全体会议于2006年4月9日至12日召开。应出席委员283人，实出席268人。会议听取和审议了市政协主席宋林岭作的《政协阳泉市第十届委员会常务委员会工作报告》，副主席徐来作的《政协阳泉市第十届委员会常务委员会关于提案工作情况的报告》。通过相应决议和提案委员会关于提案审查情况的报告。会议共收到提案320件，立案272件，作为委员来信或建议转交有关部门研究处理的48件。全体委员列席了阳泉市第十二届人民代表大会第六次会议，听取并讨论了《政府工作报告》。

政协阳泉市第十一届委员会 自2007年5月始，至2010年12月共召开全体会议4次。

第一次全体会议于2007年5月27日至30日召开。应出席委员292名，实出席285名。会议听取和审议了市政协主席宋林岭作的《政协阳泉市第十届委员会常务委员会五年来的工作报告》、政协副主席陈保京作的《十届政协的提案工作情况报告》，通过《政协阳泉市第十一届委员会第一次会议提案审查情况报告》《政协阳泉市第十一届委员会第一次会议政治决议》《关于政协阳泉市第十届委员会常务委员会工作报告的决议》《关于政协阳泉市第十届委员会常务委员会提案工作情况报告的决议》。听取了市委书记谢海作的《发挥政协优势，凝聚各方力量，为实现“两先”目标而共同奋斗》的讲话，听取了刘高官作的《立足新起点，谋求新发展，努力开创政协工作新局面》的讲话。会议选举刘高官为市政协主席，李裕厚、马文建、王振国、许文珍、赵永红（女）、李天祥、任衍钢为市政协副主席，焦希勃为市政协秘书长，48名委员为市政协十一届委员会常务委员。会议共收到提案272件，立案247件，作为委员来信或建议转交有关部门研究处理的25件。

第二次全体会议于2008年4月7日至10日召开。应出席委员292名，实出席276名。会议听取和审议了《政协阳泉市第十一届委员会常务委员会工作报告》《政协阳泉市第十一届委员会常务委员会关于提案工作情况的报告》。会议审议通过相应决议和提案审查委员会关于提案审查情况的报告，共收到提案326件，立案299件，作为委员来信或建议转交有关部门研究处理的27件。全体委员列席了阳泉市第十三届人民代表大会第三次会议，听取并讨论了《政府工作报告》及其他报告。

第三次全体会议于2009年5月22日至25日召开。应出席委员292名，实出席265名。会议听取和审议了《政协阳泉市第十一届委员会常务委员会工作报告》《政协阳泉市第十一届委员会常务委员会关于提案工作情况的报告》。会议审议通过相应决议和提案审查委员会关于提案审查情况的报告，共收到提案363件，立案305件，作为委员来信处理58件。全体委员列席了阳泉市第十三届人民代表大会第四次会议，听取并讨论了《政府工作报告》及其他报告。

第四次全体会议于2010年5月5日至8日召开。会议批准了刘高官代表政协阳泉市第十一届委员会常务委员会所作的工作报告和李天祥受政协阳泉市第十一届委员会常务委员会委托作的提案工作情况的报告。会议听取并赞同市长李栋梁所作的《政府工作报告》、市中级人民法院工作报告、市人民检察院工作报告以及其他报告。会议共收到提案393件，立案304件，作为建议案转交有关部门研究处理的89件。

第三章 政协工作

第一节 调研考察

从20世纪80年代开始，市政协注重发挥委员主体作用，大兴调查研究、求真务实之风，围绕市委批转的、市政协全年工作要点确定的和协商讨论的重要议题，选择急需解决的突出问题和事关全局的重大课题开展调研考察。至2010年，共组织各类调研考察1000多次，参加调研的委员共15万人次，撰写各类调研报告500多篇。

1982年9月，市政协组织政协委员深入部分商品流通企业，对经营秩序进行考察，针对存在的问题提出5条意见和建议。1983年10月，市政协组织委员赴部分中小学对教育事业发展情况进行考察，提出意见建议。1984年6月18日至27日，市政协组织委员对全市文物工作情况进行调研，实地查看文物古迹20余处，针对存在的问题提出意见建议。1988年，组织部分委员先后对阳泉地区的发供电情况、全市水资源问题、市场物价控制、清理基本建设和蔬菜副食品基地建设等群众关心的热点问题进行了考察，并提出建议，其中，《关于从战略高度认识和解决阳泉水资源问题的建议》提交市政协常委会审议通过，作为建议案送交市人大常委会和市人民政府。1989年7月、12月，市政协两次组织委员对桃河污染及治理情况进行调查研究，提出关于加快治理桃河水质污染的建议。1991年，市政协组织委员赴平定县、盂县和郊区有关乡镇、村，对煤矿废水资源开发利用情况进行考察，提出建议。1992年，组织委员赴郊区部分乡镇企业进行考察，提出加强领导、积极扶持、促进全市乡镇企业发展的意见和对策。

1997年1月，市政协围绕市委交给的课题——全市城市建设和管理情况进行了重点调研，成立了以市政协主席负总责的领导组，分区域开展调研考察，发现问题，分析成因，提出对策，形成题为《关于阳泉市城市建设与管理中存在的问题及建议》的调研报告。该调研报告报送市委后，市委各常委进行了传阅，市委书记田霍卿作出批示，建议逐步得到落实。2001 年 2 月，全市城市管理相对集中行政处罚权试点工作开始筹备。同年 5 月，市政府报经省政府并转报国务院法治办公室批准，阳泉市被列为全国城市管理相对集中行政处罚权试点工作城市之一。

2002 年，市政协常委会议根据调研情况形成的《关于进一步改善、优化、宽松我市经济环境的调查和建议》，引起市政府有关领导的重视，全市各级各部门都开展了主题为“创优环境，刻不容缓”的大讨论，掀起创优环境工作热潮。2003 年，市政协继续对这一问题进行跟踪调研，形成《关于进一步加强和改善我市城市管理的几点建议》。同年，市政协组织委员深入 3 个农业县区及所辖的不同类型、不同发展水平的 12 个乡镇 20 个村的 144 个农户家中进行调查了解，形成《关于对农民增收情况的调查报告》。在此基础上，召开市政协十届五次常委会议进行专题协商讨论，会后市委和市政府有关领导作出批示，并以市委文件转发各部门。2004 年，市政协组织委员就“三农”问题的解决、人民群众普遍关注的“十件实事”的落实、稳步推进小城镇建设、加强法律援助等问题开展调研考察，建言立论，形成《关于全市农村饮水解困工程的调研报告》《关于农民工权益保障的调查和建议》等 12 篇调查和考察报告，提出 40 余条意见建议。2005 年，市政协的调研成果《关于全市文明生态村镇创建工作开展情况的调查报告》引起市委领导重视，随后以市委农村工作领导组文件印发各县区乡镇，促进了全市文明生态村镇创建工作的开展。

2007 年，市政协抓住重点，突出难点，围绕“百项工程”建设献计出力，组织委员考察 307 国道复线建设工程，多次深入厂矿企业就“百项工程”中有关节能减排工作进行调研，提出有针对性的意见和建议。

2008 年，市政协采取委员知情与专家参与、政协牵头与部门配合、研究政策与典型分析相结合的办法，先后就推进职业教育发展、推动城乡一体化和促进现代服务业发展进行专题调研，并召开常委会进行了专题研究协商，分别形成《关于进一步推进我市职业教育，促进教育均衡发展》《关于对我市统筹城乡发展，推进城乡一体化》《关于加快发展我市服务业》3 个建议案。建议案内容翔实、观点鲜明、论述缜密，得到市委、市政府领导的重视，其中不少建议被市委、市政府及有关部门采纳。2009 年，市政协先后围绕“创业就业”和“发展高新技术产业促进资源型城市转型”两个专题进行了深入调研，召开了两次常委会议进行专题协商，形成《关于推进我市创业就业工作的建议》和《关于发展我市高新技术产业促进资源型城市转型的建议》两个建议案。2010年，市政协围绕“全市推进文化产业发展”和“加快城镇化建设”这两个重要课题进行调研，召开了两次常委会议进行专题研究，形成《关于促进阳泉市文化产业发展》和《关于加快我市城镇化建设的几点政策建议》的建议案。建议案充分吸收和反映了专家学者及社会各界人士的意见和建议，所建之言、所论之策具有前瞻性和可操作性，市委、市政府主要领导明确要求有关部门认真研究相关建议。

第二节　团结交流

团结是政协工作两大主题之一。市政协自成立之日起，就围绕团结主题，突出自身特点，多形式多层次开展凝聚人心、增进共识的工作，为巩固和发展更大范围的爱国统一战线作出了积极贡献。特别是在宣传、贯彻党和国家关于祖国统一的方针政策，加强同海外侨胞、港澳同胞及台湾同胞的团结和联系，以及海外联谊方面，做了大量工作。同时，还注重加强同全体政协委员、各界人士的交流沟通，加强同其他地市的合作与学习，协助党和政府做好统战政协的政策落实工作，从而调动一切积极因素，团结一切可以团结的力量，拓宽了政协工作领域，为阳泉市的各项建设事业发展发挥了重要作用。

支援抗美援朝　1950年10月，中国派志愿军赴朝参战，阳泉工矿区各界人民代表会议常务委员会组织委员开展了多种形式的反美爱国运动宣传。除组织各界人士听取朝鲜人民访华代表团、中国人民赴朝慰问团的4次传达报告外，还积极响应抗美援朝总会的号召，广泛开展了捐献飞机大炮、优待烈军属和订立爱国公约的活动。据不完全统计，1952年至1954年间，全市捐献武器款达62.72亿元（旧币），可购买战斗机4架多；收到救济朝鲜难民的现金2亿元（旧币）；收到长期献金5.21亿元（旧币）。动员全市6万多人签名投票，拥护五大国缔结和平公约宣言，反对美国重新武装日本。

落实委员政策　1980年市政协恢复工作以后，根据中共中央和全国政协的指示精神，在中共阳泉市委的统一部署下，开始拨乱反正，落实党的统战政策。1980年11月，在政协恢复工作后的第一次政协（五届十九次）常委会议上，市委副书记罗陶然代表市委宣布“‘文化大革命’中强加给政协和政协委员的一切污蔑不实之词一律予以推倒”。通过调查摸底、召开座谈会、核实等一系列工作，到1987年10月中共十三大召开前，有关政协委员落实政策的问题均得到妥善处理，从而激发了政协委员及各界人士的爱国热情和建设祖国的积极性。至1986年3月，在市、县两级230名政协委员中，被评为劳动模范和先进工作者的有80人，占委员总数的34.8%，有34名委员加入中国共产党，40名政协委员被提拔到领导岗位。

重大活动　1954年全国政协《为解放台湾的联合宣言》发表后，8月22日市协商委员会召开座谈会，各界人士纷纷表示要做好各自的工作，支援解放台湾的斗争。政协一至五届委员会期间，着重加强关于解放台湾的宣传教育。1956年组织了纪念孙中山先生诞辰90周年纪念活动。1961年举行了纪念辛亥革命胜利50周年大会。“文化大革命”期间，祖国统一工作被迫中断。1980年市政协恢复工作后，祖国统一工作继续开展。1995年是红军长征胜利60周年，先后开展了“重温历史”“学习当代楷模”“了解祖国统一现状”“畅谈长征精神”等爱国主义教育活动。1997年，市政协学习委员会和文史资料委员会共同筹备了“迎香港回归”画展，于7月1日开展，共展出名人字画100余幅；祖统委举办了“迎香港回归”座谈会和“庆香港回归”征文活动，收到征文23篇，其中在《阳泉日报》专版上刊发8篇、《山西日报》上刊发1篇。1999年初，市政协学习委、祖统委与市委对台办共同举办了“纪念江泽民对台八项主张发表四周年暨迎澳门回归”新春联谊会。2003年，市政协积极投身抗击“非典”的斗争中，举办了阳泉市抗击“非典”百米书画长卷展览；全市政协系统广大委员和干部职工捐款30余万元；同年，针对陈水扁鼓吹的“公投立宪”谬论，及时组织召开由各民主党派、团体、非公有制经济和宗教界人士参加的座谈会，对分裂祖国的“台独”行为进行了严厉批驳。2004年，联合四川省绵阳市、河北省石家庄市与邯郸市、山西省长治市政协举办了“纪念邓小平诞辰100周年”书画联展。2005年，为纪念世界反法西斯战争和中国人民抗日战争胜利60周年，市政协举办了大型书法、绘画、摄影艺术展。2008年，举办了全市政协系统迎奥运全民健身活动以及纪念改革开放30周年履职之路文献图片展览；汶川特大地震发生后，组织委员踊跃投身于抗震救灾和灾后恢复重建工作中，全市政协系统共捐款1018万多元，在全省首家以“抗震救灾”为主题举办了摄影展览，展出作品123幅，在太原展出期间，山西电视台“直播山西”栏目以《最震撼的展览》为题进行了报道。2009年，举办了庆祝中华人民共和国和人民政协成立60周年“辉煌60年”摄影作品展览，开展了“益智杯”人民政协60春征文和政协知识竞赛活动，并邀请全国政协文史和学习委员会副主任卞晋平到阳泉市作专题报告。通过举办一系列学习纪念活动，进一步增强了广大政协委员履行职能的责任感和使命感。

横向联系　开展跨省域、大范围的横向联系，是改革开放后开创政协工作新局面的新形式。1988年5月，全国八省（区）十三市政协横向联系会第三次会议确定阳泉市政协为联系会议成员。1990年，全国十省（市）十二市（区）政协横向联系会第一次会议确定阳泉市政协为联系会议正式成员。到2010年，市政协共参加横向联系会近60次，同100多个地市政协交流了工作经验，全市有100余个经济合作项目参加了横向联系会的经贸洽谈，在积极宣传阳泉、增进了解、增进友谊的基础上，为促进全市经济发展作出了积极贡献。

第三节　提案工作

为保证提案质量，市政协从第一届委员会第二次会议开始，便作出关于提案审查立案的规定。根据全国政协《提案工作条例》精神，2000年10月31日，政协阳泉市第九届第二十二次常委会议通过的《政协阳泉市委员会提案工作条例》对提案的立案标准作出规定。

市政协第一届至第五届委员会期间，共收到提案328件；1980年市政协恢复工作后，从六届开始提案数量大大增加，质量明显提高，第六届委员会收到701件，第七届881件，第八届1045件，第九届1731件，第十届1510件，第十一届委员会一至四次会议共收到1382件。总计7578件。

从市政协一届二次会议始，提案由大会的提案审查委员会审查立案并提出处理意见。凡属市委、市政府承办的提案，直接转送市委、市政府有关职能部门办理；重要提案则进入高层次运作之中，由市级领导亲自组织办理或由市政协会同有关方面组织专题调查，提出专题报告，送交有关部门承办落实，这种由市政协直接交办的提案办理方式一直延续至七届五次会议。自八届一次会议始，政协提案改由市人大、市政府、市政协及有关承办单位通过联合举行交办会议进行交办。1997年3月27日，市政府办公室转发国务院办公厅《关于认真办理人大代表建议和政协委员提案的通知》后，市政府于1999年3月26日制定出《关于做好人大代表建议和政协委员提案办理工作的几项制度》。2000年10月31日，政协阳泉市第九届委员会第二十二次常委会议通过的《政协阳泉市提案委员会提案工作条例》，使提案工作有章可循，工作程序更趋规范化、制度化。2001年2月5日，市政府办公室制定的《关于进一步做好人大代表建议和政协委员提案办理工作的意见》，对提案的办理程序和交办制度、办复期限制度、主要领导负责制度、专人办理制度、集中议办制度、定期联系制度、督办查究制度、联系反馈制度等作出更为明确的规定。市政府办公室督察科负责办理人大代表建议及政协委员提案，市级机关各部、委、办、局设专人负责此项工作。同时，提案办理工作还纳入机关目标管理考核范畴。凡对提案办理不够满意的，都要主动征求意见，由承办单位做进一步的研究处理，及时补办，重新答复。市政协九届委员会召开后，由于提案数量增加，承办提案的单位达40余个。市政协对重点提案和带有普遍性问题、热点问题的提案均采取承办单位、提案人、市政协提案委联合办案或现场办案的形式，力求使提案得到圆满解决。为更好地发挥提案在履行政协职能中的作用，市政协第十届委员会于2002年8月5日又制定了《政协阳泉市委员会关于进一步加强和改进提案工作的意见》，确保了各类提案的有效办结。

随着提案办理时效性和满意率的逐年提高，提案被领导关注和被各部门采纳的比率也越来越高。八届委员会期间，所提提案被采纳和基本采纳的占办复提案总数的71%，九届委员会提高到96%。从第七届委员会第一次会议起，提案办结向提案人答复时，要一同寄送阳泉市政协委员提案办复情况征求意见表，以检验提案办理的满意程度。按照《政协阳泉市委员会提案工作条例》规定，对于有重大贡献的优秀提案、对于办理提案有显著成绩的先进单位和个人，提案委员会可报请常务委员会或主席会议予以表彰，也可建议中共阳泉市委办公室、阳泉市人民政府办公室和政协阳泉市委员会办公室联合表彰。从1994年3月第八届委员会第三次会议至2008年的第十一届委员会第二次会议，共召开提案表彰会议9次，表彰优秀提案246件，其中党派团体提案50件，委员提案196件；表彰先进承办单位87个（次），先进办案个人193名（次）。

第四节　社情民意信息工作

阳泉市政协的社情民意信息工作开始于1997年。为使社情民意信息工作不断规范，市政协建立了固定的载体《社情民意》，并发展为送阅、专报、专送3个刊种，根据信息内容采取不同报送方式和报送范围，促使及时办理和反馈。制定了“关于进一步深化和加强反映社情民意信息工作的意见”“政协社情民意反馈意见”“全市政协系统信息工作考评办法”等，建立了一整套工作程序和制度。从十一届政协起，每年年初召开社情民意信息工作会，全会期间召开信息工作总结表彰会，年中召开信息分析会，每年组织一次信息骨干培训班，每季、每半年、年终对社情民意工作进行通报。与此同时，不断加强社情民意信息队伍和网络建设，建立起一名副主席主管、办公厅主任主抓、综合信息科具体负责的信息工作机制。2001年初，市政协第一次召开全市政协系统信息工作会议，与各县区政协签订了信息工作目标责任状。同年，阳泉市政协获得山西省政协系统信息工作一等奖。

2007年通过推荐筛选，在政协委员、各民主党派、工商联、侨联和各县区政协中聘请了特邀信息员，建立起一支素质较高且相对稳定的社情民意信息员队伍。同年，市政协在互联网上开设了社情民意专用邮箱，政协信息报送、编辑、查询、存储效率大大提高。

至2010年，市政协《社情民意》向全国政协、省政协以及阳泉市党政部门报送了1100多件有价值的信息和重要建议，不少信息引起各级党政领导的关注和重视，推动了相关问题的及时妥善解决，有的则转化为党和政府的重要决策，转化为现实生产力。其中，全国政协采纳70多篇，省政协采纳600多篇，各级领导作出批示90多次。2002年市政协报送的《建议取消“五一”、国庆黄金周，推行员工带薪休假制度》，得到时任国务委员、国务院秘书长华建敏的批示，2007年国家对法定假期进行调整，将“五一”法定假期调整为1天。2005年7月，《建议加快对煤矸石综合利用的研究和开发》先后被省政协和全国政协采用，经《阳泉日报》转载，促成中国地质大学与市交通集团华伦陶瓷有限公司就此项目达成合作意向，并于2006年7月8日正式成立国家“863”课题华伦陶瓷研究中心，此为阳泉市成立的首个国家“863”课题研究中心，为阳泉引进尖端科技搭建起良好的平台。2007年，民进阳泉市委报送的《计划生育奖励政策在农村实施过程中反映出来的问题》，得到国务委员、国务院秘书长华建敏，国务院副秘书长陈进玉，国家人口计生委主任张维庆等领导的批示，山西省政府、省计生委迅速对相关问题展开调查，推动了人口计生奖励扶助政策的进一步完善。2008年，市政协主席刘高官所反映的《建议用招聘大学生村官的办法招聘农村科技人员》的信息，被全国政协专报党中央、国务院领导，为科学决策提供了参考。2010年，委员反映的《我市交通堵塞日趋严重 治“堵”刻不容缓》的社情民意信息，详细分析了造成交通拥堵的原因，并结合现状和城市发展规划提出改善交通拥堵的建议，引起有关方面的重视。

第五节 文史资料工作

阳泉市政协的文史资料工作始于1965年，当时没有专门的工作机构。1965年，山西省政协下发了征集文史资料的文件。同年8月27日，省政协文史资料委员会负责人到阳泉市帮助开展文史资料工作，并召开座谈会。会后，征集到5篇稿件，共3万字。“文化大革命”期间工作停顿。1980年11月市政协恢复工作后，文史资料工作随之恢复。1984年5月3日始设阳泉市政协文史资料研究委员会，刚开始主要是征集和转送史料，即发动有丰富阅历的部分政协委员、民主党派成员和社会人士撰写亲历、亲见、亲闻的“三亲”史料，汇总后分别转送全国政协和山西省政协文史资料部门，全面开展文史资料的整理、研究和编辑出版工作。至2010年，市政协共组织发动历届政协委员和社会各界人士1000余人撰写稿件，先后征集到各种文稿3000多篇，约680多万字。其中，转送全国政协和省政协文史委的有1000多篇，计100多万字；编辑刊印《阳泉文史资料》15辑，刊登各类稿件500余篇，计250余万字；出版各种专集11部，登载文稿950多篇，计350万余字；收集各种史料，有待进一步研究、整理、出版的有120多篇，计80多万字。2010年，共征集中华人民共和国成立后文史资料约15万余字。整理编辑了政协讲坛文献集文史资料第十七集，约20万字。此外，还征集到有一定价值的历史图片1760多幅，先后刊用1000余幅。文史资料工作的开展，既丰富了史料库，起到存史的作用，又加强和拓展了政协与社会各界人士的交往联系，为不断扩大政协影响，履行政协政治协商、民主监督和参政议政职能发挥了特有的作用。

阳泉市政协文史资料工作的开展大致分为三个阶段。第一阶段从1983年9月至1989年12月，整理、出版《阳泉文史资料》6辑，收录各类稿件近120篇，计69万字。第二阶段从1990年至2002年，主要征集中华人民共和国成立后经济、科技、教育和文化等方面的史料，先后整理、编辑、出版了《阳泉文史资料》6辑，收录稿件218篇，约81万字；整理编辑了《评梅女士年谱长篇》《娘子关战役亲历记》《晋商史料与研究》3部专集，收录文稿近120篇，约75万字；与市音乐家协会、市曲艺家协会、市总工会和县区政协文史委等单位和部门合作，编辑出版了《阳泉优秀歌曲选》《娘子关村歌》《长新评说》《政协委员风采录》4部专集，收录歌曲340首、评说段子71篇、文稿124篇，总计约60万字。2002年至2010年为第三阶段，2002年，文史委牵头启动《阳泉市政协志》编纂工作，搜集各类文字资料600余万字，征集整理各类照片1000多张，2004年《阳泉市政协志》正式出版；2005年，市政协和市文物管理局联合编辑出版了《阳泉文物》，收录文物照片165张；与市档案局联合编辑出版了《保晋公司馆藏资料及研究》，成为研究保晋公司的宝贵资料；历时3年时间，收集稿件300余篇，80余万字，征集老照片、碑文260余幅，于2007年编辑出版了《晋商全览·阳泉卷》；2008年，编辑出版了《阳泉文史资料》第14辑、第15辑民主党派专辑和纪念改革开放30周年专辑；2009年，编辑出版《文史资料纪念人民政协成立60周年专辑》。

第六节　宣传工作

阳泉市历届政协都高度重视新闻宣传工作，在市委的正确领导下，牢牢把握正确的舆论导向，根据政协工作的特点和新任务，多角度、全方位进行宣传报道，大力宣传阳泉市的政协、统战工作，为加强民主政治建设和人民政协工作营造了良好的舆论氛围。

办好刊物，办刊水平迈上新台阶。为做好新时期人民政协宣传工作，充分调动广大政协委员的积极性，形成全党全社会重视和支持政协工作的良好氛围，2004年11月18日经山西省新闻出版局登记，由政协阳泉市委员会主办的内部资料性刊物《阳泉政协》创刊。2007年，经省新闻出版局批准，《阳泉政协》更名为《阳泉政协之声》。截至2010年12月，共发刊22期，刊登文章500多篇，照片600多幅。为增强办刊的实效性，提高政协的社会影响力，市政协连续5年围绕“阳泉经济建设和社会发展”这一主题举办了有奖征文活动，使刊物成为民主团结、统一战线、多党合作、政治协商的宣传阵地，成为政协委员和各界人士参政议政、建言献策、交流经验、沟通信息和展示才华的舞台，成为广大读者学习党的政策、发表真知灼见、反映社情民意、开展民主监督的园地，得到社会各界的一致好评。

搞好新闻报道，树立政协社会新形象。一是密切政协与新闻单位的联系，政协的声音和形象在主流媒体上得到充分反映。先后向省政协办公厅、省委宣传部、省新闻工作者协会报送各类参评作品39件，其中22件作品获奖，获一等奖4个、二等奖8个、三等奖10个。市政协主席宋林岭在《人民日报》发表的《真话如金、坦诚相见》及在《山西政协报》发表的《让委员站在前台说话》获一等奖。二是突出对政协例会的宣传报道。市内各新闻媒体紧紧围绕每次会议主题，通过开设专栏、策划专题访谈等形式，运用多种新闻手段，广纳民意，反映民声，在全市形成共谋发展、共商大计的良好舆论氛围。三是加强对政协委员履职成果和先进事迹的宣传报道，在社会上引起强烈反响。四是积极扩大市政协的对外影响。十一届政协后，先后有90多篇反映阳泉市政协参政议政成果的重要报道被国家和省级媒体采用，产生了广泛的影响。2007年，在市级以上媒体刊发新闻稿件230多条，其中在中央级媒体刊登稿件12篇，创历史之最。五是在《阳泉日报》开辟“政协之窗”专版，与市电视台联合开办111专题节目，加强对提案、考察、调研等政协经常性工作的宣传，采用深度报道、跟踪报道、连续报道等方式，充分反映政协履行职能的成果。2008年，阳泉市政协被省政协评为全省宣传工作先进单位。2010年，在《人民政协报》刊登新闻报道6篇，《山西政协报》对市政协的履职活动及成效发表了2篇专题报道，在《阳泉日报》、阳泉广播电台分别开辟了“政协之窗”和“山城论坛”栏目，及时刊播政协委员履职新情况、新做法、新经验。

高度重视网络宣传，开辟政协宣传新阵地。市政协高度重视政协新闻的网络宣传，加强市政协门户网站的建设，2006年开通阳泉政协网站，并科学设置各个栏目，充实和及时更新宣传内容，充分发挥了网络新兴媒体便捷形象、传播速度快、辐射面广的特点，政协门户网站成为市民了解政协工作、获取政协资讯的重要途径。

阳泉市志
YANGQUANSHIZHI

[中 册]

第十九编

党派团体

民国 15 年（1926）初，中国共产党与中国国民党均在阳泉境内建立了各自的地方组织。民国 36 年（1947）5 月，随着阳泉解放设市及中国共产党阳泉市委员会、阳泉市人民政府的成立，标志着中国共产党地方政权（中国共产党地方组织另设专卷记述）的建立，以及中国国民党地方政权的退出。

1956 年 7 月至 1990 年 9 月，阳泉境内先后建立了中国民主同盟、中国民主建国会、中国国民党革命委员会、中国民主促进会、中国农工民主党、九三学社等民主党派地方组织。数十年来，境内民主党派地方组织在中共阳泉市委的领导下，积极参政议政，认真履行职责，主动服务社会，为促进地方经济发展和社会进步发挥了重要作用。

从民国 11 年（1922）开始，在中国共产党的领导或影响下，阳泉境内还分别建有以工人、青年、妇女为主体的群众组织或其他进步团体，如，正太铁路总工会阳泉分会、阳泉保晋铁厂工会、阳泉矿区总工会、平定县青年抗日救国会、盂县青年抗日救国会、平定县妇女抗日救国会、盂县妇女抗日救国会、山西省牺牲救国同盟会平定县分会、山西省牺牲救国同盟会盂县分会等。至 2010 年，阳泉境内除了列入国家正式机构编制的市总工会、团市委、市妇联、市科协、市文联、市侨联、市贸促会、市残联等群团组织外，还有众多在民政部门注册的其他各类社会团体。这些群众组织、社会团体虽然创建时间不一、机构名称多有变化，但自成立之后，紧扣时代脉搏，从各自特点和实际出发，振奋精神，凝心聚力，积极作为，为繁荣地方文化、维护社会稳定、推动经济发展、促进社会进步作出了积极贡献。

第一章 中国国民党组织

第一节 组织沿革

中国国民党阳泉地区的组织始建于民国15年（1926）初。其时任中共太原地方执行委员会组织部部长并又加入国民党的王鸿钧等人，在平定县发展中共基层组织的同时，介绍平定中学的甄华、王鹏年、黄信诚3人加入中国国民党，组成中国国民党平定县临时党部，甄华为负责人。是年冬，在太原读书的盂县籍学生侯定邦、李沈定、刘云门、李北海、郑新吾、刘佑仁等，受国民党山西省临时党部指派，利用假期返回盂县筹建国民党县党部。发展党员20余人，并于民国16年春成立中国国民党盂县党部执行委员会，推举侯定邦、李沈定、李北海、郑新吾、刘佑仁5人为常务委员。之后，在盂县城关、牛村、西烟和上社建立4个区党部，发展党员二三百人。

民国16年（1927）4月12日蒋介石发动反革命政变后，国共两党合作局面被破坏。国民党山西省党部随之进行改组，自上而下对共产党人进行逮捕屠杀。平定县和盂县的县党部解体。同年冬，国民党山西省党部委派李北海为盂县县党部书记长，派周雯到平定县负责县党部工作。

国民党在“清党”的同时，还开展了国民党党员登记工作。国民党山西省党部派李沈定组建国民党盂县党员临时登记处，并任指导员（原书记长改称指导员）；派周雯任平定县国民党党员登记处主任。盂县在城关、上社、牛村、西烟、北娄，以及县中学、县公署机关进行登记，共登记国民党党员约60人，建立7个区分部。在平定县登记的国民党党员约30人，成立国民党平定县直属区党部，周雯、李有年、杨子仪为执行委员，周雯任常务委员。下设3个区分部，

第一区分部设在平定县城，第二区分部设在赛鱼第五高小，第三区分部设在锁簧第二高小。

民国19年（1930）3月，“中原大战”爆发。蒋系国民党山西省党部撤离山西，阎系势力乘虚而起。是年，在山西大学读书的国民党党员商子和、李福和、姬乾元等被派回平定县，封闭了国民党平定县直属区党部，驱走周雯，成立了国民党平定县党员通讯处，并推举刘佐、杨子仪等7人为委员主持工作。其间，盂县国民党县党部也停止活动，李沈定出走。同年9月，阎锡山、冯玉祥、汪精卫等联合倒蒋失败，蒋系国民党山西省党部人员返回太原，于民国20年初恢复活动。是时，周雯也重返平定县，解散国民党平定县党员通讯处，成立国民党平定县党务整理委员会，周雯、张有为、樊子盈为委员。同时，李沈定也重返盂县，成立国民党盂县党员联合办事处，在县公署、县中学、北娄、西烟组成4个党部。“九一八”事变后，日军侵入东北三省，学生爱国运动蓬勃兴起。国民党山西省党部镇压学生运动，于同年12月18日制造了枪杀太原进山中学学生穆光政（盂县籍）惨案，更激起人民群众的愤恨，因而国民党山西省党部被封闭。紧接着，平定县学生抗日救国会为声援太原市的学生斗争，发动县城各校师生举行游行示威，并将国民党平定县党部查封。随之，盂县县党部也被封闭。此后长达数年，两县国民党党务活动基本处于停顿状态。

民国21年(1932)11月,国民党正太铁路特别党部成立,下辖3个区,阳泉铁路系统为第二区,设有直属区分部。民国27年12月，由于日军大举进攻，国民党中央电令阎锡山成立山西省党部。阎锡山便派员恢复国民党在各县的组织。在省党部直接领导下，建立了15个直属区党部，阳泉工矿区党部即为其中之一，王宗源任书记长。其间，平定县和盂县的党务活动也相继恢复。民国27年冬，边区国民党负责人刘奠基及阎锡山在盂县的驻军新二师师长金宪章召集国民党党员李沈定、周德昌、赵华甫、崔付岩等人在上社镇组成国民党盂县党部筹备处，并确定李沈定为负责人。翌年7月正式成立中国国民党盂县党部，派郑文华为书记长。经过两年的发展，党员达到1600多名，建立区分部11个。民国29年3月，边区国民党党部又派李沈定、单不移到盂县，名曰停止国民党党务活动，但随即又组织临时党部，由赵华甫负责，并重新登记党员，同年4月又成立国民党盂县党部，由单不移任书记长（民国31年赵华甫任书记长），盂县国民党活动由公开转入秘密。是年8月，盂县划为盂平、盂阳县后，两县先后均建立国民党县党部。民国32年4月，杨可庸任盂阳县党部书记长，同年5月正式成立国民党盂阳县党部。7个区各设书记长1人。民国34年春，史晋书任盂县党部书记长。同年8月，盂县全境解放，国民党盂县党部逃亡至阳泉，时有7个区党部、21个区分部，但有名无实。

民国30年（1941），国民党山西省党部派人潜入平定县地都村，任命段礼庭为国民党平定县党部书记长。其后担任书记长的有杨佩铣、张仪信等人。

抗战胜利后，国民党山西省党部随阎锡山迁回太原市。民国34年（1945）10月，国民党山西省党部第五督导区督导处迁至阳泉兴隆街办公，由马德乡任督导员。第五督导区直接管辖平定、盂县、寿阳、昔阳、和顺5个县的县党部（督导区于民国35年7月撤销）。此时，国民党平定县党部由秘密转为公开活动，其党部设在阳泉太上街1号（后迁回平定县城）。到民国36年阳泉建市前夕，平定县党部所辖区分部发展到15个，党员发展至598人。民国35年7月，铁路系统建立国民党晋冀铁路特别党部，阳泉车站设有区党部。民国36年5月阳泉全境解放。同年8月，国民党山西省党部纠集流亡到太原的平定县国民党党员拼凑起平定县流亡县党部，由李福和任书记长。既无办公地点，又未开展活动，名存实亡。

第二节　主要活动

平定县、盂县国民党县党部成立初期，正值国共合作时期，国民党地方组织除发展党员，建立健全各级组织外，主要是组织学校师生对外进行打倒帝国主义、废除不平等条约、收回租界地的宣传活动，对内是进行打倒军阀、打倒土豪劣绅、完成国民革命、为工农民众谋利益宣传等，同时也开展破除迷信、打神像等活动。在平定县还举办过两期由学校教员参加的党义训练班，主要学习孙中山的《三民主义》《五权宪法》等，组织过小学教员为增加薪金而进行的请愿活动，以及轰走劣绅贪官的游行示威活动等。此外，在两县还发展建立了一些群众组织。民国16年（1927）4月12日反革命政变后，党部撤销，成立了党务改组委员会和清党委员会，开始抓捕共产党人和拥护孙中山“三大政策”的左派人士。

抗战初期，由于实现了国共两党的第二次合作，一段时期国民党县党部曾建立宣传队、慰问工作队、侦察工作队等，从事抗日宣传和打击汉奸等活动。但随着蒋介石推行消极抗日、积极反共的政策，国民党在阳泉地区的各级组织也积极贯彻“溶共、防共、限共、反共”的方针，派人搜集各抗日民主政府和共产党、八路军的各种军政情报，通过交通员密送至国民党山西省党部，还采取一些卑劣手段制造摩擦，瓦解抗日力量，破坏抗日。国民党盂县党部的一些人甚至和日伪统治区汪精卫的国民党人相勾结，大搞所谓曲线救国，公开破坏抗日活动。抗战胜利后，阎锡山派员充实平定县党部，并通过在境内设立的办事机构大肆进行反共宣传，还配合其军队对解放区进攻，屠杀干部群众。县党部还与县公署结合，强令实施保甲制度，逼令农民巡逻站岗，强征党务特捐，限期征收田赋，贪污壮丁粮，修筑战用公路等。

第二章 民主党派 工商联

第一节 民革市委

一、组织沿革

中国国民党革命委员会阳泉市委员会（简称民革阳泉市委）是中国国民党革命委员会的地方组织。始建于1982年12月，初为民革阳泉支部，共有党员7人，刘伯文任主任委员。1985年8月，党员发展到27名。随着组织的不断扩大，1987年2月，民革阳泉市委筹备委员会成立，下设组织组、资料组和会务组。同年6月17日，民革阳泉市第一次全体党员大会召开，民革阳泉市委正式成立。

至2010年，民革阳泉市委共有党员122人，其中，民革省委委员2名，省政协委员1名，市人大常委1名，市政协常委2名，市政协副秘书长1名，市、县（区）人大代表及政协委员26名。民革阳泉市委共有8个基层支部和1个小组，分别为直属支部、上站支部、文教卫支部、阳煤集团支部、西城支部、北大街支部、郊区支部、太原理工大学阳泉学院支部和平定小组。

二、代表大会

至2010年，民革阳泉市共召开过4次党员（代表）大会。其中，1987年6月17日，民革阳泉市第一次党员大会召开，参会党员48人，选举产生民革阳泉市第一届委员会，张耀增当选主任委员；1993年10月20日，民革阳泉市第二次党员大会召开，参会党员66人，选举产生民革阳泉市第二届委员会，张云翔当选主任委员；1998年12月29日，民革阳泉市第三次党员大会召开，参会党员 73 人，选举产生民革阳泉市第三届委员会，张云翔当选主任委员；2004 年 5 月 18 日，民革阳泉市第四次代表大会召开，参会党员 54 人，选举产生民革阳泉市第四届委员会，孔德慧当选主任委员。

三、主要工作

（一）参政议政

民革阳泉市委成立后，认真履行参政党职能，积极组织广大党员关注民情，重视民意，紧紧围绕中共阳泉市委、市政府的中心任务开展工作，呈现出热情高涨的参政议政局面。2006 年 12 月，民革阳泉市委被民革中央授予全国参政议政工作先进集体称号，被民革山西省委授予全省参政议政工作先进集体称号。至 2010 年，民革阳泉市委先后有 80 人次担任各级人大代表和政协委员，提出提案 840 余件（其中团体提案 200 余件），有 30 件获市政协团体提案奖、80 件获市政协优秀提案奖。共向有关部门报送和反映社情民意 600 余篇，其中有 120 余篇被全国、省、市政协采用，民革阳泉市委多次被市政协评为社情民意信息工作先进集体。其中，《关于做好我省城市住宅楼房信报箱建设的建议》等 5 件提案被省政协评为优秀提案，《我市社区卫生服务工作中存在的问题和建议》等 20 件提案被市政协评为优秀提案；《耕地“内部侵蚀”现象应引起全社会关注》的提案得到省国土资源厅的高度重视和有关部门的有效办理，《我市应利用“第二水资源”解决缺水问题》等 40 多件提案得到市政府相关部门的高度重视和积极办理；《民营企业发展中几个亟待解决的问题》和《关于政府应尽快建立个体、民营企业发展基金会的建议》被有关部门采纳后，阳泉市在全省率先成立了个体民营企业担保有限公司。

（二）祖国统一工作

20 世纪 90 年代至 2010 年，民革阳泉市委积极加强海外联谊，通过多种方式和渠道宣传“一国两制”方针，大力团结海内外人士，为台胞台属寻找亲人牵线搭桥，排忧解难。先后与海外人士通信 1000 余封，传统节日寄赠贺卡 2200 余张，接待台胞 240 余人次。2009 年 8 月，“莫拉克”台风席卷台湾，民革党员自发为台湾同胞捐款 5150 元，民革中央办公厅和国务院台湾事务办公室寄来感谢信。

与此同时，民革阳泉市委加大对台宣传工作力度，组织民革党员围绕祖国统一和做好对台工作撰写文章，《孙中山革命思想对台湾人民的影响》《浅析人民政协要努力为促进祖国统一做贡献》等 400 余篇文章分别发表在《团结报》《山西日报》《香港大公报》和台湾《中国风采》等报刊上，仅刘伯文一人就撰写稿件 170 余篇，曾获“全国对台宣传工作优秀奖”。

（三）服务社会

民革阳泉市委成立后，注重发挥人才荟萃的优势，积极开展各种社会服务活动。先后举办了多种专业技术培训班，参训人员达700余人次。成立“三胞法律服务站”，提供法律咨询，代书法律文书，帮助解决民事纠纷，先后帮助100余起案件的当事人追回欠款近100万元，维护了当事人的合法权益。组织党员开展科技扶贫工作，帮助郊区小庄村改造铸铁炉，引进优种兔，解决水利建设资金3万元，帮助修建蓄水渠道1000米、环村公路1000米，种树100多棵。组织医疗卫生界、法律界党员下乡，为村民进行健康体检，提供法律咨询服务。与郊区农广校联合，为郊区培训农民技术骨干300余人。此外，还组织党员经常参加各种社会公益活动，踊跃为公路建设、桃河改造、帮残助残、扶贫济困等捐款捐物，累计捐款捐物价值近30万元。2006年，民革阳泉市委获“民革全国社会服务先进集体”称号，杜宜忠获“民革全国社会服务先进个人”称号。汶川地震、玉树地震发生后，全市民革党员共捐款7万余元，邵玉珍、姚智俊、杜宜忠被民革山西省委授予“抗震救灾捐款先进个人”称号；党员周晋生、穆林泉赴灾区参与救援工作。

（四）宣传工作

民革阳泉市委始终重视宣传工作，共编写阳泉民革信息600余期；先后有400多篇稿件在《人民政协报》《团结报》《山西政协报》《阳泉统一战线》等报刊上刊登；广大党员撰写统战理论及调研文章80余篇、统战信息90余篇，其中20余篇获奖。民革阳泉市委多次被民革山西省委评为全省宣传工作先进集体。孙中山史料研究取得新成果，完成民革山西省委《孙中山与山西》、民革阳泉市委《孙中山与阳泉》的史料整理和编写工作。

2004年12月，直属支部被民革中央授予全国先进支部称号；2名党员被评为民革全国先进基层党务工作者。2009年12月，直属支部、上站支部、阳煤集团支部被民革山西省委授予全省先进支部称号。

第二节　民盟市委

一、组织沿革

中国民主同盟阳泉市委员会（简称民盟阳泉市委）是中国民主同盟的地方组织。1957年4月，山西大学教授王文光到阳泉市帮助筹建阳泉民盟组织，阳泉市文化教育界的部分学者参加了王文光教授筹备组织的座谈会，成立了民盟阳泉市临时支部和阳泉市晋剧团临时支部。1958年10月，阳泉市民盟盟员大会召开，民盟两个临时支部合并为民盟阳泉市支部委员会，商子和当选支部主任委员。到“文化大革命”前夕，全市盟员发展到37人。“文化大革命”开始后，民盟被迫停止活动。1978年4月，民盟阳泉市支部委员会恢复组织活动，全市有盟员30人。1985年8月，民盟阳泉市第一次盟员大会召开，民盟阳泉市委成立。

至2010年，民盟阳泉市委有盟员180人，其中担任民盟省委常委1人，省政协委员1人，市政协副主席1人，市政协常委1人，县区人大代表、政协委员14人；有11个支部和3个小组，即城区支部、教育支部、科技支部、医卫支部、文艺支部、十一中支部、矿区支部、二中支部、平定支部、学院支部、郊区支部和十五中小组、高专小组、职教小组。

二、代表大会

至2010年，民盟阳泉市共召开过4次盟员（代表）大会。其中，1985年8月28日，民盟阳泉市第一次盟员大会召开，参会盟员65人，选举产生民盟阳泉市第一届委员会，张勇当选主任委员；1996年7月11日，民盟阳泉市第二次盟员大会召开，参会盟员87人，选举产生民盟阳泉市第二届委员会，程羡瑞当选主任委员；2001年11月28日，民盟阳泉市第三次代表大会召开，参会盟员69人，选举产生民盟阳泉市第三届委员会，赵永红当选主任委员；2006年11月30日，民盟阳泉市第四次代表大会召开，参会盟员89人，选举产生民盟阳泉市第四届委员会，赵永红当选主任委员。

三、主要工作

（一）参政议政

民盟阳泉市委成立后，紧紧围绕事关全市经济社会发展的重大问题开展调查研究，提出意见和建议，履行参政议政职能。民盟阳泉市委先后对市污水处理厂、平定县污水处理厂和市铝业集团公司的排污减耗工作进行了调研；与市政协、市文化局联合深入盂县、郊区、平定县、城区，就基层文化建设工作进行调研；与市政协联合对阳煤集团公司新景矿进行科技调研；对娘子关供水泵站进行了工业用水及居民生活饮用水质量达标情况调研等。先后撰写出《关于我市污水处理现状的调查及综合治理的建议》《加强我市基层文化建设，推动城乡一体化建设进程》《科技创新是发展企业的根本出路》《平定娘子关提水工程基本情况调研》等一批调研报告。2000年至2010年，盟员共撰写提案703件，其中集体提案186件，有56件提案得到省政协和市政协的重视，17件提案受到市政协表彰，95%的个人提案被立案并得到有关部门的回复。民盟阳泉市委先后4次被市政协评为“提案工作先进集体”。

（二）服务社会

民盟阳泉市委在20世纪80年代中期创办“振华补习学校”，在随后的10年间，先后举办各类业余文化补习班16个；举办全日制文、理科高考补习班5个，招收补习生160余名，为高一级学校输送学生100余名。采取多种方式服务社会，为郊区山底村和盂县乌玉村打深井2眼，解决了两村群众及所养牲畜的吃水困难；深入平定县宋家庄村等偏远山区开展医疗扶贫义诊13次，捐赠药品价值1.5万元，就诊患者1000余人次；开展捐资助教活动10余次，捐资近1万元；盟员先后为中小学危房改造、桃河治理、抗洪救灾、汶川地震灾区等捐款捐物，奉献爱心。

1986年是民盟成立45周年和民盟先烈李公朴、闻一多殉难40周年，民盟阳泉市委举办了盟史和先烈事迹图片展，组织医疗服务队到平定县张庄镇开展医疗义诊咨询服务活动，成立科技文化服务社，安置社会闲散人员36名。2003年“非典”肆虐，民盟阳泉市委号召全市盟员群策群力、科学防治，并向战斗在抗击“非典”一线的盟员毕梅梅、刘秋萍进行表彰和慰问。民盟阳泉市委主委、市卫生局副局长赵永红被民盟中央、民盟山西省委授予“抗击‘非典’先进盟员”称号；省人事厅、卫生厅授予其“抗击‘非典’先进个人”称号，并记三等功。2004年，民盟阳泉市委在全省开展的“立盟为公、参政为民、创建活力支部、争做优秀盟员”活动中，被民盟山西省委评为“先进组织”。2005年，在纪念抗日战争胜利60周年活动中，组织省、市医疗专家深入盂县上社镇，为27名抗日老战士义务体检，为全镇300余名教师进行义诊和医疗咨询服务。2006年，组织医卫支部的眼科专家赴平定县下董寨村开展“光明扶贫行动”，为40余名白内障患者进行术后复查诊治。2004年至2010年，组织高专小组的部分盟员开展农村劳动力转移“阳光工程”培训，与有关部门联合举办各类培训班70余期，培训学员5000余人；文艺支部盟员多次深入农村、社区、市福利院养老中心和驻地部队开展慰问演出，深受基层群众欢迎。

（三）组织活动

1999年7月，民盟阳泉市委召开座谈会，声讨李登辉分裂行径，广大盟员以坚定的政治立场和清醒的政治头脑始终与中国共产党中央保持高度一致。2006年，组织盟员骨干前往八路军太行纪念馆参观学习，接受爱国主义和革命传统教育；开展了“喜迎十七大”千人登山活动。2010年，开展“走近中小企业，服务中小企业”活动，到非物质文化遗产项目传人——盟员张宏亮创办的张氏砂器陶艺坊进行调研，积极为其提升产品质量、赢得市场机遇牵线搭桥。

第三节　民建市委

一、组织沿革

中国民主建国会阳泉市委员会（简称民建阳泉市委）是中国民主建国会的地方组织。1956年，阳泉市就有人加入中国民主建国会。当时，阳泉市还没有建立民建组织，他们作为民建太原市委直接联系的会员参加活动。1982年12月15日，民建阳泉市支部成立，有会员12人、支部委员会委员3人，张赐林为主任委员。1984年3月18日支部改选。1985年12月15日，民建阳泉市第一次会员大会召开，中国民主建国会阳泉市委员会成立。

至2010年，民建阳泉市委有会员135人，平均年龄48岁。市委委员9人，拥有中级、高级职称的占68%，经济界人士占80%，大专以上学历的占70%，会员中担任各级人大代表、政协委员的占31%（省政协常委1人，市人大代表3人，市政协常委1人、委员11人，县区人大代表1人，县区政协委员25人）。共有基层支部8个，即机关支部、国企支部、非公有制支部、城区支部、郊区支部、矿区支部、平定支部和老年支部。

二、代表大会

至2010年，民建阳泉市共召开过5次会员（代表）大会。其中，1985年12月15日，民建阳泉市第一次会员大会召开，参会会员45人，选举产生民建阳泉市第一届委员会，王吉林当选主任委员；1992年1月25日，民建阳泉市第二次会员代表大会召开，参会会员58人，选举产生民建阳泉市第二届委员会，马子麟当选主任委员；1996年12月27日，民建阳泉市第三次会员代表大会召开，参会会员66人，选举产生民建阳泉市第三届委员会，莫松年当选主任委员；2002年4月18日，民建阳泉市第四次会员代表大会召开，参会会员60人，选举产生民建阳泉市第四届委员会，刘兆林当选主任委员；2007年1月22日，民建阳泉市第五次会员代表大会召开，参会会员65人，选举产生民建阳泉市第五届委员会，刘兆林当选主任委员。

三、主要工作

（一）学习教育

民建阳泉市委成立后，坚决拥护中国共产党领导的多党合作和政治协商制度，贯彻落实“长期共存，互相监督，肝胆相照，荣辱与共”的方针，组织广大会员努力学习中国共产党的路线、方针、政策，学习中国特色社会主义理论，学习中国民主建国会章程等。先后举办各种政治理论培训班、座谈会、研讨会等80余次，提高了广大会员对坚持“共产党领导、多党派合作，共产党执政、多党派参政”这一基本政治原则的认识，同时对民建政治纲领、目标、任务和优良传统也有了进一步的认识。

市委会先后组织召开纪念中国共产党成立80周年大会、庆祝中华人民共和国成立55周年大会、“我和我的祖国”演讲比赛、“纪念民建成立65周年和民建阳泉市委成立25周年”演讲活动等，组织会员到麻田、黄崖洞、西柏坡、民建成立地重庆等地参观学习，邀请有关专家学者讲会章会史、讲政治传承等。通过形式多样的活动，使广大会员解决了“举什么旗、走什么路”的问题，累计做读书笔记80余万字，撰写统战理论文章110余篇，撰写心得体会700余份，编发政治交接学习教育活动简报14期；在《民讯》《山西政协报》《山西民建》《阳泉日报》《政协之声》和民建中央网、民建山西网、阳泉政府网、阳泉电视台等新闻媒体上发稿150余条；在《阳泉文史资料》民主党派专辑和纪念改革开放30周年专辑上登载文章24篇，计8万余字，扩大了民建阳泉市委的社会影响，拓宽了对外宣传渠道，在市委会的思想建设工作中发挥了积极作用。

2004年4月、2009年8月、2010年1月，民建中央副主席陈明德，全国政协副主席、民建中央第一副主席张榕明，全国人大常委会副秘书长、民建中央副主席张少琴先后到民建阳泉市委调研指导，对市委会的工作表示肯定，并提出工作新要求，鼓舞了广大会员发挥参政党作用的积极性。

（二）组织建设

民建阳泉市委成立后，特别重视解决“靠得住、有活力、有能力”的问题，努力加强领导班子建设、制度建设、基层支部建设和干部队伍建设，为开展工作提供了强有力的组织保障。

领导班子建设方面，民建阳泉市委要求班子成员树立“讲学习、讲政治、讲正气、讲团结、讲奉献”的思想。通过连续多年的建设，班子成员在政治和工作实践中能坚持正确的政治方向和政治立场，在事关全局和根本原则问题上是非分明，自觉接受和坚决维护中国共产党的领导，坚持和完善中国共产党领导的多党合作制度，在广大会员中发挥了带头作用。

制度建设方面，重点建立和完善市委委员联系支部和专委会制度，便于了解和掌握基层会员动态，倾听意见和建议，及时发现问题、解决问题，使市委会的决策、部署在基层得到很好的落实。建立起关心会员机制，把春节慰问、重阳节座谈、为70岁以上的老会员送生日鲜花等制度化，帮助会员解决实际困难，使市委会的组织凝聚力逐年增强。

基层支部建设方面，在广泛征求意见的基础上，民建阳泉市委先后制定下发《关于民建阳泉市委设立专委会的决定》《民建阳泉市委有关制度的决定》《民建阳泉市委基层支部换届方案》等，建立起以专委会为经、以支部为纬的基层组织构架。支部换届工作坚持"严格规范、充分酝酿、民主集中"的原则，采取"集中动员、分别选举、同步批复"的方法一次性完成。为解决基层支部活动无场所、形式简单、支部作用不能充分发挥的问题，2007年，市委会组织开展了"六有三上墙"活动，即有场地、有主题、有内容、有交流、有记载、有实效和会章教育上墙、会员履职情况上墙、会员参加活动出勤上墙。经过努力，基层支部基本都实现了"六有三上墙"，共制作宣传版面21块。2009年10月，民建阳泉市委代表民建山西省委参加了民建中央组织的（北片）民建14个基层组织工作建设研讨会，在会上作了经验介绍，受到参会人员好评。2010年，郊区支部被民建中央、民建山西省委分别评为"先进支部"。

干部队伍建设方面，积极为会员政治发展搭建平台，在市、县（区）人大和政协换届工作中，主动推荐民建优秀会员担任各级人大代表和政协委员。注重年轻干部的选拔、培养和发展，有计划、有目标、有组织地培训，提高年轻干部的综合素质。坚持"注重质量，注意数量"的原则，严格申请入会者的考察程序，对新会员进行会章、会史及传统教育，增强会员的使命感和责任感，严格把好入口关、传承关、履职关，做到发展与巩固相结合、教育与培养相结合，使民建阳泉市委的知识结构、年龄结构趋于改善和优化，为更好地发挥参政党作用提供了人才支撑。

（三）参政议政

20世纪80年代后期至2010年，民建阳泉市委紧紧围绕中共阳泉市委、市政府的中心工作和阳泉发展实际，认真参政议政，积极履行职能。充分发挥会员中经济界人士比较集中的优势，多次组织参政议政座谈会、培训班。开展调研活动，先后撰写提案、议案和建议620余件，有一部分被列为市人大、市政协的重点议案和提案，为各级领导科学决策提供了参考。其中，民建阳泉市委主委刘兆林撰写的《关于设立核辐射环境监督机构的建议》《健全制度完善措施抓好节能减排》和《下大力抓好节能减排，实现山西和谐发展》分别被评为2007年、2009年、2010年度省政协优秀提案；市人大代表蔡新田撰写的《娘子关水源亟须保护》被市人大列为2007年1号议案；《工业园区的发展应与小城镇建设同步进行》等7件被评为市优秀集体提案；《关于尽快建成阳泉高级技工学校的建议》等15件被评为市优秀提案。

同时，民建阳泉市委紧扣时代主题，密切关注人民群众反映强烈的热点、难点问题，整理成社情民意稿件向有关部门反映。至2010年，共撰写社情民意800余条，许多被《人民政协报》《山西政协报》和中央统一战线网、民建中央网、民建山西省委网，以及市政协《社情民意》和市委统战部《建言献策摘编》采用。其中《体制障碍不利于煤炭行业安全监管》被全国政协选用。

（四）服务社会

民建阳泉市委成立后，发挥自身优势，积极为社会服务。一是以“三联系”活动为抓手，创新社会服务工作。“三联系”即联系服务一批新农村、联系服务一批城市社区、联系服务一批民营企业，做到调研有基地、建言有根据、服务有效果。至2010年，共建立农村联系点6个、社区联系点3个、企业联系点12个。二是凝心聚力，奉献爱心。2003年“非典”期间，成立民建防治“非典”领导组，安排部署捐款捐物工作，会员韩万明奋战在抗击“非典”第一线，受到民建中央主委成思危和民建山西省委领导的亲切慰问。2008年汶川特大地震发生后，组织开展“赈灾济难捐助献爱心”活动，会员累计捐款25万余元。三是发挥资源优势，搭建经济发展平台。2008年6月，民建广东省委组织会员企业考察团到阳泉市进行考察，与民建阳泉市委签订了《粤晋企业合作促进机制框架协议》，举行了两地民建企业家会员座谈会，并对阳泉市的房地产业、装备制造业和陶瓷业等企业进行实地考察。之后双方共进行了6次互访交流，在装备制造业、小杂粮等项目上成功合作。四是鼓励会员建功立业，树立良好的社会形象。2009年，民建阳泉市委被省委统战部授予“智力兴晋服务活动先进集体”称号。阳泉铝业股份有限公司总工程师、市政协十一届常委石文斌2007年被评为“阳泉市十大优秀青年”之一，2008年成为北京奥运会火炬手，2009年被评为“阳泉市十佳青年科技工作者”之一，并记阳泉市个人一等功，2010年获得由中国科协、国家发改委、科技部、国务院国资委联合颁发的“全国讲理想、比贡献活动科技标兵”荣誉称号。建工申华暖通设备公司总经理刘克勤领导发明了自力式流量控制阀，先后获得4项国家实用新型专利和1项国家发明专利，所在企业连续多年被市政府命名为“守合同重信用企业”，2008年获得全市唯一的也是阳泉市首个“省级高新技术企业”称号。

第四节　民进市委

一、组织沿革

中国民主促进会阳泉市委员会（简称民进阳泉市委）是中国民主促进会的地方组织。1981年，平定师范学校教师袁明志经中国民主促进会山西省委主委丁裕超介绍加入民进，为阳泉市第一位民进会员。1983年6月14日，民进阳泉市支部成立，共有会员21人，袁明志任主任委员。1985年12月23日，民进阳泉市筹备委员会成立，有会员50人。1987年4月5日，民进阳泉市第一次会员大会召开，中国民主促进会阳泉市委员会成立。

至2010年，民进阳泉市委共有会员213人，其中，省人大代表1人，省政协委员1人，市人大代表3人，市政协副主席1人、常委2人、委员15人，县区人大代表、政协委员20人；教育界占65%，文艺界占9%，医卫界占11%，其他占15%；中级、高级职称占87%；本科学历占62%；享受市政府特殊津贴2人。下设14个支部，即豫剧团支部、燕龛支部、矿务局支部、城区小（学）教（师）支部、教育学院支部、市直支部、东村支部、三郊支部、荫营支部、上站支部、医卫支部、市一中支部、机关支部和夕阳红支部。

二、代表大会

至2010年，民进阳泉市共召开过5次会员（代表）大会。其中，1987年4月5日，民进阳泉市第一次会员大会召开，参会会员58人，选举产生民进阳泉市第一届委员会，袁明志当选主任委员；1992年1月27日，民进阳泉市第二次会员大会召开，参会会员93人，选举产生民进阳泉市第二届委员会，雷渊禧当选主任委员；1996年12月13日，民进阳泉市第三次会员大会召开，参会会员102人，选举产生民进阳泉市第三届委员会，雷渊禧当选主任委员；2001年11月29日，民进阳泉市第四次代表大会召开，参会会员63人，选举产生民进阳泉市第四届委员会，任衍钢当选主任委员；2006年8月24日，民进阳泉市第五次代表大会召开，参会会员82人，选举产生民进阳泉市第五届委员会，任衍钢当选主任委员。

三、主要工作

（一）学习教育

民进阳泉市委始终把抓好会员政治理论学习放在首位。采取长计划与短安排相结合、集体学与自学相结合、举办讲座与短期培训相结合、恳谈交流与理论征文相结合的方式，组织会员反复学习邓小平理论、“三个代表”重要思想、新时期统一战线理论、民进会章及会史等，使会员努力在政治理论学习的基础上进行理性思考，做到思想上旗帜鲜明、政治上立场坚定、理论上高度清醒和作风上求真务实。与此同时，民进阳泉市委组织会员参加市委统战部举办的诗歌朗诵会、知识竞赛等活动。编印了《阳泉民进20年》一书。2008年，布置了会史展览室，对会员进行传统教育。在广大会员中开展了“五个一”活动，即读一本好书、写一份好调查报告、提一个好建议、做一件好事、当一个好会员。通过各种学习教育活动，全体会员的政治思想素质明显提高，自觉接受中国共产党领导、坚持走中国特色社会主义政治发展道路的信念显著增强，政治把握能力、参政议政能力、组织协调能力和合作共事能力进一步提升。

（二）参政议政

民进阳泉市委成立后，认真履行参政党职能，在政治协商、民主监督、参政议政的民主进程中积极开拓思路，发挥整体优势，使参政议政工作向纵深发展。在集中智慧、明确目标、确定方案的基础上，采取“选题准、内容实、时效快、价值高”的方式，有计划有步骤地组织会内各级人大代表、政协委员，围绕阳泉各个时期的中心工作开展调查研究，撰写出大量的调研报告、提案和社情民意信息。民进阳泉市委累计向各级人大、政协提交议案 43 件、提案 513 件，获优秀集体提案 16 件、优秀个人提案 11 件。其中，《关于农村校园文化的构建与思考》《关于我市农村“三教统筹”发展状况》受到民进中央、民进山西省委领导的关注；《关于抓住环渤海经济圈一体化机遇，加快阳泉经济发展的建设》《关于加快我市廉租住房建设的建议》等被市政协评为优秀提案。累计提交社情民意信息 345 条，被全国政协采纳 8 条、省政协采纳 15 条、市政协采纳 117 条。其中《关于计划生育奖励政策在农村实施过程中反映出来的问题》得到国务委员、国务院秘书长华建敏的批示，国家人口计生委主任张维庆、副主任潘贵玉批示省人口计生委尽快解决。民进阳泉市委连续多年被市政协评为社情民意信息工作先进单位。

（三）服务社会

民进阳泉市委在建言献策、参政议政的同时，积极开展服务社会工作。先后邀请全国著名特级教师霍懋征，全国特级教师、全国政协委员王兰，全国政协委员吕敬先等学者到阳泉市讲学，听讲人数达 7600 余人次。先后开办成人高考补习班、电子琴培训班、中医培训班、市工商外语学校、山西大学阳泉函授站等，学习人数达 1000 余人次。邀请民进山西省委委员、省果树专家马恩正教授深入郊区曹家掌村进行果树管理指导工作。组织会内医务人员、中小学高级教师为扶贫点群众进行义诊与教育扶贫。2003 年，成立智力支边助教讲学团，把郊区杨家庄中学作为民进阳泉市委的讲学基地，先后邀请民进中央副主席王佐书、山西大学教授张恒，以及太原市 36 中高级教师等讲学 19 次。2006 年至 2010 年，民进中央、民进山西省委、民进太原市委、中共阳泉市委的部分领导深入杨家庄中学考察，民进中央、民进北京市委、民进山西省委、民进阳泉市委分别为杨家庄中学赠送价值 1 万余元的图书、3000 余元的计算机教学软件、10 台电脑及 2600 余元的办公桌椅等物品。2008 年汶川特大地震发生后，民进阳泉市委积极组织会员开展“献爱心、送温暖”活动，共向灾区捐款 3.56 万元。2010 年，将平定县巨城镇西岭村作为定点医疗服务点，组织会内医务人员开展义诊服务，为村民建立健康档案，对患者进行跟踪服务，深受村民欢迎。

（四）基层组织建设

民进阳泉市委积极支持基层支部建设，帮助建立支部活动室，规范档案管理，全部资料归档成册，制作宣传版面，通过努力，各基层支部全面推行了目标管理、制度管理和量化管理。召开基层组织发展现场经验交流会，不仅增强了基层支部间的相互交流，而且促进了基层支部的规范化、制度化和科学化发展。会员发展方面，注重质量，注重代表性，注重改善总体结构，严格组织发展程序，严格考察、筛选、审定，坚持发展前先征求和听取发展对象所在单位党组织的意见，健全集体审批手续制度，每年以5%的增长速度发展会员，所吸纳会员基本上都是高学历、高职称、有代表性和影响力的各类人才，使基层组织得到健康发展。民进阳泉市委还将56名会员纳入后备干部队伍，并进行动态管理，为市委、市政府使用党外干部储备了人才。

2002年，民进阳泉市委被民进中央评为“全国先进集体”。2004年，荫营支部被民进中央评为“全国先进支部”；市直支部、荫营支部被民进山西省委评为先进集体。2006年，民进阳泉市委被民进中央评为全国社会服务工作先进集体。2009年，在全省统一战线“凝聚力工程”活动中，民进阳泉市委获得“智力兴晋服务活动先进集体”称号。2010年，医卫支部被民进中央评为全国先进基层组织。

第五节　农工党市委

一、组织沿革

中国农工民主党阳泉市委员会（简称农工党阳泉市委）是中国农工民主党的地方组织。1983年10月，阳泉市工人文化宫职工邹敏加入中国农工民主党，为农工党在阳泉市发展的第一位党员。1984年3月3日，农工党阳泉市小组成立，有党员6人，邹敏任组长。1985年5月26日，农工党阳泉市支部成立，有党员12人，邹敏任支部主任委员。1989年2月24日，农工党阳泉市第一次党员大会召开，正式成立中国农工民主党阳泉市委员会。

至2010年，农工党阳泉市委共有党员164人，其中，医药卫生界占69.7%，科技界占7.8%，文教界占8.8%，其他界别占13.7%；有省政协委员1人，市人大代表2人，市政协委员10人；中级、高级职称占95%。有基层支部8个，即阳煤集团总支部、市直一支部、市直二支部、市直三支部、市一院支部、郊区支部、市中医院支部和平定支部。

二、代表大会

至2010年，农工党阳泉市共召开过4次党员（代表）大会。其中，1989年2月24日至26日，农工党阳泉市第一次党员大会召开，参会党员52人，选举产生农工党阳泉市第一届委员会，邹敏当选副主任委员，1990年8月改任主任委员；1995年11月2日，农工党阳泉市第二次党员大会召开，参会党员73人，选举产生农工党阳泉市第二届委员会，张定安当选主任委员；2001年1月15日，农工党阳泉市第三次党员大会召开，参会党员82人，选举产生农工党阳泉市第三届委员会，傅谦当选主任委员；2007年9月1日，农工党阳泉市第四次代表大会召开，参会党员67人，选举产生农工党阳泉市第四届委员会，李继红当选主任委员。

三、主要工作

（一）学习教育

加强学习，提高全体党员的政治素质和思想水平，是民主党派自身建设的核心，也是民主党派发挥职能的根本保证。农工党阳泉市委始终把学习毛泽东思想、邓小平理论和“三个代表”重要思想作为头等大事来抓，深入学习贯彻科学发展观，注重理论联系实际，进一步加强思想政治建设，广大党员的思想政治水平不断提高。定期组织市委委员和各基层骨干党员，通过座谈会、报告会等形式，学习中共中央有关文件和全国统战工作会议精神，深入开展以“坚持走中国特色社会主义政治发展道路”为主题的政治交接学习教育活动，准确把握科学发展观、和谐社会等一系列治国理政的新思想、新观点和新论断，进一步坚定了农工党党员坚持走中国特色社会主义道路的信念。同时，结合重大节日和纪念活动，开展形势教育和优良传统教育。通过召开纪念会、座谈会、研讨会，以及开展征文等方式，宣传社会主义建设的伟大成就，宣传农工党与中国共产党团结合作的优良传统，广大党员普遍增强了参政党意识和接受中国共产党领导的自觉性，提高了政治把握能力，保证了各项工作的圆满完成。

2009年，农工党阳泉市委被农工党中央和农工党山西省委分别授予“政治交接学习教育活动先进市级组织”称号；被农工党中央授予“宣传工作先进集体”“组织工作先进集体”称号。

（二）参政议政

农工党阳泉市委始终坚持“长期共存、互相监督、肝胆相照、荣辱与共”的方针，积极参加市人大、市政协组织的有关座谈会、协商会以及巡视、考察、调研活动，组织党员结合各个时期的中心任务和群众关心的热点问题广泛深入地开展调研，通过提案、议案、建议、社情民意等多种形式积极反映，为全市经济社会又好又快发展建言献策。

农工党阳泉市委成立20余年中，共向各级人大提交议案、意见、建议35件；向各级政协提交提案330余件，反映社情民意460余件，撰写调研报告46篇。其中《关于加强社区医疗管理的建议》《关于深化卫生体制改革，合理配置卫生资源的建议》等9件提案被市政协评为优秀提案。2006年，农工党阳泉市委报送农工党山西省委、提交省政协九届四次会议的《关于对山西省优质煤田煤炭资源实施保护性开采的建议》，被列为省政府重点督办提案，省政府常务副省长范堆相、省政协常务副主席薛荣哲分别作出批示。同年5月18日的《山西日报》全文刊登该提案，《山西政协报》也予以报道，提案受到社会广泛关注。2010年2月，李继红撰写的《关于进一步推进与完善农业保险制度的建议》得到国务院副总理回良玉的批示。《关于阳泉市公务用车的改革》等27篇社情民意得到市领导批示督办，《关于职业病的防范与对策》等9篇调研报告被市政协评为“优秀调研报告”。

2006年，农工党阳泉市委被农工党中央授予“为全面建设小康社会做贡献先进集体”称号；2009年，在山西统一战线“凝聚力工程”表彰大会上，农工党阳泉市委获得“献良策、比贡献活动先进集体”称号。2008年，李继红被农工党中央评为“参政议政工作先进个人”。

（三）服务社会

农工党阳泉市委充分发挥党内知识分子和专业技术人才集中的优势，联合社会力量，积极开展多层次、多形式、多渠道的社会服务活动。一是开展捐资助学活动。每年“六一”节前夕，都组织医疗、教育专家，到城镇、乡村学校开展“关爱儿童阳光行”服务活动，为孩子们提供健康体检、卫生指导和学习帮扶，参加活动的专家自发捐款购买学习、体育用品赠送给学生，累计捐资捐物2万多元。二是关注“三农”问题。每年11月“国际科学与和平周”期间，组织广大党员与社会力量，联合举办关注“三农”社会服务活动，受益群众达3万余人。2001年，农工党阳泉市委被农工党中央评为“国际科学与和平周活动先进集体”。三是不定期组织“智力兴晋服务团”开展医疗下乡、科技下乡、法律咨询等活动，社会效果良好。2006年、2010年，农工党阳泉市委两次被农工党中央评为“全国社会服务工作先进地市级组织”。

（四）组织建设

实施人才强党战略，培养高素质人才。为贯彻落实人才强党战略，农工党阳泉市委制定了教育培训计划，多次组织骨干党员参加各类培训班，学习多党合作、统战知识、党章党史等内容，增强了党员的政治责任感和使命感，提高了各级领导班子、骨干党员的政治理论水平和业务素质，广大党员参政议政、履行职能的能力和水平明显提升，为增强多党合作共事能力奠定了基础。

活跃组织生活，增强组织凝聚力。农工党阳泉市委积极开展各种活动，增强组织向心力和凝聚力。每年春节前，市委班子集体走访慰问老党员和患病党员。召开“三八”妇女节、重阳节专题座谈会等。组织骨干党员赴西柏坡纪念馆、左权麻田八路军纪念馆和百团大战纪念馆等地参观学习，重温革命历史，接受传统教育。组织党员参加政协、统战系统举办的各类活动，展示了农工党阳泉市委团结拼搏、凝心聚力的精神面貌。2008 年 8 月，代表农工党山西省委参加“山西省民主党派迎奥运演唱会”，获优秀表演奖。

第六节　九三学社市委

一、组织沿革

九三学社阳泉市委员会（简称九三学社阳泉市委）是九三学社的地方组织。1984 年 6 月，九三学社开始在阳泉市发展社员。1986 年 3 月 13 日，九三学社阳泉小组成立，有社员 5 人，杜世强任组长。1987 年 8 月，九三学社阳泉支社成立，杜世强任主任委员。同时成立 3 个小组，即阳钢小组、荫营小组、市区小组。1990 年 12 月召开九三学社阳泉市社员大会，正式成立九三学社阳泉市委员会。

至 2010 年，九三学社阳泉市委共有社员 105 人。其中，有省人大代表 1 人，省政协委员 1 人，市人大代表 1 人，市政协委员 11 人，县区人大代表 2 人，县区政协委员 19 人；具有高级职称的 48 人，女社员 37 人，社员平均年龄 54 岁。有基层支社 6 个、小组 1 个，即市直一支社、市直二支社、市直三支社、文化卫生支社、矿区支社、郊区支社和太原理工大学阳泉学院小组。

二、代表大会

至 2010 年，九三学社阳泉市共召开过 4 次社员（代表）大会。其中，1990 年 12 月 24 日，九三学社阳泉市第一次社员大会召开，参会社员 39 人，选举产生九三学社阳泉市第一届委员会，杜世强当选主任委员；1995 年 12 月 26 日，九三学社阳泉市第二次社员大会召开，参会社员 45 人，选举产生九三学社阳泉市第二届委员会，田学勤当选主任委员；2000 年 12 月 5 日，九三学社阳泉市第三次社员大会召开，参会社员 64 人，选举产生九三学社阳泉市第三届委员会，田学勤当选主任委员；2006 年 4 月 28 日，九三学社阳泉市第四次代表大会召开，参会社员 63 人，选举产生九三学社阳泉市第四届委员会，李天祥当选主任委员。

三、主要工作

（一）学习教育

九三学社阳泉市委始终紧紧围绕思想建设这个核心，积极组织社员学习马列主义、毛泽东思想、邓小平理论和“三个代表”重要思想，深入学习贯彻科学发展观，学习中共中央有关文件和会议精神，学习九三学社章程和社史，并开展社会主义荣辱观教育活动和以“坚持走中国特色社会主义政治发展道路”为主题的政治交接学习教育活动。先后组织参加市政协、市委统战部举办的各类学习培训班、专题讲座、座谈会等80多期（次），提高了广大社员的政治理论水平。

与此同时，九三学社阳泉市委先后组织开展“纪念反法西斯战争胜利60周年”“庆祝中华人民共和国成立60周年”“纪念百团大战胜利70周年”“纪念九三学社成立65周年暨九三学社阳泉市委成立20周年大会”等活动，组织广大社员到西柏坡、延安、武乡八路军纪念馆、平顺县西沟村等革命传统教育基地参观学习。2001年开始编印九三学社阳泉市委社刊《阳泉九三》，与省内外的多家九三学社组织建立了长期交流机制。通过各种学习教育活动，广大社员进一步增强了坚持中国共产党的领导、与中国共产党真诚合作的自觉性，建言献策、参政议政的积极性随之提高。

（二）参政议政

九三学社阳泉市委紧紧围绕中共阳泉市委、市政府的中心工作，深入基层开展课题调研，先后撰写出《建立科技成果应用基金的建议》《关于改善科技人员结构的建议》《关于在我市尽快组建煤电铝集团、促进传统产业换代升级健康发展的建议》等20余篇调研报告。其中《大力发展煤层气产业，提高煤层气综合利用水平》一文先后在《山西政协报》《阳泉日报》《阳泉经济》等报刊登载，得到市委、市政府及有关部门的重视和落实。

通过开展调查研究，向各级人大、政协提交提案、议案计360余件，有20件被市政协评为优秀提案，其中《加强饲草开发利用为畜牧业发展服务》《关于我市农民工职业病防治的调查》等5件提案得到政府有关部门的重视；2008年，《关于中小学危房改造中应出台优惠政策》的建议案被市人大列为10条重点建议案之首。此外，还向各级政协报送社情民意300余条，其中被全国政协采用3条、被省政协采用30条。

（三）服务社会

九三学社阳泉市委充分发挥自身人才优势，积极开展各种社会服务活动。与政府有关部门联合开展科技咨询服务活动，先后与郊区政府、旧街乡、平坦镇、平定县陈家庄村、市铝氧厂等建立联系，为他们提供服务。针对郊区耐火生产企业污染严重的难题，邀请太原的科技专家出谋划策，提出倒焰窑环保治理措施。2008年，促成九三学社山西省委与阳泉市政府的科技合作项目——“九阳合作”，先后组织科技人员下乡30余次，为农民群众提供科技咨询服务。华通路桥宁艾蔬菜种植示范区和郊区河底镇东村蔬菜大棚采纳科技人员建议使用生物有机肥后，解决了重茬种植出现的土壤病害增多、作物减产的问题，实现增产约20%，“九阳合作”试验示范项目成为九三学社服务地方经济和社会发展的品牌与新路径。汶川特大地震、玉树地震、舟曲泥石流等自然灾害发生后，广大社员情系灾区，累计捐款捐物10余万元，奉献出一片爱心。

（四）组织建设

九三学社阳泉市委严格遵守主委会议决策制度，重大问题集体讨论决定，充分发扬民主，集体智慧得到较好的发挥。重视后备干部队伍建设，制定了年轻干部选拔、培养、发展措施，为后备干部的成长创造良好条件，使他们的才干得到充分发挥。组织发展工作中，严格入社标准和审批程序，主动征求发展对象与所在单位党组织的意见，将一批学历高、职称高的业务骨干吸纳到九三学社队伍中。加强基层支社建设，定期深入基层了解支社工作开展情况、了解社员的工作和生活情况，帮助解决实际困难。对基层组织换届调整工作进行指导，一批年富力强、朝气蓬勃的社员走上基层组织领导岗位。

2008年，在九三学社山西省委50周年庆祝大会上，九三学社阳泉市委被评为“先进集体”，文化卫生支社、矿区支社被评为“先进基层组织”。2010年，九三学社阳泉市委被九三学社中央授予“全国社会服务工作先进集体”称号。

第七节 工商联

一、组织沿革

境内民国时期即有“商会”。阳泉商会成立于民国12年（1923），平定县商会成立于民国15年，盂县商会成立于民国20年，商会的下属组织为同业公会和商间。抗日战争时期，阳泉曾设有钱庄、广货、杂货、煤铁栈、粮面、药业、棉布、银匠、饭业等同业公会。阳泉解放（1947年5月）前夕，境内有商间16个。民国36年7月，中共阳泉市委派耿耽接管商会，并担任商会主任。民国37年3月召开阳泉市工商界首届代表大会，成立阳泉工矿区工商联。民国38年9月改称阳泉工矿区工商联合总会。1950年10月更名为阳泉工矿区工商业联合会。1952年3

月改为阳泉市工商业联合会。“文化大革命”期间被迫停止活动。1985年12月市工商业联合会恢复，简称市工商联。

至2010年，全市工商联有团体会员、企业会员及个人会员共3436个。全市非公有制经济代表人士中，有省人大代表1人，省政协委员4人，省工商联执委以上5人；有市人大代表10人，市政协委员24人，市工商联执委以上74人；有县区人大代表41人，县区政协委员132人，县区工商联执委以上163人。

二、代表大会

至2010年，阳泉市工商界共召开过12次代表大会。其中，民国37年（1948）年3月，阳泉市工商界首届代表大会召开，成立市工商联合总会，梁子文当选主任委员；1950年10月，阳泉工矿区工商业联合会第二次代表大会召开，林一新当选主任委员；1952年12月，阳泉市工商业联合会第三次代表大会召开，改选市工商业联合会，高荣钾当选主任委员；1954年8月，阳泉市工商业联合会第四次代表大会召开，选举产生第四届执行委员会，高荣钾当选主任委员；1957年4月，阳泉市工商业联合会第五次代表大会召开，选举产生第五届执行委员会，王恭当选主任委员；1959年7月，阳泉市工商业联合会第六次代表大会召开，选举产生第六届执行委员会，王恭当选主任委员；1962年1月，阳泉市工商业联合会第七次代表大会召开，选举产生第七届执行委员会，王恭当选主任委员；1985年12月，阳泉市工商业联合会第八次代表大会召开，选举产生第八届执行委员会，李益寿当选主任委员；1993年5月，阳泉市工商业联合会第九次代表大会召开，选举产生第九届执行委员会，彭长安当选会长；1997年6月，阳泉市工商业联合会第十次代表大会召开，选举产生第十届执行委员会，朱纯国当选会长；2002年1月，阳泉市工商业联合会第十一次代表大会召开，选举产生第十一届执行委员会，朱纯国当选会长；2007年6月，阳泉市工商业联合会第十二次代表大会召开，选举产生第十二届执行委员会，张立君当选主席。

三、主要工作

（一）学习教育

中华人民共和国成立初期，工商业联合会贯彻执行《中国人民政治协商会议共同纲领》及“公私兼顾、劳资两利、城乡互动、内外交流、鼓励经营、扶植发展”等政策，使境内私营工商业在恢复生产、城乡交流、供应市场、促进国民经济恢复和发展方面发挥了一定的作用。“一五”

期间，大力宣传贯彻党在过渡时期的总路线和“利用、限制、改造”的政策，帮助广大私营工商业者逐步接受社会主义改造，坚定社会主义方向。到1956年2月，全市实现全行业公私合营。1959年，执行“贯彻政策、调整关系、调动服务、继续改造”十六字方针，积极开展“听、跟、走”教育，即听毛主席的话、跟共产党走、走社会主义道路的教育，调动了广大会员一心一意为社会主义建设服务的积极性。1964年，开展“三个主义”（社会主义、国际主义、爱国主义）和学《毛泽东著作》教育活动，促进了广大工商业者政治思想素质的提高。

1978年中共十一届三中全会召开后，市工商业联合会以“坚定不移跟党走，尽心竭力为四化”为行动纲领，坚决贯彻执行党的基本路线，拥护改革开放，调动广大工商业者为全市建设献计出力。20世纪90年代初，一大批非公有制经济代表人士加入工商联队伍，为工商联组织注入新的生机和活力。市工商联充分发挥自身“统战性、经济性、民间性”的优势，坚持“团结、帮助、引导、教育”的方针，在广大会员中开展“爱国、敬业、诚信、守法、贡献”教育活动，结合实际开展“新晋商、新形象”和“心系阳泉、奉献阳泉”学习教育活动，并与民营企业文化建设、构建和谐企业等工作有机统一起来，为促进民营企业健康发展发挥了积极作用。同时，积极开展“致富思源、富而思进”教育活动，鼓励和支持广大非公有制经济人士发展企业、回馈社会，为全市经济建设作出了积极贡献。

（二）参政议政

市工商联成立后，积极征集提案，向市委、市人大、市政府、市政协反映广大会员的意见和呼声，充分发挥参政议政作用。积极参与全市经济和社会发展重大规划的制定，提出意见建议，其中有不少被有关部门采纳。以创优民营企业发展环境、加大政府对民营企业的扶持力度为主题，向各级人大和政协提交提案、议案、社情民意等，帮助解决非公有制经济发展中遇到的困难和问题。会员中的人大代表、政协委员通过参加考察、调研等活动，针对城市建设、重点调产项目、经济结构调整等提出意见和建议，为各级领导科学决策提供了参考。

在以非公有制经济代表人士为主体的会员中积极开展民情调研，撰写出许多内容翔实、切实可行的调研报告，为市委、市政府出台促进非公有制经济发展的有关文件提供了依据。2004年，与市委统战部、市统计局、市中小企业局联合开展了历时4个多月的全市非公有制企业调研活动，形成近2万字的调研报告。2010年，根据调研情况撰写出《关于民间投资推动阳泉经济社会发展的情况调研》和《在民营经济转变发展方式中工商联如何发挥作用的调研报告》，上报后受到市委、市政府主要领导的高度重视。

（三）服务会员

市工商联始终坚持服务为本，正确表达会员的合理诉求，维护会员的合法权益，帮助解决实际困难和问题，全力为会员提供良好的服务。1991 年，与民建阳泉市委共同举办了经济技术咨询服务活动。1992 年春节前，对 20 世纪 50 年代和 60 年代用股息和工资交纳过生活互助金的原工商界人员、在工商界工作多年的人员及其遗属进行补助和慰问。

进入 21 世纪，全市各级工商联积极搭建服务平台，拓宽服务领域，创新服务方式，在培训教育、法律咨询、投资融资、项目考察、经贸活动等方面为非公有制企业提供服务。2001 年 3 月，组织 11 名非公有制经济代表人士赴浙江杭州、台州、宁波、温州进行了为期 15 天的考察学习。2002 年，与市外经贸部门联合，为平定巨鑫制件厂、圣火炉料公司、全兴电石厂等 11 家私营企业申办了自营进出口权。2007 年，与市委统战部等联合举办了“新晋商、新形象”——阳泉市非公有制经济大型宣传活动，省、市新闻媒体连续报道，立体宣传，社会效果良好，活动受到企业家的普遍认可和省、市有关领导的高度评价。2009 年 11 月，组织部分民营企业的董事长、总经理和高层管理人员 70 余人，在清华大学举办了高级研修班。同年，创办《阳泉工商》，成立工商经济咨询服务部，与全国 108 个工商联经济组织建立了供求商品信息联系，为全市工商企业提供了许多有价值的信息。本着“为政府分忧、为企业解难”的原则，市工商联与市劳动和社会保障局等部门多次联合举办民营企业人才招聘会，为民营企业招聘了一批急需人才。

2008 年 12 月 26 日，在纪念工商联成立 60 周年大会上，以市委、市政府的名义表彰了 20 名“优秀中国特色社会主义事业建设者”，市工商联表彰了 58 个先进会员企业和 103 名优秀会员。

（四）回报社会

广大会员在发展自身的同时，勇担社会责任，积极奉献爱心回报社会。在社会主义革命和建设时期，境内工商业者支援国家建设、拥护公私合营。抗美援朝战争期间，阳泉工商业界踊跃捐资达 25.9 亿元。改革开放以后，广大非公有制经济人士积极参与全市的经济建设，在重大灾难和困难面前慷慨解囊，赵远长等民营企业家为桃河治理工程集资 242 万元、为抗击“非典”捐资 75.8 万元、为汶川地震捐资 1074.1 万元，在捐资助教、修桥补路、新农村建设等方面的捐款数以亿计。

2010 年，市工商联组织会员开展光彩事业，参与“新晋商、新形象、万企联万户感恩行动”，自觉承担起先富帮后富实现共同富裕的责任。山西华通路桥集团、山西志远公司等 5 家民营企业受到省委、省政府表彰。同年，盂县方林种植有限公司董事长韩二锁被全国工商联授予“全国光彩事业国土绿化贡献奖”。

第三章 群众团体

第一节 牺盟会

一、组织沿革

山西省牺牲救国同盟会（简称牺盟会）阳泉地区的组织始建于民国25年（1936）。当时，在太原学习的平定籍的王谦、康永贵等人参加了牺盟会。10月返回平定县，与正在该县秘密发展共产党组织的孙竹庭配合，发展牺盟会会员。12月，山西省牺盟会总会派17人分别到平定县和盂县，一方面进行抗日宣传活动，一方面大力发展牺盟会组织。同月，在盂县城关建立牺盟会盂县分会。翌年2月，在平定县建立牺盟会平定县分会。民国26年5月，山西省牺盟会总会为了加强对各地牺盟会组织的领导，派出若干特派员分赴各地。毛铎、成振山、杨稚葳被派到平定县，苏应民、张秉国被派到盂县。何英才派至阳泉矿区，成立了牺盟会阳泉矿区分会。随之，牺盟会的基层组织和会员得到迅速发展。盂县在39个较大的村（编村）镇都建立了牺盟会基层组织，会员发展到592人。平定县在娘子关、荫营、赛鱼等集镇建立了基层组织。当时，阳泉矿区会员发展到500多人。

为适应抗日斗争形势的需要，加强对晋东各县牺盟分会的领导，山西省牺盟会总会于民国26年（1937）8月在平定县设立牺盟会中心区，辖平定县、盂县、昔阳县、和顺县、寿阳县和阳泉矿区的牺盟会分会，何公轸、王书良任秘书。同年10月，日军逼近阳泉，牺盟会平定中心区办事机构撤至和顺县石拐镇。与此同时，山西省牺盟会的领导人薄一波率领“决死队”一纵队1500余人由五台县到达盂县，具体指导牺盟会的抗日救亡工作。此时，牺盟会盂县分会归属牺盟会五台中心区领导。翌年，平定县辖区根据抗日斗争需要被划为平东、平西、平北三大块，牺盟会组织也相应作了调整。是年5月成立牺盟会平（定）西县分会，属牺盟会辽县中心区（后改名为沁县中心区）领导。同时，成立牺盟会平定（路北）县分会，属山西省牺盟会五台中心区领导。是年7月，成立牺盟会平（定）东县分会，属山西省牺盟会沁县中心区领导。后由于各县的各界抗日救国联合会先后成立，各县的牺盟会都并入该组织。平西县牺盟会于民国29年3月停止活动，平东县牺盟会于同年5月停止活动，平定（路北）县牺盟会和盂县分会分别于民国31年9月停止活动。

二、主要活动

牺盟会组织建立后，一方面在城乡广泛展开宣传，发展组织，吸收会员，迅速壮大队伍；另一方面通过召开群众大会，利用庙会唱戏，组织街头文娱宣传活动，以及开办训练班等多种形式进行抗日宣传动员工作。牺盟会盂县分会还编印《新生报》，揭露日军侵华罪行，启发群众抗日救国的政治觉悟，团结教育各阶层爱国群众积极投身抗日救亡运动。加入牺盟会组织的会员，除工人、农民外，还有教师、学生、在乡知识分子、乡绅以及地主富农等，牺盟会成为一个广泛的统一战线组织。中国共产党的各级组织在领导抗日斗争，宣传和贯彻各项抗日方针、政策过程中，有很多都是通过牺盟会的活动，利用其合法的形式进行的。

此外，牺盟会组织在发动群众为抗日军队筹集粮款、制作军服、动员青年参军以壮大抗日队伍等方面也做了大量工作。阳泉地区抗日战争时期所组建的阳泉煤矿工人游击大队、正太铁路工人游击队、平定抗日游击队、平定县（学生）游击队，以及荫营一带抗日义勇军等群众抗日武装中的干部和战士，大多是由牺盟会输送的，许多武器装备也是由牺盟会设法筹集的。抗战初期，阎锡山的顽固势力统治着盂县，县长赵鸿春伙同一些人大肆进行破坏抗日救亡的活动。牺盟会曾发动群众与这伙顽固势力开展斗争，并在县城召开有2000余人参加的除奸大会，驱逐了顽固派县长。阎锡山无奈，只得另派县长。

第二节　工会组织

一、组织沿革

阳泉的工人阶级发端较早，早在19世纪末20世纪初，随着“洋务派”的出现和维新运动的兴起，一批外商和受西方思潮影响的商务官员开始在阳泉开办煤矿，发展交通，由此诞生了阳泉第一代产业工人。而后一支包括工矿工人、人力车夫和店员的工人队伍逐渐壮大，他们参加增加工资、改善劳动条件的经济斗争和反帝反封建的政治斗争，充分显示了阳泉工人阶级的力量和勇气。民国11年（1922）7月，正太铁路总工会阳泉分会成立。民国15年2月，中共太原地方执行委员会派王世隆到阳泉开展工作，王世隆深入保晋公司阳泉铁厂，通过组织发动，于同年5月1日建立阳泉保晋铁厂工会，工人侯富山当选会长，有会员100余人。民国22年8月，中共山西省特委派何英才到阳泉矿区开展工作。民国23年矿区总工会成立，何英才任主席，基层工会组织发展到18个，会员达1000余人。

民国36年（1947）5月，市委派周学敬任阳泉职工会主席，随即抽调骨干组成阳泉市职工会。民国37年2月4日，阳泉市首届工人代表大会召开，选举产生市工会委员会，市委副书记兼市委宣传部部长李开信当选市工会委员会主任。同年8月，市工会改称市总工会。民国38年9月，阳泉市改为阳泉工矿区，市总工会随之更名为阳泉工矿区总工会。1952年3月，阳泉工矿区总工会改称阳泉市总工会，由山西省总工会直接领导。到1953年，阳泉市总工会下设煤矿工会、铁路工会、教育工会、店员工会、搬运工会、建筑工会6个产业工会。1954年1月，市总工会改称市工会联合会。同年7月，私营企业工会工作委员会成立。1955年11月，市总工会内设科室有常委办公室、组织部、宣传部、生产工资部、劳保部、女工部和财务科。1958年4月，根据“紧缩上层、加强基层、减少层次”的原则，各基层工会组织由市工会联合会直接领导，其他产业工会一律撤销，内设科室调整为组织部、宣教部、劳保部、女工家属部、煤矿部、综合工作部、财务部、秘书处。后由于行政区划的变更，市工会联合会于1958年6月在昔阳县、平定县、盂县设立3个地方工会办事处。

1959年，市工会联合会重新更名为市总工会。1961年，依照行政区划变化，撤销昔阳县、平定县、盂县3个办事处。1962年，对职能机构进行大调整，设组宣部、劳保部、女工部、办公室4个内设科室。1968年8月，市总工会被市工代会取代。1973年4月，市委对工会组织进行整顿，成立市总工会筹备组。6月，市委决定市总工会正式成立，内设组织组、教育组、生产组、生活组、女工组和办公室。1980年8月，市总工会设办公室、组织部、宣教部、生产部、生活部、劳动保护部、女工部和财务科。

1984年，市总工会增设文教工会工作委员会。1986年5月，财务科改为财务部。1987年7月，增设民主管理部；原城区工会、矿区工会、郊区工会改称城区总工会、矿区总工会、郊区总工会。1998年3月，市总工会设办公室、组织部、宣教部、生产部、生活保险部、劳动保护部、民主管理部、财务部、女职工部。2001年12月，市总工会设办公室、组织人事部、宣传教育部、经济技术部、保障工作部、民主管理部、劳动保护部、法律和集体合同工作部、女职工部、财务部；市轻化机电工会工作委员会、市建设煤炭工会工作委员会、市财经交通工会工作委员会成立。2002年1月，市私营企业工会联合会成立。2005年7月，市总工会对产业工会进行调整，重新设立煤矿、电力、工交建通、财贸、文教卫生、非公有制企业6个驻会产业工委和1个不驻会的市直机关工委，理顺了基层工会的隶属关系。

至2010年，市总工会机关内设1室9部，即办公室、组织人事部、宣传教育部、经济技术部、保障工作部、民主管理部、法律和集体合同工作部、劳动保护部、女职工部、财务部，机关行政编制25名；直属事业单位有6个，市工人文化宫（前身为市总工会职工俱乐部，1951年成立）、市职工科技中心（1963年成立）、市困难职工帮扶中心（2002年9月成立）、山西工人报驻阳泉记者站（1988年10月成立）、市总工会职工学校（1983年5月成立）、市总工会机关后勤服务中心（1997年8月成立）；直属产业工委6个，即市工交建通工会工作委员会、市财贸工会工作委员会、市煤矿工会工作委员会、市非公有制企业工会工作委员会、市文教卫生工会工作委员会、市电力工会工作委员会；全市共有工会组织4248个，覆盖法人单位工会7464个，工会组建率达99.7%，发展会员45.99万人，职工入会率达99.8%。

二、代表大会

至2010年，市工会组织共召开过14次会员代表大会，历次会议均听取并审议了工会工作报告和财务工作报告，选举产生新一届执行委员会和经费审查委员会。其中，第一次会议于民国38年（1949）4月18日召开；第二次会议于1953年7月21日至24日召开，参会代表90名，收到提案403件；第三次会议于1954年8月9日至12日召开，参会代表90名，收到提案208件；第四次会议于1955年10月24日至27日召开，参会代表93名，收到提案216件；第五次会议于1957年5月24日至27日召开，参会代表155名，收到提案100件；第六次会议于1964年7月13日至18日召开，参会代表148名；第七次会议（市工代会第一次代表大会）于1968年8月28日至31日召开，参会代表997名；第八次会议于1973年5月17日至19日召开，参会代表503名；第九次会议于1981年11月25日至29日召开，参会代表425名；第十次会议于1987年7月28日至30日召开，参会代表252名；第十一次会议于1992年9月4日至6日召开，参会代表309名；第十二次会议于1998年6月15日至17日召开，参会代表320名；第十三次会议于2003年9月18日至19日召开，参会代表320名；第十四次会议于2008年9月23日至26日召开，参会代表330名。

至2010年，先后担任过市工会组织主席（主任）的有周学敬、刘杰、李开信、陈尚达、王金林、巨茂德、王三才、黑耀华、王立瑞、康启光、郑六小、王占国、武耀青、侯宽春、董建堂、王七孩、王振国。

三、主要工作

民国11年（1922）12月15日，正太铁路总工会组织了正太铁路全线大罢工，向控制正太铁路的法国人提出改善工人生活、工作条件的14项要求。阳泉铁路工人在工会的领导下参加了罢工斗争，并组织纠察队进行示威游行，历经12天，斗争取得胜利。民国12年2月5日，阳泉铁路工人又举行了支援京汉铁路工人大罢工的斗争，工人走上街头游行示威，并与镇压示威群众的军警展开搏斗。民国24年3月，保晋公司二矿厂和四矿厂工人举行联合罢工，有1000余名工人参加。民国26年春，保晋铁厂工人也举行了罢工斗争，矿区总工会派代表前往支援，罢工取得胜利。抗战期间，组织工人参与百团大战狮脑山战斗，为八路军运送弹药、抢救伤员。解放战争中，工会将组织发放救济粮款、发动职工开展生产自救作为工作重点，妥善安置失业职工，千方百计组织恢复生产，动员职工积极投身民主改革运动，建立健全企业的民主管理制度，使工人真正成为企业的主人。广大工人积极发挥技术优势，支援兵工厂生产，涌现出铁路工人领袖梁永福、矿区工会主席何英才、矿工武术团团长王凤山等一批工人运动领袖，推动了阳泉革命形势的不断高涨，为新民主主义革命的胜利作出了贡献。1950年11月，市工会积极响应国家号召，掀起抗美援朝捐献运动高潮，在全市捐献的3架飞机中，有2架由全市职工捐献。社会主义改造和建设时期，工会组织广大职工积极参与打击封建反动残余势力，镇压反革命和“三反”“五反”运动，胜利完成社会主义改造，建立了社会主义经济制度，并开展多种形式的劳动竞赛、技术革新和增产节约活动，促进了全市经济发展计划的完成和各项事业的发展。

改革开放后，阳泉工会组织进入一个全新的发展时期。工会充分发挥“纽带、支柱和学校”的作用，发动广大职工满腔热情投身于改革和建设事业，先后开展了“双增双节”（增产节约、增收节支）“为四化立功”等劳动竞赛活动，以及“我为厂长献一计、帮助企业解难题”合理化建议活动和“学先进、练硬功、登擂台、创水平”岗位练兵与技术比武等活动，掀起多层次、多形式的竞赛热潮。全市各级工会组织结合实际，对广大职工普遍进行了“双基”（党的基本路线和基本国情）教育、形势与政策教育、民主与法治教育，以及“三热爱”（热爱祖国、热爱共产党、热爱社会主义）系列教育，坚定了广大职工的社会主义信念，提高了思想觉悟，激发了投身改革开放的积极性；以文化宫、俱乐部为依托，组织开展“共和国四十春”系列活动，举办职工乒乓球赛、业余歌手大奖赛、摄影赛、有奖征文等活动，展示了新时代职工群众的精神风貌，促进了社会主义精神文明建设。各级工会组织积极为职工说话办事，依法维护职工群众的合法权益。到1990年，全市建立职工代表大会制度的企业达645个，有188个基层工会成为先进“职工之家”。

20世纪90年代，特别是进入21世纪后，全市各级工会组织以“组织起来，切实维权”为工作方针，大力推进“五大体系建设”（服务体系常态化、维权体系立体化、帮扶体系长效化、组织体系网络化、保障体系规范化），积极创建“六型”（有为型、学习型、法治型、服务型、活力型、实力型）工会，充分发挥了组织职工、引导职工、服务职工和维护职工合法权益的作用，推动了科学发展，促进了社会和谐。在全市深入开展“星级工会”竞赛活动，全市7个乡镇（街道办事处）工会、7个基层工会达到省五星级标准，17个乡镇（街道办事处）工会、40个基层工会达到市五星级标准，9个乡镇（街道办事处）工会、76个基层工会达到市四星级标准；全市44个乡镇（街道办事处）全部配齐工会主席。阳泉市先后获得“全国工会基层工作先进市”“全国工会系统先进集体”“全国维权贡献奖”“全国工会模范帮扶中心”等12项国家级荣誉，获得38项省部级荣誉。

山西省工会经验交流会

四、专项活动

（一）劳动竞赛

各级工会组织紧紧围绕全市不同时期经济建设的重点，组织动员职工群众积极投身全面建设小康社会的伟大实践，发挥了工人阶级的主力军作用。以创建“工人先锋号”为载体，开展了各种劳动竞赛和节能发明创造活动，激发了职工的创造活力，提高了技术技能水平。至2010年，全市共有全国、省、市“工人先锋号”112个。1990年至2010年，广大职工提合理化建议76.35万项。2000年至2010年，完成技术创新、技术攻关2455项，均取得较好的经济效益。连续举办全市职工技术大赛5届，参赛选手8560人次，涉及23个大行业108个工种，培养了一支高素质的职工队伍。2009年，在山西省第三届职工职业技能大赛中，阳泉市代表队获得速录师比赛团体第一名，包揽了个人前三名。同年11月，代表山西省参加第三届全国职工职业技能大赛速录师决赛，获得第六名。

弘扬工人阶级的劳模精神，选树了一大批劳动模范和先进个人。至2010年，全市涌现出全国劳动模范34人、全国五一劳动奖章获得者23人、省级劳动模范986人次、市级劳动模范4825人次。2004年，市委、市政府出台《阳泉市劳模管理办法》，成立劳模协会，加强对劳模、先进人物的日常管理和服务，设立首席员工光荣榜，创建劳模一条街、劳模长廊，组织劳模、首席员工进行短期休养和体检。至2010年，累计发放全国劳模“三金”（低收入生活困难补助金、特殊困难帮扶金和春节慰问金）及省、市困难劳模补助金1074人次198.6万元，发放全国、省、市劳模荣誉津贴1544人次111.89万元，营造了崇尚劳模、关爱劳模的良好社会氛围。

（二）职工素质提升

全市各级工会组织充分发挥“大学校”作用，把培育“四有”（有理想、有责任、有激情、有技能）职工作为一项重点工程，先后开展了党的基本路线教育、“心系祖国 奉献在岗”活动、“创建学习型组织 争做知识型职工”活动、社会主义核心价值体系教育活动等，不断增强职工的主人翁责任感和使命感。涌现出阳泉供电分公司、阳煤集团一矿、人行阳泉市分行办公室等一大批学习型组织、学习型班组示范单位和杨立斌等一大批知识型职工标兵。举办了阳泉市首届职工艺术节、全市职工工会知识竞赛、全市职工歌咏比赛等大型活动，展现了全市职工的时代风采，丰富了职工群众的精神文化生活。

2004年、2007年、2010年，阳泉市分别获得山西省首届职工文化节职工风采大赛团体金奖、山西省第二届职工文化节金奖和山西省女职工全健排舞大赛金奖。2010年，组队参加全省职工工会知识竞赛，获得第一名；实施“职工书屋”建设工程，建成全国、省、市“职工书屋”180个，阳煤集团一矿和荫营煤矿“职工书屋”被全国总工会命名为国家级“职工书屋”示范点，职工书屋成为职工文化建设的新品牌；设立“阳泉市五一新闻奖”，组织开展了“工人阶级宣传月”和“职工维权记者行”活动，成立市总工会新闻中心，定期出刊《阳泉工人》，并在《阳泉日报》上开辟“工运在线”专栏，提高了职工素质，扩大了工会的社会影响。

（三）职工权益保护

全市各级工会组织积极发挥自身职能，依法参与社会管理和公共服务，在全省率先开展职工代表大会星级竞赛活动，建立健全职工代表大会质量评估体系。至2010年，全市有5个单位的职工代表大会达到省五星级标准，16个单位达到省四星级标准；有51个单位达市五星级标准，63个单位达市四星级标准。以非公有制企业建立职工代表大会制度为重点，稳步推进职代会建制工作，全面实施企务公开制度，形成上下配合、协调运作的企务公开民主管理新机制，真正落实职工的知情权、参与权、表达权和监督权。2010年，全市国有、集体及其控股企业职代会建制率达到100%，企务公开实施率达到100%，全市非公有制企业建立职代会的有119家、建立职工大会的有1898家，全市建立区域性、行业性职代会74个，覆盖单位826个。不断完善公司制企业职工董事、职工监事制度，发挥职工的民主参与作用，全市有6名企业家获“山西省全心全意依靠职工办企业优秀企业家”称号。

与此同时，各级工会坚持以职工为本，主动依法科学维权，全方位维护职工群众的合法权益。建立完善向党委汇报制度、与市政府联席会议制度、与人大和政协联系制度、劳动关系三方协商机制。先后就涉及广大职工切身利益的多项重大问题协商沟通，达成共识。积极配合各级人大常委会开展《中华人民共和国工会法》和《中华人民共和国劳动法》执法情况大检查，与劳动保障部门联合开展最低工资执行情况大检查，加大劳动法律法规的执行力度。全面推行集体合同制度，深化工资集体协商工作，至2010年，全市有1716户企业建立了平等协商和集体合同制度，并签订了集体合同，占生产正常企业的87.5%，覆盖职工20.83万人。积极开展“劳动关系和谐企业”创建活动，先后有阳光发电有限责任公司、燕龛煤矿、天元家电公司等39个企业分别获全国、省、市“劳动关系和谐企业”称号。成立职工法律援助律师团，健全劳动关系预警机制，全市建立工会劳动争议调解组织416个，使大量的劳动关系矛盾化解在基层。实施职工安康工程，强化班组安全建设，全市优秀安全班组达到1363个、优秀安全班组创优车间达到46个、优秀安全班组创优企业达到8个。

（四）困难职工帮扶

全市各级工会组织始终牢记“群众利益无小事”的宗旨，坚持内聚优势、外借资源，不断拓展工会社会化帮扶的途径和领域，尽心竭力为职工群众做好事、办实事、解难事，形成“社会化援助，长效化救助”的帮扶工作格局。加强困难职工帮扶中心建设，打造了集生活救助、医疗救助、助学帮困、就业服务、政策咨询、法律援助为一体的帮扶平台，建立健全三级困难职工动态档案。2003年至2010年，累计为1.04万名特困职工发放“特困职工证”，发放扶贫济困互助金509.4万元；深入开展“两节”送温暖活动，共筹资4255万元走访慰问困难职工18.4万人次；坚持开展“金秋助学”活动，累计发放助学金825.8万元，资助贫困学生6360名，兑现了“不让一名困难职工子女上不起学”的承诺。2005年，在全省率先启动职工大病医疗互助活动，到2010年共开展6期，共有124.7万人次参加，筹集互助金5372万元，发放补偿金5377万元，累计对1.61万人次生病住院职工进行了补偿，缓解了职工看病难、看病贵的问题。积极协助政府推进再就业工作，定期举办就业招聘会，2003年至2010年，累计提供就业岗位2.84万个，帮助实现再就业1.40万人。

第三节　青年团组织

一、组织沿革

青年团阳泉地方组织始建于民国38年（1949）3月，其前身为青年抗日救国会、青年联合会。民国27年2月至8月，盂县、平（定）西县、平（定）东县及平定（路北）县先后成立青年抗日救国会。抗战胜利后，各县先后成立青年联合会。

民国38年（1949）3月16日，中国新民主主义青年团阳泉市筹备委员会成立后，采取典型试建的方法，在阳泉市职业学校、阳泉铁厂陶瓷部、郊区桃坡村分别建立了1个团支部，以取得建立基层团组织的经验。同年5月，中国新民主主义青年团阳泉市委员会成立。9月，更名为中国新民主主义青年团阳泉工矿区委员会。之后，即在全市范围内积极发展基层组织，相继建立青年团区工作委员会（1956年改为团区委员会）和厂矿、企业、机关、学校的团委、总支和支部各级组织。1949年，全市有团区工委3个，团委1个，直属总支、支部12个，有团员650余人。1952年3月，中国新民主主义青年团阳泉工矿区委员会恢复为团市委。1953年，在全市各学校中建立少年先锋队的组织。至1954年，团市委下辖团工委2个、团委1个、直属总支7个、支部260个，有团员8182名。1957年5月，中国新民主主义青年团改名为中国共产主义青年团，团市委亦更名为中国共产主义青年团阳泉市委员会。同年，全市有团委9个、直属总支5个、支部566个，有团员16195名。1960年，团市委对超龄团员进行退团工作。至“文化大革命”初期，全市共有团委18个、基层支部1000余个，有团员1.6万余人。“文化大革命”期间，团组织瘫痪，团内活动停止。1973年2月恢复团组织活动。1983年9月，随着市辖县的体制变化，平定县和盂县两县的团委归属团市委领导。1987年10月，团市委机关编制16人，工作机构有办公室、组织部、宣传部、生产部、学校部。1989年3月，中国少年先锋队阳泉市工作委员会（简称“市少工委”）成立，是阳泉市少先队组织的领导机构，规格为副县级，接受共青团阳泉市委的领导，负责指导全市的少先队工作。1990 年 2 月，增设统战部。到 1990 年，全市共有基层团委 177 个、团总支 274 个、团支部 4122 个，团员发展到 75978 人。

1997 年机构改革中，团市委机关编制重新核定为 15 人，内设办公室、组宣部、工农青年部、学校工作部（同时挂“少工委办公室”牌子）。2001 年 12 月，机关行政编制变为 13 人。到 2005 年，全市共有基层团委 163 个、团总支 214 个、团支部 1697 个，团员为 69076 人。2008 年 4 月，内设机构增设市希望工程办公室，机关行政编制 14 人。至 2010 年，全市有基层团委 170 个、团总支 226 个、团支部 1148 个，团员发展到 78928 人，有 5644 名团员经推优程序光荣加入中国共产党党组织。

二、代表大会

至 2010 年，团市委共召开过 13 次团员代表大会。其中，第一次团代会于 1953 年 4 月 22 日至 24 日召开；第二次团代会于 1955 年 3 月 24 日至 28 日召开；第三次团代会于 1956 年 6 月 23 日至 26 日召开；第四次团代会于 1957 年 8 月 24 日至 30 日召开；第五次团代会于 1959 年 8 月 14 日至 17 日召开；第六次团代会于 1963 年 6 月 28 日至 7 月 2 日召开；第七次团代会于 1973 年 2 月 15 日至 17 日召开；第八次团代会于 1980 年 12 月 15 日至 18 日召开；第九次团代会于 1987 年 7 月 29 日至 8 月 1 日召开；第十次团代会于 1992 年 8 月 20 日至 23 日召开；第十一次团代会于 1998 年 4 月 15 日至 16 日召开；第十二次团代会于 2003 年 9 月 21 日至 23 日召开；第十三次团代会于 2007 年 10 月 31 日至 11 月 2 日召开。

从团市委建立至 2010 年，担任过书记的有 20 人，依次为刘志远、余晋仁、李守清、杨志忠、周国俊、武耀青、王伟堂、杨秀珍、张富华、史雨风、马斌元、段永章、要真、梁计锁、董岩、孙金明、彭喜平、荆存柱、刘红霞、杨日祥。

三、主要工作

团市委成立初期，坚持“高举团旗跟党走，诚实劳动建功业”，积极投身于社会主义改造和经济建设洪流中。抗美援朝运动中，动员团员和青年开展爱国主义劳动竞赛，厉行节约，支援前线，有 212 名青年团员捐款 146.8 万元（旧币）支援抗美援朝。1952 年在“三反”“五反”运动中，有 600 余名青年团员参加了“打虎队”“检举队”“监督岗”等组织，积极投身运动。进入社会主义建设时期后，各级团组织在广大团员青年中进行了艰苦奋斗、勤俭节约光荣传统的教育，带领广大团员青年积极投身以“增产节约”“技术革新”“学先进、赶先进、超先进”等为主要内容的社会主义劳动竞赛中。1962年，全市涌现出“五好青年”5874名。

1978年中共十一届三中全会召开后，团市委紧紧围绕党的中心工作，根据青年的特点，积极开展各项活动。各级团组织通过多种形式向团员和青年展开生动活泼的思想教育，激励青年“学雷锋”“学赖宁”，争做“四有”（有理想、有道德、有文化、有纪律）青年。并从提高文化质量入手，打造以“青年之家”为主的各类文化阵地，开展以文化体育、科技教育为主要内容的校园文化、企业文化、乡土文化活动，举办“校园文化节”“万人歌咏比赛”等，活跃了广大青年的业余文化生活，增强了他们热爱共产党、热爱祖国的信念。

改革开放初期，各级团组织紧紧围绕全市经济发展目标，动员广大团员青年充分发挥生力军和突击手的作用，努力培养新型的劳动者。在工业战线，开展“爱岗争优、建功成才”活动，组织青工技术比武，组织5万余名青工参加“五小智慧杯竞赛”，组织团员和青年进行市场调查以及产品推销等，帮助企业增创效益，取得明显成果。仅1990年全市就组建各类质量管理小组1240个，完成项目1140个，创造经济价值18.7万元，涌现出“十大青年企业家”和24名优秀青年厂长（经理）。在农业战线，开展“青年星火带头人”活动，组织5万余名农村青年参加“农科知识大赛”，创办了许多集科技、生产、培训和服务为一体的科技协会、科技小组，帮助青年走科技致富道路。同时还组织团员青年营造了一批“青年林”，平定县冶西镇上南茹村的青年工程林获得“山西省十大青年绿化工程”称号。此外，以青少年宫为阵地，开设了10余个文化、技术专业培训班，平均每年有4万到5万名青少年参加各项培训和活动。

20世纪90年代，全市各级团组织全面实施“跨世纪青年文明工程”和“跨世纪青年人才工程”，稳步铺开“服务万村行动”，努力改进青少年思想教育工作，青年学理论活动成效显著。1996年，团市委与相关行业协会成立了创建“青年文明号”活动领导组，并与之前开展的“争当青年岗位能手”活动结合起来，实施“号”“手”联动创建战略；开展跨世纪中国少年雏鹰行动，举办全市首届青少年文化艺术节，成立市少儿艺术学校。1998年，联合市委宣传部召开“全市青年学理论经验交流大会”。同年8月，全省下岗青工再就业工作现场推进会在阳泉市召开，会议向全省推广了阳泉市的经验。1999年4月，市十一届人大会议审议通过《关于确定阳泉市18岁成人节的议案》，确定从1999年起，每年5月18日为阳泉市成人节，要求全市16岁至18岁的在校学生参加成人仪式。

进入21世纪后，各级团组织以育才为主线、创新为动力、发展为主题、建功为目的，努力服务大局、服务社会、服务青年，以加强青年思想引领、促进青年就业创业、维护青少年权益、推进团的基层组织建设和基层工作为重点，走出一条具有阳泉特色、时代特征和青年特点的新时期共青团事业发展之路。2003年，发动全市各级团组织开展了一系列以“抗击‘非典’，青春建功”为主题的活动，组织来自青年志愿者、青年文明号、青年突击队、青年岗位能手等不同战线、不同行业的广大团员青年，以实际行动构筑抗击“非典”的青春长城，形成上下一致、全团联动、整体推进的良好工作局面。2007年，举办庆“五四”系列活动，有“青春阳泉”大型广场主题文艺晚会、“国土资源杯”阳泉青年反腐倡廉大宣教辩论赛、“海源农业杯”首届乡村青年歌手大赛等，奏响了构建和谐阳泉的青春旋律。从2007年起，每年举办盛大集体婚典，至2010年，共为172对青年举办了婚典。为落实市委、市政府“三城同创”战略部署，万名青年志愿者参加了“三城同创我先行、宜居城市献青春”系列活动，至2010年，建设“共青林”“青联林”“红领巾林”三大共青特色示范项目林地200亩（13.33公顷），掀起人人实践绿色文明、共同参与国家森林城市创建的热潮。

2008年汶川特大地震发生后，全市团组织紧急动员，召开阳泉共青团系统抗震救灾100万爱心捐款新闻发布会，动员青少年交纳特殊团费、捐款捐物、义务献血，集结各类物资和捐款205.96万元，连同70吨爱心物资送到灾区，与德阳团市委签订了《援建“阳泉希望小学”意向书》。2010年玉树地震发生后，团市委第一时间发出爱心倡议，动员各级团队开展“每人捐赠一瓶饮用水，倾情奉献一份爱”活动，团市委书记杨日祥带队将240吨计45.6万瓶爱心水和5万元捐款送达灾区，此为青海省青基会在地震发生后收到的第一笔来自山西的大额捐赠物资，共青团青海省委向阳泉团市委发了“感谢信”。全市各级团组织在服务经济建设和社会发展中展示了青春风采，发挥了积极作用。

四、专项活动

（一）思想教育

2005年，狮脑山百团大战纪念馆被确定为“全国爱国主义教育基地”。以“八荣八耻”为主要内容的社会主义荣辱观教育活动深入开展，青少年暑期夏令营成为教育品牌，18岁成人仪式教育持续创新，“手拉手”活动关爱农村留守少年儿童，大中专学生“三下乡”进行了校地联合的有益尝试，大力弘扬和培育了青少年的民族精神和时代精神。持续开展“我与祖国共奋进，我与山城共发展”、争当“四好少年”主题实践活动，效果良好。从1995年开始“阳泉市十大杰出（优秀）青年”评选活动，至2010年评选出6届，在全市广大团员青年中选树了先进典型。

（二）希望工程

市希望工程办公室是团市委于2006年积极争取，经省青少年发展基金会和市编办批准成立的机构。至2010年，共筹集善款850余万元，先后资助贫困大学生892名、中小学生652名，援建希望小学5所。其中，盂县嘉泰希望小学、商业银行小湖希望小学、国家电网三郊希望小学已落成，平定东回村李米宝洁希望小学已奠基，四川德阳阳泉希望小学选址工作已完成。此外，筹集市青少年大病救助款41.8万元，救助身患重大疾病的青少年55名。

捐资助学

针对“就业难”的问题，启动“梦在远方路在脚下”——爱心传递帮助“零就业”家庭就业行动，为全市未就业的大中专毕业生、初高中毕业后未继续升学且未就业的青年及“零就业”家庭中有困难大中小学生的“4050”人员提供就业信息；针对“过节难”的问题，组织青年文明号集体和爱心企业共同开展“真情助困进万家”活动，募集资金50万元，青年文明号与困难家庭结对500多个，扶助贫困学生700多人。2010年，市希望办获“全省希望工程20年贡献奖”，团市委书记杨日祥被团中央、中国青基会授予“全国希望工程20年杰出建设者”称号。“希望工程”成为阳泉市共青团组织关注弱势群体、服务和谐社会的公益品牌。

（三）青年志愿者行动

2009年阳泉市青年志愿者协会成立，“青年志愿者服务月”活动启动。至2010年，共组建志愿服务队296支，近5万名青年志愿者注册，志愿者秉承“团结、互助、友爱、奉献”的精神，围绕全市党政工作大局，服务于人民群众生产和生活的基本需要。全市青年志愿者建设逐步走向规范，参与了“三城同创”、抗震救灾、公益服务、省市大型会议会务志愿服务、暑期“三下乡”社会实践活动等，打响了青年志愿服务品牌。深入开展以“学业辅导、亲情陪伴、自护教育和感受城市”为主题的关爱农民工子女志愿服务，至2010年，共有3234名青年志愿者与135所学校的1.03万名农民工子女结成对子，深受农民工子女欢迎。

（四）青少年权益保护

2006 年，阳泉市未成年人保护工作委员会办公室成立。随后开展了“青少年维权岗”“安全放心网吧”创建活动，推进“社区青少年远离毒品”、预防艾滋病“青春红丝带”行动，开展了未成年人阳光上网集中宣誓暨现场签名等活动。2007 年，“12355”阳泉青少年维权与心理健康咨询服务热线升级为“12355”阳泉青少年服务平台。2009 年 9 月 19 日，团市委、“12355”阳泉青少年服务平台、阳泉广播电视总台联合开办《成长・手拉手》节目，每周六、日的 21 点 30 分到 22 点 25 分，调频 102.7 兆赫、中波 1485 千赫阳泉新闻综合广播，邀请心理专家、法律工作者作客直播室，通过与青少年互动交流，倾听青少年的心声，解答青少年的困惑，共同营造促进青少年健康成长的良好社会环境。

至 2010 年，在开展“共青团与人大代表、政协委员面对面”活动中，50 名专家学者，86 名市、县两级人大代表和政协委员与青少年进行面对面的沟通，共提交涉及青少年事务的提案 21 件、议案 12 件、意见建议 100 多条。“12355”阳泉青少年服务平台共接听电话 1658 个，其中关于心理问题的 818 个，占有效接听电话的 48.33%；关于法律问题的 425 个，占 18.99%；关于创业贷款咨询的 384 个，占 27.96%。

（五）“青年文明号”创建

持续深化“青年文明号”创建工作，开展“青年文明号信用示范行动”“青年文明号真情助困”“青年文明号集体与下岗青工特困家庭一助一帮扶结对子”“青年文明号集体和爱心企业家真情助困进万家”等活动，充分发挥了“青年文明号”在构建和谐社会中的示范带动作用，赢得社会的普遍赞誉，产生了很好的示范效应。至 2010 年，全市共创建“国家级青年文明号”15 家、“省级青年文明号”84 家、“市级青年文明号”354 家，“青年文明号”成为凝聚和引导青年积极投身社会主义精神文明建设的一面旗帜，展示了各行各业的职业文明和精神文明。

（六）青年创业帮扶

全市各级团组织把服务青年就业创业工作摆在突出位置，广泛引导青年自主就业、主动创业，着力解决青年就业创业困难。2010 年，联合市广电总台“关注”栏目录制了“青年创业进行时”节目，在全市营造了干事创业的良好氛围。联合市农信社、邮政储蓄银行等金融机构为 2475 名青年发放小额贷款 1.6 亿元，带动就业 3700 人。至年末，全市 33 个青年就业创业见习基地提供工种岗位 116 个，439 名青年成功对接；创建市级再就业培训基地 4 个、县区级再就业培训基地 5 个、厂矿级再就业培训基地 52 个，培训下岗青工 9600 名，直接参加培训的农村青年达 2.54 万人次，1.23 万人领取绿色证书；青年农业产业带头人的培养力度不断加大，共选树各级青年农村产业结构带头人476名、青年星火带头人192名，建立各类科技示范园、养殖基地近100个，初步形成新的农村创业群体。

至2010年，团市委在组织开展的青工技能振兴计划中，共组织技能培训4000多期，培训2万余人次。组织开展岗位练兵、技术比武、创新创效等活动2000余场，创出小发明、小革新、小改造、小设计、小建议6000余项，有20人被评为“山西省优秀青年岗位能手”，43人被评为“山西省杰出（优秀）青年创新能手”。

第四节　妇女组织

一、组织沿革

抗日战争时期，境内抗日根据地的平定（路北）县、平西县、平东县、盂县先后成立妇女抗日救国会。

民国36年（1947）5月阳泉解放设市，中共阳泉市委成立，在市委领导下成立了以郭玉莲为书记的中共阳泉市妇女工作委员会。民国37年1月改称市民主妇女联合会，下辖区级妇女组织4个。民国38年8月，阳泉市改称阳泉工矿区，阳泉市民主妇女联合会也更名为阳泉工矿区民主妇女联合会。1952年3月，阳泉市建制恢复，阳泉工矿区民主妇女联合会复称为阳泉市民主妇女联合会。1958年2月改称阳泉市妇女联合会，内设办公室、宣传部、生产福利部。

民国37年（1948）1月至1961年4月，阳泉区划5次调整，平定县、盂县、昔阳县先后划入阳泉市，后归晋中地区，县、区级妇联组织随之进行相应调整。1961年4月，阳泉市再次调整区划，设立8个市直属人民公社，同时建立公社妇联。1967年1月中共阳泉市委、市人民委员会被夺权，市妇联及基层妇联组织也遭到冲击，处于瘫痪状态。1970年1月，市革命委员会政治部设立妇女办公室。6月，市妇联组织恢复并开始正常工作，设有办公室、宣传部、生产部、福利部，并于1980年6月设立托幼办，1981年设立儿少部，1982年设立权益部。

1997年，市妇联机关编制核定为15名，其中主席1名，副主席2名，内设办公室、宣教部、城乡工作部、维权部、儿童工作部（挂市妇女儿童工作委员会办公室牌子）。至1999年，全市共建立平定县、盂县、郊区、城区、矿区、开发区6个县区妇联、57个乡镇妇联、12个街道办事处妇联、1359个村和居民区妇代会、112个乡镇企业妇委会，以及80个市、县两级党政机关和事业单位妇委会。2000年，全市撤乡并镇工作开始，市妇联下辖的乡镇妇联组织撤并为32个。2001年，市妇联机关编制为13名，其中主席1名，副主席2名，内设办公室、宣教部、妇女发展部、权益工作部、儿童工作部（挂市妇女儿童工作委员会办公室牌子）。

2009年9月，全市基层妇女组织建设现场会召开，开始在非公有制企业中组建妇女组织。至2010年，全市共建立6个县区妇联，32个乡镇、12个街道办事处妇联以及960个村妇代会和100个社区妇联，市直机关和企、事业单位妇委会138个，非公有制企业妇女组织111个，各级团体会员1289个（直属团体会员7个）；市妇联机关编制调整为14名，内设机构未变。

二、代表大会

至2010年，市妇联共召开过10次代表大会。其中，第一次于1955年3月18日至20日举行，与会代表185名；第二次于1957年3月23日至26日举行，与会代表195名；第三次于1959年10月28日至11月1日举行，正式代表400名；第四次于1964年1月举行（代表数不详）；第五次于1973年6月11日至14日举行，正式代表772名；第六次于1980年8月22日至24日举行，正式代表400名；第七次于1988年12月26日至29日举行，正式代表280名；第八次于1994年11月21日至23日举行，正式代表280名；第九次于2003年9月25日至27日举行，正式代表286名；第十次于2008年9月25日至27日举行，正式代表298名。

至2010年，历任市妇联主任（主席）为：刘俊英、和惠英、郝英、王英杰、郭巧文、巩引贞、朱玉芳。1993年9月，根据《中华全国妇女联合会章程》规定，妇联主任改称妇联主席。

三、主要工作

市妇联组织成立后，围绕党和政府各个时期的中心工作，一手抓发展，一手抓维权，积极推动男女平等基本国策的贯彻落实。特别是2005年以后，先后启动实施“四大行动”（妇女创业就业行动、和谐家园创建行动、妇女普法维权行动、女性成才支持行动）“六大工程”（新农村建设“双百双千双万”工程、“三八”绿色工程、平安文明和谐家庭创建工程、家长教育工程、女性教育培训工程、妇女儿童健康行动工程），组织引导广大妇女在各个领域努力工作，为全市经济发展和社会进步作出了积极贡献。

（一）参政工作

各级妇女组织充分发挥教育、引导、服务妇女的作用，为妇女参政积极奔走。在1953年开展的普选运动中，全市妇女第一次大规模行使选举权。1954年6月召开的阳泉市第一届人民代表大会中，女性人大代表占到19.4%。随着经济社会的发展进步，妇女参政比例逐年提高。1980年至1988年，在各级人民代表大会和政协会中，女代表和女委员比例不断提高，全市有1455名优秀妇女加入中国共产党。到1995年，全市有女干部1.15万人，占干部总数的36.1%；全市有县区以上人代会女代表1166人，占代表总数的24.5%；政协女委员49人，占委员总数的19.92%。进入21世纪，各级妇联组织积极培养选拔女干部，动员妇女参政。特别是2005年以后，市妇联启动了“女性成才支持行动”，实施了“女性教育培训工程”，开展了妇女干部、女性人才、农村妇女实用技术、女大学生村官以及女职工岗位技能培训等。2010年4月，市妇联与市委组织部联合在清华大学举办了全市女领导干部“领导力提升、公共管理”高级研修班。同年，为进一步加强对外交流，组织优秀女性人才和女企业家赴京参加第20届全球妇女峰会、中国第五届女企业家会员代表大会。

到2010年，全市有女共产党员2.12万人，占到党员总数的20%；全市地厅级女干部占到11.11%，县处级女干部占到12.32%，县区政府领导班子中女干部配备率为100%；全市第十三届人大代表中女性占23.3%，第十一届政协委员中女性占28%；公务员队伍中女性比重由2005年的22.73%提高到2010年的23.48%。在第八届村支“两委”换届中，市妇联同组织部门联合行文，要求没有进入村支“两委”的妇代会主任全部担任村主任助理，阳泉市成为全省首家女性进“两委”比例达100%的地市。

（二）参与经济建设

中华人民共和国成立初期，全市各级妇女组织带领广大妇女参加工农业生产、恢复经济、新区土改和“一化三改”（党在过渡时期的总路线和总任务，即要在一个相当长的时期内逐步实现国家的社会主义工业化，并逐步实现国家对农业、对手工业和对资本主义工商业的社会主义改造）工作。社会主义建设时期，组织广大妇女踊跃参加农村互助合作运动和扫盲运动。中共十一届三中全会召开后，市妇联围绕经济建设这一中心，在全市城乡妇女中广泛开展“双学双比”（学文化、学技术、比成绩、比贡献）“巾帼建功”等活动。1997年，全国人大常委会副委员长、全国妇联主席陈慕华考察阳泉时，对“双学双比”“巾帼建功”活动开展情况给予高度评价。

进入21世纪，市妇联向全市妇女发出“创造新岗位、创造新业绩、创造新生活”的号召，团结动员广大妇女积极投身经济建设，撑起经济社会发展的“半边天”。在农村，深化“双学双比”活动。2006年4月，启动新农村建设“双百双千双万”（新建妇字号基地100个、发展巾帼生态园区100个、组织1000名女经纪人闯市场、开展1000名女科技当家人评比活动、培养1万名农民女状元、让1万名妇女获取上岗资格证书）工程和“三八”绿色工程，动员广大农村妇女参与社会主义新农村建设。2008年召开推进会，表彰了一批先进典型；平定金鹏示范庄园董事长耿黑眼等被评为全国“双学双比”女能手。2009年7月，阳泉市首期家政服务人员培训班在阳煤集团技校开班，62名学员经考试合格，拿到劳动部门颁发的上岗资格证书。同年9月，市妇联组织开展了以“爱我阳泉，美我家园，撑起绿色环保卫生半边天”为主题的“三城同创”巾帼志愿者行动，在全市掀起巾帼志愿者参与“三城同创”的热潮。至2010年，全市85%以上的农村妇女劳动力掌握了1~2门实用技术；共创建妇字号基地100个、巾帼生态

巾帼志愿者表彰

园区100个，培养女经纪人1200人、女科技当家人2000余人，涌现出1万名农民女状元，2万余名妇女获得各类职业资格证书；市、县、乡、村四级妇联组织共创建“三八”林基地924个，674支巾帼绿化队、20余万妇女积极投身“三城同创”和绿化家园活动中，在全市各类造林绿化工程中，妇女真正发挥了“半边天”作用。在城镇，市妇联创新“巾帼建功”活动，拓展领域，延伸触角，丰富内涵，开展了“城乡牵手，岗村共建”活动，召开巾帼文明岗创建活动推进会，涌现出一批以天元家电公司为代表的全国“巾帼文明示范岗”和以刘林娣为代表的女性经济领军人物。至2010年，全市有市级以上巾帼文明岗332个，其中国家级20个、省级42个；有市级以上巾帼建功标兵474个。2009年2月，围绕创业型城市创建工作，市妇联牵头，联合有关部门启动“妇女创业就业行动”，通过举办女性人才专场招聘会、妇女就业专场招聘会、现场观摩会等，为推动妇女创业就业提供优质服务和广阔平台。至2010年，全市各级妇联共组织各类女性专场招聘会61次，帮助3520名妇女实现就业；建立女大学生创业就业实践

基地 64 个、巾帼创业就业培训基地 60 个、巾帼创业基地 81 个。

（三）和谐创建活动

在参与经济建设的同时，市妇联积极发挥宣传、教育、引导作用，大力加强个人品德、职业道德、家庭美德、社会公德建设，为构建和谐社会发挥了积极作用。1956 年，开展了以“家庭邻里互助好、家庭生活安排好、子女教育好、鼓励亲人生产工作学习好、自己学习好”为内容的“五好”教育活动，使广大妇女的思想觉悟和文化水平不断提高。从 20 世纪 50 年代开始，市妇联在全市范围内开展了以“爱国守法，热心公益好；学习进取，爱岗敬业好；男女平等，尊老爱幼好；移风易俗，少生优育好；勤俭持家，保护环境好”为内容的“五好家庭”创建评选活动。“文化大革命”期间被中断，1978 年后活动得以恢复，其内涵不断丰富，载体不断创新，充分体现了时代性。1996 年，市委宣传部、市妇联等 19 个单位在“五好”家庭创建活动的基础上发起创建“文明家庭”（“十星级”文明户）活动。2000 年，市妇联联合市文明办在全市范围内开展了“十佳文明家庭示范点”评选活动。2005 年，围绕“平安阳泉”建设总体部署，市妇联在全市实施了“和谐家园创建行动”。同年 9 月，启动了“零家庭暴力社区”创建活动和“平安文明和谐家庭”创建工程。该工程以“一体两翼”（以创建平安、文明、和谐家庭为主体，以法治教育和道德教育为两翼）为抓手，以“1333”（“一个目标”即创建平安、文明、和谐的家庭；“三项教育”即法治教育、美德教育和科学生活方式教育；“三个倡导”即倡导男女平等和民主和睦好家风、倡导科学教子好方法、倡导邻里互助好风气；“三个杜绝”即杜绝家庭暴力、杜绝打架斗殴、杜绝参与集体上访和盲目维权影响社会治安及秩序的事件发生）为目标，开展了“十型家庭”“十大女杰”“十大杰出母亲”评选等活动，举办了赛被子节、睦邻节，涌现出一大批好婆婆、好媳妇、好妯娌、好母亲，打造出在全省乃至全国有影响力的工作品牌。2006 年 8 月，在全国平安家庭创建工作现场推进会上，市妇联主席朱玉芳作为全国唯一的地市级妇联组织代表作了经验介绍。2007 年 12 月，全省文明和谐家庭创建活动工作暨廉政文化进家庭工作经验交流会在阳泉市召开。2009 年 7 月，市妇联牵头，与市安监局等部门联合启动了“安全教育进万家”活动，为平安文明和谐家庭创建工程增添了新内容。至 2010 年，全市平安文明和谐家庭户占到家庭总户数的 85% 以上，杨璋年家庭等 9 个家庭被评为“全国五好文明家庭标兵户”，城区新华东街社区和开发区惠泽园社区被评为“全国学习型家庭创建示范社区”，黄代小被评为“全国道德模范”。

2005 年 9 月，市妇联启动了以“为国教子，以德育人”为主题的“家长教育工程”，成立家教指导服务中心，组建家教队伍，举办家教知识巡回宣讲，使广大家长的家教水平有了新提升，涌现出以“全国优秀家长”史瑞英、“中国百名优秀母亲”赵锁仙为代表的一批优秀家长。2009年7月，市妇联在娘子关建立了“家长教育工程”拓展基地。2010年3月，市妇联“家长教育工程”实施项目被列为全国家庭教育“十一五”研究立项课题，并获三等奖。

为进一步丰富广大妇女群众的文化生活，市妇联还举办了欢乐家庭风采大赛、家庭文化艺术节、庆祝中华人民共和国成立60周年系列活动等；举办了全市妇女运动会、迎奥运妇女健身操大赛等活动，市妇联主席朱玉芳作为奥运火炬手参加2008年奥运火炬在太原区的传递。

（四）妇女权益保护

1950年《中华人民共和国婚姻法》颁布实施后，全市妇联组织在广大人民群众中进行广泛宣传，并认真贯彻落实，依法保护全市妇女的合法权益。但境内的买卖婚姻和早婚现象一直没有得到根除，尤其在“文化大革命”中又有所抬头。各级妇联组织及相关部门把大刹买卖婚姻歪风当成一件大事来抓，通过各种形式，向群众宣传《中华人民共和国婚姻法》以及婚姻自由，在全市营造了“买卖婚姻可耻，婚姻自主光荣”的氛围。1981年，新的《中华人民共和国婚姻法》实施后，各级妇联组织通过“四包”（包片、包点、包户、包人）“六讲”（逐句逐段讲、重点反复讲、广播黑板宣传讲、包户上门讲、召开会议集中讲、田间地头分散讲）等形式进行宣传，提升了广大妇女维护自身权益的意识。1992年《中华人民共和国妇女权益保障法》颁布实施后，全市各级妇联积极发挥作用，使广大妇女儿童的合法权益得到更加有效的保障。1995年，市妇联制定并实施了《阳泉市妇女发展规划》《阳泉市儿童发展规划》。2006年，市妇联实施“妇女、儿童健康行动”工程，开办健康知识讲堂，组织义诊和健康普查等活动，效果良好。从2006年起，各级妇女组织以维护妇女儿童合法权益为出发点，不断加强源头参与，完善阳泉市维护妇女儿童合法权益协调领导组和市、县两级妇女维权法庭，建立“110”反家暴预警系统和市法律援助中心妇联工作站，启动“妇女普法维权行动”，实施普法宣传“个十百千万”（维权·平等·和谐一个主题、十部有关妇女儿童的重点法律法规、百余支维权志愿者队伍、进千村／社区入万户、培训万名普法骨干）工程。2010年，全市实现基层妇女维权站全覆盖。2009年、2010年，对全市农村妇女进行免费“两癌”普查活动，为患病妇女争取到医疗补助21万元。

（五）社会公益活动

市妇联积极引领全市妇女参与社会公益活动。从2005年起，连续6年组织由社会各界人士组成的“爱心妈妈”，利用春节、“六一”等节日到福利院慰问孤残儿童，至2010年，累计参加人数489人次，资助物资款项28.6万元。坚持做好“扶助春蕾、恒爱行动”、关心留守儿童等实事，市妇联主席朱玉芳带头资助12名、机关干部平均每人资助2名春蕾女童。2008

年汶川大地震发生后，市妇联立即召开动员会，组织爱心捐助活动，共收到捐款101万元、捐物12.65万件价值103万元，联系专列及时将救灾物资运往四川德阳灾区。据不完全统计，全市千余个妇女组织宣传动员40多万名妇女参加各个渠道的捐助款项达1500多万元。

此外，市妇联还不断转变思维方式，充分利用各种社会资源，构筑开放式、社会化的工作格局，开展各种社会活动。建立安利春蕾电脑室；发放“感恩报国助学行动”“大学府——E问通学生卡”30万张；邀请中国儿童基金会为弱视儿童进行免费诊疗；争取到蓝天助学款27万元；争取到中央人民广播电台“音乐之声”栏目——“我要上学”资助款6万元，50名贫困山区儿童得到资助；与百度阳泉吧网友共同发起“七色阳光助学行动”，为72名贫困儿童捐款2万余元；持续开展“春蕾计划”，到2010年，全市共有3480人次参与资助春蕾女童9400名，资助金额197.34万元。

（六）基层组织建设

1962年，市妇联下发《整顿基层妇女组织的意见》，积极改进工作方法，通过民主选举产生村妇女代表组成妇代会，各村妇代会都制定了工作制度。“文化大革命”中，全市妇联组织瘫痪。20世纪80年代初，市妇联开始分期分批整顿基层妇女组织，建立健全各种制度，对妇女干部进行培训，积极开展工作。进入21世纪，特别是2005年以后，市妇联按照“党建带妇建，妇建服务党建”原则，实施了基层妇女组织建设“双百双千双万”（选树百个基层示范妇女组织、百名优秀基层妇女干部，建设千个基层妇女活动阵地、千支巾帼志愿者队伍，表彰万名文明新风带头人、万户文明和谐新农家）工程，并结合党群共建创先争优活动，积极探索基层妇女组织建设新途径，建立了纵向到底、横向到边的基层妇女组织网络，涌现出以平定县红卫村为代表的一批全国基层妇女组织建设示范村，实现了“妇女之家”全覆盖。

与此同时，市妇联还积极加强各类阵地建设，2006年3月，全省首家妇女网站——阳泉妇女网开通。同年11月，启动《阳泉百年妇女运动史》《阳泉百年妇运图片集》编纂工作，到2010年初稿基本完成。2007年创刊《阳泉妇女》杂志。2008年市妇联建会60周年之际，隆重举行了纪念大会和先进典型表彰会，摄制了《锦绣太行半边天》3集电视专题片，举办了百年妇运史图片展、全市妇女歌咏大赛、专场文艺晚会以及群众性广场文艺表演等10项活动，提升了妇联组织的影响力和凝聚力。2009年，解决了市妇联和市妇儿活动中心的办公场所问题。

多年中，全市各级妇联组织累计获得省以上表彰奖励近百项。市妇联先后获得全国“巾帼建功”“双学双比”、维护妇女儿童权益、平安家庭创建、家庭教育、抗震救灾、普法工作先进集体等称号。

第五节　科学技术界组织

一、组织沿革

阳泉市科学技术界的群众组织始建于1953年，名称为阳泉地区科学技术普及小组，设在市政府农林科。1956年，阳泉市科学技术普及协会（简称市科普协会）成立。1958年9月，阳泉市科学技术委员会（简称市科委）成立，与市科普协会合署办公。1959年5月，市科学技术协会（简称市科协）成立。1962年6月1日，撤销市科委，市科协合并到市文教局。1964年3月，市科委恢复，与市科协合署办公。“文化大革命”时期，市科协被迫停止活动。1978年10月8日，市科协恢复建制，与市科委合署办公，人员编制10人，其中行政编制5人、事业编制5人。1993年12月1日，市科协行政编制12人。1997年，内设机构为办公室（挂学会部牌子）、普及部，编制8人。2001年，内设机构为办公室（宣调部）、学会部（青少年部）、普及部，全额预算事业编制8人。至2010年无变化。

至2010年，除各县区科协外，市科协所属自然科学及交叉学科类市级学会（协会、研究会）58个、企事业科协28个、高校科协1个，个人会员近3万名。下属3个事业单位，即阳泉市科普报社、阳泉市科技咨询服务中心和阳泉市科技进修学校。

二、代表大会

至2010年，全市科技工作者代表大会共召开过6次。其中，1959年5月5日至7日，市科技工作者第一次代表大会召开，市委副书记刘敏当选科协主席（兼任）。1980年12月28日至30日，市科技工作者第二次代表大会召开，副市长吴景忠当选科协主席（兼任）；1983年12月，市委任命朱仲伦为科协主席。1988年12月24日至26日，市科技工作者第三次代表大会召开，朱仲伦当选科协主席；1992年4月，市委任命沈家祥为市科协党组书记、主席；1994年，市委任命梁展华为市科协党组书记、主席。1995年4月18日至20日，市科技工作者第四次代表大会召开，梁展华当选科协主席；1999年3月市委任命刘春玲为市科协党组书记、主席。2003年10月13日至15日，市科技工作者第五次代表大会召开，刘春玲当选主席。2008年11月5日至6日，市科技工作者第六次代表大会召开，张秀亲当选主席。

三、主要工作

（一）学术交流

阳泉市的学术交流工作始终围绕市委、市政府的中心工作和经济社会的发展需要而展开，针对城市发展战略经常进行跨专业、跨行业、跨领域的综合性研究、探讨，主动建言献策，为全市的经济社会全面协调可持续发展提供了科技支撑。同时，广大科技工作者积极开展学术研究，撰写了大量关注社会发展和群众生活的优秀论文。20世纪90年代至2010年，市科协共收到学术论文9300多篇，其中6100多篇获得市级以上奖励。2004年、2006年、2007年，先后召开3届学术年会，30多篇优秀论文进行大会交流，其中一些优秀论文受到有关部门的重视。2007年，市科协邀请省科协副主席关原成在阳泉宾馆作了题为《建设创新型城市与国民创造力开发》的专题报告。2009年9月，国际骨科学术研讨会在阳泉市召开，此为市级学会首次承办的国际民间科技交流活动。2010年，市科协举办了主题为“科学传播与创新发展”的学术论坛，效果良好。

（二）科普活动

按照《中华人民共和国科学技术普及法》“政府推动、全民参与、提升素质、促进和谐”的科普工作方针，市科协以提高全市公众的科学素质为目的，坚持开展群众性、经常性和社会性的科普活动，在推崇科学文明健康生活方面，在反对封建迷信、反邪教的斗争中，在抗击“非典”和“禽流感”的过程中，市科协依靠自身优势，大力弘扬科学精神，积极传播科学思想和方法，普及科学知识，为和谐社会建设作出了贡献。一是加强科普工作领导。2007年2月27日，全市落实《全民科学素质行动计划纲要》进入实质阶段，成立了由市委组织部、市委宣传部等16个部门组成的阳泉市全民科学素质工作领导组，制定了《阳泉市〈全民科学素质行动计划纲要〉工作方案》等，全市科普工作主题鲜明、重点突出、部门联动、成效显著。二是加强队伍建设。1999年，组建了由市内各个行业的专家、教授组成的阳泉市科普讲师团，首批成员34人，2008年增补为46人。2003年，组建了由500多名科技工作者参加的科普志愿者队伍。在历次科普活动中，广大科普志愿者不计时间、不计报酬，奔走于乡村、街道、社区、学校、军营，成为全市公益事业中一道亮丽的风景。三

科技活动周

是加强阵地建设。2000 年，市科协在城市中心广场建成科普画廊，并纳入全国百城万米科普画廊统一管理。2005 年该画廊被评为“全国优秀示范科普画廊”。2001 年在市区中心地段设置《大众科技报》阅报栏 7 处，2006 年增设 5 处。2010 年 11 月 18 日，由市科协和市农委养蜂技术推广站共同建设的市蜜蜂生态科普馆开馆。四是开展丰富多彩的科普活动。1990 年、1992 年，举办了两届科技周。2000 年，联合市委宣传部、市委农工委举办了全市农业科技知识竞赛。2003 年 5 月，市科协启动“依靠科学，战胜‘非典’”科普传播行动，成立科普小分队 50 支，深入到全市所有行政村和社区进行了防治“非典”科普宣传。2004 年 4 月，市科协与市反对和处理邪教问题办公室联合，在全市开展了“崇尚科学、反对邪教”知识竞答活动。2004 年至 2010 年，连续举办了 7 届“全国科普日暨科普三晋”系列活动。连续多年各种科普活动的开展，使全市民众的科学知识日益丰富、科学素养明显提高。

（三）青少年科技创新

市科协以举办青少年科技创新大赛、创建科技示范学校和青少年科技创新培训工作为抓手，使全市的青少年科技创新工作一直处于全省前列。从 1990 年起，全市数万名中小学生参加了中国科协和教育部等每年组织的青少年科技创新大赛，共创作各类作品 2.3 万余件，其中 58 件获国家级奖励、660 件获省级奖励，段梦婕、胡天娇、王彦赟 3 位同学获得中科院少年科学院“小院士”称号。2009 年，阳泉市在科技创新竞赛中首次设立“青少年科技创新市长奖”“热心科技创新工作奉献奖”和“科协主席奖”等新奖项，进一步推动了青少年科技教育工作的开展。同年，矿区西河路小学杨懿获得阳泉市首个“青少年科技创新市长奖”。2010 年，矿区洪城河小学宋蕊获得“青少年科技创新市长奖”。市科协先后 4 次获得“全国青少年科技创新大赛优秀组织奖”。

为加强对青少年的科技教育力度，从 1997 年开始，市科协、市教育局联合在全市中小学中开展了“创建科技示范学校”活动，到 2008 年，有 57 所中小学获“市级科技示范学校”称号。其中，赛鱼小学的“小学科学宫”、西河路小学的“少年科学院”、洪城河小学的“宇光天文台”等都成为深受少年儿童喜爱的科普教育基地。2008 年，郊区青少年科技活动中心获得“中国科协青少年科学工作室”称号。2010 年 12 月，市科协、市教育局、市科技局在郊区义东沟学校启动了旨在整合科普资源、促进青少年创新能力提高的“雏鹰成长计划”。

（四）科技工作者之家建设

市科协自成立之日起，充分发挥人民团体的作用，切实提高为科技工作者服务的意识和能力，努力把科协建成科技工作者之家。一是加强与科技工作者的沟通和联系，开展丰富多彩的活动。1999年12月，举行了“全市科技界奔向2000年联谊会”。2007年，举办了“迎奥运、庆七一”科技工作者华牌大赛。2009年6月，与市科技局、市体育局在狮脑山联合举办了主题为“科技与健康同行”的阳泉市科技工作者登山健步行活动。2010年9月，联合市科技局、市体育局举办了首届科技工作者趣味运动会。二是加大对科技工作者的推荐和表彰力度。经市科协推荐，延根祥等16人获“山西省优秀科技工作者”称号。2005年和2008年，市科协两次对全市科普工作先进集体和先进个人给予表彰。2009年市科协成立50周年之际，重奖马维青等“十佳青年科技工作者”、王存义等“十佳科普志愿者”、王小荣等“十佳科技辅导员”、王世伟等13名“市优秀科技工作者”和乔国强等11名“热心科协事业奉献奖”获得者。市劳动竞赛委员会为“十佳青年科技工作者”记一等功、为“十佳科普志愿者”和“十佳科技辅导员”记二等功。三是创新科协事业发展环境。为更好地发挥科协组织的优势和作用，市委于2002年5月下发《关于进一步加强科协工作的意见》，为科协工作的更好开展提供了保障。

（五）科技竞赛

1987年4月30日，中国科协、国家经委发出《关于在全国厂矿企业工程技术人员中开展“讲理想、比贡献”竞赛活动的通知》后，市科协发挥企事业科协在产学研中的“黏合剂”作用，引导企事业单位科技人员开展群众性科技竞赛活动。在此后的20多年中，全市先后有5万多人次参加到竞赛活动中，涌现出一大批先进集体和先进个人。全市企事业科协平均每年开展科技攻关项目600多项，实施合理化建议1500多条，为企业创增效益2亿多元。阳泉铝业公司总工程师石文斌2010年获“全国讲理想、比贡献活动科技标兵”称号。科技竞赛活动在不断被赋予新的内容和时代特色的同时，为提高全市企业的竞争力起到推动和促进作用。

（六）为农服务

市科协充分利用自身优势，积极开展各种为农服务活动。2004年，与市委组织部、市妇联联合成立山西农函大阳泉分校，开展农民实用技术培训。到2008年，总计培训学员3650余人。广大学员不仅掌握了先进适用技术，收入普遍增加，而且成为当地引导农民增收的“土专家”“田秀才”，带动了周边农村经济的发展。2005年至2008年，阳泉分校连续4年被山西农函大评为“先进单位”。2008年，被中国农村致富函授大学评为“中国农村致富函授大学先进分校”。

实施科普惠农兴村计划，积极服务“三农”。从2006年至2010年，全市累计受表彰的先进集体11个，其中，郊区林业协会等8个协会被中国科协和财政部评为“国家科普惠农兴村计划先进集体”，分别获得20万元奖补资金；郊区富民畜牧业协会等3个协会被省科协和省财政厅评为“山西省科普惠农兴村计划先进集体”，分别获得10万元奖补资金。同时，张拽生等4人被中国科协和财政部评为“国家科普惠农兴村计划农村科普带头人”，分别获得5万元奖补资金；贾秉堂被省科协和省财政厅评为“山西省科普惠农兴村计划农村科普带头人”，获得3万元奖补资金。经过3年的创建工作，到2010年，平定县、盂县、郊区全部通过中国科协验收，被授予“2011年至2015年度全国科普示范县（区）”称号。市科协多次受到中国科协、山西省科协的表彰，先后获得“全国青少年创新大赛优秀组织奖”“山西省科普工作先进集体”“山西省市县科协工作成绩突出奖”“山西省学会工作创新奖”等荣誉。

第六节　归国华侨组织

一、组织沿革

阳泉市归国华侨联合会（简称市侨联）的前身为阳泉市侨联小组，于1956年夏在市民政局组织召开的第一次归侨座谈会上成立。1963年11月25日，市政协成立侨联工作组。“文化大革命”时期，市侨联小组被迫停止活动。1978年12月22日，全国侨务工作会议和第二次全国归侨代表大会在北京召开，阳泉市的潘金成作为山西省代表团成员之一参加会议，从此市侨联小组恢复活动。1983年7月26日，市归国华侨联合会正式成立，编制3名，内设办公室。2008年，市侨联机关编制增设为5名。至2010年未变，正县级建制；有市侨联绿色保健鞋业有限公司1个下属企业，有城区侨联（1993年1月16日成立）和郊区侨界联合小组（2009年12月5日成立）2个基层组织。

全市归侨主要是20世纪40、50年代从马来西亚、印度尼西亚等东南亚国家回国的华侨；1983年前后由于政治原因回国的蒙古和朝鲜归侨，其余大部分是由各种渠道回国的留学人员。

二、代表大会

至2010年，市侨联共召开过6次代表大会。其中，阳泉市第一次归国华侨代表大会于1983年7月26日至28日召开，出席会议的代表有53人，会议听取和审议了市侨联小组的工作报告，通过《阳泉市归国华侨联合会章程》，选举产生第一届侨联委员会，共有委员13名，尤坤南当选主任；阳泉市第二次归侨侨眷代表大会于1988年8月15日至17日召开，出席大会的代表有68人，会议选举产生第二届侨联委员会，共有委员17名，潘金成当选主席；阳泉市第三次归侨侨眷代表大会于1993年5月21日至22日召开，出席大会的代表有73人，会议选举产生第三届侨联委员会，共有委员17名，陈楚钦当选主席；阳泉市第四次归侨侨眷代表大会于1997年11月21日召开，出席会议的代表有75人，会议选举产生第四届侨联委员会，共有委员17名，胡晓峰当选主席；阳泉市第五次归侨侨眷代表大会于2002年8月30日召开，出席会议的代表有76人，会议选举产生第五届侨联委员会，共有委员19名，徐本宁当选主席；阳泉市第六次归侨侨眷代表大会于2007年6月12日召开，出席会议的代表有77人，会议选举产生第六届侨联委员会，共有委员17名，徐本宁当选主席。2007年12月20日，因徐本宁工作变动，市侨联六届三次全会选举信秀莲为市侨联主席。

三、主要工作

（一）参政议政

市侨联成立后，认真履行参政议政职能，积极组织侨界政协委员参加市政协组织的考察、调研活动，发动委员积极反映社情民意，提出议案。1993年至2010年，共撰写提案300余件。其中，《做好海外引智工作，促进对外经济发展》《关于优化教育结构，深化体制改革的建议》等10余件提案被市政协评为“优秀提案”，有多条社情民意分别被全国、省、市政协采纳，内容涉及医疗卫生、社会保障、群众生活等多个方面，对象涉及归侨侨眷、城镇居民、农民、私营企业主等。2003年，市侨联副主席杨毅群撰写的《建议尽快完善临床基因扩增实验室》的提案报送省政府后，省领导及时作出批示，向市第三人民医院拨款30万元，并资助一些医疗设备，用于基因扩增实验室的建设工作。2009年，市侨联成立了以副主席杨毅群为组长、包括机关工作人员及侨联委员等27人在内的社情民意信息组，制定了考核奖励办法，促进了社情民意工作的更好开展。

（二）侨益维护

20世纪80年代初，大批蒙古归侨到达阳泉市。市侨联积极协助市侨务办按照国家有关政策，协调劳动部门，于1983年、1984年分两批安置接待蒙古归侨24户110人，使他们“人来有房住，吃饭能揭锅，工作安排快，子女能上学”，帮助他们解决实际问题。至此，阳泉市归侨结构由之前的以东南亚归侨为主体变为以蒙古归侨为主体。中共十一届三中全会召开后，市侨联协助有关部门对“文化大革命”给全市归侨侨眷造成的冤假错案进行查证平反，完成对归侨侨眷历史遗案的政策落实，维护了归侨侨眷的合法权益。

1985年、1990年、1998年，市侨联先后3次开展全市侨情普查，详细掌握归侨侨眷情况，为更好地开展为侨服务和维护侨益工作奠定了基础。《中华人民共和国归侨侨眷权益保护法》《中华人民共和国归侨侨眷权益保护法实施办法》及《山西省实施〈中华人民共和国归侨侨眷权益保护法〉办法》颁布实施后，市侨联通过撰写论文、印发宣传资料、组织座谈、举行广场宣传活动等多种形式多次组织宣传，并严格贯彻执行。1995年，会同市政府侨务办公室对全市22个单位侨务法律、法规贯彻执行情况进行检查，在全社会营造了学侨法、懂侨法、护侨法、用侨法的良好氛围。

市侨联始终关心归侨侨眷的生产生活，竭诚为他们排忧解难。多年中，在分配住房、升学、就医、解决就业等方面做了大量服务工作。持续开展慰问及“扶侨助学”活动，每年都要在春节、元宵节前慰问老归侨及困难侨户。至2010年，共慰问520余户次，发放慰问金、慰问品10.36万元。其中从2000年开始的“扶侨助学”活动，至2010年共资助困难学生88人次，计6万余元。

（三）联谊联络

市侨联成立后，每年春节、元宵节、中秋节等都要举办归侨侨眷联谊活动，在沟通感情、加强交流的同时，积极宣传党的方针政策，增强共识，形成合力。1997年香港回归、1999年澳门回归之际，分别举办了迎回归座谈会，并组织撰写纪念文章20余篇，有的文章随后在《阳泉日报》和《山西日报》上登载。2005年，先后组织归侨侨眷100余人次参加“全市统战系统纪念抗战胜利60周年‘四热爱’歌咏比赛”，参观狮脑山百团大战纪念馆，赴朔州平鲁县参观爱国归侨李林烈士墓等活动。2008年，举办了纪念改革开放30周年系列活动和迎奥运系列活动。2009年，开展庆祝中华人民共和国成立60周年系列活动。通过各种活动，加强了与广大归侨侨眷、海内外华人的沟通联系，增进了友谊，促进了各项工作的开展。

（四）服务社会

市侨联成立后，坚持在广大归侨侨眷中开展“五个一”奉献活动，即围绕全市经济建设献一个计策、传递一条信息、介绍一个人才或客户、引进一个项目、推销一种产品，积极为全市经济社会又好又快发展献计出力。

引资引智工作。1991年，侨眷温业苏投资30万美元，并引进资金20万美元，建成汽车电脑检测中心，成为阳泉市第一家合资企业。1994年，侨胞傅天明、李友群夫妇为市福利院儿童赠送了价值3万余元港币的衣服、玩具、食品等。2003年，引荐香港科技大学博士生导师、美籍华人汤有光先生为盂县梁家寨滴溜磴小学捐款8000元港币，购买了教学用具，改善了该校的教学条件。2004年，通过中国华侨经济文化基金会与台湾爱心第二春文教基金会，联系台湾李惠芳女士捐资20万元人民币，加上当地政府配套资金56万元，建成盂县牛村“秀珍爱心小学”。2006年至2010年，市侨联积极与欧美同学会商会、美国晋商会、加拿大山西晋商会等联系，促成多次考察、交流、洽谈活动，为招商引资积极搭建平台。另外，1999年，市侨联邀请世界银行及美国思科公司有关人士到阳泉市作了题为《国际金融投资知识》《国际互联网知识》专题讲座，社会反响良好。

帮助创办经济实体。1988年，市华侨经贸公司创建。1998年，市侨联绿色保健鞋业有限公司成立。2001年1月，市侨联剑桥英语培训中心成立。

1999年，市侨联对全市出国留学人员基本情况进行调查摸底，建起全市留学人员信息库；撰写了论文《阳泉市海外留学人员情况分析》，获“阳泉市软科学三等奖”。2005年、2008年，又先后开展了两次出国留学（工作）人员情况调查，使全市留学（工作）人员信息库更加完善，为服务全市经济发展打下了基础。

至2010年，全市归侨侨眷有8人次受到国务院侨办、中国侨联表彰，33人次受到省侨办、省侨联表彰。2008年、2009年，市侨联连续被省侨联授予“先进集体”称号。2010年，被省侨联评为“为侨服务先进集体”。

第七节　文学艺术界组织

一、组织沿革

民国30年（1941）7月，平定（路北）县曾建立文联组织，但翌年即撤销。1979年6月3日，市文联正式成立，工作机构有办公室、组联部、编辑部，机关编制9人，事业编制6人。1991年12月，市文学艺术工作者联合会改名为市文学艺术界联合会（简称市文联）。1997年，组联部并入办公室，机关编制5人，事业编制5人。2006年5月，增设组联部，机关编制增为6人；成立市文学艺术创作研究室，与《娘子关》编辑部为一个机构、两块牌子，为市文联下属全额预算事业单位，编制4人。

1981年12月，市文联第一次代表大会召开期间，市文学工作者协会、市戏剧工作者协会、市美术工作者协会、市音乐工作者协会、市摄影工作者协会、市曲艺工作者协会、市舞蹈工作者协会、市电影工作者协会和市书法工作者协会9个协会成立，各协会分别选举产生理事会。1991年12月，在市文联第二次代表大会上，9个文艺工作者协会改名为市作家协会、市美术家协会、市书法家协会、市摄影家协会、市戏剧家协会、市音乐家协会、市曲艺家协会、市舞蹈家协会和市电影家协会。2003年，9个文艺家协会都进行换届，分别选举产生新一届理事会。同年，市电视艺术家协会和市民间文艺家协会成立，并召开代表大会选举产生理事会。2005年，市文学艺术发展促进会成立。2007 年，高长虹研究会成立。

市文联实行团体会员制，至 2010 年，共有 18 个团体会员，即作家、美术家、书法家、戏剧家、音乐家、摄影家、曲艺家、舞蹈家、电影家、电视艺术家和民间文艺 11 个文艺家协会，平定县文联、盂县文联、郊区文联、矿区文联、城区文联 5 个县区文联，市文学艺术发展促进会和高长虹研究会 2 个直属社团；全市共有会员 3000 余名，其中国家级会员 100 多名、省级会员 1000 多名。

二、代表大会

至 2010 年，市文联共召开过 3 次代表大会。其中，1981 年 12 月 3 日至 9 日，市文联第一次代表大会召开，选举产生市文联第一届委员会，陈霈当选主席；1984 年，胡世英任市文联主席。1991 年 12 月 25 日至 26 日，市文联第二次代表大会召开，会议修改了市文联章程，选举产生市文联第二届委员会，赵佩龙当选主席。2004 年 12 月 27 日至 28 日，市文联第三次代表大会召开，会议再次修改了市文联章程，选举产生市文联第三届委员会，侯讵望当选主席。

三、《娘子关》

市文联主办的文艺期刊《娘子关》创刊于 1978 年 12 月，国内统一刊号 CN14-1049/I，国际标准刊号 ISSN 1004-6054，为双月刊，是阳泉市唯一有公开出版物刊号的期刊，主编由市文联主席兼任。刊物以发表文学作品为主，兼顾其他艺术门类，重视煤矿题材和乡土特色，立足阳泉，面向全国。《娘子关》创刊时名为《阳泉文艺》，第一期由市文化局创作组编辑。1980 年市文联成立后，《阳泉文艺》从第二期开始由市文联主办，定为季刊，共出版 2 期。1983 年第 4 期将刊名更名为《红与黑》，共出版 3 期。1985 年刊名更名为《娘子关》，仍为季刊。同年，根据省委宣传部要求，《娘子关》首批申报参加期刊登记，登记证号为山西省期刊登记第 114 号，刊号为 22-83。1988 年、1992 年，《娘子关》分别被新闻出版署批准在国内、国外公开发行。2004年，《娘子关》杂志由季刊变更为双月刊。2009年、2010年，连续两年被省新闻出版局、省科技厅等评为“一级优秀期刊”。至2010年，共出版《娘子关》杂志143期。

四、文艺创作

市文联成立后，积极发挥其联络、协调、指导和服务的职能，为推动和提高全市文艺创作做了大量工作。1982年7月，在平定县常家沟村举办文学笔会。1997年，组织部分艺术家赴延安、西安采风。从2005年起每年举办活动，纪念1942年5月毛泽东《在延安文艺座谈会上的讲话》发表，先后50多次组织文艺工作者到山西五台山、陕西延安等地采风。同时，各文艺家协会先后组织举办了各种创作座谈会、笔会、研讨会等活动，开办多种培训班，全市文艺创作队伍不断壮大，作品数量持续攀升，作品质量逐年提高，各类作品纷纷获奖。

至2010年，文学方面，全市获省级以上奖项的文学作品有200多项，在省级以上报刊发表作品2000多篇（首），出版个人作品集300多部；美术方面，全市入选省级以上展览的作品有1000多幅，获省级以上奖300多项；书法方面，全市入选省级以上展览的作品有1000多幅，获省级以上奖项的有500多项；音乐方面，全市在省级以上报刊发表歌曲200多首，获省级以上奖项300余项；戏剧方面，全市获省级以上剧目奖、剧本奖、个人奖等400多项；摄影方面，全市入选省级以上展览的作品有1000多幅，获省级以上奖项300多项；舞蹈方面，全市获省级以上各种舞蹈奖项600多项；曲艺方面，全市获省级以上奖项20多项；电视艺术方面，阳泉市从1986年开始举办春节文艺晚会，至2010年已连续举办25年，全市电视节目、电视剧等获省级以上奖项100余项，有10部电视连续剧拍摄完成、20多部电视连续剧剧本创作完成；民间文艺方面，全市获省级以上奖项200多项，全市文艺创作得到大发展、大繁荣。

第八节　残疾人组织

一、组织沿革

阳泉市残疾人联合会（简称市残联）成立于1989年6月，编制12人，机关内设康复科、宣传文体科、办公室。2008年机构改革中，人员编制调整为11人，机关科室调整为康复部、组联就业部、维权文体部、办公室。2010年，全市共有各类残疾人8万余名，占人口总数的6.04%。

市残联的直属事业单位有1992年成立的阳泉市盲人按摩中心；2000年成立的阳泉市残疾人康复中心、阳泉市仁爱康复医院（一套人马、两块牌子）；2002年成立的阳泉市残疾人就业服务部；2003年成立的阳泉市聋儿语训中心。

二、代表大会

至2010年，市残联共召开过5次残疾人代表大会。其中，1989年6月，阳泉市第一次残疾人代表大会召开，选举产生市残联第一届执行理事会，孙英豪当选理事长；1993年6月，阳泉市第二次残疾人代表大会召开，选举产生市残联第二届执行理事会，孙英豪当选理事长；1999年4月，阳泉市第三次残疾人代表大会召开，选举产生市残联第三届执行理事会，申海林当选理事长；2003年9月，阳泉市第四次残疾人代表大会召开，选举产生市残联第四届执行理事会，申海林当选理事长；2007年12月，阳泉市第五次残疾人代表大会召开，选举产生市残联第五届执行理事会，申海林当选理事长。2010年8月，市残联第五届主席团二次会议选举黄俊德为理事长。

市残联执行理事会是残联主席团的常设机构，同时承担着市政府残疾人工作委员会的日常工作，履行市政府赋予的职责，管理和发展残疾人事业。

三、主要工作

（一）残疾人扶贫解困

市残联成立后，以改善残疾人的基本生存状况、提高残疾人的生活水平为出发点和落脚点，以建设残疾人小康社会为主题，贯彻落实《中华人民共和国残疾人保障法》，积极开展工作，圆满完成各项工作任务。郊区通过“政府引导、政府扶持、社会扶助、全社会齐抓共管”的模式，在全省率先实现残疾人整体基本达小康生活。矿区、城区通过康复治疗，使残疾人得到康复和功能补偿，提高了他们参与社会的能力，加快了全区小康建设步伐。2005年，盂县残疾人就业率达到90%，生活达小康。平定县通过“一人一议、一人一帮、形式多样、注重实效”的工作方式，加快了全县残疾人小康建设步伐。2005年10月，全省残疾人小康建设现场会在阳泉市郊区召开，阳泉市和郊区的小康建设经验得到中国残联领导的肯定。通过努力，全市残疾人生活发生了巨大变化，至2010年，全市有劳动能力的残疾人80%过上稳定生活，50%的残疾人生活基本达小康，有10%达到宽裕型小康生活水平，全市残疾人的生存权、健康权和平等参与权得到较好落实。

市残联在总体把握残疾人小康建设工作的同时，把工作重点放在25%左右的贫困残疾人上。围绕“城市扶贫抓就业，农村就业抓扶贫”这一中心，组织协调社会各界共同参与，开展此项工作。一是制定政策扶持。各级政府都把残疾人扶贫解困工作纳入总体扶贫计划中，依靠国家扶贫政策和政府的主导作用，使贫困残疾人得到实惠。城镇享受低保的贫困残疾人做到应保尽保，占到享受低保总人数的1/3以上，一部分特困残疾人还享受了低保的最高标准。二是党员干部“帮、包、带、扶”。从市委书记、市长到普通党员、一般干部都自觉自愿地扶助特困残疾人，帮助解决实际困难。各级残联在全市残疾人中普遍开展了“一人一技、一村一业、一乡一色、一区一优”活动，多层次多形式的扶贫工作收到良好效果。至2010年，全市共建立残疾人就业基地14个，从事种植业、养殖业、小型加工业的残疾人达到1.86万人，收入明显增加。三是扶贫助残联络站扶持。狠抓乡镇残疾人扶贫助残联络站的建设工作，采取措施充分发挥联络站的职能，实实在在把扶助特困残疾人工作落到实处。到2010年，全市共建扶贫助残联络站38个、服务基地7个，有近1万名残疾人从中受益。四是发动社会献爱心扶持。在全市范围内开展了“我为残疾人献上一份爱”捐款活动，所捐资金全部用于救助扶持特困残疾人。五是建立起数量可观的志愿者助残队伍。全市志愿者一直稳定在3万人左右，青年志愿者助残队伍、红领巾助残队伍、巾帼志愿者助残队伍遍布城乡，各种志愿活动，促进了全市残疾人生存状况的改善和生活水平的提高。

（二）残疾人康复

2000年，阳泉市残疾人康复中心成立，并建成残疾人综合服务大楼等康复工程。从2001年起，组织开展“视觉第一，光明扶贫”“长江新里程”等行动，使一大批残疾人得到康复。至2010年，共为1500余例贫困白内障患者施行复明手术，每年为贫困患者、特困患者减免医药费30万元以上。完成国家精神病防治康复摸底调查试点任务，全市精神病人检出率为6.5%，受到中国残联和省残联的表扬。至2010年，全市完成白内障复明手术7179例、低视力康复600人、假肢安装440例、精神病接受监护治疗8020名、用品用具供应1.4万件。另外，聋儿训练、低视力家长培训、肢体康复训练、脑瘫儿童训练、智障儿童训练、矫形器安装、精神病预防等全部完成预定任务。

（三）残疾人基础设施建设

从1989年至2010年，全市残疾人无障碍设施建设从无到有、从少到多，取得很大成效。至2010年，80%以上的城市主干道都铺设了盲道，计110余千米；市区主要街道人行道入口处共铺设无障碍坡道、通道480余处，方便了残疾人出行。经过两年多时间的建设，于2003

年建成总投资228万元的残疾人综合大楼工程；2004年建成面积为700平方米的残疾人就业市场，为残疾人提供了固定的培训、服务、就业场所。

（四）残疾人就业

市残联把安排残疾人就业作为工作重点，积极落实山西省按比例安排残疾人就业的相关规定，开通“残疾人就业信息网”，残疾人不用出家门，就能了解到全市残疾人的就业动态，方便了全市残疾人。聘请专业教师对残疾人进行计算机、机械加工和农村种植业、养殖业实用技术培训，提高他们的就业本领。对200名盲人进行保健按摩培训，全部实现就业，月收入都在千元以上。在深入进行社会调查的基础上，多方探寻就业门路，想方设法安排残疾人就业。全市残疾人就业保障金收缴工作基本纳入社会管理体系，残疾人按比例就业工作于1999年和2001年两次受到中国残联的表彰，多次受到省政府、省残联的表彰。至2010年，全市有6800余名残疾人接受了职业技术培训，残疾人就业率稳定在90%以上。

（五）残疾人文体活动

1993年，举办了第一届全市残疾人体育运动会和多次单项比赛。组织残疾人运动员参加全国残疾人体育运动会，取得良好成绩。至2010年，在全省各级各类残疾人体育比赛中，阳泉运动员共夺得230枚奖牌，其中金牌60枚。先后举办了两次大型残疾人文艺会演，组织参加全省各类会演，有21人次获奖。残疾人陆长贵2004年获得文化部颁发的全国集邮、根雕两个二等奖。2007年，市盲聋哑学校编排的舞蹈《绿园情》在全省残疾人文艺会演中获二等奖；市培智学校智障人表演的声乐《小瓜棚》被省残联评为一等奖；阳泉电视台拍摄的专题片《寻梦》获得省残联、省记协好新闻评选二等奖。2008年，市残联组团参加全省首届聋人篮球锦标赛，获得亚军和精神文明道德风尚奖；组团参加全省首届轮椅太极拳和轮椅健身操比赛，均取得第三名。此外，1995年，残疾人特殊教育工作纳入国家义务教育体系，全市各类残疾少年儿童入学率达到91%。

1996年，阳泉市被教育部评为“残疾人特教工作先进市”。2002年，阳泉市被国务院残疾人工作委员会和中国残联表彰为“白内障无障碍市”。2004年，在浙江宁波召开的全国残疾人康复工作会议上，平定县作了“残疾人新型合作医疗”经验介绍，得到中国残联领导的肯定，并在国家中西部地区加以推广。2007年，城区被卫生部、民政部、中残联评为“全国残疾人社区康复示范区”。2008年，平定县被全国残疾人康复工作办公室评为“全国无白内障示范县”。2010年，阳泉市被全国残疾人康复工作办公室评为“全国白内障无障碍示范市”；矿区被民政部、卫生部、中残联评为“全国残疾人社区康复示范区”；城区、矿区、郊区、平定县、盂县分别被全国残疾人康复工作办公室评为“全国白内障无障碍示范县”。

第九节 贸促会组织

一、组织沿革

中国国际贸易促进委员会阳泉市支会（简称市贸促会）成立于1986年10月27日，下设办公室，编制3人。1988年8月，中国国际商会阳泉商会成立，与市贸促会一套人马、两块牌子。1993年4月，内设办公室、信息联络部、国贸部，定编12人。2001年机构改革中定编9人，内设信息联络部、会务法律部和办公室。2010年3月，办公室更名为综合部、信息联络部更名为联络展览部，会务法律部名称不变。至2010年，市贸促会拥有企业会员110家，团体会员26家，个人会员113名。

二、代表大会

至2010年，中国国际贸易促进委员会阳泉市支会暨中国国际商会阳泉商会召开会员代表大会2次。其中，1988年8月，中国国际贸易促进委员会阳泉市支会暨中国国际商会阳泉商会第一届会员代表大会召开，参会代表有169人，会议选举产生中国国际贸易促进委员会阳泉市支会暨中国国际商会阳泉商会第一届委员会，共有委员57名，赵迪南当选会长，会议吸收企业会员52个、团体会员3个、个人会员112名；2006年11月，中国国际贸易促进委员会阳泉市支会暨中国国际商会阳泉商会第二届会员代表大会召开，参会代表188人，会议选举产生中国国际贸易促进委员会阳泉市支会暨中国国际商会阳泉商会第二届委员会，共有委员48名，张弛当选会长，有企业会员110家、团体会员26家、个人会员113名。

三、主要工作

（一）对外联系

市贸促会成立后，多形式多渠道宣传阳泉优势，大力开展对外联系，不断提高阳泉市的国际知名度。先后与英国、加拿大、波兰、德国等20多个国家和中国香港地区的30家商会、代表处、商务机构建立联系，广泛开展贸易、技术和信息协作；相继在加拿大、越南等国设立代表处，宣传推介阳泉市的企业和产品，搜集国际市场供求信息；分别与湖南省株洲市、常德市，山东省威海市，河北省秦皇岛市、石家庄市、邯郸市，海南省海口市，江苏省连云港市，辽宁省鞍山市的贸促会签订友好合作协议，实现信息资源共享和业务联动，促进了阳泉经济社会的良好发展。

（二）对外经贸服务

市贸促会紧紧围绕市委、市政府的中心工作，根据扩大开放和招商引资的实际需要，努力发挥优势，服务全市对外经贸活动。

通过组织参加经贸论坛会、商务考察等开展贸易促进工作。先后组织56家企业和部门，共计400余人次参加各种论坛以及商务考察，包括中国—意大利经贸洽谈会、中波经贸论坛、中波煤炭工业发展研讨会北京高科技贸易洽谈会、中澳经贸洽谈会等专题活动。印发有关宣传资料1万余份，为推介阳泉、推介项目、推介产品发挥了积极作用。特别是2010年，组织了市委、市政府与英国达比郡—诺丁汉郡商会以及切斯特菲尔德市的“中英双向开放引进远程视频会议”，为两市的经贸合作打下基础，也为市贸促会更好地开展与国外商会的联络开辟了新思路。

市贸促会多次与其他省市的贸促会等单位共同主办招商引资活动，先后邀请法国、德国、美国等国的客商170人次到阳泉市参加招商引资。1999年，市贸促会组织、市政府主办、北京市贸促会协办的“北京国际招商引资暨贸易合作洽谈会”，促成外商与阳泉市的企业签订意向36个、协议16个。在为企业提供大量国际展会信息的同时，积极帮助市内名优产品打开国际市场，拓展海外商机，先后组织33家企业参加境内外各种展会100余次，为企业提供免费展位150余个，效果良好。

（三）为企服务

从2006年起，全市出证认证多项业务指标保持增长态势，至2010年，注册企业达到32家。网上签证数占办证企业的95%。2006年至2010年，共为企业签发原产地证2462份，认证涉外商业单据250余份，代办领事认证80余份。为帮助出口企业规避出口风险、解决融资难题、保障收汇安全，市贸促会积极建议出口企业参加中国出口信用保险，并与中国出口信用保险公司联合举办业务培训班。2009年，福赛益特公司、双龙盛国际贸易公司、嘉和国际贸易公司3家企业与中国出口信用保险公司签订了年保800万美元的合同意向。

2002年，开设“阳泉国际商务信息网”，为26家会员企业制作了网页，推介项目50个，搜集发布涉外商务动态、贸易机会等信息1000余条，强化了网络对企业会员的信息服务。2006年网站改版，更名为“阳泉市贸促会、阳泉国际商会网站”，改版后的网站形式更加新颖，内容更加翔实，更加广泛地为企业提供各种经贸信息。

至2010年，市贸促会主办的《贸促信息》共出刊158期，为企业提供国际市场信息近万条；开展咨询服务，办理项目咨询84个，为项目企业拟定谈判方案8个，为企业挽回经济损失50余万元。开展培训服务，先后21次组织268人次参加国际贸易知识培训，多次邀请外地专家到阳泉市授课。组织有关企业领导和单证员参加各级出证认证培训，共培训275人次，为企业培养了一批出口业务人才，促进了全市外向型经济的发展。

为企服务

阳泉市志
YANGQUANSHIZHI

[中　册]

第二十编

政　务

民国36年（1947）5月4日，阳泉市人民政府成立。作为一级地方国家行政机关，阳泉市人民政府及其隶属部门，负责处理辖区范围内方方面面的行政事务。鉴于市志已列专卷对境内工业、农业、商业、科技、教育、文化等内容作了全面、系统的记述，此卷“政务”只对境内人事、监察、民政、信访、档案、方志、外事、侨务、民族宗教、城市管理、行政审批、安全生产、地震、发展研究14个方面的政务类事项加以记述。

阳泉市建立后，随着社会的稳定和事业的发展，境内行政机构不断增加，行政体制逐渐完善，各类政务活动规范有序、高效展开。人事部门负责全市公务员、专业技术人员、军转干部等的管理工作，为全市经济发展提供了有力的组织保障和人才支撑。民政部门以保障人民群众的根本利益为出发点，在优抚安置、赈灾救济、社会福利等方面做了大量工作，促进了地方发展与社会进步。信访是党和政府密切联系群众的一条重要渠道，本着“访必接、信必阅、阅必批、批必查、查必果”的原则，全市实行信访工作目标管理责任制，强化领导接待制度，构建起全市大信访工作格局，认真处理群众来信来访，查处了大量信访案件，维护了社会稳定。全市上下高度关注安全生产工作，把安全生产纳入地方经济和社会发展的总体战略，严格落实安全生产监督管理责任，大力开展宣传培训教育，深入进行专项整治，逐步完善应急救援预防体系，严肃查处各类生产安全事故，境内安全生产形势逐年好转。此外，监察、档案、方志、外事、侨务、民族宗教、城市管理、行政审批、地震和发展研究等各项工作有效推进，也取得很大成绩，为促进全市经济发展和社会进步发挥了应有作用。

第一章 人事

第一节 机构

民国36年（1947）5月阳泉建市初期，市政府未设专门的干部管理机构，各项人事工作先后由社会科和民政科承担。1952年5月设立人事科，人事工作从民政科分离出来。1955年1月，市人民政府改称市人民委员会，人事科作为常设机构继续行使管理和调动全市干部的职能。同年5月，市编制委员会成立。1957年6月，人事科升格，改为市人民委员会人事局。1958年4月，人事局与监察局合并为人事监察局，未设内部机构，有工作人员6名。1959年8月，撤销人事监察局，恢复人事局，内设办公室（秘书）、奖惩科、干部科，机构编制业务归人事局管理。“文化大革命”开始后，全市各级人事机构陷于瘫痪。至1975年期间，人事工作由市革命委员会政工组（后改为政治部）负责。1975年9月，设立市革命委员会人事局，与市委组织部合署办公，市编制委员会归口市委组织部。1980年3月，市人事局从市委组织部分设出来，单独设置，人员编制10名，内设办公室、干部科、工资福利科，同时成立的市编制委员会办公室归口市人事局，市军队转业干部安置工作领导组办公室亦归口市人事局。1981年10月，市人事局增设奖惩任免科（1984年2月更名为任免奖惩科）。1983年12月，市科委科技干部科并入市人事局，办公室和干部科分别更名为秘书科和调配录用科，全局人员编制22名。1984年，市编制委员会办公室成为实体性办事机构，编制5名，为市人事局内设机构。1985年7月，阳泉市人才开发交流服务中心成立，科级建制，隶属市人事局。1986年7月，增设老干部科，秘书科更名为办公室。1988年7月，市军转（行政）干部培训中心成立，为市人事局下属科级事业单位。

同年11月，阳泉市人才市场管理处成立，与市人才开发交流服务中心合署办公。1989年8月，增设综合计划科。至1990年，全局共46人，设9个科室、2个中心，即办公室、调配录用科、工资福利科、任免奖惩科、科技干部科、老干部科、综合计划科、市编制委员会办公室、市军队转业干部安置工作领导组办公室、市人才开发交流服务中心（市人才市场管理处）、市军转（行政）干部培训中心。

1991年，市编制委员会更名为市机构编制委员会，市编制委员会办公室更名为市机构编制委员会办公室。1996年机构改革，市机构编制委员会办公室改为市人事局的副县级部门管理机构，1999年升格为正县级。1996年12月，工资福利科更名为工资福利与离退休科；市科技干部局撤销，其业务归并市人事局，科技干部科更名为专业技术人员管理科。1997年7月，将市军队转业干部安置工作领导组办公室牌子挂到调配录用科，成立法规管理科，同时挂纪检组（监察室）牌子；成立编办综合科（挂市事业单位登记事务所牌子）和编办机构编制科。调整后，市人事局（含市编办）行政编制为38名。1997年12月，市人才开发交流服务中心（市人才市场管理处）升格为副县级。1998年7月，市机关事业单位工人技术等级岗位考核办公室成立，设在工资福利科。2001年，市机构编制委员会办公室单独设置，归口市委，实行市委、市政府双重管理，内设综合科、机构编制科、监督科，编制13名；下属市事业单位登记管理局，为正科级事业单位，编制6名。2002年9月，市人事局机关行政编制调整为24名，内设4科2室1组，即综合计划科（人才流动开发科）、专业技术人员管理科（市外国专家局）、公务员管理科、工资福利与离退休科（市机关事业单位工人技术等级岗位考核办公室）、办公室、市军队转业干部安置工作领导组办公室、纪检组（监察室、政策法规科）。2004年7月，增设市人事争议仲裁委员会办公室，编制2名；成立市自主择业军队转业干部管理服务中心，与市军队转业干部安置工作领导组办公室合署办公，并增加行政编制1名。2008年，市机构编制委员会办公室内设机构调整为综合科、机关科、事业科、监督科。同年12月，增设机关事业单位管理科，编制2名。2009年11月，根据《阳泉市人民政府机构改革方案》，市人事局、市劳动和社会保障局的职责进行整合后，设立阳泉市人力资源和社会保障局，正县级建制，为市政府工作部门，不再保留市人事局、市劳动和社会保障局。机关行政编制49名，其中局长1名、副局长4名、纪检组组长1名、军转办主任1名、外专局局长1名；内设19个科室，即办公室、人事科、政策法规科、财务资金管理科、社保基金监督科、人力资源市场科、就业促进科、职业能力建设科、军官转业安置科（市政府军队转业安置工作领导组办公室）、专业技术人员管理科（市外国专家局）、事业单位管理科、公务员管理科（市公务员局）、工资福利科、劳动关系科（劳动监察科）、社会保险科、工伤认定和劳动能力鉴定科、农民工工作科、信访调解仲裁科、纪检组（监察室）。局属事业单位12个，其中，市人才开发交流服务中心（阳泉人才市场）、市养老保险管理服务中心、市医疗保险管理服务中心、市失业保险管理服务中心、阳泉高级技工学校、市人事考试中心、市就业指导中心为副县级建制；市劳动保障监察执法队、市社会保障网络管理中心、市职业介绍服务中心、市劳动教育培训中心、市职业技能鉴定指导中心为正科级建制。

第二节　机构编制管理

从阳泉建市至2010年，全市机构编制管理工作大体经历了八个阶段。

第一阶段，民国36年（1947）至1952年。时值解放初期，党和国家的中心工作主要是医治战争创伤，建立各级政权机构，恢复生产，发展经济。这一时期，全市的机构编制总的特点是部门大、机构少、人员少。在机构设置上，政权机构由“市、区、村”三级组成。民国38年9月前，市级机构一共只有10个工作部门，除公安局设科外，其余均为一层机构。民国38年9月后增加为23个工作部门；区级机构，民国38年以前先由3个区增加为6个区，后又改为3个区；因乡级政权尚未建立，各村均归区直属领导。在人员编制上，当时还没有明确的控制数，只是根据工作需要配备一定的人员。到1952年，全市国家机关人员总数为643人，占到全市人口总数的3.5‰。

第二阶段，1953年至1957年。随着各项事业的发展，特别是各级人事机构的建立，全市的机构编制工作呈稳步发展趋势。在政权建制上，政权机构由原来的“市、区、村”三级改为“市、区、乡（镇）、村”四级。市级机构增加到56个工作部门，区级机构则由原来的3个区改为2个区，并于1953年新建了乡（镇）一级政权机构。在人员编制的控制上，也开始建立了一些必要的手续和制度。但由于对机构设置、人员编制尚缺乏科学的研究和完善的管理，因而曾一度出现机构重叠、层次繁多，一些部门编制过大、人浮于事的状况。1955年至1957年，根据中央和省关于迅速整顿机构、紧缩编制的指示，全市进行了机构编制的精简整顿工作，撤销、合并了一些设置重叠的机构，压缩了一批非生产人员，充实和加强了基层工作。到1957年，全市（相当于今市区）国家机关的人员编制控制数为1083名，占到全市人口总数的4.4‰。

第三阶段，1958年至1962年。编制管理工作有了进一步的发展。1959年市编制委员会起草制定了《关于市级、郊区党政、人民团体及人民公社机构设置和人员编制的草案》。在机构设置上，市级机构到1962年减少到50个部门；区级机构，1958年平定划归市辖区后，郊区设在平定，基本相当于一个县的建制，到1961年平定回归晋中后，又恢复到1957年的状况；乡一级机构于1958年以后改成人民公社。在人员编制上，1960年全市国家机关人员编制达到2026人（含企事业编制1852人，乡补贴制139人），占到全市人口总数的7.2‰；1961年以后，本着“精简上层、充实基层”的原则，通过撤、并、减和相应的调整，到1962年，全市国家机关人员编制数降为910人（全部为行政编制），占全市人口总数的3.4‰，压缩到省编委控制的全市人口总数的4‰以内。这一时期机构编制工作总的特点是机构变化频繁，人员忽增忽减，基本上是两头小中间大的枣核式状态。受“大跃进”和三年自然灾害的影响，当时在机构设置上偏重于工业，在编制使用上，凡是有经费或有下属企事业的部门，普遍都占用企事业编制。

第四阶段，1963年至1965年。国民经济有了好转，全市的机构编制工作贯彻“稳定提高”的方针，1965年市级机构发展到56个，国家机关人员总数增加到1241人，基本上适应了经济建设和各项事业发展的需要。

第五阶段，1966年至1977年。这一时期，机构编制管理工作遭到“文化大革命”破坏，陷于停顿状态。

第六阶段，1978年至1990年。中共十一届三中全会以后，机构编制工作进入一个新的历史发展时期。根据中央和省有关机构编制工作的重要指示精神，阳泉市联系实际，于1984年进行了党政工作部门机构改革。改革后市委保留8个工作部门，市政府为39个工作部门。与此同时，行政区划也发生重大变化，1983年7月平定县、盂县划归阳泉市管辖。区级机构为城区、矿区和郊区3个区；乡级机构1984年由原来的人民公社改为乡（镇）政府。人员编制方面，1984年机构改革后，开始了市、县（区）各级党政机关的行政编制及市级事业编制核定工作。1986年，根据中央指示精神和省编委的要求，集中对事业单位进行了整顿，基本上改变了过去编制工作只管行政、不管事业以及行政、事业单位人员超编、混编、混岗等现象。

1987年以后，机构编制工作贯彻执行中共中央、国务院《关于制止机构、编制和干部队伍膨胀的通知》和中共阳泉市委、市政府《关于认真贯彻执行中发〔1987〕12号文件的通知》精神，市编委及时下发《阳泉市机构编制管理办法》，就如何控制机构、职数、编制，加强编制管理等问题提出明确要求。在机构方面规定，凡是设立副科级以上机构，一律由主管部门写出专题报告，统一由市编委审核，按管理权限审批（副县级以上报省审批，副科级以上由市委、市政府研究决定）。同时，严格规定职数限额。在1984年核定各单位人员编制的基础上，进一步明确了各单位内部机构的编制数，并确定了各单位内部机构环节干部的职数。在人员编制方面，明确规定凡是行政、事业单位调入人员，必须先向市编办写出报告，机构编制部门具体核准人员编制余缺、工种岗位，允许后方可调入。同时，在调入人员时还必须先由主管部门到机构编制部门办理工资划拨手续，而后才能列入财政预算，工资部门也才能确定调入人员的工资标准。1990年，各级机构编制部门按照“先控制、再治理，边控制、边治理”的原则，下大力抓了全市各级机构编制的清理整顿和控编“消肿”工作，重点检查清理了1987年4月中共中央、国务院《关于制止机构、编制和干部队伍膨胀的通知》下发后，违反规定擅自增设机构、提高机构规格、增加人员编制和超限额配备领导职数以及乱设职务名称的问题，并针对性地提出《阳泉市党政群机关机构清理整顿实施意见》及控编“消肿”计划。经过有效的清理整顿和控编“消肿”，到1990年，全市各级党政群机关共保留工作部门351个，其中市级78个、平定县66个、盂县51个、城区43个、矿区53个、郊区60个。在人员编制方面，全市各级党政群机关实有人数9535名，其中市级3478名、平定县1708名、盂县1723名、城区786名、矿区633名、郊区1207名。全市各级事业单位实有人数20763名，其中市级7749名、平定县4491名、盂县3959名、城区1084名、矿区246名、郊区3234名。全市各级工作部门共配备领导职数1083名，其中市级265名、平定县213名、盂县226名、城区111名、矿区102名、郊区166名，平均每个工作部门3名，市级党政群机关环节干部实有934名，机构编制不断增长的局面得到有效控制。

第七阶段，1991年至2000年。机构编制管理工作进一步巩固提高。1983年机构改革以后，机构编制和人员膨胀现象又有所抬头，到1995年，市级机关副县级以上机构增加到83个，比1983年增加33个；市级党政群机关的实有人数增加到2709人，比1983年增加1544人，增长1.3倍。机构臃肿、职能交叉、效率低下、财政负担沉重等问题非常突出。为了适应建立社会主义市场经济体制的要求，根据中央和山西省的安排，1996年进行了党政机构改革。经过改革，全市原有党政机构340个，精简130个，精简率38%；全市各级行政编制总数6053名，精简1945名，精简率24%；市级党政机关内设机构原有636个，精简124个，精简率20%。此次机构改革首次对各部门实行“三定”，即定职能、定机构、定编制，使政府管理体制和运行机制得到进一步完善和规范，同时为深化经济体制改革、加强机构编制管理、深化干部人事制度改革和提高机关工作效率创造了条件。

为加强机构编制管理，健全约束机制，1997年，市委、市政府印发《阳泉市机构编制管理暂行办法》《阳泉市机构编制委员会工作规则》，成为加强和规范机构编制管理工作的指导性文件。各级各部门严格执行机构编制各项规定，落实“三个一”制度，即凡涉及机构编制事宜，都由编委及其办事机构一个部门承办、“一支笔”审批、一家行文，维护了机构编制部门的权威，有效遏制了机构编制增长。9月，在市级党政群机关、事业单位实行机构编制手册管理，手册内容涵盖单位名称、性质、规格、经费、编制结构、领导职数、实有人数等信息，实现了对全市机关事业单位、人员编制的全程跟踪管理。在此基础上，1998年，组织开发了“阳泉市机构编制管理系统软件”，建立市级机构编制人员管理数据库，与机构编制管理手册配套运行，形成机构编制管理与财政预算管理、工资管理相互配套的约束机制，成为强化机构编制监督管理的基本手段以及规范干部人事和财政行为的基本依据。到2000年，全市各级党政群机构316个，其中市级83个、平定县51个、盂县56个、城区42个、矿区36个、郊区48个。全市共有乡镇32个，街道办事处12个。全市各级党政群机关实有人数9197名，其中市级2414名、平定县1689名、盂县2523名、城区633名、矿区649名、郊区1289名；全市各级事业单位实有人数30452名，其中市级9414名、平定县6765名、盂县7346名、城区1644名、矿区520名、郊区4763名。

第八阶段，2001年至2010年。以市机构编制委员会办公室独立运行为标志，机构编制管理得到进一步加强。其间，全市进行了三次规模较大的机构改革。2001年机构改革，撤销了一大批专业经济管理部门和行政性公司，结束了计划经济条件下依靠专业经济部门管理经济的历史；政府机关与所办经济实体和所管理的直属企业脱钩，政企分开迈出重要步伐；在机构编制精简方面，市、县（区）党政机构由300个精简为199个，精简率34%；行政编制总数由4142名精减为3207名，精减率23%；实有人数由5198名精减为3207名，精减率38%。此次机构改革进一步理顺了各级政府、各部门之间的关系，促进了政府职能转变，对于精干公务员队伍、降低行政开支、减轻财政负担、提高工作效率和深化干部人事制度改革起了积极的推动作用。2004年的机构改革，是在社会主义市场经济逐步建立和加入世界贸易组织的新形势下进行的，重点是转变政府职能，解决当时行政管理体制中存在的突出矛盾和问题，优化组织结构，完善运行机制，改进管理方式，提高行政效率。改革中，将市计委、市经贸委、市财政局的部分职能进行整合，组建市国资委、市商务局，将市计委改组为市发改委，市经贸委改设为市经委，单独设置市城市管理行政执法局。通过两次改革，基本改变了传统计划经济体制下形成的政府机构设置的格局和模式，机构设置趋于科学合理，政府部门的职能分工更加合理，行政效率明显提高。2009年的机构改革，重点加强了农业和农村工作的综合管理，整合完善工业和信息化、交通运输、煤炭行业的管理体制，整合人力资源和社会保障、文化与广电、住房与城乡建设等部门职能，理顺食品药品监管体制，对涉水事务实行一体化管理，加强以改善民生为重点的社会管理和公共服务部门建设，强化服务功能，规范议事协调机构。县区政府机构改革按照省、市的有关要求，机构设置与市级政府机构基本对应，合并了一些职能相同或相近的部门，以体现本级政府的功能特点。改革后市政府工作部门为32个，另设2个部门管理机构；平定县、盂县、郊区设置政府机构为24个、城区20个、矿区19个。2010年全市完成乡镇机构改革工作。平定县、盂县严格按照中央、省、市关于乡镇机构改革精神和改革方案要求，重新界定了乡镇职能，理顺了县、乡职责关系；规范和整合乡镇机构，根据工作需要设置了1个综合性的办事机构党政综合办公室，将原有的5个中心站所整合为2个事业单位，即农村综合便民服务中心和计划生育服务站；重新核定和确认了编制与领导职数，乡镇党委、人大、政府领导职数严格控制在7名至9名以内。2009年事业单位分类改革全面启动。11月18日，全市政府机构改革暨事业单位分类改革动员大会召开，对全市事业单位分类改革工作进行全面部署。2010年事业单位分类改革的工作重点是清理规范。一是重新确认全市副县级以上事业单位机构规格、领导职数和市属事业单位财政拨款、财政补助事业编制总额，于5月初按时报省编办审批确认。二是拟出市级所有事业单位清理规范意见的初审稿，对县区事业单位清理规范工作加强指导。三是对各县区副科级以上事业单位的机构规格和领导职数进行审核确认，同时拟定县（区）属事业单位财政拨款、财政补助编制总额。四是对事业单位分类进行摸底调查和研究，重点对全市参照公务员法管理、承担行政职能、从事生产经营活动、拟转为企业的事业机构，以及清理规范中拟撤并的事业机构进行统计分析，摸清和掌握事业单位的基本情况。在此基础上，根据全市事业单位的功能特征、经费来源及发展方向，合理界定事业单位的职能范围，对事业单位进行初步的模拟分类，为顺利推进事业单位分类改革奠定基础。

机构编制管理方面，严格控制机构编制，不断创新管理手段，使机构编制管理走上制度化、科学化、规范化轨道。在实行机构编制管理手册的基础上，2001年，在全市推行山西省机构编制管理证制度，实现机构编制管理与职数管理、工资管理、经费预算管理的有机结合。2002年10月，市、县级机构编制管理系统数据库全部建立，全部联网，机构编制网络体系基本构建成型，推动了机构编制信息化建设，机构编制管理工作效率明显提高。2003年11月4日，市编办网站开通运行，从整体层面上提高了机构编制管理工作的行政效能、运行质量和监管水平。2009年网站成功转网，运行更加安全和快捷，网站建设和管理进一步加强。同年，开展了党政群机关和事业单位中文域名管理工作。截至2010年，对全市设立网站的88家单位全部进行了政务和公益专用中文域名注册。

在控编进人方面，2001年机构改革后，全市党政群机关和事业单位实施控编进人制度，明确规定凡机关、事业单位增加或补充人员，必须先到机构编制部门申报办理“控编通知单”，作为组织、人事部门办理人事计划调配审批手续的依据。控编进人制度既控制人员数量，又对人员结构比例严格把关，重点控制人员的逆向流动，杜绝了超编进人现象，优化了机关事业单位人员结构。2003年5月，市委组织部、市编办、市人事局联合下发《阳泉市市直党政群机关、事业单位补充工作人员和人员流动的暂行办法》，严格进人审批程序，强化了机构编制部门的控制和把关作用。到2010年，全市各级党政群机构290个，其中市级74个、平定县46个、盂县45个、城区41个、矿区39个、郊区45个。全市共有乡镇32个、街道办事处12个。全市各级党政群机关实有人数4027名，其中市级1351名、平定县734名、盂县775名、城区291名、矿区253名、郊区623名；全市各级事业单位实有人数33291名，其中市级10100名、平定县6583名、盂县7040名、城区2352名、矿区3178名、郊区4038名。

第三节　专业技术人员管理

一、专业技术职务评聘

阳泉市对专业技术人员的管理开始于20世纪70年代。1977年，作为“尊重知识、尊重人才”的一项重要措施，阳泉市开始实行专业技术职称评定制度。1978年，逐步加强对专业技术人员的综合管理，妥善处理“文化大革命”期间知识分子遗留问题，落实党的知识分子政策，对专业技术人员的状况进行全面普查。按照省政府规定，全市的职称评定工作在具体管理上分成两块，自然科学方面的职称评定工作由市科委协调管理，社会科学方面由市人事局协调管理。1980年，阳泉市成立科技干部技术职称套改、确定、晋升领导组。1981年，市社会科学专业干部业务技术职称评定领导小组成立，并下设办公室，办公室设在市人事局，全市的专业技术人员职称评定工作全面展开。由于职称评定制度本身的缺陷、经验不足和历史遗留问题等多方面的原因，各地职称评定工作出现了一些问题。1983年9月，中央书记处和国务院决定暂停职称评定工作，进行整顿。在这之前，全市共评定中级职称98人、助理级336人、员级935人。

1986年初，中共中央、国务院批转中央职称改革领导小组《关于改革职称评定，实行专业技术职务聘任制度》的报告，继而发布《关于实行专业技术职务聘任制度的规定》，职称改革由过去的职称评定改为专业技术职务聘任制度。7月，市科技干部局（归口市科委）成立。年底，阳泉市重新调整了市职称改革领导小组，领导组办公室设在市科干局，负责全市职称改革的具体事宜，开始了全市范围的技术职称改革工作。其时，市级共设立中级评委会22个、初级评委会8个，负责全市中、初级专业技术人员任职资格的评审工作。同时，各县区和市直各主管部门也都建立了初级评审委员会，负责各县区、各部门初级专业技术人员职称的评审工作。高级专业技术人员任职资格的评审工作由省人事厅专业技术人员管理处统一负责。1987年1月，市职改领导组召开全市第一次职称工作会议，安排市第一人民医院、平定师范学校为试点单位。在试点的基础上，全市职称工作全面铺开。1989年1月，全市事业单位首次专业技术职务评审工作完成。同年6月，企业单位首次专业技术职务评审工作结束。经各级评审委员会评审，事业单位评审通过13916人，其中高级507人、中级3909人、初级9500人；企业通过评审10805人，其中高级203人、中级1066人、初级9536人。同时，根据省委、省政府安排，全市国家机关专业技术职务任职资格预评审工作在市职改领导组的领导下，以市人事局为主进行。1989年3月，阳泉市机关职称改革指导组成立，办公室设在市人事局科干科，负责机关职改的具体工作。1990年2月，机关专业技术职务任职资格预评审工作因在评审后期出现了一些混乱现象而被叫停。1989年3月至1990年2月，市、县、乡三级参加任职资格预评审申报人数总计4489人，占党政群机关干部总数的54.8%。其中市直机关92人评为高级、532人评为中级；县区机关14人评为高级、127人评为中级。

1990年，人事部下发《企事业单位评聘专业技术职务若干问题暂行规定》等一系列文件，使专业技术职务评聘工作转入正轨，随后职称改革不断深化。当年，首次在统计员中实行以考代评的专业技术任职资格考试。1994年后，在继续实行专业技术职务聘任制度的同时，逐步推行专业技术人员职业资格证书制度。

1996年4月，根据中央有关精神，省政府制定并印发《山西省专业技术人员队伍建设“九五”规划》，规定省政府人事部门为专业技术人员队伍的主管职能部门。年底，阳泉市撤销市科技干部局，将该局全部职责及职称工作整体划归市人事局，专业技术人员管理工作成为全市各级人事部门的一项重要工作职能。市人事局坚持把深化职称制度改革作为专业技术人员管理工作的主线，在改革中发展、完善和创新，进一步加强了专业技术人员管理工作的制度化建设。1999年，市人事局出台关于专业技术职务评审、聘任、考核、继续教育等管理方面的一系列暂行办法。同时，在教育、卫生系统率先推行《专业技术岗位设置及高中初级职务岗位职数结构比例控制的实施办法》。阳泉市从1999年开始实行全国专业技术人员职称外语等级统一考试，从2002年开始推行全国专业技术人员计算机应用能力考试。2003年8月，市人事局下发《关于在全民事业单位中实行专业技术人员职称评聘分离的通知》，决定在全市全民事业单位逐步实行专业技术人员职称评聘分离。2009年，省人事厅出台《山西省事业单位专业技术岗位设置管理实施细则》，把过去三级五等的专业技术职务体系细分为13个等级，并拉开全市专业技术岗位设置工作的序幕。2010年3月，市人事局与市劳动和社会保障局整合组建成市人力资源和社会保障局，全市专业技术人员管理工作由市人社局负责。2010年，为加强对全市中、初级评审委员会的规范管理，对中、初级评审委员会进行重新组建和换届工作，全市共有中级评委会9个（含乡镇系列、农村技术系列）、初级评委会45个（其中市直21个）。

阳泉市专业技术人员队伍不断壮大，为全市经济建设和社会发展提供了强有力的人才保障和智力支撑。截至2010年，全市在职在岗专业技术人才总量达5.08万人（每万人拥有370人）。其中，有享受国务院特殊津贴专家9人、省级科技功臣4人、市级专业技术拔尖人才71人；具有正高职称的232人、副高2886人、中级19595人、初级28087人。在上述人员中，教育类18603人、工程类11873人、卫生类8087人、经济类4875人、会计类2661人、农业类1145人、图书和档案类857人、统计类425人、新闻类306人、艺术类301人、其他1667人，人员及其专业分布更趋合理。学历分布为，硕士研究生304人、大学本科17222人、大学专科20608人，大学本科以上专业技术人员所占比重达到34.5%，均比过去有了质的提高和变化。经过多年的深化职称制度改革，至2010年，专业技术职务聘任制度已基本涵盖各类专业技术人才群体，成为不同行业领域对专业技术人员进行分类管理的重要基础，成为专业技术人员职业发展的一条重要途径。

二、继续教育

继续教育是全市干部教育工作的重要组成部分，是专业技术人员更新知识、提高业务素质的重要手段。1986年10月成立的市科技干部局和1989年成立的市继续教育事务所，负责全市专业技术人员继续教育的日常管理和事务性工作。根据当时的事业发展需求和行业特点，重点在科技、工程、经济、卫生、农业部门开展继续教育培训工作，全市先后有2万多人参加了“继续教育证书”培训登记。1996年10月政府机构改革后，市科技干部局撤销，继续教育管理工作并入市人事局，成为专业技术人员管理的重要工作之一。

1999年4月，市人事局印发《阳泉市专业技术人员继续教育暂行办法》，明确提出继续教育的目标、任务、制度和具体实施办法。市人事局专业技术人员管理科先后组织开展了形式多样并富有成效的专业技术人员公共基础知识教育培训。2003年，市人事局投资50多万元，在市人事考试中心建立起“全国专业技术人员计算机应用能力考试阳泉考点”及专业技术人员继续教育培训基地。至2010年，先后举办专业技术人员计算机应用能力培训班30多期，培训人员达 1.5 万多人次（模块）。2004 年，在全市范围内开展了有 1.6 万多人次参加的外语知识培训和 1.5 万多人次参加的 WTO 知识培训。

2006 年，市人事局与市委人才工作领导组、市委组织部联合制定下发《阳泉市专业技术人才知识更新工程（“583 工程”）实施意见》，系统规划了培训内容、方法、进度和实施措施。该意见成为全市“十一五”期间专业技术人员继续教育工作的总纲。同时还成立了有市委人才办和发改、科技、卫生、教育、体育、农业、林业等 18 个专业技术人才较密集的主管部门为成员单位的全市专业技术人才知识更新工程协调领导小组，负责具体指导、协调、组织、督促和检查全市继续教育工作。“十一五”期间，共举办市级专业技术人员培训班 21 期，累计培训各类专业技术人员 3.2 万人次。专业技术人员的继续教育工作对推进全市人事制度改革和促进人才素质提高提供了有力的支持。

第四节　公务员管理

一、公务员过渡

建立国家公务员制度是政治体制改革的重要内容，是干部人事制度进行分类管理的主要标志。1993 年 8 月 14 日，《国家公务员暂行条例》颁发，同年 10 月 1 日正式施行。根据山西省的统一安排部署，阳泉市于 1994 年 4 月正式启动建立和推行国家公务员制度试点工作，成立阳泉市建立和推行国家公务员制度领导小组，选择市环保局和市统计局作为新制度入轨运行的试点单位，于 1995 年 8 月圆满完成试点工作，依法产生全市首批 44 名国家公务员。

1997 年初，伴随着机构改革，全市市、县、乡三级行政机关推行公务员工作全面展开。同年 8 月基本完成过渡工作，市政府 40 个组成部门和 11 个部门管理机构共 1741 人确定了公务员身份，一批不符合过渡条件的人员随着机构改革退出行政编制序列，考试不及格人员也失去过渡资格。县、乡公务员过渡工作随后展开，并在 1998 年完成。公务员过渡工作经过了培训、资格审查、考试、考核、任职回避审查、审批、职位分类、知识能力测评及竞争上岗、职务任命和人员分流等程序，过渡工作结束后，全市国家公务员的年龄文化结构更趋合理、政治业务素质普遍提高、敬业精神明显增强、廉政约束保障机制更加完善、公开平等竞争择优的用人机制初步建立。以市直机关为例，全市市直行政机关过渡前实有干部人数为 2397 人，根据“三定”方案，山西省下达阳泉市行政编制 2118 人，过渡为公务员的有 1741 人，实际分流 656 人，占总人数的 27.37%，其中因考试不及格、考核不合格而无法过渡 24 人，占 3.66%。在年龄上，过渡人员中35岁以下的人员638人，占36.65%，比过渡前降低2.12岁；55岁以上42人，占2.41%，比过去降低9.82%。学历方面，大学本科以上264人，占15.16%，比过渡前提高4.77%。在过渡过程中，对203个形成竞争的正、副科级公务员任职职位采取竞争上岗的方式进行，有381人参与竞争，有72个职位竞争成功。

二、公务员登记

2006年1月1日《中华人民共和国公务员法》颁布实施后，按照山西省的统一部署，阳泉市于同年10月24日召开全市实施公务员法工作会议，安排部署全市公务员登记工作。到12月底基本完成全市党委、人大、政府、政协、民主党派和工商联机关的公务员登记工作，在2007年7月中旬前完成法院、检察院的公务员登记工作，全市公务员登记工作顺利完成。应参加公务员登记的61个市直机关、5个县区的190个县区直机关和44个乡镇（街道办事处），共有行政编制6404个，准予登记人员数6100人，其中，在职在编登记人员数5594人、单列登记人员数491人（超职数配备领导干部44人、安置军转干部10人、到龄45人、离岗退养392人）、超编登记15人。另外，暂缓登记22人（市直10人、县区12人），不予登记4人。全市6100名重新确认公务员身份的公务员，在2007年12月底前完成工资套改工作。在完成《中华人民共和国公务员法》的入轨运行工作后，开展了部分事业单位参照公务员法管理的审批工作，加强公务员队伍建设。

三、公务员考录

公务员制度建立后，阳泉市在2002年组织开展了市直党政机关考录公务员工作，录用公务员（机关工作者）56人。2003年组织开展了县区党政机关考录公务员工作，录用公务员（机关工作者）77人。2004年，组织开展了市、县、乡三级机关公务员联考工作，录用公务员（机关工作者）89人。在《中华人民共和国公务员法》颁布实施后，阳泉市于2007年、2008年、2009年连续3年为全市各级行政机关录用公务员304名，改善了全市公务员队伍结构状况，提升了选人用人的公信度。在具体考录实践中，做了一些积极的尝试。2002年首次组织考录工作时，针对全市公务员队伍中高学历人才短缺的状况，规定硕士研究生报考者笔试免试（之后的考录工作取消了这一规定），有3名硕士研究生在此次考录工作中被录用；在2004年组织的市、县、乡三级联考中，允许每名考生同时报考两个职位，既降低了录用工作的行政成本，又保证了录用人员的素质，一定程度上避免了“强强相争、弱弱必取”的情况发生；在录用对象上，

2007年、2008年共录用具有基层工作经历的人员（包括服务农村基层项目人员）85人，占录用人数的44%，大学生村官录用比例在乡镇公务员录用工作中占75%以上。

四、公务员考核

阳泉市严格规范公务员考核工作，在坚持年度考核的基础上，进一步规范平时考核，建立了公务员平时考核记录制度。1996年出台《阳泉市国家公务员考核实施办法》。《中华人民共和国公务员法》颁布实施后，阳泉市根据实际情况，又制定出台《阳泉市公务员考核实施细则（试行）》，对公务员考核的对象、内容、标准、结果运用等作了明确规定。自推行公务员制度以后，全市公务员共计有8万余人次参加了年度考核，考核率达到98%。其中，优秀1.2万余人次、称职6.7万余人次、不称职80余人次。全市行政机关工作人员辞职人数为20余人，因考核不称职而被降职使用的50余人，调离公务员岗位的20余人。

五、公务员培训

在公务员培训工作方面，阳泉市深入贯彻实施《干部教育培训工作条例》和《公务员培训规定（试行）》，不断完善公务员培训制度，在做好公务员初任培训、在职培训的同时，积极开展公务员任职培训，指导业务部门做好业务培训。按照中央和山西省公务员培训工作要求，依托阳泉行政学院对全市公务员先后开展了依法行政、《中华人民共和国公务员法》、公共管理核心课程、公共事件突发应急处理、行政机关公务员处分条例、普通话等轮训，培训人数达3.5万多人次。培训采取网络培训、远程教育培训等方式进行，取得良好效果，走在了全省的前列。同时，以“做人民满意公务员”“政风行风评议”等活动为载体，加强公务员队伍的政治建设、能力建设、作风建设和反腐倡廉建设，使全市公务员队伍整体素质明显提升。

六、公务员表彰

表彰先进、树立典型是引导广大公务员认真履行职责和努力践行全心全意为人民服务宗旨的重要措施。国家公务员制度推行以后，阳泉市有1人获得“全国人民满意公务员”称号，有2人获山西省模范公务员称号。1997年3月，阳泉市郊区政府区长王敬瑞在第二届全国人民满意公务员表彰大会上，被授予全国人民满意公务员称号；2002年2月，在山西省第一届模范公务员集体和模范公务员表彰大会上，盂县仙人乡乡长武雪被授予山西省模范公务员称号；2005年1月，在山西省第二届模范公务员集体和模范公务员表彰大会上，盂县社区管理委员会主任胡贵英被授予山西省模范公务员称号。截至2010年，全市先后有10余名县级干部被评为国家级先进个人，有40余名科级以下公务员被评为“全国优秀人民警察”“全国计划生育先进个人”“全国植树造林功臣”“全国审计先进工作者”等，有20多个单位和上百名公务员先后被省委、省政府授予“先进集体”“先进个人”称号，还有一大批公务员受到市委、市政府表彰。市、县、乡各级政府也先后多次开展了“做人民满意的公务员”争先创优活动，对活动中涌现出的先进公务员进行了表彰。

第五节　军转干部安置

1952年以前，除少量军队干部被上级指派到地方担任各级领导外，地方上很少接收转业干部。1952年至1954年，由于恢复经济的需要，有部分干部转业到地方工作。阳泉市3年间共接收军转干部411名，大多充实到新扩建的财贸、基本建设单位及一些工矿企业。1955年，军队实行义务兵役制，国民经济进入大规模建设时期，不断有军队干部转业到地方工作。1955年至1965年，全市共接收军转干部896名，其中，安置在党政机关95名、政法机关166名、工矿企业438名、财贸系统172名，25名有专长的被分配到医疗等事业单位。

“文化大革命”期间，有323名军队干部按复员安排到阳泉市，其中分配在党政群机关76名、工交系统121名、财贸系统81名、基建单位45名，他们都是工人身份，未按干部对待。

1976年至1984年，阳泉市接收军转干部7批974名。各级党委和政府从支持军队建设的大局出发，对军转干部进行妥善安置，其中，安置到各级党政群机关123名、工交企业561名、财贸系统168名、文教卫生等事业单位66名、农林水利系统56名。1980年，根据中央3号文件精神，为“文化大革命”中复员的323名干部改办了转业，恢复干部身份。1982年根据国务院和中央军委关于撤销基建工程兵和铁道兵的决定，为驻阳泉市的基建工程兵办了集体转业手续。1985年，依据中央关于减少军队员额100万、分3年转业的重大决策，到1987年全市接收军转干部299名。1988年至1990年接收101名。各级组织、人事部门把保持部队稳定、维护安定团结作为安置工作的指导思想，克服困难，结合实际情况采取“双向选择”“团职干部带编分配”等办法，将1985年以后转业的400名干部，分别安置到金融、经济监督、政法部门和新扩建单位。

1991年至2000年，有273名军转干部转业到阳泉市，其中，197人安排到市党政群机关和公、检、法等部门，76人安置到阳泉矿务局（后改为阳煤集团公司）、银行、电厂、烟草等企业。

2001年，中共中央、国务院、中央军委联合印发《军队转业干部安置暂行办法》，对转业安置计划、安置地点、工作分配与就业、待遇、培训、社会保障、家属安置、安置经费、管理与监督等作了明确规定，在计划分配中采取“两条腿”走路的办法，在指令性计划安置外，增加了军转干部可以选择自主择业的安置方式。阳泉市自2002年起陆续接收自主择业军转干部。2001年至2010年，全市共接收214名军转干部（含28名自主择业军转干部），98.5%的军转干部进入党政机关工作。此外，各级组织、人事部门还协同劳动、教育、房管等部门对军转干部随迁家属的工作、上学及住房问题作了妥善安排与解决，解除了军转干部的后顾之忧。

第六节 工资管理

阳泉建市至1952年间，机关事业单位工作人员实行的是工资制和供给制并存的工资待遇制度。当时，对民国38年（1949）以前参加革命工作和民国36年随解放军攻克阳泉后参加地方建设的军队转业干部以及由上级派下来的一些干部普遍实行供给制；民国38年以后参加工作的一些青年干部，则根据本人家庭生活情况和个人自愿，分别实行供给制和工资制两种待遇。按照国家规定，工资计算先是以小米为单位，到1952年3月由小米改成货币。这一时期，由于没有建立专门的人事部门和工资管理机构，工资工作由市政府负责管理。

1952年至1984年，阳泉市机关事业单位工作人员执行的工资待遇制度基本上是全国统一的级别工资制度。在此期间，按照国家统一部署，在工资政策方面进行过几次大的调整和改革。

1952年至1954年5月，在全市国家机关事业单位中建立了统一的职务等级工资分制，同时进行评定工资和津贴级别的工作。之后，又对干部的工资记分标准和供给制的津贴水平进行了调整。加上评定工资级别，全市1400余名干部（包括教育系统）的工资收入有了普遍提高。1954年6月至1955年6月，将部分实行供给制人员的津贴、服装和伙食三项标准合并为一项，实行经费包干。1955年7月至1956年3月，全市行政事业单位废除供给制，全部实行工资制；同时根据国务院1955年8月发布的《关于国家机关工作人员全部实行工资制和改行货币工资制》的规定，废除工资分制，改行货币工资制。1956年4月至12月，根据国务院《关于工资改革的决定》和山西省的统一安排，在全市范围内进行工资改革，使机关、事业单位工作人员的工资水平有了较大提高。1956年底，全市行政事业单位干部职工2600余人，改革前人均月工资为36.5元，改革后增加到46元。其中专业技术人员、小学教师和乡镇干部增资幅度更大一些，达到25%。通过这次改革，阳泉地区的工资类区被确定为四类区。全市国家机关、事业单位工作人员的工资表现形式开始由多元化的混乱局面走向规范化、标准化。1957年至1962年，由于国家遭受严重的自然灾害，财政困难，除个别行业部分职工安排升级外，国家基本上没有新的调资政策出台，并且还分三次适当降低17级以上党员领导干部的工资标准。1963年至1966年4月，阳泉市的工资类区由四类区调整为五类区，全市机关、事业单位中有40%的人员增加了一级工资。在此基础上进行了全市国家机关普调工资的工作，机关工作人员中有1561人升了级，占到行政机关工作人员总数的85%，初步解决了机关工作人员工资中多年一直存在的一些不合理现象。“文化大革命”期间，机关、事业单位的工资工作除根据1967年国务院下发的《关于转正定级问题的通知》精神，恢复了对学徒、复退军人和大中专毕业生试用期满转正定级的工作外，主要是1971年对国家机关、事业单位中工资偏低的部分人员进行了调资，全市约有28%的人员提高了工资。

1977年至1984年，全市国家机关事业单位工作人员的工资又进行了四次调整。第一次是1977年对部分工资偏低的工作人员首先调资，全市机关、事业单位中约有40%的人员升了级，月增资总额达到3万多元；第二次是1979年全市机关、事业单位中又有40%的职工进行了升级；第三次是1981年根据国务院《关于1981年调整部分职工工资的通知》精神，按照先补、后靠、再升级的办法，为全市中小学教职工、部分医务人员和优秀运动员、专职教练员晋升一级工资，少数优秀骨干人员升了两级工资；第四次是1982年对全市国家机关和科研文教卫生等部门的工作人员进行了普调工资，其中约有3000名中青年知识分子升了两级工资，全市约有2万多名干部职工的工资得到提高，月增资总额达到14万余元。通过不断的调资，全市机关、事业单位工作人员工资偏低的状况有了较大改善，职工工资水平显著提高。

1985年7月，根据国务院《关于国家机关和事业单位工作人员工资制度改革问题的通知》精神，进行了全市机关事业单位工资制度改革。这次改革将国家机关、事业单位30多年来一贯制的等级工资制改为以职务工资为主要内容的结构工资制，即基础工资、职务工资、工龄津贴和奖励工资4个部分。全市涉及的有670个行政事业单位22949名干部职工，人均月增资20.39元。之后，全市国家机关、事业单位以1985年工资改革为轴心，做了大量工作，解决了一系列问题。一是在1985年工资改革的同时，阳泉市的工资类区由五类区改为六类区，全市机关事业单位职工由此月增资总额达到4.37万余元。二是1986年按照晋组发〔1986〕23号和晋人科字〔1986〕137号文件精神，为全市机关、事业单位的7031名一般干部确定了行政职务。其中确定为主任科员的1033人、副主任科员285人、科员4367人、办事员1346人。有477人增加工资，月增资总额达3117元。三是从1986年底到1987年初，为解决工资改革后部分工作人员存在的工资“平台”问题，全市为10841名机关、事业单位的工作人员提高了一级工资，占到职工总数的40.4%，月增资总额达到7.18万元。四是于1987年10月和1988年10月，先后将全市8576名小学、幼儿园教师和2210名护士的工资标准提高了10%，其中教师月增资额达7.06万元，护士月增资额达1.83万元。五是1989年为2162名机关、事业单位的工作人员办理了工资升级手续，月增资额达1.54万元。按照3%的机动指标，有391人升了级，人均增资8元，月增资额3100多元。六是从1990年3月开始，按照国发〔1989〕82号和晋人工字〔1990〕4号文件精神，进行了全市机关事业单位职工工资普调和解决工资突出问题的工作。两项调资，全市先后分别有27881人和20551人升了级，月增资总额分别为24.43万元和16.09万元。通过工资普调和解决突出问题，基本上缓解了机关工作人员工资中存在的突出矛盾和不合理现象，起到了稳定社会和调动干部职工积极性的作用。

之后，按照国家和山西省的有关文件要求，阳泉市对全市机关事业单位工作人员的工资进行了相应调整。2007年，全市机关事业单位工资制度改革领导组及其办公室成立，召开了全市机关事业单位工资收入分配制度改革实施工作会议，按照全面部署、分批推进、先易后难、逐步到位的方法进行工资套改工作。至2007年，对市直351个单位15661人的工资进行了套改审批，其中机关72个单位共4088人，事业单位279个共11573人。进一步规范津贴补贴发放标准。同年6月，会同市财政局等部门向山西省报批《阳泉市机关清理规范津贴补贴方案》。全市公务员津贴补贴，除按规定保留14种外，全部规范为生活性补贴和工作性津贴两大类。2009年，按照国家和山西省的要求，启动实施全市义务教育学校绩效工资制度改革工作。截至2009年9月底，全市所属义务教育学校教师基础性绩效工资全部兑现。公共卫生、基层医疗卫生机构和其他事业单位的绩效工资实施工作有序展开。

第七节 事业单位人事制度改革

根据山西省的安排部署，2002年3月，阳泉市事业单位人事制度改革开展先期试点工作。全市选择市卫生系统作为试点单位，以中层干部竞争上岗和专业技术职务评聘分离为试点项目，部分地对事业单位人事制度改革进行试点，试点时间比全省提前一年。在此基础上，2003年7月，市委办公厅、市政府办公厅印发《关于推进全市事业单位人事制度改革的意见》和一系列配套文件，同时成立阳泉市事业单位人事制度改革领导组及其办公室，办公室设在原市人事局。2003年，全市在科技、教育、文化、卫生、民政、建设和体育7个系统中各选择1至2个单位开展改革工作，各县区也选择了部分单位同步进行，全市事业单位人事制度改革正式启动。此次改革从重点推行聘用制的入轨运行起步，事业单位法人与其工作人员签订了聘用合同。至2008年，全市85%以上的全额预算事业单位和90%以上的其他事业单位工作人员与用人单位签订了聘用合同，实现了由身份管理向岗位管理、由国家用人向单位用人的转变。

事业单位新进人员实行公开招聘制度是事业单位管理和人事制度改革的重要内容。2005年，按照国家《事业单位公开招聘人员暂行规定》，出台《阳泉市事业单位补充人员实行公开招聘的实施意见》，规定从2006年1月1日起，全市事业单位新进人员，除政策性安置和涉密岗位人员外，都要面向社会实行公开招聘，做到信息公开、过程公开、结果公开。为进一步规范全市各类事业单位用人制度，2009年，根据人事部、省人事厅的有关政策规章，阳泉市出台《事业单位补充工作人员实行公开招聘暂行办法》。全市事业单位公开招聘一改以往由各用人单位自行招聘的老办法，变为每年在规定时间各用人单位上报招聘计划，由人社部门集中统一组织全市的事业单位招聘工作。公开招聘坚持统一规范、分类指导、分级管理、科学合理的用人制度，实行主管机关宏观管理与单位用人自主权相结合。事业单位补充人员公开招聘工作，以定期和不定期的方式发布招聘信息与资格审查。从2006年至2010年，全市先后在市直卫生、教育、林业等系统开展了此项工作，共招聘工作人员246人。招聘过程中，各级人社部门全面贯彻“公开、平等、竞争、择优”的原则，严格按照招聘程序办事，杜绝各种违纪违规现象的发生。同时还邀请市纪委有关人员全程跟踪监督，并且邀请市人大、市政协及各用人单位领导临场巡视，整个考试、阅卷、面试、体检工作进展顺利。

随着事业单位改革的逐步实施，岗位设置管理提上重要日程。2010年4月，《阳泉市事业单位岗位设置管理实施细则》出台，首次对事业单位的岗位设置管理进行了基础性规范，明确事业单位岗位分为管理岗位、专业技术岗位、工勤技能岗位三种类别，其中管理岗位分10个等级，专业技术岗位分13个等级，工勤技能岗位中技术工岗位分5个等级，普通工岗位不分等级。随后，全市各级人社部门、各事业单位主管部门和事业单位，做了大量的工作，使全市的岗位设置管理工作进展顺利。至年底，全市有185个单位设置了5802个岗位，进一步规范了事业单位的人事管理工作。

第八节 人才开发交流

一、人才交流

1985年7月，阳泉市人才开发交流服务中心（简称市人才中心）成立。1988年11月，阳泉市人才市场管理处（简称市人才市场）成立，与市人才中心合署办公。2005年，市委、市政府划拨出近800平方米的专用办公场地，并投资100余万元用于市场基础建设，阳泉市人才市场解决了“有市无场”的问题，为全市各类人才牵线搭桥、提供服务。2006年，《阳泉市“十一五”人才发展规划》下发，全市人才工作步入健康、有序、规范发展的快车道。

多年中，市人才中心紧紧围绕市委、市政府的中心工作，忠实履行公共职能，创新工作机制，不断完善公共服务体系，把促进高校毕业生就业牢牢锁定在构建人才交流公益性平台、完善埠外招才引智平台和延伸网上人才交流平台上，每月18日定期举办人才交流集市。面对高校毕业生就业由大城市向二、三线城市转移的实际情况，从2008年9月起，市人才中心将坚持多年的每月18日定期举办人才交流集市改为一月3次、逢8必办、免费入场。据统计，至2010年，市人才中心共举办大、中型现场人才交流会102场，每次入场人数均在3000人次以上，共有4.6万人与用工单位达成意向。2009年，市人才中心坚持把抓好高校毕业生的就业工作作为整个社会就业的“龙头”工程，在全省率先启动高校毕业生就业见习工作，得到省人事厅肯定。8月8日，以“传递关怀，伴你成长”为主题的阳泉市2009年促进高校毕业生就业公益性招聘会暨高校毕业生就业见习系列活动隆重举行。截至2010年，将全市384个企事业单位纳入高校毕业生的见习范围，可提供5000多个见习岗位，见习补贴由原先的600元提高到960元。在坚持开展每月逢8集市性人才交流会的基础上，还开展了有较强针对性的教育、医疗、女性等专场人才交流会，连续三年举办了女性人才专场交流会。

二、招才引智

2009年，市人才中心先后制定出《关于做好2009年度高校毕业生就业见习工作的实施办法》《阳泉市大中专毕业生到非公有制经济单位工作暂行办法》等，并在此基础上创新思维、创新方式、主动介入，创造性地开展工作，把帮助高校毕业生就业的目光由中心向校园延伸，启动了“送岗位进校园”“送指导咨询进校园”等活动。市人才中心派出专人在每年毕业生就业高峰期来临前，深入省内外高校举办就业指导咨询讲座，指导大学生树立正确的择业观念；免费为大学生开展职业兴趣、职业倾向、职业素质和职业能力等方面的测评，量身定做个人职业发展规划；根据不同人群的特点和用人单位的要求，分别为村官、公务员、军转干部、专业技术人员及各类流动人员进行人才素质测评。为困难毕业生提供免费求职登记，优先推荐就业；为应届毕业生提供一年免费人事代理服务。积极拓展招才引智的空间和领域，阳泉市连续5年由市长带队组团参加并、京、沪、港招才引智活动和山西“海洽会”，先后16次组织全市500多家国有、民营和“三资”企业赴外地招才引智，共有1.1万名各类人才与阳泉市企事业单位达成合作意向，签订协议4479人，其中本科以上学历的占到66%。积极开展网上人才交流活动，从2008年起，市人才中心充分利用互联网信息交流速度快、效率高的优势，将现场交流会信息在阳泉人才网上发布，并在会后一个月继续刊登，使现场交流在时间和空间上放大。用人单位免费上网招聘，高校毕业生免费上网求职，工作人员每天在线介绍政策、答疑解惑。截至2010年，阳泉人才网访问人数突破25万人次，每天点击量为200多人次，累计为615家用人单位发布招聘信息，发布就业岗位信息1400余条，为各类高校毕业生发布求职信息6328条。

人才招聘

从2008年起，市人才中心与阳泉日报社、阳泉电视台等多家媒体合作，以专版、专栏的形式，每月定期发布人才市场求职信息，并将用人单位、求职人员、市场供需排行等定期向社会发布。市人才中心坚持每月每季度进行毕业生就业市场行情分析，引导高校毕业生理性求职。2009年，市人才中心自筹资金3万余元，在市行政审批大厅增设高校毕业生档案管理服务窗口，将办理毕业生就业手续、签订人事代理合同、人才引进、档案托管、流动党员管理等服务进行相对归集，实行“一站式”服务。窗口每年随时接待应往届高校毕业生报到约2万人次，广泛收集高校毕业生人才信息，及时扩充高层次人才库，免费为毕业生提供求职登记、职业介绍、岗位匹配、就业推荐、就业跟踪等公益性服务，受到各类人才、高校毕业生和用人单位的广泛赞誉。

第二章 民政

第一节 机构

历史上，有关赈灾救济、民事等民政方面的事务均由当时的地方官衙处理。但由于社会制度等原因，民众的疾苦事实上是无人过问的。抗日战争时期，共产党领导下的抗日民主政府负责抗日根据地内的民政工作。民国36年（1947）5月成立的阳泉市人民政府内设社会科，专司民政工作。1949年12月，社会科改称民政科。1957年6月改称民政局。1977年11月，阳泉市地名工作归民政部门管理。1980年9月，市地名普查领导组成立，各县区也相继成立相应机构，并开始对境内农村和城市的各类地名进行全面普查。1984年10月，市地名普查领导组改称市地名委员会，并设立地名委员会办公室，为常设机构，由市民政局代管，行政编制2人。1990年，市民政局内设办公室、人事科、优抚科、社会科、基层政权建设科、军队离退休干部管理科、地名委员会办公室、退伍军人和军队离退休干部安置办公室。下属事业单位有市殡仪馆（1957年9月成立）、市收容遣送站（1969年成立收容所，1980年更名）、市社会福利院（1984年12月成立）、市烈士陵园（1984年12月成立）、市军队离退休干部休养所（1985年8月成立）、市殡葬管理所（1987年5月成立）。1997年机构改革后，市民政局行政编制为30名，设有办公室、优待抚恤科、安置科、救灾救济科、社会福利科、基层政权科、社会事务科、纪检监察室8个科室。市地名委员会办公室调整为民政局下属的全额事业单位，编制4人。

2001年机构改革后，市民政局机关行政编制21名，内设办公室、民间组织管理科、优待抚恤科、安置科、救灾救济科、基层政权和社区建设科、社会福利和社会事务科、纪检组（监

连续提高在乡老复员军人、带病回乡退伍军人定期定量补助标准；2005年，以抗日战争胜利60周年为契机，为抗战时期入伍的老复员军人再提高标准180元/年，为带病回乡退伍军人提高标准240元/年（达到1200元/年），同时提高1954年10月31日前入伍的在乡残疾军人生活补助标准和集中供养重点优抚对象的伙食费、医疗费、被服费、零花钱标准。2007年，国家集中出台了一系列关于优抚对象和部分军队退役人员的政策。2007年8月1日，在乡老复员军人、带病回乡退伍军人定补标准又获较大幅度提高，对在乡老复员军人改变了过去按照户籍性质、参军时限划为9种不同标准的做法，统一按照参军时限确定，提高标准幅度达到1080元/年至1220元/年。之后，国家每年都提高重点优抚对象抚恤补助标准。2008年10月，提高在乡老复员军人定期定量生活补助标准，每人每年提高600元；调整带病回乡退伍军人定期定量补助标准，达到170元/月人；在农村的和城镇无工作单位且家庭生活困难的参战、参试退役人员，达到130元/月人。2009年、2010年又相继提高各类享受抚恤补助的重点优抚对象标准，截至2010年，伤残军人伤残抚恤金每人每年最高达到28690元，最低达到每人每年2730元；烈士家属定期抚恤年抚恤标准最高达到8730元；老复员军人定期定量年补助标准最高达到5920元。

2002年、2004年、2005年、2007年，山西省一至四级残疾人员护理费标准连续提高。2008年9月1日起，优抚事业单位集中供养人员标准再次提高，其中伙食费标准每人每月提高240元，达到500元/月；被服费标准每人每月提高为100元；医药费标准每人每月提高到250元至300元。提高标准后，荣军医院疗养员、复退军人精神病院病员、光荣院院民的生活费标准分别达到每月940元、940元、910元，提高标准幅度达64.9%、62.1%、71.7%。随着抚恤事业费的投入增加，优抚对象的生活水平得到很大提高。

（二）政策法规落实

1988年，国务院颁布实施《军人抚恤优待条例》。随之，《山西省军人抚恤优待实施办法》及市、县级《军人抚恤优待实施细则》相继出台。1996年，全市所有乡镇、街道办事处都制定了相应的拥军优属制度。1997年，出台《阳泉市委、市政府贯彻省委、省政府关于进一步做好拥军优属工作的实施意见》，就动员机关、团体、企事业单位及公民增强国防观念，义务兵家属优待金统筹，落实二等乙级以上伤残军人公费医疗待遇，解决优抚对象“三难”（住房难、医疗难、生活难）问题等作出明确规定。2002年，市委、市政府、阳泉军分区联合出台《关于进一步加强双拥工作的具体意见》。一系列文件的出台，使全市优抚工作进一步走向规范化。从2003年开始，全市3个农业县区农村义务兵的优待金实行以乡统筹、以乡兑现，优待标准按上年农民人均纯收入标准计发。同年，随着农村税费改革，农村义务兵家属优待金列入地方财政预算，义务兵优待金得到很好的落实。2003年至2010年，全市每年用于农村义务兵优待金达357万元。2004年，市民政局、财政局联合下发《关于建立优抚对象抚恤补助标准自然增长机制的通知》，各县区也相应建立了优抚对象抚恤补助标准自然增长机制，保证了优抚对象的抚恤补助标准随着社会经济发展水平的提高而提高，保障了优抚对象的生活水平与人民群众生活水平同步提高。2007年，市民政局、人事局、财政局下发《关于转发民政部、人事部、财政部〈关于国家机关工作人员及离退休人员死亡一次性抚恤金发放办法的通知〉的通知》，对全市国家机关工作人员及离退休人员死亡一次性抚恤金进行调整。规定从2004年10月1日起，国家机关工作人员及离退休人员死亡，一次性抚恤金按照以下标准执行：烈士为本人生前80个月基本工资或基本离退休费、因公牺牲为本人生前40个月基本工资或基本离退休费、病故为本人生前20个月基本工资或基本离退休费。

1990年后，全市各县区把落实抚恤、优待、医疗等各项既定政策，以及维护和保障优抚对象合法权益作为工作重点，着力解决优抚对象的住房难、医疗难和生活难问题，取得显著成效。其中，对住房困难的优抚对象，多渠道筹集资金，积极改善其住房条件。1990年至1993年，对一般的无房户或危房户，采取由国家补一点、乡村出一点、群众帮一点、个人拿一点的办法，即村组免费提供宅基地并补助10%资金（含劳务费），县财政、民政资助30%，个人自筹60%，特困户由县财政、民政补助50%至60%，为312户优抚对象建了新家。对生活困难的优抚对象，实行县、乡、村三级领导包户扶持责任制，通过生产自救和发展多种经营，使一大批优抚对象摆脱了贫困。1999年，以解决优抚对象“三难”问题为主要内容的“爱心献功臣行动”在全市展开，效果显著。在解决医疗难方面，各县区在落实二等乙级以上革命伤残人员、在乡老红军公费医疗政策的同时，总结推广了五种形式，即县办优抚医院、以光荣院为依托创办优抚诊所、实行优抚医疗保险、建立优抚医疗基金、村村办优抚诊所，到2002年，全市5个县区均建立了公费医疗和医疗减免相结合、定点医院和大病补助相结合、最低保障和临时救济相结合的“三结合”医疗保障制度。2006年，《阳泉市一至六级残疾军人医疗保障办法》出台。到2010年，全市一至六级伤残军人的医药费报销在90%以上。2008年，出台《阳泉市优抚对象医疗保障实施意见》，为进一步落实优抚对象医疗待遇，帮助优抚对象解决医疗困难提供了保障。2010年，全市重点优抚对象3422人，其中在乡老复员军人1122人，“三属”179人，伤残军人1315人，带病回乡退伍军人86人，参战涉核退役人员720人，分别按照对象属别相应参加了城镇职工基本医疗保险、新型农村医疗合作、城镇居民医疗保险，重点优抚对象的看病难问题基本得到解决。

优抚工作政策性强，规范性程序要求高，因此在建立完善各项规章制度的同时，对有关工作程序进一步规范。2003年，为增强评残工作的科学性、准确性和严肃性，更好地维护评残对象的正当权益，结合阳泉市实际和多年工作经验，市民政局指定市第一人民医院为“阳泉市退役军人、国家机关工作人员、人民警察伤残鉴定指定医院”，社会反映良好。2004年5月，按照省民政厅的统一安排，在全市开展了伤残军人换发新证工作，对全市的伤残军人重新进行等级划分，伤残等级由原来的四等六级改为现行的一至十级。当年全市共有革命伤残军人1770名，全部建立伤残军人电子档案。2003年至2010年间，共办理65件新增伤残评定手续。2009年，为加强对优抚资金自然减员经费的管理，对全市除伤残军人以外的其他重点优抚对象进行了换证工作，对享受抚恤补助的各类重点优抚对象自然减员情况进行了普查，确保了优抚资金的安全使用。至2010年，全市有县级以上烈士纪念建筑物保护单位1个（阳泉市革命烈士纪念馆），光荣院2所（平定县光荣院、郊区光荣院）。

二、烈士管理工作

阳泉人民具有光荣的革命传统。在国内革命战争、抗日战争和解放战争时期，阳泉人民为争取自由和解放进行了不屈不挠的斗争，涌现出数以千计的革命烈士。至2010年，全市共有烈士5558人，其中阳泉籍烈士5450人、非阳泉籍烈士108人。

（一）烈士褒扬

中华人民共和国成立初期，国家基本确立了烈士褒扬体系，烈士褒扬工作成为各级党和政府的一项经常性工作。阳泉市按照政策法规规定，修建了烈士陵园，搜集、整理、陈列了烈士遗物和重要史料，大力宣传烈士光荣事迹。给予烈士遗属很多照顾和很高的社会地位，使他们充分感受到光荣和尊重。褒扬方式延续以往的传统，在清明节前后有组织地或群众自发地到烈士陵园扫墓，缅怀革命先烈。改革开放以后，烈士褒扬工作进入新的发展阶段。1980年，国家颁布了第一部专门针对烈士褒扬工作的法规，即《革命烈士褒扬条例》，使审批和褒扬烈士工作更加系统、更加规范，革命烈士的批准对象也由过去的革命军人、革命工作人员、参战民兵民工扩展到全体人民。烈士褒扬工作内容发展为包括烈士评定、烈士遗属抚恤优待、烈士纪念设施管理保护、烈士事迹编撰和宣传等在内的完整体系；形式上不仅包括兴建、保护烈士纪念设施，采取多种方式保障烈士遗属生活水平随人民群众生活水平提高而提高，利用多种媒体平台宣传烈士事迹、弘扬烈士精神，还包括开展各种烈士纪念活动等。此外，烈士褒扬工作在坚持传统形式的基础上，还有了许多创新，如开设网上纪念馆、开展网上祭奠活动等。

阳泉市民政部门逐步完善烈士褒扬工作机制。一是20世纪80年代初期，国家将死亡抚恤由过去的两个档次（因公牺牲、病故）改为三个档次（烈士、因公牺牲、病故）。二是20世纪80年代中期，一次性抚恤金由过去的固定标准改为与死者生前工资挂钩。三是2004年《军人抚恤优待条例》颁布后，将烈士、因公牺牲军人、病故军人一次性抚恤金标准由40个月、20个月、10个月调整为80个月、40个月、20个月的工资，基本实现了抚恤标准与职工平均工资收入相适应，理顺了军人、国家机关工作人员死亡抚恤标准与国民经济发展的关系。四是实行革命烈士奖励金制度，对1996年1月1日后牺牲、被省政府批准为革命烈士的家属一次性发放烈士奖励金3万元；2004年起改为烈士家属抚慰金，标准上调为5万元。五是出台政法战线烈士家属优待办法，对人民警察烈士的家属在生活、升学、就业等方面给予行业内部的特殊照顾。六是规范革命烈士申报审批程序，为做好烈属抚慰工作、确保优抚待遇落实打下基础。

改革开放以后，因抢险救灾、维护社会治安任务的加重等原因，全市烈士褒扬工作任务逐渐繁重。针对出现的新情况和新任务，各级民政部门努力适应改革开放和社会主义市场经济深入发展的需要，改进工作方式，加强调查研究，注重原始凭证，坚持原则，秉公办事，及时做好批烈审查和烈属抚慰等各项工作，做到了烈士、因公牺牲军人、病故军人家属的定期抚恤金严格按标准足额发放。

（二）烈士纪念建筑物管理

民国33年（1944）10月，境内盂阳县抗日民主政府曾拨专款在里独头村修建革命烈士陵园，并为原晋察冀边区二分区十九团团长刘桂云修建了“悼光荣牺牲殉国烈士塔”，此为境内最早修建的革命纪念建筑。阳泉建市后，各级政府多次投资拨款，共修建各类革命烈士纪念建筑10余处。1954年6月，位于市区巨兴街的阳泉市革命烈士陵园建成，占地面积约6600平方米。

中共十一届三中全会后，全市民政部门贯彻落实国家关于革命烈士纪念建筑物管理保护的政策法规，大力加强烈士纪念建筑物保护单位的维护管理和维修改造工作。1983年，平定县政府投资15.6万元，在太行杀敌英雄赵亨德烈士牺牲地——庄窝村口修建了平定县烈士纪念馆，由徐向前元帅题写了馆名，1985年3月竣工。同年9月，平定县又投资5万元在马山乡七亘村树立七亘大捷纪念碑，碑文记述了抗日战争时期刘伯承师长在此地指挥作战的辉煌业绩，也由徐向前元帅题写碑名。1986年，郊区政府投资3万元在辛兴乡西上庄村修建辛兴乡革命烈士公墓。1987年6月30日，百团大战纪念碑在狮脑山顶落成，彭真、徐向前、薄一波分别为纪念碑题词。1990年，平定县政府投资在岔口乡岳家庄村修建了岳勇烈士纪念碑；郊区政府投资在白泉乡修建了白泉革命烈士公墓等。

革命烈士纪念碑

阳泉市革命烈士纪念馆的前身——阳泉市烈士陵园始建于1954年6月，位于德胜街东。50多年中，阳泉市烈士陵园充分发挥了爱国主义教育和国防教育主阵地的作用。但随着经济的发展，烈士陵园各方面的功能已不能适应城市建设和社会发展的要求。为此，在纪念抗日战争胜利60周年之际，市委、市政府决定在狮脑山新建阳泉革命烈士纪念馆（碑），并列为2005年市委、市政府为民所办的20件实事之一。阳泉革命烈士纪念馆（碑）占地面积1.58万平方米。一期工程为烈士纪念碑和纪念广场，建筑面积8650平方米，于当年9月10日落成。烈士纪念碑坐西南朝东北，高20.2米，由3片高低错落的弧形巨大墙片和一道纪念墙组成，碑刻毛体“革命烈士永垂不朽”8个大字，背面为市委、市政府题写的碑文。二期工程为烈士纪念馆，建筑面积650平方米，于2006年9月26日建成。整个展馆以阳泉简明党史线索和著名英烈事迹为主线，收集了阳泉在国内革命战争时期、抗日战争时期和解放战争时期的有关照片和实物。

阳泉是百团大战主战场之一。百团大战纪念馆（碑）爱国主义教育基地是以百团大战为主题的综合性森林公园，位于狮脑山顶峰，海拔1164米，总规划面积23平方千米，2010年已开发1.32平方千米。1987年6月30日，市委、市政府在狮脑山上建起百团大战纪念碑。纪念碑坐北朝南，从低到高，由主碑、3座副碑、1座大型圆雕、2座题字碑、4座烽火台、227米“长城”组成，整个建筑群占地1.67万平方米。1995年，百团大战纪念馆落成。1997年，百团大战纪念馆（碑）被中宣部命名为全国首批“百个爱国主义教育示范基地”之一。2010年，为纪念百团大战胜利70周年，缅怀先烈，同时进一步挖掘狮脑山公园的红色旅游资源，市委、市政府在百团大战纪念碑主碑以西约400米位置启动百团大战纪念馆新馆建设工程。该馆于4月30日奠基，12月29日开馆，占地面积3232平方米，建筑面积2500平方米。纪念馆以“太行山上”为设计主题，分为5个展厅，展线长度379米，共展出照片305张、实物881件，有雕塑3个、景观2个，通过馆内浮雕、全景画及大型沙石模型，运用声光电手段，生动再现了英雄儿女当年的激烈战斗场景，为全市人民提供了一处新的学习瞻仰先烈、进行爱国主义和国防教育的基地，成为阳泉市又一处红色旅游景点。

三、安置工作

（一）复转退伍军人安置

民国34年（1945）9月至38年9月，境内市、县（区）各级政府相继成立了复员安置委员会，各行政村成立复员小组，专门负责复转退伍军人的安置工作。其间，仅盂县就先后安置440余人，其中有复退军人275人、外籍老红军4人、其他人员160多人。到1950年，平定县共接收安置复转军人1700余人。1951年，境内复员安置委员会改称转业建设委员会。1958年，境内开始接收安置退伍义务兵，根据“面向农村，面向生产，从哪里来，回哪里去”的原则进行妥善安置。当年，市区安置86人、平定县安置631人。1959年，市区安置退伍军人251人，其中安置在厂矿企业的234人、安置回乡的17人。1964年，平定县接收安置退伍军人113人，其中复工复职的26人、复学的1人、重新安排工作的22人、回农村的64人。1969年至1979年，市区共接收安置退伍军人2801人。安置工作除坚持“从哪里来，回哪里去”和“鼓励先进，鞭策后进，区别对待”的原则外，还十分注意开发使用军地两用人才。在安置过程中，尽可能体现专业对口，以充分发挥退伍军人的一技之长。至1990年，全市接收安置退伍军人共9858人，其中除2500多人按专业对口安置外，其余均安排在乡镇企业工作。1991年至2000年，全市共接收复员退伍军人5683人，其中有符合城镇安置工作条件的退伍士兵3719人、转业志愿兵455人、录用军地两用人才484人、进藏兵136人。复员干部及二、三等伤残军人、荣立二等功军人均得到妥善安置。

2001年，阳泉市被省政府确定为城镇退役士兵自谋职业试点市，采取政府安排与自谋职业相结合的方式，鼓励与扶持城镇退役士兵办理自谋职业，并发放一次性经济补助。当年收到中央、省营企业安置有偿转移资金30万元，发放自谋职业一次性经济补助金24万余元。2002年，根据省民政厅晋民安字〔2002〕129号文件精神，阳泉市施行发放“优待安置证”，民政部门依据兵役机关提供的“入伍通知书”存根发放。“优待安置证”根据区域和户口性质，分别标以“农字”与“非农字”样，2002年以后的城镇退役士兵，凡是持有“非农字”优待安置证的，安置部门为其安排工作，或办理自谋职业手续。2003年，市政府为42名持有“蓝印”户口的退役士兵办理了自谋职业手续，并发放了一次性经济补助，协调煤运公司、电力部门等企业解决了一些安置遗留问题。2004年，全市接收军队离退休老干部32名、无军籍退休职工20名，妥善安置到市军休所及平定军休服务站，并落实军休人员“两个待遇”，严格执行国家有关规定和标准，使离退休老干部的增资、补贴、补助得到及时足额发放。2005年，开具退伍士兵介绍信368份、转业士官介绍信16份，办理自谋职业29人，发放安置保障金45万元，收取有偿转移资金97万元。2006年，开展城镇退役士兵职业技能培训，培训经费列入地方财政预算，并加大安置有偿转移力度，制定和完善了自谋职业士兵鼓励和实施细则。接收军队离退休干部3名，接收无军籍职工12名，予以妥善安置，被省政府评为“城镇退役士兵安置先进集体”。2008年，严格落实军休干部“两个待遇”工作，做好军队离退休干部购买现有住房和购房面积未达标货币补差工作，保障军休干部的合法权益。平定县、盂县、城区、市军休所参加房改人数40人，其中离休20人、退休20人，享受购房面积未达标货币补差53.31万元，享受住房维修补助152.99万元，享受住房补贴与购房款抵扣230.23万元。2009年至2010年，符合安置条件的城镇退役士兵共669人（含转业士官68人），接收军队退休干部11人，城镇退役士兵办理自谋职业46人，发放一次性经济补助132.9万元，收取有偿转移资金165万元。阳泉市获得“2010年退役士兵安置工作先进单位”称号。

（二）离退休军队干部安置

1954年，境内接收安置供养干部6名。20世纪70年代至80年代，全市共接收安置军队退休干部20名。1981年初，市军队离退休干部安置领导组正式设立，下设安置办公室、建房办公室。1982年，市军队干部休养所在城区北岭坡开工兴建，1984年正式建成。至1990年，全市共接收安置军队离退休干部38名，均被妥善安置在条件较为优越的市、县（区）政府所在地安度晚年。1991年至2010年，全市共接收离退休干部53名、遗属19名、无军籍退休职工27名，均妥善安置。

第三节 赈灾救济

一、主要灾情

阳泉市位于太行山中麓，境内大部分地区海拔在700米以上，受大陆性季风气候影响非常严重，极易发生旱灾，有“十年九旱”之说。加之境内沟壑纵横，土薄石厚，山多水寡，田瘠民穷，每遇灾年，必受其害。旧社会，人民生活得不到保障，灾害发生犹如雪上加霜，老百姓妻离子散，背井离乡，时有人相食现象发生。统治者虽然有时也发放赈灾款项，但经官府层层盘剥，待到灾民手中已所剩无几。据史料记载，从东汉建安十一年（206）至民国25年（1936），境内曾先后遭受较大的各种自然灾害5150余次，平均4个月即有1次。其中灾情最严重的是清光绪四年（1878），盂县大旱，颗粒无收，斗米价高达2200文，政府虽“豁免其地丁粮银”，发放“仓谷”“漕粮”，“以为赈济之资”，但杯水车薪，仍难解16万灾民之苦。抗日战争至解放战争时期，境内多次发生自然灾害。

民国36年（1947）5月2日阳泉解放时，市区、盂县春旱严重，春播和夏苗生长受到严重影响。市、县政府号召干部节省开支，支援灾区；又组织群众开展大生产运动，搞副业，种蔬菜，打野菜抗灾度荒，并及时发放救济粮76.14万公斤救济灾区人民。此外，盂县还发放棉布1万米、农作物种子3万公斤。民国38年，市区和盂县水涝成灾，又遭大风袭击。市、县政府号召全体人民开展节约救灾运动，省政府、晋中专署及阳泉市政府共向重灾区捐集拨发救灾粮食53360公斤、救灾款1.4亿元（旧币）、衣服2000余件。

中华人民共和国成立后至1966年，境内多次遭受自然灾害的袭击。1950年和1952年，平定县先后发生严重旱灾；1955年，市区发生大面积黏虫灾害；1955年至1956年，盂县连续两年春大旱，夏大涝，并伴有大风、冰雹袭击。灾情发生后，各级政府除积极组织灾民生产自救外，还采取发放救灾粮、救济款以及减免税收等措施，帮助受灾群众度过难关。1956年8月2日至4日，平定县汪里村（今属河北井陉）遭受特大洪灾，造成泥石流，淹没45户，死亡93人，经济损失6.6万元。洪灾发生后，县委第三书记梁裕祯立即赶赴灾区组织救灾。随即，副省长张晓东等率省、地慰问团到村慰问，拨发救济款2.65万元，为33户灾民建房99间，为21户灾民修补房屋31间，修防洪坝2条、水渠1条。晋中地区拨救济专款24万元、救济贷款4万元，扶持灾民重建家园，建成后村名取为“国家堡”，谐音为“国家补”。另外，平遥、孝义、祁县、清徐、临县等市县的党政慰问团也相继进行了慰问，捐赠救济款6500元。20世纪60年代初期，国家处于经济困难时期，民政部门专门召开生产救灾工作会议，组织全体人民发扬同甘共苦的精神，抗灾度荒。

“文化大革命”时期，虽然正常的生产秩序一度被打乱，但灾害发生后，党和政府还是积极组织人民群众赈灾救灾，使灾情得到及时控制，有效减轻灾民的生活困难。最为严重的灾情是1966年8月23日，境内遭暴雨袭击，桃河水涨，最大洪峰流量达1980立方米/秒，大坝有9处决口，交通中断，工厂停工，街道民房被淹，损失惨重。洪灾发生后，市委书记郭星来、市长孟启明率众抗洪救灾。随后，省经委副主任成生喻、省民政厅厅长杨自秀受省委委托率团到阳泉市慰问并指导救灾工作。其间，国务院调派直升机空投救灾物资，军民协力奋战7个昼夜，使市区人民生活生产基本恢复正常。

中共十一届三中全会后至1990年，各级政府改变了过去单纯救灾的做法，把防灾放在重要位置，制定了一系列防灾措施，加大防灾资金投入，在全市修建了农田水利、绿化等多处防灾工程，并设立预报机构，极大地减少或避免了各种自然灾害的侵袭。1979年夏，市区发生大旱，市政府共发放救灾款13.35万元、救济粮9.38万公斤、棉花245公斤、棉布981.67米、房屋修建专款1.48万元。1983年至1990年，全市三区两县均不同程度遭受春旱，入夏又遭雹灾、洪灾袭击，市、县（区）各级政府除采取一系列抗灾救灾措施外，全市共发放救灾粮1545.53万公斤、救灾款299.2万元、衣服2.34万件、棉被4400多床、棉布2.24万米、房屋修建款53.5万元、抢救安置费2.2万余元。

1991年后，阳泉市人口密度不断增加，加之地理条件复杂、气候变化异常、生态环境脆弱，全市每年都有不同程度的旱、涝、风、雹、冷冻、病虫等自然灾害发生，同一地域内常常多种自然灾害交替发生，且灾害间隔逐步缩短、成灾强度愈益严重。1991年，阳泉市遭遇特大旱灾，全市57个乡镇有48个为重灾区，1039个村庄有989个为重灾村，成灾人口达67.8万人，占当时农业总人口的93%，占受灾人口的94%。以户计灾统计，全市受灾面积110万亩（7.33万公顷），占农作物播种面积的98%，其中重灾区旱灾面积占受灾面积的95%，成灾面积占受灾面积的88%；因灾减产粮食17069万公斤，比1990年减产15030万公斤，经济损失达8937万元。1996年至2001年，受厄尔尼诺现象影响，全市连续6年发生严重干旱，造成市内水库、旱井、水窖等蓄水设施无水可蓄，人畜吃水发生困难，春播难以进行，粮食大幅度减产，农村缺粮人口急剧增加。其中，1999年全市农作物受灾面积92.03万亩（6.14万公顷），成灾面积81.17万亩（5.41公顷），绝收面积54.93万亩（3.66公顷），因灾减产五成以上的盂县有8个乡镇、郊区有2个乡镇，平定县6个乡镇减产在八成以上，为特重灾区。2000年，全市有近4.4万户15万人缺粮达2627万公斤，其中需要政府救济的人口就达2.2万户7.7万人。此外，1999年，盂县13个乡镇217个村由于特大暴雨引发山洪暴发，发生山体滑坡，造成7人死亡，4000余间民房倒塌，大片粮田被掩埋。2003年，全市遭受旱灾、风雹、洪涝、二代黏虫等多种自然灾害的侵袭，减产粮食13万吨，因灾倒塌房屋961间，损坏房屋2126间，因灾死亡7人。2006年风雹灾害频繁，全市多次出现强降雨天气，并时常伴随大风和冰雹袭击。8月15日，郊区平坦镇小南沟村遭受严重的泥石流灾害侵袭，位于该村西南面山坡上粉煤灰渣场下出水涵洞崩塌，形成泥浆大面积向下游流动，涌入道路两旁的村民院落，最深处达2.8米左右，遭受泥浆侵袭居民达110户400余人。灾害还导致该村的水利、电力、通信等设施遭到损坏，村委会办公楼大面积被淹，通村3千米的道路也被洪水淤泥冲毁，10余辆汽车和部分拖拉机、三轮车、自行车等被冲毁，泥石流造成的经济损失达3000万元。2009年11月9日晚至12日上午，阳泉市连续遭受强降雪的袭击，市区降雪量64.6毫米，积雪深度42.1厘米；平定县降雪量58.1毫米，积雪深度47.6厘米；盂县降雪量47.7毫米，积雪深度45.4厘米，降雪量及积雪深度均创阳泉市气象记录的极值。全市受灾人口20多万人，农作物受灾面积5.85万亩（3900公顷），成灾面积4.80万亩（3200公顷），绝收面积4.05万亩（2700公顷），雪灾造成直接经济损失8.8亿元，其中农业损失3.4亿元、工矿企业和基础设施等损失5.4亿元。

二、救灾工作

频繁的自然灾害给人民群众的生产生活带来严重影响，加剧了灾民和贫困户的生活困难。面对严峻的灾情，全市各级党委和政府采取有力措施，号召全市人民紧急行动起来，消除靠天吃饭思想和悲观畏难情绪，开展生产自救和互助互济，采取担水点种保春播，改种后期作物和秋菜，加强田间管理，全力以赴抗旱保秋；采取劳务输出的办法弥补农业损失，增加农民收入，提高灾民自救能力。民政部门及时、准确掌握全市自然灾害损失情况和灾民的生活困难状况，保证人民群众的正常生产和生活秩序。社会救灾工作本着“依靠群众、依靠集体、生产自救、互助互济，辅之以国家必要的救济和扶持”的救灾方针，把必要的救济和扶持结合起来，把“输血”和“造血”结合起来，通过对灾民实施政策、资金、技术、资料等各方面的扶持，使他们积极发展商品生产，增加收入，增加积累，脱贫致富，从根本上提高抵御灾害、战胜灾害的能力。

随着全市经济发展和改革开放的不断深入，各级民政部门进一步转变职能，加强对救灾工作的宏观管理，把工作重点由单纯救灾救济转变到政策引导和监督检查上来。1994年以后，为适应经济社会的发展需要，全市不断强化对救灾工作的组织领导，积极推动救灾工作管理体制和工作机制的改革创新，基本建立了救灾工作分级管理、救灾经费分级负担的管理体制。1999年，民政部、财政部联合下发《关于进一步加强救灾款使用管理工作的通知》。从1985年至1999年，全市累计投入救灾扶贫周转金400万元，创办“一体化功能”经济实体300余个，年产值达9000万元，扶持灾民、贫困户、优抚对象等5.22万户17.74万人次。

进入21世纪，为进一步推动救灾工作的改革与发展，提高灾害管理水平，各级民政部门以“积极防御、有效应对、快速反应”为指导思想，重点提高对自然灾害的应急反应能力，注重采用现代科技手段对灾害进行监测、预警和评估。2003年制定了市级《救灾款物发放管理办法及管理细则》，建立了全市困难户调查入户登记制度，统一发放“农村特困户救助证”，全市设立了统一的救灾款账户。2004年，市民政局制定出《阳泉市救灾工作应急预案》。2005年，实现省、市、县（区）三级灾情系统联网，使灾害信息收集传递更为快捷，保证重大灾情在24小时内上报；投资332万元修建了占地面积1200平方米的市救灾物资储备中心，为建立健全全市灾害应急反应机制打下基础。2006年，阳泉市减灾委员会成立，初步构建起全市防灾、抗灾、救灾一体化的工作机制。2008年，为贯彻落实《国家综合减灾“十一五”规划》，阳泉市及平定县、盂县、郊区出台了本级自然灾害救助应急预案。2010年，全市乡镇（街道办事处）、村（社区）全面完成灾害应急预案的制定工作，全市形成横向到边、纵向到底的灾害应急预案体系，确保民政部门能够在灾后第一时间快速、有序、高效地展开救灾救援行动，有效保障了人民群众的生命财产安全，最大限度地减少了灾害所造成的损失，提升了全市灾害应急反应能力。

2009年，阳泉市遭受特大雪灾袭击，大雪造成全市道路堵塞、人员滞留，特别是太旧高速公路、207国道、307国道、阳井线和双阳线累计滞留大型客货车1170多辆，时间最长的达4天，滞留人员达2000余人。灾情发生后，市、县减灾委员会立即启动自然灾害应急预案，紧急转移安置受灾人员。市民政局和相关部门连夜组织大衣180件、棉衣裤100套、棉被20床、方便面50箱、火腿肠60袋等救灾物资赶到阳井线、双阳线等，对滞留人员开展救助。盂县民政局为滞留在双阳线的人员送去100套大衣、100双胶鞋、10箱方便面、10箱矿泉水，并发动驻地乡镇党委、政府紧急安排沿线的村支两委，发动党员群众为司乘人员提供食品、开水及医疗服务，并为他们提供住宿，使全部受困人员得到妥善安置。从2010年起，市政府将救灾工作经费20万元列入财政预算。各级政府对救灾款的投入力度不断加大，从1991年至2010年，全市累计向灾区投放救灾资金7417万元，市、县配套资金达600万元，救助人数105万人次。其中，2001年至2005年投放救灾资金2285万元，2006年至2010年投放救灾资金3717万元。

三、社会捐助

开展社会捐助是政府多渠道多形式筹集资金、弥补财政不足的一种重要形式，为救灾工作的顺利开展提供了一定的资金和物资保障。随着社会的发展进步，社会捐助形式发生了很大变化，社会捐助工作逐步由政府行为、部门行为扩大为社会行为，由一次性捐助向经常性捐助转变。2005年，全市社会捐赠接收网络初步形成，建立起社会捐赠接收中心、站、点18个。有的社区还建立了“爱心超市”，接收社会捐助。2007年9月，市社会捐赠管理中心挂牌成立，市救灾物资储备中心投入使用。随着社会捐助工作的深入宣传和广泛开展，一年一度的“送温暖、献爱心”活动深入人心，得到社会各界的积极响应，为全市及外省市的灾区人民募集了大量资金。1991年江苏、安徽等市遭受百年不遇的特大洪涝灾害，全市捐款捐物折价272万元、粮票9292公斤；1998年湖南发生特大洪涝灾害，全市累计捐款380余万元；2003年至2005年，在市四大领导班子带领下，全市开展了与灾区困难群众“结对子”帮扶活动，三年共与24750户53070人建立帮扶关系，为他们送去捐款和各类过冬衣物、米、面、油等生活用品，还为偏远山区的学校送去桌椅等。1991年至2010年间，全市共接收各界捐款资金6645万元、物资价值1000万元、衣物50余万件，共救助灾民和贫困人口90万人次。2008年至2010年，为支援全国和全市灾区人民抗击自然灾害，恢复生产，重建家园，全市共组织了3次大型捐赠活动。为遭受冰冻雨雪灾害的南方灾区捐款287万元；为四川地震灾区捐款3524万元，接收社会捐赠物资20821件；在全市“送温暖、献爱心”社会捐助活动中，组织社会捐款近600万元，接收社会捐赠的棉衣（被）、毛毯等物资4557件。特别是在2008年四川汶川特大地震发生后，市委、市政府向全市发出《关于开展“赈灾济难献真情”社会捐助活动的通知》，市民政局、市慈善总会向社会公布了捐赠接收办法和捐赠热线。此次捐赠是阳泉市历史上规模最大、人数最多、范围最广、款数最高的一次捐赠活动，全市人民和社会各界的爱国热情空前高涨，民族凝聚力得到空前展现。

第四节 社会福利

一、基础设施建设

阳泉建市后，随着经济的发展，社会福利事业从无到有、从小到大不断发展，尤其是改革开放以后，社会福利水平有了很大提高，社会福利机构和福利设施增长迅速，对于改善人民生活环境、提高全民素质、促进社会进步发挥了重要作用。

民国38年（1949）9月阳泉市社会福利院创立，其前身为延安第二保育院，地址在平定县药林寺。1960年搬迁到小阳泉村。1982年5月，市政府投资50万元在北岭坡选址修建了两栋二层小楼。1983年孤残儿童养育楼设施修建完工。1984年，市社会福利院整体搬迁至北岭坡，基础设施仍然很简陋，收养能力有限，服务对象很少。1992年，改造加固了2100平方米的儿童养育住宿楼及餐厅。1992年5月，建成市老年公寓。1996年11月，建成残疾儿童康复教育楼。2002年7月，修建了老年公寓餐厅。2007年10月，建成老年颐养中心。至2010年，市社会福利院占地面积26628.5平方米，建筑面积30039平方米，绿地面积14833平方米，占全院总面积的56%，固定资产1亿元，草坪、绿树、假山、楼阁错落有致，环境优美，是山西省一级社会福利院。主要是负责收养城市中的“三无”对象，即无亲属子女赡养、无依无靠、无劳动能力的鳏寡老人和孤儿、弃婴儿。内设机构有办公室、收养管理部、医疗康复部、老年公寓、老年颐养中心和综合服务中心6个部门，在职职工60余名。到2010年，院内收养城市鳏寡孤独老人29人、孤残儿童120人，老年颐养中心接收社会老人70人。

1980年，郊区光荣院建成，为阳泉市第二个社会福利机构。矿区二矿职工康复中心建成于1984年（2004年改名为矿区二矿老年社会福利服务中心）。平定县光荣院于2000年10月建成运行。城区北岭社区养老服务中心于2007年建成运行。平定县老年服务中心于2008年动工，2009年11月建成运行。

全市农村敬老院的兴建开始于1983年，当年落成运营的有郊区荫营镇敬老院（设在荫营镇三郊村）、郊区旧街乡敬老院和李家庄乡敬老院。平定县第一个敬老院为冶西镇敬老院，建成于1986年7月。盂县第一个敬老院为东木口乡敬老院，于1992年10月建成。至2010年，全市共有敬老院37所，设床位2872张。其中，乡镇敬老院32所，设床位2667张；村办敬老院2所，设床位58张；个人办敬老院3所，设床位147张。

2001年至2003年，阳泉市先后投入688万元福利彩票公益金和600万元社会捐助资金，开展了社区老年福利服务设施建设“星光计划”，在41个城市社区中建立街道老年福利服务中心、社区老年福利服务站，为老年人提供文化娱乐、图书阅览、康复健身、室外活动等服务，深受老年人欢迎。

二、孤残儿童福利工作

阳泉市从2004年开始，实施了为期3年的“残疾孤儿手术康复明天计划”。到2006年，阳泉市全部完成“明天计划”任务，为45名残疾孤儿进行了手术康复矫治，效果良好。2007年后，开始设立“明天计划”长效机制。至2010年，共实施手术康复矫治79例。

为贯彻落实民政部孤残儿童“蓝天计划”建设项目，阳泉市于2009年12月开工建设“蓝天计划”项目——阳泉市社会福利院孤残儿童阳光综合楼。该项目占地面积1920平方米，建筑面积9600平方米，设床位350张，总投资2779万元。其中，民营企业阳泉市志远工程有限公司赞助2004万元、民政部拨款195万元、省发改委拨款200万元、省民政厅拨款180万元、市政府拨款200万元。市社会福利院孤残儿童阳光综合楼共10层，设计为地上9层、地下1层，地下为餐厅、淋浴室、儿童剧场、展览室、监控室及相应的配套设施区。一、二、三层为婴儿生活区，四、五层为幼儿、残疾儿童生活区，六、七、八层为孤儿学生区，九层为办公区。该项目设施先进，集养护、救治、教育、康复、特教于一体，2010年12月全面竣工，计划于2011年初投入使用。孤残儿童阳光综合楼投入使用后，将大大改善孤残儿童的成长环境，提高孤残儿童的生活质量。

儿童阳光综合楼

为贯彻落实《国务院办公厅关于加强孤儿保障工作的意见》（国办发〔2010〕54号）和《民政部财政部关于发放孤儿基本生活费的通知》（民发〔2010〕161号）及省民政厅12月15日召开的“全省部署孤儿基本情况全面调查摸底会议”精神，充分保障孤儿的合法权益，阳泉市及时召开会议，对孤儿基本情况全面调查摸底工作进行了部署。随后，全市各县区民政局、开发区社会管理局、市社会福利院开展了摸底工作，对孤儿建档，一人一档，并录入信息网络。至2010年，全市符合条件的孤儿人数为280人，此数据为孤儿基本生活费的发放提供了依据。

《中华人民共和国收养法》于1992年4月1日颁布实施后，全市各级民政部门均以《中华人民共和国收养法》为依据，树立服务意识，增强工作透明度，将收养程序、办事制度、收费标准、监督方式向社会公开，接受群众监督，依法办理收养登记。

三、养老服务社会化示范活动

根据民政部《关于开展养老服务社会化示范活动的通知》（民函〔2005〕48号）和省、市有关文件精神，2006年，阳泉市确定了8家市级示范单位，即平定县民政局、盂县孙家庄镇敬老院、盂县城镇办事处康乐活动中心、郊区荫营镇敬老院、郊区河底镇敬老院、郊区西南舁乡敬老院、城区南山路街道办事处和矿区沙坪街道办事处。同年4月18日，市民政局印发《阳泉市养老服务社会化示范活动实施细则》，在全市开展了养老服务社会化示范活动。活动以满足社会日益增长的养老服务需求为出发点，以保障老年人特别是有特殊困难的老年人为重点，以“坚持政府主导、动员社会力量参与，促进投资主体多元化、服务对象公众化、服务形式多样化、运营机制市场化、服务管理规范化”为目标，立足全市经济社会发展现状，逐步建立起以居家养老服务为基础、以社区养老服务为依托、以机构养老服务为骨干的社会化养老服务体系，进一步提高老年人的生活水平和生活质量，让老年人共享改革发展成果。2008 年，新增矿区老年颐养中心、盂县上社镇敬老院 2 家示范活动单位。

四、社会福利生产

从 1965 年开始，阳泉市有了福利企业，但数量极少。1980 年，《财政部、民政部关于民政部门举办的福利生产单位交纳所得税问题的通知》中，第一次明确提出福利工厂主要安置对象为盲、聋、哑及肢残人员，其鼓励残疾人就业和对福利企业的扶持政策为残疾人员占生产人员总数 35% 以上的，免交所得税；占 10% 至 35% 的，减半交纳所得税。1984 年后，国家先后出台《中华人民共和国残疾人保障法》《社会福利企业管理暂行办法》以及有关的发展福利企业、安置残疾人就业的法律法规。阳泉市各级民政部门严格遵照国家有关政策，大力发展福利生产，社会福利企业的迅速发展，对稳定社会和繁荣市场经济发挥了重要作用，同时取得明显的社会效益和经济效益。至 2006 年，全市共有福利企业 99 家，共安置残疾人就业 1338 人。

2007 年，为保障残疾人的切身利益，更好地发挥税收优惠政策在鼓励残疾人就业方面的积极作用，促进社会主义和谐社会建设，阳泉市民政部门根据民政部《福利企业资格认定办法》和山西省民政厅相关文件要求，对全市原有的福利企业进行重新认定。2008 年，全市共有 59 家福利企业，安置残疾人就业 1310 名。2010 年，全市共有 63 家福利企业，安置残疾人就业 1613 名。

第五节　婚葬管理

一、婚姻管理

阳泉建市前，境内男女婚姻取决于“父母之命，媒妁之言”。一般男子 16 岁、女子 14 岁开始议婚，婚礼一般遵循“六礼”（纳采、问名、纳吉、纳征、请期、亲迎）。抗日战争时期，境内解放区开始提倡自由恋爱，实行婚姻登记。民国 30 年（1941）7 月 7 日，平定（路北）县政府贯彻执行《晋察冀边区婚姻条例》。民国 36 年 5 月阳泉建市后，开始办理婚姻登记。

中华人民共和国成立后，党和政府十分重视婚姻登记工作。1950 年 5 月 1 日《中华人民共和国婚姻法》颁布施行，规定废除包办强迫、男尊女卑、漠视子女利益的封建主义婚姻制度；实行男女婚姻自由、一夫一妻、男女权利平等、保护妇女和子女合法利益的新婚姻制度。阳泉市对《中华人民共和国婚姻法》进行了广泛的宣传落实。1950年，平定县司法部门共审理1500余起违反婚姻法的案件。此后，境内自觉履行婚姻登记的人数逐年增加，婚姻关系相对稳定。1955年11月，阳泉市执行国务院制定的《婚姻登记办法》。1963年，提倡晚婚晚育和节制生育成为婚姻管理的一项新内容。1981年1月1日，修改后的《中华人民共和国婚姻法》公布实施，规定严禁直系血亲、三代以内旁系血亲和患有不宜结婚疾病的人通婚，并提倡晚婚晚育和计划生育。1985年，国家再次修订《中华人民共和国婚姻法》，明确规定结婚年龄不早于男22周岁，女20周岁，提倡晚婚晚育，优生优育，一对夫妇只生育一个孩子。阳泉市大力宣传贯彻执行新修订的婚姻法，率先在郊区进行婚姻登记制度改革，采取建立婚姻登记档案等改革措施，并逐步在全市普遍推广。是年，全市批准登记结婚10835对，协商离婚186对。1986年3月15日，民政部公布施行国务院批准的新的《中华人民共和国婚姻登记法》。同年，阳泉市在各乡镇、街道建立婚姻登记处进行婚姻登记，涉港、澳、台婚姻登记在市民政局办理。1990年，全市批准登记结婚9930对，批准登记复婚49对，登记离婚189对。1991年至2002年，全市办理结婚登记121748对，其中，涉港、澳、台结婚登记11对，办理离婚登记5302对。

2003年10月1日，国务院《婚姻登记条例》颁布实施。阳泉市婚姻登记由乡镇、街道办理全部集中到民政部门统一办理，至此，全市婚姻登记点由71个合并为7个，即城区、矿区、郊区、开发区、平定县、盂县民政局及市民政局7个婚姻登记处。2006年1月23日，民政部、国家档案局颁布实施《婚姻登记档案管理办法》后，婚姻登记档案的管理和保存得到进一步的规范和完善，阳泉市婚姻登记档案最早可查询到1968年。2005年6月至2006年10月，民政部在全国婚姻登记机关开展了以严格执行《婚姻登记条例》和《婚姻登记工作暂行规范》为主要内容的婚姻登记工作规范化建设活动。全市婚姻登记工作进一步规范，婚姻当事人的合法权益得到充分保障。在婚姻登记规范化建设中，阳泉市民政部门积极寻求人性化服务。2007年，市民政局与阳泉网通114电话导航台联合推出“阳泉市婚姻登记热线”，为婚姻当事人提供咨询服务。在2008年8月8日结婚登记高峰日到来之前，全市民政部门做好充分准备，制定应急预案，当日全市共办理结婚登记295对。2009年，矿区婚姻登记处被民政部命名为“全国婚姻登记规范化建设合格单位”。2003年至2010年，全市办理结婚登记82666对，其中涉港、澳、台结婚登记15对；办理离婚登记8435对。

二、殡葬管理

历史上，境内办丧事沿袭木棺土葬、重殓厚葬的习俗，请阴阳、择坟茔、披麻戴孝、扬幡招魂等封建迷信活动盛行。中华人民共和国成立后，境内殡葬、奠仪逐步改革。20世纪50年代沿用土葬，60年代提倡棺木深埋，70年代、80年代推行火化。1991年，《中共阳泉市委关于领导干部逝世的丧事改革的通知》和民政局、公安局、工商局、民族宗教局、土地局《关于制止丧葬中的封建迷信活动的通知》印发后，推动了全市殡葬改革的进程，有效遏制了丧葬迷信活动。1997年7月21日国务院《殡葬管理条例》发布施行，要求各地积极地、有步骤地实行火葬，改革土葬，节约殡葬用地，革除丧葬陋俗，提倡文明节俭办丧事。

2000年6月7日，《山西省殡葬管理办法》经省人民政府第六次常务会议通过发布施行。2002年，《阳泉市殡葬管理办法》出台后，全市加强了殡葬改革和管理工作，火化范围扩大，火化率提高到30%左右。2002年至2008年，火化率基本变化不大。2003年，市民政局、公安局、环保局、卫生局、城市管理行政执法局联合下发《关于进一步加强全市殡葬管理撤销辖区医疗单位所属太平房、骨灰堂的通知》，当年撤销7个太平房、1个骨灰堂。2004年，《阳泉市民政局殡葬管理实施意见的通知》印发。2008年，先后出台《关于对农村公益性公墓审批有关事项的通知》《关于加强我市公益性公墓审批管理工作的补充通知》等文件。2009年，下发《关于进一步加强公墓建设管理的通知》。2010年，出台《关于禁止未审批的经营性公墓和农村公益性公墓违规经营的通知》。一系列文件的出台，使全市的殡葬管理工作进一步科学化、规范化、制度化。

市殡仪馆刚成立时，年火化尸体不足10具，后逐年增长。从1970年至2010年，共火化尸体约3.2万具。其中，2008年为1410具，2009年为1319具，2010年为1412具。

第六节　区划地名管理

一、地名管理

（一）农村地名管理

1980年10月，《阳泉市地名普查工作方案》颁布实施后，市、县（区）地名普查领导组即开展了对全市农村地名的全面普查工作。普查期间，1981年6月，盂县人民政府行文对17个生产大队进行了更名，如将城关公社的南村更名为东关南村、北村更名为东关北村等。同年10月，盂县东庄头公社的张家庄更名为张庄、西潘公社的南头更名为南进圭（更名通知于1985年7月补发）。经过地名普查工作人员大量的走访考证、调查研究和核实审定，至1982年5月，境内农村地名普查工作全部结束，共普查各类地名3749条，其中郊区496条、平定县1560条、盂县1693条。同时，根据国家在一个县区不能有重名村庄的有关规定，此次普查中共为4个重名村庄更改了名称，即将郊区东村公社的南沟改称东南沟、小西庄改称北小西庄，西南舁公社的大西庄改称北大西庄，河底公社的南峪改称关家峪。之后，全市农村地名管理除盂县因交通不便、吃水困难和滑坡等原因，迁散并撤销小石盆、川房等村，平定县城关乡于1985年并入城关镇外，主要是名称更改，其他地名至1990年则基本未变。具体更改的名称有：1983年9月，盂县4个公社更名，即拦掌改为南娄，石塘改为榆林坪，活川口改为北峪口，御枣口改为梁家寨。1984年4月，全市的人民公社改称乡或镇；5月，郊区荫营、河底2乡改设为镇，盂县城关、上社、西烟、牛村4乡改设为镇；8月，平定县巨城、冶西、锁簧、张庄、东回5乡改设为镇；同年，全市农村生产大队改称村民委员会，此项工作于1985年全部结束。1985年7月，平定县娘子关乡改设为镇，盂县北峪口乡的峪口更名为北峪口。

1988年，全市农村共设置村庄名称牌400余块。2000年10月20日，根据省委、省政府的文件精神，阳泉市开展撤并乡镇工作，11月底完成。省人民政府2000年12月1日批复盂县、郊区和平定县的新的行政区划。调整后，全市设20镇、12乡，共32个乡镇。其中，平定县8镇2乡，即冠山镇、冶西镇、锁簧镇、张庄镇、东回镇、柏井镇、娘子关镇、巨城镇、石门口乡、岔口乡；郊区4镇4乡，即荫营镇、河底镇、平坦镇、义井镇、西南舁乡、杨家庄乡、李家庄乡、旧街乡；盂县8镇6乡，即秀水镇、孙家庄镇、路家村镇、南娄镇、牛村镇、苌池镇、上社镇、西烟镇、仙人乡、北下庄乡、下社乡、梁家寨乡、西潘乡、东梁乡。2006年，根据民政部、省政府《关于加快实施地名公共服务工程有关问题的通知》要求，市政府办公厅于同年11月下发《关于印发阳泉市地名公共服务工程实施方案的通知》（阳政办发〔2006〕97号），成立阳泉市地名公共服务工程领导组，副市长王敬瑞任组长。全市乡镇数量和名称至2010年无变化。

（二）城市地名管理

阳泉市城市地名管理始于1966年9月，阳泉市人民委员会通告更改9条街名，首次出现带有“文化大革命”色彩的地名。1975年6月20日，市革命委员会行文对市区的战备路、矿山路、桥头东街等29条街道进行了重新划分、命名或更名。1981年8月，市政府根据山西省地名委员会（1981年6月26日由山西省地名领导组更为此名）的统一部署，开始对全市城市各类地名进行普查。普查工作到1986年10月结束，共普查城区、矿区各类地名312条，其中街巷名 50 条、街道办事处名 12 条、居民委员会名 197 条、其他名 53 条。

1986 年，《中华人民共和国地名管理条例》颁布实施后，阳泉市的地名管理工作走上规范化、法治化轨道。1987 年 3 月至 8 月，在《阳泉日报》上刊登征名启事，开展了向社会各界征求街巷名称的活动，共征得 210 余条。在此基础上，市政府发文对市区 31 条街巷名称进行了更改或命名，如将桥北路改称煤山路、新建西巷改称新泉路等，重新命名了泉中路、平安路等。1988 年 5 月，市政府转发市地名办公室《关于在全市范围内设置地名标志的报告》，市区共设置街巷（道）名称牌 97 块，并在《阳泉日报》上公布街巷（道）名称 34 条，实现市区街巷（道）名称标准化。1987 年至 1990 年，城区增设 10 个居委会，矿区增设 25 个居委会，其他城市地名基本未变。2002 年 6 月制定出《阳泉市整顿街牌工作实施方案》。7 月，在市区 29 条主要街道设置地名标志牌 185 块。2004 年 6 月，在市区 24 条主要街道设置地名标志牌 147 块。

二、行政区域界线管理

行政区域界线是毗邻行政区域之间的分界线，是国家实施有效行政管理的依据。阳泉市有省级界线 1 条，市级界线 3 条，县级界线 6 条。2002 年，国务院颁布《行政区域界线管理条例》。阳泉市把落实《行政区域界线管理条例》精神与界线管理工作列入政府重要议事日程，成立了阳泉市界线管理工作领导小组。下发《关于认真做好行政区域界线管理工作的通知》，并召开专门会议研究，提出贯彻落实意见，着力于责任管理，层层建立责任制。建立纵向到底、横向到边的责任管护制度，做到责任目标“八定”，即定桩、定人、定岗、定责、定奖、定罚、定时、定检，把界桩管护工作落到了实处。

建立定期界线年度检查制度是界线管理行之有效的办法，除按照省民政厅的统一安排和部署，开展边界联检工作以外，市地名委员会办公室还制定了内部界线联检制度，明确规定每年开展一次由市、县区民政部门组织的内部界线检查活动，及时解决新问题，确保边界稳定，取得良好效果。2007 年 4 月至 10 月，完成冀晋线阳泉段 1 条省级行政区域界线联合检查工作。自 2004 年开始，陆续实施并完成阳泉与太原、晋中、忻州的 3 条市级行政区域界线联合检查，完成郊区与平定县、郊区与盂县、平定县与盂县、城区与矿区、郊区与城区、矿区与郊区 6 条县级行政区域界线联合检查。

三、地名志编纂

在进行地名管理的同时，全市开展了地名志的编纂工作。《平定县地名志》于 1988 年 4

月出版，《盂县地名志》于1989年5月出版。第一部《阳泉市地名志》于1991年开始组织编纂，时间下限为1990年，1993年10月编印出版。为更加准确地反映阳泉市地名发展的变化状况，2007年5月，市地名委员会办公室启动了《阳泉市地名志》续修工程，经过一年时间的删繁就简、拾遗补漏及大量补充工作，第二部《阳泉市地名志》于2008年编印出版，下限时间为2007年。另外，2006年、2010年两次出版了《阳泉市行政区划图》。

第七节　基层政权建设

一、乡（镇）人民政府和街道办事处

基层政权包括农村的乡（镇）人民政府和城市的街道办事处。阳泉解放设市后，基层政权建设同支前、自救等各项工作一并展开。当时该项工作由市政府专司民政工作的社会科管理。到民国38年（1949）4月太原解放后，随着局势的稳定，阳泉市的基层政权已具雏形。1949年12月，社会科改称民政科后，基层政权建设归民政科管理。1953年，全市所设的区、乡（街）政权基本建立。随着形势的发展，各基层政权组织曾有过几次调整和改变，街道办事处时有时无。1956年3月，撤销1953年设立的一区、二区，改称站上区、荫营区，下辖14个乡、4个镇、6个街道办事处。1957年6月民政科改称民政局，作为民政局的一个内设科室，民政科的职能包括基层政权建设管理。同年8月，撤销站上区和荫营区，设阳泉市郊区，下辖原14乡、4镇；6个街道办事处调整为4个，直辖于市。1958年9月农村人民公社化运动中，撤销乡镇建置，包括同年划归阳泉的平定县、盂县和昔阳县，先后成立了13个人民公社和昔阳、盂县2个联社。原有的4个街道办事处在城市人民公社化运动中，被改设为矿区人民公社。后撤阳泉市郊区，改设平定、荫营、东回、岩会4个人民公社。1963年2月，恢复站上区、荫营区建置，又以市、区、公社的形式进行政权建设。是年境内设2个区、12个公社。“文化大革命”期间，基层政权建设遭到严重破坏，时各级政权组织和基层群众性自治组织统称为革命委员会。之后又几经调整，直到1983年，全市进行了政社分开的建乡工作。1984年6月，建乡工作结束，全市设46个乡、12个镇、12个街道办事处。1985年5月，民政科改称为基层政权建设科，专门负责全市的基层政权建设管理工作。同年，平定县城关乡并入城关镇，娘子关乡改设为娘子关镇。到1990年，全市设44个乡、13个镇、12个街道办事处，其中郊区11乡2镇、平定县12乡7镇、盂县21乡4镇、城矿两区各6个街道办事处。街道办事处作为区人民政府的派出机构，和乡镇人民政府一样直接管理国家行政事务，发展地区经济，维护社会稳定。

2000年10月20日，根据省委、省政府的文件精神，阳泉市开展撤并乡镇工作，11月底完成。调整后，全市设20镇12乡，共32个乡镇。其中，平定县8镇2乡，郊区4镇4乡，盂县8镇6乡。至2010年，全市乡镇数和城矿两区各6个街道办事处未变。

二、村民委员会和居民委员会

阳泉解放建市前，境内根据地的村级群众自治组织叫村公所。时主要从事减租减息、反奸反霸、土改试点及支前活动，对抗日战争和解放战争的胜利起了组织保证作用。阳泉建市后，逐步建立起新的基层群众自治组织，即村民委员会和居民委员会，其性质为村（居）民自我管理、自我教育和自我服务的基层群众性自治组织。

（一）村民委员会

阳泉市农村20世纪50年代中期为初级社和高级社，人民公社化运动开始后改称为生产大队。1984年实行政社分开建立乡镇政府后，生产大队改为村民委员会。到1990年，全市共设1039个村民委员会，其中郊区190个、平定县323个、盂县526个。1998年12月5日，开发区上五渡村进行了村委会的直接选举，是全市第一个实行直接选举的村。1999年1月至3月，全市第五届村委会换届选举工作全面展开，全市村委会主任、副主任、委员首次由村民直接选举。1999年7月至8月，民政部、中央电视台派出记者到平定县石门口乡小口头村拍摄了全国村委会直接选举教学示范片——《四个民主一套车》，该片由时任中共中央政治局常委、全国人大常委会委员长李鹏题名。

2000年11月，阳泉市完成撤并乡镇工作，全市共设960个村民委员会，其中，郊区189个、平定县318个、盂县453个。村民委员会是在区、乡镇人民政府指导下的农村基层群众自治性组织，主要任务是宣传贯彻党的政策，办理村民有关公益事务，调解民事纠纷，维护治安，反映人民意见和要求，监督执行民规民约等事项。至2010年未变。

（二）居民委员会

居民委员会是在区人民政府、街道办事处指导下建立的城市群众自治性组织。1953年，阳泉市一区始设6个居民委员会。之后，随着人口的增加，居民委员会逐年增设，并有所变动。1961年境内共建有72个居民委员会，1971年建有92个，1983年为171个。到1990年，全市居民委员会增至248个，其中，城区110个、矿区115个、郊区8个、平定县7个、盂县8个。主要任务是学习贯彻政府的政策法令，反映居民的意见和要求，调解民事纠纷，举办公共福利事项，搞好治安保卫工作等。

2000年1月5日，矿区被省民政厅批准为全省第一个社区建设实验区，拉开阳泉市社区建设的序幕。同年11月23日，“全省大力推进社区建设现场会”在阳泉市召开，民政部副部长李宝库到会，充分肯定了阳泉市的经验。当年，阳泉市由原来的248个城镇居委会撤并为110个社区居委会，其中城区44个、矿区40个、郊区8个（含开发区6个）、平定县12个、盂县6个。至2010年未变。

2004年，市人大十二届四次会议把“加强社区建设”列为会议唯一议案，市委、市政府出台《关于全面推进城市社区建设工作的意见》（阳发〔2004〕12号），决定从2004年至2006年，“利用三年时间，集中消灭无社区办公用房”问题。2007年，全市所有社区都有了宽敞明亮的办公用房。从2004年至2010年，市、县（区）及驻地企业累计投入资金3000多万元，通过新建、改建、扩建以及置换等办法，彻底解决了社区办公用房问题，全市新建社区用房面积达到39275平方米，是2004年的十几倍，城市区社区的用房面积全部达标，平均达到427平方米，其中300平方米以上的一类社区70个，200平方米至300平方米的二类社区22个。同时，全市所有社区完成社区警务室建设，建成一批社区卫生、文化、体育、福利服务项目，改善了社区办公和服务条件，为进一步深化和谐社区建设、强化社区服务奠定了基础。2004年，矿区被民政部命名为“全国社区建设示范区”。2009年11月，城区被民政部命名为“全国和谐社区建设工作示范城区”；城区南山路街道办事处新华东街社区被民政部命名为“全国和谐社区建设工作示范社区”。全市城市区社区建设均被民政部授予国家级社区建设示范单位称号。

第八节 福利彩票发行

阳泉市的福利彩票自1987年开始发行至2010年，共经历了23年的历程。最初，福利彩票只以揭开或刮开式即开即兑、集中销售的模式发行，奖品一般为日用品、家用电器等实物，彩票面值仅限于1元和2元。2000年后，随着科技的发展和应用，福利彩票发行方式更具科学化、人性化，彩票销售利用网络技术，实现了全国联网销售，发行种类也发展为电脑福利彩票和即开型福利彩票。到2010年，阳泉市电脑福利彩票销售票种由过去单一的乐透型游戏“双色球”发展到数字型3D、七乐彩、时时彩、21选5等，销售模式增加了电话投注和网络投注；即开型彩票在传统刮开式的基础上又开发了中福在线全国联网无纸化视频游戏、五分钟一开奖数字型的开乐彩视频游戏。全市电脑福利彩票投注站由初期的30多家发展到130家、中福在线销售厅2个、开乐彩销售点10个，解决城镇职工就业岗位200多个，年销售金额上亿元。

全市各级民政部门通过发行福利彩票把社会各阶层的博彩和中华民族乐善好施，以及“扶老、助残、救孤、济困”的传统美德连接在一起，把彩票发行经营的商业活动和社会主义精神文明连接在一起，开辟了一条社会主义市场经济条件下发展社会福利事业、保障人民群众基本生活权益的有效途径。1987年至2010年，全市共销售福利彩票66944万元，筹集公益金18081万元，所产生的福利彩票公益金除民政部、省民政厅支配部分外，市级可支配福利彩票公益金全部用于民政部门资助福利机构（包括农村敬老院）建设、资助社会公益项目、资助贫困学生、困难群众和市残联用于残疾人事业。

第九节　社会组织管理

阳泉市社会组织管理工作开始于20世纪90年代初。1992年市民政局设立社团婚姻科，1997年更名为社会事务科，2001年又更名为民间组织管理科，负责社团和民办非企业单位成立、变更、注销的登记或者备案，对社会组织实施年度检查，监督社会组织活动，查处社会组织的违法行为和未经登记而以社会组织名义开展活动的非法组织，指导、监督地方社会组织的登记管理工作。

社团婚姻科成立初期，依法登记的社会团体有70余个。之后，全市社会组织发展迅速，数量不断增加，规模不断壮大。至2010年，全市依法登记的社会组织为334个，其中社会团体233个、民办非企业单位101个，初步形成门类齐全、层次不同、功能互补、覆盖广泛、特色明显的组织体系。社会组织具有非营利性、民间性、公益性、自愿性与组织性特征。全市社会组织在促进行业发展、提供公共服务、发展公益慈善事业、完善社会治理结构、增进民间合作交流等方面发挥着不可替代的作用，对推进社会进步、建立和谐社会产生了积极影响，成为推进经济发展和社会建设的生力军，成为构建和谐社会的重要力量。随着经济的快速发展，全市社会组织管理体制机制改革不断取得进展，社会组织管理走上法治化、规范化轨道，建立了一个相对完善的社会组织行政管理体系。行业协会改革发展取得新突破，新型政社关系实践取得新进展，转制民办非企业单位登记管理工作进行了积极探索，城乡基层社会组织培育发展不断推出新措施，社会组织依法监管体系建设不断进步，全市社会组织持续健康有序发展。

第三章 安全生产

第一节 机 构

一、领导协调机构

1959年6月，为了加强对当年开展的生产竞赛运动的领导，阳泉市成立安全运动委员会，由工业部、公安局、劳动局、财贸部、人事监察局、青年团、工会、矿务局共8个单位的负责人组成，市委书记处书记王文如任主任委员，办公室设在市公安局。1974年12月，阳泉市安全委员会（简称“市安委”）成立，由市有关部门的12名负责人组成，主任由市革命委员会（简称“市革委”）副主任郭力担任，主要负责贯彻党的安全生产方针政策，统筹、协调、监督、指导全市安全生产工作。市安委下设办公室，办公室设在市劳动局，工作由劳动局、公安局、交通局和工会抽调人员承办。1977年7月，根据全国安全生产会议精神和山西省革命委员会《关于成立山西省安全生产委员会的通知》精神，阳泉市对市安委组成人员进行调整和充实，市委副书记郭力任主任委员，市革委副主任吴景忠和市计划委员会、劳动局、公安局等14个部门的副职任副主任委员或委员。市安委下设工矿组、财贸组、交通运输组和社队企业组（包括农村拖拉机管理），分别在市劳动局、公安局交通队和农村政治部办公，负责全市工业交通、基本建设、财贸和社队工业的安全生产工作。1980年9月，市安委组成人员再次进行调整充实，市革委副主任赵寿山任主任委员，市经济委员会、计委、公安局、劳动局等14个部门的副职任副主任委员或委员，市安委下设办公室。1984年6月，市委、市政府对市安委的主要领导及其成员进行调整，主任由市政府主管工交生产的副市长朱光炳担任，5名副主任分别由市经委、劳动局、公安局、总工会、矿务局的领导担任，18名委员分别由市卫生局、检察院、交通局、城环局、计委等部门和平定县、盂县、郊区的领导担任。办公地点设在市劳动局，内设机构由原来的一个办公室改为“一室两科”（办公室、矿山监察科、地面安全监察科），两块牌子、一套人马，市政府专门下文为市安委增加人员编制8人，市安委由原来的虚设机构成为市政府直接领导下统管全市安全工作的实体机构。1986年以后，市安委组成人员几经调整，到2010年，主任先后由市政府副市长李天瑞、张义明、张诚、樊盛武、陈继光等担任，原市安委办公室承担的市安委的日常工作在2001年6月党政机构改革中划入市安全生产监督管理局（简称“市安监局”）。2010年3月，市安委设主任、常务副主任、5名副主任，其组成人员由市政府和市安监局（煤炭工业局）、公安局、监察局、山西煤炭监察局阳泉分局、发展和改革委员会、经济和信息化委员会（国资委）、教育局、科学技术局、检察院、司法局、财政局、人力资源和社会保障局、国土资源局、住房保障和城乡建设管理局、交通运输局、阳泉公路分局、水务局、农业委员会、林业局、卫生局、商务局、环境保护局、工商局、质量技术监督局、广播电视总台、阳泉日报社、统计局、文化广电新闻出版局、体育局、旅游局（外事侨务办）、阳泉供电分公司、气象局、市政府法治办公室、市委宣传部、编制办公室、总工会、团市委、武警阳泉市支队、中小企业局、公安交警支队、公安消防支队共41个部门的44名负责人组成。

1974年12月市安委成立后，各县区的领导协调机构相继成立。1975年4月，郊区安全生产委员会成立。同年7月，城区安全委员会成立。1977年3月，平定县安全委员会成立（后改为安全生产委员会）。同年10月，盂县安全生产委员会成立。1986年4月，矿区安全委员会成立。1995年9月，开发区管委会设立劳动安全委员会（后改为安全生产委员会）。到2010年，煤炭、非煤矿山、道路交通、消防、化工、烟花爆竹、民爆器材、森林、食品、银行等行业（领域）先后成立领导组或指挥部、安全委员会。

二、监督管理机构

1951年，阳泉工矿区劳动局始设劳动保护科，专司全市安全生产管理工作。1952年4月27日，阳泉矿务局军事化矿山救护队在四矿七间（矿务局俱乐部）正式成立，是阳泉市建队最早的矿山救护队（1997年2月更名为阳泉矿务局矿山救护大队，为正处级建制）。同年，盂县政府设矿产管理科，负责全县煤窑的安全生产管理。1954年，平定县50人以上的大煤矿都设立安全生产委员会，小煤矿设有安全生产检查组。1956年11月，阳泉市救护队成立，是阳泉市地方煤矿的第一个矿山救护队（先后更名为阳泉市矿山救护大队、阳泉市军事化矿山救护大队，规格为副县级，2010 年 7 月获国家二级矿山救护队资质证书）。1956 年后，阳泉矿务局成立安全监察局，并向各矿派驻安全监察组；地方各大、小煤矿也都建立了安全检查科，配备了专职安全检查员。1958 年“大跃进”开始后，境内一些煤矿大搞“放卫星”，安全生产工作被削弱，有的地方煤矿安全机构被撤销。1960 年，地方各煤矿重新恢复和健全了安全检查机构。“文化大革命”初期，正常的生产秩序被打乱，安全监察机构再次被撤销。1970 年以后，阳泉矿务局陆续恢复局、矿的安全工作机构，并在采掘队组各小班配备专职安全检查员。1973 年 1 月，市劳动局设立劳保科，主要负责贯彻执行党中央的安全生产方针和对职工的劳动保护政策，定期组织安全检查，分析处理伤亡事故，督促检查防暑降温和防尘防毒工作，加强对蒸汽锅炉和各种受压容器的管理，并对司炉人员进行培训。1984 年，市劳动局锅炉压力容器检验所（1991 年 10 月更名为市锅炉压力容器检验研究所）成立，该所是国家劳动部门授权，专门从事锅炉压力容器的检测检验机构。同年 7 月，全市经委系统增加安全生产管理人员 11 人，市经委设安全科（后改为安全监察科），编制 5 人，平定县、盂县和郊区经委各 2 人。1985 年 1 月，盂县矿山救护队成立。1987 年 8 月，山西省阳泉市公安交通警察支队成立，为副县级单位，各县区设交通警察队，均为正科级单位；同时成立乡镇煤矿管理处，负责盂县、平定县和郊区二轻集体以下各类煤矿的安全检查、监督管理和技术服务，隶属市煤炭工业局。1989 年 8 月，阳泉市劳动保护教育培训中心和阳泉市劳动安全卫生检测站成立，均为正科级自收自支事业单位，隶属市劳动局。1993 年 11 月，阳泉市矿山安全卫生检测检验站成立，正科级自收自支事业单位。同年，阳泉市煤炭工业局安全监察局成立，并配备专职人员。之后，平定县、盂县、郊区成立相应机构，负责煤矿的安全生产工作。1997 年 3 月，阳泉市煤炭安全纠察支队成立，同年 5 月，平定县、盂县、郊区成立煤炭安全纠察分队。2000 年 8 月，山西煤矿安全监察局在阳泉设煤矿安全监察办事处，2004 年 10 月更名为山西煤矿安全监察局阳泉监察分局。

2001 年 6 月，在市级党政机构改革中，设置市安监局（挂市煤炭工业局的牌子），将原市经委、原市劳动局、原市煤炭工业局承担的安全生产监督职能划入市安监局，同时将隶属原市劳动局的阳泉市劳动保护教育培训中心、阳泉市矿山安全卫生检测检验站（更名为阳泉市安全生产检测检验中心）成建制划入市安监局，将隶属原市劳动局的阳泉市劳动安全卫生监测站的部分职能、人员并入市安监局，将隶属原市煤炭工业局的阳泉市军事化矿山救护大队、阳泉市煤矿安全纠察支队、阳泉市煤炭工业局职工培训中心、阳泉市乡镇煤矿管理处、阳泉市地方煤矿工程质量监督站、阳泉市煤炭工业局林场成建制划入市安监局。市安监局为正县级建制，是市政府主管安全生产工作的直属机构，主要负责综合管理全市安全生产工作，依法行使安全生产监督管理职权，负责市安委的日常工作，内设办公室（纪检组、监察室）、工商贸安全监督管理科和矿山安全监督管理科，机关行政编制17名，其中局长1名、副局长2名、纪检组组长1名。同年，市安监局（市煤炭工业局）成立后勤服务中心；郊区、盂县、平定县先后成立安全生产监督管理局，与煤炭工业局合署办公，两块牌子、一套人马。2003年4月，市安监局（市煤炭工业局）增加行政编制3名，增设总工程师领导职数1名、内设机构2个，内设机构调整为办公室（纪检组、监察室）、综合科、煤矿监督管理科、非煤矿山监督管理科和工商贸监督管理科。同年10月，矿区成立安全生产监督管理局，与经济贸易局两块牌子、一套人马。2004年6月，在市政府机构改革中，设置市安监局（市煤炭工业局），仍为正县级建制，是市政府主管安全生产和煤炭工业管理工作的直属机构，内设办公室（纪检组、监察室）、综合科、安全监管一科、安全监管二科、安全监管三科、煤炭规划发展科和运行调度科，机关行政编制26名，其中局长1名、副局长3名、总工程师1名、纪检组组长1名。同年7月，城区成立安全生产监督管理局，与商务局合署办公，两块牌子、一套人马（2010年2月单独设置为区政府工作部门）。2005年5月，开发区管委会社会管理部内设安全生产科，挂安全生产监督管理局牌子；同年5月至6月，开发区、城区、矿区组建安全生产监察执法大队，负责区域内安全生产监察执法工作；9月，阳泉市劳动保护教育培训中心更名为阳泉市安全生产宣传教育中心；12月，成立阳泉市驻矿安全监督员管理中心。2008年10月，市安监局（市煤炭工业局）增设煤炭行业管理科（原安全监督管理一科和煤炭规划发展科不再承担相应职责）、教育培训科和安全生产协调科（原综合科不再承担相应职责），增加行政编制5名。同年11月，成立阳泉市民爆物品和职业卫生监管监测中心。2010年2月，根据2009年市政府机构改革方案，设置市安监局，正县级建制，为市政府工作部门，将市安监局承担的煤炭工业方面的职责划入市煤炭工业局，市军事化矿山救护大队（市安全生产应急救援中心）由市煤炭工业局管理，原市安监局（市煤炭工业局）所属的市安全生产宣传教育中心、市安全生产检测检验中心、市民爆物品和职业卫生监管监测中心成建制划归市安监局。市安监局机关行政编制20名，其中局长1名、副局长3名、总工程师1名、纪检组组长1名，内设办公室、综合监督管理科、监督管理一科、监督管理二科、监督管理三科、职业安全健康监督管理科和纪检组（监察室）。

第二节 安全监管

一、"五五"时期前安全监管

境内众多行业中，煤炭开采历史较为久远，煤矿（窑）安全问题随之而生。古代，生产力水平低下，小煤窑生产安全设施极差，皆为自然通风，油灯照明，一旦发生事故，轻则人员伤亡，重则井毁矿废。

清光绪三十四年（1908）保晋公司成立后，煤炭生产虽开始使用机器，而且制定有《坑内保安规则》等安全制度，但资本家只顾赚钱，安全设施投资甚少，各种事故时有发生。宣统二年（1910），燕子沟东竖井（今属阳煤集团二矿）连续3次发生瓦斯爆炸，死亡11人，伤残13人。

民国时期，煤矿伤亡事故更为频繁。民国5年（1916），桃林沟白家坡煤窑一次透水事故使30名矿工全部遇难。民国10年，保晋公司阳泉矿厂共有矿工1136人，因事故死亡多达28人、死亡率为2.47%，伤残29人、伤残率为2.55%。民国26年日军侵占阳泉后，为了掠夺煤炭资源，根本不进行安全管理，8年间发生了4次大的瓦斯爆炸事故，其中民国31年10月第二矿厂的一次事故就死伤矿工100余人。

中华人民共和国成立后，在1949年11月召开的第一次全国煤矿会议上确立了"安全第一"的方针。各煤矿认真贯彻这一方针，严格执行国家颁布的一系列关于安全生产的规章规程，组织开展了小煤窑普查和整顿工作，仅郊区就先后关停不符合安全生产条件的小煤窑86座。1953年国家进入有计划的经济建设时期后，各生产、建筑、交通运输等系统的厂矿企业在编制全年生产财务计划的同时，编制了安全技术劳动保护措施计划，到1954年全市已有18个企业编制了措施计划，占总数的69.2%，国家用于改善劳动条件的拨款也逐年增加。1956年至1957年，全市贯彻执行国务院颁布的"三大规程"（工厂安全卫生规程、建筑安装安全技术规程、工人职员伤亡事故报告规程），国营、地方国营厂矿基本上制定了安全教育制度，并在全市较大煤矿普遍而持续地开展了群众性的百日无事故运动，在各较大厂矿组织定期与不定期的安全卫生大检查。1957年全市共发生伤亡事故3948人次，其中死亡30人、重伤24人、轻伤3894人。1958年"大跃进"运动中，由于过分强调生产而忽视安全，在"大破大立"中废弃了一些必要的规章制度，致使人身伤亡事故屡屡发生。尽管市委作出《关于加强安全工作的指示》、市人民委员会下发了《关于积极采取措施扭转人身伤亡事故严重局面的通报》，在组织领导、管理制度、安全计划、安全检查和安全技术教育等方面采取了一些措施，但事故严重的局面终未得到控制。是年，全市（不包括平定县、昔阳县、盂县）共发生伤亡事故5421人次，其中死亡

结合”的方法，上路检查车辆7.3万辆次，纠正各类违章3.65万人次，消除路障725处，是年春运期间全市交通事故起数和死亡人数比上年分别下降4.3%和40.5%，全年交通事故有了较大幅度下降。

（三）尘毒治理

针对阳泉市老企业多、设备陈旧、工艺落后、技术改造跟不上，以及接触尘毒的职工比例大、粉尘危害十分严重的历史状况，1987年市经委等四部门下发《关于切实加强我市防尘防毒工作的通知》，市卫生局等五部门下发《关于在全市煤矿工人中全面开展健康安全教育的通知》，同年5月至6月对全市工矿企业粉尘危害及治理情况进行了调查，7月对忽视劳动保护、尘毒危害严重超标的重工局苇泊钢厂、矿务局水泥厂、轻工局玻璃器皿厂、二轻局玛钢厂、矿区弹簧厂、煤管局南庄煤矿共6个企业及有关领导给予“黄牌”警告和罚款处理。1990年，市安委、劳动局等部门研究制定出《阳泉市工矿企业防尘防毒规划（1991—1993）》《阳泉市尘毒治理验收标准》，并对阳泉铝厂等25个企业进行了职业安全卫生设施“三同时”（职业卫生设施与主体工程同时设计、同时施工、同时验收）的初步设计审查和竣工验收工作，对11个普通劳动防护用品生产厂和5个特种防护用品生产厂进行了资格审查和产品质量检验，在阳钢、市水泥厂等建材冶金行业开展对生产性粉尘危害程度和体力劳动强度的分级试点工作。

1991年，在治理整顿、深化改革中，市委、市政府将安全生产工作的三大重点调整为矿山、交通和尘毒治理，在继续加强交通安全管理和尘毒治理的同时，将乡镇煤矿安全整顿扩展为矿山安全管理，并将消防工作列入安全生产工作的重点。是年，市政府下发《阳泉市工矿企业职业卫生防尘防毒“八五”规划及考核办法》，市安委、经委、劳动局组织制定了《阳泉市乡镇煤矿矿井安全条件考核标准》，市劳动局、乡镇局组织对全市乡镇煤矿企业的正、副矿（场）长进行了安全技术培训和安全资格审查。1992年10月，全市开展了矿山安全卫生技术检测检验工作。1993年，全市对地方煤矿产运销进行大整顿，查处越层越界开采的矿井17座，停产整顿隐患严重的矿井27座，关闭私开矿5座；采取企业自筹、银行贷款的办法，投资1182万元，对一批乡镇煤矿进行了技术改造。从1994年10月1日开始，全市集中3个月时间，对道路危险货物运输秩序进行整顿。1995年至1997年，全市连续3年开展了乡镇企业安全生产综合治理活动。从1997年5月28日至9月底，全市分3个阶段开展了依法整顿煤炭生产秩序工作，共停产关闭28处私挖露头煤点，对8个存在越层越界的矿井责令其退回原矿界，对不具备安全生产条件的矿井全部进行整顿。从1995年至2000年，市政府年年与各县区、市直各单位以及省营以上企业签订《阳泉市消防安全责任制责任书》，并对签订单位的工作落实情况年年进行考评。为了规范建筑消防设施建设和日常管理工作，2000 年市政府下达《关于加强建筑消防设施监督管理的通知》，并对落实 1998 年至 2000 年度消防安全责任制的 19 个先进集体和 79 名先进个人进行了表彰。在不断加强和推进安全生产重点工作的过程中，从 1985 年以后，全市逐步推行安全生产目标管理责任制。1985 年，阳泉市最先在煤炭系统实行安全生产控制指标。1986 年，安全生产控制指标扩大到工交系统，对煤炭、交通、冶金、化工、农机、建材、轻工、医药、食品等行业都明确了具体的控制指标，对完成指标的单位进行表彰，对超出指标和安全状况差的单位，其主要领导要写出检查，通报全市，并免评先进单位。1987 年和 1988 年，市经委、劳动局、总工会将全市安全生产控制指标分解下达到各县区、市直有关部门及企业、行业，规定对达不到控制指标的单位与部门，要取消其劳动竞赛评比、企业验收升等的资格，并对优秀厂长（经理）和先进个人的评比行使否决权。1989 年 7 月，市政府首次与盂县、晋东化工厂、市建筑总公司、交通局和煤炭工业局分别签订了安全生产目标管理责任状，1990 年将签状单位扩大到煤炭、石油、交通、基建、重工等重点行业部门及盂县、平定县、郊区共 15 个单位，到 1996 年又逐年扩大到 26 个单位。从 1989 年首次签状以后，阳泉市连续 5 年（1995—1999）完成与省政府签订的安全生产目标责任状，连续 7 年（1993—1999）保持了各类伤亡事故死亡人数平稳下降的趋势。2000 年全市发生各类伤亡事故 512 起、死亡 154 人，死亡人数比首次签状前的 1988 年下降 45.6%，比死亡人数最多的 1985 年下降 50.96%。

三、“十五”“十一五”时期安全监管

进入“十五”时期后，市委、市政府把安全生产纳入全市经济和社会发展的总体战略并作为系统工程全面加强。从 2001 年至 2010 年，市政府每年年初均召开安全生产工作会议，总结上年工作，安排部署当年工作，以市政府或市委文件下发关于做好全市安全生产工作的通知，明确安全生产工作的指导思想、工作目标和工作重点。

（一）安全生产监督管理责任落实

从 2001 年开始，继续实行安全生产目标管理责任制，市政府每年按照省政府安全生产责任状的目标要求，制定完善安全生产考核指标和奖惩办法，并与各县区、市直有关部门和省营以上重点企业等签订安全生产工作目标责任状，签状单位由 2001 年的 27 个增加到 2010 年的 54 个，各签状单位层层分解安全生产目标，逐级把责任落实到乡镇（街道办事处）、村（社区）及企业、车间、班组、个人。从 2001 年至 2005 年，市、县（区）两级先后组建了安全生产监督管理机构。2006 年，市政府把亿元地区生产总值事故死亡率和煤炭百万吨事故死亡率等

安全生产重要指标列入全市经济社会发展的“十一五”规划和对签状单位的考核体系，坚持安全生产与其他各项工作同时规划、同时部署、同步推进、同步考核。

2007年，全市投入安全生产资金17.55亿元，比上年增长57.28%；有9.5万名职工参加了工伤保险，缴纳保费1.51亿元，比上年增长15.26%；有1.8万名井下职工参加了意外伤害保险，缴纳保费540万元，比上年增长52.54%；有112个煤矿参加了安全生产责任保险，缴纳保险金1169万元，入保率达到71.3%。2008年，在隐患排查治理工作中实行挂牌督办和问责问效制度。2009年，市、县（区）两级政府全面落实了“一岗双责”制，市政府和三个产煤县（区）政府配备了市、县（区）长煤炭安全助理，全市工矿商贸业比较发达、经济发展较快的38个乡镇、12个街道办事处分别成立了安监站和煤管站，全市人口密集、危险源较多的86个村和社区均配备了兼职安全监管人员，所有煤矿落实了通风区队长兼任矿长助理并享受副职待遇的规定。2010年，全市12个重点行业（领域）8011个单位的主要负责人分别向社会和职工进行了“双向承诺”，接受职工群众和社会的监督，煤炭、非煤矿山行业成立了“五人督查小组”，冶金、有色、建材行业推行了“市包县、县包乡、乡包企”的包保责任，市、县（区）政府按上年度财政总收入的2‰优先安排了安全生产专项资金。

（二）安全生产宣传和培训教育

2002年《中华人民共和国安全生产法》颁布施行后，同年6月阳泉市开展了第一个全国“安全生产月”活动，11月1日在市政府广场隆重举行《中华人民共和国安全生产法》施行启动仪式。之后，每年6月开展“安全生产月”活动。在2010年第九个全国“安全生产月”活动中，全市开展了“生命·安全”书画摄影展览等10项宣传活动，发放安全知识宣传资料10万余份、市民《安全手册》5000余本，展出宣传展板600余块，营造了浓厚的安全发展氛围。

在安全技术培训方面，从2001年以后，通过举办培训班、重点培训和三级培训（企业、车间、班组）多种形式，年年开展安全培训教育。如2003年全市共举办各类人员安全培训班187期，培训厂（矿）长、安全科科长、特种作业人员81779人；2004年培训各类重点管理人员25706人。2007年2月，市政府出台《阳泉市〈生产经营单位安全培训规定〉实施办法》。之后，全市各生产经营单位逐步健全安全培训工作制度和持证上岗制度，2009年全市培训包括农民工在内的生产经营单位从业人员10.6万人次。2010年企业主要负责人、安全管理人员和特种作业人员持证上岗率达到99%。

（三）重点行

按照国家和省的
域）开展安全生产专
口进行停产整顿，并在乡镇煤
交通方面检查货运车 60 余万辆次，责令
扣“三无”（无车牌、无驾驶证、无营运证）车
匪路霸 8 起；消防、化工、民爆方面根据行业特点和实际进行
之后，年年组织开展安全生产专项整治，整治力度逐年加大，整治时间
的每年几个月延长到一年，整治范围由开始的 5 个行业（领域）逐年扩大到 2009
业（领域）1.47 万个单位，2010 年专项整治覆盖了全市各级、各行业（领域）和各类生产经营单位。2009 年全市各生产经营单位共自查自整各类隐患问题 1.2 万余条，省、市、县（区）三级联动督查组对各县（区）政府和 1049 个企业进行督促检查，累计发现隐患 2032 条，取缔关闭不符合安全生产条件的企业 431 个。2010 年在整治中先后对 245 户一类企业依法实施关闭取缔，对 860 户二类企业进行停产停业整顿，对 12198 户三类企业加强日常监管。

（四）安全生产制度建设

从 2001 年至 2007 年，市政府先后在煤炭、道路运输、烟花爆竹、危险化学品、建筑施工和特种设备等行业（领域）出台了一些行业性的安全生产管理制度。从 2008 年以后，安
产制度建设上升到宏观层次并更加全面、系统。是年，市政府制定出台《阳泉
事故调查处理工作若干规定》和《阳泉市较大生产安全事故责任追
度》。2009 年，市政府除按照省政府的要求出台《阳泉
安全生产部门联系会议制度》《阳泉市安全
查治理制度》等 8 项制度外，经
急救援联动制度》《阳
制度》等 6 项制
查处挂牌督办办

（五）安全

为积极有
特大安全事故
泉市烟花爆竹

市电网电力供应预警及应急处理预案》；2009
案》《阳泉市安全生产事故灾难应急预案》《阳泉
应急预案》以及《阳泉市突发事件应急预案管理办法》；
单位安全生产应急预案管理办法》等。到2010年，全市共制
预案11个、部门应急预案8个、县（区）应急预案和企业应急预
领导、分级负责、反应及时、规范有序、科学高效的应急体系。

全事故查处

不放过”（事故原因未查清不放过、职工和事故责任人受不到教育不放过、事故整改不放过、事故责任人不处理不放过）原则和“科学严谨、实事求是、依法依规、注效”的要求，年年对每一起生产安全事故依法追究责任，严肃处理事故责任人。2003年，对2002年“7·15”大阳泉煤矿、“11·8”盂县西潘乡煤矿和2003年“8·14”阳煤集团三矿裕公井特大瓦斯爆炸事故的9名主要责任人追究了刑事责任，对39名责任人分别给予不同处理，其中涉及科级干部21人次、处级领导17人次、市级领导（阳煤集团公司）5人次。004年，对年内所发生的1474起各类生产安全事故全部进行了调查处理，结案1442起，结案率97.8%。2006年，市、县（区）两级安监（煤炭）局在值班调度机构的基础上，建立安全生产违法行为及事故举报中心，设立和公开举报电话，全年接到举报电话、信件和有关线索307个，全部进行了处理和反馈。2009年，市安委办建立和完善了事故信息报告统计工作制度，对生产全事故全部建立了档案卡。2010年，市政府出台《生产安全事故和重大隐患举报奖励制度》，起事故进行了调查处理，结案165起，处分385人，其中党纪处分1人、政纪处分13人、人、刑事拘留26人、其他处分332人。在推进上述工作的同时，还组织开展了安基层基础建设、隐患排查治理和依法治安、科技兴安等方面的工作。通过 2010年全市共发生各类生产安全事故190起、死亡94人，事故起数的2005年分别下降83.76%和22.31%，比“九五”期末的2000年年年均死亡人数由1991年至2000年的191人下降到2001年全市安全生产形势明显好转。

产安全事故

市各类生产安全事故死亡人数共7294
特别是1984年至1994年是事

故高峰期，这11年共死亡2874人，占62年总死亡人数的39.4%，年均261人，其中共发生3人以上事故65起、死亡372人，占同期总死亡人数的12.94%。从1995年以后，各类生产安全事故死亡人数总体上呈下降趋势。到2010年，16年年均死亡136人，其中2008年至2010年均下降到100人以下。

1949—2010年阳泉市各类生产安全事故死亡人数统计表

表-20-1 单位：人

年 份	死亡人数	年 份	死亡人数	年 份	死亡人数
1949	18	1970	79	1991	239
1950	17	1971	52	1992	284
1951	10	1972	53	1993	214
1952	26	1973	77	1994	204
1953	16	1974	71	1995	179
1954	17	1975	100	1996	167
1955	27	1976	87	1997	156
1956	41	1977	91	1998	164
1957	30	1978	116	1999	150
1958	85	1979	117	2000	154
1959	90	1980	118	2001	139
1960	117	1981	103	2002	167
1961	59	1982	132	2003	138
1962	41	1983	182	2004	148
1963	39	1984	300	2005	121
1964	45	1985	314	2006	129
1965	23	1986	257	2007	104
1966	39	1987	247	2008	93
1967	34	1988	283	2009	82
1968	36	1989	271	2010	94
1969	47	1990	261	—	—

62年中，全市共发生死亡10人以上事故25起、死亡436人，死亡人数占总死亡人数的5.98%，受伤219人，直接经济损失3753.68万元（不含因资料原因无法查清的2起事故），平均每起事故163.2万元。25起事故中，煤矿事故20起、死亡345人，事故起数和死亡人数分别占10人以上事故总数的80%和79.13%，其中瓦斯事故16起、252人，透水事故2起、69人，火灾事故1起、11人，塌陷事故1起、13人；道路交通事故2起、死亡30人，事故起数和死亡人数分别占总数的8%和6.88%；烟花爆竹事故1起、死亡11人，事故起数和死亡人数分别占总数的4%和2.53%；其他事故2起、死亡50人，事故起数和死亡人数分别占总数的8%和11.46%。25起事故中，盂县达12起、死亡221人，事故起数和死亡人数分别占总数的48%和50.69%。1992年“11·5”盂县土塔乡神益沟军地联营煤矿透水事故死亡51人，是中华人民共和国成立后境内死亡人数最多、社会影响最大的事故。

1949—2010年阳泉市死亡10人以上事故统计表

表-20-2　　单位：人、万元

事故单位或地址	发生时间	死亡人数	受伤人数	直接经济损失	事故类型
阳泉矿务局四矿丈八煤井十东顺槽	1952.1.8	14	42	4.8	瓦斯爆炸
阳泉市汉河沟煤矿	1956.10.24	18	0	35.7	透　水
阳泉矿务局二矿小南坑	1978.12.3	10	1	7	瓦斯爆炸
荫营煤矿九尺煤南二上山	1982.2.4	11	0	17	井下火灾
郊区河底镇青山煤矿	1984.7.8	22	14	16.56	瓦斯爆炸
郊区义井乡西峪村办煤矿二号井	1986.5.5	10	0	6	瓦斯爆炸
盂县苌池乡藏山风景区	1987.5.12	11	13	—	游人挤踏
盂县清城乡庄只村办煤矿	1987.6.24	13	8	11.09	瓦斯爆炸
市猫脑山配水厂	1989.6.20	39	6	135	蓄水池崩塌
郊区河底镇邓家峪煤矿	1989.11.19	13	1	11.52	瓦斯爆炸
盂县苌池乡南上社煤矿	1990.5.31	15	2	20	瓦斯爆炸
盂县阳石路116千米处梁家寨乡骆驼道村路段	1991.12.12	16	33	—	道路交通

续表-20-2

事故单位或地址	发生时间	死亡人数	受伤人数	直接经济损失	事故类型
某部队盂县涧沟军办矿	1992.6.27	10	9	13.56	瓦斯爆炸
盂县土塔乡神益沟军地联营煤矿	1992.11.5	51	0	145.7	透 水
盂县孙家庄乡新源煤矿	1996.10.7	11	0	31	瓦斯爆炸
盂县下曹乡郭村煤矿柳沟坑口	2000.1.12	13	4	130	瓦斯爆炸
盂县路家村镇青榆煤矿一坑	2001.11.14	11	1	75	瓦斯爆炸
大阳泉煤矿	2002.7.15	12	5	228	瓦斯爆炸
盂县西潘乡煤矿	2002.11.8	26	3	189.4	瓦斯爆炸
阳煤集团三矿裕公井四尺坑	2003.8.14	28	0	246	瓦斯爆炸
盂县南娄镇大贤煤矿三坑	2004.12.9	33	24	739.6	瓦斯爆炸
荫营煤矿矿区生活区	2007.10.22	13	2	583	隧道塌陷
阳泉市兴通烟花有限公司	2007.11.28	11	8	192	烟花爆竹
郊区境内国道207线917千米处	2009.10.30	14	40	537.75	道路交通
盂县辰通煤业有限公司	2010.5.18	11	3	378	瓦斯爆炸

说明：因资料缺失，其中2起事故直接经济损失无法统计

第四章 信 访

第一节 机 构

阳泉建市初期，未设专门处理接待人民群众来信来访的工作机构，具体事宜指定专人负责。1953年，阳泉市设立群众来信组，编制1人，隶属市委办公室。1959年10月成立信访接待室，编制增为3人，隶属市人委秘书处。1966年11月，信访接待室改称群众来信来访接待室。1967年1月市委、市人委被夺权后，信访工作一度中断。1968年9月市革委成立后，在办事组内设信访接待室。1972年12月成立市革委信访办公室，编制12人，隶属市委、市革委秘书处。1982年5月，市革委信访办公室改为市委、市革委信访办公室，编制10人，隶属市委秘书处。1984年4月又改名为市委、市政府信访处，编制11人，内设办公室、接待科，隶属市委办公厅。1985年5月，信访处改名为市委、市政府信访局，编制14人，内设机构未变，由市委办公厅代管。1986年8月增设查办科。1989年1月，市信访局改归市政府管理。1996年党政机构改革中，市信访局列为市政府办公室内设机构。2001年，根据《阳泉市市级党政机构改革方案》，设中共阳泉市委、阳泉市人民政府信访局，正县级建制，属市委办公厅管理。1996年5月，组建市长电话值班室。2001年机构改革中划归市信访局管理，与接待科合署办公。2004年建立阳泉市集中处理信访突出问题及群体性事件联席会议，下设办公室，办公室设在市信访局。2008年，市信访局行政编制14人，增设办信（信息）科。至2010年未变。

第二节　主要工作

阳泉建市初期至1966年，信访部门主要是通过群众来信来访听取社情反映、批评建议，以改进党和政府的工作，解决人民群众生活方面的问题，落实“一化三改”（在一个相当长的时间内，逐步实现国家的社会主义工业化，并逐步实现国家对农业、手工业和资本主义工商业的社会主义改造）、精简安置等各项政策，调动人民群众建设社会主义的积极性。1953年，为了使人民群众来信来访件件有着落、事事有结果，市群众来信组建立了登记、转办、催办和归档制度。1957年，阳泉市制定了《关于处理群众来信、接待群众来访工作的规定》，并建立了领导接待群众日制度，每月15日由市委书记、市长亲自接待上访群众。1959年，市委、市人委分管信访工作的领导采取分片、包点的办法，带领有关部门负责人深入重点地区和单位，向群众宣传党的路线、方针和政策，为群众解决生产自救、生活困难等实际问题，认真查处群众的检举揭发。1965年，为落实精简退职老职工生活困难补助政策，阳泉市成立了巩固精简安置成果办公室，从有关单位抽调干部深入基层，集中力量处理精简下放人员的住房和生活困难等问题，共处理群众来信来访1256件。

1966年“文化大革命”刚开始后的一段时间内，人民群众来信来访的主要内容是“四清”（清政治、清经济、清组织、清思想）运动中受处人员和被赶迁“黑五类”（地、富、反、坏、右）的申诉问题。1968年9月，因夺权被迫中断了的群众信访工作得到恢复。1972年，根据中央和省委指示精神，全市开始复查清理阶级队伍、“一打三反”、清查“5·16”和整建党运动中的申诉案件，以及“文化大革命”初期被赶迁问题。为了加强对落实政策工作的领导，市委于1974年成立落实政策领导组和办公室，并从有关单位抽调干部进行查证落实。经过复查，到1978年全部平反的有302人，敌我矛盾下降为人民内部矛盾的有699人，“戴帽”改为“不戴帽”的有60人，免于处分的有182人，其他处理的有522人。以上共计1765人，占原定案人数的32%。

1978年中共十一届三中全会后，根据中央转发最高人民法院《关于抓紧复查纠正冤、假、错案，认真落实党的政策的请示报告》和山西省委《关于批转省委落实政策工作会议纪要的通知》精神，市委调整、充实、加强了落实政策领导组，下设5个口（组织、统战、纪检口，公、检、法、民政口，劳动口，落办口，信访口），并从各单位抽调100多名干部进行冤、假、错案的复查和信访积案的清理工作。1979年，恢复领导接待群众上访制度，每周二由一名市委常委和市革委副主任接待上访群众。1980年，市委下发《关于处理群众上访申诉问题有关规定的通知》，各级党委和政府按照“分级负责，归口办理”的原则，坚持领导挂帅，亲自动手，上下结合，联合办案，定期研究，检查验收。从1978年12月至1982年1月，全市共复查落实冤、假、错案12099件，其中政治案880件（法院判处的194件、公安局处理的686件），审干案724件，清理阶级队伍、“一打三反”、清查“5·16”、整建党运动案6028件，“四清”案889件，“右派”改正案280件，反“右倾”案376件，“四类分子”（地主、富农、反革命和坏分子）摘帽案316件，起义、投诚人员案9件，“文化大革命”被赶迁案782件，“文化大革命”运动中非正常死亡案239件，历史遗留问题案1576件。同时，处理群众来信来访和信访积案14286件。

为了使信访工作适应形势发展的要求，1985年，市委、市政府办公厅批转市信访局《关于建立三级信访网的意见》和《市直机关归口处理群众来信来访的意见》。是年，根据省委《进一步做好原京津知青工作的几点意见》，为160名原京津知青家属子女解决了“农转非”户口，为59名原京津知青家属安排了工作，为56名原京津知青办理了返京津手续，为63名原京津知青解决了住房问题。1986年，市委、市政府授予市信访局转办、交办、催办、裁决和协调信访案件的权力。1989年，市委、市政府办公厅下发《关于进一步加强信访工作的通知》，全市各级党委、政府把信访工作列入重要议事日程，真正做到了访必接、信必阅、阅必批、批必查、查必果。1990年，市委、市政府办公厅批转市信访局《信访工作目标管理责任制》，各县区基本上做到了乡镇、街道办事处设有信访领导组，配有兼职信访员；村委会、居委会都有信访民调小组和民调员，初步形成上下畅通、左右协调的信访网络，从而使信访工作形成整体合力。1982年至1990年，信访部门把工作重点放在为改革开放和经济建设服务这个中心上，本着“积极主动、量力而行、宜粗不宜细、宜宽不宜严”的精神，实事求是地处理了群众来信来访10591件，查处上级要结果信访案件197件，解决集体上访160批1898人次，保持了全市越级上访和集体上访居全省最少、结案率最高的好势头。1986年至1990年，为落实中共中央办公厅《关于进一步贯彻落实〈中央落实政策小组扩大会议纪要〉的补充意见的通知》和中共山西省委《批转省委落实政策领导组〈关于在中共十三大召开前，基本完成落实政策任务的意见〉》精神，在平反纠正冤、假、错案的基础上，全市共复查2591件案件，为被错误处理的2808人解决了遗留问题。其中为582人重新作了历史结论；为110人清理了档案；为150人补发了“文化大革命”中因冤、假、错案扣发的工资39.84万元；给212人予以一次性补助10.91万元；为698人因错划右派或“文化大革命”前受其他错误处理造成工资明显偏低调升和补升了工资；为378户923人解决了“农转非”户口问题；为82人清退了“文化大革命”中被查抄的财物；为192户退还“文化大革命”中被没收、挤占的私房817间，赔偿191.27万元；

为13人落实了起义投诚政策；为38人落实了其他方面的政策。经过落实党的政策，平反冤、假、错案，解决历史遗留问题，从1984年至1990年，全市信访工作呈现出四个新特点：一是连续实现无积案市，信访总量下降，下降幅度为26.36%；二是要求解决现实问题的比例提高，由1984年占信访总量的36%上升到50%；三是人民群众批评建议、检举揭发方面的信访增多，前者由占信访总量的1.5%上升到6.92%，后者由占信访总量的4.86%上升到13.6%；四是信访形式发生变化，个人上访转向集体上访或联名信访。

20世纪90年代，各级党委和政府高度重视信访工作，各级领导都把信访工作放在重要位置，加强领导，做到亲自阅批重要来信、接待重要来访、包案处理重要信访问题。1996年5月，市委、市政府设立市长电话值班室和市委常委、副市长接待群众日（每月16日）制度。随后各县区也分别设立县委常委、副县长接待群众日。1997年，全市建立了信访工作目标管理责任制，即由市领导代表市信访工作领导组与各县区和市直有关部门签订责任书，年终考核兑现，把做好信访工作的责任落实到单位和个人，全市各级党政机关大都实行了"一把手"负总责、分管领导具体抓、一级抓一级、层层抓落实的信访工作领导责任制。至1999年，全市信访工作领导组有104个，专兼职信访工作人员有5127人，民调小组有1319个。1996年至1999年，市领导累计接待群众1231人，形成议定事项435件，解决413件；市长电话值班室接待群众来信来访13940件（人），转办群众反映事项1505件。

从2001年起，全市各级信访部门对群众来信来访努力做到细心阅批、耐心听讲、用心登记、全心办理，大抓预案排查，控制和减少越级访、集体访的发生，促进了一批信访问题的解决。2003年9月9日，阳泉市派驻由市信访局、市公安局、市委政法委、市中级人民法院和市驻京联络处5家单位联合组成的驻京信访工作应急小组。平定县、盂县、郊区和阳煤集团也分别派驻了工作人员，并由县级领导带队进京参加信访应急处置工作，为确保首都北京重要节日、重大活动期间的平安稳定作出了贡献。同年9月16日，建立研究处理群众进京赴省到市上访问题联席会议制度，成员单位有28个。2004年9月，市委办公厅、市政府办公厅下发《关于进一步落实信访工作责任制的意见》；11月16日，又下发《关于构建全市大信访工作格局的实施意见》《关于非正常信访的处理办法》《关于印发群众逐级上访和分级受理等程序的通知》3个文件，规范工作秩序，畅通信访渠道。2005年1月10日，国务院新修订的《中华人民共和国信访条例》颁布后，全市各级信访部门采取多种方式加大宣传力度，制定出台《阳泉市信访事项办理暂行规定》《阳泉市信访事项终结暂行办法》等，组织开展了全市大接访工作，努力化解人民内部矛盾，取得明显成效，全市信访工作走上法治化、制度化和规范化轨道。

2006年，《阳泉市信访工作责任制暂行办法》《阳泉市信访工作责任制考核办法》《集中整治赴省进京非正常上访的工作方案》等文件出台；市信访工作领导组下发《关于在全市开展集中清理解决信访积案工作的实施意见》和《关于建立信访问题排查调处长效机制的意见》等；建立完善了逐级上访接待工作程序、信访工作文明接待制度等，并将这些制度以图版的形式上墙，接受群众监督。2007年，市委、市政府进一步强化九项工作制度，包括领导责任制度、领导接待制度、公开通报制度、领导包案交账制度、接返制度、听证制度、限时办结制度、领导责任追究制度、考核奖惩制度等。这些制度的建立，强化了乡镇、县区、市三级领导接待群众制度，规定每月10日为乡镇领导接待日，每月15日为县区领导接待日，每月16日为市级领导接待日。2008年，阳泉市突出信访工作重点，狠抓重信重访专项治理，着力突破一批重点信访案件。省联席会议办公室交办阳泉市的26件重信重访案件全部由各级领导包处并全部办结，办结率100%，息诉率91%。2009年，市委确定每月26日为市委常委接待日，进一步畅通了信访渠道。同时，市委、市政府为强化督查工作，成立了由市委常委、副市长亲自挂帅，由48名县处级主要领导组成的9个信访稳定督导检查工作组，组成56个工作组，计347名干部对各项信访稳定工作展开督查，促进各项措施落到实处。2010年，市联席办出台《进一步规范重要活动期间信访稳控接返办法》。年内，有2个县因信访工作不力受到市委、市政府通报批评，有2名乡镇党委书记被调整，1名乡镇领导和2名村干部受到党内警告处分。全市5个县区的信访服务中心共投资300多万元进行新建或改扩建，建筑面积2100多平方米，全部建成并投入运行。各县区信访服务中心依照“一站式接待、一条龙办理、一揽子解决”的要求，基本形成“四厅六室”（来访群众候访厅、综合接访厅、部门联合接访厅、复查复核接访厅；县级领导接访室、局领导接访室、矛盾纠纷调处室、信访事项听证室、网上信访受理室、视频接访会议室）的工作平台，实现了职能部门、业务骨干、十项职能（来信办理、来访接待、电话受理、网上投诉、调解仲裁、复查复核、督查督办、法律服务、责任追求、依法处置）进中心，为有效化解矛盾、维护群众的合法权益和社会稳定发挥了积极作用。

第五章 档 案

第一节 机 构

阳泉建市前，境内虽无专门管理档案的机构，但官方设有保存资料和书籍的固定场所。如平定县在金元时期曾设有“二贤堂”，明清时期设有“集贤堂”“涌云楼”等。

1952年，阳泉市设立档案专门管理机构——市委档案室。1958年1月改为市档案管理科，隶属市委秘书处。1963年12月，市档案管理科改为市档案管理处，同时成立市档案馆，与市档案管理处合署办公。“文化大革命”期间，市档案管理处改称市革命委员会档案科，市档案馆改称市革命委员会档案馆。

1981年4月，市革命委员会档案科改设为市档案局，市革命委员会档案馆改设为市档案馆，机构升格为正县级。1983年12月，市档案局和市档案馆仍实行局、馆合一，划归市政府序列，为市政府直属机构。

1997年机构改革时，规定市档案馆（挂市档案局牌子）为市政府直属事业单位，正县级建制，内设办公室、档案管理科、档案编纂研究科、档案业务指导科4个科室。2005年，市档案馆（挂市档案局牌子）机构名称调整为市档案局（挂市档案馆牌子），为市政府直属事业单位，机构规格为正县级，编制25名，内设办公室、档案管理科、档案编纂研究科、档案业务指导科、档案法治科。至2010年，全市共设有市、县（区）各级档案行政管理机构6个、各级国家档案馆6个、专业档案馆1个、企业档案馆2个，全市的机关、厂矿、企事业单位、农村乡镇和村也分别设立档案室，全市档案管理网络逐步形成。

第二节　档案管理

一、基础设施设备

市委档案室成立初期，只有一间普通办公用房配以木柜保存档案。随着档案机构的设立和档案数量的逐步增加，市委、市政府配备了功能明确的档案专用库房和办公用房。1963 年市档案馆成立时，馆库及办公面积达 100 平方米，木制档案柜 60 多套。20 世纪 70 年代，市档案馆添置铁质档案柜 170 套，配备了自行车。80 年代，馆库面积扩至 400 平方米，购置了复印件、录音机等办公设备，配备了公务用车。90 年代，市档案馆购置了第一台 286 计算机，并配备了空调。1995 年，建筑面积为 3940 平方米的集档案保管与办公为一体的市档案馆大楼在阳泉经济技术开发区开工建设，1998 年投入使用。为保证市档案馆设施设备完善，市政府陆续拨付专款，购置了一大批设施设备，用于档案的现代化管理和保护。至 2010 年，市档案馆共有密集柜 104 列 416 组、目录柜 10 套、卡片柜 2 套、防磁柜 10 套、复印机 2 台、打印机 7 台、扫描仪 6 台、光盘刻录机 2 台、传真机 2 台、摄像机 2 部、数码相机 8 部、除湿机 4 台、加湿器 2 台、空调 7 台、计算机 36 台、服务器 1 台，在大楼内安装了消防自动报警装置和监控设备，布设了内部局域网，连接政府宽带网。这些基础设施设备的配备，促进了档案管理现代化和数字档案馆的建设。

二、档案资源建设

建市初期，有关单位除保存着一部分革命历史档案外，还接收了一部分历史档案和旧政权档案。市委档案室成立后，将市委、市政府系统形成的档案进行集中管理。1959 年，市档案管理科组织开展“全市档案整理突击月”活动，70 多个单位共收集、整理积存档案 22836 卷。阳泉市印发《关于文书处理和立卷归档暂行办法》《阳泉市市级机关档案材料保管期限表》等文件，档案收集、整理和鉴定工作逐步规范化。1961 年，全市共收集、整理历年积存零散档案 6572 卷，市档案管理科接收各部门档案 2316 卷。同时，组织专业队伍开展以技术档案为主的收集、整理工作，共收集、整理技术档案 5626 套、12792 件，技术资料 2124 套、28539 件。1969 年，市革命委员会设立清档办公室，对日伪档案进行收集，整理后重新立卷归档 222 卷。

中共十一届三中全会后，档案事业得到新的发展。全市各级档案馆以丰富馆藏为重点，对各单位历年积存的档案、资料进行了清理和接收进馆工作。1984 年至 1985 年，市、县（区）6 个国家档案馆共接收、征集进馆档案、资料 25686 卷（册）。市档案馆、平定县档案馆和盂县档案馆被省档案局授予“馆藏档案达万卷先进单位”称号。

1988年1月1日《中华人民共和国档案法》的颁布实施，促进了档案事业的快速发展。全市各级档案馆下大力狠抓基础业务建设，档案馆馆藏数量迅速增长，1990年，档案总量达到93422卷（册），并且由单纯的文书档案发展为多门类、多载体的档案。其中，中华人民共和国成立前的革命历史档案1152卷、旧政权档案224卷；中华人民共和国成立后的文书档案72576卷、科技档案1178卷、各种专业档案18292卷。另有声像档案707盒、照片档案13603张、资料45302册。1990年，市、县（区）6个国家档案馆全年接收文书档案6788卷、声像档案181盒、照片档案2087张、资料1506册。同时，按照规范化、标准化要求，对各馆内原有的13812卷档案进行鉴定、整理，先后编制全引目录、案卷目录、文号索引、人名索引、开放目录、资料目录等检索工具10余种，计397册458万字。

进入21世纪，全市档案事业得到进一步发展，档案管理水平逐步提高。2003年，市档案馆获"全国档案系统先进集体"称号。2006年，市档案馆创建为山西省一级馆，成为山西省地市档案馆目标管理新标准颁布实施后第一家通过省一级馆验收的市级档案馆。至2010年，全市各级国家档案馆馆藏总量达到580个全宗、档案案卷329933卷又84194件，照片档案25396张，各种资料73672册。市档案馆馆藏档案资料由2000年的5.6万卷（册）上升到11.6万卷（册），数量翻了一番。2010年，馆藏"山西商办全省保晋矿务有限总公司档案"入选第三批《中国档案文献遗产名录》。为满足社会各界利用档案需求、丰富馆藏，市档案馆从中国第一历史档案馆、中央档案馆、解放军档案馆等处征集回清政府批准保晋公司成立的《咨呈》、百团大战和阳泉解放的革命历史照片48张、革命历史档案161件，填补了馆藏空白。

在加强档案业务基础建设的同时，市档案馆数字化建设也开始起步。2006年，数字档案馆建设项目列入全市"十一五"规划并制定了《阳泉市数字档案馆建设方案》，购置了档案管理软件和服务器，设立了专门的计算机室，全面开展档案数据库建设。分别建立革命历史档案数据库，著录20705条；民国档案数据库，著录24033条；现行文件数据库，录入数据697885条。

三、档案法治建设

1988年1月1日《中华人民共和国档案法》颁布实施，2000年《山西省档案管理条例》施行，全市档案事业进入依法管理的新阶段。全市各级档案行政管理部门积极加强执法队伍建设，开展法律法规宣传，强化执法职能，进行执法检查。市档案局认真落实档案行政执法责任制，制定了实施方案，进行了执法责任分解和各项执法治度的建立和完善。1988年印发《关于认真贯彻实施〈档案法〉有关问题的通知》；2001年印发《关于开展〈山西省档案管理条例〉

执法检查的通知》。市档案局与市人大常委会法工委、市政府法治局连续多年联合组织全市性执法检查，推动了全市依法治档的进程。全市各级档案馆、机关、团体、企事业单位积极开展档案馆（室）达标活动和企业档案管理定（升）级活动。至2005年，全市有375家机关、团体、企事业单位档案管理达到省三级以上标准，其中达省一级标准61家，达省二级标准156家，达省三级标准158家；有145家企业档案管理达省级以上水平；有33家科技事业单位和47个乡镇机关达标，839个村建档；全市6个国家档案馆全部达省三级以上标准。郊区档案馆被省档案局验收命名为“县级示范档案馆”，市国家税务局档案室被省档案局命名为“省级示范档案室”，盂县乌玉村档案室成为全市第一个“省级先进标准村级档案室”。

全市各级国家档案馆积极贯彻落实档案法律法规要求，开展档案鉴定，编制开放档案目录，加快档案向社会开放步伐。1989年，市档案局印发《关于开放档案的通知》，对形成满30年的21个全宗、3436卷、94496件档案经鉴定后，向社会开放。至2010年，市档案馆馆藏形成满30年的97个全宗27841卷档案，全部进行了开放鉴定，其中可以向社会开放利用18274卷，控制利用9567卷。

四、档案开发利用

20世纪80年代后，各级档案部门积极开展了档案编纂研究工作。市档案馆先后编纂了《阳泉市市级组织机构沿革》《阳泉市党代表大会（会议）情况简介》《中共阳泉市委、市政府历任主要领导照片、简历集》《保晋档案》《阳泉解放》等；与市政协文史委合编了《保晋公司史料及研究》；与市委党史研究室合编了《当代阳泉重要文献选编》《中国共产党阳泉历史》《百团大战 光耀千秋》；与市地方志办公室合编了《阳泉解放四十年大事记》。此外，还举办了多场档案图片展览。2005年，市档案馆被市委、市政府命名为“市级爱国主义教育基地”，被市直机关工委命名为“党员教育基地”。

全市档案部门围绕各个时期的中心工作，积极做好档案利用工作。据统计，1958年至1967年，全市各级国家档案馆平均每年向社会提供利用档案306卷次。1979年后，社会各界对档案的利用逐年增多，至1990年，全市各级国家档案馆共接待档案利用人员5.58万人次，提供利用档案、资料27.18万卷（册），平均每年接待4648人次、提供利用档案2.27万卷（册）。2001年至2010年，全市各级国家档案馆共接待档案利用人员1.14万人次，提供利用档案4.10万卷（册），为全市经济建设、编史修志、学术研究等提供了大量的档案史料，为社会各界人士提供了服务。

第六章 方志

第一节 机 构

古代境内州县修志，均由其行政首长主持完成，并无常设机构。中华人民共和国成立初期，盂县、平定县曾设立临时机构进行县志编纂和旧志整理。中共十一届三中全会之后，境内市、县（区）两级陆续设置专门的修志机构。1981 年 10 月，阳泉市地方志编纂委员会办公室成立，与同年同月成立的中共阳泉市委党史资料征集领导小组办公室合署办公，系市委、市政府直属事业单位，无内设科室。1984 年 7 月，方志与党史机构分设。1985 年 4 月，市地方志编纂委员会办公室内设秘书科、资料征集科、总编室 3 个科室，编制 12 人。2008 年 12 月，市地方志编纂委员会办公室列入市政府参照公务员法管理的直属事业单位。至 2010 年，全市共有专职方志工作者 60 人，所辖区县方志机构除矿区单设外，城区、郊区、平定县和盂县均与党史机构合署办公。

第二节 主要工作

境内修志历史源远流长，但常设专门机构修志则是从中华人民共和国成立以后开始的。20 世纪 80 年代，随着市、县（区）两级地方志工作机构的陆续建立，境内新方志编纂工作全面展开。至 2010 年，全市编纂出版各类志书、年鉴及其他地情资料书 50 多部 5000 万余字。

一、方志编纂

境内修志起源不详，成书较早的元代《平定州志》已佚失。现存元代中书左丞吕思诚编纂的地记类方志《土风记》，全书564字，依次记述了平定地域的行政沿革、建置治所、山脉分布、水系河流、祠庙建筑、疆域四邻、民情风俗等舆地类内容。明、清两代曾多次编修《平定州志》《盂县志》。20世纪八九十年代，境内市、县（区）两级政府分别组织编纂出版了市、县（区）志，同时有大量行业志或部门志及乡镇村志等志书问世。

从20世纪80年代初到90年代末，按照全国编纂出版省（自治区、直辖市）、市（地区）、县（区）三级新方志的规划要求，阳泉市编纂出版1部市志、3部区志、2部县志，并成为山西省第一个完成首轮修志任务的地市，规划完成的6部志书全部获奖。其中，《阳泉市志》1998年12月由当代中国出版社出版，分上、下两册，共240万字，1999年8月在阳泉市社会科学成果评奖中获特等奖，2000年8月被省政府授予山西省地方志优秀成果一等奖（全国评奖之后出版）；《阳泉市城区志》1997年10月由山西古籍出版社出版，85万字，1997年获山西省地方志优秀成果三等奖，2000年获阳泉市社会科学优秀成果二等奖；《阳泉市矿区志》于1999年7月由中华书局出版，89万字，2000年获山西省地方志优秀成果优秀奖；《阳泉市郊区志》1999年4月由中华书局出版，140万字，2000年获山西省地方志优秀成果二等奖，2005年获阳泉市社会科学研究优秀成果——社会科学著作类一等奖；《平定县志》1992年12月由社会科学文献出版社出版，125万字，1993年获全国地方志优秀成果一等奖、山西省地方志优秀成果特等奖；《盂县志》1995年12月由方志出版社出版，142万字，1997年获全国地方志优秀成果二等奖、山西省地方志优秀成果特等奖，1998年获阳泉市社会科学优秀成果一等奖。

首轮修志任务完成后，阳泉市按照《山西省新一轮修志工作规划（2001～2015）》和2003年9月全省地方志工作会议精神要求，于2006年6月16日组织召开二轮修志工作会议，对全市二轮修志工作做了具体安排，阳泉市第二轮修志工作全面启动。为确保二轮修志任务顺利完成，市委办公厅、市政府办公厅联合下发《阳泉市二轮修志工作实施方案》，市政府与县区政府、市直各有关单位签订了二轮修志工作责任书。市地方志办公室对全市专兼职修志人员进行了多次集中培训，编印了《修志手册》下发至各单位撰稿人，并不定期到市直有关单位和县区方志部门督查工作、指导业务。至2010年此项工作仍在进行中。

自20世纪80年代初至2010年，阳泉市在完成首轮修志任务和推进二轮修志工作的同时，市、县（区）方志部门及社会各界还整理刊印了部分旧志和编纂出版了其他类型的志书。旧志类有清乾隆版《平定州志》影印本，清光绪版《平定州志》影印本，清光绪版《平定州志》点校本，清乾隆版《盂县志》影印本；其他新志有《阳泉市人民代表大会志》《阳泉市政协志》《阳泉风景名胜志》《阳泉市公路志》《阳泉市林业志》《阳泉市税务志》《阳泉市商业局志》《阳泉供电志》《南坳镇志》《义东沟村志》《阳泉烟草志》等。在此期间，境内不少家族还自发组织编纂了族谱。

二、年鉴编纂

1989年，阳泉市地方志编纂委员会办公室创办《阳泉年鉴》。除2000年版《阳泉年鉴（1993—2000）》为8年合编本外，均系单本。截至2010年，共编纂出版《阳泉年鉴》15部，计1700余万字。其中，2003年版《阳泉年鉴》获首届中国地方志年鉴奖综合奖二等奖，2005年版《阳泉年鉴》获第三届全国年鉴编校质量检查评比特等奖。首轮修志任务完成之后，平定县、盂县、城区、郊区方志部门也先后编纂出版了多部合编本的《平定年鉴》《盂县年鉴》《阳泉市城区年鉴》《阳泉市郊区年鉴》。

另外，有关部门和单位还编纂了《阳泉市统计年鉴》《阳泉市交通年鉴》《阳泉供电公司年鉴》等专业年鉴。

志鉴成果

三、方志期刊

1983年，阳泉市地方志编纂委员会办公室与中共阳泉市委党史资料征集领导小组办公室联合创办《阳泉史志通讯》，系不定期内部刊物，共编印18期，1985年初停办。同年5月，市地方志编纂委员会办公室创办《阳泉市方志通讯》，至1988年共编印12期。

1989年，《阳泉市方志通讯》更名为《阳泉今古》，至1994年共编印11期。1995年停办。

四、服务社会

随着方志机构的建立和完善，阳泉市方志事业得到快速发展，地方志存史、资政、教化的功能和作用也日益显现。

重新点校或影印出版的清代纂修的《平定州志》《盂县志》，与中华人民共和国首轮修志编纂出版的《阳泉市志》《平定县志》《盂县志》《阳泉市城区志》《阳泉市矿区志》《阳泉市郊区志》成为社会和个人有关地方历史文化方面的首选藏书，对于传承中华文明和弘扬地方文化具有重要意义。

截至2010年，在编纂《阳泉市志》《阳泉年鉴》的同时，市地方志办公室先后组织编纂了《阳泉概况》《阳泉抗日战争大事记》《阳泉解放40年大事记》《阳泉风景名胜志》等系列书籍，组织开展方志理论研讨、方志人才培训及各类读志用志活动，参与编纂《中国当代城市·阳泉》《阳泉》（画册）《阳泉革命历史文献图片集》《阳泉市乡土教材·历史》《阳泉市乡土教材·地理》《阳泉百科全书》《太行明珠—阳泉》《百团大战 光耀千秋》等地情书，参与阳泉革命历史纪念馆和百团大战纪念馆的筹建布展工作，参与阳泉建市40周年、50周年、60周年以及庆祝百团大战胜利70周年等纪念活动的筹备工作，参与组织“古州‘三贤’研讨会”、以热爱家乡为主题的知识竞赛、以爱国励志为宗旨的青少年“中华魂”读书活动、以了解市情为题材的军队转业干部培训等众多工作。县区方志部门也按照各自职责完成了多方面的工作任务。市、县（区）方志部门以及专兼职方志工作者为全市的经济建设和社会进步发挥了独特的作用与影响，并得到社会的认可和赞誉。

2000年，山西省政府授予阳泉市政府山西省新编地方志工作组织奖，授予阳泉市地方志办公室方志工作先进集体一等奖；2005年，山西省劳动竞赛委员会为阳泉市地方志办公室荣记集体一等功。陈霈、孟宏儒、任佟苏等数十名修志工作者先后获得省劳动竞赛委员会记功表扬和全省全国地方志系统先进表彰。

第七章 外事

第一节 机构

1950年1月10日，中苏友好协会阳泉工矿区支会成立，负责对苏联专家的接待与日常管理工作，这是全市最早负责外事工作的专职机构。1956年更名外事办公室，由市人委秘书长分管。1959年10月，阳泉宾馆成立，归市人委秘书处领导，担负全市的外事接待任务。“文化大革命”前期，外事办公室停止工作。1972年12月，市革委秘书处内设外事办公室。1973年8月改为市革委外事办公室。1980年8月12日，市侨务办公室成立，与外事办公室合署办公，对外各为独立机构。1982年7月，市革委会改称市政府，外事办改称市政府外事办公室，归市政府办公厅领导。1988年11月，市政府旅游办公室成立，与外事办、侨务办为三块牌子、一套人马，编制8人，对外各为独立机构。1990年6月，市外事办公室被确定为市政府机构序列。2001年6月市级党政机构改革中，设置阳泉市外事旅游局（阳泉市人民政府侨务办公室），正县级建制，市政府直属机构，内设办公室、外事侨务管理科、旅游管理科3个科室，行政编制10名。2008年7月，单独设立阳泉市人民政府外事办公室，同时挂阳泉市人民政府侨务办公室牌子，正县级建制，是市政府直属机构，行政编制6名。2010年2月，根据《阳泉市人民政府机构改革方案》，设立阳泉市旅游局（阳泉市人民政府外事侨务办公室），正县级建制，内设综合科、旅游管理科、外事侨务科、纪检组（监察室）4个科室，行政编制11名。

第二节 外事往来

20 世纪 50 年代，外事工作主要是围绕中苏友好而开展的。1950 年至 1958 年，苏联专家和外宾多次到阳泉矿务局帮助改进煤矿管理与煤炭开采工艺，先后参观了境内的硫铁矿、铁业生产合作社和供销合作社等。阳泉矿务局专门为苏联专家修建了住房。

20 世纪 60 年代至 70 年代，外事工作十分活跃。1962 年至 1966 年，有桑给巴尔、阿尔巴尼亚、坦桑尼亚、英国等国家的外国友人先后到境内的杨家庄农具厂、粉末冶金厂、金属铸造厂、阳泉矿务局、阳泉钢铁厂和晋东化工厂等单位参观、考察、采访。其中阳泉矿务局、阳泉钢铁厂和晋东化工厂接待外宾居多，尤其晋东化工厂曾多次接待过阿尔巴尼亚、越南、柬埔寨实习生，仅越南实习生就有 50 多名。在这几年间，阳泉市还先后接待了阿尔巴尼亚篮球队、刚果军事实习团、老挝王家艺术团、日本参观团和朝鲜工业考察团等外国官方团组。1964 年至 1978 年，路经阳泉市赴昔阳县大寨参观访问的外宾络绎不绝。尤其是 70 年代中期，仅外国元首和政府首脑路经阳泉市赴大寨访问的就有 10 多次。

中共十一届三中全会以后，阳泉市外事交往活动呈现出多层次、多渠道、多形式的局面。仅 1984 年至 1990 年到阳泉市参观访问、洽谈贸易、技术服务、旅游观光、探亲访友的外国人士就达 409 批 1319 人次。这些外宾分别来自英国、美国、日本、加拿大、奥地利、新西兰等 30 多个国家和地区。1985 年 6 月 19 日，日本友好访华团一行 10 人，由太原到盂县上社镇参观。7 月，瑞典专家多人携带家眷到晋东化工厂履行黑火药生产线合同并在现场工作，食宿在该厂专家招待所，历时 3 年。1987 年 1 月 5 日至 6 日，美国友好人士韩丁先生到阳泉市进行友好访问。1988 年 2 月，经市政府批准，市外事办邀请在省教育学院任教的英国切斯特菲尔德市艾莉森小姐到平定县冶西镇冶西村过春节。作为友好人士，艾莉森小姐先后 3 次到阳泉市参观访问，并为青少年英语爱好者讲课。1990 年 3 月，应财政部邀请，世界银行公路项目筛选团一行 4 人，由国家有关部门领导陪同，对山西省太原市至河北省石家庄市高速公路阳泉至旧关段进行了实地考察。20 世纪 80 年代后，阳泉市到国外进行经贸洽谈、科技考察、参观访问、进修培训的团组和人员逐年增加。据不完全统计，1984 年至 1990 年有 64 批 150 人次。

1991 年，市外事部门积极开辟途径，为市内企业与国外企业的交流合作牵线搭桥，促成英国切斯特菲尔德市威远公司与市釉面砖厂的合作；接待了日本海外农业开发咨询协会考察团，为争取日本政府提供资金在阳泉市开发千亩日光温室蔬菜栽培中心做了大量的工作。全年接待来自世界五大洲的外国友人和客商 40 批 120 人次，办理因公出国（境）团组 12 批 45 人次。

英国客人在娘子关

1992年至2000年，随着改革开放的不断深入，阳泉市的对外交往日益频繁，8年共接待来自美国、英国、加拿大、法国、德国等23个国家的外宾455批次1701人。这一阶段的外事工作表现为四个特点：一是利用对外交往广的优势，积极为厂矿企业开展国际合作铺路搭桥；二是主动参与重要的对外经济活动；三是热情帮助基层单位搞好外事接待，广交朋友；四是对经济部门和厂矿企业开展对外经济合作、对外联络、出国考察等提供便捷服务。此外，为强化外事工作制度建设，先后制定和完善了《外事接待工作程序》《市领导出席外事活动规定》等规章制度，建立了因公出国（境）人员资料档案和来访外国人员资料档案，全市外事工作走上程序化、规范化、制度化和科学化的轨道。8年中，共办理因公出国（境）418批1033人次。

2001年6月阳泉市外事旅游局组建后，坚持“外事旅游并举、同时又各有侧重”的原则，在旅游工作上台阶的同时，外事工作也取得新的进展和成绩。2001年至2010年间，市外事旅游局进一步完善和落实境内公务出国（境）管理和外事接待方面的各项规章制度，在办理审批、审报公务出国（境）的过程中，将严把审报、审查、审批与热情、高效、快捷履行程序结合起来，使之向程序化、规范化方向发展。一是完善出国（境）审批制度，把好质量关。既抓归口管理，又提供良好服务。在出国（境）审批方面，下发了《关于严格规范公务出国（境）的通知》，凡不符合政策规定、没有实质性出访任务的，坚决不予受理；对不是以招商引资、洽谈项目、扩大对外开放为目的的团组坚决不予审批，杜绝了利用公务出国（境）进行旅游活动的违纪行为的发生。二是强化外事培训教育，维护国家尊严。严格按规定对所有出国（境）人员加强培训教育工作，使他们在较短时间内掌握必要的外事知识、外交礼节和旅行常识，在出访期间严格遵守外事纪律，维护国格人格。三是建立外事专办员制度，为出国（境）人员提供方便、快捷的服务。10年间，共办理公务出国（境）人员244批547人次，出访涉及德国、法国、美国等22个国家及地区。接待外宾近千人次，涉及20多个国家与地区。

2001年，参与接待了与市政府协商筹办黄河学院的新加坡客商胡华先生，以及外交部组织的驻华使馆新闻官员一行13人。2002年，先后接待了日本埼玉县古文化代表团一行16人、到阳泉市收养孤儿的美国友人及中美英语志愿者夏令营营员。2005年，参与了中美女大学生足球对抗赛、“中国平遥国际摄影大赛”摄影家及中外记者阳泉采风团、中欧信息化社会项目专家组及全市招商引资等重要外事活动的接待工作，并提供了翻译服务。2006年参与接待中欧信息化社会项目组专家，承担启动仪式和高层论坛等活动的口译工作。2010年4月，市科技局组织清华大学与英国皇家艺术学院学生约60人到阳泉市进行社会实践活动，市外办参与了接待工作。9月，市外办参与组织了中德转型发展论坛，来自中德双方的专家学者、企业界人士就如何推动资源型城市转型发展作了精彩演讲。

第三节　友好城市

一、英国切斯特菲尔德市

1984年秋，英国切斯特菲尔德市（Chesterfield，简称“切市”）前任市长威亚特先生借该市伯特利公司煤矿机械设备工程公司常务董事彭尼先生到阳泉矿务局考察之机，转达了愿同阳泉市结为友好城市的愿望。1986年，切市新任市长威廉姆·史密斯先生在就职庆典上，再次向中国驻英大使胡定一表达了这一愿望，得到阳泉市领导的赞同。同年10月，切市市长威廉姆·史密斯等一行4人到阳泉市进行友好访问，两市市长签署了《关于发展友好合作的意向书》。1986年12月1日，经国务院批准，阳泉市成为对外开放城市，与外国城市建立友好关系的条件基本成熟。1987年9月，市长光敏率市政府代表团一行5人赴切市进行访问，与切市正式结为友好城市，两市领导商定了《近期内的合作和交流计划》。按照该计划，1988年和1991年，切市先后两次在市中心图书馆举办介绍阳泉市情况的图片展览，并给阳泉市寄送了切市的展览材料，双方交换介绍各自城市的录像带。1989年4月，副市长李奕明率阳泉项目考察团赴切市进行考察、洽谈，并签订了友城协议的《补充协议书》。1989年至1990年，阳泉市分别派出3人到英国切市进行环境保护方面的业务培训和英语进修。

1991年4月，英国牛津郡西伯福特中学校长约翰·邓斯顿先生到阳泉参观访问，探讨开展中英少年儿童合唱团友好交流问题。1993年9月，切市经济发展委员会主席韦恩议员率市政府及经贸代表团访问阳泉市，并应邀参加了山西省“两会一节”开幕式。1997年5月，切市市长沃得普斯率市政府代表团访问阳泉市，参加了阳泉市解放暨建市50周年庆祝大会和招商月活动，并举办了切市工业及民间工艺品展览。1997 年 8 月，切市民间歌舞团一行 24 人到阳泉市访问演出。

阳泉市积极稳妥地开展与切市的友城工作，通过接待来自英国达比郡和切市的友好人士，收到扩大交往和“以民促官”的效果。1991 年至 2000 年，两市代表团互访频繁，友好交往不断深入发展。1991 年 8 月，中国驻英国曼彻斯特总领事馆谭兴举总领事及夫人，到阳泉市就友城工作的巩固和发展与市领导进行了座谈。薄应贤、魏德卿、谢海等市领导先后率代表团赴切市进行了友好访问。2005 年，按照双方签订的《2001—2005 年友城合作交流协议书》，双方继续保持和加强友城关系，落实合作意向，形成中英文正式文本，两市政府网站实现互联。2010 年 7 月 23 日，阳泉市与切市联合举办了“中英双向开放引进”远程视频会议，并通过互联网签订了双方商会友好合作协议。经过 20 多年的发展，阳泉市与切市的友城工作进一步稳固，经济、教育、文化、医疗卫生等方面的合作与交流日益频繁，两城得到共同发展、共同进步。

二、美国华伦市

美国华伦市又译为芒特佛农市。1995 年初，经美籍华人成可风女士牵线，阳泉市与美国纽约州的华伦市（Mount Vernon）建立了联系。同年 6 月，副市长魏德卿率领市政府代表团及乡镇企业招商引资团一行 16 人访问华伦市，双方签署了关于建立友好城市的意向书。8 月 25 日，外交部和全国对外友协批准阳泉市与华伦市结为友好城市。随后，华伦市市长柏克伍德率团访问阳泉市。1996 年 11 月，副市长邢燕芬率市政府代表团及经贸代表团一行 11 人访问了华伦市。1997 年 9 月，华伦市市长戴维斯率经贸代表团访问了阳泉市，签署了《关于中美姐妹城大厦建设及进一步加强两市经贸、科技、文化交流与合作关系协议书》。由于种种原因，与美国华伦市的友城关系于 1999 年后中断。2002 年后半年，阳泉市向全国对外友协友城管理处汇报了与美国华伦市友城关系的情况。经多方努力，不久接到对方的回复。2005 年，双方进行了商谈，友城关系恢复。

第八章 侨务

第一节 机构

阳泉市的侨务工作自1949年12月起由市政府民政科管理。1956年秋召开第一次归侨座谈会时，成立了侨联小组。1980年7月，侨务工作移交给市委统战部代管。同年8月12日，市政府侨务办公室成立，与市外事办公室合署办公，对外各为独立机构，由阳泉宾馆兼管。1983年4月，在市政府召开的侨务工作会议上，明确基层侨务工作由各县区政府办公室和有归侨、侨眷的厂、矿、局的宣传部门管理。1988年11月，市政府旅游办公室成立后，与外事办、侨务办合署办公，编制8人。2001年6月根据机构改革方案，设置市外事旅游局（市人民政府侨务办公室），正县级建制，内设办公室、外事侨务管理科、旅游管理科3个科室，行政编制10名。2008年7月，市人民政府外事办公室单独设立，同时挂市人民政府侨务办公室牌子，正县级建制，行政编制6名。2010年2月机构改革中，设立市旅游局（市人民政府外事侨务办公室），正县级建制，内设综合科、旅游管理科、外事侨务科、纪检组（监察室）4个科室，行政编制11名。

第二节 侨情

从20世纪50年代起，有部分归侨、侨眷陆续到阳泉市定居。1954年8月至1955年3月，定居的有从中央军委和军事院校转业的归侨青年，还有从侨校和大专院校毕业后支援煤矿建设的学生以及从外省招工来的汽车司机。1957年至1966年，定居的有在反右派斗争中被打成“右派”下放的，他们为了不使子女和亲朋好友遭受牵连，长期隐瞒归侨、侨眷身份。1978年中共十一届三中全会后，党的侨务政策逐步得到落实，阳泉市先后于1983年4月、1985年8月、1986年6月、1987年2月、1990年7月开展了5次全市性的侨情调查，共调查统计出在阳泉市定居的归侨、侨眷等共有176户、655人，分别来自17个国家和地区。在这些人员中，干部231人、工人252人、学生96人、其他人员76人。1998年4月至6月，在全市范围内又进行了一次侨情调查。同年，市侨办依法首批确认宫勤等142人为归国华侨身份。1999年6月，市侨办依法对全市的侨眷进行身份认定，首批确认秦晓东等387人为侨眷身份。阳泉市的归侨、侨眷大多数祖籍广东、福建、河北阳原和山西雁北、忻州等地，绝大部分居住在城区和矿区，少部分居住在郊区、平定县和盂县。

第三节 主要工作

一、安置与接待

1983年，一批侨居蒙古的华人回到中国，根据国务院对安置蒙古归侨的要求，市政府成立接待安置蒙古归侨领导组，召开了由20个接待单位和部门负责人参加的接待安置蒙古归侨工作会议。从当年4月到翌年冬，各单位克服困难，接待安置蒙古归侨24户、110人。其中有16户住上三居室的楼房、8户住上平房，平均每户居住面积45平方米。此外，还为30名学生办理了入学手续，会同有关部门解决自行车24辆、缝纫机4台、布票287米、木材8立方米，帮助兑换了950美元的人民币，救济困难归侨1.5万元。1983年至1990年间，市侨办会同有关部门，为蒙古、日本、朝鲜、泰国、缅甸、马来西亚、新加坡等国42户归侨、侨眷解决了住房问题，计1250平方米；帮助25名归侨、侨眷子女优先就业。

此外，1983年至1990年间，市侨办共接待到阳泉市探亲访友、观光旅游、洽谈经贸的海外华侨、外籍华人等共73批150人次。接待中，都给予他们相应规格的礼遇。对在政治上有影响、经济上有实力、技术上有专长的，由市政府分管副市长及有关部门领导会见宴请，组织他们游览名胜古迹，参观工厂、学校、医院、托儿所，并赠送适当的礼品和纪念品。1992年至1999年间，先后接待美国、日本、泰国、英国等国家的华人、华侨46批97人。2004年6月20日至21日，市侨办接待了欧洲华侨华人社团联合协会名誉会长、丹麦中联投资有限公司董事长曹燕玲女士一行3人到阳泉市进行商务考察；接待了新加坡豪迈集团总裁林升福一行到阳泉市进行经济技术合作考察，协助其与有关部门达成合作意向。2008年4月，美国怀俄明州州长戴维·弗洛伊登索尔一行6人到阳泉市访问，市侨办协助接待，美方人员与阳煤集团公司有关人员进行了技术探讨。

二、为侨服务

市政府侨务办公室成立后，积极开展各种为侨服务工作。1983年，市政府成立落实侨务政策领导组。同年3月召开全市落实侨务政策工作会议。会后，各有关单位领导亲自挂帅审查案情、听取汇报、协调解决问题，全市落实侨务政策工作取得较好成绩，受到省侨办的表扬。《中华人民共和国归侨侨眷权益保护法》于1990年9月颁布后，市侨办大力宣传、贯彻执行，维护广大归侨侨眷的合法权益。

一是平反纠正冤、假、错案。到1992年，在历次政治运动中被错划右派、错定特嫌、错判劳教、错开除公职、错精减下放、错查抄家产的37人75个问题，全部得到平反和纠正，基本达到领导、群众、个人“三满意”。二是清理档案工作。从1983年至1985年，按照中央组织部、公安部和国务院侨务办公室关于抓紧清理归侨、侨眷档案工作的精神，审查了157名归侨、侨眷的档案，清理出各类错误结论和歧视性材料415份1413页，按规定退还本人材料84份848页。三是落实私房政策。1984年至1989年，给2名华侨落实了私房政策，计368.99平方米，补偿人民币1.54万元。1992年，帮助旅美华侨戎国仁协调解决了其6间私房在旧城改造过程中被拆除后的赔偿问题。1995年，与贵州省安顺市侨办协调落实了侨眷罗楚卿40.15平方米私房的问题。四是落实知识分子政策。从1984年开始，按照政策规定对19名归侨、侨眷知识分子提出的38个问题进行复查落实，1985年所有问题得到妥善解决。据1990年统计，在归侨、侨眷知识分子中，有10人担任市、县级领导职务，67人晋升了技术职称，21人当选为省、市、县（区）人大代表和政协委员。2009年至2010年间，全市归侨侨眷中，有1人当选省人大代表，3人当选市人大代表，4人当选县人大代表；1人当选省政协委员，12人当选市政协委员，5人当选县政协委员。五是帮助解决生活困难和问题。1991年至1999年间，市侨办先后为68名归侨学生出具身份证明，使他们享受到高考和中考10分的加分照顾；为2名学生办理了自费留学手续；为15户归侨、侨眷解决了集资住房和购买商品房问题；帮助15名归侨子女、侨眷子女就业、调动工作或迁户口；救济困难归侨、侨眷45户计6400元。2000年至2010年间，市侨办着力帮助归侨侨眷解决生活待遇、退休工资、干部身份确认、子女就业等问题，每年向省侨办和市总工会争取困难补助金，对生活困难的归侨、侨眷进行补助，解了他们的燃眉之急。

三、侨务活动

1958年，归侨谭业作为先进代表参加了在广东召开的全国侨联会议。1959年，荫营煤矿汽车队先进集体代表陈亮文和交通局先进个人代表钟达祥参加了在上海召开的全国侨联表彰大会。1963年11月，市政协成立侨联工作组。1978年12月，归侨潘金成参加了在北京召开的全国侨务工作会和第二次全国归侨代表大会。1983年7月26日，市归国华侨联合会成立。1984年12月，首次召开全市归侨侨眷表彰大会。1985年7月，市侨办和市侨联会同市经委、市计委召开首次为经济建设服务研讨会，副市长辛贵玉到会讲话。1997年6月，市侨办与市委统战部、市台办、市侨联共同举办了“迎香港回归座谈会”，归侨、侨眷等踊跃赞颂“一国两制”，表达了企盼香港回归的喜悦心情。另外，市侨办多次组织归侨、侨眷参观太旧高速公路、娘子关发电厂、盂县小康村、百团大战纪念馆、翠枫山风景区等，使广大归侨、侨眷感受到改革开放以后阳泉市取得的巨大成就，增强了他们热爱阳泉、建设阳泉的责任感和使命感。先后组织了“海外留学人员家属座谈会”“庆千禧迎新春联欢会”“为阳泉经济发展，为祖国统一作贡献演讲会”等活动。2009年9月，市侨办与市侨联联合举办了“全市侨界人士庆祖国六十华诞暨中秋茶话会”，市政府副市长刘兆林、市政协副主席许文珍与60余名归侨侨眷代表共聚一堂，回顾了祖国60年的辉煌成就和巨大变迁，畅想了美好未来。

四、招商引资

市侨办经过积极努力，促成一批招商引资协议签约和项目落成。1996年，泰国华侨朱玲女士与平定县电业局、中国三优科技集团阳泉分公司签订了合资450万元年产3000吨新泰支撑剂的协议。在招商引资活动中，市侨办通过归侨、侨眷先后向海外推荐项目16个，寄发邀请函11封，通过阳泉信息中心网站推荐国外企业家20余人。1998年，市侨办派人参加了国务院侨办在长沙举办的中西部地区对外经济技术合作洽谈会，精心选择了13个项目参加洽谈，宣传了阳泉。

第九章 民族 宗教

第一节 机 构

境内宗教管理机构设立较晚。明洪武十五年（1382），平定州衙设道正司，专司道徒事务管理，此为境内较早设立的教务管理机构。明、清时期，平定州衙还设僧正司，盂县设僧会司，专司僧人（佛教徒）事务管理。

中华人民共和国成立至1987年，境内民族宗教事务由中共阳泉市委统战部管理。1988年1月，阳泉市设立民族宗教事务处，为市政府主管民族宗教事务的职能部门，与市委统战部二科合署办公，一套人马，两块牌子。1992年10月，民族宗教事务处改称民族宗教事务局（二级局），仍归市委统战部管理。2004年6月，市民族宗教事务局从市委统战部划出，成为市政府直属机构，正县级建制，编制6人，内设办公室（宗教科）和民族科。至2010年未变。

第二节 民族事务

阳泉市是一个以汉族为主、多民族杂居的城市。到2010年，阳泉市共有34个民族，即：汉族、蒙古族、回族、藏族、维吾尔族、苗族、彝族、壮族、布依族、朝鲜族、满族、侗族、瑶族、白族、土家族、哈尼族、傣族、黎族、傈僳族、佤族、畲族、水族、纳西族、土族、达斡尔族、仫佬族、羌族、毛南族、仡佬族、锡伯族、阿昌族、塔吉克族、鄂温克族和独龙族。少数民族人口4330人，其中回族人口有1929人，主要居住在城区，是境内人口最多的少数民族。此外，流动人口中少数民族有834人，主要是到境内经商的新疆维吾尔族、青海回族和西藏、四川等地的藏族。少数民族聚居村盂县秀水镇东白水村是蒙古族聚居村，有蒙古族人口430人，占全村总人口的37%，蒙古族户数110户，占全村总户数的27%。少数民族相对聚居街道有4个，主要是回族相对聚居住区，分别是城区上站街道办事处、城区下站街道办事处、城区南山路街道办事处、城区义井街道办事处。

阳泉建市后，市委、市政府坚持以“维护人民利益、维护法律尊严、维护民族团结、维护祖国统一”为原则，以“共同团结奋斗，共同繁荣发展”为主题，贯彻落实党的民族政策和中央、山西省历次民族工作会议精神，巩固和发展平等、团结、互助的社会主义民族关系，努力促进各民族共同繁荣进步。市、县区民族宗教事务管理部门结合实际情况，利用电台、电视台和报纸等新闻媒体，在全社会广泛深入地开展民族团结和民族政策的社会宣传。市、县区民族宗教事务管理部门制定工作实施方案，印制宣传资料，组织人员深入重点社区、重点农村和学校，向广大群众、学生宣传党和国家的民族政策及法律法规，帮助广大干部群众正确理解执行党和国家的民族政策，维护民族团结，教育引导广大干部群众尊重少数民族风俗习惯，尊重民族感情，保障少数民族群众的合法权益，在全社会形成了各民族和睦相处、和衷共济、和谐发展的良好氛围。

至2010年，全市少数民族代表人士担任市级人大代表的有6人、政协委员有7人。2006年，有1个集体获“全省民族团结进步先进集体”称号，5名个人获“全省民族团结进步先进个人”称号；2010年，城区政府、市民族宗教事务局、市公安局、平定县冠山镇政府4个集体获“全省民族团结进步先进集体”称号，马连池、杨杰、王斌全、张清河、史庚勇、李文竹、吴秀芳7名个人获“全省民族团结进步先进个人”称号，受到省政府表彰。

市委、市政府始终从服务和关心入手，通过办实事、办好事，确实把少数民族群众紧紧团结在党和政府周围。一是每年元旦、春节期间，对全市少数民族代表人士和困难户进行慰问、救济，自2004年起，共慰问民族宗教界代表人士300余人次，救济少数民族困难户200余户，市财政共拨慰问救济专款30余万元。二是向市财政局和环保局争取专项资金25万元，用于清真寺的水房维修和锅炉改造。三是为回族、维吾尔族等少数民族群众落实“三大节日”（伊斯兰教宰牲节、圣纪节、开斋节）肉食补贴政策，按照每人7元、每人每年21元的标准发放，并列入财政预算，于2008年12月9日在城区清真寺第一次发放。四是为全市唯一的少数民族特需用品企业——恒源纺织有限公司和民族企业西来顺饭店的发展出谋划策，争取省民委、国家民委在资金和政策上的扶持。五是积极探索民族聚居村工作的基本思路。在市委、市政府的积极努力下，2004年，盂县秀水镇东白水村被认定为山西省唯一的蒙古族聚居村。2005年至2010年，市民族宗教事务局向省民委申请专项资金60余万元，用于解决盂县东白水村群众吃水问题和“蒙汉团结一条街”的前期规划设计工作。六是依法规范清真食品市场，保护少数民族合法权益，维护社会稳定。境内清真食品以饮食业为主，主要集中在城区、矿区范围。市民族宗教事务局协调市公安、工商、食品、卫生监督和质检等部门，每年定期对全市生产和经营清真食品的商铺、摊点进行拉网式检查。于2008年核发“清真食品生产经营许可证”，对符合条件的清真食品生产经营单位在《阳泉日报》上进行公示，及时制止和依法查处假冒清真食品摊点，积极维护穆斯林群众合法权益，进一步规范了全市的清真食品市场。2010年，全市有清真饮食小商小贩89家，成建制企业只有2家集体企业和1家私营企业。

在中共阳泉市委、市政府的领导下，境内的社会主义新型民族关系不断发展，少数民族的民主权利得到保障，民族风俗习惯得到尊重，激发了广大少数民族人士的爱国爱市热情，增强了他们为维护民族团结与祖国统一、为建设和谐阳泉而奋斗的信心和决心。

第三节　宗教事务

阳泉市基督教“两会”（阳泉市基督教三自爱国运动委员会与阳泉市基督教协会）成立于1988年3月7日，于2003年3月31日换届；阳泉市伊斯兰教协会成立于1988年12月26日，于2010年12月30日换届；阳泉市佛教协会成立于2001年11月13日；阳泉市天主教爱国会2010年正在筹备当中。2004年至2010年，全市宗教界代表人士担任市级人大代表的有1人，担任政协委员的有7人。

至2010年，全市有佛教、道教、伊斯兰教、天主教、基督教5大宗教；宗教教职人员共有48人，其中佛教比丘（比丘尼）28人、道教2人、伊斯兰教阿訇1人、天主教神父2人、基督教长老4人、传道员11人；信教总人数5.78万人，其中信奉佛教的近4.8万人、信奉道教500余人、信奉伊斯兰教近2400人、信奉天主教近2000人、信奉基督教近5000人。1997年后，全市经政府批准的宗教活动场所有26处，其中佛教17处、道教1处、伊斯兰教1处、天主教2处、基督教5处。

阳泉建市后，市委、市政府在加强宗教活动场所规范化管理的基础上，努力指导和帮助宗教活动场所改善环境与条件。1996年，市政府拨专款对清真寺进行改建。1997年6月，改建后的清真寺在巨兴街原址上落成，建筑面积431平方米，为圆形拱顶式的二层建筑，阿拉伯式绿色圆堡立于屋顶，上有星月标志，寺内色彩温馨协调，民族特色浓郁。为了给广大穆斯林创造一个和谐温馨的活动环境，市民族宗教事务局陆续为阿訇办公室购置了空调、饮水机、微波炉等生活用品，并帮助清真寺建立了安全疏散通道。2008 年，市民族宗教事务局向市财政局和市环保局争取到专项资金 25 万元，全部用于清真寺的水房改造工程。另外，市财政局拨专款 10 万元，为城区北岭天主教堂美化环境，并协调相关部门为郊区义井基督教堂、城区天主教堂和平定基督教福音堂工程建设减免部分费用。市民族宗教事务局与市交通局等部门协调，为郊区圣泉寺修建消防安全通道，消除安全隐患。同时，还在全市宗教活动场所开展“三化一平安”（绿化、美化、净化、平安）和“十防”（防火、防拥挤踩踏、防建筑物倒塌、防饮水食物中毒、防漏电触电、防失盗、防非法活动、防邪教干扰、防境外势力渗透干扰、防坏人捣乱）活动，确保了全市各宗教活动场所的安全稳定。围绕“爱国爱教爱家乡，同心同德构和谐促发展”理念，开展了系列主题活动，其中在“牵手汶川、心系灾区”活动中，全市民族宗教界共捐款捐物 35 万余元。2008 年，盂县永清寺被评为全省五星级“五好”场所，郊区义井基督教堂、城区清真寺被评为全省四星级“五好”场所，同时有 3 名“五好”个人受到表彰。省委统战部、省宗教事务局在盂县永清寺举行了全省五星级“五好”宗教活动场所挂牌仪式。同年 6 月，国家宗教局副局长王作安到盂县永清寺，就宗教活动场所规范化管理进行调研，对盂县永清寺在一度法师的带领下坚持爱国爱教，在加强自身建设、推行民主管理、落实规章制度和发挥宗教界在促进社会和谐方面的积极作用等给予充分肯定和高度评价。

数十年间，中共阳泉市委、市政府坚持贯彻落实党的宗教工作基本方针和政策，贯彻落实《宗教事务条例》和《山西省宗教事务条例》，依法对宗教事务进行管理，及时制止和严厉打击非法宗教活动，保护宗教界和信教群众的合法权益，促进了宗教活动的依法开展。通过各种方法，把广大信教群众的意志和力量引导到抓住机遇、加快发展上来，凝聚到全面建设小康社会、构建和谐社会的伟大事业中。爱国宗教团体和宗教界代表人士作为党和政府联系信教群众的桥梁与纽带，积极协助党和政府全面贯彻党的宗教信仰自由政策，使全市的宗教团体建设工作取得可喜成绩。各宗教团体努力引导信教群众爱国守法，顾全大局，维护稳定，服务社会，促进和谐，先后多次在希望小学捐助、抗击“非典”、桃河治理、海啸赈灾等各项慈善活动中捐资几十万元。各宗教团体负责人还积极参政议政，向有关部门反映信教群众的意见和建议，维护宗教界合法权益。

第十章 城市管理

第一节 机 构

1975年4月阳泉市市容办公室成立。1980年阳泉市市容办公室撤销，工作被公安、交通、城建、工商等部门分解。1989年7月，阳泉市人民政府城市管理办公室成立（挂靠市城乡建设局），副县级规格，机关编制10名，内设秘书科、综合管理科。1995年机构改革中，阳泉市人民政府城市管理办公室与阳泉市城市管理监察大队合署办公，副县级规格，是阳泉市城乡建设委员会的下属单位，内设中队，规格为正科级。同年10月，“阳泉市城市管理监察大队”更名为“阳泉市城建管理监察大队”，机构体制、隶属关系、规格、性质、编制保持不变。1997年党政机构改革中，市人民政府城市管理办公室（市城建监察大队）机关人员编制调整为28名。1999年内设秘书科、综合管理科、市城建监察大队一中队、市城建监察大队二中队，人员编制为25名。

2002年12月，市城市管理办公室撤销，成立阳泉市城市管理行政执法局（简称“市执法局”），与阳泉市建设局一个机构、两块牌子。局机关行政编制11名，局长由市建设局局长兼任，内设城市管理法治科、城市管理监察科。城市管理行政执法由之前的14支队伍707人（正式执法人员456名、协管员251名）精减为1支队伍164人（公务员16人、事业编制148人）。

2004年，根据《阳泉市人民政府机构改革方案》，阳泉市城市管理行政执法局与市建设局分设，正县级建制，行政编制13名，内设办公室、法治科、监察科3个科室，纪检组、监察室设在办公室。2009年11月，根据市政府机构改革方案，市执法局改为市住房保障和城乡建设管理局的部门管理机构，副县级建制，人员编制和内设机构保持不变。

第二节 主要工作

阳泉建市后，市委、市政府针对新建城市的特点，针对性地开展了城市管理各项工作。1975年4月市市容办成立后，在全市实行“门前三包”（包卫生、包绿化、包社会秩序）和开展创建文明单位、文明街巷等活动，使市容市貌发生了明显改观。1989年7月，阳泉市人民政府城市管理办公室成立后，阳泉市在国务院《城市市容和环境卫生管理条例》《城市容貌标准》的指导下，按照《阳泉市城市管理办法》规定，各职能部门加强协调，配合作战，市城管办协调工商、公安、交警、爱卫、环卫等部门，对市内主要街道和火车站等繁华窗口地段的广告牌匾、环境卫生、马路仓库、流动商贩、摊位摆设等分门别类地进行治理和整顿。发动市政养护、环卫、园林、沿街单位、学校师生等协力配合，齐抓共管。强化对早市、夜市、西瓜摊位的规范管理，维护了市容的整洁有序。此外，市城管办还组织协调各方面力量在天桥、兴隆街地区创建无烟街，在全国开以行政手段控烟之先河。为此，时任市城管办主任董力受邀参加了1997年8月在北京人民大会堂召开的“第十届世界烟草或健康大会”。同时，城市管理部门在全市深入开展了“门前三包”“专业承包”“门外三包、门内达标”“文明街巷”“文明住宅小区”等创建活动，城市管理水平不断提高，市容市貌明显好转。

2001年5月，经国务院法治办批准，在阳泉市开展相对集中行政处罚权试点工作。市委、市政府坚持以“净化城市环境，提升城市品位，推行和谐执法，实施精细化管理”为目标，努力打造整洁优美、文明有序、安定和谐的城市环境。2002年12月市执法局成立后，每年组织实施城市环境综合整治工作，持续开展了文明街、文明路、文明小区和便民市场创建活动，通过开展“桃河清淤”、旧城和“城中村”改造、城市道路大修、“三城同创”等工作，市民文明意识逐步提高，城市面貌发生显著变化。市执法局2003年8月在全国城市管理行政执法研讨班上作了经验介绍；2003年12月被建设部城建管理监察专业委员会授予全国城建城管监察先进单位称号；2004年被省建设厅评为行风政风建设先进单位；2007年、2008年被省建设厅评为城市执法监察工作先进集体；2007年获全省建设系统党风廉政建设先进单位称号。至2010年，阳泉市连续15年被评为山西省卫生城市和山西省创建文明城市先进市。

一、市容环境管理

进入21世纪，阳泉市以开展“城市管理年”“城市管理巩固年”“城市管理提高年”等活动为抓手，以重要会议、重大节日期间的城市管理和环境整治为突破口，按照“与时代要求相适应、与经济发展相协调、与群众需求相一致、与文化底蕴相承接、与人与自然相和谐”的原则，适时对城市管理重点领域存在的脏乱差问题进行全方位、大规模综合整治，逐步使城市管理从突击式、经验式、救火式步入常态化、规范化、人性化的管理轨道。

环境整治工作。从2004年开始至2010年，阳泉市每年集中开展一次较大规模的市容环境集中整治行动。2004年，对群众反映强烈，严重危害公共卫生、社会秩序以及影响城市建设进程的各类陋习和违法违章行为进行集中治理。2005年，开展了以“党员带头作表率，清洁家园见行动”为主题的全市环境大治理。全市18.5万人次参加活动，动用车辆机械3700余台，清运垃圾淤泥46万立方米，桃河、蒙河、西河、洪城河河道得到清理，市容环境得到根本好转。2006年，以违章建筑专项治理为重点，先后拆除原阳泉钢铁公司三角地段、新泉桥路段、南外环路、万通市场等处违章搭建12万余平方米，城市主要大街、交通要道、出入口、商业中心区、各类市场、大型广场等人流物流车流密度较大的地段环境秩序明显改观。2007年，以治理建筑工地扬尘污染、市容卫生、“绿色通道”工程建设等为重点，对赛西路、义平路、李荫路、义白路等路段周边环境进行综合治理，完成赛西路、桃北路、北大街、桃南东路、泉中路、武警路等8条城市景观大道建设。2008年，集中开展了以“文明和谐迎奥运”为主题的市容环境集中整治，重点对广告牌匾、建筑物立面陈旧破损等严重影响城市容貌的现象进行集中清理，对水泵厂大桥、华盛桥、义井桥等12座桥梁以及其他市政公用设施进行整饰粉刷，清洗粉刷墙壁约40.2万平方米。2009年，组织开展严管街（路）创建活动，重点对北大街、南大街、泉中路等11条街路，滨河世纪城、兴隆商贸两大中心以及阳煤集团一矿、二矿、四矿文化休闲广场的街区景观进行综合整治。2010年，进一步强化严管街管理，逐步实现主要大街、次支干道零摊位标准。强化对全市6条精品示范街和24条主要街道的管理，组织各区执法队伍全面规范和取缔马路占道摊点，城市主要大街、次支干道和商业地段基本达到零摊位标准。

市容秩序整顿工作。制定下发《关于进一步加强城市管理的通告》《城市人行道管理暂行办法》，持续开展还路于民整治活动。在取缔马路市场过程中，针对占道经营户大多是下岗职工和弱势群体的实际，通过建设临时便民市场进行疏导，先后启用南庄路、永昌盛商贸城等市场，新建青年路、西河路等便民摊位，设置大阳泉、七一市场、平坦街、白草堰等便民早市和84个“放心早餐”网点，满足了居民生活需求，又解决了乱摆摊位带来的脏乱差问题。对于不入市、继续占用主干道从事经营活动的，坚决予以取缔，累计撤销39条街道的马路摊位3246个，清理占道经营5996处（次），查处“伸舌头”经营7644户。通过集中整治和取缔，市容环境面貌明显改善。

城市净化工作。全面加强对有碍市容观瞻广告牌匾的清理，不断加大对过街条幅、墙体软广告和移动小广告的监管力度，累计拆除过街条幅、软体广告9630余条，没收移动小广告牌匾4380余块。对火车站广场、南大街、北大街、泉中路、德胜街等重点路段的户外广告进行升级改造，更新户外广告牌匾5800余块，拆除墙体广告牌匾9600块，规范广告牌匾13005块。针对城市“牛皮癣”问题，在组织执法队伍加强不间断巡查，对乱涂乱贴行为进行查处，实施大面积清洗粉刷工作的同时，积极组织各街道、社区、产权单位进行清洗覆盖。

二、执法管理

为使城市管理执法工作做到既严肃执行，又人性化管理，市执法局成立后努力探索执法新路子。一是推行“第三次处罚制度”，即第一次教育、第二次警告、第三次处罚；二是把“三在先制度、三公开制度”贯穿于执法全过程，即称呼在先、出示证件在先、告知公务在先和依据公开、程序公开、处罚公开；三是实行“四不处罚制度”，即危害情况不明确不处罚、教育引导不到位不处罚、法律依据不充分不处罚、法律程序不完备不处罚。充分利用各种舆论工具，宣传城市管理法律、法规知识，不断提高市民的文明卫生意识。组织开展了“全市城管执法宣传月”“爱我阳泉献一言”等主题活动，多次走进市人民广播电台《行风热线》栏目，听取群众建议意见，及时解答疑难问题，接受社会各界监督。

在案件查处中重点抓好“六环节”，即违法事实的认定是否清楚、违法证据是否确凿、被处罚主体是否准确、适用法律是否正确、执法程序是否合法和文书使用情况是否规范。对涉及重大和特殊情况的案件，个人处罚在1000元以上、法人或其他组织处罚在10000元以上的行政处罚案件，由市执法局案件审理委员会进行集体研究、集体决定，保证执法的公平和制度的落实。市执法局成立至2010年，共查处城市管理行政处罚案件4605起（简易程序案件4104起、一般程序案件501起），执法到位率、案件查处率、执法合格率和案件结案率均达到100%。

以开展文明街区创建活动为抓手，大力推进门前“三包”责任制落实。2004年至2010年，共签订责任书4200余份，发放门前“三包”值岗员证件4000余个。2007年，在城区范围内启动网格化城市管理试点工作，逐步提高了执法的效率和水平。2008年建立与市建设、规划、环保、工商等部门的联席会议制度，定期不定期召集联席会议，建立起信息共享、齐抓共管、共解难题的良好机制。2010年，《阳泉市城市容貌提升实施方案》下发，内容包括城市建（构）筑物、道路、园林绿化、公共设施、广告标志等10个方面的管理提升标准，明确了责任单位，为推进城市管理行政执法工作奠定了基础。

第十一章 行政审批

第一节 机 构

阳泉市行政审批服务中心，简称市审批中心，2001年11月18日试运行，12月28日正式成立运行，为市政府直属事业单位，正县级建制，编制12名，内设综合科、业务科、督查科和信息科。2008年12月列入参照公务员法管理事业单位。

至2010年，进入市审批中心集中办公、单独设立窗口的有市发改委、市经信委、市工商局、市财政局、市公安局、市住建局、市人社局、市卫生局、市民政局、市文化广电新闻出版局、市商务局、市物价局、市质监局、市林业局、市规划局、市环保局、市安监局、市药监局、市人防办、市农业局、市计生委、市水利局、市国资委和市司法局24个部门，纳入中心综合代理窗口的有市气象局、市体育局、市农机局、市无委会、市统计局、市国家安全局、市民族宗教事务局、市地震局、市外事旅游局、市科技局、市出入境检验检疫局、市残疾人联合会、市粮食局和市档案局14个部门，集中审批的事项有334项。在中心设立便民服务窗口的有市煤气公司、中国银行2个公共服务单位。中心下设建设项目招投标管理、劳动和社会保障管理、交警车辆管理、交通、房屋产权登记、国土资源、政府采购、人才交流、报废汽车回收、国有产权交易、教育、供电、供水、烟草、热力、国税、地税、住房公积金、出入境管理和公证20个分中心，集中审批的事项有117项。

第二节 行政审批制度改革

从2001年起，阳泉市把推进行政审批制度改革作为落实科学发展观、建设高效廉洁政府的重要举措，贯彻实施《中华人民共和国行政许可法》和山西省政府办公厅《关于加强政务大厅规范管理的意见》，大力度推进，高效率运作，全方位提升，行政审批制度改革总体上取得明显成效，促进了政府公信力和执行力的全面提高，优化了政务环境，提高了办事效率，为社会各界和广大群众提供了优质快捷的服务。

一、审批事项清理

为稳步高效地实施行政审批制度改革，2001年4月，市委、市政府经过研究，提出全市行政审批制度改革总体思路，出台《阳泉市行政审批制度改革实施意见》，并成立了由市长任组长，市纪委书记、市政府常务副市长任副组长的行政审批制度改革领导组，抽调市编办、市物价局、市发改委、市经委、市国土局、市工商局、市建设局等单位的业务骨干组成行政审批制度改革办公室，各单位都成立了由一把手负责的领导组，形成上下一体的工作网络。

市审改办从2001年3月开始，在对全市行政审批事项调查摸底的基础上，依据国家、省和上级有关部门法律、法规、政策，先后三次对市级原有的853项行政审批项目进行了全面清理。清理的重点是企业注册办证、办照、招商引资的事项，建设项目规划、用地、工程报建、项目验收等审批事项，人民群众办户、就业、升学、出国出境、婚姻登记、购车、购房等与人民群众生活密切相关的审批事项。经过清理，保留审批项目613项，取消、精减、合并、下放、转移240项，减幅28%。2006年7月，第四次对保留的审批事项进行清理精减，减幅15%，保留许可和非许可事项518项，其中许可事项373项、非许可事项145项，全部向社会进行了公示。

对保留下来的审批项目，通过建立行政审批服务中心对行政审批方式进行大胆改革，进行严格的规范，最大限度地实行集中、公开办理。借鉴河南省焦作市的经验和做法，制定了《阳泉市行政审批服务中心工作实施方案》，并选择市政府综合大楼作为中心办公地址，投资370万元，装修了2600平方米的办公大厅，配备了办公设施，在全省率先建成开放式办公的行政审批服务中心，于2001年12月28日正式运行。在市审改办的督促指导下，矿区、平定县、城区、郊区、盂县先后于2004年4月、2004年7月、2006年8月、2006年12月、2007年1月建立行政审批服务中心。

二、审批分中心建设

分中心建设是阳泉市行政审批制度改革工作的一项创新。市审批中心成立后，由于受场地限制，还有一部分重要的审批事项该进而没有进入中心。为最大限度地加大对保留事项的规范运作、统一管理，全面提高行政审批效率，阳泉市对部门审批事项单一、工作量大、专业技术性强，现阶段确实无法进入市审批中心的，通过设立分中心的模式加以管理。2003 年 3 月，市政府下发《关于成立市行政审批服务中心车辆管理、劳动和社会保障管理、建设项目招投标管理等三个分中心的意见》。4 月，阳泉市在市建设局、市劳动和社会保障局、市交警支队组建成立建设项目招投标管理、劳动和社会保障管理、车辆管理 3 个分中心；2004 年建立交通、房屋产权登记分中心；2005 年建立国土资源、政府采购、人才交流分中心；2006 年建立报废汽车回收、国有产权交易分中心；2007 年建立教育、供电、供水分中心；2009 年建立烟草、热力、国税分中心；2010 年建立地税、住房公积金、出入境管理、公证分中心。截至 2010 年，全市共有 20 个分中心，集中审批的事项 117 项，累计办理审批服务事项 6571806 件。

三、审批项目管理

加强对保留审批项目的规范化管理，实行大厅集中公开办理，是转变政府职能、提高行政效率、优化经济发展环境的一项根本性措施。2007 年，市审改办组织召开了全市行政审批制度改革工作总结表彰会。围绕“审批提速、服务提质、监察提效”，结合党风廉政建设、效能建设和行风评议考核，开展了“内学交通局、外学焦作市”的“双学”活动，推动了全市行政审批制度改革工作和审批中心的发展建设。

规范审批行为。市、县（区）两级政府坚持保留行政审批项目应进必进，除法定保密事项外，原则上保留的审批事项全部纳入审批中心或分中心。截至 2010 年，市直有 46 个部门将 451 项审批事项纳入市审批中心或分中心，占到审批项目总数的 95%。市审批中心针对个别部门审批事项少、发生频率比较低的实际情况，设立综合代理窗口，纳入 14 个部门的 59 项审批事项，实行委托代理。针对个别部门的重要事项长期不进中心、不向窗口授权、个别重要部门窗口建设严重滑坡等问题，市审改办牵头组织市审批中心、市效能办、市纪委监察综合室、市行评办对市直单位审改工作进行专项检查，促进了市审批中心窗口建设。

开展电子监察。为加强对行政审批全过程的监控管理，2007 年，市审改办会同市纪委、市监委、市经济信息中心制定出实施方案和技术方案，成立工作机构，开展行政审批电子监察系统建设工作。有38个部门的334项进入电子监察系统，2008年4月市行政审批电子监察系统建成试运行，2009年7月正式运行。2010年，对逾期未办结的179个事项实行红牌警告，对窗口负责人进行批评教育，市效能办下发“效能告诫书”告诫问责，实现了在线监督和预警纠错，规范了审批行为，提高了审批效率。县区行政审批电子监察系统建设积极推进。2008年6月平定县行政审批电子监察系统建成；2009年7月矿区、城区行政审批电子监察系统建成，视频监控和数据监察同步启用；2010年7月盂县行政审批电子监察系统建成，正式启用视频监控和数据监察。

提高审批效率。市审改办、市审批中心根据市政府《关于基本建设项目和企业注册登记实行并联审批的意见》和《阳泉市城市建设项目并联审批及部分行政事业性收费“一票制”收取实施方案》要求，通过清理项目，规范审批，强化监督和实行岗位责任制、首办负责制、限时办结制等措施，提高了审批效率。2010年，市审批中心比成立之初主要审批事项办理时限缩短1/3，所需办证资料减少1/3。平定县、矿区开辟了外来投资者绿色通道，受到外来投资者的好评。

第三节 行政审批工作

2001年12月市审批中心成立后，贯彻落实《中华人民共和国行政许可法》和山西省人民政府《关于加强政务大厅规范管理的意见》，大力推进政府部门和公共服务单位的大厅化办公、窗口化服务，形成一套集中开放式办公、公开承诺制服务、事项分类制办理、审批与监督分离、信息网络化运行的管理模式，初步建立了以市级中心为主体、各专业分中心和县区政务大厅为“两翼”的行政审批与公共服务监督管理体系，建成行政审批电子监察系统，实现对行政审批工作的全程监控。2004年，全省行政审批制度改革会议对阳泉市的工作给予充分肯定，阳泉市在会上作了经验介绍。

一、管理模式创新

市审批中心成立后，在实践中不断发展，在发展中不断创新，形成一套审批大厅的运行机制和管理模式。一是所有服务事项全部公开，特别是服务内容、办事程序、审批条件、收费标准、办理结果一律实行公开、公示，既方便群众，又便于接受监督，企业、公民和社会各界可以随时自由出入中心，无须预约和登记。二是所有窗口和工作人员的服务都严格按规定公开承诺，保证服务的时效和质量。三是所有审批事项实行分类办理，即一般事项直接办理制、重要事项限期承诺办理制、多部门审批事项联合办理制、上报事项负责办理制、不合规定事项限禁办理制。四是中心窗口负责审批服务，管理层负责监督、管理、协调，不参与各部门、各窗口的正常业务管理和审批，保证各部门依法独立行使审批服务权。五是对审批事项进行网络化管理。分中心建设是市审批中心的一大特色，从2003年至2010年，先后建立20个分中心，实行统一管理。全市5个县区全部建起行政审批服务中心，在平定县10个乡镇、郊区8个乡镇建起便民服务中心。全市建起以市级中心为主体、各专业分中心和县区政务大厅为“两翼”的行政审批与公共服务监督管理体系，三级行政审批服务网络逐步形成。

二、窗口建设

市审批中心成立后，坚持对全市行政审批事项实行动态管理，在2001年对全市行政许可事项进行清理、精减、规范的基础上，2006年7月，市审批中心会同市审改办，对照国务院、省政府、省审改办有关文件，第四次对保留的审批事项进行大范围清理精减，全市54个部门保留许可和非许可事项共518项，其中许可事项373项、非许可事项145项，全部向社会进行了公示。在此基础上，市审批中心狠抓“三个全部”（全部建窗口、全部进中心、全部规范受理），严把项目入口关、流程优化关和窗口职能授权关，努力实现“一切事项进大厅，大厅之外无审批”。截至2010年，有46个部门的451项审批事项全部纳入中心或分中心，占到保留事项的95%。这些部门依法授权窗口工作人员按要求对审批事项环节、时限等流程仔细梳理，明确受理、审查、决定、发证环节的职责、权限、工作标准、责任人和承诺时间。从2007年开始，开展行政审批电子监察系统建设工作，38个部门的334项审批事项纳入行政审批电子监察系统。2009年7月系统正式运行，实现对审批流程的实时监控、预警纠错、绩效评估和信息服务。

工商行政审批窗口

三、审批服务

为促进全市行政审批制度改革，加强对保留审批项目的规范化管理，中心按照“公开透明、精简效能”的原则，把制度作为管理的基础，制定了首问责任制、承诺限时制、窗口和工作人员考核办法等30多项制度，采取专人监督、自我监督、群众监督和聘请监督员监督等方式，对制度落实情况实施严格的监督检查考核，确保各项制度落到实处。中心按照《中华人民共和国行政许可法》的规定，把“规范承诺、一口对外、充分授权、增加办件量、提高直办率”作为窗口建设的关键，开展了“内学交通局、外学焦作市”的“双学”活动，大力推进行政审批服务工作的集中、公开、高效、规范运行，始终坚定地朝着全省前列、全国先进的标准建设，涌现出工商、质监、民政、农业、林业、卫生、文化等一批“红旗窗口”。至2010年，中心共办结各类审批服务事项349090件，按期办结率100%；分中心共办理各类审批服务事项6571806件；市直单位的主要审批事项办理时限比原先缩短1/3，办证所需资料也减少了1/3。

四、电子政务建设

市审批中心成立后，建立了局域网，开通行政审批服务网，在此基础上，申请国际互联网域名，建成中心国际互联网网站，所有计算机设备实现网络化管理。一是政务公开，中心所有办理事项全部在网上向社会公开，包括服务内容、设定依据、办事程序、申报材料、承诺时限和收费标准；二是建立网上咨询平台，企业和群众登录阳泉政府网站和市审批中心网站就可以查询审批动态、办事指南、办事结果，进行网上咨询等；三是建立网上申报平台，实现115个表格的下载，开通市工商局、市商务局企业年检便民通道；四是建立网上投诉平台，公布投诉电话，并与市效能办投诉平台对接，实行网上一体投诉，自觉接受社会各界的投诉和建议；五是实现与市政府门户网站数据的对接，中心和政府门户网站对审批项目办理过程与结果同步公示。至2010年，对外网站访问浏览量达到5.7万多次。

第十二章 防震抗震

第一节 机 构

1975年7月，市地震办公室成立，挂靠在市科技局，编制3人。同时成立市地震台，编制3人。1977年10月市地震办公室人员编制增至8人，11月市地震台编制增至6人。同年12月，市地震办公室归市计划委员会管理。1978年12月，市地震办公室撤销，市地震局成立，为市革委会直属局，由市计委代管。1980年6月，市地震局归口市科委管理。1984年5月，市地震局内设机构为秘书科、分析预报室。同年12月，市地震局编制8人，下设市地震台和盂县水化观测站，编制分别为15人和7人。1987年6月，市地震局内设机构改为办公业务室、震情分析室。1992年12月，内设机构改为办公室、震情分析室，下设市地震分析预报中心、市地震监测中心（由市地震台和盂县水化观测站合并组建），编制分别为3人和22人。

1997年2月根据《阳泉市党政机构改革方案》，市地震局为市政府直属事业单位，正县级建制，编制5人。下设市地震分析预报中心、市地震监测中心，编制分别为6人、9人。2007年12月，市地震局编制10人，内设办公室、震害防御科（抗震设防管理科）、科技监测科（市防震减灾领导组办公室）。2008年5月，市地震局列入参照公务员法管理事业单位。2009年12月，市地震分析预报中心撤销，其6名编制和人员并入市地震局机关，市地震局编制数增为16人，内设办公室、震害防御科（抗震设防管理科）、科技监测科、应急救援科（法规管理科）、地震应急中心（市防震减灾领导组办公室），下设市地震监测中心。

第二节 震害防御

一、抗震设防

抗震设防主要是对场地进行地震烈度鉴定工作。1957年，国家地震局发布第一代全国地震区划图，为各建设单位的抗震设防提供了参考。1970年，国家地震局地震地质大队承担了由中央地震工作领导小组下达的阳泉市白羊墅、下五渡、义东沟等地地震基本烈度鉴定任务，完成野外调查后，提交了《阳泉地区地震基本烈度意见》，并附有1∶50000的地质图。至1977年以前，阳泉境内的地震烈度鉴定工作由中国科学院和国家地震局承担。

1977年，国家地震局发布第二代全国地震区划图。1978年5月，省地震局颁布《山西省地震基本烈度区划图》。同年，省抗震工作办公室、省基本建设委员会和省地震局联合发文，明确阳泉市区及南部为七度区，北部为六度区。1978年6月15日，阳泉市基本建设委员会下发《关于阳泉市地震基本烈度的通知》，规定市区和北部的分界线暂以荫营划分，即荫营以南包括荫营为七度区，其余为六度区，要求各单位要根据建筑物的重要程度和场地情况适当考虑。省地震局从1978年开始承担了省内地震基本烈度鉴定任务，至1985年1月，在阳泉境内完成6个地震基本烈度鉴定项目。境内其余的建设项目基本上按照上述规定进行建设。

1990年，国家地震局发布第三代全国地震区划图，作为一般建设工程抗震设计的依据。1998年7月5日，市政府印发《阳泉市工程场地地震安全性评价管理办法》。2001年《中国地震动参数区划图》（第四代地震区划图）发布，要求一般建设工程必须按照该图确定的抗震设防要求进行设计、施工，重大建设工程应当进行场地地震安全性评价确定抗震设防要求。2006年11月27日，市政府印发《阳泉市建设工程抗震设防管理办法》，对全市范围内的新建、扩建和改建的建设工程的抗震设防管理作出明确规定。

2006年12月29日，市政府印发《关于进一步做好防震减灾“三网一员”工作的通知》，要求各县（区）政府制定“三网一员”（地震宏观测报网、地震灾情速报网、地震知识宣传网和防震减灾助理员）建设方案，明确各乡（镇）政府、街道办事处主管科技工作的副乡（镇）长、副主任为防震减灾助理员；各村（居）委会治保主任为灾情速报员，构建起全社会参与的群测群防工作机制。到2007年，全市的“三网一员”建设工作基本完成，形成覆盖全市、上下贯通的群测群防体系，全市共有防震减灾助理员53人、灾情速报员1088人、宏观观测点56个。

二、审批工作

1998年《中华人民共和国防震减灾法》颁布实施后，市地震局正式开展建设工程抗震设防要求审批工作，1999年审批1项，2000年审批1项。2001年12月市行政审批服务中心正式运行后，市地震局作为第一批进驻单位，在市行政审批服务中心开设了窗口，派驻2名工作人员，负责建设工程抗震设防要求审批和地震安全性评价工作单位的资质认定。2006年，市地震局依法审批的项目增为3项，即建设工程抗震设防要求审批、地震应急预案审批、危害地震监测设施和地震观测环境建设工程项目审批。至2010年，市地震局行政审批窗口共依法审批项目36项。加之1999年和2000年的各1项，共计38项。

1998年至2010年，市地震局逐步加强对建设工程抗震设防的管理工作，对31项重大建设工程、生命线工程和容易产生次生灾害的工程进行了场地地震安全性评价。

第三节　地震监测

1976年4月，全市第一个群众地震测报点在郊区中佐中学成立。随后又陆续在郊区西南舁中学、山南水库、南山公园等16处建立了群众测报点，组成市内最初的观测网。测报员主要是教师、学生和干部职工，观测手段有土地电、土应力、地温、土地磁等，各点观测手段不一。由于大多数观测资料不够连续、可靠，使用价值不高。1979年4月，市地震台在郊区荫营镇三郊村动工兴建，1980年11月竣工，为综合性地方地震台站，观测手段包括测震、地倾斜、地磁、水氡等，承担地震实时监测和前兆信息数据的记录、分析、处理，为地震预报、地震研究提供观测资料并上报山西省地震局。1981年1月，境内正式开始观测，观测仪器为DD-1型微震仪，全天24小时不间断进行监测，可监测阳泉市域≥0.5级和距市地震台150千米以内≥1.0级、300千米以内≥2.0级、800千米以内≥4.0级的地震。从1981年起，境内测震仪器为国产DD-1型墨水笔绘地震记录仪，为保证测绘精确度，记录仪由20世纪80年代的放大9万倍降到6万至8万倍，人工全天候值守，每天更换2张图纸，当天完成图纸分析处理，上报省地震局。1984年12月，市地震局在盂县梁家寨乡寺平安村温泉选点，建成盂县地震水化观测站。1992年，市地震台用石英摆倾斜仪代替金属水平摆倾斜仪进行地震山洞观测。

2000年，市地震局对台站进行优化改造，新建140平方米的观测大厅。同年9月，盂县地震水化观测站停止观测。2001年、2002年，市地震台对测震手段进行数字化改造，新增地震电磁波脉冲观测项目，用国产数字化观测设备代替原有的DD-1型墨水笔绘地震记录仪，对地震计输入信号进行数据采集，利用DDN专线将观测数据直接传输省、市地震局，并用计算机进行分析处理。2003年，市地震局安装基于GIS的新一代MAPSIS2.1地震预报软件系统、MapInfo6.5支撑平台，实现地震活动、地震前兆资料、地质构造条件、地球物理环境及其他空间信息的综合分析。2010年2月，阳泉市数字地震观测台网建成并投入运行，由阳泉市数字地震观测台网中心和市地震台、定襄地震台、东山测震台、昔阳测震台、太谷测震台、左权测震台6个子台组成，能监测全市1.0级以上地震，具备10分钟内完成市内及邻区强震速报能力，结束了阳泉市不能测定震中的历史。

第四节　应急救援

一、应急准备

1975年7月，阳泉市革命委员会成立市地震领导组，由市革命委员会副主任吴景忠任组长。1991年，市政府成立市地震防灾协调组，组长为分管副市长李奕明，下设办公室和地震工作、通讯保障等10个组。地震临震预报发布后或破坏性地震发生时，市地震防灾协调组自动转为市抗震救灾指挥部，总指挥为市长。市地震防灾协调领导组印发《阳泉市地震应急预案》《阳泉市地震防灾工作方案》，明确了地震防灾工作体系，制定出抗震防灾措施和短期预报追踪决策。

1997年7月25日，市地震防灾协调组更名为市防震减灾协调领导组，组长仍为市政府副市长李奕明，下设办公室和11个组。市政府下发《阳泉市破坏性地震应急预案》，两县三区政府和市地震局、市民政局、市公安局等46个单位分别制定了破坏性地震应急预案，确定平定县为防震减灾示范县，市公安局、市卫生局、市煤气公司和市邮电局为防震减灾示范单位。2000年，副市长王敬瑞任市防震减灾协调领导组组长。2002年，市防震减灾协调领导组更名为市防震减灾领导组，组长为副市长李体柱，下设办公室和12个应急分组。市政府重新修订了《阳泉市破坏性地震应急预案》。2005年应急分组增加为13个。

2006年，市防震减灾领导组加强地震应急抢险救援队伍建设，组建了救灾抢险队、医疗抢险救护队、通讯保障抢险队、交通运输工程抢险队、物资供应抢险队、次生灾害抢险队、城市基础工程设施抢险队、灾民安置抢险队和治安保卫专业队。同年7月，在全市纪念唐山地震30周年大会上，市防震减灾领导组组长、副市长李体柱向各抢险救援队授旗。2009年，为及时高效应对地震突发事件，市政府重新修订了《阳泉市地震应急预案》，并对市防震减灾领导组（市抗震救灾指挥部）成员进行了调整，市长李栋梁任组长（总指挥），下设办公室和9个应急分组。

2010年7月29日，市防震减灾领导组办公室、市政府应急办、市地震局、城区人民政府共同举办了阳泉市地震应急救援联合演练。市公安消防支队、武警阳泉支队、市矿山救护大队、市卫生局医疗救援队、城区青年地震应急救援志愿者分队等队伍参加了地震应急救援联合演练。演练模拟当日上午8时30分，在阳泉市城区一带发生6.0级地震，造成部分人员伤亡和城市基础设施破坏，市政府立即启动地震应急预案，迅速组织救援。演练科目分为启动预案、队伍集结、搜救被困人员、医疗急救、宿营、开设通信指挥所、重要目标警戒、救护和运送伤员、发放救灾物资、卫生防疫和避震科普知识宣传等。参与演练的各应急救援队伍和应急救援志愿者圆满完成规定科目的演练任务，达到预定目标。

二、应急避难场所

2008年汶川特大地震发生后，全国各地积极推进应急避难场所建设工作，市政府印发《阳泉市地震应急避难场所建设实施意见》。2009年7月28日，阳泉市第一个地震应急避难场所在城区阳光广场挂牌，广场设置了明显的标志牌，划定供水、供电、通讯、指挥部、物资供应、卫生防疫、厕所、保卫处、广播站和消防等位置。城区阳光广场基础设施比较齐全，按照“就近疏散、一所多用、平灾结合”的原则，平时服务于场所本身，发生地震时为居民提供应急避险场所。2010年，根据阳泉市创建国家级园林城市标准和省政府关于地震应急避难场所建设的要求，全市建设地震应急避难场所（场地）32处，其中北山公园等地震应急避难场所11处，城区樱花园等地震应急避险场地21处，总面积约50万平方米，可疏散人口约25万人。

2010年阳泉市地震应急避难场所简表

表-20-3

所在县区	名 称	位 置
开发区	北山公园	大连西路以北
	第十中学操场	大连西路以北、宁波路东
城 区	阳光广场—七中操场	新华东街社区前
	第十九中学操场	南大东街

续表 -20-3

所在县区	名 称	位 置
矿 区	二矿工业广场	二矿机关楼前
	三矿文化广场	三矿体育场北
郊 区	荫营桥上人民广场	李荫路与荫营东大街交叉口
	荫营东公园	下荫营实验小学东
盂 县	金龙西街广场	金龙街西段
	体委操场	新建西路 70 号
平定县	评梅广场	冠山镇镇政府前

2010 年阳泉市地震应急避险场地简表

表 -20-4

所在县区	名 称	位 置
开发区	康达园	天津路中段以南
	悦沁园	大连西路以北、第十中学以东
	桐语园	大连西路以南、第十中学以南
	中级人民法院南	大连西路以北、虹桥南路以东
	中级人民法院西虹桥路小树林	大连西路以北、虹桥南路以东
	市公共汽车公司	青岛南路以西
城 区	樱花园	百货大楼对面
	福寿园	市工业学校对面
	绿矾沟小游园	小阳泉绿矾沟
	新建路小游园	城区教育局对面
	行健园	市体育馆东侧

续表 -20-4

所在县区	名称	位置
矿区	蒙北小游园	一矿体育馆南
	滨河公园	赛鱼口赛西路南赛鱼社区
	惠民广场	升华实业总公司前段
	三矿新机关楼广场	三矿机关楼前
	馨康家园小游园	馨康家园内
郊区	平坦镇桃林沟桃园	桃林沟村
	义井镇义东沟学校操场	义井中学
	义井镇小河评梅广场、学校操场	小河村
	李家庄乡汉河沟村文化广场	汉河沟村
盂县	水泉公园	金龙东街

三、抗震救灾

（一）唐山抗震救灾

1976年7月28日河北唐山7.8级地震发生后，阳泉市革命委员会于7月29日派出一支由50余人组成的医疗队奔赴唐山灾区参加抗震救灾。8月7日，唐山第一批62名伤员运达阳泉市，其中年龄最大的73岁，最小的才出生17天，被分配到市第一人民医院、矿务局医院等10所医院进行治疗。据统计，全市共接待治疗唐山伤员200余人，有的伤员痊愈后在阳泉安排了工作，在阳泉成家立业。

（二）汶川抗震救灾

2008年5月12日，四川省汶川县发生8.0级地震。5月13日，市委办公厅、市政府办公厅发出《关于开展“赈灾济难献真情”社会捐助活动的通知》，市地震局和市红十字会联合发出《关于向四川地震灾区捐助的倡议书》，全市干部群众立即响应，一场史无前例的爱心大奉献活动迅速在全市展开。市级四套班子领导带头捐款，广大干部群众踊跃参与，共产党员积极缴纳“特殊党费”，全市共为四川地震灾区捐款3500余万元，捐赠救灾物资2万余件。先后有20名阳泉消防战士、25人组成的市医疗队、16人组成的市抗震救灾防疫队、10人组成的卫生监督小分队赶赴灾区，参与抗震救灾。阳煤集团派出80名施工人员赶赴四川，帮助灾区建设过渡安置房3000套。5月30日，市第一人民医院接收灾区32名伤员进行治疗。矿区桥头街道办事处段西沟社区的个体修鞋匠张明，两次奔赴地震灾区，为救灾官兵、灾民、志愿者免费修鞋，将爱传递到巴蜀大地，被山西省委、省政府评为“抗震救灾先进个人”。

第五节 科普宣传

阳泉市地震科普宣传始于20世纪70年代末期。当时宣传形式简单，主要是在每年的7月28日唐山地震纪念日举办全市地震科普宣传活动，在新闻媒体上刊发领导讲话、纪念文章和地震科普知识，印制、张贴、散发宣传资料，向有关部门发放《地震报》等。1998年3月1日《中华人民共和国防震减灾法》颁布实施后，宣传形式不断创新。同年，市地震局组织有关部门参加了中国地震局举办的“地震·防震·法规”知识竞赛，共有6人获奖。2002年7月防震减灾宣传周期间，市地震局开设“阳泉地震信息网”（http：//www.yqdzj.gov.cn），通过互联网宣传防震减灾法律法规和地震科普知识。2003年3月，阳泉市参加了“三晋防震减灾记者行”宣传周活动，省、市新闻媒体进行了采访报道；举办了阳泉市“防震减灾万人有奖知识竞答”活动，评选出一等奖5名、二等奖20名、三等奖40名。

为推进防震减灾科普教育工作，市地震局在赛鱼小学科学宫的基础上，逐年投入经费，配备防震减灾科普图书和淘汰的地震观测仪器，于2003年建成集知识性、趣味性、互动性和参与性于一体的地震科普馆，占地200多平方米。2005年12月28日，阳泉市防震减灾科普教育基地在赛鱼小学挂牌。2007年4月22日，在江苏无锡召开的国家防震减灾科普教育基地评审会上，赛鱼小学防震减灾科普教育基地被认定为国家防震减灾科普教育基地，成为山西省第一个国家级防震减灾科普教育基地。

2006年防震减灾宣传周期间，阳泉市在城市中心广场举办纪念唐山地震30周年大会暨文艺晚会；市防震减灾领导组与阳泉日报社共同举办“移动杯”纪念唐山地震30周年有奖征文活动。2008年汶川地震发生后，全市防震减灾宣传力度加大，宣传形式多样。教育部门把防震减灾纳入教学计划，每学年在各中小学校开展“三个一”（一次防震减灾主题活动、一节防震减灾课、一次防震减灾应急演练）活动，增强广大中小学生防震减灾意识和自救互救能力。2010年，市地震局制作《学校地震科普知识电子课堂》专题教育片，发放到各中小学校；制作《社区地震防御》宣传光盘，发放到全市所有乡镇、街道和社区。至2010年，全市共创建省级防震减灾科普示范学校5所、市级防震减灾科普示范学校20所和市级防震减灾示范社区10个。

第十三章 发展研究

第一节 机 构

阳泉市人民政府发展研究中心为市政府直属正县级事业单位，前身为1986年成立的阳泉市经济技术研究中心。2001年7月机构改革中，阳泉市经济技术研究中心与阳泉市经济体制改革委员会合并，更名为阳泉市人民政府改革与发展研究中心。2004年5月机构改革中，更名为阳泉市经济研究中心。2007年12月，更名为阳泉市人民政府发展研究中心。2008年5月列入参照公务员法管理事业单位，编制20人，内设办公室、经济研究室、产业研究室、社会研究室和信息研究室（《阳泉经济》编辑部）5个科室。

第二节 主要工作

一、研究成果

中心成立后，紧紧围绕市委、市政府中心工作开展研究，积极为阳泉经济社会发展建言献策。从1986年至2010年，累计完成参阅资料145期、研究报告169个、重大课题68个，内容涉及经济、社会、文化等多个领域。特别是2005年以后，多次受市委、市政府委托开展重大课题研究和文稿起草工作，参与研究和编制了“八五”“九五”“十五”“十一五”“十二五”阳泉市中长期规划（计划），提出许多有价值的意见和建议；完成《阳泉市矿区“十二五”规划》编写工作；完成《阳泉市改革开放三十年》经济部分的撰写任务。

20世纪90年代，中心先后承担了多项课题研究并获奖。其中，《科技进步与科技进步综合评价体系应用研究》《阳泉市科技与经济相结合的现实途径与对策》获阳泉市1993年科技进步奖软科学二等奖，《恢复我国关贸总协定缔约国地位对阳泉经济发展的影响与对策研究》获阳泉市1993年科技进步奖软科学三等奖；1995年，《阳泉经济增长速度研究》《1996—2010阳泉经济发展战略研究》《1996—2010阳泉资金需求预测及筹措途径》等课题被市规划部门采用；《太旧高速公路经济开发带阳泉区域综合开发与规划研究》获阳泉市1996年科技进步奖软科学二等奖；《阳泉市工业经济竞争实力评价》获阳泉市1998年科技进步奖软科学二等奖；《阳泉市人才资源与经济发展配置研究》获阳泉市1999年科技进步奖软科学三等奖。

进入21世纪，研究中心把握全市各阶段工作重点，立足实际，完成一系列研究课题。其中，2000年，《阳泉市“十五”及2005年农村经济发展研究》《阳泉市“十五”及2005年区域经济发展与生产力布局研究》被市“十五”计划采用；《阳泉市陶瓷产业现状、开发趋势及发展方略研究》通过专家鉴定，并获市科技进步软科学一等奖。2002年，完成《阳泉市市区卫生资源调整配置咨询报告》《阳泉市人口增长与可持续发展》。2003年，完成《阳泉市农村剩余劳动力转移途径及趋势》《阳泉市人才资源现状及对策》。2004年，完成《阳泉市公立医院产权制度改革思路及建议》《阳泉市党员队伍现状及先进性教育面临的情况问题研究》。2005年，完成《阳泉市在改善投资环境、扩大对外开放上存在的主要问题及改进意见与建议》。2006年，完成《阳泉与国家中部崛起政策对接》。2008年，完成《阳泉市资源型城市转型调研报告》，对阳泉市转型发展提出了有价值的意见和建议。2010年，完成《关于在我市实施“四区同城化”建设和管理的研究》《阳泉市新兴产业突破发展的思路和政策建议》《山西城镇化推进战略研究》（阳泉部分）《阳泉市行政区划方案调整意见和比较》和《阳泉市城市道路交通管理的调研报告》等研究课题。

参与起草了市委、市政府的一些重要文稿。2006年，牵头起草了《阳泉市加快推进社会主义新农村建设实施意见》和《阳泉市统筹城乡发展推进城乡一体化建设的实施意见》，提出“五新一好”和“七个一体化”的推进思路。2007年，牵头完成《创建省级科技示范区实施方案》《资源型城市转型实施意见》等。2008年，就如何开展省级科技示范区建设，完成《阳泉市建设省级科技示范区实施意见》及工作方案的起草工作。2009年，起草了《统筹城乡发展深入推进城乡一体化实施意见》，将“七个一体化”进一步细化为十六项工程、六项改革，并制定了相关配套政策和措施；牵头起草了《“三城同创”实施意见》以及相关实施细则；参与了《阳泉城乡一体化发展综合配套改革试验区总体方案》的起草和申报协调工作。2010年，完成《阳泉市率先全面城镇化实施方案》。这些方案和意见推进了全市有关工作的开展，中心参谋助手作用和服务决策的职能作用得到较好发挥。

此外，中心分别于1991年、1993年、1996年、1999年、2005年、2010年先后六次组织了阳泉市哲学社会科学优秀研究成果评奖活动，共计申报成果2018项，获奖769项，分著作、编作、译作、史志、论文、研究报告等类别，推动了全市哲学社会科学研究事业的发展。

二、编印《阳泉经济》

《阳泉经济》是阳泉市人民政府的机关刊物，由阳泉市人民政府主办，市政府发展研究中心具体承办。《阳泉经济》创刊于1987年，为双月刊，从创刊时的铅字排版到胶版印刷，从单色封面到双色套印，从普通印刷到彩色四封，从16K版到国际标准版本，印刷质量逐步改进，办刊水平不断提高，截至2010年，共出版148期。内设栏目包括领导论坛、政策解读、热点观察、经济万象、工作研究、市情民意等。服务对象包括市、县（区）四大班子领导，市直各部门领导，各乡镇党委、政府领导，国有大中型企业、大型民营企业领导等。与此同时，还与全国各大中城市交流发行。办刊20多年中，《阳泉经济》坚持服务决策、服务经济、服务基层的办刊思路，大胆探索，勇于创新，为促进全市经济发展作出了贡献。

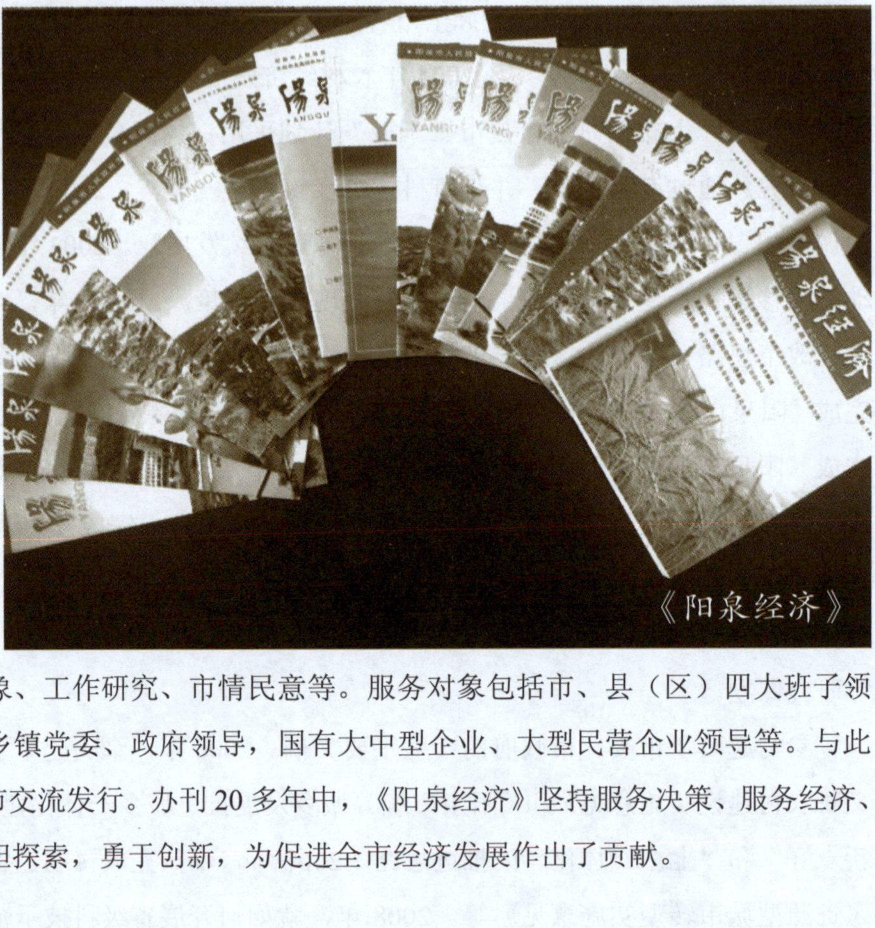

《阳泉经济》

阳泉市志

YANGQUANSHIZHI

[中 册]

第二十一编

审判 检察

历史上，境内的审判活动主要在平定、盂县两地，至迟在秦朝建立上艾县时就开始了。作为市一级行政区域的审判活动，始于民国36年（1947）5月阳泉建市之初，时称阳泉市人民政府司法处。民国37年11月，阳泉市人民政府司法处改建为阳泉市人民法院。1973年6月，阳泉市人民法院改为阳泉市中级人民法院；之后，阳泉市所辖郊区、城区、矿区相继建立人民法院。中共十一届三中全会后，阳泉市中级人民法院在全省审判系统率先创建“经济案件调解处”，以化解大量出现的经济纠纷。20世纪90年代初，发起召开晋、冀两省七市中级人民法院“经济司法协作会议”，签订《晋冀两省部分法院经济司法协作意见》，在不同管理区域内开展经济司法协作，在全国法院系统引起较大反响。在刑事、民事、民商事、行政、未成年人五大审判活动和审判监督及立案、信访、调解、执行、司法警务等方面成绩斐然。进入21世纪，阳泉市、县（区）两级人民法院大力弘扬“公正、廉洁、为民”核心价值观，认真履职尽责，在立案信访窗口建设、诉调对接、少年审判、文化建设和司法调研等诸多方面的工作走在国内同类法院前列。

阳泉市人民检察机关成立于1953年1月，时称阳泉市人民检察署，受山西省人民检察署与阳泉市人民政府的双重领导。1955年5月改称阳泉市人民检察院，由山西省人民检察院垂直领导。此后几经变更。“文化大革命”期间，检察机关先是职能被取代，后来机构也被撤销。1978年12月，阳泉市人民检察院重新建立。之后，阳泉市所辖的城区、矿区、郊区也分别建立人民检察院。数十年来，阳泉市两级检察机关始终坚持“政治建检、素质兴检、文化育检、科技强检”的工作方针，大力加强业务规范化、队伍专业化和管理科学化“三位一体”建设，积极推进人民监督员制度、公诉人法律法规告知制度、轻微刑事案件非刑罚化处理、多媒体示证等各项检察业务改革，使全市各项检察工作不断迈上新的台阶，为维护社会稳定和经济发展作出了重要贡献。

第一章 审判

第一节 机 构

境内有文献记载的审判机构可上溯至明朝。清沿明制，行政兼理司法。至清末，平定直隶州辖盂县、乐平、寿阳三县。平定直隶州知州及属县知县兼理诉讼，审理辖区内刑、民案件。民国元年（1912），平定废州改县。平定县、盂县知事公署兼理司法审判。县知事总理政务，兼理诉讼，设承审员协助之。民国22年，国民政府颁布《县组织法》，实行县长制，县公署改制为县政府，下设司法处（科）。民国26年抗日战争爆发后，境内曾先后建立平定（路北）县、盂县、平（定）东县、平（定）西县抗日民主政府，各县均设司法科（或承审处）。此后，境内各抗日（人民）民主政府的政区建制曾多次变更，但均设有司法科（或承审处），审判辖区刑事、民事案件和处理诉讼案件，不服判决可上诉边区高等法院。

民国36年（1947）5月阳泉建市初，市政府即设立司法处，行使审判职能。民国37年9月，阳泉由华北人民政府直辖后，司法处于11月改建为市人民法院，内设一个看守所。民国38年1月，市人民法院随行政隶属关系变更，改由石家庄市人民法院代管。8月，阳泉划归山西省后更名阳泉工矿区，市人民法院亦更名阳泉工矿区人民法院，隶属于省人民法院榆次分院。同年底，阳泉工矿区人民法院在编干警14人。1952年3月，阳泉恢复市建制，工矿区人民法院复名为市人民法院，并改由山西省人民法院直辖，市人民法院看守所并入市公安局看守所。1954年9月，市人民法院成立经济保卫庭；12月，增设刑事审判庭、民事审判庭和秘书室。1955年3月，市人民法院增设公证室；6月，为便于市郊农民诉讼，派出荫营人民法庭。1956年，经济保卫庭并入刑事审判庭。1958年6月，市人民法院随区划变更再次改由榆次地区中级人民法院管辖；8月，平定县划归阳泉管辖与郊区合并，平定县人民法院改由市人民法院领导并更名为平定人民法庭；11月，盂县人民法院、昔阳县人民法院随区划变更亦归属市人民法院领导；公证室撤销。1959年6月，盂县、昔阳县建置恢复，两县人民法院归晋中地区中级人民法院领属。1961年5月，平定由阳泉市划出归回晋中专署，平定人民法庭恢复为平定县人民法院，重归晋中地区中级人民法院管辖；11月，阳泉重新恢复为省辖市，市人民法院复归山西省高级人民法院管辖。1967年2月24日，市人民法院被“造反派”夺权，“市无产阶级专政委员会”代行审判等职能。1968年6月，司法机关实行军事管制；10月，市革命委员会保卫组成立，下设审判办公室，有干部10余人。1972年8月第三次归山西省高级人民法院管辖。

1973年6月，根据省委指示精神，阳泉市恢复人民法院建制，成立市中级人民法院，升格为二审法院，内设刑事审判庭、民事审判庭和办公室，有干警29人。1975年2月25日，郊区人民法院成立；3月15日，城区人民法院成立。1978年11月1日，矿区人民法院成立后，全市基层法院得以健全。

1980年10月，市中级人民法院增设经济审判庭。1982年4月，刑事审判庭一分为二，刑事审判一庭侧重于对刑事犯罪案件和刑事犯罪分子的审判，刑事审判二庭侧重于对经济领域犯罪案件和职务犯罪分子的审判。1983年9月，平定县、盂县人民法院随区划变更改属市中级人民法院管辖。1984年3月，增设人事处、调查研究室。1985年，设立全国法院干部业余法律大学山西分校阳泉分部。1987年7月，设司法行政处。1988年8月，试办经济纠纷调解处，采用庭前调解方式解决经济纠纷。1989年2月，设行政审判庭，行使行政审判职能；3月，设执行庭，专责司法执行，同时成立经济纠纷调解处；6月，设告诉申诉审判庭，负责告诉、申诉审查和信访接待；10 月设立司法行政处。1990 年 6 月，人事处更名为政治处。10 月 1 日《中华人民共和国行政诉讼法》实施后，市中院先后抽调 17 名审判人员，组建两级法院行政审判庭。至 1990 年 12 月，阳泉市中级人民法院设 7 庭 2 室 3 处 1 组 1 部，即刑事审判一庭、刑事审判二庭、民事审判庭、经济审判庭、行政审判庭、执行庭、告诉申诉庭，调查研究室、办公室，经济纠纷调解处、司法行政处、政治处，纪检组，业大分部。下辖三区两县 5 个基层人民法院，全市审判系统有工作人员 297 人，其中市中级人民法院 89 人。

1996年《中华人民共和国赔偿法》实施后，赔偿委员会成立，附设于行政审判庭。1997年6月，市中级人民法院设审判监督庭；增设民事审判二庭，分工负责审判新类型民事案件；经济纠纷调解处规范建制为经济审判二庭；组建司法警察支队；监察室与纪检组合署办公。9 月，市中级人民法院结合机构改革撤销告诉申诉庭，成立告诉审判庭，负责立案工作；成立宣判监督庭，负责对已结案件进行监督，调整各审判庭和执行庭工作分工，推进“立、审、执、监”分立改革。1998 年 8 月，成立司法技术鉴定中心。

2000 年 3 月，设司法鉴定中心，统一管理两级法院对外委托司法鉴定工作；撤告诉庭，设立案庭，实行统一立案审查和审判流程管理；撤经济审判一庭、二庭，设民事审判一庭（管辖

阳泉市中级人民法院

普通民事案件）、二庭（管辖商事纠纷案件）、三庭（管辖知识产权、新类型民事及涉外、涉港澳台民商事案件）；执行庭改建制为执行局；政治处提升建制为政治部。2001年，根据《人民法院五年改革纲要》，将立案庭中的信访、再审立案审查、管辖争议等职能分离出来设立案二庭。司法行政处更名为司法行政装备处。2004年7月，业余法律大学阳泉分部被撤销，改设山西法官学院阳泉分院。2005年2月，司法鉴定中心从鉴定机构转变为管理机构。

2006年12月，最高人民法院确定市中级人民法院为开展设立独立建制的未成年人案件综合审判庭试点单位，批准其增设未成年人案件综合审判庭，统一对未成年人各类犯罪进行审判。2007年，实行“大民事审判”格局后，完全打破市中院内设3个民事审判庭的业务分工，由立案庭直接将民事案件随机交由各民事审判庭审理。2008年，设技术处。至2010年12月，市中级人民法院内设审判执行机构为立案一庭、立案二庭、民事审判一庭、民事审判二庭、民事审判三庭、刑事审判一庭、刑事审判二庭、行政审判庭、未成年人案件综合审判庭、审判监督庭、执行局；辅助审判机构为司法警察支队、司法鉴定中心；内设行政机构为纪检组、政治部、办公室、研究室、监察室、司法行政处、技术处、法官学院。在编法官和警辅工作人员计134人。

第二节　刑事审判

民国36年（1947）阳泉建市初期，境内的刑事审判活动由“阳泉市司法处”负责。民国37年11月，阳泉市人民法院成立，按照华北人民政府有关司法工作的各项《通令》《训令》《法令》和解放区针对刑事犯罪审判工作的原则、经验和惯例，对辖区内的反革命分子、国民党潜伏特务、反动地主、不法资本家、反动会道门组织首恶人物和杀人、纵火、强奸、盗窃及新生人民政府内的贪污犯罪进行严厉打击。从建院初期到1959年，是阳泉人民法院刑事审判工作起步和逐步走上正规的10年。市人民法院按照“惩办与宽大相结合”和“首恶必办、胁从不问、坦白从宽、抗拒从严、立功赎罪、立大功受奖”的原则开展刑事审判工作。

1959年，刑事审判贯彻“服从党的领导、依靠人民群众、同劳动生产结合、为中心工作服务”的政法工作总路线和“一手抓政治斗争、一手抓同治安灾害事故斗争”的两条腿走路方针，执行“惩办与宽大相结合”的政策，一方面继续严厉打击各种传统的刑事犯罪活动，另一方面对故意制造生产、机械故事，导致工农业停产、国家集体财产受损和人民生命安全的犯罪活动进行严肃追究和审判，有力保卫了当时中心工作和工农生产的顺利进行。

1968年至1973年，阳泉市人民法院被军管，刑事审判权先后由“阳泉市公安机关军事管制委员会”和“阳泉市革命委员会保卫部”行使，刑事审判以《关于无产阶级文化大革命中加强公安工作的若干规定》为标准，主要审判现行反革命案件和重大刑事犯罪分子。1974年，在审理刑事案件中，实行“认真看卷；认真审查证据，认真审讯犯罪嫌疑人；向证明人调查，和专案人员调查，向群众调查”的“一看、二审、三调查”作法，进一步减少刑事审判差错，提高办案质量。

1979年7月1日，《中华人民共和国刑法》和《中华人民共和国刑事诉讼法》颁布，境内刑事审判工作走上有法可依的轨道。20世纪80年代初，阳泉市中级人民法院刑事审判工作重点发生转变。1982年，根据中共中央《关于打击经济领域中严重犯罪活动的紧急通知》、全国人大常委会《关于严惩严重破坏经济的罪犯的决定》，以及中共中央、国务院作出《关于打击经济领域中严重犯罪活动的决定》，阳泉市中级人民法院针对走私、套汇、投机倒把牟取暴利罪、盗窃罪、贩毒罪、盗运珍贵文物出口罪、受贿罪等进行刑事审判，严厉打击严重经济犯罪活动。特别是1983年8月至1986年12月，按照中央从重从快严厉打击严重刑事犯罪的战略部署，与公安、检察、司法部门配合，开展“严打”斗争，共审结刑事案件1534件2275人，社会治安明显好转。

进入20世纪90年代，针对危害改革开放和社会主义市场经济秩序犯罪、危害国有企业改革和发展犯罪，以及贪污贿赂犯罪、金融诈骗、虚开增值税专用发票等经济领域犯罪分子的审判，市中级人民法院始终保持高压态势，给以依法审判、严厉打击。1996年，刑事审判工作突出“打团扫恶、惩恶扬善”，积极为维护稳定、保障改革、促进经济建设服务。进入21世纪，全市审判系统严厉打击各类严重刑事犯罪。2000年至2005年，共受理各类刑事案件5120件，判决犯罪分子6496人。2006年后，全市法院依法履行刑事审判职能，一批严重危害人民群众生命财产安全，在境内产生恶劣影响的犯罪分子受到惩处，震惊全国的马家坪系列杀人犯杨树明等一批罪大恶极的罪犯被判处死刑。2006年至2010年，全市两级法院共受理各类刑事案件5306件，审结5255件，判处犯罪分子7272人。

一、审判反革命犯罪案件

民国37年（1948）11月，市人民法院成立后，即开始审理反革命案件，结合土地改革、民主改革运动，依法惩治了一批恶霸地主、土豪劣绅、封建把头、汉奸、惯匪等。1951年，阳泉工矿区人民法院依据《中华人民共和国惩治反革命条例》，审理了一批反革命案件，其中判处死刑的均为罪大恶极的反革命分子、反动会道门头子、恶霸地主、惯匪等。1955年，市人民法院开展以打击现行反革命分子为主的第二次镇压反革命运动，并开展内部肃反。1956年至1966年，市人民法院共审结反革命案件1218件。20世纪50年代末期，由于受阶级斗争扩大化影响，在审理反革命案件中曾出现较大偏差。“文化大革命”前期的1967年至1973年7月，反革命案件由市军事管制委员会、市革命委员会保卫部审判办公室审理。“文化大革命”期间，由于极“左”思想干扰，造成大量冤假错案。据统计，全市共判处反革命罪犯183人，后有159人被平反。1977年和1978年所判11名反革命犯全部为错判，后被平反纠正。

中共十一届三中全会以后，随着指导思想上的拨乱反正和工作重心的转移，特别是1980年《中华人民共和国刑法》的实施，反革命罪的概念、范围得到重新确定，市中级人民法院在审理反革命案件中严格区分罪与非罪、反革命罪与其他刑事犯罪的界限，反革命案件大幅下降。据统计，截至1990年，全市两级人民法院共审结反革命案件1918件。其中，“文化大革命”前审结1735件，“文化大革命”中审结151件，“文化大革命”后审结32件。1991年，审判阳泉第二监狱（时称“山西省第十三劳动改造管教支队”）在押犯李某某张贴反革命标语、煽动在押罪犯闹监的“反革命宣传煽动罪”，被加重刑罚2年，剥夺政治权利1年。之后，一直到1997年版《中华人民共和国刑法》正式取消反革命罪罪名，境内没有再发生反革命案件。

二、审判侵犯公民人身权利、民主权利案件

（一）审判故意杀人案件

阳泉市是解放较早的革命老区，社会治安情况相对稳定，从民国36年（1947）至1966年，故意杀人案件极少。“文化大革命”期间的故意杀人犯罪由阳泉市革命委员会保卫部负责审判。1973年，阳泉市人民法院升格二审法院，恢复行使对故意杀人犯罪的审判，当年审结凶杀案件6起9人，其中，判处死刑者2人。至1977年，境内审判行凶杀人案件19起。

1983年至1985年“严打”后，境内故意杀人案件明显减少，社会治安好转。1986年后，此类案件在境内处于低发案状态。截至1990年，全市共审结杀人案件156件，占一审刑事案件结案总数的1.2%。

到20世纪90年代初期，故意杀人案件又出现抬头现象。1991年6月28日，阳泉召开5万多人参加的“全市严厉打击严重刑事犯罪活动群众大会”，会上宣判了26名严重刑事犯罪分子。巩固了“严打”成果。90年代中期以后，境内因经济纠纷、邻里纠纷、偶发原因等诱发的故意杀人案件大量增加。1996年，阳泉中院针对此类案件增发趋势，突出“打团扫恶”斗争，审结故意杀人案13件15人。1997年至1999年，审结故意杀人犯罪案件31件36人。

进入21世纪，随着境内城镇化建设的推进，三区两县流动人口大量增加，社会管理空白点增多，由此引发的故意杀人案和故意伤害致死人命案呈多发状态，特别是发生在矿区马家坪连环谋害妇女案给境内百姓造成恐慌。为此，市中级人民法院加大对此类犯罪的打击力度，保障人民群众人身安全。2001年至2002年，相继开展“严打整治”斗争，审结故意杀人案30件34人。2003年至2005年，进一步引深“严打”斗争，审结故意杀人案32件50人。2006年，按照最高院和省高院指示精神，对二审过程中可能遇到的集中关押、审限等问题进行科学调研，制定应对预案，坚持“少杀、慎杀”原则，严把死刑案件一审关，年内审结故意杀人案16件27人，震惊全国的马家坪系列杀人犯杨某某被判死刑。2007年，审结故意杀人案10件14人，故意伤害案152件193人，过失致人重伤案1件1人。2008年，严厉打击绑架、杀人、抢劫、故意伤害等暴力犯罪，审结故意杀人案10件11人，故意伤害案142件176人，过失致人重伤案1件1人。2009年，审结故意杀人案11件12人，故意伤害案144件184人，过失致人死亡案2件2人，5名故意杀人犯罪分子被依法执行死刑。2010年，审结故意杀人犯罪案件11件14人。

（二）审判故意伤害案件

建市初期至20世纪60年代末，此类犯罪在境内属于较少发生的恶性案件。1963年，境内受理斗殴伤害案件55件。1964年，审结过失致人死亡案件1件，斗殴伤害案件65件，虐待案件4件。1975年，受理伤害案件18件38人，过失案5件5人。1979年，受理伤害案件23起。1980年，市中级人民法院实行公开审判，对照《中华人民共和国刑法》论罪科刑，受理审结伤害案件24起。1981年，审结伤害案件25件。1985年，审结伤害案件39件51人。

20世纪90年代，随着境内改革开放的深入，涉及煤炭、化工、冶炼等产业的企业改组、重组，社会进入矛盾凸显期和利益调整期，因经济纠纷、利益分配等原因诱发的故意伤害案件大量增加。1996年，审结故意伤害案件153起175人，其中，故意伤害致人重伤或死亡案件74起89人，轻伤76起83人，过失重伤3起3人。1997年，审结伤害案件99起117人，其中，故意伤害致人重伤或死亡案件40起48人，轻伤59起69人。1998年，审结故意伤害案件153起191人。其中判决132件、调解1件、检察院撤诉16件、自诉人撤诉1件、终止3件。1999年，审结故意伤害案件136起157人。其中判决122件、检察院撤诉8件、终止4件。

进入21世纪，随着境内建设速度加快和城镇化建设的推进，各种利益分配引发的故意伤害案持续居高不下。2000年，审结故意伤害案件153起164人。2001年至2002年，审结故意伤害案件387起459人，呈逐年上升趋势。2003年，故意伤害案有所下降，审结故意伤害案件

151起177人。2004年，审结故意伤害案件187起227人。2005年，故意伤害案件出现一定程度下降，审结故意伤害案件121起152人。2006年又呈反弹之势，审结故意伤害案件156起189人。2007年至2010年，境内法院严厉打击故意伤害犯罪，审结608件763人，但仍呈上升状态。

（三）审判强奸案件

民国36年（1947）至1960年，境内强奸案发生较少，阳泉市人民法院审结的强奸案主要为强奸幼女案件。1953年全国性“贯彻婚姻法运动”兴起，市人民法院会同妇联、民政部门成立“贯彻婚姻法委员会”，其间，审结冯某某强奸幼女2人案，判处有期徒刑15年。1957年，进一步加大对强奸罪的打击力度，纠正量刑偏轻的审判，奸淫幼女案下降25%，强奸妇女案下降4%。1963年，境内奸淫幼女案件上升突出，全市（不含盂县、平定）共发生16件，起诉到阳泉市人民法院的14件。为严厉打击强奸幼女的犯罪，市人民法院于9月和10月，集中公判了一批强奸幼女的犯罪分子。1964年，强奸案呈多发势头，全年审理奸淫幼女、少女、强奸妇女案42件，其中强奸妇女案10件、奸淫幼女案19件、流氓案13件。针对强奸案件多发情况，市人民法院予以从严打击，选择典型案件，先后召开6次公判大会，对犯罪分子进行公开处理。“文化大革命”开始后，境内人民审判机关阳泉市革命委员会保卫部对以强奸为主要形式的流氓犯罪始终保持高压态势，强奸犯罪逐步减少。1974年审结强奸流氓案23起25人，1975年审结15件15人，1976年审结22件。

中共十一届三中全会后，境内始终对强奸犯罪保持高压态势，特别是1983年至1985年“严打”斗争的开展，境内此类犯罪发生起数有所减少。截至1990年12月，全市共审结强奸、奸淫幼女案件1041件，占一审刑事案件结案总数的8.2%。此类案件在历史进程中呈上升趋势，1949年至1965年审结258件，1966年至1978年审结161件，1979年至1990年审结622件，其中1990年为77件，占13%。20世纪90年代，境内此类犯罪逐渐减少。1994年，审结一批强奸大案要案。1996年，审结强奸案59件77人，奸淫幼女案9件9人。1997年，修改后的《中华人民共和国刑法》《中华人民共和国刑事诉讼法》正式实施，在贯彻“两法”中，审结强奸案27件32人，奸淫幼女案4件5人。1998年，审结强奸案27件37人，奸淫幼女案3件3人。此外，审结强制猥亵、侮辱妇女案2件3人。1999年，审结强奸案26件30人，奸淫幼女案7件7人，强制侮辱猥亵妇女案2件4人。

2000年至2002年，境内审结强奸案61件84人，奸淫幼女案15件15人，此外，审判强制猥亵、侮辱妇女案6件6人。2003年，审结强奸案20件24人，奸淫幼女案2件2人，审判强制猥亵、侮辱妇女案1件1人。2004年至2006年，此类案件有所下降，共审结强奸案49件58人。2007年，审结强奸案11件13人，强制猥亵、侮辱妇女案1件1人，猥亵儿童案1件1人，猥亵儿童案在进入21世纪后首次出现，此后一度呈上升趋势。2008年至2009年，审结强奸案35件44人，强制猥亵、侮辱妇女案4件5人，猥亵儿童案5件5人。2010年，审结强奸犯罪案件20件23人，审结猥亵儿童案2件2人。

三、审判侵犯财产案件

（一）审判盗窃案件

盗窃案在境内刑事案件中居首位。阳泉建市初期，未肃清的国民党散兵游勇仍有出没，旧社会遗留的地痞流氓和好逸恶劳之徒的违法犯罪活动时有发生，工矿单位成为盗窃案件多发地区。阳泉市人民法院用审判作武器，严厉打击境内的盗窃犯罪活动。到1950年上半年，当时的“阳泉市工矿人民法院”审结的刑事案件总数126件，其中盗窃案达30件，为23%。1952年，阳泉工矿区人民法院审结刑事案件398件，盗窃案件145件（不包括“三反”“五反”运动中审结查办的盗骗国家财产和偷税漏税案件95件）。1954年9月，阳泉市人民法院成立经济保护庭，主要受理破坏工矿企业生产和发展的盗窃、诈骗、贪污等案件，到12月，即审理有关工矿业经济案件共45件，审结38件，其中盗窃诈骗案17件。1955年，阳泉市人民法院打击盗窃犯罪主要集中在两个方面，一是不法资本家盗窃国家及公有财产，全年审结此类盗窃案23件，比1954年上升44%；二是国家工作人员贪污和盗窃国家财产及公有财产，全年审结此类案件30件；此外还审结盗窃（含诈骗）公民私人财产案件118件。1956年，以盗窃为主的侵犯公民私人财产案件有所下降，全年审理此类案件99件，同时审理国家工作人员盗窃（含贪污）侵犯集体财产案30件。1960年，因发生全国性的自然灾害，盗窃案呈多发状态，全年审结盗窃案222件，较1959年上升一倍多。由于阳泉市人民法院对盗窃犯罪审判及时，打击有力，加之全国广泛开展“社会主义教育运动”和“四清运动”，到1964年，盗窃案件大幅下降，全市仅发生16件。

“文化大革命”期间，因对刑事犯罪保持高压态势，阳泉地区无论是工矿企业，还是广大人民公社和各生产大队，盗窃案件均发生较少，以1973年和1976年为例，1973年审判盗窃案（含投机倒把）22件29人，1976年仅为14件。

1979年以后，盗窃案件又逐步增多，而且盗窃财物数额加大，盗窃对象除传统的国营工矿企业、集体所有制工商业和农村人民公社、生产大队的集体财产外，对公民个人的私有财产侵犯也呈上升趋势。据统计，1949年至1966年共审结盗窃案件1667件，其中1960年最多，达

222件；1967年至1976年共审结盗窃案件113件；1977年至1990年共审结盗窃案件1523件，其中仅1990年就审结266件。

1991年至1995年，全市两级法院配合有关部门开展“反盗窃”专项斗争，集中审理了一批盗窃犯罪案件，盗窃犯罪嚣张态势得到遏制。1996年，审结盗窃案481件1014人，其中盗窃公共财物案195件564人、盗窃私人财产案件286件450人，特别是对“两劳”释放人员岳某某、崔某某等人组成的特大盗窃保险柜团伙依法进行审判，沉重打击了盗窃犯罪的嚣张气焰。到1997年，发生在境内的盗窃犯罪大幅下降，全年审结盗窃案199件343人，其中盗窃公共财物72件138人、盗窃私人财物127件205人。1998年，盗窃犯罪继续呈下降态势，全年审结盗窃案175件278人，反盗窃专项斗争取得显著成效。1999年，盗窃犯罪出现反弹，市中级人民法院加大打击力度，全年审结盗窃案219件422人。

进入21世纪，经过全市两级人民法院依法严厉打击和几次声势浩大的“反盗窃”专项斗争，盗窃犯罪得到遏制，总体呈下降态势。2000年，审结盗窃案193件403人，抢劫、盗窃犯苏占荣被判死刑。2001年至2002年，共审结382件713人，2003年至2004年，呈稳步下降趋势，共审结293件490人。2006年之后，发生在境内的盗窃案件有抬头之势，至2008年共审结728件1413人。2009年，境内两级法院加大打击力度，降至94件257人。2010年，发生在境内的盗窃犯罪案件又呈抬头趋势，全年达210件402人，审结208件399人。

（二）审判抢劫案件

从民国37年（1948）建院到1979年，审判部门始终对各种刑事犯罪保持高压态势，发生在境内的抢劫案件相当罕见，1964年仅审结1件。1966年“文化大革命”开始到1978年，境内均未发生抢劫案件。1979年至1983年，抢劫案件逐渐增多，共审结抢劫案40件。1983年至1985年“严打”期间，境内抢劫案件有所下降。

1990年至1996年，境内抢劫犯罪又有新抬头。1991年，为保卫春节期间的治安稳定，由市中级人民法院牵头，平定、矿区、城区人民法院配合，连续召开3次宣判大会，判处严重刑事犯罪分子50人。1996年，审判抢劫案119件232人。1997年至1999年，发生在境内的抢劫案明显减少，1997年审结抢劫案53件127人。1999年，审结77件146人。

进入21世纪，境内审判部门严厉打击抢劫犯罪，使频发态势得到遏制。2000年，审结抢劫案88件190人。2002年，审结101件204人。2003年，审结72件153人。2006年，审结86件178人。2007年，审结90件196人。2008年，审结95件200人。2009年，审结94件257人。针对境内抢劫犯罪呈连续上升态势，全市两级法院加大打击力度，2010年，审结73

件155人，抢劫犯罪率有所下降。

随着境内城市化建设的发展和经济繁荣，一种新型的犯罪方式“抢夺犯罪”从20世纪90年代末开始出现，但境内审判组织一直对其保持高压态势。1998年至2000年，审结抢夺案8件10人；2001年至2005年，审结44件69人；2006年至2010年，审结40件58人，抢夺犯罪被遏制在较低发案水平。

（三）审判诈骗案件

民国37年（1948）建院初期，诈骗罪的罪名尚不规范，“诓骗”“冒充”“略诱”“诈骗盗窃”混称，在量刑上基本等同于盗窃罪。1950年，阳泉市工矿区人民法院，审判过1件“冒充”、1件“略诱”的诈骗犯罪；直到1978年以前审结65件，犯罪分子大都以帮助他人购买紧俏商品为名进行诈骗活动；1979年后审结124件，犯罪分子则多以订立经济合同为名进行诈骗活动，被诈骗单位多为国有和集体企业。

1980年，第一部《中华人民共和国刑法》和《中华人民共和国刑事诉讼法》正式实施，阳泉市中级人民法院按照新法的量刑和审判原则，审结诈骗案4件。1981年，根据中共中央《关于全国五大城市社会治安座谈会议精神》和全国人大常委会第十九次会议通过的三个法律文件，境内加大了对刑事犯罪的打击力度，审结诈骗案4件。1985年，审结诈骗案7件8人，诈骗犯罪受到严厉惩罚。截至1990年12月，共审结诈骗案件189件，占一审刑事案件结案总数的1.5%。

20世纪90年代，随着社会主义市场经济体制的确立，境内商贸业、物流业迅猛发展，诈骗的犯罪行为也出现了新形式，诈骗对象由公民个人财产更多地转向公共财产。而金融诈骗与合同诈骗，则成为犯罪分子最常用的犯罪手法。1996年，审结诈骗案37件64人，其中，针对公民个人的财产诈骗案件12例17人、针对公共财产的诈骗案件25例47人。1997年，审结诈骗犯罪10件12人，其中诈骗公共财产4件4人、诈骗私人财物6件8人；1998年至1999年，审结28件37人。

进入21世纪，境内诈骗案出现多发势头，人民法院对其给予从重打击和从严审判。2000年，审结诈骗案23件36人，其中判处15年以上20年以下有期徒刑的2人、7年以上不满15年的2人、7年以下的32人。2001年，审结诈骗案27件46人，其中判处10年以上不满15年的5人。2002年，审结诈骗案20件29人。被告人赵某某在1995年至2001年8月，以高额利息回报作诱饵，大肆进行非法集资诈骗，作案89件，诈骗资金480万元，受害群众近百人，阳泉市中级人民法院以非法集资罪判处其无期徒刑。到2004年，境内的诈骗犯罪再度出现猛增局势，当年收受诈骗案161件279人，全部为公诉案件，阳泉市中级人民法院针对诈骗犯罪猛增的情况，加大审判打击力度，审结 155 件 240 人，其中判处无期徒刑 1 人。

由于诈骗犯罪受到严厉打击，同时引起了各企事业单位和人民群众的警惕，发生在境内的诈骗犯罪受到遏制，法院受理和审结的诈骗案大幅下降。2005 年至 2007 年，仅审理 71 件 92 人。但从 2008 年开始，发生在境内的诈骗犯罪又出现抬头趋势，全年审结 42 件 51 人。2009 年 48 件 60 人。2010 年，有旧存诈骗案件 11 件 15 人，新收 69 件 83 人，审结 70 件 87 人。其中有 69 件为判决结案。

四、审判贪污、渎职案件

（一）审判贪污案件

贪污案是经济犯罪案件中比较突出的犯罪案件。1951 年 11 月至 1952 年 12 月 25 日，阳泉市人民法院根据中央指示，以司法审判为阵地，开展“三反”“五反”运动，受理贪污和盗骗国家财产和偷漏税收案件 95 件，其他同“三反”“五反”有关的案件 145 件。1953 年至 1960 年审理 201 件。由于对贪污犯罪逮捕法办的立案标准低，审判打击严厉，而且对犯轻微贪污罪行的人员给予悔过自新机会，1960 年之后，境内贪污案件呈大幅下降趋势。1961 年至 1964 年仅审理 53 件。“文化大革命”时期是贪污犯罪案件的低发期，其间仅审结 1 件；1976 年至 1980 年，境内贪污案件仍较少见。

20 世纪 80 年代开始，贪污贿赂犯罪呈逐步上升趋势。但涉案金额仍较小，涉案人员职务较低，一般由纪律监察部门发现查处，并由检察院起诉到人民法院，由人民法院按照《中华人民共和国刑法》《中华人民共和国刑事诉讼法》进行审判。1985 年审结贪污案 14 件 26 人，1988 年审结严重经济犯罪案件 107 件 206 人，是建院后受理并审判的经济犯罪案件最多的一年。原中国农业银行盂县支行仙人营业所出纳员兼守库员魏某某贪污公款 81951 元，其中勾结他人监守自盗 61242 元，被市中级人民法院判处无期徒刑、剥夺政治权利终身。1989 年，两级人民法院均设立“经济犯罪人员投案自首处”和“经济犯罪举报中心”，敦促一切有经济犯罪行为的人自首坦白，争取宽大处理。50 余名经济犯罪分子投案自首，群众检举揭发了 13 件经济违法行为。1990 年，两级人民法院受理一审经济犯罪案件 24 件 24 人，其中，贪污案 15 件 15 人，对顶风作案、不思悔改的犯罪分子给予严惩，判处 5 年以上有期徒刑等较重刑罚的有 3 案 3 人，占经济犯罪案件的 12.5%。截至 1990 年，全市共审结贪污案件 629 件，占一审刑事案件结案总数的 4.9%。就结案数量来说，“文化大革命”以前较多，共审结 466 件，1966 年至 1972 年共审结 8 件，1973 年至 1990 年共审结 155 件。

1991年审理贪污案24件24人。1994年审理贪污案24件63人。市卫生学校原校长陈某某利用职务之便贪污20974元，被依法判处有期徒刑6年。盂县中国银行原储蓄股股长田某某挪用公款30万元，被判处有期徒刑7年。在全市造成重大影响的阳泉第一监狱原服务公司经理张某某等集体贪污、挪用公款一案侦破后，市中级人民法院与检察机关、纪检监督机关密切配合，依法判处其死刑、缓期2年执行，剥夺政治权利终身；另一主犯吴某某判处无期徒刑，剥夺政治权利终身；其他6名从犯均被判处有期徒刑。

20世纪90年代中后期，境内国有企业改革和改制过程中贪污犯罪大案、要案频发，市中级人民法院全面加强针对贪污犯罪的打击力度。1996年，全市两级人民法院审判贪污犯罪28件34人，挪用公款案1件1人。1997年10月，新版《中华人民共和国刑法》实施，贪污罪、行贿罪、受贿罪和挪用公款罪，统一类归于“贪污贿赂罪”。两级人民法院即按新法之规定，依法严惩贪污贿赂犯罪，全年受理一审贪污、贿赂、挪用公款等经济犯罪案23件34人，审结22件32人，其中贪污案7件12人、挪用公款案5件5人、受贿案3件3人、万元以上大案要案5件。原河坡电厂副厂长北耶路赛德能源发展公司总经理陈某某，贪污公款69万元，挪用公款10万元，被市中级人民法院判处无期徒刑。工商银行新市街办事处工作人员王某某，利用职务之便贪污公款100万元，被判处死刑、缓期2年执行。1998年，阳泉市两级人民法院根据新《中华人民共和国刑法》规定，进一步强化对贪污贿赂罪的审判打击，即审结贪污贿赂案21件31人，其中贪污案11件20人、挪用公款案6件7人。此外，还审结受贿案4件4人。1999年，审结的贪污贿赂案为15件18人，其中贪污案6案9人、挪用公款案为5件5人、受贿案4件4人。

进入21世纪，随着国有企业改革进一步深化，贪污贿赂犯罪大案、要案频发，涉案金额飙升，全市两级法院通过司法审判严厉打击贪污犯罪，推进反腐倡廉。2000年至2001年，审结贪污贿赂案20件23人，其中贪污案12件13人、挪用公款案6件8人、受贿案2件2人。2002年，贪污、贿赂和挪用公款案件上升至32件41人。其中贪污案16件21人、受贿案6件8人、挪用公款案10件12人，是自1997年新版《中华人民共和国刑法》颁布实施后审判同类犯罪案件最多的一年。阳泉市粮油购销总公司原总经理兼泉美康乐美食有限公司董事长高某某因贪污罪被判处有期徒刑14年，追缴其全部赃款。2003年至2004年，因加大了打击贪污贿赂案件审理，境内此类案件有所下降，共审结44件52人，其中贪污案17件22人、受贿案13件14人、挪用公款案13件15人、行贿案1件1人。中国人民银行阳泉分行原副行长刘某因受贿罪、巨额财产来源不明罪被判处有期徒刑9年。市财政局社保科原科长郭某某因受贿罪、巨额财产来源不明罪，被判处有期徒刑11年，没收财产23万余元，追缴其财产差额部分139万余元及907美元。2005年，贪污贿赂案件又呈上升势头，年内审结32件39人，其中审结贪污案12件17人、挪用公款案10件11人、受贿案9件10人、私分国有资产案1件1人。

2006年至2010年，境内贪污贿赂案件呈上升态势，2006年审结贪污贿赂案25件35人，其中贪污案11件18人、挪用公款案8件9人、受贿案4件4人、巨额财产来源不明2件4人。9月8日，郊区人民法院公开审理盂县安监局原局长韩某犯受贿罪、巨额财产来源不明罪一案，数罪并罚执行有期徒刑15年，依法追缴全部非法所得。2007年至2008年，审理贪污贿赂案75件100人。山西华越机械有限公司原董事长冯某某因数罪并罚被判处有期徒刑15年，依法追缴其非法所得的2315246.3元；山西北方晋东化工厂有限公司原总经理单某某因受贿罪、巨额财产来源不明罪一审被判有期徒刑15年，该公司原党委书记王某某因受贿罪、贪污罪一审被判有期徒刑10年。2009年，判处贪污、受贿、挪用公款和渎职等案件54件64人。2010年，审结贪污、贿赂、渎职等职务犯罪案件46件61人，省水利厅原副厅长孙某某因挪用公款、受贿、贪污被判有期徒刑16年。

（二）审判渎职犯罪

阳泉市中级人民法院审判渎职犯罪，大体上可以分为4个阶段。

第一阶段是建院初期（1948）至20世纪60年代初，是渎职犯罪引起审判机关注意阶段。审理的渎职犯罪案件主要集中于国营工矿业、发电厂、基本建设单位、铁路和公路运输部门（公路运输当时主要为马车行，汽车运输较少），渎职犯罪多为生产责任事故。1955年，审判了造成人身伤亡及使国家财产损失的重大责任事故案8件，渎职案12件。“重大责任事故”和“渎职犯罪”往往是紧密联系在一起的。1956年，审判渎职案28件。1958年，阳泉市人民法院开展“司法工作大跃进”，抽出院长1人，审判员2人，分别到三矿、阳钢、工程公司等单位进行安全检查，建立安全组织——治保委员会和治保小组1293个，义务消防员4010名，义务交通员240名，选择典型安全事故案件，通过审判活动进行处理。1959年，审判渎职案17件。

第二阶段是1960年至20世纪70年代末，是渎职犯罪较少发生阶段。在长达20年中，阳泉工矿业和商业得到全面发展，农村人民公社也有长足进步，全民所有制企业和劳动群众集体所有制企业突飞猛进，但渎职这种因行为人滥用职权或玩忽职守，致使公共财产、国家和人民利益遭受重大损失的犯罪行为都较少发生。

第三阶段为20世纪80年代到90年代末，渎职犯罪引起社会注意，并受到人民法院依法审判和打击阶段。1980年至1999年，境内渎职犯罪为低发期，1980年，仅审结渎职案2件。渎职犯罪不再是单一犯罪，规定为“受贿罪”“行贿罪”和“其他渎职罪”的统一体。1986年受理、审结12件18人，其中受理、审结受贿罪9件12人、其他渎职犯罪3件6人。1988年至1989年，受理、审结渎职犯罪13件14人，其中受贿罪10件11人、行贿罪1件1人、其他罪2件2人。1991年，受理、审结渎职犯罪24件24人，其中受贿罪21件21人、行贿罪1件1人、其他2件2人，另审结玩忽职守罪1件1人。1992年始，渎职犯罪包括受贿罪、行贿罪、介绍贿赂罪、泄露国家机密罪、玩忽职守罪、其他渎职罪，阳泉中院审结渎职犯罪14件20人，其中受贿罪7件10人、玩忽职守罪6件9人、其他犯罪1件1人。1996年至1997年，审结玩忽职守案3件5人，其他渎职罪案6件9人。1998年，审结渎职案4件4人，其中玩忽职守案3件3人、徇私枉法案1件1人。1999年，审结渎职案仅有1件，为玩忽职守罪。

第四阶段为2000年后，是渎职犯罪多发频发、造成损失逐渐增多、人民法院加大审判和打击力度阶段。2000年至2001年，审判渎职案2件3人，为玩忽职守罪。2002年至2003年，审判渎职案8件8人，其中玩忽职守罪6件6人、滥用职权罪1件1人、帮助罪犯逃避处罚罪1件1人。2004年至2005年，审判渎职案9件9人，其中玩忽职守罪6件6人、失职致使在押人员脱逃罪1件1人、滥用职权罪1件1人、徇私枉法罪1件1人。2006年，审判渎职案6件6人，其中玩忽职守罪3件3人、滥用职权罪1件1人、失职致使在押人员脱逃罪1件1人、徇私舞弊不移交刑事案件罪1件1人。2007年，审理渎职罪12件15人，其中审结滥用职权罪3件3人、玩忽职守罪7件8人。2008年，受理审结渎职罪13件17人，其中审结滥用职权罪2件2人、玩忽职守罪10件14人、徇私枉法罪1件1人。2009年，受理、审结渎职罪9件12人，其中审结滥用职权罪3件3人、玩忽职守罪6件9人。2010年，受理渎职犯罪案件8件11人，审结7件10人，其中审结玩忽职守犯罪案件6件8人、徇私枉法罪1件2人。

五、审判黑社会性质组织犯罪案件

建市初期，阳泉市司法处即运用审判武器，严厉打击国民党散兵游勇、土匪流寇滋扰和反动会道门活动，保卫新生的人民政权。民国37年（1948）10月，阳泉市人民法院对反革命分子和反革命集团进行审判镇压，全力以赴保卫和促进工、矿业生产和农业生产。这一时期，阳泉市辖区内带有黑社会性质的犯罪团伙，主要是旧社会遗留下来的地痞流氓帮派体系、带有明显政治目的的反革命集团和反动“会道门”组织。20世纪50年代初、中期，阳泉市人民法院先后开展3次镇压反革命运动（含1次肃反运动），对旧社会遗留的社会渣滓进行改造，取缔了一大批利用封建迷信和宗教活动反党、反政府、反社会、反人民的“会道门”。

从20世纪50年代中期到2007年，境内没有发现黑社会组织。2007年12月29日，阳泉市中级人民法院开庭审理了全市第一起具有“黑社会”性质的团伙犯罪案件，经查，被告人史某某以违规设立的“远大公司”为载体，网络社会闲散及部分在逃人员，通过私挖滥采，挂假牌照非法贩运煤炭获取暴利。并以非法获利豢养多名打手，购置钢珠枪、棒球棒、砍刀、菜刀等凶器存于家中、车上。通过实施暴力、威胁等犯罪活动，称霸一方，并致1人重伤、2人轻伤。一审判决后，被告人史某某犯故意伤害罪、组织领导黑社会性质组织罪和寻衅滋事罪，数罪并罚，判处无期徒刑，其他11名被告人分获1年至17年不等的有期徒刑，同时赔偿4名附带民事诉讼原告人各种费用245198.75元。2008年，办理了被告人刘某某、白某某等人组织、领导黑社会性质组织一案，系阳泉建市后第二起涉黑案件。至2010年，未再审理过黑社会性质组织案件。

六、办理监狱执行刑罚案件

境内罪犯在羁押和劳动改造中的减刑、假释和罪犯抗拒改造、脱逃等案件的审判，由各人民政府司法处或人民法院受理、裁定和审判，对罪犯的减刑、假释和加重刑罚工作开展得比较早。

（一）受理和裁定减刑假释案件

1952年6月，阳泉第一监狱（原山西省第二劳动改造管教支队，山西省阳泉荫营煤矿）在郊区荫营镇成立。1981年，市中级人民法院开始承办境内劳改单位服刑罪犯的减刑、假释案件。1982年，从阳泉第一监狱分出固庄大队，组建成立阳泉第二监狱（原山西省第十三劳动改造管教支队，山西省阳泉固庄煤矿）。市中级人民法院负责阳泉市看守所和阳泉第一监狱、第二监狱服刑罪犯的减刑假释案件的受理和裁定。1985年，同阳泉一监、阳泉二监配合，根据罪犯改造情况，对确有悔改表现的罪犯给予依法减刑、假释378人。1986年3月1日，在阳泉中院配合下，阳泉第一监狱在先行试点的基础上施行《联产联改考核奖罚制度》，体现“奖勤罚懒、奖优罚劣”原则，把“减刑、假释”变成“看得见、摸得出、盼得到”的现实，调动了罪犯狱内改造积极性。阳泉一监、阳泉二监先后召开宽严大会10次，办理减刑案件660件。1988年6月27日至7月7日，山西省人大常委会法治工作委员会、省高级人民法院、省人民检察院、省司法厅、省监狱管理局组成联合考察组，对阳泉一监实行的《联产联改考核奖罚制度》进行全面考察，充分肯定其经验和做法。随后，山西省人大常委会下发文件，在全省监狱系统推广，促进了全省监狱系统的规范化和标准化管理。据统计，1981年至1990年，市中级人民法院共办理减刑案件6093件，假释案件440件。

1994年1月，按照省委和省高院统一部署，先后在阳泉一监、二监举行从宽处理大会，依法对192名在押犯予以减刑、假释。1996年，办理减刑案件1643件，有68人得以假释。1997年，为阳泉一监、阳泉二监办理减刑案件1650件，有12人获得假释。1998年，有1868名在监狱改造的罪犯获得减刑，42人得到假释。1999年，有1817名在押服刑人员获得减刑和假释。

2000年至2002年，境内法院审理减刑、假释案件4911件，促进了罪犯的改造自新。2003年，阳泉市中级人民法院发挥在社会治安综合治理中的作用，办理阳泉一监、阳泉二监服刑人员减刑、假释案件1654件，其中假释10人，裁定减刑1644人。2004年，办理减刑、假释案件1684件，其中获得假释的罪犯1278人，被裁定减刑的罪犯406人，是历年来被裁定假释最多的一年。2005年，建立减刑、假释工作听证制度，按制度审结减刑、假释案件1745件。通过公开听证和在监狱设立意见箱等形式，增加减刑、假释案件审理、裁定的透明度，提高了监狱服刑罪犯积极改造的自觉性，促进了监狱减刑、假释工作规范化、法治化、标准化。2006年，依法裁定减刑、假释案件1797件。2007年，坚持“打防结合、注重教化”的方针，受理并审结减刑、假释案件1924件。2008年，审结减刑案件2121件。在涉及监狱减刑、假释案件审理中，阳泉中院采取公开听证和在监狱设立意见箱等方式，强化社会各界对减刑假释案件的监督。2010年，对2254名确有悔改和立功表现的罪犯裁定减刑、假释，对促进劳改单位监管改造，鼓励罪犯认罪服法、悔过自新起到了积极作用。

（二）受理和审判在押罪犯又犯罪案件

1955年，阳泉市人民法院正式受理监狱和看守所在押罪犯又犯罪案件。受案范围为山西省第二劳改队、第一劳改队、阳泉市看守所和太原工程局阳泉工地服刑人员。此后，山西第一劳改队和太原工程局阳泉工地的服刑人员又犯罪案件划归其他法院受理，阳泉市人民法院仅受理阳泉第二劳改队（现山西省阳泉第一监狱）和阳泉市看守所服刑人员的又犯罪案件。1972年，有4名罪犯受到加刑处理。1975年，受理阳泉第一监狱罪犯又犯罪案9件23人。1985年5月，根据公安部指示，河南省公安厅从该省8个劳改单位押解500名犯人到山西省阳泉第一监狱（当时称第二劳动改造管教支队）劳动改造。500名罪犯被押解至该单位后，于11日至13日，犯人互相勾结、制造事端，之后发动暴乱，监管改造秩序遭到严重破坏，即“5·11”反革命持械暴乱事件。事件发生后，阳泉市中级人民法院、阳泉市公安局派出干警，协同该支队守监部队和监狱民警将暴乱平息。9月5日，阳泉中院对“荫营煤矿闹监暴乱事件”召开宣判大会，对20名持械、唆众发动暴乱的反革命犯罪分子进行公开宣判，判处死刑7人、死缓1人、无期徒刑6人、加刑6人。年内，阳泉中院对阳泉一监（时称第二劳动改造管教支队）、阳泉二监（时称山西省阳泉第十三劳动改造管教支队）在押罪犯在服刑期间抗拒改造、构成犯罪的40人，依法给予加重刑罚处罚，以促进顽固抗拒改造和又犯罪罪犯分化瓦解、改恶从善，促进改造，维护监管改造秩序的稳定。

1989年，贯彻最高人民法院和省高院关于审理北京春夏之交政治风波事件的有关规定，对阳泉第一监狱（当时名称为“山西省第二劳动改造管教支队”）在押犯阎拴龙书写反动标语，煽动服刑人员闹监的反革命宣传煽动案进行审判，依法加重刑罚两年。

1996年，审结监狱押犯逃跑案件2件3人。1999年，有3名在押执行刑罚的又犯罪人员被阳泉市中级人民法院依法判处死刑。

2000年至2001年，阳泉一监内重新犯罪7人，均受到严惩；此后至2010年，境内未再发生在押罪犯又犯罪案件。

第三节　民事审判

一、民事诉讼法实施前的民事审判

阳泉建市前，境内各根据地司法科（处）受理、调处辖区内的民事案件，化解各类民事纠纷，保障地方社会秩序和公民合法权益。通过民事审判活动，宣传党的路线、方针、政策，特别是宣传各地人民政府在推行减租减息、男女平等、一夫一妻、婚姻自由、买卖公平等方面的新民主主义理念。

阳泉建市后，在民事审判实践中，积极宣传华北人民政府和解放区关于土地改革的法令，处置并没收境内国民党和阎锡山政权的官僚资本、反革命分子及国民党反动官僚的房产、田产、矿产等，运用审判武器，开展民事审判，调处民间纠纷，保障新生的地方人民政府和国家、集体、公民及法人的合法权益。

1950年至1953年，阳泉市人民法院根据政务院关于《〈婚姻法〉执行情况的指示》和中共中央、政务院《关于贯彻〈婚姻法〉的指示》，进行《中华人民共和国婚姻法》宣传。1954年至1959年，境内法院加强《中华人民共和国婚姻法》的贯彻，依法解除一部分历史反革命分子、现行反革命分子、地主分子、富农分子、坏分子、右派分子配偶的申请离婚案件，判决了一批在阳泉第一监狱（山西省第二劳动改造劳教支队）服刑罪犯配偶提出的离婚申请。20世纪50年代中期至60年代初，境内离婚案件呈逐年下降趋势。1961年，境内民事案件急剧增加，特别是党的“工业十二条”和“农业六十条”政策得到落实后，人与人、个人与集体之间的关系及对财产所有制方面有了明确认识，出现了一些为数不多的地基、房产、树木、继承权等民事纠纷；过去一些本来经过基层调解即可解决的矛盾纠纷起诉到人民法院，增加了民事案件的数量。全年受理民事案件906件（含上年旧存6件），较1960年上升186.71%，其中婚姻案件781件，房产、地基、树木、继承、合同22件，抚养、债务、赔偿纠纷33件。全年审结民事案件865件，未结41件。

1966年至1973年，因“文化大革命”，阳泉市人民法院的审判工作先后由“阳泉市公安机关军事管制委员会审判办公室”和“阳泉市革命委员会保卫部审判办公室”行使，主要受理重大刑事案件和反革命案件，民事审判中绝大多数为离婚案件，包括阳泉第一监狱在押犯配偶的离婚案。财产、继承、经济等民事案件所占比重较轻。

1973年8月，阳泉市中级人民法院成立后，在民事审判中，继续贯彻“依靠群众、调查研究、调解为主、就地解决”的方针，当年即受理、调解462件民事案件，其中婚姻案件303件，其余为房产、地产、继承、经济、子女争执等案件。1976年，阳泉市中级人民法院民事审判工作贯彻“全省司法工作学大寨”现场会议精神，推广昔阳县司法工作经验，坚持走群众路线，建立健全全市人民调解委员会，实现“小事不出队（车间），大事不出社（厂），矛盾不上交，解决在基层”。1974年至1978年初，在市中级人民法院主导下，抽调大批干部，陆续组建起城区人民法院、郊区人民法院、矿区人民法院。

二、民事诉讼法实施后的民事审判

中共十一届三中全会后，民事审判步入有法可依轨道。1979年9月，全市民事审判工作座谈会召开，安排部署民事审判重心的转变，为全市社会主义经济建设和政治稳定服务。1983年，平定县人民法院、盂县人民法院划归市中级人民法院管辖。至此，市中级人民法院下辖城区、矿区、郊区、平定县、盂县人民法院，为三区两县民事二审终审法院。随着《中华人民共和国民事诉讼法（试行）》《中华人民共和国民法通则》《中华人民共和国继承法》等国家法律的颁布实施，民事审判工作进入有法可依的新的历史阶段。1990年，全市两级人民法院普遍建立“紧急民事案件快速处理制度”，规定对案情紧急的民事案件，必须在24小时以内处理，同时要求审判人员在日常工作中注意发现矛盾扩大或激化苗头，及时采取措施，消除隐患。当年人民法庭即审结一审民事案件1045件，占全市结案总数的72%，同时审结简易纠纷案件338件。各人民法庭在完成审判任务的同时，积极协同有关部门加强对基层调解组织的建设和指导，使大量的民事纠纷消除在基层和萌芽状况，民事案件收案第一次出现下降趋势，有效减轻了人民法院民事审判工作的压力。

1993年，阳泉市两级人民法院对民事审判方式进行改革，强调当事人举证责任和强化庭审功能，对各类民事案件当事人举证的项目、种类和方式方法作了明确规定，并认真加以执行，审判人员工作重心逐步从查证、取证转移到组织庭审质证、认证上来，从而使办案节奏加快，办案效率提高。20世纪90年代中后期，随着改革开放的进一步深入，境内的劳动群众集体所有制企业，基本完成了所有权和经营权改组，实现了民营化。境内国有大、中型企业，普遍进行了股份制改革和资产重组、破产处置，新的经济关系开始出现，民事案件也有所增多。

进入21世纪，阳泉市中级人民法院针对形势发展对审判工作的要求，撤销经济审判庭，建立了大民事审判格局。两级人民法院受理的民事案件出现了多元倾向，除传统的婚姻、继承、抚养、赡养、邻里纠纷和财产权属问题，如房屋、宅基地、山林、债务、赔偿案件外，名誉权、人身权、劳资纠纷等民事案件急增，企业破产、知识产权、适用特殊程序的案件大量涌现。阳泉市两级人民法院积极推进“大民事审判”改革，紧紧围绕“公正与效率”主题，息纷止争，慎重审理企业改制过程中发生的合并、破产案件，稳妥审理境内涉及征地拆迁、旧城改造、安置补偿、公益事业建设中发生的纠纷，认真审理山林土地承包、征地补偿费分配、乡村交通建设、农民工权益保护等涉农案件，处理了大量民事纠纷，依法平等保护了自然人、法人和其他组织的民事权利。2001年，受理一审民事案件3712件，审结3404件，有1715件案件通过疏导教育以调解或一方当事人撤诉结案，占50.4%；受理二审民事案件513件，审结501件。2002年，确立大民事审判格局后，两级法院按照新的民事审判模式，受理、审判和调解民事案件。一审受理婚姻、家庭、继承、相邻、权属等传统民事案件3180件，审结2953件，有2020件案件通过疏导教育以调解或一方当事人撤诉结案，占61%；受理二审民事案件375件，审结365件。2003年，依法审理婚姻家庭、继承、相邻、权属、损害赔偿纠纷案件2584件。其中对因拆迁安置、人身损害赔偿、劳动争议等容易引发群体诉讼的案件，全市法院在受理的同时，积极做好疏导工作，注重了社会效果和法律效果的统一。平定锁簧法庭创立的庭前先行调解、庭上依法调解、庭后适时调解和诉外指导调解“3+1”模式受到最高院和司法部表彰。2004年，境内民事审判工作重点是妥善处理群体性纠纷案件。因房屋拆迁安置、矿产开发、劳动争议等纠纷引发的群体诉讼有较大增加，此类案件纷争标的额大，当事人众多，涉及面广，矛盾易激化，两级法院慎重受理此类案件，坚持及时、就近、就地处理原则，力争做到合法、合情、合理，把矛盾化解在初始阶段。全年审理婚姻家庭、相邻关系、损害赔偿等常发性案件3310件，审结3100件。在审理中，特别注重依法保护妇女、儿童、老人、残疾人等弱势群体的合法权益。

2005年，受理婚姻家庭、损害赔偿、劳动争议等民事案件1414件，审结798件。在受理审判民事案件中，两级法院针对审判实践中出现的新问题展开理论调研，积极寻找解决矛盾纠纷的有效途径，既满足当事人合理需求，又平等保护双方人权益。为方便群众诉讼，各基层法院均设立巡回法庭，以方便边远地区民众诉讼，减少群众诉累。与此同时，各基层法院还积极提高法庭审理的民事案件的简易程序适用率，方便了群众诉讼，提高了审判效率。

2006年后，境内民事案件大幅上升，两级法院本着谨慎和维护稳定的原则，“调判结合，注重调解，能调则调，当判则判”，有效化解矛盾，受理婚姻家庭、损害赔偿、劳动争议等民事案件2244件，审结1955件。2007年，以全国第七次民事审判工作会议精神为指导，境内法院重点保护妇女儿童、老人、残疾人等弱势群体的合法权益，受理婚姻家庭、损害赔偿、劳动争议等民事案件2347件，审结2197件。2008年，境内法院按照科学发展观和构建社会主义和谐社会的要求，及时调处民事纠纷，促进社会安宁稳定，全年受理婚姻家庭、损害赔偿、劳动争议等民事案件2705件，审结2393件。2009年，两级法院围绕“保稳定、保发展、保民生”三大任务，高度重视审理涉及民生的案件，着力化解事关群众切身利益的重点难点问题，审结婚姻家庭、相邻关系、民间借贷等普通民事案件2302件，重点保护了妇女儿童、老弱病残的合法权益；审结劳动合同、劳动争议等民事案件485件，维护劳动者特别是农民工的正当权益；审结人身伤害、医疗纠纷、交通事故等民事损害赔偿案件498件，努力实现弱势群体的合法诉求。2010年，两级法院切实增强服务大局的针对性和实效性，审理房屋买卖、劳动争议、医疗、消费者权益保护等案件235件，审结权属确认、人身损害、宅基地纠纷等权属、侵权案件1110件，审结离婚、抚养、继承等婚姻家庭案件1927件，妥善调节婚姻家庭、人身财产关系，注重保护妇女儿童和老年人的合法权益，有效促进了家庭和社会的和谐。

第四节 经济（民商事）审判

一、建市初期的经济审判

阳泉建市之初，境内的司法部门以审判为武器，严厉打击资本家囤积物资、哄抬物价、消极生产，甚至故意破坏工矿业生产和经济恢复等不法行为，调解和审理当时生产和经营领域发生的经济纠纷案件。

1951年，境内的“三反”运动有效整肃了各行各业存在的官僚主义和贪污浪费现象，特别是在“五反”运动中，阳泉市人民法院配合公安、检察部门严厉打击资本家不法行为，整顿经济秩序，维护市场稳定。1954年9月，阳泉市人民法院成立“经济保护庭”，对境内的资本主义工商业进行社会主义改造，到1956年，此项工作基本完成，国家在粮食调配方面实行统购统销，涉及工矿业生产的工业物资实行国家计划供应或无偿调拨，境内生产、经营和流通领域的经济纠纷案件基本上消失。但在稍后1958年开展的人民公社化运动中，一度出现“一平二调”和“一大二公”等严重侵害农民群众个人利益，损害各人民公社和各生产大队、生产小队集体财产和权益的现象。因此，阳泉市人民法院在20世纪60年代初，大量运用调解手段，化解了一大批发生在农村的集体和集体之间、集体和工矿业之间的经济纠纷。

二、改革开放初期的经济审判

中共十一届三中全会召开至20世纪80年代初，由于国家实行严格的计划经济体制，农村实行“政社合一”的人民公社制度，加之在此期间国家政治体制上实行党的一元化领导，国家财产、集体财产均得到较好保护，因此，涉及现代司法意义的“民商事”矛盾纠纷基本上没有发生。

1980年10月，阳泉市中级人民法院设立经济审判庭。1981年开始受理经济纠纷案件，当年受理购销、建筑等合同纠纷案件25件，审结23件。1982年，城区、矿区、郊区人民法院相继设立经济审判庭。1983年9月，平定县、盂县人民法院归属阳泉市中级人民法院管辖后，经济审判工作在全市两县三区全面展开。截至1985年，全市两级法院经济审判庭共审结经济案件373件，诉讼标的总金额达806万余元。二审经济案件3件。1980年至1985年，境内法院审理经济纠纷案件呈如下特点。一是从结案方式上看，调解结案率高，共调解处理290件，占审结总数的78%，贯彻了民事诉讼法关于着重调解的原则。二是从案件的类型上看，购销合同纠纷案件占多数，仅1984年和1985年所受理的352件经济纠纷案件中，购销合同纠纷案件就有248件，占审结总数的70%以上。三是购销合同纠纷中，多属拖欠货款纠纷，绝大部分是以外地购买耐火建筑材料，长期拖欠货款为主要内容。四是农村承包合同纠纷案在购销合同纠纷以外的案件中也占一定比例。仅1984年和1985年，其他经济纠纷案104件，农村承包合同纠纷案25件，占到24%。此类合同纠纷案件中，又以土地承包、乡村采矿及其他小企业的承包果园、运输工具的承包居多。五是从诉讼标的金额看，呈直线上升趋势。1981年至1985年的5年中，诉讼标的总金额为806.79万元。其中，1981年至1983年总金额仅为83万元；1984年则翻了一番，为164.95万元；1985年净增2.4倍，为558.84万元。为适应境内经济发展的要求和经济纠纷案件成倍增长、亟待处理的需要，市中级人民法院改进审判方式，于1988年7月在省内率先成立经济纠纷调解处。该处坚持“自愿、公正、合法、高效、便民”办案原则，标的不分大小，随诉随收，随调随执，程序简化，灵活快捷，受到社会各界好评。1990年3月，省高院院长赵耀仁在向省人大报告工作中对这一做法给予肯定，并向全省法院系统推广。截至1990年12月，该处共调解经济纠纷543件，占受理案件总数的94%，标的1699万元，执行率90.7%。1981年至1990年，全市两级人民法院共受理一审经济纠纷案件4997件，审结4587件，结案标的金额10737万元；受理二审经济纠纷案件57件，审结57件；受理再审经济纠纷案件7件，审结7件。在所结案件中，调解结案率较高，如1990年一审经济纠纷结案1057件，调解结案率为56%。

1991年11月，全省第二次经济审判工作会议召开，会议讨论修改了山西省高级人民法院起草的《关于经济审判工作为搞好国营大中型企业服务的具体措施》等文件。文件规定对涉及国营大中型企业的经济纠纷案件实行优先立案、优先审理、优先执行、慎重采取诉讼保全措施。文件下达后，全市两级法院重点解决企业间的债务案件，广泛使用支付令、涉外调解等手段，及时高效地处理各种经济纠纷，优先解决了一批有影响的、标的大的案件。同时还审理了一批企业承包、租赁、联营、技术转让等纠纷案件，依法调节了各种经济关系，促进了经济协调发展。针对全市部分大中型企业三角债困扰、资金紧缺的情况，两级法院优先审理涉及大中型企业的经济纠纷案件，坚持有利于企业生存、发展，有利于促进当地经济发展，有利于维护社会稳定的原则，宜调则调，能快则快；同时，严格依法办案，不轻易采用查封、扣押等强制措施，保证企业生产不受影响。1993年11月，中共十四届三中全会召开，党中央作出《关于建立社会主义市场经济体制若干问题的决定》，此后，随着市场经济的不断完善，境内企业间的经济交往逐渐增多，经济纠纷也大量激增，民商事审判进入快速发展阶段。1995年5月，第三次全省经济审判工作会议在晋城召开，会议提出经济审判工作的4个重点，即重点审理好与深化国有企业改革有关的案件、重点审理好与农业和农村经济发展有关的案件、重点审理好与宏观调控措施有关的案件、重点审理好新类型案件和涉外及涉港澳台案件。会后，全市两级法院积极稳妥审理上述4类案件。10月，经济审判庭更名为经济审判一庭、经济纠纷调解处更名为经济审判二庭。1998年，全市两级人民法院以调整社会经济关系、保障改革开放和经济建设顺利进行为工作中心，努力更新观念，使经济审判工作“变被动服务为主动服务，变就案办案为全面服务，变事后保护为超前服务，变封闭审判方式为开放方式”，坚持做到深入基层，上门收案，巡回审理，实地办案。一审结案调解率达82.5%。同时，扩大服务领域，先后开展了农业银行依法行政，乡镇企业清理债权和交通运输部门清理外欠等专项服务。全年共受理一审经济纠纷案件1916件，同比上升近4倍；审结667件，结案标的达1927.5万元。

三、大民事格局下的商事审判

2000年8月，阳泉市两级法院开始机构改革。针对民事审判、经济审判、知识产权审判都是平等民事主体间的权利义务关系，适用民事诉讼法这一特征，在原民事审判庭基础上，建立民一庭；在经济审判庭基础上，建立民二庭；在原知识产权庭基础上，建立民三庭。阳泉法院民商事审判格局形成。2001年12月，市中级人民法院成立民事审判二庭，具体审理民商事案件，依法调整公民之间、法人之间、公民和法人之间的经济法律关系，维护社会经济秩序，保护当事人合法权益。通过审理大量的经济纠纷案件，调整经济法律关系，促进了全市经济体制改革，保护了经济案件当事人合法权益。2003年，市中级人民法院民商事审判工作把握公正与效率主题，受理民商事案件197件，审结178件，结案标的8.17亿元，诉讼收费435.3万元。其中，审结涉及金融部门的借款合同纠纷案件42件，标的4.3亿元，为有效防范化解金融风险，维护金融安全提供了司法保障。同时还受理了阳泉钢铁公司、阳煤集团四矿、春泉化学工业公司等9家企业申请破产的案件，破产标的7.5亿元。经审判人员努力，还审结了宝峰硫酸厂、阳泉酒业公司等5家企业破产案件，审结标的1.8亿元；审结涉及个体工商户、民营企业的民商事案件23件，标的1.2亿元，为阳泉市民营经济健康有序发展创造了较好的司法环境。2004年，阳泉市两级法院把调节各类市场主体间的财产关系、契约关系，规范市场经济秩序作为首要任务，全年审结国有企业债务纠纷案件15件，标的1800万元；审结涉及国有企业改制、联合、兼并、破产、租赁、承包经营纠纷案件71件，标的6.1亿元；审结涉及个体、民营企业的案件150件，标的1200万元；审结金融纠纷案件385件，标的4.7亿元；审结涉及矿产资源租赁、承包、转让案件12件，标的1700万元。全年共受理各类一审民商事案件5320件，审结4806件，结案标的11.28亿元；受理二审民商事案件535件，审结434件。2005年，全市法院在经济审判工作中依法调处社会经济关系，平等保护各类市场主体合法权益，全年审结国有企业债务纠纷案件18件，标的2750万元；审结涉及国有企业改制、联合、兼并、破产、租赁、承包经济纠纷案件5件，标的4.26亿元。在审结标的2.4亿元，涉及职工1.39万人的阳煤集团四矿有限责任公司破产案中，市中院以妥善安置职工为重点，最大限度维护债权人利益，历时近2年圆满审结该案；同时还审结了山西晋东化工（集团）有限责任公司、春泉洗涤用品总厂和硫铁矿等一批企业破产案件；审结涉及148户学生家长诉宏昌学校返还教育基金群体性诉讼纠纷案件；审结涉及个体、民营企业的纠纷案件20件，标的2900万元；审结金融纠纷案件36件，标的7.5亿元。全年共受理各类经济纠纷2996件，审结2682件，结案标的12.33亿元。

2006年，全市两级法院受理各类一审民商事案件4763件，审结4099件，结案标的9.98亿元；受理二审民商事案件460件，审结429件。其中，受理婚姻家庭、损害赔偿、劳动争议等民事案件2244件，审结1955件。对于城镇、农村因集体财产处置产生的群体诉讼，谨慎维护稳定，有效化解矛盾，妥善处理了盂县孙家庄镇东坪村村委会上诉村民赵某某等382人集体诉讼案。民二庭审结平定塑料厂、平定县橡塑制品厂、阳泉市锦华服装厂、阳泉轻工实业发展总公司、阳泉市百盛经济贸易公司、阳泉市粮油经营中心、阳泉市日用化工有限责任公司等一批破产案件，为阳泉的企业改制、破产重组以及经济发展，发挥了法律调节作用。2007年，市两级人民法院再次对民事审判工作和民商事审判工作进行改革，由立案庭按照规定，就受理的民事案件和民商事案件，分别向民一庭、民二庭、民三庭派送所受理的民事案件和民商事案件，形成了大民事审判格局。全市法院系统共受理各类一审民商事案件4749件，审结4239件，结案标的6.4亿元；受理二审民商事案件445件，审结366件。年内，金融资产公司拍卖转让的债权案件诉至中院的近百件，这类案件大部分是20世纪90年代形成的不良贷款，跨度时间长，被告企业几经改制、身份变换、人员变更，对应依法进行的诉讼程序和应履行的法律手续带来很大难度。经多方查找、送达、传唤，做到程序合法到位，审理时严把案件时效关、主体关、法律适用关，加大调解力度，能调则调，当判则判，无法依程序进行或难以支持原告主张的，做好其撤诉工作，使案件大部分得到审结或妥善处理。全年审理有关债权诉讼案件100余件，处置不良资产2.2亿元；审结各类合同纠纷案件1691件，标的近4亿元；依法审结企业破产案件7件，结案标的1980万元。2008年，全市两级法院共受理各类一审民商事案件3940件，审结4316件（含旧存376件），结案标的4.1亿元。受理二审民商事案件483件，审结410件。及时审判和调处金融借款、工矿产品购销等合同纠纷案件和公司、证券、票据纠纷案件以及企业破产案件，审结2060件，结案标的2.8亿元。2009年，全市两级法院协调利益关系，促进社会和谐，全年共受理各类一审民商事案件4870件，审结4862件（含旧存），诉讼标的5.5亿元；受理二审民商事案件527件，审结515件（含旧存）。2010年，民商案件有较大幅度增长。两级法院切实增强服务大局的针对性和实效性，受理各类民商案件5379件，审结5624件（含旧存）。其中，围绕扩大内需、优化环境，依法审理买卖、借款、担保、建筑工程等合同案件2096件，涉及标的3.9亿元，促进了资金快速流转和经济有序发展。年内，围绕转变经济发展方式，妥善审理企业破产清算、重组改制等案件14件，促进产业升级和经济结构调整；围绕城乡统筹、新农村建设，依法审理农村土地承包、山林权属等涉农纠纷案件118件，有效保障了农村集体利益和农民权益，较好服务了城乡统筹发展。

全市法院系统民商事调解工作会议

第五节　行政审判

一、行政诉讼法实施初期的行政审判

1988年前，境内因没有行政审判职能，所以未有过关于行政诉讼类案件。1988年，市中级人民法院新增行政审判业务，开始受理行政诉讼案件。1989年2月，市中级人民法院正式成立行政审判庭。随后城区、矿区、平定县、盂县、郊区5个基层人民法院也相继建立行政审判庭，并依据《中华人民共和国民事诉讼法（试行）》的有关规定，开始受理行政案件。至1990年9月，共受理一审行政案件15件，审结14件；受理二审行政案件7件，审结7件。1990年10月1日《中华人民共和国行政诉讼法》正式实施后，全市两级人民法院严格依法办案，全面开展行政审判工作，保护公民、法人和其他组织的合法权益，促进行政机关依法行政。据统计，1988年至1990年，全市两级人民法院共受理一审行政案件20件，审结19件。在已结案件中有治安行政案件13件，占68.4%；土地行政案件4件，占21%；食品卫生行政案件1件，占5.3%；其他行政案件1件，占5.3%。受理二审（复核）行政案件9件，审结9件。

1991年，阳泉市两级人民法院积极开展行政审判工作，认真审理执行与依法治市有关的案件，行政审判工作步入规范化轨道。全年受理一审行政案件18件，审结17件，结案率94.4%。市中院受理二审行政案件8件，审结8件，结案率100%。两级人民法院运用行政审判职能，参与依法治市工作，依法审理、执行了一大批与依法治市关系密切的行政案件。市中院依法审理阳泉居民翟某某诉山西省城乡建设环保厅规划行政处罚案，依法判决翟某某败诉，并在判决后根据行政机关申请，迅速采取措施，将其违法建成的二层小楼强制拆除。该案的依法审判在全省引起强烈反响，推动了当年全省和全市的清房工作。1993 年，两级人民法院狠抓专业法庭建设，在全市路政管理部门普遍建立"公路法庭"，设立"土地法庭"2 个、"计划生育法庭"1 个。当年"公路法庭"受理公路行政执行案 24 件，依法强制拆除违章建筑 30 多处。全年受理一审行政案件 11 件，审结 11 件，结案率达 100%；受理二审行政案件 6 件，审结 5 件，结案率为 83.3%。1994 年，两级人民法院加强专业行政法庭建设，设立公路、土地、计生等专门法庭 12 个，受理一审行政案件 11 件，审结 11 件，结案率 100%；受理二审行政案件 5 件，审结 4 件，结案率 80%。1995 年，仅有一审行政案 1 件。

1996 年，受理并审结一审行政案件 10 件，市中院受理并审结二审行政案件 5 件。年内，行政案件受理审判呈现三个特点。一是坚持依法保护公民、法人和其他组织的合法权益，监督行政机关依法行政。山西电力公司阳泉发电厂诉阳泉市水利局"水利行政处罚"一案，一、二审法院均维护国家政策与国家利益，依法判决撤销了阳泉市水利局下发的行政处罚决定。二是强化行政申请执行，促进依法治市。年内受理行政申请执行案件 440 件，实际执行 436 件，执行标的 283 万元。盂县人民法院根据行政机关申请，对 207 国道两旁损害路权管理的违章建筑开展执行会战，依法强制拆除 15 处 35 间违章建筑。三是认真清理整顿派出法庭，确保执法活动规范化。市中级人民法院于 9 月召开土地法庭工作会议，明确规定了土地法庭的收案范围、处理程序、执法纪律等，各基层人民法院"土地法庭"工作纳入制度化、规范化轨道。1997 年，受理一审行政案件 13 件，审结 9 件。根据行政机关申请，依法办理行政机关申请强制执行案件 390 件，执行 378 件，为行政机关执行回各种行政规费 500 万元。11 月，市中院根据阳泉市拆迁办申请，圆满解决了矿区桥东街原运输工厂宿舍区 43 户居民的搬迁问题，保证了市政建设的顺利进行。1999 年，共受理一审行政案件 20 件，审结 18 件。其中维持行政机关具体行政行为的 6 件、撤销行政裁决的 5 件、作其他处理的 7 件。受理行政机关申请执行案件 465 件，执行 356 件，执行标的 390 万元，保障和促进了行政机关依法行政，维护了相关当事人的合法权益。

二、新世纪行政审判工作的发展和完善

进入 21 世纪，全市两极法院积极推进依法治市，行政审判工作取得明显成效。特别是 2001 年，随着依法治国观念逐步深入人心，境内行政案件出现大幅上升态势，一、二审行政案

件均创历史新高。全市法院共受理一审行政案件42件，审结37件；市中院受理二审行政案件25件，审结24件。两级法院严格依法监督行政机关具体行政行为，先后判决撤销具体行政行为6件，判决行政机关履行法定职责1件。同时，对于行政机关依法行使的管理职权，特别是行政机关整顿规范市场经济秩序的管理行为予以保障，先后依法维持具体行政行为12件，执行行政机关申请强制执行的案件443件，执行标的573万元。广东省南海市鑫丰铝业公司阳泉铝厂制假售假、抗拒行政执法机关依法查处，引起中央领导和全国联合打假办关注，市技术监督局依法作出行政处罚决定后，被处罚单位既不履行也不起诉，市中级人民法院责成城区人民法院依法执行，经过半个月努力，40万元罚款和90万元加重处罚金一次执行完毕，有力支持了行政机关打击制售假冒伪劣产品的行动，维护了法律尊严。2002年，境内一审行政案件继续保持上升势头，二审行政案件有较大幅度下降。全市基层人民法院受理一审行政案件55件，审结48件，市中院受理二审行政案件11件，全部审结。两级法院在行政审判工作中，依法监督行政机关具体行政行为，依法判决撤销具体行政行为10件，判决行政机关履行法定职责2件，有效维护了行政管理相对人的合法权益，同时，对行政机关整顿规范市场经济秩序管理行为予以支持，先后依法维持具体行政行为22件，执行行政机关申请强制执行的案件165件，执行标的35万元。盂县南娄镇大沟村第五届村委会成员不服盂县人民政府作出的《关于大沟村第五届村委会换届选举无效的决定》，依法提起行政诉讼。经盂县人民法院一审、阳泉市中院二审认为，盂县人民政府无权作出选举结果无效的决定，依法判决撤销盂县人民政府的行政行为，有效维护了广大村民的合法权益，该案成为阳泉一、二审人民法院首次依法撤销县级人民政府决定的行政案件，在境内引起广泛反响。2003年，行政案件大幅上升，全市法院共受理一审行政案件77件，审结73件；市中院受理二审行政案件23件，审结21件。其中判决撤销行政机关的具体行政行为10件、判决行政机关履行法定职责1件、判处依法维持具体行政行为案件26件。此外，依法执行行政机关申请强制案件57件，执行标的179.06万元。2004年，阳泉市两级人民法院加强对具体行政行为合法性的审查，严格依法审理行政诉讼案件，一审行政案件持续攀升势头有所遏制，一审受理行政案件46件，审结45件；二审行政案件受理22件，审结22件，受理行政执行案件20件，执结10件，标的57.4万余元。受理国家赔偿案件4件，决定赔偿3件。平定县27名大中专毕业生诉该县教育局、县大中专招生委员会、县人民政府，要求三被告履行合同约定的安置工作义务。平定县人民法院依法审理该案，一审判决三被告履行安置义务。三被告不服一审判决，起诉至阳泉市中级人民法院，市中院在二审中维持一审判决，维护了学生合法权益。2005年，全市两级法院针对各行政机关在行政管理中存在的权法程序问题，及时提出司法整改建议，促进依法行政，维护相对人合法权益。一审受理行政案件63件，审结58件；二审受理行政案件24件，审结21件。在一、二审受理审结的案件中，涉及公安部门的27件，涉及资源、土地、房地产部门的16件，涉及城建、卫生、劳动与社会保障及计划生育部门的8件，其他12件。同时，两级人民法院加大非诉行政申请执行案件力度，受理非诉行政执行案件11件，执结11件，标的达400余万元。受理国家赔偿案件2件，撤诉1件，决定赔偿1件。

2006年，全市两级人民法院积极尝试行政审判程序改革，强化协调调解机制，对于当事人意见趋同的案件施行调解结案，较好化解了诸如拆迁纠纷等为社会广泛关注的矛盾。年内，一审受理行政案件48件，审结44件；受理二审行政案件13件，审结12件。其中，涉及公安部门的行政案件9件，涉及资源、土地、房产部门的案件13件，涉及城建、工商、劳动与社会保障、计划生育部门的案件13件，其他行政案件13件。同时，受理非诉行政案件4件，执结4件，执行标的262万元。2007年，两级人民法院积极探索行政案件协调和解机制，在不损害国家、公共和他人合法权益前提下，建议由行政机关完善、改变违法或不当行政行为，补偿行政相对人损失，允许行政相对人自愿撤诉，促进群众与行政机关相互理解。年内，受理一审行政案件37件，审结33件；受理二审行政案件13件，审结12件。2008年，市中级人民法院探索行政案件协调和解新机制，在立案阶段即对诉讼当事人进行行政诉讼指导和风险提示，减少人民群众因对法律条文和诉讼风险不明引起的判后缠诉及上访，减少群众不必要的诉讼负担。一审受理行政案件26件，审结26件；二审受理行政案件19件，审结19件。2009年，全球金融危机蔓延，境内行政一审案件呈上升趋势，不服行政处罚案件增长明显。市中院首次发布《2007至2009年全市法院行政案件司法审查工作情况报告》的行政审判“白皮书”，对全市行政案件的基本情况、行政案件现状的成因利弊、行政执法存在的问题和败诉原因进行了分析，并对预防和化解行政争议、促进依法行政提出相应的司法建议。全年受理一审行政案件58件，审结64件（含旧存6件）；受理二审行政案件21件，审结14件。在裁判结果中，依法维持具体行政行为15件，部分撤销或撤销5件，原告撤诉37件；通过行政审判，支持和帮助行政机关改善行政执法工作，维护良好的社会管理秩序。2010年，两级法院贯彻执行最高法院《关于依法保护行政诉讼当事人诉权的意见》，依法审理行政诉讼案件，切实保护公民、法人和其他组织的合法权益，审慎处理土地征用、房屋拆迁、规划许可等行政案件，积极采取协调、和解方式，实质性化解争议，共受理各类行政案件50件，审结53件（含旧存）。认真贯彻执行《中华人民共和国国家赔偿法》，依法做好国家赔偿工作，审结国家赔偿案件1件。

第六节　未成年人案件审判

一、中共十一届三中全会前的未成年人案件审判

境内的未成年人案件审判可追溯到20世纪30至40年代，按照当时晋察冀和晋冀鲁豫边区有关少年案件审判的规定，由当时的人民军队或人民政府司法部门予以受理、调解或审判。其时，战事频繁，境内未成年人案件审判以管教为主，刑罚为辅。涉及重大刑事犯罪的，由人民政府司法处简单审判后，依照晋察冀边区或后来的华北人民政府司法部、华北人民法院相关规定，酌情判处适当刑罚，即交由解放区设立的监狱执行；一般或轻微刑事案件，由人民军队或人民政府包括政府司法人员对其进行思想品德和守法教育，然后责成其监护人进行监管。针对未成年人案件审判，多采用调解方式维护未成年人当事人合法权益，审判方式并不公开。民国36年（1947）阳泉建市后，境内针对未成年人案件的受理和审判仍沿袭解放区的相关规定进行，主要采取教育为主、刑罚为辅的方针。境内偶然发生的未成年人案件，多属于小偷小摸、调戏或猥亵幼女之类的轻微犯罪，一般通过学校批评、家长管束或法院干警训诫等形式进行教育、感化和挽救。

20世纪50至60年代初，境内未成年人犯罪率始终保持一个较低水平。针对未成年人犯罪中的盗窃、抢劫、奸淫幼女及参与流氓和流氓团伙活动等，人民法院坚持预防为主、刑罚为辅和教育、挽救、感化并重的方针，根据党和国家不同时期、不同阶段的政治运动，特别是根据当时境内刑事犯罪活动的新动向和新特点，充分发挥人民法院在预防犯罪方面的独特作用，寓教育和预防为审判当中，对未成年人犯罪进行提前干预和超前防范。

“文化大革命”前期，阳泉市人民法院受到冲击被撤销建制，审判权曾一度（1966年至1973年）被“阳泉市革命委员会保卫部”收回，由保卫部设立的“审判办公室”行使，但针对未成年人法治教育和犯罪预防工作始终没有停止，曾会同教育部门配合特定时期、特定任务的“工宣队”“农宣队”“军宣队”等，对在校中、小学生开展经常性的法治教育、时事政治教育和形势教育，配合老工人、老农民对学生开展“忆苦思甜”活动，配合各学校开展“学工”“学农”“学军”等政治活动和社会实践活动。1973年，阳泉市中级人民法院升格为二审法院，并恢复行使审判权，对未成年人案件的审判由刑事审判庭负责。

二、改革开放后的未成年人案件审判

中共十一届三中全会至20世纪80年代初，为确保对未成年人犯罪预防的政策性、有效性，境内人民法院常派干部到各学校，对教职员和在校学生进行法治演讲、就案说法；对重大案件和案犯的宣判、公判活动，会优先邀请教育部门的领导、学校的教职员工和各学校学生参加；涉及学校和教育系统教职员工犯罪的公开逮捕、公开审判或公开宣判大会，人民法院往往要刻意选择刑案当事人工作的单位或就近的规模较大的中学操场举行。尽管这些活动带有特定时期的政治色彩，但对预防未成年人犯罪仍起到较好的教育、警示作用，这也是境内未成年人案件始终保持较低水平的重要原因。

从20世纪80年代开始，境内未成年人案件逐渐增多。1980年，境内法院共审判不满18岁的少年犯罪嫌疑人29人，18岁至25岁的青年犯罪嫌疑人76人，占当年被人民法院审判的犯罪嫌疑人的57%。到1981年，境内未成年人犯罪问题更加突出，两级人民法院不公开审判不满18岁的犯罪嫌疑人54人，公开或不公开审判18岁至25岁的犯罪嫌疑人99人，占当年被审判刑事案件的54.6%。1983年至1985年“严打”期间，境内法院按照“教育、挽救、感化、改造”的方针开展审判，未成年人犯罪现象曾一度有所下降。1985年，结合三年“严打”整治斗争，境内选派有理论知识和实践经验的干部，深入到80余个厂矿、学校乡村讲法治课，教育人民群众特别是未成年人懂法、知法、守法，受教育者约7.1万人次。年内，审结不满18周岁的未成年罪犯31人，其中抢劫犯罪8人、盗窃犯罪8人、强奸犯罪6人、奸淫幼女犯罪2人、伤害犯罪5人、流氓犯罪2人。18岁至25岁的青年罪犯124人。1986年，在加强对未成年人法治教育的同时，审结不满18周岁的未成年罪犯52人，其中抢劫犯罪10人、盗窃犯罪24人、强奸犯罪3人、奸淫幼女犯罪9人、伤害犯罪5人、流氓犯罪2人。18岁至25岁的青年罪犯185人。年内，未成年人犯罪案件呈上升趋势，尤其是财产性犯罪和奸淫幼女犯罪，分别净增18件和4件，财产性犯罪增加212.5%，奸淫幼女犯罪增加450%。1988年，受资产阶级自由化泛滥影响，未成年人犯罪案件继续呈上升状态，全年审结不满18周岁的未成年罪犯77人，其中抢劫犯罪18人、盗窃犯罪41人、故意杀人犯罪2人、强奸犯罪4人、伤害犯罪5人、流氓犯罪6人。18岁至25岁的青年罪犯390人，净增205人，上升210.08%，未成年人犯罪开始成为突出的社会问题。1989年，党和国家开始针对资产阶级自由化泛滥倾向对未成年人产生的严重负面影响进行纠正，未成年人犯罪在“严打”斗争后期呈上升状态受到遏制，全年审结不满18周岁的未成年罪犯70人，其中抢劫犯罪17人、盗窃犯罪42人、过失杀人犯罪2人、强奸犯罪3人、奸淫幼女犯罪4人、伤害犯罪1人、流氓犯罪1人。18岁至25周岁的青年罪犯449人，净增205人，上升210.08%，未成年人犯罪仍是比较突出的社会问题。1990年，未成年人犯罪案件继续上升，不满18周岁的未成年人犯罪突破百人关口，达103人，其中抢劫犯罪上升到34人、盗窃犯罪50人、强奸犯罪7人、奸淫幼女犯罪3人、故意伤害犯罪5人、流氓犯罪3人。18岁至25岁的青年罪犯达508人。

1991年，境内审判部门落实最高法院关于审理未成年人犯罪案件的两个《规定》，积极开展对未成年人犯罪案件的特别审理工作，本着教育、感化、挽救方针，对未成年人罪犯坚持依法从轻原则，同时与公安、检察、司法行政机关配合，把判中教育、判后帮教落在实处，并建立配套的帮教体系。9月，第七届全国人民代表大会常务委员会第二十一次会议通过《中华人民共和国未成年人保护法》，市中级人民法院在审判实践中积极贯彻，并针对未成年人犯罪中结伙作案增加，犯罪手段趋于智能化、成年化，年龄却趋向低龄化等新特点，及时调整预防措施，对少年案件审判工作进行相应调整。从而使境内未成年人犯罪率持续上升态势得到遏制，出现较大幅度下降。年内，全市法院共判处不满18周岁的未成年犯罪64人；审结18周岁至25周岁的青年人犯罪395人。1992年，境内两级法院审结不满18周岁的未成年人罪犯92人，18岁至25周岁的青年罪犯485人，均有所提高。此后，境内未成年人犯罪案件和人数基本保持相对平缓状态。1995年，境内法院充分利用社会力量，强化未成年人犯罪案件审，依法判处未成年罪犯30人，判处缓刑79人。

1996年，境内法院开展矫治少年犯罪案件的特别审理，加大庭审教育力度，寓教于审保护未成年人合法权益，多方强化矫治效果。年内，审判未成年人犯罪75人，其中故意杀人犯罪1人、强奸犯罪3人、奸淫幼女犯罪2人、故意伤害犯罪4人、抢劫犯罪13人、盗窃犯罪50人、诈骗犯罪1人；满18岁至25岁的青年罪犯599人。1997年，通过寓教于审、审教并重，未成年人犯罪现象呈下降态势，全年判决并发生法律效力的未成年罪犯42人，其中故意伤害致人死亡或重伤的2人、致人死轻伤的1人、抢劫犯罪13人、盗窃犯罪27人、其他未成年犯罪2人。1998年，强制猥亵、侮辱妇女和猥亵儿童犯罪及敲诈勒索犯罪首次出现在低龄少年群体犯罪之中。两级法院加大庭审教育力度，审结未成年罪犯60人，其中，故意杀人犯罪1人，故意伤害犯罪1人，强制猥亵、侮辱妇女1人，猥亵儿童犯罪1人，非法拘禁犯罪2人，抢劫犯罪24人，盗窃犯罪31人，敲诈勒索犯罪2人。1999年，境内法院积极贯彻“教育、感化、挽救”方针，依法审判、从轻判处未成年罪犯65名。其中故意杀人犯罪1人、故意伤害犯罪2人、奸淫幼女犯罪2人、猥亵儿童犯罪1人、非法拘禁犯罪1人、抢劫犯罪32人、盗窃犯罪26人、寻衅滋事犯罪1人。6月28日，第九届全国人民代表大会常务委员会第十次会议通过《中华人民共和国预防未成年人犯罪法》，阳泉市中级人民法院专门制定《少年刑事案件一审办案细则》《少年刑事案件二审办案细则》，对少年刑事案件的一审和二审均作出原则性规定，进一步确立"挽救、教育、改造"的审理方针，推行"寓教于审、惩教结合"的审判方式，明确规定"对14岁以上满16岁的少年被告人一律不公开审理"，"对16岁以上不满18岁的少年被告人一般也不公开审理"，必须公开审理的案件须"经院长或审判庭长批准，并限制旁听人数和范围"。特别规定"不公开审理的案件不得以任何方式公开被告人的影像"。同时，对少年刑事案件一、二审的"受案范围和庭前审查""庭前准备""审判""执行"等均作了具体规定。两个《细则》在2000年至2005年，曾广泛应用于境内法院未成年刑事案件的受理、审判当中，并一度成为山西省未成年人刑事案件审判工作的两个典范文件，被其他兄弟法院在审判中借鉴。

2000年，拐卖妇女儿童犯罪首次出现在境内的未成年人犯罪当中，诈骗犯罪、寻衅滋事犯罪首次出现在审判实践中。年内，审判未成年罪犯54人，其中放火犯罪1人、故意杀人犯罪2人、故意伤害犯罪7人、奸淫幼女犯罪1人、非法拘禁犯罪1人、拐卖妇女儿童犯罪1人、抢劫犯罪15人、盗窃犯罪19人、诈骗犯罪2人、敲诈勒索犯罪2人、寻衅滋事犯罪3人。2001年，审判未成年罪犯59人，其中故意伤害犯罪3人、过失致人重伤1人、抢劫犯罪25人、盗窃犯罪30人。2002年，针对犯罪日趋低龄化的特点，境内法院进一步健全和完善少年法庭建设，坚持寓教于审、惩教结合原则，全年审结未成年罪犯94人，其中故意伤害犯罪11人、强奸犯罪4人、抢劫犯罪40人、盗窃犯罪29人、寻衅滋事犯罪4人、涉毒品犯罪1人、其他5人。2003年，审结未成年罪犯94人。未成年人犯罪在进入21世纪后，第一次出现较大幅度上升，尤其是14岁以上不满16岁的未成年罪犯，由上年度的1人突增到13人，而且均呈集团犯罪、多发犯罪状态。2004年，两级法院在审理未成年人犯罪案件中，充分发挥少年法庭作用，贯彻对未成年人犯罪的教育、感化、挽救和"教育为主、惩罚为辅"的方针，使未成年犯罪分子认识到自己行为的社会危害性，促使其认罪服法。在量刑时，严格按照法律规定，从轻或减轻量刑，有力维护了未成年人的合法权益。年内，受理未成年人犯罪案件82件（含16岁以下少年罪犯7人）。有1人被免于刑事处罚，其余81人被追究刑事责任。其中，故意伤害犯罪10人，强奸犯罪2人，绑架犯罪2人，抢劫犯罪30人，盗窃犯罪25人，敲诈勒索犯罪1人，聚众扰乱公共秩序、交通秩序犯罪2人，寻衅滋事犯罪1人，涉毒品犯罪3人，其他6人。2005年，两级法院受理未成年人犯罪案件110件，涉案106人，其中强奸犯罪14人、抢劫犯罪59人、盗窃犯罪19人、诈骗犯罪3人、敲诈勒索犯罪2人、寻衅滋事犯罪4人、其他5人。判处5年以上有期徒刑的仅占全部未成年人犯罪案件的9%，51名少年罪犯被判处3年以下有期徒刑或拘役缓刑。

2006年，两级法院共审理未成年人犯罪案件123件，其中放火犯罪1人、故意伤害犯罪16人、强奸犯罪1人、抢劫犯罪46人、盗窃犯罪45人、诈骗犯罪1人、敲诈勒索犯罪2人、聚众斗殴犯罪1人、其他未成年人犯罪10人。放火犯罪首次出现在未成年人犯罪中。上述未成年人犯罪中，财产性犯罪为最多见的犯罪形式，其中抢劫犯罪和盗窃犯罪是未成年犯罪中最主要的犯罪手段，在全部未成年人犯罪中，始终占据半数以上的比例。8月，最高人民法院下发《关于在部分中级人民法院开展设立独立建制的未成年人案件综合审判庭试点工作的通知》，阳泉市中级人民法院同北京市第二中级人民法院、上海市第一中级人民法院、黑龙江哈尔滨市中级人民法院等17家中院一起被确定为首批试点单位之一。12月21日，阳泉市编委批复同意阳泉中院增设未成年人案件综合审判庭，并于2007年4月1日挂牌成立，人员、办公设施全部到位。未成年人案件综合审判庭成立后，市中级人民法院创新审判模式，完善司法保护机制，在未成年人案件审判、犯罪预防、权益保护等方面取得明显成效。2007年，审结未成年人犯罪案件138件（含16岁以下少年犯罪案件7件），判处5年以上有期徒刑的占全部未成年人犯罪案件的10%，充分体现了从轻、减轻的原则。其中故意杀人犯罪1人、故意伤害犯罪14人、强奸犯罪3人、抢劫犯罪47人、盗窃犯罪57人、诈骗犯罪1人、敲诈勒索犯罪7人、寻衅滋事犯罪5人、毒品犯罪1人、其他犯罪2人。针对未成年人犯罪特点，市中院突出庭审中的教育功能，对未成年人轻微犯罪着重回访帮教，引导家长正确对待孩子，加强法院与未成年犯家长的沟通。对仍在服刑的未成年犯，专门派员开展回访教育，及时了解未成年犯改造自新情况，有针对性地制定帮教措施，加快其回归社会过程。2008年，两级法院针对未成年人犯罪特点，坚持“寓教于审、审教并重”，突出教育功能；在处分量刑上，坚持“教育为主、惩戒为辅”，依法从轻、减轻对其处罚。年内，审理未成年人犯罪案件74件80人。其中放火犯罪1人、强奸犯罪1人、抢劫犯罪35人、盗窃犯罪30人、敲诈勒索犯罪3人、寻衅滋事犯罪3人、其他未成年人犯罪6人。2009年，全市法院充分利用审判资源，全方位、多渠道加强未成年人审判工作，至6月，两级法院均成立独立建制的“未成年案件综合审判庭”。全市法院系统以少年审判为中心，寓教于审、审教并重，依法对罪行较轻未成年人罪犯适用缓刑、管制、拘役、单处罚金或免予刑事处罚等，充分保护未成年人的合法权益。全年审结未成年刑事案件罪犯157人，其中故意伤害犯罪15人、强奸犯罪1人、猥亵儿童犯罪1人、绑架犯罪1人、抢劫犯罪69人、盗窃犯罪35人、敲诈勒索犯罪4人、寻衅滋事犯罪23人、其他未成年人犯罪8人。绑架犯罪、寻衅滋

少年庭送法进校园

事犯罪出现低龄化趋势，寻衅滋事犯罪呈群体性、多发性，成为“90后”未成年人新的犯罪倾向。2010年，两级法院强化未成年综合审判工作，大力推行“圆桌审判”、轻刑化处理等适合未成年人身心特点的审理、执行方式，促使未成年罪犯改过自新。全年判处未成年罪犯115人，其中被判处缓刑、管制、单处罚金等非监禁刑51人，被判处有期徒刑61人。

说明：部分数据总分不合原因，一是一人犯数罪分而记之，二是部分犯罪未统计入内。

第七节　执　行

一、2000年前的执行

市人民法院成立初期，已生效的刑事、民事案件中的有关执行事项，一般由具体承办案件的审判人员执行，有些案件则交由当事人所在区、乡人民政府执行。20世纪50年代后期，开始有专人负责刑事、民事案件中有关罚没财产、赡养、抚养、离婚财产、债务的执行事项。“文化大革命”时期，应由人民法院执行的事项，则由当事人所在单位或公社、生产队执行。

1973年6月，市中级人民法院成立后，一般刑事案件有关财产事项和民事案件仍由具体承办案件审判人员执行，如2年内仍未执行，则移交专门负责人员执行。1987年，按照上级法院要求，全市两级人民法院相继组建执行庭，执行了大量民事、经济、行政和其他案件，并办理了一批外地法院委托执行案件。据统计，1983年至1987年，全市两级法院共收到执行案件2805件，执行2545件，执行率90.73%；1988年至1990年，共收案4161件，执行3897件，执行率93.66%，其中1990年收案1553件，执行1740件（含旧存案件），执行率高达112%。

1991年，全市两级法院受理各类执行案件1765件，执行1540件，执结率87.3%。1992年，全市开展执行大会战，两级法院强化对执行工作的领导，采取措施，动真碰硬，许多民事和经济案件的执行难问题得到较好解决，全市两级人民法院依法受理各类执行案件1161件，执行933件，执结率80.4%，执行标的1508.1万元。1994年，全市两级人民法院把工作重点放在各业务庭反复执行无果的老大难案件上，严格依法办事原则，以说服教育为主、强制执行为辅，克服地方保护主义干扰，督促当事人自觉履行法律文书所确定的义务，严肃处理各种抗拒法院执行事件，切实保护胜诉当事人合法权益。两级法院受理各类执行案件1588件，执结1505件，执行标的4144.19万元。其中执行老大难案件276件，执行标的843.5万元。1996年，全市两级法院贯彻落实"全国法院执行工作会议精神"，组织干警总结执行工作经验和教训，规范整顿执行程序，健全司法手续审批责任和一系列执行工作规章制度；同时强化执行机制，特别是在经济纠纷案件的执行上从严要求，推行"岗位责任目标"，将审判和执行指标分解到庭，落实到人，激励审判和执行人员的工作责任心，收到明显效果。全市法院受理各类提起执行程序的案件2051件，实际执行1969件，执结率96%，执行标的1.9亿元。1997年，阳泉开展立案、审判、执行、监督4项职能分离的司法改革，努力克服"庭庭都办经济案，立审执一人包办"现象。8月，市中院率先推行并实现立、审、执、监职能分离。各县（区）人民法院也加大内部职能调整和改革力度，截至12月，两级人民法院基本完成了立、审、执、监职能分离。新办案机制的建立，强化了法院内部监督制约机制，提高了办案效率，全年受理各类经济纠纷执行案件769件，执结703件，执行标的达1.6亿元，执结率91%。1998年，为解决"执行难"问题，全市两级人民法院从10月中旬起，组织了执行积案百日会战，保护胜诉当事人合法权益。在具体执行会战中，采取公告督促、新闻曝光、召集债务人会议等措施，使大量执行积案得到清理，全年受理各类执行案件2549件，执结1901件，执结案件标的金额2.3亿元。1999年，两级人民法院采取有效措施，抽调100余名干警，从9月下旬起至12月开展"百日执行大会战"，先后召开5次公开执行大会，对60名有能力而拒不执行的当事人依法予以司法拘留或罚款，对130多名逾期不履行义务的债务人公开登报曝光。在强大的政治、法律攻势下，先后有1100多名被执行人自动履行义务，有210多起"钉子案"得到执行，有70多名长期在外"躲债"的被执行人偿还了债务。全年两级人民法院共执行各类案件2664件，执行标的金额达3.2亿元。

二、新世纪初的执行

2000年，两级人民法院进一步加大执行力度，执结各类案件2489件，执结标的1.9亿元，执结率72.8%。9月，根据最高院和省高院部署，开展清理积案活动，强化案件审限管理，在市中院对未审结和未执结的案件进行全面清理摸底基础上，开展了“百日清理未结积案行动”，到12月，审结各类未结案件5387件，执结各类未结案件1654件，总计执行各类案件4143件。2001年，受被执行主体履行能力严重不足，可供执行财产变现能力差等因素影响，经济案件的执行难问题进一步加剧。阳泉两级法院采取三项措施强化执行工作。一是加强组织领导，抽调一大批具有丰富执行经验的法官充实到执行队伍；二是改革执行机制，实行执行案件裁决权与执行权相分离，保证了裁决的公正性；三是发扬“千言万语、千方百计、千辛万苦”的敬业精神，提高执行工作实效。年内，先后有881案的当事人自动履行法律义务，占执行案件的36.6%。此外，通过采用执行线索有偿举报、债转股、固定资产变现、债权转移、审计执行、交叉执行等办法，使一批“骨头案”得到执行，全年执结各类案件2406件，执行标的2.6亿元。2002年，由于企业改革、改制向纵深发展，集中在经济案件上的“执行难”问题更加严峻。阳泉两级人民法院继续深化执行方式改革，进一步加大执行工作力度，成立“阳泉市中级人民法院执行局”，各基层法院相应成立执行局，建立了适应执行工作特点的执行机构和管理体制，执行机构的统一协调、快速反应能力明显增强。对跨地区案件实行委托执行、提级执行、交叉执行和指令执行等灵便方式，提高了执行效率，强化了执行效果。在执行工作中，创造性地运用“放水养鱼”“债权转股权”“悬赏执行”等执行方式，调动和利用各种有利因素，提高执结率。如市中院在执行山东烟台市燃料公司拖欠阳煤集团260万元货款及逾期利息一案中，采取悬赏执行方法，在《烟台晚报》等媒体和广告栏发布“悬赏执行公告”，收到10余条被执行企业的财产线索，使案件得以顺利执结。年内，全市两级法院共受理各类执行案件2986件，执结2309件，执行标的金额5亿元。2003年，全市法院受理各类执行案件4429件，执结3050件，执结率69%，执行标的8.58亿元。6月，全市法院还组织开展了“集中清理执行积案”行动，共有729件执行难案件在行动中执结。如阳泉市中院在执行盂县五金交电化工公司欠中国银行盂县支行400余万元借款一案中，被执行企业不仅拒绝履行交付义务，还组织职工围攻、谩骂执行人员，市中院遂作出以执行抵押物抵顶货款的执行预案，对抗拒执行的相关人员依法予以拘留，迫于强大的执行威力，被执行企业终于配合法院履行义务，从而使一起近三年的执行难案件得以执结。2004年，全市两级法院为努力实现债权人利益，总结改进执行方法，确立和完善了审计执行、公证执行、悬赏执行、限制债务人高消费、代位执行、担保执行、和解执行等措施，提高了执行效率，确保了执行效果。通过“执行和解，债权回购”的方式执结了60家国有企业与金融部门之间的借款纠纷案件，总金额达7.2亿元。6月，全市法院系统开展了清理未结执行积案、执行款物、执行案卷的“三项清理活动”，许多“老、大、难”案件得到执行，年底结案率达77.4%。年内，全市法院共受理各类执行案件3356件，标的金额12.4亿元，执结2598件，执行标的金额9.6亿元。市中院执行局办理监督案件74件，提级执行案件29件，指定执行案件24件，委托执行案件3件，共同执行案件10件，审批并介绍赴异地执行案件17件，转办、督办案件55件。2005年，全市两级法院努力营造有利于执行的法治环境，树立全市执行工作一盘棋的思想，着重建立全市法院执行结案定期通报制度，加大对基层法院提级执行、指定执行的监督力度，形成了全市法院执行工作比学赶超的良好风气，提高了执行工作的整体效能，共受理各类执行案件2749件，标的5.4亿元，执结当年和历年积存案2132件，结案标的达2.97亿元，结案率为78%。

2006年，阳泉市中级人民法院完成了建立“国家执行威慑机制”准备工作，执行案件信息录入网络管理系统，建立起与银行、税务、房地产、海关信息共享系统，加大对拒不执行法院判决的被执行人的联动制裁。通过提级执行、交叉执行、督办执行等方式，强化对基层法院执行案件涉执信访案件监督，市中院对基层法院执行案件监督数量达94件。对历年来被中止的未执结案件恢复执行，执结此类案件110个。全年受理各类执行案件2178件，标的2.25亿元，执结当年和历年积存案1577件，结案标的1.47亿元，结案率72.4%。2007年，全市法院系统把执行工作纳入社会治安综合治理考核范畴，形成党委领导、法院负责、社会协同的执行合力工作机制，受理各类执行案件2351件，标的4.78亿元，共执结各类案件1524件，标的4.03亿元，结案率64.8%。2008年，阳泉成立了由市纪检委、组织部、宣传部、政法委、市政府办公厅、公安、检察、发改委、国资委及财政、国土、监察、工商、税务、银行等部门参加的集中清理执行积案活动领导组，开展了“全市集中清理执行积案”活动。11月中旬至年底，两级法院执结有财产执行案件864件，化解无财产执行案件472件。其中，中央政法委督办、省高级法院指定的总执行金额为6500余万元的跨省执行大案——山西晋商国际经贸发展有限公司申请执行宣化钢铁集团有限责任公司合同纠纷案，在市中院执行法官努力下，实际执行金额5400余万元并促使双方就其余款项履行达成和解的双赢效果。年末，金融危机爆发，对境内煤炭重化工经济体系造成冲击，特别是阳泉作为老工业基地，历年累积的执行积案得不到解决，债权企业资金不能流通，阻碍了内需市场，法院生效裁判得不到执行，造成一些市场债权债务无法清偿，经济社会关系链条断裂，形成众多的次级贷款、不良贷款、“三角债”和“多角债”的发生。12月9日，阳泉市委政法委召开“全市集中清理执行积案活动”动员大会，对2007年后因各种原因遗留下来的1212件执行积案开展拉网式清理。截至2009年，集中清理执行积案活动结束。其中，有财产执行积案672件（包括重点案件93件）全部执结、无财产执行案件540件（重点案件积案143件）结案率98.33%，影响较大的涉执信访重点案件全部执结，圆满完成了预定的清理执行积案任务。2010年，立足实现执行工作良性循环，开展“创建无执行积案先进法院”活动，加强立审执各环节协调配合，预防和减少执行积案。全年共执结各类案件1938件（含旧存），执结率80.3%，结案标的7.97亿元。“委托执行案件专项清理”活动开展后，外地法院委托阳泉市法院执行的28件案件全部及时清理。强化和解执行举措，采取以法院为主、有关部门协作联动的多元执行模式，因案制宜、一案一策，妥善执行涉及兼并重组企业、特困国有企业和生活困难群体的案件，和解执行案件占全部执结案件的21.4%。全年化解涉执信访案件23件，占全部涉执信访的63.9%。市中院被中央政法委、最高法院联合授予“全国集中清理执行积案先进集体”荣誉称号，成为全省获此殊荣的两家法院之一。

第八节　审判监督

一、建市初期的审判监督

民国37年（1948），阳泉市人民法院建院初期即设问事处和刑事、民事审判机构，时称一庭、二庭，负责受理已经产生法律效力的判决、裁定和调解当事人的申诉，虽不具备现代司法意义的“再审立案审查”精神，但“纠正错误的生效判决和裁定，包括纠正错误的调解书”是其职责之一，是境内较早的审判监督的雏形。1949年10月后，境内审判监督主要是对境内发生的错判、错扣、错捕案件进行检查纠正，至1952年，共纠正发生在法院内部和公安局的“三错”案件252件。

1953年9月，阳泉市人民法院设立人民接待室，其基本职能除案件调解、接待群众来信来访和简单的法律咨询外，“遇到必要的案件，还要深入群众调查了解”。从这种表述看，人民接待室具备了“再审立案审查”职能。1953年4月，阳泉市人民法院通过查监（看守所当时属阳泉市人民法院直接管理，查监，即对在押罪犯进行冤假错案排查）、干部回忆、犯人申诉和省院批复等方式，纠正冤案12人，轻罪重判者16人，错判7人，共计35人。1956年9月1日到10月10日，阳泉人民法院根据党中央“有反必肃、有错必纠”的原则，对1955年6月至1956年4月继续镇压反革命运动中，错捕、错判、错批、捕错起诉的积案进行复查，在判决的678名罪犯中，属于完全错捕的有34名，占逮捕总数的5%。由公安局逮捕的420名犯罪嫌疑人当中，属于完全错捕的32名，占7.6%；属于可捕可不捕的19名，占4.6%。由法院逮捕的194名犯罪嫌疑人中，属于完全错捕的2人，占2%。在检察院起诉的242个案件中，属于错起诉的13名，占5.8%。对于这些错捕、错判、错批捕错起诉的案件，给予及时纠正。与此同时，从1956年4月起，阳泉市人民法院还对1955年镇反之后所有刑事案件进行了两次普查。1955年判处徒刑的罪犯502名，其中反革命案件98人，刑事案件404人。经普查，判处不当的128名，占判处总数的25%，其中错判27件（含完全无辜的群众3件3人，系一般违法行为和错误行为，但未构成犯罪的群众24件24人），认定犯罪性质不当把一般刑事案件当作反革命案件处理的17件，量刑过重的73件，量刑过轻的3件，案情不清草率判决的8件。1956年1月至8月共判决案件265名中，判决不当的有23名，占判决总数的8%，其中将仅有一般行为错判有罪的9件9人，把一般刑事案件以反革命案件处理的1件1人，量刑过重的11件，案情不清草率判决的2件。在普查中，阳泉市人民法院对1955年至1956年判决中，形成错案的原因进行深刻分析，认为主要原因三：一是法院领导在镇压反革命斗争中，存在着主观主义思想与官僚主义作风，对敌情变化摸得不透，对运动中发生的“左”的错误觉察和纠正不及时；二是对中央和有关法律钻研不够，对镇压反革命的政策界线区分不清；三是审判人员思想上存在主观片面现象，工作作风粗糙。为纠正错误，挽回政治上造成的不良影响，到本年度结束，有44件错案正在改判，纠正107件，占处理不当案件151件的70%。

二、复查“文化大革命”期间案件

“文化大革命”期间，阳泉市人民法院被军管，审判权收归“阳泉市革命委员会保卫部审判办公室行使”。1973年6月，阳泉市中级人民法院恢复建制后，重点对全市“文化大革命”前各种申诉案件进行复查，当年纠正9件错案。如“彭真反革命集团一案”，原是阳泉市的典型案件，经过复查，原判该集团分子进行的9起破坏事件均不成立，该集团不存在，故撤销原判，对涉案人员全部予以平反。1974年，开始对1966年至1974年“文化大革命”期间判处的480件各类刑事案件进行复查，由阳泉市中级人民法院院长亲自抓落实政策，一名副院长专门负责复查工作，到1975年，共复查结案425案507人，占应复查总数的88.5%，其中维持原判的392案457人，占复查数的92.2%；平反纠正的33案49人，占7.8%。少数被纠正的案件，则留有“政治错误”的尾巴。

1978年至1980年，阳泉市中级人民法院按照“实事求是、有错必纠”的方针和“全错全平、部分错部分平、错多少平多少、不错不平”的原则，对1966年至1978年判处的刑事案件进行全面复查。1979年，复查审结789案916人，占应复查811案的97.01%，其中平反纠正135案151人，减刑、免刑31案43人，两项共占已复查案件的20.05%，维持原判的623案722人，占已复查数的79.05%。在复查案件中，现行反革命案撤判、改判的占同类案件的77%，历史反革命案占37.%，普通刑事案占8%。复查死刑案15案15人，属于错杀的2案2人，占13.3%，维持原判的13案13人，占86.7%。1980年，对1979年遗留的22件复查案件和221件再申诉案件进行复查，平反12人，改变案件性质的4人，减轻刑罚的10人，免除刑责的4人，割去“尾巴”的5人，变更刑期的5人，维持原判的181人。特别是依法纠正了侯建新被判死刑一案，在初审中合议庭以杀人罪判处死刑、缓期执行，市政法领导组指示改为死刑。由于认定事实有出入，判处不当，被告提出上诉，省高院以适用法律不当和党委不审批案件为由发还重新审判，在二次审理中，纠正了死刑判决，以伤害罪判处原告无期徒刑。

中共十一届五中全会后，根据中央指示，对境内因刘少奇问题受株连的34起案件进行复查，宣告无罪的29人，占88%；改变反革命性质的3人，因其他罪行减轻刑期的1人，免刑的1人。同时，根据省高级人民法院指示，对下列三类案件进行全面复查：一是对“文化大革命”期间判处死刑的20案26人再次进行复查，属于无罪冤杀的3人，有罪错杀的8人，两项共占死刑案件数的42.3%，改变反革命性质的3人，维持原判的12人，占46.1%；二是对粉碎江青反革命集团后判处的22起23人反革命案件进行复查，宣告无罪予以平反的17人，占73.9%，改变性质的1人，减轻刑期的1人，免刑的1人，维持原判的3人，占13%；三是对大清查中另案处理的2案2人进行复查，宣告无罪的1人，免予刑事处分的1人。此外，对“文化大革命”前的刑事申诉案件开展复查，审结283案284人，占刑事申诉案件的37.1%，其中撤销原判予以纠正的88人，占30.9%，维持原判的179人，占63%，其他处理的17人，占6.1%。1981年，受理“文化大革命”中的再申诉案件188件，审结154件，占82%，其中维持原判118件，终止19件，改判16件17人。同时受理“文化大革命”前的历史刑事申诉和1979年以后的申诉案件503件，审结253件，占50%，其中维持原判162件，改判52件52人，终止41件。1986年，阳泉市两级人民法院复查统战工作和“文化大革命”期间的各类案件，其中复查统战案件97件，复查“文化大革命”前案件492件。如79岁的原粮食局职工贾某某，在得知自己的问题被平反纠正后，领着儿孙从长治专程到阳泉市中级人民法院赠匾致谢。

上述“自审、自判、自我纠错、自我监督”模式，虽不属于现代司法意义上的“再审立案审查”范围，但在司法实践中，对受理不同时期刑事、民事当事人的申诉，纠正不同时期因政治和司法理念产生的错误判决和裁定及错误调解书，保障当事人合法权益，发挥了积极作用。

三、审判监督工作的完善

1986年以前，境内审判监督的主要方法，既有人民法院提起再审，也有依照党和政府不同时期的政策，对特定案件进行复查，同时还有当事人申诉申请再审、人民检察院监督审判。从1986年开始，由人民法院提起再审，成了纠正错误判决或调解的重要形式，当年即受理再审案件674件，为建院后再审案件最多的一年，其中，刑事案件670件，多为1983年至1985年三年“严打”所判案件形成的再审案件；另有民事婚姻家庭纠纷继承再审案件和经济纠纷案件各2件。1988年，仍有110件刑事案件提起再审，再审原因与1986年基本相同，另有1件民事婚姻家庭继承纠纷案件提起再审。1989年，再审案件降至52件，其中刑事案件47件、民事婚姻家庭继承纠纷4件、经济合同纠纷1件。

1989年，阳泉市中级人民法院成立告诉审判庭，负责告诉和信访工作及再审程序审查。1990年至1993年，全市法院受理再审刑事案件94件，审结91件，结案率96.8%；办理民事再审案11件，审结9件，结案率90%。1994年，受理再审案件256件，审结255件，结案率99.6%；其中，再审刑事案件20件，审结17件，分别下降44.4%和51.4%，结案率85%。1996年，市中院完善再审监督，办理上级要结果的案件38件，立案再审改判2件，经说服息诉、撤诉20件，依法驳回申诉案件16件。随着中国法治建设的逐步完善，特别是20世纪90年代后期，立案和审判分离、审判和监督分离、审判和执行分离，阳泉中级人民法院于1998年撤销“告诉审判庭”，成立“立案庭”。当年，依法提起再审28案，纠正错判案件11起。1999年，审结再审案件19件，其中刑事案件1件、民事家庭婚姻继承纠纷10件、权属侵权纠纷类民事案件8件。2001年，审结再审案件43件，其中刑事案件5件、民事家庭婚姻继承纠纷16件、权属侵权纠纷类民事案件21件、行政案件1件。

2002年9月10日，最高人民法院发布《关于规范人民法院再审立案的若干意见（试行）》，决定于11月1日起实施，阳泉市中级人民法院据此从立案庭中分离出部分职能，单独成立立案二庭，专门受理涉诉信访案件，再审立案审查成为监督人民法院审判活动的主要形式，其程序启动权由人民法院院长行使。由于“再审立案”程序的启动往往同涉诉信访工作紧密相连，故立案二庭受院长委托，具体负责再审立案审查和涉诉信访工作，再审立案审查工作走上规范化、标准化、法治化轨道。2002年，审结再审案件12件，均为经济合同纠纷案件。2003年，审结再审案件35件，包括刑事案件1件、民事家庭婚姻继承纠纷1件、权属侵权纠纷类民事案件31件、行政案件1件。2004年，两级法院审查提出申诉申请案件146件、提起再审案件

23件、审结检察机关抗诉的再审案件5件、依法予以改判的2件。受理再审案件43件，审结41件，改判8件。2005年，全市法院审结民事再审案件14起，调解5起；本着“有错必纠”原则，全年提起再审案件22件，改判6件，调解5件。

2006年，全市两级法院提起再审案件17件，改判4件，调解3件，维持6件。2008年，全市两级法院共受理申诉和申请再审案件164件，审结95件，通过再审工作，提升了当事人对司法权威的信任。2009年，市中院在规范再审审查和再审审理程序方面，依法保障当事人行使申诉权，共审查各类申诉151件，决定提起再审15件。在加强和完善再审案件流程管理方面，准确实施审判监督职能，全年共审结各类再审案件21件（含旧存），发回、改判14件，维持或调解、撤诉7件。2010年，全市法院着重抓好再审工作，全年提起再审19件，审结14件，通过平衡当事人利益关系，达到法律效果和社会效果的统一。

第九节　典型案例

阳钢破产案　阳钢破产案作为阳泉市国有企业改制和产业结构调整的一项重大举措，涉及2.9亿元资产、7000多名职工，关乎全市改革、发展、稳定大局，市委、市政府高度重视。2003年11月30日，山西阳泉钢铁集团有限公司（以下简称阳钢）第九届十六次职工代表大会通过阳钢破产职工补偿及安置预算，阳钢破产程序启动。12月9日，阳钢提出破产申请，市中院依法受理。经审查，该公司严重亏损，不能清偿到期债务已呈连续状态，符合法定破产条件。2004年1月2日，市中院依法裁定阳钢破产并还债，宣告破产公告，指定成立了山西阳泉钢铁集团有限公司破产清算组，阳钢破产清算工作正式启动。1月8日，破产清算组召开第一次会议。破产清算组协助市中院对阳钢债权人发出申报债权通知书。4月21日，市中院主持召开第一次债权人大会。6月20日，第二次债权人大会召开；6月25日又召开第三次债权人会议。6月26日，阳钢破产清算组向中院提出申请，请求法院依法裁定通过破产方案。经中院审查，认为清算组提出的分配方案各项数额清楚、准确、真实，所列清算分配顺序合法，已最大限度保护了债权人利益，6月28日，中院以〔2004〕阳法破字第7-2号民事裁定，准许清算组执行财产分配方案。6月29日，阳钢破产清算组向中院提交申请，请求终结阳钢破产程序。市中院经审查，认为清算组在阳钢破产清算过程中，认真履职，所出具的清算报告内容全面、数据准确，遂于6月30日，经阳钢破产合议庭评议，裁定终结阳钢破产程序。未得到清偿的债权不再清偿。在法定期限内，债权人未向市中院提起申诉。市中院依法在《人民法院报》上刊登终结破产程序公告。阳钢破产清偿工作全部结束。

马家坪系列杀害妇女案　1992年3月2日零时许，家住矿区马家坪西居民区的一名女工行至马家坪西区运输二厂北侧土坡时，被跟踪其后的一名歹徒从背后用单刃刀直刺心脏，当场死亡。事发后，经市、区两级公安刑侦技术人员现场勘查，除提取到一枚足迹外，再没有发现任何有价值的痕迹物证。之后，同年的3月7日晚10点半、4月22日晚10点半、7月11日零点40分，先后在马家坪咸菜厂附近、马家坪西区石坡处和矿区平潭新区一居民楼道内，又接连发生3起青年女子被害事件，造成2死1伤。在短短5个月的时间里，在不足1平方千米区域内连续发生3死1伤4起惨案，在阳泉历史上罕见。市、区公安局全体干警夜以继日在马家坪地区张网以待近半载，先后调查走访17739户，摸排25岁到40岁的男性公民8991人，还与数百名重点嫌疑人进行正面接触，逐一排查，但案件依旧无实质性进展。1993年12月27日晚9点40分，马家坪西区运输二场北侧土坡处又发生歹徒用单刃匕首连捅7刀将一名30岁女工杀死的案件。之后，1998年5月6日晚8时、1999年5月31日晚9时、1999年11月15日晚6点20分、2000年11月23日晚9点15分、2001年10月10日中午12时，均发生了作案时间、地点、手段，犯罪情节、侵害目标、伤害部位等相似案件。同类案件频发和步步升级震惊了省公安厅和公安部。经过部、厅、市、区四级公安机关专家多次会审、研讨和实地勘查，分析认定这些命案均系一人所为。2004年11月24日晚21点零5分，市公安局指挥中心的110报警电话接到市治安巡防队员的报警：矿区俱乐部附近的一条巷子里，一名青年女子被歹徒连捅数刀，刺中胸腹部、颈部。市、区公安机关组成“11·24”专案组，抽调百余名民警分成数个调查组，经过10个月的调研、排查侦破此案，2006年4月3日，市公安局召开新闻发布会宣布，由公安部挂牌督办的历时14年，杀死9人、伤3人的矿区马家坪系列杀害妇女案成功告破，41岁的犯罪嫌疑人杨某某被依法拘留。进入法律程序后，经过严格的庭审、示证及法庭辩论，市中级人民法院依法作出判决，并于 11 月 22 日召开宣判大会，认定杨某某犯故意杀人罪，判处死刑，剥夺政治权利终身；犯抢劫罪，判处有期徒刑 13 年；数罪并罚，决定执行死刑，剥夺政治权利终身。宣判大会结束后，罪犯杨某某被验明正身，押赴刑场执行了枪决。

盂县“4·30”特大瓦斯爆炸案　阳泉市人民检察院以阳检刑诉〔2007〕15 号起诉书指控被告人张某某、张某某、王某某犯非法买卖爆炸物罪，被告人张某某、张某某、赵某某、王某某、逯某某、朱某某、葛某某、韩某某犯非法采矿罪，被告人张某某、赵某某犯重大劳动安全事故罪，被告人赵某某犯行贿罪，被告人韩某某、韩某某犯窝藏罪，于 2007 年 6 月 15 日向阳泉市中级人民法院提起公诉，并附带民事诉讼，合并审理。市中院依法组成合议庭于 26 日开庭。经审理查明，2006 年 10 月，被告人张某某、张某某、赵某某等人通过协商，由张某某经营赵某某在盂县路家村镇刘家村杨家汇的小煤矿。张某某等人在未按规定办理“采矿许可证”等六证情况下，便非法开采。从 2006 年 10 月至 2007 年 4 月 29 日，盂县路家村镇人民政府、盂县路家村镇国土部门、盂县打击私挖滥采巡查大队多次对该小煤矿进行炸毁、填充，同时数次下达责令改正私挖滥采违法行为通知书并进行罚款处理，但上述被告人对政府部门的查处置之不理，将被炸毁、充填的小煤矿坑口挖开，继续非法生产，造成国有煤炭资源的严重破坏。2006 年 10 月至 2007 年 3 月，被告人张某某等人在盂县路家村镇刘家村杨家汇小煤矿非法采煤期间，先后买卖炸药 1530 公斤、雷管 800 枚，在不具备安全生产条件下，组织工人在井下 5 个工作面以掘代采，采取由井下柴油发电机供电，煤电钻打眼放炮落煤，由三轮车将煤直接运到坑口的方式非法盗采盂县龙凤煤矿 9 号煤层大巷一带煤柱，导致采空区内积存的瓦斯大量涌出，加之非法采矿人员在坑道内吸烟，造成 4 月 30 日瓦斯燃烧、爆炸事故，致 14 名工人死亡、2 名工人重伤、1 名工人轻伤。经阳泉市中级人民法院一审判决和山西省高级人民法院二审，作出终审判决：张某某犯非法买卖爆炸物罪、非法采矿罪、重大劳动安全事故罪，数罪并罚，决定执行有期徒刑 20 年，并处罚金 100 万元；张某某犯非法买卖爆炸物罪、

公审大会

非法采矿罪，数罪并罚，决定执行有期徒刑19年，并处罚金50万元。逯某某犯非法采矿罪，判处有期徒刑3年，并处罚金20万元。被告人张某某、张某某、赵某某、王某某、逯某某、朱某某、葛某某、韩某某共同赔偿国家经济损失共计769.43万元，并相互间承担连带责任。

晋商国际与宣钢集团合同纠纷执行案　2008年11月，中央政法委和最高人民法院决定在全国范围内开展集中清理执行积案活动，山西晋商国际经贸发展有限公司（原告，以下简称晋商国际）与宣化钢铁集团有限责任公司（被告，以下简称宣钢集团）合同纠纷案被中央政法委列为重点督办案件，并于年底执行完结。2006年10月21日，经太原市中级人民法院审理，依法判决宣钢集团向晋商国际偿还4200万元，承担逾期利息599.68万元，支付违约金1381.41万元，共计6181万元。一审判决后，宣钢集团不服，提起上诉。经山西省高级人民法院二审，于2007年7月21日作出终审判决，驳回上诉，维持原判。9月29日，山西省高级人民法院指定阳泉市中级人民法院执行该案。10月8日，在按规定办理异地执行审批手续后，市中级人民法院向宣钢集团下达限期执行通知书，并要求其申报资产状况，但遭其拒绝。中院执行局随即对被执行人宣钢集团进行执行调查。执行法官先后20余次赴太原、张家口、北京、石家庄、唐山、内蒙古等地，行程数万千米，对其实际履行能力进行调查取证。查明宣钢集团在全国5省7市1区2县共设有银行账户61个，正常运行的近50个，由其投资控股的公司10余家。11月7日和14日，市中院执行局两次召开执行听证会，主持双方当事人进行执行协调，但由于宣钢集团的消极对抗而未取得实效。11月26日，市中院执行局组织警力，聘请专业人员协助，并邀请《人民日报》、新华社等新闻媒体随行，赴张家口对宣钢集团实施证据保全。在对其财务处实施证据保全时，遭到宣钢集团数百人有组织的围攻，执行人员被围困达12小时，执行行动被迫中止。12月6日，市中院再次组织双方进行执行协调。宣钢集团虽承诺同意由其提供2000万元有效担保后，暂缓执行2个月的协调意见，但未实际履行。2008年1月，宣钢集团通过张家口市公安局钢城分局对晋商国际启动涉嫌合同诈骗侦查，并就案件判决向最高人民检察院申请抗诉。经审查，最高人民检察院决定不予抗诉。6月24日，宣钢集团通过其上级唐钢集团并由河北省国资委出面赴并，向山西省高级法院提出协调案件执行动作的要求。市中院执行局临机调整执行策略，在征得申请执行人同意后，与各方形成协调纪要。但其后宣钢集团仍未完全履行该纪要要求。自2007年10月至2008年11月，经市中院数次冻结、扣划、督促、协调，实际执行2900余万元，占该案应执行标的额的44.6%。2008年12月2日至4日，市中院执行局依法传唤宣钢集团法定代表人等到庭接受执行谈话，主持双方就该案执行进行协商。12月17日，宣钢集团又支付2500万元，实际执行5400余万元，双方就其余款项履行达成和解。

第二章 检察

第一节 机构

1953年1月4日，阳泉市人民检察署成立，受山西省人民检察署与阳泉市人民政府双重领导。1954年9月，市人民检察署改由省人民检察院垂直领导，署内设秘书室、一般监督组、侦查与侦查监督组、审判监督与监所劳改监督组4个组室，编制10人。1955年5月，改称阳泉市人民检察院，编制增至16人。1957年8月，市人民检察院取消一般监督组，原侦查与侦查监督组改为科，审判监督与监所劳改监督组分设为审判监督科、监所劳改监督科。1958年6月，市人民检察院随行政区划变更划归山西省人民检察院晋中分院领导。8月和11月，平定、盂县、昔阳3县人民检察院分别划归市人民检察院领导。1959年4月，平定、盂县、昔阳3县人民检察院被撤销，与县公安局、法院合为政法部；5月，又改称政法联社，盂县、昔阳政法联社复归省人民检察院晋中分院领导。1960年，阳泉市检察院、郊区检察院实有人员24名，其中郊区（平定）5人。1961年5月，平定县人民检察院从阳泉分出，归回晋中分院领导。12月，阳泉恢复为省辖市，市人民检察院由晋中分院领导复归省人民检察院领导。

1967年3月，境内公检法系统群众组织联合造反夺权并成立“市无产阶级专政委员会”，检察机关职能被取代。1968年6月，中国人民解放军阳泉市公安机关军事管制委员会成立，对市检察机关实行军事管制。1975年1月，境内检察机关被撤销。

1978年12月，市人民检察院重新建立，编制22人。1979年1月，境内检察机关开始担负起审查批捕、审查起诉等工作。1980年1月，城区、矿区、郊区分别建立人民检察院。7月，市人民检察院内设机构为：刑事检察处（一处）、法纪检察处（二处）、监所劳改检察处（三处）、经济检察处（四处）和办公室。至年底，全市检察系统共有干警109人，其中市人民检察院50人。1982年8月，市人民检察院增设控告申诉检察处（五处）。至年底，全市共有检察干警122人，其中市院55人，3个区院67人。1983年9月，平定县、盂县划归阳泉市辖，两县人民检察院归市人民检察院领导。1984年2月，山西省阳泉荫营地区人民检察院成立，为省派出机构。7月，市人民检察院增设控告申诉处、刑事技术检察处、法律政策研究室、人事处、行政处等，共10个职能处室，有人员56人。同年，全市检察系统共有干警203人。1988年8月20日，设经济、法纪罪案举报机构。10月，市人民检察院机构变动，原刑事检察处分设为刑事侦查检察处、刑事审判检察处，原人事处更名为政治处，原行政处更名为行政装备处，增设民事行政检察处。1989年3月，市人民检察院又增设电大工作站（后更名为干部教育培训处）。1990年4月和12月，市人民检察院分别在市税务局、市工商行政管理局设立税务检察室与工商检察室。截至1990年12月，市人民检察院共设有11处4室2个中心，辖三区两县5个人民检察院，境内还有省派出机构荫营地区人民检察院。全市检察系统（含荫营地区人民检察院）共有干警261人，其中市人民检察院79人。

到1994年，境内县区各基层民事行政检察科陆续成立。1995年，将刑事技术侦查处更名为检察技术处。1996年1月，撤销经济检察处，设立反贪污贿赂工作局，下设侦查一科、二科、综合科；另增设纪检组。1997年，撤销工商、税务检察室；3月，刑事侦查检察处和刑事审判检察处分别改称审查批捕处和审查起诉处，监所劳改检察处更名为监所检察处。7月，司法警察支队挂牌成立。至1999年，全市两级检察机关共有民事行政检察干警12名。

2000年，政治处改称政治部，增设监察室。2001年12月，审查批捕处更名为侦查监督处，审查起诉处更名为公诉处，法纪检察处更名为渎职侵权检察处。2002年7月，市检察院进一步规范和精简内设机构，撤销干部教育培训处，其职能划归政治部；撤销驻劳教所检察室、驻看守所检察室，其职能划归监所检察处。设立职务犯罪预防处，与法律政策研究室合署办公。监察室更名为监察处。2003年1月，市检察院监察室更名为监察处，机关党总支与政治部合署办公。2004年10月，设人民监督员办公室，与法律政策研究室合署办公。2006年5月，渎职侵权检察处更名为反渎职侵权局。2007年8月，反贪污贿赂局内设的综合科、侦查一科、侦查二科更名为综合指导处、侦查一处、侦查二处。2008年7月，职务犯罪预防处从法律政策研究室分离，单设职务犯罪预防处，全市检察干警编制数361人，实有干警323人。2010年12月，设立案件管理中心。至此，市人民检察院共设有9处2室2中心2局1组1部1队，即侦查监督处、

市检察院办公楼

公诉处、监所检察处、控告申诉处、职务犯罪预防处、技术处、民事行政检察处、行政处、监察处，法律政策研究室、办公室，经济、法纪罪案举报中心和案件管理中心，反贪污贿赂局和反渎职侵权局，纪检组，政治部，法警支队；辖三区两县5个人民检察院；境内的省派出机构荫营地区人民检察院。全市检察系统（含荫营地区人民检察院）共有干警338人，其中市人民检察院104人。

第二节 刑事检察

一、审查批捕

境内检察机关的审查批捕工作始于1954年11月。1955年11月后，建立正规批捕程序、制度和法律文书，担负起审查批捕工作。1957年下半年，由于“左”倾思想的干扰，审查批捕工作开始削弱。1958年“大跃进”期间，市公、检、法联合组成政法办公室，下厂下乡分片包干，就地办案，批捕由政法办公室“三长”会议决定，批捕工作的正常秩序一度被打乱。1959年根据中共中央“少捕、少杀、管制也应比过去少”的指示，对1957年6月至1959年所办案件进行复查，错案率达11%。同时，将批捕权限收归检察机关。1962年，按照中央“三少”精神，配合有关部门对1958年至1961年的案件进行复查，查出有问题的案件175件，其中冤案14件、错案53件、可捕可不捕的35件、量刑畸重的21件、畸轻的1件、偏重的10件、其余均属性质不当。

“文化大革命”期间，境内批捕工作被迫中断。

1978年12月，市检察院重建后，将无期徒刑以下案件的审查批捕权交给县、区检察院行使。市检察院围绕“把国民经济搞上去”的工作中心，抓住反贪污贿赂斗争和严打严重刑事犯罪活动两个重点，先后参加了整顿社会治安的“反扒防撬禁赌”“维护夏季社会治安秩序”“一打三整顿”（打击严重刑事犯罪分子、整顿内保单位秩序、整顿公共场所和市场秩序、整顿交通秩序）等专项斗争，集中打击了重大盗窃、强奸、抢劫、流氓滋扰、流窜犯罪、拐卖妇女儿童等犯罪活动。1982年，批捕工作采取“提前介入”方式，加速了办案时效。1983年，施行“专人办案、集体讨论、检察长决定”的办案制度，建立联责计奖、月考季评的岗位责任制，提高了效率。1983年8月至1986年的“严打”中，共受理公安机关提请逮捕各类人犯2368人，批捕1984人，全部案件均在法定时限内予以办结。1984年至1990年办理的案件中，有707件重特大案件提前介入，均在2天内作出批捕决定，有效保证了“从重从快”方针的执行。

1991年，全市检察批捕部门注重对重特大案件的提前介入，积极参与公安部门的侦查预审、案件分析，共受理提请逮捕1059人，批捕835人。1992年，市检察系统针对系列杀人案开展“严打”斗争，11月又开展冬季攻势，对公安报捕的刑事拘留案犯在2天内、未刑事拘留的案犯在9天内作出决定；全年共受理提请逮捕1230人，批捕988人。1993年，突出打击杀人、抢劫、强奸等严重危害社会治安的犯罪活动，先后参加围歼“车匪路霸”、打击流氓团伙、整治农村社会治安等专项斗争，共受理提请逮捕1321人，批捕1105人。1994年至1995年，打击重点指向杀人、抢劫、强奸、爆炸、持枪作案、流氓、重大盗窃等严重刑事犯罪活动，开展打击流窜犯罪、整顿农村社会程序、反盗窃、“扫黄打非”等专项斗争。1996年4月，山西省“打团扫恶”统一行动开始后，全市检察机关加强与公安、法院的配合，共受理提请批捕人犯1110人，批捕936人。1997年，批捕部门针对《中华人民共和国刑事诉讼法》对于逮捕条件调整造成的受理案件数、批捕案件数下降，不捕数上升的问题，对基层院批捕案件进行检查，提出指导意见，有效保证了批捕案件的质量；全年共受理各类提请批准逮捕犯罪嫌疑人744人，批捕627人。1998年，全市检察机关先后开展“破大案打团伙”侦破大会战、“打击抢劫、入室盗窃、盗抢机动车辆”“百日禁毒大行动”等专项斗争，共受理各类提请批准逮捕犯罪嫌疑人519件858人，批捕410件674人。1999年，全市检察机关积极参加禁毒、冬季严打、打击入室盗窃、抢劫等专项斗争，共受理各类提请批准逮捕犯罪嫌疑人566案970人，批捕455案755人。2000年，全市检察机关严厉打击邪教组织犯罪活动，突出打击杀人、抢劫、黑社会性质团体犯罪和严重影响群众安全感的多发性犯罪，依法打击合同诈骗、制假售假等破坏市场经济秩序的犯罪，共受理各类提请批准逮捕犯罪嫌疑人566案972人，批捕450案753人。

2001年，全市检察机关审查批捕工作以打击黑恶势力、严重暴力犯罪、多发性犯罪，金融、财税和商业领域的经济犯罪，涉爆涉枪犯罪，邪教组织犯罪和危害国家安全的犯罪为重点，全力维护国家安全和社会政治稳定，共受理各类提请批准逮捕案件636件1100人，批捕512件865人。2002年，全市检察机关不断深化“打黑除恶”专项斗争，积极开展打击抢劫、抢夺为重点的“双抢”专项斗争，共受理各类提请批捕案件586件1016人，批准逮捕505件865人。2003年至2004年，全市检察机关加大对爆炸、杀人、抢劫等暴力犯罪、黑恶势力犯罪、盗窃抢夺等多发性犯罪的打击力度，加大发生在安全生产领域、破坏社会主义市场经济秩序犯罪的打击力度，受理各类提请批准逮捕案件892件1493人，批捕804件1342人。

2006年，全市检察机关努力维护社会稳定，批捕黑恶势力犯罪2件5人；以立案监督工作为重点，不断加大侦查监督力度，追捕犯罪嫌疑人13名；共受理审查逮捕案件613件1041人，批捕550件915人。2007年，全市检察机关贯彻宽严相济的刑事司法政策，始终把办案质量放在首位，对盂县“4·30”爆炸事故适时介入，引导侦查取证，批准逮捕10名涉案犯罪嫌疑人；年内受理审查逮捕案件667件1117人。2008年，继续贯彻宽严相济的刑事司法政策，正确把握“有逮捕必要”的逮捕条件，探索增加移送“有逮捕必要性”证据材料工作机制；认真贯彻执行《最高人民检察院关于依法快速办理轻微刑事案件的意见》，提高办案效率；年内共受理审查逮捕案件711件1168人，批准逮捕659件1070人。2009年，坚持对严重刑事犯罪依法严厉打击，对严重经济犯罪从严打击的方针，全力维护社会和谐稳定。全面加强立案监督，开展立案监督专项行动，检查各类行政执法卷宗13500余册，发出“说明不立案理由通知书”35份，监督公安机关立案26件33人；落实职务犯罪案件审查逮捕上提一级改革工作，完善人员和装备配置，自9月1日至年底共办理上提审查逮捕案件2件3人；年内共受理审查逮捕案件621件911人，批准逮捕566件838人。2010年，围绕社会主义新农村建设，严厉打击坑农害农犯罪、严重破坏生态和资源犯罪，参与打击侵犯知识产权和制售假冒伪劣商品专项行动、打击假冒伪劣农资产品犯罪专项行动、打击网络赌博犯罪专项行动；开展对公安机关派出所、经侦队、刑警队办案情况专项检查行动，检查行政执法卷宗3645卷，刑事案卷4181卷，发现立案监督线索29条，监督立案21件；年内共受理审查逮捕案件716件1060人，批捕622件924人。

二、审查起诉与出庭支持公诉

境内的审查起诉与出庭支持公诉始于1954年11月中旬，但全部承担是在1955年11月以后。1956年山西省“镇反”会议后，境内政法机关组织联合办公室，公检法联合参加预审终结会议，三方取得一致后，预审科方可提出起诉意见书送检察院审查起诉，从而保证了办案质量。1961年，进一步健全了审查起诉和出庭支持公诉制度，既坚持与公安、法院通力协作，又互相制约，坚持对案件多查少退，建立“回头查、季度查、重点查、全面查”的复查制度，完备案卷法律文书，做到提请批捕书、批捕决定书、起诉意见书、起诉书、判决书俱全。1962年至1965年，提起公诉案件比1959年有较大幅度下降，1965年比1959年下降67%。

“文化大革命”期间，审查起诉与出庭支持公诉工作被迫中断。检察机关恢复后，1979年1月2日，市检察院开始受理公安机关移送的批捕起诉案件，全年受理起诉案件84案107人，经审查免予起诉6人。

1980年，各县区也开始受理案件，全市检察机关共受理各类刑事案件146件345人，经审查起诉到法院的116件264人，免于起诉的5件18人，不起诉3人，退回公安机关补充侦查的23件56人，公安机关撤诉1案1人，结存1案1人。1981年下半年起，出庭支持公诉工作全面展开。1981年至1982年，审查起诉和出庭支持公诉工作狠抓办案质量。1983年8月，市检察机关切实把住事实关、证据关、定性关和引用法律条文关，并始终坚持提前介入的做法，至1985年5月，共受理各类刑事犯罪嫌疑人1533人，经审查决定起诉的1348人，免于起诉的106人，不起诉24人，退回公安机关补充侦查55人，起诉案件的有罪判决率达99.7%。1986年后，审查起诉与出庭支持公诉工作突出和强化了为经济建设服务的指导思想。1990年，市检察机关共受理各类起诉案件714件1243人，审查终结716件1231人（含上年转结），其中决定起诉494件873人、免于起诉118件176人、不予起诉1件1人、退回补充侦查74件143人、撤销案件6件10人。

1992年，全市检察机关共受理起诉案624件1245人，经审查依法提起公诉575件1040人。1993年，先后参加了围歼“车匪路霸”、打击流氓团伙、整治农村社会治安等专项斗争，共受理各类起诉742案1304人，其中依法提起公诉580案1034人。1994年，全市检察机关坚持对重特大刑事案件提前介入，优先受理，优先审查，优先批捕、起诉，加快了办案速度，保证了案件质量，共受理各类起诉、免诉案784件1539人，依法提起公诉734件1412人，免予起诉135件225人、不起诉9件20人。1995年，配合有关部门召开5次公判大会，促进了社会治安形势的好转，共受理起诉、免诉案714件1347人，向人民法院提起公诉659案1164人，免予起诉111案173人。1996年，市检察机关实行“定人、定案、定时间，保案件质量”的“三定一保”制度，始终坚持两人办案、集体讨论、检察长或检察委员会把关的制度。要求各基层院凡拟免诉、不诉案件，必须报市院批准，防止出现打击不力的现象。共受理各类起诉、免诉案878件1473人，向人民法院提起公诉779件1313人，免诉64件103人。1997年，针对庭审方式改革，市院大力开展练兵活动，并对疑难复杂案件做好证据复核固定和出庭公诉前的准备工作，受理各类起诉案603件931人，提起公诉477件731人，不起诉71件97人。1998年，全市检察机关严格执行修改后的刑法和刑事诉讼法，受理各类起诉案623件990人，提起公诉529件827人，不起诉14件22人。1999年，全市检察机关加强对组织、利用邪教组织犯罪案件的起诉工作，受理各类起诉案705件1150人，提起公诉585件942人，不起诉12件29人。

2000年，检察机关全面落实对犯罪嫌疑人的权利义务告知制度，将检察工作置于社会各界和人民群众监督之下。4月，市院、盂县院对刘汇海票据诈骗等3起拟不起诉案件举行公开审查会、听证会，由市公安局、被害单位、犯罪嫌疑人、辩护人和多家媒体参加，取得良好效果，被媒体誉为“阳光下的审查会”；在深化检务公开、保障当事人合法权益、开展法律监督方面迈出了新步伐。9月，市院又推行了刑事抗诉案件公开评议制度，主动邀请人大代表、政协委员就拟抗诉案件发表意见，受到各界好评。2002年，市检察机关制定《公诉规范化操作规程》，进一步细化公诉案件在各环节上的要求，为提高办案质量提供了制度保障；继续开展不起诉案件公开审查、庭前证据交换等改革措施，特别是制定《关于刑事公诉案件证据交换的意见》，积极探索庭前证据交换的办法，为维护当事人的合法权益，提高诉讼效率和质量，促进司法公正，提供了程序上的保障。2003年至2004年，市检察机关全面推行主诉检察官办案制、介入侦查引导取证、被告人认罪案件简化审理、庭前证据开示、不起

公开审查不起诉案件

诉案件公开审查等项改革措施，进一步提高工作效率和办案质量，两级检察院还推行公诉案件程序公示制度，通过电子显示屏等方式明示承办人、办案期限等项内容，增强刑事案件办理透明度。郊区院试行对轻微伤害案件的“非刑罚化”处理，根据案件实际情况和法律规定精神，主持行为人与被害人之间民事赔偿部分的调解，当事人双方自愿达成协议后，建议公安机关撤销案件，贯彻了宽严相济、区别对待的刑事政策，共办理40件，有效疏导和化解了社会矛盾。2005年，在基层检察院全面推行对未成年人犯罪、初犯、偶犯和轻微犯罪案件的“非刑罚化”处理，并由检察机关主持双方当事人达成和解赔偿协议，共处理案件16件19人。此外，全市检察机关还广泛推行公诉人法律法规告知制度，充分保障当事人诉讼权利和律师依法执业，《检察日报》进行了专门报道；推广多媒体示证支持公诉，强化庭审效果；积极探索公诉一体化机制建设，在全市范围内选调优秀公诉人跨管辖办案，形成检察机关公诉工作的整体合力。

2006年，市检察机关加大对严重危害社会治安和人民群众生命安全的违法犯罪分子打击力度，共受理各类刑事案件898件1517人，提起公诉957件1541人。2007年，市检察机关重点打击暴力犯罪、黑恶势力犯罪及抢劫抢夺、盗窃等多发性侵财犯罪，对阳泉首例组织、领导、参加黑社会性质组织犯罪案件中的史某某等12名组织成员在提起公诉后分别判处无期徒刑和有期徒刑1年至12年。2008年，受理各类刑事案件1101件1787人，提起公诉957件1541人；办理了被告人刘某某、白某某等人组织、领导黑社会性质组织一案，系阳泉建市后办理的第二起涉黑案件。同时开展被告人认罪案件简化审理、庭前证据交换、多媒体示证等多项改革措施，继续开展轻微刑事案件的“非刑罚化”处理。2009年，全市检察机关按照“强化证据意识、狠抓办案质量”的总体思路，严把案件事实关、证据关、程序关及适用法律关，共受理各类刑事案件932件1505人，提起公诉816件1329人。此外，积极推行邀请人大代表听庭评议制度，下发《关于开展邀请人大代表“听庭评议”活动的通知》，要求两级公诉部门在办理自侦案件、所属辖区有重大影响的案件及人大督办案件时，要主动邀请人大代表听庭评议，听取反馈意见。2010年，市检察机关认真履行法律赋予的职能，严厉打击各类刑事犯罪活动，共受理各类刑事案件1017件1713人，提起公诉889件1498人。年内，办理了省院交办的犯罪嫌疑人关某某等40余人涉黑一案，系阳泉建市后办理的第三起涉黑案件；同时还积极配合反贪部门查办煤焦、涉农、民生等领域为重点的职务犯罪，优先办理自侦案件，促使自侦案件在最短的时间内审查终结。

2000—2010 年阳泉市人民检察院案件受理情况简表

表 -21-1

年　份	受理起诉案件	提起公诉案件	不起诉案件
2000	708 件 1183 人	645 件 1094 人	—
2001	858 件 1368 人	719 件 1111 人	39 件 72 人
2002	863 件 1369 人	783 件 1217 人	—
2003	765 件 1270 人	662 件 1036 人	30 件 56 人
2004	743 件 1172 人	702 件 1124 人	17 件 26 人
2005	821 件 1363 人	709 件 1153 人	14 件 22 人
2006	898 件 1517 人	816 件 1328 人	10 件 19 人
2007	1039 件 1819 人	910 件 1577 人	22 件 44 人
2008	1101 件 1787 人	957 件 1541 人	29 件 41 人
2009	932 件 1505 人	816 件 1329 人	39 件 63 人
2010	1017 件 1713 人	889 件 1498 人	46 件 90 人

三、侦查监督

市人民检察院从 1955 年设立侦查监督组，开始对公安机关的侦查活动是否合法进行监督。1957 年反右派斗争开始后，最高人民检察院发出“紧缩侦查监督范围”的指示，侦查监督范围局限在对案卷的审查上，限制了检察职能的发挥，直至“文化大革命”结束，检察的侦查监督职能一直未能摆到应有位置，未能发挥作用。

1980 年，境内检察机关重建后，侦查监督的重点转向对交通肇事造成的重大责任事故案件的检察，对 7 起应追究司机刑事责任而未追究的案件进行监督纠正。1981 年，检察机关“防错防漏”，在批捕人犯中发现错捕 1 人，作出不起诉决定并将人释放；对该捕而未捕的进行追捕，共捕 11 人。1982 年，检察机关继续加强侦查监督工作，审查批捕、追捕 2 人；在批捕人犯中发现错捕 1 人，予以释放。1983 年后，侦查监督突出检查错捕、漏罪、漏捕和严重行刑逼供等违法乱纪行为。1986 年至 1987 年，境内曾一度出现伤害案件和交通肇事案件打击不力、受害人反复告状的现象；刑事检察处把群众反映强烈的12起案件向市政法委汇报，同时提出处理意见，公、检、法部门带着案卷深入基层，当场解决案件11起，并对另1起案件提出处理意见交有关部门限期解决。1980年至1990年，全市刑事检察部门经审查对672人作出不批准逮捕的决定，对漏罪漏捕的101人进行追捕，对侦查活动中的违法问题提出书面和口头纠正建议372件（次），提示有关部门收集重要证据和补充证据材料2417份（件）；同时，对128名另案处理的案犯进行跟踪监督，对其中该捕的9名犯罪分子进行追捕，有效维护了法律尊严和司法、执法的严肃性。

1991年至1992年的“严打”斗争中，全市检察机关不断加强侦查监督，实行对另案处理的同案犯跟踪监督制度，严格批捕案件，共不批准逮捕206人，追捕案犯57名，退回补充侦查167件329人，实行另案监督94人，追诉漏罪14条、漏犯9人。1994年，市检察机关开展执法监督，在批捕环节上，共补批捕74件192人，退回公安机关补充侦查114件274人，追捕各类案犯53人；在起诉环节，共追诉漏罪23条、漏犯19名，退回公安机关补充侦查94件245人，改变公安机关免诉意见为起诉意见16件18人，改变公安机关起诉意见为免诉、不诉13件17人，改变适用法律不当18件23人，重新认定部分犯罪事实18件21人，建议公安机关撤案21件27人。1995年至1996年，全市检察机关加强执法监督力度，重点纠正对刑事犯罪有罪不究、以罚代刑问题，共追捕各类案犯55人，追诉漏罪142条，漏犯70名；在追捕、追诉漏犯的同时，还对公安机关移送案件作出不批准逮捕决定109件252人，改变定性27件72人，改免诉意见为起诉意见13件14人，改起诉意见为免诉26件32人，不起诉7件12人，改变适用法律不当35件44人，改变部分犯罪事实256件273人，建议撤案处理38件46人。1997年至1999年，全市检察机关在立案监督方面，以纠正有案不立、以罚代刑为重点，共向公安机关发出要求说明不立案理由通知书27件，经审查向公安机关发出通知立案书19件，公安机关立案19件；在侦查监督方面，以纠正漏捕、漏诉等打击不力现象为重点，共追捕犯罪嫌疑人40人，对公安机关侦查活动提出口头纠正意见238次，发出纠正违法通知书77份，追诉漏罪218条，漏犯40名，发现案外犯罪事实移送有关部门处理15件18人，依法改变公安不当定性82件106人。

2000年至2002年，全市检察机关根据高检院“突出重点，全面推进”的要求，坚决纠正有法不依、执法不严、违法不究的现象，加强刑事立案监督，共向公安机关发出说明不立案理由通知书69件，通知立案书30件，公安机关立案38件；加强刑事侦查监督，严把事实关、证据关、法律关，共不批准逮捕227人，不起诉54人，追捕犯罪嫌疑人15人，追捕漏犯13人，追诉漏犯60人，漏罪20条。2003年，全市检察机关重点监督纠正行政机关有案不立、有罪不究、以罚代刑等问题。7月，市检察院进行立案监督专项活动，对全市6个基层公安分局所办治安案件进行排查，共排查公安机关各类办案单位科、所、队38个，各类治安案件1856件；对应立案而不立案的24件案件要求说明不立案理由，公安机关主动立案4件4人，通知公安机关立案5件6人；对应逮捕而未提请逮捕的，决定依法追捕7人；追诉漏罪11条，漏犯8人，改变公安机关案件定性错误的28件；对公安机关在侦查活动中违反法定程序等问题发出纠正违法通知书7份。2004年，在立案监督中，对应立案而不立案的27件案件发出说明不立案理由通知书27件、立案通知书2件，侦查机关主动立案或执行通知立案15件18人；同时对侦查机关不应立案而立案的加大监督力度，纠正侦查机关错误立案2件。全市两级检察机关全面开展对行政执法机关移送涉嫌犯罪案件线索的专项检察，先后在工商、税务、烟草专卖、国土资源、环境保护、农牧、文化、卫生、水利、药品监督等14个部门查询各类行政案件5336件，建议行政机关移送公安机关立案3件，发出纠正违法通知书20件，追捕犯罪嫌疑人18人，追诉漏犯26人，漏罪11条。2005年，市检察机关依法监督有案不立、有罪不纠、以罚代刑等问题，共要求公安机关说明不立案理由25件，通知公安机关立案7件；在侦查监督中，对应逮捕而不提请逮捕的纠正漏捕18人，对应起诉而不移送起诉的纠正漏诉50人，追诉漏罪25条，同时加强对违反法定程序、侵犯人权问题的监督，维护当事人的合法权利，对依法不应追究刑事责任和没有逮捕必要或证据不足的，决定不批准逮捕66件109人，不起诉14件22人；对侦查活动中的违法情况发出纠正违法通知书6件。

2006年，全市检察机关开展侦查活动监督专项检察，共要求公安机关说明不立案理由9件，公安机关主动立案5件，执行通知立案2件；发出纠正违法通知书和检察建议41件；追加逮捕13人，追加起诉39人，对不应追究刑事责任或没有逮捕必要及证据不足的，依法决定不批捕59件120人，不起诉13件22人。2007年，纠正和防止有罪不纠、以罚代刑等问题，对应立案而不立案的督促侦查机关立案12件，对应逮捕而未提请逮捕、应起诉而未移送起诉的，追加逮捕5人、追加起诉45人。坚持打击犯罪与保障人权并重，就侦查活动中存在的问题向侦查机关提出书面纠正意见47件，侦查机关纠正41件78人；对依法不应追究刑事责任、证据不足或者不需要逮捕的，决定不批准逮捕42件88人，不起诉22件44人。2008年，全市检察机关进一步增强监督意识，对应立案而不立案要求公安机关说明理由20件，督促公安机关立案17件23人；对不应立案而立案的纠正3件3人；对应逮捕而未提请逮捕、应起诉而未移送起诉的，依法决定追捕6人、追诉21人；就侦查活动中存在的问题向侦查机关提出书面纠正意见30件；对不符合法定逮捕、起诉条件的决定不批准逮捕41件78人、不起诉29件41人。在防止和纠正减刑、假释不当、侵犯被监管人合法权益等方面，立查监管干警职务犯罪案件1件，纠正监管活动违法问题13件，纠正监外执行罪犯脱管、漏管19人，办理在押人员又犯罪案件9件10人。2009年至2010年，全市两级检察机关组织开展立案监督专项行动，对应立案而不立案要求公安机关说明理由76件，督促公安机关立案61件76人，对不应立案而立案的纠正38件39人，追捕24人，不批准逮捕146件213人。

四、审判监督

市人民检察署初建时期，由于人员力量不足，对法院审判活动是否合法的审判监督工作未能全面开展，仅处于试验阶段。1956年9月，曾对1955年至1956年8月法院判处的767名案犯进行复查，对其中错判的案件和审判中缺陪审会议的、无辩护律师的、应公判未公判的案件提出纠正建议。1957年反右派运动开始后，审判监督活动一度削弱。1958年“大跃进”期间，市政法领导组统揽一切工作，审判监督被取消。直到“文化大革命”结束，此项工作一直未能开展起来。

1978年人民检察机关重建后，审判监督工作才逐步得已开展。1980年，对各区法院刑事审判的量刑进行监督，检查表明各院量刑宽严悬殊，标准不一；同一法院处刑没有统一尺度；适用缓刑不当；少数案件改判欠妥等。通过检查及时与各区法院交换意见，提出纠正。1981年至1983年，主要是对量刑畸轻畸重案件提出抗诉。1981年抗诉5案10人，1982年抗诉2案2人，1983年抗诉10案17人。其中1983年提出抗诉的案件中，除2案2人维持原判外，其余8案15人全部作了改判。在1983年至1986年的“严打”斗争中，主要对定性不准、适用法律不当、量刑畸重的14起案件依法提出抗诉，另发出检察建议书61份，口头提出纠正违法行为438条。自1980年至1990年，全市共受理各类起诉案件3615件6750人。经审查，对罪行轻微、不需处刑的367件746人作出免予起诉决定；对不构成犯罪和依法不需要追究刑事责任的59人作出不起诉决定；对漏罪、漏诉的37人进行追诉；对434人退回侦查部门补充证据材料。此外，在审判监督活动中还注意狠抓抗诉环节，10年共向各级法院提出抗诉案件41案66人，改判32案53人，维持原判5案6人，撤诉4案7人；对审判活动中出现的违法问题提出纠正意见182件（次）。

1991年，市检察机关不断加强审判监督，在办理案件中追诉5人，抗诉4案4人，有2案2人改判。1992年，市检察机关部门采取定人、定案、定时间、包质量的措施，全年共追诉漏罪14条，漏犯5名，抗诉7案13人。1993年，两级检察部门对起诉到法院70%的案件列席审判委员会，并积极开展当庭监督，提起抗诉3案3人，按审判监督程序提请省院抗诉的1案1人。1994年，对法院确有错误的判决、裁定提起抗诉8件23人，提请省院抗诉2件2人。1995年，重点抓了有罪判无罪、重罪轻判等错误判决裁定的抗诉工作，共提出抗诉6件8人，法院改判4件6人。1996年，全市检察机关通过列席审判委员会等形式，将监督关口前移，确保从重从快判决。提起抗诉3件4人，提请省院抗诉3件3人；通过对法院判决裁定的备案审查，发现漏引法条、叙述理由不当等问题提出口头纠正意见120余次，均被采纳。1997年，全市共审查法院判决、裁定162份，发现问题73个，提出口头建议52次，书面建议11次，均被采纳。1998年至1999年，全市共提出抗诉11件14人，2件2人做了改判，发还重审2件；在当庭监督上抓好对判决、裁定的审查工作，共审查法院判决、裁定460份，对审判中的违法情况提出纠正意见130余件次，书面建议7份，均被采纳。

2000年至2002年，全市检察机关针对人民法院重罪轻判、轻罪重判、有罪判无罪等错误裁判，加大抗诉力度，共提出抗诉16件27人，其中法院改判4件、发还重审1件。2003年至2005年，进一步加大刑事审判监督力度，重点纠正量刑畸重畸轻问题，同时注重监督纠正违反法定程序的案件，共提出抗诉37件50余人，法院改判10件12人，抗诉数和改判数达历年最高水平。

2006年，全市检察机关不断增强监督意识，提高审判监督水平，共立案审查民事行政申诉案件84件；向省检察院提请抗诉33件，向市中级人民法院提出抗诉1件，提出再审检察建议10件；同时先后办理了帮助农民工等弱势群体进行民事诉讼支持起诉案件28件。2007年，检察机关全面开展对刑事诉讼、民事审判、行政诉讼和刑罚执行活动的法律监督，立案审查民事行政申诉案件112件，对认为有错误的民事行政判决和裁定提请抗诉37件，提出再审检察建议2件，同时先后办理民事诉讼支持起诉案件47件。2008年，检察机关对认为有错误的刑事判决裁定提出抗诉7件，法院采纳抗诉意见5件。其中，一审法院以职务侵占罪判处梁某某有期徒刑8年，市检察院抗诉后二审法院以贪污罪判处有期徒刑11年，被高检院评为优秀抗诉案件。在防止和纠正裁判不公、执行难等方面，对认为有错误的民事行政判决和裁定向省检察院提请抗诉5件，直接向法院提出抗诉5件，提出再审检察建议6件，法院改判7件；针对执行中的问题，向法院提出执行监督意见69件；办理支持起诉案件13件，对法院正确判决、裁定说服当事人息诉服判。2009年，坚持运用抗诉手段加强对有罪不究、罚不当罪等问题的监督，全市检察机关在继续强化指控犯罪职能的同时，坚持高检院确定的“坚决、慎重、准确、及时”

的要求，加大诉讼监督力度，提出抗诉15件，在已被中院审结的11件抗诉案中，有2件改判、4件发回重审、5件维持。2010年，全市检察机关严格执行最高检制定的《关于抗诉工作的若干意见》等相关规定，在刑事抗诉中坚持做到实体监督与程序监督并重、重罪轻判与轻罪重判监督并举，提出抗诉17件；全市两级民事行政检察部门受理各类民事行政案件263件，审查处理259件，其中提请抗诉30件、提出抗诉6件、经两级法院再审改判3件、提出再审检察建议12件、审判过程和执行活动监督检察建议162件。

第三节　经济检察

一、贪污贿赂检察

阳泉市检察机关从创建起，就积极参与办理经济领域中的犯罪案件，履行其经济检察职能。经1952年8月至1953年9月，对全市39个机关的调查统计，有17个机关发现贪污案22件，24名干部有贪污行为。市检察机关对其中7件提起公诉。1954年，经济检察主要查办国家机关工作人员中的贪污罪行，到1957年，共受理经济案件191件。国家进入大规模经济建设时期后，市检察机关还承担了对贪污案件的侦查工作及盗窃、投机倒把案件的审查批捕与审查起诉工作。1958年至1965年，共办理经济案件537件，其中贪污案件188件、投机倒把案件23件、盗窃及诈骗等案326件。其间，1959年自侦案件51件54人，其中贪污43人，占受理总数的79.6%；经审查后，立案侦查40人，不立案交原单位处理3人；立案侦查终结后，向法院起诉35人，全部作出有罪判决，占立案数的87.5%。1960年，经济检察结合农村整风整社，对会计员、保管员、伙食管理员、炊事员、保育员、饲养员、技术员以及基干民兵等进行全面审查。1962年，在决定逮捕和起诉过程中，坚持“个人阅卷，集体讨论，检察长决定，党委批准”和“提审被告，询问证人”的制度，对防止错、漏案件的发生起了重要作用。1963年3月，经济检察部门协同有关单位对市工业局、交通局、阳泉钢铁厂、供销社、蔬菜公司5个单位1962年以后的贪污、盗窃、投机倒把情况进行调查，发现有问题人员326名，占被调查职工总数的3.11%。1964年至1966年，检察工作的绝大部分案件都深入发案单位，3年共决定逮捕贪污犯罪分子5名。

“文化大革命”期间，经济检察工作被迫中断。

中共十一届三中全会后，人民检察机关重建，经济检察工作于1980年恢复，并于当年2月深入市工交政治部、财贸部、商业局、税务局等单位，对经济违法犯罪情况展开调查。1982年，市检察机关先后于2月、5月、6月、8月4次召开经济检察工作会议，并在办案中坚持调查研究、坚持抓大案要案、坚持依法办事、坚持综合治理，扩大办案效果。1985年，检察机关把打击严重经济犯罪作为主要任务，成立了打击经济犯罪办案领导组，并确定对大案要案定领导、定办案人员、定具体措施、包干案件的质量和速度的“三定一包”办法，共办理万元以上大要案13件，其中百万元以上案件2件、10万元以上案件2件，占全市立案数的28%，是1984年的6.5倍；结案时间比1984年缩短30%至40%。1986年，检察机关先后发起3次打击经济犯罪活动高潮，召开6次公判大会和7次政策兑现大会，分别从宽处理33名、从严打击28名经济违法犯罪分子。全市共收到群众检举揭发信630余件，挖出各种经济犯罪问题572个，有307名违法犯罪人员投案自首。1987年，经济检察工作把反贪污、贿赂斗争作为打击经济犯罪的第一位工作，并于1988年设立经济罪案举报中心，进一步动员广大人民群众检举、揭发贪污、贿赂犯罪。1989年，全市检察机关掀起了反贪污、贿赂斗争的新高潮，挖出一批经济领域的犯罪分子。1980年至1990年，全市共受理各类经济案件1059件，立案侦查454件，依法惩处各类经济犯罪分子350人，为国家挽回直接经济损失797.3万元。

1991年至1992年，全市检察机关围绕经济建设中心，积极查处大要案件，共受理贪污、贿赂等经济犯罪案件278件，立案侦查199件，其中有贪污、贿赂案件135件，挪用公款案件18件，偷税抗税案件45件，侦结各类经济案件159件，为国家挽回经济损失239万元。1993年，全市检察机关坚持开展打击贪污贿赂等经济犯罪斗争，共受理贪污、贿赂等经济犯罪案件361件，立案侦查101件，其中万元以上大要案62件，侦结94件，其中起诉29件41人，为国家和集体挽回经济损失523万元。荫营地区检察院查获的荫营煤矿原劳动服务公司经理张某某等人特大贪污、挪用公款、偷税案，合计犯罪金额254万元。1994年至1995年，全市检察机关把反贪污、贿赂工作摆在首位，共受理各类经济犯罪案件386件，立案侦查176件；其中贪污案件66件89人、受贿案件28件28人、挪用公款案30件32人、偷税抗税案50件53人、销售伪劣商品案1件1人、假冒商标案1件1人，侦查终结175件200人，移送起诉49件54人，为国家和集体挽回经济损失800万元。1996年，全市检察机关共受理贪污、贿赂等经济犯罪案件138件，立案侦查73件77人，在立案查处的案件中贪污案23件23人，侵占案5件6人，受贿案9件9人，偷抗骗税案26件28人，挪用公款和挪用企业资金案5件5人，其他案5件6人，侦查终结99件106人（含上年积存案），为国家和集体挽回经济损失400余万元。1997年，市检察机关以发生在党政机关、行政执法机关、司法机关和经济管理部门的贪污贿赂等职务犯罪案件，特别是县处级领导干部犯罪要案为查办重点，共受理贪污、贿赂等经济犯罪案179件，立案侦查60件64人，侦查终结59件66人（含上年积存11件），为国家和集体挽回经济损失445万元。1998年至1999年，全市检察机关共受理贪污、贿赂等经济犯罪案46件60人，其中贪污案19件31人、受贿案10件12人、挪用公款案17件17人，为国家和集体挽回经济损失400余万元。

2000年至2001年，全市检察机关按照高检院“保证数量，提高质量，狠抓有影响的大案要案”的总体要求，针对市场经济条件下国家工作人员职务犯罪的新情况、新变化，把党政领导机关、行政执法机关、司法机关、经济管理部门工作人员犯罪案件，县处级领导干部犯罪要案和严重影响经济发展的案件作为打击重点，共立案侦查66件79人，其中有贪污案31件34人、受贿案5件6人、挪用公款案30件39人，共为国家和集体挽回经济损失630余万元，查办职务犯罪案件工作整体呈现出办案数量增加、案件质量提高的势头，逐步走上以打促防、打防结合的发展轨道。2002年，全市两级检察机关以开展“百日大会战”为契机，加强组织领导，突出打击重点，加大办案力度，数量质量并重，共立查48件53人，其中贪污案26件28人、贿赂案12件14人、挪用公款案9件9人、私分国有资产案1件2人，为国家和集体挽回直接经济损失400余万元，反贪污贿赂工作在全省年度考核中获第三名，跻身全省先进行列。2003年至2004年，立案侦查贪污、贿赂、挪用公款等犯罪案件56件64人，其中县处级领导干部涉嫌职务犯罪要案3件、涉案金额百万元以上特大案件2件、500万元以上案件1件。2005年，立案侦查贪污、贿赂案件26件32人，其中金融、煤炭等重点行业领域的案件10件10人，涉案金额百万元以上案件4件4人，抓获在逃职务犯罪嫌疑人5人，通过追缴赃款赃物和非法所得，为国家挽回经济损失1470万元。

2006年，全市两级反贪部门立案侦查27件29人，其中查办大案16件17人，县处级要案4件5人，大要案占立案的75%；侦查终结26件28人，侦结率97%。2007年，全市检察机关办案数量明显上升，共立案侦查贪污、贿赂、挪用公款等职务犯罪案件44件50人，其中大案24件，查处县处级以上领导干部7人，为国家挽回经济损失1380余万元。2008年至2009年，全市检察机关反贪部门共立案查处贪污贿赂职务犯罪案件77件94人；侦查终结贪污贿赂案件36件41人，立案侦查煤焦领域贪污贿赂职务犯罪案件18件22人，其中立查大案13件14人。2010年，全市反贪部门共立案查处贪污贿赂职务犯罪案件38件51人，其中大案28件41人、要案3件3人；共侦查终结贪污贿赂案件39件53人（含往年积案），侦结率98.1%；起诉38件50人，起诉率92.6%；有罪判决53件62人。积极查办重点领域、重点部门案件，其中，查办煤焦领域案件11件18人，占立案总数的35.3%；查办工程建设领域案件7件8人，占立案总数的17%；查办涉农领域案件5件6人，占立案总数的11.7%；查办党政机关、行政执法机关、司法机关案件14件17人，占立案总数的33.3%；查办贿赂案共20件22人。

二、职务犯罪预防

境内的职务犯罪预防工作起步于2000年。2001年，全市在金融、煤炭等系统和行业建立预防机制12个，建立联络机构25个，聘用联络员30人，提出预防性检察建议35次。2002年，全市检察机关立足检察职能，从加强预防网络建设入手，不断拓宽预防领域，把预防职务犯罪责任分解到检察工作各环节，加强社会化预防网络建设，成立预防职务犯罪工作联络处，并逐步推广到司法、税务、金融等领域；通过召开联席会议，进行专题法治讲座，开展警示教育等多种形式强化预防职务犯罪工作。2003年，通过建立预防档案和信息库，设立预防职务犯罪工作联络处、联系点等方式，与煤炭、电力、金融、保险、税务、工商等行业加强工作联系，深入到义白路建设工程、东纵公路会里至二院段等重点工程建设领域，开展警示教育、法治讲座，使广大干部、职工接受教育，警钟长鸣，全力打造“阳光工程”，有效防范了职务犯罪案件的发生。2004年，两级检察机关与金融、保险、煤炭、电力、财政、交通、质检等行业加强工作联系，建立预防职务犯罪联系点42个，不断完善社会化职务犯罪预防网络。结合办案工作和典型案例，积极提出检察建议，帮助有关单位整章建制、堵塞漏洞，举办预防职务犯罪法治讲座2次，向40个单位发放宣传挂图65套，对预防职务犯罪发挥了积极作用。2005年，先后组织不同单位2000余名干部在荫营地区检察院听取服刑人员现身说法；积极介入307国道复线建设项目对重点工程开展预防职务犯罪工作；经市委批准，全市预防职务犯罪工作领导组成立，把检察机关预防职务犯罪工作纳入了党委统一领导下的反腐败整体格局中。

2006年，全市检察机关预防职务犯罪工作个案预防27件31人，召开（质检、供电、公路交通、税务征费）预防警示教育大会五次（场）、宣传教育26次（场）、专题讲座17次（场）、发放预防犯罪教育资料650份、办预防犯罪宣传专栏2块、专题预防的重点工程2个；建立起行贿档案查询系统，录入查办的贿赂案行贿犯罪人3人，受贿罪相对行为单位及人员35人（个），并通过省院全国联网系统为市公路局公路建设招投标提供查询1次；发出检察建议27份。2007年，全市检察机关完成重点建设项目307国道复线建设工程的专项预防，和105个单位建立经常性工作联系；完善行贿犯罪档案查询系统，建立警示教育基地，举办惩治和预防职务犯罪讲座78场次，对预防和减少职务犯罪起到积极作用。2008年，加强职务犯罪的宣传预防，在煤炭、交通、建设、金融等行业进行法治讲座和警示教育40次；加强行业预防，对重点工程实行预防机构和工程指挥部机构建立同步、法治和工程建设同步、检察监督和工程管理同步的“三个同步”；向案件多发行业和有关单位提出检察建议49件，新增预防职务犯罪联络单位9个；加强社会预防，完善行贿犯罪档案查询系统，认真开展《山西省预防职务犯罪工作条例》宣传活动，向社会各界发放《条例》单行本2000册。2009年，市检察院出台《关于加强和规范涉及工程建设项目预防职务犯罪工作的实施方案》和《预防职务犯罪工作人员“六条严禁”工作纪律》；与阳泉人寿保险分公司、阳煤集团、阳泉煤运分公司、阳泉第一监狱、阳泉第二监狱协作，累计投资约80万元，分别于坡头、太旧高速公路阳泉东西口、阳盂线苇泊等主要路口架设大型反腐倡廉公益广告5块；派员为安监、国土、金融、公路等系统的重点岗位人员进行法治讲座11场，2400余人受到教育；完成预防调查报告14份，对预防检察建议归口管理，并开展行贿犯罪档案查询。2010年，根据省院要求，两级检察预防部门共开展预防调查74次，调查报告引起当地人大、政府领导重视，并作出批示9件；通过调查发现犯罪线索并立案侦查12件。针对预防调查中发现的问题，提出检察建议311份，得到相关单位采纳。各级预防部门开展警示教育143次，受教育5902人，通过警示教育当场举报犯罪1次；开展职务犯罪分析50次，完成行贿犯罪档案查询202次。

第四节　法纪检察

境内的法纪检察始于1954年。当时，市人民检察署设置的一般监督组担负着妨害经济管理秩序、侵犯人身权利、破坏公共秩序、渎职等犯罪案件的侦查工作，以及对国家机关和国家工作人员中违法乱纪案件的检察。1957年，市人民检察院停止了一般监督工作，国家工作人员中的贪污受贿、玩忽职守、投机倒把等违法犯罪案件则由侦查与侦查监督科立案侦查。1958年，检察机关的自行侦查工作被批判为“矛头对内”而受到削弱，只查办国家工作人员中的贪污案和一般投机倒把案。到“文化大革命”，法纪检察工作停止。1954年至1966年，共承办重大责任事故案77件，人身伤亡事故案53件，其中煤矿死亡事故案42件，占重大责任事故案件的54.5%；受理刑讯逼供、非法拘禁案284件，其中立案侦查48件、逮捕判刑的34件、作出免于起诉的6件、承办玩忽职守案68件。

“文化大革命”期间，法纪检察工作被迫中止。

1978年人民检察机关重建后，全市检察机关大力加强法纪检察工作，针对市煤炭、化工等企业由于玩忽职守造成生产、人身伤亡的重大责任事故多发的特点，法纪检察部门首先从查处重大责任事故案件入手，带动其他案件的查处。1981年参加事故现场勘查和事故分析会23次。

1984年，受理煤矿重大责任事故案128件，占受理法纪案件总数的86.49%。法纪检察部门还在全市开展了以安全生产为主要内容的法治宣传教育活动。至1987年，全市乡镇煤矿重大责任事故比1986年下降31%。在重点查处玩忽职守造成重大责任事故案件的基础上，市、县（区）法纪检察部门狠抓了其他案件的处理，通过法治教育、法纪宣传、社会调查等活动开辟案源，从1988年至1990年，受理案件数年均递增8.79%，决定立案数年均递增64.84%，人均办案数年均递增23.64%，结案率保持在93%以上。为此，市人民检察院法纪检察处连续3年被评为出席山西省检察系统的先进集体，并于1990年被评为出席全国检察系统的先进集体。1980年至1990年，法纪检察部门共受理各类法纪案件1173件，其中1984年至1990年间查处的侵权、重大责任事故、玩忽职守3类案件共155件。

1991年，法纪检察处被最高人民检察院授予先进集体；至1994年，全市法纪检察部门加强对侵权、渎职案件查处力度，共受理各类法纪案件559件，立案侦查294件，其中重大责任事故案194件、玩忽职守案50件、非法拘禁案28件、刑讯逼供案3件、徇私舞弊案1件、非法抽查案1件、非法侵入他人住宅案1件。1995年，全市法纪检察部门共受理各类侵权、渎职犯罪案94件，立案侦查79件，其中，有重特大案件14件，徇私舞弊、玩忽职守等“五类”重点案件72件。1996年，全市法纪检察机关共受理各类侵权、渎职犯罪案84件，立案侦查57件；其中有重特大犯罪案12件、玩忽职守案11件17人、非法拘禁案6件8人、重大责任事故案37件42人。1997年，共立案查办各类侵权、渎职犯罪案43件50人，其中徇私舞弊案1件1人、玩忽职守案8件9人、非法拘禁案4件4人、刑讯逼供案1件4人、重大责任事故案28件31人。1998年，《中华人民共和国刑法》《中华人民共和国刑事诉讼法》修订后，缩小了检察机关对渎职案件的管辖范围，办案数量明显下降，全市法纪检察机关共立查侵权、渎职等职务犯罪案件6件7人，其中刑讯逼供案3件4人、徇私舞弊不移交刑事案1件1人、玩忽职守案2件2人。1999年，共立案查处渎职案件4件5人，其中玩忽职守案2件2人、刑讯逼供案1件1人、其他案件1件2人。

2000年，全市法纪检察机关共立查渎职侵权案12件12人，其中徇私舞弊案5件5人、刑讯逼供案1件1人、其他案件6件6人。2001年，全市法纪检察部门针对渎职、侵权犯罪案件线索少、阻力大的情况，采取“办案联网、信息联网、工作联网”的方法，共立查渎职、侵权案11件13人；其中玩忽职守案6件6人、滥用职权案4件4人、非法搜查案1件3人。2002年，反渎职侵权检察部门推行“以事立案”的新方式，立案侦查3件，受到上级机关肯定；共立查渎职、侵权案13件19人，其中玩忽职守案8件11人、滥用职权案2件5人、徇私舞弊案3件3人。2003年至2006年，全市检察机关按照“稳定数量，提高质量，突出查办大要案”的总体要求，合理调配案件资源和办案力量，立查渎职侵权案件35件37人。2007年，全市检察机关反渎职侵权部门深入查办国家机关工作人员破坏市场经济秩序的渎职犯罪和侵犯公民人身权利、民主权利的犯罪，积极介入重大安全责任事故调查，共立查滥用职权、玩忽职守等渎职侵权职务犯罪案件21件23人，盂县“4·30”煤矿瓦斯爆炸事故、荫营煤矿隧道扩洞工程塌方事故、郊区兴通烟花有限公司爆炸事故中的渎职人员被依法查处。2008年至2009年，以深入查办危害能源资源、生态环境渎职犯罪、涉农渎职侵权犯罪等专项工作为重点，集中力量查办渎职侵权案件，共立案侦查29件30人，其中查处重特大案件15件15人，涉及煤焦领域13件13人；查处县处级以上领导干部要案2件2人，司法人员涉案5件5人，行政执法人员涉案12件12人，在全省反渎职侵权工作考评中排名第三，获反渎职侵权先进单位。2010年，全市检察机关以深入推进社会矛盾化解、社会管理创新、公正廉洁执法三项重点工作为载体，紧紧围绕“稳定办案总量，增加要案数量，突破重点领域，提高办案质量”的要求，加大办案力度，共立案查处14件14人。

第五节　监所检察

一、看守所检察

境内的看守所检察始于1953年，阳泉市人民检察署与法院、公安局组成检察监所小组，对市看守所进行检察。1954年，经检查对错捕、错判、错押的5起案件及侵犯人权逼死人命一案进行纠正。1956年，对看守所进行了全面检查，对不符合法律规定的制度和行为逐步进行纠正。对全市86名未决犯进行区别情况清理，另外，对老弱病残和妇女罪犯也进行了有计划的清理，共清理老弱病残和妇女犯20名。1958年，看守所检察的范围扩大为市看守所和郊区看守所。1959年至1966年上半年，看守所检察的重点放在对人犯的管理制度上，并向公安部门提出改进建议。

“文化大革命”期间，监所检察工作被迫中止。

人民检察机关重建后，于1979年开展了监所检察工作。至1982年，多次与公安、法院组成联合检察组，对看守所进行检查。检察的重点放在建立健全各种规章制度，提高管教干部的法治观念和政策水平，整顿监规纪律。1983年开展“严打”后，检察重点放在对在押人犯重新犯罪和实施监管秩序上，深入监所检查35次，发现问题61条，纠正管教干部违法乱纪行为8件。

1984年，通过依法监督，消除了由于办案和管教人员力量所限造成的人犯严重超期羁押的现象。1985年制定了人犯入监登记卡、谈话登记簿、检察建议等5种法律文书，对看守所进行了制度化、经常化的检察。1986年，实行驻所办公，解决了人犯超期羁押、管理制度混乱、伙食卫生条件较差和个别体罚人犯等问题。1987年后，看守所检察工作把驻所检察和搞好接茬帮教作为重点，改革了驻所检察制度，推行了制度化、经常化、规范化、科学化的“四化”责任制，实行了目标监督。

20世纪90年代，看守所检察加大驻所安全检察力度，开展安全防范检查，有效杜绝了安全事故的发生。1997年至2000年，积极加强安全防范检查，并重点研究监管中存在的问题和注意事项，预防突发事件发生。

2001年，市检察部门深入看守所宣讲“严打”有关法律、政策，在党的刑事政策感召下，在押人员积极检举违法犯罪线索，取得良好的效果。2002年，加强对保外就医工作的检察监督，努力杜绝“前门进，后门出”的现象，积极配合“严打”斗争，认真梳理检举线索。2003年，认真开展清理超期羁押专项行动，在“非典”防治期间，进行专项检查，确保羁押场所安全。2004年，修订完善监督制度，实现了驻所检察的制度化、规范化。2005年，各驻所检察室与公安机关为创建“双加强、双保障”示范单位，进一步加强协作，共同防止和纠正一批违法会见、违法提审和“跑风漏气”问题，并就加强伙食、卫生和劳动情况进行有效监督，保护了在押人员的合法权益。

2006年，市检察部门开展监所检察规范化建设，不断加强对违法减刑、假释、保外就医、暂予监外执行的监督，发现并纠正减刑中的问题18件；对69名暂予监外执行人员进行回访考察和监督检查，杜绝在检察环节的超期羁押，对其他办案机关的超期羁押加强预警、通报和纠正工作，努力防止边纠边超、前纠后超现象的发生。全市驻所检察部门对看守所共进行各类专项检查6次，提出检察建议37份，口头建议28次。2007年，全市驻所检察部门对看守所的监管活动提出口头纠正违法意见60余次，发出书面检察建议31份，同在押人员谈话300余次，法治宣传教育20次，有效保证了看守所正常的监管活动。2008年，各驻所检察室严格落实《人民检察院看守所检察办法》，开展入所、出所、所内巡视、羁押期限监督、安全防范等各类检察监督工作；对看守所监管活动提出口头纠正违法意见80余次，发出纠正违法通知书11份、书面检察建议24份，同在押人员谈话200余次，法治宣传教育10次。2009年，市院监所检察处与市公安机关监管支队对全市看守所进行专项检查，以整治监管秩序、打击牢头狱霸、加强被监管人员管理为重点，对监所管理的全面工作特别是违禁品流入监室等违规行为进行整顿，保证了监管场所安全稳定。全市驻看守所检察室针对看守所监管执法活动共提出检察建议39份，发出“纠正违法通知书”28份，看守所采纳意见并全部予以纠正。2010年，在开展看守所监管执法活动“回头看”专项检查工作，对检查中发现的问题进行整改，有效预防和减少了各类事故的发生。

二、劳改检察

1955年，境内对劳动改造机关的监督检察开始起步。至1956年，通过对荫营劳改煤矿的检查，发现存在延长犯人劳动时间、随意体罚犯人、克扣犯人钱物、执法手续混乱等问题，检查后向管教部门提出纠正意见。1958年，全市共办理加刑案58件58人，其中判处死刑的8人、经审查建议给予行政处分的28人。1959年9月以“特赦”“改恶从善”为中心内容，分3批特赦了确已改恶从善的人犯201人，同时给予抗拒改造、重新犯罪的28名罪犯以起诉加刑处罚。1960年至1964年间，劳改检察共办理加刑案63件，减刑案24件，办理在押犯及其家属的申诉案122件，并对保外就医的11名人犯进行清理，对其中1名表现不好的建议劳改部门收监执行。

“文化大革命”期间，劳改检察工作被迫中断。

1978年重建人民检察院后，两级检察机关分别于1980年、1984年设置监所检察处、科，配备专职干部。之后，重点打击在押犯中重新犯罪和反改造的首要分子，自1980年至1987年，共受理在押犯、留场就业人员重新犯罪案件207件328人。其中决定起诉的174件287人，法院均作了有罪判决；作免予起诉决定的15件19人；不起诉的15件19人；证据不足退回补充侦查的2案2人；因为罪犯死亡销案的1案1人。特别是平息了1983年5月11日至13日山西省第二劳改支队发生的以河南犯人为主的反革命持械、聚众、暴乱案，并将这一大案起诉法院，30名被告人均作了有罪判决，其中判处死刑8人、无期徒刑9人、有期徒刑13人，有力打击了犯罪。1980年至1987年，还对监狱、劳改机关的活动是否合法进行监督，共组织检查195次，查出各种问题255件，其中管教干部违法乱纪8件、不安全因素121件、其他方面126件。此外，协助管教人员在监房内查出雷管、炸药及其他违禁物品12400余件，防止犯人自杀、逃跑、行凶报复等重大事故50余起，受理劳改犯及其家属申诉和控告案525件，其中重复申诉案253件；检察机关自己查办60件，其中改判26件、彻底平反4件、维持原判30件，其余均转有关部门处理。1985年，监所检察机关主动为山西省第二、第十三劳改支队同各级地方政府、单位牵线搭桥，签订接茬帮教协议书，并通过检查监督保证协议落实；到1990年，共签订协议书72份，这一做法有效预防了劳改刑满释放人员重新犯罪的发生，促进了改造质量的提高，得到最高人民检察院的肯定，并在全国推广实施。

1991年，市检察院要求监狱劳改部门要严格落实“改造第一，生产第二”的方针，8月，对罪犯落实8小时工作时间；分别对94名保外就医罪犯进行考察，坚持同罪犯本人、具保人、当地公安机关、罪犯主诊医院见面，发现保外罪犯严重脱管失控、监督单位工作不落实、劳改机关与监督单位缺乏联系，导致一些罪犯至新犯罪而不能及时收监。对59名保外罪犯作了审定，建议对23名已失去保外条件的立即收监。年内还制定了《处理控告申诉和举报工作实施办法》，受理控告、申诉、举报14件，其中自办6件、转办8件。对监狱、劳改机关的活动实行监督，认真查处管教干警和职工违法犯罪行为，共受理重大责任事故案19案21人，其中18案20人皆因当事人违章致死而未立案。1993年至1994年，受理劳改机关移送起诉的各类案件33案50人，对劳改支队的减刑、假释、保外就医情况进行检察，共检察中队50余人，涉及押犯2000多人，受理控告2件、申诉案件2件。1995年，市检察院办理在押犯又犯罪案件9案12人，减刑假释保外就医93人，控告申诉17起。

1996年至1997年，市检察院深入监管一线，加大对牢头狱霸、行凶自杀等破坏监管改造秩序犯罪活动的查处和安全防范检查的力度，立案侦查侵权、渎职等犯罪案件3案3人，办理服刑罪犯又犯罪案件16案25人。在对刑事判决、裁定执行情况和两监狱执法活动监督中，对阳泉一监、二监1897人的收押手续、1441人的释放手续进行检查，审核减刑副本1550份、假释副本37份，审核检察保外就医罪犯和相关材料61人次；组织干警对两监狱阳泉地区的假释犯进行专项检察，共考察46名罪犯假释执行情况，对其中7名监督不力和脱离监管机关监督的情况提出检察建议；对两个监狱101名保外就医罪犯进行专项检察，发现保外就医手续不完善26人，到期未办理手续21人，应收监而未收监者3人，脱离监管1人。1998年，监狱侦查部门移送案件3案3人，其中脱逃案1案1人、故意伤害案2案2人，经审查向人民法院提起公诉2案2人、移送市检察院起诉1案1人。年内，阳泉一监、二监分别跨入部级、省级文明监狱行列，市检察院管辖的自侦案件和其他案件数量较往年有大幅下降。1999年，依法加强对监管干警职务犯罪案件的查处，初查监管干警职务犯罪线索4起，办理了张某某玩忽职守案。共受理控告3起、申诉13起，其中9起得到妥善处理；办理在押犯又犯罪案件2案2人，其中故意杀人案1案1人、故意伤害案1案1人，两案均依刑事诉讼程序予以起诉。2000年，强化查办自侦案件力度，全年初查监管干警职务犯罪线索8起，立案侦查5起，其中贪污案1件、挪用公款案1件、玩忽职守案1件、重大责任事故案2件；办理审查起诉案件13件14人，申诉案10起，立案查处1起。

2001年，全市检察机关严肃查处监管干警职务犯罪，制定《关于开展职务犯罪预防工作的实施意见》，成立了以检察长为组长的职务犯罪预防工作领导组。受理起诉案件6案6人，其中脱逃案件2案2人、故意伤害案件1案1人、抢劫案件1案1人、煽动颠覆国家政权案1案1人、重大责任事故案件1案1人，有4案4人作了有罪判决。年内，还起草了减刑、假释、暂予监外执行监督规范，变事后监督为事前监督，增强了对减刑、假释、暂予监外执行的监督力度。2002年，市检察院建立"小机关，大派出"的监督工作格局，把执法监督渗透到暂予监外执行各环节，并把对违法减刑、假释和保外就医等暂予监外执行的监督作为重中之重，起草相关制度，细化工作职责，责任到人，逐日登记审查，变书面监督为事实监督，变事后监督为事前监督，提高了监督时效和质量。全年办理保外就医手续9份，正常和非正常死亡报告19份，纠正不当减刑3人，不当保外就医3人。检察长坚持每月2次深入监狱，受理申诉、控告、举报，进行法律咨询。年内，还办理在押罪犯又犯罪案件5案6人，其中脱逃（未遂）1案1人、重大责任事故1案1人、抢劫案1案1人、破坏监管秩序案1案1人、伤害案1案1人。2003年，市院把维护监狱稳定作为首要任务，全力配合"严打"整治斗争，共办理狱内押犯又犯罪案件5案5人，均依法起诉，作出有罪判决；向两监狱送达要求说明不立案理由书9份。"非典"疫情期间，针对两个监狱实行封闭管理的情况，充分利用网络化管理和动态监督系统等科技手段，构建监督通道；通过电话、传真、确立联系人、监控设备等构建实时监督渠道；组成"特别行动小组"进入封闭监区，与监狱干警同吃同住同工作，进行"零距离"监督，两个监狱无一例"非典"病人、无一起又犯罪案件、无一起执法人员违法犯罪案件。2004年，市检察院加大打击监内又犯罪活动力度，做到提前介入、快审快诉，办案准确率达100%；对4起又犯罪案件向监狱送达要求说明不立案理由通知书和通知立案书，均立案并侦诉完毕，并作出有罪判决。对减刑、假释、保外就医刑罚执行中的重点环节，始终作为执法活动监督重点，审核两监狱拟报减刑材料1640份，假释、保外就医手续24份，发现并纠正呈报减刑不当11名；办理申诉14起，经法治教育，息诉8起、转办2起、立案侦查1起、在办3起；受理控告4起，其中转办3起、在查1起。2005年，强化对减刑、假释、保外就医检察，共审查拟呈报减刑1599人，发现并纠正问题14个；审查拟呈报保外就医手续2份；审查减刑裁定1599份、假释裁定1份、保外就医手续4份；受理控告、申诉，依法保护服刑人员合法权益，收到举报3起，对其中2起举报线索进行初查；受理控告2起。

2006年，监所检察部门监督立案并审查起诉又犯罪案3件6人，准确率达100%。与市院反贪局共同初查经济犯罪线索2件，审查起诉职务犯罪案件1件1人；审查拟呈报减刑842人，发现并纠正问题18个；审查拟呈报保外就医手续1份；审查减刑裁定543份、保外就医手续1份、假释手续1份。2007年，监所检察部门对9名服刑人员减刑向监狱提出暂缓上报建议，得到采纳；积极办理控告申诉，依法保护服刑人员合法权益，共办理5件申诉。2008年，强化对减刑、假释、保外就医的检察，共检察罪犯收押手续1610份、释放手续1091份；审查拟呈报减刑1510人，发现并纠正问题25个；审查拟呈报保外就医手续3份；审查减刑裁定1211份，保外就医手续3份，假释手续1份；办理服刑人员的申诉5件。2009年，在贯彻落实最高检《关于减刑、假释法律监督工作的程序规定》的同时，根据实际制定《阳泉市人民检察院执行〈关于减刑、假释法律监督工作的程序规定〉的实施办法》，执行减刑、假释法律监督工作有了具体且操作性更强的规范性依据。全年共审查拟呈报减刑1917人，审查减刑裁定1737份，发现并纠正问题5个，检察收押手续1476份，释放手续1318份，审查拟保外就医12人，发出书面检察建议3份。2010年，在开展监狱“查清事故隐患，促进监管安全”专项检查活动中，对发现的问题与监狱沟通，提出纠正意见。在做好监督检察的同时，严厉打击被监管人员又犯罪活动，审查起诉监狱内又犯罪案件7件7人，均作出有罪判决，同时对监狱侦查部门的4起案件进行了立案监督。

三、劳教检察

境内对劳动教养机关实行法律监督检察始于1958年。检察任务由市检察院承担，主要是帮助管教机关建立健全各种规章制度，纠正管教工作中出现的偏差，对劳教人员犯罪进行查处。“文化大革命”期间，劳教检察工作被迫中断。

1978年人民检察机关重建后，市劳教队先由市公安局分管，1984年后改由市司法局分管，劳教检察工作由市检察院直接行使职权。围绕改造教育违法人员，特别是挽救、教育失足未成年人，检察工作重点开展了四方面工作：第一，检察劳教收容审批是否符合政策，手续是否完备合法，发现错教、漏捕的及时建议纠正；第二，检察劳动教养机关贯彻执行劳教方针、政策，以及劳教人员依法享有的权利是否得到保障；第三，受理劳教人员及其家属的申诉、控告；第四，协同劳教部门召开政策兑现会，对有立功表现的劳教人员给予提前解教和减教的表彰，对在劳教期间称王称霸、破坏捣乱、干扰改造秩序以及知情不报、故意隐瞒罪行的，予以延长劳教期限的处罚。逐步发展为以所内教育为主向教育由内向外、由单一政法机关向全社会共同关心的综合治理方向。1989年采取了联合帮教的教育方式，全市共签订帮教协议175份，并通过检查监督协议的落实，为预防其重新犯罪和积极参加社会各项建设创造了条件。最高人民检察院将这一做法在全国范围内进行推广。1990年，劳教所内还召开了5次揭同伙交余罪动员会，检举出他人犯罪线索8条，交代余罪者4人。

1991年，监所检察提出实现“腿勤、眼勤、嘴勤、检查勤，无逃跑、无死亡、无串供、无混管混押”的“四勤、四无”目标，较好维护了看守所监管秩序。1992年至1993年，开展监外执行罪犯和“两劳”释放人员的检察监督。1994年至1999年，以查处监管改造场所违法案件和刑罚执行监督为重点，积极受理服刑犯及其亲属申诉工作。2000年，积极加强监所的安全防范检查工作，杜绝安全隐患。

1995年10月驻劳教所监察室挂牌

2001年，驻市劳教所检察室检察收容入所人员时，发现2名劳教人员不符合入所服教条件，依法提出书面检察建议，得以纠正。2003年，按照上级《关于清理、纠正超期羁押的通知》，狠抓超期羁押问题。5月，“非典”疫情发生后，及时与劳教所制定“预防处置非典型肺炎、取保监管所处安全预案”，并成立监所检察防“非典”应急分队，及时处理突发事件。2004年8月，市劳教所检察监督工作归属市人民检察院管辖，进一步规范了对劳教所收容解教、管理教育、减教延教、所外执行、所外就医及安全防范的检察监督工作。2005年，市检察院进一步加强驻劳教所检察室人员、车辆、微机配备，以检察劳教所执法管理活动是否符合有关规定、劳教人员合法权益是否得到保障及安全防范措施是否完备有效为重点，深入一线，检察入所、解教、减教手续及相关资料，从中查找问题，规范执法，共审查劳教收容手续110份、解教手续105份、减教手续26份，发现问题1个，建议予以纠正。

2006年，市检察院规范了对收容解教、管理教育、减教延教及安全防范的检察监督工作，充分发挥劳教所检察室未成年人维权岗职能，加强对劳教学员的法治教育，依法保障在教人员合法权益。共审查劳教收容手续70份、解教手续76份，发现问题7个，建议予以纠正。对69名暂予监外执行人员进行回访考察和监督检查，杜绝在检察环节的超期羁押，对其他办案机关的超期羁押加强预警、通报和纠正工作，努力防止边纠边超、前纠后超现象的发生。2007年，在“打黑除恶”专项斗争中，敦促在教人员揭露犯罪和自首立功，收到明显效果。针对“2·16”在教人员打架事件进行了严肃处理，并建议劳教所开展专项整顿，使所内管教秩序有了较大改变。2008年，重点对解教、减期、保外进行检察，对有打架闹事的劳教人员和所头所霸进行摸底排查，并进行严肃处理。年内，驻所检察干警审查收容手续90份，解教手续34份，减期手续4份，列席所情分析会议6次，提出口头建议18条，书面检察建议5份，有力推动了劳教检察工作的全面开展。2009年至2010年，驻劳教所检察室以《人民检察院劳教检察办法》为指导，重点开展对减期、减教、延期等劳教变更情况进行检查，共审查收容手续12份，解教手续33份，检查保外就医1人，请假逾期不归1人，发出纠正违法通知书1份。特别是在2010年开展了监管执法专项检查活动，有效促进了劳教所的公正、文明执法。

第六节 控告申诉检察

市检察机关的控告申诉检察始于1953年，当时属信访工作。由于任务和人力所限，仅重点受理和查办检举控告重大反革命案件、检举揭发的贪污案件、严重违法乱纪构成的刑事犯罪案件、重大责任事故案件、严重刑事案件、不服中级人民法院终审判决的申诉案件。1953年至1966年上半年，检察机关共受理群众来信来访1643件（次），查办736件（次），转有关部门办理907件（次）。通过办理案件共平反冤错案69件，改判或改变原案件性质的79件，追捕追诉各类犯罪分子51人，打击了犯罪，维护了人民群众利益。

“文化大革命”期间，检察机关被撤销，控告申诉业务中断。

1978年，随着国家民主建设与法治建设的加强，来信来访群众增多。为落实党的方针政策，纠正冤假错案，1982年8月，市人民检察院在省内率先设立控告申诉检察处，配备专职检察干部。1986年，市人民检察院控告申诉检察处对1966年以前两级检察机关决定免予起诉的历史案件进行了全面复查。这次复查共查阅历史案件档案5615份；复查历史免诉案46件，其中反革命案28件、其他刑事案18件，复查后平反纠正18案19人，占复查案件总数的39.1%，维持原免诉决定意见的28件28人，占复查案件总数的60.9%。1978年至1990年，检察机关的控告申诉检察共受理群众来信来访案件9955件次，查处控告申诉案件857件，纠正、平反错案33件76人，向有关部门提供各种违法犯罪线索854条。其中，全市正副检察长审批群众来信628件，接待群众来访730人次，亲自查办重大控告申诉案件47件；组织挂牌办案160次，接待群众1583人次。

1991年，控告申诉检察工作认真贯彻全省第四次控申检察工作会议精神，及时疏导和缓解矛盾，共受理群众来信来访408件（次）。1992年，控告申诉检察工作及时转办举报线索，共受理控告案260件，受理申诉案件246件，全部按要求作了处理。1993年，控告申诉检察工作以文明接待为龙头，以复查申诉案件为重点，全面深入开展控申检察业务，较好发挥了监督制约职能作用，共受理群众来信来访323件次。1994年，控告申诉检察工作积极办理不服法院判决、裁定和检察机关免诉决定的申诉案件，共受理群众来信来访379件次，影响社会安定的6件告急案件，其中有4件6人受到刑事处罚，对2案进行协调解决，追回损失4000元，依法责成责任人赔偿损失1万元，维护了公民合法权益。1995年，全市检察机关以查办不服法院判决、裁定和检察机关免诉决定的申诉案件为重点，全面开展控申检察业务，共受理来信来访395件次，全部及时、准确地作了处理。1996年，控告申诉检察突出抓举报工作，积极复查刑事申诉案件，认真做好刑事赔偿工作。共受理各类举报案件473件，人民群众来信来访518件次，全部及时、准确作了处理。市院还成立刑事赔偿办公室，开展刑事赔偿工作。1997年，共接待来信来访448件次，自查案件5件，其中初查举报案3件3人、复查申诉2案2人。1998年至1999年，共接待来信来访1570件次，受理刑事申诉案件84件次。2000年，控告申诉检察部门积极发挥职能作用，共接待来信来访394件，受理刑事申诉案件68件，并在上半年集中力量开展了不稳定因素“百日排查”活动，举行较大声势的“举报宣传周”活动，为打击犯罪、维护稳定发挥了作用。

2002年，全市检察机关围绕司法不公问题，开展刑事赔偿和控告申诉检察工作，共受理各类申诉案60件，在全市涉法信访案件“百日督查”活动中，配合有关部门使持续八年未解决的胡某某申诉案得到妥善处理。2003年，控告申诉检察工作开展“文明接待室”和“优秀接待员”评比活动，进行对涉法上访案件“百日专项治理”，共受理涉法信访案件131件，立案复查9件，纠正确有错误案件4件，一批涉法上访案件得以息诉。2004年，集中开展涉法上访专项治理，两级检察机关对涉法上访案件进行排查，实行领导负责、专人承办和按期办结、督办、报告、责任查究制度，排查出属于检察机关管辖的54件涉法上访案件，均按期得到有效处置。2005年，全市检察机关继续抓好涉检上访专项治理，坚持检察长接待日制度和控告申诉首办责任制、领导包案制，开展“联动大接访”和“领导包案五亲自，带头下访解难题”活动，对属于检察机关管辖的51件上访案件责任到人；立案复查刑事申诉案件15件，受理刑事赔偿申请3件，依法决定予以赔偿，妥善处理了一批久诉不息的案件。

2006年，全市检察机关共受理举报贪污、渎职侵权案件线索115件，其中首次举报105件、重复举报10件；受理各类控告申诉案32件，其中刑事申诉13件、民事申诉16件、控告3件；接待来信来访156人次，检察长接待78人次。共立案复查刑事申诉案件8件，其中不服不起诉决定5件、不服法院判决裁定3件；办理刑事赔偿案件3件，赔偿199万元；办理省院、市人大交办的涉检信访案件11件，均办结。2007年，控告申诉检察工作坚持检察长接待日制度和下访、巡访制度，完善首办责任制，共立案复查刑事申诉案件4件，依法妥善处理涉检信访案件25件，涉检信访和重信重访案件在全省检察机关中数量最低。2008年至2009年，全市检察机关共受理举报贪污贿赂、渎职侵权案件线索340件，其中贪污贿赂249件、渎职侵权74件、其他17件；受理控告申诉案件117件，其中控告案件24件、民事申诉16件、刑事申诉4件；检察长接待58人次。受理刑事申诉案件6件，立案复查后全部办结；办理刑事赔偿案2件，刑事赔偿复议案件1件，决定赔偿1件；审查处理中央政法委交办案件1件，涉检涉法信访案件37件。2010年，全市检察机关共受理举报贪污贿赂，渎职侵权案件线索174件；其中贪污贿赂118件、渎职侵权49件、其他7件；接待来信来访412人次，其中首次信访264件、重复信访148件；受理刑事申诉案件24件，立案复查后全部办结；办理交办案件18件，刑事被害人救助案件29件，救助金额5.12万元。

第七节　其他检察

一、刑事技术侦查检察

境内刑事技术侦查检察工作始于1956年，但直至1966年“文化大革命”开始前一直没有设立专门工作机构，只是在自侦案件中开展简单的技术侦查工作。

“文化大革命”期间，刑事技术侦查检察工作被迫中断。

1978年市人民检察机关恢复后，刑事技术侦查检察工作才逐步得到发展。1984年市人民检察院正式设置技术检察处，相继开展了刑事照相、录像、复印及法医检验等技术侦查工作。1980年至1990年，共对自侦案件进行现场勘查596次，受理全市检察机关及有关部门委托进行法医鉴定的案件93件141人，出具检验鉴定书93份，共进行刑事照相5978次，刑事录像379次，向新闻单位报送贯彻最高人民检察院、最高人民法院《通告》、反映反贪污贿赂斗争及严厉打击严重刑事犯罪活动的稿件、照片、录像等51件。此外，对全市公安机关进行的法医鉴定案件实行监督，依法纠正错案5件。

1991年至1992年，刑事技术检察工作充分发挥检察技术的职能作用，积极配合反贪污、贿赂斗争、“严打”斗争和查处侵权、渎职犯罪案件，受理各类检验、鉴定91417件，出具各类检验文书113件（份），进行现场勘查102次，拍摄各种刑事照相2325张，为查办案件及时提供了科学依据。1993年，检察技术工作在完善基础设施建设的同时，受理各类检验鉴定112件，现场勘查38次，各类刑事照相60余次，发表专题论文10篇，其中有2篇论文参加了全国法医病理学学术交流会，并被收入论文集。1994年，技术部门共受理各类检验、鉴定、审查314件，检验鉴定，提供侦查线索86条，提供证据210件；通过文证审查，对其中6件改变原结论或提出纠正意见。1995年，检察技术部门共出具各类检验鉴定书115份，意见书43份，为正确定性处理案件提供了科学依据。1996年，检察技术部门充分运用检察技术手段，办理各类检察技术案件330件，共出具各类检察鉴定书104份，为其他业务部门提供侦查方向31件，提供证据773件；办理司法会计鉴定案4件。1999年，检察技术部门共办理各类检察技术鉴定案32件，文证审查56件，并依法出具了鉴定书和意见书。

2000年至2004年，全市检察机关加大科技强检步伐，不断提高经费及装备的保障水平。市检察院积极筹措资金投入技侦办公大楼建设，使困扰市院多年的办公场所问题得到根本解决，改善了办公环境；并构建计算机网络，组织人员参加计算机知识培训，提高计算机普及率和应用率，有效推动了检察信息化建设。2005年，检察技术部门完成政法网办公办案软件部署，并与上级检察机关实现数据、语音和视频传输和信息共享，全体检察人员学习和应用计算机热情普遍增高，通过国家计算机等级考试（一级）的达50%以上。2001年至2005年，检察技术部门充分运用检察技术手段，办理各类检察技术鉴定案件992件，共出具各类检察鉴定书131份，文证审查871件。

2006年，全市检察机关继续加大技术部门信息化硬件投资力度，新增电脑45台，安装了地网接地、防雷设施、静电地板，提高了机房防范自然灾害天气及以外电气故障的能力，确保了设备运行的安全性。购置安装中网防火墙及瑞星网络版杀毒软件，不断对网络运行情况实施监测、每日定时对全院终端进行病毒扫描，定期及时对病毒库进行升级，保证了整个网络的运行安全。2006年至2007年，检察技术部门充分运用检察技术手段，办理各类检察技术案件290件，出具各类检察鉴定书37份，文证审查218件。2007年，全市检察机关反渎职侵权部门在讯问犯罪嫌疑人实行全程录音录像，共投入使用10案，制作视听资料10件，形成光盘资料20份，其中大要案3件；反贪部门全程同步录音录像12案14人，其中大要案7件9人，录制时长140余小时。市院检察技术处被最高人民检察院评为全国检察机关检察技术工作先进集体。

2008年，阳泉市刑事技术检察部门在全省率先完成内网专用软件——信息发布系统、办公办案系统的升级工作，顺利完成政法专线电话网建设，并正式投入使用。至2010年，检察技术部门办理各类检察技术案件404件，共出具各类检察鉴定书35份，文证审查322份。全市两级检察机关同步录音录像124案153人，其中市院18案18人，制作视听资料18份，形成光盘资料36份，录制总时长达810个小时；县区院106案135人，录制总时长6075余小时。

二、民事行政检察

市民事行政检察工作是1988年开展的检察业务。1988年10月，市人民检察院民事行政检察处成立。截至1990年12月，全市共接待不服民事、行政判决和裁定的案件11件11人，复查人民法院一审判决的民事、行政案件3件。

1991年，境内的民事行政检察工作进入起步阶段。1993年，境内的盂县、平定、矿区三个基层院相继成立民事行政检察科，但只有市院和城区院开展了办案工作，当年共受理申诉案34件，并成功办理了全市第一起“建议改判”的民事申诉案件。1994年，城区院提请抗诉1件民事申诉案，成为全市基层检察院首次向市院提请抗诉的案件。1997年，市院直抗1件、建议改判4件，均被法院采纳，取得了民事行政检察机构成立后，在抗诉准确率、建议采纳率均达100%的好成绩；当年，市院民行检察处立案查办了阳泉市民行检察史上第一起审判人员职务犯罪案件；制定《民事行政检察工作规则》，在规范化建设方面迈出可喜步伐。1998年，阳泉的民事行政检察工作步入持续发展新阶段，到2002年的5年间共办理民事行政申诉案件329件，提请抗诉27件，直接抗诉27件，发出纠正违法通知书10份，法院采纳改判的19件；同时充分发挥职能作用，查办审判人员涉嫌职务犯罪案3件。1999年，办理了阳泉市首起行政抗诉案件。

2003年7月，按照最高人民检察院、省院关于“规范执法行为，促进公正执法”专项整改活动要求，结合阳泉民事行政检察规范化实际，开展了民事行政检察工作正规化、规范化建设，组织了为期100天的清理积案大会战，清理2002年以前受理未办案件67件，积案在大会战中全部办结。年内，还实现了全市5个基层院与当地法院会签，加强两院在民事、行政审判、检察工作中联系文件的目标，共会签文件7份；开展与人民法院文件、业务交流联系，实行办理案件联系沟通制度，注意协调与人大、政法委、纪检、监察部门的关系，抗诉文书都要向市人大备案。市院还实行了民事行政申诉案件属地分流原则，改变过去市院办理二审终审案件、县区只能办理一审生效判决的做法，将多年积存的案件包括二审终审案件以一审判决法院管辖为基准，按照属地原则将申诉到市院的案件分流到基层检察院办理，改变了民事行政检察“倒三角”

的工作结构，实现了民事行政检察一体化。8月22日，全市民事行政检察工作郊区现场会召开，郊区院成为全市基层院民事行政工作的典型。2004年，改革民事行政检察文书，原填充式文书更加注重说理性、法理性。两级民事行政检察部门共受理民事、行政申诉71件，立案47件，提请抗诉16件，建议提请抗诉10件，直接抗诉3件，终止审查14件，提出再审检察建议7件。2005年，继续探求细化、标准化民事行政检察制度，制定民事行政检察工作流程，在省院“流程”基础上作出符合阳泉实际的规定。城区检察院先后办理了全市第一起民事支持起诉案件、首例刑事附带民事诉讼案件；全市民事行政检察部门共办理民事行政支持起诉15件，各类民事行政申诉案件70件，立案56件，审查后提请抗诉8件，建议提请抗诉12件，向人民法院提出再审检察建议6件；市检察院直接向市中级人民法院提出抗诉2件；发出纠正违法通知书12份，发出纠正不当审判和改进审判工作的检察建议书8份。

2006年，阳泉市民事行政检察部门受理各类民事行政申诉案件94件，经审查，立案84件、不立案2件。在立案申诉案件中，提请抗诉33件、建议提请抗诉9件、直接提出抗诉11件，向两级法院发出再审检察建议10件，作出不抗诉决定2件，向两级法院发出纠正违法检察建议15件，提出纠正民事行政执法违法、执行不适当的检察监督意见5件。帮助省院审查其他地市提请抗诉案件3件。年内，最高人民检察院要求增加民事执行监督工作，全市民事行政检察部门共提出执行监督意见5件，均被法院采纳。受理和发现民事行政法官涉嫌违纪、违法和犯罪线索，开展初查4件4人，移送并配合渎职侵权检察部门侦查1人，发出纠正违法通知书14份，支持民事起诉28件，胜诉16件。2008年，阳泉市民事行政检察部门受理民事行政抗诉类型案件69件，其中立案38件、不立案4件。审查后，县区检察院向市院建议提请抗诉11件，提请抗诉10件；市院提请省院抗诉7件，直接向阳泉市中级人民法院抗诉5件，有4个案件由中级人民法院改判。2009年至2010年，阳泉市民事行政检察部门共受理各类民事行政案件999件，审查处理910件，提请抗诉15件，再审检察建议17件，提出对审判过程监督和执行监督类型的检察建议781件。市检察院抗诉案件经两级法院再审已改变原审判决的14件；办理支持弱势群体起诉案件36件，督促起诉4件。

民事行政检察恢复重建的20多年，走过了一条从无到有、从小到大、由点到面、逐步发展和完善的道路，为维护社会稳定，消除社会矛盾，维护司法权威，保证司法公正作出了贡献。

阳泉市志

YANGQUANSHIZHI

[中　册]

第二十二编

公安　司法

阳泉建市前，境内的社会治安、司法政务主要在平定、盂县两地，至迟在秦朝建立上艾县时就有了。秦朝到清末，地方行政与司法不分，境内的社会治安、司法事宜均由州或县的行政首长统管。清光绪三十二年（1906）始设巡警营。民国元年（1912）、民国2年平定县公署、盂县公署分别设置司法科，专门管理各种诉讼案件，并设帮办司法人员，分任管狱、查案、收状、拟批、帮审、录供等。抗日战争胜利后国民党政权设有平定警察局、阳泉警察所及阳泉军警民联合稽查处。另外，抗日战争和解放战争期间，中国共产党领导创建的境内各根据地，均设立人民公安机构和司法机构。

民国36年（1947）5月，阳泉解放并建市，市公安局随之成立，市政府设有司法处。一段时期内，公安、审判、司法行政等职能多有交叉。1981年1月，专门负责司法行政工作的市司法局宣告成立，全市公安和司法行政专项职能进一步强化。

中共十一届三中全会之后，市、县（区）公安部门和司法行政部门认真履职尽责，严厉打击各种严重刑事犯罪和经济犯罪活动，积极开展法治宣传教育、人民调解活动和律师、公证工作，大力倡导和保护社会主义公序良风，不断推进社会主义民主和法治建设，为服务地方经济建设和维护社会稳定作出了贡献。

第一章 公安

第一节 机构

明清时，境内地方行政与警务不分，相关事宜由州、县知事兼理。清初，境内州县设有三班衙役，负责刑事案件的侦破缉拿。在距州、县较远的关隘要道设有巡检，负责治安。清光绪三十二年（1906）始设巡警营。

民国时方设立警察机构，负责境内刑事、民事等案件的侦破缉拿。民国元年（1912），平定县公署设司法科；民国2年，盂县公署设司法科，专门管理各种诉讼案件，并设帮办司法人员，分任管狱、查案、收状、拟批、帮审、录供等。民国27年，八路军挺进太行山区，在境内先后建立平定（路北）县、盂县、平（定）东县、平（定）西县等抗日民主政府及公安局。民国31年8月，盂县及周围地区分设盂（县）平（山）、盂（县）阳（曲）等县，各县均设公安科。民国34年8月，盂县恢复建制，设县公安局。民国35年6月，平（定）东、平（定）西两县合并为平定（路南）县，设平定（路南）县公安局。抗日战争胜利后国民党政权设有平定警察局、阳泉警察所及阳泉军警民联合稽查处。

民国36年（1947）5月，阳泉建市后成立市公安局，内设秘书、侦缉、治安、审讯4股（驻桥北街）及看守所、警卫队（驻桥南街），下设一区派出所（驻太上街）、二区派出所（驻隆盛巷）、三区派出所（驻小阳泉）。7月，一、二区派出所合并成立市内派出所，三区派出所改称小阳泉派出所。民国37年8月，平定（路南）县与平定（路北）县合并为平定县后，成立平定县公安局，内设秘书股、侦查股（亦称情报股）、审讯股、治安股、看守所、公安队，下辖城关、娘子关2个派出所。9月，阳泉隶属于华北人民政府领导后，公安局迁址太上街。阳泉由市改为工矿区后，公安局迁址桥北街。1952年3月，阳泉恢复市建制归省直辖，市公安局内设政治协理员办公室、秘书科、保卫科、治安科、执行科、看守队、公安队，下设站上派出所、石卜咀派出所、蔡洼派出所。1958年8月平定县归入阳泉郊区，11月盂县、昔阳县划归阳泉市辖后，市公安局（驻南大街）陆续增设政治处、政保科、经保科、农保科、保密科、预审科、消防队、交通队、劳教队和郊区公安分局、盂县公安局、昔阳县公安局，下设站上、石卜咀、赛鱼、平潭街、义井、荫营、河底7个派出所。1959年6月，盂县公安局、昔阳县公安局随两县隶属关系变更从市公安局划出。1961年5月，平定县公安局归晋中公安局领导。12月，阳泉恢复为省辖市，平定县公安局复归阳泉市公安局领导。

“文化大革命”中，市公安局于1967年3月被公检法系统群众组织联合造反夺权。1968年6月，公安机关被军管，成立了中国人民解放军阳泉市公安机关军事管制委员会（以下简称军管会）。10月，市革命委员会保卫组成立。1972年12月，保卫组改为保卫部。1973年6月，撤销军管会，成立城区、矿区、郊区3个公安分局；7月成立市革命委员会公安局，下设政治处、办公室、政保科、内保科、警卫科、治安科、预审科、看守所、消防队、交通队。

1980年7月，市公安局各科改称处，设政治处、办公室、政保处、内保处、治安处、预审处、行政处、刑警大队、劳动教养大队、交通大队、消防大队、人民武装警察大队，下辖城区、矿区、郊区3个公安分局和20个派出所。1983年，阳泉矿务局公安处成立，成为境内首个企事业内部公安机构。此后，全市企事业单位陆续建立内部公安组织。1983年9月，平定县、盂县划归阳泉后，两县公安局改由市公安局管辖。1987年，原由公安、交通、农机部门分别管理的城乡道路交通统由市公安机关管理，市公安局成立公安交通警察支队，共有交通民警243名。1988年，武警大队扩编为武警支队。1990年6月，为预防和处置突发事件，市公安局成立防暴队。到1990年底，市公安局内设有办公室、总值班室、政治部、行政处、纪检组、机关党委、团委、老干部处、政保处、内保处、治安处、刑侦处、预审处、技侦处、交警支队、机要通信处、户政处、培训处、法治处、防暴队、警卫处、公共交通管理处、巡警队、消防大队、劳教审批处等，下辖城区、矿区、郊区3个公安分局、平定县公安局、盂县公安局及78个派出所。全市共有公安干警1231名，合同制民警315名。

1993年7月10日，阳泉市公安局举行“阳泉市国家安全局”挂牌仪式，新成立的国安局和公安局是一套机构、两块牌子，市局工作任务和人员编制未变。1997年1月，公安系统机构设置有所调整，其中，市公安局办公室设信息、统计、档案史志、信访5科，指挥中心设作战、情报等3科，政治部设组织、宣教、综合直政等4科，纪检监察设检察室、审理室，行政处设计财、装备、行政管理、膳食等5科及车队，一处设宗教、侦查、情报、侦调、外事等6科，二处设经保、文保、经济民警、刑警等5科，三处设治安、特行管理、民爆、枪支管理等5科及林业、站前派出所，四处设1~6中队及1个科，五处设预审、看守一所、看守二所、行政拘留所，六处设1~3科等4科，十处设1科及1~3中队，十一处设1科及1~3中队，十二处设计算机监察管理、有线、无线、寻呼等5科，十三处设户籍、居民身份证、人口信息、基层基础等5科，十五处设执法监督、复议应诉等3科，十六处设1~2中队及1科，十七处设审批等2科。同月10日，市局“110”报警服务台和警犬基地建成。1998年，根据公安部和山西省公安厅“侦审合一”文件精神，阳泉市公安机关积极进行刑侦改革。1999年3月，市公安局成立刑警支队，下设刑侦、防暴、技术、禁毒、经侦5个处室，全支队共82人；各区县仍称大队，大队下设责任区中队，全市刑警达260余人，占市总警力的20%，刑侦工作逐步细化，走上正规化道路。

2003年2月，市公安局增设国内安全保卫机动侦查队。2004年6月，经济犯罪侦查大队更名为经济犯罪侦查支队；7月，增设防范和处理邪教犯罪工作支队。2005年4月，经侦处从刑警支队分离，成立阳泉市公安局经济犯罪侦查支队，区县分局相继成立经侦大队。市局经侦支队下设秘书科、法治科、情报大队、一大队、二大队、三大队，全市经侦民警共35人。2006年10月17日，阳泉市公安局开发区分局挂牌成立。2008年7月，增设反恐怖支队。2010年7月，增设城市管理警察支队（阳泉市养犬管理办公室），后更名为治安管理机动支队；9月，增设情报中心。截至2010年底，阳泉市公安局下属平定、盂县2个县局和城区、矿区、郊区、西城和开发区5个分局，65个公安派出所，其中户籍派出所49个。设刑警支队1个，大队6个，责任区刑警中队18个，其中二级责任区中队12个、三级6个。在编刑侦民警186人。市局机关内设41个正科级单位，交警支队内设17个正科级单位，市公安局还有城市巡防大队和公安交警考验中心2个事业单位。全市共有民警1605名，其中市局574名、西城公安分局135名、

市公安局办公楼

城区公安分局161名、矿区公安分局152名、郊区公安分局175名、开发区公安分局9名、平定县公安局179名、盂县公安局200名。

第二节 治安管理

一、治安保卫

民国36年（1947）5月，阳泉市公安局成立后，下设治安股，系阳泉市治安管理支队的前身。民国37年9月，治安股改称治安科。民国38年9月，阳泉市改为工矿区，治安科又更名为治安股。1951年，境内开始建立治安保卫委员会（简称治保会），协助人民政府肃清反革命，防奸、防特，保卫公众治安。1952年3月，阳泉工矿区恢复市建制隶属山西直辖，治安股又更名为治安科。8月，公安部《治安保卫委员会暂行组织条例》公布后，境内城乡普遍建立治保会。1956年，治安科又称为三科，下辖刑警队、交通队、消防队。1966年“文化大革命”开始后，治安管理部门名称分别为“三办”“治保办”。1973年6月，恢复公安局建制后，下设治安科。

1980年7月，治安科改称治安处，后又改为治安管理支队。1983年“严打”斗争开展以后，全市城乡治保组织有了较大发展。盂县在全县普遍实行治安承包责任制，加强城乡社会面控制，在县、乡（镇）、村三级建立综合治理领导组，使全县社会治安管理形成了纵横交错的防范网络，社会治安状况明显好转。1985年8月，全省在盂县召开综合治理经验交流会，推广盂县综合治理经验。1988年，市政府颁布《阳泉市城镇治安联防暂行办法》，公安机关积极探索并逐步建立起以治保会为主体的10种群防群治体系，形成了全方位、多层次、网络化的治安防范管理格局，有效预防和减少了各种案件的发生。截至1990年底，全市共建立健全综合治理领导机构1260个，各种联防队3112个、成员25210人，内部单位护厂（矿、校）队539个、成员4758人，城乡居民治保组织1710个、成员6504人，内部单位治保会664个、成员13280人。

1991年1月31日，阳泉市召开“严打”斗争和社会治安综合治理表彰大会，有31个先进集体，189名先进个人受到表彰。7月，阳泉成立打击取缔卖淫嫖娼活动、加强旅店业公共娱乐场所治安管理专项斗争领导组，并开展了声势浩大的专项行动。年内，全市公安派出所按照“本人自愿、群众推荐、责任区民警筛选聘用或由治保会协助把关”相结合的方式，组建了群防群治和巡逻队伍，各派出所根据辖区分布情况，合理分配警力，组建防范队伍，较好地促进了基层治安工作。1993年7月和9月，全市公安系统根据省公安厅统一部署，集中开展了2次打击流氓团伙行动，共出动公安保卫人员3000余人次，清查旅店、招待所、影剧院、包工队、内部单位等3000余处，抓获各类犯罪分子300余人，破获各类案件近120起。1994年7月至10月，在全市城乡开展的打击流氓团伙和整治农村社会治安专项斗争中，共侦破社会影响大的各类案件1570起，打掉作恶多端的犯罪团伙137个，涉及成员651人，抓获一批久捕不获的重大在逃犯122人，打击违法犯罪分子2031人，治安环境进一步改善。1997年6月24日至26日，全市开展治安大清查集中统一行动，共出动公安、武警官兵1895人，保卫干部和民兵2340人，清查歌舞厅、录像厅、桑拿浴室等公共场所363处，清理出租房屋1352家，检查旅栈业205家，检查爆炸物品生产、使用、销售单位126家，检查各种机动车辆10258辆，共破获各类案件57起，查获各类违法犯罪人员134名，打掉各类违法犯罪团伙15个，社会治安明显好转。

2002年10月22日，阳泉市成立治安专职巡防支队，主要由下岗、失业、低保人员共1020人组成，是山西省最早组建成立的一支协助公安机关维护社会治安的重要辅助队伍，也是阳泉市治安防控网络中的一支重要队伍。巡防支队成立后，在协助公安机关开展巡逻防范、提供线索、抓获违法犯罪嫌疑人、排除治安隐患、堵塞防范漏洞、调解民事纠纷等方面发挥了积极作用。12月26日至27日，山西省公安机关治安系统信息化建设现场会在阳泉召开，各地、市公安机关代表150余人参加会议。2003年，境内开展了输油气管道生产治安秩序整治工作，大力整治影响油气田治安的各种违法问题，督促涉油企业建立健全内部保卫机制，确保了盂县境内76.7千米西气东输陕京二线输气管道和平定境内70千米石家庄至太原成品油管道的安全。2005年，全市公安机关坚持“打防结合、预防为主”的方针，狠抓各项治安行政管理工作，不断完善以“110”指挥中心为龙头，治安、巡警、防暴等多警种协同作战、快速反应的社会治安打防控制体系建设，共受理治安案件6428起，查处5587起，查获治安违法人员6294人。6月16日，公安部、教育部在北京联合召开电视电话会议，提出公安机关维护校园及周边治安秩序八条措施，集中整治学校及周边治安秩序行动。此后，全市各级公安部门依法监督学校、幼儿园开展安全保卫工作，并与市教育局联合下发《关于贯彻落实教育部和公安部“六条措施”“八条措施”的实施意见》。市、县（区）两级公安机关与教育部门建立了联席会议制度，定期到辖区内学校查访，进一步加强校园周边防控工作，有针对性地在校园周边复杂地区设立治安岗亭，配合有关部门重点加强对学校周边网吧的清理整顿工作，积极开展法治教育，为学校、幼儿园师生创造了一个良好的治安环境。

随着改革开放和现代化建设的逐步深入，社会治安管理的内涵和外延都在扩大，职能和机构也在不断细化，政保、经保、户籍管理等职能逐渐从治安管理部门划分出去。2007年6月，阳泉投入专项资金500余万元开展“天网”工程一期建设工作，分别在市公安局指挥中心、城区公安分局指挥中心、矿区公安分局指挥中心、平定县公安局指挥中心及城区、矿区所辖城市范围内的派出所建设完成该系统基础平台，视频监控遍布全市各重点单位、主要路段、街道及人员密集场所，是境内规模最大的治安视频监控网络，该系统24小时全天候运行。2008年1月9日，“天网”工程阳泉社会治安视频监控与报警综合管理系统投入运行。试运行后，公安机关网上办案、调取违法犯罪线索300余条，先后破获机动车辆肇事逃逸案件3起，初步显示出该视频监控系统打击违法犯罪行为的作用，截至年底，该系统已实现全省范围内实时联网，可随时通过平台相互调取图像资料，为打击犯罪、维护社会治安提供了有力的科技支撑。2010年，全市公安机关深入开展社会治安综合治理，不间断地开展治安检查，及时消除安全隐患，有效防止了各类重大治安问题发生。以校园安全为重点认真做好内部单位安全防范，深入贯彻《企业事业单位内部治安保卫条例》，不断加强党政机关、金融单位、煤电油气热等要害部门的安全管理，内部单位没有发生大的安全问题。特别是中央“5·3”综治维稳会议后，全市公安部门把校园安全保卫作为工作重点，迅速组织开展校园及周边安全专项整治行动，交警、巡警、武警及基层派出所、巡防支队派出警力，定时在学校周边巡逻，增加上学、放学高峰时段巡控密度，严厉打击涉校违法犯罪活动，保护师生人身和财产安全。城区公安分局侦破“4·27”伤害致死人命案，一举将在市化工厂学校附近拦截、敲诈学生钱财的5名犯罪嫌疑人抓获归案。此外，公安机关与教育部门合作建立校园警务室，构建校园监控系统，招聘校园协警人员，还会同建设、文化、卫生、工商、新闻出版等有关部门进一步清理整治校园及幼儿园周边的违章建筑、查处取缔违章经营的网吧、书刊音像制品经营点、不洁饮食摊点等，净化了学校及幼儿园周边社会环境。截至年底，巡防支队累计为公安部门提供线索8000余条，抓获违法犯罪嫌疑人3869人，排除治安隐患9018处，堵塞各种治安漏洞2014起，调解民事纠纷5000余起，创建“零案社区”达7634个月（次），占到社区总数的72%。全市共有1673支治安联防组织7274人，治保会1851个7465人，其中内部单位690个、城镇238个、农村923个。

二、公共秩序管理

阳泉建市后，境内公安机关在同反革命残余势力做斗争的同时，先后开展了禁止吸毒贩毒、聚众赌博，取缔妓院，整顿公共场所等活动，使城市治安明显好转。1957年10月，《中华人民共和国治安管理处罚条例》公布后，市公安机关广泛宣传，严格执行，对扰乱公共秩序的行为坚决予以打击，人民群众遵守公共秩序的自觉性增强，整个社会秩序井然。20世纪60年代初期，根据公安部制定的《关于当前公安工作十个具体政策问题的补充规定》，市公安局一手抓从严管理，一手抓宣传教育，使社会治安问题得到妥善解决，公共秩序一直保持良好。“文化大革命”期间，公安机关受到冲击，正常工作难以开展，社会公共秩序一度出现混乱。

1978年第三次全国治安工作会议之后，境内公安机关以整顿公共秩序为重点，制定并发布了一系列带有强制性的通告、通知和规定。1979年，市公安局成立公共交通派出所，加强长途汽车站、公共汽车站及通往平定县、郊区、矿区的交通线治安管理。20世纪80年代，治安部门按照“谁主管、谁负责”的原则，加强组织领导，强化治安管理，实施《城乡集市贸易管理办法》。1987年，开展打击流氓闹校专项斗争，查处流氓滋扰案30余起，打击处理犯罪分子78名，维护了正常教学秩序。1988年，开展了打流窜，挖团伙、挖犯罪分子，查禁社会丑恶现象，整顿特种行业、公共秩序、危险物品、交通秩序为主的“一打二挖三查四整顿”专项斗争，取得明显成效，使社会治安稳定好转。1989年3月，市公安局成立巡警队，采取乘车与徒步巡逻相结合的方式，维护社会治安秩序，初步形成专业巡警、武警和各种治安防范力量齐抓共管、点线面结合的主体防范网络。自1987年《治安管理处罚条例》实施至1990年，全市发生治安案件7691起，查处6862起，查处率89.2%。

市区巡逻

1991年2月11日至12日，全市公安系统开展治安大清查，清查主要路段、场所、施工工地1670多处，爆炸物品等重点要害部位780多处，旅店、车站等公共复杂场所140多个，通过清查，查获违法犯罪分子27名。1992年1月31日至2月2日，全市举行反扒窃统一行动，摧毁扒窃团伙4个，抓获扒窃分子42名。1993年11月至12月中旬，开展了以“反撬盗、打车匪、查赌博、追逃犯、快消化”为主攻目标的破案会战，侦破各类刑事案件215起，查获各类违法犯罪人员514名，打掉44个犯罪团伙，收缴彩电、放像机、现金等赃款赃物价值65万元。1994年1月和9月，公安机关先后两次组织开展集中抓捕行动，共抓获各类违法犯罪人员665人，抓获各类在逃犯44人，缴获财物赃款价值16万元。1996年4月14日至5月1日，境内组织开展严打集中统一行动，共打掉各类违法犯罪团伙35个，查破各类案件67起，并为交城县公安局挖出杀人逃犯王某某。1997 年，按照全省统一部署，全市公安机关扎实开展“三打三禁”斗争，共破获各类刑事案件 1070 起，查获违法犯罪团伙 211 个，追抓各类逃犯 96 名，收缴赃款赃物价值 340 多万元。1999 年，在公共秩序管理工作中，开展了以打击流氓恶势力为重点的“零点行动”，一举打掉 7 个称霸一方的流氓恶势力团伙；开展集中反扒行动，抓获扒窃犯罪分子 100 多名。

2000 年至 2006 年，随着经济的发展，境内各种大型群众性文化体育活动增多，年均举办超过千人的各类文艺演出、体育比赛、广场文化活动、节日群体活动等大型活动平均 40 场次左右，其中文体演出占 67%。公安机关对其实行许可审批制，年均出动警力和其他安保力量 3000 余人次，圆满完成各项节庆活动安全保卫工作，有效维护了社会公共秩序和公共安全。2008 年，阳泉市各级公安机关以“平安奥运”为中心工作，积极开展奥运治安保卫攻坚战专项行动，全力确保奥运期间社会治安稳定。6 月 26 日，市局抽调政治觉悟高、责任心强的 500 名干警组成增援队，配合太原市公安机关圆满完成奥运火炬接力安保增援任务，该项任务系阳泉市公安局成立后最大的一次异地勤务活动。2009 年国庆 60 周年、2010 年上海世博会，全市各级公安机关发扬连续作战精神，圆满完成各项安保任务。

三、特种行业管理

1949 年，境内从事特种行业的共 47 户 200 多人，其中理发 15 户 50 人、修表 16 户 56 人、镶牙 4 户 12 人、照相 3 户 13 人、电料行 1 户 2 人、刻字 5 户 8 人、澡堂 2 户 11 人、剧院 1 户 63 人。20 世纪 50 年代，为了对特种行业实施治安行政管理，市政府规定凡特种行业开张、歇业、转业、合并、迁移、改组、撤销网点等，均须向派出所报告，经市公安局审查批准。1957 年第八次全国公安工作会议后，市公安局依据会议精神对特种行业管理实行部分改革，改由工商行政管理部门或其主管部门批准，报公安机关登记备案，并由公安机关核发特业许可证，始准营业。“文化大革命”期间，特种行业管理工作遭到严重破坏。

1979 年，根据公安部、工商行政管理总局等七部委通知精神，市公安局、市工商行政管理局联合发出《关于特种行业进行登记管理的通知》，要求特种行业从业人员，必须经公安部门审查批准，并领取特种行业许可证，凡不符合规定和要求的要及时纠正。10 月 15 日至 11 月 30 日，对全市经营特种行业的工商企业进行登记清理。经清理，全市共有特种行业 105 户（国营 73 户、集体 32 户），其中旅店 10 户、废品收购 66 户、印刷 7 户、修理自行车 13 户、修表 3 户、修理收音机 3 户、照相 3 户，各户均依规领取特种行业许可证。随着改革开放的不断深入，特种行业发展加快，境内先后增加了信托寄卖业、音像放映业、舞厅业、复印业、出租汽车业等。公安机关不断采取措施，强化特种行业管理工作，从1985年开始，针对废旧物品收购管理混乱问题进行整顿，有效堵塞了犯罪分子销赃渠道。1988年全市治安工作会议后，对特种行业进行全面整顿，实施目标化管理，制定《特种行业管理办法》7章35条付诸实施，充分发挥内部管理制度、治保组织和工作人员职能作用，采取边整顿、边发证的方法，到1989年底，在全市从事特种行业的789户中发放特种行业许可证734个，发证率达93%，同时取缔不合格从业户24户。1990年，公安机关在调查研究的基础上，制定《关于旅馆业、废旧金属收购业实行目标管理的实施方案》，建立健全各项规章制度，并确立考评办法和奖惩制度。此外，对出租汽车业、复印业、舞厅业等其他特种行业的管理也都采取了强化措施，取得一定成效。

1991年7月，全市开展打击取缔卖淫嫖娼活动，加强旅店业公共娱乐场所治安管理集中统一行动，查破卖淫嫖娼案件4起、赌博案件6起。1995年8月28日至30日，全市组织开展查禁卖淫嫖娼集中清查活动，共查获各类违法犯罪人员456人，其中卖淫女38人、嫖客215人、其他违法犯罪人员203人。1998年，境内公安系统加大治安清查力度，对歌舞厅、桑拿浴、流动人口、出租房屋、废旧金属收购等特种行业进行清理整顿，查封存在违法行为的歌舞厅、发廊、出租房屋171家。1999年，对特种行业、文化娱乐场所、治安复杂地区及流动暂住人口进行不间断清理和整顿，清查各类公共娱乐服务场所2057家，查封歌厅、桑拿96家，旅店32家，电子游戏厅14家，没收用于赌博的牌机、麻将机、啤酒机400台。清查流动暂住人口5万余人，发放暂住证4万多张，从中查处赌博案件153起，卖淫嫖娼案件89起，打掉赌博、制黄贩黄、卖淫嫖娼等团伙200多个，涉及人员700多名。对企业周围的废旧金属收购点进行清理整顿，取缔紧靠大型企业周边的收购站点216个，铲除了销赃、窝赃的非法窝点。在此基础上，逐步完善了各项制度和措施，实现了科学、有序、规范管理。

2000年，境内公安不间断的对公共复杂场所、特种行业、娱乐场所进行集中清查，查封取缔歌厅、桑拿96家，电子游戏厅14家，废旧金属收购点216个。从中查处赌博案件153起，卖淫嫖娼案件89起，打掉赌博、制黄贩黄、卖淫嫖娼等团伙200多个，涉及人员700多名。2001年后，境内治安管理部门不断提高特种行业信息化管理水平。2003年5月，市公安局治安处牵头在全市旅馆业建立旅馆业治安管理信息系统，12月，全省旅馆业治安管理信息系统建设现场会在阳泉市公安局召开。2004年9月，印章业治安管理信息系统建成。特种行业管理从传统的管理手段逐渐向现代化迈进。特别是2004年，国务院进行行政审批制度改革，先后分3批取消68个公安行政审批项目，特种行业只保留了旅馆业、印章业和典当业；境内公安部门遂提出“规范化管理、信息化建设、制度化检查、目标化考核、法治化执法、人性化服务”的要求，将治安管理的有关行业和场所分为特种行业、实行登记备案行业和场所、需要控制行业和场所3类进行分级管理，有效应对日益复杂的治安形势，提高了治安管理水平。从2004年底开始，境内积极推进治安管理信息系统建设，先后建成旅馆业和印章业信息管理系统；治安部门还对废旧金属收购业、机动车修理业、报废汽车拆解业、公共娱乐服务场所等行业场所进行调查摸底，掌握基础信息。

2005年1月，市公安局会同检察、法院、安全、监察、工商、综治等多个部门在全市开展集中打击赌博违法犯罪活动专项行动，查获赌博案件113起，其中治安案件110起；打掉赌博团伙10个，摧毁赌博窝点12个；抓获赌博违法犯罪分子673人，其中治安拘留56人、移送起诉5人、劳动教养4人、罚款后572人、警告34人；依法严处赌场开设者、赌博组织者14人，其中治安拘留3人、移送起诉5人、劳动教养4人，较好维护了社会治安。2007年，境内公安系统改进升级了旅馆业信息管理系统；2009年，又对娱乐业、机动车修理业、报废汽车拆解业进行联网建设；截至2010年，对废旧金属收购业、机动车修理业、报废汽车拆解业、公共娱乐服务场所等行业进行调查摸底，掌握基础信息，逐步对其进行信息化管理，提升了治安管理信息化水平；市公安局委托北京恭安网盾科贸有限公司研发了机动车修理业、机动车报废拆解业、印刷业治安管理信息系统，该软件系统的应用保证了上述行业数据采集的准确性，有效杜绝了违法犯罪的发生。年内，全市联网旅馆300家、娱乐业29家、机动车修理业89家、报废汽车拆解业2家。治安部门还不断加强对歌舞、住宿、洗浴等公共娱乐服务场所日常管理力度，不定期组织开展“扫黄打非”专项行动，严肃查处卖淫嫖娼、传播淫秽物品、非法出版物等案件，有效净化了社会环境，维护了社会治安。

四、危险物品管理

（一）枪支弹药管理

民国36年（1947）阳泉建市后，市公安机关立即着手清理和收缴原国民党军政人员及战俘手中的枪支弹药。翌年11月18日，华北人民政府颁布《华北区枪支管理办法》和《携带枪支暂行规定》，市公安机关严格枪支管理，凡需携枪者均由批准机关颁发持枪证。20世纪50年代，依照政务院公布的《枪支管理暂行办法》，市公安机关严格进行枪支弹药的登记管理工作。

“文化大革命”初期，由于派性斗争，致使部分枪支弹药流散社会，严重危害社会治安。1968年6月，中国人民解放军阳泉市公安机关军事管制委员会成立后，发布《关于对狩猎枪支弹药管理的几项规定》，对确需购买狩猎枪支弹药者，由公安机关发给购买证，到指定单位购买。1972 年 12 月，境内公安机关下发《关于彻底收缴散存在社会上的武器弹药和军用物资的通知》，对非法藏有的武器弹药进行收缴。1981 年 9 月，按照《中华人民共和国枪支弹药管理办法》的规定，市公安机关在全市展开清理登记和收缴枪支弹药工作。到 1982 年 6 月，对除军事系统外的各类枪支弹药进行摸底、检查，收缴手枪、小口径步枪、民用枪支等各种枪支 300 余支及一些弹药。1989 年，公安机关对全市非军用枪支和民用枪支进行全面整顿，重新换证，建立档案，并输入微机管理，实现了枪支弹药科学化、目标化、规范化管理。

1994 年 9 月 10 日起，境内开展了为期 1 个月的收缴非法持有枪支弹药行动，共收缴各类枪支 231 支、子弹 1148 发、炸药 15 公斤。1996 年 9 月 26 日至 28 日，全市组织开展收缴非法持有枪支弹药集中统一行动，共收缴各类枪支 1908 支；10 月，市公安局开展全市公务用枪制换证工作。1996 年至 1997 年开展的“打团扫恶”专项斗争中，一批非法持有和散失在社会上的枪支弹药被依法收缴，其中有各类民用枪支 2317 支、被盗五四手枪 2 支、五六式半自动步枪 1 支、子弹 385 发。1998 年，建立公务用枪信息管理系统，严格履行枪支管理工作职责，认真细化枪支管理许可条件、标准，严密对配枪单位和个人的监督、指导，推动了枪支管理工作规范化。6 月，全市组织开展枪支建档工作。1999 年 9 月，按照公安部统一部署，境内公安系统大力开展“治爆缉枪”专项行动，收缴大批非法枪支弹药，查处一批涉枪案件，消除了治安隐患。同时，强化公务枪支管理措施，健全管理制度，下发《关于换发证件的紧急通知》，严格控制配枪范围，收缴离退、调离人员超范围配发枪支 20 多支。对公、检、法、司和金融系统等近 50 个单位统一进行 2 次集中培训考核，对 1600 多名持枪人员进行实弹射击演练。填报换证表格近万张，对全部 2000 多支枪支进行弹道痕迹检测，并将有关资料输入电脑，进行科学化、规范化管理。2000 年，重新修订完善《阳泉市公务用枪管理规定》，在全省建立首家专用枪库，实行 24 小时值班备勤制度。9 月 8 日，有人潜入阳煤集团工程处公安科值班室，撬盗 3 个保险柜，偷走 7 枝手枪、18 发子弹、2 个弹匣及 3000 元现金；“9·8”特大盗枪案发生后，市公安局投入大量警力，连续奋战，在 80 多天时间里，派出 90 名民警组成 15 个侦破小组，足迹遍布全国 10 余个省、市的 50 多个市县，行程近 10 万千米，在贵州省江口县一举抓获江口县人张某、罗某某，并缴获被盗的全部枪支弹药，消除了社会隐患。

2006 年，市公安局完成全市 20 多个单位 2309 支枪的建档工作，并将历年收缴的非法和报废枪支 428 支进行集中销毁。2008 年，全市公安机关严厉打击涉枪犯罪，共收缴各类枪支 9 支、子弹 280 发、废弃炮弹 7 枚。2010 年，全市公安系统加强枪支弹药管理力度，深入开展缉枪专项整治行动，加大对散失在社会上的枪支弹药的收缴力度，严厉打击涉枪犯罪，全市共查处子弹568发，年内没有发生涉枪案件。

（二）爆炸物品管理

阳泉建市前，社会动荡，战争频仍，境内时有爆炸发生。阳泉建市后，人民政府加强了对爆炸物品的管控，取得一定效果。1957年11月，公安部公布《爆炸物品管理规则》，境内统一规定了爆炸物品的管理范围，对爆炸物品的制造、销售、购买、使用、储存和运输采取多种管制措施。“文化大革命”期间，爆炸物品管理工作受到影响，一些爆炸物品流散社会，留下安全隐患。1974年，市公安局曾发出《严格执行爆炸物品管理规则，坚决禁止乱购乱销乱运的通告》，但由于管理工作中的漏洞，犯罪分子利用爆炸物品作案案件屡有发生。1981年7月22日，发生了在全国都有影响的阳泉矿务局三矿俱乐部特大爆炸案，造成32人死亡，127人受伤。此后，市公安局成立了爆炸物品管理机构，加强对枪支弹药、危险物品的管理，特别是以对民爆物品管理为主，在全市范围内建立了市、区、乡、村（单位）四级管理体制。1983年，市公安局发布《关于加强易燃易爆物品管理的通告》，并依照《民用爆炸物品安全管理条例》，对生产、储存、购买、运输、保管、使用等环节，建立了一整套严密的岗位责任制和安全管理制度，配备管理使用民爆物品专门人员10876人，其中爆破员5945人、押运员2345人、保管员1122人、巡守员1464人，初步实现了管理制度化、经常化和规范化。1984年，山西省民爆物品管理现场会在阳泉召开，推广了阳泉矿务局四矿、郊区长岭村管理民爆物品的经验。

随着改革开放的深入，境内乡镇企业日益壮大，爆炸物品管理部门以盂县土塔乡为试点，总结农村以厂带村，专库、专箱、专人、专管的新办法。公安部和省公安厅于1987年先后加以推广。1989年，根据省民爆物品三年目标化管理的要求，结合阳泉实际，制定了《阳泉市民用爆炸物品管理工作实施方案》和《民用爆炸物品四级管理机构的职责》，对全市1160个使用爆炸物品单位进行整顿，换发使用证件，发证率达99%。到1990年，有97%的单位通过考核验收，提前达到目标化管理的要求。

20世纪90年代，境内公安部门不断推进爆炸物品信息化管理工作。1991年1月31日，市民爆物品管理领导组召开全市民爆物品目标化管理总结表彰大会，37个先进集体和101个先进个人受到表彰。1992年，民爆科获全国民爆物品管理集体二等功。同年，郊区辛庄村村民刘某某从村炸药库盗走雷管200枚、炸药6公斤、导火索6米欲谋作案，被公安机关及时抓获。1993年，破获平定锁簧镇东锁簧村党支部书记王某某家被爆案，抓获案犯冯某某。1995年10月14日，平定县宝鑫建材厂发生9000枚雷管被盗案，经公安机关全力侦查，抓获犯罪嫌疑人赵某某，追回全部被盗雷管。1997年7月25日，公安机关抓获犯罪嫌疑人杨某，其伙同他人在渑池自制火枪抢劫作案4次，并盗窃雷管3000枚。1998年，清查爆炸物品生产厂家、经销点1124家，查封152家。针对全市爆炸物品点多、面广、线长、使用量大的特点，从1999年初开始，境内公安部门先后组织了5次民爆物品安全大检查，共检查涉爆单位98家，收缴炸药4吨、雷管4600枚、导火索7000米。9月，按照公安部统一部署，大力开展“治爆缉枪”专项行动，收缴了大批非法爆炸物品。

2000年，境内公安部门开展民爆物品清理整顿工作，针对全市爆炸物品点多、面广、线长、使用量大的情况，召开了全市民用爆炸物品安全管理工作现场会，推广先进经验，积极组建了以乡镇为单位的民爆物品管理服务站，本着既服务生产、又从严控制的原则，实行专营服务制度，把所有“三小”企业全部纳入工作站管理范围，有效解决了民爆物品管理中存在的问题。2005年后，境内推进民爆信息系统建设，严格规范雷管编码打号和登记监控制度，加强民爆物品源头和流向管理，减少了爆炸物品丢失、被盗案件发生。不间断开展“治爆缉枪”专项行动、民爆物品安全管理专项整治行动、危险化学品和放射源安全管理专项整治，破获了孟县特大雷管被盗案，收缴了大量流散社会的非法爆炸危险物品，消除了安全隐患。

2007年5月29日，市公安局、孟县公安局联合召开孟县“4·30”非法采矿、非法买卖爆炸物、重大劳动安全事故案新闻发布会，对9名犯罪嫌疑人的犯罪事实进行公开揭露，并依法执行逮捕，有力震慑了涉爆违法犯罪。2008年2月4日，孟县联营煤矿西兰一坑1360枚雷管被盗，案件发生时值“两节”、全国“两会”召开前夕，影响重大。市公安局、孟县公安局联合组成专案组，连续奋战50天，转战3省7市，行程1万多千米，先后排查春节期间留住孟县的民工628名，排查宾馆、旅店、娱乐场所、出租屋516家1250人次，走访出租车185辆次，发放悬赏通告1.2万余份，摸排犯罪嫌疑人112名，终于在3月24日将湖南省桑植县人卢某某等4名主要犯罪嫌疑人抓获归案，并将非法使用剩余的726枚被盗雷管全部追回。在侦破中，专案组民警还破获涉及全市范围的涉爆案件28起，抓获涉爆犯罪嫌疑人22名。年内，全市公安机关严厉打击涉爆犯罪，共收缴炸药4498.9公斤，雷管5766枚，导火索7508.4米，硝酸铵2018公斤，黑火药7公斤。2009年，全市公安机关继续开展民爆物品专项整治行动，打击涉爆犯罪，先后破获孟县“3·20”东方振兴煤业爆炸案，郊区“4·1”违规储存爆炸物品案，“5·30”非法买卖、运输雷管等一批大要案件。全年共破获涉爆案件25起，查处涉爆违法人员58人，收缴炸药4895.5公斤、雷管17953枚。2010年，全市公安系统加大对民用爆炸物品管理力度，以“不流失、不打响、不炸响”为目标，深入开展治爆缉枪专项整治行动，加大对散失在社会

治爆缉枪

上的爆炸物品的收缴力度，严厉打击涉爆犯罪。盂县公安局强化追逃力度，将在逃多年的公安部督捕涉爆在逃犯罪嫌疑人李某某、高某某抓捕归案。5月，国务委员、公安部部长孟建柱到盂县公安局考察，要求全市公安机关要把民爆物品安全管理作为一项长期工作抓在手上，与治爆缉枪专项行动结合起来。年内，全市共查处涉爆案件24起，抓获违法犯罪人员20人，收缴炸药1227.8公斤、雷管50101枚。

第三节　案件侦查

一、刑案侦查

阳泉建市初期，境内公安机关就开始运用刑事侦查手段打击旧社会遗留下来的各种惯窃、流氓恶棍等社会渣滓和各类刑事犯罪活动。民国36年（1947）7月，市内派出所发动群众，查破一个由13人组成的流氓盗窃集团。民国38年9月，又相继侦破一批走私、贩毒、盗窃、赌博等案件，巩固了新生的人民政权。

建市初期，境内公安机关结合镇压反革命运动，充分发动和依靠群众，集中打击惯匪、惯盗等残余势力的破坏活动。1950年11月16日，市公安局在案发2小时内即擒获了抢劫阳泉恒记货栈5100万元（旧币）的匪徒高鸿喜、胡占山。1953年，又及时惩处了一批破坏工农业生产建设的犯罪分子。1955年，根据第一次全国刑侦工作会议提出的“及时破案”方针，市公安局加强刑侦业务建设，在治安科内设立刑事侦查组，及时破获一批凶杀等大要案件。据统计，1958年至1964年间，全市共发生各类刑事案件2713件，侦破2440件，破案率达90%。

1966年至1969年，境内的刑侦工作基本处于停滞状态。1970年全国第十五次公安会议后，境内刑侦业务逐渐恢复。1973年，市公安局在治安科内设立刑警队，城区、矿区、郊区公安分局相继成立后组建了刑警队。1977年，全市发生8起杀人案，各级刑侦队伍联合作战，全部破获。1978 年，公安部召开第三次全国治安工作会议，确立了“依靠群众，抓住战机，积极侦查，及时破案”的刑侦工作方针，为境内加强侦查破案工作奠定了基础。

1980 年，市公安局成立刑警大队后，实行以派出所、各公安分局、市局刑警大队为主体的三级办案体制，全市刑侦工作逐步走上专业化、系统化、法治化和分级管理的轨道。1981 年 7 月 22 日，阳泉矿务局三矿俱乐部发生特大爆炸案，当场炸死 32 人、炸伤 127 人。全市各级公安机关充分运用先进侦查措施和刑事技术手段，在公安部、省公安厅参与下，经过 4 昼夜奋战，将该案破获。1982 年 2 月，又破获一起发生在城区公安分局院内、社会影响较大的爆炸案。1983 年 8 月至 1987 年 2 月，市公安机关依据《中共中央关于严厉打击刑事犯罪活动的决定》，开展了 3 年多的“严打”斗争。斗争以打击流氓团伙流窜作案分子，杀人、放火、爆炸、投毒、强奸、抢劫和重大盗窃犯，有现行破坏活动的反动会道门分子，劳改逃跑犯，以及有现行破坏活动的林彪、江青反革命集团的残余分子等 10 类对象为重点，先后进行了 3 个“战役”，共侦破各类刑事案件 2985 起，其中重特大案件 371 起、重特大积案 89 起；打掉犯罪团伙 340 个；抓捕各类违法犯罪分子 4669 名，依法判刑 2539 名，劳教少管 641 名；缴获散失在社会上的各类枪支 125 支、子弹 295 发、凶器 677 件、炸药 2092 公斤、雷管 6191 枚，赃款、赃物共计 400 多万元，有效遏制了刑事案件大幅度上升的势头。之后，公安机关继续保持“严打”声威，精心组织了一系列专项打击。1987 年开展了反扒防盗、打击残害妇女儿童、流氓闹校、维护夏季治安及“三打一查”（打击盗窃、抢劫、扒窃，查禁赌博）斗争；1988 年开展了以打击杀人、抢劫、强奸、盗窃、扒窃和查禁赌博的“百日治安安全竞赛”活动；1989 年开展了确保国庆节、春节、元宵节“三节”安全，打击盗窃破坏水力、电力、通信设施和清查清理、打击流窜犯等专项斗争；1990 年 5 月，中共中央政法委员会针对全国社会治安状况，部署了严厉打击刑事犯罪活动的斗争，境内各级公安机关集中优势兵力，组织破案战役，共侦破各类刑事案件 1864 起，其中重特大案件 352 起。

从 1996 年 3 月起，境内开展了为期 1 年的“打团扫恶”专项斗争，这是继 1983 年“严打”以后规模最大、战果最突出的一次攻坚战，共破获各类刑事案件 1582 起，其中重大案件 514 起，打掉各类违法犯罪团伙 510 个，涉及成员 2694 人，其中具有黑社会和地方恶势力性质的团伙 87 人，364 名各类重大逃犯被缉拿归案。

随着改革开放和社会主义市场的发展变化，毒品犯罪日益突出，为进一步做好打击和防范毒品犯罪的势头，1999 年，市公安局将禁毒从刑警支队分离，单独设立禁毒支队，在各县（区）公安局设立禁毒大队。市局禁毒支队下设办公室、一大队、二大队、三大队、四大队。全市禁毒部门坚持“预防为主，综合治理，禁种、禁制、禁贩、禁吸‘四禁’并举”的禁毒工作方针，采取多种措施，先后开展了无毒社区（村镇）创建工作，集中收戒、打击毒品零星贩毒等专项行动，并取得可喜成绩。全市公安禁毒部门共侦破涉毒案件580余起，抓获各类贩毒人员700余名，缴获各类毒品土制海洛因、冰毒、麻古、摇头丸等4000余克，有效遏制了毒品犯罪蔓延势头，为全市创造了一个良好的社会治安环境。

2000年，境内公安部门侦破震惊全国的阳泉矿务局工程处“9·8”特大枪支被盗案，抓获犯罪嫌疑人2名。2001年11月1日，侦破郊区平坦镇大村“10·17”杀人碎尸案，抓获犯罪嫌疑人冀某某。2002年，侦破惊动国务院的盂县大横沟煤矿特大雷管被盗案，抓获犯罪嫌疑人葛某某、宋某、郗某某、刘某某，被盗的2620枚雷管全部追回。2003年，全市现行命案破案率达96.5%以上，初步实现公安部确定的“两降一升”（命案发案率下降、命案逃犯数下降、破案率提高）的工作目标，连续三年命案侦破和追逃工作位居全省榜首，多次受到公安部和省公安厅的通报表扬。2003年，全市共立刑事案件2882起，侦破1741起。其中危害严重的8类刑事案件539起，侦破407起，现行大要案件基本得到侦破。先后侦破“2·22”城区重大杀人案、“3·10”郊区三泉村故意杀人案、“4·13”平定张庄镇故意伤害致死人命案、“4·19”城区南庄煤矿伤害致死人命案、“5·29”盂县秀水镇东寨村特大杀人案、“6·27”城区、矿区爆炸案、“7·11”盂县西兰村雇凶杀人案、“7·12”劫车杀人案、“8·13”市民政局干休所曹某某被杀案及郊区系列蒙面持刀入室抢劫加油站案、平定系列盗窃破坏变压器案，抓获了肖某某、刘某某等一批市级网上目标逃犯。在专项斗争期间，市局刑警支队和盂县刑警大队联合侦破了省、市领导批示的“9·8”盂县博远冶金有限公司核子秤放射源铯-137元素被盗案、“9·29”盂县苌池镇大围村劫车杀人案。

2004年，全市共破获各类刑事案件2499起，其中八类严重刑事案件509起，侦破各类命案36起，打掉各类违法犯罪团伙108个，抓获各类刑事作案成员1031人，抓获网上在逃犯132人；刑拘611人，提请逮捕593人。先后侦破“3·4”杀人碎尸案、“3·15”王某某雇凶杀人案、“9·22”杀人焚尸案等一批重特大案件。全市刑侦部门紧急出警1800余次，处置各类突发性暴力事件306起，其中绑架案10起。先后侦破“2·17”三角线新胜旅社绑架案、“2·19”西收费站绑架案、“6·3”寿阳绑架案、“10·12”盂县袁某某被绑架案等一批突发性暴力案件。2005年，市局成立案件审理处，归属刑警支队领导。全市各级刑侦部门充分发挥主力军作用，以现行杀人命案和重特大刑事案件为目标，共侦破各类刑事案件1.26万起、八类危害严重的刑事案件4860余起，打掉各类违法犯罪团伙730余个，刑拘6517余人，提请逮捕5950余人，劳教900余人，治安拘留14700余人。1月2日，市局刑警支队和郊区公安分局联合侦破了郊区义井镇大阳泉村故意杀人案，抓获犯罪嫌疑人周某某；1月26日，矿区分局经过三昼夜连续作战，侦破矿区段家背小学故意杀人案，抓获犯罪嫌疑人乔某某；4月4日，市局刑警支队和城区分局连续作战，侦破发生在城区西河滩鑫河歌城门前的团伙杀人案，抓获犯罪嫌疑人李某某；5月28日，平定县公安局快速出击，侦破平定县巨城镇神子山村盗窃杀人案，抓获犯罪嫌疑人梁某某；6月7日，市局刑警、交警、巡警、消防等部门密切配合，侦破城区外环路特大驾车杀人案，抓获犯罪嫌疑人穆某某；6月30日，平定县公安局侦破岔口乡岳家庄村故意杀人案，抓获犯罪嫌疑人李某某。随着经济市场的发展变化，经济犯罪逐渐成为主流犯罪，全市各级经侦部门充分发挥主力军作用，先后组织开展了打击假币、假发票、银行卡、传销、非法吸收公众存款、商业贿赂及侵犯知识产权等一系列行动，共受理各类经济案件623起，破案602起，抓获犯罪嫌疑人813名，为国家挽回直接经济损失7.5亿元，有效遏制了经济犯罪多发态势。

2006年，全市公安机关始终坚持严打方针，共立刑事案件3206起，破获2712起，其中立八类危害严重刑事案件510起，破获575起；打击处理各类违法犯罪人员6404名，其中逮捕880人、刑拘1108人、劳教164人。全年共侦破现行命案37起，侦破命案积案16起，现行命案侦破率、积案破案数位居全省前列。2007年，全市共破获刑事案件3373起，破获八类严重刑事案件412起，打击处理各类违法犯罪嫌疑人员9380名，打掉黑社会团伙1个、恶势力团伙2个，抓获黑社会团伙成员23名，追抓各类网上逃犯299名。破获各类经济犯罪案件85起，抓获各类违法犯罪人员47名，为国家、集体和个人挽回经济损失3000多万元。2008年，全市公安机关不断引深“打黑除恶”“命案侦破”“打盗抢追逃犯”等专项行动，相继破获盂县“6·5”绑架儿童勒索钱财案、“10·26”西城特大盗窃机动车案、开发区“11·19”持枪入室抢劫案等一批大要案件。共破获刑事案件3450起，破获危害严重刑事案件458起，抓获各类网上逃犯407名，其中命案逃犯16名，打击处理各类违法犯罪人员13246人，为国家、集体和个人挽回经济损失700余万元。

2009年，全市公安机关相继开展了打黑除恶、打击多发性侵财犯罪、拐卖妇女儿童、电信诈骗等一系列专项行动，破获一批有影响的大要案件。全市共立刑事案件3457起，破获2965起；立八类危害严重刑事案件398起，破获377起，其中破获现行命案24起、破获命案积案1起、破获外省命案2起，现行命案破案率100%；打击处理各类违法犯罪人员13642人。在打击严重暴力犯罪方面，全市公安机关对有影响的大要案件实施重点攻坚，城区公安分局破获“8·12”私藏枪支毒品案，矿区公安分局破获“5·7”系列抢劫抢夺案，郊区公安分局破获“11·16”拐卖儿童案，平定县公安局破获“4·9”系列持刀抢劫强奸女出租车司机案，盂县公安局破获“12·1”南娄镇石佛村故意伤害致死案，西城公安分局破获“3·8”系列重大盗窃案，开发区公安分局破获“6·27”强迫妇女卖淫案。市、县（区）两级公安机关联袂作战，打掉流窜阳泉疯狂作案的特大盗窃犯罪团伙，抓获华某某等12名犯罪嫌疑人，侦破“6·9”小阳泉故意杀人案，抓获犯罪嫌疑人王某某。在追逃专项行动中，全市公安机关把追逃任务分解落实到具体责任单位，多措并举全力抓捕，共抓获各类网上逃犯252名，其中命案逃犯29名。年内，全市公安机关还相继开展“雷雨”“天网”知识产权执法专项行动，整治银行卡违法犯罪专项行动，打击制售假发票和非法代开发票专项整治行动。办结公安部、国家税务总局部署的边城税案，破获了张某某、张某某合同诈骗案，贺某某挪用资金案等案件。全年共侦破各类经济犯罪案件157起，抓获各类违法犯罪人员71名，为国家、集体和个人挽回经济损失700余万元，有效维护了全市经济秩序。

2010年，全市公安机关坚持严打方针，以“泉安”3号严打整治行动为龙头，深入开展“冬季攻势”、命案侦破、打黑除恶、打击“两抢一盗”、打击拐卖妇女儿童犯罪、打击电信诈骗犯罪等一系列专项行动，始终保持了对各类刑事犯罪活动严打的高压态势。年内，全市共立各类刑事案件4110起，破获3061起，其中，立八类危害严重的刑事案件472起，破获471起（含积案）；命案发27起，侦破25起，抓获外省命案逃犯1人；打击处理各类违法犯罪人员11758人。在大要案件侦破方面，以现行命案和爆炸、绑架、杀人、抢劫、诈骗等重大刑事案件为目标，不断增强侦破力度，先后破获“2·11”城区故意杀人案、“3·11”无名尸体案、“3·25”矿区系列诈骗案、“4·15”郊区绑架儿童案、“5·17”抢劫杀害出租车司机案、“7·2”特大凶杀案、“10·21”平定华联超市特大抢劫案、“11·14”重大杀人案。年内全市命案侦破率达92.59%。在开展追逃行动方面，严格落实追逃责任制，充分利用刑事技术、行动技术、网侦技术“三大支柱”优势，发挥“天网工程”视频监控的作用，大力开展“追逃”行动。公安民警深入违法犯罪嫌疑人家中，开展政策攻心，对其家属做耐心细致的思想教育与动员规劝，从中获取有价值的线索，敦促在逃人员投案自首。全年共抓获各类网上逃犯401名，其中外省逃犯99名、省内外市逃犯62名、市内逃犯240名、故意杀人逃犯15名。在经济案件侦破方面。公安机关相继组织开展“雷雨”“天网”知识产权执法专项行动，整治银行卡违法犯罪专项行动，打击制售假发票和非法代开发票专项整治行动，破获了王某某合同诈骗案、石某冒充警察招摇撞骗案、段某某400余万元系列诈骗案、张某某300余万元系列诈骗案等一批重大案件。全市共受理经济犯罪案件252起，立案240起，破获246起（含积案），抓获犯罪嫌疑人66人，为国家、集体和个人挽回经济损失2800余万元。刑侦部门连续多次被市委、市政府、省公安厅评为严打整治先进集体，荣立集体二等功2次、三等功4次，先后有2名干警被评为全国优秀民警，8名刑侦干警荣记一等功、17名干警荣记二等功、46名干警荣记三等功。

2000—2010年阳泉市公安系统主要案件数据情况简表

表-22-1　　单位：起、人

年份	刑事案件		"八类案件"		治安案件		打击处理	
	立案	破案	立案	破案	受理	查处	抓获（刑案作案人员）	查处（治安违法人员）
2000	—	—	—		1437	—	490（8-12月）	—
2001	2966	1823	580	441	1702	—	884	—
2002	2783	1727	539	441	2237	—	1054	—
2003	2773	1702	517	401	2662	—	924	—
2004	3210	2499	601	509	5750	—	1031	—
2005	3208	2529	544	518	6971	—	1349	—
2006	3206	2712	510	575	7848	6838	1404	5000
2007	3204	3373	395	412	9788	8936	1728	7652
2008	3414	3450	446	458	10390	9669	1470	11776
2009	3457	2965	398	377	10172	9588	1229	12413
2010	4110	3061	472	471	8590	7615	1396	10362

说明：八类案件是指刑法第十七条规定的需追究相对刑事责任的案件，即故意杀人、故意伤害致人重伤或者死亡、强奸、抢劫、贩卖毒品、放火、爆炸、投毒罪。部分年份因数据缺失未能统计，以"—"代之

二、刑侦技术

建市初期，阳泉市公安局尚无专设的刑侦部门，刑事案件的勘查工作主要由上级公安机关担负。1955年，全国刑事侦查工作会议后，市公安局着手刑事技术业务工作建设，在治安科内设兼职技术员，开展一般案件的现场勘查。之后，在中央民警干校和省公安厅培训的一批干部陆续被充实到市公安系统，促进了刑侦工作的开展。到20世纪60年代，已开展现场勘查、刑

事照相、法医、警犬等项业务。"文化大革命"期间，刑事技术工作基本处于停滞状态。1975年，市公安局内设刑事技术部门。

中共十一届三中全会后，刑事技术部门的人员逐步充实，装备渐次更新，结构趋于合理。1984年，市公安局刑警大队设立刑事技术科，各公安分局、县公安局也相继建立技术室。1985年，市公安局刑事技术科建成刑事技术二级点，平定县、盂县、城区、矿区、矿务局公安处陆续建成刑事技术三级点。刑事技术部门先后配备气相色谱仪、发射光谱仪、紫外分光光度计、偏光显微镜等先进技术仪器，并在全省率先建立情报资料系统。1989年，法医鉴定部门开始向社会提供服务。1990年，全市刑事技术人员发展到28人。据统计，1980年至1990年，刑事技术部门共勘查各类刑事案件现场9472起，提供物证10952件，检验鉴定物证1727件、尸体809具、活体453人，出具各类鉴定书1372份。此外，刑事技术部门在刑侦技术研究方面亦取得成果，先后在国家级刊物上发表论文3篇，在全国性学术交流会上交流论文3篇，并有7篇案例文章被选入山西省公安厅汇编的《痕迹案例选编》和《法医检定案例》两书中。

刑事技术化验室

1991年10月12日，石家庄第六运输公司东风大客车在盂县骆驼道牛道岭发生翻车事故，死亡16人、重伤11人、轻伤22人，市公安局刑警大队刑事技术科配合交警部门现场勘查并进行尸检。1992年3月2日至7月11日，矿区马家坪王岩沟及平坦小区发生4起系列持刀残害妇女案件，市局、矿区分局刑事技术人员组织现场勘查、尸体检验、现场调查，至2006年破获该案。同年10月22日，三矿河口居民区发生特大杀人案，矿区刑事技术人员进行现场勘查、尸体检验后，技术人员从嫌疑人张某所穿"奇安特"运动鞋上发现血迹，为破获该案提供了证据。1994年，通过足迹检验、指纹比对破获平定县小峪村小卖铺抢劫杀人案。1995年至1996年，全市共发生50余起保险柜撬盗案，在对现场勘查基础上利用痕迹物证串并案件24起，为侦破此类案件提供了重要线索。1997年1月10日，市公安局成立警犬基地，共有警犬训导员3人，刑侦犬5条。11月，市公安局又成立刑事技术处，下辖县区刑警大队均设刑事技术中队。全市共有刑事技术人员42人，其中市局14人，分别开展法医、理化、痕迹、照相、文检、警犬等工作。年内，市公安局还开展了STR银染法检验生物物证。市局刑事技术处购置多波段光源、502自动薰显柜、茚三酮薰显柜等痕迹检验设备。

进入21世纪，境内公安刑侦水平有了进一步提升。2001年，利用PCR个人识别技术为“8·14”三矿特大事故提供证据。2003年，根据公安部《公安刑事科学技术室等级评定办法》，对全市区县公安刑侦进行督导检查和初评，促进了基层公安技术业务装备，增强了科技含金量。2004年，结合“大练兵”活动，为县区举办法医、痕迹、照相等培训学习，提升了全市刑技水平。在全省刑技现场模拟大比武中获得第三名，在全国警犬技术比赛中获得追踪第十、鉴别第十六的成绩。指纹信息系统得到充分利用，比对破案18起。2005年，强化基层基础建设，县区技术室勘查器材、实验室配套设备得到更新换代，购置一批数码摄像机、照相机、指纹熏显柜，多波段光源等设备；截至年底，全市刑侦部门共有车辆152台、电脑112台、数码摄像机12部、数码照相机36部、防弹背心128件、大型投影设备1套，其中每个中队保证有2台以上电脑上网查询，网线开通至各区县基层中队和派出所。技术部门配备了指纹自动识别系统和各种检验勘查器材。全市刑事技术部门全部达到二级点要求，其中警犬技术在全国比武中获得第三名。全市刑侦信息系统录入案件1.4万起，涉案人员4973名，无名尸体19具，失踪人员44人，被盗抢机动车365辆，在逃人员295名，指纹识别系统录入十指指纹2.03万份，现场指指纹820份，计算机指纹识别检索1500余次，破获各类刑事案件230余起，上网及时率和撤销率达到100%。全市刑事技术部门勘查各类刑事案件现场6774余起，解剖尸体1106余具，出具检验鉴定报告5215余份，通过技术提供线索破案623余起。刑侦信息化程度在全省处于领先水平。

2006年，市公安局“科技强警”战略投资80万元，购置气相色谱仪、警犬运送车、勘查指挥车，增设2个物证保管室，1个资料室；区县增设指纹远程查询终端设备，全省指纹会战排名第二；在全省开展的“集中制爆神犬行动”中，搜出爆药321.8公斤、电雷管160枚、导火索500米、黑火药20.5公斤、子弹25发、硝铵6袋；市公安局刑侦支队警犬技术大队负责人周海洋还获得“2006年度沈阳片区警犬使用先进个人”称号。2007年，市公安局筹资200余万元维修、改善办公、技术用房200多平方米，添置彩色打印机2台，数码相机1台，特种照相机1台，心理测试仪1台及近40万元的法医、痕迹、理化器械，先后外派30多人去沈阳刑警学院、公安部物证鉴定中心等地学习，在公安部组织的全国杀人案件现场勘查考核中取得较好成绩。2008年，建成标准化刑事技术采集室60多个，指纹识别系统库存十指指纹达84223人份，现场指纹2801枚，指纹比对破案40余起，带破130余起。2009年，省厅配发1台气相色谱仪，全面启动现场勘查信息系统，录入现场299起、命案15起，现场提取手印痕迹1起、足迹116起、工具痕迹7起、生物检材5起，完成DNA数据库1000份违法犯罪人员血样采集。现勘系统得到充分利用，在全省比赛中，城区分局刑事技术室获个人奖第三名，全市在综合排名中获第三名。年内，还加快“天网工程”二期建设步伐，积极实施综合动态管控预警平台的应用，全面启动现场勘查信息系统建设，在全市配发安装136台指纹采集仪，建成完善刑侦信息采集室，公安科技实战效能进一步增强。2010年，平定、盂县、矿区通过省公安厅、省科技厅组织的全省科技强警示范县区考核验收。年内，投资80余万元的“天网”视频一、二期工程安装完毕。

第四节　户政管理

民国36年（1947）阳泉建市后，境内户口登记工作逐步开展。市公安局在市区设立公安派出所，负责辖区户口登记管理工作，并设立1个户口簿和1个报临时户口用的户口副本，这一做法受到华北人民政府公安部好评，并在各新解放城市推广。民国36年9月，市内派出所干警由4人增至10人，同时设立户籍协助员45人、民警协助员25人，重点进行户口调查、人口登记。1949年，市区人口总数为14万余人。1951年7月，公安部颁布实施《城市户口管理暂行条例》后，境内户口管理工作逐步走向正轨。当时采取的措施：在派出所内专设户籍办公室，并在辖区内划分若干户籍段，实行以户籍段为单位申报户籍，分散登记，分片管理，民警主动上门办理户口申报手续的办法。这一办法在长顺街和官坊街2个户口段进行典型试验后逐步推广。1953年，结合全国第一次人口普查工作，全市各公安派出所进行户口普查，市区达39028户158509人。到1955年，农村户口管理普遍建立了迁入、迁出、出生、死亡等4项登记制度。1956年3月，《中华人民共和国户口登记条例》颁发后，境内健全了出生死亡、迁入迁出、外出暂住、变更及更正等登记制度。20世纪60年代初，按照中央关于压缩城市人口指示，市公安机关配合各有关部门进行户口清理和压缩人口工作。1964年，全国第二次人口普查表明，市区达59633户260726人。“文化大革命”前期，户籍管理比较混乱，户口登记制度受到削弱。1973年，城区、矿区、郊区公安分局成立后，设7个派出所加强管理工作。

中共十一届三中全会以后，境内公安机关对户口管理工作进行全面整顿和充实。1980年，实行市公安局、公安分局、派出所三级管理体制，派出所工作由过去的户口管理为中心转变为以户口管理为基础、治安管理为中心，按照动静结合、以动为主的管理模式，实行人口分层次管理，同时加强对常住人口、流动人口、暂住人口的调查管理工作。1982年，依据全国政法工作会议决定，建立健全农村公安派出所，到年底共建立派出所39个。同年，进行了全国第三次人口普查工作，市区达111691户443524人。1984年，针对矿区煤矿职工临时住户管理混乱的状况，经市政府批准，从阳泉矿务局抽调40人担任户籍民警，对矿区2850户煤矿职工自建住房实施管理。从1985年开始，对全市国统煤矿以及地方国营煤矿井下职工家属按照规定进行转户，到1990年共办理煤矿井下职工家属转户10267户50004人。1986年，《中华人民共和国居民身份证条例》颁布实施。1987年4月，全市城乡居民身份证颁发工作全面铺开，到1990年底，全市共发证792706人，占应发证总数的96%。1990年进行了全国第四次人口普查工作，全市达330639户1147724人，其中非农户121289户420341人、农户209350户727383人。

1991年2月，阳泉市公安局户政管理处组建，下设5个科室，民警11人。随着社会发展，国家出台了一系列的户籍改革政策，作为职能部门，户政处认真贯彻户籍政策，及时制定户籍改革措施，使全市户籍改革工作顺利推进。年内，阳泉市人口信息工作展开，到1993年，全市派出所结束手工管理户籍的历史。1992年12月，阳泉市公安局开始办理经济技术开发区户口，全市分市、县两级开发区，办理户口也分为市、县两级区别收费。市级农户转开发区户收取开发配套费（蓝印户口）5000元/人、转非农业户口6000元/人，平定收取蓝印户口3500元/人、非农业户口4500元/人，盂县4000元/人、非农业户口5500元/人。至1994年10月，全市共办理经济技术开发区户口32497人，其中非农业户口5917人。1999年，阳泉市建成全国“百城联网”人口管理系统。

2001年，为进一步方便群众，市公安局将审批的13种户口项目下放到基层派出所和分局办理。2003年，公安部30项便民利民措施（其中户籍管理7项）出台后，户政处作为职能部门，对照公安部要求，结合阳泉实际推出14项便民利民措施，进一步下放户口审批权限、简化户口审批材料、放宽部分落户条件，推出了限时、特事特办服务。2004年，各派出所根据实际情况在社区警务室和人群居住集中地设立办户流动警务站，接待群众办户，有条件的上门办户；同时还精简了煤矿井下职工家属“农转非”户口审批程序及手续。2005年，为进一步解决出生未上户、口袋户情况，出台《关于集中解决一批户口问题的实施方案》，简化程序，共解决此类户口2076人。小城镇户籍管理制度改革稳步推进，加快了农村剩余劳动力就近、就地的合理有序转移；大中城市户口迁移政策逐步放宽，解决新生婴儿随父或随母落户自愿、夫妻投靠以及老人投靠子女等户口迁移问题；出台购买商品房转户、引进各类人才转户、为全市投资办企业的有关人员转户等，促进了经济发展。截至年末，共办理农转非172196人，其中小城镇转户40140人、商品房转户1312人、专业技术人才转户465人、16周岁以下子女随父母转户9812人、特殊情况子女报户686人。同年，户政部门开展人口信息管理系统建设大会战，人像采集率达95.53%，位居全省第一，核对数据库人口125万人，为全市换发第二代居民身份证奠定了良好基础。

2006年，阳泉市启动了集中换发第二代居民身份证工作，市局与下辖各分局签订换发“二代身份证”责任状，并安排资金485万元、配备采集设备52套、工作人员245人、抽调社区（村委会）组织发动人员1470多人，因工作突出，市公安局获全国人口信息建设先进集体；在全省流动人口清查验证工作中，市户政处被山西省评为先进单位。同年6月30日停止制发第一代居民身份证。2007年，全市共制发第二代居民身份证922168张，累计受理972949张，达到应制证数的92.05%；清理跨省重号1471组，其中纠正外省编号725组，为换发第二代居民身份证工作提供了完整、稳定的流程运转平台，提升了人口信息数据完整化水平。按照市委推进城乡一体化建设要求，还先后为职工居民家属转户411户442人、购房73户142人、未成年随父母转户218户277人、大中专院校招生3109人、井下职工居民家属转户220户356人，并为8300多人提供咨询服务。为深化户籍制度改革，促进全市人口与经济社会协调发展，2008年，先后为职工居民家属转户443户486人、购房86户173人、未成年随父母转户146户186人、大中专院校招生1536人等2970户3305人办理了落户手续，并为8500多人提供了咨询服务。

2009年，市公安局户政处开展户口整顿工作，全市共摸排一人多户21人，应落未落常住户口1184人，其中出生未落户1069人、退出现役未落户30人、手持迁移证未落户73人、刑释解教未落户21人、长期外出未落户16人；应销未销常住户口1055人，其中死亡未注销户口885人、服现役未注销户口167人、出国定居未注销户口3人；户口登记项目差错680项，其中清理纠正一人多户户口19个；解决应落未落常住户口963人，其中出生上户852人、退出现役落户30人、手持迁移证落户72人、刑释解教落户20人、长期外出落户14人；解决应销未销常住户口975人，其中死亡注销户口862人、服现役注销户口112人、出国注销户口1人；解决户口登记项目差错661项。在落实“大走访”爱民实践活动中，受理二代证609人，送证上门567人，办理应落未落户112人、应销未销户96人，解决人户分离576人，纠正户口登记项目差错98人，变更动态项目5项，432人。在着重解决制证周期长问题上，全市派出所开展了居民身份证清理工作，将摸排出的1800个长期无法领取的身份证信息制表上报制证中心，协调解决。全年还先后为职工居民家属转户641户675人、购房130户1276人、未成年随父母转户107户130人、大中专院校招生1511人、井下职工居民家属转户329户380人等办理落户手续3826户4170人，并为6700多人提供了咨询服务。12月30日，阳泉市公安派出所"一站式"户口迁移网上办理正式开通。2010年5月至9月，在全市范围内部署开展了第六次全国人口普查户口整顿工作，全市常住人口达500820户1297513人，其中农业人口611571人、暂住人口42123人、境外人员14人。在"大走访"爱民实践活动中，受理二代证409人、送证上门167人、办理各类户口112人、接受群众咨询4230人次，完成纠正跨省本地编码重号71个、纠正第三方编码重号34个。先后为职工居民家属转户730户823人、购房146户274人、未成年随父母转户73户84人、其他557户618人、井下职工居民家属转户187户205人等办理落户手续1707户2023人，接待群众1124人次，并为6000多人提供咨询服务。市公安局出台《阳泉市关于推进城乡一体化建设深化户籍管理制度改革的实施方案（讨论稿）》，取消农业、非农业户口性质划分，并在市委、市政府确定的6个乡镇试点中积极开展此项工作，为全面推开城乡一体化户籍改革工作奠定了基础。

第五节　监所管理

一、监所

市公安机关管辖的监所主要有看守所、行政拘留所、收容审查所和强制隔离戒毒所，收容审查所于1997年1月1日新《中华人民共和国刑事诉讼法》施行后取消。

看守所　是境内专门关押依法逮捕、刑事拘留和正处于侦查、起诉、审判阶段以及余刑不达3个月的犯罪分子的场所。民国36年（1947）阳泉建市初，看守所利用桥北街旧院的7间旧房开展工作，可关押70人。后搬迁至太上街，利用经过改建的10余间旧民房作监舍，可关押100人。1957年，在南大街新建占地1000平方米的新看守所，共有监房38间，翌年投入使用，可关押150人。1972年，新建占地6300平方米的看守所在神峪村落成；2月，市看守所迁至此处，共有监房100间，可关押400人。1976年，在市内油娄沟新建占地6320平方米的看守所，除武警营房外共有87间房屋，可关押350人，1977年11月投入使用。此后陆续修建了一些辅助设施和专用办公楼。1986年7月，安装相应的现代化设备配合看守工作。1992年，境内监所管理开展达标上等级活动，完善监管制度措施，加大硬件建设投入，使全市监管工作保持了持续健康态势，连续7年获得全省监管安全无事故“金汤杯”。1999年，市看守所受到公安部表彰，成为全省首家城市一级看守所。

2000年，以全省公安监管场所目标化管理和全国看守所等级评定为契机，市看守所全面提升监所管理水平与监管科技含量，逐步实现规范化、信息化管理。2002年4月，新看守所在郊区义井镇大阳泉村奠基，经过2年施工，投资2000余万元、建筑面积1.2万平方米的新看守所竣工。2004年12月，市看守所与市第二看守所合于一处，组成新看守所。该所基础设施完善，功能齐全，达到公安部部颁标准要求的美化、绿化、亮化标准，特别是监控、对讲、门禁、教育、周界警戒照明、提讯、会见、计算机网络等系统设备的首次应用，提升了看守所安防系数和科技含量。2007年9月，全省公安监管执勤改革试点现场会在阳泉召开，省委常委、政法委书记、公安厅厅长杜玉林到市看守所考察。时日均押量400余人。市看守所先后完成中纪委督办的“2·23”专案主犯李某、吴某某等10余名重要案犯的关押、管理、教育工作，受到中纪委、高检、河北省纪委的通报表扬，并被中纪委授予集体二等功，市看守所民警代表还受到专程到阳泉考察工作的中纪委原副书记刘丽英接见。2009年11月11日，省公安厅下发《关于重新制定看守所在押人员给养费标准的通知》，在押人员的伙食费、衣被费、医疗公杂费大幅提高，人年均达3635元，比原标准提高1224元，为稳定在押人员秩序，提高羁押期间的生活水平，创建和谐、文明监所奠定了物质基础。2010年10月，按照公安部、武警总部要求，投资50余万元对围墙周界执勤警戒设施进行改造，加装高2.5米金属防护网，防护网上、下部位再加装直径50厘米的蛇腹形刀片刺网，进一步提高了监所的安防系数。

行政拘留所　1983年8月，利用市看守所神峪旧址设置，也称治安拘留所，是境内公安机关执行治安管理处罚，对被裁决给予治安拘留处罚的人进行关押教育和管理的场所。从1983年“严打”开始至1990年，共关押违反治安管理人员3854人次。

1991年至1995年，拘留所始终坚持以“依法行政、求真务实、争创一流”为标准，坚持团结高效、廉洁奉公、严格执法、科学管理的方针，立足于强基固本，着眼于管理创新。1997年，阳泉市公安局行政拘留所升格为副科级单位。1998年至2000年，市拘留所按照治安拘留所管理办法、治安拘留所达标办法和治安拘留所规范化建设的有关要求，推行人性化管理，做强社会化教学和帮教延伸，彰显执法效果和社会效果的有机统一。2000年至2010年，新的《中华人民共和国治安管理处罚法》施行及相关配套规定办法出台，更加规范了市拘留所工作。警力配置、设施场所逐步改观，管理教育也逐步走上规范化，为配合交通秩序专项治理和打击私挖滥采专项活动提供了保障，年均关押1200人次。

收容审查所　收容审查是公安机关为维护社会治安、打击流窜罪犯的一项专门措施。20世纪60年代初，境内大量农村人口盲目流入城市，特别是一些犯罪分子混迹其中进行违法犯罪活动，给社会治安带来很大压力。1961年10月，中共中央、国务院决定在大城市和交通要道设立收容遣送站；1975年11月，公安部将收容审查发展为对流窜犯和流窜犯罪重大嫌疑分子的强制性行政审查措施。为此，阳泉市于1976年建立收容审查站，后改为收容审查所。1980年，强制劳动和收容审查两项措施被统一于劳动教养，市公安局因此设立劳动教养大队，至1984年劳动教养管理由司法局接管，收容审查措施由公安机关继续实行。收容审查所在对收审人员进行关押，协助各办案单位对收审人员进行形势、政策、法律教育，促进其转变态度、坦白问题方面起到积极作用。1983年至1990年，全市共收审关押9259人次。1991年至1996年，公安部要求规范收容审查手段，严格收押期限。这段时间，收押量明显下降，日均关押量200余人。1997年1月，根据公安部要求，取消收审手段，收容审查所宣告取消，改为阳泉市第二看守所。

强制隔离戒毒所　是阳泉市委、市政府为适应禁毒斗争需要依法设立的戒毒机构，隶属于阳泉市公安局。始建于1998年，开始与拘留所合设，分别关押管理。2004年4月27日，阳泉市公安局强制隔离戒毒所挂牌成立。12月26日，第二看守所搬迁后，戒毒所搬迁至第二看守所旧址，位于大阳泉神峪村，占地面积约7000平方米，设有戒毒病室8间、床铺64张及医疗室、图书室、篮球场、健身室等配套设施，月均收治人数40名左右。截至2010年，累计收治戒毒人员3000名。该所属中型戒毒所，是全市唯一对戒毒人员进行教育转化和康复治疗的场所，属正科级建制，其主要职责是对全市及周边地区吸食、注射毒品成瘾人员，在一定时期内通过行政强制措施进行有针对的生理、心理治疗和身体康复训练。强制戒毒所有工作人员15名，其中正式民警10名、协勤民警3名、工勤2名。经过不断摸索，总结出一套科学、高效、安全的戒毒方法，有效脱瘾率较高。

二、管理

阳泉解放前，境内监所管理混乱，监所黑暗潮湿、空气污浊，狱警对服刑人员动辄打骂体罚、冻饿、有病不治、生存无保障的非人道待遇。阳泉解放后，境内建立新型看守制度。1966年“文化大革命”开始后，由于法治遭到破坏，监所规章制度多被废止，有些服刑人员超期关押，短者二三年，长者七八年，造成监内拥挤，在管理教育上也有打骂体罚服刑人员的现象。

“文化大革命”结束后，监所管理工作逐步得到加强。特别是进入20世纪80年代后，监所工作在实践中逐步建立起工作人员职责守则、收押释放制度、入所登记检查制度、在押人员财物登记保管制度等。在关押人犯的过程中，狠抓教育改造、监所安全、文明管理工作的开展，同时，结合“严打”和各种专项斗争，适时开展以讲形势、讲政策、讲出路、立功赎罪、宽严兑现的政治攻势。根据关押情况和违法犯罪动态进行教育感化，稳定关押人员情绪，促其主动交代余罪，揭发犯罪。据统计，1983年至1990年，关押场所共教育、转化难以管理的在押人员650多人，关押人员共提供各类犯罪线索1875起；据此，预审部门深挖出各类案件909起，其中重大案件38起，各类违法犯罪分子167人。1990年，在全省预审系统开展的安全无事故竞赛活动中，境内所属关押场所均达到安全无事故的目标，夺得“金汤杯”。

1997年1月，阳泉市收容审查站更名为阳泉市第二看守所。2000年3月，市看守所、阳泉市第二看守所关押了由中纪委侦办的河北李某、丛某某案件的主、从犯13人。阳泉市公安局监管支队、阳泉市看守所、阳泉市第二看守所、平定县看守所等立集体二、三等功。2004年2月28日，阳泉市公安强制戒毒所正式挂牌成立。12月，市看守所、阳泉市第二看守所合并为阳泉市看守所，近400名在押人员成功押送到新看守所。

2006年，全市监管场所全面提升管理科技含量，以科技强警、管理上台阶为目标，狠抓民警计算机培训、操作，基本实现信息主导勤务，提升了单警工作效能。监所秩序根本好转，被公安部推选为全国看守所信息化应用示范单位。同时建设完善了市看守所周界警戒门禁、对讲、监控、教育改革系统的安装、升级，以公安信息网为依托，以现有监控资源为基础，运用现代科技手段，完成了省与市、市与各看守所远程监控联网工作，为下一步对社会开放创造了条件。2008年6月，市发改委批复市拘留所、强制隔离戒毒所、收容教育所三所工程立项，2010年完成选址、征地等前期工作。

第六节　交通管理

一、机构

1950年，市公安局建立流动交通警察组，维持境内交通秩序。1957年在交通警察组基础上组建交通队，编制5人。同年，市交通监理所亦成立，开始对机动车和驾驶员进行建档、检验、挂牌、发证和考核、登记、发照、审验管理工作。1987年，交通监理工作移交公安机关。7月20日，阳泉市公安局交通警察支队正式组建，设办公室、政工科、宣传教育科、事故处理科、工程设施科、交通管理科、车辆管理所、一大队、二大队、三大队及平定、盂县2个大队。1988年人员编制150人。1992年，增设交警四大队（机动队）。1994年6月1日，“122”交通事故报警电话开通。12月，增设考验中心（公安民警培训中心），同时成立阳泉市驾驶员培训学校、阳泉市交警支队培训中心和阳泉市交警支队检测中心。1996年，市交警支队增设计财科。1997年9月30日，又成立市公安局公路巡逻民警支队。1999年6月，增设法治科及娘子关中队、旧关中队。

2000年后，境内交通管理部门加强组织建设。2003年，增设特勤大队。2007年4月，增设科技科。2008年，交警一、二、三、四大队分别成立法治室。2010年6月，由市公安局和市司法局共同牵头成立阳泉市道路交通事故纠纷人民调解工作指导组，7月，成立阳泉市道路交通事故纠纷人民调解委员会。截至2010年底，市交警支队下设纪检组、办公室、车辆管理所、政工科、交通管理科、宣传教育科、计财科、事故处理科、工程设施科、法治科、特勤大队、一大队、二大队、三大队、四大队、娘子关中队、旧关中队、平定县公安局交警大队、盂县公安局交警大队和公安交通考验中心等机关科、室、所、队、中心22个，有交通民警223名，交通协勤人员430名。担负着境内14万辆机动车、17万名机动车驾驶人，163千米国道、270千米省道、185千米城市道路，县、乡镇（村）道路4698千米，130余万人口的道路交通管理工作。

二、管理

阳泉建市初期，境内既无油路，又无交通设施，仅有40.2千米土路，勉强可通汽车。1950年由省调来日本产丰田牌旧汽车6辆，同年市公安局建立由3人组成的流动交通警察组，维持境内交通秩序。1955年国务院颁布《城市交通规则》后，市公安机关认真贯彻执行，并对驾驶员和广大群众进行宣传教育工作，防止交通事故的发生。1957年，市区共有机动车260辆、驾驶员389名。1958年，市公安局在桃河桥十字路口和阳泉电影院丁字口设立2处交通指挥岗，进行人工指挥，加强了市内交通管理。20世纪60年代，境内开始以系统为单位建立交通安全联组，以负责系统内车辆、驾驶员的自检自考和安全教育工作。1962年，在华盛桥北口、市一院、晋东化工厂、矿务局机关旧楼、交通局一公司门口、环行路口设立交通指挥岗，进一步完善市内交通指挥系统。“文化大革命”初期，境内交通秩序曾一度混乱。1969年，桃河桥和阳泉电影院指挥岗首先利用红绿灯信号指挥交通。此后，各指挥岗陆续安装交通信号灯，城市交通管理逐步走向现代化轨道。

1980年至1990年，为适应新时期交通管理需要，加强了市区道路交通的基本建设。在市区三角线路、青年路、洪城河路、二中路、泉中路、华盛街等街道实行单向行驶，以缓解城市交通拥挤状况。在桃河桥南北口和阳泉电影院丁字口试行自行车按信号灯行驶，并陆续在市区主要街道、道口实施，解决了自行车混行乱行问题。在市区主干道泉中路、南大街、北大街、河边街、德胜街、桃河桥先后设立机动车和非机动车隔离带，计人行道护栏1630米，机动车中心隔离带2580米，人行横道线、中心分道线等标线49832米，规范交通标志214块，完善了交通设施。1988年，《中华人民共和国道路交通管理条例》和《实施办法》公布后，境内大力开展交通秩序治理整顿工作，在市区和县城主要街道增设隔离墩和铁护栏，进一步改善了交通设施。1989年，城市主要路口开始实行非机动车按信号灯行驶。4月，市公安局率先在全省实行按机动车号牌尾数对机动车进行年度检验，使机动车年检工作日常化。其间，全市机动车因机械原因造成的事故率下降1.4个百分点。至1990年，全市拥有各种机动车26360辆，驾驶员26130名。经济的飞速发展，也带来城市交通的拥挤、交通事故频发。10年间，仅市区范围内就发生交通事故48500起，死亡771人，伤1873人，直接经济损失达698万元。

1991年5月，阳泉市与石家庄市联合举行了交通管理联席会议，在互通双方工作情况和存在问题的同时，双方协商达成合作意见：各自在管辖地段和事故多发地段设置醒目宣传标志，加强信息反馈，每季度通报双方辖区车辆发生事故情况，建立巡查制度及时疏导交通。1994年7月，阳泉市集中开展整顿机动车辆治理工作，治安、防暴、巡警、刑警等多警种参与，共查扣“三无”及乱停乱放车辆907辆，全市道路环境进一步好转。12月26日，市公安局交警支队驾校培训中心训练场、机动车检测中心正式运营。1995年12月，市公安系统按照省公安厅统一部署，在全市范围内开展打击盗抢机动车辆集中统一行动，共出动警力3610人次，检查机动车8488辆次，检查机动车修理场所320个，处理违章车500多辆，打掉犯罪团伙5个，查获违法犯罪人员93名，有效净化了道路交通环境。1996年1月，全市公安系统开展学济南交警活动，提振了交警队伍形象和工作作风。1993年至1995年，李发宝连续3年被评为“全国优秀人民警察”，1998年和1999年，陈继生和戴贵锁先后获评“全国优秀人民警察”称号。

进入21世纪，境内各种车辆保有量以每年15%的速度增长，驾驶人成倍增加，道路通车里程增加3000余千米，各类机动车保有量7.9万辆，机动车驾驶人12.5万名，境内交通管理工作力度不断加强。2005年3月至6月，按照上级要求，境内开展“严厉打击盗抢机动车，假牌假证、挪套号牌等违法犯罪专项行动”，阳泉支队共查获被盗抢机动车53辆。6月，阳泉支队基本实现交通违法罚缴分离。2006年4月，省厅交管局“三基”工程（抓基层、打基础、苦练基本功）建设现场会在阳泉市召开，在全省公安交警“三基五赛、为警添彩”立功创模先进集体中，支队车管所获集体三等功，孙进、张孝军分获个人一等功、二等功；在全省“保护生命、平安出行”交通安全宣传教育工程先进单位中，支队宣教科、二大队获先进集体，齐呈武、陈继生获先进个人；在全省交通事故处理岗位“三基”工程等级化建设先进单位中，支队获交通事故处理岗位“三基”先进单位，盂县大队、三大队、平定大队等分获“三基”建设一等大队、二等大队；高建业、张永红获省公安厅预防重特大道路交通事故“百日竞赛”活动先进个人。

2007年1月，阳泉市实施“92式”机动车号牌自编自选。6月至7月，市交警支队举行“建队20周年”纪念活动。年内，支队下属的3个单位获省公安厅交管局先进集体，一大队获省公安厅禁止“三乱”先进集体，盂县大队获省公安厅“三基”先进集体，关晓军等3人获省公安交警系统执法标兵，丁旭祖获省厅交管局“十佳青年男交警”。2008年，省厅交管局授予支队“2007年度全省公安机关交通管理部门执法质量优秀单位”“2007年度死亡逃逸交通事故侦破率前两名”，授予支队二大队、车管所“奥运安保先进集体”“三等车辆管理所”；支队被山西省精神文明建设指导委员会评为“山西省2006—2007年度文明和谐单位”；山西省劳动竞赛委员会分别授予傅生斌、翟进文、赵锦荣个人二等功、治超三等功、治超先进个人。8月，市公安局交警支队事故科被公安部评为“规范执法先进集体”荣誉称号，成为山西省公安交警事故处理部门唯一获奖单位。

2009年，境内交通管理部门以“疏堵、保畅、保安全”为重点，开展了预防重特大道路交通事故消除重点违法行为专项整治行动，查处各类交通违法行为11.3万起，行政拘留13人，道路交通事故起数、死亡人数、经济损失指数均呈下降趋势。9月，交通违法记录实现了省内异地处理。12月，交警二大队由油篓沟迁往市药材站。支队获全省交警系统执法质量优胜单位。2010年1月，交警部门在原有道路交通监控的基础上，新增、改造“电子警察”和道路监控设施，市区内8处16套“电子警察”和道路监控开始全天候监控主城区各主要道路。年内，全市公安交警部门认真开展公路危险路段排查和治理、客货运车辆专项整治、示范公路创建、道路交通事故纠纷人民调解等专项活动，严肃查处交通违法行为，纠正各类交通违法行为32.5万起，暂扣驾驶证179个，吊销驾驶证1个，行政拘留221人。针对道路交通管理难度大、情况复杂、群众反映比较强烈的情况，借鉴外地好的经验做法，广泛听取各方意见建议，采取增设标志标线，通过广播、电视、网络及时发布交通信息及开展交通安全宣传等措施，确保了全市交通畅通。支队所属6个交警大队还与当地人民法院建立了道路交通事故巡回法庭，各巡回法庭都设有专职审判员，随时受理交通事故上诉案件。

1988—2010 年阳泉市机动车和驾驶员情况简表

表 -22-2 单位：辆、人

年 份	机动车数	驾驶员数	年 份	机动车数	驾驶员数	年 份	机动车数	驾驶员数	年 份	机动车数	驾驶员数
1988	20992	26642	1994	37672	—	2000	52312	66408	2006	93363	127104
1989	23536	23092	1995	27261	49437	2001	54522	73204	2007	95103	140837
1990	26360	26130	1996	33575	52543	2002	57841	81370	2008	106395	151645
1991	29134	28639	1997	43613	59608	2003	46150	89530	2009	120321	164095
1992	35549	32414	1998	46512	64521	2004	53379	100293	2010	140702	182449
1993	33334	36233	1999	48311	65317	2005	64837	105108	合计	140702	182449

1988—2010 年阳泉市道路交通事故情况简表

表 -22-3

年 份	事故（次）	伤 / 亡（人）	经济损失（万元）	年 份	事故（次）	伤 / 亡（人）	经济损失（万元）	年 份	事故（次数）	伤 / 亡（人）	经济损失（万元）
1988	606	205/115	139.6	1996	168	105/74	87.3	2004	1272	415/89	332.7
1989	969	320/99	148.5	1997	168	102/73	86.1	2005	900	259/108	219.5
1990	748	286/94	137.8	1998	166	98/72	78.1	2006	461	554/97	106.5
1991	794	378/107	208.7	1999	342	183/77	132.8	2007	234	275/69	70.4
1992	476	294/96	227.9	2000	701	288/66	180.2	2008	120	135/70	152.5
1993	383	254/93	200.8	2001	1475	413/92	291.7	2009	99	149/66	95.0
1994	301	180/86	169.0	2002	1362	393/93	268.6	2010	97	157/59	61.2
1995	223	138/83	132.4	2003	1095	288/89	265.3	合计	13160	5869/1967	3792.6

第七节　消　防

一、机构

1956年，市公安局正式成立消防队，人员由7人组成。1959年，市公安局在消防队基础上组建消防大队，共有消防队员10余人。1965年，市消防队体制由职业消防民警改为兵役制，独立设置营房，人员增至32人。1966年“文化大革命”开始后，境内消防处于瘫痪状态。

1974年12月，消防队扩编为消防大队，正科级建置，人员增至60人。1983年1月，消防大队纳入武警部队序列，副团级建置，接受当地公安机关和武警部队双重领导。大队下设一、二2个消防中队和城区、矿区、郊区、平定县、盂县5个消防科，人员总编制86人。1985年，大队编制由106人增至127人。1986年，平定县、盂县各新设1个消防中队。

1992年2月，市公安消防大队改为市公安消防支队，正团级编制，下设办公室、政治处、后勤处、防火监督处4个部门，4个消防中队（市区2个，平定县、盂县各1个）和城区、矿区、郊区、平定县、盂县公安局消防科（副营），在编人数165人。1995年10月，城区、矿区、郊区消防科升格为正营编制，平定县、盂县消防科改为消防大队（正营）。1999年5月，支队新增编10人，总编制增至175人。

2001年，消防支队下设司令部（办公室）、政治处、后勤处、防火监督处4个部门，在三区两县分设2个消防大队、3个消防科、4个消防中队。2005年，在全市范围内成立5个防火领导组、121个防火委员会、5支企业专职消防队，拥有22部消防车辆、187名消防队员、87名专职防火员和5000余名兼职消防员，形成一支比较完善的消防队伍和体系，保证了全市消防监督和灭火任务的完成。2006年，支队成立开发区消防大队和西城消防大队，为正营职编制。2008年1月16日，市火灾监控中心成立。2009年，投资840万元新建的消防科普教育基地竣工并投入使用。至2010年未再发生变化。

二、管理

晚清时期，境内的火灾扑救工作由驻防兵丁和县衙衙役兼任。随着人口增多及工商业发展，火灾频增，救火多为群众自发义务扑救。

民国时期，官办消防和民办消防同时并存，主要是为官僚政府和富商发生火灾时服务。劳动人民聚居的地区棚屋连片，因缺少消防水源和消防组织，一旦发生大火，损失惨重。

阳泉解放后，随着城市经济建设的发展和人口的增多，境内火灾事故不断发生，为此，市公安机关在城镇居民和企事业单位中开展了群众性的防火灭火工作，对火灾隐患进行治理。1951年，市公安局购置了1台人力消防泵浦车，发生火灾时，全体干警人拉手推赶赴现场进行扑救。但由于设备非常落后，往往难以救急。随着国家和地方大中型企业的建设，境内逐步组建起一批企业消防队。1956年，市公安局成立消防队，隶属市公安局三科（治安）领导。1965年，市消防队体制由职业消防民警改为兵役制，独立设置营房，人员增至32人。

1966年5月，“文化大革命”开始，市公安局处于瘫痪状态，消防队无法保证正常执勤，直至1968年7月，公安机关实行军管后才有所好转。1973年6月，市公安局恢复建制。据统计，全市自1970年至1990年共发生火灾802起（不含平定县、盂县），其中重特大火灾70起，火灾中烧死87人，烧伤192人，造成直接经济损失479万元；在灭火救灾中抢救火灾受害人279人，排除各种爆炸、倒塌、火势蔓延危险500余次，挽回经济损失近亿元。

1992年至1999年，市公安消防部队狠抓业务建设和队伍管理，不断加大监督检查力度，大力推行消防安全责任制，有效推动全市消防安全工作。据统计，这一时期全市有高层建筑46幢，地下工程52个，易燃易爆单位153个，商场商厦35个，集贸市场9个，大型超市1个，影剧院、歌舞厅、桑拿、卡拉OK厅等公共文化娱乐场所383个，消防保卫重点单位85个。1992年至1996年，全市共发生火灾623起，其中重特大火灾10起，造成15人死亡、54人受伤，直接经济损失778万元。在灭火值勤中共抢救300余人，参加各类抢险救援500余次，挽回经济损失近亿元，为保卫阳泉的经济建设和人民群众生命财产作出了贡献。

2000年，阳泉消防支队进入市级文明单位行列，同时被省消防总队评为“三无”（无严重违纪、无刑事案件、无自杀）先进支队。支队开展4次消防安全专项治理活动，共检查消防重点单位1320个（次），查出隐患和问题4531条，下达各类法律文书675份，对隐患当场整改746条，限期整改3767条；完成工程选址79项，审核工程253项，验收工程103项，确保了全市消防安全环境进一步改善。支队官兵还积极参加社会抢险救援活动20次。2001年，阳泉消防支队在执勤备战方面建成350兆赫消防通信三级组网工程，提升了火场通信能力，同时制定了石油、化工、高层、地下等10余种灭火预案，并组织官兵进行多次实地演练，提高了处置突发事故的能力。在历时5个月的专项治理中，共检查单位541个，查出火灾隐患1019处，下发各类法律文书311份，处罚7个单位6个人，责令停产停业单位36个，取缔21个，吊销12个单位的“特种行业经营许可证”，改善了全市公众聚集场所消防安全环境，被评为省级精神文明单位。2003年，全市共发生各类火灾153起，伤1人，死亡2人，直接经济损失88.2万元；其中火灾起数、经济损失、伤亡人数同比下降44%、45%和80%，为历史上降幅最大的一年。因业绩突出，支队所属9个基层单位有6个进入县（区）级文明单位行列，支队在保持省级文明单位的同时，又被评为“山西省拥政爱民先进单位”。此外，投资900余万元、建筑面积4000平方米的消防指挥中心竣工并投入运营。

2004年，阳泉消防支队从规范工作程序入手，先后完善了49项制度、职责，新建奖惩激励、访察、督办等5项制度，并提出以旧站资产置换解决队（站）不足、布局不合理的方案，拟定了旧站改造实施计划，得到总队认可。全市消防官兵还参与社会抢险救援56起，特别是在参与“3·28”氧化铁集团护墙滑坡抢险和“3·29”盂县诸龙山特大森林火灾抢险扑救行动中，树立了良好形象。2005年，市消防支队共接警出动290次，扑救火灾229起，参与抢险救援57起，抢救遇危群众32人，抢救和保护物质财产1200余万元，特别是成功处置了“6·24”阳煤集团威虎化工有限责任公司炸药库火灾、“9·26”山西泉海石墨有限责任公司特种变压器火灾等重特大事故。至2006年，阳泉消防支队连续6年保持省级文明单位荣誉，所属9个基层大、中队全部进入文明单位行列，其中5个大队全部进入市级文明单位，一中队获省级青年文明号，并积极争创国家级青年文明号，支队在全市率先整体跨入文明行业。2007年，全市共发生各类火灾事故197起，直接经济损失112.4万元，实现了社会面火灾防控持续稳定，连续11年未发生重特大恶性火灾事故，全市已销案的9家重大火灾隐患无一反弹。8月，一中队在精神文明创建活动中被公安部、团中央命名为全国“青年文明号”称号。2008年，全市发生火灾101起，直接经济损失141.7万元，官兵同时参与抢险救援107起，抢救遇危群众129人，抢救和保护物质财产价值3600余万元，保证了北京奥运会期间全市的消防安全工作。年内，境内累计投资1500余万元加强队站建设，新建市区东站、南站、平定新站全部竣工并投入使用；累计投资280万元加强车辆装备建设，新增18米高喷车1部，所有超、到期服役车辆退出执勤，车辆配备达到规定标准，各种随车器材及11种消防人员基本防护短缺装备全部完成补配，部队装备实力明显加强。4月，支队长王国胜被省政府评为“五一立功先进个人”。8月，消防一中队中队长李静因抗震救灾事迹突出，被公安部消防局荣记个人二等功。市消防支队还被评为“全国精神文明建设工作先进单位”。

2009年，全市共发生各类火灾79起，直接经济损失407.6万元；官兵参与抢险救援106起，救助遇危群众209人。阳泉消防支队结合打造铁军工作实际，依托特勤中队人员装备优势，在全省率先成立了突发灾害事故抢险救援支队。年内，阳泉消防支队获得“全国精神文明先进单位”。2010年，消防支队共接警出动429起，其中扑救火灾抢救75起、抢险救援292起、勤务保卫24起、出动人员5618人次，车辆867辆次，抢救遇危群众211人次，保护物资财产价值9100余万元。年内，消防支队累计投资1300万元加强车辆装备建设及个人防护装备，新增A类泡沫消防车、充气拖车、大功率水罐车等各类消防执勤车7部。截至年底，各中队超、到期服役车辆全部退出执勤，车辆配备全部达到规定标准，各种随车器材及消防员基本防护短缺装备均完成补配，部队装备实力明显加强。同时，通过多方努力，盂县新建消防站完成工程选址、土地划拨及政府立项；在新北区建站及平定消防站的营区扩建工作方面达成意向，全市队站整体建设实现新的突破。年内，支队被评为省级和谐文明标兵单位。在基层大、中队全部进入市级文明单位的基础上，郊区、城区2个大队跨入省级文明单位行列。同时，通过抓典型、树标兵，相继推出了省市“五一劳动奖章”获得者、阳泉市十大杰出青年、阳泉市“双十佳”杰出干警李静和全省“十佳执法为民模范”梁彦隽2名先进典型，梁彦隽还作为总队唯一代表，被公安部消防局评为“2010年度全国模范消防监督员”称号。阳泉消防支队还保持了连续15年未发生重特大恶性火灾事故的纪录。

1970—2010年阳泉市火灾情况简表

表-22-4

年份	火灾（起）	伤/亡（人）	经济损失（万元）	年份	火灾（起）	伤/亡（人）	经济损失（万元）
1970	25	15/1	32.6	1983	40	6/6	6.6
1971	24	8/-	3.8	1984	58	1/1	17.2
1972	44	20/-	12.9	1985	47	-/-	35.8
1973	49	7/1	10.1	1986	39	8/5	14.9
1974	32	-/3	12.5	1987	46	8/2	63.6
1975	30	18/3	15.0	1988	38	3/1	10.8
1976	38	-/1	3.9	1989	30	11/4	40.3
1977	45	-/4	10.0	1990	24	2/1	35.9
1978	36	-/-	7.9	1991	53	8/1	22.6
1979	30	-/-	16.4	1992	54	4/3	42.8
1980	38	3/1	10.3	1993	34	4/-	89.9
1981	42	9/5	26.8	1994	35	7/-	95.2
1982	14	-/-	1.8	1995	38	5/3	39.2

续表 -22-4

年 份	火灾（起）	伤/亡（人）	经济损失（万元）	年 份	火灾（起）	伤/亡（人）	经济损失（万元）
1996	37	9/3	256.6	2004	175	0/4	88.7
1997	177	6/2	88.7	2005	208	0/0	215.2
1998	—	—	—	2006	231	0/0	229.4
1999	—	—	—	2007	197	0/0	112.4
2000	112	2/0	157.9	2008	101	0/0	141.7
2001	210	2/0	174.3	2009	79	0/0	407.6
2002	193	3/0	148.2	2010	75	0/1	54.5
2003	153	1/2	88.2				

说明：1970 年至 1990 年不含平定县、盂县。1996 年 11 月，公安部将《火灾统计管理规定》进行修改，明确火灾定义无论损害大小均列入统计，故 1997 年后与历年比较出现悬殊

第八节 安全保卫

一、经济文化保卫工作

阳泉建市后，阳泉矿务局所属各矿、厂和市内部分企业相继恢复生产。为加强对工厂矿山的保卫工作，市公安局于民国 37 年（1948）9 月设立保卫科，并在赛鱼设立了（工矿）派出所。翌年 9 月，根据华北局社会部《关于加强工厂保卫工作的指示》，市公安局先后在熔化厂、四矿、裕公矿、裕民矿、修理分厂、阳泉发电厂、陶瓷厂、裕华矿建立了厂矿保卫组织。1950 年 9 月，根据中央人民政府政务院关于在国家财政经济部门中建立保卫工作组织的决定精神，成立煤炭管理总局阳泉矿务局保卫科。之后，各矿相继成立保卫股。1952 年 6 月以后，阳泉矿务局的规模逐步扩大，保卫科也随之改为保卫处。下设各矿、处保卫股改称保卫科。同年，公安机关还在阳泉矿务局、阳泉钢铁厂、晋东化工厂、阳泉发电厂、建筑工程公司等 10 个单位中建立了经济民警组织，人员总数达 300 余人；并在单位内部普遍建立治保会，加强了部门保卫工作。1958 年 10 月，在公安部召开的晋、冀、鲁、豫、陕、甘、内蒙古 7 省地质勘探保卫工作现场会上，驻阳泉 119 队被树为全国勘探保卫工作的一面红旗；12 月，山西省公安厅召开全省经济保卫工作现场会，介绍了阳泉矿区大规模整顿职工宿舍、开展保卫工作的经验。1962 年，市公

安局对经济文化保卫系统的治保主任和治保委员采取脱产培训的方法进行整训，并针对当时国民经济困难、公物被盗现象严重的情况，在内部单位开展破案战役。其间，仅矿务局经保部门查破的矿井公司9人盗窃团伙案，自1958年至1962年间就先后盗窃、倒卖、套购国家器材29种，价值16450元。1966年“文化大革命”开始后，公安机关经济文化保卫部门和经济民警组织被撤销，各单位保卫部门和治保组织陷于瘫痪，经济文化保卫工作被迫停顿。

1973年7月，公安机关的经济文化保卫工作得到恢复，各单位的保卫组织相继恢复并开展工作。中共十一届三中全会以后，全市对各级保卫组织和内部治安秩序进行了整顿，保障了全市工作重点的转移和经济建设的发展。1981年以后，经济民警组织陆续重建，并担负起守卫要害单位、重要目标、防止案件和事故的发生以及重要物资押运等方面的任务。据统计，1982年至1990年，经济民警共抓获违法犯罪分子6071人，协助公安保卫部门破获各类案件349件，截获各类物资价值791.88万元。1983年阳泉矿务局保卫处（科）改为公安处（科），受公安机关和企业双重领导，其工作人员改称企业公安民警，执行公安机关授予的职权。此后，娘子关电厂、阳泉供电局、阳泉公路分局、平定供水管理局、南庄煤矿、市建筑总公司、阳泉钢铁厂、邮电局、晋运阳泉公司等单位也相继将保卫科改设为公安科。1985年，根据山西省公安厅、省经委、省保险公司联合制定的《治安安全单位十条标准》和《治安安全单位十条标准记分考核办法》，全市开展了创建治安安全单位的活动（以下简称创安活动）。公安机关和厂矿企事业公安保卫部门认真组织、协助基层单位建立、健全安全防范制度和治安保卫责任制，积极推进创安活动的开展，当年就有38个单位达标。1987年12月，《山西省机关、团体、企业、事业单位内部治安防范管理处罚条例》颁布，极大地推动了创安活动的开展。到1990年，全市共确定“五管”（管钱、管物、管票证、管枪支弹药、管危险物品）部位1144处，实现“三铁一器”（铁门、铁窗、铁护栏、防盗报警器）技术防范措施2095处，部分实现技术防范3185处；达到治安安全单位标准的单位273个，其中连续达标的单位6个，5年达标的7个。创建治安安全单位活动的开展，维护和加强了内部治安和生产秩序，在一定程度上预防和减少了违法犯罪活动。截至1990年底，全市建立的厂矿、企事业单位公安保卫组织共有公安处3个，公安科24个，保卫处（科、股）179个，经济民警组织14个；有企业公安民警391人，专职保卫干部399人，经济民警869人。在企事业内部还建有护厂队、巡逻队293个，人员2066人；治安保卫委员会563个，治安保卫小组1595个，人员7825人。

1991年1月5日至14日，省公安厅“创安”检查组到阳泉对14个内部单位进行检查验收，全部达到省经委、省公安厅、省保险公司提出的10项标准。9月2日，全市经文保系统基层基础工作会议召开，制定下发《自防自治暂行办法》《治保会工作规划》《要害部位治安防范管理规定》等8个规定，境内的经文保工作得到进一步加强。1992年1月20日，公安部二局处长程勤和省厅反盗办一行6人到阳泉就反盗窃斗争进行检查指导。1993年，阳泉矿务局公安处打掉7个盗公团伙，破获盗公案件86起，破获发生在企业处212吉普车发动机被盗案，抓获王某某、赵某某等案犯。1994年4月18日，位于盂县东社村段的国家二级长途通信明线线路2061号至2069号杆间被盗割2400米，中断通信12小时。市局二处经过勘查现场，在市线务局协助下，抓获案犯孙某某等。1995年，矿区公安分局利用痕迹比对破获矿务局水电处处长办公室被撬盗现金6万余元的案件。

1996年7月29日，市重工局电器厂存放的工业白银6.31公斤被盗，市局二处民警奋战3昼夜，将犯罪嫌疑人内部职工张某某抓获。1997年7月25日，全市内部单位安全防范现场会在市供电局召开。1998年，全市强化内部单位安全防范，加强人防、物防、技防力度，基本形成三级外管网络，基层公安机关和涉外单位的外管意识提高。1999年，全市公安系统积极开展共建活动，大力整治企业、居民区、学校内部及周边地区社会治安秩序。面对企业内盗现象严重，值班下夜人员普遍老化，技术防范水平低下等状况，公安机关积极督促内部单位加大人防、技防力度，适时组织了8次内部单位安全防范大检查，局领导多次在深夜亲自带队深入内部单位进行检查，督促健全门卫、护厂巡逻、防火防盗等措施制度，内部创安合格率达85.4%，安全文明小区、村镇达437个，占全部单位的80%。

2000年，境内公安部门强化了对首脑要害机关、金融单位等“五官”要害部位的安全防范措施，制定了《首脑要害机关驻地管理办法》《加强封闭式集贸时市场治安管理的规定》等，进一步健全完善内部单位的门卫、护厂巡逻、防火防盗等措施制度，步入了规范化、科学化管理的轨道。

2003年7月和2007年6月，阳煤集团三矿、四矿因资源枯竭，规模化开采结束，在实施关闭破产期间，经文保支队制定《关于预防和处置阳泉煤业（集团）四矿关闭破产期间群体性事件的工作预案》和《关于预防和处置阳泉煤业（集团）三矿关闭破产期间群体性事件的工作预案》，依法处置各种群体治安事件，积极做好破产期间国有资产的保护工作，维护内部治安稳定。2003年11月30日，阳钢破产重组职工代表大会在阳煤集团二矿俱乐部召开。根据市委、市政府安排，为做好会议期间安全保卫工作，经文保支队制定《阳泉市公安局关于阳钢破产重组职工代表大会安全保卫工作方案》，组织成立领导组，调集有关警力，做好安全保卫工作。2008年奥运、2009年国庆60周年、2010年世博会期间，全市公安系统在做好全市范围内重要基础设施的安全保卫工作的同时，将电力、电信、广播电视设施、输油气管道、国家一、二级光缆、煤气、水力、金融等行业和单位作为安保工作重点，加强对内部单位人防、物防、技防的安全检查，确保安全。

二、警卫工作

阳泉一解放即成为解放区的重要城市，经常有中共中央和华北局、华北人民政府的领导路过作短期停留或考察指导工作。民国37年（1948）4月，邓小平前往中原解放区路过阳泉并作短暂停留；10月，国民党傅作义部企图进袭石家庄和中共中央所在地西柏坡，林伯渠、董必武、谢觉哉等率中央及华北局部分机关转移到阳泉、平定；11月，徐向前到榆次指挥太原战役时，也曾在阳泉作短暂停留。其间，市公安局协同上级保卫部门做了大量工作，确保了领导的安全。

阳泉建市后，境内的警卫工作由人民公安部队和有关部门统一组织力量共同担负，做到了严密与合理、安全与方便的统一，顺利完成了党和国家领导人及外国政府首脑、学者、专家、知名人士到阳泉参观考察工作或途经作短期停留期间的安全保卫任务。1954年3月，苏联科学院副院长巴尔金在中国驻苏大使王稼祥陪同下，到市郊三泉村铁业社参观访问。1965年10月，全国人大常委会副委员长兼中国科学院院长郭沫若到阳泉考察。1973年4月23日，墨西哥总统埃切维里亚在国务院总理周恩来陪同下，路经阳泉赴大寨参观访问。6月，马里共和国元首兼政府总理穆萨·特拉澳雷上校在国务院副总理邓小平陪同下路经阳泉赴大寨参观访问。1974年5月，塞内加尔共和国总统桑戈尔在国务院副总理李先念陪同下路经阳泉赴大寨参观访问。9月，全国农业学大寨会议在昔阳县召开，华国锋、邓小平等国家领导人路经阳泉出席会议。1976年5月，新加坡总理李光耀路经阳泉赴大寨参观。1977年5月2日，缅甸总理吴奈温在国务院副总理李先念陪同下，路经阳泉赴大寨参观访问。8月7日联合国秘书长瓦尔德海姆，10月14日至15日柬埔寨共产党中央书记、政府总理波尔布特先后路经阳泉赴大寨参观访问。市公安局均组织干警和民兵进行警卫。

特别是改革开放以后，阳泉的对外交流有了新的发展，国际友人、海外经贸团体常有来往，警卫工作愈显重要。1987年12月31日，中共中央政治局常委胡启立在山西省省长王森浩陪同下，到阳泉考察工作。其间，市公安机关做了许多具体、细致的工作，顺利完成安全保卫工作。据统计，仅1984年至1990年，市公安警卫部门就参与重要警卫75次，圆满完成了安全保卫任务。

1992年3月17日至18日，中共中央政治局委员、国务院副总理田纪云到郊区下千亩坪耐火厂、平定县锁簧金星织布厂和古贝乡平坳村考察。1992年5月26日至28日，国务院副总理朱镕基到阳泉考察。1993年3月，全国政协原副主席王光英到盂县藏山了解旅游开发情况。5月18日至19日，国务院副总理邹家华到阳泉考察太旧高速公路，山西农业和山区公路，并专程到阳泉市气象局指导工作。6月14日至17日，原中共中央顾问委员会常委李德生到阳泉考察。1994年11月11日，国务院副总理邹家华到太旧高速公路建设现场考察。1995年8月29日至30日，联合国副秘书长冀朝铸到阳泉考察。1996年6月22日至24日，全国政协副主席杨汝岱在阳泉宾馆参加邓小平"两个飞跃"理论研讨会，并于23日到平定金星织布厂考察。7月4日，中共中央政治局委员、国务院副总理李岚清到平定县理家庄考察。1997年5月3日，国务委员、国家计生委主任彭珮云到平定县南坳镇和郊区小河村考察。5月8日，全国人大常委会副委员长、全国妇联主席陈慕华到阳泉考察妇女工作，并参观开发区安居工程。9月7日至8日，全国人大常委会副委员长费孝通到阳泉开发区和郊区千亩坪村考察。境内警卫工作均做到保障有力、安全有序，较好地完成了保卫任务。

进入21世纪，到境或途经过境的领导有所减少，但警卫工作有所加强。2005年2月11日，中共中央政治局常委、中纪委书记吴官正到昔阳大寨考察，中午在阳泉宾馆就餐。2009年4月25日，全国人大常委会副委员长司马义·铁力瓦尔帝到昔阳大寨途经平定。8月24日，全国政协副主席张榕明到阳泉考察；28日，全国人大常委会副委员长周铁农到阳泉考察。2010年5月13日，国务委员、公安部部长孟建柱深入盂县检查指导校园安全工作，走访慰问基层群众和一线民警。10月17日，全国人大常委会副委员长陈至立率全国人大常委会节约能源法执法检查组到阳泉检查。据统计，1991年至2010年，警卫工作由公安警卫部门牵头，相关警种和部门配合，先后完成各种警（保）卫任务195次，受到上级表彰。

三、内保工作

依据《山西省机关团体企业事业单位治安防范管理规定》，境内的公安内保工作从1998年9月开始运行。随着依法治国进程的发展，2004年9月，国务院出台《企业事业单位内部治安保卫条例》，阳泉市在重要基础设施、重要新闻单位、金融单位、文物保护单位等确定治安保卫重点单位330个。2005年2月，山西省公安厅下发《关于进一步加强全省社会治安防控体系建设的意见》，全市重点开展了内部单位治安防控网络建设。按照单位负责、政府监管的工作机制，坚持"预防为主，单位负责，突出重点，保障安全"的原则，全面落实单位主要负责人安全保卫工作责任制，建设全市内部防控网络。根据单位内部治安保卫工作需要，设置治安保卫机构、配备专职或兼职治安保卫人员。特别是加强重点单位和要害部位，如首脑机关、国防军工、金融营业网点、水电气热、易燃易爆等关系国计民生、国家安全和公共安全等单位的治安防范工作。截至2005年底，全市279个治安保卫重点单位，已建成防控网络的179个，占比64.16%，网络正在建设中的45个，占比16.13%，还有55个单位尚未建成，占比19.71%。2007年，内保部门组织开展了重点行业和领域安全生产隐患排查治理专项行动，全面治理事故隐患和薄弱环节，强化了党政首脑机关、金融单位、学校、煤电气暖等要害部门的安全管理，内部单位没有发生大的安全问题。截至2010年，全市已有90%的单位建立了较为完善的内部防控体系。

2010年，阳泉市委、市政府出台《关于切实加强学校（幼儿园）及周边治安综合治理工作实施意见》，10月，全市招聘的协勤校警陆续进驻学校及幼儿园，开始履行维护校园内部治安安全职责。全市有442名协勤校警分别进驻317所学校及幼儿园。同时，启动了学校视频监控报警联网工程，实现了市局、分局、派出所、学校四级平台联网治安监控，提高了预警和处警能力。2001年至2010年，阳泉内保工作在全省治安系统各部门工作考核中连续获得第一名。2003年，获全国公安系统金融安全保卫工作先进集体、山西省保护国家通信光缆安全先进单位、山西省文物保护先进集体。2007年至2010年，获山西省保护国家通信光缆先进集体。2010年，在全省公安机关内保系统业务技能比武中获第三名。

此外，为适应发展社会主义市场经济、建立现代企业制度和依法治国的需要，落实单位内部治安保卫工作“单位负责、政府监管”的新机制，按照省公安厅《山西省经济民警工作改革的实施方案》的要求，市公安局从2005年6月起对全市经济民警工作进行改革。阳泉市的经济民警队伍是根据《国务院转发公安部等六个部门关于建立经济民警的实施方案》的要求，自1982年后在重点大型厂矿企业、物资仓库等要害单位逐步组建的。到2005年，共建有经济民警机构13个，其中大队2个、中队3个、分队6个、小队2个，经济民警1241人，全部集中在国有厂矿企业、物资仓库、金融单位。2006年后，随着政治、经济体制改革不断深入，经济民警的作用和任务日趋不能适应形势需要，特别是《中华人民共和国人民警察法》和《企业事业单位内部治安保卫条例》的颁布实施，对经济民警工作的改革势在必行。经过3年的改革工作，原经济民警称谓取消，改称“护卫队”，截至2010年，全市共有7支护卫队，995名护卫队员。20多年来，经济民警队伍在保卫重要目标安全、维护单位内部治安秩序、协助公安机关打击严重刑事犯罪活动等方面发挥了重要作用。

第二章 司法行政

第一节 机 构

民国36年（1947）5月阳泉建市后，境内司法行政工作一直由市人民法院和市公安局共同负责。1955年，市人民法院设立法律顾问处、公证室，系境内最早设置的司法机构，时有人员4名。1957年后，由于“左”倾错误影响，刚刚起步的司法行政工作受到削弱。1958年，市公证室被撤销。1959年3月，市法律顾问处亦被撤销。

“文化大革命”开始后，司法行政工作被迫中断。

中共十一届三中全会以后，司法行政工作得以恢复。1979年10月，市法律顾问处重建，隶属于市中级人民法院。1980年，市劳动教养管理委员会成立，办公室设在市公安局，并重新组建了劳教大队。1981年1月22日，市司法局成立。2月20日，市公证处恢复，隶属于市司法局；同时，市法律顾问处亦由市中级人民法院移交市司法局领导。7月，市司法局设有办公室、宣教科、劳教科、公证律师科、人民调解科1室4科。1982年，城区、矿区、郊区司法机关相继建立。1983年9月，平定县、盂县司法局随区划变更归属市司法局领导。全市各乡镇及街道办事处均设置司法助理员。1984年9月，原归公安机关管辖的劳动教养管理工作改由司法行政机关领导。9月29日，市劳动教养管理所成立，内设8科4中队。1985年10月，市法律顾问处更名为市律师事务所。1986年，市司法局内部设置改为办公室、政治处、宣教处、劳教处、公证律师处和人民调解处1室5处。1988年7月，市律师事务所更名为第一律师事务所，同时成立第二律师事务所。同年，市司法局公证律师处亦分设为公证管理处与律师管理处。到1990

年底，市司法局共设1室6处，即办公室、政治处、宣教处、公证管理处、律师管理处、人民调解处和劳教处；辖有市第一律师事务所、市第二律师事务所、市公证处、市劳动教养管理所4个直属单位及三区两县5个司法局。

1992年，市司法局内设的人民调解处更名为基层工作处。1月25日，成立阳泉市司法局劳动服务公司。1993年11月10日，成立阳泉市司法局招待所。1995年10月，成立阳泉市依法治市领导组办公室，设在市司法局法治宣传教育处。1997年，根据省委、省政府批准的《阳泉市司法局职能配置、内设机构和人员编制方案》精神，市司法局为市政府组成部门，内设机构调整为9个，即办公室、政治处、司法监督处、法治宣传教育处（市依法治市办公室）、基层工作处、律师管理处、公证管理处、劳教处、纪检组（监察室），此次改革将公证管理处由行政改为事业单位，人员经费全额预算，规格为副县级。1998年6月30日，阳泉市第一律师事务所更名为“山西省晋泉律师事务所”，阳泉市第二律师事务所更名为“山西省布天律师事务所”，两所机构性质、隶属关系不变。12月15日，阳泉市法律援助中心成立，与市司法局司法监督处一个机构、两块牌子。1999年9月，市司法局政治处增挂警务处牌子。

2001年，市司法局内设机构调整为7个，即办公室、政治部（警务处）、司法鉴定仲裁工作管理处、法治宣传教育处（市依法治市办）、律师公证工作管理处、基层法治工作管理处、纪检组（监察室）。下属事业单位3个——市劳动教养管理所、市公证处、市法律援助中心。同年，山西省晋泉律师事务所和山西省布天律师事务所与阳泉市司法局脱钩，阳泉市法律援助中心从司法局内设机构中分离，设置为直属正科级全额事业单位。2010年，原司法鉴定仲裁工作管理处调整为鉴定仲裁援助管理指导处，劳动教养工作管理处重新增设为内设机构，基层工作指导处增设社区矫正工作管理职能。市司法局内设机构调整为办公室、政治部（警务处）、法治宣传处（市委依法治市办）、鉴定仲裁援助管理指导处、公证律师管理指导处、基层工作指导处（社区矫正工作管理处）、劳教工作处、纪检组（监察室）。下属3个事业单位，分别是市劳动教养管理所、市公证处、市法律援助中心。市司法局为正县级建制，机关人员编制32名。

第二节　法治宣传教育

建市初期，境内的法治宣传教育主要由公、检、法机关结合党和国家的中心工作，对土地改革、镇压反革命、“三反”“五反”及肃反运动中的政策、法规和1950年颁布的《中华人民共和国婚姻法》、1954年颁布的《中华人民共和国宪法》进行宣传，宣传形式主要有广播、报纸、公开宣判、张贴布告、办专栏等。“文化大革命”期间，社会主义法治遭到践踏，法治宣传工作被迫中断。

1981年，市司法局成立，法治宣传成为司法行政机关的一项重要职责。1982年新《中华人民共和国宪法》颁布后，司法部门以宣传新《中华人民共和国宪法》为重点，积极开展各项法律法规宣传，受教育人数达11万余人次。1984年8月，全市法治宣传教育工作会议提出了关于普及法律知识的五年规划草案。1985年10月，市委宣传部、市政法委、市司法局联合培训130名法治宣传报告员，分赴各宣传岗位开展工作。1986年4月23日，市普法办公室正式成立，担负起全市的普法工作。到1990年第一个五年普法工作结束，全市先后采取集中办班、脱产轮训、统一考试等形式，培训科级干部和县级以上领导干部。同时还集中时间、集中力量培训了2800余名法治报告员和宣传员。这些普法骨干分系统、分县区深入到各乡村、厂矿逐级进行法治宣传培训。经全省抽查验收，阳泉市被评为五年普法合格市，全市103万普法对象约有101.97万人不同程度地学习了“九法一例”，普及率达99%。

1991年至1995年的“二五”普法期间，全市法治宣传以学习“宪法为核心，专业法为重点”，集中进行了《社会主义法治建设若干问题》《中华人民共和国宪法》“两本书”的学习宣传，并以学习宣传社会主义经济理论知识和开展农村普法试点活动为内容，在全市认真探索实践了“依法治厂”和“依法治村”活动。1992年，市普法办在全市组织“两本书”法律知识考试和新宪法颁布十周年大型纪念活动，并组队赴京参加全国百家法治城市擂台赛，获优胜奖。在全省县级以上干部法律知识竞赛决赛中获团体第一名。1994年3月，召开阳泉首次依法治市工作会议。12月，举办了阳泉市首次职工电视法律知识大赛，全市近万名干部参加“二五”普法知识考试。1995年5月，市政府法治处、市司法局、市文化局联合举办了全市依法行政年宣传活动。7月，召开了全市贯彻执行专业法暨依法治厂经验交流会。12月，全市近80万人参加了全省“二五”普法验收统考。

1996年2月，以宣传中共十五大精神和依法治国理论为核心内容的“三五”普法在全市展开。7月，全市副县级以上领导干部、政法部门和行政执法部门科级干部800余人参加了《中华人民共和国刑事诉讼法》《中华人民共和国行政处罚法》讲座；市司法局、市普法办与市教委联合出台《关于在全市推进依法治校的实施方案》及《依法治校检查验收标准》，全市部分中小学先后建立“家长学校”。1998年1月，市依法治市领导组召开第一次会议，专题研究依法治市工作。10月，市司法局组织编写的《城市外来从业人员、个体工商户法律知识400问》出版，以维护外来务工人员和消费者合法权益，推进依法经营、反对不正当竞争为主要内容的普法工作全面铺开。10月29日至30日，市普法办组织了全市干部法律知识统考，8000余名科级干部、800余名县级干部参加统考，考试合格率100%。

2001年，以实现“两个转变、两个提高”（由提高全民法律意识向提高全民法律素质的转变，全面提高公民的法律素质；由注重依靠行政手段管理向注重运用法律手段管理的转变，全面提高社会法治化的管理水平）为目标的“四五”全民普法在全市展开。5月，市司法局召开全市学校法治教育工作会，对“四五”时期在校青少年法治教育工作做了全面部署。10月19日，在阳泉宾馆召开“四五”法治宣传教育暨依法治市工作会议，对“四五”时期全市法治宣传教育和依法治市工作进行动员部署。12月4日，市委宣传部、市司法局在政府广场举行首个全国法治宣传日活动，活动以“增强法治观念、推进依法治国”为主题。2003年8月，市司法局、市普法办编辑出版《农村法治教育读本》，并印发全市乡镇（社区）、农村，为农村普法工作开展提供了理论教材。2005年，经省依法治省领导组考核验收，阳泉“四五”普法工作成绩显著，被评为全省先进。

2006年12月4日，全市第五个五年法治宣传教育工作会议在阳泉宾馆召开，“五五”普法工作全面启动。到2007年上半年，累计宣传法律法规和规章50多部，接听群众法律咨询电话280个，收到良好的社会效果。其间，市政法委、市司法局与市法学会联合在全市开展法治系列报告会活动，中共中央党校教授卓泽渊为全市700余名县（处）以上干部作题为《和谐社会与法治建设》的报告。截至年底，法治系列报告会在全市各部门、各县区广泛开展，连续举办40多场，共有3万余名干部、企业经营管理人员和学生接受法治教育。2008年，按照“五五”普法规划要求，开展“法律八进”（进机关、进乡村、进社区、进学校、进家庭、进企业、进单位、进市场）主题活动，全市共举办法治系列报告会和法治讲座65场，3万余人接受法治教育培训；“说法在线”播出45期节目，接听咨询电话180余个，宣传法律法规50多部，受教育人数40余万人；“民主法治村”“依法治理示范单位”等创建活动也全面推进，全市28个单位达到省级普法

普法宣传

依法治理标准；年内，全市还组织了依法治理示范单位经验交流会议，完成了“五五”普法中期督导检查工作，有力推进了依法治市。

2009年，境内法治宣传教育呈现手段多样化、载体多元化、内容大众化、运行规范化的局面。全市举办法治报告会和法治讲座134场，5万余人接受法治教育培训；全市有3万多名公职人员参加年度法律知识统考，考试合格率100%；播出《说法在线》广播节目92期，接听群众法律咨询电话360个；开展形式多样的“送法下乡”活动，发放法律书籍1000余册，散发宣传资料5万余份；年内，市司法局还被中宣部、司法部、全国普法办表彰为全国“五五”普法中期先进集体。2010年，法治宣传载体进一步丰富，“农民工法治学校”“法治电影大餐”“法治大篷车”“手机短信平台”等形式新颖、互动广泛、趣味性浓厚的宣传增强了普法效果，较好地完成了“五五”普法考核验收工作。同时，“法治阳泉”建设扎实推进。全市各级认真组织实施并积极落实《“法治阳泉”建设纲要》取得明显成效。全面加强了“法治县（区）”创建活动，地方、基层、行业依法治理“三大”工程有序推进，典型不断涌现，阳泉市矿区被评为全国首批法治县（区）创建先进县。

第三节 人民调解

境内的人民调解工作始于抗日战争时期，各抗日民主政府均执行《晋冀鲁豫边区民事调解条例》《晋察冀边区民事调解条例》及《太行区民、刑事调解条例》的规定，凡民事纠纷均进行调解，刑事审判除特殊规定外亦先行调解。调解时，先由各村自行调解，调解不成则向上一级政府调解委员会申请调解，经调解无效则依法判决。

阳泉建市初期，市人民法院着手开展民事调解工作。1951年，在区、乡及街道办事处成立调委会。1954年3月21日，中央人民政府政务院颁布《人民调解委员会暂行组织通则》。全市两级法院先后召开调解主任会议，进一步明确调委会任务和职责，民调工作出现新局面，截至1955年底，全市90%的乡、村及街道办事处建立调委会531个，共有调解人员2000余人，调解民事纠纷1230余件，相当于全市法院收案数的3倍。1957年后，“左”的思想影响到人民调解工作。到1959年初，全市大部门调解组织与治保组织合并为治安调解委员会，严重削弱了人民调解工作。

“文化大革命”期间，全市调解组织陷于瘫痪。

1981年，市司法局设立人民调解科（后改为处），加强对调解工作的领导和管理，并着重进行了基层人民调解组织的恢复、建立和人员配置、培训工作。1981 年 12 月 24 日至 26 日，市第一次人民调解工作会议召开，贯彻落实国务院颁发的《人民调解委员会组织条例》。年内，全市恢复调委会 503 个，达到应建数的 77.7%，配有调解人员 3406 人，调处各类纠纷 4096 件，相当于基层法院同期受理民事纠纷案件的 5 倍多。1983 年 9 月，平定、盂县划归阳泉市辖后，全市民调组织进一步扩大。到 1984 年底，全市 12 个街道办事处的 225 个居民区、112 个大中型厂矿和 58 个乡镇 1042 个村民委员会的调解组织全部恢复或重建。各基层调委会在工作中贯彻"调防结合、以防为主"的方针，以防止民间矛盾激化为重点，积极为经济建设服务，有效维护了社会的安定，起到了司法机关的第一道防线作用。1985 年 12 月，在北京召开的全国第二次人民调解工作会议上，阳泉矿务局三矿调委会领导组获先进集体称号，盂县清城乡清城村调委会主任潘焕鱼获先进个人称号。1986 年 1 月，市第二次人民调解工作会议召开，对调解工作先进单位和个人进行表彰，同时提出做好新时期人民调解工作的新要求。此后，市民调组织进一步向制度化、程序化、规范化方向发展，做到了组织网络化、工作制度化、业务规范化。1988 年，城区义井办事处南边堰调委会主任傅景华受到司法部表彰并记功。1990 年底，全市共建有调委会 1398 个，其中一类调委会 732 个、二类调委会 557 个，调解人员 5800 余人。从 1981 年至 1990 年共调处各类纠纷 49860 余件，调解率 98%，成功率 93.5%。

自 1981 年起，全市还在各乡镇、街道办事处设立司法助理员，对人民调解组织进行具体领导和管理；并在有条件的乡镇和街道，以司法助理员为主，成立乡镇（街道）法律服务所，开展法律咨询服务活动。1983 年至 1986 年"严打"斗争中，司法助理员为公检法机关提供犯罪线索 785 条，协助公检法机关破获较大刑事案件 46 件，涉及 94 人，挽救失足青少年 449 人。到 1990 年底，全市共有 67 名司法助理员，其中专职 61 人、兼职 6 人。他们先后帮助乡（镇）村企事业单位追回欠款 1839 万元，完善经济合同 2000 余份，非诉讼调解经济纠纷 4800 余件，参与诉讼代理 75 件，共避免经济损失 1720 万元，挽回损失 407 万元，担任乡镇政府企事业法律顾问 39 家，代写法律文书 894 份，解答法律咨询 2843 人次，提供法律建议 125 条，被采纳 75 条，宣讲法律知识 2000 多次。

1991 年至 1999 年，阳泉市在基层乡镇、街道着手筹建基层司法所，加强司法行政基层基础建设。1992 年 10 月，市司法局下发《关于在乡镇、街道办事处试建司法所的意见》，到 1993 年底，全市乡镇、街道普遍设立基层司法所，进一步充实了刑释解教人员安置帮教、人民调解、法律服务、法律宣传、协办公证等多项职能，实现了司法行政工作在基层的职能延伸。1992 年 11 月，在全省律师、公证、乡镇法律服务为经济建设服务经验交流会上，盂县孙家庄乡法律服务所和郊区三郊乡法律服务所被授予“为经济建设服务先进集体”称号，三郊乡法律服务所还被司法部授予“优秀乡镇法律服务所”称号。1995 年 2 月，阳泉市首家企业基层法律服务机构矿区经济法律事务所成立。1997 年 10 月，石家庄市司法局一行 7 人到阳泉，经过协商双方达成一致意见，形成《调解接边地区跨界纠纷试行办法》，填补了两市接边地区人民调解的空白，为跨界纠纷的人民调解提供了解决办法。1998 年 10 月，市司法局在郊区李家庄乡召开“防矛盾激化”典型经验巡回交流会。同年，还在阳煤集团二矿多营总公司召开全市刑释解教人员安置帮教工作现场会。1999 年 10 月，市司法局在全市组织开展了大规模“民间纠纷集中排查治理月活动”，收到了良好的社会效果。

进入 21 世纪，阳泉市在广大基层乡镇、街道司法所、法律服务所、安置帮教工作站运行“三位一体”工作模式，使基层人民调解、法律服务、安置帮教、法治宣传等职能作用得到充分发挥，为维护基层经济发展，社会进步和稳定作出了贡献。2004 年 1 月，市司法局在全省率先出台《刑满释放解除劳教人员安置帮教工作试行办法》，对全市“两放”人员安置帮教工作提供了政策性依据。5 月，召开全市人民调解工作会议，120 余名基层工作人员参加会议。2005 年 2 月，城区司法局在阳泉一监举行“接茬帮教教育基地”揭牌仪式和“接茬帮教”演讲报告会。6 月，南山路街道办事处新华东街社区主任李冬花获司法部授予的“模范人民调解员”称号。9 月，平定县冠山镇司法所被司法部授予全国先进司法所。据统计，从 2001 年至 2006 年，全市基层民调组织累计调处各类民间纠纷 4865 起，调解成功 4526 起，调解成功率和调解协议履行率达 93% 以上；防止民间纠纷激化为刑事案件 388 件，接收刑满释放和解除劳教人员 785 人，安置 631 人，帮教安置率 80%。全市基层法律服务所担任基层企业法律顾问 486 家，代理民事、经济诉讼 899 件，办理各类非诉讼法律事务 574 件，协办公证 249 件。

2006 年，阳泉开展“人民调解年”活动，举办优秀人民调解员巡回事迹报告会，涌现出一批全国、全省先进典型。2007 年，阳泉开展矛盾纠纷大调处活动，共排查民间纠纷 1383 件，调解成功 1341 件，调解率达 100%，成功率达 96% 以上。年内，共接收“两放”归正人员 164 人，其中刑释 98 人、解教 66 人，安置 132 人，安置率 81%。市、县（区）司法局还加强了调解人员培训，举办各类培训班 23 期，培训人员 3000 余人次。基层法律服务所任职法律顾问 126 家，代理民事、经济诉讼 236 件，办理各类非诉讼法律事务 196 件。2008 年，按照“奥运维稳”工作要求，阳泉集中开展“百日矛排防激化”活动、“机关干部下基层帮助工作”主题实践活动和“我为和谐做贡献”活动，集中排查化解了一批涉法涉诉和重信重访案件，建立并推行了司法助理员民情日志、重大民间纠纷快报制度，各级人民调解组织共排查调处民间纠纷

1223件，调解率100%，调解成功率96%；累计接收刑释解教人员123名，帮教率100%，安置率达88%。基层法律服务所担任法律顾问125家，代理诉讼203件，代理非诉讼事务112件。

2009年，阳泉开展纪念《人民调解委员会组织条例》颁布实施20周年活动，开展民间矛盾纠纷“集中排查调处”，共排查各类民间矛盾纠纷1227起，调解成功1192件，调解率100%，调解成功率达97%以上。集中开展对刑释解教人员调查摸底，刑释解教人员安置帮教工作的各项措施落到实处，接收刑释解教人员330人，全部落实了衔接帮教，帮教率100%，安置率达85%以上。基层法律服务所担任法律顾问127家，代理诉讼215件，代理非诉讼事务127件。与此同时，全市稳步推进社区矫正试点工作。市委、市政府“两办”印发了《关于全面开展社区矫正工作的通知》，明确工作制度、职责和工作措施，社区矫正试点基础工作逐级到位，截至年底，全市共有矫正对象823名，其中缓刑634名、假释34名、暂予监外执行和保外就医9名、管制146名。2010年，阳泉集中开展新颁布的《中华人民共和国人民调解法》学习宣传和“人民调解化解矛盾纠纷专项攻坚”活动，有针对性、有重点地开展了房屋拆迁、环境污染、物业纠纷、劳动争议等热点、难点纠纷的排查化解工作，取得明显效果。行政调解、人民调解、司法调解“三调联动”工作机制得到加强，全市建立推行首席人民调解员制度，建立道路交通、医患纠纷等专门调解中心7个。民间纠纷预警和排处能力有效提升，共排查调解各类民间矛盾纠纷1675起，调解成功1628件，调解成功率达97%以上。同时，按照加强和创新社会管理要求。阳泉高标准启动社区矫正工作，召开社区矫正启动大会。市社区矫正办公室会同检察、法院等8部门转发《全省试行社区矫正工作的实施意见》。组织全市社区矫正业务培训和社区矫正宣传周活动，各县区社区矫正工作全面实施，接收社区服刑人员418名。建立刑释解教人员过渡性安置帮教基地，加强刑释解教人员衔接管控和安置帮教信息化管理。通过为刑释解教人员寻求就业门路、争取税收优惠、落实低保待遇等措施落实安置帮教责任，为接收刑释解教人员317人全部落实衔接帮教，帮教率100%，落实安置措施267人，安置率达84%以上。

第四节　公　证

1954年11月，市人民法院开始筹建公证机构，并先后派人到北京、天津等地学习公证业务。1955年3月，正式设置公证室，确定1人专门负责公证工作。根据当时情况，重点办理社会主义改造过程中的合同公证。1958年，受“左”的思潮影响，市公证室被撤销，公证工作中断。

中共十一届三中全会以后，随着社会主义民主与法律建设的加强，1981年2月20日，市公证处重新建立，隶属市司法局领导，有人员2名。市公证处重建伊始，运用各种形式，积极开展公证宣传工作，印发宣传资料27450余份，出刊宣传板报1128块，出动宣传车辆124车次，同时还利用报纸、广播等方式广泛宣传，使人民群众对国家公证有了正确认识。同年，公证机关还面向农村，主动携卷下乡，采取先宣传后办证的方式，深入市郊7个乡55个村，为农民办理公证50余件。1982年，城区、矿区、郊区相继建立公证机关。1983年，平定县、盂县划归阳泉市辖，全市公证机关增至6个。与此同时，公证人员走出办公室，深入基层，开展了以经济合同公证为主的公证工作。1984年6月至12月间，仅市公证处就办理运输专业合同公证124件。随着经济体制改革和对外开放的不断深入，1985年始，涉外公证业务逐渐增多，公证业务范围逐渐扩大。据1987年统计，全市办理承包、租赁、劳务、招标、投标合同公证76件，占总件数的3.8%。1989年，公证工作已扩展到全市各行各业，先后建起公证联络点200多个，聘请公证联络员276名，并在公证工作中坚持回访制度，使公证项目实现历史最好水平。到1990年底，全市共有6个公证处，有22名公证人员，其中具有高级职称的1名、具有中级职称的7名。办理各类公证事项3万余件，其中国内经济合同公证1.78万余件、民事公证1.2万余件、涉外经济公证13件、涉外民事公证190余件。

1992年至1999年，全市公证部门加大对外宣传力度，积极拓展业务范围，完善公证机制，加强队伍建设，累计办理国内公证事务96666件，涉外公证824件，较好履行了为经济建设服务的职能作用。1992年4月，全市开展公证宣传月活动，利用报刊、电台、电视台等媒体，宣传公证机关职能和公证事业发展历程，开展公证业务咨询服务，提高了公证工作在全社会的认知度。同年，阳泉市公证处获全省“为经济建设服务模范”单位。1993年，市公证处通过债务相互抵顶、签订欠款兑转协议等，积极帮助企业清理拖欠债务，共为阳钢、本溪钢铁公司、市钢管厂、荫营煤矿、河坡电厂、市供电局6家企业清理欠款600万元。1997年，全市办理各类公证事项13466件，超额完成省司法厅下达任务的135%。1999年，全市有公证处6个，从业人员30余人，有4个公证处被评为省级文明公证处，10名公证员被评为省级文明公证员。

2000年至2003年底，各级公证部门积极拓展业务、提高办证质量，发挥公证证明、监督职能，为全市经济社会发展作出贡献，全市公证机关共办理各类公证63800余件。2004年至2006年，全市认真贯彻执行《中华人民共和国公证法》，稳妥推进公证改革发展，完成了公证机构设置调整，实现了公证工作的规模化发展、规范化管理。2006年，阳泉将原城区、矿区、郊区3个公证处成建制上划并入阳泉市公证处，并更名为阳泉市晋东公证处，共办理各类公证事项7444

件，业务收费和基础建设取得突破性进展。2007年，市公证处发挥公证职能，积极为阳泉的“百项工程”建设、园林城市创建等工作提供法律服务。在市热粉厂的建造、太行国际新城开发等重点工程中提供了优质服务，全年共办理各类公证11444件，其中民事类公证3106件，经济类公证7988件，涉外和港、澳、台公证350件。2008年，组织公证员为第八届村民委员会换届选举提供了服务；年内，全市共办理各类公证12196件。

2009年，山西省司法厅同意设立山西省阳泉市晋东公证处，境内公证机构设置调整工作基本完成，公证工作的监督和管理工作得到加强。年内，全市共办理各项公证业务11613件，其中，国内经济公证8721件、国内民事公证2393件、涉外公证499件。2010年，市晋东公证处进一步加强公证行业监督管理，充分发挥公证监督作用，为全市“三城同创”建设中的重点工程、重点项目提供服务；为“园林城市”创建中的植树造林、铺路清障、园林翻新等美化工程或招投标活动提供服务。为吉天利、金隅通达、冀东水泥等重点产业结构调整项目，特事特办了一批土地招拍挂、国有土地使用权出让合同公证，为郊区荫营城镇化建设办理了拆迁安置协议、商品房买卖、国有土地使用权出让合同等公证，为李家庄高架桥、新城大道、漾泉大道建设等重点工程提供了公证法律服务，参与了南煤集团和晋东化工厂等大型企业的房产改革，办理了大量房产继承、遗嘱等公证。为全市中小学校舍加固工程招投标活动提供现场监督公证40余次。为保障全市经济社会事业的健康发展，预防和减少各类社会矛盾纠纷的发生，较好地发挥了应有的职能作用。全年办理公证业务9763件，其中国内经济公证6826件、国内民事公证2252件、涉外公证595件。

2006—2010年阳泉市晋东公证处办案数量统计简表

表-22-5　　单位：件

年 份	经济类	民事类	涉外类	年 份	经济类	民事类	涉外类
2006	7607	3443	345	2009	7082	1789	499
2007	7988	7721	408	2010	5739	1702	643
2008	7619	2572	516	合计	36035	17227	2411

2009—2010 年阳泉市晋东公证处民事 经济公证文书分类统计简表

表 -22-6　　单位：件

文书类型	2009	2010	文书类型	2009	2010
民事法律关系公证	1789	1702	经济公证	7082	5739
收 养	—	1	购 销	3433	2187
继承权	102	464	贷 款	3435	3262
遗 嘱	45	105	招标、投标	135	218
亲属关系	—	10	土地使用权出让、转让	—	1
房屋买卖	635	428	法人（代表人）资格	—	4
委托书	59	149	法人委托书	30	28
赠予书	3	14	公司章程	—	1
声明书	11	40	执行许可证明	—	12
现场监督	2	—	提 存	1	—
签名印鉴属实	2	3	抵押登记	1	21
副本等与原件相符	4	9	技术合作	—	—
证据保全	—	8	供用电	—	—
拆迁协议	895	338	劳务合同	—	—
夫妻财产协议	2	11	建筑工程承包	—	—
其他民事协议	23	122	工商服务业承包	—	—
其 他	6	—	其 他	47	5

第五节　律　师

阳泉的律师工作起步于 1955 年。当时，市人民法院法律顾问处成立，配备 3 名专职人员，开展法律服务工作。1957 年随着“左”倾思想对司法工作的影响，律师工作受到较大冲击，到 1959 年 3 月，市法律顾问处被撤销，律师工作也被中断。

中共十一届三中全会提出了社会主义法治的目标，境内的律师工作才又逐渐开展起来。1979年10月，市中级人民法院恢复法律顾问处的设置，并派出3人专门从事此项工作。1981年市司法局成立，法律顾问处改由市司法局领导，并增至8人。在律师工作恢复初期，律师业务以刑事辩护为主。1983年9月，随着平定县、盂县的并入，律师机构增至3个。在“严打”斗争中，市县两级律师机构始终与公、检、法机关紧密配合，协同作战，依法出庭，保证了“严打”的质量，维护了法律的尊严，也维护了公民的合法权益。1984年底，城区、郊区、矿区均设置法律顾问处，开展律师服务工作。1985年10月，市法律顾问处更名为市律师事务所；各县区法律顾问处亦随之更名。随着经济体制改革的不断深入，律师业务从以刑事辩护为主转向刑事、民事并重，把服务中心转移到经济建设上，为农村联产承包服务，为经济联合体服务，为大中型企业及乡镇企业服务，为政府部门服务。1988年7月，市律师事务所又更名为市第一律师事务所；同月，市第二律师事务所成立。随着律师机构与队伍的扩大与发展，服务质量不断提高，社会效益与经济效益明显提高。截至1990年底，全市共有7个律师事务所，从业律师28人。其中专职律师22人、兼职（特邀）律师6人，具有高级专业技术职称的1人、中级专业技术职称5人，大专以上文化程度的23人。全市律师共接待群众来信来访28340余人次，解答法律咨询11200余人次，代写法律事务文书2887余份，受聘担任企事业单位法律顾问84家，政府法律顾问2家，为388个单位草拟、审查、协作签订各类合同1359件，履约率为95%，其中经济合同1087件，参与刑事诉讼815件，代理经济诉讼1083件，为委托方追回或避免经济损失3520余万元。1986年、1988年和1990年，市司法行政机关还参与承办并组织有关人员参加了3次全国律师资格统一考试，全市有38人通过考试取得了律师资格。

1992年至1999年，全市律师工作不断加强机构、队伍建设，坚持改革和发展并重，为经济发展和社会稳定提供了强劲的服务和有力的保障。1992年9月，市司法局组织召开了律师、公证、乡镇法律服务为经济建设服务工作会，对为全市经济建设作出突出贡献的20个先进集体和40名先进个人进行通报表彰。1994年2月，省司法厅为市第一律师事务所荣记二等功。市电视台对该所办理的一起涉及标的1195万元的房屋纠纷非诉讼调解典型案进行追踪报道。4月，阳泉市律师协会正式成立，并选举产生首届理事会。1995年1月，市司法局开始积极、稳妥地推进律师工作改革。9月，市司法局、市律师协会组织召开全市律师刑事辩护工作经验交流会，扩大了律师服务社会的影响力。1996年，《中华人民共和国律师法》颁布实施，阳泉市律师工作翻开新的发展篇章。3月，在全省司法行政工作暨“双先”表彰会上，律师李永进获司法部授予的全国首届十佳律师提名奖，成为全省唯一获奖的律师；市司法局律函辅导站被评为出席司法厅和司法部的先进集体。年内，一部分律师事务所实行与行政管理机关脱钩改制，转为由行政机关指导、行业协会自主管理、自我约束的社会中介服务机构。4月，阳泉市矿区三益法律事务所成立，成为全市唯一不占行政编制、不要财政经费、自收自支、自负盈亏、自我约束、自我发展的法律事务所。1997年，市司法局全面推行目标管理责任制，与律师事务所签订“重点工作目标责任书”，从律师工作目标、工作任务、管理制度等10个方面进行量化，使律师管理工作走向规范化、制度化。1992年至1999年，境内共有953人参加全国执业律师资格考试，其中150人取得律师资格；全市律师共担任法律顾问1274家，办理刑事案件3361件，担任民事代理2816件、经济代理2484件、行政代理63件、非诉讼事务代理2236件，解答法律咨询19540件，代写法律文书8756件。同时，还积极为孤、寡、贫、残、弱等提供法律援助，树立了良好的社会形象。晋泉律师事务所主任李永进1995年被省委、省政府授予山西省劳动模范，1997年被司法部授予全国十佳律师提名奖，1998年被司法部授予全国优秀律师，1999年被省司法厅授予全省十佳律师称号。到1999年底，全市有律师事务所11个，其中自收自支所5个、全额管理所2个、差额所1个、合伙制所3个，从业律师近80人。

2001年5月，阳泉律师组队参加了首届全国律师辩论大赛，市君衡律师事务所律师杨若颖、姚成明分获大赛最佳风采奖、个人三等奖。2003年3月，阳泉市第二次律师代表大会召开。大会选举产生了新一届律师协会会长、副会长、秘书长、副秘书长、常务理事。市委常委、市政府常务副市长王舰民被聘为第二届律师协会名誉会长。2004年，全市坚持不懈地对律师队伍进行职业道德和执业纪律教育，开展社会主义法治理念教育和律师文化建设年等活动，提高了律师的服务意识，进一步规范了律师工作。截至2006年，全市律师平均每年办理各类案件1700余件，办理法律援助案件70余件，担任法律顾问160家，义务解答法律咨询1.2万余人次。2007年，广大律师坚持为农村、农业和农民提供及时有效的法律服务；努力为个体和私营经济扩大规模、提高档次、开拓市场提供法律服务；参与“市长接待日”和信访接待工作，妥善处理涉法上访。全市律师共办理各类案件1485件，其中刑事案件377件、民事（经济）案件977件、行政案件36件、非诉讼案件95件，办理法律援助136件，解答法律咨询4614人次，代写法律文书1331件，担任法律顾问193家。

2008年，市司法局组织开展法律服务“千村万户工程”，积极为全市经济发展提供服务。全市律师共担任法律顾问162家，共办理各类案件1840件，代理非诉讼法律事务166件。律师积极参与市领导信访接待、县委书记“大接访”活动，解答涉法信访41件。到2008年底，全市律师机构发展为16家。

2009年，组织开展“中国特色社会主义法律工作者”主题教育实践活动，成立了律师“进机关、进企业、进社区、进农村”法律服务团。姚成明律师被评为“阳泉市十大法治新闻人物”，刘新东律师被评为阳泉市“首届十佳道德模范”，律师工作得到了社会各界的普遍认可。全年共担任政府、企事业单位法律顾问149家，办理各类案件1496件，其中代理刑事辩护案件314件、办理民事和经济案件986件、行政案件15件、非诉讼法律事务62件、法律援助119件，解答法律咨询3157人次，协助办理上访案件11件。2010年，阳泉市进一步加强律师机构和队伍建设，召开了第三次律师代表大会，选举产生新一届律师协会。举办了阳泉市律师与英国克拉克·威尔莫特律师事务所中国项目专家组交流论坛。制定出台《关于为集体林权制度改革提供律师、公证法律服务意见》，组织律师、公证人员为全市林权制度改革提供了优质高效的法律服务。组织律师开展了“律师解读《纳税人权利与义务》企业行”活动，为构建和谐征纳关系营造良好的法治环境。组织律师积极参与涉法涉诉信访维稳工作，为全市重点工程和重大活动的顺利开展提供了法律服务。平定圣平律师事务所律师王爱田、温东升参与了6月11日张庄镇宁艾村48名村民到北京天安门广场上访事件的处置，通过给村民讲解《中华人民共和国信访条例》和《中华人民共和国治安管理处罚法》等法律法规，稳定了村民情绪，促进了事件平稳处理。年内，全市律师共参与劳资纠纷、信访接待等重大矛盾纠纷处理42件，共担任政府、企事业单位法律顾问130家，办理各类案件1546件，解答法律咨询3610余人次。

第六节　劳动教养

1958年，市公安局劳教队成立后，开始开展劳动教养工作。当时，收容劳教的对象主要是有工不做、游手好闲、违法乱纪的人员，经厂矿、企业单位和公安派出所上报市公安局审查后，由市人民委员会批准执行。到1962年，全市共劳教667人次。1965年，收容、劳动教养审批权限下放到市公安局。1966年至1979年，劳教工作被迫中断。1980年阳泉市成立劳动教养管理委员会，办公室设在市公安局，并重新组建了劳教大队。1983年6月20日，山西省阳泉固庄劳动教养管理所成立，隶属省司法厅。7月14日，市劳教大队将劳教人员正式移交固庄劳动教养管理所。1984年9月29日，市劳动教养管理所成立，隶属市司法局。12月26日与固庄劳动教养管理所办理劳教人员交接手续，接管劳教人员134名。劳教工作贯彻教育、感化、挽救的方针，建立健全了管教人员岗位责任制；对劳教人员制定了“一日生活制”“奖惩制”“学员百分考核制”等制度，在改造思想的同时，注重了提高在教人员的文化素质。经有关部门批准，

1988年10月10日成立了市劳动教养学校，分设扫盲班、小学班、初中班，还办有技术培训班，开设政治、语文、数学、法制、军事、卫生、常识等课。劳教人员每天劳动6小时，学习3小时，截至1990年，已有134名学员领取了合格证。劳教管理教育还从大墙内向大墙外延伸，扩展到家庭，渗透到社会，采用联合帮教的形式，签订帮教协议800余份，明确了干警、学员、家长、社会各自的责任和义务。为活跃劳教学员的生活，还组建了学员文艺队，购买了各种音响器材和乐器，定期进行演出；每年举办一次运动会；还编辑出版劳教学员自己的报纸《新星报》。

1992年，劳教工作以维护所内安全稳定为目标，加强基础建设，规范管教工作机制，积极配合全市开展各类“严打”等专项打击活动，采取帮扶结对子等形式开展各种社会帮教活动，预防和打击犯罪的功能不断增强，教育和挽救质量极大提升。5月，市劳教所召开帮教演讲会，阳泉铝矾土矿劳动服务公司经理王俊林用自己“浪子回头”的亲身经历对200多名劳教人员进行现身帮教。7月，市劳教所召开夏季“严打”政治攻势大会。市公安局、检察院、法院、司法局领导参加大会。截至月底，共有9人交代余罪，3人检举揭发他人犯罪线索。1993年8月，为配合全市公安机关打击车匪路霸和流氓犯罪，整顿农村治安秩序，市劳教所购置各种设施，改善收容条件，一次性接受劳教学员75人。1994年1月，市劳教所召开从宽处理劳教人员大会。会上有悔过自新或立功表现的63名劳教人员依法得到从宽处理，其中有12人当场宣布解除劳教、51人减少劳教期限。5月，市司法局组织3名在教期间能认罪错、思悔改、求进取的劳教学员前往阳泉矿务局一中现场说法。10月，为进一步加强劳教场所的廉政建设，市人民检察院驻劳教所检察室在市劳教所正式挂牌并开展工作。1996年4月，市劳教所出台《劳教人员日常行为规范及奖罚办法》，以进一步推进管教工作的规范化、制度化。

2000年，市劳教所加强对参与邪教组织劳教人员管理工作。6月，市司法局出台《关于劳教人民警察在执法施教过程中的过错责任追究办法》，旨在加强劳教警察的执法行为规范化建设。2004年，全市劳教工作积极探索执行方式三种管理模式改革，建立健全了安全工作责任机制、规范化管理机制、安全防控机制、安全排查机制、应急机制五大机制，保证了场所秩序持续稳定，实现了无劳教人员逃跑、无非正常死亡、无重大案件、无重大生产责任事故的“四无”目标。大力发展劳教经济、劳教生产实现历史性突破。2006年，市劳教所被山西省司法厅、省劳教局表彰为全省“创四无”先进劳教所。2007年，阳泉积极探索劳教办特色工作，认真实践由封闭式管理模式向封闭、半开放、开放三种管理模式转变的“三段式管理模式”。组织开展了“迎十七大、再创四无”为主题的系列安全竞赛活动。场所持续安全稳定，保持了无劳教人员逃跑、无非正常死亡、无重大案件、无重大生产责任事故的“四无”目标。进一步深入开展了

“严打整治”和“打黑除恶”专项斗争，整顿了场所秩序、净化了改造环境，调动了劳教人员改造积极性。2008年，阳泉建成全省首家劳教人员就业训练基地，为实现劳教经济社会化发展、解决劳教人员过渡性安置就业创造了较好条件。10月，山西省劳教企业基础管理工作现场会在阳泉召开，阳泉创建劳教人员就业训练基地经验在全省推广。同时，全力实施“奥运护城河工程”，进一步强化安全防范工作。市劳教所获全省劳教系统奥运安保先进集体，并荣立三等功。市劳教所获阳泉市“市级精神文明单位”称号。2009年，围绕中华人民共和国成立60周年，开展系列“安全保卫”工作，大力加强安全排查、安全防控、应急处置、安全责任制建设和场所正规化、法治化管理，深入开展安全大排查、月度安全竞赛、教育矫治工作大联检以及在劳教人员中广泛开展“形势教育”“养成教育”等专项活动，推进了平安场所和现代化文明场所创建工作，确保了场所秩序总体持续安全稳定，劳动教养工作连续5年实现全省“四无”目标，市劳教所被省劳教局荣记三等功。劳教人员就业训练基地运行规范、持续发展。

2010年，境内的劳动教养工作强化安全稳定工作防控、排查、应急处置和领导责任“四项机制”，加大对重点人员、部位、时段的管理力度，切实发挥人防、物防、技防的综合效应，从管理的理念、设施、方法、手段等方面提高场所基础工作管理水平。建立健全管教工作制度，全面提升教育矫治和场所安全管理工作水平。制定完善了劳教场所加强入（所）教育、心理健康教育、分类教育、个别教育、文化教育、职业技术教育等方面制度，提出了新的考核指标和考核模式，促使教育矫治质量的不断提高。制定《企业基础管理工作建设年活动实施方案》，建立劳教企业目标责任考核体系。深入开展了“安全生产年”活动，组织安全生产隐患排查治理专项行动，加强对生产现场“三点控制”部位的管理。切实加强了劳教人民警察的正规化建设，全面推行“准军事化”管理程序，强化对着装、仪容礼节、行为举止、警务管理、办公秩序、集会会议等方面的规范管理，逐步形成了制度完善、考核严密、落实到位的准军事化管理体系，实现了由粗放型管理向精细化管理的转变，推进了队伍管理军事化、执法行为规范化、业务工作标准化的进程。

第七节　司法鉴定与法律援助

一、司法鉴定

1999年，中央政法工作会议确定把司法鉴定纳入由司法行政机关统一管理的范畴。在省司法厅领导下，阳泉市司法局于2002年成立司法鉴定仲裁管理处。管理机构建立后，迅速开展工作，分别于2003年10月成立阳泉市第三人民医院司法鉴定中心，12月成立山西汇华司法鉴定所，2004年7月成立山西天恒司法鉴定所，业务范围包括法医临床（人身伤害）司法鉴定、建筑工程司法鉴定、司法会计鉴定、资产评估司法鉴定。司法鉴定工作顺利起步，平稳发展。

2005年10月，全国人大颁布《关于司法鉴定管理问题的决定》，确立司法鉴定由司法行政机关统一管理的法律依据，市司法局积极开展司法鉴定工作，发展机构，充实司法鉴定专业人员，拓展司法鉴定业务，满足社会需要；分别于2006年9月成立山西平定司法鉴定中心，12月成立光大司法鉴定中心阳泉分所（后更名为山西方正司法鉴定所）。相继开展了道路交通事故受伤人员伤残司法鉴定、道路交通事故机动车安全技术及车损司法鉴定、产品质量司法鉴定、环境污染司法鉴定、酒精检测司法鉴定等新业务，境内司法鉴定业务达到9项，业务量由2006年前的百余件增至近3000件。全市核准设立5家司法鉴定机构，核准执业司法鉴定人199人。12月，市司法局成立阳泉市司法鉴定人协会，成为全省司法鉴定行业首家协会。2009年，管理处处长王树慧获司法鉴定管理全国先进个人，成为全省11个地市唯一获得者。2007年至2010年连续4年被评为司法鉴定管理先进集体、标兵单位。鉴定质量稳步提高、鉴定业务量平稳发展、鉴定工作逐步得到社会和群众认可。

二、法律援助

2001年10月，阳泉市法律援助中心成立，正科级建制，编制2人。2002年，各县（区）法律援助机构建立，确定了市（区）、县两级法律援助中心性质、规格、人员编制及中心职责，全部为财政全额预算事业单位，法律援助专项经费不同程度列入财政预算，并逐步步入正轨。在全市各级残联共建立法律援助工作站6个，为残疾人获得及时便利的法律服务提供了绿色通道。2004年，对各县（区）法律援助中心管理工作建立起“法律援助百分考核制度”，从宣传、机构建设、队伍建设、规章制度的完善、工作站的建立、业务工作开展、档案管理等七方面的经费落实、接待工作日志、信息等19个具体内容进行考核，促进了全市法律援助工作的发展。各县（区）中心以乡镇司法所、街道、社区为依托建立起工作站60个。2005年，阳泉市劳教所工作站、市老龄委工作站和市总工会工作站建立。市法律援助中心与市总工会联合成立“阳泉市职工法律援助律师团”，首批选派12名律师作为律师团成员，律师团所办援助案件费用由市总工会支付，这也是市法律援助中心首次利用社会资源办援助的新尝试。

2006年，市法律援助中心编制增至6人，并积极开展农民工法律援助，为农民工开辟法律援助绿色通道。全市农村、社区聘请法律援助联络员97名。2007年，进一步加强法律援助工作，在全市44个乡镇和街道办事处建立法律援助基层工作站，在乡镇、农村聘请法律援助联络员101名，对全市基层工作站工作人员进行集中培训。开展法律援助进农村活动，编写印制《法律援助工作手册》并发放到基层，畅通农民寻求法律援助的信息。会同工商、建设、民政、劳动等13家部门就农民工法律援助问题进行专题座谈，探索解决农民工问题的有效途径。

2008年，市法律援助中心成为参照公务员管理事业单位。与市卫生局联合启动法律援助健康维权城乡行活动，加强对农民工的法律援助，全年办理农民工劳动争议等法律援助案件65件，为农民工追回欠资和工伤赔偿50余万元。2009年，全市为贫弱群众提供法律援助651件，接待群众来访、来电、来信咨询8923人次，无偿代写法律文书625件，受援人数达9448人，为受援人挽回经济损失和获得经济赔偿500余万元。

2010年，全市法律援助机构以深化“法律援助便民服务”主题活动为抓手，进一步加强与工、青、妇、残等群团组织的协作。开展异地协作办案，先后5次为河南濮阳市200多名农民工实施援助，通过与濮阳当地援助中心异地协作办案，为农民工讨回工薪74910.5元，切实体现了法律援助“便民助民、扶弱帮困”的宗旨，收到良好的社会效果。全市为困难群众提供法律援助694件，其中刑事139件、民事547件、行政8件，无偿代写法律文书710件，接待群众来访、来电、来信咨询9210人次，受援人总数达9990人，为受援人挽回经济损失1500余万元。

第八节 仲 裁

一、机构

1996年，阳泉市人民政府依据《中华人民共和国仲裁法》和国务院办公厅《关于进一步做好重新组建仲裁机构工作的通知》文件精神，决定由市政府法治局牵头负责阳泉仲裁委员会的组建筹备工作。1998年2月23日，市政府下发《关于聘任第一届阳泉仲裁委员会成员的通知》，决定成立阳泉仲裁委员会。3月11日，经阳泉市人民政府批准，由山西省司法厅登记设立并公告，阳泉仲裁委员会于8月26日正式成立，成为山西省成立的首家仲裁机构。规格正县级事业单位，定编9人，内设综合部、仲裁立案部、案件审理部。

2006年6月，山西省机构编制办公室根据全国仲裁机构的设置情况和山西省实际，将阳泉仲裁委员会实体机构确定为阳泉仲裁委员会秘书处，仍为正县级全额预算事业单位管理。内设机构不变。2008年12月，阳泉仲裁委员会秘书处参照公务员法管理。

阳泉仲裁委员会自成立后进行过3次换届工作。1998年2月23日，阳泉市政府下发《关于聘任第一届阳泉仲裁委员会成员的通知》。第一届阳泉仲裁委员会的组成人员共有16人。由中共市委常委、常务副市长张诚任名誉主任，市政协常委、法治委主任张二江任主任（驻会），委员10人。第一届阳泉仲裁委员会依法共聘任142名具有较高专业水平和良好道德素质的人士担任仲裁员，分设法律、经济贸易、交通运输建筑、金融等5个专业类别。

2002年12月4日，阳泉市政府下发《关于聘任第二届阳泉仲裁委员会成员的通知》。第二届阳泉仲裁委员会的组成人员共有15人，由中共市委常委、常务副市长王舰民任主任；张利平任副主任（驻会主持工作），委员11人。第二届阳泉仲裁委员会先后共聘任仲裁员129名，分设经济、法律、知识产权技术合同、交通运输建筑房地产、金融保险、涉外经济等6个专业类别。

2008年9月4日，阳泉市政府下发《关于聘任第三届阳泉仲裁委员会成员的通知》。第三届阳泉仲裁委员会的组成人员共有15人。由中共阳泉市委常委、常务副市长王旭明任主任，市政府法治办主任杜衡茂（兼）、阳泉仲裁委员会秘书处秘书长张利平（驻会主持工作）、市中级人民法院副院长吕冬（兼）任副主任，委员11人。第三届阳泉仲裁委员会聘任仲裁员116名，分设经济、法律、知识产权技术合同、交通运输建筑房地产、金融保险、涉外经济等6个专业类别。

二、仲裁业务

阳泉仲裁委员会成立后，由于体制和历史原因，仲裁工作曾一度停滞不前。2002年10月，中共十六大召开后，阳泉市委、市政府对仲裁事业给予高度重视，不仅为仲裁委配备了强有力的领导班子，而且在资金、办公用房等方面给予支持。新一届仲裁委领导班子围绕市委、市政府的各项工作部署，针对仲裁工作特点，从实际出发，采取了一系列有力措施，初步实现了仲裁工作的良性发展。

仲裁宣传

仲裁推广　2003年，阳泉仲裁委主动与有关综合经济管理部门加强协作，联合下发推广仲裁法律制度的文件，市工商局、市建设局、市交通局等部门积极发挥行政监管职能，认真履行合同管理职责，积极进行格式合同的规范工作，在职责范围内倡导选择仲裁解决纠纷。通过在经济界和企业界仲裁员的努力，阳煤集团、山西阳光发电公司、人寿保险、人民财险、太平洋保险等一批骨干企业全面推行仲裁条款，积极选择阳泉仲裁机构解决民商事纠纷。此外，还通过与境内各主要律师事务所达成共同推行仲裁法律制度的合作意见，在阳泉范围内及周边地区先后组建工作站7个、联络处3个、合同纠纷调解处1个。通过努力，使阳泉市仲裁“合同规范率、机构落实率”的落实比例大幅提高，为仲裁事业发展夯实了基础。

案件仲裁　2002年10月始，阳泉仲裁委的工作呈现出稳健发展势头，所涉案件的领域不断扩大，受理的案件类型涉及建设、房地产、电力、金融、保险、煤炭、交通等广泛领域。仲裁辐射面越来越广，仲裁制度推行的效果开始显现。截至2008年底，仲裁委共受理案件73件，案件标的额达3亿元。已结案件中，提出撤销裁决申请的1件（已被法院驳回申请），调解或经调解双方案外和解撤回仲裁的占75%。2009年，阳泉仲裁委员会共受理仲裁案件18起，收案标的金额4095万元，办结11件，结案标的金额2392万元。在办结案件中，经调解双方案外和解撤回仲裁的占73%，自动履行率达80%，取得较好社会效益。2010年，阳泉仲裁委员会共受理仲裁案件56件，收案标的金额2017万元。在已结案件中，和解调解率达到已结案件的96%，所结案件当事人自动履行率100%。成立10年中，没有出现仲裁案件审结后申诉上访现象，仲裁的社会影响力和公信力日益扩大，仲裁法律制度为市场经济服务的优势正逐步为社会所认同。

基础建设　阳泉仲裁委自成立后，不断加大制度建设力度，先后制定和多次修订《阳泉仲裁委员会仲裁规则》《仲裁员守则》《仲裁员办案规范》《仲裁裁决书制作规范》等12项规章制度，使阳泉仲裁委的规章制度得到基本完善，把仲裁工作纳入制度化、规范化轨道，保证了仲裁事业的健康发展。2002年10月，仲裁委筹集资金，先后新购置电脑10台、激光打印机5台，各部门均实现办公设备自动化，办公效率显著提高。2005年8月，阳泉仲裁委搬迁至市政府综合楼11层新址办公，办公面积100平方米，缓解了自1998年成立后办公条件拥挤的情况；尤其是设置了开庭审理专用的仲裁庭，为仲裁工作的开展提供了较好的工作环境。2009年11月底，阳泉仲裁委员会网站开通，扩大了社会影响。2010年，阳泉仲裁委员会按照参照公务员管理制度，不断完善内部各项规章制度，强化自身建设，规范办事流程，提高仲裁效率，从而保障了仲裁工作健康有序推进。

阳泉市志

YANGQUANSHIZHI

[中　册]

第二十三编

军　事

阳泉系晋冀交通要冲，地形复杂，关隘险峻，资源丰富，历来为兵家必争之地，具有重要的军事地位。汉将韩信曾率军出故关伐赵；唐将李光弼曾遣部防守故关、苇泽关，阻挡安史叛军西进；在五代、北宋、辽、金、元改朝换代和争夺地盘的战争中，境内也是行军作战的要地；明朝廷为防瓦剌、鞑靼从山西东出太行侵扰北京，曾数次在太行山设防并修筑内长城；明末李自成农民起义军经山西进攻北京，其一路即经境内东进；清末中国军队利用固关、娘子关要塞抗击八国联军西侵；辛亥革命中，山西民军在娘子关抵御清军反扑；抗日战争中，中国军民借助境内变化多样的地形给日军以沉重打击；解放战争中，人民解放军在境内消灭了国民党部队的大量兵力。民国 36 年（1947）5 月 2 日，阳泉在解放战争的硝烟中获得解放；5 月 4 日阳泉建市，成为中国共产党亲手创建的第一个城市。在社会主义建设时期，境内的征兵工作、民兵建设、国防教育和人民防空等工作取得显著成绩，广大民兵和预备役部队、驻军和武警部队积极参加社会主义建设，勇于担负急难险重任务，为社会稳定和国家进步作出了重要贡献。

第一章 军事地理

第一节 军事地位

阳泉市具有重要的军事地位。

地理位置重要。阳泉地处山西东境，东临太行八陉之一的著名关隘井陉，西连汾河谷地，北依五台圣地，南接上党要塞。东西向的新店—平潭—平定—旧关驿路曾为山西通京要衢，南北向的狭长谷地（龙华河谷地—盂城盆地—河底张庄盆地）向为晋东交通孔道。

地形险要。境内山高谷深，岭谷相间。太行山壁立东境，系舟山支脉绵亘西界，滹沱河、桃河及众多沟谷布满全境。六岭关、十八盘关、娘子关、旧关、新关、石门关等险关要隘易守难攻，素有晋冀“冲繁”“藩屏”之称。

矿产资源丰富。境内富藏煤、铁、铝、硫等矿产资源，这些资源均为重要的战略物资。20世纪80年代后，阳泉市作为国家重要的能源重化工基地，获得了前所未有的快速发展，为国防建设发挥越来越大的作用。

清代地志《读史方舆纪要》说，平定“州东迫常山，扼井陉之重险；西驰汾曲，据太原之上游；并冀有事，州必争之地也。且前控漳滏之流，后拒句注之阳，山川环绕，道路四通，居然雄胜矣”，正是对阳泉军事地位的准确概括。

阳泉古来多战事。汉大将韩信率军出故关下赵。唐将李光弼在故关、苇泽关设防，阻挡安史叛军西进。五代、北宋、辽、金、元时期，境内都是行军作战的要冲。明代中叶，朝廷为防瓦剌、鞑靼从山西东出太行侵扰北京，数度在太行山修筑内长城，其中包括在娘子关、固关修建关城。

明末李自成农民起义军经山西进攻北京，其一路即经本境东进。境内的险关要隘又是抗击八国联军侵略的阵地。辛亥革命中，山西民军在娘子关抵御清军反扑。抗日战争初期，十万中国守军同仇敌忾，将日军阻挡在娘子关前20余天，在中华民族的爱国史上书写了不朽篇章。抗日战争中，境内的抗日军民在中国共产党的领导下，开展游击战争，山河处处成为打击侵略者的战场。解放战争中，人民解放军在境内消灭了阎锡山的大量兵力，一举解放阳泉，使晋察冀、晋冀鲁豫、山东三大战略区连成一片，对华北战局的发展起到重大作用。

第二节　军事要地

一、长城

阳泉市境内的长城，相传最早修建于战国时期，为赵中山所修建，但无实物遗存。现存长城属明代修筑的内长城，修筑时间约在正统至万历年间。明代正统以后，政治日趋腐败，北方的蒙古族瓦剌部和鞑靼部相继兴起，经常侵入明边，有时甚至深入达数百千米，阳泉市境内亦屡当兵锋。如清光绪《平定州志》卷三载："明正统九年（1414），俺答（鞑靼部首领）南下，蹂盂之方山等村，至黄岭界而还。"《明史》卷三二七载，嘉靖二十年（1541）秋，"俺答下石岭关，趣太原；吉囊（鞑靼部首领）由平鲁卫入掠平定、寿阳诸处"。为防瓦剌、鞑靼侵扰，明朝除修缮山海关—嘉峪关长城外，还在宣化和大同二镇之南、直隶山西界上修筑内长城。内长城从盂县梁家寨乡野场村进入阳泉市境内，沿太行山山脊南行，经盂县上社镇、北下庄乡、仙人乡，平定县岔口乡、娘子关镇、柏井镇，至平定县东回镇青杨树出境，进入昔阳县，阳泉市境内总长约100千米。内长城在山高谷深、峰锐坡陡处均以险为塞，不筑城垣，仅在隘口及地势较缓处设关筑城。境内长城城墙大致有以下三段：

城墙崖—六岭关。起于上社镇马圈村东2千米处的城墙崖隘口，止于上社镇枣口村东1.5千米处的六岭关南侧，全长约12.5千米。该段长城沿山脊向南，有几段墙体尚存，墙体高约3米。

榆林会垴—贤沟。起于仙人乡榆林会垴村，止于娘子关镇贤沟村附近，全长约25千米。大多已坍塌成石堆，只有几处保存尚为完好。一处是榆林会垴村东北（位于河北省平山县境内），有百余米城墙，高3米，底宽2.5米，平山县人民政府于1982年在此设保护长城标志。一处是仙人乡南岭沟村东的炮台梁北侧，有400余米城墙，高2.2～3.8米，底宽3.1米，顶宽2米；还有附设的戍所和烽火台，烽火台高约5米，台底和台顶的边长分别为7.5米和7.1米。另外，岔口乡杨树庄村南，亦有数百米城墙保存较为完整。

娘子关—旧关。为三重布局。第一重位于娘子关与旧关之西，共有两段城墙，一为捕东掌村—三岔村—上董寨村，长约6千米，已坍塌；二为新关（固关）两翼，以新关为中心，向西北和东南展布，长约8千米，墙体尚存。第二重在娘子关—旧关一线，以险为塞，未筑城垣。第三重位于河北省井陉县的南峪和核桃园村两翼，长约10千米。

二、关隘

（一）娘子关

娘子关又名苇泽关，位于平定县娘子关镇，距阳泉市市中心40千米，1986年确定为省级重点文物保护单位。

娘子关地处太行山中段，关山重重，道路崎岖，向为兵家所重。唐肃宗至德二载（757），安史合兵十万攻太原，唐将张奉璋于苇泽关西紫金山筑承天军城，阻敌西进。唐穆宗长庆元年（821），王庭凑叛于冀州（今河北省衡水市冀州区），大臣裴度出承天军讨伐叛军。唐昭宗光化二年（899），唐将葛从周大败刘仁恭，克承天军入河东。唐昭宗天复元年（901）三月，唐将白奉国攻李克用，拔承天军。后汉天福十二年（947）二月，刘知远大将叶仁鲁攻占承天军大破辽军。

娘子关关城建于绵河峡谷之侧，是明朝中央为防御瓦剌、鞑靼的侵扰，于嘉靖二十一年（1542）建造的。崇祯七年（1634），为防御李自成起义军东出太行，又加修三等砖城。关城呈长方形，大部已不存；关城的南面和东面各有关门一座，保存基本完好。清光绪三十三年（1907），正太铁路全线通车，在娘子关关城西侧设娘子关站。

八路军通过娘子关

娘子关在近代和现代发生过多次战事。清光绪二十七年（1901）公历4月23日，八国联军中的法、德军1.3万人分三路进攻故关、娘子关，清军据关防守。清宣统三年（1911）公历10月至12月，太原新军起义后，清军沿正太铁路向西进攻，意图扑灭起义，在娘子关遭到民军强烈抵抗。民国26年（1937）10月，侵华日军在忻口遇阻后，沿石太线西进，从东面威胁太原，中国守军固守娘子关一线，迟滞日军进攻20余日。民国29年8月，八路军晋察冀军区部队在“百团大战”中攻入娘子关，歼敌破路炸桥，大显神威。民国36年4月，晋察冀野战军发起正太战役，攻克晋东要隘娘子关，歼灭阎军1100余人，铺平了解放阳泉的道路。

（二）旧关

又名故关，位于平定县槐树铺乡旧关村，西距阳泉市中心54千米，北距娘子关9千米，是内长城的重要关隘之一，历来为兵家所必争。史籍对它不乏记载和描述。《吕氏春秋》载：“天下九塞，井陉其一。”《魏书·地形志》载：“石艾（今平定县）有井陉关。”《太平寰宇记》载：“四方高，中央下，如井之深，如灶之陉，故谓之井陉。”清光绪《平定州志》载：“故关在州东九十五里，即汉韩信下赵井陉口是也。”唐至德二年（757），唐将李光弼遣其部将在此防守，阻挡叛军西进。抗日战争初期，旧关是抗击日军的重要战场。旧关旧有关城，始建年代无考，重修于明嘉靖二十一年（1542）。关城今已不存。在石太铁路建成之前，这里是通往京城的大道；中华人民共和国成立后，这里成为晋冀两省间公路交通的要冲。

（三）新关

又名固关，位于平定县新关村，西距阳泉市中心49千米，东距旧关5千米，北距娘子关8千米。形势险要，向为军事要塞。关城建于明嘉靖二十一年（1542），两翼有长城，城门上方有“固关”两个石刻楷书大字。关城保存较完好。清光绪二十七年（1901）三月，八国联军犯晋，大同总兵刘光才坐镇固关，督军固守。

（四）石门关

古称石门汛口，位于平定县马山乡七亘村东，距阳泉市中心66.5千米。系太行山中段的重要隘口。明崇祯年间，贡生张璧星率部在此驻防，修筑汛门，并增筑东西两隘口。民国26年（1937）10月，八路军129师师长刘伯承在此利用有利地形，指挥部队连续两次成功伏击日军辎重部队，创造了重叠设伏取胜的著名战例。

石门关雄姿

（五）十八盘关

位于盂县东木口乡北部与平山县的交界处，地处白马山脉中段的十八盘顶。十八盘顶古称关头山，海拔 1462 米。因其北坡有十八道盘山弯路，故名。这里崇山峻岭，深涧险谷，地势十分险要，自古就是进出太行的重要隘口。由盘顶曲折而下，过盂县、平山二县交界处的货郎头，下到盘底便是平山县下口乡盘里村。《大清一统志》载，十八盘口“明正统二年（1437）筑城置戍”。古关城及盘道今已废，唯杨树沟—平山公路（207 国道的一部分）蜿蜒其上。

三、城堡　要塞

（一）平定县城

平定县城为上、下重城布局。上城在嘉河与城南河之间的高地上，易守难攻。相传汉韩信击赵下井陉口时驻兵于此，并筑城为寨，以榆塞门，因名之曰“榆关”。宋太平兴国四年（979），广阳县改名平定县，移治于此，在原寨址之上，版筑雉堞，构建官署；又在其北随地形起伏垒土为城，后增建道路桥梁、屋宇店铺，形成下城。宋代至清末，平定城历为平定军治、平定州治和平定直隶州治。平定城在元、明、清三代曾多次重修，其中清乾隆三十年至三十二年（1765—1767）的一次规模较大，历时二年，耗银 11200 两。清光绪《平定州志》详细记载了重修后平定城的规模形制。平定县城除上城西南角等处今仍可见城墙夯土遗迹外，其余城墙、城门、炮台、角台等建筑均不存。

（二）盂县县城

位于盂城盆地，秀水河与香河之间，地处阳泉市中部交通要冲。盂县城为内外套城。内城建于隋开皇十六年（596），一说隋城因秦汉之旧。清乾隆《盂县志》载，内城于元至正二十四年（1364）和明嘉靖二十一年（1542）均有重修。外城于明嘉靖二十一年由民众合力修筑，清雍正七年（1729）重修。其后内外城均多次重修。盂县城城墙采用长 39 厘米、宽 19 厘米、厚 10 厘米的大城砖砌筑，内充黄土、白灰、碎石，经混合夯打，十分坚固。城墙于民国 34 年（1945）抗日战争胜利后拆除。

（三）承天军城

故址位于平定县娘子关镇城西村紫金山，唐大历元年（766）河东节度使张奉璋所筑。“承天”之名系唐代宗李豫所赐，意为“信承于天”。明嘉靖二十年（1541）复修为承天寨。紫金山又名承天寨山，海拔 879 米。其北有温河，南有桃河，两河在山的东侧汇合。承天寨山正对娘子关绵河峡谷，扼守两河河口，控制入晋通道，历史上多有战事。唐至德二年（757）史思明攻太原，张奉璋奉命守故关、苇泽关，筑承天军城以御。唐长庆元年（821），镇州王庭凑反，裴度往讨，驻兵承天军；韩愈奉命往镇州宣谕，途经承天军，留有《奉使镇州行次承天行营奉酬裴司空》诗。唐光化二年（899），朱全忠遣葛从周自土门攻河东，拔承天军。唐天复元年（901），朱全忠部将白奉国会成德军自井陉入，拔承天军。后梁开平五年（911），赵王王镕会晋王李存勖于承天军。后汉天福十二年（947），契丹一度袭据承天军，随即被刘知远大将叶仁鲁攻破收复。宋、金、元三代，承天军城亦多有战事。今存唐大历元年（766）所镌《铁元始赞》碑，碑阴《承天军城记》记述张奉璋建承天军城事，具史料价值。

（四）董卓垒

故址在平定县城东北45千米的娘子关镇董寨村，东距娘子关9千米。由娘子关经此向西可直入山西腹地，因而历来被视为太行山之军事要冲。相传东汉末并州牧董卓在此筑城驻兵。有唐李湮撰碑，今不存。

（五）柏井城

位于平定县柏井乡柏井村，西距平定县城25千米，相传为汉韩信所筑。唐长庆（821—824）初裴度驻兵承天军时，曾分兵守柏井城。宋开宝（968—969）中改称柏井寨。明初改为驿；嘉靖二十一年（1542）重修为柏井堡。清称柏井城，光绪《平定州志》谓之“四面据河，地势高二十丈，方二里许”。今为柏井村。村东有山名分水岭，海拔1030米，古称八叠坡、西天门，俗称门限岭，地势险要。由此向东可达固关，向西可至平定城，向南可通石门关，系出入山西的要道，军事地位十分重要。

（六）平潭古城

故址在今郊区平潭垴村附近，相传为晋卿赵简子（赵鞅）所筑。据传说，晋定公十五年（前497），晋国发生内讧，正卿赵简子捕杀邯郸大夫赵午，赵午之子赵稷于邯郸起兵，发动叛乱，赵简子筑城（今古城）御之。赵简子古城今不存，故址今为居民区，设有古城居民委员会，属城区北大街街道办事处。

（七）曲曲城

曲曲城，古称皋牢城，故址在今盂县城东12.5千米的牛村镇曲曲城村南。清《山西通志》载：“皋牢城，战国时赵置，今名曲曲城。”曲曲城所处地势较高，易守难攻。20世纪70年代初曾于故址地表下2米深处发掘出制作粗糙的砖瓦和陶器残片。曲曲城城垣今已不存，仅存其名。

四、矿井和洞穴

（一）矿井

矿井平时是生产设施，战时是重要的军事设施。境内采掘业历史悠久，形成了许多报废矿井。其中大部因地质条件不好，且年代过久，不少有水浸和坍塌现象，已无利用价值；但也有一些尚具有军事价值。

巷道

境内有大量矿井。乡镇煤矿中小型矿井星罗棋布，在未来军事斗争中具有独特地位和优势。阳煤集团、南煤集团、荫营煤矿和固庄煤矿等大中型国有煤矿拥有大型现代化矿井，井口多位于山沟山脚，地形隐蔽。火车能开到煤台下，汽车能开到井口，交通方便。矿井采用机械开采，电力运输和提升，机械通风，电灯照明和水泵排水，机械化和自动化程度很高。一般大巷无积水，顶部被覆厚度均在100米以上。多数矿井采煤量较大，形成的矿穴面积也较大。虽然在停止通风的情况下，矿井内易氧气不足，瓦斯含量增大，温度增高，不利于人员生存；但风机房分布在偏僻山沟，加以适当伪装后就不易遭到破坏。在未来军事斗争中，矿井是防空、“三防”（防原子、防化学、防细菌武器）、屯兵、囤聚军用物资以及设置指挥所的良好选址。

除煤矿外，还有为数不少的铁矿和硫铁矿开采点，这类矿井有斜井和竖井，通风、照明设施齐备，顶部厚度也均在100米以上，一般为窝状开采，内部面积较小，不易塌落，发旋较少，容纳人员和物资也较少，竖井运出要依赖相应的提升设备。其中部分可设置指挥所，或用于屯兵囤物、防空、“三防”。

（二）洞穴

境内石灰岩山区总面积达2400平方千米，分布着一些岩洞，其中有的面积很大，如盂县东部的著名岩洞万花洞和玉华洞、平定东部的张果老洞等；还有部分岩洞面积较小。这些岩洞均可在未来军事斗争中发挥作用。

第二章
驻军和地方武装

第一节　军事领导机构

一、边区和解放区军事领导机构

（一）正太铁路以北的军事领导机构

1. 盂县军事领导机构

民国27年（1938）2月，盂县组建人民武装抗日自卫总队，下设4个区大队，总队长先后为温藏宝、王俊峰，指导员为高特。民国28年2月，改建为盂县人民武装抗日委员会，主任为赵捷兵。民国30年12月，改组为盂县人民武装部，部长为张德胜，政委为吕善昌。民国31年8月，边区撤销盂县建置。民国34年8月，恢复盂县建置，重新组建盂县人民武装部。部长先后为韩钧、刘尚文、李毓华、郝建民，政委先后为张德胜、张瑞林、田泽仁、戎贤德。

2. 盂（县）阳（曲）县人民武装部和盂（县）平（山）县人民武装部

民国31年（1942）8月，边区撤销盂县建置，设盂（县）阳（曲）县和盂（县）平（山）县，并分别组建了两县人民武装部。盂（县）阳（曲）县人民武装部的部长先后为张德胜、赵捷兵、韩钧，政委先后为吕善昌、李振江、张淮三、张德胜。盂（县）平（山）县人民武装部的部长先后为姚鸿志、赵伟，政委先后为王维新、王江枫、刘昂、李力安、郭修真。民国34年8月，边区撤销盂（县）阳（曲）县和盂（县）平（山）县建置，恢复盂县建置。

3. 平定（路北）县军事领导机构

民国27年（1938）4月，平定（路北）县成立抗日武装自卫总队，领导全县的武装工作。

总队长先后为段琛、史一轮，副总队长为赵叶民。民国29年1月，自卫总队改称平定（路北）县人民武装自卫委员会（简称武委会），主任先后为尹达民、赵叶民、周永平。民国30年12月，武委会改建为平定（路北）县人民武装部。部长先后为周永平、赵石青、温藏宝、高平、徐广先、王继平，政委为郭一平。

（二）正太铁路以南的军事领导机构

1. 平（定）西县军事领导机构

民国27年（1938）2月，中共平（定）西县县委、平（定）西县政府设立武装科，科长为何云午。11月，武装科扩编为平（定）西县人民武装抗日自卫总队，领导全县的武装工作。总队长先后为崔海秀、陈荫林，政委为葛淇。民国31年2月，自卫总队改称平（定）西县人民武装自卫委员会，主任先后为高连星、任志平、葛淇。

2. 平（定）东县军事领导机构

民国27年（1938）10月，平（定）东县成立人民武装抗日自卫总队，总队长为张振寰，政委为赵雨亭。民国28年夏，自卫总队改称武装科，科长先后为张振寰、尚炯。民国30年5月，武装科改称平（定）东县人民武装自卫委员会（简称武委会），主任为尚炯。

3. 平定（路南）县军事领导机构

民国35年（1946）6月，平（定）西县与平（定）东县合并为平定（路南）县，设平定（路南）县人民武装委员会，王纪英、史锦新先后任人民武装委员会主任、代主任，赵廷芳任副主任。

（三）跨正太铁路南北的军事领导机构

1. 平定县人民武装部

民国37年（1948）8月，平定（路北）县与平定（路南）县合并为平定县，并组建平定县人民武装委员会（简称武委会），史锦新为主任，政委为葛宜生。武委会同年改称平定县人民武装部，并列入中国人民解放军序列，穆秀林为部长，政委先后为葛宜生、樊茂生、刘松青。

2. 阳泉市（阳泉工矿区）人民武装部

民国36年（1947）7月，阳泉市人民武装部成立，同时挂阳泉市保安司令部的牌子。民国38年8月，撤销阳泉市保安司令部。同年9月，在太谷军分区的基础上组建阳泉军分区，驻阳泉，不久移驻榆次；阳泉市改称阳泉工矿区，阳泉市人民武装部改称阳泉工矿区人民武装部，隶属阳泉军分区。阳泉市（阳泉工矿区）人民武装部（民国36年7月至民国38年9月）部长先后为周永平、李奋春、任岳忠、刘先佑，王文心任副部长。

二、阳泉建市后军事领导机构

（一）阳泉工矿区人民武装部

1949年10月中华人民共和国成立后，阳泉工矿区人民武装部继续行使军事领导机构的职能，隶属当时的阳泉军分区，内设政治股、军事股、军械股。1950年3月，阳泉军分区改称榆次军分区，阳泉工矿区人民武装部隶属榆次军分区。1950年10月，阳泉工矿区人民武装部列入中国人民解放军序列。

（二）阳泉市人民武装部

1952年3月，阳泉工矿区改建为阳泉市，阳泉工矿区人民武装部随之改称阳泉市人民武装部，隶属山西省军区。1954年8月，阳泉市增设兵役局，与阳泉市人民武装部为一套机构两个名称，内设组织动员科、征集科、预备役军官科、兵员登记科和民兵工作科。1958年8月，阳泉市兵役局（人民武装部）改隶于榆次军分区（1958年10月改称晋中军分区）。1958年11月，平定县、盂县、昔阳县三县兵役局（人民武装部）并入阳泉市兵役局（人民武装部）。1959年6月，恢复昔阳县、盂县二县兵役局（人民武装部）。1960年4月，恢复平定县兵役局（人民武装部）。1961年9月，阳泉市兵役局奉命撤销，只保留阳泉市人民武装部建制，内设作战训练科、组织动员科和政治工作科。同年12月，阳泉市人民武装部直属山西省军区。

1970年3月，增设中国人民解放军阳泉警备区，与阳泉市人民武装部合署办公，内设作战训练科、组织动员科、政治工作科和供应管理科。同年4月，阳泉市人民武装部改隶晋中军分区。1972年3月，阳泉市人民武装部重新直属于山西省军区。1983年7月，阳泉市实行市管县体制，平定县和盂县划归阳泉市。同年12月，平定县人民武装部和盂县人民武装部隶属阳泉市人民武装部。同时，阳泉市人民武装部开始履行师职权限，内设作战训练科、组织动员科、政治工作科、后勤装备科、机要科以及教导队、卫生所。

（三）阳泉军分区

1986年3月，阳泉市人民武装部改建为阳泉军分区，阳泉警备区同时改称阳泉警备司令部，与阳泉军分区合署办公，内设司令部、政治部、后勤部和直属教导队。同年5月，阳泉军分区所辖的城区、矿区、郊区、平定县、盂县人民武装部划归地方建制。1996年4月，各区县人民武装部重新列入中国人民解放军序列。

阳泉军分区是地方军事领导机构，隶属山西省军区，同时又是中共阳泉市委的军事工作部门和阳泉市人民政府的兵役机构，受山西省军区和中共阳泉市委、阳泉市人民政府双重领导，负责全市军事工作，主要是民兵预备役、兵役和国防动员工作。1986年以前，由中共阳泉市委书记兼任阳泉市人民武装部第一政委。1986年后，改为由中共阳泉市委书记兼任中共阳泉军分区党委第一书记。2010年，阳泉军分区内设司令部、政治部、后勤部，下辖干休所、修械所、民兵武器装备仓库、卫生所和城区、矿区、郊区、平定县、盂县5个区县人民武装部、182个基层人民武装部。

阳泉军分区辖5个区县人民武装部。区县人民武装部是中国共产党区县委员会的军事工作部门和区县人民政府的兵役机构，接受军地双重领导，负责民兵预备役、兵役和动员工作。1986年以前各区县党委书记兼任人民武装部第一政委，1986年后改兼中共区县人民武装部党委第一书记。

1. 阳泉市城区人民武装部

前身是阳泉市一区人民武装部和站上区人民武装部。一区人民武装部成立于1953年5月，1954年10月撤销。1963年2月，于重新设置站上区的同时组建站上区人民武装部。1965年10月，站上区人民武装部列入中国人民解放军序列。1969年1月，站上区改名为城区，站上区人民武装部也改名为阳泉市城区人民武装部。1986年5月，城区人民武装部划归地方建制。1996年4月，城区人民武装部重新列入中国人民解放军序列。

2. 阳泉市矿区人民武装部

1970年3月，组建阳泉市矿区人民武装部，与阳泉矿务局人民武装部采用两块牌子、两套人员、合署办公的组织形式。1980年1月，阳泉市矿区人民武装部与阳泉矿务局人民武装部分设。1986年5月，矿区人民武装部划归地方建制。1996年4月，矿区人民武装部重新收归军队建制。

3. 阳泉市郊区人民武装部

前身是阳泉市二区人民武装部，成立于1952年3月；1956年3月改名为阳泉市荫营区人民武装部；1957年8月改称阳泉市郊区人民武装部，1958年11月撤销。1959年6月至1961年4月间，重新设立阳泉市郊区人民武装部。1963年2月，重新设立荫营区人民武装部，并于1965年10月列入中国人民解放军序列。1969年1月，荫营区改称阳泉市郊区。1969年2月，荫营区人民武装部改称阳泉市郊区人民武装部。1986年5月，阳泉市郊区人民武装部划归地方建制。1996年4月，阳泉市郊区人民武装部重新列入中国人民解放军建制。

4. 平定县人民武装部

1949年10月中华人民共和国成立后，平定县人民武装部继续行使平定县军事领导机构职能，隶属榆次军分区（后改称晋中军分区）。1950年10月，平定县人民武装部列入中国人民解放军序列。1954年8月，平定县增设兵役局，与平定县人民武装部为一套机构两个名称。1961年9月，撤销平定县兵役局。1983年9月，平定县人民武装部划归阳泉市人民武装部。1986年5月，平定县人民武装部划归地方建制；1996年4月，重新列入中国人民解放军序列。

5. 盂县人民武装部

1949年10月中华人民共和国成立后，盂县人民武装部继续行使盂县军事领导机构的职能，隶属榆次军分区（后改称晋中军分区）。1950年10月，盂县人民武装部列入中国人民解放军序列。1954年8月，盂县增设兵役局，与盂县人民武装部为一套机构两个名称。1961年9月，撤销盂县兵役局。1983年9月，盂县人民武装部划归阳泉市人民武装部。1986年5月，盂县人民武装部划归地方建制。1996年4月，盂县人民武装部重新列入中国人民解放军序列。

第二节 驻 军

一、清军盂寿营

清康熙六年（1667）在盂县设盂寿营，为绿营兵建制，隶属太原镇驻平阳总兵官，负责平定州以及盂县、寿阳县的守备。盂寿营有游击一员，驻盂县。下辖中军守备一员，驻寿阳；千总一员，驻盂县中社汛；把总三员，分别驻平定州城、牵牛汛和西烟汛。盂寿营下设分汛56处，其中有40处位于今阳泉市境内：车轮、忽川口（今活川口）、梁家寨、萧家会（今肖家汇）、石堂（今石塘）、宋庄、苌池、上社、张城堡、木口（今东木口）、古石铺、下社、庄头（今东庄头）、石旧都、牵牛镇、白土坡、清池（今清城）、南管（今东南管）、仙人村、山北、窟里（属西烟）、新店村、测石村、坡头村、新兴镇（今辛兴）、赛鱼镇（今赛鱼）、平潭镇（今矿区平潭街）、义井镇（今义井）、南天门（在今平定县城之西的黑砂岭）、砻石村（今为南北砻石）、西郊镇（今西郊）、石门口、桥头村、柏井镇（今柏井）、八里桥（不详）、固驿铺、槐树铺、旧关、西家庄、柏木井。清康熙四十四年（1705），盂寿营增辖乐平营把总，所辖分汛增至63处。康熙四十二年（1703）至雍正三年（1725），盂寿营游击驻平定州城。同治元年（1862），设平定营，隶属盂寿营。新增桃坡、千亩坪、辛庄、管头4汛，俱在今阳泉市境内。

盂寿营编制始为700人，其中马兵70人、步兵430人、守兵200人。清乾隆四十七年（1782），编制增为792人，其中马兵104人、步兵456人、守兵232人。后经数次裁减，到光绪年间，减为552人，其中马兵66人、步兵333人、守兵153人。

二、民国驻军

（一）晋军和国民革命军

民国前期，晋军和国民革命军先后有十余支部队驻扎境内，时间数月至数年不等。民国14年（1925）冬，晋军1个团驻盂县，翌年春撤走。民国19年，参加阎（锡山）冯（玉祥）倒蒋（介石）的高桂滋部陆军第11军，在中原大战中战败，由山东退驻平定，旋改编为正太护路军第11师，受正太护路军司令孙楚节制。同年，晋军李生达部72师驻阳泉。民国20年，晋军炮9团驻盂县，时间长达一年。民国21年，晋军陈长捷部208旅驻平定。民国22年，国民党29军37师冯治安部1个团驻平定。同年，29军38师张自忠部佟潭光旅驻阳泉、平定。民国24年，晋军413团驻盂县东关，于抗日战争爆发前夕撤走。同年，晋军1个工兵营驻盂县清城和三都（今属阳泉市郊区）等地，修筑阳泉至盂县的公路。民国26年4月，山西国民兵军官教导5团驻平定。晋绥军炮兵30团刘倚衡部、晋绥军新编炮兵第10团白长胜部驻娘子关、旧关。同年7月，晋绥军新编第2师金宪章部驻盂县西烟，因骚扰百姓，破坏抗日，遭到百姓反对，被迫于民国28年撤离盂县。

民国34年（1945）8月日本投降后，阎锡山派其第66师陈震东部进驻阳泉、平定，抢先进行“接收”。民国35年5月，太原绥靖公署独立第10总队荆谊部驻阳泉地区，其所属2团驻阳泉，3团驻平定。同时驻阳泉的还有由“残留”日军改编的山西野战军第5大队（大队长薮田信雄，改名为苏信雄）。民国36年4月，阎军暂编49师1团驻盂县。

（二）抗日根据地驻军

1. 晋察冀军区部队

民国26年（1937）10月，八路军120师359旅派出以刘道生为团长的战地工作团进驻盂县及平定路北地区，发动群众进行抗日武装斗争。

民国26年（1937）11月，晋察冀军区第四军分区成立，司令员先后为周建屏、熊伯涛、陈正湘，政治委员刘道生，第四军分区7大队驻盂县。民国27年，第四军分区9大队接替7大队驻盂县。民国28年，晋察冀军区第二军分区19团驻盂县，在盂县及邻近的寿阳地区开展游击战争。同时活动于盂县的还有第二军分区特务营。民国36年4月，晋察冀军区第二军分区司令部驻盂县。

2. 晋冀鲁豫军区部队

民国26年（1937）10月，八路军129师奉命驰援娘子关，在平定县七亘、马山、长生口、测鱼等地开展游击战争。同月，冀豫晋军区成立，后发展为太行军区、晋冀鲁豫军区。平定县正太铁路以南地区大致属第一军分区及第二军分区。在抗日战争和解放战争时期，平定县正太铁路之南地区部署有八路军129师兼太行军区部队。

三、阳泉建市后驻军

（一）驻阳泉执行任务部队

91701部队。组建于1950年。2005年，该部被海军、海军后勤部评为“从严治军先进单位”。多次被评为山西省军民共建先进单位，阳泉市双拥先进单位和精神文明建设标兵单位。

66442部队。组建于民国38年（1949）7月。该部队多次被总部和军区授予安全管理先进单位、基层全面建设先进单位和科技练兵先进单位等荣誉，2005年被山西省人民政府评为“军民共建先进单位”。

66488部队。始建于1950年2月。该部多次获得总后勤部、北京军区及部领导授予的荣誉。

66447部队。组建于1952年7月。部队先后19次受到军委、总部、军区及部领导表彰。

93616部队81分队。该部长期驻阳泉执行任务。

总装备部北京军事代表局驻阳泉地区军事代表室。组建于1950年3月。1989年至2010年，军事代表室取得科研和技术革新项目成果10项，其中1项获国家国防科学技术二等奖、4项获军队科技进步三等奖、2项获军队科技进步四等奖。

（二）“三支两军”部队

根据上级指示，1967年3月，中国人民解放军4660部队进驻阳泉，担负“三支两军”（支工，支农，支左；军管，军训）任务，后撤离。1968年6月，中国人民解放军4594部队进驻阳泉，对阳泉实行军管，后撤离。7月，中国人民解放军4594部队进驻平定，对平定实行军管，后撤离。

（三）中国人民解放军基建工程兵部队

1978年，中国人民解放军基建工程兵00433部队奉命开赴阳泉贵石沟矿区，参加煤矿建设。3月，先头部队进入阳泉贵石沟矿区；6月，该部2600余人全部到齐。进矿后，该部把主要力量放在六号层斜井的恢复上；此外还参与了铁路专线、矿区道路和输电线路的建设。为了加强这支部队的煤矿建设能力，根据上级指示，阳泉矿务局抽调了一批干部、工程技术人员和技术工人对这支部队进行充实。1983年5月17日，该部奉命集体转业，改建为阳泉矿务局第三工程处，下辖矿建工区、土建工区、机电工区和运输队，继续进行贵石沟新区的建设。到1987年，全处有职工1890人，其中各类专业技术人员36人；拥有大、中型施工机械739台；固定资产总值达1043.76万元，成为具有承担矿建、土建和机电安装工程资质的二级综合性施工企业。

第三节　地方武装

一、保甲团练

明嘉靖二十年（1541），蒙古鞑靼部首领俺答、吉囊率兵南下，边防紧张。盂县组织团练进行防守，招募民壮、兵勇1500名，设团总。至万历末年，边防宁静，团练遂废。

清咸丰十年（1860），平定州知州董汇芳举办团防，邀集州绅蔡久新等十余人，捐资费，备器械，设立团局，招募壮勇300名，分派到各隘口防守。光绪二十八年（1902），境内推行团防。各村设有保甲。每家出一丁；十家为一牌，设牌长一人；十牌为一甲，设甲长一人；十甲为一村，设保正一人、保副二人。有事甲长传牌长，牌长传十家，一呼而集。团练亦按村组织。甲长即团长，牌长即队长。以团练担负地方防卫任务。

二、保卫团和国民兵团

民国11年（1922），平定县和盂县成立保卫团。保卫团负责保卫地方，维护地方社会治安。保卫团的编制为：县设总团，县长（知事）任总团长；区设区团，区长任区团长；各“编村”设村团，村长任村团长；村团下设数甲，以数名村副分任甲长；甲下设牌，一闾为一牌，闾长任牌长。同时规定，遇必要时，总团、区团、村团、甲牌均可添设副长，辅助办事。凡村中健壮男子，年龄为25～45岁者，均为团丁。其武器仅有大刀、长矛等。每年冬季，由各村选聘教员，专门传授军事技术及政治常识。

民国24年（1935），两县设“防共”保卫团，执行阎锡山“练民军，设兵备，靠枪杆以防共”的政策。其组织为：两县各设大队，属第八团（驻五台）管辖。大队设大队部，内设大队长1人、副官1人、大队附2人，还有士兵夫若干人。该组织中，班长以上职务由旧军人担任，士兵为各村壮丁。“防共”保卫团一部留驻县城，专事巡查抓人；一部派往各大村镇，负责对18～25岁的男子进行轮训，每期3个月。

从抗日战争到阳泉全境解放前，阎锡山在其管辖地区以县为单位建立“国民兵团”，设团长、副团长、团附各1人，并由县长兼国民兵团指导官。

三、抗日地方武装

（一）阳泉沦陷前的抗日地方武装

1. 阳泉煤矿工人抗日游击大队。民国26年（1937）7月抗日战争爆发，中国共产党阳泉矿区委员会以牺牲救国同盟会（简称牺盟会）阳泉矿区分会的名义，在各矿组建护矿队。9月，护矿队改称工人护矿自卫队。10月，以二矿厂和四矿厂的工人护矿自卫队为主，组建了阳泉煤矿工人抗日游击大队。该大队是山西最早的抗日武装之一。政委何英才（杨高梧），大队长王凤山（焦岐峰），下设五个中队，队员500余人。山西省牺盟会拨给枪支400支。10月30日，该大队转移到和顺县石拐镇。11月，在八路军129师协助下，与一同转移到和顺县石拐镇的正太铁路工人抗日游击队、平定县抗日游击队、平定青年抗日游击队3支抗日武装合编为平定抗日游击大队，大队长王凤山，政委何英才。翌年2月，该大队编入八路军129师秦（基伟）赖（际发）支队。

2. 正太铁路工人抗日游击队。民国26年（1937）10月，中共正太铁路沿线特委在山西牺盟总会特派员朱效成、刘化南配合下，在阳泉组建了正太铁路工人抗日游击队。政委陶希晋，队长马次青，有队员100多人。山西牺盟总会拨给枪支100支，八路军129师派教官张广才、杨浩明进行军事训练。日军占领阳泉（10月30日）前，转移到和顺县石拐镇。11月，编入平定抗日游击大队。

3. 平定县抗日游击队。民国26年（1937）9月，中共平定县工委在牺盟会平定中心区、牺盟会平定县分会的配合下，组建了平定县抗日游击队。该游击队有队员近百人，队长葛谒如，政治指导员郭庆年。山西牺盟总会拨给一批枪支弹药，山西国民兵军官教导5团和八路军129师还派人进行军事训练。日军占领平定（10月29日）前，平定县抗日游击队转移到和顺县石拐镇。11月，编入平定抗日游击大队。

4. 平定青年抗日游击队。民国26年（1937）9月，在牺盟会平定中心区、牺盟会平定县分会的配合下，中共平定县工委组建了平定青年抗日游击队。该游击队有队员100余人，队长先后为赵虎城、王谦，政治指导员为孙竹庭。山西牺盟总会拨给平定青年抗日游击队一批枪支弹药，山西国民兵军官教导5团和八路军129师还派人进行军事训练。日军占领平定（10月29日）前，平定青年抗日游击队转移到和顺县石拐镇。11月，编入平定抗日游击大队。

5. 平定抗日游击大队。民国26年（1937）11月，从阳泉和平定转移到和顺县石拐镇的4支抗日武装（阳泉煤矿工人抗日游击大队、正太铁路工人抗日游击队、平定县抗日游击队、平定青年抗日游击队），在八路军129师协助下，合编为平定抗日游击大队，大队长王凤山，政委何英才。队员以阳泉煤矿工人、铁路工人为主，包括部分青年学生，人数约五六百人。翌年2月，该大队编入八路军129师秦（基伟）赖（际发）支队。

6. 荫营抗日义勇军。民国26年（1937）9月，中共平定县工委和荫营支部在荫营组建了平定农村第一支抗日武装——荫营抗日义勇军。队长赵石青，有队员20多名。牺盟会平定中心区发给荫营抗日义勇军步枪20支和弹药20箱。同年10月，八路军120师359旅战地工作团到平定路北地区开展工作，平定抗日义勇军大部分成员参加了战地工作团，该组织遂自行解散。

（二）路北抗日地方武装

1. 盂平阳寿榆五县抗日游击大队。民国26年（1937）10月，中共盂（县）平（定）阳（曲）寿（阳）榆（次）五县特委成立后，动员五县的爱国青年组成盂（县）平（定）阳（曲）寿（阳）榆（次）五县抗日游击大队，大队长为贺湘龙。同年11月，改组为盂（县）平（定）阳（曲）寿（阳）榆（次）五县第一游击司令部，司令员阮平，政委陈宜胜。不久编入晋察冀军区第四军分区3支队7大队。

2. 平定（路北）抗日游击大队。民国26年（1937）11月，中共平定（路北）县工委成立不久，在河底镇组建了平定（路北）抗日游击大队，大队长贺湘龙，政委郭梦秋，下设3个中队，有队员300余人。同年12月，日军侵占河底，该大队撤往盂县境，随后编入晋察冀军区第四军分区3支队7大队。

3. 盂县基干游击大队。民国27年（1938）1月，中国共产党在盂县组建了人民武装抗日自卫总队，下辖4个区大队。3月，为了机动灵活地打击敌人，盂县县委、县政府把人民武装抗日自卫总队所属4个大队的队员集中到石家塔。在进行短期训练后，于6月组建为盂县基干游击大队。盂县基干游击大队有队员70余人，大队长由武长珠担任，政委由高特担任。下设三个中队，其中一个中队深入敌后，相机袭击和瓦解敌人；一个中队到神泉、苌池、西邢、南社一带发动群众，组织抗日群众团体；一个中队在抗日县政府所在地作为机动力量使用。民国29年（1940）8月百团大战时，盂县基干游击大队发展到300余人。民国30年，为粉碎日军的“扫荡”，盂县基干游击大队在全县各区组织区基干游击队，也称区小队，斗争残酷地区称武装工作队（简称武工队）。区小队人数不等，少的有十几人，多的有二三十人。民国31年，盂阳、盂平两县成立后，新组建盂阳县基干游击大队。原盂县基干游击大队一部分队员补充了晋察冀军区第二军分区19团，所余的120余人编为1个中队，编入盂阳县基干游击大队。

4. 平定（路北）县大队。民国27年（1938）至民国36年，平定（路北）县境内先后有三支县大队。（1）民国27年12月，晋察冀军区第二军分区芦（来发）支队调到平定（路北）县，改称平定（路北）县大队，大队长马天祥，政委芦来发。民国29年6月，芦支队调回第二军分区。（2）民国29年6月，晋察冀军区第四军分区将原在井陉一带活动的平（定）井（陉）获（鹿）支队正太大队调到平定（路北）县，接替调走的芦支队，作为平定（路北）县的地方武装。民国30年12月，以正太大队及平定（路北）县基干游击队（成立于民国27年11月）之各一部为基础，组建了新的平定（路北）县大队，大队长谭珠生，教导员罗邦海，下辖3个分队，有队员200名。正太大队其余部分编入晋察冀军区第四军分区9区队。民国33年8月，平定（路北）县大队与9区队之一部合编为平定（路北）县支队，支队长温藏宝，政委郭一平，下辖4个连和1个交通队，有队员300名。翌年8月，该支队编入冀晋军区第四军分区47团。（3）民国34年9月，平定（路北）县委以各区区小队为基础，重新组建了平定（路北）县大队，大队长李鸣岐，政委梁晋平，下辖3个连，有队员300余人。民国36年5月阳泉建市后，平定（路北）县大队编入阳泉市警卫大队。

5. 盂阳县基干游击大队。民国31年（1942）8月，中共盂（县）阳（曲）县委成立后，在原盂县基干游击大队和阳（曲）东县基干游击大队的基础上，建立了盂阳县基干游击大队，大队长先后由谢贵山、董维汉担任，政委由武长珠担任。下设3个中队，有队员200余名。盂阳县大部地区为敌占区和游击区，斗争环境较为残酷。盂阳县基干游击大队配合军区部队进行了艰苦卓绝的斗争。

6. 平定（路北）县武工队。民国31年（1942）9月，为了开展敌占区工作，在晋察冀军区第四军分区协助下，中共平定（路北）县委组建了平定（路北）县武装工作队（简称武工队），有队员30多人，分长枪、手枪两个班。翌年9月，队员分赴各区建立区小队。民国33年11月，武工队又恢复活动，至民国35年3月撤销。队长先后为王起、王成琏、王联保，政委先后为张浩昌、李煦明。

7. 盂阳县抗日游击支队。民国32年（1943）春，盂阳县基干游击大队经扩兵整训，在西潘整编为盂阳县抗日游击支队，下设4个中队，兵力达400余人，支队长为张茂生，政委先后为李振江、张淮三、张德胜。民国33年（1944）11月，盂阳县抗日游击支队编入冀晋军区第二军分区43团。

（三）路南抗日地方武装

1. 平（定）西县大队。民国27年（1938）2月，中共平（定）西县委组建了平（定）西县抗日游击队，队长先后为史占祥、葛跃臣，指导员先后为余子宜、贾治忠。民国29年初，改名为平（定）西县大队。民国34年9月，改名为平（定）西县基干队，又称平（定）西县独立营。队长（营长）由先后担任县长的杜祯祥、寇宏业兼任；政委由先后担任县委书记的李经林、赵雨亭、裴效贤、贾立俊兼任。民国35年4月，编入平定（路南）县独立团。

2. 平（定）东县独立营。民国27年（1938）5月，八路军129师385旅派出由王谦等人组成的工作团进驻平（定）东县，组建了两支抗日武装。一支是同年7月以385旅的一个连队为基础组建的正太铁路沿线游击队，队长先后为周向茂、高会所，教导员先后为尚炯、李玉林，下设4个分队，有队员400余人。同年10月，正太铁路沿线游击队所属的两个分队200余人编入129师。另一支是同年10月在各村抗日自卫队轮训的基础上组建的平（定）东县警卫队，又称平（定）东县大队。下设3个中队，队长王永新，指导员霍升第。民国29年4月，叛徒张振寰、高会所勾结驻张庄、柏井、冶头、旧关的日军，将驻大东岔村进行整训的正太铁路沿线游击队包围，仅有少数战士突围，造成重大损失。根据事态发展，中共平（定）东县委将突围的战士与平（定）东县警卫队合编为平（定）东县独立营。营长先后为胡才祥、曹青海、李东文和赵吉昌，政委先后为李润林、谢治国和刘光。民国35年4月，平（东）县独立营与平（西）县独立营合编为平定（路南）县独立团。

四、解放区地方武装

民国35年（1946）4月，平（定）西县独立营、平（定）东县独立营合并为平定（路南）县独立团，团长严长春，政委赵雨亭。民国36年5月，编入太行军区42团。

五、阳泉建市后地方武装

（一）阳泉市警卫大队

民国36年（1947）5月，阳泉解放并设市。为保卫市区，维护社会秩序，保卫军政机关安全，冀晋军区第二军分区组建阳泉市警卫大队，队员有100余人，大队长石兴正，指导员马勇。民国37年（1948）夏，阳泉市警卫大队经补训，编入华北人民解放军第18兵团。

（二）武警阳泉市支队

即中国人民武装警察部队山西省总队阳泉市支队。1983年1月，在阳泉市公安局民警科的基础上组建中国人民武装警察部队阳泉市大队。1988年6月，武警阳泉市大队和武警山西省总队直属二支队三大队改编为武警阳泉市支队，受武警山西总队和地方政府双重领导，担负市委、市政府的警卫勤务、城市武装巡逻、武装看押、看守、各种临时性勤务及处置突发性事件等任务。

（三）武警阳泉市消防支队

即中国人民武装警察部队阳泉市消防支队，前身是阳泉市公安消防队、阳泉市公安消防大队。1992年2月，阳泉市公安消防大队改建为阳泉市公安消防支队（正团级），又称中国人民武装警察部队阳泉市消防支队。经过多年发展，支队规模逐步扩大，设施设备得到加强和更新。至2010年底，支队设司令部（办公室）、政治处、后勤处、防火监督处4个部门。下设7个消防大队、1个消防中队、1个消防特勤中队。

阳泉市消防支队救援现场

第三章 兵役

第一节 兵役制度

古代境内兵役情况缺少具体记载。清朝末年以后，境内实行的兵役制度主要有：募兵制、“兵农合一”征兵制、志愿兵役制、义务兵役制、义务兵与志愿兵相结合的兵役制度，以及以义务兵役制为主体的义务兵与志愿兵相结合、民兵与预备役相结合的兵役制度。

一、募兵制

清朝末年和民国初年，境内实行募兵制。应募者多为贫苦农民或社会游民，服役年龄和服役期限无明确规定，所以这种募兵制实际上是雇佣兵。军中士卒待遇很低，常遭官佐打骂。他们战时卖命当炮灰，平时欺压百姓，抢劫财物。

民国6年（1917）至民国18年，阎锡山的晋军在境内数次扩军，均采用募兵补充兵员。募兵的方法是：将任务分配到团以上各部队，划分募兵区域，发给募兵执照和募兵旗，由各部队派募兵人员插旗募兵，应募者多为破产穷苦农民。而在军阀混战期间，山西的战事相对较少，周边外省不堪战乱之苦来山西逃难的贫穷青年，也成为阎军招募的对象。

二、“兵农合一”征兵制

民国35年（1946），阎锡山在境内推行“兵农合一”的征兵制度。其具体内容是，在工厂和农村组织“兵商小组”“兵农小组”，每个小组由3人（后改为6人）组成，其中1人当常备兵入伍，其余当国民兵。阎锡山“兵农合一”征兵制度，遭到境内人民的强烈反对，人民大批逃避兵役，阎锡山不得不靠“抓丁”来弥补兵员不足。民国 36 年（1947）5 月，阳泉建市，“兵农合一”制度即自行终止。

三、志愿兵役制

抗日战争时期，八路军实行志愿兵役制。境内的中共党组织和抗日政府组建了十几支抗日武装，广泛发动群众，积极参加抗日武装。这种建立在动员和武装人民群众基础上的新型的兵役制度，对于壮大人民武装力量，开展人民战争，取得革命的胜利，发挥了重大作用。

解放战争时期，人民解放军同样实行志愿兵役制。境内中共党组织、民主政府发动群众踊跃参加晋察冀、晋冀豫根据地的中国人民解放军，特别是在解放平定县城、盂县县城、阳泉工矿区后，境内广大农村和工厂中的适龄青年积极报名加入中国人民解放军行列，掀起参军热潮。

中华人民共和国成立至 1954 年，境内实行志愿兵役制。1950 年冬，根据中共中央华北局和华北军区指示，山西省重新建设地方武装，征集新兵，并将任务下达各专区和市县。今阳泉市境内（市区、平定县、盂县）于 1950 年 10 月领受任务后，经过深入细致的宣传发动工作，在自愿报名的基础上，由公安和卫生部门实施政治审查和体格检查，再由村党支部推荐参军者名单。报区政府审定，经阳泉工矿区及各县人武部批准入伍。1951 年春节前圆满完成征集任务。1953 年，为支援抗美援朝，中共中央华北局和华北军区决定在山西省进行扩兵。任务下达后，境内广大青年以保家卫国的高度责任感，争先恐后报名参军。不到 40 天就保质保量完成了征兵任务。

四、义务兵役制

1954 年 11 月，根据政务院和中央军委的决定，今阳泉市境内按照义务兵役制的原则，试行征集义务兵。1955 年 7 月，国家颁布《中华人民共和国兵役法》，规定凡年满 18 岁的公民，不分民族、职业、社会出身、宗教信仰、教育程度，都有服兵役的义务。根据规定，境内各级人民政府及兵役机关广泛进行征兵宣传，符合条件的人员到兵役机关或政府部门进行兵役登记，对确定的应征对象进行体格检查和政治审查，然后确定参军人员，由兵役机关送达部队。1978 年 3 月，根据第五届全国人民代表大会常务会议的决定，境内实行义务兵与志愿兵相结合的兵役制度。

五、民兵与预备役相结合

1984 年 5 月，新的《中华人民共和国兵役法》颁布后，境内实行以义务兵役制为主体的义务兵与志愿兵相结合、民兵与预备役相结合的兵役制度。根据规定，18 岁到 35 岁符合服兵役条件的男性公民，除服现役者外，均服士兵预备役。士兵预备役分两类：第一类预备役为基干民兵，包括 28 岁以下的退伍士兵、经过军事训练的人员和军外专业技术人员；年满 29 岁即转入第二类预备役。第二类预备役士兵为普通民兵，包括第一类转入第二类的预备役士兵和其他应服士兵预备役的民兵。第二类预备役士兵年满 36 岁退出预备役。到 1985 年底，预备役编组工作基本结束。

第二节　兵役机构

阳泉市境内民国之前无兵役机构的记载。民国初，晋军的数次扩充，均采用招募的办法，由各部队的团一级进行募兵，境内亦未设专门的兵役机构。民国 22 年（1933）8 月，国民政府颁布兵役法，在全国实行征兵制，要求从民国 25 年正式实施。由于抗日战争开始，未按兵役法建立征兵机构。

抗日战争和解放战争时期，中国共产党领导的边区和解放区政府设立的武装部门同时也是兵役机构。具体情况是：

正太铁路（今石太线）以北的平定（路北）县于民国 27 年（1938）4 月成立抗日武装自卫总队，民国 29 年 1 月改称人民武装自卫委员会，民国 30 年 12 月改建为人民武装部。盂县于民国 27 年 2 月组建人民武装抗日自卫总队，民国 28 年 2 月改称人民武装抗日委员会，民国 30 年 12 月改组为人民武装部。民国 31 年 8 月，撤销盂县及其人武部，设置盂（县）阳（曲）县和盂（县）平（山）县，并分别组建人民武装部。民国 34 年 8 月，撤销盂阳县和盂平县及其人武部，恢复盂县及其人武部。

正太铁路以南的平（定）东县于民国 27 年（1938）10 月成立人民武装抗日自卫总队，民国 28 年夏改称县政府武装科，民国 30 年 5 月，成立人民武装自卫委员会。平（定）西县于民国 27 年 2 月成立县政府武装科，同年 11 月扩编为人民武装抗日自卫总队，民国 31 年 2 月改称人民武装自卫委员会。民国 35 年 6 月，平东县与平西县合并为平定（路南）县，设平定（路南）县人民武装委员会。

民国36年（1947）5月，阳泉市成立。同年7月，组建阳泉市人民武装部。民国37年8月，随着平定（路北）县、平定（路南）县合并为平定县，两县的兵役机构也合组为平定县人民武装委员会，不久改称平定县人民武装部。民国38年9月中旬，阳泉市改称阳泉工矿区后，人武部也改称阳泉工矿区人民武装部。

中华人民共和国成立后，境内的兵役机构先后为阳泉工矿区人民武装部（1949年10月至1952年3月）、阳泉市人民武装部（1952年3月至1986年3月）、晋中（榆次）军分区所属平定县和盂县人民武装部（1949年10月至1983年7月），阳泉军分区及其所属各区县人民武装部（1986年3月始）。

第三节　兵员征集

一、志愿兵征集

抗日战争和解放战争时期，八路军、解放军实行志愿兵役制，由边区和解放区政府动员民众参军，部队也一面打仗一面扩军，或派出工作团动员参军。征集兵员的条件较宽，年龄和出身要求都不太严格，只要身体健壮，愿意革命和愿意打倒帝国主义即可，手续也较简便，经过宣传动员，一般自愿报名后即可参军。

抗日战争中，中国共产党地方组织和抗日政府在境内广大山区、农村建立抗日根据地，组建抗日武装。通过大规模的宣传发动工作，广泛吸收爱国、抗日的青壮年参军。参加抗日武装的人员既有根据地内的青壮年，也有从敌占区前来抗日根据地投身抗日的爱国人士。民国26年(1937)10月，阳泉煤矿二矿厂和四矿厂的500余名矿工志愿参加阳泉煤矿工人抗日游击大队，后编入八路军129师秦（基伟）赖（际发）支队。民国29年9月，百团大战第一战役取得胜利后，境内有200多名矿工志愿报名参加八路军。据不完全统计，抗日战争时期境内共有14740人参军。

解放战争开始后，境内的各级党组织和民主政府广泛发动青壮年参加中国人民解放军。民国36年（1947）10月，阳泉市成立扩军委员会，进行首次扩军，以个别动员方式开展工作。境内青壮年积极应征入伍，出现了父送子、妻送郎、兄弟争相上战场的参军热潮。平潭街村一次就有杨达生、杨文元、王进科等14名青年报名参军。解放战争时期，解放军还以解放战士补充部队。在阳寿战役中被俘的大批阎军士兵，他们出身于贫苦农民，被迫当兵，被俘后很大一部分经过教育后自愿加入人民解放军部队，愿回乡的发给路费回乡。据统计，解放战争时期境内共有7981人参军。

中华人民共和国成立初期，境内根据国家的政策法令，逐年按计划征集新兵。由村党支部推荐入伍名单，再由公安和卫生部门进行政治审查和体格检查，然后报区政府审定，最后经阳泉工矿区（阳泉市）人民武装部批准入伍。1950 年 12 月，在抗美援朝运动中，阳泉矿务局根据志愿，选派 60 名优秀青年职工奔赴前线，加入中国人民志愿军铁道兵团。至 1953 年，境内总计征集志愿兵 26811 人。

二、义务兵征集

1954 年，境内按义务兵役制原则试行征兵。1955 年 7 月，《中华人民共和国兵役法》颁布，境内正式实行义务兵役制。义务兵征集于春季进行，每年一次，少数年份二次，个别年份未征。

1991 年开始，征兵工作由春季改为冬季进行。征兵工作以《中华人民共和国兵役法》《征兵工作条例》和《山西省征兵工作实施办法》为依据，认真贯彻《山西省义务兵征集和优待条例》，征集优抚一起抓，保证征集任务的完成。对于到特别艰苦地区服役的新兵，采取特别优惠政策加以鼓励。

征集义务兵的工作分为组织准备和宣传发动、体格检查、政治审查、审批定兵、交接和起运新兵 5 个阶段。在组织准备和宣传发动阶段，深化全民国防教育，强化依法征兵的宣传教育，使报名登记人数大大超过应征人数。在体格检查和政治审查阶段，按兵役法和国家统一标准，严格把关，保证将身体健康、政治思想品质好的青年输送给部队。在审批定兵工作中，人武部与接兵部队密切配合，相互协作，妥善处理征兵过程中的各项问题。交接和起运新兵阶段工作严格按计划组织实施，做到运转有序、完成准时、工作到位、按时起运。

在征兵工作中，严格落实政策规定，严格坚持按征兵政策和征兵命令办事，严格执行“廉洁征兵八不准”政策规定，坚决防止和纠正征兵工作中的不正之风。为达此目的，从组织机构、工作流程、重点环节、群众监督等方面，采取了一系列具体措施，有效杜绝了违规行为。从 1954 年实行义务兵役制开始到 2010 年，由于组织严密，责任到位，阳泉市境内的征兵工作多次受到上级的表扬和奖励。

征兵体检

第四节　兵役管理

一、兵役登记

1955年《中华人民共和国兵役法》颁布。境内每年对符合要求的应征对象按所在乡村和居委会进行摸底登记，然后由县、区人民武装部汇总、存档备案，为征兵工作的进行奠定基础。

1984年，新《中华人民共和国兵役法》颁布。每年9月，境内兵役机关均召开专门工作会议，向所属县区和大型厂矿企业人武部安排部署兵役登记工作，由乡镇、街道基层人武部对所辖范围的适龄青年进行兵役登记，并颁发兵役登记证。兵役登记的年龄范围为当年满18岁至20岁的公民，企事业单位的青年登记到21岁，应届高中毕业生满17岁，本人自愿的，也要进行登记。

兵役登记的过程是：（1）准备阶段，对兵役登记工作进行具体安排；（2）宣传发动，利用广播、电视、报纸、板报、标语等多种媒体，广泛散发宣传资料，进行宣传；（3）报名登记，抓点带面，扎实工作；（4）总结报告。

二、预备役登记

境内预备役登记工作始于20世纪50年代初。1950年1月1日至1954年12月31日期间，由市武装部对复员转业的副排级以上干部统一进行预备役军官登记。根据1955年颁布的第一部《中华人民共和国兵役法》，境内于1956年秋冬在民兵中进行预备役登记，并对复员、退伍、转业军人进行预备役士兵和预备役军官登记。取消军衔制后，预备役登记工作停止。

1978年，第五届全国人民代表大会常务委员会议决定，实行义务兵与志愿兵相结合的兵役制度。1980年，市、区均成立了军队转业干部预备役登记办公室，对当年和1980年以前回乡的退伍军人进行预备役登记。1981年开始，仅对退伍军人中符合条件者进行预备役登记，同时对转业军官也进行预备役登记。

根据1984年5月颁布的《中华人民共和国兵役法》，境内18岁到35岁符合服兵役条件的男性公民，除服现役者外，均编入组织，服士兵预备役。士兵预备役分两类：第一类预备役为基干民兵，包括28岁以下的退伍士兵，经过军事训练的人员和军外专业技术人员。第一类预备役士兵，29岁转入第二类预备役。第二类预备役士兵为普通民兵，一类转入第二类的预备役士兵和其他应服士兵预备役的民兵。第二类预备役士兵，36岁退出预备役。到1985年底，阳泉市预备役编组工作基本结束。

1996年，军分区会同民政部门对全市退伍军人的预备役登记和专业技术兵的储备进行了一次全面调查摸底，同时进一步着力解决如何管得住、收得拢的问题，以适应未来战争对后备兵员的要求。

1991 年至 2005 年，逐年进行了退伍军人预备役登记，对当年完成的退伍军人预备役登记人数、技术兵人数、超龄注销人数以及历年全市服各类预备役人数进行了统计。

三、复转退伍军人安置

民国 34 年（1945）9 月至民国 38 年 9 月，解放区各县相继成立复员安置委员会，负责复转退伍军人的安置工作。其间，盂县安置 440 余人，其中有复退军人 275 人，外籍老红军 4 人，其他人员 160 多人。平定县到 1950 年共接收安置复转军人 1700 余人。

1951 年，复员安置委员会改称转业建设委员会。1950 年至 1957 年，每年都有一批复员军人转业到地方。

1958 年，境内开始接收安置义务兵，根据“面向农村、面向生产，从哪里来，回哪里去”的原则妥善进行安置。当年市区安置 86 人，平定县安置 631 人。1959 年，市区安置退伍军人 251 人，其中安置在厂矿企业的 234 人，安置回乡的 17 人。1964 年，平定县接收安置退伍军人 113 人，其中复工复职的 26 人，复学的 1 人，重新安排工作的 22 人，回农村的 64 人。1969 年至 1979 年，市区共接收安置退伍军人 2801 人。

1978 年以后，乡镇企业蓬勃发展，为安置退伍军人创造了条件。安置工作除坚持“从哪里来，回哪里去”和“鼓励先进，鞭策后进，区别对待”的方针外，还注意开发使用军地两用人才。在安置过程中，尽可能体现专业对口的原则。安置办公室附设军地两用人才介绍所，为学有专长的退伍军人搭桥找门路，安排的人员中有汽车司机、测绘员、炊事员、理发员等，使人尽其才，充分发挥退伍军人的一技之长。至 1990 年，全市接收安置退伍军人共 9858 人，其中除 2500 多人按专业对口安置外，其余均安排在乡村企业工作。

20 世纪 90 年代，各区县制定“抓优抚、保安置、帮致富、办实事”的活动方案。21 世纪初，随着人才市场逐渐成熟，各级政府多方开辟就业渠道，安置退伍军人就业。复转军人安置后均努力工作，充分发挥专长，成为所在单位经济建设的骨干力量。有的成为生产能手、劳动模范，有的被选为县、乡、村干部，还有的参加金融系统考试合格后，被聘为国家干部。

转业志愿兵安置，依照国务院、中央军委颁的《中国人民解放军志愿兵退出现役暂行办法》的规定，主要根据本人特长，原则上由入伍时户口所在县（市）退伍安置部门安排工作，也有的由其爱人户口所在地安置工作，所需安置劳动指标，由劳动部门统筹安排。

第四章 预备役部队与民兵

第一节　预备役步兵部队

山西陆军预备役步兵团于1998年8月改编移防山西省阳泉市，主要担负快速动员、集结和遂行防御作战的任务，团机关驻阳泉经济技术开发区。全团在阳泉市三区两县、15个部（委、局）、28个乡（镇）、278个行政村、43个厂矿企事业单位建立营连部、设立班排，编满兵员。团队完成了调整组建、教育训练、营房建设、正规化建设、预备役部队党组织建设、参加地方物质文明和精神文明建设等各项工作任务，多次受到省军区和师表彰，被评为先进预备役团，战备训练、正规化建设和从严治军先进单位；被山西省双拥工作领导组和阳泉市委、市政府、军分区表彰为拥政爱民先进集体。

预备役步兵某团以新时期军事战略方针为指导，坚持全面按纲施训，突出现役干部、专业技术骨干业务基础训练和分队成建制训练，加强基地化、模拟化和网络化训练，逐步完善训练配套设施，有效提高了部队快速动员和遂行作战任务的能力。

现役军官组织队列训练

第二节 民 兵

一、建制

（一）领导体制

在中共中央、中央军委的统一领导下，实行军事系统和地方党委的双重领导制度，是民兵工作的传统领导体制，也是阳泉民兵的传统。

军事系统的领导。抗日战争和解放战争时期，境内各县设立武委会和人民武装部（武装科）。中华人民共和国成立后，按照市的行政区划先后设立人民武装部和军分区，按照县区的行政区划设立人民武装部。军分区以主要精力和主要力量做民兵工作，军分区的司令部、政治部，就是民兵司令部、政治部。县区人民武装部具体组织实施民兵工作，负责民兵的全面建设，指挥、带领民兵参战、支前和执行各种急、难、险、重任务。阳泉军分区下辖5个县区人民武装部和182个基层人民武装部。

中共地方党委管武装。抗日战争和解放战争时期，民兵工作统一由各级党委领导，并有专人负责。武委会干部经常向党委报告工作，主动与党委联系。县、区人民武装部是同级党委的军事部门，人武部的政委由县委书记、区委书记兼任，武装部领导参加同级党委。人武部坚决执行上级军事机关与同级党委的决议、决定和指示。中华人民共和国成立之初，中共阳泉市委书记及各县（区）委书记均兼任市、县（区）人民武装部的政治委员。1958年，市委书记、县（区）委书记分别兼任同级人武部门的第一政委。“文化大革命”中，地方党委书记兼任武装部门第一政委的制度一度中断。1978年重新恢复这项制度。其后，中共阳泉市委每年召开一次会议，专门研究加强党对民兵工作的领导等问题，并形成制度，即所说的“议军”制度。1986年5月以后改由市委书记、县区委书记兼任同级人武部门的第一书记。第一政委或第一书记都把搞好民兵工作作为自己的职责，凡是有关民兵工作的方针、政策、指示、规定，都在党的会议上研究，提出贯彻落实的措施；检查工作时，同时检查了解民兵工作情况，发现问题及时解决。各基层党组织普遍做到“三定五抓”（定任务，定制度，定协作；抓组织健全，抓政治纯洁，抓干部管理教育，抓民兵活动，抓复退军人和军烈属工作）。

人民武装委员会。是中共阳泉市委设立的领导人民武装工作的专门机构。阳泉市境内于1953年初成立市及县、区人民武装委员会，由同级党委书记任主任。1959年12月至1962年2月一度改称民兵工作组。自1966年“文化大革命”开始至1978年10月，人民武装委员会的工作一度中断。1978年11月恢复市、县（区）人民武装委员会。市人民武装委员会由市委、市政府、军分区，以及计委、公安、财政、农林、教育、民政、体委等部门和工会、共青团、妇联等组织的负责人组成。人民武装委员会的主要任务是贯彻执行中共中央、国务院、中央军委有关民兵建设的各项方针、政策和指示，根据《民兵工作条例》和上级党委、军事机关的有关指示，研究解决民兵工作的重要问题，贯彻执行兵员动员和转业、复员、退伍战士安置工作的方针、政策。

（二）队伍建设

1. 抗日战争中的民兵组织

民国 27 年（1938）1 月，中国共产党领导的抗日根据地盂县、平定（路北）县、平（定）东县和平（定）西县均建立了人民武装抗日自卫总队。其组织形式是：县设总队部，区设大队部，各村或联村设中队部。县、区、村长分别担任自卫队的各级领导。自卫队的任务是站岗放哨，送情报，掩护群众生产、坚壁清野、破坏敌人交通等。民兵是武装抗日自卫队的骨干，包括青年抗日先锋队（简称“青抗先”）、模范自卫队（又称“基干队”）、普通自卫队和妇女抗日队。从民国 28 年（1939）2 月起，境内各县先后将人民武装自卫队改建为人民武装抗日委员会（简称武委会），作为民兵组织的领导机构。

2. 解放战争时期的民兵组织

解放战争时期，境内民兵组成随军担架队、运输队、治安队和生产保卫队，担负支援前线，协同主力部队作战的任务。妇女民兵在男民兵大量参军、支前的情况下，由妇救会组织起来，从事缝补、浆洗、看护伤病员，参加生产等繁重的后方勤务。民国 36 年（1947）年 5 月阳泉建市后，市区和矿区也建立了民兵组织，承担维护社会治安，保卫新政权的任务；市内小阳泉村、平潭垴村和平潭街村均成立了民兵大队。

3. 实行普遍民兵制度

中华人民共和国成立初期，实行普遍民兵制度，境内民兵队伍迅速发展。1956 年，境内结合划乡整社工作整顿民兵组织，普遍建立和健全了民兵乡队部。1957 年，境内各厂矿企业和街道均建立了武装部，负责武装和民兵工作。1958 年 10 月，根据毛泽东主席“大办民兵师”的号召和中共中央《关于民兵问题的决定》，境内普遍建立和扩大了民兵组织。到 1960 年 5 月，阳泉市境内民兵共编成 12 个师、57 个团、270 个营、1156 个连、4192 个排，有民兵 212152 人，占适龄人口的 80% 以上。1961 年，各公社均建立民兵团，生产大队建立民兵营（连）和基干民兵排。1962 年，根据毛泽东主席“民兵工作要做到组织落实、政治落实、军事落实”的指示，境内对民兵组织进行了整顿，达到民兵工作“三落实”要求的单位有 474 个，占总数的 93%。

1966 年“文化大革命”开始后，民兵组织陷于瘫痪、半瘫痪状态，正常活动基本停止。1969 年 3 月，遵照毛泽东主席关于“要准备打仗”的指示，民兵组织得到恢复。1973 年 3 月，阳泉市设民兵独立团 2 个。同年 12 月，民兵独立团改称民兵武装基干团。1975 年，境内组建预备役师。

4. 民兵组织调整改革

（1）民兵与预备役结合

中共十一届三中全会以后，境内实行民兵与预备役相结合的制度。1981 年，阳泉市将符合条件的 18 ～ 35 岁男性公民编入民兵组织，同时确定其服预备役。基干民兵为第一类预备役，普通民兵为第二类预备役。通过民兵组织把绝大部分预备役人员管理起来。凡建立民兵组织的单位，民兵和预备役的教育、训练以及预备役人员的登记工作都结合起来进行；没有建立民兵组织的单位，也把退伍军人和专业对口的技术人员登记起来，编入预备役。

（2）民兵组织调整

1981 年 5 月后，境内对民兵组织进行了调整，由原来的普通民兵、基干民兵和武装基干民兵，改为普通民兵和基干民兵；取消了师、团两级建制；缩小了年龄范围，男性民兵由 16 ～ 45 岁改为 18~35 岁，基干民兵由 18 ～ 30 岁改为 18 ～ 28 岁。到年底，民兵单位数减少近 30%，民兵人数减少了 60% 以上。1986 年，阳泉市贯彻执行“减少数量，提高质量，抓好重点，打好基础”的方针，缩小民兵组建范围，将 28 岁以下退出现役的士兵和经过军事训练的人员编入基干民兵，女性按 10% 的比例只编基干民兵。1990 年 3 月，市委、市政府、军分区联合下发《贯彻落实山西省民兵基层建设纲要实施意见》，阳泉军分区下发了《基层武装部工作制度》《专职武装干部职责》《民兵连（营）活动制度》《民兵连（营）长职责》《民兵指（教）导员职责》《民兵守则》等文件，进一步规范了民兵组织工作。

（3）民兵布局调整

1992 年至 1995 年，民兵编组突破两个界线：打破户口界线，农村尽量把基干民兵调整到乡镇企业，城市煤炭系统将部分农协工调整为基干民兵；打破行政村界线，农村优先在适龄青年较多的便于组织活动的行政村编组，偏远山区一般不赋予或少赋予基干民兵编组任务；城市尽量把基干民兵组建任务调整到生产效益好和非技术性强的单位。1997 年以后，基干民兵的组织布局向经济效益好的单位和富裕地区调整，向重点目标、交通沿线和中心集镇调，向行业部门和辅助岗位调整。2002—2003 年，阳泉市基干民兵的组织整顿主要围绕大中型国有企业、中心集镇和交通便利的乡镇、私营企业和街道社区“三大块”进行。2004 年至 2010 年，加强了民兵基层建设。新组建了信息战、气象保障、自动化指挥、伪装防护和舆论战、心理战、法律战分队，基本形成了以城市防空、“三战”（舆论战、心理战、法律战）、反恐维稳、抢修抢救、支前保障、兵员补充等六大系统为重点的民兵组织格局。基本形成了以国有企业为基础，以其他新兴企业为骨干，以常备民兵应急分队为拳头，以街道和经济强镇为依托的组织建设新格局。

（4）“三队”建设

1987年1月5日，矿区率先组建民兵应急分队，由矿务局三矿民兵某连承担矿区民兵武器库应急分队的组建任务。后各区县先后建立了“三队”（应急分队、专业技术分队和对口专业分队），并逐年调整充实“三队”人员，确保一套装备配备2～3套人员。从1999年开始，依托既有装备编组专业技术分队。2003年至2010年，民兵应急分队在党团组织健全、生产经营稳定、兵员素质较高的大型厂矿企业和乡镇组建，同时下大力抓了装备建设，提高了分队遂行任务的能力；专业技术分队转业退伍军人占总人数的62%，专业对口率占58%；对口专业分队的建设以战时担负城市反空袭和消除敌空袭后果任务为重点，整个队伍专业对口，结构合理，装备齐全，实战能力不断增强。

（5）“两部”建设

1991年，平定县锁簧镇武装部推行落实《山西省民兵基层建设纲要》规定的标准，所属20个连队全部达标。2002年，各区县按照实用、准确、规范的要求，对“两部”（基层武装部、连〔营〕部）的基础设施建设进行了规范统一，大部分基层武装部、连（营）部具备了独立办公的能力。2003年至2005年，各区县配齐配强了乡镇、街道武装机构，符合条件的企事业单位也建立了武装机构。2008年至2010年，基层“两部”建设整体水平有了新的提高，出现了一批规范化建设的样板。

二、军事训练

（一）战争年代军事训练

抗日战争时期，境内抗日根据地的民兵军事训练是分级进行的：军分区教导队训练区武委会主任，县人武部训练村武委会主任和民兵干部，各村训练民兵自卫队员。县级组织的民兵训练多利用冬闲及农忙的间隙进行，一期半个月。

解放战争时期，境内掀起民兵训练热潮。训练时间由每期半个月增至一个月，训练内容除射击、投弹和刺杀外，还有爆破、防毒、救护等。

（二）群众性练武活动

中华人民共和国成立初期，阳泉市区抽调有一定基础的干部任教员，开展了对地方武装干部和民兵的军政训练，农村地区每年对民兵干部与基干民兵进行一次集训，各县、区兵役局积极组织民兵训练，取得了很多经验。1958年至1959年，阳泉市民兵响应毛泽东主席“大办民兵师”的号召，2万多名民兵参加了基本课目的训练。1960年国民经济出现严重困难，大规模的民兵训练有所减弱。1962年，阳泉市加强了民兵的战备教育和军事训练。训练内容增加了“三防”（防空袭、防原子武器、防化学武器）。1964年，各级人武部开展了“一帮一，一对红，争当训练尖子”的比武练兵活动。11月，阳泉市人武部举行了全市民兵比武。

（三）有计划有重点训练

1966年“文化大革命”开始后，民兵军事训练工作一度停顿。1969年3月，根据毛泽东主席关于“要准备打仗”的指示，民兵训练工作得到恢复。农村基干民兵重点进行了“三打三防”（打飞机、打坦克、打空降兵，防原子、防化学、防空降）训练。1970年至1973年，矿区集训连以上民兵干部700多名，民兵骨干2300多名。1973年至1978年，阳泉市规定专职武装干部每年集训1个月，民兵营连长集训10～15天，武装基干民兵集训10～20天。

（四）军事训练改革

1978年中共十一届三中全会以后，民兵工作逐步调整改革，民兵军事训练周期由4年缩短为2年。1983年3月，民兵军事训练转为以民兵干部和专业技术兵为重点。城市民兵的军事训练向应付突发事件和职能训练（应用拉练、紧急出动、擒拿格斗）发展。1985年，民兵军事训练由周期改为年度，县乡专武干部由阳泉军分区组织集训。1986年，按照“减少数量，提高质量，抓好重点，打好基础”的方针，全市民兵年度训练任务由3950人大幅减少为1450人，训练对象主要是28岁以下已经或将要编入基干民兵组织的复员退伍军人。

（五）基地规范化训练

1987年，平定县、盂县、郊区先后建成民兵训练基地。1988年，阳泉军分区在平定县民兵训练基地进行军营式规范化训练试点，并在全市进行推广其成果。1989年至1995年，采取依托基地，集中食宿，科学施训、以考促训的方法，突出抓了民兵干部、专业技术兵和民兵应急分队的训练，每年参训人数达到1850人，训练时间为30～40天。

（六）“任务牵引”式训练

1996年以后，为适应现代信息化战争的要求，突出了以计算机操作等高科技知识为主的新知识、新技能、新战法的学习训练。严格落实民兵“三队”（应急分队、专业技术对口分队、高炮分队）训练内容，围绕“一旦有事，能拉得出，用得上，打得赢”的目标下功夫。1996年至2010年，各区县民兵军事训练获得多项荣誉。1997年，矿区民兵应急分队参加全省军事汇报表演，获得组织、阅兵和军事表演三项大奖。2002年，城区民兵高炮分队在华北五省高炮分队比武考核中，获得总评成绩优秀和实弹射击二等奖。2008年，阳泉军分区接受北京军区民兵队伍应急应战能力形成暨按纲施训检查考核，成绩优异，受到北京军区通报表彰。2010年，盂县人武部加强民兵常备应急分队战斗力建设，在处置辰通煤矿瓦斯爆炸事故中发挥了重要作用。

三、武器装备

（一）武器装备变化

抗日战争初期，境内人民武装自卫队刚刚组建时，武器主要是大刀、梭镖和少量土枪、手榴弹。到抗日战争胜利时，阳泉民兵有了一定数量的步马枪、短枪、冲锋枪、掷弹筒、轻机枪。在解放战争中，缴获了大批蒋阎军的武器，民兵的主要武器是步马枪、冲锋枪和轻机枪，弹药也比较充足；土枪和大刀、梭镖已不多用。中华人民共和国成立初期，境内民兵装备了一些旧杂式步马枪，郊区三都、千亩坪、南窑庄、三泉等村配备了质量较好的武器，如日本38式步枪、11年式歪把轻机枪、60迫击炮等。五渡乡的民兵配备了步枪。1960年前后，民兵武器有所增加。20世纪60年代末，一批性能优良的国产枪械、迫击炮、反坦克火箭筒陆续下发民兵连队。部分民兵连队还配备了防化、通信器材。90年代后，民兵逐步配备了正规的服装、腰带、水壶、头盔、警棍、盾牌、工兵锹、摩托车、对讲机、望远镜以及其他一些必备器材。2006年后，民兵逐步配备野战装备，配齐了指挥通信器材、野战帐篷和炊具。

（二）武器装备管理

抗日战争和解放战争时期，境内民兵武器由民兵个人分散保管，实行“定人，定枪，定责任”的保管制度。中华人民共和国成立后，境内民兵武器由民兵连、排分散保管。弹药由县区武装部集中保存。“文化大革命”期间，大批民兵武器弹药流落社会。阳泉市于1970年4月和1978年6月两次收缴散落在单位和个人手中的武器弹药。20世纪70年代后，农村民兵的武器装备由公社武装部保存管理。城区和矿区的民兵武器装备由较大单位的武装部集中管理。1983年至1985年，境内民兵武器装备改由县区统一集中保管，配备了专职看管员，建立了各项管理制度，武器完好率保持在95%以上。20世纪80年代末至90年代初，境内市、区县逐步建成设施完善配套的民兵武器装备仓库。以安全防范为重点，各仓库制定并严格落实仓库管理制度。1999年，各区县民兵武器装备仓库划归阳泉军分区直接管辖。

四、民兵活动

（一）参军参战

带头参军。在抗日战争和解放战争中，阳泉境内的民兵和自卫队员踊跃带头参加八路军、解放军。民国26年（1937）11月25日，荫营地区一次就有300余人参军。民国27年至民国34年，平定（路北）、平（定）东、平（定）西三县每年参军的民兵都在千人以上。

支援前线。在民国29年（1940）的“百团大战”、民国36年的正太战役、民国37年的晋中战役、太原战役中，境内均有数万名民兵参战支前。民兵组成担架队、大车连、通信组、向导队、运输队随军作战，妇女民兵做军鞋、军衣，运送公粮；平定（路北）县荫营、山底、上下章召等村的民兵生产了大量82毫米、60毫米的迫击炮弹体、弹翅和手榴弹体。

积极参战。在抗日战争中，境内民兵积极参战，单独作战1130余次，毙伤和俘虏日伪军3000余名，缴获各种枪械2000余件；配合主力部队作战2480余次，夺回大批被日伪军失去的粮食、牲畜、生铁等物资。在解放战争中，境内民兵消灭地主武装“还乡团”“复仇队”“奋斗团”；埋设地雷，迟滞敌军进攻。在的正太战役中，境内1万余名民兵破坏铁路，炸毁桥梁碉堡，割电线，使阎军防不胜防。

（二）维护社会治安

执勤和巡逻。1993年至1994年，全市民兵在重大节日和要害岗位执勤和巡逻5000余人次。1995年，民兵治安巡逻分队与公安机关密切配合，在市内主要路段、繁华街区、集贸市场和农村场院、路口实施机动巡逻，执行蹲守、堵截、搜查等任务80余次。1996年6月，太旧高速公路和“两路”（赛鱼路、平定路）开通剪彩活动在阳泉举行，城区和矿区各抽调500名民兵担负执勤任务。2000年至2010年，城区和矿区每年组织民兵维护元宵灯展秩序，受到市民赞扬。

打击刑事犯罪活动。1949年，郊区民兵配合公安机关开展了取缔反动“会道门”工作。1950年至1984年，境内民兵协助公安机关数次破获反动“会道门”复辟案。1990年，民兵参加执勤共1435人次，协助公安机关破获各类案件81起，抓获罪犯52人。1986年，盂县8个乡的135名民兵，配合公安干警10小时内破获2起凶杀案。1991年，境内民兵协助公安机关破案60余起。1992年，民兵配合公安部门抓获犯罪分子600人，为国家挽回经济损失达60万元。1999年，郊区民兵配合公安部门开展打击抢劫、盗窃等各种违法犯罪活动“百日集中行动”。2001年，境内民兵应急分队出动6800人次配合公安机关开展“三反一防”（反盗窃，反扒窃，反抢夺；防爆炸）和“严打”整治专项斗争。2003年，近万名民兵协助公安部门执勤巡逻。

（三）参加精神文明建设

阳泉市民兵广泛开展学雷锋活动，推动了社区、乡镇和企业的文明进步。

学雷锋活动。1963年，郊区民兵广泛开展学雷锋、做好事、树新风的活动，办好事上千件，解决了群众的许多实际困难。1985年，人民汽车公司民兵开展“学雷锋，创文明车组”活动，人人争做盲人的拐杖、聋子的耳朵、乘客的向导。1986年6月，盂县民兵设立便民服务点，治理污水河，清理卫生死角。

建设文明单位和文明村镇。1987年，盂县全县1/5基干民兵家庭成为双文明户。1997年，矿区民兵广泛开展“建文明连队、创文明家庭、当文明标兵”活动。2002年，一矿民兵围绕创建现代企业文化，开展在思想上确立16条企业理念，在举止上杜绝10种不文明行为，在交往中推行8类30句常用文明用语活动。一矿连续两年获全国文明煤矿称号，矿武装部被评为全国基层民兵工作先进单位，受到解放军总参谋部、总政治部的联合表彰。2000年至2010年，阳泉民兵广泛开展“倡三风”（倡导祥和的家风、文明的村风、健康的民风）、“扬三德”（弘扬职业道德、家庭美德、社会公德）活动，采取以兵带民、典型辐射、滚动发展的办法，取得明显效果。

开展帮战友活动。1984年，根据省军区开展民兵“帮战友”活动的指示，全市民兵共建立“帮战友”小组近百个，上千名民兵为军属和优抚对象种、管、收农田作物67公顷，使全区50%的军属发展成为专业户和重点户。1990年，全市1300户军属达到小康生活水平。1996年，城区为56户军烈属安排了住房，为20多个家庭解决了子女入学入托问题，发放救济款1万多元。1994年至2003年，郊区民兵共组织38个扶贫组，帮助132户贫困军属户、526人脱了贫。

倡导社会新风。1979年至2010年，全市民兵开展“五讲四美三热爱”（讲文明、讲礼貌、讲卫生、讲秩序、讲道德，心灵美、语言美、行为美、环境美，热爱祖国、热爱社会主义、热爱中国共产党）活动；创办“青年民兵之家”“民兵联校”，学政治、学军事、学文化、学科学技术；自觉遵纪守法，执行乡规民约，实行计划生育，争做文明标兵。

（四）在经济建设中发挥生力军作用

参加工业生产。民兵广泛开展了技术革新、安全生产、回收原材料，完成急难险重任务的活动。20世纪50年代，阳煤集团民兵组织安全纠察队46个，参加人数1507人。1990年5月，阳泉钢铁公司高炉严重缺料，50名民兵冒雨在料场刮铲存料场地，解了燃眉之急。旧街汽车配件厂民兵参与设计制造的“双珠式挂车转盘”具有世界先进水平。1994年，阳泉矿务局一矿70余名民兵在307国道扩建工程中，拣荒石300多立方米，节约资金1.2万元。2001年，一矿民兵提合理化建议160条，回收废旧钢材15吨、木材13立方米，制止“三违”（违章指挥、违章操作、违反劳动纪律）行为70多人次。2002年，城区民兵创建“无假冒伪劣商品一条街”，南煤集团武装部在生产要害部位设立“民兵先锋岗”。2005年，全市有450名民兵成为技术能手，阳煤集团民兵开展“双争”（争创质量管理先锋岗、争当民兵质量管理标兵）活动。

参加基础设施、重点工程建设。在基础设施、重点工程建设中，民兵完成了大量突击任务。1959年12月，矿区民兵决战50天，修筑桃河堤坝8362米。1972年11月，郊区民兵成建制参加阳井公路建设，奋战两个月，完成白毛梁至小河北长9千米、宽8米的路基建造任务。1995年，全市民兵修建乡村公路115千米。1996年，全市民兵修建乡村公路140千米。2000年，矿区民兵投入560人次，开挖采暖工程二次网壕沟600余米，保证了居民按时供暖。2001年5月，在桃河治理工程中，380名民兵用两天半时间完成桃河河道万余立方米垃圾和土石的清理任务。2003年，城区10多个单位的400多名民兵为治理桃河美化工程搬运肥料近万袋。

参加社会主义新农村建设。境内的民兵组织在社会主义新农村建设中成绩显著。1965年，郊区民兵成建制参加农田基本建设，打坝造地187公顷。1971年3月，郊区民兵经过17个月艰苦施工，建成温河高灌站。从1973年2月起，为解决缺水问题，郊区小河村基干民兵奋战8年，在奥陶系石灰岩层中打成斜深700米、日出水量近万吨的深井。1985年，平定县民兵打旱井620眼，修拦河坝4030米，修建乡村公路178千米。1993年，盂县仙人乡庄只村民兵连长高俊虎创办耐火砖厂，年产值百万元。1994年，郊区西南舁乡民兵以劳养武，建成万亩（约667公顷）果园。1996年，全市民兵投工92.6万个，新建和修复农田1333公顷。2002年，郊区杨家庄乡民兵带头捐资投工，建成8个村的饮水工程，使7000多人告别缺水历史。盂县民兵建设“种养加”（种植、养殖、加工）三位一体绿色食品基地，催生了大寨核桃露集团公司等品牌企业。

参加生态工程建设。阳泉建市后完成了大量生态工程，民兵是建设生态工程的生力军。1985年，平定县民兵营造民兵林89处，绿化荒山109座。1990年，盂县民兵营造民兵林430余片，植树50万株。1991年，平定县石门口等6个乡镇的民兵在韩信庙营造“精武林场”7公顷，娘子关镇和槐树铺乡的民兵在旧关营造民兵林47公顷，城关、维社民兵在䂬石营造亨德英雄林13公顷，冶西民兵在太旧高速公路北茹隧道近旁营造民兵绿色走廊33公顷。1996年，郊区成立17个民兵植树突击连，奋战40天，治理太旧路两侧荒山400余公顷。2001年，城区和矿区的400名基干民兵在大南沟义务植树基地植树1000余株。2002年，郊区组建了18个民兵生态经济园区建设连和突击队，绿化荒山、荒滩1200公顷。平定县东回镇7个民兵连2000

多名民兵，经过3年多努力，在裸岩上建成水土保持林333公顷，被评为山西省十大林业精品工程。2010年3月，盂县民兵在牛村镇榆林垴植树5000余株。

（五）抢险救灾

护林灭火。阳泉建市后，境内营造了大面积的森林，民兵在护林灭火中发挥了重要作用。如，1992年4月19日，寿阳林区大火蔓延到盂县南娄乡林区。驻军和武警部队、盂县1100名民兵和城区、矿区驰援的3个民兵应急分队共300余人协力奋战，扑灭了大火。1996年4月23日，狮脑山发生山林大火，城区、矿区、平定县共出动1100余名民兵，仅用一个半小时就赶到火场，连续战斗近10个小时将大火扑灭。2004年3月19日，盂县诸龙山林场发生火灾，盂县6000名民兵连续三天三夜奋战在灭火第一线。一矿和城区民兵应急分队紧急驰援，火场建功。2006年4月22日，一场大火由寿阳县蔓延到郊区旧街乡、盂县南娄镇。全市出动民兵预备役人员1100余人，武警阳泉市支队出动兵力110人、车辆6台，经三天两夜将大火扑灭。2009年1月23日，盂县仙人乡东庄头村突发山林大火，军分区首长第一时间赶赴火场，身临一线指挥民兵分队灭火，经50余小时将大火扑灭。

抗洪救灾。阳泉市地形高下悬殊，河流落差大，雨水集中于夏季。民兵抗洪救灾屡建奇功。如：1966年8月23日，桃河发生特大洪灾，桃河决堤。矿区公社和三矿2000余名民兵五天五夜建成276米桃河北岸大坝。矿区3400名民兵、郊区1500名民兵奔赴被淹的西河滩仓库区和下站街道，保护群众，抢运物资。1996年8月，盂县北部7个乡镇遭受30年一遇的洪灾，全县出动民兵2万多人次抗洪抢险，修复堤坝1000多米，垫地33公顷。2000年7月，平定张庄镇暴雨成灾，274名民兵夜以继日，奋战半个月，抢救群众41人，抢救牲畜80头，清除村中淤泥2万吨。7月19日，城区连降大雨，义井桥垮塌，市标准件厂及其宿舍被淹。城区人武部迅速调集南煤集团和大阳泉煤矿民兵200余人抢险，连续奋战10个小时排除了险情。

第五章 重要战事

智瑶灭仇犹

周贞定王十一年（晋出公十七年，公元前 458 年），晋国正卿赵鞅病卒。智瑶接任后，大力开疆拓土。位于今盂县秀水镇的白狄国家仇犹首当其冲，成为智瑶吞并的目标。仇犹周围林木茂密，山高谷深，智瑶进攻仇犹的行动遇阻。为此，智瑶采用“献钟之计”，假借向仇犹国君进献大钟之名，诱使仇犹国君为运送大钟修筑道路。仇犹国君中计，下令砍伐森林，削山填河。大臣赤章曼枝识破智瑶的计策，向国君进谏说：“智瑶贪婪不讲信用，他向您进献大钟，其实是因为想攻打仇犹而道路不通。您修筑好了道路，运送大钟的车辆倒是能进来了，可是晋国的军队也必然随之而来。”但国君不听忠告，回答说：“晋国是一个大国，大国想与我们交好，爱卿你却要悖逆它，这一定没有好结果，你快算了吧。”仇犹未做任何迎敌的准备，晋国的大军跟随大钟进入仇犹，一举灭掉了仇犹。

李化龙起义

清顺治初年，盂县大西沟村（今分为大西里、大西外两村）人李化龙因不堪清统治者的专制暴虐，以中社村（今分为中南、中北两村）为据点，聚集反清力量，于顺治四年（1647）九月举行起义。随后即向盂县城进发，计划先攻盂县，后攻寿阳，再图平定。起义军有数千人，其中多数为龙华河、滹沱河沿岸的贫苦农民，还有少量李自成余部。起义军抵达盂县城后，即将西、南二门团团围定，奋力猛攻。守城龙清兵紧闭城门，据城顽抗，同时派人暗中出城求取救兵。李化龙连日攻城，双方损失惨重。正当坚城将破之时，冀宁道守备王镛、参将李好贤率三千清兵来援。守城知县立刻打开城门出击。连日作战的起义军早已疲惫不堪，在内外夹击之下，终遭失败，李化龙也战死在乱军之中。

清军抗击德法联军

清光绪二十六年（1900），英、俄、法、德、美、日、意、奥八国联军攻破北京之后，继续南犯侵入正定和获鹿，伺机西取娘子关。清政府派大同镇总兵刘光才统忠毅五营、晋威五营、劲宇五营，浙江衢州镇总兵方友升统武功五营驻防井陉、固关一带，总兵力达万人。

清光绪二十七年（1901）三月，德法联军威逼井陉，遇清军阻击，损失较大。法国公使以“光才一军，驻扎井陉相逼，必须先退，彼国方肯撤兵，否则，德法合兵，即日进攻”威胁清政府。清政府接受了法国公使的无理要求，令刘光才率部退至固关、娘子关一线防守。三月初五（4月23日），德、法联军提督巴戈·欧贝率马步兵13000余人，大炮数十门，经平定州境内的乏驴岭、南障城、北障城、核桃园（今均属河北省井陉县），分三路进攻固关、娘子关。刘光才在固关督军固守;娘子关清军伤亡百余人，守将方友升弃关而逃。德法联军占领娘子关后，随即向娘子关南8千米的固关迂回。固关处于腹背受敌的险境，刘光才寡不敌众，伤亡30余人，被迫下令撤退，先退至乐平（今昔阳县），又退至寿阳。娘子关村有一块记载八国联军入侵的碑石，碑文载：“辛丑暮春三月，夷骑数出北峪口，逼关窥探，而武功军丧心不备。五日卯刻，乘虚攻破苇泽关，未刻破旧关，炮雷弹雨，血肉狼藉，凄惨不堪言状。”

另一路德法联军由河北省正定经十八盘进入盂县。盂县把总刘庞龙率500余人分驻在东关头、沙井、四道凹等村，一见洋兵，不战即溃。德法联军占领了东关头村，骚扰两天后离去。其间无恶不作，百姓深受其害。

民军堵击清军

清宣统三年（1911）公历10月29日清晨，在武昌起义的影响下，太原新军发动起义，成立山西军政府，阎锡山被推举为都督，军政府任命姚以价为东路军司令。为了抵御清军反扑，姚以价率两营兵力乘火车开赴娘子关、固关布防。10月30日，清政府委任第六镇统制吴禄贞为山西巡抚，率部进驻石家庄，准备赴山西镇压革命。吴禄贞，湖北云梦县人，毕业于日本士官官学校，曾组织革命团体励志会，并加入孙中山领导的兴中会。武昌起义后，吴禄贞正欲寻找机会采取行动响应革命，军至石家庄后，遂与山西民军联系，双方达成在娘子关火车站举行高级会晤的协议。11月4日，吴禄贞与阎锡山在娘子关会晤，商定组织晋燕联军，并与张绍曾及山东靳云鹏约定日期，北上扫除清廷，会师北京。不料其卫队长马步周被袁世凯（一说为良弼）用2万现银收买。11月7日，吴禄贞在石家庄他的办公室里被马马步刺杀。同月15日，清政府任命张锡銮为山西巡抚，统领第三镇曹锟部进攻山西。阎锡山与赵戴文、马开嵩等率两标民军增援娘子关，固守娘子关正前方的乏驴岭和左前方的雪花山。12月9日，曹部协统卢永祥统军攻击娘子关以东之雪花山，遭到民军顽强抵抗。10日，卢永祥绕开雪花山，向西进至乏驴岭，与民军展开激战。双方自晨3时战至午后1时，民军伤亡500余人，清军亦伤亡百余人。11日，平定州及娘子关绅民公推三名代表前往清军请求停战议和，被曹锟指为民军奸细而加以杀害；民军败退，阎锡山从娘子关回到太原。12日，清军攻陷娘子关。

平定起义

民国20年（1931）4月，中共山西特委决定在驻平定的军阀高桂滋部发动起义，并委派特委军委书记谷雄一前往该部进行组织发动。

同年7月3日，谷雄一到达平定后，立即秘密召开党员骨干分子会议。会议决定趁高桂滋到北平为其父祝寿之机，于4日晚12时举行起义。4日傍晚，起义的领导者发现起义计划泄露，临时决定提前举行起义。晚10时，起义信号发出，驻城隍庙的起义部队直扑上城敌司令部，营救被关押的同志；驻华岩庵、圣庙、南关坛巷真武庙的起义部队也迅速向上城集结；由于驻东关教场的部队失去联系，未能参加起义，所以仅有第一团以及第二团的一部分共8个连1200余人参加起义。因地形不利，上城久攻不下，起义部队遂于黎明前撤出战斗。

在东关友爱医院稍事整顿后，起义部队向北进发。经泊里村、小河村，跨正太路，过桃河，经牵牛镇到达盂县清城。起义部队在此进行了整编，宣布成立中国工农红军第24军，军长由赫光（原名万锡黻）担任，政治委员由苏亦雄（即谷雄一）担任；军下设两个纵队。整编后，部队经上社镇向五台县运动，一路歼敌前进。到达五台县柏兰镇后，因发现五台境内有敌人重兵驻防，遂放弃在五台山建立根据地的计划，改向阜平进发，于7月17日攻克阜平县城。部队在这里开仓济贫，释放政治犯，宣传共产党的土地政策和红军的性质、任务，受到群众的热烈欢迎。许多穷苦百姓积极参加红军，部队迅速扩展到2000多人。7月25日，在阜平县城召开了全县劳苦群众代表大会，选举产生了华北第一个红色政权——中华苏维埃阜平县政府。

红24军和阜平苏维埃政权的诞生，在华北引起极大震动。8月，军阀石友三余部沈克假装向红军投诚，将军长赫光、政委谷雄一、副军长窦宗融等被杀害。红24军余部由参谋长刘明德率领，转战灵丘、浑源、应县、代县、左云、右玉、平鲁、偏关、河曲，强渡黄河，进入陕北。

娘子关防御战

民国26年（1937）年10月初，侵华日军之一部由晋北南下，准备攻占太原，忻口战役的序幕由此拉开；另一部也准备由石家庄西犯，从娘子关入晋，配合北线的日军作战。为了保卫太原，中国守军不仅要在忻口阻击敌人，同时也要在娘子关阻击敌人。娘子关防御战迫在眉睫。

接战　10月10日，由冯钦哉指挥的中国军队（第27路军、第3军、第38军第17师、第30军第30师）开始在以井陉为中心的南北线上布防。同日晚，中国第二战区司令长官阎锡山派黄绍竑副长官赴娘子关指挥作战。11日下午，守军尚未完全进入阵地，即遭沿正太路（今石太铁路）西进的日军第20师团攻击，娘子关防御战打响。驻守正面的第17师赵寿山部在井陉附近受到的攻击最为猛烈，战斗彻夜未停。12日，日军先后突破刘家沟、井陉、长生口和大小龙窝，17师被迫退守雪花山。阎锡山闻报，急令第26路军孙连仲部增援娘子关。

雪花山争夺战　13日拂晓，日军强攻17师雪花山阵地，阵地数易其手。为保持阵地并牵制进攻旧关之敌，赵寿山师长奉命率部队向敌之侧后出击，歼灭了突入刘家沟、长生口之敌，又连克施水、板桥、井陉南关车站，所向皆胜。此时，忽报雪花山阵地失守，赵寿山即率部向雪花山之敌发起反击，但未能奏效，不得已转移到乏驴岭和荆蒲关。在坚守雪花山的战斗中，第120团连长、共产党员张登第率全连战士英勇奋战，全部壮烈牺牲。第17师原是杨虎城西北军的直属师，开赴抗日前线时有1.3万余人，娘子关战役后，仅剩3000余人。由于抗战有功，该师受到第二战区副司令长官黄绍竑的嘉奖和中共中央的慰问。

旧关争夺战　13日，侵占大小龙窝之敌依次夺取了核桃园和旧关，并向关沟和新关侵袭。侵入关沟之敌被第42军27师包围于峡谷之中，又被来援的38军教导团和27师围歼，敌之第77联队长鲤登被打死。进袭新关之敌也被35旅击退。敌受挫后，不断向旧关增兵，双方为争夺旧关展开激战。第3军军长曾万钟为便于指挥，将军部前移至固驿铺。至22日，核桃园和旧关之敌被包围，给养和弹药全靠空投；但守军付出了伤亡4000～5000人的代价，也未能夺回旧关。至26日，战局仍呈胶着对峙状态，双方均无进展。

东回柏井之失　日军在娘子关和旧关两路的进攻受挫后，其左纵队于24日沿测鱼—马山大道向守军侧后迂回，并于当晚越过七亘村，使守军陷入腹背受敌的险境。面对这种形势，黄绍竑急令刚刚赶来增援的川军第41军孙震部阻击该路日军。25日，其364旅在向马山进发途中，于东回同日军遭遇。川军装备极差，入晋后未及补充即仓促应战，虽将士用命，浴血拼搏，但力战不支，伤亡过半，只好退却，东回遂失。继该旅之后的第366旅、第372旅也先后在西回、西郊与日军遭遇，同样败退。至26日，西回、西郊、柏井相继失陷，守军后路被切断。于是，在强敌面前，连日苦战的守军各部，除八路军外，均纷纷后撤。日军尾随不舍，于29日占领平定，30日占领阳泉，11月2日占领寿阳，娘子关之战以中国守军失利而告终。在娘子关防御战中，中国守军投入50个团，兵力约10万；日军投入兵力约1.5万。中国守军付出伤亡2.7万人的代价，歼敌数千，阻敌前进20余天，在中华民族爱国史上书写了光辉篇章。

七亘伏击战

七亘村是平定县东南部的一个小山村，位于测鱼镇与马山村之间，是古石门关所在地。这里重峦叠嶂，沟壑纵横，地形十分险要，古有“龙虎环抱”之喻。

民国26年（1937）10月24日，日军沿测鱼—马山大道西犯，并于当晚越过七亘村。129师师长刘伯承得知这个情况后，对敌情进行了全面分析。他判定七亘是日军由测鱼入晋的必经之地，其先头部队已过，后续及辎重部队必然也要紧接着从这里经过。于是命令第772团3营在此设伏，利用有利地形，伺机歼敌。26日，日军第二十师团的一支辎重部队迤逦前来。当敌人进入伏击圈后，3营战士居高临下，以机枪和手榴弹猛烈袭击敌人，接着又发起冲锋，与敌展开肉搏厮杀。敌后卫部队见势不妙，循原路回窜，又遭772团侦察班伏击。共毙敌300余人，缴获骡马100余匹及一批军用物资。战斗胜利后，刘伯承认为，日军有大批物资急需向前运送，同时日军又迷信中国古代兵法中“兵无常势，水无常形”“不得遵常”的用兵之道，将以为八路军不会以原样章法再战，故其辎重部队必然再次从七亘经过。于是一面制造假象，佯作他去；一面令772团3营在原地设伏。28日，日军果然再次前来，只是比前一次更加小心翼翼，缩手缩脚。3营战士机智顽强，猛打猛冲，战至黄昏，毙敌100余名，缴获骆驼和骡马124匹及一批军用物资，余敌分别向东西两头逃窜。

七亘伏击战遗址

百团大战在阳泉

民国29年（1940）8月至9月，在百团大战的第一阶段，抗日根据地军民在阳泉境内进行了娘子关争夺战、狮脑山争夺战、冶西村攻坚战、兴道伏击战等30余次大小战斗，取得很大胜利，完成了预定计划。阳泉东西两段的作战任务分别由晋察冀军区的部队和129师担负。

执行夺取娘子关天险和破袭正太铁路石家庄至阳泉段任务的是晋察冀军区所属部队。该部在聂荣臻司令员的指挥下，将参战的15个团分为3个纵队，同时出击。大战爆发的8月20日晚上，经过8小时激战，一举收复了天险娘子关，炸毁娘子关磨河滩铁路桥；至23日，连续攻克盘石、移穰、乱流、白羊墅等车站和日军据点，对正太铁路东段实行了破袭；击毙日军混成独立第四、第八旅团1000余人，缴获枪1000余支，敌铁路交通陷于瘫痪。

8月20日22时，刘伯承师长、邓小平政委指挥的129师的23个团及决死一、三纵队，发起了以阳泉为重点的正太铁路西段的战斗，沿线车站和日军据点悉数被捣毁，同时攻占了阳泉西南面的制高点狮脑山，使驻阳泉日军无法西进增援。日军驻阳泉的独混第四旅团的旅团长片山省太郎气急败坏，拼凑所部兵力向狮脑山反扑，并派十几架飞机轮番轰炸。扼守狮脑山的八路军769团和14团指战员英勇反击，旅政治部主任卢仁杰受伤，团政治处主任灵亚杰牺牲。26日，在胜利完成掩护破路的任务后，769团和14团指战员撤离狮脑山。

附 八路军总部《战役行动命令》

八路军总部《战役行动命令》

聂（荣臻）、贺（龙）、关（向应）、刘（伯承）、邓（小平）并报军委：

一、情况任务与战役组织见7月22日晨命令。

二、战役部署及作战地域区分：

1. 聂集团主力约10个团破坏平定（平定县不含）东至石家庄段正太线，破坏重点在娘子关、井陉段。……另以有力部队向盂县南北据点积极活动，相机克复某些据点。

2. 刘、邓集团以主力8个团附总部炮兵团一个营，破击平定（含）至榆次段正太线，破坏重点是阳泉、张净镇段……。

3. 贺、关集团应破坏平遥以北之同蒲线及汾离公路……。

4. 总部特务团主力集结于下良西营地区。

三、以上各集团及总部特务团统由总部直接指挥之。

四、限8月20日开始战斗。

五、各集团战役准备、侦察具体部署即告。

朱（德）、彭（德怀）、左（权）

8月8日申

兴道伏击战

民国29年（1940）9月，晋察冀军区19团在完成正太铁路娘子关段的破袭任务之后，挥戈北上，奉命消灭盂县境内之敌。4日晚到达张城堡村，获悉中社、北会里和下社三个据点的500余名日军和100余名伪军，随带追击炮和山炮10余门，在上社镇集结，准备向盂县城收缩。19团1营星夜越过徐峪沟大山，零点前赶到神泉村，埋伏在兴道村南河滩开阔地带，截敌南逃退路。2营和3营雨夜行军，于拂晓前赶到兴道附近，2营部署在东西两面的山头上，担任主攻；3营两个连堵在兴道村北，截敌退路，一个连作为机动。包围圈很快形成。

5日晨8时许，敌人进入19团的“口袋”，全团指战员以密集火力向敌人射击。敌人遭到袭击后，拼命向路旁的庄稼地逃窜。4连战士冲进高粱地，与敌人展开肉搏战。全团指战员四面包围，猛冲猛打。经过5小时激战，击毙日军中队长以下300余人，生俘日军6名；缴获迫击炮5门，山炮6门，轻重机枪20挺，步枪300余支，其他军需品甚多。这次战斗中，19团4连连长壮烈牺牲。

正太线破击战

民国35年（1946）8月初，阎锡山军通过正太铁路运输兵员和作战物资侵犯解放区。为反击阎军进攻，太行军区司令员秦基伟指挥4个团发起正太线破击战。3日，中共平定（路北）县委和中共平定（路南）县委组织县大队、独立营、民兵和民工参战支前，向娘子关至阳路段车站的阎军发起攻击。5日，攻克白羊墅车站。6日，袭击了乱流车站。8日，攻下芹泉七里铺车站。9日结束战斗。这次战役中，两县军民和主力部队参战2万余人，毙伤阎军1036人，俘277人，破路153千米，炸桥6座，炸毁阎军运输兵员的火车头3台，缴获一批弹药武器。

攻克天险娘子关

民国36年（1947）4月初，晋察冀野战军在扫清石家庄外围以后，奉命组织正太战役。4月20日，杨成武指挥晋察冀野战军3纵队沿正太线西进山西，向娘子关阎军发起总攻。3纵9旅攻克南峪、地都，占领娘子关东要塞，拔除娘子关周围阎军据点，构成包围娘子关的形势。24日，3纵7旅炮轰娘子关阎军阵地，向困守绵山的阎军进攻，阎军凭险顽抗，纵火烧山，组织反扑。晋察冀野战军战士穿硝烟跃火海，冲进阎军防地。战士邓善忠扑向敌群，空手夺下阎军机枪，另一战士刺死压弹手，接应大部队冲上，占领了绵山阵地。下午6时，战斗结束。毙阎军100余人，俘1000余人，缴获大批枪支弹药。25日，娘子关解放后，部队继续沿铁路向西挺进。27日，《晋察冀日报》第一版以《我解放天险娘子关》为题报道了这一胜利消息。

在总攻娘子关的战斗中，平定（路北）县5000余名民兵分成三个破路大队对阎军控制下的正太铁路分段破坏，仅移穰至西武庄段就破坏铁轨3849根，挖枕木3.3万根，炸毁桥梁6座，炸碉堡63个，割电线3500余千克。平定（路南）县民兵袭击平井公路沿线阎军据点，支援总攻娘子关的战斗。两县担架民兵冒着枪林弹雨转送伤员，妇女儿童沿路箪食壶浆迎接解放军。

解放平定城

民国36年（1947）4月23日，晋察冀野战军第5纵队第9旅在解放井陉之后，经旧关、柏井直逼平定县城。24日，5纵9旅在当地民兵配合下，经过一天激战，拔掉了包括冠庄凤台山在内的60余个据点碉堡，形成了对平定县城的包围之势。

平定城为上下重城。上城在下城西南部的一个高地上，坡陡、墙高，易守难攻，仅有南门通向城外。下城北高南低，西北城筑有坚固的大碉堡。守城部队是阎锡山第10总队第3团，团长白瑞珍。

4月25日晚，晋察冀人民解放军第5纵队7旅和9旅向平定县城发起总攻。9旅41团和27团占领庙沟、姜家沟、南关，担负阻截援兵和防敌逃窜的任务。7旅20团在黑沙岭、南天门、西关一带阻击阳泉增援之敌。9旅25团和26团在城东担任主攻。

平定古城

攻城开始后，人民解放军集中山炮射击，摧毁东门附近城内东南隅的碉堡，在强大的火力掩护下，25团迅速攻入城内。入城后，部队立即占领城墙上的5个地堡，并一直搜索迂回至西北城角的大碉堡下，与此同时，26团用迫击炮摧毁城南的大碉堡，登梯冲上城墙，连续击退敌人三次反扑，也突入下城。25团和26团协同作战，共击毙、俘敌1000余人，占领了下城。残敌退入上城，凭险据守。25团和26团向上城发起数次猛攻，均因敌人封锁严密，强攻不下。在南关担任阻截任务的9旅41团和27团对南门发动的二次攻击也均未得手。

26日，部队奉命撤出下城。27日，阎锡山派山西野战军司令赵承绶与33军军长沈瑞率71师主力和暂编46师增援平定。为避敌之主力，人民解放军晋察冀2、3、4纵队分别向阳泉西部转移，星夜兼程，控制了阳泉至寿阳间的铁路线，截断了阎军的西逃路线。阎军重新盘踞平定县城，立脚未稳，即开始撤退。28日，在阎军71师和暂编46师的接应下，10总队的两个团，阳泉行署和平定县公署及所属“奋斗团”“爱乡连”“保安团”沿正太路向西逃窜。29日，人民解放军一部回师平定，解放了县城。5月2日，平定全境解放。

阳寿歼灭战

阳寿歼灭战是解放战争中正太战役的最后阶段。民国36年（1947）4月下旬，晋察冀野战军从东、北、南三面逼近阳泉。阎锡山为解阳泉之危，命其山西野战军总司令赵承绶率33军沈瑞部之暂编46师、71师的4个团东援，于4月25日到达赛鱼。此时，晋察冀野战军2纵队进入盂县及寿阳北部，对敌取迂回包围之势；4纵队则星夜西进，攻占宗艾、解愁、芹泉、张净、测石，断其退路。赵承绶怕被围歼，即乘铁甲列车缩回寿阳；同时一面令10总队坚守阳泉，一面令33军向西突围。在测石一带，阎33军遭到晋察冀4纵队的坚决阻击，被迫滞留在测石车站以南地区。阎军10总队奉赵承绶之命，于5月2日弃守阳泉，向33军靠拢，当即被4纵队阻挡在测石车站北面的山上和桃河河槽里；又被从后面追来的晋察冀3纵队打乱，随其逃跑的阎党、政、警、特机关人员及家属近千人被俘。5月3日夜，阎军10总队两个团及随其逃跑的“奋斗团”“爱乡连”“保安团”等4000余人向盂县西南部突围。4日晨，在盂县秋子峪遭晋察冀2纵队5旅伏击，又在观音堂、马举遭截击；下午在郭村以南遭2纵队4旅围歼，10总队少将司令荆谊、参谋长杨俊和、2团长张国栋、3团长白瑞珍、阳泉行署伪专员李崇才、平定县伪县长焦光三及官兵2250余人被生俘。5月4日夜，33军抛弃辎重向榆次方向突围，被晋察冀2、3、4纵队合围于阳泉、寿阳间，其4个团7000余人被全歼，赵承绶乘乱逃回太原。至此阳泉全境获得解放，长期被分隔的晋察冀解放区和晋冀鲁豫解放区随之连成一片。

郭村歼灭战

民国37年（1948）5月9日，人民解放军晋察冀军区野战6纵队在以郭村为中心的一带地区，一举歼灭企图东犯石家庄的阎军暂编49师。

在阎军行动的同时，晋察冀野战军第6纵队的16、17、18旅三个旅，由浑源出发，连续9昼夜急行军，行程千余里，于5月8日下午到达盂县城西南部地带。16旅到达指定地点后，旅长廖鼎祥立即部署兵力，46团在大横沟、东兰、南庄一带展开攻势，准备正面迎敌；47团作为旅的左翼，在曹村、香河、旋坪一带隐蔽，待机插向郭村、观音堂和东、西南管，向敌右侧包抄迂回，出其不意袭击阎军。48团集结在县城南关、小横沟、东宋一带，作为旅的预备队，随46团进击。地方民兵组织数百人的担架队、运输队配合行动。

9日上午10时，46团向阎军发起进攻，47团插入郭村、观音堂一带狠歼阎军。48团用迂回包抄战术，给曹村、香河的阎军以沉重打击。在战斗中心地区的郭村一带几个山头上，战斗异常激烈，敌我短兵相接，阵地得而复失，失而复得。46团2营4连指战员，在与敌肉搏战中勇猛顽强，使阎军锐气大减，有的缴械投降。激战从上午打到黄昏，只剩下一个山头上的阎军还在负隅顽抗。47团1营战士在教导员张子丰率领下冲上山头，经过一场激战，全歼守敌。俘虏阎军34军中将副军长兼49师师长张翼、少将副师长赵俊义、军部少将高参席安仁。

此次战斗，歼灭阎军49师全部及1、3两团大部共1939人，其中生俘1215人，毙伤少将参谋长于泽普及以下官兵724人，缴获山炮4门，迫击炮25门，轻重机枪105挺，掷弹筒、枪榴弹16具以及马匹、电台等。

第六章 国防教育

第一节 机 构

1990 年之前，国防教育工作由各级党委、政府和军事机关组织实施。1990 年，阳泉市成立国防教育委员会，各区县和各大型厂矿也成立相应机构，负责组织实施国防教育工作。

2005 年，市县两级党委、政府和军事机关成立了有多部门参加的领导小组，各乡镇、街道、企事业单位也建立了相应的工作机构，形成纵成线、横成片的社会化国防教育工作网络。根据 2001 年 4 月 28 日颁布实施的《中华人民共和国国防教育法》以及省、市有关机构和部门发布的法律法规，阳泉市各级国防教育委员会经常开展形式多样、积极有效的国防教育工作。

第二节 军民国防教育

阳泉建市初期，境内就开始对军民进行多种形式的国防教育。1950 年 12 月，境内各界群众响应中国人民抗美援朝总会的号召，踊跃订立爱国公约，捐献飞机大炮，优待烈属军属。阳泉矿务局（今阳煤集团）捐献的飞机大炮款有 17.1865 亿元（旧币）。1951 年 6 月，中国人民赴朝慰问团的部分代表在阳泉矿务局三矿、四矿举行志愿军英雄事迹报告会，5600 余名职工、家属深受教育。

1969 年 11 月起，阳泉市全面落实毛泽东主席“要准备打仗”等指示，开展大规模的战备形势教育，组织了“三个高潮”（战备教育高潮，挖防空洞高潮，人口疏散高潮），强调“四个主要”（主要抓思想落实，主要解决轻敌麻痹思想，主要解决领导班子思想认识，主要抓群众教育），采用“六会一班一队”（报告会、控诉声讨会、忆比会、骨干会、誓师会、讲用会，学习班，宣传队）的方法，做到“三定”（定领导，定承办人，定计划安排），达到了“三个落实”（思想落实，组织落实，行动落实）的要求。20世纪70年代，郊区人武部采用举办学习班、报告会等形式，在全区范围内广泛开展形势教育和战备教育，同时组织民兵开展军训，发动群众挖防空洞。

1978年以后，境内国防教育从内容到形式都有了变化。在内容方面，强调围绕经济建设这个中心，服从和服务于改革开放的大局；在形式方面，注重活泼多样。

1986年，盂县人武部在开展民兵国防教育时，注意因地制宜、因时制宜，将民兵整组同国防教育结合起来，采用广播、电视、电影、墙报等形式对民兵进行宣传教育。1987年6月22日，中共矿区区委举行报告会，向干部、群众介绍云南老山前线战士的战斗生活，通过阳泉矿区籍战士张东红和陶迎军寄来的信件和讲话录音，对干部、群众进行国防教育。1988年，中共阳泉市委、市政府、军分区作出《关于在全市广泛开展全民国防教育的决定》。军分区抓了阳泉矿务局、晋东化工厂、平定县国防俱乐部三个国防教育试点，推广了他们的经验。矿区人武部组织力量编写了国防教育教材。郊区人武部为基层民兵组织订阅了《中国民兵》《华北民兵》《国防报》等报刊。1989年3月7日，矿区组织国防教育报告会，区委书记郭彦庚作了题为“弘扬爱国尚武光荣传统，巩固国防长城”的报告。9月，山西省委、省政府和省军区授予阳泉矿务局“国防教育先进单位”称号。郊区举行了革命历史歌曲调演。1990年，阳泉矿务局人武部对全局4.3万名35岁以下的民兵和青年职工进行脱产轮训，将国防教育渗透于“双基”（基本路线、基本国情）教育之中。阳泉矿务局第三工程处在全国煤炭青工教育经验交流会上介绍了将国防教育与“双基”教育有机结合的经验。10月25日，共青团矿区区委召开纪念中国人民志愿军赴朝作战40周年报告会，人武部部长刘殿宝作了专题报告。年内，矿区国防教育委员会被北京军区授予宣传教育先进单位称号。

1991年4月，市国防教育委员会组织了“阳泉市国防教育演讲赛”。11月，在阳泉市民兵工作经验交流暨表彰大会上，军分区总结推广了阳泉矿务局和平定县开展国防教育的经验；郊区电视台开办了国防教育讲座。1992年10月，郊区举办国防教育主题新春文艺会演，有5万人观看演出。盂县采用广播、墙报、报纸、看电影、开座谈会、演讲会和民兵大会等形式，对民兵进行国防教育。1994年，军分区举办全市“国防杯”国防知识竞赛，有近万名民兵和各界人士参加。矿区将军训和国防教育作为待业青年岗前培训的重要内容。1995年，郊区分管民兵工作的余惠章副区长，在全区人武、专武、民兵连（营）干部国防教育会上登台授课。8月，在抗日战争胜利50周年之际，矿区200名新党员在狮脑山百团大战纪念碑前举行集体宣誓仪式。

1996年“八一”期间，阳泉矿务局武装部举办民兵工作成就图片展览，陈列30余块民兵参建内容板报，电视台举办“颂长城”国防教育演讲赛。郊区建立区、乡镇、村三级国防教育网络。1997年，矿区人武部把国防教育渗透到双拥工作中去，全区全年共为军烈属办实事1800余件。在全国百家新闻出版单位联合举办的“强我国防，爱我中华”国防知识竞赛中，矿区共印发试卷9000余份，回收8800余份，回收率98%。1998年，城区把国防教育同创建双拥模范城活动结合起来，开展了以“爱心献功臣”为主题的拥军优属活动，各单位民兵帮扶小组为军烈属、老复员退伍军人献爱心、解难题。郊区组织国防知识竞赛，1万多人参加了活动，区长张清获竞赛第一名。

2001年7月29日，军分区在阳泉宾馆报告厅、平定和盂县接连举办3场“庆八一，话国防”专题文艺晚会，5个县区人武部及驻军共21个单位参加了活动。2002年6月，郊区人武部组织机关干部、青年、民兵参加省军区举办的纪念《中华人民共和国国防教育法》颁布一周年知识竞赛，获二等奖。2003年，预备役步兵第248团在电台、电视台、报纸等媒体开辟国防知识宣传教育专栏。2005年，军分区联合市委宣传、教育、文化、广电等9部门出台了《关于推进全民国防教育社会化的实施意见》，构建了“八个进入”（国防教育进入各级领导班子和干部队伍理论学习、进入各类学校素质教育、进入各类员工培训、进入现代传媒载体、进入大项军事活动、进入群众性文化活动、进入各类纪念庆典、进入各类文明创建活动）国防教育新模式。市国防教育办公室建成全省第一家国防教育专题网站。9月，山西省推广阳泉市国防教育社会化经验座谈会在阳泉市召开；阳泉市国防教育社会化的经验在《国防教育通讯》等多家媒体刊载。12月，在全国国防教育总结表彰大会上，阳泉市国防教育办公室被评为全国国防教育先进单位，“传承太行精神，心系国防的国防教育义务宣传员”苑桂生作了典型发言，苑桂生被中宣部、教育部和国家国防教育办公室表彰为全国国防教育先进个人。年内，市电视台、广播电台、报社联合开办“国防后备军”专栏，阳泉市举办纪念抗战胜利60周年“太行精神颂”大合唱比赛，举行烈士陵园迁址仪式。

2006年6月26日，阳泉市委、市政府、军分区联合下发《关于命名阳泉市国防教育基地的决定》，在全市设立20处国防教育基地。

阳泉市国防教育基地情况简表

表 -23-1

类 别	数 量	名 称
烈士纪念建筑物	5 处	阳泉市革命烈士纪念馆、平定县烈士纪念馆、里独头村烈士墓、白泉烈士陵园、三都村烈士纪念馆
革命战争中重要战役战斗纪念设施	4 处	百团大战纪念馆（碑）、七亘大捷旧址、固关长城、娘子关战役旧址
革命遗址	1 处	药岭寺华北制药厂旧址
惨案遗址	1 处	北大西庄村“六一五”惨案遗址
爱国名人故居	2 处	岳勇烈士故居（纪念碑）、石评梅故居（展览馆）
综合训练基地	1 处	阳泉市国防教育训练基地
国防教育示范学校	6 所	太原理工大学阳泉学院、盂县第一中学、阳泉市荫营中学、阳泉市第一职业中学、南楼小学、西川八一希望小学

2007 年，省国防教育委员会和省军区政治部联合举办苑桂生《太行丰碑》摄影画册首发式，分别在省内多家新闻媒体和全国 30 家广播电台宣传刊播苑桂生事迹专题报道。2009 年 9 月，郊区举办“热爱伟大祖国、建设强大国防”知识竞赛，全区近万人观看了现场决赛。

2010 年，阳泉市组织了“百团大战光耀千秋、阳泉儿女继往开来”为主题的大型群众歌咏演唱会和国防知识演讲大赛。矿区人武部深入阳煤集团为基干民兵、新招工人和技校学生 4000 余人进行了 8 场国防教育专题授课；精选民兵和群众爱国、国防书画作品 60 幅在街道、厂矿巡回展出；在《矿工报》组织了一期国防知识有奖竞答，收回答题 1 万余份；组织 4 个民兵连进行了一场有奖国防知识竞赛。10 月 10 日，郊区举办“纪念百团大战胜利 70 周年暨庆祝《中华人民共和国国防动员法》颁布实施国防知识演讲大赛”，郊区电视台进行了多次播放。11 月 26 日，郊区人武部在育才小学设立国防教育课试点，举行了国防教育展室剪彩和揭牌仪式。各乡镇基层武装部抓住庙会人员集中的机会，在主要街道、路口布设了国防教育展板。《国防报》以“国防教育搬上了庙会”为题对此进行了报道。

第三节　干部国防教育

领导干部是国防教育的是重点对象之一。阳泉市主要通过三种途径加强对领导干部的国防教育。

组织学习。1988年，郊区人武部克服资金紧张的困难，积极争取各级党政组织的支持，为区、乡镇、村各级党政领导和基层民兵组织订阅了《中国民兵》《华北民兵》《国防报》等报刊。1992年，盂县采取“三抓三带”（抓领导、带群众，抓基干、带普通，抓典型、带一般）的方法，组织领导干部学习《民兵工作条例》和《山西省民兵基层建设纲要》。1994年，矿区利用党校阵地开展国防教育，全区参加学习的领导干部有2200人，受教育面95%以上。2000年，军分区首长先后两次为各级领导干部讲解军事斗争准备及所担负的任务，增强了领导层的国防观念。2002年，市委党校开设了国防教育课。2003年，预备役步兵某团与阳泉日报社联合创办《阳泉预备役》月报，刊登宣传教育材料，下发到每位预任预编官兵手中。2005年，阳泉市出台《关于推进全民国防教育社会化的实施意见》，规定国防教育内容要进入各级领导班子和干部队伍理论学习教材，国防和军队建设理论成为各级理论学习中心组和党校干部培训的必修课。军分区还邀请国防大学专家为县处以上领导干部作专题报告，邀请省国防教育讲师团在市委党校县级干部培训班进行国防教育宣讲。2009年9月18日，市国动委举办市级机关干部国防教育讲座，邀请国防大学国家安全专家授课。

开展领导干部学武活动。从1986年开始，在纪念“八一”建军节时，市、县区均组织各级领导及人武专武干部进行军事学武活动，培育学武、爱武、尚武精神。1997年，军分区投入经费68万元，举办“八一”军事汇报表演。城区组织区领导和国防教育委员会成员过“军事日”，参观了黄崖洞八路军兵工厂旧址。2002年5月，军分区组织部分党政干部、民兵预备役人员、中小学生参加省国动委、省军区举办的国防知识竞赛活动。在“军事日”活动中，组织地方党政领导及市国动委22个成员单位780多人参加轻武器实弹射击训练；举行了“学理论，话国防”座谈会，市领导、市国防动员委员会各成员单位领导50多人到会。2009年8月初，盂县组织县领导到北京军区某部过“军事日”，让地方干部实地感受部队生活，促进党管武装工作有效落实。2010年“八一”前夕，平定县人武部组织县领导、各乡镇书记和乡镇长、专武干部120余人参加“军事日”活动，进行了徒步行军、实弹射击、战地野炊等科目的演练。

开展有奖征文、知识竞赛、文艺会演、参观展览等活动。1990年以后，郊区人武部和郊区报社持续开展“我与国防”有奖征文活动。区主要领导和广大干部群众踊跃参加，评选出了许多优秀征文，在郊区报发表。1996年，矿区人武部组织矿区五大班子领导、驻区各大单位分管领导和专武干部，到山西省国防教育基地左权将军展览馆、麻田镇八路军前方总部和黄崖洞兵工厂旧址参观学习。2002年9月14日，中共阳泉市委宣传部、阳泉军分区政治部联合举办“阳泉市领导干部国防知识电视大赛”，5个县区和市直机关的18名领导组队参加了比赛，阳泉电视台进行了现场直播。2007年，结合纪念中国人民解放军建军80周年开展主题教育活动，举办了后备力量建设成果展和各类纪念活动，进一步强化了各级领导干部和广大群众的国防意识。2010年，城区举办了1次领导干部国防教育讲座；矿区邀请军事院校教授为区领导、国动委领导、学校校长、专武干部、民兵干部以及阳煤集团武装部领导机关等200多人进行了1场国防辅导报告，组织区和街道40名干部到解放军某部进行参观见学；组织党政企1500余人进行了为期1周的“军事日”活动。

第四节　学校国防教育

一、学校国防教育活动

20世纪80年代，国防教育成为阳泉市各级各类学校的必修课。1988年，中共阳泉市委、市政府、军分区作出《关于在全市广泛开展全民国防教育的决定》。1992年10月，山西省教委、山西省国防教育办公室在阳泉市召开了“全省中小学生国防教育现场会”，会议推广了阳泉矿区中学和矿务局南楼小学在中小学生中开展国防教育的经验和做法。1999年，城区组织13所中学参加了《中国国防报》《中国民兵》杂志组织的“迎国庆万校国防教育”活动。2010年，矿区人武部每名现役干部担任一所学校的国防教育校长，并为学校师生上国防教育课。1959年至2010年，境内中小学有计划地开展“三防”（防核武器、防化学武器、防生物武器）知识教育。

二、学生军训

根据《中华人民共和国兵役法》的规定，阳泉市从1985年开始部署学生军训工作。1987年至1988年，阳泉军分区开展学生军训试点工作，由平定县人武部对县职业高中的120名新生集中进行了为期15天的军事训练，由阳泉矿务局（今阳煤集团）技校和阳泉技校对400名新生进行了为期15天的军训。三矿中学采用“走出去”（到部队训练）、“请进来”（请到学校指挥训练）的方法进行学生军训。1990年9月，省军区和阳泉军分区对三矿中学学生军训进行了考核验收，12月，郊区人武部首次对区一中高中新生开展学生军训。

1991年至2003年，采取县区人武部组训和请部队派教员训练的方法进行学生军训。1999年至2003年，预备役步兵第248团为太原理工大学阳泉学院、阳泉二中、阳泉十中等共建单位进行军训12600余人次。

2004年至2010年，军训学校由21所增加到32所，实训人数由8000人增加到1.8万人。

第七章 国防动员

第一节 机 构

一、领导机构

（一）人民防空领导机构

阳泉市人民防空领导机构始设于1959年8月，称阳泉市人民防空委员会，由阳泉市党政军领导和有关部门的主要负责人组成，主要职能是部署全市的人民防空（以下简作人防）工作，并对有关重大事项进行决策。1961年11月，阳泉市人民防空委员会改称阳泉市人民防空指挥部；1969年10月又改称阳泉市人民防空领导小组；1982年3月，复称阳泉市人民防空委员会。1996年7月，阳泉市国防动员委员会成立；阳泉市人民防空委员会撤销，其职能划归阳泉市国防动员委员会。

（二）国防动员领导机构

1996年8月，阳泉市设立国防动员委员会（简称国动委）。在上级国防动员委员会和市委、市政府、军分区领导下，阳泉市国防动员委员会主管全市国防动员工作，平时是主管本级国防动员工作的议事协调机构，战时是实施国防动员的指挥机构。

市国动委设第一主任、主任、副主任、秘书长、副秘书长、委员等职务。第一主任由市委书记担任，主任由市长担任，副主任由市委、市政府和军分区领导担任，秘书长由军分区参谋长担任，副秘书长由市委办公厅、市政府办公厅各一名副秘书长担任，委员由军分区司令部、政治部、后勤部领导和市有关部门领导担任。

二、办事机构

（一）人民防空办事机构

阳泉市各个时期的人民防空领导机构均设办公室（以下统称市人防办公室），为常设办事机构。市人防办公室根据阳泉市人防领导机构的决策，承办人防方面的日常工作。市人防办公室始设于1959年8月，办公地点设在阳泉市公安局，同时为市公安局防空科，系一个机构两块牌子。1961年11月，市人防办公室改由阳泉市人民武装部代管，办公地点先后设在市人武部办公楼和南大街126号院。

1966年至1980年，由军事部门派干部担任市人防办公室的领导，15年中先后有10名军队干部在市人防办公室工作。1980年1月，市人防办公室列入市政府编制序列，成为市政府主管人防工作的职能部门，下设秘书科、工程科、后勤科、指挥通信科4个科室，人员编制34人。1983年12月党政机关机构改革中，市人防办公室改归市政府办公厅领导（副县级），行政编制定为12人。1984年8月9日，市人防办公室恢复为市政府的职能部门，归市政府直接领导（县级），内设秘书科、工程科、指挥通信科3个科，下设人防工程维修队（事业单位）；行政编制12人，事业编制10人。1989年12月，市人防办公室增设人防平战结合管理站和人防通信站，编制分别为8人和12人；同时设立市人防办公室劳动服务公司（后于1996年撤销）。1992年9月，利用人防工程开发了五龙商场。

1995年，市人防办公室划归阳泉市建设委员会领导，仍为县级机构，编制11人。1998年6月，市人防办增设民用建筑人防工程监察站，编制6人，其中从人防通信站调剂编制3人，人防通信站人员编制减为9人。

2001年，市人防办公室改设为市政府直属议事协调机构，为市政府主管人防工作的职能部门，接受军队和地方的双重领导，同时接受山西省人防办公室的业务指导，行政编制11人。1999年9月成立华林商城，2000年7月成立盛世通商贸中心（2004年9月撤销），2001年4月成立五龙精品家具城。至2010年底，市人防办公室内设机构为秘书科、指挥通信科、工程管理科3个行政职能科室；下设人防平战结合管理站、人防通信站、人防工程维修队、民用建筑人防工程监察站4个事业单位和五龙商场、华林商城、五龙精品家具城3个企业单位，职工总数88人。另外，2004年7月指挥中心综合工程（一期）建成后，由民营企业新世隆商贸公司经营超市，市人防办成立企业管理站负责管理。

（二）国防动员办事机构

1996 年 8 月，市国动委下设国防动员办公室、人民武装动员办公室、国民经济动员办公室、人民防空办公室、交通战备办公室 5 个办事机构。2000 年 10 月，设秘书长，国防动员办公室更名为综合办公室。2006 年 10 月，增设科技动员办公室、信息动员办公室和政治动员办公室。

市国动委综合办公室、人民武装动员办公室设在军分区司令部，主任由军分区参谋长兼任；国民经济动员办公室设在市发展改革委员会，主任由市发展改革委员会主任兼任；人民防空办公室既是市国防动员委员会的常设办事机构，又是市政府人民防空工作的主管部门，原职能不变。交通战备办公室设在市交通局，主任由市交通局局长兼任；政治动员办公室设在市委宣传部，主任由市委宣传部一名副部长兼任；科技动员办公室设在市科学技术局，主任由市科学技术局局长兼任；信息动员办公室设在市通信分公司，主任由市通信分公司总经理兼任。

三、基层组织

（一）人民防空基层组织

从建市初期至 1967 年，阳泉市各单位的人民武装部门均兼管人防工作。1968 年至 1983 年，根据中共中央、国务院、中央军委文件的要求，阳泉市各区、企业主管局、公司，千人以上厂矿均建立人防办公室，1000 人以上企业配备专职人防干部 2 ～ 3 人。3000 人以上企业配备人防干部 3 ～ 5 人。截至 1983 年，全市共有专职人防机构 49 个，专职人防干部 73 人，兼职人防干部 3 人。

1983 年 10 月的机构改革中，只在区政府和部分大型企业保留了人防办公室和专职人防干部。截至 1990 年，全市有专职人防机构 21 人，专职人防干部 28 人，兼职人防干部 31 人。

1995 年的机构改革中，城区、矿区、平定县保留了人防办公室，共有专职人防干部 4 人；省营以上企业中，只有阳泉矿务局、晋东化工厂设专职人防干部 1 ～ 3 人。

2001 年的机构改革中，城区、矿区单设人防机构；平定、盂县、郊区 3 个农业县区人防职能单设，人防办公室与城建部门合署办公，为两块牌子一套人马。至 2010 年底，城区配备专职人防干部 2 人，矿区配备专职人防干部 2 人，郊区配备兼职人防干部 1 人，平定配备专职人防干部 1 人、兼职人防干部 1 人，盂县配备兼职人防干部 1 人。阳煤集团（原矿务局）武装部与保卫处合并后，原人防科与军事科合并，保留专职人防干部 1 人。

（二）国防动员基层组织

阳泉市所属各区县均设立了国防动员委员会及办事机构。

第二节 防空指挥

一、指挥体系

（一）指挥机构与设施

1980年1月，市人防办公室设指挥通信科。该机构的主要职责是：负责指挥基础设施建设、专业队伍组训、防空袭方案拟制，通信警报管理，干部业务培训等。1985年8月，指挥通信科职能增加了人防宣传教育，通信警报管理职能委托通信站负责。

阳泉市先后两次修建人防指挥所。第一次于1965年7月24日动工，1986年竣工。第二次经国家人防委员会批准立项，于2003年5月13日动工，2008年底投入使用，达到要素齐全、设施完善、功能完备、指挥高效的要求。2005年，市人防办建成防空指挥室，与阳泉军分区实现了视屏、音频互联互通；与省人防实现了数据传输连通。

（二）通信警报

1980年1月，市人防办公室设指挥通信科成立，通信警报业务由其管理。1985年8月，通信警报管理职能委托通信站负责。市人防办公室整合了军事部门、邮电部门的通信资源，配置了自有的有线和无线通信设备，形成了阳泉市完整的人防警报通信网络系统。经过多年建设，阳泉市建成了人防警报通信网，并依法进行了警报器试鸣。1965年6月至1982年7月，山西省人防办公室曾3次发布或变更防空警报信号。1984年2月26日，山西省人防办公室转发国家人防委《关于印发全国警报信号规定与要求的通知》，该通知对全国警报信号作出统一规定。人防音响警报信号分为预先报警、空袭警报、解除警报3种。预先报警：鸣36秒，停24秒，反复3遍为一个周期，时间3分钟；空袭警报：鸣6秒，停6秒，反复15遍为一个周期，时间3分钟；解除警报：连续鸣放3分钟。

（三）专业队伍

1987年7月，阳泉市组建人民防空专业总队，受阳泉市人民防空委员会直接指挥，下设两个团、33个连，设抢险抢修、交通运输、治安、防化、通信、医疗救护、消防7种专业分队，指挥部设在市人防办公室。1999年和2002年，总队进行了两次调整。

人防专业队伍每年都进行专门的整组和训练。1995年，按照省军区的要求，人防专业队伍的整组和训练工作纳入民兵整组训练工作统一进行。2002年10月17日，山西省组织人防专业队伍组训工作观摩检查。阳泉市由一支队担负受检任务，出动了防化分队（由阳煤集团一矿组建）、通信分队（由阳煤集团三矿组建）、治安分队（由阳煤集团二矿和发供电公司组建），在三矿体育馆接受检阅，进行了防空袭演练并取得成功，受到省检阅组的好评。

二、防空措施

（一）防空演习

1971 年 9 月 24 日，为了检验阳泉市人防战备工作的状况，阳泉市实施了全市防空演习。演习内容主要有 4 项：人员疏散隐蔽、对空射击队伍占领阵地、各种专业队伍到指定地域集合、全市警报系统检查及熟悉警报信号。

1989 年 8 月 24 日至 26 日，市委、市政府、军分区举行“三防”（防空袭、防自然灾害、防突发事件）演习。山西省军区组织全省军事部门领导进行现场观摩。26 日，人防专业总队医疗分队和交通运输分队 6 次出动，参加在郊区三都村进行的“平息在押犯暴乱”演习，演习均获得成功。

（二）人口疏散

1965 年 5 月制定的阳泉市人防工作规划规定了人口疏散的人数、方向和地点。

1969 年 12 月，市人防办公室对各系统、各单位的人口疏散进行了详细的规划和安排。全市人口中，除按一定比例留城者外，大部分要在战时进行疏散。

1981 年，根据省人防委的实地调查了解和调整安排，阳泉市人防办公室对全市人口疏散再次进行了规划。

1999 年 12 月制定的《阳泉市防空袭方案》对人口疏散的对象、数量和时机、疏散路线及疏散地域、疏散中的组织机构及保障措施进行了安排。

2002 年 12 月 10 日，市国防动员委员会对做好重点经济目标应急救援方案和疏散地域双卡责任制工作进行了安排。

2003 年 8 月 27 日，市政府下发《关于印发〈阳泉市战时人口疏散责任制实施意见〉的通知》，在全省率先以政府文件形式明确了疏散和接受双方的责任。

（三）重点目标防护

1999 年 12 月拟制的《阳泉市防空袭方案》对阳泉市防空袭重点防护目标作了规定，2002 年又作了增补。2002 年 12 月 10 日，市国防动员委员会对做好重点经济目标应急救援方案和疏散地域双卡责任制工作进行了安排。2003 年 5 月 16 日，市人防办公室要求防空袭重点防护目标单位制定防空袭方案。2003 年 12 月 20 日，省国动委确定首批省级防空袭重点防护目标，其中阳泉市有6个。2004年，15个重要目标单位完成了防空袭方案制定工作。2004年3月1日，市国动委认定首批市级防空袭重点防护目标。2005年市人防办制定了《城市重要经济目标防护规范化建设标准》。

三、城市防空袭方案

1980年3月，阳泉市制定了第一部防空袭方案，内容主要为人口疏散和隐蔽，临时应急疏散区域的划分等。1983年，制定了第二部防空袭方案，内容涉及人口疏散和隐蔽、防空袭部署、敌情判断、重点目标和要害部门的防护和保卫、通信警报、防空专业队伍的组织等。1986年、1990年和1992年，对该方案进行了数次修订。1999年12月，阳泉市再次完成防空袭方案的修订。这次修订是在市政府和军分区领导下，根据高技术条件下现代战争的要求，历时6个月，由市人防办公室牵头组织实施的。2002年，方案又对阳泉市防空袭重点防护目标进行了增补。2003年5月16日，市人防办公室要求防空袭重点防护目标单位制定防空袭方案。2004年，阳煤集团、阳光发电公司、石油公司、通信公司、自来水公司、铁路编组站等15个重要目标单位完成了防空袭方案制定工作。

第三节　防空工程

一、工程建设

（一）方针政策

中华人民共和国成立后，党和国家制定了一系列关于人民防空工程建设的方针政策。1969年3月，在毛泽东“深挖洞，广积粮，不称霸”和“要准备打仗”的号召下，按照全国人防领导小组关于抓好人民防空工作的批示，阳泉市开始了广泛发动群众，全民搞人防的运动。1973年开始，国家拨出人防工程专项经费，用于补助人防工程材料费。

20世纪70年代后期，开始按计划建设人防工程，并开始了人防工程的开发利用工作。1979年，开始酝酿对建设人防工程方针政策的调整。1980年，全国人防领导小组下发《关于人防工程建设执行“调整、改革、整顿、提高”方针的指示》，结束了大搞群众运动进行人防工程建设的方针，转向注重工程建设管理、提高工程质量、突出平战结合工程和已建人防工程开发利用；建设经费的来源由国家统一拨款改为多方筹集资金；工程的形式向平战结合的防空地下室和单建式人防工程发展，人防工程建设开始与城市建设相结合。

20世纪90年代至2010年，境内人防部门结合基本建设修建防空地下室逐步成为工程建设的一个重要方面。

（二）建设形式

1969年至1970年，阳泉市要求防空洞能“打防结合”，一些厂矿企业的人防工程中，建设了多种战斗设施。其后的20世70年代，为了向全市人防工程提供物资保障，市人防办公室因地制宜，兴建了人防砖厂等工程辅助项目。为防核化武器袭击，要求人防工程做到“三防”（防原子武器、防化学武器、防细菌武器）配套，并配套建设疏散机动干道。80年代，提出“以洞养洞”的口号，进一步贯彻平战结合的原则，按照战时能坚持生产、生活，平时又能使用的要求，阳泉市陆续修建了一些平战结合的人防工程。90年代，民用建筑普遍修建防空地下室，提高了人员掩蔽率。1999年至2010年，人防重点工程建设由国家、地方政府、企业、人防自筹、个体等多方投资建设。

（三）规划设计

阳泉市人防工程的规划与设计，在人防工程的建设过程中，从无到有，逐步提高和完善。1969年至1975年，人防工程修建大搞群众运动，阳泉市未编制人防工程建设规划，各单位的人防工事均未进行专门的工程设计。1975年至2005年的30年中，阳泉市先后编制了5部全市性人防工程建设规划。1975年至20世纪80年代初，阳泉市人防重点工程、加固改造工程及口部处理工程均由市人防办公室工程科承担设计任务。80年代初至1988年，根据国家人防委、城建部《关于加强人民防空建设与城市建设相结合的通知》精神，阳泉市人防工程的设计任务由市人防办公室、市基建办公室、市城建局、阳泉矿务局设计处等单位共同承担。1988年至2010年期间建设的大型人防工程，均由山西省人防工程设计院承担设计任务。

（四）施工

阳泉市人防工程在不同时期，按不同的工程种类，采取了不同的施工方式。

从1969年开始，采取社会力量施工的方式，一方面发动群众，同时组织专业队伍施工，“居民区工程群众干，单位工程单位干，公共工程大家干”。动员的人数按城镇职工总数的1%～3%确定。这个时期有60余个单位参加施工，群众义务投工达40万个。1975年，阳泉市向各单位下达了施工任务和包干指标，以较大的单位为主组成施工专业队伍。

1976年至1977年，为加快人防工程施工速度，阳泉市大修厂用两年时间试制成功摇臂式挖洞机。1978年，批量生产了15台。这一成果在全国人防工程施工机械化经验交流会上进行了交流。

1978年开始调整人防建设方针，施工方式由动员群众义务劳动，转为全额承包。人防地下医院工程首次采用了由主管部门下达施工计划，由建筑施工部门全额承包的方式。人防工程加固改造及口部处理工程均采用这种方式。

（五）建设管理

20世纪70年代，全市大搞群众性挖防空洞，省、市层层分配年度建设计划。80年代加强计划管理，先由省人防办公室提前下达指标，市人防办公室根据指标编报计划，再经省人防办公室批准，然后再由市人防办公室组织实施。

20世纪80年代后，从上而下加强了施工管理。各项工程均指定专人负责施工技术；工程质量检查验收按照工程规模分级进行，大型人防工程由国家人防组织验收，中型人防工程由省人防组织验收，小型及简易人防工程由市人防组织验收。阳泉市人防办公室组织施工的几个大型工程由省人防办公室初验后，经国家人防终验，均被评为优良工程。

二、综合利用

1979年，全市开展人防工程开发利用工作。市人防办公室在人防工程内进行蘑菇、蒜苗试种均获成功。各基层单位在人防工程内种植蘑菇、蒜苗、灵芝，养鸡、养蝎子；抽取防空洞冷气为车间、剧场降温；在防空洞存放货物、储存蔬菜、加工豆制品、生产醋和糖稀。1992年后，市人防办建成五龙商场、五龙精品家具城、华林商城等人防企业，取得明显社会效益。1996年至2010年，全市主要的平战结合项目有五龙商城、华林商城、南大街过街道、新世隆超市4项，人防工程开发利用总面积44103平方米，年营业额3670万元，年上交工程使用费250万元，年上缴国家税金100余万元。

第四节　人民防空教育

一、全民防空教育

1959年至2010年，阳泉市广泛开展全民性防空教育，有效增强了国民战备意识。

1964年和1965年，市人防办公室在矿山、学校和农村举办了3次防空教育巡回展览，展览包括国际形势教育和防空知识两部分，展出30块图版和实物模型。1972年，市人防办公室召开人防工作现场会，向工矿企业、学校、居民区发放人民防空宣传教育挂图350套。1972年后，市人防办公室每年举办防化专业队伍训练、对人防干部和人武干部进行防护技能训练，组织城

2008 年 6 月，在城市广场举行人民防空宣传活动

市居民自制个人应急防护器材。各单位利用墙报、黑板报进行防空教育，组织干部到省城太原参观人防展览。

1978 年以后，市人防办公室利用电影院、职工俱乐部举办人防教育巡回展览，在各单位放映人防教育影片。各单位发挥创造精神，举办了各种防空教育活动，如人防干部防空知识训练班、人民防空书画展览、人民防空体育运动会、人民防空学术报告会等，一些单位还设立了专门的人民防空宣传教育室。

1994 年 7 月 20 日，全市举行《人民防空条例》颁布 10 周年庆祝活动，市人防办公室举办了“五龙杯”人防知识竞赛。1995 年，全市接受防空教育的群众达 10 余万人次。1996 年 12 月 28 日，市人防办公室组织了《中华人民共和国人民防空法》大型宣传活动，市委、市政府、军分区领导上街宣传，全市设 22 个宣传点，出动宣传车 5 辆，组织板报 60 块，条幅标语 50 条，散发宣传品 5 万份。1978 年至 2000 年，市人防办公室组织了一系列大型宣传活动，如人防工作新闻发布会、年度人防工作会议、人防工程开工活动、人防工程利用项目开业活动、防空警报器试鸣放、国防宣传日人防宣传活动等。市级党政军领导、各新闻媒体、人防系统的干部职工和社会各界群众积极参与活动。

2001年至2007年，境内党校、大学、社区开展了丰富多彩的人防教育活动。2008年6月，市人防办公室在城市广场举办《山西省人民防空工程建设条例》大型宣传活动，展出专栏40余块，散发传单3000余份。市级各大媒体都作了报道，《阳泉日报》全文登载了《人防工程建设条例》。2009年，在全市防灾减灾宣传周活动中，市人防办展出展板2块，连展3天，散发防空知识手册1000份。各区县人防办公室也组织社区和学校开展了形式多样的宣传和演练活动。2010年12月15日，市人防办公室在市展览馆举办阳泉市人防建设60周年成果图片展览，共展出阳泉市人民防空早期建设、调整改革和创新发展3个方面的作品100余幅。市人防办公室组织开展了人防学术研讨活动。截至2010年，共在省级以上报刊和学术会议发表论文及人防宣传稿件280余篇。

二、学校防空教育

阳泉市中学“三防”（防核武器、防化学武器、防生物武器）知识教育开始于1976年。1986年，确定阳泉四中、平定一中为“三防”知识教育试点学校。1987年，市人防办公室成立“三防”知识教研组，16所中学设“三防”知识课。1987年7月12日至13日，省教委、省人防委在阳泉市召开山西省重点城市中学“三防”知识教育规范化、制度化现场会。1988年，全市设“三防”知识课的学校增加到23所。1987年和1988年，市人防办公室举办2期“三防”知识课师资培训班，特邀防化指挥工程学院教授授课，为全省防空重点城市培训“三防”知识教师150余名。1986年和1987年，举办了2期“三防”夏令营，1988年和1989年举办了2次“三防”知识竞赛，组织了文艺表演、演讲、现场授课等活动。

1990年以后，受中小学学生减负工作影响，大部分学校不再开设“三防”知识课。1992年，阳泉市开展中学“三防”教育“五小”（小演习、小制作、小演唱、小型录像、小竞赛）活动，每学期的“三防”知识课由30课时减为10课时。2002年，市人防办公室、市教育局联合下发《关于在初级中学实施人民防空知识教育的意见（试行）》，对人防知识教育课时不再作硬性规定。各校指定辅导教师，发放了《人民防空教育参考教材》，定期定年级播放有关“三防”知识教育的录像（如《永远的蓝天》《抵御空中威胁》等）。2008年，市人防办在理工大学阳泉学院开展宣传活动。2008年至2010年，全市31所中学结合军训开展人防教育，受教育学生每年达1.2万余人。至2010年，全市开展“三防”知识教育的学校有40所（中学29所、小学10所、大学1所），每年接受“三防”知识教育的学生达到1万余人。

阳泉市志

（下）

主　编　任佟苏　王　刚　郭玉珠
副主编　董雪卉　刘玉林　苏小平　张卫萍　高忠乐

YANGQUANSHIZHI

阳泉市地方志编纂委员会 编

方志出版社
Publishing House of Local Records

中文目录

下　册

第二十四编　教　育

第二十五编　科　技

第二十六编　文　化

第二十七编　卫生　体育

第二十八编　民情风俗

第二十九编　语　言

第三十编　人　物

第三十一编　艺　文

专　记

附　录

阳泉市志

YANGQUANSHIZHI

[下　册]

第二十四编

教　育

阳泉地区文化教育昌明，自古即有兴学办教育的传统，历史上被誉为“文献名邦”。新学制创立前的唐至清历代，境内在儒学、书院就读后通过科举考试考中进士的有269人，考中举人的有1039人，考中各种贡生的有1188人。清嘉庆十二年（1807）丁卯科乡试，仅平定一县就有15人中榜，驰誉三晋。同治元年（1862）壬戌科乡试，盂县一县有12人中举，也为省内外所瞩目。据山西教育出版社出版的《山西历代进士题名录》载，山西各县历代进士共3725人，盂县以161人荣登榜首，平定以108人位列第七。

民国36年（1947）5月，阳泉市建立。1983年7月，平定县、盂县划归阳泉市管辖。至此，阳泉市下辖城区、矿区、郊区三区和平定、盂县两县。阳泉建市后，境内教育事业总体发展态势良好，成就仍然不同凡响。1985年，阳泉市成为全省第一个实现基本普及九年义务教育的地市；1995年，阳泉市成为全省第一个完成“两基”（基本普及九年义务教育、基本扫除青壮年文盲）达标任务的地市；1995年至2010年，阳泉市在普通高等学校招生全国统一考试中本科达线率连续16年位居全省各地市之首。

数十年来，阳泉市结合地方实际情况，积极贯彻落实国家教育方针政策，坚持改革创新，调整布局结构，完善教育体系，全面推动地方教育事业健康发展。实施“两基”教育，大力发展职业教育和推行素质教育；实施新课程改革实验，推进课堂教学改革实验；实施校舍安全改造工程，促进基础教育全面发展；实施继续教育工程，促进教师专业化发展；实施“校校通”工程，推进教育信息化手段的应用，全市教育事业取得了显著成绩。截至2010年，阳泉市共有各级各类学校783所，其中普通高校2所、成人高校1所、成人中专5所、普通中专6所、技校2所、职业中学8所、普通中学87所、小学372所、幼儿园298所、特殊教育学校2所。全市基本建立起学前教育、义务教育、高中阶段教育、成人教育和高等教育布局合理、结构优化、协调发展的现代国民教育体系，实现了各级各类教育的均衡、协调发展。

第一章 儒学教育

古代教育出现学校教育雏形之后，自唐至宋，境内出现儒学。新学制创立之前，境内所设教育机构主要有学宫、书院、学塾。

第一节 学 宫

学宫，乃文庙，也叫孔庙、学庙，多为儒学教官办公和讲习之所，一般设在州、县治所的文庙内。封建社会实行科举制度，府、州、县学（俗称老师衙门），亦称文衙门。官府对秀才月课、季考、岁试、科试，就在学宫进行。

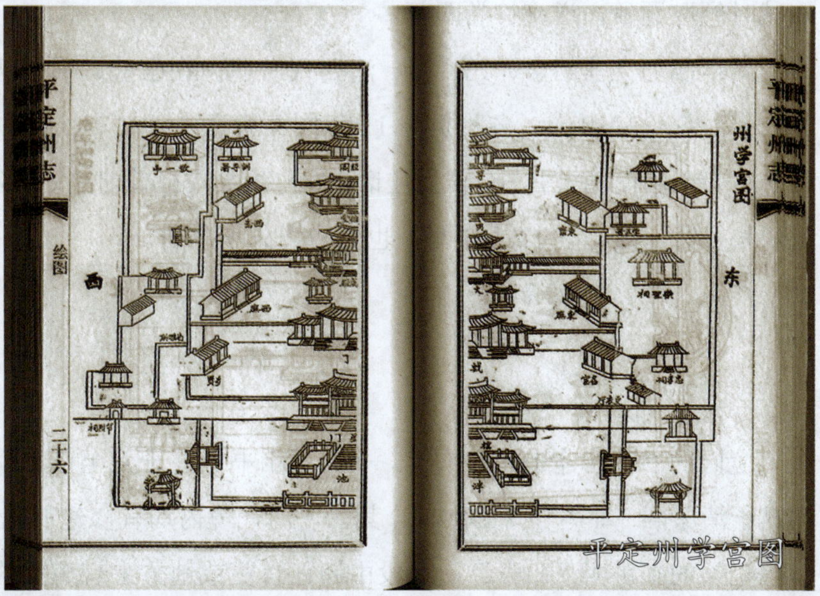

平定州学宫图

唐贞观四年（630），盂县在县城内始建文庙，庙址在内城东南角。其筑正殿五间，为学宫之始，亦是境内最早的儒学。北宋元丰十六年（1023），平定县上城东南隅始办儒学，亦建学宫（县城南营门牌有学门字样）。金大定二十二年（1182），平定县升为州治。自宋大观年间，盂县又在文庙内立石碑一座，碑文系蔡京手书，后人称之为大观碑。金兴定四年（1230），金廷升盂县为盂州，并因州而设置庙学。元至治三年（1323），新修庙学落成。殿前东西两旁建有从祭庑房，殿后有州学，中间是大厅，东西两斋供师生居住。明洪武二年（1369），知州程宗道在平定县下城建学宫，亦名圣庙（县实验小学校址）。明万历二十六年（1598），盂县儒学创建学田。到清光绪七年（1895），已拥有学田 930 亩（62 公顷），其中教谕学田 230 亩（15.3 公顷）、训导学田 170 亩（11.3 公顷）、庠生学田 170 亩（11.3 公顷）。经元、明、清历代修葺、扩建，到清光绪年间，盂县儒学已具规模；其前院正厅为明伦堂，东西两厢为崇斋德与广业斋，后院东为教谕署，西为训导署等。

儒学教育的教学内容为儒家经典和体现官方统治思想的宋明理学及应付科举考试的“时文”之类。清顺治九年（1652）设置的“卧碑”规定：不准士子结社立盟，出入官舍，把持官府，武断乡曲；不准上陈军民得弊；不准妄行刊刻文字，违者治罪。进入儒学的学生俗称秀才，通称生员或庠生，其皆经过县、府、院三级考试合格后才有资格进学，而且录取的名额均有定数。如清代，境内平定县儒学的进学名额为文童 15 名，武童 15 名；盂县儒学的进学名额为文童 15 名，武童 15 名。初入学的生员叫附学生员，经过“岁试”而后分为廪膳、增广、附学三等，分别称廪生、增生和附生。在当时，廪生和增生也是有固定名额的，平定县 30 名，盂县 20 名，附生名额不限。生员在学，并非以读书课业为主，其主要任务在于参加岁、科考试，以取得乡试资格。所以，儒学的生员多数并不在学攻读，即便月季考试也不一定亲自到场，临试时领取题目，送交答卷即可。

新学制创立前的金、元、明、清四代，境内在学塾、书院就读者通过科举考试，考中进士 269 人、举人 1039 人，各种贡生 1188 人。清嘉庆十二年（1807）丁卯科乡试，仅平定县就有 15 人中榜，因而驰誉三晋，传为佳话，故知州吴安祖曾建“文献名邦”坊志贺。同治元年（1862）壬戌科乡试，盂县有 12 人中举，也为省内外所瞩目。

第二节 书 院

境内的书院始建于北宋末年。平定冠山书院建于元至正年间。盂县的书院始名藏山书院，创建于清康熙二十八年（1689）。其后，历代境内均有修建书院之举，且既有官办，亦有私办。书院院长的主讲叫“山长”，一般由卸任官吏或地方上有声望的人士充任。境内较有影响的书院如下。

冠山精舍 位于平定冠山，为民间私办。因始建于北宋末年，延办至金代，则系境内各书院之先。元初，中书左丞吕思诚（平定人）之父祖数世曾就读于此。

吕公书院 位于平定冠山，为元代官办。因仿冠山精舍扩建而成，故俗称冠山书院。又因吕思诚一手操办而得名吕公书院。吕公以元世祀“先儒过化之地，名贤经化之所”，而立书院令，并奏请赐额，造燕居殿，设宣圣孔夫子肖像，并以颜之与曾之配祭，另筑会经堂，以及德本、行源等斋舍。院藏经籍图书曾达万卷，盛极一时。至正统年间，陈好谦曾任山长。今书院已久废不存。

石楼书院 位于平定圣庙大成殿东侧，系明代官办，建于明正统年间，学正夏廷器建。因与平定城南10里的石楼山遥遥相对而得名石楼书院。书院的建成，对文化传播、人才培养产生过巨大作用，曾一度成为平定雅号文学之地。今书院已废。

秀水书院 位于盂县文庙东南，原建于崇文巷内，名藏山书院。清康熙六十一年（1722）移建于学宫东，易名慎交书院，后改称秀水书院。其是当时主持地方文运的机构和中心，又系科举的预备设施。光绪三十一年（1905）科举制度废除后，书院即改为学堂。

冠山书院

崇古书院 即崇古冠山书院，位于平定冠山腹地，系清嘉庆十一年（1806）州人孙裕修建。书院坐西朝东，靠山临谷，为二进三合式院落。内院西有正房5间，名“崇古洞”。南北两厢房各3间，额书分别为“广业”“新德”。门外石坊北向，额题“登瀛”。其整体建筑保存完好，且院内尚存一批明清碑刻，今属省级重点文物保护单位。

此外，境内还有名贤书院、高岭书院、槐音书院、冠山书院等。其数量之巨，影响之广，在山西全省均占一席之地。据考，明清两代书院的教学内容主要是

“四书”（指《大学》《中庸》《论语》《孟子》）、“五经”（指《易经》《尚书》《诗经》《礼记》《春秋》）这类儒家经典，旨在适应科举。入院学习的秀才和童生考试优胜者可按期领取一定的“膏火”（即微薄的奖学金），意在激励学者上进。由于资料零散，境内书院遗物还有待于进一步挖掘。

第三节 学 塾

在漫长的封建社会中，境内的初等学校叫作塾馆，亦称学塾。因经费来源的不同，其大致可分为以下四种。

家塾 系由家族筹资创办的，旨在供本族子弟入塾就读。清康熙二十年（1681），在河底镇（今属郊区）刘家祠堂和东后街老院高房开办的刘氏家塾；道光元年（1821），在白羊墅（今属郊区）周家祠堂开办的周氏家塾；光绪二十六年（1900），平潭垴（今属郊区）李乃宣父辈和李林父辈合办的塾馆即属此类。亦有富裕之家或书香门第独资聘师，在家里设馆施教者。此类家塾一般就读的学生不多，其亲友子弟请准入塾者不乏其例。清朝末年，官沟村（今属郊区）张士林所办的家塾，一次就考中5名秀才，除其长子张鸿寿外，其余都是临村来附读的童生。

私塾 属于民学，通称私学。多系落第秀才或失意官员为谋生计而设。有的办在自己家里，有的择地设馆。入塾者须交一定的费用，时称“束脩”。私塾源远流长，其产生的具体年代虽无从考证，但境内从汉唐时期就有了私学。五代后设立家塾，金、元时期私塾开始大量发展。及至明、清，盂县私塾遍及城乡。清乾隆十八年（1753），张希尧在兴道东山程子岩所开办的家塾，清朝末年，廪膳生员孟醇泗在平定庙沟村所开办的塾馆，即属此类。由于他们精通五经四书，教学严谨，口讲指授，从学者甚众，且多有成就。

村塾 或称乡塾，系以村集资设立塾馆，聘请教师授业，有的是一村延师择址建馆课其子弟；有的是一村或邻村自愿结合，推举有名望、热心教育的地方绅士为学董，按田亩摊派费用，聘用塾师，择址设馆，教育子弟，凡村民子弟，皆可就学。塾址多利用古庙殿堂，学生自备桌凳。清末民初，境内较大的村庄均设有此种塾馆，只是条件优劣之别。

义塾 明代称社学，清代通称义学。义学是官学的辅助部分，以教授贫寒子弟为宗旨，多系地方官吏倡捐兴创。盂县义学始见于元朝。元大德六年（1302），伯履曾在苌池建立1所义学。明弘治年间，平定知州吴贤曾在儒学左侧建社学；嘉靖年间，知州马京在州城建社学3处；清康熙二十四年（1685），知县俞钦主持创办芹泉的义学，是一所官办学校。驿丞杨廷询详请知县拨给驿地 90 亩（15 公顷）为学田。清雍正二年（1724），平定知州李濂在州境倡修义学 3 处；乾隆二年（1737），乾隆三十四年（1769），平定知州姚学瑛在圣庙西庑后建义学；此外，亦有开明士绅独资或部分集资协助兴办者，如清乾隆五十年（1785），小河村（今属郊区）石湛主动捐资，创立小河村义学堂，供乡里子弟就读，并捐地十余亩，积租作义学堂经费；道光十八年（1838），河底村（今属郊区）刘珂鸣出资重修文昌庙，在庙中设立义学；道光三十年（1850），平定知州锡麟在州城榆关门外东南隅建义学。此外，从嘉庆至道光年间，盂县义学就有杨家沟义学、泥河义学这类私学多处。光绪元年（1875），大阳泉村（今属郊区）百姓捐地 94 亩（6.3 公顷），建义学供村中子弟就读；光绪二十一年（1895），平潭街（属矿区）牛、王两家富户合资在牛宅院创办义学等。

学塾的种类在当时大体可分为蒙学、大学、混合型学塾（包括蒙学和大学）。蒙学主要是启蒙，一般不开讲。学童一入学，则授以洒扫应对，出入礼貌等常识，学生多是 10 岁左右的孩童，主要攻读《三字经》《百家姓》《千字文》及《小学》等；大学主要是深造，学生多是 20 岁上下的青年，主要攻读《四书五经》，开讲开笔，习作八股文；混合型学塾既启蒙又深造，其学童人数不定，少则三五人，多则一二十人，学童年龄不限。当时，境内学龄儿童的入学率仅有 20% 左右。

学塾的教材也不统一，多系塾师自行编撰，或选用当时流行的蒙学读物。除上述外，还有《名贤集》《弟子规》《千家诗》等等。清末，白羊墅村周吉谦编撰的《典故蒙引》，全书 694 句，2776 字，由平定县城十字街荣德昌刊刻印行。这一读物曾遍布乡里。学塾采取单个教学法，特别重视读、背、写。塾师一般每天要检查读、背、写的情况。如不能按要求完成学业者，便要受到责罚。因学童年龄和知识基础参差不齐，各类塾馆在教学上多不分学年，既没有计划，也不统一进度，授课自然不定时定节。所以，其教育纯粹是散在型的封建式教育。在教育发展的进程中，民间学塾的作用虽不可否认，但其局限性较大。事实上，除少数官宦和有钱人家子弟及与权势者有族亲关系、邻里关系者之外，多数贫民特别是贫民中的女孩子，一般是难以入学就读的。

第二章 学前教育

民国前，境内没有专门的学前教育机构。民国4年（1915），美国基督教牧师库范恪到平定县传教，设“友爱会”，同时设立学校，校内附设幼稚园，设在平定县城姑姑寺，系境内最早的幼儿教育机构。

第一节 概 况

民国30年（1941），日伪盂县公署为全面实施奴化教育，在县立新民小学曾开设幼稚班，招收198名幼稚生分班就读。其后，城关小学恢复，初年级学生归回各村入学，幼稚班解体停办。与此同时，抗日根据地的部分村庄也曾办过不少季节性幼儿园、托儿所，旨在看管好孩子，使大人安心从事生产和抗日运动，在当时产生一定影响。

市健幼保育园建园初

阳泉建市后，境内学前教育逐步兴起。1953年10月，境内第一所国办幼儿园——阳泉市健幼保育园成立，由市妇联主办，园址在市政府大院西南角。初建时，入园幼儿仅8人。同年，阳泉钢铁厂行政处主办阳钢托儿所。1955年4月14日，阳泉矿务局工会和教育处主办矿务局机关幼儿园，全园分3个班86名幼儿。1957年，上站小学附设2个幼儿班30名幼儿。1958年，境内绝大部分机关、厂矿、街道、车间、农村和学校都兴办或附设托儿所、幼儿园，达到1360所，在园幼儿74516人，保教人员3191人。1961年至1965年，全市幼儿园减少为13所，入园幼儿657人。1966年至1971年，学前教育受到破坏，幼儿园基本处于瘫痪状态。

1978年中共十一届三中全会以后，学前教育得到新发展，全市城乡共办各类幼儿园509所，在园幼儿19179人，保教人员999名。1980年6月，市政府成立阳泉市托幼工作领导组，下设办公室。1986年4月5日，市政府召开常务会议，确定市托幼工作领导组办公室是市政府的办事机构。1989年12月31日，市教委内部增设"幼儿教育科"，并与市妇联移交教委代管的"市托幼办公室"实行一套机构两块牌子办公。1990年，各县区相继成立托幼工作领导组，各级政府为幼教行政机构划拨专职编制。全市注册登记备案的幼儿园（含一园一班的）共794所，其中全民办113所、集体办670所、个人办11所；幼儿班、学前班和混合班计1322个。3至6岁入园幼儿有37474人，入园率达71.6%，其中城市儿童入园率87.6%、农村57.2%。经省教委检查验收，阳泉市实验幼儿园等6所幼儿园被确认为山西省合格示范幼儿园。

20世纪90年代始，学前教育领导管理体制实行地方负责、分级管理、各有关部门分工负责的原则，地方各级人民政府的教育行政部门主管本行政辖区的学前教育管理工作，履行综合管理、社会协调、业务指导职能。1991年，除矿区设幼教专干外，城区、郊区、平定县、盂县全部成立幼教科（室），各乡镇配备专兼职幼教视导员。1992年，阳泉市提出"多条腿走路，改善办园条件"的工作思路，初步形成政府、集体、个人多种形式的办园格局。全市共有幼儿园563所，其中市辖47所、城区6所、矿区26所、郊区45所、平定县214所、盂县225所，在园幼儿37387名，教职工2322人。4至6周岁幼儿入园率71.6%。1993年，全市基本实现普及学前一年教育。1995年11月，郊区首家通过省政府"基本满足幼儿学前三年教育"验收。1996年，郊区被国家教委授予"全国幼儿教育先进区"称号。到1999年，全市共有幼儿园644所，其中市辖39所、城区6所、矿区60所、郊区78所、平定县190所、盂县266所、开发区5所，在园幼儿41624名，共有教职工2721人，其中教师1918人。3至6周岁幼儿入园率为86.3%。

2000年，《阳泉市幼儿教育事业"五年"计划和2015年规划》出台，明确将幼儿教育定位于"科教兴市"的奠基工程。11月，平定县通过省政府"基本满足幼儿学前三年教育"验收。2001年，市托幼办出台《关于进一步加强学前教育管理的通知》规定："各县区小学附设学前班，一律不得招收5周岁（含5周岁）以下幼儿，所有学前班不得招收幼儿园在园幼儿。"2002年暑假后新学年开始，全市各类公办、厂办、民办小学（不含偏远地区村办小学）均不再举办幼儿园、学前班，全市范围内小学全部实行6周岁上学。11月，矿区、郊区通过省政府"基本满足幼儿学前三年教育"初验、复验。阳泉市首次在民办幼儿园中开展一类幼儿园达标工作，阳泉宏昌幼儿园通过验收。2003年，郊区、盂县、开发区全部撤销小学附设幼儿园、学前班。6月，郊区被教育部再次授予"全国幼儿教育先进区"称号。2004年，境内完成撤销小学附设幼儿园、学前班工作，解决了学前班重复教育、挤占小学教育资源的问题。

2006年11月，城区、平定县通过省政府"基本满足幼儿学前三年教育"验收。2008年11月，盂县、矿区通过省政府"基本满足幼儿学前三年教育"初验和复查验收。2009年，阳泉市被教育部授予"全国幼儿教育工作先进地区"称号。截至2010年，全市共有各级各类幼儿园（班）497所（含全市小学附设幼儿班），其中，市辖区5所、城区13所、矿区30所、郊区115所、平定县167所、盂县154所、开发区13所。入园幼儿29841人，适龄幼儿毛入园率90.8%，幼儿园教职员工2932名。幼儿学前三年教育普及率90.8%。全市共有五星级标准幼儿园19所、四星级标准幼儿园41所、三星级标准幼儿园113所。同年，市实验幼儿园等6所幼儿园被省园长管理协会评选为山西省优秀幼儿园，矿区天骄幼儿园被评选为全国优秀民办幼儿园。

1998—2010年阳泉市幼儿教育发展情况简表

表-24-1

年 份	幼儿园托儿所数（个）	学前班数（个）	园长数（人）	教师数（人）	合格教师数（人）	教师合格率（%）	适龄幼儿数（人）	幼儿在园数（人）	幼儿入园率（%）
1998	805	30	187	1865	1270	68.0	44787	39122	87.3
1999	797	23	223	1884	1259	66.8	45679	39441	86.3
2000	777	26	164	2028	1407	69.4	46513	41303	88.8
2001	668	24	162	1886	1211	64.2	41211	36221	87.9
2002	554	8	265	1665	1240	74.5	39302	35153	89.4
2003	527	6	250	1695	1188	70.0	36695	31548	86.9

续表 -24-1

年 份	幼儿园托儿所数（个）	学前班数（个）	园长数（人）	教师数（人）	合格教师数（人）	教师合格率（%）	适龄幼儿数（人）	幼儿在园数（人）	幼儿入园率（%）
2004	475	—	253	1767	1223	69.2	34537	29118	84.3
2005	458	—	238	1755	1255	71.5	35060	29155	83.2
2006	571	—	293	1691	1190	70.3	32977	28914	87.6
2007	538	—	298	1706	1243	72.9	31293	27084	86.6
2008	497	—	286	1780	1307	73.4	32283	28000	89.2
2009	505	—	315	1849	1410	76.2	32565	29436	90.8
2010	497	—	304	1884	1403	74.4	32867	29841	90.8

说明：本表数据统计含农村混合班、游戏小组等一揽子幼儿园

第二节 示范园建设

1985年，省教育厅作出“在每个县区办好一所示范幼儿园”的决定，要求每个县区在1985年至1990年首先办好一所教育部门管理的、有独立建制的示范园，使之成为当地幼教科研、教学改革、师资培训中心，对示范幼儿园的任务、规模、领导、教师、经费、办园条件、领导管理都提出明确要求。1988年12月，矿区新蕾幼儿园、矿务局机关董存瑞幼儿园经省教委验收，成为阳泉市首批省级示范幼儿园。1989年，城区育新幼儿园经省教委验收，成为第二批合格省级示范幼儿园。1990年，市实验幼儿园、平定县直属机关幼儿园经通过省教委省级示范幼儿园验收。1991年，郊区大阳泉幼儿园通过省教委省级示范幼儿园验收。1992年，盂县职工幼儿园通过省教委省级示范幼儿园验

阳泉市实验幼儿园

收。1994年，阳钢幼儿园通过省教委省级示范幼儿园验收。2001年至2005年，省教育厅分批对全省原有的省级示范幼儿园进行二轮评估验收。2001年11月，市实验幼儿园、城区幼儿园通过省教育厅省级示范幼儿园二轮复验。2002年11月，矿区新蕾幼儿园、平定县直属机关幼儿园通过省级示范幼儿园二轮复验。2003年11月，阳煤集团董存瑞幼儿园通过省级示范幼儿园二轮复验。2005年11月，盂县职工幼儿园通过省级示范幼儿园二轮复验。2006年至2007年，省教育厅对部分幼儿园进行补验和复评。2007年4月，郊区实验幼儿园通过省级示范幼儿园验收，城区北大街幼儿园通过省级示范幼儿园二轮复验。8月31日，省教育厅公布上述9所幼儿园为“山西省示范幼儿园”。

城区幼儿园

2010年阳泉市省级示范幼儿园简表

表-24-2　　单位：人

幼儿园名称	园址	创办年份	轨制	幼儿人数	保教人员人数	
					总数	其中教师
阳煤集团董存瑞幼儿园	城区北大西街5号	1953	全日制	360	73	29
阳泉市矿区新蕾幼儿园	矿区平坦三小区	1984	全日制	350	40	18
阳泉市城区幼儿园	城区华盛街长顺路3号	1983	全日制	640	80	35
阳泉市实验幼儿园	城区新华西街60号	1989	寄宿制	365	50	23
平定县直属机关幼儿园	平定县城新民街	1958	全日制	1010	36	16
阳泉市郊区大阳泉幼儿园	郊区大阳泉村	1974	全日制	210	21	17
盂县职工幼儿园	盂县县城钟镇街34号	1958	全日制	420	46	22
阳泉城区北大街幼儿园	城区青年路11号	1953	全日制	300	30	22
阳泉市郊区实验幼儿园	郊区瑞丰花园小区	2002	全日制	353	30	26

2002年4月，市托幼工作领导组办公室下发《关于创办阳泉市示范幼儿园的通知》，提出“在每个县区办好一所省级示范幼儿园的基础上，再创办一到两所市级示范幼儿园，使之成为各县区教科研的中心、教学改革的中心、教师培训的中心，充分发挥典型示范作用，努力提高全市各级各类幼儿园的保教水平”。由市教育局牵头，组织市物价局、市财政局、市卫生局通过听取汇报、实地查看、参与幼儿园教学管理活动、观察幼儿、与教师家长座谈、随机抽样、查阅资料等形式，同时实行全面与重点相结合，软件与硬件相结合，定性与定量相结合，督政与督教相结合，普查与抽查相结合的原则，对申报市级示范园的幼儿园进行评估验收。年内，市政府市级机关幼儿园、城区供电局幼儿园通过验收。2005年，阳泉南煤集团幼儿园通过验收。2006年，郊区义东沟幼儿园通过验收。2008年，阳煤集团升华实业分公司二中心宏翔幼儿园、阳煤集团升华实业分公司六中心幼儿园、开发区金鑫双语幼儿园、开发区东方幼儿园通过验收。2009年，矿区天骄幼儿园、郊区辛兴幼儿园通过验收，2010年，郊区荫营煤矿幼儿园通过验收。截至2010年，共有10所幼儿园成为阳泉市示范幼儿园。

2010年阳泉市市级示范幼儿园简表

表-24-3 单位：人

幼儿园名称	园址	创办年份	轨制	幼儿人数	保教人员人数	
					总数	其中教师
阳泉市市级机关幼儿园	城区南大西街56号	1953	全日制	698	45	30
阳泉南煤集团幼儿园	城区南庄路231号	1994	全日制	278	30	28
阳泉市郊区义东沟幼儿园	郊区义东沟村	1991	全日制	344	43	32
阳煤集团升华实业分公司二中心宏翔幼儿园	阳煤集团二矿小南坑体育馆西侧	1958	全日制	275	49	22
阳煤集团升华实业分公司六中心幼儿园	阳煤集团宏泉家园B座	1980	全日制	358	46	20
阳泉市金鑫双语幼儿园	开发区康达小区一期	2004	全日制	200	30	15
阳泉市经济技术开发区东方幼儿园	开发区虹桥路	2000	全日制	350	55	29
阳泉市矿区天骄幼儿园	矿区北大西街马家坪馨康家园	2007	全日制	400	58	27
阳泉市郊区辛兴幼儿园	郊区平坦镇辛兴村	1973	全日制	178	18	14
阳泉市荫营煤矿幼儿园	郊区荫营煤矿	1952	全日制	153	30	14

第三章 基础教育

第一节 小学教育

一、简况

清朝年间，境内许多村庄办有私塾，有些大村还倡办义学。清光绪三十年（1904），盂县清城办起新式小学堂，此后“私塾”逐步改为“学堂”。民国元年（1912），境内学堂改称为学校，同时兴办起县立高级小学、工商业职工子弟小学与教会小学等。“大阳泉义学堂”改称“大阳泉国民小学”。是年，境内最早的女子教育机构——平定县女子初等小学在县城二道街创立。民国2年，赛鱼村设立平定县第五高级小学，三泉村郭丰五倡导村民集资兴办三泉小学。民国9年，煤铁行在下站的老君庙筹资开办阳泉站小学（今下站小学前身），系境内第一所职工子弟学校。民国15年，荫营村民兴办荫营高小。民国19年，阳泉铁路部门在旧火车站北侧开办扶轮小学。民国21年，保晋铁厂在桃河北面铁厂附近开办炼石小学，河底村民集资开办河底小学堂。民国23年，法国和意大利天主教会在阳泉上站合办荣真小学。到民国25年，抗日战争爆发前夕，境内各类国民小学发展到680多所，高级小学和高初两级小学发展到20多所，在校学生3万多人。民国26年10月，日军侵入阳泉，境内分成敌占区、抗日根据地和游击区，教育也随之一分为三。敌占区由日伪县公署在占领区阳泉站、白泉、荫营、河底等地开办“新民小学”，校长由伪政府委任，聘任教师须由维持会、新民会成员出保方能任用，讲授“新民主主义”，宣传“中日亲善”，日语教师由日本人担任，推行奴化教育；抗日根据地由抗日民主政府委派教师，实行“供给制”，在白土坡、代家庄、王家庄、北舁、孔南庄等地兴办学校，宣传抗日救国，配合抗日斗争；游击区主要由村民以村立私塾名义兴办学校（平时，用抗日课本进行抗日救国斗争教育；日伪军来时，就用战前旧课本来应付敌人），牵牛镇、中佐、三泉等学校均属此类。民国 34 年 8 月，日军投降后，境内又置于阎锡山统治之下。其间，解放区大部分地区的教育在原抗日教育基础上又有发展，仅民国 35 年，境内平定（路北）县 7 个区的 279 个行政村就创办了 266 所民办小学。不少村庄为吸收贫苦儿童入学，还设立贫儿分校或贫儿小组，并坚持教学与社会活动、教育与生产劳动相结合的原则施教和办学。

民国 36 年（1947）11 月，境内创办阳泉建市后的第一所小学——阳泉市立第一高小。1952 年 9 月，创办阳泉市职工子弟小学校，境内初、高级小学达到 117 所，在校生 14265 人。1957 年，境内小学发展到 157 所，在校学生 24415 人，学龄儿童入学率 74%，超过了当时 61.7% 的全国水平。

“文化大革命”期间，境内正常的教学秩序被打破。城市学校进驻“工宣队”，农村学校派进“贫宣队”，几乎所有小学戴帽改成“七年制”或“九年制”学校，造成教师严重短缺，城市学校任用代课教师，农村学校普遍由大队（村）选用民办教师。1973 年，市区小学全部摘掉戴帽初中班，农村戴帽小学也开始摘帽并点。

中共十一届三中全会的召开使教育战线得以拨乱反正，特别是 1985 年《中共中央关于教育体制改革的决定》和 1986 年《中华人民共和国义务教育法》颁布后，境内小学教育进入稳步发展时期。1985 年，全市共有小学 1186 所，在校生 125198 人。20 世纪 90 年代，义务教育以实施“两基”和巩固“两基”成果为重点，开始推进素质教育。1990 年，全市共有小学 1097 所，在校学生 109308 人。1996 年，市政府出台《关于进一步实施素质教育的意见》，确立了素质教育的核心地位，素质教育在全市中小学全面展开。1997 年，阳泉市被省教委确定为全省唯一的素质教育实验市，以培养学生兴趣和实践创新能力的课程和活动普遍开展。1998 年秋季，境内小学废除百分制，统一实行等级加特长加鼓励性评语的评价制度。到 1999 年，全市共有小学 1033 所，其中寄宿制小学 30 所、农村小学 928 所（含单人校 297 所），在校学生 115596 人。

进入 21 世纪，境内开始调整学校教育结构，城市以调整学校布局为重点，农村根据实际撤点并校，扩大规模办学，同时加强示范小学建设。2000 年，全市共有小学 1005 所，在校人数 113448 人，其中企业办学 22 所，在校生 20455 人。年内，根据教育部减轻学生负担的通知精神，全市中小学校开始全面实施减负。到 2004 年，全市共有小学 710 所，在校学生 123536 人，其中企业办学 21 所，在校生 21455 人。2006 年，全市共有小学 480 所，在校学生 117209 人。

平定县理家庄小学、郊区义东沟小学等5所学校被命名为省级“农村教育综合改革示范基地”。到2010年，全市共有小学372所，其中城区11所、矿区18所、郊区54所、平定县127所、盂县159所、开发区3所；在校生88633人，其中市辖区267人、城区14479人、矿区17334人、郊区12118人、平定县22367人、盂县20259人、开发区1809人。

二、省重点和示范小学建设

上站小学

1963年6月，城区上站小学、阳泉矿务局机关小学、郊区河底小学、大阳泉小学被省教育厅确定为省重点小学。重点小学在领导力量、师资和教学设备上予以重点配备，成为出经验、出人才的教学试验场所，推动了当时小学教学质量的提高。1985年5月，省教育厅下发《关于办好县区示范小学的意见》，具体提出了示范小学的任务、对示范小学的规划和验收办法等。1986年6月，省教育厅正式确定城区上站小学、矿务局洪城河小学、郊区实验小学、平定县城里小学、盂县实验小学为山西省县（区）示范小学，并优先供给电教设备、教学仪器和图书资料等。1988年，省教委确定平定县实验小学、矿务局洪城河小学为山西省首批示范小学。1990年，郊区实验小学、盂县实验小学被省教委确认为山西省示范小学。2001年，郊区河底小学被省教育厅确认为山西省示范小学。2002年，矿区赛鱼小学、城区上站小学被省教育厅确认为山西省义务教育示范学校。2004年，城区上站小学、郊区河底小学、矿区洪城河小学、赛鱼小学、盂县实验小学、平定县实验小学、郊区实验小学被省教育厅确认为山西省义务教育示范小学校。至2010年，未再发生变化。

2010 年阳泉市省级示范小学简表

表 -24-4 单位：人

学校名称	校 址	创办年份	轨 制	学生人数	教职工人数	
					总 数	其中教师
阳泉市城区上站小学校	城区德胜街天成巷 12 号	1947	8	2735	136	128
阳泉市矿区洪城河小学校	矿区洪城河路 33 号	1950	6	2023	119	95
阳泉市郊区实验小学校	郊区荫营镇东大街	1981	3	991	56	50
平定县实验小学校	平定县城圣庙大院	1905	8	3101	137	133
盂县实验小学校	盂县城人民广场东南	1905	6	2085	98	96
阳泉市郊区河底镇联合学校河底中心小学校	郊区河底镇河底村	1920	2	400	39	38
阳泉市矿区赛鱼小学校	矿区西川	1949	6	1170	90	77

第二节 普通中学教育

一、简况

清光绪二十九年（1903），由冠山书院改建的官立平定中学堂是新学制初创时境内中学教育之始。民国元年（1912），平定中学堂改为“平定中学校”。民国 15 年，盂县也设立了中学教育机构，名为仇阳中学（日军入侵后被迫停办）。

民国 37 年（1948）10 月，阳泉市立职业学校创办，首批招收学生 230 人，教职工 23 人，其中教师 13 人，后于民国 38 年（1949）5 月改为阳泉市立中学，设 4 个初中班，在校生 91 人，教职工 31 人，其中教师 20 人。1955 年，阳泉增设第二中学，市区中学由 1 所发展为 2 所，并开始增设高中班。1957 年，全市中学在校生 2879 人，其中高中 350 人、初中 2529 人。1958 年，境内普通中学大量增加，全市共有普通中学 48 所，在校生 11096 人，教师 402 人。市区中学在校生增到 4526 人，其中高中 700 人、初中 3826 人。1961 年，贯彻中央“调整、巩固、充实、提高”八字方针，对教育进行调整，到 1962 年，全市普通中学压缩为 15 所，在校生 3874 人，其中高中 1135 人、初中 2739 人，教师 236 人。

“文化大革命”时期，普通中学竞相而起，到1976年，全市有普通中学127所，在校学生发展到37271人，其中高中5938人、初中31333人。

中共十一届三中全会召开后，境内一度出现“村村办初中，乡乡办高中”的热潮，但师资匮乏，条件简陋，多数学校步入困境。1981年开始，贯彻执行“调整、改革、整顿、提高”的方针，对中等教育进行调整。1985年，全市普通中学167所，其中完全中学18所、高级中学5所、初级中学144所（戴帽小学68所）；在校生659996人，其中高中9787人、初中56209人。1990年，全市普通中学调整为132所，其中完全中学11所、高中7所、初中114所（含八年制或九年制学校36所）。之后，阳泉市普通中学教育强化规范办学，致力于实现均衡发展。到1995年，全市普通高中调整为8所，部分学校调整为职业学校。1998年，阳泉市作为全省首批三家初中毕业生升学体育考试试点城市之一，开始在全市实行初中毕业生升学体育考试。1999年，全市共有普通初中95所，初中在校人数57803人；普通高中14所，在校人数11994人。

进入21世纪，随着高校扩招，普通高中开始升温，升学压力增大，阳泉市加强高中结构调整，发展中等职业教育，普通中学教育通过完善制度、强化管理、深化改革、加强指导等措施，促进全市基础教育均衡可持续发展。2000年，全市共有普通中学111所，其中有完全中学10所、普通初中97所，在校人数62818人，其中企业办学9154人。2002年，阳泉市中小学教育围绕提高“普九”标准，推进素质教育，规范办学行为，共有普通中学114所，其中完全中学13所，单办普通高中5所，普通初中87所，九年一贯制学校11所。普通高中在校生人数17415人，普通初中在校生人数69164人。2005年，全市共有普通中学101所，其中完全中学9所、单办普通高中7所、普通初中63所、九年一贯制学校22所（含企业办学15所）；普通初中在校生59600人，其中企业办学14469人。全市3个农业县区中，设有普通高中6所，每个县区2所，人口覆盖面为70万人。在市区范围，由于普及高中阶段教育基本实现，加之市直高中面向全市招生，普通高中布点相对较多，设有公办高中9所（含阳煤集团五矿中学），私立学校1所，实际立足市区范围招生的学校5所，人口覆盖面为60万人。2008年，全市有普通中学91所，其中完全中学9所、单办普通高中6所、初中校62所（含省级示范初中校7所）、九年一贯制学校14所，在校生87690人，其中高中在校生26223人、初中在校生61467人。同年，将普通高中指标生的比例加大到30%，7所高中共招收指标生1560名，比上年增加520名。到2010年，全市有普通中学87所，其中完全中学9所、单办普通高中6所、初中校58所、九年一贯制学校14所（含民办学校4所），在校生91508人，其中高中在校生25988人、初中在校生64520人。

2010年阳泉市省级示范初中简表

表-24-5　　单位：人

学校名称	校　址	创办年份	轨　制	学生人数	教职工人数	
					总　数	其中教师
阳泉市第七中学校	城区朝阳街16号	1978	8	1469	107	96
阳泉市郊区河底中学校	郊区河底镇河底村	1982	8	735	94	87
平定县第三中学校	平定县城庙巷94号	1987	10	2401	128	123
盂县清城中学校	盂县路家村镇清城村	1958	4	585	38	36
阳泉市第十六中学校	矿区煤山路22号	1971	10	1320	132	116
阳泉市郊区荫营第二中学校	郊区荫营镇中兴南路7号	1981	10	1736	114	101
平定县冶西中学校	平定县冶西镇光华街1号	1974	6	730	68	60

二、普通中学课程改革

民国36年（1947）5月阳泉解放建市后，教学工作在“改革旧的教育制度和旧的教育方针，建立民族的、科学的、大众的教育制度，发展新的教育思想”指导下，提倡“管教管导，教书育人，树立以德育为核心的德智体美全面发展”的教育思想。1951年，境内中学通过边学习、边试验，边改进的方式，展开了学习和运用苏联先进教育理论和教学方法的改革，全面学习苏联教学经验成为20世纪50年代境内教学改革的中心。60年代，境内各中学落实《中学暂行条例》提出的“全日制中学必须以教学为主，加强基础知识的教学和基本技能的训练”精神，对各科“双基”教学提出具体要求；同时，规定出备课和教学研究必须遵循个人钻研掌握教材、集体研究和编写教案三个步骤。

“文化大革命”初期，境内教学以上好“批判课”为中心，用阶级斗争观点对中华人民共和国成立后的教育进行批判。“复课”后的教学以坚持走“五七”道路，实行开门办学为中心，把阶级斗争、生产斗争和科学实验作为主课，强调上课先上好三大革命斗争课，学生要定期下厂下乡参加生产，政治、语文课以学好《毛主席语录》、学报刊为主。1972年，阳泉市教育局狠抓教学，组织一部分有教学经验的中学教师组成各学科教材编写组，编印出普通中学化学、数学、物理学科的教学要求，还编出近万字的《语文常识》和7万字的《写作常识》两本小册子，境内涌现出抓教学、抓质量的热潮。1973年后半年，境内教学受“马振扶公社中学事件”

等影响，学校开门办学，教师放下课本，学生下厂下乡，劳动成为学校工作中心。1975 年，山西省教育革命昔阳现场会后，开门办学升级为教育学大寨，课程改革随各时期政治形势而定，境内教学受到严重影响。

1976 年粉碎江青反革命集团后，境内教学拨乱反正，各校在开展全面整顿的基础上，建立健全各项教学制度，用条例的形式对教学过程中的备课、课堂教学、作业批改、考试、教学研究等方面提出具体要求，各科教师按常规开展教学。1979 年全国中小学思想政治教育工作会议后，特别是邓小平关于“三个面向”的指示发表后，全市中学教学开始了旨在既能减轻学生负担，又能提高教学质量；既能加强“两基”教学，又能培养能力开发智力；既能面向全体学生，又利于尖子学生发展的多种形式的教学方法改革。20 世纪 80 年代后，境内中学采取以下措施：一是引进先进教学手段，改进传统教学方法的实验教学，涉及全市数学、语文、英语三个学科的七种类型，教师由讲授者变为启发者、辅导者，把单纯教学生“学会”变为“会学”，二是探求规律，改进方法，涉及全市所有中学的各学科，改革项目多，内容广泛。上述改革在境内取得良好地教学效果，教学质量明显提高。

1996年，国家教委颁布《全日制普通高级中学课程计划（试验）》和语文12个学科教学大纲，组织编写各学科教材（统称“新课程方案”），普通高中课程由学科类课程和活动类课程组成，学科类课程分为必修、限定选修和任意选修三种方式。境内 11 所高中校 64 个班级 3600 多名学生参加试验，其中市二中和阳煤集团一中是国家级样本校，平定一中是省级样本校。阳泉市成立普通高中新课程方案试验领导组，组织教师培训，指导试教工作。1999 年，市教委、市教研室和市一中分获省普通高中新课程方案试验工作先进地市、先进教研室和先进学校称号。

2000 年秋季，从高中一年级开始，根据教育部《全日制普通高级中学课程计划（试验修订稿）》，进行新一轮的普通高中新课程方案试验。思想政治、语文、外语、体育与健康、艺术在高中三年均为必修课，信息技术在高一年级开设必修课。将活动课程发展为“综合实践活动”。10 月，市二中被评为“山西省高中新课程试教先进学校”，同时获教育部颁发的“高中新课程方案试验工作纪念杯”和“两省一市普通高中新课程方案试验工作荣誉证书”。2002 年，阳泉市出台《普通高中教学质量评价方案》，以学年印发全市统一的课程进度计划，学年末进行统一的教学质量检测。同时鼓励学校开发校本课程，开展校本研训，扩大校际交流与合作，在全市范围经常性地开展教学观摩、经验交流、专题研讨等大型教学活动。2008 年 1 月，省教育厅决定成立普通高中新课程实验专家工作组，专业工作组下设 3 个项目组和 14 个学科教学指导组，负责对高中课改的专业指导、培训指导和学科学习、执行课程标准的研究指导工作。

阳泉市共有7名教研员（教师）名列学科教学指导组成员：语文组市三中郗晓波，化学组市教研室李德庆，生物组市一中尹青春，政治组市教研室张美玲，历史组市教研室杨凤英，地理组市教研室辛宝印，通用技术组市职教研究中心张文军。市一中、荫营中学被省教育厅确定为山西省普通高中新课程实验基地校。3月，市教育局、市财政局下发《关于加强普通高中新课程实验有关工作的通知》指出：在2008年至2010年第一轮推进过程中，市、县（区）财政部门每年要单列一定数额的新课程实验专项经费，主要用于高中新课程实验的师资培训，保证课程改革的需要。2008年，各级政府投入共1450万元的实验专项经费。4月，市政府办公厅出台《关于阳泉市普通高中新课程实验的实施意见》，成立市普通高中新课程实验领导组。5月，市教育局成立市普通高中新课程实验专家工作组，专家组下设3个项目组和14个学科教学指导组。市教育局确定市一中、荫营中学为省普通高中新课程实验基地校，市二中、市十一中、平定一中、盂县一中、市十五中为市普通高中新课程实验基地校。6月，市教育局根据《山西省2008年普通高中教师新课程远程培训实施方案》，对全市承担高中起始年级教学任务的学科教师、教研员进行远程培训，培训内容包括高中课程改革方案、各学科课程标准、课程结构、主要教材特点和学科教学策略与方法等。市教育局还成立了市普通高中青年教师专业发展指导组，对新课改及教学管理进行指导，全市共有640名青年教师接受指导。暑期，全市普通高中9大学科近2000名高中教师参加课改的相关培训，还有1140人参加了12门学科的远程培训。9月，根据《山西省人民政府办公厅关于我省普通高中进行新课程实验的意见》，阳泉市普通高中全面进行新课程实验，起始年级开始实施新课程。全市各普通高中学校建立与省、市级新课程实验专家及外省实验校联系制度，至少与1名省级专家和1名市级专家进行结对，每个学科至少与1名省级专家或1名市级专家结对，争取专家对新课程实验全过程指导和对教师培训，加强与外省学校的联系、沟通、交流和互动。

2009年3月，市教育局出台《阳泉市普通高中学校综合评价方案（试行）》，从2009至2010学年度开始试行，旨在“促进基础教育事业健康持续发展，提高教育教学过程管理规范化及科学化水平，推动高中阶段课程改革向深广度发展，建立并完善适应新课程的评价体系”。考评分基础性指标和发展性指标，其内容包括：发展规划与办学理念、班子建设与管理体制、课程设置与办学行为、师资建设与校本研训、常规教学与质量监控、校园安全与文化建设、德育效果与社会影响、办学设施与服务效应等8项分类性指标，23项方向性指标，120项明细性指标，总赋分1000分。综合考评得分作为发放奖金的依据。按综合考评结果分一等奖、二等奖、三等奖。另设特色学校、学校管理、规范办学、校园文化、德育工作、教学质量等单项奖。

考评结果作为学校和校长评选先进和模范的依据。2010 年 11 月，市教育局聘请教育专家组成考评组，对全市 15 所普通高中学校进行了学年度考评。根据考评结果，市一中被授予 2009 至 2010 学年度普通高中学校综合考评一等奖；盂县一中、市荫营中学、平定一中、市十一中学校被授予二等奖；市二中、市十五中、盂县三中被授予三等奖。并以建议通报的形式指出每一所学校的优缺点。

三、省重点中学与示范性高中建设

20 世纪 60 年代，为提高教学质量，山西省在普通中学先后确定 41 所重点中学，作用是摸索中学教育的最佳途径，创造经验发挥典型示范作用，带动一般。1962 年 10 月，市一中被省人民委员会确定为省重点中学。为给全省普通中学教学改革提供经验，山西省又于 1980 年确定 35 所首批重点中学，市一中名列其中，在教学管理、生活管理、教学经验积累等方面，起到了示范作用。20 世纪 80 年代初，市一中提出“分类推进、因材施教，遵循规律，提高质量”的教学指导方针。1984 年，推行校长负责制，市一中提出“打好基础，培养能力，开发智力，发展个性，提高质量”的教改指导思想，1986 年修订为“打好基础，培养能力，开发智力，发展个性，减轻负担，提高质量”。1987 年 12 月，全省首批重点中学校长会议在阳泉市召开，市一中在会上交流了教改经验。1988 年 10 月，省教委对全省首批重点中学督导评估后认为阳泉一中“办学思想端正，教学管理严谨，教学改革成绩显著，教学质量稳步提高”，市一中被评为全省 4 所办学方向督导评估受奖单位之一。1993 年，市一中教改思想演化为“打好基础，开发潜能，全面育人，创有特色”，同年被省教委命名为“山西省具有特色的优秀中学”。进入 21 世纪，市一中落实“轻负担、高质量”发展目标，坚持贯彻“少、精、严、活”四字课堂教学要求，开展有效教学。2001 年 5 月被省委、省政府授予“山西省模范单位”，2002 年停办高考复读班，2004 年被省政府命名为“山西省德育示范校”，自恢复高考后，数百名学生

阳泉一中

考入或保送清华、北大等高等学府。20 世纪 90 年代确定为省重点中学的还有市二中、市三中、郊区一中、矿务局一中、盂县一中、平定一中。

平定一中全景

从 2004 年起，省政府决定用 5 年左右的时间，实施示范高中建设工程，建设一批省级和市（地）级示范高中，市教育局随即制定出台《阳泉市 2004 至 2010 年普通高中教育发展规划》和《阳泉市示范高中评估验收实施方案》。2005 年 4 月，市教育局出台《阳泉市普通高中示范学校建设工作的安排意见》，决定从 2005 年上半年开始，计划用三年左右时间实施阳泉市普通高中示范学校建设工作，同时成立市普通高中示范学校建设工作领导组和市普通高中示范学校建设工作专家组，领导组办公室设在市教育局基教科。2005 年，市一中、郊区荫营中学通过山西省示范高中建设专家组初评验收，并于 2006 年 9 月通过了省专家组的复评验收，由省教育厅正式挂牌为“山西省示范高中”，成为阳泉市首批省级示范高中。10 月，平定一中和市十一中通过省示范高中初评验收；12 月，省教育厅为其挂牌，省级示范高中学校占全市普通高中总数的 26.7%。2007 年 6 月，市教育局组织省、市级专家组成员到申报市级和省级示范高中的盂县一中进行评估指导，随后还组织专家组对市十一中、平定一中两所省级示范高中复评工作进行指导。9 月，省专家组对市十一中、平定一中省级示范高中进行复评，同意两所学校为省级示范高中。11 月，省专家组对盂县一中省示范高中创建工作进行考核与评估，同意通过省级示范高中初评。2008 年，市十五中接受了省教育厅专家组初评，并于 2009 年通过省示范高中复评验收，10 月，省教育厅公布上述 6 所学校为“山西省示范高中”。市二中、市三中、郊区玉泉中学、平定二中、盂县三中、市十七中等 6 所学校于 2010 年通过市级示范高中验收。截至 2010 年，全市 13 所公办普通高中学校中，省级示范高中 6 所，占总数的 42.8%，招生人数占到全市普通高中招生总数的 61.9%；市级示范高中 6 所，占总数的 42.8%，招生人数占到高中招生总数的 30.4%。在普通高等学校招生全国统一考试中本科达线率连续 16 年居全省之首。

2010 年阳泉市省级示范高中简表

表 -24-6 单位：人

学校名称	校 址	创办年份	轨 制	学生人数	教职工人数	
					总 数	其中教师
阳泉市第一中学校	市区泉中路 6 号	1948	15	2460	196	169
阳泉市荫营中学校	郊区荫营东大街文昌路 3 号	1958	16	2572	198	160
阳泉市第十一中学校	市区北大西街 10 号	1958	12	1920	264	134（高中）
平定县第一中学校	平定县一中街 1 号	1903	26	4398	320	298
盂县第一中学校	盂县城金龙东大街	1926	30	4500	355	336
阳泉市第十五中学校	矿区桃南西路	1958	10	1721	345	125（高中）

第三节 普及九年义务教育

1985 年 11 月，省委、省政府颁布《关于教育体制改革的实施方案》，作出“有步骤地、按质量地普及九年义务教育”的决定，阳泉市本着“先小学，后初中”的原则，按乡镇、分阶段、有步骤地实行九年义务教育。1986 年，《中华人民共和国义务教育法》正式颁布实施，普及教育的工作纳入法治轨道。依据“实行基础教育由地方负责、分级管理的原则”和山西省实施方案，市政府制定了贯彻义务教育法的具体规划，要求巩固和提高普及初等教育，按乡镇有步骤、分阶段实施。1986 年，盂县被命名为全国基础教育先进县，平定县被评为全省基础教育先进县。1987 年，市委、市政府在《关于教育体制改革的实施方案》中，明确规定各级人民政府要认真贯彻执行《义务教育法》，并提出依法治教的具体要求。1988 年，城区、矿区和县区政府所在地的县镇小学毕业生升学率达 100%，普及了初中教育。同年，平定县被国家教委和财政部授予“全国教育先进县”称号。1989 年起，逐年层层签订九年义务教育目标责任书，“普九”进程加快。

1992 年，全市有 18 个乡镇达到基本普及九年义务教育标准要求，“普九”人口覆盖率 58.2%。1993 年，全市有 35 个乡镇达到“普九”标准要求，“普九”人口覆盖率 80.6%，小学阶段学龄儿童入学率 99.76%，小学办学条件达到规范化要求的占小学校总数的 29.1%，初中学校占 40.3%，位于全省前列。小学教师学历合格率 79.4%，初中教师达大专以上学历达标率60.2%。小学毕业生升学率94.1%。1994年，全市“普九”乡镇46个，“普九”人口覆盖率91.3%，小学教师学历合格率95.8%，初中教师达大专以上学历达标率87.5%。城区、郊区、矿区“两基”工作通过省政府验收，被省政府授予全省首批“基本普及九年义务、基本扫除青壮年文盲”合格县（区）称号。1995年，全市小学学龄儿童入学率、巩固率均为100%，初中适龄少年入学率100%巩固率99.4%。全市57个乡镇全部达到“普九”标准，“普九”人口覆盖率99.9%，青壮年文盲率下降到0.01%，平定县、盂县通过省政府“两基”验收，全市比市政府规划的1998年提前三年实现“两基”，阳泉市成为全省首个实现“两基”达标的地市。1996年教师节，市政府表彰奖励“阳泉市实施义务教育教育先进乡镇”17个，“阳泉市实施义务教育先进个人”107人。1997年，郊区被国家教委授予“普及九年义务教育扫除青壮年文盲工作先进县”称号。1999年，全市入学率小学100%、初中99.3%，教师合格率小学98%，初中88.4%，师生比小学1∶17，初中1∶11.7，残疾儿童少年入学率89.56%。

2000年，全市“普九”人口覆盖率100%，义务教育学龄人口入学率100%。小学毕业生升学率97.3%。2003年，全市小学学龄儿童入学率100%、毕业升学率99.94%，辍学率为0；初级中等义务教育阶段入学率100%，辍学率为0.74%，“普九”人口覆盖率达到100%。2004年，全省开始组织实施“义务教育水平提升工程”，在已经通过“普九”验收的县（市、区）实施义务教育标准化建设。按照省教育厅《关于实施义务教育标准化建设的意见》要求，境内出台《阳泉市关于实施义务教育标准化建设的意见》，全市所有县区实施义务教育标准化建设，义务教育在基本普及的基础上实现新的发展和提高。小学学龄儿童入学率和毕业升学率100%，辍学率为0；全市初级中等义务教育阶段入学率达到100%，辍学率为1.3%，“普九”人口覆盖率达到99.2%。同年12月，郊区通过省教育厅验收，成为阳泉市第一个“山西省实施义务教育标准化建设县（区）”；2005年，全市学龄儿童入学率、升学率均为100%，辍学率为0.15%；初级中等义务教育阶段入学率100%，辍学率为0.52%，“普九”人口覆盖率达到100%。平定县通过省教育厅验收，成为全市第二个“山西省实施义务教育标准化建设县”。郊区被省政府授予“山西省义务教育标准化建设达标县（区）”称号。2006年，全市在巩固“两基”成果的基础上，加快义务教育标准化建设步伐。平定县通过省“义务教育标准化建设达标县（区）”验收。城乡教育水平基本实现均衡、协调发展，全市普及九年义务教育水平进一步提高。全市实现每1.5万人拥有一所初级中学，每2500人拥有一所小学；小学适龄儿童入学率和女童入学率均达到100%，初中阶段入学率达到99.62%；残疾儿童少年入学率达到94.24%；小学在校生辍学率为0，初中在校生辍学率为0.52%；小学毕业率为100%，初中毕业率为99.70%；全市

15 周岁人口初等教育完成率为 100%，17 周岁人口初级中等教育完成率为 99.13%。2007 年，全市适龄儿童入学率、巩固率小学达到 100% 和 99.83%，初中达到 100% 和 98.6%，盂县通过省义务教育标准化建设评估验收初评。2008 年，盂县通过“山西省实施义务教育标准化建设县”复评，城区、矿区、开发区先后通过省义务教育标准化建设初评，2009 年 5 月，在阳泉市城区、矿区、开发区的义务教育标准化建设先后通过复评验收之后，阳泉市所属县区全部通过“山西省实施义务教育标准化建设县”的初、复评验收，成为全省首个整体实现义务教育标准化建设、在原有“两基”达标基础上整体实现高标准“普九”的地级市。

1949—2010 年阳泉市中学毕业生情况统计表

表 -24-7　　　　单位：人、%

年 份	初中毕业	高中毕业	合 计	普通高考		
				报名数	录取数	录取率
1949	54	—	54	—	—	—
1950	47	—	47	—	—	—
1951	23	—	23	—	—	—
1952	55	—	55	—	—	—
1953	84	—	84	—	—	—
1954	254	—	254	—	—	—
1955	156	—	156	—	—	—
1956	172	—	172	—	—	—
1957	659	—	659	—	—	—
1958	698	100	798	—	—	—
1959	1688	100	1788	—	—	—
1960	1390	350	1740	—	—	—
1961	2967	280	3247	—	—	—
1962	2210	300	2510	—	—	—
1963	1918	368	2286	—	—	—
1964	1322	220	1542	—	—	—
1965	1683	205	1888	—	—	—

续表-24-7

年份	初中毕业	高中毕业	合计	普通高考		
				报名数	录取数	录取率
1966	1489	96	1585	—	—	—
1967	1507	100	1607	—	—	—
1968	3281	404	3685	—	—	—
1969	4150	481	4631	—	—	—
1970	4017	572	4589	—	—	—
1971	12133	1516	13649	—	—	—
1972	14550	1820	16370	—	—	—
1973	15672	3005	18677	—	—	—
1974	14915	4646	19561	—	—	—
1975	15139	4764	19903	—	—	—
1976	11670	6017	17687	—	—	—
1977	21668	6334	28002	2970	365	12.3
1978	20154	5607	25761	2036	825	40.5
1979	22760	10124	32884	5832	729	12.5
1980	10837	8087	18924	4956	737	14.9
1981	16727	7990	24717	5347	673	12.6
1982	15221	4677	19898	5192	670	12.9
1983	15189	4582	19771	4178	607	14.5
1984	17148	2867	20015	3091	1292	41.8
1985	15839	2744	18583	3185	1425	44.7
1986	15094	3206	18300	3412	1483	43.5
1987	16674	3375	20049	4311	1367	31.7
1988	18367	3258	21625	4391	1516	34.5
1989	19392	3352	22744	4329	1279	29.5
1990	17773	3491	21264	4687	1268	27.1

续表 -24-7

年 份	初中毕业	高中毕业	合 计	普通高考		
				报名数	录取数	录取率
1991	18123	3370	21493	4784	1242	25.9
1992	18472	3250	21722	4867	1357	27.9
1993	18823	3371	22194	4820	1622	33.7
1994	19173	3246	22419	3762	1799	47.8
1995	19246	3120	22366	3685	1459	39.6
1996	19525	2760	22285	4037	1713	42.4
1997	19068	3019	22087	4088	1995	48.8
1998	18509	3224	21733	4406	2144	48.7
1999	19249	3785	23034	4348	2539	58.4
2000	20939	4272	25211	4714	2773	58.8
2001	23027	4778	27805	5671	3378	59.6
2002	23055	5589	28644	7026	3604	51.3
2003	21062	6906	27968	7761	4572	58.9
2004	20020	7433	27453	8737	5600	64.1
2005	19867	7877	27744	10135	6621	65.3
2006	19118	7377	26495	9921	6259	63.1
2007	19793	7638	27431	10032	5987	59.7
2008	19040	8985	28025	11364	6564	57.8
2009	19541	8526	28067	11256	7233	64.3
2010	19094	8618	27712	10182	8721	85.7

第四章 职业教育

第一节 概 况

一、初等职业教育

民国元年（1912），平定县城彰化坡高氏民宅创办平定蚕桑学堂，是境内初等职业教育之滥觞。民国3年，平定城圣庙开办小学教员讲习所，盂县城秀水文昌阁开办师范传习所，民国5年，平定城圣庙第一高小内附设乙种实业（商业）学校以及在盂县城内开设乙种实业（工业、商业）学校，进行各类实业教育（民国6年后改为职业教育）。但因工农商诸业发展水平所限，规模较小，每次招生仅数十人，大多属短期培训，且毕业后就业得不到保证，所以先后停办。民国35年春，平定县和盂县民主政府为发展抗日教育，分别创办过初师和简师。民国36年（1947）11月，平定县政府受太行二专署委托，在县上城旧制中学址开办会计训练班。民国37年10月，阳泉市成立职业学校，招收2个三年制的职业班、2个二年制的师范班，为期3至6个月的会计、贸干、工矿培训班各1个，共计230多人，学员来自阳泉及平定、盂县、昔阳、井陉、获鹿等临近各县。民国38年5月，即改为阳泉市立中学，原2个职业班改成普通初中，2个师范班改成初级师范；所办会计、贸干班各毕业2期，工矿班毕业1期，计200人左右。

1964年，全市掀起大办中专、中技和各类职业学校热潮，仅市区就兴办16所初级农业中学，学生700多人，加上中专、中技在校生，其与普通中学在校生之比达到1∶4。“文化大革命”开始后，职教事业再度中断。20世纪80年代中期，初等职业教育逐步兴盛。到1990年，全市共有初级职业学校17所，55个教学班，20个专业，在校生2400余人。初等职业教育大多采取长短结合、以短养长的办学形式，周期短，见效快。同时，市劳动服务公司也积极动员和组织社会力量，广泛开展对待业青年进行就业前的职业技术培训。到1990年，全市已建起培训中心2所（市属1所，县区属1所），行业培训基地18个。1984年至1990年，先后开设了建筑、财会、电子、纺织、化工、服务等近40个专业，举办各种培训班540多期，培训待业青年3.1万余人次。基本形成一个以学校教育为基础，培训中心为龙头，行业培训基地为骨干，社会力量办学为补充，长短结合、条块结合的就业训练网络，"先培训后就业"形成制度。1990年，参训人员在就业人员中所占比例达96%以上，连续7年名列全省前茅。20世纪90年代后，随着中等职业教育的迅速发展，初等职业教育渐居次要地位。1999年至2002年，全市职业初中仅剩2所。2003年，专门的初等职业学校撤并。

二、中等职业教育

民国37年（1948）至1965年，以开设中等专业学校、技工学校为标志，境内中等职业教育开始起步，但设施设备简陋，专业化程度不高，而且受政策变化起伏较大。"文化大革命"期间，境内中等职业学校遭停办、解散。中共十一届三中全会后，特别是从1981年国家倡导大力发展职业教育后，境内首先在普通高中学校附设职业高中班，继而由市级到县区再到乡镇一大批职业高中学校相继建立。1988年市教育局成立阳泉市职业教育中心教研组，设在市职业学校。到1990年在校生人数超过普通高中。1998年8月，市教委成立阳泉市职业教育教学研究室，办公地址设在市第一高级职业中学，在专业开设调研、教学计划制定、教学内容选择、教学手段应用、教学方法改革以及教学质量评价等方面予以指导，并开展公开课教学、技能比赛、专业研讨和专题讲座等活动。1999年6月，市职业学校和市交通职业学校两所职业高中改办为

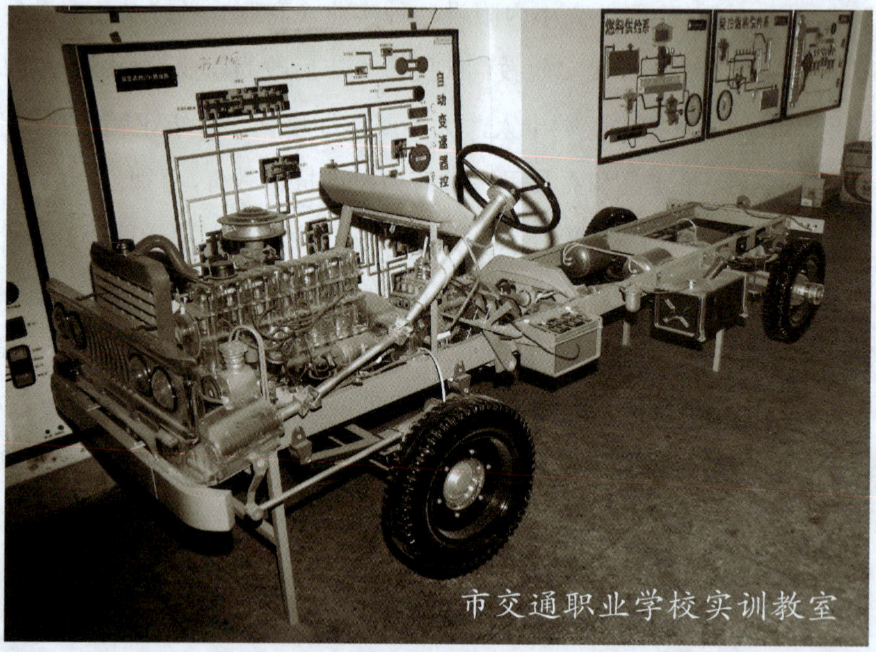

市交通职业学校实训教室

职业中专学校。学历证书由省教育厅签发，毕业生可享受普通中专学生待遇，但不转户、不发派遣证。2003 年，国家出台一系列政策规范办学行为，境内一些学校被兼并、撤销，县区职业学校强化综合功能形成区域性职业教育中心。2007 年，各级政府对职业教育投入增大，职业教育基础能力建设、专业基地建设、教师队伍建设都有了长足发展，约 90% 接受中等职业教育的学生享受到 1500 元的助学金。2009 年，中等职业教育学生逐步实现免学费，并先从涉农专业和农村家庭困难学生做起。截至 2010 年，全市共有中等职业学校 15 所，其中普通中专 6 所、职业高中 7 所、技工学校 2 所；建成国家级重点职校 5 所，省（部）级重点职校 5 所，省级合格职教中心 2 所；全市中等职业学校招生 7068 人，在校生人数 18037 人。招生数和在校生数分别占高中阶段教育招生数、在校生数的 45% 和 40%，职普比达 0.75∶1，基本形成了中等职业教育和普通高中教育规模相当、同步发展的格局。毕业生就业率达 95.26%。

三、高等职业教育

1984 年 10 月，阳泉市职业专科班借用矿区中学的教学楼开办，成为境内高等职业教育的发端。时由山西广播电视大学阳泉分校代管，1986 年 2 月改由市教育局直管。学生都是参加全国高考后按计划招收的，学制 3 年，学习期满成绩合格发给大专毕业证书，国家承认学历，但不包分配。在校期间，学生一律自费走读。办学初，学校招收电子计算机软件和英语 2 个专业 65 名学生；教职工 15 人，其中专任教师 12 人。1990 年，在校学生增至 131 人；教职工增至 36 人，其中专任教师 18 人。校址在桃北中路 92 号电大楼内。到 1990 年，阳泉职大先后招收学生 6 届 510 人（含中师生 96 人），所开专业有电子计算机软件、英语、文秘、磁学、电力、热动、企管、财会、统计等；毕业 6 届，计 496 人（含中师生 96 人），全部被安排录用或聘任。2002 年，阳泉职业技术学院成立，设在太原理工大学阳泉学院。同年，市卫校与山西医科大学联合开办初中起点的六年制（3+3）高职大专班（后改为五年制），设有临床医学、护理、助产、药学 4 个专业。2003 年至 2005 年，市工业学校与阳泉市职业技术学院合作举办“3+2”大专班，增设机电工程专业，毕业学生 300 人。2007 年，市卫校高职大专班停止招生，在校生到 2010 年全部毕业，共有毕业生 911 人。截至 2010 年，阳泉职业技术学院开设工程地质勘查、矿井通风与安全、煤矿开采技术、机电一体化技术、数控技术、机械制造与自动化等 32 个专业，毕业高职学生 9000 余人。

第二节 职教管理

阳泉市中等职业教育以民国37年（1948）10月创办阳泉市立职业学校为开端，职业教育的管理工作，一直由市教育局教育科负责。1983年6月，市教育局设立职业技术教育科。1984年，市教育局转发省教育厅晋教字〔1984〕第11号《关于颁发〈山西省农业、职业（技术）学校学生管理办法〉和〈农业、职业（技术）学校学生守则〉的通知》。1988年8月19日，市政府批转市教育局《关于发展职业技术教育的实施细则》，对职业技术教育的培养目标和学制、发展职业技术教育的途径、学校的开办和审批、教师、教学管理和实习、经费、学生的毕业、录用和待遇、领导和管理等方面作出规定。12月，市教育局成立“阳泉市职业技术教育中心教研组”，活动中心设在市职业学校，下设政治、语文、数学、理化、专业等几个学科教研组，加强了对职业技术教育的教学研究工作。

1991年4月，市教委、市计委、市劳动局、市人事局、市财政局联合制定《关于巩固提高城市职业教育大力发展农村职业教育若干问题的暂行办法》，提出在创建省级重点职校的基础上，以创建国家级重点职校、建设省级合格职校为重点，按照市、县（区）、乡（镇）、村区域经济特点和主导产业特点，立足实际，面向经济，因地制宜，灵活办学。12月，市招生考试委员会、市教委下发《关于职业高中招生问题的有关通知》，严格要求，按轨制、按计划招生，严令禁止私自招生。1993年5月，市教委下发《关于进一步发展城市职业技术教育的实施方案》。1994年1月，市政府成立阳泉市职业技术教育协调领导组，加强对全市职业技术教育的领导、统筹协调工作。1995年5月11日，市教委、市招生考试委员会下发《关于1995年职业高中（含职业中专）招生工作有关事宜的通知》，要求各县（区）、矿务局教育处、直属校、各职业高中、中专学校，要选派专人负责，实行“四放开”，即招生计划、报名时间、录取分数、招生范围（个别专业）放开，采取提前宣传、学校动员毕业生、各职校向社会家长及毕业生宣传、两次招生（提前招、按中考志愿招）等方式，顺利完成省教委下达的普职高中人数比1.28∶1的计划。1996年4月，市劳动局、市教委联合下发《关于1996年全市技工学校、职业中学和就业训练中心毕业生实行职业技能考核的通知》，技工学校、职业中学和就业训练中心毕业生实行双证制度。5月，市教委下发《关于1996年职业高中（职业中专）招生工作有关事宜的通知》，要求在继续实行前一年举措的基础上，提倡联合办学，变招工为招生，主动与厂矿企业联系，定向培养技术人才，保证顺利完成省教委下达的普职高中人数比1.35∶1的任务。1998年，市教委根据教育部《关于调整中等职业学校布局结构的意见》精神，改革招生政策，应对由于经济转轨、高校扩招以及教育内部“普高热”的急剧升温等因素影响而出现的职业教育招生难、就业难、办学难问题。1999年5月，市教委下发《关于对全市职业高中（含职业中专）部分文化课进行统考的通知》，全市技工学校、职业中学学生统一教材、进度和计划，每年一次统考，强化检测，提高教学质量。12月，市教委下发《关于转发省教委〈关于开展县级职教中心评估验收的通知〉的通知》，通过创建国家重点职校，提升职业学校的品质。

2001年1月，市教委下发《关于转发山西省教育厅〈关于印发中等职业学校专业设置管理办法的通知〉的通知》，规范专业名称，设置统一标准，加强职业中专教学工作。2002年，市教委下发文件，要求各县（区）、各有关学校要继续实行“多次招生”、实行“五放开”（增加年龄放开）招生政策，简化报名手续，放宽年龄、时间、地域限制，及“随招随注”的学籍管理办法，实行学分制和弹性学制，面向农村，招收不参加中考和高考无望生直接到中等职业学校学习，对下岗职工及特困生减免学费的优惠政策。以“出口”带动“入口”，采取政策疏导保就业、劳动中介安排就业、校企挂钩直接就业、订单培养定点就业、引导学生自主就业、联合联办促就业六种措施，为毕业生实习和就业创造条件。2003年4月，市政府下发阳政发〔2003〕20号《阳泉市人民政府关于大力推进新时期职业教育改革与发展实施意见》，该意见从坚持大力发展职业教育的方针，全面实现阳泉市职业教育的发展目标；改革管理体制和办学体制，建立良好的职业教育运行机制；加大教育教学改革力度，提高办学质量和效益；完善职业教育证书制度，加强职业教育与劳动就业的联系；深化职业教育经费投入体制改革，努力增加对职业教育的经费投入等五大方面提出要求。2004年1月，市教育局下发《关于中等职业技术学校示范专业评估工作的通知》，要求职业技术学校加强示范专业建设，促进教育资源优化配置，提高教育教学质量。

2006年8月，市教育局要求各县区进一步落实省人民政府领导下的“分级管理、地方为主、政府统筹、社会参与”的管理体制，尽快形成“政府主导、依靠企业、充分发挥行业作用、社会力量积极参与、公办与民办共同发展”的多元办学格局。2007年1月，市教育局向省教育厅推荐阳泉市工业学校机械制造与控制计算机及应用专业、阳泉市卫生学校护理专业、平定县高级职业中学校计算机及应用专业、阳泉煤业（集团）有限责任公司职业技术学校机电技术应用专业、阳泉煤业（集团）有限责任公司第二职业技术学校采矿技术专业6校7专业申报省级示范专业。2009年2月，根据山西省教育厅《关于全面清查中等职业学校办学资质清查的通知》，开展了中等职业学校办学资质的核查工作。2010年3月，市教育局针对中职学校联合办学过程中暴露出的问题及不规范行为，从确认资质、明确职责，确立模式、规范协议，加强管理、提高质量，规范学籍、做好统计，严格助学政策、加强经费管理，规范招生、强化责任，推行登记制度、加强行政监督等7个方面，对中等职业学校联合办学作出规定。4月下发《阳泉市关于中等职业学校办学资质清查结果的报告》，阳泉市职业中专学校、阳泉市交通职业中专学校、阳泉市体育运动学校、阳泉市技工学校、阳泉市郊区职业高级中学校、平定县高级职业中学校、阳泉煤业（集团）有限责任公司职业技术学校、阳泉煤业（集团）有限责任公司第二职业技术学校、阳泉市工业学校、阳泉市卫生学校等10所中等职业教育学校具备招生资格。

1996—2010年阳泉市县级以上中等职业技术学校情况简表

表-24-8 单位：个、人

学校 年度	全市总数			市区	矿区	郊区	平定县	盂县	其中厂矿	教职工数	学生数
1996—1997	31	职中	23	2	2	12	4	3	2	866	12743
		技校	2	1	1	—	—	—	1	283	
		中专	6	6	—	—	—	—	—	511	
1997—1998	31	职中	23	2	2	12	4	3	2	924	14131
		技校	2	1	1	—	—	—	—	280	
		中专	6	6	—	—	—	—	—	536	
1998—1999	30	职中	22	2	2	11	4	3	2	537	14661
		技校	2	1	1	—	—	—	1	128	
		中专	6	6	—	—	—	—	—	940	
1999—2000	30	职中	22	2	2	11	4	3	2	955	14360
		技校	2	1	1	—	—	—	1	462	
		中专	6	6	—	—	—	—	—	554	
2000—2001	29	职中	21	2	2	10	4	3	2	955	14179
		技校	2	1	1	—	—	—	1	124	
		中专	6	6	—	—	—	—	—	563	
2001—2002	27	职中	19	2	2	10	4	1	2	850	13335
		技校	2	1	1	—	—	—	1	124	
		中专	6	6	—	—	—	—	—	581	

续表 -24-8

学校 年度	全市总数			市 区	矿 区	郊 区	平定县	盂 县	其中 厂矿	教职 工数	学生数
2002—2003	26	职中	18	2	2	9	4	1	2	832	14027
		技校	2	1	1	—	—	—	1	124	
		中专	6	6	—	—	—	—	—	571	
2003—2004	26	职中	18	3	2	9	3	1	2	825	13735
		技校	2	1	1	—	—	—	—	388	
		中专	6	6	—	—	—	—	—	562	
2004—2005	22	职中	14	3	2	5	3	1	2	802	14709
		技校	2	1	1	—	—	—	1	503	
		中专	6	6	—	—	—	—	—	566	
2005—2006	22	职中	14	2	2	6	3	1	2	764	15742
		技校	2	1	1	—	—	—	1	486	
		中专	6	6	—	—	—	—	—	569	
2006—2007	22	职中	14	2	2	6	3	1	2	776	16459
		技校	2	1	1	—	—	—	1	481	
		中专	6	6	—	—	—	—	—	572	
2007—2008	23	职中	15	2	2	6	3	2	2	832	18446
		技校	2	1	1	—	—	—	1	491	
		中专	6	6	—	—	—	—	—	478	
2008—2009	23	职中	15	2	2	6	3	2	2	851	19000
		技校	2	1	1	—	—	—	1	482	
		中专	6	6	—	—	—	—	—	399	
2009—2010	22	职中	14	2	2	6	3	1	2	790	20428
		技校	2	1	1	—	—	—	1	470	
		中专	6	6	—	—	—	—	—	590	
2010—2011	15	职中	8	2	2	1	1	1	2	781	20797
		技校	2	1	1	—	—	—	1	470	
		中专	6	6	—	—	—	—	—	678	

第三节　中等专业学校

1958年夏，阳泉市少年业余体育学校成立，建校初期既无固定校址，也无运动器材和设备，后定址在北大街体育场。9月，山西省阳泉卫生学校成立，直属省卫生厅管辖，是山西省12所中等卫生学校之一。同年，还成立了煤炭学校、矿务局卫生学校。1959年9月，市卫生学校征购义井大队北窑堖土地1.3万平方米作为校园建设用地。1960年，少年业余体育学校停办。1962年6月，卫生学校停办，所征用地交回义井。学校改办卫生训练班，培训在职卫生人员。1970年，少年业余体育学校以集训形式恢复。1972年，阳泉卫生学校复校，更名为阳泉市卫生学校，由市卫生局主管，借用市防疫站房屋做校舍。1973年9月，山西省体委批准少年业余体育学校改为阳泉市重点体校。1975年初，市卫生学校全部由市防疫站迁入南大街341号，教职工40人，在校生200人。10月，阳泉文艺班成立，招收第一期学生10人。1976年10月，文艺班开始招收第二期学生。1979年4月，阳泉市文艺班正式更名为山西省戏曲学校阳泉文艺班。市政府为学校投资12万元兴建教学、办公、宿舍楼，校舍面积扩大到800平方米，经费由1977年的3.66万余元增至6.68万余元。

1980年，市二轻工业局成立阳泉市第二轻工业学校，校址在桃坡原市手管局“七二一”工人大学校址，招收学生91人，教职工31人。1981年，各地市文艺班与山西省戏曲学校脱钩，山西省戏曲学校阳泉文艺班再次改名为阳泉市文艺班。1982年6月，市文化局将学校1979届毕业生从剧团调回，组建了隶属于学校的青年晋剧团。1983年，市第二轻工业学校因办学经费无法筹措，中断招生。1984年4月，阳泉市工业学校成立，校址在南大西街9号，占地2.7万平方米。9月，山西省体育运动学校阳泉教学班（中专班）成立，有运动员150余人，教职工41人，其中教练16人、文化课教师12人，与市重点体校合署办公。1984年，市卫校定岗、定编，推行岗位责任制，发展到12个教学班；1985年，卫校教学楼加层，增加774.7平方米建筑面积，新增教室8个。1989年4月，市艺校迁至阳泉市南山南路146号，占地面积6600平方米，并兴建教职工宿舍及一些教学、生活配套设施。

1993年，市工业学校集资100万元筹建了各专业实验室。同年，市卫校筹资兴建8层实验楼。1994年8月，阳泉市体育运动学校正式成立，核定规模为中专200名，中专预科班（初中）330名，地址在北大街体育场。1995年10月，阳泉市文艺班从正科级单位升格为正县级单位，被省政府批准改建为山西省阳泉市文化艺术学校，属普通中等专业学校。同年，市工业学校通过省政府办学条件合格检查验收。1997年，市卫校调整专业结构，将原有3个专业调整为9个专业；

扩大招收统配生、委培生、收费生计划；适应社会需求，招收职业中专班、农村医士班，与河南、河北联合办学，招收省外计划生；与山西康育医学院联合举办中西医结合自考辅导班。学校教学基地由3个增加为18个，实现专业技能的延伸，由单纯医疗护理延伸到预防保健。1998年，市工业学校占地面积扩大到6万平方米，校舍建筑面积扩大至4万平方米。同年，中专开始并轨，实行双向选择，自主择业，市工业学校加大对实践课、实训课、技能课的课时比例，加强对学生的技能训练，要求教师为“双师型”教师，学生为“双证书”学生，学生在校取得珠算合格证、会计电算化证、电子商务师证、统计证、推销员证、机械技术员证、计算机证、普通话等级证。

2000年，市卫校投资近100万元购买教学实验仪器装备实验室，学校设立招生就业办公室，加大招生就业工作力度，以“出口”带“入口”。2001年初，市工业学校将各专业的学生分为高考班、对口升学班和专业技能班。工美专业高考班使用高中文化课教材。同年，市体校被国家体育总局授予“全国群众体育先进集体”称号。由于普高扩招，市卫校招生受到冲击，招生数由2000年的600人下滑到308人，生源质量也明显下降。2002年，市卫校与山西医科大学联合开办了初中起点的六年制（3+3）高职大专班（后改为五年制）。6月，市体校全部迁至南大街452号。市工业学校成为省计算机等级考试站、会计电算化考试站，教师达140余人，在校生稳定在1500人以上。与市有关单位合作培训待业、下岗和“4050”人员。同年，市卫校与北京亿万达公司联合办学，定向培养针灸推拿专门人才；成立市国际劳务医护人员培训基地，开设英语特色护理班。2003年，市工校与市职业技术学院合作举办“3+2”大专班。2004年，市卫校自筹资金100余万元扩大校园面积，修建挡土墙，新建水冲式厕所。2005年，市卫校与河北葆仁堂保健有限公司签订实习就业安置协议，为针灸推拿专业学生拓展就业市场，招生652人，创建校后年招生人数最高纪录。采取政府投资和学校投资相结合的方式投资94万余元建成校园局域网，配备41个多媒体教室，实现千兆网进教室、进办公室。2005年，市工校在校学生1800余名，教职工140余人，毕业学生8000余人。

市卫校教学课堂

2006年5月，市艺校青年艺术团正式挂牌成立，建成融晋剧演出团、歌舞团、音乐舞蹈晚会、策划、制作中心、舞台、美术、灯光、音响设计中心为一体的综合性艺术团体，为学校师生提供实习场所。9月，市卫生学校成立山西省农村卫生人员中专学历教育教学机构，承担起2006年农村卫技人员中专学历教育任务，形成以中专教育为主体，高职教育为辅助，岗位培训为补充的多层次、多形式办学新格局；成立市卫生学校专业建设指导委员会，完成招生530人，其中高职学生214人，在校高职生人数904人，占全校学生总人数的49%；12月，筹措资金550余万元，学生餐厅、食堂、汽车库拆旧建新，总面积为3828平方米的教学综合楼竣工，行政楼办公的科室迁入新办公室，增设8个教室，学校建筑面积从1.60万平方米增至1.99万平方米。同年，市艺校与北京经贸职业学院航空服务学院联合办学，设立特色专业航空礼仪。2007年，市艺校联合平遥国际金融家俱乐部在平遥古城创建学生实训基地。市财政和市电化教育馆为市卫校投资16万元，更新原计算机室，新配备6个多媒体教室，市卫校在校生数达到2082人。2008年，市体校被中国蹦床与技巧协会授予“中国蹦床运动‘辉煌十年’突出贡献奖集体”。2009年，市体校被国家体育总局命名为“2009至2012国家高水平体育后备人才基地”。

第四节　中等师范学校

民国27年（1938）盂县抗日高小在盂县仙人村成立，第一任校长为党外人士王翰申。民国28年日军占领盂县牛村，学校停办。民国29年中共平定县委（路北）派郑兴中（后改名李华）筹建平定（路北）抗日高小。民国31年夏，盂县、平定县两所抗日小高在平定麦家岩村合并，成立平定县抗日干部高小。民国35年春，平定抗日干部高小转移到东南舁，以培养小学教师为主，更名为平定县立师范学校。民国34年9月，中共冀晋行政公署第二专署于盂县城南关创建一所培养革命干部的中等学校——冀晋第二师范学校，简称冀晋二师，地址在盂县“晋翠恒”大院。民国36年境内解放后，平定县立师范迁回东南舁。民国37年4月，冀晋二师迁回盂县上社镇上庄村，随区划的变更，更名为北岳二中，增设1个地方干部班，简称地干班。9月，北岳二中又转移到县城附近的北庄村，随晋中行政区的组建改编为“晋中一中”。民国37年秋，平定县师迁至平定县上城榆关门内原平定中学旧址。民国38年2月，遵华北太原市人民政府令，撤销晋中一中建制，地干班分配工作。晋中一中师生一部分并入忻县中学。中学班与平定县师合并，建立山西省立平定师范学校，地址在平定中学旧址，校长郝光，为初级师范，学制3年。学校有砖木结构的平房245间，占地面积3.3万平方米。1952年学校改称山西省平定师范学校，隶属榆次专署文教局管辖，党务归中共平定县委领导。9月，增设中师班。1955年起，不再招收初师班，成为中等师范学校。1958年学校归阳泉市文教局管辖，党务归中共阳泉市郊区委员会领导。1972年，阳泉师范学校在郊区桃坡村筹备。1973年3月，阳泉市师范学校正式成立，校长王绅。同年，迁址市区新华街，占地面积1.7万平方米，校舍建筑面积6603.3平方米。1977年4月，市教育干部学校成立，与市师范学校一套人员、两个机构。承担全市中小学教师和教育干部离职培训和在职进修工作。

1978年，平定师范开始招收高中毕业生和民办教师；1981年改招初中毕业生；1983年，平定师范学校划归阳泉市管辖，党务仍由平定县委代管。1985年，阳泉师范有教职工82人，设有7个教学班，学生322人，其中普师班和民师班5个、学生246人；代设师专班2个、学生76人。截至1985年，全校有2142名中师生毕业，充实到城区、矿区、郊区和矿务局的教师队伍中。1987年4月，市师范学校与市教师进修学校合并，成立市教育学院，而后两校自行撤销。1989年7月，省政府批准成立山西省特殊教育师范学校，与平定师范学校同址办学，“实行两块牌子、一套人员，由阳泉市教委统一领导”。在全省招收特师学生。1990年5月，平定师范党务归市教委领导。1996年平定师范与湖北潜江、洪湖联合办学，招收中师、幼师专业学生。

2002年，省教育厅批准阳泉职业技术学院师范分院在平定师范成立，培养初中起点五年制专科学历小学师资。2005年7月，市委、市政府决定将平定师范和市教育学院两校合并，进行资源整合，筹建阳泉师范高等专科学校。12月，省特殊教育师范学校“特殊教育”专业被省教育厅认定为省级示范专业。2006年开始，平定师范挂靠晋中学院，学校名称为“晋中学院平定师范分院”，招收普通高考生。2007年，学校在市委、市政府支持下，投资1.16亿元进行基础设施建设，拆迁居民340户。2009年8月，市政府向省政府呈报《关于将阳泉市教育学院和平定师范学校整合组建阳泉师范高等专科学校的请示》。9月，省政府向教育部呈报《山西省人民政府关于申请成立阳泉师范高等专科学校的函》。12月，市政府办公厅发文《阳泉市人民政府关于筹办阳泉师范高等专科学校有关事宜的决定》，同月，教育部专家考察组到学校进行考察，通过了教育部的评估验收。2010年3月，申报工作取得成功。市教育学院和平定师范两校自行撤销。

第五节　中等技工学校

1960年，阳泉市技工学校开始筹建。1965年5月，改为半工半读的中等专业学校。1966年“文化大革命”开始后，学校停课。1971年1月，学校恢复招生，实行推荐入学的办法，学制2年。1972年4月，阳泉钢铁厂技工学校筹建，校址在青年路北的谷嘴，建筑面积180平方米；11月，招生100名。1974年9月，阳钢技校由谷嘴搬至红旗院小楼，建筑面积360平方米。1978年9月，阳钢技校搬至平坦垴道西梁，占地面积5000平方米，建筑面积2500平方米。1979年3月，阳泉煤矿技工学校建立，与矿务局“七二一”工人大学系一个单位，属阳泉矿务局管理，地址在北大西街煤校路。1976年至1982年，阳钢技校面向全省冶金系统招生分配，毕业生分配到太钢、临钢、长钢、太原电解铝厂、太原电解铜厂、太原线材厂、阳泉铝氧厂等企业。1982年1月，阳泉煤矿技工学校与矿务局职工大学分家。学校建筑面积2.1万平方米。1983年，市技校开始招收初中毕业生，学制为3年。1984年，阳泉钢铁厂以技校为基础，建立职工培训基地，在厂内编制上为阳钢职工学校，担负电大教学班管理、青工文化补课职能。阳钢职工学校与阳钢技校一套机构、两个牌子。1987年1月，阳钢职工学校更名为阳钢职工中等专业学校，承担成人中专教育、职工岗培训职能，与阳钢技校一套机构、两个牌子。1990年4月，省劳动局为市技校颁发中级技工学校合格证书。1990年始，市技校除计划招生外，为固庄煤矿、市供电局、市煤气公司等企业代培学生。1995年11月，阳泉市家电维修国家职业技能鉴定所在市技工学校正式成立。1997年9月，市技校与城区人武部联办阳泉市预备役军校，同时成立学校人武部。10月，省政府正式批准市技校为省（部）级重点技工学校。1998年7月，阳钢技校因厂停产停办。

2000年开始，市技校招生范围扩大到全市及周边左权、昔阳、寿阳、和顺等地，学生就业由学校负责推荐安置。10月，首期中短期职业培训班开班，共培训700余人次。2002年，阳煤集团第一职业学校、第二职业学校划归阳泉煤矿技工学校，成为阳泉煤矿技工学校第一分校和第二分校，同时，与原职业学校两块牌子、一套人员。2003年11月，市技校首届高级技工班开学。2004年5月，市技校整体接受阳钢技校人员37名，土地5041.79平方米，校园建筑2500平方米。2005年9月，市技校开始改建学生公寓楼、教学楼。2006年9月，学校新建4700平方米的教学楼和2100平方米的女生公寓楼竣工投用。2008年2月，市技校被劳动和社会保障部认定为国家级重点技工学校。2010年4月，市技校被人力资源和社会保障部批准晋升为高级技工学校，阳煤技校被人力资源和社会保障部认定为国家级重点技工学校。截至2010年，市技校在校学生2100人，专任教师104人；阳煤技校学历在校生4221人，专任教师164人。

第六节 中等职业学校

1981年9月，市第八中学附设职业班，地址在郊区平坦垴村道西梁。1982年，市四中附设职业班。1983年，市七中、阳泉钢铁厂学校、阳泉铁路中学、晋东化工厂学校、娘子关电厂学校附设职业班。1983年，平定县高级职业中学成立，地址在平定县西关街大石头沟44号陆家大院，由县教育局主办。当年招生45人，教职工9人。1984年9月，盂县高级职业中学成立，由县教育局主办，学制2年，在盂县城秀水镇西关村育新巷盂县二中院内，招收2个职业高中班，110名学生。10月，成立市职业学校，校址仍在市八中。同年，市五中与市交通局联办交通职业班。1985年11月，市政府批准市教育局和市交通局联合筹办“阳泉市交通职业学校”，组建教练车队，建起修理实习工厂，开辟教练场地。1986年，盂县高级职业中学停办。10月，阳泉矿务局第一职业学校成立，地址在矿务局大垴东山，学校占地面积2.5万平方米，建筑面积1.2万平方米。属阳泉矿务局教育处管理，教职工20余人。1987年9月，阳泉市郊区职业学校成立，地址在青年路小学，占地面积3.4万平方米，建筑面积2.7万平方米。9月，平定县委、县政府将平定二中改为平定县高级职业中学校。12月，矿务局第二职业技术学校成立，校址在平定县城东关街平定一中校内，与平定一中合署办公，教职工15人，有学生160余名。1988年，平定一中搬迁，矿务局第二职业技术学校全部入住校园，以6轨3年制建制为主，招收学生300人左右。1989年9月，盂县高级职业中学校舍在盂县藏山北路落成，学校占地8000平方米，建筑面积3862平方米，招收学生223人，全校教职工25人，其中专任教师14人。

1991年11月，平定县劳动就业培训中心在平定职高正式挂牌。1992年，平定县职业高中被省劳动厅授予“优秀就业培训中心”。12月，市职业中学更名为市第一高级职业中学。1994年9月，郊区职业学校更名为阳泉市郊区职业高级中学校。1995年，矿务局第二职业技术学校开办阳泉市第一预备役军校，实行一套机构、两块牌子的办学模式。8月，平定职业高中迁至平定县城南大街127号。占地面积6.7万平方米，建筑面积1.6万平方米。1996年，投资1500万元扩建郊区职业高级中学校，省教委授予该校“山西省职业教育先进单位”。1997年6月，平定县职业教育中心、阳泉市郊区职业教育中心分别在平定职业高中、郊区职业高中挂牌。12月，阳泉矿务局职业技术学校更名为阳泉煤业（集团）有限责任公司职业技术学校，阳泉矿务局第二职业技术学校更名为阳泉煤业（集团）有限责任公司第二职业技术学校。1999年3月，市第一高级职业中学被认定为省现代教育技术实验学校。6月，市第一高级职业中学改办为市职业中专学校，市交通职业学校改办为市交通职业中专学校，两个校名同时使用。市职业中专学校投资380万元，重点建设计算机、烹饪两大骨干专业，实训基地面积1100平方米，实训工位520个，可同时容纳900名学生进行技能训练。

2000年，郊区职高开设综合高中班，学生可参加山西省对口高考、普通高考提前单独招生考试和普通高考3类考试。2001年8月，郊区职业高级中学校同时挂阳泉市古城中学校校牌。年内，全市职业高中（含职业中专、综合高中）招生1970人。2003年，市职业中专、市交通职业中专、市工业学校、郊区职高等进行公开招聘教师的尝试，其中郊区职高突破省际界限，一次性招聘教师7名。2004年6月，郊区职高被市教育局确定为全市农村劳动力转移培训基地。同月，市职业中专学校被省计算机能力培训考核办认定为省计算机应用能力培训考核点；7月，学校被市劳动和社会保障局认定为“阳泉市餐饮服务培训和鉴定基地”。8月，郊区职高被科技部等六部委确定为国家星火计划“农民科技培训星火学校”。2005年，市职业中专在校生达1921人。2006年3月，市职业中专30名学生在北京燕翔饭店为全国政协十届四次会议的餐饮、客房、接待等岗位完成服务保障工作；学校与中国IT职业教育第一品牌——北大青鸟阿博泰克正式合作，成为“北大青鸟合作院校”，引进ACCP启蒙星课程，成为晋东地区IT专业实用人才培训基地；学校承办王朝大酒店、温莎堡大酒店、北冰洋大酒店、泉美国际大酒店等单位778名餐饮服务员的培训；2008年2月，市职业中专航空三班31名学生赴北京参加全国政协和奥运的服务接待工作。2009年10月，郊区职校接受山西省职教中心检查验收，省检查组对学校的管理、师资水平、办学质量给予肯定。2010年6月至9月，郊区职校投资1000万元对学校教学楼、公寓楼进行了加固改造。

市职业中专烹饪专业学生拉面技能展示

1996—2010年中职学校与普通高中招生情况对比表

表-24-9　　单位：人

年 份	初中毕业生数	普通高中招生数	中职学校招生数	普高与职高比例
1996	19525	2961	5162	1∶1.74
1997	19068	3228	5533	1∶1.72
1998	18509	3500	5496	1∶1.57
1999	19249	3998	4978	1∶1.25
2000	20939	4411	5336	1∶1.21
2001	23027	5021	5033	1∶1.00
2002	23055	5805	5166	1∶0.89
2003	21062	7115	4580	1∶0.64
2004	20020	7644	5287	1∶0.69
2005	19867	8109	5570	1∶0.69
2006	19118	8702	4089	1∶0.47
2007	19793	8267	5552	1∶0.64
2008	19040	8883	5066	1∶0.57
2009	19143	8964	4610	1∶0.51
2010	22246	9359	7068	1∶0.75

第五章 高等教育

第一节 概 况

阳泉建市前，境内没有高等教育机构。1958 年，全市创办了 3 所大学。由市一中和阳泉建设铁厂合并成立阳泉工读大学，实行半工半读制，全校学生 1269 人，工人 414 人，教职工 124 人，1959 年自行解体；阳泉矿务局成立晋中区阳泉煤矿大学，学制三年，招收专科学生 44 人，教职工 26 人，1961 年撤销；阳泉钢铁厂成立晋中区阳泉冶炼大学，学制三年半，招收专科学生 57 人，教职工 24 人，1961 年撤销。1975 年，学习推广上海机床厂“经验”，阳泉矿务局和市直各局、各大厂矿创办了一批“七二一”工人大学。

1979 年 12 月，成立山西广播电视大学阳泉工作站，1980 年开始招生，首期招生 845 人。1980 年，阳泉矿务局“七二一”工人大学经省政府批准，教育部备案后被正式命名为阳泉矿务局职工大学，校址在矿区西河路东。

1984 年 1 月，阳泉市首届山西电大 120 名毕业学员毕业。5 月，市政府责成市教育局筹建山西矿业学院阳泉煤炭专科班。6 月，山西广播电视大学阳泉分校正式成立，市教育局副局长李奕明任校长；成立阳泉市高等教育自学考试指导委员会，下设办公室，承办高等教育自学考试工作。7 月，阳泉职业大专班开班，隶属于山西电大阳泉分校。9 月，经省教育厅批准，市教师进修学校承办了省教育学院阳泉专科班，首次招生 89 人，开设中文、数学两个专业。10 月 16 日，山西矿业学院阳泉煤炭专科班成立。1985 年 9 月，经省委批准，市委党校举办大专班，首次招生 140 人，其中培训班 44 人、理论班 96 人，并代招 44 名天津大学专修班学员。1986

年1月16日，在山西矿业学院阳泉煤炭专科班的基础上，省政府下发晋政函〔1986〕5号《关于成立阳泉煤炭专科学校的批复》，同意成立山西矿业学院阳泉煤炭专科学校。1987年4月，阳泉市教育学院筹建领导组成立，阳泉市师范学校和阳泉市教师进修学校合并。12月，经国家教委批准，1988年2月，省政府下文同意试办阳泉市教育学院。9月，市政府下文成立阳泉市教育学院，1989年4月正式挂牌。1999年3月，教育部批准筹建阳泉市职业技术学院。

2001年，山西矿业学院阳泉煤炭专科班归属太原理工大学。4月28日，省政府下发文件，同意太原理工大学阳泉煤专班更名为太原理工大学阳泉学院，其办学体制相对独立。2002年4月28日，省政府下发《关于同意成立阳泉职业技术学院的批复》，同意成立阳泉职业技术学院，隶属于省教育厅。院址设在阳泉煤炭专科学校，一套机构两块牌子。2005年7月，市委、市政府决定，市教育学院与平定师范进行资源整合，筹建阳泉市师范专科学校。2008年，市教院南校（院部）迁至平定师范，北校（院函授处）保留。根据《高等教育法》和《普通高等学校设置暂行条例》的有关规定以及全国高等学校设置评议委员会五届四次会议的评议结果，2010年3月18日，教育部下发文件，同意在阳泉市教育学院和平定师范学校合并的基础上建立阳泉师范高等专科学校，学校代码为14271；同时，撤销阳泉市教育学院和平定师范学校的建制。11月23日，阳泉师范高等专科学校举行揭牌仪式。

第二节 院校选介

一、太原理工大学阳泉学院

1984年5月，市政府责成市教育局筹建山西矿院阳泉煤炭专科班，地址在城区河边街77号。8月8日，省教育厅批复“按此名称筹备招生等事宜。”10月16日，山西矿院阳泉煤炭专科班成立。1986年1月16日，在阳泉煤炭专科班的基础上，省政府下发《关于成立阳泉煤炭专科学校的批复》，同意成立阳泉煤炭专科学校，学校规模2500人，并于10月迁至郊区长岭村，校址为阳泉市开发区学院路。1999年3月，教育部批准山西省筹建阳泉职业技术学院。

2001年，山西矿院阳泉煤炭专科班归属太原理工大学。4月28日，省政府下发文件，同意太原理工大学阳泉煤专班更名为太原理工大学阳泉学院，其办学体制相对独立。2002年4月28日，省政府下发《关于同意成立阳泉职业技术学院的批复》，同意成立阳泉职业技术学院，隶属于省教育厅。院址设在阳泉煤炭专科学校，一套机构两块牌子。阳泉职业技术学院为高职类院校，招收专科生；太原理工大学阳泉学院为普通高等院校，招收本科生。

建校初，学校占地面积16.07万平方米，建筑面积11.79万平方米。2003年，省发改委和省教育厅下发《关于阳泉职业技术学院扩建工程总体规划的批复》，提出在阳泉煤炭专科学校原有基础上建成“千亩万人”大学。市政府提出相应实施意见，下发《关于筹建阳泉理工学院的实施意见》，由省教育厅、市政府和学校联合成立阳泉理工学院筹备领导组。2004年，“千亩万人”大学修建性详细规划完成，并按照规划实施建设。至2010年，学院占地面积73.70万平方米，建筑面积18万平方米，建有教学主楼、阶梯教室、实验实训大楼3座，图书馆大楼、教职工家属楼3座，教职工宿舍楼2座，学生公寓16座，教工食堂、学生食堂、澡堂、综合服务楼、体育馆（在建）、东操场、西操场、校办工厂（与华鑫企业合作），公交车站（24路、25路、33路）及银行、电信、超市等各类生活和服务设施齐备。学院图书馆纸质藏书59万册、电子图书2.6万册，教学仪器设备增至4500万元。

学院全景

学校内设党政管理部门10个和群团组织2个，包括学校办公室（党委办公室、校长办公室合署）、组织人事部（组织部、统战部、人事处合署）、纪检监察审计办公室（纪委办公室、监察室、审计处合署）、宣传部、教务处、招生就业处、学生处（学生工作部、学生处合署）、保卫处（武装部合署）、计划财务与资产管理处、后勤管理处、工会、团委。设教学部门11

个和教辅部门3个，包括采矿工程系、地质与测量系、机电工程系、信息工程与自动化系、建筑工程系、经济贸易系、社会科学系、管理工程系、基础教学部、体育教学部、继续教育培训部、图书馆、实验实训管理中心、科研管理中心。教职工由1984年建校初的27人增至2010年的510人。其中专任教师由22人增至285人。教职工中有教授10人、副教授（副高职称）91人、讲师（中级职称）162人、助教203人；具有博士学位的8人、硕士学位227人、学士学位120人。有专业带头人23人、骨干教师53人、双师型教师137人。

在专业设置方面，1984年建校初，设采煤工程、煤矿机械2个专业。1986年，省政府批复成立阳泉煤炭专科学校时增设煤矿地质勘探、工业与民用建筑2个专业。至2010年，开设本科专业10个——机械设计制造及其自动化、土木工程、自动化、电气工程及其自动化、计算机科学与技术、测绘工程、采矿工程、国际经济与贸易、会计学、法学；开设专科专业32个——工程地质勘查、煤矿开采技术（省级紧缺人才培养专业）、矿井通风与安全、工程测量技术（省级教学改革试点专业）、市政工程技术、煤炭深加工与利用、建筑工程技术、材料工程技术、汽车运用技术、机械制造与自动化（省级紧缺人才培养专业）、数控技术（国家级紧缺人才培养专业）、计算机辅助设计与制造、机电一体化技术（国家级教学改革试点专业）、电气自动化技术、计算机应用技术、应用电子技术、工程造价、城镇规划、房地产经营与估价、金融保险、证券投资与管理、国际经济与贸易、市场营销、会计、电子商务、物业管理、物流管理、旅游管理、建筑装饰工程技术、广告设计与制作、法律文秘、计算机控制技术。建有与专业配套的实验实训中心16个，下设实验室31个，实验实训仪器设备达4000余万元。经上级有关部门批准，学校成立了国家职业技能鉴定7所，可鉴定涵盖全校10多个主干专业的多个工种；还成立有“山西省建设行业职业技能培训基地和鉴定站”和“ERP工程师能力认证项目认证试点单位”等。同时，还设有全国计算机信息高新技术考试站，山西省计算机应用能力培训点，全国制图员职业资格培训点，山西省建设厅批准的施工员、预算员培训点，普通话水平测试点，大学四、六级英语和英语应用能力考试点。此外，学院还与社会职业技能鉴定机构合作开展注册会计师、电工、网页制作等20余项职业技能资格鉴定。至2010年，共培养和输送各级各类人才20965人。

二、阳泉师范高等专科学校

1987年4月，阳泉市教育学院筹建领导组成立，12月，国家教委下发《关于同意试办阳泉市教育学院的通知》，1988年2月，省政府下发《关于同意试办阳泉市教育学院的通知》，9月，市政府下发《对市教育局关于成立阳泉市教育学院的报告的批复》，同意正式成立阳泉市教育学院。市教育学院由市政府领导，按普通师范专科学校对待。学校校舍补充所需投资由阳泉市自筹解决，其事业经费由阳泉市地方财政安排。从1988年起正式建校招生，学历教育在校生规模为600人。1989年4月，市教院正式挂牌成立。同年，阳泉市教师进修校和阳泉市师范学校停止招生，1990年在校学生全部毕业后，两校即行撤销。学院下设“二室五处”，即院办公室（后改为院长办公室）党委办公室和教务处、函授处、学生处、总务处、保卫处。其中，教务处组建中文、数理、生化、公共等4个教学科，以及电教室、图书室、阅览室、实验室、语音室，并组建教育科学研究室。院办企业有风琴厂、印刷厂、招待所等。1993年9月，组建了校刊编辑室。1994年9月，成立了附属中学（初中班），1997年附设四轨制高中班，一个班子，两块牌子。2000年初，教务处下设的4个教学科重组为中文、数学、理生化、外语、教育、政史地、音体美等7个教学科，并增设资料室、计算机房等教学服务机构。同时，还重组报刊编辑室和教育科学研究室等教学辅助机构。学院院部设在城区新华街88号（后改为新华东街50号）原市师范处，称“南校”。学院函授处设在城区南大街135号原市进修校处，称“北校”。学院有教学楼2幢、行政办公楼1幢、教职工宿舍楼4幢、学生公寓楼1幢，校办企业3个，集教学、科研、生产为一体。2000年，其办公、活动等场所的占地面积为2.89万平方米，建筑面积为2.29万平方米。

2005年7月，市委、市政府决定，市教育学院与平定师范进行资源整合，筹建阳泉市师范专科学校。年底，因二电厂、供电局占地，学校办公、活动等场所占地面积缩至2.19万平方米，建筑面积为2.35万平方米。2008年，市教院南校（院部）迁至平定师范，上述机构与平定师范相关科室整合。学院图书室6万册藏书，160余种各类报刊以及价值20余万元教学仪器设备搬至平定师范。北校（院函授处）留存。2010年3月18日，教育部同意在阳泉市教育学院和平定师范学校合并的基础上建立阳泉师范高等专科学校，同时撤销阳泉市教育学院的建制。

在教师构成方面，建院初，有教职工137人，其中具有高级职称的22人、中级职称的31人，截至2008年，有教职工115人（不含院办企业），其中本科学历82人、专科学历17人；高级专业技术职务41人、中级专业技术职务25人、初级专业技术职务27人；已获硕士学位及在读硕士6人。到2010年，学院教职工与平定师范教职工合署办公。在专业设置方面，建院初，设置中文、数学、物理、化学4个专业，全日制脱产培训（2年），开设中文、数学、物理、化学、政治、体育、教育学、心理学等学科。随后又增设英语、文秘、数学、学前教育、小学教育（文理分科）、综合文科、教育管理、音乐教育、美术教育、汉语言文学、计算机科学教育等专业，既有脱产培训（2年），又有在职函授（3年），开设中文、数学、物理、化学、

师专校园

生物、英语、政治、历史、地理、音乐、体育、美术、教育学、心理学等30多个学科。1996年，举办英籍留学生汉语进修班（2名留学生），2001年，举办研究生课程进修班开设教学论和教育管理专业。到2010年3月，上述专业与平定师范相应专业重新设置。

三、山西广播电视大学阳泉分校

山西广播电视大学阳泉分校始建于1979年12月，始名为山西广播电视大学阳泉工作站。1984年6月，经阳泉市政府批准更名为山西广播电视大学阳泉分校，属正县级单位，隶属阳泉市教育局管理，业务上接受省电大的指导。学校位于阳泉市桃北中路92号，占地2866平方米，建筑面积7377平方米。1999年10月，开始组建阳泉电大校园网，12月底内部局域网基本建成。2000年5月，通过中国电信两条ISDN一线通连接Internet。2002年4月又分别接入中国网通和中国联通各2M带宽的两条光纤，随后于2004年6月利用中国网通光纤接入阳泉教育城域网，通过教育城域网的100M出口接入Internet。2004年10月与中国网通集团山西省通信公司达成“电大远程教育网络建设合作协议”，使用2M专线进行双向视频数据传输，并于12月开通与省校的双向视频及数据传输功能。阳泉电大互联网站域名和“电大在线”教学平台域名分别为www.yqrtvu.com和www.yqoe.com。2010年，学校投资50万元，对网络中心和计算机教育设备进行全面更新，固定资产总值505万元。到年底，已建成以分校为中心，辐射全市三区两县及周边地区的远程教育网络，下设平定、盂县、郊区、固庄煤矿（阳泉二监）、阳泉煤业集团、晋东化工集团等6个电大工作站。学校内设办公室、教务处、中心教研室、学生工作处、继续教育处、教育技术处、教育资源处等7个职能科室。有教职工50余人，其中高级职称9人、中级职称15人。开设理工科、文科、财经学科、农科、医科等5个学科16类50余个专业，培养本科毕业生1700余人，大专毕业生近4500人、中专毕业生500余人。

2000年始，阳泉电大参与“中央广播电视大学人才培养模式改革与开放教育试点项目”的研究工作。2001年，开设计算机应用能力中级培训，全国计算机等级考试一级、二级培训和中小学教师多媒体课件制作技术培训等3个项目。2003年与兰州大学、南开大学开展现代远程教育合作办学。2004年，开展阳泉市企事业单位专业技术人员WTO知识培训。2005年，与中国医科大学合作办学；并开办3期计算机培训班、成人高考考前辅导班、组织6次保险代理人资格考试及普通话测试工作；此外，还利用网络承办了6期阳泉市青年干部培训班。2006年开始每年为市老年大学举办健康知识及计算机应用知识讲座，举办全市各乡镇、街道妇女干部参加的计算机网络知识培训班、阳泉市教育城域网第三期工程网络管理员培训班。2007年，与中国人寿保险公司共同举办保险代理考前培训班，培训学员120人；还组织了4次共1150人次的保险代理资格考试；完成56人成人大专班计算机考前培训及2次近500人参加的全市较大规模的省计算机应用能力考核组织工作。学校先后于1999年获得中央电大“全国电大信得过考区”，2003年被市劳动竞赛委员会授予集体一等功、被省劳动竞赛委员会授予集体一等功，2006年被山西广播电视大学授予先进办学单位，2007年被阳泉市人民政府授予庭院绿化园林达标单位。

阳泉电大

第六章 成人教育

自唐贞观四年（630）至北宋元丰六年（1083），境内盂县、平定出现儒学对成人的影响，乃成人之教育。在封建社会中，百姓因缺衣少食，无力读书求知，境内的成人教育处于原始状态。民国2年（1913），平定县创办《通俗教育报》，为民众“灌输常识，开通风气”。民国8年，盂县开始举办冬学和春学，其学员多系农业人员与受雇工徒，但每到农事、工时，就得误课或辍学。至年底，共开办补习学校120所。民国16年，盂县一些较大的村镇举办民众夜校，利用夜晚时间进行学习和宣讲国事。

第一节 农民教育

抗日战争时期，中国共产党领导的革命根据地倡办的冬学和民校，当是境内农民教育之先河。民国26年（1937）秋冬，盂县政府改组成为抗日民主政府后，随着农村抗日根据地和亲救会、妇救会等各种抗日团体的建立，冬学、夜校也重新建立与发展起来。民国34年（1945）春，太行区召开模范文教工作会议，境内平东县测鱼青年学校被评为先进学校，义务教员石展受到表扬。1949年冬，市郊34个村建起民校和识字班（组），1067人参加学习。据1950年统计，平定县所办冬学和民校343所，占到全县行政村总数的96%；参加学习的农民达39408人，占到全县人口总数的15%。1952年，农村掀起群众性扫盲热潮。通过推广“祁建华速成识字法”，脱盲人数与日俱增，到1953年进行第一次人口普查时，境内农村12岁以上人口中文盲、半文盲比例由解放前的80%下降到60%左右。1954年后，农村的绝大多数民校转为常年民校，除坚持扫盲进行文化教育外，还结合形势，开展政治教育、生产知识和卫生常识教育等。1958年，农村参加学习的62376名农民就有12739人脱盲，占到1/5多。1960年至1963年，由于连续3年经济困难，农村扫盲教育基本停顿。从1963年开始，随着国民经济的逐步恢复和发展，农民教育得以恢复和发展。到1964年进行第二次人口普查时，农村12岁以上人口中文盲、半文盲的比例下降到40%左右。

1966年至1976年"文化大革命"期间，农民教育成为单纯的"政治学习"，普遍忽视了文化和技术的学习，加之中小学教育也放松了文化课教学，少年儿童中产生不少新文盲，致使农村中文盲、半文盲的比例下降缓慢，复盲现象大量出现。

中共十一届三中全会后，1979年1月，市政府召开全市农村扫盲和农民教育工作会议，制定《阳泉市农村开展扫盲和农教工作方案》，建立健全领导机构，配备专兼职业余教育干部，聘请农教辅导员和扫盲教师，加强扫盲和农教工作。至1982年第三次人口普查，境内农村12岁以上人口中文盲、半文盲比例下降到25.44%，其中青壮年文盲只有7.5%左右，低于全国17.5个百分点。1983年，根据省政府《批转省教育厅关于抓紧扫盲工作报告的通知》精神，全市进一步开展扫盲查漏补缺工作。1985年，全市农民文化技术学校发展到190所，1132个班，参加学习人数28716人，教师904人。1月，市政府组织力量对平定县、盂县、郊区的扫盲工作进行检查验收。据验收统计，全市"两县一区"农村人口总数为726538人，其中少青壮年总数为351594人，文盲有7541人，占少青壮年总数的2.14%，达到省政府规定的基本扫除文盲县标准。1987年，全市共有农民业余中、小文化教学班112个，参加学习的农民2118人，35个乡镇建起农民职业技术学校，办学面占到61.4%，乡镇、村两级农民职业技术学校（班）共有学员51320人，结业27012人，全市农村共扫除文盲17800人，少青壮文盲由1978年的23000人减少到5000人，少青壮中文盲比例由6.4%降到1.4%，完成了农业县区扫盲的历史任务。1988年12月，平定县、盂县、郊区三个农业县被省人民政府批准为基本扫除无盲县区。1990年，全市农村办有乡镇级各类文化技术学校54所，村（厂）级各类文化技术学校405所，参加文化学习的有9370人，参加实用技术培训的有28771人。

到2000年，全市57个乡镇全部建有成人文化技术学校。2001年撤乡并镇后，32个乡镇均建有成人文化技术学校，开展农民文化知识和农村实用技术培训。完成实用技术培训14.9万人次，完成"绿色证书"培训4900余人。2003年，农民教育以实用技术培训为重点，市教育局转发省教育厅《关于进一步加强农村成人教育工作的意见》，要求各农业县区按照要求开展"科教兴农"工作。在防控"非典"期间，各农村成人学校发挥优势，面向广大农民技术培训

13.8万人次。2004年，在巩固县区、乡镇、村三级成人文化技术学校基础上，狠抓乡镇成人文化技术学校示范达标建设，其中达教育部示范乡镇成校《规程》标准的学校6所，达省示范标准的学校5所；接受实用技术培训农民14.8万人次，获得“绿色证书”5050人。2006年，依托32所乡镇农民文化技术学校和954所村农民文化技术学校，开展农村劳动力实用技术培训13.36万人次，对进入非农产业和城镇就业的农村劳动力提供转移培训1.78万人。平定县“科教兴乡兴县”达标工作通过省教育厅验收，全市“科教兴乡”达标数18个，达“科教兴乡兴县”工程指标体系的县（区）占66.6%。2007年，开展农村劳动力实用技术培训15.87万人次，对进入非农产业和城镇就业的农村劳动力提供转移培训9000余人。10月，盂县科教兴乡兴县达标工作通过省教育厅验收。至此，全市3个农业县区32个乡镇全部达到“科教兴乡兴县”标准，合格率为100%。2008年，农村成人教育继续推进“科教兴乡兴县”工程，全年实用技术培训127167人次，富余劳动力转移培训35670人次。2010年，全市共开展转移培训35670人次。此外，全市成人教育中心校发挥成校阵地作用，为农村经济发展、农民致富增收服务，开展各级各类实用技术培训127167人次。截至2010年，全市98%以上的行政村无青壮年文盲。

第二节 职工教育

阳泉建市后，随着工矿业生产的恢复和发展，职工教育逐步开展起来。1950年，阳泉工矿区共建立职工文化补习学校11所，31个班，参加学习的有1287人，约占职工总数的6.3%。随着全民扫盲运动的开展，到1953年，市区职工业余学校发展为18所，参加学习的达6190人，其中扫盲班3249人、高小班2293人、初中班648人。据同年第一次人口普查数据显示，市区56465名在职职工中，文盲、半文盲约占40%左右。1956年，各大厂矿企业均设立教育科，负责职工教育。全市职工业余学校发展至25所，增设业余高中班、业余初等技术班和业余中等技术班，学员15183人。1958年，在全国“大跃进”形势影响下，全市职工教育也出现“跃进”局面。各类业余学校都改为学政治、学文化、学技术“三位一体”的红专学校，同时开办了夜大学。据统计，市区共办起职工红专学校255所，参加学习人数25310人，占职工总数的28.9%。其中扫盲班11802人、高小班8343人、初中班4611人、高中班506人、夜大学48人。1961年至1962年，由于国民经济的暂时困难，大部分职工学校停办，参加职工学校学习的人数下降至5366人。1963年，随着国民经济的逐渐好转，职工教育逐步恢复。1966年“文化大革命”开始，多数厂矿停工停产，职工教育处于瘫痪和停顿状态。“文化大革命”后期，继阳泉矿务局之后，各局和各大厂矿按照上级有关精神，效法上海机床厂经验，创办了一批“七二一”工人大学（实际上是职工业余学校的升格）。据统计，1976年市区办有“七二一”大学69所，在校学员2974人。1977年后陆续停办。

中共十一届三中全会后，根据中共中央、国务院《关于加强职工教育工作的决定》精神，1979年6月，市工农教育委员会成立。10月，召开全市职工教育工作会议，对恢复和发展职工教育工作作出部署。从1980年开始，各单位和企业开始举办职工业余学校，开办文化、技术补习班。以青壮年职工文化、技术补课为重点的职工教育得到普及和发展。1981年，全市共开办高中以下文化补习班142个，学员5470人；举办各种业务技术培训班590余个，学员2.7万余人。另外，参加职工大学、广播电视大学、函授大学等在校学员1500余人。到1985年，全市青壮年职工参加初中文化补课的46830人，有34961人领取合格证，合格率74.7%；参加初级技术补课的49724人，有49724人领取合格证，合格率83.1%。在此基础上，职工的高中学历教育、中等专业教育和高等教育也先后展开，各类人员的岗位职务培训成为职工教育的重点。据统计，1990年，全市共办有各类职工学校42所；职工教育队伍761人，其中专任教师417人；参加培训学习的职工86926人，占到职工总数的43.46%。其中参加高等教育学习的2721人、参加各类中等专业学习的1493人、参加高中学历教育的1553人，其余均为参加岗位职务培训和技术业务培训的职工。

1992年至1999年，全市职工教育以岗位培训和继续教育为重点，致力于提高职工的整体素质。1996年开始连续4年，每年有10万人次企事业单位职工接受多种形式培训，培训率30%。1996年开始，计算机应用能力培训掀起热潮，到1999年，全市共有6500余人参加培训。其中，3414人参加全省统考，合格2934人，合格率为85.9%。全市共有20389人参加全国成人大、中专学校招生统考，其中本科2575人、专科13297人、中专4517人；共录取12063人，其中本科1409人、专科6846人、中专3808人，录取率达59.16%。全市参加高等教育自学考试147700人，报考368607科次，毕业7121人。

2001年，职工教育在坚持开展岗位培训、转岗培训和下岗再就业培训的同时，开展计算机应用能力培训考核工作。两县三区都成立了计算机应用能力考核点，参加计算机培训人员达1.2万人以上，其中参加省计算机应用能力考核的10195人，合格率为88.7%。2002年，确定城区晋东化工厂社区和矿区日潭社区为以职工岗位培训、继续教育为重点的城市基本单元社区教育试点，重点开展计算机应用能力和英语口语培训，参加省级计算机应用能力考试人数6943人，合格人数5878人，合格率为85%。全市报名参加各级各类成人学校招生考试5393人，共录取新生3449人。全年累计有2万人次参加高等教育自学考试，共有1241人毕业。2003年，开展以计算机、英语为内容的社会化培训工作。率先在全省开设DOS版、WIN32版、WIN95版、WIN95扩展版和网络中级等5种类型的考试，参加各类计算机考核人员4000余人，合格率86%。2006年，对20%以上的乡镇企业职工进行岗位培训，以提高其专业技能水平，共完成职工教育培训8905人，全市企业职工教育普及率75%，参加省计算机应用能力培训考核1572人。2007年至2008年，共完成职工教育培训344246人，参加省计算机应用能力培训考核2903人。2009年，全市完成各类职工教育256550人，全员职工教育总经费4497.2万元，占职工工资总额的1.33%。到2010年，全市职工参加省计算机应用能力培训考核计1900人。

第三节　干部教育

抗日战争时期，中国共产党领导下的境内抗日民主政府重视干部文化学习和政治教育，广大干部因多系工农出身，有学习文化政治的迫切愿望，但因环境和条件所限，除当时的平东县和平定（路北）县抗日高小附设干训班，对部分青年干部进行脱产培训外，其余多是利用工作空隙，采用能者为师、互教互学的方式进行学习。

1950年10月，阳泉工矿区在职干部文化补习学校成立，开设小学班1个、初中班4个。1953年更名为阳泉市机关干部业余文化补习学校，发展到12个班，学员1028人，其中扫盲班58人、高小班649人、初中班322人。1956年增设高中班，并在荫营区设立分校，学员发展到2554人，其中扫盲班280人、高小班812人、初中班1259人、高中班203人。1957年3月，市机关干部业余文补校分设为市直属机关、市工业系统、市财贸系统和荫营区4个机关干部业余文补校。1958年“大跃进”中，参加学习的干部学员增至3332人，其中扫盲班48人、高小班1566人、初中班1164人、高中班554人。1960年至1962年国民经济暂时困难时期，参加学习的人数下降到130人。1966年“文化大革命”开始后，广大干部受到不同程度冲击，干部教育受到严重破坏。

中共十一届三中全会以后，随着工作重点的转移和改革开放的不断深入，对干部素质提出新的更高的要求，阳泉市出现了政治轮训、学历教育、岗位培训等多渠道、多层次的干部教育形式。

一、政治轮训

从1979年开始，利用中共中央党校、干校、讲师团、电大等教育机构，采取脱产学习和在职学习相结合，自学为主、兼以讲座和辅导等形式，对全体干部进行马列主义、党建理论、法律知识、党的路线方针政策及中共十一届三中全会后历届全会文件精神的培训。据统计，1983年至1990年，全市参加马克思主义基本理论和中国革命史学习的干部103650人次，参加党的路线方针政策和党的基本知识学习的有155341人次，参加各种政治轮训的干部达61328人次。1993年至1994年，全市举办了5期县级干部轮训班，学习《邓小平文选》，有539人参加轮训。1994年至1995年，举办全市街道书记、街道主任等街道干部和乡镇（街道）党委成员、乡镇（街道）行政正职干部、农村支部书记、外经贸中青年干部、理论干部等培训班及县级领导干部轮训班，学习建设有中国特色社会主义理论，参加培训人员1510人。1996年举办各类干部培训班4期，培训干部390余人。1997年举办5期县级领导干部轮训班，学习中共十五大报告，有707人参加轮训。

2000年，市委党校举办培训班6期，对723名县级干部分期分批进行了建设有中国特色社会主义理论脱产轮训。2002年12月至2003年1月，全市举办5期县级领导干部轮训班，学习中共十六大精神，505人参加培训。2003年7月至10月，全市举办党外干部培训班2期、县级领导干部轮训班5期、优秀知识分子培训班1期、拔尖人才培训班1期，学习“三个代表”重要思想，共有821人参加轮训。2007年11月至2008年5月，市委党校组织全市县级领导干部培训班6期、第三届拔尖人才及省委联系的高级专家、大学生村干部学习中共十七大精神培训班2期，共有1546人参加培训。2008年至2009年，市委党校组织全市各类干部政治轮训9879人次。2010年，为学习贯彻中共十七届四中全会精神，贯彻落实科学发展观，市委党校承担了5种不同类型的培训班（聘用干部、公务员、军转干部、公安干部、卫生系统干部），历时171天，共培训7883人次。

二、学历教育

从1983年开始，遵照中央关于干部革命化、年轻化、知识化、专业化的要求，市委组织部、市教育局协同有关部门，采取离职进修、函授、电大教育、高等教育自学考试、青工补课等形式，有组织、有计划地对1945年1月1日以后出生、文化程度偏低的干部进行了相应的学历教育。截至1990年，全市共有10932名干部接受学历教育，其中大专以上5088人、中专2484

人、高中2228人、初中1132人。干部队伍的文化结构与1982年相比，大专以上文化程度的由13.4%上升到23.7%；中专文化程度的由26.8%上升到35.4%；高中文化程度的由9.6%上升到16.9%；初中和初中以下文化程度的由50.2%下降到24%。全市县级领导干部中，大专以上文化程度的比例提高8.2%；中专、高中文化程度的比例提高38.3%；初中和初中以下文化程度的比例减少48.2%。2001年，全市共有成人高校2所，在校生739人；成人中专6所，在校生1024人；成人高中教学班1个，在校生30人；成人初中教学班2个，在校生257人；成人中专分校（函授站）招收210人，毕业生458人，在校生1416人。全市共有4617人参加全国各类成人学校招生考试，录取新生2793人；共有20823人参加高等教育自学考试，有2821人取得毕业证书，其中大专2244人、本科577人。2002年全市报名参加全国各类成人学校招生考试共计5393人，录取新生3449人。2003年至2004年，全市共有36962人参加高等教育自学考试，共有3255人取得毕业证书。2005年至2008年，全市参加全国各类成人学校招生考试录取人数11899人，其中专升本4298人、高中起点本科54人、高中起点专科7547人。2009年至2010年，全市参加全国各类成人学校招生考试录取人数10346人，其中专升本3470人、高中起点本科81人、高中起点专科6795人。

三、岗位培训

从1987年开始，境内开始对在岗干部职工进行岗位培训，到1990年，全市有2903名厂矿企业的厂长（经理）、书记和三总师（总工程师、总经济师、总会计师）及104名乡镇领导干部参加培训。此外，还有21528人次参加各种短期业务培训，有6561人次参加继续教育。

1995年，全市举办计算机操作能力初级培训班8期，培训干部216人；举办2届优秀中青年干部交际英语初级培训班，培训150人；举办1期历时10个月的中青年干部双休日党校政治理论培训班，培训干部234人；265名40岁以下具有高中和中专文化程度的乡镇企业干部参加培养教育；举办组织人事干部培训班5期，培训198人；选派9名教育系统的年轻英语教师赴美国进行为期一个月的英语听力和会话口语能力训练。1996年，电大阳泉分校及市教委教育培训处，举办2个以市管后备干部为对象的60人的计算机初级试点班，历时1个月，经考核，58人过关，合格率为96.7%。1997年，市委组织部、市人事局、市教育局联合行文，全面开展计算机应用能力培训考核工作。到2000年，累计培训各类干部3185人次。

2007年，召开阳泉市计算机应用能力培训考核工作表彰会，表彰了在计算机应用能力培训考核中作出突出贡献的山西广播电视大学阳泉分校等7个先进单位，并对张晓华等18名先进个人、李怀义等4位优秀校长和梁吉亭等4名具有特别贡献的个人及平定、郊区2个考核办给予表彰。1997年至2008年，全市计算机应用能力培训考核各类人员达45220人，占全市总人口的3.5%，11年考核平均合格率为87%。

第四节　民办教育

1992年12月，市教委成立社会力量办学管理办公室，负责协调、指导和管理全市社会力量办学工作。1993年5月，市政府出台《阳泉市社会力量办学管理规定》；6月，市教委成立阳泉市社会力量办学领导组。1998年9月，市教委制定《阳泉市社会力量办学管理细则》，社会力量办学得到进一步规范。1999年，全市经市、县（区）两级教育行政部门审批的社会力量办学教育机构67所。其中学历教育类6所，文化补习类11所，学前教育类2所，自学考试助学类1所，计算机培训、短期社会文化生活培训和技术等级培训等类47所，在校学生2400人。

2003年9月1日，《中华人民共和国民办教育促进法》正式实施，市教育局印发《中华人民共和国民办教育促进法》解读本1000册进行广泛宣传，并组织部分民办学校负责人进行专题学习。全年新审批5所教育培训机构。2006年，市教育局对全市民办教育学校及办学机构进行审批和管理，并下发《关于进一步加强民办高考补习班的审批管理意见》，对民办高考补习学校和补习班的设立、广告宣传进行审批；制定进一步加强民办学校财务管理的意见，规范民办学校在经费使用、学生收费等方面的行为。2007年，市教育局下发《关于对市民办教育培训机构进行清理整顿的通知》，对全市范围内的所有民办学校进行清理整顿，同时，还对外地到阳泉市招生的民办学校进行备案登记，并在《阳泉日报》上公布了19家办理备案手续的民办学校。在原191所民办教育机构基础上，取消6所培训机构和1所职业高中，新审批11所学前教育机构，至年底，全市共有民办教育办学机构195所，其中普通高中1所、职业高中1所、初中5所、幼儿园131所、其他各类培训机构57所，并对所有民办教育机构进行换证工作。2008年，市教育局对全市民办教育机构进行年检。

2009年，在原有民办学校基础上，经过换证检查，取消6所培训机构和1所职业高中，又审批11所学前教育机构。至年底，共有108所民办学校（培训机构），其中学前教育46所，小学和初中一体学校1所，小学、初中、高中一贯制学校4所，各级各类培训机构57所，固定资产累计达4000万元。2010年，市教育局制定下发《关于阳泉市民办学校启用修订后的“民办学校办学许可证”的通知》，对全市各类民办学校进行清理整顿，截至年底，共换发证书71套。

第七章 特殊教育

第一节 概况

1976年10月，经阳泉市革命委员会批准，由市教育局在郊区桃坡村创建阳泉市聋哑学校，这是境内设立的第一个特殊教育机构。1987年1月，城区上站小学开设全市第一个弱智儿童辅读班，招收11名弱智儿童。其后，阳泉矿务局三矿南楼小学、城区北岭小学、阳泉矿务局四矿段家背小学也分别增设弱智儿童辅读班。1989年9月，山西省特殊教育师范学校成立，与平定师范合署办公，一套机构两块牌子。设盲、聋两个专业（后又增弱智专业），为全省聋、盲、弱智小学培养专业师资，截至2008年12月，特殊教育师范学校共招收1916名学生，毕业1527人。同年，市残联开始招收0至14周岁残疾儿童接受康复训练。

20世纪80年代末90年代初，阳泉市特殊教育采用市政府独立建校、县区设辅读班、农村小学随班就读三种形式发展特殊教育，以网点化建设为重点，把特殊教育纳入义务教育轨道，初步形成特殊教育网点化格局。1991年，市政府投资500余万元改建市聋哑学校。1992年，市聋哑学校由原址搬迁到离市区较近的古城，教学设施得到改观。同年，阳泉市被省教委授予"特殊教育工作成绩显著先进地市。"1993年，市聋哑学校招收第一个盲童班和聋生职业班。1994年12月，城区培智学校成立，与城区北岭小学一个机构两块牌子。同年，省教委在阳泉市召开特教现场会，专题推广"特教特办"工作经验。1995年，市聋哑学校确定为市特殊教育培训中心，城区、矿区、郊区、盂县四个县区建立培智中心校，义务教育阶段三类残疾儿童都能就近入学。1999年9月，市聋哑学校招收阳泉市特殊教育第一个初中班。到1999年，全市有特殊教育学校2所，普通小学附设弱智班12个，在校生261人。其中市聋哑学校1所，在校生129人；城区培智学校1所，在校生37人；普通小学附设培智班，在校生95人。全市残疾儿童随班就读点243个，学生649人。随班就读点遍布全市县区的各个乡镇。2002年5月，市聋哑学校由省教育厅确认为“山西省特殊教育示范学校”。2008年，全市有特殊教育学校2所，教职工61人，其中专任教师48人，教师合格率100%。适龄三类残疾儿童403人，在校生357人，入学率88.6%，在校生辍学率为0。其中市盲聋人学校在校聋生112人、城区培智学校在校弱智生67人；此外，全市有随班就读点93个，随班就读班117个，学生181人，其中听力残疾31人、视力残疾9人、智力残疾141人。2010年，全市有特殊教育学校2所，教职工105人，教职工中专任教师49人，教师合格率100%。适龄三类残疾儿童293人，在校生286人，入学率96.7%，在校生辍学率为0。其中市盲聋人学校在校聋生118人、城区培智学校在校弱智生65人，此外，全市有随班就读点32个，随班就读班88个，学生192人，其中听力残疾28人、视力残疾12人、智力残疾152人。

阳泉市特殊教育通过政府投入、市县两级和特教学校向省教育厅申请省特教专项补助经费、社会优扶、干群捐资助教等多渠道筹措特教经费。如市政府为市聋哑学校于1997年拨款150万元新建一幢学生宿舍和职业培训基地综合楼，拨款12万元购置语训设备和律动设备；省教育厅给市聋哑学校和盂县逸夫实验小学培智班7万元，拨特教专项补助经费2万元；1998年市政府拨款80.4万元维修教学楼、硬化校园和装配学生宿舍。2004年全国助残日期间，市聋哑学校收到社会各界捐款5.5万元，还有价值3万元的教具、图书等物品，阳煤集团一次为市聋哑学校捐资3万元。2005年拨专款10万元接入阳泉市教育城域网，城区政府先后投资16万元硬化城区培智学校操场。2008年，各级政府共投入83.26万元发展特殊教育，生均经费1120.07元。2009年，各级政府共投入117万元发展特殊教育，生均经费2280元。2010年，各级政府共投入83.26万元发展特殊教育，生均经费1120.07元。

从2004年开始，市政府建立救助机制，通过建立助学金制度、各级残联全额支付特困生上学费用、申请中国残联专项彩票公益金助学项目和残疾人康复项目等渠道来解决学生因家庭困难而辍学的难题。市聋哑学校有200余名学生享受助学金，3名学生享受政府特困补贴，资助率达到在校生50%以上。2005年至2007年，全市有60名特困残疾学生每年每人享受1500元助学补助，30名贫困残疾学生享受1000元助学补助，65名聋哑儿童享受600元康复训练补贴。2005年至2008年，共为20名聋哑儿童配发助听器。2008年，全市有48名残疾学生享受625元助学补助。从2005年9月起，特殊教育学校学生享受“四免一补”政策，学杂费、住宿费、课本费、作业本费全部免费，每人每年享受生活补助费400元，随班就读学生还免除学杂费和课本费。

第二节　教学改革

20世纪80年代，境内的弱智儿童辅读班开设语文、数学、思想品德、常识、智力游戏、音乐、体育、美术、劳动等课程。各校选拔教龄长、教学经验丰富、思想素质好的教师担任班主任和科任教师，采用复式教学授课，结合实际，开展教学改革。1988年，城区上站小学弱智班教师刘文兰被中国残疾人福利基金会授予“全国优秀特殊教育工作者”称号。

20世纪90年代开始，阳泉市特殊教育在强化文化知识传授的同时，加强劳动技能培养和职业技术教育。市聋哑学校分阶段开设劳技职业课，从小学三年级起开设美工课，五年级开设缝纫裁缝课，初一以上开设计算机课。1993年，市聋哑学校开设初级职业班后，逐步开设缝纫裁剪、制鞋、工艺美术、木工、油漆、烹饪、盲人按摩等职业课程，定期到残疾人福利厂和厂矿企事业单位参观学习。在文化课方面，市聋哑学校以课堂教学为重点，素质教育为核心，集体备课与观摩示范、个别实验与共同探讨相结合，成立兴趣活动小组，开展第二课堂教学实践活动。1993年至1999年招收的4个初级职业班中，有28名毕业生走向社会后，绝大部分残疾儿童少年毕业后成为自食其力的劳动者。城区特殊教育教学改革总结出“培养习惯、传授知识、训练技能”三管齐下的综合教育经验，进行“汉语双拼盲文”“情景乐学教学法”“角色参与教学法”等教学实验，弱智儿童精神面貌发生明显变化，学习成绩有明显提高。有不少学生养成讲卫生的好习惯，懂得尊敬别人；有的学会进行简单劳动和剪纸手工；有的学生回到相应年级跟班学习。

2001年7月，山西省教育学会主办的全省特殊教育教师课堂教学基本功、基本技能大赛在市聋哑学校举行，市聋哑学校获聋专业团体总分第二名和优秀组织奖。同年，市聋哑学校教改工程启动，教改工程包括开设语训实验班、试行普通小学教材、加大职业教育力度、强化现代化教学手段等。2002年6月，在首个聋儿初中班毕业生中，3名学生考入山东省特殊教育中等专业学校工艺美术专业学习，2名学生分别考入北京市第四聋人学校和太原市聋人学校就读高中，其余学生回归社会从事力所能及的劳动。10月，市聋哑学校数学教师郭志芳被省教育厅评为山西省第五届小学教学能手。2005年，市聋哑学校在初中阶段开设信息技术教育课程和电脑绘画课，教师利用多媒体课件对学生进行生活技能技巧、生活中的科学、有趣的数学等第二课堂讲座，并探索利用计算机对聋儿进行听力测试分析和语言康复训练。城区培智学校在教学中建立特殊儿童个人档案，采取一生一目标、一人一方法的措施，跟踪教学，并利用体育器械采取多种形式进行训练，提高学生生活自理能力和适应社会的能力。2006年11月，城区培智学校教师田景润被市委、市政府授予“阳泉市第三届享受市政府特殊津贴拔尖人才”称号，2007年9月被教育部授予“全国优秀教师”称号，2008年9月被市委、市政府授予“阳泉市教育功臣”称号。从2004年开始，市聋哑学校和城区培智学校挂牌成为山西省特殊教育师范学校实习基地，为特师生提供教育见习、实习场所和教科研基地。2008年，市特殊教育系统有省市级骨干教师7人，市级学科带头人2人。2008年至2010年，城区培智学校由市、区残联支持帮助，共确定50名学生为康复训练对象，根据“运动能力”“感知能力”“认知能力”“语言交往能力”“生活自理能力”“社会适应能力”等六项训练内容，有计划、有目的地开展残疾儿童康复训练。

第三节　学校选介

一、阳泉市盲聋人学校

始建于1976年9月，原名阳泉市聋哑学校，校址在距市区4千米处的郊区李家庄乡桃坡村，1977年3月新生入学，是境内唯一一所面向全市盲聋残疾儿童实施九年义务教育的全日制寄宿学校。1991年，市政府投资500余万元改建市聋哑学校。位于市古城北生活小区的新校址占地1万平方米，建筑面积7554平方米，建有教学楼、学生宿舍楼、教工住宅楼；以及附属的学生食堂、餐厅兼礼堂、茶炉房等配套设施；教学楼可同时容纳18个教学班授课，拥有律动教室、计算机多媒体教室、美工教室、缝纫裁剪教室、语训教室、体育活动室、阶梯教室、多功能教室等专用教室，为残疾儿童康复训练、缺陷补偿、职业技能培训提供了服务场所，教学设施、教学规模、教师编制、办学水平都得以提高。

1992年3月，市聋哑学校由原址搬迁至阳泉市古城北生活小区，11月始招收盲生班，学制5年。1993年9月，开始招收聋生初级职业班，学制2年。1995年，被市教委确定为“阳泉市特殊教育中心”。1999年9月增设初中，开始招收聋人初中班，学制由6年改为9年。2001年6月，被省政府残疾人工作协调委员会评为“全省扶残助残先进集体”。2002年5月，被省教育厅确认为“山西省特殊教育示范学校”。2003年至2005年学校建成校园网，实现网络资源共享。建成教师电子备课室、学生电脑教室，会议室、电脑教室配备了投影仪，教学班实现“三机一幕班班通”。2005年9月全面更新学生食堂，新增消毒柜等器械设备，规划卫生功能区域，达到“食品卫生B级单位”要求。2005年12月，学校更名为阳泉市盲聋人学校。2006年学校硬化学生篮球场、操场、后院，新修西后院围墙、大门，粉刷学生宿舍、更新学生宿舍用具、床具，更换教学楼木质窗户，实现教学楼上下通水，结束了多年不通下水的历史。2006年7月被市教育局确认为九年制义务教育学校。2007年学校绿化面积达3412平方米，7月被市政府评为庭院绿化园林达标单位。2008年8月，参与残疾人艺术团演艺工作的市盲聋人学校学生张云晶入选北京2008年残疾人奥运会开幕式《星星你好》节目演出，成为阳泉地区唯一参加奥运会演出的残疾人。2010年8月，学校投入2.5万元进行食堂改造，由原来的燃煤灶具改造为燃气灶具，新增电蒸车、多功能面食机、拌面机、切菜机，更新河捞机、和面机等设备，9月建设警务室，实施校警管理模式。到2010年底，学校绿化面积达4631.4平方米，绿地率48.2%。学校有教职工52人，专任教师42人，其中小学高级教师21人、省级模范班主任3人、省级骨干教师2人、市级学科带头人1人、市级骨干教师5人，教师学历达标率100%。有学生118人，9个教学班，其中小学班6个、初中班3个。毕业学生累计434人，其中聋生408人、盲生26人。

二、阳泉市城区培智学校

位于城区新华西街48号。1988年，北岭小学开设辅读班1个，招收智障儿童8人，专职教师1人。1992年，学生16人，教师2人，毕业生1人。1994年，在辅读班基础上开办城区培智学校，与城区北岭小学同属一套领导班子。设教学班2个，招收学生20人，有专职教师2名。1998年3月31日，“阳泉市城区特殊教育中心”在学校挂牌成立，年内城区政府还投资硬化了操场，重修了厕所。1999年，学生37人，毕业生7人。2002年，学生38人，专任教师3人，教学班2个，校园进行绿化，购置VCD机2台、电视机2台。2004年，增设教学班1个，共有学生47人，专职教师5人，兼职教师5人，购置图书每班100余册。2005年，购置图书每班270余册，教具5件，学具每生10余件；8月，学校残疾儿童参加省特奥会获金牌8块、银牌12块、铜牌16块。2006年，学校扩轨，增设教学班1个，专职教师6人，兼职教师5人，学生65人。2007年，有教学班4个，学生66人，专职教师6人，兼职教师4人，毕业生5人。至2010年，规模未变。“十一五”期间，培智综合教学楼改扩建工程被列为教育部、国家发改委中西部地区特殊教育学校建设规划，投入专项资金280万元，建筑面积1045平方米。2010年6月动工，当年竣工使用，并配备了蒙台梭利全套和万象组合等感统训练器材。截至2010年，培智学校相对独立面积约4000平方米。

第八章 管理体制

第一节 行政管理

一、机构沿革

在封建社会，境内地方教育的行政公署为儒学署，俗称文衙门。盂县儒学有文字记载的始于唐贞观四年（630），平定儒学有文字记载的始于宋庆历年间。清代，境内州级儒学设学正1名，训导1名，州属各县的儒学设教谕1名，训导1名，统称教官。清光绪三十一年（1905），清廷设立学部，下诏废除科举，广兴学校，境内儒学随之废除，管理地方教育的行政机构更名为劝学所。民国初期，沿袭旧制，设视学、学董数人。各县按行政区域划为若干区，每区设劝学长1人，劝学员人数不等（一般设立小学的村庄即可公举1人）。不久，撤销劝学所，县署设科专司教育管理。其后，或为教育科，或为教育局，名称几易。科（局）设科（局）长1人，视学或督学数人。抗日战争时期，境内根据地办的是抗日救国教育，受抗日民主政府教育科的行政领导；沦陷区办的是奴化教育，受日伪政府教育科（或民政科）的行政领导。抗日战争胜利后，解放区教育由共产党领导下的人民政府教育科管理；阎锡山统治区的教育则由国民党政府的教育科管理。

民国36年（1947）5月，市政府设宣教科管理教育。民国37年11月，撤销宣教科，设立社教科，民国38年5月改设为教育科。9月，改名为阳泉工矿区人民政府教育科，1950年3月改设为文教科。1952年3月，建制为阳泉市人民政府文教科，1955年5月改设为阳泉市人民委员会文教科。1956年10月改设为阳泉市文教局。1959年3月，撤销市文教局，设立市教育局、文化局。1962年6月，撤销市教育局、文化局，设立市文教局。1967年4月，阳泉市革命造反总指挥部文教卫生办公室取代文教局。1968年12月，阳泉市革命委员会文教卫生工作委员会成立。1969年11月，阳泉市革命委员会下设政工组文教卫生办公室。1971年11月，阳泉市革命委员会政工组下设教育办公室。1972年6月，改设为阳泉市革命委员会教育局。1979年1月，恢复阳泉市教育局。

1989年2月24日，市第九届人大常委会第八次会议通过决定，撤销阳泉市教育局，设立阳泉市教育委员会。3月29日，市教育委员会正式成立。1992年、1994年、1997年，郊区、平定县、矿区、盂县、城区依次撤销教育局，分别成立教育委员会。2001年6月，全市机构改革时，市教育委员会改为市教育局。随后，各县（区）教育委员会也相继改为教育局。2001年8月成立市教育局党组，2001年10月市委常委会研究决定，成立中国共产党阳泉市直属教育工作委员会，机构设在教育局，教育工委为市委派出机关，教育局增设工委办公室，同时在领导职数中增加1名专职工委副书记，工委书记和委员由其他党组成员兼任，纪工委书记由纪检组长兼任。2002年2月，逐步配齐市教育局领导班子成员。至2010年，教育系统机构未再发生变化。内设机构10个：办公室、人事科（职称办公室、信访办公室）、计划财务科、基础教育科、职业技术教育科、成人教育科（社管办）、体育卫生艺术教育科、师训科（语委办公室）、思想政治教育科（工委办）、纪检组（监察室）。机关行政编制29名。

二、职能演变

清代，州县儒学教官的职责主要有三：一是严束生徒，二是管理学田，三是承办科举事项，选拔生员入贡。此外，还负责佐助地方长官举行祭祀孔子的典礼。由于时代的局限和教育的等级偏见，对于当时民间广为兴办的各类塾馆、社学（统称私学），儒学教官则是不加过问的。清末民初，随着儒学的废除，劝学所承担起地方教育的行政职能。受西方新学的影响，视学、学董、劝学员等经常深入各地劝学、视导和检查，使境内教育获得一次大的发展。其后，管理教育机构名目或科或局，多有更易，但其职能大同小异，变化无几。抗日战争时期，境内抗日民主政府教育科不仅要贯彻执行上级规定的教育方针、政策，实施以抗日救国为目标的新教育制度，采取多种形式发展民众教育，扩大干部教育，提高人们的文化知识水平，管理教育人事和业务，还要配合中国共产党的中心工作，组织师生参加抗日实际斗争。中华人民共和国成立后，境内市县（区）两级教育行政机构多次分合，但其贯彻共产党和国家教育方针、政策，主管各级各类学校教育计划的实施、人事调配、经费使用及教学业务指导等职能未变。

1989年3月成立的市教育委员会，除教育部门外，还增加计委、经委、财政、税务、人事、劳动、公安、卫生、科委、体委、乡镇、农业等12个政府委局主要领导为市教委兼职委员，成为市政府主管教育的综合职能部门，比原市教育局的权限有所扩大，其主要职责：加强对全市教育工作的宏观调控，负责统管各类教育事业，协调政府各部门有关教育方面的工作，编制各级各类教育事业的发展规划，制定地方有关教育的政策规定，统筹安排和使用市财政切块下拨的教育事业经费、教育基建经费和教育专项经费，督促、检查、验收县（区）普及九年义务教育工作，指导、评估、考核县（区）和市直属学校的教育教学质量，坚持办学的社会主义方向，全面贯彻中国共产党和国家的教育方针，搞好教育教学改革。市教育委员会是常设实体机构，有权对其直管单位人事、财政、行政等各方面实行统一领导和管理，对市人民政府负责。

2001年6月改设的市教育局的主要职责：拟定全市教育改革与发展的战略、政策和规划，组织实施教育法律、法规和方针、政策，组织开展教育行政执法。负责全市各级各类教育的统筹规划和协调管理，指导各级各类学校教育教学改革，负责推进义务教育均衡发展和促进教育公平，负责义务教育的宏观指导与协调，指导普通高中教育、幼儿教育和特殊教育工作，全面实施素质教育。指导全市的教育督导工作，负责组织和指导对中等及中等以下教育的督导检查和评估验收工作，指导基础教育发展水平、质量的检测工作。指导以就业为导向的职业教育的发展与改革，指导中等职业教育学科建设和职业指导工作。负责教育经费的统筹管理，参与拟定教育经费筹措、教育拨款、教育基建投资的政策，负责统计全市教育经费投入情况，监测全市教育经费的筹措和使用情况，负责教育援助和扶贫助学管理。指导各级各类学校的思想政治工作、德育工作、体育卫生与艺术教育工作及国防教育工作。指导中小学校外教育工作。主管全市的教师工作，认定教师资格，开展教育系统专业技术职务评聘工作，指导教育系统人才队伍建设。负责各类招生考试和学籍学历管理工作，指导开展大学生就业创业工作。指导全市成人教育工作。承担全市民办教育的综合协调和宏观管理的有关工作。

三、体制改革

1986年，根据《中共中央关于教育体制改革的决定》精神，市委、市政府制定《中共阳泉市委、阳泉市人民政府关于教育体制改革的实施方案》，积极改革教育管理体制。到1989年，全市教育体制基本理顺，实行地方负责，市、县（区）、乡（镇）、厂矿企业分级办学、分工管理的体制。各级职责权限是，市统一规划、宏观调控，组织协调，监督检查，提供服务。直接管理市一中、市二中、市职业学校、市交通职业学校、市教育学院、山西电大阳泉分校、市煤炭专科学校、市职业专科班、平定师范学校和市聋哑学校。原属市直管的市三中、四中、六中、七中等4所中学和阳泉铁路中学、阳泉钢铁厂学校、晋东化工厂学校、南庄煤矿学校、大阳泉煤矿学校、娘子关电厂学校、铝矾土矿学校、铝氧厂学校、山东铝厂阳泉矿学校、铁三局五处一段学校、荫营煤矿学校、固庄煤矿学校等12所厂矿职工子弟学校分别下放到所在区管辖。中等专业学校和技工学校实行统一领导，归口管理。县（区）把发展教育纳入当地经济发展的总体规划，负责领导和管理县（区）所属学校，并对驻地厂矿企业办的学校进行业务管理，对市政府负责；乡（镇）做到分阶段、分步骤落实辖区内的教育工作任务，管理教职工，落实教育附加费征收，对县（区）政府负责；有办学条件的厂矿企业均要办学，对当地政府负责；暂无办学条件的厂矿企业，可提供一定的办学经费，其职工子女就近到国办学校上学。

1999年，省委、省政府颁发《关于深化改革，全面推进素质教育，大力振兴教育事业的决定》，要求完善基础教育“三级办学，两级管理，以县为主，首长负责”的管理体制，强化县级政府对基础教育的管理职能。2005年12月30日，根据国务院和山西省企业分离社会职能的有关文件精神，阳泉煤业（集团）有限责任公司与市政府签订协议，除阳煤集团第一中学校移交市政府管理外，其余24所中小学移交矿区人民政府管理。根据阳泉市机构编制委员会文件精神，移交后的原阳煤集团第一中学校、阳煤集团第二中学校、阳煤集团一矿中学校、阳煤集团二矿中学校、阳煤集团三矿中学校、阳煤集团四矿中学校、阳煤集团五矿中学校、阳煤集团工程处学校机构名称分别为阳泉市第十一中学校、阳泉市第十二中学校、阳泉市第十三中学校、阳泉市第十四中学校、阳泉市第十五中学校、阳泉市第十六中学校、阳泉市第十七中学校、阳泉市第十八中学校。截至2006年，完成境内全部中央驻晋企业学校移交地方工作。山东铝业公司阳泉矿、山西晋东化工（集团）有限责任公司、中国电力投资集团公司山西娘子关发电有限责任公司、中铁三局五公司、阳泉南庄煤炭集团有限责任公司和阳泉市大阳泉煤炭有限责任公司等6个企业的6所职工子弟学校移交城区政府管理。

四、教育督导

民国36年（1947）5月，市政府设宣教科管理教育。1957年12月，阳泉市文教局的小学教学研究室改为文化教育视导室，文化教育视导室承担部分教育督导职能。1966年，视导人员增至6人。1966年“文化大革命”开始后，教育视导与督导工作被迫中断。1988年8月，阳泉市人民政府教育督导室成立，内设督学，督学由正副县级干部担任，实现了教育视导向教育督导的职能转变。1992年4月，市政府任命教育督导室正县级督学、副县级督学各1人，人员增至5人。1994年，市政府出台《关于兼职督学的规定》和《颁发教育督学证书的决定》，市政府先后聘任兼职督学3届7人。1997年2月，阳泉市人民政府教育督导室更名为阳泉市教育督导室，并确定为正科级全额预算事业单位，事业编制3名，领导职数1名。1998年8月，阳泉市教育督导室更名为阳泉市人民政府教育督导室。2000年，全市有独立设置的市、县（区）两级教育督导室7个（含阳煤集团教育处督导室）；市、县（区）两级督导人员33名，其中专职24名、兼职9名；正县级督学2名、副县级督学3名、科级督学12名、副科级督学6名、督导工作人员10名；此外，在全市督导队伍中，还有乡镇督导员57名。阳泉市形成了市、县（区）、乡（镇）三级督导网络。2008年7月17日，市编委行文同意设置阳泉市人民政府专（兼）职督学职数10名，其中正县级督学2名、副县级督学2名、正科级督学3名、副科级督学3名。至2010年，教育督导机构维持不变。

市教育督导室在重点督政的同时，对学校进行多项督教、督学。1993年至1997年，曾对首批和非首批重点中学进行了“端正办学方向，全面贯彻教育方针的教育督导评估”。检查验收5批共458所“阳泉市规范化学校”，并为其挂牌。规范化学校占全市中心小学以上学校总数的50%。1999年，市政府教育督导室对全市小学生素质评价制度改革进行督查，以推进素质教育的实施。进入21世纪，市人民政府教育督导室的经常性工作主要有两项，一是每年坚持对县区党政领导的基础教育工作责任进行考核，从而强化基础教育的领导责任和政府行为的落实。二是每年坚持对县区及局属学校的年度重点工作责任目标进行考核、兑现奖励方案，并代市政府和市教育局起草制定下一年的重点工作目标责任书。2000年起，市教育督导室代市教委制定市直学校工作目标责任书，下达评估方案，年终验收，并根据考评结果予以奖惩兑现。另外，市教育督导室代市政府起草制定《阳泉市评选教育先进乡（镇）、先进办学企业、尊师重教党政领导干部和捐资助教先进个人办法》，并按条件进行考察、遴选，发挥了教育督导在政府推进教育工作中的监控、反馈与参谋作用。2008年8月30日至9月3日，根据省政府教育督导室有关文件精神，市政府教育督导室会同驻阳泉省级督学分3个组，对全市的15所普通高中校的新学年新课程准备工作进行督导检查。2010年，市督导室又继续进行3次全市性中小学校舍安全工程的督导检查，参与并完成阳泉市工程建设领域突出问题专项治理领导组组织的对全市中小学校舍安全工程的专项督查。

第二节　学校管理

阳泉建市前，境内的各类学校（主要是小学）规模小、班次少，学生人数不多，学校行政管理比较简单，基本上实行的是校长一人负责制。阳泉建市后，中小学实行由校长和教职员代表组成的校务委员会制，学校的重大问题经校务委员会决定。1952年以后，中小学实行“一长制”，即校长责任制，校长负责领导全校工作。1957年“整风反右”后，中小学实行中共党组织（支部）领导下的校长负责制，党支部领导学校的一切工作。1963年后，实行当地中共党委和教育主管部门领导下的校长负责制，校长负责领导全校工作，学校党支部对学校行政工作负有保证和监督责任。“文化大革命”期间，学校领导体制混乱，先是群众组织夺权，接着是工宣队、军宣队和贫管会管理学校，后来实行“革命委员会制”。

中共十一届三中全会后，境内各类学校实行中共党组织（支部）领导下的校长分工负责制，学校的重大问题由党支部讨论决定。1984年，市一中在全市率先试行校长负责制，进行学校领导体制改革的探索。1986年，市政府召开全市推行校长负责制座谈会，总结交流市一中、市四中等试点学校的经验。1988年8月，市委办公厅、市政府办公厅批转市教育局《关于在全市各级各类学校实行校长负责制的意见》，全市符合条件的学校开始实行校长负责制。1989年，市教育学院成立。根据中共中央有关精神，大专院校均实行党委领导下的校长（院长）负责制。

20世纪90年代开始，境内规模较大的学校一般设有教务处、政教处、总务处、办公室、教研（教科）室等处室。处室一般配备主任1人，副主任1人或几人，办事员若干人（有的只设主任，不设副主任，或只设办事员，不设主任）。学校教务处分管学籍管理、教学计划、教材购置等工作；政教处分管学生政治思想教育、课外活动、班主任工作等；总务处分管财务统计、器材设备购置等工作；办公室分管学校行政、文件档案、人事保卫、计划生育等工作；教研（教科）室负责教学研究、教师业务培训等工作。教务处、政教处、总务处、办公室、教研（教科）室等受校长领导，对校长负责。另外，学校还建有共青团、少先队、学生会、工会等群团组织。农村小学按地区划分联合学区，分设若干联合学校，每个联校下设若干中心学校。联合学校设联合校长1人，联校教研员若干人。中心学校校长一般由所在地依托校校长兼任。小学设校长1人，人数少的复式小学或教学点，只设主任教师。至2010年，学校领导体制基本没有再发生变化。

第九章 教育研究

第一节 概 况

阳泉建市前，境内没有专设的教学研究机构，有关教学研究事宜，多由各类学校校长负责组织。1955年5月，市级教学研究机构设立，时称阳泉市小学教学研究室，隶属于市人民委员会文教科，专职人员只配有1人。1957年，改为文化教育视导室，至1966年“文化大革命”开始时，视导人员增至8人。“文化大革命”开始后，因受运动冲击，教学研究工作一度中断。到1972年12月恢复为市教学研究室。中共十一届三中全会后，教学研究日益受到领导和社会重视，机构人员也随之加强。到2010年，市教研人员增加到26人，其中中学高级教师22人、中级职称1人，占到教研员总数的88.5%，且都是从教学一线选调的有一定教学经验和研究能力的业务骨干。县（区）教育部门均设立教研室。

阳泉市教育科学研究所成立于1988年11月，始与山西教育报阳泉记者站、阳泉市教育局调查研究室合署办公。1999年4月，附设阳泉市教育科学规划领导小组办公室。2000年12月，“山西教育报阳泉记者站”更名为“阳泉市教育科学研究所”，为独立法人全额拨款事业单位，隶属阳泉市教育局，编制3人。至2010年未再发生变化。该所从成立起，主要开展了以下工作：一是根据国家、省教育科学规划制定阳泉市教育科学规划；二是组织开展以应用研究为主的市级教育科学课题研究；三是组织开展以基础教育为主的教育科研活动和教育实验；四是负责市级教育科学课题的管理，包括课题的发布、评审、立项、检查、验收、鉴定等程序；五是组织评审、奖励和推广市级教育科学研究优秀成果；六是编辑出版教育刊物《阳泉教育》，编印《教育科研动态》资料，传递教育改革和教育科研信息；七是进行教育科研指导，普及教育理论和教育科学研究方法，建立教育科研基地，培养教育科研典型，开展教育研究，参与教育决策论证，为领导决策提供依据。阳泉市教育科学研究所成立后，先后聘请三批兼职教育科研员，逐步形成一支专兼职相结合教育的研究队伍。

第二节 教学研究

一、教材教法研究

阳泉建市后，境内学校教育逐步走上正轨，当时教材大体统一，且有相对统一的教学大纲。但由于政治运动的冲击和干扰，其间也多有曲折。1966 年至 1976 年“文化大革命”期间，教材内容变化频繁，各校在课程开设和教材使用上随意性大，教学质量明显下降。1978 年后，教育部颁发全国统一新教材。为正确理解、掌握新编教材的编写意图、编写体系及教材特点，集思广益，解决教材的重点、难点和疑点，1979 年至 1990 年，市教研室先后举办中小学各科教材培训班 132 期，19700 人次参加培训；举办全市性的学科讲座和专题报告 12 次，6000 多人次参加听讲。1984 年 3 月，山西省举行教材教法统一考试，全市组织 422 名高中教师、2636 名初中教师、2276 名小学高年级教师和 1886 名小学低年级教师参考，合格率分别为 85.3%、82.7%、77.9% 和 84%。同时，市县（区）教研室及各校的各科教研组都注重和加强了备课、听课活动，提倡“能者为师，以老带新”，从而促进教材、教法的学习与探索，提高中小学教师的知识水平和业务能力。

二、课堂教学实验

开展课堂教学实验是市、县（区）教研部门教学研究的一项重点工作。1975 年至 1990 年，城区上站小学、北大街小学等 11 所小学开展小学数学“三算结合”（口算、笔算、珠算）实验，市三中、市七中、阳泉矿务局四矿中学等开展初中数学自学辅导实验，平定二中开展初中数学“六课型单元教学法”（自学课、启发课、复习课、作业课、改错课、小结课）实验，市三中、市四中开展初中数学读、议、练、讲单元教学实验，市一中、市八中、矿务局一中开展初中语文单元系列自学辅导实验，市六中、阳泉铝矾土矿学校开展欧阳中石（北京师范学院教科所教师）教材教法体系实验，全市各中学开展中学英语教学练习体系（山西省中小学外语教学研究会编）实验，郊区实验小学开展小学作文“一条龙”教学实验，平定县东关小学等开展“注音识字、提前读写”实验。另外还有小学PWW英语实验、高师预备班和军校预备班的实验改革、JIP教育整体改革实验等多项实验。

20世纪90年代始，各种教学实验普遍开展。1990年至1993年，城区小阳泉学校、平定县东关小学等8所学校的小学数学“三算结合”实验；1990年至2000年，平定县东关小学、阳泉矿务局四矿段家背小学、盂县实验小学的小学语文“注音识字、提前读写”教材实验；1990年至2002年，平定县、城区、郊区部分中学的JIP教育整体改革实验；1998年至2001年，阳煤一中的初中数学示例演练实验；2001年至2004年，全市高中初中共7所不同类型学校的中学历史教学中培养学生创新思维和实践能力实验；2001年至2005年，平定县实验小学、阳煤集团一矿红岭湾小学等24所学校的小学数学实践能力的实验；2005年至2007年，市实验中学、市二中、市十一中、平定县东关中学、郊区河底中学、市十中等20余所学校的新课程思想品德课堂教学策略研究实验；2005年至2006年，阳煤一中的作文三步教学法实验；2005年至2008年，矿区沙台小学、矿区洪城河小学、城区上站小学、城区下站小学、盂县实验小学等的小学语文评价能力研究实验；2006年至2009年，平定县实验小学、平定师范附属小学、矿区沙台小学等的基于数学思考的小学数学能力培养实验；2007年至2009年，市四中、平定县南坳中学、郊区河底中学、市一中等学校的基于问题设计的中学数学教学策略的研究实验；2007年至2009年，市一中、市四中、矿区赛鱼小学、郊区义井中学、盂县实验小学、平定县冶西小学等关于综合实践课程常态化建设研究实验；2006年至2009年，市十一中、郊区义井中学、荫营中学、城区北大街小学、市一中等24所学校的中美合作公民教育项目研究实验。2010年，郊区借鉴晋中市成功经验，中小学全部进行课堂教学改革。7月，全区小学三至六年级和初中七至九年级学习、借鉴、推广太谷县“导学案教学模式”实验。

三、课程改革实验研究

1996年，国家教委颁布《全日制普通高级中学课程计划（试验）》和语文等12个学科的教学大纲，组织编写各科教材，1997年开始在山西、江西、天津进行试验，阳泉市高中全部进入试验。2000年，教育部组织专家进行修订，印发《全日制普通高级中学课程计划（试验修订稿）》。2001年，教育部颁布《基础教育课程改革纲要（试行）》，9月1日起在全国基础教育课程改革实验区启动实验。2002年9月，阳泉市郊区进入山西省课改实验区。2003年秋季，阳泉市全面进入基础教育课程改革实验阶段。按照省教育厅要求，2004年，市教研室成立新课程课堂教学改革、校本研训、综合实践活动、教育教学评价改革研究4个专题组，以求课改工作的专项突破。2005 年，各项目组分别制定《阳泉市 2005 至 2007 年基础教育课程改革教育教学评价行动规划》《阳泉市 2005 年基础教育课程改革教育教学评价工作计划》《阳泉市 2005 至 2007 年基础教育课程改革课堂教学行动规划》《阳泉市 2005 年基础教育课程改革课堂教学作计划》《阳泉市 2005 至 2007 年基础教育课程改革校本研训行动规划》《阳泉市 2005 年基础教育课程改革校本研训工作计划》《阳泉市 2005 至 2007 年基础教育课程改革综合实践活动行动规划》《阳泉市 2005 年年基础教育课程改革综合实践活动工作计划》，开展专项实验探索。

（一）课堂教学改革

2003 年至 2010 年，市教研室组织了教材培训、课堂教学观摩研讨、优质课评选、送教下乡等一系列活动。

教材培训 2003 年至 2010 年，聘请人民教育出版社、北京师范大学出版社等十余家出版社的专家，对全市课改实验教师分别进行全员教材培训和重点教材培训。

课堂教学研讨 2002 年，阳泉举办高中语文、数学、物理、化学、生物、历史、地理 7 学科普通高中教学大纲研讨活动。2004 年，在全市范围内开展了 22 个学科课堂教学研讨活动。2005 年，举办基础教育课程改革 15 学科课堂教学优质课评选暨主题研讨系列活动。2006 年，组织全市中学语文课堂教学研讨活动。2007 年，组织小学数学、小学语文课堂教学观摩研讨活动。2009 年，组织全市高中、初中、小学共 30 个学科的同课异构教学研讨交流活动。2010 年，组织小学英语教学观摩研讨活动。

上站小学二年级数学公开课

优质课评选 2000 年，组织全市小学一年级语文、数学优质课评选与观摩活动。2005 年，进行全市小学语文、数学、英语优质课评选活动。2006 年，组织全市小学数学、小学语文、中学历史、中学化学、中小学音乐美术优质课评选观摩研讨活动。同年组织了全市高中青年教师教学技能大赛。2008年，组织全市中小学体育、小学语文、小学数学优质课评选活动。2010年，组织全市高中15学科113名青年教师参加第二届高中青年教师课堂教学创新大赛。

送教下乡　2008年3月，组织小学数学优质课评选暨送教下乡观摩研讨活动。2008年4月，特邀上海教育出版社专家和组织优秀教师在全市分三个片设点，进行小学英语教学专题报告暨牛津英语课堂教学示范观摩研讨送教下乡研讨活动。2009年4月，市教研室与市教育局师训科联合组织了3次省教学能手名师送教下乡活动，省教学能手、骨干教师分别到郊区、平定、盂县15所农村中小学上示范课60余节，召开教学研讨会30场次，参加观摩研讨教师700余人。2010年，组织了3次省教学能手名师送教下乡活动，组织省教学能手、“三晋名师”深入到郊区、平定、盂县送教下乡。

（二）校本教研

校本教研作为基础教育课程改革重点之一，由各学校组织，以学校为单位，由教师＋教研组＋学校＋学区（校际），形成了自下而上的“草根模式”教研。2003年，在郊区开展校本研训经验的基础上，3月，市教育局组织“基础教育课程改革培训会”，培训以参与式为突出特点，教师们在听取来自北京的专家报告的同时，就如何开展校本课程进行交流。2004年12月，市教育局成立“校本研训机制建立”专题项目工作组，阳煤集团东四尺小学、盂县实验一小、平定南坳中学、阳泉四中为项目组的联系学校。2005年各县区、学校相继成立研修领导组，制定研修规划和健全各项研修制度，尤其是建立“校本研修”档案并安排专人管理，教师研修的学习文献、论文、案例、教研记录、阶段小结、测试等原始材料归档整理，并将经验与困惑及时反馈教研部门，确保了研修工作的质量与效益。2006年3月28日，在阳泉市矿区东四尺学校组织召开了阳泉市“校本研修建设”经验交流现场会。参会的各县区教研室主任、校本研修项目组负责人和申报省、市校本研修基地校的校长听取了阳泉市矿区东四尺学校、盂县秀水一中、城区上站小学、平定南坳中学、阳泉市郊区实验小学的经验介绍，参观了阳泉市矿区东四尺小学研修档案资料和利用网络资源、建立网络教研的校本研修活动，安排了2006年全市校本教研工作。2007年、2008年，县区不少学校组织人员前去矿区东四尺小学学习参观，开展了广泛研训活动。2008年11月17日，“山西省农村联片教研现场会”在盂县召开，国家教育部基础教育课程教材发展中心副主任曹志祥、省教育厅副厅长张卓玉、省教科院院长马玉玺等出席会议并讲话。全省各市各县区教育局长、校长、教研员、一线教师200余人参加会议，联片教研模式在全省范围推广；市教育局组织申报基础教育课程改革实验课题研究活动，要求围绕新课程内容，从课堂教学、德育、心理健康、美育、信息技术等方面，以科研为载体，有组织、有计划地把新课程的教学和研究结合起来，进行课题研究。2009年11月，市教育局下发征集和评选基础教育课程改革优秀成果的通知，2010年3月，在全市范围内征集并汇编阳泉市基础教育课程改革优秀成果集，优秀成果包括课堂教学、校本研训、综合实践活动和校本课程、评价研究四个方面。9月，成果征集和评选工作全部完成。

第三节　教育科学研究

一、市级教育科学规划课题立项

1998年4月至1999年10月，市教科所承担了1998年阳泉市软科学项目《阳泉市教育现代化发展战略研究》。1999年，市教科所附设市教育科学规划领导小组办公室制定并下达《1999年至2000年阳泉市教育科学规划（重点）课题指南》共6类38项，2000年组织申报全市教育科学重点课题，经评委对1999年至2000年度申报课题进行考查评审，并经市教育科学规划领导小组会议研究通过，下文立项4项。2001年市教育科学规划领导小组办公室组织评委对2001年度申报的市教育科学规划(重点)课题进行评审，并经市教育科学规划领导小组研究通过，下文立项市教育科学重点课题20项。2003年，市教科所制定并下达“十五”市级教育科学规划（重点）课题指南，市教育科学规划领导小组办公室召开2003年度阳泉市教育科学重点课题评审会，请市教育科学规划领导小组学术委员会专家对全市申报的35项课题进行评审，评审通过了24项申报课题，其中对9项申报课题提出修改意见、建议，经市教育科学规划领导小组批准，24项课题予以立项。2005年，市教科所组织2005年至2006年度市教育科学规划（重点）课题申报工作，8月，市教育科学规划领导小组办公室召开2005年至2006年度市教育科学规划（重点）课题评审会，请市教育科学规划领导小组学术委员会专家对全市申报的169项课题进行评审，评审通过立项课题80项，其中重点课题16项、规划课题64项。经市教育科学规划领导小组批准，予以立项。

2006年，市教育科学规划领导小组办公室制定了两大部分12大类110项《阳泉市教育科学“十一五”（2006—2010）规划（重点）课题指南》，两大部分为综合研究部分、分类研究部分；12类为德育研究、教师教育研究、学前教育研究、基础教育研究、职业教育研究、成人教育研究、民办教育研究、特殊教育研究、高等教育研究、心理健康教育研究、现代教育信息技术研究、学科教学。2007年6月，按照规定程序组织全市申报“十一五”课题144项，11月，由市教育科学规划领导小组办公室召开评审会，请市教育科学规划领导小组学术委员会专家对所申报课题进行评审，通过立项的课题115项，其中重点课题32项、规划课题83项。2008年6月，组织申报2008年度教育科学规划（重点）课题。8月，市教育科学规划领导小组办公室召开评审会，由市教育科学规划领导小组学术委员会专家对申报的年度课题进行评审。经评审通过立项规划课题8项。2009年6月，组织申报2009年度教育科学规划（重点）课题。8月，市教育科学规划领导小组办公室召开评审会，由市教育科学规划领导小组学术委员会专家对申报的年度课题进行评审。经评审通过立项规划课题9项。截至2010年，全市共有260项市级教育科学规划（重点）课题立项。

二、市级教育科学规划课题鉴定结题

1999年12月，由市教委承担的《阳泉市实施教育现代化的探索与研究》通过市科委组织的专家评审，获1999年度阳泉市科技进步奖项目软科学成果三等奖。2001年6月，由省教育学会副会长兼秘书长张崇善任组长的专家鉴定组到阳泉十中对该校承担的市级教育科学重点课题《数学、英语单科分层教学实验与研究》进行鉴定。专家组经过审阅资料，召开教师、学生座谈会，听取课题组汇报，质询，评议等程序，认为该实验研究在阳泉市乃至全省属首创实验研究，达到省级先进水平。

从2006年开始，市教育科学规划领导小组办公室，对市级教育科学规划（重点）课题组织集中鉴定和结题。11月至12月，市教育科学规划领导小组办公室按照结题条件和范围，经过课题负责人申报、单位教科研管理部门和县（区）教科研部门审核，市教育科学规划办公室初审、遴选鉴定专家、召开鉴定会议、专家个人评定、鉴定组讨论评定、审核鉴定程序等程序，对所申报的45项市教育科学“十五”规划（重点）课题成果进行鉴定。11月25日至26日，市教育科学规划办公室聘请20位评委，经会议鉴定课题成果44项；12月6日，聘请3位专家评委到阳泉技校，现场鉴定课题成果1项。最终结题41项，未结题4项。2007年9月23日，市教育科学规划领导小组办公室组织专家召开鉴定会，对申请结题的8项课题进行鉴定。最终，7项课题通过鉴定结题，1项未通过鉴定，未能结题。2008年8月，市教育科学规划领导小组办公室对申请结题的10项课题组织鉴定，经专家组评审鉴定，10项课题全部准予结题。2009年，申报结题的课题共有29项。8月15日，市教育科学规划领导小组办公室组织专家召开鉴定会，对29项课题进行鉴定，被评定为A级、B级和C级的23项课题通过鉴定结题；定为D级的6项课题未通过鉴定结题。2010年8月6日至7日，阳泉市教育科学领导小组办公室（阳泉市教科所）召开2010年阳泉市教育科学“十一五”规划课题鉴定会议。经鉴定专家组依据

《阳泉市教育科学规划课题成果鉴定等级评估参照指标》对所申报的51项课题成果进行严格评审鉴定，其中47项课题鉴定通过、4项未通过。截至2010年，阳泉市教育科学研究所立项的260项市级课题中，申报结题的课题145项，通过结题鉴定的课题133项。

三、市级教育科研优秀成果评奖

2001年始，市教育科学研究优秀成果评奖活动每两年进行一次，申报办法采取个人申报与课题组或单位推荐相结合。

阳泉市历届教育科学研究优秀成果评奖情况简表

表-24-10　　单位：项

届 次	时 间	全市申报成果	一等奖	二等奖	三等奖
第一届	2001年3月至6月	123	18	43	60
第二届	2003年3月至11月	305	14	40	78
第三届	2005年6月至10月	255	17	34	63
第四届	2007年5月至11月	125	9	18	30
第五届	2009年5月至8月	116	9	16	26
合 计		824	67	151	257

市教科所还组织参加阳泉市社会科学研究优秀成果评奖。1999年，阳泉市第四届社会科学研究优秀成果评奖中，由市教科所组织申报的教育类研究成果共142项，占全市申报总数的39%，获奖作品40项，占获奖总数的34%。2005年5月，市第五届社会科学研究优秀成果评奖中，市教科所组织全市教育系统申报教育科研优秀成果278项，占全市社科优秀成果申报总数的58.53%。其中有52项获奖，占全市社科优秀成果获奖总数的36.62%。2009年，市教育科学规划领导小组办公室（市教科所）组织全市教育系统申报市第六届哲学社会科学研究优秀成果评奖活动，共申报教育科研优秀成果217项，占全市社科优秀成果申报总数的48.12%。其中有51项获奖，占全市社科优秀成果获奖总数的36.95%。

第十章 教育经费

第一节 经费来源

一、财政统筹

民国时期，境内教育费用大部分依靠民间自行筹集，国家地方财政统筹支付比例很小。据《山西省第二次教育统计图表》记载：民国 6 年（1917），境内平定县全年教育经费为 2.14 万元，在校学生人均 2.63 元，其中初小学生人均 0.99 元、高小学生人均 24.56 元、中学生人均 55.56 元，全县人均负担 0.08 元。此前，官办的州县儒学和书院主要由学田收入措资。

中华人民共和国成立后，境内教育事业经费纳入国家财政预算，每年按计划下拨，并随着经济和社会发展逐年增加，使其成为教育经费的主要来源。1949 年，市区财政下拨教育事业经费 0.4 万元，占财政总支出的 13.3%，在校学生人均 0.56 元；到 1965 年，市区财政下拨教育事业经费增到 86.7 万元，占总支出的 16.6%，在校学生人均 21.87 元。“文化大革命”期间，教育经费相对减少，1966 年至 1976 年，市区财政下拨教育经费总计 1551.6 万元，年均 141.1 万元，占总支出的 8.1%，比 1965 年降低 8.5 个百分点。中共十一届三中全会后，境内加大教育投入，国家财政预算教育事业费支出部分有所回升，并出现年年递增局面。1979 年至 1990 年，市财政下拨教育事业费 20655 万元，教育事业费年增长速度高出财政收入增长速度 4.6 个百分点。在校学生人均占有经费数额由 1979 年的 45.3 元增加到 1990 年的 231.7 元，增长 4 倍多。1991 年至 2010 年，市财政下拨教育事业费为 633771 万元。教育经费支出占财政支出比例在 18.64% 至 24.52% 之间，高于阳泉建市后和“文化大革命”期间。

1991—2010年阳泉市国拨教育事业费“三个增长”“两个比例”简表

表-24-11

年份	财政总收入（万元）	财政总收入比上年增长比例（%）	教育事业费（万元）	教育事业费比上年增长比例（%）	教育费增长比财政收入增长高出比例（%）	生均教育事业费（元）	生均公用费（元）	教育经费支出占国民生产总值比例（%）	教育经费支出占财政支出比例（%）	其他渠道筹资（万元）
1991	26360	6.61	4088	9.30	2.69	291	83	2.86	19.26	2792
1992	26408	0.20	5439	11.52	11.32	339	86	2.55	19.96	2271
1993	35153	33.12	7083	30.23	-2.89	375	70	2.60	19.10	1861
1994	26899	-23.48	8358	18.00	41.48	587	78	2.89	24.41	2706
1995	36510	35.73	9176	8.97	-26.76	568	99	2.42	18.64	3677
1996	42963	17.67	10503	15.65	-2.02	576	95	2.39	19.24	6268
1997	45472	5.84	12499	19.00	13.16	686	105	2.27	20.13	4974
1998	48217	6.04	12917	3.34	-2.70	731	97	1.99	20.54	3592
1999	48218	0.00	14352	11.10	11.10	805	91	2.04	21.67	5156
2000	48442	0.46	15824	10.26	9.80	896	91	2.45	22.78	5401
2001	52806	9.00	20489	29.48	20.48	1165	61	2.45	24.52	7007
2002	58169	25.77	24003	17.15	-8.62	1289	87	3.07	21.87	8977
2003	69622	19.69	26826	11.76	-7.93	1420	158	2.90	21.59	8697
2004	93492	34.29	31692	18.14	-16.15	1661	210	2.82	19.91	10712
2005	129253	38.25	38643	21.93	-16.32	2063	285	2.64	19.44	11007
2006	153756	18.96	45496	18.94	-0.02	2074	275	2.44	17.96	18448
2007	216203	40.61	62006	34.91	-5.70	2756	531	3.22	18.17	38131
2008	261701	21.04	76325	23.09	2.50	3466	796	3.25	18.67	35792
2009	329567	13.67	96900	26.95	-18.74	3561	1111	3.71	23.61	15077
2010	400327	21.47	111152	14.71	10.34	4723	1345	3.48	21.35	18271

二、教育费附加

从1987年开始，依据《中华人民共和国义务教育法》及有关规定，全市城乡起征教育费附加（按单位或个人上缴的产品税、增值税、营业税总额的1%征收），以弥补教育支用不足。从2003年开始，停止农村教育费附加的征收。

1987—2002年阳泉市教育费附加征收情况简表

表-24-12

单位：万元

年份	城市	农村	合计	年份	城市	农村	合计
1987	84.5	158.5	243.0	1995	1198.0	1111.0	2309.0
1988	125.3	170.9	296.2	1996	1367.0	1378.0	2745.0
1989	174.4	256.3	430.7	1997	1075.0	1446.0	2521.0
1990	228.7	215.2	443.9	1998	1108.0	1439.0	2547.0
1991	335.0	482.0	817.0	1999	1181.0	1362.0	2543.0
1992	421.0	552.0	973.0	2000	1359.0	1350.0	2709.0
1993	567.0	695.0	1262.0	2001	1743.0	763.0	2506.0
1994	856.0	926.0	1782.0	2002	2505.0	800.0	3305.0

三、学杂费

向学生征收一定数额的学杂费，是弥补教育经费不足的又一条渠道。旧中国，在私塾里就读的生徒通过定期向先生奉交“束脩”抵顶学费、杂费。中华人民共和国成立后，境内学校均征收学杂费，但数额不多，烈军属和困难户子女还可享受减免。另外，中学与小学，城镇与乡村，经济状况富裕与贫困，学杂费的征收数额也不尽相同，大体保持在每学期每生1.5元至4元左右。20世纪80年代中期开始，一些学校出现寻找借口擅自提高收费标准、扩大收费范围等问题。省教育厅1986年下发《关于全省各级各类学校收费标准的规定》，对学杂费收费标准作了统一规定。1999年下发了《关于调整中小学、普通高等学校农林师范类专业、医学院收费标准的通知》，对中小学等各级各类学校收费标准进行调整。2002年，依照国家计委、财政部、教育部关于印发《教育收费公示制度》的通知，实行教育收费公示制度，规范教育收费行为。2005年，根据国家、省有关政策，境内开始实施对义务教育阶段贫困学生“两免一补”政策（免杂费、书本费及补助寄宿生生活费）。2007年，市政府全部免除农村义务教育阶段寄宿生住宿费。从2008年秋季开始，全部免除城市义务教育学杂费。

四、勤工俭学

民国36年（1947）5月阳泉建市后，市立第一高小组织师生用土法熬硝，换取小米，弥补经费。1958年，全市各级学校开始创设校办工厂、校办农场，到1959年，全市35所中等学校共建起校办工厂（场）58个，开辟教学试验田402亩（26.8公顷）。这一时期，被誉为“红色山乡教师”张瑾瑶创办的神峪口（后改为红育口）小学，作为艰苦办学和勤工俭学的典型，在全省宣传推广，并被选为第三届全国人大代表。“文化大革命”前期，境内校办厂（场）陷于瘫痪，勤工俭学活动基本中断。1970年始，实行“以劳代教”，再度掀起大办厂（场）热潮，致使不少学校教学与劳动比例失调。

张瑾瑶辅导学生

中共十一届三中全会后，勤工俭学逐步恢复正常。到1983年，全市办有校办工厂57个，产品30余种，服务项目16个。此外，还办有农场、林场1170个。年总产值318.33万元，纯收入95.64万元，除扩大再生产和必要开支外，有34.54万元用于补充教育经费。市一中校办工厂、阳泉矿务局三矿小学木粉厂、平定县红育口学校林场、盂县实验小学校办工厂等成为这一时期的典型。到1990年，全市开展勤工俭学活动学校达1195所，占学校总数的93.6%；办有农场、林场1181个，试验园地9837.9亩（655.9公顷），校办工厂139个，第三产业96个；年总产值1909.6万元，纯收益436.5万元，补充教育经费234.2万元，其中盂县和郊区勤工俭学纯收益均超过百万元。

从1992年开始，因人才、资金、技术、管理、行业、规模等多方面因素的影响，校办企业开始出现亏损、停产、停业甚至倒闭，工厂职工的生活、养老等问题开始显现。2004年1月，市政府专题会议议定“市教育局直属院校企业一律由原事业性质确定为企业性质，由市劳动和社会保障局直管”。同时按照市政府办公厅文件《阳泉市行政事业单位转制为企业后参加企业养老保险试行办法》执行。至此，校办企业职工做到老有所养。2005年，市教育局、农业局、国土资源局、林业局下发《关于进一步加强农村劳动教育实践基地建设的意见》，县（区）教育行政部门设立的勤工俭学、校办产业管理机构职能转变为指导农村中小学劳动实践基地建设发展。此后，勤工俭学的中心工作从此前的创收、弥补教育经费不足等经济行为转向建设劳动实践场所、培养学生劳动观点、劳动技能和创新精神、服务学校素质教育上来。

1991—2008年阳泉市勤工俭学和劳动实践基地情况简表

表-24-13

年份	开展勤工俭学学校数（个）	勤工俭学基地数（个）					接纳学生劳动实践		勤工俭学从业人员（人）	总产值（万元）	利润总额（万元）	缴纳税金（万元）	补助教育经费（万元）	改善办学条件（万元）
		合计	农林牧渔	工业企业	第三产业	其他	基地数（个）	人次						
1991	1212	2044	1766	154	124	—	1487	98247	2316	2232.60	484.80	34.20	310.50	253.60
1992	1210	1855	1543	165	147	—	1598	105493	2853	2931.50	615.70	21.60	350.60	294.80
1993	1219	1863	1545	169	149	—	1580	109519	2997	4466.80	758.10	85.00	428.40	394.90
1994	1202	1653	1389	155	109	—	1448	134443	3089	4485.80	747.70	105.70	302.70	276.60
1995	1186	1610	1387	133	90	—	1480	105888	2682	4868.00	688.00	221.00	365.00	305.00
1996	1187	1627	1443	109	75	—	1466	174000	2481	6424.30	745.60	192.20	472.10	466.70
1997	1182	1638	1445	96	97	—	1457	253000	2216	4726.00	704.00	194.00	488.00	492.00
1998	1182	1562	1427	68	61	—	1197	430000	1332	3220.18	662.64	136.20	506.35	439.82
1999	1147	1417	1299	61	57	—	1545	528100	1324	3710.74	725.93	320.84	567.94	512.14
2000	1154	1497	1394	54	49	—	1431	552000	1199	3303.42	773.33	104.70	636.47	408.89
2001	1044	959	884	33	42	—	907	495600	570	2130.50	302.79	78.24	184.75	493.37
2002	732	720	668	21	31	—	651	366000	429	2714.16	246.07	151.32	202.47	175.82
2003	725	515	470	18	27	—	479	427300	462	2532.73	238.37	138.19	198.35	235.21
2004	720	424	381	17	26	—	414	448200	498	2239.65	258.20	60.11	133.16	345.08
2005	302	322	280	22	13	—	275	502900	310	756.58	107.50	42.36	104.34	41.00
2006	362	364	329	10	15	—	276	308800	308	187.38	20.22	23.97	9.51	6.89
2007	310	311	278	5	10	18	306	242465	787	178.43	13.13	43.61	46.78	45.61
2008	280	285	260	7	12	6	271	228789	867	132.79	32.90	15.63	38.68	60.46

五、捐资助教

民国前，境内与官学（儒学）并行发展且占很大比重的各类私学（塾馆、书院、社学等）主要靠民众的集资赖以生存、延续和发展。民国9年（1920），阳泉煤铁行为解决其子弟就学问题，联合筹资创办阳泉站小学，首开厂矿企业自筹资金兴学办教之先河。民国19年，阳泉车站筹资创建扶轮小学，保晋铁厂筹资设立炼石小学，企业办学成为阳泉教育发展之一翼。中华人民共和国成立后，境内把教育事业费纳入政府财政预算，逐年下拨，与此同时，提倡和施行“两条腿走路”方针，鼓励群众捐资助教、集资办学。1950年，阳泉市城乡大都办起小学，阳泉矿务局、阳泉钢铁厂、铁路地区、一一九地质勘探队等厂矿企业也分别开办初小或完全小学，出现了境内解放后集资办学的首次高潮。1951年，市区小学在校生10338人，其中民办小学在校生2264人，占22%。1958年，贯彻国家办学与厂矿、企业、农村合作办学并举的方针，境内集资办学出现第二次高潮。其后，1964年和1968年，境内集资办学都曾出现过高潮，1979年后又掀起全市性集资办学热潮。1984年至1990年，全市集资累计达9345.7万元，相当于期间国拨教育费的57.8%。其中，以“文献名邦”著称的平定县于1979年至1988年通过各种渠道筹资3875.9万元用于教育，比同期国拨教育费多819万元，1988年9月，平定县被国家教委、财政部命名为“全国教育先进县”。其间，由村党支部书记李岱亨亲自设计、动员全体村民集资自建的平定县南坳乡西锁簧学校，誉之为“宫殿式学校”，名响全国。1991年，全市集资总额2516万元，其中个人捐资441万元、乡（镇）村集资1845万元、厂矿企业和其他方面集资230万元。1994年至1999年，阳泉市分别4次接受香港企业家邵逸夫教育捐款港币240万元，分别用于郊区义井逸夫中学、平定师范逸夫教学楼、盂县逸夫实验小学、平定县阳胜乡下庄村逸夫小学和巨城镇北庄头村逸夫小学的新建。

2000年后，随着各级政府对教育事业投入的不断增加和境内启动实施全市中小学危房改造校舍建设工程、中小学布局结构调整工程，出现了社会力量捐资助教热潮。2001年至2005年，全市社会各界捐款2852.58万元，占到中小学危房改造和校舍建设工程总投资的6.29%。2005年至2010年，全市组织实施了5项助学工程。一是从2005年开始实施资助的盂县众鑫实业有限公司董事长古米贵资助贫困大学生工程，如2008年资助贫困大学生40名，每人3000元，总计12万元；2010年资助贫困大学生40人，每人2000元，共计8万元。二是从2007年秋季开始实施资助的北京“六合兴”济困助学中心发起的“兴大”高中助学工程，如2008年，全市有600名贫困普通高中生享受资助，金额120万元；2009年，全市有900名贫困高中生享受资助，金额180万元；2010年，全市有900名贫困普通高中生享受资助，金额180万元。三是从2007年开始连续资助3年的阳光房地产公司董事长史钰文发起的阳光助学工程。每年资助贫困学生100名，每人资助1000元，2007年至2009年共资助30万元。四是从2008年开始实施的远鑫集团资助被重点院校录取的贫困大学生工程。每年资助20名被重点高校录取的大学生，每生每年资助5000元。2008年资助10万元，2009年资助20万元，2010年资助30万元。五是金联置业建设有限责任公司资助优秀贫困学生工程。如2008年资助贫困中学生30人，优秀大学生10人，每人资助1000元，总计4万元。

六、生源地信用助学贷款

根据财政部、教育部、银监会《关于大力开展生源地信用助学贷款的通知》精神，2008年，山西省开始实施生源地助学贷款试点工作，平定县被列入贷款试点县，对平定县户籍考入国家有关规定批准设立、实施高等学历教育的全日制普通本科高校、高等职业学校和高等专科学校正式录取的本专科学生、研究生和第二学士学生进行了生源地助学贷款。40名学生获得生源地助学贷款24万元。2009年，省教育厅、省财政厅、国家开发银行山西省分行决定在2008年11个试点县（市、区）的基础上全面开展生源地信用助学贷款工作，城区、矿区、郊区、平定县、盂县及开发区全部与省开行签订贷款合作协议，开展生源地信用助学贷款业务，共有390人申请助学贷款，申请贷款金额近200万元。2010年，全市有1070人申请助学贷款，申请贷款金额近560万元。

第二节　经费使用

阳泉建市后，教育经费的使用和管理由境内教育行政部门依据事业计划、工作任务及有关政策，在保证重点、兼顾一般和勤俭办事的原则下全面考虑、综合平衡。中共十一届三中全会后，阳泉市逐步加强教育经费的支出管理，到20世纪90年代中期，实行零基预算。从2001年开始实行编制市级部门预算，先由基层教育部门当年末编制下一年预算，然后由市教育局集中汇总审核后上报市财政局，在下一年初由市财政局批复，内容包括一般预算收支、基金预算收支、预算外收支及政府采购预算。2010年，其主要项目包括基本支出和项目支出。基本支出包括人员经费支出和基本公用经费支出，项目支出主要包括专项维修、会议（培训）、资产器材购置、网络工程、基础设施及建筑物构建等。

一、人员经费

属国拨教育事业费的主要开支项目，含工资福利及个人家庭补助支出。其包括机关公务员、事业单位教职工（含离、退休人员、见习人员和待分配人员）基本工资、保留工资、国家规定的津贴补贴（独生子女费、妇女儿童费）、国家规定的年终一次性奖金、其他收入（含教龄津贴、班主任津贴、技术津贴、生活补贴、提租补贴、煤气补贴、文艺费、山城补贴、误餐费取暖补贴、托幼管理费、丧葬和遗属补助等）、按工资基数比例提取的社保缴费及其他缴费（含医疗保险、失业保险、残疾人就业费、工会经费等），各个类项在不同历史时期从无到有，均有不同的变化和各自的标准。1990 年，人员支出 2276.8 万元，占到全市国拨教育事业费的 68.2%；2008 年，人员支出 58457 万元，占 77.04%；2010 年，人员支出 99170 万元，占 60.5%。

二、公用经费

属国拨教育事业费的又一开支项目，具体包括公务费（办公费、邮电费、水电费、差旅费、培训费和其他等）、交通车辆费（燃料费、路桥费、保养费、司机出车补、标准以内的小修费）、公用取暖费、退休干部活动经费等。上述各项公务支出一般按学校规模（班数、学生数）以年确定标准统一下拨。2008 年，支出 22873 万元，占到全市国拨教育事业费的 20.4%；2010 年，支出 31773 万元，占到 14.9%。

三、校舍改善

属教育开支的又一个大项，一般为各级政府依据当地实情增拨的专项投资。阳泉建市成立初期，境内农村学校大多占用祖遗祠堂、寺庙，城市学校也多系旧房改设，地方狭窄，破漏阴暗。市政府在发展经济的同时，挖掘财力投资教育。1953 年至 1966 年，市区新建教育用房 31059 平方米，总投资 253.1 万元。1964 年建成的 3000 平方米的市一中教学大楼，成为这一时期具有代表性的学校建筑。农村中校舍破旧状况还较为普遍。“文化大革命”期间，校舍遭到破坏，新建、扩建甚少。中共十一届三中全会后，广大农村学校办学条件明显改善。1979 年至 1990 年，市区新增教育用房 16.69 万平方米，共支出 3485.9 万元，分别相当于 1953 年至 1966 年总和的 5.4 倍和 13.8 倍。此外，还整修和翻新了一批旧房和危房。1990 年，全市 1229 所中小学中，有 1225 所实现了“一无两有”（即校校无危房，班班有教室，人人有课桌凳），占到 99.67%；全市 83.42 万平方米校舍总面积中，危房面积 2096 平方米，占 0.25%，控制在省规定的 3% 以下。

进入21世纪，全国实施中小学危房改造工程。2002年，阳泉市出台《阳泉市中小学危房改造工程实施意见》《关于筹措中小学危房改造资金的实施意见》等一系列文件，到年底，除列入市级重点改造的95所危房全部得到改造和新建、改建、扩建校舍建筑面积6.6万平方米外，市委、市政府和市教育部门结合中小学布局结构调整工作实施改造，又为128所中小学进行改扩建5.4万平方米。全市共改造中小学危房223所，改扩建面积达11.9万平方米，实际完成投资7147.33万元。2001年至2005年，采取上级政府“补”一点，县区政府“投”一点，重点企业“扶”一点，民营企业“献”一点，市直单位“帮”一点，县直单位“助”一点，人民群众“捐”一点，特事特办“免”一点的资金筹措方法，全市校舍建设完成投资达4.54亿元，是“十五”时期全市国拨教育经费的32.04%。据统计，全市在“十五”时期新建、改建、扩建校舍面积37.06万平方米，占到校舍总面积的32.6%，其中工程项目在5000平方米以上的学校有23个，投资总额上千万的学校有5个，在阳泉建校历史上首次出现一次性投资上亿元的建设项目。2008年，全市新建、改扩建17所中小学校。省财政补助总计500万元；市财政补助总计240万元；剩余部分由县（区）自筹。17所学校中，新建项目9个，建筑面积1.7万平方米，完成投资1725.44万元，改扩建项目8个，建筑面积2.8万平方米，完成投资2360万元。年内，阳泉开始实施中小学校舍安全工程，并从2009年开始，连续2年被列为省、市政府为人民办的实事工程。2009年，全市137个维修改造项目全部开工建设，实际施工面积25.87万平方米，完成投资2.11亿元，改造危房面积22.53万平方米。2010年，全市规划改造任务为216所，改造面积69.56万平方米。共计投入7.79亿元，其中中央资金575万元、省级资金2484万元、市级配套资金2471万元、县级配套资金2121万元、开行贷款5亿元、其他渠道筹集资金20249万元。截至年底，全市到位专户资金59677万元，其中中央、省、市、县四级配套全部足额到位，开行贷款到位率81.6%，其他资金到位率55.44%。共改造加固276所项目学校、改造加固总面积95.29万平方米，超额完成省定改造加固建设任务。2009年至2010年，教育部门还承担了市政府“百项工程”中的3项教育工程，分别为市一中新校区（阳泉示范高中）建设工程、阳泉师范专科学校建设工程、阳泉理工学院改扩建工程。

四、教育装备

1987年11月，省政府在教育工作会议上提出了中小学实现教学仪器、文体器材、图书资料“三配套”的构想，阳泉按照“从实际出发，区别层次，分类实施”的原则，制定《中学实验室建设要求与标准》及《中小学“三配套”建设标准与要求》，到1990年，全市1229所中小学中，有1026所，其中中学115所、小学911所，实现教学设备“三配套”，占到83.5%，名列全省之首。到1995年，全市1214所中小学中有1200所学校实现“三配套”，配套率升到98.7%。

随着境内中小学基本实现“三配套”，根据省教育厅有关精神，从2005年起，全市开始教育技术装备标准化建设工作。2008年，城区投入1542.49万元购置仪器12.6万件，器材1.7万件，图书24.4万册，达到国家和省定标准。矿区投入1327万元分批购置试验仪器、信息技术及电教设备、文体器材、图书资料。22所中小学的教学仪器设备设施达到国家I类配备标准，4所小学达II类配备标准。11月，城区12所学校和矿区26所学校教育技术装备标准化建设通过省教育厅验收。全市15所学校通过中小学二级图书馆认定，其中平定县5所、盂县3所、郊区3所、矿区3所、城区1所。2009年12月，矿区普及实验教学工作通过省教育厅复验。2010年11月，全市13所学校通过中小学二级图书馆认定，其中平定县6所、郊区7所，境内二级以上图书馆达到38所。

2000年10月，全国中小学信息技术教育工作会议提出用5年至10年时间，在中小学普及信息技术教育，全面实施中小学“校校通”工程。2002年10月，市政府先后出台《阳泉市教育信息化建设实施方案》《阳泉市教育城域网建设实施办法》，成立了由副市长李体柱任组长的阳泉市教育现代化领导组，统一编制全市教育城域网工程建设规划，教育城域网建设工程正式启动。2002年至2010年，全市共投资14737万元用于教育信息化建设，主要是实施教育城域网工程和农村中小学现代远程教育工程。资金来源为市政府40%，县区政府、国省营企业10%，学校自筹50%。其中教育城域网工程10500万元，农村远教工程2124万元，其他教育信息化建设2113万元。建成一个全封闭的统一出口的教育专用网络，网络中心通过双1000兆光缆与阳泉联通公司中心节点连接，1000兆光缆到县区，100兆带宽到学校、到桌面，部分规模较小的农村学校采用教育网专用2兆至4兆带宽ADSL接入教育网，全市中小学共享1000兆带宽接入互联网。至2010年，全市中小学共配备计算机17600余台，数字投影机2500余台。教育网络中心拥有服务器20台，以及存储系统和大型交换设备。教育部远教卫星资源，全部由市教育网接收、下载、存储，全程转播中国教育电视台三套节目，所有资源及应用全天24小时为学校提供免费使用。

五、“两免一补”

2005年春季，全市农村义务教育阶段开始实施“两免一补”（免杂费、免书本费、逐步补助寄宿生生活费）资助政策，免学杂费标准为小学每生每年82元，初中每生每年116元；免费提高教科书标准为小学每生每年70元，初中每生每年140元；补助寄宿生生活费标准为每生每年400元。2005年秋季，“两免一补”资助又扩大到城市义务教育阶段（学杂费城市小学每生190元、初中每生240元，其他与农村标准同）。2005年，“两免一补”共资助学生20683人，下达资助资金497万元。到2006年，全市在省“两免一补”资助学生之外，又免除1万名偏远山村义务教育阶段贫困学生杂费，其中郊区2332人、平定县4068人、盂县3600人，截至年底，市县两级共为农村义务教育阶段贫困学生免除杂费417万元。2007年，市政府全部免除农村义务教育阶段寄宿生住宿费10740人，所需资金按照市、县两级5∶5比例承担。从2007年秋季开始，国家向全国农村义务教育阶段学生（含县镇）免费提供教科书，所需资金由中央财政负担，全市享受政策学生9.53万人，补助资金438万元。从2008年秋季开始，全部免除城市义务教育学杂费，资金由中央和地方按5∶5比例分担，地方承担的资金由省、市、县按5∶2∶3的比例分担。免杂费标准为小学每生每年250元，初中和特殊教育学校学生每生每年310元。全市享受政策学生56700人，其中小学36710人、初中19737人、特教253人；免杂费766万元，其中中央补助382万元、省补助191万元、市级承担84万元、县级承担108万元。2008年至2010年，“两免一补”资助政策（包括城市义务教育阶段为贫困学生免费提供科书费、补助贫困寄宿生生活费及免除义务教育阶段学生作业本费），全市对义务教育阶段12445人次实施免、补资助488万元。2010年，全部免除义务教育阶段寄宿生住宿费104.15万元，补助寄宿生人数为9554人。全部免除农村108039名义务教育阶段学生杂费，各级财政下达资金5696.296万元，农村小学生均公用经费达400元，初中达600元。由中央财政出资，免除农村义务教育阶段学生教科书费；扩大补助农村贫困寄宿生生活费资助面，补助资金222.99万元，补助学生2332人；全部免除城市义务教育阶段56700名学生学杂费，免费资金1545.54万元；从2010年秋季学期开始，全部免除义务教育阶段学生作业本费，所需资金由市、县两级财政按照1∶1的比例分担，共有157511名，补助资金469万元。

六、助学经费

2007年秋季，境内中、高职学校开始发放家庭贫困学生国家奖、助学金，资助范围为中、高职学校全日制正式学籍的在校一、二年级（包括五年制高职的一、二年级和未升学的高中毕业生接受一至一年半职业教育的学生）所有农村户籍学生和县镇非农户学生及城市经济困难学生。资助标准为每生每年1500元，全市家庭贫困学生奖助学金549.07万元，其中中职助学金502.35万元，高职奖、助学金33万元，高校伙食补助13.72万元。市级配套150.45万元，县级配套69.09万元。2008年至2010年，共资助学生27542人次，发放助学金2860万元。对中等职业学校家庭经济困难的第一、二年级学生，涉农专业的第一、二、三年级学生和第三年级定岗实习困难专业学生进行免学费补助，2010年，共发放补助资金187.49万元，资助学生1195人。

1949—2010年阳泉市教育事业费支出图

图-24-1

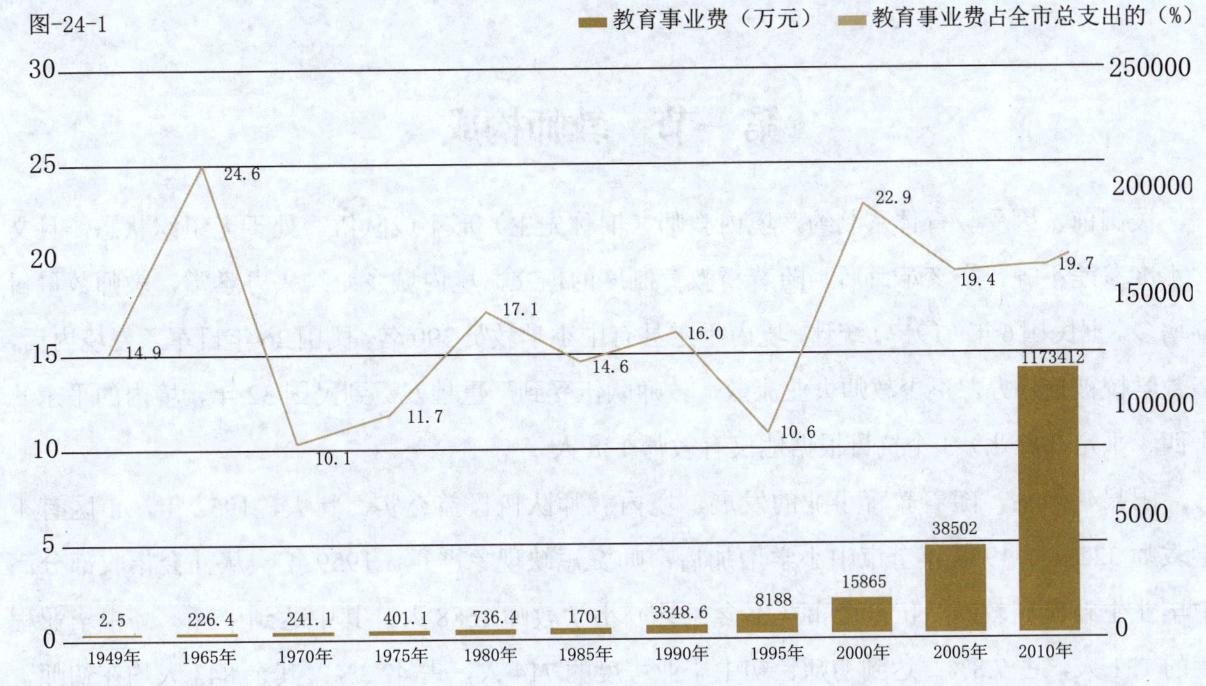

第十一章 教师队伍

第一节 教师构成

民国前，因受教育体系制约，境内教师（旧称先生）形不成队伍，处于无组织状态，且文化水准参差不齐。辛亥革命后，随着新教育制度的倡立，境内城乡纷纷兴办学堂，教师数量日渐增多。据民国6年（1917）统计，境内平定县有中小学教员390名。民国26年日军入侵境内后，多数学校被迫停办，不少教师失业流散，教师队伍受到严重摧残。到民国32年，境内的平东、平西、平定（路北）3个抗日根据地仅有教师148人。

阳泉建市后，随着教育事业的发展，境内教师队伍日益充实、壮大，1952年，市区有小学教师322人。1958年全市中小学增加后，师资短缺现象严重。1959年，从社会招收部分高中毕业生补充到教师队伍，全市（不含盂县）小学教师1688人，其中达到中师、高中毕业程度的131人，占7.8%；达到初师、初中毕业程度的714人，占42.3%；其余843人均在初师、初中毕业以下，占到近一半。1961年至1963年，在国民经济"调整、巩固、充实、提高"的总方针下，全市教师队伍进行精简、调整，补充部分大专毕业生。到1965年，教师队伍数量和素质有了一定提高，市区小学教师共计1376人，其中中师、高中毕业以上的有848人，占61.6%；不达中师、高中程度的有528人，占38.4%。"文化大革命"期间，境内许多教师被批斗赶下讲台，而师范院校又连续数年中断招生，使教师队伍遭到破坏。

中共十一届三中全会后，经过整顿教师队伍，落实知识分子政策，特别是20世纪80年代中期开始，境内广泛开展中小学教师的学历补偿教育、继续教育，通过采取离职进修、在职函授、业余自修、自考等多种形式狠抓业务学习、专业考核、学历达标等，每年都有师范院校毕业生和受过正规学校教育的毕业生充实到教育系统。

1978年，民办教师占教师总数的30.8%，其后逐渐减少。1992年至1998年，有2249名1981年底前录用的合格民办教师转为公办教师，完成了1981年底在册民办教师转正的历史任务。1999年，有905名1982年至1986年任用的民办教师参加全省文化课统考，经资格审查后，610人转为公办教师。2001年，民办教师仅占教师总数的3.09%，2002年，经过考试考核合格的转为公办教师，不合格的则全部清退。2010年，全市教职工18281人，专任教师14973人。其中成人高校教职工500人、专任教师204人，中等专业学校教职工678人、专任教师474人，成人中等专业学校教职工105人、专任教师65人，技工学校教职工470人、专任教师324人；中等职业学校教职工781人、专任教师594人，达标率76.06%；小学教职工6851人，专任教师6318人，学历达标的6315人，达标率为99.95%，其中市区为100%；普通中学教职工7009人，专任教师5947人，其中高中1814人、初中4133人。学历达标的高中教师有1763人，达标率97.19%，其中市区98.26%；学历达标的初中教师有4098人，达标率99.15%，其中市区99.09%；幼儿园教职工1828人，专任教师998人；盲聋人学校教职工59人，专任教师49人。

第二节 教师任用

一、常任制

民国前，塾馆先生大多由主塾者延请，也有文人自任的。民国后，境内除办有高小外，多数集镇和村庄都设立了初级小学堂，后改为国民小学校。其时，县立高小校长由县政府委任，教师由校长延请；县办初小教师由县教育局委派；村办的高、初小教师均由村里聘用；煤铁行、铁路、保晋铁厂主办的职工子弟小学，校长由主办单位聘任，教师由各校校长聘请，任期一学期或一学年。县教育行政部门每年要对全县的小学教员进行一次考核鉴定，合格者则续聘留用，不合格者则淘汰，同时选拔、补充新从教者。抗日战争时期，根据地的小学教师多数由上级抗日民主政府委派，少数由村政府自行选聘，实行“供给制”；敌占区的小学教师实行聘任制，但被聘教师须有维持会、新民会等伪组织人员介绍、作保方能从教，学校开设的日语课均由日本人任教，部分新民小学的校长亦一度由日本人担任；游击区的小学教员一部分由上级委派，一部分由村政府自聘。日本投降后，阎锡山统治区教师队伍变化不大。

从民国36年（1947）阳泉建市到1999年，学校（公立）由市、县（区）教育部门统一安排教师，长期使用。师资来源主要有如下几条渠道：一是依靠国家分配，其大多是经过专业培训的各类师范生和大中专毕业生；二是依靠社会招聘，其中有未升学的高、初中毕业生（20世纪50年代还招收过高小毕业生）、下乡插队知识青年和社会各界知识分子；三是动员有业务专长和教学能力的技术人员或政工干部改行转业，充实教师队伍；四是选拔、任用民办教师、代课教师和工农兵兼职教师；五是就地取材培训使用。

二、聘任制

2000年，根据市委办公室《阳泉市中小学内部管理体制改革方案》，市中小学内部管理体制改革领导组办公室相继出台《教职工聘用办法》和《教职工考核办法》配套文件。9月1日前，全市教育人事制度改革全面推开，实行教职工全员聘用。至年底，全市缓聘教师288人，解聘教师68人，清退临时代教633人。2001年4月，市委办公室、市政府办公室下发《关于印发〈关于在全市中小学开展“评考”“评教”工作的意见（试行）〉的通知》，在全市中小学开展“评考”“评教”工作，从2001年开始，试行一年一次校长“三评一考核”，中小学教师“三评一量化”，按照多劳多得、优质优酬、绩效优先、兼顾公平的分配原则，合理拉开分配档次，并根据一年一次“评考”和“评教”结果，分别落实校长和教职工待遇。

2003年9月，市政府办公厅下发《阳泉市事业单位人事制度改革试点工作方案》，规定事业单位教师根据工作需要，科学合理设置岗位，做到按需设岗、按岗聘用。对2004年后新进事业单位人员，一律实行聘用制，与所在单位签订聘用合同；对事业单位原固定职工，在履行必要程序后，订立聘用合同，实现身份置换；对已签订劳动合同的工勤人员，要另签聘用合同，“双合同”期满后并入聘用制管理。已试行聘用制的单位要按照《暂行办法》规定，重新规范原签合同。2006年，在试点基础上，全市中小学（除阳煤集团划归政府的中小学外）和市教育局机关直属事业单位全部实行聘用制，至2010年，除特殊情况外与12774人签订了聘用合同。

第三节 教师教育

20世纪50年代初，由市政府文教科统一制定计划、选送代培（数量很小），或指定教材，由各学校自行组织，对教师有计划地进行业务培训。一般每周集中学习半天，由文化程度较高的教师义务任教，上级定期检查指导，定期组织考试。1953年2月，市小学教师业余进修学校成立后，开始举办教师函授，凡不达初师程度的小学教师全部参加学习。到1960年2月，市区参加学习并领取单科结业证的计语文144人、算术350人、生物126人、物理116人。1959年，阳泉市小学教师业余进修学校更名为阳泉市教师进修学校后，开始举办中师函授。到1961年，市区领取中师函授单科结业证的计语文340人、数学229人。从1960年1月始，市教师进修学校还承担了省教师进修学校在阳泉开办的高师函授业务，当时参加学习的计172人，到1965年，有62人结业。“文化大革命”期间，各种函授一律中断。

20世纪80年代中期开始，境内开展多形式、多层次、多渠道的中小学教师的学历补偿教育和继续教育，以师范、教师进修院校为主体，或在职，或业余，或短训，或函授，或自考，分层培训、分类指导。

一、学历补偿教育

“文化大革命”期间，强调教师阶级成分，轻视文化水平，大量未受师范教育的人员充作教师，原有骨干教师又被大量抽调，或因“政治原因”调离教学岗位，达标教师显著减少。“文化大革命”结束后调整、整顿教师队伍，开展学历补偿教育。学历补偿教育主要有离职进修和在职进修两种形式。

（一）离职进修

1977年至1980年，市教育干部学校（附设于阳泉师范学校）曾先后举办中学教师脱产培训班3期，培训中学数理化教师150人（每期1年）。1980年后，随着进修制度的不断改革，单位选送逐步为统考录取所取代。1988年9月阳泉师范学校和市教师进修学校合并，成立阳泉市教育学院。市教育学院建院初，设置有大专学历的中文、数学、物理、化学、英语5个专业，全日制脱产培训（2年）。到2010年，共开设英语、文秘、数学、学前教育、小学教育（文理分科）、综合文科、教育管理、音乐教育、美术教育、汉语言文学、生物、政治、历史、地理、音乐、体育、美术、教育学、心理学、计算机科学教育等30多个学科专业。截至1990年，全市有360人通过离职到省内外各类院校进修，领取了大学本科毕业证书，有960人领取大学专科毕业证书，有1500人领取中师毕业证书。2004年至2005年，阳泉教育学院学前教育脱产大专班，其中2004级大专班12人、2005级大专班4人，这16名学员分别在2005年和2006年学完全部课程，2007年毕业。

（二）在职进修

境内教师离职深造的较少，更多是在不影响工作前提下，参加各种业余学习的在职学历补偿教育。

函授分高师函授和中师函授两种。高师函授于1979年恢复，由山西省教育学院函授部委托省青年广播函授学校主办，市教师进修学校负责组织；学习对象主要是具有高中、中师文化程度的中学教师。最初，全市有2200多人报名参加，到1985年，601人坚持学完规定课程，并经考试领取毕业证书（其中中文专业385人、数理化专业合计216人）。其后，全市又有6批585人参加山西省教育学院的专科函授和北京师范大学的后续本科函授。到1990年，240人坚持学完规定课程，领取大专毕业证书（其中中文专业88人、政治专业44人、数学专业42人、物理专业40人、教育管理专业26人）。据不完全统计，1979年至2010年，阳泉市通过函授途径毕业的大学本科、大学专科、中等专业的毕业生近3500人。中师函授于1981年恢复，最初，仅盂县和平定县有学员，统由平定师范负责组织、管理；学习对象主要是不达中师程度的小学教师。到1990年，全市已先后有1200人经过函授学习领取了中师毕业证书。

高等教育自学考试是通过自学考试获取大专学历的进修形式，境内始于1984年后半年。凡有志坚持自学者均可报名参加考试。到1990年，参加这种考试的教师已有218人领取了大专毕业证书，有408人领取了2865个单科结业证。从2002年起，高等教育自学考试由专业管理转为课程管理，教师参加自考的人数遂无从统计。

卫星电视教育是通过收看电视录像，辅之以必要的面授和辅导的教育形式。阳泉市的中师教育卫星电视教育从1986年始，首批招生1466人；高师教育从1987年始，首批招生1099人，分别由市教师进修学校和平定师范统一组织、管理，分点进行收看、辅导。1989年，国家教委制定《卫电师范教育管理办法》，按照文件，阳泉市教委筹建了两个培训基地，中师卫电教学由平定师范承担，高师卫电由市教院承担，在管理上采取宽进严出的办法，至1994年，1466名中师卫电学员毕业660名，890名高师卫电学员毕业450名。高师卫电函授于“八五”期间成为教师培训的主要形式，全市共建教育台4座，乡乡有卫电接收站和接受点。有1600余名小学教师参加了中师卫电和中师专业教育的培训学习，95%的参训教师领取中师文凭，1200余名初中教师参加高师卫电12个专业的进修，共1987级、1988级、1990级、1992级4个年级，其中中文专业330人、英语专业132人、历史专业80人、物理专业79人、化学专业9人、地理专业15人、音乐专业38人、美术专业25人、体育专业20人、生物专业15人。743人领取了大专毕业证。1995年，还没有毕业的学员，转入“三沟通”的培训继续学习。

研究生课程进修班是依据山西省教委晋教高字〔1995〕7号《关于面向成人高校和中等专业学校开办硕士研究生主要课程进修班的通知》和晋教师〔1998〕13号《关于中小学教师学历提高有关问题的意见》的精神，山西师范大学与阳泉市教育学院于2000年联合举办了两个专业的山西师范大学研究生课程进修班。其中课程与教学论专业招生56人，学校教育管理专业28人。2001年10月两个班共计84人结业。

1979年至2010年，通过函授、卫星电视教育、高等教育自学考试、研究生课程进修班等在职进修形式进行学历补偿教育的教师达7869人。

二、继续教育

境内教师的继续教育可分为三个阶段。第一阶段是1996年全省统一管理教师继续教育前，这个阶段主要是进行学历补偿教育，来改变“文化大革命”造成的教师队伍学历大都不达标的状况；第二阶段是1996年至2006年，山西省教育主管部门从培训的时间、内容、科目、教材、考试等方面对全省的教师继续教育工作实行统一规划和管理，这个阶段以教育教学思想的转变、提高为重点，主要进行通识培训，学历补偿逐步淡化，教育技能逐步进入培训范围；第三阶段是2006年至2010年，继续教育的重点是提高教师运用先进教育技术进行教学的能力，培训教师掌握先进的现代化教学手段和方法去处理教材，备课、讲课，达到培养新型人才的目的。

第四节　教师待遇

一、政治待遇

清代，府、州、县学宫都树有“下马碑”，文武官员不论职位高低到此都得下马。书院山长、主讲，经馆经师，都十分受人尊敬。民国时期，建立教师节，初定为每年6月6日。民国28年（1939），教育部改定8月27日孔子诞辰为教师节，并指示各级教育行政机关纪念教师节，表扬著有劳绩之优秀教师。但教师节举行庆祝活动者甚少。

阳泉建市后，一段时期教师地位有所提高。1957年反右派斗争开始后，到“文化大革命”，境内教师被认为“大多数是资产阶级知识分子”，是“臭老九”，而受批、挨斗，有的甚至被划为“右派分子”“现行反革命分子”等，开除公职，劳动改造，还有的被判刑监禁。据1971年7月《全市中小学干部解放、清队、整党、整团情况汇报表》统计，“文化大革命”中期清理阶级队伍时，仅市区教育系统被揪斗人员就有147人，占到教师总数的5.5%。

中共十一届三中全会召开后，通过拨乱反正，落实知识分子政策，境内教师的政治权益和社会地位有了明显变化。遵照中央有关指示精神，在不同历史时期举办的重大政事活动中，都要考虑教师代表参加；召开各级中共党代会、人代会和政协会议时，也设有教师代表席位；每次评模、记功，更不能缺少教师的名额。20世纪80年代后，教师逐渐成为人们所尊重并受社会关注的职业之一。1979年至2010年，全市教育系统被选为市党代会代表的有100余人次，被选为市人代会代表的有140余人次，被选为市政协委员的有150余人次；受到省教育厅以上部门及其他省级有关部门表彰奖励的先进个人300余人次；先后吸收927名优秀教师加入中共党组织；451名优秀中青年骨干教师被提拔到各级领导岗位。此外，市教委代省政府4次为1891名从事教育工作在25年以上的老教师颁发了纪念证书；给符合文件规定的教师解决家属“农转非”问题724人；安排待业子女就业2147人；解决教师夫妇两地分居355人；为教师调整、安排住房1184户。

二、经济待遇

清代以前，境内在各类塾馆任教的塾师或先生，在待遇上无统一规定，一般是双方协商，两相情愿即可。但因从教者多系失意文人或弃政官员，执教旨在糊口，收入微薄。民国时期，教育部于民国6年（1917）公布《小学教员俸给规程》。20世纪20年代，境内小学教师月薪（银圆）分为4等：高小教员甲等12元，乙等11元，丙等10元，丁等9元；初小教员甲等7元，乙等6元，丙等5元，丁等4元。而同一时期，在保晋公司煤矿任职的技术员月薪可得140元，事务员月薪可得54元，采煤工月薪可得15.36元。为此，民国17年8月，境内平定县小学教师利用暑假集训之机举行集体请愿，要求增加工资。结果取得胜利，薪水翻了一番。

中华人民共和国成立初，境内教育系统实行“实物（小米）工资制”（按当月小米的价格折合成货币发放），高小教员甲等月薪200斤，乙等190斤；初小教员甲等190斤，乙等180斤，丙等170斤，见习教员150斤。据统计，1952年，文教系统（无教育系统单独统计数）职工年均工资279元，相当于同时期阳泉市全民所有制单位职工年均工资445元的62.7%，但比国家机关工作人员年平均工资236元要高63元。为了解决教师待遇偏低的问题，从1952年至1963年，国家曾先后3次大范围地调整教师的工资。因此，到1963年，阳泉市文教系统职工年均增资到487元，比1952年增加208元，提高74.6%。但其只相当于当时阳泉市全民所有制单位职工年平均工资771元的63.2%，比1952年仅提高0.5%，与国家机关工作人员年平均工资695元相比，却低了208元，教师经济待遇偏低的问题仍很突出。

1964年至1976年12年里，由于全国上下忙于搞“四清”和“文化大革命”运动，政治、经济、文化教育事业遭到严重破坏，所以，除1972年对少数工龄长、工资低的教职工工资作了调整外，其余人员的工资基本没动。

中共十一届三中全会后，1977年至1990年，全市教育系统先后有5次大范围调资，特别是1985年工资改革给教师带来更多实惠。据统计，1976年，全市文教系统职工年平均工资每人500元，相当于全民所有制单位职工年平均工资693元的72.2%，比国家机关工作人员年平均工资641元少141元。到1990年，全市教育系统职工年均工资增加到1867元，相当于1976年的3.7倍，比国家机关工作人员年平均工资1850元高出17元。

1993年10月工资改革，教师执行新的专业技术职务等级工资标准。如遇晋升职称职务，按政策晋升工资。1995年10月、1997年10月、1999年10月，每2年晋升1次职务工资；1997年7月、1999年7月调整了工资标准。2001年1月调整工资标准并晋升职务工资，10月调整工资标准，2003年1月调整工资标准并晋升职务工资，2005年1月晋升职务工资。2006年7月重新执行新的岗位薪级工资制，并且2007年1月、2008年1月、2009年1月、2010年1月每年晋升1个薪级工资。

根据2008年12月21日国务院常务会议审议并原则通过的《关于义务教育学校实施绩效工资的指导意见》，从2009年1月1日起，在全国义务教育学校实施绩效工资，确保义务教育教师平均工资水平不低于当地公务员平均工资水平，同时对义务教育学校离退休人员发放生活补贴。从2010年1月1日起，境内教育事业单位全部实行绩效工资。

三、其他待遇

1952年教职工福利费标准为工资的3.5%，主要用于包括事假、病假、生育代课费、女教师幼儿补助费、外地教师回家路费补助和特殊困难补助费等。7月，全市公办中、小学教职工实行公费医疗。1953年7月，全市公办中、小学女教职工享受56天产假，产假期间工资照发。1954年，教职工福利费包括多子女补助费，家属困难补助费，家属医药补助费和外埠教师回家路费补助4项。1956年1月始，全市公办中、小学教职工实行退休、退职制度。1958年2月始，全市公办中、小学教职工工作满一年的，同父、母或爱人分居两地而又不能利用公共休假日回家团聚的，享受每年1次2至3周的探亲假，并报销路费。1982年晋政发142号文件规定：凡晚育的，可享受100天产假，如产假期间采取长效节育措施且领取独生子女证的，则可享受4至6个月产假，具体由女方单位确定。1986年晋政发101号文件规定：从1987年1月1日起，凡晚育、采取长效节育措施、领取独生子女证的，可享受6个月的产假。

在津贴方面，从1979年7月始，市聋哑学校教师享受特殊教育津贴，其标准为基本工资的15%（1989年3月特教津贴提高为基本工资的25%）。11月始，全市中、小学公办教师实行班主任津贴，小学班主任每月发4至6元，中学班主任每月发5至7元。实际操作中，大多数学校并不按此标准发放班主任费，或是按人头数发放，或是据本单位经济情况发放，标准高于规定（2009年始，班主任津贴从绩效工资中体现）。1983年1月始，市教育局给山区单人学校和从事复式教学的教师每人每月增加浮动工资6元。7月始，在山区工作的中、小学教职工享受山区工作补贴，每人每月6元。1985年9月始，为教职工发放书报杂志费，每人每月4元。从1988年始，按职务工资加工资性津贴发年终奖。

1992年，教师同其他企事业单位职工一样，实行住房公积金。1999年始，实行失业保险。从2001年1月1日始，按《阳泉市城镇职工医疗保险医疗管理暂行办法》实行医疗保险。

根据教师工作特点，国家规定教师可以享受寒暑假（每年大约有2个月时间）。1985年，为了鼓励中小学校、中等专业学校、技工学校教师及幼儿教师安于职守、长期从教，国家规定，对上述人员除发工龄津贴外，另加发教龄津贴。1985年至1993年，按教龄长短，分3元、5元、7元、10元4等。连续教龄满5年者每月津贴3元，满10年者每月津贴5元，满15年每月津贴7元，满20年者每月津贴10元，最高为每月10元。中专教师、教学研究人员照此标准执行。至2010年，未再发生变化。

此外，1985年，经国务院提议，全国人大常委会审议决定：每年9月10日设为“教师节”。当年教师节前，阳泉市委、市政府作出决定，为全市教师办十件实事。9月10日，市委、市政府在东风剧场举行第一个教师节庆祝大会。232名先进教育工作者，市委、市人大、市政府、市政协、市纪检委和各群众团体的领导及教育战线等千余人参加会议，大会向先进教育工作者颁发了奖状和奖金。此后，境内每年举行教师节庆祝活动，表彰先进教师和教育工作者。2008年第24个教师节，阳泉市委办公厅、市政府办公厅下发《关于在全市开展“阳泉市教育功臣、阳泉市教育系统先进集体”评选表彰奖励活动的实施意见》，市委、市政府批准列支240万元奖励88名教育功臣和20个教育工作先进集体，授予赵平有等88人“阳泉市教育功臣”称号，授予阳泉一中等20个单位“阳泉市教育工作先进集体”称号。

[下　册]

第二十五编

科　技

阳泉科技源远流长，冶金技术尤为突出。秦汉时期即有冶铁技术，北宋年间曾在平定铸造铁钱、在盂县开设“冶铁所”置炉鼓铸，民国初期创建的保晋铁厂系中国近代三大铁厂之一。其他方面，如制陶、采煤等与民众生活密切相关的应用技术也有较长历史且比较发达。但总体上看，境内的科技活动始终处于一种自发状态，科技发展缓慢。

民国 36 年（1947）5 月 4 日，阳泉市建立后，境内科技随着国民经济发展有了较大进步，特别是在改革开放进程中，科技作为第一生产力得到全社会重视，全市上下逐渐形成一个依靠科技进步振兴阳泉的新局面。注重与工农业生产实践紧密结合，为工农业生产服务，特别是围绕能源重化工基地建设需要，组织重大科研项目攻关，大力推广应用科技成果，是境内科技的一大特色；注重发挥广大劳动群众和科技人员的聪明才智，广泛开展群众性技术革新、发明创造活动，同时积极引进并消化吸收国内外先进技术，是境内科技的又一特色；注重与国内外科研机构、高等院校合作交流，大力培育科技人才，开展科技兴农、科技兴工等方面的科技兴市活动，是境内科技的第三个特色。截至 1997 年 6 月，阳泉市已成为中西部地区第一个国家级星火技术密集区，三个农业县（区）全部成为全国科技工作先进县（区），名列全省各市之首。

进入 21 世纪，阳泉市先后提出“科教兴市、人才强市”和建设创新型城市战略；政府和社会科技研发投入逐年递增，科技基础平台不断完善，建成了面积 2.7 万平方米的全省首家市级高新技术创业园；全市规模以上企业普遍建立了市级企业技术研发中心，专业技术人员达 7 万多人；自主创新的科研成果不断涌现，实现了国家科技进步奖零的突破；拥有专利数量和质量再上台阶，每 10 万人专利拥有量居全省各市第二；传统产业新型化改造步伐加快，持续发展，重焕生机；新兴产业向规模化稳步推进，全市省级区外高新技术企业 30 多家；科技兴农富农取得阶段性成果，科技中介高起点迅速发展，率先在全省建起科技型担保中心和国家级生产力促进中心，科技为山城经济发展作出重大贡献。2010 年，阳泉市被科技部授予“全国科技进步先进城市”称号。

第一章 机 构

第一节 管理机构

一、阳泉市科学技术局

1958年9月成立，初名阳泉市科学工作委员会。1959年4月，改称阳泉市科学技术委员会（以下简称市科委）。1962年9月至1964年2月，与文教局合并。1964年3月，阳泉市科学技术委员会重设，与文教局分署办公，9月，市科委成立阳泉市综合试验室。1968年9月，市科学技术委员会被撤销，成立阳泉市革命委员会科技业务小组。1969年科技业务小组合并到工交组。1970年市计量所和综合试验室归市工业服务公司代管。1971年10月，成立阳泉市革命委员会科技办公室。1972年12月3日，改称科技局，内设办公室、业务科和情报科。1973年6月，市计量所和综合试验室移交市科技局，并更名为市标准计量所和理化试验所。1977年12月19日，阳泉科技局改称科学技术委员会。标准计量所和理化试验室更名为标准计量局和工业科学研究所。1978年10月，理化试验所更名为综合利用研究所，同时成立科技情报研究所。市科委和2个研究所编制共110人，其中科委20人、2个研究所计90人（属于事业编制）。1979年6月，阳泉市科学技术委员会与市科协合署办公，一套机构两块牌子，增设科协普及工作科。

1980年6月11日，地震局归口市科委管理。7月，科委内部机构调整为一室二科二所，即办公室、技术业务科、计划科、科技情报研究所、综合利用研究所。8月，阳泉市标准计量局更名为阳泉市计量管理局。11月8日，增设科技干部管理科。1981年，市科协与市科委分署办公。1984年1月，市计量局与标准局合并，由市科委移交市经委管理；8月，科委内部及下属机构调整为秘书科、综合计划科、工业科、农医科、财务条件科、科技政策调研室，下属单位有阳泉市应用技术研究所、阳泉市科技情报研究所，10月，成立科技开发服务公司，全委职工77人。11月，阳泉市综合利用研究所更名为阳泉市应用技术研究所。1985年6月，市科委成立阳泉市科技开发交流中心。

1986年5月17日，市科委内部机构重新调整，调整后的科室总数不变、总编制不变，内设办公室、科技政策调研室、计划科、成果专利科、科技发展科、财务科等6个科室。7月，成立市科技干部管理局。1988年7月，市科委成立阳泉市养蜂研究所，正科级事业单位，5名全额事业编制。

阳泉科技大厦

1991年3月19日，阳泉市养蜂研究所更名为阳泉市蜜蜂研究所。7月，成立阳泉市技术市场管理办公室和阳泉市专利管理办公室，分别定编3名和1名，为行政机构。1993年2月6日，科委内部机构进行调整，调整后的科室变为办公室、成果科、科技管理科、计划科、工业科、农业科（星火办）。1995年12月，设立阳泉市科学技术委员会纪检组。1997年1月，科委机关行政编制改为20名。内设机构调整为办公室、计划财务科、产业科技科、科技管理科、监察室5个科室，下属单位设有科技情报研究所、科技交流中心、应用技术研究所、专利管理办公室、技术市场管理办公室、科技印刷厂。

2001年6月，市科委改称阳泉市科学技术局。内设科室为办公室、产业科技科、科技管理科、纪检监察室，代管市政府直属机构知识产权办和技术市场办，下属单位有阳泉市专利管理办公室、阳泉市技术市场管理办公室、阳泉市应用技术研究所、阳泉市科技情报研究所、阳泉市科技交流中心、阳泉市生产力促进中心、阳泉市科技印刷厂。2008年12月，增设阳泉市高新技术服务中心，管理阳泉市高新技术创业园。至2010年，内设机构未再发生变化。

二、阳泉市知识产权办公室

其前身是成立于1991年7月20日的阳泉市专利管理办公室，正科级行政机构，隶属于市科技局。市专利办成立后，督促各县区成立专利管理机构，各县区科技局均配备专人负责专利管理工作，部分企业和科研机构也建立了相应机构或有专人负责。1996年机构改革，变更为事业单位。2004年更名为阳泉市知识产权办公室，主要负责统筹协调全市包括专利、商标、版权等知识产权工作事宜；组织开展全市知识产权法律法规的宣传普及和教育培训工作；负责全市专利管理工作，发展专利事业；依法受理专利侵权案件，调处专利侵权纠纷，与有关部门联手开展知识产权行政执法工作，保护知识产权，发展自主知识产权产业。2008年12月，成为参照公务员法管理的事业单位。2005年至2010年，全市专利实现跨越式发展，连续获得“省目标责任考核先进单位”称号。

三、阳泉市技术市场管理办公室

1991年7月成立，为正科级行政机构，隶属市科委领导。1996年机构改革，变更为市科技局直属事业单位。主要负责技术市场管理及组织技术市场理论研究和宣传工作；宏观调控和指导技术市场发展，组织和指导技术商品信息流通，负责技术市场的培训工作和队伍建设；审批和管理技术贸易机构，并监督检查其技术贸易活动，组织协调技术市场活动；归口管理技术合同的认定登记工作。2010年，全市技术合同金额达4272万元，技术交易额达303.5万元。

四、阳泉市科技交流中心

1985年11月，阳泉市科技开发交流中心成立，并开设阳泉技术市场，为全民所有制事业单位，实行企业管理，独立核算，自负盈亏，归市科委领导，编制10人。阳泉技术市场系其下属常设技术贸易机构，一套机构两块牌子。1991年3月19日，中心更名为阳泉市科学技术交流中心，编制、定员、隶属关系不变。1999年11月2日，增挂阳泉市生产力促进中心牌子，为中小企业、乡镇企业和技术创新提供信息咨询、企业诊断、人才培训等综合性服务。2002年，成立阳泉市科技型中小企业担保中心，与市科技交流中心一套机构两块牌子。该中心系自主经营、独立承担民事责任的企业法人单位。作为全市首家为科技型中小企业服务的信用担保机构，按照现代企业制度建立，依托相关法律法规和科技政策，与市城市信用社等协议银行密切合作，为三区两县（包括开发区、高新技术园区等）产品有市场、发展有前景、经营有效益、贷款能回收及科技型中小企业提供贷款担保和金融、财务、法律、投资、信息等咨询服务。至2010年，累计担保规模达1亿元。据统计，各类受保企业和单位在受保期间内可新增产值超3亿元，促进了全市中小企业科技进步，在建立科技多元化投资体系中发挥了作用。

五、阳泉市生产力促进中心

成立于1999年11月，隶属阳泉市科技局，系自收自支事业单位。与科技交流中心一套人马，两块牌子。2004年9月，阳泉市生产力促进中心从科技交流中心分离，单独设置，编制3名。中心主要通过联合社会科技力量，开展科技成果推广、人才引进、咨询评估和科技培训等各项科技服务，在政府和企业、农村之间搭建科技平台，发挥桥梁纽带作用。2003年8月，该中心通过ISO 9001∶2000质量认证。2004年7月，被科技部认定为“国家级示范生产力促进中心”；10月，被科技部和人事部授予“全国科技管理系统先进集体”荣誉称号。2005年后，该中心主要在农村科技培训、成果推广、信息化工程方面发挥作用，先后开通“96236”农业科技信息热线，出版《科技富民读本》，建立大学生创业平台，并在各县区建立县级生产力促进机构。2006年，为加强市科技局机关及科技活动中心大楼的后勤服务工作，增挂阳泉市科学技术局机关后勤服务中心牌子。截至2010年，该中心共支持大学生创业项目15项，开展核桃、高光效苹果栽培、蔬菜种植等农林业科技培训30余场，培训农民和专业技术人员2万多人次。

第二节　科研机构

一、简况

清光绪三十二年（1906）山西商办全省保晋矿务有限公司平定分公司设立之后，曾内设测绘、机械、转运等股。民国2年（1913）4月，平定县农会在县城华严庵所设的专事农业改良的事务所，系境内最早的农业科研机构。民国5年，保晋铁厂建立后，亦内设有测绘、工程、矿料、化验等课（科），负责其各自生产过程中的一些技术性问题。这些机构虽然都带有一定的研究性质，但还不是专设的研究机构。民国35年，平定（路北）县在岔口乡白瑶村所办的县农场（1952年迁至县城东关，改称县国营农场），对粮食作物进行示范、试验和推广，也系农业战线的科研机构。

中华人民共和国成立后，党和政府十分重视科学研究工作。为调查阳泉煤炭开采中瓦斯来源情况，探索瓦斯涌出规律，1953年，燃料工业部、煤炭管理总局、阳泉矿务局联合组成瓦斯研究委员会，下设瓦斯研究小组，归口阳泉矿务局生产技术处。1958年市科委成立之后，又于

1959 年组建了阳泉矿务局煤炭综合利用研究所、阳泉钢铁厂冶炼研究所、市中心人民医院医药研究所、晋东化工厂化学研究所等 6 个科研所。随着形势的变化和机构变动，这些研究所有的被合并，有的被解散。一直到 1978 年全国科学大会召开后，科学技术研究才又逐步走上正轨，科研机构才得到恢复和发展。到 1990 年，全市共有各种类型的科研机构 27 个，其中市级机构 8 个，县属机构 5 个，企业所属的机构 8 个，集体、个体研究机构 6 个。

1991 年至 2004 年，随着民营企业经营状况的变化和发展，由政府出资的市级科研机构逐步萎缩，民营科研机构逐步壮大。2005 年，全市共有各种类型的科研机构 24 个，其中国家级机构 1 个、省级机构 2 个、市级机构 16 个、县属机构 5 个。2006 年，国家科技大会召开之后，随着对科技研发机构建设扶持力度的加大，促进了全市科技研发机构的增长。截至 2010 年，全市规模以上工业企业普遍建立技术研发机构，有国家级企业技术中心 1 家，省级企业技术中心 5 家，市级企业技术中心 22 家，省级工程技术研究中心 1 家，博士后流动工作站 1 家，市属研究所有 5 家，民办科研机构 12 家。建有“博士后科研工作站”和“省级工程技术研究中心”，还有 7 家市级科研机构和 9 家民办科技非企业研发机构活跃在科技战线上。

二、机构选介

（一）阳泉市应用技术研究所

成立于 1978 年 10 月，隶属于市科技局。初名阳泉市综合利用研究所，1984 年 8 月更名为市应用技术研究所，是全民所有制事业单位，系境内最大的综合性科研机构。主要职责是从事新产品、新材料的科研、开发、技术推广；提供新技术信息收集、技术推广、技术成果转让、技术培训和服务；提供科研、科技新产品中试研究；围绕企业发展与改革中共性问题，开展调查研究，向政府反映情况，提出建议为领导决策服务；对制约阳泉经济发展的重大和关键技术瓶颈，进行科技攻关；协助企业申报“高新技术成果转化项目”新产品计划等。1991 年至 2010 年，主要从事煤矿安全、化工农药、生物技术、电子技术、建筑节能建材新产品等方面的科研开发、中试生产、技术推广和技术服务，并和部分高等院校、科研院所进行长期技术交流合作，承担并完成省、市科技计划项目 11 项。科研成果主要有瓦斯报警器、煤矸石综合利用、农药 843 康复剂、硫铁矿半焙酸浸制优化硫酸亚铁和硫黄、碳化氨水法制九九四高纯氧化铁、成品砂浆的制造技术等曾获国际金奖、省、市科技进步奖。“十一五”期间开发的高科技新产品：单螺杆挤塑机生产超高分子聚乙烯管材和板材、农药果树愈合灵、水培花卉、地质聚合物胶凝材料、纳米级松散形无机防水材料、NMP 高效防水剂、JS 复合防水材料、无机快速堵漏材料、高分子乳液防水材料、利用粉煤灰生产建筑墙体材料、太阳能技术在建筑领域中的应用、新型保温节能装饰一体化成品板、新型环保透水砖项目等。截至2010年，全所有职工19人，其中高、中级专业技术人员10人，初级专业技术人员9人。

（二）阳泉市科技情报研究所

境内的科技情报活动研究工作始于1958年9月成立的阳泉市科学技术委员会，1962年随科委机构撤销，情报活动随之停止。1968年9月，建立科技业务小组，恢复情报工作。1972年12月，成立科技局时，内设情报科。1978年10月，将情报科由科委的直属科室变为下属机构，成立阳泉市科技情报研究所，为全额事业单位。该所是阳泉市人民政府批准成立的公益性情报研究机构，主要任务是开展情报信息的采集、加工和生产，为地方经济建设、社会发展提供信息产品。内设机构有办公室、调研室、声相室、资料室。建所后，针对阳泉经济、社会发展中的热点、难点问题开展情报调研工作，编写印刷科技项目、科技成果、科普读物等30万字的推广宣传材料。完成《资源型城市转型》《阳泉市省级科技示范园区发展战略研究》和《煤矸石、粉煤灰资源化综合利用》等软科学研究项目50多项，取得科技成果20项，其中获得省级科技成果奖1项、市级科技成果奖5项。1980年5月，市科委成立印刷室（集体性质），归市情报所领导。1985年11月，市科委决定成立阳泉市科技情报交流服务中心，与市科技情报研究所一套人马两套牌子。1993年1月，科委印刷室更名为阳泉市科技印刷厂，由市科委直接领导。1999年9月，增挂阳泉市科技计算机网络中心牌子，与科技情报研究所一套人马，两块牌子。科技计算机网络中心根据阳泉市经济建设、社会发展、科学技术的需要建设科技情报咨询服务平台、查新服务平台、产业化项目库、科技成果库、科技人才库，开展战略情报、战术情报两个层次的情报服务工作。截至2010年，市科技情报研究所有科技人员18人（含离退休人员），其中高级职称8人（研究员3人、副研究员5人），中级职称5人，初级职称5人。情报所与全国31个省、市、自治区的880多个单位建有网络信息、资料交流关系。拥有各种科技文献资料10万余册，科技图书2万余册，订有英、日、俄等外文期刊90多种。

（三）阳泉煤业集团有限公司技术中心

成立于1999年。2006年被评为国家级企业技术中心。该中心以煤炭新技术研发、新技术推广为主要方向。截至2010年，该中心有科技人员415人，其中高级职称265人，博士8人，硕士27人。中心成立后，共出成果300余项。阳泉高瓦斯易自燃煤层高产高效综放面瓦斯综合治理技术研究获2005年度国家科技进步二等奖，获得省部级奖励10余项。依托该技术中心还成立了博士后流动工作站，建起实验室。

（四）阳泉市科技咨询服务中心

成立于1981年。前身为阳泉市科技开发公司，为市科协直属差额事业单位。主要承担由中国科协于1993年发起并组织的“金桥工程”，动员广大科技工作者在科技与经济之间“架桥”，促进科技与经济的有效结合、科技成果向现实生产力转化、高新技术推广与应用、技术创新和技术市场繁荣发展。1991年至2000年，依靠设立的实体矿山建筑工程队和金桥科技咨询服务中心，以及联系的电力服务部、阳钢咨询服务部、矿务局地测服务部、铁道服务部、邮电服务部等44个分支机构，服务于全市经济建设，取得较好的经济和社会效益。先后获得1993年中国科协第二届“帮扶中小企业、乡镇企业‘金牛奖’”二等奖，矿务局原副局长、科协兼职副主席于根和市咨询服务中心原主任李宗城获第二届中国科协个人“金牛奖”优秀奖。其间，阳泉矿务局地测服务部承担了百团大战纪念碑地质地形图测绘、河坡电厂储灰场坝址区工程的地质勘查稳定性评估，解决了南山公园莲花池渗漏问题，李荫路李家庄路段的滑坡治理，固庄岭上段公路两侧护坡治理及桃河治理工程前期测绘。矿山建筑工程队承担了阳井公路巨城隧道建设工程施工任务，缩短路程2千米，改变了阳井公路路窄、弯多、车辆拥挤、交通堵塞的状况。阳钢咨询服务部承担了韩庄第三钢铁厂高炉建设中的炉顶装置和炉内砌筑工程、寿阳铁厂的对口服务和平定黏土矿的技术引进项目。环保服务部承担了阳泉铝矾土矿的环境影响评价研究，提交了环境报告书，对该项目可能对环境产生的各方面影响及应采取的治理、预防、保护措施进行了有效预测。此外，在农林领域还积极推广ABT生根粉、891生长素、7912复合肥，引进红富士、北斗、乔纳金等果树新品种。

（五）阳泉市高新技术创业服务中心

建于2006年7月，是经阳泉市委、市政府批准，由市科技局实施建设的集研发、中试、融资、推广、中介服务为一体的科技创新创业平台示范工程。地处阳泉经济技术开发区东区，规划占地面积4公顷，建筑面积6.6万平方米，分三期进行建设。包括高新技术创业服务中心、创业孵化大楼、中小型标准车间、专家公寓、多功能活动设施、基本服务设施等。项目依托国家、省、市及高新区优惠政策，面向社会吸纳有发展前景的高新技术成果及中小型科技企业，在“零收费优质服务”的前提下，为入驻企业提供政策咨询、信息与管理咨询、教育培训、投融资服务、市场调研与策划、技术推广、项目推介、成果交易、公共关系等全程服务。经过3年建设，创业园各项设施逐步建成并投入使用，到2010年9月，园区一期工程高新技术创业服务中心、创业孵化大楼、中小型标准车间、专家公寓全部完成并投入使用，建成面积达2.7万平方米。截至年底，吸引入驻企业15家。

1953—2010年阳泉市自然科学研究机构情况简表

表-25-1

序号	名称	成立时间	主管单位	性质	类别
1	盂县农技推广站	1953	盂县农牧局	全民	县属
2	晋东化工厂科研所	1970.11	晋东化工厂	全民	企业
3	平定县农机研究所	1974	平定县农机中心	全民	县属
4	阳泉市农业机械化科学研究所	1974.12	市农机中心	全民	市级
5	盂县农机研究所	1975	盂县农机中心	全民	县属
6	阳泉市电子科技研究所	1977.11	市电子局	全民	市级
7	阳泉市肿瘤防治研究所	1978.8	市卫生局	全民	市级
8	阳泉市科技情报研究所	1978.10	市科委	全民	市级
9	阳泉市应用技术研究所	1978.10	市科委	全民	市级
10	阳泉市矿务局煤炭科学研究所	1978	阳泉矿务局	全民	企业
11	阳泉钢铁公司设计研究所	1978	阳泉钢铁公司	全民	企业
12	平定县农业科学研究所	1979	平定县农牧局	全民	县属
13	阳泉市平衡吊研究所	1984.1	市电工机械厂	全民	企业
14	阳泉市水泵研究所	1985.1	市水泵厂	全民	企业
15	阳泉市阀门研究所	1985.1	市阀门厂	全民	企业
16	阳泉市建工科学研究试验所	1985.4	市建筑公司	全民	企业
17	阳泉市建筑材料研究所	1985.5	市建材局	全民	企业
18	阳泉市矿区矿山技术设备研究所	1985		个体	民办
19	阳泉市水资源研究所	1986.9	市水利局	全民	市级
20	平定县农技推广中心	1986	平定县农牧局	全民	县属
21	阳泉市星火技术新产品研究所	1986		个体	民办

续表 -25-1

序号	名称	成立时间	主管单位	性质	类别
22	阳泉市应用技术研究所电器技术咨询服务部	1987.7	阳泉市应用技术研究所	集体	市级
23	阳泉市乡镇企业技术服务部	1988.3	阳泉好似应用技术研究所	集体	企业
24	阳泉市养蜂研究所	1988	市科委	全民	市级
25	阳泉市兴达机电新产品研究所	1989.1		个体	民办
26	阳泉市华洋轻工研究所	1989.3		个体	民办
27	晋东综合技术开发应用研究所	1989.4	电大阳泉分校、九三学社晋东服务部、山大物理学会服务部	集体	
28	阳泉市农牧科学研究所	1989.12	市农牧局	全民	科研事业
29	希邑电子技术研究所	1990.10		个体	民办
30	阳泉市建筑技术服务部	1990.10	市城建局	集体	民办
31	阳泉市银河新技术设备研究所	1991.7	城区科委	全民	科研事业
32	阳泉市城区实用技术开发研究所	1991.7		全民	科研事业
33	阳泉市锅炉压力容器检验研究所	1991.10	市劳动局	全民	科研事业
34	阳泉市农业机械化科学研究所技术服务部	1992.1	市农业机械化科学研究所	全民	
35	阳泉市林泉林工研究所	1992.3		个体	民办
36	阳泉方圆包装装潢技术研究所	1992.3	市工艺学校	集体	民办
37	阳泉市朝阳电教研究所	1992.6		个体	民办
38	阳泉市现代电子技术研究所	1992.7		私营	民办
39	阳泉市标准计量技术开发部	1992.8	市标准计量服务公司	集体	科研
40	阳泉市神工新技术公司	1992.8	市太行工贸总公司		
41	阳泉市星火机电研究所	1992.11		个体	民办
42	阳泉市智力康复微循环研究所	1992.11	市第二人民医院（1997 年 9 月变为阳泉市妇幼保健院）	集体	
43	阳钢冶金经济技术协作部	1992.11		全民	

续表-25-1

序号	名称	成立时间	主管单位	性质	类别
44	阳泉市三新公司	1993.1		全民	
45	阳泉市经纬新技术研究所	1993.1		私营	民办
46	阳泉市利民中西医结合研究所	1993.1		个体	民办
47	阳泉市东云高科技开发公司	1993.2	阳泉市计算机应用协会	集体	民办
48	阳泉市银鹰科技开发服务中心	1993.2		集体	
49	阳钢鼎盛实业公司科技咨询服务部	1993.2		全民	非法人
50	阳泉市康复骨科整形研究所	1993.2		私营	民办
51	阳泉市晋东高新技术开发公司	1993.3	晋东化工厂	集体	
52	山西省汽车运输公司鋆杰科技开发中心	1993.3		全民	
53	阳泉市现代计算机技术开发中心	1993.3		全民	
54	阳泉市星火技术公司	1993.3	市科委	全民	
55	阳泉市工矿电子器械研究所	1993.3		集体	民办
56	阳泉焊接工程检验研究所	1993.3		集体	民办
57	阳泉市科技俱乐部	1993.5	市科技情报研究所	全民	企业
58	阳泉市三辰高新技术开发公司	1993.5		全民	
59	阳泉市丰元新技术研究所	1993.5		个体	民办
60	阳泉市方远视觉艺术研究所	1993.6		集体	民办
61	阳泉市电星科技开发公司	1993.8		集体	
62	阳泉晋通技术开发公司	1993.12		集体	
63	阳泉市耐火材料研究所	1994.1	市耐火材料厂	国有	民营
64	阳泉市丰源科学研究所	1994.8	市丰源实业有限公司	私营	民办
65	阳泉市三鑫技术咨询服务部	1994.8		集体	
66	阳泉市华镁实业总公司防蚀技术开发部	1994.9		集体	民办

续表 -25-1

序号	名称	成立时间	主管单位	性质	类别
67	阳泉市自强科技开发公司	1995.5	阳泉市聋哑学校	集体	民营
68	阳泉市节能技术服务中心	1995.12		全民	
69	阳泉市华科电器研究所	1996.1		私营	民办
70	西安建筑科技大学阳泉市耐火材料研究所	1996.10		股份制	民营
71	阳泉市安德特种建筑工程材料科研所	1997.4	郊区义井政府	集体	民营
72	阳泉市神农饲料研究所	1997.4	城区侨联	集体	民营
73	阳泉市四方实用技术研究所	1997.9		个体	民营
74	阳泉市晋阳食品研究所	1997.11	阳泉市得必发饮料食品总厂主管	集体	民营
75	阳泉市新鑫科技研究所	1997.12		个体	民办
76	山西三来食品有限公司土豆研究所	2000.12	山西三来食品有限公司	集体	民营
77	中华创伤学会中国煤矿创伤学会阳泉创伤骨科研究所	2001.9	阳煤集团总医院		非独立
78	阳泉市耐火材料研究所	2004.12			民办非企业
79	阳泉市建筑材料研究所	2005.6	阳泉市天隆工程材料有限公司		民办非企业
80	阳泉市浩丰甘薯研究推广中心	2006.2			民办非企业
81	阳泉无机金属材料研究所	2006.7			民办非企业
82	阳泉市不定形耐火材料研究所	2006.12	阳泉市广鑫耐火材料有限公司		民办非企业
83	阳泉市方圆通用机械研究所	2007.9			民办非企业
84	阳泉市阳美型焦技术开发中心	2007.12			民办非企业
85	阳泉市锦晖外加剂研究所	2008.2	阳泉市世太建筑材料有限公司		民办非企业
86	阳泉市椎间盘突出研究所	2008.8	阳泉市第一人民医院		
87	阳泉市华通建筑材料研究所	2008.8	阳泉市华通路桥集团有限公司		科技类非企业
88	阳泉市华诚焊接工程检测研究所	2010.10			科技类非企业

第三节 科技队伍

清代以前，境内出现过不少医生、塾师、能工巧匠等科技人员。清末，随着保晋公司等民族资本主义企业的兴起，逐渐形成一些相对集中的科技群体。民国4年（1915），美国基督教友爱会在平定县城关开办友爱医院，有医卫人员50多人，并附设有专门培养医护人员的护士学校。之后，阳泉的科技人员数量逐渐增多。据《阳泉煤矿史》记载：“1936年，（保晋）总公司机关共有职员75名，其中大学毕业生17名，占总数的23%；阳泉各矿厂职员68名，其中大学毕业生15名，占总数的22%”，“其中总公司经理常旭春是山西大学教授，协理白象锦是英国威尔士大学矿科毕业生，总稽核杨仁显是英国伦敦帝国大学毕业生，总工程师兼工程课长张景良是英国威尔士大学毕业生。”日军入侵阳泉后，保晋公司阳泉各矿厂、铁厂与建昌公司等纷纷被劫夺，许多爱国知识分子流离他乡，初现端倪的一些科技群体随之解体。

中华人民共和国成立初，全市工业寥寥无几，技术基础十分薄弱、落后，工程技术人员仅有38人。为恢复生产，阳泉矿务局等企业纷纷采取签订合同、业余轮训、脱产短训、委托代训、学校深造等办法，加速培养技术队伍。1953年，山西省科普分会在阳泉成立科普地区小组，有成员60多人。随着社会生产的迅速发展和科学、教育事业的兴盛，到1959年，全市各类专业技术人员达到1347人。1963年，全市科技人员发展到2034人，分布在工业、农林水利、财贸、交通、文教卫生等行业，其中工程技术人员950人、农业技术人员30人、中级以上卫生人员620人、教师359人，科技队伍已成为社会主义建设的一支重要力量。

1978年，全市自然科学技术人员发展到2827人。1983年，全市包括社会科学人员在内的科技人员共有16096人。在改革开放大潮的推动下，随着国家教育事业的蓬勃发展和新时期党的知识分子政策的落实，全市普遍加强对科技人员的重视和培养，科技队伍迅速壮大。1990年，全市有科技人员33361人（占职工总数的8.49%），是1978年的11.8倍。其中，自然科学人员14865人，占科技人员总数的44.56%；社会科学人员18496人，占科技人员总数的55.44%；中级职称以上的科技人员8405人，占科技人员总数的25.19%。

根据全市科技发展中长期规划中提出的组建8支科技队伍的任务，1997年，阳泉以各种形式组建了发明人、科技企业家、星火企业家、软科学研究、总工程师5支队伍，进一步促进了全市科技人才、信息交流和科技与经济的结合。全市有29个企业寻找到技术依托单位，与20多个大专院校、科研院所和大中型企业建立友好协作关系；新引进中高级人才745名，技术培训17.76万人次，培训科技当家人4000名。

1983—1990年阳泉市科技人员增长与分布情况简表

表-25-2 单位：人

类别	1983	1984	1985	1986	1987	1988	1989	1990
自然科学人员	8625	9885	9566	10653	11133	12279	13793	14865
工程技术人员	3697	4409	4490	4947	5042	5676	6373	6901
农业技术人员	233	259	364	314	362	316	326	304
科学研究人员	20	3	45	62	30	7	14	23
卫生技术人员	2543	2882	2981	3531	3641	3708	3857	4199
教学人员	2132	2332	1686	1799	2058	2572	3223	3438
社会科学人员	7471	7991	8970	9037	11024	14691	18269	18496
科学研究人员	—	—	6	11	12	20	24	26
教学人员	5193	5052	5857	5690	6462	7058	8140	8373
会计人员	1418	1695	1973	2042	2432	2686	3000	3054
统计人员	404	558	622	618	686	704	750	767
新闻出版播音人员	21	71	70	80	127	157	202	247
体育教练人员	7	10	2	7	35	33	29	42
经济人员	366	373	158	310	897	3495	5447	5370
图书档案文博人员	22	56	70	69	105	264	390	370
工艺美术人员	1	2	2	2	6	10	15	16
艺术人员	39	174	205	202	253	220	213	165

说明：1990年后科干局撤销，相关业务并入人事局，此后相关数据参见“人物”编

“十一五”期间，阳泉市有2000余名科技人员，先后承担国家级科技项目14项，省级科技项目251项，市级重点科技项目322项。通过产学研合作，引进了中科院院士陈文新，中科院力学所教授徐永君，北京建材总院总工张增寿，金隅集团总工王林俊，北京农林科学院研究员陈春秀等一批高层次人才长期为境内企业、农村提供技术服务，也为企业、农村培育了一大批科技创新人才和实用技术人才。2010年，阳泉市人才总量达18.25万人，每万人中拥有人才1403人，其中专业技术人员8.08万人。从专业领域分布看，专业技术人才主要集中在工业和教育、卫生等社会公共服务领域，城建、旅游、商务、物流、信息等现代服务业人才资源明显不足。为加快人才队伍建设，培养创新型人才，阳泉以科技奖励为杠杆调动科技人员创新的积极性。

第二章 科技管理

第一节 概 况

1958年，阳泉市各有关部门开始制定科技发展计划。1965年，市计委、经委、科委、财政局共同下达新产品试制计划项目6项。1973年，市科技局下达科研计划项目21项。项目下达后，分别由基层各单位实施完成。1975年至1977年，境内科技计划重点安排了煤炭能源重化工基地建设中的煤炭开发、煤炭综合利用、化工产品开发、机械新产品和日用消费品的研究与试制，并结合新技术革命的动向，突出微电子技术的应用和新型建材的开发。同时，围绕为煤炭能源重化工基地建设服务的中心，在农林牧等方面，着重安排城郊工矿区的蔬菜、水果、副食品等开发项目，重视农副产品贮藏、保鲜加工技术的研究。共列入科技发展计划项目259项，其中科研88项、中间试验40项、推广及新产品81项、星火计划4项、办培训班项目4项、由晋中地区承担及往年结转项目42项。

从1978年开始，阳泉接受山西省科委下达的科研项目和经费；到1986年，共承担省科技发展计划项目64项，其中科研23项、中间试验18项、推广及新产品开发19项、星火计划4项。项目的实施，促进了境内科学技术的进步和社会经济的发展。除每年的短期计划外，1986年，市科学技术大会还提出了《阳泉市第七个五年计划期间科学技术中长期发展规划纲要》，列出17个方面的科技发展重点及120个应用研究课题。同年，开始实施科技兴农星火计划。依据境内矿产资源丰富的特点和产业结构的具体情况，星火计划把发展重点放在化工、冶金耐火、新型建材、规模养殖等农村支柱产业和服务体系上，并注意发展高新技术产品。到1990年，除市列18个星火计划项目外，全市还承担省列星火计划项目18个，市属两县一区星火计划项目16个，项目遍及全市的33个乡镇53个行政村。1990年，科技发展计划的一个显著特点是贯彻中央用科学技术振兴农业的方针，向农业倾斜，计划共安排5个方面的47个项目，其中，大农业方面的项目有14项，占总数的29.8%；轻工产品和医疗技术开发研究项目5项，占10.6%；机电冶金新产品新技术开发13项，占27.7%；工业废渣综合利用和建材新产品、新技术推广开发8项，占17%；化工新产品的开发与推广7项，占14.9%。此外，1987年至1990年，全市科技基金项目计划共列项79项，其中各年列项数分别为14项、25项、20项和20项。在1990年列项的20项中，农业项目和直接为农服务的项目为11项，占列项数的55%。

20世纪90年代，阳泉市科技事业蓬勃发展，科技为第一生产力的作用逐渐显现，以星火计划的实施为主的科技计划，在境内乡镇企业快速发展中发挥了重要作用。从1985年至1999年，共实施各级星火计划392项，累计投入8.56亿元，完成新增产值24.59亿元，实现新增利税3.3亿元，科技进步推动经济的贡献份额由“七五”期间的20%增加到1999年的50.2%，超过全国水平。“八五”期间，全市坚持发展“高、群、外”的发展思路，以高起点、大规模、外向型为目标，紧紧结合阳泉市经济结构调整战略，发展新兴产业，培育新的经济增长点，确立了阳泉市星火密集区建设的新局面。1993年5月11日，平定县成为国家中西部地区1000个内陆县中第一个“科技达标县”。8月10日，阳泉市列入“八五”第二批国家级星火技术密集区。9月7.日，国家科委批准阳泉市技术密集区为国家星火技术密集区，并于1995年4月挂牌；截至1999年，星火项目在阳泉市乡镇覆盖率达88%，各具特色的星火技术密集小区发展到12个，如郊区荫营镇耐火星火小区、平定锁簧镇硫化工星火小区、盂县城关磁材星火小区。50个乡（镇）提前步入小康水平，事实证明，星火技术密集区建设加速了农村经济由分散型、数量型向集约型转变。1990年至1999年，科技项目的管理注重向高新技术转变，企业的自主创新能力不断提高，全市实施省国家各类火炬计划、推广计划、攻关计划、新产品计划达105项，其中各类火炬计划项目80项、省级推广计划13项、省级攻关项目14项、省级新产品项目8项、国家级新产品项目1项，总投入达3.2亿元，年新增产值12亿元，年新增利税3.2亿元，其中实施国家级火炬计划项目4项、省级火炬计划项目25项。

进入21世纪，阳泉科技创新能力大幅增强，承担的各类科技项目逐年增加，并向高层次发展，获得省级以上科技项目数量和资金支持达到新高度。2000年至2005年，阳泉市共实施各类科技项目427项，其中，国家级科技项目39项，获得国家资金支持120万元；实施省级科技项目107项，获支持资金960万元；市级科技项目244项，投入资金2844万元。项目的实施推进了境内科技进步水平。2002年，山西省科技厅在全省实施“制造业信息化科技工程”，阳泉市成为首批7个试点城市之一。2001年至2005年，列入省级示范企业11家——山西金星纺织器材有限公司、阳泉煤业（集团）有限责任公司、山西阳泉铝业股份有限公司、山西吉天利科技实业公司、阳泉电工机械有限责任公司、阳泉阀门股份有限公司、晋东化工（集团）有限公司、阳泉煤业（集团）有限责任公司五矿、山西圣火炉料有限公司、阳泉市林里粉末冶金有限公司、阳泉市生产力促进中心，辐射带动企业200多家。在11家示范企业中，企业的年平均销售收入由示范前的14329万元增至示范后的19813万元，平均年净利润由示范前的252万元增至1046万元，年平均缴税额由示范前的498万元增至示范后的894万元。2003年，平定县被山西省确立为首批全省两个“可持续发展实验区”之一，获省级资金支持30万元。2004年，郊区被国家列为国家级科技工作试点县，获得国家60万元经费支持。阳泉有4个单位被科技部列为国家级科技服务体系建设单位，分别是国家级星火学校阳泉市郊区职业学校、国家级农业科技专家大院阳泉田园乳业有限公司、国家级龙头企业示范中心阳泉市鸣凤肉食加工有限公司、国家级专业技术协会阳泉市郊区果农协会。2005年，阳泉首次获国家创新基金扶持，由阳泉市林里粉末公司承担的“三次还原铁粉”获国家创新基金扶持资金55万元，获省创新基金配套扶持15万元。

2001年至2005年，阳泉市以火炬计划为代表的高新技术产业化项目发展迅速，成为科技计划支持的重点。2000年，山西金星纺织器材有限公司成为全市首家高新技术企业。其间，境内以新型材料、新型能源、机电一体化、新型农业和现代医药等为主的新型高新技术产业的雏形基本确立，为全市资源型城市转型奠定了基础。以阳泉市华岭耐火材料有限公司、山西盂县西小坪耐火材料有限公司为主的高档耐火材料的开发，以山西吉天利科技有限公司生产的高能蓄电池产业，以山西京宇磁材有限公司、阳泉市润达磁材有限公

京宇天成现代化生产车间

司为主的磁性材料产业，以阳泉市阀门股份有限公司、阳泉市水泵厂有限公司、阳泉市电工机械有限公司为主的机电产业，以及高档化工、电工用陶瓷、高档日用陶瓷、粉末冶金、稀土材料等一系列高新技术产业得到迅猛发展。到2005年，阳泉市被省科技厅认定的省级区外高新技术企业27家，在全省名列前茅。其中2001年认定6家、2002年5家、2003年6家、2004年6家、2005年3家。2005年，阳泉市高新技术产业产值达25亿元，全市高新技术产业增加值占全市GDP的4%，高新技术产业的示范、带动作用初步显现。其间，阳泉的火炬计划共立项支持87个项目，其中国家级项目10项、省级项目21项（支持经费125万元）、市级项目56项（支持经费773万元），项目的实施为阳泉经济年新增产值22亿元，年新增利税4.49亿元，带动了阳泉经济的发展。

2006年至2010年，阳泉市共实施各类科技项目599项。其中，获得国家级科技项目17项，国家资金支持410万元；实施省级科技项目260项，获支持资金2035.5万；市级科技项目322项，投入资金达9590万元。

其间，全市高新技术产业快速发展，到2007年，全市高新技术企业发展到36家，名列全省前列。2008年后，国家实施新的高新技术企业认定办法后，截至2010年，按新标准认定的高新技术企业6家，其中，4家产值突破亿元，涌现出以山西吉天利科技实业有限公司的“铅酸蓄电池”“LED矿用电器”；建工申华公司的“小流量控制阀”，勤工实业公司的“高效锅炉”，华越机械的液压支架、采煤机等煤矿成套设备，华鑫电气公司的变压器、永磁电机、电机车等矿用电器一批高新技术产品。到2010年，全市高新技术产业技工贸收入达30多亿元，70多项产品获省级高新技术产品认定，比“十五”末翻一番。此外，省级民营科技企业逐步发展壮大到52家，2010年，民营科技企业技工贸总收入达160724.1万元，工业总产值131707.2万元，工业增加值65594.6万元，上缴税金10960.8万元，科技活动经费投入1489万元。

全市装备制造业发展迅速，到2010年，全市装备制造业行业工业总产值突破30亿元。装备制造业已成为阳泉市具有一定规模和实力的重要产业。其中，矿山机械装备制造得到快速发展，产值由“十五”末的2亿元发展到“十一五”末的近20亿元，成为阳泉市“十一五”期间发展最快的产业。全市耐火行业在推广应用节能环保的隧道窑，新型节能燃烧技术、脱硫技术的应用使耐火行业能耗、环境污染不断下降，产品档次大幅提升，耐火成为在国内具有较强竞争力的产业。从2008年开始，仅郊区下千耐火材料有限公司就推倒11座燃煤倒烟窑，并实施耐火工业窑炉蓄热式燃烧技术改造，企业热效率提高、废气排放量降低、粉尘排放接近于零，减少了对环境的污染和破坏；2009年，该项目建成投产，减少二氧化硫排放926吨/年，新增产量17000吨/年，年节约118万多元，企业效益大幅增加，该公司用能综合消费量达到省节能工作领导组确定的节能重点企业“省千家企业”的用能标准。此外，工业废弃物综合利用技术在全市得到广泛运用和发展，以华通路桥集团“年产4亿块粉煤灰蒸压砖”、南煤集团“2.6亿块煤矸石烧结砖”及粉煤灰建材、保温材料等为代表的循环经济逐步建立，煤矸石、粉煤灰得到资源化利用。

华越公司500万吨煤机设备

2006年至2010年，阳泉市火炬计划共立项支持138个项目。其中国家级项目4项、省级项目18项（支持经费290万元）、市级项目116项（支持经费1329万元），项目的实施为阳泉经济年新增产值95.24亿元，年新增利税7.90亿元。

1996—2010年阳泉市火炬项目统计表

表-25-3　　单位：个、万元

年份	项目数	国家级	省级	市级	年新增产值	年新增利税	总投资
1996	11	1	8	2	27360	7072	5519
1997	20	0	3	17	29766	8670	6174
1998	19	1	3	15	22839	4487	5024
1999	10	0	2	8	9500	2627	1300
2000	14	0	3	11	11525	3902	1980
2001	10	0	3	7	16950	3881	2242
2002	16	4	5	7	28800	6040	5786

续表 -25-3

年 份	项目数	国家级	省 级	市 级	年新增产值	年新增利税	总投资
2003	25	1	6	18	56700	13256	15482
2004	27	3	4	20	65430	15600	23006
2005	9	2	3	4	68000	18200	32000
2006	23	3	4	16	23582	10245	3837
2007	18	0	3	15	96530	8353	27999
2008	34	1	5	28	255222	18041	53090
2009	38	0	4	34	460082	30507	93613
2010	24	0	2	22	117006	11808	90223
合 计	298	16	58	224	1289292	162689	367275

1998—2004 年阳泉市星火项目统计表

表 -25-4

单位：个、万元

年 份	项目数	国家级	省 级	市 级	年新增产值	年新增利税
1998	37	1	10	26	19352	5237
1999	38	1	7	30	25429	4989
2000	19	3	4	12	53107	11116
2001	14	3	4	7	—	—
2002	9	1	3	5	—	—
2003	24	4	5	15	16000	8000
2004	29	3	4	22	25680	12600

第二节　经费管理

一、财政投入

财政科技投入主要是预算内的科技三项费和用于各科研所及科技发展事业的科学事业费。据统计，1962年至1985年，全市地方财政科技三项费投入为1830万元。单从科技三项费投入看，国家规定其要占财政支出的1%，而阳泉从1988年至1996年的投入明显不足。即使进入“十五”期间，也仅有2003年达到1%以上。为了提高科技三项费的使用效果，1985年，阳泉率先在全国试行科技经费有偿使用办法，将过去无偿使用的科技三项费改为有偿使用，建立了阳泉市科学技术发展基金。该基金初建时共有资金51万元，其来源于市科技三项费历年结余款22.51万元和1985年山西省科委下达阳泉的科技三项费用指标75%的部分。此后，市财政每年给市科委划拨一次科技三项费用投入工商银行信托投资公司，作为对基金的补充。到1990年，该基金累计达601.6万元，资助项目分委托贷款、先后拨、贴息和直拨四种方式。据统计，1988年至1990年，市科技发展基金共资助项目65项，总投资568.99万元，该基金于2002年停办。

“八五”期间，全市科技财政投入1062万元；“九五”期间，全市科技财政投入3993万元；“十五”期间，全市科技投入财政达到6769万元。

“十一五”期间，阳泉市科技投入逐年增加，达到历史最高水平，国家、省、市财政科技投入总计达21847.5万元。其中，国家、省科技投入2363.5万元，市、县两级科技投入达19484万元，是“十五”期间总投入的近7倍。2005年以后，全市科技研发经费大幅增长，特别是市本级从2005年占财政预算支出的1.3%。2008年，阳泉市把大幅增加全社会科技投入、建立多渠道科技投入体系作为科技发展的关键内容来抓。市级财政共投入科技研发费用1900万元，科技研发费用投入占本级财政支出的1.1%，实际到位2232万元，比2007年增长562万元，增幅达33.65%。5个县区全部达到1%。为了确保财政科技经费增长，市政府出台《关于建设阳泉省级科技示范区的若干政策规定》，确定市、县两级政府把科技研发投入作为预算保障的重点，其增幅明显高于财政经常性收入增幅。2009年，科技研发费用投入占本级财政支出的1.1%。在财政科技研发经费引导下，全社会科技投入也大幅增长，2009年全社会科技研发投入2.998亿元，占国内生产总值348.71亿元的比例达0.86%。2010年，市本级财政科技投入为2738万元，占财政预算支出的1.6%，比“十五”末增加0.3个百分点；县区科技投入均达到1.1%以上。全社会科技投入占GDP的1.0%。“十一五”末，全市科技财政投入达到22990万元，比1995年的1062万元增长21倍还多。

1985—2010年阳泉市地方财政科技投入情况表

表-25-5 单位：万元、%

年 份	科技投入		财政支出	科技投入占财政支出	科技三项费占财政支出
	科学事业费	科技三项费			
1985	56	141	11633	1.69	1.21
1986	60	124	14248	1.28	0.89
1987	79	175	12760	1.99	1.37
1988	85	86	13815	1.24	0.62
1989	111	99	18011	1.17	0.55
1990	94	110	20582	0.99	0.53
1991	22	67	11419	0.77	0.59
1992	94	73	10378	1.61	0.70
1993	139	165	27292	1.11	0.60
1994	125	104	15505	1.48	0.67
1995	153	121	19065	1.44	0.63
1996	40	207	20886	1.18	0.99
1997	262	775	22864	4.53	3.99
1998	233	657	61668	1.44	1.06
1999	327	672	61528	1.62	1.09
2000	249	571	62283	1.31	0.91
2001	277	670	74644	1.26	0.89
2002	395	789	103528	1.14	0.76
2003	359	1004	90809	1.50	1.10
2004	280	674	68577	1.39	0.98
2005	541	1780	195953	1.18	0.90
2006	487	2149	177439	1.49	1.21
2007	434	3042	270147	1.29	1.13
2008	484	4381	404239	1.20	1.08
2009	561	4827	488775	1.10	0.99
2010	665	5960	600669	1.10	0.99

二、企业投入

境内的企业科技开发投入是在企业基本折旧基金的基础上发展起来的。1977年，阳泉开始采用基本折旧基金留用办法，即50%留给企业，20%上缴地方财政，30%上缴中央财政，集中用于重点技改项目。到1985年，企业上缴市财政的基本折旧基金合计为707.5万元，其中1978年至1984年依次为77.3万元、80.6万元、139.7万元、91.5万元、82.7万元、89.5万元和146.2万元。1986年，企业基本折旧基金不再上缴财政，全部留在企业，用于企业的技术改造和新产品的开发。

改革开放以后，企业的科技意识不断增强，科技开发受到重视，投入逐年增加。以大中型工业企业技术开发为例，1989年，全市11个大中型工业企业共投入技术开发经费883.1万元，完成技术开发项目33个，新增产值1543.2万元，使企业竞争实力和发展活力有了一定提高。但与全国相比，全市大中型工业企业的科技投入仍显不足。1990年，全国大中型工业企业技术开发投入平均为101.3万元，而阳泉市的投入只有全国平均水平的79.25%。另外，按国家规定，企业可以从产品销售收入中提取1%作为技术开发、新产品开发费用，阳泉市1989年和1990年分别为0.73%和0.9%。

进入21世纪，随着以煤炭为代表的能源市场好转，阳泉市以国有大中型企业为代表的资源型企业经济效益开始好转，企业科技投入随之增长。以阳煤集团为例，“十五”期间的技术开发费用达8亿元，占到销售收入的3.48%。另外，高新技术企业在科技研发上的投入大大超过普通企业。2005年，阳泉市27家省级高新技术企业科技开发、新产品开发费用达到产品销售收入4.0%，最高达8.9%。

“十一五”期间，随着全市科技事业快速发展，阳泉市高新技术产业及传统产业利用高新技术改造势头强劲，企业科技研发资金投入逐年增加达到历史最高水平，到2008年，全市36家高新企业科技投入均超过企业销售收入的6%，以吉天利科技有限公司和昌鑫农业科技有限公司为代表的一批新兴产业迅速发展起来，高新技术企业及新兴产业的科技投入比例显著上升，占到全市企业科技投入的30%以上。2008年，规模以上工业企业中开展科技活动的有27个，占13.5%；开展研究与试验发展（R&D）活动的企业有12个，占6%。在大中型企业中，开展科技活动的企业所占比重为24%，开展研究与试验发展活动的企业占10%。在企业投入的科技活动经费中，代表企业自主创新能力的研究与试验发展经费较快增长，2008年为23408万元，研究与试验发展经费投入强度为0.52%。据统计，“十一五”期间全市企业科技投入超过10亿元。

2008年阳泉市规模以上工业企业研究与试验发展经费投入行业分布情况简表

表-25-6　　单位：万元、%

工业企业种类	经费投入	投入强度	工业企业种类	经费投入	投入强度
采矿业	21942	0.67	通用设备制造业	52	0.07
煤炭开采和洗选业	21942	0.67	专用设备制造业	20	0.07
制造业	1445	0.16	电气机械及器材制造业	63	0.38
化学原料及化学制品制造业	944	0.83	电力、燃气及水的生产和供应	21	0.01
非金属矿物制品业	16	0.01	电力、热力的生产和供应业	21	0.01
有色金属冶炼及压延加工业	350	0.03	—	—	—

三、信贷支持

改革开放后，科技与金融的结合日益紧密，特别是在星火计划实施中，信贷资金发挥了积极作用。1991年至2005年，全市共安排和组织实施星火计划项目642个项，总投资18.6亿元，其中银行信贷支持12亿元，占到总投资的64.5%，有效保证了星火计划的实施。到2005年，星火项目投资取得初步效益，创造产值40亿元，实现利税6亿元，创汇5000万美元。

除星火计划项目外，阳泉市还积极争取省科技开发贷款项目。1991年至2005年，全市共有20个项目被列入山西省科技开发贷款项目，争取到信贷资金8亿元。到2005年，上述项目已完成年新增产值20亿元，实现利税2亿元，年创汇2000万美元。

2002年，阳泉市尝试通过科技担保来拓宽科技投入渠道，政府从科技三项费中拿出130万元吸纳社会资本400多万元，银行担保基金530万元，建立了具有2600多万元贷款担保能力的山西省市级首支科技风险基金，成立阳泉市科技型中小企业担保中心。到2005年，该中心为各类企业提供担保78项，涉及企业82户，累计担保金额5026.4万元。到2010年，累计担保规模达1亿元。据统计，各类受保企业和单位在受保期间内可新增产值超3亿元，促进了全市中小企业科技进步，在建立科技多元化投资体系中发挥了不可替代的作用。

第三节 科技体制改革

1985年3月，《中共中央关于科学技术体制改革的决定》下发前，境内的科技领域已尝试进行改革。1984年8月，阳泉市科技开发交流中心成立，同时开设技术市场，从事科技中介活动。1985年，市科技开发交流中心先后组织市科研、设计院所和厂矿企业参加了山西省首次技术交易会和全国首次技术交易会，并于5月和9月举办了阳泉市首次技术交易会和阳泉市矿产资源深加工技术交易会，两次技术交易会展出技术成果6000多项，成交额400多万元。1985年，阳泉市出现民营科研机构。到1990年，全市民营科技机构发展到6个，其中集体科研机构2个、个体科研机构4个，从业人员66人，其中专职人员24人、兼职人员42人。先后共开发专利技术13项、科技成果7项，在面向经济建设方面发挥了积极作用。1987年，市属独立科研所的科研事业费全部划归市科委统一管理。实行所长负责制、所长任期目标责任制，给所长放权，解除不必要的行政干预，并按照改革精神结合实际制定了各自的管理办法。技术开发型所制定了对外有偿合同制、对内课题承包制，并引入竞争机制，打破“大锅饭”“平均主义”的分配制度；公益型和农业型所实行经费包干，增人不增资，减人不减钱，鼓励组织开展技术承包、技术信息服务和科技创收，收入不上缴，用于活动经费的补充和奖励，并建立了定性与定量相结合的岗位责任制考核办法。

1988年，市属科研所实行了以“摆（摆正科研方向）、保（保证科研力量）、管（严格目标管理）、联（联效益计酬）”为主要内容的《科技承包责任制合同管理办法》，即科研所与主管单位和市科委签订合同，经市财政局签证监督执行。合同将各方的责、权、利联为一体，互相制约，主管单位和市科委通过合同条款对科研所进行管理。到1990年合同期满，市属6个科研所共完成科研课题21项，经济创收26.17万元，分别完成合同任务的100%和199%。1989年，市应用技术研究所还以智力投资、技术入股等方式创办了市曙光化工厂、北头咀建材厂、五渡氧化铁厂、西上庄地板砖厂、市维塑管厂5个科研生产联合体，形成了“科研—中试—生产—科研”这样的良性循环，收到了较好效果。市曙光化工厂仅1989年后半年就获纯利润4.5万元，西上庄地板砖厂改变了多年的亏损状况。1989年10月，阳泉市软科学研究会成立，组织市科技人员研讨阳泉依靠科技振兴经济之路。1990年，“科技兴农”“科技兴工”等科技兴市活动在全市展开，10月，“科技兴市”考察团赴吉林市进行考察学习。各县区也相继成立科技兴县（区）办事机构，制定科技振兴方案，全市上下形成了依靠科技进步、振兴阳泉的新局面。1986年至1990年，全市先后组织科技成果、专利项目和星火成果参加了国内外各种成果和发明展览13次，参展项目达117项次，获奖牌38枚；展览会上签署正式合同6份，成交额50万元；意向合同71份，成交额1116万元。

1991年3月至12月，平定、盂县、郊区分别配备了科技副县（区）长，全市57个乡镇中有17个乡镇配备了科技副乡（镇）长，分别占到总数的60%和30%。平定县还在19个乡镇组建科委，部分村设立专职和兼职科技副村主任，全市初步建立了以科技副乡长为核心的科技领导体系。1994年11月15日至16日，阳泉市科学技术大会召开，会上，市委、市政府作出《关于加快发展高新技术振兴阳泉经济的决定（讨论稿）》《关于提高阳泉市科学技术进步奖奖金额的决定》。18日，市科技发展基金账户由两个合并为一个，所有基金全部转到市信托投资公司，同时进一步规范基金使用办法，使基金得到更合理的使用。1996年7月12日，副市长李奕明召集市级金融机构分管信贷的领导与市科委、重点科技项目承担单位的负责人一起对科技项目投资可行性研究，科技与金融部门共同对9项产值超千万元的科技项目进行重点扶持。

1997年8月9日，市政府第三次常务会议通过并下发《阳泉市加速科学技术进步的实施办法》。8月21日，市十一届人大常委会第二次会议通过《关于〈阳泉市科教兴市"九五"计划和2010年发展规划〉的决议》。在制定出台四大工程实施方案后，各项工作全面铺开。

一是科技成果转化与推广工程。年内列项扶持26项科技成果推广项目，并完成5项，增加收入1795.2万元。市科委与农口部门联合推广7项农业科技成果和10项适用技术，并顺利开始了建市后第六次玉米优良品种更新换代，全市30万亩（2万公顷）高产示范田年产量达513.6万千克，用全市31.3%的粮田面积获取了粮食总产59.91%的产量。全市涌现出29项科技进步奖获奖项目，其中15项工业项目新增产值8109.6万元，新增利税1352.1万元，在通过科技成果鉴定的9个项目中，有3项达国内领先水平，1项达国际水平。

二是高新技术产业化工程。全年共列项实施3项省级火炬计划，13项市级火炬计划，项目总投资5824万元，完成后可新增产值28420万元，利税6097万元，全年共开发新产品262项，实施计算机辅助设计项目5项。全市市营企业省级名优产品达8个，优质产品39个，乡镇企业优质产品达165个。有8个新产品被认定为中国农业名牌产品。

三是技术创新增效益工程。制定下发《技术创新增效益工程实施意见》和《创新科技先导型企业试行办法》，积极推行总工程师技术负责制。全市24个大中型企业有19个企业实行总工程师技术负责制。市营企业中有8个企业建立了较为规范的厂办技术开发机构，以技术攻关组、科研组、项目组等不同形式出现的技术开发机构，全市达500多个，有8个企业被认定为省级科技先导型企业，全市技改项目共开工建设190项。

四是科技信息网络化工程。阳泉市科技信息网络是市科委与太原重机学院共建的一个计算机信息网络，年内硬件安装全部完成，软件开发经过运行后逐步完善，部分数据输入陆续完成。平定县3个部门信息处理微机与国际互联网接通，科技情报信息网与国家科技情报信息网联通，发展用户5家。年内，阳泉市成为“全国科技兴市先进市”。1999年1月11日，市委、市政府下发《关于进一步实施科教兴市的若干意见》。该意见主要内容以科教兴市为指导思想和战略目标，依靠科技进步，促进经济和社会发展；启动教育现代化工程，提高全市人民素质；深化科技、教育体制改革；加强人才队伍建设；建立合理的投入体系，增加科教兴市投入；加强领导，依法保障科教兴市战略的实施。

2000年4月3日，市委、市政府召开全市教育科技创新大会，《关于加强技术创新，发展高科技实现产业化的实施意见》及与其相配套的《关于市属科研机构改革的实施办法》《关于大力促进民营科技企业发展的意见》《关于鼓励引进科技成果转化实施的若干意见》《阳泉市科技进步奖励办法》出台。为了落实会议精神，全市上下联运，按照“组织网络化、功能社会化、服务产业化”的方针，到年底初步形成科技信息服务、生产力促进、中小科技企业信用担保、农村技术承包、制造业信息化推广等特色科技中介服务，各县区成立了生产力促进中心，主要面向企业、农村开展以咨询、技术服务、技术指导。农村科技服务通过“公司加农户”“技术承包”等农业产业发展和技术服务，推行“科技特派员”“科技110”“专家大院”制度，培育一大批产业龙头企业和农村科技服务体系，全市农业科技服务体系明显加强。通过农村技术承包方式把农业科技人员引入农村，扎根一线，开展技术指导、技术示范、技术推广、技术咨询工作，受到农民群众欢迎，推动了农村服务体系的建设。截至2010年，阳泉田园乳业公司、阳泉郊区果农协会、阳泉郊区鸣凤肉食加工有限公司、郊区职业学校4个单位被列入国家级的服务体系，同时被省科技厅列为省级农村科技服务体系。

为进一步营造鼓励创新、尊重人才的社会环境，2003年，市政府又出台《关于重奖在科技进步中有突出贡献人员办法（试行）》，该办法对在阳泉市科学技术工作中有重大科学发现、技术发明、技术开发和创新以及在科技成果转化和推广、高新技术产业化等方面作出突出贡献的科技人员和企业家，分别授予科技功臣和科技企业家荣誉称号并给予物质重奖。奖励设置科技功臣一等奖一名，奖金10万元，二等奖2名，奖金5万元；科技企业家一等奖一名，奖金5万元，二等奖2名，奖金3万元，两年评审一次。2004年评选出2002—2003年度科技功臣，其中一等奖空缺、二等奖3名，科技企业家一等奖空缺、二等奖3名。2006年评选出2004—2005年度科技功臣，其中一等奖空缺、二等奖3名，科技企业家一等奖空缺、二等奖3名。

2006年，市委、市政府出台《关于加强自主创新，建设创新型城市的若干意见》，市科技局出台《阳泉市科学技术发展“十一五”规划》和《阳泉市企业专利试点工作办法（试行）》，重新制定《阳泉市科技奖励办法》，提高科技奖励金额，着力于自主创新，全面推进科技进步，努力开创全市科技工作新局面。2007年11月25日，阳泉市政府、北京市科委、山西省科技厅在太原签署《关于推进京晋科技合作、共同建设阳泉省级科技示范区的框架协议》。通过京晋科技合作，建设省级科技示范区正式启动。2008年，全市科技工作突出转变发展方式，调整经济结构，市委、市政府出台《阳泉市建设省级科技示范区实施意见》《〈阳泉市建设省级科技示范区实施意见〉具体实施工作方案》《关于建设阳泉省级科技示范区的若干政策》《关于全市蔬菜产业发展及落实京晋农业科技合作项目的实施意见》4个文件，从宏观发展目标到产业规划布局，从实现路径到推动手段，形成一整套完备的政策体系，为启动科技示范区建设提供了政策依据。针对国家新出台的《高新技术企业认定管理办法》，及时采取科技型中小企业、民营科技企业、准高新技术企业分梯推动，分类指导，通过认定提素质，滚动扶持壮实力的办法，积极引导企业加大科技投入，加大培育和吸纳高技术人才，创办企业技术研发中心，实施专利战略和名优品牌战略，以知识产权为核心的竞争能力不断提高，确保高新技术产业的持续增长和健康发展。2008年，全市新认定民营科技企业8家，推荐5家企业参与高新技术企业认定申报；高新技术企业总数达36家，产值超过22亿元，上亿元企业12家。2009年，阳泉市在全省率先推行科技特派员和大学生村官“一肩挑”工作，全市选派100名科技特派员，支持科技特派员和大学生村官的科技创业项目15项，开辟了一条科技推动农业发展和农村产业创新的崭新道路。2010年11月，为进一步加强阳泉市与中科院的技术合作，双方签署《院市合作战略协议》，为全市科技创新及技术进步提供了可靠保证。

第四节　重要科技会议

1986年8月4日至6日，中共阳泉市委、市政府在市公安礼堂召开阳泉市科学技术大会。市委、市人大、市政府、市政协、市纪检委、军分区的领导和全市各行业科技人员，县、区、乡、市直单位，省营以上企业主管科技工作的领导，市、县、区科协负责人，大中专学校和科研单位负责人等出席会议。市委副书记贾银环主持大会，市委副书记、市长光敏致开幕词。省科委副主任雷霆应邀参加会议并讲话，分管科技工作的副市长李奕民在会上作了题为《贯彻改革决定、实现转轨变型、充分发挥科学技术的推动作用》的报告。会议总结了“六五”期间科学技术的成就，阐述了“七五”期间科技工作的总体设想，安排了当前科技工作的主要任务。科委主任高磊就阳泉市科技体制改革的《实施意见》及科委副主任杜肇昆对《阳泉市“七五”科学技术发展规划纲要》（讨论稿）作了说明。市委书记路正西作了《依靠科学技术振兴阳泉经济》的讲话。这次会议标志阳泉市科技体制改革和科技事业的发展进入了一个新阶段。

1991年9月24日至28日，华北五省（区）市科委主任联席会第六次会议在阳泉召开，国家科委副主任朱丽兰出席会议并讲话，五省（区）的市科委主任或副主任39人参加会议。1992年9月6日至8日，全省星火计划工作会议在阳泉召开，全省11个地市科委主任参加会议，省科委主任李龙城主持会议。1994年11月15日至16日，阳泉市科学技术大会在阳泉宾馆召开，这是市委、市政府继1986年科技大会后又一次科技盛会；会议总结回顾了8年来阳泉市科技工作情况，对今后一段时期科技工作作出安排部署；会上有11个单位、企业从不同角度对各自在科技工作中积累的成功经验进行材料交流。市政府作出《关于提高阳泉市科学技术进步奖奖金额的决定》，市委组织部、市科委作出《关于表彰科技副县区长、优秀科技副乡镇长的决定》，郊区科技副区长朱礼厚、平定县科技副县长梁锦田及10名科技副乡镇长受到表彰。市科委、市技术市场办下发《阳泉市1995年—2000年技术市场发展规划》（讨论稿），市科委等8个单位下发《阳泉市企业专利工作实施办法（试行）》。

1997年1月11日至13日，全省各地市县、省直有关部门领导300余人参加了在阳泉召开的山西省地市县科委主任会议、科教兴市县工作会议暨龙头企业特色现场会，与会代表参观了东风耐火材料厂、太行化工厂、金属针布厂等星火项目实施厂家。郊区、平定分别作经验交流。6月3日，国家科委成果管理办公室、机械部生产司在阳泉联合召开“城市煤气快速启闭阀”会议。1999年8月20日，在阳泉市第四届招商引资活动月中，阳泉市科委与莫斯科装配技术研究所签订关于科学技术合作协议，在焊接设备技术、电子设备技术、无损控制检测系统、光纤下班技术等领域进行信息交流和技术合作，并计划在阳泉实施生产高科技产品的合作项目。

2006年2月22日，全市科技工作会在市北岭宾馆召开，会议重点学习贯彻全国科学技术大会精神，回顾阳泉市2005年及“十五”期间科技工作情况，同时对2006年及“十一五”期间科技工作做了安排。会议强调“十一五”阳泉市科技发展的重点工作是五项任务及四大专项：五项任务是区域科技创新体系建设、关键领域重大科技成果研发推广、高新技术产业发展及改造传统产业、科技发展创新环境及能力建设、全民科技素质提升，四大专项是实施制造业信息化工程、提升企业自主创新能力、完善农业科技服务体系建设、建设高新技术创业园区。9月26日，市科技局组织召开全市制造业信息化工程培训暨经验交流会，全市各县区科技局及30

多家制造企业相关人员近80人参加培训。11月8日，“阳泉市农业科技信息查询系统应用”信息发布会在市科技局十四楼会议室举行，由市科技局主办、网通阳泉分公司协办的阳泉市农业科技信息“村村通工程” 正式启动。科技信息8大类10个专业，信息总量达1.5万余条。11月30日，科技大会在阳泉宾馆召开，市委、市政府表彰“十五”期间在技术创新、科技管理和支持科技工作方面作出突出成绩的先进单位和个人，授予阳煤集团等20家单位“技术创新优秀企业”称号、郊区科技局等3个单位“科技管理先进单位”称号、市委宣传部等13个单位“支持科技工作先进单位”称号、赵长春等3人“科技功臣”称号并各奖励5万元、王体轩等3人“科技企业家”称号并各奖励3万元、刘彦斌等16人“优秀科技工作者”称号、冯云喜等3人“优秀科技管理者”称号、柴治斌等103人为阳泉市第三届享受市政府特殊津贴拔尖人才。2007年2月2日，全市科技工作会在科技大厦召开，会议对2005年度科技进步奖获得者代表、市县科技依法行政目标责任制考核先进单位、2006年度专利申请工作成绩突出的单位和企业及8家省制造业信息化重点示范企业授奖。9月26日，在市科技局举行了阳泉市产学研协会第一次会员代表大会暨成立大会。会议通过《阳泉市产学研协会章程》，选举产生第一届理事会理事和相关机构。协会吸纳会员80多名，并与中科院合作建立了拥有500多名科技专家的数据库。11月25日，阳泉市政府、北京市科委、山西省科技厅三方科技合作座谈会暨科技合作框架协议签约仪式在太原晋祠宾馆举行，合作三方签署《关于推进京晋科技合作、共同建设阳泉省级科技示范区的框架协议》，京晋双方以阳泉为示范点，在推动北京高技术研发成果与阳泉产业对接、促进传统产业升级改造，推动科技资源相互开放和共享，人才合作与交流等12个方面达成共识。

2008年11月11日，阳泉市2006—2007年度重奖有突出贡献人员评审会在墨玉宾馆召开，参加申报的科技功臣候选人22人、科技企业家候选人8人，选出科技功臣和科技企业家各3人。2009年2月19日，全市科技工作会在市科技局召开，会议表彰2008年度全市科技依法行政责任目标考核先进单位，颁发2007年度市级科技进步奖，市科技局与各县区科技局签订2009年科技依法行政责任目标考核责任书。同年，在全省科技工作会上，市科技局被科技部、人力资源和社会保障部联合授予“全国科技管理先进集体”称号，被省科技厅第七次授予“全省科技管理工作先进单位”。2010年1月5日，阳泉市在北京举办京晋科技合作新年联谊会，邀请北京市科委、北京科技大学、中科院北京分院、中科院自动化研究所、中科院力学所、中科院植物所、北京农林科学院、北京新材料研究中心等40余人参加，会议总结双方一年多的合作成果，就下一步合作进行了深入探讨。

第三章 科技活动

第一节 科学普及

20世纪初，境内科学技术落后，人民群众深受封建迷信思想影响，普遍缺乏科学文化知识。抗日战争和解放战争期间，中国共产党领导下的境内各抗日民主政府或人民政府，为改变这种状况，曾进行过破除封建迷信、普及科学文化知识的宣传教育工作。

1953年，山西省科学技术普及分会在阳泉建立地区科普小组，主要在工业、农业、医疗卫生等方面进行科学知识和科学技术的普及宣传，印发了一些科普小册子。1956年，阳泉地区科普小组改为阳泉市科学技术普及协会，科学普及活动在全市工厂、农村、机关、学校、医院等各部门和街道广泛展开，形成了学科学、用科学、讲科学的社会风气。1958年“大跃进”时期，配合当时的大炼钢铁、大搞技术革新的运动，市科普协会编印各种科普资料171种，共计9780余份；创办各种科普报纸、杂志共84种，印发11480余份。与此同时，还组织各单位举办知识演讲会4080次、各类科普展览会5280次，召开现场会议89次；其他形式如口头传授、有线广播、说唱秧歌等科普宣传30492次；举办各种训练班30余种，学习人数达80940余人次；创办各种红专技校1241所，入学人数达119872人次。1960年，为解决粮食紧缺的困难，市科协配合市科委在全市大搞代食品技术指导和推广工作，举办技术训练班9个，参加人数475人次；召开技术座谈会75次，参加会议人员562人次；培养出蘑菇生产技术人员253名，肉精生产技术人员197名，小球藻生产技术人员5名。

1975年3月13日，著名数学家华罗庚到阳泉市推广“优选法”“统筹法”，市革委成立推广优选法领导组和办公室，并组织了40多人的推优小分队。3月20日，市革委召开推广应用优选法报告大会。全市以东风剧场为中心设立31个分会场，有5万多工人、农民、解放军战士、科技人员、机关干部和学校师生聆听华罗庚的报告。会后即在全市形成“推优”高潮。3月22日，华罗庚到阳钢为科技人员和职工继续推广“优选法”，并赋诗曰：“六项指标炼锰铁，五项跨入先进列。师傅巧用优选法，回收也得从头越。增产节约百万计，白头徒工受效益。成果来自好思想，来源归功毛主席。”仅一个月的时间，全市实现优选成果20098项，重大成果1024项，全年可为国家增产节约5656万元，有130种产品实现了工艺优选一条龙。1977年3月29日，华罗庚再次到境内指导“推优”工作。市委在阳泉宾馆召开推广应用优选法和统筹法汇报座谈会，市直各单位领导和推广应用“双法”较好的部分基层单位，参加全国工业学大庆会议的代表，农业学大寨部分先进单位，部分工程技术人员和文教卫生系统代表，市委各部委及工、青、妇单位负责人150多人参加会议。会上由阳泉矿务局机厂、阳钢、阳泉汽运公司等6单位汇报了开展“双法”情况。华罗庚及国家推优小分队还分别深入到矿务局、阳钢、水泵厂、阳泉汽运公司、李家庄公社大西庄大队等18个厂矿、生产队了解指导“推优”工作。

1978年全国科学大会后，特别是1980年12月市科协“二大”召开后，全市科普活动围绕“经济建设必须依靠科学技术，科学技术工作必须面向经济建设”的战略方针，通过编印各种科普刊物、举办专业科技培训班、开展科技咨询服务等活动，更加广泛地开展起来。

科普宣传教育　市科协与有关部门利用各种场合，采取多种形式，坚持不懈地开展群众性科普宣传教育活动。除在市内街头举办“科普画廊”外，还先后出刊《阳泉科技报》《科技通讯》《农业科普》等科技期刊及学术活动专集、学术论文集等科普资料。市科协会同阳泉日报社、阳泉人民广播电台、阳泉电视台等新闻单位，多次开设科普专栏、科普信箱，利用现代新闻传媒传播科学知识。全市各厂矿、乡镇等基层单位还利用传统庙会、物资交流会和重大节日进行科普宣传，印发各种科技资料。1990年10月13日至17日，市首届科技周活动更是内容丰富，形式多样。全市组织了科普一条街，有科普集市11个；千余名科技人员现场进行科技咨询，解答各种疑难问题，宣传科技知识；举办科普报告、讲座30余场，科技竞赛62场；放映科技录像200多场、电影450多场；印发科普资料260余种计30多万份、科普书籍4000多册；展示新产品、新工艺、新技术80多项，并进行医疗、信息、修理等各项技术服务，30多万群众参加科技周活动。此外，市科协还与有关部门举办了青少年科技夏令营、青少年创造发明比赛、科学讨论会、“小星火杯”竞赛等项活动，引导青少年从小爱科学、学科学、用科学。市二轻局技术科副科长俞志宏，从20世纪80年代开始，利用业余时间钻研科普知识，进行科普创作，先后在全国12种科技报刊和其他报刊上发表12万字的科普文章，他撰写的《水晶宫的歌声》和《魔术师历险记》两本科普读物，分别由春蕾出版社和希望出版社出版，在全国公开发行。1994年12月22日，市科委、市科协共同举办了一次高新技术知识讲座，邀请山西大学教授刘开瑛和省科委高级工程师王金良分别讲授《信息革命中的信息网络建设》和《火炬计划及山西高新技术发展》，开阔了人们的高新技术意识。

专业科技培训　市科协与各有关部门坚持从实际出发，同企业改革和经济效益相结合，采取“缺什么补什么、急需什么办什么”的原则，先后举办了外语、中医、热处理工艺、机械制图、电工基础、化学分析、社队小煤窑技术、天平使用与维修、美术摄影、服装裁剪、电脑语言及计算机专业班等各种类型的专业技术培训班，为各工业企业、乡镇企业和社会各界培养了一批急需的专业技术人才。如市科协举办的中、初级机械制图培训班，使很多学员由看不懂或只能看懂简单图纸，提高到能独立设计制图；南庄煤矿的冯广忠通过学习能胜任一般煤炭勘测开采的图纸设计；水泵厂工人程进民从只能看一般图纸到能设计一般图纸，使产品质量不断提高。1982年举办的社队煤矿专业技术培训班，通过传授用于小煤窑的测绘、采掘、安全等技术基础知识，使境内小煤窑采掘一线工人能运用到生产实践中，多数学员被单位分配到生产技术重要岗位。旧街公社煤矿荆武科回矿后被提拔为矿长，郊区红土岩煤矿冯恩湖、李庭秀，野沟煤矿李乃祯都由工人提拔为主管生产技术的领导。1996年6月27日，市科委与市经委共同召开阳泉市计算机推广应用现场会，与会代表先后深入阳泉钢铁厂、阳泉矿务局、无线电一厂、平定水泥厂等4个计算机推广应用好的典型单位进行参观考察，3个领域中的6个典型单位作了经验介绍。“十五”和“十一五”期间，全市每年定期组织面向领导干部和企业家的科技报告会，培训人员达10万人次。

科技咨询服务　为充分发挥科技人员的聪明才智和潜力，促进科学技术与经济建设的结合，1981年市科协组建科技咨询服务公司（后改称科技咨询服务中心），到1999年，科技咨询服务组织先后完成决策咨询、技术咨询、技术转让、技术服务、新产品开发、环境评估、项目评估、专业技术人才培训等技术咨询和服务项目400余项，取得经济效益上亿元。2001年至2010年，阳泉市共举办10届科技活动周，通过科技下乡、科技进社区、科技培训等群众喜闻乐见的形式，宣传农林牧业实用技术、卫生防疫、应对突发事件等百姓急需的科技知识。2001年5月14日至20日，市科委与市委宣传部、市科协等部门共同组织开展了“新世纪首届科技周”活动，共有50个单位设展位160余人开展了服务，展出60多块反对封建迷信、崇尚科学文化的版面，放映5部科教片，对20余项新技术、新产品进行展示，发放宣传资料1万余份，受理咨询8000余人次。2002年5月18日至24日，阳泉第二届科技活动周围绕“科技创造未来”的主题展开。2003年5月17日至23日，主题为“依靠科学 战胜非典”的第三届科技活动周举办，活动共发放《阳泉日报·家园周刊》科学抗击“非典”特刊、预防“非典”出版物等资料5000余份，发放提高免疫力专利药品300袋。2004年5月15日至21日，主题为“以人为本，全面建设小康”的第四届科技活动周举办，由市科技局牵头组织卫生、教育、文化及医疗等单位60余人参加在平定东回镇举行的科技“三下乡”活动。其间，还为市气象局、郊区小河石家花园、矿区赛鱼小学、平定南上庄科技园举行阳泉市首批青少年科普教育基地授牌仪式。2005年，阳泉市第五届科技活动周以“科技以人为本，全面建设小康”为主题。2006年至2010年，阳泉市第六届到第十届科技活动周活动主题均为“携手建设创新型阳泉”，连续举办了阳泉市科技成就展和科普服务、科技高新产品展示，向赛鱼小学和北大街广场社区等社团学校捐赠了价值5万元的科技图书。市科技局还与阳泉电视台联合拍摄反映全市科技状况的专题片、在《阳泉日报》上刊登专版介绍科技知识、放映科普电影、公布科技项目指南、开展各种科技服务。各县区科技部门还会同农业部门，开展科技下乡活动。“十一五”期间，每年的4月26日，市科技局还牵头举办世界知识产权日，市委宣传部、市工商局等7部门参与，在城市广场举办了专利产品和名优产品展览，散发宣传资料，接待咨询，展出专利产品和名优产品宣传展板，受到群众欢迎。

科技“三下乡”活动

科技兴农服务　全市各级科协组织重点抓了快速养猪、核桃剪枝、果树腐烂防治、食用菌栽培、NK-P植物营养素、饲料添加剂推广，各种农作物良种推广及先进农机具推广等。同时，开展了“学科学、比贡献、建设科普文明乡（镇）”的活动，到1990年，全市已建成荫营镇、河底镇、锁簧镇、下社乡4个科普文明乡镇和232个科普文明村，并涌现出2545个科技示范户。此外，还通过多种方式举办各种农业科技培训班200余期，培训人员1万多人次。“十五”和

“十一五”期间，全市实施各类农业科技培训达800多场，培训农民及科技人员20多万人次。“酸枣树嫁接优质红枣技术培训”“沼气技术推广现场培训会”“优质苹果高光效树型改造技术培训会”“核桃栽培与管理技术培训”等获得受训人员称赞，提高了农民科技文化素质和科技致富能力。2006年10月19日，阳泉市生产力促进中心在平定县政府会议室组织召开“优质苹果高光效树型改造技术推广培训暨经验交流会”。平定陈家圪梁村、理家庄村、苏峪村等10多个产果大村的果农40余人参加培训和经验交流。2008年7月3日，阳泉市生产力促进中心与盂县科技局在盂县共同举办“蔬菜新技术培训班”，盂县各乡镇的科技副乡（镇）长及蔬菜种植户共70余人参加培训。2009年9月25日，市科技特派员工程领导组办公室邀请专家组织召开养蜂科技知识讲座，对从大学生村官选派出的39名农村科技特派员进行农业知识技能培训，还赴平定县海源农业科技示范园区对玉米新品种进行观摩学习。10月10日，阳泉市首次组织50名大学生村干部农村科技特派员到山西农业大学进行为期6天的培训。2010年5月21日，市科技情报研究所在全国统一开展的科技活动周期间，组织全市70余名科技工作人员参加山西省科技文献资源共享与服务平台培训会。11月12日，市科技局在阳泉市高新技术创业园区举办知识产权专题讲座，邀请山西省知识产权资深专家、山西科卫专利事务所所长温彪飞作《推进企业专利工作，打造企业核心竞争力》的讲座。1980年至2010年，全市每年组织大规模的科技“三下乡”活动，5万多人次受益。

科普基地建设 为了在青少年中创造爱科学、学科学、用科学的良好环境，2004年，阳泉把赛鱼小学、郊区小河石家花园、阳泉市气象局、平定南上庄农业科技示范区设为青少年科普基地，对全市青少年免费开放，到2005年接待2万余人次参观。2010年，阳泉市气象局气象台、翠枫山风景区被列为省级科普基地。为了解决全市科技人员无固定活动场馆的问题，通过市场化运作，阳泉市科技局多方筹资，对原有的科技活动中心进行改造，2005年完成主体工程并部分投入使用。扩建后的阳泉科技活动中心建筑面积达9000多平方米，基本满足了科技活动的需求。

专项科技宣传 1996年3月6日，市科委与市委宣传部共同举办首届科技宣传奖评选活动，共评出科技好新闻15篇，科技宣传模范个人10名，科技宣传先进集体8个。6月18日至20日，省科委牵头组织新华社山西分社、科技日报社山西记者站及省内其他媒体记者到阳泉开展科技采风活动，对阳泉在全省夺得首个“全国科技工作先进县”、首个“国家级星火技术密集区”、首个“全国科技工作百强县”及数项工作在全省名列前茅的成绩进行深度报道，扩大了阳泉的知名度。2005年首届“山西省科技新闻奖”评选中，市广电总台、阳泉日报社选送的作品获3

个二等奖，4个三等奖，在全省名列前茅。市科技局同时获得优秀组织奖。2007年4月25日，“知识产权三晋行”宣传采访团到阳泉，与发明人、企业、相关单位座谈，并走访了部分工矿企业，了解知识产权情况。2010年3月26日，2008至2009年度山西科技新闻奖揭晓，由《阳泉日报》高晓萍、宋崇军撰写的通讯《与科技“握手”有多难》获得报纸类二等奖，阳泉广电总台冯晋编辑的《科技为先，阳泉迸发创新能力》获得电视广播类三等奖。

第二节 科技研发

1958年，阳泉市科委成立后，认真贯彻“科学技术工作为生产服务”的方针，大抓群众性技术革新、技术革命和科学研究活动，并于1959年建立6个科学技术研究所。到1960年，以机械化、半机械化、自动化、半自动化为中心内容的群众性科学研究、技术革新、技术革命运动形成高潮。同年，阳泉市科委成立代食品技术指导小组，并在全市组织技术网，组织管理全市代食品研究、试制和推广工作。

“文化大革命”开始后，境内科研机构逐步萎缩，相关工作受到很大影响。

1978年，全国科学大会召开后，境内的科技研发逐步走上正轨，科研机构得到恢复和发展。特别是在科研机制改革方面，通过给全市381人晋升技术职称，调动了广大科技人员的工作积极性和研发热情，先后成立科技情报研究所、综合利用研究所、肿瘤研究所、电子研究所、农机研究所、煤炭研究所、化工研究所、钢铁研究所等8个专业研究所（室）。1984年，在科研和开发方面，大胆进行改革，成立“阳泉市科学技术开发服务公司”。该公司是集科学研究、新技术推广、人才开发、技术贸易一体化的科技开发实体，重点服务科研技术薄弱的中小企业和乡镇企业。1985年，撤销阳泉市科学技术开发服务公司，成立阳泉市技术交流中心，并开设技术市场。市科技交流中心建立后，通过开办技术市场吸收了一大批具备专业技能的技术经纪人，多次成功组织企业参加深圳高交会、北京科博会、上海工博会等大型科技展会，帮助企业与科研院所建立合作关系，引进合作企业，促进科研成果商品化。1986年，在全市开始实施星火计划。为加强“星火计划”管理，保证其顺利实施，制定《阳泉市“星火计划”项目验收暂行管理办法》。7月，成立科技干部管理局。1993年后，境内逐步构建县、乡、村三级科技管理体系，形成科技副县区长、科技副乡镇长、科技副村主任和县、乡两级科委的“三长两委”科技管理格局；不少企业实行总工程师负责制，对领导科技研发工作提供了组织保证。

2001年至2005年，阳泉市以火炬计划为代表的高新技术产业化项目发展迅速，成为科技研发的支撑重点。2007年，成立产学研协会。11月，北京市科委、阳泉市人民政府、山西省科技厅开展京晋科技合作，先后与北京科技交流中心、中科院有关院所、北京市技术转移企业合作，举办大型技术对接活动20余次，广泛采集供求双方技术信息，为境内企业提供服务。阳泉市在耐火、冶金、食品加工、机电、生物制药、机械制药、机械制造、特色农业、工业、园区建设等方面成功与北京方面合作，并取得良好效果。

2006年，境内相继制定《科学技术奖励办法》，奖励在科技进步活动中作出突出贡献的公民、组织，鼓励自主创新，调动广大科学技术工作者的积极性和创造性，促进科学研究、技术开发、科技成果转化和产业化，加速科教兴市战略和可持续发展的实施。同年出台《关于加强自主创新，建设创新型城市的若干意见》《阳泉市科学技术发展“十一五”规划》和《阳泉市企业专利试点工作办法》，全面推进科技进步，开创科技研发工作新局面。2010年，阳泉市高新技术创业服务中心成立，面向社会吸纳有发展前景的高新技术成果及中小型科技企业，通过提高设施齐全的孵化场地、投融资服务、发展咨询、技术支持等必要服务，为全市科技成果转化和科技企业培育成长营造较好的发展环境，降低了创业企业风险和成本，促进了科研工作快速发展。

第三节　科技交流

在长期的社会生产实践和技术改造过程中，阳泉人民总结了不少认识、改造自然环境和改变生产条件的经验。但在阳泉建市前，由于科技活动不受重视，许多能工巧匠掌握的技艺往往仅是其维持生计的资本，很少有人愿意把技艺传授他人，某些技术的传授也仅限于父子、师徒间，范围很小。阳泉建市后，随着对科技研究的加强和人们思想认识的提高，科技交流逐渐由自发到自觉，由本地、本行业逐渐扩展到其他地区、其他行业。交流范围扩大到全国乃至世界各地，现场交流会、学术交流会、学术讨论会、学术报告会、学术讲座、科技成果交易会、科技情报及资料交流等形式不断增多，促进了境内生产的发展和社会进步。

一、国内科技交流

民国36年（1947）阳泉建市到1966年“文化大革命”开始前，境内科技交流活动由原来的父子、师徒间或其他较小范围内的交流，发展到自觉的、有组织的、较大范围的交流，并出现了较大规模的现场交流会议等形式。“文化大革命”初期，科技交流一度中断。“文化大革命”结束后，特别是国家拨乱反正、实行改革开放政策以后，科技交流进入一个新的发展时期。

20世纪90年代，境内科技交流进入活跃期。1994年3月31日至4月1日，美国加州西北理工大学校长、博士谢佐齐到阳泉主讲《国际商务与沟通》《国际合作与商品开发》《科技经济管理》等课程。1997年9月19日，国家科委政策法规与体改司地方处处长邱成利到阳泉举办科教兴市讲座。1998年9月29日，市科委与市委组织部、宣传部共同举办“知识产权与经济建设发展关系讲座”，由国家知识产权局专家宋小逸讲授，参会人员600多人。

2000年9月14日，中国钢铁研究总院教授彭达岩在阳泉郊区宾馆报告厅举办耐火材料科学报告会；15日，清华大学材料系博士汪长安举办了陶瓷材料学术报告会。2001年3月30日，国家ISO 9000认证专家蒋治平、省生产力促进中心质量认证部部长马建民到阳泉讲授ISO 9000标准的核心思想、发展历程、认证程序及ISO 9000标准2000版的最新内容。2003年3月27日，国家制造业信息化工程专家组成员胡家齐教授到阳泉举办“阳泉市制造业信息化工程培训班”，全市12家高新技术企业和40家重点制造业企业的总经理（厂长）、信息化负责人及各县区科技局长、阳煤集团有关企业负责人120人参加培训。8月28日，科技部党组成员、科技日报社社长尚勇到阳泉作《工业经济与科技创新科技》报告。2004年6月24日，北京交大经管院博士生导师、中国工程院院士徐寿波教授做《能源城市经济发展的战略性思考》的报告。2005年7月7日，加拿大多伦多大学经济系博士耿庆武做《科技创新与知识管理在政府、社会与企业的应用》的报告。10月，山西省科协副主席关原成在城区举办《自主创新与企业进步》专题报告。2006年，阳泉市耐火研究所与武汉科技大学材料冶金学院共同组建产学研合作基地协议签字及揭牌仪式在华岭耐火材料有限公司举行，武汉科技大学原校长汪厚植等出席并举办了为期半天的耐火材料专题讲座。2007年4月13日，阳泉举办知识产权专题讲座，讲座由国家知识产权局条法司副司长、国家知识产权战略工作领导小组办公室秘书长文希凯主讲。2009年4月27日，阳泉特邀国家知识产权局专利管理司司长、研究员马维野作知识产权战略专题讲座。2010年11月14日，市委组织部、市科技局在阳泉宾馆举办“发展新兴产业和承接东部产业转移”专题报告会，特邀上海社科院研究员、上海复旦大学经济学院教授、博士生导师石磊主讲。

（一）参加科技博览会

1992年5月13日至24日，省政府组织阳泉市19项新技术、新产品赴新疆乌鲁木齐参加全国“七五”星火产品展览会，获金奖1项、银奖3项、优秀奖2项。1993年3月，阳泉有3个项目获得在承德举办的“全国星火计划成果展览会”金奖；4月，有2个项目获第一届国际专利技术信息交易会银奖；7月，有1个项目在第七届全国发明展览会上获银奖，4个项目获铜奖。

1994年5月11日至14日，平定县铬盐厂的重铬酸酐项目获得在武汉举办的“全国中小企业、乡镇企业新技术、新产品展销会”金奖。1996年4月14日，在郑州举行的第五届全国专利新技术、新产品博览会上，阳泉专利办组团参展的30个项目有26个项目获奖，其中金奖9项、银奖12项、优秀奖5项，获奖率居全国各参展团之首，市专利办被大会授予“最佳组团奖”，阳泉展团以123万元的技术成交额获“最高成交额奖”。

2003年10月30日至11月3日，在杭州举办的中国民营科技促进会年会暨创新创业高峰论坛会上，山西远鑫实业有限公司和山西吉天利科技实业有限公司被评为“第三届全国民营科技企业技术创新先进单位”，并获“中国民营科技企业创新奖”。2004年5月21日至26日，阳泉市组织11家企业参加北京第七届科博会，有4个项目与相关科研院所、企业签订技术、经济合作意向。8月16日至21日，阳泉市建工泵业有限公司的“滑轮式悬臂起重机”和“可使用B3电机的接轴承式直流水泵”获得在大连举行的2004年中国国际专利技术与产品交易会金奖。2005年，第七届深圳高交会上，阳泉市中驰纳米科技有限公司生产的具有国内领先水平的“‘零界颗粒切割法’纳米级精细铁粉”受到国内外同行专家关注。2007年，在河北廊坊举行的第十七届全国发明展览会上，阳泉市参展的15个专利项目有4项分获展览会金、银、铜奖，其中“预防和控制煤矿采掘工作面瓦斯煤尘爆炸的技术装备”获金奖、“煤仓块炭防坠损装置”和“防火密闭墙”获银奖，以上3项专利属于阳泉市新鑫科技研究所杜志刚所有；山西建工申华暖通设备有限公司的“自力式流量控制阀”获得铜奖，获奖企业全部为民营高新技术企业。2008年5月21日至25日，第十一届中国北京国际科技产业博览会在中国国际展览中心举行，阳泉市与北京方面合作的部分项目在博览会上亮相。9月19日，在“第二届中国（太原）国际煤炭与能源产业博览会”上，阳泉市2项科技合作项目成功签约；10月12日至17日，在深圳召开的“第十届中国国际高新技术成果交易会”上，阳泉又有2项京晋科技合作项目签约，是继阳泉开展京晋科技合作后正式签约的第19个项目。11月18日至20日，第二届中国专利周山西地区活动在太原举办，阳泉浩丰小杂粮合作社与忻州市的一家化肥生产企业达成合作意向。2010年5月29日，第十三届中国北京国际科技产业博览会在北京国际展览中心举行，阳泉市与中科院北京分院就中科院与阳泉深化“院地科技合作”进行座谈，并就“院地科技合作”机制的建立、双方责任义务及具体科研合作项目和全面战略合作关系等事宜进行商讨。8月6日至8日，第七届中国国际专利技术与产品交易会在大连举行，阳泉市6个项目获得金奖，达成2项合作意向，山西省知识产权局和阳泉市知识产权办公室获大会最佳组织奖。

（二）产学研合作

“十五”期间，阳泉市技术市场健康发展促进了全市科技和经济结合，加速了科技成果转化。2001年至2005年，全市共登记各类技术合同134项，合同金额7922.15万元。其中，技术交易额3263.35万元。技术合同成交总量以平均增长超过50%的速度稳步增长，技术交易规模和水平都在逐年提高，技术合同成交金额逐年上升。2005年技术合同项数虽然有所下降，但成交金额比2004年增长15.3%，表明技术交易规模和水平在提高，技术市场呈现稳步发展态势。2006年至2010年，全市共登记各类技术合同118项，合同金额2.02亿元，其中技术交易额4592.5万元，技术市场交易额呈稳步增长态势。

“十一五”期间阳泉市技术合同成交情况图

图-25-1

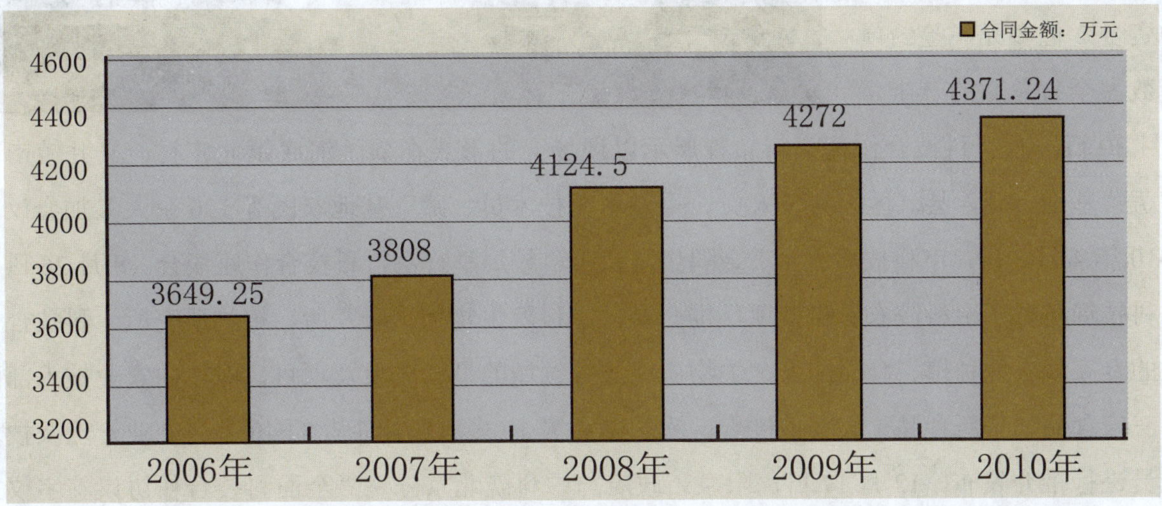

2007年4月，市科技局组织山西圣火炉料有限公司、平定县巨鑫制件有限公司和山西华伦陶瓷有限公司参加在河南郑州召开的第二届中国中部贸易投资博览会，山西圣火炉料有限公司与河南科技大学高温材料研究院、平定县巨鑫制件有限公司与清华大学材料研究所、山西华伦陶瓷有限公司与中国地质大学分别达成产学研项目合作协议。12月，阳泉市与北京科委、山西省科技厅签署《京晋科技合作框架协议》，京晋科技合作拉开序幕。2008年是阳泉市对外交流合作频繁的一年，也是成效突出的一年，尤其是京晋科技合作，北京110多名专家先后7次组团到阳泉开展合作交流，并在多个领域取得实效。通过北京第十一届科技博览会、第十届中国国际高新技术成果交易会、第二届煤博会先后签署科技合作项目21项，签约金额达到3亿元。2月5日，京晋科技合作首例示范项目耐火高温隧道窑节能减排技术改造在山西圣火炉料公司通过专家论证。3月10日，京晋科技合作北京考察团一行31人到阳泉，分4组对阳泉市机械制造、材料工业、有色金属、农林发展状况进行考察。5月13日，北京金隅集团通达耐火技术股份有限公司、阳泉市郊区人民政府、北京新材料发展中心、阳泉市科学技术局在阳泉宾馆联合签署《京晋科技合作铝矾土资源综合利用项目合作备忘录》。5月22日，在第十一届中国北京国际科技产业博览会山西代表团签约仪式上，阳泉市与北京方面成功签订12个京晋科技合作项目，签约资金2亿多元，签约项目数占全省总数的一半。

京晋科技合作交流对接会

5月30日，京晋科技合作蔬菜新品种展示以现场会的形式在郊区河底镇北庄村、义井镇南庄村蔬菜基地召开，县（区）科技人员、重点乡镇技术员、蔬菜基地农民等120余人参加会议。2010年4月8日，市科技局、北京金隅集团在市科技局举行京晋科技合作座谈会。8月26日，市科技局举办了中科院农业科技项目推介会，中科院生物物理研究所、植物研究所、科技合作处的专家就农业种植、食品加工、生物质能源等领域的最新成果及项目，对境内农业技术部门及三来食品、华新食品、大寨核桃露、欢乐喝彩等10多家农业企业的40多名企业管理及技术人员进行推介发布。12月17日，阳泉市政府与中科院北京分院“全面科技合作协议签字仪式暨项目发布会”在北京举行，全市30多家煤炭企业负责人在中科院北京分院会议厅听取科技成果和项目介绍。会上，阳泉市与中科院北京分院共签署合作协议3项、项目1项。经过几年合作，阳泉市企业与北京科研院所、大专院校先后签署近30项技术合作协议；其中，华越机械与中科院力学所开展的“煤矿机械有限元分析”合作为企业解决了技术难题，企业在煤矿机械制造领域得到突破性进展，双方在阳泉市科技创业中心共建“矿山机械研究中心”，为矿山机械制造提供了技术支持。

二、国际科技交流

“文化大革命”前，国际交流以外国专家、学者到阳泉参观考察或帮助工作为主。1952

年10月和1954年春，苏联专家热比斯夫、苏联科学院副院长巴尔金先后到阳泉甘河硫黄生产社、下五渡石灰生产社、三泉铁业社等进行参观考察。苏联委派的经济技术专家还到阳泉矿务局帮助过工作。1962年8月，桑给巴尔友人到杨家庄农具厂参观了擦锄板的生产过程。1965年秋，阿尔巴尼亚、坦桑尼亚专家到市粉末冶金厂、市金属铸造厂进行考察。与此同时，境内一些单位也曾派人出国学习，如20世纪50年代阳泉矿务局曾派员赴苏联学习。此外，在国际交流活动中还开展了科技情报资料交流，如1957年5月阳泉矿务局钻孔排放伴随层瓦斯获得成功（该技术在国际上处于领先地位），煤炭部于1958年将其进行国际交流。1960年，苏联《煤》杂志第二期专题刊登了《中华人民共和国煤层瓦斯的排放》，对该技术进行介绍。阳泉矿务局1958年编写的《无极绳绞车应用技术》，也由煤炭部作为科技资料在国际上进行了交流。“文化大革命”期间，境内科技交流活动几乎处于停滞状态。

中共十一届三中全会后，国家实行改革开放政策，国际交流日渐频繁，阳泉的国际科技交流活动也随之增加。仅1978年至1988年的10年间，先后有亚洲、欧洲、北美洲和大洋洲的十几个国家或地区的考察团、技术服务组等，到阳泉矿务局进行技术考察、学术交流、推销产品等活动。同时，阳泉矿务局也根据需要派员出国，进行相应交流活动。1990年后，阳泉市积极调整对外科技合作战略，坚持“走出去，引进来”的战略，在把产品打入国内、国际市场的同时，不断引进新技术、新工艺，利用国内外先进技术改造传统产业，发展高新产业，带动了阳泉市经济结构的调整。市政府科技经费中，国际科技合作经费投入达400万元，科技经费投入比“十五”期间增加50%，增幅显著，累计重点扶持项目近20个，其中省级重点项目4个。“十一五”期间，阳泉市企业对外科技交流及科技合作取得较大进展。

（一）外国专家学者到市内考察交流

1975年9月9日至12日，波兰厚煤层考察组一行3人到阳泉矿务局四矿和机电修配厂考察，在四矿井下参观了丈八煤层金属网假顶分层开采工作面、四尺煤层国产综采设备工作面和煤巷掘进工作面。1978年8月，联邦德国科吕克内—比高利特公司路伯阳斯基等3人到阳泉矿务局考察，推荐了两种液压支架。11月，以芬顿为团长的英国采矿设备制造商协会代表团一行15人到阳泉矿务局考察，针对如何降低选煤厂重介质消耗和风流瓦斯浓度、减少工作面落山角瓦斯与工作面煤尘等问题进行技术座谈。1979年10月，联邦德国以汉斯·菲纳尔为团长的矿山安全考察团在考察后对阳泉矿务局瓦斯抽放治理情况表示赞赏。1980年1月至4月，由联邦德国、法国技术人员组成的综采设备技术服务组，到阳泉矿务局一矿北头咀平峒1103工作面进行综采设备调试和技术服务，对部分工人进行综采设备操作训练和技术培训。1981年8月，以荒木为团长的日本煤矿安全技术交流团到阳泉煤矿进行交流活动，并向有关人员赠送《放炮人员考试题》和日本、美国、英国、苏联、联邦德国等国家对瓦斯突出的科研项目。1982年7月，联邦德国威斯特伐利亚公司派出3名工程师到阳泉举办讲座，专题讲解液压支架、采煤机、刨煤机工作原理、生产工艺、主要技术性能、维修常识及掘进机和隧道工程方面的有关知识。山西省煤管局及阳泉、西山、汾西、徐州、鹤岗等矿务局和中国矿业学院、山西煤炭研究所的工程技术人员到场聆听了讲座。1983年4月，欧洲经济共同体派出由英国、法国和联邦德国煤炭专家组成的考察团到阳泉矿务局考察瓦斯治理情况，交流瓦斯治理经验，阳泉矿务局高级工程师金元斌向其介绍了瓦斯治理状况，双方就如何解决低透气性煤层瓦斯预抽、提高邻近层瓦斯抽出率及防治煤与瓦斯突出等问题进行了座谈。6月，波兰埃玛格采矿电气自动化研究中心博士楚契基和工程师马依黑尔，到阳泉矿务局三矿进行为期3天的矿井运输系统技术考察和交流。1984年2月，美国费尔奇公司市场部副董事长罗勃·萨拉克为首的访华小组到贵石沟矿区进行考察。6月，萨拉克再次到阳泉，详细介绍该公司生产的抽放煤层瓦斯专用长钻孔钻机和薄煤层采煤设备的性能。9月，瑞典律特欧技术大学采矿和岩石爆矿系博士拉斯顿到阳泉矿务局讲学，举办了50余名井巷工程设计人员和施工技术人员参加的技术报告会，通过幻灯、投影和图片，介绍了瑞典在岩巷开凿过程中的钻眼、装药、爆破及火工产品情况，讲解了金属矿山通风方式和自动调节风量装置等方面的技术。11月，波兰埃玛格科研生产中心的埃·赛贝斯塔和埃·土莱克到中国执行“火灾预警装置新结构和试验”共同研究项目，在阳泉矿务局听取关于竖井厚煤层开采方法、通风系统及自然发火情况介绍，并和通风、环境自动监测等方面技术人员召开技术座谈会。

1986年5月，英国原煤炭科学院院长彼得·柴格勒斯到阳泉矿务局进行技术咨询服务，并作了《曼脑斯系统在英国的应用和发展、英国综采技术现状及发展趋势》的报告，同时对阳泉矿务局三矿改扩建方案、地面瓦斯抽放系统管路防漏问题提出了合理化建议。1987年3月至5月，日本和光交易株式会社北炭商事顾问崎重利、本富宗一等8人到阳泉矿务局一矿，对从日本引进的瓦斯抽放设备进行安装调试；其间，中日双方就设备质量问题举行会谈并达成协议，日方无偿提供132千瓦电动机轴及转子1套，并在真空泵房内新建一气水分离槽，以保证气水分离效果。日方在设备到达后于10月又进行了第二次技术服务。1989年10月，苏联莫斯科矿业学院院长布契诃夫教授等5人，到阳泉矿务局考察了煤矿通风及瓦斯管理技术。1990年1月，苏联伊尔库茨克市林产、化学生产联合代表团到市建筑材料厂考察。6月，美国弗吉尼亚州理工学院暨州立大学丹尼尔教授到阳泉矿务局三矿进行矸山复垦试验指导工作。10月28日至11月

1日，苏联伊尔库茨克大学自然生态保护教研室主任哈乌斯托夫教授、斯贝泽尔副教授，对盂县寺平安热矿泉进行考察，并就有关学术问题与中国地质大学副教授孙连发等人交流。10月和12月，尼亚瓦率领的赞比亚代表团和阿巴沙里·阿拜迪·约尼率领的叙利亚代表团先后到晋东化工厂参观考察。1994年3月31日至4月1日，阳泉市科委举办由美国加州西北理工大学校长谢佐齐博士主讲的培训班，学员们倾听了《国际商务与沟通》《国际合作与商品开发》《科技经济管理》等课程。1999年11月13日，市政府与莫斯科市政府基斯库公司中国业务总代表葛兰举行技术交流、引进项目与外贸合作座谈。

2000年4月1日至20日，日本专家矢泽文仁、能熊谷俊一到平定县南上庄村、理家庄村等6个网点进行技术服务。2001年2月3日至4日，加拿大自然资源部伊万罗依和蒙海国际交流中心主任李平，就加拿大政府以推荐其研究单位研制的低浓度甲烷回收利用技术装置在南庄煤矿集团公司进行安装中试问题进行现场勘察和洽谈。2005年7月7日，邀请加拿大多伦多大学经济系博士、加拿大多伦多大学管理学院亚太高级管理部学术主任、加拿大中国研究学会会长耿庆武博士，作了题为《科技创新与知识管理在政府、社会与企业的应用》的科技报告。

2006年8月，69岁的粉末冶金专家、日本科技志愿者增田敏治为平定县巨鑫制件有限公司进行技术咨询服务。2009年4月17日至18日，由英国、法国、奥地利、韩国、加拿大等15个国家和地区师生组成的“英国皇家艺术学院清华大学社会实践团”到阳泉开展科技交流活动，先后深入郊区和平定的3个村、南煤集团和阳泉职业技术学院，实地考察了新农村建设情况和循环经济、高等教育的发展状况，市科技局与考察团就双方加强科技交流合作、增进人员往来进行了座谈。12月14日，阳煤集团与瑞典碳资产市场就开发阳煤平舒煤矿“煤矿乏风氧化项目”达成合作意向。15日至16日，在卫生部海峡两岸医疗卫生交流协会支持下，美国以色列口腔种植教授讲师团到阳泉，作了中国口腔种植培训之旅阳泉首站巡讲，并成功为境内患者种植21颗牙齿，完成后期修复成功率100%。12月底，美国加州高级护理学院院长、教授王爱平到市口腔医院作美国护理专题讲座。2010年4月25日，英国伯明翰大学牙科学校校长等3人组成的专家团到市口腔医院讲学并作技术指导，参加学习的人员约70人，山西省多名口腔专家学者专程到阳泉参加学习。5月中旬，德国柏林优毕德护理学校校长冯霍夫一行到市口腔医院参观交流。10月27日至29日，中国香港地区及以色列口腔种植修复新技术讲师团到市口腔医院作讲学和手术临床指导，为10名患者做了16颗人工牙种植手术，其中为张某做的上颌窦提升手术实现了境内在此项技术上零的突破。

（二）市内派人出国考察学习

1973年11月，阳泉矿务局在引进波兰综采设备之前，派出赵芝田、吴景忠等9人组成的综采实习组，赴波兰进行为期3个月的实习。11月至12月，阳泉矿务局副局长李兵余和局技术处马洪部组织的考察组赴波兰考察采煤机械化与自动化技术状况，为三矿二号井改造提供技术借鉴。1977年9月，阳泉矿务局派出15人实习组，到联邦德国进行两个半月的综采实习，对引进的液压支架等设备进行系统了解，并对联邦德国煤矿采煤工艺、生产过程、技术管理、劳动组织和设备配套进行了解。1983年11月，阳泉矿务局局长赵芝田随同煤炭工业部组织的中国井工代表团赴美国进行1个月的考察，参观井工开采的煤矿、设备制造厂、咨询公司，交流煤矿安全设备、矿井设计及长壁、短壁、房柱式开采技术等方面经验。1984年9月至10月，阳泉矿务局高级工程师金元斌应邀考察英国、联邦德国和法国的一些煤矿和煤炭研究中心，对西欧国家煤矿瓦斯抽放技术有了进一步了解。1985年5月，阳泉矿务局原总工程师何秉权和高级工程师金元斌赴新西兰进行为期3周的考察，重点了解欧海煤矿用掏洞法预抽煤层瓦斯钻孔施工技术，为阳泉矿务局和国内其他地区治理煤层瓦斯提供借鉴。1986年4月18日至5月2日，市科委副主任马洪海等5人组成的中国无烟煤综合利用考察小组，对朝鲜民主主义人民共和国"二八"维尼纶厂无烟煤生产电石、型煤、电极糊，褐煤生产腐殖酸，电石路线生产维尼纶工艺进行考察，并就工艺技术问题与其交流。1988年9月20日至10月6日，以李天瑞代市长为团长的阳泉市磁粉生产线引进项目考察团，赴美国麦士诺公司考察。1989年4月28日至5月11日，以李奕明副市长为团长的市煤矿、机电、电子、轻工项目考察团，赴英国切斯特菲尔德市进行技术考察。

1990年至2000年，阳泉市与国际交流合作频繁，其中，出访304批次708人次、接待到访300批次1763人次。

（三）组织参与国际性展览

1987年10月至1990年12月，阳泉市先后组织科技成果或发明项目参加了第36届、第37届世界尤里卡发明博览会，北京国际发明展览会，第二届国际专利及新技术、新产品展览会，以及中国在联邦德国举办的中国周科技展览、在泰国举办的中国实用新技术与成果展览会，展出项目30多项，获得金牌3枚、银牌5枚，并签署达成一些合同或意向书。20世纪90年代，考虑国际科技博览会的实际效果，阳泉市组织参加国际级会议减少，国际科技交流活动进入企业自发状态。

三、企业对外科技合作交流

1990年始，阳泉市积极调整对外科技合作战略，引导企业成为对外合作交流的主体，协助企业把好合作交流的关口，做好服务工作。在把产品打入国内、国际市场的同时，不断引进新技术、新工艺，利用国内外先进技术改造传统产业，发展高新产业，带动经济结构调整。市政府科技经费中，国际科技合作经费投入达400万元，科技经费投入比“十五”期间增加50%，增幅显著，累计重点扶持项目近20个，其中省级重点项目4个。特别是2008年，系阳泉市对外交流合作频繁的一年，京晋科技合作，北京110多名专家先后7次组团到阳泉开展合作交流，并在多个领域取得实效。通过组织企业参加北京第十一届科技博览会、第十届中国国际高新技术成果交易会、第二届煤博会先后签署科技合作项目21项，签约金额3亿元。

阳泉市参加第十一届北京国际科博会主要签约项目情况简表

表 -25-7

单位：万元

签约项目	签约金额	合作方
利用低品位铝矾土生产耐火材料	12000	郊区政府和北京通达耐火技术股份有限公司
建设3000吨连铸用功能型高档耐火材料技术	2000	阳泉市下千耐火材料有限公司和北京首钢第二耐火材料厂
紫甘薯深加工技术	3000	山西三来食品有限公司和北京市食品研究所
大型采掘机械变频器和电控系统故障诊断修理合作开发	210	阳泉华越机械有限公司和北京理工大学
高性能粉末冶金汽车零部件技术开发合作	1000	平定巨鑫制件有限公司和北京科技大学
疏水性煤层综合防尘技术研究及应用技术合作开发	120	阳泉煤业（集团）有限公司和北京科技大学
阳泉铝业—北京科大铝业新技术联合研发中心合作开发	—	阳泉铝业股份有限公司和北京科技大学
粉煤灰、脱硫石膏建材领域合作开发	—	华通路桥集团有限公司和北京建筑材料科学研究总院
还原铁粉新产品新工艺技术开发合作	—	阳泉林里粉末有限公司和北京科技大学

第十届中国国际高新技术成果交易会签约项目：阳泉佳和高科电瓷有限公司应用北京科技大学合作开发提高瓷套釉面质量及窑炉节能减排项目，阳泉市禾奕农药厂与北京绿禾佳农业技术咨询有限公司合作开发新型低毒、高效农药产品50%乙草胺水乳剂技术开发项目。9月19日，

第二届中国（太原）国际煤炭与能源产业博览会上，市华新食品厂同中国农业大学食品科学与营养工程学院技术合作开发绞股蓝皂甙因子深加工项目，阳泉华岭耐火材有限公司与北京通达耐火技术股份有限公司合作共建耐火工程技术中心项目。此外，市农业局、市圣火炉料有限公司分别与北京农林科学院、北京神雾热能技术有限公司签署关于农业科技合作和耐火材料生产节能技术改造示范点合作协议。

“十一五”期间，阳泉市企业对外科技交流及科技合作取得较大进展。以西小坪耐火、下千耐火、林里粉末、中嘉磨料、中创陶粒、华伦陶瓷等企业为代表，与德国、日本、韩国、东南亚、西班牙等国际科技合作广泛开展，主导产品如耐火材料、还原铁粉、陶料沙、黑刚玉磨料磨具等远销海内外。在对外科技交流中，山西新派塑胶公司与新加坡合资建设的高档新型PVC生产线，生产的PCC管材、管件PP-R管材和管件、PVC型材、塑钢门窗等达到国际先进水平。山西省金星纺织器材公司引进意大利全套进口新型盖板针布设备、工艺技术，使产品科技含量达到国际领先水平，设备全部为先进数控设备，其中SXJT系列产品列入科技部重点新产品，全套进口新型盖板针布工艺技术达到国际领先水平，其中JT、PT系列产品技术填补了国内空白，对整个纺织器材行业科技水平的提高具有促进作用。山西日本能源公司是一家以生产高档润滑油的日本独资企业，产品科技含量高，经济效益良好，是阳泉市引进外资和先进技术、带动地方经济发展的典范。中嘉磨料公司的高档切割磨具，产品远销东南亚越南、印度等国，在国外有很好的声誉。中创陶粒公司与日本合作，开发出新一代铸造用陶粒沙，产品达到国际先进水平。

林里粉末冶金公司引进的德国生产线

第四章 科技成果

第一节 自然科学成果

境内的自然科学研究成果散见于各类文献之中。据《山海经》记载，“贲门之山，其上多苍玉，其下多黄垩，多涅石（煤的古称）”，“白马之山，其阳多玉，其阴多铁，多赤铜”，说明早在春秋战国时期，境内已发现煤铁。另据《山西省经济资料》一书记载，宋代境内冶铁已普遍使用土制坩埚装矿，以无烟煤作为燃料和还原剂。境内现存最早的冶铁实物，是宋宣和六年（1124）十一月铸成的一口大铁钟，该钟高 2.1 米，口径 2.86 米，围长 9 米，重约 2000 千克，共四层八方。

久负盛名的煤铁之乡，能发展成为近现代新型工业城市，是与科学技术的发展密切相连的。清光绪三十二年（1906），山西商办全省保晋矿务有限总公司成立并在平定等地设立分公司，揭开了近代阳泉科学技术发展的序幕。宣统二年（1910），保晋公司平定分公司在燕子沟东竖井施工中遇到井壁瓦斯涌出，聘请的英、德矿师均束手无策，主张放弃该井；而保晋公司组织自己的技术人员攻关后，用圈壁排放法进行排除，取得成功。民国 5 年（1916）起，保晋公司还依靠实地考察、结合经验找煤的方法，对阳泉 6 个矿区进行普遍勘察，并绘制矿区图，为矿井开凿提供了依据。这些成果都是当时企业的科技人员为解决生产过程中出现的问题或为企业发展而进行的研究中取得的，但数量较少。

民国 36 年（1947）阳泉建市后，由于党和政府的重视，加强对科技事业的管理和投入，激发了广大科技人员的积极性、创造性，全市科技成果不断推出，水平不断提高，全市在恢复生产的同时，普遍开展了群众性的技术革命与技术革新。以煤炭、冶金等行业为例，1958年市科委成立前，主要取得了煤田地质勘查、长壁炮采新技术、顶板钻孔抽放邻近层瓦斯、无极绳运输、瓦斯利用以及镜铁（低质锰铁）、磷铁、高炉砖、矿石筛粉机、石灰软化高炉循环水、磺粉等成果。1958年市科委成立后，由于认真贯彻了科学技术工作为生产服务的方针，继续抓了群众性的技术革新、技术革命和科学研究活动，经过3年努力，到1960年共完成科学研究和革新项目1.2万多项。如煤炭方面的小孔径无岩心钻进、30型溜子爆破装煤、快速移溜、快速机械放顶、电力放炮、胶皮管密封电缆接头、火药旋转避雷器、磁力开关、割煤机长接盘连环作业移动沟道、二合一煤溜、坑下煤仓等；冶金、机械方面的盐酸软化高炉冷却水、生石灰代替石灰石、低电压电焊机、离心浇铸机、打砖机、阳型清车器、动力式自动翻车、自动电烘箱、绞车水泵半自动化、套螺丝机、制砖机械化、压药机械化、水泥钢管生产线、木工机械化等；交通运输方面的半自动化高煤台装车、倾斜铁道卸车、高线运输、汽车大梁修整器、自动密封式柴油过滤器、活塞定模、自动控制提筐式乙炔发生器、走合车、零件清洗机等；化工方面的纸管代替钢管、无烟煤代替柳木炭黑制火药、导火索、深孔爆破采磺、不用酸酐生产硫酸、非标绝缘子等；农业方面的煤石硫黄矿渣撮土硫铵化肥，用杂交方法培养出白萝卜、大白菜、义字一号茴子白等12个优良品种等。

“文化大革命”期间，阳泉的科技事业遭到破坏，但广大科技工作者和生产第一线的劳动群众，发挥主人翁精神，在具体生产实践中仍然创造出一些科技成果。如市泡沫厂试制成功聚酯型聚氨酯硬泡沫塑料，并为大庆油田制作了中国第一根试验性输油管保温套；阳泉矿务局利用瓦斯做原料和燃料生产出半补强炭黑；阳泉钢铁厂试制20吨电子轨道衡获得成功，其自行设计、施工的全国第一座无炉衬炼锰铁高炉建成投产；市工程公司在中科院力学研究所等单位帮助下试用芒硝代替纯碱生产出水泥速凝剂；阳泉矿务局等单位大直径密集钻孔预抽七尺煤层瓦斯试验成功。

1978年全国科学大会和中共十一届三中全会后，随着科技体制改革的深入展开，境内科技事业有了较大发展。1988年1月9日，阳泉矿务局两项科研成果——抗变形农村住宅研究和KTT-250/500矿用直流架线电机车可控硅调频脉冲获煤炭工业部科技进步三等奖。1989年2月23日，阳泉矿务局医院骨科主任吕实川负责的《前路椎管扩大减压植骨融合术治疗颈椎损伤合并高位截瘫31例临床分析》和《脊椎手术牵引床的临床应用》两项科研成果通过山西省卫生厅组织的专家鉴定，认为这两项成果分别达到了国际先进水平和国内领先水平。8月，平定县有机化工厂完成山西省星火计划蒽醌产品开发项目，并通过技术验收，各项指标均达国家一级品要求，年产量可达500吨，成为国内最大的蒽醌生产专业厂。1978年至1990年，全市共取得科技成果900项。

20世纪90年代后，阳泉科技事业有了较快发展，企业依靠科技开发新产品、新技术、新工艺的数量不断增多，产品的市场占有率不断增大。1991年2月2日，阳泉市召开“七五”期间科技工作先进集体及个人暨1990年科技成果奖励大会，对在“七五”期间做出显著成绩的先进集体及个人、重视和支持科技工作成绩突出的部门、1988年度省科技进步奖及星火奖项目和1989年度市科技进步奖项目的承担单位和个人颁发了奖状和奖金。各县区、市直各单位、各大厂矿企业领导和获奖单位代表及获奖个人共200余人参加会议。6月6日，市科委与市保密局联合举办了全市科技成果密级评价培训班，参加学习的63人经考试全部领取了结业证书。同时组织有关专家对阳泉市1989年5月1日至1990年12月鉴定的全部科技成果中选出18项涉密成果逐项进行评价和划密，并提出了专家建议的保密期限，举办科技成果划密培训班及科技成果进行划密，在阳泉市尚属首次，在全省也是首家。1995年，市林里粉末冶金有限公司采用的二次、三次还原法生产精还原铁粉，使铁粉的性能指标大幅提高，该产品远销海外，被广泛应用在焊接、火焰切割、化工、医药卫生等行业。耐火隧道窑烧制技术的应用使全市耐火材料的生产从作坊式生产方式改变为连续的工业化生产方式，实现了耐火材料生产工艺的技术革命。农业方面，腹腔内窥镜肉羊胚胎移植技术大大提高了受胎率，增加了养殖户的经济收入。在医疗卫生方面，市肿瘤防治研究所承担的863计划项目，通过对食管癌流行病学相关基因的研究，发现了866bp新基因并研制出芯片，实现了食管癌研究的新突破。此外，CAM、PDM、CAXA、ERP等信息化技术的应用提高了企业生产效率，解决了企业生产中的关键技术和技术瓶颈。1991年至2005年是阳泉市取得科技成果最多的时期，15年间，全市共取得科技成果629项，其中获得市级科技成果奖项目458项、省级科技成果奖项目169项、国家星火科技三等奖1项、国家科技进步二等奖1项。特别是“十五”期间，全市科技成果无论在数量还是质量上都取得可喜成绩，在174项成果中，国际领先和先进水平的15项、国内领先和先进水平的121项，国内先进水平以上科技成果占成果总数的78%，取得国家科技进步二等奖1项，省级科技进步奖一等奖1项、二等奖7项、三等奖3项，阳泉市煤炭瓦斯抽放技术水平走在全国前列。

“十一五”期间，全市共取得各类科技成果194项，其中获市级奖励的188项、省级奖励5项，由阳煤集团参与完成的《深井煤与瓦斯突出煤层区域性瓦斯灾害防治关键技术及应用》项目获国家科技进步二等奖。工业方面，大采高重型液压支架的研制成功，使阳泉市在厚煤层高效高采技术上实现了突破，进一步提升了阳泉市装备制造业水平。农业方面，京晋科技合作重大项目京科鲜食玉米系列品种引进了京科糯2000、京紫糯218、京科甜183三个品种，丰富了老百姓的餐桌，也带动了农民的增收，按每穗1元计算，比普通玉米亩均增收3400元。医疗卫生方面，磁共振关节内增强扫描为临床对膝关节损伤的诊断和治疗提供了重要帮助，是对膝关节损伤检查法的一项不可替代的方法。知识产权工作不断跃上新台阶。“十一五”期间，全市年专利申请量连续实现跨越式增长。2006年至2010年，境内年专利申请量分别为75件、149件、255件、308件、406件。“十一五”期间，累计获国家授权专利575项，其中发明专利241项，形成了全社会积极创新的良好氛围。

1974—1977年阳泉市获全国科学大会科技成果奖项目表

表-25-8

成果名称	完成单位	鉴定时间	主持鉴定单位
BZZB型垛式液压支架	阳泉矿务局科技处	1974.10	煤炭部
矿井瓦斯抽放技术	阳泉矿务局	1974.10	煤炭部
SPG-1000型钢缆胶带运输机	阳泉矿务局四矿	1974.10	煤炭部
脉冲载频数字显示式矿井瓦斯遥测装置	阳泉矿务局三矿、四矿 山西矿业学院	1974.10	煤炭部
液压支架三阀	山西省煤炭工业厅、阳泉矿务局四矿	1974.10	煤炭部
RB-1型乳化液泵站	山西省煤炭工业厅、阳泉矿务局四矿	1974.10	煤炭部
SGW-150A型刮板运输机	阳泉矿务局四矿	1974.10	煤炭部
水泥速凝剂	阳泉市建筑工程公司预制厂	1974.5	省科技局、省建委
电厂翻车机卸煤自动流程线	娘子关电厂	1977.11	—
农业基本建设综合治理	平定县	—	—
PHD-300型平衡吊	阳泉市电工机械厂	—	—
八头螺旋槽喉管	山西省阳泉汽车运输公司	1977.4	—

1978—1990 年阳泉市获省级以上科技成果奖项目简表

表 -25-9

序 号	成果名称	完成单位	获奖年份	获奖等级	成果水平
1	阳泉七尺煤瓦斯处理	阳泉矿务局科技处	1978	二等	国内先进
2	等厚筛分法新技术单机工业性实验	阳泉矿务局	1978	三等	国内先进
3	七尺煤层瓦斯突出的原因预测和防治研究	阳泉矿务局煤研所	1978	三等	
4	AQD-I 型采煤机组瓦斯断电控制仪	阳泉矿务局	1978	三等	
5	解放车八吨半自卸挂车	阳泉市第一汽运公司	1978	三等	
6	《蜜蜂病虫害防治》专著	阳泉市科委	1978	三等	
7	无烟煤冷压型焦成型部分试验	阳泉钢铁厂	1978	三等	
8	颅外—颅内动脉血管吻合术	荫营煤矿职工医院	1978	三等	
9	硫铁矿渣生产海绵铁	平定县钢铁厂科研组	1978	三等	
10	阳 78-40-2 型小型火箭试验	阳泉气象台	1978	四等	
11	恶性肿瘤调查报告	阳泉市肿瘤防治办公室	1978	四等	
12	RB45/100 型焦煤化灌泵站	阳泉矿务局三矿	1978	四等	
13	高炉渣瓦斯灰多种微量元素肥料	阳泉钢铁厂	1979	三等	
14	一机四频实验机	阳泉市广播局	1979	三等	
15	高压电塔下采煤	阳泉矿务局地质处	1979	三等	
16	ZQJ-40 双凹辊式矫正机	阳泉市水泵厂	1979	三等	国内空白
17	YPD-300 型液压无改变速平衡吊	阳泉市机械修造厂	1979	三等	国内先进
18	YE425 轮胎式装载机	阳泉市交通局	1979	四等	
19	X_2A_1 单头下料机	阳泉市轻工机械设备厂	1979	四等	
20	开采影响下的山区地表移动	阳泉矿务局	1980	二等	
21	TY- II 型掩护式液压支架	阳泉矿务局煤研所、四矿	1980	三等	

续表 -25-9

序号	成果名称	完成单位	获奖年份	获奖等级	成果水平
22	VC-B 型组合式操纵阀	阳泉矿务局	1980	四等	
23	单体小型工业建筑物下采煤	阳泉矿务局地质处	1980	四等	
24	测力销传感器在支撑掩护式支架上的应用	阳泉矿务局	1980	四等	
25	MWY-I 型采煤机位置遥测装置	阳泉矿务局三矿	1980	四等	
26	ZK14-6/250-1 型架线式电机车	阳泉矿务局	1981	一等	
27	无炉衬锰铁高炉	阳泉钢铁厂	1981	一等	国内空白
28	增钙液态渣作水泥混合材	山西省建材科研所 娘子关电厂	1981	二等	省内空白
29	EB-I 型动力载波机	阳泉市无线电七厂 阳泉矿务局科技处 阳泉矿务局三矿科技处	1981	三等	
30	数字远动信道的差错控制	阳泉矿务局煤研所	1981	三等	
31	高温高强度碳化硅垫瓶	平定县高压电器厂 湖南醴陵陶瓷研究所 湖南醴陵国光瓷厂	1981	三等	
32	采用微泡法复制图的尝试	阳泉矿务局三矿地质科	1981	四等	省内空白
33	罗阿丝虫病 109 例临床分析	阳泉市第一人民医院	1981	四等	
34	玻棉交织橡胶导风筒	平定县橡胶风筒厂	1981	四等	
35	阳泉七尺煤层顶板岩巷抽放邻近层瓦斯的研究	阳泉矿务局煤研所一矿顶板岩巷抽放瓦斯试验组	1982	一等	省内空白
36	DGT-I 型电子功率自动调节器	阳泉矿务局四矿技术科	1982	二等	
37	JCD 型 SIRVS400 型采煤机电脑检测仪	阳泉矿务局四矿技术科	1982	二等	
38	阳泉二矿小南坑 725 太平巷及总回风巷下用刀柱法采煤试验	阳泉矿务局地质处 阳泉矿务局二矿	1982	二等	
39	架空索道排矸系统	阳泉矿务局三矿	1982	二等	
40	阳泉矿区 K_3 石灰岩沼气的形成与储气构造	阳泉矿务局煤研所	1982	三等	
41	YDT-30 电动凿岩机	阳泉煤矿电器设备厂	1982	三等	

续表 -25-9

序 号	成果名称	完成单位	获奖年份	获奖等级	成果水平
42	锅炉煤烟附着物清除剂	晋东化工厂	1982	三等	
43	国产沥青铺高级一次高级路面	山西省交通科研所 阳泉公路总段	1982	三等	
44	煤矸石集料混凝土空心楼板	阳泉市综合利用研究所	1982	三等	省内空白
45	印铁自动线	阳泉市印铁厂	1982	四等	
46	W型塑料组合式育苗器	阳泉市蔬菜办公室	1982	四等	
47	高炉喷煤粉技术推广	阳泉钢铁厂	1982	推广二等	
48	厚煤层分层工作面金属网下使用80型采煤机组推广	阳泉矿务局四矿	1982	推广二等	
49	无煤柱开采技术推广	阳泉矿务局生产处	1982	推广二等	
50	综合防尘技术	阳泉矿务局通风处	1982	推广三等	
51	倾斜长臂采煤法推广	阳泉矿务局生产处	1982	推广三等	
52	3吨底卸式矿车的推广	阳泉矿务局生产处	1982	推广三等	
53	谷子白发病与菜青虫的防治推广	阳泉市植保站	1982	推广三等	
54	等厚筛分法推广	阳泉矿务局一矿选煤厂	1982	推广三等	
55	浅孔煤层注水技术推广	阳泉矿务局	1982	推广三等	
56	煤矿沼气自动监测系统推广	阳泉矿务局通风处	1982	推广三等	
57	汽化冷却高炉系统的应用推广	阳泉钢铁厂	1982	推广三等	
58	高炉煤气回收利用技术推广	阳泉钢铁厂	1982	推广三等	
59	13至25毫米微混小块洗选技术	阳泉矿务局一矿选煤厂	1982	推广四等	
60	硅酸铝耐火纤维应用推广	阳泉市推广耐火纤维小组	1982	推广四等	
61	消除水锤止回阀	阳泉市阀门厂	1983	二等	国内空白
62	KJD-J型矿井胶带运输机计算机监测控制	阳泉矿务局三矿	1983	二等	国内空白

续表 -25-9

序号	成果名称	完成单位	获奖年份	获奖等级	成果水平
63	高炉—工频炉双膜铸造工艺及其产品小型钢锭膜	平定县钢铁厂	1983	二等	国内空白
64	SZYY 自动控制系统	阳泉矿务局三矿	1983	二等	
65	YPD-300 型、YPD-500 型平衡吊	阳泉市电工机械厂	1983	三等	
66	KGH-I 型矿用轨道焊机	阳泉矿务局生产处 煤研所 阳泉矿务局三矿	1983	三等	国内空白
67	合塑包线导爆索	晋东化工厂	1983	三等	国际水平
68	同种异体鼓膜听骨移植技术	平定县医院	1983	三等	省内空白
69	3DAF-8 型矿用耐腐泵	阳泉市水泵厂	1983	四等	国内空白
70	英语读音规则表	阳泉矿务局工会	1983	四等	
71	卡腰冲天炉	阳泉市水泵厂	1983	推广三等	
72	推广节能措施降低产品耗电	阳泉电石厂	1983	推广三等	
73	铝镁质浇铸料	阳泉铝矾土矿	1983	推广三等	
74	中单 2 号的推广	平定县农牧局 盂县农牧局	1983	推广四等	
75	塔穗蓖麻的推广	平定县农牧局	1983	推广四等	
76	蔬菜地膜覆盖技术	阳泉市农牧局蔬菜办公室	1983	推广四等	
77	马家坪变电站装置 2×6000 千伏电容器低损节能	阳泉供电局	1983	推广四等	
78	QZB、QZBH 矿用隔爆兼安全火花型真空电磁起动器	阳泉矿务局 阳泉市电器厂	1984	一等	国内先进
79	中厚煤层高沼气回采工作面通风方式改革	阳泉矿务局 中国矿院北京研究生部	1984	二等	
80	JTM-IA 型特别型煤加温器及航空特别型煤	阳泉矿务局 民航北京管理局 空军一航校	1984	二等	国内空白
81	KGH- II 型矿用轨道焊机	阳泉矿务局 阳泉市煤矿电子设备三厂	1984	三等	国内先进
82	200J 型混流泵叶片导叶检测仪	阳泉市水泵厂	1984	三等	国内先进

续表 -25-9

序 号	成果名称	完成单位	获奖年份	获奖等级	成果水平
83	矿用搪瓷耐腐泵	平定县模具厂	1984	三等	
84	阳泉矿区采动地表滑移对重大工业设施危害及治理	阳泉矿务局	1984	理论二等	国际水平
85	耐酸瓷砖	平定耐火材料厂	1985	三等	
86	DYJ-I 无损硬度检测仪	阳泉市应用技术研究所	1986	二等	笔头探试国内空白精度国际先进水平
87	多维茶	平定多维茶厂 山西省商业科研所	1986	二等	国内首创
88	温流水高密度饲养尼罗罗非鱼试验	山西省水利厅 平定县坡底村渔场	1986	二等	
89	YPD-1000/800C 型液压平衡吊	阳泉市电工机械厂	1986	三等	
90	磁铁矿制取还原铁粉研究	山西省冶金研究所 阳泉市粉末冶金厂 左权铁厂	1986	三等	
91	沸腾炉渣混凝土小型空心砌块	阳泉市应用技术研究所 阳泉郊区李家庄水泥厂 阳泉市郊区科委	1986	三等	
92	煤矸石砂在建筑砂浆中的应用	山西省建筑科学研究所 阳泉市应用技术研究所 阳泉固庄煤矿	1986	三等	为煤矸石利用开辟新途径
93	山西省建筑工程预算微机应用软件	山西省建筑工程学校 阳泉市建筑工程公司 山西省建设厅计算机技术咨询公司	1986	三等	
94	炮采煤工煤肺发病趋势预测预报研究	阳泉矿务局职防所 阳泉市职防所	1986	三等	
95	KAJP 型静力破碎剂	阳泉矿务局煤研所	1986	三等	
96	XJIAI-2 型液压下料机	阳泉市工农机械厂	1987	二等	
97	稀土永磁材料	盂县城关镇磁性材料厂	1987	二等	国内先进
98	氧化铝人工陶瓷听骨在耳传音结构重建术中的应用	平定县语言听力康复中心	1987	二等	
99	稀土硅铁合金	平定县轻工配件铸造厂	1987	二等	国内先进
100	漂珠轻质高强耐火保温砖	山西省建筑科学研究所 阳泉建筑陶瓷厂	1987	二等	国内先进

续表 -25-9

序号	成果名称	完成单位	获奖年份	获奖等级	成果水平
101	阳泉矿区邻近层煤成气地面钻孔抽放技术研究	阳泉矿务局	1987	二等	国内先进
102	弥散型复合式高铝质透气砖	阳泉市泊里耐火厂	1987	三等	
103	氯化钠光亮镀锌	阳泉市光华电镀厂	1987	三等	省内领先
104	唐三彩瓷板画	阳泉建筑陶瓷厂	1987	三等	国内先进
105	娘子关及阳泉近郊地区岩溶水资源评价报告	阳泉市水资源管理委员会 地矿部水文地质工程地质研究所	1987	软科学二等	国内先进
106	阳泉市水资源评价、供需分析与对策研究报告	阳泉市水资源管理委员会	1987	软科学二等	
107	盂县农民高血压危险因素的探讨	山西省心血管病研究所 盂县人民医院 晋中地区医科所	1987	理论二等	
108	高密度硅砖	盂县城关镇耐火材料一厂 盂县科委	1987	星火科技二等	
109	渣料高铝钢包底衬砖	唐钢耐火厂阳泉下千亩坪分厂	1987	星火科技三等	
110	山西省阳泉建筑陶瓷厂	山西省阳泉建筑陶瓷厂	1987	星火示范企业奖	
111	拼装式救援台车	阳泉铁路地区机务段	1988	一等	
112	BZ_1BZ_2 型定柱式旋臂起重机	阳泉市电工机械厂	1988	二等	国内先进
113	BJP6-6 矿用隔爆型高压真空配电装置	汾西机器厂 阳泉市矿区矿山设备研究所	1988	二等	
114	SGL36/127 矿用隔爆兼本质安全型声光电铃	阳泉市矿区矿山设备研究所	1988	三等	
115	外科液体疗法指南应用软件	盂县人民医院	1988	三等	
116	圆鍉针点穴位疗法临床研究	阳泉荫营煤矿职工医院	1988	三等	省内先进
117	城市煤气快速启闭阀	阳泉市阀门厂	1988	三等	国内先进
118	增产菌在农作物上的应用	阳泉市农牧局	1988	三等	省内先进
119	转让技术成果剖析	阳泉市科委	1988	软科学一等	
120	阳泉铝矾土矿资源综合开发加工利用及发展对策研究	阳泉市经济技术研究中心	1988	软科学二等	省内首家

续表 -25-9

序 号	成果名称	完成单位	获奖年份	获奖等级	成果水平
121	平定县嘉河城南河上游小流域综合治理规划	平定县水利局	1988	软科学二等	省内先进
122	蒽醌产品开发	平定县有机化工厂	1988	星火科技一等	省内先进
123	双氰胺产品开发	平定县娘子关镇双氰胺厂	1988	星火科技二等	国内先进
124	粉煤灰加气混凝土制品	平定县娘子关镇城西加气混凝土厂	1988	星火科技三等	国内先进
125	运用系统工程组织实施省列星火项目煤矸石建材及在建筑上的应用	阳泉市科委	1988	星火管理奖	
126	废旧煤沥青路面材料冷法再生应用技术研究	阳泉市政养护管理处	1989	二等	国内领先
127	3 万吨硫酸封闭酸洗净化技术推广	平定县锁簧硫酸厂	1989	二等	国内先进 省内领先
128	ZS_{04}A、ZS_{05}B 双珠式挂车转盘	阳泉市旧街汽车配件厂	1989	二等	国内领先
129	铝碳滑动铸口砖推广	阳泉市荫营东风耐火厂	1989	二等	国内先进 省内空白
130	山西省技术开发项目管理分析系统	阳泉市经委	1989	二等	国内先进
131	前路椎管扩大减压植骨融合术治疗颈椎损伤合并高位截瘫 31 例临床研究	阳泉矿务局医院	1989	二等	国内先进
132	RS50-32 型热水泵	阳泉水泵厂	1989	三等	国内先进
133	平定县低压管道灌溉	平定县水利水保局	1989	三等	省内先进
134	推广网箱养鱼高产技术	平定县水利水保局	1989	三等	省内领先
135	倒焰窑炉炉渣的综合利用	阳泉市义井水泥厂	1989	三等	省内领先
136	壁式采煤在乡镇煤矿的推广	平定县煤管局	1989	三等	省内先进
137	特种饰金工艺	平定县玻璃制品厂	1989	三等	国内先进
138	无纺人造革	平定县塑料厂	1989	三等	省内空白 国内领先
139	山西盂县寺平安地区热矿水勘查报告	阳泉市水资源管理委员会	1989	三等	国内先进
140	PVC-S 型聚氯乙烯防水卷材	平定县防水建材厂	1989	三等	国内先进 省内空白
141	高炉热风阀汽化冷却工艺	阳泉钢铁公司	1989	三等	国内先进

续表 -25-9

序号	成果名称	完成单位	获奖年份	获奖等级	成果水平
142	上行开采对七尺煤层预抽瓦斯效果的研究	阳泉矿务局	1989	三等	
143	斜井巷道防跑车装置	阳泉矿务局	1989	三等	国内先进
144	矿井上下控制测量微机管理系统	阳泉矿务局	1989	三等	国内先进
145	脊柱手术牵引床的临床应用	阳泉矿务局医院	1989	三等	国内先进
146	铸造锌铝合金研究及其在工业阀门中的应用	太原重机学院 阳泉阀门厂	1989	三等	国内先进
147	低镍铬合金铸铁海水阀的研制	阳泉阀门厂 太原重机学院	1990	一等	国内空白 国内领先
148	抗旱剂 1 号在玉米上的应用	平定县气象局	1990	二等	国内领先
149	增效氰马乳油的开发利用	阳泉市新型农药厂	1990	二等	国内先进
150	金属针布新工艺及新型针布	平定县金属针布厂	1990	二等	国内先进
151	硼钒钛铸铁汽缸套	平定内燃机配件厂	1990	二等	省内空白 国内先进
152	BJ-1 型型焦连续焦结炉	山西省化工设计院 山西矿院 阳泉义井煤矿	1990	二等	
153	STD-TF 矿井监测及调度通信系统	山西矿院 北京通用研究所 阳泉荫营煤矿	1990	二等	
154	三硝基甲苯中毒性晶体混浊符号记载诊断法	阳泉矿务局医院	1990	二等	国内先进
155	小儿急性肺炎血液流变学及微循环的临床与实验研究	阳泉市第二人民医院	1990	二等	国内先进
156	阳泉市经济信息系统总体设计方案	阳泉市经济信息中心	1990	软科学二等	国内先进
157	核桃举肢蛾性诱及综合防治研究	山西省农科院植保所 中国科学院动物所 盂县林业局 盂县科委	1990	三等	国内先进
158	以新红星为主的短枝型苹果引种推广	平定县农牧局果树站	1990	三等	国内先进
159	200 吨 / 年木质活性炭节能炉型	平定县会里化工厂	1990	三等	国内首创
160	高压多用并相器	阳泉矿务局三矿 山西省水文总站	1990	三等	省内先进

续表 -25-9

序　号	成果名称	完成单位	获奖年份	获奖等级	成果水平
161	利用硫酸渣生产墙地砖	阳泉建筑陶瓷厂	1990	三等	省内先进
162	GRC 钢筋混凝土矿用支架	阳泉市郊区水泥预制厂	1990	三等	国内领先
163	高炉锰渣砖	阳泉钢铁公司桃河矿渣制品厂	1990	三等	国内先进
164	蛋鸡商品化基地综合开发	阳泉市科委 平定县孙家沟鸡场 郊区泊里鸡场 盂县后元吉鸡场	1990	星火二等	省内先进
165	镁碳砖产品开发	平定县镁碳砖厂	1990	星火二等	国内先进 省内空白
166	煤质颗粒活性炭产品开发	平定振华活性炭厂	1990	星火二等	国内领先
167	运用系统工程理论优化星火计划管理	平定县科委	1990	星火管理 三等	省内先进

1991—2010 年阳泉市获省级以上科技成果奖项目简表

表 -25-10

序　号	成果名称	完成单位	获奖年份	获奖等级	成果水平
1	莫来石铸口砖	阳泉市东风耐火厂	1991	一等	
2	酸化铬酸酐特优工艺推广	平定县铬盐厂	1991	二等	
3	肺结核短程治疗新方案的研究	阳泉市第三人民医院	1991	二等	
4	MCD55-6 吨侧底卸搭矿车、卸载站	西山矿务局机修厂 阳泉矿务局机修厂 山西煤矿机械厂	1991	二等	
5	核桃举肢蛾综合防治技术推广	山西省森林防治检疫站 山西省农科院植保所 阳泉市森防站 临汾地区森防站	1991	二等	
6	高炉重矿渣综合利用	阳泉郊区矿渣建材厂	1991	三等	
7	五九〇建筑矿	阳泉钢铁公司桃河矿渣制品厂	1991	三等	

续表 -25-10

序号	成果名称	完成单位	获奖年份	获奖等级	成果水平
8	外热法冶炼金属镁	山西平定县镁厂	1991	星火二等	
9	乙炔黑	山西平定县电石厂	1991	星火三等	
10	盛钢桶用不烧铝镁质衬砖	秦皇岛耐火材料厂 阳泉市泊里分厂	1992	二等	
11	LKG150-100LKG250-200 型矿（渣）浆泵	阳泉市水泵厂	1992	二等	
12	推广应用流态粒子电炉及热处理新工艺	山西省平定县汽车电器厂	1992	二等	
13	二次还原铁粉	阳泉市粉末冶金厂	1992	二等	
14	乳腺肿块造影术的临床应用研究	阳泉市肿瘤防治研究所	1992	二等	
15	阳泉市“七五”期间授奖科技成果调查研究	阳泉市科委成果专利科	1992	软科学二等	
16	山西蜜源植物调查研究	阳泉市蜜蜂研究所	1992	软科学二等	
17	玻璃型耐酸水泥	阳泉市郊区高铝水泥厂	1992	三等	
18	农用机动三轮车后桥总成	阳泉市旧街挂车转盘制造厂	1992	三等	
19	四高炉上料称量微机控制系统	山西省阳泉市钢铁公司设计研究所	1992	三等	
20	声控全自动窗帘机	阳泉市宝鑫自控设备厂	1992	三等	
21	真空镀膜热反射玻璃	阳泉市玻璃制品厂	1992	三等	
22	种子加工机械引进及包衣种子示范推广	盂县种子公司	1992	三等	
23	5XS-Z 型双风道粮食清洗选机	平定县七一农机厂	1992	三等	
24	农大 60 玉米新品种推广	阳泉市种子公司 平定县种子公司 阳泉市郊区种子公司 盂县种子公司	1992	三等	
25	GF-I 型消化道吻合物器 XF60/90 型消化道吻合器 HC-I 型荷包成形器在食管（贲门）癌手术中的联合应用研究	阳泉市肿瘤研究所	1992	三等	
26	平定县土地资源调查及开发利用研究	平定县农业区划办公室	1992	软科学三等	

续表 -25-10

序 号	成果名称	完成单位	获奖年份	获奖等级	成果水平
27	平定县土地资源调查煤矿地下水库及其开发利用研究	盂县科学技术协会 盂县青年科技工作者协会	1992	软科学三等	
28	平定县自然资源的开发利用研究	平定县科委、经委、区划办、矿管局	1992	软科学三等	
29	阳极糊产品开发	平定县碳素厂	1992	星火三等	
30	新型高储能量镉镍蓄电池	山西航平新型电源电器厂	1992	星火三等	
31	板式换热器在酸洗净化中的应用研究	山西平定县磷肥厂 南京化学工业（集团）公司研究院	1993	二等	
32	热风炉高密度低蠕变高铝砖	鞍山钢铁公司 鞍山钢铁学院 阳泉市上烟耐火厂	1993	二等	
33	高荷软高铝砖	阳泉市老虎沟耐火材料厂	1993	二等	
34	筒压法检测评定砌体砂浆抗压强度	山西省建四公司 山西省建五公司 山西电建四公司 阳泉市建筑工程检验所	1993	二等	
35	早期控制奶牛乳腺炎新方法	山西农业大学 天津市橡胶制品一厂 忻州解村农场 阳泉市食品总厂奶牛厂	1993	二等	
36	白菜、甘蓝养分平衡施肥技术	山西省农科院蔬菜研究所 阳泉市郊区农牧局 忻州地区农牧局 运城地区农牧局土肥站	1993	二等	
37	山西省盂县寺平安医疗矿水床水文地球化学研究	阳泉市水资源管理委员会办公室 中国地质大学武汉水工系 俄罗斯伊尔库茨克大学	1993	软科学二等	
38	高铝质钢纤维增强耐火浇注料及其在均热炉上的应用	武汉冶金建筑研究院 本溪钢铁公司初轧厂 阳泉市小河北耐火材料厂	1993	三等	
39	KGJZ 型低浓度甲烷传感器产品标准	阳泉东科煤矿安全设备有限公司 阳泉电子局	1993	三等	
40	硫脲系列产品开发	山西平定县太行化工厂	1993	省星火一等	
41	新型金属针布产品开发	平定县金星针布厂	1993	省星火二等	

续表 -25-10

序 号	成果名称	完成单位	获奖年份	获奖等级	成果水平
42	耐酸陶瓷系列产品开发	阳泉市耐酸陶瓷厂	1993	省星火三等	
43	LKG200-150 型矿（渣）浆泵	阳泉水泵厂	1994	二等	
44	阳泉矿区 15# 煤层综采放顶煤开采顶煤冒落机理的研究	阳泉矿务局煤科总院 北京开采所	1994	二等	
45	电子工业系统可靠性管理的研究	山西省阳泉市电子工业局 山西省机械电子工业厅	1994	软科学二等	
46	矾水作饮用水处理技术研究	盂县环境保护科学研究院	1994	三等	
47	10DK-9X2A 水泵叶轮改型	阳泉自来水公司 北京高能流体机械开发部	1994	三等	
48	国家固定资产投资项目管理信息系统 -AS/400 版软件	阳泉市经济信息中心	1994	三等	
49	小儿多器官功能衰竭的多部位微循环研究	阳泉市第二人民医院	1994	三等	
50	双氰胺生产工艺的优化研究	山西经济管理学院 山西平定县娘子关双氰胺厂	1994	三等	
51	阳泉矿区韩庄井田矿井瓦斯等级预测研究	阳泉矿务局煤炭科学研究所 山西省煤田地质勘探 148 队	1994	三等	
52	平定县土地利用总体规划	平定县土地局	1994	软科学三等	
53	阳泉市水土保护监测网络规划	阳泉市水利局水保站	1994	软科学三等	
54	优质高产晋谷 21 号新品种推广	阳泉市种子公司 盂县种子公司 平定县种子公司	1994	省星火三等	
55	新生儿颅脑损伤的 CT 改变及远期随访	阳泉市第一人民医院	1995	省应用二等	
56	荫营耐火星火密集小区开发	阳泉市荫营耐火材料总公司	1995	省应用二等	
57	阳泉市矿区主采煤层锚杆之护参数与钻具选择研究	阳泉矿务局煤科总院 北京开采所	1995	省应用二等	
58	煤矸石制硅铝炭黑研究及应用	阳泉市隆昌实业总公司 阳泉炭黑厂	1995	省应用三等	
59	大直径钢筋砼灌注桩在煤田采空区的应用	阳泉市第一建筑工程公司	1995	省应用三等	

续表 -25-10

序号	成果名称	完成单位	获奖年份	获奖等级	成果水平
60	骨端钢板临床应用	阳泉市第一人民医院	1995	省应用三等	
61	黄腐酸在旱作业上的推广作用	平定县气象局	1995	省应用三等	
62	GA-1 型摩托车安全性能检测系统	山西省公安厅交通管理局 中国机动车安全鉴定检测中心 阳泉市公安局 阳泉市交通设备厂	1995	省应用三等	
63	路堑深拉槽峒室抛爆破在宽路基开挖中的应用	山西矿业学院 阳泉矿务局第一工程处	1995	省应用三等	
64	快硬硫铝酸盐水泥混凝土施工技术规程	山西省建筑工程总公司 太原市第一建筑工程公司 阳泉市特种水泥厂	1995	省应用三等	
65	正骨霜的实验与临床研究	阳泉矿务局医院骨科	1995	省应用三等	
66	阳泉市区土地定级估价	阳泉市土地管理局	1995	软科学二等	
67	山西省娘子关泉域水资源体系研究	山西省水资源技术开发研究所 阳泉水资源研究所	1995	软科学二等	
68	娘子关泉及桃河沿岸地区地下污染预测与防治对策研究	平定县水资源办公室	1995	软科学三等	
69	SGL 型高温浓硫酸泵	阳泉市水泵厂	1996	省应用二等	
70	车辆、驾驶员信息管理计算机网络系统	山西省公安厅车辆管理所 阳泉市公安局车辆管理所	1996	省应用二等	
71	中西医结合治疗小儿围产期脑损伤性智力低下的临床研究	阳泉市第二人民医院	1996	省应用二等	
72	GRC 专用低碱水泥	阳泉联营特种水泥厂	1996	省应用三等	
73	大面积爆炸金属复合板的工艺研究	阳泉市矿区复合材料厂	1996	省应用三等	
74	山西省煤矿区先心病及各类先天畸形的病因患病率调查	山西医科大学第一医院 山西阳泉矿务局总医院 山西高阳矿医院 山西汾阳矿医院 山西轩岗矿医院	1996	省应用三等	
75	煤矿综采工煤肺患病及预防的研究	阳泉矿务局医院	1996	省应用三等	
76	晋豆 19 号新品种推广	阳泉市种子公司 山西省农业种子总站 阳泉市郊区种子公司	1996	转化三等	

续表-25-10

序号	成果名称	完成单位	获奖年份	获奖等级	成果水平
77	颈动脉鞘内药物注射治疗偏头痛临床研究	阳泉市第一人民医院	1998	省应用二等	
78	过伸复位内外减压治疗胸腰椎骨折脱位并脊髓损伤实验与临床研究	阳泉煤业（集团）有限责任公司总医院	1998	省应用二等	
79	阳泉市底部框墙砖房和八层砖房住宅的若干问题研究与应用	阳泉市建设委员会 中国建筑科学研究院 工程抗震研究所	1998	省应用三等	
80	竖窑合成矾土基镁铝尖晶石	阳泉市三鑫实业总公司矾石厂	1998	省应用三等	
81	十二层煤矸石试验楼	阳泉市房地产开发总公司	1998	省应用三等	
82	车辆、驾驶员管理信息业务咨询系统	阳泉市公安局	1998	省应用三等	
83	开放式鸡舍全程笼养肉种鸡技术开发	阳泉市畜牧兽医服务中心 阳泉市肉种鸡场	1998	省应用三等	
84	腓骨皮瓣移植一期治疗感染或无感染骨不连接骨缺损合并皮肤缺损	阳泉市第三人民医院	1998	省应用三等	
85	阳泉市产业结构调整研究	阳泉市计委	1998	软科学三等	
86	颈动脉鞘内药物注射治疗偏头痛临床研究	阳泉市第一人民医院	1999	应用二等	
87	过伸复位内外减压治疗胸腰椎骨折脱位并脊髓损伤实验与临床研究	阳泉煤业（集团）有限责任公司总医院	1999	应用二等	
88	阳泉市底部框墙砖房和八层砖房住宅的若干问题研究与应用	阳泉市建设委员会 中国建筑科学研究院 工程抗震研究所	1999	应用二等	
89	竖窑合成矾土基镁铝尖晶石	阳泉市三鑫实业总公司矾石厂	1999	应用三等	
90	十二层煤矸石试验楼	阳泉市房地产开发总公司	1999	应用三等	
91	车辆、驾驶员管理信息业务咨询系统	阳泉市公安局	1999	应用三等	
92	开放式鸡舍全程笼养肉种鸡技术开发	阳泉市畜牧兽医服务中心阳泉市肉种鸡场	1999	应用三等	
93	腓骨皮瓣移植一期治疗感染或无感染骨不连接骨缺损合并皮肤缺损	阳泉市第三人民医院	1999	应用三等	
94	阳泉市产业结构调整研究	阳泉市计委	1999	应用三等	

续表 -25-10

序 号	成果名称	完成单位	获奖年份	获奖等级	成果水平
95	抗变形建筑物下厚煤层一次采全高试验研究	阳泉煤业（集团）有限责任公司 煤炭科学研究总院唐山分院	2000	二等	
96	可热封柔韧性防静电阻隔材料	阳泉晋东化工厂	2001	二等	国际先进
97	MKY-360 型 CO_2 发生器	阳泉新鑫科技研究所 阳煤集团职工教育培训中心 中国煤炭工业劳动保护科学技术学会	2001	二等	国内领先
98	电熔合成材料	阳泉市太行电熔镁有限责任公司	2002	二等	国际先进
99	高瓦斯易自燃煤层综放面胶体防灭火技术研究	阳泉煤业（集团）有限责任公司 西安科技学院	2002	二等	国际先进
100	论公安基础建设工程	阳泉市公安局	2002	软科学二等	国内领先
101	阳泉高瓦斯易燃煤层高产高效综放面瓦斯综合治理技术研究与应用	阳泉煤业（集团）有限责任公司	2003	一等	国际先进
102	阳泉矿区煤与瓦斯突出综合防治技术研究与应用	阳泉煤业（集团）有限责任公司	2003	二等	国际先进
103	无线电波坑道透视法探测综采工作面隐伏地质构造的试验研究	阳泉煤业（集团）有限责任公司	2003	二等	国际先进
104	RD-6 生产过程实时 / 历史数据平台及应用系统	山西阳光发电有限责任公司 华北电力大学	2005	三等	国内领先
105	大口径液控缓闭蝶阀	阳泉阀门股份有限公司 合肥通用机械研究院 榆次力同液压工程有限公司 阳泉恒源电力电子有限公司	2005	三等	国内领先
106	排粪造影画线对盆底 X 线解剖的研究	阳泉煤业（集团）有限责任公司总医院	2005	自然科学类三等	国内领先
107	大跨度厚层泥岩复合顶板煤巷预应力组合支护	山西新元煤炭有限责任公司 北京科技大学	2007	二等	国际领先
108	高瓦斯矿井陷落柱密集区松散煤顶板条件下开采技术的研究与应用	阳泉煤业（集团）有限责任公司	2007	二等	国际领先
109	高瓦斯大采长综放面煤与瓦斯共采技术研究	阳泉煤业（集团）有限责任公司 中国矿业大学	2008	二等	国际先进
110	疏水性煤层开采条件下节水型综合防尘技术研究及应用	山西国阳新能股份有限公司 北京科技大学	2009	三等	国际先进

续表 -25-10

序号	成果名称	完成单位	获奖年份	获奖等级	成果水平
111	高瓦斯综放面本煤层与邻近层采动卸压瓦斯同步抽采技术研究	山西石港煤业有限责任公司 中国矿业大学	2009	三等	国际先进
112	置换解吸和抑制解吸技术防治瓦斯突出试验研究	山西国阳新能股份有限公司 河南理工大学	2010	二等	国际领先
113	阳泉矿区煤与瓦斯共采技术研究与实践	山西国阳新能股份有限公司 中国矿业大学	2010	三等	国际领先

1986—1990年阳泉市参加国际展览会获奖项目表

表 -25-11

项目名称	获奖单位	获奖个人	展览会名称	获奖等级
XJ-I型甲烷警报器	阳泉市应用技术研究所	韩少杰	第36届世界尤里卡发明展览会	金奖 特别奖
SGL36/127矿用隔爆兼本质安全型声光电铃	阳泉市矿区矿山设备研究所	周竹堂 周瑞民 翟义斌	北京国际发明展览会	银牌
矿车自动刹车装置	阳泉矿务局科技处	张源深	北京国际发明展览会	铜牌
电液流量控制阀	阳泉市电工机械厂	刘克勤	北京国际发明展览会	铜牌
有诱导轮的多级卧式离心泵	阳泉石油公司	杜训玉	第37届世界尤里卡发明展览会	铜牌
QY-B_{140}D曲面印刷机	阳泉市轻工机械厂	邢善军 马维金 罗大璠 赵怀祥 孙国建 杨成富 王衍彭 李长义	第二届国际专利及新技术、新产品展览会	银牌
ZS_{04}A、ZS_{05}B双珠式挂车转盘	阳泉市旧街汽车配件厂	李光文 兰 升 胡计春 田锁生 荆拽成	第二届国际专利及新技术、新产品展览会	银牌
BPJ6-6矿用隔爆型高压真空配电装置	阳泉市矿区矿山设备研究所	周竹堂 周瑞民	第二届国际专利及新技术、新产品展览会	银牌
声控全自动窗帘机	阳泉市新艺玩具厂	周正保 高 铭 张九元	第二届国际专利及新技术、新产品展览会	铜牌
圆鍉针点穴疗法	荫营煤矿职工医院	李明星 毋建平 韩正海 苗雨和	第二届国际专利及新技术、新产品展览会	铜牌

续表 -25-11

项目名称	获奖单位	获奖个人	展览会名称	获奖等级
煤矸石与废橡胶制取塑料	阳泉矿务局二矿审计科	孙艳华	第二届国际专利及新技术、新产品展览会	优秀项目奖
硫铝酸盐特种水泥	阳泉市特种水泥厂		泰国“中国星火实用技术与成果展览会”	金牌
煤气发电生产金属镁	平定县金属镁厂		泰国“中国星火实用技术与成果展览会”	银牌

1987—2010 年阳泉市参加全国展览会获奖项目表

表 -25-12

项目名称	获奖单位	获奖个人	展览会名称	获奖等级
XJ-I 型数字式甲烷警报器	阳泉市应用技术研究所 煤炭部抚顺煤研究所	韩少杰	第三届全国发明展览会	银牌
正压式淋浴器	阳泉矿务局机厂	刘工勤	第三届全国发明展览会	铜牌
人工陶瓷听骨	平定县语言康复中心	侯秋来　吴润身 冯保明　张　聪 杨育同	第四届全国发明展览会	银牌
高压多用并相器	阳泉矿务局三矿	赵成珠	第四届全国发明展览会	铜牌
矿用隔爆型高压真空配电装置	阳泉市矿区矿山设备研究所	周竹堂　周瑞民	第四届全国发明展览会	铜牌
拼装式救援台车	阳泉铁路地区机务段	孙以中　王良第 万大雷　谢庆国 史新民	第四届全国发明展览会	铜牌
染料中间体－恩醌	平定县有机化工厂		全国星火计划成果适用技术展览交易会	金奖
硫铝酸盐特种水泥	阳泉市特种水泥厂		全国星火计划成果适用技术展览交易会	金奖
镁碳砖	平定县镁碳砖厂		全国星火计划成果适用技术展览交易会	银奖
双氰铵	平定县娘子关双氰胺厂		全国星火计划成果适用技术展览交易会	银奖
稀土永磁材料	山西省磁性材料一厂		全国星火计划成果适用技术展览交易会	银奖

续表 -25-12

项目名称	获奖单位	获奖个人	展览会名称	获奖等级
DNP-10 单管旁路采暖装置	阳泉矿务局机厂	何　秘	第五届全国发明展览会	银牌
组合式卫生节洗浴具	阳泉电影院	胡晶浩	第五届全国发明展览会	铜牌
自动出筷卫生筷笼	阳泉矿务局一矿	吴顺天	第六届全国发明展览会	铜牌
硫　脲	平定太行化工厂		“七五”全国星火计划成果博览会	金奖
高储能镉镍蓄电池	山西航西新型电池厂		“七五”全国星火计划成果博览会	金奖
氯化胆碱	盂县南娄工业总公司		“七五”全国星火计划成果博览会	银奖
黄　磷	平定县黄磷厂		“七五”全国星火计划成果博览会	银奖
碱式氯化铝	阳泉市三晋化工厂		“七五”全国星火计划成果博览会	银奖
金属镁	平定金属镁厂		“七五”全国星火计划成果博览会	优秀奖
硝基苯苯胺	盂县南村工业总公司		“七五”全国星火计划成果博览会	优秀奖
双氰胺	平定县娘子关双氰胺厂		“七五”全国星火计划成果博览会	优秀奖
乙炔炭黑	平定县电石厂		“七五”全国星火计划成果博览会	优秀奖
特种水泥	阳泉市特种水泥厂		“七五”全国星火计划成果博览会	优秀奖
镁碳砖	平定县镁炭砖厂		“七五”全国星火计划成果博览会	优秀奖
稀土永磁材料	山西省磁性材料一厂		“七五”全国星火计划成果博览会	优秀奖
灭杀毙	阳泉市新型农药厂		“七五”全国星火计划成果博览会	优秀奖
铝碳滑动与莫来石铸口砖	阳泉市郊区东风耐火材料厂		1992 中国新产品新技术博览会	金奖
判断心电图 Q-T 间期正常值的一种新算式	阳泉市第三人民医院		1992 中国新产品新技术博览会	金奖

续表 -25-12

项目名称	获奖单位	获奖个人	展览会名称	获奖等级
QY-140B 曲面印刷机	阳泉轻工机械厂		1992 中国新产品新技术博览会	银奖
碳酸保健饮料	阳泉市饮料厂		1992 中国新产品新技术博览会	银奖
磁控水龙头及阀门	阳泉阀门二厂		1992 中国新产品新技术博览会	银奖
固体碱式氯化铝生产线	阳泉市三晋化工厂		1992 中国新产品新技术博览会	银奖
矿用隔爆型声光电铃	阳泉市矿区矿山技术设备研究所		1992 中国新产品新技术博览会	银奖
特种饰金工艺	平定县日用玻璃制品厂		1992 中国新产品新技术博览会	科技创新奖
圆鍉点穴针	阳泉荫营煤矿医院		1992 中国新产品新技术博览会	科技创新奖
急性肺炎血液流变学及微循环	阳泉市第二人民医院		1992 中国新产品新技术博览会	科技创新奖
肺结核短程治疗新方案的研究	阳泉市第三人民医院		1992 中国新产品新技术博览会	科技创新奖
莫来石铸造口砖	郊区东风耐火厂		1992 年全国星火计划成果暨专利技术乌鲁木齐展销洽谈会	金奖
二氧化硫脲	平定太行化工厂		1992 年全国星火计划成果暨专利技术乌鲁木齐展销洽谈会	金奖
磁控水龙头	阳泉阀门二厂		1992 年全国星火计划成果暨专利技术乌鲁木齐展销洽谈会	银奖
倒焰窑炉渣综合利用	郊区义井水泥厂		1992 年全国星火计划成果暨专利技术乌鲁木齐展销洽谈会	银奖
阳极糊	平定县碳素厂		1992 年全国星火计划成果暨专利技术乌鲁木齐展销洽谈会	银奖
方便型炭	平定晋华型煤厂		1992 年全国星火计划成果暨专利技术乌鲁木齐展销洽谈会	优秀奖
方便型炭	平定晋华型煤厂		1992 年全国星火计划成果向中西部转移暨内蒙古技术洽谈会	金奖

续表 -25-12

项目名称	获奖单位	获奖个人	展览会名称	获奖等级
金属针布	平定金星金属针布厂		1992年全国星火计划成果向中西部转移暨内蒙古技术洽谈会	金奖
石膏空心隔墙板	郊区新型石膏建材厂		1992年全国星火计划成果向中西部转移暨内蒙古技术洽谈会	金奖
耐酸板	郊区耐酸陶瓷厂		1992年全国星火计划成果向中西部转移暨内蒙古技术洽谈会	金奖
笼养种兔	郊区神峪兔厂		1992年全国星火计划成果向中西部转移暨内蒙古技术洽谈会	金奖
阳极糊	平定碳素厂		1992年全国星火计划成果向中西部转移暨内蒙古技术洽谈会	银奖
增效氰马乳油	郊区新型农药厂		1992年全国星火计划成果向中西部转移暨内蒙古技术洽谈会	银奖
耐酸砖	盂县耐酸厂		1992年全国星火计划成果向中西部转移暨内蒙古技术洽谈会	银奖
金属镁	平定镁厂		1993年常德全国星火计划成果展览会	金奖
金属针布	平定县金星金属针布厂		1993年常德全国星火计划成果展览会	金奖
莫来石铸造口砖	阳泉市郊区东风耐火材料厂		全国第七届全国发明展览会	银奖
垂挂式窗帘机	阳泉市光明装饰用品厂		全国第七届全国发明展览会	铜奖
自来水毛笔	阳泉市工业学校		全国第七届全国发明展览会	铜奖
一种治疗偏瘫症的药衣	阳泉四矿医院		全国第七届全国发明展览会	铜奖
汽车刹车片磨损极限报警器		张源深	全国第七届全国发明展览会	铜奖
氢氧源焊隔机	阳泉城区车辆厂		全国第七届全国发明展览会	最佳展销奖
高档骨质瓷系列产品	平定莹玉陶瓷有限公司		2009第六届中国国际专利与名牌博览会	特别金奖

续表 -25-12

项目名称	获奖单位	获奖个人	展览会名称	获奖等级
瓷质高强耐磨盲道砖	阳泉市鑫盛瓷业有限公司	郑兰斌	2009 第六届中国国际专利与名牌博览会	金奖
新型多功能书包	山西阳泉美帅科技开发有限公司	杨满文	2009 第六届中国国际专利与名牌博览会	金奖
带流量刻度指示和锁闭功能的自力式流量控制阀	山西建工申华暖通设备有限公司	刘克勤	2009 第六届中国国际专利与名牌博览会	金奖
高效燃气锅炉	阳泉市勤工技术实业开发有限公司	刘工勤	2009 第六届中国国际专利与名牌博览会	金奖
鱼雷式铁水罐用改性氧化铝－碳化硅－碳砖及其制造方法	阳泉市下千耐火材料有限公司		2009 第六届中国国际专利与名牌博览会	金奖
预防和控制煤矿采掘工作面瓦斯煤尘爆炸的技术设备	阳泉市新鑫科技研究所有限责任公司	杜志刚	2009 第六届中国国际专利与名牌博览会	金奖
河流、沟渠莲鱼池蓄水坝养鱼种藕防护装置	山西华通蓝天环保有限公司	张　鹏	2009 第六届中国国际专利与名牌博览会	金奖
环保型铝矾土竖窑炉	盂县社会福利高锰耐磨件厂		2009 第六届中国国际专利与名牌博览会	金奖
一种多元素低合金水淬耐磨钢	盂县社会福利高锰耐磨件厂		2009 第六届中国国际专利与名牌博览会	金奖
瓷质高强耐磨盲道砖	阳泉市鑫盛瓷业有限公司		2010 第七届中国国际专利技术与产品交易会	金奖
7M 焦炉用硅砖	山西盂县西小坪耐火材料有限公司		2010 第七届中国国际专利技术与产品交易会	金奖
平定砂器	平定县张氏砂器陶艺坊		2010 第七届中国国际专利技术与产品交易会	金奖
钢包用矾土基微膨胀高铝砖及其制造方法	阳泉市下千耐火材料有限公司		2010 第七届中国国际专利技术与产品交易会	金奖
预防和控制煤矿采掘工作机瓦斯煤尘爆炸的技术装置	阳泉市新鑫科技研究所有限责任公司		2010 第七届中国国际专利技术与产品交易会	金奖
前端水套式卧式燃气锅炉	山西建工申华暖通设备有限公司		2010 第七届中国国际专利技术与产品交易会	金奖

“十一五”期间，阳泉市先后制定了《阳泉市专利战略实施方案》等 7 个办法和措施。专利项目在全市科技研发基金列项中所占比重超过了 20%。专利申请量大幅增长，申请量从 2005 年的 75 件增至 2010 年的 400 件，每 10 万人专利申请达到 29 件，是“十五”期间该项目

的近5倍。专利申请的质量提高，发明专利占到总申请量的1/2；职务发明超过申请量的1/4。2008年，专利申请量249件，超额完成年内目标数185件的35%，这是自1985年《中华人民共和国专利法》实施后阳泉市专利申请量首次超过200件。2010年，阳泉市专利申请量达406项，首次突破400件，比“十五”末的2005年增长4倍多，每10万人专利申请达31件。专利申请技术含量也进一步增强，反应创新水平的发明专利突破200件，达到214件，超过总申请量的1/2。截至2010年，阳泉市专利申请总量达2578件。年内，共资助授权或公告专利项目209件，资助金额26万余元，其中发明专利104件，资助金额17万元；同时对17家专利工作成绩突出的企业（包括县区科技局）进行了奖励，奖金18余万元。全市专利实施和转化率高于全国平均水平达到21%，共培育市级专利工作试点企业18家，其中盂县西小坪耐火材料有限公司和市勤工实业有限公司成为第四批全国知识产权试点单位。实施的专利技术形成30多条生产线，开发了130余种新产品，其中有40多种新产品、新工艺通过省市级和国家部委级的技术鉴定，30多项专利技术成果被授予省市级技术进步奖和国家部级技术成果奖，84项新技术新产品在国内外大型展览会、博览会上获奖。仅2010年全市专利转化工程共实现产值超过3亿元。“十一五”期间，阳泉市连续4年被省知识产权局评为目标责任制完成先进单位。2008年，阳泉市被国家知识产权局确定为全国知识产权试点城市。2009年，阳泉市知识产权办公室被国家知识产权局评为“全国知识产权培训工作先进集体”；盂县被授予“全国首批实施国家知识产权强县工程区县”。2010年，盂县被确定为“中小企业知识产权战略推进工程首批实施单位”。

1986—2010年阳泉市获国家知识产权局授权专利简表

表-25-13　　单位：件

年 份	发 明	实用新型	外观设计	总 数	年 份	发 明	实用新型	外观设计	总 数
1986	0	7	0	7	1992	0	40	0	40
1987	0	17	0	17	1993	0	40	0	40
1988	0	18	0	18	1994	2	53	4	59
1989	0	32	0	32	1995	1	43	4	48
1990	0	13	1	14	1996	1	36	7	44
1991	1	21	0	22	1997	0	12	2	14

续表 -25-13

年 份	发 明	实用新型	外观设计	总 数	年 份	发 明	实用新型	外观设计	总 数
1998	2	16	0	18	2005	2	27	5	34
1999	0	30	1	31	2006	3	29	4	36
2000	2	32	0	34	2007	4	47	4	55
2001	5	56	1	62	2008	4	61	8	73
2002	2	43	2	47	2009	10	85	22	117
2003	3	42	1	46	2010	11	154	33	198
2004	1	24	4	29	合 计	54	978	103	1135

第二节 科技成果应用

阳泉建市初期，境内许多行业生产仍以手工操作为主，工人劳动强度大，因此广大职工强烈希望减轻劳动强度，提高机械化程度。同时，国家也积极推广新技术、新设备，工人的积极性和国家正确的指导方针相结合，使得生产技术改革异常活跃。

“一五”时期，境内机械工业基本完成从手工工艺向半机械化转化；煤炭工业开始采用截煤机、康拜因等机械设备，首次实现机械化；手工业生产技术也有了较大发展，试制开发出400多种新产品；农业生产工具开始使用山地犁、双轮双铧犁、胶轮平车和链条式水车等半机械化农具。此后，随着1958年市科委的建立和各厂矿科研机构的出现，到“文化大革命”前，许多科技成果被应用于生产实践，取得较好的经济和社会效益。据统计，1958年至1960年，市区共有55项技术革新和科学研究成果较稳定地用于生产，其中煤炭方面10项、冶金和机械方面15项、交通运输方面11项、化学工业方面7项、医药卫生方面9项、农业方面3项。20世纪70年代，全市技术革新项目大多应用于生产之中。1973年8月，阳泉矿务局开始大面积推广应用电子技术，并编写了《煤矿应用电子技术资料汇编》。1975年，著名数学家华罗庚率推优小分队到阳泉传授优选法，仅一个月时间，全市就实现优选成果20098项，其中较大成果1024项，一年可给国家增产节约5656万元，并有130种产品实现了工艺优选一条龙。1972年至1978年间，市二轻局完成并应用于生产的技术革新项目达776项，其中较大项目81项。

1974年至1977年间，阳泉矿务局完成技术革新项目1508项，全部应用于生产实践，其中较大项目52项。

中共十一届三中全会后，科技成果的开发、推广和应用，对全市的技术进步和国民经济发展起到积极推动作用。1982年，境内一些行业和部门开始引进电脑，到1986年3月，全市共有53个单位装设了各种型号的电脑278台。在工农业生产中，阳泉矿务局、阳泉钢铁公司、市水泥厂等单位还在部分生产环节采用电脑进行瓦斯监测、水泥配料、高炉配料和计算机辅助设计等。1990年，电脑应用发展到全市工业、农业、交通邮电、文教卫生、科技、金融财会等各行业，在加速全市生产管理现代化、机关事务规范化、传统工业科学化中发挥了重要作用。固氮技术、增产菌、肿腿蜂防治天牛等生物技术和无土栽培、机械化旱作农业工程、畜禽工厂化养殖、节水灌溉等高新技术也在农林业发展中作出了贡献。一些企业生产出高新技术产品，如机电一体化产品曲面印刷机、电子产品程控交换机、新材料氧化锆和钕铁硼永磁材料等。据对1987年通过鉴定的33项科研成果的初步调查表明，当年取得社会效益的项目有28项，占全部项目的85%以上，新增产值1311.42万元，实现利润1094.19万元。另据对1978年至1988年获奖的50项成果后期调查统计，新产品销售利润455万元，成果转让105万元，新增产值9023万元，共创造产值9591万元，其中获利税1268万元，占所创造产值的13.2%。自1985年《中华人民共和国专利法》实施到1990年，全市共有38项专利获得实施，占到全市专利申请总量的32%，比全国专利平均实施率30%高2个百分点，新增产值2000余万元，实现利税500多万元。1986年开始实施的星火计划，抓住矿产资源深加工及建设农副产品基地两条主线，同时注意发展高新技术产业。到1990年，已形成精细化工、新型建材、冶金耐火、规模养殖等4个产业群，星火计划项目共完成产值13354.80万元，实现利税2601万元，创汇339万美元，促进了农村经济的发展。

1997年11月15日至16日，市科委在市科技活动中心组织召开全市科技成果推广会，会议传达了山西省科技成果管理工作座谈会及国家科委、省科委有关科技成果推广政策和管理办法精神。会议要求阳泉市科技成果推广工作要搞大联合、大协作，形成系统之内、行业之间上下贯通、左右联动的全社会推广网络体系。与会代表还就1998年阳泉市科技成果推广指南中160余个项目和《阳泉市科技成果转化工程方案》分行业、分小组进行审定。1997年，年内列项扶持的26项科技成果推广项目完成5项，增收1795.2万元。1998年，市科委先后挂牌扶持科技成果转化和示范基地5个，建立星火技术培训基地2个。5个科技成果转化和示范基地分别是平定理家庄农科教结合示范基地、平定立壁市郊农业试验示范基地、市良种场农业新技术试验示范基地、南簪石公司+农户养牛示范基地、华旺养殖场种养加试验示范基地，2个星火技术培训基地分别是郊区神峪村兔业培训中心、南坳镇星火技术培训中心。上述科技成果示范基地对20多项科技成果和新技术进行试验和示范，发挥了辐射带动作用。

进入21世纪后，从“十五”到“十一五”10年间，阳泉市在新能源、新材料、装备制造、工业废弃物利用及循环经济、现代农业、社会发展、科技平台等产业及领域，一大批新技术、新成果得以推广应用，传统产业利用高新技术得到改造提升比率大大提高，部分新兴产业培育工作取得初步成效，高新技术产业得到突破发展。山西吉天利科技实业有限公司承担的火炬计划项目新型防酸式铅酸蓄电池、年产160万千伏安小时通信、电力用环保型蓄电池和10万吨废旧电池、电子产品全封闭智能化处理技术水平处于国内领先。耐火行业全行业拆除倒烟窑，推广应用的节能环保隧道窑，新型节能燃烧技术、脱硫技术、天然气烧制技术的应用，使耐火行业能耗、环境污染大幅下降，产品档次大幅提升，耐火产业成为阳泉市在国内具有较强竞争力的产业。矿山机械装备制造得到快速发展，以华越机械的液压支架、采煤机等煤矿成套设备、华鑫电气公司的矿用变压器、永磁电机、矿用电机车等矿用电器产品成为矿山机械装备的主导产品，矿机制造产业由“十五”末的2亿元发展到“十一五”末的近20亿元，成为全市发展最快的产业。省级高新技术企业华鑫电气致力于变频节能制造技术的开发和推广应用，变频电机车等系列产品广泛应用于国内外矿山企业。山西建工申华暖通设备有限公司主导产品自力式流量控制阀畅销国内，创造了极大的社会和节能效应。吉天利科技有限公司的UPS系列蓄电池系列产品、LED照明产品及在建的蓄电池回收项目的节能效益也都走在全国同行业前列。在碳纤维领域，阳泉市煤炭运销公司与上海东华大学就低成本碳纤维制备技术合作项目成功对接，双方确定共同建设低成本碳纤维研究中心，并在阳泉投资6100万元建设低成本碳纤维中试基地。在工业废弃物综合利用技术得到广泛利用和发展，煤矸石、粉煤灰得到资源化利用，以华通路桥集团“年产4

吉天利现代化蓄电池生产车间

亿块粉煤灰蒸压砖”、南煤集团“煤矸石砖”及粉煤灰建材、保温材料等为代表的循环经济逐步建立起来。

在农业科技成果推广应用方面，2001年至2010年，以加速科技成果转化为主要任务，以面向“三农”、服务“三农”，从而实现“农业产业化、农村城镇化、农民知识化、农村信息化”为目标，以优化种植结构、发挥农业科技资源优势、发展特色农业和现代农业、提高企业自主创新为中心，实施农业技术推广项目200多项，扶持资金1500多万元，重点支持蔬菜、小杂粮、核桃及经济林等特色农产品种植，项目分布在阳泉市各农业县区，科技在农业产业发展中起到星火燎原的作用，带动了全市农业产业的技术进步。以扶持华通瑞盛公司、阳泉市金满地生态农业有限公司、阳泉新大陆农业科技开发公司等为主的现代蔬菜种植技术推广项目，2010年新增无公害日光温室基地面积600亩（20公顷），新增生产有机蔬菜1800万千克以上。此外，金满地公司建设高标准、新型节能日光温室60（栋）亩，高效智能连栋大棚2000平方米，催芽室30平方米，引进新品种10个，新技术2项，进行试验推广，并对全市种植户进行技术培训。这些特色蔬菜示范园区不仅促进了农民增收，也提高了农民的技术水平。通过示范园建设，进行环境治理，绿化植树，环境条件大大改善；进行无公害蔬菜生产，不施用任何违反标准规定的有害物质，不仅使蔬菜品质达到无公害标准，而且土壤环境也进一步优化，生态效益明显。以三来食品、阳泉市聚胜毛皮公司为主的龙头深加工产业，以公司加农户加基地的模式，推广应用新技术，带动了全市马铃薯种植、特种养殖产业的发展和技术进步。

阳泉市志

YANGQUANSHIZHI

［下　册］

第二十六编

文　化

阳泉文化源远流长，积淀深厚。自古钟灵毓秀，人才辈出，吕思诚、张穆、石评梅、高长虹等名震神州；外地名流韵士，如元好问、乔宇、傅山等也曾数访于此，并留下大量墨迹。古文化遗产散见各地，名胜古迹星罗棋布，东部的娘子关城堡、西部的平坦古城、南部的冠山书院、北部的藏山古祠，以及北魏的石窟、唐代的碑碣、宋代的关王庙等，都闪耀着古代文化的灿烂光辉。形式多样、内容活泼的歌谣、谚语、传说、曲艺、剪纸、面塑等民间文学艺术，不断推陈出新，升华提高，其中土生土长的迓鼓、评说为独树艺坛的两朵奇葩。

阳泉建市后，文化事业蓬勃发展，成就空前。20 世纪 50 年代，戏剧兴盛，晋剧名流一度荟萃阳泉。60 年代，群众文化热气腾腾，音乐、舞蹈、曲艺节目多次荣登首都艺坛。70 年代，工人美术异军突起，阳泉工人画名扬海内外。八九十年代，文化舞台更加活跃。原来相对薄弱的文学、史志、书法、摄影以及图书馆事业生机焕发，硕果累累；各级文化馆（站）遍布城乡，服务功能愈趋完善；新闻出版广播电视等多项事业，由弱变强，逐步壮大。

进入 21 世纪后，随着互联网技术的快速普及和通信方式的不断升级，地方文化事业和民众文化生活步入互联网时代。电脑、手机成为人们事业的帮手和生活的伴侣，须臾不可分离。只要电脑、手机在手，一“键”敲穿时空，一“屏”看尽古今，一“程”游遍中外，古人“秀才不出门，皆知天下事”的梦想如今变为现实。民众对文化概念的认识也不再局限于传统的解释。当代文化理念，已经渗透到人类社会生活的各个方面，并且催生了许多新的概念，如网络文化、生态文化、休闲文化等等。可以说，文化无处不在，讲文化、品文化、育文化已是时代潮流。一个与时俱进、开放包容、健康向上、面向未来，集古今人类文明之大成的新的社会主义文化体系正在形成。

第一章 文化体制

第一节 管理机构

民国以前，境内无专门管理文化工作的部门。抗日战争时期，各县抗日民主政府在农村建立了民族革命室，不断组织基层群众开展各种抗战文化活动。民国36年（1947）5月阳泉建市后，市、县（区）人民政府先后设立宣教科和文教科，专司文化教育方面的行政管理工作。与此同时，市、县还分别设立民众教育馆（后改称为人民文化馆），成为组织和辅导广大人民群众开展各种文化活动的业务机构。

1956年10月，市文教局成立。1959年3月，市教育局、文化局分设。1962年6月，市教育局、文化局重新合并。1969年11月，成立市文化系统革命委员会。1971年，成立市革命委员会政工组文化办公室。1972年6月，组建阳泉市文化局，同时，平定县、盂县和郊区也分别成立了县（区）文化局。之后，城、矿两区也陆续建立了相应的机构。1985年，阳泉市成立了文物管理委员会，同年，全市57个农村乡镇普遍建起了文化站或文化中心，城、矿两区也建起了街道文化站；大部分行政村建起了文化室。1988年又增设了社会文化管理委员会；随之，各县、区也设立了相应的管理委员会。1997年，市文化局下辖文化馆、图书馆、文化市场稽查队、文物管理所、影剧院、晋剧团、电影发行放映公司等文化事业单位。

2005年2月，市文化新闻出版局加挂阳泉市版权局牌子，承担全市的版权行政管理职能。县区下辖乡镇和街道办事处建有文化站，相继配备了专职文化员，每个文化站根据各乡镇具体的经济情况和人口分布及人民群众的生活习俗等，常年坚持开展活动。城区、矿区下辖社区和平定、盂县、郊区的绝大多数村建有文化室，并涌现出集镇文化中心、文化特色村、民间艺术之乡、农村儿童文化园，民间文艺队伍蓬勃发展，成为群众性文化体育活动的主力军。5月，阳泉市晋剧团更名为“阳泉市晋剧院”。6月，阳泉市文化工会成立，并举行第一次代表大会，同时选举产生了第一届市文化工会委员会和第一届女职工委员会。同年，阳泉市广播电视台、阳泉市有线电视台合并重组，成立了阳泉市广播电视总台（局），下设11个科室，其中5个部室、6个中心。

至2010年，全市完成了乡镇综合文化站全覆盖任务，新建农村文化室430个，公共文化网络进一步健全。全市共有艺术表演团体11个，群众艺术馆1个，文化馆5个，乡镇和街道文化站（文化中心）65个，村文化室和文化楼800余个（座），广播电视台4座，公共图书馆6个，档案馆7个，形成了市、县（区）、乡（镇、街道）、村四级文化工作网络。

第二节　文化社团

明末清初，境内戏剧演出已十分广泛，渐有民间组织的戏班。清末民初，境内较大的村庄约三分之一均组建过戏剧班子。民国26年（1937），境内抗日根据地的群众组织起众多业余剧团和宣传队，在各种场合频繁演出，成为宣传抗日思想、鼓舞民族精神的一支重要力量。民国30年7月，平定（路北）县还成立过文联组织。民国36年阳泉建市后，广大农村和城市厂矿、街道、机关、学校组织的业余剧团、文艺演出队更为普遍，成为活跃城乡人民文化生活的主力军。1952年，据平定县统计，全县有农村业余剧团129个，文艺宣传队294个，秧歌宣传队109个，说唱组87个。1958年冬，市区30多名业余文艺骨干组成战地文工团，深入到郊区及邻近各县的炼铁工地演出。1962年3月，阳泉市文学艺术研究会正式组建。至1966年，仅市区群众组织的业余文工团、剧团就达200余个。

“文化大革命”期间，境内一些文化组织遭受挫折，不少文艺工作者被打倒和批斗，文艺创作工作累遭阻滞。

1978年后，随着境内经济建设蓬勃发展，各类群众社团大量涌现，全市社会组织也有了相应发展。1979年6月，阳泉市文学艺术工作者联合会首先问世。1981年12月，阳泉市文学艺术工作者第一次代表会议召开，随即，市文学工作者协会、市戏剧工作者协会、市美术工作者协会、市音乐工作者协会、市摄影工作者协会、市曲艺工作者协会、市舞蹈工作者协会、市电影工作者协会和市书法工作者协会9个协会组织成立，各协会分别选举产生理事会。1983年，阳泉市工艺美术学会成立；之后，一些厂矿、农村、学校和机关的文学艺术爱好者，先后组织起一批小型的文艺社团，定期或不定期地进行文学艺术的创作交流活动。在市级社团组建的同时，各县及一些大型厂矿企业中社团也随之出现。1984年6—7月间，阳泉矿务局系统文学研究会、美术研究会、书法研究会、摄影研究会、音乐研究会、舞蹈研究会、曲艺研究会先后成立。阳泉晋东化工厂成立了神剑文学艺术社，阳泉钢铁公司、阳泉铝矾土矿分别建立了文联组织。之后，阳泉晋东化工厂成立了神剑文学艺术社，阳泉钢铁公司、阳泉铝矾土矿分别建立了社会组织。1984年冬，平定师范的星星草文学社成立。1985年1月，盂县文联成立。1986年6月，阳泉市民间美术研究会成立；9月，平定县文联成立。1987年4月，平定县评梅诗社成立并创办《梅窠》报。

此外，一些厂矿、农村、学校还组织起一批小型社团，定期或不定期地进行创作交流活动。较有影响的有：娘子关发电厂的小草文学社、平定师范学校的星星草文学社、平定县巨城中学的雏凤文学社、阳泉市煤炭专科学校的青春文学社、阳泉电大“长铁”文学社、阳泉市工业学校的弄潮文学社、白羊墅火车站的小白杨文学社、阳泉师范学校的花蕾文学社、阳泉市社会青年组织的金龙文学社、平定县锁簧镇的农民书法美术摄影协会、盂县西潘乡的乌河文学社，以及阳泉市书法篆刻爱好者组织的石舟印社等20多个。1990年1月，山西省三晋文化研究会阳泉分会成立。1992年5月，境内第一个纯女性文学社团——平定女子文学社成立。这些社团的活跃，繁荣了境内文艺创作，推动了全市文化事业的繁荣和发展，为社会的文明作出了贡献。

1991年12月，市文联召开第二次代表大会，市文学艺术工作者联合会更名为市文学艺术界联合会，下属9个文艺工作者协会更名为市作家协会、市美术家协会、市书法家协会、市摄影家协会、市戏剧家协会、市音乐家协会、市曲艺家协会、市舞蹈家协会和市电影家协会。

1993年12月，郊区文联成立。1995年11月，阳泉国际文化交流中心第一届理事会产生。1997年7月，阳泉市老年书画家协会举办“迎接香港回归”老年书画展。这一时期，阳泉的音乐事业得到了空前的发展和繁荣，无论是创作还是声乐，器乐还是表演，都在全国各类比赛中频频获奖，涌现出了一批音乐人才。歌曲《老师，你好！》（余自强词，王玉兰曲）获山西省委宣传部“五个一工程”优秀奖，成为山西省第一首获得该奖项的歌曲。1998年4月，盂县长虹诗社成立。12月，矿区文联成立。

2003年，市文联下属的9个文艺家协会全部换届，分别选举产生新一届理事会；10月，阳泉市电视艺术家协会成立，并召开代表大会选举产生理事会；11月，阳泉市民间文艺家协会成立。2004年6月，城区文联成立。至此，全市5个县区均设立文联组织。

1981—2010年阳泉市文联换届情况简表

表-26-1

届别	时间	主席	副主席	兼职副主席	下属协会(个)
第一届	1979年6月		陈　霈		9
	1981年12月	陈　霈	张旺模	杨建国 王永顺 李　翔 杨步云 王柏青 王德芝	9
	1984年7月	胡世英	张旺模 郭庆平	杨建国 王永顺 李　翔 杨步云 王柏青 王德芝	
第二届	1991年12月	赵佩龙	张旺模 郭庆平 许元上	杨建国 王永顺 任时达	9
第三届	2001年12月增补		侯讵望 李银苟		
	2004年12月	侯讵望	李银苟	李葆明 王炳俊	11

2005年8月，平定女子文学社改称阳泉市评梅女子文学社。2007年3月，阳泉市戏迷协会诞生。2007年10月，高长虹研究会成立。2008年6月，阳泉市诗词曲学会成立。2010年3月，阳泉市散文学会成立。4月，阳泉市楹联艺术家协会成立。截至2010年，阳泉市文联下属18个团体会员，即作家、美术家、书法家、戏剧家、音乐家、摄影家、曲艺家、舞蹈家、电影家、电视艺术家和民间文艺11个文艺家协会，平定县文联、盂县文联、郊区文联、矿区文联、城区文联5个县区文联，市文学艺术发展促进会和高长虹研究会2个直属社团。市评梅女子文学社、市诗词曲学会、市散文学会、市楹联艺术家协会属市作家协会管理。全市文艺社团共有会员3000余名，其中国家级会员100多名、省级会员1000多名。

阳泉市文艺社团（协会）情况简表

表-26-2

协会名称	届别	理事长	副理事长	秘书长	时间
文学工作者协会（作家协会）	第一届	张旺模	左贵周 孟宏儒	许元上	1981年
	第二届	郭庆平	孟宏儒 王世永 许元上 左贵周	张廷秀	1991年
	第三届	许元上	马金元 刘道存 张凤瑞 张秋成 岳万科 侯讵望 崔亮云 翟志洋 翟贵明	侯讵望（兼）	2004年

续表 -26-2

协会名称	届 别	理事长	副理事长	秘书长	时 间
戏剧工作者（家）协会	第一届	王德芝	王孝先 刘中元 高爱卿（女） 杨素芳（女） 刘喜荣	王孝先（兼）	1981 年
	第二届	马炳元	王孝先 张希信 王道江 荆玉玺 黄爱梅（女） 朱建华（女） 郭玉霞（女）	王孝先（兼）	1991 年
	第三届	周亚鹏	王道江 田伟泓（女） 朱建华（女） 苏峰景 杨山文 郭俊卿 曹文茹（女） 梁晓英（女） 黄爱梅（女） 董 英 文匡民 郭晋普 孙福利	苏峰景（兼）	2004 年
曲艺工作者（家）协会	第一届	贾子祥	刘心祥	刘心祥（兼）	1981 年
	第二届	王全福	高堂宾 赵晓辉	郑亚克	1991 年
	第三届	郑亚克	王红昭 马文祥 王 金 白彦忠 孙 诚 李天和 赵晓辉 赵润生 荆自保 曹玉仁	王红昭（兼）	2004 年
音乐工作者（家）协会	第一届	王永顺	余志强 邹 敏	余志强（兼）	1981 年
	第二届	王永顺	余志强 商广树 刘虎寅 赵润昌 魏晋华	余志强（兼）	1991 年
	第三届	余自强	王玉兰（女） 王玉宏 王树敏 刘虎寅 宋清江 宋佳文 李金联 赵润昌 娄志敏 姚玉生 商广树	王玉兰（兼）	2004 年
舞蹈工作者（家）协会	第一届	张静儒（女）	张俊英（女） 史东风（女）		1981 年
	第二届	张静儒（女）	宋 莉（女） 张俊英（女） 龚继红（女） 史东风（女）	陈玉梅（女）	1991 年
	第三届	陈玉梅（女）	宋 莉（女） 余丽娜（女） 王秀怀（女） 何 姗（女） 陈玉花（女） 李泉锁	余丽娜（女）（兼）	2004 年
美术工作者（家）协会	第一届	杨建国	刘佩乙 李士倜 郑恩田 张四春 张登魁 葛思海 程同义	张登魁（兼）	1981 年
	第二届	杨建国	程同义 张兴国 张四春 李廷惠 张登魁 葛思海 宫来祥	李廷惠（兼）	1991 年
	第三届	杨建国	王雨来 张四春 张登魁 宫来祥 贾廷庠 潘荣本 臧五一	张四春（兼）	2004 年
摄影工作者（家）协会	第一届	张克尧	续艾昆	张克尧	1981 年
	第二届	张克尧	续艾昆 王墨青 周 京	王孝邦	1991 年
	第三届	王孝邦	梁守皓 马万忠 王国贺 张福贵 张银贵 陈凤灵 周 京 赵荣生 高士萍（女） 高宏斌 韩万成 郭海昌	张福贵（兼）	2004 年
书法工作者（家）协会	第一届	苏振淮	苏富世 张春荣 郭九麟	李琳文	1981 年
	第二届	郑恩田	姚仁承 李琳文 王雨来 郭九麟 李 森 刘久昌	郗满祥	1991 年
	第三届	郑恩田	姚仁承 王岳青 李银苟 庞宏亮 武爱栓 闻 林 郗满祥 郭九麟 高宪明 崔 强 要守文	庞宏亮（兼）	2004 年

续表 -26-2

协会名称	届别	理事长	副理事长	秘书长	时间
电影工作者（家）协会	第一届	杨国才	冯建民	杨谦云	1981 年
	第二届	杨国才	靳发润 常燕梅（女）		1991 年
	第三届	张富保	王　巽 王爱元 王凤明 冯晓琴（女） 郭怀平 常燕梅（女） 韩珍和	冯晓琴（兼）	2004 年
电视艺术家协会	第一届	梁旭光	张计梅（女） 杜湘君 苗振岗 郑满贵 梁亮宝	魏宝集	2003 年
民间文艺家协会	第一届	马玉隆	王立新 毕映富 乔　岚 李银苟 李秀利 李文元 张卫星 张秋成 张海东 周胜奎 侯讵望 郝千文 荆升文 郗满祥 鄗宝国	郗满祥（兼）	2003 年

第三节　公共文化设施

古代，境内群众文化娱乐活动比较单调，多为节日与庙会期间举办一些广场艺术表演，如果演出戏剧，多则需搭建临时舞台。明代，境内部分农村开始兴建露天戏台，称“乐楼”，清代多曰“戏楼”，民间曰“戏台”或“台地”。民国元年（1912）平定县教育会开办了教育图书馆，虽规模不大，但为境内首座。民国 10 年，张子明、李仲麒等 8 名商人在阳泉集资修建了新华茶园，并设简易“戏台”供民众娱乐。初以说书、闹红火为主，后扩建为“小戏院”，陆续有戏班演出，这是境内第一座专业性文化娱乐场所。民国 28 年，小戏院被日军霸占，因由日本人鸟山管理并常用于放映电影，故一度对外又称“鸟山电影院”。民国 29 年，由私人集资又在阳泉繁华区兴建了一戏院，即后来的人民戏院。该戏院采取剧场和剧团合一的形式，系境内第一座稍具规模的正式剧场。民国 33 年春，商人郗振铎出资购买了一部旧“罗亚罗”电影放映机，安装于小戏院内，并将其更名为新民电影院，这样，境内才有了专门营业性的电影院。

抗日战争时期，在平东县、平西县、平定（路北）县抗日民主政府领导下，农村普遍建立民族革命室。阳泉建市后，平定（路南）县和阳泉工矿区又先后建立了民众教育馆，组织和指导群众开展阅读报刊等各种文化活动，并带领文艺队下乡演出。

阳泉建市后，境内文化设施迅速增加。市区和各县相继建立了人民文化馆，馆内设施日臻完备，有的设展厅、排练厅、声乐室、美术室、图书室；有的则将文化、图书、博物三项合一。

平定县文化馆成立于1950年12月，建筑面积1500平方米。1952年，平定县的11个区全部建立了文化站。同年，市区又新建了民主剧院，阳泉矿务局和阳泉钢铁厂的职工俱乐部也相继建成并投入使用。1957年以后，随着社会主义经济建设的迅速发展，各种文化设施的建设也有了新的发展。1958年，在市区繁华地段建起了占地7000余平方米的工人文化宫，内设电影院、文化活动楼，配有图书室、阅览室、游艺活动室、排练室、舞厅等。平定县和盂县也先后修建了设有1000至1600个观众座席的大型戏院、电影院3座。同时，又有一些厂矿企业的工人俱乐部相继落成。这样，境内以露天演出为主的历史基本结束。在农村，盂县农村俱乐部至1958年已发展到280个；平定县至1962年农村俱乐部达到569个，其中在公社所在地建立的中心俱乐部有22个。

从1960年开始，由于国家经济处于暂时困难时期，以及“文化大革命”的影响，10余年间境内文化工作整体上处于低谷，文化设施建设步伐缓慢，但在市区也还有一定的发展。1960年建成了建筑面积3600平方米、设施比较齐全的东风剧场，1966建成了建筑面积2370平方米的市群众艺术馆，1968年建起了占地2390平方米的东方红电影院（后更名为阳泉电影院）。在此期间，阳泉矿务局所属各矿、厂，以及晋东化工厂、阳泉钢铁厂、阳泉发电厂、阳泉铝矾土矿、荫营煤矿、南庄煤矿等一批厂矿企业也相继建成了规模较大的工人俱乐部。1978年始，市区原有的一些大型影剧院、文化宫、俱乐部、图书馆经过改建扩建，设施更加完备，功能更加齐全，而且还新建了一些具有现代化水平的文化活动场所。如盂县文化馆为国家二级馆，1979年建成投入使用，建筑面积为1522平方米。1986年，融娱乐和培训为一体的阳泉市青少年宫建成。同年，一座占地面积10200平方米、建筑面积6900平方米的以放映电影为主，兼作文艺、游艺、培训活动和大型剧团演出的综合文化场所——平定县文化宫落成。此外，一些较大厂矿企业的职工俱乐部也相继建成并开放。1987年，全市农村礼堂有64个，舞台达到434个。平定县有92%的农村都建起文化室，其中有5个村建起了集文化、科技、卫生和体育为一体的文化楼。至1990年，乡镇和街道办事处文化设施建设不断发展，各个文化站都有图书室，阅览室和文化活动室，一直为基层群众服务。城区和矿区协调驻地单位，为每个社区建起综合办公楼，每个社区设有60平方米文体活动室。矿区还在区中心新建了占地面积1690平方米的文化综合大楼，一矿、二矿、四矿分别建立起了7万平方米、1300平方米、1700平方米的文化广场。平定、盂县、郊区绝大多数村都有了文化室，但部分偏远和不发达村尚无。

从1992年始，阳泉市大力发展文化产业，社会文化、农村文化、专业文化、群众文化蓬勃发展。随着创建文化先进县工作的不断推进，境内各县区因地制宜，不断加强文化工作的硬件建设。1995年至1999年，平定、盂县、郊区、矿区与城区相继被命名为山西省文化先进县（区），阳泉市成为全省第一个县区全部达标的地市。1999年，全市公共系统图书馆总建筑面积为7375平方米，阅览室座位605个，总藏书量55万册。全市农村乡镇均建起了文化站与图书室。至12月，市图书馆、平定图书馆和盂县图书馆均被文化部评定为“三级图书馆”。

2002年，市文化系统本着“勤俭节约，自身挖潜，少量投入，滚动发展”的思路，共筹集85万元购置了一批音响、乐器、电脑、舞台影视灯等，还对办公场所进行了修缮、装修，使环境面貌有了明显改善。2003年，对市晋剧团、歌舞团办公楼、排练厅进行了全面的维修改造，彻底改变了“两团”办公楼脏、乱、差的痼疾。市群艺馆筹资29万元，对馆内的教室、办公室、大厅、大门、楼顶及线路、管道进行了全方位改造维修。市电影院投资10万元改造了大中小3个影厅，更新安装了金属大屏幕。市艺校投资4万元更换了供暖设施，对6500平方米内外墙进行了粉刷。2004年，市文物中心完成库房选址规划，并开展了对文化广场和博物馆、展览馆建设的前期调研和考察。2005年，市、县图书馆推广建成“电子阅览室”“资源共享工程”，内设机构有展览厅、排练厅、教室，美术辅导室、音乐辅导室、舞蹈辅导室、戏曲辅导室、声乐辅导室、文艺创作室等，业务门类齐全，能够开展正常的培训、辅导、演出等工作。2006年，阳泉市向国家发改委、省文物局争取资金230余万元，建成了市文物中心库并完成搬迁。图书馆、展览馆、博物馆为一体的市文化广场于8月30日完成主体结构封顶，并于2007年4月26日完成设备购置与搬迁。2008年，市政府下发《阳泉市推进基层文化建设，构建公共文化服务体系的实施意见》后，全市建成了8个乡镇综合文化站、150个农村文化室，其中，乡镇文化站完成投资925万元，总面积7651平方米，村文化室完成投资4008万元，总面积35652平方米。总面积3000平方米的城区文化中心建成。总面积1万平方米的盂县文化中心举行奠基。2009年，全市文化设施建设步伐加快。市政府召开了全市推进乡镇综合文化站建设现场会，24个乡镇综合文化站全部列入国家和省补助范围。至年底，中央、省补助资金528万元全部到位。年末，24个乡镇文化站建设项目中，有15个完成主体建筑，其余9个乡镇文化站在建，共完成投资约1600万元。年内，县区文化场馆建设按计划推进，城区文化馆进入配套设施和安装调试、内部装修阶段。平定投资300万元对文化中心进行了维修改造，盂县文化中心开工建设，郊区文化中心建筑设计规划进展顺利，矿区“两馆”建设已经过专家论证。此外，平定县顺利通过了文化部第二轮全国文化先进县复查验收。

文化设施选介

阳泉市工人文化宫　位于市区北大街，1958年建成，占地面积7000平方米，建筑面积3500平方米。设有影剧院1座，座席1070个；文化活动楼1座，内设图书室、阅览室、游艺活动室、排练室、教室、录像放映厅、舞厅等；另有露天剧场1座，以及招待所、小卖部、露天活动场等多种设施，系多功能职工业余文化活动场所。

工人文化宫

东风剧场　位于市区桃南东路。1959年由市政府投资兴建，1960年4月竣工，同年5月1日正式开业。占地面积1900多平方米，建筑面积3600平方米。1982年曾进行大修。舞台顶高16米，宽23米，深16米，台口宽11米，高8米，两侧副台宽6米，可供大型现代剧团演出。能容纳观众1467人。门厅正中为两层，底层高6米，平面面积百余平方米，二层为舞厅。剧场设有化妆室、服装室、演员宿舍、食堂、小卖部，以及贵宾室等。

东风剧场

阳泉电影院　位于市区德胜东街。1968年建成，1987年进行全面改建。占地面积2390平方米，建筑面积1634平方米，影厅可容纳观众1047人。门厅二楼有录像厅，可容观众200余人。门厅三楼设舞厅，面积300平方米。此外，还设有旅馆、餐厅、茶座、小卖部等。

阳泉电影院

阳泉市青少年宫

阳泉市青少年宫　位于市区桃北中路。1986年建成，占地面积5600平方米，建筑面积3200平方米。除办公用房外，设有声乐室、器乐室、美术室、体育活动室、舞蹈练功室、电子游艺室、图书阅览室及天象厅等22个专用活动室（厅）。系全市培养和输送人才的重要基地、青少年文化娱乐中心及全市唯一的成建制校外教学机构。

阳泉市文化中心　位于市区泉中路与北大街交会处。2005年12月28日开工奠基，占地面积21762平方米，总建筑面积30566平方米，总投资1.2亿元。2007年4月27日，集图书馆、博物馆、展览馆为一体的阳泉市文化中心竣工剪彩。至2010年，该文化中心一直是市区乃至各县区的文化娱乐和文化交流之地。

阳泉市文化中心

矿区文化广场 位于市区北大街。2004 年 8 月由阳泉太行房地产开发有限公司开工建设，又名“阳泉书城”。2005 年 12 月竣工。该文化广场共 7 层（含地下室），总建筑面积为 4572.17 平方米。广场内的经营项目与布局较为广泛。一、二层：中小学教辅教材及文化艺术科技类图书；三、四层：音像制品、电脑、教育类电子产品等；五层：古玩、字画等和投资类艺术品；六层：绿色网吧。广场内配备有垂直电梯，一至三层加设自动扶梯。

郊区文化馆 位于郊区影剧院。成立于 1976 年 5 月，馆舍总面积为 2500 平方米。内设办公室、档案资料室、音乐部、舞蹈排练厅、美术摄影部、MIDI 音乐室、戏剧曲艺室、多功能厅和工艺美术服务部等机构。2004 年被文化部命名为三级文化馆。

平定县文化馆 位于平定县城东关文化大楼，成立于 1950 年 12 月，为全额拨款事业单位，系山西省文化馆协会普通理事会员单位。2004 年被文化部命名为“三级文化馆”。2010 年，平定县文化馆建筑面积 2000 余平方米，使用面积达 1500 平方米；事业编制 26 人，在职职工 24 人，其中，本科学历 10 人、大专学历 13 人，高级职称 2 人、中级职称 7 人、初级职称 10 人。随着志愿者队伍不断扩大，通过广泛动员和整合内外资源，文化志愿者已成为基层公共文化工作的重要力量，有文化志愿者舞蹈队 2 支、声乐队 1 支、器乐队 1 支、朗诵主持队 1 支、曲艺队 1 支，“非遗”项目志愿者近百人。

盂县人民文化馆 位于盂县城隍庙街 4 号。1979 年建成投入使用，占地面积 920 平方米，建筑面积 1522 平方米。设有展览厅 1 个、排练厅 1 个、教室 1 个，另有美术辅导室、音乐辅导室、舞蹈辅导室、戏曲辅导室、声乐辅导室等 7 个，流动声响设备 2 套，电脑 2 台，摄像机 1 台。为国家二级文化馆。

第二章 文学艺术

第一节 文 学

一、文学创作

境内文学创作历史久远。清光绪版《平定州志》艺文部分就收有209名作者的507篇（首）作品，其中明清两代作者有50余人，作品达百余篇（首）。元代的吕思诚、清代的王珻、张穆作品较多，影响较大。20世纪20年代，平定县的石评梅和盂县的高长虹著述颇丰，在中国文坛占有一席之地。

阳泉建市后，境内的文学创作受到了党和政府的关怀和支持，群众性的文学创作活动日益活跃。20世纪50年代末，一些文学新人开始崭露头角，其作品陆续在全国和省级以上报刊发表。1957年，李振生的散文《父子一夕谈》发表于《人民日报》；郭庆平的诗歌《问我的城市》发表于山西省作协主办的《火花》；1958年阳泉市委宣传部曾编辑出版传记文学《英雄传》和《阳泉群众诗歌集》；1960年，陈霈的特写《宿舍调整以后》发表于《人民日报》；1963年，吴晶波的小说《新来的女矿工》和《女电车司机》发表于《人民文学》。之后，他的中篇小说《煤》发表于1965年《人民文学》11期。1965年11月，工人作者王永顺、董伟和农民作者张廷秀光荣出席了在北京召开的全国青年业余文学创作积极分子大会。

1966年至1976年的“文化大革命”期间，境内文学创作活动受到严重冲击，处于萧条时期。

中共十一届三中全会后，文学创作活动渐而恢复生机。1979年6月，阳泉市文联成立，并创办刊物《阳泉文艺》（后更名《红与黑》《娘子关》），为繁荣文学创作，培养文学新人提供了阵地。1981年12月，阳泉市文学工作者协会成立后，通过举办笔会、文学讲习班、作品研讨会和创作经验交流会，组织作者深入厂矿、农村体验生活等多种形式，大大活跃了境内文学创作活动，为《娘子关》杂志培养了一批骨干作者。

20世纪80年代是阳泉文学创作的高峰期。主要创作成果是小说，如张旺模的《漂亮的女房东》等小说集的出版与发行，为阳泉的文艺创作起到了引路与示范作用。同时，报告文学创作也开始繁荣起来，描写当地知名企业家的报告文学成为这一时期的主流，许多以小说、诗歌、散文创作为主的作家加入到报告文学创作队伍中。这一时期，文学讲座火爆，社团纷纷兴起。以《山西青年》创办的“刊授大学”为载体，阳泉掀起了文学培训与创作的高潮，全市文学社团有十几个，其中最活跃的有平定师范学校的星星草文学社、娘子关电厂的小车文学社等，这些文学社团培养了大批文学爱好者，许多人走上了文学创作的道路。

1980年，张凤瑞的短篇小说《俏寡妇》在《汾水》第9期发表后，1982年11月在中央人民广播电台“文学之窗”播出，于1986年选入《全国报刊文艺编辑作品精选》。1981年，张旺模的短篇小说《戴白手套的女人》发表于《晋阳文艺》8期，获创作二等奖，《贼》发表于《汾水》8期。郭庆平的散文《最后一课》发表于《中国教育报》，被评为三等奖，同年11月由《小说选刊》选登，并获《晋阳文艺》创作一等奖，该散文1983年又发表于《中国教育报》，获征文二等奖。1982年，尹崇富的小说《白美娘膀棺记》在《晋阳文艺》连载，并获征文一等奖；许元上的短篇小说《为我们干杯》发表于《山西文学》第9期，获优秀小说奖，并由中央人民广播电台配乐播出，获山西省首届“赵树理文学奖”三等奖。1983年，张旺模的短篇小说《四个山汉》发表于《山西文学》第9期获优秀小说奖，短篇小说《明珠放彩》获山西省首届“赵树理文学奖”三等奖。1984年，王孝先创作的儿童文学《嘎嘣豆》发表于《东方少年》，获山西省首届“赵树理文学奖”三等奖；同时，孟宏儒获“赵树理文学奖”优秀文学编辑奖；赵五四的《我有三颗心》发表于《诗刊》12期，1985年由《文学大观》第2期转载。同年12月，侯讵望（巨望）的书评《我喜爱的一本书》参加《山西工人报》征文，获山西总工会征文二等奖。1986年，张廷秀的短篇小说《罪人》发表于《山西文学》第3期，获山西省优秀小说奖，并被翻译成日文出版；许元上的报告文学《强将手下无弱兵》获山西省“三创”一等奖；任海成的诗歌《个体户，一串活泼的音符》发表于《诗刊》第1期。1987年，尹崇富的民间故事《傅山神火》入选国家《中国民间故事》集，并获中国文联《世纪之光》有奖征文一等奖；王博勤的短篇小说《小老五》发表于《山西文学》第5期，后被1987年《小说月报》第8期选载；京味小说《开破头》发表1990年《山西文学》4期，《小说月报》1990年第4期即予以转载。

20世纪80年代中后期至90年代，县区文联组织相继建立，一些大型厂矿企业也陆续组建了文联和文学研究会等组织。分布在厂矿、农村、学校和机关的一些文学爱好者，纷纷自发地组织起来进行文学理论研究和创作活动。至1987年，平定师范星星草文学社创办的油印社刊《星星草》出版了40余期。该文学社通过讲座、采访、诗展及众言会、赏月诗会等形式促进素质提高，社员们先后在《语文报》《中学生文学》《山西日报》等报刊发表作品400余篇，同时，结集出版《星星草优秀作品选》一书。该社还牵头举办阳泉市10家文学社团短诗大奖赛，并先后与娘子关发电厂小草文学社、平定西锁簧村团支部、白羊墅铁路车站小白杨文学社，平定磷肥厂、南坳煤矿等单位的文学爱好者在平定师范组织了一次大型文学创作联谊活动。1988年初，平定县一些诗歌爱好者发起成立了评梅诗社，创办了铅印小报《梅窠》。社员在全国各级报刊发表作品百余篇（首），其中李守珍等4名社员的作品在《诗刊》上发表。1989年8月，姜素清（舒心）的散文《三十二岁的女人》在《山西日报》发表后，同时获《山西日报》举办的黄河文学奖“女人的世界”散文征文一等奖。1989年11月，侯讵望短篇小说《懒得上班》在《山西文学》发表。

1991年3月，侯讵望的短篇小说《心病》发表于《人民文学》第3期，是20世纪90年代第一个走上《人民文学》的作品。王润云的诗歌《耕牛冢臆想》获山西电视台文艺部和《火花》编辑部联合举办的“七一颂”朗诵诗创作大奖赛佳作奖。4月，王博勤的短篇小说《飘歌小孩儿店》发表于《人民文学》第4期。1992年，荆升文的《无题》于在全国桂花诗歌大赛中获佳作奖；张震文的《茶》发表于《诗刊》1期，诗歌《红高粱》获第二届“屈原杯”全国诗歌大赛二等奖。1993年，李月丽的组诗《古典现象》获中国社会科学院文学研究所举办的首届“艾青杯”诗歌大赛优秀作品奖；耿宝红的《诱惑》在“芳草杯”全国精短作品大赛中获优秀作品奖；葛海林的《只愿等候》在《青年月刊》发表，获该刊青年短诗大赛佳作奖。1994年，赵锁仙《做不完的作家梦》在《写作》第10期发表，被文学馆收藏。1995年，王伟《故乡情》在《人民文学》举办的中国作家文学创作年会上获一等奖，著名诗人叶文福对作品予以高度评价；张计庭的《无题》在1995第二届全国桂花诗歌大赛中获佳作奖，他的《冰上拾趣》获1994—1995年度“黄鹤杯”文学大赛优秀奖，并被中国当代作家代表作陈列馆永久收藏；崔亮云的新古体诗获“世界诗人与文化大会1995—1996年度世界新古诗奖”，古风体长诗《爱果姑》获“红豆诗”大赛入围奖。1996年，由冯富国、李智编剧的电视剧《社火》获山西省一等奖、华北地区三等奖。1997年，吕海潮的诗歌《钥匙及钥匙圈》《一米八〇》发表于《诗刊》第3期，翟贵明的诗歌《冬雪》发表于《人民文学》副刊第2期，由侯讵望撰稿的《灭火英雄王玉龙》获山西省广播电视优秀节目一等奖。1998年，由侯讵望撰稿的《娘子关内第一城》获山西广播电视优秀节目一等奖，王伟编导的《解放阳泉》获山西省广播电视优秀节目特等奖，杜肇昆词集《仇犹词草》由北岳文艺出版社出版。1999年，马金元的特写《东西搭起爱心桥 千里传递母女情》获中国城市党报副刊优秀作品一等奖；郭庆平、许元上编剧的电视剧《百团大战》获山西省文学艺术创作金奖；赵晓丽《女孩·女人·母亲》获《山西文学》1999“我的故事”短文大赛优秀奖；《学会珍惜》获“春笋杯”全国诗歌·散文大赛优秀作品奖；卫克兴的《上下六和塔》1999年5月在全国跨世纪中华诗歌大赛中获一等奖。

2000年，张旺模的中篇小说《王兰兰当官》发表于《潮声》，获“伟南文学奖”一等奖和“全球华文文学作品”一等奖；翟志洋（翟又）的短篇小说《触摸偶像》获“世纪之光”文艺作品二等奖，中篇小说《礴殇》获2001年全国14届“新光环”佳作奖。2001年，胡士英的《母亲》在《中国散文月刊》发表并获优秀奖；刘建国的《石碾》《伫立者的凝视》《悲歌》在《诗刊》发表。李月丽的短篇小说《花儿为什么这样红》发表于2002年《山西文学》，并获2000—2003年山西省“赵树理文学奖”短篇小说奖。2003年5月，吕海潮的《戴手机的淘粪工人》在《人民日报》发表，并获《人民日报》“双星杯”征文二等奖；10月，戴志贞的《五律·重逢台湾友人》发表于《诗刊》。2004年，镕畅的中篇小说《假装的爱情》发表于《黄河》2期，转载于《小说精选》6期、《小说选刊》8期；她的中篇小说《当阳光变冷》发表于2005年《黄河》4期，金羊网阎晶明先生为该小说作了题为《逃离与徘徊》的评论，该小说还转载于2005年《北京文学·中篇小说月报》6期、《小说选刊》12期。2005年8月，刘双凤《走西口的汉子》获《中国企业报》第十四届新闻奖评选二等奖；9月，史晓蓉的诗歌《就这样》在第三届“蓓蕾杯”全国诗歌散文大奖赛中获优秀作品奖，收入《当代诗歌散文精选》一书；郭爱华的《云雾缭绕天地情》获2005年北京举行的第二届“长城杯”全国文学大奖赛二等奖。2006年，魏文瑾主编的全市第一套10人卷纯女性文学丛书——《红鬃马文丛》，由中国文史出版社出版发行。2007年，董俊英（笔名小岸）的小说《你是你，我是我》获山西省第三届“赵树理文学奖”中篇小说奖。2009年10月，第二套6人卷《红鬃马文丛》由华文出版社出版。同时，阳泉评梅女子文学社部分社员的百余篇作品在《小说月报》《小说选刊》《山西文学》《黄河》《山西日报》等报刊频频发表并获奖。

从20世纪80年代初到2010年，平定作者朱存业历时30多年、百余次孤身远游祖国大地，走遍了全国所有的省市自治区，出版了游记文集《华夏散记》《华夏纪行》《华夏履踪》《华夏漫笔》等11本著作，共计300多万字。杜肇昆的《填词探要》被北京大学图书馆、香港大学图书馆收藏；《诗词曲韵案》被美国哈佛大学图书馆、芝加哥大学图书馆收藏。阳泉作家刘慈欣的《三体》等多部科幻小说1999年至2006年连续8次获得中国科幻小说最高奖“银河奖”，他的《超新星纪元》于2010年获山西省“赵树理文学奖”儿童文学奖。

随着阳泉市文学社团的进一步发展，一大批文学新人脱颖而出，阳泉文学的面貌焕然一新，创作队伍不断壮大，作品数量继续攀升，作品质量有了新的提高，各类文学作品纷纷登上大雅之堂。至2010年，全市在省级以上报刊发表作品2000多篇（首），获奖200多项，出版个人作品集300多部，123人成为省及国家作协会员。

二、民间文学整理

境内的民间文学有民国前的对联抄本、拓本存世，但流传久远、形式多样的民间口头文学，在旧中国历来不被统治者所重视。

阳泉建市后，文化部门开始注意民间口头文学的搜集和整理。一些民间文学爱好者也积极进行挖掘、抢救和整理，但大多数未能成集出版。

中共十一届三中全会后，随着文学创作的全面振兴，民间文学的挖掘、搜集和整理工作也有了迅速发展。1978年，郑孝时编写的长编故事单行本《第一个女神》，由上海文艺出版社出版。1981年，于宗琪、任瑞祥分别搜集、整理的民间故事《笑林撷萃》《太行英雄赵亨德故事》，获晋中地区故事创作二等奖。1981年至1983年，阳泉市郊区文化馆先后编印了《阳泉民间故事》两集，收入故事63篇，约20万字。1985年，阳泉市群众艺术馆与盂县文化馆联合编印了《盂县民间故事》，收入故事30篇，约6万余字。1987年，阳泉市组建了中国民间故事集成办公室，各县、区也建立了相应机构。随后广泛发动群众，在浩如烟海的民间口头文学宝库中，采取全面普查和重点收集相结合的办法，进行挖掘、搜集和整理工作。至1989年10月，市、县（区）分别出版了《民间故事集成》《民间谚语集成》《民间歌谣集成》三套集成。其中阳泉市《民间故事集成》共收神话、传说、故事及寓言、笑话250篇，阳泉市《民间歌谣集成》共收劳动歌、时政歌、仪式歌、情歌、生活歌、儿歌及杂歌、歌谱等150多首，阳泉市《民间谚语集成》共收时政类、事理类、修养类、社交类、生活类、自然类、生产类和其他类的谚语5900条，三集共80多万字。其间有28人被吸收为山西省民间文学研究会会员，有3人被吸收为中国民间文学研究会会员。

1995年，由平定报社主编赵成秀主编的《一隅对联辑览》出版，精选了珍藏和流传于平定一代的联对和趣话，其中包括风景名胜联、行业联、春联、喜庆贺挽联、园林宅居联、题赠互对联等。其拾遗珠而汇于一书，使许多几近湮灭的佳作得到了及时抢救。如煤窑联、铁炉联、灰窑联等，都富有浓郁的地方特色。1999 年 7 月至 2002 年 1 月，杜肇昆、史俊宝编著《历代词对句精选》，9.5 万字，由大众文艺出版社出版。2005 年 12 月，盂县作者赵云峰、崔亮云主编《盂县楹联》（约 10 万字），由山西人民出版社出版。书中搜集的一些楹联堪称经典，如清代的张穆和王珣、王锡光父子，民国时期的李峙龄、杨生春，与阳泉这块土地渊源颇深的傅山、祁隽藻等在境内的楹联创作也收录在内。本书集明、清及近现代对联之大成，与赵成秀主编的《一隅对联辑览》叠加起来，基本上囊括了阳泉境内楹联之精品。

2008 年 8 月，盂县文联主席崔亮云、杨玉牛联合整理了 10 万字的《盂县古话》，由三晋出版社出版。2009 年 10 月，李维澜主编的《平定民间文化艺术集萃》（平定县政协文史资料第十九辑）由中国文史出版社出版，该书系统罗列了古往今来平定民间的经典故事。2010 年 6 月 1 日，阳泉市民间文艺家协会主编的《阳泉民间文艺丛书》（一套 10 本）由方志出版社出版，该套丛书包括《阳泉节日》《阳泉石雕砖雕》《阳泉迓鼓》《阳泉收藏》《阳泉饮食》《阳泉庙会》《阳泉木雕根雕》《阳泉民间文学》《阳泉丧葬习俗》《阳泉民居》。这是阳泉建市后第一套较完整记录民间文艺状况的大型丛书，它既是一套历史书，也是工具书、鉴赏书。该套丛书的出版，填补了阳泉市民间文艺无系统资料的历史空白。

第二节 戏 剧

一、演出活动

境内戏剧演出活动始于何时无考。据现存文字记载，元代已有演出活动，清初日渐兴盛（一些农村至今还有明末清初所修建的舞台）。当时，境内约 30% 的乡村都曾组建过戏剧班子，仅现在郊区范围内就有 60 多个。这些戏班所排演的剧种，少数为秧歌或道情剧，大部分为山西中路梆子。除重大喜庆场合和庙会邀请较有影响的职业戏班演出外，一般迎神庙会和元宵节多由自办戏班演出。尤其元宵佳节，村与村互相“送戏”之俗久传不衰。

境内组建职业戏班始于清光绪年间。清光绪三年（1877），平定县石门口村村民蔡白小与人共同出资，聘艺人创办“蔡氏戏班”。平定县城内名伶葛熙贤（艺名“油糕旦”），当时曾随一戏班进京入皇宫演出，受到慈禧太后赏识，受赐“黄马褂”一件，声震京华。葛熙贤返乡后招徒 30 余名，组成“葛氏戏班”，培养出一批较有成就的弟子。光绪十一年，平定县宋家庄村的史喜来创办“史喜来戏班”。该戏班长期活跃于晋东、冀西一带，不管天灾兵乱，坚持演出 57 年。民国初年（1912），五台籍的年老五父子在盂县创建“娃娃班”（亦称“年老五班”），后迁到燕龛村（今属郊区）。由于有科班老师执教，传授技艺上勇于革除“死打”“硬记”旧俗，倡导讲义明心，现身说法，注重启发艺徒掌握剧情，理解角色，着力刻画，因此在20多年中，先后带出三茬近百名娃娃艺人，其中成名者有段玉明、吴本员等50余人。除此之外，清末民初还有一些其他的职业戏班，经常在境内农村进行巡回演出。

民国10年（1921），阳泉新华茶园开业后，戏剧演出更趋活跃。除本地戏班和“票友”组班演出外，北京、河北等地的评剧、京剧、河北梆子等戏班，也经常来此献艺。民国24年新华茶园扩建为“小戏院”，演出活动从未中断，直到民国28年底日军侵占小戏院为止。

抗日战争时期，为配合抗日斗争，各县抗日民主政府均组建剧团、宣传队走乡串村，结合形势编写剧目，进行演出活动。民国28年（1939）12月，平（定）东县抗日民主政府20余名青年干部组成“拓荒剧团”，围绕减租减息、扩兵屯粮等中心任务，编演了新式小戏《偷枪》、话剧《捉汉奸》等。民国29年前后，由名伶高文翰、王红计等人组成的“共和班”开始活跃于境内外，并成为地方上较有影响的戏班之一。民国35年7月，平（定）东县又成立了“新生剧团”，曾演出新编历史剧和传统剧《逼上梁山》《李自成》《秦香莲》《三岔口》，以及现代戏《白毛女》《血泪仇》《小二黑结婚》《王贵与李香香》等，在民众中影响很大。

民国36年（1947）5月阳泉建市后，戏剧事业有了长足的发展。同年7月，市政府派人召集境内名伶、票友组建“新华剧团”（后更名“人民戏院”，为建市后第一个晋剧专业演出团体）。后与“共和班”合并，更名为“大众剧团”。1956年又改称阳泉市国营晋剧团。20世纪50年代，山西省晋剧名流牛桂英、郭凤英、冀美莲、冀萍、王桂仙等一度云集于境内，加之一些京剧演员到此加盟，逐渐形成了以冀素梅（小果子）、王意诚（茶叶红）、栗彩云、张春明（二计黑）、雷合电、冯少成、邱树山、李长璐、郝金瑞、杨胜兵、路小桃、筱桂乔、高爱卿、李芝芬、雷啸春、杨步云（山药蛋）、刘俊英、杨秀枝、刘慧芳等为骨干的演员队伍，可谓名流荟萃，实力雄厚，行当齐全，阵容齐楚。在表演上剧团演员继承“东山派”粗犷、火爆特点的同时，又吸收了京剧规范、工细之长，从而形成了豪放、激越、刚劲、朴实的艺术风格。从20世纪50年代起，该团以《辕门斩子》《斩世王》《金沙滩》《生死牌》《访白袍》《教子》《战马超》及自编现代戏《枪毙黑母蝎》《矿区之花》等剧目进行演出，其中部分剧目多次参加省、市汇演。60年代中期，剧团以《金麟记》《嫦娥奔月》《画中人》《杨乃武与小白菜》《七剑十三侠》等剧目，并配以“真人上天”“真人下画”“飞檐走壁”等机关布景演出于太原、张家口等地，享有盛誉。1957年，市文教局派人赴河南开封、洛阳一带招收演员，组建了阳泉市豫剧团。1972年又成立了阳泉市文工团（后更名歌舞团），演出话剧、歌舞，以及豫剧、京剧等，从而大大丰富了境内剧种。为适应戏剧事业的发展，1975年10月，山西省戏曲学校阳泉文艺班成立，设歌舞、音乐、戏剧表演、戏剧音乐4个专业。在1979年山西省现代戏汇演中，平定县晋剧团参演的《丈人和女婿》《菜园风波》获优秀剧目奖。1981年市戏剧工作者协会成立。在1982年山西省优秀中青年演员评比中，市晋剧团演员吴占文获一级优秀演员奖，朱建华获一级优秀青年演员奖；市豫剧团演员胡涛格、梁少波、杨华获一级优秀青年演员奖；盂县晋剧团演员逯金萍、郭玉霞获一级优秀青年演员奖，王彦青获一级优秀演员奖。在1984年山西省振兴晋剧调演中，市晋剧团参演的自创剧目《喋血蕲州》获剧本创作鼓励奖、音乐创作二等奖、伴奏一等奖和字幕奖，荆翠花获表演一等奖。阳泉市于1986年组建青年实验晋剧团。在1988年全国首届中青年豫剧演员电视大奖赛中，市豫剧团演员杨华获最佳演员奖，胡涛格、徐小妹获荧屏奖。在1989年山西省第二届民间艺术节演出中，平定县晋剧团自创的古装传奇剧《珍娘坟》获金杯奖，演员要扶桑获金牌奖。《山西日报》以《小字辈引起大轰动》为题报道了该剧的演出情况，山西电视台播出了该剧录像。市豫剧团自编、自导、自演的现代戏《雷锋》，1990年在境内巡回演出60余场，观众达7.5万余人次。山西电视台将其拍摄成舞台艺术片向全省播放。市豫剧团和市晋剧团分别演出的大型现代戏《焦裕禄》，在城乡演出也引起轰动。中国戏剧家协会山西省分会主办的《山西戏剧》刊发了“阳泉专号”，对阳泉戏剧事业给予高度评价。

1991年，市戏剧工作者协会改为市戏剧家协会，活动更加活跃，多次聘请知名表演艺术家作专题讲座，为全市戏剧人才的培养起了重要作用。1992年，在山西省戏曲现代戏调演中，黄爱梅获自创剧目银奖；在山西省“劳动就业杯”文艺汇演中获一等奖。1993年，为纪念毛泽东诞辰100周年，市文化局组织排练了大型歌舞晚会《太阳颂》，先后在“全省民兵参加维护社会治安经验交流会”、省委宣传部、省文化厅、市委宣传部、市文化局联合主办的纪念毛泽东诞辰100周年活动上演出。其中舞蹈《黄河入海流》等节目在山西电视台94春节文艺晚会和中央电视台播出；舞蹈《咏梅》《追太阳》等节目在山西电视台“五彩缤纷”栏目中播出。1994年，在中国戏剧家协会“重钢杯”全国业余戏剧小品创作百优大赛中，梁晓英、马丁（郭庆平）创作的戏剧小品《假传圣旨》获三等奖。同年，阳泉矿务局三矿工会聘请著名表演艺术家李颉举办了戏剧表演培训班，排演了大型话剧《雷雨》片段。1996年，山西省艺术中专第五届教学剧目调演，阳泉艺校创作的折子戏《再教子》获新剧目奖，李守珍获编剧奖。1997年，市晋剧团创作演出的现代戏《荒沟纪事》获省第一届“五个一工程奖”，王道江编导的戏剧《将军住店》获山西省群众艺术大奖、山西省戏剧小品汇演自创剧目一等奖，同时还获全国第三届群星奖铜奖。在金圣之光中国戏剧家协会“1997雕牌杯”百优戏剧小品电视大赛上，梁晓英创作的戏剧小品《爸爸的形象》获三等奖。在山西省首届艺术新秀选拔赛中，李青枝获一等奖、董素萍获二等奖。在山西省庆祝中华人民共和国成立五十周年献礼汇演中，李向英获最佳演员奖，董素萍获优秀演员奖，朱闯周获演出伴奏奖，杨萍、郝青枝获表演奖。1999年，文匡民、郝向勇联合创作的广播剧《桃花沟》获中国广播剧单本剧二等奖、山西电视台广播剧单本剧类一等奖和省第三届“五个一工程”奖、第六届中国广播电影电视艺术奖；市豫剧团新编历史故事剧《春江夜雨》获第三届省“五个一工程”奖；省委宣传部、省文化厅主办的“国庆50周年献礼演出”剧目奖，王孝先获优秀编剧奖，苏峰景、郭胜获导演奖，肖保福获优秀舞台设计奖，董素萍、李向英、李青枝获优秀表演奖，何胜利、郝青枝、杨萍获表演奖。

2000年，在文化部“全国首届蒲公英奖”评选中，梁晓英创作的儿童剧《伸出你的手》获创作类铜奖、表演类铜奖；创作的儿童剧《卖火柴的小男孩》获创作类、辅导类铜奖，表演类金奖。2001年晋剧团的朱建华、刘卫平、王成元、刘海涛获省第八届戏剧杏花奖表演奖。田伟泓创作的电视剧《承诺》获山西省第四届“五个一工程”奖。市小百花晋剧团演员陈虹获“山西省晋剧票友六曲香杯”大赛一等奖。2003年，市晋剧团创作演出的古装戏《盂山情》获山西省第五届“五个一工程”奖；文匡民、赵晓丽联合创作的广播剧《石坳村的大老爷们》山西省获第五届“五个一工程”奖。2005年，市豫剧团大型现代戏《有家真好》获山西省第六届“五个一工程”奖。在山西省第十届“杏花奖”评比中，市晋剧团张红红获表演奖，郭晋普获音乐创作奖，乐队获伴奏奖；市豫剧团李青枝获表演奖，田伟泓获编剧奖。2006年，阳泉市戏剧家协会筹备成立以话剧、小品、朗诵等艺术形式见长的非专业艺术团体——山城剧社，会员40余名，2010年，全市共征集戏剧文学作品102部（件），被省理论专家评出大戏二等奖2部、三等奖3部，同时评出小戏、小品、曲艺类作品的“十佳”“十优”。

二、剧本创作

境内剧本创作始于抗日战争时期，当时为配合斗争形势的需要，一些专业和业余作者开始剧本创作活动。民国28年（1939）平（定）西县作者创作的小戏曲《锄奸记》《放哨》等节目，由剧团走村串乡进行演出，八路军总部的《胜利报》曾对其进行了报道。阳泉建市后，二街业余剧团自编自演的话剧《隐枪暴露》《假死计》《二十个月》，以及平定县民间艺人郗富根编创的秧歌剧《修马路》等，都深受群众喜欢。20世纪50年代初至60年代末，剧本创作活动更加活跃，尤其是反映现代生活题材的作品大量涌现。较有影响的作品有，晋剧《枪毙黑母蝎》（市晋剧团编）、《矿区之花》（张恒编剧）、《碧岭红花》（赵华云编剧）、《东风桃李》（李守珍编剧），豫剧《台湾来的女客》（崔静野编剧），话剧《阵地》（高堂宾编剧），小歌剧《一袋麦种》（魏国忠、刘心祥、周崇健编剧）等。

中共十一届三中全会后，境内的戏剧创作活动有了较大发展。1978 年阳泉市文化局成立戏剧创作研究室，自 1982 年起，开始举办剧本研讨会，一年一度，延续至今。1984 年更名为艺术研究室，配备专职戏剧编创人员，并办有刊物《剧本园地》。广大业余戏剧创作者热情高涨，创作活动异常活跃，一批后起之秀脱颖而出。至 1990 年，全市创作剧本 84 个，体裁和题材非常广泛。有历史剧、现代戏；有晋剧、豫剧、歌剧、儿童剧、评说剧、广播剧、电视剧等。许元上创作的广播剧《选煤楼里的歌》获中央人民广播电台、中央电视台、中国电影家协会、中国戏剧家协会、中国煤炭文化基金会联合举办的全国首届乌金杯四剧大赛三等奖。王道江创作的历史剧《珍娘坟》在山西省第二届民间艺术节演出中获剧本创作一等奖。郭俊卿创作的历史剧《喋血蕲州》在山西省首届剧本征文中获三等奖。同时，在此次征文活动中，郭俊卿、赵佩龙合编的《深宫恨》，郭俊卿、王孝先共同创作的《仇大姐》，刘中元、王秋生共同创作的《钦差梦》，朱寿荣、崔静野合编的《碧玉缘》，均榜上有名。另外，影视剧本的创作也异军突起，先后共创作剧本 14 个，上映 8 个，其中在省级以上获奖的 1 个。电视剧《虎啸太行》（刘江、王孝先、尹崇富编剧）、《百团大战》（许元上、郭庆平编剧）在全国、全省播出后，引起强烈反响。王孝先创作的电视剧《春归》在省台、中央台播出后，《中国电视报》《中国青年报》《中国文化报》《戏剧电影报》纷纷载文，予以高度评价，中国电视艺术家协会还为此召开会议，通报表扬。

1995 年，由市亨通广告制作公司策划、阳泉教育电视台摄制完成的政论艺术片《钟》获得全国首届德育、爱国主义教育电视节目三等奖。该片由王伟编导，段平虎摄像，主题歌《仇犹恨》由著名歌唱家刘欢演唱。1997 年 10 月，市晋剧团晋剧现代戏《荒沟纪事》获山西省精神文明建设“五个一工程”剧目奖；同年 12 月，该剧参加山西省 97' 现代戏交流评比演出获优秀演出奖，并有 14 人分获编剧奖、优秀导演奖、音乐设计奖、优秀舞美设计奖、优秀表演奖和表演奖。该剧是根据平定县岔口理家庄村党支部书记王铁锁带领群众走科技致富路的事迹编写而成的。2002 年，市文化局设立老、中、青三位一体的阳泉市艺术创作指导中心，极大地提高了作者们的积极性，为优秀作品脱颖而出提供了绿色通道。2006 年，阳泉曲艺协会聘请解放军艺术学院表演系主任冯继堂教授，举办了为期一周的小品创作与表演培训班。2007 年的戏剧协会举办的“金联杯”戏迷大赛，大大推动了全市学习与创作戏剧的热潮。至 2010 年，阳泉市有 40 余个自创作品获得省级以上奖励，获得省级以上剧目奖、剧本奖、个人奖 400 多项。

1964—2010年阳泉市戏剧作品省级以上获奖情况表

表-26-3

剧名	作者	获奖情况	年份
小话剧《阵地》	高堂宾 李天和	获山西省首届独幕话剧汇演一等奖	1964
评说剧《服务》	关海昌	获山西省首届独幕话剧汇演二等奖	1964
小话剧《擦锈》	王树基	获山西省首届民兵汇演一等奖	1966
小戏《丈人和女婿》	王道江	由平定县晋剧团代表晋中地区参加山西省庆祝建国三十周年献礼演出获一等奖，王墩明、韩致荣获演员奖	1979
晋剧《喋身蕲州》	郭俊卿	市晋剧团演出并参加山西省振兴晋剧调演，获音乐创作二等奖、伴奏一等奖、字幕奖，荆翠花获表演一等奖、王秀花获表演二等奖，郭俊卿获创作鼓励奖。同年获山西省首届剧本征文三等奖	1984
评说剧《赶女婿》	高堂宾	阳钢文工团演出参加山西省“歌颂祖国小戏调演”，获节目、创作、演员三项一等奖	1984
广播剧《选煤楼里的歌》	许元上	获中央人民广播电台、中央电视台、中国电影家协会、中国戏剧家协会、中国煤炭文化基金会联合举办的全国首届乌金杯四剧大赛三等奖	1985
小话剧《选举之前》	王孝先	获山西省职工文艺汇演优秀节目。组织者：田国栋；导演：邹敏；演员：李福林、李天和、瞿振河、高英、孙诚等	1986
戏曲剧本《仇大姐》	王孝先 郭俊卿	山西省戏剧征文优秀奖	1987
小话剧《多彩的假日》	王孝先	获山西省小戏小品调演剧目三等奖。王孝先获剧本创作三等奖，文匡民获导演二等奖，刘建民获舞美二等奖，陈玉花、梁晓英、白鹰、陈玉梅获优秀演员奖	1987
古装剧《珍娘坟》	王道江	平定县晋剧团演出。获山西省第二届民间艺术节金杯奖，要换桑获表演金牌奖	1989
评说剧《一块自由地》	郝长新	获山西省业余戏剧大奖赛编剧、导演二等奖	1990
小戏《将军住店》	王道江	平定煤矿晋剧团演出，获文化部第三届群星奖、山西省群艺奖、山西省自创剧目调演一等奖	1990
小话剧《中秋月》	高　英 李天和	获中央电视台、全国职工戏剧小品大赛“荧屏奖”、煤炭部首届艺术节银奖。单院明、高英演出	1990
现代豫剧《雷锋》	朱寿荣	市豫剧团演出。参加山西省现代戏调演。朱寿荣获新剧目创作奖、肖宝福舞美设计奖	1992
少儿电视小品《北斗星》	崔丽莎	白膺导演、上站小学演出。获全国儿童戏剧剧目评比业余组二等奖	1992
小品《伸出你的手》	梁晓英	文匡民导演，获全国儿童戏剧剧目评比业余组三等奖。2000年8月，获全国蒲公英（戏剧）剧目铜奖、创作铜奖、表演铜奖	1992

续表 -26-3

剧 名	作 者	获奖情况	年 份
小品《送你一支歌》	梁晓英	获“中国剧协’96 青岛经协联谊杯百优小品大赛”入围奖	1996
新编折子戏《再教子》	李守珍	市文化艺术学校参加全省艺术中专戏剧教学剧目汇演，获新编剧目创作演出奖，李守珍获编剧奖，教师荆履荣获导演奖。同年，教师王成兰、檀俊明获省第七届“杏花奖”	1996
大型现代晋剧《荒沟纪事》	刘彤兴 张廷秀	市晋剧团演出。10 月获山西省第一届精神文明建设“五个一工程”优秀作品奖。12 月，获山西省’97 现代戏交流评比优秀演出奖。姚大石、文匡民、苏峰景获优秀导演奖，吴占文、王世建、陈美华、张红红获优秀表演奖，郭晋普、康湘坪获音乐唱腔设计奖	1997
小品《爸爸的形象》	梁晓英	伍亚舒导演。获中国戏剧家协会举办的“金圣之光中国剧协’97 雕牌杯百优小品电视大赛”电视剧目三等奖	1997
话剧小品《阵痛》	王　伟	获全国总工会首届火车头群星奖一等奖	1998
新编历史剧《春江夜雨》	王孝先	市豫剧团演出。获山西省第三届精神文明建设“五个一工程”奖。同年，在全省庆祝建国 50 周年戏剧汇演中王孝先获编剧奖、苏峰景获导演奖、董素萍、李向英、杨萍、郝青枝获优秀演员奖，肖宝福获优秀舞美设计奖	1999
广播剧《桃花沟》	文匡民 郝向勇	获全国首届戏剧文学奖银奖。1999 年度全国广播剧单本剧二等奖、山西广播剧单本剧一等奖。2001 年获山西省第四届精神文明建设“五个一工程”优秀作品奖	1999
戏曲《秦俑》	田伟泓	全国首届戏剧文学奖创新奖	2000
广播剧《石坳村的大老爷们》	文匡民 赵晓丽	获山西广播电视奖广播剧单本剧类一等奖。2003 年获山西省第五届精神文明建设“五个一工程”优秀作品奖	2001
化妆评说小品《安心眼》	郭俊卿	获山西省第二届小戏小品征文三等奖	2001
话剧小品《村长改戏》	文匡民	获山西省第二届小戏小品征文三等奖	2001
戏曲小品《武大郎开店》	文匡民	获山西省第二届小戏小品征文三等奖	2001
朗诵小品《好大一棵树》	田伟泓	获山西省第二届小戏小品征文三等奖	2001
话剧小品《一封家书》	田伟泓	获山西省第二届小戏小品征文三等奖	2001
话剧小品《老师妈妈》	赵晓丽	获山西省第二届小戏小品征文创作奖	2001
道情剧《保姆》	田伟泓等	吕梁地区临县情剧团演出。获山西省“小戏、小品、小剧种”调演最佳剧目奖、编剧一等奖	2002
大型历史故事剧《盂山情》	郭俊卿 王道江 文匡民	市晋剧团演出。获山西省第五届精神文明建设“五个一工程”优秀作品奖	2003

续表 -26-3

剧 名	作 者	获奖情况	年 份
小话剧《出山》	郑亚克	获全国第十三届“群星奖”山西选拔赛获金奖，山西省德艺双馨曲艺大赛一等奖	2004
移植晋剧《中国公主图兰朵》		市晋剧院演出，参加山西省第十届“杏花奖”调演。张红红获优秀表演奖，郭晋普获音乐唱腔设计奖，乐队获伴奏奖	2005
现代豫剧《有家真好》	田伟泓	市豫剧团演出。获山西省第六届精神文明建设“五个一工程”优秀作品奖。同年参加第十届“杏花奖”，田伟泓获编剧奖，李青枝获优秀表演奖，乐队获伴奏奖	2005
小品《法官情》	宋国栋	获全省法院系统文艺汇演二等奖	2005
晋剧《大钟鍠鍠》	王 伟 王道江	由市晋剧院排演获山西省第七届精神文明建设“五个一工程”优秀作品奖。10 月，剧本获第五届中国戏剧文学奖剧本奖	2007
小品《网恋》	王 伟 郭灵芝	获第六届中国戏剧文学奖银奖	2009
大型戏曲本《女人家》	田伟泓	获第六届中国戏剧文学奖铜奖。在省文化厅、省戏剧家协会联合举办的第十二届山西省“杏花奖”评比中，田伟泓获得编剧奖，杨萍、郝恩梅获得戏曲类表演奖，唐芳获声乐类演唱奖	2009
大型广播剧《桃花红了》	赵晓丽	获第六届中国戏剧文学奖剧本奖	2009
独幕话剧《矿山汉子》	王 伟	获中国戏剧文学学会主办的首届全国戏剧文化奖（第七届中国戏剧文学奖）小型剧目一等奖	2010
新编历史故事剧《天地清明》	王 伟	获中国戏剧文学学会主办的首届全国戏剧文化奖（第七届中国戏剧文学奖）大型剧本奖	2010
化妆快板剧《相女婿》	阳煤集团五矿文工团	获第十五届全国群星奖	2010

第三节 美 术

一、美术创作

境内历史上出过不少美术名人，分别以其高超的绘画艺术显耀于世。清光绪《平定州志》载，清代白琏善国画，以兰竹花卉为主，间作山水。白本诚工山水，画法出入元四家，树石尤逼肖迂倪，远游海内名胜，兴到挥毫泼墨，巨轴小帧，得者珍藏之。蔡成名攻兰竹，李跃如工金石，均称著乡里。民国时期，齐白石的女弟子王妙如，嫁于平定县，曾卖画为乡里集资办学。齐白石曾题其画曰：“妙如女弟善隶，以篆隶法笔，画蟹无不佳。”盂县的贾敬之，号琴剑山人，十几岁便崭露出书画才华，曾被推荐入北京美术学校深造，修业期满回乡后，一边执教从医，一边创作书画。他画的翎毛花卉，独树一帜，名扬乡里。后到北京以卖画为生，与画家张大千、王维山并称“三绝”。他的作品曾在苏联、捷克斯洛伐克、匈牙利、保加利亚、南斯拉夫、朝鲜、越南等 13 个国家展出。

阳泉建市后，文化部门有组织、有计划地对美术爱好者进行培训，开展创作活动，美术事业得到迅速发展。1955 年，市文化馆与工人俱乐部联合举办了职工业余艺术培训。1956 年又在矿区举办了美术学习班，先后培训学员近 50 人。其间，阳泉煤矿工人刘建功创作的漫画作品在《工人日报》发表，阳泉钢铁厂职工刘佩乙创作的中国画相继入选《山西省第一届职工美术展览会》《全国第二届中国画展览》《全国工人业余美术作品展览》。之后，阳泉职工的连环画、版画、年画、宣传画、剪纸创作活动逐步开展起来。仅在 1957 年至 1964 年举办的市级四届美术展览中，就展出了职工业余作者的各类绘画作品 320 余件，其中工人作者的作品 135 件。工人作者由 1957 年的 12 人增加到 1964 年的 32 人。此外，自 1955 年至 1966 年 5 月，有 18 名职工作者的 34 件作品分别被全国及省级展览、出版社、报刊先后展出、出版与发表。其中，入选全国专业性与群众性美术展览的 3 件，国家出版与中央报刊发表的 5 件，省级报刊发表的 11 件。

20 世纪 60 年代中期，阳泉市群众性的美术活动兴起，工人美术队伍日益壮大，形成了颇具特色的阳泉工人画。美术工作者面向生活，深入矿井，创作了一大批有影响的作品，大批优秀作品多次参加各级展览。“文化大革命”初期，有组织的美术创作活动完全停滞。

“文化大革命”结束后，广大美术创作者正本清源，端正了创作思想，注重美术基础的培训和技艺水平的提高，使美术创作走上了更加健康繁荣的轨道。1979 年 4 月，阳泉市开办了业余美术学校，设置半年至二年制的基础班、专业班 3 个，并多次邀请省内外知名画家举办各个画种的学术讲座。一些厂矿企业和农村乡镇也先后多次办班，培训美术创作者和美术爱好者。1981 年阳泉市美术工作者协会成立，随后，阳泉矿务局也成立了美术研究会。1982 年，在中国煤矿美术、书法作品展览中，劳志彬、高仲宣、葛四海等人的作品获奖。阳泉煤矿工人的作品入选量名列全国煤炭系统前茅，获奖数量占山西省的一半，得到煤炭部、中国美协，以及山西省美协的赞许。1984 年，平定师范附小有 5 件儿童作品参加了中日友好交流展，小学生刘喜堂的《懒猫》获得金奖。1986 年阳泉美术院成立。先后开办各类群众性美术培训班 125 期、培训 7200 人次，举办各类美术展览 50 期、展出作品 5200 件，从而使美术工作者队伍日益壮大，创作水平有了进一步提高。1987 年，在庆祝建军 60 周年全国美术作品展中，周建宏的作品获“佳作奖”。1989年，在第七届中国美术作品展览中，刘采军的壁画《山村之春》获铜牌奖；在全国首届风俗画大奖赛中，武明明的套色木刻《黄河的文明》获佳作奖，并在日本第九回蒲和国际木版画展览中参展。同年，为庆祝中华人民共和国成立40周年，阳泉在市展览馆举办了首次美术、摄影、文物综合展览，展出作品450件。

1992年，邀请中央美术学院院长、教授、著名油画家靳尚谊和中央美术院油画系主任、教授、著名油画家潘世勋来阳泉作了题为《中国的优化发展趋势》和《回话材料与技法》的学术报告。1993年，秦明强的中国画《塞原》获全国首届中国山水画展优秀奖。1994年，赵乃隽的中国画《谧》获第八届全国美术作品展览优秀作品。1995年12月23日始，由郊区政府和石评梅画院联合举办的“纪念石评梅诞辰90周年书籍、诗画大展”在北京陶然亭展出60天，共展出孙祥栋的诗文、著作、画轴上千幅。1996年，市美术院举办了庆祝太旧高速公路两端通车大型书画展，由刘采军、张四春、张登奎、赵乃隽联合创作的《太旧筑路图》进行了展示。1997年，举办了阳泉市纪念建军70周年绘画展，《迎香港回归》百米书画长卷受到省文联表彰。1998年，武大明、张伟忠的油画《我深情地爱着我的祖国和人民》获文化部第八届“群星奖”评奖活动银奖。1999年，张登魁的中国画《忠魂》、史朝阳的油画《远镇》（之二），张四春、张晓瑜的年画《合家欢乐》入选第九届全国美术作品展览。

2000年，张登奎的中国山水画《仇犹山庄》入选文化部、诗书画研究院主办的全国画院院长新作展，并收入《全国画院院长新作展作品集》。同年5月1日至10日，市文化局、阳煤集团工会、市美术院联合在市美院展览中心举办了中国人民大学教授、美国纽约州立大学客座教授、阳泉矿务局“名誉矿工”——朱维民画展，展出作品98幅，其中油画58幅，素描40幅。2001年，宫来祥的《太行壮歌》、李廷惠的中国画《哥儿们》等作品入选由文化部艺术司、中国美协主办的全国纪念建党80周年美术作品展览。2002年，市美协与市美术院、群艺馆共同完成为15个全国美展、41个跨省级（全国性）美展、32个省美展的应征作品。应征作品中，入选省以上美展和民间艺术一绝展的美术作品与民间艺术品共611件，获奖作品83件。其中，入选全国美展的作品36件，获奖作品3件；入选跨省级美展的作品47件（含美术作品45件、民间艺术品2件），获奖作品11件；入选省美展的作品528件（含美术作品262件、写生画234件、民间艺术品32件），获奖作品69件。入选跨省级（全国性）美展的作品，中国画有张登魁的《藏山》《大气》《蟒河记事》（入围）《仇犹山庄》《满山坡》《还我河山》，孙鸿骏的《千秋岁月》《塬上行》《太行雄姿》《岁月悠悠》《厚雄风》，唐拥军的《信天游》《孔子》《大山，您好》，宫来祥的《山岔口》《银色的摇篮》，秦明强的《老牛湾》《闲云清风图》，张四春的《云游大壑》（入围），李廷惠的《融》，刘佩乙的《将军崖》（含入围），张宝君的《敲天》，马俊、张文红的《剪花花》；油画有武大明的《原驰蜡象》《横空》《山曲》《93·红风车》《生命的延续之二》《天使的问候》，武大明、张伟忠的《我深情地爱着我的祖国和人民》，史朝阳的《天边的记忆》；版画有刘继德的《留一片净土》与4件藏书票、陈继荣的《乡行》《矿山寄语》，水彩画有宫来祥的《晚秋那块玉米地》《北方的回忆》《多思的年华》（入围），张登魁的《羊曲沟》《荫》，刘采军的《高塬夕照》，黄占元的《苍岩山》；民间面塑有郝秋珍的《狮》《虎》。2003年3月，由全国书画院创作交流协会筹委会举办的“百年开端——全国书画院作品联展”在北京军事博物馆展出。阳泉美术院组织选送的美术、书法作品6件入选并获奖。其中，王雨来的书法作品《隶书》入选并获全国书画院作品联展优秀奖，张登魁的中国画《又是一年春绿草》、张四春的中国画《秋风图》、聂明的油画《悠然》、张何的油画《故园依依》均获全国书画院百佳书画家和全国书画院作品联展优秀奖，张力的油画《矿工与妻子》入选参展并获徐悲鸿美术奖和全国书画院百佳书画家奖。4月，在北京荣宝斋举办的首届“华夏杯”全国中老年书画艺术精品展中，宫来祥的水彩画《版画家力群》、院外画师张伟忠的水粉画《太行人家》入选，作品同时入编《当代中国画名家国粹博览》一书；宫来祥的中国画《珠峰新客》被情系西部国际书画摄影大展组委会收藏，并在澳大利亚巡回展出。9月，由中国美术家协会中国画艺委会主办的中国北京国际双年展序列展《全国当代花鸟画艺术大展》，赵华双的中国画《丰年雪瑞》入选，作品同时入编《全国当代花鸟画艺术大展》画册。2004年7月17日至22日，全市28件美术作品入选山西省文化厅、山西省文学艺术界联合会、山西省美术家协会联合举办的第十四届山西省美术作品展览，其中，中国画15件、油画2件、版画5件、雕塑1件、水彩画2件、水粉画2件、漫画1件。张登魁的中国画《晚秋初雪》、王雨来的版画《搏》、崔群的《使者》、张宝君的雕塑《黄河儿女》、宫来祥的水彩画《侗水秋波》均获二等奖；葛四海的《十里八村》、孙鸿骏的《秦时明月》、赵华双的《一方厚土》均获三等奖。2005年8月，赵华双的作品《青纱帐》入选由中国人民抗日战争纪念馆主办的纪念抗战胜利60周年书画展，并入编画册。年内，赵华双获“全国百佳书画家”称号，其部分作品入编《走进生活——第二届全国书画院作品联展获奖作品集》画册。是年，阳泉美术院先后举办了阳泉版画展、阳泉市首届金秋水彩艺术大展、阳泉市首届青年美展、阳泉市新世纪首届油画作品展、阳泉市5家山水画展、赵华双中国画展、赵乃隽中国画展等展览，共展出作品330多件。

2006年，全市入选全国美展作品9件，省级美展入选作品68件，其中获奖作品12件。潘荣本的中国画《杨家将》、赵华双的《乡痕雪迹》入选全国第六届工笔画大展；赵华双的《润物无声》和《大秋无言》分别入选当代国画优秀作品提名展和纪念中国美术大师李苦禅艺术馆开馆暨全国中国画作品提名展并获奖；张登魁的《峪口》、尹贤真的《秋》、赵华双的《梦中常忆家山静》入选西部风韵中国画名家邀请展并获优秀奖；赵华双的《绿荷舒卷晓风凉》入选黎昌第三届青年中国画年展并获优秀奖；张登魁的《晚秋初雪》入选第二届中国美协会员精品展。2007年8月，赵华双的中国画《大地苍域》、唐永军的中国画《点虱三教河》、潘荣本的中国画《欢乐的草原》均入选由中国美术家协会主办的庆祝内蒙古自治区成立60周年全国首届草原情中国画作品提名展，并于8月4日至10日在呼和浩特市美术馆展出，作品入编北京工艺美术出版社出版的展览作品集。9月，崔群、唐永军、胡晶浩合作的版画《龙，你是我的骄傲》入选由中国美术家协会在上海美术馆主办的第十八届全国版画展览，并于11月16日在北京劳动人民文化宫展出，获全国总工会主办的第二届全国职工书法、美术作品展金奖。同年，崔群、唐永军、胡晶浩3人的版画《龙，你是我的骄傲》获第二届全国职工艺术节美术展金奖。2008年，宫来祥的水彩画《黄河大集》入选改革开放30年全国美展并获优秀奖。2009年，潘荣本的中国画《家乡短信》、张登魁的中国画《春消息》，聂明的油画《晋商》、马俊的版画《闹春》、侯玉生的版画《兄弟》、宫来祥的水彩画《大河之声》入选全国第十一届美术展览。同年，市美术家协会举办了“新中国成立60年阳泉美术精品回顾展”。至2010年，全市美术作品入选省级以上展览的有1000多幅，获省级以上奖300多项。

二、阳泉工人画

阳泉工人画启蒙于20世纪50年代初期。民国36年（1947）5月阳泉建市后，广大工人成为新文化建设的主力军，一些美术爱好者利用业余时间自愿画报头、绘插图、出墙报、办黑板报，宣传党和国家的政策方针与中心工作。他们绘制的幻灯、壁画、宣传画、流动展览等生动地反映了新旧矿山的深刻变化，描绘了工业建设的壮丽图景，歌颂了生产战线的英雄模范。这个时期群众美术培训工作开始起步，美术展览随之出现，工人美术作品相继问世，群众美术组织初步形成。1955年，阳泉市人民文化馆和工人俱乐部共同开办阳泉市职工业余艺术学校，内设戏剧、音乐、美术、舞蹈等4个专业班，其中美术班培训工人学员49人次。同年，阳泉煤矿工人刘建功创作的漫画作品在《工人日报》发表。1956年阳泉市人民文化馆协助阳泉矿务局工程处又举办工人业余美术学习班，三个月时间共培训学员25人。之后，结合阳泉市庆祝建国十周年成就展览、技术革新展览、社会主义教育运动展览等活动，组织工人美术爱好者参与编绘插图、制作图表、书写版面文字和出外参观学习，使大家在绘画艺术实践中得到实际锻炼，为从事绘画创作奠定了基础。阳泉钢铁厂职工刘佩乙创作的中国画先后入选《山西省第一届职工美术展览会》《全国第二届中国画展览会》和《全国工人业余美术作品展览》。此后，阳泉职工的连环画、版画、年画、宣传画、剪纸创作活动相继开展起来。1957 年至 1965 年举办的市级四届美术展览中，展出业余作者各类绘画作品 320 余件，其中工人作者的作品 135 件。此外，自 1955 年至 1966 年，有 12 名职工作者的 36 件作品分别在省内外参展、出版与发表。工人绘画作品的问世，为群众文艺团体的成立和艺术交流活动的起步创造了条件。1959 年，阳泉市成立了以职工为主的文艺团体——阳泉市文学艺术研究会，下设文学、美术、音乐 3 个组。他们定期开展业务学习与艺术交流活动，带动了工人美术创作活动的开展。

1966 年 5 月始，阳泉美术创作和阳泉工人画受“文化大革命”影响进入停滞阶段。

20 世纪 70 年代前期是阳泉工人画的迅猛崛起阶段。1971 年，国务院文化组和省革委文化局开始筹备全国和山西省纪念毛主席《在延安文艺座谈会上的讲话》发表 30 周年美术作品展览。在阳泉市革委政工组文化办公室统一部署下，阳泉矿务局、铁路、铝矾土矿以及市直 17 个厂矿企业分别组织工人美术爱好者进行业余创作，涌现出 95 名中青年工人美术爱好者创作的一批绘画草图。其中，拖拉机厂工人叶欣的漫画和速写日记由人民美术出版社出版。在此基础上，市革委政工组文化办公室于翌年 3 月在市人民文化馆举办了美术创作学习班，责成该馆的杨建国、孟玉玺、季邦军、张登魁、余志壮对 72 名工人作者的 120 余件草图集中进行辅导，加工制作完成了 90 件各类美术作品，并于 1972 年 5 月举办了《纪念〈在延安文艺座谈会上的讲话〉发表 30 周年阳泉市工农兵美术摄影展览》。参展美术作品中，有 18 件入选山西省纪念《在延安文艺座谈会上的讲话》发表 30 周年美术展览，还有 18 件入选山西省写生画展览。1973 年，市人民文化馆的专业人员到阳泉矿务局二矿、四矿和山南水库，举办了 3 期工人美术创作班，创作了反映煤矿生活与供水工程的中国画、版画、连环画、年画、宣传画、剪纸、写生画作品 439 件，择优举办了 4 次美术展览。上述活动与作品先后引起省美术创作组、省革委文化局与国务院文化组的重视。其中，连环画选页《煤海新歌》入选《全国连环画中国画展览》，并由人民美术出版社辑入《全国连环画选集》；43 件中国画和版画作品分别入选《山西省中国画展览》和《庆祝建国 24 周年山西省美术展览》。为此，《山西日报》发表了省革委文化局文艺评论组《赞阳泉煤矿工人的画》评论文章和阳泉工人作者的中国画作品专版；国务院文化组于当年 11 月召开的全国美术创作经验交流会印发了阳泉市人民文化馆《业余创作必须为三大革命服务——组织工人业余美术创作的体会》和阳泉四矿工人美术组《立足矿山，面向矿工，创作连环画〈煤海新歌〉的体会》等经验交流材料。1974 年 1 月，阳泉市革委在阳泉二矿召开美术创作座谈会，总结与推广阳泉矿务局党委、阳泉二矿、四矿和市农机厂开展工人美术创作活动的经验。山西省美术创作组王迎春、杨立舟还应邀为与会工人美术作者作了中国人物画示范，进一步推动了工人美术创作活动的开展。会后，市及主要局、矿、厂分别建立了美术创作领导组和工人美术组，工人创作队伍迅速壮大，创作活动更加广泛深入。阳泉矿务局一、二、三、四矿和市文化局分别举办了六期工人美术创作学习班，省美术创作组、省文化馆派出姚天沐、赵荆等专家与境内的杨建国、张登魁、余志壮、孟玉玺、马洪琪、温瑛、张四春、李廷惠共同担负辅导任务，参与创作的工人作者达 129 人，创作各类绘画作品 215 件。这些作品除市级美展展出外，还在当年山西省革委文化局举办的《山西省工人画展览》展出了 110 件 125 幅。同年 10 月，国务院文化组在北京中国美术馆隆重举办了《上海阳泉旅大工人画展览》，阳泉工人画参展作品 33 件 45 幅。1975 年，《上海阳泉旅大工人画展览》依照国务院的安排，先后赴全国六大区的南昌、桂林、长沙、西安、太原、沈阳巡回展出，从而在全国范围掀起了学习三市工人画的热潮。阳泉工人画的影响由省内扩及全国，获得了广泛的声誉，并通过新闻、期刊、影视、出版物等媒体向国外进行了介绍，得到朝鲜、美国、法国、英国、日本、澳大利亚等国际友人的好评。三市工人画展览巡展期间共接待 32 个省、市、自治区、大军区参观团和各界观众 149 万人。两年内国家出版社出版阳泉工人画的专集和选集 11 册，连同单幅画共出版 338 件（次）455 幅（次）；中央与各省、市、自治区报刊、通讯社发表阳泉工人作品 94 件（次）111 幅（次），发表评介阳泉工人画文章 125 篇；中央与省级电影制片厂、电视台摄制阳泉工人画电影纪录片和电视片各 1 部。

阳泉煤矿工人版画

20 世纪 70 年代后期至 80 年代是阳泉工人画的振兴阶段。1976 年 10 月始，阳泉工人画步入一个新的发展时期。至 1978 年，阳泉市共举办美术创作班 14 期，参与创作的工人作者达 177 人。1979 年 4 月至 1981 年 5 月，阳泉市人民文化馆开办了一所业余美术学校，招收学员

132 名，分别设立了一年制基础班 3 个、二年制专业班 3 个、半年制美术进修班 1 个。通过系统的课堂教学，提高了学员的文艺理论水平和造型能力与专业技巧，初步懂得了艺术的基本规律。同时，结合教学邀请不同艺术风格的专家到阳泉讲学，举办学术性邀请展，还开办各类创作班 12 期，参加创作的工人作者达到 291 人次，创作各类绘画作品 729 件。在专业教师辅导下，改变了阳泉工人画存在的模拟化弊端，使作品的形式与风格趋于多样化，展现出煤矿题材创作的新局面。1982 年中国煤矿美术书法作品展览中，阳泉煤矿工人作品入选数量列全国煤炭系统前茅，入选获奖作品约占山西省煤炭系统入选获奖作品的一半。阳泉煤矿工人版画创作成果得到煤炭部、中国美协山西分会和著名美术家江丰、力群、苏光和画家周建夫、朱维民、董其中、张顺清、仝献普的热情关怀与好评。1982 年至 1984 年，《山西日报》《晋阳文艺》《太原日报》及《火花》月刊先后分别选登了阳泉煤矿工人的版画作品，《山西美术》杂志分期发表了《阳泉煤矿工人画的创作道路》《阳泉煤矿工人的版画》等评价文章和工人作者撰写的创作体会与版画作品。1985 年山西电视台还拍摄播出了介绍阳泉煤矿工人版画创作活动的电视片《钟灵毓秀》，部分煤矿工人版画赴美国展出。1986 年《人民日报》《山西日报》分别以“阳泉煤矿工人版画”为栏题发表了阳泉矿工版画作品。同年，阳泉煤矿工人版画作品赴美国亚利桑那州展出。在阳泉工人画起步、发展、繁荣的过程中，阳泉美术院原院长、阳泉市美术协会主席杨建国是阳泉工人画的最早组织者和导师，为繁荣阳泉美术 30 年如一日的操劳、奔忙，堪称阳泉工人画的功勋。

此后，为了提高工人作者的表现能力，市文化局、市文联坚持每年组织工人作者赴京参观中外美术名作展览，兴办各类学术活动；市群众艺术馆、市美协和阳泉矿务局、工人文化宫、工艺美术学会先后邀请省内外画家赵球、朱维民、董其中、张顺清、仝献普、刘海明、张骏、史济红、周建夫等专家学者，开办了中国画、油画、版画、包装装潢、美术史论等专业培训班与学术讲座，从而使阳泉工人美术活动沿着艺术教育与艺术创作的规律健康发展，呈现出一个普及与提高相结合、既扎扎实实又生机盎然的兴旺景象。截至 2010 年，阳泉市美术界有 7 人成为全国美协会员、68 人成为山西省美协会员、199 人成为市美协会员。

第四节　民间工艺

境内的民间工艺有着悠久的历史和广众的艺术品类。从大类上看，国家对工艺美术品分为十一大类，阳泉市就有雕塑工艺品、金属工艺品、漆器工艺品、花画工艺品、天然植物纤维编织工艺品、抽纱刺绣工艺品、地毯挂毯、民族工艺及其他制品、美术陶瓷、烟花爆竹共十类，具体品种逾百种。不仅有刻花瓷、煤雕、剪纸这些具有地域特色、广为人知的工艺品，还有陶器、砂器、砖雕、木雕、石雕、石刻、琉璃等沉淀着历史的精湛工艺和独具匠心、光彩夺目的工艺品。

阳泉建市后，文化部门多次派人深入民间进行调查研究，搜集作品，举办展览，刊印作品选集，从而使这些深藏于民间的传统工艺释放出耀人的光彩。1959年，平定县文化馆收集民间剪纸80余件，刊印了《剪纸选集》。1961年4月，李俊瑞的剪纸《欢迎世界各地的朋友们》发表于《中国青年报》头版，使境内的这一民间瑰宝通过新闻媒介闯出了娘子关。

为了推动民间工艺美术的创作与研究，1983年5月，阳泉市工艺美术学会成立。1984年10月，全市选出40件民间美术作品参加了山西省民间美术展览。1986年6月，成立民间美术研究会。这两个组织先后发展会员238人，其中有8人被吸收为山西省专业协会会员，有4人成为全国专业协会的会员。同年，8件剪纸作品被选送晋祠陈列；平定县东锁簧村妇女赵春盛的剪纸斗方《鱼叼莲》，被中国展览公司推荐到20多个国家和地区展出，境内剪纸作品走向世界。其后，全市有9名作者的55件作品参加了山西省民间剪纸大汇剪，平定县前锁簧村张凤英等人的40件作品入选《山西剪纸大观》。1988年12月，市群众艺术馆和市民间美术研究会联合召开了民间艺术理论研讨会，对阳泉境内民间工艺美术的艺术特色进行了研究和探讨，并先后编印了《阳泉民间剪纸集》和《阳泉民间美术论文集》。1989年4月，有15件剪纸作品、5件刺绣作品和5件面塑作品参加了阳泉市工业产品及民间艺术综合图片展览，并在英国切斯特菲尔德市进行了交流展出，受到英国朋友的赞许。1993年，梁盛萍的剪纸作品《百鸡鸣春图》分别在中央、省、市电视台专题报道，并刊登于平定女子文学社《红鬃马》创刊号封底。1994年，在山西省民间艺术一绝展上，郝秋珍的面塑《狮》《虎》获一等奖，兰凤灵的剪纸《盘盒》《狮子滚绣球》和石其铭的剪纸《佛》获二等奖，另有11件作品获优秀奖。1995年5月，在全国首届“中华巧女”手工艺品大奖赛上平定籍剪纸艺人李金柱的作品《盘合》获得一等奖，全国妇联主席陈慕华为其颁发“中华巧女”证书。

2003年，市民间文艺家协会成立后，境内的民间工艺创作活动得到进一步发展。协会多次组织民间文艺爱好者参加各种艺术展，并多次获奖。同年，梁盛萍的《剪纸进课堂》在央视科教频道大型系列片《当代教育——中国教师》中播出。2004年，在山西省首届民间艺术博览会上，张文亮创作的黑釉刻花瓷获金奖，李金柱、马香娥、梁盛萍获剪纸银奖，市民间文艺家协会获得“优秀组织工作奖”。5月，在杭州举办的国际民间艺术品展上，张文亮的黑釉刻花瓷获金奖；9月，在榆次老城举办的全国第六届民间艺术节上，张文亮的黑釉刻花瓷获银奖。10月，举办了阳泉市首届民间工艺品展览，共展出作品534件，包括剪纸、根雕、面塑、瓷艺、仿古家具、仿古青铜器等。2006年，阳泉市民间文艺家协会举办了民间文艺展演和第二届阳泉民间艺术品展览，并选出部分作品参加山西省首届民间艺术展演暨中国刻花瓷艺术节。在山西省首届非物质文化遗产保护成果展中，张文亮1件刻花瓷作品被山西省民族博物馆收藏。张文亮被山西省民间艺术家协会命名为山西省民间艺术大师。12月，梁盛萍制作的大型条幅剪纸《人说山西好风光》获第三届国际剪纸艺术节银奖。2007年11月，在第八届工艺美术大师作品暨工艺美术精品博览会上，阳泉煤雕《龙凤双耳嵌琥珀花薰》获“百花杯”金奖。此后，阳泉煤雕连续4年夺得中国工艺美术“百花杯”金奖。2008年，梁盛萍的剪纸《改革三部曲》获“中阳·全国剪纸艺术展”金奖，剪纸《越过越好》获第四届国际剪纸艺术展银奖；张旭峰剪纸《美丽家园》获第四届（中国·宁夏）国际剪纸艺术展铜奖；葛银平刻花瓷作品《民族大团结》在第九届中国工艺美术大师作品暨国际艺术精品博览会上获2008“天工艺苑·百花杯”中国工艺美术铜奖；张文亮、张伟亮的陶瓷《手拉坯窑变木叶瓶》获2008“天工艺苑 百花杯”中国工艺美术铜奖。2009年，杨维彦、赵保计创作的煤玉雕塑作品《宫灯》获中华人民共和国成立60周年大型工艺美术展金奖，并被中国美术馆收藏；李金柱的《清明上河图》获第五届中国民间工艺品博览会银奖；梁盛萍的剪纸《世界语之画》获第二届中华“世界语”全国书画赛金奖；李金平的技艺《拉环成型》获二届中国美术陶瓷技艺大赛银奖；赵瑞娥的图案设计获二届中国美术陶瓷技艺大赛金奖；平定古窑陶艺有限公司刻花瓷《盛世升平》被中国民族博物馆收藏，其赠献编号SCA0003《盛世升平》被北京晋商博物馆永久收藏；SCA-008号被北京闽龙陶瓷艺术馆永久珍藏；平定古窑陶艺有限公司被国务院评为“全国民族团结进步模范集体”；赵怀仓、李金平在第二届中国美术陶瓷技艺大赛中分获金奖和银奖。2010年，张文亮、张伟亮的刻花瓷作品《风——因你而动》获2010“天工艺苑 百花杯”中国工艺美术银奖，平定古窑陶艺有限公司的刻花瓷《祥和世博》获铜奖；7月，梁盛萍的剪纸《和谐圣君至华夏》参加由中国人民对外友好协会在列支敦市登首都瓦杜兹举办的纪念中国和瑞士、列支敦市登两国建交60周年剪纸艺术展，受到好评；在2010年联合国教科文组织杰出手工艺品徽章认证活动中，阳煤集团矿工赵玉军的煤雕工艺品《云龙纹镂空花瓶》《凤鸟纹镂空花瓶》获得由联合国教科文组织颁授的世界杰出手工艺品徽章。至2010年，全市有210多件民间工艺作品获省级以上大奖。

阳泉市工艺美术协会成立于2008年1月23日，是由从事工艺美术生产、科研、商贸、教育、理论研究的部门及单位和民间手工艺工作者自愿组成的跨行业、跨部门、跨所有制的社会团体。2008年1月组织举办了阳泉市首届工艺美术精品展，至2010年，相继组织参加国家级展会21

次、省级展会5次，获各类国家级奖80余项。山西省人民政府分别于2006年12月和2008年12月授予张聪、张文亮为刻花瓷砂器类省级工艺美术大师。

剪纸 剪纸源于民间窗花，在境内流传较广，尤以平定县为最。剪纸多种多样，有窗花、墙花、灯花和刺绣底样等。多用于新婚嫁娶、小孩满月及老人寿诞。用于新婚装饰洞房的窗花为大型团花盘合。盘合又称月廓，意即一轮明月挂窗前，幽静安然，甜蜜幸福。盘合大小盈尺，有对称形多角折叠的“米”字形结构，有同心圆分层次结构，有多样组合向心、向背辐射式结构等。其内容多表现喜庆红火，吉祥如意，突出一个“全”字，即天上飞的，地下跑的，水里游的，地上长的均包括在内，寓意合家团圆，幸福美满。春节时贴的窗花内容极丰富，有龙凤呈祥、喜鹊登梅、松鹤延年等花纹图案；还有家禽、花鸟鱼虫、瓜果蔬菜、家具器皿，以及12属相、戏剧人物、神话故事等。蕴含人们祈求幸福、吉祥富贵、和美顺遂，向往美好生活之意。用于肚兜、手帕、荷包、鞋花、袜底、鞋垫、枕头、衣边等服装图案的，有飞鸟走兽、鱼虫花草、山川石树、水波云纹等。民间还有一种古老风俗，在小孩满八个月时，要给孩子做“八十鞋”，花纹图案中要有七狗八兔，十个石榴及一个佛手，取“七狗八兔，活个没够；十个石榴一佛手，守住爹娘永不走”之意。

剪纸

刺绣 刺绣是民间布帛上面缝制的一种绣花艺术。阳泉刺绣大致分两类：一是戏剧服装，一是民间生活用品。如小孩做满月，要送老虎帽、绣花鞋、兜肚、围脖，盼望孩子健康成长。男女相爱，女方要绣制枕头、鞋垫、荷包等信物相赠。老年人备寿衣也要绣枕顶、鞋底。

刺绣

面塑　境内的面塑是用面团捏制而成的各种动物、植物、人物模型，其成品亦称面花，系节令祭品与馈赠礼品，在阳泉市农业县区流行甚广。凡婚嫁、丧葬及重大节日期间均有制作，尤以婚丧为最。但婚、丧、祭祀有严格区别，婚嫁多以花糕、花栏为底，上面多塑以吉祥、喜庆人物或花草；丧葬多以悲剧为题材；祭祀则多在馒头上辅以形态各异的花卉或动物。

面塑

煤雕　阳泉煤质十分优良，史载“其黑如墨，温润似玉；流光烁金，其练如匹”，故有墨玉之美誉，以其制作的工艺品色黑锃亮，质朴典雅，自然间流露出一种高贵本色，令观者流连其间，赞不绝口。2002 年，阳煤集团职工赵玉军就地取材开始制作煤雕。经过几年苦心攻关，利用合成技术，选取阳泉精煤、炭块、煤泥、煤矸石制作煤雕，在煤雕工艺制作技巧上不断创新，实现了煤雕工艺品由制作到创作的跨越。

煤雕

布玩具　布玩具是历史悠久的传统艺术之一。很早以前，境内广大乡村妇女就常常缝制一些活泼的禽兽花卉和生活用品，来美化生活和表达自己的美好愿望。改革开放后，境内农业县区多有制作布玩具的民间艺人，主要有布老虎、布狮子、布狗、布蛤蟆等，常置于儿童枕边。既是玩具，又充当孩子的保护神。

布玩具

根雕　境内根雕多以树根、树身、树瘤、树节等自身形态及畸变形态为艺术创作材料，通过构思立意，各种工艺处理加工，创作出的形神兼备、形态各异的艺术品。阳泉根雕以粗犷、质朴、苍劲为特点。其作品力求简约与神韵相结合。流淌着浓厚的人文底蕴，折射深邃的哲理光华。妙趣天成、立意深远，于无声处显神奇，具有丰富而清新的艺术表现力和感染力。

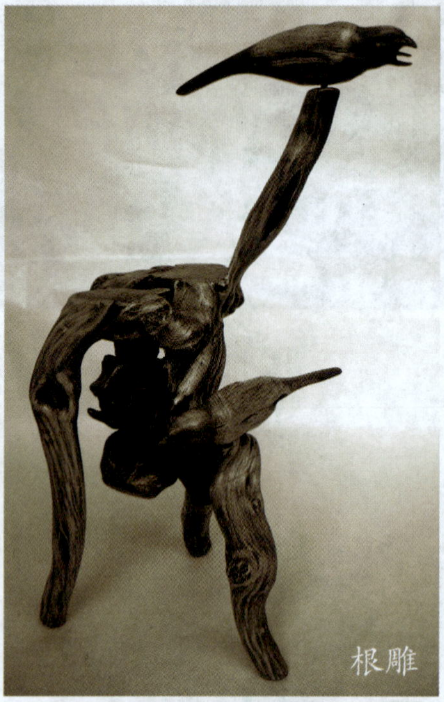
根雕

葫芦工艺品

葫芦工艺品　阳泉的葫芦工艺品可分为彩绘葫芦、雕刻葫芦、烫画葫芦、堆漆葫芦、押花葫芦五种，技法各不相同，作品各具特色，具有很高的欣赏和收藏价值。

羽毛工艺品　羽毛工艺品是采用家禽羽毛作为制作材料，借助于雕塑、木刻、装饰工艺等表现手段制作的一种装饰工艺画。盂县永恒工艺厂有着近20年的羽毛工艺品制作经历，其羽毛制品题材多选用人物、动物、植物，尤其是羽毛蝴蝶、花鸟鱼虫、飞禽走兽更是别具情趣、栩栩如生、惟妙惟肖，颇受人们的喜爱。

羽毛工艺品

砂器　又称“砂货”“砂陶”。平定县志记载，其砂器始于唐，盛于明清。郊区的小西庄、王垅，平定的常家沟、冠庄、西小麻等均有砂器生产的历史。平定砂器造型美观、风格淳朴，通过特殊工艺的熏烤，外表呈蓝灰荧光，有“平定砂锅亮晶晶”的美誉。其特点烧水滚沸时间短，热膨胀系数小，骤冷、强热不易爆裂，透气性极佳且不渗透。千百年来一直是人们生活必需品，倍受宠爱。平定砂器制作技艺已被列入国家非物质文化遗产项目。

刻花瓷　平定黑釉刻花瓷是定窑系的风格，也是山西黑釉瓷的传统工艺，历史上山西地区的窑口都有烧造。平定黑釉刻花瓷是20世纪80年代恢复起来的工艺，平定刻花瓷以黑釉刻花为主，在生坯上剔花显露出胎坯体的白色，形成强烈的黑白对比，表现出清新明快的纹样。其线条粗犷，釉色饱满浑厚，呈现出端庄大方、俗中见雅的艺术装饰效果。平定黑釉刻花瓷制作技艺已被列入国家非物质文化遗产项目。

珐花器　珐花又称为“珐华”，是山西民间工匠对这种陶瓷器的称谓，也是琉璃的一种。珐花器主要烧造地也是在山西，从元代开始至清中期一直是它的兴旺时期。珐花器运用彩画中的立线技术，于器表勾勒出凸起的纹饰轮廓，然后填以蓝、青、紫等色釉，入窑烧成。珐花器工艺于2008年被列入山西省非物质文化遗产保护项目。

第五节　音　乐

一、音乐创作

境内民歌较为丰富，且历史悠久。千百年来，民间传唱着众多的民歌，其中尤以迓鼓调的民歌最具地方特色。迓鼓演唱配以锣鼓器乐伴奏，常在元宵节等重要节日活跃于城乡。传统的迓鼓调如《盼五更》《表古人》《拜年》《补二婚》《后老婆》等，曲调短小，节奏明快，多用三字句作结，情致幽默风趣，群众的喜怒哀乐尽在其中。此外，还有大量的生活类民歌。反映民间疾苦的有《姑嫂还愿》《小上坟》《俺妈给俺上了锁》《推炒面》《光棍哭妻》等；反映男女纯真爱情的有《死了咱也不后悔》《给情哥哥捎句话》《你妈打你因为甚》《胡桃树开花》《红裤裤》等。当然也有一些内容污秽的小曲掺杂其中，但并非主流。在民间器乐方面，一种是庙堂音乐，亦称“八音会”，原为僧侣做佛事时演奏，后传入民间，群众用以自娱。另一种为婚丧音乐，以管子为主，由管乐和打击乐组成。演奏中逐渐引进山西梆子乐曲和民歌，以及黄梅戏、左权小花戏等，具有较浓的地方风味特色。

阳泉建市后，境内歌曲创作活动日益活跃。女声合唱《夸夸咱队的记工员》（心祥、国忠词，国忠曲），在《火花》1954年6期发表。1956年，儿童歌曲《雁》（金波词、李国墉曲）在《歌曲》第5期刊出，首开阳泉市歌曲作品在全国性音乐刊物上发表的记录。女声独唱《跃进歌儿唱不完》（国忠词，国忠、守仁曲）在《山西歌声》1960年1期发表。1960年5月，歌曲《饲养员个个有功劳》（王言聪词，魏国忠、余自强曲）在全国职工文艺汇演上获优秀奖。魏国忠创作的《阳泉是个好地方》曾在全市广为传唱，并被市人民广播电台作为开始曲播放。女声独唱《城里姑娘下乡来》（李振涛词，魏国忠曲）在《山西歌声》1961年2期发表。女声独唱《俺选来选去选上他》（邹敏词，国忠曲）在1961年《歌曲集》刊载。余志强创作的《矿山好》于1962年8月13日刊登于《工人日报》。独唱《展览会上表三代》（任元词，国忠曲）收入1963年《群众演唱材料》。王永顺创作的《五好矿工歌》在《歌曲》1964年第1期发表，并收入音乐出版社出版的《革命歌曲大家唱》专集；他创作的另一首歌曲《石圪节矿风实在好》载入同年《歌曲》第9期，连同歌曲《支援农业人人有责》《矿工都是英雄汉》一起入选山西人民出版社出版的《新歌选》第2集。煤矿工人作者王永顺十多年创作歌曲近40首，被誉为工人作曲家，并于1965年11月出席了全国青年业余文学创作积极分子大会。

随着群众性音乐活动的普及与发展，专业和业余音乐工作者逐渐注重了对民歌和民间器乐的搜集整理。在1964年山西省城市职工革命歌曲通讯比赛上，齐唱《矿工都是英雄汉》（陆智慧词，国忠曲），齐唱《五好矿工歌》（王永顺词曲），女声合唱《咱们都是售货员》（仵伟男词，余志强曲），男声合唱《咱们的业余文工团》（王唯中词，王永顺曲），表演唱《快乐的炊事员》（郭祥云词，国忠曲），独唱《支援农业人人有责》（叶克新词，永顺曲）获创作奖；女声独唱《请到我们山庄来》（谢中一词，国忠曲），独唱《支援农业人人有责》（叶克新词，永顺曲）获优秀创作奖。女声合唱《毛主席夸咱女民兵》（孔祥雨词，国忠曲），女声独唱《民兵挎枪去巡逻》（心祥、国忠词，国忠曲），男声独唱《学习王杰干革命》（张桂根词，永顺曲），表演唱《歌唱战地炊事班》（王唯中词，国忠曲），清唱剧《紧握枪杆革命到底》（唯中、克新词，永顺、国忠曲），笛子独奏《民兵支前》（叶克新曲），获1966年山西省民兵汇演创作奖。女声合唱《咱们都是售货员》（仵伟男词，余强曲）刊登于1966年《新歌选》第3集。

1973年10月，为了给《战地新歌》征集歌曲作品，市里举办了歌曲创作学习班，有40余名作者参加，创作歌曲60余首。征歌小组从中选出28首，编辑出版了阳泉市第一本歌曲专集《煤海新歌》，有7首被编入《山西新歌》集。其中《煤矿工人永远听毛主席的话》入选《战地新歌》第5集，并由中国唱片社录制发行；该歌曲还和《毛主席号召实现农业机械化》两首歌曲，于1979年一并入选音乐出版社出版的《毛主席是我们心中的红太阳歌曲集》。

1977年，在山西省中小学文艺武术汇演中，器乐合奏《煤海永飘大庆旗》（余强曲）、木琴独奏《我们见到毛主席》（商广树曲）获创作奖。同年，余志强、王永顺搜集的26首民歌汇集成《阳泉民歌集》，并被收入《全国民间歌曲集成·山西卷》。1979年，在山西省第四届职工文艺调演中，迓鼓《煤乡乐》（郝长新词，余强曲）、女声独唱《我的心思》（余强词曲）、女声合唱《唱嫂嫂》（余强词曲）、男声合唱《咱们是新长征突击手》（邹敏词曲）、笙独奏《草原赞歌》（霍兴国、宋清江曲）获优秀创作奖。

1980年，郊区高瑞卿搜集民歌42首，汇集成《阳泉民歌选》。1981年，阳泉市音乐工作者协会成立。之后，各县、区和各大厂矿企业相继建立了文艺组织，各乡镇建立了文化活动中心和文化站，并举办各种类型的培训班、创作班、研讨会和观摩比赛，从而提高了创作者的素质，促进了创作活动的开展，使音乐创作获得了丰收。

1982年，男声独唱《我为你唱支心中的歌》（刘永仁词，永顺曲），女声独唱《采煤哥登上光荣台》（天和词，郝润玉曲），女声独唱《我爱矿山，我爱煤》（庆平词，余强曲），女声独唱《谢谢你，光荣的矿工》（余强词曲），男低音独唱《我开动割煤机》（二矿宣传队词曲），均获山西省煤炭系统文艺汇演创作奖。11月，《山西歌声》出刊阳泉专集《煤乡春色歌满园》，《人民音乐》于1983年第6期刊登了对此歌集的评论专文，称“这些歌曲生活气息浓厚，感情真挚朴实，形式也较多样”。1986年，童声独唱《妈妈爱我，爸爸爱我》（金波词，张世汪曲）、童声合唱《校园的白杨》（付正词，余强曲）获山西省少年儿童歌曲创作评奖二等奖；女声独唱《给情哥哥捎句话》（余强改词编曲）舞蹈曲《煤的传说》（芦志明曲）获山西省民间音乐舞蹈大奖赛创作三等奖；女声独唱《自由恋爱称心意》（余强、姚玉生改词编曲）、女声独唱《观灯》（余强、姚玉生改词编曲）、男声独唱《查路条》（余强词曲）、男声独唱《十劝》（余强改词编曲）、二重唱《姑嫂还愿》（余强词曲）、对唱《对花》（余强、姚玉生改词编曲）、舞蹈曲《放鞭炮》（姚玉生、王智玉曲）、舞蹈曲《牛斗虎》（孙玉虎曲）、管子二重奏《奠酒》（姚玉生曲）获山西省民间音乐舞蹈大奖赛创作丰收奖。同年，在山西省五城市职工文艺调演中，组歌《难忘你的微笑》（余志强词曲）获特别创作奖。

1987年至1989年10月，阳泉市县区文联及文化部门，联手整理散落于民间的歌谣150多首，出版《民间歌谣集成》。1990年，在全国农民歌手邀请赛中，《家乡的黄土地》（李三处词、魏晋华曲）获优秀作品奖；在山西省业余戏剧大奖赛中，李金联创作的戏剧音乐《将军住店》《古家门风》获音乐创作一等奖。1991年，迓鼓《煤乡乐》（郝长新词，余强曲），女声独唱《我的心思》（余强词曲），女声合唱《唱嫂嫂》（余强词曲），男声合唱《咱们是新长征突击手》（邹敏词曲），笙独奏《草原赞歌》（霍兴国、宋清江曲），获山西省第四届职工文艺调演优秀创作奖。1995年，歌曲《MTV流浪的牧人》（樊孝斌词，余自强曲）中央电视台三频道播出。2000年，《窑洞里藏土炕里埋》等6首歌曲在《歌曲》杂志第11期发表。

至2010年，全市在省级以上报刊发表歌曲200多首，300多项音乐作品获省级以上奖。

1979—2000年阳泉作者创作歌曲发表情况表

表-26-4

歌曲名称	词曲作者	发表刊物	年 份
矿山好	余自强词曲	《工人日报》	1962
雁	金 波词 李国墉曲	《歌曲》月刊	1962
五好矿工歌	王永顺词曲	革命歌曲大家唱	1964
石圪节矿风好	王永顺词曲	《歌曲》月刊	1964
煤矿工人永远听毛主席的话	苏富世词 集体曲	《战地新歌》四集《红太阳歌选》	1974 1977

续表 -26-4

歌曲名称	词曲作者	发表刊物	年 份
毛主席号召农业机械化	甄秉元词曲	《红太阳歌选》	1977
太行山怀念朱老总	郭庆平词 苏富世曲	《山西歌声》10 期	1979
矿工的爱	孙祥东 王永顺词曲	《山西歌声》6 期	1980
咱们煤矿好	王永顺词曲	《山西歌声》9 期	1980
安全生产出煤	余 强词曲	《山西歌声》10 期	1980
青春在闪光	董耀章词 贾小明曲	《山西歌声》10 期	1980
甜透社员心尖尖	李隆汉词 安文忠曲	《山西歌声》1 期	1981
踏着雷锋的足迹	孙奇词 孙玉虎曲	《山西歌声》6 期	1981
劝新娘	唐宝才词 张秋成曲	《山西歌声》12 期	1981
风吹山乡一片红	常 杰词 润 玉 玉 生曲	《山西歌声》12 期	1981
我们都爱美	程岩明词 余 强曲	《山西歌声》12 期	1981
请到山里瞧一瞧	汤昭词 余 强曲	《山西歌声》12 期	1981
割煤机，好伙伴	李天和词 余自强曲	《歌曲》月刊	1982
让我唱支心中的歌	刘永仁词 商广树曲	《山西歌声》4 期	1982
矿山日夜在向前	李天和词 余 强曲	《山西歌声》7 期	1982
割煤机，好伙伴	李天和词 余自强曲	《歌曲》11 月	1982
我们的青春在闪光	魏金华词曲	《山西歌声》11 月增刊	1982
矿工齐唱爱字歌	王鸿基词曲	《山西歌声》11 月增刊	1982
黑哥哥	刘德昌词 贾晨波曲	《山西歌声》11 月增刊	1982
妹妹爱花更爱他	李天和词 郝润玉曲	《山西歌声》11 月增刊	1982
老矿工当上了新司机	二矿宣传队词曲	《山西歌声》11 月增刊	1982
地下树	封泉生词 王凤林曲	《山西歌声》11 月增刊	1982
啊，可爱的煤乡	邹 敏词曲	《山西歌声》11 月增刊	1982

续表 -26-4

歌曲名称	词曲作者	发表刊物	年 份
老矿长给我做红媒	毛　撬词　宋清江曲	《山西歌声》11 月增刊	1982
矿山美	李天和词　郝润玉曲	《山西歌声》11 月增刊	1982
矿山叔叔戴星星	崇仁冬木词　尹殿全曲	《山西歌声》11 月增刊	1982
矿工的幸福在哪里	郭庆平词　王玉宏曲	《山西歌声》11 月增刊	1982
我爱矿山我爱煤	郭庆平词　韩雅丽曲	《山西歌声》11 月增刊	1982
喜送劳模进北京	二矿宣传队词曲	《山西歌声》11 月增刊	1982
矿工的眼睛	牛余星词　余　强曲	《山西歌声》11 月增刊	1982
矿工跟党心连心	王永顺词曲	《山西歌声》11 月增刊	1982
对不起和没关系	刘虎寅词曲	《山西歌声》7 期	1983
阳泉，闪光的泉	李宝玺词　杨专刚曲	《山西歌声》7 期	1983
我对祖国一片深情	李瑞明词　余　强曲	《山西歌声》3 期	1984
悠悠思情何时休	李宝玺词　苏富世曲	《山西歌声》4 期	1984
垂　柳	付　林词　永　顺曲	《山西歌声》8 期	1984
煤乡之夜	封泉生词　余　强曲	《山西歌声》12 期	1984
煤海里的歌	富春城词　吕致平曲	《黄河之声》2 期	1986
快乐的小队	王光池词　商广树曲	《黄河之声》5 期	1986
彩霞，你飘向哪里	薛锡祥词　魏金华曲	《黄河之声》5 期	1986
唱给咱青年采煤队	庆　平词　韩雅丽曲	《黄河之声》6 期	1986
晚风把窗帘轻轻掀起	李　严词　余　强曲	《黄河之声》6 期	1986
童年的梦	任志萍词　王玉宏曲	《黄河之声》1 期	1987
校园的白杨	任　正词　余　强曲	《黄河之声》1 期	1987
跟着小溪下山坡	王致玉词　吕致平曲	《黄河之声》1 期	1987
石评梅在冠山	孙祥东　常一中词曲	《黄河之声》1 期	1987

续表 -26-4

歌曲名称	词曲作者	发表刊物	年　份
山娃的歌	王玉兰词曲	《歌曲》11 月	2000
窑洞里藏土炕里埋	余自强词曲	《歌曲》11 月	2000
山西的醋	余自强词曲	《歌曲》11 月	2000
春光与霞光	龚小奇词　宋清江曲	《歌曲》11 月	2000
手牵手	贾立夫词　商广树曲	《歌曲》11 月	2000
思念远方	戴　步词　孙二将曲	《歌曲》11 月	2000

二、获奖情况

1956 年，荆德生获山西省第一届职工文艺汇演二等演员奖、全国首届职工文艺汇演二等演员奖，戎福英获山西省第一届职工文艺汇演三等演员奖。1957 年，周香兰获山西省第三届民间音乐舞蹈汇演演员奖。在 1960 年山西省第二届职工文艺汇演上，荆德生、唐文梅、陈菊铮、王永顺获优秀演员奖，余志强、王凤仪获优秀演奏员奖。1963 年，在山西省群众歌曲有奖征稿活动中，男声独唱《有个老汉不服老》（王永顺词曲），女声合唱《咱们都是售货员》（仵伟男词，余志强曲）获二等奖；女声合唱《打猪草》（周振佳词，李国墉曲）获三等奖。1964 年，王永顺、康以华、陈菊铮获山西省独唱观摩音乐会优秀演员奖。1965 年，王永顺、陈菊铮、叶克新获山西省职工曲艺、独唱、小演唱观摩汇演员奖。1966 年，王永顺、陈菊铮、叶克新获山西省民兵文艺汇演优秀演员奖。1977 年，王玉兰、王秀怀、邱怀生、商广利获山西省中小学文艺武术汇演优秀演员奖。1979 年，郝润毓、霍兴国、康変英、罗仲斯、韩雅丽、关强获山西省第四届职工文艺汇演优秀演员奖。

1982 年至 1990 年，阳泉市优秀歌手集中涌现。市文工团演员聂建华、王立在山西省专业剧团优秀中、青年演员评比调演中获青年一级优秀演员称号。此外，在山西省青少年儿童歌曲创作评奖中，阳泉作者创作的《快乐的小队》《彩霞你飘向哪里》均获一等奖。1982 年，康変英、姜星宇、胡长河、刘兆昌、石晨明获山西省煤炭系统文艺汇演优秀演员奖，王秉义、王玉琴获山西省国防工办系统文艺汇演优秀演员奖。1985 年，曹申获山西省冶金系统职工文艺汇演优秀演员奖。1986 年，王玉兰、张素华、康変英获山西省五城市职工文艺汇演优秀演员奖。同年，在山西省民间音乐舞蹈大奖赛中，王玉兰获声乐二等奖，王玉琴、王秉义分别获声乐三等奖，张素华、王继红、白俊杰分别获声乐丰收奖。1988年，歌曲《给情哥哥捎句话》（王玉兰词、唱，余自强曲）获山西省青年歌手电视大奖赛一等奖，胡长河在山西省青年业余歌手比赛中获青年优秀歌手称号，并在全国“如意杯”未来词曲作家、演唱家成才之路大奖赛中获银奖；歌曲《思念》（乔羽词，谷建芬曲，王玉兰唱）在海河之春华北音乐节上获优秀奖。1989年，丁丽在中国人才“你歌杯”通俗歌曲大奖赛中获优秀歌手奖；韦金风在“艺术杯”中国乐器国际比赛中获优秀演奏奖；王玉兰在中国人才“你歌杯”通俗歌曲大奖赛中获优秀歌手奖及在山西省青少年歌手电视大奖赛中获优秀歌手奖，并在1990年全国“喜乐杯”卡拉OK通俗歌手大赛中获百名歌手参赛奖。1990年，苏咏梅在全国第四届青年歌手“五洲杯”电视大奖赛中获专业组民族唱法荧屏奖；王玉琴、康洪在山西省第二届民间音乐舞蹈大奖赛中获声乐表演一等奖。

20世纪90年代，阳泉音乐进入鼎盛时期。依托“春节电视文艺晚会”“青年歌手大奖赛”“青少年声乐、器乐、舞蹈比赛”等载体，阳泉音乐创作进一步繁荣，多首作品获文化部“群星奖”、中宣部“五个一工程”奖等奖项。1991年2月，歌曲《乡镇企业一枝花》（余自强词曲）获山西省广电厅农民演唱会二等奖，歌曲《甜水情》（王道江词，李金联曲）获三等奖。1992年，歌曲《会哭的人不一定笑》（谷福海词，王玉兰曲、唱）在全国天地杯歌手大奖赛上获优秀奖，歌曲《灯花花落在心尖尖》（余自强词曲）获文化部第二届群星奖铜奖，歌曲《MTV青青校园》（赵越词，莎光曲，王玉兰唱）在中央电视台三频道播出，并于9月获华北区“铜牛奖”二等奖。1993年，歌曲《矿山春色》（余自强曲，李天和词）获文化部第三届群星奖铜奖。1995年，歌曲《窑洞里藏土炕里埋》（余自强词曲）获文化部第五届群星奖铜奖，歌曲《旋转的童年》（苗地词，商广树曲）、歌曲《归骚》（琵琶曲词，李金联曲）获文化部第五届群星奖优秀奖；歌曲《奉献是矿工的歌》（易明词，孙二将曲）获中国音协工人新歌征歌优秀奖。1996年，歌曲《就当没有发生过》（岳先凤词，孙二将曲）获中国音协二届中国潮征歌铜奖。1997年，歌曲《老师，你好！》（余自强词，王玉兰曲）获中宣部第六届“五个一工程”优秀奖、山西省委宣传部“五个一工程”优秀奖和全国第六届“五个一工程”优秀作品奖，同时获全国首届“金钟奖”银奖。1998年，歌曲《山娃的歌》（王玉兰词曲），歌曲《无边无际的青纱帐》（张文忠词，余自强曲）获山西省委宣传部第二届“五个一工程”优秀奖，歌曲《山西的醋》（余自强词曲）获中国剧协北京电视台首届“全国戏歌大奖赛”金奖，歌曲《羊羔吃奶望着妈》（石顺义词，王玉宏曲）获中央人民广播电台广播新歌铜奖。1999年，歌曲《黄河风》（李三处词，王玉兰曲）获山西省文化厅第九届群星奖银奖，歌曲《山西的醋》（余自强词曲）获山西省委宣传部第三届“五个一工程”优秀奖；9月，歌曲《山娃的歌》（王玉兰词曲）获中宣部第七届“五个一工程”优秀奖。

2000年，《迓鼓打得火辣辣》（余自强词曲）获文化部第十届“群星奖”银奖和省文化厅第十届群星奖金奖，歌曲《父亲》（李京利词，王玉兰曲）获山西省委宣传部第四届“五个一工程”优秀奖，歌曲《老师，你好！》（余自强词，王玉兰曲）获中国音协首届“金钟奖”银奖，歌曲《无边无际的青纱帐》（张文忠词，余自强曲）获中国音协共和国50年音乐作品优秀奖。2002年，余志强创作的歌曲《从我们做起》入选山西省“五个一工程”奖，并获山西省“公民道德征歌”一等奖；余志强、王玉兰创作的歌曲《山区是个好地方》入选山西省“五个一工程”奖，并获得优秀歌曲评奖一等奖；歌曲《俺村是个好地方》（金铉词，王玉兰曲）获山西省委宣传部第五届“五个一工程”优秀奖。2003年12月，歌曲《二娃上了因特网》（金铉、孔令贤词，余自强、史掌元曲）获中宣部第九届“五个一工程”优秀奖。2005年，歌曲《边走边看》（余自强词曲）获山西省委宣传部“五个一工程”优秀奖，歌曲《太行精神颂》（李京利词，余自强曲）获山西省纪念抗战胜利六十年歌咏赛二等奖。2007年，歌曲《有一种爱》（田伟泓词，王玉兰曲）获山西省文化厅“群星奖”金奖。2008年，《橄榄绿》（古丫词，王紫曲）、《陪着俺娘说说话》（胡传经词，王紫曲）、《流浪的牧人》（樊孝武词，余志强曲）入选“全国（华北赛区）优秀流行歌曲创作大赛”。2009年，民乐——“平定雩祭”被山西省人民政府评为全省第二批非物质文化保护项目；由矿区“春之声”合唱团演唱的《山西的醋》（金铉词，余志强曲）等9首歌曲参加全国“金钟奖”省初赛。2010年，在文化部第十五届“群星奖”山西选拔赛中，《俺村是个好地方》（金铉词，王玉兰曲）获一等奖，《清凉的山圣洁的山》（张枚同词，王紫曲）获二等奖，《陪着俺娘说说话》（胡传经词，王紫曲）、《和出一片新天地》（张秋成词，杨子军曲）、《接村官》（郭俊卿词、易鸣曲）获三等奖。

1960—2010年阳泉市作者在省部级以上获奖音乐作品表

表-26-5

歌曲名称	词曲作者	获奖情况	等级	年份
饲养员个个有功劳	王言聪词　魏国忠　余自强曲	全国职工文艺汇演	优秀奖	1960
思　念	乔羽词　谷建芬曲 王玉兰唱	海河之春华北音乐节	优秀奖	1988
给情哥哥捎句话	余自强词曲　王玉兰唱	青年歌手电视大奖赛 全国你歌杯歌手大奖赛	一等奖 优秀奖	1988 1989

续表 -26-5

歌曲名称	词曲作者	获奖情况	等 级	年 份
家乡的黄土路	魏晋华词曲　崔彩珍唱	文化部农民歌手大奖赛	三等奖	1990
钢城夜色	谢　方词　余自强曲	中国当代工人之歌	优秀奖	1990
思　念	乔羽词　谷建芬曲 王玉兰唱	全国喜乐杯歌手大奖赛	铜　奖	1990
乡　土	余自强词曲　王玉兰唱	《国土杯》文艺大奖赛	二等奖	1990
乡镇企业一枝花	余自强词曲	山西省广电厅 农民演唱会	二等奖	1991
甜水情	王道江词　李金联曲	山西省广电厅 农民演唱会	三等奖	1991
会哭的人不一定笑	谷福海词　王玉兰唱	全国天第杯歌手大奖赛	优秀奖	1992
灯花花落在心尖尖	余自强词曲	文化部第二届“群星奖”	铜　奖	1992
MTV 青青校园	赵越词　莎　光　王玉兰曲	中央电视台三频道 华北区“铜牛奖”	播　出 二等奖	1992 1992
矿山春色	李天和词　余自强曲	文化部第三届“群星奖”	铜　奖	1993
窑洞里藏土炕里埋	余自强词曲	文化部第五届“群星奖”	铜　奖	1995
旋转的童年	苗　地词　商广树曲	文化部第五届“群星奖”	优秀奖	1995
归　骚	琵琶曲词　李金联曲	文化部第五届“群星奖”	优秀奖	1995
MTV 流浪的牧人	樊孝斌词　余自强曲	中央电视台三频道	播　出	1995
奉献是矿工的歌	易　明词　孙二将曲	中国音协工人新歌征歌	优秀奖	1995
看天下劳动人民都解放	郄水英唱	文化部农民歌手赛	铜　奖	1995
就当没有发生过	岳先凤词　孙二将曲	中国音协二届 中国潮征歌	铜　奖	1996
老师，你好！	余自强词　王玉兰曲	中宣部第六届“五个一工程”奖 省委宣传部首届“五个一工程” 奖	优秀奖	1997
山西的醋	余自强词曲	中国剧协北京电视台 首届全国戏歌大奖赛	金　奖	1998
羊羔吃奶望着妈	石顺义词　王玉宏曲	中央人民广播电台广播新歌	铜　奖	1998
无边无际的青纱帐	张文忠词　余自强曲	省委宣传部第二届“五个一工程” 奖	优秀奖	1998
山娃的歌	王玉兰词曲	省委宣传部第二届“五个一工程” 奖，第七届全国“五个一工程”奖	优秀奖	1998 1999

续表 -26-5

歌曲名称	词曲作者	获奖情况	等 级	年 份
黄河风	李三处词　王玉兰曲	文化厅第九届群星奖	银 奖	1999
老师，你好！	余自强词　王玉兰曲	中国音协首届“金钟奖”	银 奖	2000
迓鼓打得火辣辣	余自强词曲	文化部第十届“群星奖”	银 奖	2000
父 亲	李京利词　王玉兰曲	省委宣传部第四届“五个一工程”奖	优秀奖	2000
迓鼓打得火辣辣	余自强词曲	文化厅第十届“群星奖”	金 奖	2000
俺村是个好地方	金　铉词　王玉兰曲	省委宣传部第五届“五个一工程”奖	优秀奖	2002
二娃上了因特网	余自强　孔令贤词 余自强　史掌元曲	省委宣传部第五届、中宣部第九届“五个一工程”奖 第九届全国“五个一工程”奖	优秀奖	2002 2003
边走边看	金　铉词　余自强曲	省委宣传部第六届“五个一工程”奖	优秀奖	2005
咏 莲	郭俊卿词　余自强曲	省纪检、省音协“廉政之声”歌曲比赛	三等奖	2005
谢谢你	李天和词　王玉兰曲	省纪检、省音协“廉政之声”歌曲比赛	三等奖	2005
老将军留下一句话	余自强词曲	省纪检、省音协“廉政之声”歌曲比赛	优秀奖	2005
人生戏理谣	张秋成词　商广树曲	省纪检、省音协“廉政之声”歌曲比赛	优秀奖	2005
撑起一片蓝蓝天	余自强词　杨子军曲	省纪检、省音协“廉政之声”歌曲比赛	优秀奖	2005
太行精神颂	李京利词　余自强曲	省纪念抗战胜利六十年歌咏赛	二等奖	2005
有一种爱	田伟泓词　王玉兰曲	省文化厅“群星奖”	金 奖	2007
俺村是个好地方	金　铉词　王玉兰曲	文化部第十五届“群星奖”山西选拔赛	一等奖	2010
清凉的山圣洁的山	张枚同词　王　紫曲	文化部第十五届“群星奖”山西选拔赛	二等奖	2010
陪着俺娘说说话	胡传经词　王　紫曲	文化部第十五届“群星奖”山西选拔赛	三等奖	2010
和出一片新天地	张秋成词　杨子军曲	文化部第十五届“群星奖”山西选拔赛	三等奖	2010
接村官	郭俊卿词　易　鸣曲	文化部第十五届“群星奖”山西选拔赛	三等奖	2010

第六节 舞 蹈

一、舞蹈种类

阳泉地区的民间舞蹈历史悠久，种类丰富。据1985年普查，仅清末在阳泉广大农村流行的民间舞蹈就有40余种，如：花迓鼓（文迓鼓）、武迓鼓、丑迓鼓、龙灯、牛斗虎、独龙杆、老绵鱼、高跷、踩蹉、狮舞、耍老虎、旱船、太平车、灯宫、海马、背阁、抬阁、铺阵阁、渔鼓简板、推车舞、大头和尚戏柳翠、二鬼抱跌、社火、滚钗、骑驴拜寿、五鬼闹判、折子队、马折、俊幡、马尾猴、斗活龙、跑驴、伞舞、唐王游月宫、腰鼓、霸王鞭、竹马、老寿星拜寿、天女散花、忽悠悠、盂县秧歌、祭神、麻劈、看兵书、瞎子观灯、五女兴唐传、九曲黄河阵、蛤蟆阵等。但有一部分舞种已失传，现存的约7类20种（大部分收入《全国民族民间舞蹈集成·阳泉卷》，其中收入省卷的有5种），即锣鼓类的文迓鼓、武迓鼓、蛤蟆阵；彩灯类的灯宫、九曲黄河阵、龙灯；花车类的太平车、推车舞、旱船；拟兽类的牛斗虎、狮舞、独龙杆、老绵鱼；武技类的社火；神鬼类的五鬼闹判；其他类的抬阁、背阁、铺陈阁、大头和尚戏柳翠、渔鼓简板。在这20种武技中，尤以迓鼓和牛斗虎最具特色。

迓鼓据传原为北宋时的军中歌舞。《续墨客挥犀》卷七曾有这样的记载："王子醇初平熙河，边陲宁静，讲武之暇，因教军士为迓鼓戏，数年间遂盛行于世。"据史料载，熙州之役的参战将士多河东籍兵士，今山西省大部属于当时河东路，依此推断山西是迓鼓传入较早的地区之一。阳泉一带的迓鼓有武迓鼓和文迓鼓两种。

武迓鼓为成套锣鼓乐伴奏下走阵的舞蹈，原与庙会、迎神仪仗队及民间祭祀密切相关。鼓队编列21人，分别持鼓、钹、云锣、小镲，边舞边奏，鼓点雄浑，舞姿古朴，阵法图案变化巧妙，主要流行于平定县东南部。平定县井芝峪村的武迓鼓于1990年5月被拍摄成电视专题片，参加全国城市电视台交流中心举办的"金牛奖·全国电视台联播"。清初，由武迓鼓派生出一个支流为丑迓鼓，曾流行于平定县城关一带，民国年间尚有演出，今已失传。

文迓鼓为说唱歌舞型舞蹈，早期的表演中有花旦、丑角，吸收了花鼓戏及秧歌中的说白与歌唱，一目一曲，以舞、说、唱为序反复使用，近似锣鼓说唱又别于锣鼓说唱，流行于境内郊区、城区和平定县城关、盂县南乡一带。

牛斗虎是一种模拟牛虎相斗的舞蹈。表演时，牛头、虎头均用纸张裱糊，着色描绘，并用布、麻等做牛皮、虎皮，连缀而成。牛与虎各由2人组成，舞蹈时表演牛与虎扑打抵斗的各种动作流行于盂县一带，尤以白水村表演最出色。

太平车、老绵鱼、独龙杆、铺陈阁流行于平定县；推车舞、灯宫流行于盂县；大头和尚戏柳翠、五鬼闹判、渔鼓简板流行于郊区和盂县；九曲黄河阵、蛤蟆阵流行于郊区；狮舞、社火、抬阁、背阁、旱船、龙舞等则广泛流行。

阳泉建市后，各群众文艺团体和专业歌舞团先后演出的舞蹈节目有80余个，主要是反映现实生活的小型表演性舞蹈，也有一些是舞剧或舞剧片断，如《白毛女》《抢亲》《四小天鹅》《珊瑚舞》等。此外，还有少数民族舞蹈，如新疆舞、藏族舞、苗青（苗族）、彩虹（蒙古族）、扇舞（朝鲜族）等。民间舞改编的有《跑驴》《猪八戒背媳妇》《剑舞》等。外国舞蹈有日本花伞舞、西班牙舞等。

“文化大革命”时期，舞台上表演的舞种较为单一，且内容多被样板戏所局限。

1978年改革开放后，境内受改革浪潮的冲击，西方国家的舞种传入内地，由各级文艺团体或工会、妇联、共青团组织参与在内的民间舞种渐而普及。迪斯科、交谊舞健美舞等广泛流行。

20世纪90年代，随着境内乡镇企业的兴起和经济形势的好转，市县专业舞蹈工作者经常被邀请到基层企业和农村对工人、农民、学生等进行短期舞蹈培训，一大批民间业余舞蹈人才如雨后春笋，健康成长。此外，许多专业曲艺工作者还根据传统舞种进行舞蹈节目创作，取得了较好的成绩。如贾子祥创作表演的迓鼓《十年巨变》和迓鼓坐唱《找矿长》就深受百姓喜爱。

进入21世纪，由于受网络迅速发展的强大冲击，民间对舞蹈活动兴趣减弱，只有专业团体在不断地适时创作一些好作品，并不断获得省级乃至国家级的大奖。

二、创作与演出

历史上，每逢节日或庆典以及祈雨、庙会等，多有群众自发组织的各种民间舞蹈演出，其中有些经过改编而赋予新的内容。在辛亥革命胜利后，素有“迓鼓之乡”美称的三泉村（今属郊区）迓鼓队，就以极大的热情排练了《共和年》等节目，歌颂辛亥革命的胜利，由此使迓鼓从表现群众生活发展为表现政治内容。抗日战争时期，三泉迓鼓队又演出迓鼓《七七事变》，揭露日本侵略军的种种罪行。与此同时，各抗日根据地的民主政府，也纷纷组织宣传队，通过多种形式的歌舞演出，进行抗日救国宣传。据民国33年（1944）统计，仅平定（路北）一县就有85个秧歌宣传队。解放战争时期，三泉迓鼓队的队员（都是民兵），身背米袋和武器、道具，常深入各村，甚至到国民党占领区去演出配合斗争形势的迓鼓节目。民国36年境内土改时，华北土改大队的干部杨淑华，为使迓鼓更好地为革命斗争服务，对其进行了大胆改革。她动员妇女参加迓鼓演出，结束了迓鼓表演中男扮女装的历史，同时去掉了“挎鼓老婆”与“傻毛儿”

的角色，并改进了服装道具，使迓鼓第一次由广场搬上了舞台。演出的迓鼓节目有《解放妇女》《土地改革好》《打太原》《打爷爷（即打庙神）》《扫盲》等。

阳泉建市后，舞蹈演出更为活跃。除继承一些民俗舞蹈外，还引进了一些外地的舞种，如二人台、左权小花戏、祁太秧歌，以及采茶扑蝶、盅盘舞等。20世纪50年代，以各大厂矿为主体的职工业余文艺活动大兴，业余团体纷纷成立，群众学舞跳舞一时蔚然成风。除自编一些舞蹈节目外，还学会红绸舞、洗衣舞、丰收歌、田间乐以及华尔兹、探戈、狐步舞、桑巴、卡卡等国内外其他舞蹈。1955年，郊区三泉村12人组成的迓鼓队参加全省民间艺术调演，演出了《解放台湾》《总路线》等节目，获得大会奖励。市工人文化宫建立后曾集中全市歌舞人才，组建了业余文工团，自编自演了一批舞蹈节目，如《在公园里》《我们矿工的新一代》《老两口比干劲》等。1957年，在山西省第三届民间音乐、舞蹈汇演中，阳泉市代表队演出的民间舞蹈《斗活龙》获优秀节目奖。同年，在山西省首届职工文艺汇演中，白先振表演的《新疆舞》获优秀节目奖。1960年，山西省第二届职工文艺汇演中，阳泉市创作演出的大型舞台迓鼓《阳泉十年大变样》获一等节目奖。1963年，山西省第三届职工文艺汇演中，阳泉代表队演出的舞蹈《我们矿工的新一代》（王永顺编）获一等节目奖和一等创作奖。

1970年9月，阳泉市文工团下设歌舞队，先后演出舞蹈节目40多个，其中自创11个，如《试车之前》《世界人民热爱毛主席》《地道战》《欢庆》《我爱北京天安门》《军民鱼水情》《煤海新歌》《矿工舞》《女民兵》《扁担舞》等。1976年，在山西省自创节目调演中，市文工团演出的《扁担舞》（鲍惠敏、魏宝集编舞，余志强曲）获优秀节目奖。1979年，山西省第四届职工文艺汇演，阳泉代表队演出的舞蹈《慰忠魂》（张静儒编）、《明亮的早晨》（张静儒编）、迓鼓《煤乡乐》（李秀云、李天河编），分别获得优秀节目奖和创作奖。1981年，阳泉市舞蹈工作者协会成立后，进一步调动了舞蹈工作者的积极性。至1990年，发展会员187人，其中有山西省舞蹈家协会会员36人，中国舞蹈家协会会员1人。十年共创作舞蹈作品280件，其中有19件在省级以上获奖。获省一等奖以上的作品有，王秀怀、赵跃东编导的舞蹈《烛光里的妈妈》及宋莉、陈玉梅分别撰写的论文《少儿舞蹈之我见》和《浅谈少儿舞蹈情趣》等。

20世纪90年代起，阳泉市舞蹈事业进入繁荣发展期。市舞蹈家协会积极发挥“领头羊”作用，通过聘请舞蹈家指导，举办各类舞蹈培训班，并组织各种舞蹈比赛，参加各级舞蹈比赛，培养了一大批舞蹈人才。1991年7月，市舞协、市老干部局在体育馆举办老年迪斯科表演活动。1992年7月，市舞协对全市部分舞蹈爱好者进行了民间民族舞蹈培训，由陈玉梅、史东风任教，王秀怀、谢静珊编舞的《灯花花落在心尖上》获文化部第二届“群星奖”大赛铜奖。1993年，市歌舞团、市艺校、郊区歌舞团参与编排大型歌舞剧目《太阳颂》。1995年，李朝阳编舞的《压不弯的脊梁》获"文化部群星奖铜奖"。1996年，市歌舞团、市艺校、郊区歌舞团参与编排大型歌舞剧目《小康之花艳太行》，并赴各兄弟友好省市演出。1997年，在全国少儿音乐、舞蹈电视大赛中，李晓静编舞的《山妹子》获三等奖，王秀怀、郝建军编舞的《不要忘了老百姓》获全国"小康杯"文艺调演银奖，李泉锁、余丽娜获首届"中国城杯"中老年舞蹈赛一等奖。1998年，市歌舞团的《山村模特儿》《春雨》均获'98届歌舞比赛暨首届民歌赛集体表演一等奖，付小燕获省中师首届舞蹈创编一等奖。1999年，市歌舞团参加了中央电视台"心连心"大型晚会。2000年，李晓静编舞的《迓鼓打得火辣辣》获全国"群星奖"银奖。

2001年，陈玉梅的《世纪第一春》获首届华北五省市舞蹈赛创作一等奖。2004年，在山西省第五届农民运动会上，郊区歌舞团表演的健身秧歌获二等奖。音诗舞《英雄》获省消防部队汇演金奖，舞蹈《娘子关风情》获全国十三届"群星奖"山西赛金奖，音舞说唱《采访记》获中央电视台、中华全国总工会、中国文联、国务院国有资产监督管理局联合举办的文艺汇演获金奖，舞蹈《红肚兜》和歌舞《走向辉煌》在全国煤矿文艺汇演中获一等奖。

2005年至2010年，是阳泉舞蹈创作的高峰期，先后有多部作品获奖。2005年，陈玉梅的论文获首九届群众文化论文一等奖、获"文化大视野"全国优秀论文奖。2008年，陈玉梅的作品获第四届华北五省市舞蹈赛创作二等级。2009年，杨锦丽、王水洁的《蝶舞芬芳》获五届"小荷风采"全国少儿舞蹈赛山西赛创作金奖。2010年，《桃李四季红》获省十五届群星奖二等奖，《和出一片新天地》《接村官》均获三等奖。红舞鞋艺术中心多次获得优秀组织奖；张泽民带队并辅导的国标舞金、银铜奖牌共500余枚，在中国舞协举办的"金舞奖"大赛中，阳泉市选送的独舞《太阳鸟》、双人舞《姐妹》均获金奖；在余丽娜带领下，阳泉健排舞也发展迅速，成绩斐然。阳煤集团五矿文工团

舞蹈《矿工情》

的《共创辉煌》文艺晚会在第三届全国煤炭艺术节上获金奖；在共青团中央全国青少年宫协会举办的器乐、舞蹈比赛中，《大兰花·小兰花》《凤尾竹》均获二等奖；阳煤集团五矿文工团在第三届中国煤炭艺术节的表演中，《煤海春韵》整台晚会获全国金奖；在共青团中央全国青少年宫协会举办的器乐、舞蹈比赛中，舞蹈《雨竹林》获优秀奖；在共青团中央全国青少年宫协会举办的音乐、舞蹈比赛中，少儿组《茉莉花》《舞蝶》、幼儿组《茉莉花》均获一等奖；在第十三届群星奖山西省选拔赛中，舞蹈《春雨沙沙》获二等奖。至2010年，全市获省级以上各种舞蹈奖项800多项，舞蹈理论研究论文发表100余篇。

第七节　曲　艺

一、曲艺种类

境内土生土长的曲艺仅有“阳泉评说”，系山西省地方曲种，属于韵诵类。起源于平定县，发展在阳泉。初名“平说”，系平定艺人郗富根在民国初年根据地方秧歌、迓鼓说唱以及他在北京天桥学来的曲艺形式，结合平定一带的方言土语，创造的一种一人表演、方言韵白、风趣幽默的演说形式，自名为“哈哈笑”，又称“圪杂嘴”。随后又逐步演化为以“说”为主，并将戏剧、相声、评书等艺术形式巧妙地融为一体，使说、学、逗、唱、做有机结合，采用单人、对口、多口、化妆等形式进行灵活表演的曲种“阳泉评说”。

阳泉建市后，随着经济建设的迅速发展，外地人员到阳泉落户者日益增多，于是，一些外地曲种便逐渐传入阳泉，使群众性的说唱艺术日趋丰富起来。流行于城镇，尤其是厂矿企业的外地曲艺有相声、单弦、数来宝、京东大鼓、山东快书、评书、天津快板、二人转、山东柳琴、潞安鼓书、晋南道情、武乡鼓书、太原莲花落等，其中以相声、快板、山东快书流传较广，且为群众所喜爱。尤其是平定评说，因其具有运用方言韵白、以情取胜的曲艺艺术特点，迅速得到了很好的传承。

20世纪50年代初，说“新哈哈笑”的人们逐渐多起来。1950年，阳钢工人侯治邦承袭“哈哈笑”的套子编演了“评说”小段《婚姻法》在舞台上演出，深受群众欢迎。1958年，四矿工人霍春发编演“评说”参加全国煤矿工人文艺汇演。特别是1960年晋中百花会议后，“阳泉评说”赴省城巡回演出，更是风行一时。1962年5月，山西省委宣传部副部长江萍在阳泉主持召开郗富根艺术生涯研讨会，把郗富根始创的“哈哈笑”及文艺爱好者创作表演的“评说”这种曲艺形式正式定名为“阳泉评说”，并为其收徒7名，使评说有了第二代传人。同时，他还亲自安排省、市、县三级文化收集整理郗富根作品，并汇集成册出版。是年，中共山西省委书记王谦观看了郗富根师徒的评说专场演出。从此，境内掀起评说热，活跃了民众文化生活。阳泉评说列入《中国大百科全书（戏曲、曲艺卷）》条目，成了曲艺大家庭中一员。经过多年普及与推广，《赶女婿》《下井之前》《二五眼·千里眼》等百余件作品先后在省级以上演出、获奖，阳泉评说得到境内文艺主管部门的关注和大力支持。

“文化大革命”时期，评说创作与表演一度消停。1973年10月，王玉贵以专业演员的身份编演了“阳泉评说”《我的家》参加了山西省专业、业余曲艺联合演出。

中共十一届三中全会后，经过改革和不断探索，阳泉评说有了新的发展与突破，特别是在艺术构思和人物刻画上注重了严谨、连贯和表现个性，并增强了戏剧性和情节的布设，形成了评说剧，进而加上配乐演唱，发展为境内说唱的一种必不可少的文艺表现形式。进入21世纪后，郗富根的一些评说段子经弟子们的传承，仍在老百姓口中代代相传。2002年5月，值庆祝阳泉评说首次“收徒拜师”40周年之际，在市群艺馆的支持下，举行了阳泉评说第三代传人郑亚克“收徒拜师”仪式，把阳泉评说传向第四代，山西省委原第一书记王谦为此题词。2006年12月，阳泉评说被正式评为山西省首批非物质文化遗产项目。

二、创作与演出

1956年3月，郗富根以民间艺人的身份参加了山西省第二届民间音乐舞蹈汇演。同年，侯治邦创作的阳泉评说《婚姻法》获全国冶金系统职工文艺汇演一等奖。1960年，业余评说演员王玉贵，带着自己创作的单人评说《我的家庭》随山西职工文艺代表团赴京演出，受到周恩来总理和朱德委员长的亲切接见。

中共十一届三中全会后，一些曲艺改革者开始对阳泉评说进行深入探索，并且在“平定评说”的基础上大胆创新，从而使《阳泉说唱》《平定说唱》和《盂县说唱》等新的曲种逐渐形成。1980年关海昌创作的《万元户》获山西省第一届曲艺汇演创作奖。1981年12月，阳泉市曲艺工作者协会成立，随后阳泉矿务局、阳泉钢铁厂、郊区三泉村等一批厂矿、农村曲艺组织的建立，进一步推动了全市曲艺事业的发展和繁荣。如快板《阳泉青年大闹开门红》（作者李富林）、《红宿舍》（作者王惟中）、《109号售货员》（作者王卜怀）、《蹲点劳动》（作者蔡天和）、《阳泉民兵战天斗地》（作者王惟中）、《卖豆浆的姑娘》（作者张国威）发表于1981年《飞龙传》；《陈毅算卦》（作者李天和）、《灯口》（作者赵晓辉）发表于1986年《晋阳文艺》；相声《我们班长》（作者郭凯）、《爱情之歌》（作者孙诚）、《喜事》（作者李捷）、《大办山西能源基地》（作者王树基）、《花》（作者封泉生），1985年由天津《百花文艺》出版社收录出版。此外，郭燕林创作的潞安鼓书《青春似火》和《工地新风》等作品深受民众喜爱。1985年10月，高堂宾创作的评说剧《赶女婿》，容评说与戏剧为一炉，使评说艺术又迈上了一个新台阶。该剧在山西省“歌唱伟大祖国”的业余文艺调演中，获节目表演和创作两个一等奖。12月，封泉生创作的《矿长摆宴》发表于《中国煤炭报》，获晋冀鲁豫“山河杯”创作三等奖。1990年，郝长新的小品《卖菜》获得山西省业余戏剧大奖赛导演二等奖、编剧三等奖、表演一等奖。截至1990年，全市共创作曲艺作品120余件，其中有11件作品和8名演员在省级以上获奖。

1993年7月，市曲协与阳泉报社联手在全市开展曲艺作品征文活动，共征集作品29件，有13件获奖；同年，郑亚克的《二五眼与千里眼》、郝长新的《哑巴找妈》、王全福的《快》等作品分别在《曲艺》第九、十、十一期发表，这是阳泉评说首次在全国性刊物上发表。1994年，由刘朋成创作、白燕忠和何珊表演的小品《下井之前》获全国“华奥杯”曲艺小品大赛二等奖；梁晓英、马丁的《假传圣旨》获重钢杯全国业余小品创作百优大赛作品三等奖，1997年，郑亚克创作表演的小品《真诚的谎言》获山西省“三小”调演二等奖，李天和创作的小品《裙子与腰带》、王全福创作的小品《治病》、甄秉慧创作的《夕阳红》、郑亚克创作的《老鼠娶亲》4件作品在中国曲协主办的《曲艺》杂志上发表。同年，在郊区河底村组织的“曲艺创作笔会”上，推出《骑驴书记》、《安心眼》、《人间自有真情在》等21件新作。

2002年，宋国栋创作的《搬家之后》、李建全创作的《110轶事》获山西省文化厅“三小（小戏、小品、小剧种）”调演二等奖；王文柱创作的《矿山之恋》以及二矿集体创作的《儿子的出息在井下》获三等奖。2003年，由郑亚克创作的《沉甸甸的爱》获第二届中国戏剧文学奖·小型剧本二等奖。2004年，宋国栋的小品《搬不搬》获全国第十三届“群星奖”山西选拔赛获铜奖；郑振民的《送礼》《除夕之夜》双获山西省德艺

快板剧《相女婿》

双馨曲艺大赛三等奖。2005年，由郑亚克创作，并与王婧表演的小品《出山》获首届中国戏剧奖•小戏小品入围奖。11月，23人参加了在平定县理家庄召开的推精品创作笔会，对12件曲艺、小品进行了交流与探讨。2007年，郑亚克、苏峰景的小品《就为这点儿事》获山西省第十四届“群星奖”二等奖。2009年，王伟创作的曲艺小品《暖风》获第四届中国戏剧奖•小戏小品奖大赛“最受观众欢迎奖”。至2010年，阳泉共创作评说段子1000余个，培养评说艺人百余名，使评说这门艺术得到了较好的传承与发展。

第八节　摄　影

清光绪三十一年（1905），阳泉镇开设宝光照像馆，为境内摄影业之始。之后，境内照相馆日益增多，但多以拍摄人物像为主，且均为营业性经营。1953年，《阳泉建设报》刊登记者拍摄的新闻照片，开始了境内的新闻摄影活动。其后的几年间，陈霈、王祥云、续蔼昆等人拍摄的新闻照片不断在省、市报刊上发表。20世纪60年代初，一些新闻单位、文化馆、文化宫、较大厂矿的俱乐部，以及一些单位因业务需要纷纷购置摄影器材，配备专职或兼职摄影人员，从而使摄影业大兴。在其影响和带动下，一些摄影爱好者也纷纷投入摄影行列，摄影作品与日俱增。除新闻照片外，出现了大量配合中心工作、适应各种展览需要的时政照片和风光照片。摄影技艺逐步提高，李俊瑞、潘振明的摄影作品于1965年先后刊登于《人民中国》（日文版）。1966年，市文化馆举办全市第一届摄影作品展览，受到观众好评。1975年，高士萍的摄影作品《老院长》获全国妇女摄影艺术展览三等奖。

中共十一届三中全会后，随着人民生活水平的不断提高和摄影器材的不断更新，照相机很快走进了普通百姓家庭，业余摄影队伍也随之迅速扩大，尤其是从普通工人和农民中间涌现出一批摄影爱好者，阳泉市的摄影事业在规模和专营项目上都与全国照相业保持了同步发展的水平。1981年12月，阳泉市摄影工作者协会成立。随后，县区和一些大型厂矿，以及部分农村纷纷建立起群众性的摄影团体和组织。为提高广大摄影工作者和爱好者的创作水平，市、县（区）的摄影组织及文化馆、艺术馆、文化宫等部门，经常举办各种类型的摄影培训班、作品观摩会、学术研讨会。市里几乎每年都要举办一次以上的全市性摄影作品展览，而且还利用一切机会，组织摄影人员外出参观、学习考察，或到工农业生产第一线去体验生活、采风创作。1982年，黄旭升与葛保庆合作的摄影作品《闹洞房》获亚洲太平洋地区摄影展览铜奖；张信田的《趣》入选亚洲五国巡回展；张彦江的《畅通无阻》在铁道部摄影展览中获一等奖，入选中国摄影集；

蒋巨科的《吸引》获山西省摄影作品展览银奖。1983年，高士萍的《营养》获山西省摄影展二等奖；《少咬一点》获山西省美术摄影展览优秀奖。1984年，王墨青的《平定砂锅》获山西省摄影作品展览银奖；冯晓鹰的《致富路上》获山西省摄影作品展览银奖。1985年，崔达道的《战天斗地》获省摄影展二等奖。1986年，王墨青的《深秋时节》获山西省第十二届影展金杯奖。1987年，崔达道的《新站》获山西省摄影展一等奖；苗文斌的《专业户的果实》《村姑的喜悦》《吸引》入选亚洲及太平洋地区展览；张克尧的《踏雪行》获山西省首届职工摄影展二等奖。1989年，黄旭升的《温馨》获得全国尼康杯赛银杯奖，王坚克的《融》获全国大众摄影赛一等奖，梁志勇的《龙的传人》参加了太平洋民间艺术会东方龙杯大赛。同年，市摄影工作者协会理事长张克尧获全国优秀摄影组织工作者金烛奖，成为全国仅有的10位金烛奖获得者之一。1990年，梁志勇的《射线》获东峰碑林诗书画影国际大赛一级佳作奖。

从1991年至21世纪初，境内摄影活动由分散走向正规。由市摄影家协会组织摄影爱好者参加了国内外各种摄影艺术展、摄影交流展、摄影大赛等，在多项展览赛事中多人次获奖。1993年，李爱国的《行路难》获全国县市报新闻好照片奖，周京的摄影作品《玉屏仙镜》在中国摄协、建设部职工摄影艺术展览中获二等奖，王坚克的《融》获大众摄影月赛一等奖。1994年，黄旭升的摄影作品《春讯》获全国摄影大赛三等奖，王墨青的《平定砂锅亮晶晶》获《中国日报》好图片奖和山西省艺术摄影作品展二等奖。1995年，王孝邦的《牛》获九省三届大河上下艺术摄影优秀奖。1996年，周京的《男女老少齐上阵》获“三晋腾飞路”影赛最佳奖；李爱国的《青山风采走向辉煌》获四届山西优秀新闻三等奖。1997年，市摄影家协会在春节期间举办“新春摄影展”，展出作品98幅，并与辽宁省盘锦摄影家协会联合举办摄影交流展，展出作品200幅。王孝邦的《牧》获十六届华北摄影艺术展优秀奖。1998年5月，市摄影家协会举办纪念毛泽东《在延安文艺座谈会上的讲话》摄影展览，展出作品80幅。1999年，梁守皓的《哺育》获山西省业余美术、书法摄影大赛一等奖，并入选全国群星奖；《春潮》获全国第十二届五个一工程“群艺奖”及山西选拔赛特等奖。2000年，王孝邦的《粮仓》、梁守皓的《继往开来》均获“第五届全国大河上下影展”二等奖，《神采奕奕》获六届人像摄影艺术展铜奖，张福贵的《枕河人家》入选“中华文化美国行·中国摄影艺术展览”，《暮归》获中国第八届乐凯摄影艺术大赛优秀奖，《黄河夕照》获十七届华北摄影艺术展佳作奖，张克勤的《使命》获山西省政法系统美术摄影展览一等奖，郭海昌的《新娘》获中日文联“世纪之光”美术书法摄影展摄影类一等奖。

2001年，王孝邦的《打铁火》获“爱我中华，照我大地”全国摄影大赛最佳作品奖，黄旭升与郭海昌合作的摄影作品《黄土风韵》获首届中国人体摄影大赛金奖。2002年，陈凤灵的《天地悠悠》获第十二届“群星奖”山西省文化厅选拔赛一等奖。王孝邦的《迎春花》获全国群星奖山西群星奖一等奖，《回归自然》获全国第十二届“群艺奖”山西选拔赛摄影特等奖；马万忠的《夕阳无限》获第十二届全国“五个一工程”群星奖山西选拔赛二等奖。2004年，张福贵的《烟雨浩渺显奇峰》获中国、加拿大、美国三国风光摄影作品大赛特等奖、国际友谊奖；韩万成的摄影作品《进城》《窥》获上海第七届国际摄影展优秀奖，《劳模风貌》获山西省劳模摄影大赛一等奖；王谦的《炉火正红》获山西省摄影家协会会员作品展一等奖，《祖母》获全国群星奖山西选拔赛金奖。2005年，崔达道的《天伦之乐》获全国老年摄影银奖，《喇叭声声唱丰收》获中国老区建设摄影比赛二等奖；张银贵的《班中餐》获全国煤矿第三届艺术节摄影展二等奖。同年，市摄影家协会举办民俗婚礼摄影大赛，展出作品90幅；10月，市摄影家协会举办阳泉市首届翠枫山摄影大赛，展出作品126幅。2006年，阳泉市举行“太行地产杯”阳泉市首届大、中、小学生DV、摄影大赛，5月25日至6月25日，还举行了“龙海山神农杯”纪念中国共产党成立85周年暨建设社会主义新农村摄影大赛。2007年，张福贵的《阳泉风光摄影集·故乡情怀》由中国民族摄影艺术出版社出版，《桃林春雪》获第十七届山西省摄影艺术展花卉类一等奖。2009年，市摄影协会举办“大台北杯”阳泉市第三届人像摄影艺术大赛，张福贵的《平定砂锅亮晶晶》《神秘的哈纳斯》分别获“税收·发展·民生”全国税务系统摄影作品征集评选活动优秀奖、三级收藏。2010年举办了阳泉市创建国家园林城市摄影大赛——“我眼中的绿色山城”，王孝邦的《又一春》获全国老年人体育摄影三等奖，《老手艺》获省十八届影展优秀奖，其4幅作品、李爱国的2幅作品及王守皓的《放歌新中国》入选2010中国平遥国际影展。至2010年，全市摄影作品入选省级以上展览的有1000多幅，获省级以上奖项300多项。从1981年市摄影家协会成立至2010年，共举办十六届全市摄影艺术展。

第九节 书 法

境内的书法篆刻创作活动古已有之，起始年代无考。据1990年普查，全市现存有自唐之后各个朝代的碑刻937通。这些碑刻保存完好，风格各异，尤以长国寺、开河寺和冠山书院为最佳。清代孙毓芝自幼好学，尤喜书法，其所临唐代大书法家柳公权“玄秘塔书碑”，至今仍保留在平定县冠山崇古书院西窑洞山墙上，久闻于世。被称为“硕儒”的张穆博学多才，书法尤精。他的书法端秀劲逸，融魏、草、篆、隶为一体，为世人所称羡。至今流散于民间的“茶瓶赋”条幅，即是其佳品之一。民国年间，以书法驰名的有保晋公司的常旭春、荣华铁厂的赵铁铮、阳泉站小学的唐石清等。其中以常旭春的“岳麓寺”碑体、唐石清的魏书和隶书为上乘。小阳泉村的杨士达，在魏体榜书上也具有一定功力，阳泉建市前后的铺面、商店的牌匾十有八九出自其手。

阳泉建市后，虽然书法活动在相当一段时期依旧为书法爱好者个人分散进行，但却一改过去仅为文人墨客所独占的局面，一些普通职工和农民也操起笔墨，加入到书法写作的行列中。如市商业系统职工韩川元、张春荣等在阳泉书法界都有一定的影响。为促进书法活动的广泛开展，市和县、区文化部门曾数次举办书法展览。

1980 年 5 月，由市文化宫宣传组承办的市职工书法业余培训班开班，聘请市内书法家代课，免费培训学员。1981 年 12 月，市书法工作者协会成立后，县、区以及阳泉矿务局等大型厂矿企业相继组建书法研究会等组织，从而使全市书法创作活动进入了一个新的发展时期。其间，不仅多次邀请省内外著名书法家到市内讲学、辅导，进行现场书法表演，而且不断举办各种类型的书法学习班，向广大书法爱好者传授书法技艺，并组织开展书法创作。1983 年，《阳泉市书法作品集》出版。同年，在全国首届职工书画摄影展中，李琳文、郗满祥的书法作品获一等奖。1986 年，在全国第一届电视书法大奖赛中，郑恩田的书法作品获二等奖，武爱栓获优秀奖。1987 年，在全国杜康杯东方书法展中，姚仁承、郗满祥的书法作品获奖。1989 年 6 月，在全国墨海荟萃书画大赛中，姚仁承、郑恩田的作品获佳作奖。1991 年，在全国第二届电视书法大赛中，郗满祥的书法作品获优秀奖，王永祥的书法作品获佳作奖；梁进昌的书法作品获首届煤矿艺术节书法大赛优秀奖。1993 年 12 月，全市纪念毛泽东诞辰 100 周年书法展展出作品 300 件。1995 年，承办了运城·大同·阳泉书法联展在三市轮展活动。

进入 21 世纪后，市书协每年春节前夕，都要组织会员到部队、厂矿、乡村和街头为群众义写春联、条幅，计约 6 万余件，深受各界群众的欢迎和好评。2002 年 5 月，阳泉书协举办成立 20 周年书展，展出作品 121 件，出版了《阳泉市法家协会成立二十周年书法作品集》。2004 年，刘文成获全国首届“小揽杯”书法大赛三等奖。2006 年 9 月，中国书协举办书学理论研究会，赵子牧撰写的论文获三等奖。2007 年，在山西省北方草书展上，要守文、姚仁承、郗满祥、赵聚敬、庞宏亮、王永祥，马玉隆 7 人作品入展；7 月，在山西省第五届书法临帖展上，刘文成的作品获一等奖，王永祥获二等奖，石志刚、樊如珍获三等奖；8 月，赵聚敬的作品入选纪念傅山诞辰 400 周年全国书法艺术展。2008 年，市书法家协会、平定县书协分别获“中国书法进万家”活动先进集体。

至 2010 年，全市有 268 件书法、篆刻作品在省级以上报刊发表和参展，其中有 85 件获奖励，有32件参加中国香港、台湾地区及日本、新加坡、韩国、美国等地展出并被收藏。在历届国家级书法、篆刻大展中，郑恩田的作品先后有7次参展，王永祥有6次参展，姚仁承有4次参展，郗满祥、李琳文、武爱栓、闻林、刘久长、王岳青、刘文成等也均有作品参展。全市入选省级展览的书法作品有5000多幅，获省级以上奖项的有500多项。

第十节　影　视

一、电影放映

境内电影放映始于民国28年（1939），时日军霸占了阳泉的“小戏院”，开办“鸟山电影院”，主要为日伪人员服务。民国33年春，商人郗振铎购进旧电影放映机，开设营业性质的“新民电影院”。供境内群众观赏电影。但广大农村除一些抗日根据地由抗日民主政府偶尔组织无声电影放映外，基本上还不能放映电影。1950年，新民电影院改扩建为阳泉工人电影院，是当时全市唯一一座初具规模的室内放映电影的场所。与此同时，阳泉矿务局成立了全市第一个电影放映队，在各矿厂巡回放映。山西省先后派出2个电影放映队，在平定县、盂县及郊区农村巡回放映。至1952年，农村和城市厂矿电影放映队发展到10个。1955年，阳泉工人电影院开始组织影评小组，对影片进行宣传和评论，引导群众观赏。1958年，市工人文化宫和一些厂矿职工俱乐部相继建成，平定、盂县县城和郊区荫营镇也都建起了影剧场，大大增加了电影放映的固定场所。同时，流动放映队也迅速增加，平定县和盂县都建立了电影放映总队，郊区的义井和河底两个人民公社还办起了公社电影放映队。1962年，阳泉市电影发行放映管理站成立，该站是全市城乡电影放映行业的中介管理机构，负责经营影片的发行、放映和宣传等工作。1963年，电影发行放映管理站创办了《影讯》，主要刊登电影故事梗概、影评。到1965年，全市有电影院2个，影剧场4个，厂矿职工俱乐部11个，流动放映队18个。1968年，东方红电影院建成。20世纪70年代初，人民公社自办电影放映队猛增，平定县的19个公社和郊区的9个公社全部办起了电影放映队，盂县25个公社中有14个建立了电影放映队。

1977年市电影公司组建“影评小组”，出刊《电影评论》。1980年，两刊合并为《影讯》。1984年更名为《晋东银苑》，1994年停刊。

1978年后，电影事业迅速发展。全市在普及公社自办电影放映队的基础上，又大力发展村办电影放映队。到1979年，郊区村办电影放映队就发展到59个，几乎占到郊区农村总数的1/3。同时，一些小型厂矿企业也纷纷建起了电影放映队，还出现了放映电影的个体户。同时，平定县、盂县及郊区也先后成立了电影发行放映公司（其前身为管理站）。除负责影片发行和管理外，还十分注重电影宣传，主要形式有海报宣传、阵地宣传、幻灯宣传和影评活动。

1982 年 11 月起，阳泉电影院开始上映立体声电影。1981 年和 1984 年，阳泉市先后两次组织美术作者创作出电影海报 90 多幅，其中 17 幅入选山西省电影海报创作展览。1984 年 6 月，由省文化厅、山西省电影公司举办电影海报展览，展出作品 150 幅，城区电影院美工陈星的作品《第三个人》获一等奖。1986 年，阳泉矿务局工程处俱乐部绘制的《十五的月亮》、平定县岩会放映队绘制的《夫妻之谜》，在全省幻灯汇演中获荣誉奖。

1987 年，全市村办电影放映队发展到 100 个，有 17 个农村集镇还建起了电影院，有放映电影的个体户 13 个，从城市到农村的电影放映网基本形成。1989 年又引进了美国先进的立体声响设备，不仅能放映四声道立体声影片，而且放映普通影片也可模拟立体声效果。二矿俱乐部美工王维中创作的电影宣传画《哑女》选入国际电影画册；马金元的作品《开国大典的整体效应》在首届中国电影节全国群众影评征文比赛中获三等奖。1990 年，阳钢俱乐部美工师越的《夜幕下的黄色幽灵》在中国美术家协会山西分会、山西省电影公司联合举办的电影宣传画展中获一等奖；在全省电影宣传阵地刊版巡回展中，市电影公司宣传科的宣传刊版获全省二等奖（设计王景德，摄影杨建安，文字常燕梅）。

1991 年，为纪念中国共产党成立七十周年，市电影公司把这一年定为主旋律影片映出年，举办各种类型的座谈会 20 余次，更换宣传橱窗及广告看版 400 余次，与电视台创办专题节目 6 次，与市报社及矿工报社出专辑 4 期，广播 600 余次，印刷宣传品 8 万余张。1992 年 7 月，市电影公司与市电视台合办的“电影节目预告”在市电视栏目“社会广角”中开播；在全国群众影评征文比赛中，郜润科的《影片的缺憾、情感的断裂——电影周恩来观后感》获二等奖。

20 世纪 90 年代初，电影业从计划经济模式中走向市场经济，由于其他娱乐形式的出现，观众远离影院，电影经济滑坡，大部分放映单位停业或转行，全市原有 204 个放映单位减少到 9 个，农村电影市场也逐渐萎缩。

2001 年，文化部、广电总局对电影机制进行改革，成立了跨省院线，凡是参加院线的单位和当地电影公司不发生经济关系，当地电影公司只负责监督，不再搞城市影片发行。阳泉电影院于 2002 年 10 月加入新影联院线，为全市第一家和国际接轨的城市院线影院。

此外，东风剧场、铁路俱乐部、铝氧厂俱乐部、娘子关电厂俱乐部、矿务局俱乐部、平定电影院、盂县电影院、郊区电影院、荫营影剧院等，只在节假日活动，平时不能正常映出。在这样的情况下，市电影公司还要承担城、乡各类型影片发行放映，协调影片发行放映和各放映单位之间的关系，协调文化局对放映系统年审、年检工作，进行技术管理与放映人员的培训、考试。

2007年，市电影家协会与“时代经典”数字电影公司联合举办了“万场电影进农村”“优秀国产新片进农村”大型公益放映活动，为全市农村放映各类影片和科教片700余场次。2008年2月，市电影公司组建了全省第一家数字院线公司——阳泉市新兴农村数字电影有限公司，培训30多名放映员。至2010年，市电影公司共放映电影2万余场次，实现了“一村一月一场电影”的公益放映服务目标。被国家广电总局授予“全国农村电影放映工程”先进集体，中宣部、文化部、国家广电总局、新闻出版总局授予全国“服务农民、服务基层”文化建设先进集体及省级多项荣誉。

二、电视艺术创作

阳泉市的电视艺术创作起步较晚，但经过不断探索与发展，渐成大观，成为全市文化艺术领域最丰富、最活跃、最有影响力的表现形式之一。1987年，尹崇富根据其创作的小说《太行飞虎》改编的阳泉市第一部电视连续剧——《虎啸太行》，由阳泉电视台和辽阳电视台联合摄制。该剧经省市及央视播出后，还出口越南、约旦等国。该剧本还获阳泉市人民政府第二届文学艺术创作一等奖。

20世纪90年代至2010年，全市电视艺术创作进入高峰期，不少电视节目和春节联欢晚会节目在各种大赛上获奖。1991年，春节晚会《沙江春潮》获第五届全国电视星光奖三等奖；电视剧《酒友》获全国飞天奖三等奖。1997年，电视剧《社火》获首届山西省“五个一工程”优秀作品奖。1999年，8集电视专题片《杨家戏与杨家将》在中央电视台、美国斯科拉斯电视台播出，获山西省第三届精神文明建设“五个一工程”优秀作品奖。2000年，戏曲《春江之夜》获全国电视戏曲铜奖。2001年，电视剧《承诺》获山西省“五个一工程”作品奖；专题片《黄土情》获山西省第九届电视艺术一等奖。2002年，阳泉春节晚会《万马迎春》获山西省电视第十届电视艺术一等奖；电视剧《的哥》获山西省电视艺术二等奖；新闻《“警魂”桃河抢险》获中国好新闻奖。平定县作家尹崇富从浩瀚如烟的史海中精选了100位清官廉吏的故事，创作出百集系列电视短剧文学剧本《华夏明镜长廊》，由华艺出版社出版。后又改编为100集广播剧，并且担当导演和作曲，由平定县纪检委和广播电视局联合录制播出。单本剧两次分获山西省广播协会优秀剧目一、二等奖。2003年，阳泉市电视艺术家协会成立，全市电视艺术创作内容不断丰富，形式更加多样；同年，阳泉春节晚会《祝福阳泉》获山西省电视艺术一等奖。

2004年至2005年，电视专题片《邓小平与阳泉》《瓷缘》《走四方》获中国电视艺术交流“城市之星”电视专题一等奖；《凋谢的金花》获二等奖；阳泉市2004年春节晚会《希望阳泉》获山西省第十三届电视艺术评奖一等奖；专题片《碛口古镇》获山西省第十三届电视艺术评奖二等奖。广告片《祝福平安》获山西省第十三届电视艺术节目三等奖。2007年，阳泉电视台拍摄的电视剧《枣园纪事》获山西省“五个一工程奖”。至2010年，全市电视节目、电视剧等获省级以上奖项100余项，有10部电视连续剧拍摄完成、20多部电视连续剧剧本创作完成。

第十一节　非物质文化遗产

阳泉历史悠久，文化积淀深厚，人民群众世代相传的民间文学艺术和民间手工技艺等非物质文化遗产丰富多彩。民间文学、民间美术、人生礼俗、生产商贸习俗、民间手工技艺、岁时节令等类非物质文化均有较强的独立性，带有鲜明的地域特色，传承着境内源远流长的历史与文化。

境内对于特定意义上的“非物质文化遗产保护工作”始于2005年。2006年，根据国家和省关于非物质文化遗产保护和申报的有关要求，阳泉市针对不同的国家级、省级项目制定了五年保护规划。2006年，境内首次组织完成国家级、省级、市级非物质文化遗产项目及传承人的申报工作。2009年4月至6月，阳泉市组织完成了非物质文化遗产普查工作。在相关项目中，民间文学1479个、民间音乐281个、民间舞蹈79个、民间美术209个、曲艺20个、民间手工技艺183个、生产商贸习俗133个、消费习俗138个、人生礼仪193个、岁时节令148个、民间信仰132个、民间知识219个、游艺传统体育与竞技71个、传统医药306个。2009年再次组织完成国家级、省级、市级非物质文化遗产项目及传承人的申报工作。

截至2010年，境内列入国家级非物质文化遗产名录项目1项，即平定武迓鼓；列入省级非物质文化遗产名录项目10项，即盂县赵氏孤儿传说、盂县武术社火、阳泉评说、平定刻花瓷、盂县民歌、盂县牛斗虎、平定皇纲、平定砂锅烧造工艺、平定雩祭、阳泉文迓鼓。另外，有市级非物质文化遗产保护项目12项；有省级非物质文化遗产代表性传承人5人，分别为：平定武迓鼓传承人李文元、薛存锁，平定黑釉刻花陶瓷制作技艺传承人张聪、张文亮，平定砂货烧制工艺传承人张宏亮。

阳泉市非物质文化遗产保护项目简表

表-26-6

级 别	项目名称	类 别	批 次	申报单位	公布年份
国家级	平定武迓鼓	民间舞蹈	第二批	平定文化馆	2008
省 级	赵氏孤儿传说	民间文学	第一批	盂县文化馆	2006
省 级	平定黑釉刻花陶瓷制作技艺	民间手工技艺	第一批	平定县政府	2006
省 级	阳泉评说	曲艺	第一批	阳泉市群众艺术馆	2006
省 级	盂县武术社火	传统竞技与杂技	第一批	盂县西小坪村	2007
省 级	盂县民歌	传统音乐	第二批	盂县文化馆	2009
省 级	平定皇纲	传统舞蹈	第二批	平定县文化馆	2009
省 级	盂县牛斗虎	传统舞蹈	第二批	盂县秀水镇南白水村	2009
省 级	阳泉文迓鼓	传统舞蹈	第二批	郊区文化馆	2009
省 级	平定砂货烧制工艺	传统技艺	第二批	郊区小西庄村 平定县文化馆	2009
省 级	平定雩祭	民俗	第二批	平定县文化馆	2009
市 级	盂县武术社火	传统竞技与杂技	第一批	盂县文化馆	2008
市 级	故事火	传统竞技与杂技	第一批	平定县文化馆	2008
市 级	盂县牛斗虎	传统竞技与杂技	第一批	盂县文化馆	2008
市 级	平定皇纲	民俗	第一批	平定县文化馆	2008
市 级	平定风秧歌	民俗	第一批	平定县文化馆	2008
市 级	平定雩祭	民俗	第一批	平定县文化馆	2008
市 级	平定黑釉刻花陶瓷制作工艺	传统手工技艺	第一批	平定县文化馆	2008
市 级	珐花瓷	传统手工技艺	第一批	郊区文化馆	2008
市 级	平定武迓鼓	民间舞蹈	第一批	平定县文化馆	2008
市 级	文迓鼓	民间舞蹈	第一批	郊区文化馆	2008
市 级	阳泉评说	曲艺	第一批	阳泉市群众艺术馆	2008
市 级	赵氏孤儿传说	民间文学	第一批	盂县文化馆	2008

第三章 文 物

第一节 历史文物

一、古遗址

枣园旧石器时代遗址 位于郊区旧街乡枣园村。20世纪50年代曾在黄土和红土交界处发现人工打制的石片、石核等石器，为旧石器时代中期文化，距今约10万年左右。

黑砚水河遗址 位于盂县仙人乡庄只村东约1.5千米的黑砚水河东北岸高出河床约20米的洞穴内。洞口南向，口宽约17米，高约4.2米，深约9米，面积约100平方米。1997年发现，1998年试掘，发现石制品100余件及大量动物化石。石制品原料以脉石英为主，另有矽质岩，燧石和水晶等。以锤击法或砸击法制成的器类有刮削器、尖状器、锥钻和石锤等。动物化石多为碎片，呈黑褐色或带黑斑的黄白色，有人工打击和刻划痕迹。地质年代为晚更新世晚期，文化时代为旧石器时代晚期。

张庄遗址 位于平定县张庄镇张庄村西北约150米处，分布面积1000平方米，地质年代为晚更新世，文化时代为旧石器时代晚期。文化遗物出土于黄土层中，类型有石片、石核、动物化石等。石制品原料有石英岩、燧石等。

土塔新石器时代遗址 位于盂县土塔村的神沟河、六井河之间的石岭梁上。文化堆积不显露，1987年曾发现石斧和三足罐各一件。

南兴道新石器时代遗址 位于盂县南兴道村千佛寺一带。遗址靠山临河，于1987年发现石斧、石镰各一件。

移穰遗址 位于平定县巨城镇移穰村北。面积约2万平方米，文化层厚约2米。断崖上暴露遗迹有灰坑2座。采集有仰韶文化庙底沟类型的泥质红陶线纹小口尖底瓶；龙山文化白燕类型的泥质灰陶绳纹折沿罐、夹砂灰陶绳纹深腹罐和鬲足等残片。

冶西遗址 位于平定县冶西镇冶西村东北。残存面积约4000平方米，文化层厚0.8米～1米。遗址北部暴露有灰土层，采集有仰韶文化义井类型的夹砂红陶戳印纹罐；龙山文化白燕类型的泥质灰陶篮纹罐和夹砂灰褐陶绳纹鬲等残片。

宁艾新石器时代遗址 位于平定县宁艾村西南马郡头河与阳胜河三角地带。遗址所在的二级台地高于河床20余米，面积约8万平方米。1988年发现，采集到饰绳纹的锥状器足，器物口沿。此外，在遗址的灰层中，还采集到戳刺纹、划纹陶片、兽骨和红烧土块等。

大横沟遗址 位于盂县秀水镇大横沟村西北约10米。分布面积约4万平方米。文化层厚0.7～3.2米，遗址南半部的农耕路旁崖壁上暴露有灰坑4座。地表遗物较丰富，采集有新石器时代的石斧、石镰和商代早期的泥质灰陶绳纹鬲、斝、罐、甑、蛋形瓮等残片。灰坑1直径约3米，深2.5米。包容物较丰富。

后元吉遗址 位于盂县牛村镇后元吉村西南约200米。为一处商代和东周时期的遗存，文化层厚度不详，分布面积9万平方米。遗址内地面采集有商代和东周的夹砂灰陶绳纹鬲残片，泥质灰陶粗绳纹陶片，泥质灰陶素面豆盘残片。

西城遗址 位于平定县张庄镇西城村西100米处，属阳胜河北岸的二级台地。东西长约320米，南北宽约240米，分布面积7.68万平方米。文化层厚度不明显，在遗址地表能采集到商代的器物口沿、东周及汉代的陶片。

聂家庄遗址 位于平定县冶西镇聂家庄村西西坪处，属北川河北岸的二级台地。遗址东西宽约300米，南北长约400米，分布面积12万平方米。文化层不明显，在遗址地表采集到商代的器物口沿和陶片，能辨识的有罐及汉代陶片等。

张庄遗址 位于平定县张庄村西北。面积约3万平方米，文化层厚约1.7米。采集有春秋时期的泥质灰陶绳纹斜沿罐、侈口罐、绳纹瓮和粗柄豆；战国的夹砂灰陶绳纹釜和泥质灰陶高柄盘豆等残片。

盂县北村东周古城 位于盂县金龙大街东段。东为水泉村，南为北村，北有香水河，南有秀水河。古城破坏严重，现仅存西墙和北墙的一小段。西墙在北村北边，残存长37米，方向北偏东26度，墙体下部宽5.8米，残高1～1.5米，平地起夯，夯层清晰，厚7～9厘米，夯土为花土，结构致密，不见明显夯窝，墙体向上逐渐收分，版筑缝尚存。北墙在水泉村西，走向北偏东116.5度，长67米，地面现存墙体长40米，高3米，宽6米，地面下深2.5～3.5米。城外有城壕，城壕距城墙3～5米，宽7～9米。

皋牢城遗址 位于盂县县城东曲曲城村南，亦称“曲尺城”“骨碌地”。相传为战国时期赵国所建。20世纪70年代初，曾发掘出粗糙砖块、板瓦及陶器碎片等。

平潭古城遗址 位于城区北古城居民区附近。城址建于台地之上，平面呈长方形，分内外两城。外城东西长约500米，南北宽约400米。现存内外两城西、北墙部分城墙及外城北门。内城墙保存较多，残长约275米，外城墙残长约100米。城墙基宽约12米，顶宽0.3～2.5米，残高8～10.5米。墙体夯筑，夯层厚0.06～0.09米。夯土中加有战国灰陶片。内外城间距约32米。外城北门残高约8米，宽约7米，深约12米。出土有战国泥质灰陶广肩鼓腹瓮、夹砂灰陶绳纹釜及绳纹筒瓦和汉代筒瓦、板瓦及灰陶陶罐等残片。1958年曾出土有铜锅和镞，铁马蹬、石鼓等。据《读史方舆纪要》载“平潭城在平定州西北五十里，传为赵简子所筑，今为平潭驿。”当指该城。

古城坡遗址 位于郊区旧街村内小城坡桃河北岸二级阶地前缘，属于战国时期。残存面积约有5000多平方米，文化层厚约2米。断崖上暴露遗迹有灰坑1座。采集到战国泥质灰陶折肩绳纹釜、卷沿绳纹罐和弦纹罐，汉代卷沿素面罐等残片。

楞伽寺遗址 位于郊区旧街乡路家庄村西北。始建年代不详，据《山右石刻丛编》录唐元和六年（811）《重修古楞伽碑记》和现存碑记可知，唐元和年间僧道明重修，明代曾两度重修。坐北朝南，南北长约60米，东西宽约50米。依山势而建，自上而下成4个平台，现存塔基1座，殿宇墙垣残高0.5～2米，石窑洞5孔，以及明正统十三年（1448）和弘治十七年（1504）重修碑各1通。各平台护墙大致完好。

云中阁遗址 位于盂县西烟镇西邢村北。据《山右石刻丛编》及碑载，唐尉迟恭始建，元至正十四年（1354）重修。毁弃年代不详。坐北朝南，东西长约29米，南北宽约12米。现存云中阁底部过洞及两侧土台基，局部似有夯筑痕迹，外包青石。过洞宽约5米，残高约3.3米。现存元代重修碑1通及碑座3块。采集有砖瓦等。

郊区禅智寺灭佛遗址 位于郊区河底镇下章召村。2000年8月10日，村南禅智寺附近发现30余件石造像，时代跨度自北齐至北宋时期，根据发掘结果证明这是一处灭佛遗址。该遗址出土有石造像、人骨、铁灯盏、筒瓦、板瓦及瓷缸等残片。遗物包括北齐残造像3尊，为青石和白玉质，均为坐像，其中一尊须弥座上有“天保四年”（553）题记；北宋石造像21尊和其他遗物，造像均砂石质，皆为罗汉和供养人。

二、古墓葬

夏关龙逄墓　位于郊区河底镇关家峪村。关龙逄，夏朝桀之大臣，古豢龙氏之后，因直言进谏被桀所杀。清康熙年间，居民锄地得一古碣，题曰“关龙逄之墓”，已无存。道光四年（1824）古墓南土陇坍塌，得“关氏世系碣”，今尚存。碣身高1.73米，宽1.05米，厚0.22米。阳面题“关氏世系碣记”，阴面题“关氏世系谱”；右侧记墓地立石之事，左侧镌吕思诚诗两首。其一诗曰：“夜宿关家峪，晓行关氏坟，长松成偃盖，坚石刻新文。世系传三族，书丹近八分，铭章归墓侧，疏拙愧诸君。”

南山战国墓　位于市区南山公园东门南侧。1986年8月取土时发现。墓葬属土坑竖穴式，出土陶器6件，有豆、罐、鼎等。

冶西汉墓群　位于平定县冶西镇。1986年发现。墓室均系土坑竖穴，深1至2米不等。出土有陶壶、陶罐、陶灶、陶羹匙等。墓地发现有用两片板瓦把死尸夹在其中的葬式。所用板瓦系灰陶，长46.7厘米，宽39厘米，厚1.9厘米，平面是梯形，上压弦纹，胎内印有布纹或方格纹。

西关战国及汉唐墓葬群　位于盂县秀水镇西关村二畛坪，北临公路，东面、南面是冲沟。2005年5月下旬，阳泉市文物管理局和盂县文物管理所配合公路建设勘探发现墓葬17座，其中包括战国墓5座，汉、唐墓各1座，其余为近代墓。墓葬相对比较集中，并有打破现象，M13唐墓打破M14战国墓，M15近代墓打破M16战国墓。

战国墓形制均为长方形土坑竖穴墓，普遍深度在5.3～6.1米，只有M16最浅，为3.3米，几被M15近代墓破坏。该墓大致呈口大底小，墓室面积最大9.18平方米，最小3.74平方米。墓壁修削整齐，局部可见工具修整痕迹。墓穴头向以东向为主，仅1座为北向。葬具全部腐朽，从残存的痕迹分析，全部为单棺单椁，2座有头箱或脚箱。人骨保存较好，葬式以仰身直肢为主，只有1座采取仰身屈肢的形式。随葬品较少，最少的仅见1件铜带钩，多的达11件。器物以陶器为大宗，其组合以鼎豆壶舟盘匜为主，陶器全为泥质灰陶，火候较高，轮制，素面无纹，从墓葬形制和随葬的器物分析，墓葬时代为战国晚期。

汉墓为近方形砖室穹隆顶，条砖铺地，四壁用条砖一丁三顺砌筑，三丁之后开始叠涩收拢，四壁略向外弧，墓门向南，葬具已腐朽。因墓内早年积水淤积之故，二具尸骸已漂浮地面并失去位置，但头向可判定为向西。随葬品有砖志1合、铁炉、铁镜、铁镰刀、陶壶、陶罐、陶碗等。

唐墓为长方形砖室穹隆顶，早年就已淤积并塌毁，葬式不明。该墓形制呈不规则的长方形，墓门所在的南壁前后错位，所以墓门也相应地偏斜一点。墓室内有长方形棺床，条砖敷设，四壁用条砖错缝平砌。整体而言，做工比较粗糙。随葬品有砖志1合、铜刀、铁炉、铁镜、铁剪刀2把、陶罐2、三彩罐2、三彩胭脂罐1、骨匕，同时出土的还有开元通宝铜钱。

下曹汉代墓群　位于盂县南娄镇下曹村。墓群封土层约1米，断层暴露人骨多处。曾掘出玉带钩1件，陶器多件，经考证，多属汉代遗物。

唐张士贵墓　位于盂县县城西45千米的西烟镇上文村。墓地在村西北土岗上。经实地考察，墓丘系南北走向，原高2米，直径8米。因久经淤积，墓丘高增至10米，直径扩至20米。据清康熙年间编撰的《续修张氏族谱》载“高宗显庆初卒，陪葬太宗昭陵”，昭陵远在今陕西省，故此处可能属招灵墓或衣冠冢。张士贵（586—657），唐代名将，官至勋国公，祖籍盂县上文村。

宋潘仁美墓　位于盂县城西北潘家汇村。经实地考察，原墓冢高3米，直径8米，今墓冢已无存，仅有残碑一通，上刻“宋潘太师墓”。潘仁美，宋朝太师。其死葬盂邑一说，素有争议。

矿务局技校宋墓　位于阳煤集团（原阳泉矿务局）技校院内。1986年发现。该墓由墓门、甬道和墓室组成，平面呈八角形，砖券穹隆顶，各转角处有砖制仿木斗拱。随葬品有钵、罐、盏、枕、盆等瓷器和鏊、犁铧两件铁器，以及“淳化通宝”“元祐通宝”“元符通宝”等铜钱。

后元吉金墓　位于盂县城东牛村镇后元吉村。1980年发现。该墓为仿木结构砖室墓，顶为穹隆状，平面呈八角形，内径长2.5米，通高3.2米。墓室八角分别立柱1根，其阑额、斗拱、椽头、檐瓦、脊兽皆为青砖制仿木结构；墓顶涂蓝灰色，上绘有日、月、星辰；墓东设灯台，下书有“大定十五年（1175）口月建葬一所”；墓壁依次书有“祖位、四郎位、三郎位、二郎位、大郎位”字样，牌位下相应有五具尸骨，除祖位尸骨为卧姿外，其余皆为坐势。从尸骨位置姿势分析，此墓系金代一家父子5人的成年男性群葬墓。墓中随葬品有瓷枕1件、陶罐1件、瓷碗2个、瓷盘7个，“祥符、治平、明道”等北宋年间钱币各1枚。

西城武金代古墓群　位于盂县西北西城武村。墓穴外呈八角形，直径为2.5米，壁高1.5米，宽0.65米，四周用长30厘米、宽15厘米、厚6厘米的条砖砌筑，墓底铺以方砖，墓门顶盖以长方形木板一块。墓室内各角筑有砖雕斗拱、檐椽和瓦垅，墓壁有壁画，水墨画3幅。墓口内侧书有“泰和口年七月口日造”的字样。出土“大观通宝、熙宁元宝、至道元宝、元祐通宝”钱币各1枚，小瓷碗1件。此外还出土一些残碎陶片和丝织品残迹。

上乌沙金墓　位于盂县路家村镇上乌沙村。为仿木结构砖室墓，砖券穹隆顶。平面呈十二边形，内径长3.9米，通高3米，室内立柱、檐瓦、斗拱皆为砖雕仿木结构，顶部绘有日、月、星辰。内存随葬品多件，保存完整，今尚未全部发掘。县级文物保护单位。

平坦垴金墓 位于阳泉经济技术开发区平坦垴村西。1987年发现。该墓为仿木结构砖室墓，顶为穹隆状，平面呈正方形，室内边长1.56米，通高2.3米。室内立柱、檐瓦、斗拱皆为砖制仿木结构，四壁绘有花卉图案，顶壁绘有日、月、星辰。随葬品有钵5件、灯盏1件、坛2件、盘8件。

元吕思诚墓 位于平定县供水局院内。已被毁，存有墓碑一通，移至冠山书院。吕思诚，祖籍平定人，字仲实，金泰定进士。官至元朝光禄大夫、大司农、中书左丞，卒谥忠肃。有文集及《西汉通纪》等传世。

东关元墓 位于平定县冠山镇东关街新寺阁附近。2004年3月发掘。该墓平面八角形，石券穹隆顶结构。墓门向南，以砖石封堵。地面铺砂石。东、西、北三面各有一个小室，门额上分别刻敬思、孝思、尊亲，砂石砌筑周壁，上承穹隆顶，在其交接处，用多种颜料勾勒出斗拱图案。顶部正中以整块石头封盖，石下嵌一铁钩。随葬品均发现于北室、东室中，主要有黑釉镂空瓷枕、白釉碗、碟等。在墓门内上方有“寿藏记”，记载这是冯氏墓，元至正六年冯渊、冯参修建。

清张穆墓 位于郊区义井镇大阳泉村北。墓丘高约2米，径长约6米。墓室为砖碹结构，总体呈长方形，内有棺椁、墓志铭及随葬品。墓志铭为何秋涛撰文，何绍基书丹。墓前立有汉白玉墓碑，高1.25米，宽0.75米，厚0.18米，上刻“平定张石州先生之墓”，碑文为祁寯藻所撰。碑前有长方形青石一块，正面书“明堂”二字。该墓在抗日战争时期屡次被盗。1960年，该墓随其家族墓迁移大阳泉村东1.5千米的杨家山山坡上，原墓碑及墓志铭存于张穆故居院中。张穆，本名瀛暹，字诵风，一字石州，号月斋，清道光优贡生，考充正黄旗教习。通经史，善地理，精书篆。著有《蒙古游牧记》《延昌地形志》《顾阎合谱》《月斋诗文集》等。

三、古建筑

关王庙 位于郊区荫营镇林里村南，是一处建筑规模宏伟的庙宇。庙宇坐西南朝东北，分内外两院，中轴线上有山门、过门、献殿、正殿，两侧有马殿、南北配殿、围插廊、戏台、落箭亭、饮马亭，占地面积7000平方米。始建年代不详，据庙内现存北宋熙宁五年（1072）经幢可知当时即已存在，宣和四年（1122）重修，正殿平面为正方形，面阔、进深各三间，梁架为四椽栿对前乳栿用三柱，斗拱五铺作双下昂，用材粗硕，殿顶为单檐歇山式，梁栿上驼峰、蜀柱、叉手等皆为典型宋代建筑特征。山门、献殿、碑廊、戏台等附属建筑1991年由山西省古建筑保护研究所设计、论证后，经省文物局批准，省、市县三级政府投资进行复建，2003年竣工。是国内现存最早的关帝庙木结构建筑。1996年列为全国重点文物保护单位。

大王庙 位于盂县秀水镇北关村香河北岸。始建年代不详，据碑文记载，金大定十二年（1172）已有此庙，金承安五年（1200）重建，以后历代屡有修葺扩建。占地面积2240平方米。主体建筑坐北朝南，二进院落布局，中轴线依次建有山门、戏台、正殿、寝宫，两侧建有钟鼓楼、西配殿、东碑廊（新建）。现存建筑寝宫为金代原构，面阔三间，进深两间，单檐歇山顶，斗拱五铺作双下昂。正殿为明代遗构，其余皆为清代建筑。1999年省文物局拨款10万元翻修残破严重的钟鼓楼和山门戏台。2002年由山西省文物局投资进行落架大修，2004年完成正殿外檐装修和后殿大修，2005年完全修复。2001年列为全国重点文物保护单位。

泰山庙 位于盂县北下庄乡东坡头村中。始建年代不详，据庙内元代经幢记载，元至正十七年（1357）重建，明万历三十一年（1603）重修。占地面积2980平方米。主要建筑坐北向南，沿中轴线自南向北有戏台遗址、石牌坊、山门、正殿、后殿，两侧分布钟鼓楼、耳殿、配殿等。正殿面阔三间、进深四椽，梁架结构为三椽栿对前搭牵用三柱。斗拱四铺作单下昂，里转重翘。后墙和两侧山墙有壁画，色彩鲜艳，人物刻画细腻，衣纹流畅，具有重要的艺术价值。2004年对殿顶破损等严重影响安全的隐患进行抢救性维修。2006年列为全国重点文物保护单位。

府君庙（释迦寺） 位于盂县上社镇中北村，始建年代不详。据正殿攀间枋题记载，元延祐二年（1315）年重修，明清时屡有修葺。占地面积2856平方米。坐北朝南，一进院落布局，中轴线上建有戏台遗址、山门、正殿，两侧有东西配殿、耳殿。正殿面阔三间，进深六椽，悬山顶，斗拱五铺作双下昂。正殿保存较好，用材粗犷，结构严谨，尤其难得的是梁架上明确的题记，可作为同类建筑的可靠标尺。2006年列为全国重点文物保护单位。

冠山书院 位于平定县冠山镇后沟村南。又名崇古冠山书院。州志记载，元中书左丞吕思诚父祖数世在此读书。始建年代不详，碑文记清嘉庆二十一年（1816）重修，光绪十一年（1885）补修。冠山现存建筑有仰止亭、真武洞、夫子洞、文昌阁、吕祖洞、资福寺、槐音书院，另有石刻题记数十处。书院坐西朝东，靠山临谷，占地面积500平方米，内外两进院落，外院窑洞一孔，内院西窑洞五间，南北配房各三间，内藏孙毓芝集柳公权玄秘塔作五言诗石刻十五块。1986年列为省级文物保护单位。

娘子关关城 位于平定县娘子关镇娘子关村。据清光绪八年（1882）《平定州志》记载，唐平阳公主（唐高祖李渊第三女）曾驻兵于此，故名。此关为古代晋冀咽喉，地理位置十分重要。其始建年代不详，据明碑记载，明崇祯七年（1634）重修，1986年市、县集资维修南门、东门和部分城墙，之后镇政府集资新修3000米长城。现仅存村东、南两座关门楼及部分堡城墙。两关门相距300米，东西宽30米，占地面积9000平方米。南门楼东侧残存长城堡城墙约300米，并建有关帝庙一座。娘子关南门1986年改建今样，为青石拱券门洞，上建重檐歇山顶的宿将楼，门额刻“京畿藩屏”四字，东门额刻“直隶娘子关”。1986年列为省级文物保护单位。

明长城阳泉段　位于境内东部晋冀交界的太行山上。战国时代已开始修筑，现存残段均为明代所筑。共有21段，其中平定17段，盂县4段；关堡两处（固关、娘子关）；单体建筑46处，其中平定37处，盂县5处，郊区4处。由于21段长城有些分布相对集中，故一般将其合并考虑，计为9段，分别为：娘子关段长城、固关段长城、旧关村段长城、将军峪村段长城、庙庄村段长城、白石头村段长城、七亘村段长城，盂县孤山西侧长城、马圈村段长城，这9段长城总长17000米。1986年列为省级文物保护单位。

藏山祠　位于盂县苌池镇藏山村东。因传春秋时期晋国赵氏孤儿赵武曾藏匿于此而得名。始建年代不详，碑文记载，金大定十二年（1172）重修，元、明、清三代均有修葺和增建，1986年市县集资进行修缮，现存建筑群落除寝宫为明代建筑外，均为清代遗构。该祠坐北向南，中轴线上自南而北有牌楼、山门、乐楼、正殿、寝宫、梳洗楼，两侧有钟鼓楼、东西配殿等建筑，占地面积2万平方米，保存有碑刻80多通，最早为金代碑刻。正殿面阔五间，进深三间，寝宫面阔三间，进深三间，均为单檐歇山顶。正殿内存壁画42幅，约40平方米，保存完整。1996年列为省级文物保护单位。

烈女祠　位于盂县县城东北的水神山半山腰，又名后周圣母祠。相传五代周世宗柴荣之女柴花公主曾殉节于此而建。始建年代不详，据祠内碑文记载，元至正年间已存在，明清均有增修扩建，现存建筑除梳洗楼两侧建筑为20世纪80年代所建外，其余均为清代遗构。主祠依山而建，分上下两院，坐北朝南，中轴线上自南向北依次建有影壁、木牌楼、仪门、正殿，两侧建耳殿、东西配殿、钟鼓楼，主祠西约20米处有梳洗楼（又名抱泉楼）。建筑面积近2000平方米，有元、明、清碑刻44通，清代壁画105平方米，彩塑42尊。正殿面阔三间，进深五椽，悬山顶。2004年列为省级文物保护单位。

普济寺　位于盂县西潘乡侯庄村。据乾隆版《盂县志》载，建于唐代初年，元中后期移建现址，以后屡有修葺。占地面积1988平方米。坐北朝南，二进院落布局，中轴线上建有山门、过殿、正殿，两侧为耳殿、东西配殿、钟鼓楼。正殿面阔五间，进深六椽，七架梁对前单步梁通檐用三柱，单檐悬山筒板瓦顶。柱头斗拱为五踩双昂，平身科每间一朵作五踩双昂。彻上露明造。过殿面宽三间，进深四椽，五架梁通沿用二柱，殿顶花脊烧造精美，并有部分琉璃装饰。2002年修复坍塌的围墙。1986年列为市级文物保护单位。

大王庙　位于盂县秀水镇北庄村南。又名“文子祠”，始建年代不详，碑文记载，明、清均有修补改建，现存结构为清代风格。该庙坐北朝南，中轴线上有乐楼、正殿、后殿、东西配殿，占地面积700平方米。正殿面阔三间，进深二间，硬山顶。2006年列为市级文物保护单位。

文庙大成殿　位于平定县冠山镇城里实验小学院内。占地面积3000余平方米。据《平定州志》记载，始建于明洪武二年（1369），清乾隆、嘉庆年间进行过两次大的维修。现仅存大成殿、棂星门、东西牌楼。大成殿为明代遗构，坐北朝南，面阔七间，进深六椽，七架檩，单檐歇山顶，斗拱为五踩双昂，补间两朵。1986年列为市级文物保护单位。

马齿岩寺　位于平定县东回镇马山村内。始建年代不详，据寺内现存金大定二十九年（1189）碑记载，皇统年间寺已存在，并于此时新建中殿（即现正殿）。正殿坐北朝南，阔深为三间，平面近方形，单檐歇山顶，斗拱为五铺作双抄双下昂。殿内有四柱，前檐金柱采用“移柱法”，使明间宽度大大增加，扩大了殿内活动空间，是典型的金代建筑风格，前檐明间西侧檐柱由十几根板条围包一根细柱，然后用铁箍束紧加固而成，此为“包镶柱”，反映了当时建筑材料的紧张情况。1986年列为市级文物保护单位。

天宁寺双塔　位于平定县冠山镇城里村南营街中段。据2005年8月重修时从西塔地宫中发现的碑铭记载，始建于北宋至道元年（995）二月。另有塔身碑碣记载，明嘉靖三十八年（1559）重修。双塔为平面八角形楼阁式砖塔，四层，通高21米，塔座四面有砖券圆拱造像龛，其余四面为仿木雕窗，塔顶作攒尖式。2005年3月20日开始落架大修，到2006年5月26日全部修缮完毕，其间，从西塔地宫出土建塔碑铭1块和白釉瓷质斗笠碗2、深腹盘2、敞口碟4、净壶2、盏托2、瓷盒1，绿釉陶熏笼1件，红色圆形漆盘1件等文物15件，并发现碑铭中记载的舍利子。2006年列为市级文物保护单位。

禅智寺　位于郊区河底镇下章召村。据明碑记载，该寺在唐武德年间就有建筑，重修于宋元，大修于明初，现存主体建筑为明代遗构。寺院坐北向南，由上下院组成，上院正殿、东西配殿，下院东西配殿、山门、钟鼓楼及僧室等，建筑面积2000多平方米。正殿面阔三间，进深五椽，六檩前插廊式结构，悬山顶，斗拱五踩双昂。从2001年至2005年投资40万元进行全面维修。1986年列为市级文物保护单位。

六泉庙　位于郊区李家庄乡柳沟村西。始建年代不详，碑文记载，元元统二年（1334）已筹建此庙。明嘉靖元年（1522）、清顺治、乾隆年间多次重修，1987年村民集资大修。该庙坐北向南，中轴线上有乐楼、山门、正殿，两侧有东西配殿、钟鼓楼等，占地面积542多平方米。正殿面阔三间，无梁洞，顶为硬山式，1986年列为市级文物保护单位。

甘泉寺　位于郊区河底镇燕龛村。碑文记载，始建于唐代，明万历二十六年（1598）重修，以后历代均有修补改建，现存南殿、正殿、东西配殿，东配殿为清代遗构，牌楼、山门、钟鼓楼、禅房为2000年村民增建。正殿面阔三间，进深五椽，前檐斗拱为一斗二升交卷云头，殿顶硬山式。20世纪90年代村委会投资整体维修。2006年列为市级文物保护单位。

寿圣寺　位于郊区义井镇白羊墅村西。《平定州志》载，宋代已有该寺，元、明、清均有修补改建，清乾隆三十二年（1767）重修正殿、南殿、禅房等。该寺坐北朝南，中轴线上有山门、牌坊、正殿，东西两侧建耳殿、配殿、钟鼓楼等，山门外东南建乐楼，寺东侧存古柏一株。正殿面阔三间，进深四椽，五架梁通达前后檐用二柱，殿顶悬山式。占地面积1200平方米。2006年列为市级文物保护单位。

五龙宫　位于郊区义井镇大阳泉村内。始建年代不详，碑文记载，清光绪年间曾大修。该建筑群坐北朝南，中轴线上自南向北有乐楼、山门、正殿，两侧有东西配殿和钟鼓楼，均为清代遗构。正殿面阔五间，进深六椽，前出廊，单檐硬山顶。2006年列为市级文物保护单位。

玉皇庙（三官庙）　位于郊区河底镇山底村西600米。坐西朝东，占地面积3344平方米。据庙内《创建玉皇上帝庙碑记》载，庙始建于清康熙元年（1662），清顺治四年（1647）曾重修。该庙依山势而建，规模宏大。中轴线上自东向西建有山门、龙王庙、三官庙、过殿、献殿和正殿，两侧为东西配殿、耳殿及钟鼓楼，均为清代遗构，2001年维修。正殿建于高0.7米的台基上，面阔三间，进深四椽，前插廊，歇山顶，鼓镜式柱础。庙内另存石碑24通、石碣1方。2006年列为市级文物保护单位。

万岁寺　位于郊区荫营镇林里村。碑文记载，始建于金明昌元年（1190），重建于元大德十一年（1307），明嘉靖三十二年（1553）重修，清康熙年间曾补修。主体建筑坐北朝南，中轴线上有山门、正殿、东西配殿，占地560平方米。正殿面阔三间，进深二间，斗拱四踩，殿顶硬山式。2006年列为市文级物保护单位。

大阳泉村　位于阳泉市区西南城乡接合部，东至市区南山南路，北接北岭小区，西、南紧邻市区南外环路，为保存比较完好的“城中古村”。大阳泉古村空间格局由1条主街和24条支巷组成。主街古称阳泉街，东西走向，东起东阁，西至西阁，总长334米，街面以洗面沙石铺砌。沿街两旁错落有序地排列着明清商业店铺40余家，店面院落建筑风格统一，是明清时期晋东远近闻名的商业闹市。古街巷是大阳泉古村的骨架，街街相触、巷巷连环，由此连通了全村99座居民院落。在星罗棋布的民居大院中，规模最大、最具代表性的是郗氏家族的魁盛号上号及下号景元堂大院和张穆故居。魁盛号大院是清代平定州巨商财东郗森之及其上五代号主的豪宅。院落坐落于北岭坡前，依山势而建，宅前有天河沿沟盘宅东流。占地面积8075平方米，建筑面积3514.75平方米。整个魁盛号院墙周长200米，高6.67米。围墙内有19套院落，包括居于中位的主院、戚房院8座，东西偏院、旁院6座，南北花园、林园2座。鸟瞰全貌，形如大元宝，人称“元宝院”。规模恢宏，建筑精美。大院总计有窑洞18间，瓦房144间。景元堂是魁盛号下号“三堂”之一，位于魁盛号（上号）南100米处。整座建筑坐北朝南，由11套院子组成，有东、南、西三道大门，占地面积2500平方米，建筑面积1041.59平方米，有窑洞5间，瓦房50间，平房16间，高房7间。除此之外，古村还有庙宇9座，庙宇遗址9处，古祠堂3座，古戏台2座，古公益学堂1座，古阁楼1座，阁楼遗址3处；有古泉5处，古井40眼，古树18棵（其中唐槐3棵、古银杏树1棵）；有古造纸坊遗址1处；古碑80余件。全村古建筑面积9.8万平方米，共计1890余间，共有石、木、砖三雕文物7000多件。2007年列为市级文物保护单位。

马王庙　位于阳泉市矿区平潭街街道办事处平潭街东社区西部，平潭小学北侧。坐北朝南，东西27.55米，南北26.9米，占地面积741平方米。由上、下两座院落组成。上院现存正殿，下院由东、西两座院落组成，西院建有正殿、南殿和西配殿，东院建有东、西山门和钟鼓楼，均为清代遗构，2007年维修。上院正殿面阔三间，进深五椽，卷棚顶，筒板瓦覆盖。前檐明间辟门，两次间辟窗。戏台台基用条石砌筑，高1米。面宽三间，进深五椽，卷棚顶，筒板瓦覆盖。三面观。戏台后部置槅扇门窗将戏台分为前后台。院中有唐槐1株，清碑7通。2007年列为市级文物保护单位。

阳泉火车站旧址　位于阳泉市城区上站街道办事处德胜街社区中段，石太铁路线南侧。东西86.9米，南北16.7米，占地面积1416.47平方米。清光绪三十二年（1906）九月由法国人建成，是一处典型的欧式建筑，同时也是正太窄轨铁路时期的重要遗存。现存候车厅、贵宾室和钟楼。2007年列为市级文物保护单位。

三都龙王庙　位于郊区荫营镇三都村西。据碑文记载，明嘉靖四十五年（1566）重修，清雍正十二年（1734）重建。占地面积约1291平方米。坐西南朝东北，依地势而建，中轴线建有大门、戏台、过殿、献殿和正殿。现存建筑为清代遗构。正殿石砌台基，面宽三间，进深六椽，单檐悬山顶，七檩前廊式架构。前檐斗拱五踩单翘单昂，平身科每间一攒，后檐斗拱为一斗二升交梁头，原装修不存，后人新制格扇门窗。殿内新塑像5尊。殿内存明碑1通，清碑1通。

四、古窑古炉遗址

后元吉汉代制陶作坊遗址　位于盂县牛村镇后元吉村村北的洪塘口。面积为8000平方米的黄黏土质地带，文化层厚约2米，为汉朝及西晋时期的一处泥陶作坊。1970年，村人在此发现大量口沿、圈足、器壁等灰泥陶残片。

磁窑坡瓷窑遗址 位于盂县牛村镇磁窑坡村西边约1千米。窑址分布面积约3.5万平方米，为金代窑址。1970年，村人在进行深耕时，发现地表及地下1米处有口沿、圈足等瓷片和夹砂钵等物。

柏井瓷窑遗址 位于平定县柏井镇柏井村。遗址面积约50万平方米。暴露物有口沿、圈足、器壁等大量瓷片。瓷片釉色均为白中泛黄、泛青。胎土呈灰色。口沿有外卷内空，圈足部一般不施釉。经省古陶瓷专家水既生先生考证，此处为宋金时代瓷窑遗址。

南嘴子铸钱遗址 位于盂县路家庄镇滴水崖村的南嘴子（据民俗调查）。清咸丰年间，因欧洲工业革命盛行，铜的用量剧增，为防止铜的外流，清政府采取以铁钱代替铜钱的措施。在南嘴子处开设铸钱炉一座，专制铁钱。所铸铁钱系方孔圆钱，外径2.4厘米，正面有满文“大清”二字，背面有楷书体“咸丰通宝”四字。形制美观，铸工精湛。

河底铸钱遗址 位于郊区河底镇河底村东老爷庙背后（据民俗调查）。据现存清光绪十三年（1887）“重修老君庙”碑载：“咸丰四年（1854），因奉旨设晋宝分局，鼓铸铁钱。”当时铸造规模颇大，设有铸钱炉20盘，日夜不息，并专设监铸官1名，大使3名。监铸官名眭卿云，官职七品，负责一切铸造事宜。清咸丰九年（1859），因铁钱在市场流通不畅而撤销晋宝分局。

五、名人故居

张穆故居 位于郊区义井镇大阳泉村，清代建筑。背倚古街，坐北朝南，现存主要建筑物有主套院两座、大合院三座以及前后花园、鱼池、漾泉井、张家祠堂等。主套院布局大致相同，分别依东西两条中轴线由北至南四院连接。东轴线南伸贯穿禄过厅、河大门、花园中甬，与三大门（后宅总侧门）座口的纵向过廊（可通后门至后花园至街）并接。依次为前院、过厅（3间），中院、垂花门，里院、大过厅（5间）及耳房，后主院、正堂大厅（5间）及耳房。各院均有东西配房、厢房各3间，东院有东耳小院3节，有仆、厨、柴房9间。院内有闷楼（供奉神仙之用），现存有“抬厅十柏”池迹（厅指“卧云厅”，为东套院前过厅，其周围曾有古柏10株和八抬大轿式“抬厅”，张穆称其“十柏山庄”）及东勺西牡古株2棵，每逢春夏时节仍盛蕊浓芳，花香袭人。每节小院都有屏门，通达两套院和前后花园。张穆故居旧时规模颇大，号称“阳泉山庄”，亦称“张家花园”，是清代著名学者、书法家、爱国思想家张穆的故居。张穆的祖父张佩芳在《阳泉山庄记》中写道：“余祖父以来僦居州之上城。乾隆庚寅年（1770）

始得大阳泉村俗称‘花园’者，亭一、池一、旧屋二区、杂木十余章，故白氏物也。余知歙县，时念亲老无所庇，因购得之，稍稍修葺。复购他姓废亭，移置池北隅，颜曰‘阳泉山庄’”。2006年列为市级文物保护单位。

石评梅故居　位于平定县冠山镇城里村姑姑寺巷8号。石评梅故居坐东朝西，东西22.4米，南北27.4米，占地面积约613平方米。故居由南北两座院落组成，南院是主院，北院在南院西北角。北院有正房和西房；南院为二进院落，一进院有倒座，穿过垂花门进二进院，建有正房、南北厢房。均为清代遗构。2002年平定县政府在石评梅女士诞辰100周年时对其修复，恢复原貌，增设文物展品，建成石评梅纪念馆，于9月20日向游客开放。并新修了石评梅广场，塑造了石评梅雕像。2004年列为省级文物保护单位。

石家大院　位于阳泉市郊区义井镇小河村内，是20世纪初女作家石评梅（1902—1928）的祖居。宅院建于清雍正年间，坐西朝东，占地面积约2177平方米。整个宅院由21个小院组成，院落依山而建，随山势起伏，错落有致，自下而上大致可分为三组大院落，分别为含清堂、三元堂和明远堂。村中还有一处院落为石家祠堂，大体在石家大院的东南方向。祠堂坐西北朝东南，由正院和西偏院组成，占地面积918平方米，创建于清光绪十九年（1893），光绪二十三年（1897）、二十六年（1900）予以扩建，2005年曾进行过维修。2006年列为市级文物保护单位。

张家大院　又名银圆山庄，位于郊区平坦镇官沟村。清代建筑，是一处典型的北方山庄式古民居建筑。山庄坐西向东，建在莱山30米高的石崖上，下临官沟河。由11套院组成，分上巷、下巷两级通道。上巷有三级四合院，下巷有六级四合院，层层成楼，层层有院，在上下院落之间有地道相通。主要建筑的布局相仿，有倒座、垂花门、拱券窑洞和上房，在每个院落都有大量的砖雕、木雕、石雕以及题名牌匾。地面建筑2.4万平方米，有窑洞125眼，瓦房185间，门楼15座；还有地道，暗窑等8000平方米的地下建筑。2001年5月1日正式对外开放，先后开发有张士林先生旧居、张恒寿教授故居、张梅林烈士纪念室、纪念园、“山西保矿运动”陈列室和“银圆坡”“张家祠堂”“观音圣泉”“百寿台阶”等。2006年列为市级文物保护单位。

高长虹故居　位于盂县路家村镇西沟村。高长虹故居始建于清代晚期，建筑坐北朝南，占地面积约1392平方米，包括东、中、西三座院落，各院为两进四合院。建筑分为瓦房和窑洞，瓦房均为硬山式，板瓦覆顶，筒瓦剪边，木雕隔扇门窗。窑洞为纵式拱券加前檐，拱形隔扇门窗。门窗装修纹样丰富，有方格纹、回纹、万字纹、工字纹等。宅门开在东南角，中院也有一门。中院现存正窑3孔，大小不一，自西向东渐小，西窑后部筑楼梯，由此可上楼顶上的阁楼，阁楼有一间大小，南向开窗，为祭祖之所。上院东西厢房各3间，下院东厢房2间，高长虹就出生在这里。东院3孔正窑比其他院的窑洞靠前，显示为不同时期的建筑，做工较前考究。上下院各有3间厢房，另有倒座3间，装修已改。西院有窑洞4孔，西厢房为4孔窑洞，装修已改。整个院落有传统的封闭和私密的特点，更有注重伦理、尊重祖先的观念。虽然整个院落的砖雕和石雕精品不多，但在门窗隔扇部分的木雕形式多样，富于变化。

六、金石

宋代大铁钟　原置于西寺钟楼内，寺早毁，仅存正殿。铁钟现存于藏山祠南洞，宋宣和六年（1124）铸，高2.15米，口径2.86米，壁厚0.08米，重约2000公斤。钟钮作两蒲牢拱背俯首状，钟身以线条分隔成双层共十六块方格，格内满铸铭文620余字，并有“宋徽宗宣和六年（1124）岁次甲辰十二月二十四日铸”题记，对研究冶铁史、宋代铸造工艺及官职体系具有重要意义。1965年列为省级文物保护单位。

开河寺石窟　位于平定县巨城镇乱流村。开河寺石窟开凿于魁头山南临桃河的断崖上，坐北向南，分为东西两区，东区雷音寺开凿三窟，中窟开凿于东魏武定五年（547），左右两窟分别开凿于北齐皇建二年（561）、北齐河清二年（563），共计开凿大小佛像76尊。西区摩崖造像，圆雕一佛二菩萨，主佛通高4.63米。2004年列为省级文物保护单位。

石佛山摩崖造像　位于盂县城西15千米处南娄镇石佛村南约100米的山崖壁上。摩崖造像背靠石佛山，季节河环绕于山前，坐南朝北，坐落于人为开凿的一个龛崖下面，平面呈方形。崖窟高4米，宽4.3米，深3米，面积约16平方米。1987年列为县级文物保护单位。

千佛寺摩崖造像　位于盂县苌池镇桥上村南约1千米处的千佛山东麓，坐西向东，背靠千佛山，面临龙华河。造像分布在南北长4.12米，高3.1米的青石崖面上，崖面曲折，随形就势，整体由四部分组成。根据题记可知，造像开凿于北魏孝武帝元修“永熙元年”及东魏孝静帝元善见“兴和三年”。1987年列为县级文物保护单位。

陆师嶂摩崖造像　开凿于盂县苌池镇张家庄村北约2.5千米处，造像分布于长约20米，高5米的砂石质峭壁上，现存6龛1窟，应于东魏至北齐时开凿。佛像表现为肉髻高宽，面相方圆，颈短，身体壮实，人物造型粗短，衣纹较北魏简单了许多，与开河寺石窟有较多一致性。菩萨像头戴三叶宝冠，披帛交叉穿环，上搭肘部自体侧下垂的样式为云岗三期、龙门北魏晚期洞窟中所习见，成为北朝后期菩萨装的代表。1987年列为县级文物保护单位。

什袭珍藏碑　俗称“避水石”，位于盂县城西北11千米南苌池村的镇池寺。北齐天统三年（567）造。通高0.49米，宽0.40米，厚0.16米，碑面刻文笔力苍劲，清晰可辨。此碑已被收入《山右石刻丛编》和王堉昌所著的《金石志》。县级文物保护单位。

孔夫子造像碑　存于盂县大王庙中。碑高1.24米，宽1.02米，厚0.22米。碑额呈半圆形，正面右半部刻有“夫子庙堂记宣圣兖公小景”，“孔夫子庙堂建成于唐天宝十一载四月”（767）；左半部雕镌着身高0.55米的孔子全身像和身高0.45米的孔子弟子颜回全身像各一幅，并饰以云纹状图案，画面布列舒款，人物形体比例适度，衣褶线条流畅清晰，面相丰润，神情俊逸，风度翩翩。碑背面刻有“元延祐三年”（1316）等文字。碑中文、书、画系临于唐程浩、颜真卿、吴道子之手笔。县级文物保护单位。

斋醮碑　位于盂县牛村镇南下庄村小学院内。碑高0.50米，径长0.30米，呈六棱圆柱形。碑身六面皆镌有楷体文字，长达千言以上，详述原建于此的天子庙盛况。于元至正二年（1342）立。县级文物保护单位。

傅山手书碑　位于盂县秀水镇小横沟村玉帝庙内。清顺治四年（1647）立。是明末清初著名思想家、书画家、医学家傅山为重修玉帝庙用行书撰写的。碑文语意深邃，刻工精湛。

辛丑记事碑　位于平定县城东北娘子关村。清光绪二十七年（1901）五月立。碑文记载了辛丑暮春八国联军入侵娘子关、旧关，国人“血肉狼藉、凄惨不堪言状”的史实，是帝国主义侵略中国的重要罪证。

封白鸡山记碑　位于平定县巨城镇龙庄村白鸡山白鸡祠遗址。石灰岩质，螭首，龟趺。通高1.55米，首高0.35米，宽0.23米，碑身高0.98米。后梁凤历元年（913）立碑。碑首楷书“封白鸡山记”，正文楷书，碑身阳面碑文21行，满行28字，共563字。记述李存勖于此获白鸡并封白鸡山事。于唐天佑十年（913）刻。清《山右石刻丛编》收录。县级文物保护单位。

灵显王感应记碑　位于平定县城西南冶西村二郎庙大殿内，刻于金泰和七年（1207）。石灰岩质，碑顶圆形，通高1.38米，宽0.65米，厚0.14米。周边刻连枝花纹，碑额阴刻龙纹，碑趺为方形的砂岩质，上刻莲花，碑题《灵显王感应记》。

千佛造像碑　又名“兴化寺造像碑”，位于盂县县城大王庙内。造于北魏时期。碑高2.5米，宽0.85米，厚0.29米，正面刻佛像千余尊，大小不一，姿态自如，造型优美。1987年列为县级文物保护单位。

上文石造像　位于盂县西烟镇上文村娘娘庙旧址。1998年3月，几名不法分子从该处挖出一批石造像准备偷运，被村民发现并保护下来。这批圆雕石造像八尊，高度从77～111厘米不等。从人物造型可分三类，一为佛教人物，一为道教人物，一为儒教人物。佛教人物共三尊，主尊释迦牟尼，另二为弟子像。道教人物四尊，均为明代世俗打扮，端坐于当时常见的低靠背，带扶手和脚踏板的椅上。儒教人物一尊，为一老者形象。在释迦像座侧刻有题记“正德六年九月十六日造（明代1511）”。

大顺碑 即“新建关帝庙碑”，位于盂县孙家庄镇西盂北村，碑高1.5米，宽0.77米。于李自成大顺永昌甲申年（1644）立。县级文物保护单位。

输粟救荒题名碑 位于盂县东梁乡辛庄村内。青石质，圆首。高1.5米，宽1米，厚0.3米。明嘉靖二十五年（1546）立石。记述是年天旱，发生饥荒，施鼎拿出粮食救助灾民，故立石颂扬。文林郎知盂县事李学易撰文，太原府施进礼书丹，盂县事典史韩禄仝刊刻。

马齿岩寺碣 位于平定县城东南马山村马齿岩寺中殿前墙，金大定二十九年（1189）嵌。石灰岩质，高0.29米，宽0.4米。

重修昭济圣母祠记碑 原在平定县城西南20千米的上南茹村，后收藏于县文物管理所。此碑为圆首，石灰岩质，通高0.92米，宽0.525米，厚0.12米。中书左丞吕思诚撰文，元至正十一年（1351）六月立。

反贪碑 位于平定县东回镇西回村。民国12年（1923），村民将阎锡山警训刻石立碑。现已碎裂成3块，青石质，无首、座。碑身高0.58米，宽0.43米，宽0.13米。碑文楷书，首题横写“阎督军警碑”。正文5行，共26字。

清凉寺石窟 位于平定县城西南药岭山清凉寺下院。建于明成化十二年（1476）。门高2米，宽1.39米，进深5米；窟高2.9米，宽5米。正面凿有3尊佛像，中间1尊身着敞口左衽袈裟，高1.4米，座高0.22米，宽1米。石窟左右两侧各凿有9尊罗汉和1尊菩萨，背面也凿有大小不同的12尊佛像，顶部有朱雀、青龙、白虎、玄武四方神浮雕，中央雕遒劲巨龙。

智觉寺石窟 位于平定县巨城镇连庄村智觉寺内。该窟建于宋宣和三年（1121）。窟高1.9米，面宽1.9米，进深1米。窟中有石雕像9尊，保存完好。另石窟还凿有3尊佛像，面容已不可辨。

禁赌碑 位于郊区荫营镇上千亩坪村内。青石质，圭首，方座。通高1.06米，宽0.54米，厚0.19米。道光二十六年（1846）立石。首题“禁赌碑记”，碑文楷书，13行，行6-10字，记述立约禁赌的缘由及具体实施办法。张预之撰文并书丹，张祥山刊刻。

告示碑 位于荫营镇韩庄村内。青石质，首佚，方座。高1.03米，宽0.51米，厚0.17米，清咸丰四年（1854）立石。额楷书“告示碑”三字，碑文楷书，11行，行2～39字不等，以文字的形式告知百姓不得私开矿窑以及开采等注意事项。尾钤官印，文中印刻画押。

阎家庄石窟 位于郊区旧街乡闫家村。1997年11月村民在开山修路时发现，系北魏孝昌—太昌间（527—532）摩崖造像，共有1个龛窟，16个小龛，造像总计80余尊，最高达80厘米。

其中龛窟和4个小龛凿在同一块约300吨的巨石上，其余分布于两侧山崖石头上。龛窟（主窟）为圆拱形门，素面方形藻井，门高90厘米，宽66厘米，窟内平面长方形深110厘米，宽140厘米，内高143厘米，造像总计21尊，三壁各3尊，佛居中，菩萨胁侍左右，其余为供养人像。其余小龛形制与主窟相似，除1号窟为一佛二菩萨二弟子外，均为一佛二菩萨。阎家庄石窟是山西省现存的北魏石窟中有明确纪年的少数石窟之一，为晋中、晋东地区石窟研究的分期断代提供了宝贵资料，也为研究北魏的雕刻艺术、石窟造像技术，佛教内容在该时间内发展提供了珍贵的实物例证，具有较高的文物保护价值。

第二节　革命文物

七亘大捷指挥部旧址　位于平定县东回镇马山村马齿岩寺内。该寺占地800平方米，建筑面积500平方米，是一个方形院落。整个寺院可分为上院和下院两部分。民国26年（1937）10月下旬，刘伯承师长率领八路军129师挺进山西省平定县，把师部设在马齿岩寺。26日至28日，指挥部队在平定县七亘村连续两次伏击日军，创建了军事史上“重叠待伏”的光辉战例。1986年列为市级文物保护单位。

彭真渠　位于盂县梁家寨乡滹沱河北岸。傍山崖而凿，蜿蜒迂回在群山峻岭之间，此渠西起蔡家坪，流经鳌头、独自口、梁家寨，东至沙湖滩，全长12.5千米，渠宽2米，深1.2米，引水流量每秒1.5立方米，可灌溉田地1300余亩。该渠原是一条宽不足2市尺，长不过5华里的小水渠，由蔡家坪、鳌头、独自口三村合修于清朝嘉庆年间，故取名“三义渠”。抗日战争时期，为发展生产，梁家寨一带群众迫切希望修筑一条大渠，变旱地为水田，但因财力不足无法开凿。民国30年（1941）2月，时任中共中央晋察冀分局书记的彭真关心群众疾苦，亲自批准并拨给梁家寨等5村小米1.5万公斤，资助扩建三义渠。民国34年5月大渠建成，不仅为贫苦百姓发展生产改善生活创造了条件，而且至今受益无穷。为表达当地群众对彭真和边区政府的感激之情，经抗日民主政府批准，把这条渠命名为“彭真渠”。2006年列为市级文物保护单位。

中共平定特别支部旧址　位于平定县上城街平定师范院内。该处坐北朝南，东西22.6米，南北14.2米，占地面积约321平方米。现存大门、正房和东西厢房。门外存有石狮2尊。中共平定特别支部民国14年（1925）11月在此组建并开展活动。1985年列为县级文物保护单位。

红24军成立大会旧址　位于盂县路家村镇清城村。民国20（1931）年7月4日晚，由中共山西特委组织发动“平定兵变”的原国民党军队1200余名起义官兵，在共产党人赫光、谷雄一率领下，连夜冒雨到达盂县清城村。7月5日上午，起义队伍集中在清城村北阁外召开大会，赫光庄严宣布中国工农红军第24军正式成立，由赫光任军长、谷雄一任政委。红24军成立大会旧址约2600平方米。2007年，中共盂县县委在此建立爱国主义教育基地——“红24军纪念馆”，馆内面积125平方米。

华国锋结婚地旧址　位于盂县秀水镇北关村石家巷356号阎希炯家。民国37年（1948）秋，盂县土地改革基本完成。晋中一地委（当时盂县归晋中地区管辖）部分干部深入盂县对土地改革工作进行了约半年时间的驻村考察。民国38年春节后，驻村考察的华国锋和韩芝俊的婚礼在房东阎希炯家西屋檐台上举办。地委书记赵鹏飞，盂县县委书记田泽仁，地委委员郑英堂、薛同连、张易风、郭固邦、刘均实、徐秉谦等20多人参加婚礼。华国锋、韩芝俊的洞房在与阎希炯同院的傅兰芳（女）家南屋，现保存完好。

娘子关保卫战纪念碑　位于平定县娘子关镇新关村。发生在民国26年（1937）10月中旬的娘子关保卫战是抗击日本法西斯侵略的一次重大战役，是国共两党军队团结并肩英勇抗敌的一次壮烈战事。此役中国军队牺牲27043人，毙敌数千，谱写出抗日救国的英雄篇章。2007年，中国人民解放军中将、全国政协委员王吉连提案修建纪念碑馆。经全国政协和山西省委批示，交平定县委、县政府组织实施。由原中共中央政治局委员、中央军委副主席迟浩田题写碑名。纪念碑为白色花岗岩，主体高8.1米，底座四周雕刻保卫战壮士战斗的英雄形象，正面雕刻碑名，背面为娘子关保卫战记事碑文。

药岭山利华制药厂旧址　位于平定县张庄镇南后峪村药岭山上。制药厂坐北朝南，占地面积4235平方米。抗日战争初期，八路军总部和第129师在太行山创立根据地，为保障军民的健康，制药厂先后转战于潞城、黎城、武乡、左权、平定、昔阳等地。现存旧址为民国26年（1937）转战平定时所建。民国35年2月，八路军后方制药厂迁到平（定）西县的药岭山，筹建利华制药厂。民国36年春投产制药。中华人民共和国成立后，利华制药厂迁往北京，更名为北京第四制药厂。药岭山制药厂旧址经过整修，建起展览馆，成为平定县革命教育基地。

岔口围困战纪念碑　位于平定县岔口村。民国32年（1943）11月21日，日伪军占领岔口村，又在村外修筑堡垒，企图长期驻守。为此，县委、县政府领导民众进行了一场艰苦卓绝的岔口围困战。此战从“空村斗争”开始，继而开展了“抢粮斗争”“火线抢种斗争”，大摆地雷阵，巧打伏击战，通过断敌补给袭敌的战法，使堡垒里的日伪军缺粮断水，不得不于次年8月4日撤走。平定（路北）县这场长达8个月的岔口围困战以胜利告终，岔口村也因此受到晋察冀边区政府的嘉奖，获“抗日模范村”称号。2008年8月，中共平定县委、县政府立碑纪念。

中共阳泉支部旧址　位于阳泉经济技术开发区域内的平潭垴村东沟。民国16年（1927）初，中共山西临时省委派工运副主席马林到阳泉领导开展地方党建工作。同年2月7日，在平潭垴村东沟的李小牛居住的院落内召开了一次党员会议，成立了以煤矿、铁厂工人为主体的中国共产党阳泉支部委员会，范琪任支部书记，侯丰利任组织委员，窦玉瑞任宣传委员。该院落大约建于明代末年，长约13米，宽约10米，坐北朝南，正面有窑洞3眼，侧面有小偏房2间。

阳泉市委、市政府旧址　位于城区下站桥北街保晋巷。民国36年（1947）5月阳泉解放建市初，市委、市政府设在保晋巷原保晋公司办公地，直到民国38年初迁址。为砖木结构建筑，现存建筑二排，坐北朝南，占地面积585.8平方米，主体结构完整。1947年至1949年间，邓小平、董必武、姚依林路经阳泉时曾在此驻足并指导工作。

《人民日报》造纸厂旧址　位于城区新建路北侧东营盘。占地面积162平方米，建于民国时期。该处为一砖式建筑，中间为一门洞，两侧筑有照壁。抗日战争时期为日军兵营。民国37年（1948）5月，《人民日报》造纸厂从河北阜平县田子口村移至此地。由于当时的形势和保密的需要，《人民日报》造纸厂即为“人民日报社”，对外称“人民日报造纸厂”。民国38年4月，造纸厂及报社一起迁往北京。

阳泉市革命烈士纪念馆（碑）　位于阳泉市狮脑山路中段。原名阳泉市烈士陵园，始建于1954年，位于城区德胜街南侧。2005年6月，在纪念抗日战争胜利60周年之际迁至狮脑山，并改称阳泉市革命烈士纪念馆，2006年9月正式新建落成。新建成的革命烈士纪念馆（碑）总占地面积约2万平方米，纪念馆占地215平方米。主要建筑有革命烈士纪念馆、革命烈士纪念碑、中共第一城纪念墙、展览陈列室、纪念广场等。纪念馆位于狮脑山百团大战纪念碑东侧山下，整体建筑以花岗石罩面，门前设汉白玉栏杆。展馆内采用声、光、电为一体的现代手法，以地方革命斗争史和革命英烈事迹为主线，收集了全市第一、二次国内革命战争时期，抗日战争时期，解放战争时期，社会主义革命和建设时期的有关资料、照片、实物等。纪念馆内还设置了抗日战争和解放战争时期阳泉的行政建制沙盘，并配有锻铜浮雕、石雕。同时，在纪念馆旁还修建了52平方米的大型汉白玉浮雕“太行丰碑”。革命烈士纪念碑坐西南朝东北，高约20.2米，由三片高低错落的弧形巨大墙片和一道纪念墙组成，主碑上镌刻“革命烈士永垂不朽”八个大字，辅碑上分别镌刻市委、市政府的碑文和“中共（创建）第一城”简介。纪念墙长19.47米，高5.4米，墙的正面镌刻着由时任市委书记程步云题写的“中共第一城”。纪念广场设有300多平方米的中心图案，图案由红色花岗岩和大型汉白玉花环组成。革命烈士纪念馆（碑）的落成，为阳泉百姓提供了一处新的瞻仰先烈，进行爱国主义教育和国防教育的主阵地，并且与狮脑山“百团大战纪念碑”融为一体，形成了一处红色旅游亮点。2009年12月被山西省委、省人民政府列为山西省爱国主义教育基地。

第三节 馆藏文物

经省文物鉴定专家鉴定，至2010年，阳泉市共收藏各类文物1472件（套）（不包括市文物管理局所藏的3万枚古钱币），其中珍贵文物421件（套），包括一级文物14件（套），二级文物74件（套），三级文物333件（套），普通文物1051件（套）。

阳泉市馆藏文物分类统计表

表-26-7 单位：件（套）

收藏单位	数 量	市文物管理局	盂县文管所	平定文管所	郊区文物旅游局
合 计	1472	652	161	631	28
陶 器	260	135	29	93	3
瓷 器	537	172	20	321	24
书 法	145	57	—	88	—
绘 画	101	40	1	60	—
铜 器	134	92	22	20	—
玉 器	13	11	—	2	—
金银器	7	7	—	—	—
铁锡铅器	15	3	1	10	1
竹木器	14	11	2	1	—
石 刻	69	34	14	21	—
石 器	19	6	10	3	—
珐 琅	1	1	—	—	—
砖 瓦	10	1	—	9	—

续表 -26-7

收藏单位	数 量	市文物管理局	盂县文管所	平定文管所	郊区文物旅游局
近现代文物	1	—	—	1	—
版本文献	19	—	19	—	—
货 币	85	43	42	—	—
玺印符牌	2	2	—	—	—
漆木家具	5	5	—	—	—
骨角牙雕	1	1	—	—	—
其 他	34	31	1	2	—

藏品选介

石斧　新石器时代。呈长方形。通长22厘米，中部厚5.5厘米，刃宽6厘米。花岗石质，刃部平滑，显暗绿色质地，刃略呈弧形，有使用痕迹。其余部分稍有加工，未磨制，端部有黄色石皮。出土于盂县土塔乡土塔村。市文物管理局收藏。

战国陶壶　战国。为泥质灰陶，素面，轮制。高30厘米，口径13厘米，底12厘米，敞口，平唇，束颈弧肩，鼓腹高圈足，腰肩颈部各有一道弦纹。市文物管理局收藏。

西汉平五千　为西汉末年王莽铸钱。是刀币和圆钱的结合。该钱币长6.6厘米，圆钱外径2.7厘米，内径1厘米。现存实物绿锈斑斑，“平五千”三字较清晰。该钱铸于王莽即位前居摄二年（7）第一次币制改革时，三年后废止。该币一枚当五千枚五铢钱。铸造工艺精湛，书法精美，具有很高的收藏价值。市文物管理局收藏。

北魏孝昌三年石佛头像　北魏。高约22厘米，砂石质，磨光高肉髻，弯眉，细目微闭，高鼻，小口，嘴角现笑意。1997年11月28日，郊区旧街乡政府在阎家庄村修公路，开山取石时发现石窟一座，共计1窟7龛70余尊造像。经考证，该石窟始凿于北魏孝昌三年（527）。就在文物部门制定保护计划的时候，1998年1月14日夜，一群文物盗贼将看护人员用铁丝捆绑，将石窟中11尊主要石像的头部凿下掠走。此案引起中央和山西省有关领导重视，市公安机关迅速成立专案组全力侦破，最终将佛头悉数追回，并将犯罪分子绳之以法。市文物管理局藏。

唐海兽葡萄纹铜镜　唐代。铜镜直径12.7厘米，厚1.1厘米。镜面光洁，兽形钮，钮座由6只海兽围成，座外圆圈，圈外为葡萄纹，枝叶交错，近缘处饰一圈短线。市文物管理局收藏。

唐三彩盂 唐代。陶质。高 10 厘米，口径 8.46，底径 7.4 厘米。外施黄绿釉不到底，内壁近底处有一层薄绿釉，器形饱满，釉色莹润，玻璃质感很强。盂县文物管理所藏。

唐三彩胭脂罐 唐代。高 2.7 厘米，口径 2 厘米，显得小巧玲珑。盂县文物管理所藏。

金茶叶末玉壶春瓶 金代。高 29.4 厘米，口径 6.5 厘米，底径 9.3 厘米。茶叶末釉不到底，有缩釉，底无釉漏土色胎，有轮制旋纹。肩部和近底处各有两道弦纹，其间绘水鸟荷花纹。四从荷花怒放，一只水鸟振羽戏水。挂釉方法是先倒蘸釉，烧成后，绘彩再烧。市文物管理局收藏。

金白釉瓷枕 金代。高 12 厘米，宽 26 厘米。腰圆形枕面，开光内有一俯身男童，头梳发髻，身穿兜肚，采用剔地工艺，表现了一个天真活泼的儿童形象。枕底部有墨书题记："睡觉时一阵清风 梦断处半窗残月 明昌元年（1190）五月记 潘宗焕"。盂县文物管理所藏。

金白釉印花瓷盘 金代。高 2.8 厘米，口径 13.5，足径 5.8 厘米。芒口，浅弧腹，平底，矮圈足。通体施白釉，圈足内无釉。内壁印莲瓣纹，底印纹为楼阁、草叶纹。1994 年 3 月平定县石圪叠金墓出土。平定县文物管理所藏。

元黑釉镂空牡丹纹瓷枕 元代。高 13.5 厘米，枕面最大径 26 厘米。桃形枕面，枕壁弧面镂空牡丹纹图，枕前壁为 3 个镂空葫芦。通体施黑釉不到底。2003 年平定县冠山镇东关街新寺阁外元墓出土。平定县文物管理所藏。

清青龙红彩盘 清代。高 4.9 厘米，口径 23 厘米，足 13.4 厘米，敞口，深腹，高圈足。观其图案，水草中一尾红鲤鱼在自由游弋，其尾轻摆，煞是悠闲。底部无釉，露胎有弦纹。市文物管理局收藏。

清涂我成绘兰草立轴 清代。出自画家涂我成之手。为纸质卷轴，横 37.5 厘米，纵 155 厘米。轴上画的是水墨兰花。画面远山突兀，近处兰花盛开。上手题跋"读到离骚兴便深，美人香谷惬幽襟，砚池一掬清泉水，好向窗前写素心。涂我成"；落款为两方印，一方为白文印"涂我成印"，一方为朱文印"圭轩"。此轴构图简练，以书入画，用笔遒劲。市文物管理局藏。

清仿王铎草书八扇屏 清代。著名书画家王铎（字觉斯，河南孟津人。明、清均累官尚书，卒号文安）所书。纸质条幅，共 8 幅，纵、横分别为 160.3 厘米和 42.8 厘米。其书风洒脱奔放，行文不拘一格。文末记述了此为摹禹穴碑而作。起首章为椭圆形朱文印"太子于艺"，最后一屏落款为"天中孟津王铎"。下面两方印，其一为白文印，文曰"王铎之印"；另一为朱文印"觉斯"。市文物管理局藏。

民国紫砂梅花执壶 民国。高 15 厘米，盖为松枝型钮、竹节壶嘴、梅枝壶把，壶身堆塑竹叶、梅花并阴刻"三友"，底款为"平定陶器特产"六字印章款。市文物管理局藏。

民国紫砂白釉异形瓶 民国。高 44cm、口径 11.3cm、足径 19cm。器物造型独特，为带圆高座的六方扁瓶，通体白釉，满布细冰裂纹，口沿、器底无釉。瓶身正面绘山水图景，上题“远浦归帆”，“秋塘”款；背面为金文书法，左下题“右般仲盘铭二十一字 / 秋塘摹古”，两侧堆塑环耳。市文物管理局藏。

阳泉市市级以上文物保护单位情况简表

表 -26-8

<table>
<tr><th colspan="2">单 位</th><th>级 别</th><th>批 次</th><th>公布时间</th><th>时 代</th><th>地 址</th><th>类 别</th></tr>
<tr><td colspan="2">关王庙</td><td>国保</td><td>四</td><td>1996.11.20</td><td>宋</td><td>郊区荫营镇林里村玉泉山</td><td>古建筑</td></tr>
<tr><td colspan="2">大王庙</td><td>国保</td><td>五</td><td>2001.6.25</td><td>金至明</td><td>盂县秀水镇西关香河北岸</td><td>古建筑</td></tr>
<tr><td colspan="2">府君庙</td><td>国保</td><td>六</td><td>2006.5.25</td><td>元至清</td><td>盂县上社镇中北村</td><td>古建筑</td></tr>
<tr><td colspan="2">坡头泰山庙</td><td>国保</td><td>六</td><td>2006.5.25</td><td>元至清</td><td>盂县北下庄乡坡头村</td><td>古建筑</td></tr>
<tr><td colspan="2">大铁钟</td><td>省保</td><td>一</td><td>1965.5.24</td><td>宋</td><td>盂县藏山祠内</td><td>其他</td></tr>
<tr><td rowspan="8">明长城阳泉段</td><td>娘子关</td><td>省保</td><td>二</td><td>1986.8.18</td><td>明</td><td>平定娘子关镇娘子关村</td><td rowspan="8">古建筑</td></tr>
<tr><td>七亘村东段</td><td>省保</td><td>二</td><td>1986.8.18</td><td>明</td><td>平定东回镇七亘村</td></tr>
<tr><td>庙庄村北段</td><td>省保</td><td>二</td><td>1986.8.18</td><td>明</td><td>平定柏井镇庙庄村</td></tr>
<tr><td>将军峪村段</td><td>省保</td><td>二</td><td>1986.8.18</td><td>明</td><td>平定柏井镇将军峪村</td></tr>
<tr><td>新关村段</td><td>省保</td><td>二</td><td>1986.8.18</td><td>明</td><td>平定娘子关镇新关村</td></tr>
<tr><td>旧关村段</td><td>省保</td><td>二</td><td>1986.8.18</td><td>明</td><td>平定娘子关镇旧关村</td></tr>
<tr><td>白石头村东段</td><td>省保</td><td>二</td><td>1986.8.18</td><td>明</td><td>平定岔口乡白石头村</td></tr>
<tr><td>孤山西段</td><td>省保</td><td>二</td><td>1986.8.18</td><td>明</td><td>盂县上社镇枣沟村</td></tr>
<tr><td colspan="2">冠山书院</td><td>省保</td><td>二</td><td>1986.8.18</td><td>清</td><td>平定冠山镇后沟村南</td><td rowspan="4">古建筑</td></tr>
<tr><td colspan="2">藏山祠</td><td>省保</td><td>三</td><td>1991.1.12</td><td>清</td><td>盂县苌池镇藏山村东</td></tr>
<tr><td colspan="2">烈女祠</td><td>省保</td><td>四</td><td>2004.6.12</td><td>明、清</td><td>盂县孙家庄镇大吉村水神山</td></tr>
<tr><td colspan="2">开河寺石窟</td><td>省保</td><td>四</td><td>2004.6.12</td><td>北魏</td><td>平定石门口乡乱流村西</td></tr>
<tr><td colspan="2">石评梅故居</td><td>省保</td><td>四</td><td>2004.6.12</td><td>清</td><td>平定城内姑姑寺巷</td><td>近现代重要史迹及代表性建筑</td></tr>
</table>

续表 -26-8

单　位	级　别	批　次	公布时间	时　代	地　址	类　别
禅智寺	市保	一	1986.10.28	明	郊区河底镇下章召村	古建筑
六泉庙	市保	一	1986.10.28	清	郊区李家庄乡柳沟村西	古建筑
普济寺	市保	一	1986.10.28	明	盂县西潘乡侯庄村东北	古建筑
文庙大成殿	市保	一	1986.10.28	清	平定冠山镇城里	古建筑
马齿岩寺	市保	一	1986.10.28	明	平定东回镇马山村内	古建筑
天宁寺双塔	市保	二	2006.4.10	宋	平定县冠山镇城里村南营街中段	古建筑
林里万岁寺	市保	二	2006.4.10	明、清	郊区荫营镇林里村	古建筑
甘泉寺	市保	二	2006.4.10	明	郊区河底镇燕龛村	古建筑
寿圣寺	市保	二	2006.4.10	清	郊区义井镇白羊墅村	古建筑
北庄大王庙	市保	二	2006.4.10	清	盂县秀水镇北庄村	古建筑
五龙宫	市保	二	2006.4.10	清	郊区义井镇大阳泉村	古建筑
三官庙（玉皇庙）	市保	二	2006.4.10	清	郊区河底镇山底村	古建筑
石家大院	市保	二	2006.4.10	清中期	郊区义井镇小河村	古建筑
张家大院	市保	二	2006.4.10	清中期	郊区平坦镇官沟村	古建筑
张穆故居	市保	二	2006.4.10	清	郊区义井镇大阳泉村	古建筑
彭真渠	市保	二	2006.4.10	现代	盂县梁家寨乡龙华河左岸	近现代重要史迹及代表性建筑
火车站旧址	市保	三	2007.12.13	清末	城区德胜街中段北侧	近现代重要史迹及代表性建筑
大阳泉古村	市保	三	2007.12.13	清	郊区义井镇大阳泉村	古建筑
马王庙	市保	三	2007.12.13	清	矿区平潭东社区	古建筑

第四章 新闻出版

第一节 报 纸

一、简况

境内的报纸出现于辛亥革命之后。民国2年（1913），《通俗教育报》在平定县率先创刊。抗日战争中，《大众吼声》《前哨》《新生报》等报纸相继出刊。民国36年（1947）阳泉建市后，中共阳泉市委创办了《翻身报》。《阳泉职工报》于同年3月16日创刊，时为四开二版，周刊。民国38年4月后，改称《阳泉职工》，由中共阳泉工矿区委主办，四开四版，5日刊。到1950年5月26日停刊，共出版114期。1950年6月，《阳泉矿报》试刊。1951年5月1日，盂县县委创办《盂工通讯》。6月，平定县委创办《平定小报》。1952年8月1日，中共阳泉市委主办《阳泉建设报》，并作为市委机关报，四开四版，3日刊，先后出刊77期，1953年3月停刊。1954年《阳泉矿报》更名为《矿工报》。1955年，《新生报》更名为《盂县小报》。1956年7月，《矿工报》更名为《阳泉矿工报》。1957年6月16日，中共阳泉市委整风办公室创办《整风报》，内部发行，初为四开二版，后改为四开四版，不定期出刊。1958年4月26日停刊，共出版63期。5月1日，中共阳泉市委再次出刊机关报，名称为《阳泉报》，四开四版，周2刊。10月1日，改为隔日刊。之后，曾一度改为周6刊，出刊755期后，到1962年6月30日停刊。1960年1月，阳钢报试刊，为中共阳泉钢铁厂委员会机关报。1961年1月更名为《阳泉钢铁厂厂报》。1962年4月停刊。

1962年8月10日，中共阳泉市委办公室创办《工作通讯》。1964年6月19日出至第84期后，改由中共阳泉市委主办。《工作通讯》在开始半年内为十六开合订本，1963年2月28日第12期始改为报纸，四开二版或四版，不定期内部发行，于1965年9月底停刊。1965年10月1日《阳泉报》复刊，当时为四开四版，周2刊，翌年5月1日改为周3刊。复刊后的《阳泉报》续接原编号，从756期出起。至1966年，《阳泉报》出至总第932期（此次复刊共出177期）时，因“文化大革命”冲击被迫停刊。1967年3月16日至6月13日，中共阳泉市核心小组又主办《红阳泉》报，四开四版，周2刊。5月，《盂县小报》更名为《新盂小报》。1969年10月1日至1972年8月9日，市革命委员会出刊《新阳泉报》，为四开四版，周3刊。1972年8月10日，恢复《阳泉报》，续接《新阳泉报》期数，从497期开始出版发行。年内，《阳泉卫生报》创刊。1982年，《阳泉卫生报》更名为《康乐报》。1984年1月，《康乐报》在国内公开发行，订户达2万户。1985年停办。1984年10月1日，《阳泉报》由周3刊改为周6刊。1988年元旦，《阳泉报》更名为《阳泉日报》。1989年，市卫生局再次出刊卫生科普报——《健康天地报》。1990年1月1日，《阳泉日报》由邮政部门发行改为报社自办发行，发行量达到3万份。4月，《阳泉郊区报》创刊。9月，《平定小报》更名《平定报》，周2刊。1997年1月1日，《阳泉日报》由四开四版改为对开四版。1999年，《平定报》扩版为周4刊，6月30日，在全省县报中第一家推出彩色印刷报纸。2002年1月1日，《阳泉日报》扩版为对开八版，《阳泉日报·晚报版》出刊，开始出版彩印报纸《家园周刊》。《平定报》更名为《平定日报》，成为全省第一批改为日报的县级报社。《阳泉郊区报》由周2刊增为周3刊。2004年，《盂县报》更名为《新盂县》，由四开四版扩为对开四版，周2刊。《平定报》更名为《平定》。《阳泉郊区报》更名为《阳泉郊区》，由公开发行转为内部赠阅。截至2010年，境内发行的报纸有《阳泉日报》《平定》《新盂县》《阳泉郊区》《阳泉矿工报》《健康天地报》等十余种，发行量达3万份。

二、报纸选介

《阳泉日报》 系中共阳泉市委出刊机关报。其前身为1958年5月1日创刊的《阳泉报》，四开四版，周2刊。10月1日，改为隔日刊。之后，曾一度改为周6刊。到1962年6月30日停刊，其中周2刊为5个月，周6刊4个月，余为隔日刊。发行量最少时为4000份至5000份，最多时达到万份以上。1965年10月1日《阳泉报》复刊，时为四开四版，周2刊，翌年5月1日改为周3刊。复刊后的《阳泉报》续接原编号，从756期出起。至1966年12月，《阳泉报》出至总第932期（此次复刊共出177期）时，因“文化大革命”冲击被迫停刊。1969年10月1日至1972年8月9日，市革命委员会出刊《新阳泉报》，发行量为8000份至10700份。《新阳泉报》共出刊496期。1972年8月10日，《阳泉报》再次复刊，为周3刊，续接《新阳泉报》期数，从497期开始出版发行。1984年10月1日，由周3刊改为周6刊。1988年元旦，《阳泉报》更名为《阳泉日报》，报头由全国人大常委会委员长彭真题写。更名后的《阳泉日报》在开设栏目、排印版面方面作了改进，设专版10个，栏目99个，并增加了周末版。1989年，报社印刷厂安装了胶印轮转机、胶印显影机、胶印晒装机、球震打样机等先进印刷设备，并于9月12日印出了阳泉历史上第一张胶印报纸。翌年，激光照排系统安装使用，印刷水平进一步提高。1990年1月1日，《阳泉日报》由邮政部门发行改为报社自办发行，发行量达到3万份。1992年，引进卫星地面收讯系统，聘请7位专家担任《阳泉日报》审读员，定期对报纸进行阅评。1997年1月1日，《阳泉日报》由四开四版改为对开四版。2002年1月1日，《阳泉日报》扩版为对开八版，《阳泉日报·晚报版》出刊，开始出版彩印报纸《家园周刊》。2005年8月，《阳泉日报》新闻采编电子系统建成运行。2006年1月1日，《阳泉日报》改版，报纸每日一至四版分别为要闻版、综合新闻版、专刊与时事版、观察与广告版；《阳泉日报·晚报版》由周3刊增至周6刊，其中一、三、五为16版，正报每周6期专刊，分别为国际、读者来信、民主法治、理论、议政建言、经济等。至2010年，《阳泉日报》共出刊10467期。

《阳泉矿工报》　其前身为创办于1950年6月的《阳泉矿报》，由中国煤矿工会阳泉矿区工会主办。1954年更名为《矿工报》，改由中共阳泉矿务局委员会主办，一年后停刊。1956年7月复刊，改名《阳泉矿工报》，为四开四版，周2刊。1958年4月再次停刊。1959年7月1日，报纸第二次复刊，改名为《阳泉矿报》，多为四开二版，有时为四开四版，每周2期，发行2000份。到1962年4月30日第三次停刊，共出版314期。报纸第三次复刊时间为1968年12月1日，报名先是《阳泉矿工》，后于1973年改为《阳泉矿工报》。1988年，扩为四开四版。1990年，报纸发行量8100份。1998年，实现胶印，周5刊，发行量达2.2万份。2004年改为对开四版，周5刊彩色大报，发行量2.5万份。2005年1月1日，正式扩版为瘦身报。2006年1月第二次扩版，对开四版。至2010年，发行量2万余份。

《阳钢报》　试刊于1960年1月1日，试刊48期后于7月1日正式出刊。为中共阳泉钢铁厂委员会机关报。1961年1月1日，报纸改为《阳泉钢铁厂厂报》。时报纸多为八开二版，5日刊，有时为四开四版，发行量约1000份。1962年4月6日停刊。1986年1月1日，报纸复刊，更名为《阳钢报》，为周刊，四开四版，发行量3000份，发行至各厂处、车间、工段和兄弟单位，并同全国200余家新闻单位、企业报交流。2004年1月2日，阳钢宣布破产，《阳钢报》出刊总第1094期后停刊。

《健康天地报》 其前身为创刊于1972年的《阳泉卫生报》，是市防疫站主办的内部报纸，四开四版，每月1份，1977年停刊。两年之后复刊，转由市爱国卫生委员会办公室主办。1982年更名为《康乐报》。到1983年，《康乐报》共出刊106期，80万份。1984年元月，《康乐报》在国内公开发行，全国著名科普作家高士其、卫生部顾问黄树则、中国医科院院长吴阶平、科普出版社编辑蓝思聪、著名相声演员侯宝林等应聘为顾问。公开发行的《康乐报》为半月刊，四开四版，是山西省第一份在全国发行的卫生科普报。该报公开发行后，全国各省、市、自治区均有订户。后因经费缺乏于1985年5月停刊，公开发行期数为17期。1989年，市卫生局再次出刊卫生科普报，名《健康天地报》。该报立足阳泉，面向家庭，自办发行。四开四版，一至四版分别为综合版、保健版、医药版和生活版，到1990年，《健康天地报》共出刊18期，近18万份。1993年变更为周报，刊号JB14-0141。1996年至1998年刊号变更为0060，每期发行1万份，每年52期。2000年，改为半月报。至2010年，出版总期数为616期。

《阳泉科技报》 创刊于1985年，由市科学技术协会主办，四开四版，是地方性科学普及报纸。发行范围主要是市直各学会、协会、研究会，厂矿和乡镇科协，市有关部、委、局等200多个单位。此外，该报还和全国29个省、市、自治区的500多个单位保持联系。到1990年，《阳泉科技报》共出刊44期。

第二节 书 刊

一、书籍

阳泉境内图书编辑出版之始无考，但明嘉靖年间已有图书刊行于世，说明至迟在明嘉靖年间已经出现图书编辑出版工作。明嘉靖三十年（1551），盂县知事万鉴主修、邑人张淑誉主纂的《盂县志》十三卷刊行，该书是境内已知最早刊行于世的图书之一。明万历二十三年（1595），平定知州宋沛主持、延论主纂的《平定州志》十二卷刊行。其后，清代康熙、乾隆、光绪年间，境内又先后有7种续修的志书刊行。除了官修志书以外，也有个人编书刻印的。据史书记载，清道光二十九年（1849），张穆曾将其所编成的《山右碑目》二卷交付平潭牛氏刊刻，后因张穆辞世未能完成。据传光绪版《平定州志》为平潭李氏刊印。

民国年间，境内也有一些图书刊行，如民国初年（1912）刊《平定吏治纪要》《平定吏治辑要》，民国27年刊《平定县志辑要》等。抗日战争期间，在中国共产党领导的抗日根据地编有抗日课本等。

阳泉建市后，境内一直没有专门的出版机构，但不少单位编印有内部书籍。如市委、市政府编印的有关政策、法规方面的学习宣传读本，有关城市建设和发展成就的资料汇编，市统计局编印的统计资料，市财政局编印的财政收支资料，市计委等部门编印的国土资料，市总工会、妇联、共青团等部门编印的先进模范人物事迹汇编，市档案局编印的有关档案资料，史志部门编印的史志资料，以及各单位、各部门编印的供本行业内部使用的各种政治、业务学习书籍等。另外，也有一大批图书是由单位或个人编辑成书后交由出版部门公开出版发行的。如20世纪80年代之后由市县（区）史志部门组织编纂出版的《阳泉年鉴》《阳泉市志》《中国共产党阳泉党史》《阳泉风景名胜志》《平定县志》《盂县志》《阳泉市城区志》《阳泉市矿区志》《阳泉市郊区志》等各类地情书籍；由阳泉矿务局组织编纂出版的《阳泉煤矿史》《阳泉矿务局四十年》，由评梅女子文学社组织出版、主要收集女子文学社社员的小说、诗歌、散文、评论类文学作品的《红鬃马》等。

仅《阳泉年鉴》历年“著述存目”表粗略统计，国家级、省级出版社公开出版的各类书籍400余种，其中，民国24年（1935）至民国36年间出版的图书8册，1960年出版1册、1975年至1978年出版4册、1981年至1989年出版24册、1990年至1999年出版150多种、2000年至2010年出版200多种。图书涉及政治类、经济研究类、社科类、文学类等。此外，市地方志办公室收藏的各类志书及阳泉籍作者的文学作品集等出版物约300余种。

二、刊物

民国之前，境内没有刊物。20世纪30年代初，甄华等一些在京求学的进步青年创办《平定评论》《奋进》等刊物，向家乡父老传播新文化、宣传爱国主义思想，此为境内最早的刊物。其中《平定评论》出刊5期，《奋进》出刊2期。后由于局势动荡，战争频仍，人心不定，办刊者寥寥无几。民国34年（1945）中共平定（路北）县委编印有不定期的刊物《通讯月报》，用于介绍工作经验，宣传中国共产党的方针、政策。《通讯月报》为32开油印刊物，共出4期。

阳泉建市后，境内编办的刊物逐渐增多，但大部分为内部发行的刊物。据2010年初步统计，全市各单位编辑刊行的刊物共计50多种，大多为内部刊物，如《阳泉工作》《阳泉经济》《阳泉教育》《阳泉今古》《阳泉党史》《阳泉人大》《阳泉政协》等。公开出版的只有文艺刊物《娘子关》一种，刊物发行量最多也仅3000册左右。

《娘子关》 市文联主办的文艺期刊。创刊于1978年12月，第一期由市文化局创作组编辑。创刊时名为《阳泉文艺》，刊名由著名书法家朱焰题写。国内统一刊号CN14-1049/I，国际标准刊号 ISSN 1004-6054，为双月刊，是阳泉市唯一有公开出版物刊号的期刊。1980 年，《阳泉文艺》从第二期开始由市文联主办，正式定为季刊，共出版 2 期。1983 年 10 月《阳泉文艺》第 4 期改名为《红与黑》，出版了 3 期。1985 年 2 月更名为《娘子关》，按季公开发行。同年，根据省委宣传部要求，《娘子关》首批申报参加期刊登记，登记证号为山西省期刊登记第 114 号，刊号 22-83。1988 年第一期始，《娘子关》被新闻出版署批准在国内公开发行，国内统一刊号为 CN14-1049。从 1992 年第三期始，《娘子关》被批准在国外公开发行，国际标准刊号为 ISSN 1004-6054。1993 年第一期始，《娘子关》杂志的国内统一刊号为 CN14-1049/I。2004 年，《娘子关》杂志由季刊变更为双月刊。2009 年、2010 连续两年被省新闻出版局、省科技厅等机构评为"一级优秀期刊"。至 2010 年，共出版《娘子关》杂志 143 期。刊物的主编由历任市文联主席或主持工作的副主席担任。办刊宗旨以发表文学作品为主，兼顾其他艺术门类，重视煤矿题材，重视乡土特色，立足阳泉，面向全国，团结新老作者，培养境内文学新人，推动和繁荣地方文艺创作。

《阳泉教育》 系阳泉市教育局主办，市教育科学研究所承办的地方性教育刊物，也是市教育局的机关刊物，创刊于 1985 年，出版 2 期后因故停刊，1988 年复刊，原名《阳泉教育通讯》，1992 年更名为《阳泉教育》，彩色四封，16 开本，每期 48 页，印数 2500 册。《阳泉教育》努力服务教育教学，致力发现培养人才，逐步形成理念新、内容实、情感真、版面秀的特色，设有导航台、铸魂剑、填充图、育苗圃、养性斋和传真线六大板块，下辖聚焦镜头、校长论坛、德育新探、班级话题、心理教育、美育园地、教育论苑、实验专题、课程改革、教学纵横、教材教法、教育艺术等栏目。成为全市教育系统宣传教育改革与发展窗口和开展教育科研的平台。2001 年 1 月，教育部国家副总督学、国家教育督导办公室主任、中国教育学会副会长郭振有题词："润物无声，春华秋实"，并题写刊名。2003 年 9 月，《阳泉教育》在乌鲁木齐召开的第十四次全国教育内部报刊协作交流会上被评为"优秀期刊一等奖"；2007 年，在邯郸市举行的第十六届全国教育内部报刊协作交流会上被评为全国 12 家优秀期刊之一。截至 2010 年，共编辑出版 138 期，发稿 5520 篇，1164 余万字。

第五章 广播电视

第一节 广 播

阳泉的广播事业始于中华人民共和国成立初期。当时，市区及平定县、盂县相继建有“新闻收音站”，进行“屋顶广播”，向群众作时政宣传。1950年6月，为配合境内各煤矿开展的“反把头”运动，中国煤矿工会阳泉矿区工会在矿务局院内设立工会广播站，配备了一台天津产的500瓦扩大机、一部电唱机和一台钢丝录音机。广播线路通至阳泉矿务局二、三、四矿及南庄煤矿、汉河沟煤矿，是阳泉最早的有线广播站。1951年，阳泉铁厂、晋东化工厂等大型厂矿企业也相继建起有线广播站。此后，随着全市经济建设的发展和厂矿企业自身建设的需要，全市的厂矿广播站不断增加。

1953年10月，市工会创办“阳泉市工会广播站”。在《阳泉建设报》停刊的情况下，该广播站成为当时唯一的市级新闻机构，至1956年由阳泉市委宣传部管辖，系“阳泉市有线广播站”前身。之后，有线广播事业在境内迅速发展，郊区（时称二区）、平定、盂县广播站相继建立，各乡镇也开始建立有线广播站。到1958年，全市农村有线广播站达13个，初步形成以县站为中心，以公社站为基础，连接千家万户的有线广播网。

1959年3月，阳泉市委、市政府决定筹建阳泉人民广播电台。1960年5月，阳泉人民广播电台建成试播，7月1日正式播出，地波覆盖30平方千米，自办有《本台新闻》《本市报摘》《英雄颂》《小现场》《名曲欣赏》《每周一歌》《听众点播》《本台气象》《遗失声明》《寻人启事》等新闻、专题、文艺节目。全天播音3次，共8小时30分。发射功率为1千瓦，频率1590千赫兹，台址在城区古城。建台初期，东至河北省井陉县城、西至山西省寿阳县城、北至盂县城均可收听到该台广播，其天波可传到瑞士等国家。1962 年 5 月 1 日，阳泉人民广播电台撤销，保留市有线广播站。8 月，利用原阳泉人民广播电台中波发射设备建立实验台。1963 年 8 月，实验台改为山西人民广播电台阳泉转播台，主要转播中央人民广播电台和山西人民广播电台的新闻节目。

1978 年 7 月，配备了中央人民广播电台第一套节目转播设施，改善了境内听众收听中央台广播的效果。1983 年，全市有线广播站架设的广播线路主干线达 10 千米，安装广播喇叭 2765 个，入户率达 96%，通响率达 95% 以上。1984 年 10 月 1 日，阳泉人民广播电台恢复播音，体制为局台合一，下设总编室、中控室、新闻组、专题组、文艺组、通联组。台址在北大街 10 号，使用面积 500 平方米。主要节目有《阳泉新闻》《今日煤乡》《乡镇天地》《阳泉风貌》《生活之友》《长书连播》《广播剧院》《影坛花絮》《每周一歌》。全天播音 3 次，共 8 小时 30 分。1984 年后，根据城市建设和发展的需要，又安装了约 3 千米长的地下电缆线和 50 只音柱，弥补了小喇叭宣传效果不佳的缺陷。1989 年，市广播电视局研制的广播发射机调幅音量自动控制处理机（获得山西省广播电视厅科技成果一等奖）投入使用，对不同节目的音量均能进行自动调整，有效提高了节目播出质量和发射机效率。12 月，阳泉广播电视局中波转播台投资建成山西省第一座用于接收广播的地面卫星接收站，增转中央人民广播电台第二、第三套（立体声）广播节目。1990 年，有线广播遍及全市，许多厂矿企业设有自己的广播站，其中较大的有 16 个。县区级广播站 3 个，乡镇放大站 57 个。扩音机总功率 75.8 千瓦，专线总长 1757.11 千米，广播喇叭达 12 万个。无线广播电台发射机功率 18.5 千瓦，中央和省台经过转播直播覆盖人口达 80% 以上，市电台直接覆盖率达 40% 以上。

1993 年，阳泉人民广播电台由单一频率、单套节目向系列化、多元化延伸。12 月 26 日，阳泉经济广播频道开播。1995 年 1 月，《阳泉新闻》节目恢复录播，改名《1485 新闻》《603 新闻》。2 月 15 日，阳泉人民广播电台两套节目改版，人民台播出时间由原来的 8 小时增到 12 小时 30 分，经济台由原来的 4 小时增至 7 小时，两台总播出时间比过去多 62.5%，增加了新闻和广告的播出次数，直播板块节目实行主持人负责制。3 月 28 日，在转播省台节目中插播部分以文艺为主的自办节目阳泉分台开播。7 月，阳泉人民广播电台与山西人民广播电台阳泉转播台合并，称阳泉人民广播电台。机构设置为办公室、总编室、新闻部、专题部、节目部、阳泉经济广播电台编辑部、技术部、转播发射部、经济信息部。全台职工 80 名。11 月 17 日，阳泉人民广播电台第一套调频立体声广播投入试运行。1998 年 10 月 1 日，覆盖市中心商贸街区的有线广播开播，音乐专题《黄土风情》获1998年山西广播电视广播文艺一等奖，创意广播《北岭醋》获中国广告协会1998年全国城市广播电台优秀广告作品一等奖。

2000年，阳泉人民广播电台全面策划改版节目，推出《今日焦点》《新闻人物》栏目。10月，102.7兆赫调频开通，结束了阳泉没有调频广播的历史，购置了意大利进口调频发射机，在狮脑山竖起36米高的发射铁塔，使覆盖半径由过去的20千米扩大到50千米。2001年，推出全新假日版节目，《新闻追踪》《动感娱乐城》《山城名人假日谈》等风格各异的广播节目陆续推出。围绕热点、难点、疑点问题，继续做好《今日焦点》，全年发稿220余组。2002年1月，电台转播职能上划山西省广播电视局，改为“山西省广播电视局中波转播台”，转播中央人民广播电台《中国之声》、山西人民广播电台新闻综合、阳泉人民广播电台综合广播节目。发射功率分别为10千瓦、3千瓦，频率分别为981、846、1485千赫。7月23日，与市纪检委、市纠风办共同推出《政风行风热线》节目。2003年初，电台投资30多万元对直播间进行改扩建，建起广播数字音频工作站，3月设备完成安装进入运行，采、录、制、播实现数字化制作播出控制管理，阳泉广播告别了建台后一直沿用磁带录制播出的历史。开播阳泉人民广播电台、阳泉经济广播电台、阳泉兴隆广播3套节目，转播中央一套（97.8兆赫）和省台一套（846千赫）2套节目，每天播音24小时。2004年6月底，采、录、制、播全部实现数字化。

2004年11月，阳泉人民广播电台与阳泉市广电局、阳泉电视台、阳泉广电网络中心等七家单位整合重组成立为广播电视总台（局）。隶属于总台（局）的广播节目中心于2005年7月1日改为阳泉广电总台新闻综合广播，播出频率为调频102兆赫，中波603千赫。整合后的阳泉广电总台新闻综合广播坚持“政治家办台、新闻立台”原则，围绕精办节目、突出特色、提高质量的重点，科学合理设置栏目，重点节目有《阳泉新闻》《媒体浏览》《行风热线》《阳光直播》《的哥，你好》《乡音乡韵》《轻松好时光》《动感娱乐城》《星星起跑线》等。《为人师道，爱心传道》获得2005年度山西新闻一等奖，《大墙下的荣誉》获山西法制新闻一等奖。

2006年，《政风行风热线》将每周2期每期时长25分钟的节目延长至55分钟，基本做到“事事有回音，件件有着落”，成为深受广大听众欢迎的节目，共播出108期热线节目，接到观众热线电话1300个，督促相关单位解决问题1000余个，解决率在80%以上，答复率100%。2007年，增加子栏目《行风追踪》，定时对上期节目群众反映的未解决的问题进行追踪报道。阳泉市广播电视总台获“全国广播影视系统先进集体”称号，是全省广电系统唯一获奖单位。2008年，位于阳泉开发区大连街15号的市广播电视总台大楼全面竣工投入正式使用，广播节目中心迁至楼内办公。改版《的哥您好》《星星起跑线》节目，推出晚间互动节目《倾听》，在《阳泉新闻》中开设《抗震救灾，众志成城》专栏，首次向重灾区派出广播记者采访，成为全省最早往灾区外派记者的广电媒体。广播记者与中央人民广播电台《中国之声》和山西新闻综合广播进行直播连线，在《汶川，紧急救援》和《直通现场》等节目中及时报道了阳泉市有关人员在灾区一线抗震救灾的情况，发挥了特殊环境条件下广播传播迅捷、操作简便的优势。其间，与《中国之声》连线6次，与山西新闻综合广播连线10次。年中，还推出《一切为了奥运》《看奥运》《山城记忆》《喜看阳泉三十年》等专栏。阳泉新闻综合广播全年播出新闻4380条，在省级以上电台播发新闻稿290条，其中，中央台《报纸摘要》等节目播出8条；播出《政风行风热线》《山城故事》等专题节目1646期。

2009年，开通调频转播台，转播中央人民广播电台《中国之声》、山西人民广播电台新闻综合广播和阳泉新闻综合广播节目。广播综合覆盖率100%，公共广播节目播出时间7780小时。5月22日，阳泉新闻综合广播首次对阳泉市人大、政协两会进行直播，增强“两会”宣传效果。11月13日，FM90.1阳泉交通广播开播，日播出时长18小时，自办栏目《901早班车》《汽车地带》《交广双行线》《的哥你好》《娱乐爱上车》《精彩不塞车》和《都市不眠夜》。2010年10月18日，新闻综合广播全新改版，双频同步播出，每天播音18个小时，频率覆盖半径50千米，覆盖阳泉及晋东六县，收听人口近200万人。至2010年，广播自办栏目23个，每天播出时长20.7小时。

第二节 电 视

阳泉的电视事业发展始于20世纪70年代初。1971年，阳泉电视差转台正式成立，利用自装的100瓦差转机，以差转的方式开始转播河北电视台节目。1972年，差转台又安装了1台1千瓦的黑白发射机，增转山西电视台节目。1980年10月在南山公园建成自立发射塔。1982年7月1日，新增1部1千瓦彩色发射机并正式播出。

1983年10月1日，由省、市投资的山西省广播电视厅微波总站阳泉微波站（下设南山微波站和狮脑山微波站）开通使用，开始传送中央电视台第一套节目和山西电视台节目，结束了阳泉电视完全靠差转的历史，并解决了市内信号源问题，使收视效果有了很大改观。1985年，狮脑山微波站把平定县、盂县的微波专线开通，成为山西省内第一条从市到县的电视双向传输微波干线，建成了阳泉自成体系的微波传输网。此外，1981年12月，中国工商银行阳泉市支行曾自行设计建立了境内第一个卫星地面接收站，办起有线电视。1986年10月，市电教站建起一座卫星地面接收站，用于电视教学。同年11月，由省、市、县三级投资的全市农村第一家卫星地面站在盂县梁家寨乡椿树底村建成，解决了盂县北部山区人民看电视难的问题。1987年7月1日建阳泉电视台，发射塔高72米，覆盖半径15千米。1987年10月，阳泉矿务局广播电视中心成立，翌年初实现全局微波联网，成为全市最大的闭路（有线）电视系统。1988年，阳泉市采取地方财政拨款和社会集资相结合的办法，投资80多万元，开工兴建了3个电视转播、差转台。同时，在发射布点的设置及转播台的选址上，根据山区特点，探索出一条以高山为主、小点多布的路子。此后两年，又先后在郊区、盂县、平定县建起2座电视转播台和23座小型电视差转台，从而使全市电视传输系统有了较大的进步，改善了偏远山区农民看不到和看不好电视的状况。

1990年，全市建起卫星地面站67座，电视发射台、转播台、差转台发展到44座，总功率为7.11千瓦，混合人口覆盖率达80%以上。全市已有中央一台、中央二台、河北台、山西台以及阳泉台五套节目供群众收看。1992年12月开通阳泉有线电视。从1993年10月1日起，阳泉电视台节目播出增加为每周7次，播出时长增至35小时。阳泉电视台不断发展壮大，技术水平不断提高，节目制作设备不断更新。从创建初期仅有四套分体采录设备，1988年拥有第一台字幕机，1989年购回第一台录像车，到1993年10月购回一批质量档次较高的摄录设备，初步具备了现场录播的能力。1995年、1999年又先后购回了一批发射设备和一批先进的数字摄录设备，使阳泉电视台的节目制作质量有了质的提高。

2002年7月1日，阳泉电视台、阳泉有线电视台、阳泉教育电视台（原属阳泉市教育局）三台合并，组建了新的阳泉电视台，重组后制作及播出能力进一步加强。新组建的阳泉电视台自办两套节目，一套为新闻综合频道，二套为科教频道。2003年，电视台的节目增加播出时间，一套由原来的每天13.5小时增加到16小时，二套由原来每天9小时增加到16小时。全年技术设施投入80多万元，购置了编辑机、摄像机、放像机等设备，春节晚会首次采用大摇臂拍摄和非线性编辑新技术，现场增设了大屏幕演示，提高了综艺晚会的制作能力。阳泉电视台实现硬盘数字模拟播出，在抗击“非典”期间，创下一周内在省台发稿12条的历史纪录。电视台4集专题片《走四方》获得中国电视艺术家协会举办的全国优秀农业节目评比一等奖，电视专题《走进非典病房》和《走近蒙特梭利》获省级一等奖，自拍电视剧《彩玲》获省“五个一工程”奖和全国第六届电视金鹰奖提名奖。2004年，春节文艺晚会《祝福阳泉》获省电视艺术家协会评比一等奖，《阳泉新闻》在《山西新闻联播》播出240条，在中央台播出7条。其中，《洪水冲出的警民情》获专业新闻最高奖中国新闻三等奖，山西新闻一等奖。11月，阳泉广电整合为阳泉市广播电视总台（局）。阳泉电视台归属总台为阳泉广播电视总台电视节目中心，呼号为阳泉新闻综合频道。2005 年，阳泉新闻综合频道在《111 报道》中增设《政风行风面对面》专栏，推出访谈性栏目《关注》《交安零接触》等。划归电视中心的图文频道、阳泉信息网站也增设新栏目，做到播出内容每天更新。全年有 3 个电视新闻在中央台《新闻联播》中播出，有 349 件电视作品在省台播出。

2006 年 1 月，电视节目全新改版，推出以社会新闻、珍闻、趣闻为主的新闻栏目《民情·民声》，内设现场直击、民情直通、我的 DV、信息快递、大千世界、新闻追踪、凡星风采、我看我说多个版块，节目通过主持人“说”新闻的风格，穿插记者现场报道，即时记录事件过程。当年，广播、电视首次联合，对阳泉“两会”“十次党代会”开幕式、全市政府系统干部大会等进行现场直播。2005 年至 2006 年，阳泉广电总台（局）投资 600 多万元，装配了内外一新的 8 讯道电视转播车，增加采访车辆，增购广播数字音频、摄录制器材，完善播出传输数字化，提高播出质量，录、直播能力渐趋成熟。2007 年，为纪念阳泉解放 60 周年，阳泉新闻综合频道在《阳泉新闻》中推出《沧桑巨变话阳泉》《新晋商、新形象》大型系列报道；在《111 报道》栏目中推出《历史的记忆》《阳泉骄傲》系列报道，国防宣传建设典型事迹系列专题报道《踏遍太行觅英魂》。同时还重点开展了建市 60 周年系列庆祝活动、“两会”“作风年、建设年”“迎接十七大、宣传十七大、贯彻十七大”等重点报道；与省行评办、市行评办、山西黄河电视台在城市广场举行大型《政风行风面对面》特别节目，引起社会强烈反响。推出《魅力阳泉》《阳泉——我可爱的家乡》《节能减排、科学发展》等专题栏目，完成《春节文艺晚会》《阳泉市建市 60 周年庆祝大会》《阳泉市 60 对新人婚典》《王爱爱师徒演唱会》直播活动，完成《圆梦行动》公益广告片拍摄和《关注》栏目结集出书工作。2008 年，电视节目中心迁入阳泉广播电视大楼，再次对《阳泉新闻》《关注》《法制空间》进行改版。《111 报道》《法制空间》《关注》《媒体浏览》等栏目制作播出 27 期特别报道。5 月 15 日，向汶川重灾区派出记者采访，成为全省最早往灾区外派记者的广电媒体，让观众在第一时间了解到阳泉市各救援队救援情况。首次实现视频异地回传，前线记者传回新闻 6 条，全部在山西卫视播出。全年播出电视新闻 5350 条，电视专题播出 154 期。其中，在省台发稿 274 条，在中央台发稿 8 条。2009 年，《阳泉新闻》播出新闻 3112 条，《111 报道》播出 257 期，《民情民声》（晚间新闻）播出 1426 条，《关注》播出 52 期，《法制空间》播出 52 期。在对外宣传方面，电视新闻在省台播发 368 条，在央视播发 7 条，其中《新闻联播》3 条，扩大了阳泉的知名度。11 月 6 日，科教频道全新改版，主要栏目有《民生记录》（60 分钟）、《小韩帮忙》（15 分钟）、《评说阳泉》（50 分钟），其中《民生记录》又包括《百姓故事》《百姓话题》《天气我来报》三档子栏目。2010年，电视新闻《推进惠民工程，提高生活质量》《建设生态宜居家园，打造林业生态强市》等在央视和省台反复播出。科教频道增设《百姓记忆》《我眼中的山城》《拿起手机当记者》等子栏目，增强了观众参与性，通过栏目报道帮助百姓解决生活中的大事小情1000多件，为百姓挽回经济损失150多万元。截至年底，市广播电视总台共有2个电视频道——阳泉新闻综合频道、阳泉科教频道，2个广播频率——新闻综合广播、交通广播，1个互联网站——阳泉信息网。其中电视自办栏目8个，每天播出3.35小时，总播出时长各为19小时。电视人口综合覆盖率100%，全年公共电视节目播出时间为1100小时。

1992年12月，阳泉市广播电视网络工程开始建设，设备系统带宽450兆赫兹，传输方式采用美国捷洛德设备和英国TFC公司电缆传输，终端用户3000户。1993年，入户终端达到16293户，传输节目17套。1994年5月，增设信息服务部、北大街维修站、北岭坡维修站、中心维修站，终端用户达2万户，传输节目18套。1995年11月，中央电视台体育、电影、文艺、综合频道通过卫星传播，有线台及时同中央电视台卫星传播中心签订传播协议，购置接收设备。30日，加密节目如期传送，传送节目由原来的19套增加为22套。1996年1月，阳泉有线电视台继同南庄煤矿联网后，又与西河联网。有线用户达3万户，传输电视节目23套。1998年，阳泉有线电视台和阳煤集团有线电视站实现联网，用户达8万户。2月25日，阳泉有线电视网络发展中心成立，负责全市网络发展和维护工作，累计新增用户3600户。到1999年7月，架通全国、全省广播电视光缆超级干线入市线路，成为全省第一家与国家主干线对接的地市。8月底，市区至平定、盂县、郊区三个县区的市级光缆线路全面完成。

2000年，完成由电视台到有线台机房的光缆传输线路，将以前开路转播的黄河台节目用光缆传输至有线台，完成了省有线一套节目入市级网的工作。2001年，在市广播电视局协调下，电视台节目信号以光缆传输方式传送到阳煤集团，6月28日开通，阳煤集团近5万用户收看到了阳泉电视台节目。平定局继续扩大750兆、550兆有线电视覆盖，完成原平、苏峪、大石门、张庄等村联网改造工程，新增用户1000余户。盂县局扩大“星网工程”覆盖规模，完成县城至熬子坡、清城、西沟、庄只、青崖头的光缆联网工程，发展用户2000余户。郊区局与市广电技术中心合作，完成西南舁乡五里庄、旧街乡南沟、平坦镇新店、大小南沟、李家庄乡驼岭头等村的联网改造工程。2002年10月下旬，原有线电视台与广电技术中心全面完成整合，组成阳泉市广播电视网络中心。12月，完成市网络中心与各县区、阳煤集团广电中心网络整合。2003年7月1日，市网络中心与平定、盂县、郊区实现市、县、乡、村四级贯通，实现全程全网。

到12月底，全市广电光缆主干线覆盖到平定、盂县、郊区所有乡镇和市区的党政机关、企事业单位和厂矿学校，全市累计发展有线电视用户15.5万户，入户率在全省处于领先水平。2005年，广电总台（局）采取有线覆盖为主，小系统补充为辅，地处偏僻地山庄窝铺准予使用地面卫星接收设施过渡的办法，逐步实现有线电视的全面覆盖，全市32个乡镇的有线网络全部通达，有线电视网络覆盖336个行政村，新增有线电视用户27328户，架设有线光缆干线159千米。

广电大厦

2007年，总台启动数字电视工程，完成南庄煤矿、阳光电厂2个数字电视实验小区。2008年5月，由阳泉广播电视网络中心与北京四达时代软件技术股份有限公司共同出资的“阳泉数字电视有限公司”成立，全面开启有线电视数字化发展之路。到年底，完成数字电视平移10万户，全市有线电视用户总数达25万户。2009年，市区及各区县县城范围内用户的有线电视数字化整转工作基本完成。有线网内传输模拟信号开始分区域关闭。11月，阳泉广播电视总台与山西移动阳泉分公司签署合作协议，启动数字电视手机支付业务平台，标志着山西省首家数字电视手机支付业务平台开通。2010年，数字电视整转稳步推进，增值业务开始运营。9月13日，“电视商城”购物频道与山城数字电视用户见面。10月1日，阳泉广电高清电视，互动电视开播，成为继太原之后全省第二家开通以上业务的地市，宽带数据业务在全省首家开展，标志着数字电视逐步由“看电视”向“用电视”发展。全年数字电视用户总数达17.4万户，累计架设光缆干线1767.5千米。

第六章 图 书

第一节 图书发行

明、清时期，境内仅有平定县的两个商号经销图书、字画，同时兼营印书业务。民国年间，经营图书的网点日渐增多，至阳泉建市前夕，在阳泉及平定县、盂县城内，已先后开办了8家私营书局，经销图书，兼营文具和印刷业务。其间，民国35年（1946）3月，平（定）东县政府在东回、郭家山、张庄等地曾设立文化社，负责发行学生课本。同年，三青团平定县分团部在县城开办了书局，名“自成永”。此书局阳泉建市后被县政府接管并改设为文化社，经销书籍、文具等，且兼营印刷业务。

民国37年（1948）4月，晋察冀新华书店阳泉分店成立。1950年春，平定县、盂县先后成立县书店。1951年7月，阳泉分店更名为阳泉支店，业务管辖范围扩大到晋东5县。1956年，随着图书发行量扩大，供销社各基层单位也开办图书经销、代销业务，仅荫营区（今郊区之前身）就建立经销点11个、代销点172个，并有业余发行员120多人。1958年，境内有34个公社和7个厂矿均办了书店（一年后，除保留三矿书店外，其余先后撤销）。1963年，阳泉支店又改为阳泉市新华书店，并建起了营业大楼，坐落在市中心繁华的天桥地段，进一步扩大了业务范围。

中共十一届三中全会以后，图书发行事业有了迅速发展，除平定县、盂县两县新华书店先后进行扩建外，城区、矿区陆续又建起了5个新华书店门市部。自1984年始，一些个体书店、书摊也先后开张。1990年，境内设有新华书店门市部28个（其中农村乡镇有16个），有个体书店14个，个体书摊和流动书摊数十个。

进入20世纪90年代，在“一业为主、多种经营”的指导思想下，阳泉市新华书店于1992年12月成立“中立实业公司”，下设南大街营业部、天桥旅店、矿区新华旅店、中立绣服厂、矿区新华书店等部门。1994年2月，阳泉市新华书店管理推行经营目标责任制，完善各部门岗位职责，加强对职工思想、文化、业务素质的教育。1995年在全店及所属县店实行“全员劳动合同制”。1996年省店、市店共同投资187.53万元，在阳泉经济技术开发区征地3667平方米，于12月开工建设教材发运综合楼。2005年，全市新华书店销售4652万元，实现利润63万元。2007年，全市新华书店超额完成各项发行任务，销售实现5453万元，利润116万元。2009年1月21日，经过近三年的筹措，在省出版集团和省集团公司的支持下，阳泉书城举行了奠基仪式。2010年，全市新华书店共销售8079万元，净额7003万元，实现利润306万元。市店被评为省集团公司2009年度、2010年度“十佳书店”，市店所属中心超市获市级“青年文明号”，综合书店获省级“青年文明号”。市新华书店从2006年至2010年，连续获得省级文明和谐单位称号。2010年，阳泉市新华书店注册资金595.8万元。市店下设经理办公室、财务科、图书批销中心、行政科、图书销售科、教材科、储运科、综合图书超市、科技书店、音像书店、文教书店、教育书店、矿区书店、新北书店、南大街门市部等15个部门，全市发行网点12个，市区门市部营业面积1200平方米。固定资产631万元，年销售图书437万册，图书品种3万多种。

新华书店内

第二节　图书藏阅

明清时，阳泉境内私人藏书之风渐盛。清末民初藏书较多者要数平定县的张西园，其家中有书库5间，面积有120平方米，收藏各类书籍约9万余册。民国元年（1912），平定县建立了教育图书馆，藏书3000余册，有童蒙读物、四书五经及当时流行的小说、话本等。还开展图书借阅及报刊阅览业务，山西省巡按使公署曾通令全省各县效仿。民国11年，平定县戎业厚、杜鸿成组织马克思主义读书会，并创办读报室，购置了多种进步书刊供读书会成员阅读，从而促进了境内马克思主义的传播。民国20年，在外地读书的进步青年甄梦笔、张恒寿、郭绳武等，在家乡平定县发起并组织青年奋进社，从北平、上海、天津等地购回大批进步书刊，创办流通图书馆，共有书籍2000余册、报纸杂志20多种，成为向青年传播新文化、新思想和宣传抗日救国的重要阵地。民国21年，盂县也创建了图书馆，收藏善本书籍及散存文献。抗日战争时期，各抗日民主政府领导的乡村纷纷建立民族革命室，并购置了一些进步书籍供群众阅览。

民国36年（1947）阳泉建市后，随着各项事业的飞速发展，图书馆事业也有了较快发展。盂县、平定县以及市区相继成立了民众教育馆（后改为文化馆），馆内设图书室，供群众阅读报刊和借阅图书。民国37年10月，阳泉市立职业学校创办学校图书馆。翌年，阳泉矿务局四矿建起了工会图书馆，平定师范建起了学校图书馆。之后，一批厂矿和机关、学校的图书馆相继成立，至1958年，市、县文化馆和工人文化宫的图书室以及厂矿、学校、机关的图书馆共发展到16个。其间，1957年，平定县文化馆设立流动图书箱送书上门，并深入农村组织读书辅导，先后建立农村图书小组36个。1962年平定县农村图书室发展到300多个，藏书总数达12万多册。1963年，阳泉市图书馆成立。1974年，阳泉市科技局情报所图书馆（以收藏自然科学书籍及中外科技期刊为主）创建。

1979年后，盂县、平定县及城区的县（区）级公共图书馆相继建成并对外开放。1983年后，两县图书馆又先后进行扩建，并增添了《四库全书》《古今图书集成》等大型类书。1987年5月，市图书馆新楼建成并对外开放。这个时期该馆建筑面积为3433平方米，书库楼为5层，设有普通阅览室、科技阅览室、参考阅览室、古籍阅览室、学习研究室、文献检索室、音像室、讲座厅等，可藏书40万册。至1990年，该馆已藏书22万多册，其中有古本线装书1.63万册，报刊合订本8万余册，科技图书约占40%。在古本线装书中，价值较高者有《天东集》4卷、《同人集》12卷、《金石三例》12卷及明崇祯年间汲古阁本《十三经注疏》残本等30余种。订阅期刊913种，其中科技期刊380种（外文版35种），综合性期刊33种；订阅报纸140种，并藏有全套《申报》和《民国日报》的影订本。该馆可同时接待各类读者500人以上，年均接待读者10万余人次，入馆率达市区人口的15.2%，借阅图书、期刊达12万余册次。

1992年，山西省首届书市——阳泉片书市于5月26日至6月3日在阳泉市邮电广场举办，共展出各类图书和音像制品1万余种。该书市一直到1999年，共举办各种类型的书市13次（省办6次，市办7次），接待读者11万人次。

1994年12月，市图书馆被文化部授予"全国文明图书馆"称号。同时被评为全国三级图书馆。1996年8月，市图书馆馆长杨谦云等11人代表山西省图书馆学会参加在北京召开的第62届国际图联大会。1998年，市图书馆组织成立了"阳泉市读书研究会"，会员30余个。该会倡导读书，传播知识，采取书目推荐、图书评论、读书讲座与研究等方式，定期开展活动。1999年8月，市新华书店和平定县新华书店帮助平定县革命老区黄统岭小学办图书阅览室，赠书2000余册。

至2010年，以市图书馆为龙头，包括各级各类图书馆在内的全市图书馆网络已基本形成。全市共有市、县（区）公共图书馆5座，建筑面积16990平方米，藏书50余万册；从业人员48人，其中县区22人；有中等学校图书馆19座，藏书34万余册；有厂矿图书馆103座（不含两县），藏书40余万册（其中藏书1万至5万册的有11座）；有机关、团体图书馆（室）5座，藏书4万余册。此外，在农村乡镇还建立有文化中心57个，行政村建立图书馆（室）780座，占全市农村总数的75.07%，共藏书22万余册。全市有阅览室6811平方米。

图书馆选介

阳泉市图书馆　位于桃北街1号。始建于1962年11月。初建馆址在市委原大院北第三排平房，后迁至桥北街新华书店旁，再后迁至北大街市图书馆内。2008年5月迁入位于桃北中街1号的新建市图书馆大楼，建筑面积1.1万平方米。设有现代化功能的图书借阅室、报刊阅览室、少儿阅览室、自修室、电子阅览室、地方文献阅览室等17个窗口，阅读座位近千个。被文化部评定为公共图书二级馆。图书馆设计标准为50万册藏书。现有馆藏图书35万余册，报刊670多种。其中，馆藏古籍线装书籍16249册。随着无线网路、自助借还机、电子阅报机相继投入使用，逐步实现了数字图书馆服务。馆藏数字资源8.1TB，建有《大寨》等特色数字资源库。由该馆编辑出版的《阳泉工人画》《阳泉老镜头》《阳泉文物录》等"共享文丛"系

阳泉市图书馆

列丛书20余种，基本形成了具有阳泉地方特色的馆藏文献资源。阳泉市图书馆实行总分馆制，全年365天无假日免费开放，每周开馆64小时。3次获得文化部表彰的“全国文明图书馆”等荣誉称号。多次被中国图书馆学会授予“全民阅读活动先进单位”。

平定县图书馆 位于平定县府新街。始建于1978年，位于平定珠市巷10号。1986年迁址县科技大楼，2007年5月迁址平定县老年活动中心，2010年3月迁址县府新街太行综合楼。图书馆舍面积1600平方米，馆藏文献8.4万册，涉及普通文献、报刊、古籍、四库全书、地方文献、捐赠文献资料等。此外还收藏有县图书馆挖掘、整理、影印出版的清·乾隆版《平定州志》及平定籍名人名家书画等。内设读者借阅部、期刊阅览室、少儿阅览室、多媒体功能室、电子阅览室、普通文献书库、特种藏书书库、地方文献陈列室、过期过刊资料库等。2003年建成“山西省资源共享工程——平定图书馆基层网站”，2009年开设“文化信息资源共享工程——平定县支中心”。支中心配置了高科技设施、设备，有计算机50台、投影仪2台、打印机3台、照相机2部、摄影机1部等。图书馆服务功能完善，拥有多种现代化服务手段，并提供外借、阅览、参考咨询、情报检索、定题服务、读者教育、文献复制等多种文献服务。

盂县图书馆 位于盂县钟镇街37号。原为盂县文化馆图书室，1979年从文化馆分出，接管图书27602册，新建办公室5间，1981年初正式开馆。1983年12月，县财政拨款4.5万元，新建书库楼1座，总面积260平方米，1985年1月投入使用，可藏书10万册。1999年图书馆建成国家三级图书馆标准。2010年馆舍面积560平方米，设有图书采编、图书外借、报刊阅览、儿童阅览、电子阅览、共享工程等部门。

阳泉市郊区图书馆 位于荫营镇。始建于1989年，设在区体育馆三层、四层楼内。建筑面积达800平方米，内设采编、外借、阅览3个组。阅览室可容纳读者100余人。1991年改为郊区图书馆。1994年5月，被评定为省三类图书馆。截至2010年，馆内藏书4.1万册，图书流通1万余册，各类报刊合订本近3000册，年接待读者4253人次，年借阅8.6万册（次）。

阳泉市城区图书馆 位于狮脑山街1号。始建于1979年6月，1980年4月开馆。有馆舍75平方米，藏书27325册，订阅期刊48种，报纸18种，阅览座位20个，年借阅、阅览人数约9000人次。2010年，馆藏书1.7万册，其中地方文献2242册。

阳泉市志

YANGQUANSHIZHI

[下　册]

第二十七编

卫生　体育

阳泉建市前，境内的医疗卫生条件十分落后，公共卫生设施近乎于零。虽然在不同历史时期，民间均有一些医术独到的中医享誉乡里，但由于社会制度和经济上的原因，大多数民众有疾难医，健康状况无法保障。阳泉建市后，历届市委、市政府坚持贯彻“预防为主，减少疾病，提高人民健康水平”的方针，加强对医疗卫生工作的领导和管理，不断增加财政投入，持续强化队伍建设，积极改善医疗条件，使全市医疗卫生事业获得长足发展，人民健康水平大大提高。到2010年，全市建立健全了承载城乡人民防疫保健和医疗康复两大功能的医疗卫生体系，市、县（区）、乡（镇、街道）、村（社区）均设有疾病医疗防控网点，境内医疗卫生基础设施更加先进、完善。特别是在疾病医疗方面，阳泉市建立了以市、县（区）办医院为龙头，包括厂矿企业医院，机关、企事业单位卫生室（所）和乡（镇、街道）村（社区）卫生院（所），以及各种民办诊所等在内的医疗保健体系，并显示了综合医院与专科医院密切配合，学科带头人与重要医疗设备布点合理、辐射全市，主攻肿瘤（境内为肿瘤高发区）、骨伤（境内采矿业发达），兼顾各科的医疗特色，成为晋东地区疾病防治和医疗科研中心。

境内体育源渊于民间武术，早在宋代就有习武办团练的记载。清光绪二十九年（1903）平定中学堂开展的学校体育拉开了境内近代体育历史的帷幕，但发展较慢。中华人民共和国成立后，境内以机关、企事业单位职工为主的体育队伍逐步壮大，民众体育意识显著增强。持续高涨的群众性体育运动在丰富人民生活、增强人民体质、提高体育竞技成绩的同时，也造就了一批批优秀运动员。他们为全民健身运动推波助澜，促进了地方体育事业的发展，进而又孕育出一代代体育新人。特别是中共十一届三中全会后，新型运动项目广泛引进，体育项目由建市前的几个增加到了2010年的40多个，其中自行车、乒乓球、射箭、射击还成为长项，在全国全省都有影响。阳泉市所辖平定县、盂县、郊区等先后被国家体委命名为“全国体育先进县（区）”。

第一章 卫生

第一节 机构

一、监管机构

阳泉市卫生局　民国36年（1947）5月阳泉解放建市，阳泉市的卫生工作由工人管理委员会直管。1950年始设卫生科，专门负责全市的卫生保健管理工作。工作人员3名。1956年由卫生科改为卫生局。1957年，工作人员增至8人。1966年“文化大革命”开始，各项工作处于瘫痪或混乱状态。1967年阳泉市造反总指挥部成立，设文教卫生办公室。1968年，阳泉市革命委员会成立，设文教卫生委员会。1969年，更名为阳泉市革命委员会政工组文卫办公室，人员10名。1970年，文卫办公室撤销，成立阳泉市革命委员会生产组卫生办公室。1971年10月，改为阳泉市革命委员会财贸组卫生办公室。1972年，财贸组与生产组合并，仍称阳泉市革命委员会生产组卫生办公室，人员约10人。1975年，恢复阳泉市卫生局建制，隶属阳泉市委文教部，人员约20名。1981年2月成立中共阳泉市卫生局党委，同年11月21日撤销党委，建立党组。1982年，阳泉市卫生局设办公室、人事劳资科、医政科、防疫科、计财科，在职人员40名。至2010年，阳泉市卫生局内设办公室（纪检监察室）、人事科、规划财务科、基层卫生与疾控妇幼科、医改科、卫生监督科、食品安全综合协调科，人员编制23名；局属17个事业单位：阳泉市卫生局卫生监督所、阳泉市疾病预防控制中心、阳泉市中心血站（阳泉市献血办公室）、阳泉市红十字会办公室、阳泉市医学会办公室、阳泉市健康教育所、阳泉市肿瘤防治研究所（阳泉市肿瘤防治办公室）、阳泉市口腔医院、阳泉市中医医院、阳泉市妇幼保健院、阳泉市第一人民医院、阳泉市第三人民医院、阳泉市第四人民医院、阳泉市卫生学校、阳泉市医学科学情报中心（阳泉市突发公共卫生事件应急处理办公室）、阳泉市新型农村合作医疗管理中心、阳泉市紧急医疗救援中心。

阳泉市爱国卫生运动委员会办公室 1952年成立阳泉市防疫委员会。1953年改为山西省阳泉市爱国卫生运动委员会。1956年挂靠阳泉市卫生局，设阳泉市爱国卫生运动委员会办公室，副县级建制。1984年从卫生局独立出来，直接归阳泉市政府领导。2001年7月，在机构改革中，其职能并入阳泉市城市建设局，成为内设科室，对外行使爱卫会职能，编制4人。

阳泉市食品药品管理监督局 前身是2002年成立的阳泉市药品监督管理局，2004年改建为阳泉市食品药品监督管理局，县级建制，直属山西省食品药品监督管理局。至2010年，内设办公室、规划财务科、餐饮服务药械许可科、食品安全监督科、药品市场安全监督科、医疗器械监管科、健康食品化妆品监管科、纪检监察室8个职能科室，另设阳泉市药品检验所。

阳泉市卫生局卫生监督所 2002年组建。系由原阳泉市职业病防治所与原阳泉市卫生防疫站撤销后新建，科级建制。2006年改为副县级建制。2010年，内设办公室、技术业务科、综合科、稽查科、学校卫生科、环境卫生科、职业卫生科、放射卫生科、传染病和医疗机构监督科。人员编制49人。

二、医疗防保机构

阳泉建市前，境内的医疗卫生事业很不发达。老百姓治病主要靠简单的民间土法及传统的中医中药，人民健康没有保障。民国4年（1915），美国基督教友爱会在平定兴建友爱医院。民国22年，法国人在阳泉创办医院。但由于当时的社会制度和经济上的原因，医疗机构设点不多，医务人员很少，加之老百姓生活贫困，因而不能满足大部分老百姓的需求。

平定友爱医院

民国36年（1947）5月阳泉解放建市后，境内卫生事业发展很快。先后建成阳泉市第一、第二、第三人民医院和卫生防疫站，以及盂县人民医院、平定县人民医院和阳泉矿务局医院等医院。1965年，又加强了乡（镇）卫生院的建设，并为农村培养了一大批不脱产的“赤脚医生”。1966年“文化大革命”开始后，全市医疗卫生事业发展脚步放缓。至1978年，全市仅有医疗机构293个、床位3100张、卫技技术人员4821名。

中共十一届三中全会后，阳泉市卫生事业进入一个新的发展时期。新建了阳泉市中医医院、妇幼保健院、肿瘤防治研究所、药品检验所及盂县中医医院、平定县中医医院等机构。1992年至1999年，阳泉市基本建成农村三级医疗预防保健网，成为农村初级卫生保健合格市。

进入21世纪，阳泉市对原有的部分卫生机构进行整合，并结合实际需要重新组建。2004年，成立了阳泉市突发公共卫生事件应急处理办公室。2006年5月，阳泉市紧急医疗救援中心正式启动运行。同时，为缓解群众看病贵、看病难的问题，在农村，建成了以县（区）医院为龙头、乡（镇）卫生院为支柱、村卫生室为网底的农村三级医疗卫生服务网络，推行新型农村合作医疗制度。在城市，社区卫生服务机构覆盖中心社区，居民15分钟之内即可步行到医疗点。

随着基础设施和医疗环境的不断改善，境内的医疗卫生服务能力得到进一步提升。仅2010年，全市年总诊疗422.12万人次，治愈好转率达99.66%，其中急诊抢救成功率达到92.98%。妇女儿童保健工作进一步加强。2010年，全市孕产妇住院生产率达98.49%，农村高危产妇住院分娩率达100%，孕产妇死亡率由2000年的70.35/10万降为31.43/10万，全市婴儿死亡率由2005年的13.52‰降为8.49‰，新生儿死亡率由2005年的11.93‰降为7.02‰。2010年，全市人口普查统计结果显示，阳泉市人口平均预期寿命由2000年的71.17岁提高到74.45岁，增加了3.28岁，较阳泉建市初期的34.8岁增加了39.65岁。

截至2010年，全市医疗卫生机构522个（不含村级卫生机构），其中，医院82所（三级医院3所、二级医院12所、一级医院52所、民营医院15所），是1990年的1.4倍，是1978年的1.78倍；床位7017张，是1990年的1.36倍，是1978年的2.26倍，是1948年的173倍；卫生技术人员9272名，是1990年的1.45倍，是1978年的2.4倍，是1948年的41.76倍；卫生技术人员中，有高级职称的415人、中级职称的796人、初级职称的823人；全市平均每千人拥有床位5.31张、执业医师294人、注册护士263人。

（一）防保机构

阳泉市疾病预防控制中心 前身为1958年成立的阳泉市卫生防疫站，2002年与原阳泉市职业病防治所一并撤销，组建成阳泉市疾病预防控制中心。内设业务与健康教育科、流行病科、计划免疫科、慢性病防治科、公共卫生预防监测科、理化检验科、微生物检验科、消毒科、预防保健门诊部、办公室和综合科。

阳泉市肿瘤防治研究办公室　1973年，成立阳泉市肿瘤防治领导组，下设办公室。开展肿瘤病普查和防治工作。2001年，合并到原阳泉市卫生防疫站，成为内设科室。

阳泉市职业病防治所　1973年成立，开展职业病防治工作。2001年被撤销，业务归市疾病预防控制中心。

阳泉市妇幼保健院　1976年建立阳泉市妇幼保健所。建所初期有8名工作人员，设有妇女保健科、儿童保健科和计划生育科，开展普及新法接生、妇女病防治、妇女劳动保护、围产期系统保健、托幼机构的管理和学校儿童保健工作。1984年8月，成立阳泉市妇幼保健院。与阳泉市妇幼保健所合署办公，一套人马、两块牌子。2000年8月，经阳泉市计划委员会、阳泉市卫生局批准增挂“阳泉市儿童医院”的牌子。至2010年，有职工99人，其中，卫技人员77人、其他技术人员7人、管理人员6人、工人9人。卫技人员中，高级职称14人、中级职称28人、初级职称35人。具有研究生学历2人、本科学历46人、大专学历21人。床位40张。设办公室、医务科、护理部、财务科、总务科、儿科、新生儿科、妇科、产科、检验科、影像科、药房、采供科、消毒供应室、心脑电图室、手术室、麻醉科、病理科、妇女保健科、生殖健康科、儿童保健科、健康教育科、预防保健科、眼保健门诊、口腔保健门诊25个科室。

阳泉市健康教育所　前身是阳泉市爱国卫生运动委员会和卫生防疫站共同组建的阳泉市卫生宣传教育馆，1985年划归市卫生局，名为阳泉市健康教育馆。1990年改名为阳泉市健康教育所。至2010年，内设社会教育室、文字编辑室（《健康天地》编辑部）、美术电教室、办公档案室、财务室、阅览室。

（二）医疗机构

阳泉市第一人民医院　前身为民国37年（1948）建立的阳泉市立医院；1953年改名为山西省立阳泉人民医院；1955年又改为山西省阳泉人民医院；1957年易为阳泉市人民医院；1959年又易为阳泉市中心人民医院；1967年再易为阳泉市工农兵医院；1971年定名为阳泉市第一人民医院。是一所集医疗、教学、科研、预防保健为一体的大型现代化综合性医院，是山西医科大学附属医院。1993年被评为“三级乙等”医院，2005年被评为“三级甲等”医院。2010年有职工901名，其中卫技人员772人，其他技术人员60人、管理人员17人、工人52人。技术人员中有高级职称168人，中级职称262人，初级职称327人；有博士学历1人，硕士研究生学历12人，本科学历616人；有硕士生导师7人。医院设床位1000张。内设临床科室46个，其中一级科室18个：内科、外科、妇产科、儿科、耳鼻喉科、眼科、口腔科、中医科、皮肤性病科、五官科综合病房、麻醉科、急诊科、康复理疗科、预防保健科、感染性疾病科、重症医学科、疼痛科、心理咨询室；二级科室28个：心血管内Ⅰ科、心血管内Ⅱ科、消化内科、呼吸内科、血液内科、肾内科、神经内Ⅰ科、神经内Ⅱ科、内分泌内科、风湿免疫科、老年内科、肿瘤内科、CCU、普通外Ⅰ科、普通外Ⅱ科、创伤骨Ⅰ科、创伤骨Ⅱ科、创伤骨Ⅲ科、心胸外科、神经外科、泌尿外科、普胸肿瘤科、烧伤整形科、妇科、产科、计划生育科、儿内科、新生儿科。医技科室16个：检验科、药剂科、放射科、CT室、磁共振诊断室、核医学科、介入科、放疗科、手术室、病理科、消毒供应中心、营养室、输血科、功能科、超声科、ECT室。职能科室20个：院办公室、党委工作部、医务科、信息科、护理部、科教科、人事劳资科、综合管理科、纪检监察室、门诊部、器械科、感染管理科、总务科、基建科、财务科、保卫科、药品采供科、审计科、医疗保险办公室、计划生育办公室。其他机构1个：开发区医疗卫生服务站。主要设备有1.5T磁共振仪、64层螺旋CT、数字减影血管造影系统、德国西门子直线加速器、电子内窥镜、多功能X线胃肠机等大型高精尖医疗设备等。

阳泉市第一人民医院

阳泉市第二（郊区）人民医院　1951年12月，由平定县政府筹办、群众集资700万元（旧币）在郊区荫营镇下白泉村建立平定县六区卫生所。1953年改称阳泉二区卫生所。1954年更名为阳泉市第二卫生所。1958年8月改称郊区第二人民医院，同年11月改称荫营人民医院。1962年，经山西省卫生厅批准，改建为阳泉市第二人民医院。1967年改称阳泉市贫下中农医院。1974年恢复阳泉市第二人民医院名称。1996年全建制移交郊区政府，郊区政府将第二人民医院改称阳泉市郊区人民医院，同时保留阳泉市第二人民医院的牌子。2003年4月，更名为阳泉市非典定点医院（SARS病医院）。同年9月，恢复阳泉市第二（郊区）人民医院名称，为二级甲等医院。2010年有职工250人，其中卫技人员201人，非卫技人员4人。卫技人员中有高级职称27人，中级职称68人，初级职称106人。床位230张。医院设管理科室14个：办公室、人事科、财务科、医务科、护理部、感染科、防保科、科教科、信息科、医疗设备科、保卫科、医保办、门诊部、总务科；临床科室15个：内科、神经内科、心肾内科、外科、神经外科、骨一科、骨二科、妇产科、儿科、中医科、五官科、急诊科、麻醉科、ICU、血液透析中心；医技科室7个：药剂科、影像科、检验科、功能科、手术室、供应室、康复科。主要设备有AR-X全身CT诊断仪、CR影像系统580型、2K-DR直接数字X射线成像系统V4.0、干式激光相机8900型、BK-2102彩色多普勒诊断仪等。

阳泉市第四人民医院 前身为1956年成立的阳泉铁路卫生所。1958年改为阳泉铁路医院。2004年移交地方管理。2006年改称阳泉市第四人民医院，系二级乙等医院。2010年有职工201人，其中，卫技人员172人、其他技术人员12人、管理人员3人、工人14人。卫技人员中有高级职称20人，中级职称51人，初级职称101人；具有本科学历61人。医院床位208张。内设科室25个，其中临床科室11个：内科、普外科、骨科、妇产科、儿科、手术室、急诊科、五官科、口腔科、中医科、理疗科。医技科室4个：检验科、放射科、药剂科、超声室。管理科室6个：医院办公室、党委办公室、人事科、财务科、总务科、器械科。主要设备有进口螺旋CT机、全自动生化分析仪、血气分析仪、血球计数仪、进口麻醉机、中央心电监护仪、腹腔镜、500mAX光机、彩超、动态心电图、臭氧治疗仪、碎石治疗仪等。

阳泉市口腔医院 前身是1956年由四家镶牙馆公私合营后成立的牙科诊疗所。1976年，由集体所有制改为全民所有制并更名为阳泉市口腔医院，为二级甲等医院。2010年有职工67人，其中卫技人员44人、其他技术人员5人、管理人员4人、工人14人。卫技人员中，高级职称5人、中级职称24人、初级职称15人；有本科学历18人。床位16张，开设口腔内、外科专业，治疗多种牙病，对小儿口齿矫正和口腔修复、保健及镶牙技术积有丰富经验。1990年始，开展烤瓷牙植入等多种新技术均取得较好效果。是山西省内规模较大的口腔专科医院，是晋东地区口腔医疗中心和山西口腔医学的主要教学基地之一。内设管理科室4个：人事科、办公室、财务科、总务科。临床科室8个：牙周科、修复科、口腔外科、老干科、牙体牙髓科、儿童牙病科、正畸科、特诊科。业务科室3个：科教科、医务科、护理部。医技科室5个：放射科、技工中心、药房、供应室、化验室。主要设备有牙科综合治疗机，种植机，美国烤瓷炉，高频铸造机，日本全颌曲面体层X线机，口腔数字X线成像系统，200mA双管、双床X线机，进口手机空真高温消毒灭菌器、牙椅等。

阳泉市第三人民医院 前身为1965年组建的“山西省阳泉市传染病医院”。1971年发展为综合医院，名为“阳泉市第二人民医院”。1975年更名为“阳泉市第三人民医院”。是一所以创伤骨科、医疗急救、传染性疾病为主要特色的集医疗、教学、科研、保健预防为一体的三级乙等综合医院，以手外科、传染科、骨科为主要拳头科室。2010年有职工539人，其中技术人员494人，行政人员12人、工人33人。技术人员中，卫技人员429人，其中高级职称75人，中级职称169人，初级职称185人；有研究生学历1人，本科学历278人。床位530张。医院设管理科室20个：党工部、纪检监察室、团委、院办、人事科、医务科、科教科、信息科、护理部、感染管理科、门诊部、基建科、环保科、总务科、审计科、保健科、财务科、器械科、保卫科、医保办。临床科室30个：神经内科、内分泌内科、心血管内科、肾内科、消化内科、血液肿瘤科、呼吸内科、结核科、传染科、普外科、泌尿外科、心胸外科、骨科一病区、骨科二病区、手外科、妇科、产科、计划生育科、儿内科、新生儿科、眼科、口腔科、耳鼻喉科、皮肤科、中医科、ICU、急诊科、康复医学科、麻醉科、手术室。医技科室8个：检验科、输血科、医学影像科、放射治疗室、核医学科、病理科、功能科、消毒供应室。其他科室3个：社区卫生服务部、营养科、药剂科。主要设备有日立公司产核磁共振、美国皮克螺旋CT机、数字平板X线摄影系统（DR）、大型核医学设备ECT、医用直线加速器、西门子彩色多普勒超声诊断仪、大型罗氏P800全自动生化分析系统、美国顺康腹腔镜、宫腔镜、ICU系统、呼吸机、麻醉机等。

阳泉市中医医院 1980年7月组建，是一所集医疗、教学、科研、预防保健为一体的综合性二级甲等中医医院；是山西中医学院、大同大学医学院教学医院，阳泉市卫生学校临床实习基地。2010年有职工154名，其中卫技人员139人、管理人员2人、工人13人。卫技人员中有高级职称26人，中级职称51人，初级职称48人；有研究生学历2人，本科学历77人。床位135张。内设办公室、人事科、医务科、护理部、院感科、预防保健科、医保办、信息科、财务科、总务科、器械科、急诊科、内科、骨伤科、外科、妇产科、儿科、针灸科、肛肠科、康复医学科、皮肤科、整脊科、口腔科、眼科、中风病专科、肝病专科、肾病专科、脾胃病专科、风湿免疫专科、哮喘专科、糖尿病专科、不孕症专科、结肠炎专科、影像科、检验科、功能科、内窥镜室、制剂室、药剂科、下站社区卫生服务中心。主要设备有X线影像扫描系统、德国西门子CT、美国GE彩超、全自动血液细胞分析仪，日本东亚全自动生化分析仪，奥地利全自动化学发光仪，日本富士能电子胃镜、电子结肠镜，电子阴道镜及全套中药制剂设备、韩国中药自动煎煮机等大型医疗设备等。

阳泉煤业（集团）有限责任公司总医院 1950年建院，名为阳泉矿务局医院。1958年更名为矿区人民公社中心医院。1965年恢复阳泉矿务局医院名称。1998年更名为阳泉煤业（集团）

有限责任公司总医院。是融医疗、教学、科研、预防及康复为一体，面向社会开放的三级甲等医院。是山西医科大学、长治医学院等医学院校的教学医院。2010年有职工1421人，其中，卫技人员1020人、其他技术人员88人、管理人员53人、工人260人。卫技人员中，高级职称236人，中级职称289人，初级职称337人；具有研究生学历57人、本科学历620人。床位900张。下属一矿、二矿、四矿、工程处和亚美医院。内设临床科室21个：骨科（分设为以创伤、脊柱骨病、手外、关节、整骨康复科等专科方向的6个病区）、外科（分设为普通外科、胸心血管外科、泌尿外科、烧伤整形外科、神经外科、乳腺外科）、内科（分设为呼吸内科、消化内科、心血管内科、神经内科、肾病内科、内分泌科、内科干部病区、老年病科、肿瘤科）。医技科室10个：药学部、检验科、输血科、营养科、病理科、功能检查科、影像诊断科（CT室、磁共振室、中心导管室）、内镜室、供应室、静脉药物配置中心。管理科室10个：办公室、党群工作部（纪委、工会、组织宣传、团委）、人力资源科、经营管理科（住院处）、药品科、医保科、武装保卫部、总务科、设备科（信息科中心）、离退休职工管理中心。业务科室6个：医务科（病案统计室）、护理部、门诊部（体检中心）、科研教育科、预防保健科、感染管理科。其他科室9个：急诊科、重症

阳煤总医院

医学科、妇产科、儿科、眼科、耳鼻喉科、口腔科、麻醉科、中医科。主要设备有1.5T磁共振、数字减影血管机、SPECT、直线加速器、全身16层螺旋CT、全数字胃肠X线机、全数字彩超、DR、高压氧舱、肿瘤热疗机、肺功能仪、全自动血凝仪、气管镜、胃镜、彩超及各类抢救、监护设备、德国奔驰原装进口全封闭重症监护医疗急救车等。

阳泉市县（区）及部分企业医院简表

表-27-1

医院名称	开办时间	等级	职工人数（人）	床位人数（人）	技术人员（人）						科室（个）				医疗设备价值（万元）
					卫技人员	其他技术人员	高职	中职	初职	其他	管理科室	临床科室	医技科室	其他	
平定县人民医院	1946.10	二级甲等	341	200	296	15	22	90	189	10	10	16	13	–	15600
盂县人民医院	1946	二级甲等	516	380	427	33	25	130	240	32	12	14	7	–	4850
平定县中医医院	1981.7	二级甲等	108	60	95	3	8	33	54	–	5	8	2	6	594
盂县中医医院	1983.3	二级甲等	191	100	151	6	4	46	118	–	9	7	5	–	1000
阳泉煤业（集团）有限责任公司第二医院	1991	二级乙等	258	165	179	–	14	54	88	25	24				1610
阳泉煤业（集团）有限责任公司第三医院	1949	二级乙等	282	235	225	11	22	106	62	35	7	11	4	–	1808
阳泉煤业（集团）有限责任公司总医院一矿医院	1955	–	167	135	142	15	10	39	83	3	23				200
阳泉第二监狱医院	1982	二级乙等	101	120	90	11	4	70	16	–	8	6	7	–	–

（三）医学教研机构

阳泉市医学会办公室 1957年成立阳泉市医学会，1997年设阳泉市医学会办公室，编制4人。2005年设精神病学科、心血管病学科、骨科学科、普外科学科、麻醉学科等5个专业委员会，2010年发展为25个。主要职责是举办医学学术会议、医学科普活动、医学继续教育、医学论文评选、医疗科研成果鉴定。

阳泉市卫生学校 前身为1958年9月11日建立的山西省阳泉卫校。1962年停办。1971年复校，校名更改为阳泉市卫生学校。2010年有教职工102人，其中专任教师74人、卫技人员5人、其他技术人员10人、管理人员5人、工勤人员8人。技术人员中，有高级职称22人、中级职称42人、初级职称25人；有本科学历77人。在专任教师中，专业课教师48人，占专任教师的63.2%，双师型教师23人，享受第三届市政府特殊津贴的拔尖人才1名，省级学科带头人1名、市级学科带头人2名、省级骨干教师4名、省级教学能手3名。

专业设置分为五年制高职大专（与山西医科大学联合办学）、初中起点中专、高中起点中专3个层次。高职大专设有护理、药学、临床医学3个专业；中专设置有护理、中医（针灸推拿）、助产、计划生育技术、药剂、医学检验、中药、中医康复保健（中医美容）、卫生保健9个专业。护理专业2004年被阳泉市确定为首批市级示范专业，2007年被山西省教育厅确定为省级示范专业。

学校占地面积10722平方米，总建筑面积19205.1平方米，其中校舍建筑面积15611.89平方米。固定资产总值1113万元，其中教学设备总价值316.17万元。学校建有城域网，设41个多媒体教室，实现了教育手段的现代化。拥有专业实验室13个，各实验室设备先进、配套齐全。以阳泉市第一人民医院、阳泉市第二人民医院、阳泉市第三人民医院，阳煤集团总医院等27所市、县级医疗卫生单位为实习基地，在各基地聘请实习带教教师800余名，为学生提供良好的专业技能学习和实践条件。

教学方式采取全日制教育与成人函授教育相结合，全日制教育有五年制高职大专（与山西医科大学联合办学）、高中起点中专、初中起点中专、职业中专四个教学层次。五年制高职大专设有临床医学、护理、助产、药学四个专业，中专设有中医（针灸推拿）、护理、助产、计划生育技术、医学检验、药剂、中药、中医康复保健（中医美容）8个专业。1997年，在立足于办好全日制教育的同时，与山西康育医学院联合开办中西医结合大专自考辅导班；成立山西省中医学院成人教育学院阳泉函授站，联合招收函授大专班学员；免费为下岗职工举办再就业培训班；举办阳泉市农村基层医疗机构骨干人员培训班；举办保健推拿短训班；举办乡村卫技人员中专学历培训班。阳泉市卫生学校是阳泉市国际劳务医护人才培训基地，承担对拟出国就业学生及在职职工进行专门培训任务，又是山西省计算机应用能力培训点，对学生和社会开展计算机能力培训。内设办公室、人事处、教务处、学生科、政教处、财务科、总务科、保卫科、膳食科、团委、临床医学教研室、基础医学教研室、基础课教研室13个科室。主要职能是培养中专学历卫生技术人才，承担医药专业技术培训和自学大专、本科学历教育辅导工作。2010年，学历教育在校生2193人，其中与医科大联合办学招收的高职生797人、中专生1196人、农村中专学历教育学生200人。

阳泉市肿瘤防治研究所　前身为1978年成立的阳泉市肿瘤研究所。1985年更名为阳泉市肿瘤防治研究所。是集肿瘤预防、医疗、科研、康复为一体，以肿瘤综合治疗为特色的医疗科研单位。职工56人，其中，卫技人员50人、其他技术人员2人、管理人员2人、工人2人。技术人员中，高级职称14人、中级职称28人、初级职称10人；有本科学历25人。床位75张。内设办公室、医务办、护理办、人事科、内科、外科、放疗科、麻醉科、财务科、医保办、门诊办、放射科、病理科、B超室、检验科、胃镜室、实验室。主要职责是进行肿瘤的预防、诊断、治疗、科研、康复及普查等工作。主要设备有钴60治疗机、意大利产高智能乳腺钼靶X光机、中外合资麦瑞生产、彩色B超、铱192后装机、奥林巴帕斯电子胃镜等。

（四）其他机构

阳泉市药品检验所　1975年8月成立，隶属于阳泉市卫生局，编制25人。2001年划归阳泉市药品监督管理局，内设科室5个：办公室、业务技术室、生测室、化学室、中药室。主要职责是负责辖区内抽验药品的检验、复验和委托检验工作；开展与药品检验、药品质量有关的科研工作；对辖区内药品生产、经营企业和医疗机构检验部门的业务指导及培训工作；综合上报和反馈辖区药品质量信息。

阳泉市医学科学情报中心（阳泉市突发公共卫生事件应急处理办公室）　前身为1978年成立的阳泉市医学科学研究所。1980年改为阳泉市医学科学情报中心。2004年，阳泉市突发公共卫生事件应急处理办公室成立，与阳泉市医学科学情报中心一个机构两块牌子。编制7名，领导职数2名。主要职责：依法组织协调有关突发公共卫生事件应急处理工作；拟订有关突发公共卫生事件应急处理的应急预案和措施，组织预案的演练；建立与完善公共卫生事件监测和预警系统；组织对公共卫生和医疗救助专业人员进行有关突发公共卫生事件应急知识和处理技术的培训；承办救灾、反恐、中毒、放射事故等重大安全事件中涉及公共卫生问题的组织协调工作；对突发重大人员伤亡事故组织紧急医疗救护工作等。

阳泉市紧急医疗救援中心　前身为1985年筹建的“阳泉市急救中心”。1997年11月18日，在阳泉市第三人民医院增挂“阳泉市医疗急救中心”的牌子，负责承担全市急救工作的相应职能。2004年，阳泉市人民政府决定，成立阳泉市紧急医疗救援中心，为正科级差额预算事业单位，编制80名，领导职数3名，隶属阳泉市卫生局。同年7月，在原阳泉市肿瘤筹备处新建阳泉市紧急医疗救援中心，2005年6月竣工，2006年5月30日正式启动运行。主要职责：承担阳泉市医疗救护和突发公共卫生事件的应急抢救任务；负责突发公共卫生事件的紧急医疗救助；

阳泉市紧急医疗救援中心

为市民提供日常的院前医疗急救服务；为基层急救站提供业务指导，为全市急救人员提供培训和继续医学教育，逐步建立健全阳泉市三级医疗急救网络。

阳泉市中心血站　成立于1993年6月，负责全市临床用血（阳煤集团医疗机构除外）。2001年阳煤集团总医院血库撤销，并将其业务全部纳入阳泉市中心血站。主要职责是根据《中华人民共和国献血法》规定要求，负责全市的采供血工作，按照各医疗单位的要求及时提供合格、安全、可靠的血液，保证各医疗机构和全市人民的安全用血。主要设备有美国百特公司产的成分血细胞分离机、日本CR7日立大容量冷冻离心机、瑞士哈美顿斯达尔全自动样本处理工作站、哈美顿费米全自动酶免分析系统、7080生化分析仪，Xantus双臂全自动加样血型仪，贮血专用冰箱（4℃）、低温冰箱（-20℃以下）、大容量低温离心机，血细胞分离机、试剂专用冰箱、紫外线强度测定仪、血小板保存箱、微米测定仪、离心机转速测定仪、工作间消毒设备、高压蒸汽灭菌器、酶标仪、洗板机、全自动生化分析仪、全自动酶免系统、发电机、送血车等大型仪器设备60余台（件）等。2008年11月建立了PCR实验室。截至2010年，阳泉市中心血站职工30人，其中卫技人员22人、其他人员8人。卫技人员中，高级职称3人、中级职称12人、初级职称7人；有硕士研究生学历1人、本科18人。

阳泉市新型农村合作医疗管理中心 前身为2005年9月30日成立的“阳泉市新型农村合作医疗管理办公室”，2006年12月更名为阳泉市新型农村合作医疗管理中心。编制3名。主要职责是拟订全市新型农村合作医疗的有关政策、规章，并组织实施，督促各县（区）贯彻落实中央和省有关建立新型农村合作医疗保健制度的政策、措施；协调、指导和监督检查全市农村合作医疗工作。

阳泉市红十字会办公室 1958年成立市红十字会，后工作中断。1987年恢复工作并召开第二届会员代表大会，成立理事会。三区两县均恢复红十字会组织，在医疗单位发展团体会员单位，联合市教委成立阳泉市红十字青少年工作委员会，发展青少年会员并逐步在工矿、企业成立行业红十字会。1997年设红十字会办公室，编制3人。主要职责是传播人道主义精神，开展救灾、救助、救援工作。2003年非典型肺炎（简称“非典”）期间，募集现金127870元和价值300多万元的救护车、德国进口呼吸机、血球仪、X光机、监护仪，防护服等急需物资，有力地支持了全市的抗击“非典”工作。2004年，为印度洋地震、海啸灾区捐款37万余元。2008年，为南方雪灾和汶川地震两次重大自然灾害受灾地区，组织募捐款308.1万元，其中按阳泉市广播电视局定向捐赠意愿汇四川广播电视局10.51万元，其余全部到账并上缴山西省红十字会。1997年至2010年，多次为阳泉地区遭受自然灾害的乡村和贫困户及贫困患者、贫困学生捐赠现金、白面、药品、衣物等，及时解决了他们的困难。

第二节 疫病防治

一、传染病防治

（一）疫情报告与管理

境内历史上疫情不断，怪疾多发。早在明万历八年（1580），《平定州志》上就有“大疫”的记载。由于社会制度的原因，加之当时医学不够发达，每遇灾疫，就会出现“人民流离，道殣相望，田园荒芜，庐舍多墟”的悲惨境况。民国35年（1946），疫病流行甚烈，尤以梅毒、疥疮、疟疾、伤寒为最。平定县的栓全、西山头、寺庄等村几乎全村染疾，发病率高达

10044/10万，死亡人数多，死亡率极高。但在中华人民共和国成立前，境内一直没有专门的疫情报告机构。中华人民共和国成立后，在“预防为主”工作方针的指引下，卫生部于1955年发布了《传染病管理办法》，翌年又颁发了《传染病旬报规定》。1958年阳泉市组建了卫生防疫站，承担全市传染病报告及管理工作。依据中央和山西省的文件精神，阳泉市于1959年制定了《阳泉市传染病管理实施办法》，1961年制定了《阳泉市疫情报告网健全方案》及《阳泉市传染病管理办法实施细则》，1963年又制定了《关于疫情报告制度的规定》。1983年平定县、盂县划归阳泉后，全市实行了按行政区划分片逐级报告管理的制度，即城市、农村的基层卫生单位发现疫情后先向县（区）防疫站报告，县（区）防疫站再向市防疫站报告，阳泉市卫生防疫站最后汇总向山西省防疫站统报。传染病报告制度实行以后，漏报现象逐年减少，据调查，20世纪80年代初，全市疫情漏报率平均在30%～50%左右；到1990年，已下降为21.75%，城区更为显著，漏报率仅为2.89%，各大医疗单位一般无漏报现象。为了探寻疫病流行规律，制定科学的防治对策，阳泉市卫生防疫站先后辑录、编印了《阳泉市1950—1979年疫情资料汇编》和《阳泉市1980—1989年疫情资料汇编》《阳泉市1990—1994年疫情资料汇编》《阳泉市1995—1999年疫情资料汇编》共280余册，从2000年起将疫情报告等资料装订成册，使资料更为详尽。2001年，重点转向对传染病、慢病的控制、监测和疫情的报告管理。至2005年法定传染病报告发病率降为487.33/10万，病死率为0.63/10万。2008年法定传染病上升为613.41/10万，病死率降为零，全市疫情漏报率为0.35%。2010年法定传染病报告发病率降为590.15/10万，病死率为0.1048%，传染病漏报率为0.55%。其他慢病的控制逐步走向正规。

（二）计划免疫

清末，平定县东锁簧村人冯三升，听说北京有通过引种牛痘预防天花之法，便自费带自己的孩子赴京以身试“法”，学习掌握这一技术，并在家乡加以推广，从而揭开了接种痘苗进行免疫防病的历史。民国4年（1915）至民国36年，友爱医院承担平定县城中儿童种痘任务，农村尚不普及。中华人民共和国成立后，贯彻“预防为主”的方针，十分重视接种免疫工作。20世纪50年代，阳泉接种的疫苗只有牛痘苗、卡介苗、百白破三联疫苗3种，到1990年，已陆续增加了百白破混合制剂、白破二联、精制白喉类毒素、麻疹疫苗、脊髓灰质炎疫苗、流脑菌苗、伤寒三联菌苗、伤寒五联菌苗、乙脑疫苗、狂犬疫苗、布氏菌苗、炭疽菌苗、卡介苗、乙肝疫苗15种，而且在全市城乡普遍建立了“表、簿、卡”及考核验收制度，计划免疫日臻完善；市、县（区）两级均通过上级审评实现了四苗（脊髓灰质炎疫苗、麻疹疫苗、百白破疫苗、卡介苗）接种率达85%的目标。1991年至2005年全市加强了乙肝疫苗及儿童“五苗”“七苗”（卡介苗、百白破、麻疹、糖丸、乙肝、流脑、乙脑）和“防九病”疫苗（结核病、百日咳、白喉、破伤风、麻疹、小儿麻痹、乙肝、流脑、乙脑）的预防接种工作，计划免疫接种率以乡镇为单位保持在97.5%以上，多种传染病被控制，连续32年没有小儿麻痹病发生。2010年全市基础疫苗全程接种率达95%以上，全市设536个接种点，对54644名适龄儿童进行麻疹疫苗强化接种，接种率97.1%，对17777名儿童进行了乙肝疫苗补种，补种率97.9%。儿童“五苗”接种率（以乡为单位）均达到95%以上。

（三）性病、艾滋病防治

境内的性病、艾滋病防治始于改革开放后的1980年，主要工作是宣传、监测。2000年发现首例艾滋病毒感染者，2004年报告性病1100例，对7000例“两劳”和羁押人员进行了HIV抗体检测，查出抗体阳性11人。2008年，发现艾滋病感染者36例。2010年，全市共报告性病5种510例，其中AIDS/HIV 21例（死亡5例）、梅毒412例、尖锐湿疣59例、非淋菌性尿道炎15例、生殖性疱疹3例；为控制艾滋病性病的蔓延，阳泉市采取了监测与干预措施，制作“爱心红丝带”系列的特色宣传材料，设计制作宣传架和配套版面、印制知识卡片、知识扑克、知识折扇、知识围裙。利用公益广告牌、《健康天地报》等形式进行广泛宣传，采取监测与检测等办法对高危人群开展干预工作，有效控制艾滋病和性病的传播。

（四）地方病防治（碘缺乏病、布病、氟中毒）

阳泉地区有散在型地方病发生，主要是布鲁氏菌病、地方性甲状腺肿（碘缺乏病）和地方性氟中毒病。1965年成立阳泉市防治地方病领导小组并设立办公室，开展防治工作。

布鲁氏菌病，俗称布病或波状热，是国家法定的传染病和地方病防治的疾病之一。主要传染源为牛、羊、猪等家畜，人畜共患。1959年，郊区荫营供销社牛奶场、阳泉矿务局牛奶场和三矿羊奶场等处人群中及郊区西南舁公社北舁村羊工中曾暴发流行。其后，历年均有人畜发病。为了控制布病的蔓延，进行有效的防治，1965年至1966年，阳泉市组织防治队对布鲁氏菌病进行普查、普防、普治。通过对荫营、站上2个区、12个公社、146个大队4226个人及37229只羊、1426头牛和部分马、驴、鸡、猪的检疫，查清了这两个区布病在人畜中的感染情况，并采取了相应的普治措施。1973年，对10个公社的5万只羊进行了预防接种；1974年，对27个单位的409名职业人员进行了重点调查，并进行了预防接种和对症治疗。1979年6月，经山西省组织考核、鉴定、验收，人畜中均未发现新的病例，确定阳泉已达国家基本控制指标。1985年进行复查，全市三区两县均达国家基本控制指标。1957年至2010年，布病发病率的教高年份集中于1963年至1964年和2001年至2003年间，其中最高年份为2003年，发病率7.58/10

万，最低年份为1982年，发病率0.02/10万。

碘缺乏病，简称地甲病，主要分布在平定县、盂县的偏远山乡。建市初，阳泉地区患有地甲病的有189人，患病率为41.51/10万。1973年进行全市性摸底调查，查出31例患者，分布在10个公社21个生产大队，呈散在型发病，尚不属地甲病区。1974年后，平定县、盂县年年有新病例发生，且显示出增长趋势。至1983年，两县地甲病人累计已达到3224例（平定县1016例，盂县2208例），分布在两县10个公社104个生产大队，现患病例共有118例（平定县83例，盂县35例）。经查，为缺碘所致。1984年推广使用碘盐。1985年，市地方病领导小组组织人员对平定县、盂县的地甲病进行专门调查。结果表明，两县历年发病率都较高，特点明显，已属地甲病区。但由于措施得力，调查时，两县的病区已缩小到5个乡11个行政村，患者37例（平定县29例，盂县8例）。其后各年，除强调病区食用碘盐并满足供应外，防疫人员还不断对病区进行食盐加碘监测，对部分7~14岁学生甲状腺生理性肿大进行定期检查，同时加强了地甲病防治的宣传，使地甲病得到有效控制，直到1990年再未出现新病例。2010年，通过加强个盐管理，合格碘盐食用率上升到97.63%，居民碘盐覆盖率99.39%，有效控制了碘缺乏病的发生。

地方性氟中毒病是由氟中毒而引起的一种地方性疾病。1979年5月至1981年9月，阳泉市卫生防疫站曾组织人员对郊区、平定县、盂县13个公社190个生产大队的常年饮用水源进行了抽检调查，发现盂县梁家寨乡的蔡家坪村、大崔家庄村严重超标，为高氟水区。受其影响，发现有少量氟斑牙患者。经对水源进行改造，到1990年，水氟含量已有所降低，但仍超标。2005年对高氟水区513名学生进行调查，发现氟斑牙患病率在10%左右。截至2010年，氟中毒病基本保持稳定状况。

（五）结核病防治

结核病俗称“痨病”，其传染性强，早期不易发现，严重地危害着人民的生命健康。中华人民共和国成立后，境内各级政府和卫生部门采取了多种措施进行预防和治疗，开展了卡介苗普种、结核病流行病学调查，结核病死亡情况回顾性调查分析，为结核病防治提供了依据。1997年盂县防疫站内设立结核病防治所，成为山西省首批结核病控制项目县。郊区防疫站在1999年也设立结核病防治所。城区、矿区结核病防治工作由阳泉矿务局医院结核科和阳泉市第三人民医院结核科负责。阳泉市从2001年开始实施结核病控制项目。2002年改为“中日结核病控制项目”工作。对于发病一个月者采用联合用药办法，即异烟肼、利复平、吡嗪酰、乙胺丁醇四种药联合用药，6个月为一疗程；未愈者采取复治疗法，即前四种药加链霉素治疗，8

个月为一疗程。2004年以县为单位DOTS覆盖率达100%。2001年至2010年全市共发现肺结核病人5241例，其中新涂阳病人3023例，复治涂阳病人528例，涂阴病人1590例，治愈率达到82%，全市结核病人得到有效控制。

（六）“非典”防治

2003年烈性传染病非典型肺炎（简称“非典”）在国内流行。同年4月，阳泉发现第一例“非典”疑似病人。市委、市政府十分重视，立即组织阳泉市抗击“非典”领导组，下设抗击“非典”指挥中心，副市长李体柱任总指挥，抗击“非典”办公室设在阳泉市卫生局。全市采取了隔离观察、市区路口汽车消毒，公共场所消毒，对外来人员实行严格监管等措施，有效地控制了“非典”疫情在阳泉的传播。全市设隔离区6个，SARS医院1个，发热门诊55个，传染病房97个，床位159张，设发热留观病房148间。共收治发热病人3886人，收治疑似病人29人，确诊7人，其中，死亡1人，治愈6人。全市参与抗击“非典”医务人员4593人，一线776名。并举办防治“非典”学习班38期，培训人员9640人次。广大医务人员和卫生人员在抗击“非典”战斗中发挥了重要作用，社会各界纷纷捐资捐物支援抗击“非典”战斗，涌现出全国先进个人5名，省级先进集体4个、立功个人20名，市级立功个人22名、先进个人48名、立功集体7个、先进集体5个。

“非典”防治医护人员

二、慢病防治

（一）肿瘤病防治

阳泉是肿瘤病高发区。早在清光绪八年（1882）续修的《平定州志》中，就有“孟鳌，城南镇人，贼性至孝，母患噎疾医药无效……”的记述。噎疾即食管癌。据1969年至1988年调查资料表明，在全市各类死因死亡率归类排序中，恶性肿瘤仅次于脑血管病，居第二位；20年共死亡45910人，死亡率为620.78/10万。1958年，阳泉市被确定为全国食管癌重点监测防治试点地区之一。经过30多年的积极探索，到1990年，建立健全了市、县（区）、乡、村四级肿瘤防治网，有组织、有计划地开展了各种肿瘤普查，累计达百万人次；成立了阳泉市肿瘤防治研究所和阳泉市肿瘤防治研究办公室，较大医院成立肿瘤科室，设专科病床200多张，在手术、化疗、放疗等方面都取得一定进展。据1990年统计，各种癌症的5年生存率可达20%～25%，8年生存率达5%～10%，10年以上生存率为4.4%，肿瘤病人最高癌龄为14年。各类肿瘤均可在阳泉市进行治疗。2000年，肿瘤死亡率已占到全市人口死因的第一位。2004年，通过对城区所辖7个派出所的死亡登记调查和对阳泉市第一人民医院、阳泉市第三人民医院、阳煤集团总医院、阳泉市肿瘤防治研究所、阳泉市医疗保险中心进行肿瘤临床流行病学调查的资料显示：阳泉市4所医院住院病人中，每4位住院者中就有1位肿瘤病患者；城区居民中每死亡4人中，就有1位肿瘤病患者。阳泉市肿瘤防治研究所组织专人调查，阳泉城区、矿区、郊区的恶性肿瘤发病率，2009年为203.46/10万，2010年为206.27/10万。高于全国平均水平，呈逐年上升趋势。在肿瘤病的防治中，阳泉总结出了“三早”（早发现、早诊断、早治疗）的有效经验。经治疗，至2010年全市肿瘤病人最高癌龄超过30年，老干部杨四箴从1977年始曾做过6次手术，现在仍活跃在抗癌战线。阳泉恶性肿瘤的种类主要有食管癌、胃癌、肝癌、肺癌、宫颈癌、直肠癌、白血病、脑瘤、乳腺癌、结肠癌、膀胱癌、鼻咽癌、恶性淋巴瘤、阴茎癌、绒癌等近20种。前5种死亡率最高，其中食管癌居首，在被调查的8435名肿瘤死亡者中食管癌病亡者就有3541名，占到41.98%。其主要特点：男多于女（男性癌亡5483人，女性癌亡1952人，分别占癌亡总数的65%和35%）。从恶性肿瘤的年龄状况来看，0～14岁组，以白血病为主，其死亡数占到该年龄段癌亡总数的70%；食管癌等5种肿瘤是随着年龄组的增大死亡率不断增加的，60岁组为高峰。

从恶性肿瘤的致病原因来看，高发区地下水（主要是桃河地下水）被厂矿废水废渣污染，水中含有大量的砷、镉、铅等有害物质（氰化物超标263.8倍，铬超标12.54倍）；空气中煤尘量和二氧化碳、二氧化硫含量严重超标（仅二氧化硫一项年排放量就达4448吨，超过国家规定标准35倍）；当地群众有食用酸菜（其产生的亚硝胺是致癌物）的习俗，这都是引发恶性肿瘤特别是食管癌和肺癌的外在原因。随着科学技术的发展，人类生存环境、饮食、用具等被污染，成为肿瘤病发生的主要原因。阳泉对肿瘤病主要采取手术、化疗及放射治疗三种办法。

（二）糖尿病、高血压与重性精神病防治

进入21世纪，国家加强了对慢病的监管与防治工作。2010年，通过社区对全市35岁以上人群开展首诊测验血压，45岁以上人群首诊测血糖工作。对35岁以上原发性高血压和II型糖

尿病患者进行随访，并采取针灸、按摩、理疗、功能训练等措施给予康复服务和管理。至2010年，全市累计管理高血压4.7万人，糖尿病2.4万人，全市对2321名重症精神病患者进行了规范管理。

（三）死因监测

2004年，山西省开展了县级以上医疗单位死亡信息登记网络直报工作。平定县被列为国家级死因监测点。由阳泉市疾病预防控制中心流病科承担了启动和培训工作。2008年转入慢病科管理。2009年至2010年，针对死因网络直报工作的规范和报告网络的管理强化了培训和网络审核督导，在山西省内率先建立了零死亡报告制度。2004年、2008年平定县承担了中国疾病预防控制中心主持的全国慢性病危险因素调查。

2010年，阳泉市疾病预防控制中心承担并完成（2010年）中国慢性病监测阳泉监测点的监测任务，协同山西省疾病预防控制中心完成了对监测点调查人员的技术方案培训、业务督导和技术支持工作。监测点共计监测4个乡（镇）12个行政村，完成家庭问卷调查600户，个人问卷600人。

三、职业病防治

阳泉是重工业城市，职业病因素主要有粉尘、射线、高温等，严重威胁着职工的身体健康。1957年，山西省防疫站在对阳泉市7105名接尘矿工和50名接尘钢铁工人进行健康检查后，查出尘肺病10例（其中矿工6例、炼铁工4例）。为了有效防治尘肺病，强调生产单位采取防尘措施，大力降低粉尘浓度；改善接尘工人作业条件，注重防尘保护；配备监测设备，加强粉尘危害的监测。从1963年起，加强了对尘肺病的普查。1973年，成立阳泉市职业病防治所，开展职业病防治工作。到1990年，先后进行全市性大普查15次，受检职工8万多人，查出可疑尘肺病患者1.51万人，各期尘肺病人5016人。从1985年山西省尘肺病发病和死亡情况统计结果来看，阳泉市尘肺病人4334名、死亡874人，分别占全省尘肺病发病人数和死亡人数的17.67%和26.65%，均居第二位。尘肺病主要分布在煤炭系统和化工石油系统，有矽肺、煤工尘肺、铸工尘肺、陶工尘肺和电焊工尘肺五种。随着环境保护工作的加强和这类工厂的倒闭，从1958年起，阳泉市就开始关注职业病。到1990年，县（区）及阳泉矿务局、阳泉钢铁公司职工医院、阳泉市晋东化工厂等大型厂矿企业也都相继建立了职业病防治机构，配备了专人负责劳动卫生和职业病防治工作，专业人员从初期的7人增加到76人，并配有防毒、防尘监测人员500多名，形成了防治网络，防治力量明显增加。到2001年，阳泉市职业病防治所被撤销，防治工作并入阳泉市疾病预防控制中心。职业病防治的主要工作，一是尘肺防治。尘肺是因生产工人长期在粉尘超标的环境中作业而所致。二是物理因素所致疾病的防治。物理因素包括射线、高温。1950年至1960年，阳泉地区劳动卫生工作的重点是防暑降温，采取自然通风、合理安排生活、调整工作时间、加强个人防护和发放清凉饮料等方法，使从事高温作业（主要是冶金、耐火、陶瓷、炼磺、翻砂、机械行业等）工人的中暑事故逐年下降。从1960年起，依据国务院批准的《放射性工作防护暂行规定》及有关细则，阳泉市卫生局下发了《关于贯彻放射性工作卫生防护的通知》，要求各有关单位凡新增放射性设备或承担放射性物质的运输时，必须向卫生防疫部门报告，加强对从业人员防护知识的教育和健康检查，制定了特殊营养标准和休假制度。1980年，阳泉市职业病防治所购置了放射防护监测仪，全面开展了放射卫生保护工作。1984年7月阳泉市第一人民医院发生一起丢失放射源事故，对此阳泉卫生系统进行了安全教育和相关知识学习。全市要害部门提高了警惕，对阳泉自然环境中的辐射水平及居民的照射剂量做了全面调整。为了加强管理，1988年，对全市放射性同位素的使用实行了许可证制度和年审制度，对从事放射工作的人员建立了从业许可证制度和定期体检制度；对水泥、耐火材料等也施行了放射监测，发放许可证后方可使用。2000年至2010年，发病率较低，职业病防治重点放在了煤炭系统。

2010年，全市以矿山开采、石材加工、水泥制造等作为重点行业，以产生粉尘和使用高毒物品的用人单位为重点企业，开展了监督检查和指导。全市共监督检查职业危害企业406家，其中矿山开采41家、石材加工30家、冶炼102家、水泥制造13家、其他220家。所查企业中设有专门职业卫生管理机构，并建立职业卫生管理制度的有188家，占48.76%；有职业健康监护计划的149家，占41.63%。所查企业中接害总人数为61547人，其中农民工23946人，占38.91%。职工上岗前的职业健康检查率为51.48%，在岗期间的查体率为60.04%，离岗时的查体率为50.13%。对职业病诊断和尘肺诊断中涉及的结核病诊断统一了标准。全年受理职业病申请406人，职业病诊断活动10次，诊断职业病247人，其中新发尘肺病179人，职业性眼病66人，其他2人。

四、学校卫生

学校卫生工作始于1950年，初期基本是按照各级爱国卫生运动委员会或卫生部门的部署，通过群众性突击活动来完成。20世纪60年代至70年代，各级卫生防疫部门普遍加强了对学校卫生工作的督导及学生发育状况和常见病的关注，不断组织医务人员对中小学生进行健康调查和教室采光测定，并在学校中大力推广眼保健操，防止学生视力的减退。进入80年代，阳泉市认真贯彻落实了教育部、卫生部和国家体委先后颁布的《保护学生视力实施办法》《学校卫生工作考核暂行办法》《学生口腔卫生保健工作暂行办法》以及《中国青少年儿童身体形态、机能、素质测试细则》等法规，使学校卫生工作得到进一步强化。1990 年，市、县（区）政府和教育行政部门加强了学校卫生保健力量，全市 1272 所各类学校中设卫生所 45 个，专职校医 24 人，保健教师 168 人。1997 年阳泉市卫生防疫站设学校卫生科，开展对各学校学生健康监测工作，包括肠道寄生虫病监测和学校卫生监督监测工作，实行学校卫生年报制，对学校食堂进行严格管理，基本保证了学生的生活健康，使食物中毒和各类传染病得到控制，蛔虫感染率明显下降，但学生的视力下降率和龋齿患病率仍呈上升趋势。

2010 年，对 202 所学校的传染病防控、教学环境和生活设施、饮用水卫生安全工作进行了监督检查，并对 94 所学校开展了教学环境监测。教室人均面积、照明、采光、黑板、学生宿舍符合卫生要求的占监测学校的 90% 以上，课桌椅符合卫生要求的占监测学校的 89.4%，教室微小气候符合卫生要求的占监测学校的 87.2%。

第三节 卫生监督

境内的卫生监督工作从 1958 年开始，先由阳泉市卫生防疫站卫生科具体负责。1973 年成立阳泉市药品检验所。1979 年，阳泉市卫生防疫站成立食品科，阳泉市卫生局设有防疫科。1983 年阳泉市卫生局设立药械科，1997 年又设立监督科。进一步加强了对餐饮业市场、药品市场、医疗市场、血液安全、职业病防治（放射、劳动卫生）、化妆品、公共场所卫生、从业人员管理、生活饮用水卫生、医疗机构传染病防治工作的监督。先后开展了食品安全专项整治，农村食品专项整治，卫生许可专项整治，餐饮业专项整治，保健食品专项整治，食品添加剂专项整治，重大节日期间食品卫生专项整治，医疗市场专项整治，化妆品专项整治等工作。采取没收非法所得，销毁不合格食品、饮品及化妆品，焚烧伪劣药品等手段，保证市民饮食、用药和生活安全。2000 年，市卫生局加大卫生执法与检测力度，共组织各类从业人员预防性健康检查 21524 人，体检率达 98.26%；卫生许可证发放率达 95%；实施卫生监督 6534 户，监督覆盖率达 98% 以上；对 530 户违规违法人员进行处罚，销毁不合格食品 4088 千克；罚款 182 户次，总额 64430 元；取缔非法经营 37 次。2002 年，阳泉市药品监督管理局成立，对药品市场采取了打击制售假冒伪劣药品、无证经营药品行为，对医疗机构制剂及用药、医疗器械等进行了监督检查。尤其是在“非典”期间，对假劣药品、防护服、中药煎剂等进行了及时查处，保证了抗击“非典”的用药安全。阳泉市卫生局卫生监督所从 2002 年开始，推行“食品卫生监督量化分级管理”工作，有力地促进了餐饮业的卫生管理，对学校卫生、放射卫生、生活饮用水卫生、公共场所卫生、劳动卫生每年都要进行两次以上的监督检查。2008年，阳泉市食品药品监督管理局采取了由政府设立专项奖励基金，开展奖励举报食品安全违法行为有功人员的办法，激励群众积极检举食品安全工作中存在的问题，并对5名有功人员分别进行了400元至1100元不等的奖励。在应对三鹿奶粉事件中，共下架三鹿等问题奶粉22.8吨，接受消费者退货7.8吨，销毁16.39吨。开展了百日大检查专项行动，保证奥运期间食品安全。对向四川地震灾区捐赠的赈灾食品、药品质量进行了严格把关，保证了捐赠食品药品的质量安全。

2010年，全市开展了以洗浴、住宿、游泳场所为重点的量化分级管理工作。对267家公共场所进行了量化分级管理评定工作，其中住宿场所122家、洗浴场所72家、游泳场所8家、美容美发场所65家。游泳场所量化分级管理率达100%，住宿、洗浴分别达到80.79%和82.76%。

第四节　爱国卫生

为了改变旧中国不卫生状况和传染病严重流行的现实，1952年4月成立了阳泉市防疫委员会，1953年改称阳泉市爱国卫生运动委员会。1959年5月，成立阳泉市红十字会。1963年9月12日，市爱卫会和市红十字会合并。“文化大革命”时期，市爱国卫生运动委员会和其办事机构先后与市革委生产组、市革委文教部、市卫生局等其他部门合并办公，工作处于停顿状态，城乡卫生状况开始变差。

1984年5月，市政府按照1978年国务院发布的《关于坚持开展爱国卫生运动的通知》，调整了市爱卫会成员，决定市爱卫会直属市政府领导，市爱卫会正式从市卫生局分离出来。市爱卫会独立后，在治理全市脏、乱、差，开展“五讲四美三热爱”“人民城市人民建”“门前三包”（卫生、秩序、绿化）等活动中，发挥了积极作用。

为适应社会主义市场经济的发展，开展创建卫生城市活动等新形势的需要，2001年7月，阳泉市爱国卫生运动委员会职能并入阳泉市建设局，负责组织贯彻全市爱国卫生和疾病防治工作，统筹协调政府有关部门及社会团体，发动广大人民群众，开展环境卫生整治，除“四害”（苍蝇、蚊子、老鼠、蟑螂）讲卫生，进行健康教育，普及卫生知识，提高人口卫生素质和人民健康水平。该职能一直沿用到2010年。

一、反“细菌战”

抗美援朝期间，为了防止美国向中国播撒的霍乱、鼠疫细菌扩散开来，响应毛泽东主席提出的“动员起来，讲究卫生，减少疾病，提高健康水平，粉碎敌人细菌战”的号召，1952年9月，市政府首次组织了以防疫除病为主要内容的爱国卫生运动，共修建厕所45个，购置喷雾器43个，配备痰盂32个、便桶40个，灭鼠212只，灭蝇3.6万只，清运垃圾90吨。这次活动是阳泉市历史上第一次有组织的全民性卫生运动，爱国卫生运动从此拉开序幕。

二、除“四害”

1953年至1958年，爱国卫生运动的中心任务是除害灭病。1954年6月至10月，全市开展了以灭蝇为中心的夏季爱国卫生运动，共有16万人参加，灭蝇49万余只，灭鼠2.2万多只，清运垃圾6万余吨。1955年，爱国卫生运动以挖蛹、清理垃圾为重点。1957年除“四害”活动重点消灭麻雀，当年共消灭麻雀22753只，堵雀窝11476个。1958年，市委制定了《关于除四害、讲卫生，两年实现六无六净规划（草案）》。截至1959年，在全市群众性爱国卫生运动中共消灭老鼠、麻雀550余万只，消灭蚊蝇49万公斤，全市基本实现了“四害”全无。1980年至1981年上半年，全市集中力量整顿市容，出动36万人次、车辆1万余台次，共搞了5次大型卫生清扫活动，清除垃圾6万吨，疏通污水渠道11万米，整顿厕所917个。此后，每年都定期按照“三统一”（统一购药、统一时间、统一布药）、“三不漏”（不漏单位、不漏住户、不漏地段）、“三饱和”（投药空间饱和、时间饱和、药量饱和）的原则，在全市开展了大面积的“四害”消杀工作。自2006年开始，全市“四害”（苍蝇、蚊子、老鼠、蟑螂）密度一直控制在国家标准以内。2010年，所有驻地单位签订了责任书，使除“四害”工作以责任制的形式固定下来。

三、“五讲四美三热爱”活动

20世纪80年代，阳泉市将“五讲四美三热爱”（讲文明、讲礼貌、讲卫生、讲秩序、讲道德，心灵美、语言美、行为美、环境美，热爱祖国、热爱社会主义、热爱中国共产党）纳入到了爱国卫生运动中。1982年，全市开展了第一个“文明礼貌月”活动，组织万名青年团员清除了10座垃圾山。1983年，全市在“文明礼貌月”活动中，组织了6次大规模清扫活动，计有76万人次参加，共清运垃圾1000多吨。同时涌现出92个红旗单位，265个先进单位，199个卫生文明村，2333个卫生文明院，83281个卫生文明户。

四、门前“三包”达标活动

1984年，市爱国卫生办公室制定了“三包”和“达标”（包卫生、包绿化、包管理，室内物品摆放整齐有序，窗明几净等）内容，并与各单位签订了“三包”合同，发放门前“三包”牌1000块，自此全市爱国卫生工作真正实行了量化管理。同年，全省卫生检查，阳泉第一次被评为全省卫生红旗城市。1985年开展了以精神文明建设为中心的创建文明卫生单位活动，活动以门前“三包”、门内达标为基本标准，要求做到“五洁”“五无”（便道洁、树池洁、下水口洁、公共设施洁、单位门前洁，无乱倒垃圾废土、无乱泼污水、无乱画、无乱堆杂物、无乱停车辆）。同年，“五化”（路面硬化、环境绿化、美化、香化、净化）建设取得成绩，全市筑假山62座、喷泉67眼、凉亭37座、花池360个。当年全省卫生检查，阳泉市再次被评为全省卫生红旗城市。1986年市政府把8月和9月定为食品、环境卫生活动月。1988年4月至6月，全市开展了以整顿“三乱”为中心的春季卫生月活动，公安、爱卫、工商、城建组成一支22人的专业队伍，清除德胜街等处违章建筑36处。同年消杀工作的有偿服务逐步推开，矿区及矿务局组织了66人的专业消杀队伍，投资5万多元购消杀器材。平定县、盂县、城区、矿区在全省卫生红旗城市（县、区）检查评比中，跨入红旗城（镇）的先进行列。是年，城区在卫生检查中实行挂牌制，按卫生标准打分，分为优、良、差、劣4个类型，以红、绿、黄、白4种颜色标志张贴在受检单位门上，这一年全市有65年单位受到省爱卫会表彰。1984年至1989年阳泉连续6年被评为省爱国卫生红旗城市。1990年开始每年市政府与各县区签订“爱国卫生达标责任状”，年终检查兑现。到2009年，基本形成了街道面、社区片、小区块、责任点四级管理责任网，加大了“门前四包”（包净化、包美化、包绿化、包亮化）责任制的落实力度。2010年，阳泉市政府与各单位签订环境卫生责任书、年度目标责任状；环卫职能部门与驻地单位签订“门前四包”（包净化、包绿化、包美化、包亮化）责任书，开展流动红旗竞赛活动。

五、创建卫生城市工作

1996年，市委、市政府作出了在全市范围内广泛深入开展“创文明城市、争做文明市民”活动的决定，并规划确定1998年阳泉要达到省级文明城市标准，2000年要进入国家级文明城市行列的宏伟蓝图。1996年共清运积存垃圾1.3万多吨，疏通水沟暗道5000多米，拆除违章亭棚814个，腾出城市空地3000多平方米，装饰临街大型建筑物104个，市容、市区主要大街设置大型广告268块，装饰灯箱、轮廓灯、霓虹灯433处，街道新增树木4000多平方米，种草坪15000平方米，新立交通标志50多处，街道路牌80多处。1998年开展了创建卫生城市、文明城市活动，在城市街道开展了创建文明街、文明小区活动，在农村开展了讲文明、树新风，消除封建陋习，争当十星级文明户活动。2003年结合防治“非典”，组织全市人民彻底清除垃圾和卫生死角。到2006年，阳泉连续十一年被评为山西省卫生城市，所辖两县三区均跨入了省级卫生县城（区）行列。2007年3月至4月，全市开展了“城市环境综合整治”和“环境卫生专项整治”活动，实施了创建景观大道工程，加大了取缔无照占道经营、拆除违章建筑、规范建筑工地、查处乱抛乱撒等行为的执法力度，开展了市容环境卫生专项整治。2008年全市环卫清扫保洁面积367万平方米，城市生活垃圾无害化处理量完成17.74万吨，无害化处理率达到81%。2009年，创建国家卫生城市活动开始。2010年出台《2010—2012年城乡环境卫生整洁行动实施方案》等方案，建立了市、县、乡、村四级环卫管理机构和队伍，完善了清扫保洁目标责任制，做到“人员、时间、任务、质量、地段”五落实，通过清理陈旧垃圾和生活垃圾，清理卫生死角，拆除违章建筑和临时建筑，铲除城市“牛皮癣”，改变“脏”“乱”“差”的卫生状况，建立了城乡环境卫生管理长效机制，扎实推进城乡环境卫生管理科学化、规范化、制度化、经常化。

六、农村“两管五改”

阳泉市的“两管五改”（管水、管粪，改水、改厕、改炉灶、改畜圈、改良环境）工作始于1974年，当年改厕占农村厕所的45.4%。1975年，全市组织4个管改小分队，深入农村开展“两管五改”，当年改厕达到厕所总数的75.36%；改良水井212眼，占水井总数的40.5%；77个大队全部或部分使用了自来水，占大队总数的40%；“三圈”（猪圈、马圈、羊圈）出村745个，占“三圈”总数的63%。1983年，市爱卫会拟定了《关于研究制定改善城乡饮水10年规划的报告》，指导农村改水工作。1984年之后，农村改水、改厕工作采取政府集资、集体投入、受益人筹资的办法，有效缓解了资金不足问题。到2007年，全市农村改水受益人口71.67万人，改水受益率为89.28%；全市农村已改厕12.33万户，改厕普及率为53.01%。2009年，省爱卫会给全市3个农业县区下达了中央农村改厕项目共9000座的任务，2010年8月，阳泉市在盂县召开农村改厕工作现场会，改厕县区骨干及技术人员对双瓮漏斗式厕所实地建造进行了技术培训和现场观摩学习。截至2010年，三个农业县区各3000座的改厕任务均已基本完成。

第五节　妇幼保健

一、妇女保健

历史上，境内妇女几乎无保健可言。妇女生孩子多数由产婆接生。产妇因难产、产褥热、大出血、子痫死亡的数目惊人。旧法接生还给产妇造成子宫脱垂、尿瘘等症，遗患终身。民国22年（1933）平定友爱医院外籍大夫巴克率先在境内使用X光机，并成功地为难产妇女做首例剖腹产手术，受到民众欢迎，但因力量有限，难以解救广大妇女生育之苦。中华人民共和国成立后，阳泉市建立了一批妇幼保健站，开展了新法接生的宣传和推广工作。1955年，阳泉市政府在荫营镇专门举办了两期新法接生员培训班，培训学员100人，其中有旧产婆40人。其后20余年，改造旧产婆和培训新法接生员的工作坚持不懈。1978年，全市农村基本实现了队队有新法接生员，城乡新法接生率平均达到96%，新生儿破伤风发生率控制在0.51‰以内，达到全省普及新法接生标准。1984年，山西省卫生厅强调开展科学接生，提高产妇住院分娩率，并提出具体要求：一观察（观察产程），二无菌（接生用具灭菌、接生操作无菌），三做到（产时戴手套、产时备皮、产时查肛），四正规（正规处理产程、正规保护会阴、正规处理新生儿、正规记录和登记产程图）。阳泉市积极落实这一要求，至1990年，全市较高水平的新法接生率已达到98.6%，住院分娩率达到72.7%。为了治疗因旧法接生而导致的妇女子宫脱垂和尿瘘（简称“两病”），阳泉市卫生局于1979年组织人员对“两病”进行普查，共查出子宫脱垂患者117人。经采用不同的方式进行手术治疗，有83.3%的患者解除了痛苦。1989年至1990年，除手术外，还试用子宫托疗法、低频电疗和中药等方法进行治疗，也取得一定成效。1976年，阳泉市成立妇幼保健所，并明确要求具有百名以上女工的厂矿建立女工卫生室、孕妇休息室、婴儿哺乳室。

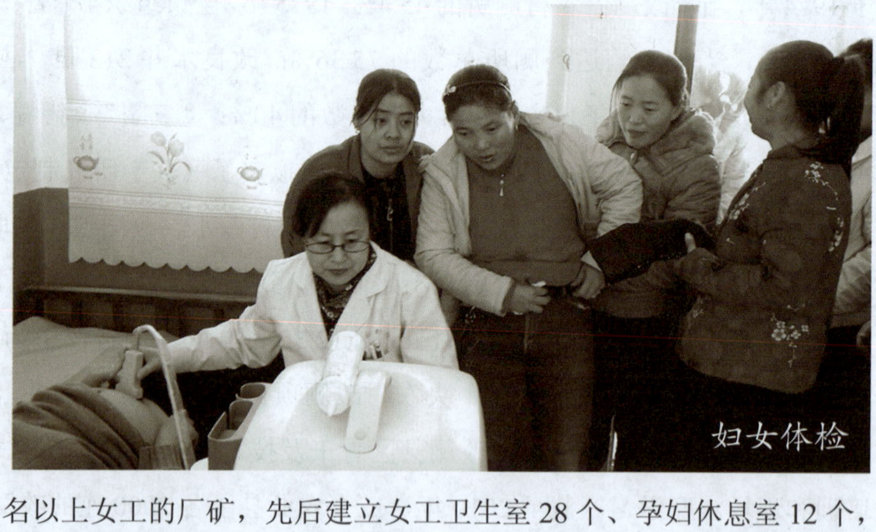
妇女体检

1985年，全市59个具有百名以上女工的厂矿，先后建立女工卫生室28个、孕妇休息室12个，婴儿哺乳室37个。1989年，阳泉市纺织厂等女工集中的单位，规定每年专门为女职工做一次妇女病普查，发现异常早诊早治，医疗费用全部报销。1995年至2005年，妇女劳动保护工作在各级工会的努力下，开展了定期健康体检，落实了妇女各种劳保、福利待遇。随着医疗保障制度的实施和公共卫生工作的加强，全市妇女普遍享受到免费保健服务，即免费婚前检查指导，免费为孕妇产前检查、产后随访。2009年至2010年，为19561名妇女进行了宫颈癌筛查；为2032名妇女进行了乳腺癌筛查。2010年，免费为农村10244例育龄妇女增补叶酸43175瓶，为7749名农村住院产妇补助经费232.36万元。通过对孕产妇健康管理，孕产妇保健率城市达90%以上，农村达60%以上，孕产妇死亡率为31.43/10万。

二、婴幼儿保健

1978年，全市妇幼机构开展围产期保健，在城乡各试点卫生站、试点村实行了胎儿期监护和新生儿访视“421”体检制度（即1岁内，每季1次，一年4次；1～3岁，每半年1次，一年2次；3岁以上，每年1次），系统监视和观察婴幼儿的体格发育情况及疾病情况，并协同防疫部门开展计划免疫工作，要求儿童在7岁内务须完成全程足量的基础免疫。20世纪80年代，随着围产期保健的不断推广和各项制度的建立与完善，婴幼儿保健纳入了系统管理，城区有9569名7岁以下儿童参加保健保偿，入保率达到95%，儿童健康水平得到相应提高。1980年全市开展托幼园的保健工作。1983年，阳泉市妇幼保健所对全市幼儿园的儿童膳食营养状况进行了调查，发现被查的337名入灶儿童中，身高在中等以上者占71.22%；体重在中等以上者占91.99%；身体正常的儿童占68.25%；患贫血的占31.85%；患佝偻病的占28.57%；蛋白质平均供给量3岁以下儿童为标准量的50.38%。针对这一现状，在幼托园所实行了科学喂养、按季更换食谱、定期进行抽查。为保证婴幼儿健康，1984年后，对托幼机构的人员实行了健康管理，凡患有肝炎、化脓性皮肤病、肺结核、滴虫性阴道炎、麻风病、精神病这6种疾病的工作人员，一律调离岗位；较大的园所均配备了专职保健医生，多数园所还设立了保健室，并建立了相应的健康检查制度、卫生消毒隔离制度等。1990年始，要求幼儿园配备专职保健医生，在园幼儿每年体检1～2次，保健人员一般每年体检1次，体检建卡率和体检率均达到100%，免疫接种建卡率达到98%。各园幼儿基本做到一人一杯一巾，饭前便后洗手，幼儿户外活动日均两小时以上。1976年，阳泉市妇幼保健所成立后，坚持每年“六一”儿童节组织人员对婴幼儿进行体格检查，使儿童的疾病防治工作进入了新的阶段。1979年对9987名儿童进行体检时，发现患活动期佝偻病患者2689人，占26.93%。1990年对7.86万名儿童体检，发现病例仅4296人，患病率为5.40%，下降了21.53个百分点。为降低孕产妇及围产儿（通常将孕满28周至出生后7天以内的新生儿称作围产儿）的死亡率，阳泉市妇幼保健所从1979年起，对农村孕妇围产期保健进行了回顾调查，并开展围产期系统保健工作。1988年，全市已建立围产期保健试点村128个，表簿齐全，定期指导，围产期保健形成网络。1990年，城区和矿区两个妇幼站通过开设婚前检查门诊开展婚前保健工作。1991年开始，全市严格按照两纲目标即《90年代中国儿童发展纲要》《中国妇女发展纲要》制定的降低孕产妇死亡率、狠抓住院分娩率，开展了三网监测（孕产妇死亡率监测、儿童死亡率监测、出生缺陷率监测制度）。1993年全市开展了爱婴行动，开始创建爱婴医院。以提高儿科质量为目标，增加新生儿抚触、导乐分娩等服务项目。到2005年，全市妇产院（科）都已创建为爱婴院（科）。经过妇幼工作人员的努力，婴幼儿保健工作取得了较好成绩。2008年阳泉市婴幼儿出生缺陷发生率为110.12/万，低于全国和全省。其中，神经管畸形发生率为20.25%，较前明显下降，低于山西省2007年神经畸形的发生率。全市孕产妇系统管理率达69.1%、住院分娩率达98.49%、孕产妇死亡率为35.99/10万、婴儿死亡率为10.08‰、5岁以下儿童死亡率为10.8‰、7岁以下儿童管理率89.73%、3岁以下儿童管理率为86.26%。2010年全市较大医疗机构设立儿童保健科，配备专职医生和专门设备，开展规范化儿童保健服务，为0～36个月婴幼儿建立儿童保健记录制度，并对出生后的新生儿进行随访，随访率达80%以上。全市新生儿出生缺陷率为111.45/万，婴儿死亡率为8.70‰，5岁以下儿童死亡率为9.95‰。

第六节　中医药

一、简况

历史上，中医中药一直是阳泉地区人民防病治病的依据，据《平定州志》载，元代吕英，清代魏泰、杨耀祖、张汉西皆通中医，有的被召入御药局，名达中外；有的流寓太原，扬名晋省；有的行善乡间，誉满州城。《盂县志》载，清代人张楷，极精岐黄术，有针灸绝技，患者常捧腹而来，信步而去。清咸丰元年（1851）曾获恩堂六品寿官，誉显乡里。晚清至民国初，平定县的窦木炭、李钟令、任少宇，盂县的张大亮、曹贵明等也都名扬一方。郊区白家庄的周家、河底的段家、上烟的蔡家、杨树沟的史家在中医理论和实践中各树一帜，各有独特的治疗方法，形成阳泉地区的中医流派。其主要形式是个体行医，也有游走行医，或挂牌行医，或坐堂行医，亦有半农半医或医商兼顾的。1952年，由阳泉裕民药社改组建立中西医联合诊所。随着“三大改造（农业、手工业、资本主义工商业）”的深入开展，联合诊所不断增多，到1958年公社化时，城乡游散的中医大都分别进入国办医院或联合诊所。山西省阳泉人民医院于1956年设立中医科，1965年开设中医病房。阳泉市第二人民医院于1962年设立中医科，1977年开设中医病房。阳泉市第三人民医院于1980年设立中医科，同时开设中医病房。1980年，阳泉市中医医院成立，相继盂县中医医院、平定县中医医院成立。1992年至1999年期间，全市卫生工作围绕农村卫生、预防保健、振兴中医药三大战略重点，加强了中医药人员的素质培养和中医院及其他医院中医科室、中药厂的建设与管理力度。1998年5月，阿根廷友好代表团一行15人到阳泉访问，其中6名医学博士参观了平定县中医院，对中国的传统中医和针灸医学表示赞赏。至2010年，全市中医医院已发展到3所，各综合医院和厂矿医院、乡镇卫生院大多设立了中医科和中医病房，中医人员发展到1100人。全市有两个中药制品厂，各药店分布在全市、县、乡、村各个人口密集点。阳泉市政府从2005年至2010年投资3420万元进行中医病房大楼建设。中医药事业的发展对缓解群众“看病难、看病贵”和医疗保障发挥了重要作用。

市中医医院

二、中医特色

境内民间中医一直以宗传、师承或自学的方式延续，并形成众多门派，产生和发展了不同的中医特色和绝技。中华人民共和国成立后，平定县有中医曾用“三仙丹”“熏香法”等治疗梅毒，疗效明显。平定县人民医院运用针灸气海、关元、中极、足三里等穴位配合“补中益气汤”治疗子宫脱垂，针刺天突、气舍等穴位治疗甲状腺肿，均有显效。城区中医葛玉喜用自制的“倒倒散”治小儿急惊风。郊区中医蔡恭仁用“保真汤”加减治疗再生障碍性贫血。平定县人民医院用“龙眼肉汤”和剪腮静脉治疗食管癌，也都收到良好的效果。20世纪60年代，平定县人民医院用香附、云苓加“六味地黄汤”治疗食管憩室，用小茴香、刺猬皮治疗急慢性遗精。阳泉市医工农兵院（阳泉市第一人民医院）王宪章用中药治疗顽固性腹痛，用“茵陈汤”加味治疗崩症。阳泉矿务局医院朱文虎用中药治疗雷诺氏综合征，用内服“犀角地黄丸汤”加减配合中药外薰治疗全身性牛皮癣，用“地黄饮子”加减治疗老年杂症，收效均好。其论文《扶正降浊治疗慢性肾功能衰竭》列入国家高等中医院校教材中，《持内痈说治疗溃疡性结肠炎》被列入广州中医药大学硕士研究生教材《中医内科学》。1974年，阳泉市第三人民医院蒋庆雨用中西医结合的方法治疗慢性肺心病，用芳香化浊法治疗病毒性肝炎以及对“发烧待诊”的辩症施治效果良好。陈润文用黑矾大枣六味煎治疗急性肝炎与高胆红素血症，疗效甚佳。1975年原城区医院整理出了老中医梁兴帮的医案，编印《临床诊治经验》。1980年至1999年，平定县中医医院用针灸治疗面神经麻痹、肩周炎、坐骨神经痛，针药双用治疗半身不遂、肝炎、胃溃疡和妇女病。盂县人民医院中医科用中药治疗慢性肾功能衰竭等取得突破性进展。1983年，阳泉市第一人民医院用掌骨侧诊疗法治疗面神经麻痹。1984年，阳泉市中医医院采用中西医结合治疗肝炎、精神病、不孕症、中风。盂县中医医院将导引术、按摩、小夹板固定应用于临床，用活血化瘀通络之法治疗脑血管后遗症。20世纪90年代，阳泉市中医医院院长蒋庆雨曾著有《中药不良反应》《常见病中医辨证概要》。1990年，全市中医学科有8项成果获市科技进步奖。21世纪初，阳泉中西医结合在治疗不孕不育症、皮肤病、哮喘、糖尿病、类风湿性关节炎等病取得独特疗效。2003年至2010年，阳泉中医对卒中后遗症、肿瘤、高血压等慢病和“非典”、甲流等传染病已有较完整、有效的治疗方法。

三、中草药资源

阳泉地处太行山，有适宜植物生长的土壤、气温、雨量和环境，中草药源蕴藏丰富，药用植物、动物、矿石在郊区、平定、盂县均有分布。

据查平定药岭山分布药用动、植物较多，约有200种，主要有：党参、丹参、山沙参，葛根、苏根、板蓝根、桔梗、半夏、北柴胡、白芍、白术、白茅根、玉竹、紫苑、山大黄、苍术、升麻、天花粉、葳灵仙、远志、百合、地榆、漏芦、山豆根、芦根、射干、菟丝子、茜草、大戟、穿地龙、知母、益母草、土贝母、大蓟、小蓟、蒲公英、茵陈、荆芥、透骨草、酸枣仁、大枣、山桃仁、槐米、槐角、白蒺藜、车前子皂角、桑葚、黄檗、丹皮、桑白皮、桑枝、松节、天仙藤、桑叶、艾叶、侧柏叶、瓜蒌、天花粉、薤白、瓦松、款冬花、槐花、野菊花、生地、芍药、牡丹皮、牵牛、五加皮、苦杏仁、苏子、山楂、鸡内金、败酱草、土元、马齿苋、蝉脱、蛇蜕、穿山甲等。

盂县全境内包括郊区河底镇及西南舁一带，经数次普查发现药用植物有500余种，名称为：

植物类　独根草、二叶舌唇兰、芙蓉葵、假水生龙胆、接骨木、康藏荆芥、毛连菜、蒙古莸、拟蚕豆岩黄耆、线叶菊、烟管蓟、甘遂、矮牵牛、八宝景天、白丁香、白花前胡、白花三叶草、白茅、白屈菜、白首乌、白术、白头翁、白薇、白芷、百合、百里香、百日红、百蕊草、败酱草、斑叶堇菜、斑种草、半夏、瓣蕊唐松草、抱茎苦卖菜、暴马丁香、北豆根（蝙蝠葛）、北马兜铃、蓖麻、扁茎黄芪、扁蕾、扁蓄、变叶木、并齿苦荬菜、并头黄芩、薄荷、薄皮木、菜豆树、菜花、苍耳、苍术、糙苏、草木樨、草乌、侧柏、茶条槭、柴胡、柴胡苗、长春花、长寿花、朝天委陵菜、车前、柽柳、赤瓟、臭椿、穿龙薯蓣、慈姑、刺儿菜、刺疙瘩、刺槐、刺五加、葱、翠菊、翠雀、达乌里黄芪、打碗花、大豆、大花红星（红运当头）、大花马齿苋（太阳花）、大花萱草、大火草、飞廉、大力子、大丽花、大麻、大秦九、大蒜、大叶黄杨、大叶柳、大枣、大籽蒿、丹参、当药、党参、刀豆、稻、地丁草、地肤、地锦草、地榆、棣棠花、点地梅、吊兰、吊钟花、东方蓼、东陵绣球、冬葵、冬凌草、冬青卫茅、独活、独角莲、独行菜、杜鹃、杜仲、钝叶酸膜（土大黄）、鹅肠草、鹅绒藤、额河千里光、龟背竹、谷子、构树、枸杞、狗尾草、狗娃花、隔山消、葛根、藁本、高粱、杠柳、扶桑、凤仙花、凤毛菊、粉团蔷薇、粉绿铁线莲、粉花绣线菊、非洲茉莉、飞廉、防风、番茄、鬼针草、海棠、海芋、韩信草、汉芹、旱金莲、杭子稍、合欢、何首乌、核桃、荷、鹤虱（獐牙菜）、黑豆、黑心金光菊、黑枣、红花酢浆草、红葵、红蓼、红瑞木、红纹马先蒿、葫芦、胡萝卜、黄花铁线莲（透骨草）、黄花蒿、黄花酢浆草、黄花菜、黄花败酱、黄瓜、黄刺梅、槐、华北珍珠梅、华北鸦葱、华北前胡、华北楼斗菜、华北大黄、花苜蓿、花椒、虎尾草、槲树、槲寄生、胡枝子属、胡枝子、胡麻、黄花烟草、黄芥、黄精、黄皮树、黄芩、黄瑞香、灰藜、茴茴蒜、茴子白、鸡冠花、吉祥果（火棘）、蒺藜、假酸浆、尖顶地星、坚硬女娄菜、角蒿、芥菜、金花葵（粘杆）、金娃娃萱草、金挖耳、金银花、金银忍冬、堪察加景天（土三七）、君子兰、蕨菜、卷柏、瞿麦、苣麦菜、菊芋、桔梗、韭菜、九里香、荩草、锦灯笼、堇菜、筋骨草、孔雀草、苦参、苦瓜、苦苣菜、苦荞麦、款冬、栝楼、辣椒、蓝刺头、蓝花棘豆、蓝盆花、狼毒、狼尾草、狼尾花（虎尾草）、莨菪、老鹳草、梨、犁头尖、藜芦、荔枝草、连翘、萝卜、罗汉松、栾树有花、栾树、绿篣、葎草、鹿药、芦苇、芦荟、漏芦、龙爪槐、龙芽草（仙鹤草）、龙葵、柳月桃（夹竹桃）、柳兰、柳穿鱼、刘寄奴、令箭、铃兰、列当、量天尺、络石、落新妇、麻黄、马齿见、马蔺、马尾松、麦冬、毛大丁草、毛茛、毛建、毛蕊老鹳草、茅苍术、蒙古黄芪、蒙古鸦葱（桃叶鸦葱）、米瓦罐、米仔兰、棉团铁线莲、茉莉花、母菊、牡丹、牡蒿、苹果、平枝栒子、平车前、苤蓝、泡桐树、盘龙参、牛枝子、牛膝菊、牛奶子、牛耳草（旋塑苦苣苔）、牛扁、泥糊菜、尼泊尔蓼、南蛇藤、南瓜、墓头回、苜蓿、木贼、木藤蓼、木槿、牡荆、铺地柏、蒲公英花、七叶一枝花（北重楼）、荠菜、千屈菜、牵牛花、前胡、茜草、羌活、蔷薇、荞麦、茄子、窃衣、芹叶铁线莲、秦九、青金桔、青兰（毛建）、苘麻、全叶廷胡索、拳参（拳蓼）、雀儿舌头、日本小檗、山西马先蒿、山莴苣、山桃、山葡萄、山里红、山刺枚、山艾、莎草、沙棘、沙参、扫帚苗（草木樨状黄芪）、桑、散尾葵、三球悬铃木、三脉叶马兰、三裂绣线菊、三颗针花、三颗针、乳苣、乳浆大戟、日本续断、山杏、山楂、山茱萸、山紫苑、商陆、芍药、蛇床子、蛇含委陵菜、蛇梅、射干、肾蕨、升麻、生菜、石刁柏、石刁柏天门冬、石榴、石升蝇子草、石竹、使君子、黍子、鼠曲草、田头格柄笼头菌、天竺葵、天仙、天冬攀援天门冬（兴安天门冬）、桃、糖芥、昙花、酸枣、酸摸叶蓼、菘蓝、四蕊三角瓣花、四季海棠、丝棉木（白杜）、丝瓜、水烛香蒲、水杨梅、水蔓菁、水葱、蜀葵、鼠尾草、鼠屈草、田旋花、甜地丁（米口袋）、甜瓜、贴梗海棠、铁树、铁线蕨、铁线莲、茼蒿、土贝母、土豆、金灯藤（日本菟丝子）、瓦松、歪头菜、豌豆、万寿菊、王不留、文冠果、纹竹、问荆、乌蕨、无花果、小麦、小茴香、向日葵、香薷、香青、香加皮、香椿、香茶菜、苋菜、仙仁掌、仙人球、仙鹤草、夏至草、狭叶珍珠菜、稀莶草、西葫芦、西瓜、舞鹤草、五叶地锦、五角枫、梧桐、小蓬草、蝎子草、缬草、薤白、蟹爪兰、兴安胡枝子、杏、绣球、旋复花、雪松、血见愁、鸭脚木、鸭跖草、亚麻、洋金花、野大豆、野核桃、野韭菜、野菊花、野葵、野苜蓿、野漆树、蝇子草、迎春花、樱桃、罂粟、银杏、银莲花、银花忍冬、银粉背蕨（金丝草）、银柴胡、淫羊藿、茵陈蒿、阴生鼠尾草、益母草、一年蓬、一串红、一把伞天南星、夜来香、野鸢尾、野西瓜苗、野豌豆、硬毛棘豆、硬模地笋、油菜、油松、莜麦、榆树、玉蜀黍、玉簪、玉竹、郁李、鸢尾、元宝树、圆果锦菜、远志、月季、月月榴、皂荚、泽兰、泽泻、沼生焊菜、照山白、榛子、知母、栀子、直立黄芪、中华卷柏、中华小苦荬、珠芽蓼、诸葛菜、猪苓、猪毛菜、猪殃殃、竹叶柴胡、紫丁香、紫花地丁、紫花前胡、紫花越南槐、紫茉莉、紫苏、紫菀、紫鸭跖草。

动物类　蝉蜕、鹿血、土元、蜂房、白丁香、鹿肾、豹骨、桑螵蛸、五灵脂、鹿胎、鸡内金、野猪、獾油、全蝎、鳖甲、晚蝉砂、鹿茸、斑蝥、狗肾、望月砂、鹿角、虻虫、紫河车、夜明砂。

藻菌类　猪苓、茯苓、马勃、天麻。

矿石类　龙骨、龙齿、金礞石、云母、紫石英。

第七节　西　医

一、简况

民国4年（1915）8月，美国基督教友爱会在平定兴建友爱医院，西医传入境内。友爱医院占地十余亩，建有3层砖木结构办公楼1幢，并建有病房、手术室、发电机房及医护人员宿舍。医疗设备有30毫安光机1台，1500倍的显微镜2架，部分外科、妇科手术器械和少量常备医疗器械。友爱医院在开诊的20多年间，由于技术力量、医疗设备较为先进，发展为拥有50张病床、50余名医护人员，成为晋东六县唯一的西医医院。民国36年，平定解放，该医院停办。民国35年，盂县创建普济医院，平定县创建大众医院。民国36年，阳泉市创建万众医院。民国37年11月，万众医院与迁入阳泉的晋察冀边区医院合并组建阳泉市立医院。建院初，医院设3科1局1股（内科、外科、妇产科、药局和总务股），全部职工仅有44人，且大多未受过正规的医学教育。中华人民共和国成立后，随着政权巩固和经济发展，阳泉政府办医疗机构和企业办医疗机构才逐步发展起来。到2010年，全市西医医院发展到80多所。

二、设施设备

民国37年（1948），“阳泉市立医院”组建时，占用原日军医院旧址，有2层楼1幢，窑洞1排，平房5排，使用面积2979平方米。设备器械主要是原晋察冀边区医院的旧式刀剪、镊子、手术包之类，最大的器械是产床和简易手术床。1951年始建手术室。1952年建起门诊楼（一层）。1953年，山西省卫生厅发给1台日军野战用的小型X光机。其他医疗机构装配水平更差。随着社会发展，通过国家投资、单位自筹、集体筹措等途径，各医疗单位不断添置医疗器械，更新和完善医疗设备，增加和充实医疗设施。1965年始，依据毛泽东主席“把医疗卫生工作的重点放到农村去”的指示，全市农村乡级卫生院大都配备了50毫安X光机、立式高压消毒器、手术床、普通手术器械包、空气麻醉机、制氧机、显微镜等。县级以上医院则大多配备了心电图机、A型超声波诊断仪、200毫安X光机、大型麻醉机、手摇手术床、同步呼吸器、九孔无影灯、分析天平、电冰箱、高频电刀等。阳泉市第一人民院还配备了X光深部治疗机、钴60放射治疗机以及纤维胃镜、十二指肠镜、脑血流图和脑电图机等。中共十一届三中全会后，随着改革开放的不断深入，国家加大了对医疗卫生事业的投入，各机关、团体和企事业单位也注重对卫生部门医疗器械和设施的更新与装备，使阳泉的医疗装配水平明显提高。阳泉市第一人民院、阳泉市第三人民医院和阳煤集团总医院等几所规模较大的医疗单位，先后购置了500毫安电视遥控X光诊断机、肺流速容量记录仪、B型超声波诊断仪、心脏功能机、高压氧舱、人工心脏起搏器、CT等一批现代医疗设备，有效地提高了检测、诊断和医疗水平。截至1990年，全市各类卫生单位拥有价值200元以上的医疗器械5654台（件），总金额2551.86万元。其中，县及县以上医疗卫生机构2494台（件），总金额851.18万元；乡镇卫生院（含中心卫生院）1316台（件），总金额16912万元；厂矿企业医疗卫生机构1844台（件），总金额1531.56万元。到2010年，全市医疗器械不仅增多，而且功能先进，经统计，全市万元以上仪器，如磁共振仪、彩超、数字减影血管造影仪机等3438多件，价值3.57亿多元。政府办医疗机构用房面积达30万平方米以上。阳泉市第一人民医院建起了2.46万平方米的16层病房大楼和2.356万平方米的医技大楼，阳煤集团总医院建起了高16层、总面积为1.7万平方米的创伤急救大楼。全市创建三所三级医院，其中三级甲等医院两所，按人口比例是全省最高。

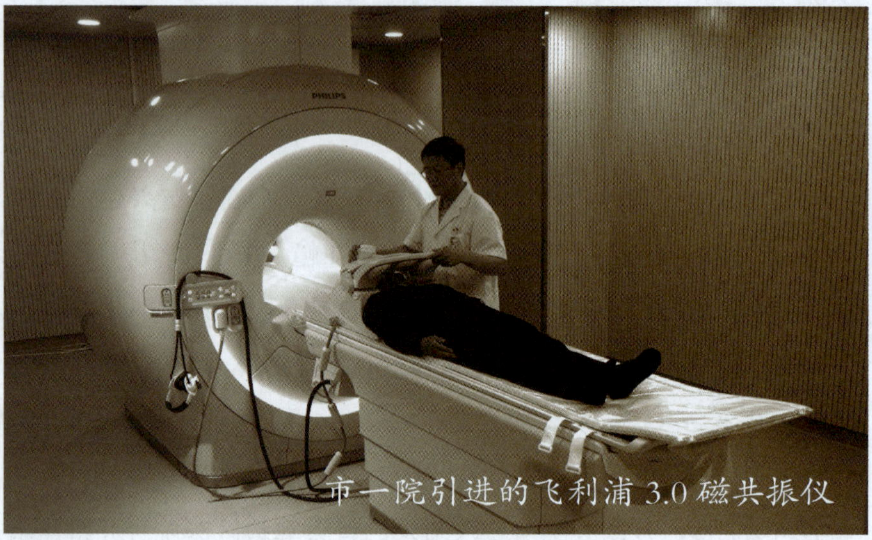

市一院引进的飞利浦3.0磁共振仪

三、医疗水平

从民国初期西医传入境内至2010年，阳泉医疗水平不断提升，一方面分科细化，原来的简单综合科室，根据专业发展分为多个科室。内科分为消化、呼吸、心血管、血液、神经等9个主要专业科室；外科分为普外、创伤骨科、神经、泌尿外科等6个主要专业科室。一方面是大量先进医疗设备在临床的应用和医学科学技术水平的提高，改变了很多过去治不了的病和开展不了的专业项目的状态，如心脑血管病、肿瘤病的预防和治疗，外科病的断肢再植，器官移植及纤维外科，无创手术等技术的应用，较快地提升了阳泉地区的医疗水平。

（一）消化内科

20 世纪 50 年代初，内科病主要是靠询问病史，采取望、触、叩、听方式及医生的经验进行诊断和治疗。1955 年，山西省阳泉市人民医院（阳泉市第一人民医院）内科开展钡餐胃肠造影后，提高了胃肠病诊断的准确率，但肝、胆疾患仍须靠实验室的常规检查，胰腺及上腹部的一些病变，如炎症、肿瘤、憩室等就难以确诊。1960 年始，路寿山医师率先开展了肝脏穿刺，肝穿滴液治疗肝脓肿、股动脉普鲁卡因封闭治疗溃疡病等试验，提高了肝胆病的诊治水平。1970 年始，采用冰牛奶加去甲肾上腺素治疗消化道出血，收到满意效果。1979 年 11 月，阳泉市第一人民医院引进纤维胃镜、纤维十二指肠镜及纤维结肠镜用于临床。1980 年始，随着胰胆管造影和 B 超的应用，加之实验室检查手段的不断提高和检查项目的不断增多，使肝胆胰疾患的诊治水平又上新台阶。1988 年，阳泉市第一人民医院引入胃电图，使胃炎、胃溃疡、胃癌的诊断出现了新局面。用多巴胺加速尿腹腔注射治疗心源性顽固性腹水，用胎儿肝细胞悬液治疗重症肝炎、肝硬化，用痢特灵、黄连素治疗幽门螺旋杆菌引发的慢性胃炎，均取得良好疗效。2000 年，阳泉较大医院消化内科配置了心电图机、生命体征心电监护仪及输液泵，开展重症胰腺炎的救治、上消化道大出血急诊胃镜检查术、下消化道大出血急诊肠镜检查术、上消化道大出血的内镜下止血。2004 年始，阳泉市第一人民医院和阳煤集团总医院开展了十二指肠乳头切开取石治疗胆源性胰腺炎；“善宁”连续泵入治疗门脉高压、食管静脉曲张破裂大出血；“洛塞克”连续泵入治疗消化性溃疡、应急性溃疡大出血；消化性溃疡根治方法杀灭幽门螺杆菌的三联、四联疗法；乙肝硬化的抗病毒治疗；肝硬化顽固性腹水的治疗；肝硬化肝肺综合征的治疗；反流性食管炎的治疗；胃癌、结肠癌的化疗；贲门癌、胃癌的介入治疗；癌性腹水的治疗。2006 年，阳煤集团总医院消化内科引进开展了“十二指肠乳头括约肌切开术”，可治疗胆总管结石、急性胆源性胰腺炎、急性梗阻性化脓性胆管炎、各种原因导致的阻塞性黄疸（胰头癌、壶腹癌、肝门部胆管癌）、慢性胰腺炎等。“十二指肠乳头括约肌切开术”的特点是通过插管，利用逆行胰胆管造影术，不开刀、不麻醉，即可进行治疗。科室主任黄沛理成为此项技术业务的知名专家。随后阳泉市第一人民医院也开展了此项业务。

（二）呼吸内科

西医诊断呼吸系统疾病主要依靠检验、透视、照相及听诊进行诊断。1980 年始，较大医院引进纤维支气管镜，开展支气管肺镜活检，肺部疾患的诊断准确率较前提高。1985 年，对肺心病呼吸衰竭的患者，开展了支气管切开术，用人工呼吸器机械通气进行抢救，取得成效。其后，使用 76% 泛影葡胺加羧甲基纤维素经纤维支气管镜做支气管造影，检查支气管病变；采用肝素静脉点滴治疗肺栓塞；用可拉明大剂量静点治疗格林巴呼吸肌不全麻痹；应用肝素、川芎嗪静点治疗慢性阻塞性肺炎等，均取得满意效果。随着医院发展，1995年，阳泉较大医院呼吸内科配置了德国万胜BIPAP ST-33型呼吸机、多参数监护仪等医器。通过有创、无创呼吸机的治疗，提高了危、急、重症抢救成功率。对肺部感染性疾病，通过合理诊断、合理使用抗生素、规范使用抗结核药物，提高了治愈率。针对肺部肿瘤，开展CT引导下经皮肺穿刺、胸膜腔穿刺、胸膜活检术、纤维支气管镜下肺泡灌洗、纤支镜下纵隔淋巴结活检等检查手段，提高了诊断准确率。对恶性胸膜疾病，采用中心静脉导管胸腔植入术，胸腔内注射生物制剂、化疗药物，有效控制恶性胸腔积液。2000年，阳泉市第一人民医院呼吸内科采用世界卫生组织推荐的GINA和GOLD方案，对哮喘、COPD进行规范化治疗、科学化管理，使患者达到临床治愈。2003年“非典”疫情发生后，全市3所三级医院为呼吸内科配备了较好的设备，进一步提升了医疗质量。

（三）心血管内科

建市初，只有阳泉市立医院（阳泉市第一人民医院）有心导管检查（1958年引入），主要靠拍胸片进行诊断。由于诊治手段和水平都比较差，患者死亡率较高。1962年，阳泉市中心人民医院（阳泉市第一人民医院）开展了心电图检查，对高血压危象病人采用快速降压，对心力衰竭者在使用强心剂的同时辅之以快速利尿剂、血管扩张剂予以治疗，诊治效果明显提高。1970年始，随着荧光示波器监护装置、除颤器、人工心脏起搏器、超声心动图机、电治疗刺激仪、心脏机能诊断仪、记忆监护仪、动态心电图监测仪、超4型B超等多种先进器械在临床的使用和推广，有效地提高了心血管系统疾病的诊断率和治愈率。1990始，诸如心律失常、心房纤颤、心肌梗死等疾病，在阳泉较大医院中就可以得到诊断和治疗。1989年后，阳泉开展的床旁左室功能测定、自动心功能测定、外同步电击转复室性心动过速以及用转换酶抑制剂硫甲丙脯酸治疗高血压、用心律平治疗室性心律失常、用硫氮苯酮治疗心绞痛、用门冬氨酸钾镁治疗洋地黄中毒，又使心血管系统疾患的诊治水平提到了一个新高度。2005年始，阳泉市第一人民医院心血管内科开展了硝普钠+多巴胺治疗心源性休克，动态血压检测评价降压药物的疗效，氦氖激光治疗仪治疗肾脏疾病的项目，并使用12导同步心电图、运动心电图、Q-T离散度、心室晚电位、频谱心电图提高了诊断准确率。至2010年，阳泉市第三人民医院、阳煤集团总医院的心血管内科都能开展PTCA、冠脉支架置入术、三腔起搏器再同步化治疗心力衰竭等先进治疗技术。

（四）血液内科

20世纪70年代之前，血液内科疾病的诊断和治疗归大内科管理。1979年，阳泉市第一人民医院在大内科设血液组，开展了血液病专业的诊治，但由于刚刚起步，技术力量不足，只能开展一般贫血病的诊断和正规治疗，对骨髓病、淋巴瘤和出血性疾病以及溶血性疾病的进一步诊断和鉴别，则尚有困难。随着实验室的不断完善，诊治范围逐渐扩大，开始能对多种溶血性贫血、脾功能亢进、粒细胞缺乏症、多发性骨髓瘤、恶性组织细胞增生病以及各种出血性疾病进行诊治。1988年始，用HA方案对急性外淋巴细胞性白血病进行化疗，通过髓内注射氨甲苯呤、氟美松治疗急性白血病；用胎儿肝细胞治疗再障性贫血及急性白血病、肿瘤病的辅助治疗，均取得一定疗效。1990年始，血液内科的诊断治疗水平逐年提高，很多治疗与国内先进水平接轨，开展了亚砷酸治疗急性早幼粒细胞白血病；大剂量静脉用丙种球蛋白与大剂量甲基强的松龙输注治疗急性特发性血小板减少性紫癜；VAD方案治疗多发性骨髓瘤。2000年始，阳泉3所三级医院都能采用十一酸睾酮口服治疗慢性再生障碍性贫血；吡柔比星用于治疗急性白血病，淋巴瘤及多发性骨髓瘤；反应停治疗多发性骨髓瘤，白血病化疗规范化等新技术、新项目，使阳泉的血液病治疗水平空前提高。

（五）神经内科

建市初，神经内科系统的疾病没有专科专人诊治和研究，对于神经内科疾病虽已开展了诊断治疗，但水平低，效果差。在诊断方面，主要通过询问病史或用叩诊锤、眼底镜等进行检查、诊断。1960年始，开展了腰穿检查后，可以鉴别出血性脑血管病和闭塞性脑血管病，并可明确诊断急性感染性神经根神经炎等疾病。1974年，阳泉市第一人民医院引入脑超声波开展了脑血管造影，并在内科设神经系统组。1980年后，对急性多发性神经炎合并呼吸肌麻痹、病毒性脑炎、重症肌无力危象等比较难攻克的疾病，也都有对症治疗的良方，且效果明显。1988年，阳泉较好的医院能用腹部皮下脂肪注射肝素治疗和预防脑栓塞，针灸治疗偏瘫，用椎管注射激素过滤空气及冲击疗法治疗脊髓蛛网膜炎，用蛇毒抗栓酶治疗闭塞性脑血管病，用氟美松、普鲁卡因颈动脉梢封闭治疗神经性头痛。1989年，阳泉较大医院开始设神经内科，用硬膜外充填代替激素治疗周围神经损害，用太必利治疗头痛病等，均取得较好疗效。1996年始，神经内科配置了床旁生命体征监护仪、急救人工呼吸重建仪和微电子输液泵，提高了神经内科的治疗水平。1998年，阳泉有了核磁共振等现代高档医疗设备后，极大地提高了神经系统类疾病的诊断水平。2000年始，全脑血管造影（DSA）在神经系统的应用，TCD在脑血管疾病诊断方面的应用，肌电图，诱发电位，脑电图，脑电地形图的应用，开展了危重病人监护与抢救。对脑血管病防治、指导与研究，静脉窦血栓、病毒性脑膜炎、化脓性脑膜炎、结核性脑膜炎、病毒性脑炎、脑梗死的溶栓治疗，脑囊虫病的诊断与治疗等采用了新技术、新项目，使阳泉神经内科疾病的诊断和治疗又上新台阶。

（六）内分泌内科

阳泉系统疾病的专病研究始于1980年，设立内分泌系统组，采用心包穿刺加服甲状腺素丸治疗甲状腺功能减退、用小剂量地巴唑加服甲状腺素片治疗甲状腺功能亢进、用小剂量胰岛素持续静点治疗糖尿病酮症酸中毒、用低渗盐水及小剂量胰岛素治疗高渗性非酮症性糖尿病昏迷，均取得满意疗效。1988年，采用内分泌腺体移位（胰岛、胸腺、甲状腺、垂体）治疗糖尿病、席汉氏综合征、甲状腺功能减退症、垂体性侏儒病；1990年用胎儿胰腺悬液治疗糖尿病，效果也很明显。2000年始，配置了胰岛素泵、快速血糖检测仪、骨密度仪、化学发光免疫分析仪、糖化血红蛋白检测仪、多功能监测仪等先进仪器，方便了内分泌系统的诊断和治疗。2003年引进和应用国际内分泌系统疾病和糖尿病诊治的最新成果和先进经验，开展了糖尿病快速血糖监测及持续皮下胰岛素输注治疗。2005年始，开展了对内分泌疾病和代谢性疾病的治疗和其他内分泌代谢疾病的心理咨询、心理治疗。截至2010年，阳煤集团总医院、阳泉市第三人民医院对内分泌系统疾病都取得较好水平。

（七）肾内科

建市初，阳泉肾脏疾病由普通内科医生诊治。多为常见的急、慢性肾炎，肾病综合征、肾盂肾炎等疾病。依靠病史、体检和实验室检查，以尿常规检查为主，辅以尿爱迪氏计数检查、尿浓缩、稀释试验、酚红排泄试验等方式进行诊断，采取对症用药方法进行治疗。1970年始，采用中西医结合的方法治疗肾脏疾病，获得较好疗效。1980年始，大医院设肾病小组，用中西医结合治疗急、慢性肾炎、肾盂肾炎、肾病综合征等，收显效。随着医疗设备不断更新，对急、慢性肾功能衰竭的病人开始做人工肾透析治疗，纠正血液中的电解质紊乱，使急性肾功能衰竭的病人转危为安，并开展了结肠透析、腹膜透析疗法，同时，用中西医结合治疗肾功能衰竭。1990年始，配置心电监护仪、心电图机、肾穿枪等设备，提高了肾病的治疗水平。2000年至2010年，阳泉肾内科又开展了肾穿刺活检术、选择性肾动脉造影术、持续不卧床腹膜透析、血液灌流、肾小球滤过率的测定、基底膜肾病的诊断、甲基强的松龙加环磷酰胺双冲击治疗弥漫性狼疮性肾炎、吗替麦考酚酯治疗难治性原发性肾病综合征、活性维生素D治疗慢性肾脏病继发性甲状旁腺功能亢进症等项目。

（八）老年内科

随着老年人口的增多，老年病已成为一个需要重视的问题。阳泉市第一人民医院曾于1980年成立内科三病区，设病床16张，主要收治县（团）级以上干部的内科病患者。1984年正式成立干部病房，购置了呼吸机、心电图机、心电除颤仪、电动吸引器等设备，提高了心脑血管疾病的诊断水平和治愈率。1993年进一步扩大服务范围，开展了静脉溶栓治疗急性心肌梗死，静脉溶栓以及小剂量肝素治疗不稳定心绞痛，静脉溶栓治疗脑梗死，持续小剂量扩血管药静滴用语难治性心力衰竭，醛固酮拮抗剂在心力衰竭中应用，老年急性心肌梗死临床观察等15项新工作。成功地抢救了糖尿病酮症酸中毒合并急性心肌梗死，大面积心肌梗死合并左心衰及休克，肺心病呼吸衰竭，电击转复心房纤颤，电击转复室性心动过速等患者。同时，引进了日本玲谦三支笔自动心电图机、动态心电图机、动态血压仪等先进医器，提高了对无症状心肌缺血，各种心律失常的诊断治疗水平，指导了对降血压药的合理运用。2000年始，干部病房改为老年内科，阳泉市第三人民医院、阳煤集团总医院加强了老干部病房，专为诊治和抢救老年内科各专业急危重病人。开展抢救急性心肌梗死合并心衰、急性心肌梗死合并休克、急性心肌梗死合并室颤、急性心肌梗死合并糖尿病酮症酸中毒、急性心肌再梗死、风心病房颤复律、急性左心衰、缺血性心肌病心衰、扩张型心肌病及心律失常、呼吸衰竭、糖尿病重症哮喘呼吸衰竭、垂体危象、脑出血、脑梗死、糖尿病脑血管病合并急性胃黏膜病变消化道出血等多种危急病人。

2000年至2010年，阳泉老年内科开展新工作20多项，其中大面积急性心肌梗死抢救、顽固性心律失常诊治，无创及有创机械通气辅助呼吸抢救呼吸衰竭、原发性醛固酮增多症诊治，糖化血红蛋白测定、垂体危象抢救、嗜铬细胞瘤诊治、脑血管病鉴别诊断与治疗，取得较好效果。

（九）普通内科

普通内科为大医院内科分专业科以后剩余病种和多病种初诊的科室。一般都配有床边多参数监护仪、心电图机、血糖监测仪等医疗设备。对急性脑血管病的早期诊断，治疗及康复，神经系统脱髓鞘病，周围神经病，涉及多学科的一些疑难病症的诊治发挥重要作用。

（十）普通外科

随着医学发展，外科专业与内科专业同样由不分专业的大外科逐步分为若干专业科室。建市初，阳泉外科仅能做一般的肠胃切除手术、脾肾切除手术和子宫切除、甲状腺切除、食管癌切除及腰椎结核病灶清除术等。1960年后，阳泉市中心人民医院（阳泉市第一人民医院）郭文章赴北京阜外医院学习胸外科后，开展了心脏手术，如二尖瓣交界分离术、心包切除术、心包剥离术、心包引流术等；试做结肠代食道术、腹膜后巨大脂肪瘤切除术和子宫癌广泛性切除术也均取得成功。1970年始，阳泉市工农兵医院（阳泉市第一人民医院）、阳泉矿务局医院（阳煤集团总医院）均能开展直肠及乙状结肠切除保留肛门、外翻吻合术、经开胸做心脏按压、膈肌修补、肺叶切除、胃肠减压和胆总管穿刺造影等手术，抢救呼吸、心脏均停止的危重病人；1980年始，阳泉较大医院先后开展了一些高难度手术，如大网膜颅内移植术、膀胱全切膀胱再生术、奥狄氏括约肌成形术、肝动脉结扎术、开胸术、下肢静脉造影术、肝脑管盆空肠间置术、经腹全胃切除术、心脏修补术、肺修补术、经皮肝穿胆道造影术、主动脉瘤破裂修补术等，取得满意成效。1996年，开展了全结肠切除、肝方叶切除、肝巨大血管瘤切除、胰岛素瘤切除术（功能性）、保留幽门的胰十二指肠切除、复杂胰腺癌胆管下段癌根治术、胰管空肠内引流术、重症胰腺炎的手术及综合治疗、放射性粒子125I植入治疗胰头癌、胆囊癌根治术、肝门部胆管癌支架桥式内引流术、胆总管探察T形管引流术后胆汁回输、胆总管探察术后T形管窦道造影、后腹膜巨大肿瘤切除、腹腔镜胆囊切除、腹腔镜阑尾切除术、腹腔镜直肠癌根治术、腹腔镜下回肠结肠代阴道、术中肝胆B超检查、数字减影血管造影消化道出血定位、胃肠术后早期肠内营养。2004年始，阳泉市第一人民医院、阳煤集团总医院小儿外科开展了先天性巨结肠根治术，先天性食管闭锁食管气管瘘吻合术、新生儿先天性膈疝修补术。2010年开展了腹主动脉瘤切除人工血管移植，肢体动脉瘤切除人工及自体血管移植、下肢动脉人工血管旁路术、游离大网膜移植治疗下肢缺血性病变、下肢深静脉瓣膜腔外修复、腔镜下小腿筋膜下交通静脉离断术、双股动脉人工血管移植术、半腱肌—股二头肌瓣代瓣术、髂动脉瘤切除人工血管移植术。

（十一）创伤骨科

1950年，阳泉外科只能开展一般骨折整复和截肢术，后期，开始做脊椎压缩骨折整复术、膝关节融合固定术、腰椎间盘切除术等；并试做股骨、颈骨骨折三翼针内固定术、胸椎结核开胸病灶清除术加移骨术以及断指再植术等。1960年后，开展马蹄内翻足三关节固定成型术、半骨盆切除术。1970年始，开展人工股骨头置换术，并试做小腿内侧带血管蒂逆行皮瓣移植术、肌皮瓣移位术、人工髋关节置换术、髋内动脉损伤结扎术、全髋关节置换术、颈前路病灶清除减压植骨术等，获得成功。1996年后，阳泉三级医院的骨科分为骨Ⅰ科、骨Ⅱ科。骨Ⅰ科是以脊柱外科为重点的科室，主要开展颈、胸、腰椎，包括上颈椎和下腰椎在内的前、后路减压、固定和融合。其中齿状突骨折的固定、颈椎经椎弓根固定、椎体成形手术和肋间神经移植治疗截瘫等手术处于国内领先水平。2000年开展了全膝关节置换在内的关节置换和矫形术和多种复杂骨折的内外固定术、引进了LCP在内的内固定先进技术。2002年开展了多项微创技术，包括椎体成形和骨肿瘤的介入治疗，并广泛开展了椎间盘镜和关节镜手术。在显微镜外科和组织修复方面，开展了血管和神经的修复和断指、断肢再植及皮瓣和组织转移等手术。阳泉市第一人民医院骨Ⅱ科在完成山西省科委立项的《保留棘突全椎板切除引产胎儿移植在腰椎管狭窄中的应用》课题中，经过3年临床40例病人的研究，取得了很好治疗效果，经山西省科委专家鉴定，为国内先进水平。显微外科开展了臂丛神经根性撕脱伤多组神经移位移植术、臂丛神经卡压松解术、拇甲瓣移植再造拇指。2003年成功实施了断肢异位再植术。2004年，曹立智、付辛荣等开展了经皮穿刺骨髓注射治疗椎体压缩骨折，使以往脊柱单纯压缩骨折患者需卧位2～3月，减少到24小时就可下床活动。2005年以后，开展了后路椎间盘镜下治疗腰椎间盘突出症的微创手术，效果良好。2009年阳煤集团总医院购置德国奔驰原装进口全封闭重症监护医疗急救车，对全市创伤急救、重症监护提供服务。

（十二）神经外科

1970年以前，阳泉外科只能处理脑外伤的血肿清除和损伤大脑的污染清除等。1975年，阳泉市第一人民医院派郭在川赴北京宣武医院学习脑外科回院后，逐步开展了脑外科手术。1980年后，随着医疗设备的不断更新和现代化，神经外科的服务范围日益扩大，诊治水平不断提高。1981年，开展脑血管颅内外搭桥术治疗脑血管病手术；1983年，开展高血压脑出血手术；1985年开展大网膜脊髓移植术；1987年开展脑立体定向术；1989年开展重体肿瘤、眼神经瘤、脑内动脉瘤等手术；1990年开展了显微神经外科技术，在显微镜下清除高血压脑出血、脑内血肿、血肿清除率达98%以上，手术对脑组织的损伤降到更小；1994年后，阳泉始有脑神经外科，在显微镜下切除颅内多部位肿瘤，改进了治疗脑积水手术中使用的皮下通条，使脑室—腹腔分流手术时间缩短近1小时。2000年后，阳泉市第一民医院由张璟义创新的明胶海绵肌肉指压法治疗矢状窦破裂出血，使矢状窦损伤大出血不再成为神经外科医生最棘手的难题。之后，全市三级医院开展了神经介入血管内治疗新技术，在DSA系统的支持下，开展了急性脑卒中进行动脉溶栓灌注治疗、恶性胶质瘤动脉内化疗、颈部和颅内动脉狭窄进行支架成形术等新工作。2003年后，开展了球囊扩张和支架浅形术神经介入血管内治疗缺血性脑血管病、神经介入动脉血管内灌注药治疗恶性胶质瘤。截至2010年，阳泉3所三级医院的神经外科均有了新的发展。

（十三）泌尿外科

建市初，阳泉没有泌尿外科方面的专科医生，属于尿道修补、肾切除之类的手术均由普外科医生来做。1962年，逐步开展泌尿外科手术，能够做肾结核与肾肿瘤摘除术、输尿管移植术、附睾切除术、阴茎癌半切与全切术、膀胱结石取出术等。1970年后，较大医院均可做肾切开取石术、输尿管切开取石术、肾脏穿刺造影等。1980年后，开展膀胱与尿道断裂修补术、精索静脉曲张与腹壁静脉吻合术、先天性尿道破裂成形术等，均取得明显疗效。1997年开展肾移植术获得成功；1998年开展了Madingan前列腺切除术和经尿道前列腺电切术，1999年完成经尿道膀胱肿瘤电切术，膀胱全切回肠膀胱术，肾癌根治术，肾上腺肿瘤切除术，肾盂成形术，这些高难度的手术代表着阳泉泌尿外科的最高水平。2003年开展尿动力学检查技术，为治疗下尿路症状患者提供理论依据，标志着泌尿外科由实践型向理论实践科研相结合的全面转变。2005年初首例后腹腔镜下肾囊肿去顶术获得成功，随后又开展后腹腔镜下肾上腺（肿瘤）切除术等更高难度的手术。

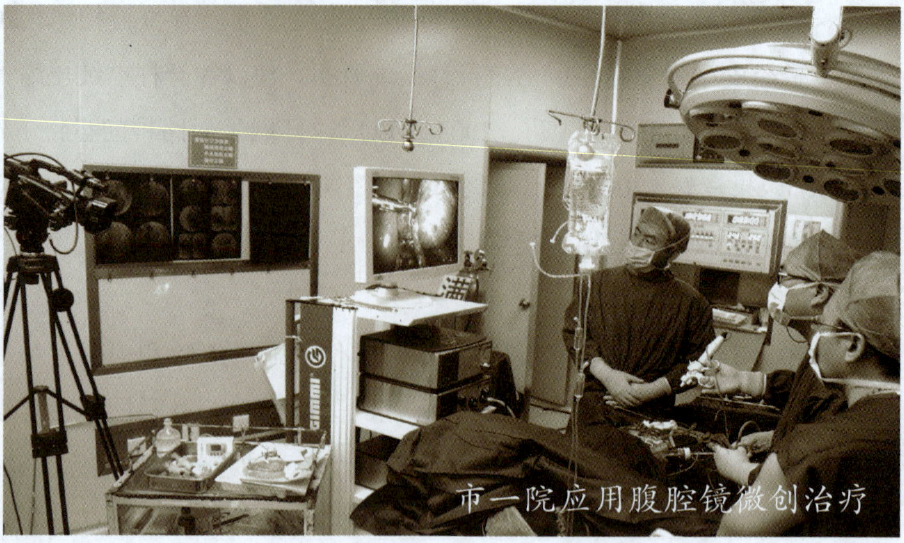
市一院应用腹腔镜微创治疗

（十四）肿瘤、心胸外科

1996年，阳泉市第一人民医院成立肿瘤科、心胸外科。开展了心脏外科手术，成功率达96%。截至2005年，对复杂紫绀性心脏病、三尖瓣下移畸形矫正术、三房心畸形矫正术及瓣膜置换术、法鲁式四联症矫正术、左房右房黏液瘤切除术、体外循环加纤维胃镜下左室肿物切除、冠状动脉搭桥术、多瓣膜置换术、巨左房折叠术等心脏外科手术达400例，对多种肿瘤开展切除术。阳煤集团总医院、阳泉市第三人民医院和县（区）医院均开设了肿瘤专科。

（十五）手外科

1995年，阳泉市第三人民医院外科青年医师路新民通过刻苦钻研和多次实验，在显微外科技术方面有新的突破，同年，成立了手外科，专门诊断、治疗断肢、断指再植等显微外科的病人，阳泉及周边地区享有盛名。路新民精湛的技术和无私的奉献精神深受广大群众赞扬。1996年阳泉市委、市政府授予他“楷模医生”的称号，并号召医务人员向他学习。手外科是阳泉唯一的显微外科方面的专业科室，也是全省正规综合医院设手外科的第一家。全科医护人员20名，平均每年为上百名断肢、断指患者进行手术，并取得满意效果。

（十六）妇产科

民国38年（1949），阳泉市立医院（阳泉市第一人民医院）设立妇产科，当时只能做产前检查和一般常见病的处理。建市初，孕妇生产以自然分娩为主，产程长，新生儿宫内窘迫多；后逐渐开始做会阴切开手术加用产钳助产；之后阳泉矿务局医院（阳煤集团总医院）也设立妇产科。1960年后，改用胎头吸引器代替产钳，缩短了产程；1970年后，用催产素合谷穴注射诱导引产，后又用催产素静脉点滴催产，进一步缩短了产程，减少了产妇痛苦。在接产的程序、手段和剖腹产的技术处理上，随着临床经验的不断丰富，也相应改进和提高。1980年后，广泛开展围产期保健，实行产程观察和高危妊娠的人工监护，接产水平进一步提高。1985年使用围产图后，使会阴切开、胎吸、产钳、剖腹等各种产术得到了合理的选择，接产的科学性和安全系数提高。1995年妇产科分为妇科、产科并设遗传实验室，母婴休养室等。2000年后，曾在一个时期内，剖腹产成风，到2005年开始科学选择。1963年，阳泉市中心人民医院（阳泉市第一人民医院）王子石和汤恂大夫为一早期子宫癌患者施行子宫癌广泛性切除术后，打开了手术治疗妇科顽症的新天地。1970年后开展外阴癌根治术和膀胱阴道瘘及直肠阴道瘘修补术；1990年开展了先天性无阴道乙状结肠人工阴道成形术、腹膜外子宫切除术；1995年遗传实验室开展了染色体检查、新生儿苯丙酮尿症筛查、PCR检查。1996年后，产科开展高危妊娠，妊娠合并内科疾病，子痫、产后大出血，羊水栓塞，Hellp综合征，DIC等疾病的治疗。妇科开展宫颈癌根治、子宫内膜异位症的诊治、阴式子宫切除、阴道成形、输卵管吻合等高难度手术，以及绒癌诊断及系统治疗。截至2010年，县（区）医院和多数二级以上医院均设妇产科，均有较大发展。民营医院和部门医院中有专门妇产科专科医院。

（十七）小儿科

阳泉建市初期，境内医院未设儿科，儿科病多由内科兼治。1953年，山西省立阳泉人民医院（阳泉市第一人民医院）增添2名儿科医师，翌年设儿科门诊，1955年开设儿科病房。1960年，因饥荒食用野草，抢救中毒病儿成为儿科的主要任务；同时，攻克胆道蛔虫病、婴儿腹泻以及支气管炎、肺炎等常见病，也成为儿科工作重点。经过儿科大夫的共同努力，上述几方面均取得可喜进展，特别是推广北京儿科专家用液体疗法治疗婴儿腹泻重症脱水酸中毒方面，效果良好，婴儿腹泻死亡率明显下降。1970年后，在治疗脓毒败血症、感染性休克毒痢、格林巴氏综合征、脓胸、脓气胸、缩窄性心包炎以及病毒性心肌炎并发房室传导阻滞等疾病方面，又有新的突破。20世纪80年代后，由于增添了新的医疗设备，实验室的工作项目和范围日渐扩大，全市儿科的诊治水平也随之进一步提高，开展了用“死卡”治疗喘息性肺炎、支气管哮喘，用大剂量速尿配合大剂量激素治疗顽固性肾病综合征，用酚卡明治疗重症心衰，用肝素加输血治疗新生儿硬肿征等试验。1990年，主任医师张济源对儿童佝偻病的存在提供了详细的临床表现和初步治疗方案。同时，儿科对化脓性脑膜炎反复腰穿降低颅内压、侧脑室持续减压、大幅度提高了晚期脑膜炎的治愈率。采用长期口服巯甲丙脯酸，预防左向右分流型先天性心脏病肺动脉高压形成、反复心力衰竭发作，获得显著疗效。1996年开展四联疗法治疗紫癜性肾病；开设儿童癫痫的专科门诊。1997年用小剂量胰岛素抢救糖尿病酮症酸中毒。1998年用大剂量丙种球蛋白治疗免疫性血小板减少性紫癜、大剂量丙种球蛋白治疗皮肤黏膜淋巴结综合征、东莨宕碱治疗药物性锥体外反应。2000年开展小儿哮喘的规范化治疗。2001年引进小儿静脉留置针的临床应用；高压氧治疗新生儿缺氧缺血性脑病、脑发育不全、脑白质病变和一氧化碳中毒疾病，开展呼吸系统疾病病原学诊断并开设小儿心理发育门诊；2003年用甲基强的松龙抢救重症支气管哮喘患者、用甲基强的松龙和大剂量丙种球蛋白抢救紫癜肾合并急性肾功能不全的患者、用常乐康治疗抗生素诱发肠炎及迁延性腹泻的患者，并开展小儿腹泻病轮状病毒病原学监测、早产儿床旁微量血血糖监测。截至2010年，全市二级以上医院均设有儿科，并在小儿病预防、诊断和治疗上有了新突破。

（十八）眼科

阳泉建市初期，医院只能做角膜手术，开展内翻倒睫、眼睑植皮等。1957年单独设科后，逐渐开展了白内障摘除术、青光眼减压术、斜视矫正术、眼球摘除术、球内非磁性异物取出术、眼窝及外眼肿瘤术等。1970年后，开展眼外翻矫正术、多次游离皮瓣移植整形术。阳泉矿务局医院于1976年后研究设计出TNT晶体中毒诊断标准及分期方法。1985年，阳泉市第一人民医院在X线电视监测下试做眼眶深部金属异物取出术获得成功。1987年添置弱视机后，新开了眼肌功能检查和儿童弱视治疗，从而为眼源性头晕诊断提供了条件。阳煤集团总医院眼科开展了眼内异物摘除术和角膜移植术。1991年山西省卫生厅和山西省残联指定阳泉市第一人民医院眼科为省定点防盲康复中心。1993年开展了青光眼双瓣大小梁显微切除术。1995年开展眼科显微手术、白内障现代囊外摘除术加人工晶体植入术，使眼科医疗水平上了一个新台阶。2000年后，开展了超声乳化治疗白内障、准分子激光治疗近视，双行睫显微毛囊手术切除术、激素冲击疗法治疗眼内炎、角膜缘干细胞移植治疗翼状胬肉、巩膜瓣下开槽联合小梁切除治疗复杂青光眼、超常量斜视矫正术等多项新技术。截至2010年，阳泉3所三级医院的眼科都有较大发展。

（十九）耳鼻喉科

阳泉市立医院（阳泉市第一人民医院）于1952年在全市首设耳鼻喉科（统在五官科内），当时，只能开展鼻息肉摘除之类的小手术。1957年单独设科后，逐渐开展了胬肉切除、鼻中隔矫正术、扁桃体摘除术、食道异物取出术以及鼻腔泪囊吻合术、乳突根治术、中下鼻甲部分切除术、气管异物探取术、耳源性脑脓肿切除引流术、上颌窦根治术等。1970年后，阳泉较大医院耳鼻喉科均添置电测听、前庭功能仪、手术显微镜等器械后，陆续开展了鼻泪囊造孔术、喉部乳突状瘤切除术、上颌骨截除术、喉裂开术、全喉切开术、额筛囊肿摘除术以及鼓室成形术、耳鼻咽喉冷冻术、耳鼻咽喉激光术、颈淋巴结廓清术等。1980年后，随着冷热空气试验仪、耳科显微镜等一代新式器械的增添和使用，提高了耳鼻喉科的诊断水平，一些难度较大的手术，如鼓膜置管术、耳道深部肿瘤摘除术、鼓膜穿刺搭桥修补术、下鼻甲骨大部切除术等也先后开展，并取得满意疗效。1984年，平定县人民医院侯秋来大夫主创的“同种异体鼓膜听骨移植术”达到国内先进水平；研制的“人工陶瓷听骨”填补了国内空白，多项技术指标均达到国际水平并科学地改良了从国外引进的“电子耳蜗植入术”。此项成果在1989年11月召开的全国第四届发明展览会上获银牌奖，同年参加了在联邦德国举办的“中国周”科技展览，受到好评。1990年后，阳泉较大医院先后开展了对外伤性喉阻塞施行喉成形术，喉切除加发音重建术；购进了纤维鼻咽喉镜，开展了喉部声带息肉、小结和小肿物检查及切除术。1992年阳泉市第一人民医院主治医师冯振山发明“扁桃体吸引剥离器”获得国家专利。1995年开展了固体硅胶隆鼻整形术。1996年开展了鼻内镜手术、鼻内镜下筛窦开放术、上颌窦口扩大术、蝶窦开放术、全筛切除术、微波热凝治疗变生性鼻炎、鼻出血、部分喉切除术、功能性颈淋巴清扫术。2000年后，三级医院均开展了全喉切除术后发音重建、喉内镜手术、改孔定根治术及鼓室成型术、完壁式孔定根治术及鼓室成型术、数码助听器验配、鼻口掀式鼻腔肿瘤切除术、腭咽成型术、完壁式乳突根治术、内镜下经筛窦颅底修补术、乳突根治术后对耳道重建术。

（二十）口腔科

在医院未设口腔科之前，口腔病患者大多到市区的私人诊所去求治。1954年山西省立阳泉人民医院（阳泉市第一人民医院）开设口腔科后，开展了一般口腔内科及颌面外科、拔牙、补牙等业务，后期又新开展了镶牙业务和口腔科的常见手术，如唇裂、腭裂、舌癌、颊癌等。1960年后开展了上颌骨截除术、下颌骨摘除术。1970年后开展了腭裂成形术。1980年后，试用复合树脂进行口腔多种修复及上下颌骨骨折固定手术，均取得较好疗效，开展了光固化复合树脂治疗牙体疾病和脱钙胎儿骨移植治疗颌骨病变造成的骨缺损。1990年，引进法国超声波洁牙机开展了超声波洁牙工作和牙颌畸形的正畸治疗腭裂的整复手术，颌面巨大血管瘤切除术，颊癌、牙龈癌等恶性肿瘤的联合根治术。1996年开展了微型钛板内固定治疗颌骨骨折、口腔正畸、修复等多项工作。2000年，口腔科设立“口腔正畸修复中心”，开展了正畸、修复、烤瓷、铸造、颊癌根治术加前臂游离皮瓣显微血管吻合修复术、坚固内固定治疗眶—上颌骨—颧骨复合骨折、隧道转移皮瓣修复面部缺损，冠状切口治疗颌面复杂骨折、腹部游离皮瓣移植治疗颊部大面积缺损等，改进了唇腭裂手术方法，开始承担了中华慈善总会“明天计划”孤残儿的手术矫治任务。2009年阳泉市口腔医院开展了口腔种植技术项目，并得到国内外专家指导和支持。阳泉市第一人民医院口腔科颌面外科手术和阳泉市口腔医院内、外科及口腔正畸术在全市均为领先水平。

（二十一）皮肤科

1957年8月，阳泉市人民医院（阳泉市第一人民医院）始设皮肤科（时称皮花科）。皮肤疾病由外科兼治，起初，只能诊治湿疹、皮炎以及霉菌类、化脓性皮肤病等一般常见病。1960年后，随着医院的不断发展和医疗设备的逐步更新，各大医院皮肤科的业务范围也随之扩大。1980年，开展了霉菌检查，并运用电灼、液氧冷冻、红外线、紫外线、蜡疗、氦气疗法等多种手段，对危重病人如剥脱性皮炎、天疱疮、皮肤炎、红斑狼疮等进行针对性治疗。其中，剥脱性皮炎的抢救成功率可达100%。1990年，对过敏性疾病做变应原试验，进行脱敏治疗。开展了皮肤斑贴试验，氦氖激光加去炎松治疗疤痕疙瘩，花粉症的脱敏治疗，均获得较好疗效。对疑难疾病如C1酯酶抑制物缺乏症、假性淋巴瘤、类脂质渐进性坏死、皮肤淋巴细胞浸润等，均能作出较明确诊断。20世纪90年代，全国曾灭绝了的性病又死灰复燃，皮肤科增加了性传播疾病，如尖锐湿疣、淋病、非淋菌性尿道炎、阴虱、生殖器疱疹、软下疳等。对1995年发现2例一期梅毒病人，给予及时治疗。2000年后，先后引进国际高新的医疗设备，开展He-Ne激光+确炎舒松A注射治疗斑痕疙瘩，免疫荧光电脑显微镜系统对性传播性疾病的特异性诊断，1%达克罗宁软膏治疗皮肤瘙痒疹等疾病，平阳霉素疣体注射治疗多发性寻常疣，他扎罗丁凝胶治疗银屑病临床观察，阿维A胶囊治疗掌跖脓疱性银屑病临床分析，微米光治疗带状疱疹、单纯疱疹、皮肤溃疡的疗效观察，他克莫司治疗特应性皮炎临床观察，得宝松治疗结节性痒疹、慢性湿疹疗效观察，解尿支原体、人型支原体的液体培养体会，UVB窄波紫外线治疗银屑病、白癜风、带状疱疹等。

（二十二）传染科

阳泉市于1965年12月正式组建传染病医院，并开始收治病人。1971年改建为综合医院，名为阳泉市第二人民医院（后改为阳泉市第三人民医院），将传染病医院改为传染科，主要诊治肠道传染病，如痢疾、肠炎。1977年全市肠道传染病发病率达到2809.15/10万，居各种法定传染病之首。1980年后，菌痢发病明显下降，肝炎却出现了上升趋势。经过医务人员的多年努力，到1990年，已基本形成了一套比较完整的诊治急性传染病的方案，重症病人的抢救成功率达100%。阳泉的结核病住院人数约占传染病住院人数的一半，死亡率比各种传染病死亡率的总和还多。据1989年至1990年统计，阳泉的结核患病率为830/10万，是全国平均水平的1.5倍，全省平均水平的1.9倍；结核菌涂阳率是全国平均水平的2.2倍，全省平均水平的2.9倍。鉴于此种情况，阳泉开展了耐药性测定，进而指导临床治疗，并达到了国内先进水平。在治疗方面，采用标准化疗法，疗程长达18至24个月；1980年后，阳泉市第三人民医院聂玉生进行了短程化疗的试验，已缩短到6至9个月；从1988年开始，又研制出化疗的新方案，疗程缩短到5至6个月，用药60～90次，将结核病的治疗水平提到了一个新高度，并在1990年4月全国第十一次结核化疗科技大会上受到表彰。2003年由于“非典”的流行，阳泉市政府投资在郊区原阳泉市第二人民医院内建起传染病医院，至2010年未投入使用。

（二十三）检验科

阳泉市立医院（阳泉市第一人民医院）于1949年设立化验室，阳泉矿务局医院（阳煤集团总医院）于1951年设立化验室。当时，因设备简陋，仅有一般显微镜、血球计数板等，检验的项目也仅是血、尿、痰、便四大常规，后随着仪器设备的不断充实和更新，检验项目和范围也日益扩大逐渐发展到临床检验、骨髓检查、生化检查、细菌培养等四大类数十个项目。1996年，根据学科专业分设：临床化学组、临床免疫组、临床微生物组、临床血液组、临床体液组、艾滋病初筛实验室、血气分析、骨髓细胞分析等12个实验室。主要设备有日立7600全自动生化分析仪、日立7060全自动生化分析仪、心肌肌钙蛋白测定仪、全自动血液流变仪、UF-50尿沉渣分析仪、SF-3000五分类血球分析仪、X-1800i五分类血球分析仪、AVL血气分析仪、复星2000细菌培养药敏分析仪、罗氏2010电化学发光免疫分析仪、博赛2010酶标仪、全自动洗板机等。随着医学电子技术、微型计算机的普遍应用，医学检验内容不断充实、拓宽和深化。1996年后，先后开展了肾脏疾病、痛风的辅助诊断项目“血尿酸测定”，冠心病危险因子评价指标“载脂蛋白测定”“胆碱酯酶测定”，自身抗体检测及“肌钙蛋白定量测定”，幽门螺杆菌抗体、结核抗体、肺炎支原体抗体、肺炎衣原体抗体多种微生物抗体测定和肝酶谱系列测定，急性时相反应蛋白测定等，并在输血六项基础上增加了“丁、戊、庚型肝炎抗体测定”，拓展为传染系列检测，在出凝血试验中增加“D-二聚体”“FDP”等检测，“尿微量白蛋白测定”以及尿沉渣分析、检验科的设备、技术不断提高，极大地缩短了检验时间，不仅为患者节约时间，而且为临床医生提供了较准确的诊断依据。

（二十四）整形烧伤医学美容科

整形烧伤医学美容科是20世纪90年代发展的新型学科，在整形烧伤外科的基础上，融入美容。阳泉较大医院开展这项工作，主要设备有Q2008-9-17ueen皇后光子嫩肤治疗仪、SpaTouch光子痤疮治疗仪、XYQ-2型脂肪吸引器、W-0307吴刚伦牌纹刺机、Face Dr.美妍超音皮肤美容仪、LA-338型扫斑仪、GX-Ⅲ高频电离子治疗仪、CA-206佳迪斯美容用超声波导入仪、KING DOM加强型美容冷热喷雾器、D-632安妮斯护手箱、SY-2003多功能治疗仪、

LM-103 雅明纹饰专用台灯、EA-625T 全自动高压蒸汽灭菌器、MD-6000 超音皮肤美容仪、红外线烧伤治疗仪、多功能翻身床等。开展了多功能电离子祛除纹身，治疗大面积扁平疣，祛除各种痣、疣、鸡眼，穿耳孔，强脉冲光治疗外伤、术后痕迹、烧伤后遗留的色沉、红血丝、雀斑、痤疮红印，光子治疗仪治疗痤疮，光子脱毛，超音波导入左旋维生素 C 淡化黄褐斑。

（二十五）急诊科

1954 年之前，急诊病人由医院各科值班医生随时诊治。1955 年山西省阳泉人民医院（阳泉市第一人民医院）正式成立急诊室。急诊室设观察室，值班室。由门诊护士长安排，采用护士轮换制，各科门诊护士轮流到急诊室工作。在开诊时间急诊病人由各科门诊医生救治，下班后根据急诊病人病情，由急诊护士通知相应科室值班医生及时诊治或收住相应病房。在急诊病人挂号时，在病历和处方上加盖“急”字，可以优先处理，以保证危重病人及时诊疗。在大跃进年代里，实行全日开诊及复诊病人预约制。1963 年增设治疗室和医生值班室。固定急诊室护士长。急诊病人仍由各科医生处理。同时，增加了观察室，配备了电动吸引器一台，急诊观察床增至 9 张。内科采取每周指派 1 名医生担任开诊时间的急诊医生，负责处理急诊病人。1984 年在原来急诊室的基础上成立急诊科。增设抢救室、扩创室、监护室。固定内科急诊医生 3 名。设诊察床 2 张，观察床增到 15 张。配备抢救器材，如电动洗胃器、心电图机、心脏监护除颤仪、高频喷射呼吸机、气压止血带、心脏按摩机、氧气等。并固定各种抢救器械包：气管切开包、静脉切开包、胸腔闭式引流包、产包、窥阴器包、小扩创包、出诊箱等。同年购进便携式心脏除颤仪等，健全了急诊抢救等 11 项规章制度。1996 年购置了心脏监护除颤起搏器，为高压氧舱室安装了多人空气加压氧舱，为加强院外急救，将救护车管理划归急诊科统一管理，科室随车配置有心电图机及简易气囊呼吸器供院外急救用。2004 年，配置了首台单道微量注射泵 1 台，并增加院前急救车 1 辆，完善各项规章制度及操作程序等 16 项制度。2005 年为加强急救能力，实行院内院外同步培训计划，气管插管由麻醉科转由急诊科独立完成。派副主任医师石需章到北京参加全国急救培训及山西省卫生厅在阳泉举办的医院管理培训。急诊科分设：急诊内科、急诊外科及扩创室、院外救护组、高压氧舱室、门诊注射输液室 5 部分。配置了 6 参数监护仪、心脏监护除颤仪、呼吸机、心电图机、洗胃机及快速血糖仪，心脏监护除颤起搏仪、单道微量注射泵、血氧饱和度监测仪、空气消毒净化机、担架车等设备。开展心脑血管急危重症、呼吸系统急危重症、消化血液急危重症、肾脏疾病急危重症及中毒、多脏器衰竭，创伤外科急危重症、普通外科急危重症、神经外科急危重症、心胸外科急危重症及多种危重联合外伤的抢救救治。2002 年阳泉市建立了急救绿色生命安全通道、即交通事故快速抢救绿色通道及人民警察因公受伤救护绿色通道，建立了相关的组织、程序及实施方案，与110、122、120联动，确保急危重症病人的快速抢救和抢救成功率。针对突发公共卫生事件加强了组织抢救工作，建立了各种意外事件的抢救预案及实施方案，制定并完善了各级各类人员的岗位职责、规章制度以及各种危重病的抢救程序，开展了链激酶/尿激酶/RTPA溶栓治疗心脑血管梗死，体外心脏起搏，深静脉置管等新工作。1990年后，阳泉市第三人民医院、阳煤集团总医院和三个县（区）医院的急诊急救都加强了力量，增加了设备，使全市急救抢险总体水平提高。阳煤集团总医院在创伤急救方面有较强的技术力量和丰富的经验。

（二十六）麻醉科

阳泉建市初期，医院手术麻醉主要以局麻、乙醚开放点滴及气管内插管半开放式麻醉。当时因无专业麻醉人员，即由外科医生施行。随着医院外科专业发展的需要，阳泉市中心人民医院和阳泉矿务局医院增设和加强了麻醉科。开展了硬脊膜外阻滞麻醉、气管内快速插管紧完备循环麻醉、双腔管气管内插管麻醉、鼻腔内插管麻醉、强化麻醉、硫笨妥钠静脉麻醉、心脏手术低温麻醉、臂丛神经阻滞麻醉，同时又开展了心肺复苏术。1968年又开展了针刺麻醉、人工冬眠疗法、氯胺酮麻醉。1986年随着心脏手术的开展，开展了体外循环麻醉。1990年后为提高麻醉的安全性，又增添了全自动手术监测血压仪、多功能监测仪、多功能麻醉机，有效地提高了麻醉的安全性。截至2010年，凡能开展手术的医院均设有麻醉科。

麻醉仪器主要有FC84麻醉机、CAABA-1多功能麻醉机、Drager系列Fabius2604000型麻醉机、Drager系列Fabius2000型麻醉机、RY型麻醉机、Drager系列Fabius2000型麻醉机、504脉搏血氧饱和度监测仪、7000B彩色多参数监护仪、871801/6型输液泵、迈瑞PM6000多参数监护仪、飞利浦MP20监护仪、飞利浦除颤仪等。

由于麻醉技术的不断发展，又于1994年，阳泉市第一人民医院开设了疼痛治疗门诊，主要诊治疾病有：肩周炎，椎间盘突出症，关节炎，颈椎病，髓突炎引起的腰背疼痛，坐骨神经痛，膝关节增生性关节痛，腱鞘炎，腰椎增生性疼痛。2000年全市各医院开展术后镇痛泵的临床应用。2003年开展嗜铬细胞瘤手术的麻醉，无痛人流的麻醉。2004年开展腰硬联合麻醉。2005年开展原发性醛固酮症手术的麻醉，开展以丙泊酚为主的静吸复合全麻。2006年开展冠脉搭桥手术的麻醉，喉罩技术的临床应用，无痛胃肠镜检查的麻醉。2007年开展心胸比率96%巨大心脏二尖瓣置换术的麻醉、纤支镜引导下的困难气管插管术。至2010年，随着瑞芬太尼、舒芬太尼等新型麻醉药品的应用，经口、鼻异型气管插管等新的麻醉技术设备的扩展，全市麻醉科的整体水平跨上了一个新的台阶。

（二十七）手术室

阳泉建市初期，医院未设手术室，手术患者均在外科门诊换药室进行处置。1951年后，阳泉市立医院（阳泉市第一人民医院）、阳泉矿务局医院（阳煤集团总医院）均设立手术室和器械室、洗手室、敷料室、消毒室、值班室等。1953年后，增加麻醉机、腹部手术器械和专科手术器械。随着医院的发展，开展了多科多类手术。1980年后，手术室装备不断更新，先后增加了双人双目显微镜，电子双目显微镜，9孔、12孔无影灯，深部手术灯，40D手术X光机，万能手术床，除颤器，大型电子灭菌器，热空气消毒灭菌箱，胆道镜，自动呼吸机，人工心肺机，电动颅钻，高频手术电刀，脉动真空蒸气灭菌器等，各医院改造和新建手术室，为各类大型手术的开展创造了条件。阳泉市第一人民医院在北京阜外医院、河南焦作医院专家的协助下，开展了体外循环心内直视手术。同时，还经外出培训，培养了2名灌注师。1995年引进一套国际先进的四头四尾闭路电视系统，为患者家属和教学实习工作提供了有利条件。2003年建成新手术室，建筑面积2144平方米，手术间12间，其中千级手术间1间，万级手术间2间，其余为十万级手术间。配置有德国生产WOLF腹腔镜，德国生产爱博电刀、日本产欧林巴斯手术胆道镜、欧林巴斯冷光源、瑞士产EMSII气压弹道碎石机、台湾独资小型高压灭菌器、内镜灭菌机、WD-89 II人工心肺机、XJS-2脑科显微镜、骨科手术显微镜、PLX112型高频移动式手术X射线机、高频移动式手术X射线机、康威手术电刀、子宫旋切器等设备。1998年引进德国沃尔夫前列腺尿道电切镜并投入使用；2002年引进腹腔镜并开展腹腔镜胆囊切除术；妇产科开展腹腔镜子宫、附件切除术。2003年按照《消毒技术规范》的要求，将洗手刷的消毒改为高压消毒。2004年配合普外科开展了胰岛瘤切除术和巨大肝血管切除术，并引进后路椎间盘镜并进行手术治疗。2005年引进人工膜式氧合器并应用于体外循环；配合肿瘤科把放射性粒子植入到食管癌病人体内；配合普外科开展了腔镜下小腿深浅静脉交通支结扎手术，并在山西省肿瘤医院专家指导下配合泌外科开展了腔镜肾囊肿开窗引流术。2006年引进XJS-2脑科显微镜并配合神经外科开展显微手术；与口腔科合作开展了上颌骨部分切除手术，并在阜外医院专家的指导下开展了冠状动脉搭桥手术；使用自制特长电刀头用于耳鼻科手术；引进气压弹道碎石机首次使用输尿管镜下气压弹道碎石机对患者进行手术；人工肾超滤器首次应用于体外循环。2007年，体外循环首次使用国产停跳液冷灌装置为一室间隔缺损患儿进行机器灌注获得成功；体外循环首次使用国产冷血灌注装置为一室间隔缺损患者进行机器灌注获得成功。至2010年，阳煤集团总医院手术室同样拥有先进的设备和技术，为创伤骨科病人创造了优良的急救治疗条件。

（二十八）放射科

阳泉建市初期，由于没有X射线设备，给某些疾病的临床诊断带来了困难。1951年山西省卫生厅拨给阳泉市立医院（阳泉市第一人民医院）日军野战用30毫安X光机一台。1952年开展了一般胸部及骨骼透视。1953年设立X光室。同年购置了西德产200毫安X光机，医生赵恩培开展摄影工作。1955年由国家投资购置匈牙利产500毫安X光诊断机。1956年X光室改为放射科。在宋万楼的主持下，开展了胃肠造影、支气管造影、窦道造影、胆囊造影、肾盂造影、输卵管造影、断层摄影等多种新项目的检查，并能对一些特殊部位进行检查。1959年戴兆年在技术革新中自制成心脏计波摄影，硒静电摄影器，并开展了此类项目检查及体层摄影。1970年后，开展了脑血管造影。1980年后，先后购进日本东芝牌500毫安电视遥控X光诊断机、B型超声诊断仪、德国西门子产800毫安X光诊断机，进一步开展了消化道双重造影、经皮肝穿胆道造影、胆管造影、B超检查等。1980年，开展了上颌窦、喉部体层摄影、食管、肝、肺等部位肿瘤的介入放射治疗，介入导管引导下的脑血管造影，四肢动、静脉造影，消化道双重对比造影，子宫输卵管造影，肾盂造影，小肠插管造影，全身各部位拍片检查。2006年，引进了口腔全景摄影机，乳腺钼靶摄影机，CR（影像后处理器），这些设备的引进，给放射科注入了新的活力，相继开展了乳腺检查，乳腺导管造影，牙齿咬颌断层检查，CR的引进使放射科发生了质的变化，胶片的清晰度进一步提高，胶片实现了电脑化管理，极大地提高了工作效率，实现了一个小时出诊断报告，方便了患者就诊。截至2010年，阳泉3所三级医院都拥有德国800毫安拍片机，日本640毫安造影机，日本东芝500毫安造影机，北京万东500毫安拍片机，西南500毫安拍片机，日本口腔全景摄影机，德国钼（铹）靶乳腺拍片机，美国柯达CR，美国柯达快速洗片机等大型医疗诊断设备。

（二十九）放射治疗科

放射治疗工作最早始于1963年7月。当时称为钴60治疗室，阳泉市中心人民医院有一台苏联进口的400克当量的钴60体外照射治疗机，可以开展体外普通放射治疗。放射治疗的起步位居山西省第二（第一是山西省肿瘤医院）。每日接诊病人25～30人。1965年在原设备的基础上，医院投资购置了进口原装西门子的250千伏深部X线治疗机和100毫克镭226。1965年安阳全国肿瘤会议上，中国医学科学院吴英恺教授说，阳泉市中心人民医院（阳泉市第一人民医院）是全国第六家具有先进、成套放疗设备的医院。当时即可开展钴60、γ线体外照射，深部X线体外照射，深部X线体腔照射和镭226腔内照射等项放射治疗工作。同时开展了半身血流阻断化疗，头颈部动脉灌注化疗。每日接诊病人30～35人。1970年，每日接诊病人

25～30 人，开展常规体外照射和体腔内照射工作。1973 年在原有设备的基础上，增置了甲功仪，肾图仪，锶 90 敷贴器，用于核素磷 32 治疗神经性皮炎和牛皮癣，核素锶 90 治疗血管瘤、牛皮癣和神经性皮炎，甲状腺、肾功能的测定等诊治工作。1975 年设备更新为国产 3000 居里（配有电视监控）钴 60 体外照射治疗机一台。原进口西门子 250 千伏深部 X 线治疗机和 100 毫克镭 226 仍在工作中。开展新工作为核素碘 131 治疗甲亢。2005 年 12 月 22 日旧钴 60 治疗室被拆除。计划新建加速器工作室和模拟机工作室。2006 年 1 月，由杨润年主持筹建加速器工作室，模拟机工作室和辅助房间。2006 年 10 月基建全部完工。2006 年 12 月 18 日，加速器安装调试完毕，开始正常运行，科室设立独立病房、门诊和治疗机房，设备有进口原装西门子电子直线加速器一台，国产放射模拟定位机一台以及全自动多叶光栅。三维适形调强放射治疗计划系统（TPS）一套。在常规放射治疗的基础上，开展了头部三维适形放射治疗即 X—刀治疗、体部三维适形调放射治疗（IMRT）和放化疗同步治疗等项新工作。阳煤集团总医院凭借管理、技术和雄厚的经济实力，与也有相当的实力，并开展了目前国内较先进的治疗项目。

（三十）核医学科

阳泉放射性核素治疗工作始于 1963 年。由阳泉市中心人民医院（阳泉市第一人民医院）医师杨润年、贾玉琴等组成钴 60 治疗室，并开展工作。1965 年购置回 226 镭锭。1973 年杨润年等 3 人参加由山西省卫生厅举办的首届放射性同位素临床应用学习班，并开展了“三大”功能检查项目（“甲功”“肾功”“脏器扫描”），填补了阳泉地区临床医学空白。1979 年建立同位素科。1982 年先后购进彩色扫描仪、50 管自动放免 r 计数仪，增加了体外放射核素检测、核素治疗等新工作。其中放免有 TT3、TT4、Tsh、HCG、AFP 等测定；治疗有 131 碘治疗甲亢、90 锶治疗皮肤病等。1987 年随着核医学事业整体发展与提高，同位素科正式更名为核医学科。科室技术人员轮流到上海（无锡核医学试验基地）、太原（山医一院、太原中心医院）进修，提高业务技能。1994 年购进较先进的 2008P 全自动 r 计数器，在科负责人贺小光的带领下，增加完善了放免检测项目（甲状腺系列 6 项、妇科系列 4 项、肿瘤系列 2 项、性激素系列 6 项、糖尿病系列 4 项），还利用放免检测手段开展肿瘤普查工作并取得成绩。利用手术十核素治疗甲状腺癌并获得成功。1995 年核医学科初具规模，分设：影像组功能组、体外放免组、核素治疗组，达到等级医院核医学科要求水平。1996 年购置了美国 GE 公司生产的单光子发射型计算机断层扫描仪（SPECT），开展了人体多脏器动态、静态的功能显像，填补了阳泉地区功能显像的空白。1998 年先后购买了智能 γ—计数仪、低速冷冻离心机、放射性活度测量仪、甲功测定仪等，增加和完善了多项放免检测项目（甲功由单纯 TT3、TT4、TSH 扩展为系列九项，性激素增为七项，肿瘤标志开展了六项，肾及肾上腺方面有四项等），并开展了临床药物浓度监测工作。核素治疗开展了：89 锶治疗恶性骨肿瘤、癌性骨转移疼痛，32 磷治疗原发性血小板增多症、真性红细胞增多症，90 锶治疗血管瘤、局限性神经性皮炎、瘢痕，云克治疗类风湿性关节炎、骨质疏松等。利用手术加放射性 131 碘治疗甲状腺癌多例并获得成功。2006 年核医学科发展达到一定规模，分设：功能组、显像组、治疗组、体外放射免疫分析组。2007 年 8 月新购置 SN-6200 甲状腺功能测定仪，γ 表面污染监测仪。截至 2010 年，全市 3 所三级医院的核医学科均有不同程度的发展，在多种先进医器、设备投入使用后，提升了医疗效果和质量。

（三十一）ICU

1995 年后阳泉市 3 所三级医院和县（区）人民医院设置了重病监护室，配备中心吸引集中供氧、环轨式输液等装置，购置了惠普 ICU 监护系统，作为全院各临床科室的危重病人的监护室，隶属心胸外科管理。监护系统的投入使用，提高了心脏手术、肿瘤手术、脑梗死、脑出血、急性心肌梗死，复合外伤等危重病人的抢救成功率。截至 2010 年，全市医院的 ICU 系统建设速度较快，并能开展 20 多项新工作、新疗法，很好配合了心脏外科的三尖瓣下移、瓣膜置换、法洛氏四联征、冠状动脉搭桥等高难度手术，使护理技术和质量成为省内较先进的护理单元。

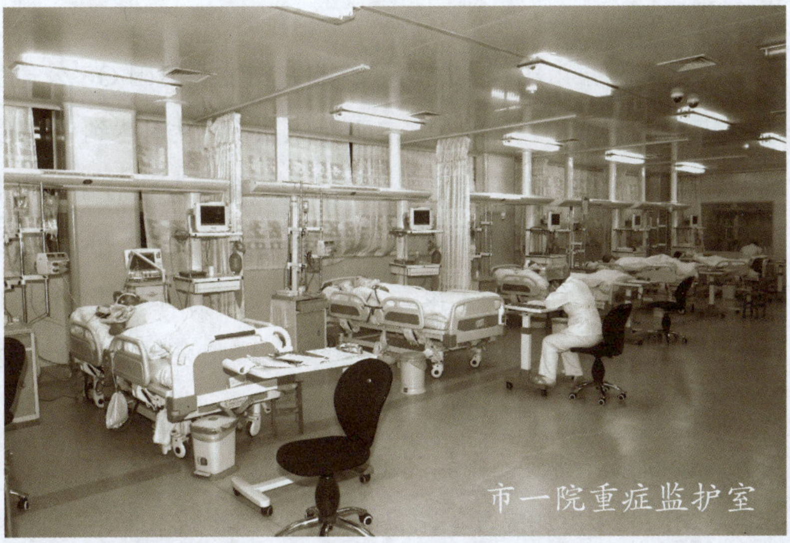
市一院重症监护室

（三十二）介入治疗科

介入治疗始于 1963 年，1998 年阳泉市第一人民医院派张子敬学习肿瘤及周围血管介入诊疗技术。2000 年在梁树华主任的支持下，由李景兰主管护师负责护理工作，依托东芝 500mA 遥控胃肠造影机恢复了原有的部分肿瘤动脉化疗项目，开展了贲门、胃肠、肝、肺、子宫、卵巢等实体肿瘤的超选择性动脉灌注化疗和栓塞治疗技术。2001 年 6 月，引进了美国 GE 公司 OEC 9800 数字减影血管造影机（简称 DSA）、安科高压注射器，使介入设备上了新的台阶。从此，腹部动脉造影及肿瘤动脉血管内治疗更加精确，肝动脉达到了叶段水平，胃癌、贲门癌达到胃左动脉及左膈下动脉水平。此间，张子敬医师与普通外科张致琦副主任医师合作，完成了四肢动脉、大动脉血管造影诊断工作，并对部分动脉缺血病例进行了经导管选择性灌注溶栓药物治疗。介入治疗科发展至2010年，阳泉市第一人民医院、阳泉市第三人民医院和阳煤集团总医院相继开展了动脉导管未闭、房间隔缺损的封堵治疗和室间隔缺损的造影诊断、食管狭窄球囊扩张术及合金支架置入术、食管瘘支架堵闭术、下腔静脉滤器植入术、皮下化疗泵埋植术、子宫肌瘤栓塞治疗术、盆腔出血栓塞治疗术、巨大肝血管瘤栓塞治疗术、大剂量碘化油栓塞治疗巨大肝癌、大咯血急诊支气管动脉造影术、锁骨下动脉球囊扩张成形术、中心型肺癌朝选择性供血动脉栓塞术、脑内转移瘤灌注化疗术、骨肉瘤动脉灌注化疗术和阻塞性黄疸穿刺置管引流术等技术项目。

（三十三）磁共振室

1995年阳泉市第一人民医院首购并安装了美国GE公司生产的超导型0.5特斯拉磁共振。1996年至2010年，共诊治患者2万余人次，阳性率达到90%以上，对中枢神经系统、五官疾病、胸部、腹部、盆腔病变及骨关节和肌肉系统病变进行了诊断检查，并开展了头颅部MRA、腹部MRCP及心脏大血管的检查，为临床提供了及时、准确的诊断。先后在国家级杂志发表2篇、省级杂志上发表11篇学术论文；其中论文《脊柱骨髓炎的MRI诊断》《在肺癌脑及脑膜转移诊断中增强MRI的应用》获得了2006年度阳泉科技大会优秀学术论文二、三等奖；并多次参加了国际性和全国性磁共振、放射性学术大会。2005年3月正式开通了PCS系统，为影像传送、保存、诊断报告的规范化起到了很大作用。2008年阳煤集团总医院购进了德国西门子1.5T磁共振（MRI），更加提升了阳泉的医学影像诊断水平。

（三十四）ECT室

2006年始，阳泉3所三级医院先后开展了心肌动态负荷（踏车试验）；肾静态显像、肾动态显像、肺显像；肺灌注显像诊断肺栓塞，P53心肌显像；骨断层显像；心肌存活显像，肺转移瘤显像；肝血池显像；骨显像对于恶性肿瘤的评价；骨转移的核素治疗。2007年开展门控心肌灌注显像在冠心病诊断中的应用，视频采集技术在核医学图像传输中的应用，血PSA水平与前列腺癌患者骨转移的关系。

（三十五）CT室

1989年阳泉市第一人民医院建立CT室，由山西省卫生厅优先装备一台德国西门子公司全身CT机，成为全省市级医院中第一家使用CT的医院。CT机对脑外伤、脑出血等能准确定位，使医生及时采取有效措施，抢救、治疗危重病人。对肿瘤病能够早期诊断，为患者早期治疗赢得时间。1990年之后，全市二级以上医院和县（区）医院逐步有了CT室和专业人员，阳泉市第一人民医院CT室主任路新泉是阳泉市最早的医学影像专业大学本科人才。1999年与儿科共同完成的《新生儿颅脑损伤的CT改变及远期随访》科研，获山西省科技进步二等奖。路新泉、史冠峰等人撰写的《缺血性脑梗塞发病初24小时的CT诊断》《食管癌的CT诊断》《腰椎间盘突出症的CT分型及治疗选择》《GE ProsPeed AI原始数据传输的故障分析》等近20篇论文在国家、省级刊物上发表。2000年后，B超诊断仪器在临床上使用，以彩超为代表的超声诊断仪器也逐年增多，阳泉市第一人民医院马芳为阳泉早期的超声诊断专业主任医师。2006年开展了CT引导下经皮穿刺活检、CT三维重建在骨科和口腔科的应用、PACS系统在CT诊断报告中的应用、CT直线加速器、X线刀治疗的定位等多项新工作。1990年诊断人次为2830人，2008年诊断人次为2万左右。截至2010年，阳煤集团总医院和阳泉市第三人民医院的CT室诊断技术也在不断发展提高，一些企业医院的CT诊断方便了周边群众。

第八节 护 理

一、护理队伍

西医传入阳泉后，境内始有护理队伍。民国4年（1915），美国基督教友爱会在平定县城建立友爱医院，50多名医卫人员中配有护士20余人，占医务人员总数的40%左右。1949年中华人民共和国成立初，全市共有各类医卫人员222人，其中护理人员为23人，只占10.36%，且多数未受过正规护理教育。为解决护理力量不足的问题，阳泉市立医院于1951年自办了护校，培养了30多名护士。到1957年，全市有护理人员313人，占到978名医卫人员总数的32%。1958年阳泉卫校及平定县卫校、盂县卫校成立后，培养了一批护理专业人员充实了市县各医疗单位，到1965年，全市护理人员虽然增加到520人，但仅占到医卫人员总数的28.48%，比1958年下降了3.52个百分点。“文化大革命”期间，搞“医护一体”化，部分护理人员改学医疗，加之阳泉卫校连续十多年中断招生，护理队伍青黄不接，后续不济，人员不足的矛盾更为突出。鉴于这种情况，阳泉矿务局医院和阳泉市第一人民医院于1969年至1980年期间，均先后举办了护士专业班，培训和吸收护理人员210名。阳泉市卫生学校1972年恢复招生后，逐年为全市多家医疗单位输送护理专门人员。到1990年，全市护理队伍已发展到2178人（其中护师632人，护士974人，助产士94人，护理员478人）占到6392名医卫人员总数的34.07%，比“文化大革命”前的1965年增加了5.59个百分点。经过1979年和1988年两次职称评定，护理人员依据自己的学历和业务水准，大多有了相应的职称。又由于国家采取一系列措施，提高护理人员的社会地位和经济待遇，1986年后加发了护理津贴和10%的增资，阳泉的护理队伍得到了相对稳定和提高。1992年各医院开展了公开招聘护士长工作。截至2010年，全市注册护士达到3492名。

二、护理工作

建市初期，境内护理工作仅限于打针、输液、送药、测体温、量血压等基础护理。1953年建立了护理工作量统计、医嘱、病情书写、服药查对、消毒隔离等操作规程和制度。1962年，在病房护理工作中实行四查（交班查、本班查、夜班查、护士长查）、五对（对病人、对药名、对剂量、对用法、对时间）、四严（严守岗位、严格工作作风、严格要求自己、严格工作制度）、三防（防自满、防粗心大意、防操作不正规）、四勤（嘴勤、眼勤、手勤、腿勤）、三不怕（不怕脏、不怕累、不怕麻烦）制度。并且在交接班时要做到三查三对（查医嘱对照执行情况、查病人对照介绍情况、查医嘱对照药品剂量）。1963年开展了技术练兵和技术比武活动。“文化大革命”期间，一度推行“医护合一”和“医护包干”制，护理秩序被打乱，护理工作向畸形发展。中共十一届三中全会后，通过拨乱反正，各医院逐渐恢复、修订和完善了各种护理制度，明确了各类护理人员的岗位职责，护理工作又走上了正轨。随着医疗器械的不断更新和进步，护理工作的效率和质量也随之提高。1996年，各医院制定“院对临床科室护士长及护士长对护理人员考核评分标准”及“院对手术室、供应室、护士长及护理人员考核评分标准”。增定“护理差错、事故防范措施”等。1997年，各医院开展“文明用语、礼貌待患”活动。1998年开展“多说六句话、体现六个心”的活动，号召临床各科设立“英语角”，鼓励、督促护理人员学习外语，提高阅读外文资料的能力。2001年，开展护士礼仪服务活动，并在护士节举办了礼仪表演比赛及护士礼仪知识竞赛联欢活动。2002年，提出人性化服务，倡导以人为本的护理理念。2003年，阳泉市第一人民医院首先开展护理工作科研活动，由梁炳爱和王凯红开展的科研《三种消毒液对手消毒效果的对比研究》，达国内领先水平。2004年，开展了“护理服务零投诉”及评选“零缺陷护理人员”活动。2005年至2010年，全市积极开展护理新项目、新技术服务活动。

第九节　健康教育

阳泉建市后，境内的健康教育工作才逐步展开，由阳泉市爱国卫生运动委员会负责，以提倡个人卫生和环境卫生及改变不良生活习惯为主要目的。1978年，阳泉市爱国卫生运动委员会设宣传组，利用版面宣传健康知识。20 世纪 90 年代初期，全市有专职健康教育科室 15 个，兼职科室 118 个，专职人员 56 名，兼职人员 1500 多名，形成以阳泉市健康教育所为业务指导中心，以防疫、妇幼、医院为支点的健康教育工作网络，通过健康教育专兼职人员把健康知识送到千家万户。90 年代后期开始，全市健康教育工作由过去单向的宣传模式转变为"知、信、行"统一，教育与实践并重，做到有计划、有检查、有效果评价，工作半径不断扩大。阳泉市健康教育所以《健康天地报》为载体，免费向机关、学校、城乡居民和社团组织发放，将防病知识健康生活行为等保健知识向广大群众宣传。

进入 21 世纪，根据"健康教育是公共卫生首选对策""知识服务和技术服务并重"的全新理念，实施以知识服务为中心，围绕卫生工作中心的策略，在农村、厂矿、社区、医院、学校、商店等公共场所开展健康教育；对高血压、糖尿病、肿瘤等慢性病防治和艾滋病、性病、结核病、肝炎、"非典"等传染病开展防治知识教育；多方面、多层次地开展卫生城市创建、卫九项目、控烟等专题健康教育工作。向群众反复宣传"合理膳食、适量运动、戒烟限酒、心理平衡"的健康理念，促使人们建立良好生活方式。开展"亿万农民健康促进行动""医学科普进万家活动"和"相约健康社区行"专家巡讲活动；开展"健康促进医院"试点，印发《无烟医院创建标准》；组织"青少年拒吸第一支烟万人签名"大型活动；开展预防艾滋病、性病的"爱心红丝带知识服务进社区"活动；编印《安全行为、明智选择》等精美宣传卡和知识扑克。利用《健康天地报》进行健康宣传，同时发挥美术优势，利用宣传架、版面、彩页、卡片等形式，向社会形象生动地宣传卫生科普知识。2005 年 5 月在阳泉市宾馆报告大厅邀请全国知名的北大医学部健康教育专家钮文异教授，为阳泉市领导五大班子成员和社区居民 800 多人做了"用健康生活方式储备健康"的大型知识讲座。利用多种形式普及卫生知识，增强人们的保健意识，经 2010 年调查，全市居民健康知识普及率、农村居民健康知识普及率分别达到并维持在 73.5%、65.1% 以上。

第十节　卫生改革

从中共十一届三中全会召开至 2010 年，阳泉市卫生改革一直持续不断。根据中共中央、国务院《关于卫生改革与发展的决定》，市卫生局制定了《关于医疗卫生单位院（站、所）长"三评"工作的实施办法》《关于卫生事业单位专业技术人员专业技术职务评聘分开的试行意见》《关于医疗卫生单位内部分配制度改革的意见》《关于医疗卫生单位实行岗位聘任、竞争上岗的意见》4 个文件。在人事制度和分配制度作了较大地改革。

一、人事制度改革

主要事项：一是在全市医疗卫生单位开展由上级主管部门、单位中层环节干部、职工代表评院（站、所）长工作。二是在全市卫生事业单位实行岗位聘任、竞争上岗、末位待岗制度。三是改革内部分配制度，重实绩、重贡献，实施体现技术复杂程度、劳动强度、职业风险、职业道德、工作实绩与个人收入挂钩的分配制度。四是评聘分开，打破专业技术职务评聘中的终身制、铁饭碗，实现专业技术职务由身份管理向岗位管理的转变。五是全面贯彻干部队伍“四化”方针和德才兼备的用人标准，拓宽选人渠道，激活用人机制，健全激励约束机制。坚持在规定职数和编制内公开、平等竞争。采取实事求是、注重实绩、群众公认的原则，在全市卫生事业单位中实行了岗位聘任、竞争上岗、末位待岗制度。各医疗卫生单位均在原有人数的基础上，上浮 2% ～ 5% 重新核实人员编制，即有 2% ～ 5% 的人员成为分流待岗对象，待岗后享受待岗人员待遇。六是实行中层干部竞争上岗。公开竞争职位（各单位确定并公布），公布公开竞争职位的任职资格条件（主要包括参加竞争人员的范围、年龄、学历、职称、任职经历和年限等要求）。采取个人申报、群众举荐和组织推荐的方法（副科长、副主任也可由科长、主任提名）。各单位评聘委员会根据竞争上岗的条件和报名情况，对报名人员进行资格审查，确定参加竞争上岗人员的名单。经个人述职、介绍简历、任职优势和任职后的计划、设想等，接受评委的随机提问并进行现场答辩后，要对每个竞争者组织“三评”，即本科室人员评、单位中层干部评、院级领导评。测评时采取无记名投票，必要时可设立秘密填票处，测评结果作为确定人选的重要依据评聘委员会择优提名，将竞争上岗人员的“三评”结果按得分高低列出顺序，评聘委员会按照排名顺序择优提出拟任职人员名单（科室护士长要征求科室主任的意见）。单位党政领导集体研究确定任职人员名单，并张榜公示。对经过程序产生出的拟任职人员由院长聘任其相应职务，并由有关部门负责办理聘任手续。职能科室、业务科室主任、副主任聘期一般为二年，也可由院长确定。科护士长由护理部主任聘任。

二、分配制度改革

基本目标与原则：建立有利于调动广大医务人员的积极性与创造性，自主灵活的分配机制；坚持遵循按劳分配与按生产要素（管理要素、技术要素、责任要素）分配相结合的原则，坚持绩效优先、兼顾公正、保持稳定、有利于竞争的原则，向业务能力强、技术水平高的人才及贡献大、风险大、责任关键岗位倾斜的原则，分配与工作质量、工作效益挂钩的原则和动态管理的原则；并充分考虑医疗行业的知识密集性、脑体结合性和高风险的实际，逐步建立、推行符合医疗卫生行业特点，体现技术复杂程度、劳动强度、职业风险、职业道德、工作实绩与个人收入挂钩的分配制度。一是试行工资总额包干。在事业单位执行国家工资制度的基础上，有条件的全额预算事业单位中，试行工资总额包干。工资总额由上级人事部门按照编制内实有人数和当年度的各种增资因素进行核定。核定的工资总额由单位包干使用，享有内部分配自主权。包干的工资总额节余留用，超支不补。工资总额每年核定一次。二是允许职工的档案工资与实际工资分离，单位自主分配。国家规定的工资记录在职工的工资档案中，作为调动和退休时工资介绍、计发退休费的依据。三是为了充分发挥工资的保障作用和激励作用，单位内部工资分配可将职工的工资分为固定部分和活的部分。工资中的固定部分用于保障职工的基本生活需求。职工工资中的固定部分所占职工工资总额的比例幅度根据各单位的实际情况自行确定。活工资总额由上级主管部门依据各单位的实际工资构成、经济效益、增收情况分别核定。四是实行协议工资。单位引进的优秀人才或拥有某项专利、发明或其专业技术在国际、国内处于先进水平并能产生显著经济效益和社会效益的科技人员，可试行聘期内协议工资。五是实行项目工资。允许项目负责人（承担人）依据项目必须支付的劳动报酬，制定单项分配方案，自行确定对参与项目的其他人的分配。六是设立院（站、所）长奖励基金，用于奖励、表彰先进和优秀人才。奖励基金的额度控制在单位纯收入的 2%～3% 内，但奖金的分配方案需报上级主管部门审核。七是党政一把手领导的职务津贴及奖金由本单位领导班子研究提出意见，报市卫生局审定。

第十一节　医疗服务保障制度

一、农村合作医疗制度

从 1967 年至 2010 年，境内农村合作医疗制度经历了四个阶段。第一阶段，从 1967 年至 1979 年为初级阶段。这个时期在计划经济和农村单一的集体经济体制下，农村社员的政治活动、经济收入、劳动分配和生活全部由大队统一管理。其特点是合作医疗的资金好筹集、医生的报酬好解决、防病灭病工作好组织。合作医疗主要用土、单、验方和简单易行的方法，为农民进行常见病、多发病的防治。虽然档次不高，但开展普遍，人人受益。作为三级医疗预防保健网的网底坚实，赤脚医生是当时最活跃的骨干力量。第二阶段，从 1980 年至 1997 年为分化阶段。这个时期是农村经济体制改革的初级发展阶段。农村先后推行了土地承包、联产承包和家庭经营责任制。农村经济由传统的计划经济、集体经济体制转变为以集体经济、家庭经营为主的多种经济形式。农村经济体制的转变导致了合作医疗的分化，出现了免四费（注射、诊断、小处置、出诊）、合医、合药合医、包大不包小、福利风险型等不同形式的合作医疗制度。一些集体经济较好的农村，合作医疗可给农民报销医药费20%～50%或给予一定量的就医补助。这个时期的合作医疗档次较高，农民受益程度较大。1997年5月3日，国务委员彭珮云和山西省副省长王昕考察阳泉医疗工作，肯定了阳泉市农村合作医疗“富则富办，穷则穷办，不能不办”的经验。至1997年，全市57个乡镇推行了不同形式的合作医疗，其中免“四费”的624个村，合医合药140个村，参加人数达435018人，占全市农业人口的60.93%，全市农村合作医疗走在了全省的前列。第三阶段，从1998年至2002年为低谷阶段。这个时期，农村经济体制进一步改革，由于农村企业的拍卖、倒闭以及经济发展不景气的大环境影响，农村合作医疗受到挫折。主要原因是合作医疗失去了集体经济的支柱，乡村医生的工资无法解决，农民无钱或不愿意对合作医疗投资，由于资金缺乏，合作医疗运行不畅，卫生所难以为继。平定县的合作医疗能基本坚持合医合药的仅剩35个村，占总数的11%。盂县苌池乡90%的村，由于集体没有房子，医生在家开诊。郊区上千亩坪村原来的合作医疗办得很好，村卫生所所长是全国模范乡村医生，因集体经济滑坡，合作医疗无法坚持。受农村改制和集体经济的影响，多数农村卫生所被迫承包经营、分所、分摊或拍卖，出现了一村多所、一所多摊的现象。乡村医生主要靠卖药维持生活。个别医生在利益欲望的驱动下，使用伪劣、贵重药品，使患者得不到合理、有效的用药和治疗。少数原坚持较高档次合作医疗的农村，如郊区河下村由原报销50%的比例，因1997年、1998年欠卫生所合作医疗费近12万元，到1999年后被迫停止运行。由于受集体经济的影响，相当一部分合作医疗名存实亡。从总体上看，农村合作医疗陷入低谷。第四阶段，从2003年开始，全市农村推行了新型合作医疗制度。平定县被确定为山西省首批推行新型农村合作医疗试点县，多次被评为山西省新型农村合作医疗先进县。郊区、盂县也根据启动的不同时间分别制定不同政策，这种新型合作医疗制度与过去的农村合作医疗制度相比有三大特点。一是经费来源有了保障。由原村集体筹资变为由政府负担的办法筹资，农民看病负担开始减轻。二是大病住院治疗有了依靠。住院补偿比率可高到50%以上。三是很多老年病人也有了住院治病的机会。在郊区医院外科可见，60岁以上做手术的老年患者明显多于实行新农合制度之前。截至2010年，全市3个农业县区全部推行了新型合作医疗制度。农村常住人口参合率96%，参合农民筹资提高到每人150元（各级财政120元、个人30元）。农民住院补偿比例：乡级75%，县级65%，市级55%，市级（不含市级）以上45%。报销平均值达60%，补偿封顶线不低于4万元，达到了全市农民人均纯收入的6倍。

二、城镇社区卫生服务制度

为了方便城市居民就医，从2002年开始，以各大医院为依托建立社区卫生服务站。2003年，由政府主办，逐步建立和完善、规范社区卫生服务站。2008年，市政府出台《阳泉市城市社区卫生服务体系建设实施方案》。文件核定社会卫生服务机构编制389人，原则是定编不定人，以编定补，落实了部分人员的工资待遇。2010年，全市政府先后投资1000多万元，为卫生站配置了冰箱、B超、心电图、心电监护仪等设备。各卫生站广泛开展了入户建档、健康教育、慢病、传染病管理等工作。至2010年，全市建有社区卫生服务机构56个，其中50%纳入医保网络。

巨城镇中心卫生院

第二章 体育

第一节 机构与队伍

一、机构

阳泉建市之前，没有官办体育机构。1952 年 6 月，中华全国体育总会阳泉分会建立，境内才有了专门的体育工作管理机构。1953 年 11 月，设立阳泉市体育运动委员会（以下简称市体委），下设办公室，工作人员 3 名。1972 年 12 月 27 日，撤销市体委，成立阳泉市体育局。1973 年 12 月，恢复市体委名称。内设机构有办公室、群体竞赛组、后勤组。1974 年，群体竞赛组分为群体组、竞赛组。1984 年 6 月，市体委内设机构调整为秘书科、竞赛科、群体科。2001 年，撤销市体委，成立阳泉市体育局。2010 年，市体育局内设办公室、群体科、竞训科、监察室，人员编制 13 名。局属事业单位：市体育运动学校、市体育场、市体育馆、市射击场、市老年人体育协会办公室。

二、队伍

管理人员 1953 年阳泉市体委成立时，仅有 3 名工作人员。1968 年增至 11 人，到 1975 年发展到 33 人。1976 年城区、郊区体委成立，全市市、区（城、郊、矿）体委有职工 39 人（其中教练员 15 人）。1983 年，平定县和盂县划归阳泉管辖后，全市体育系统总人数为 78 人。到 1990 年，阳泉市各级体委职工增至 175 人，其中行政管理人员 70 人、教练员 47 人、体校文化课教师 34 人、其他职工 24 人。随着体育事业的不断发展，截至 2010 年，阳泉市体育系统职工总数达到 190 人，其中公务员 20 人、事业单位管理人员 69 人、工勤人员 22 人、教练员 46 人、文化课教师49人、其他专业技术人员4人。

裁判员　1956年，国家颁布了裁判员等级制度。当时，全市评出的等级裁判员计101人。其后等级裁判员的数量不断增加。“文化大革命”期间，裁判员等级制度被废除，直至1978年才又重新恢复。随着体育事业的不断发展，裁判员的队伍也在逐步壮大。

截至2010年，全市有国家级裁判员9名（手球裁判员唐晓凯，田径裁判员王斌、王军、李银湖，篮球裁判员米守业、张晋贤，柔道裁判员冯四海、吉日木图，举重裁判员秦长富）；获国家荣誉裁判员称号的5人（篮球裁判员季培荣、罗康旺、姚培祥、蔡桐忠和乒乓球裁判员潘仲英）；一级裁判员有123名；二级裁判员有1421名。裁判项目有田径、篮球、排球、足球、网球、门球、乒乓球、羽毛球、射击、射箭、体操、健美操、游泳、自行车、武术、摔跤、柔道、跆拳道、举重、中国象棋、围棋、击剑、信鸽、健身气功24项。

运动员　境内运动员主要由市体育运动学校和各县区少体校进行训练、培养。1958年市少体校成立之初，参加训练的运动员只有50名。1974年，全市各级体校参加训练的运动员发展到240人，其中市少体校180人，平定县10人、盂县50人。1987年阳泉市建立了以市少体校为龙头的“一条龙”体育训练体系后，运动员后备力量得到加强。1989年5月，阳泉市在山西省率先成立了科研实验运动队（通过对优秀运动员应具备的最佳形态、机能、素质进行科学分析，提炼出具体数据，据此挑选具有体育天赋和运动潜力的队员进行科学训练，促其创出好成绩），突破了以往按体育运动成绩决定培养人选的旧格局。是年，经过筛选组队的12人当中有9名运动员在1990年山西省青少年分龄赛中全部进入前三名，并获金牌8枚。之后，随着市体育运动学校办学规模的不断扩大，境内高水平体育后备人才不断涌现。

1958年至2010年，阳泉市培养的运动员中，有54人获运动健将称号，4803人达等级运动员标准。先后为省体校、省体工队和体育院校输送优秀运动员495名；为国家队及国家集训队输送了李永志、段林章、管建华、张维红、杨建平、涂潇、武扬、王智伟等一批优秀运动员。阳泉市运动员参加了十三届省运会，在全省金牌、总分双列第四名，处于上游水平。阳泉市运动员在全国性比赛中，共获得金牌162枚，其中全运会金牌10枚（自行车运动员段林章、胡秀芳、张爱华，手球运动员崔磊、崔亮，蹦床运动员涂潇、高杰、黄文俊，柔道运动员杨波，摔跤运动员陈占国）。有155人次参加了国际性比赛，获得金牌59枚，其中运动员段林章、冯海亮、杨波、杨建平、崔磊、崔亮6人5次代表国家参加第七、十一、十三、十四、十五届亚运会，获得1枚银牌，1枚铜牌，1个第6名，2个第7名的成绩。有4人（手球运动员张维红，射箭运动员杨建平，手球运动员崔磊、崔亮）参加了5届（第二十三、二十四、二十六、二十七、二十九届）奥运会，获得铜牌 1 枚，第 6 名 3 个。涂潇、武杨多次在国际大赛中分别获蹦床和乒乓球金牌。

第二节 体育设施

一、简况

清代以前，境内没有专门的体育运动场地。清光绪二十九年（1903），平定中学堂建立后开辟出了运动场地 2 块，其中一为田径运动场，一为球类运动场。这是境内最早的专用运动场地。民国时期，平定娘子关村建了 40×40 平方米的游泳池 1 个，平定新民小学建小运动场 1 个，下白泉学校建篮球场 1 个。

阳泉建市后，境内体育运动场地建设发展较快。20 世纪 50 年代初，场地建设以学校为主。阳泉一中、矿一中、四矿小学以及平定城里、盂县苌池等学校都先后建起了篮球场或小运动场。50 年代中后期，机关和企事业单位也纷纷建起了一批篮球场或简易运动场地。1960 年，全市第一个专门的大型运动场——阳泉体育场正式建成。该场地占地面积 3.47 万平方米，内设有

旧体育场

15层台阶式看台，一次可容纳观众3万余人；场内有8条400米跑道的田径场（亦可作足球场），并含1个灯光篮球场。1966年，市体委在体育场的西侧又建起1个367平方米的乒乓球房，可设乒乓台9张，为培养乒乓球人才提供了便利。1981年，市总工会在北大街工人文化宫院内建成1个占地961平方米的旱冰场，并配有灯光设备。1982年，矿务局工会在局俱乐部修建了1个游泳池，1个旱冰场。同年，矿务局三矿、一矿也分别修建了游泳池和有固定看台的灯光篮球场。1985年阳泉体育馆在市南大街452号开工建设，1989年10月建成并投入使用。该馆占地面积3745.8平方米，场地面积1022.25平方米，是一座外观雄伟、造型别致的标志性建筑。在馆区内有体育馆主馆、游泳馆、网球馆、室外多功能综合训练场、室外网球场、室外音乐溜冰场、室外篮球场及全民健身路径等，是阳泉市最大的集体育竞赛、全民健身、休闲娱乐等为一体的综合活动场所。

1998年，市委、市政府决定拆除旧体育场，易地建设以新体育场为主体的体育中心。1999年6月9日，旧体育场被拆除。2000年12月26日，新体育场建设工程破土动工，这是继市体育馆建成之后，兴建的又一大型体育设施。

新体育场

2002年，以市体育中心体育场一期工程建设为重点，带动体育设施的进一步完善。市体育馆投资26000元对训练馆屋顶进行了全面维修；对多年不用的708高压配电盘进行了认真细致的绝缘测量、线路检查，加设了一条95平方米400米10千伏高压电线，解决了多年没有解决的双回路供电系统；自筹资金把原摔跤、柔道训练馆改建成了全市第一个具有国际标准丙烯酸网球场地的多功能比赛馆。市体校投资3万余元对体操训练馆进行了全面整修；自筹资金10万余元将2块室外沙土网球场改造成为能进行篮球、网球、排球训练和比赛的多功能塑胶场地。2003年，为适应社会发展和群众需求的新特点，市体育馆建成了占地近5000平方米，包括网球场、篮球场、含38件大型室外健身器材全民健身路径在内的全民健身广场和篮球、排球、网球塑胶综合训练比赛场。在城市中心广场建成由中国体彩公益金捐赠的价值25万元含50余件健身器材的全民健身路径一条。

2006年，市体育馆积极争取财政资金45万元对消防设施、照明系统及一、二层观众休息厅、卫生间进行了全面改造，进一步完善了硬件设施。市体育运动学校严格按照卫生防疫部门的要求，投资4万余元改造了学生食堂，加大了食品卫生管理和科学营养膳食的力度，对运动员按一、二、三类伙食标准实行了分类就餐。2007年，全市新增各级各类体育场地89个，新增场地面积39000余平方米。全市共有各级各类体育场馆1290个，场地面积达147万余平方米。2008年，积极争取建设资金，完成了室外绿化、公共广播系统、电视监控系统、场外照明系统、外墙涂料等工程，一期工程已基本完工。体育场一期工程概算投资4819.39万元，截至年底，工程累计完成投资4729.8万元，占总投资的98.14%。2009年开工建设二期工程项目，并完成了体育场观众席及主席台座椅安装工程、田径场地非赛区地面面层涂料工程，完成工程投资约114.26万元；同年，市体育局积极争取到中央、省资助市、县体育设施建设维修资金300万元，分别资助平定县文体局、盂县文体局、郊区文体局、市体校、市体育馆维修改造体育设施；积极争取中央资助农民体育健身工程项目资金50万元，资助农业县区实施农民体育健身工程；下拨2007年、2008年市级农民体育健身工程配套资金75万元和市级体育彩票公益金53万元，建成了符合国际标准丙烯酸面层的4片网球场地及附属配套设施，并通过省体育局球类运动管理中心专家组验收，被省体育局批准为山西省首家青少年网球训练基地。

截至2010年，全市体育场地总数为1567个，其中标准场地942个（体育场10个、体育馆5个、游泳馆5个、室内游泳池1个、室外游泳池3个、有固定看台灯光球场33个、综合房馆13个、篮球房馆5个、乒乓球房馆6个、武术房1个、健身房20个、棋牌房26个、保龄球馆1个、台球房3个、田径场2个、小运动场45个、室外网球场37个、室内射击场3个、室内轮滑场2个、室外轮滑场1个、地掷球场1个、篮球场684个、排球场14个、门球场18个、其他训练房 3 个），非标准场地 620 个（包括全民健身路径、室外乒乓球场地、单双杠体操场地等）。体育场地面积 1726296 平方米，其中，标准场地面积 1243712 平方米、非标准场地面积 482584 平方米。全市人均体育场地面积 1.26 平方米。

此外，市体育运动学校还投资 22.2 万元完成了太阳能洗浴设备安装工程（政府采购工程项目），采用先进的太阳能集热板 210 平方米，红外线供应式节水喷头，供热水 10 吨 / 日，可满足 300 人在规定时间内使用，这在阳泉市尚属首家。市体育运动学校将彻底结束燃煤历史，既节能环保又节省了一大笔经费开支。市体育场积极争取财政资金对 400 米塑胶跑道重新画线，维修了顶棚网架、彩钢板、护栏等设施。市射击场也筹集资金对 2009 年因雪灾倒塌的 50 米和 25 米靶棚进行修护、保养。下拨 2009 年市级体育彩票公益金专项资助资金 23 万元，资助各县区文体局进行体育设施建设维修。

二、场馆选介

阳泉市体育馆 位于阳泉市区南大街，1985 年开工建设，1989 年 10 月建成并投入使用，占地面积 3745.8 平方米，场地面积 1022.25 平方米，是一座外观雄伟、造型别致的标志性建筑。在馆区内有体育馆主馆、游泳馆、网球馆、室外多功能综合训练场、室外网球场、室外音乐溜冰场、室外篮球场及全民健身路径等，是阳泉市最大的集体育竞赛、全民健身、休闲娱乐等为一体的综合活动场所。

阳泉市体育馆

体育馆主馆建筑面积7837平方米，可容纳观众3700人。馆内配备有符合国家标准和比赛要求的比赛用木地板、灯光、音响、电子记分屏及中国CBA认证的液压升降篮球架等设施设备，可进行篮球、排球、网球、体操、手球、羽毛球、乒乓球等比赛。同时，在主馆内还可进行各种大型文艺演出、群众集会。

体育馆网球馆2003年1月28日投入使用。该网球馆是阳泉市首座符合国家标准的室内网球馆，其地面是由丙烯酸材料敷设而成的塑胶层，长36米、宽18米、高12米。体育馆网球馆拥有较先进的训练设备，如自动发球机、6组比赛灯光等，并有较完善的服务设施——更衣柜、饮水机、穿线机、推水器等，有优雅、舒适的运动员休息席和观众席。

游泳馆于1999年7月建成并于当月开始运营。该馆建筑面积3130平方米，游泳池长50米、宽21米，8泳道，配备有自动过滤水装置、灯光照明系统、恒温系统等，是阳泉市第一座符合国际标准的游泳馆。

室外多功能综合训练场占地面积1300平方米，为封闭式灯光球场，其地面为优质塑胶，可进行篮球、排球、网球、羽毛球等比赛。

全民健身广场于2003年8月建成并投入使用，占地面积3200平方米，其中全民健身路径1200平方米，配有健身活动器械38件。室外篮球场由两个标准篮球场组成的，占地面积2000平方米，设有灯光照明系统。

室外网球场和音乐溜冰场于2007年9月完工并投入使用。室外网球场占地面积717平方米，地面由丙烯酸敷设而成，投资38.78万元，是全市室外标准最高的网球场地。音乐溜冰场占地面积1400平方米，水磨石地面，投资25万元，是全市最大的溜冰场所。

盂县体育场　占地面积19293平方米，建筑面积7505平方米，场地面积16089平方米，400米煤渣跑道6条，投资530万元，1980年建成。

平定县体育场　占地面积16613平方米，场地面积15750平方米，400米煤渣跑道6条，投资26万元，1984年建成。

平定县一中体育场　占地面积2万平方米，场地面积15575平方米，观众席位2160个，400米跑道6条，投资33.74万元，1988年建成。

阳煤集团一矿体育馆　占地面积2400平方米，建筑面积1800平方米，场地面积680平方米，观众席位1400个，投资20万元，1988年建成。

阳煤集团二矿体育馆　占地面积5600平方米，建筑面积6130平方米，场地面积756平方米，观众席位2717个，投资460万元，1989年建成。

全民健身路径 1985年开工建设，1989年建成并投入使用。利用中国体育彩票公益金捐赠建设的全民健身路径工程63条，总投资380万元，总面积62000平方米，其中，城区18条、矿区4条、郊区23条、平定县9条、盂县6条、开发区3条。

平定县训练馆 占地面积1053平方米，建筑面积1035平方米，场地面积693平方米，观众席位355个，投资120万元，1989年建成。

盂县训练馆 占地面积1500平方米，建筑面积1100平方米，场地面积650平方米，观众席位400个，投资105万元，1992年建成。

太原理工大学阳泉学院体育场 占地面积19800平方米，场地面积14688平方米，400米跑道8条，投资300万元，1993年建成。

阳泉市射击场 位于平坦街、东台沟，地处城、矿、郊、开发区结合部，由市体育运动学校于1993年10月始建，1994年11月建成投入使用，建设投资115万元。该射击场占地9795平方米，建有两层共1416平方米射击主楼1幢，280平方米25米手枪馆1个，4560平方米120米射箭场地1个。内部设施：22个靶位的50米射击靶场1个、18个靶位的10米气枪馆1个、两组靶机的10米移动靶场地1个、4组靶机的25米手枪馆1个、6个靶位的25平方米来宾射击厅1个、120米射箭场地1个、180平方米射箭靶棚1个、高压自备线路1条、建有锅炉房1个、安装锅炉1台及采暖系统1套、训练用房4间、伙房1间、淋浴间1间、办公室用房9间、金库型枪与弹库房各1个。

郊区体育馆 占地面积5467平方米，建筑面积4180平方米，场地面积714平方米，观众席位1840个，投资1000万元，1996年建成。

平定师范篮球馆 占地面积434平方米，建筑面积1300平方米，场地面积660平方米，观众席位350个，投资150万元，1998年建成。

娘子关宾馆游泳馆 占地面积6600平方米，建筑面积3496平方米，场地面积1450平方米，观众席位200个，投资1600万元，2001年建成。

绿神游泳馆 占地面积1412平方米，建筑面积2824平方米，场地面积2542平方米。投资700万元，2003年建成并使用。

盂县三中体育场 占地面积17000平方米，场地面积16089平方米，观众席位2000个，400米煤渣跑道6条，投资40万元，2003年建成。

郊区荫营中学体育场 占地面积21800平方米，场地面积14688平方米。标准400米塑胶跑道，投资1100万元，2004年建成使用。

孟县一中（新址）体育场　占地面积4.82万平方米，场地面积18400平方米，观众席位3000个，400米塑胶跑道8条，投资828万元，2006年建成。

平定师范体育场　占地面积22406平方米，观众席位4000个，400米塑胶跑道6条，投资1400万元，2008年建成。

第三节　学校体育

一、简况

清光绪二十九年（1903）平定中学堂建立，配有专职体育教师授课，是为境内学校体育教育之始。光绪二十九年至民国26年（1937）日军入侵前，境内除平定县部分学校开设体育课，进行兵学、体操、田径、球类运动的教学外，多数学校未设体育课，更无专职的体育教师，一般以游戏活动代之。抗日战争时期，根据地学校的体育课多结合实际进行投弹、行军、越野、跑步练习，也有少量竞技活动。

阳泉建市后，境内各学校普遍开设了体育课，配备了专、兼职体育教师，并按照国家颁布的《体育教学大纲》和《体育教师用书》进行教学。1985年后中小学各年级都有了体育课本。随着学校体育场地设施的逐步配套，学校体育步入正轨。

1951年，随着全国第一套广播体操在阳泉的推广，课间操和课外体育活动作为学校体育不可缺少的部分固定下来，并广为开展，课间操安排在每日上午第二节课后，下午两节课后再进行45分钟的课外活动。1954年，全市的各类小学开始使用第一套少年广播体操，1955年，各小学一、二年级学生开始使用第一套儿童广播体操。其后，随着新广播体操的相继问世，各学校也随之废旧用新。学校的课外体育活动分两类：一为普及类，一为提高类。普及类，每天下午的课外活动学校统一安排，以班为单位进行集体活动；提高类，一般由体育教师对学校代表队进行集中训练。市内学校体育代表队多年来开展的主要项目有田径、篮球、乒乓球、无线电收发报、射击、航模、体操等。

“文化大革命”期间，学校体育一度被“学工、学农、学军”取代，1973年后才得以纠正。

1980年，按照上级体委的要求，境内开始在学校设立体育重点队。是年，被定为省级重点运动队的有上站小学、北大街小学、市三中、义井联校、矿务局洪城河小学的田径队；西河学校、新建路小学的乒乓球队等。从1983年起，学校重点运动队统一更名为“体育传统项目学校”。1988年12月16日，省体委、省教委共同命名阳泉市首批8个省级体育传统项目学校。

1992 年至 1999 年，阳泉市省级体育传统项目学校已发展到 25 所。

1999 年 6 月市体校拆迁改建城市中心广场，学生暂住农业大厦，400 多名学生于 2002 年 9 月 12 日正式迁入新综合楼教学。

2001 年，全市 1151 所学校坚持“两课、两操、一活动”的同时，许多学校还组建了学校体育代表队和班级体育代表队，城市中小学均举办了一年一度的田径运动会和达标运动会，乡镇中学也都召开年度综合运动会。

2003 年，市体育局积极配合市教育局实施《学生体质健康标准》，在全市各学校大力开展篮球、棋类等项目的教学训练。在与山西大学成教院联合开办体育函授大专班的基础上，又增设了专升本，开办了全日制山西大学运动训练专科班。阳泉市第二中学校继体育馆之后，成为全市第二家被批准成立的国家青少年体育俱乐部，市体校成立国家青少年体育俱乐部的申请也获得批准。

2006 年 1 月 10 日，市体校被批准为“国家级重点中等职业学校”；6 月，阳煤集团少体校被省体育局命名为“山西省高水平体育后备人才基地”。2008 年 2 月 12 日，市体育运动学校网球队正式成立，时有队员 30 名，来自全市各中小学校。

截至 2010 年，全市有国家青少年体育俱乐部 6 所、省级体育传统项目学校 36 所、市级体育传统项目学校 34 所。

阳泉市全国青少年体育俱乐部简表

表 -27-2

序　号	俱乐部名称	批准时间
1	阳泉市体育中心	2000 年
2	阳泉市第二中学	2002 年
3	阳泉市体育运动学校	2003 年
4	阳泉市第十中学	2006 年
5	阳泉市盂县阳光青少年体育俱乐部	2009 年
6	阳泉市平定县体育场	2010 年

阳泉市省级体育传统项目学校简表

表 -27-3

序 号	学 校	批准时间
1	平定实验小学（乒乓球）	1992 年至 1999 年
2	平定附小（乒乓球）	
3	平定二中（田径、篮球）	
4	盂县一中（田径）	
5	盂县二中（田径）	
6	盂县实验小学（乒乓球）	
7	阳泉三中（田径）	
8	晋东化工厂中学（田径、篮球）	
9	新华小学（田径）	
10	下站小学（乒乓球）	
11	上站小学（田径）	
12	北大街小学（田径、乒乓球）	
13	矿一中（足球、田径）	
14	三矿中学（田径、排球）	
15	四矿中学（田径）	
16	洪城河小学（乒乓球、田径）	
17	刘家垴小学（田径）	
18	红岭湾小学（田径）	
19	义井中学（田径、篮球）	
20	牵牛镇小学（田径）	
21	大阳泉小学（乒乓球）	
22	石卜嘴小学（乒乓球）	
23	三都小学（乒乓球）	
24	阳泉一中（田径、篮球）	
25	五矿桥头小学（乒乓球）	

续表 -27-3

序号	学校	批准时间
26	矿区段家背小学（田径）	2005 年
27	城区北岭小学（乒乓球）	
28	郊区义井中学（篮球）	
29	阳泉十中（田径）	
30	阳泉三中（射击、篮球）	2006 年
31	平定县实验小学（乒乓球、田径）	
32	矿区赛鱼小学（乒乓球、足球）	
33	郊区荫营中学（田径、篮球）	
34	郊区杨家庄中学（田径、篮球）	2007 年
35	盂县二中（篮球）	
36	城区新华小学（田径）	2009 年
37	矿区大井小学（乒乓球）	
38	郊区河底中学（篮球）	
39	盂县逸夫实验小学（乒乓球）	
40	城区上站小学（篮球、乒乓球）	2010 年
41	阳泉十九中（田径、篮球）	
42	矿区南楼小学（篮球、乒乓球）	
43	郊区实验小学（田径、乒乓球）	

阳泉市市级体育传统项目学校简表

表 -27-4

序号	学校	批准时间
1	阳泉四中（乒乓球）	2004 年至 2009 年
2	阳泉一中（田径、篮球）	
3	阳泉二中（篮球）	
4	城区下站小学（乒乓球、篮球）	

续表 -27-4

序号	学校	批准时间
5	城区北大街小学（田径、乒乓球）	2004 年至 2009 年
6	城区新建路小学（田径）	
7	城区铁路第一小学（田径）	
8	阳泉市外国语学校（篮球）	
9	阳泉十七中（篮球、田径）	
10	阳泉十三中（田径）	
11	阳泉十四中（篮球）	
12	矿区红岭湾小学（田径、乒乓球）	
13	矿区刘家垴小学（田径）	
14	矿区马家坪小学（田径、乒乓球）	
15	郊区固庄矿中学（田径）	
16	郊区荫营二中（乒乓球、田径）	
17	郊区西南舁中学（篮球）	
18	郊区玉泉中学（篮球）	
19	郊区坪上小学（篮球）	
20	郊区上烟小学（田径）	
21	郊区义井小学（田径）	
22	平定一中（田径、篮球）	
23	平定三中（篮球）	
24	平定县张庄镇中学（乒乓球）	
25	平定县师范附小（田径）	
26	平定县河头小学（田径）	
27	平定县张庄小学（乒乓球）	
28	盂县一中（田径）	
29	盂县仙人中学（田径、篮球）	

续表 -27-4

序 号	学 校	批准时间
30	盂县西潘乡中学（田径）	2004 年至 2009 年
31	盂县路家村镇清城中学（田径）	
32	盂县牛村镇中学（田径、篮球）	
33	盂县三中（田径、篮球）	
34	盂县实验小学（田径、乒乓球）	

二、运动水平

从 1956 年起，全市中小学生普遍投入了《准备劳动与卫国体育制度》（以下简称劳卫制）体育锻炼，至 1958 年，学生中达到“劳卫制”一、二级标准的占到当时学生总数的 80% 以上。1960 年，由于连续遭受自然灾害，学生体质受到影响，“劳卫制”停止推行。

1975 年，国务院颁布了《国家体育锻炼标准》，境内各级各类学校贯彻执行。1982 年，国家体委修订并重新公布了《国家体育锻炼标准》。1983 年，阳泉师范学校、城区上站小学、郊区大阳泉小学因推行《国家体育锻炼标准》成绩突出，被评为山西省达到《国家体育锻炼标准》先进学校，受到表彰。

1989 年，阳泉市开始建立“幼儿园—小学—中学”一条龙训练体系。年内，共建立起“一条龙”训练体系 13 条。同时，以各校代表队为基本单位，全市形成了多渠道、多层次、项目对口、年龄衔接的青少年培训网络，从而为培养体育骨干打下坚实的基础。

1990 年，全市有 527 所学校组建了业余体育代表队，在训学生达 1.06 万人。1996 年，市体校射箭女运动员杨建平一年四次打破射箭项目世界纪录，并参加了同年在美国亚特兰大举行的第 26 届奥运会。1997 年 5 月 1 日上午，为庆祝阳泉解放建市 50 周年、喜迎香港回归祖国，团市委、市体委、市工商银行联合举办了“工行杯”万名青少年环城越野赛。比赛起点为市政府广场，终点为市体育场。比赛分少年男女组、青年男女组 4 个组。青年组 37 个队，少年组 10 个队，参赛运动员 4000 人。获得各组前六名的是：男子青年组为市工业学校、阳泉煤专、郊区、市交通职业学校、阳泉三中、阳泉技校；女子青年组为市卫校、市工业学校、阳泉三中、市直机关、市开发区、矿区；男子少年组为阳泉二中、下站小学、荫营矿小学、李家庄小学、市开发区、北大街小学；女子少年组为市开发区、上站小学、下站小学、北大街小学、李家庄小学、矿区。获得各组个人冠军的分别是：男子青年组为阳泉三中的侯正义，女子青年组为阳泉三中的翁燕，男子少年组为小站小学的武彦军，女子少年组为开发区的霍素琴。1999 年，在阳泉市举行的“庆国庆、迎澳门回归”体育系列比赛中，上站小学、平定东关小学分别获得儿童组足球赛冠军和亚军。1998 年，市体校柔道队男运动员在泰国曼谷举行的第十三届亚运会上夺得 60 公斤级柔道比赛银牌。

2001 年 10 月 1 日至 7 日，由山西三来食品有限责任公司提供赞助、郊区文体局承办的山西省第五届小学生“三来杯”乒乓球比赛在郊区体育馆举行。全省 38 支代表队、300 名运动员参赛。市赛鱼小学获得小学生乒乓球乙组男子团体第三名、甲组第五名，洪城河小学获得乙组男子、女子第六名。2002 年，《学生体质健康标准》颁布，全市各中小学校按照上级有关部门的要求积极组织，全面实施。2003 年全国射击冠军赛结束后，市体校女子步枪选手芦燕赴广州参加国家队员选拔集训，最终被国家二队选中，并被国家体育总局授予“运动健将”称号。

2005 年是“国际体育年”，阳泉三中射击队代表山西省参加了全国大中学生射击竞赛。王婧以 393 环获中学生女子气步枪第一名，王婧、王栏、高慧琴以 1164 环获中学生女子团体气步枪第一名；刘伟以 564 环获高中男子气手枪第五名，并和队友获中学生男子气步枪团体亚军。王婧、王栏、王智伟达到国家一级运动员标准。阳泉三中在全国第十届运动会上获全国群众体育先进单位称号。

2008 年 4 月 18 日至 23 日，由市教育局、市体育局联合举办的阳泉市迎奥运“兴隆街皮克专卖杯”中学生篮球赛在市体校、阳泉一中、阳泉四中、平定师范学校、市委党校篮球场分别举行。37 支中学身代表队参赛；同年 10 月 21 日至 25 日，在青岛举行的全国蹦床冠军赛中，市少体校的涂潇、高杰、刘博、张雒与队友合作获得男子团体冠军。

在 2009 年第 21 届全国协作区少年象棋比赛中，新华小学象棋队 9 名选手获得 12 岁组团体冠军；小选手黄河获得 9 岁组全国个人冠军，14 岁郝冰馨和 16 岁王亚娴分别获得大赛亚军。市体育运动学校坚持按照“读训并重，全面发展”的办学思路，以服务学生，使学生终身受益为目的，加强学生管理，提高综合素质。2010 年，市体校中专招生 62 人，大专招生 31 人，有 1 人被天津体育学院（本科）录取、7 人签订了就业协议。

三、体育学校

阳泉市体育运动学校是境内唯一专门培育体育人才的中专学校。前身为成立于 1958 年 5 月的阳泉市青少年业余体校（以下简称少体校）。初设时仅有田径训练项目，后又增加了体操项目。1960年下半年因经费不足，学校停止训练。

1963年恢复训练，设自行车和田径训练队。训练形式主要是业余的，学生在原校上学，每天下午下课后到体校训练，星期日则全天集训。部分优秀运动员在少体校集中吃住。“文化大革命”开始后，少体校受到冲击，彻底停办。1972年恢复，陆续组建了乒乓球队、田径队、自行车队，训练也逐步走上了正轨。1974年9月，经省体委批准，市少体校改称阳泉市青少年重点业余体校（以下简称市重点体校），在训学生实行三集中（集中食宿、集中学习、集中训练），进行田径、篮球、体操、自行车、乒乓球的训练。

体操队训练

1983年，市军事体育运动学校（前身为1974年8月成立的阳泉市国防射击俱乐部，该校只进行射击训练）并入市重点体校后，增设射击队。1984年增设了武术队。1984年9月经省体委批准，成立“山西省体育运动学校阳泉教学班”（中专班），与市重点体校合署办公，1994年8月经山西省人民政府批准改建为阳泉市体育运动学校（以下简称市体校），核定规模为中专200名，中专预科班（初中）330名。

1999年始与山西大学成人教育学院联合办学，开设体育教育专业大专阳泉函授站和专升本函授班。市体校设置运动训练、体育休闲服务与管理两个专业，开设课程：田径、柔道、摔跤、举重、射击、射箭、体操、自行车、蹦床、乒乓球、篮球、武术、跆拳道、游泳、健美操15门。

建校后，学校按照“以体为本、读训并重、全面发展”的办学宗旨，坚持以“突出体育特色，创建竞技品牌，提高教育实效，造就高素质人才”为目标，培养输送了一大批优秀的体育人才。如：第23届奥运会女子手球铜牌获得者张维红，第38届世乒赛双打第三名管建华，第41届世界射箭锦标赛女子团体金牌获得者杨建平（曾连续参加26、27届奥运会均获团体第六名），第13届亚运会男子柔道银牌获得者杨波，2010年蹦床世锦赛冠军涂潇，2010年世界乒乓球青年锦标赛女团金牌获得者武杨等一大批成绩优异的运动员。

市体校竞技体育运动水平在全省一直处于较领先的地位，1988年、1991年的两次省运会上均获金牌、团体总分第三名。1994年至2010年的省运会上金牌、团体总分均位列全省第四名。1993年、1997年、2001年，连续三届全运会期间被国家体育总局评为“全国群众体育先进集体”称号。2002年，被国家体育总局射击射箭运动管理中心命名为“中国射箭重点运动学校”，1998年、2000年、2003年三次被国家体育总局射击射箭运动管理中心授予“全国先进射箭重点体校”。2004年4月被山西省人民政府评估命名为“省级重点中等职业技术学校”。2005年1月被国家体育总局评定命名为“2005年至2008年国家高水平体育后备人才基地”；3月被山西省体育局授予“培养后备人才特殊贡献单位”；12月被山西省教育厅命名为“山西省中等职业学校首批示范专业（点）”。2006年1月，被教育部认定命名为“国家级重点中等职业学校”。2007年10月，被“六城会组委会”授予“中华人民共和国第六届城市运动会体育道德风尚奖”。2008年12月，被中国蹦床与技巧协会授予“中国蹦床‘辉煌十年’突出贡献奖集体”。

第四节　群众体育

一、职工体育

境内的职工体育是20世纪初随着保晋公司平定分公司的建立而逐步开展起来的。当时，在职工中开展的体育项目只有武术、篮球等。民国36年（1947）5月阳泉建市后，职工生活有了保障，体育活动逐渐丰富起来。

1951年，阳泉各厂矿企业开始推广第一套广播体操，并坚持每天做“二操”（工前操、工间操）。与此同时，篮球、排球、武术、田径、摔跤、自行车、乒乓球、中国象棋等体育项目也蓬勃地开展起来，其中尤以篮球运动最为普及。1955年6月举行了阳泉市第一届职工运动会，把全市的职工体育运动推向了高潮。当时，全市有100多个基层单位成立了体育协会，不少单位还有自己的体育代表队。篮球运动最为突出，享誉山城的队伍仅市区就有维他命队（市政府队）、矿务局队、铁厂队（阳钢队）、发电厂队、市立医院队、银行队、友联队（街道联队）等。自行车运动也很活跃，著名自行车运动员李永志、张秀兰、荆秀英等就是在这一时期成长起来的，他们在1958年、1959年召开的山西省第一、第二届运动会上，均为阳泉捧回了冠军奖杯。1960年8月，山西省在职工业余体育活动成绩卓著的阳泉矿务局三矿召开现场会，推广了他们的经验。是年，三矿被评为出席全国群英会先进单位。1960年至1962年，国家处于经济困难时期，阳泉市除矿务局等大型企业外，多数单位的职工体育较过去消沉了。

1966年5月，阳泉市举行了第四届职工运动会，对贯彻调整方针后全市的职工体育工作进行了检阅。但时隔不久，“文化大革命”开始了，职工体育协会纷纷解散，各类体育干部被下放劳动，职工体育处于无组织状态。直到20世纪70年代中期，才逐渐得以恢复。其间，晋东化工厂曾被评为全国群众体育先进集体，出席了第三届全运会。

中共十一届三中全会后，随着改革的不断深入，全市的职工体育进入了快速发展时期，并显示了以行业、系统开展活动的特点。1979年，阳泉铁路系统举行了纪念五四运动60周年火炬接力赛；1980年，矿务局一矿、晋东化工厂先后建立了健身辅导站，组织广大职工习练太极拳、气功和武术；1984年5月，阳泉矿务局举行了第十届职工和学生田径、自行车比赛；1985年，市商业局举办了有14个基层单位600余名职工参加的职工运动会；阳泉钢铁厂举办了篮球、乒乓球等7个比赛项目的第一届职工运动会；1986年，市重工局举办了全局职工运动会。1988年至1990年，全市各行业、各单位共举办各类体育比赛243次，参赛职工达到1.56万人次。其间，有27个千人以上的厂矿企业成立了基层体育协会。1995年，《全民健身计划纲要》颁布实施之后，境内的职工体育活动以各单位体育协会为依托，又迎来了新的高潮。2000年，全市共举办各级各类活动2610项次，参赛人数76600人次。2001年在全国运动会期间，阳泉市有7个单位、5名个人受表彰；2004年，在长治举行的“山西省党政领导干部网球赛”上，阳泉市代表队取得团体第二名；第五届中国大同云冈、恒山旅游节周边城市网球邀请赛，阳泉市代表队夺冠；2005年10月，阳煤集团一矿举办了“洪都杯”职工乒乓球大赛，全市12个单位42支代表队参赛；三矿举办了桥牌邀请赛，全市21支代表队80名运动员参加比赛。2006年，阳泉市第五届职工运动会历时3个月，近4000人参加了9个大项21个小项的比赛，规模之大、参赛人数之多，均创历届之最。此次运动会也正式拉开了阳泉市2006年全民健身周活动的序幕。2008年，

阳泉市第五届职工运动会开幕

南煤集团拔河队作为山西省唯一一支代表队参加了在江苏徐州举行的“全国拔河锦标赛”，并一举夺得女子480公斤级、520公斤级2个第三名，男子560公斤级第四名、600公斤级第五名的优异成绩。

2010年，阳泉市积极发挥各级工会组织的主导作用，与市总工会及各大企事业单位工会加强联系，开展了特色鲜明、形式多样的职工体育健身活动400余项次，有力地推动了职工体育的广泛开展。如，7月27日至30日，阳泉市成功承办了在平定县金源国际酒店举行的第十三届省运会职工组“煤炭杯”桥牌赛。全省各地市、各行业的33支代表队运动员参赛。阳泉市代表三队、平定桥牌协会代表队获得道德风尚奖。

二、农民体育

境内的农民体育活动起源于武术。明代，特别是明万历七年（1579）设武科后，境内农民习武者甚众。习练项目除一些传统武术套路外，还包括有骑马、射箭、举石等。民国年间，今郊区的义井村、义东沟村，平定县的后沟村、大峪村、小峪村、东沟村、连庄村、水峪村、梁家堖村、张庄村、坡底村、上董寨村，盂县的西小坪村皆因武术种类或套路各有绝技而闻名遐迩。

阳泉建市后，随着全民体育运动的兴盛，篮球、乒乓球、中国象棋、举重、田径等体育项目逐渐深入农村，并得以迅速传播。但当时农村的一切文体活动尚处于自发状态。1957年，市体委开始对农村体育工作进行组织管理。翌年正月初一至正月十五，阳泉郊区首次举办了有组织的农民体育比赛，参赛的13个乡的343名运动员分成3个赛区，进行了篮球、拔河、手榴弹投掷、举重等项目的比赛。1959年2月，阳泉市召开了第一届农民运动会。1960年，市政府组建农民体育代表队，参加晋中地区农民田径、举重、射击、篮球运动会，并获得射击团体总分第一名的好成绩。

20世纪60年代初的自然灾害和经济困难给农民体育带来很大影响，紧接着1966年开始的“文化大革命”更使农村体育走入低谷。1973年至1977年间，全市各村镇体育锻炼结合民兵训练开展，篮球、乒乓球、举重、武术、手榴弹投掷、广播操、生产操、爬山、中国象棋等体育项目得到进一步普及。并涌现出一批体育先进单位，其中尤以郊区三郊公社三都村搞得最好。他们以民兵为骨干，成立了篮球、乒乓球、武术等体育队，定期开展活动，对带动全市农民体育的发展起了积极作用。1976年《体育报》曾对该村的群众体育先进事迹作了专题报道。同年，山西省体委在三都村召开全省农村体育工作现场会议，三都大队被授予“山西省群众体育先进集体”称号。

中共十一届三中全会后，不少富裕起来的农民主动出资组织或赞助乡、村开展文体活动，丰富农民的精神生活，促使农村体育步入蓬勃发展的新阶段。1984 年 9 月，郊区三泉村首办境内村级农民运动会，同时还成立了全市第一个农村体育协会，带领全村农民开展丰富多彩的体育竞赛，被国家体委授予全国体育先进单位称号。同年，盂县东城武村李福生投资 2000 元为他承包的水泥厂修建了 1 个篮球场、2 个乒乓球台，并购买了 3 副象棋、2 副羽毛球拍，促进了全厂职工的体育锻炼；10 月，他又投资 4000 元举办了“庆祝建国三十五周年东城武村首届农民运动会”。同时，盂县南娄乡大贤村的致富户庞会南也投资 6400 多元办起了文化室，购置了乒乓球台、羽毛球、棋类等体育器材供村人开展体育活动，并出钱办起了小武术队，免费培养武术人才。

蓬勃发展的农民体育运动造就了一批优秀青年，同时也大大提高了农村体育的运动水平。1985 年，平定南坳乡农民篮球队代表阳泉市参加了在运城地区举行的全省“华夏杯”篮球邀请赛，获得了第五名。同年 8 月，青年农民刘彦东代表山西省参加了在济南举行的全国农民运动会；平定张庄村武术队的郭忠孝代表阳泉市参加了全国武术观摩交流大会。1988 年 3 月，市体委从全市农村中选拔队员组成阳泉市农民体育代表队参加了山西省第一届农民运动会，进行了田径、射击、篮球、自行车、摔跤、武术、乒乓球 7 个项目的比赛，获金牌 4 枚、银牌 5 枚、铜牌 5 枚，并获得团体总分第二名的好成绩。进入 20 世纪 90 年代，随着《中华人民共和国体育法》《全民健身计划纲要》等法规、文件的颁布实施，农村体育事业出现一个发展高峰。继 1990 年平定县成为阳泉市第一个“全国体育先进县”之后，1992 年盂县跨入“全国体育先进县”行列。1996 年经国家体委检查验收，郊区也被命名为“全国体育先进县”。至此，全市 3 个农业县区全部成为“全国体育先进县”。这在华北地区尚属第一家。因此，阳泉市还获得“强国基石”锦旗一面。

平定县锁簧镇、郊区河底镇、盂县路家村乡、平定县城关镇、平定县娘子关镇、郊区杨家庄乡，在 1991 年至 2004 年间也先后被国家体育总局、农业部、中国农民体育协会表彰命名为“全国亿万农民健身活动”先进乡镇。

2006 年山西省农民体育健身工程实施后，至 2008 年全市已有 274（平定 85 个、盂县 90 个、郊区 99 个）个行政村配置篮球架 274 副，健身路径 19 条、乒乓球台 330 张，价值约 215 万元，占全市总农村数的 28.5%。并为 211 个行政村下拨了场地建设补助资金 255.5 万元。全市 32 个乡（镇）、960 个行政村共有体育组织网络 800 多个，有三级社会体育指导员 540 名（盂县 100 人、郊区 290 人、平定 150 人）。

农民体育健身工程

2007年至2008年，全市农民体育以北京奥运会、残奥会的举办为契机，认真落实《全民健身计划纲要》，全力唱响“全民健身与奥运同行”的主旋律，平定县、盂县、郊区3个农业县区完成了71个省级新农村重点推进村和中央资助（2007—2008年）各50（共计221个）个行政村的场地建设任务，市体育局会同市发改委、市规划局编制了《2009—2010年农民体育健身工程建设建议方案》，并为94个行政村发放了农民体育健身工程器材；为61个行政村下拨了农民体育健身工程场地设施建设补助资金30.5万元；全市300多个行政村利用庙会、节假日、农闲时间，举行了群众体育活动500余次，参加人数达到10万人次；平定县冶西镇、盂县梁家寨乡被评为山西省百万农民健身活动先进乡镇。2009年，阳泉市郊区旧街乡人民政府、阳泉市盂县路家村镇阎家沟村民委员会被授予“山西省全民健身活动先进单位”称号。

据统计，1978年至2010年间，全市农村共举办各种形式的体育赛事15万项次，110余万人次参加比赛。

农村体育以乡镇为重点，村民委员会为基础，农村体协为纽带，利用传统庙会、节假日开展篮球、象棋、武术、大秧歌等民间体育活动，使农村体育不断走上了规范化发展的轨道。2010年，市体育局积极与省体育局沟通，努力争取国家、省对阳泉市农民体育设施建设的政策和资金支持，完成了中央资助的60个农民体育健身工程和省级资助第二轮村级组织活动场所199个村农民体育健身工程。

自2006年农民体育健身工程实施开始至2010年，全市共完成683个（其中盂县316个、平定县223个、郊区144个）行政村体育场地的建设任务，占全市行政村总数的71.15%，配置了篮球架424副，健身路径368条，乒乓球台30张，并为这683个行政村下拨场地建设补助资金505.5万元，极大地促进了农村体育工作的持续有效开展。

三、老年体育

阳泉老年体育古已有之，境内年长者喜爱习武强身。一些老年人在自己强身健体的同时还收授门徒，从而使武术这一民族文化瑰宝在民间得以流传下来，并不断发扬光大。阳泉建市初，尚有60岁以上的老拳师14名。其中已故著名燕青拳拳师杨威远，一生练武育人，对阳泉武术的传播、振兴和发展作出了显著的贡献。

阳泉建市后，老年人从事体育锻炼的人数不断增多，锻炼项目除原有的武术外，还有羽毛球、乒乓球、网球、田径等项目。1957年，阳泉市举行了首届中老年人运动会，并首次把1500米列为比赛项目，晋东化工厂的冯成富、韩新巧分获男女组冠军。20世纪60年代至80年代初，中长跑运动在全市中老年中得以普遍开展，历久不衰。其间，全市常年坚持长跑锻炼的中老年人达数百人。其中高素桢、章泽人、李健等人，最少每天要跑万米。71岁高龄的高素祯在1983年时还参加了山西省女子马拉松比赛，以6小时27分跑完全程；章泽人长期坚持锻炼，曾以3小时57分30秒跑完马拉松全程。

20世纪80年代始，老龄问题作为一个社会问题得到了广泛关注，老年体育也同时得到了长足发展。1984年，阳泉市成立了老年人体育协会，市人大常委会主任马维华任第一任主席，首批会员216人。随即全市各县、区人民政府，各委、局、行社、公司及省营以上企业均先后建起了基层老年人体育协会；同年9月，市体委和市老年体协联合举办了阳泉市首届老年人运动会。1985年后，市区陆续成立了南山老年人体育保健研究会、儿童公园健身辅导站、化工厂健身辅导站等一批群众性体育组织，使中老年人的户外体育健身活动由原来的单独行动发展为有组织、有影响的集体活动，标志着老龄体育又发展到一个新阶段。1985年5月17日至22日，由熬国斌、范承旭、施宝珠、吴忠仁组成的阳泉市老年网球队参加了山西省首届老年人网球赛；同年6月8日至9日，市三中王祥雯参加了在英国里萨姆举行的第十八届世界老年人长跑比赛，代表阳泉老年人登上了国际体坛。1987年，市体委在北大街旧体育场外侧为老年人修建了2个网球场和1个门球场，在一定程度上缓解了老年人运动场地不足的矛盾；同年11月10日至15日，举行了市“九九重阳节”首届老年人门球赛，城区、矿区、平定县等共15支球队的150名运动员经过15天48场角逐，阳泉铁路地区甲、乙队分获团体冠、亚军，晋东化工厂甲队获团体第三名。1988年10月，市老年门球队在山西省首届门球赛上获第十一名。同年，市体委胡智明、李修位赴太原学习“中老年优美迪斯科”后，先后在市体委小操场、南山公园、儿童公园、晋东化工厂等地开班授课，并迅速在全市范围内掀起了老年迪斯科热，为老年体育注入了新的活力。1995 年 9 月 20 日至 28 日，阳泉市举行第六届老年人运动会，全市县级以上单位的老年体协共 41 个代表队、2000 名运动员参赛。主要竞赛项目：健身活动、知识类、成果类、康乐类，盂县、阳泉矿务局一矿、平定县、晋东化工厂、阳泉矿务局三矿、阳泉铁路地区分别获得团体前 6 名。

2001 年 5 月，市老年体协被国家体育总局授予“全国群众体育先进单位”称号。2001 年 7 月 16 日至 20 日，市晋东化工厂老年代表队在山西省第七届老年地掷球比赛中获男子三人团体第一名。2006 年 12 月 21 日，阳泉市老年人体育事业带头人表彰大会在市东方宾馆举行，61 名农村老年人体育带头人受到市政府表彰。

随着《全民健身计划纲要》的颁布实施，全市老年体育工作稳步发展。至 2008 年，全市建立各级老年人体协组织 935 个。其中，县级以上老年人体协共有专职人员 23 名，兼职工作人员 450 人；社区老年人体协组织有专、兼职人员 174 人。全市有老年人门球场 25 块、网球场 53 块、地掷球场 3 块，其余各种类型和规模的老年体育活动场地（室）398 个，有健身指导站（点）491 个，体育健身指导员 1200 人。通过大力推广，老年人喜爱的健身项目有：太极拳（剑）、太极柔力球、健身球（操）、健身秧歌、门球、网球、乒乓球、毽球、象棋、全健排舞等。老年门球队、网球队、乒乓球队、象棋队就达 160 支，共有队员 2000 余名。全市 16.9 万名老年人中，经常参加体育锻炼的达 9.8 万人，占全市老年人口的 57.9%。同年，评出健康老人 158 名，其中有 38 名被评为省和全国的健康老人。共有 37 个老年体育先进单位和 71 名先进个人受到国家和山西省的表彰。

2010 年 10 月 12 日，为纪念百团大战胜利 70 周年，阳泉市老年体协在百团大战主战场——狮脑山举行千名老人登山活动，一起缅怀逝去的革命先烈，重温百团大战革命精神。同年，市老年体协等 4 个集体被评为“山西省全民健身活动先进单位”。

四、社区体育

改革开放后，随着城市居民生活条件的改善，大多数离退休职工及家属在所居住的社区自主开展各类体育活动。1998 年 12 月，山西省体委制定并下发《山西省加快发展城市社区体育的意见》后，全市社区体育工作逐步走上了标准化的管理轨道。2000 年，城区共举办各类群众体育活动 70 余次，参加健身锻炼人数达 10 万人之多。2004 年 8 月 16 日，矿区政府主办了首届社区运动会，全区 6 个街道办事处 40 个社区有 608 名运动员参加了篮球、乒乓球等 10 个项目的比赛；9 月 15 日矿区平潭街街道办事处大院社区、城区上站街道办事处晋东社区被省体育局命名为省级第四批城市体育先进社区；10 月 12 日义井街道办事处、山东铝业阳泉矿社区，被国家体育总局评为全国第四批城市体育先进社区。2005 年国庆期间阳煤集团大院社区举办了“迎国庆首届毽球比赛”，16 支队伍参赛，男女冠军分别由供水一队、二队获得。2009 年 2 月 26 日，省体育局授予阳泉市矿区平潭街街道办事处“2008 年山西省全民健身先进单位”称号；同年，阳泉市矿区文体局、阳泉市体育馆被省体育局授予“山西省全民健身活动优秀组织奖”。

2010 年，市体育局获国家体育总局颁发的“全民健身活动优秀组织奖”；矿区文体旅游局等 3 个集体被评为“2010 年度山西省全民健身活动优秀组织奖”；刘文广等 6 人被评为“山西省全民健身活动先进个人”；矿区获教育部颁发的全国“阳光体育”先进县（区）称号。

第五节　体育竞赛

一、市级竞赛

（一）全市运动会

第一届全民运动会于 1958 年 9 月 18 日至 21 日在市体育场举行。当时名称为“阳泉市第一届人民体育运动大会”。比赛项目：田径、自行车、举重、体操、武术、摩托车、棒球、棋类（中国象棋、围棋）、网球、航空模型 10 项。参加比赛的单位有 39 个，运动员 783 人。获得团体总分前 6 名的单位依次是：阳泉二中、阳泉一中、郊区、矿务局三矿、矿务局工程处、阳泉铁路地区。在这届运动会上，有 4 人 5 次打破了 5 项省纪录，65 人次打破 27 项市纪录，2 人达国家二级运动员标准，50 人达国家三级运动员标准，10 人达国家少年级标准。

第二届全民运动会于 1959 年 4 月 3 日至 5 日在市体育场举行。比赛项目：田径、自行车、举重、体操、武术、棋类、摔跤、网球、乒乓球、羽毛球等 18 项。参加比赛的单位有 23 个，运动员 1000 余人。获得团体总分前 4 名的单位依次是：阳泉二中、平定、阳泉一中、矿区公社。在这届运动会上，有 17 人次打破了 26 项市纪录，涌现出 358 名等级运动员。

第三届全民运动会于 1964 年 10 月在市体育场举行。比赛项目为田径、自行车、举重、武术、体操、棋类、摔跤、乒乓球、射击和篮球等。

第四届全民运动会于 1965 年 5 月在市体育场举行。比赛项目有田径、篮球、自行车、举重、武术、射击、乒乓球、体操和棋类等。

第五届全民运动会于 1977 年 4 月至 10 月举行。比赛项目：田径、自行车、篮球、排球、足球、乒乓球、羽毛球、射击 8 项。参加比赛的各代表队共 163 个，运动员 1887 人。比赛分成人组、中学甲组、中学乙组、小学组，在这届运动会上有9个接力队和28人35次打破18项市纪录。

第六届全民运动会于1982年3月25日至11月25日在市体育场举行。比赛分成人组、中学甲组、中学乙组、小学组，参加这届运动会的单位有市属的厂矿、机关、学校共42个。比赛项目：田径、中国式摔跤、乒乓球、自行车、武术、篮球、中国象棋、射击8项，表演项目有手球。参加比赛的单位有163个，运动员1887人。获得团体总分前6名的单位依次是：阳泉铁路地区、晋东化工厂、阳钢、矿务局二矿、三矿、商业局。

第七届全民运动会于1985年4月12日至12月2日在市体育场举行。比赛项目：篮球、乒乓球、射击、田径、自行车、摔跤、武术、棋类、手球、羽毛球、足球11项。参加比赛的单位有245个，运动员2849人。获得各组团体总分前6名的单位依次是：成人组，晋东化工厂、平定、阳泉铁路地区、矿务局工程处、二矿、阳钢；中学组，阳泉一中、阳泉二中、盂县一中、四矿中学、平定城里学校、一矿中学；小学组，晋东化工厂小学、矿务局西河学校、北大街小学、一矿小学、义井联校、矿务局工程处学校。运动会上评出精神文明运动队15个，精神文明运动员398人，精神文明裁判员71人。在这届运动会上，有21人打破4项成人、4项儿童、2项少年乙组、4项少年甲组的市纪录，92人次达国家少年级标准，104人次达到国家三级运动员标准，2人达国家二级运动员标准。

第八届全民运动会于1990年8月13日至9月20日在市体育场举行。比赛项目：田径、乒乓球、棋类、篮球、举重、射击6项。参赛单位有26个，代表队118个，运动员1247人。在这届运动会上，有11人11次打破7项市纪录，17人新创17项市纪录。矿务局、冶化、银鹰、教育、煤炭、电力系统获得成人组团体总分前6名，平定县、矿区、郊区获得青少年组团体总分前3名。

第九届全民运动会于1996年7月10日至10月18日在市体育场举行。运动会分成人组和青少年组，比赛项目：田径、篮球、乒乓球、体操、足球、中国象棋、围棋、桥牌、武术、网球等13个项目。参赛的单位有195个，运动员1565人。年龄最大的79岁，最小的5岁。在这届运动会上，有2人2次打破2项市纪录，14个代表队107名运动员、36名裁判员获得体育道德风尚奖。至2010年没有组织全民运动会。

（二）职工运动会

1955年6月3日至5日，阳泉市第一届职工运动会召开。有11个代表队300余人参加。主要项目有田径、自行车、拔河。

1957年6月2日至4日，阳泉市第二届职工运动会召开。14个代表队355人参加了田径、自行车、举重、保健操和劳卫操5项比赛。有6人次破5项市纪录，1人破省纪录。

1958年7月4日至6日，阳泉市第三届职工运动会召开。40个基层单位的400余人参加了田径、自行车等6个项目的比赛，有14人次破6项市纪录，1人破省职运会纪录，1人破省纪录。

1966年5月，阳泉市第四届职工运动会召开。300余名运动员参加了田径、自行车2个项目的比赛。

2006年6月至8月，阳泉市第五届职工运动会举行。142个代表队、3751名运动员参加了篮球、乒乓球、羽毛球、网球、拔河、广播体操、大众健美操、中国象棋、华牌9个大项21个小项的比赛。至2010年没有组织职工运动会。

（三）农民运动会

1959年2月22日至23日，阳泉市第一届农民运动会召开。昔阳公社（当时昔阳归阳泉市管辖）、矿区公社、平定公社、盂县公社4个代表队的400余名运动员参加了篮球、乒乓球、举重、射击、中国式摔跤、中国象棋、武术、田径和自行车9项比赛。矿区公社、昔阳公社分获团体冠亚军。

1985年3月22日，阳泉市第二届农民运动会举行。主要比赛项目有投掷手榴弹、赶猪象征赛、中长跑、接力赛、武术表演、提灯接力赛、拔河和篮球8项。来自两县一区6个代表队的200名运动员参加了角逐。郊区荫营镇获团体冠军，平定县城关镇获团体亚军。至2010年没有组织农民运动会。

（四）老年人运动会

1984年9月23日至25日，阳泉市第一届老年人运动会召开。比赛项目有中长跑、快走，火炬接力、象棋、羽毛球。参赛人员达1000余人。

1985年7月11日，阳泉市第二届老年人运动会召开。140余名运动员参加了中长距离快走、网球和中国象棋3项比赛。

1986年10月26日至11月4日，阳泉市第三届老年人运动会举行。44个单位1413名运动员参加了中长跑、快走、太极拳、太极剑、扑克、射击和网球7项比赛。

1989年9月27日至10月8日，阳泉市第四届老年人运动会举行。主要项目为田径、网球、乒乓球、中国象棋、射击、老年迪斯科、导引养生功、武术和门球9项。有76个单位的2100人参加了比赛。

1992年9月22日至30日，阳泉市第五届老年人运动会在市体育场、矿务局体校、市网球场、市体育馆举行。比赛项目有知识竞赛、两代人（囊中取宝）、一带一（找老伴）、4×100米趣味接力赛、门球、网球、乒乓球、中国象棋、武术、导引养生功、老年迪斯科等11项。42个单位的3000人参加比赛。三矿、平定、市直、煤管局、铁路、盂县代表队分获团体前六名。

1995年10月6日至12日，阳泉市第六届老年人运动会举行。比赛分别在市体育场、市体委网球场、矿务局老干部活动中心、矿务局少体校、市青少年宫进行。项目：健身活动，知识竞赛，成果类，康乐类（端球踩石过河、老两口钓鱼、进城、打彩球、教育后一代、晚年乐），竞技类（门球、网球、乒乓球、台球、中国象棋、围棋、跳棋、武术、射击、老年迪斯科、导引养生功等）。41个代表队的4000名运动员参加比赛。盂县、矿务局一矿、平定县、晋东化工厂、矿务局三矿、铁路地区分别获得总团体前六名。

1998年8月至10月，阳泉市第七届老年人运动会在市体育馆、矿务局老干部活动中心举行。比赛项目有田径、网球、乒乓球、中国象棋、射击、老年迪斯科、导引养生功、武术、门球。76个单位的1573人参加比赛。

2001年6月，阳泉市第八届老年人运动会在铁路俱乐部、阳煤体校、城市广场网球场、晋东社区老干活动室举行。比赛项目有田径、网球、乒乓球、中国象棋、射击、老年迪斯科、导引养生功、武术、门球。25个单位的1417人参加比赛。

2004年6月20日至27日，为纪念阳泉市老年体协成立20周年，阳泉市第九届老年人运动会由市老龄委、市老干局、市体育局、市老年体协联合举办。比赛项目有门球、乒乓球、健身操（舞）、太极拳（剑）、中国象棋等。34个单位的2000余名运动员参加比赛。盂县、平定县、阳泉铁路地区获得团体总分前三名；盂县、阳煤集团机关、阳煤集团医院获优秀组织奖。

2008年6月19日至26日，阳泉市第十届老年人运动会召开。6月19日在市体育馆举行了开幕式，各县（区）、阳煤集团、晋东集团等12支队伍近千人表演了腰鼓、柔力球、太极拳等节目。此届老年人运动会的规模为历届之最，设立了踢毽、健身操、太极拳、秧歌、柔力球、门球、乒乓球、网球、象棋9个大项，共有全市各行各业35支代表队的1774名运动员参赛。平定县、阳煤三矿、矿区代表队分获团体前三名；阳煤三矿、阳煤天兴公司、城区等7支代表队获得优秀组织奖；市粮食局、郊区、娘子关电厂等代表队获得体育道德风尚奖。至2010年没有组织老年人运动会。

（五）妇女运动会

1960年3月6日至7日，市妇联、市总工会、市体委、团市委在阳泉一中操场联合举办了阳泉市第一届妇女运动会。参赛的有工人、职工家属、医务工作者、三好学生共计464人，比赛分职工家属和学生两个组进行，比赛项目有乒乓球、射击、田径等。结果，晋东化工厂职工家属组和阳泉二中学生组分获田径项目团体冠军，轻工局职工家属组和市卫校学生组分获射击项目的团体冠军，轻工局刘海祥和市二中晋玉田分获两组乒乓球单打冠军。

1965年3月8日，阳泉市第二届妇女运动会在市体育场举行。由职工和学生进行分组赛，比赛项目为田径、自行车两项。结果，安小平获学生组100米和400米第一名；郑翠花获职工组100米第一名；黄仙之获职工组400米第一名；吕路生、高芝兰分获学生组、职工组手榴弹投掷第一名；商业局职工组和市二中学生组分获4×100米接力冠军。自行车比赛中，学生蔺素英获1500米和3000米两项冠军，职工杨爱平和杨秀瑞分获1500米和3000米第一名。

1985年3月2日至5日，阳泉市第三届妇女运动会在市体育场举行。46个单位的1700多名运动员参加了比赛。她们当中有工人、农民、专业户、万元户；年龄最大的60岁，最小的17岁。比赛设拔河、乒乓球、快走、60米迎面接力赛、100米赛跑、中长跑、一分钟跳绳等项目。结果矿务局二矿、一矿、平定代表队分获团体前一、二、三名。

2004年3月5日，阳泉市第四届妇女运动会在市体育场举行。34个单位863名运动员参赛。年龄最小的18岁，最大的56岁。比赛设拔河、端乒乓球往返跑、两人绑腿跑、1分钟跳绳、1分钟投篮等项目。阳煤一队、市体育局、城区分获团体前三名。25个代表队获得优秀组织奖。

2007年10月21至11月7日，阳泉市“人保财险杯”第五届妇女运动会在市体育场举行。全市各县区、市直各单位、大型企事业单位、民营企业的50个单位1542人参加了田径、拔河、乒乓球、羽毛球、网球、篮球、门球、跳绳、踢毽、华牌10个项目的比赛，经过17天紧张激烈的比赛，市体育局、矿区妇联、平定妇联获团体总分前三名；市人大等20个代表队获得了优秀组织奖；阳煤集团升华公司等10个代表队获得体育道德风尚奖；市国税局等20个代表队获得积极参与奖；固庄煤矿等10个表演队获得最佳表演奖；人保财险公司等16个单位获得特别支持奖。至2010年没有组织妇女运动会。

（六）学生运动会

1972年5月13日至15日，阳泉市第一届中小学生田径运动会在市体育场举行。此后，全市每年召开一次中小学生田径运动会。

1988年7月5日至11月8日，针对全市体育训练队伍二、三线脱节的现状，为促进三级体育训练，加强青少年体育后备人才的培养，市体委、市教育局联合举办了全市第一届“雏鹰起飞杯”运动会，竞赛项目有田径、武术、举重、射击、乒乓球等，三区两县均参加了比赛。至1990年该项运动会连续举办了3届。至2010年共举办学生运动会38届。

二、国内外比赛获奖情况

从阳泉建市至2010年，阳泉市体育代表团及阳泉籍运动员在国内外重大比赛中获得了许多奖项，具体情况列表如下。

阳泉市运动员历届省运会获奖情况简表

表-27-5

届次	金牌	银牌	铜牌	奖牌排名	团体总分	得分排名
第一届	8	6	5	—	—	—
第二届	—	1	1	—	—	—
第三届	8	3	2	—	—	—
第四届	5	5	6	—	—	—
第五届	7	4	4	—	—	—
第六届	11	13	11	10	—	—
第七届	7	11	14	8	393	8
第八届	38	47	38	3	1513.5	3
第九届	30	38	34	4	1366	4
第十届	60	61	59	4	1841	4
第十一届	77.35	51	55	4	1933.5	4
第十二届	120	62.95	53.65	4	2511	4
第十三届	148.5	53.5	42	4	2524.75	4
合计	519.85	356.45	324.65	—	—	—

阳泉籍运动员获全国冠军情况表

表 -27-6

姓 名	性 别	运动会名称	时 间	地 点	项 目	成 绩
纪茂德	男	中国第六届全运会	1935.9	上海	田径五项全能	2603 分
李永志	男	全国赛车场 自行车锦标赛	1959.5	北京	男子 4 千米团体	
李永志	男	全国赛车场 自行车锦标赛	1960.5	北京	5 千米	6′ 55″ 5
李永志	男	全国赛车场 自行车锦标赛	1960.5	北京	10 千米	14′ 36″ 7
王文君	男	全国射击冠军赛	1961.8	西安	自选小口径步枪 40 发跪射	368 环
李永志	男	全国 8 单位赛车 场自行车锦标赛	1963.6	北京	男子 4 千米	5′ 27″ 8
李永志	男	第一届新兴力量选拔赛	1963.9	北京	男子 10 千米	
李永志	男	全国十单位自行车锦标赛	1964.9	北京	车场自行车 10 千米	14′ 41″ 5
段林章	男	全国自行车邀请赛	1972.9	太原	100 千米团体	
段林章	男	全国公路自行车邀请赛	1972.10	太原	男子 100 千米团体赛	2：32′ 45″ 2
段林章	男	全国公路自行车赛	1973.7	太原	男子 100 千米团体赛	2：25′ 40″ 5
段林章	男	全国公路自行车赛	1974.5	商丘	100 千米团体	2：24′ 52″ 6
张爱华	女	全国赛车场自行车赛	1974.5	北京	女子 1 千米计时赛	1′ 25″
张爱华	女	第三届全运会	1975.9	北京	2 千米团体追逐赛	2′ 40″ 72
段林章	男	第三届全运会	1975.9	北京	男子 60 千米个人	1：29′ 16″ 4
段林章	男	第三届全运会	1975.9	北京	100 千米团体	
李建设	男	全国少年射击通讯赛	1980	太原	手枪慢加速射 15+15	291 环
郗慧梅	女	全国公路自行车锦标赛	1980.9	兰州	50 千米个人赛	
董彦文	男	全国赛车场自行车冠军赛	1981.8	太原	赛车场 400 米团体	
郗慧梅	女	全国公路青年 自行车锦标赛	1982.7	太原	20 千米个人赛	31′ 39″ 11
郗慧梅	女	全国公路青年 自行车锦标赛	1982.7	太原	50 千米个人赛	1：28′ 33″ 58

续表 -27-6

姓名	性别	运动会名称	时间	地点	项目	成绩
胡秀芳	女	全国赛车场 自行车冠军赛	1982.7	太原	3 千米团体	3′ 52″ 46
胡秀芳	女	全国赛车场 自行车冠军赛	1982.8	太原	女子 1000 米计时赛	1′ 19″ 66
郗慧梅	女	全国公路自行车多日分段赛	1983.4	北京	女子分段多日赛团体总成绩	13：13′ 21″ 40
郗慧梅	女	全国公路自行车赛	1983.4	北京	50 千米团体	1：14′ 58″ 05
胡秀红	男	全国少年射击比赛	1983.8	郑州	气手枪 60 发	567 环
胡秀芳	女	第五届全运会	1983.9	太原	70 千米公路赛	1：51′ 33″ 92
胡秀芳	女	第五届全运会	1983.9	太原	1000 米个人争先赛	
胡秀红	男	全国少年射击赛	1984.8	大连	气手枪 60 发	564 环
李占义	男	全国青少年自行车赛	1984.9	太原	少年组 1000 米计时赛	1′ 15″ 31
胡秀芳	女	全国赛车场 自行车赛	1985.5	北京	女子 3000 米团体追逐赛	3′ 59″ 39
郗慧梅	女	全国公路自行车锦标赛	1985.9	辽宁	女子 50 千米 团体计时赛	1：16′ 18″ 76
李占义	男	首届全国青少年运动会自行车比赛	1985.10	郑州	4 千米团体	
郗慧梅	女	全国自行车锦标赛	1987.6	太原	50 千米团体	
荆泉声	男	全国业余体校举重赛	1988.8	湘潭	82.5 公斤级（总成绩）	
徐　洋	女	“辽轮杯”全国少年赛	1989.1	—	44 公斤级举重	62.5 公斤
崔克新	男	全国业余体校比赛	1989.9	沈阳	游泳	
冯海亮	男	全国第二届青年运动会	1989.9	沈阳	自行车 70 千米团体	
霍瑞萍	女	全国第二届青年运动会	1989.9	沈阳	射箭	
王秀蓉	女	全国第二届青年运动会	1989.9	沈阳	射箭	
王秀蓉	女	全国达标赛	1990.3	广州	女子个人淘汰赛	315 环
王秀蓉	女	全国射箭达标赛	1990.3	黄村	射箭（个人全能）	
冯海亮 孙宝红	男	全国公路自行车分段赛	1990.5	北京	男子 100 千米团体计时赛	2：17′ 16″ 38

续表 -27-6

姓名	性别	运动会名称	时间	地点	项目	成绩
冯海亮 孙宝红	男	全国赛车场 自行车冠军赛	1990.5	昌平	男子 4 千米团体追逐赛	4′40″37
井 炜	男	全国达标赛	1990.6		60 发卧射团体	1751 环
石维宏	女	全国达标赛	1990.6		3×20 个人	
石维宏	女	全国达标赛	1990.6		3×20 团体	
石维宏	女	全国达标赛	1990.6		60 发团体	
张德厚	男	全国达标赛	1990.6		标准速射	587 环
张德厚	男	全国达标赛	1990.6		标准速射团体	
张德厚	男	全国达标赛	1990.6		混合速射团体	
王 芳	女	全国分级分区赛	1990.8	宝鸡	400 米自由泳	
王 芳	女	全国分组分区赛	1990.8	宝鸡	200 米混合泳	
王 芳	女	全国分组分区赛	1990.8	宝鸡	全能自由泳	
石维宏	女	全国射击锦标赛	1990.10	福州	小口径 3×20 团体	1700 环
孙宝红	男	全国公路自行车锦标赛	1990.10	太原	男子 129.66 千米个人赛	3：54′19″16
孙宝红	男	全国公路自行车锦标赛	1990.10	太原	男子 30 千米个人计时赛	41′38″64
石维宏	女	全国射击达标赛	1991.6	怀柔	小口径步枪 3×20（团体）	1697 环
石维宏	女	全国射击达标赛	1991.6	怀柔	小口径步枪 3×20	574 环
霍瑞萍	女	第二届城运会	1991.9	唐山	女子单轮全能	1298 环
孙宝红	男	全国公路自行车分段赛	1992.5	北京	男子 817 千米分段赛个人	23：24′40″31
霍瑞萍	女	全国室内射箭锦标赛	1992.6	济南	女子团体	1699 环
付素芳	女	全国青少年射箭赛	1992.7	吉林	射箭女子 60 米双轮	622 环
王元东	男	全国田径分龄赛	1992.8	山东	跳远组全能	
王元东	男	全国田径分龄赛	1992.8	山东	跳远	
霍瑞萍	女	全国室外射箭锦标赛	1992.9	西宁	女子单轮全能	1290 环

续表-27-6

姓 名	性 别	运动会名称	时 间	地 点	项 目	成 绩
霍瑞萍	女	全国室外射箭锦标赛	1992.9	西宁	女子个人淘汰赛	107环
石维宏	女	七运会射击预赛	1993.5	郑州	女子弓弩	378环
石维宏	女	全国射击冠军赛	1994.4	北京	女子小口径60发卧射	696环
石维宏	女	全国射击冠军赛	1995.4	长沙	女子小口径标准步枪3×20	672环
霍瑞萍	女	全国射箭达标赛	1994.4	广西	射箭女子团体	7611环
杨建平	女	全国青少年射箭赛	1994.8	辽宁	射箭女子双轮全能	2476环
杨建平	女	全国青少年射箭赛	1994.8	辽宁	射箭女子50米双轮	581环
杨建平	女	全国青少年射箭赛	1994.8	辽宁	射箭女子40米双轮	631环
杨建平	女	全国青少年射箭赛	1994.8	辽宁	射箭女子30米双轮	656环
马 刚	男	全国自由式摔跤少年锦标赛	1994.8	南昌	自由跤68公斤级	
赵 兵	男	全国自由式摔跤少年锦标赛	1994.8	南昌	自由跤48公斤级	
张立虎	男	华北五省古典式摔跤邀请赛	1994.8	太原	古典跤82公斤级	
刘利军	男	全国田径锦标赛	1995	太原	3000米障碍赛	
孙宝红	男	全国公路自行车分段赛	1995.5	济南	30千米分段赛	43′10″958
孙宝红	男	全国场地自行车冠军赛	1995.6	太原	4千米团体追逐赛	4′35″985
冯立强	男	全国青年自行车锦标赛	1995.7	北京	5千米计时赛	7′41″
冯立强 侯博文	男	全国青年自行车锦标赛	1995.7	北京	120千米团体	
付素芳 荆朝霞 余旭红	女	全国青少年射箭赛	1995.8	吉林	射箭女子团体	7079环
王 凯	男	全国自由式摔跤少年锦标赛	1995.8	西宁	自由跤60公斤级	
杨建平	女	全国室外射箭锦标赛	1995.9	山西	射箭女子团体淘汰赛	231环
孙宝红	男	全国公路自行车锦标赛	1995.9	张家口	男子40千米个人计时赛	51′32″70
杨建平	女	第三届城运会	1995.10	镇江	女子个人排名赛	633环

续表 -27-6

姓 名	性 别	运动会名称	时 间	地 点	项 目	成 绩
张 斌	男	全国少儿组游泳赛	1996.8	太原	50 米蛙泳	29′ 37″
赵 洋	男	全国少年田径分龄赛	1996.8	长春	110 米栏	15″ 10
刘利军	男	全国田径冠军赛	1996.9	河北	1500 米	3′ 45″ 28
冯海亮	男	全国自行车锦标赛	1996.9	北京	男子场地竞速赛	1′ 06″ 33
杨建平	女	全国室外射箭锦标赛	1996.10	广汉	女子个人淘汰赛	115 环
杨建平 霍瑞萍	女	全国室外射箭锦标赛	1996.10	广汉	女子团体排名赛	1914 环
杨建平 霍瑞萍	女	全国室外射箭锦标赛	1996.10	广汉	女子团体淘汰赛	229 环
杨建平	女	全国射箭冠军赛	1997.4	武鸣	女子双轮全能	2672 环
杨建平	女	全国射箭冠军赛	1997.4	武鸣	女子单轮 70 米	331 环
杨建平 霍瑞萍	女	全国射箭冠军赛	1997.4	武鸣	女子双轮团体	7889 环
杨建平	女	全国射箭冠军赛	1997.4	武鸣	女子双轮 30 米	699 环
杨建平	女	八运会预赛	1997.5	西安	女子个人决赛	1334 环
杨建平	女	八运会预赛	1997.5	西安	女子个人淘汰赛	114 环
杨建平 霍瑞萍	女	八运会预赛	1997.5	西安	女子团体预赛	3938 环
孙宝红	男	中国自协场地自行车系列赛	1997.6	北京	男子 4 千米追逐赛	4′ 39″ 84
冯海亮	男	全国场地自行车锦标赛	1997.6	北京	男子 29 千米计分赛	10 分
冯海亮 孙宝红	男	全国场地自行车锦标赛	1997.6	北京	男子 4 千米团体追逐赛	4′ 28″ 25
冯海亮	男	全国场地自行车锦标赛	1997.6	北京	男子公路绕圈赛团体	5：12′ 02″ 55
杨建平	女	全国室内 射箭冠军赛	1998.4	多巴	女子淘汰赛 18 支箭	165 环
姜振新	男	全国古典式摔跤青年锦标赛	1998.7	蚌埠	古典跤 85 公斤	
杨 波	男	全国柔道锦标赛	1998.7	合肥	60 公斤级	
杨建平	女	全国射箭锦标赛	1999.6	上海	女子 70 米单轮	321 环
杨建平	女	全国射箭锦标赛	1999.6	上海	女子个人淘汰赛	108 环

续表 -27-6

姓名	性别	运动会名称	时间	地点	项目	成绩
姜振新	男	全国第四届城运会	1999.9	西安	古典跤 83 公斤级	
杨　波	男	全国男子柔道冠军赛	1999.10	邢台	60 公斤级	
霍瑞萍	女	全国射箭锦标赛	2000.6	北京	女子团体淘汰赛	236 环
霍瑞萍	女	全国射箭奥林匹克项目锦标赛	2000.9	汶上	女子团体决赛	233 环
曹继光	男	全国乒乓球俱乐部甲 B 比赛	2001.3	太原	男子团体	
杨建平 霍瑞萍	女	全国射箭冠军赛	2001.4	武鸣	女子团体预赛	3759 环
杨建平	女	全国射箭奥林匹克项目锦标赛	2001.9	清新	女子排名赛	647 环
杨建平	女	全国室外射箭锦标赛	2002.6	江宁	女子个人单轮全能	1324 环
杨建平	女	全国室外射箭锦标赛	2002.6	江宁	女子个人 70 米	324 环
涂　潇 高　杰	男	全国蹦床锦标赛	2004.5	太原	男子团体	151.4 分
芦　燕	女	全国射击系列赛	2004.6	合肥	女子步枪 40 发	1189 环
姜振新	男	全国古典式摔跤比赛	2004.7	西安	古典跤 84 公斤级	
李　颖	女	全国沙滩排球锦标赛	2004.9	东莞	女子沙滩排球	
杨建平 霍瑞萍	女	全国射箭奥林匹克项目锦标赛	2004.9	郑州	女子团体淘汰赛	243 环
杨玉梅	女	全国场地自行车锦标赛	2004.10	北京	3000 米团体追逐赛	4′ 02″ 4
武　杨	女	中国乒乓球俱乐部甲 B 联赛	2005.4	广西玉林	女子团体	
杨建平	女	全国射箭冠军赛	2005.4	武鸣	个人淘汰赛	107 环
杨建平 霍瑞萍	女	十运会预赛	2005.5	漳州	射箭女子团体奥林匹克淘汰赛	235 环
杨玉梅	女	捷安特杯全国场地自行车锦标赛	2005.6	沈阳	3 千米团体追逐赛	3′ 41″ 335
武　杨	女	全国优秀青少年乒乓球调赛	2005.8	呼和浩特	女子单打	
武　杨	女	中国乒乓球俱乐部甲 B 联赛	2005.8	山东日照	女子团体	

续表 -27-6

姓 名	性 别	运动会名称	时 间	地 点	项 目	成 绩
张 雒	男	全国青少年蹦床锦标赛	2005.8	福州	男子甲组个人单跳	
高 杰 涂 潇 黄文俊	男	全国第十届运动会	2005.10	南京	蹦床	
杨 波	男	全国第十届运动会	2005.10	南京	60 公斤级	
王智伟	男	全国射击系列赛第一站、第二站暨华北区比赛	2006.4	内蒙古	男子气手枪 60 发团体	
高 杰 涂 潇 刘 博 荆仁泽	男	全国蹦床锦标赛暨系列赛第一、二站比赛	2006.6	江苏徐州	蹦床男子团体	
陈占国	男	全国男子自由式摔跤青年锦标赛	2006.6	山东淄博	自由跤男子 66 公斤级	
霍 岱	男	“李宁杯”全国少儿体操比赛	2006		体操比赛（山羊）	
王智伟	男	2007 年全国射击系列赛第一站暨华北协作区锦标赛	2007.4	山西太原	男子 10 米气手枪团体	
王智伟	男	2007 年全国射击系列赛第一站暨华北协作区锦标赛	2007.4	山西太原	男子 50 米手枪慢射团体	
刘 博	男	2007 全国蹦床锦标赛	2007.6	浙江萧山	男子网上双人	
王智伟 刘 毅 张 鑫	男	第 6 届城运会	2007.10	湖北武汉	男子 10 米气手枪团体	739 环
王智伟	男	第六届全国城市运动会	2007.10	湖北武汉	男子 10 米气手枪	688.8 环
王智伟	男	2008 年全国射击锦标赛	2008.10	河南郑州	男子 50 米气手枪慢射团体	1685 环
涂 潇 高 杰 刘 博 张 雒	男	2008 年全国蹦床冠军赛	2008.10	山东青岛	男子网上团体	
方璐鹭	女	全国青少年蹦床锦标赛	2008.11	太原	女子乙组个人单跳	
涂 潇	男	全国蹦床系列赛（第二站）	2009.5.21-24	福州	网上个人	1
涂 潇	男	全国蹦床冠军赛	2009.8.19-21	晋中	网上团体	1
李 颖	女	“招虎山杯”全国沙滩排球巡回赛暨十一届全运会资格赛	2009.6.25-28	山东 海阳	沙滩排球	1

续表 -27-6

姓 名	性 别	运动会名称	时 间	地 点	项 目	成 绩
陈占国	男	十一届全运会	2009.10.16	济南	摔跤	1
杨建平	女	全国室内射箭锦标赛	2009.3.25		团体	1
李维斌	男	全国室内射箭锦标赛	2009.3.25		团体	1
涂 潇	男	全国蹦床锦标赛	2010.5.12	温州	网上个人	1
涂 潇	男	全国蹦床冠军赛	2010.8.21	泉州	双人同步	1
胡译乘	女	2010 年全国青少年蹦床锦标赛	2010.12.4	北体	女子乙组网上个人	1
方璐鹭	女	2010 年全国青少年蹦床锦标赛	2010.12.4	北体	女子甲组单跳个人	1
王 毅	男	2010 年全国青少年蹦床锦标赛	2010.12.4	北体	男子乙组单跳个人	1
杨建平	女	2010 年全国冠军赛	2010.4.12	漳州	女子团体淘汰赛	1
王智伟	男	2010 年全国射击锦标赛	2010.6	昆明	男子 10 米气手枪团体	1

阳泉籍运动员破全国纪录简表

表 -27-7

姓 名	性 别	运动会名称	时 间	地 点	项 目	原纪录	新纪录
纪茂德	男	第六届全国运动大会	1935.10	上海	田径五项全能	2551.5 分	2603 分
王文君	男	省集训队与太原队射击比赛	1958.12	太原	小口径运动步枪	261 环	263 环
李 宏	男	太原市大中专学生马拉松比赛	1958.12	太原	马拉松	2: 52′ 34″ 6	2: 48′ 26″
李永志	男	全国赛车场自行车锦标赛	1960.5	北京	10 千米		14′ 36″ 7
李永志	男	全国赛车场自行车锦标赛	1960.5	北京	4 千米团体	5′ 19″ 1	5′ 14″ 4
李永志	男	全国赛车场自行车锦标赛	1960.5	北京	5 千米	7′ 12″	6′ 55″ 5
李永志	男	北京地区优秀运动员测验赛	1961.5	北京	10 千米	14′ 36″ 7	14′ 23″ 6
李永志	男	五单位自行车友谊赛	1962.6	北京	10 千米	14′ 23″ 6	14′ 18″ 8

续表-27-7

姓 名	性 别	运动会名称	时 间	地 点	项 目	原纪录	新纪录
李永志	男	八单位自行车友谊赛	1963.6	北京	10 千米	14′ 18″ 8	14′ 15″ 4
李永志	男	八单位自行车友谊赛	1963.6	北京	10 千米	14′ 15″ 4	14′ 10″ 1
王 满	男	全国创纪录测验赛	1965.4	太原	无线电遥控模型飞机直线飞行	26 千米	51.6 千米
王翠和	女	山西省第五届运动会	1974.8	太原	手榴弹	44.88 米	50.42 米
段林章	男	第三届全国运动会	1975.9	北京	60 千米（自行车）	1：31′ 58″ 1	1：29′ 16″ 4
张爱华	女	全国赛车场自行车比赛	1977.9	北京	2 千米团体	2′ 40″ 20	2′ 40″ 8
张爱华	女	全国赛车场自行车比赛	1978.9	太原	2 千米团体	2′ 40″ 8	2′ 37″ 45
王 满	男	第四届全运会航模分区赛	1979.8	成都	F3A23 纪录	156.5 千米 / 小时	176.4 千米 / 小时
张爱华	女	第四届全国运动会	1979.9	太原	2 千米团体（自行车）	2′ 37″ 45	2′ 35″ 49
张爱华	女	第四届全国运动会	1979.9	太原	2 千米团体（自行车）	2′ 35″ 49	2′ 34″ 49
张爱华	女	第四届全国运动会	1979.9	太原	2 千米团体（自行车）	2′ 34″ 49	2′ 34″ 47
胡秀芳	女	全国赛车场自行车冠军赛	1981.8	太原	1 千米计时赛	1′ 19″ 36	1′ 18″ 96
胡秀芳	女	全国赛车场自行车冠军赛	1981.8	太原	2 千米团体追逐赛	2′ 34″ 47	2′ 32″ 44
胡秀芳	女	第五届全国运动会	1983.9	太原	3 千米团体追逐赛	3′ 50″ 50	3′ 50″ 16
路长城	男	第二届亚洲青年自行车锦标赛	1991.6	昌平	青年组男子 4 千米团体追逐赛		4′ 46″ 43 4′ 46″ 597（电）
杨建平	女	全国射箭锦标赛	1995.9	阳泉	奥林匹克淘汰赛女子个人决赛（12 支箭）		112 环
杨建平	女	第 26 届奥林匹克运动会热身赛	1996.7	美国	射箭女子团体淘汰赛总成绩		887 环
杨建平	女	全国射箭锦标赛	1996.10	广汉	奥林匹克淘汰赛女子个人决赛（12 支箭）		115 环
杨建平	女	全国射箭锦标赛	1996.10	广汉	射箭女子奥林匹克淘汰赛总成绩	330 环	331 环

续表 -27-7

姓 名	性 别	运动会名称	时 间	地 点	项 目	原纪录	新纪录
杨建平 霍瑞萍 等	女	全国射箭冠军赛	1997.4	武鸣	射箭女子单轮团体		3961 环
杨建平 霍瑞萍 等	女	全国射箭冠军赛	1997.4	武鸣	射箭女子双轮团体		7889 环
杨建平	女	全国射箭冠军赛	1997.4	武鸣	射箭女子双轮全能		2672 环
孙宝红 冯海亮	男	全国赛车场 自行车赛	1997.6	昌平	赛车场 4 千米 团体追逐赛		4′ 28″ 25（手）
孙宝红 冯梅亮	男	第八届全运会	1997.10	上海	赛车场 4 千米 团体追逐赛		4′ 24″ 92（电） 4′ 24″ 775（手）
杨建平	女	亚运会选拔赛	2002.3	武鸣	射箭女子单轮 50 米	334 环	336 环
杨建平	女	全国射箭冠军赛	2002.4	武鸣	射箭女子单轮 50 米	336 环	337 环
杨建平	女	2003 年国家队选拔赛	2003.4	成都	射箭女子反曲弓淘汰赛（18 支箭）	172 环	175 环
申晓亮	男	全国射击系列赛第三站	2004.9	西安	男子小口径步枪 3×40		1281.1

阳泉籍运动员参加国际比赛成绩表

表 -27-8

姓 名	性 别	运动会名称	时 间	地 点	项 目	名 次
李永志	男	中德自行车友谊赛	1960.10	北京	男子 4 千米个人赛	6
石桂明	女	中、越、柬三国乒乓球友谊赛	1962.11	柬埔寨	女子单打	1
李香林	女	亚洲新兴力量运动会	1963.11	印度尼西亚	女子篮球	1
石桂明	女	中、蒙乒乓球友谊赛	1964.5	蒙古人民共和国	女子单打	1
李香林	女	中、法、罗、保、匈五国篮球对抗赛	1964.6	法国马塞	女子篮球	1
李香林	女	亚洲新兴力量运动会	1966.11	柬埔寨	女子篮球	1
段林章	男	中、阿自行车友谊赛	1974.5	阿尔巴尼亚	180 千米个人	1

续表 -27-8

姓 名	性 别	运动会名称	时 间	地 点	项 目	名 次
段林章	男	第七届亚运会	1974.9	伊朗德黑兰	自行车 100 千米公路赛（团体）	6
管建华	女	尼日利亚乒乓球公开赛	1981.6	尼日利亚拉各斯	乒乓球女子双打	1
管建华	女	尼日利亚乒乓球公开赛	1981.6	尼日利亚拉各斯	乒乓球女子单打	1
张维红	女	第二届世界青年手球锦标赛	1981.10	加拿大	女子手球	6
张维红	女	“茵特拉姆杯”国际青年手球锦标赛	1982.7	意大利	女子手球	1
段林章	男	第九届亚洲自行车锦标赛	1982.8	泰国	100 千米团体	3
管建华	女	第 2 届孟加拉国国际乒乓球邀请赛	1983.2	孟加拉国达卡	乒乓球女子团体	1
管建华	女	第 2 届孟加拉国国际乒乓球邀请赛	1983.2	孟加拉国达卡	乒乓球女子双打	1
管建华	女	第 2 届孟加拉国国际乒乓球邀请赛	1983.2	孟加拉国达卡	乒乓球女子单打	1
刘 烽	男	“亚洲杯”少年乒乓球锦标赛	1983.9	巴林	男子团体	2
刘 烽	男	“亚洲杯”少年乒乓球锦标赛	1963.9	巴林	男子单打	5
胡秀芳	女	第十届亚洲自行车锦标赛	1983.12	菲律宾	2 千米	4
管建华	女	第 20 届波兰国际乒乓球邀请赛	1984	波兰	女子双打	2
管建华	女	第 20 届波兰国际乒乓球邀请赛	1984	波兰	女子单打	3
周艳萍	女	“禹王杯”国际自行车邀请赛	1984.9	太原	女子 54 千米	6
张维红	女	第 23 届奥运会	1984.9	美国洛杉矶	女子手球	3
管建华	女	第 38 届世界乒乓球锦标赛	1985.3	瑞典	女子双打	3
张维红	女	中国女子手球队访问波兰	1985.6	波兰	女子手球	1
郗慧梅	女	美国国际自行车邀请赛	1985.7	美国	多日赛第三段 98 千米	3
郗慧梅	女	美国国际自行车邀请赛	1985.7	美国	40 千米团体	6
胡秀芳	女	中日友谊赛	1985.7	太原	1 千米计时	2

续表 -27-8

姓名	性别	运动会名称	时间	地点	项目	名次
胡秀芳	女	中日友谊赛	1985.7	太原	1 千米争先	3
管建华	女	中日乒乓球对抗赛	1986.6	日本	团体	1
管建华	女	中朝乒乓球对抗赛	1986	平壤	团体	2
郗慧梅	女	法国自行车邀请赛	1886.4	法国	多日赛团体	6
管建华	女	第 39 届世界乒乓球锦标赛	1987.2	印度新德里	女子单打	3
管建华	女	第 39 届世界乒乓球锦标赛	1987.2	印度新德里	混合双打	3
崔小宾	男	亚太地区选拔赛	1988	上海	50 米蝶泳	1
崔小宾	男	亚太地区选拔赛	1988	上海	100 米仰泳	1
崔小宾	男	亚太地区选拔赛	1988	上海	100 米自由泳	1
崔小宾	男	亚太地区选拔赛	1988	上海	100 米蝶泳	1
崔小宾	男	亚太地区选拔赛	1988	上海	200 米混合泳	2
崔小宾	男	亚太地区选拔赛	1988	上海	800 米自由泳	2
崔小宾	男	亚太地区选拔赛	1988	上海	全能（游泳）	4
崔艳凤	男	亚太地区选拔赛	1988	上海	50 米蝶泳	1
崔艳凤	男	亚太地区选拔赛	1988	上海	50 米自由泳	3
崔艳凤	男	亚太地区选拔赛	1988	上海	200 米混合泳	2
刘秋冬	男	亚太地区选拔赛	1988	上海	50 米蛙泳	1
刘秋冬	男	亚太地区选拔赛	1988	上海	100 米蝶泳	1
刘秋冬	男	亚太地区选拔赛	1988	上海	100 米蛙泳	1
刘秋冬	男	亚太地区选拔赛	1988	上海	200 米混合泳	1
刘秋冬	男	亚太地区选拔赛	1988	上海	800 米自由泳	1
王志坚	男	亚太地区选拔赛	1988	上海	400 米自由泳	1
王志坚	男	亚太地区选拔赛	1988	上海	100 米自由泳	1

续表 -27-8

姓 名	性 别	运动会名称	时 间	地 点	项 目	名 次
王志坚	男	亚太地区选拔赛	1988	上海	50 米蝶泳	1
王志坚	男	亚太地区选拔赛	1988	上海	200 米混合泳	1
王志坚	男	亚太地区选拔赛	1988	上海	50 米自由泳	1
王志坚	男	亚太地区选拔赛	1988	上海	100 米蝶泳	1
王志坚	男	亚太地区选拔赛	1988	上海	全能（游泳）	4
王 蓓	女	亚太地区选拔赛	1988	上海	400 米自由泳	1
王 蓓	女	亚太地区选拔赛	1988	上海	50 米自由泳（甲组）	1
王 蓓	女	亚太地区选拔赛	1988	上海	50 米仰泳	1
王 蓓	女	亚太地区选拔赛	1988	上海	200 米混合泳（甲组）	1
王 蓓	女	亚太地区选拔赛	1988	上海	100 米自由泳	1
王 蓓	女	亚太地区选拔赛	1988	上海	50 米蛙泳	1
张 丽	女	亚太地区选拔赛	1988	上海	50 米蝶泳	1
张 丽	女	亚太地区选拔赛	1988	上海	50 米仰泳	2
张 丽	女	亚太地区选拔赛	1988	上海	400 米自由泳	2
郑小新	女	亚太地区选拔赛	1988	上海	50 米自由泳（乙组）	1
郑小新	女	亚太地区选拔赛	1988	上海	200 米自由泳	1
郑小新	女	亚太地区选拔赛	1988	上海	200 米混合泳（乙组）	1
郑小新	女	亚太地区选拔赛	1988	上海	800 米自由泳	1
张秀生	男	中日田径对抗赛	1988	日本	5 千米竞走	1
李占义	男	中日友谊赛	1988	太原	1 千米争先	2
张维红	女	汉堡杯国际女子手球邀请赛	1988.7	汉堡	女子手球	1
张维红	女	第 24 届奥运会	1988.9	汉城	手球	6
冯海亮	男	山西省与日本埼玉县友好城市自行车友谊赛	1988.10	日本	4 千米团体	1

续表 -27-8

姓名	性别	运动会名称	时间	地点	项目	名次
孙宝红	男	香港万宝路自行车赛	1990.11	香港	4 千米团体	3
霍瑞萍	女	第 2 届联邦杯国际射箭比赛	1991.12	印度新德里	女子个人淘汰赛	1
霍瑞萍	女	第 2 届联邦杯国际射箭比赛	1991.12	印度新德里	女子团体淘汰赛	1
杨建平 霍瑞萍	女	北京国际射箭比赛	1995.5	北京	团体赛	2
杨建平	女	北京国际射箭比赛	1995.5	北京	个人淘汰赛	3
霍瑞萍	女	北京国际射箭比赛	1995.5	北京	个人淘汰赛	6
杨建平	女	第 38 届世界射箭锦标赛	1995.8	印尼	团体赛	7
杨建平	女	第 9 届亚洲射箭锦标赛	1996.2	泰国	淘汰赛	4
杨建平	女	第 9 届亚洲射箭锦标赛	1996.2	泰国	团体赛	2
杨建平	女	第 26 届奥运会热身赛	1996.4	美国	团体赛	3
杨建平	女	第 26 届奥运会	1996.7	亚特兰大	团体赛	6
杨　波	男	第 13 届亚运会	1998.12	泰国曼谷	柔道 60 公斤级	2
杨建平	女	第 40 世界射箭锦标赛	1999.7	法国	团体赛	2
杨建平	女	第 40 世界射箭锦标赛	1999.7	法国	个人淘汰赛	7
杨建平	女	第 3 届世界大学生射箭锦标赛	2000.7	西班牙	女子个人淘汰赛	1
杨建平	女	第 3 届世界大学生射箭锦标赛	2000.7	西班牙	女子团体淘汰赛	1
杨建平	女	第 27 届奥运会	2000.9	澳大利亚悉尼	团体赛	6
霍瑞萍	女	第 6 届世界室内射箭锦标赛	2001.3	意大利佛罗伦萨	女子反曲弓 18 米淘汰赛个人	6
霍瑞萍	女	第 6 届世界室内射箭锦标赛	2001.3	意大利佛罗伦萨	女子反曲弓 18 米淘汰赛团体	7
杨建平	女	第 6 届世界室内射箭锦标赛	2001.3	意大利佛罗伦萨	女子反曲弓 18 米淘汰赛团体	7
杨建平	女	第 41 届世界射箭锦标赛	2001.9	北京	反曲弓团体	1
霍瑞萍	女	第 41 届世界射箭锦标赛	2001.9	北京	反曲弓团体	6
杨建平	女	第 14 届亚运会	2002.9	韩国	团体（射箭）	3

续表 -27-8

姓 名	性 别	运动会名称	时 间	地 点	项 目	名 次
崔 磊 崔 亮	男	第 14 届亚运会	2002.9	韩国	手球	7
高 杰	男	2003 年世界蹦床锦标赛	2003.10	德国汉诺威	男子单跳团体	5
李 颖	女	亚洲沙滩排球锦标赛	2004.10	连云港	女子沙滩排球	4
李 颖	女	世界沙滩排球锦标赛	2005.6	德国柏林	女子沙滩排球	5
武 杨	女	亚洲青年锦标赛	2005.7	印度	乒乓球女子团体	1
武 杨	女	国际乒乓球邀请赛	2005.8	朝鲜平壤	乒乓球女子团体	1
涂 潇	男	泛太平洋蹦床比赛	2006.4	夏威夷	蹦床男子网上个人	5
崔 亮	男	第 15 届亚运会	2006.12	卡塔尔多哈	男子手球	11
涂 潇	男	2007 蹦床世界杯分站赛	2007.8	保加利亚	蹦床男子网上个人	5
涂 潇	男	第 25 届世界蹦床锦标赛	2007.11	加拿大魁北克	蹦床男子网上团体	1
涂 潇	男	弗拉芒杯国际蹦床邀请赛	2008.4	比利时	蹦床男子网上团体	5
涂 潇	男	弗拉芒杯国际蹦床邀请赛	2008.4	比利时	蹦床男子网上个人	2
涂 潇	男	2008 蹦床世界杯分站赛	2008.5	法国埃维昂	蹦床男子网上个人	4
武 杨	女	亚洲青少年乒乓球锦标赛	2008.8	新加坡	乒乓球女子团体	1
涂 潇	男	蹦床世界锦标赛	2009.11	圣彼得堡	网上团体	1
涂 潇	男	蹦床世界锦标赛	2009.11	圣彼得堡	双人同步	4
武 杨	女	2009 年乒乓球亚洲锦标赛	2009.11	印度	团体	1
涂 潇	男	蹦床世界杯系列赛波兰站	2009.9	波兰	网上个人	2
涂 潇	男	蹦床世界杯系列赛德国站	2009.9	德国	网上个人	3
武 杨	女	国际乒乓球邀请赛	2010	平壤	团体	1
武 杨	女	亚洲青年锦标赛	2010	印度	团体	1
武 杨	女	世界乒乓球青年锦标赛	2010	哥伦比亚卡塔赫纳	女单	3
武 杨	女	世界乒乓球青年锦标赛	2010	哥伦比亚卡塔赫纳	女双	2

续表 -27-8

姓名	性别	运动会名称	时间	地点	项目	名次
武　杨	女	世界乒乓球青年锦标赛	2010	哥伦比亚卡塔赫纳	女团	1
涂　潇	男	蹦床世界杯（比利时站）	2010	比利时	网上个人	2
涂　潇	男	蹦床世锦赛	2010	加拿大	团体	1
涂　潇	男	蹦床世界杯（俄罗斯站）	2010.9	俄罗斯	网上个人	2
涂　潇	男	蹦床世界杯（俄罗斯站）	2010.9	俄罗斯	双人同步	2
涂　潇	男	蹦床世界杯（葡萄牙站）	2010.9	葡萄牙	网上个人	2
涂　潇	男	蹦床世界杯（葡萄牙站）	2010.9	葡萄牙	双人同步	7
涂　潇	男	第 27 届世界蹦床锦标赛	2010.11	法国	双人同步	1
武　杨	女	国际乒联职业巡回赛奥地利公开赛	2010.10	奥地利	女子单打	2
涂　潇	男	第十六届亚运会	2010.11	广州	男子网上个人	2
涂　潇	男	第 27 届世界蹦床锦标赛	2010.11	法国	双人同步	1

阳泉籍运动员获国家级“运动健将”称号简表

表 -27-9

姓名	项目	级别	批准时间（年）
李永志	自行车	国家级	1959
程　宏	自行车	国家级	1959
荆秀英	自行车	国家级	1959
张秀兰	自行车	国家级	1959
田爱林	自行车	国家级	1961
李香林	篮球	国家级	1965
段林章	自行车	国家级	1975
张秀花	自行车	国家级	1975
张爱华	自行车	国家级	1979

续表 -27-9

姓 名	项 目	级 别	批准时间
管建华	乒乓球	国家级	1980
王　满	航空模型	国家级	1980
胡秀芳	自行车	国家级	1980
张维红	手球	国家级	1982
郗慧梅	自行车	国家级	1982
安爱平	自行车	国家级	1982
张致瑾	排球	国家级	1984
董彦文	自行车	国家级	1984
王先云	手球	国家级	1986
李月光	田径	国家级	1986
刘春花	田径	国家级	1986
张德厚	射击	国家级	1988
张德厚	射击	国家级	1988
石维红	射击	国家级	1989
霍瑞萍	射箭	国家级	1989
王秀荣	射箭	国家级	1990
涂　潇	蹦床	国际级	2009
李　颖	沙滩排球	国家级	2009
张　雒	蹦床	国家级	2009
刘　博	蹦床	国家级	2009
李佳伟	体操	国家级	2009
穆　童	蹦床	国家级	2010
王鹏军	蹦床	国家级	2010
毛　宁	蹦床	国家级	2010
高月西	蹦床	国家级	2010

第六节　体育产业

阳泉的体育产业起步较晚。1995年6月，国家体育总局出台《1995—2010年体育产业发展纲要》，市体育局根据国家和山西省的有关文件精神，并结合地方经济和社会发展实际，学习和借鉴外省市在体育产业经营方面的经验和模式，坚持以体为本，制定多项体育产业发展的扶持措施。充分利用体育场馆设施的功能优势，采取多种形式，发展体育产业。

1998年9月6日至13日，中国体育彩票（即开型）在市体育场首次发行，销售总额达385万元。2001年5月28日，中国电脑体育彩票首发式在城市中心广场举行。当年共建19个销售网点，销售体育彩票58期，销售总额136万元。2002年4月，市体育馆于首次以商业运作的方式，成功地举办全国男子篮球甲B三强对抗赛，创收达91380元。市体彩销售工作也稳步发展，全年销售体育彩票额达286万元，销售网点从2001年的19个增至25个。2003年至2010年，市体育馆以商业运作方式成功举办了7次国际职业篮球顶级赛事（2003年8月12日，北京首钢队对VS立陶宛国家队；2004年5月14日，美国追梦者队VS中国国家男篮二队；2005年5月14日，中国吉林东北虎队VS美国路易斯安那州“改革者”队；2006年9月30日，美国体育使者明星队VS塞黑共和国贝尔格莱德队；2007年9月26日，美国篮球大使职业篮球队VS克罗地亚斯威杰特罗斯特职业篮球队；2009年6月3日，美国体育使者职业篮球队VS立陶宛共和国苏托瓦俱乐部篮球队；2010年10月12日，加拿大队CBL明星队VS巴西赛塔福职业俱乐部队）和1次体育舞蹈表演晚会（俄罗斯国家体育舞蹈团）。2003年，经山西省体育局批准成立了阳泉市体育运动学校国家青少年体育俱乐部。2004年4月，学校成立了以校长为董事长的董事会。俱乐部实行市场运作，下设专职培训机构——培训部，主要开展篮球、乒乓球、游泳、田径、体操、蹦床、跆拳道、网球、摔跤等15个项目培训。2004年至2010年，有5206人参加培训，经济效益达78.6万元。多次承办阳泉市社会各界的网球、羽毛球、乒乓球等比赛及各类大型文艺演出，大大推动了全市体育事业的发展。

2010年，盂县成立全省首家县级管理站，全年增机11台，共销售体育彩票2038万元。至年末，全市中国体育彩票累计销售总额10653.5万元。以体育彩票、体育俱乐部、体育竞赛（表演）、体育健身、体育用品销售为主的体育产业模式基本形成。

阳泉市志

YANGQUANSHIZHI

[下 册]

第二十八编

民情风俗

阳泉地处黄土高原东缘、太行山中段西麓，系冀晋要冲，历史上受黄河流域和驿道文化的影响，自古民风淳朴俭约又通达事理。境内自秦置县开始，其地方习俗多与中华汉族主流社会风俗相似，个别时期个别区域略有不同。

近代以后，随着境内海量煤炭的发现和正太铁路的开通，阳泉一跃而成为许多人谋生创业的热地，同时也引发地方民情风俗的嬗变。独特的地理环境，发达的工商业态，多元的人群集聚，孕育了阳泉人开放、包容、求新、思变的四海情怀。悠久的古州文化，深厚的历史积淀，质朴的人文传统，滋养了阳泉人崇文、尚义、重德、厚情的大气品格。

中华人民共和国成立以后，境内人民响应国家号召，以社会主义价值观为引领，继承优秀传统，摒弃封建陋习，培育良风美德，呈现出积极、健康、向上的新风俗新风尚。追求团圆、聚心愿景的节庆文化，展示精美、技巧风采的艺术文化，象征力量、进取精神的体育文化，体现交流、互利意愿的贸易文化，蕴含探索、创新思想的科技文化，突出健康、愉悦个性的休闲文化等等，显示了人们对时代精神、社会风尚的新期盼。二十世纪六七十年代，中国实行的是高度集中的计划经济制度，但由于地方具有一定的自主权，阳泉地区利用部分煤炭资源从上海等地调剂一些紧缺物资，包括大量生活日用品。一段时期，阳泉地区商品丰富、市场繁荣、人流如潮，特别是阳泉市民，穿着时尚，打扮前卫，其地域风尚明显不同于相邻的省会城市太原、石家庄，甚至首都北京，故被人美称为“小上海”。

改革开放之后，阳泉同全国一样，随着经济的发展和社会的进步，境内城乡人民群众的精神风貌和生活习俗有了更大的变化。人们对“幸福”一词的理解，内涵更加丰富，外延更加广泛。人们对幸福生活的追求，开始由原来的保障性、大众化目标逐渐向享受性、个性化目标转变。衣着求个性，餐饮讲品质，住宿重舒适，交通图便捷，工作自主化，生活多元化。当然，就不同区域或人群而言，也有一些差异。

第一章 岁时祝祭

民间的传统节日多源于农事，是在岁时的气候和物候的基础上发展而成的，它的形成过程渗入历代人们生活方式的细枝末节。许多流行的节日风俗活动，是历代人民生活的活化石。

第一节 传统节日

中国古代传统节日中，最能反映民众传统价值观念、民俗心理和文化精神的有以下几个历史悠久的大节日。

一、春节

古代称正月初一为“元旦”，元是初始和第一的意思，旦是指太阳初升的早晨。古代元旦的日期曾有过多次变化。西汉司马迁《史记》载，夏代制定的夏历（农历）定元旦为正月初一，商代改为农历十二月初一，周代定为十一月初一，秦和汉初定为十月初一，直到汉武帝太初元年又复用夏代历法。此后，一直沿用至清末。辛亥革命后，民国元年（1912）将春夏秋冬定为四节：元旦为春节，端午为夏节，中秋为秋节，冬至为冬节。这样，春节就称为正月初一了。民国 38 年 9 月 27 日，中国人民政治协商会议第一次全体会议，通过使用公元纪年法，把阳历 1 月 1 日称为“元旦”，农历正月初一定为“春节”。“春节”在阳泉民间，包含两方面的意思：一是指农历的正月初一，也有叫“大年”和“老年”的；二是指“春节”前后约定俗成的时段，通称为“过年”。“过年”是一年中城乡普遍关注的传统时节，喜庆气氛浓烈且持续时间较长。

一般从农历腊月初八开始，一直延续到正月十五元宵节过后，有的甚至等到“二月二”（农历二月初二）过后才算结束。

祭灶王　在民间，腊月二十三是祭祀灶王的日子，民间相传称这一天为“小年”。这天的主要活动是入夜祭祀。传说灶王爷是玉皇大帝派到人间管灶的神，其职责是察看人们是否有抛米撒面浪费之事。腊月二十三这天，灶王要上天把人间的善恶奏明玉皇大帝，因而老百姓习惯以糖瓜摆供祭祀，意在糊住灶王爷的嘴，并在灶膛旁边的墙上贴对联：“二十三日去，初一五更来”或“上天言好事，回宫降吉祥”，横批“一家之主”或“好事多磨”。祭灶时，老百姓要包饺子为其送行，盼灶神上天言善。

办年货　民间一般过了腊月初八，家家始办年货，吃喝穿戴一应备齐。民谣道：“糖瓜祭灶，新年来到，妮要袜，小要帽，糊涂老婆要二尺蓝裹脚”，反映了民众对春节的期盼与喜悦。春节前两天，家家户户洗器皿、蒸年糕、炸油食、炒年菜，忙得不亦乐乎。条件好的人家还要请厨师炖炒年食，如：炒过油肉、做丸子肉和各种饺子馅等。此外，还要备好烟酒瓜果等食品，以备迎接拜年的亲友。春节前，城乡家庭都要备香纸蜡烛等供奉食品，用来祭祀家堂天地诸神。

“扫年”　就是年末大扫除。从农历腊月二十三日起到除夕止，是历代传承的一种卫生习俗，民间俗称“扫家”。20 世纪 80 年代之前，大多由自家人清扫，翻箱倒柜，洒扫门闾。之后，随着生活水平的提高，城市家庭雇佣家政人员上门清扫得愈来愈多。贴窗花，是春节城乡居民的一大习俗。窗花多由红纸剪成，图案多样，如“鸳鸯戏水”“石榴牡丹”“梅花佛手”“鱼叼莲”“孔雀看牡丹”等，造型逼真，风雅别致，寓意丰富，为新春增添了几分喜庆。

贴春联　腊月三十（或二十九）日，城乡单位和住户均有贴春联之俗，且讲究颇多。过去，农村家户除院门、家门门框、门扇上贴外，有的还在树上、碾（磨）上、驴圈、车上以及厨房、炕头等处贴单联。如：树上贴“枝叶繁茂”，碾磨上贴“日磨千斤”，驴圈贴“六畜兴旺”，车上贴“安全行驶”，厨房贴“五味俱全”，炕头贴“身体健康”等，企盼安泰吉祥。随着人民生活的不断提高，城市高楼鳞次栉比，楼房住户只在大门外贴一副对联，

春联

许多人家还在阳台上贴一个大红“福”字，有的人家专门把“福”字倒着贴，取“福到人家”之意，以祈求家人有田种、有衣穿。贴对联的时间多为大年三十午前，对联贴好后家家户户鸣放鞭炮，示意“新桃换旧符”。

敬门神　民间有驱邪禳灾之习俗。春节时，讲究的家户要将钟馗像挂于中堂，悬于墙壁，贴于门扉，意在避凶纳福。南朝梁懔《荆梦岁时记》载，“正月一日绘‘二神’贴于大门：左神荼，右郁垒，俗称之门神。”民间有：“门神门神把门守，大鬼小鬼进不来”。至唐代，门神便由真人秦琼（字叔宝）、尉迟恭（字敬德）画像而代替。有的人家在家门两旁的门墩上放置用红纸包好的炭块或木炭（相传红纸代表秦琼，黑炭代表尉迟敬德，叫“黑大汉把门”）。中华人民共和国成立后，此俗渐少。

供祖神　旧时除夕有祭神、供祖之俗。凡官宦或有钱人家，除夕夜要携全家老少到祠堂恭迎列祖列宗；寻常百姓家则在屋内设一神龛或牌位，有的则悬挂家谱图卷，俗称“挂族”或“案子”，意在将先灵请回与后辈共度春节。近夜，家人虔诚地将香炉、蜡台、供品奉于祖先及诸神供案上，焚香、烧纸、点蜡、燃放爆竹顺次进行，谓之“迎祖接神”。解放初期，农村祭祖的供品多为自制的馒头、茶饭、花糕之类，量 5 个，寓“五福”临门。盛器一般为陶盘瓷碟。

大年三十，各家要把大年初一的晨餐备就，春节不再做清扫、开柜、洗漱、切剁之事，意在避免来年“扫兴”“漏财”之晦气，以取“招财”“聚气”“岁守即勤”之吉。

熬年守岁　宋吴自牧《梦粱录》载：“除夕围炉围坐，酌酒唱歌，终夜不眠，谓之守岁”。大年三十，家家户户喜气洋洋一起包饺子，谈笑风生，互致吉祥。饺子俗称“扁食”，其形状各县区大同小异：元宝形兆示招财进宝，鱼形表示连年有余，花边形寓意日子华美等。农家人的饺子包好后多置于高粱秆缝制的方形或圆形的篦子上。是夜，全家人欢天喜地一起煮更岁饺子吃，部分农村有晚上包好饺子、次日早晨起床后再煮饺子吃的习惯，俗称“捞元宝”。

民间称守岁为“熬年年”或“熬百岁”。有联曰：“一夜连双岁，五更分二年”；也有民谣“熬年年，熬年年，熬个年年活一百”。大年初一清晨起床，家家不准开柜子，怕破财。所以，大年这天的一应穿戴必须在大年三十晚上取出来。晚上，全家围坐在一起，举杯对饮，相互祝愿，甚至通宵达旦。20 世纪 80 年代后，凡除夕夜，城乡居民晚餐后多围坐于电视机前，收看中央电视台播放的春节文艺晚会，直至零点时钟敲响后，千家万户齐鸣花爆，燃放烟火，城乡一片欢腾。

拜年　大年初一，黎明即起，燃放爆竹。年早餐多为饺子。饭毕，一家老小，衣着全新，先向诸神及家堂敬香燃纸后，晚辈逐一向长辈叩拜祝岁，长辈要酌情给晚辈发放面值不同的“压岁钱”。长辈携儿孙出门向邻居和家族长辈依次拜年，互致吉祥。午饭后，邻居亲友登门拜访，人人见面问好，家家喜气盈门。境内拜年讲究颇多：大年初二拜姥娘（外祖母）；正月初三拜丈母（岳母）；初四拜姑舅；初五又称“破五”，多数人家封足闭户；初六开始拜远亲，一般延续至正月末。

送“五穷” 正月初五谓之“破五”。旧时沿袭送“五穷”（指生、老、病、死、苦）日。家家户户用五色纸剪五仕女称“五穷媳妇”，将其串以秆梢，置于十字路口焚之，然后鸣放鞭炮，称送“五穷”，是人们对富裕生活的一种向往。“破五”之日，一般不走亲访友，以避免带上穷气、晦气。中华人民共和国成立后，此俗渐少。

二、元宵节

古代称月圆为“元”，夜为“宵”，正月十五是一年中第一个月圆之日，所以把正月十五定为“元宵节”。元宵节又称“上元节”“灯节”。从正月十四开始，街市商号，城乡住户皆张灯结彩，垒塔火，观花灯，猜灯谜，吃元宵。自汉至今，两千多年来因经济发展和官府倡导，此俗相沿不衰。改革开放后，城乡元宵节活动注入新的内容，尤其是城市街头文艺表演活动和社火让百姓喜闻乐见，百看不厌。

垒塔火 “塔火”俗称“棒槌火”。相传乃女娲炼石补天时所用之灶形。《平定州志》载：“岁上元之夕，无论大小家，家置一炉焉！实以杂石，附以石炭，自夜炼至达旦，焰焰燃光气上属天之为赤，至今不废也。”城市的元宵，棒槌火接连不断，红红火火；在农村，几乎家家户户都要在大门前垒一塔火，为元宵增添热烈气氛。正月十六日，各家大人要为孩子们蒸几笼镶有红枣的花糕，孩子们手持花糕沿街逢“塔火”即烤，民间有烤“七个窟窿八个眼儿”之俗，意在消七灾八难，求岁岁平安。改革开放后，此俗部分农村和城郊少有沿袭。

观花灯 清末民初，元宵夜民间有家户室内摆灯、门楣挂灯、街头悬灯之俗。一些乡村还有赛灯、扭灯、迎灯之俗。花灯的种类有：宫灯、仕女灯、狮子灯、戏曲故事灯，在农村，十二生肖灯、瓜菜灯、花卉灯、鸟兽虫鱼灯居多。这些灯盏象征五谷丰登，国泰民安。灯中旧时多点油捻，即用毛头纸搓成灯芯，后来始点蜡烛。中华人民共和国成立后，花灯大多安装直流电池照明。改革开放后，市县街市与乡镇广场灯区增加了大型机械灯，有如“嫦娥奔月”“猪八戒吃西瓜”“二龙戏珠”“狮子滚绣球”“八仙过海”传统类及生活生产类等多种形式。观灯时间以正月十四至十六日三天最火，街头巷尾，携老扶幼，纷至沓来，观瞻各家精心制作的彩灯。不少村还组织男女老少手执白菜灯，排长队，绕街舞，谓之“扭灯”。扭灯的人群应鼓乐声扭十字步徐步前行，或在空阔的场地打圆场进行“8”字、“0”字等队列变化，节奏动人，欢乐无比。月明之夜，灯月交辉，人声鼎沸，喜闹元宵。

猜灯谜　将谜语写在灯笼上悬挂起来，让人们借赏灯时猜谜底，以增加节日的情趣。灯谜的类型有的是猜字的、有的是猜人和物的。20世纪80年代后，城乡皆有猜灯谜活动，将谜语写在彩色纸上，悬于室内外，猜中者将谜题揭下，组织者赠送奖品，或布玩，或笔和本等。

耍社火　旧时元宵节，民间流传有各种杂耍和游艺活动。中华人民共和国成立后，民间社火在传承的基础上渐而丰富起来，如打铁火、二鬼抱跌、大头娃娃、张公背老婆、猪八戒背媳妇、武迓鼓、跑旱船、耍龙灯、舞狮子、抬阁、背阁、踩高跷、扭秧歌、牛斗虎等，都是自古流传下来的社火项目。改革开放后，市、县政府都要在元宵节组织文艺方阵会演或燃放烟火，观众簇拥，锣鼓喧天。进入21世纪后，随着城乡民众物质文化生活需求水平的提高，“社火”从内容到形式均有新意，有的则借鉴外地技艺改编而成。如：平定马尾猴故事火则源于小桥铺村外来艺人所传，原为表演木雕动物傀儡戏，后本村油匠高庆来面客传艺。经反复研琢、改造，渐成马尾提线，纸模造型的提线悬傀儡游戏。

街头表演

转“黄河”　正月十六转“黄河”是城郊和农村的祛病习俗。即画地为图（见黄河阵古图），插杆为阵，杆高1米，顶置碗灯，俗称“黄河陀螺灯”，共计361桩，横竖19行。杆上系绳按图扎桩成通道，从进阵至出阵九曲连环，盘桓进退，井然有序，奥妙无穷。进口处扎柏枝牌楼，中央立一高杆，系绳悬灯，灯上书“龙门”二字。全阵面积约60平方米，酷似古代临阵军帐之晚照。入夜，碗灯燃亮如群星落地，百姓云游其间，犹如黄河翻滚，加之焰火迸放，锣鼓助兴，气氛热烈。临高望去，人影绰约，扑朔迷离，似入幻境。民间有“十六出门走一走，七灾八难丢脑后”“转转黄河阵，可以消百病”之俚谣。是日，士民游观街陌乡里，谓之“驱百疾”。

三、填仓节

“填仓节”因“填”与“天”为谐音，亦称“天仓节”，民间有“小填仓”与“老填仓”之分。农历正月二十日为“小填仓”，农历正月二十五日为“老填仓”，是境内民间的传统节日。填仓节有曰祭土地、祭磨神，也有说天仓节是祭星之日。大小填仓节，境内百姓讲究颇多。

画仓囤　“老填仓”之日，农家要用石灰或土块在地上画一粮囤，内置五谷，用石头压之，象征粮盈食满。有的人家要在院内或场面打灰窖，具体做法：簸箕盛草木灰，用棍棒均匀敲打，在地上撒出三环套或五环套圆圈，意为粮仓或粮囤。较为讲究的人家还要在灰窖旁画出耙子、扫帚，甚至扇车等图案。小填仓日的灰窖，象征夏粮丰收，要在圆圈中心放置少许夏粮；大填仓日的灰窖，象征秋粮丰收，圆圈内则放秋粮。

东西不外借　囤里要添粮，缸里要添水，门口放些煤炭以镇宅，寓意添仓。是日，各家各户一般不向外人出借东西，讲究喜进厌出。

打扫院落　境内有“过了年，二十三，填仓米面作灯盏。拿箕帚，扫东墙，捡到昆虫验丰年”的民谣。意在企盼农家五谷丰登，连年有余。

蒸制食品　阳泉民间在老填仓这天，农家要用黄米面蒸成五谷食品，其样式有高粱穗、玉米穗、谷穗、瓜果等，并要蒸一个仓官。这天，家家要吃香喷喷的小米饭，或吃细丝滑韧的杂面汤，以庆贺节日。民间有谚：“填仓填仓，小米干饭杂面汤。”

四、二月二

农历二月初二俗称“龙头节”，也称“青龙节”。民间有“二月二，龙抬头，大仓满，小仓流”之句。旧时，二月初一下午，农家要在大门外及院内用石灰围成一个形似城郭的图案，俗曰“打灰城”；儿童则用石灰面围身，以为禁龙卵，意在消灾灭邪。二月初二这一天，家家饮食各有讲究，若吃面条叫“挑龙筋”，若吃鸡蛋叫“煮龙蛋”，若吃煎饼叫“揭龙鳞”，若吃米面油茶叫“炒龙髓”。龙头节的饮食习惯少有传承，只有少数农村年老之人仍沿袭此俗。

五、清明节

清明节约始于周代，距今有二千五百多年的历史。清明节又称“鬼节”，是民间祭祖最隆重的日子。这天，在外的人千里迢迢回家祭祖，否则认为是不肖子孙。上坟祭祖者，旧时讲究只许男性上坟，有“女子不能上坟”之说，中华人民共和国成立后，境内实行男女平等，不分男女均可携香纸酒肴上坟祭祖。祭奠次序为“先新坟，后老坟”，一般是清明节前一天上新坟，清明这天上老坟。上坟一般要拿铁锹，提水壶，带香纸，供酒水果糕点，待敬香、祭食、奠酒、浇水后向祖先三叩头。祭毕要修坟、培土、除草、填穴等。进入21世纪后，城郊多以鲜花祭祖，简洁时尚。

清明节之际，还可为寄埋别处的亲人合葬，或为已故男性死者找骨头亲办理冥婚，举行丧葬和冥婚事宜，或为老龄亲人碹葬等。

中华人民共和国成立后，机关、学校、厂矿也在清明节组织群众和学生到烈士陵园扫墓、敬献花圈，以凭吊先烈。2010年，国家规定清明节放假一天。

六、端午节

农历五月初五为中国传统时节“端午节”，又称“端阳节”，民间俗称“五月端五”。“端”也称“初”，乃开始之意。旧时把五月视为“恶月”“毒月”。时近盛夏，百虫将危害人体，所以，每逢端阳节，民间有吃粽子，饮雄黄酒，插艾叶、柏枝于门侧之俗，并剪“公鸡噙五毒”图贴于门窗，或贴“艾虎”于门上；更有用朱砂画咒挂于窗者，多写“百病不生”“艾叶呈祥”等吉语；三岁前儿童还要在前额上写“福”字，左右胳膊分别写“长命富贵”“金玉满堂”，俗称“号老倭瓜”。从这天起，儿童于当月要佩香包、戴香囊（内装荆棘粉末），臂挂“百索长命缕”（用红、黄两种线搓成的绳索），意在驱瘟避邪。中华人民共和国成立前，妇女有戴石榴花、桃苞枝和艾叶的习俗，以寓吉祥幸福。每逢此日，家家户户都要自己包粽子或购买粽子吃，并插艾叶于门扉之上，寓意驱邪。

七、七夕节

“七夕节”古称“女儿节”，民间又称“乞巧节”。旧时，境内部分农村的未婚女子晚上要在院子里摆上丰富的水果供品祭拜织女星，希望织女星能保佑自己有一双巧手，缝制出精美的衣物。因为过去女子成年后就要待字闺中，亲手为自己作嫁衣，所以女红如何就可以看出姑娘是否心灵手巧，是否会操持家务。为了嫁个好人家，并得到周围人的赞美，女子祈巧，方成习俗。乞巧的习俗，最终的目的是女儿们为了日后婚姻的幸福。传说这天牛郎织女要在鹊桥相会，自然又增添了几分爱情的浪漫色彩。改革开放后，民间美称农历七月初七日为“中国的情人节”，青年男女互赠信物，或餐饮，或歌舞。

八、中元节

农历七月十五俗称“秋祭日”，也称“中元节”。是日家家户户携香纸供品到祖坟，剪色纸为缕挂于田禾之上，意在避风雹之灾，民间谓之“地头钱”，以供奉五谷〔粟、黍、麦、菽（豆）、麻〕之神。还有用白面发酵后捏制蒸成羊状或鱼状的面食，俗称“面羊”“面鱼”。面羊、面鱼除作供品外，还送于甥男孙女和邻里好友，民间谓之“送面羊”，此俗今农村尚存。此外，人们为了免除各种自然灾害，祈求丰收，农民要到田间焚香燃纸祭青苗，并在成熟的禾苗上、树上挂上五色纸吊，期盼庄稼不生灾异，喜获丰收。

九、中秋节

农历八月十五称“中秋节”，又叫“团圆节”。民间自古有赏月、祭月、拜月之俗。是夜月升时分，家家以月饼、嫩玉茭、毛豆角、老倭瓜等瓜果供奉月亮。农村多将供品放置院内，城市多供于阳台。祭拜之后，合家欢聚，分食月饼，品尝瓜果，共享天伦之乐。中秋之夜，即是云遮月，人们也不觉得扫兴。民间流传有：“八月十五云遮月，正月十五雪打灯，来年必定好收成”之民谣。中秋节月饼品种繁多，价格档次不一，月饼上雕刻的图案有“嫦娥奔月”“合家团圆”“梅兰竹菊”“福禄喜寿”字样等。

十、重阳节

农历九月初九称“重阳节”，又称“重九节”。九九重阳，秋高气爽，古有俗：炊花糕、酿菊酒、佩茱萸、放风筝。民间有“九月九，喝烧酒”与亲友相邀登高之俗。农村要将新收获的黄米、红豆做成豆沙糕或枣糕，尝新品鲜。1986年始，国家把这一日定为“中国老人节”。境内城乡尊老、敬老、爱老的风气蔚然。

十一、祭祖节

农历十月初一为“祭祖节”，民间又称“寒衣节”。寒衣节从秦朝就已流行，至今历时千年。是日午前，家里要为先人们摆放碗筷、饭菜、酒水和时令水果。近午，家家上坟扫墓，烧纸祭祖，为亡者送寒衣。寒衣，即用五色纸（或四色纸）夹絮棉花糊制或缝制成衣裤、被褥、鞋袜之类，从简者则将棉花卷于五色纸（或四色纸）内。进入21世纪后，民众祭祖多自折或购买金、银铂纸元宝串，电器、衣饰及各种面值的冥钞。在坟头祭祀祖宗时，将香纸、冥钞、供品同燃，然后为先人墓丘添土敬悼。

这一天，在迎迓自家先人的同时，为了防止那些无家可归的野鬼侵扰，有些人家还要在自家门前烧纸，送给那些无家可归的孤魂，讲究的人家还要在门槛处横一根木棍，叫“挡门棍”或“堵门棍”。

十二、冬至节

冬至，是中国农历中一个非常重要的节气，也是一个传统节日，曾有“冬至大如年”的说法，至今境内仍有过冬至节的习俗。冬至俗称“冬节”“长至节”“亚岁”等。二十四节气之一，这天开始数九，俗称“过冬”。

《汉书》中说：“冬至阳气起，君道长，故贺。”人们认为：过了冬至，白昼一天比一天长，阳气回升，是一个节气循环的开始，也是一个吉日，应该庆贺。民间有“冬至长一针，腊八长一线，过年长一箭”之说法。境内农村在冬至这天还有祭天祭祖的习俗。

冬至午饭多食枣糕。有谚道：“冬至不吃糕，死下一圪佬”。故农村是日有蒸制枣糕的习俗，此俗乡村延续至今。城市居民不太讲究此俗。

十三、腊八节

《礼传》曰：“腊者，猎也，言田猎取禽兽，以祭祀其祖也。或曰：腊者，接也，新故交接，故大祭以报功也。”《史记·补三皇本纪》也说：“炎帝神农氏以其初为田事，故为蜡祭，以报天地。”夏代称腊日祭为“嘉平”，殷曰“清祀”，周曰“大蜡”，汉代改为“腊”。祭祀的对象：先啬神神农、司啬神后稷、农神田官之神、邮表畦神始创田间庐舍、开路、划疆界之人、猫虎神、坊神堤防、水庸神水沟、昆虫神。

腊八粥

腊八节这天，境内民间要熬煮、赠送、品尝腊八粥，并举行庆丰家宴。同时，许多人家拉开了春节的序幕，始杀年猪、打磨豆腐、胶制腊肉，采购年货，至此，“年”的气氛日渐浓烈。

腊八粥　也叫“七宝五味粥”。境内喝腊八粥最早始于宋代，有一千多年的历史。《平定州志》载：“十二月八日，以杂色米豆作腊八粥食之，间有好善富室施粥通衢。”

旧时农家腊八节主要是熬煮、赠送、品尝腊八粥，并举行庆丰家宴。每逢腊月初八这天，家家户户做腊八粥，祭祀祖先。腊八粥以米豆为大宗，如黄米、小豆、绿豆、红豆、豇豆、黄豆、高粱米、玉米等，加入红枣、莲子、核桃、杏仁、葡萄、白果、红豆、花生等，少则七八种，多则十几种熬成稠粥状，有浓郁的乡土风味。腊八粥熬好之后，要先敬神祭祖，之后馈赠亲友，讲究要在中午前送出，最后才是全家人食用。这天，合家团聚食用，甘甜可口。

腊八蒜　泡腊八蒜是地方习俗。顾名思义，就是在农历腊月初八这天来泡制蒜瓣。材料就是醋和大蒜瓣，具体做法是：将剥皮后的蒜瓣儿放到可密封的罐或瓶子之类的容器里，然后倒醋封口，放到一个较冷的地方。经过一段时间，泡在醋中的蒜就会慢慢变绿，最后变得通体碧绿如翡翠玉石，过年食用，色味俱佳。

此外，境内盂县等地还有腊八节在门前立冰块之俗，以寓示来年丰收之意。腊八节后，民间忙于杀年猪、打豆腐，购年货，开始忙年。

十四、老君节

阳泉以煤为业者众多。腊月十八日为“老君节”，此节是旧时煤矿工人为纪念太上老君而沿袭的一个节日，俗称“窑节”。这天，无论公私煤矿，矿主均要主持一个祭祀太上老君的活动。祭品过去以全羊为主，再加上馒头、年糕等。改革开放后，多供以糕点、水果、烟酒等。是日，煤矿停工停产，燃香纸，拜老君，希冀一年煤源滚滚，井巷平安。此俗在“文化大革命”期间一度消逝。

第二节　纪庆节日

一、元旦

民国 38 年（1949）9 月 27 日，中国人民政治协商会议第一届全体会议决定中华人民共和国采用公元纪年法。公历 1 月 1 日为“元旦”，俗称新年、阳历年。中华人民共和国成立后，每逢元旦来临，境内城乡单位均要张贴对联和庆祝标语，或举办文艺会演，或开展慰问活动。

元旦前夕，党政机关、民政部门及企事业单位派代表慰问军烈属、离退休干部职工、生活困难的群众及“五保”户，并送上慰问品。

二、国际妇女节

公历3月8日是国际劳动妇女节。中央人民政府政务院1949年12月规定，“三八”国际劳动妇女节为中国劳动妇女的节日。是日，境内各级妇联组织都要举办不同类型的纪念活动，或深入农村和厂矿单位，与基层妇女群众联欢；或组织一些慰问和文体竞赛活动；或对社会作出显著贡献的妇女组织和个人进行表彰；或组织召开纪念会、座谈会等，交流妇女工作经验。

三、植树节

1979年国家确定3月12日为植树节。民谚道：“前人栽树，后人乘凉。”每逢此日，各级政府组织职工和群众进行大规模的义务植树活动，农民也在房前屋后种植花草树木，美化环境。改革开放后，境内有以单位及家庭名义，在荒山荒地上种植“青年林”“老年林”“妇女林”和领养“绿孩子”等风气，修复生态，绿化河山，美化家园。

四、国际劳动节

公历5月1日是国际劳动节，是全世界劳动人民团结、战斗的节日。中国工人阶级第一次大规模纪念“五一”国际劳动节是在民国9年（1920）。中华人民共和国成立后，中央人民政府政务院于1949年12月规定5月1日为劳动节。此日在职职工要放假一天，各级政府及工会组织要召开劳动模范、先进生产（工作）者立功表彰会。改革开放后，各级工会组织多举办各种形式的文体娱乐和纪念活动。进入21世纪后，“五一”节享受7天小长假，利用假期在国内或出国出境旅游度假的个人或家庭逐渐增多。2007年12月，国家对节假日进行调整，取消“五一”7天小长假，假日改为3天，并增加传统节日清明、端午、中秋为法定假日，形成由元旦、春节、清明节、国际劳动节、端午节、中秋节、国庆节等节日组成的假日体系。

五、中国青年节

民国28年（1939）陕甘宁边区西北青年救国联合会规定5月4日为中国青年节。中华人民共和国成立后，中央人民政府政务院1949年正式宣布5月4日为中国青年节，亦称“五四”青年节。是日，市内各级共青团组织以总结表彰会、青年联欢会、专题演讲会、典型报告会等形式，宣讲革命传统，表彰先进个人和集体，或者组织开展适合青年特点和服务社会的其他活动。各级团组织还要举办新团员入团宣誓仪式，进行革命传统和理想教育。

六、中国共产党诞生纪念日

公历7月1日为中国共产党诞生纪念日。民国30年（1941），中共中央决定7月1日为中国共产党诞生纪念日。民国36年5月阳泉建市后，每逢“七一”，境内城乡各级党组织均要统一或分散组织开展形式多样的纪念活动，如革命传统教育、党风廉政教育、先进表彰会议、入党宣誓仪式、慰问老党员老干部等。

七、建军节

公历8月1日为中国人民解放军建军节。民国22年（1933）8月1日，中央苏区首次举行“八一”纪念活动。从此，公历8月1日建军节纪念活动一直延续至今。尤其是中华人民共和国成立后，每逢“八一”，境内各级党政军机关及厂矿、学校、团体等举办军政座谈会、军民联谊会，开展“双拥”（拥军优属、拥政爱民）活动，各驻军部队还要举行军事训练、军事比武和表彰优秀士兵等活动。

八、教师节

1985年1月21日，国家确定公历9月10日为教师节。每逢此日，各级政府主办不同类型的活动，表彰教书育人的模范教师和先进单位。

九、国庆节

公历10月1日为中华人民共和国成立纪念日，简称“国庆节”。节日期间，境内党政军机关、企事业单位以及学校、团体、街道、乡村、家庭等，主动悬挂国旗、彩旗，举行各种庆祝活动，展示经济社会发展方面取得的辉煌成就，进行爱国主义和革命传统教育。

第三节 庙　会

一、简况

民间的庙会俗称“赶庙”“赶会”或“赶集”。五四运动时，民间打神像，破旧俗，庙会活动一度减少。革命战争年代，根据地的庙会活动多以宣传抗日救国和发展生产为主要内容，以激发民众的革命热情。中华人民共和国成立后，人民政府倡导新风，庙会的内容和形式，多以农副产品等物资交流为主，成为群众文化交流、走亲访友、娱乐游艺的好机会。中共十一届三中全会后，随着改革开放的不断深入，国民经济迅速发展，乡村庙会盛况空前。庙会期间，远近客商云集，街巷摆摊设点，商品琳琅满目，游人摩肩接踵；戏剧、电影、杂耍等民间文艺活动形式多样。进入21世纪后，市、县（区）农业、科技、文化、卫生等部门借庙会之际，有组织地开展科技、文化、卫生“三下乡”活动，送科技、送图书、送医药到农村，给传统庙会注入新的内容。庙会期间，亲朋好友纷至沓来，品尝传统美食，漫话家长里短，交流社会信息，闲谈奇闻趣事，为庙会注入勃勃生机。

二、庙会选介

三泉龙天庙会　农历七月十五为郊区三泉村龙天庙会，会期4天。旧时，村里要举行“旗伞会”，俗称“上会”。是日，众村民集中上会，从龙天庙敬香出发，举彩旗，耍社火，放铁炮，“马弁”要举三环刀奔前突后，煞是骇人。一行人绕村转一圈后散去，间有戏剧、迓鼓助兴。20世纪50年代尚有“上会”俗，60年代后“上会”俗绝，庙会时仅以物资交流为主，兼上演优秀传统剧目。80年代以后，庙会除保留原有的优秀传统戏剧、迓鼓表演等，还增加电影放映、文艺节目演出等文化娱乐项目，但商业贸易、物资交流，已成为庙会期间的主旋律。

冠山庙会　农历四月初八和六月初八为冠山庙会，以四月初八“浴佛节”庙会为盛。届时，庙会由周围8村联办，庙期3日，香客、游客络绎不绝，各路商贩竞相兜售。六月初八后，社会各界名流雅士聚友避伏，文人墨客游山咏诗，以一览“冠山雨过”的景观为乐事。中华人民共和国成立后，冠山庙会时兴时衰，1975年后日渐兴旺，但香客减少。1984年后，庙会已演变为大型文化盛会，县城和周围乡村共同举办戏剧调演、歌手大赛、民间剪纸及书法、美术、摄影展览等。20世纪80年代后期，曾先后组织“冠山诗台有奖赛”“青春舞会”“民乐会”“八音会”“石评梅女士事迹展览”等文化活动。其间，国营、个体商户也上山布点经营，为游客服务。1986年5月29日，《人民日报》曾以《平定把传统庙会办成文化庙会》为题予以报道。进入21世纪后，冠山庙会渐而冷淡，只有少数人到冠山参观游玩或在寺院烧香拜佛。

平定县城庙会　农历七月二十二日为平定县城庙会。旧时，凡遇久旱无雨，人心惶恐之时，县城七街绅士便商聚一庙，共议请驾祈雨之事，多迎请该县柏井明灵庙侃大王和狐突老大王出巡。每逢迎请时，县城官吏、绅士亦骑马乘轿前往。迎驾时，先将大王出巡之帮身使者马弁押来，其时马弁蓬头垢面，光膀赤足，待驾而发；旋即，将神像抬出，村夫持“回避”“肃静”起马牌分列左右。一声打道启程，先有黄门小侍鸣锣开道，旗队、伞队、炮队、迓鼓队踊动其后；紧接全副銮驾护卫，祈灵乡绅在内庭僧人引导下“三步一跪拜，五步一烧香”缓缓前行。沿途十里一换班，轮番执事迎奉进城，经东关应公庙前，至西关雨花台前落驾。继而设供，祈雨仪式开始：先由七街绅士跪拜摇签，选宜祈雨取水之洁井；签选后，取水队伍即往，先用柳条将取水井口遮掩，再由村夫抬扎楼将取水净瓶送往井边；众人跪拜祷告后，吊净瓶于井内，待瓶内盛有三指水后一路吹奏《大得胜曲》，将取水净瓶迎回庙内供奉。自此，祈雨男众受戒断屠，日夜交接跪香，不得间断，直至降雨方止。下雨后，再将净瓶水送还原井，并于农历七月二十三日恭送出巡大王神驾于东关应公庙，继由柏井迎驾队伍连夜接回，翌日晨，再由柏井乡民举行迎驾仪式。民国36年（1947）阳泉建市后，平定县城庙会仍沿袭，但祈雨习俗已废。

盂县藏山庙会 城隍庙会 农历四月十五为盂县藏山庙会，五月二十七为盂县城关城隍庙会。庙会期间，附近村庄迎神赛会，会名多沿用传统剧目，如《白蛇传》《金沙滩》《回荆州》《虎牢关》等。赛会时，走在最前面的是头锣执事，举着两三丈高的大旗，上书“吉星高照”“朝山进香”等字样，边行进边放铁炮。接着一出出的会目依次而过，最大赛会长达数里。扮演会身的群众，顶盔贯甲，穿袍系带，手执刀、枪、箭、戟等武器，耀武扬威，十分神气。在吹腔悠扬声中，人们抬着神驾行进，最后“踩海眼”“吃斋饭”、预兆“五谷丰登”“免灾消难”。庙会期间，一般都要唱戏助兴，会场及街道两侧，设摊卖货的很多，搭棚扯帐，鳞次栉比。参加庙会的人们，除本地人外，还有从远至河北、山东等地赶来的，男女老少，穿着节日的盛装，摩肩接踵，熙熙攘攘，十分热闹。中华人民共和国成立后，迎神赛会习俗已废。

阳泉境内部分庙会简表

表-28-1

庙会日期（农历）	郊区	平定	盂县
二月初一		南坳	西烟
二月初二	任家峪、大洼、邓家峪、北小西庄	岳家庄	清城、红头崖
二月十五	小西庄、龙凤沟、孙家沟、下荫营	新村、东沟（今前社、里社、中社）	西烟
二月十九	河底、孔南庄、五里庄、郊山、咀子上、东林尖、东西畛、小河北	西川、梨林头	苌池、南阁、洞门坡
二月廿三		南阳胜	

续表 -28-1

庙会日期（农历）	郊区	平定	盂县
三月初一	南窑庄		东宋
三月初三			东关头
三月初五	石窨垴、长岭		
三月十三	霍树头		
三月十五	三泉、张家井、南庄、马庄		
三月十八	新店、东垴、西垴		
三月十九			东坪、北庄
三月二十		陈家庄	
三月二十三	河底	苇泽关、邳彰庙	
三月二十八	北庄、程庄、北杨家庄、南杨家庄、苇泊	西郊	
四月初一	赛鱼、韩庄、官沟、大南沟、南山、小南沟	岔口	
四月初三			西吉
四月初四	东村	下马郡头	水神山、兴道
四月初八	曹里、白羊墅、圪台	冠山、浮山、开河寺、药岭寺	
四月初九	西南舁		北蒋
四月十二	上烟		
四月十三	石卜咀		
四月十四		官道沟	
四月十五	上章召、下章召、东梁庄、魏家峪、西峪、牛家峪、河南、侯家山、西峪掌、李家山、长吉岭	神峪	藏山、乌玉、姜村、西关
四月十六			西烟东村
四月十八	平潭垴、测石、簸箕掌、新庄窝、佛洼		仙人、南娄、御枣口
四月十九			温池
四月二十二			青崖头
四月二十三			御枣口

续表 -28-1

庙会日期（农历）	郊区	平定	盂县
四月二十四	辛庄		
四月二十八	山头	郝家庄	牛村
五月初一	大村、庙上、北咀头、老坪掌、半坡		
五月初五	甘河		东水沟、泥河
五月十三	义东沟、赛鱼、林里、石板片		南关、西烟
五月十五			县城、西白水慈寺山、尖山
五月二十三		梨林头	
五月二十四	上白泉、下白泉	锁簧、西白岸	
五月二十七			县城
六月初一	李家庄、大南庄、高堖庄、庙岭	东回	
六月初四	西河		
六月初六		牌岭	秀水
六月初八	北大西庄、北小西庄、咀子上、东林尖、北异、五架山		西林尖
六月十二	下五渡		
六月十三	关家峪、三都、辛兴、白羊墅、圪台	各地龙王庙	中社
六月十五	东南异、小西庄、孙家沟、雨下沟		清城、东庄头
六月十六	驼岭头		
六月十九	大阳泉、山底、王家峪、神峪、邓家峪、桃林沟、富山		
六月二十	保安		西烟
六月二十三		西回	县城、白土坡
六月二十四	桑掌、杨树沟	槐树铺	
六月二十五	小固庄、张家洼		
六月二十八	路家山		
七月初一	西上庄、小河	立壁、王家庄、马山	神泉、土塔、高神山
七月初二	芦胡、泊里、甄家庄、荫营、吴家掌、北堖、柳沟、桃坡		

续表 -28-1

庙会日期（农历）	郊 区	平 定	盂 县
七月初三	龙门		
七月初七	中庄	乱流、宋家庄、上马郡头	
七月初十	曹家掌、前庄		
七月十一	汉河沟、黄沙堰		
七月十二	前洼	神子山	
七月十三	杏树坡、黑土岩、西河		
七月十五	东垴、大西庄、三泉、白家庄、西垴、张家岩		清城庙梁、兴道、交口、曲曲城
七月十七			
七月十八	鸡洼、东落菇堰、西落菇堰、马家坡	移穰、新城	山北、韩庄只
七月二十二	冯家庄	柏井、西关	
七月二十三	三郊		
七月二十四	义井、北头咀、半坡、庙上、大村、老坪掌		
七月二十五	牵牛镇		郭村、东关头、双鹤山
七月二十七	南杨家庄、北杨家庄、王垅、桐花树		牛村
七月二十八		宁艾、桃叶坡、南坳	
七月二十九		张庄	白土坡村
八月初一		西锁簧	
八月初二	坡头、后峪		
八月初三		邳彰庙	
八月十五	魏家峪、火石岩	陈家庄	台子梁
八月二十二	甘河		
九月十三	小河、义东沟		
九月十九	代家庄		

第二章 生活习俗

第一节 饮食习俗

阳泉地处山西东部，农作物以谷子、玉米、高粱、豆类、红薯、土豆为主，也有少量的小麦，境内传统饮食习俗受此影响较大。

一、简况

阳泉民间的传统饮食以植物性食物为主。主食是五谷，副食以蔬菜为主。境内的饮食习惯在很长的历史时期是重主食、轻副食。旧时，人们很少吃肉，只有逢年过节或遇红白喜事时才有肉食上桌。过大年时，有的人家将自家养的家禽（如猪羊鸡兔）宰杀，卖一部分，赠一部分，自家留一部分。夏秋草木繁盛时，居民还常常上山或田间采集一些野生植物的花、茎、叶、果作为饮食的调剂和补充，如槐花、榆钱、灰灰菜、野菜、榆皮、豆叶菜等，过去遇灾食不饱肚时，老百姓常常挖野菜充饥，或与粮食掺和食用。

民间的调味品除食盐外，主要有醋和老黑酱，所以不少乡村有酱醋作坊。此外，花椒、大料、葱、姜、蒜、芫荽（香菜）、韭菜等也都是地方老百姓必不可少的调味品。中华人民共和国成立前后，境内食油主要有小麻油、豆油、核桃油、葵花子油、大麻油等，也有用猪油、羊油、牛油等炒菜的。改革开放后，境内民众食油大都在超市购买，主要有色拉油、豆油、花生油、胡麻油等。

旧时，老百姓的饮料一般以甘草水、绿豆汤、红糖水代之。茶叶主要是购买南方产的花茶等。平定冠山上的连翘花传说是一种贡茶，但老百姓很少采饮。除此以外，阳泉人有饮白酒（民间称“烧酒”）的习俗，解放初期，老白干、二锅头、六曲香是老百姓常饮的酒类。老百姓还有喝面汤、米汤的习惯，饭食之后喝一碗面汤，美其名曰“原汤化原食”。改革开放后，可供城乡居民消费的饮料品种逐渐多样化、商品化、高档化，其中境内生产的饮料——“维尔康”物美价廉，成为民众的喜爱。

阳泉地区的饮食习惯为一日三餐。二十世纪六七十年代的农村，在春夏之际人们有户外吃饭的习惯。几个人手端饭碗聚在一块，或蹲，或立，或依碾磨，或靠树下，边吃边聊，其乐融融。农业学大寨时，劳动农民常把早饭或午饭盛入砂锅或饭盒里担到田间地头吃，俗称“担饭”。如地头太远就带干粮（窝头、饼子等），干到半后晌才回家吃饭，叫“一鞍下马”或“熬晌”。城市饮食多在家里，遇到婚丧嫁娶及房屋乔迁之大事，多在饭店包桌或楼下搭建帐篷待客。80年代，境内民众生活日渐富裕，饮食习惯发生很大变化，大米白面成为家常便饭。90年代始，民众不仅仅满足于吃得饱、吃得好，更加关注个性需求、营养均衡和饮食品质。

二、家常便饭

建市初期至改革开放前，境内民众的主食极其单调。早饭一般多吃玉茭面糊糊，俗称“馓”。做馓时先将老倭瓜或小米加水同煮，至半生半熟时，再将玉茭面边撒边搅入其中，熬煮成糊状即可食之。盂县西乡则吃小米稠饭，盂县北乡为菜汤或玉米面窝窝头。中午饭多吃玉茭面抿圪蚪、疙瘩等，和面时掺入榆皮面、粘秆面等，也吃玉茭面糊嘟、窝头、不漏（不烂）、饼子等，只有过节时才能吃上白面面条、河捞。晚饭多吃菜汤、米汤、混锅饭（和子饭）、汤面，加食玉茭面窝头、饼子等。豆叶菜、酸菜、山药（土豆）为家常菜，农民尤喜吃腌萝卜、芥根，俗称“老咸菜”。少放盐的，俗称“酸咸菜”。中华人民共和国成立前，民众极少吃白面，即使逢年过节，招待亲朋，也多吃黄米面枣糕、油糕、豆沙糕、油布袋等，面食一般为白面掺玉米面，俗称“搅拌面”。用此面包成饺子，俗称“两面扁食”；用此面烧的饼子、蒸的窝头叫“两面饼子”“两面窝头”。副食以素为主，平时很少吃肉。秋冬蔬菜主要有豆角（干豆角）、倭瓜、南瓜、红白萝卜（萝卜干）、白菜、山药（土豆）等。

阳泉建市后，工农业生产不断发展，人民生活逐渐改善。但是，20世纪50年代末的“人民食堂”和60年代初的“三年困难时期”，境内民众与国同忧，忍饥挨饿，经历了“六两关”的浮肿与煎熬，向往吃饱肚子。中共十一届三中全会后，国民经济发展迅速，城乡人民生活水平大幅度提高，饮食品种增多，营养丰富。一般多以白面、大米为主食，以小米、玉米面、豆类杂粮为辅食。民众的饭菜质量明显提高，逐步“以细代粗”，且花样翻新，还讲究营养结构平衡、科学合理。80年代末，早饭多吃米汤、方便面、汤面、牛奶和馒头、油条、面包等。中午多吃面食、大米、包子、饺子、烙饼等。晚饭多是米汤馒头、花卷就炒菜或咸菜之类，也有偏爱糊嘟、和子饭等类的。尤其进入21世纪后，城乡蔬菜品种繁多，豆制品、肉类等副食种类也很丰富。逢年过节或亲朋来访，更是四盘八碗，丰盛如年。平常百姓饮食则以吃瘦肉和蔬菜为主，少吃面食与大米等多蛋白食品，盖饭、串串香等快捷类食品深受年轻人喜爱，许多市民由于工作紧张，为节省时间，有在街畔小吃店吃早餐的习惯。境内的周末盛行朋友聚会，尤其城里的年轻人，周末多聚餐于酒店、歌城，真乃美食佳肴、歌舞升平。

境内饮食品种繁多，百姓生活中常见的面食种类大致有：拉面、擀面、揪片、抿蛐、刀削面、抿圪蚪、河捞、小开条、切疙瘩、焖面、剔拔股、饺子等30余种。下面列举几类：

（一）煮制类

抿圪蚪　炊具是用3毫米厚的铁皮锻打成凹形槽，尔后在槽内穿圆孔漏眼而成，俗称“圪蚪床”。另有一把压面的铁抿锄，俗称“圪蚪锄”。制作时，先用筷子将面粉搅拌成软面团，然后将面团放置圪蚪床上，左手持圪蚪床把，右手握锄用力抿压，使床上面团漏入沸水中，成寸余长的小圆条，两头尖、形似河里的小蝌蚪，故名“抿圪蚪”（圪蚪面用白面、白面加玉茭面或豆面均可）。圪蚪煮熟后，捞入碗内，浇上卤菜即可食用。是境内民间最惬意的风味小吃之一。

抿圪蚪用具

抿蛐　炊具俗称“抿蛐床”，上杵下臼，用两根木棒联结，臼底有若干小圆漏眼。制作时将和好的面塞入臼内，双手各执一棒，用力挤压，使面团从漏眼通过，呈细绳状，下锅煮熟后，浇卤菜可食。抿蛐的主料，以白面掺绿豆面为最佳，也有以细白玉米面掺豆面制作的，浇的卤菜汤一般为葱花清香汤。

河捞　炊具俗称“河捞床”，构造原理与抿蛐床同，只是体积稍大，臼部有四根支架，可放置于锅台上。制作时，将和好的面放入臼内，然后将与河捞床压杆连接的圆柱形压钉放入臼内，用力压制可成。主料是白面、细玉米面、豆面，也可相互掺和，浇的卤菜多为酸菜，或者为清汤面。

小开条 俗称“扯面”“挒（lie）条”。制作时，将小麦面加少量盐、碱放入盆内用温开水和面，面和好轧软。然后醒上半时许，俗称“醒面”。半小时后，将面置于案上，用擀杖推压成片状，用刀切成手指粗细条状，再用双手逐步拉细下入沸水，熟后浇卤菜即可食用。

面条 俗称“刀切面”。制法是用白面或两掺面和成面团，用擀面杖擀成圆形饼状，然后用刀将面切成条状，放入沸水煮熟，浇卤菜方可食用。

揪片 俗称“揪疙瘩”。先将白面擀成饼状，然后用刀切割成一寸宽的长片。操作时，一手执面片，一手在长条形面片上揪成方寸块状面片，揪片时直接扔入沸水中煮熟即可食。常有的卤菜有肉炸酱、西红柿鸡蛋和炒黄菜等。

切疙瘩 将白面或玉米面、两掺面和成硬团，然后擀成圆形饼状，用刀将面切成菱形块状，下锅煮熟后食用。

剔拨股 将和好的面（稍稀点）放于一圆形（或方形）带把儿的铁铲上，用筷子（或铁棍子）拨成条形状的面，煮入锅内，捞出浇卤菜可食。

流流筋 又称“拔鱼”。将白面或豆面在碗内调成稀糊酱，然后左手执碗，右手用筷子在碗中夹上面流入锅内或用一根筷子贴在倾斜的碗边，将面流成长条煮入沸水，捞出浇卤菜可食。此类面食今少有人制作。

拉面 用料配方：1 市斤面、2 钱盐、1.5 钱左右碱、6 两水。水温：冬天 45℃左右，夏则用冷水，春秋用 30℃左右温水。将面拌成穗状和匀；加入碱水，再和匀；用油罩面稍醒。用双手持面搓成长条，两手各抻面的一头，上下平行晃动，少长时，两手合拢扭成麻花形状，环面时要正一次，反一次，直至面有了韧性、去掉两头的盘叠面，将面拉成香柱条，分把儿下锅煮熟

拉拉面

捞出，浇卤可食。

饺子　俗称“扁食”。先调馅，有素馅和肉馅两种。素馅有鸡蛋和韭菜、南瓜等，民间有“生葱芫荽一捏盐”之说，这样的素馅清淡可口；肉馅有南瓜羊肉、大葱猪肉、香菇肉、韭菜猪肉等。调好馅，然后和面，面“醒”半小时后再包饺子效果更好。制作时，先取适量面团，并将其搓拉成圆长条形，再用刀切成半寸方圆的面丁，然后左手执面丁，右手持擀面杖，将面丁旋转擀成圆形片状，然后将饺子馅放入面片内，对折捏好后，双手压住面边，挤压封口。包好的饺子形状犹如元宝，也有包成鱼状的，叫“鱼扁食”。包好后，将饺子放入沸腾的锅内煮食，食用时可蘸醋或辣椒、大蒜品尝，根据食者口味选制而成。

馓　本地人读“sɑ”。原料是小米、玉茭面和少许碱面，讲究的会加一些老倭瓜或红薯，用新小米、新玉茭面更好。水快开时下小米，小米的用量要比正常煮小米稀饭时少。煮至小米刚刚开花，再把干玉茭面慢慢地往沸腾的小米稀饭里撒。一边往小米稀饭里撒入玉茭面，一边搅动，形成黏稠状，直到没有干面疙瘩。也有人家制作馓饭时，将玉米面用水冲调成糊状，然后倒入沸腾的锅内，煮熟为好。民间的馓有多样，做馓时加煮倭瓜、红薯叫甜馓，加煮其他蔬菜并搁食盐叫咸馓。

（二）蒸制类

窝窝头　原料是玉米面、黍面。有发面窝头和死面窝头两种。将面和起后，用手拍打成半圆形，放入蒸锅蒸半小时后可食用。民间蒸窝窝时，有时放入少许糖精，叫“甜窝窝”；有时将倭瓜丝、萝卜丝或酸菜参入面团中，蒸出来的窝头叫“菜窝窝”。

馒头　将白面发酵后，放少量碱面，揉制分成若干小团，再用手搓成光团，依次放入蒸锅，半小时后即可食用。出锅的馒头香味扑鼻，让人垂涎三尺。

糖包　用发酵的面团，放碱面少许，揉成小面团，再用擀面杖将面擀成圆片，将红糖（或甜豆沙）放入面片中，捏成三角状，上笼蒸熟即可食。

包子　制作程序与糖包类同。内包肉馅、豆馅或素馅，统成包子。

不烂　又称“馉馏”。原料是玉米面或白面。将土豆丝或豆角段（将豆角切成一厘米长的小段）等蔬菜，用净水冲洗后放入面粉中加水搅拌，再加少许盐和花椒面，调成面穗或碎面块状，放入蒸笼。熟后可烹以辣椒汁和蒜泥食用，也可用油煎炒而食之。

枣糕　主料为黄米面（黍米面），制作工具是当地特产的瓦笼床。其为砂器蒸笼，底有诸圆眼，以不漏面为度。制作时，先将黄米面捏成团状，待锅沸腾后上笼，再将红枣铺一层底，后撒一层黄米面，待气上后，再铺枣，再撒面。如此四层、五层，加盖蒸半时许。然后，将瓦笼上蒸好的糕倒入盆内，用擀面杖将黄米面与枣调匀，最后将制完的枣糕铲入盘内，待食。

烫面饺　将高粱面或白面，用沸水和成面团，再将面团分成若干个小剂子，擀成圆片，包上菜馅，捏成半月形角角，放入蒸锅，熟后可蘸大蒜汁或醋、辣椒汁食之。

搓鱼　民间常用高粱面、莜面和玉米面为原料，将和好的面揪成枣样大的小剂子，然后用手搓成中间粗，两头尖，形如枣核的面锥。放入蒸锅，蒸熟后浇菜汤或蘸辣椒汁食之。

花卷　将发酵的白面团，放少许碱面揉匀，再将面团擀成饼状，在面上倒少量食油，再洒少许盐和花椒面，然后卷成筒状，用刀分成小段，再用两手将带有层次的面扭曲，蒸熟而食。

（三）煎烫类

玉茭面饼　粗玉茭面饼的制法：用开水将面和成团状，再擀成圆形，放在铁鏊上烙熟，食用时有薄、脆之感；细玉茭面饼也是在面内加开水和为团状，擀成饼片，在火上烙熟，饼为双层，口感酥软，如加少许咸盐和花椒粉，则风味别致。

煎饼　将选用的面（玉米面或白面等）粉倒入盆，韭菜洗净，切成碎丁，倒在面上，再加适量盐，和拌，用小温水一滴一滴调拌面粉，直至呈糊面汤状。文火坐煎饼鏊，用勺舀调好的面糊，浇在煎饼鏊上，用羹匙蘸凉水涂改面糊，使之在鏊上均匀成饼，盖严锅盖，焙烤4至5分钟，待煎饼熟，用铲刀将煎饼边沿铲活，再用手拿下煎饼卷成卷蘸香油醋吃，香软可口。如果要炒吃，待煎饼出鏊后，置于篦上，晾冷，用刀切成斜条块，可用鸡蛋炒食。

烙饼　用料：面粉1斤，适量食盐，素油适量，凉开水6两。制法：将面粉倒入盆内，盐面撒在面中，倒入凉开水和面，稍饧。面案撒铺面，将饧好的面擀开，上油，在油表层撒少许铺面，将面饼卷成卷，用刀分成数份，然后将每份面捏住两头，稍拉，盘成盘旋头，火上坐鏊，用擀杖将面擀成饼，待鏊烧热后，上饼、稍烫，即翻，再翻，在饼表面上油，即翻过，两手旋转，饼熟后，即将饼折叠成三角形，用筷夹住在鏊上稍顿，使饼松软，利层、即下鏊。可卷甜面酱、葱白等食之。特点：香、酥、辣，是民间家庭待客之佳肴。

（四）焖制类

小米焖饭　将小米淘洗后盛入锅内加适量的水，锅开后放入少许碱面加盖再焖，熟后香而爽口。一般配上炒酸菜或炒土豆丝食之更佳。

糜　本地人读“mei”，原料是黄米，是黍碾成的一种米。制作时，先在沸水中煮入块状的老倭瓜、红薯、红枣等，将黄米淘洗后倒入锅里焖制半小时可食。

红稠饭　俗称盂县红稠饭。原料是红小豆、南瓜、小米。选料要用好红小豆、老南瓜（当地人叫老倭瓜）、当年的新小米，这是做好红稠饭的基础。烧开了水，下红豆煮，红豆基本熟了，加入小米、南瓜再煮至黏稠状，用擀面杖搅动，使得红小豆、南瓜、小米充分均匀的混合在一起。盖好锅盖，关掉火，焖一些时候再吃。佐食小菜：老咸菜丝、腌酸菜、炒土豆丝、炒胡萝卜丝。一般小菜的口味都会很重。

焖条　将切好的面条，放入炒好的豆角或白菜丝等菜肴上，盖锅焖熟，加蒜泥可食。

（五）炸制类

油糕　俗称炸糕。将黄米面和成团上笼蒸熟后，可制成糕片，或捏成面圈，也可包上红枣、豆沙，然后放入滚烫的油锅炸熟即可食用。

油果　将白面加明矾、碱面、咸盐调制成软面，在案板上以油铺底，擀成长条，然后切成方形饼，并在每个饼中间段一、二条缝隙，下油锅煮熟可食。加糖则叫“甜油果”。

油条　做法同油果，只是形状做成环状或条状，下锅炸熟可食。该种食品最好的搭档就是老豆腐，境内有许多专营老豆腐油条的街头小店。

（六）汤饭类

米汤　以小米加水熬制的汤，其特制器皿是砂锅，是地方传统营养食品。熬制时可加红枣、花生豆、老倭瓜、红薯、小豆、黑豆等，熬成的米汤香醇可口，别有风味。

菜汤　米汤内加酸菜或放置少许盐熬制而成的汤。有清食败火之功效。感冒病人尤喜食之。

和子饭　用倭瓜、豆角、土豆等与小米熬成的汤饭，有的拌入适量面疙瘩。

擀面汤　擀面是境内的传统食品之一。其制法是，将豆面加少量白面和成硬面团，用平整大案板和大擀杖擀成纸样薄片，然后折起，用刀切成细丝，风干后即为擀面。擀面汤的做法是，在沸水内加白萝卜丝、南瓜块等菜，下少量小米，待米熟时再下擀面、豆腐条、盐，熟后端锅，然后在勺内放少许油，加盐、葱、生姜、酱等炒熟后倒入锅内可食。民间也有与“小米捞饭”配合食用（又叫“擀面汤泡捞饭”）的习惯，清汤寡水，爽口有味。

此外，还有鸡蛋汤、萝卜豆腐汤、青菜汤、水煮蔬菜等。

三、民间宴席

（一）节日宴席

节日饮食是人们欢度节日的一项重要内容。宴席的规模、菜肴的品种，都有求吉、求福、求祥、求乐之意。如：吃鱼寓年年有余，吃鸡寓大吉大利。鸡鱼同桌，吉利有余。

大年初一早餐多为饺子，招财进宝之意。饺子形若元宝，捞饺子又称“捞元宝”。中午宴席一般6个菜或8个菜，也有六六席或八八席，根据人数而定。初二、初三招待拜年宾客，通常摆十几个菜，一般为双数，荤素相配，冷拼热炒，再加饺子、馒头、花卷、油糕等食品。

元宵节家家皆食“元宵”，元宵是一种丸子状的食品，多在商店购置，也有自制元宵的。午餐一般是6个、8个或10个菜，饺子、馒头是必备食品。贫者略简约。

五月百虫生长旺盛，端午节吃粽子既有纪念屈原之因，也有驱恶避邪之意。因此，端午节多数人家要自制或购买糯米粽子食之。

中秋节是合家团聚的日子，一般人家夜晚要用月饼、苹果、香蕉、葡萄、熟玉茭穗、毛豆等拜祭月神，然后全家人同桌饮宴，共度良宵。

（二）社交宴席

民间平时饭菜较节俭，但若有客人来家，必热情款待。旧时农家多于炕头摆炕桌，让客人坐在炕沿上吃饭，饭前多饮酒助兴。上菜时，家贫者二凉二热或炒鸡蛋、烙油饼，此为佳肴；也有以拌豆芽、炸油糕、炒豆腐为主菜；家庭富裕者上6个菜或8个菜，以为上馔。改革开放后，民间社交活动日渐频繁，饭菜质量及种类亦十分讲究。越来越多的家庭为了体面省事，不在家里摆宴席，而带客人到饭店就餐。

民间待客仍循传统：奉茶、盛饭、斟酒时，一般以“茶七、饭八、酒满”为量。

（三）婚嫁宴席

旧时，民间婚嫁宴席，贫者酒菜少，富家较丰盛。农村以“盘菜面”“煮油条”为多数。改革开放后，城市办喜事在饭店酒楼宴请宾客已成主流，农村则多数在庭院或集体礼堂设宴待客。城市婚宴一般以“八八席”或现代流行菜谱为多，农村婚宴也逐渐由“六六席”“十大件”升格为“八八席”或现代流行菜谱。

（四）乔迁宴席

乔迁之俗古而有之，且颇讲究礼数。城乡搬迁新居一般有请客暖房的习俗。旧时农村迁居一般在晚上暖房请客，以4个小菜，饮酒志贺为宜。改革开放后，农民生活日渐富裕，多数农户都修建或新建住宅，乔迁宴席也越来越讲究。农村一般以“十大件”为多，多在家里置办；城市居民乔迁新居时多在酒店办理，菜肴多为荤素搭配的“十大件”“六六席”“八八席”或现代流行菜谱。

（五）丧葬宴席

旧时民间丧事，生者为逝者设置灵台，也有叫“灵堂”的。在灵堂里摆上倒头捞饭、祭鬼馍馍、长明灯和猪头三牲（猪、羊、牛）面馍祭品。改革开放后，农村丧葬礼仪宴席一般以“盘菜面”为主，多以“十大件”“六六席”“八八席”等宴席招待吊唁宾客，主食有馒头、油条、拉面等。境内郊区有“七碟面”招待客人的习俗。城市的丧葬饮食一般较为简约，大多在饭店招待客人，少了农村的许多繁文缛节。

（六）做满月宴席

民间婴儿做满月，要请男方的姑姑、姨姨、姥娘家和女方的娘家宾客同来贺喜，男方家设宴招待。旧时农村以油糕、馒头、大锅菜待之。中华人民共和国成立后，条件好的家庭以“四菜一汤”待客，较差的以馒头、菜汤为宜。进入21世纪后，城乡家庭将孩子做满月视为大事，宴席日渐丰盛，城市多到酒店设宴待客，农村则多在家里自设酒席招待亲朋好友。

附：地方风味宴席

境内传统宴席以套席为主。其特点之一：将盘换成大碗、小碗，菜点相配，荤素相间，干鲜交错，尤其后四碗汤菜非常讲究；其特点之二：宴席所用餐具、器皿都很考究，不仅每人都有碗筷、羹匙、小醋碟，而且还备有公筷、公勺、牙签、纸花等；其特点之三：由于宴席所用的时间较长，如“四套席”吃起来长达四小时之多，因此席间一般都有休息时间，以方便客人。

一、四套席

十六碟子（压桌菜）：

四肉：火腿、肘花、鸡渣、鸡爪；

四菜：洋粉、松花、芥末鱼肚、佛手海蜇；

四干：瓜子、桂圆、金糕、瓜尖；

四鲜：香蕉、橘子、苹果、鸭梨。

席间用暖酒壶上酒，轮回把盏。

第一套　上公筷、公勺。

1. 海碗：清汤鱼骨；

2. 点心：鸡丝卷（两碟）；

3. 大碗：虾籽烧海参；

4. 点心：烧麦（两碟）；

5. 小碗：烧蹄筋、鱿鱼卷、烧鱼肚、红烧干贝。

第二套

1. 海碗：红烧鱼翅；

2．点心：抿圪蚪；

3．大碗：鲨鱼皮；

4．点心：白豆腐饺子；

5．小碗：溜鸡片、烩乌鱼蛋、红烧肾干、炸佛手。

（间隙：涮水、漱口水）

第三套

1．海碗：八宝饭；

2．点心：澄沙包（甜食）；

3．大碗：冰糖莲子；

4．点心：炸枣尖；

5．小碗：酿藕、高丽澄沙、炒什锦、蜜汁菠萝。

（间隙：涮水、漱口水）

第四套

1．海碗：过烧鸡；

2．点心：萝卜盒；

3．大碗：溜片鱼；

4．点心：肉火烧；

5．小碗：米粉肉（跟小馒头）、烩三丝、珍珠丸、烩口蘑。

后四大碗：清蒸鸡、鸡丸汤、烧肉汤、鱼肚，最后跟上大米饭两碗。

二、两套席

十二碟子（压桌菜）：

四肉：片肉、肘花、松花、卤鸡；

四菜：洋粉、芥末鱼肚、海蜇、莲菜；

两干：西瓜子、桂圆；

两鲜：苹果、鸭梨。

第一套　上公筷、公勺。

1．海碗：红烧鱼翅；

2．跟点心：抿圪蚪；

3．大碗：烧鹿筋（跟点心、烧麦）；

4．小碗：红烧干贝、溜鸡片；

5．大碗：烧海参（跟点心、肉火烧）；

6．小碗：米粉肉（跟小馒头）、清炒虾仁。

第二套

1．海碗：溜鱼片；

2．点心：鸡丝卷；

3．大碗：红烧肾干（跟点心、九棱包）；

4．小碗：珍珠丸、烩鱿鱼；

5．大碗：八宝饭（跟点心炸枣尖）；

6．小碗：酿藕、冰糖莲子。

后四大碗：捶鸡丸、清蒸鸡、鱿鱼、虾干白菜最后上大米饭两碗。

三、三八席

八碟菜（压桌）：

四肉：卤鸡、片肉、腱子、焖子；

四菜：洋粉、瓜干、海蜇、莲菜。

红白酒、公筷、公勺。

1．大碗：红烧海参（跟点心、烧麦）；

2．小碗：米粉肉（跟小馒头两碟）、过油肉；

三八席

3．大碗：洋粉肉丝（跟点心、鸡丝卷）；

4．小碗：珍珠丸、溜鸡片；

5．大碗：喇嘛肉（跟点心、梅花包）；

6．小碗：烩仙米、烩蟹干；

7．大碗：八宝饭（跟点心、澄沙包）；

8．小碗：银耳烩百合、高丽澄沙；

后四大碗：氽丸、清蒸鸡、虾干白菜汤、漂糕汤；

最后上大米饭两碗。

四、宾盘大碗席

八碟小菜（压桌）：

四肉：片肉、卤鸡、肘花、焖子；

四菜：洋粉、海蜇、瓜干、藕。

上红白酒、公筷、公勺。

八小碗：炒鸡片、腐卤肉、烩鲜米、珍珠丸、炸网油、苜蓿过油肉、酿藕、甜丸；

宾盘：糖醋鱼；

跟点心：糖馒头；

大碗：红肉、喇嘛肉；

宾盘：香酥鸡；

大碗：烧玉兰、鲜蘑扁豆（糖馒头随时更换）；

后四碗：肉丝汤、口蘑、烧肉、氽丸；

最后上两碗大米饭。

五、“十大件、一品锅”宴席

1．两盘，四拼八样（压桌）：洋粉、瓜干、松花、莲菜、酱肉、卤鸡、叉烧肉、六味肠。

2．八碟（四干四鲜）：

四干：瓜子、桂圆、桃仁饯、瓜尖；

四鲜：橘子、苹果、京糕、香蕉。

3．十件大菜（公筷公勺）：烧海参（跟点心、烧麦）、红烧鱼、香酥鸡、红肉（跟两碟小馒头）、烧香菇、苜蓿肉丝、红烧肘、喇嘛肉（跟点心、鸡丝卷）、蜜汁菠萝（跟点心、鸡蛋糕）、甜丸。

4．什锦一品锅：白菜粉丝铺底，清蒸鸡、烧肉、喇嘛肉、烧丸（鸡丸）、海参、鱿鱼、鱼肚、灌肠。

最后上大米饭两碗。

六、春饼火锅席（风味席）

1．八碟小菜（压桌）：片肉、焖子、海米瓜干、腐干、黄豆芽、香椿拌豆腐、腌鸡蛋、芥末粉皮（干圪蕉）（小葱拌豆腐）。

红白酒，公筷公勺，酒罢撤席。

上两碟葱段、两碟香油拌甜面。

2．八个盘菜：豆腐丝、鸡蛋穗、炒肉丝、油蛤蟆、芥根丝、红萝卜渣、炒绿豆芽、炒藕丝。

3．春饼（随上）。

4．火锅：有素火锅、肉火锅两种，由食者选订。

5．涮羊肉（待火锅吃完，兑汤涮羊肉），同时跟上韭菜花、糖蒜、芝麻酱、香醋、盐面、香油等小碟，客人可根据自己喜好挑选上述调料，兑汁而食。

6．最后在火锅汤里下渣面（用黄豆、绿豆、小豆面以及白面各一半做成的面条）或汤面，由客人分食。

第二节　服　饰

服饰是民族文化的重要组成部分，又是历史发展和社会时尚嬗替的标志之一。境内民间服饰文化演绎的经络与其生产方式、风俗习惯有密切的关系。其中男装样式较为简单，女装花样翻新，童装异彩纷呈，各种服饰，与时俱进。

一、冠戴发型

明代前，男子 20 岁称“弱冠”，头顶结发髻，束布帛。女子遵女辫妇髻之规。

清代，男子按满族习俗后脑留发梳辫。官吏士绅等发辫长垂于后背，平民则盘于脑后，遇礼拜或上堂见官时方拖于背，以示尊重。富者以红绿丝线结辫梢，配以金银饰物，戴红缨帽，以金、银、铜、珠等顶子分辨身份；贫者发辫无饰，盘于头上，戴红、黑疙瘩青皮小帽、毡帽、桶帽或草帽。清末，女性发型有扇面式、棚车式、平山式等多种。少女结单长辫，前有刘海；成婚后盘髻，以簪、钗等饰物之材质区分贫富。妇女的耳环不论贫富都戴，且质地不同。

民国初期，废辫子。绅商喜戴礼帽、帽壳（瓜皮帽）、风帽、火车头皮帽。一般居民多戴毡帽、火车头绒帽、草帽，因季节而异。农民喜欢扎毛巾。农村少年男子头上留“铁箍”（后脑留一圈头发）“转毛”（头顶部留发）或“出风”（前额上留一排头发，类似刘海），前额正上方留一撮毛头发的叫“马鬃”，有的人家还要给孩子留“舅舅毛”“救命毛”，到孩子12岁过生日时，择良辰吉日一剃而光；少女梳蓬头、刘海或辫子。幼儿时，以虎、狮、狗、石榴、莲花灯象形帽区别男女。

抗日战争时期，居民头饰从简，妇女出门以布或毛巾包头，头上饰品渐少。解放战争时期，根据地的青年妇女改为剪发头，中年妇女将头发向上折起，用发卡卡于脑后。

20世纪50年代，城乡男子留发渐成习惯，男青年多为小平头、小背头，老年农民剃光头。流行解放帽，干部职工戴八角帽。女性始留双长辫，辫梢饰以彩绸蝴蝶结。60年代，城乡女青年喜戴军帽子，留短发。70年代末，女性始烫发、罩头纱。80年代后，男女多留长发，男子鬓发掩耳，女子长发披肩，烫发多见，色彩斑斓。90年代，青年男子向长、短两个极端发展，短不过寸，长如女子剪发头。进入21世纪后，男女发型趋于多样化，追求时尚和个性，女性烫染发的多了起来，且开始讲究脸部护理与化妆，如：文眉毛、描眼睑、涂嘴唇；少数男女青年赶时髦，将或长或短的头发染成红、黄、蓝、褐等彩色状。至2010年，女子戴戒指、耳环、项链者众多，金银珠宝，各显风采，且讲究高品位，更注重整体形态的和谐美观。

二、服装配饰

阳泉是典型的汉文化生活区，衣着上保持了典型的汉民族特色。俭朴勤劳的生活方式使人们养成了不争华丽、不图浮饰的衣着打扮习惯。除少数富豪权贵者外，一般贫民均是以宽松合体便于劳作的短打扮为主。从整体上看，阳泉民众的衣饰如同其朴实、勤劳、厚道、守成的品性一样，显得本分、自然、俭朴。

（一）衣料颜色

清末至民国初期，境内男子衣料多为外地采购或自织的土布，俗称“粗布”或“小布”，也有用河北获鹿布或赞皇布制作衣服的。后有织机布，俗称“洋布”或“市布”。农民多穿土布，士商者穿洋布，后渐渐有了呢绒和毛织物。衣服多为手工制作。

中华人民共和国成立后，人民生活水平不断提高，衣料有了海昌蓝、一九蓝、斜纹布、哔叽布、咔叽、府绸、灯芯绒、凡尔丁等，“文化大革命”时，国防绿流行，成为城乡青年的首选颜色，民众衣服的颜色多以蓝黑黄灰为主，只有青年女子婚嫁时才偶尔穿红挂绿。20世纪70年代后期，渐而有了的确良、涤卡、中长纤维、涤纶、尼伦、针织品等衣料，80年代后，纯棉、毛料、化纤衣料为境内民众穿着的主体。进入21世纪后，境内民众的衣饰打扮追求休闲自然，且讲究个性特点。

（二）男服

旧时多为偏大襟式和对门式上衣，或长衣，或短装，一般年老者大多穿大襟式上衣。长衣有单、夹、棉之分，如大衫、夹袄、长袍等；短装多为小袄，裤子为中式肥腰肥裆裤，俗称“打褶裤”，着装时，男子腰系白布、蓝布“紧腰带”，布质粗厚坚固，俗称“老蓝布”；夏天多穿土布白色单短衫，俗称“小布衫”。光头者春秋戴红、黑疙瘩青布瓜皮小帽，冬顶毡帽或三片瓦帽。脚蹬一道眉、二道眉、圆口、方口、尖口实纳帮或不纳帮布鞋，俗称“煞鞋”，也叫“寿阳鞋”；冬穿毡壳鞋。袜子多以麻线纳底切根的白粗布做成，不少人还习惯用灰色或黑色布条扎裤脚以防寒，俗称“绑腿带”。有的人冬天戴暖腰兜肚，穿坎肩、对襟式或偏大襟式棉袄。士儒、商人、文职人员，春秋多穿长袍、马褂，头戴青缎瓜皮缀有玉饰的红疙瘩小帽或礼帽、火车头帽；夏着仿绸大衫、对襟衫、礼服呢裤，头戴凉帽，脚蹬礼服呢圆口千层底布鞋或皮鞋；冬披羔皮坎肩，脚穿棉袜暖靴。中华人民共和国成立初期，男装仍以对襟衣、打褶裤为主，工作人员多穿以黑、蓝、灰为主色调的中山装，头戴八角帽。20 世纪 60 年代中后期至 70 年代中期，以黄、蓝、灰色中山装和军干装为主，戴前进帽、军便帽等，多穿方口、松紧口、五眼系带、带叉单眉布鞋，机织背心、的确良衬衫；春秋穿棉毛衫、线衣、线裤，冬着围巾、手套及各式带绒领短大衣等，俗称“小大衣”。之后，棉猴衣、风雪衣等成为青年人喜爱的时装。进入 80 年代后，男装变化较大，出现了一系列流行时装，其中喇叭裤、老板裤、健美服、皮夹克、T 恤衫等受到青年男士的喜爱，而中老年男子的服装仍以中山装、茄克服和小翻领制服为主。20 世纪 90 年代后，男子穿西装和牛仔裤、夹克服的渐渐多了起来。银行、保险等行业盛行职业装，多为西装，色彩上男性以稳重朴实的蓝、青、灰、黑为主。至 2010 年，政府及各职能部门的男子多穿流行的名牌服装。男子开始追求轻便舒适大方的穿着，休闲服、运动装和老北京布鞋深受他们的喜爱。

（三）女装

女性则随年龄而变化，依次以红、粉、绿、蓝、紫、青等色为主。

清代，境内普通人家的妇女以中长式偏大襟肥袖短衣为主，穿打褶裤，裹腿带。年老者冬戴圆平顶黑绒线帽，蒙毛巾、手帕。婚嫁时穿裙子、绣花鞋，系红腰带。富裕人家多穿绸缎偏大襟镶边上衣，头髻簪束，绣花鞋。年老者头裹青缎面缀有玉、银饰物的头匝，夏罩纱网。民国时期各色细布逐渐增多，家庭经济富裕的妇女多穿阴丹士林小布衫、哔叽便裤、绸缎镶边旗袍、对襟镶边短袄。中华人民共和国成立初期，农村女装仍以对襟、偏大襟上衣为主。20 世纪 60 年代初，妇女在春秋季节多穿双排扣、小翻领、斜插兜列宁服，冬季大都穿对襟棉袄、绒毛领小大衣（制服棉衣）。“文化大革命”期间，妇女服装样式单调，青年女子多为军黄色上衣，海昌蓝裤子，均为的确良面料。70年代中后期至80年代初，妇女服装样式日趋新颖，多数成人妇女夏穿花衬衣、连衣裙、套裙、裙裤、长筒丝袜、凉鞋、凉帽，冬穿毛衣、毛裤、风雪衣、皮夹克、蝙蝠衫、呢大衣、毛线帽、绒皮帽，脚蹬皮暖鞋、长筒靴等。80年代中后期至90年代初，不同年龄的妇女返璞归真开始穿起了旗袍、唐装和蝙蝠衫，家庭条件好的妇女冬天穿上了羽绒衣、裘皮大衣、真皮大衣和色织不同的纯羊毛大衣。2010年，妇女的服装开始呈现个性化色彩，根据不同的体型、发型和个性选择所喜爱的服饰，或选择面料让裁缝量体制衣，或通过“网店”快递服装，多为西服套装、连衣裙和休闲类的服饰，城市中等以上生活水平妇女每年的服饰开支多则逾万元，少则数千元。

（四）童装

境内古代的童装很简单，贵则绫罗绸缎，陋则粗布蓝衫。民国初年，童装一般男素女艳。男童头戴老虎帽、狮子帽、狗狗帽，项带“狗攀”或“富贵长命锁”，身着百家衣（由许多人家讨来的各色布头拼制的衣服），脚穿人生第一双鞋：“十副石榴一佛手”刺绣花鞋，或虎头鞋、猪头鞋；女孩幼小时头戴绣花帽，身披斗篷，脚蹬绣花鞋；婴儿穿连脚开裆裤，外出时披斗篷或包裹小棉被、夹被、毛毯等。生活贫困或服装从简者，只求能穿则已，一般不多讲究。中华人民共和国成立后，童装花色品种逐渐增多，尤其是改革开放后，随着市场经济的发展，童装除保留原有的传统特点外，还开发引进了外国童装样式，出现了小老板衣、帽、鞋系列产品和牛仔童套装等，样式新奇，色彩斑斓。中小学、幼儿园的学生和小朋友很多都穿统一缝制的校服或园服，多以红、黄、蓝、绿、白等色构成各式图案。20世纪80年代开始，城乡儿童服装多在境内商城或专卖店购买，有的还外出太原、北京等地去购买。

第三节　宅　居

一、民居

中华人民共和国成立前，境内民居多为石木结构或砖瓦石结构的窑洞、平房和瓦房。中华人民共和国成立初期，城镇宅居多为平房，农村多为窑洞。20世纪70年代，提倡建设集体化新农村，讲究整齐，实行统一规划建宅，多为排窑洞、排平房，或排窑洞上筑排平房的土楼式建筑宅居。进入80年代，农村经济长足发展，农民手中有了富裕的钱，故而纷纷修建新居。在建筑格调上除保留了原窑洞的建筑风格外，新式排房多建正房三至五间，配东西房二至三间，自成一院，且从石碹窑洞发展到钢筋混凝土平房。80 年代后期，城郊或较富裕的村庄还建有一些二至三层的民用小楼，内设客厅、卧室、库房、厨房、卫生间等，多使用水泥、钢材、釉面砖、马赛克、水磨石等现代建筑材料。室内以木床、钢管床代替了传统的土炕，冬季取暖为火炉或暖气，也有使用电褥子及空调器者。在水资源条件较好的村庄，自来水已入院进户；水资源贫乏的村庄则每户必修建传统“水窖”，用以积蓄雪水、雨水，解决人畜饮用水问题。与此同时，市区采取新区开发和旧区改造相结合的方针，对矿区等棚户区住宅陆续进行综合治理，从而使宅居条件大为改善，居民多数住进楼房，住宅分为两居室到四居室，且水、电、气、暖设施俱全，随着政府对城乡居民衣食住行的关心，至 2010 年，境内无房户、拥挤户稀见。

窑洞　历史上，境内农村因地处山区，居民住宅以窑洞最为普遍。有的农民选择在向阳而不太高的坚实土塄挖洞筑成窑，俗称“土窑”或“靠山窑”；有的则就近利用石材、砖块而碹成窑洞，俗称“石窑”或“砖窑”。一般以石灰抹墙，设门窗，地面砖砌或用炉灰渣加拌熟石灰铺就。农村窑洞共分两种：一是纵窑，于洞口安装门窗，有的一洞一窑，也有一明一暗或一明两暗的套窑；二是横窑，于一侧做门窗，石窑前墙均用锤錾凿上雨点、风波等纹理装饰，美观大方。窑洞天窗顶上留有一孔，以对流空气；门槛下也留一两寸见方小孔，俗称“猫道”或“门道”。这些窑洞共同的特点是，冬暖夏凉，坚固朴实，幽雅舒适。至 2010 年，随着民众对居住高标准的追求，农村富余一点的人家，多在城郊为子女购买楼房成婚或创业，村里闲置的窑洞有的出租，有的失修而坍塌。

窑洞

瓦房　历史上，城镇或部分地方的民居以瓦房为主。瓦房通以础石砌明根，前面两排明柱，上有立卧栏杆。檐下有檐台，通常除正面隔扇门窗外，山墙后墙以卧砖到顶，里贴土坯。屋顶铺平瓦盖筒瓦，砌有中脊与边脊计五条。富裕人家脊端按兽或吻，俗称“五脊六兽”。修筑正房、主房者多为五间，俗称“戚位”，也有筑三两间的。所不同的是盂县北乡房墙大都用石块垒起来，再用黄泥抹成，用砖很少。20 世纪 80 年代后，修建瓦房者渐少。

平房　房顶用石灰、炉渣拌和夯制而成，略有坡度，以便于流水；墙壁分条盘型、清水墙多种。房檐用烧瓦出眉，砌成花样，檐间留有滴水。

宅院　传统的宅院格局有三合头院、四合头院等，多为富裕人家居住。解放初期，农村贫者有用“锅谷筒”，即炼铁用的容器，又叫“炉火堡堡”垒房墙而为家的，今不多见。三合头院一般坐北朝南，内分上下两院，两院之间高低相差尺余不等，中界以石阶相通，两旁为花墙。宅院正面置窑洞3眼，每间进深丈五、宽一丈、高一丈，多以砖石砌碹，山墙、后墙均以石垒，前墙下系石根基，上砌砖。两侧各配以起脊瓦房3间或窑洞两眼。院开正门者，进院迎面立一影壁（又称照壁）。也有以二柱出檐、配以屏门的，俗称“闪屏”。其如与门楼连为一体，民间称之为“垂花门楼闪屏院”。开偏门者，多以配房山墙代影壁。相比之下，四合头院较讲究，坐北朝南，正面设窑洞3眼，两侧各配以起脊瓦房3间，靠南房山墙筑有高门楼，上有木雕，俗称“吞口门楼”。门槛外配以“石鼓”，院内方砖墁地。此种院又分两种：一种为上下院，一种为里外院，设两道大门，俗称“大门”“二门”。二门内出檐配以屏门，由此往里为里院，由此向外为外院。外院两侧各设小窑洞、耳房1眼（间），南置起脊瓦房3间，紧靠房之山墙一侧为大门，门槛外配以石狮或长方形青石墩，并有石阶数级，门旁立有上马石。其整体布局严谨对称，建筑精美。还有一种士绅宅院，名为“七位院”，呈“工”字形，坐北朝南，正面窑洞3眼，配前檐，两侧各配窑洞3眼，无檐。门两旁各为起脊瓦房5间，设门楼，且高大与瓦房脊平。其上正中有木雕斗拱、云纹等饰物，烫金彩绘，富丽堂皇。门槛置两“石狮”，大门以铁皮、泡钉加固，森严壁垒。门里配“闪屏”，门外有“影壁”和“上马石”。官宦之家还有双斗旗杆，院墙高不可攀。更有豪门仕宦之居所，为组合式院落，大院套小院，院院相通，错落有致。如郊区官沟村的张家大院、小河村的石家大院和平潭垴村的李家大院等，数量极少。一般农户宅院在院墙侧面或正面设一大门，里面仅有一排窑洞，旁边配一小厨房，俗称“火叉”。

二、家具

旧时，一般贫穷人家基本没有陈设，家具也很简单；富裕人家则有方桌、圪节铺柜、竖柜、长凳、圆凳、炕几、条几、开箱等，其中考究的还有描金竖柜、带顶帽盒、描金铺柜、皮箱、太师椅、八仙桌、穿衣镜等。中华人民共和国成立后，旧式家具逐渐被淘汰。20世纪70年代始，新式大衣柜、小衣柜、高低柜、写字台、梳妆台、方圆桌、靠背椅、沙发、茶几、单双人包头床、大小录音机、黑白电视机、收音机等逐年增多。改革开放以后，随着城乡人民生活水平的进一步提高，家具陈设趋向高档化，民间有“简装修，精装备”的说法。进入21世纪，城乡居民的家具更加现代化，各式组合柜、真皮沙发、平板电视机、全自动洗衣机、空调、智能冰箱等中高档家用物品已进入普通人家。

旧时境内农村一般使用的炊具餐具有：驮一至驮八砂模铸铁锅、驮二扣锅（带盖蒸锅）、大小把把甑、铁鏊、铁圪蚪床、木河捞床、大小砂锅、砂瓦笼床（蒸笼）、瓷瓮、细瓷盆、铁脸盆、粗瓷碗、铁茶壶、砂茶壶、铁勺、木勺、铜勺、葫芦瓢、铁瓢、木瓢、粗陶瓷面盆等。较为富裕的人家除上述炊具外，还用铜脸盆、铜壶、铜瓢、铜锡火锅、细瓷餐茶酒具、木条盘等。20世纪50年代至70年代，民间有一种用麦秸编成的碗，俗称“草碗”，供初学吃饭的小孩使用。中华人民共和国成立后，民众在沿用传统炊餐用具的基础上，又增加了搪瓷炊具、铝合金炊具、塑料餐茶酒具、细瓷餐具等。80年代后，高压锅、电热锅、电热杯、不锈钢炊餐具、砂火锅、铜火锅、铝合金火锅、型煤炉、煤油炉、液化气灶等现代电气化炊餐器具已进入百姓家庭。农村大多家庭仍沿用着传统的砖砌火炉做饭，俗称“大火”。随着居住条件的迅速变化，近郊住上楼房的农户大都使用上了煤气炉。至2010年，农民家庭大多用上了蜂窝煤炉、液化气炉、天然气炉或电磁炉，有的家庭还配置了抽油烟机、排风扇等，厨房条件显著改善；城市家庭更是与时俱进，多数厨房设备已完全现代化。

第四节　行　旅

一、行旅方式

（一）步行、乘骑和坐轿

阳泉多山，道路崎岖，步行是最古老的行旅方式。历史上，每逢集市庙会，方圆数十里的百姓翻山越岭、绕沟爬梁，全靠步行。平日出门探亲访友，或独自上路，或结伴而行，主要靠步行；推车挑担、搬运物品，虽说各有辅助工具，但主要功力还是双脚。

毛驴是山区农耕社会的重要行旅工具，民间有“二呼啦啦小车车，灰毛驴驴拉”的歌谣。旧时，民间迎亲多用毛驴，老人和妇女出门也多是骑驴，只有少数富裕人出门才乘骑骡马。更多的是用驴骡来驮运物品和拉车，驴骡背上有编篓（俗称驮筐、笼垛），用来盛东西，走亲戚时还有的把孩子放在驮筐里。还有一种运载工具叫“架窝”，是用两根杆子架在一前一后两头骡马身上，杆子之间用绳子相连，上边可以放东西，如遮上蓬席或安装轿厢可以载人。20世纪60年代后，由于车旅工具的更新，架窝基本绝迹。

轿子是由2人至8人抬的行旅工具。轿子由轿身、轿杆、轿座、轿底、轿顶五部分组成，前面开门，两边有窗，轿顶四边围沿有缨穗下垂。出行的人坐在轿里，由专门的轿夫抬轿。历代官员和有钱人家的女子出行多乘轿。20世纪40年代后，官员乘轿的已不多。明代以后，民间婚嫁已有乘轿之俗，新娘所乘的轿又称“花轿”，轿身多为喜庆的颜色。但少数乡村花轿多为使用时租赁。中华人民共和国成立后，民间用轿者渐少，只有少数乡村民间办丧事时，仍沿袭用棺罩类的轿和抬死者遗像的“引轿”。进入21世纪至2010年，民间开始模仿传统婚礼习俗，城乡皆有婚嫁时“新娘坐花轿、轿夫颠花轿”的场面，敲锣打鼓吹唢呐，热热闹闹入洞房。

（二）乘车

清光绪三十二年（1906），正太铁路通车到阳泉，民众出行始乘火车。民国初期，平（定）辽（县）公路、平（山）盂（县）公路建成后，境内始通汽车，但直到中华人民共和国成立后，境内山区民众出行的交通工具才渐从毛驴、平车、马车变成自行车、摩托车和汽车。

小平车　一种小型双轮车，可用人力推拉，也可用畜力拉动，是农村用来送粪、收秋、整地运输的主要工具，在乡村也叫排车。还有一种类似于小平车的大车，又称马车，是以大牲畜为动力的双轮载重车，境内农村20世纪70年代以前常见，一般用来拉石头、煤炭、砖瓦等，亦可载人。

自行车　20世纪20年代，境内始有自行车，民众称之为“洋车”。中华人民共和国成立后，自行车逐渐增多，至80年代末，自行车几乎达户均1辆以上，是城乡民众必不可少的行旅工具。城乡娶新娘也用自行车，新娘坐在后座上，由“叫戚”骑车带上新娘至婆家。一些青年女子还在自行车轮的辐条上系上彩色装饰，在车座上用毛线针钩制或用绣花针缝制车坐垫，在车把上套上手织的毛线套，有的还安装各式车铃。自行车还是城乡职工上下班的主要通行工具之一。

摩托车　从20世纪80年代开始，境内民众上班出行骑摩托车者众多，较富裕的农村用摩托车代替了公交车，城乡来去，访友，方便至极。受制于经济条件，直到2010年，摩托车依旧是诸多民众的主要出行工具之一。

小轿车　从20世纪90年代开始，小轿车渐渐进入城市家庭，方便了职工上班和商人经商办企业、接送上学的子女等。到2010年，境内城市家庭几乎半数以上拥有了自家的爱车，不少富起来的农民也购买了私家车。随着经济的发展与城乡道路建设改善，各种品牌小轿车、出租车随处可见，诸多小区出现停车危机。境内民众出行方式趋于多样化、现代化。

（三）旅店

旅店是出门人歇脚的地方。旧时境内“通京大道”旁设有驿站和车马店，如甘桃驿、平潭驿、固驿铺、新店等，均为旧时供过往官吏、驿卒和行人食宿、调换马匹的处所。中华人民共和国成立后，交通要道两侧有不少公办或私办的小旅店，不少机关、企业和一些富裕乡镇建起宾馆、会所和招待所，城市和乡镇还开办许多大小旅馆。改革开放后，境内旅馆林立，不同档次、不同类型的酒店宾馆可以满足不同人群的基本需求。

二、行旅习俗

（一）问路、指路

人们外出若遇不明方向路径时，讲究施礼问路，境内有“见人不施礼，多走二十里”的谚语。遇人问路，本地人多热心指路，详告路径，以及如何转弯，何处过桥，路程远近等，有时还指点捷径或热心带路。

（二）让路

行人靠右，当属百姓走路之习惯。结伴同行忌抢路，讲究先宾而后主，先长而后幼。如遇路窄，则礼让为先。“长者先，幼者后”，少让老，大让小，男让女，轻让重，行人让车辆，货车让客车，下坡让上坡。当为境内历代民众至行路礼数。

（三）回归

不知从何时开始，境内流行外出人员为其同事、好友或家人购买礼品的习俗。尤其改革开放后，异地旅游或出国出境者增多，旅行频繁。外出旅行者返回后，将其所带礼品赠予同事、好友或家人，同事、好友或家人则以好饭好菜为其接风洗尘。

第五节　游艺竞技

民间游艺竞技活动名目繁多，丰富多彩，具有浓厚的地方特色。除节令性游艺活动，如龙灯、旱船、舞狮子、扭秧歌、踩高跷等外，还有一些对抗性的竞技活动，更多的是不受时间、地点和其他条件限制的自娱自乐活动。

一、棋类

境内民间的棋类活动十分普遍，除中国象棋、军棋、跳棋外，还有不少土棋。尤其在农村，农民在劳动的间隙和农闲时，常以石子、土块、树枝、草秸等物为棋子，对弈者在田间地头席地而坐，在地上画出棋盘，对弈自娱。境内土棋有成山（成三）、狼吃羊、跳茅坑等。

象棋　棋类游戏。战国秦汉之际已有流行。西汉刘向《说苑》：“雍周谓孟尝君曰：足下燕居斗象棋，亦战斗之事乎？”《楚辞·招魂》中有“蓖蔽象棋”的记载。唐时称“象戏行马”。古式为六博六箸十二棋。宋朝经过改革，象棋完全定型如现制。下棋方法：两人对局，按规定地位，在棋盘上各放棋子16枚，分将（帅）、士（仕）、象（相）、车、马、炮、卒（兵），各子走法不同，马走“日”，象飞“田”，车走直线，炮隔一个棋子攻击对方棋子。棋盘中间划定楚河、汉界，写有：“棋逢对手，将遇良才。”棋盘共有90个落点，双方各占其半，先后交替走棋子，以把对方“将死”为胜，不分胜负为和局。传统象棋现称中国象棋，在境内有深厚的群众基础，民间院落、街巷路边、农村炕头、商场角落，围拢竞棋者屡见不鲜。

跳棋　棋类游戏。多以彩色玻璃弹珠为子，棋盘为六角形，一般由2人至6人对局。各执十子，隔子可作各种距离的跳跃，故名。以十子先抵达对方阵地为胜。此棋民间极为流行。儿童尤喜之。

军棋　棋类游戏。陆军棋有棋子50枚，按照军职和兵器定名；陆海空军棋有棋子70枚，除陆军外，另加各式军舰和飞机。玩法大致相同。两人对局，另一人作公证人（裁判）。双方棋子背向竖立，按照规划走子吃子。当吃子时，公证人根据实力大小，决定弃取，以夺得对方军旗者为胜。亦有下明棋，双方棋子翻开，走时以大吃小，以挖尽对方“地雷”后夺取军旗者为胜。玩者多为青年。

成山（成三）　棋类游戏。一般由两人对弈。棋盘设24处布子点或走子点，凡直线相交处为布子点或走子点（见图）。一方有3子摆于一直线的3个布子点上，谓之“成山”（成三）。每成一座山，可吃掉对方一个未成山的棋子，被全部吃掉棋子者为输，另一方则为胜。成山的棋局因阵式不同，有“单山”“双山”“活山”“十字山”“簸箕山”之别。

民间土棋棋盘示意图

图-28-1

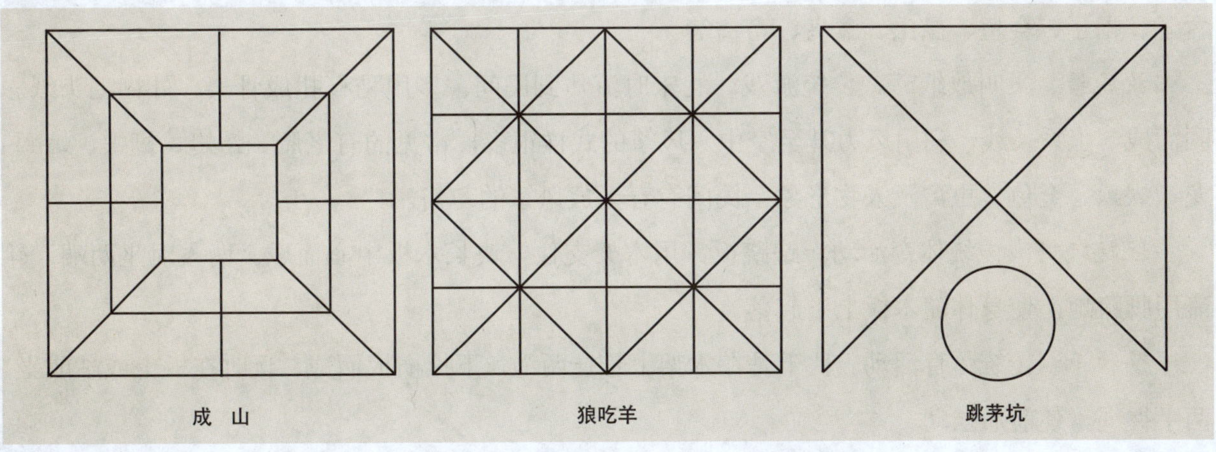

狼吃羊　棋类游戏。一般由两人对弈。狼子1个，羊子20个。摆棋时，狼居中心点，羊以每5个为一群分别摆放在4个分中心点上（羊圈）。开局以狼先走，狼每跃过羊（独羊和群羊）一次吃子1个；羊以围堵狼路为防守方式，狼无路可走则为输，羊堵不住狼路则羊子为输。一般羊子在12个以上的情况下，狼有被围困的危险。

跳茅坑　棋类游戏。双方交战，每一方为两个棋子。摆棋时，分别将各方棋子放在左右两侧角上。任意一方先走，先走一方不得一步逼死对方，然后活动棋子，计议躲闪，直到将一方逼至茅坑为赢。

二、牌类

扑克牌　纸牌游戏。共54张，除正、副“王”外，分红桃、黑桃、方块、梅花四种花色。玩法主要有“争上游”“小二定主”（打四十分）、“升级”“打五十”“牵骆驼”“捉娘娘”“吹牛皮”“拱猪”等，还有打桥牌的。

麻将牌　传统游戏。牌分万、索、筒3门，每门自1至9，各4张；另加中、发、白、东、西、南、北各4张，共136张。4人成局，以东西南北分坐，每人13张牌，以先组合成四组（3张相同的牌为一组）加一对（2张相同的牌为一对）牌者为赢。

三、其他

翻花　俗称“挑线”“撑花”。为儿童游戏。玩法是：用三尺线绳结成环状，通过手指勾线翻动，挑成各种图案。可供1人玩，也可聚伙轮流玩。2人以上玩的花样有眼镜、蝴蝶、小尖塔、小滑梯、拓面条、双十字、花手绢等，1人玩的花样有桥、降落伞、秋千等。

折纸　儿童游戏。用纸折成各种动物、器具形状，民间流行的有飞机、枪炮、船舶、钱包、盒子、帽子、金鱼、昆虫、禽鸟、畜禽等。

放风筝　又叫放纸鸢。传统游戏。北宋时流传到民间。多用秸秆扎成骨架、外糊毛头纸彩画而成，上系长线，利用风力升至空中。风筝的式样很多，常见的有老鹰、蜻蜓、蝴蝶、蝙蝠、龙、蜈蚣、金鱼、虫禽及人物形象。民间有春天放风筝的习俗。

玩跷跷板　传统体育活动。跷跷板，用木架支住一块长木板中心而成。两人对坐两端，轮流用脚蹬地，使身体随木板上下起落。

荡秋千　传统体育活动。秋千是在木架上悬挂两绳，下拴横板而成。玩时在板上或站或坐，两手握绳，使前后摆动。

过家家　儿童游戏。儿童模仿大人生活习俗，命名玩童以各种角色，如妈妈、女儿或姐姐、妹妹，玩一些看孩子、扫地、担水、洗衣等做家务的游戏。玩者多为女孩。

捉迷藏　儿童游戏。用毛巾或布条将一人的双目遮住，同伴一人或数人藏匿，被蒙眼人凭听力判断藏匿之人所在，直至捉住一人始为胜。

拉大锯　儿童游戏。两人面对而坐，拉起两手，一拉一送，并口念歌谣："拉大锯，扯大锯，姥娘家门前唱大戏，请闺女，叫女婿，外甥孩儿也要去……"

跳绳　传统体育活动。有短绳和长绳之分。短绳可单人或双人跳，长绳则为集体跳。跳法有前甩、后甩、前交叉、后交叉等，亦可单脚跳、双脚并跳、单脚换跳等。

抓子　俗称"打子"。儿童游戏。多为女孩玩耍，石子数目不限。打子时，用拇指、食指捏住"母子"，手心握多个子；先向空中抛起母子，后撒手中之子；再抛母子，拣起一子后再接住空中母子。落子为输。

踢毽　传统体育活动。把鸡毛插在用铜钱做成的底座上为毽子。踢时动作有绕、打、跪、站、揽等脚法，套数有踢、捞、翻终、开弓等。

弹球　即弹玻璃球。儿童游戏。玩时在地上挖一小坑，距十几步远画一横线。玩者按先后次序向坑中弹球，球击中对方后先入坑者为胜。

赶箍　又叫滚铁环。传统体育活动。以一直径约尺余的圆铁环为箍，将50余厘米长的铁丝圈成钩，以钩驱赶铁环向前滚动，俗称"赶箍"。

弹格格　又称跳方。儿童游戏。在地上划一长方形分为5格，抛瓦片（或布包，或纽扣穿系成的圈套）进第一格内，随由单腿跳入，以单脚踢瓦片至第一格出瓦。

赶老牛　又谓赶蜗牛。儿童游戏。蜗牛为木制（或"牛角"），其形如圆锥体，下尖，按钢珠或钉子。以鞭抽之，旋转甚速。

滑冰　传统体育活动。民间以严冬天然冰面为场地，用木板制成滑板，下钉两根粗铁丝为冰刀，配一副底部带铁钉的滑杖。滑时蹲于板上，双手持杖用力向两侧后扎冰，徐徐向前滑行。更多的人则在自然冰面上借助快跑惯性双脚一前一后滑行，称为"扯游"。

举石墩　传统举重方式。史料记载，明万历七年（1579）平定州设武科，其中武考的五项中就有举石。迄今平定娘子关的清代武进士杨集义家门前仍矗立着一个正方形的练功石，上写"三百斤"。民间青年男子多以碾谷米的碌碡为石，举石竞力，其石小的二百余斤，大的三四百斤。

第三章 礼仪习俗

第一节 生 育

一、孕期

生儿育女是家庭中的一大喜事，故人们将妇女怀孕称之为“有喜”或“得喜”。也有的因说话对象、场合习惯不同而称之为“有喜了”“怀孩了”“有身子了”“有了”等。妇女怀孕期间在生活、生理、心理方面的异常反应，如挑食、呕吐、烦躁等，谓之“害孩”。旧时孕妇有很多禁忌：不能听邪音，不能视恶色，不能参与红白喜事，不能见新娘，不能看拜堂，不能走花道，不能观看盖房立木（上大梁），孕妇分娩前后严禁丈夫进入产房。其中符合现代胎教科学的，至今尚存。现在孕妇更讲究胎教，例如听音乐、读诗文等。有喜之后，每个家庭一般都很重视孕妇的饮食，尽可能满足其食欲要求，加强营养，以使胎儿健康发育。改革开放后，城镇或农村的孕妇还定期到妇幼保健院或大医院测定胎儿的生长发育情况，以利于优生优育，母子平安。

二、分娩

境内婴儿降生，民间俗称“添喜”。旧时孕妇分娩，临产前在炕上铺麦秸和谷草（也有在炕上铺垫煤灰面或沙土的，以便吸收污水），让婴儿生在草上，谓之“落草”。临产前，娘家要派人来探望，谓之“催生”。催生的礼物一般为鸡蛋、小米、红糖、挂面等物，供孕妇滋补身体。产前，民间一般请助产婆接生，又称“老娘婆”。产房一般在孕妇卧室。婴儿降生后，用剪刀铰断脐带，旧时因消毒不好，婴儿常因感染而夭亡，民间叫“六二风”“四六风”（破伤风）。胎衣讲究埋在粪堆里或磨盘下，不能让人践踏或让狗吃掉，否则认为孩子不长命。

婴儿诞生后，女婿要去岳父家“报喜”。报喜一般在分娩的当天或翌日。去时臂夹一只红公鸡，手提一壶酒。生男孩鸡头壶口朝前，生女孩则相反。与此同时，家里以另一种方式向邻居报喜。一般用带根的秀谷和红布连接，扎成一束悬挂在产房门口。生男孩佩以红布、弓箭、辣椒和大蒜，生女孩则佩以红布块。

三、洗三

婴儿生下第三天洗澡，称“洗三”，又叫“三朝”。洗澡水多为艾叶、花椒、槐枝等草药所煎之汤，由父母或接生婆为婴儿洗身，洗后用红布擦身。洗三这天要让别的婴儿先吃产妇一次奶，然后给婴儿吃一顿别人的奶，称“开口奶”。如产妇奶水未下，可让婴儿先吃别人的奶或用炼乳、奶粉哺育。

四、满月

婴儿降生一个月，称为“满月”，这天，主家要宴请宾客。境内风俗有做“两满月”的，有做八十天的，也有做“百日”的。届时，亲友们要送礼祝贺。民间有“姑姑鞋，姨姨袜，老娘缝个圪叉叉”之说。做过满月后，婴儿要随母亲一块儿到姥姥家住上三五天或更长一段时间，俗称“挪窝”“移窝”。

五、周岁

婴儿出生满1年，要“做周岁”，谓之“抓周”。亲友前来恭贺，赠送礼品一般为童装、童被褥、围咀、金锁银锁、金银手镯及产妇衣食营养品等。午宴时，众人轮抱婴儿。然后将瓜果、食品、玩具、脂粉、书籍、笔砚、秤尺刀剪、彩缎花卉、女工针线等物置于桌上，让小儿随意拾取，民间有按拾取之物预测孩子的志趣、爱好及前途的习俗。如认为：抓书籍或笔砚意为未来读书可成名，抓脂粉玩具预示未来重美色。

六、抚养

旧时流行给孩子戴“长命锁”，表示根基永固，长命吉祥。早先的“长命锁”多为银制，为古式锁状，一般正面镌刻“长命富贵”“长命百岁”等字样，背面镌刻麒麟图案。也有戴“百家锁”“落地锁”的，是在孩子生下来后，用12条红线穿数枚铜钱，在供神的香火上燎烤后给孩子戴上，直到12岁。

为防止孩子夭折，有的讲究理发时要在孩子后脑勺留一撮头发，叫“百岁毛”，有的将小撮毛梳成一个辫子，直到12岁才剪掉。民间还讲究为孩子认干亲，拜义父母，俗称“干爸”“干妈”或“老妈”。认干亲的婴儿多为体弱多病、不好养育者，借认干亲保住婴儿。有的“干儿女”索性随干父母家的孩子排行起名。还有一些人家让孩子在神或僧道前“寄名”为弟子，但不剃度出家，民间谓之“寄名和尚”，意在保佑孩子消灾避难、长命百岁。

孩子小时常常流涎水，民间有给孩子戴“围嘴嘴”之习。它是用布缝制的一个圆形垫子，套在孩子脖子上，涎水打湿一片，就转动一下，使下巴颏接触部位保持干燥。“围嘴嘴”有做成老虎形的，也有莲花瓣形的，实用美观。

给孩子取名多有讲究。一些娇养孩子的“乳名”（也称“小名”）专门起一些歪名，如“臭蛋”“猫妮”“狗小”“茅锅”等；有的乳名具有符咒作用，如“拉柱”“锁柱”“栓柱”等，表示对孩子命运的企盼；有的多女孩盼男孩，为女儿取名“拉弟”“引弟”“招弟”等；更多的乳名寄托着对孩子的良好祝愿，如男孩叫“金龙”“有福”“有才”“长命”“富贵”等，女孩叫“彩霞”“金凤”“红梅”等。有的乳名一直被长辈呼唤，甚至代替了学名。

七、成人

境内一般认为孩子12岁就成人了，要过生日以示庆贺。旧时一般要在娘娘庙里举行一个较为隆重的“开锁”仪式，孩子要戴上红线锁去神像前献供还愿（平定一带在给孩子戴锁时有许愿点糕灯的习惯，有许“半趟灯”的、也有许“一趟灯”的，一般一趟灯折合黄米一斗，半趟则为其半）。开锁还愿时，要用荆条在孩子身上抽打3下，以驱邪消灾。并按所许之愿蒸出圆柱形的5盏“糕灯”，分别置于供桌的中间和4个角上，倒上胡麻油燃之，最后在每盏糕灯上用剪刀剪12下（闰月年则剪13下），表示孩子已在人间留下的年轮的痕迹，糕灯则象征着孩子的生命光华照人。此俗已不多见，但庆贺12岁生日之俗仍在一定范围内流行。

第二节　婚　嫁

一、传统婚俗

婚姻为人伦之始，《仪礼》有纳采、问名、纳吉、纳征、请期、亲迎6礼。朱子《家礼》

则略去问名、纳吉2礼，剩4礼。境内婚俗一般分为议婚、下帖、下彩礼、请期、迎亲、谢婚6礼进行，也可归纳为议婚、订婚、完婚、谢婚4个过程。

议婚　旧时婚姻讲究门当户对，男女双方听从父母之命，媒妁之言，五六岁即议婚，甚有襁褓为婚者，毫无自由可言。议婚，也称“提亲”，通常是男女双方认定对方后，由男方家长托介绍人（过去称“媒人”“中间人”）主动提亲，商议缔结婚姻关系。男方提亲后，女方如同意议婚，男方便再托媒到女家，问明女方名字、属相、生日，以便“开八字”，请阴阳先生合婚，看双方命相有无克异。男女双方换庚帖之后，亲事算初步议定。

在农村，男女双方通过议婚，还要举行“看家”或“相亲”仪式，即由女方家人陪同女子到男方家见面，谓之“看家”或“相亲”。最后议定婚事成否。中华人民共和国成立后，“相亲”的主角已由双方家长变为男女当事人，“相亲”的意义已不是认亲家，而是通过男女双方面对面的接触，加深了解。民间称之为“相对象”。相亲之后，男女双方自由约会，逐步建立感情，基本废除家长包办和以媒妁代言系婚的习俗。

订婚　民间称之为“订亲”。旧时订婚，男方要给女方送“四色”聘礼，数量因家境而论。据《平定州志》载：“富者有绸缎绫绵纳于女家，名曰‘处房’。又蒸面饼，盈二尺条，名曰花糕以给媒氏”。民国之后，聘礼主要有戒指、手镯、耳环、酒、肉、糖等物，女方回赠以荷包、裤带、帽巾衣物等。男女双方家庭在订婚之日都要蒸喜糕、蒸花馍、包饺子、买喜糖，分送左邻右舍，谓之“送喜糕”“散喜馍”“送喜饺”“散喜糖”。

20世纪80年代后，农村仍讲究先订婚后结婚，城镇青年举行订婚仪式的极少。男女恋爱成熟后，征得家人同意，直接办理结婚登记手续，商量完婚事宜。乡村中从议婚到订婚的程序也由繁到简，新事新办。

完婚　完婚又称“娶亲”“迎亲”“娶媳妇”“成婚”等，是古今婚礼中最为烦冗琐细的仪式。迎娶的前几天，男方要请人帮忙，搭喜篷，贴对联，邀亲朋，备酒筵，张灯结彩。亲朋好友、乡党邻里都要馈赠礼品、道喜祝贺。

旧时娶亲多用花轿，花轿有4人抬的，也有8人抬的（用轿的数目或式样与家庭经济状况有关）；也有新娘骑毛驴或骑马的。20世纪60年代，乡村流行骑自行车接新娘；80年代后，城乡完婚均使用小轿车，根据家庭条件，6辆、8辆不等，婚车前面还有婚庆公司的婚礼摄像车。

娶亲时，男方要选派与新郎同辈者6人（男女各半），并派1名男童为“压轿小”，同赴女家娶亲。“盒”（木制的）和“食栳”是男方娶亲的必备物品。内放碟菜7个，均不放佐料，供新娘离家辞行时祭祖之用。“盒”由1人担，担盒之人被称为“担盒的”。“食栳”（两人抬）

供女方家放喜糕、布帛等陪嫁之物。男方迎娶前，要为女家大街门、新娘的闺房门写好喜联。叫新娘时，先贴大门对联，再放三声礼炮，才允许进院；进院后，在闺门上贴好对联；随后将所带祭祖供品呈于女家祖神前。奉供完毕，男方代表才能接受款待。民间大多是先让叫戚们饮一杯红糖水，再上菜肴，然后喝饺子汤。这日，女方选1名全奂人（有夫之妇）为新娘梳洗打扮，民间称之为“梳头的”或“穿衣的”，21世纪后，新娘多在美容美发店里请化妆师为其“化妆”。

旧时，新娘出嫁多着凤冠霞帔，富者特制，贫者租赁。20世纪60年代，新娘多穿蓝色套装制服。80年代后，城乡普遍讲究到美发店去给新娘插头花，大多新娘喜欢穿红色西装或红裙装、套装等，连内衣鞋袜都一律大红，意在“红火热闹”。城市的青年男女结婚，少数为特制、大多为租赁婚礼服。

结婚之日，新娘梳妆之后，要在娘家的床上跪待“上轿”，迎接新娘的车到来时，新娘遂将男方备好的用红绿纸封口、装有五谷的瓷火罐上面的纸捅破，面朝家门，将火罐从胯下往后扔去，谓之“撒五谷”；然后跪在炕（床）上，用菜刀在男方准备好的喜糕上切个“十字”，再取一块枣糕含在嘴里（直到男方家入了洞房后，方可吐出）。这时，新娘头顶红盖头，等待娘家的哥哥或舅舅背至婚车里。临行前，新娘还要在自家祖神前祭祖辞别。男方的女叫戚要在女家神龛前摘取奉供着的花朵，并留下摘花钱几十元、几百元不等，然后陪新娘到男方家。

喜糕

农村新娘出嫁时的“红包”名目繁多。有“梳头钱”“穿衣钱”“上轿钱”“下轿钱”“包袱钱”（也称盒钱）“对箱钱”“摘花钱”“认亲钱”“酒席钱”“离娘钱”等。迎娶日，男方一一支付，价码贫富不一。至2010年，城乡此俗渐少。

娶亲时女方陪同新娘的人俗称“大戚人”或“送戚”，一般3至5人不等为新郎家首席宾客。女方家其他的亲友则在迎娶新娘之后约1小时左右才相随至男方家，少则八九人，多则数十人，这些人被称为“送饭的”。

娶亲车轿行至新郎家门前停落，顿时花炮齐鸣，司仪在前面撒彩色纸屑为新娘开路（此乃撒五谷习俗的异化，意在求吉利），新娘则由伴娘搀扶缓缓走出车轿，在早已铺好的红地毡或红布上走进婆家大门。新娘进门时要跳马鞍或跨火盆，寓意以后的日子平平安安、红红火火。清光绪年间，女至郎家设几安神祇，男四拜，女立不拜，名曰“拜天地”，而不交拜。中华人民共和国成立后，新郎新娘拜堂仪式一般为三拜：一拜天地，二拜高堂（父母），夫妻对拜。礼毕，新郎以红绸牵引新娘、跨火盆、入洞房，此间有“千里姻缘一线牵”的说法。

新娘入洞房后要换一双新鞋，意为“换新鞋，就新范”。当新郎为新娘揭去红盖头后，男方选1名女吉人，手托盛有红枣、花生、核桃、制钱的盘子，边撒边念喜歌：“早子”“立子”“妮子”。俗称“捞儿女”。希望早得贵子，儿女双全。

新婚后有“闹洞房”的习俗，新婚3天内无论什么人均可逗新娘，即所谓的“三天里头没大小”。新婚之夜闹过洞房后，新郎的男女伙伴及小姑、小叔子们，要在洞房门外听房内动静，直至夜深人静，民间谓之“听房”。

谢婚　民间的谢婚日期不一，因天气而定。一般为婚后次日或第三日，也有在娶亲的当天下午的。新娘晨起梳妆、与新郎家人一道喝过红豆米汤后，偕拜舅姑及诸位尊长。旧时，“婿往见妇之父母有币”。携带酒肉、米面，与陪婿一人至女家，名曰“谢婚”。届时，新娘或娘家长者逐一向新郎介绍亲朋好友，谓之“认亲”。这一天，新郎可随意偷走岳母家的东西，以显示其聪明能干或“半个儿子”的权力和地位，民间称之为“偷富贵”。

谢婚日招待新婿的宴席，农村一般为“三八席”，城市则多为现代酒店流行的中高档套餐。席间，新娘的姐妹及女友给新郎吃包有辣椒、食盐、生姜的饺子，逗要新女婿。

是日，新娘须在日落前赶回夫家，而新郎则得等宴席散后方可归去，因席间有“逗新女婿”之俗，往往延长到掌灯时分，故有“打着灯笼送女婿”之说。

婚后，新娘可回娘家住上一段日子，时间不定，有婚后十日即可回娘家住十日至一个月的。至此，婚期才算结束。

另外，由于受落后生产力和封建思想的影响，境内旧时曾有多种原始、落后的婚姻形式：

胎婚　即指腹为婚。两家指腹相约，产后若是一男一女，长大后即结为夫妇。此俗今已不提倡。

童养婚　有子嗣者，抱养贫寒人家女儿，待其长成，与自家儿子结为夫妻，此种婚礼简单，只需在大年除夕夜将新娘（童养媳）推入洞房即可。境内盂县称之为“瞎推”。

换亲　俗称“打换亲”，两家女儿相互交换，成为双方儿媳，不要聘礼，此俗多为贫困人家所为。中华人民共和国成立后，换亲者极少，但在经济不发达的偏远山老区仍未绝迹。

纳妾　男子有妻，又娶一妻或多妻，俗称“小老婆”或“妾”。中华人民共和国成立后，提倡一夫一妻制，纳妾之俗已绝。

抢婚　女方未婚夫或其长辈病危时，提前举行婚礼，借以促使病者康愈，俗称“冲喜”。届时，如未婚夫因病不能参加婚礼，女方则抱一只公鸡拜堂。若在婚礼期间适逢长辈去世，民间有“先办完喜事，再办丧事”之说。

表亲婚　通常指姑表、姨表兄妹、姐弟之间结为夫妻的婚姻，俗称“亲上加亲”。中华人民共和国成立后，尤其是20世纪70年代之后，此种与人类发展科学相悖、直接影响人口素质提高的近亲婚姻，已被明令禁止。

招门纳婿　俗称“里找”“上门女婿”“倒插门”“招女婿”。旧时，招女婿要改名换姓，并立字为凭。此种婚姻多为女方家无子、男方家贫寒促成。中华人民共和国成立后，作为新俗提倡，谓之男到女方。

冥婚　俗称“干骨存亲”“骨头亲”。男女未婚而亡，由双方家长协商定亲，再行冥婚合葬礼，结为“鬼夫妻”。如找不到骨存，已亡故的男人或女人则以面人、纸人充之，此俗在境内仍有沿袭。

二、新式婚俗

20世纪80年代初期，政府倡导、民间流行的旅行结婚和集体婚礼成为新时代的新婚俗，追求简朴文明的新婚礼已成为广大青年的理想和风尚。

（一）旅行结婚

男女双方领取结婚证书后，征得双方家长同意，到祖国的首都或名胜古迹地旅行结婚，并借此机会购置新婚礼服，返回后再择吉日宴请亲朋好友。20世纪八九十年代，此种婚式多流行于较为富裕的农村和城市。

（二）集体婚礼

兴于20世纪80年代初。婚礼之日，若干对新郎新娘由主办单位集中在一起举行结婚仪式，谓之“集体婚礼”。

集体婚礼

其程序一般是先以某种娱乐方式让新郎新娘介绍恋爱经过，随即由主办单位负责人致辞祝贺，然后表演文艺节目，并赠送结婚纪念品，以示庆贺。如：1981年，平定县张庄公社就有两批共39对新婚夫妇参加集体婚礼，这种婚礼形式破旧俗，立新风，喜事新办，节俭而快乐，在当地民间传为佳话。1987年9月28日，阳泉市委宣传部等9个单位联合发起在阳泉宾馆隆重举行了一次“迎国庆集体婚礼”，有37对新郎新娘参加。婚礼在击鼓传球中开始，鼓停时由持球者（新郎、新娘）讲述恋爱经过，形式新颖，别具一格，简朴热闹。市委、市政府及各单位负责人分别讲话祝贺，并与新郎新娘及众来宾一起歌舞联欢。

第三节　生　辰

过生日也叫做生日。民间做生日、祝寿之俗已久。民间过生日，一般是在家吃碗“长寿面”，仪式较为简单。改革开放后，因独生子女增多，孩子的生日渐而隆重起来。在城市及较为富裕的农村，还流行为孩子定做生日蛋糕和赠送生日礼物之俗。

民间60岁以上过生日谓之“做寿”。寿辰之日，盂县一带一般早上要吃红豆小米饭、中午吃玉米面饸饹（河漏）、晚上吃红豆稠粥。有声望的乡绅或殷实富户，则由子孙为之设寿堂、挂寿幛、点寿烛拜贺。平定一带多为花甲老人做寿。旧时，凡富有人家，在寿辰前三日便向亲眷下帖，来贺者向寿星敬献面蒸寿桃10个或20个，也有送书画、赠寿匾的。贫家老人祝寿以亲情融和、饭菜温饱为满足。改革开放后，民间所送寿礼一般为寿糕、点心、酒烟等。随着人民生活水平的不断提高，老人做寿时，儿女们都要买蛋糕、摆酒宴、送礼物祝贺。

第四节　丧　葬

一、葬仪

（一）初丧

初丧，是治丧的开端。民间讲究寿终正寝。人死后，立即为其穿寿衣，又称“装裹”。无论何时亡故都要以棉为主、绢为副，取“绵绵”“眷眷”之意。寿衣一般为单、夹、棉3件至7件。件数喜单忌双。忌用兽皮、毛料为死者制作寿衣，死者装殓所用之物凡是借凑来的，丧主应立即付给吉利钱，忌白拿白用。

给死者穿寿衣时不能哭，不能把眼泪滴到死者身上。寿衣穿好后，还要给死者理发、整容。

民间讲究在死者的袖筒里放一些纸钱和面饼，认为死者魂归阴府后，纸钱可作盘缠，面饼用于撵狗，称“打狗饼”。也有在死者口中放两枚铜钱的，叫“口含钱”。停尸，也谓之“停丧”，即把死者从床榻或炕头移到一块门板或木床上，然后焚“倒身纸”，全家可放声大哭。停丧之后，一是要请阴阳先生，先将白纸剪成花絮状挂在门外，出纸多少按死者年龄计，民间叫“岁数纸”。二是要贴白对联。三是报丧，由男孝子向亲戚报告噩耗。报丧时身着孝服，先磕头，后讲话，将封棺日期、出殡时间告知亲戚。民国时期，报丧要持书面讣闻，俗称“报丧条”。中华人民共和国成立后，一般为口头通知或儿女持孝服登门报丧。四是打墓，即在祖坟掘土挖穴，无坟茔者可另择坟地，叫“辟阴宅”。旧时，压魂之后，正孝子要持重孝，即头戴白孝帽，身着白孝服，脚穿倒跟白鞋。亲戚本家按亲疏远近持孝。孝子居丧期间，男子不洗面，不剃发，女儿、媳妇忌化妆戴首饰。此俗只有少数农村沿袭。

（二）吊孝

吊孝也称“吊祭”，是生者对死者的一种悼念形式。民国之后，民间有在院中搭灵棚设灵堂祭奠逝者的习俗。富者还在灵棚内悬挂幛幔和竹席。灵堂前摆供桌，供桌上摆位牌、香炉、蜡台以及各式干果、糕点、灵花和死者遗像等。亲友吊唁时，子孙披麻戴孝、手拄“孝棒”（把柳枝截为2尺左右的短棒，表示不忘根本之意），吊唁者奠酒、上香之后，孝子即要上前磕头“谢孝”。

灵柩前放一案几，上置香烛祭品、“长明灯”和“遗饭罐”。家人在一日三餐用饭时，每顿添少许食品于罐内。丧期要“守灵”，孝子守灵添灯、焚香、点蜡，意在防止猫狗跳跃尸体，出现“惊尸”或“炸尸”现象，故守灵人彻夜不眠。出殡前一晚，亲友带香纸到灵前祭拜谓之“辞灵”。此夜，农村多行“上饭”大供礼，并有鼓乐歌舞，21世纪后，城市丧家夜请歌舞鼓乐演奏至夜半方休，孝子昼夜守灵。

（三）入殓

入殓，俗称“合盖”“入棺”。一般在第三日，也有当日入殓的。死者一般停放3日、5日、7日，其中以5日和7日出殡者为多。富家有停3至5周者不等。

棺木以柏木为优，松桐次之，杨、柳为贫寒人家所用。棺为长方形，前高后低，前宽后窄。棺木的油漆装饰，一般50岁以下为朱色，称“红棺”；50岁以上为黑色、紫色，称“黑棺”“紫棺”。棺上油“万字不断头”“花鸟”和“二十四孝”等图案。棺前写“×××之灵柩”字样。

入棺前，先在棺内撒一层石灰粉和炉灰面（防秽物外泄），上铺干草，再铺儿子为其缝制的褥子，然后将死者放入棺内，尸体上盖女儿辈的覆面（或褥子）数块，民间叫“铺儿盖女”。

入殓完毕后，棺盖斜盖于棺身之上，留有缝隙。封棺前，先由死者亲友瞻仰遗容，继而子女用新棉花沾酒为死者净面，再将死者生前喜爱之物殓入棺内，征求众亲友意见后即行合棺仪式。合棺时，孝子不许哭。钉斧响，孝子号啕，示诀别大哀。随着城市火葬推行，此俗少。

（四）出殡

俗称“发丧”“打发”“埋人”，也称“起丧”。是日上午，死者生前直系亲属和众亲朋好友全部到齐，至灵前，焚香烧纸祭奠一番，下午整队出殡。走在出殡队伍最前面的为鼓乐队，“引轿”（一种专门抬死者牌位、遗像的轿子）紧随其后，轿后是手执“引魂幡”、多为头戴“黄孝帽”的死者的孙男，紧跟着是外套龙头棺罩的灵柩。棺罩有头号、二号两种，抬棺者需32人、24人或16人不等。棺罩前系着一条约丈余长的粗麻绳，由众男性孝子披麻戴孝，依次排列搭于肩上，弯腰拄孝棒，哭泣缓行，俗称“拖灵”；众女性孝子身着孝衫，拄孝棒，以孝布“包头掩面”哭泣于后。出殡队伍由司殡指挥，其手执铜锣，高喊口号，以便步调一致，安全行进。至半路多举行“路祭”，俗称“遥祭”礼，即在路旁设一高桌，上供祭品，由邻里朋友前来哀悼，表示永诀。沿途哀哭声、鞭炮声不绝，直至送灵柩出村，达墓地再行入葬礼，以灵柩入土为安。当日晚，事主家多举行虞祭礼，家庭经济富裕者上“四套”“三八”供菜，一般家庭次之，但均将家中桌裙、蜡烛改换为红色，并在家长（族长）的主持下处理善后事宜。

（五）死后祭奠

民间对于逝者的祭奠多有讲究，除了出殡期间的礼仪之外，葬礼完成后的主要祭奠有：服三、做七、做新节、做周年、做三周年。这些日子儿女们和族人都要上新坟敬香燃纸，心生眷顾。

“服三”乃出殡后第三日上午，儿孙媳侄们身穿孝服，携供品香纸到墓地祭奠，同时用铁锹修整墓地，俗称“圆墓”。从死者去世之日起，每七天为“一七”，逢单“七”（一、三、五、七）必上坟祭奠，谓之“做七”。“七七”终了叫“尽七”。尽七之日，亲友带香纸供品到墓前祭奠，中午由事主家宴请参加祭奠者。

死者去世后第一个清明节的前一天或前两天，上坟祭奠，谓之“做新节”。周年至，众亲友再上坟设供致祭，谓之“做周年”。死者去世后第三年祭日要“做三周年”，由事主家“出帖”邀请众亲友，请鼓乐哀奏，设午宴款待来宾。下午三时许，由鼓乐在前开道，后抬色纸彩楼、仙鹤花圈、金山银山、香纸牌位等冥供物品，沿途燃放鞭炮，赴墓地祭奠（众人不哭），其仪式之隆重，不亚于出殡。

旧时，丧葬仪式带有浓厚的封建迷信色彩，官宦富豪之家讲究排场阔气，铺张浪费严重；贫寒之家因经济拮据，丧事极其简朴；更有赤贫者，以苇席裹尸而葬，以“埋人”“入土”了事。

因而，民间有谚云：“有钱人家埋钱，没钱人家埋人。”

中华人民共和国成立后，殡葬改革不断推行，境内封建迷信、繁杂的丧葬旧俗渐除。20世纪60年代初至70年代末，殡葬仪式多以戴黑纱、戴白花，送花圈、挽幛为主，或以开追悼会而简约从事。80年代至2010年，境内民众生活富裕起来，旧式的丧葬礼仪和新式的丧葬习俗共存，农村对于逝者的葬仪尤为重视，为逝者搭台唱戏、摆供献词，铺张浪费，日渐弥盛。

二、葬法

境内自古沿用土葬。20世纪70年代后期，市区开始推行火葬。改革开放至2010年，除乡村偏远山区仍实行土葬外，市区及近郊农村基本实行了火葬。

（一）土葬

多为农村逝者。其葬法：掘土深7尺，挖洞为穴，修整为墓室，俗称“冥堂”。也有以砖、石砌碹洞穴者，俗称“碹葬”。灵柩入土，大头朝里，小头朝外，将墨书有死者姓名、生卒年月日之瓦（砖）竖立于小头前，以砖石封洞口，俗称“垒哑门”。然后，填土培起墓丘，立碑或置一巨石于墓门前，俗称“祭石圪台”，系陈放祭品之处。此种葬法最为普遍。旧时，也有极少数掘土为窑的窑葬法，已废。

旧时，乡村大家族多有公坟。如平定县柏井乡柏木井村有李氏公坟，郊区三泉村有甄氏祖茔、平潭垴村有李氏祖茔等。墓地不够时，族中各“股”便另采新的公坟墓地。小家族也各自采坟。今部分农村仍沿旧俗。除家族公坟外，境内平定县城西的沙坡、郊区的河下等地，曾有杂姓公坟（乱葬坟），异地士兵、商贾或乞丐死后皆葬于公坟。20世纪90年代后，殡葬改革逐渐深入，境内县区农村多以乡（镇）村建立集体公墓，村里人去世后均葬于此，从而有效地保护了土地资源。

（二）火葬

由殡仪汽车将遗体载至火化场，推入火化炉内焚化，然后将骨灰装入骨灰盒内，由事主家存放于殡仪馆的“骨灰室”里，或将其送回故乡葬于本族坟茔。此俗农村少见。

第五节　其他礼俗

一、乔迁

境内城乡凡新建宅院，多有供祭谢土之俗。新宅落成，主家择吉日将其清扫一新，贴上红对联。届时，被邀请的亲朋好友携贺礼而至，以庆乔迁之喜。主家鸣放爆竹，将客人请入新房，设宴款待，畅饮欢娱，尽兴而散，俗称“暖房”。“文化大革命”前，“暖房”多赠以匾额、暖壶、茶杯、线毯等日用品。“文化大革命”期间，此俗曾废。20世纪80年代后乔迁贺礼盛行，且更加排场，一次或多次设宴招待贺喜之客。

二、送喜报

境内自古有报喜习俗。旧时，生儿育女、疆场立功、科举成名、升官晋爵、学校毕业等，均兴报喜。中华人民共和国成立后，报喜习俗仍在延续。如光荣参军、荣立军功、捐资助教、勤劳致富、重大科技发明，以及在某些方面作出特殊贡献者等，各级人民政府均要及时送喜报或挂牌匾进行嘉奖和褒扬。20世纪70年代之后，此俗渐少。

三、竣工或开业典礼

古往今来，民众凡修宅建院，主家多在房屋上梁、窑洞合龙时设丰盛宴席，招待众工匠，俗称“吃犒劳”。厂矿学校、楼堂馆所、道路桥梁等大型工程建成、竣工投产或开业时，均要举办规模不同的剪彩庆贺仪式。

四、祝贺升职、升学

旧时，境内已有科举考中，邻里共贺之俗，亦有举官庆祝之习。中华人民共和国成立之后至改革开放前，此俗渐少。20世纪80年代后，子女考上大学后，举家团聚恭喜，亦有随礼金之俗。政界有升职相贺之行，多以聚餐为主。

第四章 美德良风

第一节 尊师重教

一、尊师

旧时，民间有供奉“天地君亲师”牌位的习俗，教师被列于相当高的位置，民众亦普遍认为“一日为师，则终身为父”，尊称教师为“师父”“先生”。凡逢年过节，争相邀请老师到家里吃饭，向老师馈赠节日礼品；即使平时也要随季节适时敬送新鲜瓜果蔬菜食品等；并将每年冬至作为“敬圣”“拜先生”日。届时，境内城乡学生均争先恐后踊跃前往，尊师日久成俗。民国初，平定县东锁簧高级小学全体学生，为校长蔡侗制送木匾悬其门，上书“经人师表”，蓝底金字，光耀夺目。民国期间，尊师风尚一直盛行，民众以“上学堂”“请先生”为极荣耀的事情。中华人民共和国成立后，教师的政治地位不断提高，教育工作者被誉为“人类灵魂的工程师”和“园丁”，受到全社会的尊重。从1985年第一个教师节起，各级学校每年都要举办纪念活动，或给教师放假。市委、市政府及相关部门领导带队深入山区农村学校慰问教职员工，并为教师排忧解难办实事。同时，政府还会组织召开专门的座谈会、表彰会，嘉奖在教育战线作出突出贡献的优秀教育工作者和教学育人先进单位。

二、重教

境内自古重教育，民众赞学助教之风盛行。旧时，境内私塾、义学颇多。据清光绪《平定州志》和有关资料记载，郊区南庄村的吕调元、大阳泉村的郗森之、小河村的石湛（石评梅曾祖父）

及平定州人王进学、东锁簧村人马福寿等，不畏时艰，主动捐施房屋居舍、土地钱财兴办义学。盂县农民刘元章、刘元复及清城三官阁主持然玺和尚等，曾先后多次为秀水书院捐银计4400余两、土地240亩、松树300余株，作为办学经费。为此，清政府于光绪三十年（1904）九月赠以“发蒙启滞”匾额予以表彰。清末废科举，私塾、义学逐步改为国民小学，注重教育者仍不乏其人。平定县官沟村（今属郊区）张士林，为办学不仅自己捐资伍佰吊钱，还劝大阳泉村“魁盛号”郗家捐资壹佰吊钱，资助教学。三泉村在郭丰五的主持操办下建起学校教室，村民称之“洋楼”，一时间名震全境。还有平定县龙庄村村长陶起宏“苦口劝捐，计所捐之钱及本社旧存各款共七百一十一千七百四十文”，创修龙庄学校。此等例子不胜枚举。中华人民共和国成立后，地方更加重视教育工作，群众集资办学更为广泛。改革开放后，市、县（区）两级不断深化教育改革力度，持续加大教育经费投资，全市教育得以稳定协调发展。1985年，阳泉市成为全省第一个实现基本普及九年义务教育的地市；1995年，阳泉市成为全省第一个完成“两基”（基本普及九年义务教育、基本扫除青壮年文盲）达标任务的地市；1995年至2010年，阳泉市在普通高等学校招生全国统一考试中本科达线率连续16年位居全省各市（地）之首。

第二节　尊老爱幼

境内素有尊老爱幼的优良传统。据清乾隆版《平定州志》记载：“平定州人贾榆，性孝友，父疾，愿以身代。母丧尽哀，抚弟、侄成立。祀忠孝祠。”“张煜，廪生，性至孝，丧母，父患瘫症，日夜侍奉汤药，三十年无怠容。”

中华人民共和国成立后，中国共产党和人民政府对老年人、儿童在各方面予以无微不至的关怀和照顾，市县乡各级政府及有关部门领导逢年过节都要上门慰问老年人。1952年9月，阳泉煤矿职工养老院建成，成为当时全国煤炭工业系统第一座职工养老院。从20世纪50年代中期起，各级人民政府对城乡丧失劳动能力而又无依无靠的老年人，经本人同意，由集体对其实行“五保”，即保吃、保穿、保烧（煤）、保养（病中养护）、保葬政策。60年代，部分乡镇先后办起“敬老院”“光荣院”。改革开放后，经济较富裕的乡村实行农民养老金制度，办起“老人之家”，定期给老人体检，组织老年人赴风景名胜地旅游观光，定期举办各种文艺娱乐晚会、座谈会等，丰富了老年人的晚年生活。1986年10月4日阳泉市老龄委员会成立，全市老龄工作有了专门机构。1987年盂县梁家寨乡寺平安村修建起全省最大的温泉疗养院，为老干部及广大人民群众创造良好的保健场所。1990年7月24日成立阳泉市老年学会。进入21世纪后，市福利院、老年大学等办得有声有色，境内的老龄医院、老年促进会、老龄人才委、老龄体育协会等民间组织和活动场所更加健全，全市城乡呈现出老有所养、老有所为、老有所乐的新态势、新风尚。

旧时，盂县城有教会开办的“育婴堂”，专门收养孤儿。由于当时社会制度和经济条件所限，绝大多数儿童生活贫苦，更得不到应有的教育和医疗保健。中华人民共和国成立后，党和政府一贯注重幼儿工作，视儿童为祖国的“花朵”“未来”和“希望”，因此，全市以县区和大型厂矿单位为依托逐步建立健全幼儿园、托儿所。1959 年，阳泉矿务局机关幼儿园被评为全国“三八”红旗先进集体，次年 3 月又被评为出席全国群英会的先进集体。20 世纪 70 年代后，全市城乡幼儿园、托儿所逐步建立健全，设施设备更加完善，专业管理日趋现代化。凡入园进所的幼儿均受到良好的学前教育。各级政府卫生部门也对儿童的防疫保健工作十分重视，每年定期定点为儿童体检、打防疫针、服防疫药。每年“六一”国际儿童节，政府、学校、家庭都要为孩子们举办不同类型的游园游艺活动，各级政府领导还同小朋友一起欢度节日，为小朋友赠送节日礼物。市政府还投资修建“儿童公园”（原桃河公园），并在南山公园内专辟“儿童乐园”等，使孩子们拥有了一个愉快健康的成长环境。

建市 60 多年，境内尊老爱幼的模范典型层出不穷，其中具有代表性的有：郊区东村乡小沟村妇代会主任兼妇女队长古东兰，婚后 18 年如一日，孝敬长辈，关怀丈夫，教育子女，妯娌和睦，邻里团结，积极参加集体生产劳动，年出勤 350 余天，被评为出席山西省的“三八红旗手”；平定县城关镇大峪村妇女主任董秀英，30 年如一日精心照料村里多名孤寡老人，殷勤敬养，甚至养老送终，如同亲人，受到社会称赞；平定县东关粮店学雷锋小组坚持为孤寡老人送粮上门，26 年粮店职工时有更替，但为老人服务的宗旨始终没有变。

第三节　急公好义

古往今来，境内急公好义之风相沿不衰。据清乾隆版《平定州志》载，顺治年间，平定州人刘令誉，“性好施与，冬必广设衣粥以济贫穷。乡邻有急，自往遗之。偶行平潭遇人僵卧，解所衣裘裹之，舁至客馆，渐给饮食，既愈，赠资遣去，不问其姓名。州牧以尚义行仁奖之”。又东郊都人贾恒年，“性仗义好施，乾隆己卯岁饥，出粟二百余石，济乡邻。知州苗国琨、学正裴士宏、训导冯振徽皆给匾旌之，举乡宾”。清光绪版《平定州志》载：“固驿铺官道崎岖，车摧马踬，行旅苦之。（李良贵）独出己资砌修数十丈，易险为平，行旅感颂”；“州人史襄臣一生精于岐黄，尤善针灸与小儿痘症，远近来请即往，一介不取，赠匾者络绎不绝”。清光绪末年，山西官府受骗欲卖矿产给英福公司，全晋哗然。平定州人黄守渊、张士林等团结同仁，组织平定公会，抗疏力争，力主赎产归公，意志坚强，疏财仗义，捐献白银上万两，资援保矿，获得成功。张士林因此获省政府奖励“急公好义”匾额一块。

抗日战争和解放战争期间，境内急公好义之风得到发扬光大，许多群众急革命所急，义行善举不胜枚举。平定县小岭村妇女王仙梅不顾家庭贫寒，省吃俭用，义务做军鞋128双；南韩庄村（今属郊区）王根妮老人，十分关心村里的军烈属，逢年过节亲自登门慰问，而且曾为掩护抗日同志，多次遭敌人毒打，仍然坚贞不屈，受到乡邻赞誉，被称为子弟兵的“妈妈”。

中华人民共和国成立后，在中国共产党的教育下，民间团结友爱，舍己为人，见义勇为，无私奉献，爱国家、爱集体等好人好事不断涌现，且已成为社会主义新风尚。1966年，平定县牛王庙沟村白生云，为抢救矿井下的农民，力托正在沉塌的坑道顶木，众人脱险而自己献身，被国务院追认为烈士；县人民政府还举办《白生云烈士事迹展览》，号召学习其高风亮节。同年，郊区燕龛乡梁焕果为抢救集体财产光荣牺牲，她舍己为公的高尚品质成为人们学习的榜样。1975年8月，盂县东庄头村突然天降大雨，黑砚水河洪水暴发，4名不足20岁的年轻姑娘梁荷花、张富林、郭碰荷、魏双梅不幸遇险，村领导立即组织抢救，当村民梁福有在河水中连续抢救出3名姑娘，最后救出自己的女儿梁荷花时，荷花却已停止了呼吸。1988年3月11日，平定县里社村农民张广义，在市公共汽车站遇到一伙歹徒围抢两个青年的财物，遂上前斥责歹徒，令其归还财物，歹徒一拥而上，动手殴打张广义，张广义临危不惧，只身与众歹徒进行搏斗，英勇牺牲，时年仅40岁，被山西省政府追认为烈士。阳煤集团离休干部袁崇发是一位因公负伤、左腿神经失灵、走路都要靠拐杖的老人，但他凭着共产党员的一身正气和一颗为人民服务的正义之心，与扒窃犯罪分子进行不懈斗争，并摸索出一套成功的反扒窃技术，两年间共抓获扒手157名，曾5次从扒手中夺下犯罪的匕首；1990年7月，袁崇发光荣地出席全国第二次人民群众见义勇为与犯罪分子做斗争先进分子表彰大会，并受到大会嘉奖。2002年5月13日下午3时，时任市交警二大队副队长陈继生正领着一班民警在桃河值勤，顷刻桃河洪水汹涌而下，简子沟段5人被困河中央，陈继生带领十几个交警火速飞奔现场救人，只有一条绳子，靠河岸上六七十人拉紧，陈继生和赵建栋等交警把被困水中的妇女和自己绑在一起，拼命地游到岸边；他们舍己救人的英雄事迹被市电视台现场播报后，大家才知道，陈继生曾经在北岭坡生擒杀人魔、高楼顶智救轻生者等见义勇为的事迹早已传遍山城，被评为“全国优秀人民警察”“山西省‘十佳’交警标兵”。

第四节　家庭新风

中华人民共和国成立前，受封建礼教、法规和习惯的束缚，家长在家庭中有绝对的权威，家庭成员间等级明显，这样的家风约束个性、限制自由，显然不妥。但在传统的家风中，也有许多好的方面被继承了下来。如：尊老爱幼、勤俭持家、劳动致富、文明礼貌、护敬互让、和睦友善、扶贫济困、助人为乐、崇尚正义等，依然为绝大多数家庭所倡导、所传承。中华人民共和国成立后，在中国共产党和人民政府的政策引导和教育影响下，家庭新风逐渐形成，家庭成员之间的关系逐步趋向民主，并提倡树立尊老爱幼、夫妻互敬、兄弟姐妹和睦相处的新家风。1980 年，境内开始推动“五好”家庭创建活动，引导民众建立文明、向上、健康、科学的家庭生活方式，从提高家庭成员素质入手，不断更新活动方式，增加活动内容，使“五好”家庭的创建活动丰富多彩。这项活动受到各级政府高度重视，被列入全市社会主义精神文明建设的总体规划之中。截至 2010 年，全市获得全国“五好家庭”等荣誉称号的家庭 25 户，获得全省“五好”家庭等荣誉称号的家庭 57 户，获得全市“五好”家庭等荣誉称号的家庭 500 余户。市工商银行王宝珍，20 多年始终坚持与家庭成员在工作上互相支持，生活上互相关心，家务事共同操持，事业上共同进步，多次被评为出席省、市的“优秀共产党员”“红旗金融手”等，他们的家庭也被评为市级“五好”家庭。矿区沙坪办事处桥南园居民区杜三俗，12 年精心侍奉因公致残、常年卧床不起的丈夫和 5 个年幼的孩子；为把孩子培养成为有理想、有道德的社会有用人才，她含辛茹苦，费尽心血，为家庭、为社会作出了贡献，被推举参加全国第十次工代会，她的家庭也连续 7 年被评为省、市“五好家庭”。平定县冶西镇尚怡村党支部书记王长年，为政清廉，不染世垢，他密切联系群众，为群众服务，甘当老黄牛，村里连续 40 年无刑事案件，无违纪党员，被乡亲们称为“好当家人”；其妻赵桂梅担任村妇联委员尽心尽职，同时，为使丈夫一心操持村事，她主动承担繁重的家务，耕种家庭承包土地，还带头养鸡喂猪，试种优种玉米，人称“内当家”；其夫妇被评为全市“模范夫妻”。盂县西潘乡均才村农家妇女陈桂莲，同该村忠厚老实的尹双和结婚后，视婆婆如亲娘，端茶喂饭，送便盆，求医觅药；娶了儿媳妇之后，又主动帮媳妇看孩子，料理家务，全家人和和睦睦，远近乡邻传为佳话，她家多次被评为市、县、乡、村的“五好家庭”。

第五章 陈规陋习

第一节 迷信

算命　旧时民间流行的一种迷信活动。算命有相面、卜卦、测字、黄雀衔牌、看手相等，皆为骗术。算命者多在街头设摊，也有走街串巷的。所谓算命，是将被算人的出生年、月、日、时，各配以天干、地支，每项取两字，依次排列为 8 个字，俗称“八字”，然后找出其所属“五行”，再附以相生、相克之说来推断其吉凶祸福的迷信习俗。中华人民共和国成立后，破除迷信，算命之风被禁止，但仍未绝迹。

看风水　凡修房盖屋者均有请阴阳先生看风水之俗，农村尤盛。修宅建院盖房屋，俗称“阳宅”；为逝者勘察修筑坟茔墓室，俗称“阴宅”。“阴阳两宅”选址择地、动工日期、建基位置、大门方向等均需请“阴阳”先生手执罗盘，观看考察所建宅基及其四周的地理位置、山势走向、气象环境等情况，以图避祸灾得吉福。中华人民共和国成立后，此俗渐衰。

祈雨　旧时，农村每逢久旱无雨，便有乡民聚集，头戴柳圈，燃纸焚香，祈祷于庙神，直至降雨为止。中华人民共和国成立后，党和政府非常重视农田水利基本建设，科学技术也日益发达，若遇干旱，或施“人工降雨”，或从水库引水灌溉，因而祈雨习俗已绝。

求签　迷信者预测吉凶祸福的一种问卜方式。即迷信者进庙内或至卦摊，持签筒摇动，再从数枚签中抽出一支，然后依据签上所书号码查阅签条，按其箴言附会人事。也有在家里以制钱六枚摇动，依正反面次序为据查阅皇历者。中华人民共和国成立后，此俗已绝。

踩台　旧时流传的“踩台俗”比较久远。凡民间新建戏台或扩建旧戏台的工程竣工之后，为图吉利，多择黄道吉日，请名剧团名演员唱戏祭台，俗称“踩台”。是日午夜零点，台主置方桌于台正中，供奉祭品若干，然后燃放爆竹，焚烧香纸，叩拜祭礼。这时，“踩台”者（演员）身着戏装扮演“二花脸”，左手提一只活公鸡，右手握砍山刀，口中念念有词，一刀将鸡头砍下，以武场做戏姿势，并绕场一周，将鸡血洒向台上，随即由执事人把鸡头、红筷、细瓷碗用红头绳系于前台梁上，以为镇台之物。次日，首场开台戏一般多上演《八仙庆寿》《四仙庆寿》《满堂红》等喜庆吉利的剧目。届时，满台喜庆飞扬，吉星高照，锣鼓喧天，戏艺精湛，戏台下却无人观看，原因是民间有祭台戏为“酬神之戏”的说法，意在礼让众神灵先看，以免冒犯神灵，于己不利，也为“避邪忌讳”之意。中华人民共和国成立后，民间封建迷信思想渐除，每遇祭台演首场戏时也有极少数男子前去观看，但距离戏台较远。20世纪50年代后，观者逐渐向戏台靠近。“文化大革命”期间，此俗基本绝迹。80年代后又有所兴。如今，踩台首场戏开演时，男女老幼皆往观看，并且靠近戏台选择最佳观赏位置，毫无忌讳。

供神　旧时民间有供神俗，一般门口供奉土地爷、门神爷，院里供天帝神，家里供家堂爷，厨房供灶王爷、财神爷等诸神。如院落迎门正中影壁或巷道侧墙之上，多有石雕或砖砌筑的神龛，龛内供奉着土地爷的神像及牌位，每逢新年岁首，必设供品，焚纸燃香，共祭5日，对联多写“土中生白玉，地内出黄金”。天帝神神位两侧的对联一般写“天高覆万物，地厚载群生”等。中华人民共和国成立后，城市已无此俗，农村仍在一定范围内流行。

求神讨药　旧时乡民若有身患重病或久治不愈者，便由其亲属到寺庙中向神灵磕头祷告，烧香焚纸，以求仙药，俗称“求神讨药”。其实所求讨得到的“神药”，只不过是风刮而来的香灰草叶或爬入碗（纸）中的小虫等。中华人民共和国成立后，此俗已不流行。

巫术　旧时，境内从事巫术者，男性称之为“神汉”，女性称之为“神婆”“师婆”。施术时又分文武两种形式：文者多为念咒语、画咒符，俗称“跳绳”“下马”；武者多挥刀弄剑、舞棍棒、念咒语。其名义上是给人治病、驱邪，实际是愚弄百姓，诈骗钱财，受术者常常苦不堪言。中华人民共和国成立后，随着医疗卫生事业的发展和科学文化知识的普及，人们有病求医，封建迷信思想日渐淡漠，巫术基本消除。

送鬼叫魂　亘古“鬼魂”意识在丧葬礼仪中渗透深重，同时也衍生出“送鬼”“叫魂”等荒诞无稽之举。比如，人死后出殡时要持“引魂幡”，不致使“鬼魂”四处游荡，迷失方向。又如，患有精神分裂症病者，其语言、行动失常，便被认为是“跟上鬼了”，其亲属若有迷信思想者便会请巫婆，施巫术以桃枝或符咒为其“送鬼”。民间有谚云：“人怕敬，鬼怕送”。也有正午时（中午12时整），母亲手执孩子衣物鞋帽等，一脚朝门里一脚朝门外，立于自家门槛上，连叫三声小孩名字的。当孩子在屋里答应“回来了”后，便将一块崭新红布缝在孩子衣服上，一直佩戴1个月，以为这样即可将“魂”收回，祛除疾病。中华人民共和国成立后，此俗绝少。

第二节　陋　习

赌博　俗称“耍钱”。形式主要有打麻将、摸纸牌、丢色子（又名掷骰子）、押宝等。清至民国初期，官府明令禁止。清道光二十八年（1848），今郊区小阳泉村立有“戒赌碑”；咸丰九年（1859），平定县马山村马齿岩寺也立有“禁赌碑记”。但那时由于当局政治腐败，吃请受贿，明禁暗纵，赌祸遍及城乡。赌者家中金银财帛、田地房产、妻子儿女，均为赌注。嗜赌者通宵达旦，赢者暴富不仁，输者倾家荡产。有的沦落为乞丐，冻饿死于荒野，有的变为盗贼，流窜他乡，还有的寻死上吊走上绝路。中华人民共和国成立后，人民政府严令禁赌，赌博之风根绝。改革开放后，少数民众手里有了钱，此恶习又有萌发，政府虽明令禁止，一经发现，即行教育，或严加惩处，但仍有极顽劣者屡教不改。

吸毒　清道光二十年（1840）后吸毒风在境内流行。毒品有鸦片、吗啡、金丹、海洛因等，俗称“料料”“大烟”。吸毒者初为官僚豪绅，后地痞流氓争先效仿，继而波及劳动阶层。民国时期，官府明令禁止，平定县曾设立有“拒毒会”。日伪时期，山西省曾公开出售所谓的“解烟药饼”，实则暗地放纵吸毒者。中华人民共和国成立后，境内各级人民政府严令禁毒，并成立“戒烟所”，措施得力有效，此后烟（吸毒）迹渐少至禁。

缠足　俗称裹脚。旧时，女孩幼年时即兴用生布（白布）条将其双足缠裹，限制双脚的正常发育生长，致使双脚造成严重骨折，变成畸形，苦不堪言。妇女脚之大小也成为当时人们评判女子美丑的标准之一。女子的小脚被誉为“三寸金莲”。缠足年龄一般为4至9岁。民国年间，政府曾三令五申禁止缠足，并称不缠足者为“天足”。但由于当时社会、思想的局限，除在校求学女子或城镇一些较进步的妇女不缠足外，相当一部分妇女仍沿旧俗。抗日战争和解放战争时期，境内根据地因受妇女解放思想的影响，缠足者已大大减少。中华人民共和国成立后，各级人民政府多次行文严禁缠足。市人民政府认真贯彻省人民政府于1950年7月27日和1953年2月9日连续两次发出的《关于禁止妇女缠足的命令》和《彻底禁止缠足令》，坚决废除缠足陋俗，使已缠足的妇女全部实行放足（民众称此足为“解放足”），未缠足的年轻妇女免遭缠足之苦。

第六章 宗教信仰

境内多种宗教并存，主要有佛教、道教、伊斯兰教、天主教、基督教。据史料记载，佛教、道教传入境内历史悠久，迄今已有1500多年，但其管理机构的设立则较晚。明代前资料不详，明洪武十五年（1328），平定州衙设道正司，专司道徒事务管理，此为境内较早设立的教务管理机构。明清时，平定州衙还设僧正司，盂县设僧会司，专司僧人（佛教徒）事务管理。天主教、基督教、伊斯兰教传入时间较晚，只有百余年历史。据不完全统计，阳泉建市前夕，境内共有信徒2770余人，有神职人员51人，活动场所64处。中华人民共和国成立至20世纪60年代后期，共有宗教信徒1464人，有神职人员7人，活动场所2处。

中华人民共和国成立后，相当一段时间，境内民族宗教事务由中共阳泉市委统战部管理。“文化大革命”期间，公开的宗教活动完全停止。中共十一届三中全会后，随着各项宗教政策的贯彻落实，宗教活动逐渐趋于正常。1988年1月，本市设立民族宗教事务处（系市政府主管民族宗教事务的职能部门），与市委统战部二科合署办公，一个机构两块牌子。至1988年，全市相继成立爱国宗教团体4个，即阳泉市基督教三自爱国运动委员会、阳泉市基督教协会、阳泉市伊斯兰教协会、阳泉市天主教爱国会筹备领导组，还建有寺管会和教务民主管理小组17个，分别设在各个宗教活动点。1992年10月，设立阳泉市人民政府民族宗教事务局（二级局）；2004年6月，阳泉市民族宗教事务局成立，为市政府直属机构，正县级建制，主管全市的民族事务和宗教事务，是阳泉市民族宗教事务的行政执法单位。内设科室办公室（宗教科）和民族科。2010年，全市宗教教职人员共有43人，其中伊斯兰教阿訇1人，佛教比丘（比丘尼）23人，天主教神甫2人，基督教长老4人、传道员11人，道士2人。

第一节　佛　教

佛教传入境内的具体时间无考。据境内盂县、平定县有关史料记载，早在南北朝时期，就已有佛教活动。现存有北魏永熙元年（532）营建的盂县南兴道村千佛寺；东魏元象元年（538）九月，佛教弟子张法乐在平定移穰村西红林湾开凿的摩崖刻石龛；东魏武定四年（546），平定县赵家庄碑镌佛像；武定五年，平定县乱流村开河寺开凿的魏齐三佛龛；武定八年，盂县柴庄营建的灵狱寺；北齐天保四年（553），平定石门口村的长国寺李清营造的佛像；北齐天统三年（567），盂县南苌池村营建的镇池寺等。宋嘉祐元年（1056），平定县宁艾（原上艾县治）村奉敕修缮汉时所建正北寺，改名“真觉寺”。由此推断，佛教传入境内的历史悠久，而且流传较广。境内佛教派系主要有临济、禅宗、菩萨和曹洞等宗派，其中以临济宗派为多数。随着佛教在境内的广泛传播，僧尼和信教人数逐渐增多，且历朝均有佛寺、庙院的兴建和补修。据不完全统计，境内佛寺达170多座。其中较著名的有74座，分别为：隋代，平定县修建佛寺5座，盂县兴建佛寺1座；唐代，平定县修建佛寺4座、尼庵1座，盂县境内兴建佛寺1座、补修佛寺1座；宋代至明代，平定县境内修建佛寺27座、尼庵3座，盂县兴建佛寺4座、重修5座、补修8座；清代，平定县修建佛寺8座，盂县修建佛寺6座。历朝统治者还允许各佛寺保留一定数量的土地，其收入用以维持僧尼生活，并实行不纳税、不应差的政策，因而其经济收入相对稳定可靠。民国23年（1934），平定县、盂县均创立佛教会，共有僧尼189人，民间居士170余人。抗日战争时期，平定上城曾成立伪佛教支会，由西关陆丙成和南关流杯池寺和尚晋道祥分别担任正副支会长。中华人民共和国成立前夕，由于多年处于战乱年月，寺庙多数被毁，僧尼纷纷出逃或还俗，全境十寺九空，只有僧人14人，民间信徒百余人。

从民国36年（1947）阳泉建市至1958年，由于贯彻执行中国共产党的民族宗教政策，佛教得到发展。当时，共有民间信徒37人，其中市区17人、盂县20人。佛事活动均在信徒各自的家中进行。全境有留寺僧人2名，一为狮脑山禅岩寺和尚王胜（俗名李连根），另一为盂县藏山文子祠和尚，俗名吴计恒。至20世纪60年代中期，有记载的集体性佛事活动共举行过3次（狮脑山禅岩寺2次、赛鱼香岩寺1次）。“文化大革命”期间，境内佛寺均遭到不同程度地毁坏，公开的佛教活动完全停止。

中共十一届三中全会后，各区县认真落实党的宗教政策，一些佛寺被列为市县（区）重点文物保护单位。1988年，全市教徒发展到75人，根据教徒分布情况，共设立教务管理小组3个，即矿区洪城河佛教教务管理小组、矿区苹果园佛教教务管理小组和郊区龙凤沟佛教教务管理小组。此后佛教活动日趋频繁，教徒人数增多。1990年，全市共有佛教活动场所6处，教徒626人，其中有1人为留寺和尚(藏山文子祠和尚，俗名吴计恒)，绝大多数教徒主要分布在矿区和郊区。阳泉市佛教协会成立于2001年11月13日，至2010年，全市信教总人数57820人，其中信奉佛教的近5万人。全市佛教活动场所17处。

第二节 道 教

道教是中国土生土长的一种宗教。东汉时期，道教（全真派）传入境内（今盂县）并建有拦掌清沙观、娄里村紫微宫(今废)、城内老君庙等道观庙坛。五代或宋时，道教传入今平定县境。至金代，道教传播已广，庙观遍及城乡，较著名的有大定年间建的荫营村遇真观。元代，仅至正年间修建的就有三都村（今属郊区）瑞云观、新村（今属平定）宝真观等。明清两代，重修或新建道观庙坛阁宫达61处，除常见的玉皇、东岳、关帝、文昌等庙宇外，还有八蜡、蚕王、鸦神、马王等与农业生产密切相关的祠庙。清末，境内部分道士改信佛教，致使道徒人数减少，有的庙观已无人住修。至民国7年（1918），平定县只有道士9人，盂县有道士40余人。民国14年，河北定县仰文之到平定县义井村（今属郊区）传道，后由其信徒傅太魁到大阳泉（今属郊区）、城里（今属平定）传道，发展道徒10余户。而后道徒赵来顺受命在平定县城成立道教会，被封为理教长，荆柱、姬方为副理教长。民国22年，平定县道教徒发展到100余人。翌年，盂县道徒发展到52人。抗日战争时期，因日军侵占，境内道教遂解体。但这种信仰，在部分群众中一直有着很深的影响，如民间祈祷斋醮之事仍有流行。据2010年统计，全市有信仰道教的群众500余人，主要分布在盂县和城区，有活动场所1处。

第三节 伊斯兰教

清光绪三十三年（1907），河北省保定、徐水等地穆斯林王殿清、王平山等20余人先后迁居境内。他们经常聚集在一起从事宗教活动。伊斯兰教随之传入境内。随着煤炭业、工商业的不断发展，从河北、河南、山东等省陆续迁居境内谋生的穆斯林信徒日益增多，境内伊斯兰教的影响也逐渐大起来。光绪三十四年至宣统元年（1909），境内伊斯兰教阿訇张鹤祥带领穆斯林王大巴、王二巴等人，赴东北、太原、石家庄等地回民聚居较多的地方“写乜帖”（募捐），筹集资金，修建境内第一座清真寺，寺址在原市政府第一招待所处。至民国元年（1912），全境穆斯林共有50余人。抗日战争时期，清真寺被日军抢占，穆斯林的宗教活动受到影响。民国36年阳泉建市前夕，全境共有穆斯林200多人。

阳泉建市后，中共阳泉市委和市政府认真贯彻执行民族宗教政策，伊斯兰教穆斯林的政治和经济地位受到法律保护，生活习俗受到全社会尊重。1950年成立清真寺人事财务管理机构——“乡老班子”，配备专职驻寺阿訇主持教务，穆斯林活动得以正常开展。1955年，阿訇常振海被推选为市政协常委和市人大代表，伊斯兰教全体穆斯林受到极大鼓舞，对伊斯兰教的发展起到积极的促进作用。翌年，全境穆斯林发展到500余人。因市政建设的需要，原清真寺被征购改建为市政府第一招待所后，穆斯林张鹤祥等人再次赴东北等地写乜帖，筹集资金购得聚兴街（今巨兴街）1所小院，共有房屋9间半，清真寺即迁址于此，是为境内第二座清真寺。20世纪60年代中期，全境穆斯林发展到680余人。“文化大革命”期间，境内穆斯林活动完全停止。

中共十一届三中全会以后，市委、市政府落实宗教政策，伊斯兰教恢复正常活动。1980年5月，山西省民族宗教委员会和市委统战部领导亲临清真寺慰问穆斯林，并向阿訇赠送《古兰经》作为纪念。到1983年，全市共有穆斯林708人。1986年旧城改造时，穆斯林的第二座清真寺属市政建设的拆迁范围。为此，市政府拨专款13万元，于巨兴街另觅新址，由市城建局设计承建新寺；同年11月开工兴建，翌年6月正式落成。该寺总占地面积270余平方米，主楼分上下两层，建筑精美，肃穆典雅，具有浓郁的民族特色。每逢大典、聚礼和举行婚、丧礼仪，穆斯林齐集于此进行宗教活动，清真寺成为全市穆斯林进行宗教活动的一个主要场所。1988年12月26日，阳泉市伊斯兰教协会和阳泉市清真寺管理委员会成立后，市伊斯兰教的教务活动得到进一步规范和加强，全市穆斯林发展到880余人，其中有维吾尔族穆斯林2人。2002年1月29日伊斯兰教协会换届。2010年，全市有伊斯兰教活动场所1处，穆斯林2369人，全市穆斯林主要聚居在以市清真寺为中心的城区巨兴街一带。

第四节　天主教

清光绪二十年（1894），天主教从山西太原阳曲县西黄水村传入平定州河底镇、苇泊村（今属郊区），最先入教的是河底王建业兄弟5户和苇泊村民荆仁成兄弟2户共40余人，隶属太原天主教总堂区。光绪二十七年，太原天主教总堂区派神甫胡宝善（太谷人）到河底教区主持教务。两年后，受太原总堂区主教神甫凤朝瑞（意大利籍）之命修建河底教堂，名为“天主圣心堂”，正式定格为“本堂”，开始设常任神甫。第一任神甫为胡宝善，之后相继为温克让（意大利籍）、任焕章（文水人）、杨乐山（祁县人）、王学曾（晋源人）、巴文贵（意大利籍）等。河底本堂内设“保赤会”，主要收养社会弃婴，一般女婴居多。当时共收养孤儿30多人，最多时收养过100多人。本堂内还设有修女院，共有修女10余人。此后，天主教河底本堂逐渐向境内平定县、盂县和境外寿阳县、昔阳县等地传播教义，发展教徒。民国5年（1916），河底本堂天主教传播遍及境内外100多个乡镇村庄，共设立圣教分会12个。平定县有中佐、苇泊、锁簧、营庄、测鱼、梁家塔、固关、冠山、西南舁、岔口、罗面咀、义井、里龙光峪、南沟、韩庄、马庄、霍树头等50多个村庄，按教徒分布情况设罗面咀、岔口、黑掌（野鸡圪洞）、理家庄、红岭、下马郡头6个圣教分会；盂县有苌池、吴家坡、独头、清城、牛村、庄里等村，在苌池、大岭村设立天主教堂（天主教会），分别由倪秉谦（意大利神甫）、王东来主持教务，当时共有教徒194人。民国21年，境内教区改属榆次教区。同时，将市区上站、测鱼（1953年划归河北井陉，当时有教徒200多人）圣教分会升格为本堂。其间，市区上站本堂由王鸿德神甫主持教务，曾新建教堂（在今上站小学处）1所，名曰“上站耶稣圣心堂”。该堂于民国17年创办“荣真小学”，学制6年，民国26年因日军侵占停办。民国23年，盂县天主教徒发展到218人，其中有修女2人。翌年，河底本堂由巴文贵神甫主持教务，创办“经言学校”，于民国35年停办。20世纪30年代至40年代初，是境内天主教发展昌盛期，全境教徒发展达1000余人，共有神甫19人，其中有外籍神甫8人（意大利籍7人、南斯拉夫籍1人）。民国36年阳泉建市后，外籍天主教神甫陆续回国，教徒减少，教堂移作他用，宗教活动处于低潮。

中华人民共和国成立后，天主教发展比较缓慢。1951年，平定县有7名信教群众在太原教堂入教，教徒的宗教活动在各自家中进行。“文化大革命”期间，天主教活动完全停止。中共十一届三中全会以后，境内天主教逐渐恢复正常活动，先在矿区马家坪和二矿设立活动点2个，开始发展教徒。1982年，教区属晋中教区。翌年，平定县有教徒8人。1985年4月，建立天主教管理委员会。1987年7月，成立阳泉市天主教爱国会筹备领导组，下设教务管理组3个；当年，全市天主教徒发展到351人，其中，城区31人、矿区139人、郊区127人、平定县3人、盂县51人。2010年，全市共有天主教徒4977人，其活动场所2处，为市政府落实政策投资新建改建的河底天主教堂和北岭天主教堂。

第五节　基督教

清光绪年间，基督教（新教）两个派系，即神召会和友爱会传入境内。神召会是基督教五旬节派的一支，传入境内后设立义井神召会和平定神召会；友爱会是基督教浸礼宗的一个派系，传入平定城后，设立平定友爱会。

一、义井神召会

清光绪二十八年（1902），丹麦籍传教士林氏和挪威籍传教士安氏到平定县义井（今属郊区）传教，所建立的教会称义井神召会。民国4年（1915），修建教堂，称“福音堂”。民国9年，林教士和安教士离开境内，义井神召会改由加拿大贝牧师、史教士主持教务。随着教徒日渐增多，民国25年曾新建1座千人大教堂，统称“福音堂”。同时，在附近南庄、义东沟、白羊墅、小河等村设立活动点，教徒发展到800人左右。抗日战争时期，日军侵占教堂，贝牧师和史教士回国，义井神召会交地方教徒葛德富、李明弟、王永花、杨宏毅、张喜采、王在四等人经管。自此，教徒日渐减少，至民国36年阳泉建市前夕停止活动，义井神召会解体。

二、平定神召会

清光绪二十八年（1902），挪威籍传教士达亚拿到平定县传教，所建立的教会称平定神召会，设有总会和分会。先在县城东南营租赁丁家房子聚会讲教，以救苦济难为名，发展教徒，最先入教的是东南营人王径章。当时，信教人数很少。清宣统三年（1911），辛亥革命爆发，达亚拿传教士撤往天津租界，活动中断。民国4年（1915），达亚拿传教士返回平定城继续办教，在县城二道街钟楼巷关帝庙西修建教堂1座，称“福音堂”，设立平定神召总会。总会内部组织实行长老制，由挪威籍传教士达亚拿担任教士，本地教徒熊文泰为长老，李怀玉为执事，掌管总会教务。民国7年，平定神召总会在新城村设立分教堂，由本村教徒聂金刚任执事，张永福、丁培元任传教士，执掌分会教务。民国11年，平定神召总会在药岭寺修建避暑楼1幢，教徒发展到200多人。抗日战争时期，新城分教堂遭日军洗劫，达亚拿传教士被日军扣押，不久虽被释放，但精神上受到一定刺激，又因战事频繁，办教经费得不到保障，故而回国。民国31年，本地教徒张永福、翟宝善、邓俊义、朱德志、白玉芝、薛志芳、戎琼等组成“人人委办”接管平定神召会。此时，教徒锐减，只有70余人。至阳泉建市前夕，教会活动完全停止，平定神召会遂解体。

三、平定友爱会

清光绪三十三年（1907），美国牧师库范恪、库莲花夫妇来到平定县城东关，租赁临街铺房聚会传教，所建立的教会称平定友爱会。宣统元年（1909），在县城娘娘庙购置大院1所，成为平定友爱会办教机构所在处，由美国教士何宝麟负责教务活动。民国4年（1915），在县城内姑姑寺兴建教堂，称“福音堂”，设立友爱总会，由美国牧师库范恪为监督，主持全部教务活动，美国牧师艾克沛和中国牧师殷翰章掌管传教，美国牧师白来特掌管工程，美国牧师范纳满及一名副牧师（姓名不详）掌管教育事业，美国牧师鲍氏掌管外地分会的联络指导。此后，友爱会的影响逐渐扩大，教徒发展到600余人，教徒分布于12个乡镇、10个街道、30个自然村，教会活动场所的建筑面积达50余亩。民国7年，友爱总会又在乱流、东锁簧、苇泽关、义东沟、大阳泉村、盂县城及昔阳县城、昔阳县皋落村、寿阳县城、辽县（今左权县）县城、太原等地分别设立友爱分会11个，总计教徒3000余人。各分会既是独立的教会，又是联络机构，均由本地教徒担任执事、传教员，负责分会的教务活动。此为基督教友爱会发展的昌盛期。民国23年，盂县基督教徒由传入时的19人发展到34人。抗日战争时期，日军侵占平定县城，友爱总会、分会的宗教活动中断。民国30年，日本国牧师把友爱会和神召会的教徒集中到平定县城福音堂聚会，成立伪中华基督教平定自主会，即华北中华基督教平定分会，并指定本地教徒张永福等人负责教会活动。日军投降后，美国医师巴克、教士许志贞重返平定县，撤销华北中华基督教平定分会，试图恢复友爱会的教务活动，未果。民国36年阳泉建市，美国牧师回国，基督教活动全部停止，平定友爱会遂即解体。

由外国牧师主持的基督教在境内曾兴办过一些社会公益事业。民国4年（1915），平定友爱会曾在县城相继开办新民学校、淑贤女校、学道院，后又增设晋友中学班等，共有学生200多名。同年，还在县城碾子沟兴建友爱医院。民国9年，平定县遭大旱，友爱会和华洋义赈会用以工代赈的办法，雇用本地灾民修筑长达124千米的平辽公路。抗日战争时期，还曾收容难民1000多人。

中华人民共和国成立后，基督教友爱会和神召会开始联合进行宗教活动。20世纪50年代至60年代中期，基督教徒自办家庭聚会点，在教徒各自的家中进行礼拜祈祷等活动。“文化大革命”期间，基督教活动完全停止。中共十一届三中全会后至1983年，城区和平定县城关等地逐渐恢复基督教活动，建立“三自”（自传、自治、自养为方针）爱国活动点，发展教徒110人（女性76人、男性34人），其中城区72人、平定县38人；1988年3月7日，成立阳泉市基督教三自爱国运动委员会和阳泉市基督教协会，并于2003年3月31日换届。2010年，全市基督教徒共有2000余人，建有活动场所5处。其中，市政府落实政策投资新建改建了义井基督教堂、平定基督教福音堂。

第七章 人民生活

阳泉建市前，境内居民除少量产业工人、小手工业者、商人等外，多数为农民，他们收入微薄，生活贫苦。民国36年（1947）5月阳泉建市后，随着国民经济的恢复和发展，居民就业机会增多，收入不断增加，生活水平也逐渐提高。20世纪60年代到70年代，由于自然灾害和政治运动的影响，人民生活虽有改善，但变化不大。中共十一届三中全会后，随着经济社会快速发展，居民收入不断增长，消费水平持续提高，家庭财富逐渐增多，城乡人民的生活水平总体上实现了从温饱型到小康型的历史跨越。

第一节 收 入

一、城市居民

民国前，城市居民的经济收入状况无考。20世纪20年代，境内以工人中收入最高的采煤工为例，其月平均工资约为8.67元左右，除自己外，可勉强维持两个人的生计。而其他工人的收入，则更少。例如搬运工人，月工资仅4.14元，还不到采煤工收入的一半，其生活状况之艰辛可想而知。但在同一时期，保晋公司的资本家及其少数管理人员，月工资竟高达300元以上，相当于采煤工的35倍、搬运工的72倍。这还仅仅是反映在账面上的数字，实际上的悬殊就更大了。民国26年（1937）10月阳泉沦陷后，城市居民的生活境遇更为低下。据《阳泉煤矿史》记载，民国29年，阳泉采煤工人的日平均工资为1.2元，每月按23个出勤日计，月平均工资为27.6元，表面上看收入是增加了，但事实上，在扣除工具费和手续费后，工人每月只能拿到9.2

元至18.4元。当时，面粉每公斤0.56元，一个采煤工的全月工资最多也只能买到32.9公斤面粉。这样微薄的收入，不用说养家糊口，就是维持本人的生计也很困难。民国32年前后，旱情严重，又遇蝗灾，粮价一涨再涨，矿工生活难以维持，衣不遮体者比比皆是，冻死饿死的屡见不鲜。例如，矿工侯福年家当时有6口人，侯福年与两个儿子均在矿上下坑，但一年累死累活还是养活不了妻子和两个女儿，无奈，只好让妻子和女儿以讨饭为生，后来，妻子因贫病交加，离开了人世，只得将年仅11岁的大女儿卖给人家当了童养媳。抗日战争胜利后，人民生活本应有所改善和提高，但国民党又发动了内战，滥发金圆券，造成物价飞涨。据一些年长者回忆，当时的通货膨胀非常严重，早上还可以买一斤米的钱，到下午连二两米也买不了。因此，人民饥寒交迫，生活苦不堪言。

民国36年（1947）5月阳泉建市后，中共阳泉市委、市政府采取扩大社会就业、稳定市场物价等一系列经济政策，城市居民有了相对固定的经济收入，生活得以改善，生活水平有所提高。据统计，1949年阳泉市全民所有制职工的年平均工资为249元，月均20.75元；煤炭系统职工的年平均工资为270元，月均22.5元，按当时的价格测算，可购买面粉66.2公斤。与中华人民共和国成立前相比，职工生活有了明显好转。到1965年，阳泉市全民所有制职工的年平均工资达到766元，较1949年提高了2.08倍，平均每年递增7.3%。据抽样调查，1965年城市居民年人均实际收入为238.87元，扣除赡养支出和赠送支出，年人均生活费收入为215.14元，日均0.59元，按当时的物价水平测算，可购买面粉1.55公斤，或者鲜菜6.9公斤。“文化大革命”时期，部分企业停工停产，导致全市经济发展缓慢。据统计，1976年阳泉市全民所有制单位职工的年平均工资下降到693元，比1965年降低9.53%，平均每年递减0.91%。

境内城镇居民生活水平从改革开放始到2010年，大致可分为三个阶段。

第一阶段（1978—1991年）市场经济体制探索阶段，居民生活逐步摆脱贫困，基本上解决温饱问题。

改革开放以前，全国实行计划经济。1978年末对计划经济体制进行改革；1984年国家出台一系列收入分配改革措施，理顺了不合理的收入分配关系；1985年国家对机关事业单位职工进行中华人民共和国成立之后的第二次工资改革，强调“劳酬结合，职责相符”；1990年国家再次制定“国家宏观调控，分级分类管理，企业自主分配”目标模式，增强企业自主分配权。

市场经济的不断深化带来居民收入的大幅提高。1991年，阳泉市城镇居民人均可支配收入为1767元，比1978年增长6倍，年均增长16.1%，扣除价格因素，年均增长9.2%；人均消费支出1354元，比1978年增长4.3倍，年均增长13.7%，扣除价格因素，年均增长5.1%。这一阶段，恩格尔系数（食品支出占消费支出的比重）由1978年的63.3%下降到1991年的47.1%，城镇居民生活逐渐摆脱贫困，解决了温饱问题，逐步向总体小康靠近。

第二阶段（1992—2000年）市场经济体制创立阶段，居民生活初步达到小康水平。

1992年至1997年，以“公有制为主体、多种所有制经济共同发展”的基本经济制度的确立，进一步激发了市场经济主体的积极性，市内掀起兴办私营企业的热潮，各项改革措施的出台，促使非公有制经济快速崛起。

在解决就业的同时，也使城镇居民收入快速增长。2000年，阳泉城镇居民人均可支配收入为4295元，比1991年增长1.4倍，年均增长11.6%，扣除价格因素，年均增长0.8%；人均消费支出3274元，比1991年增长1.8倍，年均增长13.7%，扣除价格因素，年均增长2.8%（20世纪90年代初期阳泉市经济出现严重的通货膨胀，导致实际增长率偏低）。这一时期，恩格尔系数由1991年的47.1%下降到2000年的35.5%，城镇居民的生活在解决温饱的基础上又上了一个台阶，进入小康行列。

第三阶段（2001—2010年）全面建设小康社会阶段，居民生活水平向更高水平迈进。

2001年至2010年，是阳泉全面建设小康社会阶段，居民生活水平向更高水平迈进。这一阶段，国家逐步规范行政事业单位职工工资，对离退休人员的养老金逐年上调，个体、私营经济平稳快速发展，使得城镇居民人均可支配收入渠道多元化，收入水平快速增长。2010年，阳泉城镇居民人均可支配收入17083.8元，比2001年的4872元增长3.5倍；人均消费支出10256.12元，比2001年增长2.89倍。2010年，城镇占调查总户数20%的低收入家庭可支配收入8400.56元，比2001年增长28.39%。城镇居民家庭恩格尔系数（居民家庭食品消费支出占家庭消费支出的比重）33.76%，城镇单位在岗职工平均工资42371元，比2001年增长5.69倍。

二、农村居民

清代，境内农民生活极度贫困。《平定州志》中有“计地所出，岁莫能给”的记载。农民的经济来源有限，虽艰辛劳作，仍难养家糊口。民国时期，土地大多集中在少数地主、富农手中，农民仅有很少的土地，生活难以保障。抗日战争时期，沦陷区农民过着被奴役、被压迫的苦难生活；在根据地，由于实行减租减息，虽然减轻了农民负担，但农民生活仍不算富裕。

阳泉建市后，农村经历了土地改革和农业合作化运动，实现“耕者有其田”，农民有了比较稳定的经济收入。据统计，1958年农民年人均纯收入为54元，月均4.5元；到1979年，年人均纯收入达150元，比1958年增加1.78倍，年均递增5%。1990年农民年人均纯收入达684元，比1958年增长12.67倍、年均递增8.26%，比1979年增长3.56倍、年均递增14.79%。据统计，农民从乡镇企业获取的收入约占其总收入的42.11%，家庭农副业经营收入占52.49%，5.4%为其他收入。农民收入的大幅度增长，充分体现改革开放和联产承包责任制的优越性。

2010年，农村居民年人均纯收入6560元，比2001年的2723元增长2.4倍；农村居民人均生活消费支出4047元，比2001年的1639元增长2.47倍；农村占人口总户数20%的低收入家庭可支配收入2914元，比2001年增长15.7%；农村居民家庭恩格尔系数35.7%。到2010年，全市全面小康社会实现程度为80.6%，比2005年提高13.1个百分点。

2000—2010年阳泉市城乡居民家庭人均收支情况简表

表-28-2 单位：元

年 份	城镇居民人均收入	城镇居民人均支出	农民人均纯收入	农民人均消费支出
2000	4294	3723	2596	1554
2001	4871	3553	2723	1639
2002	5924	3777	2877	1928
2003	6637	4169	3112	2129
2004	7998	5030	3437	2636
2005	8992	6095	3748	2684
2006	10122	6314	4140	3494
2007	11676	7586	4724	3753
2008	13305	8533	5427	3933
2009	14242	8547	5801	3894
2010	17083	10256	6560	4047

第二节 消 费

一、衣着

（一）城市居民

清末至民国时期，城市贫民多穿获鹿粗布衣，也有少数居民穿细布衣的，以衣不露体为满足。

商贾、士儒、公职人员多穿长袍马褂，少有穿西装、中山装的；富家小姐、太太有穿旗袍、短衫、罗裙的。中华人民共和国成立后，人们的物质生活有所改善，但在衣着上仍以整洁、朴素为本。据统计，1965 年，城市居民人均穿着支出为 33.12 元，占生活费支出的 15.87%，人均年消费棉布 5 米左右。

“文化大革命”时期，由于受“左”思想的影响，境内人多穿军黄色上衣，蓝裤子，年轻人腰上系皮带，黄色球鞋，满大街清一色的款式和色调，很少有人敢穿个性化的衣饰。一直至改革开放前，城镇居民在服装方面的消费基本上是“新三年，旧三年，缝缝补补又三年”，百姓衣着几十年如一日。

1981 年，城市居民人均穿着支出为 58.40 元，占生活费支出的 17.96%，比 1965 年提高 2.09 个百分点；年人均消费布类为 6.2 米，其中棉布 4.6 米、化纤布 0.9 米、呢绒 0.1 米、绸缎 0.6 米；此外，还消费针织衣裤 1.3 件、服装 1.8 件、皮鞋 0.3 双、布鞋 0.9 双、塑料鞋 0.4 双。1990 年城市居民人均穿着支出为 225.46 元，占生活费支出的 19.17%，比 1981 年又提高 1.21 个百分点。人均消费量为棉布 4.3 米、化纤布 3.9 米、呢绒 0.6 米、绸缎 0.73 米；针纺衣裤 2.9 件、服装 2.7 件、皮鞋 0.8 双、布鞋 0.8 双。彻底改变“凭票供应、买布缝衣”的落后状况。

1991 年至 2000 年，人们着装随年龄、季节而变，男女有别。男性多穿西装、风衣、呢大衣，女性多穿裙装、蝙蝠衫、风衣、针织衣；城市居民的衣着日趋高档化，流行入时的羽绒服、太空服、棒针毛衣、羊毛衫、旅游鞋、T 恤衫、筒裙、套裙、连衣裙及各种款式新颖的时装随处可见。2000 年，城市居民人均穿着支出为 3350 元，占生活费支出的 18.9%。人们的衣着呈现出多样化、高档化、个性化的特点。2000 年至 2010 年，随着居民收入水平的提高，居民衣着消费观念逐步更新，衣着需求从“保暖耐穿”向“靓丽得体”转变，从“一衣多季”向“一季多衣”转变，且出现了“商城买成衣、网购选靓衣”，衣着面料丰富多彩，款式美观时尚，人们更注重衣服的质地、品牌、色彩搭配和着装场合，时尚化、个性化、高档化成为服装消费的主流。资料显示：2010 年，阳泉市城镇居民人均衣着消费 1368.98 元，比 1978 年的 16.7 元，增加 81.97 倍；高者人均衣着消费支出为 2378.21 元，低者人均 594.19 元。

（二）农村居民

清末至民国时期，境内农民购买力极低。反映在着装上，普通农民多穿粗布衣，贫雇农阶层衣不遮体者屡见不鲜。中华人民共和国成立后，随着生活水平的不断提高，农民的衣着消费水平也逐渐提高。以平定县为例，1984 年全县农民人均衣着消费为 38.05 元，占生活费支出的 15.79%；当年人均消费量为棉布 10.9 米、化纤布 0.9 米、呢绒 0.5 米、毛线及毛线织品 0.06 公斤、胶鞋0.6双、皮鞋0.2双。1990年，全县农民人均衣着消费为69.02元，占生活费支出的16%，比1984年略有增加；当年人均消费量为棉布1.63米、化纤布2.04米、毛线及毛线织品0.09公斤、胶鞋0.97双、皮鞋0.2双。2010年，全市农村居民家庭人均衣着消费支出564元，与改革开放初期相比，农村居民家庭人均衣着消费水平显著提高。

二、饮食

（一）城市居民

清末至民国时期，城市居民由于家庭经济状况的差异，饮食水平不尽相同。众多城市贫民以粗茶淡饭、能够饱腹为满足，不讲究什么营养、风味；少数官吏、富商专门雇用厨师，变着花样吃喝，过着花天酒地的生活。中华人民共和国成立后，一段时期城市居民的生活一律按工种定量供应，其他副食品凭证供应，饮食消费虽有差别，但不明显。据抽样调查，1965年城市居民人均食品消费支出为123.42元，占生活费支出的59.12%；当年城市居民人均消费量为粮食164.1公斤（其中大米10.5公斤、面粉87公斤、玉米面66.6公斤）、食油4.7公斤、肉类4.3公斤、鲜蛋1.87公斤、鲜菜113.4公斤。

改革开放后，城市居民饮食消费水平明显提高。绿色食品备受城市居民欢迎，舌尖上的消费更健康、更科学、更方便。1990年城市居民人均食品消费支出为549.56元，占生活费支出的46.72%，比1981年降低6.95个百分点；当年城市居民人均消费量为：粮食129.1公斤、食油5.7公斤、鲜菜114.8公斤、猪肉8.9公斤、牛羊肉1.25公斤、禽肉0.6公斤、鲜蛋10.2公斤、食糖1公斤、白酒2.1公斤、啤酒1.9公斤、鲜瓜果41.5公斤、糖果0.5公斤、糕点4.2公斤、鲜奶4公斤，品种数量比1981年又有增加。

2010年，全市城镇居民人均食品消费3462.8元，比1978年的162.1元，增长21.36倍。在不同消费人群中，高的年人均食品消费为5412.68元，低的年人均食品消费为2275.01元。

城镇居民饮食习惯也在不断改变。一是膳食营养逐步改善。改革开放之后，城镇居民饮食结构发生变化，主食消费量减少，而肉蛋奶鱼等副食消费量增加，营养状况大为改善。资料显示：2010年，阳泉城镇居民人均肉禽蛋水产品类和蔬菜类消费为631元和405元。居民在满足吃跑的同时，更加注重营养搭配，方便、营养、健康、绿色、无污染的绿色产品逐渐成为食品消费的主流。二是在外用餐消费快速增长。随着生活节奏的加快和社会交往的频繁，居民饮食消费的社会化程度提高，亲朋好友在外用餐次数明显增多，消费额迅速增加。资料显示，2010年，全市城镇居民人均在外饮食消费577元，与2005年的336元相比，增长71.7%。

（二）农村居民

清末至民国时期，农村居民因收入水平所限，除少数殷实人家外，其余广大农民都过着“糠菜半年粮”的艰苦生活。有的贫苦农民因贫困或卖儿卖女，或离乡背井去讨吃要饭。阳泉建市后，特别是经过土地改革和合作化之后，广大农民有了土地，生活自给。20 世纪 70 年代左右，农民正常的家庭副业被视为资本主义尾巴而加以限制，致使农副产品匮乏，农村居民的生活水平虽然比中华人民共和国成立前有提高，但只能达到温饱水平，并不富裕。1978 年之后，一系列以经济建设为中心的方针政策在农村得到贯彻落实，农民的吃饭问题很快从根本上得到解决，从而引起农民饮食消费结构发生较大变化。以平定县为例，1984 年全县农村居民人均食品消费支出为 124.02 元，占生活费支出的 51.47%，年人均消费蔬菜 184.4 公斤、植物油 2.7 公斤、动物油 0.3 公斤、猪肉 2.3 公斤、鲜蛋 0.5 公斤、食糖 0.44 公斤、酒 0.58 公斤、糖果糕点 0.53 公斤、水果 3.5 公斤；1990 年全县农村居民人均食品消费支出为 236.08 元，占生活费支出的 54.7%，比 1984 年提高了 3.23 个百分点，当年人均消费量为蔬菜 63.6 公斤、植物油 2.8 公斤、动物油 0.08 公斤、猪肉 1.1 公斤、鲜蛋 0.9 公斤、食糖 0.8 公斤、酒 0.8 公斤、糖果 0.19 公斤、糕点 0.48 公斤、水果 3.3 公斤。从食品消费的变化可以看出，脱贫致富后的广大农村居民已开始讲究饮食营养结构的科学合理调配，注重提高饮食质量。

2010 年，全市农村居民家庭年人均食品消费支出 1444 元，其中用于购买粮食 121 公斤、植物油 9 公斤、猪肉 5 公斤、蔬菜 62 公斤、干鲜瓜果 17 公斤、奶制品 8.2 元、水果 17 公斤，与改革开放初期相比，农村居民家庭人均食品总额支出和单项支出均有大幅度的增长。

三、居住

（一）城市居民

清末至民国时期，城市居民的宅舍多砖木结构式瓦房，也有用河卵石拌灰土砌成的、用炉渣盖顶的简易房，其房舍低矮窄小，通风、采光极差。普通市民宅居的格局多是“四合头”院；官宦富豪人家则多住穿心院、过庭院、偏正套院。阳泉建市后，城市宅居条件不断改善，但因处于经济恢复时期，国家无力以更多的资金投资民宅建设，致使宅居建设在一段时期发展比较缓慢。据统计，1978 年，全市住宅投资为 461 万元，比 1949 年的 20 万元增长 22 倍，平均每年递增 11.42%。进入改革开放时期，结合旧城改造，城市宅居建设发展迅速。1990 年，阳泉城市住宅建设投资为 8184 万元，比 1978 年增长 16.75 倍，平均每年递增 27%，城市人均住宅面积由 1978 年的 4.19 平方米上升到 1990 年的 5.75 平方米。昔日低矮潮湿的小平房逐渐被宽敞明亮的高层楼房所取代，而且，城市宅居设施也基本步入现代化。

1990 年，市区 95% 的住户有自来水，75% 的住户有卫生间，39% 的住户有暖气设施，57% 的住户使用上了管道煤气。2010 年，全市城镇居民人均居住消费 1443 元，而 1978 年仅为 4.5 元。改革开放初期，城镇居民的住房不仅结构简陋，而且面积小、质量差。几代人同居一室在当时是很普遍的事。随着居民收入的增加，住房消费成为居民消费热点和新的经济增长点。各级政府除鼓励单位和个人自建住房外，还投入大量资金，加快旧城区棚户改造。尤其是进入 21 世纪后，通过建设廉租房和经济适用房来千方百计解决居民住房难的问题。2010 年，阳泉市住宅投资 53.5 亿元，全年保障性住房建设实际完成投资 26.2 亿元，开工新建各类保障性住房 7035 套，基本建成保障性住房及棚户区改造住房 10092 套。城镇居民实现从租住公房到经济适用房、购住商品房的历史性跨越，真正拥有了自己的产权住房，有些居民家庭甚至拥有了第二套、第三套住宅。

新澳城

20 世纪末至 21 世纪初，房屋装饰也成为城镇居民消费的热点，并由此带动建材、家具和家电市场的蓬勃发展，丰富多彩的现代化生活类设施设备进入城镇居民家庭。资料显示，2010 年，全市城市居民人均居住消费支出 1119.27 元，其中住房 419.81 元、水电燃气及其他 662.31 元。

（二）农村居民

清末至民国时期，境内大部分农村的宅舍为窑洞（青石窑或土窑），盂县西部地区多为砖木结构的瓦房。殷实人家多数居住独户独院；一般人家为一院数户；极贫困者租房而居，俗称“串房檐”，此类家庭宅居颇为紧张，有的三代同堂，有的两代同室；还有的利用村寨边沿处，靠山挖洞而居，俗称“靠山窑”。阳泉建市后，农村进行土地改革，广大贫苦农民翻身做了主人，分得了房产和地基，结束了无土地无宅居的贫困状况。“文化大革命”中，由于受“先治坡，后治窝”的思想影响，农村宅居发展较为缓慢，人均居住面积不足 6 平方米。1978 年以后，农村经济有较快发展，农民收入逐渐增加，多数农民建房盖屋，变土窑洞为砖窑洞，变平房为楼房。

据统计，1978 年至 1990 年，全市农村新建住房 472 万平方米，人均新增居住面积 6.7 平方米。又据平定县抽样调查，1990 年全县人均房屋建筑面积为 14.92 平方米，其中生产用房 0.60 平方米，生活用房 14.32 平方米。在农民的生活用房中，砖木结构占 36%，钢筋混凝土结构占 5.2%；房屋结构也发生新的变化，多数为单门独户的居住结构。

20 世纪末至 21 世纪初，农村居民因方便子女就学就业，在城市买房的愈来愈多，居住环境的改变，使农民的生活习惯趋于城市化，进一步促进了农民居住消费方面的增长。2010 年，全市农村居民全年居住消费人均支出达到 664 元。

四、交通通信

改革开放后，城乡居民在交通通信方面越来越追求方便快捷。2010 年，全市城镇居民年人均交通通信消费达 1251.57 元，比 1978 的 1.8 元增加 695.32 倍。城乡居民在交通通信消费方面呈现两大特点：

第一，汽车消费成为居民消费的新潮。改革开放以前，阳泉城乡居民代步工具仅有公交车和自行车，进入 20 世纪 90 年代后，摩托车以其省力、快捷迅速发展，进入 21 世纪以后，随着居民收入的不断增加，人们对交通出行的要求越来越高，家用汽车纷纷登场，全市私人汽车保有量逐年上升。2010 年，全市私人汽车保有量 13.4 万辆，其中私人轿车保有量 8.3 万辆，比 1978 年全市汽车总量 6200 辆增加 13.38 倍。

第二，网络消费成为居民消费的一道亮丽风景线。改革开放前人们异地联系最常用的是书信，20 世纪 80 年代末至 90 年代初固话、BB 机逐渐普及，90 年代末至 21 世纪初移动电话取代固话成为主角。至 2010 年，全市年末移动电话用户 138.7 万户，其中 3G 移动电话用户 35.2 万户。固定电话普及率为百人 13.9 部，移动电话普及率为每百人 114.5 部。尤其是 2005 年后，3G 手机网络的盛行和互联网等现代化信息产品的发展，使得城镇居民家庭生活进入信息化时代。互联网已经延伸到千家万户，渗透到居民日常生活，上网看世界、查资料、购物、聊天、娱乐已成为平常事，家庭信息化消费成为现代家庭的一项硬开支。

五、文化娱乐

（一）城市居民

清末至民国时期，城镇居民的文化娱乐活动具有浓厚的传统色彩，活动多集中在春节、元宵节等节日期间，以正月十五元宵节最为热闹红火。此时，民间的狮子舞、高跷、龙灯、旱船、太平车、腰鼓等竞相献技，深受居民喜爱。日常的文化娱乐则比较单调，只限于影剧院。民国36年（1947）阳泉建市后，城市居民文化娱乐的形式不断增多，内容也日渐丰富，除传统的娱乐活动外，还有不少外地的优秀文化娱乐项目传入境内。“文化大革命”期间，城市居民的业余文化活动较少，主要是观看“样板戏”演出。1978年后，城市文教娱乐教育投资备受青睐，精神生活更加充实，业余文化活动增加了新形式，如卡拉OK、电子游戏机、交谊舞等。据抽样调查，1981年城市居民人均文化娱乐消费支出为21.01元，占当年人均生活费支出的6.46%；年末百户拥有黑白电视机58台、收音机98台、收录机3台。1990年城市居民人均文娱消费支出为73.05元，比1981年增长2.48倍，占当年人均生活费支出的6.21%；年末百户拥有黑白电视机50台、彩色电视机87台、收音机36台、立体声收录机38台、普通收录机51台、中高档乐器17件、高级音响1个、录像机3台，城市居民文娱消费水平有较大提高。

2010年，全市城镇居民年人均文教娱乐用品服务消费1158.25元，比1978年的6.41元增加180.69倍。城乡居民在休闲娱乐方面呈现如下特点：

第一，旅游成为居民闲暇消费的一颗新星。5天工作日和新的节假日休假制度，为居民提供更多休闲时间。居民改变了以往单纯的观光游览方式，而是集吃、住、行、游、购、娱、探亲访友、休闲度假于一体，外出旅游内容更加丰富，旅游质量提高。

第二，百花齐放的居民文化娱乐消费。体育设施的快速开发，娱乐市场的健康发展，让居民休闲方式更加丰富多彩。茶楼、酒吧、书屋、度假村、社区健身处、体育馆、健身馆、瑜伽馆等休闲娱乐健身场所如雨后春笋般呈现，居民一改昔日封闭的生活方式，由家庭走向社会，去追求适合自身的各类活动。

第三，教育投资成为居民消费的新热点。随着科学技术的不断进步，知识更新速度愈来愈快，居民生存压力加大，人们开始注重教育方面的投入。除了对子女的教育消费支出不断增长外，很多成年人为适应经济社会发展的需要，把一部分业务时间投入到自身再教育和知识、技能的更新提高方面，使得成人教育消费支出也在不断增长。

（二）农村居民

清末至民国时期，农村居民的文化娱乐活动多集中在节日、庙会，常以自然村为单位举办活动，有打迓鼓、踩高跷、办灯会、跑旱船、扭秧歌、耍社火和演小花戏等活动形式。每逢庙会，村里还请戏班或马戏团演出，周围村镇前来观看的人们络绎不绝。

中华人民共和国成立后，农村居民生活蒸蒸日上，较大的村镇办起文艺宣传队，自编、自导、自演小型多样的文艺节目。“文化大革命”期间，一些传统剧目被迫停演，农村文化生活单一化。1978年后，传统剧目喜获新生，文艺舞台又呈现出百花齐放的景象，农民的业余文化生活又丰富多彩起来。据平定县抽样调查，1984年农村居民文化娱乐消费支出为6.02元，占当年人均生活费支出的2.5%，年末农村百户拥有收音机42台、电视机17台、录音机2台；1990年农村居民人均文化娱乐消费支出为22.65元，占当年人均生活费支出的5.2%，比1984年增长2.8倍，年末农村百户拥有收音机22台、收录机22台、黑白电视机55台、彩色电视机8台。农村居民在物质生活水平提高的同时，精神文化生活水平也得到相应提高。2010年，农村居民年人均购买文化、教育、体育、娱乐用品消费支出137元，比1990年人均文化娱乐消费支出增加6倍之多。

郊区五架山新村

六、家用设备

建市初到改革开放前，家用设备简单实用。改革开放后，家用设备逐步由大众型、单一型、低档型转向个性化、多样化、高档化，并经历了以“三大件”为标志的“三级跳”。“一级跳”，大致从建市初到改革开放前，普通家庭以拥有“自行车、手表、缝纫机”等家用设备为一种荣耀；“二级跳”，大致从改革开放初至20世纪90年代初，普通家庭又以拥有“彩电、冰箱、洗衣机”等家用设备为一种满足；“三级跳”，大致从90年代中期至21世纪初，城乡家庭、特别是年轻家庭在家用设备方面，开始追求“家具高档化、家电智能化、功能系列化”新潮，平板电视机、全自动洗衣机、环保节能空调等丰富多彩、时尚优雅、环保节能、功能强大的现代设备纷纷涌入千家万户。

2010年，全市城镇居民年人均家庭设备用品及服务消费773.98元，比1978年的18.7元增加41.39倍。另外，其他个性化消费支出也在快速增长，如随着收入水平的提高，居民理财意识和享受意识不断增强，人们在满足生活必需的前提下，开始购买一些体现生活品质及具有保值功能的物品，如金银首饰、珠宝玉器、文物藏品等，导致城镇居民其他商品和服务支出也在快速增长。

2010 年阳泉市城镇居民家庭平均每百户年末主要商品拥有量简表

表 -28-3

品 名	单 位	总 计	最低收入户	中等收入户	较高收入户	高收入户
摩托车	辆	17.53	18.64	20.69	17.24	15.52
家用汽车	辆	9.97	3.45	10.34	13.79	17.24
洗衣机	台	98.28	91.53	96.55	100.00	106.90
电冰箱	台	90.38	77.97	93.10	96.55	103.45
彩色电视机	台	115.12	108.47	110.34	118.97	124.14
家用电脑	台	58.76	35.59	58.62	67.24	79.31
照相机	架	22.34	10.17	27.59	25.86	37.93
摄像机	架	2.41			3.45	5.17
空调器	台	25.43	5.08	20.69	31.03	56.90
钢 琴	架	1.72	1.69	3.45	1.72	1.72
中高档乐器	件	2.41	1.69		6.90	3.45
微波炉	台	30.93	11.86	36.21	43.10	48.28
淋浴热水器	台	51.20	35.59	53.45	68.97	58.62
组合音响	套	21.99	22.03	13.79	22.41	32.76
固定电话	部	82.13	81.36	86.21	86.21	79.31
移动电话	部	155.67	115.25	153.45	162.07	194.83

阳泉市志

YANGQUANSHIZHI

[下　册]

第二十九编

语　言

20世纪初，正太铁路的贯通，以及山西近代规模最大的民族资本企业——山西商办全省保晋矿务有限总公司在境内的落户，揭开了阳泉近代工业的序幕，同时也吸引着一批批境外人员到境内来谋生创业、安家落户，山西的、山东的，河北的、河南的，域内的、域外的，北方的、南方的，来自四面八方的大小群体先后在阳泉定居。人们在长期的社会交往中，为了便于交流和生活，相互扶助，相互学习，相互包容，相互影响，相互感染，相互融合，逐渐促成了阳泉地区以普通话成分多、方言成分少为特点的语言风格。

阳泉语言传统上属于山西中区方言，但经过近百年的变化，到21世纪初已经形成了相对稳定的以普通话成分多、方言成分少为特色的语言风格。当然，在不同时期、不同区域以及细节方面，其语言也呈现出不同的特点。

从区域分布情况来看，阳泉语言有一个主中心、两个分中心。市区为主中心，语言以普通话成分为主；平定、盂县两城则为南北两个分中心，分别以平定传统方言、盂县传统方言为主。

从语言细节方面来看，依据入声是否分阴阳，境内语言大致分为南部、北部两个方言小片。南部小片入声不分阴阳，只有一个入声，属于山西中区方言中的阳泉片（平辽片）。北部小片入声分阴阳，有阴入、阳入两个入声，属于山西中区方言中的太原片（晋阳片）。“阳泉话”处于南部小片中部，覆盖人口70余万人，约为全市人口的一半。阳泉话有25个声母，比普通话多3个声母；有38个韵母，前响复韵母较少，没有前鼻音韵母，有2组塞音尾韵母［-əʔ -ɑʔ］；有5个单字调（阴平、阳平、上声、去声、入声）。阳泉话语法特点明显，表现为重叠构词法、入头词、子变韵母等构词法特点和特殊补语、特殊词语等句法特点。

从现实使用情况来看，阳泉语言在青少年群体、公职人员群体以及公开场合中，为了有效的、体面的进行交流，人们更多地倾向于使用普通话。当然，在家庭成员之间交流，仍能感受到人们对祖传方言的眷恋。

从发展趋势来看，阳泉语言的变动性远大于稳定性。市区人群普遍在向普通话靠拢，且速度明显加快。即使是八九十岁的老者，发音、用词也与儿时的浓浓乡音和里弄土语有很大差异，好多方言已经自觉不自觉地丢弃了。即使在平定、盂县南北两域，这种趋势也很明显。

第一章 方言演变 分区

第一节 方言演变

在阳泉话的发展变化进程中，普通话的推广和外地方言产生了广泛而深刻的影响，并成为阳泉话的有机组成部分；文白异读、新老差异是阳泉话发展变化中的两种突出现象。

一、语音变异的因素

（一）推广普通话

1956年国务院发出关于推广普通话的指示后，阳泉市开始推广普通话。20世纪80年代以后，阳泉市加大了推广普通话的力度，普通话逐步成为全市学校和幼儿教育机构的教学语言，也逐步成为各级党政机关的会议用语、公共场合讲话用语、公务活动交际用语、机关内部工作用语。普通话还深入到人民群众日常生活中，日常交际大量使用普通话，一些人可以根据情况随意选用普通话和方言，一些家庭形成了普通话和方言共存的语境，还有的家庭完全使用普通话。

（二）外来人口和外地方言

随着经济的快速发展，阳泉涌入大量外来人口，带来多种外地方言。

煤矿职工及家属　20世纪初，阳泉诞生了保晋、同济、建昌等煤矿，聚集了一批员工。民国37年（1948）1月，国营阳泉煤矿公司成立。上述煤矿的员工多数是本地人，但也有不少外地人。同年11月，该公司与河北井陉煤矿合并为井阳煤业公司（翌年9月改称井阳矿务局）。因生产需要，从井陉煤矿陆续调来若干生产人员，其籍贯主要为河北井陉及其周边市县。1950

年1月，改称阳泉矿务局（1997年后称阳煤集团），除了从阳泉及晋东六县（平定、盂县、寿阳、昔阳、和顺、左权）招工外，在山西省的统一安排下，从山西北部、晋中等地多次招收人员。历年还有来自各地的大批复员退伍军人、高校和中专毕业生到阳泉煤矿工作。国家还从太原、辽宁等地调来数批技术工人。据统计，阳泉矿务局1950年有职工0.77万人，1951年发展到1.33万人，1976年有职工5.31万人。与煤矿职工一同到阳泉定居的，还有大批职工家属。除阳泉矿务局外，还有南庄煤矿等煤炭企业。

铁路职工及家属 20世纪初，正太铁路（新中国成立后称石太铁路）建成，一批铁路员工定居阳泉，其后阳泉站两侧形成商业区，又引来众多商业服务业人口。阳泉建市后，分别于1951年、1956—1972年、1974—1982年对石太线进行了3次技术改造，居住在阳泉的铁路职工及其家属也相应增加，他们多数居住在城区新华东街、官坊街、金三角、南边堰4个社区居委会。铁路人口的籍贯多为山西、河北。

其他国有大型企业职工及家属 如晋东化工厂，该厂是中国兵器工业总公司所属的国有大型一类企业，民国38年（1949）9月由晋东南迁至阳泉，1966年有员工2433人，1990年有员工5457人。初期外地人较多，后在境内招收了大量员工。

流动人口 20世纪80年代以后，随着市场经济的快速发展和城镇化进程的加快，境内流动人口大量增加。主要有务工、经商两类。前者集中于采煤、建筑两个行业，以包工队的形式散布于乡镇煤矿和建筑工程项目，多为河南籍和四川籍。后者集中于城乡集贸市场附近，山西、河北、河南、安徽、四川籍的都不少。

外来人口带来多种外地方言，与本地话一起通行于境内。主要外来方言：阳泉市郊区方言，晋东六县（平定、盂县、寿阳、昔阳、和顺、左权）方言，太原和山西其他各地的方言，河北方言，其他省市自治区方言。

二、文白异读

本地语言与普通话和外来方言联系紧密，互相影响，产生了“文白异读”和“新老差异”的现象。

“文白异读”是指一种语言中，读书识字与平时说话的发音不同的现象。读书时的发音称文读，用本地语言的音系模拟民族共同语的读音；平时说话时的发音称白读，是本地语言的土音。阳泉话存在文白异读现象，主要源于明清推行“官话”、民国推行“国语”和新中国成立后推广普通话。文读最初流行于从政人员、读书人和经商者中，后范围逐步扩大。

在不同人群和不同环境中，文白异读也存在差异。一般来说，年轻人、教育水平高的人更多地使用文读；正式场合多用文读，日常生活则多用白读。但是，二者实是担负该语言当中不同的功能，习惯用白读音读出的固有词语并不适合改用文读音代换；习惯用文读音读出的借词也无法改用白读音，是该语言不可或缺的两套汉字读音。阳泉话常见的文白异读例子：

骨：文读 kuəʔ，如“骨瘦如柴”；白读 kəʔ，如“骨头”。

薄：文读 pɑʔ，如“浅薄”；白读 piɑu^{33}，如“薄厚”。

脊：文读 tɕiəʔ，如“脊椎动物”；白读 tsəʔ，如“脊背”。

卜：文读 pɑʔ，如“卜算子”；白读 p^{h}i^{33}，如“萝卜”。

血：文读 çyəʔ，如“输血”；白读 ciəʔ，如“出血”。

尾：文读 vueɪ^{53}，如“摇尾乞怜”；白读 i^{53}，如“尾巴”。

锈：文读 çiəu^{35}，如“锈迹斑斑”；白读 su^{35}，如“生锈”。

塞：文读 saɪ^{323}，如“堵塞”；白读 çiəʔ，如“塞住”。

三、新老差异

（一）语音

1. 声母。主要有下列 4 种情况：

（1）原读零声母，改读［ʐ］。如“荣、容、溶”原读［yŋ］，改读［ʐuəŋ］。

（2）原读［ŋ］，改读零声母。如“俄、爱、安”原读［ŋɤ ŋaɪ ŋæ］，改读［ɤ aɪ æ］。

（3）原读［z］，改读［ʐ］。如“儒、瑞、软、润”原读［zu zueɪ zuæ zuəŋ］，改读［ʐu ʐueɪ ʐuæ ʐuəŋ］。

（4）原读舌尖音，改读舌面音。如“今、俊、泉、宣”，原读［tsə̃r tsuəŋ ts^{h}uæ suæ］，改读［tɕiŋ tɕyŋ tɕ^{h}yæ çyæ］。

2. 韵母。主要有下列 4 种情况：

（1）原读［uɤ］，改读［ɤ］。如“科、课、和”，原读［k^{h}uɤ k^{h}uɤ xuɤ］，改读［k^{h}ɤ k^{h}ɤ xɤ］。

（2）原读［ueɪ］，改读［eɪ］。如“雷、内、泪”，原读［lueɪ nueɪ lueɪ］，改读［leɪ neɪ leɪ］。

（3）原读［ueɪ］，改读［y］。如“旅、虑、律”，原读［lueɪ lueɪ lueɪ］，改读［ly ly ly］。

（4）原读［uæ］，改读［iæ］。如“联、恋”，原读［luæ　luæ］，改读［liæ　liæ］。

3. 声调。程度不同地存在入声字“舒化”现象。一些常用的入声字改读其他声调，如“特别”［t^{h}əʔ^{43}piəʔ^{43}］、“钢笔”［kaŋ^{323}piəʔ^{43}］，部分人读成［tɤ^{35}piᴇ^{53}］［kaŋ^{323} pi^{53}］。

（二）词汇

在词汇方面，本地方言的大量特色词汇仍活跃在日常生活当中。但一些与普通话差异过大的词语，在日常生活中已较少使用，有逐渐被淘汰的趋势。

1. 名词、代词和数量词。如：

壁虱 piəʔ^{43}səʔ^{43} 臭虫

麸炭 fu^{323}t^{h}æ^{35} 煤核儿

圪定盖 kəʔ^{43}tiŋ^{35}kaɪ^{33} 膝盖

挂 kua^{35} 辆

饥荒 tɕi^{35}xuaŋ^{33} 外债

甲甲 tɕiəʔ^{43}tɕiʌʔ^{43} 指甲

解 tsi^{53}ᴇ^{33} 几个（几外的连读）

门颅盖 məŋ^{33}ləu^{33}kaɪ^{33} 脑门儿

2. 动词。如：

跑茅 p^{h}ɑu^{53}mau^{33} 拉肚子

日噘 zəʔ^{43}tɕyəʔ^{43} 骂人

抬将 t^{h}aɪ^{33}tɕiaŋ^{33} 抚养

听侍 t^{h}iŋ^{35}sɿ^{33} 侍候

3. 形容词和副词。如：

好满 xɑu^{323}mæ^{33} 大概

块儿块儿 k^{h}uər^{53}k^{h}uər^{33} 恰巧

正个家 tʂəŋ^{33}kəʔ^{43}tsia^{33} 这样

皮 p^{h}i^{33} 小孩身体壮实

求其 tɕ^{h}iəu^{33}tɕ^{h}i^{33} 稍微

通满 t^{h}uəŋ^{323}mæ^{33} 总共

第二节　方言分区

阳泉市境内方言属于山西中区方言，又分为南部、北部两个方言小片。

南部小片。涵盖阳泉市城区、矿区、郊区河底村以南地区、平定县全境，分布面积约 2000 平方千米，有人口近 100 万人。阳泉话处于南部小片中部（阳泉市城区、矿区、郊区南部、平定城关）。北厢话（处于郊区中部和北部、平定县北部）、东厢话（处于平定县东部）、南厢话（处于平定县南部）与阳泉话差异较为明显。

北部小片。涵盖盂县全境及阳泉市郊区牵牛镇、猪头垴、上章召、韩庄、大洼一线以北地区，分布面积约 2570 平方千米，有人口 30 余万人。

第二章 语音

第一节 声母 韵母 声调

一、声母

阳泉话有 25 个声母，比普通话多 3 个声母，即［v z ŋ］。

阳泉话声母表

表 -29-1

类别		声母及例字
唇音	双唇音	p（巴 保 布） pʰ（跑 皮 铺） m（毛 门 米）
	唇齿音	f（凡 飞 夫） v（完 温 物）
舌尖音	舌尖前音	ʦ（在 争 朱） ʦʰ（层 初 吹） s（色 生 苏） z（绒 如 瑞）
	舌尖中音	t（到 丁 对） tʰ（他 天 图） n（内 牛 奴） l（兰 灵 路）
	舌尖后音	tʂ（针 知 周） tʂʰ（车 成 吃） ʂ（设 升 收） ʐ（然 若 肉）
舌面音		ʨ（交 精 军） ʨʰ（巧 清 权） ɕ（消 休 玄）
舌根音		k（给 共 沟） kʰ（看 空 扣） ŋ（安 挨 恶） x（旱 后 火）
零声母		ø（而 衣 云）

阳泉话声母有如下几个特点。

（一）古“精”组今洪音字声母、古“知、庄、章”组今声母的读音

分舌尖前音[ʦ ʦʰ s]与舌尖后音[tʂ tʂʰ ʂ]两组，但与普通话不完全对应，读[tʂ tʂʰ ʂ]的字较少。如“支、柴、诗”普通话读［tʂ tʂʰ ʂ］，而阳泉话读［ʦ ʦʰ s］。除古“章”组“止”摄今开口字、古“知”组二等今开口字、古“庄”组二等今开口字读［ʦ ʦʰ s］外，今合口呼字也大部分读［ʦ ʦʰ s］。如：粗＝初＝处＝除［ʦʰ-］。

（二）古“精”组与古“见、晓”组字今细音前的读音

古“精”组字今细音前读［ʦ ʦʰ s］，古“见、晓”组字今细音前读［ʨ ʨʰ ɕ］，但只限于古“山”摄三等舒声字。如普通话个别舌面音字，阳泉话读成舌尖音。如“今［ʨin］、俊［ʨyn］、泉［ʨʰyɑn］、宣［ɕyɑn］”，阳泉话分别读成［tsə̃r tsuəŋ tsʰuæ suæ］。全［ʦʰ-］≠权［ʨʰ-］，宣［s-］≠轩［ɕ-］，精＝经［ʨ-］，秋＝丘［ʨʰ-］，修＝休［ɕ-］。

（三）古“微”母、“日”母、“疑”母、“影”母中今普通话读零声母开口呼、合口呼字声母的读法

1. 古“疑”母、“影”母今普通话读零声母开口呼字，今声母读［ŋ］。如：饿、艾、熬、藕、岸、爱、袄、欧、安、恩等。

2. 古“日”母今普通话读零声母开口呼字，今也读零声母。如：儿、尔、二、贰、而、耳、饵。

3. 古“疑”母、“影”母、“微”母今普通话读零声母合口呼字声母的读法，分两种情况：（1）古“遇”摄合口一等古“疑”母、“影”母字和古“遇”摄合口三等古“微”母字，今读零声母。如：午、吴、五、污、武、无、务等。（2）其余读［v］。如：物、哇、歪、卫、完、王、温、蛙、袜等。

（四）古“日”母非“止”摄字今声母读音

1. 古“日”母非“止”摄开口字今声母读［ʐ］。如：日［ʐəʔ］、人［ʐəŋ］等。

2. 古“日”母非“止”摄合口字今声母读［z］。如：儒［zu］、瑞［zuɪ］、软［zuæ］、润［zuəŋ］等。这些音节在普通话里声母都是［ʐ］。

（五）古“并、定、从、澄、群”诸母字今声母读音

古“并、定、从、澄、群”诸母字，即声母读全浊塞音、塞擦音的字，依声调的平仄，分化为送气清音和不送气清音：平声送气，仄声不送气，与北京话相同。如：盘、田、钱、肠、穷；杜、步、独等。

二、韵母

阳泉话有 38 个韵母。

阳泉话韵母与普通话差异较大，但对应关系明显。构成阳泉话前响复韵母［aɪ eɪ ɑu］的两个元音中，前者比单发时舌位略高，后者只表示舌头移动的方向。整个发音过程二者间的变化很小，读音分别近似于单元音［ɛ］［ɪ］［ɔ］，与普通话对应前响复韵母的发音方法不同。阳泉话没有前鼻音韵母，只有后鼻音韵母。普通话的前鼻韵母［an ian uan yan］，阳泉话分别读作［æ iæ uæ yæ］；普通话的［ən in uən yn］，阳泉话分别读作后鼻韵母［əŋ iŋ uəŋ yŋ］。阳泉话有 2 组塞音尾韵母［-əʔ -ɑʔ］，而普通话没有塞音尾韵母。

阳泉话韵母表

表 -29-2

	开口呼	齐齿呼	合口呼	撮口呼
开尾韵	ɿ（支 磁 思） ʅ（知 持 世）	i（批 机 溪）	u（富 姑 疏）	y（女 居 需）
	a（巴 拉 爬）	ia（家 虾 夏）	ua（瓜 夸 花）	
	ɤ（波 可 者）		uɤ（多 果 所）	
		iE（姐 且 谢）		yE（靴 瘸 哕）
	æ（干 帆 万）	iæ（天 年 先）	uæ（专 团 欢）	yæ（权 绢 远）
卷舌韵	ər（而 耳 二）			
元音尾	aɪ（白 戴 才）		uaɪ（快 坏 帅）	
	eɪ（背 飞 李）		ueɪ（对 归 水）	
	ɑu（高 报 好）	iɑu（条 鸟 俏）		
	əu（勾 候 州）	iəu（油 牛 又）		
鼻音尾	aŋ（堂 帮 当）	iaŋ（娘 强 羊）	uaŋ（庄 光 双）	
	əŋ（根 能 生）	iŋ（丁 品 宁）	uəŋ（村 童 公）	yŋ（君 兄 永）
塞音尾	əʔ（福 木 式）	iəʔ（笔 蜜 结）	uəʔ（国 或 出）	yəʔ（捋 曲 续）
	ɑʔ（各 泼 扎）		uɑʔ（刮 扩 索）	

阳泉话韵母的主要特点是：

（一）古“果”摄开合口一等字今韵母的分合

阳泉话古“果”摄开合口一等字今韵母主要元音相同，开口一等“见”系字今读开口呼，开口一等“端”系字合口一等今读合口呼（合口一等“帮”组字或读开口，或读合口），如：多＝锅≠河。

（二）古“遇”摄合口一等“泥”组字今韵母的读音

阳泉话古“遇”摄合口一等“泥”组字今读合口呼韵母［-u］，如：奴＝炉［-u］。如：奴、努、怒、炉、鲁、路等。

（三）古“止”摄开口三等“来、日”母字与“遇”摄合口三等“来”母、“见”系字韵母的读音

阳泉话古“止”摄开口三等“来”母字（如：梨、离、篱等），今韵母读开口呼［-eɪ］，“日”母字（如儿、而、耳、二）今韵母读［ər］；古“遇”摄合口三等“来”母字（如：驴、吕、旅、虑）今韵母读合口呼［-ueɪ］，古“遇”摄合口三等“见”系字（如：居、渠、鱼）今韵母读撮口呼［-y］。即梨≠儿≠驴≠鱼。

（四）古“流”摄开口一等“厚”韵“明”母、三等“尤”韵“明”母字，与“遇”摄合口一等“精”组、三等“庄”组字今韵母读音

阳泉话古“流”摄开口一等“厚”韵“明”母、三等“尤”韵“明”母字（如：母、亩、牡、谋、矛等），与“遇”摄合口一等“精”组、三等“庄”组字（如：粗、租、初、锄等），今韵母读合口呼［-u］，如：母＝谋＝粗＝初。

（五）古“咸、山”摄与“宕”摄舒声字今韵母的分合

阳泉话古“咸、山”摄与“宕”摄舒声字，今韵母分别为［-æ　-ɑŋ］。如：碱＝班＝关＝园［-æ］，烫＝羊＝光［-ɑŋ］。

（六）古“深、臻、曾、梗、通”五摄舒声字今韵母的分合

阳泉话古“深、臻、曾、梗、通”五摄舒声字今韵母合流，如：根＝庚；心＝新＝星；魂＝红；群＝穷。合流后的韵母带后鼻音尾［-ŋ］。

三、声调

（一）单字调

阳泉话单字调有6个：平声分阴阳，古平声清声母字今读阴平，古浊声母字今读阳平；上

声与去声不分阴阳；入声分阴阳，但阴入在日常生活中使用渐少，往往用阳入代替。

阴平	˧˨˧ 323	如梯、诗、衣、方。
阳平	˧ 33	如题、时、移、房。
上声	˥˧ 53	如体、使、椅、仿。
去声	˧˥ 35	如替、是、意、放。
阴入	˨˧ 23	如页、绿、目、力。
阳入	˦˧ 43	如一、七、笔、铁。

（二）连续变调

1. 叠字两字组变调。举例如下：

阴平重叠。前字声调不变，后字声调变去声。如姑姑、家家、天天、听听。

阳平重叠。前字与后字声调均不变。如虫虫、钱钱、团团圆圆、姨姨。

上声重叠。前字声调不变，后字声调变阴平。如好好、悄悄、铲铲、苦苦。

去声重叠。前字声调不变，后字声调变阳平。如户户、弟弟、看看、豆豆。

2. 非叠字两字组变调。入声字不参与连读变调，其余有以下几种情况：

阴平＋阴平。一类是前字变去声，后字变阳平。如冬天、机关、家乡、天津。另一类是前字不变，后字变去声。如西瓜、张庄、公鸡、花椒。

阴平＋上声。前字不变，后字变阳平。如端午、村长、争取、烟筒。

上声＋阳平。前字不变，后字变阴平。如顶棚、粉红、女人、老娘。

上声＋上声。前字变阴平，后字变阳平。如管理、产品、小米、老虎。

阳平字和去声字之后，入声字之外的各声调均读成阳平。如长期、茴香，人口、凉水，平定、咸菜；负担、画家，下午、户口，电话、教育。

第二节 儿化现象

一、普通儿化音

儿化时在原韵母后加上卷舌动作即可，如“马”［ma］→“马儿”［mar］，“花”［xua］→“花儿”［xuar］，“朵”［tuɤ］→“朵儿”［tuɤr］，“猫”［mɑu］→“猫儿”

［mɑur］，“兔”［t^{h}u］→“兔儿”［t^{h}ur］，“头”［t^{h}əu］→“头儿”［t^{h}əur］。

二、变音儿化音

儿化时韵母发生变化。阳泉话的38个韵母中，除［yᴇ］［yŋ］［uəʔ］［ər］4个韵母外，其余均可儿化，形成四组儿化韵母：

ɐr组：韵母［a aɪ æ aŋ ɑʔ］［ia iæ iaŋ］［ua uaɪ uæ uaŋ uɑʔ］［yæ］儿化后分别形成儿化韵母［ɐr］［iɐr］［uɐr］［yɐr］。

ɔr组：韵母［ɑu］［iɑu］儿化后分别形成儿化韵母［ɔr］［iɔr］。

ər组：韵母［ɿ ʅ ɤ eɪ əŋ əʔ］［i iᴇ iŋ iəʔ］［u uɤ ueɪ uəŋ］［y yəʔ］儿化后分别形成儿化韵母［ər］［iər］［uər］［yər］。

əur组：韵母［əu］［iəu］，儿化后分别形成儿化韵母［əur］［iəur］。

阳泉话儿化韵母表

表-29-3

组别	基本韵母	儿化韵母	例字
ɐr组	a aɪ æ aŋ ɑʔ	ɐr	疤儿 pɐr^{323} 名牌儿 miŋ^{33}p^{h}ɐr^{33} 豆瓣儿 təu^{35}pɐr^{35} 茶缸儿 ts^{h}a^{33}kɐr^{323} 策法儿 ts^{h}ɑʔ^{43}fɐr^{33}
	ia iæ iaŋ	iɐr	豆芽儿 təu^{35}iɐr^{33} 冒烟儿 mau^{35}iɐr^{323} 样儿 iɐr^{35}
	ua uaɪ uæ uaŋ uɑʔ	uɐr	画儿 xuɐr^{35} 煤块儿 meɪ^{33}k^{h}uɐr^{35} 款款儿 k^{h}uæ^{53}k^{h}uɐr^{323} 蛋黄儿 tæ^{35}xuɐr^{33} 戳戳儿 ts^{h}uɑʔ^{43}ts^{h}uɐr^{33}
	yæ	yɐr	考试卷儿 k^{h}ɑu^{53}sɿ^{323}tɕyɐr^{35}
ɔr组	ɑu	ɔr	道儿 tɔr^{35}
	iɑu	iɔr	条儿 t^{h}iɔr^{33}
ər组	ɿ ʅ ɤ eɪ əŋ əʔ	ər	头发丝儿 t^{h}əu^{33}fɑʔ^{43}sər^{323} 豆豉儿 təu^{35}tʂər^{53} 上坡儿 ʂaŋ^{35}p^{h}ər^{323} 宝贝儿 pau^{53}pər^{35} 笔记本儿 piəʔ^{43}tɕi^{35}pər^{53}
	i iᴇ iŋ iəʔ	iər	小鸡儿 ɕiɑu^{53}tɕiər^{323} 蝴蝶儿 xu^{33}tiər^{33} 今儿 tɕiər^{323}
	u uɤ ueɪ uəŋ	uər	鱼肚儿 y^{33}tuər^{53} 油果儿 iəu^{33}kuər^{33} 耳坠儿 ər^{53}tsuər^{35} 小木棍儿 ɕiɑu^{53}məʔ^{43}kuər^{35}
	y yəʔ	yər	小鱼儿 ɕiɑu^{53}yər^{33} 小曲儿 ɕiɑu^{53}tɕ^{h}yər^{33}
əur组	əu	əur	小狗儿 ɕiɑu^{53}kəur^{53}
	iəu	iəur	皮球儿 p^{h}i^{33}tɕ^{h}iəur^{33}

第三节 同音字表

本表按阳泉话的语音系统排列，先按韵母分部，韵母相同的字按声母排列，声韵相同的按声调次序排列，声韵调次序参见本编第二章第一节。

ɿ

ts [˧˩˧] 支枝肢栀眵眼眵资姿咨兹滋辎之芝 [˥˧] 紫纸姊脂旨指子梓滓止趾址
[˦˥] 自至字志痣

ts^h [˧˩˧] 疵差参差嗤 [˧] 雌瓷慈磁辞词祠 [˥˧] 此齿 [˦˥] 刺赐翅次侍

s [˧˩˧] 私诗斯厮撕施私师狮尸屍司丝思 [˧] 时鲥匙 [˥˧] 使史驶始豕死屎矢
[˦˥] 士仕柿俟寺嗣饲事试市恃是氏四肆示视嗜伺思祀巳寺嗣饲舐

ʅ

tʂ [˧˩˧] 知蜘 [˦˥] 痔治滞制掷炙智致雉雉鸡置

$tʂ^h$ [˧˩˧] 痴 [˧] 池驰迟持 [˥˧] 侈豉耻 [˦˥]

ʂ [˦˥] 世势誓逝

i

p [˥˧] 彼俾鄙比比较秕秕谷 [˦˥] 蔽蓖闭箅箅子敝弊幣毙陛鐾鐾刀臂避泌庇痹蓖

p^h [˧˩˧] 批坯披丕 [˧] 皮疲脾琵枇 [˦˥] 屁

m [˧˩˧] 眯眯住眼 [˧] 眯眯了眼迷谜糜弥 [˥˧] 米靡

t [˧˩˧] 低 [˥˧] 底抵 [˦˥] 帝弟第递地

t^h [˧˩˧] 梯 [˧] 堤题提蹄啼 [˥˧] 体 [˦˥] 替涕剃屉

n [˧] 泥倪尼拟 [˥˧] 你 [˦˥] 腻

tɕ [˧˩˧] 鸡稽饥肌基几几乎，茶几机讥饥屐 [˥˧] 挤已几几个 [˦˥] 祭际穄穄子计继系系鞋带济剂寄技妓冀纪记忌既

$tɕ^h$ [˧˩˧] 妻栖欺期时期 [˧] 齐脐荠畦奇骑岐歧祁鳍其棋旗 [˥˧] 稽启企起杞岂祈乞 [˦˥] 契砌器弃气汽泣讫

ɕ [˧˩˧] 西溪奚兮犀牺嬉熙希稀 [˥˧] 洗玺徙喜嬉 [˦˥] 细系中文系戏

ø [˧˩˧] 伊医衣依 [˧] 宜仪移夷姨疑饴沂沂蒙山 [˥˧] 蚁倚椅矣已以 [˦˥] 艺刈瞖目瞖谊义议易难易肄肄业意异毅忆亿翼

u

p [˥˧] 补捕 [˦˥] 布佈怖恐怖部簿步埠商埠

p^h [˧˩˧] 铺铺设 [˧] 蒲菩菩萨脯胸脯 [˥˧] 谱普浦 [˦˥] 铺店铺

m [˧] 模模子谋 [˥˧] 某亩牡母拇 [˦˥] 暮幕墓募幕

f　[˧˩˧] 夫肤跗敷麸 [˦] 俘孵符扶芙浮 [˥˧] 府腑俯甫斧脯肉脯抚殍腐辅釜否
[˨˦] 付赋傅赴讣父附富副妇负阜缚

t　[˧˩˧] 都都城 [˥˧] 堵赌肚鱼肚 [˨˦] 妬杜肚腹肚度渡镀

tʰ　[˦] 徒屠途涂图 [˥˧] 土吐吐痰 [˨˦] 吐呕吐兔

n　[˦] 奴 [˥˧] 努 [˨˦] 怒

l　[˦] 卢炉芦芦苇鸬鸬鹚庐 [˥˧] 鲁橹虏滷 [˨˦] 路赂露鹭鹭鸶

k　[˧˩˧] 姑孤箍 [˥˧] 古估估计盬盬子牯股鼓 [˨˦] 故固锢锢露锅雇顾

kʰ　[˧˩˧] 枯 [˥˧] 苦 [˨˦] 库裤

x　[˧˩˧] 呼乎 [˦] 胡湖狐壶核果核斛 [˥˧] 虎浒 [˨˦] 户沪互护瓠瓠瓜戽戽水

ts　[˧˩˧] 租猪诸诛蛛株朱硃珠 [˥˧] 祖组阻煮拄主 [˨˦] 著箸筷子苎苎麻助驻柱住注蛀铸

tsʰ　[˧˩˧] 粗初 [˦] 除锄厨雏 [˥˧] 储褚姓础柱下石楚处相处杵 [˨˦] 醋处处所

s　[˧˩˧] 苏酥疏注疏，生疏梳蔬书舒枢输殊 [˦] 熟 [˥˧] 暑黍鼠署薯数动词秫粟 [˨˦] 素诉塑塑像嗉鸟嗉子庶恕数名词戍竖树

z　[˦] 如儒 [˥˧] 汝乳擩擩进去

ø　[˧˩˧] 乌污坞巫诬 [˦] 吴蜈蜈蚣吾梧无 [˥˧] 五伍午武舞侮鹉 [˨˦] 恶可恶误悟务雾戊

y

n　[˥˧] 女

tɕ　[˧˩˧] 车象棋居拘驹 [˥˧] 举矩规矩 [˨˦] 据锯巨拒距聚俱句瞿具惧剧

tɕʰ　[˧˩˧] 蛆生蛆趋区驱 [˦] 渠 [˥˧] 取娶 [˨˦] 去趣

ɕ　[˧˩˧] 墟嘘虚须需吁 [˦] 徐 [˥˧] 许 [˨˦] 序叙绪絮婿

ø　[˧˩˧] 於姓淤吁迂 [˦] 鱼渔余馀舁抬愚虞娱于盂榆逾愉 [˥˧] 语与雨宇禹羽
[˨˦] 御誉预豫遇寓吁芋愈愈合喻裕狱玉

ər

ø　[˦] 儿而 [˥˧] 耳饵尔 [˨˦] 二贰贰心

a

p　[˧˩˧] 巴芭疤 [˥˧] 把把握，把守，一把 [˨˦] 霸把把柄坝堤坝爸耙犁耙，耙地罢

pʰ　[˧˩˧] 趴 [˦] 爬琶琵琶杷枇杷钯钯子 [˨˦] 怕帕

m　[˧˩˧] 妈 [˦] 麻痲蟆蝦蟆 [˥˧] 马码码子 [˨˦] 骂

v　[˧˩˧] 蛙窪娃挖 [˥˧] 瓦 [˨˦] 瓦动词袜

t　[˧˩˧] 大父亲 [˥˧] 打 [˨˦] 大

tʰ　[˧˩˧] 他

n　[˦] 拿 [˥˧] 哪哪个？ [˨˦] 那

l　[˨˩˧] 拉

k　[˦˥] 尬

x　[˨˩˧] 哈

ʦ　[˨˩˧] 楂山楂渣 [˦˥] 诈榨榨油炸炸弹乍

ʦʰ　[˧] 茶搽涂茬查调查 [˦˥] 叉杈枝杈差差别，差不多岔三岔口

s　[˨˩˧] 沙纱 [˥˧] 洒撒 [˦˥] 厦偏厦，前廊后厦萨

ʂ　[˥˧] 傻 [˦˥]

ø　[˨˩˧] 啊

ia

ʨ　[˨˩˧] 家加痂嘉佳 [˥˧] 假真假贾姓 [˦˥] 假放假架驾嫁稼价

ɕ　[˨˩˧] 虾鱼虾 [˧] 霞瑕遐暇 [˦˥] 厦厦门吓吓一跳下下降夏春夏

ø　[˨˩˧] 鸦丫丫头桠桠杈 [˧] 牙芽衙伢小孩子涯崖 [˥˧] 雅哑 [˦˥] 砑平亚压轧

ua

k　[˨˩˧] 瓜 [˥˧] 寡剐 [˦˥] 挂卦

kʰ　[˨˩˧] 夸 [˥˧] 侉垮 [˦˥] 跨

x　[˨˩˧] 花 [˧] 华中华铧划划船 [˦˥] 化华华山，姓桦桦树画话划

ʦ　[˨˩˧] 抓髽髽髻 [˥˧] 爪 [˦˥]

s　[˥˧] 耍 [˦˥]

ɤ

p　[˨˩˧] 波菠菠菜玻 [˥˧] 跛跛足簸簸一簸 [˦˥] 簸簸箕擘擘毛豆檗黄檗薄薄荷

pʰ　[˨˩˧] 颇坡 [˧] 婆 [˦˥] 破

m　[˧] 魔磨磨刀摩馍模模范摹摹仿 [˦˥] 磨磨面，石磨

k　[˨˩˧] 歌哥 [˦˥] 个个人，一个

kʰ　[˨˩˧] 科窠棵颗一颗珠 [˥˧] 可 [˦˥] 课

ŋ　[˨˩˧] 阿阿胶 [˧] 蛾鹅俄讹 [˦˥] 饿

x　[˧] 河何荷荷花和和气禾 [˦˥] 贺荷荷担

ʈʂ　[˨˩˧] 遮 [˥˧] 者

ʈʂʰ　[˨˩˧] 车马车 [˥˧] 扯

ʂ　[˨˩˧] 奢赊 [˧] 蛇佘姓 [˥˧] 舍 [˦˥] 射麝麝香舍騇母的牛马社折折断

ʐ　[˥˧] 惹

uɤ

t　[˨˩˧] 多 [˥˧] 朵躲 [˦˥] 舵舵手驮驮子剁惰垛柴垛

tʰ [˧˩˧] 拖 [˧] 驼~铃驮驮运 [˥˧] 妥椭椭圆 [˦˥] 唾唾液，唾沫

n [˧] 挪 [˦˥] 糯糯米

l [˧] 罗锣箩骡螺螺蛳脶手指文啰啰嗦 [˥˧] 裸裸体瘰瘰疬 [˦˥] 摞摞起来

k [˧˩˧] 过姓锅 [˥˧] 果裹馃 [˦˥] 过

x [˧] 和和面 [˥˧] 火伙 [˦˥] 货祸

ʦ [˥˧] 左佐撮 [˦˥] 坐座做

ʦʰ [˧˩˧] 搓矬矮 [˦˥] 锉莝莝草，切碎的草措措置错错误

s [˧˩˧] 蓑梭织布梭唆莎莎草 [˥˧] 锁琐琐碎所

ø [˧˩˧] 倭踒踒了脚窝蜗 [˥˧] 我 [˦˥] 卧涴弄脏

iE

t [˧˩˧] 爹

n [˧] 茶发茶

ʨ [˧˩˧] 皆阶稭街 [˥˧] 姐解解晓 [˦˥] 借藉藉故褯褯子，婴儿尿布介界芥疥届戒

ʨʰ [˧˩˧] 揩 [˧] 茄茄子 [˥˧] 且 [˦˥] 笪斜

ɕ [˧˩˧] 些 [˧] 邪斜鞋谐 [˥˧] 写 [˦˥] 泻卸谢械懈解姓蟹泄屑不屑

ø [˧] 耶爷 [˥˧] 也者也，也是野 [˦˥] 夜液腋

yE

ʨʰ [˧] 瘸瘸腿

ɕ [˧˩˧] 靴

ø [˥˧] 哕

æ

p [˧˩˧] 班斑颁扳般搬 [˥˧] 板版 [˦˥] 扮瓣辦伴拌半绊

pʰ [˧˩˧] 攀潘 [˧] 爿盘 [˦˥] 盼袢判叛

m [˧] 蛮瞒馒 [˥˧] 满 [˦˥] 慢漫幔

f [˧˩˧] 帆藩翻番 [˧] 凡烦矾繁 [˥˧] 反 [˦˥] 范犯泛贩嬎鸟下蛋饭

v [˧˩˧] 豌剜弯湾 [˧] 完丸玩顽 [˥˧] 皖碗晚挽 [˦˥] 腕万蔓

t [˧˩˧] 耽担担任丹单单独 [˥˧] 胆掸鸡毛掸子 [˦˥] 担挑担淡诞旦但弹子弹蛋

tʰ [˧˩˧] 贪坍滩摊 [˧] 潭谭谈痰檀坛弹弹琴 [˥˧] 毯坦 [˦˥] 探炭叹

n [˧] 南男难 [˦˥] 难患难

l [˧] 蓝篮缆兰拦栏 [˥˧] 览揽榄懒 [˦˥] 滥烂

k [˧˩˧] 甘柑泔尴肝竿干干湿 [˥˧] 感敢橄杆秆擀擀面 [˦˥] 干

kʰ [˧˩˧] 堪龛勘看看守刊 [˥˧] 坎 [˦˥] 看看见

ŋ　[˨˩˧] 庵安鞍 [˥˧] 揞埯 [˧˥] 暗按案岸

x　[˨˩˧] 蚶蚶子憨酣鼾 [˧] 含函寒韩还还有 [˥˧] 喊罕 [˧˥] 撼憾旱汉汗焊翰

ts　[˨˩˧] 簪 [˥˧] 斩盏攒 [˧˥] 暂錾站蘸赞绽栈鑽

tsʰ　[˨˩˧] 参搀餐 [˧] 蚕谗馋残惭 [˥˧] 惨铲产 [˧˥] 灿

s　[˨˩˧] 三杉衫珊山删疝疝气 [˥˧] 散散开伞 [˧˥] 钐大钐散分散

tʂ　[˨˩˧] 沾粘瞻占占卜毡 [˥˧] 展 [˧˥] 占战

tʂʰ　[˧] 蟾缠蝉禅 [˧˥] 颤

ʂ　[˨˩˧] 扇羶搧 [˥˧] 陕闪 [˧˥] 扇膳单姓禅禅让善

ʐ　[˧] 然燃 [˥˧] 染冉

iæ

p　[˨˩˧] 鞭编边蝙 [˥˧] 扁 [˧˥] 便辨辩变汴便方便遍辫

pʰ　[˨˩˧] 篇偏 [˧˥] 骗片

m　[˧] 绵棉眠 [˥˧] 免勉娩缅渑 [˧˥] 面

t　[˨˩˧] 掂颠 [˥˧] 点典 [˧˥] 店簟簟席电殿奠佃垫

tʰ　[˨˩˧] 添天 [˧] 甜田填 [˥˧] 舔腆

n　[˨˩˧] 拈蔫 [˧] 黏鲇年 [˥˧] 碾辇撚撵 [˧˥] 念

l　[˧] 廉镰簾连怜莲 [˥˧] 敛殓 [˧˥] 练楝

tɕ　[˨˩˧] 监监视尖歼歼灭艰间空间奸煎肩坚 [˥˧] 减硷检俭简裥柬拣剪囝茧趼笕以竹通水 [˧˥] 鉴监国子监舰渐剑间间断谏监涧锏践件箭溅贱饯犍犍子建键健腱荐见

tɕʰ　[˨˩˧] 鸧鸟啄物嵌竿签兼搛搛菜谦迁千牵铅笺 [˧] 潜钳钱乾乾坤虔掮犍犍为县前
[˥˧] 浅遣 [˧˥] 欠歉

ɕ　[˨˩˧] 仙鲜新鲜廯掀先 [˧] 咸衔嫌闲涎贤 [˥˧] 险鲜少显 [˧˥] 陷馅限苋线羡宪献现县

ø　[˨˩˧] 淹阉腌焉烟燕姓 [˧] 严炎盐阎簷盐严颜延筵言研沿 [˥˧] 掩魇眼演兖
[˧˥] 验厌豔焰俨酽酽茶雁晏谚堰砚燕燕子咽宴

uæ

t　[˨˩˧] 端 [˥˧] 短 [˧˥] 断锻段缎椴

tʻ　[˧] 团樌 [˥˧] 疃

n　[˥˧] 暖 [˧˥]

l　[˧] 鸾联 [˥˧] 卵 [˧˥] 乱恋

k　[˨˩˧] 官棺冠鳏关 [˥˧] 管馆 [˧˥] 贯灌罐观冠惯

kʰ　[˨˩˧] 宽 [˥˧] 款 [˧˥]

x　[˨˩˧] 欢 [˧] 桓还还原环 [˥˧] 缓 [˧˥] 唤焕换幻患宦

ts [˨˦] 专砖膞鸡膞 [˩˧] 转转送 [˦˥] 纂撰篆转转圆圈传传记
tsʰ [˨˦] 氽川穿 [˧˧] 全泉传椽船篅盛谷具 [˩˧] 喘 [˦˥] 篡窜串
s [˨˦] 酸闩拴宣喧 [˩˧] 选 [˦˥] 涮算蒜
z [˩˧] 软阮

yæ

tɕ [˨˦] 绢捐 [˩˧] 卷 [˦˥] 圈猪圈眷卷倦
tɕʰ [˨˦] 圈 [˧˧] 拳权颧 [˩˧] 犬 [˦˥] 劝券
ɕ [˨˦] 轩 [˧˧] 弦旋玄悬 [˦˥] 镟楦鞋楦眩
ø [˨˦] 冤渊 [˧˧] 圆员缘元原源袁辕园援 [˩˧] 远 [˦˥] 院苑愿怨

aɪ

p [˧˧] 白 [˩˧] 摆 [˦˥] 拜韛稗败
pʰ [˧˧] 排牌 [˦˥] 派
m [˧˧] 埋 [˩˧] 买 [˦˥] 卖迈麦脉
v [˨˦] 歪 [˦˥] 外
t [˨˦] 呆 [˩˧] 逮 [˦˥] 戴带贷待怠殆代袋大大夫
tʰ [˨˦] 胎台天台，台州苔 [˧˧] 台抬 [˦˥] 态太泰
n [˩˧] 乃奶 [˦˥] 耐奈捺
l [˧˧] 来 [˦˥] 赖癞攋
k [˨˦] 该 [˩˧] 改 [˦˥] 概溉盖丐
kʰ [˨˦] 开 [˩˧] 凯慨楷
ŋ [˨˦] 哀埃挨挨近 [˧˧] 呆挨 [˩˧] 蔼矮 [˦˥] 艾碍爱隘
x [˨˦] 咳 [˧˧] 孩 [˩˧] 海 [˦˥] 亥害骇
ts [˨˦] 灾栽斋 [˧˧] 窄宅 [˩˧] 宰载年载 [˦˥] 再载载重在债寨
tsʰ [˨˦] 猜钗差出差 [˧˧] 才材财裁豺柴 [˩˧] 彩睬采棌 [˦˥] 蔡菜
s [˨˦] 腮鳃筛筛子 [˦˥] 赛晒

uaɪ

k [˨˦] 乖 [˩˧] 拐 [˦˥] 怪
kʰ [˩˧] 蒯 [˦˥] 块会会计刽块快筷
x [˧˧] 怀槐淮 [˦˥] 坏
ts [˦˥] 拽
tsʰ [˩˧] 揣揣度 [˦˥]
s [˨˦] 衰 [˦˥] 帅率率领蟀

eɪ

p [˨˦] 杯碑卑婢悲 [˥˧] 贝辈背倍焙被被子备

pʰ [˨˦] 胚 [˧˥] 培陪赔裴 [˥˧] 沛配佩

m [˧˥] 梅枚媒煤眉楣霉 [˥˩] 每美 [˥˧] 妹昧媚寐

f [˨˦] 非飞妃 [˧˥] 肥翡 [˥˩] 匪榧 [˥˧] 废肺吠痱费

v [˨˦] 威煨危 [˧˥] 为作为维惟违唯微违围桅 [˥˩] 伪萎委尾伟苇纬 [˥˧] 卫喂为为什么位未味魏畏慰胃谓

l [˧˥] 离离别篱璃梨狸犁黎 [˥˩] 李里理鲤礼 [˥˧] 荔离使离开利痢吏例厉励丽隶

ʦ [˧˥] 贼

ueɪ

t [˨˦] 堆 [˥˧] 对碓队兑

tʰ [˨˦] 推 [˥˩] 腿 [˥˧] 退蜕

n [˥˧] 内

l [˨˦] 雷累累赘驴 [˥˩] 儡履垒累累累吕稆野生旅缕屡 [˥˧] 累类泪虑滤

k [˨˦] 圭闺规龟归 [˥˩] 诡轨癸鬼 [˥˧] 桧鳜鳜鱼桂柜贵

kʰ [˨˦] 盔亏 [˧˥] 魁奎逵葵 [˥˩] 傀 [˥˧] 溃窥跪愧

x [˨˦] 恢灰麾挥辉徽 [˧˥] 回茴 [˥˩] 悔毁 [˥˧] 桧贿晦汇会绘惠慧秽讳彙

ʦ [˨˦] 追锥 [˥˩] 嘴 [˥˧] 最罪缀赘醉坠

ʦʰ [˨˦] 催崔吹炊 [˧˥] 锤槌垂 [˥˧] 脆翠粹

s [˨˦] 虽 [˧˥] 绥髓随谁 [˥˩] 水 [˥˧] 碎岁税遂隧穗睡

z [˥˧] 芮姓锐瑞蕊

ɑu

p [˨˦] 褒包 [˧˥] 雹 [˥˩] 保堡宝饱 [˥˧] 报抱暴抱菢菢小鸡豹爆鲍鉋曝

pʰ [˨˦] 胞泡抛剖 [˧˥] 袍刨麅 [˥˩] 跑 [˥˧] 炮泡

m [˧˥] 毛茅猫矛 [˥˩] 卯 [˥˧] 冒帽貌茂贸

t [˨˦] 刀叨 [˥˩] 祷岛倒打倒 [˥˧] 到倒倒水道稻盗导

tʰ [˨˦] 滔掏涛 [˧˥] 桃逃淘陶萄 [˥˩] 讨 [˥˧] 套

n [˧˥] 挠 [˥˩] 脑恼 [˥˧] 闹

l [˧˥] 劳捞牢唠 [˥˩] 老 [˥˧] 烙涝

k [˨˦] 高膏篙羔糕 [˥˩] 稿搞 [˥˧] 告膏膏油

kʰ [˥˩] 考烤 [˥˧] 靠犒

ŋ [˧˥] 熬 [˥˩] 袄 [˥˧] 傲鏊烙饼用具奥懊懊悔

x　[˧˩˧] 蒿薅除田草 [˧] 豪壕毫号呼号 [˥˧] 好好坏 [˧˥] 好喜好耗浩号号数

ʦ　[˧˩˧] 遭糟 [˧] 凿 [˥˧] 早枣蚤澡 [˧˥] 躁灶罩糙皂造

ʦʰ　[˧˩˧] 操抄钞 [˧] 曹槽巢 [˥˧] 草炒吵

s　[˧˩˧] 骚梢捎稍 [˥˧] 扫打扫嫂 [˧˥] 臊潲猪食潲潲雨扫扫帚

tʂ　[˧˩˧] 朝今朝昭招 [˧] 着睡着 [˥˧] 沼 [˧˥] 赵兆召照诏

tʂʰ　[˧˩˧] 超焯焯菜 [˧] 朝朝代潮

ʂ　[˧˩˧] 烧 [˧] 韶绍勺芍 [˥˧] 少多少 [˧˥] 少少年邵

ʐ　[˧] 饶桡桨 [˥˧] 扰绕围绕 [˧˥] 绕绕线

iɑu

p　[˧˩˧] 膘肥膘标彪 [˥˧] 表 [˧˥] 鳔

pʰ　[˧˩˧] 飘 [˧] 瓢 [˧˥] 漂漂亮，漂白票

m　[˧] 苗描 [˥˧] 藐渺秒 [˧˥] 庙妙谬

t　[˧˩˧] 刁貂雕 [˥˧] 鸟 [˧˥] 钓弔掉调音调，调动

tʰ　[˧˩˧] 挑挑选 [˧] 条调调和 [˥˧] 挑挑战 [˧˥] 跳粜眺

n　[˥˧] 鸟 [˧˥] 尿

l　[˧] 燎疗聊辽撩寥 [˥˧] 燎火燎眉毛了了结 [˧˥] 廖瞭料尥

tɕ　[˧˩˧] 交郊胶教教书焦蕉香蕉椒骄娇浇 [˥˧] 绞狡铰搅剿矫缴侥饺 [˧˥] 教教育校校对较酵窖觉睡觉醮打醮轿叫噍牛倒噍

tɕʰ　[˧˩˧] 敲锹缲缲边 [˧] 樵瞧乔侨桥荞 [˥˧] 巧悄 [˧˥] 俏鞘窍

ɕ　[˧˩˧] 消宵霄硝销枵嚣萧箫 [˧] 淆 [˥˧] 小晓 [˧˥] 孝效校学校笑

ø　[˧˩˧] 妖邀腰要要求么么二三吆吆喝 [˧] 肴摇谣窑姚尧 [˥˧] 咬舀杳 [˧˥] 要重要耀鹞药钥跃岳

əu

t　[˧˩˧] 都都是兜 [˥˧] 斗抖陡 [˧˥] 斗斗争豆逗

tʰ　[˧˩˧] 偷 [˧] 头投 [˧˥] 透

l　[˧] 楼搂耧 [˥˧] 篓 [˧˥] 漏陋

k　[˧˩˧] 勾钩沟 [˥˧] 狗枸 [˧˥] 彀往上彀够构购

kʰ　[˧˩˧] 抠眍 [˥˧] 口 [˧˥] 叩扣寇

ŋ　[˧˩˧] 欧瓯 [˥˧] 藕偶配偶，偶然呕呕吐殴 [˧˥] 怄

x　[˧] 侯喉瘊 [˥˧] 吼 [˧˥] 后厚候

ʦ　[˧˩˧] 邹掫 [˥˧] 走 [˧˥] 奏皱绉骤

ʦʰ　[˧˩˧] 搊 [˧] 愁 [˥˧] 瞅 [˧˥] 凑

s [˨˩˧] 叟搜飕馊蒐 [˦˥] 嗽瘦潄

tʂ [˨˩˧] 周舟州洲 [˧] 轴粥 [˥˧] 肘帚 [˦˥] 昼纣宙咒

tʂʰ [˨˩˧] 抽 [˧] 绸稠筹仇酬 [˥˧] 丑 [˦˥] 臭

ʂ [˨˩˧] 收 [˥˧] 手首守 [˦˥] 兽受寿授售

ʐ [˧] 柔揉 [˦˥] 肉

iəu

t [˨˩˧] 丢

n [˧] 牛 [˥˧] 钮扭

l [˨˩˧] 溜 [˧] 流刘留榴硫琉 [˥˧] 柳 [˦˥] 溜馏六

tɕ [˨˩˧] 揪鸠阄抓阄纠 [˥˧] 酒九久韭灸 [˦˥] 就救究臼舅咎旧柩

tɕʰ [˨˩˧] 秋丘 [˧] 囚泅游水求球仇姓 [˥˧] 糗

ɕ [˨˩˧] 修羞休 [˥˧] 朽 [˦˥] 秀绣宿星宿锈嗅

ø [˨˩˧] 优忧悠幽游 [˧] 坳尤邮由油犹 [˥˧] 有友酉 [˦˥] 又右佑莠诱柚鼬釉幼

aŋ

p [˨˩˧] 帮邦浜 [˥˧] 榜绑 [˦˥] 谤傍磅棒蚌

pʰ [˧] 滂旁螃庞 [˦˥] 胖

m [˧] 忙芒茫盲 [˥˧] 莽蟒 [˦˥]

f [˨˩˧] 方芳 [˧] 肪房防 [˥˧] 妨仿仿效纺访 [˦˥] 放

v [˨˩˧] 汪一汪水 [˧] 亡王 [˥˧] 网辋枉往 [˦˥] 忘妄望旺

t [˨˩˧] 当当时 [˥˧] 党 [˦˥] 当当作荡宕

tʰ [˨˩˧] 汤 [˧] 堂棠螳唐糖塘 [˥˧] 倘躺 [˦˥] 烫趟

n [˧] 囊馕 [˥˧] 攮用刀子捅

l [˧] 郎廊狼螂 [˥˧] 朗 [˦˥] 浪

k [˨˩˧] 刚纲钢缸 [˥˧] 冈岗港 [˦˥] 杠

kʰ [˨˩˧] 康糠慷 [˥˧] 扛 [˦˥] 抗炕囥藏

ŋ [˨˩˧] 肮肮脏 [˥˧] 昂 [˦˥]

x [˨˩˧] 夯 [˧] 行行列航杭

ts [˨˩˧] 脏 [˦˥] 葬藏西藏

tsʰ [˨˩˧] 仓苍 [˧] 藏隐藏

s [˨˩˧] 桑丧婚丧 [˥˧] 磉柱下石嗓搡 [˦˥] 丧丧失

tʂ [˨˩˧] 张章樟 [˥˧] 长生长涨掌 [˦˥] 丈仗杖帐账胀障瘴

tʂʰ [˨˩˧] 昌菖 [˧] 长长短肠场常尝裳偿 [˥˧] 厂 [˦˥] 畅唱倡

ʂ [˧˩˧] 商伤 [˥˧˥] 赏晌饷 [˦˥] 上上山尚

ʐ [˧] 瓤瓜瓤穰禾茎 [˥˧˥] 壤攘嚷 [˦˥] 让

iaŋ

n [˧] 娘 [˦˥] 酿

l [˧] 良凉量丈量粮梁粱 [˥˧˥] 两 [˦˥] 亮谅辆量数量

tɕ [˧˩˧] 将浆疆僵薑礓缰姜江豇 [˥˧˥] 讲蒋奖桨耩耩地 [˦˥] 强倔强酱将大将匠降降落

tɕʰ [˧˩˧] 枪羌腔 [˧] 墙强 [˥˧˥] 抢 [˦˥] 呛

ɕ [˧˩˧] 相箱厢湘襄镶香乡 [˧] 详祥降投降 [˥˧˥] 想鲞享响 [˦˥] 象像橡相相貌向项巷

ø [˧˩˧] 央秧殃 [˧] 羊洋烊融化杨阳扬疡 [˥˧˥] 仰养痒 [˦˥] 样

uaŋ

k [˧˩˧] 光 [˥˧˥] 广 [˦˥] 桄一桄线逛

kʰ [˧˩˧] 匡筐 [˧] 狂 [˦˥] 眶旷况矿

x [˧˩˧] 荒慌 [˧] 黄簧皇蝗 [˥˧˥] 谎 [˦˥] 晃

ts [˧˩˧] 庄装 [˦˥] 幢壮状

tsʰ [˧˩˧] 窗疮 [˧] 床 [˥˧˥] 闯 [˦˥] 创

s [˧˩˧] 霜孀双 [˥˧˥] 爽 [˦˥] 双双生

əŋ

p [˧˩˧] 奔锛崩 [˥˧˥] 本 [˦˥] 笨奔蚌蚌埠迸

pʰ [˧˩˧] 喷烹 [˧] 盆朋彭膨棚篷 [˥˧˥] 捧 [˦˥] 喷喷香

m [˧˩˧] 闷懵蒙 [˧] 门萌盟蒙 [˥˧˥] 虻猛蒙蒙古蠓蠓虫 [˦˥] 孟闷梦

f [˧˩˧] 分芬纷风枫疯丰封峰蜂锋 [˧] 焚坟冯逢缝缝衣服 [˥˧˥] 粉讽 [˦˥] 愤忿粪奋份凤奉俸缝一条缝

v [˧˩˧] 温瘟翁 [˧] 文纹闻蚊 [˥˧˥] 稳吻刎 [˦˥] 问璺裂璺瓮

t [˧˩˧] 登灯 [˥˧˥] 等 [˦˥] 凳镫鞍镫邓澄水浑，澄一澄瞪

tʰ [˧] 腾誊藤疼

n [˧] 能

l [˧] 楞 [˥˧˥] 冷 [˦˥] 愣

k [˧˩˧] 跟根更更换庚羹耕 [˥˧˥] 粳粳米哽埂梗耿 [˦˥] 更更加

kʰ [˧˩˧] 坑 [˥˧˥] 恳垦啃肯 [˦˥]

ŋ [˧˩˧] 恩

x [˧˩˧] 亨 [˧] 痕恒衡横横直 [˥˧˥] 很 [˦˥] 恨横蛮横

ts [˧˩˧] 曾姓增争筝睁怔 [˦˥] 憎赠

ʦʰ [˨˩˧] 参参差撑 [˧] 岑曾曾经层 [˦˥] 衬蹭掌椅子掌儿

s [˨˩˧] 森参人参僧生牲笙甥 [˥˧] 省省长 [˦˥] 渗

tʂ [˨˩˧] 针斟珍榛臻真征蒸贞侦正正月征 [˥˧] 枕诊疹拯整 [˦˥] 枕动词镇阵振震证症郑正政

tʂʰ [˨˩˧] 称称呼蛏蛏子 [˧] 辰晨臣沉陈尘澄橙乘塍田塍承丞呈程成城诚盛盛满了

[˥˧] 惩逞 [˦˥] 趁称相称秤

ʂ [˨˩˧] 升深身申伸娠声 [˧] 绳神 [˥˧] 沈审婶 [˦˥] 胜胜任剩葚桑葚甚肾慎圣盛盛典

ʐ [˧] 壬任姓人仁 [˥˧] 忍仍扔 [˦˥] 任责任纫缝纫刃认韧

iŋ

p [˨˩˧] 彬宾槟冰兵 [˥˧] 禀丙秉柄饼 [˦˥] 殡鬓病并

pʰ [˨˩˧] 拼拼命姘 [˧] 贫频凭平坪评瓶屏萍 [˥˧] 品 [˦˥] 聘

m [˧] 民鸣明名铭 [˥˧] 闽悯敏抿皿 [˦˥] 命

t [˨˩˧] 丁钉铁钉疔 [˥˧] 顶鼎 [˦˥] 锭钉钉住订订购定

tʰ [˨˩˧] 听厅汀 [˧] 亭停廷庭蜓 [˥˧] 艇挺 [˦˥] 听听任

n [˧] 凝宁 [˦˥] 宁宁可佞

l [˨˩˧] 拎 [˧] 林淋临邻鳞燐陵凌菱灵零铃伶 [˥˧] 檩领岭翎 [˦˥] 赁吝令另

ʨ [˨˩˧] 今金禁禁不住襟津巾斤筋茎京荆惊鲸兢精晶睛径经 [˥˧] 锦紧仅谨景警井颈

[˦˥] 禁禁止尽进晋近劲境敬镜竞静靖净

ʨʰ [˨˩˧] 侵钦浸亲卿清轻年轻青蜻 [˧] 琴禽擒秦勤芹擎情晴 [˥˧] 寝请倾顷苘

[˦˥] 吣猫吣揿亲亲家庆磬

ɕ [˨˩˧] 心辛新薪欣兴兴旺星腥馨 [˧] 寻行行为形型刑陉井陉荥 [˥˧] 省反省醒 [˦˥] 信兴高兴

杏行品行幸性姓

ø [˨˩˧] 音阴荫因姻殷鹰应应对莺鹦樱英婴缨 [˧] 吟淫银湮寅蝇迎盈赢萤营茔

[˥˧] 饮引隐尹影颖 [˦˥] 荫窨地窨子印应应当硬映

uəŋ

t [˨˩˧] 敦墩蹲东冬 [˥˧] 董懂 [˦˥] 盾顿囤沌钝遁盾动冻栋洞

tʰ [˨˩˧] 吞通 [˧] 臀囤屯豚饨同铜桐童瞳 [˥˧] 筒捅桶统 [˦˥] 褪痛

n [˧] 农脓侬浓 [˦˥] 嫩弄

l [˧] 论论语仑伦沦轮笼聋隆龙 [˥˧] 拢陇垄 [˦˥] 论议论

k [˨˩˧] 公蚣工功攻弓躬宫恭供供不起 [˥˧] 滚汞拱巩 [˦˥] 棍贡共供供养

kʰ [˨˩˧] 昆坤空空洞 [˥˧] 捆孔恐 [˦˥] 困控空空缺

x [˨˩˧] 昏婚轰烘荤 [˧] 魂馄浑混混沌宏红洪鸿虹弘 [˥˧] 哄哄骗 [˦˥] 混

ʦ [˨˩˧] 尊遵肫棕鬃宗综中当中忠终踪钟锺盅 [˥˧] 撙准总冢种种类肿 [˦˥] 俊重中射中仲众

纵纵横，放纵重重要种种树

tsʰ　[˨˦] 村皴脸皴椿春聪匆葱充从从容冲春 [˦] 存唇纯莼醇丛虫崇从随从重重复

[˥˧] 忖蠢囱铳放铳宠 [˦˥] 寸

s　[˨˦] 孙松嵩 [˥˧] 损榫榫头怂 [˦˥] 逊顺舜送宋诵颂讼

z　[˦] 戎绒茸 [˦˥] 润闰

yŋ

tɕ　[˨˦] 均钧君军 [˥˧] 窘菌迥 [˦˥] 郡

tɕʰ　[˦] 群裙琼穷 [˦˥]

ɕ　[˨˦] 熏勳薰兄胸凶吉凶 [˦] 荀旬循巡殉熊雄 [˦˥] 讯衅迅训

ø　[˨˦] 晕雍痈庸壅壅肥 [˦] 匀云荣容蓉镕融 [˥˧] 允永泳咏拥甬勇涌冗 [˦˥] 熨韵运孕用

əʔ

p　[˧] 不

m　[˦] 木没沉没目穆牧

f　[˧] 复复兴佛仿佛福幅蝠腹覆服伏

v　[˧] 杌杌凳物勿屋沃

tʰ　[˧] 忒特

k　[˧] 胳

x　[˧] 黑核审核赫吓恐吓

s　[˧] 涩瑟虱

tʂ　[˧] 只稚蛰执汁侄秩质直值织职殖植

tʂʰ　[˧] 饬赤斥尺吃

ʂ　[˧] 湿什什物拾十实失室食蚀识式饰适释石

ʐ　[˦] 日

iəʔ

p　[˧] 鼻别区别鳖憋笔毕必弼伯泊北逼百柏伯璧碧壁

pʰ　[˧] 撇匹迫拍魄僻劈譬

m　[˦] 密蜜灭篾墨默陌觅

t　[˧] 跌叠碟牒蝶谍得德的目的滴嫡笛敌狄籴

tʰ　[˧] 帖贴铁踢剔

n　[˧] 聂镊蹑孽捏匿逆溺

l　[˦] 立笠粒列烈裂劣栗肋勒力历猎

tɕ　[˧] 髻夹甲胛肩胛接捷劫缉集辑急级给给予及杰揭节截结洁疾吉即鲫极戟积迹脊籍藉绩

寂击激

tɕʰ [˦] 洽恰掐妾怯切锲镰刀七漆膝戚

ɕ [˦] 辖匣胁协习袭瞎歇蝎悉塞息熄媳惜昔席夕锡析狭峡吸

ø [˨] 叶页 [˦] 鸭押缢业揖咽乙一逸抑益亦译疫役靥

uəʔ

t [˦] 独读犊犊笃督毒

tʰ [˦] 突秃

l [˨] 绿录陆鹿禄

k [˦] 骨郭国虢谷稻谷

kʰ [˦] 窟哭酷

x [˦] 忽或惑获霍藿劐用刀劐开镬

ts [˦] 拙卒族竹筑逐祝烛嘱

tsʰ [˦] 猝畜触出

s [˦] 术述速叔淑粟束蜀属

z [˨] 辱褥入弱

yəʔ

n [˦] 虐疟

l [˦] 捋律率略掠

tɕ [˦] 嚼脚绝厥愨脾气愨掘橛橛子决诀橘掘倔爵觉知觉角菊掬足锔局

tɕʰ [˦] 缺屈雀鹊却确榷促曲乐曲，酒曲焌火焌手黢黢黑

ɕ [˦] 薛屑木屑雪血穴戌恤削学肃宿缩畜畜牧蓄俗续赎

ø [˨] 月悦阅越曰粤约乐音乐域郁姓育欲浴

ɑʔ

p [˦] 八拔钵拨钹勃博薄驳帛卜

pʰ [˦] 泼朴扑仆仆倒仆仆人瀑

m [˦] 抹抹布末沫莫膜寞摸

f [˦] 法乏发头发，发展伐筏罚

v [˦] 握

t [˦] 答搭达

tʰ [˦] 踏搨沓塔榻塌溻汗溻溻

n [˦] 纳诺

l [˦] 腊蜡镴辣拉落

k　[˦] 戈合十合一升蛤鸽割葛各阁搁格革隔
kʰ　[˦] 咳磕渴壳刻克客
ŋ　[˦] 额扼轭鄂恶善恶
x　[˦] 喝合盒郝姓鹤
ʦ　[˦] 泽择杂扎眨闸札铡则摘责
ʦʰ　[˦] 拆厕插擦察观察策册侧测
s　[˦] 杀色啬栅
tʂ　[˦] 蔗折折叠褶哲蜇蜜蜂蜇人辙折弄折了浙
tʂʰ　[˦] 彻撤
ʂ　[˦] 舌设赦摄涉
ʐ　[˦] 热若

uɑʔ

t　[˦] 掇拾掇夺铎踱
tʰ　[˦] 脱讬托
l　[˦] 落骆酪洛络乐
k　[˦] 聒刮
kʰ　[˦] 阔廓扩括
x　[˦] 滑猾豁活
ʦ　[˦] 作昨柞着着衣酌桌卓琢涿啄浊捉镯泥水湿
ʦʰ　[˦] 撮绰戳
s　[˦] 刷说索绳索朔

第三章 词汇

第一节 构词法

一、重叠

重叠构词法在阳泉话里普遍存在。除了亲属称谓用叠字外，一般名词和量词、动词、形容词都有非常丰富、富有特色的重叠式。

（一）名词

1. 重叠后产生新义。如：

娘［niaŋ^{33}］（母亲）—娘娘［niəʔ^{43}niaŋ^{33}］（奶奶）。

票［p^{h}iɑu^{35}］（车票）— 票票［p^{h}iɑu^{35}p^{h}iɑu^{33}］（钞票）。

牛［niəu^{33}］（牛羊）— 牛牛［niəu^{33}niəu^{33}］（小虫子）。

腿［t^{h}ueɪ^{53}］（腿脚）— 腿腿［t^{h}ueɪ^{53}t^{h}ueɪ^{33}］（家俱的腿）。

刷［suɑʔ^{43}］（动词，刷鞋）— 刷刷［suɑʔ^{43}suɑʔ^{43}］（名词，小刷子）。

盖［kaɪ^{35}］（动词，盖上）— 盖盖［kaɪ^{35}kaɪ^{33}］（名词，盖子）。

2. 重叠后带有“小称”或“爱称”的意味。如：瓶瓶［p^{h}iŋ^{33}p^{h}iŋ^{33}］（小瓶子）、凳凳［təŋ^{35}təŋ^{33}］（小凳子）、罐罐［kuæ^{35}kuæ^{33}］（小罐子）、柜柜［kueɪ^{35}kueɪ^{33}］。与儿童说话时，常用重叠式表示亲昵。如：门门［məŋ^{33}məŋ^{33}］、碗碗［væ^{53}væ^{33}］、箱箱［ɕiaŋ^{323}ɕiaŋ^{33}］、篮篮［læ^{33}læ^{33}］。

（二）量词

1. 重叠后意义不变。如：只［tʂəʔ^{43}］（一只只手），挂［kua^{35}］（一挂挂车），下［ɕia^{35}］

（打了三下下），瓶［p^{h}iŋ^{33}］（提了一瓶瓶）。

2. 重叠后表示“多”的意思。如：顶［tiŋ^{53}］（一顶一顶大帽子），嘟噜［tuəʔ^{43}luəʔ^{43}］（一嘟噜一嘟噜葡萄）。

3. 重叠后表示“少”或“小”的意思。如：勺［ʂɑu^{33}］（一勺勺饭），会儿［xuər^{35}］（一会会儿工夫），阵儿［tʂər^{35}］（一阵阵雨）。

4. 重叠后表示“又”的意思。如：笔［piəʔ^{33}］— 一笔笔钱（一笔又一笔钱），座［tsuɤ^{35}］— 一座座山（一座又一座山）。

（三）动词

1.AA 式，重叠后词性变为名词。如扣［k^{h}əu^{35}］— 扣扣儿（名词，纽扣），盖［kaɪ^{35}］— 盖盖（名词，盖子），擦［ts^{h}ɑʔ^{43}］— 擦擦（擦丝儿的工具）。

2.A 一 A 式，表示动作时间短暂，或带有尝试的意思。如：尝［tʂ^{h}aŋ^{33}］— 尝一尝，问［vəŋ^{35}］— 问一问，看［k^{h}æ^{35}］— 看一看。

3.AABB 式，表示动作具有持续性。如：思思谋谋［sɿ^{323}sɿ^{33}mu^{33}mu^{33}］，叽叽咕咕［tɕi^{323} tɕi^{33}ku^{33}ku^{33}］。

4.ABAB 式，表示动作具有短暂性。如捣舌捣舌［tɑu^{53}ʂɑʔ^{43}tɑu^{53}ʂɑʔ^{43}］（聊聊天），洗涮洗涮［ɕi^{53}suæ^{35}ɕi^{53}suæ^{35}］。

（四）形容词

1. AA 式、AXX 式，表示程度加深，含有“很”的意思。如肥肥的［feɪ^{33}feɪ^{33}tɤ］，圆圆的［yæ^{33}yæ^{33}tɤ］，甜丝丝［t^{h}iæ^{33}sɿ^{33}sɿ^{33}］，绿油油的［luəʔ^{43}iəu^{323}iəu^{33}］。

2. AABB 式，除表示程度加深外，还增加音律的美感，多含褒义。如：舒舒妥妥［su^{323}su^{33}t^{h}uɤ^{33} t^{h}uɤ^{33}］，凉凉稍稍［liaŋ^{33}liaŋ^{33}sɑu^{33}sɑu^{33}］。

3. ABAB 式，主要用于描摹事物的状态或性质。如黑青黑青［xəʔ^{43}tɕ^{h}iŋ^{323}xəʔ^{43}tɕ^{h}iŋ^{323}］、苦咸苦咸［k^{h}u^{53}ɕiæ^{33}k^{h}u^{53}ɕiæ^{33}］。

4.AXAB 式，除表示程度加深外，多含贬义。如：邋里邋遢［lɑʔ^{43}leɪ^{53}lɑʔ^{43}t^{h}ɑʔ^{43}］，罗里罗嗦［luɤ^{33}leɪ^{53}luɤ^{33}suɤ^{33}］。

二、入头词

阳泉话有入声，部分入声音节具有极强的构词能力，常见的有：［pəʔ^{43} kəʔ^{43} kuəʔ^{43} xuəʔ^{43} zəʔ^{43}］等。它们纯粹表音，不表义，书写时只能选用同音的入声字，如上述几个音节常写成不、圪、骨、忽、日。有的找不到同音字，只好用口代替。

不［pəʔ^{43}］。如不漏［pəʔ^{43}ləu^{35}］（食品名，又称不烂、窟类）、不来［pəʔ^{43}laɪ^{53}］（来回摇摆）、不拉［pəʔ^{43}lɑʔ^{43}］（碍事）。

圪［kəʔ^{43}］。如圪落［kəʔ^{43}lɑu^{323}］（角落）、圪搅［kəʔ^{43}tɕiɑu^{33}］（扰乱）、圪灵［kəʔ^{43}liŋ^{323}］（松鼠）、圪节［kəʔ^{43}tɕiəʔ^{43}］（段）、圪嘣［kəʔ^{43}pəŋ^{323}］（响声）、圪里圪瘩［kəʔ^{43}leɪ^{53}kəʔ^{43}tɑʔ^{43}］（不平整）、圪吵圪吵［kəʔ^{43}tsʰɑu^{53}kəʔ^{43}tsʰɑu^{53}］（讨论讨论）。

日［zə̜ʔ^{43}］。如日捣［zə̜ʔ^{43}tɑu^{33}］（哄骗，应付）、日哄［zə̜ʔ^{43}xuəŋ^{33}］（哄骗，应付）、日脏［zə̜ʔ^{43}tsaŋ^{323}］（肮脏）。

三、子变韵母

北京话的子尾词，阳泉话不用“子”，而用延长韵腹的方法来表示，这种构词现象称为“子变韵母”。如：鸽子—鸽［ka:^{32}］，镊子—镊［niɛ:^{32}］，橘子—橘［tɕyɛ:^{32}］，蚊子—蚊［və:ŋ^{32}］，雹子—雹［pɑ:u^{32}］，汉子—汉［xæ:^{35}］，小子—小［ɕiɑ:u^{32}］。

第二节　常用词语

一、天文　气象类

阳婆儿 iɑŋ^{33}pʰɤr^{33} 太阳

月儿 zuɤr^{35} 月亮

星宿 ɕiŋ^{323}ɕiəu^{35} 星星

云彩 yŋ^{33}tsʰaɪ^{33} 云

刮风 kuɑʔ^{43}fəŋ^{323}

响忽雷 ɕiɑŋ^{53}xuɤʔ^{43}lueɪ^{33} 打雷

下雨 ɕiɑ^{35}y^{53}

下雪啦 ɕiɑ^{35}ɕyəʔ^{43}lɑ 下雪了

冰凌 piŋ^{323}liŋ^{33} 冰

雹 pɑu^{33} 冰雹

阴天 iŋ^{323}tiæ^{323}

日食 zə̜ʔ^{43}ʂəʔ^{43}

端午 tuæ^{323}u^{33} 端午

中秋节 tsuəŋ^{323} tɕʰiəu^{33} tɕiəʔ^{43}

现前日 ɕiæ^{35} tɕʰiæ^{33} zə̜ʔ^{43} 大前天

前日 tɕʰiæ^{33}zʅ^{33} 前天

夜来 iəʔ^{43}laɪ^{33} 昨天

今儿 tsə̃r^{323} 今天

明儿 mə̃r^{33} 明天

后儿 xəur^{35} 后天

前晌 tɕʰiæ^{33}ʂaŋ^{33} 上午

晌午 ʂaŋ^{53}u^{33} 中午

后晌 xəu^{35}ʂaŋ^{33} 下午

白天 paɪ^{33}tʰiæ^{33}

月食 yəʔ^{23}ʂəʔ^{43}

天旱 tʰiæ^{323}xæ^{35}

二、地理类

平地 pʰʰiŋ^{33}ti^{35}

荒地 xuaŋ^{323}ti^{35}

洼洼 vɑr^{323}vɑr^{35} 水坑

土 tʰu^{53} 泥土

石头 ʂəʔ^{43}tʰəu^{33} 石头

土坷垃 tʰu^{53}kʰəʔ^{4}lɑʔ^{43} 土块儿

大灰 ta^{35}xueɪ^{33} 石灰

煤 meɪ^{33}

锡 ɕiəʔ^{43}

吸铁石 ɕiəʔ^{43}tʰiəʔ^{43}ʂʅ^{33} 磁石

城 tʂʰəŋ^{33} 城市

村 tsʰuəŋ^{323} 乡村

土 tʰu^{53} 灰尘

道儿 tɔr^{35} 路

三、时令 时间类

年时 niæ^{33}sʅ^{33} 去年

今年 tɕiŋ^{323}niæ^{33}

月初 yəʔ^{23}tsʰu^{323}

月底 yəʔ^{23}ti^{53}

正月 tʂəŋ^{323}yəʔ^{23}

腊月 lɑʔ^{43}yəʔ^{23}

闰月 zuəŋ^{35}yəʔ^{23}

小年 ɕiɑu^{53}niæ^{33} 除夕

元宵节 yæ^{33}ɕiɑu^{323}tɕiəʔ^{43}

黑张 xəʔ^{43}tʂaŋ^{323} 傍晚

黑夜 xəʔ^{43}iᴇ^{323} 夜里

天每儿 tʰiæ^{323}mə̃r^{33} 每天

老辈 lɑu^{53}peɪ^{35} 从前

以后 i^{53}xəu^{35}

四、农事类

场 tsʰɑŋ^{33} 麦场

奶（庄稼）naɪ^{53} 上粪

锄 tsʰu^{33} 锄头

镰 liæ^{33} 镰刀

窄筐 tsaɪ^{33}kʰuaŋ^{33} 筐子

担杖 tæ^{35}tʂɑŋ^{33} 扁担

麦秸 maɪ^{35}tɕiᴇ^{33}

扫帚 sɑu^{35}tʂəu^{33} 扫帚（大的）

小麦 ɕiɑu^{53}maɪ^{35}

大麦 ta^{35}maɪ^{35}

小米 ɕiɑu^{53}mi^{33} 小米

玉茭 y^{35}tɕiɑu^{33} 玉米

茭 tɕiɑu^{323} 高粱

白黑豆 paɪ^{33}xəʔ^{43}təu^{35} 黄豆

豌豆 væ^{323}təu^{35}

豇豆 jiaŋ^{323}təu^{35}

红薯 xuəŋ^{33}su^{33}

山药 sæ^{323}iɑu^{35} 土豆儿

莲菜 liæ^{33}tsʰaɪ^{35} 藕

茄 tɕʰiᴇ^{33} 茄子

黄瓜 xuaŋ^{33}kua^{33}

北瓜 piəʔ^{43}kuɑ^{323} 西葫芦

葱姜蒜 tsʰuəŋ^{33}tɕiaŋ^{33}suæ^{35}

西番柿 ɕi^{323}fæ^{33}sɿ^{35} 西红柿

生姜 səŋ^{33}tɕiaŋ^{33}

辣角 lɑʔ^{43}tɕyəʔ^{43}

茴茴白 xueɪ^{33}xueɪ^{33}paɪ^{33}

菠菜 pɤ^{323}tsʰaɪ^{35}

白萝皮 paɪ^{33}luɤ^{33}pʰi^{33} 萝卜

葵花子 kʰueɪ^{33}xuɑ^{33}tsɿ^{53} 葵花子

棉花 miæ^{33}xuɑ^{33} 棉花

果树 kuɤ^{53}su^{35} 果树

栗 liəʔ^{43} 栗子

圪桃 kɤʔ^{43}tʰɑu^{33} 核桃

瓜子 kuɑ^{323}tsɿ^{33}

甜瓜 tʰiæ^{33}kuɑ^{33} 甜瓜

西瓜 ɕi^{323}kuɑ^{35} 西瓜

花生 xuɑ^{33}səŋ^{33} 落花生

五、动物类

牲口 səŋ^{323}kʰəu^{33}

儿马 ər^{33}ma^{53} 公马

骒儿马 kʰuɤr^{323}mɑ^{53} 母马

牤牛 mɑŋ^{323}niəu^{33} 公牛

牸牛 tsɿ^{35}niəu^{33} 母牛

叫驴 tɕiɑu^{35}lueɪ^{33} 公驴

草驴 tsʰɑu^{53}lueɪ^{33} 母驴

羖羊 uəʔ^{43}lyᴇ^{33} 山羊

臊胡 sɑu^{323}xu^{33} 公羊

羯猪 tɕiəʔ^{43}tsu^{323} 公猪

牙狗 ia^{33}kəu^{33} 公狗

公猫儿 kuŋ^{323}mɐr^{33}

老虎 lɑu^{53}xu^{33} 虎

兔儿 tʰuər^{35} 兔

老鼠 lɑu^{53}su^{33} 鼠

蛇 tʂʰɤ^{33} 或 ʂɤ^{33}

老哇 lɑu^{53}va^{323} 乌鸦

眼鹊 iæ^{53}tɕʰiɑu^{33} 喜鹊

燕儿 iɐr^{35} 燕子

鸽 kɑ^{33}

秃嘶叫 tʰuəʔ^{43}sɿ^{323}tɕiɑu^{35} 猫头鹰

雕溜溜 tiɑu^{323}liəu^{35}liəu^{33} 老鹰

月壁虎 yəʔ^{23}piəʔ^{43}xu^{33} 蝙蝠

蛛蛛 tsu^{323}tsu^{33} 蜘蛛

蚍蜉 pʰi^{33}fu^{33} 蚂蚁

蝎 ɕiəæ^{33} 蝎子

蝇 iŋ^{33} 苍蝇

蚊 vəŋ^{33} 蚊子

马蜂儿 ma^{53}pʰəŋr^{323}

蝴蝶儿 xu^{33}tiɐr^{33}

花大姐 xua^{323}ta^{35}tɕiᴇ^{33} 瓢虫

蝌蚪 kəʔ^{43}təu^{33}

六、房屋 器具类

房 faŋ^{33} 房子

照壁 tʂɑu^{35}piəʔ^{43}

正房 tʂəŋ^{35}faŋ^{33}

大门 ta^{35}məŋ^{33}

门槛儿 məŋ^{33}kʰɐr^{53}

锁 suɤ^{53}

钥匙 iɑu^{35}sɿ^{33}

檩条 liŋ^{53}tʰiau^{33}

圪台 kəʔ^{43}tʰaɪ^{33} 台阶

楼梯 ləu^{33}tʰi^{33}

窗户 tsʰuaŋ^{323}xu^{33}

炕 kʰaŋ^{35}

被 peɪ^{35}

褥 ʐuəʔ^{23}

枕头 tʂəŋ^{53}tʰəu

夜壶 iᴇ^{35}xu^{33}

肥皂 feɪ^{33}tsɑu^{33}

香皂 ɕiaŋ^{323}tsɑu^{35}

脸盆儿 liæ^{53}pʰər^{33}

小板床 ɕiɑu^{53}pæ^{53}tsʰuaŋ^{33} 凳

油灯 iəu^{33}təŋ^{33}

灯笼 təŋ^{323}luəŋ^{33}

火圪落 xuɤ^{53}kəʔ^{43}lər^{323} 锅台

烟囱 iæ^{323}tsʰuəŋ^{33}

哨炉 sɑu^{35}ləu^{33} 炉子

瓢 pʰiɑu^{33}

碗 væ^{53}

酒盅 tɕiəu^{53}tsuəŋ^{323} 酒杯

勺 ʂɑu^{33}

筷 kʰuaɪ^{35}

抹布 mɑʔ^{43}pu^{35}

案板 ŋæ^{35}pæ^{33}

笼 luəŋ^{33} 蒸笼

水瓮 sueɪ^{53}vəŋ^{35} 水缸

伞 sæ^{53}

自行车 tsɿ^{35}ɕiŋ^{33}tʂʰɤ^{323}

顶针儿 tiŋ^{53}tʂə̃r^{323}

剪 tɕiæ^{53}

尺 tʂʰəʔ^{4} 尺子

七、人品类

男的 næ^{33}tiəʔ 男人

女的 ny^{53}tiəʔ 女人

小 ɕiɔr^{53} 男孩儿

闺女 kuɪ^{313}ny^{33} 女孩儿

老汉汉 lɑu^{53}xæ^{35}xæ^{33} 老头儿

外路人 vaɪ^{35}lu^{33}ʐəŋ^{33}

内行 nueɪ^{35}xaŋ^{33}

厨 tsʰu^{33} 厨子

讨吃 tʰɑu^{53}tʂʰəʔ^{43} 乞丐

骗 pʰiæ^{35} 骗子

土匪 tʰu^{53}feɪ^{33}

小偷儿 ɕiɑu^{53}tʰəur^{323}

长相 ʐaŋ^{53}ɕiaŋ^{35} 相貌

岁数 sueɪ^{35}su^{33} 年龄

八、亲属类

俺大 æ^{33}ta^{33} 父亲

俺妈 æ^{33}ma^{33} 母亲

大爷 ta^{35}iᴇ^{33} 伯父

大妈 ta^{35}ma^{33} 伯母

爷爷 iᴇ^{323}iᴇ^{33}

奶奶 naɪ^{53}naɪ^{323}

儿 ər^{33}

儿媳妇 ər^{33}ɕiəʔ^{43}fu^{35}

闺女 kueɪ^{323}ny^{33} 女儿

丈人 tʂaŋ^{35}ʐəŋ^{33} 岳父

丈母娘 tʂaŋ^{35}mu^{33}niaŋ^{33} 岳母

女婿 ny^{53}ɕy^{323}

姑姑 ku^{323}ku^{33}

姨姨 i^{33}i^{33}

兄弟 ɕyŋ^{323}ti^{35} 弟弟

男人 næ^{33}ʐəŋ^{33} 丈夫

老婆 lɑu^{53}p^{h}ɤ^{323} 妻子

亲家 tɕ^{h}iŋ^{35}tɕia^{33}

九、身体类

身 ʂəŋ^{323} 身体

得脑 təʔ^{43}nɑu^{33} 头

眼眨毛 iæ^{53}tsaʔ^{43}mɑu^{33} 眼睫毛

鼻孔 piəʔ^{43}k^{h}uəŋ^{53}

舌头 ʂɑʔ^{43}t^{h}əu^{33}

牙 ia^{33} 牙齿

耳塞 ər^{53}ɕiəʔ^{43} 耳屎

胡才 xu^{33}ts^{h}aɪ^{33} 胡子

胳肢窝 kəʔ^{43}tsɑʔ^{43}uɤ^{323}

大拇指 ta^{35}mu^{53}tsɿ^{53}

二拇哥 ər^{35}mu^{53}ker^{33} 食指

拳头 tɕ^{h}yæ^{33} t^{h}əu^{33}

胸脯 ɕyŋ^{323}p^{h}u^{33}

奶 naɪ^{53} 乳房

肚不脐 tu^{35}pəʔ^{43}tɕi^{33} 肚脐

圪定盖 kəʔ^{43}tiŋ^{35}kaɪ^{33} 膝盖

尿 tuəʔ 屁股

黑痣 xəʔ^{43}tsɿ^{35} 痣

辫 piæ^{35} 辫子

左撇 tsuɤ^{53}p^{h}iəʔ^{4} 左撇子

罗锅儿 luɤ^{33}kuər^{33} 驼子

疤 pa^{323} 麻子

瞎 ɕiəʔ 瞎子

哑巴 ia^{53}pa

傻 ʂa^{53} 傻子

看病 k^{h}æ^{35}piŋ^{35}

不咋啦 pəʔ^{43}tsa^{21}la 病轻了

抓药 tsua^{323}iɑu^{35}

发汗 fɑʔ^{43}xæ^{35} 表汗

十、衣服穿戴类

衣裳 i^{323}tʂ^{h}aŋ^{33} 衣服

絮袄 ɕy^{35}ŋɔr^{33} 棉袄

兜兜 təu^{323}təur^{33} 衣服上钉的口袋

背心 peɪ^{35}ɕiŋ^{33} 坎肩儿

裙 tɕ^{h}yŋ^{33}

屎布 sɿ^{53}pu^{35}

鞋 ɕie^{33}

袜 va^{35}

围巾 veɪ^{33}tɕiŋ^{33}

扇 ʂæ^{35} 扇子

十一、饮食类

早起饭 tsɑu^{53}tɕ^{h}i^{323}fæ^{35} 早饭

晌午饭 saŋ^{53}u^{323}fæ^{35} 午饭

黑夜饭 xəʔ^{43}ie^{323}fæ^{35} 晚饭

条 tʰiɑu^{33} 面条儿

玉茭面 y^{35}tɕiɑu^{33}miæ^{33}

扁食 piæ^{53}ʂʅ^{323} 饺子

饸饹 xɤ^{33}lɑu^{33}

馒头 mæ^{33}tʰəu^{33}

烧饼 ʂɑu^{323}piŋ^{33}

烙饼 lɑu^{35}piŋ^{33}

粉条儿 fəŋ^{53}tʰiɔr^{33}

咸盐 ɕiæ^{33}iæ^{33} 盐

青酱 tɕʰiŋ^{323}tɕiaŋ^{35} 酱油

醋 tsʰu^{35}

红糖 xuəŋ^{33}tʰaŋ^{33}

大料 ta^{35}liɑu^{33}

下水 ɕia^{35}sueɪ^{33} 猪羊内脏

肚 tu^{53} 肚子，用作食物的动物的胃

腰 iɑu^{323} 腰子

白酒 paɪ^{33}tɕiəu^{33}

黄酒 xuaŋ^{33}tɕiəu^{33}

凉水 liaŋ^{33}sueɪ^{33}

热水 ʐɑʔ^{43}sueɪ^{33}

开水 kʰaɪ^{323}sueɪ^{33}

泼茶 pʰɑʔ^{43}tsʰa^{33}

起面 tɕʰi^{53}miæ^{35} 发面

起头 tɕʰi^{53}tʰəu^{33} 面酵子

十二、红白喜事类

娶媳妇 tɕʰy^{53}ɕiəʔ^{43}fu^{35}

喂饲 veɪ^{35}sɿ^{33} 女子出嫁

拜天地 paɪ^{35}tʰiæ^{323}ti^{35} 拜堂

新女婿 ɕiŋ^{323}ny^{53}ɕy^{33} 新郎

新媳妇 ɕiŋ^{323}ɕiəʔ^{43}fu^{35} 新娘

怀上了 xuaɪ^{33}ʂaŋ^{33}la^{33} 怀孕了

双生儿 suaŋ^{35}sɤr^{33} 双胞胎

生儿 sɤr^{323} 生日

拜寿 paɪ^{35}ʂəu^{35}

棺材 kuæ^{323}tsʰaɪ^{33}

戴孝 taɪ^{35}ɕiau^{35}

打发 ta^{53}fɑʔ^{43} 出殡

十三、迷信类

灶王爷 tsɑu^{35}vaŋ^{33}iᴇ^{33}

阎王爷 iæ^{33}vaŋ^{33}iᴇ^{33}

供献 kuəŋ^{35}ɕiæ^{33} 上供

香炉 ɕiaŋ^{323}ləu^{33}

念经 niæ^{35}tɕiŋ^{323}

和尚 xɤ^{33}ʂaŋ^{33}

姑 ku^{323} 尼姑

道人 tɑu^{35}ʐəŋ^{33} 道士

祠堂 sɿ^{33}tʰaŋ^{33}

算卦的 suæ^{35}kua^{35}tiəʔ^{4}

十四、日常生活类

洗脸 ɕi^{32}liæ^{53}

刷牙 suɑʔ^{43}ia^{33}

梳头 su^{323}təu^{33}

刮胡才 kua^{32}xu^{33}tsʰaɪ^{33} 刮胡子

掏耳朵 tʰɑu^{32}ər^{53}tuɤ^{2}

耍 sua^{53}

没览 məʔ^{43}læ^{33} 散步

喝茶 xɑʔ^{43}tsʰa^{33}

喝酒 xɑʔ^{43}tɕiəu^{53}

抽烟 tʂʰəu^{35}iæ^{323}

洗澡 ɕi^{323}tsɑu^{53}

尿尿 niɑu^{35}niɑu^{35} 小便

拉屎 lɑʔ^{43}sɿ^{53} 大便

凉爽 liaŋ^{33}sɑu^{33} 乘凉

丢盹 tiəu^{32}tuər^{53} 打盹儿

打鼾睡 ta^{53}xæ^{323}sueɪ^{33} 打呼

十五、交际类

送礼 suəŋ^{35}leɪ^{53}

待客 taɪ^{35}kʰɑʔ^{43}

摆席 paɪ^{53}ɕi^{33} 置酒席

倒酒 tɑu^{35}tɕiəu^{53}

施假 sɿ^{323}tɕia^{53} 作假，客气，不多吃菜

道句话 tɑu^{35}tɕy^{35}xua^{35} 带个信儿

不对 pəʔ^{43}tueɪ^{35} 两人不和

不说话 pəʔ^{43}suɑʔ^{43}xua^{35} 不和

出洋相 tsʰuəʔ^{43}iaŋ^{33}ɕiaŋ^{35}

丢人 tiəu^{32}zəŋ^{33}

十六、商业类

字号 tsɿ^{35}xɑu^{33}

招牌 tʂɑu^{323}pʰaɪ^{33}

开店 kʰaɪ^{323}tiæ^{35}

点货 tiæ^{53}xuɤ^{35} 盘货

掌柜 tʂaŋ^{53}lueɪ^{35} 老板

学徒 ɕiɑu^{33}tʰu^{33}

要价 iɑu^{35}tɕia^{35}

便宜 pʰiæ^{33}i^{33} 价格公道

包圆儿 pɑu^{32}yər^{33}

算盘 suæ^{35}pʰæ^{33}

盘缠 pʰæ^{33}tsʰæ^{33} 路费

利钱 leɪ^{35}tɕʰiæ^{33} 利息

短 tuæ^{53} 欠

钞票 tsʰɑu^{32}pʰiɑu^{35}

饭铺 fæ^{35}pʰu^{33} 饭馆

栈房 tsæ^{35}faŋ^{33} 客栈

旅馆 lueɪ^{53}kuæ^{53}

十七、文化教育类

念书人 niæ^{35}su^{21}zəŋ^{33} 读书人

睁眼瞎 tsəŋ^{32}iæ^{35}ɕiəʔ^{43} 不识字的

学房 ɕiɑu^{33}faŋ^{33} 学校

坷学房 kʰəʔ^{43}ɕiɑu^{33}faŋ^{33} 上学

毛笔 mɑu^{33}piəʔ^{43}

砚瓦 iæ^{35}va^{33} 砚台

黑墨 xəʔ^{43}miəʔ^{23} 墨

课堂 kʰuɤ^{35}tʰaŋ^{33}

粉笔 fəŋ^{53}piəʔ^{43}

书 su^{323} 课本

上课 ʂaŋ^{35}kʰuɤ^{35}

考 kʰɑu^{53} 考试

十八、游戏类

扳不倒 pæ^{323}pəʔ^{43}tɑu^{53} 不倒翁

风筝 fəŋ^{323}tsəŋ^{33}

藏人人 ts^{h}aŋ^{33}ẓəŋ^{33}ẓər^{33} 捉迷藏

划拳 xua^{33}tɕ^{h}yæ^{33} 猜拳

猜谜 ts^{h}aɪ^{323}mi^{33}

踩高跷 ts^{h}aɪ^{32}kɑu^{33}tɕ^{h}iɑu^{33}

放炮 faŋ^{35}p^{h}ɑu^{35} 放炮仗

十九、动作类

摇头 iɑu^{33}t^{h}əu^{33}

睁眼 tsəŋ^{32}iæ^{53}

流泪 liəu^{33}lueɪ^{35}

打嚏喷 ta^{53}t^{h}i^{35}p^{h}əŋ^{33} 打喷嚏

打嗝儿 ta^{53}kər^{33}

圪蹴 kəʔ^{43}tɕiəu^{323} 蹲

捣拉 tɑu^{53}lɑʔ^{43} 聊天

告给 kɑu^{35}keɪ^{33} 告诉

抬杠 t^{h}aɪ^{33}kaŋ^{35}

嚷 ẓaŋ^{53} 吵架

日噘 ẓəʔ^{43}tɕyəʔ^{43} 骂破口骂

串门儿 ts^{h}uæ^{35}mər^{33}

溜舔 liəu^{323}t^{h}iæ^{33} 巴结

拾掇 ʂəʔ^{43}tuɑʔ^{43} 收拾东西

提溜 tiəʔ^{43}liəu^{323} 用手提起来

丢了 tiəu^{323}la^{33} 丢失

料摸 liɑu^{323}mɑʔ^{43} 猜想

疑心 i^{33}ɕiŋ^{323} 怀疑

留心 liəu^{33}ɕiŋ^{323} 留神，小心

着急 tʂɑu^{33}tɕiəʔ^{43}

讨厌 t^{h}ɑu^{53}iæ^{35}

亲 tɕ^{h}iŋ^{323} 疼爱小孩

喜欢 ɕi^{53}xuæ^{323} 喜欢看书

埋怨 maɪ^{33}yæ^{33} 埋怨

二十、位置类

高头 kɑu^{323}t^{h}əu^{35} 上头

底下 ti^{53}ɕia^{35} 下头

左边儿 tsuɤ^{53}piər ^{323} 左边

右边儿 iəu^{35}piər^{33} 右边

当冲儿 taŋ^{35}ts^{h}uər^{33} 中间

里头 leɪ^{53}t^{h}əu^{323} 里面

外前 vaɪ^{53}tɕ^{h}iæ^{33} 外面

前头 tɕ^{h}iæ^{33}t^{h}əu^{33} 前边

后头 xəu^{35}t^{h}əu^{33} 后边

一边儿 iəʔ^{43}piər^{323} 旁边

二十一、代词类

我 uɤ^{53}

你 ni^{53}

他 t^{h}a^{323}

俺们 æ^{323}məŋ^{33} 我们

恩们 əŋ^{323}məŋ^{33} 你们

他们 t^{h}a^{323}məŋ^{33}

人家 ẓəŋ^{33}tɕia^{33} 或 nia^{33}

这一月 tʂyᴇ^{35} 这个

那一月 nɑu^{32}yᴇ^{35} 那个

这阁 tʂəʔ^{43}kə^{323} 这儿

那阁 nɑŋ^{35}kəʔ^{43} 那儿

这势 tʂaɪ^{35}ʂʅ^{35} 这样

那势 nɑu^{35}ʂʅ^{35} 那样

谁 sueɪ^{33}

甚 ʂəŋ^{35} 什么

多会儿 tuo^{323}xuər^{33} 什么时候

二十二、形容词类

好 xɑu^{53}

孬 nɑu^{323} 坏

不占 pəʔ^{43}tʂæ^{323} 不好，不行

凑付 tsʰəu^{35}fu^{33} 凑合

好看 xɑu^{53}kʰæ^{35} 美

难看 næ^{33}kʰæ^{35} 丑

结实 tɕiəʔ^{43}ʂəʔ^{43}

干净 kæ^{323}tɕiŋ^{35}

淡 tæ^{35} 不咸

肥 feɪ^{33} 肥（指动物）

肉 ʐəu^{35} 胖（指人）

瘦 səu^{35} 不肥

舒妥 su^{32}tʰuə^{33} 舒服

听说 tʰiŋ^{323}suɑʔ^{43} 听话

害 xaɪ^{35} 顽皮

机灵 tɕiəʔ^{43}liŋ^{323}

背静 peɪ^{35}tɕiŋ^{33}

缠长 tʂʰæ^{33}tʂʰaŋ^{33} 难缠

戳莽 tsʰuɑʔ^{43}maŋ^{33} 胆大

次凳 tsʰʅ^{323}təŋ^{33} 慢吞吞

次脑 tsʰʅ^{35}nɑu^{33} 不舒服

瓷 tsʰʅ^{33} 紧，坚实

得撅 tiəʔ^{43}tɕyəʔ^{43} 得意，神气

得手 tiəʔ^{43}ʂəu^{33} 好

二气 ər^{35}tɕʰi^{33} 鲁莽

倒灶 tɑu^{53}tsɑu^{35} 倒霉

嘎 ka^{53} 行事不端

圪料 kəʔ^{43}liɑu^{35} 不平整，不顺溜

鬼 kueɪ^{53} 精明

坷溜 kʰəʔ^{43}liəu^{323} 弯曲

邋遢 lɑʔ^{43}tʰɑʔ^{43} 不整洁

愣怔 ləŋ^{35}tsəŋ^{33} 反应迟钝

凉稍 liaŋ^{33}sɑu^{33} 凉快

腻歪 ni^{35}vaɪ^{33} 令人厌烦

皮 pʰi^{33} 小孩身体壮实

骚造 sɑu^{323}tsɑu^{33} 风骚浪荡

幸稍 ɕiŋ^{35}sɑu^{33} 爽快

暄 ɕyæ^{323} 松软，空隙多

二十三、副词类

刚刚儿 kaŋ^{35}kɐr^{33}

刻好 kɑʔ^{43}xɔr ^{53} 刚好

蒯蒯儿 kʰuaɪ^{53}kʰuɐr^{323} 刚巧

有点儿 iəu^{32}tiɐr^{33}

差麻儿 tsʰa^{35}mɐr^{33} 差点儿

多亏 tuɤ^{35}kʰueɪ^{33} 幸亏

便意 piæ^{35}i^{33} 随便

挡不住 taŋ^{53}pəʔ^{43}tsu^{35} 有可能

好满 xɑu^{323}mæ^{33} 大概

坷到 kʰəʔ^{43}tɑu^{35} 已经（表惊异）

求其 tɕʰiəu^{33}tɕʰi^{33} 稍微

通满 tʰuəŋ^{323}mæ^{33} 总共

样长 iaŋ^{35}tʂʰaŋ^{33} 索性

一刬 iəʔ^{43}tsʰæ^{33} 非常，一概

意般 i^{35}pæ^{33} 已经

造一 tsɑu^{35}i^{33}（表不利条件）

占先 tʂæ^{323}ɕiæ^{35} 好，行

相跟上 ɕiəʔ^{43}kəŋ^{323}ʂaŋ^{35} 一块儿去

专意 tsuæ^{323}i^{35} 故意

通共 tʰuəŋ^{32}kuəŋ^{35} 一共

不要 pəʔ^{43}iɑu^{35} 不要，别

白 paɪ^{33} 不要钱，白吃

白 paɪ^{33} 白跑一趟

二十四、介词类

招 tʂɑu^{323} 被

齐 tɕʰi^{33} 从这儿走

用 yŋ^{35} 使

替 tʰi^{35}

给 keɪ^{53}

和 xueɪ^{33}

二十五、量词类

外 vaɪ^{35} 一个人

顶 tiŋ^{53} 一顶帽子

挂 kua^{35} 一辆车

只 tʂəʔ^{43} 一只手

张 tʂaŋ^{323} 一张桌子

杆 kæ^{53} 一管毛笔

根 kəŋ^{323} 一根头发

圪瘩 kəʔtaʔ 一块砖

口 kʰəu^{53} 一口猪

对 tueɪ^{35} 一对鞋

嘟噜 tuəʔ^{43}luəʔ^{43} 一嘟噜葡萄

顿 tuəŋ^{35} 打一顿

遭 tsɑu^{323} 走一趟

下 ɕia^{35} 看一下

阵儿 tʂər^{35} 下一阵雨

第四章 语法

第一节 特殊词语

在阳泉方言中，有一些语气助词、时间助词和时态助词，具有特殊的语法意义。

语气助词“来来［laɪ^{33}laɪ^{33}］”“来［laɪ^{33}］”。使用频率很高。用于句中动词之前时，起舒缓语气、提起注意的作用。如“他来来不是曰好人，你总惯跟棱他作么嘞？”“快给咱把灯来来关了，看费电。”用于句尾时，表已然。如“坷哪来？下街来来。”还用于简短的对话中，表省略。如“谁来？我来来。”

时间助词“来期［laɪ^{33}tɕ^{h}i^{33}］”“棱老［ləŋ^{33}lɑu^{33}］”“登老［təŋ^{33}lɑu^{33}］”。用于动词之后，意为“……的时候”。“来期”用于已然，如“这鞋买来期试着小，穿棱老也不咋。”“棱老”“登老”表未然。如“走棱老多穿点衣裳。”“来登老捎上。”

时态助词“棱［ləŋ^{33}］”“老［lɑu^{33}］”“啦［la^{33}］”“过［kuɤ^{33}］”。分别与普通话的“着”“了”“过”相对应。如“看棱电视，嗑棱瓜子，挺得。”“等他走了再说。”“已经走啦。”“这人来过。”

第二节 句法特点

一、特殊补语

（一）结果补语“着、住”

“着［tʂɑu^{33}］”表示达到目的、有了结果或造成伤害。如“听着没有？听着啦。”“猜着啦。”“摔着啦。”“睡着啦。”“崴着脚啦。”“蹲着指头啦。”

“住[tʂəu³³]”用在动词后边，表示牢稳、停止、力所能及状态持续等意思。如“给咱看住孩，听住门。”“记住这件事。”“真吃不住嘞。”

（二）程度补语“杀”

“杀[sɑʔ⁴³]”放在动词之后，表示程度高，“……得厉害”。如“气杀我啦。”“高兴杀！”“一后晌忙杀啦。”“疼杀我啦。”

“杀”放在形容词之后，表程度的意义非常明显。如“香杀”“臭杀”“慢杀”“懒杀”“乱杀”“穷杀”“好杀”“得觉杀[tɕiəʔ⁴³tɕyəʔ⁴³sɑʔ⁴³]”。

（三）可能补语“老”

阳泉话的可能补语肯定式是“动词＋补语＋老[lɑu³³]”。如“担动老”（担得动），“干不老”（不会干），“吃住老”（受得了）。

（四）趋向补语“张来”“张圪”

“张来[tʂaŋ³³laɪ³³]”表示“过来”。如“他跑张来啦。”（他跑过来了）。

“张圪[tʂaŋ³³kəʔ⁴³]”表示“过去”“出来”。如“把这碗饭给他端张圪。”（把这碗饭给他端过去），“写不张圪。”（写不出来，不会写）。

二、特殊句式

量名结构作补语。如“烧老张烙饼。”（烙了一张烙饼），“编老本书。”（编了一本书），“网上买老件羽绒大衣。”（网上买了一件羽绒大衣）。

动量结构作宾语。如“下回街。”（上了一趟街），回趟老家（回了一趟老家）。

反复问句的简化。如“你抽烟呀不？”“你抽烟不抽？”（你抽烟不抽烟？）。

第五章 熟语 民谣

第一节 习语

水火无情 sueɪ^{53} xuɤ^{53} u^{33} tɕʰiŋ^{33}

驴唇圪瘩 lueɪ^{33} tsʰuəŋ^{33} kəʔ^{43} tɑʔ^{43} 针线做得不好

冰剥污凉 piŋ^{323} pɑʔ^{43} vəʔ^{43} liaŋ^{33}

拌翻圪瘩 pæ^{35} fæ^{323} kəʔ^{43} tɑʔ^{43} 说不清

展展挂挂 tʂæ^{53} tʂæ^{323} kua^{35} kua^{33}

明铺夜盏 miŋ^{33} pʰu^{323} yᴇ^{35} tsæ^{33} 姘居

不识滥数 pəʔ^{43} ʂəʔ^{43} læ^{35} su^{33} 不够数

嫡流万儿 tiəʔ^{43} liəu^{323} væ^{35} ər^{33} 玄孙以下

猪泔狗食 tsu^{323} kæ^{33} kəu^{53} ʂʅ^{33} 饮食差

圪忍熬啦 kəʔ^{43} zəŋ^{53} ŋɑu^{33} la^{33} 小气

戚九万友 tɕʰiəʔ^{43} tɕiəu^{53} væ^{35} iəu^{33} 亲友多

忽雷郎当 xuəʔ^{43} lueɪ^{323} laŋ^{33} taŋ^{33} 不稳

时头八节 sʅ^{33} tʰəu^{33} pɑʔ^{43} tɕiəʔ^{43}

扭歪调动 niəu^{53} vaɪ^{323} tiɑu^{33} tuəŋ^{33} 乱动

戚人上下 tɕʰiəʔ^{43} zəŋ^{33} ʂaŋ^{35} ɕia^{33}

愣不兴兴 leŋ^{35} pəʔ^{43} ɕiŋ^{33} ɕiŋ^{33} 一副呆相

忽雷炮杖 xuəʔ^{43} lueɪ^{323} pʰɑu^{35} tʂaŋ^{33} 做事猛

鬼眉溜眼 kueɪ^{53} mi^{33} liəu^{35} iæ^{33} 鬼头鬼脑

细水汗流 ɕi^{35} sueɪ^{53} xæ^{35} liəu^{33} 汗出得多

和气生财 xuɤ^{33} tɕʰi^{33} səŋ^{323} tsʰaɪ^{33}

捣心锤锤 tau^{53} ɕiŋ^{323} tsʰueɪ^{33} tsʰueɪ^{33} 心腹人

歪则棱砍 vaɪ^{323} tsəʔ^{43} ləŋ^{33} kʰæ^{33} 歪头瞪眼

大明白天 ta^{35} miŋ^{33} paɪ^{33} tʰiæ^{33} 光天化日

草鸡麻爬 tsʰɑu^{53} tɕi^{323} ma^{33} pʰa^{33} 狼狈不堪

手脚不稳 ʂəu^{53} tɕyəʔ^{43} pəʔ^{43} vəŋ^{53} 小偷小摸

白皮铁脸 paɪ^{33} pʰi^{33} tʰiəʔ^{43} liæ^{53} 脸皮厚

磕头捣蒜 kʰɑʔ^{43} tʰəu^{33} tau^{53} suæ^{35} 央求人

傻不几几 ʂa^{53} pəʔ^{43} tɕi^{33} tɕi^{33} 傻傻的样子

囫囵半片 xuəʔ^{43} luəŋ^{33} pæ^{35} pʰiæ^{33} 咬不碎

接二片三 tɕiəʔ^{43} ər^{35} pʰiæ^{35} sæ^{33} 连接不上

解再点 tɕiᴇ^{53} tsaɪ^{35} tiæ^{33} 保养点

瓮圪老 vəŋ^{35} kəʔ^{43} lɑu^{33} 放瓮角

单片零挂 tæ^{323} pʰiæ^{35} liŋ^{33} kua^{33} 衣着单薄

斯气 si^{323} tɕʰi^{35} 馊

努颜 nu^{53} iæ^{33} 出风头，摆架子

第二节 谚 语

一、农事谚语

paɪ^{33} lu^{35} tsɑu^{53} xæ^{33} lu^{35} tʂʰʅ^{33} tɕʰiəu$^{323-35}$ fəŋ$^{323-33}$ tsuəŋ^{35} maɪ^{35} tʂəŋ^{35} taŋ^{323} sʅ^{33}
白 露 早，寒 露 迟，秋 分 种 麦 正 当 时。

tsʰu^{35} su^{53} pəʔ^{43} tsʰuəʔ^{43} tʰəu^{33} kɑʔ^{43} ɕia^{35} veɪ^{35} lɑu^{33} niəu^{33}
处 暑 不 出 头，割 下 喂 了 牛。

ər^{35} yəʔ^{43} ər^{35} luəŋ^{33} tʰaɪ^{33} tʰəu^{33} ta^{35} tsʰaŋ^{323} mæ^{53} ɕiɑu^{53} tsʰaŋ^{323} liəu^{33}
二 月 二，龙 抬 头，大 仓 满，小 仓 流。

kuəʔ^{43} dɑu^{53} kuəʔ^{43} ʂəu^{53} nəŋ^{35} kʰuəʔ^{43}
谷倒谷，守着哭。

kuəʔ^{43}y^{53} tɕʰiæ^{33}xəu^{35} ŋæ^{323} kua^{323} diæ^{53} dəu^{35}
谷雨前后，安瓜点豆。

tɕia^{323}leɪ^{53} kʰæ^{35} kʰaŋ^{35}iæ^{33} tsuəŋ^{35}ti^{35} kʰæ^{35} piæ^{323} iæ^{33}
家里看炕沿，种地看边沿。

tɕiŋ^{323} tʂɑʔ^{43} tsuəŋ^{35} yæ^{33} tɕʰiŋ^{323} miŋ^{33} ɕia^{35} ti^{35}
惊蛰种园，清明下地。

liəu^{35} yəʔ^{23} liəu^{35} kʰæ^{35} kuəʔ^{43} tɕʰiəu^{35}
六月六，看谷秀。

maɪ^{35} ʂəu^{323} pɑʔ^{43} ʂəʔ^{43} sæ^{323} tʂʰaŋ^{53} y^{53}
麦收八、十、三场雨。

maɪ^{35} ɕia^{35} sæ^{323} yəʔ^{23} y^{53} tæ^{323} pʰa^{35} ər^{35} yəʔ^{23} ɕyəʔ^{43}
麦夏三月雨，单怕二月雪。

tʰəu^{33} fəʔ^{43} luə^{33} pʰi^{33} ər^{35} fəʔ^{43} tsʰaɪ^{35} sæ^{323} fəʔ^{43} kuə^{35} laɪ^{33} sa^{53} tɕʰiɑu^{33} maɪ^{35}
头伏萝卜二伏菜，三伏过来撒荞麦。

ɕia^{35}tsʅ^{35} pəʔ^{43} tsuəŋ^{35} kɑu^{35} sæ^{33} su^{53} pʰiŋ^{33} ti^{33} xæ^{33}iəu^{33} ʂəʔ^{43} ʂaŋ^{53} kuəʔ^{43}
夏至不种高山黍，平地还有十晌谷。

tsuəŋ^{35} ti^{35} pəʔ^{43} ʂaŋ^{35} fəŋ^{35} təŋ^{53} y^{33} ɕiəʔ^{43} xu^{33} xuəŋ^{35}
种地不上粪，等于瞎胡混。

二、煤炭生产谚语

tsʰu^{33}tɕiŋ^{35} ŋæ^{35}tɕiɑu^{323} xɑu^{53} ɕiŋ^{33}tsʰuæ^{33} sʅ^{35} ku$^{35-33}$ faŋ^{33} xuæ^{35} y^{33} vueɪ^{35} ræ^{33}
除尽暗礁好行船，事故防患于未然。

tɕiɑu^{53}ɕiŋ^{35} tsi^{323} ɕiŋ^{323} pəʔ^{43}kʰə^{53} iəu^{53} tɕiŋ^{53}ʂəŋ^{35} tsi^{323} ɕiŋ^{323} pəʔ^{43}kʰə^{53} u^{33}
侥幸之心不可有，谨慎之心不可无。

rəŋ^{33} xuɑʔ^{43} iəʔ^{43}kʰəu^{53} tɕʰi^{35} kʰuaŋ^{35} tʰuəŋ^{323} iəʔ^{43}ku^{53} fəŋ^{323}
人活一口气，矿通一股风。

sʅ^{35}ku$^{35-33}$ ɕiɑu^{323}miəʔ^{23} tsaɪ^{35} məŋ^{33}ia^{33} ŋæ^{323}tsʰuæ^{33} tsaɪ^{35}y^{33} tɕiŋ^{53}tʰiəʔ^{43}
事故消灭在萌芽，安全在于警惕。

ɕia^{35} tɕiŋ^{53} sæ^{323}tʰiæ^{33} iæ^{53}xuəŋ^{323} ər^{53}luəŋ^{33} ɕia^{35}tɕiŋ^{53} sæ^{323}niæ^{33} ər^{53}tsʰuəŋ^{323} məʔ^{23}miŋ^{33}
下井三天眼昏耳聋，下井三年耳聪目明。

tsu^{35} si^{35} tæ^{53} təŋ^{323} si^{35} iæ^{53} sueɪ^{53} si^{35} piŋ^{35} fəŋ^{323} si^{35} miŋ^{35}
柱是胆，灯是眼，水是病，风是命。

三、气象谚语

tuəŋ^{323}fəŋ$^{323-33}$ ɕia^{35}y^{53} ɕi^{323}fəŋ$^{323-33}$ tɕʰiŋ^{33} tsɑu^{53} ʂɑu^{323} liæ^{33} iŋ^{323} væ^{53} ʂɑu^{323} tɕʰiŋ^{33}
东风下雨西风晴，早烧连阴晚烧晴。

tuəŋ^{323} xuəŋ^{33} xuəʔ^{43}lueɪ^{33} ɕi^{323} xuəŋ^{33} y^{53} næ^{33} xuəŋ^{33} tɕʰi^{53}laɪ^{33} maɪ^{35} kueɪ^{323}ny^{33}
东虹忽雷西虹雨，南虹起来卖闺女。

xæ^{33}lu^{35} piəʔ^{43} tsʰɑu^{53} kʰu^{323} suaŋ^{323} tɕiaŋ^{35} sueɪ^{53} liəu^{33} tʂʰəu^{33}
寒露百草枯，霜降水流稠。

næ^{33}sæ$^{323-33}$təʔ^{43} sæ^{323} pʰiŋ^{33}tʰæ^{33}təʔ^{43} tsʰuæ^{323} pəʔ^{43}pʰa^{35} y^{53} kuæ^{35} pəʔ^{43}pʰa^{35}xæ^{35}
南山的山，平潭的川，不怕雨灌不怕旱。

sɿ$^{323-35}$nɑu$^{53-33}$sæ$^{323-33}$ taɪ^{35}ʂaŋ$^{35-33}$ mɑu^{35} tʂʰɑŋ^{33}kuəŋ$^{323-33}$ nəŋ^{33} sueɪ^{35} tɕiɑu^{35}
狮脑山戴上帽，长工能睡觉。

sueɪ^{53}kaŋ^{323} tsʰuæ^{323} tɕʰyŋ^{33} y^{53}sueɪ^{53} laɪ^{33}liŋ^{33}
水缸穿裙，雨水来临。

tʰiæ^{323} xæ^{35} iəʔ^{43}ta^{35}pʰiæ^{35} pɑu^{33} ta^{53} iəʔ^{43}tʰiɑu^{33} ɕiæ^{35}
天旱一大片，雹打一条线。

ɕia^{35}tsɿ^{35} tuəŋ^{323}næ^{33}fəŋ^{323} xæ^{35} sɑʔ^{43} tɕiŋ^{53} piæ^{323} tsʰɑu^{53}
夏至东南风，旱煞井边草。

四、自然现象

tsʰu^{323}iəʔ^{43} səŋ^{323} ɕia^{35} tsʰu^{323}ər^{35} tʂaŋ^{53}ta^{35} tsʰu^{35}sæ$^{323-33}$ ŋɤ^{33}mei^{33} yəʔ^{23} tsʰu^{323}sɿ^{35}
初一生下，初二长大，初三蛾眉月，初四

yəʔ^{23} zer^{33}zer^{33}
月芽芽。

ʂəʔ^{43}u^{53} ʂəʔ^{43}liəu^{35} liaŋ^{53} miŋ^{33} tɕiᴇ^{323} tʰəu^{35} ʂəʔ^{43}tɕʰiəʔ^{43} ʂəʔ^{43}pɑʔ^{43} zəŋ^{33} tiŋ^{35} yəʔ^{23} fɑʔ^{43}
十五十六，两明皆透，十七十八，人定月发，

ʂəʔ^{43}tɕiəu^{53} ər^{35}ʂəʔ^{43} mɑu^{323} pəʔ^{43} tʂɑu^{33} ʂɑu^{33} pɐr^{35}
十九 二十，摸 不 着 勺 把。

pɑʔ^{43}yəʔ^{23} ʂəʔ^{43}u^{53} yŋ^{33} tʂɤ^{323} yəʔ^{23} tʂəŋ^{323}yəʔ^{23} ʂəʔ^{43}u^{53} ɕyəʔ^{43} ta^{53} təŋ^{323}
八月十五云遮月，正月十五雪打灯。

kuɤ^{35}lɑu^{33} tuəŋ^{323} tʂʰaŋ^{33} iəʔ^{43} tʂəŋ^{323} kuɤ^{35}lɑu^{33} lɑʔ^{23} pɑʔ^{43} tʂʰaŋ^{33} iəʔ^{43} ɕiæ^{35}
过了冬，长一针，过了腊八长一线，

kuɤ^{35}lɑu^{33} niæ^{33} tʂʰaŋ^{33} iəʔ^{43} tɕiæ^{35}
过了年，长一件。

iəʔ^{43}tɕiəu^{53} ər^{35}tɕiəu^{53} ɕia^{35} məŋ^{33} tɕiɑu^{35} kəu^{53} sæ^{323}tɕiəu^{53} si^{35}tɕiəu^{53} tuəŋ^{35}pʰɤ^{35} tsa^{33} tɕiəu^{33}
一九二九，罅门叫狗，三九四九，冻破茶臼，

u^{53}tɕiəu^{53} liəu^{35}tɕiəu^{53} iæ^{33} xɤ^{33} kʰæ^{35} liəu^{53} tɕʰiəʔ^{43}tɕiəu^{53} xɤ^{33} kʰaɪ^{323} xɤ^{33} pəʔ^{43} kʰaɪ^{323} pɑʔ^{43}
五九六九，沿河看柳，七九河开河不开，八

tɕiəu^{53} iæ^{35} laɪ^{33} tsuəŋ^{53} iɑu^{35} laɪ^{33} tɕiəu^{53}tɕiəu^{53} tɕia^{323} iəʔ^{43} tɕiəu^{53} li^{33} ləu^{33} piæ^{35} ti^{35} tsəu^{53}
九雁来总要来，九九加一九，犁耧遍地走。

五、生活谚语

pɑu^{53} xæ^{35} pəʔ^{43}tʂʅ^{323} ŋə^{35} xæ^{35} tɕi^{323}
饱汉不知饿汉饥。

tʂʰəʔ^{43}lɑu^{33} zəŋ^{33}təʔ^{43} tsueɪ^{53} zuæ^{53} tʰəu^{323}lɑu^{33} zəŋ^{33}təʔ^{43} tʰuei^{53} zuæ^{53}
吃了人的嘴软，偷了人的腿软。

tiə^{323} iəu^{53} niaŋ^{33} iəu^{53} pəʔ^{43} zu^{33} xuaɪ^{33} tsʰuaɪ^{323} tsʅ^{35} iəu^{53}
爹有娘有，不如怀揣自有。

tuɤ^{53}lɑu^{33} tsʰu^{323}iəʔ^{43} tuə^{53} pəʔ^{43}lɔ^{33} ʂəʔ^{43} u^{53}
躲了初一，躲不了十五。

xɑu^{53}xæ^{35} pəʔ^{43}tsaɪ^{35} tsueɪ^{53}ʂaŋ^{35} xɑu^{53} ma^{53} tsʰuæ^{33} tsaɪ^{35} tʰueɪ^{53}ʂaŋ^{35}
好汉不在嘴上，好马全在腿上。

tɕiæ^{35} zəŋ^{33} pəʔ^{43} sʅ^{323} leɪ^{53} tuɤ^{323} tsəu^{53} ər^{35}ʂəʔ^{43} leɪ^{53}
见人不施礼，多走二十里。

la^{323}miæ^{35} miŋ^{53}kəʔ^{43}təu^{53} tʂʰəʔ^{43}lɑu^{33} pəʔ^{43}ɕiaŋ^{53} tsəu^{53}
拉面抿圪蚪，吃了不想走。

meɪ^{33} tsaɪ^{35}xəʔ^{43} iə^{53} xueɪ^{35} fɑʔ^{43}kuaŋ^{323} zʅəŋ^{33} tsaɪ^{35}meɪ^{53} iə^{53} iəu^{53} tɕ^{h}yəʔ^{43} tiæ^{53}
煤再黑也会发光，人再美也有缺点。

p^{h}ɤ^{33}p^{h}ɤ^{33} tsueɪ^{53} sueɪ^{35} ɕiəʔ^{43}fu^{35} ər^{53} peɪ^{35}
婆婆嘴碎，媳妇耳背。

tɕ^{h}iəʔ^{43}yəʔ^{43} ʂəʔ^{43}u^{53} suən^{35} miæ^{35} iaŋ^{33} pɑʔ^{43}yəʔ^{43} ʂəʔ^{43}u^{53} suəŋ^{35} yəʔ^{43}piəŋ^{53}
七月十五送面羊，八月十五送月饼。

tɕ^{h}iaŋ^{33}t^{h}əu^{33} ts^{h}ɑu^{53} liaŋ^{53}miæ^{35} tɑu^{53}
墙头草，两面倒。

tɕ^{h}iŋ^{33} sʅ^{35} iɑu^{33}tɕ^{h}iæ^{33}su^{35} tɕiæ^{53} sʅ^{35} tɕy^{35}pɑu^{53}p^{h}əŋ^{33}
勤是摇钱树，俭是聚宝盆。

su^{35} iɑu^{35} tɕ^{h}iŋ^{33} t^{h}uəŋ^{323}k^{h}æ$^{53-33}$ zʅəŋ^{33} iɑu^{35} tɕ^{h}iŋ^{33} tɕiæ$^{53-323}$ tiæ^{33}
树要勤捅砍，人要勤检点。

suɑʔ^{43} tɑu^{35} tsuɤ^{35} pəʔ^{43} tɑu^{35} tɕiəu^{35} zu^{33} faŋ^{35} k^{h}uəŋ^{323} p^{h}ɑu^{35}
说到做不到，就如放空炮。

vəŋ^{35} k^{h}əu^{53} səŋ^{53} ts^{h}aɪ^{33} sʅ^{35} səŋ^{53} vəŋ^{35} ti^{53} sʅ^{35} yə^{35} ta^{35} k^{h}uəʔ^{43}luəŋ^{33}
瓮口省才是省，瓮底是个大窟窿。

iəu^{53}leɪ^{53} pəʔ^{43}tsaɪ^{35} kɑu^{323}iæ^{33} sæ^{323} kɑu^{323} tʂɤ^{323}pəʔ^{43}tsu^{35} t^{h}aɪ^{35} iaŋ^{33}
有理不在高言，山高遮不住太阳。

iəu^{53} ʂəʔ^{43}ma iə^{53} pəʔ^{43}iɑu^{35} iəu^{53}piŋ^{35}məʔ^{43} ʂəʔ^{43}mɑ iə^{53} pəʔ^{43}iɑu^{35} məʔ^{43} tɕ^{h}iæ^{33}
有什么也不要有病，没什么也不要没钱。

tsuɤ^{35} tsaɪ^{35} zʅəŋ^{33} tɕ^{h}iæ^{33} tʂ^{h}əʔ^{43} tsaɪ^{35} zʅəŋ^{33} xəu^{35}
做在人前，吃在人后。

第三节 歇后语

ts^{h}aɪ^{33}fəŋ^{33} tiəu^{32}lɑu^{33} tɕiæ^{53}——kuaŋ^{53} ʂəŋ^{35}ɕia^{33} iəʔ^{43} tʂ^{h}əʔ^{43}
裁缝丢了剪——光剩下一尺（吃）。

ts^{h}aɪ^{33} i^{323}fəʔ^{43} pəʔ^{43}yŋ^{35} tɕiæ^{53}——xu^{33}tʂ^{h}ɤ^{53}
裁衣服不用剪——胡扯。

ts^{h}əŋ^{35}zʅɑʔ^{43} ta^{53}t^{h}iəʔ^{43}——laɪ^{33} təʔ^{43} k^{h}uaɪ^{35}
趁热打铁——来得快。

tʂʰəŋ^{33}xuaŋ^{33} niaŋ^{33}niaŋ^{33} xaɪ^{35}ɕi^{53}——xuaɪ^{33}təʔ^{43} sɿ^{35} kueɪ^{53}tʰaɪ^{323}
城 隍 娘 娘 害喜——怀的是鬼胎。

tsʰəʔ^{43}tɕyəʔ^{43}kueɪ^{53} ʂtʰaŋ^{35}lɑu^{33} xua$^{323-35}$tɕiɑu$^{323-33}$su^{35}——ma^{33}təʔ^{43} pəʔ^{43}tɕyəʔ^{23} la^{33}
赤 脚 鬼 上 了 花 椒 树——麻得不觉啦。

kuəŋ$^{323-35}$tɕi$^{323-33}$ ta^{53}tɕia^{35}——tʰəu^{33} tueɪ^{35} tʰəu^{33}
公 鸡 打架——头 对 头。

tɕiə^{53} meɪ^{35} liaŋ^{53} tsɑu^{53} pʰɤ^{33}tɕia$^{323-33}$——kɑʔ^{43} tsəu^{53} kɑʔ^{43} təʔ^{43} lu^{35}
姐 妹 两 找 婆 家—— 各 走 各 的 路。

mɑu^{33}lueɪ^{33} kʰəŋ^{53} ʂəʔ^{43}mə^{35}——tsueɪ^{53} iŋ^{35}
毛 驴 啃 石 磨—— 嘴 硬。

sa$^{323-35}$kuɤ$^{323-33}$ tɑu^{53}suæ^{35}——iəʔ^{43}tsʰueɪ^{33}təʔ^{43} maɪ^{53}maɪ^{33}
砂 锅 捣蒜—— 一 锤 的 买 卖。

tʰiəʔ^{43}tɕiaŋ^{35} kʰua^{323} tʰu^{33}ti$^{35-33}$——ta^{53} təʔ^{43} xɑu^{53}
铁 匠 夸 徒 弟—— 打 得 好。

第四节 民 谣

tueɪ^{35} lɑu^{33} mi^{33} iæ^{33} pəʔ^{43} ɕiæ^{33} laɪ^{35}
对 了 眉 眼 不 嫌 赖

xəʔ^{43}təu^{35} ti^{32}laɪ^{33} xuəŋ^{33} kɑu^{323}liaŋ^{33} kɑu^{323}
黑 豆 低 来 红 高 粱 高，

tsæ^{33}tsʰuəŋ^{323}təʔ^{43} kueɪ^{323}ny^{33} su$^{53-323}$ ni$^{53-33}$ xɑu$^{53-33}$
咱 村 的 闺 女 数 你 好。

iæ^{323}taɪ^{35} xɤ^{33}pɑu^{33} məʔ^{43} xuɤ^{53}liæ^{33}
烟 袋 荷 包 没 火 镰，

tsɑu^{53} pəʔ^{43}ɕia^{35} tueɪ$^{35-33}$ɕiaŋ$^{35-33}$ ʂəʔ^{43} kʰɤ^{53}liæ^{33}
找 不 下 对 象 实 可 怜。

ni^{53} tsaɪ^{35} ni^{53}təʔ^{43} kəʔ^{43}liæ^{33} ʂaŋ^{35} uɤ^{53} tsaɪ^{35} uɤ^{53}təʔ^{43} kəu^{323}
你 在 你 的 圪 梁 上 我 在 我 的 沟，

kəu^{35}pəʔ^{43}tʂə^{33} suɑʔ^{43}xua^{35} tsæ^{33} paɪ^{53}iəʔ^{43}paɪ^{53} ʂəu^{53}
够 不 着 说 话 咱 摆 一 摆 手。

kʰaŋ^{323}miæ^{35} uɤ^{32}uɤ$^{33-35}$ xəʔ^{43}təu^{35}iəʔ^{43} tsʰaɪ^{35}
糠面窝窝黑豆叶菜，

tueɪ^{35}lɑu^{33} mi^{33}iæ^{33} æ^{32} pəʔ^{43}ɕiæ^{33} ni^{53} laɪ^{35}
对了眉眼俺不嫌你赖。

kəu^{323} liæ^{33} kəu^{323}
沟连沟

tɕiŋ^{35}lɑu^{33} məŋ^{53}tsʰuəŋ^{323}kəu^{323}
进了蒙村沟，

ta^{35} kəu^{323} tʰɑu^{35} ɕiɑu^{53} kəu^{323}
大沟套小沟。

tɕʰiæ^{33}tsuaŋ^{323} iəu^{53} tʰiɑu^{33} xua^{323}ti^{35}kəu^{323}
前庄有条花地沟，

xæ^{33}iəu^{53} iəʔ^{43}tʰiɑu^{33} ta^{35}nɑu$^{53-33}$kəu^{323}
还有一条大垴沟。

tsu^{35} tsaɪ^{35} ta^{35}nɑu$^{53-33}$kəu^{323}
住在大垴沟，

ʂɑu^{323} meɪ^{33} ʂɑu^{323} tʰæ^{35} pəʔ^{43}yŋ^{35} tʂʰəu^{33}
烧煤烧炭不用愁。

ta^{35}nɑu$^{53-33}$kəu^{323} leɪ^{53} iəu^{35} iəu^{53} kəu^{323}
大垴沟里又有沟，

kəu^{323} miŋ^{33} tɕiɑu^{35} tsuəʔ^{43} ɕyəʔ^{43}lueɪ^{35}kəu^{323}
沟名叫做血泪沟。

vaŋ^{35}leɪ^{53} xæ^{33}iəu^{53} iəʔ^{43}tʰiɑu^{33} kəu^{323}
往里还有一条沟，

kəu^{323} miŋ^{33} zəŋ^{33} tɕiɑu^{35} tuəŋ^{323}tsuaŋ$^{323-33}$kəu^{323}
沟名人叫东庄沟。

tɕiŋ^{35} ta^{35}tsʰuəŋ^{323} xæ^{33} iəu^{53} kəu^{323}
进大村还有沟，

ʂəʔ^{43}tsʰɑu^{33}kəu^{323} leɪ^{53} iəu^{53} tsʰɑu^{33}xuaŋ^{33}kəu^{323}
石槽沟里有槽黄沟。

xu^{53} laŋ^{33} kʰəu^{53}
虎　狼　口

laɪ^{33}tsaɪ^{35} tuəŋ^{323}tsuaŋ^{323}kəu^{323}
来　在　东　庄　沟，

tɕiŋ^{35}lɑu^{53} xu^{53}laŋ^{33} kʰəu^{53}
进　了　虎　狼　口。

iɑu^{35} ɕiaŋ^{53} pa^{53} tɕia^{323} xueɪ^{33}
要　想　把　家　回，

sæ^{323}pʰɤ^{323} tʂɑu^{53} kuəʔ^{43}tʰəu^{33}
山　坡　找　骨　头。

niəʔ^{43} piæ^{53} ʂʅ^{33}
捏　扁　食

niəʔ^{43}ɕia^{35} piæ^{53}ʂʅ^{33} liaŋ^{53}tʰəu^{33} væ^{323}
捏　下　扁　食　两　头　弯，

tsu^{53} tsaɪ^{35} kuɤ^{32}leɪ^{53} ʂaŋ^{35}ɕia^{35} fæ^{323}
煮　在　锅　里　上　下　翻。

tɕiŋ^{323}ʂɑu^{33} lɑu^{323} tsaɪ^{35} y^{35}væ^{53} leɪ^{33}
金　勺　捞　在　玉　碗　里，

tuæ^{323} ʂaŋ^{35} y^{35} væ^{53} kuəŋ^{35} luəŋ^{33} tʰiæ^{33}
端　上　玉　碗　供　龙　天。

kuəŋ^{35} təʔ^{43} luəŋ^{33} tʰiæ^{33} ɕiŋ^{323} ɕi^{53}xuæ^{323}
供　得　龙　天　心　喜　欢，

iəʔ^{43}niæ^{33} sʅ^{35}tɕi^{33} pɑu^{53} pʰiŋ^{33}ŋæ^{323}
一　年　四　季　保　平　安。

ɕiaŋ^{53} kɤ^{32} kɤ^{33}
想 哥 哥

ɕiaŋ^{53} ni^{53} ɕiaŋ^{53} ni^{53} ɕiaŋ^{53}təʔ^{43} k^{h}uəʔ^{43}
想 你 想 你 想 得 哭，

vəŋ^{35}xəʔ^{43}leɪ^{33} va^{323} mi^{53} va^{53} ʂaŋ^{53} lɑu^{53} kuəʔ^{43}
瓮 黑 里 挖 米 挖 上 了 谷。

ɕiaŋ^{53} ni^{53} ɕiaŋ^{53}təʔ^{43} tʂəʔ^{43} ləŋ^{35}tsəŋ^{35}
想 你 想 得 直 愣 怔，

pæ^{35}xəʔ^{43}iᴇ^{33} xæ^{53} ni^{53} tɕiŋ^{32} ɕiŋ^{53} zəŋ^{33}
半 黑 夜 喊 你 惊 醒 人。

iɑu^{33} xəʔ^{43} xæ^{35}
窑 黑 汉

kueɪ^{323}ny^{53} tɕia^{35}keɪ^{53} iɑu^{33}xəʔ^{43}xæ^{35}
闺 女 嫁 给 窑 黑 汉，

xəʔ^{43} sueɪ^{53} i^{323}tʂ^{h}aŋ^{33} ɕi^{53} pəʔ^{43}væ^{33}
黑 水 衣 裳 洗 不 完。

xəʔ^{43} zəŋ^{33} xəʔ^{43} i^{323} xəʔ^{43} ʂʅ^{35}tɕiə^{33}
黑 人 黑 衣 黑 世 界，

xəʔ^{43} iɑu^{33}tuəŋ^{35}leɪ^{33} zəʔ^{43}tsʅ^{33} næ^{33}
黑 窑 洞 里 日 子 难。

阳泉市志
YANGQUANSHIZHI

[下　册]

第三十编

人　物

阳泉钟灵毓秀，英才荟萃。春秋时期仇优国大夫赤章曼伯慧眼识晋，为国谏言；唐代名将张士贵家族武启文传，百年兴盛；宋代贤臣李谦溥父子征战戍边，功勋卓然；元中书左丞吕思诚清廉刚正，君臣敬畏；明李念李愈兄弟同科进士，政著文丰；清代湖广提督窦瑸、顺天府尹田嵩年、地理学家张穆业绩显赫，世人称颂；近现代又涌现出了进步作家石评梅、高长虹，抗日英雄岳勇、赵亨德，中国核燃料事业主要奠基者之一、中国科学院院士张沛霖，曾任山西和贵州省委书记的王谦、池必卿，对当代中国舞蹈产生巨大影响的艺术家张继刚，百度公司创始人、董事长兼首席执行官李彦宏，中国科幻小说代表作家、《三体》作者刘慈欣等一批杰出人才，他们为民族的振兴争辉，为桑梓的繁荣添彩，赢得了人民的尊敬和赞誉。当然，在人类激流飞滚的历史长河中，也有极少数人因倒行逆施而被人民所唾弃。

此卷主要以传略、简介、名表、名录的形式记述境内社会各界具有一定代表性的人物，适当收录客居他乡的阳泉人及与阳泉有着特殊情缘的客籍人。

传略收录 277 人，为已故人物；简介收录 148 人，为健在人物。入选人物兼顾古今、行业及性别，既有身居要职、贡献突出、影响深远的显赫人物，也有在不同历史时期某些方面作出一定贡献、产生积极影响的各界楷模，还有个别劣迹斑斑、世人痛恶的反面典型，以资后人借鉴。对于列传人物，除生平事迹外，为了彰显个性，适当加重了对细节的记述；对于简介人物，则以记述个人重要履历为主，一般不作评价。在收录的各界领导人中，传略限于副地市级（实职）以上，简介限于正地市级（实职）以上。

名表设《阳泉市副地市级以上领导人（实职）名表》《阳泉市历次中国共产党全国代表大会代表名表》《阳泉市历届全国人大代表和政协委员名表》《阳泉市获全国劳动模范和“五一劳动奖章”人员名表》《阳泉市享受国务院特殊津贴人员名表》《阳泉历代进士名表》及《闻人表》。《闻人表》收录阳泉人在境外担任正地市级领导职务、正高级专业技术职务及其他方面具有较大影响者（不含人传、简介人物），共 208 人。

名录分《英名录》《劳模录》《高级职称人员名录》三部分。《英名录》收入 5558 人，均为抗日战争、解放战争、抗美援朝等战争和社会主义建设中为国捐躯的烈士，依烈士籍贯排录；《劳模录》收入 1050 人，为全市获得省部级及以上劳动模范或先进个人荣誉者，依所获荣誉先后排录；《高级职称人员名录》收入 5633 人，为全市获得副高级以上职称者，依 31 个职称系列排录。

第一章 人物传略

赤章蔓伯

赤章蔓伯，生卒年不详，又名赤章蔓枝，春秋战国时仇犹国（今盂县）大臣。周贞定王十二年（前457），晋卿智伯欲伐仇犹，苦于晋地与仇犹间莽林如海，进犯无路。于是，铸就一口大钟，谎称拟献给仇犹国君，要仇犹国修筑一条通往晋地的运钟大道。仇犹国君闻之大喜，听不进赤章蔓伯“智伯贪婪无信，若路通大钟至，卒必随之，国将亡”的忠告和死谏，下旨筑路接钟。赤章蔓伯长叹道：“为人臣不忠贞，罪也；忠贞而不用，远身可也！”说罢便逃往齐国（一说卫国）。道通不久，仇犹国即被智伯所灭。此史实在《吕氏春秋》《战国策》《史记》中均有记载。

逯 明

逯明，生卒年不详，西晋新兴郡苌池（今盂县苌池镇）人。勇悍有谋略。晋愍帝时，石勒聚众起义，逯明与王阳等18骑投奔石勒。后来，石勒归顺十六国时汉（前赵）的建立者刘渊，逯亦随往。之后，逯明于西晋建兴元年（313）二月，败东晋大将温峤于潞城，攻宁黑于茌平（今山东茌平），破东阳酸枣，屡立战功。因之，晋爵为保卫国都的最高武官上柱国大将军。

王君廓

王君廓，生卒年不详，隋朝石艾立壁（今平定县立壁村）人。自幼家贫，父母早丧。曾当过牙行里的牙子，精于骑射。隋朝末年，朝政腐败，全国各地农民纷纷揭竿起义。君廓挺身而出，组织千余农民在夏县、长平一带响应，活动于虞乡边境。他虽然不识字，未研究过兵书，但作战机智勇敢，多谋善断，仗打得很漂亮。在与河东地方官丁荣交战中，勇猛异常，使丁荣残部落荒而逃；在与隋朝名将宋老生对垒中，他用“哀兵必胜”的战术，巧妙地保存了实力，脱离了险境。隋大业十四年（618），君廓在井陉率部属万余人归唐拜大将军，后任河内太守、常山郡公、辽州刺史诸职。随秦王李世民征战，曾以十三骑破敌万余，创“自古以少制众无有也”（《新唐书》）之战例，屡立战功，唐高祖李渊赐杂彩百段。后王世充、窦建德合兵抗唐，战于武窦。君廓奉秦王命，率轻骑千余，抄其粮道，击沉米船三十柁，战罢晋爵彭郡公。之后，阿尔泰山一带突厥起兵威胁大唐，君廓受命镇守幽州。突厥入侵，君廓率众歼灭来犯之敌二千余人，获战马五千余匹，奉诏返京后，高祖赐以御马，并破例准许其可以骑马出入殿堂，另赐锦袍、金带，累官至彭国公、幽州都督、左光禄大夫。后来，君廓居功自傲，变得骄纵越法。一次在奉诏入朝途中惧祸逃亡遭杀。唐太宗李世民念其前功，予以厚葬。《新唐书》有传。

许世绪

许世绪，生卒年不详，隋末唐初盂县人。隋末为鹰扬府司马，当他看到隋王朝行将灭亡时，劝唐公李渊说：“天辅德人与能，乘机不发，后必蹈悔。隋政不纲，天下摇乱。公姓名已著谣录。今揽五郡之岳，据四海之春，苟无奇计，祸不反踵。若收取英俊，为天下倡，帝王业也。”李渊听后，感到很有道理，遂同左右亲信密谋策反。起兵后，授许世绪为右一府司马，累迁蔡州（今河南汝阳）刺史、真定郡公。其弟许洛仁，亦从李渊起兵晋阳，录功至冠军大将军。许卒后赠代州都督，谥曰勇，陪葬昭陵。《新唐书》卷88有传。

冀俊

冀俊，生卒年不详，字僧俊，北朝盂县人。后移居太原，所以《周书》《北史》列传中称其为太原阳邑人。冀俊善隶书，工摹写。北魏太昌元年（532）为贺拔岳（孝武帝时大都督）

墨曹参军。北魏永熙三年（534）贺拔岳被害后，北周太祖宇文泰引其为记室。其时北魏大臣侯莫、陈悦在陇西聚兵与朝廷对抗，宇文泰一心平定叛乱，就让冀俊伪撰魏帝敕书予费也头，让其率兵协助宇文泰讨伐侯莫、陈悦。冀俊依旧敕摹写，所写“敕书”与真无异。费也头过去曾看到过魏帝敕书，故看到此敕亦不以为疑，派遣步骑一千受宇文泰节度。西魏大统元年（535），冀俊任丞相府城局参军，封长安县男，食邑200户。从帝征战于弘农沙苑（今陕西大荔县南），因战功显赫，晋爵为子，出任华州中正。大统十三年，迁襄乐（今甘肃宁县东北）郡守。他曾教宇文泰的两个儿子习隶书。以当时的习俗，入书学的人应行束修之礼，称之为“谢章”。冀俊以“书字所兴，起自仓颉，若同常俗，未为合礼”之观点，使以宇文泰为首的西魏当权者尊仓颉为先圣先师，重视汉学。后授职黄门侍郎、并州大中正，累迁抚军将军、右金紫光禄大夫、都督、通直散骑常侍、车骑大将军、仪同三司。北周明帝二年（558）以俊为大使，巡历州郡，察风俗，理冤滞。回朝后官拜小御正，不久出为湖州（今河南新野）刺史。冀俊以清约自处，前后所历颇有声望。官至骠骑大将军、开府仪同三司，后改封昌乐县伯，又晋爵为侯，食邑1600户。

王 谦

王谦（?—580），字敕万，北朝盂县人，系庸国公王雄之子。西魏时任骠骑大将军、开府。北周初任右小武伯、柱国大将军，承袭庸国公。北周建德五年（576），从皇太子宇文赞征讨吐谷浑，又随武帝东征，力战有功，进封上柱国，不久授益州（今四川成都）总管。北周大象元年（579）静帝即位后，隋国公杨坚辅政，专制朝权，行将篡位。大象二年八月，王谦响应相州总管尉迟迥举兵讨伐杨坚，“所管益、潼等18州及嘉、渝等10州之人多从之”。杨坚命蒋国公梁睿为将，率大军进行镇压，同年十月兵败被杀。

郭 荣

郭荣（546—614），字长荣，北朝盂县人。郭荣容貌魁岸，外疏内密，深得北周大冢宰宇文护的器重，任中外府水曹参军时，北齐屡犯北周，宇文护令郭荣在汾州（今山西汾阳）观察敌情。汾州与姚襄镇（今山西吉县境）相距很远，郭荣以为二城皆孤城，应在州镇之间再筑一城，以牵制敌方兵力，宇文护采纳了他的意见，并让郭护守新城。不久，齐将段孝先攻陷姚襄、汾州二城，唯郭荣所守之城能自守。后来，宇文护架浮桥出兵渡河与孝先作战，孝先于上游纵大筏以击浮桥，宇文护令郭荣让会水者引取其筏，保护浮桥。郭因功，改授大都督。其间，稽胡数次骚乱，宇文护均派郭荣前往平息。郭荣于上郡延安筑周昌、弘信、广安、招远、咸宁五城，以遏其要路，稽胡叛乱因此而平。武帝亲政后，拜郭为宣纳中士。后从帝灭齐，以战功赐马20匹，绵绢600段，封平阳县男，迁司水大夫。

郭荣从小与高祖关系亲密。曾与高祖夜坐月下，高祖对荣曰："吾仰视玄象，俯察人事，周历已尽，我其代之。"郭荣深以为是。宣帝崩后，高祖专权，对荣曰："吾言验"。后拜相府乐曹参军。不久以本官复领蕃部大夫。高祖受禅，引郭荣为内史舍人，并以龙潜之旧，晋爵蒲城郡公，加位上仪同，累迁通州（今属四川达县境）刺史。隋仁寿元年（601），西南夷獠多叛，隋文帝下诏命郭荣领八州军事行军总管率兵讨伐。叛乱平定后，赐郭荣奴婢300余人。隋大业元年（605），入为武侯骠骑将军，以严正闻名。后几年中，黔安首领田罗驹阻兵清江（今湖北恩施境），作乱夷陵（今湖北宜昌）诸郡，黔安民众多有响应。炀帝下诏让郭荣攻克此地，因战功迁左侯卫将军，后从炀帝西征吐谷浑，拜银青光禄大夫。辽东之役，以功进位左光禄大夫。第二年，帝再议辽东事，郭荣认为中国疲敝万乘，不宜屡动，向炀帝进谏曰："戎狄失礼，臣下之事。臣闻千钧之弩，不为鼷鼠发机，岂有亲辱大驾，以临小寇？"炀帝不听。攻辽东城时，郭荣亲冒矢石，昼夜不释甲胄百余日，炀帝常令人窥诸将行为，知郭荣战功，甚为欣悦。大业九年，炀帝至东都，对荣曰："公年德较高，不宜久涉行阵，当与公一郡，任所选也。"郭荣不愿离开军队，后拜为右侯卫大将军。炀帝对百官说："诚心纯至如郭荣者，固无比矣。"杨玄感叛乱，炀帝令郭荣驰守太原。第二年，郭荣随炀帝至柳城（今辽宁朝阳），遇病，炀帝先后数次让人询问病情。后死于怀远镇（今辽宁辽阳西北）。卒后赐兵部尚书，谥号恭。

张士贵

张士贵（586—657），本名忽峍，字武安，唐朝人，祖籍盂县上文村。因曾食邑卢氏（今河南卢氏县），故《新唐书》等史籍称其为卢氏人。士贵自幼习武，颇有臂力，少时能挽150斤的大铁弓，左右射箭无虚发，人皆称奇。隋大业十四年（618），政治黑暗，朝廷腐败，民不聊生。颇有胆识的张士贵怀着对朝廷的不满，聚集数千人攻打并抢夺了一些城池，因而当政者对其十分惧怕，称其为"忽峍贼"。李渊起兵建唐后，开始招抚农民起义军及地方割据势力以完成统一大业。士贵降唐，官拜右光禄大夫。后因作战勇猛，战功卓著，赐爵为新野县公。

李渊次子李世民平定东都洛阳后，升士贵为虢州（今河南灵宝县）刺史，进而又封为虢国公、右屯卫大将军。唐贞观七年（633），江南獠人起兵抗唐，李世民命张士贵为龚州道（今广西平南）行军总管，赴岭南平獠。士贵亲自督战，身先士卒，并冒着矢石冲锋陷阵，终于平息了獠人的侵扰。班师回朝后，李世民亲手抚摸其带伤的身体，感叹地说："我过去常听人说，忠君报国的人都能奋不顾身，可惜未能亲见，今天终于从你身上看到了啊！"于是，对士贵倍加恩宠，称其为"虎将"；士贵对李氏王朝也更加感恩戴德，忠心不二。李世民晚年，发动了征伐辽东、高丽的战争，张士贵不仅参加了这次战役，而且战绩显赫，官至左领军大将军，晋封勋国公，食邑卢氏。但在平定辽东时，因其婿何宗宪冒领大将薛仁贵之功被累，降职随军。平辽后始复原职。

唐显庆二年（657），张士贵病故，唐高宗亲往吊唁，赠辅国大将军，谥号为"襄"，陪葬昭陵。其八世孙宋大司马张崇嗣不忘先祖出生之地，特以昭陵墓形复葬故籍盂县上文村。《旧唐书》《新唐书》皆有传。清乾隆版《盂县志》有载。

慕容延钊

慕容延钊（912—963），北宋盂县人。延钊少以勇闻名，广顺元年（951），被周太祖郭威招入帐下，补西头供奉官。历任尚食副使、铁骑都虞侯。后周显德二年（955）为周世宗殿前散指挥使都校，领溪州刺史。高平之战，督左先锋，以功授虎捷左厢都指挥使，领并州团练使，后升为殿前都虞侯，领睦州（今浙江建德境）防御使。从世宗征淮南，改龙捷左厢都校，沿江马军都部署。归朝，复为殿前都虞侯，出任镇淮军都部署。显德五年，周世宗在迎銮江口闻吴人聚船数百艘泊东洑州，即命延钊与左神武统军宋延偓讨之。延钊以骁骑由陆上进攻，延偓督舟师沿江继进，大破敌于淮南。平迁殿前副都指挥使，领淮南节度使。恭帝即位，延钊改任镇宁军节度使，充殿前副都点检，复为北面行营马步军都虞侯。北宋建隆元年（960），宋太祖即位，延钊握重兵屯真定，太祖派人送旨，许以"便宜从事"。延钊与韩令坤率部按治边境，以镇守安静闻名，后加殿前都点检、昭化军节度使、同中书门下二品。因李筠叛乱，征讨有功，擢为行营都部署，知潞州行府事及平加兼侍中，诏还澶州。建隆二年，徙为山东道节度使、西南面兵马都部署。建隆四年春，太祖赵匡胤命师南征，以延钊为湖南行营前军都部署。时延钊患病，太祖诏令大轿送回。不久，汪端集结兵士数千人骚扰郎州，延钊再次出征将其擒获，并施以酷刑，荆湘遂得平安，加任检校太尉。建隆四年冬卒。

延钊与宋太祖赵匡胤交往很深。后周显德末年，赵匡胤任殿前都点检，延钊为副点检，赵匡胤以兄长对待延钊。后赵匡胤即位，常常遣使劳问延钊，仍以兄称呼。延钊患病后，赵匡胤亲赐良药。听到延钊去世后，赵匡胤恸哭不已，赠中书令，追封河南郡王，并录用其子、弟四人授予官职。其子德业官至卫州刺史，德钧官至尚食副使；其弟延忠历内殿直供奉、西头官都知至磁州刺史，延卿至虎捷军都指挥使。

李谦溥

李谦溥（914—976），字德明，北宋盂县人。从小熟读儒家经典，精通《左氏春秋》，从而形成了“性慷慨，重然诺”的豪放性格和忠君爱国思想。青壮年时期，先后在后晋、后周做过供奉、兵马都监、巡检使等一类的武官，经历了唐末五代的纷乱，亲身感受到藩镇割据给民族带来的灾难，希望出现一个安定统一的国家。因此，在后周和北宋初年，他多次参加了周世宗柴荣和宋太祖赵匡胤统一中国的战争。

后周显德元年(954)，他随世宗征讨刘崇，时辽州(今山西左权县)久攻不下，谦溥自告奋勇，单骑入城游说，使刺史张其举城投降。显德五年，世宗再征北汉，又派他为先锋，攻破孝义县城。赵匡胤建立北宋政权后，谦溥任晋隰边缘（今临汾、隰县一带）都巡检，负责北部边防军务。北宋建隆四年（963），宋太祖讨伐北汉，以谦溥为先锋，他向总领兵马的孙延进、沈继深提出攻取方案，未被采纳，致出师无功而返。其后从北宋开宝元年至九年（968—976），宋太祖曾多次派兵或亲征北汉，谦溥每次都领兵出征，并屡建战功。有一次，他攻入晋阳城后，连拔七个营寨，使北汉大为震慑。但因辽国派兵增援北汉，致使宋太祖平定北汉的计划未能实现。后来北宋暂时放弃了与北汉的直接冲突，转向统一南方。为防御北汉的侵扰，谦溥又被选调到与北汉接壤的隰州当刺史。在任十几年，身经数十仗无一疏漏，从而有力地支援了宋太祖统一南方的大业。其间，后周显德四年（957），周世宗亲征淮南，北部边防空虚，他建议加强隰州咽喉的防守，世宗采纳了他的意见，并派他担当此任。到隰州后，他亲率兵民挖深城壕，整顿军纪，加强守备。不久，北汉派兵来犯，因已成竹在胸，所以他镇定自若地击退了北汉的多次围攻，保卫了隰州的安全。北宋开宝元年，宋太祖在攻打晋阳的战役中，被北汉围困，太祖手下大将赵赞也败北。当时，谦溥正在西山伐木以备军用，听说太祖被困，立即率众赶来解救。太祖看到来援者非精甲，但作战却异常勇敢，因而特别称赞他的用兵之道。谦溥有个部将叫刘进，勇力超人，常深入敌境，以少击众。北汉为之丧胆，想用反间计把刘进除掉。于是，便故意把一封假作送给刘进的“蜡丸书”丢在大道上，让人拾到送给宋太祖。太祖不知是计，要谦溥把刘进送来京城治罪。刘进怕株连谦溥，请求处死自己。谦溥却说：“我要用全家四十口人的性命担保，请你放心！”于是，谦溥上书太祖，揭露了北汉的反间阴谋。谦溥晚年，升任济州（今山东巨野）团练使，但他未离开晋隰边防。北宋太平兴国元年（976），谦溥在京城逝世。《宋史》卷273有传。

李允正

李允正（959—1010），字修己，北宋盂县人，李谦溥之子。初以荫补供奉官，后来又做过阁门祗侯、通事舍人，负责掌管殿廷传宣之事，常与皇帝接触。由于他才略过人，处事干练，颇受太宗皇帝的赏识。太平兴国五年（980），卫州（今河南汲县）黄河决口，被委以修河部署。淳化三年（992），被派往西南边境一带平定边民滋事；后又到西蜀询访民事，安抚百姓。其间，还一度总管开封府的刑狱诉讼，负责处理疑难案件。

允正一生中任事最久、最能显示其才能的是戍边。北宋淳化五年至大中祥符三年（994—1010），先后任过并州、代州、镇州、莫州（今河北任丘）、定州、诚州（今甘肃成州）、延州（今陕西延安）等地刺史。北宋太宗和真宗年间，北宋同辽的对抗加剧，战争连年不断。北宋咸平二年（999），辽国王隆绪领兵大举南侵，过关斩将。真宗看到宋军连吃败仗，决定御驾亲征，把镇守并、代两州的允正调到河北前线，派至邢州（今河北邢台）抗击辽兵。因允正的部卒是经过严格训练的骑兵，在邢州与辽兵一场酣战，击败了辽兵。咸平五年，西夏王李继迁背叛宋朝，领兵进犯灵州（今宁夏灵武），不断骚扰西北边界。为了加强西北边防，允正又被任命为泾源、仪渭（今陕西、甘肃、宁夏交界处）的马步钤辖兼安抚都监（总领一路或几路兵马的武将）。他沿边广设兵寨和哨所，便于及时发现敌情，相互呼应救援，致西夏军不敢轻犯。西夏王李继迁被杀后，西夏暂时归顺北宋。允正又被调回河北定州，任镇定都钤辖，专事对辽。允正一生“罕在要近，累典边任”，是在军旅颠簸中度过的。晚年，官至河州（今甘肃临夏）团练使，身体佝偻，经常卧床不起，但仍不离边防，最后卒于永兴军（今西安）任所。《宋史》卷273有传。

李允则

李允则（953—1028），字垂范，北宋盂县人，李谦溥之子。少多谋略，以荫补衙内指挥使。宋太宗年间，由左班殿直升为閤门祇侯。北宋咸平元年（998），任潭州（今湖南长沙）、沧州知州。北宋景德二年（1005），宋辽订立“澶渊之盟”后，双方罢战讲和，允则出任雄州（今河北雄县）知州，镇守河北东路要地。在任期间，发展农业生产，提倡贸易往来，为增进民族感情，促成宋辽和好作出了突出贡献。

允则在军事上颇有建树。任沧州知州时，他看到沧州乃战略要地，但饮水甚缺，军民无心守卫，便着手“滤浮阳湖、葺营垒、官舍间穿井”，从而稳定了军民之心。时隔不久，辽兵来犯时，允则带兵坚守城池，不但用水不缺，还以冰代炮，打退了辽兵的进攻。宋辽通和修好后，允则在雄州仍不放松戒备，“治城垒不辍”。宋真宗怕引起冲突，责问修城之事，允则回答说：“宋辽刚刚通好，如果城池不修，守备放松，一旦发生不测，将后患无穷！”真宗称赞他考虑周道、深远。他还非常注意把备战和生产结合起来，寓战于民。在宋辽接壤处，他组织将士开垦荒地，挖掘渠道，砌筑矮墙，栽植荆棘。平时，渠道可以灌溉田地；战时，就成为御敌的障碍物。他把练兵习武也寓于游乐之中，每年农历三月初三，边民在界河祭祀水神，允则就组织水兵驾驶战船，参与其事，名为竞渡表演，实是水战演习。

允则为官清明，对民间疾苦甚为关注。知潭州时，他发现该地苛捐杂税严重，农民大量逃亡，土地茶林荒芜，便下令废除了按地缴纳的地税和以房屋缴纳的房税，以及以耕牛输米，牛死仍不免除的枯骨税等，减轻了茶民的负担。同时，还采取了开仓赈济饥民、鼓励垦荒、供给耕畜和种子等一系列恢复生产的措施。任雄州知州时，为疗治战争创伤，他带领军民填平陷马坑，拆除废堡垒，并组织百姓伐木作檩，烧砖烧瓦，修盖木石房屋，兴建街道胡同。同时，开辟市场，发展商业，从而繁荣了边防重镇雄州。

允则在对辽保持警惕的同时，还主张开放边界，允许边民贸易往来，反对对辽采取关门和歧视政策。他在雄州开辟了与辽贸易的场所“榷场”，互通异物，以香料、茶叶、书籍、漆器、硫黄等，换取辽的银钱、布匹、羊马、骆驼等。同时允许辽人入境，与州民同乐，从而加深了辽宋边界人民的情谊。他还对辽采取政治感化政策。一次，辽国的间谍被允则属部抓获，允则不但没有处死他，反而放开绑绳，盛情款待一番，间谍便将刺探的情况告诉了允则，允则说：“你得到的情况不准确。”便告他实际的兵马、粮草数。间谍要求加上封条，盖上公印。放回后不久，间谍又来，奉还原件，封条未动，而后又带来了契丹兵马、财力、地理情报交给允则，以表示报答。

允则守边境 18 年，对辽的情况了如指掌，边防没有发生任何意外。北宋天圣六年（1028）去世。《宋史》卷 324 有传。

侯氏

侯氏（1004—1052），女，北宋孟县上文村人，系北宋著名哲学家、理学家程颢和程颐的母亲。由于她教子有方，离世后被皇帝追封为上谷郡君，是宋代有名的贤妻良母。

侯氏出生书香门第，父亲侯道济任过北宋尚书。侯氏自幼聪慧过人，博闻强记，能吟诵古诗上百首，而且还能说出自己的独到见解。19 岁时嫁与宋太中大夫程珦，夫妻互敬互爱相待如宾。她谦逊恭谨，仁慈宽厚，治家有法，且乐于解囊济贫。丈夫有个远房兄弟死了父母，她便接来收养；侄女死去男人，她就迎回自家；道路上的遗弃婴儿，她也抱回抚育。她的美德深为时人称赞。

侯氏共生过 6 个孩子，但活下来的只有程颢和程颐兄弟俩。“二程”的成就是和侯氏的悉心教诲分不开的。程颐说：“颐兄弟平生于饮食衣服无所择，不能恶言骂人，非天性也，教之使然也。”“二程”小时刚学会走路，家人惧其跌跤，常抱着不放。她见后责备家人说：“怕孩子摔倒，啥时才能让他们学会走路呢？”怕家人给偏食，每逢吃饭她便让孩子坐在自己身旁。当孩子索要好吃食时，她就严加制止道：“少时美味佳肴，长大后如何是好？”丈夫有所怒，她必为之宽解；而孩子有过，则从不掩饰。她常说：“孩子所以不肖，往往是因为母亲蔽其过而父亲不知的缘故。”“二程”自幼聪明好学，但侯氏却从未因此而放松对他们的严格要求。当时有个叫姜应明的小孩中了“神童举人”，众人都去观看；她却认为此法不足效，说这是误人子弟，“神童”最终难成就大事。后来，这“神童”果然无所作为。她常以此告诫孩子，并在孩子用的书本上亲自写上“我爱惜勤读书儿”和“殿前及第程延寿（程颢幼时名）”等字，以激励孩子勤奋读书，金榜题名。后来，程颢中了进士，程颐也博学多才，兄弟二人都知名朝野。“二程”成名后，不忘母亲出生之地，他们曾从洛阳专程到孟县讲学，今孟县肖家汇乡兴道村的“程子岩”就因此得名。

侯可

侯可（1007—1079），字无可，北宋孟县上文村人。其父侯道济任过北宋尚书。侯可少而有志，常以气节自许。他聪明好学，特别喜欢读《孙武兵法》。

侯可精于学业，勤于实践，关心政事，对宋王朝西南边疆的地理状况和军事形势了如指掌。广源州壮族首领侬智高，于北宋皇祐四年（1052）起兵反宋，攻陷多处城池。宋朝安抚使孙沔奉命征讨。孙深知侯的才干，请其参与军事，侯欣然从之。后因战绩卓著，被委任为巴州化成县（今四川巴中县）知县。在任期间，他严惩贪吏，勤政惠民，大力宣传无神论，致力于移风易俗，革除迷信陋习。当时，巴州人迷信鬼神而废弃医术，姑娘出嫁必由女家出陪重财，贫家女子因此而至老不能嫁人。侯可诲以义理，严其禁戒，订立制度，逐步废除了当地的陈规陋俗，受到百姓称道。后调任耀州华原（今陕西耀县）主簿。他到任后，发现有的富豪人家不占有田籍，却利诱逼迫贫民买其田券，有的多至万亩，然后向贫民索取租米。侯可强令富豪人家收回田券，将土地归还原主，使贫民土地失而复得。有一官吏赵某，贪狡凶横，自以为掌握了郡州大小官吏的短弊而有恃无恐，此前历任官员谁也奈何他不得。侯可得悉后，上诉帅府，公开其罪恶，将其打入大牢，治罪诛杀。百姓闻之无不称快。

侯可在任仪州（今甘肃华亭）军事判官时，西夏不断侵扰，战事频繁。他尽忠职守，竭力整顿边防，抵御西夏进犯。一次，他率十数骑巡查边境，不料与万余西夏军相遇。他临危不惧，急中生智，将人马分为三路，各执旌旗，从容缓行。西夏兵受惑，疑有埋伏，不敢逼近，终使宋骑安然而归。侯可任泾阳知县（今陕西泾阳县）时，凿水治泉，发展水利，灌溉农田，深受百姓拥戴。侯可的军事与外交才能深为朝廷所重视，后升任评事、殿中丞等，服赐五品。

侯可乃北宋大理学家程颢和程颐之舅父，程颢为他写的《殿中丞侯可墓志铭》称赞道："先生之宫惟其清风与山无穷。"北宋元丰二年（1079），侯可因病卒于家中。《宋史》卷456有传。

吕思诚

吕思诚（1293—1357），字仲实，元朝平定人。幼年苦读经史，北宋泰定元年（1324）中进士，授辽州同知，后改任河北景州蓨县尹。当时，中原地区灾荒战事频繁，百姓四处出奔，大片土地荒芜，民生凋敝。为使生产得以恢复，吕思诚将全县农户按贫富分等，以等分摊徭役，对勤于农桑的百姓还奖以农具，从而激发了农民种田的热情，形成"人争趋事，地无遗力"，流离外出者也闻风还乡，开荒种地。此外，他还积极倡导破除迷信。某年大旱，有一道士持一青蛇欺骗百姓，说蛇是小青龙，向它祷告，可以降雨。思诚斥之为妖言惑众，把蛇杀掉，撵走了道士。当时，蓨县迷信很盛，仅祠庙就多达一百多处，祝福祭奉连年不断。思诚不满这种现状，下令除了董仲舒祠外，其余庙宇一律平毁。

思诚后升任翰林国史院检阅官及编修。他性情刚直、倔强。一次，文宗要取阅国史，翰林院长官唯唯诺诺，不敢违旨。思诚却直言进谏说："国史记当代人君善恶，自古天子没有观看的。"皇帝只好作罢。顺帝初，他劾奏平章撒里帖木儿变乱朝政的罪行，见皇帝有偏袒之意，立即交印辞职。后出任广西廉访司事时，他经常深入郡县巡行，发现地方官吏常鱼肉百姓。他拒绝接受地方官吏的贿赂，揭发其罪恶并予严惩，使广西道官风大为整肃。改任浙西廉访司事时，有位南台御史，因与江浙省臣有隙，想利用思诚借故弹劾，思诚严词拒绝说："吾为天子耳目，不为台臣鹰犬也。"后来在巡访中，了解到行省平章左吉祸害百姓，是个贪官，便立即上奏革其官职。

思诚一生历任侍御史、集贤院侍讲学士兼国子祭酒、湖广参政、中书参知政事、左丞转御史中丞等职，再任国子监翰林学士，承旨知制诰兼修国史加荣禄大夫。为总裁《后妃功臣传》，成绩卓著，皇帝曾亲赐玉带，倍加信赖。他的耿直和秉公办事，也得罪了一批有权势的大臣。因此，他不断受到恶意诽谤。有人向皇帝诬告参政孔思立受贿，想借机嫁祸思诚。御史大夫纳麟说："吕左丞廉洁，人所共知，恐怕不会有人相信。"那些反对者只好作罢。后来思诚任集贤学士兼国子祭酒时，朝臣议论货币政策，思诚态度激昂，据理争论。一些大臣指责思诚不该在庙堂大声厉色地说话。监察御史看风使舵，连忙附和，妄说思诚"为人狂妄"。思诚在种种诬告之下，被夺去诰命和所赐玉带，贬为湖广行省左丞。思诚被贬，引起朝野不满。后又被召回朝廷，官复原职，不久因病离世。逝后赠齐国公，谥忠肃，葬于平定城北三岔口。在任职翰林院期间，他曾总裁宋、辽、金三史，有《介轩集》《两汉通纪》《正典举要》《岭南集》等著作传世。《元史》卷185有传。

塔海

塔海，生卒年不详，字天祥，元末定居盂县白水村。元世祖时，从土土哈充任哈剌赤。元至元二十四年（1287），随皇上征讨叛王乃颜。元至元二十六年，帝命充宝儿赤。扈驾至和林（今属蒙古）后，赐子孙冠服。元大德四年（1300），授中书直省舍人，迁中书客省副使。元至大元年（1308）武宗即位，赐中统钞五百锭，以旌其能。不久晋封为和林行省理问所官，后改任通政佥院、和宁路总管，又改汴梁。当时"朝廷令民自实田土，有司绳以峻法，民多虚报，以塞上命。其后差税无所于征，民多逃窜流移"。塔海具实禀报朝廷，于是省民间虚粮22万石，民赖以安之。后改任庐州路（今安徽合肥）总管。遇民乏食，塔海遂开廪减值粜米，所活甚众。元天历元年（1328）冬十月，塔海充枢密佥院，守潼关（今陕西潼关）及河中府（今山西永济）。皇帝遣人驰赐百金钞币，宣授佥书枢密院事。不久，西军侵犯南阳（今河南南阳），塔海率领卫兵前往平定，亲率勇士与帖木哥交战，斩杀其前锋将，夺得其旗鼓，西军大败而逃。皇上赐三珠虎符，进大都督，累官资善大夫。卒后葬肖家汇乡兴道村。后世子孙改姓孙。

耿九畴

耿九畴（？—1460），字禹范，明朝平定人，系吕思诚之重外孙。明永乐甲辰（1424）进士。明宣德六年（1431）授礼科给事中，议论朝政得失能务大体，很有声望。明正统元年（1436），出任两淮盐运司同知。其间，为革除旧弊，曾拟五条措施上奏皇帝，获准后以律令下达施行。后因母丧离职，当地盐民数千人曾呈请皇帝留任。起复后于正统十年改任都转运使。之后，九畴因事受牵连入狱，经辩白无罪，留为刑部侍郎。任内不顾权贵阻挠，辨清许多疑案。

凤阳是皇帝的家乡，有年遭灾，皇帝派九畴去巡视招抚。去后，他奏留武英、飞熊诸卫军耕守，并招来流民7万户定居凤阳，使凤阳局势渐趋安定。两淮的盐政自九畴离任后松弛下来，明景泰元年（1450）又命他兼理两淮盐政。其后，他奉命审查各府重要囚犯，多数予以平反。明景泰三年，代陈镒镇抚陕西，发现都指挥杨得青等私自奴役兵卒，上奏弹劾并奉诏进行了处置。临洮边将提出增加驻卫的戍兵，九畴说："此地士卒并不少，只要将帅严肃纪律，赏罚严明，则人人可奋勇御敌；否则，再增戍兵，不过多耗费些钱粮而已。"从而说服了边将。当时，边塞农民春夏在原籍耕作，一到秋冬，为躲避外族侵扰，便举家迁移到塞内。九畴认为："边将的职责是抵御外族侵略和保卫边民的，今边民颠沛流离，要边将何用？"于是下令守军加强防卫，边民得以安居。明天顺元年（1457），九畴因廉正，被皇帝留为左都御史。当时都察院狱中的囚犯原不供米，九畴上言后才日给一升，形成定例；又上疏指陈时弊五项，均被皇帝采纳。同年六月，御史张鹏上疏弹劾帮助英宗复位的石亨和曹吉祥。石亨等反诬是受九畴指使，九畴被一并下狱，后贬为江西右布政使。不久礼部尚书空缺，拟以九畴升补，皇帝看到他已年老，便改为南京刑部尚书。天顺四年病逝，谥清惠。《明史》卷158有传。

耿 裕

耿裕（1430—1496），字好问，明朝平定人，耿九畴之子。明景泰五年（1454）中进士，历任庶吉士、定州知州、国子司业、吏部左侍郎、吏部右侍郎、南京兵部参赞等职。明弘治元年（1488），拜为礼部尚书。当时的上层官僚，无论公私，竞尚奢侈。耿裕多能因势利导，力纠时弊。在任期间，曾就国家发生灾异，多次上疏，提倡节俭。给事中郑宗仁提出节制光禄寺供应，请求皇帝予以采纳。光禄御史田奫以光禄寺供费不足而拖欠行户物款，要求用国库银两偿还。裕等认为这样会侵蚀国库，助长舞弊，请明令禁止，得到皇帝批准。南京守备宦官请求增加奉先殿日祭供品，裕等认为没有必要，未加许可。不久，裕升任吏部尚书，加太子太保衔。任职数年，不论考核官吏，选官授职，均不以个人爱憎取人，并杜绝私人请托。平时生活，自奉自俭，虽然两世俱为显宦，而家境并不富有，父子均以德行名著于世。明弘治九年，裕病逝。后赠太保，谥文恪。著有《耿裕集》。耿九畴父子尚书墓址在平定东关重兴坡。《明史》卷183有传。

李 念

李念，生卒年不详，字惟克，号松溪，明朝平定平潭村（今郊区平坦垴村）人。其父李应奎（号潭水）曾任陕西高陵书院掌院，幼年随父李应奎在陕西高陵书院就读，曾师事吕柟。吕柟是学界泰斗，对李念十分器重。明嘉靖乙未（1535）科与弟愈同中进士。他任钱塘知县时，勤政廉洁，体恤民情，政绩卓著，被提升为刑科给事中。在刑科任中曾向皇帝陈述六条利民方略，经准许后施行。后转为礼科右给事中，奉命巡视京畿兵营，发现守城兵将只知领饷，不习征战，便上疏皇帝，阐述“安不忘范，治不忘战”的道理，提出加强京畿守卫的建议。议论慷慨激昂，得到皇帝的认可和许多人的称赞。但因触及某些权贵的痛处，故遭中伤陷害，被贬为归德府知府。当时归德府城刚被河水冲坏，百事待举，为政艰难。他精心规划，悉力整治，不数年便修葺一新，声望大振。那些反对他的权贵则更加嫉恨，千方百计找托词，逼迫他罢官而去。李念一生写了很多诗文，著作有《越中吟》《松溪文稿》《松溪乐府古律诗类稿》等。

李 愈

李愈，生卒年不详，字惟中，号蒲石，明朝平定平潭村（今郊区平坦垴村）人。明嘉靖甲午（1534）科中举；次年，与兄念同中进士。愈幼年随父兄在高陵读书。高陵是当时著名学者吕柟的故乡。吕柟初见李愈时，抚摸着李愈的头说：“将来定能成为治理国家的栋梁之材！”后来，李愈出任南京太常博士，适值吕柟亦在南京任礼部侍郎，两人相处甚密，从政之暇常在一起切磋学问，致李愈学业日进。后历任户部员外郎中、凤阳知事等，所到之处，名声甚好。他学识渊博，一生写了很多诗文，传世著作有《金陵集》《蒲石山房诗文集》。李愈晚年家居时，曾在平定瀑里村（今郊区瀑里村）买地筑池，并写了《怀潭记》纪念其父。文章情深意切，很有文采，堪称传世佳作。

窦 铠

窦铠（生卒年不详），字清寰，明朝平定人。聪敏好学，学识渊博。明万历十九年（1591）中举，万历二十三年任陕西阶州知州。在阶州做官三年，知礼守法，勤于政务，体恤民情，待人平易，从不疾言厉色。《阶州志》中称其为方正严厉，廉洁奉公，外秀而慧中。后历任湖广辰州同知、云南寻甸知府、洱海曲靖兵备副使、布政司参政等。在寻甸任上，窦铠巡视乡村，见其地多山，便根据山脉走向，岩石结构，与故里平定的地层对比分析，从而发现了煤矿矿苗。遂派人试采成功，解决了当地居民的燃料问题。寻甸人感其盛德，特立生祠以表敬仰。

李化龙

李化龙（？—1647），又名李自喜，明末清初盂县大西沟村人。因不堪清朝的残酷统治，清顺治四年（1647）秋，他与其弟李奇龙组织龙华河、滹沱河一带贫苦百姓和李自成起义军余部共数千人，在中社村东的碓臼沟庙正式宣布起义。随后，率义军向盂县城进发，准备先取盂县，次攻寿阳，再图平定。义军抵达盂县城后，将县城西、南二门团团围定，用炮火轰击城中官兵，相持数日城未下。城中官兵死伤惨重，正准备开城投降，冀宁道守备王镛、参将李好贤领兵来援。义军分头迎击，双方展开血战。终因前后受敌，寡不敌众败北，化龙也在激战中阵亡。后义军余部转移隐蔽于盂县北乡，持续活动达数十年之久。

张三谟

张三谟（1585—1649），字纬典，号日葵，又自号素位居士，明末清初平定大峪村人。少时即携带书籍往高邑县拜赵南星为师。赵南星是当时学界名流，东林党重要人物。张三谟在赵南星家讲学论道，面壁十年，学业大进。明天启二年（1622）中壬戌科进士，授行人（掌管传旨册封等事）。当时，赵南星任左都御史，弹劾贪官污吏，不避权贵。煊赫一时的宦官魏忠贤勾结奸党，极力倾陷赵南星，所以很多人都不敢与赵南星接近，唯独张三谟照常往来，无所顾忌。明崇祯元年（1628），张三谟被选授御史，上任后曾上疏弹劾魏忠贤余党李鲁生，李被革职。次年，张三谟到福建巡视，行前曾上《按闽辞阙书》，纵论治国之道，认为治乱的关键，在善于选拔宰辅和御史官。宰辅是治理国家大事的，御史官是议论和纠正国家政令得失的，皇上要有意兴治，就应选贤任能，并对他们推心置腹，予以信任。其立论精辟，颇中时弊，崇祯皇帝十分赏识。在福建巡视期间，平息海寇李之奇立功。掌道御史嫉妒张三谟，想趁张三谟父丧回家守制之机降低他的职位，皇帝得知后说："张三谟是个有才干的人，又未做错事情，仍旧回御史道管事。"所以，崇祯三年起复后，张仍任原职。当时朝政腐败，奸臣当道，灾荒连年，哀鸿遍野。三谟忧虑国事，遂上《目击时艰》疏，对奸相温体仁多有弹劾。皇帝虽然表示同意却行动迟疑。一次，吏部尚书左都御史出缺，皇帝让在朝大臣当面举荐。温体仁借机串通吏部侍郎张捷推荐魏忠贤余党吕纯如，想借其为魏忠贤翻案。张三谟在朝堂上与张捷展开激烈辩论，张捷理屈词穷，温体仁一伙的阴谋才未得逞。崇祯九年，张三谟任河南道御史后，平反了许多冤案，得到皇帝的支持和赏赐。崇祯十一年，张三谟任光禄寺丞，不久又改任大理寺丞署印务。此时司寇刘之凤犯罪，皇帝意欲处以极刑。三谟根据其罪行，则认为按律只可流放边疆。对此，皇帝感到有伤尊严，便对三谟严加斥责。这时有人劝三谟说："何苦为了别人不顾自己安危？法律是朝廷定的，遇事听从朝廷的意见就行了。"三谟生气地说："你只知法为朝廷之法，不知法也是天下及后世人之法。怎么能以个人的意见随意改变呢？"于是他继续上疏力争。皇帝大怒，连降其职三级。后由于三谟的盛德，又升任少卿、顺天府尹、大理寺卿等职。崇祯十五年，在一次推荐宰相候选人的朝会上，吏部尚书李日宣共举荐了16人，其中即有张三谟。一些级别高、政声坏而落选的大臣便编造流言，诬陷李日宣徇情滥举。多疑的崇祯皇帝借此将李日宣革职戍边，三谟也因此受到牵连，被罢官回到原籍。

明崇祯十七年（1644），李自成攻陷北京，明王朝灭亡。据传，同年五月，李自成从北京败退，于当月初七路经平定，曾和三谟面谈，并请他当宰相，未果。明亡后，在家闲居的张三谟终因忧虑国事，抑郁成疾去世。当时的著名学者傅山及苗蕃分别写了《祭日葵先生文》《祭大廷尉日葵张公文》悼念。

武全文

武全文（1620—1692），字藏夫，号石庵，清朝盂县西小坪村人。自幼聪颖好学，清顺治三年（1646）乡试中举，次年会试即考取进士，授崇信（今甘肃崇信）知县。为官期间，曾引渡河水疏渠溉田，还利用水资源制造水磨，方便百姓生活；并写了《劝民十歌》，即一劝垦田，二劝集业，三劝兴学，四劝营商，五劝务稻，六劝灌园，七劝种树，八劝养蚕，九劝通工，十劝开市。当地百姓遵照《劝民十歌》倡导之法，谋求生路，重建家园。武全文不贪不贿，勤于职守，生活俭朴。崇信县高平集市有一种炉饼，粗粝难食，他常买这种炉饼当饭吃，以致被一些人传为笑谈。他在调离崇信县三年之后，又回到崇信巡察，还特地买了高平饼带回家中，并要诸儿食之，同时还口占《啖饼口号》四绝，命诸儿朝夕朗诵。顺治十一年调任刑部山西司主事，后任湖广司员外、福建司员外、陕西按察司佥事和布政司参议、山东布政司参议等职。晚年还乡后建"旷观园"一处，与诸子游憩讲学，写诗作文。清康熙三十一年（1692）逝世。有《旷观园文集》8卷、《旷观园诗集》13卷、《武氏家学汇编》等书传世。

武承谟

武承谟，生卒年不详，字邵盂，号逸溪，清朝盂县西小坪村人，武全文之孙。自幼聪明好学，遍读经史百家之书。清康熙三十八年（1699）中己卯科举人，次年考中庚辰科进士。初任大庾（今江西大余）知县。任中，因遇家中丧事而归。服丧期满后，补新安（今河南新安）抚军。康熙皇帝巡视直隶时，经人保荐，特意召见了武承谟，并亲自出题限韵，命其以"闺怨"为题，限溪、西、鸡、齐、啼韵，兼用一、二、三、四、五、六、七、八、九、十、百、千、万、两、丈、尺、双、半 18 个数量词分春、夏、秋、冬四季作四首诗，要求在限定时间内作出。武承谟"不假思索，随笔缮写"。皇帝钦定为"天下第一才子"，且并给予优厚的赏赐，承谟因此声振一时。补官之日，朝廷犹记其才，欲以内臣用，但正遇无锡缺任，便让其试职于此。无锡之地官吏奸猾腐败，世族巧取豪夺，难于治理。承谟一到任便撰联县堂以自警云："日照月临天有难逃之眼，民穷财尽地无可剥之皮"。治奸剔弊，境内为之俨然。承谟曾先后任职 3 县，而无锡政绩最著。可惜为时不久，即卒于任上。无锡缙绅及市井工商与穷乡之童叟，皆哭于治门，并立专祠祀之。卒后，葬于今西小坪村，时盂县名人王珻为其撰写墓志铭。有《尚志堂诗草》《逸溪堂稿》《客窗质语》等书传世。

郗占魁

郗占魁，生卒年不详，清朝平定大阳泉村人（今郊区大阳泉村），系清代平定州第一富豪大阳泉村郗家"魁盛号"创始人。"魁盛号"在清代是远近闻名的富户，清康熙至咸丰年间是其鼎盛时期，因赈灾济贫、广为施善，官府曾授“都恻府”匾额，意为代国济贫之府。郗家明代初从平定万子足村迁居大阳泉云日楼下，传至郗占魁为十四世。其父郗翥虽在平定州开办了炒铁炉、焖炉等冶炼铸造作坊，制造铁锅、钗、镢、锹、炉条、火口等铁货，但其发展半径仅限于平定州及河北鹿泉，家境当时尚不富裕。郗占魁继业后，苦心经营，充分利用当地煤、铁资源丰富的优势，在本地和外埠扩大了经营规模，创立了“魁盛号”商行。当时，从平定到河北获鹿、井陉、石家庄、正定和北京，山东境内，东北的大连、海城、营口都有“魁”字号买卖和店铺，如复兴魁、永盛魁、德聚魁、宗和魁、魁盛庄、魁永庄、魁盛成等共36座“魁”字号商行。随着资本的积累，郗家先后在杨家庄开办了锄板厂，在本村阳坡墒开办了福盛窑，在小阳泉开了大兴矿，经营范围更加广泛。挂“魁”字号的36座商行底下还支出了不少分支店铺和出摊，买卖覆盖华北一带，有些还成为上至绸缎、下至葱蒜，应有尽有的百货商行。郗占魁还首开魁盛号捐官的先例，曾捐纳“昭信校尉”正六品虚衔，为后代郗家工商加官僚式的发展打下基础。

王 珻

王珻（1670—1742），字石承，又字韫辉，号石和，清朝盂县芝角村人。他一生在情操、教育等方面颇有建树，尤以古文成就备受推崇。

王珻出身于官宦世家，族中科名及第者甚多，有功名者就有16人之多。他从小酷爱读书，不拘于时，读书的志趣和方法也不同于常人。他在死啃朱子遗书时，慨然道：“学习不单是为填词作文，更重要的是学习做人。”他要求自己的一言一行必须合乎道德准则，每到夜晚总要静坐自思白天所做之事，看有无违背礼义的。他主张读书要有选择，对书籍要区别其真伪，并要善于审择。他认为古人之书是圣贤之书，如源泉，探之而深，推之而广；而后人之书，则“理不足发天人之奥，情不足状事物之精”，系“邪妄庸靡之书”。由于坚持这样的读书观，所以五经四书及唐宋八大家的文章，他皆通晓之。清康熙四十四年（1705），乡试中举，次年又考取进士，入选翰林院庶吉士，授检讨，被荐任三朝国史馆纂修官。他为人温厚和平，在京城为官十数载，耻于官场的尔虞我诈，闭户读书，专心治学。后以侍奉年迈多病的父母为由乞休，获准后回归故里。清雍正二年（1724），在晋阳书院处于衰败之时，应聘出任院长。执教之始，为书院确立了“引掖自学，先德行而后文艺”的宗旨，倡导因材施教和注重实践、勤奋敬业的教学方法。他在晋阳书院掌教十余年，从学者甚众，其中举人、进士及第者百余人。后来他因病辞职，诸生在晋阳城三立阁树“教泽碑”，镌其教书育人高尚品行予其上，以昭后学。

王珻的古文具有鲜明的个性特征和强烈的时代特色，其为文自出性灵，长于论辩，见称于当时，流传于后世。他的文章清新俊逸，独出心裁，论事必持其要，论人必当其衡，谈是非成败之理，若决江河而下。著有《韫辉诗稿》《石和文集》《回书文稿》等。清乾隆七年（1742）在盂县芝角村病逝。

陶易

陶易（1714—1778），字经初，号悔轩，清朝山东文登（今威海）人。出生于书香世家，因父亲早逝，4岁过继叔父。从小刻苦自励，常秉烛夜读。清乾隆十七年（1752年）中举人。乾隆十九年，以知县职派往湖南试用，历任桃源、浏阳、益阳、衡阳等县知县10年。乾隆二十八年，代理衡阳知府。次年九月，调任山西平定直隶州知州。

修葺州城，壮美平定。平定州城系上下重城格局，陶易到任时，州城距上次维修已130余年，“颓堞败堑，蔓草迷离”。当时，正值乾隆皇帝诏令“天下郡县城郭间有倾圮者，各令所司分年修葺”。山西应修者有20处，而平定排在最前，工程最繁巨。陶易筹银11200余两，从清乾隆三十年（1765）八月至乾隆三十二年七月历时两年，“心殚于区画，口勤于告诫，躬劳于巡视”，修建上城435丈，含迎熏门（南门）、榆关门（东门）、月城；下城837丈，含拱岱门（东门）、瞻华门（西门）、望阙门（北门）。筑雉堞2114处，炮台、角台34座。门各有楼，并建水门以疏浚积雨，建卡房以维持治安。“楼橹雉堞焕然一新，巍乎壮哉成金汤矣。”嗣后，陶易又带头捐俸将上城榆关门外的简易钟亭改建为“天衢阁”（钟楼），复建东关“朝晖阁”，并请冀宁道台梁国治（乾隆进士，官至东阁大学士兼户部尚书）题额。与此同时，陶易还大规模重修州署大堂，复修社稷坛、山川坛、先农坛、厉坛、八蜡庙、龙神庙、圣庙坊。陶易主持的州城修葺改造，面广时长，形美质优，工程浩大，是平定设州之后规模最大的一次修缮壮举，奠定了平定城的基本格局和别致风貌。

体察民情，解民疾苦。平定土厚水深，井泉很少，百姓只能吃地表浅层又脏又苦的浮水，人畜常病，苦不堪言。陶易到任后，亲率百姓择地挖井，挖至数丈后泉水涌出，从此当地百姓喝上了清冽甘甜的泉水。民众“濡公之泽”，称为“陶公井”，并建亭刻诗纪念。

重教倡义，文化兴州。陶易重视教育，筹银3800多两对嘉山书院进行扩建、重建，亲力亲为，督学办学，开创平定教育新气象。陶易在平定知州任上，“政洽化醇，远怀迩安”，“讼简邢清，移风易俗”，“摘发如神，奸邪屏踪”，史称其“官署清肃，案牍无留”，百姓颂之为“陶青天”。陶易重视编修州志，利用公暇余闲，查阅典籍旧档，勘察山川形胜，咨访耆老乡绅，广征博采，删繁就简，纂成《平定州志》，但因调离平定而未及刊印。

陶易平定州任职6年，与当地同僚、士绅和百姓结下了深厚感情，政绩卓然，口碑甚好，为促进平定发展及打造“文献名邦”作出了突出贡献，其事迹被载入光绪《山西通志·名宦录》。

清乾隆三十四年（1769），陶易调离平定。先后任江苏淮安知府、江西督粮道、江苏布政使。乾隆四十三年，陶易无辜卷入乾隆皇帝严办的一桩文字狱而含冤去世。陶易一生有多部诗文集问世，其中最著名的有《惜阴诗草》《游雍随笔》《平定杂诗》《平定备采》等。将个人歌咏平定诗作汇集成册，在历代平定州牧及寓居平定诗人中尚属首次。

张佩芳

张佩芳（1732—1793），初名汝芳，字荪圃，亦字公路，号卜山，清朝平定上城人，后迁居大阳泉村（今郊区大阳泉村）。佩芳童年家境贫寒，由祖父抚养。7岁读经，旁及子、史，手不释卷，能过目成诵。清乾隆二十一年（1756）中举，次年连捷进士。历任安徽歙县、合肥知县，凤阳府寿州、泗州知州等职。

佩芳有报国忧民的志向和抱负。在任期间，“以经求为治”。任歙县知县时，兴学宫，建书院，修邑志，筑社仓，析疑狱，恤穷民，惩豪奸，毁淫祠，深得百姓拥戴，当地士绅曾作《八政颂》予以褒扬。寿州豪强横行霸道，欺压百姓，他到任后，厘奸剔弊，惩治腐恶，使刁悍横行者再不敢为非作歹。为发展教育，他重修循理书院，延聘德高望重之硕儒为主讲，并兴建裕备仓80间，贮麦豆杂粮4万石以备荒。任泗州知州时，他沿河植树固堤，加强对水闸的管理，缓解了泗、濉、淮、黄四水交相为害的问题。泗州地区农民习惯于单一种植水稻，稍旱即减产歉收。他对当地水利资源和土地情况进行详细调查之后，引导农民低田种稻，高地据其土质肥瘠和农作物生长特点，选择种谷、黍、豆、麦等杂粮，并从故里平定州聘请善耕作五谷杂粮的农民临境施教，一年即见成效。这一改革获得成功后，又逐步推广到邻近州县。佩芳不仅具有卓越的政治才能，而且学问渊博，通晓天文、地理、历史，还精于考据，喜好藏书。从政余暇，便著书立说，为后人留下很多珍贵的文化遗产。其主要著作有《希音堂集》6卷、《陆宣公翰苑集注》24卷、《歙县志》20卷、《黄山志》2卷、《公余杂录》30卷、《社仓考》1卷以及《春秋世系》《榆关考》等。清乾隆四十七年（1782）秋，佩芳“以父母年逾七十，请终养老”为由，乞假还乡。

居乡期间，曾协助平定知州金明源纂修《平定州志》，并著有《平定州志考误》。乾隆五十八年十一月二十七日，因病卒。临终遗言："不得随世俗，张乐开筵，受亲友吊。"故后葬于大阳泉村祖茔。其裔孙张穆在《先大父泗州府君事辑》中为他整理撰写了《张佩芳年谱》。

窦琔

窦琔（1715—1802），字文贻，号欲诚，清朝平定东关村人。少年勤奋于儒学，后羡其族叔花翎侍卫窦宁衣锦还乡，遂弃文习武。清乾隆六年（1741）辛酉乡试中武举，次年壬戌科会试连捷武进士，授蓝翎侍卫，两次随皇帝到河北围场狩猎。后历任瑞州（今江西高安县）铅山营都司、福建陆路提标后营游击、台湾城守营参将、浙江绍兴协副将、登州（今山东蓬莱县）总兵及贵州、湖广提督等职。

窦琔治军有方，在建设和巩固边防、维护地方治安方面建树颇多。清乾隆年间，福建沿海和台湾海峡，常有外寇与内奸勾结掳掠渔民之事发生。他奉命清剿，严巡防，破陋规，有胆有识，多次施巧计而获胜。在铅山任职时，有惯匪出没江河，劫掠客货，他便派兵佯扮茶商渡船，自己尾随其后，途中果然遇劫，遂擒获劫犯头目及贼船，水路为之平静。在泉州任上，他逮捕法办了屡缉未获的匪棍江标和邪教黄权等，从此海疆安宁。据传，为感戴他的恩德，台湾民众在台南郑成功延平君王祠内为他立了塑像。后在绍兴亦因治水、缉匪有功，被称为"全越福星"。镇登州时，他训练水师，身先士卒，武装泅渡，受到朝廷嘉奖。在湖广任上，他安抚灾民，捐米助赈。在云南巡视边疆时，他立界碑，正疆域，整治水患，护卫田土。至广东后，虽年已花甲，仍同将士身宿海边，周密布防。时当地官员有私分的积习，他封缴藩库，一丝不染。英使马戛尼抵粤后，要求派人到华管理贸易并开放口岸经商。他上书建议显示大清武力，以扬国威，抑制英使嚣张气焰。乾隆帝朱批"自应如此"，称赞他处理得体。

清乾隆五十年和清嘉庆元年（1796），他两次赴皇宫参加"千叟宴"，受到皇帝赐觞、亲王奉酒的礼遇，并得到如意寿杖、朝珠、蟒袍、貂皮、缎匹等赏赐。嘉庆六年和嘉庆七年又两次参加了"鹰扬宴"和"会武宴"。

窦琔告老还乡后，积极振兴家乡教育，捐款重修冠山书院，赠送大批教学用具，并在冠山筑亭（仰止亭）栽树，闲时课教子孙。离世后，葬于平定城东关祖茔。平定州绅士任用仪为其写了墓志铭。

石　稳

石稳（1730—1811）字巩齐，别号太乙，清朝平定乱流村人。乾隆初年，石稳家仅有3孔土窑洞和7.6亩贫瘠薄田，但石稳志在经商致富。他用心筹谋，订下家规家训，要求儿孙15岁前边劳作边读书，15岁后必须到族中或亲友的柜号中做学徒，掌握经商之道。他还告诫儿辈，不可分家单过，兄弟天亲，情同手足，和睦团结，集中财力，弥合相助，勤以持家，才能将事业做强做大，光耀门庭。在他的监管下，4个儿子全都走上经商之道，并有所作为。他用孩子们所赚的钱，每年买10亩左右上等好地，然后到当铺钱庄以土地质押揭钱，再将所揭银两作为本钱，先后在村里开办了万友驼店、四昇驼店、大兴骡店、杂货铺、赁货铺，用滚雪球方式进行融资，并陆续在娘子关、东沟开设磨坊、粮油店。其子4人数十年如一日，融洽相处。长子石聚友与友人合资开设了“天合号”当铺，后由于种种原因，合伙人逐步抽走股本，但石家兄弟别人抽一股，石家补一股，最后合资生意成了石家独资买卖。三子石聚锦同他人合资开设了“恒昇号”钱庄，后在山东寿光开设绸缎庄，又在东北齐阳开了药店、皮货店，在奉天开设了皮货店、布店、绸缎庄。买卖做到了天津、北京。四子石聚祥协助胞兄将恒昇钱庄由山东齐河发展到济南、寿光、天津等地。四兄弟在天合恒当铺做强做大的基础上，又开设了天合恒钱庄，并由只做存放款业务发展为银款汇兑，承揽了平定州在燕赵齐鲁等地染房、布店等商家近三分之一的汇兑业务。天合恒钱庄最初资本由38000两，发展到10万两。石家经过几代人的努力，所开办的店铺、染房、布店、绸缎庄、皮货店、药店、当铺、钱庄、票号等商号，业务遍布山西、河北、北京、山东、东北等地，历经一百余年之繁盛。

董凝极

董凝极，生卒年不详，字定元，号乐山，清朝平定人。清乾隆四十四年（1779）中举，任宁夏府同知。任职后，他通过实地考察当地的地质水文状况，积极兴办水利，修筑了清、唐、汉、惠四大渠，使沿渠的旱地变为水田。与此同时，他对前人有关河防水务的论著还进行了认真的钻研，并根据自己的学习体会与实践撰写了《封水论》《渠道要略》两部水利专著。其中有理论探索，有方案辨析，有具体资料，有科学见解，是对水利学的一大贡献。后补任甘肃礼县。该县以往每年都要采办鹿茸、鹿骨等名贵药材向朝廷进贡，或作为礼品奉献上司，而那些承办人又趁机敲诈勒索，中饱私囊，百姓不堪其苦。凝极到任后，对这一苛政予以革除，士民感其盛德，刻石立碑以志其事。但因其刚直清廉，不肖奉迎，终被贬为永宁州学正。不久，丁忧守制，起复后调任阳城县教谕，直至逝世。

刘抑之

刘抑之，生卒年不详，清朝平定瀑里村（今郊区瀑里村）人。他读经学史，知识渊博。既工于诗，又擅长书法。中年曾游历京师，在琉璃厂附近开设“古墨林”书画店。他的墨迹和诗作常为京中名公巨卿所鉴赏。后因妻丧子亡，遂厌弃尘世，到北京西郊潭柘寺出家，精研佛教典籍，悟通禅理。由于他信仰虔诚，对佛教教义领会颇深，因而深受寺院僧徒敬重，数年后即升为大禅师。此后他一意修真，言行更为谨严，很少与方外人士来往。晚年尤工草书，笔势超群，出神入化，自成一家，在京师一带名气很大。

张汉西

张汉西，生卒年不详，清朝平定阳胜村人。他目睹农村缺医少药、疫病流行给人们带来的苦难，便矢志学医。他精研典籍，苦习针灸，终于学到一手超人的医术。方圆几十里的病人，都争往求医。他不但能急人所急，病人随到随治，而且给穷人看病不取分文。有人问他为什么，他说：“我是用针给人治病的，而不是以针谋利的。”因而在本乡有很高威望。后被举为阳胜村保长，并连任20年。在任期间，村里发生各类民事纠纷，他都亲往排解，晓喻情理，秉公办事，因此倍受人们敬重。

黄璟

黄璟（1775—1835），字有春，号梅村，清朝平定西关人。出身书香门第，清嘉庆丁卯（1807）举人。先后在甘肃镇番（今民勤县）、隆德、山丹、泾州、皋兰等县供职。所到之处，无不以体国爱民、兴学立教为念。任职镇番期间，整理苏山书院，设义学以培养人才。该县有洪洋川水为灌溉农田的主要水源，但河流所经之处农民争相抢用，常起纠纷。他便采取“按产粮均水，按水均时，分堤分庄”的办法进行管理，并将其书写在木牌上悬挂于沿河各村庄。这样既平息了纠纷，又合理利用了水源。任职隆德期间，适遇荒年，他便设粥场以救饥民，又自捐俸米五百石设立义仓以备荒歉。皋兰县为甘肃首邑，政事纷繁。在任期间，举措自如，政务井井有条。他才思敏捷，博览群书，尤工诗赋。著有《兰山堂诗集》16卷、《四百三十二峰草堂诗》16卷、《召南集》1卷，还有《周礼集解》《黎阳杂记》《诗贴》《诗赋》等。他去世后，大学士祁隽藻曾到平定探望其家属，并涕泪叹道："璟为官遵理守法，政声卓著，为儒林中的佼佼者，死得真是太可惜了！"

田嵩年

田嵩年（1788—1836），字季高，号梦琴，清朝盂县北关村人。嵩年少时聪敏，7岁能诗，13岁随父官迹滇南，受到良好的教育。清嘉庆十五年（1810）以优行贡成均（国子监）赴京考取八旗官学教习，留都供职，依户部尚书黄钺门下，为掌文翰之事。嘉庆皇帝看到户部行文殊异，即问黄钺说"汝年近七旬亦有代笔者否？"黄钺遂将嵩年为文之事相告，蒙赐大缎一匹。嘉庆二十四年中举，次年在会试中列第117名，通过殿试考取二甲进士，钦点翰林院庶吉士，接着又改授翰林院编修。清道光三年（1823），奉旨南书房行走，两遇京察（考核京官的制度）皆列一等。道光八年，奉命赴广东任乡试正考官。临行前，其父对他说："吾家世沐国恩，矢清矢慎。汝今肩此重任，移孝作忠，乃为肖子。"嵩年谨记在心，所取学生皆名士。在粤闻父丧，星夜回籍，又遇母丧。服孝期间，曾应聘为晋阳书院主讲，主张后文艺而先品行。在其父母丧事三年期满后，又入都供职，仍为南书房行走。道光十三年大考翰詹，钦取一等第一名，授翰林院侍讲学士。复任日讲起居注官。次年改任奉天府丞兼学政，生童试卷一一阅看，不用别人代劳。任职期满，升任顺天府（今北京市）府尹，不久而卒。皇帝知其去世消息，深为叹惋，仔细询问其患病情况及其家事。宠遇之隆。一时莫比。后崇祀晋阳书院三立阁。著述有《季文诗抄》《遁翁苦口吟》等。

史大勇

史大勇，生卒年不详，清朝平定街上村人（今郊区街上村）。出生在一个具有传统文化教养的家庭，自幼聪慧好学，学有建树。为人豪爽，有侠心义胆，在乡里是一个有志之士。清乾隆四十四年（1779）己亥年甲科乡试中武举。乾隆四十五年庚子科会试中武进士，出任福建省福宁镇标右营游击事前护理、福宁镇标中营游击兼管中军事料理、福宁总镇都督府事务桐山营守备。乾隆五十二年任桐山营副统领，戍海线。当时海陆盗贼猖獗，乡民受扰严重，台湾受害最深，民众累遭掳掠。皇帝诏令两广总督窦瑸调兵遣将，前往台海平患。时任福建桐山守备的史大勇，在总督窦瑸统领下，调运家乡石灰，巧布海阵，三层设围，全歼海盗惯匪。因屡建功勋而受皇赐，建府邸于街上村中心。按大清封荫制，可追封祖父母、父母得请封之规，恩准大勇呈请，封赠其祖父史廷秀，父亲史植为武德郎。《平定州志》载："赠武德郎福建桐山守备史廷秀孙大勇""赠武德郎福建桐山守备史植子大勇"。嘉庆年间，因伤还乡休养，直至离世。

刘绍发

刘绍发，生卒年不详，清朝盂县后川村人。自幼家贫，生性豪放，刚直不阿，深受乡里百姓拥戴。清咸丰年间，官府贪赃腐化，百姓徭役沉重，赋税如麻，不堪重负。为了反抗官府的残酷剥削，时已耄耋之年的刘绍发带领百姓在后川村的三官庙举行起义，赶跑了官府在关头、麻河驿的书吏和差役。盂县知县闻讯后，速派官兵百余人前往镇压。在刘绍发的组织和带领下，后川百姓同仇敌忾，以土块、石头和农具为武器，同官兵展开英勇搏斗，生擒十余人，其余均驱至台子梁下。接着，刘绍发又携民众逐级上诉，最后告到山西巡抚衙门。慑于民众的威力，山西巡抚只好指派盂县知县和盂寿营游击与群众代表在后川村三官庙谈判，并订立条款，以了结事端。三官庙和盂县城内茶房曾有石碑详载其事，以昭后人。

张　穆

张穆（1805—1849），初名瀛暹，字石舟，亦字石州，号月斋，清朝人，祖籍平定州上城，后迁居大阳泉村（今郊区大阳泉村）。

张穆出生在一个典型的封建士大夫的书香之家，其祖父张佩芳和父亲张敦颐均为清代进士。他自幼聪慧，就读于平定蒲台山、二道寺达8年。11岁丧母，14岁又失父，后由继母抚养，寄居北京表舅莫宝斋家。他酷爱读书，凡六艺百家、训诂史策，无书不读，学业因此大进。清道光十二年（1832）以优行贡入太学，考充正黄旗教习。道光十九年，应顺天乡试。入考场时，因携酒与监考官发生口角，考篮行李被搜。他怒而拍着肚皮戏曰："这是我的大书箱，夹带的文章全在这里面呢！你们能搜出来吗？"故而以扰乱考场的罪名失却了考试机会。从此他发誓再不应试，放弃了功名仕途，转向广交文友，致力学术，潜心著述。

穆治学严谨，考证精详，著述颇丰。他所处的历史时代正值19世纪中叶中国的大门逐渐为西方诸强打开，部分进步的封建士大夫开始睁开眼睛，寻求强国御侮的途径之时，因此他的学术研究也敏锐地从文字训诂转向有益于边境防卫的地理考据，著《延昌地形志》《蒙古游牧记》等。《蒙古游牧记》是他的代表作，该书记述了蒙古一带的社会风俗、历史沿革、地名变化及各民族之间的友好交往，被翻译成俄、蒙等文字行世。他从《永乐大典》中画出《元经世大典西北地图》，送好友魏源，刻入《海国图志》。他还写了著名的《海疆善后宜重守令论》，阐述“治今之天下，莫要于择守令，而海疆之善后，尤莫要于此也”的道理，高度赞颂了他的好友禁鸦片英雄林则徐。此外，他还著有《月斋诗文集》《靖阳亭杂记》《顾阎合谱》等。清代著名学者阮元看到他的著作后，叹曰：“二百年无此作也！”

穆还以针砭时弊、正派亢直而受到后人的推崇。其好友陈庆镛自弹劾琦善受到道光皇帝嘉奖后，变得飘飘然起来，他在《与陈颂南先生》中严厉抨斥陈“日以招呼名士为事，从无闭户自精读书”的虚荣作风，这篇直言劝友的文章后来被收入《皇朝经世文续编》。

清道光二十三年（1843），他因事路过保定，目击沿途水利设施的弊病，便立即写《与直隶某方伯书》向当地主管官员提出改进建议，对当地的农业水利发展起了重要的作用。

穆苦于国事和家事的纷扰，加之拼命著述，过分劳损身体，终于积郁成疾，于清道光二十九年（1849）中寿而殁，时年仅44岁。户部尚书祁隽藻题墓文曰：“呜呼石州，学博志大气高，而昌谷不寿；孝于亲，友于兄弟，而童乌不秀；著书满家，发言惊座，下士逡巡笑之，而鸿儒伟彦褰裳争就。惜乎湛思远识，世莫能详究也。”

田生蕙

田生蕙（1783-1866）字昆圃，清朝盂县香河村人。岁贡生。诰封通议大夫、大理寺少卿。田生蕙自幼聪敏，性格沉毅。稍长，他刻苦励学，为文力矫肤浅平庸之气，追求清和雅正之风。后来，入邑庠试，为优等，旋食廪饩。但在乡闱时却屡次不中。清道光十年（1830），由学使考贡成均（即国子监）。

田生蕙生性忠厚，温顺谦恭，力行善事，慷慨乐施。其胞叔田士蘅，因家道中落，田生蕙便尽力护持，大凡养生、送死的费用，全部由他负责。其叔父的次子十分贫困，他便给其田地耕种，资助其叔父的长孙娶媳生子，孩子长大后，又给本钱，代谋生业。凡同族中的鳏寡孤独，都要力加拯济。无房者，就让其住自家的别院，并酌情馈赠衣食。族弟田某把墓地选在他的田地里，欲与置换，他也毫不计较价值。他族弟的两个儿子同时出了天花，无钱治病，他就出钱给孩子看病。他妻弟去世，弟媳孀居窘困，他便给她田地数亩耕种，以延生计。当时县里的官员倡导节孝，生蕙便命儿孙辈竭力赞助。后来，县里修文庙、建考棚，他都以身倡导，不辞劳苦。田生蕙不仅自己乐于为善，还教育子孙轻财好义。县令康孔昭解任后卒于省府，妻子均殁，遗孤孙儿没有依靠，他便出资相助并代谋捐款，才使得扶柩而归。其子田雨公在京都做官，有门下生徒病逝，他马上写信给田雨公讲明情况，并请其解囊相助，送柩还乡。田生蕙待人大度宽容。一次，有人越墙偷麦，被抓住后准备罚罪。他知道后说："这个人平时并不是盗窃之徒，不可败坏其名声，使他不齿于人。"偷盗者闻言知愧，改错行善。田生蕙知识广博，教子有方。其子孙六人都受过他的教育，皆事业有成。清咸丰五年（1855）乡闱，田雨时、田雨人及田国俊父子三人同获一科，世所仅见。一门两代就有两进士、两翰林，四举人。此后，田生蕙对子孙要求更加严格，叮嘱他们不要有出位的思想、不要为荣利所迷惑。同县望族石姓仰慕其品行才学，请他为家塾授徒，四方乡学之士皆接踵而至，田生蕙更加悉心教诲。清咸丰三年，县官聘田生蕙为秀水书院讲席。在他的谆谆教诲下，前后五十余年登科进仕者不可枚举，拔萃书贤俊杰辈出。田生蕙闲暇时也手不释卷，以崇尚古人为乐。从经史到百家诸子以及天文地舆等方面，日夜讲习。晚年，田生蕙精研性理，诵先圣遗书、先贤格言，文品为一时所宗，时称纯儒。84岁卒，奉旨崇祀乡贤。

杨集义

杨集义，生卒年不详，字正南，清朝平定苇泽关（今平定县娘子关）人。其父杨附凤为武生员，诰授武翼都尉。集义受其父影响，从小攻读四书五经，又颇爱武功，青年时能将家门前石墩双手举起，挥舞自如。清道光十一年（1831）中武举，次年连捷壬辰科进士，授为御前侍卫，后任墙子路都司等职。当时，有不少官吏巴结权贵，倚势凌弱。但集义秉性刚直，不同流合污。一次，他探亲路经保定府，得知当地知府是用钱买的官，拒不拜见，毅然带随从扬鞭而过。知府蓄意报复，数次参奏，使集义在京城多次遭受暗算，终于被贬还乡。返乡后，在权贵面前仍不卑不亢。有一年正月，村里唱戏，州衙突然派人来要拉走戏班。乡民们悄悄告诉集义，他听了极为气愤。对乡民们说："把我的座椅搬到戏场，我要去看戏，看一看这位州官怎样奈何于我？"州衙的差役得知戏场里放着他的虎皮座椅，只好悄悄溜走作罢。

蔡子璧

蔡子璧（1792—1874），字六如，号耕石，清朝平定东关人。幼年家境贫寒，就读于东关珠市巷“虎溪轩”私塾，好学不倦，长于金石之学。清嘉庆二十四年（1819）中举，次年庚辰科中进士。清道光元年（1821），授户部主事，荐升侍郎，擢台谏，掌广东道监察御史。他性情刚直，持论正大，无所顾忌，曾屡次上疏，抨击时弊。时值鸦片战争前夕，英帝国派兵进犯广东，朝廷主和派和主战派互有争议。子璧上疏痛言和议误国，指陈明确，得到道光皇帝赞赏，特旨授天津知府。赴任前道光帝召见子璧，问以国事。子璧认为：“承平日久，官不临阵，兵不习战，宜急行团练法以训练士卒。”到任后，招募壮士，修理战船，准备兵械，仅几月即练兵数万。道光二十二年，父死返里守制。晚年主讲于晋阳书院，循循善诱，启迪后进，培养出数百名人才，诸生立泽教碑于讲堂，以示怀念。蔡子璧一生为官清正，归乡后，急公好义，多行善事，声望很高，被推为乡饮大宾。82岁病故，刑部尚书赵光为其写了墓志铭。其遗著有《格言记录》《伴农书屋杂记》。

田雨公

田雨公（1808—1876），字敬堂，号杏轩，又号砚农，清朝盂县香河村人，田生蕙之长子。雨公特有至性，善属文。年18入邑庠第一，旋食廪饩，为邑名士，试辄冠军。清道光十五年（1835）乡试中亚魁，十八年中进士，朝考钦点翰林。后两遇大考，皆列二等。历任河南乡试副考官、江西乡试正考官、庚戌复试直省举人阅卷大臣、武殿试读卷大臣、汉御史阅卷大臣、翰林院编修、武英殿总纂、国史馆协修、文渊阁校理、詹事府司经局洗马、鸿胪寺正卿等，官至大理寺少卿，诰授资政大夫，钦加三品顶戴。道光二十九年出任江西乡试考官，因得真才甚多，擢升为大理寺少卿。每阅案卷，夜不成寐，遇到疑难案件，必筹思查访，得其实方才作罢。雨公在朝为官期间，常被道光皇帝召至便殿对谈。交谈中他引经据典，论证颇深，许多奏议为皇帝采纳。道光三十年，他针砭时弊，上疏《振纲纪、肃吏治》，尖锐指出当时总督巡抚官吏有四习：即“好谀、苟安、掩饰、取巧”；政治废弛有五因：即“仓库、漕运、盐法、兵利、河工”。四习不除，则五政不举，对督抚应赏罚严明，此乃当务之急。同年又上疏《用人宜慎》，提出“用人、行政、得失”等政见，言多切直，颇得道光皇帝称道。时值军兴，度支颇绌，廷臣有加征税之议，雨公紧接着又上疏《国用未充，力图樽节》之切谏，此议方休。当时大学士、兵部尚书、军机大臣沈桂芬评价其“朝野仰望风采，行将大用，为国家柱石之臣”。

清咸丰三年（1853），45岁的雨公以亲老为由，乞假归里，遂称病不出。不久被延聘为平定冠山书院、榆次凤鸣书院（山长）、太原晋阳书院（山长）讲学20余年。雨公做京官时，向其请教文艺者众多，一时名士多出其门。清同治元年（1862）皇帝下诏让雨公回朝执事，雨公以亲老不忍离膝下，上疏陈情得旨俞允。同治七年捻军攻击陕山，雨公奉诏总办山西团防事宜，与大吏商榷机宜进行防守，致使两地安然无恙。事平论功，受到皇帝嘉奖。雨公善文墨，生前道德文章为时称道，但不苟作。有手稿《杏园诗稿》存世，惜因战乱佚失。诸多墨迹、诗文散见于扇面、条幅、碑刻等。清光绪二年（1876）卒于家。崇祀晋阳三立阁。

田国俊

田国俊（1839—1902），字治庭、又炽庭、号研芸、别号鹤樵、尧庄，清朝盂县香河村人。自幼聪颖，从小受其祖父和父亲的教育和熏陶。十五岁中举，十九岁中进士，殿试一等第十名，朝考一等第七名，钦点翰林院庶吉士。做京官时历任工部主事、工部屯田员外郎、工部虞衡员外郎，陕西道监察御史；京官外放，出任江苏江宁布政使、江南盐巡道、江苏按察使、江南盐抚道，期满后又改任贵州按察使。其间，曾国荃有密折具陈其“心地平和、历练通达、勤慎供职、实事求是、措置裕如”。又称其“精明强干、为守兼优，再加历练，便成伟器”。后因母逝归里再未出仕，时年50岁。辞官归里先后被延聘到榆次凤鸣书院、太原晋阳书院任山长，史书记载，其任教期间“颇甄拔寒士”。清光绪二十八年（1902）有诏书要其到京任新职，行至河北获鹿，正值盛夏，酷热难耐，加之路途颠簸，不幸身染重病，以致殁于他乡。国俊“性和易”，通医术。一生为官却无官宦习气，赋闲在家，常手提旱烟袋出入田间巷尾，往来于百姓之中，同乡亲父老促膝谈心，叙旧聊天，主动为乡民中患者治病，至今传为佳话。国俊善书画。尤其书法“气势雄健，体蓄柳赵而自成一家”，县境内外多留有墨迹。如县狐神山、水神山其书画保存完好，引得许多书法爱好者驻足观看。今人时有发现其墨宝，其中盂县发现清同治六年（1867）国俊呈上《水芸仙馆》手抄本折子（影印件），完好无损，其内容是国俊用正楷书写的屈原楚辞中《离骚》等十篇文章。特别是2009年11月金陵晚报发表了一篇题为《清“副省长”田国俊》的文章。文中说“南京首次发现清光绪十三年（1887）田国俊撰文书写的《报恩寺宝塔铁盘跋》碑刻拓片，笔力流畅遒劲，同时附有跋文（488个字），其文章、书法为今人啧啧称叹，不愧为清代书法名家。”国俊画兰草也颇有声名，寥寥几笔，栩栩如生，图文并茂，耐人寻味。

山西平遥县衙展厅还展有其作品。国俊的主要著作有《吴游诗钞》，许多诗文书画散见于扇面、条屏、碑刻等。

吕占鳌

吕占鳌（1840—1909），著名武师，清朝平定义井村（今郊区义井村）人。出身贫苦，在兄妹4人中排行老大。自幼聪慧好学，5岁时由家父吕中峰教读《三字经》《千字文》等。稍大，随父亲到河北沧州谋生，并拜当地武师陈善（燕青门派）为师，学武强身。他诚实厚道，勤奋刻苦，深得师傅赏识，得到真传。后遵师命，在沧州开设武馆20余年，培养弟子无数，传授的拳种及器械套路40多种，他高超的武功和绝技在京、津、冀、鲁、晋、川都享有盛名，成为燕青门派的著名传人。在日本人编著的《图说中国武术史》一书中，就有关于吕占鳌的专门记述。

清光绪十四年（1888），他随同乡张九章去四川黔江就任，凭一身武艺，除暴安良，帮助张九章整顿治安，十余年间，屡建功勋，被御赐“武德骑尉”，封“五品军功”。光绪二十六年，吕占鳌愤于朝廷的腐败，弃官回乡。不久，全国各地义和团运动兴起，吕占鳌担任平定义和团的团练教师，为平定义和团组织者之一。吕占鳌还精于医道，为人诊治，分文不取，深得远近乡邻爱戴。他还擅长书画，喜好收藏。晚年致力于武术、医学理论的整理和研究，著有《占穴秘诀》《卸骨秘诀》《急救良方》《牛马经》和燕青门派的各种拳经、拳谱及套路。清宣统元年（1909），在义井病逝。

张九章

张九章（1846—1912），字衮甫，清朝平定义井村（今郊区义井村）人。祖辈务农，家境贫寒，饱尝没文化之苦，父母执意要他认真读书以求仕进。可惜，其年纪尚小父母就先后下世。他遵循父母的遗愿，带着米面到平定州城求学。清同治十二年（1873），参加乡试中举。然后接连参加四科会试，皆名落孙山。清光绪六年（1880），吏部大挑，择选一等，封他为知县，派往江苏。他坚辞不就。其间，为生计所迫，曾在祁县、平遥、介休等地设馆授徒。直到光绪九年，才考中进士，以主事递用，分发工部营缮司。光绪十四年，张九章任四川黔江知县。奉旨离京，便道抵家。祭先祖时发誓：“此行倘受一文枉法钱，先灵殛之……。”黔江在四川边界，贫穷而混乱。他到任后，整顿经济抑恶扶善。第二年，全县洪水泛滥，州里下发抚恤金赈。为防止营私舞弊，他下令复查户口，核查实况。对老弱病残者，酌情散发，身强力壮的，则以工代赈，在河边植柳，以备材用。县城靠近唐岩河，水大堤小，常年受害。他召集县里的大户人家，捐献财物，修堤筑坝。他还亲自探察水道，周密规划。木龙护堤，石坎拒水，使居民永除水患。他编写了《息讼歌》，教化众民；搜集文献，以纂县志。在任7年，城乡大治。光绪二十二年，清吏部考察地方官政绩。张九章为“卓异”，获嘉奖，调任四川屏山知县。这里民族杂居，互相仇杀。他到任后即调防军，督团练，剿抚兼施，几个月后就使县境转为平安。后来，他又调任四川涪州知州、梁山知县，两地百姓都称其为好官。光绪二十六年七月二十日，八国联军攻陷北京，慈禧、光绪出逃西安。张九章捐廉一万两千金，得旨升缺，赏戴“花翎”，以道员留川补用。光绪二十八年，四川红灯教起，张九章奉檄赴资州查办，之后历署四川厘金、夔关厘道、慎黔盐务、全省学务、筹饷、机器等局总办，成绵道、龙茂道、川北兵备道尹等。光绪三十年，四川东北遭灾，他特捐千金助赈。光绪三十三年，山西巡抚调张九章办理晋省铁路矿务。回晋调查数日，因与诸当道意见不合，即辞差返川。宣统元年（1909），在重庆差次，以修墓为由，请假返回原籍。著有《黔江县志》《双冷斋文集》等。民国元年（1912），张九章病逝。

石家葛氏

石家葛氏，女，生卒年不详，生活于清代，系平定小河村（今郊区小河村）石家八世祖石思虎之妻。其夫年轻时在直隶武强县经营小生意，收入微薄，艰难养家，后无奈返乡务农，不幸中年谢世。葛氏从此开始独自奋斗，以种田卖油糕来养育两个幼子。

葛氏意志坚强，性格刚毅，教子有方。艰难中悟出经商的好处，先后送两个儿子石宽、石广到北京学徒。兄弟俩勤学上进，精于算计，办事有章，进步很快，不久即创立“全兴振”字号做起自家的买卖。

石家的“全兴振”字号，事业红火，钱财两旺。随着商业规模的扩张，石家不仅在北京增设商号，还将买卖做进了皇宫，宫中许多杂物、衣料都由其代办。据说当时北京城每晚关城门时，还要问问“全兴振”还有没有人在城外，生怕耽误了他们的事情。与此同时，葛氏在家乡利用集聚的资金大量购置土地，打造家业，不仅自家村里大部分耕地归属石家，就连几十里外的南坪、乱流、杨家庄、锁簧等村的许多耕地也被石家买下。葛氏家族还在村里建起了北风南韵、秀气典雅、风格独特、颇具规模的建筑群落——石家花园，并很快成为平定州有名的望族。石家在去往北京的驿道沿线——平定、井陉、石家庄、获鹿等地，开设了许多铁货铺、杂货铺、食品作坊和布店，石家生意人从家里到北京打尖歇脚全是在自家商号。石家业大势大，由此可见一斑。

张富生

张富生，生于清末民初，盂县进圭村人。其系地方富翁张九洲的后代，从小聪明伶俐，父亲视为掌上明珠，一心想将其培养成材，继承家业。富生懂事后，被父亲送到忻州一家大商号学习经商。富生不负父望，两三年功夫就学会一套经商的本领。刚刚20岁便独闯天下，谋划生意。他先是在榆次买了几间旧房，购置两架织布机和部分纱锭，雇佣十几个工人，办起了织布厂，后又开设布店，边织布边卖布。为了事业发展，他精打细算，想方设法节约开支、增加收入。企业困难时，他还组织工人挤空打煤糕，和工人一起推上平车走街串乡叫卖。天道酬勤，不出几年的功夫，张富生的织布厂不断发展，新盖了几十间厂房，购买了几架外国进口的织布机，产量、利润大增。他还进一步增设布店，扩大销路，设法满足市场要求，市场上需要什么布，就织什么布。他在平遥县买了50多亩上等水浇地，把土地的收入也全部用在了办工厂和做生意上。因其儿女亲家在榆次县做官，管理犯人，经常有犯人为他无偿做工。后来，工厂发达了，买卖也十分兴隆，榆次南关半条街都是他的地盘，仅这半条街每日即有千元以上的收入，他的名声也很快远扬四邻州县。

直到民国36年（1947）盂县解放时，他家还有几十间漂亮的房屋；在榆次的纺纱厂还有相当规模，单是进口的纺纱织布机即达20多台。后来，山西有名的晋华纺织厂便是在他家纺纱厂的基础上发展起来的。

张大楞

张大楞，生卒年不详，清朝平定姜家沟村人。幼时家贫，稍长，便到直隶深州染坊当小工谋生。清光绪二十五年（1899），山东义和团入深州，张大楞积极参加。后因债务逼迫，无力偿还，逃归故里平定，在南关真武庙设坛，学拳练棒，组织义和团。平定知州白昶对此表示支持，命人打开州署兵械库，取出顺刀、宝剑、红缨枪予以武装。一时，平定参加义和团的人数与日俱增，组织迅速发展，坛址移至东关龙王庙。每逢义和团练拳之时，观众人山人海，整个县城为之轰动。光绪二十六年，八国联军进犯津、京，平定义和团响应“扶清灭洋”的号召，在张大楞和另一首领李大笨的率领下，开赴平定北乡苇泊村（今郊区苇泊村）焚烧天主教堂，惩罚洋教士。后来，清政府向西方列强屈服，义和团遭到血腥镇压，张大楞被残害。

葛士达

葛士达，生卒年不详，字伯材，号子材，清朝上海人，出身附生。同治初随军剿捻，诰授奉政大夫，赏戴花翎。历任山西潞城、黎城、榆社知县，宁远直隶厅抚民通判，山西候补直隶知州等职。

清光绪十四年（1888），葛士达调任平定知州。上任后，他积极倡导走革新图强的道路，深入实际，调查研究，视察矿业，整修州学、乡学、州署，修筑晋冀通衢南天门坡险路、改革书院教学等，政绩显著，颇得州人称誉。

清光绪十五年（1889），葛士达对平定、盂县的煤铁资源、生产、销售、运输、效益、权属等情况进行了考察，并提出“仿西法、设铁路由楚达都，委大员至晋，勘视潞泽、平定产铁之处及炭窑情形。拟购外洋机器，就山开采，用机器镕炼。直隶之路轨，取资平定，河南则取资潞泽”的建议。连续5年主持书院官课，并推进三项改革。一是引进“西书”和“西学”。光绪十八年春，购得经、史、子、集及《瀛环志略》《海国图志》《数学精详》《海道图说》等科技图书91种980余册，附以中外沿海水陆舆图10余幅。二是聘请博通古今的名山长李汾生任书院院长，重振书院学风。一时俊材硕彦皆出其门，如县城孙太史孝如、贾孝廉耕卿、陈知事云五等等。三是制定图书管理规条。内容涉及管理人员的职责、薪水、书籍的分类、登记、借阅、保护等方面，打破了传统藏书以保护为主的思想禁锢，而以借阅之法为核心内容。山西省图书馆专家王开学、李红在编著的《山西藏书史话》中称：“冠山书院和令德堂（山西大学前身）一起，率先以书院藏书的变革，揭开了山西近代图书馆演进的序幕。”

清光绪十八年（1892），葛士达升调州牧，离职前他主持编修《平定州志补》。《平定州志补》打破“志乃一方之全史”“地方百科之全书”“一地总览”的约束，坚持以辑存并提供准确系统翔实的地情资料为宗旨，对光绪八年版《平定州志》进行了“续”“补”。全书包括补志1卷96页，4门：艺文8篇、诗8首、诗考10篇、附录2篇，无序跋。《平定州志补》

与光绪《平定州志》合为17卷本，上海图书馆有藏书。州内刊行的《平定州志补》多为1卷本。葛士达还善诗文，除主持编修《榆社县志》《平定州志补》外，还编著有《遂志斋集》《上海葛氏源流敘略》等。

渠本翘

渠本翘（1862—1919），原名本桥，字楚南，渠源浈之子，山西祁县城内人。清光绪十一年（1885），参加童试中秀才后选入祁县昭余书院。次年，选入令德堂就读。光绪十四年，以乡试第一名中举。光绪十八年，参加会试中进士，任内阁中书。

清光绪二十九年（1903），任职10年内阁中书的渠本翘被清廷任命为驻日本横滨领事，但不到一年即卸任回国。清宣统元年（1909），任山西大学堂监督。宣统二年，清廷搞预备立宪，成立典礼院，任直学士。次年，被任命为山西宣慰使，但未就任。辛亥革命时，又被任命为南北议和随员，时隔不久，和议告成，清帝退位，其政治生涯也告一段落。

清光绪二十八年（1902），任职京都的渠本翘出资5000两白银，并联络祁县相与、太原天合成钱庄的乔雨亭，买下了晋升火柴公司，易名双福火柴公司。在重新注入资金13000元对机器设备进行添置和改造后，正式投入生产。第一次世界大战时，借进口火柴锐减、市场短缺之机，双福火柴公司得到空前的发展，产品不仅畅销全省各地，而且远销邻省，资产达到20余万元。

在涉足近代工业的同时，渠本翘还把注意力放在发展近代教育上，主张给学生灌输实用的科学知识，致力于推广普及传授声、光、电、化的西式教育。清光绪三十年（1904），他从日本卸任回国后，与祁县乡绅集议，把昭余书院改造成为了祁县中学，并亲任总办。他不仅主动解囊捐款，而且出面筹资。他还具体参与学校的管理，亲手制定规章制度，精心挑选、重金聘请学有所长的教师任教，设立学生奖学金，鼓励学生一心向学。

清光绪三十四年（1908），曾经盛极一时的山西票号倒账累出，处于风雨飘摇之中。票商出身的渠本翘和大德通京号经理李宏龄对票号的处境十分担忧。在对西方银行制度有了一定了解之后，渠本翘力主实施票号改组，票商合组银行，并被公推为合组银行经理。后来，由于局势变化和老号总经理的阻拦，合组银行的计划流产，但渠本翘敢领风气之先的胆识和举动却一直为世人所称颂。

清光绪三十一年（1905）正月，由山西当局出卖矿权而引发的有组织、有计划的御英保矿斗争首先在平定州境内展开，并很快席卷全省，各界力保矿权，乡民呼号于野，官绅争讼于朝。在此之前，渠本翘看到当局与英国福公司所订章程，将成为山西自办矿业的枷锁，便于光绪二十九年和常棣华、蔡洞等人集股设丰晋矿务公司，以保矿权。及后，在外务部做主事的渠本翘以满腔的热情投身于保矿斗争之中。他利用职务之便，联络晋省京官，联名上书外务部，请求拒驳福公司的无理要求，准许晋民自行办矿。与此同时，渠本翘多方奔走，呼吁兴办民族采矿公司。光绪三十三年，山西官绅在积极争矿的同时，动议设立"保晋矿务公司"，统一办理开矿业务。次年六月三日，清政府正式批准成立山西商办保晋矿务有限总公司。鉴于渠本翘在筹建保晋公司过程中的突出贡献和重要作用，众多乡绅公推渠本翘出任总经理。作为保晋矿务公司首任总经理的渠本翘，在资金严重短缺等极度困难的情况下，力主引进机械化采煤技术和设备，开山西机器采煤之先河，极大地提高了公司生产效率和煤炭产量，到清宣统三年（1911），保晋公司煤炭年总产量达133261.25吨。

清宣统二年（1910），渠本翘辞去保晋公司总经理职务赴京供职。后寓居天津，于民国8年（1919）逝世。

葛熙贤

葛熙贤（1855—1913），艺名"油糕旦"，平定城里人。幼年丧双亲，家境贫寒。从小喜爱晋剧，每逢有戏剧演出，争看不厌。平日戏不离口，拳不离手，揣摩模仿，入痴入迷。其四叔认为熙贤学戏也许能成气候，便把他卖给戏班。熙贤很有表演天赋，15岁开始习演旦角，因幼时卖过油糕，人们叫他"油糕旦"。经过三年的勤学苦练，成了戏班中的尖子。他唱、念、做、打功底好，造诣深，独具风格。其间，曾随戏班演出于太原、晋中、晋南及河北省部分地区。他演的《百花点将》《火焰驹》《梵王宫》等戏，民众屡看不厌。民间传有"误了安灵下葬，也不能误了油糕旦的《百花点将》"之说。光绪年间，经地方官推荐，他奉诏进京入皇宫演出，受到慈禧太后赏识，赐黄马褂一件。之后又应邀在京为王公大臣多次演出，声震京华。当时，山西同乡会好友劝其留居京师，但他不愿离开家乡和父老乡亲，婉言谢绝。回到平定后自立"葛氏戏班"。所收徒弟来自平定、盂县、昔阳等地，这些人经葛熙贤辛勤培养，仅几年工夫就在舞台上崭露头角。其中著名者有"山药旦""里社旦""巨城生"等，为繁荣晋剧事业起了承先启后的作用。

蔡荣寿

蔡荣寿（1883—1925），字松南，平定东关村人。毕业于陆军建营学校。清宣统三年（1911）公历10月响应武昌起义，随阎锡山部参加太原起义。民国6年（1917）在井陉雪花山战斗中，因救阎锡山有功，获五等文虎勋章。同年8月，因张勋复辟已被平定，晋军在拥段讨张后撤回原防，阎锡山先将原第十二混成旅与省长金永的警备队合编，扩充为3个混成旅，每旅两个步兵团，蔡荣寿任第一混成旅（旅长商震）第一团团长。次年秋，再增设步兵第九团、第十团，蔡荣寿调任第十团团长。

蔡荣寿曾带兵驻太原、晋东一带。在平定驻扎期间，军纪严明。每逢节日组织军民联欢，并为家乡修复冠山书院，捐资办学，赈济饥民。民国9年（1920），山西遭灾，平定百姓颗粒无收，民不聊生。蔡荣寿出面向美国友爱会求助，组织全县劳力以工代赈，修筑平辽公路，民众曾在娘子关下立碑以纪。

民国13年（1924）12月，阎锡山为出兵石家庄，阻击吴佩孚北上，将原有的10个步兵团改编为10个旅，蔡荣寿升任第十旅少将旅长。民国14年8月，豫军樊钟秀、续桐溪集结兵力进攻山西，由河南涉县经峻极关入境，蔡荣寿旅及尚学勤手掷弹营受命在东阳关、峻极关至娘子关一带设防，防线三百多里。官兵伤亡惨重，后退至蚰蜒滩，又被包围缴械，樊部长驱直入，攻打辽县（今左权县）。阎锡山急派荣鸿胪、商震等部兼程增援。其间，蔡部驻辽士兵在一无外援二无粮草的情况下骚扰百姓。援军到达后，樊军退回河南，辽县百姓集体上告。同年8月，阎为平民愤，以丧师失地之罪名将蔡荣寿处死。灵柩运回平定时，各界人士纷纷吊唁送葬。傅作义为其亲书神道碑，并立于平定东关瓦窑沟口，“文化大革命”中被毁。

高远征

高远征（1908—1927），原名高仰慰，盂县西沟村人，高长虹之三弟。远征自幼受父兄熏陶，酷爱学习，小学期间成绩优异，倍受师长钟爱。在太原进山中学读书期间，他和裴丽生等青年学生曾组织进步文学团体“石燃社”，宣传马克思列宁主义。从此，他取名远征，寄意为民族振兴，自己任重道远。民国14年（1925）初加入中国共产党。民国15年任支部宣传委员。民国16年参加“西北革命同志会”，成为马克思主义的积极传播者。同年，根据党的指示，和几名同学离开太原前去武汉参加北伐，入周士弟率领的教导团。7月下旬，辗转到达南昌，先入贺龙的学生团，再入叶挺部队，参加了举世闻名的八一南昌起义。8月5日，起义军撤离南昌，向广东挺进。途中遭敌包围，在突围中壮烈牺牲，年仅19岁。

蔡守经

蔡守经（1843—1927），平定平潭人（今郊区平坦镇）。蔡守经出身于贫苦家庭，从小机灵聪明，幼时常随父亲到商家帮工，七八岁即能背诵《百家姓》《千字文》等，十几岁就打得一手好算盘，十五六岁便对镇上各行业的货物货价、进货渠道、销售方式情况了然于心，还能伴随东家外出打理业务，二十多岁即可在经商中独当一面。民国初年，蔡守经结束在平定州官沟张家的经商生涯，告老还乡。返乡后，一方面与人合伙投资建立店铺，一方面大量购置店铺、货栈，坐收房租获利。他在山东济南及河北邯郸、邢台、保定等多地收购店铺，出租盈利，收入可观。他还在石家庄设立药店，在获鹿设立布店，在忻州设立烟酒店，在盂县清城设立铁货店。他的经商特点有三：一是敢于突破传统观念，积极谋求跨地区、跨省域发展；二是经营策略上灵活多样，或租赁或自营，避害逐利；三是知人善用，选贤任能，大胆放权经营。由于有好的经商理念和经营方式，他的生意越做越大，买卖逐渐扩大到东北、内蒙古、北京、天津等地。民国年间一段时期，阳泉街区三分之一的地面归蔡家所有，德胜街、保全街两条主街都由蔡家占据，开设有德裕兴货栈、下站客店，上站杂货铺等。仅上站一货栈就占地10余亩，有房子数百间。民国16年（1927），蔡守经因孙子出世而兴奋至极，不慎跌倒，卧床不起，不久辞世。中华人民共和国成立后，蔡家后代把阳泉市区所有房产及全部财产献给国家，被定为民族资本家。

张士林

张士林（1856—1927），字墨卿，平定官沟村（今郊区官沟村）人。出生于富有农商家庭，因其爱国爱民、扶危济困、热心教育而受到人们的尊敬和爱戴。张家是平定西乡的富户之一，

其“永”字商号在辽宁、吉林、河北、山西等地都开有分店。

士林自幼涉足商海，在复兴家业中，深知发展教育与培养人才的重要性。他在家中开办了两个私塾，一是为初入学的儿童办的，另一是为学“八股”应科举的童生办的，教师则是以优厚的待遇从平定城内聘请的。平定的西乡（今郊区旧街、辛兴一带）一向是文化落后的地区，读书人很少，有科名的（如秀才、举人）几乎没有。自张家成立家塾之后，在其就学的西乡人中连续出了几个秀才，如辛兴村的王作宾、潘家峪的高涤源、中庄村的王守正和王定远等。他虽然办着私塾，家中却只有其长子鸿寿一人上学，其余全是别人家的子弟。清光绪三十年（1904），废科举，兴学堂，士林顺应时势，把两个家塾合为一个小学，定名为官沟村养正小学，办学经费仍由他负担。宣统元年（1909）全县小学会考，养正小学名列第二。民国2年（1913），平定县成立了5所高等小学，第五高小就设在距官沟村最近的赛鱼村。当时，乡里人认为，笔算不如珠算快，国文没有“四书”深，洋书（指新课本）不如古书好，不愿让孩子到五高读书，学生寥寥无几。为了支持新学，他把养正小学并入第五高小，把自己的两个儿子（同寿、恒寿）及两个孙子（迁善、从善）都送到五高上学，以示倡导。次年，为资助学童上学，他主动拿出500吊钱，又联络大阳泉郗家施钱100吊，作为学生津贴的基金，存放在赛鱼村较大的商号里，津贴分三等，用于补贴贫困学生。此法施行后，学生一年多似一年。数年之后，学校已容纳不了入学的学生，他又协助五高买了一座院子供教学使用，还租了一所有6眼窑洞、3间瓦房的院子做宿舍。阳泉地区的革命先行者甄华、甄杰人、刘征田、余子宜等都是在五高享受津贴的学生，后来先后升入中学、大学，走上了革命道路。

张士林对国家大事和民族利益十分关注。清末，山西士绅为了抗议清廷批准将晋省矿权出卖给英国福公司而发起了有组织、有计划、大规模的御英保矿斗争。他与黄守渊等平定士绅率先组织“保艾会”与英国福公司进行斗争，山西各地纷纷声援，最终爆发了声势浩大的被后人称之为“山西争矿运动”的大事件。在这场争矿斗争中，他不但是主要领导人之一，而且捐助白银一万伍佰余两。尤为珍贵的是，张士林以日记的形式将整个争矿斗争的主要过程及其重要史实记录了下来，写成了一万余字的《石艾乙巳御英保矿纪闻》。该日记全面详细地记载了从清光绪三十一年（乙巳年，1905）至三十四年三年多时间，先是在平定发起、后来发展成为山西全省各界广泛参与的御英保矿斗争的真实历史，生动感人，价值非凡，成为后人研究山西争矿运动历史及地方历史文化的宝贵资料。辛亥革命后，山西省政府为褒奖其在御英保矿斗争中的功绩，授予“急公好义”匾额，称赞他在争矿斗争中的义举。

史凤存

史凤存（1855—1928），乳名存寿，平定燕龛村（今郊区燕龛村）人。从小酷爱戏曲，逢戏必看，看后常模仿嬉戏。14岁时，不顾父亲劝说，入仁杨（音）戏班，潜心学艺。史凤存主攻小旦、刀马旦，有时也唱青衣、花彩。他身段好、嗓子好、扮相好，加之后天磨砺出的好功底，在短短两年中便学会了《蝴蝶杯》《嫦娥奔月》等6个折子戏。出师后搭班唱戏，以《百花点将》《杀狗》两回戏唱红了河北张家口和山西雁塞一带，有“放下抬材下葬，不误燕龛旦《百花点将》”之说。清末他多次入皇宫演出，相传曾得慈禧太后赐的黄马褂。民国元年（1912）因年老告别舞台，全家徙居荫营，以卖豆腐、卖河捞维持生活，有时也给村中“自乐班”排戏。民国3年受聘于年老五娃娃班任教师，历时5年，共培养出三批娃娃学员，人们称为“燕龛娃娃”班。此班成名的艺人有“河底红”（段玉明）、“己酉旦”（青衣、盂县人）、“二牛生”（吴本荣，阳曲人）、“三牛生”（吴本贞，阳曲人）、“贵生旦”（河北井陉人）、“臭旦”（河北保定人）、“昌锁旦”（平定人）等。

史凤存对艺术刻苦钻研，精益求精，使他成为当时梨园不可多得的全才，尤以做功见长。他善于调动一切艺术手段着力刻画人物。经他塑造出来的艺术形象，不论大家闺秀还是小家碧玉、巾帼英雄，无不逼真传神。燕龛旦主演的剧目有《蝴蝶杯》《嫦娥奔月》《祥麟镜》《火焰驹》《云罗山》《打金枝》《破洪州》《双锁山》《阴魂阵》《杀狗》《起解》《挂画》《烤火》《拾玉镯》《百花点将》等。艺术上的成就使史凤存在同行中享有很高的声誉，不少人慕名向他求教。他谦虚、诚恳，常常毫无保留地把戏教给别人，而且分文不取，只求对方也留下“一手”。他对人说：“三人行必有我师，再孬的‘把式’也有独到之处，取他人之长，补自己之短是我最乐意的。”在授徒中不管是“贴身”的还是“过门”的，均无远近亲疏之分，一律和蔼相待。人们认为：“打戏打戏全在打，三天不打误娃娃”；而他却认为：“教在得法不在打，学在自取不在怕。”民国17年（1928）农历二月史凤存逝世。

石评梅

石评梅（1902—1928），女，名汝璧，字评梅，乳名心珠，祖籍平定小河村（今郊区小河村），后迁居平定城姑姑寺。其父石铭系清末举人，先后供职于山西大学和省立博物馆，对少年评梅影响颇大。民国元年（1912）她随父亲到省城，先后入太原师范附小、太原女师读书。

民国 8 年考入北京女子高等师范学校体育系。毕业后历任北师大附中、春明女校、女一中、若瑟女校、北师大等校教员或讲师。民国 17 年 9 月 30 日因患脑炎病故于协和医院，年仅 26 岁。

评梅是五四运动影响下活跃在 20 世纪 20 年代北京的文学才女，她与北京大学的关其侗、北京师范大学的张恒寿，年近同庚（关其侗比石评梅、张恒寿小一岁），学业出众，且均为山西平定人，被称为“平定三杰”，亦称“古州三杰”。

在新文学的星空里，评梅的文学才华曾闪放过令人注目的光彩。民国 11 年（1922），她写了话剧剧本《这是谁之罪》，以深沉的笔触，呼唤五四运动以后的青年，不要被旧的习俗势力软化而做封建礼教的牺牲品。民国 13 年，她和陆晶清主编《妇女周刊》《蔷薇周刊》，为妇女解放和民族解放大声呐喊。友人刘和珍在三一八惨案中遇难后，她在《血尸》《深夜絮语》等文中深切悼念，并悲愤地表示：“愿将这残余的生命，追随你的英魂。”民国 16 年，她在《无穷红艳烟尘里》一文中，把四一二反革命政变后的春天称为“阵阵的风沙里夹着的不是馨香，而是血腥”。李大钊英勇就义后，她在《断头台畔》中悲壮地指出，烈士的“鲜血已沐浴了千万人的灵魂”。她虽然活跃在北京文坛，却不忘家乡故土。她为思念父母而作的《我的中秋》《归来》以及回忆童年生活的《红鬃马》《白云庵》《社戏》等都是感人的力作。

评梅还是领受五四运动反帝、反封建精神影响的教育家。她投身教育事业虽然时间短暂，但成就突出。她大力提倡女子教育，一贯反对轻视女子的封建思想，深切关心妇女解放运动；她主张情育教育，以真正爱护的感情去打动和引导新一代；她还提倡教育应该是全人格的陶冶，认为一个教师若不以自己的人格与学生接触，就是一个失败的教师。因此她被学生誉为“母亲式的教员”“我们的星”。

评梅不仅能严肃、深沉地对待爱情与生活道路，而且对爱情和生活道路有过深入的思索与熔铸。她在追求真理和光明的征途上，参加了北京大学马克思主义学说研究会，结识了中共早期著名活动家、中共山西党组织的创建者高君宇，并在革命与进步的事业中相知相爱，忠贞不渝。民国 14 年（1925），君宇英年早逝后，她悲痛欲绝，将自己的照片与恋人合葬，并亲手题写了碑铭。民国 17 年，石评梅病故后，葬于陶然亭高君宇墓侧，实现了她“生前未能相依共处，愿死后得并葬荒丘”的遗愿。

评梅以她的人品和文品为后人留下了一笔丰富的文化遗产。她的小说、散文、诗歌、剧本等，曾受到鲁迅先生的好评与重视。1983 年由杨扬编辑、整理，邓颖超题签的《石评梅作品集》

出版面世。由描写石评梅一生的小说《风流才女》改编而成的电视剧《评梅女士》，也于1990年问世并由中央电视台播出。

邓国栋

邓国栋（1905—1928），山西河津人。民国14年（1925）加入中国共产党，系中共山西省早期领导人。民国16年3月，邓国栋任中共太原地区执委委员兼职工运动委员会书记，工作重点为太原兵工厂和阳泉矿区，在两地工人中发展了大批党员，并组织领导了工人运动。次年2月，邓国栋作为省委委员参加了中共山西省委在霍州召开的省委扩大会议，会议在“左”倾路线的指导下，划分了7个暴动区，组建了5个特委和太原、阳泉两个市委，其中，邓国栋为中共阳泉市委书记，组织委员为樊琪、宣传委员为马林。2月27日夜，邓国栋在祁县部署党的工作时，因叛徒告密被捕。在狱中受尽严刑拷打，始终坚贞不屈。地方法院院长邹修文和审判书记原子明先后到狱中游说：“国栋，念记咱们是同乡，只要你把共产党在山西的组织讲清楚，什么事情都好办。”邓国栋严词拒绝：“山西共产党就我一人，别的什么都不知道，要杀就杀，你们看着办吧！”其父邓海燕探监时，他安慰父亲：“没有什么值得难过的，您老回去吧。”后来听说父亲要出钱营救他，邓国栋随即给父亲写信：“我花您老人家的钱不少了，您可以把营救我的那笔钱用于穷苦人啊！”由于长期刑讯折磨，邓国栋四肢致残，连吃饭都很困难。他知道自己时日不多了，对难友说：“我们以未亲眼见到苏维埃政权在山西实现为憾，盼以革命武装反对反革命武装，求得革命彻底胜利。”不久，他牺牲于狱中，年仅23岁。

赫　光

赫光（1902—1931），原名万锡绂，字季玺，宁夏固原万家堡子村人。出身于清末农村秀才家庭，8岁在村中私塾读书，11岁进固原县立第一高等小学堂学习，16岁考入平凉陇东公立中学堂（今平凉一中）继续学习。

民国11年（1922）考入吴佩孚举办的洛阳讲武堂。学习期间，受进步思想影响，向往革命。民国13年毕业后，任吴佩孚某部机枪连连长、迫击炮营营长。同年9月，第二次直奉战争中吴佩孚在秦皇岛失败后，赫光辗转返回家乡。民国14年参加了中国共产党领导的地下工作，并加入中国共产党，在中共豫陕特委领导下从事兵运工作。民国15年冬，受中共中央军委派遣到安徽阜阳，进入高桂滋部任军部少校参谋，在官兵中秘密发展党员。

民国16年（1927）四一二政变后，大批共产党员和进步人士惨遭杀害，高桂滋部亦不例外，党组织把已暴露身份的党员紧急撤离，留下一批隐蔽较好的同志继续坚持斗争。赫光被党组织指定为留队同志的负责人之一。在革命低潮和险恶的环境下，赫光注意斗争艺术，凡与懂英语的同志联系，都书写英语。经过艰苦努力，终于同驻军地方党组织取得联系，在中共皖北特委书记魏野畴帮助和指导下，军内党员数量大增，党组织逐步恢复。民国17年为取得在基层部队的实际指挥权，赫光设法离开军部，担任营长。民国19年，中原大战后，高桂滋部到山西平定县驻防，缩编为第11师，各级军官原位递降，赫光改任连长。

民国20年（1931），由于赫光卓有成效的工作，已发展共产党员五六十名，其主要骨干多集中在赫光所在团，许多党员担任下级军官。部队战士多出身于贫苦农家，加上军中给养不济，有时还数月拿不到薪饷，因此官兵怨声载道。赫光把部队情况及时向上级党组织做了汇报。中共山西特委经请示北方局和顺直省委批准，于5月召开特委会议，军地党的负责人在会上汇报和分析了情况，经过认真研究，认为时机基本上成熟，决定在高桂滋部举行兵变，以赫光所在一团为依靠，带动二、三团，争取把高部全建制拉到五台山区建立革命政权，实行工农武装割据。这一计划得到中共中央军委的批准，并决定暴动成功后，立即组建中国工农红军第24军。赫光等回到部队以后，经过月余的紧张准备，正当各方面都在按预定方案进行时，突然在6月下旬，高桂滋下令逮捕了一团二营八连的共产党员排长刘玉珊。赫光认为情况紧急，就与副营长刘明德一起赶到太原，向省委汇报请示。省委书记刘天章告诉他们，在上海中央局出了叛徒，向敌人出卖了山西的情报，现在要改变原计划，先发制人，立即举行兵变。省委召开紧急会议，会后一面向中央请示，一面分头行动，指定青年团山西省委书记娄凝先帮助赫光等做有关准备工作，并派省委军委书记谷雄一专程到平定协助赫光领导兵变。7月3日，赫光和谷雄一主持召开党员骨干会议，传达省委决定，商量布置行动方案。与会同志认为，准备工作已基本就绪，事不宜迟，第二天就是机会。因为当时高部三个团长都一齐去北京给高父祝寿，次日又是星期六，许多军官晚上回家休息，士兵们也自由行动，戒备放松。

7月4日午夜11时30分，平定兵变爆发。7月5日，起义部队在盂县清城正式宣布成立中国工农红军第24军，赫光任军长，窦宗融任副军长，谷雄一任政治委员，下辖两个纵队，7月20日进驻阜平县城，建立阜平革命政权。其时，石友三部配合两广军阀反蒋计划失败后，全军被歼于河北衡水地区。余部沈克奉命进驻河北曲阳一带听候改编。沈克为表功，设计派出所属27旅诡称走投无路愿意接受红军收编，8月10日谷雄一、窦宗融前往慰问时被俘。次日晨，赫光与刘子祥等到达所谓受降的欢迎会场时，会场上的石友三部士兵荷枪实弹，岗哨林立。赫光虽察觉有异，但他毫无惧色，仍沉着跨上讲台对士兵讲："你们起义，咱们是一家人了，今后共同对付敌人，打土豪，分田地，解放受压迫的劳苦大众。"义正词严的演说，打动了士兵的心，个个直呆呆地盯着他。沈克的代表赵海清和他的部下原约定以捋胡子为号，此时他连捋几下，不见行动，顿时脸色大变。赫光看穿了敌人的奸计，严厉地提出警告。赵海清扑上前去，拦腰抱住赫光。赫光拔出手枪，将赵海清的大腿打伤，并和匪徒展开肉搏。赫光连越几道短墙，遭到阻击，最后倒在血泊中。同去的7名战友，除1人冲出重围回城报信外全部牺牲。参谋长刘明德率红24军转战晋西北，经河曲渡黄河入陕北。

1960年，阜平县人民政府专为赫光、谷雄一等革命烈士修建了革命烈士陵园，号召全县人民"发扬赫光精神"，继承先烈遗志，建设新阜平。1984年2月16日，中共中央顾问委员会副主任薄一波审阅赫光家乡固原地区党史办提供的《赫光传》志稿后，回信称："赫光同志是一位坚强的无产阶级革命战士，他在党的领导下，同谷雄一同志一道曾经在1931年领导了华北地区第一次成功的兵暴'平定兵变'，创建了河北阜平县苏维埃，特别是建立了中国工农红军第24军。赫光同志为此献出了年轻的生命。他的历史功绩是值得后人纪念的，应该留诸史册。"

谷雄一

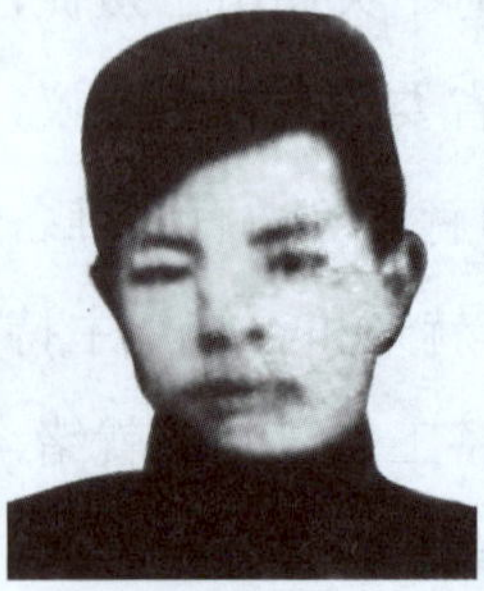

谷雄一（1905—1931），原名文会，曾用名谷隧、郭松仁、肖曼、苏亦雄等，河北安国北名堡村人。出身贫苦，早年在亲友资助下在家乡读书。民国10年（1921）考入保定育德中学，同年加入进步团体社会科学研究社。

民国13年（1924）秋，中共保定地下党组织以育德中学为中心发动学生开展革命斗争，谷雄一成为学生运动中的骨干。民国14年，上海五卅惨案发生后，谷雄一与进步学生一起奔走呼号，声讨帝国主义的侵略罪行。6月8日，谷雄一率领保定市郊大粪场工人，同保定6000多名爱国学生游行示威，声援上海罢工斗争。民国14年夏，党组织选派谷雄一到冯玉祥开办的西北陆军干部学校学习，毕业后在西北军任下级军官，后到方振武部任中校参谋。此间，谷雄一同在冯玉祥部队中担任领导工作的著名共产党人刘伯坚、刘志丹、李林、刘天章、张兆丰等建立了密切联系。民国15年冬，谷雄一经张兆丰介绍加入中国共产党。

大革命失败后，谷雄一于民国17年（1928）夏奉命到商震创办的河北政治军事学校任步兵第三中队上尉区队长。一年中，他先后在河北政治军事学校发展20余名中共党员，并秘密建立中共支部。

民国18年（1929）谷雄一负责中共北方局军运工作，在华北各派系军队中开展工作。时受党内“左”倾错误影响，中共北方局制定了武装起义计划。谷雄一和薄一波、张兆丰、马镇北等秘集唐山，准备唐山兵变。后因消息走漏，起义主力部队被扣押，兵变失败。谷雄一被悬赏通缉，他化装到天律，继续从事革命活动。5月，谷雄一在天津执行任务时被敌特逮捕入狱，关押在河北省第三监狱，经党组织多方周旋，转入“临时自新院”，由当时在国民政府中工作的中共党员张友渔设法营救，于9月获释出狱。10月，参加了中共北方局在天津法租界黄家花园附近召开的政治会议。会后，任中共山西省委（后改为中共山西特委）委员兼军委书记。

民国20年（1931）4月，中共山西省委改为山西特委，谷雄一仍然负责军委的工作。5月，中共山西特委决定在高桂滋部发动兵变，组织红军第24军，在五台山一带建立红色革命根据地。同时策动商震的军官教导团和李服膺的步兵17团起义，组成红军第25军。6月下旬，特委派谷雄一、赫光负责指挥高部兵变。7月3日下午，谷雄一从太原到达平定，立即通知高桂滋部中共组织召开紧急会议。与会同志一致同意在7月4日晚12时行动。是夜10时，谷雄一、赫光等指挥高桂滋部第一团提前举行武装起义，部队迅速攻占了平定县政府。随即北上清城一带休整。7月5日，经党中央批准，起义部队改编为中国工农红军第24军。中央军委正式任命赫光为军长，谷雄一为政治委员。24军稍加整顿后，转战到河北省西部山区阜平县。攻克县城后，开仓放粮，释放在押犯。

7月26日，谷雄一主持阜平县苏维埃政府成立大会。华北地区第一个苏维埃政权的出现，引起国民党当局的恐惧和震惊，《益世报》发表社论，惊呼“……假使有共军千人，则不久即能满万。候其羽翼养成则包围无所施，窜扰不及防，较之江西，有过之无不及也。”该报还特别提到谷雄一“为人智略精详，颇具组织才能”等等。此时，驻扎在河北曲阳一带的军阀石友三残部沈克所率27旅，假意开往阜平接受红24军改编。8月10日，谷雄一和副军长窦宗融率干部、群众18人，携带猪羊肉、面粉等物到敌驻地王快村犒劳其部。但当他们进村后，即全部被敌扣留。第二天上午，赫光等到法华村受降时，也遭敌人伏击，大部壮烈牺牲。红军只好撤出阜平城，朝陕北苏区开去。谷雄一被俘的第二天，即被解往北平陆海空军司令行营军法处。在狱中他面对敌人的威胁，从容自若，和难友们下棋争胜，谈笑风生，看守说他，“好样的，有骨气！”8月中旬，谷雄一被秘密枪杀在北平西直门护城河边。年仅26岁。

1961年7月1日，在纪念中国共产党诞生40周年之际，薄一波在《人民日报》发表文章，高度评价谷雄一对中国革命作出的贡献。曾协助赫光、谷雄一准备平定兵变的娄凝先也赋诗悼念谷雄一：“献身革命意盎然，英雄事业千古传。叱咤风云雷声起，犹是翩翩一少年。”

穆光政

穆光政（？—1931），盂县西烟村人。自幼读书，勤奋好学。高小毕业后考入太原进山中学读书。其间，目睹国民党政府政治腐败，立志追求进步，通过阅读进步书籍，开始接受先进思想，常与学友一起谈论国事、抨击时弊。民国20年（1931）九一八事变后，山西进步青年学生掀起轰轰烈烈的抗日救亡运动。11月，山西大学给全省中等以上学校发出成立山西学生抗日救国联合会的函件。12月初，30多所学校的代表70余人云集太原海子边教育公会召开学联代表会，决定派代表到山西省政府请愿，要求国民党政府出兵抗日，收复失地，并调拨火车乘载学生赴南京，但此次请愿未获结果。11日晨，各校学生3000余人，再次请愿，仍无结果。18日晨，各校学生5000余人，包括进山中学初中一年级学生的穆光政等，又到国民党省党部请愿。此时，省党部早已布下罗网，不准学生入内，只准选派代表去谈判。但当学生代表进到接待室时，早已埋伏在两旁的打手，一齐向代表袭来。门外学生听到里面的呼喊声后，便冲门而进。这时布置在墙头的国民党省党部“义勇队”即向学生开枪射击，穆光政因腿部中弹失血过多而死于东夹巷耶稣医院，造成了轰动全省的“一二·一八”惨案。惨案发生后的第三天（20日），太原各校学生、各界人士2万余人在海子边举行了追悼穆光政烈士大会，会后还进行了抬棺游行，沿街数万市民十分悲愤。民国21年春，在太原市海子边为烈士穆光政修筑了碑亭，由刘克笃撰写碑文，以志纪念。

蔡 侗

蔡侗（1867—1933），字同人，号遇溪，平定东关人。家境清寒，幼时随伯父蔡蓉田读书，月夜推磨仍边推边读，虽三餐不足而从未辍学。稍长就读于本巷虎溪轩私塾，后至省晋阳书院深造，因生活拮据，常代人做文，以资弥补。清光绪二十三年（1897）丁酉科中举。次年戊戌科连捷进士，授为翰林院庶吉士，任礼部仪制司主政、典礼院光禄署署长、记名候补道台。

辛亥革命后返回故里，被聘为省咨议局咨议，任平定公款局局长。民国9年（1920）前后，会同郭士璜等人应聘在县志局编修《平定县志》，负责金石考部分。民国11年，又被聘为平定县立东锁簧高等小学校校长。他治学严谨，深受乡中耆老及学生爱戴，被赠以“经人师表”彩色木匾。民国14年改任平定中学校长，后任平定县立女子简易师范学校校长。蔡侗执教有方，奖掖新秀，洁身自爱，表率后生。当时有一学生甄梦笔（后名甄华，曾任山西大学校长）文章出众，他亲批“超超元著”以示鼓励。民国17年，蔡侗年逾花甲，再鼓余勇，受聘于山西省立工业专门学校，赴太原任教。民国20年9月应聘为山西大学国文教授。民国22年夏返平定度暑假，突发肠胃痼疾，卧床数月去世。弥留之际，犹吟联自挽，词为：“倦游赴晋阳，五载传经，幽魂恋恋依校舍；卧床逾周月，一朝易箦，清泪潸潸别家人。”

王妙如

王妙如（1900—1936），女，字一真，别号云中，山西大同人。自幼家贫，4岁丧母，寄养在姨母家。14岁嫁平定娘子关为李素旁妻。李原配夫人爱其年幼贤惠，亲如姊妹，并以家事委之。妙如处世洽而约，待人厚而宽，事无大小，咸有条序，有暇即读书习字，目不旁视，耳不妄听，灵秀凝重之气，集于一身。民国6年（1917），随夫李素南下护法，在广州有机会入学，学习诗文书画，学业日进。读书善领悟，每听讲时，常常提出问题，连教师、硕儒有时也很难作答。尤工书法、篆刻，功底深厚，隶篆行草，笔力刚劲，无丝毫闺阁之气。民国12年秋随夫返北平，遂进入艺术学校，跟齐白石等著名书画家学习书画。其所绘山水，深得米元晖、赵松雪之笔意。花鸟虫等写生画有齐白石之神韵，某些作品几近乱真。毕业时，其书画已名声大噪，求书画者接踵于门，轰动一时。南海康有为称其书画“直逼卫夫人、萧俊贤、齐白石”。书法无体不佳，画无式不精，为古今才女所罕见。王妙如生性娴静，不苟言笑。更不涉足娱乐场所。在校读书期间，同学们称其为“老先生”“老夫子”。其夫李素追随孙中山革命，不遗余力，妙如对其接物处事，多所匡助。19世纪30年代，李素发愿筹集万金，拟在娘子关铁佛寺旧址建立高等小学校，以振兴家乡教育。王妙如极力赞助，常夜以继日，作书画卖钱以成其志。后因战乱频仍，竟未成其事业，而王妙如亦因此积劳成疾，卧病4年，于民国25年1月12日逝世，年仅36岁。

民国26年（1937）9月，李素收集其所遗书画精品，汇成一帙，题名《王秒如女士画册》由北京中华书局出版。封面由藏园老人傅增湘题字，内有妙如遗像、墓志铭、传记，共选收书画作品28幅。其中绘画作品有山水画、人物画、写意画；书法有篆、隶、草体。画笔生动，书法俊秀，画面上有许多名家题词。其中一幅《小鸡》的画面上有齐白石先生题词：“余画动物，稍有研究，看便觉易，临摹实难。余喜能似余者，惟有妙如弟……”另一幅《螃蟹》画面上，有著名画家李璜的题词：“妙如女弟善书，以篆隶笔法画蟹，无不佳。”

陈宜胜

陈宜胜（1914—1937），湖南茶陵县人。民国20年（1931）参加湘赣苏区红八军，历任政治部秘书、保卫处干事、科长等职。民国23年参加长征，在红六军团政治部保卫科工作。民国26年七七事变后，陈宜胜随八路军120师挺进山西，后率八路军359旅战地工作团来到盂县。同年11月任中共盂（县）平（定）阳（曲）寿（阳）榆（次）中心县委书记，兼七大队政治委员。陈宜胜对革命事业忠心耿耿，工作认真负责，作战机智勇敢。在任期间，他率领广大战士战斗在盂县和寿阳一带，多次给敌人以沉重打击，为开创抗日根据地作出了很大贡献。12月26日，奉命带领七大队战士20余人，从盂县赴寿阳检查工作，途中与敌人遭遇，经浴血奋战，终因敌众我寡，不幸壮烈牺牲，时年仅23岁。中心县委领导和群众3000余人在上社镇举行了隆重的追悼大会，并立碑纪念。民国30年，日军“扫荡”中石碑被毁。1983年10月，中共盂县县委和县人民政府决定，将陈宜胜遗骨由北连巅村迁至里独头村，重树新碑，功绩永垂。

黄守渊

黄守渊（1861—1937），字铸卿，平定城里人。出身名门望族，官宦世家，父黄尧臣，清道光年间举人，曾任内阁中书。黄守渊自幼勤奋刻苦，清光绪二十年（1894年）甲午科中举，曾任山西沁源和河津县知事。光绪三十一年元宵节，黄守渊邀请原山西巡抚胡聘之、族兄黄世芬及平定士绅蔡蓉田、张士林、李毓蕙、张诚、池庄、刘焕斗、赵熙廷、廉士升等在其家中谋划御英保矿事宜，策划组织成立保艾会、固本会，后又创建平定矿产分会，亲拟章程，献出黄家东院作为保艾会办公地址，自捐一万五千两白银资助保矿斗争。同时联络在京共职的晋籍官员与留日的同乡好友冯司直、陆近礼等共同参与保矿斗争。在族人黄熺年、黄兰溪为保矿献身后，仍坚持不懈，毫不退怯，果敢斗争，直至光绪三十四年保矿斗争取得胜利。黄守渊是此次御英保矿斗争的首倡者、组织者和指挥者之一，起到了关键的领导作用，为御英保矿作出了重大贡献，与平定各界民众一道开创了境内反帝反殖民主义的先河。当矿权收回之后，黄守渊决定保艾会、固本会不入股，矿权尽悉上归保晋公司，显示出他"有公心而无私意"的爱国情怀。藩司称赞其："州人之决心，铸公笃识，肇始保艾涌保晋，势不可挡焉。"后人称其为"平定州界中出类拔萃的领导，急公好义的楷模，毁家纾难的豪杰，谦恭善良的君子，顶天立地的大丈夫、大英雄。"

黄守渊于清光绪三十四年（1909）出任保晋公司石家庄公司经理，清宣统三年（1911）五月当选山西咨议局议员，民国7年（1918）当选山西省议会议员。民国26年病逝。

史梦梅

史梦梅（1876—1938），阳泉市郊区荫营镇人。他3岁丧父，10岁母亡，11岁就跟哥哥到村里的冶铁炉厂扇鞴，早出晚归，吃尽了苦头。后出走河北保定府，先后在染坊当雇工，饱尝了人间艰辛。24岁返回荫营，开始经营冶铁炉厂，发奋致富，成为当地很有名气的装炉好把头。民国19年（1930）3月蒋冯阎大战爆发后，军政当局纷纷向地方摊粮派款、拉夫要差，使炉厂生意难以维持，濒临破产。史梦梅对此非常不满。其时，他常接触上荫营小学一些思想活跃的青年教师，耳濡目染，接受了许多新思想。民国24年，史梦梅被推选为上荫营村村长。他痛恨贫富不均，常为穷苦村民出主意、想办法，摆脱贫困。他顺应民心，支持发展贸易，为荫营镇开办了"三八集"（逢农历三、八赶集）。为扩大荫营七月初二庙会的影响，他募集资金，亲自主持了荫营龙天庙的重修工程，被荫营人称为"好老汉"。民国26年7月抗日战争开始后，史梦梅满怀爱国热情，送他的儿子史万修参加了八路军。9月，平定工委派教五团成员韩九龄回荫营开辟抗日工作。在韩九龄动员下，史梦梅毅然出任荫营村动员委员会主任，以年迈花甲之躯，为抗日救亡奔波效力。他多次把村里的富户请到家中，说服他们为抗战事业捐献财物，有力地支持了抗战。11月25日，八路军战地工作团在上荫营龙天庙召开千人扩军大会。史梦梅在会上揭露了日军的侵华罪行，讲述了亡国奴的种种屈辱和苦难，鼓励青年们参加抗日队伍，上前线，打鬼子。他说："我儿子已经参加了八路军，我5岁的孙子长大了也要参加八路军。”他慷慨激昂的讲话使台上台下群情振奋，当场就有青年200余人报名参军。

民国27年（1938）1月23日，由于汉奸出卖，史梦梅被日本宪兵抓到阳泉，逼他答应两个条件：一个是叫回抗日的儿子史万修，一个是与日军合作，当荫营的维持会长。面对敌人的威逼利诱、严刑拷打，他宁死不屈。他知道日本人不会轻易放过他，就在狱中托人给他的儿子捎去一个玉石烟嘴，以示他“宁为玉碎”也不卖国求荣给日本人做事的决心，表现出了高尚的民族气节。2月26日，史梦梅在阳泉西营盘惨遭杀害。平定（路北）县政府在盂县上社为他开了追悼会。《晋察冀日报》刊载了他的革命事迹。中华人民共和国成立后，阳泉市人民政府追认他为革命烈士。

高特

高特（1911—1939），河北蠡县人。民国25年（1936）加入中国共产党。民国26年8月，高特随八路军战地工作团来到盂县。次年春，盂县抗日自卫总队成立，高特任指导员。他率领部队经常出没在盂县城、牛村、西烟等日伪据点附近，给日伪军以有力的打击。民国28年，高特任盂县基干游击大队政委。同年夏，高特率领部队，切断通往日伪据点西烟镇的电话线和公路，以迅雷不及掩耳之势，袭击西烟据点，击毙日军中队长及士兵4人。战斗结束，他又率队星夜由麦坡赶到岑峰，一个早上就消灭了伪青年决死队3个中队，并活捉40余人。同年11月间，在充分掌握敌据点兵力的情况后，他派人给日伪军送去假情报，诱敌出笼；后率部队在通往西烟镇途中设下埋伏，当敌人进入伏击圈后，一声令下，喊声四起，打得日伪军晕头转向，不知所措。高特身先士卒，勇敢冲杀，亲手击毙日军队长中云和两个士兵。后日伪援军赶到，高特不幸中弹牺牲，年仅28岁。

纪茂德

纪茂德，生卒年不详，平定人。青年时期在正太护路军第二旅当班长。他身高体壮，爱好体育运动。民国21年（1932）被选为山西篮球代表队中锋，参加了在南京举行的第五届全国运动会。为备战第十八届华北运动会和第六届全国运动会，山西代表队总教练张成武根据纪茂德的素质，建议护路军体育教练田替之让纪茂德改练五项全能。纪茂德接受能力强，又勤学苦练，进步很快。在第十八届华北运动会上一举获得五项全能冠军。民国24年参加第六届全国运动会，又以 2603 分的成绩打破了 2551.5 分的全国纪录，获全国田径五项全能冠军（境内最早的全国冠军），这一纪录一直保持了 12 年之久。

商文斌

商文斌（1870—1940），乳名福义，平定小阳泉村（今城区小阳泉）人。自幼入“小猴儿班”学艺，专攻小旦。出科后一度改唱河北梆子，在河北境内辗转搭班演唱。其时，他一面继续努力提高小旦技艺，一面苦练刀马武功，兼习正旦。经数年艰苦实践，终于集小旦、刀马旦、正旦技艺于一身，载誉河北，得艺名“五月鲜”，并得到老艺人张三的赏识，收他为入室弟子，招赘为婿。张三其人颇得慈禧太后垂青，商即由张三举荐进入清宫演戏，亦常与中路梆子、河北梆子、京剧界艺人切磋技艺同台演出，名噪京师。他演出了许多脍炙人口的剧目，如《九件衣》《白蛇传》《日月图》《富贵图》《梵王宫》《汴梁图》《百花亭》等。他在《九件衣》一剧中扮姜巧云，闹公堂时声色俱厉，最后以匕首自刺咽喉，刀光闪闪，鲜血四溅，逼真至极。在《双合印》一剧中扮丫鬟秀春，剧中秀春救董洪时有一段夜间赤脚走路的戏。为真实表现秀春仓皇赶路神态，他不仅注意观察妇女行走姿势，还让妻子赤脚在地上行走，他随其后亦步亦趋，反复练习，终于得其要领，演出后艺惊四座。民国 14 年（1925），他载誉而归，再次改唱中路梆子，于晋中一带演出，深受家乡群众的爱戴。民国 29 年逝世。

陆近礼

陆近礼（1881—1941），字恭斋，乳名连科，平定西关人。幼年家贫，在族人资助下就学。清光绪二十八年（1902）壬寅科乡试中举，同年考入山西大学堂西斋二部。光绪三十年秋，由山西巡抚张曾敭选派，与冯司直、阎锡山等 50 名学生一同东渡日本入明治大学商科深造。光绪三十三年学成归国，任山西朔县知县。辛亥革命时，任阎锡山督军署参军。民国 6 年（1917），任山西省烟酒公卖局局长。民国 17 年后，历任山西省财政处处长、天津海关监督、长芦盐运使、山西省财政厅长、山西省建设厅长等职。

民国 23 年（1934），任山西公营事业董事会董事长，并经办财政诸事，掌西北实业公司、同蒲铁路、山西银行、山西省铁路银号等企业金融大权。抗日战争开始后，山西省财政公署迁至运城一带办公，阎锡山为搜刮民财滥发纸币，陆公开抵制，烧掉大量未发行的晋钞。后辗转至西安、成都等地。民国30年在四川省灌县逝世。

李有年

李有年（1886—1941），号荆三，平定下盘石村人。清光绪二十九年（1903）入平定中学堂，为第一班学生。光绪三十三年考入山西大学预科班。民国元年（1912）毕业于山西川至医学专科第一班。在太原读书期间加入了国民党。之后，就读于山西商业专科学校，于民国6年筹办了井陉石棉矿业股份有限公司。民国9年，他回归故里任小学教师，还兼任县教育委员会督学。民国20年，他辞去了县督学职务，自行脱离国民党，展其医学才华，专为村民诊治疾病。

李有年有个美妙的设想：靠15亩薄田自食其力，在田园上逍遥晚年；让长子、次子轮流农商，希望三子、四子步入仕途报效国家。但是，九一八日军侵华的炮响，震碎了他的田园梦境。民国25年（1936）春天，长子李汝人加入了民训团，入冬后又传来了三子亚马在太原领导学潮被捕的消息，他一急之下，便病倒了。民国26年2月10日除夕，三子亚马回到故乡过春节，四子汝生也从太原归来。他欣喜之下，疾病全消。他从儿子亚马带回的《大公报》《中国妇女》《山西党讯》等刊物看到了第二次国共合作、建立抗日民族统一战线的消息；还看到了亚马与其未婚妻撰写的文章，知道了亚马夫妻共产党员的身份，从而对共产党有了初步的认识。后来，当他得知大儿子汝人加入的民训团也是共产党领导的抗日新军时，便由反对参训转变为支持参训入伍了。

民国26年（1937）8月，有年得悉长子汝人和四子汝生参加了共产党领导的八路军，三子亚马在抗日决死纵队做领导工作。10月上旬，日军逼近娘子关前的一个黄昏，他把身边的次子汝修夫妻和长媳及四媳都叫到一起对他们说："孩子们，日本鬼子逼近娘子关，国家和百姓处在生死存亡关头，你们都很年轻，在家里手无寸铁，只能受辱送命，不如出去找汝人和汝生他们，一起从军为国效力吧！"汝修带领三妯娌找到了八路军129师秦（基伟）赖（际发）支队。至此，有年的四个儿子和四个媳妇全部投入共产党领导的抗日军队，在太行山区传为佳话。后来，有年在"国破河山碎，百姓任宰割"的敌占区，遭尽磨难，于民国30年逝世。

狄新铭

狄新铭（1909—1941），字维邦，平定东小麻村人。新铭幼时聪慧，高小毕业后即任平定县第二高小教员，后调任县教育局督学、科长等职。民国26年（1937）抗战爆发，狄新铭认为国难当头，正是报效国家之时，毅然投笔从戎，报考了黄埔第七分校。民国28年毕业后，分派至国民党第27军46师，任该师138团机枪连排长。在晋东南陵川战役中，他承担了防守山头和奇袭阻击日军之任务。当日军大队骑兵前来时，狄先令部队静守勿动，待其进入有效距离后，两挺机枪齐发，一举歼敌百余人，并缴获大量战利品及马匹，狄也因此获师部嘉奖，并晋升为上尉连长。民国30年在晋城战役中不幸阵亡，时年32岁。27军于陵川城南立碑纪念新铭及晋城之役捐躯将士。

岳勇

岳勇（1902—1942），原名张步瀛，又名张步英，字仙洲，号老农，抗日时以民族英雄岳飞自励而化名岳勇，平定岳家庄村人。民国26年（1937）5月参加革命，次年春加入中国共产党。历任岳家庄村首任党支部书记，平定（路北）县农民抗日救国会主任，一区、四区区长等职。

岳勇出生在一个自耕自给的殷实人家，自幼热爱劳动，刚毅俭朴，酷爱读书，尚文习武。22岁被聘为岳家（庄）村小学教员后，他同情贫苦孩子，常解囊助学。他还非常关心村民的生活、生产，热心公益事业。

民国26年（1937）4月为了抗日救国，赴省城国民兵军官教导团接受军政训练，并参加了牺盟会。是年8月，岳勇返回平定，在郝家庄、岳家庄村一带开展抗日工作。他把自己家办成了抗日的“交通站”“联络点”，他的父亲、妻子、子女都奋不顾身地掩护了许多革命干部和干部家属。民国30年抗日战争进入最艰苦阶段。岳勇奉命深入到环境十分险恶的平定（路北）县四区开展工作。四区是所谓“准治安区”，紧靠日军盘踞的阳泉镇，汉奸特务猖獗，党的组织和工作基础都很薄弱，但却是平定路北根据地的前哨，又是晋察冀边区与阳泉镇、白泉、荫营一带进行煤、铁、粮食物资转移的通道，搞好四区工作有十分重要的战略意义。岳勇一到任，就没明没夜地投入工作。他对同志们说：“打皇军可不是打蝗虫，没有点牺牲精神不行！”他率领区小队和基干民兵，经常向敌人主动出击，毁铁路、抓特务、除汉奸，威震阳泉。因此，岳勇成了日军费尽心机悬赏缉拿的对象。民国30年12月2日岳勇参加了平定（路北）县张家井反“扫荡”会议后，星夜返回辛庄。次日，辛庄村突然被驻阳泉的日本宪兵队包围，由于叛徒的告密，岳勇不幸被捕。

日军千方百计企图使他屈服。号称五阎王的阳泉日本宪兵队队长八木和汉奸副队长李如新亲自出马，先恭维称赞，进行劝降；后又将他的父亲、妻子、岳母、儿子、女儿抓去当人质，企图进行诱降。岳勇铁骨铮铮，战斗决心不动摇。在北庄头关押时，宪兵队将他捆绑在一架梯子上，数九寒天，头朝下倒竖在院子里冻，又用皮鞭、麻绳抽打，往嘴里灌煤油，辣椒水，甚至给他头下放置火盆烤，还用开水、冷水轮番往头上浇。他多次死去活来，但宁死不屈。日军无奈，便将他押到阳泉宪兵队的水牢进行百般蹂躏，用红火柱烫、狼狗咬、假枪毙等酷刑，得到的仍是一顿正义的痛斥。民国31年（1942）1月18日，日军将岳勇押往万子足村进行更残酷的审讯。日军把岳勇的家属押到刑场，当着亲属面给岳勇腿上压杠子，用竹签穿指心，岳勇面无畏惧，双目睁睁，怒视日军。日军一无所获，便用10个大铁钉把岳勇的双手钉在一扇门板上。这些酷刑都未能使岳勇屈服。八木黔驴技穷，老羞成怒，便亲手用铁锤向岳勇的头部砸去……岳勇壮烈牺牲，年仅40岁。

孙林荷

孙林荷（1926—1943），女，盂县水岭上村人。幼年家境贫寒，她在兄妹6人中排行最小。民国27年（1938）春，八路军工作团来到水岭上村开展抗日工作，建立了沟通西烟、西潘一带的交通联络线。林荷的父兄都是抗日积极分子，她们家便成了开展抗日救亡活动、保护抗日同志的秘密交通站。因受父兄的影响和县区干部的教育，年仅13岁的小林荷就懂得了许多革命道理，并成了父兄和革命干部的好帮手。民国30年以后日军在王村、兴道等地设立据点，经常出发“扫荡”，形势日渐恶化，通讯联络十分困难。面对险恶环境，林荷不避风险，常扮作探亲妇女去西烟一带转送紧急通知。有一次，途中遇敌，她急中生智，果断地把通知吞到肚里。日伪军过后，又迅速赶到目的地，口传通知内容，出色地完成了联络任务。县区领导干部称赞她家是“红色交通站”，她是“红色交通员”。

民国31年（1942），县区武装工作队配合19团攻打兴道千佛山据点，林荷积极要求参战，领导批准她搞后勤。战斗中，19团的王连长和一位定襄籍的战士负伤。林荷不畏艰险，把两位伤员背出险境，又叫来民兵护送回村，给伤员灌水喂饭，熬药敷伤，经过一段精心护理，两名伤员康复归队。民国32年8月20日拂晓，日军突然包围了水岭上村。这天，村里正住着3位区干部。为了保护区干部的安全，林荷置生死于不顾，一面指挥群众向村外转移，一面掩护区干部突围。被日伪军发现后，她把来不及出村的秦区长拉到一家院内，藏进菜窖，上面盖上了枯草；而她却冲出街头向村边跑去，以转移日伪军的视线。日伪军开枪射击，林荷中弹身亡，年仅17岁。

烙钢

烙钢（1910—1943），原名赵存善，字铁如，平定青阳村人。民国26年（1937）加入中国共产党，历任晋察冀边区阳曲县县佐、寿阳县县佐、晋察冀边区实业科科长等职。民国29年9月由平定（路北）县议会民主选举为县长。

烙钢出生在一个非常本分、勤快的农民家庭，自幼酷爱读书，民国17年（1928）巨城高小毕业之后回乡务农，常在家人和邻里中宣传革命道理。同年，考取太原省立第一师范学校。在校期间，受进步思想影响，积极参加进步学生组织的革命活动。民国22年毕业后，到平定第四（巨城）高小当小学教员。其间，他团结进步教员，积极宣传抗日救国的道理，带领学生参加游行示威，喊口号、刷标语。民国25年12月，参加山西省牺牲救国同盟会。民国26年4月，加入中华民族解放先锋队，同年冬加入中国共产党。七七事变后，他为了表达自己参加抗日的钢铁意志，特改名为烙钢。

烙钢对平定（路北）县抗日民主政权的建立、巩固和发展作出了卓越贡献。民国29年（1940）9月他出任平定（路北）县县长时，正值革命根据地面临严重困难的时期。当时，广大群众吞糠、咽菜、吃树叶，生活异常困难。他要求干部严格遵守纪律，做到“群众吃什么，干部吃什么”，号召干部从有限的口粮中每人每天节约出1两米救济灾民。政府还实行分饭制救济灾民。针对当时党组织的工作基础薄弱，有的人经不住困难折磨和利欲诱惑变节背叛了革命，许多革命干部被捕被害，有些人则对革命产生怀疑的现状，他组织干部四处奔走，宣传教育群众，要大家坚信中国共产党和抗日政府，并号召大家团结起来，坚持抗战。他还亲自抓抗日武装，白天分散隐蔽，晚上集合，主动出击，偷袭敌营，除汉奸抓特务，威震四方。当时平定县城和阳泉的日伪军曾悬赏大洋千元对他进行通缉。

民国29年（1940）11月，烙钢调离平定县到河北省平山县任晋察冀边区第二专署实业科科长。民国32年9月18日由于叛徒告密，正在组织开会的烙钢突然被日伪军包围。他为了掩护同志们突围，置个人生死不顾，凭借山坡的一眼土窑开枪还击，以此吸引日伪军的兵力和火力，终因弹尽而身亡。

刘桂云

刘桂云（1911—1943），湖南茶陵县人。他出身雇农家庭，民国18年（1929）参加中国工农红军，历任班长、排长、连长、营长。

民国24年（1935）参加红军长征先遣队到达陕北。民国26年秋，随八路军东渡黄河转战华北抗日战场。民国30年至民国32年，任太行二分区19团团长，在盂县、寿阳一带作战，屡立战功。民国31年12月中旬，率19团保卫麻河驿粮站，击退了日军混成旅的一个大队和伪军500余人的17次进攻，歼灭日伪军140余人，威名大震。民国32年春指挥四塄山战斗，歼敌100余人。同年10月，在黑石窑伏击由西烟据点返回盂县县城的日军，仅用40分钟就全歼30名日伪军，缴获轻重机枪3挺、步枪20余支、子弹万余发，营救了4名抗日干部，战后受到了嘉奖。

民国32年（1943）10月10日，由于叛徒告密，在寺家坪被日伪军包围，壮烈捐躯。民国33年，盂县抗日民主政府在里独头村为烈士树纪念塔，以昭千古。

黄云生

黄云生（1916—1943），女，平定城里人。出身于一个地主兼商业资本家的家庭。七七事变后，平定县城沦陷，黄云生亲身经历了当亡国奴的痛苦，决心挣脱封建束缚投身抗日。

民国27年（1938）4月，她参加了当时活动在正太线上的八路军独立支队，同年加入中国共产党。民国29年，任太行二分区医院直属所副政治指导员，当时医院驻和顺县路西根据地。民国30年6月22日，日军由榆次、太谷、和顺、辽县分4路向和顺路西根据地进犯。翌日拂晓，日军逼近医院驻地，伤病员还没有全部撤出。在这紧急关头，她镇定自若，沉着地指挥政工人员、勤杂人员转移伤病员，当全部伤病员安全转移后，日军已摸进村子。这时已经来不及撤退，于是她机智地躺在地下，装成医院遗弃的死人。日军用刺刀撬她咬紧的牙关，一颗牙齿被撬掉了，她都没有动，日军给她灌煤油，她仍没有动，直到灌得昏死过去；日军走后，她才被战友们抢救过来。

当时的“扫荡”与反“扫荡”十分频繁，她为了更好地完成战斗任务，避免在遭遇战中受到日军的蹂躏，便剃光了头，打扮得像男子一样。民国32年，调太行七分区医院任指导员，不久被特务暗杀，年仅27岁。

李 素

李素（1869—1945），字位斋，亦名畏斋，平定娘子关村人。幼年家境贫寒，除助家耕作外，还苦读经史。清光绪十九年（1893）乡试中举，后以优异成绩毕业于保定府法政学堂。曾任清政府咨政院议员、山西咨议局议员、省女子学堂董事、提学使公署议绅等职。他不畏强暴，在清政府咨政院任职时，提出弹劾总理大臣庆亲王奕劻误国殃民罪事案。他目睹清政府之腐败，同情孙中山领导的革命运动，遂加入中国同盟会。他积极从事革命运动，宣扬民主，倡导共和，反对封建专制。辛亥武昌起义后，他返回山西参加了宣统三年（1911）公历10月29日的太原起义，被推为山西军政府参谋，并赴晋冀边境娘子关参与军事布防。在娘子关40余日，衣不解带，运筹谋略，不辞艰辛。

起义之后，李素被推为山西都督府全权代表，前往南京进行联络宣传工作，使山西革命军得到社会承认。民国元年（1912），孙中山被选为中华民国临时大总统后，李素出任临时参议院议员，参与起草《中华民国临时约法》。同年9月，孙中山由石家庄到太原视察山西路矿建设，李素陪同视察。民国4年，袁世凯称帝，李素忧愤交加，南下与众议院议员孙洪伊同谋倒袁。他不顾个人安危，先赴青岛、大连联络国民党，继至奉天游说张作霖，旋又回南京、镇江一带，会晤驻军司令陈调元，共约倒袁，后再抵上海，发表文告，直呼："袁世凯不但不可使为皇帝，亦不可使为总统。"后来，广西、四川相继宣布独立，袁见大势已去，不久抑郁以终。袁亡后，国会恢复，但未及一年，段祺瑞任国务总理，多方钳制国会，以谋解散，更有张勋复辟之危，国会被迫解散。其时，阎锡山遣人劝李素放弃立法，就行政重任，但李素"对富贵功名向不挂心，唯对法律爱之若命"。民国6年，他毅然随孙中山南下广州，参加护法运动。民国9年奉孙中山先生之命，不顾病体，假道越南，前往云、贵、川与唐继尧、岑春煊等各派系军阀周旋，拥戴孙中山倡导的革命运动。民国11年重返广州，被选为宪法起草委员，后又任总统府顾问、咨议等职。民国12年秋，李素从广州辗转北返，寓居北京。

在北京他结识了李大钊、范文澜、齐白石、陈衍、范毓桂等思想进步并有一定学术成就的人物，并常同他们切磋学问、探究国事。民国16年（1927）李大钊在京遭反动军阀追捕时，李素挺身而出，曾让其在自己旧居西铁匠胡同24号避难。

七七事变后，李素在北平寓所闭门不出，从事著述。著有《水帘洞诗稿》《论语质疑》《读易质疑》等文集。他在《水帘洞诗稿》中曾多次写到娘子关："兀兀承天天不孤，一村烟火半山处。苇泽关下芦苇深，桃河河中鱼儿稠。地接幽燕屏障险，关随山势气象殊。村前瀑布飞千尺，水声轰鸣谷更幽。”此诗题为《思家乡情景》，前记中写道：“村前有泉一眼，昼夜涌出，下临悬崖，匹练倒挂，水声轰轰，乡人名曰水帘洞。此泉源头距吾门前只数十步。”诗韵平和真切，家乡的山水及风土人情尽在他的吟唱之中。他又对漫漫雄关、层峦叠嶂的娘子关以诗相颂：“唐家娘子军令颁，娥眉当关壁垒严。”诗中的娥眉娘子在“军令”“壁垒”间尽显往事激昂，平阳公主镇守雄关之举呼之欲出。鉴于他的声望，在京的日伪要员多次请他出山任职，均被拒绝。李素晚年，仍对家乡怀有一颗赤子之心，因念故乡儿童失学者多，拟在娘子关铁佛寺旧址建一所新型学校，以振兴家乡教育事业。他多方奔走，积极筹措资金，其妻子王妙如女士（国画大师齐白石弟子）当时书画名噪京华，也誓愿售其作品助成夫志。但终因日军侵华，兵荒马乱，建学校之事未能如愿。民国34年在北平逝世。

杜鸿成

杜鸿成（1890—1945），字竹生，平定人。少时就读于教会办的小学堂，聪明好学，成绩优秀，后考入北京医科大学深造，毕业后到北平协和医院当外科大夫。其间，受五四运动、俄国十月革命影响，接受新文化新思想熏陶。民国9年（1920），从北京回到平定，就职于美国教会办的友爱医院牙科，同时，利用看病的机会宣传马克思主义，介绍俄国十月革命。民国11年秋，与戎业厚在平定新民小学创办境内最早的宣传马克思主义的组织——马克思主义读书会（又称马克思主义学习小组），创办书报室，将从北京带回来的进步书籍、报刊，如《新青年》《东方杂志》等供广大师生阅读。马克思主义读书会是公开、开放、革命的文化团体，当时参加读书会的多为县城各学校的青年师生。青年学生殷继增、殷继孟、韩毅、韩刚、陈有恒、黄纹成等不仅成为读书会的会员，还参与了读书会的工作，成为平定区域传播马克思主义和先进思想的一支生力军。民国13年夏，因杜鸿成、戎业厚二人在书报室悬挂马克思、恩格斯、列宁、孙中山的相片，宣传马克思主义思想，引起了当局的不满。平定县公署与新民小学交涉，施加压力并扬言抓捕杜、戎二人。于是，杜鸿成先返北京，同年冬戎业厚也返北京，其所创建的“马克思主义读书会”也因当局干涉遭受破坏。但是，马克思主义思想在家乡平定的传播却未因此而停止。经杜、戎介绍由北京进步青年高继先及在北平银行供职的平定籍人王相佐，与平定中学学生甄华取得联系，不断将北京的进步书刊寄送给甄华，然后在进步同学及老师中秘密传阅，为创建中共地方组织奠定了思想基础。

民国 16 年（1927）蒋介石发动反革命政变，国共合作破裂。杜鸿成因身份暴露，被党组织安排回平定秘密从事革命工作，公开身份是教会办的平定友爱医院的外科大夫。其间，他曾为当时的平定县长做过外科手术。以此为掩护，他在进步青年中发展了不少中共党员，曾经一次性从平定向外输送六位青年走上革命道路，其中就有后来成为中共贵州省委书记的池必卿。

民国 20 年（1931），杜鸿成协助领导发动驻平定国民党陆军第十一师高桂滋部队起义。起义部队离开平定后，杜鸿成留下做善后工作，因有人告密而被捕。关押期间，县长念其曾为己治病，予以照顾。但省国民党部督促要人，县长只好将其押送太原。杜鸿成母亲杜阎氏是基督教传教士，到处奔波救儿，山西教会惜人才，在太原出面活动，当局又未找到证据，后由教会保释。

杜鸿成出狱后，转到西北局工作。他在西安以开门诊部为掩护，为党搜集情报，筹集资金，输送物资、药品、人员，做了大量工作。民国 34 年（1945），杜鸿成被国民党军统特务秘密抓捕后杀害。

赵亨德

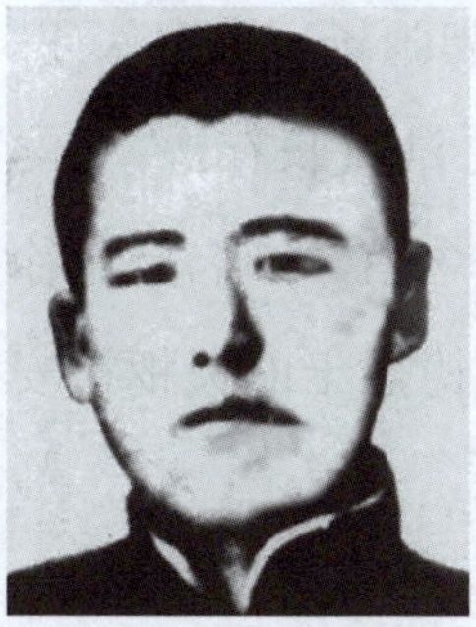

赵亨德（1922—1947），平定城里人。幼年家境富裕。民国 20 年（1931）入新民学校高小班读书，民国 24 年升入平定县中学，后考入昔阳中学学习二年。民国 26 年初，随父赵毓鸿到寿阳县晋友中学读书。七七事变后，于 9 月又回到平定县，同刘晋山、石启、贾礼峰等 12 名青年一起参加了牺盟会组织的平（定）西县抗日游击队。民国 27 年，编入秦（基伟）赖（际发）支队，同年 5 月加入中国共产党。民国 29 年 3 月，赵亨德在黑水河战斗中荣立一等功，提任副连长。后在榆次黄彩战斗中，掩护八路军受阻部队和伤员安全转移，受到团部通令嘉奖。同年 8 月，参加了震惊中外的百团大战，后调八路军 129 师参谋训练队学习。民国 31 年，赵亨德任 129 师新编第 10 旅兼太行军区第二军分区司令部侦察参谋。当时日军切断了太行第二军分区与晋察冀六分区的联系，他奉命化装通过敌占区到达晋察冀军区司令部，见到聂荣臻司令员，接通了联系。同年 9 月，赵亨德任太行二分区司令部敌工干事。为粉碎日军扫荡，他率领侦察小分队，经常活动在寿阳至阳泉的铁路线上，潜入敌区侦察敌情，对正太路进行飞行爆破。8 个月时间就爆破 27 次，炸毁正太线寿阳、芹泉等火车站日军用机车 7

台，车厢16节，桥梁1座，毙敌40多名，有力地配合了太行根据地人民的“反扫荡”斗争。日军闻风丧胆，称他为“拦路虎”，并在正太线各站张贴“悬赏两千元，捉拿赵亨德”的布告。民国33年3月，赵亨德奉命率领5名侦察员深入到正太线上，在桑掌活捉了一名日本工段长，从其口中得悉日军的换防情况，为太行抗日根据地获得一份十分可贵的军情情报。同年11月，太行区召开群英大会，授予赵亨德一等侦察英雄称号。《新华日报》太行版12月10日以《一等英雄赵亨德》为题报道了他的事迹。民国34年1月17日，赵亨德亲自指挥了芹泉至寿阳铁路段西庄村伏击敌人军用特别列车的战斗。他带领队员顶风冒雪，从根据地出发，昼夜兼行100余公里到达寿阳县境，在平西大队的配合下，出奇制胜，拦截了这列军车。俘获日军少将、山西省首席顾问、教育厅学务专员铃木川三郎，这是太行区俘获的职务最高的日本军官。此次伏击，共俘获伪山西省政府教育厅官员8人，击毙日军60余人，缴获文件、物资、军需品100余驮。在激烈的战斗中，赵亨德臂部负重伤，仍顽强指挥作战，直至取得最后胜利。1月25日，太行军区通令嘉奖了这次战斗的有功人员，给赵亨德记大功一次。

民国35年（1946），赵亨德在解放战争中先后参加了榆次长凝、太谷、阳邑、平定锁簧等大小战斗百余次。10月在白羊墅车站截击火车的战斗中，他一只眼睛负伤失明。民国36年，赵亨德任太行二分区42团参谋长。同年4月19日，他在正太战役即解放平定的南砻石战斗中，壮烈牺牲，年仅25岁。5月2日平定解放后，太行二分区司令部在平定县城东关狮口街竖立了“悼太行英雄赵亨德参谋长”的纪念碑，碑文是：“献身革命，忠心耿耿。驰骋疆场，出生入死。八年抗战，屡建奇勋。自卫战争，敌顽震惊。优秀党员，千古英名。太行之光，浩气长存。”1985年，平定县委、县政府在赵亨德牺牲地庄窝村建起了烈士陵园，并设立了纪念馆，园名是由徐向前元帅题写的。原太行二分区司令部镌刻的纪念碑也随之迁入园内。赵亨德烈士的灵柩被安放在河北省邯郸市的晋冀鲁豫烈士陵园。

李崞龄

李崞龄（1872—1947），字峙如，盂县泥河村人。清末优贡，辛亥革命后考入太原优级师范，后被荐为潞安书院院长。民国8年（1919）出任隰县知事。

李崞龄任隰县知事10年间，鉴于该县地瘠民贫，上任伊始，即严促农桑局官员下乡组织农民兴办水利，在城川一带兴修水渠河坝，扩大灌溉面积；在曹城村开辟苗圃，倡导植树造林；在城区试验种桑养蚕，推广种棉以及饲养禽畜。他还针对当地农民烟赌成风的社会恶习，想方设法禁烟禁赌，在城关及各区设立戒烟所，强制烟民入所戒烟，直至断瘾，方准出所。他还注重村政建设，组织息讼会，调解民事纠纷，大抓赌博、偷盗、贩毒等违法之徒。他说："羞恶、自尊、向上、要好之心，人皆有之，只要动之以情，晓之以理，循循善诱，坏人也是可以改恶迁善的。"为了提高妇女的社会地位，他提出整顿兴办女校，在城内祈真观办起了女子两级小学。在倡导妇女放脚运动中，一边鼓动宣传，一边挨门逐户实查。经过几年治理，隰县社会风气大变，百姓无不称快。他每次下乡总是单骑简从，在农民家里作客，对勤俭治家者尊而敬之，对游手好闲者严加训教；每遇婆媳不和、弟兄争产，则引古证今，多方劝导；遇有民事诉讼，则就地审讯，依法裁决。

李崿龄学识渊博，文思敏捷，书法工柳。善联对，所到之处，均有题咏。民国16年（1927），他调任解州知事，离任时以积薪5000元银币遗赠隰县，存入财政局作为补助地方兴办教育及社会救济事业之资金。隰县父老无不感动，均扶老携幼，涕泣相送，并集资为之树功德碑，碑铭："功歌来暮，德感去思"。民国36年逝世。

周克昌

周克昌（1874—1947），字俊卿，平定城里人。幼时曾入冠山书院读书。清光绪二十八年（1902）春，入山西大学堂西学专斋学习。毕业后受赐举人功名并应聘担任平定中学堂监督。其间，周克昌废旧制，立新规，选用有学识的人担任教职员，开设新课程，推行新学制，使学堂面貌焕然一新；教学成绩斐然，学生大部分未经毕业，即由学校举荐，送至山西大学或北京高等学堂进行深造。清宣统二年（1910），周克昌入京经由拣选考试后，以知县分发陕西补用。辛亥革命后，当选国会众议院议员。袁世凯窃取权位后，国会解散，受命转赴新疆任阿尔泰财政局长。民国5年（1916）黎元洪继任大总统，国会恢复，周回京在众议院供职。民国6年段祺瑞执政，二次解散国会。同年7月响应孙中山号召，南下广州参加护法运动。民国11年国会再度恢复，周由国会奖给二等大绶嘉禾章和二等文虎章，出任法制局执办、修订法律馆副总裁，并被聘为大总统顾问、财政部顾问。民国13年10月冯玉祥在直奉战争中发动"北京政变"后，周遂从北京返回故乡。民国17年，阎锡山统治势力扩展至冀、绥、京、津等地，为了维护其统治，三晋政界与知识界人士大批被选用。民国18年，周被聘为天津市政府顾问兼自新院院长；民国24年又改任天津市土地处处长。

民国25年（1936），周克昌年逾花甲，从天津返回故乡。为振兴家乡教育，他出任县立女子简易师范学校校长。七七事变后，周克昌不为日伪政权的诱惑所动，保持民族气节，闭门不出。其时，中共平（定）西县委和平（定）西县抗日民主政府派人秘密同他联系，向他宣传共产党的抗日主张和统一战线政策，要他一不要给日本人干事，二不要反对八路军抗日。周克昌态度鲜明，当即挥笔题书唐代王昌龄“一片冰心在玉壶”的诗句，以表明心迹。民国32年3月，任日伪山西省省长的冯司直差人持名片通知周克昌，说要亲自到周府会面。周克昌见名片上赫然大书“省长”二字，便对来人说：“我与振邦（冯司直表字）早年同为平定教育服务，后来也曾共过事，可谓故交。倘若以上述交情，见见面也无不可；如果以‘省长’名义相见，我周某是万万不敢高攀的！”话罢，把名片退还来人，请其回去交差。民国34年抗战胜利后，阎锡山从晋西派了许多“接收官员”到平定。他们只顾捞权捞钱，欺压人民，对教育事业从不过问，致使县城各校的教员数月领不到薪水，学校濒临关闭。在平定中学任教务主任的周克昌便与有关方面交涉，采用捐资的形式筹措教育经费，才使城关中小学得以继续开办。民国36年逝世。

李培信

李培信（1914—1948），平定人。民国24年（1935）到太原钢厂当工人，民国25年加入中国共产党，民国26年任牺盟会军官教导团第五团第三营第十二连政治指导员。太原沦陷后随部队开赴晋南与日军作战，后因病调地方工作。民国36年夏返回部队，任太岳军区第一军分区政治部主任。

民国37年（1948）8月，根据中共中央华北局和华北军区的决定，太岳军区部队升编为华北野战军第十五纵队，李培信任第十五纵队第四十四旅政治委员。针对个别投诚过来的战士情绪低落的思想实际，他与战士们谈体会、讲心得，分析新旧两种军队的区别，解决他们的思想问题。为了有效教育部队，他创办“火线传单”，运用墙报、传单等多种形式，开展思想政治工作。他常说，“会休息就会工作”，要求干部积极参加各种文体活动，自己也常常收集战士的典型材料，亲自编成剧本并参与导演。

同年10月26日，夺取太原东山四大要塞战斗同时打响，第十五纵队担任攻击淖马要塞的任务。李培信与旅长涂则生一直在前沿指挥作战。夜幕降临，战斗仍十分激烈。突然，敌人打了几发照明弹，把阵地照得通明，部队前进受阻。面对这种情况，他和涂则生一起研究对策，伺机组织新的冲锋。此时，敌人一发炮弹落在主阵地前，李培信当场牺牲。

李培信是太原战役中牺牲的解放军最高将领。中华人民共和国成立后，其遗骨安葬在石家庄华北军区烈士陵园。

冯司直

冯司直（1884—1952）又名静虚，字振邦，平定南坳村人。清光绪二十九年（1903）中癸卯科举人，后入山西大学堂西学专斋读书。次年秋考取留日公费生，入经纬学堂学习2年，后升入明治大学政治第一预科学习，攻读法治和教育。光绪三十三年回国，任平定劝学所所长，被选为州议会会长。后被聘为平定中学教员，继任教务主任。

民国元年（1912），任平定县立中学校长。民国6年调任山西督军公署秘书、督军公署参事。次年经赵戴文、崔廷献等推荐，被阎锡山委任为山西省公署教育科科长。次年，当选山西省教育学会会长，负责筹办在太原召开的全国教育会议，从此在省城崭露头角。民国14年任中华教育改进社年会主任，又担任山西省育才馆襄教，积极参加阎锡山和赵戴文发起的洗心社活动，任洗心社讲长。他特别热衷洗心社活动，编印《来复报》，每周举行自省活动，并和阎锡山、赵戴文等宣讲孔孟儒教学说。

民国17（1928）年，阎锡山打败奉军，其势力范围扩展到京、津等地。次年，冯司直任天津特别市政府秘书长、社会局局长。民国19年阎冯倒蒋失败后，他返回山西任教育厅厅长。不久，被国民党CC系苗培成取代。其间，太原各校学生发起成立山西省抗日救国联合会，爱国学生纷纷驱逐反动校长，国民师范学校校长梁贤达也被驱逐，冯司直继任校长。民国25年3月，国民师范学校学生会与军警发生冲突，冯司直被撤职。后任山西自强救国会高级委员、军政训练班副主任，襄办主张公道团事务，培训军政干部。

七七事变后，冯司直避居晋南，在日军搜捕时暴露留日身份，遂投靠日伪政权，当了汉奸。民国28年（1939）秋返回太原，任日伪山西省和平促进会副委员长。民国30年，历任日伪山西省政府情报处处长、宣传处处长、新民报社社长，编印《情报》和《晋铎》月刊，极力宣传日本侵华战绩及所谓“王道乐土”，并进行“中日亲善”和“和平救国”等反动宣传。

民国31年（1942），伪省长苏体仁调任日伪华北政务委员会教育总署督办，冯司直继任伪省长，并兼任山西保安司令、山西新民会会长、山西急进建设团团长等职。为支持日军侵华战争，冯司直主持成立太原物价管制委员会，管制省城物价，实行经济封锁；发起“献物运动”，掠夺人民资财；积极推行日军“以华制华”政策，在日伪省署内设立警务厅，改防共委员会为剿共委员会，将杀人权授予各县警察所，荼毒、杀害抗日军民。

冯司直在主持日伪政权期间，接受阎锡山上将咨议委任。民国 33 年（1944）6 月因日伪内部矛盾，辞去伪省长职务，任山西农产公社理事长。民国 34 年日本投降后，冯司直被委任为第二战区长官部中将高级参议。同年 9 月下旬，国民政府下令在全国各地对汉奸进行大逮捕，冯司直、王骧等多名汉奸被关押收审。民国 35 年 8 月 8 日，国民党山西省高等法院判处冯司直死刑。民国 38 年 4 月太原解放后，由人民政府关押。1952 年死于狱中。1953 年 8 月被山西省人民法院追判死刑。著作有《天放早课》等石印本行世。

高翔藻

高翔藻（1873—1953），字稚山，盂县西沟村人。清光绪二十三年（1897）丁酉科举人，后清廷废科举建学堂，开设山西大学，分中西两斋，翔藻入中斋攻读文学，毕业后任山西督军府秘书。他与山西督军府秘书长赵戴文同为佛教信徒，关系甚密。民国初年山西佛教会成立时，赵戴文任会长，他出任副会长。此后，他一直随赵戴文任秘书。民国 16 年（1927）翔藻出任怀仁县知事，上任伊始，即深入下层体察民情。当时的怀仁民众贫穷，赌博盛行，盗窃成风，社会秩序异常混乱。一次，审理赌博案件，看到赌徒皆是衣着褴褛、面黄肌瘦的贫苦百姓，便规劝其改邪归正，然后释放回家，众人无不感激。有一老农告某家槽头拴着他家丢失的毛驴，传来被告一问，称驴是前不久用 30 元钱买来的，可卖驴者早已逃之夭夭。经查询得实，被告确是花钱买到的毛驴。于是，他拿出自己的 30 元钱付给被告，让他另买一头，把驴交还了失主，盗贼则立案待查。高翔藻在山西省政府任职时，共产党员刘岱峰在太原被捕入狱，刘岱峰的父亲请高翔藻设法营救，高翔藻立即找赵戴文从中周旋，使刘岱峰获释。民国 27 年日军侵占盂县后，日伪胁迫高翔藻出任维持会长，高翔藻断然拒绝。之后为避开敌伪纠缠，他隐居于盂县黑汉沟村（新寨村）半年之久，后转居太原，很少与外界往来。高翔藻在省城任职，每逢回归故里，一到清城便下骑坐，徒步而行。脚夫问及缘故，他回答说：“古谓官居一品不藐乡党，倨傲不恭，成何体统？为尊敬父老，故不愿骑坐也。”每次回乡总要到清城小学走访教师，攀谈教育，勉励学生勤学好问，立志报国。翔藻一生信佛，对修葺寺庙、修桥补路诸事甚为热心。民国 12 年由他募捐筹款修建了清城文昌庙，还倡修了清城东头长 1 里、宽2丈的石铺大坡路一条，过往行人无不称赞。民国24年，县城西寺殿及殿内佛像等古建筑破烂不堪，他主动发起重修西寺的募捐活动，动工修建了大殿、山门及钟鼓二楼。在继续施工修建东西廊房时，日军侵入，未能竣工，成为遗憾。民国31年底从太原回归故乡。1953年逝世。

聂峙如

聂峙如（1889—1954），字永直，阳泉市郊区三泉村人。自幼刻苦求学，后入山西大学读书。毕业后，供职于太原邮务局邮政所。不久转聘为平定中学英语教员，从教十数载。尔后，辞教从政，历任绥远清水河县公署财政科长、保晋公司三矿厂事务员等职。民国26年（1937）七七事变后，他拥护中共统一战线，并应抗日民主政府之聘，担任了晋察冀边区参议员和平定（路北）县议会副议长。民国36年阳泉建市后，他被聘为阳泉市职业中学语文教员，后调任市政府文教科长。1949年经民主选举担任了阳泉工矿区各界人民代表会议常务委员会副主席。其后又历任山西省各界人民代表会议代表、阳泉工矿区人民政府委员、阳泉市人民政府委员、阳泉市选举委员会委员等职。1954年1月逝世。

王四毛

王四毛（1894—1954），又名王富万，平定白甘泉村人。出身贫农，自幼随母讨饭度日，十几岁开始打短工维持生活。步入青年时代后，又跟两个哥哥到阳泉下煤窑，先后在汉河沟、莱洼等几个煤窑挖过煤。民国26年（1937）日军入侵阳泉，他不堪忍受欺凌，返回故里，靠挑贩砂货谋生。民国36年阳泉建市后，年已53岁的王四毛又回到阳泉四矿当了采煤工人。是时四矿刚刚恢复生产，采掘方法和技术装备落后，安全设施缺乏，井下伤亡事故频繁，一般矿工都迷信依赖老君爷的保佑。他不信神，不信鬼，用自己的亲身经历向工友讲解安全要靠自己、要靠大伙的道理，并现场教大伙认识台坡、顶掌、合皮等几种地质构造容易造成顶板塌落的构造和规律。他的话浅显易懂，朴实生动，有说服力。由于重视安全宣传和经验传授，他所在过的班组，从1949年至1950年两年间从未发生过任何事故，年年超额完成国家生产任务。1950年他出席了全国工农兵劳动模范代表大会，获全国劳动模范称号，成为阳泉市首位全国劳动模范。1952 年调任阳泉矿务局职工养老院院长。1954 年 3 月逝世。

高长虹

高长虹（1898—1954），原名高仰愈，字九死，号长虹，乳名春海，盂县西沟村人。他是中国现代文学史上有过较大影响的文学社团“狂飙社”的主将，是山西境内较早结识鲁迅，并在鲁迅直接培养下成长起来的青年作家。与高歌、高远征是同胞兄弟，被誉为“高氏三杰”。

高长虹出生在一个世代以耕读为本的小康之家，自幼勤奋好学，博览经史，尤工诗词。民国 3 年（1914）入省立第一中学读书。民国 6 年因撰文针砭时弊，遭到当局威胁，被迫辍学回乡，闭门苦读。民国 10 年夏，到太原博物馆工作。民国 13 年至民国 18 年，先后在太原、北京、上海等地发起并组织了“狂飙运动”，创办了《狂飙》《弦上》《长虹周刊》等多种进步刊物。高长虹入京创办《狂飙》时，曾拜访过《晨报副刊》编辑孙伏园。《狂飙》周刊问世后，高长虹再度拜访孙伏园，征询意见。当听孙伏园说到鲁迅对《狂飙》持肯定态度时，高长虹极为振奋，遂于 1 月 10 日晚携带《狂飙》周刊前往晋谒鲁迅。从此，高长虹成了鲁迅家的常客，在生活上、思想上和文学创作上都受到鲁迅的帮助和指导。鲁迅在高长虹身上倾注了不少心血。民国 15 年，当高长虹出版散文和诗歌合集《心的探险》时，鲁迅为之亲自选编、校订、设计封面，以至因积劳过度而吐血，后又将该集列入《乌合丛书》。在出版《莽原》周刊时，本没有编辑费和稿酬，但鲁迅因体念高长虹经济拮据，特意关照，每月给他 8 至 10 元酬金。至于赠书和资助他旅费的事屡见不鲜。

然而，从民国 14 年（1925）8 月开始，高长虹与鲁迅之间的友谊出现裂痕。起因是《民报》副刊 8 月 5 日刊登的一则并未经鲁迅同意的广告。当时《民报》由陈友仁主编，从 8 月 5 日起增加了一种副刊，由莽原社成员韦素园编辑。在副刊问世的广告中载称：“现本报自八月五日起增加副刊一张，专登学术思想及文艺等，并特约中国思想界之权威者鲁迅、钱玄同、周作人、徐旭生、李玄伯诸先生随时为副刊撰述，实学术界之大好消息也。”高长虹一生向往民主政治，倡导学术自由，极端厌恶压制民主、束缚自由的专制行为。因而看到这则“以权威压人”的广告后，反应十分强烈：“看了真觉瘟臭、痛惋而且呕吐！”他认为“思想权威”这种东西和自由思想是对立的，“中国所需要的，正是自由思想的发展”，“要权威者何用？”在他看来，“思想权威”对整个社会简直是贻害无穷的。广告登出后，在他与鲁迅的一次谈话中，鲁迅曾说：“就说权威者一语，在外国其实是很平常的。”因而高长虹便认为鲁迅是同意或默认了广告的提法，因而加深了对鲁迅的误解和不满，对鲁迅的看法也前后判若两人。此前，他认为鲁迅是一位“真正的艺术家”，是“奋勇战士”；此后，则认为鲁迅“是被感情、地位、虚荣等所动摇了”的“世故老人”。这种由误会而产生的不满和隔阂，成了以后高鲁公开冲突的主因，也是高长虹离京南下，另组狂飙运动的因素之一。

民国18年（1929）冬，当高长虹结束了北京的演剧运动回到上海时，向培良已离狂飙而去，另办《青春》月刊，提倡“人类艺术”；尚钺、柯仲平已加入中国共产党（不久高歌也成为中共党员），虽然还坚守着狂飙阵地，但主要是从事党的地下工作，狂飙社只不过是一种职业掩护罢了。这样，坚持了5年半之久的狂飙运动，便于民国19年春自生自灭。总计，狂飙运动期间，先后有22人加盟，办过11个刊物（共出90期），8种丛书（出书46种），其中，仅高长虹一人就出书21种，加上散著，共达120多万字，是新文学运动宝库中一份珍贵的历史遗产。而狂飙运动期间的“高鲁冲突”，也为中国现代文学史留下了一段历史公案，也导致狂飙运动的分化解体和高长虹后半生的历史悲剧。

民国19年（1930）至民国26年，为了探求救国救民的真理，他先后到日、德、法、英和意大利，对这些国家的政治、经济和文化进行了多方面的考察。抗日战争爆发后，他返回祖国，先后在武汉、重庆等地从事抗日救亡宣传活动。民国30年初，在八路军二战区办事处的协助下到了延安，参加了革命。民国35年夏到达东北解放区。主要从事新字典和新文法的研究和编撰工作。1954年春在抚顺逝世。

高长虹一生追求光明，追求真理，追求进步，追求革命，虽历经坎坷，大节不亏，至死不渝。著名作家姚玉祥（笔名青苗）称：“高长虹是中华民族中稀有之人，类似‘吉普赛人’这样贫苦的流浪者。在海外为衣食而奔波的华工中不难找到，但在高级知识分子和声望卓著的作家中却是很难找到的。从这个角度来看，高长虹确是一位‘怪杰’。每次当我到五台山看到‘孤魂野子’的神龛时，我总不由得把‘孤魂野子’这位叛逆之神与高长虹相比。世人都崇拜释迦牟尼，而我则同情孤魂野子。孤魂野子是佛徒中的‘屈原’。”高长虹在长达20余年的文学创作生涯中发表作品上千篇，出版著作17本，约130余万字，他是杂文创作最多产最有成就的作家之一。1989年，由盂县政协收集编纂、著名诗人艾青题写书名、中国社会科学出版社出版的《高长虹文集》，分上、中、下三卷面世。2010年6月，中央编译出版社出版由董大中主编的《高长虹全集》。

武庆贺

武庆贺（1914—1955），曾用名武寿堂，阳泉市郊区街上村人。早年在旧平定中学读书，毕业后先后在寿阳县松塔村及境内的王垅村、杨树沟村和荫营学校任教。其间，开始参加秘密革命活动。民国26年（1937）9月参加了抗日武装，同年10月加入中国共产党。先后任部队指导员，三区区长，平定县实业科长、县委秘书、财政科长。在十分艰难的战争环境中，他一边领导筹集抗战急需物资，一边根据敌情随时转战，由于积劳成疾，30岁牙齿就全部脱落，满头全成白发。民国29年至民国34年先后任冀热察边区抗日学院教导员，平定县工商局局长。民国34年2月至民国36年任冀晋行署税务局秘书主任。民国37年7月至12月任阳泉市副市长。民国37年任阳泉市政府秘书主任，同年组建市人民法院后为首任院长。民国38年8月至1950年2月接上级命令调任华北人民政府军政工作团，赴绥远省进驻内蒙古包头市开展工作，担任首任包头市人民法院院长、政法党组书记。由于当时包头市治安极其混乱，反革命破坏活动和土匪袭击猖獗、贩毒吸毒严重，急待整治。他上任后立即开展肃清镇压反革命运动、禁烟禁毒活动。彻底铲除了反革命土匪、国民党军统特务、反革命集团以及号称“四大帝王”的反革命分子；彻底查办、打击了贩毒、吸毒首要犯罪分子，取缔和摧毁了反动会道门组织，社会治安得到稳定，保障了“土地改革”“民主改革”“三反五反”运动以及党政各项工作的顺利开展。1952年，武庆贺为建立人民司法制度，参与了《改革司法》的拟制工作。包头市人民法院监所管理罪犯的经验，经中央人民政府司法部批转向全国司法界推广。这期间他还担任过中共包头市委统战部部长等职。1955年2月逝世。

程谷梁

程谷梁（1906—1955），原名魁栋，字国梁，阳泉市郊区下荫营村人。自幼读书，民国23年（1934）就读于山西省立法学院。读书期间，他参加了中华民族解放先锋队，积极投身抗日救亡运动，主编平定县留省学生会刊《新平定》，宣传抗日救国和唯物主义思想，反对国民党政府“先安内后攘外”的卖国投降政策，批判封建落后现象。在他的影响下，平定在太原读书的许多青年学生走上了革命道路。谷梁于民国25年毕业后，供职欧亚航空公司，并负责中华民族解放先锋队山西省队部的工作。民国26年2月参加革命，5月加入中国共产党，后出任中共汾城（今襄汾）县委书记。其间，他遵照中共北方局指示，积极发展抗日武装，帮助地方建党建政，做了大量工作。民国27年5月山西政治保卫队二支队组建后，他又先后任过该支队党委书记、213旅57团政委、213旅政治部主任等职。民国28年12月，国民党掀起了反共高潮，阎锡山积极配合，也不断与新军制造摩擦，并发动了“十二月事变”。这时，正在秋林集训的程谷梁，冲破重重阻挠返回旅部，毅然率该旅57团和59团，突破阎军的围追堵截，东渡汾河，转战数百里，到达太岳抗日根据地与决死一纵队胜利会合。此后，一直在太岳区担任领导工作，曾列席中共七大会议。民国37年由太岳区调太行区工作，任太行行署公安处长。太原解放后，任太原市公安局长。为肃清暗藏的反革命分子，他抱病工作，做出了很大成绩。民国38年9月1日，中共山西省委、山西省人民政府成立，程谷梁被任命为中共山西省委委员、省人民政府委员、省公安厅厅长，是山西省公安厅第一任厅长。后转入经济战线工作，任省财经委员会副主任、省工业厅厅长等职。1955年4月10日，因积劳成疾，在太原逝世，年仅49岁。经国务院批准被追认为烈士，葬于太原双塔烈士陵园。

池　庄

池庄（1881—1957），字子临，阳泉市郊区西上庄村人。幼年读私塾，刻苦好学，博览群书，后毕业于山西大学堂西斋采矿冶金专业并奖给进士功名。求学期间，他目睹祖国贫穷落后、屡遭列强蹂躏惨状，矢志发愤读书，报效中华。辛亥革命后，加入孙中山领导的国民党并被选为山西省议会议员。民国3年（1914）8月，他弃政从教，任山西大学庶务主任、事务主任兼讲授采矿学和本校附设高中的物理课程，还担任山西工业专门学校庶务长。同时，多方联络教育界人士筹建了私立友仁中学，并亲自出任校长。民国5年10月山西地方自治促进会成立，他被吸收为会员。民国26年日军占领太原后，他携眷属返回平定故里，任乡村小学教师，向学生传导爱国思想，培养学生的民族自尊心。其间，他甘愿躬耕谋生，绝不折腰事敌。在县城沦陷期间，人们进出县城门都要向日军门岗鞠躬，他因此长期不进县城。中华人民共和国成立后，池庄于1950年8月至1952年9月任山西省政府文教厅厅长（后任山西省教育厅副厅长）。1951年，被选为山西省第一届人民代表大会代表，并出席了中国人民政治协商会议山西省委员会第一次会议。1957年8月27日逝世。

赵振邦

赵振邦（1900—1958），河北五安人。赵振邦儿时曾就读于村内私塾，十几岁就同兄弟们一起在河北获鹿父亲开班的万全堂药店学习经商。他从小聪明伶俐，能说会道，过目不忘，经过几年磨炼后挑起了药店的购销担子，经常奔波于全国各地购销药材。他因做生意到阳泉，深感煤乡过冬的温暖，于是决定落足阳泉发展自己的事业，并成为20世纪30年代蜚声阳泉商界的万和堂药店的创始人，有“药王”之称。

民国20年（1931），赵振邦辞别家乡，赶着毛驴来到阳泉，在下站楼儿街租赁他人房屋创办了万和堂药店。经过几年的苦心经营，生意很快红火起来。后相继在省城太原柳巷与他人合股开办了万和胜药店，在平定巨城又独资开办了万和永药店，在寿阳等地开设了多处分店。正准备再创十七个分店并到北京开药店时，日本全面侵华战争爆发，计划落空。

赵振邦善于谋略，经营有方，其经商要旨是“货真价实，诚信服务”。购进的药材从天津、安国定点选购，每种药材都亲自过目，出售的成药都由他亲自研制调配，做到无假无劣。1956年，国家对私营商店进行公私合营后，赵振邦被分配到阳泉市药材公司从事药材采购工作。1957年借调山西省药材公司后，继续从事药材采购。由于他长期对药材深钻细研，积累了丰富的药检经验，即使后来有了眼疾，他也能用耳朵辨别药材，如鉴别麝香和虎骨时，只要往地上一摔，他就能辨其真伪。他研制的“牙疼散”配方提供给卫生部门，成为国家核定的配方生产成药，行销全国。由于贡献突出，卫生部授予赵振邦“老药王”称号。

史郁如

史郁如（1905—1959），阳泉市郊区上烟村人。20世纪20年代，毕业于山西省太原法政专科学校，毕业后任职荫营四区区公所助理员。由于不满当时的衙门腐败现象，辞职回乡当了小学教员。抗战爆发后，学校关闭，史郁如赋闲在家，恪守清贫，誓死不做亡国奴。民国34年（1945）9月参加革命，曾在平定岳家庄、平定师范、郊区荫营、白泉、盂县白土坡等完校任教员。他为人师表，勤于教学，为发展当地的教育事业作出了不懈努力。民国38年3月，任阳泉市人民法院审判员。工作中，他坚持秉公执法，不徇私情。他的儿子犯了盗窃、流氓罪被捕后，家人都劝他为儿子奔走说情，他毫不犹豫地拒绝了亲人们的求情，最终，其儿子仍被判处。1955年3月后，史郁如任阳泉中学、阳泉二中副校长；1956年任阳泉市副市长兼体委主任；1957 年 2 月任阳泉市人民委员会副市长。1959 年逝世。

史达华

史达华（1909—1959），曾名通宣，阳泉市郊区燕龛村人。民国 26 年（1937）参加八路军，同年加入中国共产党。曾任八路军总部侦察营指导员，八路军 120 师后勤部运输大队大队长、连长。民国 36 年组织起燕龛煤铁业社，从事机械工业生产，任阳泉市燕龛村党支部书记，燕龛民生铁厂厂长兼党支部书记。中华人民共和国成立后，历任燕龛村手工业生产联合社主任兼党支部书记、铁业生产合作社主任兼党支部书记、燕龛机械厂厂长兼党支部书记。其间，组织工人研制并生产出境内第一台机械产品—30 马力离心式水泵，此后又生产出钻床、车床等成套机械产品。1950 年被评为山西省劳动模范，1953 年被评为山西省一等劳动模范，1954 年、1956 年被评为山西省特等劳动模范。1959 年逝世。

高荣钾

高荣钾（1926—1959），河北交河人。中华人民共和国成立之前，任阳泉大昌煤矿经理。之后，曾任阳泉工商联合会执行委员会主任、市副食公司经理、市蔬菜食品杂货公司经理。1956 年，当选阳泉市政协第一届委员会副主席。系阳泉市人民政府委员，阳泉市第一、二届人大代表，阳泉市工商业联合会第三、四届主任委员，山西省政协第一届委员会委员，山西省青年联合会副主席，山西省工商联第一、二届执行委员会副主任委员。1957 年参加中国民主建国会，同年 6 月调山西省工商联任驻会副主任委员兼秘书长。

高荣钾求学期间，目睹国民党政府的腐败无能，亲历日军侵华期间之苦，树立了“实业救国”的志向。毕业后，在其叔父开办的“山西阳泉大昌煤矿”工作，步入阳泉工商界。民国 36 年（1947）5 月阳泉解放后，他主动将自营的大昌煤矿的两辆胶轮马车、五头骡马捐赠给解放军，支援解放战争。1950 年 4 月，阳泉市召开推销人民胜利折实公债会议，他积极认购公债，并带动工商界率先完成公债推销任务，《山西日报》曾对此发专文表扬。1951 年，阳泉工矿区人民政府向社会各界发出兴办教育事业的倡议。他出面组织民丰、公义、大昌、晋祥厚、中兴、义立泰、庆泰等 8 家私营煤矿，共同捐资修建教室、办公室等 30 余间，创办了阳泉职工子弟学校（今北大街小学）。1952年他又倡议和组织阳泉市私营工商企业集资修建阳泉新泉戏院（即民主剧院）和新泉市场。1955年至1956年，全市掀起对资本主义工商业实行社会主义改造的高潮。他积极响应政府号召，反复在工商界现身说法，并代表全市工商界17个行业939户私营工商业者向政府申请公私合营，掀起全市公私合营的热潮。

赵铁卿

赵铁卿（1880—1960），名铮，山西宁武县人。山西大学毕业后留学英国南威尔斯大学专攻冶金。学成回国后，在北京北洋军阀政府工实部任职，其间曾建议开办近代炼铁厂，并拟有建厂计划。民国6年（1917）1月，保晋公司经理崔廷献推荐他出任制铁部部长，随即组织人员对创办铁厂的可行性进行了调查。同年11月，保晋公司召开第三次股东会议议定创办铁厂后，他担任厂长兼总技师。该厂总投资为70万银圆，其中开办资本50万元、营业资本20万元。他按运矿、输铁、取水、倒渣各项关系，勘定厂址在距阳泉车站约1千米的桃河北岸的平坦垴村的东南端，购得半山半平土地120余亩。民国7年4月，定厂名为保晋公司阳泉铁厂，简称保晋铁厂。当年6月，厂正门（南门）建成，门楣上镌刻着保晋公司经理崔廷献书“保晋铁厂”四个大字和“一脉薪传光焰不息，十分火候功夫纯青”的楹联一副。同年，赵铁卿亲赴日本考察，通过在日华商牛汉卿的关系，以30万银圆购回58立方米高炉设备，包括3座贝氏热风炉、3台立式锅炉、1部30马力送风机和全部耐火砖等。民国8年机器设备运回阳泉并安装完毕，民国10年底高炉建筑全部竣工。其时因第一次世界大战刚结束，生铁滞销不能投产，赵铁卿便实施了以土铁生产土制品及机器业务等经营方针，同时还开展了机械修理业务，从制作简单的机械零件发展到锅炉、汽机、水泵、花机、布机、高车等大部件的修理、零件复制、设备安装等成套工艺技术，生产颇具活力。

民国14年（1925）7月，赵铁卿从日本以高薪招聘3名炼铁熟练工，于次年8月1日炼出第一炉铁水，约3吨多，并铸成一个两米多高的大鼎，鼎上铸有铁厂创建、发展概况等文字，以志纪念。民国21年扩大了翻砂工作场，增设了化铁炉、砂芯房、烤芯窑等，专门铸造各式铁管。随着生产的发展，赵铁卿在管理机构上实行“废股兴课”的改革，将原来的“两大课六小股”改为熔化课、工程课、化验课等11课，并在天津、北平和西安设立了办事机构，有效地开展了生产经营和产品销售活动。

民国26年（1937）10月日军侵占阳泉后，保晋铁厂沦为“军管理山西第三工厂”。赵铁卿非常气愤，加之眼病发作，借口治病长期寓居北平。民国34年8月抗日战争胜利后，阎锡山请赵铁卿出山，委任他为厂长，赵铁卿怕如此下去会受害，又借口治病，重回北平寓居。中华人民共和国成立后，他被选为山西省政协委员。但因身体状况不佳，一直在太原养病，于1960年逝世。

郗太宝

郗太宝（1926—1963），又名金盛，平定维社村人。民国36年（1947）加入中国共产党，先后任维社村武委会主任、支部书记等职。1952年响应党的号召带领部分村民建立初级农业合作社。其间，他创立了“爱国日”。主要活动内容为：爱国家，多打粮食，支援国家建设，支援抗美援朝以保家卫国；爱集体，坚持走社会主义道路，集体富裕，让广大农民人人富裕；爱公物，农具作价入社，人人使用要爱护。每月初一、十五为“爱国日”。维社“爱国日”的经验引起了社会各界的高度重视，1952年《人民日报》曾发表文章予以介绍。1958年，郗太宝出席了山西省和全国召开的农业社会主义建设先进单位代表会议，受到省政府、国务院的表彰和奖励。1963年在“四清”运动中离世。

郗富根

郗富根（1889—1964），平定里社村人。9岁时父母相继去世，生活无靠，只好流浪街头。后来在县城小甲房帮闲，油果铺当小伙计，县衙门喊堂当差，还到京、津等地商店学过徒。坎坷的生活道路和苦难的经历为他后来创立“平定评说”这门艺术提供了丰富的素材。

富根从小就爱说唱，有空就学当时晋剧名演员“盖天红”“说书红”、蔡春城等的唱腔，还仔细琢磨著名京剧演员谭富英、相声艺人“万人迷”、京韵大鼓演员刘宝全的表演艺术，博采众长以充实自己，还经常参与民间的各种艺术活动。他喜欢把当地生活中的趣闻编成顺口溜，又善将《醒世恒言》《笑林广记》等书中的故事用方言土语讲述。他常足蹬布鞋，身背褡裢，手摇铜铃，在庙会场上说唱，深受观众欢迎。他注重探索和革新说书技艺，把“圪杂嘴”“哈哈笑”逐渐演化为现在的“平定评说”。他还将戏剧、相声、说书等艺术形式融为一体，使学、说、唱、做、逗有机地结合在一起，采用单人、多口、对口、化妆等形式进行表演，用正反对比、古今映衬等手法深化主题，使说唱曲目呈现出幽默、诙谐的喜剧风格。他编演的曲目扎根于社会基层，富有乡土气息，并有鲜明的时代感。晋中及河北井陉、石家庄一带的广大群众也非常喜欢看他的表演。

郗富根饱尝过旧社会之苦，憎恨旧社会的黑暗，向往并追求光明、幸福，这奠定了其创作的思想基础。辛亥革命后，郗富根编演了《共和年》《十款表古人》。民国20年（1931）平定武装起义后，郗富根编演了《高桂滋兵变》，并到处传唱以扩大革命影响。在抗日战争中，他为揭穿日伪“大东亚圣战”的阴谋，在阳泉矿区演唱《买盐难》《日寇侵华》等段子揭露日本侵略者的法西斯罪行。中华人民共和国成立后，他的艺术生涯获得新生，配合中国共产党的中心工作，先后编演了《现在和从前不一样》《解放牌闺女》《翻身》《开国大典》《抗美援朝》《学文化》《打倒美帝》等大量富有政治意义的新曲目。20世纪五六十年代，是郗富根创作丰收、艺术日臻成熟的时期。一生共创作和演出评说、小调、故事一千多个。在群众中传唱至今的有《说村名》《说戏名》《说烟名》《说药名》等。郗富根以拟人手法，把地名、物名串成故事，融趣味性、知识性于一体，新颖别致，引人入胜。1956年3月，他出席了山西省第二届民间音乐舞蹈会演。1962年春，人民艺术家寒声在阳泉工人文化宫周末舞会上听了“评说”后，曾作诗称赞：“新词当推王玉贵，旧调常怀郗富根。顺口一段刚溜罢，满堂沉入欢笑中。”1962年5月，时任中共山西省委宣传部副部长江萍带省文化系统相关人员到阳泉，进行挖掘整理民间文化遗产的工作，把郗富根创始的“哈哈笑”及阳泉文艺爱好者们创作演出的“评说”这两种曲艺形式结合起来，正式定名为“阳泉评说”。江萍还亲自为郗富根主持收徒拜师仪式，收了王勤、贾子祥、关海昌、侯治帮、王全福、王玉贵、魏荣堂等徒弟。收徒拜师仪式后，在阳泉山城迅速掀起评说热，阳泉评说这一曲艺形式就成了阳泉地区的主流曲种，无论是厂矿企业，还是乡镇农村，只要有文艺活动，必然有阳泉评说。为使评说艺术发扬光大，江萍还责成专人整理郗富根艺术资料，阳泉市群众艺术馆搜集到300余个郗富根的评说作品，其中一部分被编印成《〈郗富根与评说〉资料集》。1964年4月逝世。

程绍岩

程绍岩（1887—1964），字筱川，盂县红涧沟村人。自幼在私塾读书，学习用功，清辛亥考中优贡，之后到盂城第一高校就读，后考入山西陆军学校学习军事，学业期满又考入保定陆

军学校第一期继续深造。毕业后回山西，长期在晋绥军任职。历任山西陆军步兵五团排长、连长。民国7年（1918）任山西学兵团中校团副，民国15年任北方军官学校教育长，民国19年中原大战后任山西军事整理委员会考核处处长。民国26年8月，任第二战区司令长官部军务处少将处长，后任第二战区司令长官部中将高参。民国27年曾短期代理第二战区执法总监。后在陕西宜川县桑柏村创办初级小学，从事社会公益事业。

民国34年（1945）日本投降后，程绍岩随阎锡山返回太原，担任山西日本战犯拘留所中将所长。民国37年太原解放前夕，晋察冀边区二分区派人到太原了解敌情，程绍岩与中共取得联系，曾掩护中共地下工作人员了解阎方情况，提供军事情报，为解放太原作出贡献。

程绍岩教导并动员子女跟共产党走，参加革命，投身抗日斗争。长子程人俊，民国29年（1940）曾到边区接受抗日训练。次子程人杰，北京自成中学毕业后到晋西和晋察冀边区从事抗日工作。三子程宏毅，民国24年在天津南开大学读书时曾参加一二·九学生运动，毕业后到晋察冀边区参加抗日工作，历任晋东北主任公署秘书、牺盟会五台中共组织部部长、抗战建国学院党组书记等职。四子程子英，15岁就跟随续范亭参加抗日。孙女程玉珍14岁就投身于革命。一家三代在抗日战争和解放战争中，均对革命作出了贡献，堪称革命家庭。

中华人民共和国成立后，程绍岩历任山西省政协委员、山西省文史馆馆员、民革太原市委员会副主委等职。1964年在北京逝世。

贾敬之

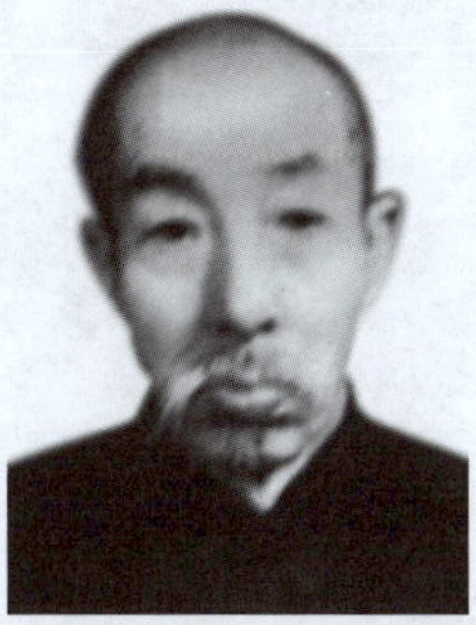

贾敬之（1885—1965），原名谨志，晚年自号琴剑山人，盂县北娄村人。十几岁初露艺术才华，被河北画家田映昌荐入北京美术学校深造。修业期满回乡，一边执教从医，一边创作书画，书画技艺日精，名扬乡里。后辞教到北京卖画为生。此间，贾敬之的翎毛花卉，独树一帜，与画家张大千、王维山等一起享誉京城，有“张山（张大千的山水）王虎（王维山的虎）贾翎毛（贾敬之的翎毛）三绝”之称。数年后回并，以行医卖画为业。中华人民共和国成立后，贾敬之的绘画才能得到了充分发挥，其作品曾选展于苏联、捷克斯洛伐克、匈牙利、保加利亚、南斯拉夫、朝鲜、越南等13个国家。1953年被聘为山西省文史馆馆员。此后，在报纸杂志发表作品颇多。他画的金鱼，被山西《天龙画刊》选为创刊号封面画。1955

年被全国文联正式评定为国画家。1956年被选为山西省政协委员、山西省文联理事，并将所藏200余幅画作，悉数献给山西省文联。1963年因年老多病返回故乡。1965年逝世。

陈福亮

陈福亮（1917—1965），阳泉市郊区山底村人。民国34年（1945）8月加入中国共产党。在中共党组织的领导下，陈福亮秘密组织山底村20多个铁业手工业者，在圈羊的破窑洞内建成两座铸造土炉，进行手榴弹壳铸造，成为平定（路北）县第一座兵工厂。当时任技术员的陈福亮大胆进行了土法制作兵工产品的实验，先后生产出手榴弹壳、82毫米炮弹壳、炮弹叶、地雷壳等多种兵工产品，有力地支援了抗日战争和解放战争。

中华人民共和国成立后，其所在的山底胜利铁业生产合作社联合本村的福兴炉、同和炉、恒兴炉、联合炉4家私人合伙经营小炉场的手工业者，成立了山底铁业生产合作社，先后担任生产股长、车间主任、供销科科长。其间，他组织广大社员，积极开展生产，1950年，曾被评为山西省工农业劳动模范。1952年，陈福亮大胆进行技术革新，购置25马力煤气机，推广了圆炉化焖铁技术，生产出铸水管、地板、架子锅等产品，被评为华北五省二市模范生产合作社。1954年，该社建起全省手工业系统第一座8立方米小高炉，日产灰生铁10吨，开辟了土法炼铁生产技术改造的新途径。1958年，该社改为国营山底铁厂。此后，他又再次组织工人进行技术改造，先后建起了15立方米高炉和36立方米高炉，使该厂成为当地规模较大的冶炼企业。因积劳成疾，陈福亮于1965年秋逝世。

高 歌

高歌（1900—1966），盂县西沟村人。高长虹之二弟。少年时代，先后就读于清城镇小学和盂县第一高等小学校。民国8年（1919）考入太原省立第一师范学校，研读了大量的进步文学作品，思想发生了很大的变化。民国11年结束学业，回到母校盂县一高任国文教员。任教期间，他向学生宣传新文化，反对旧礼教；还利用节假日，组织学生演他自己创作和改编的文明戏《少奶奶的扇子》《犹是春闺梦里人》《兰芝与仲卿》《赌博之害》等，受到学生的欢迎和群众的喜爱，但也引来封建顽固势力的仇视和排斥。

民国15年(1926)，高歌离开家乡到北京投奔长兄高长虹，参加了高长虹组织的“狂飙运动”。先后发表《爱的报酬》等8篇小说，讴歌光明，向往美满自由的爱情生活，批判封建顽固与保守，具有时代青年对封建体制彻底批判的精神。他一边办刊物搞创作，一边到北京世界语专门学校学习，结识了鲁迅和张稼夫等进步作家，在文风及思想上受到很大影响。后来，他主持过河南《豫报》副刊、北京《弦上》周刊、武汉《革命军日报》副刊的编辑工作，还与长虹合编过上海《狂飙》周刊。其间，发表小说26篇，杂文、诗歌、戏剧小品13篇。

民国16年（1927），汪精卫叛变革命后，他参与主持的《革命军日报》副刊被迫停刊。民国17年底，高歌加入了中国共产党，次年被捕，出狱后与党失去联系，便只身到安徽生活。抗战爆发后，他孤身一人到了重庆，再未从事文学创作活动。中华人民共和国成立后，依然在重庆市工作，一直独身。大约在1966年前后离世。高歌一生出过12本集子，主要作品有《压榨出来的声音》《野兽样的人》《情书四十万字》《生的旋律》等。

白生云

白生云（1936—1966），平定红卫村人。幼时家贫，只读过小学，曾任本村民校义务教员、共青团支部书记、生产大队长。

在任生产大队长期间，为了摆脱经济困境，他带领村民，在抓农田基本建设的同时，抓小煤窑筹建。他十分重视安全工作，经常没日没夜地下井检查，遇到危急情况总是冒着生命危险，舍己救人。有一次，一个社员在探顶作业时，一块三、四百斤的石块落顶，顺着巷道坡面滚下，这个社员来不及躲闪，在一起作业的白生云抢上前去奋力用自己的腿堵挡石块，社员脱险了，他的腿却受了重伤。又一次，煤层工作面塌下一大块炭，两个采煤社员一边一个被压在下面，白生云不顾危险，爬入中间使尽全力把炭块撑起，救出了社员，他却又一次受伤。村里原有座13丈深的竖井煤窑，社员下井采煤时，用辘轳放下。一次井下发生瓦斯，社员吴贵云被熏倒，白生云闻讯，在无人绞辘轳的情况下，抓住绳子，飞速滑下，他拖着摔伤的腿，咬紧牙关，把吴贵云拖离险地，自己却昏厥过去。1966年7月13日上午，村里煤窑采区发现渗水险情，白生云把采煤员叫到坑外，只身下坑放水。当窝水猛烈放出时，白生云却被冲进10米以外的水池中牺牲了，年仅30岁。1966年8月17日，中共平定县委、县人委在平定县城为白生云举行了两万多人参加的追悼大会，省、地、县各级领导均送了花圈和挽联。民政部追认他为革命烈士。

高云山

高云山（1913—1966），原名宝善，字宝如，又字金珊，盂县仙人村人。自幼勤奋好学，成绩优良，太原国民师范毕业后到北平农业大学读书；民国21年（1932）又考入北平燕京大学继续深造。大学读书期间，创办《盂风》杂志，引起了各阶层人士的关注。同时，还给报刊撰写稿件、翻译外文，著有《英文应试秘诀》一书，在北平发行数十万册。民国24年，高云山以优异成绩取得燕大毕业文凭后，被绥远省主席兼35军军长傅作义聘任为机要秘书。民国26年任35军柳林镇办事处处长，后又相继任绥远省萨拉齐县县长、西北通讯社社长、蒙绥第三处处长、包头市市长等职。

抗日战争爆发后，高云山参加了傅作义发动的绥远抗战和平（北平）绥（绥远）路东战役、平型关战役、晋西北战役等著名的抗日战役。为实现一致抗日，他代表傅作义到山西岚县与八路军接头联系，受到贺龙、关向应等人的热情接待。后与贺、关经常通信，保持联系。

抗日战争胜利后，高云山坚持统一战线，反对国共分裂。民国36年（1947）任国民政府包头市市长期间，与中共绥东政府主席杨植霖、人民解放军驻集宁部队政委姚喆、鲁志浩等取得联系。绥东政府经常把共产党的政治主张传达给高云山，并赠其毛泽东的《矛盾论》《实践论》《新民主主义论》《论人民民主专政》等书籍，为他后来参加“九一九”起义，奠定了思想基础。民国38年9月19日，高云山参加了董其武领导的绥远起义。之后，到中共中央举办的学习班学习半年，被任命为绥远省主席办公厅主任、绥远省资料研究室主任。

1951年，随董其武赴朝鲜参加抗美援朝，任23兵团司令部秘书。1956年，从部队转业回到山西工作，历任省参事室秘书主任、民政厅副厅长等职，并被选为省政协委员。1966年6月，他带领一批省级干部到晋中地区参加抗旱，短时间内他走遍全区14个县、市，并亲自到田间与农民一起担水浇田，省委推广了晋中的抗旱经验。“文化大革命”中，高云山被“造反派”围攻批斗，于1966年8月28日含冤离世。1978年4月，山西省委为高云山彻底平反昭雪，在太原双塔寺烈士陵园为其举行隆重的追悼会，全国政协副主席董其武亲笔写信，表示沉痛哀悼并对高云山家属表示亲切慰问。追悼会后，高云山的骨灰陈放在太原双塔寺烈士陵园。著作有《红楼梦研究》《光绪三年年景录》《董其武传》《大盛魁前言》等。

江萍

江萍（1914—1966），本名白虹，又名白荫福，平定城关人。出身于贫民家庭，在县高小就读一年后为挣钱糊口而辍学当店员。民国26年（1937）7月，在太原参加薄一波主办的军政干部训练班，9月参加山西青年抗敌决死队一总队。民国28年9月，在抗日军政大学一分校学习期间加入中国共产党。从此，他主要从事党的宣传、文艺工作。初始，他担任和顺县剧团团长，既编剧、导演，又司乐（拉胡琴）、做演员。由于他的精彩表演，赢得根据地人民的喜爱，人们给他起艺名“砂锅丑”。后任和顺县公安局指导员，继进入晋冀鲁豫根据地太行四分局政治部，历任宣传科长、宣传队长。

中华人民共和国成立后，江萍历任长治市图书文化馆馆长和中共长治地委宣传部科长、山西省委宣传部教育处副处长、理论宣传处处长、文教处处长等职。1955年，任山西省文化局局长。1958年8月后，任中共山西省委宣传部副部长，分管文艺工作。1966年8月31日，在“文化大革命”中遭迫害辞世。

江萍在工作中积极贯彻党的百花齐放、推陈出新的文艺方针，十多年如一日，致力于山西地方戏曲的研究与改革。山西晋剧院、晋南蒲剧院、北路梆子剧院、上党梆子剧院的陆续组建，《小宴》《杀宫》《算粮》《表花》《挂画》等一批传统折子戏的加工整理，丁（果仙）、牛（桂英）、郭（凤英）、冀（美莲）一批老演员精湛艺术的形成，王艾艾、田桂兰、冀萍等一批晋剧艺术新秀的成长，晋剧《打金枝》、蒲剧《窦娥冤》、上党梆子《三关排宴》等戏曲影片的拍摄，均有他的参与或付出。20世纪60年代初，一批革命历史题材、现实题材的戏剧，如晋剧《三代人》、蒲剧《蛟河浪》、眉户剧《涧水东流》《一颗红心》等剧目的创作与演出，都有他的心血倾注其中。他还直接参与创作了话剧《刘胡兰》和《太行英雄》。

江萍对群众文化工作有深厚的感情。他主持创办《文化周刊》（《晋阳文艺》前身）；精心培育了一批农民艺术家，如农民诗人李希文、音乐家史掌元、画家高毛孩等。他还带领文化工作队下乡上山，为农民演出，深受农民欢迎。

江萍在诗歌、散文、书法等方面均有成就。曾主持编选《山西歌谣选》一书。《山西诗歌选》《山西文艺评论选》《历代咏晋诗词选》《咏晋散文游记选》中，均有其作品。

王意诚

王意诚（1909—1966），艺名“茶叶红”，平定乱流村人。他自幼酷爱晋剧，颇具天赋。少时看戏入迷，过目成诵。成年后，进平定城一家茶叶铺充当店员，稍有积蓄后与其弟在阳泉福寿街开了德春茶庄。他虽身为掌柜，却因癖好所致，常少意于买卖，分心于“梨园”，热衷结交戏剧名伶，倾心渴求唱戏功法。在名艺人许志林（艺名“抓心旦”）等人的指点下，他较正规地学了《斩子》《杀狗》《空城计》等须生唱功戏后，便与其弟王意生（专工花脸）一起，经常夜出“闹票儿”，或搭“乱插班”外出演出，致使茶庄生意萧条，“挂板”关门。市井中有“茶庄掌柜王意诚，一说唱戏扔下秤”之说，兄弟俩也分别获得“茶叶红”和“茶叶黑”的艺名。他视唱戏为人生之最，对被人斥之为“下三行”的“戏子”行当，梦寐向往，执着追求。民国36年（1947），他年近不惑之年而毅然放弃生意，加入孔丽贞、侯德全、许志林等人创办的人民戏院，主工老生。其间，他结识了既善于唱戏又精通鼓板的葛秀之（艺名“秀子红”），与之在“四功五法”，特别是唱腔的板眼尺寸方面经常进行切磋琢磨，艺术上产生了新的飞跃。人民戏院与阳泉“共合班”合并后，他又有幸与一批科班出身的艺人同台演出，耳濡目染，获益匪浅。进入“天命”之年后，他依据自己的年龄、禀赋、嗓音诸条件，逐步向“衰派老生”靠拢。他刻意钻研了《女忠孝》《清风亭》《九件衣》等戏中的老生角色，试用“髯口”和“声色”来表现人物性格。表演中，吹、甩、弹、撩，切意合情，干净利落；真哭真笑不失艺术又无庸俗之感；声色炽烈、火爆，恰到好处，毫无“过戏”之嫌。特别是在现代戏的表演上，他突破了传统戏的表演程式，着力用生活化的表演刻画人物。在《小二黑结婚》《小女婿》《傅家营》《焦裕禄》《夺印》等戏中，分别塑造了二孔明、香草爹、弓彦林、李老明、何文进等一批不同性格的角色。

王意诚一生对晋剧艺术爱之至深、求之至切，在艺术道路上矢志进取所表现出的非凡毅力是令人折服的。尤其在他暮年患了高血压病后，壮心不已，仍然坚持练功、演戏。然而，体力已渐渐不支，1966年，在郊区河底村演出《焦裕禄》时，不幸旧疾复发，将最后一口气断于演唱“乱弹”之时，带着一身“李老明”的戏装谢世于舞台。

董　洪

董洪（1911—1967），山西繁峙人。民国26年（1937）10月参加革命，同年加入中国共产党。

曾任繁峙县武委会副主任、五区区长，中共应县六区区委书记，应县武委会主任，县委宣传部副部长、部长，县贸管局局长，怀仁县委组织部副部长、部长等职。中华人民共和国成立后，历任阳泉工矿区工商局局长、税务局局长，中共阳泉市委统战部部长，阳泉市政协第一届委员会副主席兼秘书长、阳泉市政协第三届委员会副主席，中共阳泉市委财贸部部长，阳泉市副市长。系中共阳泉市第一至四届委员会委员。1967年4月逝世。

王金林

王金林（1916—1967），山西临汾人。民国25年（1936）参加革命，同年10月加入中国共产党。抗日战争时期，历任临汾县牺盟会特派员、中共临汾县委组织部部长、决死二纵队临汾游击支队政治主任。民国27年赴延安中央党校学习。之后历任延安抗日军政大学组织干事，中共临汾河西县委书记，太岳区介休县和沁县县长，中共太岳区二地委委员、地委组织部部长，中共临汾县委书记，中共太岳区党委组织部科长等职。中华人民共和国成立后，历任中共榆次地委委员，中共阳泉市委副书记、中共阳泉工矿区委副书记；1950年8月至1952年3月任中共阳泉工矿区委书记，1950年8月至1951年8月兼任阳泉工矿区主任，1952年3月至1953年4月任中共阳泉市委第一副书记。之后，任中央燃料工业部政策研究室主任、办公厅副主任及煤炭部人事司司长、副部长等职。1967年5月逝世。

戎业厚

戎业厚（1902—1967），又名戎叶侯、戎子桐，平定人。民国11年（1922）入燕京大学预科，民国12年春入历史系学习。同年，由刘仁静介绍加入中国共产党，是燕京大学第一个中共地下党员。民国14年燕京大学建立中共支部，戎业厚任第一任支部书记。同年11月发展王达成（曾任纺织部副部长）入党。后清华大学与燕京大学组成一个中共支部，戎业厚任支部书记。民国15年夏，中共北京西郊部委会（区委）成立，为中共北京地委下辖五个部委会之一，实际上与燕京大学党支部为同一套领导班子，党委机关都设在燕京大学的男生宿舍。戎业厚兼任中共北京西郊部委会（区委）第一任书记。同年，在三一八惨案中受伤，曾几度休学。

戎业厚在北京时，是活动于家乡平定境内的进步学生、革命青年、共产党员的领头人，民国十一年曾一度返乡在新民学校任教。其间，与平定友爱医院的杜鸿成一起组织了马克思主义读书会（又称马克思主义学习小组），创办了书报室，引进《新青年》《东方杂志》等进步书刊，成为境内最早的马克思主义宣传者和传播者。

民国16年（1927）四一二反革命政变后，阎锡山在太原公开清党反共，山西党组织遭到严重破坏。同年5月19日，中共中央批准成立中共山西省委，调戎业厚去太原工作，任省委宣传部部长。同年8月，中共山西省委代书记王鸿钧、组织部部长崔锄人分别前往河东和祁县指导农村工作，戎业厚留守太原，通过王世益、阎会先、赵焕星等同志组成省委职工运动委员会，在极其险恶的情况下，坚持地下斗争，开展秘密联络工作，经过一段辛勤工作，党的基层组织得到恢复。

戎业厚不畏强暴，敢于斗争，但看问题比较偏激。他学习中共“八七”会议通告和批评陈独秀右倾投降错误后，在思想深处萌生了一种“左”的情绪，认为中央“八七”会议通告的基本精神是“无动不暴”，省委的一切工作都必须朝暴动方向去努力。在他的倡议下，省委提出了“杀国民党右派”“杀土豪劣绅”“以红色恐怖制止白色恐怖”等一些过“左”的口号。王鸿钧支持戎业厚的观点，致使“左”倾盲动思想在省委领导机关占据了统治地位，直接导致随后的省城工人“十月暴动”“新华舞台事件”的失败，并由此招来了敌人的猖狂进攻，将中共组织在山西的活动陷于更加不利的境地，省委领导活动中心被迫向南转移。

民国17年（1928）2月11日，中共山西省委在霍县城东召开扩大会议（史称霍州会议）。会议认为，太原工人十月暴动和炸新华舞台的失败，戎业厚要负主要领导责任。在山西省委进行改组时，戎业厚被免去宣传部部长职务。会后，戎业厚和王世益、何英才、关广荃等回到太原，准备移交工作。不久，由于省委机关暴露并遭破坏，戎业厚先是躲避到太原南郊岳父家中，后于同年5月离晋赴河南郑州。从此，与党失去联系。

其时，戎业厚又遭逢夫人离世，遂萌退意，携子女去太谷县，到铭贤中学教书。后随校长孔祥熙到南京，曾在戒烟委员会工作，曾任孔祥熙秘书、中央银行人事处处长。戎业厚离开孔祥熙身边后，就职于设在上海的山西裕华银行（孔祥熙于民国4年创办），任董事会总秘书。上海解放前夕，戎业厚与多数员工共同维持银行残局，并在阻止外汇流向台湾过程中发挥了积极作用。

中华人民共和国成立后，戎业厚与老友王达成联系，得王亲笔回信，嘱其留在上海，听候组织安排。调其去安徽省银行工作，不从。后赋闲在家，过着简朴的生活，“文化大革命”期间被抄家。1967 年 12 月在上海逝世。

程勉斋

程勉斋（1900—1969），原名程魁懋，程谷梁之兄，阳泉市郊区下荫营村人。北伐前后加入国民党，并任区分部委员。民国 16 年（1927）担任平定财政局局长。任职期间，因秘密资助红 24 军起义，反对贪官污吏，积极主张办学教育并捐款建校，导致国民党县党部不满被免职。回乡创办荫营中学，九一八事变后，受其弟程谷梁进步思想的影响，毅然同国民党断绝关系，并于民国 24 年加入中国共产党。民国 26 年初参加山西牺牲救国同盟会，任新闻总会宣传部干事，参与编辑《牺盟救国周刊》。随后加入决死总队，历任襄垣县公安局训导员、长治牺盟会中心区专署专员、潞安县政府二科科长、315 旅 57 团后勤处处长。民国 31 年执教于沁源县太岳中学，不久升任校长。该校成立业余剧社，他积极参与活动，曾编写剧本《岳飞传》《胜败图》《取大名》等，演出反映甚佳。

中华人民共和国成立后，历任平遥中学校长、太原市教育局副局长、山西女子师范学院院长、山西戏剧学院院长、太原市文化局副局长、山西文教委员会主任等职。在任山西戏剧学院院长期间，全身心投入戏剧改革和戏剧教育事业。为使学员广开视野，提高技艺，他于花甲之年，亲率这批学员远征秦、蜀、滇、黔、粤、桂、湘、鄂、豫、冀等省，历时一年，行程万里，通过沿途的演出，与兄弟剧种交流经验，拜师学艺，使学员技艺大进，多成为中路梆子艺坛上的顶梁柱。在他的谆谆教诲下，郭彩萍、武忠、李月仙、阎惠珍、高翠英等戏剧新秀脱颖而出。程勉斋多年从事剧目整理改编，主要作品有《打金枝》《芙蓉花仙》《薛刚反朝》等剧目。1969 年受无端诬陷和残酷迫害，患癌症逝世。1979 年 12 月，山西省委为程勉斋平反昭雪，恢复名誉。

赵石青

赵石青（1911—1970），原名赵相君，字硕卿，阳泉市郊区街上村人。自幼读书，17 岁当徒工。民国 18 年（1929）到国民党第 56 师当兵，并于同年参加国民党。民国 23 年在平定四区区公所任助理员。民国 24 年 11 月，他得知阎锡山省政府要逮捕地下中共党员韩九鼎的密令

后，迅速转告韩脱险。民国25年11月，在太原参加了山西牺牲救国同盟会，任寿阳县牺盟会联络员和中阳、石楼县的牺盟会巡视员。民国26年9月，他毅然参加了平定（路北）县农村第一支抗日武装——抗日义勇军，担任队长。同年10月加入中国共产党。之后，历任晋察冀四分区游击大队长、平定（路北）县人民武装部部长、抗大二分校四大队四队队长、察南涿宣县人民武装部部长、冀晋军区人民武装部科长、冀晋军区十三分区人民武装部部长等职。他作战勇敢，工作认真，多次立功受奖。解放战争时期，历任新兵训练团副团长、野战二纵队11团参谋长、野战二纵队政治部敌工科长等职，为中国人民的解放事业作出了很大的贡献。全国解放后，他一直从事海军工作，历任华北军大军事教员、海军旅顺基地后勤部副部长等职。1970年3月21日在保定逝世。骨灰安放在石家庄华北烈士陵园。

王凤山

王凤山（1905—1970），原名焦岐峰，河北高邑县人。从小酷爱武术，长拳短打样样精通。民国12年（1923）迫于生计离家出走，落脚到直系军阀吴佩孚的游击陆一师当兵。直奉军阀混战时，吴佩孚败北，王凤山所在部队被冯玉祥属部高桂滋收编，他在该部就任国术教官。民国19年中原大战后，冯玉祥所部以客军地位驻晋，他随高桂滋部队来到平定县城。民国20年7月4日，中国共产党发动和领导了高桂滋部的平定武装起义。起义部队在赴河北阜平县途中，他被派遣到阳泉荣洼建昌煤矿找中共地下党联系。两个月以后，因与部队失去联系而流落阳泉，在保晋公司第二矿厂当了采煤工。

民国21年（1932）春，中共山西省委派何英才到阳泉煤矿区开展工作。王凤山为人耿直，性格豪爽，常替受把头欺凌的工人打抱不平。何英才主动接触他，他也常请何到家相叙，于是他家便成了工友们的聚会点。民国23年夏，他和母亲张秀坤经何英才介绍加入中国共产党。同时，由他们三人（何英才、王凤山、张秀坤）组成保晋公司第一个党小组，他的家也就成了中共在阳泉矿区的“堡垒户”。后来，党小组搞到一台小型油印机，在王岩沟一眼破土窑里油印革命传单。为了安全，油印都在深夜进行，他总是守候在土窑顶的荒草中放哨，直到印完。其间，他多次参加中共领导的反对矿主和把头的斗争。民国24年3月，他和何英才领导了保晋公司四矿厂和二矿厂的工人联合大罢工。他所在的四矿厂，推车工人全部罢工，煤车推不出来，井下也停了产，矿上乱作一团。在矿工团结斗争的强大压力下，资方不得不答应工人提高工资的正当要求。罢工斗争的胜利，扩大了共产党在矿工中的影响，也极大地鼓舞了工人群众的斗争情绪。

民国25年（1936）2月，王凤山根据党的指示，组织了阳泉矿工武术团。民国26年矿工武术团集体加入牺盟会。七七事变后，在武术团和护矿队的基础上组建了阳泉煤矿工人抗日游击大队，王凤山任大队长。日军占领阳泉（民国26年10月30日）前，他和何英才率队撤出阳泉，转移到和顺县石拐镇。后来，这支部队成为八路军129师独立支队的一个大队，由他任大队长。

民国32年（1943），王凤山调离部队，进延安中央党校学习。民国35年，赴东北解放区，任东北铁路工作团长，参加解放区的生产建设恢复工作。民国37年，他的妻子不幸遭土匪暗杀，使他的精神受到了很大的刺激，性格变得怪僻，常常酗酒，酒后还时有失态之举。后来组织上便安排他到阜新煤矿选煤厂当了工人。1970年在辽宁阜新逝世。

陈海清

陈海清（1909—1970），湖北黄安人。小学文化。民国18年（1929）参加革命，民国19年5月加入中国共产党，曾参加二万五千里长征。民国37年2月任晋冀鲁豫根据地兵工六厂政委，10月改任华北人民政府公营企业部第六兵工厂政委。民国38年9月奉调离厂。1970年逝世。

王恭

王恭（1911—1970），阳泉市郊区桃坡村人。民国10年（1921）入学读书。民国25年在太原私立三晋中学毕业后，回原籍任小学教师。民国26年秋，在共产党的抗日民族统一战线政策的感召下，在平定（路北）县参加抗日工作。其间，他传送情报，运送抗日物资，掩护抗日干部和武工队员，做了大量工作。中华人民共和国成立后，历任山西省各界人民代表会议协商委员会委员，阳泉市各界人民代表会议代表、协商委员会副主席，阳泉市工商业联合会第三、四届委员会副主任委员和第五至七届委员会主任委员，阳泉市政协第一至五届委员会副主席，山西省工商联第三届执委会常委等职。1957年2月27日，作为政协代表赴北京参加最高国务会议第十一次（扩大）会议，亲耳聆听了中共中央主席毛泽东《关于正确处理人民内部矛盾的问题》的重要讲话。他在市政协和工商联工作期间，认真贯彻执行中国共产党的各项统战政策，维护工商业者合法权益，在协助人民政府加强对私营工商业者的宣传教育、打击不法商贩、反偷税漏税等方面进行了不懈的努力，为巩固发展阳泉市爱国统一战线作出了积极的贡献。1970年逝世。

王桂秀

王桂秀（1943—1970），女，阳泉市郊区三泉村人。1959年参加工作，担任阳泉市兴隆街商店河边街商场副食组售货员。1964年在山西省财贸部门“五好企业”“六好职工”代表会议上获“六好职工”称号；同年出席了山西省商业比武大会，获“技术能手”称号，并被选为阳泉市总工会委员。1965年当选阳泉市人民代表。

桂秀热爱本职工作，并十分注重苦练基本功。为了做好柜台服务工作，她常深入到糕点厂向工人师傅学习，逐步熟悉了各种糕点的原料、质量、口味等特点，掌握了向顾客介绍商品，帮助顾客挑选商品的许多知识。她还注意向同行学习商品知识，组内经营的红糖一到冬天就变得干硬起来，出售时需要用铁棍撬开或砸开，既不方便，效率又低，常常引起顾客不满。1964年3月，灵石县富家滩副食商店老售货员赵文堂到商店参观，桂秀不放过机会，诚恳请教。老赵告诉她，只要往缸里放几个红、白萝卜，就可以避免红糖干硬。经过试验，果然灵验。

在长期的柜台售货工作中，桂秀针对各类顾客的不同要求，采用了一套区别接待顾客的办法：工人一般要求实在，不爱挑选，服务时就主动当好参谋，帮助挑选；农民到城市机会少，捎买的东西多，她就问清对象后再推荐商品；老年人注意节约，挑选仔细，服务时就耐心接待，多介绍商品；儿童买东西金额小，要求快，就采取顾客多时先点头招呼，顾客不多时见缝插针，利用成年顾客挑选商品和付款的间隙予以接待。桂秀把做好柜台服务工作概括为“六个一样”：即大小顾客一个样，生熟顾客一个样，城市和农村顾客一个样，买与不买一个样，买整装商品和拆零商品一个样，临下班和平时一个样。她还利用业余时间和柜台售货空隙与同志们共同练打包、捆瓶等基本功，提高售货速度和服务质量。1964年，桂秀和同组的王秀兰、刘招弟一起参加了省技术比武大会，都获得了“技术能手”称号。

桂秀非常重视商业职业道德。1965 年 9 月商店购进一批松花蛋，在售货中发现有空心的，变质的，她为了使顾客不受损失，就将蛋逐个进行了检查，然后才出售，并由此和小组同志们制定了副食商品“五不卖”的制度：即残损商品不卖，霉烂商品不卖，价格不清楚不卖，过期失效的不卖，质量不合格的不卖，从而有效地保护了消费者的利益。

桂秀对老年顾客特别照顾，20 世纪 60 年代市场挂面紧缺，她经常把这些商品定期送到“五保户”家中。1970 年不幸逝世，年仅 27 岁。

刘鸿达

刘鸿达（1910—1972），原名刘明臣，阳泉市郊区辛庄村人。他先后就读于平定县巨城第四高小、平定中学、太原省立师范。民国 22 年（1933）师范毕业后，在阳泉老君庙高小、荫营高小任教。民国 26 年 5 月，刘鸿达加入牺盟会并在该会工作。同年 10 月由梁晋平介绍加入中国共产党。先后任平定（路北）抗日政府首任县长、盂县抗日政府县长。民国 29 年调到晋察冀边区抗战建国学院及华北联大任教。民国 31 年调五台牺盟会中心区工作。次年任太行二分区定襄商店经理。抗战胜利后，历任晋察冀贸易总公司业务部副部长、察哈尔省委城工部副秘书长、石家庄贸易公司副经理、太原贸易公司副经理等职。全国解放后，历任山西省供销合作社主任、全国供销合作社干校副校长、全国手工业合作总社干校校长、中央工艺美术学院党委书记兼副院长等职。1972 年 4 月 24 日，因心脏病突发在北京逝世。

郭占元

郭占元（1911—1972），阳泉市郊区义东沟村人。郭占元自幼务农，在长期的蔬菜种植实践中，擅长种植韭菜和黄瓜。1952 年，郭占元积极响应中共中央主席毛泽东“组织起来”的伟大号召，组织了义东沟村第一个互助组，并受到中共阳泉市委的表彰。同年，郭占元还代表互助组出席了全市劳模大会。1953 年，他根据市委的指示，试办了合作社，并任组长。1954 年，他在试办农村合作组的基础上又建立了全村第一个农村生产合作社——曙光社，成为阳泉市第一个蔬菜农业合作社，并担任社长。合作社经过一年的奋斗，不仅取得了好收成，而且还有了公共积累。1955年2月12日，他代表义东沟村曙光合作社出席了山西省1954年度农业生产模范授奖大会，获得锦旗一面、双轮双铧犁一部。

郭占元在培育蔬菜品种和科学种田的过程中，积极引导和推广蔬菜新品种，先后试种了优质品种“义字一号”茴子白和“柳条青”黄瓜，以及大白菜等作物，使蔬菜产量由过去的低产变高产，劣质变优质，蔬菜抗病能力也大有提高，收入出现成倍增长，并第一次实现了蔬菜四季常青。1956年2月29日，郭占元出席了山西省农村社会主义建设积极分子大会，被评为劳动模范，受到省政府奖励。1956年，全村4个初级社全部转为高级社，郭占元任社长。由于种植面积逐年扩大，郭占元又领导全体社员发展水利事业，先后修建了深11.5米、直径4米的拦河井一眼；又在麦顶岭、南会两地修建蓄水池2个，蓄水量为730立方米，铺设地下管道2000米。同时，还兴建了面积达1200平方米的办公大楼，并把铁木电修各业组织起来，组建了专为农业服务的工厂，使高级社的力量迅速发展壮大起来。1958年，他又组织社员群众在村街口兴建了容水量最大的蓄水池——跃进水池，开发了中层地下水源；并在池内养了鱼苗，引水上山后使旱地变成了水地，蔬菜生产更上一层楼。1954年至1964年，郭占元多次被阳泉市评为劳动模范，还当选市人大代表及第四、五届市人大常委会委员。1972年6月5日逝世。

李玉藻

李玉藻（1907—1972），阳泉市郊区甘河村人。1950年1月，他带头响应党中央的号召，成立了阳泉市第一个生产合作社——甘河磺业社，并担任该社党支部书记兼主任。其间，他身患胃病，但全身心投入磺业生产。为发展生产，他土法上马，继承传统工艺，勇于探索，引进了“樊李小炉”，使成本降低了43%。他率先采用了风钻采矿先进设备，使效率比手工操作提高了7倍多。在经营管理方面，他试用工分包件制，调动了工人的生产积极性。1950年11月，玉藻在山西省人民政府召开的工农劳动模范大会上，被授予一等劳动模范奖章。1951年，甘河磺业社被全国合作总社评为全国“四大旗帜社”之一；李玉藻被阳泉工矿区和山西省矿务管理局授予劳动模范奖章。1954年，苏联专家日俄比斯柴夫和朝鲜工业相分别到甘河磺业社进行参观考察。1955年，李玉藻出席全国磺业合作社表彰大会，受到刘少奇、朱德等中央领导的接见，并合影留念。“文化大革命”中，李玉藻在市化工局多次被揪斗，身心受到严重摧残，胃病日渐恶化，于1972年含冤离世。

阎有祯

阎有祯（1918—1972），盂县西山头村人。民国21年（1932）9月参军，民国27年6月加入中国共产党。在抗日战争中，历任八路军山东纵队第五支队班长、晋西军区骑兵连排长、冀鲁豫军区骑兵营副连长、连长。在解放战争中，他随军进入东北。民国35年11月，中国人民解放军第四野战军炮兵司令部成立，他转入炮兵部队，任东北军区炮兵司令部迫击炮团营长、团副参谋长。民国37年9月至11月，参加了辽沈战役，同年12月随四野主力入关，参加了平津战役。其所率炮团在锦州、四平、天津等地的攻坚战中大显神威。

民国38年（1949），根据中央军委指示，成立中南军区特种兵司令部，原四野炮兵师归属中南军区特种兵部队。他先后担任炮二师31团参谋长、副团长、团长，参加了百万雄师渡江战役，直至海南岛解放。1951年，他参加了抗美援朝战争。抗美援朝战争胜利后，调任重庆某部迫击炮团团长。不久调任昆明军区炮兵司令部，先后任炮四师后勤副师长、炮训大队大队长、炮兵第四师副师长等职，为建设特种兵部队作出了贡献。后升任云南军区参谋长。1972年在昆明逝世。

封云甫

封云甫（1907—1973），河北平山人。民国26年（1937）9月入伍，同年12月加入中国共产党。曾先后担任平山县洪子店自卫会除奸部长、平山县政府秘书、唐县县长、五台县县长、平山县县长、晋察冀边区秘书主任等职。民国37年9月后，任阳泉市社会部部长兼公安局局长；同年12月任阳泉市市长。民国38年9月后，历任石家庄市市委常委、公安局局长，石家庄市纪检委委员、市政府委员，河北省公安厅副厅长兼检察长，省人委政法办副主任、政法部副部长，省人委副秘书长等职。1973年5月逝世。

梁永福

梁永福（1892—1973），河北束鹿人。阳泉地区第一个共产党员。自幼家中贫穷，14岁便

背井离乡到阳泉谋生，在阳泉车站当养路工。当时，正太路法国当局对工人的剥削压迫极端残酷，养路工每天抡洋镐、扒石渣，劳动强度很大，但每月除了吃饭，只挣二元一角钱（法国总管每月工资500元）。尽管这样，工人动不动还要受罚，甚至被开除。为了生活，梁永福和工友们一样，在忍气吞声、小心翼翼干活时，心中却对洋人、工头充满仇恨。民国11年（1922），正太铁路工业研究会传习所成立时，梁永福第一个报了名。同年11月，共产党员吴献瑞到阳泉，给工人讲革命道理，梁永福的阶级觉悟有了很大提高，懂得了工人为什么受压迫、受剥削，明白了要翻身解放，必须团结起来进行斗争。后来，传习所改为工会时，梁永福当选分会委员、副会长。在正太铁路大罢工和声援"二七"大罢工斗争中，他起了十分重要的组织领导作用，成为阳泉铁路地区的工运领袖。

民国12年（1923）10月15日，经中共北方区委张志刚、正太铁路总工会施恒清介绍，中共北京区执行委员会批准梁永福加入中国共产党，成为中共正太铁路支部的一员，也是阳泉地区最早的共产党员。

"二七"大罢工失败后，梁永福被路方开除。生计虽很困难，仍然坚持党的活动。民国21年（1932）正太路收归国有，梁永福领导的复工斗争终于取得胜利。民国23年正太路总工会改选，被选为委员。民国24年又被选为阳泉分工会的常务理事。他采取积小胜为大胜的斗争策略，为工友们争取到很多福利，深受工人爱戴。民国26年10月，日军占领阳泉。梁永福与党组织失去联系后，到阳泉附近的甘河村种地务农。民国35年回到家乡，随即被党派遣到石家庄，从事地下工作。民国37年5月，梁永福被选为中华全国总工会执行委员。次年6月随中国工人代表团出席世界工联第二次代表大会。1951年9月，任中华全国铁路总工会副主席。1965年1月当选全国政协第四届委员会委员。1973年10月在北京逝世。

高山河

高山河（1927—1973），盂县七里峪村人。民国34年（1945）加入中国共产党，同年7月参加中国人民解放军，历任解放军排长、连长、副营长、团技术处长等职。

高山河在部队屡立战功，以胆量大、勇气足著称。先后参加了解放石家庄、解放太原等战役。他第一次立功是在参军一年后的潮河战役中，高山河在这次战役中担任侦察任务。在决定战斗部署的前一天夜里，他奉命至敌阵地侦察敌情，只身穿过一条大河抓了两个敌哨兵，胜利完成了侦察任务。1951年，高山河随志愿军赴朝作战，担任一连三排排长，入朝第一战是淋洞东山伏击战。在这次战斗中，他带领战士运用坦克的优势，直接插入敌阵地，粉碎了敌人多次进攻，首创志愿军战胜敌人的“坦克劈入战”战术，坚持阻击达24小时，为主力部队克敌制胜赢得了时间。“坦克劈入战”作为志愿军在朝鲜战场的创举，被载入史册。部队党委授予高山河“战斗旗帜”的称号，志愿军司令部给高山河荣记国际一等功；朝鲜民主共和国授予高山河“朝鲜战士”二等荣誉勋章一枚和朝鲜人民民主共和国军功章一枚，金日成主席于1952年6月21日接见了高山河并赠送给他一枚金质纪念章。后来，八一电影制片厂根据高山河的英雄事迹拍摄了电影《英雄坦克手》。高山河从朝鲜战场返回祖国后，解放军北京部队发文号召全军学习高山河的英雄事迹。1964年，他离开了部队转业到寿阳工作，带领拖拉机站工人夜以继日进行秋耕，使拖拉机站秋耕任务创造了最高纪录。1973年高山河因手术导致心脏病恶化在寿阳逝世。经上级批准，高山河原在部队——北京装甲兵部队追认高山河为烈士，并在天津修建了高山河烈士纪念馆。

何英才

何英才（1905—1974），原名杨高梧，曾用名杨云集，山西洪洞县人。他出生在一个贫苦农民的家庭，为了生计，于民国14年（1925）进太原兵工厂当了工人，并于同年加入中国共产党，曾先后担任中共太原兵工厂特别支部书记、山西省委组织部部长等职。民国17年3月因叛徒告密被捕入狱。民国22年获释后，由中共山西省委派往阳泉煤矿开展工作。

何英才初到阳泉煤矿，便化装成小贩，以提篮卖花生和饼子为名主动接近矿工。后来他进入了保晋公司第二矿厂，秘密宣传革命道理。民国23年（1934）夏，何英才发展矿工王凤山及其母张秀坤加入中国共产党，并建立了保晋公司第一个党小组。同年秋，他搞到一台小型油印机，亲自撰稿，在王岩沟一眼土窑里油印革命传单，宣传革命，启发矿工的阶级觉悟，号召矿工组织起来解放自己。每次印数约千张之多。散发七八次后，在矿工中引起很大反响。为此，煤矿当局惊恐万状，悬赏捉拿印发传单的人。一次，驻矿防共保卫团突然查抄了王凤山的家，幸亏早有防备，把油印机藏在了狗窝里，才使敌人扑了空。

何英才还先后在保晋公司二矿厂、四矿厂、一矿厂、保晋铁厂以及建昌煤矿发展党员40

余人，并相继建立了党支部。在此基础上，根据中共山西省委指示，又组建了中共阳泉矿区委员会，由他出任书记，从而使矿工反对资本家和把头的斗争得以深入健康地发展。

民国25年（1936）2月，在中共阳泉矿区支部书记何英才等人领导下，组建了阳泉矿工武术团，成员20余名。3月，阳泉矿区建立"牺盟会"，何英才任特派员。次年5月，武术团集体加入牺盟会。七七事变后，何负责组建阳泉总工会，同时以牺盟会成员为骨干组织了阳泉工人护矿队。后在此基础上又组建了500余人的阳泉煤矿工人抗日游击大队，由他担任政委。民国26年10月30日，日军侵占阳泉前，何英才按照党的指示，率领这支部队撤离阳泉。不久，这支部队即正式编入八路军，成为八路军129师独立支队的一个大队，勇敢顽强地战斗在太行山上。在抗日战争和解放战争中，何英才任太行区委组织部部长、延安党校一部第三支部书记、鄂豫皖区党委组织部部长等职。

中华人民共和国成立后，何英才先后任大冶矿区党委书记、中南区总工会副主任、中华全国总工会执委、全国农林工会主席等职。晚年，调任中共山西省委第二届委员会常务委员，政协山西省第三届委员会副主席、党组书记和全国政协第四届委员会委员等职。"文化大革命"期间，江青反革命集团把叛徒罪名强加于何英才，肆意摧残，致使其于1974年8月14日含冤离世。

中共十一届三中全会以后，何英才的冤案得到平反昭雪。1979年5月22日中共山西省委在太原双塔寺革命公墓礼堂为他举行了追悼会，彭真、薄一波等中央领导送了花圈。1985年2月24日，《人民日报》刊登毛铎等四同志《何英才同志永远活在我们心中》的文章，对何英才战斗的一生做了高度评价。

李建标

李建标（1910—1974），山西临汾人。民国25年（1936）参加牺盟会，次年加入中国共产党。历任临汾六区保安游击队指导员、支队政治主任，霍县牺盟会特派员兼公安局局长，浮山县县长，建宁县县长，高平县县长，晋城县县长，太岳区行署卫生处负责人，山西省政府秘书组组长等职。

1950年1月，任阳泉工矿区副主任。1951年8月，任中共阳泉工矿区委常委、阳泉工矿区主任。1952年4月后，历任华北行政委员会财政局监察处副处长，交通银行北京分行（建行）副经理，北京第二商业局食品公司畜牧科科长。1974年逝世。

阎福义

阎福义（1917—1974），阳泉市郊区平坦垴村人。自幼家贫，13岁就下煤窑挖煤，后来到太原钢铁厂学铆工。民国26年（1937）回到阳泉，在铁厂、火车站等处谋生。中华人民共和国成立后，到阳泉矿务局工作。1954年，他自愿辞职加入平坦垴黑白铁生产合作社，并担任技术指导。在设备简陋的条件下，他同全体社员一起仅靠手工操作，承揽盂县煤矿五节蒸气卧式锅炉的制造获得成功。1958年由他主持设计的6立方米炼铁小高炉建成投产，利用系数高于全国同行业水平，《山西日报》以《小高炉王》为题进行报道，轰动全省。同年，他又主持设计土炼钢炉，建成后炼出了阳泉第一炉钢。1963年，他由机械修造生产合作社调到金属铸件厂担任技术员，与他人合作设计出连续铸管机图纸，又同工人们一起制造和安装设备，使连续铸管机投产成功，填补了山西铸造业的一项空白。1974年逝世。

段玉明

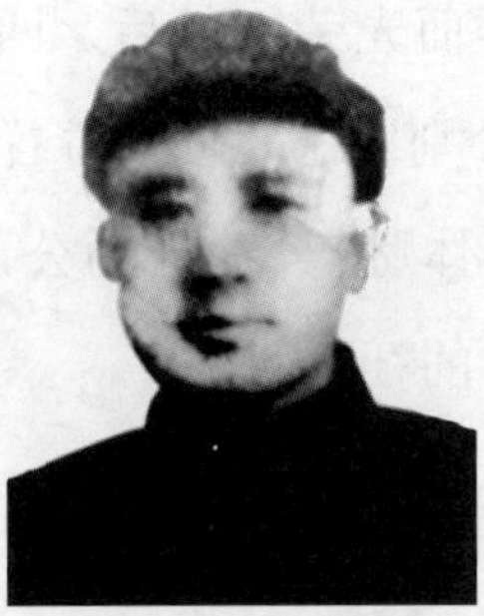

段玉明（1915—1975），阳泉市郊区河底村人。幼年家贫，8岁入燕龛娃娃班学戏，拜张玉印（艺名“玉印红”）为师。20世纪30年代初期，玉明入盟寿阳晋风园戏班，拜王应锦（艺名“万盏灯”）为师，戏路大为拓展，技艺日渐成熟。30年代末期，投须生泰斗丁果仙创办的步云剧社，工须生，活唱“零碎”，因能演较多剧目，且文武皆通，于是给丁拉了“二套”。从此，将戏路转移到《金沙滩》《下河东》等唱做兼重的功架戏、动弹戏上来。然而，由于日夜苦练，拼力过甚，不幸“塌中”。痛苦之余，毅然到海子边呵冰求音，坚持年余，嗓音复得，再登舞台，立身“中间”，成为“硬二套”须生。唱文戏虽不尽如人意，演一路文武兼工的袍带戏、靠架戏却得心应手。40年代初期，转入新化剧团，以其宽广的戏路和豁力的表演，同丁果仙、梁小云、马秋仙、郭凤英等名角同台演出。其中尤与梁小云合作最多且至为默契，他俩合作演出的《舍饭》和《凤仪亭》两戏蜚声行内外。

中华人民共和国成立后，临近不惑之年的段玉明坚守舞台，在以“丁、牛、郭、冀”四大头牌为主的最佳演出阵营中，与众多知名的艺人同台演出，技艺日臻精熟。他演戏非常投入，从不在乎角色大小，主配角同样全力以赴，即使垫个“帽儿戏”也要豁力。他艺德高尚，未染行帮习气，对于同行和晚辈非但不加小视，还尽力扶掖。20世纪50年代，段玉明两次参加前线慰问演出。一次是1953年10月，参加贺龙为总团长的中国人民第三届赴朝慰问团第六分团，在朝鲜前线演出《游花园》《牧羊圈》《黄鹤楼》等剧目，历时3个月；第二次是1959年4月，随山西人民福建前线慰问团赴福建演出，其中他主演的《黄鹤楼》和《一个志愿军的未婚妻》，受到解放军战士的普遍赞誉。60年代初期，玉明以党领导下的老艺人的姿态，服从组织分配，调晋中剧团与程玉英、乔玉仙、王万梅等名家合作共事，在现代戏《红灯记》《太行英雄》中扮演主要角色。1974年，段玉明身患胃癌，患病期间仍为故里业余剧团排戏。1975年3月逝世。

刘春祥

刘春祥（1965—1975），阳泉市矿区人。他出生在一个矿工家庭里，父亲是四矿运销队的老工人，中共党员。1975年4月6日，星期天，春祥主动帮助石卜咀生产大队王岩沟生产队上山牧羊。下午4时许，他和两个小伙伴同牧羊人赶着羊群从二矿南山返回，途经石太铁路边，恰遇一列货车呼啸而来。当时，有两只小羊已进入铁道中间。他看在眼里，急在心头，便冒着生命危险冲上铁道将两只小羊从铁道中心里拖出，小羊得救了，他却被火车撞伤了头部，伤势特别严重，经抢救无效于4月8日牺牲，年仅10岁。刘春祥为救集体羊群而光荣牺牲后，四矿小学追认他为“优秀红小兵”，四矿党委、团委、向阳公社革命委员会分别发出“向刘春祥学习”的通知，号召共青团员、学生学习他像“革命英雄小姐妹”一样爱护集体财产，舍己为公，勇于奉献的优秀品质。《阳泉报》发表了题为“向优秀红小兵刘春祥学习”的社论。

智生元

智生元（1914—1975），山西定襄县管家营村人。民国22年（1933）参加中国革命互济会，次年加入中国共产党，是定襄县第一个中共党小组和中共定襄县工作委员会的创始人之一。土地革命时期，任中共山西定襄县委组织委员、定襄县牺盟会主任、山西牺盟会执行委员。抗日战争时期，任晋察冀军区二军分区六大队政治处主任、二军分区政治部民运科科长，军区二支队政治部主任、二支队政委、五区队副政委兼政治部主任、四区队政委，二地委组织部部长、二地委副书记；北岳二地委副书记等职。民国36年（1947），正太战役中随军参加解放阳泉的战斗，同年5月4日奉命兼任中共阳泉市委书记、市长和军事管制委员会主任职务。系阳泉市第一任市委书记兼市长。

智生元认真贯彻执行党在城市恢复时期的政策，对稳定阳泉时局，迅速恢复生产作出了突出贡献。阳泉建市伊始，社会秩序异常混乱，情况错综复杂。当时解放战争尚未进入战略反攻阶段，人民解放军虽然控制了正太铁路，但太原、榆次等地还没有解放。他忠实执行上级领导对阳泉工作的重要指示，迅速着手组建政府机构。为了便于管理，把市区划为3个街道区，张贴安民告示，把干部编为小组，深入街道区开展工作；广泛深入地宣传解放战争的大好形势和中国共产党的有关政策；调查了解敌伪及阎锡山的地下特务组织情况。为了稳定民心，他把解决供粮、供菜、供水、供电等问题都提到议事日程上来，在安定民生方面重点抓了三件事。一是稳定物价。起初，市场物价比解放区高3至5倍，加之路南解放区各县的生产单位机关蜂拥而至，争相到市内搬物资、运器材，而路南和路北使用的币值又不一，曾一度引起物价混乱。他牵头成立物价委员会，确定经营贸易及营业方针，给商店采购、储运提供优惠，以满足市场供应，稳定物价，使市场秩序得以好转。二是解决失业问题。当时各大厂矿均处于停产状态，一时很难复工。面对这种状况，他把扶持厂矿尽快恢复生产列为中共阳泉市委和市政府的首要工作，并成立了工人职业介绍所，安排工人就业，还帮助成立生产社，给予贷款。三是救济贫民。市政府专门拨出2万斤救济粮，市民人均分到小米20斤；还拨出小米3.2万斤救济工人家属。这些正确的决策，对稳定阳泉局势，迅速恢复生产，起了决定性的作用。

智生元于民国36年（1947）9月调离阳泉，先后任晋察冀军区第一纵队一旅政治部主任，晋察冀军区第一纵队三旅政治部主任，华北军区20兵团66军196师政委职务。中华人民共和国成立后，历任解放军66军干部部副部长、部长，志愿军66军196师政委、66军干部部副部长，解放军66军干部部部长、政治部主任，北京军区军事法院院长，山西省军区副政委、北京军区后勤部副政委等职。1955年授大校军衔，1964年授少将军衔，获二级独立自由勋章、二级解放勋章。1975年10月24日在太原逝世。

李玉秋

李玉秋（1925—1975），女，安徽砀山县人。1961年参加工作，在阳泉市政公司当建筑工。20世纪60年代初期，建筑施工还没有搅拌机，她就用铁耙或穿高筒雨靴踩着和泥。别人一次扛一袋水泥，她一只胳膊夹一袋。她出满勤，干满点，晚上有时也不回家，主动留在工地看场。她还自愿将自家的缝纫机带到工地，给工人缝补被褥、工作服、手套等。她经常和那些不安心本职工作的青年谈心，耐心地给他们讲解建筑行业在城市建设中的重要地位，热情帮助他们解决生活中的实际困难。李玉秋多次出席市政公司、市城建局、市劳动模范代表大会。1973 年和 1974 年连续两次被评为山西省劳动模范。她还是省总工会委员，市总工会第八届常务委员。1975 年上班途中遇车祸故亡。

林一新

林一新（1906—1976），平定北庄头村人。民国 26 年（1937）参加牺盟会，次年 2 月加入中国共产党。抗日战争时期，曾任平定（路北）县公安局局长、县抗联会主任、县委城工部主任、县委副书记等职。中华人民共和国成立后，历任阳泉市供销合作社主任，工业生产合作联社主任，市委农工部副部长、部长，中共阳泉市郊区区委书记，阳泉市副市长，中共阳泉市委常委、市委文教部部长，市委统战部部长等职。系中共阳泉工矿区委员会委员，中共阳泉市第一至四届委员会委员、常委，阳泉市政协第二、四、五届委员会副主席，山西省第三届政协委员。

在战争年代，他积极从事中共地下工作，宣传抗日真理，开展武装斗争。20 世纪 50 年代，他任市委文教部部长时，克己奉公，不谋私利。在任中共阳泉市郊区区委书记期间，他坚持狠抓农副业生产，并在农业社、手工业社、工农混合社办起了民校，使郊区的业余教育取得了成效。他还根据“创造简单，推广容易，花钱少，效率高，就地取材，就地生产，就地推广”的原则，大力组织发动群众进行工具改革。“文化大革命”期间，他被打成“走资派”，屡遭批斗，又被关进监狱。1975 年恢复工作。1976 年 11 月逝世。

关其侗

关其侗（1903—1976），亦名琪侗、关文、世雄、邹如山等，字成文，笔名关文运，平定南坳村人。他 7 岁入本村小学，聪明好学，学业颇优，民国 8 年（1919）升入平定中学就读。在校期间，关心政治时事，曾起草驱逐反动校长的宣言，多次上街宣传抵制日货。民国 13 年考入北京大学预科班，民国 15 年升入北京大学英文系。大学读书便在北京《新民报》上连续发表译作，向国人介绍西方的资本主义文明和政治、经济状况。民国19年毕业后，历任青岛师范学校英文教师、山西省教育厅秘书助理、北京《日新杂志》编辑、绥远第一师范学校教师等职。民国20年，经温源宁教授介绍结识了胡适，并在其主持的中华文化教育基金董事会编译委员会从事专业翻译工作。由于才华出众，得到胡适赏识，担任了编译会秘书。在此期间，他埋头读书，从译笛卡尔著的《方法论》开始，连续译出20余部西方古典哲学著作，其中有10余部公开出版。民国29年，他又到中德学会翻译德文哲学著作。此时，他还与沦陷区的青年哲学友人联络，组织了一个哲学研究会，借中德学会开展活动。民国32年3月以后，任日伪建设总署秘书、商丘伪第四方面军军事技术教育团政治教官、秘书等。抗日战争胜利后，历任北京大学临时补习班及北京师资训练所训导干事、国民党沈阳警官学校第六分校副教授、天津救济总署专员、长春大学教授等职。

中华人民共和国成立后，关其侗入华北大学研究所学习。1950年初调国家出版总署编译局任编审。1952年编译局裁撤后，到山西大学任外文系教授，除代课外还兼任山西大学编译室主任。其间，与他人合作翻译了《苏联通史》，并兼任《苏联百科全书》的翻译顾问。关其侗与石评梅、张恒寿并称"平定三才子"，亦称"古州三杰"。他精通英、俄、德三种文字，毕生致力于西方古典哲学的研究和译介，教过《西洋哲学史》《逻辑概论》《心理学》《伦理学》《哲学概论》，以及外语、外语作文等课程。先后翻译了西方古典哲学著作50余部，总计在1000万字以上，并由商务印书馆、中德学会、辅仁大学、大众书店、人民出版社等刊行。其中较著名的有《人类理解论》《纯粹理性批判》《乌托邦》《世界历史》《人类知识原理》《人类理解研究》《哲学原理》《实践理性批判》《人性论》等。他为中外文化交流作出了贡献，是中国现代著名的翻译家。1976年在北京逝世。

尹钰

尹钰（1908—1976），平定北庄村人。15岁入平定县城"晋艾茶庄"学生意。日军入侵后，茶庄倒闭，遂设摊挑担经营小本生意。之后，与胡式钧、葛增荣集股，于县城东门内开设"三合成"杂货铺。因坚持买卖公平，信誉颇佳。在平定失陷时期，日军对革命根据地实行经济封锁，八路军常派地下人员秘密到"三合成"采购食盐、纸张等必需品，他每次均尽力满足需求。逢年过节，北庄村乡亲买办油盐酱醋有困难时，他多代为结账支付。

民国36年（1947）平定解放前夕，迫于时势之故，胡、葛两家抽走股金，分赴北京、天津谋生，他却坚持留城营业。平定城解放时，尹钰曾在店铺热情招待解放军。解放后，他主动将部分店产献给北庄村，村里派人进店同他继续经营。人民政府特制“开明绅士尹钰”牌匾悬其门。后来，人民政府按党的政策让北庄村归还其献出的店产，并发放贷款，扶持“三合成”扩大经营规模。此时，店内除经营副食杂货外，还聘请技师酿造酱醋，制作糕点。由于经营有方，取信于民，生意日趋兴隆，业务不断扩大，对平定工商业的发展起了积极推动作用。

1957年，他与商业界同仁一道，筹备成立了平定县工商业联合会，任常委、主任等职。从1954年起，连任平定县第一至六届人民委员会委员或人民代表大会代表。从1957年起，历任平定县第一届政协委员、第三至五届政协常委。

中华人民共和国成立后，在抗美援朝、统购统销、公私合营、工商业社会主义改造等运动中，他都带头参加并模范地执行党的政策。1962年在山西省教育学院学习时，他曾写道：“有了党才有我的今天。”在“三反”“五反”运动中，虽也曾受过挫折，但他不计较个人恩怨，在平反时，手捧载有平反声明的报纸激动地说：“只有共产党才能这样实事求是。”1976年癌症确诊后，他特地怀抱着《毛泽东选集》照了一张相片，并说：“这就是我留给后人的纪念。”

侯富山

侯富山（1907—1977），原名丰利，盂县西烟村人。少时家境贫寒，父母早亡，12岁即离家外出谋生，后辗转到阳泉保晋铁厂当了学徒工。民国15年（1926）5月，中共山西省委派王世隆到保晋铁厂开展工作，9月吸收侯富山加入中国共产党。

民国16年（1927）4月，国民党山西省党部派王保贤到保晋铁厂组织黄色工会，当时担任中共阳泉支部组织委员的侯富山坚决执行支部的决议，组织工人开展针锋相对的斗争，赶走了王保贤等人，受到中共山西省委的通报表扬。四一二反革命政变后，他在太原不幸被捕判刑8年，在狱中又因鼓动“赤化”，改判无期徒刑，直到民国25年秋才被组织营救出狱。民国26年2月，他遵照山西省委“积极发展党组织”的指示，介绍侯学元、马志武、杨三青、王洪贵等人加入中国共产党，创建了盂县第一个中共党支部。抗日战争时期，侯富山先后担任牺盟会大同中心区和大同牺盟分会特派员、阳泉牺盟会特派员、八路军独立游击一支队副队长、太行区党委民运部农运科长、太行区一地委城市工作委员会书记、太行区六地委组织部部长等职。民国34年初入延安中央党校学习，任中央党校二部组教科长。民国36年3月调晋绥解放区，先后任七、八地委副书记，晋中三地委书记。

中华人民共和国成立后，侯富山历任天津市纺织工会主席、天津市三区区委书记、广州市永汉区委书记和市中心区区委书记、广州市委监察局局长、广州市委街道工作部长和监委书记等职。“文化大革命”中，遭受身体摧残和政治迫害，1972年才获得“解放”。他晚年衷心拥护党的方针政策，忧国忧民，时刻想着国家的建设和人民的生活，在经济收入并不算高的情况下，把节省下的钱支援灾区和国家建设，先后捐献救灾款1000元、交党费3000元、支援家乡建设1000元，还为机关办福利事业出资数千元。

1977年5月2日在广州逝世。

冯桂樵

冯桂樵（1910—1978），平定人。民国15年（1926）在阳泉铁厂当电工，阳泉解放建市后，任技术员、科长。1954年加入中国共产党。在阳泉铁厂恢复生产期间，他带领职工以旧代新，修复了全厂所有的电气线路，提前恢复了生产。1952年至1955年，他提出合理化建议，节约资金4.69万元，并解决了变压器配备能力大于电动机所需能力的问题。1952年被授予山西省劳动模范称号。1956年在全国先进生产者代表会议上被授予全国先进生产者称号。

张乃召

张乃召（1912—1979），曾用名有年，平定上董寨村人。民国26年（1937）清华大学气象系毕业后，奔赴延安投身抗日救亡运动。民国29年加入中国共产党。先后任华北通讯气象学校气象通讯训练队队长、延安气象台台长，为解放区培养了第一批气象工作人员，为中华人民共和国的气象事业奠定了基础。中华人民共和国成立后，他任中央军委气象局党组书记、副局长，中央气象局书记、副局长。为了学习国外经验，他多次出国访问和参加国际会议。1953 年 9 月率中国气象代表团出席在匈牙利举行的长期天气预报会议。1958 年访问苏联和瑞典，增进了国际的气象技术交流和友好往来。1972 年 4 月率中国政府气象考察组访问了世界气象组织秘书处，同时参观了瑞士的气象机构。同年，被国务院任命为世界气象组织中国常任代表。1973 年 6 月以张乃召为首的中国代表团分别出席在维也纳、日内瓦举行的世界气象组织执委会，会上他当选世界气象组织的执行委员会委员。1979 年 3 月 17 日在北京逝世。

任荣

任荣（1904—1979），阳泉市郊区任家峪村人。自幼家贫，从 7 岁开始拾铁、捡炭，给本村炉主干杂活糊口度日。民国 37 年（1948）3 月加入中国共产党。同年在任家峪村组织起“工人合伙炉”，从事铁业生产。1951 年任家峪建立铁业生产合作社时，当选理事会主任。他善于思考，会理财，通管理。由于掌握了生产主动权，先后使砂模铸锅、铸火炉、铸水管、铸茶壶等新产品试验成功并投入批量生产。1961 年，曾一度合并到苇泊钢铁厂；后重新建社时，全社仅有 140 元资金，他便把自家的木料无偿地拿到社里修建厂房，并带领社员自备工具，使铁业社的生产得以迅速恢复。从 1962 年至 1965 年，任家峪铁业社在生产阳泉铁业名特产品的同时，创出了畅销的广锅系列产品。他集思广益，5 次改进铸锅技术，使铁锅质量不断提高，产品行销 20 多个省、市、自治区。任荣曾多次获省、市先进工作者称号。1979 年 6 月逝世。

田振宗

田振宗（1904—1979），河北定县人。民国 19 年（1930）毕业于天津国立北洋大学采冶系。之后 20 年间，他辗转于华北、华东、华南和西南等地，从事采冶工作。先后担任过河北临城矿务局坑务员和煤师、淮南矿务局副工程师、江西乐平鄱乐煤矿副矿师、四川南桐煤矿土木测绘组组长、重庆钢铁厂副工程师、上海淮南煤矿公司工程师等职。中华人民共和国成立后，于 1951 年由北京煤矿管理总局调阳泉矿务局工作，历任局副总工程师、代总工程师、总工程师、山西省人大代表和全国政协委员等职务。

田振宗十分重视新技术、新工艺的使用和推广工作。20世纪50年代初期，四矿发生恶性瓦斯爆炸事故，一次死伤矿工54人，破坏巷道千余米，造成了矿井半停产状态。为此，他把治理瓦斯列为首要研究课题，亲自主持了抽放瓦斯的试验工作。经过几年的不懈努力，终于试验成功顶板钻孔抽放临近层瓦斯的新技术。这项突破性的技术成果，不仅为瓦斯排放闯出了新路，而且作为对外技术交流介绍到国外，引起了国内外煤炭界的高度重视。“一五”期间，在矿务局帮助工作的苏联专家要求把储量为1000万吨的四矿四尺煤开成黄石板、东庄沟和四矿四尺煤3对矿井。但他认为，储量有限，开井过多，投资太大得不偿失，因此竭力主张取消中间的东庄沟矿井，并为此亲赴北京，找到煤炭工业部领导阐明了自己的观点和见解，取得组织上的理解与支持，取消了东庄沟矿井的开拓设计。事实证明他的意见是完全正确的。20世纪50年代末期，他作为总工程师，把握全局，为矿井的衔接做了大量的工作。当一矿黄石板平峒的生产尚在进行时，他就已拿出了黄石板北峒和北头咀四尺煤井的开采方案，并建议扩建三矿裕公井，以提高四尺煤的产量。他的统筹安排，对全局井口顺利衔接，煤炭生产稳定上升起到了重要作用。60年代，他总结出了丈八煤开凿岩石集中顺槽工艺。这是一项提高回采率、简化生产程序的重大技术突破。此外，他在各矿推广丈八煤层使用金属网架顶采煤新技术，为采煤机的使用创造了条件；主持进行工作面无煤柱采煤试验，并获得成功；亲自领导了全国第一座无烟煤重介质选煤厂——一矿选煤厂的建设。1967年，田振宗调任山西省煤管局副总工程师兼技术处处长。

田振宗曾被选为阳泉市第三、四届人大代表，山西省第二、三届和全国第三届人大代表，全国政协第五届委员。田振宗在历史上曾参加过国民党，并多年在国统区任过职员，因此，在“文化大革命”中受到摧残，以至于患上脑动脉硬化痼疾。1979年10月18日逝世。

王三才

王三才（1913—1979），山西五台人。民国28年（1939）11月加入中国共产党。曾先后任五台县建安村农会主任、四区工会主任、抗联主任、县工会主席，晋察冀二分区抗联会工运部部长。民国37年1月至7月，任阳泉市市长。后任阳泉市二区区委书记兼区长。中华人民共和国成立后，历任中共阳泉市企业党委组织部部长、阳泉矿务局工会副主席、阳泉市总工会主席、中共阳泉市委监察委员会副书记。1968年9月至1979年1月，任中共阳泉市委常委、市革委会副主任。1979 年逝世。

张何明

张何明（1913—1980），原名张进林，阳泉市郊区石卜咀村人。出身矿工家庭，因家境贫寒，上小学时常因劳动耽误学业，但他能发愤苦读，16 岁考入赛鱼第五高级小学，民国 20 年（1931）又考入山西省立第一师范。上学期间，他追求真理，参加了中国共产党领导的秘密革命组织“社会科学者联盟”，民国 24 年初加入中国共产党。在白色恐怖下，他先后担任过中共太原市委书记兼中华民族解放先锋队山西省队部党团书记、中共山西省工委宣传部部长等重要职务。当时，在太原上学的许多阳泉籍学生，受他的影响或由他介绍走上了革命的道路。民国 26 年（1937）初，张何明赴延安中央党校学习并留陕甘宁边区工作。民国 32 年调任晋察冀边区任北岳区党委组织部部长。中华人民共和国成立后，任察哈尔省委委员兼张家口市委书记。1953 年察哈尔省建置撤销，任河北省委委员兼张家口市委书记。1955 年调河北省委工作，先后任省委工业部部长、组织部部长等职。

张何明始终把党和人民的利益放在第一位。在 1958 年“大跃进”中，他不怕别人说他“右”倾，坚决反对“浮夸风”和“共产风”。在三年经济困难时期，他经常深入基层，调查研究，解决群众生产生活问题。在农业方面，他主张根据生产力发展的水平和群众觉悟程度，适当调整生产关系，采取“定产到地、责任到人”等措施，以促进农业生产的发展；在工业方面，他主张部分行业搞自负盈亏，实行按劳分配的社会主义分配原则。他的这些正确主张，在“文化大革命”中被错误地批判，他被诬为“三反分子”“走资派”而受到残酷迫害，其全家老少 8 口人也被强令从天津迁回阳泉老家。但他坚持真理，对林彪、江青反革命集团进行了坚决的抵制和斗争。“文化大革命”结束后，虽一时未受到公正待遇，但他以革命利益为重，不计个人得失，正确对待组织安排。由于长期患病，1980 年 1 月 21 日在石家庄逝世。中共河北省委按省委常委、副省长的规格进行了殡葬。

傅忠义

傅忠义（1955—1980），阳泉市郊区东村人。1972 年参加工作。1976 年加入中国共产党。

1980年5月15日凌晨1时15分，傅忠义接到市公安局追堵盗抢劫车罪犯的命令后，立即投入紧张的战斗。他们驱车穿过盂县城，直奔县境东北之十八盘，当追至河北省平山县胜利桥附近时，罪犯见难以逃脱，便凶相毕露，连续开枪射击。傅忠义等毫不畏惧，置个人生死于度外，加速前进，继续追击。当追至平山县古月公社下三家店村石岭坡，距罪犯仅40多米时，罪犯再次开枪连续射击，致傅忠义的颈部左侧中弹，光荣牺牲，年仅25岁。郊区区委和区政府为他举行了隆重的追悼大会，山西省人民政府批准他为革命烈士。

甄林昭

甄林昭（1905—1980），原名国瑞，字辑五，阳泉市郊区三泉村人。民国15年（1926）于省立第一师范学校毕业后，历任平定县上荫营两级小学教员、太原三区（北格镇）区长、盂县三区（西烟镇）区长、平定县上荫营两级小学附设简易师范班教员、平定县河底高小校长、平定县第五高小（赛鱼）校长等职。民国26年，七七事变后，就读于民族革命大学。民国27年初分配到五台县民族革命中学任教。

民国29年在抗日民族统一战线政策的感召下，他到晋察冀边区抗战建国学院学习，期满后分配到晋察冀边区救国报社任助理编辑。后任平定（路北）县抗日牺牲救国同盟会干事、文救会组织委员、教育科督学等职。民国37年10月任阳泉职业学校教导主任。1949年加入中国共产党。1951年任阳泉中学副校长。1956年9月任阳泉二中校长。1965年10月当选阳泉市政协副主席兼秘书长。

甄林昭在任赛鱼五高校长时，正值日军侵占东三省，全国抗日救亡高潮此起彼伏之时。他通过组织学生召开周末演讲会，宣传抗日救国的道理，并经常发动学生趁邻村庙会开展抗日宣传活动。他在任阳泉二中校长时，带领全校师生开展劳动建校，在一年多的时间里，垫平了操场，开辟了道路，修起了围墙，又自建十余间简易住房，度过了建校初的难关。他的工作特点是“忙而稳，细而实”，连去厕所都要跑步，所以师生们都亲切地称他为“跑步校长”。他待人和蔼，没有一点官架子，平时经常深入师生宿舍问寒问暖，师生有病，常让妻子送水送药。他作风正派，严于律己。1962年压缩城市人口时，他首先把自己的家属送回农村。“文化大革命”中惨遭迫害。1980年8月逝世。

王元寿

王元寿（1903—1980），平定郝家庄村人。自幼家贫，9岁就给地主放牛，15岁开始扛长工。“七七”事变后，积极投入抗日救亡运动，曾任本村农会主任、抗联主任。民国29年（1940）加入中国共产党。后任区委委员、区农会主任、平定（路北）县抗日政府农会副主任等职。民国36年，王元寿带领工作队到白泉村搞土改，当时群众生活极端困苦，卫生条件很差。他不怕苦，不怕脏，深入群众，访贫问苦，与群众生活在一起，使运动迅速而顺利地展开。王元寿吃苦耐劳的工作作风被当地群众归纳为“五不嫌”，即一不嫌糠面糊糊饭，二不嫌锅脏圪巴碗，三不嫌炕上铺着破席片，四不嫌身穿衣服单，五不嫌蝇蚊圪蚤壁虱咬。《冀晋日报》以《王元寿访瞎牛》为题报道了他的先进事迹，并配发了《迈进群众路线途径的王元寿》的社论。中共冀晋区党委和平定（路北）县各级党团组织还发出通知，号召学习王元寿的革命精神和模范事迹。

平定解放后，王元寿出任平定（路北）县县长、平定县县长。他仍然经常深入山区，在田间地头了解群众生产和生活中存在的困难和问题。1950年王元寿调晋中地区行署担任劳动局副局长。1960年，又被派到昔阳县杜庄村帮助工作。进村后，他和群众同吃、同住、同劳动，言行举止和普通的庄稼人没什么两样，群众把他当知心人，常掏着心里话向他讲，因而使他很快掌握了下边存在的各种实际问题，及时制定了生产自救的办法。1961年1月27日《山西日报》报道了王元寿在杜庄蹲点的先进经验，号召广大干部学习王元寿的工作作风。1980年逝世。

赵忠

赵忠（1910—1980），又名玉璧，盂县店上村人。民国29年（1940）3月加入中国共产党。同年被选为中共店上村党支部书记、村自卫队长、区协助员、区代表。其间，他领导全村人民进行抗日斗争，多次被评为模范干部。民国32年在抗日根据地开展大生产运动中被选为村合作社主任。为解决群众生产所需的肥料、农具和生活所需的粮、油等困难，他动员群众开展生产自救，组织余缺互助，四处外出求援，使店上村迅速恢复了生产，安定了群众生活，成为抗日模范村。民国33年，他出席晋察冀边区在阜平召开的群英会；民国34年，又出席了冀晋军区劳模大会。民国36年，他在本村组建了由5户农民组成的全村第一个变工组，到1950年即发展到14个组，并于当年成立了全县第一个初级农业生产合作社。1951年至1955年，他多次出席晋中地区和山西省召开的劳动模范代表会议，先后获得省、地奖章3枚。1960年后，任肖家汇公社党委委员、中共盂县县委委员、盂县人民委员会委员等职。1980年逝世。

郝尚贵

郝尚贵（1921—1980），山西永和人。初中文化。民国28年（1939）3月参加革命，民国29年5月加入中国共产党。1960年5月调任国营晋东化工厂党委书记，1963年4月奉调离厂。1980年逝世。

马品三

马品三（1917—1981），山西垣曲人。师范毕业。民国27年（1938）11月参加革命，民国28年2月加入中国共产党。1957年9月调任国营晋东化工厂厂长，1959年5月奉调离厂。1981年逝世。

孟繁礼

孟繁礼（1925—1981），山西文水人。1951年，先在山西阳泉市人民银行任信贷员，后任阳泉市农业银行企业信贷副科长。1956年，他帮助阳泉铁厂核定和调整了定额资金，减少了财政拨款18.9%，使信贷计划的准确程度由45.16%提高到96.8%，节约信贷指标52.83万元，使该厂超额20.5%完成了全年生产任务。同时，协助阳泉矿务局处理超储积压物资100万元。1956年，孟繁礼被授予全国先进生产者称号。1981年逝世。

岳同富

岳同富（1924—1982），平定人。民国36年（1947）加入中国共产党，历任阳泉发电厂司炉班长、车间主任，阳泉市手工业管理局生产科技术员，苇泊钢铁厂车间主任，阳泉市玛钢厂车间主任等职。1975年在开展勤俭节约活动中，他主动修旧利废，为国家节约资金8000余元。1979年，他研制出了磨活装置，以此取代了手工磨活，保证了安全生产。他多次被评为局、厂的先进个人和模范党员。1959年，作为全国劳动模范出席全国群英会，并出席了周恩来总理于11月5日下午在人民大会堂宴会厅举行的宴会。1982年5月因突发心肌梗死离世。

史星三

史星三（1915—1982），原名史海禄，抗日战争时期曾化名凌风，阳泉市郊区坪上村人。民国25年（1936），他在山西大学附中念书时，加入共产党领导的山西牺牲救国同盟会，积极参与抗日救国的宣传和组织工作。民国34年，加入中国共产党。

从抗日战争开始到民国33年（1944）5月，他一直战斗在晋察冀边区的盂县、平定、忻县一带。先后担任“抗日义勇军”副队长、区长、县佐、县长。抗日战争中，他担任忻县县长，组织全县人民不屈不挠地进行反围剿、反扫荡斗争，顽强奋战，长达四年之久。地委领导赞扬他是“坚守阵地的模范县长。”

在解放战争中，史星三任晋察冀边区晋东北第二专署实业科长。他遵照党的指示，放手发动群众，发展生产，支援前线。民国38年（1949）1月，他出任阳泉市副市长，后改任阳泉工矿区副主任。1950年8月至1952年3月，任中共阳泉工矿区委副书记兼统战部部长等职。

1952年5月，他转到冶金工业战线，先后任太原钢铁厂第一副厂长、北京黑色冶金设计总院总工程师、包头黑色冶金设计院党委书记兼院长、北京有色设计总院党委常委、副院长等职。1963年，又调任冶金部北京有色冶金设计研究总院党委常委、副院长。其间，他不仅分管职工教育、情报、资料、图书、电算五个处室的工作和索道工程设计，还担任《有色矿山》《有色冶炼》双刊董事会董事长。每到一处，他总是深入实际，吃苦耐劳，办事果断，讲究实效。1965年，他以国家有色金属冶金工业代表团团长的身份，两次出访日本。他利用下矿井考察，到车间翻阅资料等机会，将日本的一些新工艺、新设备引进回国。如闪速熔炼、烟气制酸等，为中国有色金属工业的发展作出了贡献。

1982年6月，他还拖着病体到泰山、黄山检查指导两条客运索道的设计工作。同年11月19日在北京逝世。

马兆麟

马兆麟（1901—1982），乳名根子，艺名“根根红”，祖籍山西文水县伯鱼村人。1949年前长期定居盂县清城，直到1949年后才携全家迁居太原。兆麟7岁时父亡母嫁，他只好流落街头以卖唱为生。初在文水、介休一带，后被同盛园戏班花脸“大麻黑”收为徒弟。之后又辗转到太谷二锦梨园拜一位姓马的老艺人为师，专工须生。四年后，唱、念、做、打无不精通，开始登台献艺，名声大振。后因胸部受伤影响了发音，他便下决心专工做功戏，刻意师承名演员的一招一式，点滴求进，终于练就了一身超群的本领。他先后在太原、阳泉、张家口、北京等地，与晋剧名角丁果仙、乔国瑞、郭凤英、筱金枝、梁小云、牛桂英、王玉山（艺名“水上漂”）、筱桂桃等同台演戏。兆麟特别注重戏剧人才的培养。解放后在太原的戏曲舞台上颇有名气的“小果子”（马秋仙）、“十七生”（马福仙）和马玉仙，就是他一手培植的三名高徒（她们分别是马兆麟的侄女、大女儿和二女儿）。1952年兆麟被推荐参加了全国戏曲会演，受到毛泽东、周恩来等党和国家领导人的接见。1980年在山西省第四次文代会上，近80岁高龄的马兆麟被选为省文联委员和省剧协理事。他将一生整理成的70多个历史剧目献给了大会，受到与会领导和代表的称赞。

杨威远

杨威远（1884—1983），字子明，阳泉市郊区义井村人。出生于世代以种菜卖柴为生的贫寒家庭，在兄妹四人中排行最小，父母亲念其最小且体弱多病，尽力供养其读书，然终因家庭不济，不得不中途辍学。过早过重的劳动，使年幼的威远变成了驼背。其时，他的故里义井村有个很有名气的拳师叫吕占鳌，专门在村里开设拳场教授武术。他每路过拳场都流连忘返，习武之心翻腾于胸间。只是由于家境贫寒，身体畸形，一直不敢吐露。后来，他的行迹被吕占鳌看破了。一日，吕占鳌拿了一根二尺来长的木棍来到场外，授意要给杨威远矫正驼背。先让杨威远抬头、收腹、挺胸，将木棍置于其背后正中，下插于腰带之内，上以头辫固定，并嘱咐杨威远干活，坐卧都不要拿去此棍。通过多次交往，吕占鳌知道杨威远人品端正，酷爱武术，于是在清光绪二十年（1894）正式将他收为门徒，传授燕青门武术。在跟随吕师傅的十余年里，他勤学好问，早起晚睡。吕占鳌视他为“掌上明珠”，把自己的燕青拳全部理论和技艺尽数传给了他。杨威远先后学到了燕青拳、头连手、二连手、小洪拳、燕青刀、六合刀、梅花双刀、六合枪、霸王锤、七节鞭等武术套路。在练拳的过程中，他的驼背也得到根本的矫正。

为使吕占鳌教授他的武艺发扬光大，杨威远先后授徒300余人。他非常注重武德教育，常以“学武扶正，礼貌让人，死不背理，永不堕志”自勉育人。他经常告诫门徒，“练武是为了强身健体，壮胆扶正，报效祖国，切不可造孽生事，欺压无辜。”“练功不以不知为羞，要以不学为耻，要做到财不动心，见义勇为。”他不许门徒参加武斗，门徒中若有为非作歹之人，便断然拒之门外。1958年10月，在阳泉市第一届全民运动会上，已74岁高龄的杨威远以196.5分的总成绩获成人组武术比赛第一名。同年，他参加了山西省第一届运动会，在会上受到了贺龙元帅的亲切接见。1959年，杨威远成为武术国家二级裁判，同年代表山西参加了全国第一届全民运动会，并出席了全国体育卫生先进单位、先进个人代表大会。1960年，杨威远还参加了晋中地区武术、摔跤运动会，任大会副总裁判长和选拔委员会委员。他还连续被选为阳泉市政协第三至六届委员会委员。

杨威远不仅对武术精益求精，同时，他还十分注重武术理论的探索和研究。由其收集整理的武术著述有《燕青门内规提要》《练武宗旨》《燕青门搭手歌》《点穴秘诀》和《燕青门武术九拳十二型、十二法、十二势、内外六合六节》等。其中《点穴秘诀》和《燕青门武术九拳十二型、十二法、十二势、内外六合六节》两本书在1986年全国武术挖掘整理总结表彰大会上，获国家体委颁发的“雄狮纪念奖”。

杨威远还精于医道，尤其擅长外科。他于清光绪二十八年（1902）开始学医，1951年参加了阳泉市中西医士联合会。同年，获中医士职称，领取了行医证书。对登门求医者态度和蔼，有求必应，自制药物，免费就诊。患者这样评价他：“攻岐黄读本草济世活人，待患者从不分谁富谁贫；邀出诊胜亲人有求必应，施良药解危难不取分文。”1983年3月2日逝世，享年99岁。

李远定

李远定（1913—1983），盂县泥河村人。民国23年（1934）入北平大学农学院学习。民国25年中共党组织安排去延安参加革命，因敌封锁未能到达，回盂县中学任教。同年底加入山西抗日牺牲同盟会“民训干部教导团”学习军事。民国26年10月，在八路军晋察冀军区第四分区工作。民国31年1月加入中国共产党。历任军校政治指导员、政治教导员、兵团后勤部供应处政治委员、供应处处长等职。1951年参加抗美援朝战争，后任志愿军第六十七军工兵主任，被朝鲜民主主义共和国授予二级独立勋章、三级国家勋章各一枚。1954年回国，先入长沙工程兵高级学院学习，后任军委工程兵洛阳工校训练部部长、军委工程兵后勤部订购处长。1979年10月任军委工程兵后勤部副部长。1980年6月，以副军职待遇离休。1983年6月在北京病逝。

唐石清

唐石清（1901—1983），又名唐忠，字石清，号髯僧，平定城里人。解放前曾任小学教师、山西省政府秘书。解放后，在河南省粮食学院任总务长。唐石清博学多才，尤精书法。平时，有闲暇就欣赏琢磨颜、柳、欧、赵等著名书法家的法帖，并对法帖上每个字的点画、结构、章法精心研究、探讨，对王羲之的墨宝更是爱不释手。在刻苦练习中，他兼收并蓄，博采众长，逐步形成了自己的风格。山西书法界名流称赞他的字体“血肉丰满，筋骨屹立，功底厚实，方正有度”。在郑州工作期间，一些文史专家、学者和书法界名人都喜欢向他求教，切磋书艺；他却经常谦虚地说：“来者皆我师，广交则有益。”

唐石清还十分重视收藏书法珍品。早年在阳泉煤铁行当小学教员时，他和保晋公司熔化铁厂的工程师张振乾很要好。一次，张得到宋代名书法家米芾、何雍的6条字幅，拿去请他辨别真伪，并慨然将条幅全部赠送给他。后来，他托人带到北平鉴别，证明确是真迹。这事被保晋公司总经理常旭春闻知后，便派人与他协商，欲高价购之，还答应给他在保晋公司安排一份好差事，月薪是小学教员的4倍。他也没有因此而动心卖画。

唐石清从事书法创作近70年，誉满晋、豫两省。在山西，其书法与榆次常赞春、太谷赵铁山齐名。至今在太原的晋祠、文庙仍有他书写的牌匾；平定城内一些建筑物上也遗存着不少他的墨迹。1983年逝世。

张赐林

张赐林（1920—1983），又名玉孩，平定东锁簧村人。民国32年（1943）至1956年在阳泉开办磨坊、木厂、兴胜货栈、义胜客店等私营企业。1956年1月公私合营后任阳泉市服务公司副经理。他积极参加社会活动，历任山西省政协第一、三、四、五届委员，山西省工商联第四届常委，民建山西省委第一届委员，阳泉工矿区各界人民代表会议常务委员会委员、政治协商委员会委员，阳泉市政协第一至六届常委，阳泉市人大第六、八届代表，阳泉市工商联第二至七届副主任委员，民建阳泉市支部主任委员，阳泉市城区第七届人大常委等职。张赐林热爱中国共产党，热爱社会主义制度，拥护中国共产党对资本主义工商业的社会主义改造政策，带头接受改造；协助政府宣传贯彻党和国家的方针、政策，推动各项中心工作的胜利完成；组织工商界人士进行自我教育、自我改造，调动他们的积极性，充分发挥他们的智慧和专长，是同共产党合作共事多年的一位老同志。1983 年逝世。

郭星来

郭星来（1920—1984），山西武乡人。民国 26 年（1937）参加牺盟会，任牺盟会秘书、组织委员，民国 27 年 3 月加入中国共产党。抗日战争时期，曾任武乡县抗日政府区长、区委书记，武西县（当时武乡分为武西、武东两县）公安局长等职。解放战争时期，历任潞城县公安局长，太行公安三分局侦察科长、副局长、局长，榆次专署公安处副处长、社会部部长，中共榆次地委常委，榆次专区公安处长等职。中华人民共和国成立后，转到工业部门工作，先后担任大同国营 616 厂筹备处副主任，山西柴油机厂副厂长，太原大众机械厂党委书记，太原重型机器厂副厂长、代厂长，山西省机械厅副厅长、党组副书记等职。1961 年 3 月始，任中共阳泉市委代理第一书记、书记，同时兼任阳泉市政协第四、五届委员会主席。1968 年后，任中共运城地委副书记，运城地区革委会副主任，山西省地质局党组书记、局长，山西省建委副主任、党组纪检委员，中共山西省委组织部副部长等职。1984 年 3 月逝世。

尤坤南

尤坤南（1920—1984），原籍广东陆丰县。民国 9 年（1920）8 月 18 日出生于印度尼西亚，民国 21 年 8 月至民国 24 年 7 月归国就读于广东省蕉岭县立中学。民国 25 年 10 月重返印度尼西亚。民国 26 年至民国 30 年，在印度尼西亚加里曼丹松柏港镇小学任教。民国 31 年日军侵占印度尼西亚后，他被迫弃教，以种地谋生。其间，他积极参加华侨捐款、献金活动，支援祖国的抗日战争。民国34年日军投降后，复任松柏港镇小学教师。当时，国民党顽固分子曾以“戡乱”为名，发动捐款，尤坤南利用教书的有利条件，抵制捐款，并带头揭露国民党反动派骗取侨民钱财的阴谋。1949年，他积极拥护中华人民共和国的诞生，发动了否认西加里曼丹国民党领事郑洪达的签名运动。1949年后在山口洋市中华公学、邦戛市中华中学和小学任教员、校长等职。1953年7月，尤坤南毅然回到祖国。1954年6月分配到阳泉市工作，在市级机关文补校和市工业局文补校任教。1955年4月他列席了阳泉市各界人民代表会议协商委员会扩大会议，当选市政协委员。1956年3月又当选省政协委员。同年5月，在政协阳泉市第一届委员会第二次会议上，尤坤南被增选为市政协常委；出席了中国侨联在北京召开的扩大会议。

1959年调市政协工作，为巩固和扩大爱国统一战线及侨务工作作出了积极贡献。其间，他热情宣传党的统战政策、侨务政策和知识分子政策，宣传党和政府对华侨知识分子的关怀，并积极地联系华侨，反映和设法解决华侨的各种问题和困难，受到广大华侨的尊敬。“文化大革命”期间，尤坤南度过了异常艰难的岁月，恫吓和威胁始终都没有动摇他对共产党和社会主义制度的信仰。1982年7月，在阳泉市政协第六届委员会第一次会议上，当选市政协副主席。1983年7月，阳泉市召开第一次归国华侨代表大会，正式成立阳泉市归国华侨联合会，其当选市归国华侨联合会主任。1984年9月21日逝世。

申希礼

申希礼（1915—1985），平定洗马堰村人。民国19年（1930）高小毕业后，在河北省获鹿县（今鹿泉市）三和靛局当学徒。民国26年，在石家庄三全生记颜料庄当职员，后与人合伙开信记杂货庄，任经理。民国30年，与中共石家庄地下组织建立了联系，并积极为边区采购货物，掩护共产党地下工作人员。在抗战最为艰苦的阶段，他不顾个人安危，曾利用合法身份到平定、阳泉侦察敌情。

全国解放后，他带头响应政府号召恢复生产经营，先后合伙开办了义合电磨厂、合大电磨厂。20世纪50年代初，开办了石家庄第一个具有一定规模的机械生产漂染企业——义合信漂染厂。抗美援朝期间，在支援灾区、认购公债、捐献物资、救济朝鲜难民等活动中发挥了骨干带头作用。1952年，被选为石家庄市工商联主任委员。1953年，中国民主建国会石家庄支会筹备会成立，被推选为主任委员。他衷心拥护共产党对民族工商业的方针政策。1955年，他团结并带领工商联、民建成员接受社会主义改造。是年，被选为民建中央委员、石家庄市政府副市长、市政协常委。“文化大革命”中，他身处逆境，也没有动摇对共产党的信任。

1979年，申希礼出任全国工商联常委、河北省民建、工商联两会主任委员、省政协副主席。曾当选河北省人民代表大会第一、二、三、五届代表。全国第三届人大代表，政协河北省第一、二、三届委员会委员、常委。1985年1月逝世。

任子钰

任子钰（1913—1985），阳泉市郊区坪上村人。民国29年（1940）在平定县参加抗日工作，民国30年5月由任朴斋、韩德三介绍加入中国共产党。在抗日战争和解放战争中，曾先后任平定县公安局股长，平定第四区区长，平定县政府秘书、副县长等职。中华人民共和国成立后，曾任阳泉钢铁厂党总支书记，阳泉煤矿党委宣传部部长，阳泉工矿区委员会党校副校长，中国煤建公司阳泉办事处主任，阳泉市税务局局长、财政局局长，阳泉市人委会副秘书长，阳泉市副市长，平定县县长，晋中专署民政局长，晋中行署财税局顾问等职。1985年6月4日在榆次逝世。

梁晋平

梁晋平（1915—1985），原名明文，字焕文，阳泉市郊区下烟村人。青少年时期，在省国民师范读书时，就积极投身于校内掀起的抗日救亡运动，并于民国24年（1935）参加了该校共产党组织的读书会。师范毕业后，回到故乡任老君庙小学、荫营镇高级小学教师，经常在师生中宣讲抗日救亡主张。民国26年4月组织中华民族解放先锋队，9月加入中国共产党。七七事变后，他同从太原回乡的同学王子华在荫营组织了抗日义勇军，带领部分队员参加了刘道生率领的八路军120师359旅战地工作团。民国27年4月，他奉命到平定（路北）县开辟抗日根据地，历任抗日政府县长、县佐、县议会议长、县委书记等职。在上级党委的领导下，他积极领导了建立农村中共党组织，组织抗日团体的工作，发动减租减息斗争，开展大生产运动，粉碎了日军的多次进攻和经济封锁，使平定（路北）县的抗日根据地不断得到巩固和发展。民国29年，八路军发起百团大战后，他又积极筹粮筹款，组织运输队、担架队、慰问队、破交队，发动平定（路北）县上万名群众支援前线，为这次战役的胜利作出了贡献。解放战争期间，梁晋平被任命为中共晋察冀二地委宣传部部长。中华人民共和国成立后，历任晋中地委宣传部部长、山西省委宣传部副部长、山西省委党校副校长等职。在党的宣传战线上，他善于结合形势和中心任务，深入浅出地宣传党的方针政策。他的讲话逻辑严密，针对性强，易为群众接受。“文化大革命”期间，他和许多老干部一样被“罢官”，但他没有赋闲家居，仍一如既往认真学习党的基本理论，总结革命经验。对被冤屈的老同志，他多方开导，鼓励他们向前看。他还非常关心烈士家属和一起工作过的战友，一有空就坐公共汽车或徒步翻山越岭前去问寒问暖，对于他们生活上的困难尽力给予帮助。粉碎江青反革命集团后，梁晋平出任山西省财经学院副院长、省委宣传部顾问。他不顾年迈体弱，坚持工作，并与郭一平合写了《平定路北人民抗日战争的初步回忆》一书。1985年8月12日在太原逝世。

葛德林

葛德林（1929—1985），阳泉市郊区南庄村人。生于热河省平泉县（今属河北省）外祖父家。1952年辗转回到家乡，到阳泉二矿当了工人，同年加入中国共产党。葛德林在井下工作16年，后于1968年，由井下采煤队书记调任二矿工会副主席，1984年担任二矿工会代主席。

葛德林当工会干部17年，是矿工的忠实朋友。他在工会主持劳动保护和劳动保险工作时，处处替职工说话，时时维护职工的合法权益，经常和基层领导一道进行劳动保护宣传，并发动职工监督干部不得违章指挥，工人相互监督不得违章作业。任职期间，先后走访职工家属6000余户，接待反映情况的群众上万人次，亲自处理伤亡职工善后工作135件。二矿一位矿工因事故死亡，其妻也因心脏病离世，留下五个孩子，大的15岁，小的仅4岁。葛德林说：“这些孩子是矿工的后代，决不能让他们受了罪。”他向矿领导汇报后，毅然把照顾孩子的事揽到工会。从孩子农转非、安排住房到进校读书，一件一件都考虑得细致周详，甚至连平日孩子们的吃喝穿戴也都一一记挂在心上。每当节假日，他便自备食品，把孩子们都请到自己家“大团圆”，使失却了双亲的孩子感受到了父母般的温暖。二矿萝卜台家属区是个干圪梁，那里住着近千名职工家属，却没有自来水，居民吃水须绕过山梁，下深沟去挑。他亲自调查并取得矿领导的支持后，给萝卜台铺管送去了自来水。二矿一个因工伤致下肢截瘫的工人想吃矿上自家种的西红柿，他就亲自到海拔千米的南山上摘了满满两筐鲜西红柿给病人送去。葛德林一贯反对干部以权谋私。他说："工会干部不许为自己捞便宜，不能干那种往党和工会脸上抹黑的事情。"1973年他患了大病，矿工会救济他100元，他坚持不领。1983年他把晋升一级工资领到的补发款100元，捐献给了矿幼儿园。1984年矿务局奖给他100元，他原封不动交了党费。他的儿媳生了孩子后，全家8口人，住房狭小，实在住不开了，他才向矿上提出要间房子的要求，矿上分给他一间好房，他把好房让给退休职工，自己选中了一间仅6平方米的"自建房"。

葛德林以自己的行动赢得了领导的信任和群众的爱戴。他自1972年之后，多次被评为矿、局、市的优秀共产党员和劳动模范。1983年4月，山西省总工会授予他省模范工会干部称号；同年10月，出席了中国工会第十次全国代表大会，被选为主席团成员，并受到叶剑英委员长的接见，大会授予他"全国优秀工会工作者"称号。1985年11月14日，葛德林整整忙碌了一天。上午，他到井下检查淋头水；下午，到山上养老院探望一对老年夫妇；黄昏，才拖着疲惫的身子回到家里。当夜11点，他突然腹痛难忍，送医院确诊为胆结石，抢救无效离世。

葛德林逝世后，中共阳泉二矿党委、中共阳泉矿务局党委、中共阳泉市委、阳泉市总工会和山西省总工会先后作出向葛德林学习的决定；《阳泉矿工报》《山西工人报》《山西日报》和《工人日报》都以头版头条的显著位置发表长篇通讯，报道其先进事迹；山西省人民政府授予其劳动模范称号；经中共阳泉矿务局党委组织的葛德林先进事迹报告团在全省巡回演讲，其事迹传遍三晋大地。

王富元

王富元（1915—1985），阳泉市郊区孔南庄村人。自幼继承家传医术，内科、妇科、儿科均有造诣，尤其对治疗伤寒、预防瘟疫有其独到之处，在阳泉地区颇有声望。民国32年（1943）加入中国共产党。1953年，在盂县参加全国医学统一考试，取得中医师职称。他医德高尚，以济世救生为己任，常常舍药济贫，送医药上门。有一位偏头痛患者，四处求医问药都不见效果，接受王富元治疗后，仅用萝卜汁配冰片研面滴鼻三五次后便治愈。1958年，他被调到西南舁卫生院工作。1962年，西南舁一带伤寒病流行。他与同行们四处奔走，积极采取防治结合的有效措施，终于控制住了这一恶疾，染病的人全部治愈。矿务局一个姓荆的少年得了“结核性腹膜炎”，虽经多处治疗，终不见效，奄奄一息。经他诊治后，药到病除，获得了新生。从20世纪50年代起，王富元开始收徒，培养出了10多名中医人才。这些人后来都成了阳泉一些大、中医院的医务骨干。王富元退休后仍然为乡邻治病解忧。在他临终前四五天，还带病写完他的经验之作《学医须知》。1985年11月逝世。

蔡银花

蔡银花（1917—1985），女，山西和顺人。她出身贫寒，从小就做了童养媳，过着凄苦的生活。抗日战争时期，她响应和顺县抗日民主政府“组织起来，生产自救”的号召，用自己节省的钱买纺车和织布机，积极组织家乡妇女纺线织布，支援前线，多次被评为支前模范。1951年，她随丈夫到阳泉二矿巩窑洼居住。1953年被选为居委会干部。其间，她积极主动开展工作，出色完成各项工作任务。结合矿工实际，她提出了要使矿工不误班，安心安全去生产，就要使工人们“吃好、喝好、休息好”的“三好”建议，得到了领导的支持和家属们的拥护。为了落实好“三好”建议，她主动了解辖区内每个矿工的上班时间，并逐个进行登记，然后制作了值班牌，由家属挨门挨户轮流交接班。值班时，当班家属须按照每个矿工的班次时间，准时呼叫上班。为坚持落实好这一制度，她经常半夜三更地进行检查督促。对于不安心井下工作的工人，她主动登门谈心，一次不通二次再来，并嘱咐其家属协助做好思想工作，直到做通为止。矿工有患病者，或是家里有了特殊困难的，凡她知道的，都要登门探望，询问情况，设法帮助解决。实在解决不了的，或发动居民互助互济，或向领导及时反映。1954年，蔡银花被选为人民陪审员，同年被评为山西省劳动模范。1963年，其家庭被评为山西省的五好家庭。1985年逝世。

韩德三

韩德三（1916—1986），原名宣元，阳泉市郊区后沟村人。民国20年（1931）从荫营高小毕业后考入平定中学，毕业后回荫营高小当教员。任教期间，他积极宣传抗日，抵制日货。民国25年冬加入山西牺牲救国同盟会，任平定县第四区牺盟会组织委员。民国26年10月参加八路军战地工作团，同年加入中国共产党。在抗日战争和解放战争时期，历任平定（路北）县二区区长、平定（路北）县公安局长、盂县公安局局长、阳泉市公安局局长、太原二分区公安局长等职。民国28年，韩德三在平定（路北）县开展工作。一次，他同王树仁等同志到阳泉附近活动，夜宿蔡家峪村，被日军包围，突围中，王树仁被捕，陈秉礼当场牺牲，韩德三带领几位同志经过激战，冲出重围，最终脱险。中华人民共和国建立后，韩德三任太原市中级人民法院副院长、院长、书记等职。他长期从事政法工作，在除奸反特、镇压反革命、维护社会治安中做了大量的工作。他为自己“约法三章”，即对送礼者，坚决拒收；对说情者，耐心说服教育；对反对过自己的人不感情用事，不打击报复。一次，一位曾在“文化大革命”中整过他的人提着礼品找上门来，感谢法院为自己落实政策，并当面给他认错赔罪。韩德三对来人说：“你的心意我领了，但东西不能要，我们人民的法官头顶着庄严的国徽，肩扛着神圣的‘天平’，我决不会以个人的恩怨公报私仇。”来人听后很受感动。韩德三非常重视有关老干部案件的复查工作，为不少老干部的冤、假、错案平反。他办案识大体，顾大局，实事求是。在审理太原市某案件时，涉及200多人，仅案卷就有40多本。他不厌其烦地阅卷，并认真做了笔记，从而掌握了事实，妥善地处理了这一案件。韩德三晚年患有心脏病、糖尿病、肾功能衰竭症和眼疾，医生多次嘱咐他休息，然而他一直坚持工作。1986年1月在太原逝世。

周光耀

周光耀（1932—1986），阳泉市郊区白羊墅村人。1951年毕业于阳泉中学。1958年加入中国共产党。历任荫营税务所专管员、副所长、所长，阳泉市税务局副局长等职。周光耀治税有方。他认为经济是税收之本，税务部门应立足本职工作，大力促产增收。20世纪50年代，在担任税收专管员时，利用专管工作“眼宽腿长，联系面广”的特点，为企业“搭桥挂钩，穿针引线”，协助企业调剂物资余缺，帮助解决产、供、销方面的困难，并总结出了税务专管员“出门三件事，工作抓七环”的工作方法。“三件事”，即征收税利，了解企业生产和财务情况，协助纳税单位解决困难；“七环”，即产（品）、供（应）、销（售）、成（本）、征（收）、管（理）、查（检查）。仅1954年，他就为企业办好事46件，为企业增加产值27万元，增加财政收入16万元，被当地群众誉为“活财神”。阳泉市郊区矿产资源十分丰富，20世纪60年代初，矿产品的年外销量就达30万吨至40万吨，但主要是通过10千米以外的白羊墅火车站发运的。他通过调查研究了解到，短途运力不足，运费较高，严重制约着资源的开发和经济的发展。于是，他向市委、市政府递交了在荫营煤矿铁路专线上建荫营货栈的报告，在征得市委、市政府同意之后，他又作为货栈工程指挥部的成员参与了工程建设。仅此一项每年即可节约短途运费 176 万元，有效地促进了郊区工农业生产的发展。为此，1964 年，他被评为山西省劳动模范。1973 年，他担任市税务局副局长后，积极倡导并坚持召开税收政策研讨会，使有关税收的各种问题都能得到及时解决。他还致力研究全市经济发展战略问题，并通过调查研究，写出一系列调查报告，先后向市委、市政府提出了阳泉市实现煤气化、对煤矸石进行综合利用、实现热电联供和调整阳泉市产品结构 4 项建议，其中有 3 项建议被采纳并付诸实施。1986 年 8 月逝世。

武　政

武政（1913—1986），山西沁源人。初中文化。民国 27 年（1938）3 月参加革命，同年加入中国共产党。1963 年 4 月调任国营晋东化工厂党委书记，1966 年 11 月待安排，1971 年 12 月奉调离厂，1974 年 12 月第二次调任国营晋东化工厂党委书记。1981 年 10 月奉调离厂。1986 年逝世。

王占国

王占国（1919—1986），乳名玉福，原籍河北沙河县渡口乡。民国 26 年（1937）参加革命，次年 5 月加入中国共产党，同年 10 月出任沙河县抗日支队支队长。之后历任沙河县抗日民主政府武装科长、独立营政委、太行六军分区军事部部长等职。中华人民共和国成立后，历任山西省劳动局督导科长、阳泉市工业局局长、阳泉市副市长、阳泉矿务局局长、阳泉市总工会主席等职。

民国 29 年（1940），他任沙河县抗日政府武装科长时，带领基干队，发动群众，开展对敌斗争。为了打通太行至冀南的交通联系，基干队配合八路军 76 团参加了武沙战役；在攻打刘石岗、樊下曹部的战斗中，他指挥果断，作战勇敢，受到了太行第六军分区的嘉奖。民国 30 年，他任独立营政委时，亲耳聆听了刘伯承师长讲授的游击战术军事课，并学习了政治思想工作条例。之后，他在残酷的反扫荡、反蚕食斗争中，活跃在太行山与平汉铁路两侧。他亲自带领五名战士用地雷炸翻日军军用列车的火车头。在配合八路军主攻日伪据点时，他率独立营夺取高德林部兵工厂，缴获大批武器弹药，并将兵工厂付之一炬。他还与独立营多次安全胜利地完成护送抗日干部通过平汉路的任务。129 师政委邓小平亲往太行第六军分区（驻柴关）看望独立营时夸赞他们说："你们不怕敌人，敌人却害怕你们。"

在社会主义建设时期，王占国一直在工业战线担任领导职务。1959 年 5 月，王占国调任阳泉矿务局局长。当时正值"大跃进""反右倾"之后，煤炭生产很不景气。为了掌握生产指挥的主动权，他白天下矿了解生产过程的各个环节，晚上在灯下学习煤矿专业知识。经过认真分析研究，发现生产停滞的原因，主要是采煤、开拓、掘进三方面的比例严重失调。他将停滞原因和解决办法写成书面材料向局党委报告，取得了党委的支持。在三年调整时期，他把扭转失调的工作摆在首位。他指定一名干部在生产处专门负责开拓掘进，同时，在机构上增设开拓科，在生产调度上增添开拓进尺的内容。他组织工程技术人员摸底测算，得出在两年内除保持正常的进尺外，须补亏 3 万米进尺的结论。于是，他亲自带人到矿区坑口蹲点，推广岩巷开拓 16 项先进经验，使 3 万米开拓亏尺在两年内全部补上。

在生活困难时期，为了调动职工的生产积极性，他进行了一系列的改革：在分配上实行"圆班计件，分班计量，个人计分，死级活评"的工资制度，同时辅之以粮食奖励办法；生产管理方面执行技术责任制和岗位责任制；经营方面实行增产节约、增收节支。这些改革为阳泉矿务局全局煤炭产量的持续增长打下了坚实基础，在阳泉矿务局的发展史上写下了光辉的一页。1986 年逝世。

张元生

张元生（1919—1986），平定人。出生在一个相对富裕的家庭，少年时期在平定城读书，成绩优异，民国 24 年（1935）考入省城太原的三晋中学。在国家民族处于危亡的生死关头，他毅然投笔从戎，于民国 25 年 11 月参加了牺盟会，同年加入中国共产党。民国 26 年 7 月，又参加了由中国共产党领导的山西青年抗敌决死队一纵队，开始了他的军旅生涯。

在抗日战争和解放战争中，张元生曾参加过百团大战，青浮、上党、同蒲（两次）、吕梁、汾孝、晋南、洛阳、宛西、宛东、淮海、渡江、两广、进军云南、滇西剿匪等数百次战役战斗，百炼成钢，由一名普通战士逐步成长为军队干部。先后担任排长、连指导员、营教导员、团政治处正副主任、团政治委员、师干部部部长、昆明军区干部部部长、政治部部长、军区后勤部副政委、顾问。1955 年，被授予三级独立自由勋章和三级解放勋章。张元生戎马 50 载，战功累累，成绩卓著，系中国人民解放军的＝一名优秀的军级指挥员和出色的政治工作者。他的事迹被收入《开国将士风云录（第二卷）》。1986 年逝世。

刘伯文

刘伯文（1911—1987），又名宗汉，出生于台湾宜兰县罗东镇。自幼读书聪慧，因家境贫寒，无力深造，15 岁时就跟随父亲当了碾米工人。

民国 19 年（1930），刘伯文随父亲搭乘煤轮从台湾回到大陆，后辗转至南京，进入国民党南京军校第八期就习骑兵，立志学成后报效祖国。九一八事变后，他大胆上书蒋介石，要求赴前线抗日，不料蒋回信说："读书不忘救国，其志可以嘉许。但现在后方即是前方，尔等勿奢谈抗日而自误误人。"民国 22 年，刘伯文军校毕业后留校任教 4 年。

抗日战争爆发后，他再次要求到部队带兵，却遭到亲日派学生的暗算，脑后从此留下了一块碗底大的伤疤。抗日战争胜利后，他先后任国民党甘肃省天水骑兵学校新生队长、陆军总司令部骑兵科科长、天水骑兵学校兵器部主任、副队长等职。民国 38 年 9 月，随陶峙岳将军在甘肃九泉通电起义，当时任补给处上校处长。起义后加入中国人民解放军第一野战军，后调中央总参军训部任骑兵参谋。1954 年 12 月转业到阳泉市城建局工作。1980 年 9 月，加入中国国民党委员会，是阳泉市第一位民革党员。1981 年出任阳泉市城区人大常委会副主任。1983 年以后任市政协副主席、民革省委常委、民革市委顾问、省六届政协委员、省台联理事等职。他还是黄埔军校同学会会员。为了实现海峡两岸人民盼望已久的统一大业，在对台宣传中，他先后有 150 余篇文稿面世，分别被中央人民广播电台、福建前线广播电台（今海峡之声电台）、《团结报》、香港《大公报》《山西日报》《阳泉日报》等媒体采用，其中《故乡行》一文于 1979 年在福建召开的全国对台宣传工作会议上被授予优等奖。他多次被评为省、市对台宣传积极分子和优秀通讯员。

刘伯文于 1987 年 11 月 11 日逝世。临终前，他对妻子和女儿说："我死后，要设法把我的骨灰一半留在大陆，一半寄回台湾——那里有我的许多故旧，还有我的姐姐。"拳拳之心，催人泪下。

赵西

赵西（1905—1988），阳泉市郊区苏家泉村人。20世纪30年代初山西教育学院毕业后，积极参加抗日救亡运动。抗日战争之初，赵西曾协助茅盾先生在西北编辑文艺刊物。民国27年（1938），在兰州加入中国共产党。民国29年辗转至绥西《奋斗日报》社主持副刊工作，因发表激进言论，被国民党特务秘密逮捕，并于民国31年押送至西安集中营。在集中营里，他坚贞不屈，团结一批志同道合的朋友，以文艺为武器，揭露反动派的倒行逆施。民国33年，他被保释出狱，并经友人介绍到潼关中学教书，后又转到民盟机关报《西安工商日报》联合版任编辑。抗日战争胜利后，《西安工商日报》和《黄河晚报》联合呼吁民主和进步，反对反动和倒退。民国35年12月1日，昆明西南联大等校学生反对国民党发动内战、迫害进步师生，遭到反动军警镇压，造成"一二·一"血案。《黄河晚报》对昆明学生表示同情，加以声援，他在该报杂文副刊《夜哨》上撰文，吁请各界支持昆明学生的正义行动，严惩屠杀学生的凶手。在《黄河晚报》被查封和编辑被追捕的情况下，他连夜搭车东去上海，在中共上海地下组织领导的进步刊物《文萃》社工作，该刊被迫停刊后，又应北平友人邀请，匆匆北上，到北平主编《雪风》报刊。民国37年，在中共地下党的帮助下，他到了向往已久的解放区，在华北大学工作。中华人民共和国成立后，他应民盟主席张澜先生和胡愈之之邀，并经中共党组织同意，调光明日报社工作。他不辞劳苦地到各地采访，回到编辑部又精心地处理稿件，因而受到了报社领导和广大职工的尊重与爱戴。后当选工会主席，为报社的职工办了许多好事。"文化大革命"中，赵西被加上"叛徒""反革命"等诬蔑不实之词，身心受到严重摧残。从此体弱多病，但精神稍好时他总是手不释卷，每天都要坚持阅读报刊。1978年以后，他应出版单位之约，准备编撰《中国文学史稿》，但终因病魔缠身，经常住院，无法执笔。1988年在太原逝世。

冯文德

冯文德（1916—1988），女，原名子斌，祖籍盂县，后迁至寿阳大峪村。民国26年（1937）5月加入中国共产党。抗日战争开始后，她毅然离家出走，参加抗日救亡工作。先后在寿阳县抗日救国会、平定（路北）县妇救会、二专区妇联担任领导职务。她十分关心妇女的解放和命运，常以自己的遭遇现身说法启发妇女积极参加革命。当时，平定（路北）县抗日政府的主要妇女

干部，都是她一手培养起来的。她不畏艰险，经常活动于游击区和敌占区，灵活机智地开展工作。在艰苦的革命岁月里，她与一道革命的赵正之（郊区荫营人）结为伉俪。民国28年的一天，日伪军包围了平定（路北）县的甘泉井，正在村里开展工作的冯文德和丈夫赵正之在危急之中誓不当俘虏，双双从高崖上跳下，结果一个挂在树上，一个跌进土堆，二人得以脱险。中华人民共和国建立后，冯文德转至经济战线工作，先后在中国煤建公司、贸易部、华北油脂公司、北京市纺织品公司等单位任职。1988年在北京逝世。

张瑾瑶

张瑾瑶（1925—1988），平定北庄村人。幼年家贫，曾奔波于两省（河北、山西）三市（阳泉、榆次、石家庄）间谋生，先后干过拉脚车、下煤窑、卖砂锅、摇煤球等12种苦力。民国35年（1946）参加解放军，转战大江南北，荣立两次三等功，并在部队里识字、学文化，脱掉了文盲帽子。1952年转业后，放弃留在城市工作的优越条件，主动申请到深山老区、条件极困难的黄统岭乡神峪村担任了小学教师。

神峪村和附近的白石头、神水泉等小山庄，从未建过学校。为改变山区文化落后状况，张瑾瑶不顾山高路险，为三村办了巡回学校。后来，在三村交界处，利用两眼破窑洞创办了神峪口学校，后改名为红育口小学。为使贫困儿童都能入学，他在坚持办全日班的同时，又因地制宜办起了早班、午班、半日班、炕头班，还为牧童办起山头班。对有残疾的儿童，他亲自背到学校读书。在搞好普通教育的同时，还在三村办起农民夜校。他经常通过开展勤工俭学活动使学生从小养成热爱山区、热爱劳动的习惯，并学会多种生产技能；同时也改善了办学条件。多年来，校办林场由小到大，面积发展到500余亩，植树30万株。在20世纪60年代，每年仅苹果、花椒两项收入就达2000多元，免除了学生的学费、书费、文具费，学校做到了办公费、烤火费自给有余。30多年来，他先后为国家培养出700多名有用人才。其中有3名进入大学深造，62名升入中专和高中学习，100余名担任了乡村干部，78名成了农林牧技术员和民办教师。60年代国家困难时期，他不仅谢绝了群众给自己的口粮补助，而且用自己的口粮救济最困难的群众。在洪水暴发时，他冒着生命危险抢救群众的生命财产；在天黑路滑的雨夜里，他跋山涉水为病人到外村买药治病。当地群众称赞他为“红色的山乡教师”。他改革创新的办学经验受到了党和政府的高度重视，1964年，中共平定县委作出决定，号召全县人民向优秀教师张瑾瑶学习。山西省委、省政府对他的办学经验也给予很高的评价。省委书记王大任在《人民教师的好榜样》一文中称：“张瑾瑶同志和神峪口小学所走的道路，代表了山区文化革命的方向。我们如果把张瑾瑶同志誉之为无产阶级教育家，他是当之无愧的。”他多次被评为省、地、市、县先进工作者。1960年7月加入中国共产党，1964年当选第三届全国人大代表。他的模范事迹曾被省内外不少报刊登载介绍，他的办学经验在省内外都有影响。1971年以后，张瑾瑶历任平定县县委常委、县文教部部长、县革委副主任、县政协副主席以及省政协第四届常务委员会委员等职。

1988年张瑾瑶逝世后，遵其遗嘱，骨灰被安放在红育口学校的青松岭上。为表彰他的不朽业绩，中共平定县委、县政府于同年9月在红育口为他树起了纪念碑，以昭后人。

张进德

张进德（1934—1988），阳泉市郊区三泉村人。1961年加入中国共产党。1966年出任三泉大队大队长兼党支部副书记，1978年任党支部书记。1986年被评为山西省特级劳动模范和阳泉市优秀企业家。中共十三大代表。

张进德是主动放弃“铁饭碗”，自愿回村改变家乡面貌的。20世纪60年代初，三泉村泉眼闭流，土地干裂，民心思水，张进德上任伊始，第一步就是抓水找水。为了寻找水源，他冒着生命危险带头到挖过煤的废井巷探水。打井时村里购回绞车，但没有人会开，他就亲自操作，一干就是半个月。他带领村民拦河筑坝，引水上山，挖渠铺管10000米，解决了生活用水，完善了水利设施。70年代初期，村民的生活水平处在贫困线以下，有个小队劳动日分值仅9分钱。为了提高分值，他在村里办起了铸造厂、耐火砖厂、砖厂，并扩大了煤窑、加工厂的生产规模，到70年代中期，全村总收入达到80余万元，劳动日工值突破2元钱。中共十一届三中全会后，他带领村民设法变地下副业为地面企业，变采掘业为加工业，并大力发展第三产业，重视发展信息，引进竞争机制，实行规模经营，使集体经济有了长足发展，到1987年，三泉村年生产总值达到1330万元，人均收入1200元，被誉为“乡镇企业一枝花”。

村集体经济发展了，张进德又着手积极改善村民的精神文化生活。先是贷款8000元兴建了影剧院；后来又组建了业余晋剧团、曲艺宣传队、篮球队、拔河队等，并长期坚持活动。

1984年9月，在他的倡导下，三泉村成立了阳泉市第一个农村体育协会，并于同年主办了阳泉市首届村级农民运动会，在全市引起较大反响，还被国家体委授予“全国体育先进单位”称号。

在他为工作辛勤奔波的日子里，他的三个女儿相继逝世，他常常自责没有尽到父亲的责任。在他最小的女儿病危弥留之时，恰逢村上煤窑发生了事故，他硬是把眼泪咽到肚子里，离开女儿奔向了煤窑。1988年逝世。

田志斌

田志斌（1920—1989），河北井陉县马头山村人。民国27年（1938）参加革命，民国29年加入中国共产党。田志斌出身贫农，未曾上学读书，青少年时在农田劳动。

抗日战争爆发后，田志斌积极参加抗日斗争，先后担任抗日自卫小队长，井陉县区青年抗日先锋队中队长、大队长和区人民武装大队指导员等职。他积极组织民兵和当地人民武装力量进行游击战，并参加了著名的百团大战。

解放战争时期，他曾任井陉县敌工部副部长、二区、三区区委书记。其间做了大量争取敌伪工作和土地改革工作。民国38年8月，他参加了军事接收大同煤矿，而后转业到大同矿务局工作。历任同家梁矿副矿长、支部书记，四老沟矿总支书记、代矿长，大同矿务局地质处、生产处副处长、处长，大同矿务局副局长等职。1977年7月，调西山矿务局，先后任局党委副书记、革命委员会主任、局长职务。1980年4月，调阳泉矿务局任党委书记，并任中共阳泉市委常委。这期间，他针对阳泉矿务局的实际情况，开展形势教育，加强政治思想工作，稳定了干部职工的思想情绪，年年超额完成生产任务。1982年5月，又调任山西省煤管局副局长，同年离休。1983年受山西省委、省政府的委托，担任省人民政府煤炭资源规划领导组处长和省煤炭资源管理委员会副主任职务。在新的岗位上，他组织领导了对全省煤炭资源的统一规划划分工作，有效地解决了重复规划、重复建设问题，并组织编纂了《山西省煤炭资源图集》，为山西煤炭事业的发展继续发挥作用。

田志斌从事煤炭事业40年，积累了丰富的煤矿生产建设和经营管理经验。他勤奋好学，襟怀坦白，注重调查，干练果断，性格直爽，生活俭朴，具有高度的革命事业心和责任感，为社会主义革命和社会主义建设事业作出了贡献。1989年9月15日逝世。

冯 梓

冯梓（1909—1989），平定东锁簧村人。北方陆军军官学校第一期炮兵科毕业。民国20年（1931）参加傅作义领导的国民党军队，从35军见习军官一路升迁，直到上校团长、少将副师长、师长，积极投身于抗击日本帝国主义的民族解放战争。先后参加了著名的绥远、平型关、忻口会战、绥南、绥西、包头等战役。

民国38年（1949）1月北平和平解放后，冯梓跟随傅作义、董必武，毅然接受中国共产党和平方式解决绥远的主张，积极协助傅作义将军策动起义，在创造著名的“绥远方式”解放华北的过程中发挥了重要作用。

全国解放以后，冯梓加入了中国人民解放军。历任37军副军长、23兵团107师师长、第69军107师师长、69军副军长等职。1951年，冯梓奉命赴朝，出色地完成了工作任务。

从朝鲜回国后，冯梓更加努力工作，率领部队出色完成了军事训练、国防施工、营建生产等各项任务，受到上级表彰和广大官员的尊重。1955年，被授予大校军衔。1968年11月，被聘任为北京军区后勤部顾问。1979年，冯梓加入了中国共产党。

1981年3月离休，享受正军级待遇。1988年7月，被授予中国人民解放军胜利功勋荣誉章。1989年在北京逝世。

侯有智

侯有智（1913—1989），山西左权人。民国26年（1937）参加革命，次年加入中国共产党。民国28年9月始，历任左权合作社社长，中共左权县委秘书、区长、区委书记，昔阳县副县长等职。

中华人民共和国成立后，侯有智历任中共昔阳县委宣传部部长、昔阳县县长，榆次专区手工业联社主任，山西省手工业联社副主任，平定县县长，阳泉市副市长，中共阳泉市委常委、秘书长，市委财贸部副部长、统战部部长等职。1980年11月，当选阳泉市政协第五届委员会副主席。

1982年7月侯有智离休。系中共阳泉市第三、四届委员会委员，第四届委员会常委。阳泉市第四至六届人大代表。

苑银亭

苑银亭（1930—1989），河北涉县人。1950年加入中国共产党。中华人民共和国成立前，在八路军修械所、军工部十二流动兵工厂当工人。中华人民共和国成立后，历任国营晋东化工厂动力科技术员、中级技师，阳泉市水泵厂工程师、技术科科长。1954年被评为山西省劳动模范，1955年被共青团山西省委授予社会主义建设青年积极分子称号，1988年晋升为高级工程师。是阳泉市机械工程学会副理事长。他设计发明的软管传动气水压力并联往复深井泵1989年获国家专利。1989年逝世。

武俊和

武俊和（1939—1989），盂县神泉村人。1958年8月参加工作，1962年加入中国共产党。先后担任过牛村中学教师、牛村完小教导主任、牛村联校负责人、县革委政工组干事、县委办公室干事、县委通讯组副组长、县革委办公室副主任、县政府副县长等职。

武俊和热爱教育事业，呕心沥血，辛勤育人，多次被评为模范教师和五好青年。他调入县委、县政府工作后，注重调查研究，为县委、县政府草拟了大量文件、报告、决议等文稿，起到了参谋和辅助决策的积极作用。特别是出任副县长以后，与县政府一班人卓有成效地开展工作，主持制定了文教卫生方面的一系列措施和规划，有力地促进了全县文教卫生事业的发展，1986年盂县被国家教委命名为全国基础教育先进县。

勤学好思，擅长编著。武俊和是中国作家协会山西分会会员和三晋文化研究会会员。他写的很多小说和散文发表在省级以上刊物上。《鲁迅与高长虹》一文在《夜读》杂志上刊出后，得到了很高的评价。他与其他同志合编的《群众语言汇编》一书，印数超过30万册，畅销国内外。他还参与主持《盂县志》《盂县地名志》等的编纂工作。

严于律己，廉洁奉公。武俊和两任副县长，没有为自己及亲属盖过一间私房，没有为子女、亲属的升学、就业、工作调动搞特殊、开绿灯。他率先移风易俗，坚持婚事新办，丧事俭办。他生活俭朴，作风清廉，对索贿受贿等腐败行为深恶痛绝。任职期间，他主持集资100余万元，对藏山文物进行了全面复修。然而，他在陪同老父亲到藏山祠游览时，还堂堂正正买了两张门票，表现了一位优秀共产党员的高风亮节。1989年，因心脏病突发离世。

张步英

张步英（1913—1990），山西黎城人。民国26年（1937）参加革命，次年加入中国共产党。曾任黎城县东阳关区区长，县政府秘书、办公室主任，陵川县县长，太行八专署秘书主任，榆次专署副专员、专员，汾西机械厂厂长，省交通厅党组书记、常务副厅长，省手管局副局长，省社队企业管理局局长等职。1977年9月，调任中共阳泉市委第二书记、市革委会主任。1979年5月，改任省轻工业厅副厅长。1983年离休（享受副省级医疗待遇）。1990年1月逝世。

王 体

王体（1914—1990），曾用名贵祥，平定南庄村人。14岁拜师学艺，出师后当木匠以维持生计。民国22年（1933）至民国29年，在荫营、千亩坪、石卜咀木铺当木工。民国30年到阳泉四矿厂共荣坑当过工头。后辗转返回原籍。民国36年2月，他由平定（路北）县政府介绍到晋察冀第四军分区修械所当木工。民国37年3月转至阳泉四矿机电木工科当工人。1952年担任木工组组长，是当时四矿屈指可数的八级技工之一。1958年9月加入中国共产党。20世纪60年代初，被评为阳泉矿务局和阳泉市劳动模范。他在“文化大革命”期间，于1968年4月受驻矿“支左”部队委托，以老工人代表的身份到北京出席了全国煤炭会议。由北京返晋后，担任阳泉市革命委员会副主任。1969年出席了中国共产党第九次全国代表大会，被选为中共九届候补中央委员。此后，又担任中共山西省核心小组成员、省革命委员会副主任、中共阳泉矿务局委员会第二书记等职。中共十届一中全会上，他再次当选候补中央委员，同时担任中共山西省委常委、山西省总工会主任等职。1982年4月回到阳泉矿务局任顾问，1985年3月离休。1990年1月逝世。

刘岱峰

刘岱峰（1913—1990），曾用名刘岳魁，盂县温池村人。幼时读书勤奋，天资过人，以优

异的成绩先后毕业于太原第一师范附小、进山中学初中班、北京师大附中高中、北京大学经济系和历史系。在学校读书期间，他结识了李一清、王森、裴丽生等中共地下党员及进步青年，于民国21年（1932）10月加入中国共产党。民国24年2月被捕入狱，失掉党的组织关系，于同年5月获释。

中共与阎锡山建立统一战线的初期，刘岱峰与宋劭文等筹备组建山西牺牲救国同盟会，民国25年（1936），他任该会的执委和常委，参与起草牺盟会政治纲领。薄一波等共产党员回晋接办牺盟会后，他积极协助，使牺盟会成为全国青年向往的抗日救国组织。抗战开始后，他受薄一波的委托起草了《民族革命十大纲领》。阎锡山政权迁往临汾后，刘岱峰同往，负责牺盟总会日常事务工作。其间，他组织政治保卫队，保卫牺盟总会和政治处总部。他还多次参加阎锡山的高干会议，代阎起草致蒋报告，组织成立民族革命青年团，广泛吸收中共地下党员和进步青年开展活动。阎锡山政权转移至吉县后，刘岱峰进一步扩充政治保卫队，并将其改称新军209旅，亲任司令。当时，209旅在防御日军进犯、扩大抗日影响方面起到很大作用。刘岱峰还参加了著名的秋林会议，同进步人士一道抵制了顽固分子取消牺盟会及新军的决定，为巩固抗日统一战线做了大量工作。刘岱峰用各种名义疏散、转移革命干部和中共地下党员300余名，为保存山西的中共党组织作出了重大贡献。民国29年，刘岱峰响应中共中央号召，率牺盟总会和青救会等主要负责人到达武乡县八路军总部。副司令员彭德怀代表中共中央和八路军热烈欢迎刘岱峰一行的到来，称赞他为发展抗日武装，保护革命力量起了特殊的作用。民国34年10月，经中共中央批准，由邓小平、薄一波介绍，刘岱峰重新加入中国共产党。中华人民共和国成立后，刘岱峰历任云南省副省长、国家经委副主任、国家建委副主任、国家计委副主任、国家物价委副主任等职。1990年在北京逝世。

韩文媛

韩文媛（1921—1990），女，阳泉市郊区后沟村人。民国29年（1940）8月参加工作，次年加入中国共产党。抗日战争中，历任平定（路北）县区妇联主任、繁峙县区抗联主任和区长、冀晋行署机要科长等职。民国36年阳泉建市后，历任市政府科长、秘书、市委研究员、组织部副部长等职。1950年9月，调中央工作，历任国务院华北事务部工商组织员、建工部华北工程局计划处科长、建材部劳资司工资处处长。1990年逝世。

张恒寿

张恒寿（1902—1991），字越如，又名如、月如，阳泉市郊区官沟村人。著名史学家、思想家。

张恒寿出生于商业资本家兼乡村地主家庭。父亲张士林是家族中的佼佼者，开明绅士，喜爱藏书读书，深明事理，德高望重。张恒寿6岁时生母病逝，在父亲的呵护下长大，故受其影响最深。6岁至10岁，他在私塾兼小学的学校读书，一面念《三字经》《四书》，同时也念国文、算数等科。12岁时，他到离村三里远的赛鱼第五高小读书，三年后毕业。父亲不愿让他远离，便请了一位老先生，教授他四年古书。民国8年（1919），五四运动爆发。次年，他到太原第一中学读书，开始接触新思想、新知识。在学校听了梁漱溟和印度文学家泰戈尔的演说，眼界大开。特别是胡适的《中国哲学史大纲》一书引发了他对哲学的浓厚兴趣。其间，结识了高长虹和石评梅。民国13年，恒寿中学毕业，因继母去世没有上大学，在家闲居一年，读了大量进步书报。次年，他考入北京师范大学预科班，后因其原配夫人和父亲相继病逝而返乡。民国17年，升入北师大，先读英文系，后转入历史系。九一八事变后，他和同乡甄华、郭绳武一起，积极投入抗日救亡运动，在家乡发起成立了“平定青年奋进社”，并举行演讲会，创办图书馆，编发进步刊物，宣传抗日思想，以此揭露和抨击国民党的卖国投降政策。大学毕业后，张恒寿携夫人回到太原，并在一所中学里任教一年半，教授语文、历史等课程。民国23年，考入清华大学文学研究所，选介于文学和哲学之间的《庄子》作为研究课题。导师是刘文典。经过三年多的研究考证，完成了《庄子新探》考证部分的文言文初稿。还曾受教于冯友兰、陈寅恪、闻一多、朱自清等先生，写出数篇有价值的论文，如《六朝儒经注释中之佛学影响》《读〈世说新语〉札记》《庄子与斯宾诺莎哲学之比较》《共工洪水故事和古代民族》均收入他的《中国社会和思想文化》一书中。学习期满，留校任教。民国26年，因患心脏病回到家乡阳泉。次年，他携夫人回北平，准备返校时，清华大学已经迁到了昆明。迫于生计，他给人家当家庭教师、夫人给别人抄稿子度日，却始终不肯到伪大学教书，给日本人做事。抗战胜利后，他到北平国立艺术专科学校任教，兼任北平文法学院中国哲学史副教授，兼代私立辅仁大学的国文课。中华人民共和国成立后，国立艺专改为中央美术学院，他担任该学院副教授。1952年，全国调整院系时，他被调到河北师范学院历史系任教。1978年，张恒寿晋升为教授，当选河北省政协常委。1982年，他以80高龄开始招收研究生，先后三批。教学之余，他写了许多关于中国古代史和哲学史的论文和著作。

张恒寿学识渊博，治学严谨，悉心于中国历史、哲学和文学研究，造诣很深，主要著作有《庄子新探》《中国社会与思想文化》《韵泉室旧体诗存》等。张恒寿推重人格，道德与文章并辉，深受学术界的景仰和爱慕，可谓德高望重，曾担任中国哲学史学会顾问、中国孔子研究会顾问、河北省社会科学联合会副主席、中国史学会理事、河北省历史学会会长等社会职务。1991 年 3 月 7 日逝世。

张元福

张元福（1929—1991），盂县贺村人。中共党员。民国 34 年（1945）在盂县新民学校读书时参军，一直是文职干部。民国 38 年，南下加入中国人民解放军第二野战军，任西南军区后勤部干部部副科长。1954 年立过二等功，贺龙司令员、邓小平政委曾为其签发嘉奖状。泥河乡政府给其家属颁发“为国立功”大木牌匾。1955 年，到北京军区总后勤部政治部干部部任科长。朝鲜战争停战后，曾以总后干部身份去朝鲜慰问和考查干部回国工作。1969 年参加完天安门观礼后调新疆建设兵团，历任农四师某团政委、师政治部主任。1975 年，又调石家庄解放军高级军械技术学院，历任二系政委、政治部主任。1983 年，调武汉解放军高级后勤学院任副政委（副军级）。1989 年离休后，转解放军总后勤部石家庄干休所。享受正军级待遇。1955 年第一批授予少校军衔。1964 年 5 月晋升中校军衔。1991 年 7 月 6 日逝世。

胡之江

胡之江（1920—1991），广东汕头人。民国 33 年（1944）4 月加入中国共产党，先后任中共北京地下联络员，晋察冀边区华北抗日联大学员、区助理员、区日报社编辑，五台县农会宣传部部长，冀晋区第二师范、省立平定师范老师。中华人民共和国成立后，历任阳泉工矿区职工报社编辑，中共阳泉市委宣传部秘书，市委理论教员，市委文教部副部长，市教育局局长、副市长，市委宣传部副部长等职。1965 年 10 月，任阳泉市副市长。1975 年后，任中共阳泉市委文教部部长、市革委会副主任。1982 年当选阳泉市政协第六届委员会副主席、党组副书记。1983年离休。1991年8月逝世。

侯新泉

侯新泉（1934—1991），山西昔阳县安家庄村人。1953年平定师范毕业后分配到昔阳县路家峪小学任教，次年10月加入中国共产党。1955年始，先后任昔阳一完小教导主任、昔阳李家沟小学校长，同年10月调任县级机关干部文补校负责全面工作。其间，参加了山西师范学院语文函授专修科学习。1958年7月任昔阳县委报社编辑、主编。1959年3月任昔阳县冶头公社办公室主任，同年8月调县委办公室任干事。1959年8月至1968年10月，先后任晋中地委文教部、宣传部干事。1968年10月，调晋中地区“五七”干校（后改为党校）做组织人事工作，先后任政工组副组长、党委委员、政工科科长等职。1978年至1981年，先后任晋中地区外贸局办公室副主任、政工科科长，晋中地委纪检委办公室主任等职务。1982年1月至1990年4月，任盂县县委书记。在任期间，经济社会等各项事业均有较大发展。1985年，全省社会治安综合治理经验交流大会在盂县召开。因盂县的小学入学率、巩固率、毕业率均达99%以上及高考录取生逐年增加，1986年他出席了全国基础教育先进县表彰大会。1989年，盂县工农业总产值突破5亿元，财政收入达到4000万元，均创历史最高水平。1990年5月，侯新泉任阳泉市人大常委会党组成员。1991年3月，在阳泉市第九届人民代表大会第五次会议上当选市人大常委会副主任。同年9月23日因车祸不幸逝世。

任直生

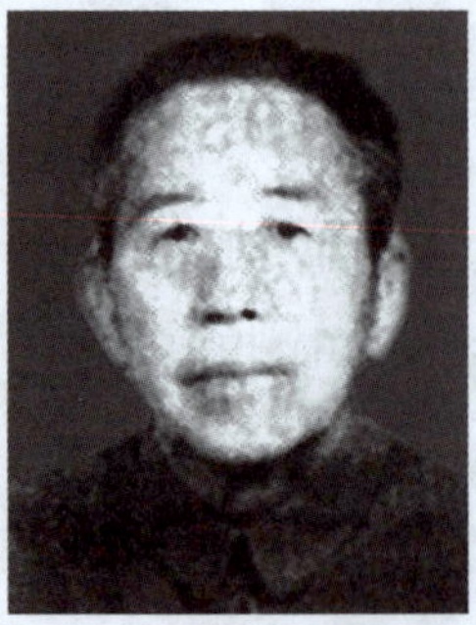

任直生（1918—1991），山西孝义县城关楼东村人。出生于一个商人家庭，自幼勤奋好学。高小毕业后考入太原国民师范，因参加纪念“九一八”三周年游行示威和签名运动，遭当局通缉而辍学。民国26年（1937）3月，在孝义参加牺盟会，做宣传工作。10月到八路军总部随营学校学习。民国27年3月，在延安抗日军政大学第四期学习班学习，同年5月加入中国共产党。后历任115师晋西支队秘书、教导队政治指导员、鲁西北军区政治部宣传科科长、冀鲁豫第三军分区教导大队政委、整训团主任、第七军分区后勤政委。民国 32 年 3 月，再次到延安中央党校学习。抗日战争结束后分配到东北，又调晋绥边区，历任北线财经工作队副队长、晋绥野战司令部秘书、晋绥随军工作队支书、晋绥行署秘书，吕梁区党委城工部晋南工作组长、研究科长，吕梁区临汾前线工作组组长。曾参加解放包头、归绥、大同、临汾等战役，还曾作为解放军代表进城与国民党大同守军谈判。中华人民共和国成立后，历任中共山西省委政策研究室秘书科长，阳泉矿务局计划处处长及党总支书记、局党委副书记、第二书记，中共阳泉市委秘书长、宣传部部长、常委，市革委会副主任。1980 年 5 月调任山西省地方志编纂委员会办公室副主任。1983 年 10 月离休。1991 年 9 月逝世。

郭汉三

郭汉三（1920—1991），原名郭万杰，阳泉市郊区东村人。阳泉市二轻工业的创始人之一。民国 24 年（1935）小学毕业后，到河底镇大顺公铁店当店员。民国 26 年 10 月，日军侵占阳泉。郭汉三受抗日思想影响，投身于革命，并担任了东村小区的青救会主任。他带领民兵破交通、割电线、除汉奸，积极宣传党的抗日主张，做了很多抗日工作。民国 31 年，郭汉三任教于东村民办公助学校。民国 33 年，东村组织生产合作社，郭汉三被群众推选为合作社主任。他在山底村发动 20 多名铁业手工业者开始尝试“羊圈炉”生产。他还组织了一支群众运输队，用毛驴将境内产品驮到河北省洪子店贸易公司，换回群众所需的日常生活用品，深受村民拥戴。他领导铁业工人试制手榴弹壳、地雷壳，亲自背着手榴弹壳和地雷壳翻山越岭到平定（路北）县委驻地进行鉴定，合格后，这些产品源源不断地被送到抗日根据地兵工厂，有力地支援了抗战。抗日战争胜利后，郭汉三调任平定县铁业联社主任。民国 35 年 3 月，加入了中国共产党。次年 5 月阳泉建市后，他历任阳泉铁业推进社副主任，煤铁支公司生产部部长，阳泉市供销合作社副主任，手工业生产联社副主任、党委书记，全国手工业生产联社理事会理事，阳泉市手工业管理局局长，阳泉市第一工业局局长等职。其间，他千方百计地解决了手工业生产的资金、厂房、设备、销售等多方面的问题，同全市手工业者一起为了阳泉的手工业发展作出了不懈的努力。1960 年后，他先后担任阳泉市经委副主任、市物资局局长、市重工业局局长等职。他积极组织恢复传统名牌产品生产，大力开发“全国短线、全省缺门”的新产品，使粉末冶金、机制铸铁管、铁皮印刷、玛钢管件、泡沫塑料等新产品在阳泉先后问世，填补了山西省的空白，使阳泉的手工业生产逐步形成了多行业、多品种的二轻工业生产体系。1979年4月，郭汉三任阳泉市革命委员会副主任。1984年任阳泉市二轻局巡视室主任。在1984年12月召开的阳泉市集体工业联社第五届社员代表大会上，郭汉三当选阳泉市集体工业联社理事会名誉主任。1991年10月7日逝世。

郭存华

郭存华（1912—1991），山西昔阳县人。民国30年（1941）加入中国共产党。历任昔阳县二区联防队长、武委会主任，太谷县武委会参谋长，六区区委书记等职。中华人民共和国成立后，历任中共太谷县委组织部部长、县委书记、中共晋中地委委员兼榆次县委书记，中共平定县委书记。1958年6月至1961年6月，任中共阳泉市委副书记。后任中共长治市委副书记，中共晋中地委常委、地委农工部部长、行署副专员等职。1983年12月离休。1991年逝世。

许志林

许志林（1915—1991），乳名锁来，阳泉市郊区老虎沟村人。他3岁母亡。14岁时，因家境极度贫寒到蒙村沟“济生矿”下煤窑。“济生矿”窑主荆羊小曾创办以“窑黑子”为班底，取名“图乐班”的半工半戏剧团。小锁来生得眉清目秀，相貌俊雅，而且天生一副好嗓子，遂被荆掌柜看准，收入剧团，工刀马花旦。

锁来学戏“开窍”，加之肯下功夫，不到一年就将师傅的“拿手戏”《杀楼》《杀狗》《打雁》《双锁山》的大路子戏学到手，于15岁登台演出。三年后，又拜人称“疤老旦”的张宝善为师，取官名许志林，继续学艺。19岁时，加入演员阵容强大的盂县“快班”，与“万人迷”王玉儿、“太谷灯”王栋、“白玉鸟”郝喜儿等诸多名家同台演出，台上“偷”人之所“好”，台下练人之所“精”，不断追求艺术上的高水平、高境界。他的扮相妩媚俏丽（男演女角），唱功做功俱佳，人送艺名“抓心旦”。观众有“看了抓心旦，三天不吃饭”之说。

抗战时期，许志林参加了平定（路北）县大队组织的文工团，经常演出《反徐州》《反唐邑》《火攻计》等剧目，颇受抗日根据地军民的欢迎。民国36年（1947）5月阳泉建市，许志林受市领导任朴斋、武庆贺、韩德三等人的委托，带着150元“济南票”奔走于盂县、平定县，召集昔日戏友和零散艺人组成了新华剧团（阳泉晋剧团前身）并担任团长。经过短期排练，推出了《武圣宫》《雁塔寺》《逼上梁山》《明公断》等剧目。在新华茶园（后改称人民戏院）演出，41天不演重戏。其间，郭兰英、郭凤英、程玲仙等太原、晋中的名艺人也来客串演出，活跃了阳泉人民的文化生活。

20世纪50年代初期，许志林转到阳泉二矿剧团工作。1991年逝世。

李杰文

李杰文（1967—1992），平定榆树院村人。1992年2月23日上午，在平定县城关镇后沟村有4名四川籍的歹徒结伙偷盗村民的东西，村民左富兰发现后，就赶去喝止。正在后沟村帮助姐姐干农活的李杰文听到喊声，立即起身去抓歹徒，并将跑在最后的一名歹徒抓住。前面跑掉的3名歹徒见同伙被抓，折回解救，其中一名歹徒手持三棱刮刀，猛刺李杰文等人。在搏斗中，李杰文被歹徒刺中背部、胸部，倒在了血泊中再也没有起来。

李杰文是一个朴实忠厚的农民，面对歹徒不法行为，不顾个人安危，见义勇为，为保护他人的生命财产献出了年轻的生命，年仅25岁。1994年4月1日，山西省人民政府社会治安综合治理委员会授予其山西省人民群众见义勇为同违法犯罪做斗争先进分子称号。

蒋若鲁

蒋若鲁（1919—1992）江苏泰兴人。民国27年（1938）参加革命，主编《民力日报》。民国29年参加新四军，次年加入中国共产党。曾任泰兴县抗日民主政府科员，征粮工作队指导员，蒋华区区长，广陵区区长，苏中行政公署前方工作队指导员、秘书，苏皖边区一专署科长，华东野战军总政训练处副科长、教导员等职。

中华人民共和国成立后，蒋若鲁先后担任阳泉工矿区副主任、阳泉市各界人民代表会议常务委员会副主席、山西省政府主席办公室主任、辽宁朝阳钢铁厂筹备处负责人、国家建材部技术情报研究所总编辑等职，曾主编《当代中国建筑材料工业》等著作。1982年离休。1992年5月逝世。

田泽仁

田泽仁（1913—1992），山西五台人。民国28年（1939）参加革命，同年加入中国共产党。抗战时期，曾先后担任中共五台县四区区委书记、县委城工部部长、组织部部长、县委副书记、书记等职。解放战争期间，历任中共盂县县委书记，中共晋中一地委组织部部长。1949年前后，曾任中共忻县地委组织部部长兼纪律监察委员会主任。1952年6月后，任太原重型机械厂党委书记、山西机床厂党委书记。1963年，任阳泉矿务局党委书记。1974年后，任山西经纬纺织机械厂党委书记、山西省轻工厅副厅长、山西省纺织厅厅长等职。1982年离休。1992年3月逝世。

商子和

商子和（1907—1992），又名商福贵，阳泉人。出身于农民家庭，民国6年（1917）始先在本村私塾、国民小学读书，后就读于平定县立第五高小、平定中学、山大预科文史班。民国24年毕业于山西大学法律系。曾任天津市土地办事处职员，平定县女子师范学校教员，山西人民公营事业董事会办事员，山西省教育会文牍员，山西省教育厅科员，山西省立桐旭医专文书系长、护士班国文教师，山西省川至医专国文讲师、文书组长，北平市山西临时中学国文教师等职。中华人民共和国成立后，任教于祁县中学、阳泉一中。1957年加入中国民主同盟会，是阳泉市民盟支部第一至四届主任委员，民盟阳泉市委顾问，阳泉市第一届政协委员，阳泉市政协第二至六届委员会副主席。

商子和有强烈的求知欲望和高度的爱国热情，在平定中学学习期间，经中共党员甄华介绍、中共山西省委王瀛批准，担任了联络员，秘密与中共山西省委派到阳泉的干部赵秉义和铁厂党员侯富山联系，转送上级指示和活动经费，并将自己的家作为联络站，热情接待往来阳泉的中共山西省委领导人。太原学习期间，适逢九一八事变发生，他参与了大中学生集队向国民党山西省党部的请愿和示威游行，捣毁了省党部门窗并查封了省党部；又接受甄华指示，与李福和、姬乾元等返回平定，组织青年学生200多人，查封了国民党平定县党员登记处，赶走了负责人周雯。商子和还与在北平各大学就读的甄华、张恒寿、郭绳武、董书芳联络，返回故乡，建立“平定青年奋进社”，创办《奋进》《平定评论》杂志，积极宣传民主进步思想。在山大法律系学习时，商子和兼任留并平定同学会理事，曾代表平定籍学生会参加平定各界“请减免正太路煤炭运费后援会”，并被推选为请愿代表之一，向国民党山西省政府及石家庄铁路局、南京铁道部请愿，迫使铁道部当局决定增加阳泉运煤捐费，补助平定教育经费的不足。

商子和从事教育工作40年，忠于职守、呕心沥血，深受师生敬重，曾多次被评为模范教师。

在民盟主持工作期间，商子和为民盟的组织发展，为巩固和发展爱国统一战线及祖国统一大业作出了贡献。1984年，民盟发挥组织优势，举办了振华学习班。为使补习班顺利开班，年逾古稀的商子和扶杖奔波于有关部门。开班后，他又深入到学生中了解情况，解疑释难。经过师生通力合作，到1985年，仅以理科班为例，69人中就有54人被大中专院校录取，受到了社会好评。

商子和在兼任市政协副主席期间，积极参加主席会、常委会和有关专委会的活动，对全市重大问题和人民群众普遍关心的重点、难点、热点问题，竭尽全力调查研究，写提案，献良策，积极参政议政。他经过调查研究，写了《关于房管局新建楼房要提高质量和解决住房配套工程》《关于抢救我市文史资料以免老人死后无法查证的问题》《请按照干部四化精神将能干的中年委员选进常务委员会的建议》等许多提案。他还带头撰写有关抗战史料，将自己十几万字的亲历、亲闻、亲见的各种有价值史料，提供给省、市、县等有关方面。1976年离休。1992年5月6日逝世。

贾子祥

贾子祥（1924—1992），又名凤兆，平定上冶头村人。出生在一个普通农民家庭。民国26年（1937），中国共产党在晋东一带建立抗日民主根据地时，13岁的贾子祥担任平西县抗日政府勤务兵，闲时还参加县剧团的演出。他编演的戏剧《军民抗战》、圪杂嘴《如今青年不简单》深受群众欢迎。民国31年，他编演的迓鼓《军民齐抗战》，鼓舞了抗日军民反“扫荡”的热情，根据地的《胜利报》还发表了他的这篇作品。解放战争时期，他回到原籍组织业余剧团，任团长兼导演，编演了《翻身记》《捉汉奸》等剧目。中华人民共和国建立后，他到阳泉铁厂当了质量检查员，还参加了厂业余剧团并任团长，编演了评说《讲卫生》等。在中华人民共和国成立10周年之际，他同王勤、王全福、杜受仁等把广场民间艺术迓鼓《十年巨变》搬上舞台，参加了晋中百花文艺会演，并被授予“评说家”的称号。1962年6月，在中共山西省委宣传部和省群众艺术馆的主持下，他同侯志邦等7人拜评说老艺人郗富根为师。这个阶段，编演了评说《刘关张》《看稀罕》《扑克迷》《计划生育》等。20世纪70年代开始，他编演了《打虎新传》《巧相逢》《夜宿甘泉》等，他表演的迓鼓坐唱《找矿长》在省城演出轰动一时，受到观众的一致好评，并被省文化局、省曲协授予“在曲艺工作中作出卓越贡献的老曲艺工作者”称号。

贾子祥在长期的评说艺术生涯中，由于抓题材及时，反映现实，生活气息浓厚，加上他绘声绘色的表演，给观众留下深刻的印象。他把相声的说、学、逗、唱手法运用到评说表演中，增强了评说的表现力；在表演方面，他注重眼、手、身、步的简而不繁，动作得体，以情感人，朴实无华，因而使他的表演技巧自成一体，初步形成了独具一格的评说表演艺术流派。他多次参加各类文艺会演，足迹遍及华北及山西各地，创作演出迓鼓、评说、相声、戏剧300多个。其中有40次获省、市一等优秀演员奖，30次获省、市一等创作奖；发表作品15件，代表作有三人评说《训子》、对口评说《采煤工》、相声《张师傅》、迓鼓《十年巨变》、迓鼓坐唱《找矿长》等。1984年，他还参加了山西电视台的电视剧《婚礼上的儿歌》《无字的歌》的拍摄，两剧均获全国和省一等奖。生前，贾子祥曾担任中国曲艺家协会会员，山西省曲艺家协会理事、山西冶金文联常务理事，阳泉市文联委员、阳泉市政协委员，阳泉市曲艺家协会理事长、名誉主席等。其小传被收入《中国文艺家传集》。

赵增益

赵增益（1920—1993），平定宋家庄村人。幼时读过6年私塾，当过4年店员。民国25年（1936），在家乡参加了牺牲救国同盟会和抗日先锋队。次年5月，考入山西新军国民兵军官教导第五团，10月加入中国共产党。在抗日战争和解放战争时期，曾任晋东抗日游击队党委委员、九龙支队政委，八路军129师10旅28团政治处党总支书记，太行军区第二军分区情报处副处长，晋冀鲁豫军区情报处长，中原军区运输司令部参谋长，二野三兵团作战处长等职。其间，曾参加百团大战和淮海、渡江、解放大西南等重大战役。在从事侦探、情报、参谋工作时，特别重视敌情研究和敌区情报网建设。在太行二分区时，曾4次乔装商人深入虎穴，与内线情报人员接头，指导并部署工作，为抗日战争和全国解放作出了积极贡献。中华人民共和国建立后，赵增益历任中共川东区委秘书长，云南省昆明市委副书记兼总工会主席，云南省委副书记、常务副省长，江西省省长、省委书记、省顾委主任等职。

在长期的革命生涯中，他一贯坚持深入基层，倾听群众意见，作风扎实，平易近人，顾全大局，不唯上不唯书，善于思考，创造性地开展工作。1982 年 8 月调江西省工作，近两年时间就跑遍了江西 97 个县市，进行了深入细致的调查研究，并会同有关专家、干部撰写了《江西省情汇要》，为江西省的全面发展，提出了有价值的发展思路。1985 年，任中共江西省顾问委员会主任。是第五、六届全国人大代表，中共十三大、十四大代表。他一生严于律己、廉洁奉公。在昆明工作期间，办公室和住房都是因陋就简的旧房。1990 年离休。1993 年 2 月 27 日在上海逝世。

周　璧

周璧（1919—1993），字伯宇，又名邵夕，平定城里人。民国 25 年（1936），在太原参加中华民族先锋队及牺盟会。次年 7 月加入中国共产党。先后任中共冀晋特委昔阳县委书记、元氏中心县委书记、赞皇县委组织部长、榆次中心县委书记、昔东县委书记及太行一地委组织部长、地委副书记、地委书记兼军分区政委等职，积极组织群众开展土地改革和支援全国解放工作。民国 38 年 4 月，在担任太行区临时党委宣传部部长时，组织太行地区 3000 余名南下干部，经过 4 个月的艰难历程，于同年 8 月到达福州，历任中共福建省委副秘书长、秘书长等职，积极开展剿匪、土地改革和镇压反革命斗争。1952 年 8 月，调上海工作。历任总工会秘书长、第二工业局局长、中共吴淞区委书记、冶金工业局党委书记兼局长、市工业生产委员会主任兼党委书记。

“文化大革命”期间，周璧遭受迫害，被下放到“五七”干校劳动。1973 年 5 月，恢复工作。先后在上海电缆厂、汽轮机厂工作。1976 年 12 月，受中共上海市委委派，主持上海石油化工总厂筹建工作，任总指挥和党的核心小组组长。1978 年 5 月起，先后任上海市工业交通办公室主任、市经委主任兼党组书记、市人大常委会委员兼生产委员会主任。1985 年 7 月被选为政协上海市第六届委员会副主席。

在上海的 40 年中，周璧历任中共上海市委一、二、三届委员，上海市一至九届人大代表。1987 年 10 月始，还先后担任上海石油化工总厂厂史编纂委员会顾问、上海实业总公司董事长上海企业家协会会长、中国企业家协会副会长等职务。1993 年 10 月 16 日逝世。

武金厚

武金厚（1917—1993），盂县獐儿坪村人。民国26年（1937）9月参军，次年7月加入中国共产党。历任晋察冀军区直属特务1连排长、新编47团1连连长、华北第四纵队10旅1营1连连长、华野29团2营营长。平津战役新保安战斗后，任28团副团长、团长。1951年入南京中国人民解放军军事学院学习。1954年毕业后，任64军192师副师长。1960年授予上校军衔。1963年任64军副参谋长。1968年任64军副军长。其间，曾获三级独立自由勋章、三级解放勋章，1988年获独立功勋荣誉章。

在抗日战争时期，他参加了平山城战斗和百团大战。在反敌“铁壁合围”扫荡中，腿部中弹负伤，仍坚持浴血奋战。被送往后方医院养伤期间，参加了抗日军政大学四大队的军政学习。解放战争时期，先后参加了张家口战役、正太战役、挺进冀东等战役。在平津战役中，他所在的四纵队攻打新保安敌35军，他率所部二营负责攻打新保安火车站，毙伤敌300余人，并和兄弟部队攻入新保安城内，攻占敌35军军部，俘敌副军长以下军官15人（敌军长郭景云已重伤）。新保安战斗胜利结束后，他任营长的二营荣立集体一等功。

中华人民共和国成立后，武金厚为部队的军事训练和正规化建设作出新贡献。1983年9月，他在辽宁省军区顾问的岗位上，以副军职离休。1993年在沈阳逝世。

甄 华

甄华（1908—1994），原名甄梦笔，字子华，阳泉市郊区三泉村人。民国11年（1922）赛鱼高小毕业，后考入平定中学。民国15年1月初，加入中国共产党，任阳泉境内第一个中共基层组织——中共平定特别支部书记。

第一次国共合作时期，甄华根据上级指示，以个人身份加入国民党，并任国民党平定县临时党部负责人。民国15年（1926）8月，考入太原三晋高级中学，曾任该校党支部书记。民国16年6月，国民党山西党务改组委员会通过通缉共产党员名单，为保存革命力量，中共上级党组织指示三晋中学支部所属党员，必要时转移到乡下活动。7月甄华返回三泉村。民国17年8月，赴北平考入中国大学。后再次到太原找党组织，未能如愿。回村度假时被告密，春节前遭捕，被押送太原国民党省党部拘留所受审，以思想“左”倾之罪名被送入“自新院”。8个月后，由同乡孙汝蓉（时任绥靖公署机要科长）保释出狱。民国19年，甄华再次赴北平，考入北平大学艺术学院。

民国20年（1931）冬，甄华与同乡张恒寿、郭绳武、董书芳一起回到平定筹备并建立平定青年奋进社，被推选为副社长。他撰写的《按而不登查》《我们》等文章，分别刊登在《平定评论》《奋进》杂志。甄华还在学生会上作了题为《关于“九一八”事变和抗日救国问题》的演讲。民国22年大学毕业后，甄华争取到出国留学津贴，东渡日本考入明治大学。在日留学的4年间，甄华花费不少精力和时间，了解和研究日本当局的侵华政策，广泛结交日本进步青年和下层人士，为后来从事敌工工作打下了基础。

民国26年（1937）5月，甄华回国。同年10月，他参加第二战区民族革命战争战地总动员委员会，23日恢复（中国共产党）组织关系，历任动员会宣传团团长、二战区民族革命大学晋西北分校政治部主任、动员会供给部部长。民国28年后，甄华先后任晋察冀军区政治部科长、副部长、部长及冀中区党委政工部部长等职，多次出色完成了组织安排的工作任务，被誉为“敌工匕首”。

解放战争时期，甄华先后担任晋察冀军分区联络部副部长兼野战军联络部副部长、部长及19兵团联络部部长等职，继续从事对敌宣传和瓦解敌军工作。其间，他参加了解放石家庄、攻打太原等多次战役战斗并荣立战功，在敌工实践中总结出了瓦解敌军应重点针对三种力量（被俘军官、老弱士兵、负伤人员）和采取三种方式（短训、速放、再捉再放）等重要经验。民国37年（1948）12月，在新保安战役中，甄华组织实施对敌火线攻心，通过巧派“信使”、假戏真做及前沿阵地宣传喊话等使敌人军心涣散、士气衰落，有效地分化瓦解了敌军，为赢得胜利发挥了重要作用。民国38年8月兰州解放后，甄华受命多次接触上层民主人士，随同19兵团杨得志司令员、李志民政委，两次拜会回族宗教耆硕郭南浦先生，三次约见宁夏阿拉善旗达理扎雅在兰州的代表朱子馨，经过艰苦细致的耐心说服，促使国民党西北长官公署副长官马鸿宾派出代表，在《和平解放宁夏协议书》上签了字，为和平解放宁夏作出了重大贡献。9月银川解放后，甄华任银川军管会联络处处长、西北军区独立第二军政治委员兼军党委书记。1950年12月后，甄华历任宁夏军区副政委兼干部部部长，西北军区卫生部政委兼党委书记、后勤政治部主任等职。1956年被国防部授予大校军衔。

1957年，甄华转业到地方工作。先后任中国科学院兰州分院副院长、兰州大学副校长。1980年2月任山西大学校长。1982年离休。1994年1月10日在兰州逝世。

宋绍章

宋绍章（1923—1994），河北唐山人。民国36年（1947），毕业于西康技艺学校采矿工程系大专班。民国38年9月参加工作，1985年加入中国共产党。曾任阜新煤矿、鹤岗煤矿、井陉煤矿技术员，北洋大学煤矿系助教。中华人民共和国成立后，历任阳泉矿务局二矿、一矿总工程师，局计划处副处长等职。1980年至1988年，任阳泉矿务局副总工程师。1983年12月至1987年12月兼任阳泉市第八届人大常委会副主任。教授级高级工程师。1994年1月逝世。

张义明

张义明（1942—1994），河北遵化人。1966年3月加入中国共产党。1967年7月，北京航空学院航空无线电系毕业后参加工作。历任四机部国营卫华仪器厂设计科技术员，山西省晋东南地区革命委员会工交办技术员，四机部〇八八指挥部生产处技术员，晋东南地区电子局生产科负责人，四机部晋东南办事处生产技术科科长及办事处副主任、主任、党组书记等职。1988年6月任阳泉市副市长、市政府党组成员、阳泉市重点工程指挥部总指挥。1988年10月评为高级工程师。

张义明任副市长期间，经常深入基层调查研究，在大量细致考察调研的基础上，主持制定了《阳泉市调整产业结构实施方案》《阳泉市市营工业近期调整发展意见》等一系列指导阳泉经济发展的意见，为阳泉的工业基础建设作出了贡献。1988年，他积极着手组织实施阳泉市“五大重点工程”，即：新建装机容量为2×5千瓦的河坡发电厂工程，在晋盂钢铁厂新建6吨氧气顶吹转炉、年产钢6万吨的炼钢工程，在原铝氧厂新建年产5000吨电解铝的电解铝工程，在荫营硫铁矿新建年产4万吨硫酸的硫酸工程，新建年产1.2万吨烧碱、1万吨液氯、6000吨盐酸的氯碱厂氯碱工程。在工程建设期间，他多次到北京、太原亲自跑项目、引资金，不管白天黑夜还是节假日，经常到施工现场了解工程进展情况，协调解决工程建设中存在的问题。在他的直接领导和指挥下，1990年10月硫酸厂硫酸工程投产，1990年11月市铝厂电解铝工程投产，1991年11月晋盂钢铁厂炼钢工程投产，1991年12月、1992年10月河坡电厂两台发电机组相继投产，氯碱工程因国家压缩基本建设等原因于1995年10月投产。1994年4月18日在北京逝世。

冯致胜

冯致胜（1916—1994），陕西延川人。民国23年（1934）参加革命，同年加入中国共产党，先后任共青团禹巨县委书记，中央红军一军团政治部民运干事，中共甘肃合水县委宣传部部长、组织部部长，西北财经办事处干部科科长，中共汾阳县委组织部长、副书记等职。中华人民共和国成立后，历任阳泉工矿区委常委、组织部部长，阳泉矿务局党委副书记、矿务局工程处党委书记，中共阳泉市监察委员会副书记，市委组织部部长，市重工局党委书记，市委统战部部长，市委常委、市纪检委筹备组组长等职。1982年7月至1983年10月任阳泉市八届人大常委会副主任。1994年4月逝世。

王晓一

王晓一（1915—1994），平定冠庄村人。民国26年（1937）参加八路军，先后任八路军120师文书、连指导员、营教导员，奔赴在陕北的定边、安边、靖边，保障陕甘宁边区安全。解放战争时期，历任解放军警备三旅八团参谋长、团政委，参加了春季战役、陕中战役、扶眉战役、陇东战役和兰州战役等。中华人民共和国成立后，任陆军第11师参谋长。1960年，任陆军第11师副师长。1962年参加中印边界自卫反击战。1965年始，任兰州军区军区昌都军分区政治委员、军区司令部办公室主任。1969年9月任宁夏军区参谋长。1970年6月至1978年6月任宁夏军区副司令员兼参谋长、军区党委副书记。1982年离休。1994年5月15日在西安逝世。

梅汉文

梅汉文（1921—1994），河北井陉人。民国25年（1936）毕业于河北省保定民生中学。民国26年在井陉矿任瓦斯检查员。民国35年3月至民国38年4月任北京门头沟矿工务员。

中华人民共和国成立后，历任阳泉矿务局四矿修建股长、三矿技术室主任，荫营煤矿工程师、代理生产矿长、副总工程师。1982年7月至1992年6月，梅汉文任阳泉市政协第六、七届委员会副主席。1987年加入九三学社阳泉支社并兼任副主任委员。1994年10月逝世。

程有本

程有本（1931—1994），天津宝坻人。1951年8月毕业于太原市成成中学。1953年调至阳泉市体育运动委员会工作，曾先后担任田径教练、群体竞赛组副组长、竞赛科科长、国家一级田径裁判、市田径协会主席、省田径协会副主席等职。1982年被选为阳泉市第八届人民代表大会代表。1985年获中国体育开拓者奖章和全国优秀裁判员称号。1994年逝世。

刘青选

刘青选（1913—1995），平定南关人。中共党员，老红军，副军职干部。民国26年（1937）1月参加革命，同年8月入伍，次年5月加入中国共产党。历任晋冀豫边区平定县游击队三支队战士、班长，太行10旅28团供给处股长、处长，吉林军区独一师供给部部长，第47军留守处处长，中国人民志愿军第47军东安办事处处长、联络站站长，解放军政治学院财务处处长，工程兵学院财务处处长、院务部副部长等职。刘青选在艰苦的战争年代，参加过百团大战、黑山阻击战、大虎山阻击战、四平战役、湘西剿匪、抗美援朝等战役战斗，为中华人民共和国的建立作出了贡献。中华人民共和国成立后，他长期从事部队后勤工作，工作经验丰富，为军队的革命化、正规化、现代化建设发挥了应有作用，是军队模范的后勤领导干部，1988年8月被授予二级红星勋章。1972年10月离休。1995年1月逝世。

史昭清

史昭清（1915—1995），字剑锋，原名史肇庆，阳泉市郊区桥上村人。他入学之前便在家中学过《三字经》《百家姓》《千字文》等书。民国12年（1923）入上荫营两等学校读书，

高小毕业后以优异的成绩考入平定中学。“九一八”事变后，以饱满的政治热情参加了宣传抗日、抵制日货等社会活动。民国25年参加山西牺牲救国同盟会，后又参加村里组织的抗日义勇军。

抗日战争全面爆发后，史昭清放弃小学教员工作，毅然投身于革命事业。民国26年（1937）11月加入中国共产党，先后任晋冀豫纵队工作员、和顺县和武乡县党委委员兼武装科科长、武乡独立营营长、太行三分区武委会军事部长等职。在地委和县委的领导下，他带领群众同日军、汉奸开展游击战长达6年之久，出色完成了上级下达的战斗任务。还亲自指挥和参加了云簇地区反扫荡、解放焦作、攻打武陟等大小战斗，为发展壮大地方武装、保卫人民群众生命财产、巩固太行山抗日根据地作出了贡献。

解放战争时期，史昭清历任太行48团参谋长、副团长，第二野战军九纵78团副团长兼参谋长，汝河独立团团长，第二野战军四兵团司令部侦察科长等职。在解放邯郸、鹿楼、博爱、横小、宝丰、宛东、汤阴、洛阳、开封、郑州、张围子、广州等战役中，他机智勇敢，身先士卒，多次以小代价赢得大战果。在淮海战役中受到了中原军区首长秦基伟司令员的表彰，荣立一等功。

在社会主义革命和建设时期，史昭清先后担任云南省边防局警备处副处长，云南边防公安二团团长、69团团长兼政委、团党委书记兼畹瑞陇三县工委书记，云南保山边防军分区副司令员兼参谋长，中共德宏地委常委，云南省军区副参谋长，昆明军区司令部工程兵主任及司令部党委委员，中国援助老挝筑路工程指挥部主任兼工程兵第五支队长、党委副书记、代理书记，北京军区工程兵第二工区主任、北京军区工程兵副主任（副军级）等职。在云南戍边8年中，他认真贯彻执行党的民族政策，注重民族团结，在同封建落后反动势力做斗争的同时，积极发动群众，发展生产，为巩固边防和稳定民族地区安定作出了重要贡献。在援老筑路6年中，他与广大官兵风餐露宿，长年累月奋战在施工现场，深入第一线，亲自组织指挥，发现问题，解决矛盾，千方百计保证质量和进度，圆满完成了全长822千米的沥青公路修筑工程并提前竣工，为增进中老两国人民之间的友谊作出了贡献。1978年4月，应老挝国家主席苏发努冯亲王邀请，史昭清以副团长身份随中国政府代表团赴老挝首都万象访问，受到苏发努冯亲王的亲切接见，并被授予老挝国家一级自由勋章。1983年7月离休后，史昭清担任北京丰台学区校外义务辅导员，讲历史、忆传统。对师生进行爱国主义和共产主义思想教育。

1991年，史昭清回乡探亲，通过走亲访友了解情况，亲自撰写了《振兴桥上村经济的十条建议》。此后，史昭清用了2年时间，撰写了题为《征途沧桑》近7万字的回忆录。1995年1月10日在北京逝世。

焦剑心

焦剑心（1913—1995），曾名育身，河北平山人。民国21年（1932）高中毕业，民国26年10月参加革命。民国31年加入中国共产党。曾任高小教师，平山县第三区自卫会、区政府、合作社秘书和工作员，晋察冀边区第五专署教育科科员。民国29年5月至民国36年4月，任晋察冀四地委敌工部内勤干事、冀晋党校整风队副组长。其间，他秘密进行抗日宣传，在对城市工人、市民，尤其是产业工人进行宣传动员方面，在对敌伪军进行瓦解、教育方面，做了大量艰苦细致、耐心扎实的工作。

民国36年（1947）5月阳泉建市后，历任市政府秘书主任、市委秘书长兼办公室主任等职。1956年12月至1965年10月任市政府副市长，为建设和开发阳泉经济进行了不懈努力。

1965年10月至1969年10月，焦剑心任太原市第二批四清财贸工作团副团长。1969年10月至1979年3月，任阳泉市文教部副部长、文教部顾问。在长期分管文化、教育、体育和科技工作中，培养和教育了许多优秀干部和专业人才，为全市文化教育事业的繁荣作出了贡献。

1980年11月至1983年11月，焦剑心任阳泉市政协第五、六届委员会副主席、主席。其间，他抱病参加了恢复重建阳泉市人民政协的工作，并坚持贯彻执行党的统一战线和新时期政协工作的路线、方针、政策，结合新形势新任务，在实际工作中进行了许多有益的探索，提出了一系列极有见地的意见，为全面推进阳泉市政协工作奠定了坚实的基础。1983年12月离休。1995年4月22日逝世。

康永孚

康永孚（1913—1995），平定南关村人。民国25年（1936）7月考入北京大学。七七事变后，参加抗日救亡运动。民国28年7月入西北大学地质地理系继续求学，民国31年完成学业。

康永孚从事地质工作50余年。民国31年（1942-）8月至民国37年3月，先后在甘肃、河南从事金矿、煤矿开发工作。其间，民国34年至民国35年在开封黄河水利工程专科学院任讲师。民国36年7月至1952年12月，历任河南洛阳龙门煤矿局技术员、资源委员会江西钨锡公司助理工程师、江西赣州中南有色局江西分局赣州奥北大队副总工程师、重工业部地质局湖南分局三级工程师、冶金部湖南地质勘探公司副经理兼总工程师。1956 年加入中国共产党。1962 年 12 月至 1988 年 12 月历任冶金部北京地质研究所副所长、桂林冶金地质研究所副所长、所长，广西壮族自治区第四届政协委员，冶金部北京冶金地质研究所所长，中国有色金属工业总公司北京矿产地质研究所技术顾问，中国钨业协会顾问。

康永孚被地质、矿冶界誉为“著名钨矿地质学家”、中国钨矿地质勘探工作的开拓者。20 世纪 50 年代，参与主持大吉山、西华山、岿美山等特大型钨矿地质勘探工作。1958 年、1959 年，康永孚和几位地质学家合著并出版了《中国南部黑钨矿工业类型和勘探方法的初步总结》《中国南部黑钨矿脉状矿床的地质与勘探》，发表了《中国地区十年来钨矿地质勘探工作成就和基本经验》。60 年代初期，他带队在赣南广大地区进行地质调查，为规划开发中华瑰宝钨矿打下了基础。“文化大革命”期间被迫停止工作。恢复工作后，他不计个人得失，主持并指导“六五”国家科技攻关项目——南岭重点地区钨、铅锌矿床成矿预测，成绩显著。1988 年获得南岭项目国家科技进步二等奖。90 年代初期，他进一步总结了多年来钨矿分类研究成果，发表了中国的钨矿地质特征、矿床类型等论文。

康永孚是冶金、有色地质系统的学术带头人。他从 20 世纪 60 年代到 80 年代主要做科研组织领导工作，提出不少导向性意见。1964 年发表了《加强矿床地质研究》一文，阐述冶金地质工作的性质、任务，提出了加强有色金属和稀有金属矿床的研究和开展区带及矿山外围大中比例矿床预测，强调寻找隐伏矿床。这些远见卓识，至今仍有指导意义。70 年代，组织领导调查江南数省的铁矿及有色金属矿产找矿潜力，指导编制找矿区划图和成矿预测图。80 年代，提出应用层控理论研究某些有色金属矿床。

康永孚积极从事学术活动，他是中国地质学会第 31 届理事、中国地质学会第 32 届常务理事，第 33 届名誉理事、第 30 届国际地质大会顾问委员会委员，中国地质学会矿山地质专业委员会主任委员、矿床专业委员会第一、二届副主任委员，中国矿业岩石地球化学学会第一届副理事长、第二届理事、第三届名誉理事，中国金属学会第三届理事，中国有色金属学会第一届常务理事及地质学术委员会第一届主任委员，第二届名誉主任委员。除参与主编《中国矿床》外，还担任《矿床地质》杂志副主编及有关地质刊物编委。康永孚在矿床地质研究方面，著述甚多。早年出版了《实用地质学》以及钨矿专著两本和《中国矿床》（主编中册），发表论文 40 余篇。

康永孚在 50 多年的地质工作生涯中，对钨矿地质勘探和科学研究，成就卓著，多次受到表彰。1954 年被评为湖南地质分局甲等劳模，1955 年被评为特等劳模，1956 年出席冶金部先进生产（工作）者代表大会和全国先进生产（工作）者代表大会；1991 年享受政府特殊津贴待遇。1995 年 5 月 8 日在北京逝世。

王进军

王进军（1924—1995），阳泉市郊区下章召村人。民国 28 年（1939），年仅 15 岁的王进军参加了中国共产党领导的八路军。民国 30 年加入中国共产党。历任定襄二支队战士，晋察冀二分区 4 团班长、排长、副连长、连长、营长，64 军 191 师 573 团营长。中华人民共和国成立后，历任志愿军 191 师 573 团营长，山西荣军中学五大队大队长。

1955 年，王进军从部队转业回到地方被安排到阳泉市体委工作。1969 年 2 月，王进军积极响应党中央关于干部下乡插队的号召，回到了阔别多年的家乡，担任下章召村革委会主任，一年后改任村党支部书记。

在他返乡期间，正值全国"农业学大寨"运动蓬勃开展，王进军率领下章召广大群众，战天斗地，与穷山恶水和自然灾害做斗争。建成了横跨温河的"幸福桥"，结束了村里祖祖辈辈通过一条陡峭的羊肠小道过温河石槽的历史；在三道梁一片光秃秃的青石窝子植树造林，使昔日的青石窝里树成林、果满园；架设了 4 条 3 千米长的空中索道，新开了 26 千米的盘山道路，结束了村民运粮送粪全靠驴驮人挑的历史；将东去的温河水沿着山岭经高灌站的水泵抽到了离村 2.5 千米的高山水库里，改变了村里吃水种田全靠老天的历史；他率领群众整堎加边，改造农田，使漫山遍梁的"三跑田"（跑水、跑肥、跑土）变成了平展展的"三保田"（保水、保肥、保土）；他带领群众科学种田，在传统耧的基础上，大胆改制成功了"梅花耧"，有效提高了谷子单产。经过 5 年艰苦奋战，终于使下章召村发生了翻天覆地的变化。1971 年，全大队粮食亩产达到 437.5 千克，人均粮食 579 千克。从 1968 年至 1973 年，粮食产量平均递增率为 30%。五年间产下的粮食超过了前 13 年粮食生产的总和。五年，大队向国家交售的粮食共 75 万千克，超过应征任务的 5 倍，等于 1969 年前 3 年全村生产的粮食总和。大队有了拖拉机 5 台、电动机 33 台，动力机械发展到了 1600 马力。其先进事迹于 1970 年 1 月，在《人民日报》上以长篇通讯《继续革命永向前》为题进行了报道。

1975 年 10 月，王进军任阳泉市革委会副主任。1980 年，任阳泉市体委副主任。1985 年离休。1995 年 5 月逝世。

李瑞

李瑞（1922—1995），平定贾家掌村人。民国11年（1922）9月14日生，民国26年2月参加牺盟会。民国27年10月加入中国共产党。民国28年夏，到八路军129师在辽县桐峪镇开办的“政治工作训练班”学习。毕业后先后在师直通信队、电台、卫生处、警卫连任指导员，后任师政治部（后改太行军区）、生产部指导员、教导员。

解放战争时期，历任长春卫戍部队参谋，政治部宣传科科长，吉黑纵队政治部、吉林军区政治部宣传教育科科长，参加了第一次解放长春战役。先后担任黑龙江绥阳县长、穆棱县长、县委书记职务等职位。

1950年始，先后任中共松江省委办公室副主任，组织部副部长、部长，省监察委员会主任，省委委员等职务。1954年黑松两省合并，先后任中共黑龙江省委组织部副部长、省委委员、部长，纪律检查委员会书记，省委常委、候补书记并兼任省委党校校长。1968年，被下放到“五七”干校进行劳动改造。1973年，任黑龙江省文教办副主任。1977年以后，先后任中共哈尔滨工业大学党委书记兼校长，黑龙江省文教办主任、党组书记。1979年任黑龙江省副省长，中共黑龙江省委委员。在负责分管文教、卫生、科技和大学工作期间，重视教育工作，珍惜科技人才，尊重知识，关心和爱护知识分子。1983年调任中共天津大学党委书记、中共天津市委委员。1985年2月任黑龙江省政府顾问。1985年至1988年，参与筹建辽沈战役纪念馆工作。1995年9月23日逝世。

贾月熹

贾月熹（1948—1996），平定小口头村人。1970年任小口头大队革委会主任，1971年加入中国共产党，1976年任大队党支部书记。他以共产党员的标准严格要求自己，全心全意为人民服务，以全村脱贫致富奔小康为己任，带领全村干部群众自力更生，艰苦奋斗，在各项工作中取得了显著成绩。

在任大队革委会主任期间，他和全村干部群众一起，发扬愚公移山精神，昼夜奋战，治理了七沟八梁一条河，修坝3500米，新造土地300多亩，使全村人民解决了温饱问题。在中共十一届三中全会后，以经济建设为中心，兴办集体企业，采取引资金、引技术、引人才的办法，先后投资100多万元，办起了2个石厂、3个灰厂和1个木器厂，解决了全村劳力的就业问题。他带领群众兴办第三产业，使全村人均收入由1979年的200元增加到1996年的2106元，成为全县首批命名的小康村和文明村。在大抓经济建设的同时，他还注重精神文明建设，重视教育，关心全村公益事业，新修了教学大楼，拓宽了进村公路，接通了娘子关提水工程供水管道，安装了闭路电视，改善了医疗条件，方便了群众。

在太旧高速公路通道两侧绿化的工作中，他率领群众超额完成3800多个高标准、高质量的鱼鳞坑，超额完成了修建拓宽义（井）平（定）路、平定东大街工程的送砂任务。他当干部26年，无私奉献、廉洁奉公、从不搞特殊化，不沾集体一点便宜，不用手中的权力给自己谋利益。他生活俭朴，居无高楼，穿无高档衣服，行无小车接送，食则无大鱼大肉。

1996年8月4日，石门口地区发生了特大洪涝灾害。贾月熹7天7夜未睡一个安稳觉，没吃一顿应时饭，坚持在抗灾救灾第一线。面对重灾，他和村民不等、不靠、不要，全民总动员，修筑护村护地大坝2000米，仅用47天就完成了原计划100天的战斗任务。他却积劳成疾，于1996年10月21日离世，年仅48岁，真正如他生前所说："只要水毁工程完成，就是累死也甘心"的话。

贾月熹的事迹在全省引起强烈反响，山西省委书记胡富国称他是"鞠躬尽瘁，百世流芳""农村基层干部的楷模，焦裕禄式的好干部"，号召全体党员向贾月熹同志学习。同一时期，中共阳泉市委、平定县委先后作出向贾月熹学习的决定。

杨步云

杨步云（1911—1996），艺名"山药旦"，山西清徐人。民国12年（1923），入寿阳小景义园戏班学戏，拜师石里忙，主攻丑角，兼攻彩旦、老旦。满师后在榆社、寿阳、昔阳、阳泉等地搭班演出，艺术日臻成熟。中华人民共和国成立后入阳泉市晋剧团。1957年加入中国民主同盟。1986年被聘为山西省丑角师资培训班教师。1988年晋升为一级演员。他在60余年的舞台生涯中，塑造了数百个角色，80岁高龄还登台献艺。他扮相生动，风格独特，技艺超群，深受广大观众喜爱。他的艺术特色在于：嗓音虽不清脆却字正腔圆，唱腔不甚婉转却富有韵味，念白虽欠洪亮却字句入情动人，表演虽带"土气"却不庸俗下流，扮相丑陋却惹人喜爱。杨步云曾任阳泉市文学艺术联合会副主席，中国戏剧家协会会员，中国人民政治协商会议阳泉市第六届委员会委员。1996年逝世。

武爱德

武爱德（1912—1996），盂县石佛村人，中共党员。1949年参加中国人民解放军。先后参加过解放西北、西南战役和抗美援朝战争。历任第62军（后改编为60军）某部炮兵营班长、副排长等职，多次荣立战功。1950年在甘肃岷县剿匪中立一等功一次，入川剿匪立大功一次和特等功一次。1952年抗美援朝战斗中立三等功一次。荣获“八一特等功臣”纪念章、“入川剿匪人民功臣”（大功）纪念章、抗美援朝纪念章、和平万岁纪念章。

在川北剿匪中，一次攻打某县城，武爱德接受了炮击城门的任务，他带领5名战士，从炮兵阵地背负解体的炮架、炮身和炮弹，趁夜绕道、爬行数里至距该县城100米处，将大炮安装好，对准城门待命。天刚破晓，攻城令下，两炮打开城门，步兵冲进城去，敌人猝不及防，一个团全部覆灭。战斗结束后，师部党委传令嘉奖。

1954年复员还乡后，地方党组织推选他为村党支部书记。他积极组织生产，取得农业增收，年底被评为山西省三等优抚模范，出席了山西省优抚模范代表会议，获“山西省优抚模范奖章”。1996年逝世。

刘 敏

刘敏（1917—1996），河北安新人。民国28年（1939）加入中国共产党。历任安新县区青救会主任，中共安新县委组织部部长、区委书记，任丘县委宣传部部长，安新县委副书记，冀中《群众报》总编，《冀中导报》编辑科副科长，《山西时报》编辑组组长等职。中华人民共和国成立后，历任中共山西省委宣传部理论教育处秘书，中共阳泉市委常委、宣传部部长、市委副书记，市监委书记，市委常务副书记、书记处书记，市革委会副主任、主任，中共山西省委组织部副部长兼省人事局局长等职。1984年离休。1996年逝世。

孙庆龙

孙庆龙（1920—1996），河北雄县人。民国27年（1938）参加八路军，同年5月加入中国共产党。民国27年5月至民国30年，历任八路军120师第六支队班长、排长，晋绥军区战斗剧社二队股长等职务。民国34年入抗大七分校学习。中华人民共和国成立后，历任61军181师教导大队教导员、师政治部宣教科副科长兼青年科长。1952年8月后，历任阳泉市行政干部学校、市委党校副书记，市人事局副局长，铝氧厂筹建处主任，市重工业局局长。1968年9月，任市革委会副主任。1980年8月，任市轻工业局副局长。1983年10月离休。1996年逝世。

程宏毅

程宏毅（1914—1997），原名程人士，盂县红涧沟村人。7岁入太原小学读书，民国24年（1935）高中毕业后，考入天津南开大学经济系。此间，他参加了一二·九学生爱国运动，并在斗争中受到深刻教育。民国25年7月加入中国共产党，先后担任中共天津市南开大学党支部书记、学生区区委书记。七七事变后，程宏毅积极要求到敌后参加抗日游击战争，并参加了创建晋察冀抗日根据地工作，历任五台行政主任公署党组书记，牺盟会五台中心区组织部长、党组书记，晋察冀边区抗战建国学院党组书记，晋察冀边区第四专员公署专员、中共四地委委员等职。解放战争时期，程宏毅历任晋察冀边区政府秘书长、党组成员，晋察冀军区后勤部副政委。民国37年3月至12月，任中共阳泉市委书记兼市长。

中华人民共和国成立后，程宏毅先后担任北京市工商局局长、商业局局长、财政经济委员会副主任。1955年至1965年任北京市副市长、北京市委常委。在京工作期间，他长期分管财贸工作，坚决贯彻党的“发展经济、保障供给”的总方针，在恢复经济、发展生产、平抑物价等方面，作出卓越贡献。1965年初，程宏毅任中共贵州省委副书记、贵州省副省长。1966年2月，任中华全国供销合作总社常务副主任、党组书记。“文化大革命”中，他受到错误批斗。1974年恢复工作后，继续在全国供销合作总社担任领导工作。

1982年2月，程宏毅当选中共十二大代表；3月，退居二线，任商业部顾问。他亲自组织编写了《当代中国供销合作事业》一书，对中国合作社历史作了全面记述，对后人有重要的参考价值。1997年6月20日在北京逝世。

陈明远

陈明远（1922—1997），回族，河北盐山人。1950年，他在山西蛋业公司阳泉蛋厂当钳工，后任阳泉汉河沟煤矿修理组组长、阳泉市钟仪总公司制笔厂工人。1956年，汉河沟煤矿发生一次意外放炮透水事故，21名职工被围困在井下，情况十分危急。当时，他不顾个人安危，在井下连续7天7夜，守候在抽水机旁抽水、加速排水，为营救被围工友争取了宝贵的时间。1959年，他先后自行设计制造20马力单钩绞车等6项工具、设备，解决了生产关键，减轻了工人的劳动强度。由于业绩突出，1958年，陈明远被山西省政府授予省先进生产者称号；1959年在全国“群英会”上被授予全国先进生产者称号。1997年逝世。

王静先

王静先（1919—1998），原名王安仁，平定城里人。民国24年（1935），平定中学毕业后考入太原师范。民国26年12月参加革命，同年12月至次年3月在延安抗大学习。民国27年4月至民国36年5月，随杨虎城部38军在山西、河南、陕西等地搞地下工作。民国36年8月至1950年3月，先后担任解放军第一野战军10师师政治部科长、团政治部主任等。1950年3月后，历任青海省委秘书、秘书室主任、建筑公司经理、省统计局局长、省委工交政治部副主任、省委副秘书长、省计委主任、副省长、省政府顾问等职。1998年6月逝世。

金元斌

金元斌（1926—1998），河南固始人。1951年焦作工学院（中国矿业学院）采煤系毕业后，在燃料工业部煤矿管理总局参加工作。1952年调任阳泉矿务局四矿通风区技术员，同年调局从事瓦斯研究和治理工作。1982年加入中国共产党，1984年任阳泉矿务局煤炭科学研究所副所长，1988年退休，1989年晋升为教授级高级工程师。

从事科研工作之后，金元斌通过不断的探索、试验和研究，根据阳泉矿区煤层赋存状况以及开采瓦斯赋存状况，总结出生产过程中瓦斯的主要来源和基本规律，提出先采上部四尺煤层解放下部丈八煤层的开采顺序，以顶板钻孔、地面钻孔抽放上下邻近层瓦斯等试验，解决了四尺煤层瓦斯抽放问题。在进一步探索瓦斯抽放技术的基础上，通过大量的试验数据，总结出七尺煤层瓦斯涌出预测公式，进行大直径钻孔预排瓦斯防突的试验研究。撰写的《阳泉矿区K3石灰岩沼气的形成与储气构造》《邻近层瓦斯抽放的理论和方法》，1978年获全国科技大会奖。他与一大批从事通风瓦斯研究治理的科研和工程技术人员一起，准确地预测出阳泉矿务局15个煤层的瓦斯含量、瓦斯压力，以及邻近层对开采层的瓦斯涌出量影响范围。他通过涌出预测公式，进行大规模的通风方式改革试验、顶板岩巷抽放邻近层瓦斯试验、地面垂直钻孔抽放邻近层及采空区试验等多项研究，取得了重大的科研成果，在国内和国际处于领先地位。1982年获山西省科技成果一等奖，1984年和1986年分别获山西省和煤炭工业部"特等劳模"称号，1985年4月获全国五一劳动奖章，1986年被国家科学技术委员会、人事部授予"有突出贡献的中青年专家"称号，1987年获煤炭部颁发的"科技进步特等奖"，1990年获中华人民共和国人事部中青年有突出贡献的专家称号，1991年7月起享受国务院颁发的政府特殊津贴。1998年3月逝世。

张瑞厚

张瑞厚（1919—1998），平定新城村人。民国27年（1938）4月参加太行区平东游击队（后编入晋冀鲁豫太行二分区独立30团），同年9月加入中国共产党。

抗日战争期间，历任太行区平东游击队战士、班长，八路军129师新10旅30团、晋冀鲁豫太行军区二分区30团（团长李德生）排长、连指导员、营教导员、团总支书记等职。先后参加了著名的百团大战、娘子关、榆次、阳泉战役和反扫荡等大小战斗。

解放战争时期，历任解放军二野三纵八旅副团长、团副政委，二野三兵团11军32师团政委等职。先后参加了解放上党、重庆、成都等战役。

中华人民共和国成立后，1949年12月任四川省广安县新生政权的第一任县委书记。围绕建立巩固政权、恢复经济、维护地方秩序，清剿国民党残余武装势力、镇压反革命、土地改革等中心工作，作出了一定的贡献。

朝鲜战争爆发后，重返部队。任中国人民解放军 11 军 32 师政治部副主任、中国人民志愿军 16 军 32 师政治部主任，赴朝参战。回国后，到解放军重庆第七速成中学和解放军最高政治学院学习。1959 年后，历任西藏军区那曲军分区政委兼地委书记、黑河军分区政委、陆军第 11 师政委、西藏军区政治部副主任等职，参加了西藏平叛、民族改革和中印边境自卫反击战。其间当选中共九大代表。1971 年调济南军区，历任陆军第 26 军副政委、青岛警备区政委，其间同时担任青岛市委常委、市革委会副主任，青岛市第八届人大代表、青岛警备区顾问等职。

因战争年代多次负伤，定为二等甲级残废军人。先后获三级独立自由勋章、三级解放勋章、解放奖章、独立功勋荣誉章。1955 年授予上校军衔，1962 年晋升大校军衔。1983 年离休（正军级）。1998 年 4 月 16 日在青岛逝世。

王建功

王建功（1936—1998），河北望都人。1956 年加入中国共产党。1958 年山西师范学院毕业后，曾任山西省浑源二中教师、县教育局视导组负责人。1962 年后，任中共雁北地委组织部、宣传部干事，地委秘书，地委政策研究室副主任、主任。1975 年后任中共怀仁县委副书记、书记。1980 年任中共朔县县委书记。1981 年任共青团中央书记处书记。1982 年 9 月在中共十二大上当选中央候补委员。1983 年 1 月任中共阳泉市委书记，同年 3 月后任中共太原市委书记，中共山西省委副书记，中共泰安市委书记，山东省副省长，中共黑龙江省委副书记兼省委党校校长，黑龙江省人大常委会主任、党组书记等职。其间，1997 年 9 月，在中共黑龙江省委副书记任上，出席了中共第十五次全国代表大会。1998 年 11 月在北京逝世。

孙竹庭

孙竹庭（1916—1998），原名孙庭栋，平定人。13 岁进入县立一高读书，高小毕业后，进入平定中学读书，接触不少进步书籍，思想开始发生变化。民国 24 年（1935）8 月，平定中学、晋友中学、平定女子师范的学生在县城平定中学操场集会，反对《何梅协定》。孙竹庭上台演讲，痛斥国民党政府的卖国行径，对全体学生和各界人士震动很大。次年 6 月 25 日，在太原加入

中国共产党。接受了当时中共山西省工委工人运动委员会书记高德西的安排，回家乡平定发展党员，做建党工作。“一二·九”运动后，在党的领导下，成立了“中华民族抗日先锋队”，在太原山大附中读书的甄秉侗参加了“民先”，受命回平定发展队员，在孙竹庭、甄秉侗的组织发动下，平定抗日力量不断壮大。民国26年2月，平定县牺盟分会在圣庙召开成立大会，孙竹庭被选为分会委员。他利用这一合法身份，公开组织、培养抗日积极分子，发展共产党员。

抗战全面爆发后，中共北方局派彭涛（中共正太特委书记）到平定开展建党工作。8月，根据平定中共党组织的发展情况，指示孙竹庭建立中共平定县工作委员会，并任命他为工委书记，张鹤峰任宣传委员，张慧如任组织委员。工委建立后，归正太特委领导。孙竹庭既是平定党组织的负责人，又是平定牺盟会的负责人，利用一切可以利用的条件，大胆开展抗日宣传活动，并根据山西牺盟总会的号召，组织起了一支140多人的平定抗日游击队，孙竹庭任指导员，成为平定县第一支抗日武装。民国26年（1937）10月日军入侵平定后，游击队撤离，孙竹庭回锁簧镇西峪村老家，一度和组织失去了联系。翌年秋，孙竹庭到上马郡头找到了八路军，由八路军营教导员王谦重新介绍入党（党籍从1936年算起），跟随王谦到了平东县委所在地娘娘庙，任锄奸科科长。民国27年7月，孙竹庭任平东县二区区长。民国28年秋，孙竹庭离开二区后，被分配到路东办事处（在黎城）民政处工作。民国30年，彭涛成立边区参议会，孙竹庭被分配到参议会民政处二部任副科长。同年10月，孙竹庭被派到黎城县任抗日民主政府县长。民国31年整风运动前，孙竹庭到太行四专署任秘书主任。民国33年10月在平顺县政府任县长兼独立营营长。

日军投降以后，孙竹庭被任命为长治市代理市长。民国35年（1946）长治市和长治地区合并为太行二地区后，孙竹庭任副专员。其间，曾一度在晋冀鲁豫中央局党校学习，任太行支部委员。后又出任豫西区行署秘书长、豫西民管处处长。

民国37年（1948）秋，孙竹庭因患心脏病经中原局批准回长治疗养。1949年冬，孙竹庭担任河南省民政厅厅长。1950年，又调淮河治河委员会任秘书长。1951年，调河南省文化干部补习学校任书记兼副校长。1960年，任河南省教育厅副厅长。

“文化大革命”开始，孙竹庭被下放到博爱县劳动了6年，又转到新乡4年。中共十一届三中全会以后，回到郑州，任河南省教育局副局长。1979年4月在河南省教育局任顾问。1983年离休，享受副省级医疗待遇。1998年逝世。

刘征田

刘征田（1916—1999），阳泉市郊区马家坡村人。从8岁开始到15岁，先后在本村私塾和赛鱼高级小学读书。民国20年（1931）夏，考入平定中学就读。时值“九一八”事变，刘征田积极参加抗日游行示威和抵制日货活动，并加入了学校抗日义勇军和抗日救国会。民国24年冬，经成泽民介绍，参加了中共领导的秘密外围组织——反帝大同盟，从此走上革命道路。

民国25年（1936）10月，刘征田参加了中共领导的山西牺牲救国同盟会，任太原第五分会宣传员。其后，参加了薄一波亲自领导的“民训干部培训班”受训4个月后，被介绍到山西省国民军官教导第五团任第三连政治工作员。民国26年5月，经该连指导员秦纯一介绍加入中国共产党。抗日战争时期，刘征田曾任山西决死第二总队政治工作员、决死队武乡民运兼武乡游击一大队政治指导员、山西屯留县牺盟游击支队政治主任等职。从民国30年9月起，先后担任山西省屯留路东办事处主任、太行太岳冀南联合办事处秘书、太行第三专员公署粮食科科长、太行第三专员公署路西办事处副主任兼财粮科科长、太行第七专署秘书主任和代理专员等职。在解放战争时期，先后担任太行第五专员公署副专员、第二野战军第三随军办事处主任、皖西第二专署专员、皖西财委副书记和工商总局局长等职。从民国38年4月起，先后任皖北六安专署专员、皖北财委副主任、皖北行署财政处长，安徽省委工业部副部长、省政府工业厅厅长、省计委副主任、主任等职。1956年7月当选中共安徽省首届省委委员。1958年5月任中共安徽省委常委、中共合肥市委第一书记、合肥市政协主席、合肥市军分区党委书记。此间，刘征田提出了改造老区、整顿东郊、发展南郊、开辟北郊、美化西郊，建设以机械、轻工、纺织为主的新合肥的方案，并直接领导了纺织、机械、橡胶、化肥、肉联等数十个工业企业的规划和建设。任内，他还两次陪同中共中央主席毛泽东视察合肥。

“文化大革命”期间，刘征田遭受迫害，多次被批斗，妻儿受株连。1970年2月至1974年3月，刘征田任皖赣铁路指挥部副总指挥。1977年后，担任安徽省计委副主任、省建委主任、安徽省政府党组成员，并参与组建安徽省经济文化研究中心，任总干事。1983年3月，任安徽省政府顾问（副省级），其后主编出版了《安徽基本建设三十年》《安徽建设四十年》《1961年安徽实行“责任田”纪实》《安徽重要建设项目概览》等书。1991年离休。1999年2月3日在合肥逝世。

亚马

亚马（1919—1999），原名李汝山，平定下盘石村人。中华人民共和国电影文化事业的奠基人之一。民国23年（1934）毕业于太原师范大学。民国24年加入中国共产党。历任太原文化界救国会副主席，山西青年抗日决死队二纵队总政治部民运科科长、团政治主任、团长，晋绥边区文化部部长兼宣传部部长，晋绥文联主任，晋绥地委宣传部部长，兴县中心县委书记，西北艺术学校校长等职。其间，参加了在北京举行的第一届全国文代会。1950年，亚马调西安市筹备成立西北艺术学院，历任副院长、院长、院党总支书记、西北文委委员兼秘书长。1953年至1963年他担任长春电影制片厂厂长、党委书记的10年间，拍摄了《平原游击队》《董存瑞》《上甘岭》《党的女儿》《甲午风云》《五朵金花》《冰山上的来客》《刘三姐》等一大批优秀影片，并培养了一大批优秀的电影艺术家。他还担任了全国文联委员、吉林省文联副主席、中国电影家协会副主席等职。1964年任吉林师范大学校长、党委第二书记。1970年后，历任吉林师范大学党委书记、吉林省文教办公室主任、中央“五七”艺术大学副校长、文化部电影局第一负责人等职。1982年离休。1999年2月6日在北京逝世。

商广文

商广文（1904—1999），字藻臣，阳泉人。平定五高早期毕业后入平定中学。民国19年（1930）考入山西大学工学院，学习采矿专业，获工学学士学位。“七七”事变后，随军南下。民国27年到解放区，在薄一波领导的三公署工作，后加入山西新军决死纵队保五团57团，先后任文书、供给股长、处长等职。民国30年加入中国共产党，先后参加百团大战、解放临汾等战役。民国35年转入地方，在太岳二军分区积达贸易公司任副经理、经理等职。民国37年11月，筹建华北煤铁公司上党区公司任经理。民国38年4月，调中央外贸部外事司任出口处处长。1950年3月11日，政务院第23次政务会议决定设立各类对外贸易专业总公司，3月16日指定他负责筹建中国矿产公司。1961年中国矿产公司与中国五金进口公司合并后，调外贸部出口局任副局长、局长及顾问。1982年离休（副部级待遇）后，参与编写《山西军史》等工作，提供了许多历史资料。1999年7月病逝。

常振华

常振华（1921—1999），山西榆社人。民国26年（1937）6月参加牺盟会，民国28年4月加入中国共产党。抗日战争时期，在榆社县抗日救国战地总动员实施委员会工作，先后任乡政府协理员，区青委会秘书、助理员等职。解放战争时期，历任榆社县政府科员、副区长、县委宣传部副部长、榆社县县长，中共榆社县委书记、县人武部第一政委等职。1955年任文水县委书记、县人武部第一政委。1961年调晋中地委工作，先后任工业部副部长、农办主任、农工部长，1975年任中共晋中地委常委、太谷县委书记、太谷县人武部第一政委，1977年12月任中共阳泉市委副书记、市革委会副主任，1981年任忻州地区行署副专员。1983年6月离休。1999年7月逝世。

刘保山

刘保山（1929—1999），辽宁北镇人。民国36年（1947）11月参加中国人民解放军，1950年5月加入中国共产党。历任解放军东北四野十纵队文书、文化干事，东北、华北煤矿文工团组长。中华人民共和国成立后，历任煤炭部机关团委书记、机关党委秘书组长，煤炭部“五七”干校政工组长，煤炭部机械化指挥部副指挥等职。1976年始，任阳泉矿务局副局长、党委副书记，中共阳泉市委常委、阳泉矿务局党委书记。后任煤炭部地质局党委副书记，中国地方煤矿总公司副总经理。1989年12月离休。1999年11月逝世。

马如彪

马如彪（1919—1999），山东单县人。民国27年（1938）11月，参加八路军，民国29年7月加入中国共产党。曾在山东省军区特务团、九支队警卫连、四团二营六连、澍水县独立营以及滨海军区特务营三连先后任战士、副班长、班长、副排长、排长、副连长。在东北民主联军第一纵队先后任连长、副营长、教导队队长等职。民国38年8月至1953年1月，先后在中国人民解放军38军114师任营长、科长、参谋长、副团长等职。1953年8月进入中国人民解放军第一坦克学校学习，1954年9月任坦克三师摩托化步兵团团长。1955年11月至1962年11月，先后在中国人民解放军65军任团长、处长等职。从山东胶济半岛、东北黑水之滨，一直到祖国的西南边陲，到处都有他战斗的足迹，曾先后参加过四保临江、四战四平、辽沈战役、平津战役以及解放大西南和广西、湘西剿匪等著名的战役和战斗，为中华民族和中国人民的翻身解放作出了贡献。全国解放以后，他又响应党的号召，跨过鸭绿江和朝鲜人民一起为共同抗击美帝国主义入侵进行了艰苦卓绝的斗争。因战功突出，曾荣获中华人民共和国三级独立勋章，三级解放勋章，三级、二级国际勋章。1964年转业到阳泉市工作后，任市人民检察院检察长。1969年11月任市建材局党委书记，1973年3月调任市建委主任，1979年4月任市革委会副主任，1982年7月当选阳泉市政协第六届委员会副主席。1983年12月离休。1999年逝世。

赵芝田

赵芝田（1934—2000），平定红卫村人。1949年12月参加工作，1955年3月加入中国共产党。参加工作后，先在阳泉矿务局三矿测绘股担任测工练习生、技术员、副科长。1956年8月赴山西省委党校学习，1957年2月始历任阳泉矿务局三矿技术科科长、副矿长，一矿代矿长、革委会副主任。1973年12月赴波兰进行综采机械化采煤实习，并担任实习组组长。1974年2月任阳泉矿务局革委会副主任。1975年8月任阳泉矿务局革委会主任。1978年6月任阳泉矿务局局长。1982年9月，赵芝田获得国务院科学技术干部局“测量工程师”称号。1985年4月任阳泉矿务局党委书记。1988年后，被评聘为高级工程师、高级政工师。1990年5月，获全国优秀思想政治工作者称号。1991年阳泉矿务局获全国合理化建议和技改先进单位称号。1993年1月，当选山西省第八届人大常委会委员；同年5月被中华全国总工会授予“全国优秀政治工作者”称号，并获得全国五一劳动奖章。1994年10月获山西省总工会荣誉工会积极分子称号。1995年7月获山西省民主管理先进工作者称号。1995年10月，赵芝田离任后，担任煤炭部特邀巡视员。1997年11月，由赵芝田主持参与的“阳泉矿务局瓦斯综合治理技术研究”项目，被煤炭工业部评为国家煤炭工业科学技术进步特等奖。在任期间，阳泉矿务局各方面的工作均取得了突出成绩，尤其是1976年阳泉矿务局实现了煤炭产量比矿井设计能力翻一番，建成了部级质量标准化矿务局和现代化矿务局，晋升为国家二级企业。1998 年 6 月退休。2000 年 2 月 8 日逝世。

张耀增

张耀增（1931—2000），满族，北京人。大专毕业，高级律师，民革党员。1949 年随傅作义将军投诚革命，先后任中国人民解放军总政文工团团员、文书、干事，以满腔爱国激情投身于文艺事业。1954 年 8 月转业到阳泉市，曾任阳泉市交通局办公室科员、公路学会副秘书长等职。1980 年调到市司法局法律顾问处从事律师工作。1986 年加入中国国民党革命委员会。1987 年 6 月当选民革阳泉市委第一届主任委员。1987 年 12 月，任市政协副主席。系省政协第六届委员会委员，民革省委第六、七届委员会委员，市政协第六届委员会常委和第七、八届委员会副主席。张耀增在阳泉的各个工作岗位上都做到了兢兢业业，求实进取，特别是在法律顾问处工作期间，成功地完成了全市第一例经济涉案的代理，在阳泉市首开经济法律实践之先河，为推动全市的法治建设作出了积极贡献。“文化大革命”中曾受到不公正待遇。在担任民革阳泉市委主任委员和阳泉市政协副主席期间，他坦陈己见，积极建言献策，发挥了参政议政和民主监督的作用，为巩固和发展爱国统一战线，坚持中国共产党领导的多党合作和政治协商制度，付出了心血和汗水。1997 年离休。2000 年 6 月 6 日逝世。

刘德恩

刘德恩（1920—2000），山西昔阳人。经济师。民国 26 年（1937）12 月参加牺盟会，民国 27 年 8 月加入中国共产党。曾任村牺盟会秘书、村长，平定县、寿阳县、昔阳县银行经理、党支部书记。中华人民共和国成立后，历任阳泉市人民银行党支部书记、行长，阳泉市计划委员会常务副主任。1956 年 8 月起，历任中共阳泉市委秘书长，市委统战部长兼阳泉市政协第一、二届委员会副主席，阳泉市工商联合会第三、四、六、七届副主任委员；1959 年后，历任阳泉市商业局书记、局长，中共浮山县委工作队队长，中共汾西县委常委、革委会副主任，中国人民银行山西省分行信贷处处长等职。1983 年 12 月离休，同年被聘为中共山西省委调研室特聘调研员，享受司局级待遇。2000 年病逝。

王玉田

王玉田（1924—2001），阳泉市郊区林里村人。民国 33 年（1944）参加革命，同年 8 月加入中国共产党。抗日战争时期，王玉田曾任平定五区抗联会宣传委员、四区青联主任。解放战争初期，任平定工商实业科科员。阳泉建市后，曾任阳泉工矿区交通管理局工矿科长、工商局工矿科副科长。从 1950 年 4 月起，先后任阳泉市一区政府副区长、二区政府区长，荫营区人民委员会主任，市农工部副部长，郊区人民委员会主任、书记处书记等职。1961 年 7 月任阳泉市人民委员会副市长兼农建局局长。“文化大革命”初期被迫停职。1969 年 1 月到阳泉市“五七”干校学习。1972 年 1 月任阳泉市山南水库指挥部党委书记、总指挥。1973 年 8 月任市革命委员会农业组组长兼农村工作政治部部长。1979 年 4 月任市革委会副主任兼农工部部长。1982 年 7 月当选市第八届人大常委会副主任。

王玉田出身于农民家庭，早年怀着朴素的革命感情，积极投身于革命活动，抗日战争时期曾任村青年抗日先锋队队长、民兵队长。解放战争时期在工商部门工作。为稳定社会、繁荣市场、促进当时经济发展，作出了应有的努力。中华人民共和国成立后，他长期从事农村、农业工作，积极贯彻执行党的农业政策，经常深入农业生产第一线指导工作。担任市山南水库指挥部总指挥期间，他带领各路建设者发扬自力更生、艰苦奋斗、顽强奋战的精神，竭尽全力工作，保证了山南水库建设工程的顺利完成；担任市第八届人大常委会副主任期间，他积极探索人大工作的规律，为坚持和完善人民代表大会制度，加强社会主义民主和法治建设，做了大量有益的工作。1990 年 4 月离休。2001 年 2 月 28 日逝世。

刘怀顺

刘怀顺（1970—2001），平定里牌岭村人。1987 年考入山西省畜牧兽医学校，1991 年 7 月毕业后被分配到平定县畜牧中心动物检疫站工作，系动物防疫监督员。

刘怀顺有责任感，有同情心，工作兢兢业业，任劳任怨。1999 年，他担任平定县畜牧中心疫情测报站站长、执法队长，负责对肉类市场进行执法检查。当时单位条件差，没有任何交通工具，刘怀顺就以步代车，长年坚持对县城内200余家经营肉品的经销店和饭店进行普检。有不少人对此不理解，对他责难、谩骂，但他从没有退缩过。有一次，刘怀顺发现路上有一辆拉满肉的三轮车由县城驶出，他不顾雪天路滑，二话没说，借了一辆摩托车骑上便追，路上摔倒了，爬起来再追，硬是追上了三轮车，经过检查，这车肉全部都是病猪肉。事后，他说："磕碰点伤不算啥，如果让这一车肉进入市场，还能对得起这份工作、对得住自己的良心吗？"2001年8月9日凌晨1时40分，刘怀顺与同班3名动物检疫员在太旧高速公路旧关动物防疫监督检查站执行任务时，为堵截一辆违法逃检载畜车辆，不幸被撞压身亡，以身殉职，年仅31岁。

刘怀顺牺牲后，他的事迹受到了中央领导的重视，国务院有关领导专门就此事作了批示，要求执法监督部门严惩凶手，坚决打击暴力抗法行为，净化社会风气，创造良好的执法环境。山西省农业厅发出了《关于在全省农业系统开展向刘怀顺同志学习的决定》，号召全省农业行政执法系统广大执法工作者向刘怀顺学习。根据刘怀顺生前愿望，平定县畜牧中心报请上级党委批准追认他为中国共产党党员。2005年12月12日，民政部追认其为革命烈士。

张世祯

张世祯（1930—2001），平定人。中共党员。民国38年（1949）9月，张世祯到阳泉国营裕公矿（1951年5月改称阳泉矿务局三矿，1998年2月改称阳煤集团三矿）当工人，先后当过场面工、维修工，后来又担任了机电科副科长职务。他潜心钻研技术，一号井开拓第一条大巷时，他利用旧铁管焊制了"T"形简易装置，运用压风机的富余风量将巷道中的积水排出，解决了当时生产上的技术难题。此后，他走上了技术革新的道路。20世纪50年代，他根据生产需要，先后研制成拔轮器，革新成功能旋转360度的一吨吊车，将手拉锯改为圆盘锯等，大大减轻了工人的劳动强度，企业经济效益随之大幅度提升，张世祯被工人们亲切地誉为"智多星"，多次受到上级表彰。1959年10月，张世祯获全国劳动模范称号，参加了国务院和中华全国总工会召开的全国群英会。1984年退休。2001年9月11日逝世。

谢子和

谢子和（1916—2001），山西平遥人。民国26年（1937）参加牺盟会，次年加入中国共

产党。曾任平遥县三区区长，平遥县牺盟会公道团联合会会长，平遥县政府行政科、民教科、民政科科长，中共平遥县委委员、代理县长、县长，太岳一专署秘书主任、党支部书记，长治专署秘书主任、党支部书记等职。中华人民共和国成立后，任山西省劳动局秘书主任。1952年7月至1954年5月阳泉市副市长，1952年9月至1955年4月任阳泉市第三届各届人民代表会议主席，1954年8月至1958年7月任阳泉市市长。1956年9月至1958年6月任中共阳泉市委常务副书记、第二书记，1958年6月至1958年7月任中共阳泉市委书记处书记。1958年8月后，任中共晋中专署副书记、晋中专署专员，太原市第七届人大常委会副主任、代理主任。1985年12月离休。后任太原市老龄委员会主任。2001年10月逝世。

许 坚

许坚（1917—2001），河南滑县人。民国26年（1937）3月参加革命，民国27年3月加入中国共产党。先后在牺盟会任十人团长、协勤员、区委书记、政卫四支队组织干事等职。民国29年4月在抗大总校学习，后任太岳三军分区武装科干事。民国31年6月任霍县武委会主任。民国33年1月始任翼城、夏县武委会主任。民国38年8月任安邑中心县组织部部长。1952年7月始，任阳泉矿务局三矿矿长、局行政办公室主任、局医院院长。1959年6月始，任中共阳泉市委统战部副部长、部长，阳泉市政协副主席。1968年10月在阳泉“五七”干校学习劳动。1973年7月任阳泉市粮食局副主任。1979年，任中共阳泉市委统战部副部长、阳泉市政协副主席。

许坚在七七事变前就参加了革命，经历了硝烟弥漫的抗日战争、解放战争的洗礼，并屡受嘉奖。全国解放后，又参加了土改、肃反、“三反五反”、抗美援朝等各项工作。在担任领导职务期间，他一身正气，两袖清风，从没利用职权为子女上学和安排工作谋取半点好处。他总是教育子女不要依靠父母，要靠自己努力。他一生履迹坎坷，历经艰辛，受到挫折时，光明磊落，从不计较个人得失。特别是在“文化大革命”中，虽受到不公正待遇，但对党从未有过怨言，始终没有动摇过对党、对共产主义的忠实信念。

许坚一生中有较长时间从事党的统战、政协工作，对党的统战、政协方针、政策认真贯彻执行，为过渡时期、新时期政协工作的开展、政协职能的履行做了许多有益工作。1983年9月离休。2001 年 12 月 15 日逝世。

张润槐

张润槐（1918—2001），盂县箭河村人。民国 29 年（1940）加入中国共产党，民国 23 年担任箭河村村长，民国 33 年 12 月出席晋察冀边区第二次群英大会，被授予“抗日模范村长”称号。民国 34 年任村党支部书记，并先后任盂县六区区长、县民政科科长。民国 36 年 10 月任盂县民主政府县长。中华人民共和国成立后，他任盂县县长。1951 年 8 月任中共盂县县委书记。1959 年任阳泉市常务副市长、市委书记处书记。1958 年，曾作为全国农业社会主义先进代表大会主席团成员，受到中共中央主席毛泽东等中央领导的接见。1961 年 3 月任中共昔阳县委书记。1965 年始，历任山西省贫下中农协会副主任，灵石县革命委员会主任，灵石县县长，晋中地委统战部部长，晋中行署建设委员会党委书记、主任等职。1983 年离休。2001 年 12 月逝世。

王致旺

王致旺（1932—2001），山西五台人。中共党员。1950 年 4 月，王致旺和另外十余名职工在极端困难的条件下在郊区平坦垴村的一个破庙里筹建了阳泉市磺粉厂。他们利用废砖修建了两座小磺炉，采用土炉升华法开始了硫黄粉的生产。1951 年 1 月，市磺粉厂从平坦垴村迁到了官坊街。不久生产出第一批产品，中国化工原料公司到厂订货，要求每月保证供应硫黄粉 90 吨。而当时市磺粉厂的生产能力只有每月 30 吨。为完成任务，王致旺放弃节假日，与其他同事一道加班加点潜心钻研和改进生产工艺，将原筛设备改变为“脚踏罗”筛粉，后又改革为电动筛粉机筛粉，从而提高了产品质量和工作效率，同时减轻了工人的劳动强度，每班工人由原来的 9 人减少为 5 人。硫黄粉是一种固体易燃危险品，生产过程中稍有不慎就有可能造成失火放炮的危险，加之当时市磺粉厂生产设备简陋，因此失火放炮现象时有发生。为实现安全生产，王致旺反复琢磨，探索出了一条“四勤”“四净”的工作方法，即工作中努力做到眼勤、耳勤、手勤、腿勤和身上净、场地净、原料净、机器净，从而有效减少了失火放炮事故的发生。工作中，王致旺特别注意厉行节约、修旧利废，他多年累计捡拾原料及废品价值近 2 万元。由于工作突出，王致旺多次获得阳泉市先进工作者及化工局优秀党员等称号，1956 年被国务院评为全国先进生产者。

王致旺从参加工作到退休，一直奋斗在生产第一线，默默无闻地完成和超额完成了各项工作任务，时时处处体现了一个共产党员不畏艰险、不怕困难的崇高精神。他在平凡的工作岗位上作出了不平凡的业绩，深受领导与职工称赞。2001 年逝世。

郝 光

郝光（1915—2002），盂县上鹤山村人。民国 25 年（1936）参加山西省牺牲救国同盟会。次年，参加山西青年抗敌决死队，并加入中国共产党。民国 28 年任盂县政府教育科长。民国 34 年 3 月至 8 月，任盂平县抗日民主政府县长。民国 34 年 8 月 25 日盂县全境解放后，郝光主持恢复了盂县建制，并任盂县民主政府县长。之后，他带领全县人民医治战争创伤，迅速恢复生产，开展了各项工作。解放战争期间，他组织全县人民配合人民解放军击溃了蒋阎军的蚕食进攻，战胜自然灾害的袭击，开展大生产运动，发展多种经营，有力地支援了解放战争。在他领导下，全县工业、手工业、金融、税收、合作贸易得到恢复发展。他还领导全县开展了反奸、清算和减租减息运动，使盂县开始走上了恢复和发展的道路。

民国 37 年（1948），郝光调任晋冀二专署财政科长。1949 年，任山西省立平定师范首任校长。1952 年，筹建并担任太原采矿学校首任校长、书记。1960 年，筹建并担任山西工业师范专科学校党委书记兼校长。1962 年任山西矿业学院院长。离休后，享受副省级待遇。2002 年逝世。

石广平

石广平（1921—2002），又名石岐，平定城里人。九一八事变后，石广平在学校进步老师和学生带领下，参加了抗日游行示威，开展抗日救亡宣传活动。民国 25 年（1936）冬，他参加了民族解放先锋队；平定牺盟分会成立后，又报名参加了牺盟会组织。并于次年 3 月，经孙竹庭介绍，加入中国共产党。

“七七”事变后，他参加了平定县抗日游击队，在队长赵虎臣、指导员孙竹庭、军事教员艾立全（129师派的老红军）率领下，一面训练、一面下乡宣传动员群众抗日救国。民国26年（1937）10月下旬，在县城失陷前，中共平定工委和县牺盟分会紧急撤退。石广平和窦治中两名党员逐个联系未接到通知的游击队员和愿意参加抗日的青年、学生共20余人，背着牺盟会发给的步枪，经冶西、马家庄等村向西撤退，在上龙泉村和撤退到那里的同志们会合。接着，他们转移到和顺县石拐镇，编入八路军129师秦基伟、赖际发领导的晋冀豫游击队。石广平分配到民运科工作。当年冬天，石广平受党组织选派，到晋冀特委党员训练班受训。训练班结业后，特委派他到昔阳县四区（西寨）任区委书记。

民国27年（1938）2月，中共平（定）井（陉）工委成立后，派石广平到平东县组建起中共平东县工作委员会，任平东县工委书记。工委驻地沿庄村，上属中共冀晋特委领导。同年5月任平东县民运科长。次年4月赴延安学习，在中央社会部接受保卫工作的专门训练，民国29年春结业后派往晋西北边区工作。当年9月又调回太行区党委。百团大战后，太行区党委决定派石广平到冀南、太行、太岳行政联合办事处（公安总局前身）任侦查科长。民国30年春，调太行第五专署公安处任处长。后公安总局同中央局社会部合并，任秘书科长。

民国36年（1947）春，晋冀鲁豫与晋察冀两大区合并，成立华北人民政府公安部（党内社会部），石广平先后任华北人民政府公安部治安科长、处长等职务，直到进北京后改为军委公安部。中华人民共和国成立后，石广平在公安部任治安处长、副局长，1964年任治安局局长。“文化大革命”期间，被打成“走资派”隔离审查。1969年春被下放到黑龙江劳动改造。1971年调回公安部恢复工作。1974年，任国家武装民警局局长，主持武装民警部队的组建工作。1979年调宁夏回族自治区任公安局局长、党组书记。1981年，又调回北京，在国家公安部工作。1982年离休。2002年3月3日在北京逝世。

赵培厚

赵培厚（1926—2002），阳泉市郊区义东沟村人。幼时在村小学读书3年，青年时以耕种为生，后在阳泉老君庙街长益号药铺当伙计一年半。17岁开始，在河南郑州及河北白沟河、获鹿等地的染坊，从事染布工作。民国26年（1937），由于日军入侵，染坊生意倒闭，只能回家种田卖菜。解放初期，赵培厚积极响应共产党的号召，在村里带头参加变工组、互助组、初级农业合作社、高级农业合作社，并先后担任会计、生产股长、副社长。1964 年至 1967 年，任大队长（村主任）。1968 年至 1975 年，任村管理委员会主任。1957 年至 1984 年任村党支部副书记。1982 年，任副大队长，1984 年退休。

赵培厚在农业战线上，几十年如一日，兢兢业业，率领广大干部社员群众大搞农田水利基本建设，闸沟改河，扩大改造土地 190 亩（12.67 公顷），河滩造地 130 亩（8.67 公顷），旱改水地 358 亩（23.87 公顷），新建水池 14 个，容水量达 15 万多立方米。并铺设 2 万多米两趟排污管道，把离村 10 多千米的二矿矿井水引回义东沟村菜地，并动用土石方 702.66 立方米，解决了蔬菜生产的供水问题。为发展蔬菜生产，他大搞技术改造、科学种田，多次外出学习先进经验，把蔬菜种植新技术带回义东沟村，并总结出“春抓早、夏抓好、秋排开、冬贮存”的科学种植方法，使种植品种不断增加，逐步实现了蔬菜“四季常青”，使义东沟成为阳泉市闻名的蔬菜生产基地。1955年后，义东沟村多次被评为山西省农业生产先进单位，1980年、1982年，赵培厚两次被山西省人民政府授予农业劳动模范称号；连续多年评为市、区、乡劳动模范和优秀党员；还当选山西省第五、六届人大代表。其模范事迹载入《中华劳模大典》。2002 年 10 月 31 日逝世。

王文如

王文如（1923—2002），山西五台人。民国 29 年（1940）加入中国共产党。历任五台县青救会委员，代县武委会主任，崞县（今原平市）武工队政委、公安局长，兴县专署公安处副处长等职。抗日战争期间，王文如作为武工队队长率领武工队杀日寇、除汉奸，威震一方。1951 年调任阳泉市委常委、公安局长。1958 年 5 月至 1965 年 10 月任阳泉市副市长、市委书记处书记、市长，为阳泉市经济社会发展作出了贡献。任职期间，始终坚持说实话、办实事、求实效。在其领导下，阳泉市沿桃河两岸筑起长十多华里高 5 米多的永久性石坝，为两岸人民生命财产安全提供永久性保护；修建了桃河大桥，实现了阳泉南北通畅；新建了河边街和北大街两条商业街，方便了人民生活，改变了城市面貌；依靠人民群众和专业队伍，在狮脑山万亩荒坡上植树造林，留下满山绿荫。1965 年 10 月王文如调任大同市市长。1971 年后，任山西省保卫部治保办公室副主任、山西省公安厅副厅长兼劳改局局长、山西省司法厅副厅长等职。1985 年任山西省顾问委员会委员。1994 年离休。2002 年逝世。

王永惠

王永惠（1973—2003），平定人。1992年8月以优异的成绩考入空军长春飞行学院。1997年4月加入中国共产党，空军上尉军衔。历任空军长春飞行学院学员，空军第四飞行学院学员，北京军区空军某部飞行一大队副连职飞行员、空军某部20团飞行二大队中队长、空军某部21团飞行三大队中队长。王永惠非常热爱飞行事业，他注重钻研飞行理论，刻苦训练，不断提高自已的理论水平和飞行技术。每次飞行都能扎实地做好安全预想和特情处置研究准备，做到了地面苦练，空中精飞，从未发生过任何责任问题。多次出色完成战备值班、接送飞机、演习等重大任务。在执行入闽轮战任务中，他不为困难所动摇，把困难当挑战，把任务作机遇，始终保持高昂的精神状态和积极的工作姿态，出色完成了入闽轮战任务。截至2001年10月17日，连续安全飞行802小时，荣立个人三等功。2003年3月20日，在部队执行战备飞行训练中不幸牺牲，年仅30岁，被中国人民解放军总政治部批准为革命烈士。同年3月27日，王永惠烈士的骨灰，在生前所在的部队团首长和阳泉市矿区民政局负责人的护送下回到阳泉；3月30日，矿区双拥工作领导组在阳泉市殡仪馆为王永惠烈士举行了隆重的追悼会和骨灰安放仪式。

任朴斋

任朴斋（1918—2003），曾用名任玉，阳泉市郊区坪上村人。民国25年（1936）参加革命，次年10月加入中国共产党。曾任盂县、阳曲、寿阳等战地工作团组长，平定（路北）县、繁峙县公安局局长，中共绥东、雁北地委社会部部长兼公安办事处主任等职。民国36年5月至9月、民国37年7月至12月任中共阳泉市委副书记兼副市长，民国36年9月至民国37年7月、民国37年12月至民国38年9月任中共阳泉市委书记，民国36年9月至民国37年1月兼任市长，民国37年12月代理市长。民国38年9月至1950年8月任中共阳泉工矿区委书记兼工矿区人民政府主任。当时，历经日本侵略军八年蹂躏和国民党阎锡山两年破坏的阳泉刚刚解放建市，市内满目疮痍，百废待兴，敌特和残余势力活动猖獗；外围，距阳泉东西各100多千米的石家庄、太原尚有敌重兵盘踞，对阳泉呈包围之势，随时可能卷土重来；加之旱灾严重，民众衣食维艰，安民兴市任务、巩固胜利政权、支援山西乃至全国解放事业的任务急迫而沉重。

任朴斋上任后，首先从战胜灾荒、安定人民生活入手展开了工作。其间，政府千方百计筹措粮食，并号召机关干部节约口粮，用以救济贫苦民众。同时，发动工人组织生产合作社，进行生产自救，政府通过发放贷粮、贷款予以扶持；还责成工矿交通管理局和职工工会联合成立工人管理委员会，负责安置失业工人的工作和解决其生计。为了迅速恢复生产，主要是恢复煤铁业生产，任朴斋带领一班人在中共华北局的直接领导和具体帮助下，依靠广大工人艰苦奋斗，以阳泉四矿、阳泉铁厂和铁路为恢复重点，仅用了半年左右的时间，阳泉工矿业便得到全面恢复。根据阳泉实际贯彻落实中央关于保护工商业的政策，任朴斋领导制定了《阳泉市郊区农村划分阶级成分的决定》《禁止破坏煤矿暂行办法》及《登记煤矿临时办法》，并通过召开工商界代表座谈会宣传政策、发放工商贷款、帮助营销等，有效地保护了合法工商户的利益，正确体现了公私兼顾、劳资两利的政策精神，避免了土地改革中“左”的倾向的蔓延，促进了私营工商业的恢复和发展。建立新秩序——这是阳泉建市初期摆在市委、市政府面前的一道难题。为了攻克这一难题，当时兼任市公安局局长的任朴斋，凭借多年从事公安工作和对敌斗争的经验，抽调专人组成搜索组和审俘组，有的放矢地对国民党原党、政、军、警、宪、特驻地和反动帮会、地主武装驻地进行了全面搜索，并对在解放阳泉、盂县、寿阳战斗中俘虏的1200多名战俘进行了认真审查。还以公安局的名义发布了公告，动员顽伪人员限期登记，从而强化了对城市户口的管理。他还采取果断措施，破获了一起军统特务派遣案和多起走私、贩毒、赌博、盗窃及流氓集团案，取缔了“一贯道”等反动会道门组织，使社会秩序大为好转。民国38年（1949）9月26日至29日召开了代表13个界别、有123人参加的阳泉工矿区第一届各界人民代表会议。在这次会议上，任朴斋被推选为工矿区主席。在此期间，任朴斋一班人还在煤矿系统成功开展了反“把头”运动，有计划、有步骤地推进了企业的民主改革，推动了生产的发展。1950年，全工矿区国营、地方国营和私营煤矿的煤炭产量突破了百万吨大关，比民国37年增长了10倍还多。任朴斋在任3年多时间，迅速恢复了阳泉的工商业，改善了人民的生活，荡涤了旧社会的污泥浊水，稳定了局势，建立了社会新秩序，在人力、物力上有力地支援了山西乃至全国的解放事业，同时也为党在解放战争时期接收城市、管理城市、建设城市积累了许多宝贵的经验，受到了上级的表扬。时任华北人民政府主席的董必武称赞道：“阳泉市虽然不大，但支援解放战争的贡献不小！”

1950年8月，任朴斋调离阳泉，先后任政务院华北事务部工商组副组长，华北行政委员会建筑工程局局长，负责组建华北直属建筑工程公司和建筑工程设计院。1954年调国家建筑工程部，先后任华北工程管理总局局长、施工管理局局长、对外建筑技术联络局局长，具体负责全国建筑工程施工管理工作。曾参与首都人民大会堂等十大建筑工程的组织领导工作。1960年，任中国建筑工程公司党委书记兼总经理，负责中国对外经济援助建筑工程任务。其间，圆满地完成了对阿尔巴尼亚、蒙古、朝鲜、越南、印尼和柬埔寨等国的援建工程。1964年，任国家建筑工程部副部长、党组成员，负责组织领导国家第一至第七机械工业部的基本建设任务，并参与组织领导“三线”建设的一批重点企业的设计及施工。1970年至1978年，任国家基本建设委员会副主任、党组成员，除分管建筑业、“三线”工程外，还参与领导组建基建工程兵部队，并组织指挥了第二汽车制造厂、辽阳化纤厂及四川、云南、贵州、安徽四省化肥厂等一批国家重点大型基本建设项目。1979年至1982年，任国家建筑材料工业部副部长、党组成员，分管基本建设、地质、设计机械与制造、材料供应等工作。1983年2月离休后仍担任国家经委经管中心常委委员、国家建材咨询组组长、建材部对外合作公司董事长等职务，为新时期改革开放和经济建设发挥余热。2003年5月21日在北京逝世。

芦荫昌

芦荫昌（1924—2003），河北阜平人。民国27年（1938）12月参加革命，民国35年6月加入中国共产党。历任阜平县教师、电话局报务员、局长，晋察冀边区文书、会计，雁北专署秘书处管理员、秘书。中华人民共和国成立后，历任雁北地委组织部秘书、干事，雁北地委党校科长、地委理论教员、中共雁北地委秘书长，中共广灵县委第一书记、地委委员，雁北地区革委政工组副组长、政治部副主任、主任，中共雁北地委委员、组织部部长，副专员等职。1980年5月调任中共阳泉市委常委、组织部部长。1982年7月后历任阳泉市人大常委会副主任、大同市人大常委会副主任。1992年离休。

刘寰

刘寰（1921—2004），山西黎城人。民国26年（1937）10月参加革命，次年3月加入中国共产党。历任黎城县牺盟会游击队政治工作员、干事，黎城县青救会主席，河北省涉县县委宣传部部长，太行五分区青救分会、黎城县青救会主席，太行七分区辉县县委宣传部部长，太行二中教导处副主任，榆次地委宣传部教育科长，榆次县委书记，榆次地委宣传部部长，大同六一六厂党委书记，晋中地委书记处书记，晋东南地委副书记，忻县地委副书记、行署副专员等职。1967年2月至1975年1月，受“文化大革命”迫害被停职。1975年1月至1976年2月任忻县地委常委、行署副专员。1979年4月至1983年8月任阳泉市委副书记（1983年3月至4月任代理书记）。其间，1979年4至1980年2月兼任市革委会副主任，1980年2月至1982年7月任市革委会主任。

刘寰初到阳泉时，“文化大革命”结束不久，他主持开展落实政策工作，在落实政策、纠正清查扩大化和历次政治运动造成的冤、假、错案工作中，严格坚持两条原则：一是强调政治思想工作，增强党性克服派性，为解决问题打下坚实的思想基础；二是强调认真调查取证，在定性处理上力求准确。经过近两年认真细致的工作，9700多件冤、假、错案全部得到解决，为清除派性，加强团结，稳定局势，以及提高广大干部群众的工作和生产积极性创造了条件。在革委会工作期间，他高度重视发展城市基础设施建设。一是为了改善城市交通状况，拓宽了连接城市南北的桃河桥桥面、加宽南大街东南端和德胜街东端连接的一段路，使市区车辆交叉行使的矛盾得到缓解，城市交通安全状况明显好转；二是积极协调各方力量，克服财政和工程建设实际中的重重困难，完成了娘子关提水工程，解决了长期困扰阳泉人民的吃水问题。

1984年9月刘寰离休后，仍继续发挥余热，为党和人民做了许多有益的工作。先后参与了太行革命根据地史、黎城党史的编写和审稿工作，应邀为涉县、辉县、榆次、阳泉、大同六一六厂、左权中学等撰写了许多历史回忆文章。与他人共同筹办了“山西成人大学晋中人才培训部”，后改名为“晋中医学专修学校”“晋中医学专修学院”，培养了大量人才。2004年1月1日在榆次逝世。

吴景忠

吴景忠（1935—2004），锡伯族，辽宁沈阳人。1962年9月参加工作，1966年4月加入中国共产党。1956年8月至1962年8月，先后在太原采矿学校、山西矿院采煤专业读书。1962年9月至1973年4月，担任阳泉矿务局三矿四尺煤硬骨头采煤二队队长。1973年5月至1975年2月，任阳泉矿务局生产技术处副处长、副总工程师。1976年10月至1982年7月，任阳泉市革委会副主任。1980年3月至1982年7月兼任市科委主任，1981年1月至1983年12月兼任市科协主席。1982年7月至1983年12月任阳泉市副市长。

1983年12月至1995年10月任市煤炭工业局局长、党委副书记，1995年10月至1998年7月任市煤炭工业局巡视员。

在担任阳泉矿务局三矿四尺煤硬骨头采煤二队队长期间，他勇挑重担，善打硬仗，12年无重大事故，被煤炭部授予“严细成风硬骨头采煤二队”称号，树为“全国煤炭战线十面红旗”之一。他本人被评为市劳动模范。在担任阳泉矿务局生产技术处副处长、副总工程师期间，他带领工程技术人员赴波兰学习先进的综采技术，并结合阳泉实际，攻关破题，试采一举成功，从而结束了阳泉地区无应用综采技术的历史，为彻底改变阳泉地区开采技术落后的状况作出了重大贡献。

在担任市革委会副主任、副市长期间，吴景忠先后分管科技工作和文教工作。他顾全大局，认真履职尽责，注重调查研究，平易近人，作风民主，工作努力，为全市的经济建设和社会发展作出了应有贡献。

在任阳泉市煤炭工业局局长期间，他坚持生产、基建、多营三位一体，共同发展的思路，不仅使老矿延年益寿、焕发生机，而且还大刀阔斧建设新井，加快了大阳泉矿的建设速度，新建改建了程庄、燕龛、上社3个矿井，历史性地完成了市营煤矿的健康接续，为阳泉市地方煤矿的健康发展奠定了坚实的基础。1998年7月退休。2004年4月21日逝世。

赵文华

赵文华（1933—2004），河北永清人。大专学历，无党派人士。1950年参加中国人民解放军，曾在空军华北预科总队和空军第七、十航校任学员、机械员、助教、教员，并获一级优等教员称号，1957年被授予中尉军衔。1958年转业后，先后任寿阳县中学教师，阳泉师范教师、副校长，阳泉市教育学院教导处副主任、副院长。1989年4月评为汉语言文学副教授。1987年11月至2002年4月，任阳泉市政协第七、八、九届委员会副主席。市陶行知研究会名誉会长，市教育学院常务理事、顾问。

在阳泉师范工作期间，赵文华把陶行知先生“捧着一颗心来，不带半根草去”的名言作为自己的座右铭，以“学高身正，为人师表”严格要求自己，狠抓学风教风及教学质量。1984年，赵文华任阳泉教育学院副院长，分管教育教学工作。他提出行政领导首先应是思想领导、教育教学领导，教育学院的优势是教育理论的优势，以及应该运用教育理论解决教育教学问题等一系列办学思想。

在市政协第七届委员会全委会上，赵文华被选为副主席，后来连任3届共13年，一直分管教科文卫委员会的工作，第八届时还负责分管文史资料委员会的工作。赵文华坚决拥护中国共产党的领导，始终高举团结、民主两面旗帜，深入调查研究，任劳任怨履行职责。在他的领导下，教科文卫委员会对全市的职业教育、农村义务教育、职业病防治、科技兴市、社会力量办学等进行了大量的调查研究，并向市委、市政府提出《关于发展全市科技教育事业的建议》。2004年5月23日在北京逝世。

贾慧生

贾慧生（1920—2004），曾名贾清芳，河北元氏人。他出生于一个贫苦农民家庭，民国27年（1938）参加革命，同年3月加入中国共产党。

抗日战争和解放战争时期，贾慧生历任元氏县抗日政府组训科宣传队队长、县人民武装部副部长、中共元氏县委宣传部部长、沙河县委组织部部长、敌工部部长、县委书记，中共武安县委书记，太行区党委组织部组织科科长等职务。

中华人民共和国成立后，贾慧生曾任中共山西省委组织部党员干部管理处副处长。1952年3月调任阳泉市委第二副书记；8月兼任阳泉矿务局党委副书记、副局长；10月任阳泉矿务局党委书记兼局长。1953年，他主动辞去市委副书记和局党委书记职务，专任阳泉矿务局局长。1958年，调任山西经济委员会办公室主任、经济委员会副主任。1962年，又调任大同矿务局党委书记。1965年10月调山西省煤管局任党委书记。“文化大革命”期间，下放到汾西矿务局基层工作。1970年，担任该局党委副书记、革命委员会主任。1972年，贾慧生调回阳泉矿务局，先后担任局革命委员会主任和党委书记。1975年调任煤炭部副部长。1982年离休。曾是全国施工协会副理事长、煤炭基本建设协会理事长。2004年6月13日在北京逝世。

田霍卿

田霍卿（1945—2004），山西沁水人。1969年7月太原重机学院毕业并留校工作。1970年12月加入中国共产党。从1970年8月起先后任长子县宋村公社团委书记、团县委副书记、

张店公社党委书记。1979 年 12 月任共青团晋东南地委宣传部部长。1982 年 12 月在晋东南地区广播事业局主持工作。1983 年 10 月任中共阳城县委书记。1985 年 4 月挂职江苏省无锡市市长助理。1986 年 2 月任中共晋城市委副书记，1991 年 11 月任中共晋城市委副书记、副市长，1992 年 11 月任中共晋城市委副书记、市长，1994 年 7 月任中共晋城市委书记。1995 年 12 月任中共阳泉市委书记。2000 年 2 月任山西省人民检察院党组副书记，2000 年 9 月任山西省人民检察院常务副检察长，2002 年 1 月任一级高级检察官。1993 年 2 月、1998 年 2 月分别被选为山西省第八、九届人民代表大会代表，1996 年 2 月被选为中共山西省第七届委员会委员，1997 年 9 月被选为中国共产党第十五次全国代表大会代表。

田霍卿任阳泉市委书记后，提出“科技推动、外向带动、规模滚动”三大发展战略，突出抓了城镇建设规划、国有企业改革和城市基础设施建设等工作，使阳泉市的城市面貌和城市基础设施建设有了很大改观，国企改革稳步推进。1997 年 12 月，他主持召开了中共阳泉市第八次代表大会，提出了全面完成《阳泉市国民经济和社会发展“九五”计划和2010年远景目标纲要》“三步走”强市战略，确立了八届市委的任期目标——解放思想，实事求是，抓住机遇，开拓进取，基本实现“三个目标”，即放开搞活国有企业，提高国有经济整体素质和效益；农村经济持续发展，农民生活初步达到宽裕型小康水平；各项社会事业全面进步，力争建成全国文明城市。1997 年，阳泉市成为山西省第一家整体达小康的地市。1998 年，阳泉市跻身于全国科教兴市先进市行列。2004 年 6 月 18 日在太原逝世。

郭 力

郭力（1926—2004），曾名郭金虎，山西潞城县合室村人。民国 31 年（1942）11 月参加革命，同年加入中国共产党。历任村青救会主任、农会主席、党支部书记，潞城县三区区委委员、副书记、代书记、书记。民国 36 年，带领民兵随陈谢大军进军豫西。1951 年中共山西省委党校学习毕业后，借调绥远省任米仓县剿匪反霸减租工作团成员、中共丰镇县城关区委书记。1952 年调到阳泉，先后任阳泉市三、一、二区区委书记，市委农工部、工业部副部长。1959 年中国人民大学工业经济系特别班进修毕业后，先后任阳泉市经委主任，阳泉市副市长兼计委、经委主任，阳泉钢铁厂革命委员会主任、党委书记，市委常委、市革委会副主任、市委副书记，市第八届人大常委会主任。1983年12月、1987年12月，当选市政协第六、七届委员会主席。

郭力早年投身革命，转战大江南北，为中国人民的解放事业作出了积极贡献。中华人民共和国成立后，郭力长期担任主管阳泉市工业建设的领导职务。1962年，依据阳泉实际情况提出"全国是短线，本省是缺门，阳泉有条件"发展阳泉地方工业的方略，被市委采纳。1970年以后，参与了娘子关提水、旧城改造和城市总体规划等重大项目的组织指挥工作，为阳泉市奠定工业基础、发展工业经济作出了不懈努力。特别是1983年主持政协工作后，他一如既往，尽心尽责，从健全机构、充实人员、明确职责入手，为新时期人民政协工作的恢复、开创新局面、再上新台阶以及在政治思想、统一战线、民主和法治建设方面做了许多积极有益的工作。在此期间，他组织政协委员，通过调查研究，先后提出了《关于电力发展问题的建议》《关于深化国企改革，提高经济效益的建议》《发展千亩蔬菜日光温室的可行性报告》等意见和建议，有效地推进了党政决策的科学化和民主化，扩大了市政协的影响。1993年4月离休。2004年8月5日逝世。

马维华

马维华（1924—2004），山西沁源县人。民国27年（1938）参加革命，同年7月加入中国共产党。历任沁源县抗日青救会儿童部长、青救会区主席，参加了沁源围困战。民国34年5月，奉太岳地委指示赴河南孟县开辟新区，任工作队第一大队队长，开展反奸除霸、减租减息斗争。建立新政权后，任孟县农会常委兼区主席。民国35年1月至民国37年4月，任太岳四地委检查团团员。民国37年9月至民国38年3月，在中共太岳区委党校学习，毕业后任中共垣曲县委委员、秘书、办公室主任。1953年8月调阳泉工作，先后任市委办公室副主任、市委农工部副部长、市荫营区委第一书记、郊区区委书记、平定县委常务书记、市城市人民公社书记处书记、市委农工部部长、市委副秘书长、市委秘书长、市委核心小组办公室副主任、阳泉矿务局革委会副主任、市革委会副主任、市委副书记。1980年5月至1981年11月，调任中共忻州地委副书记。1981年12月至1983年11月，调任中共长治市委副书记兼组织部部长。地方人大设立后，马维华于1983年12月任阳泉市人大常委会主任。1990年4月离休。2004年逝世。

马维华在长期的工作实践中，不管走到哪里都和群众打成一片。他热爱农村，经常深入田间地头，了解农村的生产生活情况，并针对性地解决问题，有力地促进了农村经济和社会的发展，特别是为阳泉能源重化工基地的建设和“三农”基础的奠定付出了不懈努力。马维华在担任市人大常委会主任期间，带领市人大一班人，努力探索人大工作新途径，充分发挥人大代表作用，加大监督力度，为推进全市的民主政治建设作出了积极贡献。

作为领导干部，他尊重人才，爱护干部，尤其对青年干部倍加呵护，在广大干部群众中享有很高的威望。马维华从领导岗位上退下来后，仍以极大的热情关注着党和人民的事业，关注着阳泉市经济社会的发展。认真倾听群众呼声，积极为市委、市人大和市政府领导通达民意，建言献策。2004年11月30日逝世。

王定谟

王定谟（1920—2004），山西昔阳人。民国26年（1937）参加牺盟会，同年加入中国共产党。曾任中共昔阳县二区区委宣传委员，中共晋东特委组织部干事，榆社县武委会主任，中共祁县县委组织部部长、代县长，中共襄垣县委副书记兼武工队副政委，中共长治地委秘书长等职。中华人民共和国成立后，历任中共潞城县委书记，阳泉铁厂党总支书记，中共阳泉市委常委、市委秘书长、工业部部长。1964年8月，在中共阳泉市第四次代表大会上当选市委副书记。后调任晋东南地区革委会副主任，中共临汾地委副书记、书记。1986年10月离休。2004年10月病逝。

朱光炳

朱光炳（1934—2004），安徽肥东人。民国38年（1949）9月参加工作，1956年加入中国共产党。1960年毕业于北京市厂矿干部经济管理专科学校。历任西安建筑工程公司木工，西安建筑桥梁厂团支部书记，北京市劳动局干事、副处长、处长，国家人事劳动部处长等职。1983年3月任阳泉市副市长，1991年6月任安徽省建材局代局长，1992年12月任国家人事部专家服务中心主任。1993年离休。2004年10月逝世。

贾礼峰

贾礼峰（1914—2005），平定县城里街人。民国26年（1937）8月参加平定抗日游击队，任作战科参谋，民国29年春任129师步兵第十旅司令部作战科参谋，民国31年任129师太行军区第二分区侦察科参谋；同年3月，调129师参谋训练队学习，毕业后任太行军区第二分区侦察科长。民国33年，任平定、寿阳情报站站长。民国34年任太行军区第二分区司令部作战科科长，次年任参谋处主任。民国36年后，历任太行军区作战科科长、训练科科长。曾参加百团大战、平汉阻击战、上党战役、正太战役等重大战役。

1949年4月，贾礼峰随中国人民解放军长江支队南下福建，先后任福建军区泉州军分区副参谋长、漳州军分区参谋长。1951年入解放军南京军事学院基本系一期一班学习。1954年毕业后留校，任全国战术教授会主任教员。1960年任军事学院速成系副主任。1963年任指挥二系副主任。1970年任青海省军区副司令员，分管军区部队作战、训练、人防、行政等工作，兼任青海省人民防空领导小组组长。1978年任解放军总政治部西安政治学校副校长。1981年离休。1985年到南京江苏省军区第一干休所休养。2005年2月28日在南京逝世。

张玉明

张玉明（1964—2005），阳泉人。1983年9月参加工作，1996年7月加入中国共产党，历任市汽运四公司副厂长、厂长，公司总经理、党委副书记。20年来，他在不同的工作岗位上，始终以饱满的工作热情和忘我的工作态度，兢兢业业，踏实工作，刻苦钻研，开拓创新，作出了突出贡献。2005年3月12日，因病逝世，年仅41岁。同年8月22日，中共阳泉市委作出《关于向张玉明同志学习的决定》。

张沛霖

张沛霖（1917—2005），平定县南关街人。民国25年（1936）中学毕业后考入交通大学唐山工程学院矿冶系学习。“七七”事变后，随平津流亡学生于民国26年冬到西安，考入西

安临时大学（民国27年3月西安临时大学更名为国立西北联合大学）。民国29年毕业后，到云南安宁资源委员会云南钢铁厂从事炼铁工作。民国33年，考取第八届中英庚款公费留学。民国34年，进入英国谢菲尔德大学冶金学院深造，研究钢的冷加工和氢在钢中的行为。民国38年3月获该校哲学博士学位和冶金研究布伦吞奖章（Brunton Medal）和奖金。

1951年回国后，历任第二机械工业部冶金方面总工程师，核工业部核燃料局总工程师，中国核工业集团公司科技委高级顾问，第一、二届中国核学会常委理事，第一、二、三届中国核材料学会理事长等职。系中国科学院金属研究所创始人之一、中国科学院资深院士、中国著名的物理冶金学家和核燃料事业的主要奠基者之一。

1951年3月，张沛霖回国筹建金属研究所，是中国科学院金属研究所创始人中最早回国的一位。其间，他为筹划全所建设、开展研究做了大量卓有成效的工作。1956年创办的《金属学报》，逐渐成为国内外较有声望的学术刊物；1958年，金属所转向发展新材料、新技术，张沛霖参与实施这个重要的战略决策，并具体领导了核材料的研究工作；1963年，张沛霖担任第二机械工业部冶金方面总工程师、核工业部核燃料局总工程师，兼金属研究所副所长，密切了部与所的协作。张沛霖长期从事核燃料冶金、核材料方面的研究与技术工作，组织领导并完成大型军用生产堆、潜艇核动力堆、高通量工程试验堆、秦山核电站等多种堆型的核反应堆材料和核燃料元件的研究、设计、制作和堆内辐照实验等工作，是中国核燃料事业的主要奠基者之一，为中国核工业的创建和发展以及国防事业的发展作出了杰出贡献。1980年张沛霖当选中国科学院院士，1985年获国家科技进步特等奖和国家发明二等奖，1998年获何梁何利基金科学与技术进步奖。生前，曾受到毛泽东、邓小平、江泽民等党和国家领导人的亲切接见。2005年9月15日在北京逝世。

阎武宏

阎武宏（1925—2005），山西定襄人。民国28年（1939）3月参加革命，同年6月加入中国共产党。曾任定襄县青救会主任、抗联会主任、区委会书记，冀晋二地委青年团组织部部长、定襄县委组织部部长等职。中华人民共和国成立后，历任定襄县委书记、轩岗煤矿党委书记、阳泉矿务局党委书记，省煤管局政研室副主任，大同矿务局党委书记、机修厂副书记、矿务局局长，山西省电管局局长，山西省经济委员会副主任，山西省副省长，山西省人大常委会副主任。1995 年 12 月离休，2004 年批准享受省部级医疗待遇。

革命战争年代，阎武宏积极投身于爱国救亡运动，在党的领导下组织开展了抗日宣传、发动群众、训练干部、建立抗日武装和巩固抗日政权工作；组织了当地的反扫荡和支前工作；领导了境内减租减息、反奸除霸、土地革命、农民翻身解放和大生产运动，为民族解放和中华人民共和国的建立作出积极的贡献。在社会主义革命和建设中，阎武宏长期担任地方和部门的党政领导，他认真贯彻中央的路线方针政策，深入基层调查研究，虚心倾听各方面的意见，坚持实事求是，总结经验，指导工作。在阳泉矿务局工作期间，正值国家三年经济困难时期，为缓解能源紧张，在全国率先推行了计件工资办法，实行了多劳多得、按劳分配的制度，极大地调动了广大工人的积极性，为山西煤炭工业的发展作出重大的贡献。任省电管局局长、经济委员会副主任、副省长期间，他坚定不移地贯彻执行省委、省政府制定的改革开放、整体创新、综合开发的经济发展战略，积极研究新情况，解决新问题，大胆而稳妥地推进各项改革，为山西经济的快速发展作出不懈努力。他提出在发展煤炭工业的同时要加快电力工业建设、煤炭电力并重的发展战略思想，主持兴建改造了一大批新兴产业重点项目，为山西成为全国能源重化工基地和山西经济结构的调整付出巨大的心血。在主抓能源工业的同时，卓有远见地注重了环保问题。1989 年获得国务院颁发的有突出贡献领导者金杯奖。2005 年 10 月 19 日在太原逝世。

高东升

高东升（1927—2006），山西文水人。民国 27 年（1938）8 月参加革命，民国 35 年 6 月加入中国共产党。曾任文水县武委会队长，汾阳县邮政局长、电报局长，汾阳县团委宣传部部长，清徐县团委书记。1952 年调到阳泉，先后任阳泉矿务局四矿团总支书记、三矿党委宣传部部长，《山西日报》阳泉记者站站长，阳泉市委工业部科长，市委宣传科科长，市建工局党委书记，阳泉钢铁公司党委书记，阳泉市委宣传部副部长等职。1983 年 9 月任中共阳泉市委常委、市纪检委书记。1986 年 4 月后任阳泉市政协第六、七届委员会副主席、党组副书记。

高东升 11 岁便投身于中国人民抗击日本侵略者的斗争中，为中华民族的独立和解放事业作出了贡献。中华人民共和国成立后，高东升先后从事共青团、宣传和党委工作，并在企业担任党的主要领导，为党的建设作出了积极贡献。特别是在担任阳泉钢铁公司党委书记期间，他团结党委一班人，为谋求阳钢的生存和发展努力工作，带领科技人员和广大职工昼夜奋战100天，新建了四号高炉，组装了烧结机，使炼钢生产得以迅速恢复，满足了市场对阳钢产品的需求。与此同时，他还想方设法争取到冶金部领导的支持，下大力改善了职工交通、居住条件及办公条件。改革开放后，高东升以对党对人民的高度忠诚和满腔热情忘我工作，认真贯彻党的解放思想、实事求是的思想路线和以经济建设为中心的工作方针，积极探索新时期政协工作的新形式，为推动阳泉市的民主政治建设和统一战线工作作出了贡献。在政协工作期间，高东升和班子成员一道，认真履行“政治协商、民主监督、参政议政”的职能，就电力发展问题、深化国企改革、治理桃河污染、发展千亩蔬菜日光温室、组建市耐火材料企业集团、推进科技进步和保护文物等工作进行认真指导，并先后深入到有关工厂、农村、机关、商店和集贸市场进行了大量的调查研究，组织撰写了大量的调查报告和考察报告，提出了许多意见和建议，受到市委、市政府的高度重视，对实现决策科学化、民主化起到了积极的作用。1993年4月离休。2006年10月23日逝世。

王　河

王河（1910—2006），女，原名王春荣，阳泉市郊区三泉村人。民国27年（1938）参加革命，次年5月加入中国共产党。历任平定县妇救会主任、晋察冀边区四分区专区抗联妇女部副部长、冀晋军区抗联会妇女部干事。民国34年8月，任沈阳市铁西区妇联主任；同年10月任黑龙江肇州县委组织部部长。民国38年8月到本溪工作，先后任本溪南芬铁矿党委组织部部长，本溪市妇联主任、党组书记，本溪市计划生育办公室副主任、党组书记、主任等职务。1980年5月当选本溪市第八届人大常委会副主任。是本溪市第二届人民代表会议政治协商委员会委员，本溪市第一至六届人民委员会委员，中共本溪市委员会第一、三届候补委员。

王河在家乡担任小学教员时，爆发了卢沟桥事变，激发了她的抗日救国热情，她积极参加宣传组织群众特别是广大妇女进行抗日救亡工作。民国27年7月，王河离开学校正式投身革命工作，在党组织的领导下，筹建了平定县妇救会并被任命为妇救会主任。在危险恶劣的环境中，她动员带领妇女群众坚壁清野，传信送粮，救护伤病员，支援、掩护八路军，参加武装斗争，为抗击日军作出了艰苦的努力。解放战争时期，王河被组织派到东北开展工作，她克服困难，发动群众，建立地方政府和群众组织，开展清匪斗争和土地改革，稳定了解放区的政权和生产。本溪解放初期，王河调任南芬铁矿组织部部长，她遵照党的指示，组织动员广大工人、技术人员和群众，参加恢复铁矿生产，并培养吸收先进分子入党、建立基层党支部，较好地完成各项工作任务。担任本溪市妇联主任后，她认真贯彻执行党的路线方针政策，满腔热忱，深入群众，体察妇女疾苦，反映妇女群众呼声，维护妇女利益，组织带领广大妇女投身社会主义建设。

“文化大革命”期间，王河受到冲击，被下放“五七”干校劳动。恢复工作后，在计生办领导的岗位上，她坚定贯彻党的计划生育政策，宣传计划生育工作精神，为本溪市的计划生育工作做了大量富有成效的工作。

1982年12月离休后，她坚持老有所为，勤于学习政治和书画创作，关心人大工作和妇女事业，参加社会活动和老干部党支部的活动。2006年12月19日在本溪逝世。

庞秀廷

庞秀廷（1927—2007），盂县水车湾村人。他幼年家境贫苦，被迫到东北当童工，受尽剥削压迫。民国34年（1945）参加八路军，次年9月加入中国共产党。历任冀晋军区二分区战士，冀晋独立一旅班长、排长、政治指导员，66军196师587团干事、副股长，196师588团炮兵营长，66军炮兵576团作训股长、副参谋长、参谋长、副团长、团长，66军196师参谋长、副师长、师长，66军参谋长、副军长、军长等职。1955年授予中校军衔。解放战争中，率部先后参加淳化、定襄、平汉、涞易、盂西、正太、智村、宗艾、石家庄、保北、天镇、应县、张家口、太原等数十次战役战斗。他以不畏困难、不怕牺牲的大无畏精神和良好组织指挥才能，出色地完成了各项战斗任务，多次荣立战功，所在连队也屡次得到褒奖。在抗美援朝战争中，参加了第一、二、三、四次战役，曾被金日成授予朝鲜二级独立勋章。

中华人民共和国成立后，庞秀廷积极致力于部队正规化、现代化建设。任师长时，其严格治军经验在全军推广普及，其组建的全国第一支对外开放部队，曾率军事代表团赴朝鲜、阿尔巴尼亚等国进行军事访问。和平建设时期，大力支援国家建设和抗灾救灾工作。在其组织指挥的“引滦入津”工程及参加的唐山抗震工作中，受到中央军委的通令嘉奖。他系第六届全国人大代表、天津第一届政协委员。1987年8月离休。2007年1月4日在天津逝世。

王植彬

王植彬（1921—2007），河北曲阳人。民国26年（1937）参加革命，次年8月加入中国共产党。民国28年9月，任河北省曲阳县四区助理员、第九区民政教育助理员；民国33年5月，任山西怀仁县三区区长；民国36年2月后，历任晋察冀野战军政治部军邮局长（副营）、华北野战军第二兵团军邮办事处秘书（副团）、第一野战军19兵团军邮办事处副主任等职，并参加了解放张家口、北平、太原、兰州等战役。1950年9月至1953年7月，赴朝参战，任中国人民志愿军19兵团军邮办事处主任。1955年，任山西省军区兵役局统计科科长、兵役登记统计处处长，授少校军衔，同年被授予中国人民解放军三级解放勋章。1958年5月，任山西省长屯县兵役局局长。1959年6月，任阳泉市兵役局副局长。1961年9月，任阳泉市人武部第二政治委员、党委书记（副师级待遇）。1965年晋升中校军衔。1967年4月任中共阳泉市核心小组组长、1968年11月改任副组长。1971年1月至1979年4月任中共阳泉市委副书记。

王植彬在长期的革命生涯和工作中，始终坚定共产主义信念，对革命事业赤胆忠心，对工作任劳任怨。他作风正派，坚持原则，顾全大局。“文化大革命”中，他主政阳泉，坚持党性，反对派性，正确对待两派群众；为阳泉的建设、稳定和发展作出了重要贡献。1980年离休。2007年2月16日逝世。

王 谦

王谦（1917—2007），平定上盘石村人。民国24年（1935）毕业于平定中学。青年时期，他开始阅读进步书籍，逐步接受革命思想。“一二·九”学生爱国运动爆发后，于民国25年9月在太原参加牺盟会，同年11月加入中国共产党。

民国26年（1937）2月任中共平定第一支部书记、牺盟会平定县分会委员。同年10月，平定县青年抗日游击队进入太行山抗日根据地，王谦任晋冀豫游击纵队第五支队政治委员。民国27年3月，任八路军129师385旅14团营教导员。同年7月转入地方工作，先后担任中共平（定）东县委宣传部部长、县委书记，中共榆社县委书记兼县独立营政委。民国31年，调任中共太行第三地委组织部部长。民国32年4月，到中共中央北方局党校系统学习马克思列宁主义理论和党的抗战方针，并参加了整风、审干工作。同年10月，调任中共太行区第四地委组织部部长。在8年的抗日战争中，王谦领导平定、榆社等地人民炸碉堡、袭据点、破坏铁路、反坚壁清野、反扫荡，沉重打击了日本侵略者。解放战争时期，王谦先后任中共太行第四地委副书记兼军分区副政委、中共长治市委书记、中共太行三地委书记兼军分区政委、太行区党委常委、组织部部长等职，直接参加了支援上党战役前线的工作。在农村稳妥开展土改运动，切实维护农民利益，巩固了解放区民主政权。

中华人民共和国成立后，王谦任中共长治地委书记兼军分区政委。在长治组织领导当地干部群众努力恢复和发展生产，并试办了中国最早的农业初级社，受到中共中央主席毛泽东的肯定，为中华人民共和国的农业发展闯出了一条新路。1952年2月，王谦调任中共中央华北局政策研究室主任。1953年1月，调任华北局农村工作部副部长。1954年12月，调任中共中央农村工作部副秘书长兼西北、华北地区处处长等职。王谦在华北局和中央农村工作部工作期间，参与研究起草了党中央农村工作的一些方针政策和《中国农村社会主义高潮》一书的编辑工作，被称为“党内的农业专家”。1956年3月，调中共山西省委工作，先后担任中共山西省委副书记、书记处书记、书记处常务书记。1960年11月，增选为中共中央华北局委员。1965年12月，任中共山西省委第二书记、山西省人民政府省长。

“文化大革命”中，王谦遭到迫害，被审查、关押达4年之久。1970年4月恢复工作后，先后担任山西省阳曲县革命委员会副主任、代主任，省革命委员会常委、计委主任和省革委业务组副组长、组长。1973年5月，任中共山西省委书记（时有第一书记）、省革命委员会副主任。1974年7月开始主持省委全面工作。1975年5月，担任中共山西省委第一书记、省革命委员会主任。1977年12月，兼任省政协主席、省军区第一政委。1981年9月，任中共四川省委书记（时有第一书记）兼四川省重庆市委第一书记。1985年选为中顾委委员。1986年3月，在六届全国人大四次会议上，王谦当选全国人大财政经济委员会副主任。1987年中共十三大当选中顾委委员。1992年10月，王谦离休。著有《农业的社会主义改造几个问题》《劫后余稿——试办初级社文存》《一个省委书记的国外见闻》等书籍。王谦是中共八大代表，中共第十一届中央委员，第十、十二届中央候补委员，第五、六届全国人大代表，第六届全国人大财经委副主任委员。2007年7月9日逝世。

池必卿

池必卿（1917—2007），平定上庄村人。民国14年（1925）至民国24年，在上庄村小学、平定县立中学附属高小、平定县立中学读书。民国24年8月，考入太原市友仁中学。“一二·九”运动爆发后，他积极投身于学校组织的抗日救亡运动，参加了学习和宣传新思潮的组织——读书会，阅读了许多有关马克思列宁主义的通俗读物。

民国25年（1936）12月，在太原参加牺牲救国同盟会、抗敌救亡先锋队、中华民族解放先锋队，并担任校抗先队长和民先队小队长，积极声援“国共合作，一致抗日”的正确主张。民国26年7月，池必卿加入中国共产党。“七七”事变后，党组织派他回到家乡平定县组织游击队，并担任中队支部委员，开展抗日游击斗争。不久，同平定县的其他游击队武装一起转入晋冀豫交界的太行区，进行开辟抗日根据地的工作。先后担任晋冀豫边区中共和顺县委委员兼区委书记，平（定）东县委组织部部长，赞皇、井（陉）获（鹿）县委书记。民国27年10月，到晋冀豫边区党校学习。民国28年2月，任晋东南农民救国总会主席兼党组书记。民国32年2月，晋冀豫边区改称太行分局后，池必卿改任太行分局五地委委员兼农会主席。国32年12月，到太行分局党校参加整风。民国34年5月，池必卿调太行分局第二地委工作，先后担任地委宣传部部长、副书记、书记，领导开展了新解放区的反奸反特、清算匪霸等斗争，摧毁旧政权，建立民主政权和农会、工会等群众团体。民国37年8月，调任晋冀鲁豫中央局晋中区党委宣传部部长。民国38年4月太原解放后，池必卿担任太原市委办公室主任兼农村工委副书记。同年9月，调任榆次地委书记、行署专员兼军分区政委。1952年3月，调任中共山西省委委员、宣传部部长兼省委党校校长。1954年9月，调任第二机械工业部大同616厂厂长，负责筹备中国第一个坦克发动机生产基地。

1955年8月，任山西省委副书记兼中共太原市委第一书记。1957年1月，担任山西省委书记处书记。1961年11月，调任中共中央华北局书记处书记。1967年7月，在北京军区支农支工小组协助工作。1969年7月，担任天津市革命委员会副主任、党的核心小组副组长。1975年8月，任内蒙古自治区党委第二书记、自治区革命委员会副主任。

1978年6月调贵州省工作，先后任省委第二书记兼省革命委员会副主任、代理省委第一书记。从1980年7月起，任贵州省委第一书记兼省军区第一政委。在贵州期间，他积极组织领导进行政治思想上的拨乱反正，落实党的干部政策，平反冤、假、错案，坚决消除派性；他坚决把全省的工作重心转移到经济建设上来，组织制定了富民强黔的发展规划；他尊重农民群众的要求和意愿，冲破重重阻力，在全省农村推广“包干到户”的家庭联产承包责任制，成为全国农业生产责任制改革较早的省份；他重视调查研究，经常深入地、县和农村社队，倾听干部群众意见，共商发展农业的政策措施；他重视培养少数民族干部，支持编修贵州地方史志，发展贵州旅游事业，加强与其他省区的交流与合作，为贵州更好更快地发展奠定了基础。

1987年11月，池必卿当选中央顾问委员会委员。中共十四大后，池必卿从工作岗位上退下来，并将自己近60年的革命活动进行回忆整理，撰写出《功在桑梓，情留大地》一书，给后人留下了宝贵的精神财富。他生前就立下后事从简、不搞遗体告别、不开追悼会的遗嘱，他与中顾委其他26位老领导向中央致信《关于取消向遗体告别仪式的建议》，得到中央的肯定。池必卿是中共八大、十三大、十四大代表，中共第十一、十二届中央委员，被邀列席中共十五大、十六大和十七大。2007年11月17日在北京逝世。

刘松青

刘松青（1922—2008），原名刘敦长，平定南庄村人。幼年丧母，生活艰辛。少年时期在巨城高级小学读书，受进步思想的熏陶，于民国25年（1936）参加牺盟会，进行抗日救亡宣传。民国27年任南庄村第一任青救会主任，民国29年1月加入中国共产党。抗日战争时期，历任平定县（路北）二区青救会主任、区委书记，县委宣传部副部长、县委敌工部部长、城工部部长等职。解放战争时期，先后担任平定（路北）县城工部部长、阳泉市委城工部部长、平定（路北）县委副书记、寿阳县委副书记兼城工部部长、平定县委副书记和书记。中华人民共和国成立后，担任平定县委书记。1953年12月调任晋华纺织厂党委书记，后任晋中地委宣传部副部长、部长。“文化大革命”期间受到冲击，先后到晋中“五七”干校、省“五七”干校劳动改造。1969年恢复工作，任文水县革委会副主任、县委常委。1973年后，历任吕梁地区直属党委书记、地委政治部主任、地委常委，地委宣传部部长和运城地区行署副专员职务。1984年3月任中共山西省纪委副书记，主持日常工作。1985年退居二线。1994年1月离休。系省政协第五、六届常委。

抗日战争时期，刘松青担任平定（路北）县二区区委书记，组织民兵逼退羊圈凹的日军，没收了各村所谓的“良民证”；民国32年（1943）大生产运动中，培养出著名的边区劳模黄统岭支书赵贵。民国32年至民国33年，配合一区开展空村围敌斗争，逼退了岔口据点的日军。解放战争时期，刘松青担任县委敌工部部长与城工部部长，发动了“拖枪运动”（发动各村物色对象，打入日军内部，站稳脚跟，拖枪回来），同时还派遣革命干部打入日军内部，几次成功瓦解了日军的阴谋。民国36年夏，调任平定（路北）县委副书记，主要做了抗旱与征兵工作，一次性征兵1200余名，人数空前。1951年担任平定县委书记，为抗美援朝、保家卫国圆满完成了扩军任务。其中，维社村创造的抗美援朝工作经验得到推广，平定县受到山西省表彰；朱会（今属河北井陉县）、麻地峪试验农业生产合作社和燕龛的手工业生产合作社成为全省的先进典型。担任运城地区行署副专员期间，配合中纪委工作组破了几个大案要案。由于工作出色，反响很大，全国推广了“运城经验”，中纪委、省委在运城开了现场会。

1984年后，刘松青积极帮助和指导平定县开展史志工作，为《岔口围困战纪实》提供了大量珍贵资料，并参加了该书的审稿工作。撰写了多篇回忆录和调查报告，组织编撰了《巨城四高纪念文集》，主编有《风雨春秋》《流年碎影》等书，还创作了多篇小说和诗歌，讴歌改革开放，讴歌祖国的发展和进步。2008年4月4日逝世。

赵雨亭

赵雨亭（1917—2008），原名霆，字振之，平定上南茹村人。民国24年（1935）平定中学毕业后，考入北平中共秘密组织创办的中华高级中学读书，广泛阅读进步书籍，深切关注国难民忧，参加了绥东抗战募捐活动和“一二·九”“一二·一六”爱国救亡运动，组织了“抗日歌咏团”；民国26年1月，加入中华民族解放先锋队。七七事变后，返乡开展抗日救亡运动。民国27年春到昔阳县参加抗日游击队，同年5月加入中国共产党，任晋东抗日游击队政治部干事；8月到八路军华北干校学习；11月调任平东县抗日自卫队指导员。民国28年1月至民国35年5月，先后任平东县一区区委副书记、书记，太行区委干事，平西县委组织部部长、副书记、书记，太行二地委整风班负责人、宣传部部长等职。民国35年5月至1951年9月，先后任平定路南县委书记、县独立团政委、晋冀鲁豫中央局整党组长、武乡县委书记、太行二地委宣传部部长、晋中三地委宣传部部长、晋中区新民主主义青年团书记、汾阳地委副书记兼组织部部长、榆次地委副书记兼组织部部长等职。1951年9月至1954年9月，赵雨亭任运城地委副书记兼纪律检查委员会书记、运城地委书记、军分区政委。1954年9月至1965年6月，任晋南地委书记、军分区政委。1965年6月任山西省委书记（时有第一书记）。“文化大革命”前期遭到迫害，被关进监狱。1970年8月恢复工作，先后任雁北地区革委会副主任，雁北地委副书记、革委会主任，临汾地委第一副书记、革委会主任、地委书记。1977年3月至1979年3月，任山西省革命委员会副主任，省委组织部部长兼落实政策办主任，省委常委、省纪律检查委员会书记。1979年3月至1991年3月，先后任山西省委书记、第一书记，省政协副主席、党组成员，省顾问委员会副主任。系中共八大代表，五届全国人大代表，中共山西省一至六届代表大会代表，省一、五、七届人大代表。1991年3月离休后，任省老区经济建设促进会会长、省关心下一代工作委员会主任等社会职务。2002年1月经中央批准享受省长级医疗待遇。

抗日战争时期，赵雨亭组织上南茹村爱国青年捣毁日伪区公所，铲除桑掌据点汉奸。民国27年（1938）冬，开辟平东县一区抗日根据地，创建农村党支部，训练自卫队，反击日伪围攻。民国29年8月，在震惊中外的百团大战中，他率领2500多名自卫队员参加战斗，冒着敌机轰炸，破击被日军控制的正太铁路20千米，打破了日军的“囚笼政策”。同年9月，日军对抗日根据地进行“报复扫荡”，在平西县制造了郭家庄、范瑶、马家庄三大惨案，赵雨亭带领全县军民向日伪军开展了艰苦的斗争。民国30年至民国32年，日军对平西县施行“格子网”封锁，使平西县和太行二分区党政机关受到严重威胁。面对严重困难，赵雨亭提出建立隐蔽抗日根据地和革命两面政权的斗争策略，粉碎了敌人的封锁，巩固和发展了抗日根据地，受到二分区领导的表彰。

解放战争时期，赵雨亭贯彻中共中央“五四指示”，领导开展了老解放区土地改革运动；组织青年参军参战，保卫抗战胜利果实。民国36年（1947）4月正太战役发起后，他领导人民参战支前，5月2日平定全境获得解放。之后，他领导路南县党政干部和人民群众肃清残敌，稳定社会治安，恢复经济，重建家园，抗旱救灾，发展生产，支援全国解放战争。12月调任中共武乡县委书记。

中华人民共和国成立后，赵雨亭担任运城地委书记，领导了“镇压反革命”运动和“三反五反”运动，开展民主改革，健全党政组织；大力恢复工农业生产，开展水利建设，改变生产条件，提高粮棉产量。1954年，赵雨亭任中共晋南地委第一书记后，积极贯彻党在过渡时期的总路线，对农业、手工业和资本主义工商业进行了社会主义改造，建立起社会主义的经济基础，开展了有计划的经济建设。在“文化大革命”中，他失去人身自由，左臂被打折，身心受到极大的摧残，但他始终对党和社会主义事业充满信心，保持了一个共产党人的坚强党性。

中共十一届三中全会后，赵雨亭在自己的工作岗位上坚决执行拨乱反正政策，平反冤假错案，复查解决了大量历史遗留问题，培养选拔优秀年轻干部，整顿健全党的组织，为稳定山西形势、调动广大干部群众的生产积极性和推进各项工作发挥了积极的作用。在担任省政协副主席期间，组织政协委员进行专题调研，为省委、省政府提供了大量科学的决策依据。晚年退出领导岗位后，赵雨亭总结人生经验，著书百余万字，为后人留下了宝贵的精神财富。2008年4月23日在太原逝世。

黄 涛

黄涛（1920—2008），原名黄宏基，平定城里人。少年时代念过私塾，后在县立一高读书。民国24年（1935）考入太原中学。民国26年9月参加了八路军120师，同年11月加入中国共产党。民国27年1月任山西总动员委员会游击四支队政治指导员。民国28年5月至民国35年2月，先后任八路军120师政治部干事、晋绥军区政治部宣传教育科科长等职。民国35年2月，任东北抗日民主联军辽北保安三旅八团政治处主任。民国35年5月至民国37年8月，先后任辽宁军区警卫团、独立团、教导团政治处主任，教导总队副政委。民国37年9月任东北军大二团四营教导员，民国38年9月任中南军政大学直属总队大队政委。中华人民共和国成立后，历任解放军总政治部秘书处资料科科长、干部教育处处长、新闻处处长等职。1975年任战士出版社副社长，1983年9月任解放军出版社顾问。1987年12月离休。

黄涛从事军队出版工作半个多世纪，始终致力于革命军事史料的编纂工作。1961年7月，中央军委决定出版一部反映人民解放军30年斗争历史的回忆文集。中央领导采纳了黄涛的建议，将全套书定名为《星火燎原》，该书也是毛泽东唯一题字的一部书。为主持编辑《星火燎原》这部共和国鸿篇巨制，黄涛心甘情愿离开行政岗位，连续26年潜心做编辑工作。“文化大革命”中，他顶住巨大压力，客观公正地反映党史、军史一系列重大事件，并冒险保护《星火燎原》历史资料，使上万篇稿件躲过毁灭性浩劫。即使在被诊断为膀胱癌晚期的情况下，他仍然坚持全身心地投入《星火燎原》全集的编辑工作中。该书出版后，外文出版社以英、法、德、日、西班牙、阿拉伯等13个语种译成7种选本在国外发行，先后发行了600多万册。其中，《朱德的扁担》《一袋干粮》《一副担架》等36篇作品被选入中小学语文课本，有10余部作品被改编成电影、电视剧，120 余部作品在全国 94 种报刊上转载。

黄涛还负责了《革命烈士传》(10卷)和《解放军烈士传》的编辑工作，主编有《红军英雄传》《抗日战争英雄传》《志愿军英雄传》等丛书。曾获二级独立自由勋章、二级解放勋章和独立功勋荣誉章，1990 年获得中国出版界最高奖“韬奋出版奖”，成为解放军获得该奖项的第一人，其名字被载入中宣部出版的《编辑家列传》。

1987 年 12 月，中央军委批准黄涛离休，但 20 多年间他始终没有停止工作。在解放军出版社领导的支持下，先后主编了《中华爱国英杰辞典》《苦斗十年》等一系列讴歌英雄的书籍。他还组织编辑出版了《硬骨头六连》《朱伯儒》《张华》《张海迪》等反映时代楷模先进事迹的书籍。50 多年中，黄涛负责编辑的红色经典书籍达 39 本 2000 多万字，由他主编的《星火燎原》《志愿军英雄传》等革命史传著作是截至 2008 年中国人民解放军规模最宏大、内容最丰富、影响最深远的传记文学作品，黄涛也因此被誉为中国人民解放军史传文学的开拓者和奠基人。

黄涛始终保持共产党员和革命军人的无私本色。他拿出获“韬奋出版奖”的全部奖金，奖励年轻有为的编辑；将工资捐赠给家乡小学，设立了星火燎原助学金，践行了“执笔写英雄，躬身学英雄”的人生追求。他的先进事迹在社会上引起了很大反响，他本人成为 2008 年度感动中国候选人。中共中央宣传部、新闻出版总署和解放军总政治部联合下发了《关于开展向黄涛同志学习活动的通知》。2008 年 8 月在北京逝世。

李好山

李好山（1921—2008），原名浩善，字泽普，河北磁县人。民国 26 年（1937）9 月参加革命，次年 5 月加入中国共产党。曾任河北民军 13 支队干事，八路军独立游击第三大队连指导员、营教导员，磁县游击总队二区队教导员、特务大队政委。民国 29 年 6 月后，历任中共漳北地委秘书科科长，太行五地委秘书长，武安、壶关县委组织部部长，长治县委副书记，长治市委副书记等职。中华人民共和国成立后，历任中共长治市委书记、长治工矿区区委书记。1952 年后，历任中共山西省委办公厅办公室主任、工业部副部长，山西省经委副主任、省委工交政治部副主任等职。1970 年 12 月后，先后任阳泉市革委会副主任、市委副书记、第二书记等职。1975 年至 1978 年 10 月，任中共阳泉市委书记兼市革命委员会主任。1978 年 12 月，调任中共太原市委常务副书记。1982 年 9 月，任太原市第六届政协主席、党组书记等职。1987年4月退居二线，1990年7月离休。后被聘任为太原市经济发展战略咨询小组组长、太原市老龄委员会顾问、太原市老年大学名誉校长等职。2008年12月逝世。

卫持英

卫持英（1926—2008），山西沁县人。民国27年（1938）7月参加抗日决死一纵队，民国34年加入中国共产党。曾任山西青年抗敌决死纵队战士，沁县县大队排长、指导员。民国36年参加中国人民解放军，历任营长、副团长。曾参加上党、晋中、太原等战役，1962年被授予中校军衔。1964年10月转业后，历任山西省手工业管理局机关党委副书记、阳曲县革委会副主任、省轻工业厅二轻公司书记、省手工业管理局革委会主任等职。1975年10月任中共阳泉市委常委、阳泉市革命委员会副主任。1982年任山西省二轻工业厅党组副书记、副厅长。1988年离休后任山西省城镇集体工业联社机关老龄委主任。2008年12月逝世。

张跃恒

张跃恒（1928—2008），阳泉人。中共党员，小学学历。1950年张跃恒从部队负伤复员到阳泉矿务局裕公矿工作，长期担任材料科油脂收发工。1966年至1986年，张跃恒从一点一滴的节约回收做起，千方百计回收、复用各种工业用油29.5万多公斤，价值达33.66万元；回收、复用了17424公斤碎电石、2206只油桶，修补了2305只破损油桶。同时，他坚持送料到现场，20多年共送各种油料、物品5852吨，为用料单位节省工作日15000多个。1986年，张跃恒被评为山西省劳动模范，并在省劳模大会上被授予惜油如金的好管家称号。1986年退休后，张跃恒继续在油脂收发岗位上义务奉献，1989年再度被评为山西省劳动模范。1992年获全国五一劳动奖章。2008年逝世。

康 洛

康洛（1916—2009），河南淆川人。民国26年（1937）10月参加革命，次年3月加入中

国共产党。抗战时期，曾任八路军太行南区游击队政治宣传员、支队特派员、政治委员，华北军政干部学校第四期政治主任，中共高平县委组织部副部长，中共平顺县委常委、组织部部长、副书记、书记，太行区党委组织部副科长等职。民国38年9月后，任山西省公安厅秘书长、山西省检察院副检察长。1952年3月任中共阳泉市委书记兼市长。1954年9月后，历任中共山西省委组织部副部长，省监察委员会常委、副书记，中共山西省委候补委员。1971年4月任太原工学院革委会副主任、党委副书记。1977年6月任山西矿业学院党委书记、院长，并当选山西省委候补委员。1985年5月离休。1986年11月经山西省委同意，享受副省级医疗住房待遇。2009年1月逝世。

侯秋来

侯秋来（1947—2009），平定乱流村人。1965年应征入伍，1970年转业至平定县人民医院工作，先后任五官科大夫、科主任、康复中心主任等职。是阳泉市政协第七、八届委员会委员。

侯秋来在平定工作期间，自修了临床及基础医学大专教材和外语，阅读及翻译了有关文献，致力于恢复聋哑听力研究。成功实施了山西省第一例同种异体死婴鼓膜移植手术。该项技术达到国内先进水平，获山西省科技进步三等奖。他根据自己在耳科研究和临床中获得的大量数据，设计提出“人工陶瓷听骨在耳传音结构重建术中的应用”理论，通过一系列的客观试验和改造，设计研制出6种型号的陶瓷听骨。

1985年7月12日，他又将亲手研制的全国第一枚陶瓷听骨植入一位失聪20余年的患者耳中，术后效果良好。此项成果获山西省科技进步二等奖、第四届全国发明博览会银奖、第五十一届世界科学技术发明博览会尤利卡金奖。侯秋来有10多篇学术论文在《中国医学》《新医学》等国家级医学杂志上公开刊出，有5项科研成果获国家专利。1986年被评为山西省劳动模范。1988年被评为副主任医师。1990年获全国五一劳动奖章。

1998年，侯秋来只身南下浙江创业，系浙江省台州市人大代表、临海市政协委员，任浙江省临海市耳鼻咽喉听力研究所所长、中美国际听力耳聋中心中方主任。2002年获第26届世界科学技术博览会尤里卡发明金奖。2009年7月逝世。

孟启明

孟启明（1916—2009），曾名正耀，河北涞源人。民国26年（1937）12月参加革命，次年加入中国共产党。民国29年入中共北岳区委党校学习。曾任涞源县抗日救国会主任、中共涞源县三区区委书记，中共易水地委党校党总支书记，冀察区委党校组织部部长，察哈尔省委党校教务处主任，山西省公安厅处长等职。中华人民共和国成立后，历任大同市公安局副局长、局长，检察署检察长，副市长、市长等职。1965年10月后，调任阳泉市市长。1967年2月后，任山西省保卫部劳改办公室副主任、山西省高级人民法院副院长、山西省司法厅厅长等职。离休后，担任山西省老年法学会会长、省法学会顾问。2009年11月22日逝世。

李玉田

李玉田（1918—2009），山西武乡人。民国25年（1936）毕业于武乡县立师范学校。民国26年参加牺盟会，次年加入中国共产党。曾任武乡县政府督学秘书、县公安局长、县前方指挥部政委、副县长、县长，祁县县长，晋中专署秘书处副处长，山西公学部主任等职。中华人民共和国成立后，任山西行政干部学校教导处处长。1953年4月后，历任中共阳泉市委副书记、书记、第一书记，并兼任阳泉市政协第一至三届委员会主席。在此期间，参加了在北京召开的中共第八次全国代表大会。1962年11月后，李玉田历任山西省劳动厅厅长，中共河北省邢台地委副书记兼行署副专员、邢台地委书记等职。李玉田在阳泉工作多年，为阳泉的经济发展和社会进步作出了巨大努力，给阳泉人民留下了深刻印象。1983年12月离休。2009年11月逝世。

刘砚青

刘砚青（1923—2010），阳泉市郊区河底村人。民国29年（1940）8月参加革命，次年2月加入中国共产党。先后任晋察冀边区平定县公安局、冀晋行署公安局、二专署公安处干事、

秘书。民国36年7月后任盂县公安局副局长、局长，县委社会部部长，忻县专署公安处秘书科科长。1952年8月后任山西省公安厅秘书，省检察院人事处处长、研究室主任，省直总党委讲师团副主任、宣传部部长、党委常委。1971年10月后任山西人民出版社编辑部负责人、副总编。1975年1月任山西省出版局副局长。1983年4月任山西省人民检察院检察长、党组书记。1988年1月任山西省人大常委会副主任。1995年12月离休。2004年1月享受省长级医疗待遇。

抗日战争时期，刘砚青坚持战斗在公安一线，负责侦察、搜集辖区沿线敌伪军情报、铲除特务汉奸的工作，与敌斗智斗勇，多次遇险，处变不惊，义无反顾，为抗日战争胜利和民族解放作出了贡献。

解放战争时期，刘砚青积极组织干部群众参加取缔反动组织等斗争。在担任忻县地区取缔一贯道反动组织副总指挥期间，认真贯彻省委有关政策，彻底摧毁该地区的反动组织，维护了社会稳定。

新中国成立后，刘砚青在省公安厅、省检察院、省直总党委任职期间，为维护社会稳定和加强党的建设做了大量卓有成效的工作。

在担任出版系统领导职务期间，认真规划全省的出版印刷布局，组织筹建和改造了山西省美术印刷厂、新华印刷厂，使全省图书印刷能力和水平大幅提高。在担任省检察院检察长期间，配合公安、法院、司法部门，直接参与和指挥依法从重从快打击严重刑事犯罪活动，为遏制犯罪分子的嚣张气焰、推动全省社会治安稳定好转作出了突出贡献。

在担任省人大常委会副主任期间，他组织并积极参加人大代表评议“一府两院”工作，是山西省人大评议工作的主要发起者和组织者之一。总结推广了浮山县人大开展的“代表向选民述职，选民评议代表”的经验，产生了广泛影响。他勤于思考，笔耕不辍，组织编写或亲自撰写了大量理论文章和专题调研报告。主编的《法律工作者丛书》《法官手册》《检察官手册》《警官手册》等书，推动了全省的普法工作。撰写的《坚持和完善人民代表大会制度的理论和实践》《严格执法是加强法制建设关键》等文章在全国性刊物上发表。

离开领导岗位后，刘砚青始终以一个共产党员的标准严格要求自己，积极参加党的组织活动，仍担任一些社会职务，继续为党和人民奉献余热。刘砚青是山西省第五届省委委员，省五次、六次党代会代表，七次党代会特邀代表，省六、七、八届人大代表。2010年5月19日在太原逝世。

王庭栋

王庭栋（1923—2010），平定城里人。自幼好学，追求进步，在平定初级中学读书时，受抗日救亡思想的影响，于民国26年（1937）12月参加革命，次年4月加入中国共产党，历任中共平西县委秘书，中共冀西特委（地委）秘书，中共邢台（西）县委宣传部部长、书记，中共武安、博爱、沁阳县委书记，八路军独立营、独立团政委，中共新乡地委委员、秘书长。1950年后，王庭栋历任中共平原省委政研室副主任、办公厅主任，河南省委委员、副秘书长、代秘书长。1958年8月被错误定为“右”倾机会主义分子，下放劳动。1961年12月平反后，先后任河南省委农工部副部长、新乡地委第二书记等职。1967年受“文化大革命”冲击，被关押。1968年1月任河南省革委会常委。1970年4月任山西省革委会副主任、省委常委、省委副书记。1977年3月任山西省委书记、省革委会副主任。1983年3月任山西省委常委、农村政策研究室主任。1985年5月任山西省人大常委会副主任兼农村工委主任。1988年1月任山西省人大常委会主任、党组书记。1995年12月离职。系中共十一大、十四大代表，第七、八届全国人大代表，中国农经学会第三、四、五届副理事长和第六届理事会顾问。

抗日战争时期，王庭栋加入牺盟会组织，积极参加宣传、募捐和游行等抗日活动，并深入宣讲党的抗战政策，开办训练班，鼓励积极分子入党，调动农民的革命热情和生产积极性，大力发展地方武装，带领基干民兵参加百团大战，为建立和保卫巩固抗日根据地发挥了积极作用。解放战争时期，积极开展保家乡、度灾荒、减租清债、反恶霸运动。

中华人民共和国成立后，王庭栋在新乡地委、平原省委、河南省委工作期间，经常深入基层开展调查研究，充分发挥参谋助手作用，起草阅批了大量文件、电报和群众来信。在抢先公社化、大刮浮夸风之时，他坚持真理，敢讲真话，被下放到生产队劳动。平反恢复工作后，他勇于纠正不利于巩固集体经济的错误观点和做法，狠抓生产队劳动、技术和财务管理，重视高产稳产农田基本建设和集体多种经营，努力改善农业生产条件，为有效扭转因连续自然灾害造成的困难局面作出了贡献，受到河南省委领导的好评。

调回山西工作后，王庭栋认真贯彻执行中央关于解决山西问题的指示精神，在党的核心小组领导下，做了大量的群众工作和干部思想工作，为启用地方干部、促进军地军民团结、安定生产生活秩序、促进工农业生产发挥了重要作用。中共十一届三中全会后，王庭栋支持平反冤假错案，解决了大量的历史遗留问题，为稳定山西形势、调动广大干部群众的积极性、推进各项工作的开展发挥了积极作用。他在建立富有山西特色生态与经济协调发展新格局、推进农业产业化经营、创建农民增收机制、扎实推进“三北”防护林建设、全力扶持发展乡镇企业、组织开展扶贫开发、加强基层政权建设、加大科技兴农力度等方面，都作出了正确的指导意见，为山西省“三农”工作的发展进步作出了重要贡献。

在担任山西省人大常委会副主任、主任期间，王庭栋认真履行宪法和法律赋予的职责，主持审议了《关于建设万家寨引黄工程的决议》等对山西有深远影响的地方性条例，在全国率先颁布了《山西省国防教育条例》，有力地促进了民主法治建设。他创办的《人民代表报》，加强了地方人大之间的横向联系，成为人大工作的学习交流阵地，被全国人大常委会相关领导评价为“在人大制度宣传史上开了先河”。

1995年离休后，王庭栋仍坚持关心党的事业和国家建设，关注全省改革开放和现代化建设，积极参加社会活动，受到中央有关部门和山西省委的充分肯定。2010年12月21日逝世。

郭学忠

郭学忠（1923—2010），原名韩呈印，盂县御枣口村人。民国27年（1938）9月加入中国共产党。同年10月参加中共盂县县委党员训练班学习。毕业后，留县基游队当勤务兵、通讯员，参加了反特和反扫荡斗争。民国29年，到晋察冀北方局社会部特工队学习后留社会部交通联络处工作，后被派往平西地区开展工作。民国31年，参加社会部特警队赴山西定新铁路段侦察和护送彭真等回延安活动。抗日战争期间，郭学忠一直在社会部工作，给分局社会部部长许建国等首长当警卫员，多次护送共产党干部、知名人士、重要文件到延安。抗日战争胜利后，在张家口市公安局侦察科工作，后任闫家屯、宁远堡等地派出所所长。民国35年11月，调华北野战政治部保卫部工作，后任野战军驻河北省易县基地医院二分院特派干事。民国37年随19兵团转战冀东。1950年到兵团军政干校学习，年底入朝参战，被任命为兵团通讯营副政委。入朝后，历任65军195师直属工兵营政治教导员，584团政治处副主任、主任。584团地处朝鲜三八线开城前线，他在执行阻击任务时曾两次负伤。

1957年，郭学忠到南京军事学院政治系学习。毕业后，任总后勤学院政治教员。1962年底，调总后驻渝办事处新组建的工程团任政委，工程任务为修建地下金属罐油库。1968年，任某部副政委（副军职），直到退休。2010年逝世。

第二章 人物简介

陈华洞

陈华洞，清宣统三年（1911）出生，山西文水人。初中文化。民国28年（1939）7月参加革命，民国31年3月加入中国共产党。1959年4月调任国营晋东化工厂厂长，1980年1月任厂顾问。1982年6月离职休养。

吴润身

吴润身，民国2年（1913）9月出生，山西沁县人。初中文化。民国27年4月参加革命，同年加入中国共产党。1965年10月随四清工作团进国营晋东化工厂任工作团副书记，11月任国营晋东化工厂党委书记。1972年5月奉调离厂。

刘其恒

刘其恒，民国3年（1914）出生，河北安平人。初中学历。民国22年11月参加革命，民国27年4月加入中国共产党。曾任中共安平县二、三、六区区委组织委员、书记，中共安平

县委宣传部部长、组织部部长、县委书记兼游击大队政委，冀中区九地委委员兼组织部副部长，冀中区党委组织部干事，石家庄市四区区长。阳泉建市后，任中共阳泉市公营厂矿党委书记，中共阳泉市工矿区委宣传部部长、组织部部长兼纪检委副书记等职。1952年8月，任阳泉矿务局党委书记。1954年始，历任中共长治市委副书记，国家统计局副处长、处长、副司长、司长、国家统计局顾问等职。1982年12月离休，享受副部级医疗待遇。

白猷之

白猷之，民国4年（1915）年11月出生，山西榆社人。初中学历。民国26年参加革命，同年加入中国共产党。曾任榆社县牺盟会秘书，县游击大队大队长，县游击总队政治部副主任，县三区、四区区委书记，县政府秘书兼行政科长、党团书记，襄垣县县政府秘书、党团书记，太谷县县长，河北峰峰煤矿公司协理处长、矿长、党总支书记等职。1950年1月至1953年1月，任阳泉矿务局局长。1951年8月至1953年1月，任中共阳泉工矿区委员会委员、煤矿委员会副书记。1951年8月至1952年3月任阳泉工矿区副主任。后任燃料工业部煤矿总局技术处处长，煤炭部生产技术司副司长、财务司司长。

王振儒

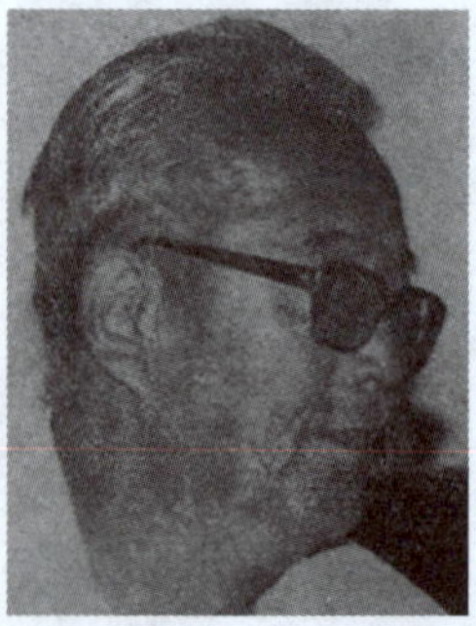

王振儒，民国5年（1916）9月出生，河北束鹿人。初中文化。民国27年3月参加革命，民国29年9月加入中国共产党。民国37年2月任晋冀鲁豫根据地兵工六厂五分厂厂长，10月改任华北人民政府公营企业部第六兵工厂五分厂厂长。1949年10月任第六兵工厂党总支书记，1951年5月任一〇四厂党总支书记。1952年12月奉调离厂。

温藏宝

温藏宝，民国5年（1916）10月出生，河北平山人。大专学历。民国26年9月参加革命，同年12月加入中国共产党。民国28年在抗日军政大学学习，民国29年组建平山县游击大队并担任教导员。抗日战争中，历任井陉县游击大队政委，平定（路北）县游击大队政委、县游击队长等职，后参加了著名的百团大战。解放战争中，历任中国人民解放军团参谋长、团长、团政委等职，先后参加了解放石家庄、张家口、北平和太原等战役。1950年参加抗美援朝，回国后，历任师政治部主任、副师长、军分区副司令员等职。1968年3月，进驻阳泉矿务局执行“三支两军”任务，兼任阳泉矿务局革命委员会主任、矿区区委书记、市革委会核心小组副组长、市革委会副主任。1971年6月，调晋东南地区任革命委员会副主任。1982年离休。

郭 瑾

郭瑾，原名郭崇温，民国5年（1916）出生，盂县河下村人。民国26年参加山西省晋城县人民武装自卫队（后改为山西省青年抗敌决死队第三纵队独立第三营），任分队长、中队长、营部书记等职务。后被送到壶关县树掌村抗大一分校学习，民国29年5月毕业后，被分配到太行军区第三军分区决死队第七团任作战参谋、供给处长等职。参加了著名的百团大战。民国31年，调到八路军第129师司令部参谋训练队学习，次年任该司令部管理科长。民国34年，调任太行军区第11军分区司令部队务股长、作战股长、参谋处主任等职。民国35年，调任军事调处执行部新乡市第十执行小组中共代表团中校参谋。民国36年1月，被任命为太行军区独立第二旅司令部参谋处处长，7月调任第77团参谋长。民国37年，调任豫西军区襄城县独立团长、河南省军区警备第二旅第六团团长、河南省军区独立第16团团长。1950年，调入外交部工作，历任驻匈牙利大使馆二等秘书、总务司专员、外交人员服务处处长兼国际俱乐部经理、驻苏丹大使馆参赞、驻塞内加尔大使馆参赞、驻波兰格丹斯坦总领事等职。

田玉瑛

田玉瑛，民国6年（1917）2月出生，河北深县人。小学文化。民国27年2月参加革命，同年6月加入中国共产党。1950年5月任第六兵工厂厂长，1951年5月任一〇四厂厂长。1952年12月奉调离厂。

赵连捷

赵连捷，民国6年（1917）2月出生，山西洪洞人。初中文化。民国26年10月参加革命，民国31年8月加入中国共产党。1953年5月调任一〇四厂党总支书记，1956年5月改任党委书记。1960年5月奉调离厂。

芦炳生

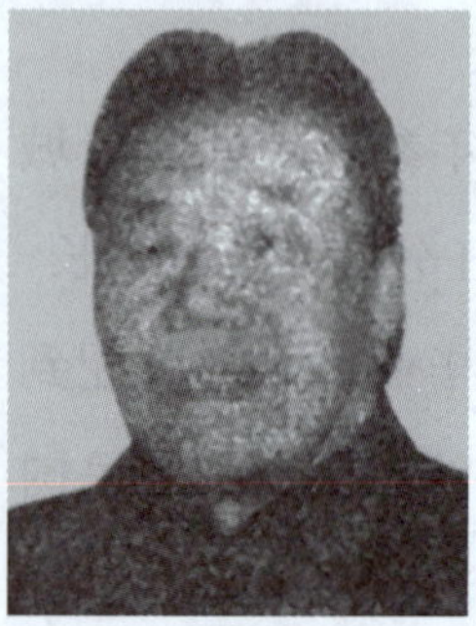

芦炳生，又名卢炳生，民国6年（1917）9月出生，陕西清涧人。初中文化。民国23年10月参加革命，民国24年3月加入中国共产党。曾任中共安定县委巡视员、区委书记，延安南泥湾农场场长，山西灵石县公安局局长等职。1952年2月至1953年5月任一〇四厂党总支书记。1955年1月至1961年6月任中共阳泉市委常委，1960年9月至1961年6月任中共阳泉市委书记处书记。后任晋中地区革命委员会副主任、山西省第二轻工业厅顾问等职。

沈丁祥

沈丁祥，民国6年（1917）10月出生，江苏启东人。小学文化。民国25年6月参加革命，10月加入中国共产党。民国37年2月任晋冀鲁豫根据地兵工六厂厂长，10月改任华北人民政府公营企业部第六兵工厂厂长。1950年5月奉调离厂。

李格正

李格正，民国7年（1918）2月出生，阳泉市郊区北小西庄村人。民国26年4月参加牺牲救国同盟会，9月入伍投身抗日战争，10月加入中国共产党。民国27年4月在对日作战中负重伤，后住院治疗一年多。民国28年11月到延安荣誉军人学校学习。民国30年8月起，先后在延安军委直属政治部军工科和军委军事工业局工作，任组织干事、机要秘书等职。民国35年4月赴东北参加解放战争。民国37年9月任东北野战军后勤子弟学校政治委员，同年11月任东北军区政治部巡视团巡视员。民国38年5月任东北军区军需部三局二厂监委，同年10月任中南军区军需部政治部组织科科长。1952年10月任中南军区后勤部岳阳办事处政委。1953年任中南军区后勤部331厂政委。1954年8月调总后勤部军需生产部工作，1956年9月任总后勤部政治部直属工作部副部长。1959年任工程兵特种工程指挥部（7169部队）军事检察院副检察长，1960年9月任检察长。1962年任工程兵工程部政治处主任。1963年任青海省军区玉树军分区政委。1964年任青海省军区政治部副主任，1966年任主任，1968年兼任青海省西宁市警备区政委。1969年12月任青海省军区副政委。1980年5月离休。1955年获中华人民共和国三级独立自由勋章、中华人民共和国三级解放勋章。1960年被授予上校军衔。1988年获中国人民解放军最高军事委员会二级红星荣誉章。

民国27年（1938）4月，李格正在山西吕梁上寺浩对日作战中，左下肢中弹致粉碎性骨折。因作战勇敢受到决死第四纵队十二总队油印小报《火线》表扬，后经多次手术，左腿仍落下残疾，被鉴定为三等甲级残废。解放战争中，他又先后参加了四保临江战役、辽沈战役和平津战役。

中华人民共和国成立后，李格正长期从事部队政治工作。20世纪50年代末至60年代初，随部队参加了甘肃酒泉导弹发射基地建设工作，恶劣的自然环境和超负荷工作使他患上了夜盲症，因未得到有效治疗，最终导致晚年失明。在青海省玉树军分区工作期间，参与领导了藏区叛乱残匪搜捕、营房建设、部队训练与生产等工作，还经常深入牧区帮助牧民解决实际困难。1969年12月任青海省军区副政委后，负责军区“三支两军”（支左、支农、支工、军训、军管）工作，带领干部战士坚持原则、严守纪律，艰难开展工作，在协调军队与地方关系、控制派系争斗、维护地方稳定等方面作出了努力，帮助和保护了一批受到冲击的老干部。

1980年离休后，他依然关心国家大事，积极发挥余热。2000年，出资在家乡北小西庄村修建了“烈士堂”；2001年将毕生收藏的240余册珍贵图书捐献给阳泉市图书馆；2005年捐资1万元在家乡小学设立“奖学助学基金”。2010年玉树地震发生后，主动为灾区捐款，奉献爱心。

张雨

张雨，原名刘辅仁，民国7年（1918）11月出生，平定中社村人。自幼聪颖，刻苦好学。民国23年夏于平定县立第二高级小学毕业，同年考入平定中学第27班。民国25年，秘密加入平定中学牺牲救国同盟会，同年秋加入中华民族解放先锋队。民国26年，考入山西省立太原师范。9月，他与部分进步青年学生一起离开学校，参加了山西青年抗日决死二纵队；10月加入中国共产党，任决死二纵队三大队七连政治工作员。民国27年秋，调任决死二纵队游击九团政治处组织科长。民国28年，任晋西北工人武装自卫旅23团一营教导员。民国29年1月，在岢岚县反顽固战斗中率领部队，活捉岢岚县敌伪县长，俘获大部分敌伪人员。2月调晋绥边区文联工作，后任晋绥边区教育工作者协会秘书长。民国31年秋，兼任晋西大众报记者。民国32年春，调晋绥八地委宣传部，负责开展对敌政治攻势和《抗战日报》（后更名《晋绥日报》）通讯报道工作。民国35年3月，调任中共太原县委宣传部部长，后任县长兼县委宣传部部长。民国37年10月，调任晋中区党委青年工委委员兼行政干部学校组教科长。民国38年4月太原解放后，先后任青年团太原市委宣传部部长、副书记、书记。

1954年7月调任国营908厂党委副书记，参与组织了太原市水源勘查工作。1955年10月至1958年4月，先后任国营743厂党委副书记、代理党委书记。1958年5月，任山西省总工会常务副主席，党组副书记，负责主持日常工作。1965年10月，任国务院旅游局党组副书记、副局长。“文化大革命”时期，他立场坚定，坚持真理，在极端困难的情况下排除干扰，积极开展非国家外交关系的民间外交，坚持工作在旅游外事第一线，为中国外交事业的繁荣和旅游事业的蓬勃发展作出了一定成绩，受到党中央的肯定。1978年9月，进入中央党校学习。1980年7月，任国家商检总局党组副书记、副局长。1985年5月离休，享受正部级医疗待遇。

武天明

武天明，又名武长珠，民国7年（1918）出生，阳泉市郊区猪头垴村人。民国26年9月

加入中国共产党，同年10月参加八路军。曾任盂县游击队大队长、公安局长、游击大队政委。民国32年到抗大二分校学习。民国33年调任分区武装部政工股长、副部长。民国34年任冀晋军分区武委会副主任。民国37年任晋中一分区武装部部长。1949年至1952年任忻县军分区副司令员兼参谋长。1955年到北京军区50速中学习。1959年任晋中军分区司令员。1969年任晋东南军分区第一政委。1971年任山西省军区副政委。1978年任河北省军区顾问。1981年离休。

陈子万

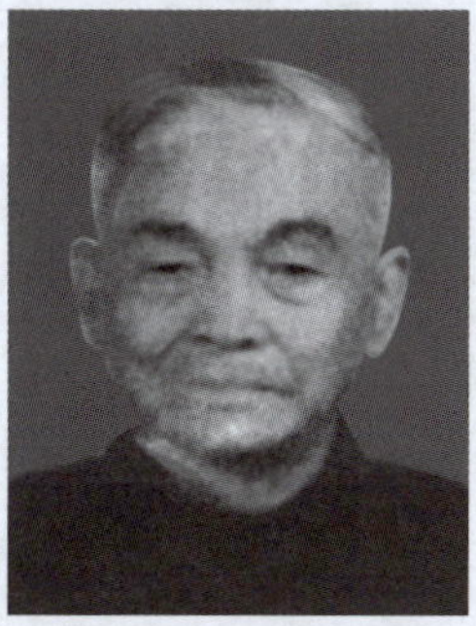

陈子万，民国9年（1920）10月出生，山西昔阳人。高小学历。民国25年参加牺盟会，次年加入中国共产党。曾任昔阳县指导员、区长，县武委会主任、县长，中共昔阳县委书记等职。1953年3月任阳泉矿务局党委副书记，1954年任党委书记。1955年1月至1960年2月任中共阳泉市委副书记、书记处书记。1958年10月至1959年4月兼任矿区人民公社委员会第一书记。1960年3月后，任山西省经济建设委员会副主任、山西省经济委员会副主任。

张布克

张布克，原名张键，民国11年（1922）9月出生，平定东小麻村人。民国17年入巨城小学读书，毕业后到白泉镇一家医院当学徒。民国26年，日军发动全面侵华战争。张布克做工的白泉医院因日军侵略而被迫停业。他回到村里，在堂表兄王培效的影响下，积极参加抗日救亡斗争。次年8月，经王培效介绍加入了中国共产党，分配在巨城镇新记商铺做店员。张布克以店员身份为掩护，秘密开展抗日工作，为抗日县政府采购必需物资，传递情报等。

民国28年（1939），张布克受组织派遣到中共晋察冀二地委在五台县举办的支部委员训练班受训。同年9月，他受组织安排到北庄头村小学任教员，负责县、区抗日政府和巨城组织的秘密联络工作。民国30年1月，任平定（路北）县一区区委书记，后任三区区委书记。其间，张布克领导三区人民开展了空村围敌斗争，经过8个半月的斗争，终于在民国33年8月逼退了岔口据点的敌人，取得了斗争的胜利。民国34年1月后，历任中共平定（路北）县委宣传部部长、县委副书记、县委书记。民国37年1月，调晋察冀报社任记者；同年，晋察冀报社和人民日报社合并，任人民日报社记者。

1950年1月张布克调到北京工作，任北京清河制呢厂党总支书记，1953年兼任厂长。1955年2月，改任北京市第一地方工业局局长兼党组书记。1958年10月任纺织工业局副局长。1961年任北京市第一轻工业局局长兼党组书记。1965年5月任中国纺织品进出口总公司副总经理。“文化大革命”期间，被下放到五七干校劳动。1971年8月恢复工作，被外交部派到中国驻巴基斯坦大使馆任商务参赞。1976年1月任满回国，担任外交部办公厅副主任。1982年2月，外贸部、外经部、进出口委三部委合并，成立对外经济贸易部，被派往中国驻丹麦王国大使馆任商务参赞。1985年，张布克任满回国，同年12月离休。

张布克离休后，多次参加阳泉、平定老干部会议，为平定县党史编修提供大量的珍贵资料。同时，他和妻子积极参加春蕾工程，扶助家乡贫困学生，在平定群众中享有很高的声誉。

郑 涛

郑涛，民国11年（1922）10月出生，河北定县人。初中文化。民国28年11月参加革命，民国30年4月加入中国共产党。1952年10月调任一〇四厂厂长。1957年9月奉调离厂。

黄政基

黄政基，民国11年（1922）12月出生，平定城里人。民国25年在太原加入牺盟会并参加了牺盟会领导下的群众性抗日救亡运动。民国27年4月，黄政基在下马郡头参加了八路军独立游击队。同年加入中国共产党。民国31年调任新编第十旅兼太行军区第二军分区司令部侦察股参谋。民国34年12月，任晋冀鲁豫军区司令部情报处二科副科长。其间，曾奉命到北平军事调停处执行部工作8个月后回到军区，任司令部参谋处作战科副科长、科长。民国37年5月，晋冀鲁豫与晋察冀两大军区合并为华北军区，7月奉命到太原前线工作，后任华北第一兵团（后改为第十八军团）司令部二科科长，参加了太原战役、进军西北的抉遐战役和秦岭战役。1949年12月，第十八兵团进军西南，进入成都执行军管任务和清剿土匪。1950年9月，调任第四兵团兼云南军区司令部情报处副处长。

朝鲜战争爆发后，任志愿军第三兵团司令部情报处副处长，1951年3月入朝，参加了第五次战役。1951年12月1日，调到开城中国人民志愿军代表团，在停战谈判期间任参谋处副处长，对外称朝中方面的联络官之一，为修改军事分界线谈判的首席参谋。从朝鲜回国后，入南京军事学院学习4年，后参加第二野战军战史的编写工作。1955年被授予上校军衔，获中华人民共和国三级独立自由勋章、三级解放勋章。

1962年5月，被任命为驻古巴大使馆武官。1964年，被授予大校军衔。1966年2月回国。1967年1月，为中央调查部业务领导小组成员。1970年12月，担任总参谋部情报部副部长。

1983年10月，调任中国人民解放军南京外国语学院院长。同时，在业余时间，开始编写《军事情报与军事情报工作》，1985年7月离休。

1988年，成为第二野战军战史修订领导组成员，参与该书的修订和出版。1989年，任中国国际战略学会高级顾问，与他人合作出版了《三大突破新中国走向世界的报告》和列入军事科学院八五规划的《军事情报》等著作。

崔宏毅

崔宏毅，民国12年（1923）2月出生，盂县小崔家庄村人。民国27年8月参加八路军。民国29年7月加入中国共产党。民国30年7月在晋察冀抗大二分校一队学习。民国32年7月，任陕甘宁抗大七分校二大队一队支部书记，后任该大队管理股副政治指导员。民国35年3月，任延安西北医药专门学校学生队政治指导员，7月任该校政治处总支书记。民国36年4月，任晋察冀四纵队卫生部总支书记，纵队随营学校学生队政治指导员，随营学校政治处组织股长。民国38年2月任天津市纠察纵队指导员，8月任北京纠察纵队侦察科协理员。1950年4月，任北京公安二师组织科副科长、青年科长，公安二师六团政治处主任、副政委。1957年5月任广州军区工程兵舟桥84团政委。1961年3月入解放军政治学院学习。1962年10月任广州军区工程兵12团政委。1964年10月任广州军区工程兵政治部副主任。1970年10月任广州军区工程兵副政委。1975年各大军区工程兵机关撤销，被调到湖南省军区担任副政委。1977年7月任湖南省军区顾问。1984年1月离休。革命战争年代，参加了百团大战、锦沧战役、徐水战役等。曾荣立三等功一次，两次被评为模范工作者，两次被评为生产模范。1955年，被授予三级独立自由勋章、三级解放勋章，同年被授予少校军衔。1960年晋升中校军衔。1964年晋升为上校军衔。1988年，中央军委授予他独立功勋荣誉章一枚。

徐纯信

徐纯信，原名赵安国，民国12年（1923）3月出生，盂县南坪村人。抗日战争爆发前，在盂县中学读书。民国26年11月参加革命。革命战争年代，曾在华北联合大学文学院学习，20世纪80年代，曾在中央党校学习。在60多年的工作中，曾在晋察边区冀热察区《挺进报》做编辑工作。之后，在华北地区的区、县、地、市工作。1960年起在河北省委工作。1980年后转河北省政协工作。曾任中共河北省委常委兼宣传部部长、河北省政协副主席。1993年离职，1995年9月离休。2002年起享受正省级医疗待遇。

李挺峰

李挺峰，民国12年（1923）6月出生，山西平陆人。初中文化。民国28年10月加入中国共产党，民国29年1月参加革命。1971年10月始任国营晋东化工厂党委书记、第二书记。1973年4月奉调离厂。

戈锐

戈锐，曾用名霍新文，民国12年（1923）出生，平定冶西村人。民国27年参加革命，民国28年加入中国共产党。曾任平东县抗日政府秘书、县委通讯员、宣传队员，北方局新华日报、晋豫区党委晋豫日报社校对科员、联络干事，太岳区党委新华日报校对科长、编辑。中华人民共和国成立后，历任山西青年团科员，华北团工委编辑、宣教科长、办公室副主任，中央书记处第四办公室、中央监委研究员，中共四川省委组织部监察处长、四川省气象局局长，中央气象局负责人、党组成员、副局长。

马 杰

马杰，民国12年（1923）出生，山西原平人。民国27年4月参加革命，同年10月加入中国共产党。曾任崞县青年抗日救国会主任，晋察冀边区二专区抗联会代崞分会副主任、二专区抗联会组织部部长，晋察冀边区冀晋抗联会部长，北岳区和察哈尔省青联主任、共青团工委书记等职。中华人民共和国成立后，历任中共大同市口泉区委书记兼大同市政府口泉矿区办事处副主任，中共大同市委组织部副部长、部长，中共大同市委书记、书记处书记，国营“六一六”厂、大同机床厂、大同综合机床厂党委书记，中共太原市委副书记等职。1978年10至1983年1月，任中共阳泉市委书记。1983年2月，调任山西省经济委员会顾问、中共山西省顾问委员会常委等职。1995年5月离休。

赵云峰

赵云峰，原名文龙，字以行，号惜阳、恒斋、联海泛舟馆主等。民国13年（1924）7月3日出生，盂县北关村人。中国楹联学会、山西诗词学会顾问，山西文史研究馆馆员，山西楹联艺术家协会名誉会长，全国联坛十老之一。

赵云峰自幼天资聪颖，过目不忘。少年时期，曾以“未得三餐饱，何曾一枕安”和“金瓯何日补，惆怅独登楼”诗联名句名噪一时，被誉为爱国少年才子。已故清末秀才、著名书法家、百岁老人苏局仙曾写诗称赞他的楹联艺术是“楹联千百副，副副可蜚声”。当代文学巨匠茅盾（沈雁冰）先生也盛赞他的诗词学养：“均极隽永清新，甚佩！甚佩！”赵云峰雅好颇多，学养渊博，精通诗词、文赋、书法、楹联、天文、地理、世界语等。徐文达、庞友益两位先生题赠楹联云：“诗擅骚坛，联惊海宇；语通世界，历贯天文。”离休后，他协同郭华荣创办全国性楹联杂志《对联》（上半月刊），还相约全国著名楹联专家，共同发起创建了中国楹联学会。他为太原市文瀛湖上一座小桥撰联为：“曲尺丈清流，小桥三曲；弯弓横碧落，新月一弯”，堪称美妙绝伦。他还以“绸可云罗，布堪火洗；瑞臻百福，蚨集千祥”一联，获得“京华老字号海内外有奖征联”活动最高奖。有联家题赠赵老嵌名联曰：“云作彩笺题妙对；峰为玉笔写佳联。”主要著作有《隐芝轩漫钞》《松涛集》《太原市园林名胜楹联》《世界语自学入门》《恒斋日志》等。其姓名与事迹已被分别载入《中华对联大辞典》《当代对联艺术家辞典》《中国名胜楹联大典》《中国当代文艺名人辞典》《世界名人录》《世界华人文学艺术名人录》等大型辞书。

马书绅

马书绅，民国14年（1925）10月出生，河北深县人。中共党员，大学学历。1982年4月至1985年3月任阳泉矿务局党委书记。1987年7月离休。

靳广杰

靳广杰，民国14年（1925）1月出生，山西孝义市人。民国27年8月参加革命，次年10月加入共产党。1955年，毕业于中共中央党校。曾任孝义县六区青救会秘书，兴县三区青联主席、县游击大队政治指导员，岚县武委会四区民兵大队长，孝义五区宣传委员、四区区委书记、青年团孝义县委书记。中华人民共和国成立后，历任榆次团地委组织部部长、副书记，中共太谷县委副书记、第一书记兼武装部政委，太谷、介休纺织厂党委书记，山西锦纶厂党委副书记，中共榆次市委书记，晋中地区工交政治部副主任兼地区轻工局、交通局党委书记，国营经纬纺织机械厂党委书记。1983年4月至1985年5月，任中共阳泉市委书记。1985年6月至1992年，任中共山西省顾问委员会委员。系中共山西省第五次党代会代表，阳泉市第八届人大代表。1992年，主持组建阳泉市老区建设促进会，并担任会长。1994年1月离休。合著有《走共同富裕之路》一书。

林凌

林凌，原名何颖达，曾用名何大海，民国15年（1926）2月出生，平定南坳村人。中共党

员，经济学家，国家级有突出贡献专家，享受国务院政府特殊津贴专家，四川省社会科学院学术顾问、研究员、博士生导师。

民国37年（1948）北京师范大学物理系毕业后，在中共中央华北局城市工作部工作。北京解放前夕，调到刚解放的北京石景山钢铁厂（今首都钢铁公司）任工会副主席。1949年后期，到天津全国总工会干部学校学习。1950年，南下重庆，被分配在全国总工会西南办事处工作。1954年，调至重庆钢铁公司任党委常委、工会主席、转炉厂党委书记，参与修建成渝铁路。1959年，调到中共四川省委，先后任省委第一书记秘书、中共四川省委办的《上游》杂志任工业组副组长。1962年，调到新成立的中共中央西南局工交政治部任办公室副主任。1978年后，先后任四川省社会科学院副院长，中国工业经济联合会副会长，中国城市经济学会副会长，《经济体制改革》《开放导报》主编，并兼四川大学、华东政法大学、西南财经大学等5所大学教授。1993年任中国综合开发研究院副理事长。

在任职期间，林凌著述、主编、与他人合作的主要著作有：《成渝经济区发展思路研究报告》《南水北调西线工程备忘录》《中国经济的区域发展》《中国经济体制改革探索》《中心城市综合改革论》《四川经济体制改革》《中国三线生产布局研究》《产权制度改革与资产评估》《中国东南沿海经济起飞之路》《企业商品论》《利润周期与经济周期》《林凌选集》《转型期的中国经济》《林凌文选改革三十年亲历》等。在经济体制改革、城市经济、区域经济、企业改革、政府职能、西部大开发、东北老工业基地振兴、中部崛起、港澳台与内地经济、南水北调工程等关系改革和发展的重大课题上都有深入的研究和突出的贡献。

李德和

李德和，民国15年（1926）8月出生，盂县石门子村人。民国32年7月加入中国共产党。民国35年5月入伍，编入盂县大队一中队任班长，同年10月任副排长。民国36年3月，盂县大队和平定大队合并为平盂独立营，任三连一排长，5月在河北定县编入野战军第四纵队11旅32团一连当排长。民国37年平津战役期间，升为副连长，解放太原后任连长。抗美援朝时任572团副营长、营长。1954年7月任573团副团长。1962年7月调回572团任团长。1968年1月任190师副师长，1974年1月任该师师长。1978年9

月任64军参谋长，1979年任64军副军长。1983年5月，任黑龙江省军区司令员。1985年3月任中共黑龙江省委常委。

抗日战争时期，15岁的李德和就担任村抗日先锋队队长，后任村委会主任、盂县六区武装大队干事兼爆炸组长，率领民兵开展游击战。解放战争时期，他参加了辽沈战役、平津战役、石家庄战役、太原战役、大西北800里追击战、和平解放银川等几十次战役战斗，英勇杀敌，3次负伤、3次立功、多次受奖。抗美援朝战争时期，他参加了第五次战役，所部攻占汉城以北元龙地区；马良山反击作战，所部全歼英国皇家苏格兰边防团一个加强排；攻打高旺山战斗中，所部打退美军的多次反扑，毙伤敌300余人。社会主义革命和建设时期，他率领所部圆满完成了各项任务。1987年6月离休。

杨道林

杨道林，民国15年（1926）出生，盂县沙井村人。民国30年10月参加革命工作，民国33年4月加入中国共产党。历任平定县政府文书、晋察冀四分区司令部机要股译电员、冀晋军区司令部机要科机要组组长、北岳军区机要秘书、察哈尔军区机要秘书、第四野战军司令部机要处秘书、中共中南局机要处干部科科长、中共中央机要局干部处科长、总参谋部机要局研究员等职。行政十二级。1983年以副军职干部离休。

离休后研修书画，作品多次参加军内外大展，曾获金、银、铜奖及优秀奖二十余次。中央电视台“夕阳红”和北京电视台“金色时光”等栏目都作过专题介绍。出版有《道林书画选集》。

周云涛

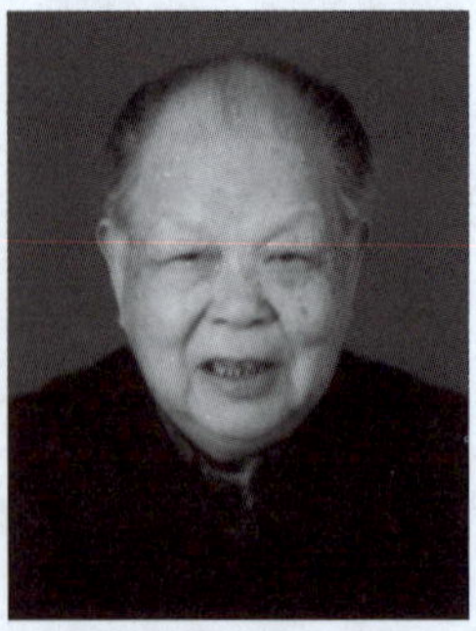

周云涛，原名郭振兴，民国15年（1926）出生，河北高阳人。民国28年参加革命，同年3月加入中国共产党。先后在八路军冀中十分区部队当卫生员、指导员等职。抗日战争时期，历任十分区保卫科干事、团特派员、冀中军区第七纵队保卫部部员、师教导大队教导员等职。解放战争后期，参加了绥远傅作义“9·19”起义部队的改造任务。中华人民共和国成立后，在23兵团（后改为第69军）任师保卫科科长、军保卫处处长、组织处处长等职。1950年朝鲜战争爆发后，曾投身志愿军赴朝参加了抗美援朝作战。

1961年后，历任69军团副政委、政委、师政治部主任。“文化大革命”期间，于1968年率部队到阳泉进行“支左”，先任“支左”办主任，后任阳泉市革命委员会主任、市核心小组组长；1970年12月至1975年1月，任中共阳泉市委书记兼晋中军分区副政委及阳泉市人民武装部第一政委。1975年2月，任石家庄高级步校研究室主任。1976年，周云涛调北京军区军政干校任大队政委。1981年调任69军政治部主任，1983年调河北省军区任副政委直至离休。1986年离休。

李 治

李治，民国16年（1927）出生，平定瓦岭村人。民国26年，即参加村儿童团，站岗放哨搞宣传。民国31年，参加青救会和民兵组织，并担任村里冬学教育夜校辅导员、村卫生员。民国34年春报名参军，被分到太行军区一分区十团。次年6月，随所在的刘邓大军千里跃进大别山；之后，又转战于鄂、豫、皖等地。民国37年11月，参加了淮海战役。战役的第一阶段（11月6日至22日），解放军围歼国民党第七兵团，李治担任排长，率领全排战士首先攻开李土楼，受到中原野战军司令部嘉奖，并荣立三等功。11月23日，战役第二阶段开始，李治升任连长，荣立集体三等功。民国38年4月20日，渡江战役开始，李治连被师、团部任命为渡江突击连。21日下午5时，李治连奉命出发，6时15分，李治连第一个强渡成功。战斗结束后，李治连被军部任命为“渡江第一船”，并授予渡江先锋、渡江突击队和巩固部队模范连称号。

中华人民共和国成立后，升任营长。1950年，朝鲜战争爆发，被编为中国人民志愿军赴朝参战，任106团1营营长。参加了著名的上甘岭战役。被朝鲜人民共和国授予三级国旗勋章，全营战士均受到师部嘉奖。抗美援朝结束后，李治回国，进入解放军高级步兵学校坦克机械化班学习。5年后毕业，被分配到北京军区193师先后任坦克团参谋长、副团长、团长、副师长、师长，天津警备区参谋长（副军级）。

张儒林

张儒林，民国16年（1927）出生，盂县东关南村人。中共党员。1953年任本村村长兼互

助组组长。1954年组织本村46户农民成立初级农业合作社，并出任社长。1955年任东关南村、东关北村和秀水三村合并成立的高级农业生产合作社社长。1957年至1984年担任村党支部书记。任职期间，率领村干部积极参加生产劳动，严格执行村干部参加劳动天数的相关规定，养成了贴近群众的好习惯、好风气。同时确立了“走科学种田道路，向土地要产量”的思想，率先试验密植种植方法，并取得成功，亩产玉米850千克，成为全县的一面旗帜，多次受到上级部门的表彰奖励。1957年，被国务院授予全国农村社会主义建设积极分子称号。当年参加了群英大会，同与会代表一道在中南海怀仁堂受到了毛泽东、周恩来、陈云、邓小平等党和国家领导人的亲切接见并合影留念，成为张儒林一生中最大的荣耀，也成为盂县人民的光荣历史。1981年4月，当选盂县第七届人民代表大会代表；1984年，又连续当选盂县第八届人民代表大会代表。

何秉权

何秉权，民国17年（1928）2月出生，河北深泽人。大专文化。1956年加入中国共产党。民国36年参加工作后曾任晋察冀军区井陉矿区管理委员会测绘技术员、井（陉）阳（泉）煤业公司工程处测绘组组长。1949年井阳公司分设后调阳泉，历任阳泉矿务局采煤科测绘股股长，计划处生产计划科科长，生产地质处地质科科长，地质勘查处秘书兼地质科科长、副处长、处长、工程师，地质测量处处长，科研所所长，矿务局副总工程师兼科研设计室主任。1974年起任矿务局总工程师兼科研所所长、生产指挥部指挥，党委常委、副局长、高级工程师。1985年改任局调研员，1988年离休。曾被原煤炭工业部聘为技术顾问委员会顾问、技术委员会委员，系中国煤炭学会第一、二届理事、第三届名誉理事，山西省煤炭学会常务理事，山西省科协第二届委员会委员，阳泉煤炭学会理事长，阳泉市科协副主席，阳泉市政协第一至六届委员会委员，第七届委员会常委。

在任期间，何秉权领导解决了生产中许多关键性技术难题。他积极组织试验综采设备，制定了以技术改造为主要途径的产量翻番计划，效益显著；他撰写的论文《建设阳泉无烟煤生产基地的规划与设想》被省科协收入《优秀论文汇编》，《泵充护巷新工艺的实践》编入《第三次全国采矿学术会议论文集》，《高沼气综采工作面通风方式改革》刊登在《煤炭科学技术》

刊物上，《Y 型通风科学实验》成果获“山西省科技进步二等奖”，“七五”重点技术攻关项目《高沼气回采工作面瓦斯综合治理技术研究》获“国家科技进步二等奖”，《阳泉矿务局瓦斯综合治理技术的研究》获“原煤炭工业部特等奖”。何秉权于 1978 年出席了全国第一次科学大会，并获对国家科学技术工作作出重大贡献的先进工作者（等同全国劳动模范）。1985 年获煤炭工业部劳动模范称号。1992 年 10 月起享受国务院批准的政府特殊津贴。

成伍江

成伍江，民国 17 年（1928）9 月出生，河北正定人。民国 32 年 12 月加入中国共产党，民国 34 年 1 月参加革命。民国 35 年 12 月参军后，历任县大队二连副指导员，63 团 9 连指导员（其间，曾在石家庄战役中立大功一次）。1951 年后，任 110 军 328 团二营副教导员，107 师坦克团营长、独立战炮营教导员、坦克团政治处主任、团政委等职。后到阳泉矿务局“支左”，1971 年 12 月至 1973 年 6 月，任中共阳泉市矿区区委书记、中共阳泉矿务局委员会书记；1971 年 1 月至 1975 年 1 月，兼中共阳泉市委常委。1976 年后，任坦克七师副政委。1982 年离休。

原兴华

原兴华，民国 18 年（1929）6 月出生，山东掖县人。民国 33 年 6 月参加革命，民国 35 年 5 月加入中国共产党。历任华东建国大学教导团干事，山东济南市公安局城里分局派出所所长，济南市公安分局副局长、局长，煤炭工业部抚顺安装公司计划科科长等职。1958 年 1 月后，调任阳泉矿务局建井处第一综合工程处处长，矿井公司经理，阳泉矿务局副局长、革委会主任，中共阳泉市委常委兼阳泉矿务局党委书记。1978 年 1 月，任江苏省煤炭工业局副局长、党委书记。1990 年 2 月离休。离休后担任长城集团公司高级顾问。

史崇英

史崇英，民国17年（1928）10月出生，阳泉人。民国36年参加中国人民解放军任战士。1949年，转业至阳泉钢铁厂当炼铁工，后任炉长、车间副主任等职。1954年加入中国共产党。1959年，在高炉用生石灰作熔剂的试验中，成功地找到了石灰和焦炭的合理配比，降低焦炭用量11.2%，增加生铁产量27%，使吨铁成本降低5元，每年增产生铁5628吨。他对焦炭合理配比的经验在全国中型高炉上得到推广，均取得了良好的效果。1959年，在全国群英会上被授予全国先进生产者称号。1982年，被山西省政府授予先进街道工作者和劳动模范称号。1990年离休。

李志仁

李志仁，民国18年（1929）10月出生，山西沁县人。大专文化。民国36年5月参加革命，1950年4月加入中国共产党。1973年7月任国营晋东化工厂党委副书记，1981年12月任国营晋东化工厂党委书记。

张文奇

张文奇，盂县东庄头村人，民国18年（1929）出生。民国32年7月入伍，任晋察冀平定训练队学员。民国34年1月加入中国共产党。历任晋察冀军区冀晋军区三旅机要科译电员（排职）、晋察冀四纵队十一旅队列参谋（连职）、华北补训兵团十三团队列参谋（连职）、北京公安总队三团队列股长（营职）、北京公安总队干部任免处助理员（营职）、北京公安总队警备科科长（副团）、北京公安总队情报科科长（副团）、北京市公安局警卫处科长（副团）、北京市公安局警卫处副处长（团级）。1970年1月下放到延庆康庄公社劳动。1972年9月任北京市延庆县西拨子公社党委书记。1976年7月任北京市园林局党校副校长。1978年3月任北京市公安局警卫处处长。1981年10月任北京市公安局副局长。1983年8月任北京市公安局副局长兼武警北京市总队副总队长（副师）。1986年8月，任北京市公安局副局长兼武警北京市总队总队长（正师）。1991年3月离休，享受副军级待遇。

辛贵玉

辛贵玉，民国19年（1930）1月出生，盂县人。民国35年1月参加工作，民国37年8月加入中国共产党。1949年前，曾为冀晋二分区寿（阳）西贸易公司练习生、天顺总店干事。中华人民共和国成立后，历任阳泉粮食公司仓库主任、业务股长，平遥粮食公司业务股长，阳泉市粮食局秘书。1954年始，任阳泉市计委秘书、副主任、党组副书记。1958年，在中国人民大学进修学习。1965年，在阳泉市郊区三郊乡参加“四清”工作团任副政委，“四清”结束后返市计委工作。1983年，任阳泉市副市长、党组副书记。1987年，当选阳泉市九届人大常委会主任、党组书记；1992年，再次当选阳泉市十届人大常委会主任、党组书记。1995年离休。系山西省第七、八届人大代表，山西省计划学会第一届常务理事，中共阳泉市六届委员会委员，阳泉市计划学会名誉会长，阳泉市四、五、六、八、九、十、十一届人大代表。主编有《阳泉人名词典》一书。

王有翰

王有翰，民国19年（1930）4月出生，盂县东关南村人。民国34年9月参加八路军。次年10月加入中国共产党。解放西北时，参加了陇东800里追歼战、陇青、解放宁夏等战役。抗美援朝战争中，参加了第五次战役、粉碎敌人秋季攻势中的马良山防御、反击作战和西海岸抗登陆作战的准备，曾被评为单位模范、荣立三等功。历任晋察冀军区三分区二团战士，冀晋纵队一旅一团政治处通讯员、团部文书、营队列教员、连文化教员，华北野战军四纵队11旅作战科一级参谋，64军191师573团副参谋长、师炮兵司令部参谋长、炮兵主任、师副参谋长，64军炮兵主任，191师副师长，沈阳军区司令部军训部副部长、部长，64军参谋长。1983年后任沈阳军区赤峰守备区司令员、辽宁省军区司令员。1989年10月，军委总部在该师召开现场会，向全军推广了预备役部队建设经验。1988年被中央军委授予少将军衔。系第七届全国人民代表大会代表。1990年10月离休。

吕成录

吕成录，民国19年（1930）出生，河北井陉人。小学学历。1953年加入中国共产党。民国38年5月，吕成录到四矿当采煤工，直到1981年，才因患二期煤矽肺病，被劝退休。吕成录热爱采煤工作，在井下几十年如一日，吃苦耐劳，勤恳工作。他曾数次因公负伤，且患多种疾病，但始终不放弃采煤第一线的工作。他坚持出满勤，干满点，从不计较个人报酬，被誉为矿山铁人。1961年至1963年，吕成录连续3年被评为山西省先进生产者、山西省劳动模范和山西省“五好”职工。1977年，被评为全国先进生产者。

周国俊

周国俊，民国20年（1931）出生，山西五台人。民国36年5月加入中国共产党。民国36年毕业于五台团城中学，同年参加土改。民国37年2月调任五台县九区任民政助理员，后调任五台县委任学校工作部部长。太原解放后被选调到省团校学习，毕业后留共青团山西省委工作，后借调到中共山西省委政策研究室工作，随后又调任省团校任组织科副科长、科长等职。1954年调阳泉市工作后历任团市委副书记、书记，中共阳泉市委农工部副部长，中共阳泉市委副秘书长、秘书长，市委常委、市革委会副主任兼阳泉市郊区区委书记，中共阳泉市委副书记等职。1982年至1985年任阳泉市市长。1985年后，周国俊调任山西省财贸研究中心副主任、省供销合作社正厅级调研员等职。1992年2月离休后调回阳泉，担任阳泉市关心下一代工作委员会主任。

刘喜智

刘喜智，民国21年（1932）7月出生，河北正定人。大专文化。民国38年1月参加革命，1950年8月加入中国共产党，1980年1月调任国营晋东化工厂厂长。

路正西

路正西，曾名振喜，民国21年（1932）出生，河南博爱人。民国38年1月参加革命，同年8月加入中国共产党。1957年毕业于中央团校，曾任太行公司华丰铁工厂团委书记。中华人民共和国成立后，历任青年团长治地委干事、中共长治市委工矿办公室干事，团省委科长、副部长、部长、常委、书记，山西省青年联合会主席等职。1983年12月调任中共阳泉市委副书记。1985年5月至1988年2月任中共阳泉市委书记，其间出席了中共十三大。1988年3月调省工作，先后任中共山西省委统战部部长、政协山西省第六届委员会副主席、山西社会主义学院党委书记等职。是省政协第七届委员会委员，共青团中央十届委员，中共山西省第四至六届委员，省人大五届常委、省政协四届常委、山西海外联谊会会长。2000年5月中央批准离休。

张海瀛

张海瀛，民国22年（1933）12月出生，盂县西沟村人。1951年在平定师范读书时加入中国共产党，任学生会主席，1959年毕业于首都师范大学历史系，系著名史学家吴晗的研究生。历任首都师大生物系副主任、中共阳泉市委宣传部理论办公室主任、山西省社会科学研究所历史室副主任、山西省社科院副院长等职务，并当选首届中国谱牒学研究会副会长兼秘书长，第一至三届中国明史学会副会长，吴晗研究会副会长，明史研究专家，享受国务院特殊津贴专家。

任山西省社会科学院副院长期间，他主持创建了20世纪90年代中国最大的家谱资料中心。1986年应邀赴法国进行学术交流。1989年应邀赴香港参加“亚太地区文献研究会”。1991年3月，应邀赴美国参加亚洲学年会，并访问了美国国会图书馆、国家档案局、哈佛大学、哥伦比亚大学和犹他家谱学会等。1992年4月，应邀率团赴香港参加《中华族谱特展》，并发表《关于大陆家谱收藏及研究状况》等演讲。1993年12月，应邀率团赴新加坡参加“世界郭氏宗亲团体联谊会”，并发表《郭子仪与山西》的演讲。

张海瀛的代表著作有《张居正改革与万历清丈研究》（1999年被评为山西省社会科学研究

成果一等奖）、《中华姓氏谱·张姓卷》（2004年被评为山西省社会科学研究优秀成果二等奖）、《太原王氏史略》《太原张氏史略》《姓氏族谱研究集》；牵头主编的有《中华族谱集成》（列入国务院古籍规划的大型史籍）；主持编修《太原王氏》《汾阳王郭子仪谱传》；合作主编《傅山全书》《中国十大商帮》《三晋历史人物》《中国古今名书大观》等。代表论文有《略论明代流民问题的社会性质》《明代谱学概说》《中华族谱述略》《炎黄二帝—中华姓氏之根》等。

1994年11月离任退休后，仍笔耕不辍，不断有新的研究成果问世。

李希曾

李希曾，民国23年（1934）12月出生，山西左权人。大专文化。1952年中师毕业后参加工作，1953年加入中国共产党。曾任中共左权县委收音站收音员、六区区委干事、左权县委宣传部干事，中共榆次地委宣传部干事。1956年参加中国人民解放军，先后任63军司令部坦克兵处文书、解放军张家口“五一”速成中学高中语文师资训练大队学员、坦克自行火炮393团坦克营炮长、团司令部作战训练股干事、陆军188师政治部宣传科新闻干事、文化科文艺干事、邯郸地区磁县“四清”工作队队员、中央人民广播电台军事部编辑、记者等职务；其间参加了青海省玉树地区剿匪和南海空战、珍宝岛战斗等战事采访。

1972年转业后，李希曾历任太谷县革命委员会秘书办公室副主任、中共太谷县委办公室主任，中共阳泉市委农工部副部长、市农委副主任，中共阳泉市郊区区委常委、区革命委员会副主任、区人民政府副区长，阳泉市人民政府副秘书长，中共阳泉市郊区区委书记、武装部第一政委。

1985年，李希曾任阳泉市人民政府副市长、党组副书记、中共阳泉市委委员。1992年6月当选阳泉市政协第八届委员会主席、党组书记。1997年4月连任阳泉市政协第九委员会主席、党组书记。系中共山西省第五次党代会代表，政协山西省第七、八届委员会委员，阳泉市第八至十一届人大代表，中国国际商会阳泉会名誉会长、阳泉市残联名誉主席。创作有《飞毛腿》《痛击美国开国第一师》《威震范村口》《夜间猎手》《唱完苦歌唱甜歌》等40多万字的文学作品和百万字的新闻作品。编著有《兴工建农奔小康》《晋商史料与研究》《踏遍青山情更深》等。2001年退休，享受特殊贡献待遇。2002年出任阳泉市老区建设促进会会长。

李古亮

李古亮，民国23年（1934）12月出生，盂县人。1953年，李古亮在燕龛煤矿参加工作后，39年如一日，长年坚持在采煤第一线。1989至1991年3年间，李古亮在井下工作的时间每天都在12小时以上，这3年他应出勤为6336小时，实际出勤达到13272小时，等于3年干了6年多的活，为国家增收15.3万元。从1953年下坑采煤算起，李古亮39年出了55年的勤，为国家多出煤1.8万吨，多创造价值66.1万元，回收废旧坑木和各种材料价值为3.1万元，总计为国家多增收节支70万元。李古亮1992年10月退休后又请求返矿工作，一干又是4年。4年间，他带领一班12人，回收残留原煤6万多吨，创造价值420万元，回收废旧坑木、废旧钢材和其他材料价值达10.8万元，总计为国家多增收节支438万元。1992年被授予山西省劳动模范称号，并获全国五一劳动奖章。

光 敏

光敏，民国23年（1934）出生，平定西关街人。高级经济师。1955年7月参加工作，同年10月加入中国共产党。民国37年至民国38年，在阳泉市立职业学校学习。1955年7月太原林业学校水利专业毕业。1956年至1957年曾在太原工学院土木系进修。1966年毕业于中国人民大学哲学系（函授）。历任太原林校干事，山西水利干部训练班教员，太原农业师范专科学校学生科科长、团委书记，山西省农业建设干部学校教研室主任、副校长、党委书记，中央学习班学员，中共朔县革委会政工组组织办公室主任、政治部主任、宣传部部长、县委常委、县革委会副主任、县委副书记、县人民政府县长，北京农业大学学员，雁北地区计经委副主任等职；1983年12月，调任中共阳泉市委秘书长、常委、副书记、阳泉市市长等职。1988年2月至1990年11月，任中共阳泉市委书记、阳泉军分区党委第一书记。1990年12月，调任中共长治市委书记、长治军分区党委第一书记；1993年1月当选省人大常委会副主任。1996年曾在中央党校省部级干部第20期进修班进修学习。系第六至九届山西省人大代表，中共山西省第六、七次党代会代表，中共山西省六届省委委员，中共十四大代表。2000年10月退休后，任山西省关心下一代工作委员会顾问、山西省农村文化促进会会长、山西省老区建设促进会会长等职。

张阁臣

张阁臣，民国23年（1934）出生，河北安国人。1951年参加中国人民志愿军，1956年加入中国共产党。1957年，转业到阳泉市交通局保修厂任调度员，后任阳泉市第四汽车运输公司经理。任经理后，由他创立的“企业奋进工作法”，使企业7年迈了七大步，7项主要经济技术指标跃居全省交通系统第一或第二。1988年，该公司人均利税达2965.24元，全员劳动生产值15930.31元，百吨千米消耗燃料4.26公升，行车责任死亡率1000万千米为零次，物资责任损失赔偿率为零，各项指标均好于国家二级企业标准。1989年企业晋升为国家二级企业。1986年、1989年他两次被山西省政府授予山西省劳动模范称号。1989年在全国劳动模范和全国先进工作者表彰大会上被授予全国劳动模范称号。

胡熙明

胡熙明，民国23年（1934）出生，盂县秀寨村人。民国38年起，先后在沈阳克达制药厂、黎宁化学制药厂、沈阳制药厂从事制药工作并任车间主任、厂工会主席等职。1952年加入中国共产党。1954至1958年在东北工学院附设工农速成中学、辽宁工农速成中学学习。1958至1964年就读于北京中医学院中医系，曾任学生会主席等职。毕业后分配在卫生部中医司，1978年任中医司副司长、卫生部党组成员。1982年任中国中医研究院党委书记。1984年11月任卫生部副部长、党组成员。1986年10月兼任国家中医药管理局局长、党组书记。1988年兼任国家中医药管理局局长、党组书记。他长于中医药专业，且熟悉西药制剂技术。主编有《中医问答题库》《中国中医秘方大全》《中华本草》等一系列大型中医著作。从1985年之后，在国内外有关传统医学大会上介绍中医药的历史、现状、展望及中医药国际合作的前景。1987年率团出席第40届世界卫生大会，并在大会上介绍了祖国的传统医学，受到世界各国的瞩目。同年，法国总统希拉克以巴黎市市长名义授予其金质勋章一枚，以表彰其在发展中国传统医学工作方面所做的贡献。胡熙明曾任中华全国中医学会副会长、中国针灸学会会长、世界针灸学会联合会主席等职。

瞿林森

瞿林森，民国24年（1935）2月出生，上海人。研究员级高级工程师。1982年12月加入中国共产党。北京工业学院特种化工专业毕业。1960年9月参加工作，1995年6月退休。先后担任山西北方晋东化工有限公司火工技术员、工程师、技术科副科长、副总工程师、副厂长兼总工程师等职务。在任期间，对军用拉火管的发火药创新配方研制成功获部级科技成果一等奖；对导爆索产品结构进行重大改进，国内首创以塑代棉的塑料包覆导爆索扩大深水爆破使用范围获部科技成果二等奖，该项目又被评为国家科技成果三等奖。1991年7月起享受国务院特殊津贴。

梁作义

梁作义，民国24年（1935）3月出生，阳泉市郊区下烟村人。1950年白泉高小毕业。1956年参加中国人民解放军，同年加入中国共产党。1960年从部队转业到太原大众机械厂。1962年返乡，先后任平坦垴大队党支部委员兼民兵营长、大队书记等职。1979年2月，任村党支部副书记兼村委会主任后，带领全村干部群众，先后办起了铸造厂、砖厂、石棉瓦厂、黏土矿、建筑队等企业，在全市率先推行了以“六定一奖”为主要内容的农业生产责任制，实现了农业增产和工副业增收，走上了共同富裕的道路。1981年5月，他领导村民建成了全省第一家釉面砖厂——山西省阳泉建筑陶瓷厂。1985年10月开始，先后组织实施并圆满完成了开发研制“漂珠轻质高强耐火保温砖”“唐三彩及瓷板画”“硫酸废渣红地砖”3项星火科技项目，前2项获省、市科技进步奖，后1项取得了国家发明专利；生产的8大类100多个品种“太行牌”建陶系列产品畅销国内并出口创汇。

1983年4月，梁作义当选山西省六届人大代表。1987年7月被评为当代中国优秀农民企业家，同年12月当选阳泉市人大常委会委员。1988年6月被评选为山西省优秀农民企业家。1989年至1993年度连续被评为郊区劳动模范标兵。1989年3月被评聘为高级经济师，5月被省委、省政府授予山西省特级劳动模范称号，9月被国务院授予全国劳动模范称号。1990年3月撰写的论文《靠科技进步兴厂，创名优产品夺魁》获山西省企业家协会年会优秀论文奖。1991年5月，又当选山西省第八届人大代表。1992年4月被省委、省政府授予山西省劳动模范称号。

苏景云

苏景云，女，民国24年（1935）5月出生，辽宁黑山人。中专学历，高级工程师，中共党员。1955年苏景云从抚顺煤矿技术学校毕业后，分配到阳泉矿务局三矿一号井采煤一队担任见习技术员。由于成绩突出，提前3个月转正，并先后任阳泉矿务局采煤技术员、采煤队长、矿长办公室主任、计划科工程师、阳煤集团公司工会副主席等职。1955年，在阳泉矿务局三矿任采煤队队长期间，她领导100多名矿工在井下采煤作业，注重用技术组织安全生产，强化管理，大胆革新，不断变革生产工艺。改制成功的活节可伸缩溜槽，做到了平行作业；加大割煤机截盘，使其达到了2.4米截深。此外，她不推行“一炮一刀”和“一班制采煤工艺”，推行“小进度多循环作业法”，改革“单绳套放顶”，并研制成功了“杠杆上道路”“多耳掏粉器”等。这些改革研制项目均被广泛运用在生产中，达到了煤产量翻番，成本大降，极大减少了伤残和死亡。1956年，苏景云被评为全国先进生产者、全国煤矿先进生产者和山西省先进生产者，并受到毛泽东、周恩来等党和国家领导人的亲切接见。

刘蕴琢

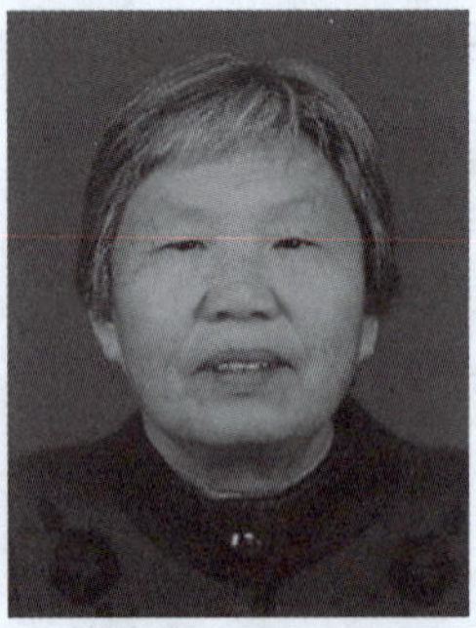

刘蕴琢，女，民国24年（1935）10月出生，河北蠡县人。小学学历。山西北方晋东化工有限公司易燃易爆品生产车间工人。1953年2月参加工作，1980年11月退休。28年间，她在用土坯筑成掩体的隔离场内，独屋单身工作，每天与雷汞等易爆药粉打交道，一旦操作不当随时都有爆炸的危险。她积极探索、细心研究，总结出了“右手持、左手挟，放置右侧再松手”和“手眼一致不分心”的新操作法。创造了连续20个月安全生产无事故的最高纪录。1956年4月，被山西省政府评为山西省劳动模范称号；同年，被国务院评为全国先进生产者称号，并受到中共中央主席毛泽东的接见。

王计所

王计所，民国24年（1935）10月出生，阳泉市郊区韩庄村人。小学文化。1954年任村团支部书记，1959年加入中国共产党。1972年3月始历任大队党支部委员、革委会副主任、党支部副书记、革委会主任等职。1980年1月任三郊乡农机厂党支部书记、厂长。1982年2月回村任党支部书记后，带领党政“一班人”全面推行农业生产责任制，整顿铸造厂，建成糠醛厂。1985年兼任村委会主任后，又提出“地下无资源，地面求发展”的口号，带领村民走上了兴工致富的道路。1987年12月，他当选山西省七届人大代表。1987年至1996年，他连续被评为郊区劳动模范标兵。1989年5月，被授予山西省劳动模范称号。1994年4月，市劳动竞赛委员会为其荣记个人一等功。1995年4月被国务院授予全国劳动模范称号，6月被农业部授予全国乡镇企业家称号，9月被民政部授予优秀村民委员会主任称号。1997年5月被授予山西省精神文明建设模范农民称号。

万宝成

万宝成，民国25年（1936）4月出生，河北卢龙人。中共党员，中专学历，教授级高级工程师。1955年8月，万宝成由抚顺煤矿学校毕业分配到阳泉矿务局三矿通风区任助理技术员。1983年3月至1985年3月任阳泉矿务局副局长；1985年3月至1995年10月任阳泉矿务局局长。

在一矿通风区工作期间，他参与编写并出版了《简易矿井通风计算手册》等专业书籍；具体组织实施建成北头嘴四尺煤井的瓦斯抽放系统，降伏了特大瓦斯喷出；试用成功并推广使用了瓦斯报警断电仪。1980年，他担任一矿总工程师兼副矿长时，针对生产上的薄弱环节，进行技术改造。在他主持下，北头嘴平峒实验成功在围岩压力大的顺槽内应用U型钢拱型支架支护的新技术。他与其他同事运用岩巷抽放瓦斯的办法，解决了综采工作面瓦斯抽出率偏低的难题，保证了综采的正常生产。1977年和1981年，万宝成两次被评为山西省劳动模范，1989年被授予中国煤炭工业优秀企业家称号，并获得金钟奖。

路公明

路公明，民国25年（1936）12月出生，山东齐河人。中共党员，高级经济师、高级政工师、研究员。1955年2月参加中国人民解放军。1961年毕业于中国人民解放军空军高炮学院，在部队曾任团参谋长。在抗美援越战场上，他多次荣立战功，被誉为优秀指挥员。1979年转业到山西阳泉钢铁厂工作。1984年调任阳泉铝氧厂党委书记、厂长。1993年企业改为山西阳泉铝业股份有限公司后，任公司董事长、总经理、党委书记。

山西阳泉铝业股份有限公司从400元资产起家，产品由零突破，二次飞跃，二次成功实践，到1996年已发展成拥有资产总额4.3亿元，固定资产3.6亿元，并形成年产电解铝3万吨、铝型材5000吨、铝材（盘条）1.2万吨、合金铝1万吨、阳极糊1万吨、刚玉块3000吨、氟化盐2000吨、铸造生铁1.2万吨生产规模的国有大型联合企业，年销售收入达到5亿元、年利税5000万元，成为山西阳泉地方重点骨干企业，进入山西省国有企业百强之列，被列为山西省首批30家现代企业制度改革试点企业。在他的领导下，阳铝公司连续3年获山西省最佳企业称号，还先后被评为全省红旗基层党组织、重合同守信用单位，优秀销售集体和冶金厅、阳泉市的模范企业、党建红旗单位等，1996年获全省五一劳动奖状。路公明本人也先后获得全国优秀军转干部、全国有色金属系统优秀思想政治工作者和山西省特级劳模、优秀企业家、模范共产党员等30多个市级以上荣誉称号，并于1995年获全国劳动模范称号。

刘汉银

刘汉银，小名牛毛，民国25年（1936）出生，盂县南小坪村人。国家一级演员，著名晋剧表演艺术家。民国38年在本村晋剧团参加了现代戏《血泪仇》的演出，村民们称他为“牛毛生”。后来，又在《梅降亵》《黄鹤楼》等古装戏中饰演主角。他嗓音洪亮、唱腔清脆，功底深厚，1956年7月进入县晋剧团。1959年被选入省晋剧院。在省城拜晋剧艺术大师丁果仙为师，专攻须生。在丁老师的指导下成为一名优秀的丁派须生。1971年在省城演出了《龙江颂》《三上桃峰》，并进京汇报演出。他声音高亢柔和，音韵婉转，耐人寻味，经过多年的不懈努力，逐渐形成了自己的艺术风格；同时也以演出一丝不苟，兢兢业业，深得观众喜爱。在晋中地区晋剧调演中，他的八句唱腔打动了丁果仙，受到了这位轻易不评价别人的艺术家的好评。在九进中南海的演出中，先后受到毛泽东、周恩来、江泽民、胡锦涛等党和国家领导人的接见。

王以晖

王以晖，民国26年（1937）2月出生，山西昔阳人。1954年在市搬运公司当干事，1956年加入中国共产党。1979年至1980年，阳泉汽运一公司连续亏损10万余元，经营面临巨大困难。王以晖自告奋勇临危受命，出任阳泉汽运一公司的经理职务。他面对班子涣散、人心不稳、生产混乱等问题，深入调查研究，大胆革新，采取了分级核算、重奖重罚、单车核算、超车计奖，将标准工资、单车补助和资金捆在了一起，实行了工资浮动等一系列措施，迅速使企业扭亏为盈。从1981年至1987年，阳泉汽运一公司共创利润798万元，归还贷款44万元，上缴利税350万元。1985年获全国五一劳动奖章。

毛学正

毛学正，民国26年（1937）3月出生，河南武陟人。1963年9月，山西医学院（山西医科大学）医疗专业毕业后，分配到阳泉市第一人民医院外科工作。1971年加入中国共产党。1973年，曾赴中国医学科学院日坛医院（肿瘤医院）外科进修深造。1974年，任阳泉市第一人民医院肿瘤科主治医师、副主任（主持工作）。1984年，出任阳泉市第一人民医院院长、党委副书记。1987年，改任阳泉市第三人民医院院长、党委书记，副主任医师。1992年，再任阳泉市第一人民医院院长、党委副书记，主任医师。1992年，被聘为长治医学院教学医院院长、教授。1993年被聘为山西医学院教学医院院长、教授。1997年被聘为山西医科大学教学医院院长、教授。1988年至2002年，兼任阳泉市肿瘤防治研究所所长。系中国抗癌协会肿瘤病因学第四届委员会委员，山西省抗癌协会第二届常务理事，阳泉市抗癌协会第二、三、四届理事长，《肿瘤研究与临床》杂志编委。2000年11月退休后，被聘为阳泉市肿瘤防治研究所名誉所长、阳泉市肿瘤康复学校校长，并兼任阳泉市抗癌协会理事长，继续为肿瘤防治事业发挥余热。

从医50年来，毛学正成功为万余名肿瘤和心脏病患者进行了手术，培养了一大批医疗、科研、教学及管理人才，也为阳泉市第一人民医院、阳泉市第三人民医院、阳泉市肿瘤防治研究所的建设和发展作出了积极贡献。他先后主持撰写《阳泉市20年恶性肿瘤死亡回顾性调查分析》、主持承担《阳泉市6个乡镇12万人的高癌家族调查》（列为国家“九五”攻关项目）和《重大疾病相关基因》（列为国家“863”高技术研究发展计划）等多项国家、省、市级科研课题；主持完成的《GF-I型消化道吻合器在食管（贲门）癌手术中的应用研究》等5项科研成果分别获省、市科技进步一、二等奖；主持开展的心内直视手术、食管癌“三切口”切除及吻合器的联合应用手术、肺癌行肺叶袖状切除手术、直肠癌腹—会阴联合切除手术、直肠癌切除乙状结肠逆行套叠肛门成型手术、乳腺癌多种术式的应用研究以及对恶性肿瘤的综合治疗、食管癌“高癌家族”调查研究等，均填补了阳泉医学史上的空白。据对986例中晚期食管（贲门）癌手术随访观察，3年生存率达51%、5年生存率达30.5%，位居国内先进水平；有70余篇医学论文，发表在国内外专业杂志上。

1992年，毛学正享受国务院特殊津贴，1995年被评为山西省劳动模范，1996年被评为山西省优秀科技工作者、阳泉市优秀领导干部，1997年被中共阳泉市委授予先进统战工作者称号，1998年获全国五一劳动奖章，2000年被评为全国劳动模范，2007年获阳泉市建市60周年劳动功勋称号。

张昌和

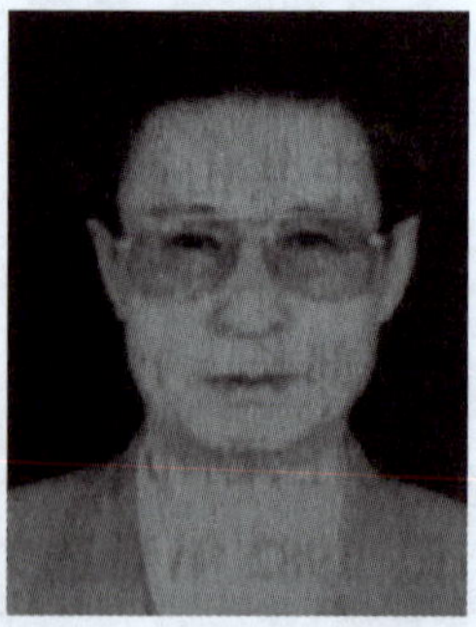

张昌和，民国26年（1937）12月出生，山西灵丘人。1953年5月加入中国共产党，1955年3月参加工作。历任雁北地区文化补习学校文书，中共灵丘县委组织部干事、副部长、县农业组副组长、县委常委、文教部部长，天镇县委常委、县革委会副主任、副县长、中共天镇县委书记，中共大同县委书记等职。

1990年1月，张昌和调任中共阳泉市委常委、组织部部长、市委副书记。1995年5月，任阳泉市十届人大常委会主任、党组书记。1997年4月，当选为阳泉市第十一届人大常委会主任。2002年退休。系山西省第六、八届、九届人大代表，阳泉市第九、十、十一届人大代表。

张俊祥

张俊祥，民国27年（1938）3月出生，平定人。1954年，他在平定县供销社参加工作任售货员。1955年加入中国共产党。先后担任平定县工商局局长、阳泉市工商局局长。他上任后，大力发展集市贸易，新建、改建、扩建60余家集贸市场，发展长途贩运商业户1000余家，无偿为企业清理三角债1.2亿元。为禁止假冒伪劣产品在市场上销售，他大刀阔斧，对10余个行业实施整顿，先后查处违法案件585起，取缔无照经营户1100余家，端掉了阳石公路沿线300余个贩煤点。1986年被评为山西省特等劳动模范，1987年获全国五一劳动奖章，1989年被授予山西省特等劳动模范称号。

吕　信

吕信，民国27年（1938）5月出生，平定人。高级经济师。1954年毕业于平定师范学校，同年分配至阳泉市仪表厂任技术员。1972年加入中国共产党。历任阳泉市仪表厂班长、副厂长、厂长等职。20世纪80年代他任厂长期间，带领全厂职工大搞技术革新，共开发新产品16个大类、64个型号、314个规格。其中精密仪表和标准仪表成为全国的重要产地之一，压力控制器达到80年代国际先进水平；测试仪表低压系列获全国同行业唯一的部优产品称号。1988年，阳泉市仪表厂各项经济指标考核，有8项达省先进企业标准，3项达国家二级企业标准，总产值和总销售均翻了一番，固定资产增加了2.5倍。同年，吕信获全国五一劳动奖章。1989年和1992年两次被评为山西省劳动模范。

李天瑞

李天瑞，民国27年（1938）出生，平定人。高级工程师。1965年8月山西大学物理系毕业后参加工作，1980年加入中国共产党。历任平定钢铁厂技术员、科长、副厂长、厂长，平定县县长。1986年3月起，先后任阳泉市副市长，市委副书记、代市长等职。1989年，出任阳泉市市长。

1990年3月调省工作，先后任山西省经委副主任、主任，山西省经济贸易委员会主任、党组书记。2003年年底退休。系中共阳泉市第六届委员会委员、常委，全国煤炭城市发展联合促进会副会长，政协山西省第七届委员会常委，中共山西省第七届委员会委员，阳泉市第八、九届人民代表大会代表。曾获山西省重大科研成果三等奖和二等奖各一项。

曹大良

曹大良，民国29年（1940）2月出生，山西应县人。初小学历，中共党员。他于1959年在阳泉交通局保修厂当工人，1962年到阳泉矿务局四矿采煤队当工人，直到1996年退休，一直奋战在采煤第一线。曹大良始终坚持出满勤、干满点，节假日总是在井下度过，每年出勤平均350天。他坚持“三先三后”：家有大事先生产后家务，遇有小伤小病先上班后看病医治，现场遇有危险自己先处理、保证安全后才让其他人干。曹大良34年献义务工1200个，被誉为“矿山顶梁柱”。曹大良于1981年被评为山西省先进工作者，1982年出席了全国煤炭工业先进集体和劳动模范表彰大会，1984年获山西省五一劳动奖章，1989年被评为山西省特级劳动模范、全国能源工业劳动模范、全国劳动模范，并参加了全国劳模大会。

杨建国

杨建国，笔名孚山，民国29年（1940）出生，山西浮山县人。国家一级美术师，中国美术家协会会员。早年入西安美院附中学画，1965年毕业于山西大学艺术系雕塑专业，曾任阳泉美术院院长，阳泉市美术家协会主席，阳泉市政协第六届委员，阳泉市人大第八至十一届常委会委员，阳泉市文联第一、二届副主席，山西省文联第四至六届委员，山西省美协第三、四届副主席，山西省雕塑协会第二届顾问等职。代表作品有雕塑《地动山河铁臂摇》、油画《刘胡兰》、连环画《煤海新歌》、水彩组画《筑路歌》、论文《精品创作的自我意识与自我表现》，论著有《阳泉工人速写日记》《阳泉煤矿工人的版画》《淳朴清新的山城艺术》等。同时，还为人民大会堂山西厅作推光漆板铜皮镶嵌工艺画《阳泉夜景》。

1993年10月始，享受国务院特殊津贴。

王万禄

王万禄，民国30年（1941）1月出生，阳泉人。太原工学院发配电专业毕业，研究员级高级工程师。1958年10月参加工作，1960年7月加入中国共产党。曾担任山西北方晋东化工有限公司车间技术员、科研工程师。1985年5月荣立山西“四化”建设中改革创新成绩显著一等功；1993年被评为对国家有突出贡献的科技人员，享受国务院特殊津贴；1999年、2001年两度参加中国工程院院士遴选，曾担任过中国物理学会静电专业委员会委员、中国人民解放军总装备司令部聘请的“三重建设”评审专家，科技部“十一五”期间国家科技奖励评审专家。所承担的国家、军队、省部级下达的30余项科研课题，都通过了省部级以上技术部门鉴定，并用于生产。曾获国防发明专利3项、曾有13项科研成果获省部级以上科技成果奖，并取得了良好的经济效益和社会效益。在国内外学术刊物上，先后发表学术论文50多篇；在国际会议上英文版发表的学术论文就有10多篇，并被世界各大文献库收藏。《兵工企业安全系统工程》《静电危害及防护》两部学术专著，于1992年、1993年由中国兵器工业出版社出版发行。

在近50年的科研工作中，由于他科技成果突出，多次被评为市劳动模范；系山西省五一劳动奖章获得者和山西省优秀科技工作者；2003年，国家国防科工委曾授予其全国国防工业劳动模范称号。2006年1月退休。

薄应贤

薄应贤，民国30年（1941）3月出生，山西五台人。1964年7月山西大学中文系毕业，1966年加入中国共产党。1964年8月至1976年7月，先后任山西忻县专员公署办公室干事、忻县地区革委会办公室干事、中共忻县地委秘书处办公室干事。1976年7月任中共忻县地委秘书处办公室副主任。1978年10月任忻县地区知青上山下乡办公室主任。1981年5月任中共静乐县委副书记、代理书记、纪委书记。1983年8月任中共忻州地委副书记。

1985年6月至1995年12月，薄应贤任中共阳泉市委副书记；1990年1月，任中共阳泉市人民政府党组书记，阳泉市人民政府代市长；1990年4月至1996年2月，任阳泉市人民政府市长。

1996年2月，薄应贤调任山西省供销社党组书记，1998年任省供销社主任。2000年5月离岗。2008年7月退休。系政协山西省第八、九届常务委员，山西省第七、八届人民代表大会代表，中共阳泉市第五至七届委员会委员、常委，阳泉市第八至十届人民代表大会代表。曾任中国中小煤炭城市联谊会副会长，中国供销合作总会理事，山西农民教育促进会副会长。主编有《乡镇企业经营学》等。

王世忠

王世忠，民国30年（1941）8月出生，浙江宁波人。中共党员，大学学历，高级工程师。1965年9月至1978年5月，王世忠任阳泉矿务局一矿北头嘴井技术员；1978年5月至1991年4月，任一矿北头嘴井主任、副矿长、矿长。1991年4月至1997年12月，王世忠任阳泉矿务局副局长。1997年12月至2000年7月，任阳煤集团总经理、副董事长、党委常委、董事。

王吉连

王吉连，民国30年（1941）11月出生，平定南砻石村人。大专学历。1959年12月入伍，1960年12月加入中国共产党。历任战士、班长、排长、政治指导员、团政治处主任、团政委、师政治部主任、师政委等职。1985年8月任南京军区空军政治部副主任，1988年9月被授予空军大校军衔。1989年7月任空军第8军政委，1990年7月晋升为空军少将军衔。1994年4月任南京军区空军副政委。1996年1月任广州军区空军政委。1997年7月晋升为空军中将军衔。2000年12月至2003年12月任济南军区空军政委。是中共第十四、十五次全国代表大会代表，第十届全国政协委员。

张延生

张延生，民国31年（1942）年2月出生，河北昌黎人。大专文化，高级政工师。1964年8月参加工作，1981年6月加入中国共产党，1986年7月任国营晋东化工厂副厂长，1987年9月任厂长，1990年10月兼任厂党委书记，1996年1月任厂党委书记，1998年3月退居二线。

邢玉明

邢玉明，民国31年（1942）3月出生，山西昔阳人。中共党员，大学学历，高级政工师。1958年在阳泉矿务局机电修配厂参加工作，先后担任厂团委干事、团委书记、政工组副组长、宣教科长、党委副书记、厂长、党委书记等职。在任厂党委书记期间，推出“二五四”（即双文明车间、五好班组、四有职工）规范化工作法，较好地解决了两个文明一手硬一手软的问题。为此，山西省在机电修配厂召开企业文化现场会予以推广。在邢玉明和厂领导班子带领下，机电修配厂1989年百元产值占用定额流动资金等8项指标在全国同行业名列前三名；1990年全员劳动生产率等7项指标名列全省同行业第一名。1989年，邢玉明被评为山西省劳动模范、全国能源工业劳动模范。1991年获全国五一劳动奖章。

荣保生

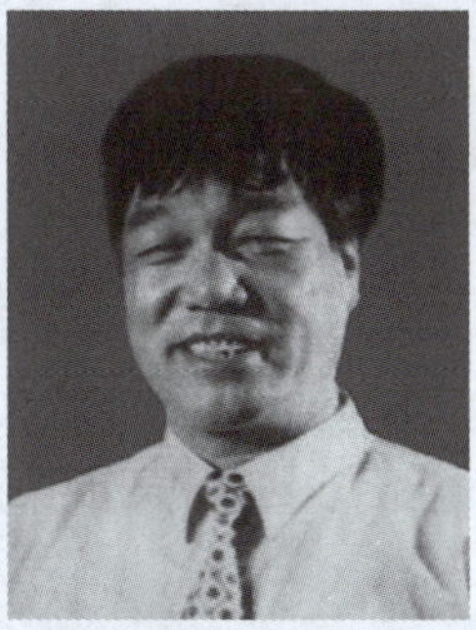

荣保生，民国31年（1942）3月出生，河北邢台人。经济师。1958年在阳泉水泵厂参加工作，1970年加入中国共产党。1983年，调任阳泉市阀门厂任厂长。在厂长任上，他面对企业连续3年亏损115万元的困难局面，广泛发动职工群众为企业分忧，深化企业改革，加大新产品开发力度，制定了“扭亏、起飞、入轨”三部曲战略目标和以质量求生存、以品牌求发展、以挖掘求效益的企业发展战略，当年即实现了扭亏为盈。之后的8年中，市阀门厂共开发新产品44个系列、204个规格。其中部分产品达到国内先进水平，并打入国际市场，年均创汇114万元人民币。工厂效益以每年49.93%的速度高速增长，8

项主要经济指标在国内同行业名列前茅。为此，1991年，阳泉市阀门厂获山西省最佳企业称号，荣保生本人获全国五一劳动奖章；1995年，又获山西省劳动模范称号。

郑恩田

郑恩田，字东古，号鹅毛堂主，民国31年（1942）6月出生，阳泉人。中师学历，中共党员，研究馆员，中国书法家协会会员，中国教育学会书法教育专业委员会常务理事。20世纪60年代至70年代，从事中国画创作，是阳泉工人画主要组织者和成员之一。1980年组织阳泉市群众性书法普及创作活动，先后组织书法学习班30余期，参加培训人数达5万之众。2001年山西省书法家协会成立20周年，郑恩田获山西书法20年书法运动贡献奖。作品曾参加全国第二届、三届、六届、七届书展，全国第六届、七届中青年书展，以及国际书法展和中日、中韩书展，作品多有入展入藏。2007年，《今日中国》对其曾作专题介绍。

丁贵生

丁贵生，民国31年（1942）12月出生，山西壶关人。大学文化，副研究员。1967年7月参加工作，1978年11月加入中国共产党。大学毕业后，先在4568部队农场劳动锻炼两年，1970年1月，任壶关县县革委、县农业局干事，县委办公室副主任。1982年9月，在省委党校进修学习。1984年8月起，先后在晋东南地委组织部任青干科科长，中国晋城市委组织部副部长，市委党史研究室主任，1991年6月调任运城地委委员、组织部部长。

1996年4月，丁贵生调任中共阳泉市委副书记。2000年4月，当选阳泉市政协第九届委员会主席。2002年3月，当选阳泉市第十二届人大常委会主任。系山西省第六、七次党代会代表，山西省第十届人大代表，山西省政协第八届委员会委员，阳泉市第八届党代会代表，阳泉市第十一、十二届人大代表。

2007年7月退休后，丁贵生先后担任山西省老龄人才资源开发协会副会长，阳泉市老龄人才资源开发协会会长。著有《晚霞集》等。

薛　峰

薛峰，女，民国31年（1942）12月出生，浙江镇海人。高级工程师。1965年11月加入中国共产党。华东工程学院火工品专业毕业。1962年12月参加工作，1997年12月退休。先后担任山西北方晋东化工有限公司技术员、技术科副科长等职务。多次被企业评为先进工作者称号；1987年，完成了某迫击炮弹基本药管发火机构改进，获五机部科技进步三等奖；1990年，完成某导弹延寿试验工作，取得重大军事效益和经济效益，获北京军区后勤部科技进步三等奖。1993年起，享受国务院政府特殊津贴。

王治国

王治国，字安轩，民国31年（1942）生于书法世家，盂县郭村人。国家一级美术（书法）师、教授、专业书画家，有突出贡献的优秀专家。

从小随父亲学习书法，打下坚实的基础。多年研习各种碑帖，形成独特风格，是国家研究二爨发展成个人风格的第一人，专家称其为“第一写”，在书林独树一帜。先后在国内、国际各类书画大展中，获得金奖50多次，被称为“参加国展和获奖专业户”、书法真人。优秀作品选送40多个国家展出和收藏，入选全国150多种书法专集，刻于全国40多处碑林和名胜风景区，为国内外40多个博物馆、纪念馆收藏。在创作上，有丰富的洞察力和想象力，以超常的思维创作出耐人寻味的作品。专家称其为“个性突出、格调高雅的实力派书法家”。在书法教学方面亦有突出贡献，用科学教学方法培养出一大批在全国有影响的中青年书法家。

从20世纪80年代始，先后任山西省书协秘书长、副主席，山西省金石书道研究所所长，书画名家研究会副会长，世界教科文卫组织专家成员，中国国学研究会名誉会长，中国人才研究会一级艺术委员，还是国内外数十家书画团体和书画院、高校的名誉主席、名誉院长、教授等职务。系山西省高级艺术职称评审委员会委员，中国书法家协会理事，中国书协书法培训中心教授、研究生导师，山西省书协顾问、山西省老年书画家协会副主席。曾应聘担任过50多家全国、国际书画大奖赛的评委。个人传略录入200多部书画大辞典，获国家优秀人民艺术家、国学家、德艺双馨艺术家称号，并获1998—2002年中国百杰书法家称号；多次应邀赴日、韩、新、泰等国举办书展和讲学。

2010年，江苏徐州为他建立“徐州王治国艺术馆”，长期展示他的书法作品。他还在北京、深圳、苏州、青岛、太原等地设立王治国书法工作室，定期去创作讲学。曾获当代中国书画市场最具收藏价值艺术家称号。

高瑞科

高瑞科，民国32年（1943）1月出生，平定河滩村人，大学学历。1962年9月至1966年9月，在中央财政金融学院学习。1966年9月至1979年10月，先后任湖北省来凤县人民银行工作员、县财办正科级秘书。1977年3月，加入中国共产党。1979年10月至1982年10月，任来凤县委、县政府办公室副主任、主任。1982年10月任来凤县副县长。1984年1月任来凤县委书记。1985年3月调任鄂西州政府秘书长，1985年5月至1986年1月任鄂西州委副书记、副州长。1988年12月至1991年3月任鄂西州委副书记（1989年3月至7月在中央党校学习）。1991年3月任湖北省计划委员会副主任、党组副书记。1993年7月任湖北省计划委员会主任、党组书记。1997年3月任湖北省副省长、党组成员。2003年1月当选湖北省人大常委会副主任。2008年1月退休。

宋林岭

宋林岭，民国33年（1944）4月出生，山西平遥人。山西省委党校党政干部理论专业函授毕业，大专学历。1965年10月加入中国共产党。1962年8月加入中国人民解放军，先后任战士、班长、代理排长、排长、副连长、团政治处干事、师政治部宣传科干事、副科长、科长等职务。1979年2月至1985年3月，任团副政委兼政治处主任、团政委。1985年3月转业至山西省纪委工作，先后担任办公室副主任、办公室主任、副秘书长兼研究室主任（副厅级）。1995年11月始，调任中共阳泉市委常委、纪委书记、监委主任，市政府党组成员。2002年3月，当选政协阳泉市第十届委员会主席。系中共阳泉市第八届、第九届委员会委员，阳泉市第十至十二届人民代表大会代表，中共山西省第七、八次党代表大会代表及省纪委委员。2007年7月退休后任阳泉市规划学会会长。

李金鳌

李金鳌，民国33年（1944）10月出生，内蒙古丰镇人。大专学历。1974年4月加入中国共产党。1967年8月参加工作。1983年9月任晋东化工厂党委副书记（1985年9月至1987年7月离岗学习），1987年9月任厂党委书记，1988年11月兼任副厂长。1990年10月奉调离厂。

邓和平

邓和平，民国33年（1944）11月出生，湖南邵阳人。大学学历，1983年加入中国共产党，教授级高级工程师。1968年华中理工大学毕业后，分配到阳泉阀门厂工作，历任技术员、副科长、副厂长、副总经理等职务。

邓和平在基层技术工作岗位上，先后开发出新产品210个规格，其中，被评为国家级新产品2项，获省优秀新产品一等奖与三等奖2项，获市科技进步一等奖与二等奖2项。1996年，中国承接了巴基斯坦第一座30万千瓦核电站的建设任务，邓和平带领研究所为核电站研制成功了6个品种的大口径核安全级碳钢闸阀。该产品达到了国际先进水平，被评为国家级新产品，并获山西省优秀新产品一等奖，为企业新增产值364万元，实现利税173万元（其中利润136万元）。邓和平于1991年、1999年分别被市委、市政府确定为阳泉市第一、二届享受市政府特殊津贴的专业技术拔尖人才；1993年经国务院批准享受政府特殊津贴；1996年被省政府评为山西省优秀专家，山西省劳动竞赛委员会为其荣记特等功，当选中共山西省第七次代表大会代表；1997年被国家科委列入国家级科技成果科技功臣名单，被评为山西省职业道德标兵和模范知识分子；2000年，获全国劳动模范称号。

刘 京

刘京，民国33年（1944）12月出生，盂县温池村人，刘岱峰之子。1963年7月至1968年9月，

在北京工业学院无线电系无线电技术专业学习。1965年8月加入中国共产党。1968年9月在部队锻炼。1970年9月起，先后为北京东方红医疗器械厂工人、干部；北京医疗器械研究所干部、技术员、助理工程师。1983年7月任外经贸部国际联络局干部、副处长。1985年2月任中国残疾人福利基金会国内部副主任。1985年6月任中国残疾人福利基金会国内部主任。1986年6月任中国肢体伤残康复研究中心代主任、中国残疾人福利基金会国内部主任。1987年9月任中国残疾人福利基金会副秘书长、中国肢体伤残康复研究中心代主任。1988年4月任中国残疾人联合会执行理事会副理事长、党组成员。1992年3月任云南省对外经济贸易厅厅长、对外经济贸易委员会主任。1993年5月任云南省副省长（其间：1994年3月至6月在中央党校进修一班学习）。1998年4月任海关总署副署长、党组副书记。1998年6月主持海关总署日常工作。2000年6月任中央防范和处理邪教问题领导小组办公室副主任，国务院防范和处理邪教问题办公室副主任、党组副书记。2001年1月兼公安部副部长、党委副书记，同时被授予人民警察副总警监警衔，9月任中央防范和处理邪教问题领导小组办公室主任，国务院防范和处理邪教问题办公室主任，公安部副部长、党委副书记。系中共第十六、十七届中央委员，第十一届全国政协委员。

魏德卿

魏德卿，民国33年（1944）12月出生，平定人。大专文化，副研究员。1964年7月平定师范毕业后参加工作，曾在平定报社、平定县委办公室工作。1971年加入中国共产党。1975年始，先后任平定县张庄公社、锁簧公社党委副书记。1979年后，历任晋中地委农工部办公室、地委办公室副主任，中共晋中地委委员、地委秘书长。1989至1990年在中央党校学习。1992年4月，任阳泉市政府副市长，1995年7月同时又任中共阳泉市委副书记。1996年4月至1998年4月任中共阳泉市委副书记，阳泉市人民政府市长、党组书记。1998年任山西省人民政府审计厅厅长、党组书记。2003年任山西省人大常委会委员、省人大财经委员会副主任。2009年12月退休后担任山西近代矿史研究会会长。系阳泉市第十、十一届人大代表，全国和山西省第九届人大代表，中共阳泉市第八次党代会代表。编著有《城郊型经济发展探索》《晋中区情与改革探索》《山西煤业的发展与思考》《山西保矿运动历史研究》，参与编撰《乡镇干部岗位培训教材》（1—13 册），公开发表了《农村改革的一项重要任务》《以史为鉴，坚定不移地执行党的群众路线》《科学技术是第一生产力》《积极发展集体经济，走共同富裕的道路》《邓小平两个飞跃思想的成功实践》等百余篇关于农村经济、领导科学及新时期党建方面的理论性文章和调查报告。

李香林

李香林，女，民国 33 年（1944）出生，盂县人。12 岁在高小读书时，身高已有 1.70 米，可谓“鹤立鸡群”。一个偶然机会，爱好篮球运动的县委书记赵锐发现她是个体育天才，便推荐给省体工队。1960 年，16 岁的她被国家队选中。在国家队基础训练中，教练马申妹、周壹娴、杨福禄对她精心培育，她也刻苦努力，进步很快，于 1962 年正式进入国家队，并担任主力中锋队员。1963 年，李香林作为中国女篮队员参加了在印度尼西亚举办的新兴力量运动会，中国女篮队一举获冠。1964 年后，她又参加了在法国马赛举行的中、法、保、罗、捷五国大学生对抗赛等一系列比赛。在这些比赛中，李香林表现突出，中国女篮队连连获胜。在她的篮球运动史上，最大的考验是 1965 年中国和苏联两队的遭遇。苏队个头大，最高的有 2.05 米，又有 17 年世界冠军的优势，其威胁可想而知。为了打赢这场球，中国女篮的姑娘们在战前做了精心研究，掌握了对方的攻守风格和优势劣势，制定了“避实就虚”的攻打战术。在这场比赛中，李香林充分发挥自己优势，场上主动灵活，攻势凌厉，终于取得了胜利，再一次为祖国争得了荣誉。1965 年李香林被国家体委评定为“篮球国家运动健将”，1970 年从国家队退役，1973 年出任山西省体工队女队教练，1980 年后从事室内工作直至退休。

吕伯涛

吕伯涛，民国 34 年（1945）10 月 1 日出生，平定人。1963 年 9 月考入北京师范大学。1968 年 9 月，在太原市阳曲县良种场劳动锻炼。1969 年 12 月在阳泉报社任编辑记者。1975 年 1 月任阳泉材料工业局政治处干事。1978 年入北京师范大学攻读研究生，获文学硕士学位。1981 年，调公安部办公厅工作，先后任调研室副主任、主任、办公厅副主任、主任等职。1989 年公安部为其记一等功。1995 年 8 月调任广东省人民政府省长助理。1998 年至 2007 年，任广东省高级人民法院院长、党组书记。1999 年最高人民法院为其记一等功。后任最高人民法院咨询委员会委员、中国法官协会法院文化分会副会长等职。著有《汉代散文史》《左传国策故事选编》《白话三国志》《中国古代的告状和判案》等。

程步云

程步云，民国 34 年（1945）11 月出生，山西河曲人。大学文化，副研究员。中共党员。1969 年于山西大学中文系毕业后，在昔阳县接受劳动锻炼。从 1970 年 8 月起，先后任岚县王狮公社学校教员，县委通讯组干事，县委办公室干事、主任，县委宣传部部长，东村公社党委书记，吕梁地委、行署办公室副主任，交城县委副书记、县长、县委书记。1988 年 6 月至 1991 年 6 月，任吕梁行署副专员、地委委员。1991 年 8 月至 1995 年 2 月，任大同市委副书记、市长。1995 年 2 月至 2000 年 1 月，任省贸易厅厅长、党组书记。2000 年 2 月，任阳泉市委书记。2006 年 1 月，任山西省人大常委会常委。2009 年 8 月退休后，任阳泉市企业家协会会长。系中共十六大代表，第八届全国人大代表，山西省第九届委员会委员，山西省第八届人大代表，中共阳泉市第八、九届委员会委员、常委，阳泉市第十二届人大代表。

刘亚红

刘亚红，民国 35 年（1946）2 月出生，平定岳家庄人。1964 年参加中国人民解放军。1968 年 8 月毕业于中国人民解放军测绘学院制本十班。历任陆军第 14 军 40 师 119 团代理排长、司令部测绘员、作战股参谋、副参谋长、参谋长，第 14 军 40 师 120 团参谋长，第 19 军司令部作训处副处长，第 19 军 42 师 124 团团长，第 19 军 42 师参谋长、副师长。1990 年任第 19 军 40 师师长，第 14 集团军 42 师师长。1993 年 2 月任第 14 集团军副军长。1995 年 7 月晋升为少将军衔。1996 年 3 月任第 14 集团军军长，2002 年 1 月任成都军区参谋长，2003 年 1 月任成都军区副司令员，2003 年 7 月晋升为中将军衔，同年 12 月起担任沈阳军区副司令员。系第九届、十一届全国人民代表大会代表。

陈真

陈真，女，民国35年（1946）3月出生，湖南长沙人。中共党员，大学本科学历。阳泉市水泵厂副总工程师。系山西省机械工程学会泵专业委员会副主任委员，阳泉市政协第九届委员会委员。1968年大学毕业后，被分配到阳泉市水泵厂工作。

40多年来，她一直奋战在企业专业技术工作岗位上，从技术员、助理工程师、工程师、技术科副科长与科长、技术开发部部长到副总工程师。先后参与了双面铣、滚丝机、双凹辊矫正机等多种设备的设计、安装和调试工作，为企业创造了可观的经济效益。其中，ZQJ-40型双凹辊矫正机项目获1979年国家第一机械部科技成果二等奖、山西省科技成果三等奖。1984年担任厂技术科副科长后，组织开展了不同型号、多个泵种及特种用泵的研制开发工作，使企业逐渐迈上适应市场需求、研制开发各种泵类产品的创新之路。企业由原来只能生产11个系列、43个品种、147个规格的普通泵类产品发展到2001年能生产35个系列、168个品种、891种规格的泵类产品，广泛用于省内外煤炭、冶金、化工等各行业。新产品研制开发项目中，有3项被列入国家重大成果项目，4项被列为国家级新产品。所开发的60多种新产品中，半数以上获部、省、市各种奖项；新产品产值占到全厂年产值的60%以上，销售收入与利税占到全厂销售总额与利税总额的65%以上，使企业在激烈的市场竞争中一直保持着技术开发的优势与活力，为企业走向市场提供了技术保障。

1987年山西省劳动竞赛委员会为其荣记二等功。1991年山西省劳动竞赛委员会为其再次荣记二等功一次，同年被评为阳泉市三八红旗手、优秀科技工作者。1996年获省机电工业科技工作先进工作者称号。1997年被评为阳泉市巾帼建功岗位标兵。1999年被阳泉市政府确定为享受政府特殊津贴的专业技术拔尖人才。2000年获阳泉市五一劳动奖章。2001年获全国五一劳动奖章。

赵宝玉

赵宝玉，民国35年（1946）11月出生，盂县人。初中学历，中共党员。1985年任阳泉矿务局四矿综采二队队长。曾连续4年获局劳模标兵，1993年被授予全省煤炭系统“十佳采煤队长”，1995年被评为全国煤炭工业劳动模范，同年获山西省特等劳动模范和全国劳动模范称号。在担任综采队队长期间，他围绕提高经济效益，狠抓安全生产。年年实现高产稳产，连续5年年产实现百万吨，连续14年无重大机电设备事故和人身伤亡事故，百万吨死亡率年年为零。他所在的队连续5年被局树为红旗集体，多次被山西省煤管局和中煤总公司授予百万吨队奖旗、奖杯，先后获省、市特等功、一等功，1994年获“全国煤炭工业先进集体”称号。

石盛奎

石盛奎，民国38年（1949）3月出生，平定人。中共党员，硕士研究生，高级经济师。1995年10月起，先后任阳泉矿务局副局长，阳煤集团副总经理、党委副书记、副董事长、党委书记。其间，从1999年12月起任国阳新能股份公司董事长。石盛奎积极组织完成股改上市和股份公司运作，为阳煤集团多种经营和非煤产业的发展壮大作出重要贡献。积极为职工群众做好事、办实事，亲自调研解决职工班中餐、工作服、综合防尘、澡塘达标、棚户区改造等问题，推动了职工生产和生活环境的改善。充分发挥党组织的战斗堡垒作用，并团结带领干部职工攻坚克难，提前两年实现“十年三百亿”的战略目标。扎实推进加强阳煤集团党的建设、党风廉政建设、领导班子建设、人才队伍建设和精神文明建设，致力于企业的稳定和谐，带头开展返璞归真的思想政治工作。2002年、2003年获山西省优秀企业家称号。2004年获山西省功勋企业家称号，2007年被评为全国煤炭工业劳动模范。

杨永善

杨永善，民国38年（1949）5月出生，山西祁县人。中共党员、高级工程师。1976年8月，毕业于山西矿业学院采矿系。1976年8月至1996年3月，先后在阳泉市煤炭工业局和南庄煤矿任技术员、副科长、科长、总工程师、代矿长等职务。1996年3月至2001年3月，任南庄煤矿党委副书记、矿长。其间，1999年1月至2001年3月，任馨远煤炭责任有限公司总经理。2001年3月始，任南煤集团责任有限公司董事长，同年10月兼任集团公司党委书记。

1997年，杨永善着眼于加快现代化矿井建设的步伐，投资5000余万元为南庄矿井和大阳泉矿井购买了综采、综掘设备，结束了阳泉地方煤矿系统无综采、综掘设备的历史。1998年至2002年，又先后完成了南庄选煤厂二套系统和浮选柱工程建设以及大阳泉煤矿选煤厂一、二套洗选系统和浮选柱工程建设，真正使煤炭产品在实现量的突破的同时，实现了质的飞跃。同时，组建了南煤化工公司，筹建了煤矸石电厂和煤矸石烧结砖厂，并取得了良好的经济效益。在他的带领下，南煤集团公司多次受到省、市的表彰，2002年获山西省五一劳动奖状。他也多次被评为省市优秀企业家、功勋企业家，2002年获全国五一劳动奖章，2005年被评为全国劳动模范。

杨春长

杨春长，民国38年（1949）出生，盂县杨家沟村人。1968年2月入伍，同年7月加入中国共产党，先后任战士、排长、干事、北京军区炮兵部队指导员，石家庄高级步兵学校（石家庄陆军指挥学院）哲学副教授，总政治部宣传部理论教育局干事、副局长，军事科学院军制研究部副部长、军队建设研究部副部长兼军队政治工作研究会副会长，中国军事法学会副会长，中国邓小平理论研究会副会长，中国将军诗书画院副院长，中国书法家协会会员。先后在北京大学、人民大学等大学深造。多次被评为先进党员，立二等功一次。共发表哲学、政工、军队建设等政治理论著述300余万字，新闻、文学作品10余万字。在《人民日报》《求是》杂志、《光明日报》《解放军报》等报刊发表文章200余篇，撰写、主编书籍30余本，主要有：《邓小平新时期建军思想研究》《论治军规律》《马恩列斯军事理论教程》《军旗飘飘》《人生圣经》《中国共产党反对错误倾向的理论与实践》（论反“左”反右），编写《中国人民解放军战时政治工作纲要》，修订《中国人民解放军政治工作条例》并任课题组长。2003年7月，中央军委授予少将军衔。2007年后，担任博士生导师。

王万宾

王万宾，民国38年（1949）7月出生，阳泉人。中央党校研究生学历，高级经济师。1974年11月加入中国共产党。1969年10月参加工作，先后任安徽省马鞍山市委副书记、国家冶金工业局局长、国家经济贸易委员会副主任、广西壮族自治区党委副书记、自治区政府常务副主席、中共辽宁省委常务副书记、全国人大常委会常务副秘书长等职。系中共第十七、十八届中央委员。

王 胜

王胜，1950年3月出生，平定谷头村人。1969年2月参加工作，先后在北京部队267医院和4876部队卫生队工作。1970年2月加入中国共产党。1975年到阳泉市第一人民医院心胸肿瘤科工作，先后任副主任、主任。1997年6月任市第一人民医院副院长，2000年11月任院长。系中国抗癌协会理事、山西省抗癌协会常务理事、阳泉市医学会副会长及山西医科大学兼职教授、硕士生导师。

王胜长期工作在肿瘤防治第一线，先后为5000余名癌症患者进行了手术。他撰写的30余篇论文多数登载在国家级医学杂志上，有的还被国外转载。他主持开展的消化道吻合器、缝合器、荷包成型器食道（贲门）癌手术中应用研究，获省科技进步三等奖，市科技进步一等奖；2000年开展的乳头瘤病毒与宫颈疾病病理研究课题，达国内领先水平，获市科技进步二等奖。他把科研与临床相结合，开展的食管贲门癌手术，切除率由原来的80%提高到95%以上；开展的晚期贲门癌逆行切除率由原来的75%提高到90%以上；食管癌病人5年存活率达33%，居国内先进水平。他先后获山西省劳动模范、山西省讲理想比贡献先进个人、山西省抗击非典二等功、阳泉市有突出贡献的优秀人才等称号，2005年被评为全国先进工作者。

张崇慧

张崇慧，1950年4月出生，平定人。中共党员。研究生学历，经济学硕士。1968年12月始，在阳泉矿务局一矿、金属支柱厂工作。1974年8月至1976年12月，在大同煤校学习；1976年12月至1983年8月，任阳泉矿务局金属支柱厂技术员、助理经济师、车间主任；1983年8月至1984年8月，在秦皇岛煤校学习；1984年8月至1987年9月，在北京煤炭管理干部学院学习。1987年9月始，任阳泉矿务局选煤运销处副处长、处长。1993年12月至1995年9月，任阳泉矿务局副局长兼运销处处长；1995年9月至1997年11月，任阳泉矿务局局长。1997年11月至2000年5月，任山西省煤炭局（厅）副局长、副厅长、党组成员（正厅级）；2000年5月至2001年12月，任山西省煤炭工业局副局长、党组副书记（正厅级）；2001年12月至2004年3月，始兼任山西省煤炭工业局局长、党组书记，省经济贸易委员会副主任、党组成员。2004年3月，始任山西省政府国有资产监督管理委员会主任、党组副书记、党委书记；2010年5月至2010年6月，任山西省人大常委会民族宗教侨务外事工作委员会副主任，省政府国资委主任、党委书记。2010年6月，任山西省人大常委会民族宗教侨务外事工作委员会副主任。

梁　璧

梁璧，1950年6月出生，平定人。中共党员，大学学历，高级工程师。在担任山西兆丰铝冶有限责任公司总经理期间，梁璧十分注重质量管理，狠抓优质服务，使公司产品全部达国标特级品，并获山西省重合同守信用单位。在1998年全国经济普遍不景气的情况下，他和全厂职工同心协力，积极筹措资金，加强管理，克服困难，创下了420万元的利税，成为全国铝行业的排头兵，被阳泉市评为纳税贡献大户和模范纳税户，被山西省外贸厅评为优秀外商投资企业。1999年4月，梁璧获全国五一劳动奖章。

薛国仁

薛国仁，1950年7月出生，山西应县人。初中文化，1974年到阳泉矿务局三矿当采煤工，1999年加入中国共产党。工作期间，他先后完成了14项技术革新，其中电动拉链器、底卸仓托轮修复器提高工效8倍多；革新扳弹簧片修复架，使修复率达到66.66%，把煤车自动挂钩的钩盖由铸铁换成了薄铁片，延长了使用寿命，降低了损坏率，两项革新年节约资金4万余元。2002年，以他为主研制成功的大巷机车防追尾装置、大巷自动喷雾设施两项安全生产重大成果，为全矿百万吨死亡率实现“零”的突破作出了重大贡献。薛国仁执着地进行革新发明和技改创新，被人们尊称为“矿山鲁班”。2001年被评为山西省劳动模范。2002年获全国五一劳动奖章。

王成良

王成良，1950年11月出生，山西平遥人。大学文化，高级工程师。1965年12月在908厂参加工作，1990年10月起历任908厂副厂长、党委副书记、党委书记。1999年8月调任国营晋东化工厂党委书记。2002年企业改制后，任山西晋东化工（集团）有限责任公司党委书记。2005年6月奉调离厂。

孙水生

孙水生，1951年1月出生，河南武陟人。中央党校函授本科学历。1972年7月参加工作，任山西绛县续鲁峪公社团委书记。1973年5月加入中国共产党。1975年1月任山西绛县县委办公室秘书。1976年2月任山西省委、省革委办公室干事。1982年2月到山西大学中文系干部专修科脱产学习。1985年2月至1998年2月，在省委办公厅工作，先后任综合处副处长、处长和办公厅副主任、机关党委书记等职。1998年3月任山西省委副秘书长。从1998年4月起，任中共阳泉市委副书记，1999年10月兼任预备役83师副政委和预备役248团第一政委、党委第一书记（其间，1997年8月至1999年12月在中央党校领导干部函授本科班经济管理专业学习），2000年10月兼任中共阳泉市委党校校长。2002年10月，兼任阳泉市行政学院院长。2006年6月任市人大常委会党组书记。2007年5月当选阳泉市第十三届人大常委会主任。系山西省第九次党代会代表，山西省第十一届人大代表、常委会委员。

李冬花

李冬花，女，1951年1月出生，盂县人。初中文化程度，1971年9月，在阳泉市城区第二耐火厂参加工作。1988年6月加入中国共产党。1996年5月退休。1997年7月至2001年6月，任阳泉市城区东白草堰居委会党支部书记兼主任。2001年7月，.任新华东街社区党总支书记、主任。山西省委联系的高级专家。她担任社区主任后，多方争取筹集资金60余万元，建成了环境优美、服务设施齐全的办公大楼。2008年，她竭尽全力为社区的弱势群体排忧解难，扶持贫困居民，资助失学儿童，解决“4050”下岗职工的就业问题，并经常举办各种劳动技能培训，根据他们的特长向用工单位推荐上岗。她把阳光广场建成了居民休闲娱乐的好场所，并成为阳泉市唯一由社区管理的广场。还建立了党员志愿者、青年志愿者、巾帼志愿者等800余人的社区志愿者队伍。她自垫资金3万多元，成立了威风锣鼓队、新风文艺队、太极拳队、老年合唱团等8支文体队伍，并经常开展丰富多彩的活动。在她的带领下，新华东街社区先后获得全国群众体育先进单位、全国优秀青年中心、全国未成年人思想道德建设工作先进单位、全国残疾人之家、全国文明和谐社区等近百项荣誉称号。李冬花先后获得全国模范人民解调员、山西省五一巾帼奖、山西省先进个人奖。2006年她被中组部授予全国优秀党务工作者，享受全国劳模待遇。2007年被省委、省政府授予山西省特级劳模称号。2009年被评为山西省第五届十大女杰、山西省三八红旗手，获全国五一劳动奖章。

邢　军

邢军，1951年11月出生，河北蠡县人。中共党员，技校学历，工人技师。1969年在阳泉矿务局一矿北头嘴井机电队参加工作。邢军在岗38年如一日，扎根矿山，爱矿如家，始终奋战在煤海第一线。他刻苦学练机电技术，从1975年起，连续4次蝉联局矿井下电钳工技术比武冠军，并先后带出12名生产技术骨干。邢军还先后完成十几项技术革新项目，累计节约资金达12.4万元。1995年被评为山西省劳动模范、全国煤炭工业劳动模范。1997年获山西省五一劳动奖章。1998年获全国五一劳动奖章。2000年被评为全国劳动模范，并当选中共十五大代表。2004年，被评为全国“十佳”职业道德建设模范。

郭良孝

郭良孝，1952年1月出生，山西孝义人。中共中央党校在职大学学历。1969年11月，在山西专用设备厂参加工作。1971年3月加入中国共产党。1973年任共青团太原市委副书记。1979年任共青团山西省委常委、秘书长、副书记、党组副书记等职。1992年3月任山西省人民政府驻天津办事处主任、党组书记。1995年1月任中共阳泉市委副书记、市委党校校长。1998年4月始，任中共阳泉市委副书记、阳泉市人民政府副市长、代市长、市长、党组书记。系阳泉市第十届、十一届、十二届人大代表，中共山西省第九届委员会委员，全国第十届人大代表。2003年6月后，任中共大同市委副书记，市政府代市长、市长，市委书记。2008年1月后，任山西省政协常务副主席、党组副书记。

李雁红

李雁红，1952年9月出生，盂县仙人村人。研究生学历，工商管理硕士学位。1968年10月参加工作，先在浑源县西留公社东道口大队插队，后在大同市转播电台工作。1974年10月加入中国共产党。1974年入山西大学中文系汉语言文学专业学习。毕业后历任省委文教部干事，省委办公厅秘书，太原市政府办公厅办公室副主任，太原市委办公厅副秘书长兼市新闻中心主任，省委办公厅正处级秘书，省委办公厅综合处处长。1988年任古交市委书记。1991年任太原市委常委、宣传部部长。1996年任太原市委副书记。2000年任太原市委常务副书记（正厅级）。2003年任晋城市委副书记、市长。2005年任晋城市委书记。2008年1月任山西省政协副主席。系中共十七大代表，山西省第六次、第八次、第九次党代会代表，中共山西省第九届委员会委员，山西省第十届人大代表。

马玉田

马玉田，1953年6月出生，阳泉市郊区枣园村人。大专文化，经济师。1991年加入中国共产党，1997年3月，担任郊区枣园村党支部书记兼村委主任。任职之后，马玉田带领群众发展经济，脱贫致富，使贫穷落后的枣园村一年一变化，三年大变化，成为乡、区、市的红旗村和先进集体，是阳泉市贫困山区脱贫致富的一面旗帜，枣园村2003年荣立山西省二等功和小流域治理状元大户，2004年被省委、省政府授予模范集体称号。马玉田先后获得市、区劳动模范标兵、优秀共产党员、农村小康建设模范带头人、农业战线先进个人等称号，2005年被评为全国劳动模范。

谢　海

谢海，1953年10月出生，山西繁峙人。大学本科学历，高级经济师。1971年11月在大同矿务局煤峪口煤矿参加工作。1974年3月加入中国共产党，1975起先后任大同矿务局煤峪口煤矿综采队党支部副书记、书记。1977年3月任省经委生产处副处长。1982年8月任省煤炭地质公司副经理，1984年9月在省委党校省直分校专修班脱产学习。1986年5月任省煤炭厅总调度室副主任。1987年8月任省煤炭运销总公司副经理、党组成员，1991年7月任省煤炭运销总公司经理、党组书记。1993年8月至1995年12月在中央党校领导干部函授班经济管理专业学习。1994年7月至1999年7月任省煤炭运销总公司副总经理、党委副书记。其间，1996年9月至1998年8月在山西大学马克思主义哲学专业研究生班学习。1999年8月任省煤炭运销总公司总经理、党委副书记。2003年6月任中共阳泉市委副书记、代市长。2004年2月任中共阳泉市委副书记、市长。2006年2月任中共阳泉市委书记。2007年10月当选中共十七大代表。2009年4月，调任中共临汾市委书记。曾获省劳动模范、青年标兵、优秀企业家、山西省首届三晋功勋企业家、全国煤炭工业优秀企业家、现代化经营管理高级专家等荣誉称号。先后发表《正确理解归口管理，搞好产、运、销的衔接配合》《地方煤炭运销管理之我见》《做好维护稳定工作，促进社会和谐建设》《以科学发展观为指导，全力实施好“十一五”规划》《破解八大难题、促进科学发展》等文章。主编《山西煤炭资源及地方煤炭质量管理》《煤炭运销管理》《市场经济理论与炭交易市场》等书籍。

王敬瑞

王敬瑞，1953年8月出生，平定人。省委党校脱产专科学历。1972年5月参加工作，1976年加入中国共产党。1979年5月，赴西藏那曲地区那曲县援藏，任那曲镇党委副书记。1981年5月起，历任阳泉市郊区平坦公社副主任，旧街乡、白泉乡、荫营镇党委书记。1992年11月后，历任阳泉市郊区区委常委、荫营镇党委书记，郊区区委副书记、区长，郊区区委书记，阳泉市人民政府副市长、党组成员等职。1992年10月，以乡镇党委书记的身份出席中共第十四次全国代表大会。1997年6月，被评为阳泉市十佳人民公仆；10月，被人事部授予人民满意的公务员称号。同年被评为全省精神文明建设模范干部。系山西省第九届人大代表，中共阳泉市第九至十一届委员会委员。著有《芝麻官悟语》等。

韩少杰

韩少杰，1954年2月出生，阳泉人。1978年阳泉矿务局职工业余大学毕业，高级工程师。1985年加入中国共产党。1989年调广东省煤炭研究所任高级工程师。在阳泉应用技术研究所任工程师期间，他积极参与科学研究服务生产需要工作，科研成果突出。其中JSI型甲烷检测仪、JJI型袖珍甲烷警报器，分别达到国内和国际先进水平。XJJ型数字式袖珍甲烷警报器获第36届尤里卡发明博览会金奖及特别奖，并被列为全国统配煤矿安全生产必备品。1986年获山西省劳动模范。1988年获全国五一劳动奖章。

王启年

王启年，1954年2月出生，平定人。1978年11月参加工作，中共党员。1994年4月至1998年2月先后任阳泉公路分局郊区与平定公路段副段长，1998年2月起任平定公路段党支部副书记。在常年养护实践中，王启年根据车辆通行过程中呈现出的低峰规律，创造了“快速养护法”。在路政管理上，王启年采取依靠地方政府、依靠当地群众清除路障的办法，收到了明显的社会效益。在道班岗位上，王启年19年如一日，义务奉献工日2539个，19年干了27年的活。王启年所在的石门口道班连续多次被评为全省公路系统标兵道班，其本人也多次被省公路局评为先进、标兵、劳动模范，1987年、1988年两度被交通部授予两个文明建设劳动模范称号，1992年获山西省劳动模范称号，1993年4月获全国五一劳动奖章。

路林印

路林印，1954年8月出生，盂县人。1970年在盂县御枣口公社寺坪安村小学任教师。

1980年加入中国共产党。1983年，路林印摸索总结出“提高复式教学质量，必须处理好七个关系”的多年级复式教学法。1987年又根据“统分结合，超前反思”的原理，针对儿童心理特征，总结出《品德课教学注重处理好十个性》的经验。1988年任梁家寨联校副校长，1994年又兼任梁家寨联校工会主席，2005年1月离岗。曾任阳泉市第十届人民代表大会代表。

1985年、1986年、1989年三次被山西省政府授予省劳动模范称号。1986年获全国五一劳动奖章，1989年在全国劳动模范和全国先进工作者表彰大会上被授予全国先进工作者称号。

王立宾

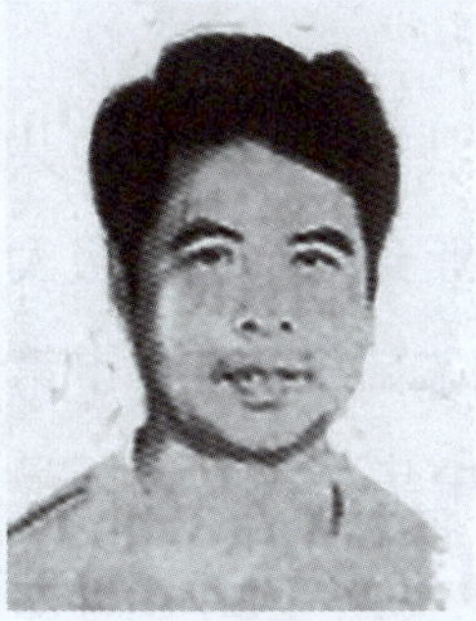

王立宾，1954年8月出生，河北曲阳人。函授大学本科学历，中共党员，市政协委员，高级经济师。1974年10月参加工作，1980年10月任阳泉饭店副经理，之后历任迎宾饭店经理、糖业烟酒公司总经理、隆鑫购物中心总经理、市商业局副局长、华联商厦总经理等职务。1998年改任阳泉市人民防空办公室主任、党组书记。

担任迎宾饭店经理期间，王立宾大胆引入竞争机制，积极实行动态管理，使饭店扭亏为盈，1989年饭店收入和利润比1985年分别增长1.5倍和1.1倍；任糖业烟酒公司总经理和隆鑫购物中心总经理期间，他敢于改革，创新管理机制，使所在企业亦实现扭亏为盈，并于1994至1997年连续4年成为市财贸系统屈指可数的创百万元利税大户之一，连续7年受到省市政府表彰。王立宾曾获最佳经理、优秀经理称号，荣记市级一等功3次；1990至1992年荣记省级一等功3次，获省劳动模范称号；1993年获市青年企业家、市劳动模范称号；1994年获市优秀党员标兵称号；1995年被评为市特级劳动模范、省特级劳动模范、全国劳动模范。

赵石平

赵石平，1955年3月出生，山西左权人。中共党员，大学学历，高级工程师。1970年11月至1973年9月，在阳泉矿务局三矿当采煤工人；1973年9月至1975年12月，在大同煤校学习；

1975年12月至1976年6月，在阳泉矿务局三矿裕公井采煤二队劳动实习；1976年6月至1988年5月，任阳泉矿务局生产技术处技术员、助理工程师；1988年5月至1991年8月，任阳泉矿务局五矿副矿长；1991年8月至1995年3月，任左权县副县长（挂职）；1995年3月至1995年10月，任阳泉矿务局安监局副局长；1995年10月至1997年12月，任阳泉矿务局安监局局长；1997年12月至2000年7月，任阳煤集团董事、党委常委、副总经理兼安监局局长，其间，于1997年8月至2000年6月在太原理工大学函授本科学习；2000年7月至2006年10月，任阳煤集团董事、副总经理、党委常委；2006年10月始任阳煤集团董事、党委常委、总经理。曾多次获山西省优秀企业家、山西省功勋企业家称号。

李 克

李克，1955年10月出生于湖北省黄石市，祖籍盂县东会里村。中共党员。1971年入伍，在总参三部三局工作。1983年转业到北京市高级人民法院工作，历任审判员、副庭长、庭长，海淀区法院院长，北京市第二中级人民法院院长，北京市高级人民法院副院长，中华人民共和国最高人民法院政治部主任（副部级），二级大法官。2009年10月任国务院国有资产管理委员会国家大型企业监事会主席。

刘高官

刘高官，1956年5月出生，山西山阴人。1972年3月参加工作，1974年12月加入中国共产党。在职研究生毕业。助理研究员。1972年3月至1975年9月，先后在山阴县公安局、武装部和共青团山阴县委工作。1975年10月至1989年6月在省委办公厅办公室工作。其间，1982年2月至1985年2月在山西大学中文系脱产学习，1986年6月任省委办公厅办公室副主任。1989年8月调省委机关事务管理局工作，先后任办公室主任、局党总支副书记和副局长职务。1993年5月至1995年1月，挂职任阳泉市市长助理。1995年1月任中共阳泉市委常委，同年3月任中共阳泉市委常委、市委秘书长。2000年6月任中共阳泉市委副书记。其间，1999 年 8 月至 2002 年 6 月在西安交通大学动力工程（环境工程）专业在职研究生学习，并获工程硕士学位。2006 年 6 月任中共阳泉市委副书记、市政协党组书记。2006 年 9 月任阳泉市政协党组书记。2007 年 5 月当选阳泉市政协第十一届委员会主席。系中共阳泉市第八至十一届委员会委员，阳泉市第十至十三届人大代表。

在任期间，撰写了《充分发挥人民政协职能，促进社会主义和谐社会建设》《练好四项基本功，做新时期合格的政协工作者》《为中国特色社会主义贡献智慧和力量》《关于加强创建园林城市管理工作的建议案》《关于全市六大绿化工程建设进展情况的调研报告》《关于对我市农村义务教育经费保障机制改革情况的调研报告》等理论文章。其中《充分发挥人民政协职能，促进社会主义和谐社会建设》一文发表在省委的《工作研究与交流》上，《山西政协报》给予全文刊登，并被《求是》杂志社《党旗飘飘》录用。

潘玉宝

潘玉宝，1956 年 5 月出生，河北深县人。大学文化，研究员级高级政工师。1974 年 12 月参加工作，1985 年 8 月加入中国共产党。1994 年 12 月任国营晋东化工厂副厂长，1995 年 7 月任厂党委副书记、纪委书记、工会主席。2002 年企业改制后，任山西晋东化工（集团）有限责任公司党委副书记、纪委书记、工会主席，2005 年 6 月任山西北方晋东化工有限公司监事会主席、党委副书记、纪委书记，2007 年 4 月任山西北方晋东化工有限公司党委书记、监事会主席、纪委书记，2010 年 10 月任北方特种能源集团有限公司监事。

李栋梁

李栋梁，1958 年 8 月出生，山西左云人。在职研究生学历，经济师。1975 年 8 月参加工作，1977 年 5 月加入中国共产党，先后在左云县委、雁北地委、省经委办当干事。1985 年 2 月后，历任省委整党办主任科员，省经济管理干部学院副处长，朔州市人事局党组书记、局长，平鲁区委副书记、区长（其间，于 1993 年 9 月至 1996 年 6 月曾在吉林大学在职硕士研究生班学习）、区委书记等职务。1999年6月，任朔州市副市长、党组成员。2004年6月，任朔州市委常委、常务副市长。2009年3月后，任中共阳泉市委副书记、代市长，同年5月任阳泉市市长、党组书记。

王建军

王建军，1958年10月出生，山西五台人。大学本科学历。1971年12月，在太原市军供站参加工作。1990年12月，加入中国共产党。1984年12月至1998年4月，历任山西省委组织部主任科员、山西省公安厅交通警察管理局主任科员、山西省粮食厅职工培训中心副主任、山西省粮食厅职工培训中心主任（正处）等职。1998年4月至2009年7月，先后任阳泉煤炭运销分公司副经理、公路公司经理，山西煤炭运销集团阳泉有限公司负责人、党委书记。2009年7月，任山西煤炭运销集团阳泉有限公司执行董事、总经理、党委副书记。其间，王建军带领公司广大干部职工团结协作，开创了阳泉公司可持续发展新局面，创造了全省集团综合考核指标2005年至2006年名列第三、2007年至2009年名列第一的好成绩；大力发展煤炭产业，兼并重组了阳泉14个区域的28处煤矿，使公司新增储量1.12亿吨，达到保有储量8.35亿吨，总能力实现1385万吨/年，投资8亿元控股煤矿质量标准化建设均达到行业一级水平，实现了百万吨死亡率为零的控制目标；积极调整产业结构，投资1.2亿元与华润合作建设了天然气管道输送项目，投资1.5亿元建设了总装机容量为3万千瓦的瓦斯发电项目，转让温室气体减排量，2009年第一批收益107万美元已经到位。2007年4月被山西省委、省政府授予山西省劳动模范称号，2008年5月被山西省企业联合会、山西省企业家协会授予山西省优秀企业家称号，2010年4月被评为全国劳动模范。

张继刚

张继刚，1958年12月出生，阳泉市郊区张家洼村人。著名舞蹈家、舞蹈编导、艺术家，国家一级导演。历任总政歌舞团团长、解放军艺术学院院长、中国人民解放军总政治部宣传部副部长，武警政治部副主任等职，少将军衔，享受国务院政府特殊津贴。

张继刚12岁开始从事舞蹈艺术，曾任山西省歌舞剧院演员、主要演员、舞蹈编导、舞蹈队队长等职。17岁开始从事舞蹈创作，以独立或与人合作完成的作品，为山西舞蹈界赢得了历史上第一块国家级奖牌和国家级最高大奖。1987年，与人合作完成的大型系列民歌舞蹈《黄河儿女情》轰动海内外。为此，山西省政府先后为其记特等功一次、一等功一次。同年免试进入北京舞蹈学院编导系学习，1990年毕业后留校任中国民间舞蹈系二级编导。1992年，调入中国人民解放军总政治部歌舞团工作，荣立二等功一次、三等功三次。2008年，担任北京奥运会开幕式、闭幕式副总导演，北京残奥会开幕式、闭幕式执行总导演。其作品题材多样、构思奇巧、风格独特、气象万千，在中国艺术界具有突出的地位，被海内外公认为“张继刚现象”。截至2010年，张继刚创作的舞蹈作品有360多部，其中大部分作品曾在60多个国家和地区上演。获得国际最高奖9次，分别是国际大奖1次、法兰西共和国总统奖1次、好莱坞最佳导演奖1次、国际金奖3次、国际金小丑奖3次；获国内大奖、金奖、一等奖40多次。被海内外众多学者称为“舞界奇才”。主要作品有：2008年北京奥运会开闭幕式、《千手观音》《一把酸枣》《复兴之路》等。主要理论文章有：《说说洗炼》《不在乎搞什么，而在乎怎么搞》《什么叫“流畅”》《要替观众着想，不要“无病呻吟”》《手段丰富，境界单纯》《回归艺术本体》等。

李晓峰

李晓峰，1959年4月出生，山西原平人。教授级高级工程师。1985年1月加入中国共产党。天津大学高分子化工专业毕业。先后任兵器工业部山西东安化工厂技术员、车间副主任、技术处处长、副厂长。2001年任中国兵器工业集团山西北方兴安化学工业有限公司科研四部部长。2005年任山西北方晋东化工有限公司副总经理。2006年获中国兵器工业科技三等奖、国防科学技术三等奖。2009年被聘为山西省委联系的高级专家。2010年12月任中国兵器工业特种能源集团副总经理。1995年始享受国务院政府特殊津贴。

孙宝厚

孙宝厚，1959年7月出生，盂县大围村人。高级审计师，注册会计师，研究员。1978年3月在山西财经学院会计系会计学专业学习。1982年3月在四川财经学院会计系会计学专业读

硕士研究生。1985年1月加入中国共产党。1985年3月在厦门大学会计系会计学专业读博士研究生。1987年12月任审计署外资运用审计局干部。1988年7月任审计署外资运用审计司综合处副处长。1991年4月任审计署驻郑州特派办特派员助理。1992年8月任审计署外资运用审计司综合处处长。1993年3月任审计署外资运用审计司副司长。1995年12月任审计署审计科研所副所长（主持工作）。1998年4月任审计署外资运用审计司副司长（主持工作）。1999年11月任审计署外资运用审计司司长。2000年9月任审计署法制司司长。2000年3月至2001年1月在中央党校一年制中青年干部培训班学习。2001年4月任审计署外资运用审计司司长。2001年10月任内蒙古自治区党委副秘书长（挂职）。2003年2月任内蒙古自治区党委副秘书长兼自治区人民政府党组成员、主席助理（挂职）。2004年12月任审计署总审计师、党组成员。2006年6月至9月在清华大学、哈佛大学公共管理高级培训班学习。2010年11月当选中国注册会计师协会副会长。

张为民

张为民，1960年7月出生，山西沁县人。大学文化，研究员级高级工程师。1977年3月参加工作，1982年5月加入中国共产党，1994年12月任国营晋东化工厂总工程师，1996年1月任厂长，1998年3月至1999年8月兼任党委书记。2002年企业改制后，任山西晋东化工（集团）有限责任公司董事长、总经理。2005年6月奉调离厂。

高建民

高建民，1960年11月出生，盂县南社村人。法学博士。1977年12月在盂县建材厂参加工作。1978年入山西大学中文系汉语言文学专业学习。1982年加入中国共产党。毕业后，历任榆次市委办公室干事，共青团榆次市委副书记，榆次市委副秘书长兼市委办公室主任，共青团晋中地委副书记，共青团山西省委调研室主任、办公室主任。1993年任共青团山西省委副书记（1993年挂职任团中央宣传部副部长，1994年挂职任晋城市郊区区委副书记）。1995 年当选省青联主席。1996 年任共青团山西省委书记、党组书记。2001 年任晋中市委副书记（正厅级）。2006 年 2 月任朔州市委书记，同年 10 月任山西省委常委、宣传部部长。2008 年 2 月任山西省委常委、秘书长。2010 年 11 月，任山西省委常委、秘书长，副省长。系中共山西省第九届委员会委员，山西省第八、九次党代会代表，山西省第九届人大常委会委员，山西省第九至十一届人大代表。

聂建华

聂建华，1960 年出生，阳泉人。国家一级演员，武警文工团专业歌唱家。大校军衔。1982 年考入山西大学艺术系，1984 年转入中国音乐学院深造。1985 年，应美国总统卡特的邀请，远赴美国成功举办了个人演唱会，被授予美国乔治亚州“最高荣誉公民”证书，并多次出访美国、日本，以及欧洲、澳洲、东南亚等地演出。1991 年，在全国少数民族声乐比赛中获得一等奖，同年被文化部评为中国当代“十大男高音歌唱家”之一。1992 年随中国大陆第一批艺术家小组访问台湾。荣获 1996 和 1997 年“五个一”工程奖。2002 年再次被选为三大男高音，是当今中国少数能与帕瓦罗蒂等世界三大男高音相比肩人之一。

李乃珠

李乃珠，1961 年 10 月出生，阳泉市郊区桃林沟村人。中专学历。1979 年至 1992 年在村车队工作，其间，于 1980 年至 1982 年在部队服兵役。1992 年，担任村车队队长，同年 11 月加入中国共产党。1993 年 1 月至 1994 年 7 月，任村委会副主任。1994 年 8 月，担任桃林沟村党支部书记。

上任后，他带领村民发展特色农业，投资 500 万元兴建了集娱乐、休闲、观光等为一体的生态旅游园区；倡导文明新风，设立了文化活动中心、图书阅览室、洗浴中心，建立养老保险等利民制度；2007 年投资 3000 万元建起了水、电、暖、气配套齐全的农民新居可容纳 240 户村民入住，实现了户均一套房的目标。2007 年被山西省委、省政府授予山西省劳动模范称号，2008 年被山西省委宣传部、省文明办授予山西省十大新农村建设带头人称号、被山西省劳动竞赛委员会荣记二等功，2009 年被评为阳泉市十佳道德模范，

2010 年被阳泉市委、市政府授予新农村建设模范个人标兵称号、并被评为全国劳动模范。

管建华

管建华，女，1962 年出生，山东五莲人。优秀乒乓球运动员、国际级运动健将。1973 年入选阳泉市少年体育运动学校，进行乒乓球训练。1974 年 10 月，从阳泉市体校调入山西省乒乓球队，从此开始征战于国内、国际赛场上。1975 年，在北京举行的第三届全运会上，获得女子少年单打第三名。1981 年，出访尼日利亚参加国际乒乓球公开赛，获女子单打、双打两项冠军。1985 年，第 38 届世界乒乓球锦标赛上获女子双打第三名。1987 年 3 月，在新德里举行的第 39 届世界乒乓球锦标赛上力挫欧洲、亚洲强将，为中国运动员在女子单打、男女混合双打的冠军坎途上扫清了道路，她自己也夺得这两个项目的铜牌，被称为“出色的狙击手”。之后，在北京人民广播电台主办的首次评选全国十佳运动员活动中，她荣膺“顽强拼搏奖”。管建华从事乒乓球运动 15 年，在省队和国家队从事专业训练 13 年之久，身经百战，历尽艰辛，以顽强的拼搏精神为祖国和家乡人民赢得了荣誉。其间，她曾被山西省体委记特等功两次，并获得山西省劳动竞赛委员会授予的新长征突击手称号，省妇联授予的三八红旗手以及山西省劳动模范等称号。退役后担任山西省乒乓女队教练员。

王玉兰

王玉兰，女，1962 年出生，山西五台人。中共党员，大专学历，国家二级作曲家，中国音乐家协会会员，山西省音协副主席，山西省合唱协会常务理事，阳泉市音协主席，阳泉市第十二、十三届人大常委会委员，阳泉市群众艺术馆副馆长。1998 年被山西省委、省文联评选为“山西省首届跨世纪新星”，2000 年被收入中国妇联编辑出版的《中国巾帼建业标兵大全》第二集名录，2001 年被中国文联授予万里采风行“个人突出成果奖”，2004 年被山西省人事厅、山西省文联授予首届“德艺双馨”文艺工作者称号，2007 年被评选为中共山西省委联系的高级专家，2008 年被评选为中共山西省文化厅党组联系的高级专家。2001 年、2006 年作为山西代表团成员之一，参加第七、八届全国文学艺术界代表大会。

1999年、2006年入选阳泉市第二、三届享受市政府特殊津贴专家。

她作曲并演唱的歌曲《老师你好》，获1997年中央宣传部第六届“五个一工程”优秀作品奖，获2000年中国文联、中国音协主办的首届“金钟奖”银奖；作词、作曲、演唱的歌曲《山娃的歌》，获1999年中央宣传部第七届“五个一工程”优秀作品奖；作曲及演唱歌曲《父亲》，获2000年山西省委宣传部第四届“五个一工程”优秀作品奖；作曲的歌曲《俺村是个好地方》，获2002年山西省委宣传部第五届“五个一工程”优秀作品奖；作曲的歌曲《有一种爱》，获2007年山西省文化厅“群星奖”金奖；作曲、演唱的歌曲《警嫂情》，获2009年中国音乐家协会主办的第三届全国未来词曲作家“成才之路”音乐作品一等奖；作曲的歌曲《博爱》，获2009年中国音乐家协会全国第七届“金钟奖”优秀奖。

刘慈欣

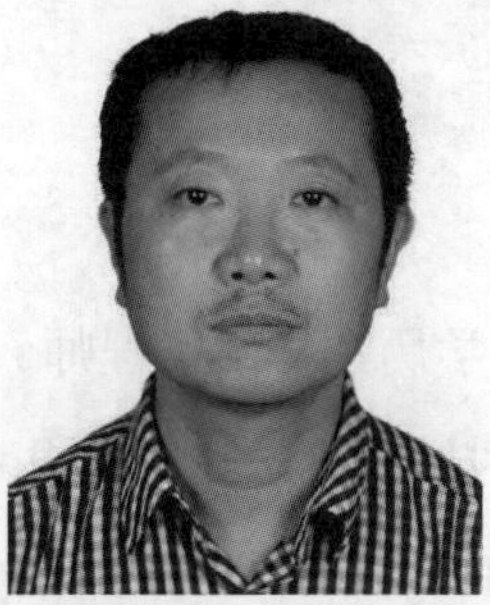

刘慈欣，1963年6月出生，阳泉人，祖籍河南罗山县。高级工程师，阳泉市政协委员、中国作协会员、山西省作协会员、阳泉市作协副主席、中国新生代科幻小说代表作家之一。无党派人士。1985年毕业于华北水利水电学院（现华北水利水电大学）水利工程系。1985年10月参加工作，曾任山西娘子关电厂计算机工程师。自20世纪90年代末开始发表科幻小说，截至2010年，已发表作品400余万字，包括7部长篇小说和30余部中短篇小说，另有部分影视剧本和评论文章。其代表作有长篇小说《超新星纪元》《球状闪电》《三体》《三体II：黑暗森林》《三体III：死神永生》，中短篇小说《流浪地球》《乡村教师》《朝闻道》等。作品蝉联1999年至2006年中国科幻“银河奖”，2010年获“赵树理文学奖”、华语科幻“星云奖”最佳科幻作家奖。

张维红

张维红，女，1963年出生，阳泉人。中共党员，手球项目运动健将。1975年，进入阳泉市体育运动学校；1977年，进入山西省体校；1980年，进入太钢手球省队；1981年，进入国家队。1984年9月，在美国洛杉矶第23届奥运会女子手球运动项目上获得第3名；1988年9月，在韩国汉城第24届奥运会女子手球项目上获得第6名。2005年，山西大学体育教育专业毕业。

杨芝萍

杨芝萍，女，1963年8月出生，阳泉市郊区上五渡村人。中共党员，研究生学历，中学英语特级教师。先后在阳泉市郊区李家庄中学、荫营中学任教，2004年9月调至北京。曾被评为国家级骨干教师及省市区英语学科带头人、省级教学能手，荣获全国优秀教师、山西省特级劳动模范、山西省中学特级教师、省十大女杰、省先进女职工、市劳动模范、市十佳教师等称号。1997年、2001年当选中共阳泉市第八、第九届代表大会代表，在社会主义劳动竞赛活动中荣立省三等功1次、市一等功2次，连续14年受到省市区表彰。2002年11月，作为教育战线的代表出席了中共第十六次全国代表大会。

韩贵珠

韩贵珠，1964年5月出生，阳泉人。中共党员，大专学历，采煤工程师。1983年，韩贵珠进入阳泉矿务局二矿东丈八采一队任技术员。韩贵珠扎根煤矿20多年，吃苦谋事，矢志奉献，先后担负了46个采掘工作面的生产技术指导，编写审核了上千份安全生产技术规程，并且都做到了精确无误，同时攻克解决了32项应用性生产技术难题，直接和间接创造经济效益4657.43万元。由韩贵珠首创的“韩式”煤水分离法，不仅在当时使26万吨煤炭顺利开采，而且成为破解采煤难题的成功技术。为适应集中生产的需要，韩贵珠集思广益，巧思妙策，补打一条450米联络巷道后，当年就增加原煤产量68万吨。2002和2003年，韩贵珠获山西省五一劳动奖章。2004年获全国五一劳动奖章。2005年又被评为全国劳动模范。

李桂红

李桂红，女，1964年5月出生，湖北大悟人。初中学历。1984年3月参加工作，系阳泉

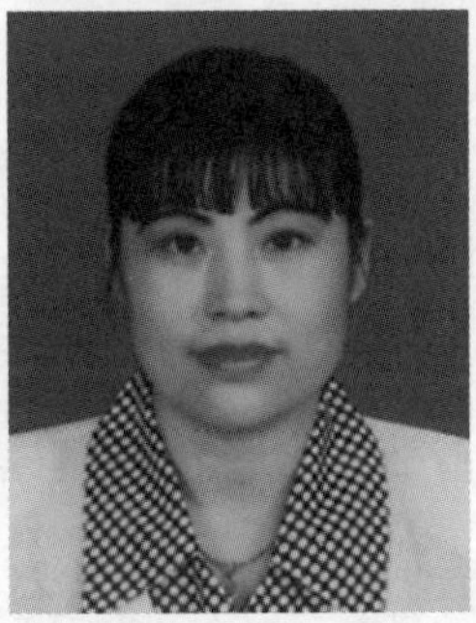

市殡仪馆唯一的女火化工。1995年加入中国共产党。2007年7月，担任市殡仪馆副主任。李桂红参加工作27年来，坚持以社会满意为宗旨，从事本职工作。经她手火化的尸体已达27000余具。在尸体火化前，凡是家属提出的整容、整理遗体、理发、擦洗、穿衣服等合理要求，她都尽量给予满足。为此，1996年3月被中华全国总工会授予全国先进女职工称号，1997年4月被省劳动竞赛委员会授予五一劳动奖章，1997年5月被民政部授予全国殡葬先进个人称号，1997年11月被省总工会授予山西省职工爱岗敬业职业道德标兵称号，1998年5月被省委、省政府授予劳动模范称号，1999年4月获全国五一劳动奖章。2006年10月获全国民政系统先进工作者。

潘会平

潘会平，1964年11月出生，山西寿阳人。教授级高级工程师，山西北方晋东化工有限公司总经理。1999年6月加入中国共产党。北京理工大学高分子材料专业毕业。先后担任山西北方晋东化工有限公司科研所技术员、副所长、所长、总经理助理、副总经理等职务。2004年被评为阳泉市劳动模范；2005年获中国兵器工业集团科技一等奖；2006年享受国务院政府特殊津贴，被聘为中共山西省委联系的高级专家；2007年被评为山西省劳动模范。2007年获中国兵器工业集团科技二等奖2项，获国防科工委科技二等奖1项、三等奖1项。2008年，作为总设计师，设计、安装了第29届北京奥运会主火炬点火装置，为兵器工业集团、为山西省、为阳泉市赢得了荣誉。

王少雄

王少雄，1965年3月出生，河北唐县人。大学文化，高级工程师。1983年8月参加工作，1990年12月加入中国共产党，1997年1月任国营晋东化工厂总工程师，2000年10月任副厂长。2002年企业改制后，任山西晋东化工（集团）有限责任公司副总经理，2005年6月任山西北方晋东化工有限公司党委书记。2006年12月奉调离厂。

于昌明

于昌明，1966年3月出生，平定东回镇人。1995年加入中国共产党。中央党校在职研究生学历。1987年7月山西省司法学校毕业，8月分配至阳泉市中级人民法院工作，历任书记员、助审员、审判员、副庭长、庭长、执行局局长、党组成员、副院长等职。于昌明适应新形势下司法工作要求，依据立法精神，主持制定了包括执行机制及管理制度、执行措施、便民措施等3方面47项内容3万多字的《执行制度汇编》。主持制定了包括执行立案、执行调查、内部管理等11个方面60种4万余字的《常用民事执行法律文书样式与制作》等。提出了“提级执行”和“审判执行”“公证执行”“强制调查”“易人执行”等制度，走在了全国的前列，受到了最高人民法院院长肖扬的亲切接见和高度评价。由于在政法岗位上大胆改革，成绩卓著，2003年12月，获全国模范法官称号。2004年1月，被最高人民法院和中央电视台联合评为首届“中国法官十杰”，同时获最高人民法院、中央电视台联合颁发的“金法槌奖”。2004年5月，被评为山西省特级劳动模范，被团中央、全国青联授予中国青年五四奖章。2005年4月，被国务院授予先进工作者称号。系中共山西省第九次、第十次代表大会代表。2009年3月当选中共第十七次全国代表大会代表。

史晓斌

史晓斌，1966年4月出生，山西曲沃人。硕士研究生学历，研究员级高级工程师。1986年7月参加工作，1997年12月加入中国共产党。2005年任山西北方晋东化工有限公司副总经理，2010年12月任北方特种能源集团有限公司副总经理、山西北方晋东化工有限公司总经理。

周玉峰

周玉峰，1967年1月出生，阳泉市郊区白羊墅村人。初中文化。1986年10月至1990年8月部队服役。1988年11月加入中国共产党。1990年9月转业到阳泉铝业股份有限公司工作，历任电解一厂电解工、车间主任、厂长，电解二厂厂长，汽车运输公司经理，公司总经理助理

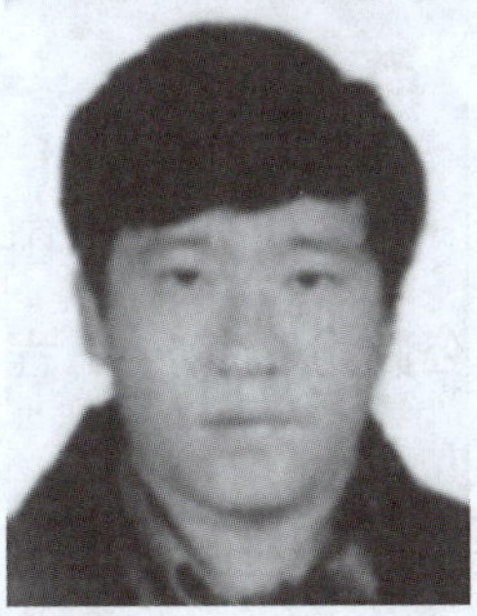

等职。

多年来，周玉峰始终把降低生产成本、开展技术革新、提高生产效率作为主攻方向。2004年，周玉峰带领电解二车间全体管理人员经过大量的实践，摸索出“三低一无一强化”先进操作法，即低分子比、低槽温、低槽压、无等待效应、强化电流。这套操作法推广后，每年可为公司创造价值1000多万元。2006年，他带领大家通过技术攻关，取得阳极使用周期达到36天的创新性成果，又可每年为公司节约资金800余万元。电流效率是衡量电解生产好坏的主要指标，为了切实提高电流效率，周玉峰组织编写了电解生产标准化管理制度，实行严格的标准化管理。截至2006年，公司电流效率已突破94%的大关，极大地提高了抵御市场风险的能力；实现了成本的最小化、指标的最优化和经济效益逐年提高。周玉峰连续多年被评为公司劳动模范，还曾被评为山西省劳动模范。其间，他参与完成的《阳泉铝业原1.8万吨节能降耗环保技改工程》项目被评为阳泉市“十五”期间职工优秀技术创新成果特等奖。2007年，周玉峰获全国五一劳动奖章。

李彦宏

李彦宏，1968年11月出生，阳泉人，祖籍河北沙河市。百度公司创始人、董事长兼首席执行官，全面负责百度公司的战略规划和运营管理。1976年，李彦宏在阳泉市城区上站小学读书，2个月后转学到晋东化工厂子弟学校学习；1984年，考入阳泉一中读高中；1987年，考入北京大学，并获信息管理系学士学位。1991年，李彦宏大学毕业后进入美国布法罗纽约州立大学攻读计算机科学硕士学位。学业完成后，进入道·琼斯公司，担任高级顾问。之后，又先后任《华尔街日报》网络版实时金融信息系统设计者，以及国际知名互联网企业INFOSEEK资深工程师。

1998年，李彦宏完成自己的专著《硅谷商战》。1999年底，李彦宏回国，与好友徐勇共同创建百度网络技术有限公司，出任百度在线网络技术（北京）有限公司总裁。系北京海淀区政协委员，山西青年联合会副主席。2001年，李彦宏被评为中国十大创业新锐之一；2002年获首届IT十大风云人物称号，2003年再次获该称号；2004年1月，当选第二届京城十三新锐，4月当选第二届中国软件十大杰出青年。

阎献忠

阎献忠，1968年12月出生，盂县人。大专学历。1987年加入中国共产党。1989年7月参加工作。1996年3月始任阳泉公路分局第一工程处处长。

1992年至1993年，阎献忠带领第一工程处青年突击队出色完成了阳石线郊里—盂县二级路第四标段2.5千米的路基工程；1993年在承担第四标段4.9千米路面工程时，28天便完成了6厘米双层油路铺筑6万平方米，比计划提前1个月，经省公路局验收，工程质量全部达优良，在整个工程中排名第一；同年，参加太旧高速公路施工，承揽了承包段内工程量最大、困难最多的施工路段，阎献忠把心血和感情倾注在太旧线上，新婚3天后就奋战在工地，受到人们赞誉。阎献忠所在的队以善打硬仗著称，1993年被团省委评为优秀青年突击队。阎献忠于1993年、1994年连续2年被评为出席山西省公路系统的劳动模范；1995年4月被国务院授予全国劳动模范称号，同年10月被授予山西省特级劳动模范、山西省十大杰出青年称号。

陈　云

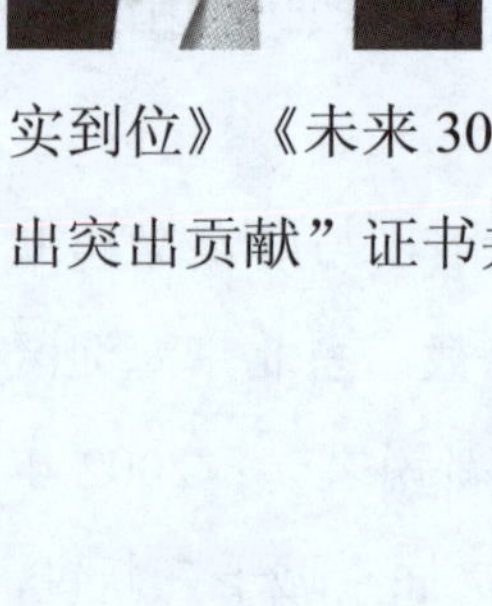

陈云，1972年出生，盂县人。著名跨领域经济学家，清华大学经济管理学院副教授，中国管理科学研究员。1997年被美国伯克利加州大学（UC，Berkeley）破格录取，获得美国经济学博士学位。他是国内最早提出并论证发展中国家财富转移规律的学者。他的地方政府财政危机、企业家财富保全、打造中国式贵族、年轻人“用钱赚钱”、大国国民责任等理论具有现实意义。主要作品有《30岁之后用钱赚钱》《把责任落实到位》《未来30年用钱赚钱》等。2010年10月获“为发展我国跨领域交叉学科研究事业作出突出贡献”证书并享受政府特殊津贴。

罗艳梅

罗艳梅，女，1974年10月出生，盂县西潘乡人。盂县西潘乡均才中心小学语文教师，大

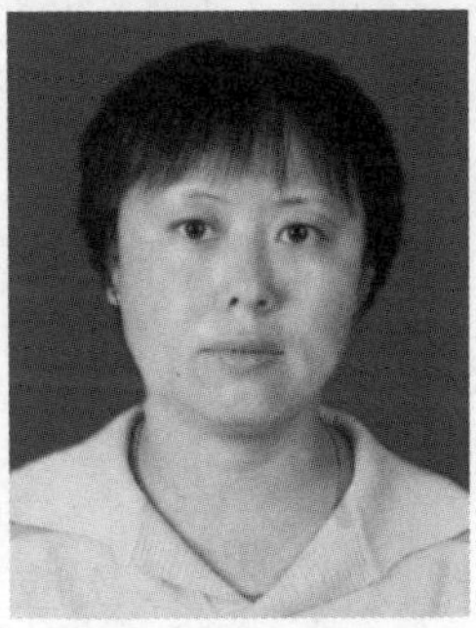

专学历，小教高级。

1995年平定师范毕业后，罗艳梅回到家乡西潘乡任教。从教15年，当了15年的班主任，常年住在学校，对孩子们倾注了全部的心血。她注重学习、探索教学方法，采用“及时反馈法”，力求做到教学不留“死角”，使学生扎实掌握知识；采用“以旧引新，讲新代旧”的方法，引导学生寻找知识点间的规律，进行纵横联系，跨学科联系，触类旁通。其撰写的论文《班主任应如何创作合作学习的氛围》获省级奖，《纸箱里有什么》获市级优秀教学设计奖；《巧用“拐弯”》《愿做山区好园丁》《学会“冷处理”》等教育案例分别在《阳泉教育》上刊登。2007年，罗艳梅被省人事厅、省教育厅授予山西省模范教师称号，2008年被市委市政府授予阳泉市教育功臣称号、被市劳动竞赛委员会荣记三等功，2009年被人力资源和社会保障部、教育部授予全国模范教师称号、被教育部和全国妇联授予全国教育系统巾帼建功标兵称号，2010年被评为全国劳动模范。

谢海宝

谢海宝，1974年出生，阳泉市郊区南沟村人。中共党员，大学学历。1989年初中辍学，学习摩托维修。1996年4月，谢海宝从农村老家到北京，成为东城区保安分公司的一名保安员，随后被分配到王府井大街派出所，承担起协警打扒工作，练就了发现、跟踪、抓获违法犯罪嫌疑人的一双慧眼和一套过硬的擒贼基本功，2005年以前，共协警抓获各类违法犯罪嫌疑人500多人，有效地协助公安机关维护了首都社会治安秩序。由于工作业绩突出，先后荣立个人二等功1次、个人三等功4次、个人嘉奖4次，14次受到公安机关和公司的表彰奖励。2005年，谢海宝分别荣获北京市劳动模范、全国劳动模范、第二届全国十佳保安员、北京市感动东城十大人物、感动阳泉十大人物等称号，被北京市东城区保安分公司授予终身保安称号。

2005年9月至2010年7月，在中央党校函授学院专本连读。2007年，被山西省电视台评为山西省年度十大新闻人物，同年7月加入中国共产党。2008年，评为首都志愿者之星，作为北京地区奥运火炬手参与奥运火炬传递。2009年，应邀在天安门观礼台参加中华人民共和国成立60周年国庆典礼。

石海彬

石海彬，1975年出生，阳泉人。著名唢呐演奏家、教育家。任中央音乐学院副教授，硕士研究生导师，中央音乐学院附中党总支书记兼民乐教研室主任。1989年考入山西省戏曲学校学习晋剧音乐和唢呐演奏艺术，1994年考入中央音乐学院民乐系，1998年毕业后留校任教。多次应邀到欧、亚洲诸多国家、地区演出。2009年被评为北京市优秀青年骨干教师。系中国民族管弦乐学会唢呐专业委员会副秘书长，中国音乐家协会民族管乐研究会副秘书长，系当代年轻唢呐演奏家中少有的佼佼者。

蔡廷军

蔡廷军，1976年出生，山东高唐人。中共党员，中技学历。1997年，在阳泉矿务局三矿裕公井综采三队参加工作。他爱岗敬业，刻苦钻研技术，在2005年9月“西山煤电杯”全国煤炭行业职业技能大赛中，夺得综采维修电工第四名的好成绩；2004年至2007年，共完成工作面闭锁电缆保护、400型磁力启动器故障状态显示、生产溜自保线路改造、皮带堆煤保护装置等10项技术革新改造，提合理化建议38条，为企业创造经济价值1340余万元；2006年，他获得阳煤集团建企以来个人技能最高荣誉——全国技术能手称号，同年获山西省五一劳动奖章、山西省十大职工技术创新能手、山西省青年五四奖章。2007年被评为山西省特级劳动模范，同年获全国五一劳动奖章。2010年获山西省劳动模范。

杨建平

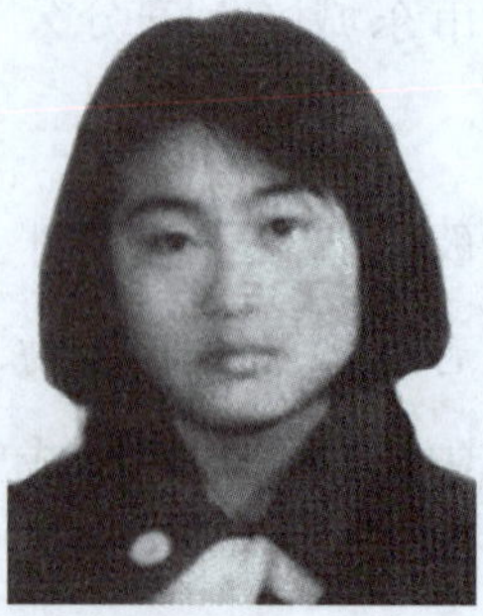

杨建平，女，1978年5月出生，阳泉人。射箭项目国际级运动健将。中共党员。大学学历（2002年毕业于山西大学体育教育专业）。1991年11月进入阳泉市体育运动学校，1994年6月进入省队，1995年进入国家队。1995年8月在印尼第38届世界射箭锦标赛团体赛上获得第7名，他1996年2月在泰国第9届亚洲射箭锦标赛淘汰赛上获得第4名，1996年

2 月在泰国第 9 届亚洲射箭锦标赛团体赛上获得第 2 名，1996 年 4 月在美国第 26 届奥运会热身赛团体赛上获得第 3 名，1996 年 7 月在亚特兰大第 26 届奥运会团体赛上获得第 6 名，1999 年 7 月在法国第 40 届世界射箭锦标赛团体赛上获得第 2 名，2000 年 9 月在悉尼第 27 届奥运会团体赛上获得第 6 名，2001 年 9 月在北京第 41 届世界射箭锦标赛女子反曲弓团体赛上获得第 1 名。后在山西省射击射箭运动项目管理中心办公室工作。

张 蕾

张蕾，女，1979 年 4 月出生，阳泉人。中央电视台综艺频道节目主持人，毕业于中国传媒大学播音与主持专业。张蕾成长于一个文艺家庭，从小喜欢艺术，能歌善舞。13 岁时随父亲第一次进入中央电视台，便被中央电视台的环境和氛围所吸引，之后，就下定决心未来要做中央电视台的一名主持人。高考时，她只填报了一个志愿——北京广播学院播音系。1998 年，张蕾以全省艺术类第一名的成绩考入北京广播学院，毕业后任《中国警务报道》主播。在 2006 年度中央电视台“挑战主持人”大赛中，从 1.1 万名选手中脱颖而出，获得第一名，并因此加盟中央电视台，任《欢乐中国行》《欢乐英雄》等节目主持人。2008 年，参与主持奥运会倒计时 100 天大型直播并参与报道欧锦赛及北京奥运会，担任山西卫视 2008 春晚主持。2010 年，主持第三届中国杨树节主题晚会和 CCTV-1《分秒必争》栏目。

代维华

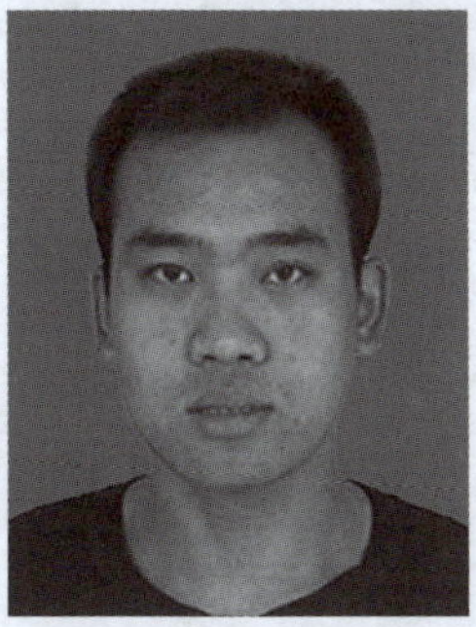

代维华，1979 年 9 月出生，阳泉市郊区代家庄村人。1997 年 5 月，在阳泉铝业股份有限公司合金铸造车间参加工作。10 年时间，他从一名学徒工逐步成长为一名技术过硬的生产一线带头人。自 2007 年之后，他先后提合理化建议 300 多条，参与技术革新 420 项，为企业创造经济价值 1000 余万元。2006 年代维华被公司评为第一位“金牌员工”并获上海大众轿车一辆，2007 年获阳泉市劳动模范和阳泉市经济技术创新能手，2008 年获全国优秀农民工、山西省十佳农民工、山西省五一劳动奖章，2009 年被全国总工会授予全国五一劳动奖章。

李国栋

李国栋，1981年12月出生，山西平遥人。2005年加入中国共产党，大专学历，机电技师。1999年9月分配到阳煤集团二矿丈八区综五队工作。参加工作后，他一直工作在采煤一线，总结出“望闻问切”的电气处理方法，完成了“变频开关”“设备转载溜闭锁系统”“回风瓦斯断电故障显示”、4×315保护回路装置、馈电开关过流保护、软启动装置等10余项技术改进项目，提合理化建议26条。其中仅“解决丈八区十采区使用的开关经常发生故障问题”一项技术革新，每年就为企业减少5172万元的经济损失。2007年，在“开滦杯”第二届全国煤炭行业职业技能大赛上取得第四名的成绩，被授予全国煤炭行业技术能手称号。2009年4月获全国五一劳动奖章。2010年被评为全国劳动模范。

陈占国

陈占国，1986年出生，阳泉市郊区平坦镇人。运动训练专业摔跤项目运动健将，中共党员，大学学历。1998年7月进入阳泉市体校摔跤队，2002年进入省队。2003年在山西省举摔柔项目运动管理中心从事教练员工作。2006年进入国家队。2009年10月在山东举行的全国第十一届全运会男子自由式摔跤66公斤级比赛中获得第一名，是阳泉市第一位摔跤项目的全运会冠军。

涂潇

涂潇，1988年出生，四川达州人。运动训练专业蹦床项目国际级运动健将，中共党员，大学学历。2001年9月在阳泉市体育运动学校读书，同年入选省队，2004年进入国家队。2005年获第十届全运会蹦床男子团体冠军，2007年11月获第25届世界蹦床锦标赛蹦床男子网上团体第一名，2009年11月获第26届世界蹦床锦标赛网上团体第一名，2010年获全国锦标赛蹦床男子个人冠军。

第三章 人物名表

本章收录阳泉建市至2010年，阳泉市地市级领导人（实职）、中共全国代表大会代表、全国人大代表、全国政协委员、全国劳动模范和“五一劳动奖章”获得者、享受国务院特殊津贴人员、历代进士，以及客居域外的各界阳泉人代表共870人，详情见下。

阳泉市地市级领导人（实职）名表

表-30-1

姓名	性别	出生时间	籍贯	政治面貌	入党时间	文化程度	参加工作时间	所任职务及时间
丁贵生	男	1942.12	山西壶关	中共党员	1978.11	大学	1967.7	市委副书记（1996.4—2000.4） 市委党校校长（1998.5—2000.4） 市政协主席（2000.4—2002.3） 市人大常委会主任（2002.3—2007.5）
弓计来	男	1945.5	山西原平	中共党员	1966.10	大专	1963.2	市委常委（1999.2—2000.11） 阳泉军分区政治委员（1993.6—2000.6）
卫克兴	男	1947.9	山西永济	中共党员	1971.3	大学	1969.2	市委常委（1992.7—2000.9） 市政法委书记（1995.3—2000.11）
卫持英	男	1926	山西沁县	中共党员	1945		1938.7	市革委会副主任（1975.10—1977.12）

续表-30-1

姓 名	性 别	出生时间	籍 贯	政治面貌	入党时间	文化程度	参加工作时间	所任职务及时间
马 杰	男	1923	山西原平	中共党员	1938.10		1938.4	市委书记（1978.10—1983.1）
马文建	男	1952.7	山西沁源	中共党员	1976.1	大专	1968.12	市政协副主席（2007.5—）
马如彪	男	1919	山东单县	中共党员	1940.7		1938.11	市革委会副主任（1979.4—1982.7）市政协副主席（1982.7—1983.11）
马余龙	男	1929	山西左权	中共党员	1947.10		1946.9	副市长（1983.12—1985.2）
马品三	男	1917.4	山西垣曲	中共党员	1939.2	师范	1938.11	国营晋东化工厂厂长（1957.9—1959.5）
马维华	男	1924	山西沁源	中共党员	1938.7	中共太岳区委党校学习	1938	市革委会副主任（1971.12—1980.5）市委副书记（1973.4—1980.5）市人大常委会主任（1983.12—1987.12）
王 民	男	1955.4	山西蒲县	中共党员	1975.6	中央党校函授本科	1971.3	市委常委、市纪委书记（2008.8—）
王 兴	男	1925.11	山西阳泉	中共党员		小学	1948.4	国营晋东化工厂副厂长（1979.10—1983.3）
王 体	男	1914	山西平定	中共党员	1958.9			市革委会副主任（1968.9—1977.12）
王 恭	男	1911	山西阳泉	无党派		中学	1936	市协商委员会副主席（1950.9—1955.4）市政协副主席（1955.4—1967.1）
王 敏	男	1924	山西五台	中共党员	1938.10			市政协副主席（1983.12—1987.12）
王七孩	男	1949.3	山西平定	中共党员	1972.4	中央党校函授本科	1968.12	市人大常委会副主任（2002.3—2007.5）市总工会主席、党组书记（2003.7—2008.9）
王乃智	男	1936.1	山西平定	中共党员		大专	1953.12	国营晋东化工厂工会主席（1985.10—1994.11）

续表 -30-1

姓名	性别	出生时间	籍贯	政治面貌	入党时间	文化程度	参加工作时间	所任职务及时间
王三才	男	1913	山西五台	中共党员	1939.11			市长（1948.1—1948.7） 市革委会副主任（1968.9—1979.1）
王元寿	男	1945.10	山西盂县	中共党员	1970.12	高中	1971.10	市人民检察院检察长（2001.3—2002.3） 市人大常委会副主任（2002.3—2006.2）
王少雄	男	1965.3	河北唐县	中共党员	1990.12	大学	1983.8	国营晋东化工厂总工程师（1997.1—2000.10） 国营晋东化工厂、山西晋东化工（集团）有限责任公司副厂长、副总经理（2000.10—2005.6） 山西北方晋东化工有限公司党委书记（2005.6—2006.12）
王文如	男	1923	山西五台	中共党员	1940		1940	第一副市长（1958.5—1958.6） 副市长（1958.6—1958.7） 市委书记处书记（1958.6—1962.11） 代市长（1958.7—1960.8） 市长（1960.8—1965.10）
王玉田	男	1924	山西阳泉	中共党员	1944.8		1944	副市长（1961.7—1962.7） 市革委会副主任（1979.4—1982.7） 市人大常委会副主任（1982.7—1987.12）
王占国	男	1919	河北沙河	中共党员	1938.5		1937	副市长（1955.1—1960.8）
王冬雪	男	1966.11	河北保定	中共党员	1994.4	中央党校在职研究生	1984.7	副市长（2006.12—2008.2）
王成良	男	1950.11	山西平遥	中共党员		大学	1965.12	国营晋东化工厂、山西晋东化工（集团）有限责任公司党委书记（1999.8—2005.6）

续表-30-1

姓名	性别	出生时间	籍贯	政治面貌	入党时间	文化程度	参加工作时间	所任职务及时间
王旭明	男	1962.3	山西临县	中共党员	1985.6	省委党校在职研究生	1983.9	市委常委（2006.8—） 副市长（2006.9—） 2007.8 明确为常务副市长 市政府党组副书记（2007.6—）
王亦农	男	1944.8	河北定兴	中共党员	1965.9	大学	1967.7	市人大常委会副主任（1992.6—1997.4） 市委常委（1996.9—2001.8）
王进军	男	1924	山西阳泉	中共党员	1941		1939	市革委会副主任（1975.10—1977.12）
王志刚	男	1955.8	山西太原	中共党员	1979.6	中央党校函授本科	1972.2	市中级人民法院代院长（2008.11—2009.5） 市中级人民法院院长（2009.5—）
王志强	男	1968.11	山西盂县	中共党员		大学	1991.7	北方特种能源集团有限公司总会计师（2002.8—2008.8）
王克恭	男	1940.9	山西平定	中共党员	1981	大学	1964.7	市委常委（1995.1—2000.9） 市委宣传部部长（1995.3—2000.11）
王英杰	女	1924	河北沙河	中共党员	1946.3		1941.2	市人大常委会副主任（1982.7—1987.12）
王林狮	男	1965.3	山西闻喜	中共党员		大学	1986.7	国营晋东化工厂、山西晋东化工（集团）有限责任公司副厂长、副总经理（2000.10—2006.8）
王金林	男	1916	山西洪洞	中共党员	1936.10	中央党校	1936	市委副书记、工矿区委副书记（1949.8—1950.8） 工矿区委书记（1950.8—1952.3） 工矿区委书记兼主任（1950.8—1951.8） 市委第一副书记（1952.3—1953.4）
王定谟	男	1920	山西昔阳	中共党员	1937		1937	市委书记处书记（1959.11—1962.11） 市委副书记（1962.11—1967.1）

续表 -30-1

姓　名	性　别	出生时间	籍　贯	政治面貌	入党时间	文化程度	参加工作时间	所任职务及时间
王建功	男	1936	河北望都	中共党员	1956	山西师范学院	1956	市委书记 （1983.1—1983.3）
王建功	男	1951.2	山西保德	中共党员	1975.5	大学	1971.10	阳泉煤炭专科学校党委书记 （2003.2—2010.9）
王建欣	男	1949.7	河北定州	中共党员	1970.6	大专	1969.3	市委常委 （2000.11—2002.2） 阳泉军分区司令员 （1998.9—2001.11）
王振国	男	1956.10	山西寿阳	中共党员	1985.2	大专	1974.12	市政协副主席 （2007.5—2010.5） 市总工会主席 （2008.9—） 市总工会党组书记 （2008.8—） 市人大常委会副主任 （2010.5—）
王振儒	男	1916.9	河北束鹿	中共党员	1940.9	初中	1938.3	兵工六厂、一〇四厂党总支书记 （1949.10—1952.12）
王舰民	男	1951.4	山西榆社	中共党员	1972.12	研究生	1969.4	市委常委 （2000.6—） 常务副市长 （2000.7—2007.5） 市行政审批中心党组书记 （2002.10—2005.6）
王晚春	男	1932.4	山西晋城	中共党员		高中	1945.6	国营晋东化工厂副厂长 （1979.10—1993.9）
王敬瑞	男	1953.8	山西平定	中共党员	1976	省委党校脱产专科	1972.5	副市长 （2000.7—）
王植彬	男	1921	河北曲阳	中共党员	1938.8		1937	市革委会第一副主任 （1968.9—1976.10） 市委副书记 （1971.1—1979.4）
王斌权	男	1962.2	山西和顺	中共党员	1984.5	中央党校函授本科	1981.10	市长助理 （2008.8—） 市公安局局长（副厅级）、党委书记 （2008.4—）
王湜洲	男	1960.4	山西平定	中共党员	1983.7	中央党校函授本科	1981.9	副市长 （2006.9—）

续表 -30-1

姓 名	性 别	出生时间	籍 贯	政治面貌	入党时间	文化程度	参加工作时间	所任职务及时间
王燕文	男	1942.10	山西阳泉	中共党员	1962	高中	1963.9	市教育学院院长（1997.4—）
亓恒训	男	1949.8	山东商河	中共党员		大专	1968.2	阳泉军分区副司令员（1998.1—）
尤坤南	男	1920.8	广东陆丰	无党派		中学		市政协副主席（1982.7—1984.9）
毛联银	男	1940.2	山西昔阳	中共党员	1959	大学	1960.8	市检察院检察长（1992.6—2000.7）
方庆灵	男	1958.1	河北滦南	中共党员	1978.10	大学	1976.2	市委常委（2008.3—） 阳泉军分区司令员（2007.8—）
尹春生	男	1948.7	湖北鄂城	中共党员		大学	1964.12	阳泉军分区政治委员（2000.6—2003.7） 市委常委（2002.2—2003.12）
邓小平	男	1948.7	山西沁源	中共党员		中专	1969.7	国营晋东化工厂副厂长（1996.1—2000.10）
芦炳生	男	1917.9	陕西清涧	中共党员	1935.3	初中	1934.10	一〇四厂党总支书记（1952.2—1953.5） 市委常委（1955.1—1961.6） 市委书记处书记（1960.9—1961.6）
田玉瑛	男	1917.2	河北深县	中共党员	1938.6	小学	1938.2	兵工六厂、一〇四厂厂长（1950.5—1952.12）
田泽仁	男	1913	山西五台	中共党员	1939		1939	市委副书记（1977.12—1978.1）（未到职）
田霍卿	男	1945.8	山西沁水	中共党员	1970.12	大学	1969.7	市委书记（1995.12—2000.2）
史吉文	男	1943.7	山西阳泉	中共党员	1966	大专	1964.8	市政协副主席（1997.4—2002.3）
史郁如	男	1905	山西阳泉			太原法政专科学校	1945	副市长（1956.3—1958.6）

续表 -30-1

姓 名	性 别	出生时间	籍 贯	政治面貌	入党时间	文化程度	参加工作时间	所任职务及时间
史星三	男	1915	山西阳泉	中共党员	1945	高中	1936	副市长（1949.1—1949.8） 工矿区副主任（1949.9—1951.8） 工矿区委副书记（1950.8—1952.3）
史晓斌	男	1966.4	山西曲沃	中共党员	1997.12	研究生	1986.7	山西北方晋东化工有限公司副总经理（2005—2010.12） 北方特种能源集团有限公司副总经理、山西北方晋东化工有限公司总经理（2010.12—）
白 云	女	1960.12	山西五台	中共党员	1979.12	在职研究生	1976.12	代市长（2006.2—2006.4） 市长（2006.4—2009.4） 市委副书记（2006.2—2009.3） 市政府党组书记（2006.3—2009.4） 市委书记（2009.4—）
白 善	男	1940.9	山西广灵	中共党员	1965	大专	1957.8	市委常委、市委秘书长（1988.5—1995.1）
白猷之	男	1915.11	山西榆社	中共党员	1937	初中	1937	工矿区副主任（1951.8—1952.3）
冯少勇	男	1956.9	山西榆社	中共党员	1977.7	中央党校函授本科	1975.1	市中级人民法院院长（2002.3—2008.11）
冯岳南	男	1947.12	山西河津	中共党员	1979.3	大专	1970.6	市委组织部部长（1995.1—2001.8） 市委常委（1996.4—2001.8）
冯致胜	男	1916	陕西延川	中共党员	1934		1934	市人大常委会副主任（1982.7—1983.10）
宁 福	男	1947.11	山西原平	中共党员		中专	1967.8	国营晋东化工厂党委副书记、工会主席（1998.3—2000.10）
宁朝江	男	1950.11	安徽阜阳	中共党员		大学	1969.3	阳泉军分区副政治委员（1998.12—2000.11）
邢伯臣	男	1963.9	山东临沂	中共党员	1997.5	大学	1984.8	山西北方晋东化工有限公司副总经理（2008.8—2010.12）

续表 -30-1

姓名	性别	出生时间	籍贯	政治面貌	入党时间	文化程度	参加工作时间	所任职务及时间
邢燕芬	女	1947.12	辽宁黑山	中共党员	1966.3	大学	1969.5	副市长 （1994.12—1998.8）
光　敏	男	1934	山西平定	中共党员	1955.10	大专	1955.7	市委副书记 （1985.5—1988.1） 代市长 （1985.5—1986.4） 市长 （1986.4—1988.6） 市委书记 （1988.2—1990.11）
吕炳强	男	1962.7	河南南阳	中共党员	1985.6	研究生	1982.7	山西北方晋东化工有限公司总会计师 （2008.8—）
朱　明	男	1960.6	山西阳高	中共党员		大学	1975.12	阳泉煤炭专科学校党委书记 （1997.8—1999.11）
朱礼厚	女	1944.8	江苏太仓	无党派		大学	1967.7	市政协副主席 （1992.6—1998.4） 副市长 （1998.6—2002.3） 市人大常委会副主任 （2002.3—2007.5）
朱光炳	男	1933	安徽肥东	中共党员	1952		1949.9	副市长 （1983.7—1988.6）
朱纯国	男	1945.11	湖南澧县	无党派		大学	1968.7	市政协副主席 （2000.4—2007.5）
乔林布	男	1916	山西洪洞	中共党员	1938		1938	市革委会副主任 （1979.4—1982.7）
任子钰	男	1913	山西阳泉	中共党员	1941.5	中专	1940	副市长 （1960.8—1961.5）
任朴斋	男	1918	山西阳泉	中共党员	1937.10	高小	1936	市委副书记兼副市长 （1947.5—1947.9） 市委书记兼市长 （1947.9—1948.1） 市委书记 （1947.9—1948.7） （1948.12—1949.9） 市委副书记兼副市长 （1948.7—1948.12） 工矿区委书记兼工矿区主任 （1949.9—1950.8） 代市长 （1948.12—1948.12）

续表 -30-1

姓 名	性 别	出生时间	籍 贯	政治面貌	入党时间	文化程度	参加工作时间	所任职务及时间
任直生	男	1918	山西孝义	中共党员	1937.5	太原国民师范，八路军总部随营学校	1937.3	市革委会副主任（1975.10—1980.5）
任衍钢	男	1958.10	山东济宁	民进	1983.9	大学	1975.1	市政协副主席（2007.5—）
刘 敏	男	1917	河北安新	中共党员	1939			市委副书记（1955.1—1958.6） 市委书记处书记（1958.6—1962.11） 市委副书记（1962.11—1967.1） 市委副书记（1972.9—1980.1） 市革委会副主任（1972.4—1979.4） 市革委会主任（1979.4—1980.1）
刘 寰	男	1921	山西黎城	中共党员	1938.3		1937.10	市革委会副主任（1979.4—1980.2） 市革委会主任（1980.2—1982.7） 市委副书记（1979.4—1983.8） 市委代书记（1983.3—1983.4）
刘文芳	男	1938.1	山西长治	中共党员	1960	大学	1962.8	市委常委、宣传部部长（1985.6—1992.5）
刘芝田	男	1932.10	山西平定	中共党员	1952.10	大专	1949.1	市政协副主席（1989.5—1992.6）
刘兆林	男	1953.9	山西阳泉	民建成员		大学普通班	1976.9	副市长（2002.3—）
刘伯文	男	1911	台湾宜兰	国民党	1980	南京军校	1933	市政协副主席（1983.12—1987.12）
刘建田	男	1945.2	山西阳泉	中共党员	1966	大学	1967.7	副市长（1995.12—2002.3） 市人大常委会副主任（2002.3—2005.4）

续表 -30-1

姓 名	性 别	出生时间	籍 贯	政治面貌	入党时间	文化程度	参加工作时间	所任职务及时间
刘高官	男	1956.5	山西山阴	中共党员	1974.12	中央党校函授本科	1972.3	市委常委（1995.1—2006.6）市委秘书长（1995.3—2000.6）市委副书记（2000.6—2006.8）市政协党组书记（2006.6—）市政协主席（2007.5—）
刘喜智	男	1932.7	河北正定	中共党员	1950.8	大专	1949.1	国营晋东化工厂厂长（1980.1—1987.9）
刘德恩	男	1920	山西昔阳	中共党员	1938.8		1937.12	市政协副主席（1956.5—1959.10）
齐胜锁	男	1953.8	河北平山	中共党员		中央党校函授本科	1972.12	阳泉军分区政治部主任（1998.4—2004.3）
安 克	男	1921	山西平定	中共党员	1939.3	初中	1937.8	中共阳泉市核心小组副组长（1968.1—1968.11）
许 坚	男	1917	河南滑县	中共党员	1938.3		1937.3	市政协副主席（1959.10—1963.8）市政协副主席（1982.7—1983.11）
许文珍	男	1954.10	山西盂县	无党派		大专	1975.12	市政协副主席（2007.5—）
许安武	男	1952.9	山东惠民	中共党员		中央党校函授本科	1969.12	阳泉军分区政治委员（2003.7—2007.11）
孙水生	男	1951.1	河南武陟	中共党员	1973.5	中央党校函授本科	1972.7	市委副书记（1998.4—2006.6）市委党校校长（2000.10—2006.12）市行政学院院长（2002.10—2007.2）市人大常委会党组书记（2006.6—）市人大常委会主任（2007.5—）

续表 -30-1

姓 名	性 别	出生时间	籍 贯	政治面貌	入党时间	文化程度	参加工作时间	所任职务及时间
孙庆龙	男	1920	河北雄县	中共党员	1938.5		1938	市革委会副主任（1968.9—1976.10）市革委会副主任（1978.6—1980.6）
孙学勤	男	1935.6	河北抚宁	中共党员	1954	初中	1951.3	市人大常委会副主任（1989.5—1995.5）
孙建成	男	1928	山西太原	中共党员	1953	大学	1949	市政协副主席（1982.7—1983.11）
贠自博	男	1957.1	山西平陆	中共党员		大学	1976.12	阳泉军分区参谋长（2000.5—2006.8）
芦荫昌	男	1924	河北阜平	中共党员	1946.6		1938.12	市人大常委会副主任（1982.7—1983.10）
杜肇昆	男	1941.1	山东东平	中共党员	1984.4	大学	1967.7	市人大常委会副主任（1995.5—2002.3）
李 广	男	1922.10	河北密云	中共党员		初中	1942.10	国营晋东化工厂副厂长（1979.9—1980.1）
李一彬	男	1936.3	山西盂县	中共党员	1964.4	大学	1959.7	阳泉煤炭专科学校党委书记（1992.11—1997.8）
李开信	男	1919	山西原平	中共党员	1939.2		1937.10	市委副书记（1948.12—1949.8）
李天太	男	1957.3	河北武安	中共党员	1976.10	在职研究生	1975.2	市委副书记（2001.8—2006.2）
李天祥	男	1956.12	山西定襄	九三学社		大学	1974.8	市政协副主席（2007.5—）
李天瑞	男	1938	山西平定	中共党员	1980	大学	1965.8	副市长（1986.3—1988.6）代市长（1988.6—1989.5）市长（1989.5—1990.2）市委副书记（1988.2—1990.2）

续表-30-1

姓名	性别	出生时间	籍贯	政治面貌	入党时间	文化程度	参加工作时间	所任职务及时间
李玉田	男	1918	山西武乡	中共党员	1938	武乡县立师范	1937	市委副书记（1953.4—1954.8）市委书记（1954.8—1957.7）市委第一书记（1957.8—1958.6）市委书记处第一书记（1958.6—1961.3）市政协主席（1955.4—1963.8）
李玄如	男	1945.3	山西原平	无党派		大学	1970.8	市政协副主席（1997.4—2007.5）
李庆荣	男	1934.7	山东济南	中共党员	1956	高中	1953.2	市检察院检察长（1982.7—1992.6）
李好山	男	1921	河北磁县	中共党员	1938.5		1937.9	市革委会副主任（1970.12—1972.3）市委副书记（1971.1—1973.4）市革委会主任（1972.3—1977.9）市委第二书记（1973.4—1975.1）市委书记（1975.1—1978.10）
李志仁	男	1929.10	山西沁县	中共党员	1950.4	大专	1947.5	国营晋东化工厂党委书记（1981.12—1987.9）
李利生	男	1966.10	山西柳林	中共党员	1991.6	研究生	1992.9	阳泉经济技术开发区管委会主任（2005.12—）阳泉经济技术开发区党工委副书记（2006.5—）
李体柱	男	1958.2	山西黎城	中共党员	1977.10	中央党校函授本科	1975.1	副市长（2002.3—2009.8）
李希曾	男	1934.12	山西左权	中共党员	1953	大专	1952.8	副市长（1985.6—1992.6）市政协主席（1992.6—2000.4）

续表 -30-1

姓 名	性 别	出生时间	籍 贯	政治面貌	入党时间	文化程度	参加工作时间	所任职务及时间
李宏斌	男	1941.10	广东南海	中共党员		大学	1961.7	国营晋东化工厂党委副书记（1986.5—1991.8）国营晋东化工厂副厂长（1991.8—1994.12）
李金鳌	男	1944.10	内蒙古丰镇县	中共党员	1974.4	大专	1967.7	国营晋东化工厂党委书记（1987.9—1990.10）
李建忠	男	1951.4	河北武安	中共党员	1974	中央党校函授本科	1968.12	市中级人民法院院长（1997.4—2002.3）
李建标	男	1910	山西临汾	中共党员	1937		1936	工矿区副主任（1950.1—1951.8）工矿区主任（1951.8—1952.3）
李挺峰	男	1923.6	山西平陆	中共党员	1939.10	初中	1940.1	国营晋东化工厂党委书记、第二书记（1971.10—1973.4）
李栋梁	男	1958.8	山西左云	中共党员	1977.5	研究生	1975.8	市委副书记（2009.3—）代市长（2009.4—2009.5）市政府党组书记（2009.4—）市长（2009.5—）
李奕明	男	1943.2	安徽耒安	中共党员	1984	研究生	1966.9	副市长（1985.6—2000.4）市人大常委会副主任（2000.4—2002.3）
李振中	男	1940.12	山西洪洞	中共党员	1984	大学	1963.8	阳泉煤炭专科学校党委副书记、校长（1997.8—1998.7）
李振生	男	1923	山西平定	中共党员	1941		1939.11	市革委会副主任（1970.12—1976.10）
李晓峰	男	1959.4	山西原平	中共党员	1985.1	大学	1976.4	山西北方晋东化工有限公司、北方特种能源集团有限公司副总经理（2005.6—2010.12）

续表-30-1

姓名	性别	出生时间	籍贯	政治面貌	入党时间	文化程度	参加工作时间	所任职务及时间
李家忠	男	1951.5	山西阳泉	中共党员		大学	1969.7	市教育学院党委书记（2005.5—）
李畴海	男	1947.3	山西阳泉	中共党员	1971.5	省委党校函授大专	1965.8	市政协副主席（2002.3—2007.5）
李裕厚	男	1951.6	山西盂县	中共党员	1971.7	省委党校函授大专	1967.2	市政协副主席（2004.4—） 市政协党组副书记（2007.6—）
李增山	男	1945.6	河北平山	中共党员		大专	1964.12	阳泉军分区副政治委员（1998.10—2000.11）
李儒泉	男	1941.12	山西寿阳	中共党员	1978.9	大专	1961.8	市政协副主席（1997.4—2002.3）
杨广耀	男	1956.10	山西夏县	中共党员	1982.6	研究生	1976.1	阳泉煤炭专科学校党委书记（2010.9—）
杨少华	男	1958.9	内蒙古卓资	中共党员		大学	1976.12	阳泉军分区参谋长（2006.8—2010.3）
杨永生	男	1961.10	山西临猗	中共党员	1992.5	大学	1982.9	市委常委、市委统战部部长（2006.9—）
杨立毅	男	1947.1	山西阳泉	中共党员		中专	1967.8	国营晋东化工厂、山西晋东化工（集团）有限责任公司总会计师（1989.1—2005.6）
杨安富	男	1937.12	山西陵川	中共党员		大专	1962.9	国营晋东化工厂纪委书记（1987.5—1995.9）
杨金永	男	1954.3	吉林舒兰	中共党员	1972.4	大学	1969.12	副市长（1996.10—1999.4） 市委常委（1996.8—1999.2）
杨宝国	男	1940.11	河南潢川	中共党员	1970.12	大学	1964.9	市人大常委会副主任（1992.6—2002.3）
杨秋元	男	1945.8	河南林州	中共党员	1964.9	大专	1962.12	市委常委（1997.4—1999.2） 阳泉军分区司令员（1996.12—1998.5）

续表 -30-1

姓 名	性 别	出生时间	籍 贯	政治面貌	入党时间	文化程度	参加工作时间	所任职务及时间
杨清风	男	1945.10	江西万安	中共党员	1975.4	大学	1966.7	副市长 （1995.12—2002.3） 市人大常委会副主任 （2002.3—2006.4）
杨增武	男	1957.3	山西山阴	中共党员		大学	1973.9	副市长 （1996.10—1997.4）
吴丽萍	女	1955.11	北京市	无党派		大学	1975.12	市人大常委会副主任 （2007.5—）
吴学斌	男	1952.7	山西大同	中共党员	1976.9	大专	1969.4	市人大常委会副主任 （2006.4—）
吴润身	男	1913.9	山西沁县	中共党员	1938	初中	1938.4	国营晋东化工厂党委书记 （1965.11—1972.5）
吴景忠	男	1935	辽宁沈阳	中共党员	1966.4	太原采矿学校	1962.9	市革委会副主任 （1976.10—1982.7） 副市长 （1982.7—1983.12）
吴锦文	男	1944.9	山西长治	中共党员	1965.12	大学	1967.7	市委副书记 （1992.3—1994.11）
辛贵玉	男	1930.1	山西盂县	中共党员	1948.8	中国人民大学进修学习	1946.1	副市长 （1983.12—1987.12） 市人大常委会主任 （1987.12—1995.5）
沈丁祥	男	1917.10	江苏启东	中共党员	1936.10	小学	1936.6	兵工六厂厂长 （1948.2—1950.5）
宋师璇	男	1951.6	山西介休	中共党员	1979.5	中央党校函授本科	1970.4	市委常委、市委组织部部长 （2006.8—）
宋林岭	男	1944.4	山西平遥	中共党员	1965.10	省委党校函授大专	1962.6	市委常委、市纪委书记 （1995.11—2002.6） 市监委主任 （1995.11—2002.7） 市政协主席 （2002.3—2007.5）
宋建华	男	1948.11	山西襄垣	中共党员	1970.6	研究生	1969.7	市公安局局长、党委书记 武警支队第一书记、第一政委 （1995.8—2003.5）

续表 -30-1

姓 名	性别	出生时间	籍贯	政治面貌	入党时间	文化程度	参加工作时间	所任职务及时间
宋绍章	男	1923	河北唐山	中共党员	1985	大专	1949.9	市人大常委会副主任（1983.12—1987.12）
张 诚	男	1945.5	河北怀安	中共党员	1973.10	大学	1968.12	副市长（1993.2—1998.6） 市委常委（1996.4—1998.4）
张 清	男	1950.1	山西阳泉	中共党员	1971.1	省委党校脱产大专	1968.8	市人大常委会副主任（2003.4—2010.4） 市人大常委会党组副书记（2007.6—2010.5）
张义明	男	1942.6	河北遵化	中共党员	1966.3	大学	1967.7	副市长（1988.6—1994.4）
张云翔	男	1942.1	山西平定	民革	1993.7	大学	1968.12	市政协副主席（1997.4—2007.5）
张为民	男	1960.7	山西沁县	中共党员	1982.5	大学	1977.3	国营晋东化工厂总工程师（1994.12—1996.1） 国营晋东化工厂、山西晋东化工（集团）有限责任公司厂长、董事长、总经理（1996.1—2005.6） 国营晋东化工厂党委书记（1998.3—1999.8）
张延生	男	1942.2	河北昌黎	中共党员	1981.6	大专	1964.8	国营晋东化工厂厂长（1987.9—1996.1） 国营晋东化工厂党委书记（1990.10—1998.3）
张仲马	男	1954.2	山西忻州	中共党员	1984.2	中央党校函授本科	1970.11	市人民检察院检察长（2002.3—2008.11）
张步英	男	1913	山西黎城	中共党员	1938		1937	市革委会主任（1977.9—1979.4） 市委第二书记（1977.9—1979.9）
张希祯	男	1944.1	山西平定	中共党员	1965.8	大专	1961.8	市人大常委会副主任（1997.4—2002.3）

续表 -30-1

姓 名	性 别	出生时间	籍 贯	政治面貌	入党时间	文化程度	参加工作时间	所任职务及时间
张昌和	男	1937.11	山西灵丘	中共党员	1953.5	初中	1955.3	市委常委、组织部部长（1990.1—1995.1） 市委副书记（1995.1—1995.7） 市人大常委会主任（1995.5—2002.3）
张泽田	男	1954.8	山西汾阳	中共党员		大学	1970.12	阳泉军分区参谋长（1998.12—2000.5）
张泽宇	男	1943	山东掖县	中共党员	1971.5	大学	1968.7	副市长（1983.12—1985.5）
张俊华	男	1936.8	山西芮城	中共党员	1953.12	大专	1951.1	市委副书记（1995.7—1997.12） 市委常委、市纪委书记（1990.11—1995.7）
张夏阳	男	1948.5	山西应县	中共党员		大专	1968.9	国营晋东化工厂副厂长（1993.3—1999.8）
张润槐	男	1917	山西盂县	中共党员	1940		1934	副市长（1959.10—1960.9） 市委书记处书记（1960.9—1961.6）
张银芳	男	1941.4	山西原平	中共党员	1960	高中	1956.3	市委常委（1990.12—1993.3） 阳泉军分区政委（1988.8—1992.12）
张鸿仁	男	1932.7	天津市	中共党员	1956.12	高中	1951.11	市政协副主席（1987.12—1992.6）
张富华	男	1940	山西平定	中共党员	1970.5			市委副书记（1976.10—1977.12）
张登记	男	1948.2	山西浑源	中共党员		中专	1967.8	国营晋东化工厂副厂长（1993.3—2000.10）
张殿烈	男	1941．1	山西榆社	中共党员		中专	1961.9	国营晋东化工厂副厂长（1983.9—1989.1）
张增光	男	1955.4	山西运城	中共党员		大学	1973.12	阳泉军分区副司令员（2003.11—2005.3）
张耀增	男	1931.11	北京市	民革	1986	高中	1949.1	市政协副主席（1987.12—1997.4）

续表 -30-1

姓名	性别	出生时间	籍贯	政治面貌	入党时间	文化程度	参加工作时间	所任职务及时间
陆崇相	男	1958.3	江苏滨海	中共党员		中央党校函授本科	1976.2	阳泉军分区政治委员（2008.12—2010.5）
陈子万	男	1920.10	山西昔阳	中共党员	1937	高小		市委副书记（1954.12—1958.6） 市委书记处书记（1958.6—1960.2）
陈子谦	男			中共党员				市委副书记（1947.9—1948.7）
陈华洞	男	1911.6	山西文水	中共党员	1942.3	初中	1939.7	国营晋东化工厂厂长（1959.4—1980.1）
陈保京	女	1949.6	河北石家庄	中共党员	1971.4	省委党校脱产大专	1968.12	市委统战部部长（2001.6—2006.9） 市政协副主席（2002.3—2007.5）
陈海清	男	1909	湖北黄安	中共党员	1930.5	小学	1929	兵工六厂政委（1948.2—1949.9）
陈继光	男	1951.5	山西平定	中共党员	1971.1	中专	1973.4	副市长（2000.7—2006.9） 市国资委党委书记（2004.6—2006.11） 市委常委、政法委书记（2006.9—）
郜爱国	男	1954.2	山西黎城	中共党员	1980.1	中央党校函授本科	1970.10	市委副书记（2000.9—） 市委党校校长（2006.12—） 市行政学院院长（2007.2—）
武　政	男	1913.7	山西沁源	中共党员	1938	初中	1938.3	国营晋东化工厂党委书记（1963.4—1966.11）（1974.12—1981.10）
武庆贺	男	1914	山西阳泉	中共党员	1937.10	初中	1937.9	副市长、市人民法院院长（1948.7—1948.12）
范谦家	男	1952.4	山西万荣	中共党员	1974.5	大专	1970.12	阳泉军分区司令员（2001.11—2007.8） 市委常委（2003.12—2008.3）

续表 -30-1

姓 名	性 别	出生时间	籍 贯	政治面貌	入党时间	文化程度	参加工作时间	所任职务及时间
林一新	男	1906	山西平定	中共党员	1938.2		1937.4	副市长（1956.3—1960.8） 市政协副主席（1957.6—1959.10） 市政协副主席（1963.8—1967.1）
林玉平	男	1955.3	山西寿阳	中共党员	1974.11	中央党校在职研究生	1974.11	市委常委（2000.9—2008.8） 市委宣传部部长（2000.11—2002.6） 市纪委书记（2002.6—2008.8） 市监委主任（2002.7—2004.6） 市委副书记（2003.1—2008.8）
罗陶然	男	1922	河北平山	中共党员	1945		1940	市革委会副主任（1977.12—1982.7） 市委副书记（1977.12—1983.8）
周云涛	男	1926	河北高阳	中共党员	1939.3		1939	市革委会主任（1968.9—1972.3） 市委书记（1970.12—1975.1）
周国俊	男	1931	山西五台	中共党员	1947.5	高小	1947	市革委会副主任（1979.4—1980.5） 市长（1982.7—1985.5） 市委副书记（1983.8—1985.5）
周建勇	男	1965.12	河南内黄	中共党员	1990.12	大学	1985.7	山西北方晋东化工有限公司副总经理（2010.12—）
郑　涛	男	1922.10	河北定县	中共党员	1941.4	初中	1939.11	一〇四厂厂长（1952.10—1957.9）
单利亚	男	1965.5	河北深县	中共党员	1994.12	研究生	1986.7	国营晋东化工厂、山西晋东化工（集团）有限责任公司副厂长、副总经理（2000.10—2005.6） 山西北方晋东化工有限公司总经理（2005.6—2007.8）

续表-30-1

姓 名	性 别	出生时间	籍 贯	政治面貌	入党时间	文化程度	参加工作时间	所任职务及时间
孟启明	男	1916	河北涞源	中共党员	1938	中共北岳区委党校	1937.12	市长（1965.10—1967.1）市革委会副主任（1968.9—1970.8）
孟金水	男	1928.2	山西武乡	中共党员		初中	1944.9	国营晋东化工厂副厂长（1979.10—1983.9）
孟昭瑞	男	1938.6	内蒙古赤峰	中共党员	1958	大学	1960.2	市委党校常务副校长（1993.3—1998.7）
封云甫	男	1907	河北平山	中共党员	1937.12		1937.9	市长（1948.12—1949.8）
赵文华	男	1933.11	河北永清	无党派		大专	1950.12	市政协副主席（1987.12—2000.4）
赵永红	女	1957.3	山西平定	民盟	1983.12	大学	1974.8	市政协副主席（2007.5—）
赵寿山	男	1923	山西武乡	中共党员	1938.4		1938.2	市革委会副主任（1979.4—1982.7）市人大常委会副主任（1982.7—1987.12）
赵连捷	男	1917.2	山西洪洞	中共党员	1942.8	初中	1937.10	一〇四厂党总支、党委书记（1953.5—1960.5）
赵迪南	男	1935.10	山西清徐	中共党员	1956.5	高中	1953.6	副市长（1988.6—1995.11）市委常委（1993.3—1995.11）
郝玉文	男	1946.11	山西左权	中共党员	1972.6	大学	1970.9	市教育学院党委书记（2003.1—2005.5）市教育学院院长（2005.5—2007.3）
郝尚贵	男	1921.5	山西永和	中共党员	1940.5	初中	1939.3	国营晋东化工厂党委书记（1960.5—1963.4）
郝爱生	男	1943.1	山西左权	中共党员	1967.7	高中	1962.12	市人大常委会副主任（1997.4—2002.3）
荆东生	男	1952.9	山西阳泉	中共党员	1975.6	中央党校在职研究生	1974.8	市人大常委会副主任（2005.4—）市人大常委会党组副书记（2010.5—）

续表 -30-1

姓 名	性 别	出生时间	籍 贯	政治面貌	入党时间	文化程度	参加工作时间	所任职务及时间
荆俊明	男	1966.6	山西绛县	中共党员		大学	1983.8	阳泉军分区参谋长（2010.3—）
胡之江	男	1920	广东汕头	中共党员	1944.4			副市长（1965.10—1967.1）市革委会副主任（1979.4—1982.7）市政协副主席（1982.7—1983.11）
胡克勤	男	1958.8	山西长治	中共党员	1978.4	大专	1976.2	市人民检察院代检察长（2008.11—2009.5）市人民检察院检察长（2009.5—）
胡善瑜	男	1941.5	山西盂县	中共党员	1965	大专	1959.11	市政协副主席（1992.6—2002.3）
段永章	男	1946.8	山西阳泉	中共党员	1973	大专	1963.8	市委常委（1997.12—2006.9）市政法委书记（2000.11—2006.9）
段存寿	男	1953.3	山西平定	中共党员	1974.10	中央党校函授本科	1970.3	市人大常委会副主任（2006.4—）
段奇耀	男	1938.1	河北井陉	中共党员	1959	大专	1959.9	市中级人民法院院长（1992.6—1997.4）
侯有智	男	1913	山西左权	中共党员	1938		1937	副市长（1959.10—1962.7）市政协副主席（1980.11—1982.7）
侯伍杰	男	1945.9	山西盂县	中共党员	1966.7	研究生学历	1967.7	市委书记（1990.11—1995.12）
侯宽春	男	1936.10	山西平定	中共党员	1961.6	大学（肄业）	1951.3	市政协副主席（1992.6—1997.4）
侯新泉	男	1934	山西昔阳	中共党员	1954.10	中专	1953.7	市人大常委会副主任（1991.3—1991.9）
姚　钟	男	1963.8	湖北浠水	中共党员	1984.12	研究生	1983.8	山西北方晋东化工有限公司董事、总经理（2007.8—2010.12）

续表 -30-1

姓 名	性 别	出生时间	籍 贯	政治面貌	入党时间	文化程度	参加工作时间	所任职务及时间
袁振生	男	1944.2	河北内邱	中共党员	1973	大学	1967.7	市委党校常务副校长（2000.6—2004.3）
耿万华	男	1954.3	山西左云	中共党员		大学	1972.12	阳泉军分区副政治委员（2002.1—2007.9）
莫显标	男	1931	广东南海	中共党员	1963.3	高中	1950.3	市人大常委会副主任（1987.12—1992.6）
贾银环	男	1941	山西平定	中共党员	1963.12	大学	1967.12	市委副书记（1985.6—1992.1）
贾慧生	男	1920	河北元氏	中共党员	1938.3		1938	市委第二副书记（1952.3—1954.8） 市委副书记（1974.2—1976.10）
徐 来	女	1943.12	上海市	无党派		大学	1961.7	市人大常委会副主任（1987.12—2002.3） 市政协副主席（2002.3—2007.5）
高 宏	男	1963.6	山东菏泽	中共党员	1988.7	大学	1985.8	山西北方晋东化工有限公司党委副书记、纪委书记、工会主席（2007.4—）
高东升	男	1927	山西文水	中共党员	1946.6	初中	1938.8	市政协副主席（1986.4—1992.6）
高全怀	男	1950.9	山西阳泉	中共党员	1976.10	中央党校函授本科	1972.1	市委常委（2002.6—2010.11） 市委宣传部部长（2002.6—）
高荣钾	男	1926	河北交河	民建	1957			市政协副主席（1956.5—1957.6）
高振羽	男	1958. 6	北京通州	中共党员		大学	1974.12	阳泉军分区政治委员（2010.5—）
高根楼	男	1930.7	山西五台	中共党员	1946	高小		市中级人民法院院长（1983.12—1992.6）

续表 -30-1

姓 名	性 别	出生时间	籍 贯	政治面貌	入党时间	文化程度	参加工作时间	所任职务及时间
郭 力	男	1926.7	山西潞城	中共党员	1942	大学	1942.11	副市长 （1960.8—1967.1） 市革委会副主任 （1973.4—1982.7） 市委副书记 （1975.1—1983.8） 市人大常委会主任 （1982.7—1983.12） 市政协主席 （1983.12—1992.6）
郭汉三	男	1920	山西阳泉	中共党员	1946.3			市革委会副主任 （1979.4—1982.7）
郭存华	男	1912	山西昔阳	中共党员	1941			市委书记处书记 （1958.6—1961.6）
郭良孝	男	1952.1	山西孝义	中共党员	1971.3	中共中央党校函授本科	1969.11	市委副书记 （1995.1—2003.6） 市长 （1998.4—2003.6）
郭忠实	男	1955.5	山西山阴	中共党员		大学	1974.12	市委常委、市委组织部部长 （2001.7—2006.8）
郭星来	男	1920	山西武乡	中共党员	1938.3		1937	市委书记处代理第一书记 （1961.3—1961.4） 市委书记处第一书记 （1961.4—1962.11） 市委书记 （1962.11—1967.1） 市政协主席 （1963.8—1967.1）
郭彦庚	男	1936.9	河北深县	中共党员	1956.6	大专	1951.10	市人大常委会副主任 （1992.6—1997.4）
郭弼成	男			中共党员				市委副书记 （1947.5—1947.9）
梅汉文	男	1921.12	河北井陉	九三学社	1987	高中	1937	市政协副主席 （1982.7—1992.6）
曹子凝	男	1931.3	山西阳泉	中共党员	1948	初师	1948.4	市人大常委会副主任 （1989.5—1992.6）
曹建东	男	1945.2	山东莒县	中共党员		中专	1965.8	国营晋东化工厂副厂长 （1993.3—2000.10）

续表 -30-1

姓名	性别	出生时间	籍贯	政治面貌	入党时间	文化程度	参加工作时间	所任职务及时间
常杰	男	1924	山西长子	中共党员	1938.11		1938.3	市革委会副主任（1979.4—1982.7） 副市长（1982.7—1983.12） 市人大常委会副主任（1983.12—1987.12）
常振华	男	1921	山西榆社	中共党员	1939.4		1937.6	市革委会副主任（1977.12—1979.4） 市委副书记（1977.12—1979.4）
康洛	男	1916	河南洧川	中共党员	1938.3		1937.10	市长（1952.4—1954.5） 市委书记（1952.3—1954.8）
康启光	男	1934	湖南长沙	中共党员	1956.12		1951	市革委会副主任（1972.4—1976.10）
商子和	男	1907	阳泉城区	民盟	1957	大学		市政协副主席（1957.6—1967.1） 市政协副主席（1980.11—1982.7） 市政协副主席（1983.12—1987.12）
阎福兴	男	1932.10	山西壶关	中共党员		大专	1947.1	国营晋东化工厂总会计师（1979.10—1987.9）
梁进才	男	1937.2	山西定襄	中共党员		大专	1955.1	国营晋东化工厂副厂长（1984.9—1993.3）
梁志祥	男	1953.3	河北井陉	中共党员	1977	大专	1970.1	市委副书记（1990.12—1994.11）
密国林	男	1963. 5	山西闻喜	中共党员		大学	1981.10	阳泉军分区司令员（2013.6—2014.9）
彭喜平	女	1959.2	河南清丰	中共党员	1985.6	大学	1976.7	市委党校常务副校长（2005.3—） 市行政学院常务副院长（2005.4—）
董岩	男	1958.3	黑龙江宾县	中共党员	1976.10	大学	1975.3	市委常委（2002.2—2006.8） 市委秘书长（2002.4—2006.8） 市委办公厅主任（2002.4—2004.6）

续表 -30-1

姓名	性别	出生时间	籍贯	政治面貌	入党时间	文化程度	参加工作时间	所任职务及时间
董　洪	男	1911	山西繁峙	中共党员	1937		1937.10	副市长（1962.7—1967.1） 市政协副主席（1955.4—1957.6） 市政协副主席（1959.10—1963.8）
董建堂	男	1943.3	山西太谷	中共党员	1985	大学	1967.7	市人大常委会副主任（1997.4—2002.3）
董惠明	男	1951.11	山西平定	中共党员		函授大专	1976.7	阳泉经济技术开发区党工委书记（2006.11—）
蒋　鹿	男	1958.12	安徽怀远	中共党员		中央党校函授本科	1976.12	阳泉军分区政治委员（2007.11—2008.12）
蒋若鲁	男	1919	江苏泰兴	中共党员	1941		1938	工矿区副主任（1951.8—1952.3）
韩保清	男	1963.10	山西盂县	中共党员		研究生	1987.7	阳泉煤炭专科学校党委副书记、校长（2010.9—）
韩效仁	男	1923	山西盂县	中共党员	1938		1938.7	市革委会副主任（1979.4—1982.7） 副市长（1982.7—1983.12） 市政协副主席（1983.12—1987.12）
智生元	男	1914	山西定襄	中共党员	1934			市委书记兼市长（1947.5—1947.9）
程步云	男	1945.11	山西河曲	中共党员	1972.7	大学	1969.7	市委书记（2000.2—2006.2）
程宏毅	男	1914	山西盂县	中共党员	1936.7	大学	1936	市委书记兼市长（1948.7—1948.12）
焦剑心	男	1913	河北平山	中共党员	1942.12	高中	1937.10	副市长（1954.8—1965.10） 市政协副主席（1980.11—1982.7） 市政协主席（1982.7—1983.11）
鲁宏成	男	1945.3	山西阳高	中共党员	1976.6	大学	1970.9	阳泉经济技术开发区管委会主任、党工委书记（1997.7—2005.3） 市政协副主席（2002.3—2004.4）

续表 -30-1

姓名	性别	出生时间	籍贯	政治面貌	入党时间	文化程度	参加工作时间	所任职务及时间
温彩恩	男	1964.3	山西阳泉	中共党员	1996.7	大学	1985.8	山西北方晋东化工有限公司工会主席（2005.6—2010.12）副总经理（2010.12—）
温藏宝	男	1916.10	河北平山	中共党员	1937.12	大专	1937.9	市革委会副主任（1968.9—1970.12）
谢　海	男	1953.10	山西繁峙	中共党员	1974.3	中央党校函授本科	1971.11	代市长（2003.6—2004.2）市长（2004.2—2006.2）市委副书记（2003.6—2006.2）市委书记（2006.2—2009.3）
谢子和	男	1916	山西平遥	中共党员	1938		1937	副市长（1952.7—1954.5）市长（1954.8—1958.6）市常务副书记（1956.9—1957.7）市委第二书记（1957.8—1958.6）市委书记处书记（1958.6—1958.7）
靳广杰	男	1925	山西孝义	中共党员	1939.10	中央党校	1938.8	市委书记（1983.4—1985.5）
甄　铭	男	1959.4	山西神池	中共党员		大学	1976.12	阳泉军分区政治部主任（2004.3—）
甄林昭	男	1905	山西阳泉	中共党员	1949	省立第一师范学校	1926	市政协副主席（1965.10—1967.1）
路正西	男	1932	河南博爱	中共党员	1949.8	中央团校	1949.1	市委副书记（1983.12—1985.5）市委书记（1985.5—1988.2）
鲍善冰	男	1957.9	山西应县	中共党员		研究生	1973.1	阳泉煤炭专科学校党委书记（1999.11—2003.2）
樊盛武	男	1954.1	山西晋城	中共党员	1974.10	中央党校函授本科	1970.9	副市长（1997.4—2006.9）市委常委、市委秘书长（2006.9—）

续表 -30-1

姓 名	性 别	出生时间	籍 贯	政治面貌	入党时间	文化程度	参加工作时间	所任职务及时间
潘玉宝	男	1956.5	河北深县	中共党员	1985.8	大学	1974.12	国营晋东化工厂、山西晋东化工（集团）有限责任公司、山西北方晋东化工有限公司副厂长、监事会主席、党委副书记、纪委书记（1994.12—2007.4） 山西北方晋东化工有限公司党委书记、监事会主席、纪委书记（2007.4—2010.10） 北方特种能源集团有限公司监事（2010.10—）
潘会平	男	1964.11	山西寿阳	中共党员	1999.6	大学	1986.7	山西北方晋东化工有限公司董事、副总经理（2007.4—）
潘金成	男	1925.7	福建永春	无党派		高中	1949	市政协副主席（1983.12—1992.6）
薛爱群	男	1929.2	河北获鹿	中共党员		大专	1948.4	国营晋东化工厂副厂长（1983.9—1994.12）
薛瑞锁	男	1939.11	山西稷山	中共党员	1959	大学	1965.8	市教育学院党委书记（1997.4—2000.9）
薄应贤	男	1941.3	山西五台	中共党员	1966	大学	1964.8	市委副书记（1985.6—1995.12） 代市长（1990.3—1990.4） 市长（1990.4—1996.2）
霍世平	男	1963.4	山西和顺	中共党员	1985.1	大学	1980.9	阳泉煤炭专科学校校长（2001.11—2010.9）
魏树军	男	1942.12	河北任丘	中共党员	1966.7	大专	1961.8	市委常委（1993.3—1997.4） 阳泉军分区司令员（1990.9—1996.12）
魏德卿	男	1944.12	山西平定	中共党员	1971	大专	1964.7	副市长（1992.4—1996.4） 市委副书记（1995.7—1998.4） 市长（1996.4—1998.4）
瞿林森	男	1935.2	江苏常熟	中共党员		大学	1960.9	国营晋东化工厂副厂长（1983.9—1994.12）

阳泉市历届全国人大代表和政协委员名表

表 -30-2

姓 名	性 别	出生时间	籍 贯	当选全国人大代表、政协委员届次	时任职务	参加工作时间
张瑾瑶	男	1925	山西平定	1964 年第三届全国人大代表	红育口小学教师	1946
李素珍	女	1941	山西平定	1964 年第三届全国人大代表	市百货公司副经理，市商业局党委副书记	1956
张合发	男	1935	山西新绛	1983 年第六届全国人大代表	阳泉市硫铁矿公司副经理	1963
赵庆祥	男	1938	山西寿阳	1983 年第六届全国人大代表	三矿一号井采煤三队党支部书记	1956
朱礼厚	女	1944	江苏太仓	1988 年第七届全国人大代表 1993 年第八届全国人大代表 1998 年第九届全国人大代表	铝矾土矿技术科副科长，郊区人民政府副区长、兼阳泉市政协副主席，阳泉市人民政府副市长	1968.7
魏德卿	男	1944	山西平定	1998 年第九届全国人大代表	中共阳泉市委副书记、阳泉市人民政府市长	1964.7
白 云	女	1960	山西五台	2008 年第十一届全国人大代表	阳泉市人民政府市长	1976.12
田振宗	男	1904	河北定县	1964 年第三届全国人大代表 1978 年第五届全国政协委员	阳泉矿务局总工程师	

阳泉市历次中国共产党全国代表大会代表名表

表 -30-3

姓 名	性 别	出生时间	籍 贯	党代会届次	时任职务
李玉田	男	1918	山西武乡	中共第八次全国代表大会	市委书记
王 体	男	1914	山西平定	中共第九、十次全国代表大会	市革命委员会副主任
路正西	男	1932	河南博爱	中共第十三次全国代表大会	市委书记
张进德	男	1935	阳泉郊区	中共第十三次全国代表大会	郊区三泉村党支部书记
侯伍杰	男	1945	山西盂县	中共第十四次全国代表大会	市委书记

续表 -30-3

姓　名	性 别	出生时间	籍 贯	党代会届次	时任职务
王敬瑞	男	1953	山西平定	中共第十四次全国代表大会	郊区区委常委、荫营镇党委书记
田霍卿	男	1945	山西沁水	中共第十五次全国代表大会	市委书记
邢　军	男	1951	河北蠡县	中共第十五次全国代表大会	阳煤一矿工人
程步云	男	1945	山西河曲	中共第十六次全国代表大会	市委书记
杨芝萍	女	1963	山西阳泉	中共第十六次全国代表大会	荫营中学教师
谢　海	男	1953	山西繁峙	中共第十七次全国代表大会	市委书记
于昌明	男	1964	山西平定	中共第十七次全国代表大会	市中院执行局局长、院党组成员

阳泉市获全国劳动模范和全国五一劳动奖章人员名表

表 -30-4

姓 名	性别	民 族	出生时间	政治面貌	籍 贯	文化程度	参加工作时间	荣誉称号及年份	所在单位及职务
王四毛	男	汉	1984		山西平定			全国劳动模范（1950）	阳泉矿务局职工养老院院长
王致旺	男	汉	1932	中共党员	山西五台		1950.4	全国先进生产者（1956）	阳泉市磺粉厂
王宜珉								1956	
冯桂樵	男	汉	1910	中共党员	山西平定		1926	全国先进生产者（1956）	阳泉铁厂技术员
苏景云	女	汉	1935.6	中共党员	辽宁黑山	高中（中专）	1955.8	全国先进生产者（1956）	阳煤集团工会
孟繁礼	男	汉	1925		山西文水		1951	全国先进生产者（1956）	阳泉市农业银行企业信贷副科长
史崇英	男	汉	1928.10	中共党员	山西阳泉	初中	1948.1	全国先进生产者（1959）	原阳泉钢铁公司炼铁车间
张世祯	男	汉	1930	中共党员	山西平定		1949.9	全国劳动模范（1959）	阳泉矿务局三矿机电科副科长

续表-30-4

姓名	性别	民族	出生时间	政治面貌	籍贯	文化程度	参加工作时间	荣誉称号及年份	所在单位及职务
陈明远	男	回	1922		河北盐山		1950	全国先进生产者（1959）	阳泉市钟仪总公司制笔厂工人
王小五								1960	
吕成录	男	汉	1930.4	群众	河北井陉	小学	1945.4	全国先进生产者（1977）	原阳泉矿务局四矿一坑采煤队
何秉权	男	汉	1928.2	中共党员	河北深泽	大专	1947.10	全国先进科技工作者（1978）	原阳泉矿务局
王以晖	男	汉	1937.2	中共党员	山西昔阳	初中及以下	1953.10	全国五一劳动奖（1985）	阳泉市交通局
金元斌	男	汉	1926	中共党员	河南固始	大学	1952	全国五一劳动奖（1985）	阳泉矿务局煤炭科学研究所副所长
路林印	男	汉	1954.8	中共党员	山西盂县	大专	1970.3	全国五一劳动奖（1986） 全国先进工作者（1989）	山西省盂县梁家寨乡联校
张俊祥	男	汉	1938.3	中共党员	山西平定	初中及以下		全国五一劳动奖（1987）	阳泉市工商局
吕　信	男	汉	1938.5	中共党员	山西平定	高中（中专）	1954.4	全国五一劳动奖（1988）	阳泉仪表公司
韩少杰	男	汉	1954.2	中共党员	山西阳泉	大学	1978	全国五一劳动奖（1988）	阳泉应用技术研究所工程师
张阁臣	男	汉	1934.8	中共党员	河北安国	初中及以下	1951.3	全国劳动模范（1989）	阳泉市第四汽车运输公司
曹大良	男	汉	1940.2	中共党员	山西应县	初中及以下	1959.11	全国劳动模范（1989）	天兴留守处离退休中心
梁作义	男	汉	1935.4	中共党员	山西阳泉	高小	1950.10	全国劳动模范（1989）	阳泉市开发区平坦垴村
侯秋来	男	汉	1947		山西平定		1965	全国五一劳动奖（1990）	平定县人民医院
邢玉明	男	汉	1942.3	中共党员	山西昔阳	大专	1958.7	全国五一劳动奖（1991）	阳煤集团
荣保生	男	汉	1942.3	中共党员	河北邢台	大专	1958.7	全国五一劳动奖（1991）	阳泉阀门厂

续表 -30-4

姓 名	性别	民 族	出生时间	政治面貌	籍 贯	文化程度	参加工作时间	荣誉称号及年份	所在单位及职务
李古亮	男	汉	1934.12	群众	山西盂县	初中及以下	1953	全国五一劳动奖章（1992）	燕龛煤炭
张跃恒	男	汉	1928.2	中共党员	山西阳泉	小学	1950.1	全国五一劳动奖章（1992）	原阳泉矿务局三矿
王启年	男	汉	1954.3	中共党员	山西平定		1978.11	全国五一劳动奖章（1993）	阳泉公路分局平定公路段
赵芝田	男	汉	1934	中共党员	山西平定		1949.12	全国五一劳动奖章（1993）	阳泉矿务局党委书记
王立宾	男	汉	1954.8	中共党员	河北曲阳	大学	1974.10	全国劳动模范（1995）	阳泉市人民防空办公室
王计所	男	汉	1935.1	中共党员	山西阳泉	高小	1950	全国劳动模范（1995）	郊区荫营镇韩庄村
赵宝玉	男	汉	1946.11	群众	山西盂县	初中及以下	1971.4	全国劳动模范（1995）	天兴留守处离退休中心
阎献忠	男	汉	1968.2	中共党员	山西盂县	研究生	1989.8	全国劳动模范（1995）	阳泉市公路局
路公明	男	汉	1936.12	中共党员	山东齐河	大学	1953.01	全国劳动模范（1995）	阳泉铝业公司
邢　军	男	汉	1951.11	中共党员	河北蠡县	高中（中专）	1969.1	全国五一劳动奖(1996) 全国劳动模范（2000）	阳煤一矿离退休中心
王亦农	男	汉	1944.8	中共党员	河北定兴	大学	1967.8	全国五一劳动奖章（1998）	阳煤集团
毛学正	男	汉	1937.3	中共党员	河南武陟	大学	1963.9	全国五一劳动奖(1998) 全国先进生产者(2000)	阳泉市第一人民医院
李桂红	女	汉	1964.5	中共党员	湖北大悟	大学	1984.3	全国五一劳动奖章（1999）	阳泉市殡仪馆
梁　璧	男	汉	1950.6	中共党员	山西平定	大学	1964.06	全国五一劳动奖章（1999）	阳泉铝业公司
王铁锁	男	汉	1949.1	中共党员	山西平定	小学	1966.8	全国劳动模范（2000）	平定县岔口乡李家庄村
邓和平	男	汉	1944.11	中共党员	湖南邵阳	大学	1968.11	全国劳动模范（2000）	阳泉阀门厂

续表 -30-4

姓名	性别	民族	出生时间	政治面貌	籍贯	文化程度	参加工作时间	荣誉称号及年份	所在单位及职务
陈　真	女	汉	1946.3	中共党员	湖南长沙	大学	1968.12	全国五一劳动奖章（2001）	阳泉水泵厂
杨永善	男	汉	1949.5	中共党员	山西祁县	大学	1976.8	全国劳动模范（2005） 全国五一劳动奖（2002）	南煤集团责任有限公司党委书记、董事长
薛国仁	男	汉	1950.7	中共党员	山西应县	初中及以下	1974.1	全国五一劳动奖（2003）	阳煤三矿竖井运输队
韩贵珠	男	汉	1964.5	中共党员	山西阳泉	大学	1983.7	全国五一劳动奖（2004） 全国劳动模范（2005）	阳煤天誉公司生产技术处
于昌明	男	汉	1966.3	中共党员	山西平定	研究生	1987.8	全国劳动模范（2005）	山西省阳泉市中级人民法院
马玉田	男	汉	1953.6	中共党员	山西阳泉	大专	1984.9	全国劳动模范（2005）	郊区旧街乡枣园村
王　胜	男	汉	1950.3	中共党员	山西阳泉	大学	1969.2	全国先进生产者（2005）	阳泉市第一人民医院
周玉峰	男	汉	1967.1	中共党员	山西阳泉	初中及以下	1986.10	全国五一劳动奖章（2007）	阳泉铝业公司
蔡廷军	男	汉	1976.11	中共党员	山东高唐	大专	1997.8	全国五一劳动奖章（2008）	阳煤集团兴裕公司
代维华	男	汉	1979.9	中共党员	山西阳泉	高中（中专）	1997.5	全国五一劳动奖章（2009）	阳泉铝业公司
李冬花	女	汉	1951.1	中共党员	山西盂县	初中	1971.9	全国党务先进工作者（2006） 全国五一劳动奖章（2009）	阳泉市城区南山路街道办事处新华东街社区
李国栋	男	汉	1981.12	中共党员	山西平遥	大学	1999.9	全国五一劳动奖（2009） 全国劳动模范（2010）	阳煤二矿采煤工作部
王建军	男	汉	1958.1	中共党员	山西五台	大学	1971.12	全国劳动模范（2010）	山西煤炭运销集团阳泉有限公司总经理
李乃珠	男	汉	1961.1	中共党员	山西阳泉	高中（中专）	1978.1	全国劳动模范（2010）	郊区平坦镇桃林沟村
罗艳梅	女	汉	1974.10	中共党员	山西盂县	大学	1995.8	全国先进工作者（2010）	山西省盂县西潘乡均才中心小学

阳泉市享受国务院特殊津贴人员名表

表 -30-5

姓 名	性 别	出生时间	籍 贯	学 历	政治面貌	单位及职务	享受特殊津贴时间
瞿林森	男	1935.2	上海市	大学	中共党员	晋东化工厂高级工程师	1991.7
文进玺	男				中共党员	阳钢高级工程师	1992
毛学正	男	1937.4	河南武陟县黄树村	大学	中共党员	阳泉市第一人民医院主任医师	1992
包剑影	男	1934.2	北京通县	大学	中共党员	阳泉矿务局总工程师	1992.10
邢鄱军	男	1940.5	山西盂县	大学	中共党员	阳泉市轻机厂厂长、总工程师	1992.10
许昭禔	男	1935.2	河南焦作	大学	中共党员	阳泉矿务局安监局副局长	1992.10
李宪东	男	1938.7	山西平定	大学		阳泉市蜜蜂研究所所长	1992.10
何秉权	男	1928.2	河北井陉	大专	中共党员	阳泉矿务局总工程师	1992.10
岳　伟	男	1940.1	山西平定	大学	中共党员	阳泉市畜牧中心农机推广研究员	1992
钱森元	男	1943.6	上海	大学		晋东化工厂副总工程师	1992.10
万宝成	男	1936.4	河北卢龙	中专	中共党员	阳泉矿务局局长	1993.10
王万禄	男	1941	山西阳泉	大学	中共党员	晋东化工厂研究员级高级工程师	1993.10
邓和平	男	1944.11	湖南邵阳	大学	中共党员	阳泉阀门股份有限公司副总经理、总工程师	1993.10
邢作林	男	1935	山西稷山	大学	中共党员	阳泉第一中学副校长	1993.10
吕实川	男	1936.4	北京	大学		阳泉矿务局医院骨科主任	1993.10
刘　荣	男	1933	辽宁绥中	中专	中共党员	阳泉矿务局四矿总工程师	1993.10
杨建国	男	1940.4	山西浮山	大学	中共党员	阳泉美术院院长	1993.10

续表 -30-5

姓 名	性 别	出生时间	籍 贯	学 历	政治面貌	单位及职务	享受特殊津贴时间
杨瑞祥	男	1934.5	山西盂县		中共党员	盂县人民医院副院长	1993.10
吴克忠	男	1935.12	天津宝坻	中专	中共党员	阳泉矿务局调研员	1993.10
张光远	男	1930.1	山西盂县	初中	中共党员	阳泉矿务局一矿副矿长	1993.10
郎义山	男	1934	辽宁抚顺	中专	中共党员	阳泉矿务局第二工程处副总工程师	1993.10
徐崎瑞	男	1928.2	河北望都		中共党员	阳泉矿务局副总工程师	1993.10
郭隆会	男	1938	山西太原	大专		平定县乡镇局副局长	1993.10
蒋庆雨	男	1941	河北乐亭	大学		阳泉市中医院院长	1993.10
温秉汉	男	1932.11	河北宁晋	大学	中共党员	阳泉矿务局副总工程师	1993.10
薛 峰	女	1942.12	浙江镇海	大学		晋东化工厂高级工程师	1993.10
王德修	男	1934.8	山东邹县	中专	中共党员	阳泉矿务局安监局局长	1994.10
刘振寰	男	1958	河北曲阳	大学		阳泉市妇幼保健院副院长	1994.10
朱爱所	男	1946	山西阳泉	大学	中共党员	阳泉市教委副主任	1996
胡 朗	男	1945	北京	大学	中共党员	盂县一中副校长	1997
路新民	男	1957.4	山西平定	大专	中共党员	阳泉市第三人民医院院长兼党委书记、名誉院长主任医师	1997
高士萍	女	1956.4	山西平定	大学	中共党员	阳泉市文化广电新闻出版局党组书记、局长	1998
聂玉生	男	1944.2	山西昔阳	大学	中共党员	阳泉市第三人民医院主任医师	2000

说明：本表按享受津贴时间先后排序，时间相同的按姓氏笔画排序

闻人表

表 -30-6

姓 名	籍 贯	曾任或现任最高职务
于维兰（女）	平定县东关村	山东省高级人民法院副厅级审判员、二级高级法官
马　援	盂县北庄村	中国社科院科研局局长
马玉成	盂县北庄村	空军驻西北地区军事代表室总代表（大校、正师级）
马景龙	平定县宋家庄村	山西省委副秘书长、省民政厅厅长
王　波	平定县东关村	太原理工大学教授
王　智	阳泉市郊区林里村	新疆建设兵团农七师政委
王千喜	阳泉市郊区桥上村	中国航天科工信息技术研究院研究员
王子元	阳泉市郊区山头村	江苏师范大学教授
王玉林	盂县苌池镇	郑州炮校政委
王生秀	平定县	华能国际电力公司国际合作部高级译审
王秀蓉（女）	阳泉市郊区小西庄村	山西省体工队射箭运动健将
王彤云（女）	平定县宋家庄村	天津理工学院外语系教授
王建春（女）	阳泉市郊区山底村	山西省体工队自行车运动健将
王贵元	平定县郝家庄村	中国人民大学文学院党委书记、教授、博士生导师
王俊敏	平定县城里村	美国明尼苏达大学研究生院机械工程博士
王彦武	平定县尚怡村	清华大学热能工程博士
王振中	平定县维社乡	中国社会科学院经济研究所副所长、经济学博士
王晓英（女）	平定县郝家庄村	山西省中医学院主任医师
王峰明	阳泉市郊区郊山村	中国人民大学博士生导师
王彩云（女）	平定县南坪村	南京航空航天大学硕士生导师、副研究员、博士
王瑞青	平定县东峪村	文化部对外文化联络局文化参赞

续表 -30-6

姓 名	籍 贯	曾任或现任最高职务
王聪明	阳泉市郊区上白泉村	美国波士顿博士后
尹变英（女）	平定县神子山村	山西大学文学院副教授、中国社会科学院博士
尹俊彦	盂县中庄村	总装备部驻西安 844 厂军代表室正师级干部（大校）
尹鸿如	盂县南村	北京空军学院党委书记
卢晓昭	盂县西烟北村	山西电视台台长
田良才	平定县东门街	山西省生物研究所研究员
史希贤	盂县前元吉村	原机械工业部劳动工资司司长
史铁伦	阳泉市郊区街上村	国家第三机械工业部政治部第一副主任兼办公厅主任
冯　晶	平定县下马郡头村	中国原子能科学研究院博士
冯玉刚	平定县罗家庄村	沈阳军区后勤部装备部副部长、生产部副部长
冯海亮	阳泉市郊区孙家沟村	山西省体工队自行车运动健将
吕　鸿	阳泉市郊区义东沟村	山西省机械厅党委书记
吕　喜	平定县胡家庄村	石家庄市统计局高级经济师
吕秀珍（女）	平定县胡家庄村	晋中市商业局高级经济师
朱　鸣	盂县梁家寨乡	内蒙古自治区包头市委书记、市人大常委会主任
延俊荣	平定县前牌岭村	南京师范大学博士、山西大学语言科学研究所副教授
任旭海	平定县史家山村	解放军北京军区工程兵某师师长
任家玲（女）	平定县西关村	新疆医学院妇产科主任医师
刘　汾（女）	盂县温池村	国家税务总局财税司司长
刘汉民	盂县上社镇	河北省张家口市委书记
刘兆俊	盂县上社村	空四军后勤部副政治委员

续表 -30-6

姓　名	籍　贯	曾任或现任最高职务
刘志敏	阳泉市郊区辛庄村	北京 301 医院（师级）
刘尚文	盂县东麻河驿村	晋中地区经委副主任兼交通局局长
刘建华	平定县张山峪村	中国经济时报经济部研究员、高级记者
刘建瑞	盂县上社村	北京卫戍区某师师长
刘春华（女）	阳泉市	八一体工队竞走健将
刘秋毛	盂县刘家村	成都军分区政委
刘海双	盂县乌玉村	北京卫戍区政治部副主任
刘焕魁	盂县温池村	中央军委办公厅行政处处长（正师级）
闫忠礼	盂县北关村	国家水产总局局长
祁东辉	平定县上马郡头村	长安大学副教授、博士后
孙　涛	平定县城里	太原市作家协会主席、国家一级作家
孙宝红	阳泉市郊区石马沟村	山西省体工队自行车运动健将
杜　芳（女）	平定县大峪村	美国马萨诸塞大学计量经济博士、高级计量研究员
李　让	盂县乌玉村	海军后勤装备维修研究所政委（正师级）
李　智	平定县前小川村	天津警备区政治部副主任、大校
李士珍	盂县西城武村	吕梁军分区司令员
李支远	盂县上庄村	山西晋中军分区司令员
李仁真	盂县东会里村	北京市高级人民法院副院长
李文怀	阳泉市郊区河底镇	中科院太原煤化工研究所研究员
李玉斌	平定县柏木井村	新疆军区巴音郭楞军分区司令员
李生宝	阳泉市郊区山头村	山西省体工队自行车运动健将

续表 -30-6

姓 名	籍 贯	曾任或现任最高职务
李汉章	盂县下鹤山村	国防大学干部（正师级）
李宁定	盂县泥河村	外交部驻多哥大使
李年善	平定县移穰村	晋中市副市长、长治市人大常委会主任
李庆云	平定县宁艾村	上海交通大学附属医院主任医师、教授、博士生导师
李红昌	平定县后沟村	中国科学院深圳技术研究院研究员、遗传生物学博士
李呈新	盂县牛村	河北省军区后勤部副部长（正师级）
李命志	盂县泥河村	全国人大财经委员会经济办公室主任
李建中	盂县南进圭	宁夏回族自治区银川市人大常委会主任
李振海	盂县东木口村	安徽省军区某部师长
李晓刚	平定县贾家掌村	哈尔滨医科大学主任医师
李润平	平定县连庄村	第二军医大学海军学系教授、博士生导师
李家骥	盂县大吉村	中共中央主席毛泽东贴身卫士
李接旺	盂县神泉村	河南郑州师长
李翊连	阳泉市郊区魏家峪村	河北省衡水地区医院内科主任医师
李善祥	平定县移穰村	中科院山西煤炭化学研究所教授、硕士生导师
李新丽	盂县	中纪委巡视办副主任（正局级）
李满海	盂县拦掌村	国家中医药局人事教育司司长
李福元	盂县南峪村	大连舰艇学院政治教研室主任（正师级）
杨　贵	平定县乱流村	天津市武清县第二医院主任医师
杨南征	盂县沙井村	总参作战部局长（大校、正师级）
杨富绪	平定县娘子关村	北京大学宝石鉴定中心主任、研究员，中国宝石协会副会长

续表 -30-6

姓　名	籍　贯	曾任或现任最高职务
来东兵	平定县城里村	美国印第安纳州波利斯大学生物学博士
余红梅	阳泉市郊区矾窑村	山西医科大学教授
宋欣桥	盂县北庄村	语言文字专家
宋建华	阳泉市郊区小西庄村	广州大学教授
张　杰	盂县下乌纱村	安徽省电子工业局局长
张　健	盂县中南村	山西省人力资源和社会保障厅厅长
张子春	盂县上社镇	财政部税务总局局长
张元根	阳泉市郊区李家庄乡	山西省军区 462 医院主任医师
张友元	盂县姜村	天津警备区司令部第 5 干休所正局级干部
张文奇	盂县东庄头村	武警北京市总队队长
张书义	盂县泽泊村	国家发改委对外贸易二部主任（空军师级干部转业）
张书东	盂县泽泊村	国家烟草专卖局专卖司司长
张兴瑞	盂县孙家庄镇	湖南省国防工办援外办主任
张志华	盂县泽泊村	国务院办公厅机要局局长
张贵禄	盂县南村	卫生部宣传司司长
张振华	平定县红土洼村	北京理工大学车辆与交通工程学院副院长、教授、博士
张振国	盂县西沟村	国务院机关事务管理局汽车中心主任（司级）
张爱华（女）	阳泉市郊区张家洼村	山西省体工队自行车运动健将
张浩昌（所谦）	盂县上社镇	物资部驻华北办事处主任
张海燕（女）	平定县红土洼村	首都医科大学基础实验中心主任、副教授、博士
张琅基	盂县贺村	云南省昆明市委副书记兼公安局局长

续表 -30-6

姓 名	籍 贯	曾任或现任最高职务
张魁清	平定县移穰村	中国航空工业发展研究中心主任助理、研究员
张新彦	盂县北教场村	湖南省苗族土家族苗族自治州州长
张毓棕	平定县东关村	农业部合作经济司司长、高级会计师
陈 刚	盂县赵家垴村	国家公务员局副局长
陈 淮	平定县城里村	建设部政策研究中心主任
苗逃娥（女）	平定县娘子关村	北京传媒学院教授
岳成驰	平定县里社村	中国军事博物馆现代馆主任
岳向林	平定县南上庄村	解放军空军指挥学院作战指挥教研室主任、大校
岳恒寿	平定县岳家山村	湖北省作家协会国家一级作家
周 文	平定县龙庄村	山西省委政法委副书记、省人大内务司法委主任
周育英	平定县姜家沟村	中国戏剧出版社总编室主任、编审
周培斌	盂县北蒋村	山西省司法厅副厅长兼省劳教局党委书记、局长
庞秀庭	盂县水车湾村	解放军 66 军军长
郑玉田	阳泉市郊区西落菇堰村	太原工业大学教授
郑永聚	盂县南关村	高级摄影记者
郑岳胜	盂县上社镇	原冶金工业部科技司司长
孟东平	平定县西关村	山西大学环境与资源学院副教授、生态学博士
赵 斌	阳泉市郊区坪上村	上海空军师政委
赵 静（女）	阳泉市郊区旧街乡	山西大学法律系教授
赵之惠	盂县柴庄村	中国科协人事部部长
赵英刚	平定县西郊村	浙江大学计算机学院博士、河南理工大学讲师

续表 -30-6

姓 名	籍 贯	曾任或现任最高职务
赵国昌	盂县北村	北京市第七机械物资总局局长
赵和平	阳泉市郊区下荫营村	美国加州州立大学正教授
赵建德	盂县东邢村	中共湖南省委宣传部常务副部长（正厅级）
赵相国	盂县南坪村	内蒙古自治区交通厅党组副书记、副厅长（正厅级待遇）
赵钢夫	盂县牛村	总参装备部研究室主任
赵桂荣	阳泉市郊区旧街乡	山西省经济管理干部学院教授
赵增寿	平定县宋家庄村	全国政协学术委员会和工作组副主任
赵儒基	盂县拦掌村	天津市司法局局长
郝一江	平定县西郊村	中国社会科学院哲学研究所博士后
郝宏兴	平定县西郊村	重庆市第三军医大学原生物教研室副教授、博士
荆军平	阳泉市郊区后峪村	美国费城英国制药公司研究所博士
荆秀英（女）	阳泉市郊区石卜咀村	山西省体工队自行车运动健将
荣 华	盂县郭村	天津市档案局局长
胡 珉	平定县娘子关村	上海梅山冶金公司情报资料室主任译审
胡太春	阳泉市郊区韩庄村	《人民政协报》副总编
胡运和	盂县崔家庄村	全国人大常委会信访办公室主任
胡秀芳（女）	阳泉市郊区李家庄乡	山西省体工队自行车运动健将
段林章	阳泉市郊区石卜咀村	山西省体委自行车队运动健将、高级教练
段毓然	阳泉市郊区下烟村	北京大学外语系教授
侯汉瑜	盂县观沟村	解放军信息工程大学政治部副主任（正师级）
侯歧山	盂县清城村	天津市河北区人大常委会主任

续表-30-6

姓名	籍贯	曾任或现任最高职务
侯崇基	盂县李庄村	天津市警备区党委书记
郗三善	阳泉市郊区大阳泉村	清华大学教授
郗荣庭	平定县西关街村	河北农业大学教授
郗惠梅（女）	阳泉市郊区神峪村	山西省体工队自行车运动健将
姜演元	盂县姜村	新疆维吾尔自治区工会主席
耿忱（梁立珍）	阳泉市郊区东梁庄村	天津市财政贸易委员会主任、党组书记
栗万贵	盂县东城武村	山西省计量局局长
栗宪忠	盂县东城武村	辽宁省政府机关事务管理局局长
贾格林	盂县南苌池村	国家水利电力部电业局局长
顾振东	平定县	山东中医药大学附属医院主任医师、硕士生导师
高四柱	阳泉市郊区西南舁乡	驻巴基斯坦大司武官
高寿田	盂县仙人村	画家、省博物馆副馆长
高连军	平定县金窝庄村	兰州大学化学博士
高建军	平定县金窝庄村	北京医科大学博士后、浙江大学药学院教授、硕士生导师
高聪明	阳泉市郊区西南舁乡	中国人民银行中国钱币博物馆研究员
高瞿良	盂县西沟村	青海省委党校校长（正厅级）
郭　志	平定县南关街	福州军区炮兵副政委
郭兴义	平定县	太原钢铁公司总医院主任医师
郭林光	盂县中南村	北京军区工程兵政委
郭建跃	盂县中南村	解放军报驻北京军区记者站站长（正师级）
郭厚俊	平定县张庄村	国防科工委第二十四训练基地教研室主任

续表 -30-6

姓 名	籍 贯	曾任或现任最高职务
郭厚德	平定县张庄村	北海舰队镇江路干休所政委
郭桂荣（女）	平定县城里街	解放军 304 医院儿科主任医师
唐之炯	平定县大峪村	太原铁路中心医院内科主任医师
唐敬亭	平定县冠山镇大峪村	上海市冶金局总工程师
黄志和	平定县西关村	解放军空军第十三军后勤部副部长
常 伟	盂县郭村	天津市检察院党组副书记、分院检察长
崔驴只	盂县双枣铺村	广州军区驻广西某师师长
崔林怀	盂县黄树岩村	新疆农垦兵团政委
崔学亮	盂县上社村	沈阳军区装备部工化部部长（大校、正师级）
崔承善	盂县碾子坪村	山西省房管局局长
崔增恒	盂县北峪口村	新疆维吾尔自治区公安厅厅长
阎正贵	阳泉市郊区下荫营村	解放军六十六军政治部主任
阎保国	平定县前社村	解放军海军北海舰队司令部副参谋长
梁飞云	平定县锁簧镇	航天科技集团主任设计师、高级工程师
梁宝印	盂县骆驼道村	山西出版传媒集团有限责任公司董事长
梁展东	阳泉市郊区下烟村	山西大学教授
葛宏芳	平定县城里村	辽宁凤城市第二人民医院主任医师
董成柯	平定县七亘村	中国书法协会书法培训中心教授
董红卫	阳泉市郊区荫营矿	美国洛杉矶加州大学终身教授
董厚德	平定县城里村	山西省劳动和社会保障厅党组书记、省人大农工委主任
董善亭	平定县	天津市疾病控制中心主任医师

续表 -30-6

姓 名	籍 贯	曾任或现任最高职务
韩开运	盂县沙湖滩村	广西军区司令部副参谋长
韩凤仪	盂县上鹤山村	河南省交通厅厅长
韩玉荣	盂县下鹤山村	北京军区守备 5 师政委
韩正周	盂县沙湖滩村	吉林省通化市委书记
韩尔钧	盂县南兴道村	山西省军区军事法院院长
韩发华（韩贵和）	盂县庄里村	国防科工委驻陕西 32 基地政委（正师级）
韩茂和	盂县下庄村	国家领导人专机机长
韩俊生	盂县羊泉村	甘肃省文化厅厅长
韩瑞义	盂县御枣口村	湖北省财贸办公室副主任兼外贸局局长
韩新明	盂县长一铺村	宁夏回族自治区冶金厅厅长
韩德政	盂县沙湖滩村	内蒙古军区后勤部政委
程玉珍（女）	盂县红涧沟村	驻丹麦大使馆商务一秘
窦桂林	平定县东门街	陕西第四军医大学附属二院主任医师、硕士生导师
潘继仁	平定县上庄村	扬州军分区司令员、扬州预备役师师长
霍修锦	平定县冶西村	河北省社会科学院经济所研究员
穆成科	平定县后石窑村	甘肃省防疫站站长、职业病防治研究所所长
戴田春	盂县岭西岩村	四川省职工教育办公室主任
檀东和	盂县柴庄村	广东省电业局局长
魏文珑	平定县宁艾村	太原理工大学化工化学学院教授、博士生导师

阳泉历代进士名表

表 -30-7

县 区	朝 代	姓 名	题名时间	曾任职务	备 注
平定县（108）	金代（11）	吕宗礼	天会九年榜	辽州司侯判官	
		王晋儒	天会间榜	朝列大夫	
		王　盘	天会间榜	渑池县尹，授朝列大夫	
		杨　旭	天会间榜	授鄂州教谕	
		吕宗智	大定间榜		
		潘　真			
		吕时敏	明昌中榜		
		吕仲堪			
		耿守直		总帅府教授	
		潘得度			旧州志缺，据《山西通志》补
		王无咎			旧州志缺，据《山西通志》补
	元代（2）	吕思诚	泰定二年榜	中书左丞	
		潘仲伦	大历年榜		
	明代（34）	阎　察	洪武十八年榜	浙江布政使	
		张　瑾	洪武十八年榜	泾阳县教谕	
		耿九畴	永乐二十二年榜	南京刑部尚书	
		白　侃	景泰五年榜	授浙江道监察御史	
		耿　裕	景泰五年榜	翰林院检讨，吏部尚书	
		赵文萃	天顺元年榜	陕西按察司佥事	
		白思明	成化二年榜	佥都御史，延绥巡抚	
		杨　杰	成化七年榜	司经局洗马	
		郝天成	成化二十年榜	四川按察司副使	
		和　鹏	成化二十三年榜	江西按察司佥事	
		孙　杰	弘治三年榜	陕西临洮府知府	
		李　琳	弘治三年榜	吏部主事	
		郗　夔	弘治十五年榜	吏科给事中	

续表 -30-7

县 区	朝 代	姓 名	题名时间	曾任职务	备 注
平定县（108）	明代（34）	白思诚	弘治十五年榜	河南按察司佥事	
		曹 雷	弘治十八年榜	江西按察司副使	
		郗元洪	正德十六年榜	陕西布政司参议	
		白 镒	嘉靖二年榜	陕西按察司佥事	
		朱 方	嘉靖五年榜	都御史顺天巡抚	
		唐 宽	嘉靖十一年榜	应天府府尹	
		李 念	嘉靖十四年榜	河南归德府知府	
		李 愈	嘉靖十四年榜	陕西凤阳府知府	
		郭 纮	嘉靖十七年榜	户部员外郎	
		甄成德	嘉靖十七年榜	陕西按察司副使，进阶亚中大夫	
		杨思忠	嘉靖二十年榜	南京户部右侍郎	
		朱 绘	嘉靖二十三年榜	南京通政使	
		李应时	嘉靖二十六年榜	监察御史	
		苗敏学	嘉靖二十六年榜	博野县知县，赠涿州知州	
		张 鹏	嘉靖三十二年榜	益都县知县	
		甄 敬	嘉靖三十二年榜	陕西太仆寺少卿	
		延 论	万历十四年榜	河南按察司副使	
		张 枢	万历四十七年榜	太仆寺少卿	
		张三谟	天启二年榜	大理寺卿	
		白士麟	崇祯元年榜	陕西按察司副使，巡按御史	
		葛凝秀	崇祯七年榜	户部郎中	
	清代（61）	甄 昭	康熙三十六年丁丑科	翰林院庶吉士，改授玉山县知县	
		李空凡	康熙四十五年丙戌科	溆普县知县	
		王 凝	康熙五十二年癸巳科	陕西按察司副使	
		李玉书	康熙五十七年戊戌科	汾州府教授	
		赵升朝	康熙六十年辛丑科	銮仪卫经历，平武知县	
		张宗载	雍正五年丁未科		

续表 -30-7

县区	朝代	姓名	题名时间	曾任职务	备注
平定县（108）	清代（61）	赵升隽	雍正五年丁未科	淄川县知县	
		甄汝翼	雍正八年庚戌科	中卫县知县	
		王 昆	雍正八年庚戌科	西和县知县	
		甄 芮	乾隆元年丙辰科	翰林院编修，建宁府同知	
		翟全仁	乾隆兀年丙辰科	潜山县知县	
		刘 煜	乾隆四年己未科	宜昌府同知	
		刘秉钺	乾隆十三年戊辰科	武功县知县	
		曹 镳	乾隆十七年壬申科	镇洋县知县	
		张汉芳	乾隆十七年壬申科	华亭县知县	
		王体仁	乾隆十九年甲戌科		
		张佩芳	乾隆二十二年丁丑科	泗州知州	
		刘树芳	乾隆二十六年辛巳科	景州知州	
		王遵典	乾隆二十八年癸未科	平阳府教授	
		李光万	乾隆三十一年丙戌科	陆丰县知县	
		李培荣	乾隆四十年乙未科	通州知州	
		曹玉树	乾隆四十五年庚子科	浙江衢州府知府	
		黄翼堂	嘉庆四年己未科	震泽县知县	
		郑 瑶	嘉庆七年壬戌科	保康县知县	
		李 约	嘉庆七年壬戌科	慈利县知县	
		黄步堂	嘉庆十年乙丑科	翰林院庶吉士，授分宜县知县	
		王朝翰	嘉庆十四年己巳科	蒲州府教授	
		刘垂绪	嘉庆十四年己巳科	永康县知县	
		张敦颐	嘉庆十六年辛未科	翰林院编修，福建主考	
		刘鹤鸣	嘉庆十六年辛未科	太原府教授	
		刘登榜	嘉庆十六年辛未科	丰顺县知县	
		李印万	嘉庆二十四年己卯科	翰林院庶吉士	
		马铿鸾	嘉庆二十四年己卯科	安义县知县	
		蔡子璧	嘉庆二十五年庚辰科	天津府知府	

续表 -30-7

县区	朝代	姓名	题名时间	曾任职务	备注
平定县（108）	清代（61）	窦士达	嘉庆二十五年庚辰科	西宁县知县	
		陈士枚	道光六年丙戌科	陕西巡抚	
		张集成	道光九年己丑科	广西知县	
		张观藜	道光十五年乙未科	彰明县知县	
		白联元	道光二十年庚子科	泰州知州	
		杨汝芝	道光二十年庚子科	云南知府	
		黄汝梅	道光二十五年乙巳科	东阳县知县，即补同知	
		丁先庚	道光三十年庚戌科	刑部主事，郿县知县	
		陈荩章	咸丰六年戊午科	兵部主事	
		黄毓桂	咸丰十年庚申科	工部主事，即补员外郎	
		耿名臣	同治元年壬戌科	太原府教授	
		王瑞星	同治四年乙丑科	刑部主事	
		李　暎	同治十年辛未科	湖南宝庆府知府	
		李谷人	同治十年辛未科	户部主事	
		张西园	同治十三年甲戌科	刑部主事	
		王雨谷	同治十三年甲戌科	即用知县，改教授	
		黄汝香	光绪二年丙子科	翰林院庶吉士，改授望都县知县	
		王　效	光绪六年庚辰科	吏部主事，记名军机章京	
		张九章	光绪九年癸未科	工部主事	
		陈先绶	光绪十五年己丑科		
		白象贤	光绪十六年庚寅科		
		孙笥经	光绪十六年庚寅科		
		吴世武	光绪十八年榜	授翰林院庶吉士	
		李作楷	光绪十八年壬辰科		
		蔡　侗	光绪二十四年戊戌科		
		李慎五	光绪二十九年癸卯科		
		杨大芳	光绪三十年甲辰科		

续表 -30-7

县区	朝代	姓名	题名时间	曾任职务	备注
盂县（161）	唐代（1）	王彦谦	咸通年间进士		
	宋代（36）	张崇嗣	天福二年进士	成德军节度使	
		张崇彬	科年失考	泽州府推官	
		张崇宴	科年失考	山东青州节度使	
		张昭懿	大中祥符八年进士	授右班殿直	
		张　嵩	天禧二年进士		
		张　巍	天禧二年进士	秘书监监正	
		张象贤	皇祐五年进士	授工部主事，累官集贤院学士，兼尚书仆射	
		张象仪	皇祐五年进士	吏部尚书，进左仆射	
		张象仁	熙宁六年进士	授校书郎	
		张文德	熙宁中进士	礼部尚书	
		张文华	元丰五年进士	授御史里行	
		张文萃	元丰八年进士	授将作匠少监	
		张文辉	元丰八年进士	监察御史	
		张绍先	元祐二年进士	授将作匠少监，擢集贤殿学士，转翰林承旨	
		张绍光	政和五年进士	集贤院学士	
		张绍宗	政和五年进士	给事中	
		张绍祖	崇宁二年进士		
		张　稳	科年失考	蔡州节度使	
		张　科	科年失考		
		张　秘	科年失考	太常卿	
		张邦杰	科年失考		
		李大用	科年失考		
		李崇德	科年失考	御史大夫	
		吴师古	绍兴中进士		
		李志学	淳熙中进士	授校书郎	
		王萃华	科年失考	河南廉访使佥事	

续表 -30-7

县 区	朝 代	姓 名	题名时间	曾任职务	备 注
盂 县（161）	宋代（36）	李 福	淳熙中进士		
		李 寿	淳熙中进士		
		王元德	科年失考	吏部侍郎	
		陈文德	科年失考	道州刺史	
		侯道济	科年失考	江南丹徒令，赠比部员外郎	
		武守奇	科年失考	直隶晋州节度使	
		贺 甫	科年失考		
		秦 奎	科年失考	监察御史兼冀州刺史	
		泰 珣	科年失考		
		仇天瑞	科年失考	开封知府	
	金代（24）	张国祯	天会二年进士	集贤院学士	
		张 道	明昌五年进士	平章政事	
		张 安	兴定三年进士	户部侍郎	
		张以智	兴定三年进士	浙江常山知府	
		张以诚	兴定三年进士	礼部郎中	
		张志尹	正大四年进士	礼部尚书	
		张 易	正大四年进士	吏部尚书	
		张 书	正大四年进士	河南节度使	
		王普臣	科年失考		
		白云腾	科年失考	洛阳军节度使	
		王润甫	科年失考	河南府知府	
		李孝信	科年失考		
		李 格	科年失考	中山知府	
		李 棫	科年失考	廉访副使	
		李 棣	科年失考	中书省参政	
		李 栋	科年失考	国子监司业	
		李 航	科年失考	赵州刺史	
		李知几	科年失考	平章事	

续表 -30-7

县区	朝代	姓名	题名时间	曾任职务	备注
盂县（161）	金代（24）	张仲德	科年失考	朔州刺史	
		傅学礼	科年失考	枢密院使	
		刘仲遵	科年失考	翰林学士	
		张昭礼	科年失考	马邑县令	
		郭彦谦	科年失考		
		薛颐贞	科年失考	殿中丞	
	元代（49）	张士完	延祐二年进士	徽州同知	
		张　文	延祐五年进士	海南道廉访副使	
		张　聚	至治五年进士	未仕	
		张知名	至治中进士	山东青州知府	
		李朝英	至元中进士	至正间授汾州判官	
		张起元	至正二年进士	平原县知县	
		李思可	科年失考	徐州刺史	
		刘国润	科年失考	陈州知府	
		刘　贞	科年失考		
		刘　允	科年失考	山东青州府知府	
		刘　辅	科年失考	文安县令	
		陈　鹏	科年失考	南阳县令	
		白文明	科年失考	兵部侍郎	
		王若思	科年失考	浙江常山府知府	
		李尚德	科年失考	郎中	
		周　易	科年失考	胶州知州	
		薛　贞	科年失考	山东莱州府知府	
		施　宣	科年失考	御史	
		张朝义	科年失考	河南枢密使	
		薛文义	科年失考	参政	
		邱士彬	科年失考		
		吴焕之	科年失考		

续表 -30-7

县 区	朝 代	姓 名	题名时间	曾任职务	备 注
盂 县（161）	元代（49）	吴 昭	科年失考	官贤院学士	
		董好义	科年失考	中书舍人	
		杨文元	科年失考	江苏山阳令	
		张从义	科年失考	给事中	
		邢永弼	科年失考	集贤院学士	
		周 选	科年失考	河南按察使	
		赵忠义	科年失考		
		郝 荣	科年失考		
		靳 圭	科年失考	苏州府知府	
		杨用谦	科年失考	河南节度副使	
		杨用和	科年失考	国子监丞	
		高 安	科年失考	工部侍郎	
		董宗明	科年失考	翰林学士	
		刘 夔	科年失考		
		刘 采	科年失考	中山治中	
		侯 直	科年失考	工部尚书	
		郭敏修	科年失考	两浙总制使	
		张 昭	科年失考	施州知府	
		张彦清	科年失考	户部侍郎	
		林懋和	科年失考	比部郎中	
		张文秀	科年失考		
		杨文郁	科年失考	卢州府知府	
		郑 恰	科年失考	观文殿学士	
		张得禄	科年失考	南阳县令	
		张义甫	科年失考	代州刺史	
		王 仁	科年失考		
		王 义	科年失考		

续表-30-7

县 区	朝 代	姓 名	题名时间	曾任职务	备 注
孟 县（161）	明代（13）	刘 整	永乐十九年进士	陕西华州知州，山东布政司参政	
		张 琦	永乐二十二年进士	工部右侍郎，左副都御史	
		张 宝	正德十二年进士	河南临漳知县	
		李腾霄	嘉靖二年进士	户部主事，直隶广平知府	
		张淑励	嘉靖二十年进士	江西道监察御史	
		刘鸣阳	嘉靖三十二年进士	直隶高阳知县，户部主事	
		刘 佩	嘉靖四十一年进士	长安知县	
		孙继先	隆庆五年进士	南京吏部主事	
		张翰才	隆庆五年进士	井陉知县	
		樊 镕	万历十四年进士	咸阳知府	
		孙 焕	万历二十六年进士		
		张其绪	万历三十五年进士	官行人	
		赵延庆	万历四十四年进士	湖广道监察御史	
	清代（38）	武全文	顺治四年进士	刑部员外郎、郎中	
		刘 卜	顺治十五年进士	广西富川知县	
		郭命新	康熙三年进士	江西永丰知县	
		赵台宪	康熙二十四年进士	江南南陵知县	
		武令谟	康熙二十四年进士	直隶滦州知州	
		邢芳奕	康熙二十七年进士	湖北大冶知县	
		武承谟	康熙三十九年进士	大庾知县	
		王 琦	康熙四十五年进士	选翰林院庶吉士授检讨	
		赵 祁	康熙四十五年进士	江苏宜兴知县	
		梁 植	康熙四十八年进士	江苏华亭知县	
		孙贞励	康熙四十八年进士		
		张 翼	康熙五十四年进士	湖南衡山知县	
		刘 灿	康熙五十七年进士	选翰林院庶吉士授检讨	
		赵旭升	雍正五年进士	福建福安知县	

续表 -30-7

县区	朝代	姓名	题名时间	曾任职务	备注
盂县（161）	清代（38）	孙　隽	雍正十一年进士	山东乐陵知县	
		王维翰	乾隆元年进士	平阳府教授	
		张仰垣	乾隆元年进士	巴东知县	
		赵廷璧	乾隆元年进士	大同府教授	
		孙龙光	乾隆四年进士	授应州学正	
		郝　瑗	乾隆二十五年进士	江苏昆山知县	
		张执琮	乾隆五十二年进士	江西南丰知县	
		田兴梅	乾隆五十八年进士	姚州同知	
		田嵩年	嘉庆二十年进士	选翰林院庶吉士授编修，历任翰林院侍讲学士、顺天府尹	
		樊嘉猷	道光六年进士	潞安府教授	
		田雨公	道光十八年进士	选翰林院庶吉士授编修，官大理寺少卿	
		张书玺	道光十一年恩科进士	广东高明知县	
		庞立忠	咸丰二年恩科进士	福建长汀知县	
		田园俊	咸丰九年进士	选翰林院庶吉士，工部主事	
		王道源	同治元年进士	选翰林院庶吉士授编修，补授山东道监察御史	
		李廷访	光绪二年恩科进士	陕西肤施知县	
		石寅亮	光绪三年进士	湖北即用知县	
		郑演元	光绪三年进士	户部主事	
		王清绥	光绪六年进士	四川知县	
		戴锡龄	光绪六年进士	以知县用分发四川	
		赵汝龄	光绪九年进士		
		李延馔	光绪十六年恩科进士	刑部主事	
		石寅恭	光绪二十一年进士	陕西凤县知县	
		刘声骏	光绪二十四年进士		

说明：此资料出自王欣欣编著、山西教育出版社2005年出版的《山西历代进士题名录》

第四章 人物名录

第一节 英名录

截至2010年，阳泉市民政部门登记在册的革命烈士共5558名，其中阳泉籍烈士5450人、非阳泉籍烈士108人。阳泉籍烈士中，市区1040人、平定县2281人、盂县2129人。

阳泉籍烈士（5450人）

城区（10人）

郝玉贵　尚光香　杨和尚　杨　喜　崔石山　王维山　杨秉贵　赵永林
陆宏明　王存荆

矿区（15人）

张玉峰　范朝子　仇长贵　王定祥　连梦升　吴起忠　赵庆龙　许兰芳
安柄奎　张顺田　王　星　秦国恩　孙彦章　吴耀增　郭振宇

郊区（1015人，含开发区）

荫营镇（357人）

赵石清　李培喜　甄国元　赵拴维　史全保　史万元　史荣堂　李海忠

史恒修	史成业	史秀清	蔡增亮	马所义	史寿祥	窦丑祥	杜万联
史永发	刘铭文	胡玉川	史大牛	葛换文	梁海所	梁仕芳	阎智定
田成林	苗五小	苗春玉	陈东治	李才(财)栋	李存寿	史福全	胡存金
杨二桃	史德存	张吉昌	刘西文	李臭来	韩四牛	程丙所	王万铜
王　治	赵秋玉	苗　命	黄东红	王仁儒	张驴妮	张艮毛	王明小
梁三海	王联珠	胡贵金	胡锁(所)寿	李三计	王三铁	胡四小	刘金文
聂五牛	黄林田	郭满栋	史艮全	吕满金	胡四小	胡秀清	胡锡朋
王成所	胡修善	胡金武	胡先存	王金锁	胡双艮	王有荣	胡贵保
胡海祥	刘晋文	刘道孩	任二孩	刘拉寿	任和登	史富金	史白小
史廷玉	史军牛	史玉保	史魁云	史富狗	史家福	白振慧	史魁功
孙　礼	史南星	史　兰	史三林	白计才	史　吉	史来所	白学书
冯来所	郗三富	张牛猫	刘守林	李喜牛	李艾元	李二牛	李根存
郭忠义	陈怀梅	陈　贵	王四牛	史亨敦	赵三牛	张道元	张贵小
刘世家	史计锁	史贵甫	胡三孩	杜志恒	史千所	胡卯元	史　礼
杨占元	王占元	张五栋	白寿年	梁雨生	史玉存	王六金	张二林
王保宝	张宝成	史绍玉	史金玉	张治全	甄三保	甄银孩	甄爱祥
甄国泽	王来小	王　庆	史喜福	史尖红	王艮党	张臭小	郭培昌
聂满小	冯　斌	王　厫(傲)	郭年小	王吉中	甄贵喜	阎根成	王三牛
王四牛	王方林	冯米庆	王全猫	冯保祥	王祥林	张钱来	冯牛牛
王桂祥	黄瑞基	张宝玉	张金牛	张喜栋	张拉猫(所)	王万锁	李胜国
任福所	王长孩	史五贵	韩宝和	张老虎	赵三保	李臭小	史尖斌
王万牛	史艮和	杨富来	史海义	王贵存	郭三小	王计儒	蔡喜魁
史年祥	史长小	赵根艮	赵保和	赵仁艮	阎守功	阎根来	刘吉成
史保小	赵四保	田万才	田万保	阎风仪	赵喜存	蔺拴成	刘东玉
刘东小	王四林	史玉合	任登茨	郭宪艮	武　清	葛艾小	张四小
胡万柱	史三元	张仓保	张所贵	史计孩	史朴成	赵才寿	郭三孩
赵四猫	郑富林	冯祥林	郭贵堂	王绍清	王存艮	王二孩	郑李勇
梁臭所	梁拉祥	段全苗	段珍珠	段所贵	史千玉	王巧元	梁存猫
李味存	梁福华	王绍祥	王爱牛	梁舍存	梁建炽	梁亥毛	王县文

梁富祥	王存元	蔡信印	刘丑妮	史拉所	葛老虎	史守箴	史修伟
史六小	梁　鹨	李白小	史润牛	白同华	王玉锁	王保寿	余米贵
史元仁	赵大孩	张计东	赵元成	史德义	史保州	武成堂	梁吉祥
段喜祥	梁所柱	王仁田	郑六小	王树植	王双命	马存金	程谷梁
任怀德	李　华	史臭毛	陈秉礼	王　田	王召田	王吉贤	王殿儒
史计周	韩九玲（林、龄）		任登俊	史承三	任登兑	郗桂英（女）	王文斌
赵慕昌	郑　鍙	李守功	史养星	史文秀	李川贞	胡金俭	杜万风
张道国	赵义和	杨新太	史梦梅	史玉芝梅	甄秉桂	段振永	陈功福
王生全	郭考义	侯根全	冯保宝	聂治邦	张　林	郑　槐	史如金
马银和	任和银	陈晋华（毕）	段守德	陈　孝	武聚保	张全所	梁所成
阎雨贵	杨和尚	史来元	张继贵	李根栋	史永来	白富艮	郭敦伦
胡致会	胡兰玉	史存寿	郑卯元	李丑狗	蔡贵元	史五猫	梁毓文
郑来苟	郑进禄	郑　樟	郑鸿义	郑全魁	郑　森	郑耕田	郑存武
郑　铵	李　操	赵四牛	葛进德	段五妮	郑银全	史教存	马三毛
田四小	马金保	杜芹田	王子利	史幕迁	王　恩		

河底镇（242 人）

赵　聪	张务小	任德运	任福宏	任占贵	张丑牛	邓祯祥	潘　忠
张俊山	李祥瑞	史肉小	张　芝	杨有全	郭满才	苏金玉	武虎小
史通瑄	史四猫	高六十一	段宝福	任东和	段春富	李隆艮	施掌运
赵牛小	付根存	李各备	付来源	李艮福	李根寅	王三富	光福昌
邓万丰	乔杨小	高明月	郭拉牛	耿殿钧	李六十五	谢来喜	赵智小
高进忠	曹五锁	王成贵	阎子斌	葛会清	王通经	王通恒	王永恒
谢喜仓	谢治国（国治）		阎狗不理	潘小所	阎润狗	阎道元	武春库
高六小	秦隆艮	谢福贞	张米贵	谢怀林	孔（孙）七妮	谢新林	李桂只
谢木死	杨金才	杨存永	王　云	杨三毛	李五小	刘牛小	李七小
庞彦红	李计来	李五十九	庞（厐）会	宋金喜	石玉川	杨秋成	杨根和
李四狗	潘荣业	赵智书	阎拉川	阎五十	阎三小	杨东仓	侯隆旺
李四毛	付志荣	侯玉牛	侯德永	张六十三	李东小	潘福玉	鲍麻旦
陈根兰	高开小	李妹成	阎（闫）进富	付大丑	李崇小	谢书全	谢德美

张义林	谢计元	李二小	曹喜牛	曹立艮	谢国艮	谢国甲	张子锁
李聿贵	阎　洪	李　书	郭　绥	阎成牛	李秃手	杨德和	赵守忠
周二小	杨开元	任金保	郭存所	郭新维	郭同牛	郭三和	郭清秀
郭小牛	郭福贵	郭喜和	郭计毛	郭爱小	李　达	郭二小	韩艮怀
靳守荣	荆山(三)禄	杨清元	张牛孩	周勉躬	任艮小	黄九小	周联清
乔金牛	赵牛小	黄十保	樊志功	李根源	史存六	张富所	史白小
胡金元	张　璋	靳(荆)汝芝	王才经	郑贵牛	郭鼠妮	郭三小	光道存
段荀存	王志洪	刘根妹	葛福元	程洁成	季玉鸿	侯玉让	葛尚海
段牛牛	曹五毛	程鹏华	任仓牛	郭润所	郭贵财	郭贵锁	苏德保
张存才	石　明	李根慰(蔚)	李英书	任居才	任喜牛	任双元	路才小
程下玉	张六柰	程富所	王庙来	程三牛	程丙耀(跃)	赵妹(昧)成	王九保
程四小	王大狗	王剪子	程锁富	史有财	曹拉元	曹八月	曹丁有
史锁林	史通恒	史狗锁	白德财	邓运堂	邓五牛	张落成	王大山
曹立云	程道成	史五苗	白拉保	刘富堂	白富财	李六十七	曹三牛
白先锁	程宝祥	史福林	白拉全	曹玉小	张　卫	赵　卫	曹二牛
张先所	曹根明	王艮春	付发魁	郭福财	王虎存	郭灯林	王拴和
史锦星	曹成来	程鸿喜	李贵芝	史通太	史亨祥	史亨双	付艮才
曹贵联	樊云田	付(傅)忠义					

平坦镇（92人）

姚培畋	崔根维	荆志林	姚玉堂	张启祯	荆喜福	丁广盛	乔步贵
郭有栋	巩三狗	王玉所(锁)	贾炳祥	杨庆安	荆扣荣	张换小	杨臭孩
荆爱成	荆成锁	石存牛	王米洞	李白小	石艮小	白玉牛	荆　亮
王守斌	王长寿	刘敦(栋)合	荆四孩	荆千长	荆玉成	王全艮	荆玉艮
赵贵小	赵富超	史存考	赵焕堂	荆引贵	荆保来	王彦伟	王慕瑞
荆秋贵	史永文	姚兆银	张三小	赵真元	程五小	李子义	荆振宝
乔连水	乔富栋	张臭小	荆喜堂	荆喜润	白存孩	高万有	张文厚
荆潘小	张玉祥	杨宝玉	姚汝为	王光全	荆富祥	荆向荣	许维明
荆山怀	赵白小	姚　伟	王铁成	李五镇	荆山银	李寿田	荆永厚
廉润珠	王　豹(保)	余福元	李元春	孙谷咀	张梅林(岭)	王述盛	荆忠进

黄谨荣	荆根明	吴守珍	王　维	吴守全	麻进忠	杨存义	王有庆
荆国法	吴广祯	武香清	荆贵年				

义井镇（55人）

刘　湖	张守田	郗永来	唐　华	窦　楷	石成禄	葛棠记	石履佐
吕　煦	石述宗	姚保寿	王泰祥	王拉柱	李　达	陆　津	吕万小
吕凯艮	冯贵章	王　礼	周子林	赵　庆	郗太锦	王富才	张广瑞
周维义	石广新	石志忠	石米贵	石天富	张　满	张登璞	王士福
石　晾	吕万和	张柱祥	张奎芝	张文元	朱四旦	吕连芳	张　温
周保财	周振柱	冯恩义	杨万林	刘所艮	刘喜春	吕　银	葛成和
王小白	赵子钰	周宝中	姬　信	张　锦	李四巴	石可钧(均)	

西南舁乡（129人）

武银所	高洪秀	郭子书	高庆永	高新俊	王忠海	郭忠功	郭定如
王林富	武银保	高润怀	王金狗	高荣华	高秀成	高秀钟	高存寿
武喜金	马爱小	马爱存	孔庆厚	翟　海	马开培	高顺喜	王宝值
张二孩	高洪德	高正隆	高秀德	高六十九	高正周	高怀宝	高梅栋
高拉元	高十指	高二牛	高喜寿	高开元	高三猫	王先存	王黑牛
王双元	王贵千	王金虎	王存和	高爱科	王茂德	高二孩	刘仓元
刘其祥	刘富孩	武义克	武富元	代五小	赵三保	王九存	王福如
王二小	李存福	郭忠言	高新禄	高银美	高玉苗	王占章	高福美
郭义和	高三小	王云小	高毛小	王荣光	王林所	李小荀	王成福
郭福存	王秒存	高世明	郭拴丑	李五玉	李五小	李三小	李大进
李德元	王二小	李大徒	张二虎	李开元	王所玉	高临贵	王智月
翟　凰	孔喜存	马计川	王占喜	高秀福	王保值	高喜德	王赐林
李三小	代奶存	郭五小	武狗小	高东和	王茂载	郭培元	马开雨
王　秀	高秀文	高元明	高启进	刘德荣	刘　春	李付川	郭彦苍
郭元毛	马开旺	高千柱	刘士亮	马开敬	高启福	郭润月	郭二小
高治彦	郭三猫	王值世	李贵元	马付山	高秀锦	王德和	高秀菊
李存秀							

杨家庄乡（46人）

刘　鸿　张宝华　贾增骞　孙爱祥　李卯玉　孙福成　冯九林　孙　瑞
周润保　冯有洪　石保针　冯巨仓　冯同贵　王保珍　刘二科　张双成
李黑牛　阎富太　李世祥　孙长珠　孙福庆　杨有成　贾二孩　贾庆义
杨存义　杜满敖　贾三孩　李明海　贾立何　孙满忠　孙长兰　孙富存
刘双才　刘根亲　王子钢　梁进科　孙白小　冯　珊　张桃孩　刘　伦
胡元富　张　朴　孙所艮　任玉毛　张葆玺　周通儒

李家庄乡（31人）

阎保珠　李逢春　王级文　杨　凯　韩贵和　王作文　段所祥　王小海
宋牛海　姜喜柱　勒兆梧　付刚林　杨雨让　王寒文　刘二孩　韩永寿
郭有华　郭治鹏　郭镇权　郭富来　韩振庆（头）韩拉长　王五桐　董旦小
张计银　陈贾妮　武保元　陈三小　王不喜　韩启元　闫文功

旧街乡（28人）

靳玉吉　荆卯元　荆长玉（玉长）　黄久隆　李拴成　张增寿（祥）杨占山
荆万林　杨照成　荆三宝　赵换艮　赵茂小　赵二牛　赵培信　荆玉泉
赵金贵　黄全意　阎生弟　赵书云　荆三孩　杨拉驴　赵牛小　黄保善
荆叩猫　荆山屹　荆高玉　荆拴丑　闫生弟

开发区（33人）

王再忠　路义全　曹福全　毕砚田　路狗小　张如先　石子玉　周怀玉
王怀章　荆寿山　张四先　路爱寿　张双银　牛华极　丁义堂　荆义杨
李乃祥　李三孩　毕慕旗　高书杰　梁福敖（熬）康茂喜　杨鸿启　杨洪义
武连科　杨银小　王　兰　黄千洞　米恩仁　王华雨　王再忠　梁悦如
张贵财

郊区籍贯所在乡镇不明者（2人）

李振栋　郭如永

平定县（2281人）

柏井镇（127人）

梁玉明　李长忠　李金旦　时永录　程福祥　李民章　张九寿　乔全柱

李小孩　穆毓兰　李毛孩　张　满　岳文宽　李秋会　康万保　李花连
陈福锁　李成科　李小科　穆锁银　张锁会　李满成　李贵生　李保孩
王二牛　李双寿　吴二丑　李圈妮　郭全喜　武仁科　郭海全　李红小
李　丑　张记牛　李千栋　张元魁　李三玩　穆贵柱　李　考　王拴义
刘狗不吃　杨我山（穆岱山）　刘拴小　梁　建　陈富联　葛维福　张福生
李财狗　王臭小　李满祥　任士真　穆仲元　李壮科　李来所（锁）李连科
王义生　张小生　梁润科　李毛妮　杨保全　李库存　李小所　岳会科
王大祥　岳魁顺　李贵锁　姚二长　李成所　董小旦　李银柱　李记应
费双福　岳满生　李银生　李　肉　李双元　梁新贵　刘　格　蒋海生
赵秃孩　李黑小　赵拾掇　许庚寅　张　润　张牛孩　梁千所　祁　六
李元科　刘拉所　陈文科　王海生　王毛孩　王山东　李富民　李全栋
李双跃　李丑小　李存元　李　有　费千珍　费玉华　岳红祥　王小毛
李臭小　韩正祥　李兰科　李有生　夏景鸿　李存喜　张长生　刘种孩
穆　秃　张　义　张长命　穆考寿　张小吧　张白小　刘四保　张计全
陈金林　张贵全　李三长　贾满德　李富生　樊德武　智宏慰（董树芳）
刘怀顺

岔口乡（274人）

梁有富　赵金昌　冯　太　王九银　赵振荣　赵富海　王世连　郭万和
李石销　梁所牛　王润所　王庙成　赵顺元　赵志中　李光文　赵义忠
王有存　肖道来　赵怀铭　赵　俨　王所太　王子玉　赵学亮　史巨国
赵德金　梁进贵　王林所　赵志红　王三保　王存寿　李成太　赵俊林
赵锁来　王　裤　李喜孩　王孝义　王从祥　王兴田　王秋元　赵长生
王四孩　王三海　肖拴柱　史牛儿　王守忠　王变所　史成义　王拴孩
刘万所　王旭孩　刘浦怀　赵富元　任拽孩　马德寿　辛富孩　王吉义
王铁孩　王贵海　王满怀　王二孩　韩甲成　刘　玉　王子明　石双林
石寿孩　王二海　王梨牛　王守奎　杨道孩　王义元　王二小　赵永寿
王三小　张钢孩　董庙所　王庭贵　王喜怀　王艮（银）祥　王书桂　赵铭常
肖福所　王二小　王富元　王海元　翟　彪　翟拴牛　赵春明　梁林全
张四旦　王更义　赵三小　高三小　许召孩　赵拴柱　赵六小　高明顺

董庙春	王四小	赵全元	王有仓	王所存	张四孩	梁扣孩	赵银长
赵科小	王贵成	王俊吱	胡所孩	王存先	王玉海	李喜成	王占元
任宝所	赵宝寿	李成和	李德祥	赵春海	石万寿	王元锁	王士淳
王万孩	韩根寿	梁万小	梁所寿	王五妮	王臭小	王收玉	赵　度
王福金	杨拴寿	王德起(啟)	张德厚	梁海发	王长明	王如海	梁林玉
赵贵昌	梁保金	王四旦	袁四旦	袁福堂	赵未生	赵二小	赵玉寿
梁根祥	王牛小	王秋林	张丑林	赵张所	赵银存	王存狗	王政才
张二旦	李　海	王元玉	王少文	王栓小	赵辉章	梁玉吉	赵怀纳
王换本	梁所规	王德所	王林玉	王四小	岳秋顺	王义恩(四孩)	
王全孩	王三孩	段祥元	王子华	王　乡	石四小	王吉海	张全寿
张德喜	王三孩	张拉所	史贵林	任福禄	任福光	王太所	王考寿
袁生元	梁慧春	赵千祥	王洋仙	袁桃元	袁寿元	袁黑小	王三小
王寿昌	王庙连	王玉珍	王存孩	赵二小	王治国	王付先	王　裤
王冬毛	赵　疆	王志先	赵满寿	王三海	王其任	王先全	赵双林
赵狗孩	梁刘宝	烙　钢(刚)	赵存善	马治勇	张步英(银)	岳　勇	李芝胜
赵玉堂	王锡先	王艮堂	赵希梦(孟)	张占元	王心亘	王　恒	赵福所
李太宝	赵仲全	王俊考	赵叫名	王有妮	赵普明	赵温具	王真玉
张王孩	王计福	张先所	赵东所	仇二孩	王清礼	赵保长(宝昌)	
任世元	王拉贵	王存孩	任二道明	赵白毛	韩治和	翟妹孩	王庙全
王生文	王清林	赵相(杨)所	赵何元	王现全(金)	赵荣科	李瑞珠	石班毛
王碰孩	王福栋	王栓妹	王牛小	刘永庆	王守任	王六元	马银寿
王贵林	史银所	王明孩	王有小	王存俭	杨林元	刘清秀	王拴珠
刘芝奉	韩千寿	李　聚	李　聪	赵永林(德元)		王俊佩	

东回镇（336人）

李秀盛	时旦孩	穆喜苍	田非小	穆二保	岳忙喜	李艮柱	张仓小
李　史	裴　科	李旦孩	田湝淦	王黑小	张武年	赵守义	高　生
朱狗寿	许　科	王全德	李双牛	耿富根	李文小	程顺科	董万小
时有德	吕富科	朱海科	叶仲仁	高小孩	武　银(瑛)	朱德胜	吕士信
岳小白	郭　良	王　科	耿有孩	翟连启	刘旺所	王联魁	石　富

穆忠海	穆二秃	朱善荣	樊宪维	冀万保	卢根艮	朱双喜	李义苍
仇双喜	穆宝全	耿根祥	岳元生	田守珠	贾三青	李喜栋	翟昌智
李文秀	李家保	武小孩	耿义小	卢生金	贾志(梓)堂	翟丑牛	耿小全
张贵科	梁双保	姚元生	朱世明	穆虎小	贾三孩	仇扣义	张 维
翟贵喜	张子旺	穆仲科	卢长命	耿存宝	王 腾	石九庆	翟盛祥
时双会	张德和	张盛旺	翟连富	张丰义	侯 丑	王狗小	丁四孩
朱保柱	朱会科	石田仓	朱长忠	耿玉柱	李万所	耿有田	耿长有
蔡福生	穆义亭	李贵玉	田全科	郭 洞	穆三小	穆小臭	穆吉庆
张四科	耿义瑞	耿福柱	李森义	穆艮(银)山	穆三狗	穆白白	耿牛巨
耿守祯	穆荣恒	张铁牛	时德良	穆福栋	石广照	王黑肉	武文保
岳满祥	张来科	岳海生	朱富所	王艮昌	董三保	赵完科	王八斤
李四保	余 和	樊锁艮	梁拉成	于刘保	翟锁长	陈芝星	余巨易
耿有禄	董富和	董含根	高喜喜	葛蝉所	穆全科	董长喜	李保青
史军来	吕六旦	张德祥	董根成	朱财勾	梁玉所	耿志先	刘黑小
李白学	穆文科	马文来	张义东	裴六小	董正保	赵贵保	张四孩
李各(谷)堆	侯文举	田 溢	翟长功	张缠柱	董二孩	翟寿(守)昌	董计昌
穆子英	张狗屎	穆小毛	穆青连	武留根	耿文镇	董万所	董 广
王贵柱	余 祯	李三小	李慕周	张拉栋	穆根保	穆富科	田 智
翟白小	穆浪(郎)锤	耿三孩	穆金全	余海濂	卢旦孩	穆桃义	侯富长
刘宝太(保泰)		朱改义	穆海玉	孟存保	翟昌龙	耿四元	耿拉柱
侯维福	王俊(伸)委	孟双保	翟狼小	李大秃	耿有金	田德功	穆守德
李白小	吕仲科	张仁小	程俊科	郄顺科	朱双寿	王千祥	田二白
高长小	穆文科	耿拉所(锁)	李四举	蔡成所	耿有祥	董新成	王千和
程成全	李巧生	董白小	吴文洲	张秋贵	石小秃	李联贵	蔡臭牛
王玉海	吕小狗	方全科	王贵有	裴 和	李 文	胡小科	李名维
耿有才	王长寿	耿银亭	耿有孩	翟瓦牛	侯洪旺	王小翠	耿全保
时成柱	张元铜	穆连锁	李忠发	李狗小	孟子玉	耿福柱	梁玉文
董白旦	张存发	郭双喜	张双喜	穆怀亮	李喜生	穆狗儿	穆存珠
穆存玉	朱如元	穆朝成	王仲科	方保柱	张广永	穆喜栋	董福成

张德来	李六保	张来柱	田启和	朱喜玉	时占先	翟考元	岳永禄
田小白	董东成	吴大秃	翟朋(捧)柱	李长明	石丑小	侯　照	蒿茂成
赵双保	董福柱	王害生	郭文所	朱存马	姚宝成	耿纪亭	王三文
穆成科	董佩玉	穆全和	程　美	耿成锁	翟昌贵	王四全	程　财
李科举	张富和	李　慧	张富保	穆振声	刘五所	穆臭孩	穆马小
穆老虎	穆不先	移(穆)怀桂	王林羊	翟千保	翟根国	卢炳功	刘海栋
李信会	李艮(金)孩	李文巨	王后和	吴板头	穆纪(玘)禄	张东臂(璧)	张三和
穆玘温	李海长	张双青	耿世富	李福祥	孟千玉	张源温	王　盛
张润科							

冠山镇（226人）

李培信	赵亨德	徐　文	葛尧臣	虹　勃	尚其文	董　智	晋道华
翟存信	翟启国	范位番	和　绪	张保银	王天仓	王承铣	王孝先
王萝(梦)熊	王教光	阎玉田	刘贵恕	董笔直	赵贵成	岳如方(财)	周毓祯
史同礼	巩兰第	杜慕颜	王执瑞	王执端	刘登英	李巨财	杨海荣
张　贵	周士茂	李有先	王松昌	张广印	李　芝	赵文华	刘守浦
郭　仪	巩志亭	王维仓	王　鑫	李千来	朱根耀	张进(世)忠	赵　生
苏德才	乔　福	李　绪	张如连	郭忠义	赵培玉	李艮喜	孟计胜
窦冬生	王甲义	张世(仁)礼	曹忠贤	王　电	王牛吧	苗　瑞	王寿山
郭增福	孟如安	郭仁义	张长命	葛贵成	赵　志	李为恭	吕南勋
李士元	姬红荣	刘华瑞	余海全	史维盛	唐清义	王忠年	关如钦
王镛年	白玉福	王者中	王广厚	董廷昌	王二狗	董喜成	李　艮
吴成德	董先荣	王相臣	潘福洞(栋)	巩守先	马　良	王树栋	刘玉会
刘维鸿	刘世昌	董润生	苏　信	王炳昌	苗子玉	刘根年	范如起
赵文和	郄圪旦	张汝龙	雷锦锁	侯贵锁	朱宝珍	李风林	葛云生
梁占魁	李　忠	张根寿	蔡礼田	李　华	孙艾堂	景四元	张四保
赵　亮	唐清祥	马景秀	王机(执)铎	常玉文	李小孙	王机(执)贵	张艮连
王　钡(钦)	孙大中	康景寿	冯　杞	赵来喜	王更成	尚文瑞	张方义
王庆森	白龙祖	张宝(保)柱	岳存华	王丙昌	杨南旗	张连堂	潘锦秀
仁　义	马玉艰	刘二根	赵成贵	颜水祥	陈正明	杨　珍	李辉杰

苏 义 王广瑞 郭广熙 刘 喜 王世臣 古敬贤 蔡首恩 王瑞早
张长生 安惠锁 孟金邻（鄰）张忠孝 李忠义 杜德田 葛守明 窦 升
王牛孩 董开祥 张梦富 张含义 郭永仁 葛海忠 葛海清 李志凡
董贵元 田芝雨 张梦华 杨培荣 李吉祥 关四满 唐子玉 韩炳文
李文堂 王 生 李阴皋 单三成 李寿春 石 洪 赵培玉 王义臣
何九铭 田俊礼 周 佑 李风太 王执仁 周锦武 王树年 王锡颏
李在智 刘登赢 呼延才 胡 康 张风冠（关）蔡 仪 刘希宽 张巨仁
周千基 董耀金 白生云 李风忠 赵锦堂 任 钰 张清钰 庞清泉
王 云 王钟平 王 榕 葛天民 王 钧 张广义 周 连 王思贤
白抑菴 董培林

巨城镇（195人）

王 玉 史恒修 刘蓬亨 吕 钰 张子增 祁玉吉 邵凤岗 张玉珍
房吉义 郄（郗）林狗 祁忠华 王小玉 赵 珺 张伟新 周双贵 朱五牛
冯子寿 赵双荷 刘天明（朋）张所计 张兰明 赵子寿 刘臭孩 刘桂书
张道元 王仓孩 邵海东 姚志勇 张银福 郗丑孩（郄臭孩） 姚中录
刘银山 张 芳 冯臭孩 郄四保 杨四寿 王俊福 张占玉 张战富
王 渝 贾丙元 王占喜 郄虎顺 王福珍（增）刘所贵 李五锁 李福林
张九学 王占刚 王青录 刘福兰 刘十（士）义 张增祥 李先来 郄牛先
王金寿 李富生 梁德敖 刘贵苍 刘双小 赵国民 翟精东 赵计孩
李福堂 李巨仁 吴玉金 王有生 栾（樊）纪 郄玩孩 梁星寿 梁有生
祁芹森 吴牛孩 王 开 王思敏 陈秀海 王殿成 李宝义 李德科
陶安功 翟德杰 康兴旺 王修金 荆拉成 尹喜珍 韩所福 刘银艮
刘道元 刘虎小 刘所林 刘亥和 郄考元 张仁（任）山 董联科 朱林和
郄歪牛 刘旭生 荆来锁 郝鸿春 吴四喜 梁连生 梁福喜 尹玉恒
张有孩 王掌柱 杨臭驴 邵流存 张士成 董旌（金）奎 李 忠 张永富
李如毕 王永福 李知芳 李银贵 翟志保 李吉中 刘二虎 祁九福
王书义 祁多廷 吕子贵 祁龙祥 李珠锁 张镇（锁）昌 刘叫孩 窦换所
刘贵存 冯志国 赵如贵 刘铁孩 冯生财 邵怀成 祁四小 赵先和
郝（祁）富仓 郄计副 冯三孩 荆先孩 冯子忠 杨永财 冯艮来 张来成

冯满会	郝宝庆	李喜成	张双昌	张　寿	梁二保	王培校(效)	刘蓬春
张　布	秦继武	刘仕一	刘先云	祁富义	刘所成	赵　书	冯明士
贾召录	刘丑祥	赵　桂(贵)	刘扣小	窦　信	刘拉成	黄世昌	张　理
王玉喜	刘丑小	李永(承)相	祁成保(宝)	苗　寿	李臭巴	邵小银(艮)	刘长立
杨春所	郄三保	赵三江	冯牛孩	刘香所	刘道连	杜　相	郄所寿
康喜福	康兰堂	冯怀小	刘银寿	刘庙成	吕泰和	尹茂田	梁连存
刘金兰	刘狗小	刘庙小	赵子守				

娘子关镇（125人）

王墨寿	董蓬州	邵风鸣(鸣)	高宪忠	冯文玉	董春润	李永德	董金保
陈白肉	周景奎	梁彭信	段正国	冯　礼	贾拉套	李玉厚	王义仁
程忠山	段　敬	段令祥	丁周生	王永庭	马同元	冯富贵	李英武
赵保财(贵)	胡玉文	杨舍(啥)小	李文福	武仲元	梁富银	梁保孩	韩　玉
许　金	曹连科	帅永寿	丁满元	梁　宝	梁桂玉	曹玉华	高吉玉
刘来考	刘二科	王三太	张顺孩	刘金艮	张海林	王丙子	杨　卫
王四孩	李白狗	杨荣绪	段孝堂	张太昌	梁全(金)才	胡金元	段九智
武成仓	梁巨狗	梁栋小	董春小	武成仓	王守忠	范寅生(兆祥)	
高套元	王巧生	段斗堂	孙如田	冯治国	石文春	任德生	王七保
李　茂	李　叶	董海珠	刘栋小	董锁义	王成财	王士亮	王三保
张三孩	陈占宝	樊艮生	梁玉生	董三牛	王三毛	胡宝仓	段会昌
冯明堂	段连荷	段三毛	段拉寿	李忠义	印吉昌	董白生	段宝生
董仁友	段根寿	段存祥	冯小科	康有金	李科寿	印宝瑞	李四牛
邵风麒	王傻小	康治安	丁英柱	董考珠	赵　海	高　钟	梁福太
董芬元	董芝生	赵兴安	李三孩	赵和尚	高三孩	曹　证	高鸿福
董和程	赵牛小	段　慎	李狗昌	刘珍柱	赵连成		

石门口乡（159人）

郝祥顺	贾举妮	杨宝禄	李善臣	郝启茂	贾振祥	穆艮孩	祁三牛
郝洪仁	郝恩文	刘择小	周连生	周仲举	郝守勤	李艮启	刘　玺
郝致云	刘恒庆	王鸿林	李广新	郝长修	赵瑞田	贾润城	姚世忠
杨吉义	王忠和	陈秀发	郝　津	贾云彪	张连柱	聂祥小	魏常祥

刘五孩	杨玉金	高来仓	岳祯祺	郝巨科	贾有福	郝有泥	翟　铣
郝崇艮	周　艾	王　生	翟　钦	贾纯明	郝保存	葛步能	李寿臣
翟　成	郝巨长	白成生	李二富	王花牛	石小毛	张全生	郝进才
郝存义	赵九孩	王廷富	周尧堂	石喜生	郝秉正	刘小拉	贾有信
穆敦周	李增庆	郝风祥	刘录柱	岳四丑	周刘生	岳文星	贾如贵
王位库	郄吉小	李林山	郝丑堂	郝千联	郝登富	郝秀宗	郝林富
王东臣	贾高阳	贾根生	贾三科	郝不文	郝艮锁	郄（郗）受益	贾更生
贾保祥	冯　涛	岳喜成	李家祥	赵继善	王加富	岳发堂	王世芝
郝雨司	贾振小	李有福	耿丰照	耿玉金	祁二牛	李亭芳	郝兴涛
郝成玉	郝存唐	李鸿彪	贾成祥	聂根锁	贾洪秀	郝有根	张连根
贾九祥	张　玮	耿金元	赵红科	郝丑堂	王　普	耿壮小	郝福艮
翟映奎	芦佛宝	郝万廷	郝勤忠	刘叭堂	李国宗	范忠芝	郭子仓
周保生	李友锁	周三柱	岳香和	王和尚	李笨还	石小臭	贾政文
王生财	石米元	耿其艮（银）	郝福栋	李岗小	贾洪章	李艮（银）堂	翟　和
郝玉仁	耿来喜	郝志义	周仲（中）杰	李艮（银）元	郝致园	贾受军	高吉祥
王大丑	杨锁孩	王富生	郝林馨	翟映义	贾庆生	郝　田	

锁簧镇（161人）

王小有	吴宪文	冯满栋	冯长利	李金生	郝牛孩	郭小铁	王维和
冯庄田	马永珍	吴九科	郭焕成	王广辰	贾成（称）小	王苟小	张新祯
宋吉春	郭四牛	陈居祥	翟玉湖	郄秋来	张逢贵	郭德祯	冯根全
张守善	郭政恭	郭　银	王万荣	董狗小	郭三科	王　全	郭考元
郭政居	贾付妮	李五金	和普泽	贾芝（子）斌	郝国邦	贾维锁	赵国英
郝幕帮	郭香元	赵启广	赵盛和	贾海义	贾佩金	贾明章	吴拉所
王小明	张小科	吴金所	贾联昇	李占和	贾焕章	赵开义	葛维荣
葛小旦	贾陶气	郭崇小	吴换文	吴长明	郭付财	葛虎妮	张联鸣
张　谆	葛润田	高登云	冯延文	贾存德	郭录契	高秀子	朱换牛
吴玉金	赵永昌	蔡景秀	高永安	张珍珠	李元和	王列帮	张黑旦
张幕功	王举议	董希亮	王明辰	王俊亭	郄德方	方板孩	李牛孩
杨青云	张金长	赵扣艮	冯秋生	吴德顺	吴田小	冯永德	冯秉全

郄三丑	葛非云	王景昆	宋同意	葛元锁	冯宝生	王体信	郝林邦
王汝密	胡顺小	赵五小	张存财	董树基	郭金堂	秦喜贤	冯汉玉
王小元	冯毓浮	杨　耀	王光祥	姬万财	王居让	高牛小	冯臭和
贾全孩	方田仓	葛富荣	张祥孩	尹朝兹	郭仁信	董永义	王老虎
赵双科	王秋生	方元科	张满洲	冯临到	吴书瑞	贾受中	董云祥
冯林(临)祥	高荣庭	郝维邦	赵北恒	张克考	王香亭	胡春礼	郭全金
葛廷秀	张臭楼	贾守正	李金贵	王仲小	贾满柱	郄云成	翟英九
蔡来所	冯桂(贵)善	冯正夺	冯治邦	刘富成	冯髒小	马贵林	王可琢
方润和							

冶西镇（199人）

张福士	霍采堂	余富祥	王友成	卓云九	郝罗小	张保艮(宝银)	
潘　俊	宋佑年	赵　兰	王正心	白田祥	马　秀	刘富祥	高文书
赵祥增	霍艾云	马恩霖	耿　沃(耀)	史巨荣	安财元	王福修	李文业
贾风堂	霍守峰	张　珍	张锁祥	霍祁全	张有全	贾增珠	赵　缙
李长胜	高萤洲	霍宪富	白志钢	赵　青	高二牛	李焕义	张更新
孟富羊	高步连	张同岐	余绍(召)温	苏兆林	霍承元	张道兴	赵存柱
张广德	高　俊	张祥孩	张同孩	张庆行	陆生田	杨　福	葛喜科
白兴忠	王连科	王如祥	张　连	单发成	张水泉	王风(峰)银	赵　厚
苏继庆	李焕山	贾风英	霍廷芳	余秋田	张喜全	陆二孩	朱黑眼
王春生	赵如玉	张书信	王同华	霍继玘	赵银林	王富扣	张利锁
郝二岽	赵连论	王存义	任春和	高富洲	赵玉风	郭连贵	王松堂
霍贵生	王银先	李风琴	贾风厚	贾庆连	郝维真	张文青	刘春元
赵来增	赵满银	王万全	李忠元	张连黄	陈风年	白新起	马洪贵
霍万富	王福海	曹　六	王　悦	赵永争	张庆歧	任　贵	赵四毛
王　敬	马禄鸣	王珍傲	郑林田	范　义	赵永录	王　瑞	白华祥
李桂金	任　仪	安振元	赵成增	霍万富	赵满英	王长锁(绩)	唐启仁
张万富	张风武	赵毓蓬	赵德厚	高万友	朱玉如	王五合	王长锁
张风和	余成庆	余会艮	张连敬	王保庆	冯瑞贵	白步池	张根祥
高财书	郑　恺	邵华彦	郑　锐	邵牛孩	王继仁	高天玉	王万忠

郝孝恭 孟能小 安书宝 白承业 王秀刚 余让庆 赵玉朋 王贵堂
尚兆阳 霍占元 赵玉堂 王玉春 葛玘（敢）云 高修云 王富元 潘维新
王建业 孟厚书 霍灵发 高万庆 白希芝 霍宪忠 张永昌 曹 江
曹 河 张芝兰 潘兆庆 李立华 石怀光 赵满扣 张美泰 杨松林
王 新 王 荣 余开庆 余方（才）祥 余绍伍 孟随小 张存科 王春堂
霍承厚 郝兆祥 王富元 霍幕（慕）周 唐有能 霍祯（禛）元 王嘉林 孟吉祥

张庄镇（293人）

王喜元 马开琪 岳玉堂 李华英 冯福生 赵玉成 张淘（桃）气 冯贵林
王二牛 冯庭楷 翟玉佩 郑春连 张生财 王维成 白禄庆 石温顺
郭锤小 贾祥英 路稳义 任元生 王铁牛 贾永武 董静安 王培德
杜维义 张克钰 翟元生 赵义珍 岳秋祥 王受荣 王财荣 王全德
王朋贵 刘满喜 张春保 白汉文 郭五小 张德明 张 燕 王元所
耿福胜 赵三小 马存良 王秉仁 郝来洞 郝培云 陈兆永 翟风荣
王 同 张忠富 张亮德 张存义 韩恩福 赵风（凤）善 阎千祥 陈刚虎
翟旦小 翟玉琪 翟田小 张义仓 张艮牛 陈继元 张海生 张四和
张智忠 赵小和 郭福寿 翟胜永 王拾成 郝成寿 刘明云 刘 铄
冯进元 郝明玉 王大堂 张 有 张茂生 翟六孩 翟华昌 马忠元
任孔义 郭贵昌 郭非小 翟俊生 王三孩 郑满连 王木虎 葛永成
岳安寿 王维智 李印（卯）生 王德胜 翟国永 魏谷咀 董谷洞 王维栋
赵元刚 赵文善 魏义举 张义福 冯朴岗 岳德元 王维善 王裕福
张益洞 翟小宝 张 智 王德增 岳正（振）顺 李千明 赵玉海 张牛小
贾排昌 贾文清 贾白小 郭狗小 阎宾小 李华堂 戍（戎）歪小 李进双
岳满元 王二孩 岳国录 陈成小 岳治华 王永和 王兵成 史仲来
贾任武 翟三纳 翟科祥 翟文堂 翟全洲 翟贵生 翟宝堂 翟老虎
郭小臭 王二孩 任千孩 王长福 贾巨小 岳府科 王七斤 王存喜
王小白 王堂小 张怀林 张文德 王 茂 王永补 韩小茂 白 均
白殿召 韩台小 贾福生 王白小 张克钦 魏傻小 杜万亮 杜芝礼
张二和 张春和 张连德 张仁和 杨锡堂 魏兆义 魏双牛 贾文渔
魏步海 韩台小 王培全 郝培惇 张明小 白 云 韩记牛 张文举

苏如和	崔臭孩	张进瑞	张乃锁	张臭孩	张恩和	李广玉	赵岁怀
王子高	苏偏头	王永同	张明小	赵仁玉	王成书	刘枫桐	宋喜功
宋玉全	贾宝生	郝巨虎	任万喜	张振宽	张益成	赵拴小	李喜文
赵四小	王万亮	王林科	崔存胜	翟元（源）昌	李金柱	宋　瑞	王大孩
耿生元	魏昌付	郭志荣	任大福	郭来琴	郭年胜	苏长来	王秀锁
赵小虎	赵千（谦）恭	赵福生	岳小汝	史二吧	侯玉昌	郝六斤	赵小白
李有信	王小牛	郝玉妮	王二牛	王长银（艮）	高书杰	张铁虎	王孔元
李有科	苏来生	吴满仓	尚玺林	董马牛	王　富	赵玉珍	韩来来
张艮孩	宋老虎	张小非	赵叭小	贾三虎	史科孩	戎亨（恒）山	翟智元
翟双柱	岳世锦	张忠华	翟开元	张庆环	王巨恩	魏万田	魏仓小
李　根	冯永太	马三德	王三片	葛忠富	陈来宝	赵玉兰	陈三元
张善录	曾光叶	刘智万	翟艾小	尚艾能	李珍玉	韩明柱	王兆志
岳洪儒	贾文芝	张德义	翟有生	尚艮小	郝堂小	赵风孝	张英杰
刘巨小	翟蝉科	郭黑小	张芝慎	侯福元	宋富全	郭小蝉	贾改渔
赵智元	穆金全	岳元科	岳明德	贾元玉			

平定县籍贯所在乡镇不明者（186人）

马振明	姚来和	窦春昇	李四小	黄　治	王铁成	赵广生	李　波
岳新锁	王丕一	贾新明	史东卯	史东毛	边文荣	刘维相	翟伍小
李汉小	张广生	张福祯	靳福系	李富维	于二和	张　永	王景之
梁世芳	王重厚	冯金柱	高全根	张二宽	白学书	李成禄	李富成
任订一	王维山	李韩小	张瑞朋	张贵才	李长根	杨所维	冯三小
辛光玉	郝有高	穆段善	赵其善	王维潘	陈芳田	孟桃义	李成善
郭银生	郭志荣	高尽忠	赵有成	苏林儒	李庭义	李部玉	王　通
贾聚小	赵文斌	赵金柱	刘明扬	郝金龙	李富根	胡金元	余福来
李振卿	穆奎文	陈保小	王尚海	王永成	华万保	阎子成	马玉艰
许山生	吕连芳	周维义	冯思义	王全龙	耿　文	何立武	张连柱
赵龙和	苏来长	阎纪国	刘玉芳	苏崇义	张良白	史绍元	吕　照
郭来琴	王富才	尹乾存	李学章	陈丙耀	郭远元	张　奇	杨赵成
梁长林	王双锁	贾更子	梁兴寿	赵瑞国	耿之虎	阎子成	赵镇儿

李丑来	许三生	吕福义	李福喜	赵锁儿	王春喜	杜春光	白　玉
尚专林	魏玉生	郝孝业	李拴成	任纯来	王有财（贵）	姚贝祥	刘其月
韩银来	李正中	苏来顺	宋祖金	张市清	路易金	王四中	刘双才
任根小	宫洛偏	吕万小	宋　生	赵占富	赵迎魁	杨金科	宋豆海
王贵英	白　中	朱连奎	王存荆	巩三根	刘工科	冯　福	聂满水
陈丙安	霍玉福	李明海	赵台山	张文兰	李拴成	双金录	李吉祯
刘长胜	杨照成	荆贵祥	窦文邦	曹玉小	王　栋	黄帛基	段土良
黎　郎	郄亮珍	石文臣	张　铭	王大山	田四小	赵象山	任主来
李廷清	钱志同	崔林海	任怀保	朱秀清	李旦旦	张长命	党道存
赵还应	李　珠	赵仁银	魏玉生	石玉柱	毛增全	赵郎合	赵　贵
王永惠	高根白						

盂县（2129人）

北下庄乡（118人）

侯明福	王义俊	王福全	赵永俊	张文章	李伍小	胡玉太	武金福
樊兴帮	尹成会	武胜功	王千小	李维久	王清玉	张礼玉	刘成海
李有昌	谢有生	王双成	左三喜	侯善谦	赵有存	刘大福	高三虎
胡李锁	刘银太	李林全	刘清传	李凤英	李银太	武昌春	王占光
马计双	付永义	刘三毛	刘根来	武状元	李玉春	樊兴德	范良毛
付海栋	刘昌积	李顺荣	李如林	李长命	郭生秀	武狗昌	李林福
侯荣谦	刘计锁	武四毛	王银妮	刘旭贵	刘玉双	赵四毛	刘喜来
武存光	贾永贵	王有福	封二毛	郝荷元	王三毛	侯昌毛	刘昌维
赵富林	李海寿	武五祥	王双玉	侯艾双	王九林	刘海传	武喜爱
侯福双	郭福如	付乃成	高臭犊	武成艾	郑福怀	李维和	炉金海
王润怀	樊新荣	王养贵	牛双来	王光锁	赵庙亥	谢五丑	郑庆云
李俊德	龚三毛	刘万传	王根成	王二有	王占峰	侯喜双	王艾林
武银海	胡向温	李福顺	芦　芯	刘生川	武跃忠	刘福亮	傅秃小
王福海	刘　华	武保一	武长城	郝田东	李千岁	刘银春	肖占良
侯贵金	武风鸣	赵银双	刘三来	武宝书	石林福		

荏池镇（198人）

张友德	郑怀亮	郑兴有	韩国治	韩五毛	王庙怀	张小驴	赵二保
张成明	韩金锁	韩蕴银	魏二娃	郑金林	韩　云	韩德功	李瑞林
魏毛小	李润北	张三毛	韩金旺	韩银德	韩奶云	逯双贵	韩云和
韩四尧	郭庙双	赵银玉	李贵和	张太和	赵亮明	史如诚	孙双亮
逯丑圪瘩	韩银顺	李贵福	刘付秀	赵三毛	韩金福	陈亮小	韩尔贵
王如恒	梁有德	侯士珍	韩继光	韩任成	王有福	赵润贵	苏清义
李三毛	韩黄贵	刘文林	李光田	逯和毛	贾八臭	田存只	张来义
王战里	苏合只	张和小	史文跃	赵光国	赵学文	李苗锁	贾小牛
韩银和	张文义	王吉玉	苏增康	韩二敖	赵来英	李德海	赵石头
王玉北	李金福	刘忠怀	韩跃会	王儒珠	赵满生	王同和	赵黄瑞
王巨福	张俊昌	韩成双	李海德	刘如常	王二毛	王忠福	王保银
王志昌	刘肉毛	张三毛	王文科	韩年德	张玉双	李三毛	张计元
赵光艮保	王　有	韩玉印	赵玉怀	赵德润	张苟小	李仁亮	葛九金
李锁柱	张海峰	侯金义	邢章玉	李学义	赵海林	郑兴旺	郑锁林
梁喜双	韩爱双	武善堂	刘存金	刘三金	武小肉	李兴民	孙富义
郑　伦	张德成	梁增寿	胡刘双	韩昌顺	郑丑牛	任三毛	李朴牛
赵东小	宋亮成	郑四清	侯水泉	梁生瑞	刘明元	王黄秀	赵孟芝
刘肉娃	李海汇	孙成武	宋年小	张满福	王根贵	梁凤元	白虎妮
邢有录	阎来贵	张彦合	李道贵	宋羊双	宋黑牛	张福喜	王青山
李双亮	刘海川	李发明	李桂林	李五毛	李玉锁	赵虎小	施建国
孙成文	梁甲子	武四旦	韩二娃	王克云	刘三娃	李春林	邢士林
孙银武	赵勤基	孙中小	张材小	韩小二毛	苏胡林	孙建华	孙双北
武宝贵	李德齐	李仁武	韩四福	王保录	张四毛	苏保珍	李　瑜
李德太	宋俊北	侯丽只	刘德秀	赵伴小	孙小娃	魏三罗	韩润牛
张正法	孙宝善	魏新甫	张成明	李海汇	史乃诚		

东梁乡（75人）

杨双贵	阎二小	郑如拴	郝存亮	邸元元	任九金	段来喜	史二小
阎顺和	刘保元	孙润年	孙庆希	任贵金	张银拴	罗来福	郑成茂

高东元　施润青　郝小旦　刘昧全　崔吐旺　张润虎　武十八　吴　全
李存明　李来关　郝来喜　施保贵　郝　礼　王如昌　阎贵荣　张德清
温保仓　张瑞英　崔润锁　张福元　郭来根　崔二黑小　郝根虎　乔三小
刘二顺　于三旦　赵昧驴　乔昧驴　赵根世　李五梅　施士耀　郭五牛
李国英　芦（刘）章文　郑贵成　阎存成　刘卯年　李财旺　郝乃毛　李拉小
智双驴　施碰年　刘成顺　李义昌　施存士　施廷荣　刘贵明　杨德生
刘入山　岳双合　阎银宝　郭三牛　任润金　李三旦　张拴马　张大虎
张傅拴　冯昌金　刘满贵

梁家寨乡（235人）

梁志玉　梁护石　牛忠义　崔进怀　崔凤林　韩荣政　梁文来　崔三林
崔方和　韩治修　韩建国　李过见　梁兆明　梁忙只　崔凤明　韩黄治
梁四小　韩成明　梁双苟　梁三秃　韩二小　刘林秀　梁林忠　梁兆红
崔明万　韩文义　梁付明　韩礼志　李明志　韩治元　范怀仁　李林拴
梁文山　梁来双　崔四黑　崔双保　梁文程　韩云只　梁三只　邢二拴
崔保金　韩礼金　韩五保　韩五和　崔四义　崔林义　韩丰杰　韩成文
梁九小　韩文怀　韩荣安　韩荣国　韩文顺　韩志和　刘明怀　刘德义
韩忠义　刘二羊　崔书此　陈三只　刘恒义　崔如明　牛志忠　崔四华
梁进全　牛礼全　韩德明　韩吉林　崔成良　崔礼志　韩清国　韩显义
梁金柱　崔建于　梁兆锋　刘金生　韩三忙　韩怀秀　崔水海　梁进保
梁怀玉　梁福柱　梁存和　崔书义　韩玉义　霍邦喜　韩计双　韩保印
崔政华　崔银库　韩德功　张林奎　梁三妮　韩成义　郝存义　霍运来
韩拐四　韩来双　崔鸿小　梁双苟　崔世昌　崔礼栋　梁生义　韩吉义
刘拴只　张吉虎　梁双红　崔计文　崔正林　梁文怀　梁苟金　韩金怀
梁计和　梁进顺　刘志红　梁恒秀　岳双全　武金小　崔驴小　路方成
梁含玉　刘庆只　崔五妮　梁成双　韩福全　梁金国　梁三喜　崔恒驴
崔礼金　梁德旺　梁五妮　韩四小　韩奇花　梁对只　郝驴只　韩计言
韩银怀　崔巨才　崔存喜　胡守吉　梁成荷　牛林保　梁驴只　梁方才
韩毛小　韩米贵　韩恒顺　崔四苟　崔来喜　崔书义　梁凤林　韩贵林
梁治安　梁文义　刘满囤　韩二米　梁三护　孙福来　崔义和　韩华志

韩文斌　韩双珍　杨计怀　梁三妮　韩宽印　韩所只　梁三只　路反青
崔双虎　韩荣国　韩金治　崔老元　梁军阀　梁驴只　梁石万　梁先石
韩全文　崔金全　崔林全　韩二小　王三只　韩根银　梁四文　崔方小
韩荣糊　梁丑忙　梁黑四　崔礼志　崔成贵　崔成怀　张成龙　韩先礼
韩二恒　韩桃林　韩华言　梁四只　崔　建　梁玉兵　韩成义　韩维生
韩冤财　韩显荣　崔秀印　刘福怀　梁满银　崔珠保　崔江兵（冰）韩荣本
梁计印　韩昌爱　韩贵煜　崔维礼　崔锥义　崔贵会　韩成都　路满冤
韩珠印　崔如岳　韩呆只　韩文全　崔建修　韩宝印　韩肉只　梁双红
梁子和　李明录　路满和　梁金堂　崔吉录　韩绍玉　张双义　路巨印
张礼义　崔志元　刘海俊

路家村镇（121人）

张其焕　张虎元　王治亭　李顺福　杨二年　高三毛　王玉山　田　永
刘四毛　乔文元　鄯海林　郑素珍　路小明　刘学礼　王忠喜　杨金牛
康银贵　王来和　李流贵　路来贵　路忠连　荣金怀　高承潭　李文喜
张国华　毕东海　杨牛毛　吴孝先　秦子生　田流贵　李有满　田荣丰
鄯万义　赵金贵　代三毛　张庄正　程金才　李黑牛　康庄正　潘珍四
田阳福　李天福　弓孝义　张四毛　逯时照　乔云贵　李三毛　赵肉成
王培玉　古珍寿　张三毛　张猫变　张八猫　鄯三毛　乔石腊　康唐年
苗四成　王扑留　王言春　秦如林　周进保　潘年小　白八八　张巨山
苗满贵　刘乃林　鄯银锁　李培声　毕卫光　潘六毛　石四义　周六毛
潘忠义　郑丙贵　李东海　路锁金　路金魁　李东光　付槐义　赵子文
杨志诚　王培生　刘文俊　郭玉锁　王喜贵　马金龙　白福贵　阎银全
赵国臣　鄯双义　潘双来　邛三毛　高明轩　李延寿　王双狗　周银瑞
孙巨和　齐东海　王有福　马　清　李桂昌　周春贵　刘文斗　刘五毛
梁福成　孟艾增　陈福祥　鄯福肖　程千忠　路根锁　高东彬　荆富开
赵金双　刘福顺　高所贵　王双全　贾二康　杨建宜　赵继云　李华国
高所贵

南娄镇（149人）

刘世传　侯宝川　荣昌财　王四会　弓有才　许茂春　贾志德　赵千祥

魏成旺	武有奴	刘兆栋	许措慷	柳二娃	刘存金	李银太	刘绍青
高贵仓	赵喜毛	武明会	孙金锁	许秀山	李三毛	刘三老虎	刘双怀
白建良	张富元	石狗狗	荣先贵	魏三娃	田甲三	杨恒通	许双恒
武根岁	贾德元	胡存厚	武保生	许七妮	牛万林	武成成	胡付林
荣吉祥	许学真	温如良	陈润西	贾保良	贾林富	赵运和	荣三黑
武申酉	吕云信	杨学忠	王四毛	田福俊	杨玉清	石正中	贾宝富
陈双虎	荣满保	李锁才	王存太	马三毛	杨顺来	高学银	杨敬德
史珍旺	杨双怀	苏金锁	田爱玉	李肉只	梁四巨	聂庆祖	武昌玉
武得吉	胡占柱	杨德山	白尚元	王金亮	李长春	赵忠仁	梁根和
刘兆林	李双玉	武三只	胡生怀	贾宝珍	刘奔小	李广文	田奎鋆
赵天栋	李有怀	张贵马	荣　风	武永祯	胡本厚	赵志文	王其英
刘东海	田奎华	武贵锁	梁喜福	王凌云	赵芝清	武九毛	张改成
杨贵川	杨双恒	赵连芝	田奎鋻	武西林	武金银	杨怀春	赵成文
高二成	张壮成	梁有年	许喜寿	赵七小	姚四毛	胡玉忠	史乐义
罗炳祥	张三娃	康先林	郭兵山	程满双	赵双锁	田宁善	武俭敬
赵登德	李锁成	程继禹	李黑牛	程崇寿	许计生	程明贵	杨德时
王恒业	史培建	武保晃	马驷骏	张臭小	石秉富	石臭虎	赵福福
王肉虎	卢景山	侯中银	付春发	韩荣国			

牛村镇（154人）

付存发	刘银海	高五毛	马银绪	王计牛	胡三毛	李东虎	董二毛
李全锁	王保怀	李春成	郭双印	梁歪牛	马吉元	高存保	胡艮和
刘二光	董存双	郭四毛	王淂禧	高振华	李爱锁	张培生	王双秀
王牛小	史如金	张先保	张有成	郭喜旽	高春秀	李广寿	赵妹娃
刘月信	马　义	高七十四	杨双贵	付四毛	高六十五	樊赵锁	王玉山
赵廷芳	崔金玉	刘月慧	崔有双	李茂珍	史瑞泉	付怀德	史根银
赵福元	张海珍	郭根元	崔计珍	李二毛	崔狗来	李柱小	王礼成
付二毛	赵小肉	侯秋成	赵田保	刘爱臣	张志华	王双林	张七毛
高海金	阎四有	付小狗	赵玉小	赵元祯	阎成信	刘海珍	王三铁
王三小	张秃小	张海义	阎成功	张金海	崔二毛	赵双寿	阎汝树

高培德	刘三光	牛小小	牛和气	李进有	阎成达	张二毛	崔四毛
李根才	高小元	李根卫	崔明玉	马肉娃	牛兰春	王清秀	高海义
王月双	崔狗来	柴炳秀	刘狗头	崔肉娃	崔秋元	胡二毛	牛年林
王开义	刘德珍	王福变	张五毛	季四毛	毕五十一	王存金	郭三毛
梅桃林	高文考	赵保珠	刘根和	王言林	崔小亮	季七毛	贾双贵
牛喜子	王锁元	冯成亮	高仁成	胡润祥	刘长才	张先福	崔福义
王贵英	阎汝龙	牛贵春	段荣义	王兴爱	王四毛	安　四	王银福
史有才	胡云光	崔二娃	王德祥	高俊林	杨定国	李存义	安三存
李俊珠	史二臭	王裕山	岳连瑞	郭五八	段二小	孙继福	安　海
闫成功	赵天保						

上社镇（207 人）

郭增保	郭跃安	王玉生	梁双印	郝喜明	赵元明	张生锦	杨二忙
李三有	张士珍	韩林只	白学义	李忠厚	杨怀双	韩彦北	李仁义
刘存财	王有光	王树青	郭珍恒	魏正宽	张牛圈	刘岐山	王三小
韩金北	郭四小	郭三恒	李二娃	王志兴	王满仓	韩银双	崔兴付
王明小	刘良双	韩东林	韩二全	梁存伯	李　建	崔恒小	梁思旺
李二双	梁生义	张吉林	王石头	张五亮	侯登燕	郭润环	李三亮
韩尧福	崔丑来	孙二银	吴二秋	孙　玉	王元林	崔黄牛	崔德明
崔肉小	赵黄毛	郑　葆	张福元	李新北	李福和	刘慈双	赵树元
李　锁	白金和	白春成	白银双	白润虎	檀双槐	阎　林	韩二毛
李存元	李林锁	李五成	李金明	郭银来	王增寿	赵来双	刘水成
阎肉小	檀双成	杨秀小	荣成照	贾三计	杨三妮	崔喜和	李双成
郭明义	崔苟双	胡正云	崔金岐	赵兵兰	韩壮成	郭增耀	李爱拴
李双成	梁东海	李侯林锁	刘二黑	张昌石	张亮小	刘小肉	杨汗生
侯二小	王反金	杜三小	张五保	张汉忠	田肉小	赵来双	赵芝杰
郝双喜	魏　存	张海彦	张良珍	张占龙	张风先	冯子义	冯芝爱
冯福祥	魏四黄	冯二和	王柱小	冯和义	张巧林	冯三娃	张天保
梁计全	韩德府	韩礼会	韩轻小	梁国忠	梁生保	芦腊月	张银海
高错楷	阎白双	王有庆	刘海旺	韩祖言	李发财	梁二牛	崔太和

韩驴小	桑四小	刘银双	郭言锁	崔怀珍	李福如	崔昌福	刘双怀
崔三小	王双小	梁二娃	韩三娃	韩民国	韩黑小	王如珍	梁二桃
刘　锁	韩国良	王进双	张狗双	史怀北	赵仰华	张聘之	刘兰田
刘海志	赵载步	李培云	张衍寿	张有庆	崔二富	贾培和	李枝功
张振声	张　立	檀子英	梁方林	李春怀	崔毛小	檀三毛	梁开义
王存祥	王万俊	郭献章	韩巨财	梁作应	韩子文	韩双庆	李贵云
张有志	韩黄存	李双小	韩学文	孙锁成	刘生祥	李二斌	梁开信
韩万厚	郝怀庆	张进生	贾二年	李银兵	郝巨财	刘和小	

孙家庄镇（128人）

李培业	侯锦云	王阳生	李双元	杨五七	张俊保	李金锁	张茂生
王　飞	刘命传	郭运彪	王宝林	李牛小	张祥隆	侯炳宽	王海林
付四毛	赵永祥	张林锁	秦秋小	郭汇泉	杨庆连	侯二毛	白付双
王孝寅	王二毛	杨状元	田　福	田四妮	付　山	郭存财	胡积才
常银春	史纯义	郑增寿	郑老虎	吴　润	李让基	张五十九	李全义
王二毛	王三毛	郭四妮	刘增丙	张信武	张成亮	李东娃	王锡林
龚福贵	阎荣德	张广诚	张肉小	张存元	李拴虎	李忠孝	王五毛
李忠良	李小老虎	王　庆	张效田	张正山	王三林	赵五毛	赵定帮
田有双	赵牛小	田巨财	赵五贵	秦国兰	赵海旭	赵三毛	侯秦如
侯存信	侯全保	侯润狗	侯贵云	张五毛	杨真和	石臭小	石润法
石根虎	祁万章	梁计全	祁六毛	祁玉成	祁金贵	祁成毛	樊双成
刘双富	刘来贵	刘玉芳	刘志清	李祯行	李丙成	张二亥	张爱福
李三毛	张三毛	栗和尚	张付恒	李林珠	刘二毛	刘向龙	辛吉玉
李彦如	张连科	侯黑小	张如珍	胡亮保	胡维新	王双休	李书考
石秀元	王从弟	王前成	傅吉昌	张美吉	贺能贵	赵四臭	赵成元
张春元	李连科	李玉金	张计小	张才小	付吉昌	王　庆	刘仲斌

西潘乡（118人）

杨志明	张林喜	尹二小	武金和	刘同弟	李贵元	李英世	刘四苟
高四只	高奋同	韩有怀	罗喜和	谭喜万	侯三黑	李二黑	李云堂
张肉小	张义望	张拴如	张银喜	刘德玉	李金朴	李爱生	李存小

李三九	梁双明	翟三翟	成　元	郑林还	王通如	程玉庚	邢计海
侯根柱	万三虎	刘东海	武金还	武反如	万连成	尹福元	武林壁
郝二黑	郝广和	张林元	张艾如	张二俊	李二孟	邢秃只	李成三
白怀喜	齐爱金	席还喜	齐四生	侯会章	齐福生	齐来贵	李昧珍
周三只	李贵银	王五保	王明才	王生吉	王喜万	檀连元	王五生
齐福万	翟生万	张双小	李银喜	霍保和	武茂才	韩二小	郝贵和
李反和	杨才双	郭维生	王喜还	李培银	武生还	周黑小	韩俊山
刘燕召	张宜兵	刘生德	齐存云	韩俊峰	李四春	李连珠	张二丑
尹珍银	张林同	张德万	张妹双	张付双	张二小	孟福贵	周虎林
霍喜生	周付昌	王专照	李忠厚	李根书	韩通银	韩太和	李来金
李喜成	刘天德	陈维礼	尹福厚	武金虎	王海梳	翟林春	王德荣
杨丙明	王后万	李学林	李如生	王振中	齐海万		

西烟镇（135 人）

冀光明	郭天庆	王建富	郝四光	李二魁	翟润锁	侯志国	尹丹桂
郝金贵	赵计拴	李风抬	宋风成	赵换全	南毛旦	尚殿恒	尚桂仁
赵良秀	赵六小	周海民	李双清	李仁成	李望德	左满喜	张分成
杨来金	杜丑汗	郭生财	张二清	武焕成	杨太昌	李兴玉	翟东成
郝贵春	张付贵	王二保	王喜顺	王存银	翟桂贵	郭来根	高玉国
李宗熊	翟珍瑞	张来义	尚二旦	张二毛	宋文喜	张二愣	翟双豹
赵乃清	刘拴驴	王根忙	武金贵	王金小	王全宽	王来金	尹铁玉
任润金	尚碰拴	尚通喜	周臭小	王兴和	王付银	刘面换	李孟根
张郁有	王廷奎	白玉鸟	张二清	赵乃旦	周桂栓	王天成	白喜荣
翟根海	白廷壁	张金桂	白贞荣	周银顺	刘银喜	侯秃只	周还银
王改清	翟守桂	尹黑小	侯天桂	曹爱成	侯苟栋	武存英	穆老虎
南乃贵	于银锁	赵玉成	张金和	侯三只	王富贵	王金锁	张光喜
张孟义	姚太和	赵黑牛	胡苟屎	李存金	赵存苟	高昧成	芦景小
郭成海	孙来福	张双银	郝海金	芦喜荣	赵来义	王存五	赵海义
赵会喜	王根顺	高三义	李金成	高林茂	王德银	张福金	张德华
王桂喜	侯国珍	郝长寿	李明禄	王存桂	张秃只	周瑞祥	张德丑

侯治武　张二白　翟金海　赵德拴　马玉良　王四娃　赵顺喜

下社乡（74人）

韩纯才　孟庆昌　崔维新　霍乃民　梁生明　霍如明　韩文珍　韩荀年
张　义　张　铁　张恒锁　李吉义　韩恒仁　韩怀情　韩凤生　韩二娃
韩中和　韩顺义　韩二毛　杜全义　张全来　张成甲　吕毛小　韩吉明
郝　俊　梁增华　韩小黑　李双怀　王作林　韩贞祥　韩礼怀　梁双怀
李怀珍　侯喜和　吕改只　刘文珍　郝春和　贾曹根　韩生杰　梁　四
韩　四　韩丑牛　李进怀　吕保昌　韩里中　曹兴海　李双和　韩海顺
李三枝　韩双恒　曹存海　曹进年　孙祥瑞　霍明和　吴二喜　霍怀云
霍福珍　孙朋寿　吴段顺　李希茂　霍根顺　李双寿　韩根锁　霍成海
张恒志　韩锐明　侯反怀　崔成守　李恒礼　韩肇文　李金印　梁书恒
梁风谦　吴安顺

仙人乡（244人）

高成义　李凤拾　李贵小　高双银　杨玉如　李　谦　杨文珠　许红达
李金元　魏富财　刘怀锁　高双银　张福银　王宝金　高有元　王铁锁
王中秋　张保全　王海元　高林财　张金银　李根元　郭培红　杨三小
王先云　赵鸿德　高存会　高双只　高兴四　郭俊杰　李双德　李二毛
胡九存　范银毛　王五毛　王双德　李双怀　郭良贵　王争光　张保全
王德福　李　谟　李郭拴　张海存　张建亭　李海云　王自云　李五毛
高二千　付双荣　李辛亥　付海义　高小牛　史绍信　高永和　王忠在
杜正生　高广福　高双怀　王双林　高双玉　高怀成　郭满小　李太里
刘云魁　杨丑银　杨万和　王有云　杨玉香　杨银寿　杜富全　董进良
高先凤　侯贵来　许富保　杨万银　杨忠兵　杨三小　郭德怀　李双怀
张双小　张毛元　李志中　郭二小　李二小　杨海和　张五八　高银贵
张双付　杜占华　王丁元　杜有成　杜黑小　郭怀元　王保金　杜云生
李满和　高四和　高士元　杨双小　王四小　毕全保　杨国全　李兰保
高海义　李桃林　李昌林　李文元　赵玉明　武四小　赵海金　郭福金
郭永福　李成柱　梁二小　张毛小　董　金　高二元　郭保金　张计根
李三毛　高士元　高春元　高　宜　孟三毛　高存林　高生和　高四毛

高先贵	高先明	李东元	郭贵召	高俊修	高银全	高先成	高林财
武三小	高太云	高喜来	高林元	李海元	郭继来	胡三娃锁	李二毛
胡开元	张占元	付德云	刘礼元	李德恒	李海全	李双珍	李付元
付三存	魏占录	杨臭小	张铁柱	范生玉	张怀亮	马二毛	马春林
秦先成	武黑小	马牛毛	秦转银	史东有	高海玉	胡三牛	胡双虎
高存义	安二苗	李有仁	李柱锁	杨有亥	杨占银	高二毛	杨春生
高秀生	高六妮	代根成	王仁珍	代忠礼	代浮云	代风銮	代承让
代根生	代三妮	代礼云	代宝尚	代世业	王兰双	代永有	代保存
王计元	高二成	高双柱	高进元	高海海	高银全	高开有	高金海
王二苗	刘三苗	刘富强	李存山	王成兵	王锁祥	王富香	高珍元
王有福	王有德	王根锁	王毛小	王道修	王元争	王良光	王恒元
高生福	李三毛	赵先锁	郭双有	高五妮	高山河	李英杰	高虎林
梁定学	王林元	李先柱	李林义	代风阁	李超华	高风德	李西白
李月如	王爱云	魏改秀	郭玉小	高吉末	高永德	代保云	杜培元
李富元	张金双	王有义	高向东				

秀水镇（162人）

胡秉诚	侯四娃	郑永昌	刘书传	吕玉先	栗元娃	牛占彪	史崇基
张耀衍	王玉吉	赵春贵	刘武民	崔成贵	郑祥仁	郭图功	牛五毛
付有寿	李双牛	刘晋山	石三毛	石成珍	张二毛	尹来元	王俊英
刘二毛	刘二虎	张存明	梁青龙	史孙年	李淂海	荣孟兆	赵玺箴
王锡贵	李秋元	侯爱元	王清和	杨荣忠	李贵和	张银奎	张占荣
赵万岁	毕计小	魏德富	杨培玉	杨武魁	张荣基	赵顺唐	赵明新
李家贤	霍宋德	栗保善	秦龙志	黄殿奎	王风谦	王丙成	郭胜魁
高木林	杨九林	付德和	陈天祥	王福恒	毕富财	郑二林	冀成万
刘二毛	王生财	赵二毛	张三毛	侯忠银	石养德	阎希全	高玉毛
石冬至	李大臭	李全生	潘宋富	赵成美	赵荣山	赵银奎	吕牛小
贾双全	苏尚让	王二锁	王五娃	张全爱	张虎元	张昌先	张旺光
石二毛	王锁正	李云庆	王文元	张鉴儒	王珍和	王二货	刘庄秀
李宜璞	杜成才	荣成怀	王运乾	李成珠	王桂林	刘珍传	侯跃山

韩三毛	梁福和	张志兴	侯岐彦	张学道	孙万年	孟继山	李　巨
路忠厚	赵学信	王　文	赵富功	赵锡文	栗成泉	李永胜	李怀仁
赵玉堂	李银虎	郝九明	李让谦	王子英	牛瑞孝	李宝珠	高雪德
王尚文	王成思	李万荣	栗海宽	王三娃	李保全	马四毛	王国栋
赵养纪	田泽贵	李全只	郭呈虎	陈延年	刘福寿	王仁俊	张乃祥
贺富元	张德厚	李海金	张田苍	张银林	尹二毛	张计银	孙兆义
吕丙成	郭巨福	李贵双	樊士林	李抬生	李绥山	赵文元	王成寿
刘全小	孙清元						

孟县籍贯所在乡镇不明者（11人）

周福义	韩子英	刘德胜	钟来福	王　成	陈合义	石春德	杨德生
张二全	冀　达	高学卿					

非阳泉籍烈士（108人）

李希生	靳根科	陈斗星	张福泉	安强小	程万富	王考柱	王物件
高荣喜	彭西方	付德维	李正森	冯盛植	王四妮	李平东	吴广祯
王龙涛	翟千和	赵太山	徐润太	张雨夏	张老虎	王拉保	韩连元
张瑞林	马丑年	孔凡锁	潘艮洞	刘福金	闫正亨	刘普照	苗雨田
张恩江	张素科	贾英顺	游电英	孙岀成	郝川清	马斌堂	樊劝窑
李栓成	任润存	石兰江	韩志文	史崇小	刘金金	于红尖	杜志贤
郄洪宪	肖九斤	马文元	赵开树	孙仲秋	王秀廷	王铁小	赵林林
陈步华	张有祥	赵英梅	武栓纣	张转成	张存善	郝兆祥	李重田
李同道	李宜德	董玉德	孙开太	董喜成	张四孩	赵守和	杨树荣
赵西林	王有银	孙应前	耿万保	王之玳	胡福龙	王允贞（真）	王　秀
史泮堂	赵团孩	王来有	刘有任	任小二	王财旺	罗仁昌	侯文权
李占儿	王吉荣	游玉华	陈全智	黄二刁	张永生	任卫国	卢子珍
马福寿	马存江	杨毓秀	刘润年	霍考义	周忠海	赵万元	张永善
王银江	单云九	王俊智	曲荣贵				

说明：烈士有别名、化名、曾用名的，均以姓名加括注的方式表现。括注顺序为，已收录

在1981年版英名录的，以1981年版英名录记载姓名在前，其他记载括注在后；未收录在1981年版英名录的，按照烈士证原证、烈士证存根、批烈文件、相关档案的顺序记载。

第二节 劳模录

1950年至2010年，全市共有34人获全国劳动模范或先进生产者、先进工作者称号，30人获全国五一劳动奖章，986人次获省部级劳动模范或先进工作者等称号。

全国劳动模范（先进生产者、先进工作者）（34人）

王四毛（1950） 冯桂樵（1956） 苏景云（女，1956） 王宜珉（1956） 王致旺（1956）
孟繁礼（1956） 史崇英（1959） 张世祯（1959） 陈明远（1959） 王小五（1960）
吕成录（1977） 何秉权（1978） 路林印（1989） 曹大良（1989） 梁作义（1989）
张阁臣（1989） 王计所（1995） 王立宾（1995） 赵宝玉（1995） 阎献忠（1995）
路公明（1995） 邢　军（2000） 邓和平（2000） 王铁锁（2000） 毛学正（2000）
王　胜（2005） 马玉田（2005） 韩贵珠（2005） 杨永善（2005） 于昌明（2005）
王建军（2010） 李国栋（2010） 李乃珠（2010） 罗艳梅（女，2010）

全国五一劳动奖章（27人）

金元斌（1985） 王以晖（1985） 路林印（1986） 张俊祥（1987） 韩少杰（1988）
吕　信（1988） 侯秋来（1990） 邢玉明（1991） 荣保生（1991） 李古亮（1992）
张跃恒（1992） 赵芝田（1993） 王启年（1993） 邢　军（1996） 王亦农（1998）
毛学正（1998） 梁　璧（1999） 李桂红（女，1999） 陈　真（女，2001） 杨永善（2002）
薛国仁（2003） 韩贵珠（2004） 周玉峰（2007） 蔡廷军（2008） 李国栋（2009）
代维华（2009） 李冬花（女，2009）

山西省（特级）劳动模范（先进工作者等）（986人次）

1950年山西省劳动模范（13人）

王四毛 任世昌 李乃宏 任彭寿 史达华 王双龙 李玉藻 翟昌恒
郗太保 高丑锁 王锁林（女） 栗善言 胡秀莲（女）

1951年山西省劳动模范（5人）

暴俊明 高建斌 张守礼 王九伶 李升堂

1953年山西省劳动模范（28人）

周恕贤 韩砚田 任启钰 魏 明 韩子龙 赵继和 曹改华（女） 崔三庆
冯桂樵 郝改善 贾秉义 刘锦彪 马成林 王廉卿 王祥仁 杨崇山
刘绍义 袁满则 王德中 史正忠 鲍锡纯 刘有昌 张文魁 牛福林
张俊才 杨永基 杨维新 张秀芝（女）

1954年山西省劳动模范（18人）

刘绍义 鲍锡纯 荆子瑞 李胜和 白文昌 陈 三 祁如祥 张锦星
石东澄 张巨才 李保银 郭有力 胡德宽 李二进 任树庭 杨保寿
李家保 李四福

1955年山西省劳动模范（13人）

贾二波 陈 三 张锦星 石东澄 郭有力 任树庭 李家保 李四福
王国臣 张二毛 李昌甲 张福全 蔡银花（女）

1956年山西省先进工作者（19人）

崔三庆 荆子瑞 任树庭 张福全 刺金秀（女） 王根柱 赵芦芦 王定猷
郑耀宗 刘毛小 孟繁礼 王鑫午 许韶萍（女） 杨文才 余兰庆 张进祥
郭明德 陈 三 武福恩

1957年山西省先进生产者（57人）

崔三庆 胡德宽 任树庭 张二毛 余兰庆 赵胖小 李玉英（女） 梁玉惠
刘秀庭 张宝田 崔承教 梁 圭 刘广华 苏景云（女） 史金维 王庚荣
史福生 郝培荣 栾九佩 梁本金 荆玉英（女） 高万俊 霍玉璞 贾全贵
李二富 李官祥 李乃银 李贞怀 李志田 梁根科 梁焕银 梁计庭
梁仲齐 吕小宝 牛子成 王 恩 王道全 王栋所 王思让 王怀柱
武子原 杨瑞林 张成业 张孝明 赵和生 赵兰玉 南福权 张子固
杨月棠（女） 张双贵 张存古 王桐盛 王改哲 樊玉梅 王二保 鄯二忙
李成中

1958年山西省先进生产（工作）者（标兵）（63人）

任树庭 张二毛 郭明德 李二富 李官祥 王改哲 荆玉英（女） 刘忠子

张敦仁	张瑞科	闫福录	冯成喜	高会昌	黄寿仁	杨开兰	冯 湘
刘吾茂	李 騆	刘子桐	李育青	高 昱	杨怀忠	白永生	董廷奎
高应椿	郭承寿	贾举佩	商维生	孙 岗	孙吉庆	杨德利	董 和
乔端阳	王学成	王怀柱	冯学明	赵邦先	王黑牛	刘万明	刘更杰
张福礼	赵维善	温启福	赵金存	刘海兰	石魁元	牛桐极	赵林壁
贾凤金	杨丰寅	李蕴辉	路希义	张德喜	刘 义	贾李孩	窦兆林
赵登珍	吕来润	孔祥成	袁盛臻	戌福林	李成中	樊玉海	

1960年山西省先进生产（工作）者（21人）

张宗谦	高 芳	邢作林	陈学勤	王惠民	冯元利	潘秀珍（女）	李英杰
李世威	张瑾瑶	王小五	阎致祥	刘德朴	东玉秀（女）	杨孝存	赵敦睦
张维英（女）	安彩凤（女）	王莉英（女）	穆桂花（女）	苏祥蛾（女）			

1961年山西省先进生产（工作）者（劳模标兵）（24人）

王改哲	张瑞科	张宗谦	张双波	武思敏	赵果敏	蔡长命	陈明远
范玉英（女）	侯苟来	龚六九	李保成	李慕树	李喜贵	李永清	杨博铭
张世祯	郝文柱	耿会科	李计祥	张启禄	李敦富	王拉义	朱 铭

1962年山西省先进生产（工作）者（39人）

张瑞科	冯成喜	侯苟来	张世祯	李敦富	杨光金	石老虎	吕成录
廉铁柱	冯世英	李仲佟（女）	王 珍	张玉田	赵贵珍	王秀梅（女）	贾老虎
曹长水	张生财	陈凤喜	仇小猪	邓铭恩	范广银	范垣秀	高保和
李满树	李润元	刘海藻	马拉元	王登在	王虎山	王生田	武成文
徐春喜	徐永祥	李雨光	潘世财	荣良珍	齐 心	朱 铭	

1963年山西省先进生产（工作）者（55人）

张瑞科	冯成喜	穆桂花（女）	侯苟来	张世祯	李敦富	杨光金	石老虎
吕成录	廉铁柱	冯世英	张玉田	贾老虎	王秀梅（女）	陈凤喜	仇小猪
范垣秀	高保和	李满树	李润元	王生田	刘素莲（女）	李国苑	王华东
张元祯	王秋元	董庭荃	李 林	马联英	张世禄	戴银锁	冯巨文
高堂堂	郭所元	姬九奎	任玉英（女）	石汝万	史小牛	王 鸿	王 体
王洋洋	王玉寿	吴鲜哉	武 胜	许荣堂	张培寿	张振宗	赵昌付
王银斗	孙广海	李二联	徐永祥	史秋义	马桃小	崔喜元	

1964 年山西省五好（六好）职工（64 人）

牛子成　张瑞科　冯成喜　杨怀忠　侯荀来　张世祯　杨光金　吕成录
冯世英　贾老虎　陈风喜　范垣秀　高保和　王生田　刘素莲(女)　徐永祥
王华东　高堂堂　史小牛　王　体　吴鲜哉　张振宗　胡翠花(女)　王银斗
姚大扣　李素珍(女)　王月娥(女)　白素莲(女)　姬兴起　贾兴壮　李荣庆　李树棣
刘四满　田荀小　王桂秀(女)　王子德　辛玉美　杨鸣台　杨玉娥(女)　杨文科
张贵锁　张美和　赵　珩　赵奇选　赵义福　周光耀　郭子英(女)　张彦秀
睢兰芳　邢翠英(女)　范义同　吴有生　许　遴　薛成信　王秀莲(女)　梁成贤
牛清秀　田俊峰　王玉仙(女)　白淑珍(女)　刘仁功　马变花(女)　闫维新　李满树

1977 年山西省科技贡献（优秀、先进）工作者（41 人）

梁玉惠　郭承寿　张瑾瑶　张世祯　朱贤德　练建云　匡聚庚　万宝成
何秉权　张万德　陈华荣　黄金陵　孟宪平　王兆琪　陈树鸿　康建华
杨省立　贾寄平　但荣爱　赵　都　王身魁　崔成盛　毕成让　段会保
苏桂堂　董占春　安文忠　郭希智　金元斌　汪志刚　王树忠　王志学
杨凤英(女)　杨书志　杨祥林　赵志富　李文志　晏玉清　赵志远　白玉仁
李玉兰(女)

1978 年山西省劳动模范（标兵、先进生产工作者）（34 人）

郭承寿　贾老虎　赵贵珍　匡聚庚　张万德　李素珍(女)　王兆琪　吕　晋
田俊峰　王景文　王三孩　赵富珍(女)　潘莲英(女)　李秀英(女)　朱巧俊(女)　孔祥海
王秀兰(女)　胡相满　张巧珍(女)　王秀珍(女)　陈秀珍(女)　杨惠林(女)　王桂根(女)　李如玉
王桂林(女)　王普荣　王巨元　王伦才　梁芳花(女)　杨腊果(女)　毕存娥(女)　刘锁柱
王占魁　祁德清

1979 年山西省劳动模范（先进生产者）（21 人）

赵贵珍　吕　晋　王景文　王三孩　赵富珍(女)　朱巧俊(女)　王秀珍(女)　王伦才
杨惠林(女)　王桂根(女)　梁芳花(女)　杨腊果(女)　祁德清　王英彦　张全章　李麦堂
赵　潭　王毓安(女)　张履泰　李爱文(女)　王子秀

1982 年山西省劳动模范（56 人）

冯成喜　赵贵珍　万宝成　孟宪平　王景文　赵富珍(女)　朱巧俊(女)　祁德清
王秀珍(女)　杨惠林(女)　王桂根(女)　杨腊果(女)　王英彦　王怀荣　王丛益　张贵能

梁艳明　丁正明　白风旭　史崇英　张建德　王扁桃　耿正富　赵洪涛
孙　良　毕金兰（女）　白继荣（女）　赵保萍（女）　刘德武　张柱小　李双堂　商继泰
李润梅（女）　王克美（女）　王兰庆　任六元　杜汝琛　赵玉春　王桂兰（女）　张义清
霍银海　赵致明　段发宝　贾德保　陈正歧　马慕河　郭志业　侯来福
赵经武　荆履鸿　潘淑先（女）　杨维增　赵培厚　左维堂　王贵祥　常雪胜

1985年山西省劳动模范（2人）

路林印　晋如祥

1986年山西省（特级）劳动模范（50人）

金元斌（特级）　张俊祥（特级）　张进德（特级）　王毛歧　董二明
张跃恒　高拉贵　毛芙菊（女）　丁正明　刘志英　耿正富　张忠恕　孔志俊
牛清秀　梁迎瑞　张阁臣　刘运国　郎广新　王　淳　甄荣华（女）　刘占清
李　群（女）　张海生　李智先　刘春喜　闫高孩　翟治成　彭长安　张秋成
陈先进　刘先登　李秀珍（女）　朱书慧（女）　任忠殿　徐子勤　王桂根（女）　路林印
乐进美（女）　晋如祥　侯秋来　郑光亮　韩少杰　吴榴英（女）　葛德林　王长年
赵二青　冯拾小　岳会考　侯德柱　石双有

1989年山西省（特级）劳动模范（46人）

史振作（特级）　曹大良（特级）　周作堂（特级）　梁作义（特级）
吕　信　王先汉　张阁臣　杨秉信　邢玉明　史润喜　邢善军　王　洪
张海生　张宗保　杨继春　张俊祥　刘建明　关少勤　任培刚　武　启
张锁亮　李旭春（女）　张玉田　刘运国　范国良　李秀珍（女）　徐子勤　石玉科
张崇义　王观宇　张　仪　刘大明　张序五　刘克勤　李汝杰　郎广新
胡　朗　郑光亮　范良义　陈　义　魏俊锁　武申有　侯德柱　王计所
蔡海柱　岳会考

1992年山西省（特级）劳动模范（47人）

郭俊林（特级）　魏俊锁（特级）　吴长城（特级）　张　军　岳振华
张银海　杨继春　王立宾　董金瑞　吕　信　武喜科　王贵元　梁宝贵
杨守安　张玉田　史星燎　逯海青　贾瑞森　范国良　曹大良　宋德堂
张海元　靳增禄　范文成　陈其峰　王志成　刘大荣（女）　刘成信　王启年
王　芳（女）　杨俊和　吴东明　张秀珍（女）　李旭春（女）　梁福志　李燕丽（女）　周　勇

李宪东　刘振寰　王振伦　李古亮　张跃恒　周竹堂　梁作义　王长年
王保双　岳会考

1995年山西省（特级）劳动模范（44人）

赵宝玉（特级）　路公明（特级）　王立宾（特级）　王计所（特级）
闫献忠（特级）　魏俊锁（特级）　白银祥（特级）　荣保生　薛银栓
尹有树　刘　华　朱爱所　苏聪明　张重林　毛学正　王俊义　王建章
潘换梅　马素珍（女）　张贵来　王建平　朱文虎　王玉仙（女）　梁寅香（女）　陈云山
郭隆会　赵先治　邢　军　樊玉林　原成科　张宝柱　李路华（女）　穆永昌
郭维红（女）　宇文庆林（女）　李桂红（女）　于宗良　刘成信　赵全祥　刁红征
张振斌　王汉声　侯德柱　石盛广

1998年山西省（特级）劳动模范（43人）

邢　军（特级）　王有荣（特级）　邱保民（特级）　王铁锁（特级）
李凤英（女，特级）　郭兆龙　李金花（女）　王晓凤（女）　刘在康　王二牛　邸培林
王　玮　郭继刚　张占金　王爱寿　史更林　刘小平　张泉顺　张友心
陆永财　李新喜　高瑞祥　赵计平　田砚耕　薛银栓　孟惠敏（女）　周俊鸿
王殿士　李增锁　李慕成　杨瑞敏　张维良　李桂红（女）　李喜梅（女）　刘玉荣
高爱元　秦怀玉　荆永生　穆非根　郭玉清　董贵银　张振斌　王汉声

2001年山西省（特级）劳动模范（43人）

张　然（特级）　王田文（特级）　王海科（特级）　薛国仁（特级）
张拽生（特级）　杨芝萍（女，特级）　王虎牛　赵昧玉　张福喜　刘锦峰
冯　璟　焦怀智　任锁义　周玉峰　刘铁龙　董怀刚　李　线　张友心
史智才　刘建明　何建英（女）　王牛孩　张柱娥（女）　刘盛良　李毛俊　孙　瑜
刘元生　孔祥鸿　翟振华　黄丽萍（女）　郭仁立　车建丽（女）　陈保京（女）　王　胜
刘昌珍　杨秀茂　高爱元　张会明　武本有　刘昕亮　张凤英（女）　李　波
王永田

2004年山西省（特级）劳动模范（42人）

苏福昌（特级）　丁文元（特级）　梁　璧（特级）　于昌明（特级）
杨秀茂（特级）　付学青　卢玉忠　穆非祥　陈金堂　杨立斌　张富元
王彦平　王　礼　詹启军　王　洪　雷　明　刘泉龙　王　姝（女）　史贵金

李克俭　焦建星　白江平　张廷启　高海元　刘新民　彭桂卿（女）　路新民
郭建民　曹晓岚（女）　赵玉兵　李进章　张连瑛　樊士荣　王长林　赵远长
乔国强　白朝晖　王狗蹄　杨玉林　向永碧（女）　王　政　刘俊娥（女）

2007 年山西省（特级）劳动模范（49 人）

蔡廷军（特级）　周拉柱（特级）　李冬花（女，特级）　李书田（特级）
田计罗（特级）　任海平　杨乃清　王元富　黄　山　王惠荣（女）　高　勇
姚润祥　王建军　王建华　侯瑞平　宋豪杰　侯　燕（女）　辛　华　赵志亚
孙维雄　王　飞　刘永军　李景春　朱桂荣（女）　毛建功　宋利利（女）　王国瑞
韩继英（女）　马玉龙　杜铜蛋　郑　晖　黄卯富　王红胜　李沁萍（女）　李守润
刘爱红（女）　耿黑眼（女）　张云龙　张俊青　胡贵英（女）　徐　献　韩二锁　郭善祥
冯恩湖　李乃珠　程志明　王玉珍（女）　陈贵萍（女）　魏惠芬（女）

2010 年山西省（特级）劳动模范（49 人）

任海平（特级）　赵泉祥（特级）　李景春（特级）　王存义（特级）
樊士荣（特级）　蔡廷军　宇文军刚　梁艮柱　贾彬丽（女）　刘红卫　李爱祥
陈　孝　王银祥　王永明　蒋桃生　贾逸凡　史育中　田雁忠　李　强
魏双云　王彩萍（女）　韩　伟　侯旭东　赵有恭　杨栋善　王新哲　张津平
李秀敏（女）　王文平　郑　红（女）　张　权　任永胜　刘桃凤（女）　梁永庆　巴日鲁
张彩虹（女）　王晋平　丁福光　王海平　刘建平　刘田柱　张福光　苏建斌
王英利（女）　宋晓文　王义长　张凤翠（女）　石桂花（女）　张凤翔（女）

第三节　高级职称人员名录

截至 2010 年，全市获得高级职称者 5633 人次。其中，高等学校教师系列 239 人次，体育教练系列 14 人次，律师系列 12 人次，公证系列 7 人次，出版系列 14 人次，新闻系列 76 人次，档案系列 23 人次，文博系列 4 人次，群众文化系列 40 人次，图书资料系列 9 人次，艺术专业系列 108 人次，中学教师系列 1558 人次，技工学校教师系列 73 人次，中等专业学校教师系列 320 人次，卫生技术系列 1348 人次，统计专业系列 31 人次，会计专业系列 110 人次，审计专业系列 13 人次，经济专业系列 180 人次，农业技术专业系列 102 人次，工程技术系列 1188 人次，播音系列 3 人次，党校教师系列 47 人次，社会科学系列 22 人次，自然科学系列 10 人次，实验系列4人次，翻译系列2人次，盲人按摩系列1人次，工艺美术系列1人次，乡镇企业系列67人次，公安司法鉴定系列8人次。现依系列按获取职称时间顺序分录于后（副高晋升正高职称者姓名会再次体现）。

高等学校教师系列（239人次）

安德元	程羡瑞	周经甫	王爱莲（女）	刘宝山	陈必声	郑宣信	蒋宝善
刘淑清	范秀玲（女）	李奕明	王美义	冯联植	石　崇	蒋凤仪	刘志贞
袁振生	吴宗鲁	翟福庆	华兴龙	卢光鉴	史可全	马如松（女）	金惠廷
赵文华	雷渊喜	杨　吉	白文正	楼滨俭	白玉贞（女）	王增祺	杨凌川
屈国钧	许善锦（女）	程俊儒	罗树常	武渝生	张国福	季秀卿（女）	施铁城
赵朝然（女）	谷志杰（女）	胡云龙	马　烈	李慧文（女）	王学信	韩开川	卢福学
阎有生	王环玫（女）	朱耀宏	刘成福	李　华	吕　金	任衍钢	高存文
李会林	郭怀寿	樊裕宏	于世钢	王虎娥（女）	任　伟	张桂珍（女）	荆　雷
许福三	唐晓岚	李守成	黄继创	孙爱胜	樊广岳	史宝忠	李秀杰
王爱平	郑德明	张　毅	连秋海	李平源	刘文国	李燕丽（女）	郜润科
卫英慧	李海珍	刘桃凤	吕慧莲	张海平	焦希颖	张瑾琦（女）	张计珍
孟丽娟（女）	夏中权	王子红	侯千亮	闫永红	李若红	宋　红	李秋花
李巧仙（女）	宋玉奇	李秋华（女）	史素英（女）	岳东文（女）	常官铀	李彦良（女）	陈效敏
冯红梅（女）	袁红祥	董红佳	郭晓红	员创治	蔡永乐	姜　有	赵彤涌
郭晓娥	王旭宏	安润莲	赵美卿	薄新全	张玉双	王迺端	王爱武
李国芳	石　维	王　治	申文玲（女）	王玉清	刘俊红	余　剑	王　芳
陈永峰	孟胜国	史华红	荆卫东	冯钟声	陈永昶	要守文	王素明
李向青	赵志华	余桂英（女）	李建英（女）	韩森林	李树芳	冯桂英（女）	张继礼
韩素英（女）	程　鹏	赵瑞玲（女）	赵维萍（女）	郑青山	李晚生	李秀琴（女）	马志珍
冯四如	张国英	郭廷煜	孙海云（女）	毛维娥（女）	侯学文	独家礼	李靖华
马建中	李春海	王庆云	苏秀金	魏万昌	孙文仙（女）	郭永林	王　涛
张红缨（女）	梁秀凤（女）	赵正华	刘　君（女）	赵盛林	赵素英（女）	张素梅	杨兴明
吕瑞峰	陈旭清	武俊英（女）	李立群（女）	樊俊凤（女）	霍彩芳（女）	张计森（女）	崔艾举
高慧平（女）	霍海良（女）	梁红涛	史美青	薛迎春	耿素军	韩变枝	李　达
梁瑞兵	张晓华（女）	武　伟（女）	王淑花（女）	任衍钢	潘冬花（女）	赵晓丽（女）	刘秀文

黄翠兰（女）　吴　戈　宁永香　张立仁　岳俊梅　李素萍　梁利生　邓庆阳
翟纯红　田志熙　王长春　张瑞娇　苏　颖　王智庆　李存华　李利平
闫瑞军　王晓云（女）　孟兰洲　樊卫生　穆满根　张　翼　孙爱盛　赵超然
王之温　郝家龙　魏来聚　迟兆锷　孙绳武　廉金波　杨成荣　刘春泉
王虎胜　袁振生　付小燕（女）　冯　华（女）　李双珍　白冠军　翟海珍（女）

体育教练系列（14人次）

李福保　王文君　王晋学　郭仁立　许根蝉　乔泉生　于剑刚　吴晋东
杨　铭　史瑞琴（女）　贾海英（女）　巴日鲁　康　润　胡秀红

律师系列（12人次）

石温祥　马　金（女）　孙悦臣　郑庆波　张耀增　李永进　王建国　刘扬德
张　润　温泉虎　商继杰　李文乐

公证系列（7人次）

郝　玉　陈永源　高天宝　张家驰　张桃贵　张凤翔　杜宝林

出版系列（14人次）

陈　霈　李琳文　孟宏儒　张旺模　许元上　李克明　王　丽（女）　周立业
孟宏儒　张凤瑞　王秋生　董雪卉（女）　任佟苏　张卫萍（女）

新闻系列（76人次）

焦祥全　杨有怀　龙樵莘　张重林　关淑芳（女）　崔达道　程虎运　吴玉贵
杨乎甲　李振生　刘建功　李建明　秦光烈　杨有怀　董抒芳（女）　谢惠颖
赵戈才　高士萍（女）　谢国义　韩保贵　高培先　赵成秀　赵慧珍（女）　宋玉敏
梁旭光　陈凤灵　王效中　刘宏旺　郑　晖　郭映普　杨鸿龙　杨义林
张秋鲜（女）　柴维政　王天定　苗振岗　宁英挺　马金元　刘林科　赵　东
李云彪　任拴贵　任启民　王　丽（女）　石崇海　赵戈才　杨永生　李文生
高晓萍（女）　郭祯田　吕海潮　杨玉虎　杨　青　李命森　刘　峥（女）　马安平
赵　雁（女）　孙学君　邢立芳（女）　梁继华（女）　朱建国　张　瑞　赵艳虹（女）　张晋华
吕云秋　杨鸿龙　高　扬　段平虎　李　华（女）　宁英挺　郑文君（女）　苗振岗
孙银花（女）　王　丽（女）　张莉萍（女）　岳海花（女）

档案系列（23人次）

白福珍　谢贵稳　宋云田　杜受仁　张志良　刘志源　董春芳（女）　张铭玉

刘香娥(女) 张瑞萍(女) 李保花(女) 路自英(女) 杨海霞(女) 孙晋芬(女) 葛雅萍(女) 王德军
李乃英(女) 张青云(女) 崔莉莎(女) 白素华(女) 李　注　陈　波　张爱萍(女)

文博系列(4人次)

郗满祥　陈玉花(女) 韩利忠　张亚姝

群众文化系列(40人次)

张克尧　程同义　苏振淮　王永顺　邹　敏　张静儒(女) 李士周　李俊瑞
郑恩田　陈　华　任选荣　刘心祥　郑子琪　郝长新　张兴文　张兴国
董计花(女) 郑恩田　赵乃隽(女) 陈玉梅(女) 陈玉花(女) 韦金凤(女) 王道江　唐永军
宋　莉(女) 余志壮　藏五一　王雨来　翟志洋　孙二将　李金联　郭秋彦
赵乃隽(女) 陈玉梅(女) 任宇华(女) 潘荣本　唐永军　苏峰景　赵丽丽(女) 苏峰景

图书资料系列(9人次)

杨谦云　赵改玉(女) 胡向凯　毛志宏　李国庆(女) 刘毅华(女) 张瑞莲(女) 辛明堂
潘晓琴(女)

艺术专业系列(108人次)

王孝先　刘光明　杨建国　李长路　杨步云　郭学友　荆翠花(女) 杨学亮
高爱卿(女) 杨素芳(女) 静　野　余志强　李凤莲(女) 史桂英(女) 任海仙(女) 苏富世
雷合电　李芝凤(女) 王团香(女) 张凤海　何东岳　高爱卿(女) 秦德胜　何万斌
胡金洲　李守珍　王淑琴(女) 赵润长　荆玉玺　王秀花(女) 曹文茹(女) 吴占文
郭　胜　黄爱梅(女) 吴晋山　宋清江　赵连生　余志强　王玉兰(女) 杨建国
张登魁　宫来祥　苏峰景　曹文茹(女) 陈美华(女) 梁小兰(女) 文匡民　董　英
王世坚　王　立(女) 何胜利　武明明　侯玉生　季法金　李　林　王劲松
苏咏梅(女) 郭进普　陈国桢　孙福利　朱建华(女) 田伟泓(女) 张爱林(女) 肖宝福
刘卫平　王成元　齐建平(女) 聂　明　梁彦明　朱捧寿　尹崇富　冯富国
张建荣　王树生　马艳红(女) 张　何　赵良玉　张富保　李文建　李树兴
闫永斌　郭　红(女) 张宝君(女) 宫来祥　董素萍(女) 齐菊梅(女) 闫长献　崔月亮
朱闯洲　马　俊　赵华双　要素明　康广兴　张银生　张红红(女) 刘海涛
张志平　侯润娥(女) 李青枝(女) 李向英(女) 杨　萍(女) 朱艳丽(女) 郭进普　张泉聚
王俊生　刘卫平　刘旭梅　郝建军

中学教师系列（1558人次）

张英武	谷健枫	童文会	郑秉信	赵彩昌	董玉贞（女）	罗雅轩（女）	李铁锤
乐进美（女）	王克美（女）	张庆田	刘守泽	刘取滨	汤维禧	金宗洽（女）	李　坤
陈淑齐（女）	关鸿昌	杨水仙（女）	但荣爱	李致凯	胡春英（女）	杨文斗	董怀庆
石崇恕	史化先	董信勤（女）	程萍萍（女）	宋守琛	任衍道	张晚红（女）	董成文
张世斌	姬静美（女）	刘著汉	段延秋	王平安（女）	申兴兆	晋如祥	曹克伦
杨乙荣	张德生	李卯来	张天福	刘永桂	赵玉明	纪根懋	段生效
张继良	卢光鉴	陈增瑞	王俊举	李　杰	刘克恭	岳　黎（女）	张元辅
许桐月（女）	周继考	郭晓轩	李顺铭	王占先	阎　旭	权鲜姣（女）	李明哲
李全德	李　鹏	朱贤德	施铁成	曹　淼	张国福	王翔雯（女）	徐崇才
梁直卿（女）	韩惠民	郑秉仁	王瑞敏	卢鸿珊（女）	许亚娟（女）	蔡永昌	耒华南
李慕光（女）	晋因先	李育恩	薛瑞锁	赵世斌	赵镜悬	茅达孝（女）	潘乃子
王之温	龚学遂	张文堂	王成玉	汪向东	张　敦	张廷莲（女）	王长江
李　佳	叶素兰（女）	郭宗克	崔海水	吕　枝	李慧颖（女）	赵涛育	刘汉章
刘福华（女）	李淑琴（女）	张颖廉	吴振亚	李　青	张词周	荆秋莲（女）	张方晴
柔　刚	霍建华	刘英田	郭增玉（女）	李晔卿	许世林	宋萃华（女）	高志芳
杨上达	李维波	王维恒	张太洲	庞庆瑞	刘峰昭	王爱虎	于中清
韩显荣	王仲卿	陈怀存	文兴元	牛青山	湛志让	贾玉秀（女）	李元秀
高毓华	王树忠	郭学惠	樊一宁	卢　杰	宋怀谦	王怀华（女）	焦玉琳
张　惠	李汝璧	苏继秀	荆　域	贾才录	贾银来	刘登州	梁宪章
段兴云	李铁民	赵献文	冯仁忠	高广玉	高宝富	梁文华	李智宪
戴新民	王子泽	赵学亢	崔书田	冯耀文	史东义	刘学谦	阎志光
张　志	魏先捷	胡　朗	张克真	韩玉春	毕振国	郭高云（女）	史华忠
王凤兰（女）	张忠霞（女）	王正贵	史信瑜	张明珠	杨　萍（女）	胡勤书（女）	姚松年
李淑英（女）	白晋华	王玉珠	武聪德	程受乐	张喜竹（女）	王隆柏（女）	付俊章
刘亚川	陈巨龙	张志祥	陈良英（女）	尹耀中	陆成彪	史群跃	张世荣
戴良贵	刘文斌	陈学勤	李俊藻	李广明	王福兴	刘缮曾	刘德深
李桂珍（女）	马　烈	史五连	赵孜余	宋双恩	刘玉生	张允光	李天才
邢志翠（女）	张春生（女）	王启毓	贾思荣	药朝信	辛宝印	余培厚	梁　瑾

刘 凯	郗 述	王 忠	王成铭	王存玉	史光华	李彦青	牛海元
王兰花（女）	郭润明	王 钦	韩林秀	王拉弟（女）	吕丽莉（女）	史启荣（女）	戴瑞华
刘采香（女）	冯钟声	高乃洲	张 勇	李彦良（女）	陈声腾	蒋士鲁	白世伟
史广淑（女）	高 稳	焦恒志	杨步成	程淑华（女）	尹培花（女）	蔡建慈（女）	郗 追
杨世铭	石钟华	张学魁	王景声	武宝明	张润年	崔进北	李良谋
张进仁	张宝铭	秦光宇	祝敬东	金荣昆	马全欣	李金明	赵平有
李慎行	檀中世	尹秀芳（女）	尹青春	李海金	宁俊兰（女）	张君赞	巩建平
杨正明	刘瑞珍（女）	王瑞君	聂新英（女）	朱爱所	常俊英（女）	孙宝杰（女）	董保林
王江稳	程保存	武新堂	吕玉田	陈永袒	王汉理	赵先治	王锡温
周仙梅（女）	窦守德	张永才	董毓兴	王 伟	赵科文	任锁才	郄晓波
眭桃元	党亚光	李玉玲（女）	刘志来	刘和生	郭智清	苏润元	吴振荣
王传红	樊银柱	武晋生	刘翠琴（女）	张素明	马润玉	郑耀智	冯光必
赵崇福	董美玲（女）	王 胜	尹天性	杨芝萍（女）	王耀威	高 芳（女）	李建军
刘振茂	岳素娥（女）	张国英	王富贵	朱新国	李成国	刘 俭	戎观友
朱捧福	赵小燕	侯锦秀（女）	肖有世	张喜花（女）	张翠娥（女）	李华峰	王世茂
李义军	胡秀琳	蔡新田	孙旭将	梁改花（女）	樊振平	弓月挺	王寿长
乔保国	付振寿	林仕怡	刘养恕	王保全	王保国	张 敬	郭锐鹏
崔建国	王继红（女）	郑 中	郭富成	王冬生	石慧生	唐瑞萍（女）	潘发仁
张俊田	郭 强	杨之华（女）	牛彭年	祁志强	王贵昌	穆生昌	赵宏恩
张之斌	侯俊有	王贵平（女）	李学山	施造新	张汝同	贾俊杰	侯国义
高林祖	秦树林	崔会中	闫计全	韩俊生	吴良璧	牛润厚	李永安
郝志强	武文元	刘宝明	韩贵珍	赵东怀	崔云山	王巨珍	罗建国
张 虎	郭相枝	史栓玲（女）	牛建明	李金亮	王肇文	温巨喜	李海川
张月英（女）	傅瑞岚（女）	张富生	王素英（女）	苏海明	刘换来	冯秉玉	郭书来
白章寿	杨志勇	于丽玲（女）	常玉芬（女）	张润金	王荣泽	葛生金	郑天才
赵富萍（女）	路保明	陈秉亮	吕 颖	申瑞芳（女）	王长生	聂志勤（女）	冯治维
王秀兰（女）	贾爱寿	赵文贞（女）	周四兰（女）	郭宝林（女）	张智义	于凌云	白正科
张计林（女）	尹振荣	李燕民（女）	张 华（女）	刘学文	史振楷	宋崇魁	李建富
杨兰凤	刘建平	葛维荣	闫志华	王荣华（女）	王东元	霍宗宝	刘凤景

史怀晓	王庆章	耿　峻	冯景田	王德红	马玉花(女)	刘顺昌	李拴才
郭向京	王国璋	张公才	王洪明	赵宇森	史治勇	许建聪	李喜庆
崔学林	石天文	王银宗	李美琳(女)	刘有孩	王宝银	赵金花(女)	肖海泉
王文善	王智卿	白凤梅(女)	杜林昌	刘美珍(女)	张变香(女)	乔亦青(女)	荆广兴
岳忠云	赵银堂	杨承磊	侯建文	段梦昊	任玉萍	闫思善	吴志东
崔新凤(女)	张权泉(女)	金　萍(女)	田云丽(女)	潘　瑶	郝有祥	翟六宝	史祥田
郭爱文(女)	李广云(女)	杨建梓	史通真	李常栋	王齐华	吴玉生	李林如
高拉琴(女)	岳开俭	张应科	苏文成	史文亮	连维岗	李乃明	张振国
张映溢	李爱存	崔钟泽	杨润良	李万科	王计国	王昭霖(女)	王延年
张宝中	冯小玲(女)	贾建英(女)	龚瑞英(女)	李秀华(女)	杜效增	张来瑛	赵占鳌
侯宝元	高润平(女)	梁　静(女)	杨凤英(女)	王双明	王可兴(女)	金爱武(女)	张隆裕
闫润花(女)	程久福	史英才	郭素珍(女)	赵占彪	王红梅(女)	徐巧贵	荆存贵
王素琴(女)	田柱海	代贵海	宋美香(女)	郭有堂	梁　润	刘全民	聂庆珍
张剑敏	弓全丽(女)	马金陵(女)	梁春花(女)	石玉福	任润林	戎观铭	王景山
梁润怀	王海俊	罗学峰	孙利民	高张双	李润生	王宝林	赵双海
王贵生	张　昀(女)	张桂兰(女)	李碰花(女)	李生达	姚金福	李　瑛(女)	孙爱萍
孙翠花	王　瑛	闫月莲	牛金生	史会生	张允福	郭计栓	陈立军
王春娥(女)	谢昧苟	李计元	杨义静	赵宝珠	闫彦斌	赵海香	宁玉民
张满志	梁变花(女)	赵巨珍	梁爱民	邓庆义(女)	任喜瑜(女)	王书英(女)	窦金堂
王春花(女)	徐淑焕(女)	崔桂兰(女)	周万银	和子贵	石　钦	田根星	安　谨
付伟章	谢耀祖	胡海中	胡涛海	嵩占魁	马增喜	石宝红(女)	杨效仲
赵忠华(女)	阎晋忠	李鲜玲(女)	杨承先	王彦平(女)	张怀英(女)	高兰妮(女)	宋玉琢
刘晋平(女)	张卫国	白计明	李和广	周永忠	杨秀兰(女)	吴计生	李效义
任占贵	梁金羽	董　华	董书世	翟守华	白　珺	郭维明	王玉柱
穆艾良	张风苛	李树平	石怀生	冯文龙	冯宝新	李廷福	王文树
赵树林	赵润元	赵金元	刘爱芳	王森林	赵先文	张书林	王建生
高顺来	梁书献	王　健	李良成	柴淑芳(女)	郝秋文	李良芳(女)	杜志义
崔忠志	李静平	季美英(女)	吴海成	万玉英(女)	郭双河	赵万玉	樊成贵
张　瑞	李永贵	杨士清	郭怀禧	王所存	刘海计	王俊云(女)	胡庆祥

胡改英(女)	梁双梅(女)	阎智明	路玉梅(女)	高宝如	郭卫东	郭拉锁	荆履义
陈武昌	张如碧	张香田	赵淑英(女)	陈守谦	冯秀梅(女)	杨建庄	王保录
白先存	吴清泉	赵长寿	李若菊(女)	张银和	张伟	王正国	马计平
温文平	石守华(女)	李世刚	穆计明	史晓明	蔡转云(女)	张海棠(女)	杨海啸
闫有青	白丽萍(女)	荆仁厚	杨秀芳(女)	朱秀敏(女)	王守国	梁喜花(女)	李召宝
吕旭	张峰杰	贾向英(女)	史福昌	王瑛(女)	傅华杰	韩爱莲(女)	王江
刘保福	张有庆	段平虎	李书红	张美玲(女)	梁波(女)	韩先荷(女)	刘克勤
张艳芳(女)	任米成	杨智平	杨镜	张广斌	贾源永	赵锦仁	吕宏文
段克俭	王涛	肖海福	李经富	刘龙有	王可忠	方进科	董文忠
张计玲(女)	刘乃福	赵玉堂	赵海龙	刘文书	王兴龙	王如海	翟有祥
王毅	陶满祥	王振梅(女)	蒋钦	郝梅	刘瑞芳(女)	李志景	方全明
耿济田	王松涛	郭秀林(女)	刘拴明	王铭勋	王玉珍(女)	周沛	魏振渊
赵慕琴(女)	王二喜	毛贵青	刘维斗	石磊	高秋林	王翠娥(女)	王书明
侯晨芳(女)	王金花(女)	侯桂珍(女)	张艳红(女)	崔林虎	赵建新	马银年	武永进
赵俊黄	刘银玉	武凤英(女)	荆春莲(女)	王舍翠(女)	崔俊平(女)	张海芳(女)	袁建忠
史晓红(女)	李瑞香(女)	荆小英(女)	高建红(女)	王忠礼	史建秀(女)	刘建明	陈三孩
王玉栓	张建爱(女)	张晓峰	闫旭斌	曹新平	张华良	毕映素(女)	闫谨
王振新	梁成贵	路寿堂	樊杰林	冯广恕	高怀莲(女)	葛世琴(女)	李志刚
郑晋宝	李壮林(女)	张满情	王七斌	李增荣	梁致平	张芝海	聂衍茂
白光富	齐永生	杨俊	张士睿	康鸿	李春昌	郭玉良	李喜联
王海平	卢春华	贾谦寿	田树明	董兴运	张满仓	王广文(女)	张怀明
张小红	康金凤(女)	卢明所	王凤娥(女)	王梅香(女)	张志平(女)	张俊芳(女)	胡英杰
李俊良(女)	郭建琴(女)	李毛花(女)	赵秋银	郭树义	梁宝珠	秦晋	荆卫国
荆芬(女)	史宝珠	姚维琴(女)	赵卯生	郑宏富	王平治	王晓俊(女)	王鹏飞
冯俊萍(女)	武新华	南海平	高和平	蔺翠萍(女)	武瑾	皇甫慧萍(女)	
李旭彬	张春利(女)	焦文平	郭莹(女)	石志红(女)	赵玫(女)	牟燕(女)	贾建忠
赵小华(女)	段永红(女)	刘文国	洪晓漪(女)	张新艳(女)	允利珍(女)	王艳萍(女)	王素珍
杨慧芸(女)	祁凤琴(女)	杨文孝	张丽泽	武宝昌	朱晋艺	冯海庆	赵田明
马春梅(女)	刘环(女)	姚文英(女)	冯轶平(女)	王变红(女)	王翠林	姚立臣	侯慧清

郑香林（女）	柳贵福	王建英	程全生	李美莲（女）	聂树明	郗润海	翟鹏云
赵喜芬（女）	杨银旺	李春明	王福寿	贾全喜	王树青（女）	李润娥（女）	王兆璟
张有义	侯焕虎	贾燕红（女）	姚素琴（女）	赵崇礼	宋千寿	杨成元	穆树明
商玉瑛（女）	杨逢春	郝银忠	王学会	潘君萍（女）	李小格（女）	高　瑛	靳永存
李素红（女）	赵　亮	王会明	李培红	王　崇	闫桂芳（女）	李保才	杜存科
周山如	梁红娟（女）	石喜爱（女）	吴爱德	王明星	刘采青（女）	王瑞萍（女）	郑俊明
郭志玉（女）	王鸣耕	靳鑫诚	王彦萍（女）	李云贵	崔书文	苏有社	张茂云
田代新	耿晋林	李玉生	张成生	张富才	张银成	任建青（女）	郭爱寿
刘岐凤（女）	崔支印	杨树青	侯荣香（女）	方　向（女）	付进花（女）	李艳萍（女）	任亚空
赵牡丹（女）	王晓英（女）	武月英（女）	郭瑞明	郗卓民	赵宝成	宫会青（女）	李贵禄
李巨才	翟满生	尹新利	王秀珍（女）	贾计花（女）	白晓华（女）	贾瑞卿（女）	光建国
王有荣（女）	李忠明	郝千长	胡心奋（女）	李美文（女）	孟宪禄	魏广智	冯秀全
胡忠元	黄　卫（女）	郭建华（女）	吕桂花（女）	王平生	李银花（女）	张彦青（女）	张雪星
李润萍（女）	王　红（女）	冯　敏（女）	高贵金	李宝银	郭桂珍（女）	史朴义	施永贵
李富昌	郝转婵（女）	张秀英（女）	吕新林（女）	商继才	任　健	赵小平	冯苏明
马占锦	耿海莲（女）	甄秀芳（女）	李钢所	张林海（女）	王在红	杨召弟（女）	蔺润平
王卫星	苗青山（女）	赵俊杰	高葆荣	文彦昭	朱淑芳（女）	王　萍（女）	李丹霞
杨春明（女）	郝秀琴（女）	卢晓东	孙爱胜	王晓红（女）	李双娥（女）	李世卿（女）	陈世录
赵艳萍（女）	王斌元	崔全林	赵卫星	赵存英（女）	李灿林	高宝平	李俊海
路武续	梁卫明	李昧拴	张效祥	曹瑞青	高清如	孙桂琴（女）	张文珠
韩丽华（女）	尹清彦（女）	李少琴（女）	牛文英（女）	段爱军（女）	李瑞明（女）	马　欣（女）	李建华
庞晓虹（女）	李军成	张春兰（女）	王秋红（女）	贾敬萍（女）	范宝铭	周珍祥（女）	张玉明
李军民	张素昌	甄春梅（女）	李润珍（女）	翟素萍（女）	和存芬（女）	张翠花（女）	余千柱
吕　琮	王　燕（女）	张爱萍（女）	张翠芳（女）	左专银（女）	杨爱荣（女）	李彦玲（女）	王军福
程科举	时彩凤（女）	郝转梅（女）	穆巧萍（女）	康素英（女）	王连春（女）	张延清（女）	翟银才
李保花（女）	刘莲花（女）	吴计明	张志明	王建政	周存莲（女）	闫保云（女）	黄乃生
张德孝	苏建鹏	马志军	张银凤（女）	张新彦	梁志荣	史治亮	毕喜明
翟盛华	贾瑞忠	梁进喜	张文军	刘淑俊（女）	闫润平	李宝珍（女）	蔺怀志
李巨才	魏素文（女）	胡爱卿（女）	杨春娥（女）	倪蜀晋（女）	梁贵福	刘命秀（女）	崔书明

赵彦云（女）	石国庆	李春艳（女）	张先存	李玉英（女）	郝玉珍（女）	李爱梅（女）	梁双才
郗俊文（女）	韩鹤林	李守文	延满银	马海英（女）	郭德明	王改鱼（女）	李爱民
张莉芳（女）	帅惠兰（女）	王维金	史贵军	孟旭明	范爱琴（女）	史秀文（女）	李贵生
郭志平	王练青（女）	马　俊	秦军林	岳有科	张建安	李建峰	石建中
荆秀敏（女）	荆翔阳	王胖小	赵润祥	郗根银	郭金良	晋维文	杨晋祥
石海昌	穆晓鸣	张魁峰	程润祥	邵　功	李红卿（女）	崔丽萍（女）	冯保全
吴怡蓉（女）	张云英（女）	陈腊梅（女）	张学英（女）	赵之云	孟继存	王慧瑛（女）	李金海
史晓霞（女）	樊小清（女）	段梦平	王建洲	刘丽萍（女）	商继梅（女）	潘成宝	贾源河
张来如	田健民	郝会珍（女）	尹万北	高云中	吴利锋	李素琴（女）	梁卫红
周彦如（女）	付景云（女）	任瑞庆	陈青录	贺志刚	石春云	郭瑞花（女）	温志春
周利民	郗凤珍（女）	史华丽（女）	毛玉宝	韩黎明	王素琴（女）	张俊珠（女）	张文斌
刘宝银	程喜花（女）	张文珠	王素花（女）	张海宏	张长海	闫志贤	李晓文
石　鑫	任秀庆	李爱斌	王海拴	曹志明	孔玉萍（女）	姚惠莲（女）	翟建华
李改存	董三林	胡文广	王宝存	武　英（女）	刘变英（女）	杨润香（女）	李建远
王　芳（女）	赵翠芳（女）	张蓉晖（女）	高云忠	张喜权	任怀秀（女）	郭　怡（女）	王克勤
鞠卫环（女）	王小玲（女）	于春芳（女）	李春华（女）	张海红（女）	刘秀梅（女）	赵习贞（女）	冯　杰
刘思聪（女）	石凤英（女）	张新梅（女）	韩永红（女）	王丽平（女）	马静云（女）	崔丽环（女）	卢　智
郝丽萍（女）	李瑞英（女）	周志莲（女）	王海萍（女）	冯爱莲（女）	王玉萍（女）	张冬花（女）	马迎军
高玉芳（女）	李润桃（女）	季润林（女）	刘爱平（女）	李金爱（女）	任三妮（女）	刘占田	刘瑞平
高秀花（女）	郑爱萍（女）	史永莲（女）	王海庆	李晓平（女）	李成林（女）	冀丽娟（女）	丁荣国
单桃荣（女）	任延平（女）	李素平	贾瑞江	李永祥（女）	王春贵	李秀琴（女）	耿林柱
郝振娣（女）	岳计全	梁拴栋	姚文才	郭银梁	王怀平	翟素卿（女）	魏兴华
郝巧荣（女）	李彦科	高海英（女）	廉思璐（女）	赵玉贵	潘培先	赵富喜	赵志峰
赵红生	宋志平	段科爱	赵双柱	赵华萍（女）	彭桂卿（女）	刘银栋	李秀森
赵红艳（女）	张彦平（女）	韩智丽（女）	郭俊香（女）	程润霞（女）	王连环	杨贵芳（女）	张大虎
吕红江（女）	李德庆	郝文彪	周秀莲（女）	张红梅（女）	罗　薇（女）	曹春义	史华荣
米　静（女）	史英鹏（女）	郭晓丽（女）	吕春芳（女）	王志平（女）	史燕华（女）	宋爱梅（女）	帅连科
郭翠峰（女）	李晓燕（女）	冯治平	杨　胜	韩素琴（女）	张淑华（女）	付建星	路锦锋
韩锦平	张志林	韩贵恒	赵瑞芳（女）	武江浩	古建恒	赵素明	高　明

崔俊虎	秦雪梅（女）	李彦明	闫爱珠	陈秀科	刘俊福	李海生	鲍玉才
潘玉明	李学志	程海福	张巨才	刘全栓	赵秀红（女）	韩素珍（女）	王聪明
梁振英（女）	王春如	付　文	郝玉文	刘福华（女）	陈怀存	许亚娟（女）	李明哲
刘春阳	施礼聪	陈金娣（女）	唐秀娟（女）	张荣兴	张兴环	李茂盛	毛联友
白玉贵	毕密珍（女）	潘选元	林基友	刘善明	田雨玉	汪一凡	周富酞
胡素凡（女）	刘宗英（女）	段可峰	王素芝（女）	杨忠林（女）	刘　汉	武凤翔（女）	齐永昌
吕巧珍（女）	李树隆	王正礼	吕凯礼	郭通美	李柱国	叶松芝（女）	潘仲英
张超慧	马秀莲（女）	李朝录	赵运鸿	阎　桐	王秀芝（女）	马振江	詹耕畬
吕淑英（女）	裴清如（女）	陈进才	王怀光	耿维伦（女）	杨曼莉（女）	孟智坤	李广瑞
韩培荣	岳仲乃	张水珠（女）	徐宗纯	孙梦兰	温泽先	侯秀英（女）	李喜纲
安淑媛（女）	张传营	李怡敏（女）	常中合	赵玉公	王贵贞	张耀宾	孙祥栋
王　晃	宋镇亭（女）	张增录	张桂兰（女）	赵岱云	刘爱莲（女）	董文忠	高瑞卿
李新光	高彩青（女）	卢晓桦（女）	任玉玲（女）	侯变凤（女）	郭鸿雁（女）	张巧林（女）	郭捧英
张风花（女）	葛海明	刘计珍	王舍英（女）	周美英（女）	杨海渔（女）	任秀红（女）	蔺保卫
王瑞刚	冯平华	聂芬维（女）	范　赟	王瑞珍（女）	康润平（女）	张小红	郝　珺
段荣梅（女）	王春平	翟素兰（女）	朱庚寅	冯嘉靖	石联青	王　芳（女）	穆晓东
张变玲（女）	王可芬（女）	王丽敏（女）	吴晓红（女）	刘兰英（女）	申　芳（女）	李改琴（女）	鄯　福
赵彦文（女）	白　泉	宋素青（女）	王美玲（女）	武存元	赵　颖（女）	王晓丽（女）	杨贵明
武建英（女）	王建军	赵旭光	刘　琳（女）	张　晖（女）	刘润玲（女）	李晓荣（女）	李文杰
胡亚萍（女）	崔壮青（女）	张　青（女）	李靖宇（女）	付新文	武昌军	孙怀础（女）	孟秀明
李军厚	张保林	苏晋平（女）	张志芳（女）	李永珠	牛志芳（女）	李兰青（女）	李学军
胡淑清（女）	康润英（女）	辛文君	赵秀红（女）	郝宝财	赵树森		

技工学校教师系列（73人次）

郭建民（女）	程怀明（女）	范荣英（女）	王世群	樊继密	张乐中	胡少峰	刘俊祯
王晓萍（女）	王秀荣（女）	王亮川	弓立萍（女）	黎文明	张晓荣	高海力	王建锁
葛喜庆	顾亚红（女）	朱爱富	李继芳（女）	崔向明	任云娥（女）	李晓玲（女）	葛瑞泉
李树君	赵千玉	李建辉	王建萍（女）	王志华	梁青云（女）	郑玉英（女）	刘变华
张　芳（女）	于宝生	辛学斌	张凤梅（女）	王锦沛	张丽华（女）	刘俊斌	李若林
郭卫东	吕纯华	库爱琴（女）	周雪琴（女）	张　展（女）	吕纯玲（女）	何润林（女）	胡海泉

王利华（女）武　丽（女）闫怀青　赵文飚　杨有生　梁晓哲　王燕玲（女）杨颐中
韩丽红（女）焦小玲（女）荆俊林　史承福　栾贵全　张云英（女）高长春　卢素英
贾海梅　王　丽　王俊安　李素芬　杨志军　马志贤　刘变云（女）侯利民
胡　渊（女）

中等专业学校教师系列（320人次）

师国梁　杨祥林　张克礼　吴觉民　郭尚聪　赵朝然　毛英杰　张晓峰
陈凤林　王秀华（女）周勤新　徐茂才　黄占元　何作霖　屈国钧　楼滨俭
金惠廷　王增祺　杨凌川　马成绩　袁明志　罗树常　白玉贞（女）雷渊禧
马如松（女）白文正　许善锦（女）赵文化　李秀卿　武渝生　程俊儒　刘世琛
李慧文（女）杨　吉　吴培德　马志贤（女）杨紫来　程　鸿　毕俊祥　高毓华
郭凤英（女）王毓桂　刘梓恒　胡书法　王海宽　任登魁　赵玉宝　赵遇春
史守拙　张或典　屈建民　令狐为　任祯宜　刘宝玉（女）田　文　姚光军
王庆云　郭廷煜　刘秀兰（女）秦明强　张美玲（女）崔良田　万东月（女）周崇健
贾林森　周　昤（女）李靖华　冯四如　袁成文　王桂英（女）李桂梅（女）徐双芹
祁芝华　王　领（女）李爱珍（女）霍　渊　李春海　孙海云（女）侯学文　独加礼
魏万昌　黄长安　刘生辉　毛礼义　史永昌　马建中　王建平（女）戴瑞华
韩晋玲（女）郑德全　张润平　杨乙荣　李如璧　冯桂英（女）苏秀金　荆履荣
赵有全　王树敏　韩素英（女）李素芳　赵志华　要守文　余桂英（女）荆正生
杨继中　郭瑞轩　王希章　杨春华　杜光辉　张继礼　马志珍　程　鹏
李向青　程晓红（女）贾淑香（女）张夏淋（女）王惠兰（女）闫丽新（女）张秋萍（女）王吉贵
李秀琴（女）赵维萍（女）李建英（女）贾秉赋　王海平　贡小龙　刘海英（女）赵　发
王崇钢　张俊海　李惠萍（女）党居萍（女）李怀义　郑建宝　赵瑞玲（女）王素明
郑青山　李晚山　宋璐波（女）丁　梅（女）王满寿　张林秀（女）赵继宏（女）赵秋锁
张喜梅（女）李文晓　史秀莉（女）杜瑞萍（女）吴俊卿　曹学萍（女）赵雪青（女）贺爱明
渠立清（女）路转娥（女）马中霞（女）赵凤英（女）施凤英（女）张完兰（女）范文芳（女）郭晋诚
李金娣（女）王爱卿（女）马元江　石秀莲（女）黄春明（女）韩森林　毛维娥（女）王千周
王苟玉　赵　忠　翟瑞蕊（女）李跃红　苏秀林（女）刘秀文　潘冬花（女）李晓明
田俏成　王希爱（女）张灵光　张艳卿（女）杨转梅（女）任永玲（女）杨　青（女）乔和平
梁永庆　石翠英（女）史俊燕（女）刘丽萍（女）任继蕾（女）白元玺　史　宏　武　文

武计林	李银湖	朱小燕（女）	霍红梅	蒋　鸣（女）	郭先锋（女）	王晓晶	曲道科
林毓英（女）	张玉兰（女）	刘沁玮（女）	张永明	康瑞平	杜香林（女）	康善富	荆保平
高瑞卿	李新光	高彩青（女）	卢晓桦（女）	任玉玲（女）	侯变凤（女）	王巧珍（女）	刘建平
王文平	赵国燕（女）	刘子信	郭妍涛（女）	苑　洁（女）	赵灵芝（女）	王新春（女）	李海银
王拉生	刘献梅（女）	李瑞平（女）	王　荟（女）	程丽云（女）	任翠英（女）	姬慧敏（女）	王维华
刘　彬（女）	马玉芳（女）	王　翔（女）	左瑞华（女）	霍玉芳（女）	刘　丹	王慧婷（女）	刘保光
贾俊萍（女）	郭鸿雁（女）	张巧林（女）	张凤花（女）	郭捧英	葛海明	王舍英（女）	刘计珍
周美英（女）	杨海渔（女）	蔺保卫	任秀红（女）	王瑞刚	冯平华	聂芬维（女）	范　赟
王瑞珍（女）	康润平（女）	张小红	郝　珺	段荣梅（女）	王春平	翟素兰（女）	朱庚寅
冯嘉靖	石联青	穆晓东	王　芳（女）	张变玲（女）	王可芬（女）	王丽敏（女）	鄯　福
吴晓红（女）	刘兰英（女）	申　芳（女）	李改琴（女）	赵彦文（女）	宋素青（女）	王美玲（女）	白　泉
武存元	赵　颖（女）	王晓丽（女）	武建英（女）	杨贵明	王建军	刘　琳（女）	赵旭光
张　晖（女）	刘润玲（女）	李晓荣（女）	李文杰	胡亚萍（女）	崔壮青（女）	张　青（女）	付新文
李靖宇（女）	武昌军	孙怀碰（女）	孟秀明	李军厚	张保林	苏晋平（女）	李永珠
张志芳（女）	牛志芳（女）	李兰青（女）	李学军	胡淑清（女）	康润英（女）	赵秀红（女）	辛文君
郝宝财	赵树森	李智先	韩显荣	王秉权	陈　晞（女）	毕俊祥	张晓荣

卫生技术系列（1348人次）

樊　强	杨国安	张完娥（女）	薛凌霄（女）	文淑琴（女）	潘之良	路寿山	赵庆荣
周宗虎	李晋魁	曹振华	王宪章	方现军	田建国	梁治中	毛学正
张敬媛（女）	刘敏琏（女）	张济源	李廷斌	郭在川	方荣柳	郭兆嫱（女）	杨润年
贾玉琴（女）	任　炳	杨友钦	宋乃风（女）	林世才（女）	张星奎	王梦琪	王　敏
刘静影（女）	张秀山	杜乃强	赵思培	郭瑞民	武宪华（女）	颜继英	黄在璋
李宝玺	白玉芬（女）	宋万揆	蒋庆雨	侯风海	陈　鐘	包　雁（女）	陈润文
张心端	蔺述锋	董丕中	李树笃	马士魁	续秀兰（女）	伊永生	王增祥
陈绍曾	马翠卿（女）	陈绍增	刘忠明	杜德兴	金志广	马健飞	徐建华
赵玉花	陈经纬	李明星	石晶明	段生龙（女）	安允祥	王化一（女）	贾　廉
张美莉（女）	郝卫峰	程　维	赵　琦	申秀兰（女）	郭德华（女）	孔庆华（女）	朱家启
刘喜梅（女）	唐文源	李　增	王振兴	张文魁	李书习	吴礼亮	朱宝贵
胡　琪	高　桐	杨瑞祥	郑　德	冯文蔚	张秀堂	聂玉生	李万泉

葛祥增	李焕奎	董秀珍（女）	王文芳（女）	王美华（女）	毕雅贤（女）	何天府	林茂用
史玉琳（女）	黄永江	黄占春	白迺俊	李文玉（女）	董淑荣（女）	金德友（女）	李华南
杨芳献（女）	光　僖	段逢尚	梁德贞（女）	冯秀珍（女）	高丽美（女）	张梅川（女）	陈　玉
张翠兰（女）	任振林	孙晋温	裴云才	王　铮（女）	郭文章	马凤云（女）	折增修
戴兆年	刘芝庚	侯建民	余保元	张保兴	师爱卿（女）	任立文	张　俊
庄文湘	乔锡寿	暴效国	李宝麟	余月娥（女）	牛采英（女）	黄玉珍（女）	元荣三
申永旺	张俊杰	周凤如（女）	杜汝昌	郭谕堂（女）	陶素文（女）	朱彩云（女）	蒋庆雨
陈润文	续秀兰（女）	方荣柳	吴秋旺	宋智华（女）	刘振寰	李文彬	李义顺
荆连荣	李怀荣	郭东双	郝金兰（女）	崔新民	马重宪	商景珊	王　晋
蔡菱菱（女）	殷占高	毛学正	李晋魁	郭在川	杨瑞祥	白玉芬（女）	黄在璋
马士魁	李建斌	方现军	梁治中	郭兆燕（女）	张济源	文淑琴（女）	杜乃强
张敬媛（女）	赵庆荣	聂玉生	包　雁（女）	郑伟建	李廷芳（女）	任礼静（女）	门兰祥
庞梅梅（女）	赵永红（女）	王希章	曹立智	焦爱萍（女）	贾融和	冯振山	郭闫伏
路新泉	马　芳（女）	魏淑芳（女）	郭晓中	郭荣凯	刘建华	张泉民	路新民
商俊贤	温冬梅（女）	史稷梅（女）	李克谦	王志诚	高金有	蒋维礼	郭文寿
张寅虎	郭润喜	王元国	贾美琏（女）	杨庆萱	王　铮（女）	蔺述铎	王增祥
董丕中	史玉琳（女）	刘建国	刘荣生	王玉仙（女）	赵希福	齐晋萍（女）	李海珠
张凤英（女）	贾秀花（女）	荆瑞英（女）	王　胜	卫永太	赵　斌	马玉花（女）	胡钟岐
岳瑞萍（女）	王计花（女）	毕桂英（女）	王珠江	贾运堂	史化才	马世骏	刘兴明
李秀桃（女）	樊　永（女）	周永锐	王玉梅（女）	张国庆	薛凌霄（女）	秦云萍	鞠培泉
贾兰菊	赵如清	韩元和	杨素萍	黄　萍	杨丽霞	高　强	刘丽霞
李生进	武宪华（女）	李宝玺	刘伟光（女）	路秀平（女）	武莲英（女）	王军霞（女）	侯秋来
刘彦芳	赵泾荣	石守福	石培珍（女）	梁树华	孟桂花（女）	杨小平（女）	李世凯
王　佩	李俊英（女）	翟庆梅（女）	吕志刚	杨贵福	陶秋梅（女）	史儒兰（女）	王彦华
苑紫芳（女）	张智华	史广胜	马玉龙	高云生	贾建华	关民生	赵小明
高启旭	杨来禄	刘惠芬（女）	白吉祥	武治敬	郑毓英（女）	暴效国	刘振寰
康晓燕（女）	李　杰	董树文	刘彦林	赵金怀	刘志林	宋智华（女）	王世伟
任玉英（女）	张润芳（女）	宋润华（女）	田兰英（女）	胡要所	励　钢	王瑞珍（女）	刘旺元
马海盛	王玉莲（女）	姜行义	胡忠平	吕崇义	武　滨	陈营万	武记山

秦怀玉	赵致恒	傅　谦	乔锁财	王希章	任礼静	门兰祥(女)	郑伟建
史稷梅(女)	崔新民	曹立智	贾融和	路新泉	王志诚	蒋维礼	马垂宪
蔡红卫	白　蓉(女)	王志东	贾三鹏	王希军	王巧凤(女)	李万艮	郭本艮
韩德卫	刘宝玉(女)	张致琦	宋宏林	冯肖莉(女)	翟丽英(女)	赵福英(女)	翟艾虎
杨秀英(女)	郗素兰(女)	王　领(女)	黄凤仙(女)	李立芳(女)	韩桂英(女)	周　吟(女)	李宝珠
韩晋玲(女)	郭海鱼(女)	张殿臣	张春林	王存义	张立民	李清萍(女)	郝冠锦
穆林泉	张春仙(女)	路玉珍(女)	杨志荣(女)	梁改凤(女)	王建平(女)	郑德全	吴秋旺
魏淑芳(女)	刘兴明	商俊贤(女)	杜爱英(女)	段晓文(女)	冯翰雯(女)	王凤琴(女)	巨新世
韩晋萍(女)	张慧君(女)	杨秀珍(女)	连　芳(女)	景建刚	黄开俊	牟　君	王喜全
杜长荣	张景义	李建国	李明生	齐文旭	张秀萍(女)	郝彦清(女)	刘爱国
翟瑞琴(女)	李红宇(女)	高宏江	赵爱仙(女)	闫志平	张　怀	王拉娣(女)	姜贵财
王凯红(女)	闫秀芬(女)	张凤仙(女)	郑德一	王铁山	张瑞芬(女)	冀立庆(女)	郭方敏
王锁英(女)	刘春花(女)	余香梅(女)	田秀英(女)	任桂英(女)	任巧花(女)	马金梅(女)	檀虎亮
巨建芳(女)	齐永茂	于学仁	陈　谦	宁德成	翟考全	董招荣(女)	韩子敏
焦爱萍(女)	赵希福	齐晋平	卫永太	冯振山	马　芳(女)	郭闫伏	王　胜
岳瑞萍(女)	张泉民	翟庆梅(女)	任泉生	李瑞珍(女)	王保祥	赵成元	刘金顺
刘华玲(女)	王永胜	张殷田	韩培卿(女)	潘玉泉	王尚华(女)	戴育英(女)	王明声
任和平	董起昇	丁中华	张　玮(女)	薛爱芳(女)	赵素珍(女)	闫翠花(女)	梁瑞武
孔繁丽(女)	陈秋莲(女)	樊改荣(女)	郗锐敏(女)	赵生爱(女)	曾　超	王方东	薛金铭
梁淑英(女)	张慧平	李小曲(女)	雷金花(女)	李恕荣(女)	白　桦(女)	侯忠平	李占荣
王美玲(女)	刘润生	段宝萍(女)	吕振国	闫俊民	柴　辉	赵军国	闫千锁
靳一恒	王宝崇	王昧锁	张素林	李生进	刘湘林(女)	张晋平	纪路平
吴存祥	胡永珍(女)	郭长锁	梁惠莲(女)	杨贵福	张凤英(女)	刘建华	路新民
李俊英(女)	高金有	刘伟光(女)	贾建华	吴玉明	吴茂林	于志芳(女)	史华明
赵国清(女)	郝丽丽(女)	李卫红(女)	刘宝凤(女)	许学风(女)	梁炳爱(女)	吕爱萍(女)	贾宝明
李爱林(女)	史巧转(女)	陆秀珍(女)	高变兰(女)	贾元青(女)	冯娟娟(女)	师景英(女)	高健康
梁正鱼(女)	王捧寿	王素娟(女)	康海林	赵黎虹(女)	石义平	岳志平	阎振文
郭昧明	张爱芬(女)	冯云晓	杨苍花(女)	张　虹(女)	郝彩英(女)	王敬俊	胡要所
高云生	任玉英(女)	张润芳(女)	励　钢	赵　斌	王瑞珍(女)	贾秀花(女)	武　滨

马玉龙	康晓燕（女）	武记山	刘惠芬（女）	宋润花（女）	王义平	吕爱文	史贵所
高晓峰（女）	石需章	刘贵生	薛阳静	赵　前	王建国	张步宁（女）	周海峰
陈玉梅（女）	林月星	王耀田	郗新中	赵元福	张秋万	刘彩梅（女）	王贵双
刘向萍（女）	路翠云（女）	曹建新（女）	殷俊珍（女）	李改琴（女）	白瑞莲（女）	张彦平（女）	潘珍梅
刘献红（女）	李鹏飞	杨少春	王存义	赵福英（女）	郭本银	王巧凤（女）	王世伟
石守福	李万银	王希军	王计花（女）	李立芳（女）	黄凤仙（女）	冯肖莉（女）	赵小明
白　蓉（女）	贾三鹏	王志东	吕志刚	李清萍（女）	吕崇义	史广胜	张立民
杨来禄	梁改凤（女）	穆林泉	田兰英（女）	张春仙（女）	赵乃煜（女）	李瑞芳（女）	朱润生
赵乃英（女）	陈魁胜	巩建忠	张元贵	耿玉庆	马宏祥	赵宏伟	马俊青
王乃英	史彦凤（女）	赵换青（女）	张凤亭	苏春玲（女）	张勇威	戴海生	张守银
张振泉	马迎光	吕占赟	张爱芬（女）	高开城	葛换云（女）	郭富香（女）	朱小宁
光爱珍（女）	高飞凌	王永芳（女）	石永青（女）	任丽仙（女）	牛艳青（女）	殷　卓（女）	任海林
杨慧芳（女）	牛桂芬（女）	郭莉莉（女）	郭春娥（女）	张玉英（女）	王爱花（女）	刘汝丰（女）	武贵宝
郝亚锦（女）	郗少芳（女）	尹玉萍（女）	陈宝兰（女）	高改棠（女）	梁满贵	冀立庆（女）	赵喜珍
韩晋萍（女）	杜爱英（女）	王凤琴（女）	巨新世	李明生	景建刚	齐文旭	张致琦
张璟义	张秀萍（女）	刘爱国	杨秀英（女）	王喜全	李红宇（女）	赵爱仙（女）	郝冠锦
张瑞芬（女）	郭方敏	张凤仙（女）	王凯红	余香梅（女）	刘春花（女）	任巧花（女）	翟考全
马金梅（女）	檀虎亮	齐永茂	于学仁	陈　谦	韩子敏	张毓芳（女）	余占明
侯瑛萍（女）	颜惠英（女）	王路岩	王　雁（女）	冯秀生（女）	姚　志	张凤云（女）	付永毅
刘　珍	丁耀耿	李晓莲（女）	郝淑珍（女）	刘海昌	王国荣（女）	白继萍（女）	付　军
刘海英（女）	岳林平（女）	欧阳兰（女）	杨晓红（女）	王继红（女）	高素凤（女）	樊玉杰（女）	王　洲
苏文娟（女）	安玉琴（女）	李美苓（女）	邵计云（女）	朱爱玲（女）	梁桃珍（女）	张　莉（女）	付辛荣
段桂琴（女）	王喜庆（女）	蔺小芬（女）	梁丽丽（女）	王益琴（女）	曹凤萍（女）	白月琴（女）	侯青枝
要涛英（女）	石建华（女）	张瑞生	李　航（女）	马秀英（女）	胡月琴（女）	杨凤美（女）	贾军民
翟江涛（女）	李　萍（女）	赵喜珍（女）	李笑星（女）	赵兰英（女）	李　艳（女）	卢晓春（女）	贾学军
罗　芳（女）	赵昇涛（女）	陈　迅	李惠军	王年丑	张艳亭（女）	施涣鱼（女）	赵满贵
张　爽（女）	王春芳（女）	葛喜贵	李文宏（女）	袁宝瑞	杜长荣	翟瑞琴（女）	任泉财
梁瑞武	陈秋莲（女）	黄开俊	靳一恒	梁惠莲（女）	段晓文（女）	王宝崇	赵军国
闫千锁	潘玉泉	纪路平	吴存祥	侯忠平（女）	郝彦青（女）	陈建华	陈志君

郝仁鲜（女）	史俊琴（女）	张有祥	马跃琴（女）	王秀平（女）	王　琼（女）	翟建明	赵　斌
王世伟	赵志崇	王亚丽（女）	史宝全	王万龙	姚宝莲（女）	毛永红	荣长泰
张世江	李　云	李　敏（女）	王淑春（女）	康英芳（女）	杨　东（女）	史丽珍（女）	张　军
闫改凤（女）	胡素萍（女）	吕志红（女）	孙玲玲（女）	李转玲（女）	刘秀平（女）	吴茂林	任和平
吕振国	柴　辉	冯翰雯	韩培卿（女）	石义平（女）	张素林	闫振文	岳志平
张　虹（女）	刘金顺	贾源瑶	赵秀敏	赵计明	梁玉萍（女）	李慧筠（女）	董虎林
王　然	姚爱武	于　岚（女）	侯旭辉（女）	冯　强	李志刚	光　赟（女）	王振华
张计兰（女）	岳素文（女）	王　琳（女）	贺建军	杨　华（女）	张芬芳（女）	方晓君（女）	吴秋状
梁先才	杨秀玲（女）	张艾芳（女）	邓秀芬（女）	王　浩	赵志敏	史计莲（女）	郑宵虎
蔺小爱（女）	赵培英（女）	张彦凤（女）	史润琴（女）	白树祥	王　泽	任秀芳（女）	冯　铁
石秀玲（女）	王兵兰（女）	娄娟娟（女）	王志清（女）	孟庆萍（女）	谷润联（女）	祖瑞红（女）	李青成
侯晋华（女）	韩文兰（女）	刘晓燕（女）	杨晓春（女）	吴改英（女）	赵元福	张晋平	张秋万
郭昧明	吕爱文	丁中华	许学凤（女）	牟　君	高健康	冯娟娟（女）	刘润生
师景英（女）	刘宝凤（女）	马海盛	巨建芳（女）	闫俊民	王　华（女）	孔繁丽（女）	王方东
薛金铭	戴育英（女）	刘湘林	张　怀	曹建新（女）	路秀平（女）	白海琴（女）	张东明
张志强	张瑞生	李剑英	闫庆国	郭守义	杜俊德	俞爱琴（女）	张保安
孙亚兵（女）	赵素英（女）	张瑞娟（女）	李维玲（女）	石存芳（女）	张巧变（女）	邢秀峰（女）	梁晋泉
秦　越（女）	武亚仙（女）	牟　炜（女）	葛建忠	曲启明	史承祥	王明艳（女）	王军怀
高红梅（女）	罗　茜（女）	周　青（女）	张红艳（女）	史守彤	张蓉芳（女）	赵林艳（女）	王卫平
梁先兰（女）	高海荷（女）	武富云（女）	李永军	范文平	周建伟	潘翠先（女）	王　钊
袁富海	张鸿儒	王秀英（女）	孙巨笔	杨齐玉	梁晋华（女）	桑晓燕（女）	李学琴
高海娴	靳文青	宋晋萍（女）	石丽琴（女）	宋芬敏（女）	王桂花（女）	冯艳青（女）	檀计文
张季秀（女）	荆淑敏（女）	任桂花（女）	李春玲（女）	赵丽虹（女）	郗宝汶（女）	侯银萍（女）	王义平
张兰英（女）	郭焕清（女）	王文萍（女）	冯桂荣（女）	赵变良（女）	冯银转（女）	王淑芝（女）	赵健民
王海英（女）	张艳玲（女）	李卫红（女）	樊改荣（女）	张莉萍（女）	贾顺利	张慧君（女）	林月星
段宝萍（女）	周海峰	高晓峰（女）	郭富香（女）	高飞凌	李占荣	杨慧芳（女）	任海林
郝丽丽（女）	郗金锁	陈庆生	黄　伟（女）	靳　跃	李兴铭	王丽新（女）	高福音
荆慧琴（女）	史志琪	翟永明	苏俭波	荆秀平（女）	范正栋	颜　华（女）	杨世忠
张世博	张年田	张建丽（女）	张艳花（女）	张文丽（女）	常鲜林（女）	田素芳（女）	王东辉

赵林红(女)	余鲜花(女)	齐永华(女)	李瑞娥(女)	毕梅梅(女)	季小平(女)	张改花(女)	朱润生
史华明	王永胜	马宏祥	史彦凤(女)	张步宁(女)	薛阳静	王永芳(女)	刘贵生
王计红(女)	翟成牛	潘瑞祥	闫和平(女)	张 军	梁建祥	刘萌田	常 义
王文拴	史振慧	赵慧军	孟卫华(女)	荆文萍(女)	张素萍(女)	马晓洁(女)	郑 强
马 锐	吕利成	光 磊(女)	陈守燕(女)	程咏梅(女)	史喜莲(女)	周素芳(女)	原长青
荆秋荣(女)	赵鸿芳(女)	李改萍(女)	邓新春(女)	霍彩鸿(女)	石玉萍(女)	李丽娜(女)	潘永来
王文锐	王 铮(女)	高 芳	郑庆云	褚广信	王华东	李如心(女)	韩代宣
吕实川	常启经	弓玉鸾(女)	李 普(女)	张亚民	吴连升	刘和顺	李有昌
靳增录	朱玉瑄	章正书	郑桂芝(女)	孙书亚	朱文虎	李桂珍(女)	汤 恂
白育斌(女)	冯宣生	赵美珍(女)	石永贵	毕润梅(女)	黄润怡(女)	刘春园(女)	连弘午
徐庭华(女)	姜达民	高连元	张立德	杜静怡(女)	李天赐	阎佛梅(女)	王友山
曹凤翔(女)	张在斌	陈耀民	沈惠芬(女)	刘文珠(女)	赵万堂	高永真(女)	田醒民
曹惠蓉(女)	傅树楷	郭贞香(女)	啜德秀(女)	李志田	孟慧维(女)	梁 卿	孙鸿铃
赵 宇	郭海彦	石涧江	王 维	郭殿武	温 勇	穆润英	方建平
张发先	高润元	毛怀珍	梁德重	穆翠英	邵常春	潘邑水	于瞳兴
赵妙珍	林 榕	张桂英	郭志权	赵淑华	李 力	孙计田	杨 晋
张瑞红	王义亭	杨学智	高润华	余 滢	曹小玲	李秀荣	温励志
贾宝珠	姚喜梅	史宝明	姚红芳	马迎春	张亚琴	楚东艳	李 峰
赵 莉	白 红	谢亮喜	李雁萍	李素文	李桂琴	任慧荣	张智育
张晓英	王建明	李乃娟	王彦红	蔺素英	高翠林	冯玉英	赵 虹
郝晓霞	史瑞华	穆睿华	王广清	张晓晨	贾素萍	郝宝清	李 静
刘艾清	杨海青	周建平	梁丽珍	赵震华	韩战军	王有生	余翠花
李素芳	张红梅	章子君	任玉卿	陈红转	郝满利	马振栋	樊秋贵
张 元	辛 英	郭金凤	王玉珍	王银孩	武华玲	贾建新	王爱君
代林彦	尹俊生	杨联芳	荣便梅	张彦萍	魏俊娥	史玉琴	苏文华
田 伟	刘晓波	王 媛	柴素英	韩翠红	高 丽	刘玉英	郭 莉
葛长平	杜巧丽	温亚丽	霍 芳	陈 星	王晓波	郭月珠	穆成柱
张颖芳	高素兰	胡兰芳	戴先红	王智田	马建平	魏庆宏	任昌丽
王艳红	贾春芝	潘东红	郭宝珍	王海香	朱戌明	王素锦	李 斌

尚向东 黄沛理 高　峰 高岩芳 王晓丽 史通方 王秀芳 赵新英
赵致庆 侯红梅 王志华 李永红 石文辉 余鹏会 刘变玲 刘爱平
张海霞 赵秀琴 郭丽君 张芝莲 李继文 白晓晶 梁文斌 张红英
李祥平 岳冬梅 李美英 袁　静 曾　光 王耀华 陈志钢 李　霞
高彩虹 杨珍祥 刘小平 王贵花 张娟珠 李小红 杨秀俊 王金凤
武瑞芳 胡跃奇 贾晓桃 赵健玲 孙　莉 郭　健 张志勇 赵春婵
张淑芳 武会军 张保庆 闫美琴 刘爱萍 王增宏 闫桂林 梁素芳
刘　洁 白翠云 王慧梅 刘志宏 李慧芳 龚晋红 梁　钰 高琦珂
邓建军 梁启明 刘　愫 樊俊琴 闫海平 王宝花 王　燕 刘　波
刘桂文 杜德明 郭爱东 麻贵平 耿建珍 乔晓玲 白　斌 白俊平
任华平 任永林 张喜财 刘　江 张旭东 苏满玉 罗　伟 魏雁林
杨翠琴 宋心爱 苗树书

统计专业系列（31人次）

荆向忠 张曼珠（女）邹积德 张维生 王五滋 杨子仪 孟瑞华（女）杨恩善
王　光 杨爱明 郭翠英（女）王淑英（女）方　莉（女）李东方 郝淑华（女）刘海军
刑忠梅 邵玉玲（女）郑世军 王存财 韩喜顺 张妹云 弓志忠 申成耀
许　俊 郝富生 杨恩善 王淑英（女）许韶杰（女）和继明 李文珍（女）

会计专业系列（110人次）

裴雨亭 许健兴 韩景德 申春芳 徐永图 赵凤桐 裴巧梅（女）张履泰
杜永佑 任海池 周　依（女）李仁范 王启礼 宋锦善 马智远 赵培英
刘世文 杨生源 罗书涛 赵林英（女）杨素梅（女）王丽勤（女）韩成果（女）赵英顺
刘秀梅（女）庞峰亭 卢淑英（女）贾　波 李爱锁 潘换梅 王胜利 成志杰
石桂珍（女）李晓英（女）张开英（女）李玲玲（女）张巧兰（女）韩丽敏（女）李润萍（女）贾增光
单玉娥（女）刘玉梅（女）郎会成 王海洲 赵光宇 姬振良 翟雨良 马　骥
牛建平 孙存恩 王满田 刘红宝 王爱卿（女）刘同礼 霍续纯 杜晋平
王宝华（女）柴庙生 任建华 徐仲芳 白　英 赵彦萍 曹志君 石瑞平
皇甫艾林 宋宝龙 程红英 刘青敏 王秀莲 李江琳 仇利娟 杜晋平
姚瑞军 李文记 刘永生 赵彩英 韩生彦 罗卫军 刘秀庭 王　强
黄瑞英 张丽华 李瑞珍 陶春海 李晨光 赵素琴 白平彦 庞贵平

李云喜　李秀兰　李瑞祥　张华春　刘润萍　赵艳红　郭凤花（女）杨大立
梁晓花（女）杨红梅（女）毕海丽（女）王雅萍（女）王梅玲（女）张彦凤（女）李艳芳（女）吴志坚
陈　丽（女）王文萍（女）杨素花（女）王秀峰　李　华（女）刘朝英（女）

审计专业系列（13人次）

王志刚　李建有　高堂友　刘喜红　窦新元　张来富　赵素珍（女）彭　瑶
郝千文　王玉林（女）郝千文　王玉林（女）陈　娟（女）

经济专业系列（180人次）

张　毅（女）杨玉田　杨清风　刘绵训　胡震文　周维发　杨宝国　王富明
沈志浩　吕　信　赵大统　王国山　李清祥　杜　玺　张俊祥　袁进学
吴随卯　李志聪　李广明　赵光复　侯应魁　延宗周　王继善　李生仁
白鸿俊　秦长兴　霍道昌　祝建勋　杨培林　刘守庭　张宗保　王贵田
张裕文　梁喜栋　李有仁　白钟凯　孟　荷　张青川　杨玉田　辛贵玉
贾银环　刘克温　李树敏　高自娴（女）王善和　张恩敬　辛　明　张兰福
刘永保　袁双庆　马如骧　陶兆祥　赵秀帆（女）王全福　张汉源　魏鸣集
黄梁才　穆占文　荣保生　郝生荣　王立宾　路公明　周俊鸿　武喜科
贾国玺　王仁祥　白宝珠（女）岳菊香（女）张占伟　高晋明　韩金祥　金月明
路士恩　苗秋林　胡喜银　安慧鹏　李玉良（女）赵学军　李奂明　李银凤
李玉林　杨子明　董伟华（女）杨博钧　王建平　曹晓岚（女）王　亮　李巧生
王　锦（女）赵鑫帅（女）张手雷　汪宗仁　刘继斌　冯学敏　陈玉鹏　刘　澄
张　瑞　郭海鲸　孔　惠　李如同　支　正　刘　涛　任玉明　贾金果
李增锁　杜　成　王存锁　王向红　翟跟平　高永明　鲍先锋　李文兰
安成全　孟桂杰　刘惠萍　杨露斌　任晓红　乔伶平　张彦林　张学明
冯学敏　梁宇祥　汪宗仁　唐建华（女）孙守信　刘继斌　梁进才　高国林
乔守基　张君魁　莫茂修　叶永智　钟钧胜　何大林　窦梅君（女）朱万库
曹养银　郭　源　常永珍　张建福　赵奎生　赵镇南　王增亮　程昌升
李德华　黄金珠　周崇颜　梁会亭　高子学　张嘉银　张之琴（女）刘秀春
张增光　张维华　唐启瑞　戴景熙　王五效　刘　延　李春忠　郝俊勋
崔秀芳（女）穆克元　侯九光　刘志新　兰士顺　严水红　曲永年　陈守礼
张富贵　陈玉鹏　李　源　曹德印　裴继芳　杨承模　李锦溪　李庆祯

张如寿　　郭乃青　　潘　震　　何素英(女)

农业技术专业系列(102人次)

杨兴业　　杨恭田　　姜令平　　苗鸾福　　关怀祖　　岳　伟　　方　昭　　申兵乐
王振邦　　牛运达　　马德荣　　李敦信　　刘福义　　侯德瑞　　王德俊　　杨光斌
蔺效如　　吴文斌　　蔡青元　　王玉福　　郭喜明　　刘复升　　王　忠　　高伯章
刘进胜　　张金喜　　李秀宝　　欧阳大成　王希宾　　朱贵中　　吴肇芝(女)孙赐藻
高廷勇　　藏　莆　　荆履益　　段俊明　　李守先　　裴秀珍(女)王香兰(女)王化树
侯贵宝　　郭开元　　杨瑞明　　李巨海　　王文才　　张香梅(女)尹润花(女)杨凌云
李金婵(女)任仔苏　　安海润　　董有成　　张翠娥(女)毛世英　　李志钢　　岳　伟
赵建英　　吴流海　　陈政民　　赵金鱼(女)王　玲(女)张秉林　　李惠斌　　刘彦斌
蔺首义　　李书明　　史昧存　　付宝生　　刘庆魁　　陈富林　　闫丙成　　王秀元
胡永胜　　赵　胜　　石丽瑞(女)延根祥　　李　平　　刘秋生　　杨秋玲(女)李志祥
赵海润　　冯守明　　马喜兰(女)岳兰玉　　王金宝　　段红星　　杜素美(女)李有义
樊树龙　　王志红(女)赵丽萍(女)赵明双　　梁玉花(女)曹水清(女)李秀华(女)李永泉
杨志英(女)康香莲(女)梁新华　　李建新　　赵秀元　　李海生　　王来学　　李鹏飞
杨少春

工程技术系列(1188人次)

延万里　　王彦甲　　曲庆祥　　王　钧　　丘颖昌　　魏　震　　王富保　　王昭斌
王俊昌　　阎忠唐　　王德立　　王孟杰　　汪志刚　　张兆鹏　　吕　植　　刘先锐
龚毅敏(女)郭维新　　马宝林　　王　佑　　王兰庆　　黄　煌　　励志坚　　陈玉山
王耀升　　马晨云　　任　勇　　孟秉礼　　徐其鹿　　刘拴学　　张志修　　苗成喜
孙　珏　　王金酉　　王元升　　张　渊　　周令猷　　张洪才　　杜世强　　谢岳坤
于有成　　文进玺　　李建元　　田生华　　武体仁　　黄治熙　　孙业宾　　王　仲
甘道江　　李文杰　　李世武　　朱圣学　　侯　效　　刘庆亮　　孟砚田　　吴仲平
翟咸宁　　辛志欣　　马锡元　　管家兴　　苑银亭　　朱　英　　赵　平　　王炳焕
杨长友　　唐厚斌　　高　森(女)杨　应　　张守和　　戎保乾　　王九令　　冯　栋
马洪海　　曹凌云　　朱仲伦　　王克恭　　杨书志　　李天瑞　　张义明　　罗振水
申鹏举　　武尚才　　邵秉义　　秦秀珍(女)姚立新　　兰敖成　　宁全献　　张政明
张志中　　张　新　　邢作林　　唐庆余　　韩　冬　　张合发　　张培荣　　林德芳

贺思敬	张　诚	王　珪	王海云	梁鸿云（女）	李新生	肖坤江	焦生堂
潘巧珍（女）	陈慧卿	王　淮	赵桂花（女）	朱旌威	马爱景	廖士瑛（女）	史宝年
王成铭	邵群芳	邵　智	张宝爱（女）	张卯同	张秉忠	杨俊峰	胡念周
唐明元	邓和平	郝润祥	杨吉辉	赵经武	黄永勤	樊振亚	王均良
许　遴	张守谧	谢贤村	周培松	程树德	刘孟岑	李明生	孙　岗
岳俊林	王如意	陆　玺	陈之防	罗维祥	王太文	薛中林	杨树森
张忠恕	王益中	张瑞林	彭长安	乔树和	赵经麟	高风仁	张养恭
李德香（女）	刘勇志	史继曾	武振邦	杨振和	高文学	曹淑琴（女）	尹礼智
刘　树	孙庆双	郑光亮	郝锦文	杨东海	张富林	杨命瑞	甘学民
李冠宝	霍　柏	翟治成	卢瑾耀	韩维魁	刘仲平	郝治国	董财贵
徐龙森	杜肇昆	杨玉生（女）	韩维贤	宋义才	崔林成	邢善军	张培森
王广恩	王恩宏	陈　瑞	张隆基	郑世豫	李元生	张万林	田增庆
畅日新	陈　熙	张瑞亭	范彦清	鲁崇杰	樊玉虎	董耀宗	张久箴
田渥林	曲衍太	邵希孟	朱仲伦	魏　震	胡晓峰	邢作林	岳俊林
陈　真（女）	刘全志	吕慕禹	荆锁祥	张凤五	段梦恒	李建华	王举帮
马成敏	刘成茂	胡万庆	康善安	周自力	蔡哲达	李戍香（女）	郭志峰
李根银	关浚哲（女）	冯义山	李桂梅（女）	刘宝英	田彦玲（女）	倪扬华	梁锦田
郝麇英	吕　玘	刘文恕	郭隆会	贾光明	钟心宽	张勤昌	张永仁
白贵成	师恩礼	武叩梅（女）	孙耀庭	高增荣	张永祥	王富保	丘颖昌
刘汉松	郝英贵	李用田	秦绵钦	余　庄	张汉武	张钟海	韩太东
柴旺明	郑熙川	徐玉龙	郭　刚	王爱国	王奇晶	丁自安	赵长春
谢跃争	李义仁	吉国良	刘福军	周德旭	张彦明	刘彦斌	张仲智
梁生慧	落荣才	梁太琪	霍德双	李美生	上官庆国	安站东	周秀云
田庆路	王华科	杨泉景	李顺安	戴鹏举	张明德	韩文瑞	杨存义
孙占文	张洪恩	李惠敏	卫向文	王邦仕	张林森	梁恩富	童　杰
马连平	齐宗涛	王　核	赵墨琴（女）	宗建国	马万惠	李建斌	韩松鹿
薛彩珍（女）	蔺崇璧	常隆义	杨昌华	许庆茹（女）	李怀忠	王允珍	邓俊国
陈一新	杜训玉	闫玉满	王明亨	杨永善	郭光先	宋敛龙	于大明
马福兆	王裕民	梁文亭	彭建国	曹　祯	孟宪福	孟繁华	任乃云

石振声	范良义	王书玺	王富元	鲁宏成	耿二金	杨静敏（女）	栾跃祯
梁爱良（女）	冯忠贤	吕　权	许文兴	刘国华	田　丰	段肖玉（女）	赵广林
郭　新（女）	王建忠	王建军	王俊义	李修良	张学民	董仙桃（女）	樊逢华
宋坤亮	杨金梁	要　真	刘金贵	梁晋佑	张进才	陈鸿泉	程天柱
王　跃	王厚忠	陆智善	王文舜	黄金陵	刘　瑞	邵彭勇	张耀宗
宋　瑛	尚德胜	周兴高	邓和平	王俊昌	周卫平	王栓元	李占魁
张文学	王贵平	王希珍	邱国伟	王贵书	王梦庆	胡次荣	史振作
郑春来	张锦如（女）	陈双兰（女）	高富春	李跃军	倪增晋	岳国庆	张俊山
赵虎群	张义峰	王学忠	刘和平	陈　海	李健康	乔雪玉（女）	梁文璇
李登宪	陈巧玲（女）	郑清泉	王良义	马明仁	李毛俊	雷　明	赵建文
冯云喜	任清峰	杨巧梅（女）	王洪波	孙凤岐	李保同	董润花（女）	胡宪忠
张晓静（女）	刘向新	郭现俊	李卫东	闫文泉	王士勇	任刚平	马德胜
武　钢	王淮盛	方俊秋	崔　毅	关予金	孟瑞泉	李志江	姚双庆
刘培红	穆秀昌	王艳平	张来喜	孟卫国	张彦鹏	米　庄	杨善明
戴志国	李满仓	靳典有	李旭琨	刘爱林	梁卫平	王志新	寇杰宝
杨其全	卢海彦	淮红管	李素明	李世平	刘梅生	匡志强	纪　芳
张惠玲	刘振岗	张建国	韩立武	石银虎	郭雅铭	王冬平	赵维林
李继臣	张　德	梁银文	王安安	武　权	石海粟	赵玉富	张杯柱
谢风云	耿玉珍	杨明亮	任海生	贾秀俊	韩鹏煜	李志明	武金华
王新伟	李定平	周润金	梁春明	李玉春	文会云	侯文元	李志强
荆俊峰	李秀彬	王　瑛	孙世民	李　燕	许树田	徐改俊	李永才
赵仲明	罗金良	吴秀民	李新巍	郑　军	祁晓虎	路永生	韩海瑞
齐虎云	高翠菊	闫建章	王爱国	李　强	朱俊增	刘振华	张吉林
蔡锋光	王保荣	张毓良	李计明	张志国	赵绍明	王立新	韩　锦
张平燕（女）	高红波	霍建光	张秋明	赵利军	王　华（女）	张辉琴	陶建军
吕慕禹	杨存栋	聂永庆	赵复荣（女）	翟金瑞	陈志刚	张江华	梁　璧
赵慧民	史晓云（女）	杜志刚	周兴高	李满廷	黄开杰	古慧平	胡子华
樊沁香（女）	陈国萍（女）	侯春霆	闫超英	李兆新	王彩云（女）	付建华	郄东明
张丽莉（女）	施丽娜（女）	张小军	燕永红	张义峰	王志勇	续有亮	李丽荣

姚向红	王定平	张志强	李春蔚	刘兴和	梁润所	韩亚军	李树民
戴如松	高志春	张满贤	程永刚	刘新生	吴保军	韩　新	段日雄
王大泉	郭海亮	周锦宏	刘华庆	马占彪	史晓青	王正斌	张占林
刘建功	胡小英	王海平	马玉萍	刘毅敏	李　军	王树明	刘继勇
张海鳌	许建平	张妞花	石晓红	王林红	尚立斌	陈国华	丁　龙
龚义存	梁海平	张丕岭	闫玉福	李满花	刘晋华	李利琴	樊丽霞
齐雪燕	马维青	李润春	李素敏	马　军	王　新	张顺杰	安贵成
程玉国	张立平	范　明	张　瑞	李晋荣	张彦涛	冯芳梅	靳海军
刘锦华	赵万明	马兴芬	牛晓勤	陈　忠	乔阳生	姚晓明	张志宏
刘凤翔	赵喜川	尹宇生	石　峰	张淑萍	冯俊林	王向东	侯旭东
郑继平	张　勇	魏青艳	陆华英	朱耀军	商继钧	韩　丽	史鹏斌
邹　闽	刘守斌	娄淼根	武英俊	张二生	冯京波	张文军	段保红
王卫军	田根万	刘　军	王惠荣	马岩琪	余永文	赵慎斋	马宏福
王董平	郭继刚	吴文斌	王小靖	曹红梅（女）	贾会亮	宋　瑛	王　跃
李毛俊	朱　旭	杨红梅（女）	要仲卫	高铁锁	王改英（女）	郭靖华	张保珍
赵丽华（女）	李晓光	王海彦	张瑞青（女）	陈智敏	潘晓军	王桃良	郭瑞卿
石莉萍（女）	郗文保	张瑞征	秦燕平（女）	刘学斌	冯静雨	史素庆（女）	马启富
刘艳红（女）	李国元	陈立民	李江瑛（女）	武文杰	李振远	贾秉胜	施利宏
王晓峰	郭　锐	冯国民	王梦庆	韩东银	常晋芳	史淑英（女）	高乃会
贾美珍（女）	贾净哲（女）	付俊英（女）	齐宝崇	田志勇	王计青	张美英（女）	杜义明
张海军	梁　军	王宏伟	翟爱萍（女）	李素英（女）	段玉红（女）	孙亚南（女）	梁　琛
王　辉（女）	程艳芹（女）	苏建明	阴新明	陈陆川	王文君（女）	孙志鸿	梁　壁
杨智滨	周晋奎	王蝉兆	胡江涛	李彦明	张大庆	刘红斌	岳峥峰
郝秦峰	姜　伟	石良生	侯　锦（女）	赵海庆	刘素平	朱卫东	孟晓鹏
朱海英（女）	贾文兵	刘永刚	吕永贵	王翠仙（女）	史俊龙	闫志宙	陈　海
穆桃根	赵爱花（女）	石建功	周慧朴	周国峰	李换孩（女）	张　颖（女）	李小军
暴育红（女）	韩晓萍（女）	王　坚	侯冬梅（女）	郭美玲	禹彦荣	荆改凤	史果香
牛胜利	荆玉智	田　健	杨建国	于长福	王志刚	刘虎文	任风保
王　琳	张戍恩	郭旭忠	毕素英	蔺永耀	张国庆	谢俊生	徐卯聪

孙志强	李春杰	刘志林	尚卫东	高永红	冯 琪	郭 岱	郭存珍
温晓红	刘万江	王乐西	蒋志新	卢 瑜	宋志生	仇涞贤	杜 悦
岳文海	王少铎	朱礼厚（女）	孙紫柱（女）	马 辉（女）	周英贤（女）	王清云（女）	李广训
王述杰	王福元	潘 佑	杨孚多	吴秀初	李秀龙	李春业	谢润林
马植伟	李文志	胡善葆	付俊峰	吕元介	郑宣泽	段长庚	童祖杰
王集瑶	张万龄	李洪勋	孟庆奎	张 云	江俊知	王国华	田成林
莫松年	郑熙川	胡晓峰	韩文瑞	张明德	瞿林森	王晚春	崔亚和
钱森元	徐 来（女）	熊经南	王宝荣	薛 峰（女）	银佩广	刘义宝	刘新文
陈德君	王万禄	魏长山	薛爱群	杜 岗	吴先治	高来义	吴光熙
王者嵩	王兴华	冯玉斌	贾润民	秦绵钦	刘栓学	万宝成	赵芝田
苏 燧	包剑影	王德修	温秉汉	李玉佳	吴克忠	何秉权	雷昌安
许兰祥	刘鸿铭	藉金鼎	韩树纯	柳长春	乔永和	黄秀清（女）	王清堂
王国安	杨忠贤	鄂鹤林	王德忠	张文俊	赵明森	袁道徽	王克昌
王秉钧	李联贤	张连喜	安德光	刘 荣	梁玉慧	穆凯堂	刘斌全
郝万发	陆宝君	赵子功	郭禄培	迟日显	郝玉堂	王世安	刘传勇
郗兵印	陈忠孝	王世忠	林亦豪	李文良	傅长亭	吴金辉（女）	张风有
吴俊成	曾绍仁	吕文魁	李贵贤	张修珍	李庆廷	贺济欣	马振良
段广功	孙德林	王重任	李文忠	赵增胥	孟万川	杨有志	杨俊范
张 健	张玉邦	董怀珠	赵迎春	崔如玉	王宝光	张崇义	荣治国
苑洪臣	韩玉珂	张永复	陈亚珊	马维绪	许爱亭	张振国	许景昆
陈耀雯	冷荫普	曾盛堂	孙景新	朱 豪	许昭禔	俞仲达	郭守平
匡聚庚	姚致祥	王 平	张心安	周企平	王士正（女）	张碧娇（女）	李新民
蒋瑞龙	王 琪（女）	张聚群	温宗尧	吴信祥	徐岐瑞	蒲先公	杜焕文
蒋玉章	张毓春	孙伯良	翟守义	张高明	于占鳌	郎义山	张培宏
张长和	王金华	陈忠义	杨文荫	张清富	马 恭	李佐廷	焦玉瑞
刘长林	苏景云（女）	陈作舟	姚燕云（女）	宋焕贞（女）	张光远	时桂珍（女）	杨林惠
海先春（女）	黄寿仁	王恒士	强兆泰	赵启祥	李国成	邢和庆	刘润身
毕瑞生	施玉成	汤裕香（女）	弓明良	王最安	刘国仪	蔡坤慧（女）	石守信
郝销江	李振中	刘玉芳（女）	牛树林	张 倬	孔绍伯	高玉贤	王兴洲

卢振祥	陈景春	叶其发	张广慧	王茂奎	翟胜利	王汝孝	张清富
周永介	张之温	郭承玉	罗作业	李正云	姚本余	王允坤	李光启
王长有	马日勋	崔　涵	王耀广	刘毓馥（女）	张　权	蔡华荣	赵　秉
朱毅文	石　岐	于业信	陆大相	张文琏	许焕伦	郑英萍	常太威
张玉富	崔殿钧	王子荣	克　非	刘　忱（女）	徐玉贞（女）	黄允芳（女）	马文喜
王效禹	焦正余	申清林	张广孝	刘守业	周代银	张和春	夏怀洪
黄仕金	曹进财	王德义	武承炜	李俊峰	张礼奎	崔书泽	潘贵田
王观宇	余华章	曹振宗	姬培玉	佘祖琪	张继富	魏兆丰	邓吉成
任春森	陈蕴良	王锡山	谢辉藩	何继芝	冯　昉	曹　鑫	王福生
王长霖	李　森	邢原心	郁康文（女）	唐传禹	姚承德	毛芙菊（女）	卢洪宾
许百新（女）	杨世英	刘植君	韩秀堂	王增智	崔树来	丁亚明（女）	石燕虹
王士鹏	王克斋	梁桂芝	刘　昆	郗仁民	许宗权	任贵荣（女）	孙克元
杨瑞霞（女）	许信伦	张文学	张绍峰	张双珍	白景云	刘健舟	郁惠隆
赵忠心	赵雅儒（女）	王兰起	张秀珍（女）	徐志平	颜廷华	程贻纲	张培华
张克让	张治明	刘瑞春	边学儒	赵昕达	于茂海	袁敦序	杨连顺
梁绵生	牟灵浙	胡金芳（女）	刘志峰	王亦农	刘玉林	霍素生	李树范
高二威	魏允丰	郝栋科	高振文	王德祯	韩进田	张富祥	冯　伟
王国咀	孙荣杰	张锺亚	吴忠仁	王秉钧	范承旭	庞百先	于绍民
张仲林	于　根	宁国栋	刘　道	魏俊才	李金声	宋绍章	景仲元
金元斌	刘洁心	陈家骠	赵嘉洲	石东澄	李华章	王　仁	郑庆宝
朱德奎	胡整江	毕东元	冯松雪				

播音系列（3人次）

蔡玉兰（女）　李秀丽（女）　冯义琴（女）

党校教师系列（47人次）

刘春泉（女）	王虎胜	袁振生	刘春泉（女）	李玉萍（女）	屠如农	翟旭红	赵全锁
李凤录	李青魁	李有义	任海成	崔珍玘	王燕玲（女）	刘瑞平（女）	王东林
李秀花（女）	李根怀	王美义	李　祯	刘海峰	安先武	刘来元	张旭庆
武晓宏	曹小良（女）	王世英（女）	张建平（女）	潘建忠	王先娥（女）	张俊生	马成云
武国锐	张善谋	尹俊臣	李赋君	李志华（女）	王惠兰（女）	马庆花（女）	石玉岗

史云花(女) 杨建荣(女) 韩爱国 张文科 史智宇 李　萍 张清芳(女)

社会科学系列(22人次)

张家声 王　庆 苏元文 李守和 冯清泉 王书田 杨德旺 郝耀光
徐孝生 杨履渊 王济民 李利荣 胡效书 徐孝生 苏小平(女) 陈友福
杨志平(女) 王东柱 李国平 曹素英(女) 王玉光 贺　艳(女)

自然科学系列(10人次)

霍子德 李宪东 张振华 葛力泉 李宪东 魏英祖 王捧社 李聪林
杨建国 田忠科

实验系列(4人次)

巩光明 周会成 付焕香 郭陶明

翻译系列(2人次)

杜　俊 吴丽萍(女)

盲人医疗按摩系列(1人次)

郭海庆

工艺美术系列(1人次)

路玉章

乡镇企业系列(67人次)

赵远长 赵笑长 张晓华 霍显廷 张怀贵 王国瑞 孟庆勋 张付增
李国存 王炳臣 陈电坤 冯修法 杨敬典 葛双巨 张福光 刘德奉
马培恒 乔爱忠 张官生 王广瑞 徐生郎 王　伟 王　新 王殿勋
方怀选 常　平 葛玉英 赵同柱 史通昭 张　慧 乔国强 张继权
王建中 邱自民 杨殿铭 王建平 王炳华 刘红冠 朱银堂 张晋平
帅玉昌 盛晋平 冀树田 周文艺 陈晓燕(女) 张海波 冯恩湖 杜志文
魏传风 荆　淼 霍建平 褚志海 刘玉峰 马慕胜 哈全生 王彩娜
李仲军 徐生祥 赵聪慧 王峰社 郝良军 李玉清 梁贵海 李仲科
郭永平 刘富生 赵继生

公安司法鉴定系列(8人次)

赵晋峰 姚汝景 杜铜蛋 张金贵 赵文军 程　波 胡润平 路喜平

阳泉市志

YANGQUANSHIZHI

[下 册]

第三十一编

艺 文

阳泉山川秀丽，历史厚重，文化昌盛，活动在这块美好大地上的乡人与过客常因之而言、而颂、而著，其中一部分早已成为精品名作并流传于世。有的载录于典籍，有的镌刻于石碑，有的流传于民间。这些内容丰富、异彩纷呈的文化遗产，不仅承载着阳泉人民的心路里程，展示着地方文化的魅力风采，也传承着中华儿女的精神追求和美好企盼。

本编《艺文志》分设诗赋、散文、碑记、谣谚、传说、著述存目六章，按照广收博取、内容健康、品质优先、兼顾平衡的原则，选录了与境内有关联的一批古今作品。由于时空广袤、篇幅有限，作品选录难以尽善尽美。为利于不同人群阅读理解，对多数涉文作者在其作品首次出现时做了简要注释。

第一章
诗 赋

奉使镇州 行次承天行营奉酬裴司空

韩 愈

窜逐三年海上归，逢公复此著征衣。

旋吟佳句还鞭马，恨不身先去鸟飞。

韩愈（768—824），字退之，邓州南阳（今属河南）人。自谓郡望昌黎，世称韩昌黎。文学家，哲学家。唐贞元八年（792）进士，为唐宋八大家之首。著有《昌黎先生集》。

题夫张睽戍边不得归

侯 氏

睽离已是十年强，对镜那堪重理妆。

闻雁几回修尺素，见霜先为制衣裳。

开箱叠练先垂泪，拂杵调砧更断肠。

绣作龟形献天子，愿教征客早还乡。

侯氏，张睽妻，唐代上文村人。张睽戍边十余年未归，便自绣回文诗一首，唐武宗览诗而龙颜大悦，特赐宫绢三百匹以示恩宠，并特准其夫还乡。

五律三首

韩 琦

过故关

春日并州路，群芳夹故关。
前驺驱驽过，别境荷戈还。
古戍遗残堞，新耕入乱山。
时平民自适，白首乐农闲。

柏井路山桃盛开

漫岭夭桃树，无人亦自开。
云霞深隐洞，锦绣远成堆。
生意惊樵斧，芳情谢宴杯。
莫迷行客路，不似武陵回。

过测石驿

二月春光薄，川寒驿路长。
虎蹲难动石，龙矫已刳桑。
岭狭居多险，耕勤地少荒。
山农骇车骑，儿女满庄墙。

韩琦（1008—1075），字稚圭，相州安阳（今属河南）人。北宋著名政治家、军事家、诗人。北宋天圣（1023—1032）进士。封魏国公。著有《安阳集》。

晨故关寄逢吉诗

司马光

画戟衣中趋绛帐，驿亭门外拂征鞍。
已嗟漂泊三年别，更负从容十日欢。
暖席未穷谈笑乐，陟冈相望滞留难。
扬鞭策马几多意，原上秋风作晓寒。

司马光（1019—1086），字君实，世称涑水先生，陕州夏县（今山西夏县）人。著名史学家、政治家。北宋宝元进士。著有《资治通鉴》《稽古录》《涑水纪闻》《司马温正公集》等。

题李长者故居

董宾卿

景想真乘固有年，今朝何幸礼慈颜。
插天山木非因植，济物灵泉因不悭。
古塔远回千嶂耸，灵安空锁五云闲。
愿师除我迷云障，妙论时窥豹一斑。

董宾卿，宋代人。生平事迹不详。

淮阴侯庙

赵秉文

地险山危气势雄，将军从此建奇功。
兴刘业就人何在，破楚名存事已空。
故垒带烟余杀气，荒祠向晚动悲风。
功名盖世今如此，读罢残碑思不穷。

赵秉文（1159—1232），字周臣，号闲闲老人，磁州滏阳（今河北磁县）人。文学家。金大定进士，曾任平定州刺史，官至礼部尚书，善诗文，工草书，著《闲闲老人滏水文集》。

重午游冠山寺

赵秉文

南风摇百草，吹我游山樊。
青山映华发，似我头上冠。
长松五月窗户，终古不散苍云寒。
步出乔木杪，俯视林下鞍。
飞亭枕爽山岂，更觉天宇宽。
凭高送远开心颜，白云青嶂非人间。
深林冥冥白日莫，飞鸟依依长空间。
夕阳万里开野色，晋赵形势空河山。
时清老守容痴顽，临风把酒遗巾纶。
明朝望却题诗处，城楼惟见烟中竿。

阳泉西谷

元好问

方外复方外，翛然心迹清。
开窗纳山影，推枕得溪声。
山路远谁到，石田平可耕。
霜林不嫌客，留看锦峥嵘。

元好问（1190—1257），字裕之，号遗山，秀容（今山西忻县）人。文学家。金兴定三年（1219）进士。其祖籍平定，因以平定为乡郡。著有《元遗山全集》，并编《中州集》。

晴景图

元好问

白日青天下笔难，要从明润细寻看。

藏山只道云烟好，画史而今尽热谩。

游承天悬泉

元好问

闲闲公守平定，以大安庚午末游，迨今壬子四十三年矣。土俗传介子推被焚，其妹介山氏耻兄要君，积薪自焚，号曰妒女。祠碑大历中制官李諲所撰，辞旨殊谬，至有“百日积薪，一日烧之”之语。乡社至今以百五日积薪而焚之，谓之“祭妒女”云。

诗人爱山爱彻骨，十月东来犯冰雪。
悬流百里行不前，但觉飞湍醒毛发。
闲闲老仙仙去久，石壁姓名苔藓滑。
此翁可是六一翁，四十三年如电抹。
并州之山水所洑，骇浪几轰山石裂。
只知晋阳城西天下稀，娘子关头更奇崴。
周南留滞何敢叹，投老天教探禹穴。
君不见管涔汾源大车轮，平泉丈八玻璃盆！
不知承天此水何所本，乃与沇渎争雄尊。
平地突出随崩奔，汹如颓波射天门。
太初元气未凝结，更欲何处留胚晖。
素虬腾掷翠蛟舞，衮衮后出皆鳄鲲。
雷车怒击冰雹散，石峡峻滑苍烟屯。
凭崖下视心魄动，自愧气衰笔老胜概过眼无由吞。
少东水帘亦潇洒，珠琲一一明朝暾。
阳龙暗滋瑶草活，礜石自舆莲汤温。
神祠水之浒，仪卫盛官府。

颇怪祠前碑，稽考失莽鲁。
吾闻尹革台胎宣，汾洮障大泽，
自是生有自，来归有所假。
而自经沟渎，便可尸祝之。
祀典纷纷果何取？子胥鼓浪怒未泄，
精卫衔薪心独苦。
楚臣百问天不酬，肯以诞幻虚花惊聋瞽。
自有宇宙有此水，此水绵绵流万古。
人言主者介山氏，且道未有介山之前谁复主！
山深地古自是有神物，不假灵真谁敢侮。
稗官小说出闾巷，社鼓村箫走翁妪。
当时大历十才子，争遣李谗陋语。
石林六月清无暑，人家青红湿窗户。
射鹿有场鱼有浦，好筑漕台府洲渚。
瓮面椰瓢挹膏乳，醉扶红袖别吴歌，
风雨不忧惊妒女。

水神头

程明德

乱山深处有灵湫，三载传闻志未酬。
今日敬焚香一炷，松风十里水神头。

程明德，金代人。曾任盂州知州。

公孙程二公祠

何师常

杵臼程婴二丈夫，双祠爰自两城隅。

森森络角楸林古，惨惨西南棘冢孤。
计匿就诛忠莫及，告成自杀烈应无。
须知后志图经粗，此事昭然失与拘。

何师常，金代南阳县人。进士，生平事迹不详。

五渡河水磨诗

吕思诚

满塍曲屈水淙淙，喜听篣声自击撞。
笑我贫家无麦垄，看君高堰筑桃江。
不须著力身还转，政使乾坤气未降。
说与汉阴痴老子，桔槔功利胜罂缸。

吕思诚（1293—1357），字仲实，平定人。元泰定元年（1324）进士，官至中书左丞。著有《两汉通纪》《正典举要》《岭南集》《介轩集》等。

乙亥十日往平定早发土门宿故关书所见

刘因

风烟全赵如平掌，失脚山城梦犹想。
土门一缕汉时天，万古行人为谁仰。
指示京力敌谈笑中，为状羸仆忍寒强。
当年鼓角如可闻，急著清吟和林响。
远山宛欲来相迎，近山留人屹相响。
或从井底忽登天，倚伏已能先想像。
平生爱山真恶谶，今日果为山所罔。
昨朝爽翠拥修眉，最恨高楼负清赏。

壮怀郁郁闷欲绝，安得凌风姿吾往。
天教石顶放一头，驶若骅骝脱羁鞅。
山灵努力出奇供，只恐先生驾虚枉。
万壑霜松动悲啸，极目云烟埋堞残。
北门形势护中原，办与奸雄增技痒。
太行横绝半九州，留在平原几尘块。
何人为我起六丁，嵯峨尽隳天宁朗。
千年再挽神禹动，恍若鸿流开四象。

刘因，初名骃，字梦骥，后改字梦吉，容城人。元大臣，官至右赞善大夫。

故关

吴镇

雄晋咽喉在，岩关此地分。
双门开片石，一剑倚层云。
牧马空前垒，椎牛忆戍军。
秋风吹白草，哀角几家闻。

吴镇（1208—1354），字仲圭，号梅花道人，嘉兴（今浙江）人。著有诗作《梅花道人遗墨》。

藏孤洞

张琦

乳穴天然秀色钟，羊肠路绕碧山重。
穹碑岁久苔痕蚀，古殿春深树影封。
青障千年留庙祀，黄梁十亩任僧舂。
闲中著屐寻幽境，疑是云间第一峰。

张琦，字淑润，盂县温池村人。明永乐二十二年（1424）甲辰进士。曾任湖广首御史、交趾首监察御史、山东延御史、江西按察司佥事、工部右侍郎改左副都御史。奉旨审录江南舟次，于河西患疾，奉回归。正统十二年（1448）九月病逝。

藏山灵境（三首）

乔宇

藏山庙

（一）

两崖云起涧西东，庙貌长留烈士风。
仇国遗墟秋草碧，晋山残黛晚霞红。
存孤事重功何伟，食报恩深祀不空。
况有英灵彰岁祷，高名千古播寰中。

（二）

遥访名山晋鄙东，我来非是为观风。
云屏半展雪峰翠，石鼎旋烧霜叶红。
岩畔洞深苔匝地，林间磴远树盘空。
当年忠义俱陈迹，感慨都归乘史中。

龙 洞

怪石何年自海东，巉岩一窍敞天风。
云开虫带虫东光垂白，日射珊瑚影倒红。
愿借仙瓢餐灏气，谁施神斧凿高空。
藏山龙洞称三晋，合遣名题洞府中。

乔宇（1464—1531），字希大，乐平（今山西昔阳）人。明成化进士。卒谥庄简。著有《乔庄简公文集》《白岩集》等。

游蒲台山诗

乔宇

突起云根凸丈形，紫蒲仙种澹清冷。
梳风露叶春常在，带雨烟生岁累径。
山有出云膺郡祀，地无忧旱仗神灵。
嘉峰石瓮连前后，三处神功总勒铭。

雪中访左丞吕公书院旧址

乔宇

峻岭崇岗昌雪来，冠山遥在白云隈。
松盘厚地蜿蜒出，花落诸天缥缈开。
傍险欲寻归隐洞，凭高还上读书台。
平生仰止前贤意，莫遣遗踪閟草莱。

游藏山（四首）

高岱

藏山庙

（一）

凿天开地势横东，千载忠祠振义风。
报主心悬秋日赤，捐躯血染晓枫红。
芳名高并乾坤久，远计深忧社稷空。
欲吊英魂还酹酒，悲歌都付夕阳中。

（二）

古殿荒凉涧水东，薄云高义肃秋风。
残碑藓蚀银钩碧，遗像痕存玉筋红。
气节稜稜凌晓月，精虹耿耿贯晴空。
丧元烈士无余恨，追报应收祀典中。

龙 洞

龙蟠幽洞古潭东，石甲依稀动晓风。
秋草恨埋零浅绿，斜阳影没映残红。
泉通玉水玲珑碎，月照珠崖碧落空。
应祷雨旸真异事，英灵长在白云中。

藏山晚照

日转山腰鸟道通，天留仙洞盂山中。
禾喜交加青亦绿，阳精普照晚初红。
雨润田畴三晋泽，神祐斯民万古同。
怪石巉岩恒矗立，英灵耿耿塞苍穹。

高岱，字仰之，号南坡，盂县两青村（今南社村）人。明弘治五年（1492）举人，授谓南县县令，补延安县县令，后升任德州知州。与乔宇为知交，年 97 岁而卒。

游冠山

王 琼

冠山突兀峙城西，睨傲多时思转迷。
俨与榆关增壮观，故为高士作幽栖。
缅怀先哲寻遗址，偏拂雕墙觅旧题。
最爱老僧无个事，溪边闲洗种花泥。

王琼，字德华，号晋溪，太原人。明成化二十年（1484）进士，官至兵部尚书。其妻为平定白氏之女，曾寓居平定。著有《晋溪本兵敷奏》《河漕图志》《晋溪集》等。

游药岭山诗

李 念

最爱青山并辔行，春风偏与夹衣轻。
老僧采药知何处，童子登高作梵声。

李念，字松溪，阳泉市郊区平潭人。明嘉靖十四年（1535）乙未科进士，官至河南归德知府。著有《越中吟》《松溪文稿》《松溪乐府古律诗类稿》。

娘子关偶成

王世贞

夫人城北走降氐，娘子军前高义旗。
今日关头成独笑，可无巾帼赠男儿。

王世贞（1526—1590），字元美，号凤洲、又号弇州山人，太仓（今江苏太仓）人。文学家。明嘉靖（1522—1566）进士，官至刑部尚书。著有《弇州山人诗文集》。

董卓垒

谢 榛

石艾郭东路，行行薄暮天。
农桑晋甸服，文轨汉山川。
涧水风犹咽，林花火似燃。
空余董卓垒，不使后人怜。

谢榛（1495—1575），字茂秦，号四溟山人，临清（今山东临清）人。明代文学家，平生未官。在北京与李攀龙、王世贞等结为诗社，提倡文学复古，世称“后七子”，其诗格调严谨，声律圆稳，工力深厚，以五律见长。

固关旧以故名今改固云

王士翘

万山深锁固关城，云绕岑楼景更清。

玉瓮临堤开两鉴，旌旗斜日照孤营。

井陉犹自夸天险，背水还堪拥汉兵。

秋到人间空抒袖，坐看沙漠一犁平。

王士翘，字民瞻，江西安福人。明嘉靖十七年（1538）进士，曾任直隶监察御史，太仆大理少卿，总理河道右佥都御史，总理南京粮储等官，编纂《西关志》，其中固关部分七卷。

绵水瀑布

苗蕃

突兀清泉涌寨南，飞涛鼓浪绕烟岚。

家家青磨波临灶，树树霜枝柿敌柑。

石洞号风疑虎啸，水帘喷雨作龙潭。

山云瀑阴从今约，来往无期欲结庵。

苗蕃，字九符，号汶瀼，平定人。明天启甲子（1624）进士。工诗文，精书法，性耽山水，爱庐山之胜，遂筑室隐居。著有《瀑音》《碧涛笈逸存》《江帘吟》《天香吟》等。

五律四首

孙杰

阳泉春色

山川犹雪霰，胜地已阳和。

烟润黄金柳，沙明碧玉波。

暄风花信早，萋草屐痕多。

即见桑榆里，韶光伴酒歌。

帽石烟凝

霜烟凝帽石，蒲草乱苔斑。
树隐横斜里，山迷远近间。
和云遥出塞，带露欲临关。
俎豆存祠庙，祈灵人往还。

清泉浸月

荡漾关山月，寻源只滥觞。
素蛾微有影，银阙迥含光。
浴鹤还松盖，沈云映石床。
烟华连上党，风色似沧浪。

五渡平波

渺渺桃江下，东流直且纡。
平波分渡口，曲岸转山隅。
芳草停嘶马，斜阳艳浴凫。
通津何处急，沧海也应浮。

孙杰，平定人。明弘治三年（1490）进士，官至陕西临洮知府。

题盂城

沈 钟

三里孤城四面山，人家多傍草莱间。
烟云影重黄昏早，鸡犬声稀白昼闲。
自古战争尘不到，而今优恤诏长颁。
观风尽日劳奔走，却为苍生一解颜。

沈钟，明代人。明成化年间任山西按察司分巡佥事。

乌川晓月

李崇义

乌川百里封，漠漠如平芜。
乌山一方秀，高寒凛如秋。
源壤襄丘陵，山梁半郊虚。
蟾光午夜清，关山如画图。
万里云霄净，乾坤一水浮。
时当三五辰，瑶光更清幽。
金粟坠天香，银漠飞横流。
会看牛女星，永隔银河撮。
灵井湛秋谷，玉泉映长洲。
龙潭杳无际，一泻如冰壶。
美彼明月峰，一觉延千秋。
美彼明月夜，翩翩游五湖。

李崇义，明代杜村人，官至睢州知州。

阳泉四时诗

傅 山

阳泉春晓

磅礴横肱醉笔仙，一丘一壑画家禅。
蒲团参入王摩诘，石绿丹砂总不妍。

阳泉夏荷

幽村堤上回长廊，堤南堤北莲花塘。
一叶渔舟怜晚净，东山紫气入江乡。

阳泉秋黛

紫云青树石庯庩，花插牵牛小胆觚。
一缕沉烟萦月牖，先生正著养生书。

阳泉冬雪

一望西山玉立癯，春霙小蕊劝屠酥。
树头树底娟娟舞，绝胜梅花一万株。

傅山（1607—1684），初名鼎臣，字青竹，后改字青主，别号真山、朱衣道人、公他等，太原人。明清之际思想家。博通经史、诸子、佛道、医学，对诗赋、书画、音韵、训诂等均有精深造诣。清入关后，坚持抗清斗争，与顾炎武等友善。著有《霜红龛集》等。

狮子山

白孕彩

山情喜我到，坐我小松林。
登阁高天近，穿云半路深。
果然出峡水，静客闭关心。
狮子谁骑去，寂寥龙象音。

白孕彩，字居实。明清之际平定人。性尤爱诗。与傅山相友好，积极参与反清复明活动，晚年在测鱼村教授生徒。著有《测鱼村集》《居实诗集》。

东　沟

白孕彩

夹涧三百家，远望如空谷。
陶穴复陶穴，秸篱代版筑。
出没妙不测，鸟止于谁屋。

往者避盗贼，又曰聚属族。
过涧背铁山，美利倍种谷。
公刘昔好货，取锻非今独。
货殖传程卓，未富亦可逐。

盂北有藏山云是程婴公孙杵臼藏赵孤处

顾炎武

空山三尺雪，匹马向荒榛。
窈洞看冰柱，危峰迟日轮。
水边寒啄鹤，松下晚樵人。
恐有孤儿在，寻幽一问津。

顾炎武（1613—1682），初名绛，字宁人，号亭林，曾自署蒋山佣，江苏省昆山县人。明清之际思想家、学者。著有《天下郡国利病书》《日知录》等。

过仇犹有感

陈 颢

凿道曾迎智伯钟，雄藩从此霸图空。
孤臣雪涕随流水，双鹤闲谭话故宫。
秋草断碑寒雨绿，残鸦高树夕阳红。
停骖此日闲登眺，宦思离心总不穷。

陈颢，明代人。生平事迹不详。

寄题双烈祠

杨素蕴

立孤殉节总为难，生者何心死者安。
再索有声啼襁褓，百年无计续衣冠。
新军坛上春风暖，旧事山中夜雨寒。
欲奠忠魂浇热血，赵迁久矣卖邯郸。

杨素蕴，陕西宜君县人。官至山西提督学政、安徽巡抚等。

过固关

爱新觉罗·玄烨

鸟道入云中，风光塞漠同。
人依险地立，城自越山丛。
俗朴观民舍，才多壮士雄。
芹泉连冀北，回首指青骢。

爱新觉罗·玄烨（1654—1722），即清康熙帝。在位61年，治政卓然。此二诗作于康熙四十二年（1703）冬十月西巡之时。

过平定州

爱新觉罗·玄烨

劳农岂惮元英节，寒景风沙透体来。
志在鹊山无觅处，目前惟见冻云回。

过固关

于成龙

壬戌仲春

行行复过井陉口，白发皤皤非旧颜。
回首粤川多壮志，劳心闽楚少余闲。
钦承帝命巡畿辅，新沐皇恩出故关。
四十年前经熟路，于今一别到三山。

于成龙（1617—1684），字北溟，号于山，山西永宁（今离石）人。曾任知县、知府、直隶巡抚、两江总督等官，时称天下清官第一。此诗为康熙二十一年（1682）壬戌仲春过固关时作。

路过固关

孔尚任

苍崖翠壑几层环，乱插危峰见固关。
径窄难容人并过，城高不放雁轻还。
诗中边势云烟秀，画里军容剑佩闲。
却被秋风催感慨，古来争战是名山。

孔尚任（1648—1718），字聘之、季重，号东塘、云亭山人，山东曲阜人，孔子第64代孙。曾任国子监博士、户部主事、员外郎等官。著名戏曲作家，著有剧本《桃花扇》。

北城谒仇犹庙

武全文

智伯遗大钟给仇犹君，灭之。国人以君死社稷，立庙虔祀，历久不衰。檐畔有贞观年钟。

城头遗庙草成堆，铁铠沉残磷未灰。
远戍云蒸横古瓦，高山雨黯落荒台。

旧时巢燕惊人去，何处霜砧入夜来。
翘首贞观钟尚在，倚檐却动大钟哀。

武全文（1620—1692），字藏夫，号石庵，盂县西小坪人。清顺治丁亥（1647）进士，历任知县、布政司参政等职。著有《旷观园诗集》《旷观园文集》《藏山纪事》《武氏家学汇编》等。

娘子关

王祖庚

娘子军容讲武台，雄关嵲屼倚山隈。
城临苇泽湍流急，寨望承天曙色开。
寻到源头飞瀑雨，坐来树底绝氛埃。
圣朝休养干戈息，郑国渠边沃草莱。

王祖庚，字孙同，号砺斋，江南华亭（今上海松江县）人。进士。清乾隆十二年（1747）始任平定知州事。

平定道中

金农

雨后春流泻黛脂，李諲作颂托微辞。
行人饮马来偷见，一阵花飞妒女祠。

金农（1687—1763），字寿门，又字司农、吉金，号冬心先生、稽留山民、曲江外史、昔耶居士等，浙江仁和（今杭州）人。清书画家，为“扬州八怪”之一。著有《冬心先生集》《冬心先生杂著》等。

阳　泉

曾尚增

阳泉一曲水湾环，方外翛然客意闲。
最是溪声推枕得，至今好句爱遗山。

曾尚增，清山东长清人。进士。清乾隆十九年（1754）始任平定知州。著《平定杂诗》数十首。

仇犹十景

周永福

藏山晚照

我爱藏孤山，薄暮林鸦噪。
十里撼山红，石壁残阳照。

伏洞仙踪

古洞人何在，年深碧藓封。
丹炉与药灶，鸡犬说遗踪。

细水洄澜

泶瀖城南水，垂杨树里看。
朝宗虽到海，只作细波澜。

孤山耸翠

江右说孤山，西来转妩媚。
天色远拖蓝，衬出峰尖翠。

北台仙月

怪石横山巅，黄昏光似雪。
借问北台仙，何年磨作月？

西野云禾

云爱云逮黄云合，西郊布濩多。

金风吹不断，拜手献嘉禾。

鹿洞泉鸣

慰渴泉堪掬，人行鹿洞清。

投钱来饮马，伫听佩环鸣。

龙潭草暖

此地得温泉，泉深缨可浣。

茸茸草色青，长似三春暖。

乌川绕玉

乌河灌平川，环流凡几曲。

山城影在中，一片光如玉。

马水溅珠

马水从天落，垂帘如画图。

飞流刚到地，百斛迸明珠。

周永福，清宛平人。清乾隆年间任盂县典史。

藏山晚照

蔡 璜

寻幽思揽辔，天际得奇峰。

岭外霞千片，林梢影万重。

苍松留劲节，斜日似高春。

怀古无穷思，凭人问古踪。

蔡璜，字谓侯，号东岩，江苏宿迁人。清康熙三十三年（1694）由拔贡选授盂县令。曾主持编纂康熙版《盂县志》。

藏山怀古（二首）

武承谟

（一）

参差涧道绕祠斜，两岸烟林起暮鸦。
左氏不书双烈士，藏山片石属谁家。

（二）

岩前慷慨忆同雠，不立赵宗志不休。
却问当年屠岸贾，可知庙食几千秋。

武承谟，字邵孟，号逸溪，盂县西小坪村人。清康熙三十九年（1700）进士，历任湖北省大庾县和江苏省无锡县知县。著有《尚志诗草》《逸溪堂稾》《客窗质语》等书。

辛酉夏入山阅余前诸碑记感怀

王　珻

复阅残文愧转生，灵区幸许侧微名。
长松入赋书疑绿，流水供吟字有声。
未必墨痕猿夜觑，定知碣影鹤来惊。
荣枯何用悲虫草，三百余年石可盟。

王珻（1670—1742），字石承，又字韫辉，号石和，盂县芝角村人。古文家。清康熙四十五年（1705）进士，官翰林院检讨。著有《韫辉诗稿》《石和文集》《回书文稿》等。

登禅岩山寺

李锦书

峣嶒不可攀，盘曲度前弯。
面石疑无径，崖回更有山。
苔痕新雨迹，秋色老丹颜。
放眼千峰外，天围指顾间。

李锦书，字云章，号澹庵，阳泉市郊区平潭人。清康熙四十七年（1708）举人，任隰州学正。

狮子山歌

李培植

层峦狮子耸，腾掷殊形状。
淦水浔其脚，三汲桃花浪。
之而蔚众木，头颅俨俯仰。
危磴蹑百盘，开凿何年创。
置身出云表，近巅神自王。
林深草没膝，陟险寻幽旷。
归途坐岩阿，石兽互颉颃。
早岁历兵戈，叠石倚屏障。
甘泉注石坎，盈科列盆盎。
挹之不可竭，留供游人饷。
埼畦枕涧麓，禾黍因风飏。
樵夫指荒邱，云是将军圹。
年深姓字埋，此语恐无当。
破寺昔栖禅，龙象具法藏。
搏兔力用全，斯理谁提唱。

李培植，字检亭，号桃江，阳泉市郊区平潭人。清乾隆十八年（1753）举人，任武康县知县，乙亥浙江同考官，历署绍兴、台州两府同知，又任湖南慈利县知县。艺文载入《武康志》。

赋得岁丰仍节俭

田嵩年

寿寓延洪日，欣逢岁屡丰。
熙恬寰海庆，节俭普天同。
瑞兆占三白，秋成验二红。
耕惟千耦并，馀计九年通。
既富敷观象，还淳溥泰鸿。
俗安巢燧上，诗采魏唐中。
乐对仓箱满，思防杼柚空。
阜财钦舜化，长此荷帡幪。

田嵩年（1788—1836），字季高，号梦琴，盂县北关村人。著述颇丰，据资料载，其著作有《遁翁苦口吟》《寓意草》《杂诗》一卷、《梦琴轩诗》一卷等，均无存。

平定州八景

吴安祖

红楼晚照

山城宿雨收，明霞丽幽景。
闲登古戍楼，夕阳澹秋影。

平潭秋月

素影金闺夜，斜筵宝瑟情。
何如潭上月，留照读书声。

白岸秋霜

苍苍云外松，磊磊涧中石。
秋气忽萧条，月落使林白。

九曲流杯

清景旷吟眺，胜游似故乡。
潆洄亦九曲，遵渚泛兰觞。

阳泉春色

野塘春水暄，山花红映日。
试鼓石上琴，定有幽人出。

五渡平波

横波涨五渡，驱鸭出红阑。
两岸芦花冷，秋容倚棹段。

石瓮生风

霜林响疏钟，积雪萦迴栈。
习习来清风，自觉冷然善。

冠山雨过

寸肤浓阴合，红泉石磴流。
看山情不厌，随意狎沙鸥。

吴安祖，浙江会稽（今绍兴）人。清嘉庆十六年（1811）始任平定州知州。

读元遗山诗

祁寯藻

冠山飞入涌云楼，更忆阳泉道院幽。
不是诗人感乔木，霜林谁识故乡秋。

祁寯藻，字叔颖，一字淳甫，避讳改实甫，号春圃。寿阳人，近代诗人。清嘉庆十九年(1814)进士，由庶吉士授编修，累官至体仁阁大学士、太子太保。谥号文端。

思家乡形景

李 素

村前有泉一眼，昼夜涌出，下临悬崖，匹练倒挂，水声轰轰，乡人民曰水帘洞。此泉源头距吾门前只数十步。

兀兀承天天不孤，一村烟火半山处。
苇泽关下苇泽深，桃河河中鱼儿稠。
地接幽燕屏障险，关随山势气象殊。
村前瀑布飞千尺，水声轰鸣谷更幽。

李素（1869—1944），字畏斋，平定娘子关人。清举人。辛亥革命后为南京临时政府代表，参议院议员，南下广州参加护法运动。后定居北京。著有《水帘诗稿》八卷。

登水神山抱泉楼

赵嵩年

楼抱清泉松抱楼，泉中交影斗龙虬。
草萦危石柔苔滑，云幂飞檐曲径幽。
但使贞心留五代，岂知山色秀千秋。
芳名惆怅埋青史，藻井朱栏任眺游。

赵嵩年，清代盂县南坪村人。曾任山西省临汾县教谕，山东省肥城县、江西省玉田县知县。

新兴镇

杨巍

西去平潭二十里，今宵犹宿野人家。
乡云望尽几时到，世路愁来未有涯。
残雪满山欺病客，春风着柳惜年华。
梦中已约渔樵侣，共泛沧江二月槎。

杨巍，广东海丰人。嘉靖进士，官至吏部尚书。

复题烟雨归耕图

张穆

（一）

摩宵一鄂空所依，流水抱村行辙稀。
竹径春镵新笋茁，梧园秋拨药苗肥。
先人清俸余缥碧，下士素怀甘蕨薇。
记得当年耕且读，围洼深处荷锄归。

（二）

曾共阿兄栖翠微，老松帽石相凭依。
书声夜起斋鱼静，山寺春深野雉稀。
天属凋零成断梗，中年哀怨杂风絺。
独余旧日乡园梦，梦送先生戴笠归。

张穆（1805—1849），初名瀛暹，字石舟，亦字石州，号月斋，祖籍平定州上城，后迁居大阳泉村（今属阳泉市郊区）。清代重要的爱国思想家、地理学家、编辑大家，杰出的文化名人。

自题小栖云亭

张 穆

野亭筑得小栖云，种黍无钱亦可欣。
蓑笠喜酬西塞愿，松梦休勒北山文。
翠帡画影栏前涌，玉瀑琴声枕上闻。
依旧吾家好春色，觞花吟竹更谁群。

夜宿阳泉

郭沫若

飙轮迎月入阳泉，灯电照明半壁天；
争赞浑如到香岛，飞来仿佛遇桃源。
倒流瀑布浇坡地，揭破地层夺铝矾；
廿六万人学二大，行看奇迹创空前。

郭沫若（1892—1978），原名郭开贞，笔名一署郭鼎堂，四川乐山人。当代文学家、诗人、书法家、历史学家、考古学家、古文字学家、社会活动家。此二诗作于1965年12月参观大寨途经阳泉时。

过娘子关

郭沫若

娘子关头悬瀑布，飞腾入谷化潜龙。
茫茫大野银锄阵，叠叠崇山铁轨通。
回顾陡惊溶碧玉，倒流将见吸长虹。
坡地二十六万亩，跨过长江待望中。

忆故园

张恒寿

民国 10 年（1921）在太原一中读书，春尽未见一花，因忆吾家有作。

杨柳丛中半作家，清流一曲傍村斜。
春风不管人归否，开遍故园桃杏花。

张恒寿（1902—1991），字越如，阳泉市郊区官沟村人。中国当代史学家、思想史家。曾任中国史学会理事、河北省历史学会会长。著有《庄子新探》《中国社会与思想文化》等。

献给自然的女儿

高长虹

时间呵，时间呵，它快来到，
我的心儿呵，心儿呵，
请为我唱一曲凄凉调。

这不像我自己的琴音，
数月了，萦回不去，
也终没有弹成声。

而今欲哭无泪，
看心血斑斑，
歌心也为它碎。

你既是知音，
何以好久了，
听不见你的新声。

我也自怨不该做甚诗人，
更不该是一个天才，
病眼看世都成病。

……

鸟之将死其鸣哀，
病是艺术与天才，
还有个病的时代。

听歌别问何处来，
自是病人身危殆，
绝调成千载。

近日我颇思念娘子关，
彼善于此，
较干净的河山！

流血多梦幻，
如能再和平十年，
再和平十年，天上人间。

又有好男儿，
好煤田，
饮我汾酒，开发地下宝藏。

愿去印度访游僧，
怕见故国刀兵，
扰我清新梦。

愿采制和平的圣油，
遍撒向地球，
同饮一杯太平酒。

……

高长虹(1898—1954)，本名高仰愈，笔名长虹。山西盂县人。中国现代作家。民国3年(1914)考入省立第一中学，后退学自修。民国13年至民国18年，在太原、北京、上海等地发起并组织了“狂飙运动”，为鲁迅“莽原社”重要成员，鼎力协助鲁迅编撰《莽原》月刊。民国19年至民国26年，为探求救国真理，先后到日、德、法、英、意等国家考察学习。民国27年回国在武汉、重庆等地从事抗日宣传。民国30年11月徒步赴延安参加革命。民国35年加入哈尔滨东北文协。1954年春因脑溢血病逝于抚顺。出版著作17本，为国内杂文创作多产作家之一。

祭献之词

石评梅

醒来醒来我们的爱情之梦，
惠馨的春风悄悄把我唤醒！
时光在梦中滔滔逝去无踪。
生命之星照临着你的坟茔。

溪水似丝带绕着你的玉颈，
往日冰雪曾埋过多少温情？
你的墓草青了黄黄了又青，
如我心化作春水又冻成冰。

啊，坟墓你是我的生命深潭，

恍惚的梦中如浓醴般甘甜；
我的泪珠滴在你僵冷胸前，
从丛青草植在你毋忘心田。

世界已捣碎毁灭不像从前，
我依然戴青春不朽的花冠；
我们虽则幽明只隔了一线，
爱的灵魂永久在怀中睡眠。

天空轻轻颤荡着哀悼之曲，
比晚祷钟声更幽怨更凄切；
为了你我卸去翱翔的双翼，
不管天何年何日叫我归去。

我虔诚献给你这百合花圈，
惨惨的素彩中灵魂在回环；
不要问她命运将来受摧残，
只珍藏这颗心千古在人间。

十六年三月五日君宇二周忌日

见《语丝》第一二三期，民国16年（1927）3月19日。原署名评梅。

石评梅（1902—1928），乳名心珠，学名汝璧，自号评梅。山西平定人，民国8年（1919）考入北京女子高等师范学校体育系，是五四新文化开创时期的北京著名女作家，曾任《妇女周刊》《蔷薇周刊》主笔。病逝后与中国共产党早期革命家——高君宇并葬于北京陶然亭。评梅一生创作了大量文学作品，尤以诗歌见长，有“北京著名女诗人”之誉。作品大多以追求爱情、真理，渴望自由、光明为主题。小说创作以《红鬃马》《匹马嘶风录》为代表。著有《涛语》《祷告》《偶然草》等。

断头台畔

石评梅

民国16年（1927）4月，在反动军阀的白色恐怖中，李大钊在北京被捕入狱，受尽各种严刑拷问，但始终坚贞不屈、大义凛然，最后惨遭反动军阀杀害，年仅38岁。李大钊被害后，石评梅奋笔疾书《断头台畔》。

狂飙怒卷着黄尘滚滚如惊涛汹涌，
朝阳隐了这天地只剩下苍黑之云；
一阵腥风吹开了地狱紧闭的铁门，
断头台畔僵卧着无数惨白之尸身。

黑暗的宇宙像坟墓般阴森而寂静，
夜之帷幕下死神拖曳着长裙飘动；
英雄呵是否有热血在你胸头如焚！
醒来醒来呼唤着数千年古旧残梦。

红灯熄了希望之星陨坠于苍海中，
瞭望着闪烁的火花沉在海心飞迸；
怕那鲜血已沐浴了千万人的灵魂，
烧不尽斩不断你墓头的芳草如茵。

胜利之惨笑敌不住那无言的哀悼，
是叛徒是英雄这只有上帝才知道！
“死”并不能伤害你精神如云散烟消，
你永在人的心上又何须招魂迢迢？

民国16年4月30日

见《世界日报·蔷薇周刊》第二十三期，民国16年（1927）5月3日，第三版。原署名评梅。

桃河放歌

——谨以此诗敬献勤劳善良 富于创造的桃河儿女

程步云

桃河韵

君居山之右，我住河之东。地灵人杰，咱是阳泉人。祖辈同饮桃河水，世代共沐九关风。阳泉啊，我的故乡，桃河啊，我的母亲。

太行山城，雄居晋东。城何巍巍，唯泉有灵。山城，煤城，群岳奇雄。太阳骄子，美泉夺名。万泉荡漾，溪流淙淙。

向苍穹，问古今：夸父逐日旷世空，女娲彩石补天功。

神斧，鬼凿，谁播银泉繁如星？谁在桃河架彩虹？西来古唐风，东和燕赵声，北迎台山佛，南临上党盆。四方圣境，八方氤氲，齐聚山城，共育此身。那是母亲的乳汁，那是桃河的甘霖。

岁月的年轮，镌刻着母亲靓丽的身影—几多娇艳，几多丰盈，几多娟秀，几多水灵……赛鱼龙门，平潭倒影，五渡藏舟，沙江波涌。春报桃花汛，夏日泽水润，秋高好放舟，冬雪银装裹。四季桃河——美轮美奂如仙境，呈祥兆瑞竞风流。

桃河幸

桃河儿女多痴情，泽被山城桃图腾。养女叫桃花，生儿名桃生，桃河之滨小山村，福寿双齐冠桃林。

几辈辈勤劳活愚公，几代人挖山共苦辛。岁月的天平，怎能承载这多历史的负重——秦时长城汉时关，中华之文明，世界的奇观。查遍青史一页页，哪一章有记载，有谁能说得清：扎进多少石？垒起多少砖？

可我们的祖宗，桃河孕育的子子孙孙，为了桃林茂，为了桃花红，为了那一代一代的小桃生，为了生生不息的那份憧憬——劈山开大道，采石筑河堤，架桥通四围，移土建桑园，铁肩膀挑起万重山，两只手撼动乾坤转。山城人用汗水浸湿的田陌土方，山城人用血水染过的大坝、石方，何止万里长城长？何止道道雄关能丈量？

星移斗转，长河漫漫，桃河啊，我的母亲——正气烈烈向高天禀告，盛绩煌煌引无比骄傲。您的儿女，不辱桃符，辈辈忠良，顶天立地，功德四方。

仇犹藏山写大义，林里山庄祭关王。刘备山上有桃园，娘子关隘巾帼爽。京畿屏障固关雄，忠良子弟守关人。冠山猎猎红军帜，评梅清香早报春。抗倭寇，拯危亡，七亘铸忠烈，狮脑起苍黄。烽火连天日，晋东捷报扬。

忽啦啦，冰消雪融大河东，云开雾散九天新。沙江平潭春潮涌，冠山秀水架彩虹。

桃河啊，我的娘亲，顾不得脱下战时裳，不及对镜巧梳妆。为了“第一城”的兴旺，为了子孙的小康，您慷慨，您激扬。您无私无畏，您落落大方。涓涓细语，为儿女上路作叮咛；日夜操劳，为建设大军打行装。

路漫漫啊风雨程，一队队拓荒者，一排排奠基人，风餐露宿，尝胆卧薪，一路高歌，昼夜兼程，踏着时代的风火轮，追赶太阳，向着光明。

桃河儿女，生来的脾性，祖传的基因，胸比海天阔，骨比巨石硬。明知山有虎，斩荆虎山行。开山镐头震撼地心龙宫，风钻神掣炸出电闪雷鸣。

巷道如蛟龙在煤海中延伸，乌金在传送带上喷涌。十里矿山不夜城，唤来艳阳好光景。五彩祥云紫气东，“黑白黄”帮咱拔穷根。那黑的流油，那白的剔透，黄的灿烂，美的让人看不够。再不用娘沤豆叶儿大瓮，爹挑砂锅换烧饼。

好气派，好风光，好一派生机，好一座共和国的煤城。从这里出发的，是温暖天下的热能，是掀翻黑暗的光明。

矿工啊，我的弟兄。身如墨靛，心燃火红，吞进辛苦，吐出晶莹。地藏，山神，五岳，九尊，还数矿山哥哥亲。

杏花白，桃花红，滨河两岸花似锦。银轨展翅搏击长空，高压铁塔托起五彩祥云。太旧高速招财进宝，石太机车分分秒秒报时钟。南山藏金祈万福，新华德盛奏兴隆。

桃河吟

夜阑人静，我聆听天籁之音——星星向月亮乞求：多给我几束光线，我好让七斗再现。月亮向太阳哀怨：不要那么烦躁，不要那多暴晒。涸泉叩问大山：何以那样无情，压我万丈深渊！鸟儿沙哑着喉咙，喁喁难成言。大地向高天震怒：十年九旱，天公何以这样暴虐！惊回首，童声稚气语无惊：“爷爷，我不懂，桃河无水怎叫河，蓝天白云何时有？”我瞠目，我结舌，问天问地问苍茫，谁向童心说端详？哪堪回首，桃河上下，一片烟笼雾锁。凭谁问，母亲河啊，怎奈得浑身憔悴岁月蹉跎！

年年春风度，春晖不至黄沙顾。不见桃花开，不闻桃汛来，晨鸟难投林，昏鸦无归处。沙江无水也无灵，煤灰顽石面狰狞。赛鱼水浊留空钓，万泉哑声无觅处。五渡成污渡，木楫轻舟梦里求。

天苍苍，野茫茫，他日水泽乡，而今无饮尽彷徨，是谁造的孽？四境沉沉无回响。低回愧人子，不敢叹风尘。

桃河啊，我的母亲。污流腌渍娘的心，泪泉淌尽夜无眠。难见母亲露笑容，但闻戚戚有悲鸣——人与万物本共生，毁尽玉帛当仇人。争胜负，论输赢，斗天斗地逞英雄。立天地，求生存，岂能只图蝇利废前程！心不存公偏愚钝，不知报恩两手空。穷尽祖宗业，断了后代根。青山不复在，到处凿窟窿。剥光地上皮，抽断地下筋。疯狂毁掉文明，暴利堆起新坟。可爱的幼稚，也要增加生存的成本。

煤海沃，乌金珍，谁顾矸山峰连峰！风起尘如瀑，雨注发山洪。烈日冒青烟，头顶似火盆。山城，山城，高低不平。如林如蟒的烟囱，向蓝天示威，向白云宣战。吐故纳新，洒向人间多少废气多少烟尘？寿阳乘风下九关，排污口列队分层叠。污水注，废水灌，煤浆源源不见断。哪一天桃河不接污，哪一段桃河不纳垢？桃河成了垃圾筒，桃河变成臭水坑。

蜡炬成灰泪始干，桃韵风采何时还？还我丽日，还我青山，还我碧水绿如蓝。

桃河奋

清晨，我攀上狮脑山顶，鸟瞰云下山城，万千气象，沐浴在晨曦之中。

烈士纪念碑，如银剑刺空。心窝儿热血奔腾，脸庞儿燃起火烧云。这里祭英烈，这里埋忠魂。敢问志士仁人：数前贤前仆后继，浴血拼争，含辛茹苦，流血牺牲。如此的代价，究竟为了甚？为了咱的子子孙孙，为了普天下的百姓黎民。血染风采，浇灌出万紫千红。我们后来人，拿什么告慰英灵？何禄何为惠泽百姓？

花翎顶戴等飞蓬，吐出真红慰民生。门前车马西洋景，俯首为牛勤耕耘。弯路取直出坦途，珍重学费记教训。

同住地球村，和谐享太平。万物为吾友，生灵好弟兄。相依相伴共繁荣，一枝一叶总关情。再不要那样躁热，再不要那样蠢动。一心一意谋发展，以人为本尽忠诚。

打开娘子关，引进智和能，又好又快建基业，调整结构百业兴。

莫张扬，莫骄横，鼓实劲，戒虚荣，脚踏实地累年功，赶超发展奔前程。留得正气贯长虹，不信船头无东风。不怨天公不增瑞，不怨山神不奉金。桃河儿女重抖擞，装点山河看今朝。

淘汰小矿、倒烟窑，长长隧道几多娇？资源绵绵得护佑，煤海沃沃日月稠。推平矸山覆沃土，山山披绿换新装。治污减排是硬仗，壮士断臂引桃浆。拔烟囱，零排放，热电联供送吉祥，百万儿女百万兵，众志成城慰母亲。洗尽母亲浑身垢，医好母亲遍体伤。再不让母亲苦呻吟，还我母亲靓丽影。

十里桃河练战马，扬鞭策马舞西东。矿区阳煤统大兵，盂县平定位居中。城区闹市扎大营，郊区令出五渡村。六出桃河六路军，阵阵高歌报捷声。南北两坝巨如龙，块块石料赤子心。三百万方土石何巍巍，直达京畿走七程。两亿巨资民力鼎，三百天送晚日东升。引来清流水泱泱，两岸四季百花芳。鸟栖高枝燕呢喃，鸭戏桃水起白帆。今日山城桃源境，陶令到此酌千樽。桃河笑，桃河奋，桃河放歌留余兴。

见《阳泉日报》，2007 年 8 月 15 日第三版。

程步云，1945 年 11 月生，山西河曲县人，1973 年 9 月加入中国共产党，1969 年 7 月参加工作，山西大学中文系毕业，大学文化，副研究员。曾任山西省交城县委书记、吕梁行署副专员、大同市市长、山西省贸易厅厅长、阳泉市委书记。

阳泉赋

太行正脉，海河源头。天厚煤铁，地漾泉流。枕台恒而瞻辽潞，接汾并而瞰燕幽。峰峦周遭，川原无以至广；黄土东缘，丘野未能即休。雄关据险，扼京畿藩屏以立壁；要路当冲，贯晋冀通衢而连畴。正太设站以始，路矿兆业；中共建市为创，河山金瓯。无烟煤最大产地，生态城至新物候。

溯兹土之所宗，其史可谓久矣！传有娲皇炼石塔灶，考自新旧石器遗址，证于春秋汉魏之物，鉴之窑采炉冶之工。故见斯地斯民，石火以生；偿土之脊，负贩早萌；铁器砂货，北走南行；染坊当铺，口外京津。汇晋商之流以四布，奠工矿之城以基根。

遐思往古，追缅前人。披草莱，辨仇犹之旧墟；斩增土，探赵鞅之古城。下宫罹难，救孤八义藏山；榆关戍旅，击赵一战背水。山寨屯兵，平阳守关立马；大顺东进，闯王破京挥师。想当年千数铁骑，百计虎贲；甲曜日白，旌拂霄红；叹而今剑销戟蚀，营庄寨村；洗马何处，教场徒名。阅尽兵家险地，激奋民族壮心。保晋争矿，赎权尽显铮铮民气；正太罢工，燎原势起星星火种。平定兵变，帜张红廿四军；娘关御寇，血战数万豪英。七亘伏敌神机，百团荡寇奇勋；大军战略反攻，人民定鼎山城。

复以人文之胜观之，其流可谓长矣！贞观学宫，至正书院，久承儒学教化，科名焜耀无双；贤相硕儒光梓，英才俊彦荣邦。吕思诚卓有政绩，耿九畴关注民生；《辞阙书》三谟高论，《怀潭记》李愈至情；张穆才出考据，王珻名重古文。近代文坛烁双星：评梅红鬃疾驰，长虹狂飙骤烈；当今学界仰巨子：恒寿新探庄周，其侗精译西哲。文脉绵绵，学子莘莘。独矜翘楚领军百度，当骄魁元连捷三晋。

若以名家留迹述之，则有二程讲学石岩，遗山遣怀西谷；傅青主题匾“畏热堂”，王民瞻撰写《西关志》。玄烨临关，诗云鸟道云中；中山亲莅，嘱曰以煤铸铁。初成小说之大，濯公演义黑石坡；偶得诗句之美，郭老喜赋灯电夜。且有刻花瓷艺，“西窑”形质；阳泉评说，舌振谐铎。武迓鼓如演战阵，具“申遗”之价；工人画传神写意，曾遐迩闻名。

欣看今日之阳泉，其景可谓壮矣！雄列环渤海地带，昌隆东西部要津。百里胜境，可游五台大寨；立体交通，即乘高速航空。浴日留云，狮山纳长风之浩浩；餐霞吐月，桃河泛清波以泠泠。高阁飞殿，楼宇不让山势；泻绿倾碧，风光竞开园林。昔曾倒流长瀑，虹吸甘泉；今又开鉴方塘，潭映半城。高下数川，葳蕤似曳翠带；南北两山，葱茏如堆绿锦。谒纪念碑，踏先烈足迹而继往；访保晋园，仰巨绅风范以开新。乌金泛彩，蓝电驰光；瓷饰华构，铝誉路航；蓄电一品，硅砖称王；荒山果园，核桃琼浆。传统产业优化，科技发展势强。老基地改造，再现蓝天碧水；大阳泉崛起，无愧明珠太行。

俯仰之间，观之思之。阳泉之地，本小城狭域，虽工矿以立市，凭科贸而再兴；解蔽壅于疏朗，净尘氛于空明；德造化之厚予，美万物于归心。若可以物类情，譬之明心见性，一如炭火之为物者，动以礼赞，静以处仁；相砥相励，孕俗含风。诚信以立弘豪迈之气，融和以处赋厚重之禀。报人万万而不以为失，人报万一而如得之己。以此而小城至大，狭域至广，至富庶，至宏丽，以至于无穷乃尔。

意兴酣然，复为之歌曰：“抚流光以骋怀兮，感往事之苍茫；惊巨变以纵目兮，壮宏图于万方。还天地之不尽兮，待古今以无量。垂天翼之抟风兮，奋高志而远翔。”

毛志宏、郝向勇等集体创作，刻于百团大战纪念碑侧。

毛志宏，1964年8月生，山西昔阳人，大学文化，1985年7月参加工作，2002年12月加入中国共产党。阳泉市图书馆馆长、图书资料研究馆员、中国图书馆学会会员、山西省图书馆学会常务理事。

郝向勇，1957年10月生，山西平定人，大专文化，阳泉人民广播电台编辑。

第二章 散文

游悬泉赋

赵秉文

庚午之岁，九月既望，赵子与客游承天之废关，置酒乎妒女之侧。千山暮苍，素月如拭，形与影嬉，山谷互答，一谈一笑，超然自得。既而叹曰："泉不飞则无声，石不耸则无骨，山以秋而渐瘦，境以夜而增寂，四者备矣而无胜，因以文之境虽奇而不即。于是刳蛇腹之枝以为琴，窍风膺之管以为笛，诵王摩诘、韦苏州之诗，所以侑此觞而永今夕。少焉，动乎动，息乎息，呜呼呜，嘿乎嘿，入吾耳者浏以清，历吾目者森以屹。金鼓半空，声在峡中，道娘子关，潘美所以下河东者耶？旗帜尽拔，春染木末，突井陉之口，韩信所以破赵壁者耶？迫而察之，风落山而泉鸣石也！"二客曰："未也，向者泉出祠下，大如车轮，下赴绝涧，悬流千尺，殷晴空之雷霆，飞炎天之冰雪，六年于兹而必其泽，子能酬而出之，亦一般之奇特。"赵子曰："泉有时而通，亦有时而塞，岂我见闻，有我同源，运静致一，反闻闻处，闻所不及，无闻之闻，闻性不绝，离见见处，见亦不立，无见之见，见亦不灭。今子以耳听声，未能眼处闻声，以眼观色，未能耳处观色，故一泉之见，为之惑也"。归语同僚曰："此殆维摩经也。"觉而赋之，但山高水深，风清月白。

涌云楼记

赵秉文

大安二年夏四月，余来莅平定，登城楼而乐之。楼枕古榆关，下建十丈旗，衮以五筵，广三之二。窗闼轩豁，俯瞰阎闾，旁引重山复岭之阻，左扼土门，右控大卤，太行犄之，群山迤之。道京师而来，历汾晋、接秦陇、走云代，商旅络绎，使驿旁午，车摧马括，日不半舍，使人目寒而足栗，凄然有去国之悲。皋乐之山，晋阳之泊，广阳之故道，井陉之故关，地古天荒，岩深树老，使人心折而骨悲，黯然有怀古之思。若乃烟云雨态，倏忽明晦，栏槛半晴，野无完块，雌霓半空，雄风千里，绨绤以清，郊酃汗沘，秋空月明，飞光皎楹，尔屋穿漏，我居蓬瀛。雪涨千山，北风其寒，我纩而温，尔缕其单。觞于斯，咏于斯，会宾友于斯，其亦有思乎？古之君子，内渊静而外昭旷。渊静则悔吝不生，昭旷则不蔽于物，其于居室也亦然。窔奥之处渊如也，高明之居旷如也，渊静所以存神，昭旷所以知政。静以养恬，动以应物，万变之来，了然吾胸中而不惑。兹旷也，祇其所以为达也欤！

新修清凉寺石佛堂记

李 纣

金人入梦而释教始兴于汉朝，白马驮径而基刹壁立，犹自流传万古，分布多方。今药岭山法海古寺之右，有门者一区，在州治之南三十五里。其地势幽雅，明阳有崇岗之辅弼，峰峦之朝拱。中有巨石，高厚二丈有余，广倍之。门上容殿阁，昔有尼庵，不知晦明其几几。宣德甲寅间，有僧成就，俗姓高氏，乃本州千户所旗帜，壮年弃职抛妻，奋身入道，在此下发促缁。因见水山朝顾，极目阳明；又见巨石高广，仿五台山清凉之石。因此□发州所，募化木方，于其石上建其圣殿，立名清凉。其次南楼两羽。禅室斋厨不日而就。于大顺元年，其僧掩逝，遗徒道慧、道安等承住斯山。一日道慧与弟议曰，师今已去，寺刹虽新，诚恐日后世换时移，复被泯灭。当于石上罄入洞，今钤其圣像于中，使风雨之难摧，致劫火之不坏。如斯追先师创业之恩，报檀那四时之给。弟咸俱欢。久以四告高门，同心募化，集资银于此境，请良匠于远来。肇自成化己丑开工，历至甲午春，五年方毕。堂深一丈二尺，高广三停。正面净三尊佛，傍列地藏、观音，悬山入定十八高僧，南壁 拱揖诸天仙众，俱各金碧焕然完足。本所千户五政宇廷修因事径往来，见得其工浩大，境趣不凡，作微文砻石，特为美之。今将常住地产与法海同期四至名目开写明白，具于碑石，使万古千秋不致泯灭者焉！具为记。

李纣，资料不详。

清凉寺修造记

郭纮

北岳清凉山天下之胜也。南行四五百里历古仇犹至药岭亦日清凉寺，岂岳之裔耶！寺有石高二丈，周回百步亦名清凉石，石中空作佛洞，石上作佛殿，巍然屹立，距始作这岁甲子周矣，亦洊毁圮，寺之僧因募工重修之，既而平遥搏埴殷仲玘工人物环巧之事，乃作水陆，云按佛氏有冥阳水陆记，其事诞曼不可知，然其神实天地间之所有者，凡三十三层，有楼观云物，其最上号法界，诸天有无漂缈于庆霄间，蔽亏日月经纬星辰为像佶危或三首八臂六目四足，执弓矢，负铁钺，仗剑戟亦异已；次则释氏所谓天龙八部，人非人，众或言者，笑者，立者，走者，喜者，怒者，□者，仰者，拱者，揖者，背者，向者，往来而负，蹲距而坐者为百六十有四，无有同肴；执戈者、执矛者、执惠者、执瞿、执刈者、执钺者、执刈者、执弓矢、羽旄、旌旌者、射者、击者、刺者、斫者、秉而立者，抚而视者，如跳如舞，如趋如蹶，又百有十，其同者鲜，或人而马首，或牛而人足，或鸟喙蛇身龙首，或羽而飞，或趾而驰，大要以不同为瑰琦，冕弁衣掌者凡百有十，甲胄者凡百五十有四，人妖物异，魑魅魍魉，山精水怪，不可状者未能胜数；以至古贤圣帝王忠孝节义及曲艺九流杂家行事无不有焉，又凡百余人；为童子者九十有七，为妇女者九十有六，为禽兽虫鱼杂物称是几大千焉，无有同者，实天地诡异之观也。

夫有天地而后万物生焉，盈天地之间为万物，有不胜志者，自夫分之殊涂者而观奚啻于是，自夫理之一致者而观万有皆是为也，又奚足于此哉！然夫役之大较则有不容不记者，匠氏凡六人，木之工，金铁之工凡十人，画家设色之工凡六人，乡之助役者又凡五百七十二人，并附名于石之背，其工直食用金铁之费不与焉，皆经纪于州人王大臣，寺之僧则德增、德宁、清海、清和、清春、清爱、清定、清果、清澈、静住凡十人。郭子紘日：余少读屈原天问尝怪楚俗好巫，以原之贤而犹为之，及读紫阳疏义则又以为不然，盖原楚之宗亲，以忠被放其情辞爵邑或有托焉，而不暇择者，然君子以为贤知之过，知所不必知也；今观所谓水陆者，余读天问往往合焉！翳古今之偶相同者非耶！呜呼！嗟夫！怪神之事故山经水志，夷坚淮南放哉！自古记之矣！嘉靖十三年甲午。

郭纮，明嘉靖十七年（1538 戊戌）进士，官至户部员外郎，著有《石瓮山山人诗卷》等。

怀潭记

李 愈

怀，思也。人生而思，其官属于心，思孰为大，思亲为大。诗云：“明发不寐，有怀二人”，言思亲也。兹潭也，何以名怀？何忍言又何忍无言？惟予家世平定之赛鱼人，离郡西二十里许，有古寺一区，众水汇潭于前，平衍光鉴。故以平潭名镇，居民数百家；去镇三里有村，亦以平潭名，惟予李氏一族居之。予大父京兆双崖翁生五子俱贵，予考长史府君为长，少读书寺中，顾而乐之因号潭水。甫冠领乡荐，历掌高陵、巩昌、庐州学事，三庠弟子无虑千余，沐其教化，乐其有成也，咸尊称为潭水先生云。历官晋府右长史，进四品服，以双崖祖老弃官归养不复仕，享年七十有六，遗藐诸孤，今越七载矣！前潭亦为山水激没，无复余址。郡北数里，水出半崖，悬泻如练，故因名瀑，前更有泉出山下，清冽可掬。予因买加修葺，颇亦成潭。实怆诸怀而谋于侍御龙庄甄君，遂命名为怀潭。

夫古之于亲也，思其居处，思其笑话，思其所嗜，思其所乐，而况其于亲之所自号及诸门人之尊称者乎！每时序清和偕壸意二弟杖游潭上，见其溥傅静深则思其德；川流不息则思其健；盈科后进则思其化；风行水上则思其文；澄不清而挠不浊则思其量。出言举足罔非思，罔非怀也。潭前有泉，兄子栗亦聚水为池，立而顾瞻则怀予兄松溪归德府君，如见其参于前也。夫仁之实事亲是也，义之实从兄是也，智与礼乐胥此焉！生生则恶可已宁已于思乎！则予于兹潭也。盖终身怀之矣，则其名为怀也，固宜！惟予之后，苟能励志向上，读书于此，其出也则怀仁义以事君，其处也则怀德刑以修身，不怀仁义以事君者非忠者，非忠者无君；不以德刑自怀者非孝，非孝者无亲，天地所不容也。理欲之际，诚伪之辩，君子小人之攸分也，吁可畏哉，其亦深思也夫其亦深思也夫！

李愈，字惟中，号蒲石，平定平潭村（今属阳泉市郊区平潭垴）人。明嘉靖甲午科（1534）中举。学识渊博，一生写了很多诗文，传世著作有《金陵集》《蒲石山房诗文集》。

孔子洞记

乔 宇

平定之西九里，山势秀拔者曰冠山，元左丞吕公思成书院旧址在焉！士有肄业者恒僦居僧寺中，太守孙君朝用在庠时尝读书于此，每有兴复之志而未遂，暨谢政归则书院已为汪参政藻督州重修亦！君见而叹曰，兹山去郡学甚远，诸士子终岁弗克尽释奠之诚，匪设圣容瞻拜朝久罔有慢慵其何以厉学？乃向书院南有巨石高丈余，广倍之中可铲凿，以垂永久。遂捐资命工琢为洞，肖夫子像，以颜子曾子配。又垒石为二洞，以备士类息偃游艺之所，缭以垣墉欲与书院相表里。经始于嘉靖五年春二月，落成于冬十一月，君书来属宇记之。或有闻而疑者曰，夫子之道大如天地然，普天率土皆庙祀以王者之礼，其尊崇者至矣！今创洞以居，无乃非几于亵乎？余曰：二氏之琳梵宫宇遍区内，金碧□垩，穷极奢丽，至于深山岩洞之像设亦莫不然，观者不以为异，而兹以为异耶？或曰，彼之术售幻以愚人与吾道殊，太山丘垤，皎日爝火，有目者自能知之焉，足以较等差哉！余曰：不然，宣圣之道，贯古今如一日，虽不系于洞之有无，但学者讲诵于斯，食寝于斯，瞻其容，谒其位所以亲之也，亲则情至。而抠趋对越之下殆有默契恍悟于羹墙梦寐间者上，而道德性命之懿亦由是以进，岂直科目之资而已乎？蒙之象曰，养正圣功；兑之象曰，朋友讲习；是其感发兴起之妙，与亲炙之者奚有间耶？况礼以义起，因山之石以凿洞，厥功亦不费，太守君取义于此，可谓探本于众人所未知，而用力于故典之所未备者，有裨于后学大矣！若曰徒取观美而已，恶足以知太守之心哉！疑者释然而退，因书以为记。

乔宇（1464—1531），字希大，乐平（今山西昔阳）人。明成化进士。卒谥庄简。著有《乔庄简公文集》《白岩集》等。

新建高龄书院记

白 金

书院有名，其来旧矣。唐李渤隐迹庐山，匾其居曰“白鹿”，君子不以为非也。自是厥后若石鼓，若岳麓、若武夷、类皆延聚生徒数十百人，群居讲习大较，以明道修身为体，以济时接物为用，是以达人高士，彬彬辈出，书院之名称重海内。

我平定西南九里许，曰冠山书院者，元故中书左丞吕仲实先生读书处也。山高而谷幽，草木畅茂，登眺者率倚徙竟不能去，兴寄深也。

我国家讯扫区宇，教化益深，士皆卜筑为藏修游息之所，养其全以待用。如吾郡高岭孙公，亦其一也。公自家食时读书兹山，既而举进士，历官郎署，出守临洮，中外二十余年，乃辞郡符为归老计，嘉靖丙戌（1526年）春，公偕弟别驾侃暨约所知，寻旧游之地，至冠山宿资福寺，喟然叹曰，运近阳九，文运恐微，招提幻相，吾儒可当瞻仰耶。诘朝杖出访求佳胜，越山少南，得巨石，嘉之，因凿为洞，名夫子。复作二洞为左右翼，颜夫子圣迹其中。少保乔先生白岩，吾弟扬州卒应衡俱有记，藩臬诸公俱有诗，纪载甚备，兹可略也。功完三祀之余，四方孔像废毁，而冠山之像巍然独存，是非数之偶然者耶？公复以为若圣与贤，则吾既得像之矣。然瞻拜不可以无人，而有人不可无居也。于是度旷地，具畚锸诛茅集材，结精舍于洞之左，庚寅落成。乃聚书万卷，佳谁校其间，严规护，以导迪子孙，立文会以旁，招才隽，暇则一觞一咏，纶巾野眠，宴如也。郡士夫颶之榜曰“高岭书院”。盖乾坤乐事尽在山中矣。

致仕清河教谕尚公聪辈属金记之，金惟仕与学一也，或有岐而二之者何哉？自夫仕者有俗吏也，而后明道修身之体微。自夫有腐儒也，而后接物济时之用踈，圣人内外合一之道果若是乎哉！公也，进则尧舜其君民，退则孔孟其后学，是盖天地一元之心矣。易曰：博化溥施。书曰：惟效学半。孙公以之，他日有洞，古今之情，极天下之变，弥纶参赞圣贤，其仁者出，焉谓非公风动之功不可也。岂直渔功名，媒利禄，如世之俗学云尔耶。百代而下当兴古人书院同传矣。公名杰，字朝用，高岭其别号云。

藏山综胜记

武全文

仇犹北三十有六里，为春秋时程藏赵孤所者，曰藏山。山环涧绕，南北两崖削而为壁者二，曰绣屏、曰凌空崖；壁间悬而为洞者四，曰东洞、曰藏身洞、曰龙洞、曰南洞；浥而为泉者三，曰飞瀑、曰龙潭、曰涧道泉；秩而为祠者四，曰文子庙、曰报功祠、曰启忠祠、曰表孤祠；高而为门及楼者二，曰南天门、曰飞岩楼；错而著名者五，曰洞壑、曰龙池、曰垂壁、曰拄笏峰、曰避静岩。绣屏壁在拄笏峰之阴，南涧及洞剖其阳，属南崖；文子庙在南北之中，东洞直其东，属两崖；龙洞在北崖之上，龙潭汇其中，属上崖；报功祠在北崖之下，藏身洞隐其右，属下崖；启忠祠洎表孤祠在北崖之半，洞壑、龙池、垂壁夹其旁；飞岩楼在凌空壁之下，避静岩踞其西，属中崖。上崖由南天门东折而北。中崖由磴道北折而西，南涧由涧道泉西南折而东。绣屏者，翠绣欲浮，对峙祠前如屏也。凌空者，北崖一带奇壁削成，如凌天际也。藏身者，程侯携孤儿栖身此洞，石堵累累犹在也。龙洞者，石龙中踞，空壳玲珑，鳞甲毕具，盘立泓潭者数尺也。东洞者，岩尽洞悬，廓然以深，积石丛苔可掬也。南洞者，洞邃潭渟，迥临南涧，可巢岩峻处也。飞瀑泉者，东洞瀑布或注或零，三时飞雨，冬则冰悬满洞也。龙潭者，龙洞仰面，珠玑错落，下澍为潭澄如也。涧道泉者，泉水出涧道北，取弗竭、用弗穷也。祀文子者，德泽永垂，春祈秋报，水旱必以告也。报功祠者，旌忠褒烈，追崇程婴曰忠智侯，公孙杵臼曰成信侯也。启忠祠者，尊文子所，自出祀成季、宣孟与庄子，礼以义起也。表孤祠者，肖真孤与假孤，其中一表遗迹于当年，一慰他儿于地下也。洞壑者，两崖穷处划然中断，周回如洞屋也。龙池者，洞壑东注汇为池，旱决则之则兴龙致雨也。垂壁者，壁间有壁，斤琢蹲踞，特垂岩畔也。南天门者，列嶂成围，回合无路，南天一阙如门也。飞岩楼者，削崖千仞，飞楼轩举，半覆崖下也。拄笏峰者，南峰如笏，北向拱立，与飞楼相应也。避静岩者，飞岩西另辟一界，丹嶂环罗，尘迹所罕到也。崖不一，而北崖为最奇；洞不一，而龙洞为最灵；祠不一，而春秋至今为最古。入其谷，天地辟，日月幽，如出人间世焉。窥其崖，光怪离奇。阴晴万状，可望而不可即焉。礼其遗祠，历其洞屋流泉，使人心神肃穆耳。目涤宕高望远，志而不能已焉。呜呼！胜矣。

吏治义

武全文

古称亲民之官，莫如守令。守令良，则民受其福；守令贪，则民受其殃。故欲治天下者，必自守令始。虽然古者守令良与贪，惟己所为。今日守令有己欲廉而不得廉，己欲不贪而卒不容，不流于贪之势，清为究言之。方今为守令者，除授升补不一其等，而地方之美恶高下，远近难易，未必皆秉公循分。一无夤缘于其间者也，除目既定矣。又未必朝闻命而夕受事。无一切守候逗遛，交接求索之纷纭也。夫以一人之身，约己自处，而除授升补之日，百费交集，累债以千百计。欲望其任事之后，身为廉吏，不取赏于地方，盖已难矣。况乎？一行莅任，则谒见上官，有常例之费；生辰节令，有餽送之费；冠盖往来，有迎送之费。种种费孔，悉数难尽，虽在廉吏，岂能取诸其囊中而应之。间有洁清自好者，曰：“吾知爱吾鼎，尽吾职而已。”上官之喜怒，与升迁之得失，弗恤也。而剥脂膏，事逢迎者，誉望日隆，接踵书上考掠。取美官，以去循职守拙。则动辄忤上官意，欲为地方兴一利除一害不可得，求其列剡章迁美宫无因而至前者，则百不获一焉。又其甚者。守令曰：“吾欲廉。”上官曰：“吾可以无求于尔，人不能于我无求。一不应则言加之，再不应则色加之，三不应则威加之，如其终不应也，则不患无辞以及之。薰可同莸，李可代桃。清白吏一旦予之以贪婪之遣，皂白难分，嗟乎！人之廉循自失，以云子惠斯民也，不则为一己之身名异也。乃一不当，于上官而驱迫不已，呵遣随之，身名卒与俱败，亦何所为，而不与时皆浊，为得道善全之术哉。”故曰：“今日守令，有己欲廉而不得廉，己欲不贪而卒不容，不流于贪之势者。”此也，然则廉吏从此遂必不可为，贪风从此遂必不可息乎！

曰："古有之正其本，万事理。本不正，而徒责其标，是酌浊泉而望其流之清，必不可得也。"

今夫铨衡者，人才之所自出，官常之所自肃也。除授升补，处分降革，一视其周旋之工拙，而百弊业生，虽有贪者，何以绳其后，苟能彻底澄清，力除积弊，使金钱一无可用之处。则大本于斯克端矣。夫乃慎简直省督抚，力操风宪。又次则严饬监司，申明纲纪之条，督抚不受钱，监司以下有贪者，不惟不敢也，势必不能容。监司不受钱，守令有贪者，不惟不敢与不能容而已，且日："吾无所用之也如是，虽欲驱之贪，守令不肯贪，不贪则廉，廉则上下清明，百务具举，凡地方之大利罔不兴，大害罔不除，而盗息民安，治登于古，故监司者，守令之准，督抚者，监司之准。责成督抚，所谓提纲挈领，此在外惩贪之要也。铨衡者，督抚监司与守令之准，澄清权衡，所谓拔本塞源，此在内惩贪之要也。若夫省成考宪，率作有原，则正朝廷，以正百官，正百官，以正万民。内外惩贪之要，又在上下，无庸舍董正而问庶僚矣。

仇犹山水记

武全文

古今如许其饶山水也，仇犹山水如许其错杂也。碧屏山如许其崔嵬，宾山如许共秀折，温池峡如许其瑰奇，不可名状也。登者临者，管窥蠡测，彼此尔食。阅亿万人，千百年求其称知己者几希。游碧屏山者，只知有六师栈，六师洞云尔。及问以雄踞若何？旷览若何？则茫然莫辨。是舍其高取其卑，得其细遗其大也，是固管窥类也。游宾山者，只知有满井，有观音台去尔。及问以若何穷幽？若何抉奥？则懵然莫解。是舍其难取其易，得其显遗其微也，是固蠡测类也。游温池峡者，只知有温泉，有石瓮云尔。及问以峡表里若何洞豁？峡远近若何诘曲？则爽然若失。是舍其全求其偏，得其浅遗其深也。固耳食类也。吾为楆碧屏名，谓其碧如玉，峙如屏，削立云霄，为仇犹第一峰也，管窥者一退矣。抑为穷宾山胜，谓其罗六峰，络三水。人之则秀特菁葱，心脾涤宕。久之则经丘绕谷，流连十数日不忍去也，蠡测者再退矣。更为探温池峡，谓其环峰对峙，万脉合流，或壁垒嶙峋，或水石摩荡，纡迴万变，举莫似而拟莫伦也，耳食者滋退矣。闻者云："惜也其詹詹，作碧屏山、宾山、温池峡观也。"推类互举，近则仇犹山以作镇奇，烈女山以合抱奇，不知者什二三焉。远则白鹿山以罔阜奇，藏山以辟空奇，云雾山以秘密奇，不知者什四五焉。又远则越霄山、三尖山以尊威奇，莲花峡以拆地奇，不知者什六七焉。又近则霞峰塔以瑞霭奇，不知者什八九焉。闻者又云："惜也其詹詹，作仇犹山水观，不则詹詹，作山若水观也。"噫！古今来考理家、处事家与衡品相士家，其不为管窥为蠡测为耳食者几何矣。

藏山石床记

王 琙

攀磴至藏山之中，嶂路折而南，忽复西入小石门，崖石突出当径旁，高于径三四尺，土木杂积猥奥，独相石之隅，殊廉度其下，必夷。因与张硕儒、余弟荆润、书童、道人、道童并力剪辟，五六日乃尽，果得平石如床。日光得熏灼，午仄壁阴下，陈簟憩之甚温。床头横石半尺许，长短与床齐，可枕。寻其旁，隐有斧凿之痕，知前人曾有乐乎此者，其爱石之情想与余同也。书课暇则携壶石上玩，云岚烟壁，晨夕旋佳之态，以极此石之乐。今历二十四年，余复来坐此石，回忆当时并力之人，硕儒、道人已逝，两童不知处，独余与荆润在耳！顾余冉冉将老也，若倍二十四年，保能复坐此石乎？若再倍二十四年，固断断无之也。后人之坐此石者又谁哉？其余如余之徘徊眷恋于石否也？嗟乎！古今之感，其使人不忘矣。彼前人之斧凿而爱斯石者，不知阅几百年而后发于余，余今日欲问其人，而已杳不可得，后之渐而积踏者，又不知几百年。其有爱而发之同余情者，又不知几百年，欲问余今日之为谁？而又必不可得也。夫几百年则已远，年之几百与几百相积而远，遂不可穷，人于无穷之内，前不能待于后，后不及望乎前，独石以不欣不戚之质，逆旅古今人而阅其死生往来之变。人为万物之灵，而不能与万物争夭寿，类如此石，可叹也！今日者徘徊眷恋于石之上，醉而歌，歌而悲以泣，怪造物者胡不竟石？余而俾无今古之感，其不足乐乎。然余果石而又安知石之乐也，余其如此石何也。

王琙（1670—1742），字石承，又字韫辉，号石和，盂县芝角村人。清康熙四十五年（1705）进士，古文家，官翰林院检讨。著有《韫辉诗稿》《石和文集》《回书文稿》等。

蒲石记

张佩芳

石在蒲台山僧寺，高广丈余，蒲生其颠，故名。又其形若台，并以名其山。或曰：蒲上亦谓之台。寺曰灵瞻王。相传晋景公之族逃难于此，没而为神，而土人以厄故，亦曰蒲台神云。前明以来载州志，为平定八景之一。余既卜居大阳泉，去山六七里，暇则往游焉。念此石不知几何年，寺屡废兴，而岿然独存，岂其为人爱赏使然邪？兹山之石亦多矣，形状各殊，且有大此者，而皆无闻，则何邪？夫蒲所在多有，产于石，亦其性宜然。而此山绵亘十余里，其生独鲜。意其久据高阜，灵气之所钟，云雾之所往来，因以发越其菁英，孳息于不已，可不谓得天之优者哉？州志又言，每岁旱，视其叶有露垂则雨，州人往往就而祷祠焉。又以知其利赖无穷，非徒为爱奇者玩好已也。其得以久存，亦宜哉。

张佩芳（1732—1793），平定人。清乾隆二十二年丁丑科（1757）进士，方志学家，曾任泗州知州。

《蒙古游牧记》自序

张 穆

我皇清受天眷命，统一天下，薄海内外，悉主悉臣。治道之隆，登三咸五，而北戴斗极，西届日所人，廓疆畛三万余里，靡不服属奔走，礼乐朝会、赋役法制、条教号令，比于内地。盛矣哉！古未尝有也。然内地各行省、府厅、州县，皆有志乘，所以辨方纪事、考古镜今。至于本朝新辟之土，东则有吉林卜魁，西则有金川卫藏，南则有台湾、澎湖，莫不各有纂述，以明封畛而彰盛烈。独内外蒙古隶版图且二百余载，而未有专书。钦定《一统志》、《会典》，虽亦兼及藩部，而卷帙重大，流传匪易。学古之士，尚多懵其方隅，疲于考索。此穆《蒙古游牧记》所为作也。蒙古以畜牧为业，不常厥居。且译语多岐，无从考证。地理家纪载阙如。职是之故，不知史称匈奴，随逐水草，然各有分地。居东方者，直上谷以东。居西方者，直上郡以西。而单于庭直代云中。此即今四十九旗所居之地。可知北方部落，大小相维，略知郡县之制，自昔已然。本朝因而区划之。一命之吏，必请于朝。一石之粟，必输于官。疆理之法，尽美尽善。由是臣喀尔喀，平准噶尔，降杜尔伯特，来土尔扈特，城乌里雅苏台、科布多、塔尔巴哈台，以莅治之。北守库伦，西守伊犁，以控制之。形势既得，中外永安，用以绵亿万年无疆之盛治。《周官》重体国经野，孟子言“行仁政必自经界始”，岂不谅哉！今之所述，因其部落而分纪之。首叙封爵功勋，尊宠命也。继陈山川城堡，志形胜也。终言会盟贡道，贵朝宗也。详于四至八到，以及前代建置，所以缀古通今，稽史籍，明边防，成一家之言也。致力十年，稿草屡易。凡国家丰功伟烈见于方略诸书者，罔不敬录而阐扬之。其近年兴建，则又询诸典属，访诸枢垣，以蕲精详而备讨论。阅者手此一编，亦足以仰窥圣神功化之万一矣。昔吾乡祁鹤皋先生著有《藩部要略》一书，穆曾豫雠校之役。其书详于事实而略于方域。兹编或可相辅而行。异时为舆地之学者，傥亦有取于斯也夫。

从娘子关进去从雁门关出来

高长虹

我这次在太原停了五天；四年的光景，我没有回到山西，这次我所见闻的够多么宝贵呵！那两位想要我讲演的朋友，我不能够答谢你们的好意，固然是因为我居留的时间太仓卒，其实是，我也感到说话的困难。但如始终不说一句话，则又觉得对故乡不起。我是生在山西，然而我又没有一点地域的观念，所以，我对于山西所发的批评，也许比较的明悉而公平，不只是关内，也许连关外的朋友都有一听的兴致呢！那末，不恭了，朋友们！笔头权作放音机，我在开始我的万里讲演了！

我第一，要破题讲一讲山西的政治。自然了，我向来是很少谈到政治的。第一是因为我不愿做政治的生活，第二是因为做政治生活的人不愿人批评。但是，我也会几次说他，不做政治生活，我能够，不看政治，不批评政治，我不能够。我也早想做政治批评了。这次也只是写来试一试，预先要请求于（与）本文有关的朋友们原谅！

山西的民气是勤苦耐劳。我们是自然的孤臣孽子，所以在江浙人事半功倍的，在我们却是事倍而功半。不勤苦耐劳便不能生存！这不也是文化落后的反证吗？山西地底下埋藏的倒有无穷的富，只是在这时，不敌一湾黄浦滩更对于地面有利益！崇山峻岭，是战争上的天险，然而也容易成为文化流通的障碍！我且收住。只说，山西在政治方面，无论是党政或军，的确都常在表现出这里艰苦耐劳的特质，善于应付困难的天人之变。在别处大不了的事情，山西人却能够处之泰然。这种气质再加上最进步的文化，不怕不对于全世界拿出最大的贡献来。但是在目前，这便只能说是一种预言罢了。我还是说回政治上来，我要对党政两方的朋友们先贡献一点我的小意见。自然是，党政的本身问题和两方的关系，当局者清，用不着我来多嘴。我只是想说，在政一方面我觉得青年太少，在党一方面又嫌离文化略远。所以党政联合起来所给我的印象，总是刻板和单调，缺少点欣欣向荣的气势。文化的重要，我上面已经稍带讲过一点了。现在特别说几句关于青年的话，我敢确定地说，每一个字我都负客观的真实的责任：山西在三年以内，如没有大批青年参加政治工作，山西一定会找不着出路！

当我初回到太原的时候，便听得说，熊式辉曾在一次讲演中说，他常听山西人说山西已不需要革命了，但他到山西之后，他以为山西比别处更需要革命。这也是一种真情。我自己便常是到什么地方，便觉得什么地方更需要革命，当我到南京的时候，我觉得南京更需要革命，当我到上海的时候，我觉得上海更需要革命。我还想进一步说，山西不但是更需要革命，而且需要是更革命的。而且不但山西，无论那里，都需要是更革命的。因为革命如一旦自谓成功，便要僵化，自行走上死路。所以时常须生气勃勃地，须向着一个更高的目标去干！

但是，山西的政治固然重要，而山西更重要的，却是实业呢！矿，电，铁路，如都能发展到极顶，的确可为中国披露科学的曙光。所以，山西除需要是更革命的之外，而且需要是更建设的，或者说山西除需要政治革命之外，更需要的是实业革命。

数年前，山西便有一种不成形的主义，可以叫做是一种大家有饭吃主义。这种主义实现到如何程度，现在不说。我现在是想提议一下，在这一种主义之外，还需要再加两种主义，便是：二，大家有事做主义；三，大家有书看主义。这第二种主义的精神，就是须人尽其才。第三种呢，就是每一个人都来参加文化的典礼。我极希望这种意见能得到相当的注意。

我自己对于山西，极想在文化上多有些贡献。但我截至目前所能为力的，仍只是写几篇文字而已！虽承教育当局不弃，以两件新的工作托我进行；一，赞助筹办一新文化图书馆；二，举行一次艺术演奏会：但我能够做到何种程度，或竟至能不能够做到，还须待诸一月后事实的证明！

最后，我祝山西人共同努力创造新山西，创造新中国的一部分，更其是新世界的一部分的新山西！

民国 16 年 7 月　在北平

红鬃马（节选）

石评梅

父亲爱怜我，让我去冠山住几天，他和小侄女蔚林陪着我。一个漂泊归来的旅客，乍承受了这甜蜜的温存和体贴，不觉感激涕下！原来人间尚有这一块园地是会让人幸福的，骄傲的。上帝！愿永远这样吧！愿永远以这伟大的慈爱抚慰世上一切从痛苦失望中归来的人吧！

山道中林木深秀，涧水清幽，一望弥绿把我雪白的衣裳也映成碧色。父亲坐着轿子，我和蔚林骑着驴，缓缓地迂回在万山之间；只听见水声潺潺，但不知水在何处？草花粉蝶，黄牛白羊，这村色是我梦想不到的，一切诅咒宇宙的心，这时都变成了欣羡留恋。一草一木，一山一水之微，都给我很深很大的安慰。我们随着父亲的轿子上了几层山坡，到了我家的祖茔；父亲下了轿领着我和蔚林去扫墓，我心目中自然觉到悲酸，在父亲面前只好倒流到心里。烧完纸钱，父亲颤巍巍地立在荒墓前，风吹起他额下的银须和飞起的纸灰！这一路我在驴上无心再瞻望山中的风景，恨记忆又令我想到古都埋情的往事。我前后十余年已觉世事变幻，沧桑屡易，不知父亲七十年来其辛苦备尝，艰险历经的人事，也许是恶苦多于欢乐？然而他还挣扎着风烛残年，来安慰我，愉悦我。父亲！懦弱的女儿应在你面前忏悔了！

远远望见半山腰的石坊，峰头树木蔚然深苍中掩映着庙宇红墙，山势蜿蜒，怪石狰狞，水乳由山岩下滴沥着，其声如夜半磬声，令人心脾凛然清冷。蔚林怕摔，下了驴走着。我也下来伴着她。走过了石坊不远便到了庙前，匾额写着“资福寺”，旁边有一池清泉，碧澄见底，岩上傅青主题着“口周瓢饮”四字，池旁有散发古松一株，盘根错节，水乳下滴，松上缠绕着许多女萝。转过了庙后，渡一小桥是槐音书院，因久无人修理已成废墟，荆棘丛生中有石碑倒卧，父亲叹了口气，对我说这是他小时读书之处。再上一层山峰至绝顶便到冠山书院，我们便住在这里，晚间芬嫂又派人送来许多零用东西，和外祖母特别给我做的点心。

夜里服侍父亲睡了后，我和蔚林悄悄走出了山门，立在门口的岩石上，上弦月弯弯像一只银梳挂在天边，疏星点点像撒开的火花。那一片黑漆的树林中时时听见一种鸟的哀鸣，我忽然想到这也许是我的生命之林！万山间飘来的天风，如浪一样汹涌，松涛和着，真有翻山倒海之势。蔚林吓得拉紧了我的手，我也觉着心凉，便回来入寝。父亲和蔚林都睡熟了，只有我是醒着的，我想到母亲，假如母亲在我身畔，这时我也好睡在她温暖的怀中痛哭！如今，我仿佛被遗弃在这深夜的荒山之中，虎豹豺狼围着我，疾风暴雨下颤栗地蜷伏着。我不能抑制我的情感，眼泪如泉涌出！

鸡鸣了，我披衣起来，草草梳洗后便走出了门。想看看太阳出山时的景致。

一阵晨风吹乱了我的散发，这时的烟雾弥漫中，又是一番山景，我站在山峰上向四周眺望，觉天风飘飘，云霞烟雾生于足下，万山罗列，如翠笏环拱，片片白云冉冉飘过，如雪雁飞翔；恍惚如梦，我为了这非人间的仙境痴迷似醉。天边有点淡红的彩色，渐渐扩大了。又现出一道深紫的虹圈，这时已望见东山后放出万道金光，这灿灿的金光中捧出一轮血红似玛瑙珠的朝阳！

我下了石阶走去，那边林中有个亭子，已废圮倾倒，蛛丝尘网中抬头看见一块横额，写着“仰止亭”三字。四周都是古柏苍松，陵石峻秀，花草缤纷，静极了，静的只听见自己呼吸的声音。我沉思许久，觉万象俱空，尘念一清，心中恍惚几不知此身为谁？走下了仰止亭，现出一条石道，自己忘其所以地披荆棘，践野草地走向前去，望见一带树林中，隐约的现出房屋，炊烟飘散在云端缭绕。

下了山峰，看见一畦一畦的菜园，红绿相间。粉墙一带，似乎是个富人的别墅，旁边有许多茅屋草舍，鸡叫犬吠俨然是一个小村落。看看表已七点钟了，我想该回去了，不然父亲和蔚林醒来，一定焦急我的失踪呢！我正要回头缘旧径上山去，忽然听见马嘶的声音，而且这声音很熟，似乎在哪里听见过一样！我奇怪极了，重登上山峰，向那村落望去，我看不见马在哪里？又越过一个山峰时，我可以看见那一带粉墙中的人家了，一排杨柳下，拴着两匹马，我失惊地叫起来！原来一匹是梦雄的红鬃马，一匹是他赠给我，我又赠姗姐的小白马。我仔细地望了又望，看了又看，一点都没有错，确是它们。

我像骤然得到一种光荣似的，心中说不出的喜欢，哪想到我在这里无意中逢见他们。我又沉默了一会，觉着这不是梦。重新下了山，来到那个村落，我缘着粉墙走，看见一个黑漆大门，旁边钉着个铜牌写着郝宅，门口站着一个小姑娘，抱着个小孩。我问她这里是谁住着，她说是郝太太。我又问她“你是谁呢？”她指着怀中的小孩说：“这是郝少爷，我是她的丫头叫小蟾。”

我说明来历，她领着我走到客厅，满挂着写了梦雄题款的对联和他的像，收拾得很整洁，院子很大，似乎人很少，静寂的只听见蝉声和鸟唱。碧纱窗下种着许多芭蕉，映的房中也成了绿色，院中满栽着花木，花荫下放着乘凉的藤椅。我正看得入神时，帘子响了，回头见一个穿着缟素衣裳的妇人走过来，我和她一步一步走近了，握住手，但是一句话也说不出，四只眼睛瞪望着。我真想哭，站在我面前，这憔悴苍老的妇人，便是当年艳绝一时的天真活泼的姗姐。我呢！在姗姐眼中也一样觉得惊讶罢！别时我是梳着双髻的少女，如今满面风尘，又何尝是当年的我。她问我为何一个人这样早来，我告诉了她父亲和蔚林在山上时，她即叫人去告诉我在这里，并请他们来她家午餐。后来我禁不住了，问到梦雄，她颜色渐渐苍白，眼泪在眶中转动着，她说：“已在一年前死了！”我的头渐渐低下，姗姐紧紧握住我的手，我和她都在静默中哭了！

姗姐含泪领我到她的寝室，一进门便看见梦雄的放大像，像前供几瓶鲜花。我站在他的遗像前静默了一会，我心中万分凄酸！那知关帝庙一别便成永诀的梦雄，如今归来只余了一帧纸上的遗像。我原想来此山中，扫除我心中的烦忧，谁料到宇宙是如斯之小，我仍然又走到这不可逃逸的悲境中来呢！

“姗姐！难得我们在此地相见，今日虽非往日，但我们能在这刹那间团聚，又何尝不是一种幸福。你拿酒来，我们痛饮个沉醉后，再并骑出游，你也可以告诉我别后的情况，而且我也愿再骑骑小白马，假如不是它的声音，我又哪能来到这里？”似乎解劝自己又系解劝姗姐似的这样说。

姗姐叫人预备早餐。而且斟上了家中存放着的陈酒，痛饮了十几杯后，我什么东西都没吃，遂偕同姗姐走到后院。转过了角门，我看见那两匹马很疲懒地立在垂杨下，我望着它们时心中如绞，往日光荣的铁蹄，驰骋于万军百战的沙场，是何等雄壮英武！如今英雄已死，名马无主，我觉红鬃马的命运和姗姐也一样呢！我的白马，也不如八年前了，但它似乎还认识故主。姗姐骑上梦雄的红鬃马，我骑上白马，由后门出来，一片绿原，弥望都是黄色的麦穗，碧绿的禾苗，姗姐在前领着道，我后随着，俨然往日童年的情景，只是岁月和经历的负荷，使我们振作不起那已经逝去的豪兴了。

远远望见一片蔚浓的松林，前面是碧澄的清溪，后面屏倚着崇伟的高山，我在马上禁不住赞美这个地方。停骑徘徊了一会，抬头忽然不见姗姐，我加鞭追上她时，她已转入松林去了。我进了松林，迎面便矗立着一块大理石碑，碑顶塑着个雕刻石像，揽辔骑马，全身军装，碑上刊着“革命烈士郝梦雄之墓”。姗姐已下马，俯首站在墓前，墓头种满了鲜花和青草，四周用石柱和铁环围绕着。

我把马拴在松树上，走近了石碑，合掌低首立在梦雄墓前，致这最后的敬意和悲悼！梦雄有灵也该笑了，他一生中所钟爱的姗姐鬃马，都在此伴着他这静穆的英魂！偶然相识的我，也能今朝归来，祭献这颗敬慕之心。梦雄！你安息罢，殡葬你一切光荣愿望热烈情绪在这山水清幽的深谷中罢！

姗姐望着石像哭了！我不知怎样劝慰她。只有伴着她同挥酸泪！她两手怀抱着梦雄的像，她一段一段地告诉我他被害情状，和死时的慷慨从容。我才知道梦雄第二次革命，是不满意破坏人民幸福利益的现代军阀，他虽然壮志未酬身先死，但有一日后继者完成他的工作时，他仍不是失败的英雄。他的遗嘱便是让姗姐好好地教养他的儿子，将来承继他未完之志去发扬光大，以填补他自己此生的遗憾！

自从听见了姗姐的叙述后，不知怎样我阴霾包围的心情中忽然发现一道白采，我依稀看见梦雄骑马举鞭指着一条路径，这路径中我仿佛望见我已陨落的希望之星的旧址上，重新发射出一种光芒！这光芒复燃起我烬余的火花，刹那间我由这世间踏入另一个世界，一种如焚的热情在我胸头缭绕着——燃烧着！

娘子关前

周立波

一、山路上

从昔阳东冶头北上，在太行山脉的荒山巨岭间行走，倾斜狭隘的山路上，尽是石头，不但人难走，骡马也常常滑跌。这是天下第一流坏路，但是善于山战的第八路军，就是在这种路上，一夜也能走一百多里。

沿途有许多村落，到过敌人。凡是敌人到过的村落，猪牛和鸡都没有了。山西的荒野山间，常常有牧羊人，拿着铁铲，守望一群绵羊和山羊。山西羊肉不好吃，敌人不爱，但要是猪牛和鸡找不到时，他们就要羊，而那惯见的羊群也消逝了。没有牛和羊群的北方原野，分外的寂寞与荒凉。

昔阳和顺一带，全是贫瘠不堪的山地。这是山西最穷的地方。矿产没有大量地开采，农产物只有小米，居民生活的大半，倚靠畜产。而现在畜产被敌人劫尽了。敌人是不吃小米的，但他们一定要把它们烧掉，或是撒在沙子里。这用意是显然的，他们要使老百姓一个个饿死。

这地方煤多，老百姓家家有煤，但敌人住过的房子，煤没有动用，门窗和一切可以用作柴烧的木器，都烧掉了。我在营庄住了一夜，我住的房子里，只有一个没有门和抽屉的衣橱，桌椅全被敌人烧掉，要写字，只好匍匐在炕上。炕是砖造的，不能烧毁，但敌军也要用种种方法把它们捣毁。营庄有二三十家人家，却找不出五个好炕。

我们来时，老百姓以为是敌人，都逃到山里去了。逃在近边的，知道是自己的人，又回来了。逃得远的，深夜还没有打转。在晋北山地，向晚的寒风是透人心骨的寒冷，真不知道他们在山里是怎样过夜的。

半夜我冷醒，听见屋外的风吹得呼呼地作响。在风里，远远的有婴儿哭声。

二、初次踏着河北的土地

从营庄出发，翻了许多山岭。这一带村落稀少，敌人又常来，人民多逃亡，荒凉而凄冷。在固兰，我们做了饭吃，喂了牲口。战士们把枪都上好了子弹。警卫员把短枪佩在大衣外。这是接近敌人的区域，大家都准备战斗。

下午三点钟，在一高山上，用守尧同志的望远镜北望，远远地看见正太路上，有一个火车头，挂着一个车厢，疾驰西去，白烟飘展在空间，久久不散。敌人在正太路上，原有两个火车头，不久以前被游击队击毁了一个，现在只剩一个了。

正太路的路轨窄，敌人不能把平汉路的车头移用到这里。正太路的铁桥又常被破坏，虽然通了车，情形是这样的可怜。

可是，同蒲路通车更困难，从大同到原平一段铁路，完全破坏了，枕木通通被移去。汽车路又常被切断。目前敌人的运输线，还是以正太路为主，而正太路的情形，又不过如此。

下午四时，我们到了河北井陉县的蒋家村。这是生平第一次踏上河北的土地。河北是我喜欢的一省。卢沟桥事变以前，我原拟到北平去看看，没有成行。以后战争爆发，敌人把河北所有大城市通通占领，我以为没有看见自由的河北的机会了。现在，在我的眼前，正是自由的河北。这一省的美好的山河，大部分还是在我们手里。

这里和山西接界，可是地质和村庄建筑的样式，显然有些不同了。河北的扁柏树比山西的清秀一些。河北村庄的房屋的屋顶，多不用瓦盖，而是用石灰拌桐油做成中国式的水门汀筑的。

村里人家的门都关了。我们叫开了一家的门要水喝。应门的是一个老太婆，她给了我们水，微笑着招呼我们："进来坐坐吧，里面暖一点。"老年中国人的热情，不大有喧嚣的表示，总是含在微笑的眼睛里，或是简单而又温暖的语言里。从这个老太婆的眼睛和招呼中，我们可以觉察她对于祖国的兵马，有无穷的热烈的情意。谁说河北的人心完了呢？井陉县城已经被占快半年，但这村妪的心，还是华族的。

这里没有动员委员会，民众还没有组织，人民个个的热情，还没有导入集体的行动的洪流，这是憾事。但是我相信，不久以后，自然会有勇敢的青年，到这邻近敌人的区域来，发动民众组织的。

三、通过敌人的封锁区

过了蒋家村，已经进了敌人的封锁区域。这里有汉奸维持会，离开敌人驻了兵的旧关又只有八里。我们的非战斗员很多，牲口也不少。我们的目的只在通过。为了尽可能地避免敌人的炮火，我们计划在天黑以后，在半夜的月亮出山以前，横过井平公路，通过桃水，同时横过正太路。

麻烦有两处：井平公路到正太路之间，有十五里路远，而且是敌人的坦克大炮便于活动的平地。如果我们过公路的时候被发觉，敌人可能从旧关和娘子关两地出兵，截断我们的归路和去路，在公路与铁路之间，夹攻我们。这是第一个可虑的麻烦。第二个麻烦是通过那七十米的桃水，虽然有桥，却是容易守，不容易过的。

但是我们的人都不惧怕。战士们是常常通过铁路的，非常的镇静，把艰险当成了家常。有一个十四岁的四川"小鬼"，参加红军已经六年了，经过了草地雪山的长征艰苦，他当然不怕。他是无线电台工人，为了不忘记他学得的电码，那天晚上，和平常一样，在小声地念诵："的的的，达达。达达达，的的。"他的微小的声音，在这深更静夜里，很远都可以听到。他叫鲜才文，他参加红军，是得到了母亲同意的。有一次，我问他："你想家吗？""不想。""你为什么参加红军？""第一，为了救中国；第二，为了救自己。"第八路军里的"小鬼"是可爱的人物。他们大部分是做勤务员工作。他们一边做事，一边学习。今天的勤务，就是明天的干部。因为他们是在军队里长大的，能忍耐一切劳苦，也有无数战斗的经验，他们都很活泼而且很伶俐，都清楚地了解中国的现实和他们的义务。

同行的人们中，还有一个奇异的人，那是张瑞华同志，聂荣臻同志的夫人。她是我们这次同过铁路的唯一的女性。关于她，有许多的传说，有的说她扮作男孩子，在满洲军队里做冒险的士兵工作。这一点，我没有问她，不知道是否确实。但是这天晚上，她所表现的耐得任何艰险的精神，显示了她是一个不大寻常的女性。许多人中，只有几十个延安学生和我，在军队里生活的时间比较短。自然，怕是一点也不怕的，只要有武装，就是冲到满洲去投义勇军，也不是难事。

而且，我们的战斗部队配备好了，如果遭遇敌人，敌势小，就消灭它再走；敌人多，就一面抵抗，一面通过。

已经是夜了，没有月亮，只有星星。队伍里静寂无声，咳嗽的人都没有，只有骡马的蹄子，踏在石头上，杂乱地响。

四、核桃园

到了核桃园，这是井平公路旁边的一个大村庄。国民党第三军和孙连仲的部队，在这里山上，跟敌人打过一阵。自然，结局是不消说得的，国民党的豆腐军失败而且逃跑了。遗尸甚多。我们翻过山岭时，还闻见腐烂的尸体的臭味。山上和山下，都有作战的工事。山上的是豆腐军的旧工事。山下的石头堡垒，是敌人为了防范我游击队的袭击，新近建立的。

现在，我们在这新的工事旁边走过，没有敌人。到了夜间，敌人不敢出营门一步，更不敢在山边放哨了。

核桃园有三百多人家，国民党军撤退以后，敌人进据，第一天就屠杀了三百多人。但是这里的敌人也死得不少，一直到现在，他们在白天或夜晚都有死的危险，游击队不时来袭击。在敌人的后方，他们的伤亡人数比前方少不了多少。

核桃园的汉奸没有杀尽，敌人又从别处派遣了一批汉奸来，在这里组织了维持会和村民自警团。我们经过山沟时，山上有放哨的自警团员问我们是谁的队伍，我们没有回答，他也没有办法，他是没有武器的。

过核桃园时，狗吠得很凶。敌人一定知道了。

“狗是汉奸！”有人这样说。大家笑了。

五、“再会，同志！”

从核桃园到桃水桥这一段路，是在紧张之中过去的，都等待着什么事情的发生。但是终于无事地到了桥头。桥下的流水声音很大。微明的星光下，隐约可以看见正太路周围平原的轮廓。我正在望着这星光下的美丽的山河出神。一个人从我背后转出，握着我的手："不送你们了，再会，同志！"于是走了。他的相貌我没有看清。但我知道，他是送我们过铁路的人，伴着我们通过了险境，快到铁路北面的时候，他要回去了。在这样的地方，这样的夜晚，人的感情，容易被激动。我的这位那时不相识而且恐怕永远不会相识的朋友的热烈的握手和简单的告别话，使我的心很久很久都不能平静。

六、我们一天一夜翻了八个山

过了桃水桥，就是正太路，离开娘子关只有两里半路。我们平静无事地横过了。只有张瑞华失掉了她的骡子。她在抗大得到的毛泽东同志的讲义和她的行李，都被骡子驮着送给了娘子关的敌人，这是一个大损失。"最可惜的是我所珍爱的毛主席的辩证法讲义。"她说。过了铁路又是一个大山，有二十里高，路坏透了顶。爬到山顶时，都累死了，纷纷倒在地上。已经是半夜，月亮出来了，山上的寒风奇冷。我们的战斗员却催我们快走。我是再也走不动。口渴如烧。感谢一位同路者给了我一杯水喝。瓶盖结了冰，他费了很久工夫，才把瓶塞用小刀揭开。

战斗员催我们走，因为他们得到情报，敌人一营已经开出追赶我们了。

"走吧！"躺在山上的人都起来了。

走到天亮，我们在一个小村休息，计算路程，一天一夜在这坏的山路上，走了一百二十九里，翻了八个山。"一天一夜我们翻了八个山。"有人这样说。

"太多一点！"有人微笑说。

七、还我河山

我们过铁路的时候，河北平山县境正有大战，有两千多敌人从平山县城和井陉县城两路出来，进攻我们的徐旅和游击队。我们后面有一营追兵，前面又有敌人，但终没有事。过了铁路的第二天上午，我们到了边区巩固的地带。本来在平常，敌人的势力，不能达到铁路以外二十里，但是这次他们大股进攻边区的时候，正太路以北五六十里地，成了战区。在这新战区，我们军队的许多布告，被敌人撕掉了；用黑墨写的大标语，被敌人用白粉涂掉了。八路军的韵文布告，也被撕得只剩几个字，但是他们的这工作，是无用的。我们的军队可以再来张贴，再来制作。而老百姓也会对于这毁掉而又恢复的标语和布告，发生更大的兴趣。

上午九时，在一个不知其名的小村休息和做饭。我倒在一个农家院外的柴堆上睡着了，虽然有冰冷的雪风吹，也睡得很好。

饭后再走了一程，到了一个小游击队的司令部。司令部的院子里正杀了两只鸡，据说是准备慰劳和大股敌人作了恶战的游击队员的。

在另一个村庄的禾场上，有一队游击队正在练习跑步，另一队却在练习掷手榴弹。

他们把木头削成假手榴弹，用来反复地投掷。游击队员都没有制服，他们找到什么穿什么。有的穿长袍，有的穿了缴获的日本黄大衣，更有的穿了自己女人的红棉袄，外面罩一件破短衫，热起来把短衫解开，露出了红色袄子，但大多数人穿的是华北农民的破短袄。

就是这褴褛之群，曾经屡次击败了服装整齐、火力高强的敌人，使敌人畏如狮虎。

现在，他们身价一天一天高起来了。敌人在正太路沿线扬言，每一个游击队员投降过去，立即赏一百元。但是中华民族的真正儿女，是无价的，敌人在这方面，永远没有成功的希望。

在村庄一家人家的平屋顶上，有二十几个穿灰色制服的年轻士兵在那里上课。教员也是一个士兵模样的人，这一定是第八路军了。

已经近午了，村鸡在啼，狗睡在麦田里，野外的羊群里，时常发出羊的和谐的叫声。一切都这么平和，使人想不到这是在敌人的后方的地域。在敌人的后方，我们忠勇的战士建立了自己的巩固的后方。

走进村里，神经不像夜里紧张，身体也跟着感到了疲倦。正要找地方睡，突然看见一家人家的墙上有四个巨大的字：

还我河山

字态极雄壮。看了这雄壮的字，又想起了我们夜间的经历，我得承认，我是再也忍不住落泪的许多人中间的一个。

周立波（1908—1979），原名绍仪，笔名张一柯、张尚斌等，湖南益阳人。中国小说家。创作有长篇小说《暴风骤雨》《山乡巨变》《铁水奔流》等。

娘子关上看飞泉

梁衡

娘子关，雄踞在太行山东侧，正当晋、冀两省的交界。史载唐太宗之妹平阳公主曾奉命驻兵于此，创建城关，故而得名。盛夏七月，我们一行数人出平定县城，驱车九十里前来造访。

这里山高谷深，草茂树稀，迎着山风还有几丝寒意。山上现存新旧两关，旧关只剩楼台和一些阶梯石，共二十七级，极陡，人登时需俯身弯腰，手脚并用，真可谓“拾级”。新关尚完整，有一条小道直通山下，关门仅能过一车一马，可谓“一夫当关，万夫莫开”，城墙顺山势起伏，逶迤而去，谷底风回水响，声若雷鸣，使人不由生发凭吊古战场的幽情。汉初，韩信曾在这里攻打赵国，背水一仗，大获全胜。如今这山畔、沟下已星布着不少工厂、机关、居民和驻军，给这荒僻的山野增添了无限生机。再加上这里以泉水著称，那藏在山凹崖后的绿柳青田，使这北国的原野颇带一点江南的景象。

娘子关的泉眼有一百多处，最壮观的当数水帘洞泉。我们转过一个山崖，只见对面山嘴上一挂飞泉飘然而下。那泉后的山石在流水的浸润下满是苔藓、葛藤，一层叠一层，厚重，滑腻，像一幅墨绿的挂毯。那飞泉白光一闪，当空划破厚重的浓绿，散成一挂珠帘，轻轻贴着石壁垂下来；又像是一轴素绢，时舒时卷，楚楚有情，大约在等谁来作画题诗吧。我看着看着，忽而心里不知足起来，就攀藤附葛，向谷底探去。同伴们直喊使不得，但我那顾这些。谷底多巨石，光滑、圆润、洁白，是上游洪水冲下来的，其状如卧牛、奔象、驯羊、飞马……形形色色，不一而足。而深谷两峰的石壁却另是一种奇观：石形或突或凹，石面若松针杂陈，若蜂窝相叠，石色似白似黄，构成两面千奇百怪的大浮雕。这时谷底细雾蒙蒙，仰观山崖飞泉，如面纱相遮。我想，抽象派的艺术家，要是站在这里指石而言，说这是人、是兽、是车、是马、是田园村舍，你是不能完全否认的。原来这也是一种钟乳石，不过桂林的钟乳石经大水浸蚀，成柱成林；这里是经湿雾浸润，成线成丝。那好比是一座园林，这却如一个盆景，各得其妙。当地群众叫这种石头为上水石。石多孔，取一块置浅水盘中，水可徐徐升到石巅，若再撒些豆、麦、花籽于上，则可发牙抽绿，移青山绿水于案几之上，使室内春意盎然。

到谷底观飞泉，不但能默察其细微，还可领略其声威。仰望蓝天一线，两山壁立，谷中激流湍急，虎啸雷鸣。水帘后深草茂树，不知其底。传说那里有个神仙住过的老君洞。我忽然记起县志上的一首明人诗咏：“娘子关头水拍天，老君洞口赤霞悬。惊雷激浪三千丈，洞里仙人不得眠。”稍近帘底，水烟雾气，缠臂绕腿。我大着胆子靠前几步，大珠小珠，立时劈面盖顶。这水帘，如银河泻地，势不可挡。苏东坡观庐山是“横看成岭侧成峰”，我看这娘子关飞泉堪称“远似淑女近如虎”呢。

回来的路上，我问一位水利工作者，才知道这方圆几百里都是石灰岩山区。石间缝隙甚多，地面水全都渗到了地下深处。太行东来，到关前骤然下降，地层错动，于是那些在石间千过万滤的清清流水，便一起被挤出地面。这关上关下到处是大泉小水，有的老乡家里搬起一块石板便可汲水呢。这大概就是“蓄之既久，其发必速”的道理吧。

梁衡，山西太原人。著名散文家。曾任中国新闻出版署副署长。著有《夏感与秋思》等。

游藏山

董大中

这山的妙处全在“藏”字上，南北两峰对峙，齐如斧削，壁立千仞，下午时分，太阳光从背后射去，只见霞光万道，闪闪烁烁。沿着峡谷的石板路，漫走而上，山愈高，而人愈显得小。前面，两峰合抱成了一个半圆，挡住去路。就在这狭谷尽头的高坡上，数十座庙堂楼台，拔地而起，错落有致，宛然一个古代建筑的大世界。在一块千数平方米的狭谷地带，藏着如此景致，怎不教人称奇。

说千数平方米，也不尽然。许多建筑，不在平地，而是立在山岩上、石洞间，难以用“平方米”计。进入山门，走过牌坊，远看高大雄伟的正殿，近数排列两旁的廊庑，只觉有数不尽的风光供你游览。到正殿“文子庙”，才惊讶发现，这庙已是半掩在山洞之中了。出得旁门，仰视上空，只见怪石嶙峋似从天际倾压而来，那叫“凌空壁”。沿着盘山崖，登上一百零五级台阶，在“凌空壁”之上的又一个石洞里，还藏着另一组建筑物，它们的名字是“梳洗楼”、“启忠祠”、“表孤祠”。我曾经到过恒山“悬空寺”，它以奇峭见称。眼前的这一切也是悬在空中。站在楼沿，俯视脚下，二三十座庙堂尽收眼底；放眼远看，耸立在对面山坳里的南天门，只与我打个平身罢了。啊，古人充分利用了三维空间，所有建筑作立体布局，从谷底平地到半山腰，有深度，更有高度。它有悬空寺的所有的奇，更有悬空寺所无的雄。

藏山，以流传着“藏孤救孤”的故事而闻名，《史记·赵世家》等典籍，晋景公时，权奸屠岸贾累进谗言，致赵盾全家三百多口被杀害。赵盾之孙赵武尚在襁褓之中，幸被其父友人程婴用己子替代，而抱持逃至此处，藏居十五年之久。后赵武得势，杀死了屠岸贾。元代作家纪君祥，把此事编成剧本，名为《赵氏孤儿》，多年连演不辍，也是英、法等国最早翻译的一部中国古曲戏剧作品。“文子庙”后，尚有一小洞，即相传为程婴和赵氏孤儿藏身之地，人们称为“藏孤洞”。“文子庙”便是纪念孤儿赵武的，因赵武之谥号为“赵文子”。庙内丹青满壁，以四十多幅图画，彩绘着赵武遇难和复仇的全过程，为一难得的连环壁画。

藏山庙之建筑，虽是历代建筑家的心血，但构思还是颇为统一的。“文子庙”及其前后（后实应为上）的廓台楼阁，构成全庙的主体，庄严肃穆，雄伟高大，能激起人们敬仰之心。散布在远近左右的拜水洞、饮马池、落驾庭，南天门以及梳洗楼东北半山腰的三代庙、二灵殿、韩厥祠等，皆因势起造，或高大，或小巧，都各得其妙，配合十分和谐，还有许多自然景观，如狭谷尽头的滴水岩，藏在两山回环处的山洞之内，从上边石缝中渗出滴滴清水，几连成串，夏日觉得清凉可口，到冬天，结而成冰，条条垂挂在岩石之下，像利箭，又像白帘，仅这一处景致，也就足够流连半日了。

藏山，位于山西省盂县城北十七公里处，北距五台山不远，属于太行山山脉。作家马烽题词说："深山藏古寺，此处最切题"。我以为极是。

董大中，笔名烨子、梅叶等，山西万荣人。曾任《山西文学》副主编、《批评家》主编、中国赵树理研究会会长、山西省作家协会顾问。

娘子关，让我好好看看你

段存章

记不清坐火车进出娘子关多少次了，这回在娘子关采访还是第一次。娘子关为"天下第九关"，坐落在晋冀两省交界的崇山峻岭之中。因唐代平阳公主率领娘子军驻守而得名。提起它的过去，人们便会联想到"穷山恶水""封闭保守"。改革开放的金钥匙打开了娘子关的大门，记者看到"石变宝、水生财、景招客"的新景象。

石头生下第八代

太行山的石灰岩过去只能"垒地墙，烧石灰"。平定县娘子关镇镇长卢建国高兴地说："如今不得了，石头生下第八代金娃娃了！"他递给我镇工业公司生产工艺表，从料石开始，产出白灰、电石等总计有八代产品。原来卖一方石料只能收入16元，现在销售1吨双氰胺增值到1.5万元。双氰胺销往俄罗斯、美国、新西兰等国家，十分抢手。

卢镇长领我走进中日合资企业——山西玉新双氰胺有限公司。1987年他们在乱石滩上建厂，从苏州市吴县化工厂引来技术，今年又投资600万元，新上一条生产线，年产2000吨。公司缺技术管理人才，他们从山西经济管理学院、山西大学、太原工大聘请10多位教授，带出了一批学生。我们在公司办公楼里见到副董事长、副总经理山崎一平，他是从日本专程来到娘子关，专抓企业管理。

51 岁的董事长、总经理胡玉科，30 年没离开过娘子关。家人多次劝他调进省府，他硬是不肯离开。他说："昔日老百姓穷，怨石头；如今想富，盼石头，我要让娘子关人民当石头富翁！"

水上人家靠水富

娘子关有大小泉水 40 多处。清澈见底的小溪浇灌田园，流经庄户人家的门前宅院。天越热，泉水越凉；天越冷，泉水越热，冬不结冰。数九天，妇女们洗衣、洗菜，直冒热气。

随着隆隆的水磨声，我们走进"水上人家"的娘子关村。"水秀明如镜，木粉绕村香"，集体办起的木粉加工厂，开动 20 多盘水磨，一年加工山坡上的一种灌木（柳青）200 万公斤，做成浓香四溢的卫生香、蚊香，销往天津、长春、沈阳、哈尔滨。农民李俊云利用木粉做卫生香，一年收入 10 万来元。

桃河岸边有座娘子关发电厂。坡底村党支部书记高玉宝带我们参观建在电厂附近的罗非鱼养殖场。这是水利厅的水产专家帮助坡底村利用发电厂排出的水建起的热水养鱼场，非洲肥嫩的热带鱼在娘子关落了户。老高说："我们养鱼投入 100 多个劳力，全年产鱼 400 万尾，总计 35 万公斤，创收 350 万元。"他们还为全省提供鱼苗，举办钓鱼比赛。河北省委组织离退休干部来娘子关钓鱼，钓一斤鱼交费 8 元。他们说："玩得痛快！"

一村一景招游客

登娘子关整修一新的宿将楼，鸟瞰全城的绮丽画卷，长城与古堡相映，高楼与农舍交织，青山与绿水争辉，时代的机遇，使娘子关人醒悟了，雄心勃勃建设旅游开发区。

"你们看，南山有'避暑楼'，北山有'张果老洞'，西山有'老君洞'，还有崇岩寺、水帘洞……"在娘子关镇蹲点的县委副书记李铭魁向我讲述："办旅游国家拿不出钱，我和穆生福（镇书记）商量了个土办法，靠一村建设一个景点。"我们看到的"张果老洞"景点就是几个村联合建的。开放那天，游人挤得水泄不通。

坡底村旅游业与精神文明建设连在一起。集体经济发展了，他们拿出钱盖学校，修敬老院，建体育场，开医疗站，办演出队，还修复了"关帝庙"。游人到此观光，饱享眼福。夜间，1600 平方米球场灯光耀眼，村上的篮球队正激烈争夺出席全县运动会的"出线权"。村民组成的啦啦队别有一番情趣。

夜宿娘子关。石太铁路线上火车隆隆声连接不断，阳井公路上运煤车辆川流不息，我有幸细细地观赏了一幅“关门敞开的富民图”。

段存章，左权县人，人民日报社高级记者，曾多次到平定县采访，著有《大山情》《记者的苦辣酸甜》等。该文摘自 1994 年 11 月 14 日《人民日报》第九版。

娘子关览胜

来新夏

娘子关虽说被排为天下第九关，但它却是闻名遐迩，妇孺皆知的一座关。它的得名，尚存异说。一说其地旧有妒女祠，为晋人介子推之妹而立，俗称娘子庙，关以是得名。传说介妹因介子推自焚绵山有要挟晋方公之嫌，嫉愤而死。这一说法虽略有文献可寻，但显然是为了维护国君权威而造，不足信；另一说是，相传唐李渊第三女、李世民之妹平阳公主曾率娘子军驻守此地而得名。这一说法虽于史无考，但颇有浪漫色彩。二说难定一尊，姑并存之。

我从少年时就久闻娘子关之名，很想亲临其地，看看这座名关的雄姿，但总得不到机会。直到今年仲夏快八十岁的时候，才因山西平定县朱玉芳副县长的邀请，得以实现愿望。我在头天晚上十点多钟，从天津乘去太原的火车，似乎没有睡多久就到阳泉火车站，时间刚刚清晨六时多，并没有感到什么旅途疲劳。朱副县长已在车站迎候，她是一位性格非常爽朗，做事显得干练的女性，高挑的身材，满脸含笑地说了一连串朴实无华的欢迎语句，虽是初次见面，却让人有一见如故的感受。我在这位女县长和一起来接站的娘子关镇镇长陪同下，乘车直趋娘子关。约摸四十多分钟，车就停在镇政府门前。在镇政府稍做盥洗，略进早点后，又乘原车驶向娘子关。

车子一直开到关前，只需走一段很短的鹅卵石坡路，就到关口，城门楼上高悬“天下第九关”匾额，城门上方镶有“京畿藩屏”四字。门洞右侧有一块刻有娘子关名的长方牌，为文保单位所立。这三块牌子体现三种不同情况，一是说明娘子关在全国名关中的排次，二是说明它在军事上的重要地位，三是说明我们这个时代对待古迹的保护态度。登关以后，有宿将楼、关帝庙等，规模不是很大，再往上走就是娘子关村，村民都很健康，在一家宅门口，遇到一位高龄老妪，是看关服务人员杨老的母亲，虽已九十三岁高龄，但仍是耳聪目明，口齿清朗，满面红润，笑容可掬。承老人家见告，村里像她这样过九十岁的老人还有七八位，她说所以能这样，就是“山好水好烦扰少”。话虽平常，但确是健康长寿的窍要所在，也是娘子关美景的概括。

娘子关的美就在于它的好山好水。娘子关地处太行山中段，上凭高山，下临深涧，群山环绕，绵河穿底。倚关远眺，景色尽收眼底，铁路公路交叉延伸，远山起伏，杂树错立，可惜为电厂废气所染，略嫌朦胧。自然景物与现代设施的矛盾，当为开发无烟工业资源的要务，固不可以轻心掉之。沿着关路，缓登关顶，俯瞰见一民居小屋后身有水磨连车两盘，相切圜转，镇长告之为村人仿照先人利用水力遗法，斫木为盘，凿石为磨，用来碾磨粮食和香料。虽关民生，实成景观。行不数武，即出另一关口，关壁镌刻“娘子关”三字。关北有绵河峡谷地段略呈葫芦形，两崖相夹，有流水行于峡谷。谷口宽约 50 米，得现代高新技术之助，以橡胶坝塞谷口，可得 8000 平方米的人工湖面，而以唐代女将平阳公主之名，名之为平阳湖，使各方慕娘子关之名而来游者，又得一泛舟游憩之所。湖南崖之上，在关东约一公里处的龙王庙有一泉眼，汩汩蹿流，流量达每秒 1.5 立方米，顺坡向北沿街流，东曲西折，穿家过户，泉水淙淙，清可鉴人。沿街下行，右有民居，庭院悠然，榴花衰红，葡萄盈穗，得过庭流泉之施恩；左有溪流，中置青石，三五村女，蹲身捣衣，有互通闺情之喜乐。前行有二户，水磨连屋，一户磨玉茭面，做成窝头饼子，细腻耐嚼，一户则磨圪针根成粉，可做蚊香线香之原料。人水相依，固无愧其称“水上人家”。小桥流水人家，久为世人艳羡，不意今日于此得之！转行到关城东门外三百米处，遥见水帘飞瀑，蔚然大观，下行涧底，仰望山崖，若白练脱幅，訇然而下，中阻峭壁，悬流四出，所以前人记载称之为“悬泉”。伫立既久，雨丝飘拂，微有凉意，陶然怡然，不觉物我两忘。古今诗人，流连飞瀑，亦多有吟咏，金代诗人元好问《游承天悬泉》长诗有“诗人爱山爱彻骨，十月重来犯冰雪，悬流百里行不前，但觉飞湍醒毛发……”溢流出诗人对山水的依恋之情，明代昔阳人乔宇归老游此，写《瀑布泉》抒怀，有句云：“四十年来羁俗驾，水边赢得老来闲”，颇得闲云野鹤之趣。近代诗人郭沫若好题诗作字，经由之地无不有乾隆余韵，1965 年冬，郭沫若游山西，首有《过娘子关》之作，颂称云：“娘子关头悬瀑布，飞腾入谷化潜龙。茫茫大野银锄阵，叠叠崇山铁轨通。回顾陡惊溶碧玉，倒流将见吸长虹。坡地二十六万亩，跨过长江待望中。”情景交融，的确是郭氏佳句。美景满目，应接不暇，不觉日过中天，乃驱车回镇政府就餐。

午餐后，朱副县长建议在回县城前，到离关堡约二公里的坡底村去看罗非鱼的养殖，1966 年在这里兴建发电厂，1980 年该村就利用发电厂的余热水养殖喜热的罗非鱼，二十年来，颇见成效，我们在池边投食，鱼群就众头攒集，唼喋不已，快然得一景观。由于养鱼条件适当，鱼的繁殖较盛，每年鱼苗与成鱼的收益，大大地提高了村民的生活水平。化废为宝，于此可得一证，从渔场出来，两侧面有山，形势险要。关城为明嘉靖二十一年所建，两翼有比较完整的明建长城。我临风矗立山顶，环顾八方，城隘胜景，势难尽数，而一日之游，足迹所至不过十之三四。景物依然，往事如水。遥望当年，汉有韩信列阵绵河，背水而战。清有刘光才率部抗击八国联军德法军队，浴血奋战，宁为玉碎。抗战时期，八路军率抗战军民，于娘子关地区屡挫敌锋、为国争辉。正在我遐想这些英烈的伟业之际，忽然忆起少时读唐李华《吊古战场文》说："浩浩乎乎沙无垠，□不见人"，哀悼难已。我今登临太行，则不禁仰天而告忠烈曰："巍巍乎太行之巅，青山处处埋忠骨"。凡游此者，自当受其激励而有所奋起，面对娘子关，须眉何能逊于巾帼，愿共勉旃！

娘子关景点殊多，限于行程，择要地考察与游览，未经之地，当俟异日。自固关下山，已近薄暮，驱车回城，经一小时始抵住地，虽身体已感疲惫，犹濡笔以记其要，或可备他日作鸿爪之忆！

来新夏，浙江萧山人，天津南开大学教授，地方志文献研究会顾问。此文摘自《人民日报·海外版》2000年8月3日第8版。

晋冀咽喉固关

薛广勤

出平定向东四十公里，层峦叠嶂的万山丛中，傍山而站立着一座古城，那城墙随着山势而绵延起伏，像条带子挂在半山腰中。巍峨的城楼屹立在山谷中的平地上，同城墙壁相连。整个古城镶嵌在太行山的峡谷中，像锁钥一样，扼住了晋冀两省的咽喉，这就是著名的固关。

去固关，主要是探奇看险，这里诸山环峙，众水合流，沟特景奇，山川秀美。闲暇无事，与朋友相邀结伴，驱车到这古城堡，领略雄关的险要，感受风光的迥异。怀古追夕，也别有一番情趣。站在关前，举目四望，叠嶂的群山与云端相连，崎岖的山路伸向天边。这方圆几十里山大沟深，无路可寻，只有这中通一线成为"鸟道"的山谷与外相连，且这"鸟道"，车不得双轨，骑不得成列。就这，古代还被称之为官道，差使往来，驿马络绎，固关城池，像在这山间划了一个不规则的圆圈，通道便被牢牢地锁住了。那厚厚的城墙全部是石料筑砌，上面雉堞相连，戍楼相望，雄伟、壮观、坚固，给人以固若金汤之感。固关，大概就取此意。

进得关来，是一段狭长的走廊，两边是十几丈高的石头城墙，人行其间阴森可怕。这就是当年的瓮城，是防御性的工事，防止敌人攻城，诱敌深入而设的陷阱。瓮城都有两道城门，当敌人攻城甚急时，便故意打开第一道城门，将敌人放进来，埋伏在城墙上的将士们便将滚木、石头等当头扔下，制敌于死地。固关这瓮城，与其他地方不同，它是随山势而建，狭长曲折，没有回旋的余地，进得来，出不去，只有挨打的份。瓮城的地面上是用大块的青石铺就，因年代长久，光滑的青石面上被过往车辆压出了深深的车辙，一道道地，有的地方，巨大的青石被拦腰压断，留下了深深地历史印痕。

从瓮城走出，入得城来，便是一个宽阔的广场，据说是当年练兵的校场。临校场，沿山谷的是一条河流，当年百川汇流，现在虽已干涸，但雨季还时有山洪暴发，漫过河堤，淹没村寨，可见当年河流之大。在这河上，也建有水门，一座拱形的石砌桥梁跨河而过，城墙就建在桥上。桥墩下设有栅栏闸门，并派有水兵把守，以防敌兵偷袭。整个城建在山洼之中，四周严丝合缝，非常坚固。

因地险城坚，便成了要塞之冲，历朝历代在此建城设关。据考证，固关最早设于春秋时的中山国；汉代韩信率精锐之师击赵，在此发动激烈的战斗，所谓韩信攻赵过井陉口是也；明朝，当朱元璋迁都北京后，更把此地看作是拱卫京都的屏障，设立了守备武衙门；明末李自成造反，自陕起兵经晋入京，一路过关斩将，攻城略地，无可阻挡。不想到了固关，其锋芒受挫，重兵久攻不下，只能望关兴叹，返回太原向北而进京；清朝沿袭前朝先列，派重兵于此地，一代英主康熙皇帝西巡到此，留下了脍炙人口的诗篇《过固关》，其中“鸟道入云中，风光塞漠同。人依险地立，城自越山丛。”形象地描绘出了固关雄姿。一代廉吏于成龙经此也留下了墨宝手迹。晚清八国联军入侵，要追到西安抓慈禧，快枪利炮却攻不下固关，只好悻悻而返。这一幕幕战事像过眼烟云，早已被历史尘封。

因其险要，历代兵家必争，重兵长期把守，来自五湖四海的兵勇，一茬一茬地在此驻防，有的留了下来，一代接一代的服兵役，难怪固关人的姓氏如此复杂，现今全村 660 口人，却有着 17 个姓氏，他们都是过去守关将士们的后裔；难怪固关的人没有种地的传统，他们一生下来都是靠站岗放哨，行军打仗来吃皇粮的。

时间可以改变一切。光阴荏苒，而今固关已无险可言，昔日的天险已变为通途。关下过去的“驿道”已变成了名副其实的“国道”，平展展的柏油马路在山间盘绕。城楼右上方的太旧高速公路像彩虹横跨东西，汽车呼啸而过。一旁的固关城楼，四边的石头城墙显得逊色了许多，只能像游人证明往日的繁华与荣耀。

薛广勤，山西万荣人。高级记者，曾任山西日报报业集团阳泉分社社长。此文 2003 年 5 月 29 日发表于《山西日报》第一版。

第三章 碑记

封白鸡山记

王缄

河东观察处置使同三司守太傅中书令嗣晋玉食邑五千户李

监军使特进右监门卫将军赐紫金鱼袋张

节度判官金紫光禄大夫检校尚书右仆射赐紫金鱼袋王缄撰

夫以玉烛摇光，碧落霄悬于合彩；金舆厚载，丹丘灵毓于祥音。斯盖运契星躔，道符天意；流淳化于万类，动植咸熙；抽胜策于九章，华夷景服。王泽流于上，和风悦于下。故有连衣峭壁，霭如画之烟岚；质异山梁，翥凝霜之毛羽。是知凤鸣□右，千年而山得佳名；鹤降辽东，万古而地称佳号。我嗣晋王，珠庭表异，玉节传荣，廓氛祲于中原，跻生灵于寿域。沉研麟史，征南徒释于三编；擒纵龙韬，忠武虚谭于八阵。剑横大树，戟中小枝，睦邻而寇殄东征，俗富而民歌栖亩。矧乎三清汾派，九合升坛。刑白马以会同盟，致丹鼠而忘巨猾。昔岁金桥之战，势掩昆阳：近年洹水之征，威符淝上。岂谓重燃兴燎，恶蔓犹滋。豨跈将害于周禾，乌合连群于伏莽。于时躬提千乘，

途迈六晨，行方结于鱼丽，路复经于龙墅。睆苍翠之侧，于翳荟之中，睹灵雉而低翔，当神骑之逸足，可谓练舒皓色，玉洁争光；有同于天上飞来，无异于目前化出。粉彩蹭竦，荧荧而朱点双眸；霜翮拳翘，闪闪而雪翻两翅。

嗣王祝之曰："既瑞世瑞时，可匆惊匆畏。"乃虚之以雕笼，拥之以襟袂。忘十步一啄之心，有帝扇后褕之意。若栖在于琼花枝上，皎洁争兮；或饮之于水精壶边，晶莹莫认。必命此墅也。

税蠲青亩，山封白鸡。前古之越裳入贡，效祉殷朝；而今以晋王荐祥，永光唐史。缄学　重席，世奉初筵，背文终愧于色丝，辞鄙应逊于梦锦，上唯纪事，以刊绵长，佐命忠勋，序列衔秩。时天佑十载龙集癸酉鸿雁来宾之月十五日谨记。

说明：此碑长115厘米，宽65厘米。现存岩会乡龙庄村北白鸡山白鸡祠废址。

承天军城记

胡伯成

《易》称设险，《诗》曰干城，盖陈述公侯藩捍王室也。晋东井陉者，昔淮阴伐赵之路，连天作险，蹩地成隘，一夫奋守可以当万人。皇六叶，贼臣总燕师者，帅渔阳杂虏逾盟津，突函谷，有窃天下之志。

时元戎蓟公虑侵轶于我，乃申命开府张公奉璋严戎式遏，公谋包百姓，雄入九城，名悍赫犬，戎容仿佛麟阁，既至登鹳鹊洪中顶，四顾而叹曰："虏在吾目中矣！束其口，扼其喉者，兹乎！"遂度地势，笼山截谷，筑登登，削凭凭，末浃辰而毕，其缭崇墉于岩半，百雉云矗；冠小城于峰巅，万仞天削。设以楼橹，实以军府，铁骑千匹，虎贲百计，旌旗霄红，甲曜日白。于是明之以斥堠，严之以赏罚。使夫见可而出。逐彼者易于转圆；知难而守，攻我者难于上天。则虽云梯百，地道千，班输再生，莫吾及矣！其发石也，星落乎九天之上；伐鼓也，雷闻乎六虚之表；饮马也，洿池可汲而竭；奋力也，常山可踏而倒；岂止□食负□，屋振瓦飞而已哉！城成，帝嘉之，赐号"承天"，信承于天也！公又于黄沙路筑德化城，示怀也，慕容溢筑沙胡城，示威也。复联建三堡，绝细迳也。由是南北千里，东西两乡，飞禽走兽不逾越矣！

大历元年丙午之岁

说明：此碑高80厘米，宽117厘米。现嵌于娘子关镇城西村老君洞墙壁，为唐代道士胡伯成撰。

妒神颂并序

李　諲

奥若稽古征诸陈迹，虽年移代谢而损益昭然，是以宋玉、高唐之辞盛传于南国；曹王洛神之赋，永播予东周，莫不事载图书，名标史简。晋东之美者，有妒女之祠焉。其神，周代之女，介推之妹。初文公出国，介推从行，有割股之恩，无寸禄之惠，誓将毕命，肯顾微躯，仪表飘殒于没湮，名迹庶几于不朽，后纵深悔前路难追，因为来焰之辰，更号清明之节。妹以兄涉要主，身非令终，遂于冬至之后，日积一薪，烈火焚之，以其易俗，谚云：百日斫柴一日烧，此之谓也。阖境之内，畴敢不恭，顺之则风雨应期，逆之则雷雹伤物。兄则运心以求合，我则处室以全真；兄则禁火以示诚，我则焚柴以见志，唯兄及妹，与世殊伦。传曰：介子推终不言禄，禄亦不及；浑天记曰：著寒食者为助阳气，用厌火星，所说不同，互有得失，其来远矣！安可阙如，纵因事之宜，亦自我作。古祭法曰，其有废之，莫敢举也。其有举之，莫敢废也。东北至土门之口，西南距盘石之山，为圆百里，别成一境。天宝中以贼臣背化，国步犹艰，涂炭生灵，焚烧甲第，伊我遗庙，岿然独存，簪裾近叶于当时，庭宇更新于往日，性惟孤直虚见，授于妒名，行本坚贞，实堪垂于令范。

今幸边尘不动，海水无波，蕞尔小戎，曷足为患？昔虞舜至圣，尚有苗人之诛，殷汤至明，岂无葛伯之伐，盖以君为元首，臣作股肱，飘摇辕门，屏藩之室，乃命河东节度副使兼工部尚书太原尹、北京留守薛公讳兼训警此禁闱。公掌握衡镜，心韫韬钤，势若转规，词如泉涌，运筹帷幄，孙吴讵可比其能，料敌咸旃，卫霍不足方其妙，浙江遗爱，但美还珠，汾浦来苏，唯欣去兽。申命我承天军使节度副使、前永平军节度右厢兵马使、银青光禄大夫、试鸿胪卿、同山南东道节度经略副使上柱国党公讳升镇兹巨防。公天子忠臣元戎外葺，志惟清而惟谨，行不滔而不骄，往任滑台，职居总统，近归本道，位处专城，投醪之义远闻，挟纩之情久著。爰自至止星管再周，路不拾遗，人皆乐业，长筵继日，士忘其劳，细柳垂阴，众歌其美。水碾成而永逸，众好维传；军井达而当闲，伏波不竭；君依神以侥福，神以君以庇躬，事势相应，理亦条贯，固亦书其已往，播于将来，贞石既磨斯文可作。

于其泉涌祠下蓄为碧潭，飞入大河喷成瀑布，崩涛泶爵杂雷霆之声，温云拨日类风水之会。经深寒而气蒸万象，处炎燠而清润一川。灌木扶疏引千条而接影，纤苗霍靡，夹高岸而随风。自古及今非军则县，未尝不揆月撰日备享其礼，奉祈秋赛，庶乎年登，巫觋进而神听之，官僚拜而俯或仰，既而坎坎代鼓，五音于是克谐，峨峨侧弁，三军以之相悦。公之德也如此，神之应也如彼。且河北数州，山西一道，或衣以锦绣，或尊以珍馐，无昼夜而息焉！岂翰墨之能喻。咸以商者，求之而获利，仕者，祷之而累迁，蚕者，请之而广收，农者，祈之而多稔。不然，则奚能遐迩奔凑奉其如在？盖闻有而不言谓之隐，无而言之谓之谄，又闻夸睹尚奢，惬心者贵当，承命迷事敢不勉旃，谨因退食之余，栉比陈其梗概也。铭曰：

凡有异行，宗之曰神。匪害于物，实利于人。兄则焚火，妹乃积薪；
共为佳节，在乎芳春。今古千龄，方圆百里；德音无口，蒸尝不已。
祭具珍馐，服先锦绮；所求必应，高山仰止。将军塞下，细柳营边；
晴开朝镜，雾杂炉烟。神理昭昭，灵草芊芊；纪诸令范，光武承天。
井陉西南，太原东北；妒祠之水，澹为黛色。跳波喷浪，如有可则；
古往今来，源流不忒。兴云致雨，侔造化力；颙颙昂昂，像君之德。
或祈或祷，永无休息；神之歆之，福善宁极。

唐大历十三年

说明：此碑长105厘米，宽60厘米。原在娘子关妒女祠，现存山西省博物馆二部碑廊。

神泉里藏山神庙记

智 楫

盂者，古盂大夫之邑也。邑之北远一舍，连山岌嶪，峻极于天，天险而不可升，地险而舟车不通，人迹所不及曰藏山。藏山之迹，迺赵朔友人程公藏遗孤之处也。公姓程名婴，家世史不载，而后世无闻，行事见于赵世家焉。赵之先与秦同，后适［造］父为穆王御，穆王封之徙于赵，至叔带去周事晋。晋（景）公三年，大夫屠岸贾欲诛赵氏，韩厥告赵朔趣亡。朔不肯曰：子必不绝赵祀，朔死不恨。贾不请，而擅与诸将攻赵氏于下宫，皆灭其族。赵朔妻，成公姊，有遗腹，走公宫匿。赵朔客曰公孙杵臼，杵臼谓公曰：胡不死？公曰：朔之妇有遗腹，若幸而男，吾奉之；即女也，吾徐死耳。居无何而朔妇免生男。贾闻之，索于宫中。夫人置儿袴中，祝曰：赵宗灭乎，若号；即不灭，若无声。及索，儿竟无声。已脱，公谓杵臼曰：今一索不得，后必且复索之，奈何？杵臼曰：立孤与死孰难？公曰：死易，立孤难耳。杵臼曰：赵氏先君遇子厚，子彊为其难者，吾为其易者，请先死。乃二人谋取他人婴儿负之，衣以文葆匿山中。公出，谬谓诸将军曰：谁能与我千金，吾告赵氏孤处。将皆喜，许之。发师随公攻公孙杵臼。杵臼抱儿谬曰：天乎天乎！赵氏孤儿何辜？请活之，独杀杵臼可也。诸将不许，遂杀杵臼与孤儿。诸将以为赵孤良已死，皆喜。然赵氏真孤乃反在公处，俱匿山中，居一十五年。后与韩厥谋立赵孤，至景公乃复赵田邑如故，反灭屠岸贾族。及赵孤冠，乃为成人，公乃辞诸大夫，谓赵曰：昔下宫之难皆能死，我非不能死，我思立赵氏之后；今赵既立，为成人，复故位，我将下报赵宣孟、公孙杵臼。赵啼泣，顿首固请曰：我愿苦筋骨，以报子至死，而子忍去我死乎？公曰：不可，彼以我为能成事，故先我死，今我不报，是以我事为不成，遂自杀。赵服齐衰三年，为之祭邑，春秋祠之，世世不绝。噫！赵氏之先有仁爱乎，有遗德乎，天之生此人也。若使苟当时富贵利达，后世岂有赵乎？今日岂有庙乎？且晏平仲善与人交，久而敬之。迨及于后，陈、雷、范、张胶漆之合，鸡黍之约，皆一时之朋，盍前贤记诸善以为美事。公为人之友，成人之事，杀己之身，身没而名不没。此方之人为立庙貌其来远矣！岁岁血祭，远近归祷，云合辐辏，故“祭法”曰：法施于民、以死勤事、以劳定国则祀之。公之生其义存焉，公之死其利存焉，存与没人皆福利，生死一也，死而不朽反贵于生。何以言之？庙之西侧垒石环堵，石溜灌穿，弥缝而合，晦迹仍存。庙之东凿石之罅，灵泉涓滴，有取一勺之水，为济大旱。庙之侑坐赵孤者，灵更明矣，有人窃负而往者，亦能救旱意，其襦中之风不坠焉。惜乎！我盂之境环处皆山也，土地硗瘠，士庶繁多，既无川泽以出鱼、盐之利，又无商贾以通有无之市，人人无不资力穑以为事。向若一岁之内颇值灾旱，饥寒之患不旋踵而至，由是赖我公之丰功厚德，居山之灵。风行草动，状带威神，为云为雨，往祷者无不应，一方之人到今受赐无得而称焉。至四方之人，但往求者亦应之。又以见俱蒙覆露也。天德间，岁大旱，旬月不雨，邑宰尝往吊之，洎归似有亵慢之意，须臾而雹雨大降；宰复反已致恭虔，俄雨作以获霑，足其灵异。又有如此者，人皆谓我，既往而不足究。予大定戊子来宰是邑之明年也，自春徂夏，阴伏阳愆，旱魃为虐，众口嗸嗸，皆有不平之色，或告之曰：藏山之神，其神至灵，祷之必应。予始未孚勉行之。于是同县僚邦人，斋戒沐浴备祀事，洁之以牲，奠之以酒。往迎之，笙镛杂遝，旌旗闪烁，徜徉百舞；既迎之来，恍兮降格，油然而云兴，沛然而雨作，霑霈一境，使旱苗、槁草皆得蕃滋，百谷用成而岁大熟。今年春，予改官于蔡，车载脂，里旅二三子来告曰：公亲观藏山胜事，得无文焉？应之曰：不然。予素为彫虫之学，言不足文，必待鸿儒、硕士大手笔者而成之。二三子其请愈坚。于义不能辞，迺为之记。

金大定十二年六月十日

灵瞻王庙碑

吕思诚

蒲台山灵瞻王庙前，有巨石如帽，既崇且广，上有池天成，蒲生于中，虽甚旱，水未尝竭，故蒲之丛郁然，翠润可爱，是以名其山云。四月四日献享庙上，前期一日迎神，六村之众具仪仗引导，幢幡宝盖，旌旗金鼓与散乐社火层见叠出，名曰起神。明日牲牢酒醴，香纸既丰。且腆则吹箫击鼓优伶奏技，而各社各有社火，或骑，或步，或为仙佛，或为鬼神。鱼龙虎豹，喧呼歌叫，如蜡祭之狂，日晡复起，名曰下神。神至之处，日夕供祀，唯谨岁以为常，祭之日或时，有露涓然生蒲上，圆若水晶丸，忽而飞缀树端，又有黑蛇蜿蜒而出，金睛紫舌，盘绕几筵，知烟吸酒。金大定间，东山赵怀允之记曰：初因天旱，有数童子戏祷石下，见露从蒲生雨遂沾足，后有祷辄应。宋时与嘉山石瓮相并封，封曰灵瞻。今庙额曰王，是亦在金、宋之间乎！神有二或日犹东岳之秉灵也，每见祭时又具献物，望石瓮山拜，岂以石瓮险阻不能上，合祭于斯乎！耆老等曰：我国家承平百年，民物丰阜，时或有旱旸之沴以红罗幂瓶口置石上而拜于下，或即时有露，或一日二日，或至连日终不得者，露既涓然而出矣，须臾不见下瓶而探其中已满溢，迎置坛所，随行而雨。其或不恭，泠然飞去，又或蛇出直入杯中，以惩不恪，此则共闻其见也。惟山之蕴，能兴云致雨，神发著见，天地之分，有山之初而然也。因此，童子诚而相因，至今人以为神之初也，川沈而山□礼也，庙焉而享尊而亲之也，六村之众亦不知其所从来矣！传曰：深山大泽，实生龙蛇。易曰：山泽通气，露生蛇出，又何为怪。但水自入瓶何其神哉？易之象，乾曰天行，坤曰 地势，坎曰习坎，艮曰兼山，震曰洊雷，巽曰随风，离曰明雨，况曰丽泽。盖自震而坎而艮天行也，自巽而离而兑地势也，莫非乾坤之所为也？曰习、曰兼、曰存、曰随、曰雨、曰丽，惟乾与坤，但日行日势而未尝有所分也。说卦云：健也，顺也，动也，入也，陷也，丽也，止也，说也，性情也；为天、为地、为雷、为风、为水、为日、为山、为泽，形体也。夫所谓主宰者，出乎震，齐乎巽，见乎离，役乎坤，说乎兑，战乎乾，劳乎坎，成乎艮。系辞云，精气为物，游魂为变，故知鬼神之情状屈伸往来，造化功用之谓乎！其为神也者妙，万物而为言者也，斯其至矣，或曰阴阳错行，天地大骇，有雷有霆，水中有火，乃焚大槐。又曰：自有宇宙使用权有此山，世曰山者，地之物以所见者言之也，至月、风、雷、雨，自地出也。世曰月风雷雨，天之物以所见而言之也。盖亦有所本欤！且平定属冀宁，在地则为赵魏之交，在天则为昴毕之分，彼其唐风化德，雨师降灵，山川之秀，民物之茂，又不在于兹乎！刻石著辞，昭示永久，孰曰匪宜。于是千河人匠，提领王钟美之子，小提领让平潭杨德义，西河冯成甫与赛鱼李教谕，禋相与纠率六村分社，社各有疃，疃下分人，人各有长。并于碑阴、其别处好事君子来者，或前或后从便而书，乃先刻本州之官吏者，敬所统也！敢再拜而为之。诗曰：

青青者蒲帽石巅，帽石屹立神宇前。时虽大旱水不涸，神之神兮不可言。蓦而有人祷其下，蒲上津津露涓然。倏忽变作水晶圆，望之飞上松枝悬。有时有蛇出几下，矫首吐舌来蜿蜒。红纱方幅幂瓶口，瓶口满溢理何玄。随行下雨云雷合，桃江相接流长川。枯槁须臾起生意，吉蠲之报年复年。年年乃至四月四，六村父老来骈阗。再拜献享神祠下，一心无二亦无偏。灵瞻之瞻岂唯此，肤寸而出应普天。唯此六村为最近，尊而亲之情且专。子子孙孙籍荫庇，更望笃生哲与贤。上为国家下民物，无疆之休惟绵延。琼瑶山拱不敢前，狮子山立不敢连。神之来兮神之去，雨余旭日开晴烟。

岁至正十三年岁在癸巳四月吉日六村耆老人等立石

新修夫子洞记

乔宇

平定之西九里，山势秀拔者曰冠山。元左丞吕公思诚书院旧址在焉。士有肆业者，恒僦居僧寺中。太守孙君朝用在庠时，尝读书于此，每有兴复之志而未遂。暨谢政归，则书院已为汪参政藻督州重修矣。君见而叹曰：此山去郡学甚远，诸士子终岁弗克尽释奠之，诚匪设圣容瞻拜朝夕，罔有慢慵其何以励学。乃相书院南，有巨石高丈余，广倍之，中可铲凿，以垂永久。遂捐赀命工琢为洞，肖夫子像，以颜子曾子配。又叠石为二洞，以备士类息偃游艺之所，缭以垣墉，欲与书院相表里。经始于嘉靖五年春二月，落成于冬十一月。君书来属宇记之。

或有闻而疑者曰：夫子之道大如天地然，普天率土皆庙祀以王者之礼，其尊崇者至矣。今创洞以居，无乃非几于亵乎？予曰：二氏之琳宫梵宇遍区内，金碧□垩穷极侈丽，至于深山岩洞之像，设亦莫不然，观者不以为异，而兹以为异耶。或曰彼之术，售幻以愚人，与吾道殊，秦山丘垤，皎日燏天，有目者自能知之，焉足以较等差哉。予曰不然。宣圣之道贯古今如一日，虽不系于洞之有无，但学者讲诵于斯，食寝于斯，瞻其容，谒其位，所以亲之也。亲则情至。而抠趋对越之下，殆有默契恍悟于羹墙梦寐间者，上而道德性命之懿，亦由是以进，岂直科目之资而已乎。蒙之□曰，养正圣功。□之象曰，朋友讲习，是其感发兴起之妙，与亲炙之者奚有间也。况礼以义起，因山之石以凿洞，厥工亦不费，太守君取义于此，可谓探本于众人之所未知，而用力于故典之所未备者，有俾于后学大矣。若曰徒取观美而已，恶足以知太守之心哉。疑者释然而退，因书以为记。

君名杰，登弘治庚戌进士，以知府致仕。自祖考第，侄子与孙历五世，皆读书于冠山书院。一门张逢之盛，吾州称望族云。

嘉靖丁亥夏六月既望

重修水神圣母庙碑记

史万选

孟之东北曰水神头者，距城五里许，乃圣母显灵之地也。母姓柴氏，盖后周世宗之女，矢志修行，誓不适人，遂寄于此，因以超凡。缘山有泉，故名之曰水神也。水神圣母极其灵感，诸祈福求嗣，攘灾却难辄有所祈，其应如响。已故每年四月四日城市乡村、男女老幼骈然交集，虔心顶礼，即一举一动，一火一香，罔不各致其诚，自非圣母显嚇，乌睹此哉！庙制之设，不知肇以何年。第据碑记，万历改元之岁，有僧园树者化缘重修，迄今日未及周。栋宇倾坏，圣像剥落，修葺不闻其人。适我婶母杨氏乃宗叔四川左布政文焕之配也，染病月余不痊，忽一夕梦圣母冉冉而至，归视乎婶母曰：余乃水神也，不耐风雨摧残，尔其为我筑舍，我当起尔病，及醒而依稀如在。婶母遂慨然曰：诚如神教，愿独力修补，决不敢他有万化。遂鸠工起造，未逾月而体健如故，神之灵乎亦至是乎！即间有效工者，亦各出于心愿，非有强也。所修正殿三楹，东西曹司二楹暨马房、僧舍，周围墙垣一一增饰，五十年来之庙貌焕然一新，作始于二月辛丑，落成于四月癸酉。计其费不下五十余金，而婶母略无难色，亦女中之君子也哉，聊镌之石，匪直表神之灵应，亦以为好善者劝。

明天启六年四月二日

浮山遗灶记

陆琛

平定之山。以浮名者二，故称东西浮山云。东浮山，在城东五十里余，即女娲氏补天之处，其炼石灶尚存。山多产石炭，胜他产，而所产诸色石亦可烧云。予尝荒唐补天之说，今适其地，睹其迹，于是召其土人问之。土人曰："然"。又问之土人之耆宿，耆宿曰："然。"已，又问之学士大夫。学士大夫又曰："然。"予曰："何谓也？"时佥宪白君实之曰："是遗俗焉，可征已。凡吾平定之人环而家者，以千万计，而附州者尤密。今州居之家，复以百千计。岁上元之夕，无论小大，家家置一炉焉。当户，高五六尺许，实以杂石，附以石炭，至夜炼之达旦，火焰焰然，光气上属，天为之赤，至于今不废也。是之谓补天。"予闻之始悟而未有以发也，遂过乐平，与太宰白岩先生乔公谈浮山及此，予以为此盖史氏之微词也，要之实理固亦有，然按娲皇之兴，续太昊而诛共工，是时火德中微，生民甚朴，想夫茹毛饮血之外，日出而作，日入而息尔，固未能尽火之用也。况鸿荒初开。材木鲜少，樵薪之利尚微，而附丽之机犹隐，娲皇乃察物宜前民用，是故制此以通昏黑之变。辅烹饪之宜，所以开物而成务，盖曰：补天之所不及尔。后世所谓焚膏继晷，爝火代明，亦斯义也。此诚赞化育之一端。圣人继作舟车宫室之制，安往而非补天也哉！补，助也，赞也，未必尽寓弥缝修缀之义。谓因其罅漏而补塞之，读者不以辞害可也。后世方士家，本《列子》之言，以为炼丹接气之术，故神其事，世遂惑焉。公大以为然，云此可破千古之疑。予许为作辨，而未有以复也，聊记于此。

说明：此碑长142厘米，宽60厘米。现存古贝乡东浮山顶娲皇庙殿前。

重修崇古冠山书院碑文

王世珍

昔汉文翁设教成都，而学校星布于天下，然犹未有书院之名也。自南唐时，白鹿洞扩学馆，宋太祖诏赐九经。唐无和间，衡州民李宽建石鼓书院，宋初赐额。真宗时，应天府民曹诚造舍百余间，赐额应天书院，又赐岳麓书院额于此。宋初四书院，载在文献通考者。理宗朝建置尤夥，其以山水为名者，苏州之鹤山书院，绍兴之稽山书院，衢州之柯山书院，道州之濂溪书院，指不胜屈矣。迨元世祖设山长；又设学直以掌钱谷。凡生徒之肄业者，守令荐举之，台宪考核之，人才辈出焉。厥后踵事增华，若邕山书院之在常州，齐山书院之在池州，尼山书院之在曲阜，又较著者也。而太原惟冠山书院显于时。志载左丞吕公奏请赐额，又赐书万卷，冠山独未遭撤毁。然自汪公藻督州重修后，迄今二百余载，风雨摧残，旧址荡然无存，州人士屡思振兴，有志未逮也。嘉庆丙寅，奉直大夫孙公裕起而新之，及丁卯秋落成，适值我州获隽者十五人，谓非此山之灵有以启之欤！珍垂志矣！不获与诸同志歌咏于斯，然窃为后资深望者，敦实学，励实行，毋蹈纯尚虚声之诮，用是略考书院本末，俾承学者知我国家文教覃敷请学之地，视前代有加，而冠山书院在吾州为最古。孙公复兴之意，既堪媲美于前人，而名贤之蔚起，亦企如白鹿、鹤山、邕山之盛，乃仰副圣天子作人之雅化，其他规制之坚朴，经营之勤劳，则有梅韵白君文，兹不赘录云。

大清嘉庆二十一年岁次丙子蒲月谷旦

说明：此碑长142厘米，宽68厘米。现存冠山崇古书院。

新建慎交书院碑

孔公始盂之四年，百度次第举，尤重文教，捐俸建书院于学宫之旁，近圣居也，使学者入其门无忘圣人之道。内立侯子祠，俾朝夕瞻拜，想见古乡贤之为人。有舍，宜课诵；有轩，宜游息；有庭，宜周旋揖让。于是大合邑中才俊文学之士，而讲习讨论于其中。名之曰：“慎交书院”。夫公之教广矣，胡取诸慎？此公为诸士期也，不慎则交不终。士之交不终，则公之教亦不广。况慎之为义大矣，非徒慎以拒天下之不肖，而将慎以防天下贤智之士！盖士之意见既殊，声气亦别，党同伐异，往往阶之门户，其在汉唐犹曰不肖之陷贤也。至宋之洛蜀，竟以贤抵贤，然犹曰：“彼贤未尽讲学也”。至鹅湖会讲，流远益分，竟以讲学之贤攻讲学。嗟乎！以古人之德之才，而又以讲学之美而从之游者，又率高明闻誉之士，积渐生弊，犹至于此，其甚可惧也。今邑之才俊而文学者，日聚处于斯，见所见，闻所闻，安知不讼于堂乎！公爰进诸士而教之曰：“登斯堂者无不慎，慎而相成，善厥始终，有反是者，愿无过吾门也”。诸士欣然以退，复惕而思其大有所兴乎！异日者，余将过院问公之教泽，入揖，诸士接其人，必端饬与之论古今，事必疏通而条达观，所为古文辞必自侪于两汉、唐、宋间，而其时文亦与王、唐、金、陈先后驱驾也。必明体适用，发为事业，卓然如古人可纪，以鸣公为国家乐育人才之盛，必不至如空疏之士，拘迂而自陋也，以公之教卜之也。夫公为至圣适裔，自其先端友公从宋高宗南度后，而吾道遂南。故数百年来人文之盛，邹、鲁、齐、晋诸国鲜与抗行者。公今用其教以教诸士，则道之南者且转而北。公之教，至是诚广矣！而交亦于是乎有终。然则，公之取义于慎交也，深思乎！公己丑进士，讳传忠，字贯原。浙江桐乡人。

整饬弊政碑

为整饬弊政，以抒民困事，照得盂县僻处山隅弹丸之小邑，地称瘠薄，民鲜富饶。自各省兴军以来，劝捐输以济军需，筹费用以备团防，频年加征，民力实有不逮。兼之县属测石驿，系北路大道，差使之繁，倍于往昔，民间充膺差徭，亦从而加之。所可恶者，差役人等每遇差使过境，往往以少报多，希图将民间骡驴马匹任意拉雇，或勒措需索，或得钱营救，积习相沿，牢不可破。又如民间买卖田业，应用契尾，原有领解之费，并无额定之数，或多或寡，殊未划一。而经手书吏，蒙蔽勒索，在所不免。又如民间交纳号草，辗转动运，几费经营，而经手之号头人等，每用大秤高抬，任意浮勒，以为勒索之阶。种种流弊，民累难堪，以致纷纷争议，官民无以安息。本县时以簿书钱谷，痌廉相关。自莅任以来，凡地方应办事宜，深术民隐，无不以民心为己心，无不以民事为己事，治邦立政，何敢辞劳？除弊安良，岂非初愿；即如所议前项情弊，本县体察情形，商筹至再，总期有济于民，无说于公，从此一劳永逸，官民相安。兹将各条利弊，逐一核议开载，合行剀切晓谕，为此示布书役人等知悉，自此后，尔等遵照办理，倘以后再有抗违情事，定行从严究治。本县秉公办事，执法如山，各宜禀遵勿违，特示。

议定章程开列后面

成丰十一年十月初八日

重修平定州学碑记

葛士达

人之生也，一日废食则饥，一日废学则殆。饥之患，在口腹，可疗也；殆之患，由身而家国天下，不可已也。上古俗醇政简，君相以身教，民以心学。三代而后，地博族繁，伪兴匿作，言教亦穷，圣人忧之。宪章祖述，删诗序书以辩证性命，攸叙彝伦，攘斥异端，昭垂万世，学之说与事，至此极详且备矣。乃后世杨墨佛老百氏之说，益且乘间伺堙，迭起为害。盖世逾下，则志逾庞而道逾歧，虽圣人亦且无可如何。然赖其言，而斯民犹知有君臣父子夫妇昆弟朋友之道。即极冥罔晦塞之秋，不至澌尽泯灭，遂沦于夷狄禽兽者，则学之效也。故论治天下之道，必首劝学。而郡国牧守之所以治一方者，亦必以学校为先务。

平定州，晋东大藩也。倚恒岳，枕太行，山川雄秀，蜿蜒磅礴之所积，蔚为人文，冠冕三晋。学宫旧址，规模宏整，年久失治，颓敝零落。前刺史孔公，于丙子（光绪二年）之岁，新其殿庑，功辍中途。迨予之来牧是州，屈指又十有余年矣。垣断级夷，庭草池秽，门坊亭阁，领甓朱白，倾倚剥陁，甚非所以虔禋祀，肃仰止也。辛卯（光绪十七年）春，佥议缮修，规划鸠工，敝者完且饰之，倒者筑而新之。州中好义者，亦咸乐输助。于是年之冬十月，次第竣事，州人士莫不额手相庆。于此见吾朝教育之泽人者深且远，而州人之有志响学也。而予之所以勖多士更有进焉者。

窃谓天地间有知之物，不可以数计，而人为灵，以其性善也。人之类亦不可以数计，而士为秀，以其能学以复天性，上以佐民善俗，下以绍圣诒后，为众人树之范也。性之善何？仁义礼知信五者。是五者具，而君臣父子夫妇昆弟朋友之道立。道立而推己及人，洁矩为治，极之可以参天地赞化育。反乎此不可以为人，即不可以为家国天下。虽古今事故之蕃变百出无穷，其得失成败之端，莫不由此，所谓天不变道亦不变。故圣人修道以为教，由格致以几乎治，其说详于六经四子之书，其事备于纪传诸史，而其旨则曰，自天子以至庶人，壹是皆以修身为本，夫岂徒学而已哉！乃今之学者或异是事矣。诵之习之，而以为文辞科举之具，声律劳其神，利名汩其念，于本原之茫然也。以无本之学，值难处之事，张皇失措，为世诟厉而娇之者，凡欲举先圣之大经大法糟粕而厌弃之，转荧惑于侏儺荒诞之说，以趋风气。

於戏！是其学也，犹之废也，且其患将更有甚于废也。以予之迂拙无所庸于世，敢以告我一州之人，愿学者蕲以圣人为归，尽其心以知其性，修其道而诚乎身。勿误于歧，毋背厥本，为朝廷储有用之材，为吾道树干城之选，庶不负缮葺之私心也。

大清光绪十有七年岁在重光单阏冬十二月勒石

说明：此碑原藏县城圣庙，毁于“文化大革命”时期。

清故候选知县张石州先生墓铭

道光二十九年冬十一月九日，石州张先生卒于京师。其兄子孝敉，先一日适至，摄丧事。秋涛与何君绍京及祁公子世长，为位而哭。既敛，诸尝与往来相知相揖者，咸会吊闿。十二月甲戌归殡于平定。越明年二月，孝敉来告曰：叔父之葬，距其终百四十三日，卜者曰：吉窆维州西北十有七里，南抵所居阳泉庄二里地，曰昌谷，阜曰宜昆，两叔母阁焉。子先友也，盍为铭？嗟呼！秋涛尚安忍铭先生哉！顾自念以年家子谒先生，一见如故，辱与同居游，知最深，不可以辞，因序而铭之。曰：先生讳穆，谱名瀛暹，字诵风，一字石州。监生封朝议大夫可举之曾孙；丁丑进士，知泗州佩芳之孙；辛未进士，编修，记名御史敦颐之第四子。幼好学，慕古作者，长诵六艺百家之言，故而存之。胶鎛擘坚无蔹于前，乃沉思，溯经诂贯史策，核天算，图地志，钩伏闉舛敛古铸今。以为学无时代，惟其事尔。故研习皆朴学，非世所好也。素岸兀不可一世，睹耆学迂僻士，则誉不容口，遂介介寡合。惟阮文达公，莫宝斋侍郎、程春海侍郎、祁淳甫协揆与为师友。尝与俞君正燮，魏君源、赵君振祚论诸史；陈御史师、许君瀚、王君筠讲六书；罗君士琳、郑君复光、徐君有壬明九数；徐君松、沈君尧考西北边塞地理。诸君皆专门业，咸推服焉。识者为先生之学，盖全氏谢山，钱氏辛楣之俦，非它家所可拟云。初泗州以文学循吏名天下，先生绳祖业，尤留心经世务，然澹于进取。道光辛卯，以优行贡成均，选充正白旗官学教习，积年劳，以知县侯铨辄以负气，忤贵人，罢去不顾，闭门人海中几十载，左右图书，日以讨论为事，盖其志专，欲以学术名后世也。性孝友，重然诺，都门馆毂以赡亡兄之孤，岁时不绝；戚友缓急，倾囊无少惜；家人将炊，告乏米，意恬如也。卒时年四十有五。先生再娶皆有贤行，元配刘氏，训导寿川公女，逝。继娶赵氏，恭毅公元孙也；先一岁卒，生子孝兰，慧而早死。孝瞻以兄子来为后，女一殇。于是先生之妾方娠也，未知其子之男女。始或劝先生墨所著于版，曰：吾祖集未播，不可。乃校刊泗州《希音堂集》，又取师友遗草未传者，编次剞劂之。又校刻《元遗山先生全集》，乃为灵石杨氏搜刻丛书，至精审。先生既殁，秋涛偕何编修次其稿曰《月斋文集》，《靖阳亭札记》各若干卷。《延昌地形志》《蒙古游牧记》杂涂乙未脱稿，秋涛将为理而成之。其已行世者，惟顾亭林、阎潜邱两年谱云。铭曰：孰甄冶是而胚其美，孰天阏是而尼之以止，身可亡，学不可毁，纳铭幽墟奠厥止。

清道光二十九年

何秋涛撰文 何绍基书丹

说明：此碑现存大阳泉村张穆故居。

鼓铸铁旗杆碑记

河底镇关帝庙由来久矣。详考前人碑文，建于康熙戊午，再造于乾隆己亥。厥后增修屡屡，殿宇宏厂，庙貌轮奂，非徒为一镇之壮观，实所以妥神灵而镇山煞也。山门外旧立木旗杆一对，近季以来，风雨摧折，不堪耐久。咸丰七年冬，阖镇共议易木为铁。于是敛财鸠工，鼓炉镕铸，不数日而厥工告竣，四方之来观，或讶为倚天之剑，或惊为桌笔之峰。皆以为多历季所可以不朽。要知帝德之永垂不系乎，旗杆之有无也。吾镇立此，殆不欲速朽之意云尔。是为序。

郡廪膳生姬纶撰文 刘映南书丹 史凤诰篆额

大清咸丰七年岁在丁巳十一月初七日立

说明：此碑现存河底村老爷庙。

马山村禁赌碑

朝廷有法律，乡党有议约。法律维持天下，议约严饬一方。州东马山村等，地上宽广，民情厚重，由来久矣。乃近今不驯之子弟，不勤诵读，不务农业，聚伙成群，日萦心於赌博之中。此固习俗之所移，而亦乡党之无禁约也。村中父老感时抚事，欲挽已非一日矣。幸有方约李杰、地方赵贤，并各户人等，慨然兴念，合议而为禁赌之举。意谓此事不禁，人情坏而风俗颓矣。于是各输己资，立石于官所，择于四月二十四日献戏三期，秉心神明。自今以后，凡有犯此禁者，无论男女，无论大小，总按村规罚治办理。倘能禁约严整，赌博之事不兴，而马山村等亦犹可以复古矣。

今将罚治条律并各户施钱开列于后。

（略施款户数）

一、窝场聚赌者不论大小男女，专罚此人献戏三期，钱贰千文。

二、抓获之人，凡捉住赌者，报于乡地官中，赏钱贰千文。见人赌不报者罚钱贰千文。

三、赌博既禁，器具宜毁，如各方再有存放者，罚钱十千文。

四、被人捉获羞愧自尽者，此系合村人事，总得合村人同担。

五、村规既立，有犯即罚。或犯而不任罚者，乡地送官，花费钱项，田亩中起办。

六、凡赌输赢之事俱各戒禁，不准有犯。

大清咸丰九年岁次己未四月二十四立

说明：此碑长 141 厘米，宽 64 厘米。现存马山村原马齿岩寺。

大阳泉创修义学碑记

昔范文正，吴人也。为参知政事时曾隽［捐］义田义学，用瞻族党，□踵于奕，迄今八九百载。栽培熏陶，人才蔚起，益惠泽之，锦之久□。诰授昭武都尉、侯铨都司、乡饮大宾郗公景玉，闻其风而慕之，窃私训：□王道也，非教何能？村野山林，岂□少姓天超迈可以造就者，患在豆釜□□。逐使攀宫墙而却步，望乡校而怆神者，所在多有。公且览于此，而心□风灯朝露，一旦僵仆，夙志未伸也。亟命长子森之、三子成之、长孙风鸣，修业之所，广储馆设，以作延师之资，俱使施于公中，择直正人经营□，而是岁夏杪公即□世。森之、成之，谨继承父志，鸠工庀材，□以锯千，罔□义学之意，并房院地□学中规条，勒于石，是为记。

义学房院一所，正窑三眼，东房、西房四间，大门、东西铺房八间，东院正房二间，毛厕厦棚三□。□本村枣堰地七亩，麻巷地□堰十亩，沙沟地一堰一亩半，东河地一堰二亩□，□巷地三堰□□。以上带粮七斗七升三合八勺。东平地三堰七亩，带粮一斗二升。范家垴地三堰四亩，又下堰一段四亩，带粮一斗一升。义井红栊湾地六亩，带粮一斗一升二合。南垴地五亩，带粮一斗。北沟河地四亩，二里坡地三堰□□，小阳泉磨虫石地一堰三亩两分，带粮二斗。小西庄村湾腰凸地六堰六亩，石圪叠六堰三亩，前头地六堰三亩，带粮二斗二升五合。西河村柳树坡地四堰三亩五，庙路西地大小六堰四亩，带粮一斗一升。以上共地九十四亩半，带粮一石七斗五升零八勺。粮柱系义羊部六甲义学堂。请师须择有品行者，每年所得租米予为延师资费。临街铺房所得房钱，毛厕所卖粪，不作为学中分粮煤炭薪水岁修之用。每年经理义学正月上旬择日到义学，公举经理人一二位，须正直者。

经理人支费屡年存项，学中器物清注账目，当日交代有条。

入学勿论本族异姓，须先见经理义学人，告知先生。然租地户先要交清，不许迟延。义学中所有桌椅器物……（下缺）

乡饮介宝庠生张星

例授奉直大夫侯铨同知郗森之

例授武德□尉侯铨守御所千总郗成之

国子监学生郗步堂

大德光绪元年岁次乙亥孟春三月

说明：此碑现存大阳泉村义学堂。

新建杨家庄村禁止煤窑碑

尝思水之有源也，犹木之有根，木有根则生，水有源则流，是根源皆不可损伤也。自道光年间，井上南坡煤窑始兴，斯年井中水缺，村中受害不少，人咸曰：此煤窑之故耳。自煤窑不做后，井中水流洋洋，依然如故。数十年吾村中无缺水之患，至光绪二年，村中有人复凿煤窑，村人恐伤水源复受缺水之害，约乡地以禁之。今年来又有无耻之徒，为利害公复凿煤窑，若不早图，则临渴作井，悔之晚矣。是以村中故老，会同乡牌保甲，以禁止约定。自禁之后，吾村河南、河北，凡井与庙前后二百步以外，方许再做煤窑。如有不情之人，不随旧规，依然再做，议定合村人等，送官究处。恐代远年湮，后人无稽，爰立石以垂永远。村中规条开列于后：

日后河南河北凡为煤窑，有事同管；

河南河北凡为煤窑，各地各事，事因地分；

河南河北凡为煤窑，费用银钱，各事各出，两不等摊

大清光绪三年孟冬谷旦河北人等仝立石

说明：此碑现存杨家庄村大王庙。

修葺关王庙正殿 马殿 牌坊 钟鼓二楼碑记

玉泉山者，天地秀气之所钟，我州北之名区也。由西山蜿蜒而来，公支别派以钟于此。蔚然而深秀，郁然而葱茏，宛若龙蛇之盘踞。曾无虎豹之淹，鸣鸟四时而翔集，文人结伴侣来游。观其松柏交翠，梧槐耸青，枫叶烧丹，寒林积雪。所谓春山澹冶而如笑，夏山苍翠而如滴，秋山明净而如故，冬山惨淡而如睡者，殆并擅其胜焉。且山何吕玉泉名也？玉有洁白温润之德，泉有本源澄清之义。洁则一尘不染，清则一秽不杂，而以帝之高风亮节，飨祀于此，间有当于玉之白泉之清乎？间尝观其居曹营表三约，悉将具所赐拜书告辞，卒归先主于袁军。后人谓其有智莹归晋，钟仪归楚之风范焉。吾则谓其忠义有过之者，何二人之足云。或有谓华容之释，以为报德。吾则谓此释曹也，非报曹也。当时之时，吴强而汉弱，吴非无事之国，曹亡则所图者将在刘矣。帝所为留之，曹与吴敌而峙，三分之鼎也。又有谓帝君荆州时，孙权遣使为其子求婚，以帝之不许为非，不知帝惟大义是秉，虽明与吴和，实则视曹与孙，皆汉之贼耳。盖其义勇忠烈，禀乾坤之正气，真富贵有不淫，贫贱有不移，威武有不屈，千古之男一大丈夫也。虽岳穆、文天祥诸公亦且仰企焉，谦让未遑也。而议者谓帝闻孔明论马超之才不及美髯公则悦，闻先主用黄忠为偏将军则怒，侣不无矜伐之意，然此特一时之感激，终不足为大德之累也，何德为帝厚非哉！至其殿宇之宏广壮丽，古人谓有神工鬼斧之能。而无从稽其建筑之始，然自宋迄清，代有修葺，碑志可考。今于光绪己巳秋，住持僧贡寓师倡其义举，会集台社耆老、保甲、

乡地，公议指资修葺，自正殿以及马召、大门、牌坊、钟鼓二楼、两廊僧舍、乐楼、官窑于所倾圮者则修葺，于所剥落者则藻绘之，莫不焕然一新，备积轮奂之美。山上玉皇大帝庙、二郎八腊庙、皇娘祠，亦皆补其缺，刻其角，丹其楹，藻其棁，以昭严肃召壮观瞻焉，而神复出灵丹以普济苍生，此固神之灵也。亦诸善之一诚之所感，有以致之耳。不然，何以灵丹之见必于兴工造作时耶！今大工告竣，受为文，以垂不朽云。

例授徵仕郎铨州判辛卯副贡史蘭皋撰文并书丹

大清光绪己巳（三十一年）

说明：此碑现存林里村关王庙。

辛丑记事碑

饮绵水上流

清绝绵泉水，临流手自斟。

欲澄民俗洁，先濯使君心。

密昌墀留刻

辛丑暮春三月，夷骑数出北峪口，逼关窥探，而武功军丧心不备，五日卯刻乘虚破苇泽关，未刻破旧关，炮雷弹雨，血肉狼藉，凄惨不堪言状。八日，夷骑退，溃勇莠民遂蜂起抢掠。维时四野亢旱，流言骇闻，人心惶惶，朝不谋夕，几不知斯土之祸乱伊于胡底也。幸我太守吴□匡闻警，星夜□驰，于九日抵州，枭除群鼠，力拯哀鸿。州尊密公于十二日兼程东下，甘雨随之。越十日奉令来关，兵燹余生，获睹天日。用是谣言息，强暴戢，四民乃□有生机。公于劝耕之余，偶尔掬饮源头，吟成一绝，父老谨记不忘，爰刊石以当甘棠之遗爱云尔。鸿胪寺序班杨藻述事，民保正马希宝经□。

清光绪二十七年五月朔日勒石

说明：此碑长62厘米，宽45厘米。现存平定县娘子关提水工程指挥部楼前水池内壁。

周氏家庙学务碑记

盖闻一日不食则饥，一日不学则荒，是食学乎原为吾人所并重。但值生存竞争之际，不能广设学堂，养个人有国民资格，总有食而亦难下咽。孔子答子贡必不得已之问曰，食可去，而信必不可无。学之较重于食也，明甚！今奉州尊扎饬，本村立公小学堂以广教育，诚盛意也。奈村中款项不足，碍难兴办。幸有周荩章旧日施出之地五十亩，斯地也，本为积租救荒计，于是众相劝说，谓救学荒甚于救岁荒，荩章遂将此地施入家庙，以每年所得租钱作为学堂经费，且并将此地以前所积租钱二百余千，以一百千亦施入家庙，将钱生息，为学堂历年费用；以一百余千救荒赈贫，完对天之愿。情出自甘，事可两全。此亦未始非我村文明进步之一大机也！奉州尊王公谕，镌石祠内，以垂永久，为后之热心学务者劝。

立施人：二十四世荩章，今将前已施积谷备荒之地五十亩，蒙州尊王公功谕施入家庙，将每年所得租钱为学堂常年经费，又将地内以前存积钱壹百千施入家庙，每年生息，并为学堂经费，带粮三斗。事出情愿，永无反悔，恐后无凭，立约存证。又将地亩堰数开列于后：（地亩堰数方位从略）

大清光绪三十三年岁次丁未秋月立

说明：此碑现存白羊墅村原周氏祠堂。

御英保矿碑记

大风起兮云遮月，晋省保矿兮平潭起。群情联兮谋生计，废约自办兮艾固移。

大风起兮云飞扬，矿权归来兮保晋嶂。仕绅民兮众向往，吾采吾销兮民自强。

不忘戊戌之议程，谨记乙巳大令率众之篱识。不忘黄公李君之义躯，谨记英洋讹吾晋叁佰万。

光绪三十四年四月十九日

七亘大捷纪事

一九三七年七月，日军发动全年侵华之战争，我军民奋起抗战。八路军一二九师在刘伯承师长率领下，东渡黄河，以太行山区为中心，创建晋冀豫抗日根据地。是年十月中旬，刘师长率部开至正太路南，宿营于平定马山村。

十月二十五日，获悉日军二十师团将取道九龙关迂回向平定开进，其辎重部队千余人由测鱼西上。七亘村系由测入平必经之地，刘师长借其地利，将七七二团三营设伏于此。翌日九时，日军辎重部队在步兵掩护下进入了伏击区，指挥员一声令下，伏兵居高临下出击。顿时，枪弹呼啸，杀声震谷，敌军惊恐万状，进退维谷，当场被击毙三百余人，并有大批军需物资和三百多匹战马被我方缴获。日军按兵家常规测度，以为我军取胜已撤，二十八日又重新组织兵力沿原路向平定进犯。刘师长出敌意外，反常用兵，再次于七亘村巧摆奇阵，致使敌人重陷伏击，弃尸百余具、骡马数十匹，溃败逃窜。连续两次伏击，我军伤亡三十余名，歼敌四百多人。

七亘大捷是刘帅首次运用“重叠的待伏”战术的光辉战例。从此揭开了太行山区抗日游击战的序幕，为建立平东抗日根据地奠定了基础。值此纪念抗日战争胜利四十周年之际，在七亘树碑铭记大捷之经过，以缅怀殉国英烈，赞颂老一代无产阶级革命家的丰功伟绩，激励后人学习先辈的爱国献身精神，为振兴中华建功立业。

一九八五年十月

说明：此碑长 90 厘米，宽 90 厘米。现存马山乡七亘村。

百团大战纪念碑记

1940年，国际风云险恶。德意法西斯横行欧洲，日本帝国主义加紧侵华，中华民族处于生死存亡的危急关头。

中国共产党领导的八路军，为挽救时局，遏止投降逆流，粉碎日本侵略者的“囚笼政策”，在朱德总司令、彭德怀副总司令指挥下，于斯年8月在华北战场发起规模空前的交通总破袭战。这就是名震中外的百团大战。

此次战役，从8月20日开始，到12月5日结束。我先后共出动105个团，近40万人，以正太路为破袭重点，在敌堡密布的2500余公里交通干线上，军民团结，历经大小战斗1800余次，共毙、伤、俘日伪军44000多人，克敌据点近3000个，破坏铁路470余公里，公路1500余公里，桥梁、车站、隧道200余处，并缴获大批武器装备。百团大战的胜利，有力地打击了日本侵略者的嚣张气焰，增强了全国军民抗战胜利的信心，对克服投降妥协危险起了重大作用。堪称游击战争史上的伟大创举。

阳泉地处正太铁路中段，横跨晋察冀和晋冀鲁豫两大敌后抗日根据地。狮脑山乃百团大战第一阶段主战场之一。奉命扼守狮脑山阵地的八路军129师385旅769团和14团，浴血奋战，重创敌军，出色完成掩护破袭战之任务，为战役胜利作出重要贡献。

岁月沧桑，神州巨变。为纪念百团大战的伟大胜利，缅怀为国捐躯的抗日英烈，激励后人，开创新业，1985年，时值世界人民反法西斯战争胜利40周年之际，经中国共产党山西省委员会批准，决定在狮脑山修建百团大战纪念碑。

百团大战永载史册！抗日英烈永垂不朽！

中国共产党阳泉市委员会

阳 泉 市 人 民 政 府

一九八七年七月

革命烈士纪念碑碑文

在阳泉近百年的革命和建设历程中，5000余名优秀儿女为了民族的独立、人民的解放和祖国的强盛而光荣献身，谱写了许多可歌可泣的英雄篇章。

20世纪初，随着正太铁路的贯通，地方近代工业迅速崛起，为阳泉产业工人的集聚、工农革命运动的兴起和工矿城市的形成创造了条件。与此同时，阳泉人民在中国共产党的领导下开始投身于反帝反封建反官僚、建立新政权、建设新中国的伟大事业。从中共平定特别支部成立到中国工农红军第二十四军创建，从七亘战斗两次大捷到百团大战威震日军，从中共第一城到能源重化工基地……阳泉革命战争和建设的每一段辉煌历程，均留下了革命先烈厚重坚实的足迹，记录了革命先烈感天动地的史实。先烈们的躯体倒下了，但他们那为了人民的事业而勇于献身的革命精神，永远值得我们尊敬、值得我们学习。

值此纪念抗日战争胜利60周年之际，迁址新建扩建革命烈士纪念碑，就是为了缅怀先烈，激励后人，继往开来。巍巍太行镌刻着烈士的英名，滚滚桃河传扬着烈士的精神。革命先烈永远活在人民的心中。

中 共 阳 泉 市 委

阳 泉 市 人 民 政 府

二OO五年六月

第四章 谣谚

第一节 歌谣

◆ 时政歌 ◆

八路军占了狮脑山

七月里来百团战，
八路军占了狮脑山，
杀到二矿抢“洋面”，
啊哟哟，
“矿井队”他都跑散。

那天鬼子把道袍穿，
跳跳唱唱闹得欢，
不防挨了两炮弹，
啊哟哟，
吓得狗儿们钻了兵站。
八路军可真沾先，
芹泉底下把铁道搬，
听不见火车再叫唤，
啊哟哟，
日本鬼子蓝了眼。

小河水朝东流

小河水呀朝东流，
赶上反乱这年头。
爸上战场保家乡，
哥哥拿枪打东洋。
姐是战地医疗队，
妈为战士做衣裳。
剩下小弟心不甘，

站岗放哨抓汉奸。
小日本，真凶残，
放火杀人抓青年。
八路军，真勇敢，
打倒日本过个太平年。

送哥哥参军

亲哥哥上前线，
小妹妹心喜欢，
手拉上英雄手，
送在你火车站。

哥哥你参军，
全家最光荣。
凡事我照应，
你安心去杀敌人。

到在军营中，
学武当先锋。
奋战守山关，
寸土也要争。

到在那战场上，
千万不要把心慌。
射人你就先射马，
擒贼就擒王。
打了交手仗，
谨记把刺刀上，
刺刀要刺准，
刺到敌人心肝上。

利用地形最关键，
不要忘了手榴弹。
扔到那敌群中，
炸它个面朝天。

火车隆隆转，
望影心留恋。
牵走我的心
随哥哥上前线。

火车出了站，
我一溜往回返。
快去找咱武委会，
参加民兵连。

哥哥你莫挂牵，
盼你快凯旋。
妹妹在佛前早为你，
许下贞洁愿。

归来往家返，
一步站一站。
盼望俺哥哥，
歇心报平安。

抗美援朝保祖国

走呀走呀真走呀，
撂下小妹妹咋做呀？

管我咋做不咋做，
抗美援朝要紧的。

妹妹妹妹你不要哭，
哥哥只能这样做。

打败美帝保祖国，
光景才能过幸福。

见青天

旧社会真黑暗，矿工的生活真可怜。
头上顶的破毡片，足上挂的破席片。
身上披的麻袋片，肚里边饿得直叫唤。
十二个钟头顶一天，挨打受气没有完。
到晚上睡觉没地点，旮旯缝隙到处钻。
铺能地，盖能天，枕枕头是块半头砖。
得了病，没钱看，死后卷圪垯破席片。
这势难还不算难，更困难的是想埋死人没地点。
因为土地是地主的权，穷人没钱干瞪眼。
只好往乱葬坟里一坷坎，狼拉狗扯实可惨。
四七年炮响一声天下白，毛主席开来救生船。
五月二日这一天，八路军解放了阳泉站。
从此后，劳动人民见青天。

想 家

藏山、柏石、兴道村，
千佛寺住的日本兵。
白天出发黑夜哭，
甚时回到日本国。

忘不了六月十五那一天

忘不了六月十五那一天，
平定大西庄地道里发生大惨案。
大西庄人民坚强勇敢，
保卫了抗日边区的安全。

忘不了六月十五那一天，
日本鬼子分五路一起上了山。
四周围又打枪又放炮弹，
逼的咱老百姓往地道里钻。

日本鬼子使用了毒辣的手段，
地道口点着草垛架上扇车扇。
红火苗黑烟雾吹进地道里，
五十八口男女老少死得真可怜。

忘不了六月十五那一天，
被害的父老姐妹拉下两庙院。

血海深仇咱要记在心，
日本强盗这笔账一定要清算！

高桂滋兵变

十一路军驻平定，睡到半夜变了心。
各街道，乱哄哄，炮弹响了一点钟。
攻衙门，劫监狱，吓坏县长李肇麟。
枪队，在上城，攻得快，把得紧。
起义队伍往上冲，差点摧了榆关门。
走东门，出西门，嘟嘟嗒嗒真威风！
沿街走，纪律明，没有糟害老百姓。

说明：平定起义发生于1931年，详见《军事卷》。

不打败鬼子不还乡

卢沟桥炮声响，
华北人民遭了殃；
苦了咱们老百姓，
土生土长无处藏。
汉奸组织“维持会”，
日本鬼子搞“三光”
“红部”安起阎王殿，
“站上”住了一窝狼。
马家庄一把火，
三百多人骨灰扬。
大西庄惨案苦，
无辜百姓把命丧
村村户户无宁日，
煤乡何时见太阳？
半夜三更盼天明，
盼来救星共产党！
共产党，像爹娘，
领导人民求解放；
挨门挨户讲道理，
反奸除霸办法强。
敌人躲进“王八窝”，
到处听见锣鼓响。
青年小伙要上阵，
没过门的闺女送情郎；
跨白马，戴红花，
扛起枪杆打东洋！
“大大妈妈莫远送，
爷爷娘娘把心放；
弟弟妹妹要听话，
不打败鬼子不还乡！”
妈妈听了孩子的话，
喜得两眼泪汪汪；
妻子听了郎的话，
送上布鞋表心肠。
忽听一声军号响，
小伙马上抖辔缰；
一阵马蹄一阵掌，
不打败鬼子不还乡！

◆ 仪式歌 ◆

过年谣

小孩小孩你别馋，
过了腊八就快过年。
腊八粥儿喝几天，
稀稀拉拉二十三。
二十三，糖瓜粘。
二十四，扫房子。
二十五，杀口猪。
二十六，炖羊肉。
二十七，宰公鸡。
二十八，熬杂烙。
二十九，蒸馒头。
三十晚上捞“元宝”，
大年初一放鞭炮。

新娘下轿歌

真财真寿真福禄，
婆家门内有勃竹。
婆家门前大槐树，
高挂灯笼照媳妇。
天赐良缘地配人，
麒麟送子到府门。
送子奶奶来得快，
不觉来在府门外。
黑油罗门金字牌，
双斗旗杆两面排。
玉石门墩银圪台，
八字照壁中间摆。
金瓦房子玉石柱，
房上安的铁角兽。
下游风钟箱叮叮，
左右长着摇钱树。
摇钱树上一忽摇，
金银落地三尺高。

进了大门进二门，
进了二门进三门。
进了三门是卷棚院，
公子举人秀才汉。
红围裙，蜡台艳，
两边站着翰林院。
羊角角插的是二度梅，
中间挂的是乌云幛。
东方门前一拨算，
生了娃娃做宰相。
西方门前一拔算，
生下娃娃是元戎。
七尺红绸引新娘，
新郎新妇拜花堂。

生活歌

裹脚道情

三寸金莲好哎，
四寸银莲巧哎。
五六寸大脚板要也没人要，
哎……
忍疼裹住了脚。

穿上红绣鞋哎，
系紧搂跟带哎。
日本人撵着俺跑也跑不快，
哎……
被了妈妈的害。

政府让放脚哎，
赶快动起来哎。
丢掉了裹脚布是真呀真痛快！
哎……
穿上了解放鞋。

小寡妇哭坟头

正月里，雪花飞，
想起旦哥常流泪。
半夜搂愣枕头睡，
抓下一手荞麦皮。
二月里，龙抬头，
天上下雨地下流。
俺和旦哥嚷过架，
两口没有记过仇。

三月里，梨花开，
树树梨花一片白。
摘朵梨花头上戴，
我给旦哥上坟来。

四月里，杨柳青，
大人小人忙春耕。
河湾二亩水洼地，
旦哥死了没人种。

五月里，麦梢黄，
家家户户收割忙。
镰刀挂在窗檐下，
想旦哥想了一后晌。

六月里，六月六，
妹妹独自坐炕头。
尝上一口歪嘴桃，
哪如旦哥搂一搂。

七月里，蒸面羊，
旦哥有副好心肠。
面羊蒸的白生生，

想起旦哥好心伤。

八月里，月儿圆，
葡萄酸来黄瓜鲜。
月饼含在嘴边边，
不如旦哥唾沫甜。

九月里，九月九，
夜夜空房实难守。
喝了一口浇愁酒，
想起旦哥沙茶壶。

十月里，十月一，
我给旦哥送寒衣。
寒衣送到坟头里，
哭了声天，叫了声地，
哭了声不管妹妹的挨刀鬼。

嫁窑黑

闺女嫁给窑黑汉，
黑水衣裳洗不完。
黑人黑衣黑世界，
黑窑洞里日子难。

平定八圪料

平定州，八圪料；出了东门问西郊。
黑沙岭，刨红土；红土凹里开炭窑。
干（甘）河常流水，水峪干河槽。
鸦凹村，麻雀多；鸡凹村，鸭子叫。
还有北乡一圪料，冯家峪村都姓赵。

旧街乡八圪料

旧街村新街道，新庄窝没新窑，
大阳窑村村小，小阳窑人不少，
狼峪撵着虎峪跑，柳渠倒比高岭高，
枣园里边没有枣，新店不如旧街好。

不识字

不识字，真困难，领粮来到供应站。
站了站，看了看，长队排下三十三。
划着曲灯抽着烟，等着供应证往进传。
会计一看发了愣，领粮拿着饲料证。
这小一听发了愣，大睁两眼看不明。
不识字，真糟糕，白纸上画着黑道道。
背背上还有个马的脑。

骑洋车

（一）

骑洋车的跑得快，拐一个弯儿跌下来。
你妈问你咋来来，“红屁眼儿小猴儿
挖着来！”

（二）

骑洋车的跑得快，拐一个弯儿跌下来。
扭了把，崩了胎，可把老婆摔了个坏。

形势好小段

（一）

自从实行婚姻法，青年们高兴得没法说。
自找对象自恋爱，出门就把老婆带。

（二）

海昌蓝一身，球鞋一蹬。
三鹿烟一根，区里结婚！

（三）

吃的三百六，穿的丈八布，
点的四两油，舒心日子咱拥护！

捞儿女

年对年，月对月，明年今日做满月。
先吃核桃后吃枣儿，养下娃娃长牛雀儿！

挑八股

秤韭菜，卖蒜苔，
小火罐，小铁筛，
大葱芫荽红辣角，
玛瑙媳妇泥孩孩。

搬不倒，有将帅，
一掌扇倒袁世凯。

绣花针，顶针圈，
针锥把，裤腰带，
红绿颜色真不赖。

和面盆，砂锅盖，
猴眉怪眼小妖怪。

拨浪鼓，小耍笛，
银铃项圈小孩戴。
货不好，退回来，
钱不够，可以该，
活人不该活人债。

◆情 歌◆

放羊倌与采石姑娘

南边有个狮脑山，
山下有片金沙滩。
山花开遍山周围，
彩石遍布沙滩滩。

山上小伙拿着牧羊鞭，
沙滩姑娘提着采石篮。
姑娘偷偷看小伙，
小伙眼神掉进了沙滩滩。

羊群咩咩走得远，
沙滩滩里留下了空空篮。
不知不觉到一起，
嘴对嘴来面对面。

羊爱青草鱼爱水，
鸟爱树林虎爱山。
蜜蜂爱花为酿蜜，
蝴蝶爱花蜜甜甜。

太阳西斜落西山，
羊群跑到山下边。
鸟入林巢蚁入穴，
河滩放着空空的篮。

蚊蚊草

蚊蚊草，水上漂，
水上头漂来一只白玉鸟。
白玉鸟白玉鸟生得好圪哼咳，
可把哥哥迷坏了。

妹妹小脚一条条，
上边落了个小家雀（儿）。
叫一声哥哥你快撵雀（儿）圪哼咳，
嗒儿嗒儿整跑了。

妹妹的鞋鞋绣花花，
鞋尖上落了个叫蚂蚱。
吱啦吱啦叫唤开圪哼咳，
有心上前捉住它。

上圪台，下圪台，
妹妹好比鲜白菜。
哥哥你多时没有来圪哼咳，
可把白菜莠坏。

想起心上人

倒坐炕沿丢了个盹，
忽然想起了心上人。

白净净馒头软晶晶糕，
因为想你吃不饱。

反穿皮袄毛朝外，
刮野鬼的哥哥在关外。
眉豆开花一串串红，
回到婆家少亲人。

一出罗门花栏墙，
少了朋友真难得慌。
红毒毒阳坡蓝莹莹天，
为了瞭你晒黑了脸。

民歌选录

阳坡坡玉茭背坡坡谷，哪一时想你哪一时哭。
前半夜想你吹不熄灯，后半夜想你翻不转身。

想你想的哭，下米下成谷。
想你想得活想煞，米汤菜饭不想喝。

高粱开在顶顶上，操心操在你身上。
黄雀落在圪针上，死活咱俩携跟上。

天上的浮云风刮开，有什么针线捎张来。
做不下好哇做不下赖？尿泥鬼男人好交代。

咱俩相好手拉手，割了的脑照样走。
咱俩想和并排排站，哪怕他扔过来手榴弹。
十字路口烧了张纸，谁要变心谁先死。

择一回眉豆抽一回筋，打一回伙计伤一回心。

想哥哥小段

（一）

前半夜想你灭不了灯，后半夜想你睡不稳。
摸捞见枕头摸捞不见人，咱俩个虽好结不了婚。

（二）

青石板上栽葱扎不下根，青竹篮里打水一场空。
三十三颗荞麦九十九道棱，小妹妹虽好是人家的人。

（三）

大红果子绿叶叶，哥哥走了两个月。
花盆盆和面泪点点滴，不知道哥哥想我呀不？

（四）

扫帚开花顶顶上红，是人就断不了人

想人。
看见人家想起你，泪水就像连阴阴雨。

对了眉眼不嫌赖

黑豆低来红高粱高，
咱村的闺女数你好。
烟袋荷包没火镰，
找不下对象实可怜。
你在你的圪梁上我在我的沟，
够不着说话咱摆一摆手。
糠面窝窝黑豆叶菜，
对了眉眼俺不嫌你赖。

要赏圆月等十五

要想吃桃先栽树，
要赏圆月等十五。
要想妹妹和你好，
快戴红花当劳模。

想哥哥

想你想你想得哭，
瓮子里挖米挖上了谷。
想你想得直愣怔，
半夜里喊你惊醒人。

◆儿　歌◆

宝宝找老婆

噹！噹！噹！
敲小锣。
宝宝找下个好老婆，
又会走，又会扭，
又会剜花铰枕头。
买下个小，担烧土，
买下个闺女补枕头。
买下个猴，折跟头，
买下个狮子滚绣球，
一滚滚到衙门口。

摇篮曲

背背，找找，
上了南坳。
南坳有棵枣树，
枣树不结枣，
气得老汉可山跑。

背背，找找，
背到南坳。
南坳有棵枣树不结枣，
拿起斧来就砍倒。

气得老汉可山跑。

弟弟画画我出题

小本本，花蜡笔，
弟弟画画我出题。
画上一只大公鸡，
每天早晨喔喔啼。
爸爸闻声去上班，
妈妈听见忙下地。
我和弟弟不偷懒，
起床就做作业题。

上圪台

上圪顶上圪顶台台，
下圪顶下圪顶台台。
瞭见婆婆点茶来。
什么茶？香油茶。
什么香？酒又香。
十八个骆驼驮酒缸。
驮不动，叫马郎，
马郎含能一口水，
喷湿小姐花裤腿。
小姐小姐你休啼，
明日给杀个老公鸡。
谁给杀，秃妮杀。
俺还嫌她秃腥气。
问问秃妮哪个儿睡？
睡罩篱。
铺什么？铺羊皮。
盖什么？盖簸箕。
蹬什么？蹬擀杖。
枕什么？枕棒槌。

其二

上圪台上圪台台台，
下圪台下圪台台台。
瞭着婆婆点茶来，
茶也香酒也香。
十八只骆驼抬酒缸，
抬不动叫马郎。
马郎喝了一口水，
喷湿小姐的花裤腿。
小姐小姐你不要哭，
明日后日车来呀。
什么车，红牛绿杆车，
什么牛，黑子牛，
牵过牛来剁了头。
头来的哥哥啃肉肉，
二来的哥哥啃骨头。
啃下一碗碎肉肉，
放起咱好包馒头。
姐姐吃了就肚疼，
赶上毛驴叫医生。
医生不在叫她公，
她公给了个枣烧饼，

叮叮吃上就不疼。

拉锯扯锯

拉锯扯锯，
老娘家门口唱大戏。
请闺女，叫女婿，
外甥孩儿也要去。
您老娘粗糠搅细糠，
蒸下的窝窝有翅膀，
手卜棱飞到柳树上。
窝窝窝窝你下来，
给你熬口辣椒好菜汤。

嫁闺女

老公鸡，蹬碾盘，
养活闺女不上算。
三斤豆腐二斤酒，
打发闺女坐轿走。
丈人丈母你不要哭，
您闺女到俺家不受制。
铺红毡，盖红被，
小花枕头一对对。

狼打柴狗烧火

狼打柴，狗烧火，
猫猫上炕捏窝窝。
捏下几外（个）？
捏下三外。
大哥二哥回来了，
窝窝咧？门头起。
不在嘞，哪圪咧？
猫含走咧。
猫咧？上了山咧。
山咧？雪掊咧。
雪咧？消成水咧。
水咧？和了泥咧。
泥咧？抹了墙咧。
墙咧？猪啃咧。
猪咧？扒了皮咧。
皮咧？鞔了鼓咧。
鼓咧？王八小敲塌咧，
拿烙饼糊住了，
馋老婆偷吃了，
跑到门口哭圪咧。

瞌睡虫

瞌睡虫瞌睡虫，
瞌睡张来（来了）不由人。
等等公婆下了世，
一觉睡个透天明。
媳妇媳妇你说甚？
瞌睡虫瞌睡虫，
瞌睡张来由不了人，
要不是公婆管哇，

不知道那挨了刀的成个什么人。

卖货郎

拨浪鼓叮当响，
担在老娘门前。
抽针针买线线，
胭脂钵钵粉罐罐。
这个闺女好嘴嘴，
给你找个婆婆家。
闺女说，俺有啦，
东头俺婆家，
西头俺妈家，
当中圪夹老娘家。

背孩歌

背背走走上到南窑，
南窑好在买下子牛。
子牛不吃草，
打的子牛可院跑。

娶嫂嫂

娶的哪？圪针凹，
红圪针，绿圪针，
扯了嫂嫂的紫罗裙。
大嫂给个针，
二嫂给条线，
三嫂过来缝一缝。
不会缝，会做甚？
会擀擀面。
擀面擀得薄又薄，
切得擀面细又细。
放在锅里陀螺螺转，
捞在碗里莲花瓣，
吃在肚里吱噜窜。

点点豆豆

点点豆豆，米量二斗，
和尚不在，你先去走。
点一点二连点三，
点住王八四狗蛋。
推车的，拉马的，
扑地扑拉吃屎的。

藏猫猫

风来啦，雨来啦，
猫猫道张话来啦，
什么话，铲铲话。
铲了猫猫尾巴巴。
猫猫呀，咋死呀？
谁给你烧钱掛纸呀？
老鼠抬材，黑猴穿白。
蚍蜉窜道，圪令吊孝。
老茅蜂吹打，绿豆蝇拍镲。

花大姐

哏儿哏儿哏儿天明啦，
月亮上了梁啦。
花大姐，快起哇。
透开咱外丝丝火，
坐上咱外马郎锅。
舀上咱外金瓢水，
下上咱外珍珠米。
快往南窑取笊篱，
紧跑，慢跑，一圪哒石头绊倒。
拾下一把黑圪栽，
好给爷爷画胡才，
胡才画得歪啦，
一棒打得圪蹶啦。

圪塄台

上圪塄台，下圪塄台，瞭见婆婆拣柴来。
茶又香，马又多，十八骡骡驮大箱。
驮不动，叫马骡。
马骡含的一口水，喷了小姐的花裤腿。
小姐小姐你不要哭，明日后日来大车。
什么车？红油箭杆车。
谁来呀？咱姥爷。
谁背酒？咱舅舅。
一走走到衙门口，打了瓶子漏了酒。
舅舅舅舅你不要气，明日给你杀个大公鸡。
谁杀呀？秃小子。
秃小子杀下（ha）秃腥气，
嫂妮子杀下（ha）嫂腥气，
秃妮子杀下（ha）正好吃。

老娘家门口唱大戏

拉锯，扯锯，老娘家门口唱大戏。
请闺女，叫女婿，小外甥，也要去。
外甥外甥你不要去，老娘家里没吃的。
窝窝粗糠搅细糠，咽下以后长翅膀。
忒儿的飞到枣树上，趴在树上不下来。
外甥外甥你下来哇，再吃窝窝咱不搅糠。

第二节 歇后语

门楼盖（前额）一盏灯——照远不照近

砂锅里头捣蒜——一锤的买卖

十字街的煤灰坷垃——踢打出来啦

锅盖上的米——熬出来了

五月端午的蛤蟆——躲灾嘞

粪叉挖脊背——贵贱不成手

狗含猪尿泡——瞎喜欢

蛤蟆跳在脚面上——咬不咬吓一跳

卖烧饼的不带干粮——吃货

八月十五吃糕——趁早（枣）

裁缝没剪——光丢下吃（尺）啦

孔夫子搬家——尽是输（书）

狗掀门帘——全凭嘴哩

茶壶里煮扁食——肚里有货

河里的石头——走着碰

担杖钩打枣——钩儿搭扯的

一官升黄米一簸箕糕——真（蒸）能做出来

钟鼓楼上的雀儿——惊出来啦

木碟子洗脸——不觉深浅

大师傅拉拉面——面对面

背上元宝跳井——舍命不舍财

骆驼熬杂烙——好大的架子

借孩做满月——瞎体面

三年等闰月——不信等不着

先穿鞋后穿袜——乱套

买下猪头只拿鼻子耳朵——就是不要脸

巷巷里扛木头——直来直去

墙上挂门帘——没门

猪鼻子上插大葱——装象

做梦娶媳妇——想得美

屎巴牛搬家——滚蛋

老鼠钻到风匣（箱）里——两头受气

窗户里头吹喇叭——名声在外

手榴弹炸苍蝇——大材小用

打破砂锅——问（纹）到底

早上的露水——不久长

绱鞋不拿锥——真（针）行

卖水的看见河——全是钱

背鼓寻锤——找的挨打

马尾巴搓绳——不合股

鞋帮做了帽沿子——高升啦

锛树虫害汗病——浑身发软嘴发硬

骑驴扛口袋——来回驴受苦

亲戚说亲戚——桃卖三钱

脱裤放屁——多犯手续

小鸡下蛋——犟圪努

裤裆里放屁——两叉

猪尿泡打人——虽然不疼，臊气难闻

老鼠圪舔猫屁眼——寻法败兴

三张毛头纸糊驴得脑——好大的脸面

腊月里买镰把——不是时候

正月十五买灶王——迟后了半个月

烧香抠屁眼——惯下的手足

供桌底下栽眉豆——缠住爷爷的足了

公公背媳妇过河——图苦受了不落好

赤脚鬼上了花椒树——麻得不觉了

喝水拿筷——配伴
瞎猫碰死老鼠——凑巧
新媳妇放屁——零崩
母猪养儿——在数的都算
爹死娘嫁人——各人顾各人
聋子的耳朵瞎子的眼——配伴
电线杆上插鸡毛——好大的掸（胆）子
脱裤撵狼——胆大不害羞
月儿明地里拉扫帚——假充大尾巴狼
狼不吃死孩——尽是活人惯的
哈巴狗戴串铃——冒充大牲口
怀孩老婆赶庙——里外都是人
土地爷吃麻花——服不了大贡献
秃子的头发——他也不长，咱也不想
骑着骆驼赶着鸡——高的高来低的低
驴粪坷垃——面面光
孙令公的儿子——报不了仇
光头上的虱子——明摆着嘞
和尚的帽子——平不塌
豆腐掉在灰渣坡——吹不得打不得
猪八戒戴上腊梅花——臭美
种的芥麦上来是豌豆——灰的没棱啦
没枣树上打一杆——多余
茅石板记功——臭闻（丑闻）
老鼠的尾巴——打一百棒槌也肿不下碗来粗
黄雀上了花椒树——足麻了
雕六六请回醉猫来——好请难打发
洋鬼看戏——蓝了眼啦
川驴——打死不改

旅馆的臭虫——吃客

火车进站——吼得凶走得慢

叫花子打狗——边打边走

铁匠夸徒弟——打得好

姐妹俩找婆家——各走各的路

甲鱼吃甲鱼——六亲不认

客厅里挂狗皮——那是什么画（话）

城隍娘娘害喜——怀的是鬼胎

开弓不放箭——诓人

月亮底下晒被子——白搭

公鸡打架——头对头

空棺材出葬——木（目）中无人

纸糊的琵琶——弹（谈）不得

五更天唱歌曲——高兴得太早啦

木桶淘米——水泄不通

毛驴啃石磨——嘴硬

龙王爷打呵欠——神气

文盲看布告——一摸黑

水牛肚子——草包

笼里的鹦哥——成天耍嘴

墙上刷大灰——白涮（说）

裁衣服不用剪——胡扯

照片底板——颠倒黑白

提着马灯下矿井——步步深入

提着耳朵过河——小心过火

提着葡萄要饭吃——穷酸

揪着胡子过河——谦虚（牵须）过度（渡）

趁热打铁——来得快

裁缝铺的衣服——成套

芹菜没叶子——光棍
菜刀切豆腐——不费劲
蚂蚁抬大炮——担当不起
电灯发亮——其实不然（燃）
线杆上挂温壶——水平高
风吹墙头草——两边倒
凤凰头上戴牡丹——美上加美
七十岁学吹打——志长气短
六个指头划拳——有一个算一个
火车拉笛——名（鸣）声挺大
火车离了轨——寸步难行
十五的月亮——光明正大
一样的杂技两人玩——各有技能
关公斗李逵——大刀阔斧
一月穿三十双鞋——日日换新
人头上砸核桃——欺人太甚
牛角上抹油——又尖又滑
出门见狐狸——路晦气
冷水梳头——一时光
冷水泡茶——慢慢浓

第三节　谚　语

一、气象类

春雨贵如油。
春旱不算旱，秋旱减一半。
雹打一条线，霜降一大片。
雹打圪梁霜摞沟。
没有和风，下不来细雨。

狮脑山戴帽，长工睡觉。

东虹忽雷西虹雨，南虹起了卖儿女（遇灾）。

三月清明花不开，二月清明花开败。

五月旱不算旱，六月连阴吃饱饭。

五月南风海底干，六月南风水连天。

寒露百草枯，霜降水流稠。

水瓮津，蛤蟆叫，大雨要来到。

冷寿阳，热获鹿，不冷不热平定州。

早烧连阴晚烧晴。

早起（晨）下雨一日晴。

早霞不出门，晚霞行千里。

早起（晨）雾，晒破肚。

早看东南，晚看西北。

云往东，刮大风；

云往西，下大雨；

云往南，水漂船；

云往北，稀泥陷住脚。

雨洒尘，饿煞人。

头伏有雨，伏伏有雨。

热生风，冷生雨。

蚍蜉过道燕低飞，大雨不久就来临。

日晕三更雨，月晕午时风。

月儿烤火天要阴，下起雨来不放晴。

星星眨眼，下雨不远。

东西南北圪搅风，下起雨来没有晴。

风是雨的头儿。

蜻蜓点水燕儿低飞，不到明儿就有雨。

草（母）鸡不上架，半夜就要把雨下。

烟筒不出烟，一定要变天。

八月十五云遮月，正月十五雪打灯，必定好收成。

初一阴，初二下，要晴等到十七八。

下雨起水泡，三天晴不了。

七阴八下九不晴，二十四五放光明。

黑夜下雨白天晴，今年必有好收成。

蜡芯灯花红，明儿天大晴。

茅坑翻底盐出水，明儿一定有大雨。

鸡儿上架早，明儿天气好。

初霜来得晚，冬天雨水短。

不刮春风地不开。

春寒麦不收。

房檐滴水三指雨。

一场春风一天暖，一场秋雨一天冷。

夜晴没好天。

热在中伏，冷在三九。

有钱难买秋后热。

旱天东风不下，雨涝西风不晴。

雨前蒙蒙下不起，雨后蒙蒙天不晴。

天寒日短，不刮风就暖。

九里有风，伏里有雨。

下雪不冷消雪冷。

头九、二九，罅门叫狗；

三九、四九，冻破茶臼；

五九、六九，沿河看柳；

七九河开河不开，八九雁来总要来；

九九加一九，犁牛遍地走。

腊七腊八，出门冻煞。

过一冬长一针，过一腊长一线，过一年长一箭。

春打六九头，河里冰雪顺水流。

二、农事类

清明前后，安瓜点豆。

处暑不出头，割上（禾苗）喂了牛。

种地不上粪，等于瞎胡混。

人怕精神倒，地怕抓地草。

人勤地生宝，人懒地生草。

耕地看掩头，耙地看牛头，种地看耧头。

三年学个买卖人，一辈子学不成个庄稼人。

田地不收，磨眼里圪抠。

夏至不种高山黍，平地还有十天谷。

谷倒谷，守着哭（指不能种重茬谷）。

麦要八十三场雨（指八月、十月、三月）。

麦要三月雨，单怕二月雪。

麻三、谷六、菜一宿（指下种后发芽需要的日期）。

白露早，寒露迟，秋分种麦正当时。

六月六，看谷秀。

头伏锄地一碗油，二伏锄地半碗油，三伏锄地没来油（由）。

黍茬种豆，亲如娘舅。

头伏萝卜二伏菜，三伏有雨种荞麦。

若要萝卜大，夏至埋在土底下。

芒（忙）种黍子急种谷。

地冻车轮响，萝卜菜根长。

过了闰月年，走马就种田。

一年之计在于春。

春天不忙，秋后无粮。

人误地一时，地误人一年。

栽蒜不出九。

小满玉茭芒种谷。

榆钱黄，种谷忙。

芒种不种，过了芒种急种。

好种出好苗，好树结好桃。

早种三分收，晚种三分丢。

刨个坡坡，吃个窝窝。

七十二行，庄稼为上；

一籽入土，万颗归仓。

立夏不栽瓜，栽瓜结不下。

早种山，晚种川。

抗旱如救火，保苗如保命。

人靠地养，地靠粪长。

庄稼一枝花，全凭粪当家。

大粪一季，圈肥一年，羊粪三年。

春天砸个坷垃，秋后吃个疙瘩。

三月茵陈四月蒿，五月割来沤肥料。

麦子不怕八月雨，单怕来年二月雪。

麦收三月雨，谷收七月风。

春冷麦不收。

芒种不开镰，再过三五天。

抢秋夺夏。

小麦上场，核桃半瓤。

深耕细耙，长好庄稼。

耕三耙四锄八遍，天不下雨也耐旱。

水地萝卜旱地葱。

楼台茄，吊边瓜。

苔下韭，花下藕。

立秋前，立秋后，三天里头种白菜。

八月一，碾新谷。

苗间一寸，强如上粪。

锄头下有水，杈头上有火。

天旱锄田，下雨浇园。

露根黍子埋根谷，蹲苗培土不倒伏。

三分种，七分管，十分收成才保险。

八月葱，九月空，十月里才填满心。

秋耕深一寸，顶上一遍粪。

秋天犁破皮，强如春天犁十犁。

今年不秋耕，来年少收成。

冬无雪，麦不收。

一冻一消，浇麦当好。

要想粮食吃不完，就得雨水不出田。

土垫土，打石（读dàn，一石为十斗）五。

笤帚响，粪堆长。

积肥如积粮，肥多粮满仓。

喂猪不垫圈，不是庄稼汉。

桃三杏四梨五年，想吃核桃七八年。

林檎苹果三四年，枣树当年就还钱。

母羊生母羊，三年五只羊。

三、风土类

一州吃三县，糠菜半年粮。

要想发财快，庄稼搅买卖。

平定不缺烧，住在煤旮旯。

寻茶要饭，不如担煤卖炭。

有了“黑白黄”，不愁钱和粮。

下井三天眼昏耳聋，下井三年耳聪目明。

柱是胆，灯是眼，水是病，风是命。

人活一口气，矿通一股风。

河下的煤，荫营的炭，

杨家庄的锄板白泉的锨，
牵牛镇出的是粗瓷碗。
陈家庄的好黑矾，
羊油矸出在落菇堰。
平定城的火烧香又脆，
小西庄的砂茶壶是阳泉之最。
常家沟的砂锅不亮不要钱。
东西小麻柳树峪，七十二座烧货炉。
砂锅炖下的肉，小米做下的醋。
没有黄瓜干，不算好席面。
黄菜豆腐抿圪蚪，入贴如和又顺流。

四、实践类

眼见为实，耳听是虚。
放羊三年会看天。
初生牛犊十八跌。
一处不到一处迷，一门不学一门黑。
铁是打出来的，马是骑出来的。
喊破嗓子，不如做出样子。
不摸锅底手不黑，不拿油瓶手不腻。
挑了重担走着踏实，有了目标干事扎实。
困难是石头，决心是榔头；
榔头敲石头，困难就低头。

五、保健类

冬吃萝卜夏吃姜，不用医生开药方。
病人不忌嘴，跑断医生的腿。
男怕穿靴（脚肿），女怕戴帽（头肿）。
早酒早烟，少活十年。

想要身体好，必须起得早。

桃饱杏伤人，李树底下埋死人。

三分吃药七分养。

有钱难买老来瘦。

饭前洗手，饭后漱口。

饭后百步走，能活九十九。

早不吃葱，晚不吃蒜，半夜不吃煮鸡蛋。

腿暖一身暖。

过了清明十八天，脱了棉衣没后患。

吃饭莫饱，走路莫跑。

伤筋动骨一百天。

三单顶不住一棉（指衣服）。

寒从脚起，病从口入。

春不忙减衣，夏不忙加冠。

酒多伤神，食多伤身。

心平气和，五体安宁。

第五章 传 说

女娲补天

平定有个古贝乡，古贝乡有两个村庄，一个叫东古贝，一个叫西古贝。那里有两座高山，全部是由轻而多孔的山石堆成的。东面的叫东浮山，西面的叫西浮山，两山之间，有一个锅底一样的大坑，坑边有三块大石头，呈品字形排放着，人们叫它“支锅石崖”。传说这里就是女娲炼石补天的地方。

很古很古的时候，炎帝死了，他的后代共工与颛顼争夺帝位，两人大战了七天七夜，结果共工失败了，一头撞到不周山上。没想到碰倒了撑天柱，使西北天顶塌了下来，一时日月星辰暗淡无光，江河洪水泛滥成灾。玉皇大帝眼看天空摇摇欲坠，人间洪水横流，便派女娲下来炼石补天。女娲来到地上，找呀找，寻呀寻，发现上艾（今平定县之古称）东南地上有许多泥团（古贝人叫“羊油矸”）。女娲知道这泥团能炼成补天的五色彩石，就在那儿挖了一个大坑，搬来三块大石头放在坑边，支上了一口大锅，把泥团盛在锅中，然后取出一个宝贝瓶儿，打开瓶盖，放在坑内。那瓶里立刻喷出三昧真火，把锅内的泥团煮沸。每一锅泥团，都炼成了一块五色彩石，当然也要剩下一些废石碴。女娲把白天剩下的石碴倒在东面，晚上剩下的石碴倒在西面。天长日久，这些石碴越堆越高，渐渐就堆成了两座大山。因为这石碴多孔，又很轻，可以浮在水上，人们便把它叫作浮石。这东面的山，自然就叫做东浮山；西面的山，也就叫西浮山了。女娲一直炼了七七四十九天，炼好了三万六千五百块五色彩石。可是没有撑天柱不行呀，女娲想起大鳌的腿很长，于是就急忙到大海里找大鳌去了。

女娲走得急，一时忘记盖住喷三昧真火的宝贝瓶儿。那火越喷越多，越烧越大，宝贝瓶儿被烧红了，一下崩成两瓣，落在两个山沟里。后来，这两个沟里住上人，因为那里各有一瓣古代的宝贝瓶儿，人们就把东面沟里的村庄叫作东古贝，西面沟里的村庄叫作西古贝。

女娲打败了大鳖，拿回鳖腿做撑天柱，把五色彩石一块一块顶到天上，眼看要把西北的天顶补上了。可是补到最后，还差一块彩石，天顶才能补全。女娲一数，糟了，那彩石少了一块。原来那宝贝瓶儿崩开的时候，竟把一块五色彩石崩到天空，后来落到南京青峰山摔碎了。南京人就把这些落下来的石头叫作雨花石。因为五色彩石落地时发出一种钟一样的响声，人们就把青峰山叫作钟山。这石头究竟原来有多么大，那就谁也不知道了。反正曹雪芹知道南京有块补天石，后来才写出了《石头记》。

女娲想再炼一块石头把天补起来，可是盛三昧真火的宝贝瓶儿破了，她也实在没办法了，就不由地叹了口气。谁知她叹出的气是蓝色的，把那没补好的天顶遮了起来，看上去，天顶像是补平了。女娲也就回天宫向玉皇大帝交旨去了。

东西古贝的人都说女娲就是在古贝“支锅石崖”炼石补得天，有东西浮山的浮石可以作证，也可以拿胶泥状的羊油矸作证，信不信当然由你了。

老君爷“种”煤

很久以来，平定一带就流传着这么一句俗话：“鹊山的煤，石卜咀的炭，城里的闺女不用看。”这是说平定地区要数鹊山一带的煤炭质量好。

这世上的煤是咋有了的？

相传很早很早以前，人还不知道用火哩。生吃生喝，过得是茹毛饮血的野人生活。打来野兽了，就去毛剥皮，剔骨喝血。找到可以吃得植物了，也是拿起来就吃。

忽然有这么一天，天上黑云滚滚，明晃晃一个闪电刚过，呼啦啦一声炸雷，一下子击中了山上的树林，烧起了冲天大火。当大火熄灭以后，人们在山上发现了许多烧死的动物。这下大家可高兴了。这咋也比咱拼上命去打猎省力气呀。当他们从死动物身上撕下肉块来吃的时候，就发现这肉比生吃动物肉香多了。从此就想办法取来火种，架上柴把东西烧熟了再吃，并且一传十、十传百，把火种一天接一天地添上柴延续下去，不让它熄灭。一直烧了不知道多少年，忽然有一天把森林点着了，引起了一场漫天大火。

这一天，玉皇大帝被凡间飘上来的烟雾呛得咳嗽，鼻涕眼泪一个劲地流。再往下看，毁了！人间到处是冲天大火，浓烟滚滚。他很是恼火：“这还了得？这火天天烧，年年烧，树木烧光了还烧什么？”

玉帝一扭头，看见了正在炼丹的老君爷，就说：“老君，把你炼丹用的神火给人间用用吧。”老君爷说：“陛下有所不知，我这炼丹用得神火如若送下人间，势必会引起大火，烧光一切，我看还是把我烧火用的神煤给他们种上点吧，这样人们可以用点挖点，子子孙孙都用不完。”

提起这老君爷，真是个日怪神仙，他生来见不得女人。传说他妈生他的时候，怀了一年零八个月，就是不往下生。为什么呢？据说他不愿意走女人生孩子的那条道出来。这一天正是腊月十八，黄风卷地，大雪飘飞。老君爷他妈忽然觉得右边肋下一阵疼痛，迸开了一个大口子，老君爷就从那里出来啦。他一出来就是个白胡须白发的老头，一看他妈，血流遍地，早死了。老君爷给她磕了一个头，就进山修仙去了。这一天既是老君爷母亲的遭难之日，也是老君爷的生日。因此这一带至今流传着一句话：“腊月十八老君生，不是下雪就刮风。”这是真的，要不你留心看看。直到如今，各地煤窑到腊月十八这天都要停工，杀猪宰羊，放炮祭奠老君爷。还有就是许多煤窑至今还不让妇女下窑干活儿；老婆们生孩子，也从不让下煤窑的男人进月房。

还是说老君爷给人间种煤吧。这天一大早，老君爷挑了一担神煤，走到一处平川地域，看见一伙人围着火堆正烧肉吃，就过去讨要；可那伙人说说笑笑，谁也不理他。老君爷想，这地方人心太坏，种煤？种个屁吧。于是老君爷挑了担继续往西，一直上了太行山来到现在平定的鹊山一带，又看见一伙人生火烧东西吃。不等他张嘴，就有个后生过来扶他坐下，又给他拿过吃的来让他吃。说老人家辛苦啦，吃点东西再走吧。老君爷心想这地方人心不坏，就把煤给他们种上吧。所以等吃了饭之后，就对后生说：“你们天天砍柴烧火，不嫌费事？”后生说：“费事有什么办法？”老君爷说：“我这筐里头有好东西哩。你们看……”说着就用手捏了点煤放进火里头。好家伙！说也奇怪，只见那黑块块一放进火里头就冒起蓝幽幽的火苗来。不一会儿烧得通红，而且一着就是好几个时辰。人们就说：“老大爷，这东西不赖呀，给留点吧！”老君爷说：“这好说，明天一大早，你们到山上去挖，要多少有多少。”当下，老君爷挑起担子上山，一边走，一边种，东一股，西一片，一担煤全种到这里了。第二天，人们果然从山上挖出了煤。这天晚上，老君爷就给人们托梦，告诉人们他喜欢什么，见不得什么，又告诉人们腊月十八日是他的生日。大概老君爷也有不正之风，想和人们要供品哩。不管咋说吧，老君爷干了件大好事，要不，咱祖祖辈辈烧什么呢？

从此，这太行山上哪里挖挖也是煤，只不过有深有浅罢了。

桃河的故事

桃河，相传在很古的时候叫扑猪河，据说发源于双岭山，河发时，从西向东飞流直下，迅猛异常。河面树木漂浮，河里巨石翻滚，犹如万马奔腾，不可阻挡。河水涨落莫测，来去无常。有时干枯如大片漠川，风沙弥漫；有时洪峰数丈波涛滚滚，顺势而来；有时虽烈日晴天，河头却突然冲下，别说过往行人防不胜防，就是气大如牛、奔跑迅疾的野猪，若碰上河头也会被扑倒而卷入波涛之中。因此，当地百姓把它叫作“四十里外扑猪河”。

扑猪河是一条害河，平日里河中干枯无水，发水时吞没大片田地。因境内有一条通商大道横跨河面，故不少的过路商客常死于洪水之中，两岸时有哭声呼号。

有一年秋天，正是谷子黄了的时节，突然发下大河把岸边的庄稼房屋都冲走了，还有一些无辜的百姓也丧了命。人们哭天喊地，悲痛欲绝。过了些时候从悲伤中清醒过来后，大家共商抗洪办法，开始开山凿石，修筑拦河大坎。整个冬春人流如潮，搬石如山，河坎建成了。可是第二年河水更大更猛，河坎又被冲垮了，耕地田庄也被淹没了。但人们并没有灰心，又重新搬石筑坎。谁想河坎年年加大，河水也年年猛增，河坎屡次被洪水冲垮。就这样当地百姓还是坚定信心，年复一年，子子孙孙不断拦河筑坎，终于筑起一条齐峰大坎。这个消息让禹王爷知道后，很受感动。有一天，禹王爷下界来观光，正赶上一场倾盆大雨，发下了特大的洪水，岸边的人们冒雨爬到山顶，观看大坎险情。河水涨得很快，来得很猛，波浪滚滚，直冲向大坎，人们开始担心。这时有几百个壮士，不顾危险，扛着巨石跑向河坎，往返不停。此情景，又使站在云端的禹王爷感慨万分，抬头向双岭山一望，山洪源源不断；看看空中，天雨如注，有增无减。此刻齐峰大坎已经摇摇欲坠，禹王爷赶紧想了一个办法，伸出五个指头，形成五道河弯，从而减轻了河水的冲击力，减缓了河水的流速，保住了齐峰大坎。

翌日，风平雨止，山色复明。人们战胜了洪水，河水中出现了“五堵”的奇观壮景。人们纷纷奔走相告，远亲近朋都来观光赏景，大坎所在之地，好像赶集一般，热闹非常。于是人们在这里建起了村落，起名叫“五堵镇”，又叫“五渡口”。这可能是现在“五渡村”村名的起源吧！早年的大坎也没有用处了，人们把它填成了“平台”，供观光的游客伫立眺望。

从此，河两岸的村落逐渐多了起来。五堵河的下游，没有固定的河槽，因而河水乱流。人们便在这下游平川上建起了一个村落，叫“乱流村”；在河岸坡上建了另一个村庄叫“河坡村”。因五堵上游淤下大片沙砾，故将此叫“沙江口”；而把淤下的一处水洼叫作“平潭”。后来扑猪河中流水变清，鱼虾成群。人们在观鱼的地方又建起了“赛鱼镇”。哪个再想看到扑猪河的翻滚波涛，只有长途跋涉到河水上游的“坡头山庄”去了。

从那时开始，扑猪河两岸一派繁荣景象。特别是桃花盛开的季节，河面浮着花瓣，两岸飘香，风景宜人，因此人们就改扑猪河为“桃香河”和“桃花江”。后来不知在什么年代被简称为“桃河”了。

赵简子与平潭古城

阳泉市的平潭古城相传为春秋末期赵简子所筑，距今已有两千四百多年的历史。是市区最早的建筑物，在我国史籍中多有记载。《魏书·地形志》上记有：“太原郡中都有平潭城”。《方舆纪要》一书记述：“平潭城在平定州西北……，相传赵简子所筑也”。在近年出版的《山西历史地名录》阳泉条目中也写着：“平潭，在阳泉市北，有宋熙宁敕建寿圣寺，因众水汇潭于前，乎衍光鉴，故名。近有赵简子古城遗址。”这些文字不仅指出了平潭古城的方位，而且解释了古城得名的来历。

平潭城俗称“古城”，其遗址在今古城居民区一带，即紧挨蓄水池的高土垄乃是古城的遗迹。从里侧看，墙高约有一丈多，两丈多宽；从外围观，墙高即有四五丈多。原先的古城方圆估计有一里左右。1958 年，这里曾挖出 4 件文物：军锅、石鼓、马镫、箭镞。军锅是用铜制作的，直径 2 市尺有余。据传，春秋战国时期，军锅不仅是军队的炊具，在两军厮杀激烈战斗中，还可以敲打助战，即古代小说中描写的“擂鼓鸣金”。石鼓，是一市尺高的鼓形石头。它是用做柱础，还是用于坐凳，或者系平潭城建设中的装饰品？尚未找到佐证。马蹬，约 10 厘米左右，用铁铸造。箭镞（箭的头部）出土时还有白色金属光泽。这 4 件方物曾交市文化局保存，惜“文化大革命”期间失散。

另据矿务局于兆春同志向笔者反映，他在 1958 年 12 月就读阳泉煤矿学校期间，一次到矿务局砖厂义务劳动，曾从深一米处挖出一件青铜钩形物品，长约一市尺多，宽七八全底平，上呈弧形，形同如意。其表面有绿色铜锈，还有溜金花纹，不料在石头上一磕打，该物便折成两截。因无知，已随手扔掉。我听他述后，又看他描制草图，仔细分析了出土的方位（乃古城西半里之高阜上——今矿务局院内 13 楼楼后一带）。推断此物也为春秋战国之遗物。为此，笔者借出差赴并的机会，专程到山西省博物馆请教了有关专家。据该馆群工部高晓林同志考究，此物称“错金带钩”，是春秋战国时期的一种车马装饰物。馆内古代史陈列室玻璃柜内也有同样展品，其形状与于兆春口述完全吻合。

另据市广播电视局郑光亮提供：在古城一带，下挖一米可发现瓦砾、陶片，曾出土过陶皿器具。

古城的脚下有一条河，名为洪城河，相传这里原是平潭城的护城河。春秋战国时期，范昭子和中行文子联合攻打赵地，两军在此鏖战，双方伤亡极重，血流成河，以至将护城河内的清水也染成了红色。此后，人们便把护城河叫成了“红城河”，后又讹为洪城河。

古城隔桃河相望的地名叫“简子沟”，相传是赵简子屯集军马粮草的仓库，故名。

古城之西有条小河，名为西河。与桃河交汇处的平川地带名为“平潭街”。相传，这里曾是赵简子操练大军的教场，又是平潭古城下的交通大道。随着历史的不断发展，这条街逐渐变成了集市贸易中心、历代邮传的驿站。不仅官吏、邮差在这里换马住宿，过往客商也不断在此停歇。

赵简子在阳泉一带还留有封鹊山的历史佳话。据《平定州志》载：“鹊山，在州西北五里，上有扁鹊庙，山下有平地泉。”赵简子赐扁鹊田四万亩在山下。相传春秋战国时期名医秦越人来到赵地行医，曾治愈赵简子昏迷5天的头疾。赵对他的医术十分敬佩，称他为神医扁鹊。为了报答秦越人的精心医疗，赏田地4万亩，并将这块领地封为鹊山。过去，平定的老人们常说：“先有鹊山，后有平定”，指的就是这个故事。鹊山村也许就是阳泉市最早的居民地了。

说明：原载1987年第1期《方志通讯》，李庆祥整理。

荫营与杀将口

荫营和杀将口的传说，说的是汉朝开国大将韩信，辅佐汉王刘邦攻打赵国的故事。

公元前204年，汉王刘邦派大将韩信统兵伐魏，大军一路无阻，浩浩荡荡杀向平阳。那魏王豹吓得胆战心惊，打了几个回合，败下阵来，只好乖乖地做了俘虏，韩信擒了魏王豹又乘胜击赵，先攻代郡。

韩信击赵为何先攻代郡呢？原来赵王的丞相陈余，本来已随从汉王，听说刘邦重用了他的仇人张耳，就声称与汉绝交，因此，韩信要讨伐赵王的叛逆。那代郡本是陈余的受封之地，陈余留辅赵王，用夏说为代相，让他驻守代郡，韩信下赵，就得先取代郡，直抵阏于（在今和顺县境内），那夏说迎战汉军，无济于事，死在汉军先锋曹参的刀下。

汉军攻人代郡，韩信进城安民。这时，汉王刘邦因为南方吃紧调回曹参，韩信又选万员兵勇，沿太行下赵。一路打探赵王军情，韩信得知陈余统领20万大军据守的井陉口（即今平定旧关），地形险要，易守难攻，韩倍便先在一片林荫中安营扎寨，号为荫营，这就是荫营的来历。下荫营是张耳的营盘，上荫营即是韩信的大营。

汉军兵马在荫营暂休数日，一面打探军情，一面整编部队，随后逐步向井陉口靠拢，一日，韩信大军来到鹊山以北的高阜，安下大营，“以榆塞门，因名榆关”，这就是今天的平定上城，旧称榆关门。

韩信治军严正，亲自巡营，了解军情，体察民情。这一夜韩信骑着一匹骏马沿着营房向村落走去，忽听得有老者哭声，他连忙寻声策马奔来，借着残月微光，看到有位老丈捶胸而泣。韩信下马问道：“老丈为何哭泣？”那老者一见将军，拔腿要跑。韩信连忙深施一礼，和颜悦色地说：“我乃大将韩信，老丈有何苦楚快讲！”那老者仔细端样，只见韩信潇洒英俊、气宇不凡。闻听人言，韩信早年飘落街头，一位老妈妈给了他一碗残茶剩饭，在危难之中救了他的性命。后来老妈妈受到韩信的千金之报。想到此，老者便将一腔的苦水倒了出来，

原来，韩信手下有一名偏将，名吕礼，是吕后的远房侄儿。他来到榆关后，带着几个兵丁骚扰百姓，见了有姿色的女子便尾追上门胡作非为。不知何时，吕礼看上了老者的女儿。昨夜，吕带人将老者茅屋团团围住，逼迫小女与他成亲，老者说：“小女已经许配他人，万勿失礼。”谁知这个皇门的宠儿，好色的淫棍，那能就此罢休？吕礼奸笑着说：“我乃韩信的部将，今日看上你的贱女，是你家莫大的荣耀，本应赶快谢恩才是，如若不从，立斩不饶！”老者跪在地上，再三哀求，无济于事。吕礼把手一挥，命令亲兵将老者赶出了门庭，要强行霸占姑娘。姑娘跑上绣楼跳了下来，顿时血肉模糊，香消玉殒。吕礼见此情景，扫兴而去。

韩信听罢老者的控诉，气得面色铁青，他赏给老者几两纹银，急匆匆赶回营地。

次日黎明，韩信击鼓鸣角，开帐议事。一点将官，单少了罪大恶极的吕礼。韩信怒道：“吕礼胆敢不来点卯，目无军法，定斩不饶！”马上派人去找。

再说吕礼，昨晚从老者家中扫兴归来，砸开一处酒家，喝得大醉，正在做着美梦。忽然有个亲兵把他推醒，把大将军动怒之事说了一遍。吕礼心想，一定是夜里的事被他察觉。他知韩信治军严明，又逼死一命，必遭杀头之罪。如何是好？三十六计走为上。只有回汉宫吕后的身边，方可保全生命。主意已定，上马北去。

这时间，接到哨兵回禀：“吕礼脱逃”。韩信立刻上马追赶。赶到18里之远的扑猪河（今

称桃河），望见几个散兵正在望河而叹。原来是正发山洪，吕礼一伙被河水截住去路。韩信赶到，吓得吕礼魂不附体，连忙跳下马来禀报：“大将军，我奉娘娘密旨，回宫听候……。”韩信强压怒火，说：“有何凭证？”吕礼结结巴巴，无言可对。韩信大声问道：“吕将军，百姓告你霸女杀人，可曾是实？”吕礼一听，事已败露，便故作镇静道：“这区区小事，算得了什么？”韩信见他已经招供，大喊一声：“把吕礼给我拿下！”几个兵勇上去把吕礼捆了个结实。韩信向滩边拥来的乡民说道：“吕礼违犯军法，骚扰百姓，不杀不能整军纪，不杀不能平民愤！”这时，有个属员悄声对韩信说：“大将军，吕礼是娘娘保举的人，关系重大啊！”韩信不听便罢，一听反而哈哈大笑：“乡民们，我治军不严，才使你们遭受骚扰，今日杀了吕礼，也为民除一害”。话毕，只见刀光一闪，吕礼的人头落地，滩边乡民齐声欢呼，拍手称快。此后，这杀将的地方，人们便称“杀将口”，后讹为沙江口。

韩信辅佐刘邦统一了天下，功名盖世，封为诸侯，但后来竟被吕后杀害，也许这杀将口的故事便是原因之一吧。

说明：原载1986年第1辑《阳泉风貌》，李庆祥、孙祥栋整理。

仇犹国兴亡

春秋时期，狄人（白狄族的一支）东迁始进入今盂县境内筑城定居，称仇犹国。据传，仇犹城就建在今盂县城东北一里许。

春秋末期，晋国重臣智伯，举兵侵犯近邻仇犹。但因仇犹国境内山崖陡峭，森林茂密，难以兵临城下。智伯得知仇犹国君想得到大钟，便派使臣，以大钟为结盟的礼物，敬献仇犹国君。国君不识此中奸计，且不听赤章曼枝等文武大臣劝说，断然派出人马伐木开道，智伯则带领“进钟”人马闯入城门。一声惊天动地的钟声响起，传出智伯指挥将士攻城的号令，也惊醒正在陶醉于接受“厚礼”的仇犹国君。国君毕竟不甘受辱，亲率将士奋力抵抗，终因寡不敌众，只得弃城突围。当仇犹将士退至都城以北四里处（现盂县秀水镇北庄村）时，损兵折将，士卒伤亡惨重，后人因故将此处名为“折将坪”。带领余部夺路向西的仇犹国君，在智伯军队的追杀下，丢盔卸甲，披头散发，后人遂将此处名为“披头崖”。国君率残部折向北行，欲占据北山高地，行至山脚，又被智伯所部围困，后人将此处叫作“围巷”。国君被包围之后，身负重伤，仍奋力拼杀。终因苦战多时，独力难支。就在仇犹国君束手就擒之时，所乘白马腾空而起，突出重围，跃上土丘。智伯率军队穷追不舍，国君挥剑砍向自己的天灵盖，后人便将此处称为“天灵盖”。国君已死，其妃子逃到下曹附近的河边自尽。人们称此河为“腥河”，后因此名不雅，遂改名“香河”。后人就将两军征战之北山取名仇犹山，并在山顶建造了仇犹庙（亦称天子庙）。清康熙年间又将此庙移建于山麓，每年农历七月初一，祭祀之香烟缭绕于庙中。

国已亡，钟尚在。国人将智伯灭仇犹之大钟埋藏于今县城一条街市的南端，此街故名为钟镇街。旧时埋钟处还置有太湖石碑以志之。

说明：孙林泽整理。

赵氏孤儿与藏山

古装戏《赵氏孤儿》说的是赵武与藏山的传说。

两千年前的春秋时代，晋国晋景公昏庸无能，宠信奸臣屠岸贾，让他执掌兵权，当了晋国[illegible]。屠多年就与赵盾不和。在景公3年时，屠贼又在景公面前说赵家后代的坏话，加以陷害。[illegible]分青红皂白，轻信谗言，派屠带兵抄斩赵家。

[illegible]国当时有个大将名叫韩厥，得知屠岸贾抄赵家的消息，连夜到赵家报信，劝告赵朔赶快[illegible]走。赵执意不从，流着泪水说：“屠贼奉有君命，我们逃走有何益处？我妻子身怀有孕，眼看就要分娩了。如果生个男儿，可以延续赵家烟火，为全家报仇雪恨。这点骨血诚望将军委曲保全，我虽死犹生！”韩厥听了赵朔的话，感动的流着眼泪说：“你委托的事情，我一定尽力而为。”

赵朔的妻子名叫庄姬，是晋景公的妹妹，他们的母亲成夫人还健在宫中。韩厥走后，赵朔对夫人说：“大祸就要临头，你赶快趁夜间从后门逃进宫中躲藏起来。”

次日天明，屠岸贾亲自率领武士数百人，将赵朔居住的下宫围了个水泄不通。他把赵家的“罪状”，高悬在下宫的大门上，以讨伐叛逆之名，将赵氏一族男女老幼三百多口全部杀死。屠岸贾清点尸体发现没有庄姬。有人报告说：“庄姬半夜逃入宫中。”屠感到事关紧要，心想：“公主怀孕临产，万一生个男孩，必有后患。斩草要除根！”屠贼下令进宫搜查。

赵朔的妻子庄姬，最受晋景公的母亲成夫人宠爱。当屠岸贾要回宫追查庄姬时，晋景公不让他再提此事了。

过了几天，庄姬果然生下一男孩。他母亲吩咐宫女们向宫外散布说：“庄姬生了个女孩，降生不久就夭折了。”屠岸贾对这个传信大为怀疑。竟不顾君臣之礼亲率女仆数人，去宫里搜寻。只因庄姬急中生智，将婴儿藏在裤里，才躲过搜查。

屠岸贾找不到半点痕迹，扫兴离宫而去，但心中仍有一块疑团。他一面派人在宫门上严加看守，凡出入者都要仔细盘查，另一方面贴出悬赏告示，上面写着：“谁要报告了孤儿的真情，赏黄金千两；如果知情不报，或窝藏反贼，全家处斩不赦。

赵家的心腹家人公孙杵臼、程婴通过宫女给庄姬送信，探听实情。庄姬写了一个“武”字传出，暗示生了一个男孩。程婴和公孙杵臼看了，喜不自禁。又进一步商量营救孤儿出宫的办法，杵臼对程婴说：“我想法找一个新生婴儿假称是赵氏孤儿，我抱他到首阴山躲避，由你到屠贼面前出首，这样就可以吸引屠贼的注意力。再托韩将军从宫中偷出真孤儿，由你扶养成人。”程婴很赞成这一办法，说：“我妻正好新生一子，与赵家孤儿出生期相近，可以顶替。只是你犯了藏孤的罪行，必然死在我的前头。我于心不忍啊！”说着竟大哭起采。杵臼安慰他说：“大丈夫杀身成仁，舍生取义，这是千古流芳的好事，不要为我而哭。”

当天夜里，月黑天高，程婴抱着自己的亲生儿子交给杵臼，然后又到韩厥家说出营救孤儿的计划。韩将军听了赞不绝口，说：“庄姬正有小病，让我给她请个大夫；只要你把屠贼哄往首阴山，我自有救孤之计。”两人约定停当，分头去办。

第二天，程婴就在大街市上扬言：“屠司寇要想得到赵氏孤儿，决不能死盯着宫中不放。”混在人群中的屠家密探，抓住这个线索，如获至宝，迅速将程婴引到屠府去见屠岸贾。屠问他姓甚名谁，他斩钉截铁地回答：“我姓程名婴，和公孙杵臼一同伺候赵家。公主生下孩子，就派宫女抱出宫门，托付我俩窝藏。我惧怕事情败露全家遭罪，所以才来告发。”屠贼急不可待地逼问：“孤儿现在何处？”程婴忙说：“已经抱到首阴山，司寇必须赶快捉拿。”屠贼听了将信将疑，心急火燎，马上亲率家丁三千多人，让程婴在前面带路，直奔首阴山。果然，在山中找见了公孙杵臼和孤儿。屠岸贾见了，咬牙切齿，残暴地杀死杵臼后，举起孤儿摔死在地上。

屠岸贾在首阴山捉住孤儿的消息，已在城中迅速传开，因此宫门上盘查也松懈起来。韩厥抓住有利时机，叫心腹家人装扮成山野医生进宫看病，还特意写了一个“武”字贴在药箱上。庄姬见后，心领神会，诊完脉，忙将孤儿放入药箱中，让医生带出宫去。

程婴从首阴山回来，赶忙去找韩厥。韩将军将孤儿交付于他。程婴抱着赵氏孤儿，从今晋南绛县一带，辗转千里逃到盂县境内。走到今王村乡的黄安村时，由于荒张，将怀中的孤儿坠落马鞍，这个村便起名叫“荒鞍”，后演变成现在的黄安村，今盂县苌池乡神泉河，有一处叫“宝剑口”的地方，传说程婴曾在那里丢失了一柄宝剑，故得名宝剑口。藏山有一处山洞叫“藏身洞”，就是程婴与孤儿在此避难15年的地方。15年之后，赵武在程婴、韩厥的帮助下终于报仇雪恨。屠岸贾受到了应得的惩罚。

人民群众为了祭祀赵氏孤儿及韩厥，程婴、杵臼等忠臣义士，建造了藏山庙，每年农历四月十五，当地人还沿袭着游山纪念古人的风俗。

说明：原载1986年第1辑《阳泉风貌》，武俊和整理。

秀水河

盂县境内古时候有个小国叫仇犹国。相传有一年，仇犹国的王后生了一个如花似玉的女儿阳平公主。这阳平公主出生时，明月高照，满屋生辉，长到十五、六岁时，更出落的娉娉婷婷，袅袅娜娜。因此，栽在她住处庭院里的花再不敢开放，喂养的孔雀也不愿展屏。阳平公主弹得一手好琴，而每当她练琴时，挂在门口鸟笼中的百灵也不敢启口歌唱。更令人瞠目的是阳平公主的刺绣：她绣下的玫瑰，竟能引得蝴蝶和蜜蜂纠缠不休，绣下的小河会引来鸳鸯戏水。仇犹国王因此对阳平公主格外宠爱。

一天，国王上朝理事，把阳平公主带在身旁，竟使文武百官眼花缭乱，神魂颠倒。

国王问站在左侧的一位白须文官：“爱卿，宫西园囿起修如何？”老臣闭目嘀咕：“天姿国色，月闭花羞。”他又问右侧一位武官：“孤家让你征戎一事可好？”“天上方有，地下绝无。”国王只好不再带阳平公主理朝。

一天，国王外出带了阳平公主，不想阳平公主的坐骑受惊，驮着阳平公主在山林中乱窜。阳平公主虽会骑马，但千金玉体怎禁得长途奔波。正在千钧一发之际，一位年轻小伙用一只有力的大手抓住了马辔，奔驰的烈马一声长啸，前蹄腾空，转一个圈后站住，而阳平公主却正好跌在小伙子的怀中。阳平公主羞怒交加，正要发火，猛然发现小伙子长得钢眉铁骨，魁梧高大，心中不觉涌上一股爱慕之情，两眼发痴，心扑扑乱跳。这阳平公主从小深锁宫帷，除了国王很少和男人接触，而今天第一次遇见了如此英俊的青年，难怪她好半天醒不过神来。

这小伙子名叫王林，每日以打猎为生。这一次见烈马奔来，救人心切，就一个箭步上前拦住烈马。不想这马上驮来的是一个俊俏的妙龄少女，顿时觉得神志恍惚，两人四目相对，无声传情，公主心中虽有点害羞，但也躲不及王林的怀抱。两个相依相偎，说不尽的柔情蜜意。大约两个时辰，阳平公主才恋恋不舍地策马而去。临走时两人相约，每天在前面的一条小河边会面。

后来，阳平公主常常借打猎为名与王林相会。天长日久，仇犹国王未免生疑，于是派了一个小太监，悄悄跟踪公主的行迹，果然发现了两人幽会的隐秘。国王一怒之下竟派人打死了王林。

待阳平公主再去会王林时，迟迟不见人影，从日出到日落也没有等到，且一连十几天都是如此。阳平公主因此情思成郁，闷闷不乐，以刺绣消磨日月。经过七七四十九天，在一条长长的素绢上绣了他与王林相依相偎的地方——小河。她绣完后病倒了，御医多方治疗也无效。一天晚上，月暗风起，阳平公主绣的长绢被飘出宫墙，落在了郊外的一块空地上；一声雷响之后，阳平公主绣的山和水都变成了真的。特别是那一条清澈的小河，潺潺流过，发出悦耳动听的声响，后来人们就叫它为“绣水河”。改朝换代，天长日久，不知过了多少年，因为“绣”与“秀”同音，就传成了“秀水河”。

刘备山的传说

汉朝三分鼎立，刘、关、张桃园结义，拜为生死之交。三人云游四方，广交天下豪杰。一日，驰至一密林峻岭高处，见山下重峦叉叠嶂，峰间云缭雾绕，荫翳蔽日，层林翠染，奇花异草遍地，溪水潺潺交织，好一派人间仙境。三人连连赞叹，收疆驻足，下马小憩。因触景生情，便以比射助兴。自选其标，射达者为胜，达地景美处为最。大哥刘备说：“二弟先弓”。于是关云长拔箭拉弓，照准东方远处一黑松岭（现林里村玉泉山关王庙处）射去，远望林中群鸟惊飞，射达准确无误。随后张飞开弓，对准东方偏北远处一村舍射去，此箭正好落在村外岭上（今上千亩坪村外张飞庙处），一股尘土冲天而升。刘备一看两弟均射达标，便拉弓，将一箭朝背后远处高空射出，不料箭在空中飞速盘转一圈后，又落回原地。于是刘备高呼：“此地我也”。此举恰被远处一牧羊人目睹，便将此情告于牧主杨十万，后人便将此山叫称“刘备山”。视此山为富甲方圆几十里的“富贵吉祥之脉”。因此杨十万每天上此山放牧，必让每只羊背驮两块青砖，日积月累，年复一年之后招工聘匠，在原地悬崖峭壁处凿岩，砌壁，以砖、石、木结构，挑檐插椽，雕梁刻檩，建造了亭台楼阁，石堂、石殿、石洞（无梁洞）。几经寒暑落成“刘备庙”“三皇姑庙”“观音庙”等。

历经各代，多有民间文人、艺人，逢集逢会，说书弹唱赞美刘备山。书中唱道："前房檐滴水滴到州，后房檐滴水滴到县。"（刘备庙建于山顶峰，山前荫营村原平定州管辖。山后曹家掌、蔡家峪村原盂县管辖），由此盛传，闻名远方。获鹿、井陉、平山、盂县、昔阳、寿阳、阳曲和五台等远近香客络绎不绝，年年朝神敬香，岁岁求仙拜佛，香火旺盛。

韩信下赵遗迹

公元前204年，汉王刘邦的大将军韩信率兵攻下代郡，乘胜进军攻打赵国（今河北微水、井陉一带），在今平定城附近安营扎寨，商讨战略战术。

平定县城是上下两座城垣，上城是一座大土岗，立于岗上向东眺望，十多里盆地尽收眼底。《平定州志》载："汉韩信击赵下井陉口，驻兵于此，筑城为寨，以榆塞门，因名榆关。"平定上城东门叫榆关门，榆关门左边城墙上曾经镶嵌着一块石牌，上书"汉淮阴侯韩信下赵驻兵处。"11个大字。榆关门左侧是淮阴侯庙。

这座曾是韩信屯兵决策出奇制胜的古城寨，是历代统治者的活动中心，县衙门、监狱均设于此。与上城平行向东是东南营和西南营，相传是韩信屯兵的营地之一。

上城南门外有"练将坡""射圃亭"，传说韩信在此曾教他的兵将练功习武、打靶射箭故名。顺城南河向东到小盆地中处有"洗马堰村"，据说，这是韩信征战之后，洗刷马匹的地方故名。洗马堰东南山沟有"藏将沟"，即现在常家沟。在城东50里还筑有"柏井城"。西郊村南川河畔有一座与连亘的山脉分割开来的山峰，传说韩信下赵时，曾经在这里劈山试剑，此山峰取名"试剑峰"。赵王和陈余得知韩信统兵驻扎榆关，便调遣了20万大军聚集在平定东部的井陉口，意在同汉军相持对垒。赵王谋士李左车替陈余出谋划策，说："韩信乘胜而来，锐不可当，对付韩信只能用奇袭，不可强攻。"并且说出绕小路断绝汉军粮草辎重的妙计。谁知陈余只相信兵法"义兵不用诈谋奇计"的说教，又轻视韩信实力不足，因此，一意孤行，对谋士李左车的献策不予理睬。

韩信得知赵王不用李左车的计谋，心中大喜。于是便从平定发兵东下，到达井陉口，趁夜深人静，选择两千骑兵，身穿赵服，手执赵旗，扮作赵军，秘密绕小道去偷袭赵营。第二天凌晨，韩信亲率兵马，浩浩荡荡开出井陉口，专门指定背靠河水的地方安营扎寨，摆开阵势，大张旗鼓地到赵军的营前叫战。赵相成安君陈余，探得汉军背水扎营违犯了兵家忌讳，心里暗暗欢喜。

大开营门应战，妄想消灭汉军于泜河之岸。赵军与汉军双方大战数十回合，韩信假装败阵倒退，赵军则传令全军进击。这时，汉军兵力虽然不及赵军，但因身背河水无退路，所以个个殊死决战，勇猛异常。赵军屡战不胜，只好暂时休战退回本营。当赵军回来望见大本营插满了汉军的旗帜时，以为军营被汉军占领，顿时军心大乱。汉兵大破赵军，杀死了陈余，擒获了赵王歇，并收李左车为汉军的参谋。这就是我国历史上一次以劣势战败优势、以少胜多的著名战例——背水之战。

韩信率兵出击的井陉关，是太行山 8 个隘口之一，也是赵军的大本营，位于今河北省获鹿县西部。汉军背水作战之地，在今河北省井陉县新城，过去叫微水镇。那条背水的河流随着历史的变迁，早已泯灭，不复存在了。也有人认为汉军破赵所出险道，就是平定城东 90 里的故关，现名旧关。历史上以故关为题材赋诗论文者不少，对韩信破赵的事迹多以赞颂。为了纪念韩信，人们在试剑峰上修建了淮阴侯庙。

说明：原载 1986 年第 1 辑《阳泉风貌》，任光、李土整理。

柴花公主殉节

柴世宗之女柴花公主，年方 18 岁，自幼秉性刚烈，她见父皇尸骨未寒，幼弟新立不久，赵匡胤竟篡周自立，义愤填膺，切齿痛恨。怎奈自己身为女流，又能如何呢？面对国破人亡的悲惨局面，五内俱焚，只能以泪洗面。思来想去，觉得自己乃是皇家金枝玉叶，无论如何不能寄人篱下，苟延残喘。可是，又有什么法子呢？三十六策，以走为上。只得匆匆带了两个贴身奴婢，女扮男妆，暗暗逃出汴京，向后周大将李筠镇守的潞州和泽州（今山西长治、晋城）一带地方避难。

主婢 3 人晓行夜宿，一路艰辛竟迷失了方向，来到盂县境内的水神山上。只见这里山峦起伏，群峰耸峙，满山遍野长满了苍松翠柏，奇花异卉，确是一个幽美的地方。柴花公主不禁被这山光水色迷住了，一时倒忘记了满腹的忧愁苦闷。一个多月来，她和奴婢一路餐风宿露，历经千辛万苦来到此处，已是精疲力竭，遂在山上找了个石洞，暂且住了下来。

公主在山上歇息了几日，稍觉有了些精神。她在山上眺望，只见南面五六里处，有一个不大的村落，不时传来鸡鸣犬吠之声。公主便命两个奴婢去村里乞讨些食物充饥，就便打听近来的局势如何。午后，两奴婢讨回一些干食让公主食用，说道：“公主！这里是太原府盂州地界，州治就在西南七八里处，离此不远。南面那个村子，叫作大吉，只是几十户人家。几家乡邻见我们远道而来，都很同情，纷纷端来热饭热菜招待，我们俩吃了个饱，肚子都快要胀破了。”“啊！我们已经超出潞泽二州，来到盂州了？”

两个奴婢面面相觑，一齐嚷道：“公主！那我们该怎么办哩？难道再往回返不成呀？”

公主一时也拿不定主意，只得叹口气道：“我们暂且住些日子，看局势如何再说吧！”从此，主仆3人就在这水神山上住了下来。两个奴婢轮流去附近村里乞食，顺便打听近日局势，不觉几个月便过去了。

这天，出外乞食的一个奴婢匆匆忙忙回到山里，喘着气说：“公主！不好了！听村里人传言，赵匡胤亲率大将石守信和高怀德等人领军攻破了潞、泽二州，李筠将军兵败不降，拔剑自刎了。”

柴花公主闻言，料想大势已去，复国无望，剩下的一线希望也彻底破灭了，不觉眼前一黑，倒了下去。两个奴婢哭哭啼啼，把公主救醒，好生安慰了一番。

柴花公主顿时苍老了许多，浑身一点力气都没有了。半晌，她才颤抖着声音，有气无力地说：“你们随我已经好几年了，谁知今日竟落到这步田地，心里实在不安，对不住你们呀？你俩年龄都已不小了，跟我无益，不如就在附近村子里各寻一个善良人家，嫁了人吧……”

公主尚未说毕，两个奴婢早已哭成泪人一般，抢着说道：“公主！你千万不要过分悲伤，保重身子要紧，就是死，我们也不离开公主，死也要和公主死在一起呀！”

死？一句话提醒了公主。想到死，公主不但没有丝毫畏惧，反而镇定了许多。她啜泣了好一会儿，才缓缓地言道：“好吧！既然你们都不愿嫁人，我也不好勉强。现在，村里人们只是胡乱传言，到底李筠将军那里情势如何，为得实信。你们还是分头去附近村里详细打听一番，回来告我知道。”

两个奴婢不知是计，点了点头，抹去泪水，别了公主，一块儿下山去了。

望着两个几年来一直服侍自己的奴婢渐渐远去的身影，公主热泪双流，心如刀绞，直到望不见了，才自言自语地道：“来生来世，我们再相见吧！”

说毕，又向生养她的汴梁方向拜了几拜，从身上解下一条白色的绫子，往枣树枝上一挂，顷刻自尽身亡，一缕芳魂西去。

柴花公主自缢后，人们为了感念其身可殉而志不可移的忠烈气节，将公主住过的石洞，称为修真洞，又捐集资财在山上建了烈女祠，每年农历四月初四为祭祀之日。

窦瑸的传说

窦瑸，字文贻，号欲诚，人称窦大人。清雍正年间，出生于山西平定州城东关双戏楼西街北的一户官宦人家。他初习儒业，甚专。一次，见在皇宫担任侍卫的叔父窦宁骑马回来，威风凛凛，心里十分羡慕，便开始练习武艺。1742年（乾隆七年壬戌科）他以武进士及第，担任了侍卫。后来被授予江西瑞州铅山营都司之职，又升任两广提督，颇有政绩。初任铅山拿获贼船于河口；再任泉州又获匪首江标；清除邪教苋权；入川助剿屡立战功；其他如常德赈饥，赌咒河划界，广东弹压英吉利贡船事，均获恩赏。赏戴花翎，两赐御书福字，两赴千叟宴。所获赐赏有如意、寿杖、朝珠、蟒袍、貂皮、缎匹等。76岁时告老返里。卒年88岁，州绅任用仪铭其墓。至今，民间还流传着不少有关他的轶事和传说。

窦大人任两广提督时，海盗（外寇）累犯台湾，奸淫掳掠，无恶不作。台湾人民身受其害，而当地的军队不支，难以御敌，只得上奏朝廷，请兵讨伐。皇帝下诏，令两广提督窦瑸带兵前往。窦瑸接旨后，挑选精兵良将数万，乘上千艘战船穿过台湾海峡，直抵台湾。但当与海盗作战时，因这伙海盗的水性极好，在船上打不过时，他们就纷纷下水掀船。所以，窦大人几次都不能取胜。有一天，他忽然想起在家乡时见到乡亲父老们用水滤石灰的情景，茅塞顿开，遂伏案书拟作战方案。第二天早饭后，召集众将在帅府研究这个作战方案，众将官听了，无不拍手叫好。当把具体事宜研究后，分头去做准备，窦大人写一奏折，遣使前往京城恭请皇上批复，并要求调运石灰。两个月后，一切准备就绪，每只船上都装了数千斤石灰。

一日，探得海盗又到台湾抢掠，窦大人下令，马上点炮出发，一千多艘战船满帆前进。当接近台湾时，与海盗船只相遇。窦大人传令，一切按原计划行动。一千多艘战船迅速分三层将海盗船团团围在中央。一声令下，最里一层船只上的炮火齐发，直射向敌船。这伙海盗仗着他们的水下本领，立即潜入水中，准备向官兵反扑。官兵在打了一阵炮后，一齐向敌船包抄过去，当里层船只接近敌船时，这伙水贼又企图施展他们的翻船本领。此时，往海中倾倒石灰的信号旗一摆，兵士们齐将预先装在袋中的石灰倒入海中，随后迅速向外围撤出。海盗不知是计，以为官兵又要败退。正在高兴之际，官兵的所有船只已对敌形成一个大包围圈，并同时向敌船开炮。海贼还没有回到船上，海中的石灰发挥了效力，像煮豆般熬了起来，这伙海贼哪能经得住此等沸腾的水，结果进入水中的全部丧命。只有少数海贼在船舱里幸存下来，做了俘虏。窦大人传令，所有船只在台湾停靠，将缴获的物资和俘虏交当地官府。并开仓放粮，滋边安民。军队在台湾整修数日后返回大陆。

当窦大人消灭海盗的消息在台湾各地传开后，人们无不欢欣，特在台南延平郡王郑成功祠内塑立窦大人像，以志纪念。

窦琔在任侍卫期间，忠于职守，皇帝大为赏识。有人妒忌，便有意加害于他。当时，窦琔负责护卫东宫。有一段时间，皇帝本在东宫安睡。一夜，一太监假言告，说皇帝今夜要去西宫安睡，想使其疏忽大意。但窦琔非常谨慎，从不懈怠。夜至，皇帝微服来到东宫。窦琔听见，疑是坏人，立刻抽刀逼问，一太监说是皇帝驾到，窦琔视之，果然如此，当即跪倒请罪。按封建王朝的法律，抽刀惊驾应为死罪。但皇帝不但不加罪于窦琔，反而认为他谨慎从事，当即加升窦琔为“护驾大将军”。

窦琔升为护驾大将军后，皇帝每次出巡，窦琔均在辇后骑马相随，尽心尽责，皇帝更加宠爱，不断给予赏赐。这更使别人嫉妒，总想找机会加害于他。一次，皇帝外出，正走在繁华的大街上，一侍卫突然在窦琔的马屁股上刺了一枪，其马一惊，窜在皇帝驾前。窦琔惊恐万状，立即下马请罪。那些怀有嫉妒心的人得意地想，窦琔这回一定躲不过“越驾之罪”了。可他们万万没想到，皇帝对这位久经考验的侍从是那么信任，首先想到的不是窦琔的过错，而是有人在作弄于他，所以不但不加罪窦琔，反而当场就封窦琔为“引龙侯”。从此，皇帝外出，窦琔就在驾前骑马而行了。

清朝乾隆末年之后，无论平定人和井陉人共事，还是井陉人和平定人交往，不论男的女的，总要先耍笑一番，然后才办正事。小伙子见了老头子要叫一声“老丈人”；无论青壮老年，见了比他岁数大的要喊一声“大兄哥”；见了比他岁数小的即喊一声“小舅子”，见了女的不外乎要叫一声“大兄嫂”或是“他姨姨”。此种耍笑相传至今，从来没有耍恼的。为什么这样耍笑而又不恼呢？

相传，在清朝乾隆末年的腊月，一个从井陉来的小伙子，担着一担红枣，来到平定东关“双戏楼”西的大街上吆喝着叫卖，当时就围了一大圈人。这时，从街的西头走来一位长胡须的老人，问小伙子枣卖多少钱一斤？这个卖枣的小伙子耍了一个鬼脸笑嘻嘻地叫了一声“老丈人！你要都买少算你个钱！”这个小伙子一喊出口，周围的人顿时你看看我，我看看你，谁也不敢出一口大气。只听长胡须老人说了句：“小伙子敢说话。”随后就叫小伙子担上枣给他送回家。当小伙子跟着长胡须老人进了大门，大家才小声地议论开来。有的说凶，有的说险，有的说小伙子还许走点好运。大约过了一顿饭工夫，这个卖枣的小伙子扛着扁担笑嘻嘻地从大门里出来了。大家哗啦围住他问长问短。小伙子高兴地说：“枣卖得个大价钱，还管了一顿饭，告诉我年年给他家送枣来。你们看，临走时还给了我二十个大馒头。”这时，大家紧张的心才松下来，异口同声地对小伙子说："你知道那是谁？那是两广提督窦大人！"人群里不知谁喊了一句："小舅子！明年也给姐夫送一担枣来。"自此，平定人和井陉人互称"小舅子、大兄哥……"相互耍笑流传至今。

神童武全文

武全文是盂县下曹乡西小坪村人，清代顺治丁亥年登进士第，后来官做到刑部郎中，一生著有《旷观园诗文集》《藏山记事》《宾山游》等书。此人为官比较廉洁正直，一直被故里所称颂，直到现在还流传着一些关于他的故事，其中最为脍炙人口的莫过于武全文十二岁举神童的事啦。

十二岁那年，武全文随父进城，游到城隍庙附近，见围着一大群人争看什么。他上前一看，才知是本县有名富户王员外宅内丢失了金银财宝等贵重财物，并留下一张纸条，上写"天又欠竹"四个字，戏弄失主。告到县衙，查了半年杳无音信，才在城隍庙前贴出一张榜文，写明某年某月某日丢失何物，哪位能人学士能破此案，失主重金酬谢，官府擢升使用。因此才招来城内的文人学究在此喧闹，却无人上前揭榜。

武全文仔细一看，随手就把榜文揭了下来，在场的人连同他的父亲都大吃一惊，武全文却大摇大摆向县衙走去，人们也争先恐后跑着想去看个究竟。到了县衙，知县升堂，一看堂下跪着个毛孩子，不由勃然大怒。惊堂木一拍："哪家毛孩，竟敢乱撕榜文，该当何罪？"谁知武全文面不改色心不跳，正色反问："知县大人，榜上并未写咱毛孩不能揭榜，何罪之有呀？"一句话把知县问了个张口结舌，大堂上一片哄笑。知县心中一惊，方知此小孩伶牙俐齿，不得小瞧。当下又问："你小小年纪敢揭榜文，难道能破此案不成？"武全文道："大人，一者你榜上并未说咱小孩不可以揭榜，二者从古至今，孔融四岁让梨，曹冲七岁刻舟称象，甘罗十二为使臣，孩童时期能办大事聪明绝顶之事不胜枚举，大人何以小瞧小孩呢？"一番言词说得堂上堂下暗暗称奇：此小孩口才伶俐，知识广博，或是奇才并未可知。只听知县问道："小孩好口才，报上姓氏名号籍贯来。"武全文一一报上。知县又问："此案本县查获半年毫无线索，你若能破此案，也可为古今神童奇才也。"武全文答："神童、奇才不敢当，但对此案小毛孩确有一番见解。"知县曰："陈述上来。"武全文道："留一纸条，分明是戏弄失主，这定是一知情人所为，依小生看来，这贼盗不是来自外，而是出在内。"知县问道："有何凭据？"

武全文说："只这纸上'天''又''欠''竹'四字便是凭据。这四个字是拆开来写的，合起便是'欢笑'二字，欢笑是喜和高兴的意思，'欢笑'拆成四个字暗含四个喜或高兴。这四喜和高兴暗指失主一身当有四次喜庆和高兴的事情，可否请来失主，一问便知。"知县听了，顿觉拆字分析头头是道，可觉得怎么也和本案联系不上，因此道："必须讲与本案有关的事情。"武全文道："这实是本案的关键，如不请失主一问，那便破释不了。"知县听罢，只好传失主王员外上堂。王员外年在六旬开外，上得堂来跟知县见过了礼。知县问道："王员外，此小孩说你一生曾有过四次最高兴和喜庆的事，是真的吗？"王员外想了想回话道："在下一生确有四次比较喜庆的事：三十岁中举为一喜；中年丧偶没有娶，五十又娶年轻之妻为二喜；前年建宅迁新居此三喜；老来六十得养子为四喜。"王员外此话一出，堂上堂下顿时一片惊奇之声，都说小孩料事如神。知县又问武全文："失主承认有四喜，与本案关系怎讲？"武全文问王员外："王老爷家里可有叫喜字和高字的人吗？"王员外答："内人叫四喜，原先用过一个管家叫高兴，已经辞退半年多啦。"武全文又问："王夫人叫四喜，跟王员外的喜事是巧合吗？"王员外答："不是巧合，内人原叫喜子，后来老夫六十得养子时，觉得她这喜字正合了老夫一生四件喜事，故给她改名叫'四喜'，不知可与本案有关？"武全文又问："王夫人年纪几何？"王员外："青春二十八。""管家高兴年纪多少？"王员外："三十有四。"武全文道："知县大人，此案已经明了，请传王员外夫人一审便知。"当下知县豁然开朗，马上把王员外的夫人传上堂来。王夫人上的堂来，打扮得花枝招展，一脸轻佻的样子，众人一看心里就明白了八九分。夫妻俩一个风烛残年，一个年轻风骚，难免同床异梦。当即传令暂退大堂，回后堂细细讯问。

经过一番审问，王夫人终于招供了：原来王夫人跟管家高兴早已勾搭成奸，王员外膝下无子，王夫人算定等王员外过世后，家资万贯便是她的，那时四喜、高兴成其好事，一辈子享用不尽。谁知王举人望子心切，在六十岁生日时抱养一子，这样打破了四喜、高兴的美梦，二人便偷偷商议后，盗去王家金银和贵重物品，藏于后花园茅坑内，先由四喜出面辞退管家，让管家暗中带一部分金银财宝先走一年半载，安顿一个妥当的地方，等风声过去后，再偷偷返回来捞走财宝，带走四喜，远走高飞。高兴走后一个月，四喜才向王员外说丢失金银财物一事，自不会怀疑到高兴身上了。王员外平时不大理家，财物金银一概交由四喜管理，闻报一查果然丢失大半，大惊之下才报了案。也是王夫人一时聪明，决计摆个小小迷魂阵，戏耍王员外一番，结果聪明反被聪明误，刚刚半年，好梦即破灭，被一个十二岁的孩童轻而易举地把案破了。

此案一破，武全文声名不胫而走。朝廷得知，授予武全文"神童"称号。后来武全文春风得意，专事刑律案件，为朝政出了大力。

张穆代笔

清朝道光年间，张穆在户部尚书祁隽藻府中当幕僚。

一天，祁隽藻下朝回来，到了府中，面有愁容，低头不语。张穆就问他为什么不高兴。祁隽藻说："圣上传旨，要文武百官在一寸见方的纸上，从一写到万，写好翌日呈上。"张穆说："明天早朝我替你写好就是啦。"

第二天早上，祁尚书去寻张穆，张穆还在床上睡觉。祁尚书急忙叫醒他，向他要写好的字。张穆从床上爬起来，拖着鞋到桌边提笔写了一阵，用红绸包好，递给祁尚书。

道光登殿，传文武百官呈上写的字，一个个面面相觑，没有一个能写得出来。这时，祁尚书递上张穆交给他的红绸包。道光打开一看，见一寸见方的宣纸上，工工整整地写着："一而十，十而百，百而千，千而万。"道光问祁尚书："这字是谁写的？"尚书说："是臣府上的一个叫张穆的幕僚写的。"道光甚喜，说："明天宣他进宫，到正黄旗作教习。"

御赐"龙巾"

平定有个后沟村，清朝年间，该村种着很多蔬菜。有一天，一户李家的儿子拿着黄瓜擦擦在院里擦黄瓜玩耍，把黄瓜丝丝撒得满院都是。这黄瓜丝被红红的太阳曝晒后，就干缩到一起。可是第二天早晨，当李家的主人起来时，看到院里干萎了的黄瓜丝经夜里的露水一渗，又鲜嫩起来了。他顿时高兴异常，从此便晒起了黄瓜干。

这年冬天，乾隆皇帝私访来到平定，在冠山上小住了几天。厨师给他吃了一次黄瓜干后，乾隆觉得味道鲜美，便问厨师："这是什么菜？"厨师回答说："是黄瓜干。"乾隆马上就叫侍从拿来文房四宝，连说："这菜好吃，好吃，真不如叫它'龙筋'。"但是，乾隆转念就想到，皇帝就是"真龙天子"，若把黄瓜干叫成"龙筋"，岂不是让人吃了真龙天子的筋了吗？不叫吧，自己的话又是金口玉言，绝无反悔之理。怎么办？乾隆思忖了一会儿，就把"龙筋"两个字写成了"龙巾"。至今，后沟村有家姓李的门上，还挂着"龙巾"的匾额呢。

盂县牛斗虎的故事传说

盂县西部东梁乡寺家坪村北有座山，名“杀虎山”。相传，古时此地山峰绮丽，山上森林茂密，方圆境内有老虎出没，时常下山侵入临近村舍，伤害人畜。当地村民们便用敲击锅、碗、瓢、盆的方法来驱逐老虎，这种方式并不能起到永久震慑和制服老虎的效果，隔段时间，老虎继续到村舍伤害人畜。

为了更加有效地保护人畜安全，人们就想出一个办法，认为耕地的牛高大威猛，就把磨制好的尖刀绑于牛角之上，将牛赶至老虎常出没的山沟里，当老虎看到牛在山沟里吃草时，就冲下山来要吃牛，牛奋起抗击，与老虎进行了一场诛死搏杀，最终牛用人们绑在牛角上的尖刀杀死了老虎，从此村民们的生活不再受老虎的侵害，生活安宁下来。

事后，牛与老虎搏斗的地方也居住上了人家，该村起名为“杀虎里”，现今，该村改名叫“杀虎村”。人们将方圆 12 平方公里的这座山称之为“杀虎山”。

为庆祝和展示牛与老虎搏斗时的壮观场面和胜利，当地百姓就将牛与老虎搏斗时的情景，用制作好的道具，人扮演牛与老虎的形式，将牛与老虎搏斗时的情景展现出来，逐步演绎成了一种民间庆事表演艺术。每当人们在举办盛大节日，特别是在每年正月十五元宵节的时候，盂县境内的乡镇村民，汇集在盂县县城街道进行节目表演，当地村民们就扮演成老虎和牛的模样，敲锣打鼓，行进演绎，让民众一睹为快，百看不烦。

至今，盂县“牛斗虎”的表演艺术一直流传下来。

第六章 著述存目

本章辑录的是民国24年（1935）至2010年，阳泉（籍）作者在省级以上出版社公开出版的部分书目，以先后出版时间为序。

阳泉（籍）作者部分著述存目表

表 -31-1

书 名	编著情况	出版单位	出版时间
沉思集	【法】勒内·笛卡尔著，关文运（关其桐，下同）译	上海商务印书馆出版	1935年6月
柏克莱哲学对话三篇	【英】乔治·贝克莱著，关文运 译	上海商务印书馆出版	1935年9月
视觉新论	【英】柏克莱原著，关文运 译	商务印书馆	1935年10月
哲学原理	【法】勒内·笛卡尔著，关文运 译	上海商务印书馆出版	1935年12月
人类知识原理	【英】柏克莱原著，关文运 译	商务印书馆	1936年4月
新工具	【英】弗朗西斯·培根著，关文运 译	上海商务印书馆出版	1936年6月
崇学论	【英】弗朗西斯·培根著，关文运 译	上海商务印书馆出版	1938年6月
人类理解论	【英】约翰·洛克著，关文运 译	上海商务印书馆	1938年7月

续表 -31-1

书 名	编著情况	出版单位	出版时间
优美感觉与崇高感觉	【德】伊曼努尔·康德著，关文运 译	长沙商务印书馆出版	1941 年 6 月
实践理性批判	【德】伊曼努尔·康德著，关文运 译	商务印书馆	1960 年 3 月
阳泉工人画选	阳泉市人民文化馆编	人民美术出版社	1975 年 2 月
算法语言	邢作林 （合编）	山西人民出版社	1978 年 11 月
第一个女神	郑孝时 著	上海文艺出版社	1978 年
马恩列斯的故事	张成德 编著	山西人民出版社	1978 年
水晶宫里的歌声	俞志宏 著	天津新蕾出版社	1981 年 11 月
中国社会经济史论丛（第一集）	张海瀛 主编	山西人民出版社	1981 年
镢柄韩宝山	张石山 著	山西人民出版社	1981 年
中国社会经济史论丛（第二集）	张海瀛 主编	山西人民出版社	1982 年
唐风集	张成德（合编）	山西人民出版社	1982 年
单身汉的乐趣	张石山 著	中国青年出版社	1982 年
庄子新探	张恒寿 著	湖北人民出版社	1983 年 9 月
冷庐杂识	崔凡芝（点校）	中华书局	1984 年
阳泉煤矿史	阳泉矿务局矿史编写组编	山西人民出版社	1985 年 10 月
母系家谱	张石山 著	中国文联出版公司	1985 年
王小波与李顺起义	崔凡芝（合编）	中华书局	1985 年
汉代散文史稿	吕伯涛（合著）	山西人民出版社	1986 年 5 月
沧桑路	许元上 著	北岳文艺出版社	1986 年 6 月
秦晋豫访古	张海瀛 主编	山西人民出版社	1986 年
漂亮的女房东	张旺模 著	北岳文艺出版社	1987 年 3 月

续表 -31-1

书 名	编著情况	出版单位	出版时间
中国近代新闻思想史	胡太春 著	山西人民出版社	1987 年 7 月
血泪草台班	张石山 著	中国青年出版社	1987 年
刘巴评传	崔凡芝 著	三秦出版社	1987 年
秦始皇本纪注释	崔凡芝 著	甘肃教育出版社	1987 年
阳泉手册	李凤禄 主编	中国城市经济社会出版社	1989 年 3 月
中国社会与思想文化	张恒寿 著	人民出版社	1989 年 8 月
煤城无处不飞花	光 敏 主编	新华出版社	1989 年 9 月
阳泉年鉴（1989）	李希曾 陈 霈 主编	书目文献出版社	1989 年 10 月
阳泉矿务四十年	姚富祥 主编	山西人民出版社	1989 年 10 月
高长虹文集	盂县政协 编	中国社会科学出版社	1989 年 12 月
神主牌楼	张石山 著	百花文艺出版社	1989 年
韵泉室旧体诗存	张恒寿 著	花山文艺出版社	1990 年
乡镇企业经营学	薄应贤 主编	新华出版社	1990 年 3 月
乡镇党委会工作概要	贾银环 主编	新华出版社	1990 年 3 月
评梅女士年谱长编	李庆祥 编	文津出版社	1990 年 6 月
泥絮集	蔡润田 著	北岳文艺出版社	1990 年 9 月
阳泉年鉴（1990）	李希曾 陈 霈 主编	学苑出版社	1990 年 10 月
白羊墅车站志	白羊墅车站志编纂组编	中国铁道出版社	1990 年 11 月
生物学博览	石钟华 编	北京科技出版社	1990 年 12 月
阳泉年鉴（1991）	李希曾 陈 霈 主编	社会科学文献出版社	1991 年 11 月
阳泉公路交通史	丁世福 主编 史晋阳 执笔	山西科学技术出版社	1992 年 1 月

续表 -31-1

书 名	编著情况	出版单位	出版时间
真话直说	李 土 著	北岳文艺出版社	1992 年 4 月
仇犹人物春秋	张建瑞 赵润生 著	山西人民出版社	1992 年 4 月
乌玉	王云山 赵润林 胡农厚 著	山西经济出版社	1992 年 6 月
太行飞虎队	刘 江 尹崇福 著	北岳文艺出版社	1992 年 6 月
历代诗歌释注	马成绩 著	北岳文艺出版社	1992 年 7 月
血色恋情	冯富国 著	大连文艺出版社	1992 年 8 月
仇犹诗选	杨有贵 编著	北岳文艺出版社	1992 年 9 月
平定县志	穆建民 主编	社会科学文献出版社	1992 年 12 月
石评梅之歌	孙祥栋 著	北岳文艺出版社	1992 年 12 月
中国乡镇企业发展论	刘志强 著	中国经济出版社	1993 年 1 月
中共山西省盂县历史大事记述(上篇)	中共山西省盂县县委党史研究室 编	文津出版社	1993 年 2 月
高歌作品集	张建瑞 主编	北岳文艺出版社	1993 年 2 月
百团大战	郭庆平 许元上 著	解放军文艺出版社	1993 年 2 月
张居正改革与山西万历清丈研究	张海瀛 著	山西人民出版社	1993 年 3 月
阳泉年鉴（1992）	陈 霈 主编	山西人民出版社	1993 年 4 月
中国共产党山西省阳泉市组织史资料（1922.12—1987.10）	王 庆 主编	山西人民出版社	1993 年 10 月
搞好理论教育的方法和途径	任登奎 主编	中国经济出版社	1993 年 10 月
妙珍斋琐记	戴志贞 著	北岳文艺出版社	1993 年 10 月
中国历代名医	王尔昌 著	山西科学技术出版社	1993 年 12 月
阳泉林业志	延万里 主编	中国林业出版社	1994 年 5 月
张旺模小说集	张旺模 著	北岳文艺出版社	1994 年 6 月

续表 -31-1

书　名	编著情况	出版单位	出版时间
《平定县志》评论集	陈　霈 主编	山西人民出版社	1994 年 8 月
古今明镜 800 篇	卫克兴 著	山西人民出版社	1994 年 11 月
中华民俗百图	孙祥栋 编绘	山西古籍出版社	1995 年 6 月
铁骨忠魂	张继勇 主编	山西人民出版社	1995 年 7 月
盂县志	高承志 主编 郭芝华 执行主编	方志出版社	1995 年 12 月
阳泉供电志	齐守义 主编	中国电力出版社	1995 年 12 月
阳泉市税务志	延宗周　李广明 主编	山西人民出版社	1996 年 3 月
阳泉发电厂志	阳泉发电厂志编委会 编	中国电力出版社	1996 年 3 月
阳泉商业网点概况	赵迪南 主编	山西经济出版社	1996 年 5 月
华夏散记	朱存业 著	华文出版社	1996 年 7 月
中共山西省阳泉市历史大事记述（1919—1949）	王　庆 主编	中共党史出版社	1996 年 9 月
夏耘新曲	张德荣 著	文津出版社	1997 年 3 月
阳泉百科全书	刘高官　张　凯 主编	山西人民出版社	1997 年 4 月
阳泉市城区志	李　森　高维标 主编	山西古籍出版社	1997 年 10 月
三晋古木雕艺术	路玉章　黄顺荣 著	山西科技出版社	1997 年 10 月
法的晴空	孟祥智 著	北岳文艺出版社	1997 年 11 月
乌龙出太行	张廷秀　李宿定 主编	北岳文艺出版社	1998 年 4 月
仇犹词草	杜肇昆 著　韩万德 注	北岳文艺出版社	1998 年 6 月
平定现代名人谱	李宿定　富　荣　晋如祥 主编	内蒙古科学技术出版社	1998 年 6 月
法的晴空	孟祥智 编	北岳文艺出版社	1998 年 11 月
抗日健儿逞英雄	王克恭　杨载东 编著	中国大百科全书出版社	1998 年 12 月
中国报业经营管理史	胡太春 著	山西教育出版社	1998 年 12 月

续表-31-1

书名	编著情况	出版单位	出版时间
阳泉市志	陈 霈 孟宏儒 主编	当代中国出版社	1998年12月
阳泉市郊区志	马根全 主编	中华书局	1999年4月
阳泉市矿区志	赵联庆 主编	中华书局	1999年7月
中国共产党阳泉市历史纪事	王济民 主编	中国党史出版社	1999年8月
木工雕刻技术与传统电科图谱	路玉章 著	中国建筑工业出版社	2000年1月
中国共产党山西省阳泉市组织史资料	李畴海 主编	山西人民出版社	2000年7月
大学基础化学实验	魏文珑 主编	兵器工业出版社	2000年11月
求是集	赵雨亭 著	山西人民出版社	2000年12月
阳泉年鉴（1993—2000）	孟宏儒 主编	方志出版社	2001年1月
填词探要	杜肇昆 编著	北岳文艺出版社	2001年4月
精美的石头会唱歌	高明远 著	中国华侨出版社	2001年7月
华夏履踪	朱存业 著	华文出版社	2001年8月
阳泉市商业局志	杨承模 主编	山西人民出版社	2001年12月
历代词对句精粹	杜肇昆 史俊宝 编著	大众文艺出版社	2002年1月
阳泉年鉴（2001）	孟宏儒 任佟苏 主编	方志出版社	2002年2月
阳泉市人民代表大会志	武建功 主编	山西人民出版社	2002年2月
芝麻官悟语	王敬瑞 著	当代中国出版社	2002年10月
阳泉集邮志	罗留生 主编	北岳文艺出版社	2002年11月
中共阳泉党史人物传（第二集）	高喜存 主编	山西人民出版社	2002年12月
根雕艺术	路玉章 杨少华 编著	山西人民出版社	2003年1月
阳泉年鉴（2002）	任佟苏 主编	方志出版社	2003年2月
治桃英雄谱	张凤瑞 著	山西人民出版社	2003年12月
阳泉年鉴（2003）	任佟苏 主编	方志出版社	2004年5月

续表-31-1

书 名	编著情况	出版单位	出版时间
娘子关抗日烽火	段 毅 著	方志出版社	2004年9月
赵炳成剪纸艺术	李春泽 主编	方志出版社	2004年9月
苍秀集	李铭明 著	中国文史出版社	2004年10月
感受美国	赵成秀 著	中国文史出版社	2004年10月
致命诱惑	侯讵望 著	中国文史出版社	2004年10月
苹果的吃法	郭映普 著	中国文史出版社	2004年10月
三音集	李彦良 著	中国文史出版社	2004年10月
故园情怀	魏文瑾 著	中国文史出版社	2004年10月
无声瀑布	王润云 著	中国文史出版社	2004年10月
中国共产党阳泉历史	李天太 主编	红旗出版社	2004年12月
阳泉市政协志	焦希勃 崔庆和 主编 杨静芳 执行主编	山西人民出版社	2005年1月
张穆诗词笺释·张穆传	王 俭 主编	山西人民出版社	2005年2月
阳泉年鉴（2004）	任佟苏 主编	方志出版社	2005年4月
走进娘子关	帅 政 张考生 主编	山西人民出版社	2005年4月
抗战中的阳泉	高喜存 史玉宝 主编	山西人民出版社	2005年5月
张穆大传	王 俭 主编	中国文史出版社	2005年5月
半知堂草吟（续编）	马玉隆 著	方志出版社	2005年7月
人民英雄赵亨德	平定县史志办 编	山西人民出版社	2005年7月
藏山文化通览	韩万德 主编	方志出版社	2005年7月
散步	赵五四 著	山西人民出版社	2005年8月
月斋文集校释	王 俭 主编	山西人民出版社	2005年10月
吕梁英雄传·影视文学版	张石山 著	山西人民出版社	2005年10月

续表 -31-1

<table>
<tr><th colspan="2">书 名</th><th>编著情况</th><th>出版单位</th><th>出版时间</th></tr>
<tr><td colspan="2">神圣的使命</td><td>张凤瑞 著</td><td>北岳文艺出版社</td><td>2005 年 11 月</td></tr>
<tr><td colspan="2">阳泉年鉴（2005）</td><td>任佟苏 主编</td><td>方志出版社</td><td>2005 年 12 月</td></tr>
<tr><td colspan="2">活着的阳光</td><td>翟 又 著</td><td>作家出版社</td><td>2006 年 1 月</td></tr>
<tr><td rowspan="10">红鬃马文丛（一）文瑾主编</td><td>心有一缕阳光</td><td>赵锁仙 著</td><td>中国文史出版社</td><td>2006 年 3 月</td></tr>
<tr><td>爱的世界</td><td>魏文瑾 著</td><td>中国文史出版社</td><td>2006 年 3 月</td></tr>
<tr><td>热爱活着</td><td>王润云 著</td><td>中国文史出版社</td><td>2006 年 3 月</td></tr>
<tr><td>桌上的咖啡已冷</td><td>小 岸 著</td><td>中国文史出版社</td><td>2006 年 3 月</td></tr>
<tr><td>寻找风铃</td><td>郭爱华 著</td><td>中国文史出版社</td><td>2006 年 3 月</td></tr>
<tr><td>窗外的月光</td><td>文德芳 著</td><td>中国文史出版社</td><td>2006 年 3 月</td></tr>
<tr><td>街灯亮了</td><td>山 月 著</td><td>中国文史出版社</td><td>2006 年 3 月</td></tr>
<tr><td>坐在红尘的门槛上</td><td>史翠花 著</td><td>中国文史出版社</td><td>2006 年 3 月</td></tr>
<tr><td>丁香心事</td><td>郭广姝 著</td><td>中国文史出版社</td><td>2006 年 3 月</td></tr>
<tr><td>情归心事</td><td>姜素琴 著</td><td>中国文史出版社</td><td>2006 年 3 月</td></tr>
<tr><td colspan="2">平定揽胜</td><td>李春泽 著</td><td>方志出版社</td><td>2006 年 4 月</td></tr>
<tr><td colspan="2">鸳鸯钥匙</td><td>冯富国 著</td><td>光明日报出版社</td><td>2006 年 4 月</td></tr>
<tr><td colspan="2">晋商史料全览·阳泉卷</td><td>阳泉市政协 编</td><td>山西人民出版社</td><td>2006 年 7 月</td></tr>
<tr><td colspan="2">赵雨亭革命生涯</td><td>樊吉厚 李茂盛等 编</td><td>中央文献出版社</td><td>2006 年 9 月</td></tr>
<tr><td colspan="2">阳泉供水志</td><td>房 庆 主编</td><td>山西人民出版社</td><td>2006 年 10 月</td></tr>
<tr><td colspan="2">阳泉年鉴（2006）</td><td>任佟苏 主编</td><td>方志出版社</td><td>2006 年 12 月</td></tr>
<tr><td colspan="2">半知堂草吟（三编）</td><td>马玉隆 著</td><td>作家出版社</td><td>2006 年 12 月</td></tr>
<tr><td colspan="2">陋岩诗歌精选</td><td>陋 岩 著</td><td>山西人民出版社</td><td>2006 年 12 月</td></tr>
<tr><td colspan="2">天衣</td><td>刘建国 著</td><td>光明日报出版社</td><td>2007 年 1 月</td></tr>
</table>

续表 -31-1

书 名	编著情况	出版单位	出版时间
中共党史人物传（第三季）	高喜存 主编	山西人民出版社	2007 年 1 月
太行明珠·阳泉	樊盛武 主编	中共党史出版社	2007 年 2 月
擂鼓集	孟宏儒 著	中国文史出版社	2007 年 7 月
太行丰碑	苑桂生 著	山西春秋电子音像出版社	2007 年 7 月
教育思想与教育实践的探索	宋崇魁 著	陕西人民教育出版社	2007 年 11 月
关注	梁旭光 回景新 主编	中国广播电视出版社	2007 年 11 月
阳泉年鉴（2007）	任佟苏 主编	方志出版社	2007 年 12 月
美与丑·感悟欧洲	高巨海 著	中央编译出版社	2008 年 1 月
阳泉工会志	王文生 主编	方志出版社	2008 年 4 月
三体Ⅱ·黑暗森林	刘慈欣 著	重庆出版社	2008 年 5 月
阳泉风景名胜志	马玉隆 任佟苏 主编	三晋出版社	2008 年 7 月
阳泉概览	马玉隆 任佟苏 主编	方志出版社	2008 年 8 月
阳泉文学艺术 60 年·文学卷	侯讵望 李银苟 主编	三晋出版社	2008 年 8 月
阳泉文学艺术 60 年·概览卷	高润征 庞宏亮 主编	三晋出版社	2008 年 8 月
阳泉文学艺术 60 年·书法卷	郑恩田 主编	三晋出版社	2008 年 8 月
阳泉文学艺术 60 年·音乐卷	余志强 主编	三晋出版社	2008 年 8 月
阳泉文学艺术 60 年·电影卷	张富保 杨谦云 主编	三晋出版社	2008 年 8 月
阳泉文学艺术 60 年·美术卷	杨建国 主编	三晋出版社	2008 年 8 月
山西改革三十年·阳泉卷	樊盛武 主编	中共党史出版社	2008 年 10 月
阳泉年鉴（2008）	任佟苏 主编	方志出版社	2009 年 1 月
高唱低吟（诗歌集）	任海成 著	三晋出版社	2009 年 6 月
海棠依旧（诗歌集）	魏文瑾 著	三晋出版社	2009 年 6 月

续表 -31-1

<table>
<tr><th colspan="2">书 名</th><th>编著情况</th><th>出版单位</th><th>出版时间</th></tr>
<tr><td colspan="2">山西煤业的发展与思考</td><td>魏德卿 主编</td><td>中国时代经济出版社</td><td>2009 年 8 月</td></tr>
<tr><td colspan="2">保矿保晋风云录</td><td>山西近代矿史研究会保晋公司纪念馆 编</td><td>中国时代经济出版社</td><td>2009 年 8 月</td></tr>
<tr><td colspan="2">当代阳泉重要文献选编（1）</td><td>高喜存 主编</td><td>三晋出版社</td><td>2009 年 9 月</td></tr>
<tr><td colspan="2">阳泉年鉴（2009）</td><td>任佟苏 主编</td><td>方志出版社</td><td>2009 年 10 月</td></tr>
<tr><td rowspan="6">红鬃马文丛（二）文瑾主编</td><td>槛外梨花</td><td>指　尖 著</td><td>华文出版社</td><td>2009 年 10 月</td></tr>
<tr><td>雪花的心事</td><td>姚桂萍 著</td><td>华文出版社</td><td>2009 年 10 月</td></tr>
<tr><td>想飞</td><td>葛艳红 著</td><td>华文出版社</td><td>2009 年 10 月</td></tr>
<tr><td>一个脚印五瓣花</td><td>寒　月 著</td><td>华文出版社</td><td>2009 年 10 月</td></tr>
<tr><td>云斋心境</td><td>史晓蓉 著</td><td>华文出版社</td><td>2009 年 10 月</td></tr>
<tr><td>竹风晚醉</td><td>刘中华 著</td><td>华文出版社</td><td>2009 年 10 月</td></tr>
<tr><td colspan="2">诗词曲韵案</td><td>杜肇昆 著</td><td>华艺出版社</td><td>2009 年 11 月</td></tr>
<tr><td colspan="2">步履人生</td><td>朱存业 著</td><td>大众文艺出版社</td><td>2010 年 5 月</td></tr>
<tr><td colspan="2">当代阳泉重要文献选编（2）</td><td>高喜存 主编</td><td>三晋出版社</td><td>2010 年 6 月</td></tr>
<tr><td colspan="2">梅窠</td><td>刘建国 著</td><td>大众文艺出版社</td><td>2010 年 8 月</td></tr>
<tr><td colspan="2">阳泉历史文化论文集</td><td>张鸿仁 主编
孟宏儒 执行主编</td><td>三晋出版社</td><td>2010 年 9 月</td></tr>
<tr><td colspan="2">阳泉年鉴（2010）</td><td>任佟苏 主编</td><td>方志出版社</td><td>2010 年 11 月</td></tr>
<tr><td colspan="2">当代阳泉重要文献选编（3）</td><td>高喜存 主编</td><td>三晋出版社</td><td>2010 年 11 月</td></tr>
<tr><td colspan="2">山西保矿运动历史研究</td><td>魏德卿 主编</td><td>中国时代经济出版社</td><td>2010 年 11 月</td></tr>
<tr><td colspan="2">古尘集</td><td>马玉隆 著</td><td>三晋出版社</td><td>2010 年 11 月</td></tr>
<tr><td colspan="2">仇优文化初探</td><td>张建瑞 著</td><td>三晋出版社</td><td>2010 年 11 月</td></tr>
<tr><td colspan="2">大清矿案</td><td>史佼陇 著</td><td>中国时代经济出版社</td><td>2010 年 12 月</td></tr>
</table>

专记

清末御英保矿

清光绪三十一年（1905）至三十四年，三晋大地上发生了一起声势浩大影响全国的、以反帝“保晋”收回矿权为宗旨的、被后人称之为山西争矿运动的重大事件，阳泉便是这次事件的策源地和中心区。

起　因

帝国主义觊觎山西矿产资源由来已久。清同治九年（1870），德国学者李希霍芬首次到山西勘察煤铁资源，称山西煤炭可供世界使用千余年，引起外国资本家对山西煤炭资源的垂涎。

中日甲午战争之后，西方列强加紧向中国输出资本，其主要形式是向清廷提供政治贷款，以此影响清廷决策、干预清廷财政，从而掌握中国经济命脉。

面临中国经济的一步步瓦解，许多有识之士发出“实业救国”的呼声，主张自办工矿和铁路，以挽救民族危亡。

光绪二十二年（1896），时任山西巡抚的胡聘之，设想通过发展民族工业改善山西民生。胡聘之十分了解晋商雄厚的实力与财富，命山西商务局大量刊发集股修路开矿章程，发至本省各州县，并分寄全国山西各票号驻点，由山西票号代为招收并劝募股本，希望晋商加入到本省的路矿开发团队中来。但当时的晋商对此不感兴趣，无人响应。胡聘之依靠晋商的想法遭受冷遇。

光绪二十三年（1897），英、意资本家在伦敦成立旨在掠夺中国山西、河南等地煤铁矿权的“福公司”。国内主张借用外债修路开矿的候补知府刘鹗，在意大利商人罗沙弟的策划下，以晋丰公司之名，向山西商务局请求开办山西煤铁矿。并准备以晋丰公司名义，向英国福公司借银1000万两，与福公司共同开采山西矿产。

由于晋商对开发路矿没有兴趣，远道而来的刘鹗在山西商务总办的撮合下，给早有开发晋省路矿、发展民族工业的山西巡抚胡聘之带来了新的希望。刘鹗说：“凡外国商力所到之地，即为各国兵力所不到之地……”“借款办路矿，系我借洋人之款，我请洋人主事，主权在我。”仔细斟酌后，胡聘之向光绪皇帝上奏允诺借款开矿一事。奏书同样打动了踌躇满志的光绪皇帝，并批准胡聘之关于晋丰公司自借洋款专办盂、平、泽、潞矿务的奏章。

晋丰公司实为皮包公司，它以丰富的山西矿产作为抵押物，与英福公司签订合同举借巨款，所以大半利权实际掌握在出资方福公司手中。人们开始质疑“合同”的真实目的。

光绪二十四年（1898）二月，晋籍京官上书朝廷，弹劾山西巡抚胡聘之将盂县、平定州、泽州府、潞安府办矿筑路权典与洋人，并交由声名甚劣的方孝杰、刘鹗二员操办。清廷命将方、刘二员撤职，不准参与晋省商务。

然而，在山西当局与福公司的后续交涉中，英国公使对清廷不断施加压力，光绪皇帝对此无所适从。于是在光绪二十四年（1898）四月二日，大清朝廷撇开山西当局，批准由山西商务局直接同英国福公司订立《山西开矿制铁以及转运各色矿产章程》二十条。这份合同与之前晋丰公司与福公司的合同相比，英国福公司得寸进尺，盈余方面的变动使中国更加吃亏。除提用本付官利由八厘降至六厘，所余净利也由原来的中国方面50%降到25%，剩余皆归属福公司所有。更加不可思议的是，原订合同中的开矿范围也由四地变成了五地，即在盂县、平定州、泽州府、潞安府之外，又增加了平阳府一处矿产的开采冶炼权。

在新订合同中，福公司不仅可以修路、造桥，还可以开浚河道。福公司曾经做梦都想得到的很多权利，“凡求之晋抚不能得者，至是悉得之”，在新合同中一一实现了，最终福公司轻而易举地攫取了山西采矿权。

新合同的签订遭到了晋省各界更强烈的谴责。山西商务局代表曹中裕奉总理衙门之命赴北京签订合同时，京城山西同乡闭门不纳。晋籍京官纷纷上书，更加猛烈地抨击山西当局。晋省士绅也群情激昂对此表示强烈的愤慨。

抗 争

随着正太铁路修筑呼声的日渐高涨，光绪二十九年（1903）二月，英福公司开始在平定州平潭镇购房设立勘矿大本营。平定民众意识到失去煤炭矿产，将威胁到自己的生存，于是被迫采取护矿行动。一边自发直接与外人抗争，一边上书省府、朝廷争取官方支持。

光绪三十一年（1905年）正月十五，平定乡人黄守渊（铸卿）、黄汝彦（硕卿）、黄世芬（兰溪）、张士林（墨卿）、黄世林（壬甫）、池庄（子临）、周克昌（南园）、赵熙庭（皋卿）、刘焕斗（三贤）、廉士升（维斋）、孙继宗（雨云）、李毓惠（慕绅）、张诚（朴斋）、葛乾甫、蔡蓉田（莲溪）、孙雨亭，以及因丢失晋省矿权倍感自责而专程从湖北天门老家赶来的前山西巡抚胡聘之（崇儒）等人，以元宵节宴会之名在平定州城黄守渊家中谋划“御英保矿”之策。

大家认为，几年来的护矿虽耗费了很大心血，可形势却愈加危急，现在必须由当初的被动护矿转为更加主动的保矿；对于洋人，必须以其人之道还治其人之身。同时，商议成立领导州人御英保矿的组织——“保艾会”。

从此，平定州内有组织、有计划、大规模的御英保矿斗争开始了。

元宵节之后没几天，英国人在平潭镇增加了大批人马，并沿筹建的铁路线两侧描图勘矿。还无理要求官府查封并交出濛平（濛河至平潭）一带的民间煤窑。甚至公然强行封窑，将工人封在窑里。他们扬言：“我大英帝国专办山西煤铁事务，无论是其他国家的洋人还是华人，今后都一概不能勘探开矿。”

英方照会大清外务部称，平定州新开煤矿，有违福公司合同明文。并无理要求中方，一律废止山西土人开矿，土人所开各洞均须一律封闭。

福公司数次向山西商务局发函，要求晋矿全由福公司“专办”，言称“专办就是独办”。山西商务局与福公司代表在太原展开“专办”与“独办”的争论，多次谈判无果。

面对英国人的霸道行径，保艾会也采取了相应对策。

历史上平定县曾称上艾县、石艾县。成立保艾会的宗旨是保矿权、保平定。为了加强对御英保矿斗争的领导，保艾会之后，又成立了固本会。大家的认识也更加一致、明确，保矿权即是保民生，保平定即是保山西，固本即是固山西民众之根本。

保艾会一方面议定由黄守渊坐镇指挥，黄汝彦为会长、张士林为副会长，另一方面与固本会多次开会商议保矿的计划与办法。其主要内容：说服鼓动朝廷官员支持保矿；发动学生揭露英人的阴谋；动员留日学生，借助外力谴责英人霸矿；摸清当地矿藏，统一管理各都煤窑；游说士绅、州人入股办矿；发动民众干扰英人意志；联系报馆，宣传平定州维权保矿真相。

与此同时，许多保矿志士身体力行，为了捍卫民族民众利益而竭尽全力。胡聘之著文《晋矿危乎，晋民生乎》，并竭诚为晋省呼喊奔走，广泛寻求外界支持。黄守渊亦撰文《矿之不存，民将安否》，上达山西巡抚并送发平定州士绅在省城开办的各商号店铺，直陈晋矿危情。在保艾会、固本会及保矿志士等正义力量的影响和带动下，平定动起来了，省城动起来了。御英保矿的风浪，很快惊醒晋省，震动朝野，甚至波及海外。不论官场、民间，还是学界、商界、报界，愈来愈多的社会力量投身到御英保矿的斗争中来。

在平定州内，福公司为了进一步抢夺煤矿，在筹建中的濛平铁路沿线强行插立矿苗木桩，上书“大英帝国福公司矿苗”。见此情况，保艾、固本两会也组织民众，紧跟英人步伐，与其针锋相对，采取相应措施：安排人员插旗标矿；在学堂宣传英方的罪行，让学生返回家乡宣传鼓动民众一起行动；说服士绅到州府告状，以索民众生存权；在平潭组织闲散人员到平潭英人住宅门前喧嚣唱曲；派人到省城与渠本翘商量尽快成立太原矿产公会，并呈山西巡抚，诉英方在濛平所犯罪行；安排各煤窑详细上报矿地情况，并通告所有矿地不得出售或租与外国人。

福公司与当地民众在濛平一带的矿脉争夺十分激烈，形势愈加紧张。英方派人到处勘探插立木桩，当地民众则拔掉英方木桩换上自己的旗帜。对抗越来越激烈，双方相持不下。从濛村到平潭遍地是民窑，福公司所占矿苗地减少大半。英人愤怒发狂，先是在南天门放纵洋狗伤人而致黄熺年死亡，后又在濛村持刀行凶而使黄世芬重伤。

处在与英福公司直接斗争地的平潭民众，被英方的霸道和暴行所激怒，自光绪三十一年（1905）八月二十七日开始，从60余人、500余人、800余人、1000余人，多时达2000余人，长期聚集围堵在英国人宅门前，悲伤声、吟唱声、哀怒声、嘈杂声混合在一起，声势浩大。英国人虽心烦恼怒，却又不敢越雷池半步。

民众唱道：“我家的天，我家的地，我家的矿碳往家移。哪容那强盗胡结记，哪容那强盗来放屁。福公司胡日鬼，我家的矿产怎就咽到尔肚里？”

为了声援御英保矿壮举，境内各方人士主动参与到平潭一线的斗争中来。

平定州戏班著名演员集中到平潭赛戏，所编剧目大都源于保矿维权，以抗议英福公司。节目交替演出，如日中天。英人唉声叹气，无可奈何。

平定州城东关的杜谦，擎皇上所赐黄旗，带领族人到平潭主灶做饭，昼夜不停。

平定州寺庙僧道也不甘落后，和尚道士、佛徒居士三百余人云集于平潭寺庙祷告，敬祀神佛，日夜助民祈祷。

围堵洋宅、集中赛戏、主灶做饭等大规模活动，直到光绪三十四年（1908）十二月二十一日，得悉山西矿权收回才结束。

在这次长达三年的御英保矿斗争中，各项开支费用巨大，且均为社会捐款。有据可考的，黄守渊捐一万伍仟伍佰余两白银，张士林捐一万伍佰余两白银，黄世芬捐七仟余两白银，荆震生捐陆仟两白银，黄汝彦捐伍仟两白银，蔡蓉田捐三仟两白银，李毓蕙捐贰仟余两白银，其他人或三佰或伍佰的都出了资。尤其值得称道的是，胡聘之、渠本翘在关键时期从省城送来二十一万余两白银，鼎力支持平定御英保矿。

平定州的御英保矿斗争，从一开始就不是孤立的，得到了社会许多方面的支持与帮助，并逐步发展成为山西各界广泛参与的以反帝“保晋”收回矿权为宗旨的全省性斗争。

光绪三十一年（1905）九月三日，在平定御英保矿风潮的影响下，为了更好地调动社会力量对抗外部侵略势力，太原矿产公会正式注册成立。时隔十多天，平定州矿产公会也宣告成立，并明确要求：“凡租或售煤窑的，必须事先告知矿产公会，一概不准租售予洋人；否则一律严惩。”与此同时，平定州各都成立矿产分会，广泛发动民众探矿开窑，新旧煤窑很快达四百余座。

平定人民在御英保矿斗争中，除了做好域内工作外，还非常重视对外宣传，广泛争取社会各方力量的支持。

保艾会组织平定州士绅撰写了一系列保矿议案：《都窑详案》《曰仕绅丐状州尊详案》《学堂哗洋案》《谋划英图矿苗之趋案》《领案》《保艾、固本公司案》等。

平定州安排人持胡聘之写给京都官署的密信，游说活动朝廷官员，并进一步与京城的晋籍御史接洽，设法促使朝廷官吏支持平定州御英保矿斗争。

胡聘之的《上宪奉送吾乡之矿产》、张士林的《吾乡保矿上宪予英》、黄守渊的《吾乡矿务者乃民生也》等文章引起很大反响。国内许多媒体也纷纷报道或披露山西御英保矿实情。《民报》发表垒仇文章：“清政府决意卖送汉人矿产”。《中外日报》刊载文章：“晋学界抵制福公司详情”“山西矿务案纪略”。《中国日报》刊载文章：“晋人矿务之坚持”。《第一晋话报》“危乎山西之矿”的文章发出“废约”“自办”“争矿”的呼声。《申报》“西报纪晋学生力保矿权事”“晋人反对福公司”的文章，揭露“福公司欲揽山西全省矿务之利权”。还有《京报》《译文汇报》《时报》《华字汇报》《三原训俗报》《大公报》《京话实报》《字林报》《晋乘》《广益丛报》等北京、上海报界，派人前往平潭调查矿务，撰文报道平定州御英保矿情况。

张士林揭露英方霸矿阴谋的信件通过平定籍留日学生，在日本留学生中引起强烈反响。留日学生旗帜鲜明地宣传平定民众保矿之勇武，揭露福公司残害平定民众之恶行。山西留日学生同乡会给平定州尊寄来了《留东学界通告晋抚废约自办之公启》，并电询晋商务局核实真情，向国内发出《敬告乡民公启》。

光绪三十二年(1906)八月，山西籍留日学生李培仁因对清廷出卖矿权极度失望而蹈海身亡。这一事件引起巨大反响。李培仁绝命书中记述了当时的形势：废约问题，海外一唱，省垣大应，飞电告急，联名力抗。

平定州借吊唁李培仁大力呼吁矿权。李培仁灵柩过平定州，平潭民众在英方住处设置灵堂进行吊唁，和尚道士唱经诵文，戏剧演出夜以继日，烟花爆竹燃放不断。英方人员因恐惧未敢出门，急忙写信向其主求救。

州城在矿产公会驻地的路北，也设灵堂吊唁李培仁。州尊主持祭奠仪式，前往吊唁的超过二千多人。

光绪三十三年（1907）六月二十日，被洋人砍伤卧床近三年的黄世芬逝世，平定州矿产公会决定：州城、平潭设灵堂吊唁三个月，以此方式抗议英福公司。黄世芬出殡，山西巡抚主撰行述，并题匾："护脉之颏"。北京、山西赶往吊唁黄世芬的也哀痛不已。渠本翘携请省界同仁吊唁，给黄世芬以很高的评价。州衙差人押着英人披麻戴孝跪于灵前，让其忏悔罪恶。

山西民众的御英保矿斗志空前高涨。

面对山西保矿风潮，英方并不甘心。英使朱尔典抗议山西阻挠福公司办矿，并要求清廷赔偿公司损失。同时，急运武器到平潭，妄图用武力镇压民众。

形势变得十分凶险！

赎约

面对平定民众日益高涨的保矿激情，以及英人的险恶用心，山西商务局总办刘笃敬等省内商界人士开始为局势的发展隐隐担忧。庚子祸乱仅时隔几年，硝烟似乎还在空气中弥漫。这场晋人和英人的漫长拉锯战发展下去，会不会再次引发庚子年那样的祸乱？

经过反复思考，刘笃敬等人提出了一个解除困境的策略，那就是以退为进：由原先主张的御英保矿改变为赎约保矿。

一开始，英国福公司根本不接受晋省的提议。因为英人明白，即使赔偿款再多，也不可能与山西广袤无垠、利益非凡的矿产等值。然而，山西平定州的保矿怒火不仅数年不懈，而且已然发展成全省之势，太原学生游行事件及李培仁蹈海事件引发的全球留学生抗议浪潮一浪高过一浪，使福公司愈来愈感到无法继续在山西开矿，只好无奈地同意就矿权事宜与中方进行谈判。

山西方面赴京城参加谈判的有，山西布政使丁宝铨，山西商务局总办刘笃敬，筹建中的保晋矿务公司总理渠本翘，以及其他山西代表梁善济、刘懋赏、李廷飏、庆廉、杨履晋、崔廷献等人。无论是官员、商人、士绅，这些谈判代表共同肩负着晋省人殷切的希冀与期盼。为了晋省保矿，为了晋省利益，他们抛开了自己的利益和事业，全力投入到赎约保矿的谈判中来。

在外务部与福公司的谈判，自始至终充斥着激烈的冲突和摩擦。谈判中，福公司一再设置障碍，向山西方面强烈表示多年来未能在晋省合法开矿的不满情绪。

福公司强调，其一，福公司在他省另有经营，所以此次谈判只能是商议“赎回”，不能说是“废约”。其二，在1898年取得山西、河南的开矿协议后，公司注册资本已飞涨到10.6万英镑，增值达5倍。而且福公司已在伦敦股市挂牌上市，发行了高达120万英镑的山西煤矿股票，可由于山西当局和士绅的一再反对，延误其开矿时间，使其在山西开矿无法进行。山西要“赎回”开矿权，会给福公司造成巨额损失。

福公司要求山西赔款1100万两白银，但遭到山西代表的严词拒绝，认为未免言过其实，无法理解福公司的漫天要价。福公司认为他们的山西特许权价值估算最少也应在1000万两左右，且主张山西应该为福公司的损失补偿平衡才可。

英国公使曾多次要求大清外务部镇压山西的骚乱。福公司指控山西当局明显排外，但该指控遭到山西当局愤愤否认。

由于山西代表与英国方面意见相左，谈判多次陷入僵局。谈判谈不拢，英国政府也不愿将宝贵的山西资源财富轻易退还给中国。

或许为了在谈判中增加筹码，英方十分高调地做了个惊人之举。

光绪三十三年十一月十日（1907年12月14日），《纽约时报》上有一篇新闻：英国舰队对中国施压！副标题为：北京政府在山西特许权的问题上让步。文章称：北京12月13日——针对中国政府的施压愈加外露，为利于英国利益，驻扎于广东的一支英国舰队有所行动。

大英帝国对北京朝廷高调施压，迫使其在山西特许权的问题上让步。面对英国的坚船利炮，清廷再一次选择了退让。

饱受诟病的山西当局愈发力不从心，他们不再对清廷抱任何幻想，而是希冀通过自己的力量赎约保矿。晋省人最终撇开清廷，以山西商务局之名与英国人面对面地坐到了谈判桌前。

谈判进行得十分艰难，曾数次搁浅，但谈判代表在交涉中坚持有理有据，有进有退。刘笃敬提出，“合同十九条明言中国自主之产，产即是矿产。自主即是权在中国人。”因为福公司故意刁难，双方在赔款金额上胶着不下，赎矿谈判在一天天争论和僵持中度过漫长的四个多月。

关键时刻，深受保矿精神影响、肩负晋省民众重托、亲临谈判现场一线的晋商代表，果敢抉择，凭借自身雄厚的资金基础，表示愿将福公司拥有的全部权利以250万两白银赎回。这数额已超出英国福公司在山西投资数额的15倍之多。

光绪三十三年（1908）十二月十七日，福公司同意赎回款只作为山西方面赔付的“直接费用”，而不是“赔偿权利的费用”。

最后，谈判双方各自在措辞方面作出让步，达成了协议。

山西商务局与福公司签订《赎回山西开矿制铁以及转运各色矿产章程合同》十二条。山西“商务局愿晋省备款，将所有与福公司所定开矿制铁转运正续各章程合同议定赎回作废。”“福公司因体谅晋省甚愿自办本省矿务之至意，按其详细情形，应允晋省将前后所议定开矿制铁转运正续各章程合同，由晋省赎回自办，以敦友谊而维和平”。山西商务局承诺向福公司交纳赎回费用共计275万两平化宝银。……福公司应将平定州所有厂房、机器等物和原定合同所订五处内已购之产，于三个月之内一概退还，不得再执为业。

光绪三十四年（1908）正月十四日，《赎回山西开矿制铁以及转运各色矿产章程合同》经清政府批准执行。

合同签订并生效了，山西矿产资源保住了，晋省人欢欣鼓舞、奔走相告。光绪三十三年（1908）十二月二十一日，平定州获悉此讯。同日，保艾、固本、矿产公会同仁夜晚聚会并燃放焰火，庆贺保矿成功。平潭以戏剧、烟火、社火等方式欢呼庆贺，直至拂晓。

为了纪念此次史无前例的壮举，光绪三十四年（1908）四月十九日，在平潭特置一碑。

正面碑文：大风起兮云遮月，晋省保矿兮平潭起。群情联兮谋生计，废约自办兮艾固移。大风起兮云飞扬，矿权归来兮保晋嶂。仕绅民兮众向往，吾采吾销兮民自强。

背面碑文：不忘戊戌之议程，谨记乙巳大令率众之篤识。不忘黄公李君之义躯，谨记英洋讹吾晋叁佰万。

为了褒奖平定州御英保矿志士，山西巡抚委托平定州署授予张士林匾额“翊戴蕙里”，授予其他诸人锦旗。唯有黄守渊推辞不受。

光绪三十四年（1908）六月三日，山西商办全省保晋矿务有限总公司（简称保晋公司）由清政府正式批准立案，平定州阳泉设立分公司。平定保艾公司、固本公司所属煤矿移交保晋公司。保艾公司、固本公司及平定矿产公会随即解散。

至此，历时三年多的御英保矿斗争宣告结束。

影　响

由平定古州发起、晋省各界参与、触动海内外广泛关注的清末御英保矿斗争，是中国近代史上以维护国家主权、保护民族权益为宗旨的爱国主义的伟大壮举，充分展示了山西民众不甘外侮、百折不挠、团结战斗的精神风貌，再次体现了山西民众勇敢和智慧的优良品质及有理、有利、有节的斗争艺术，在中国处于积贫积弱的半殖民地社会、清政府与帝国主义列强签订一个又一个丧权辱国条约的历史条件下，清末御英保矿斗争能够有那样的结局实属不易。通过这场斗争，保全了山西矿产，打击了帝国主义侵略势力，展示了中华儿女抵御外侮、振兴家园的爱国精神，促进了山西近代工业的发展，催生了近代山西最大的民族资本企业——山西商办全省保晋矿务有限总公司，为之后山西全省、特别是阳泉地区的经济社会发展奠定了重要基础。

附：《石艾乙巳御英保矿纪闻》影印件

《石艾乙巳御英保矿纪闻》影印件

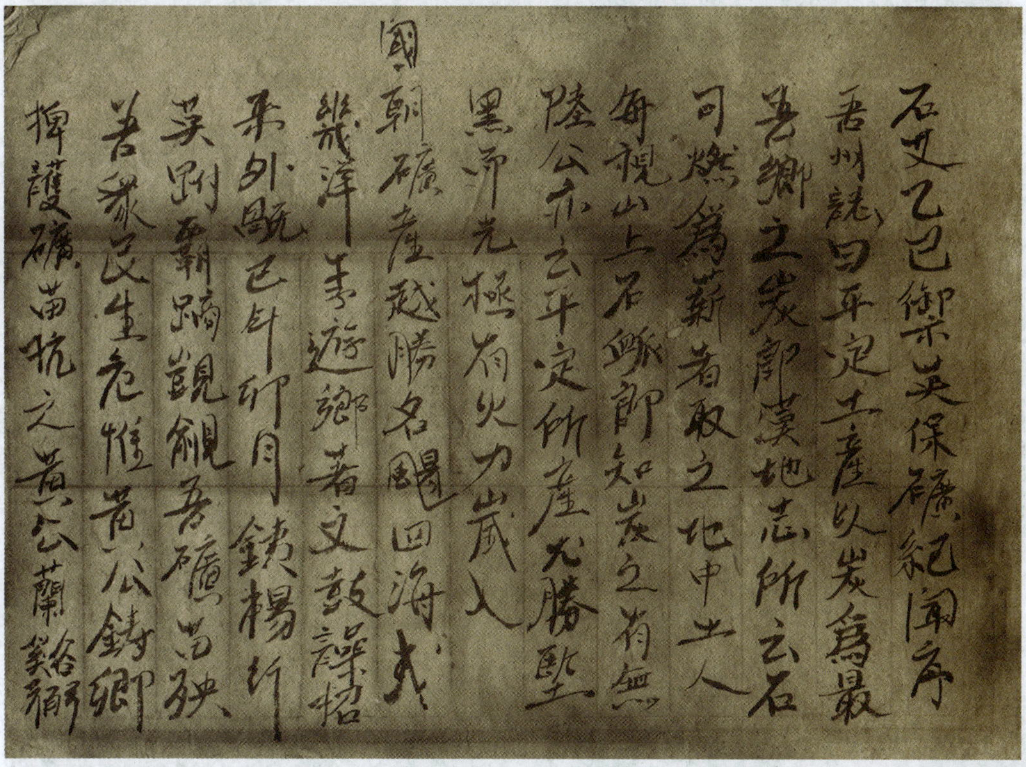
石艾乙巳禦英保礦紀聞序
吾州號曰平定土產以炭為最
吾鄉之炭郡漢地志所云石
司燃為薪者取之地中土人
每視山上石脈即知炭之有無
陸公亦云平定所產尤勝堅
黑而光極有火力歲入
國朝礦產越勝名[illegible]四海哉
幾洋等遊鄉者文鼓譟招
來外國既巳[illegible]卯月鐵揚行
英則西霸踞覬覦吾礦當秋、
吾眾民生危惟黃公鑄卿
擁護礦苗抗之黃公蘭谿[illegible]

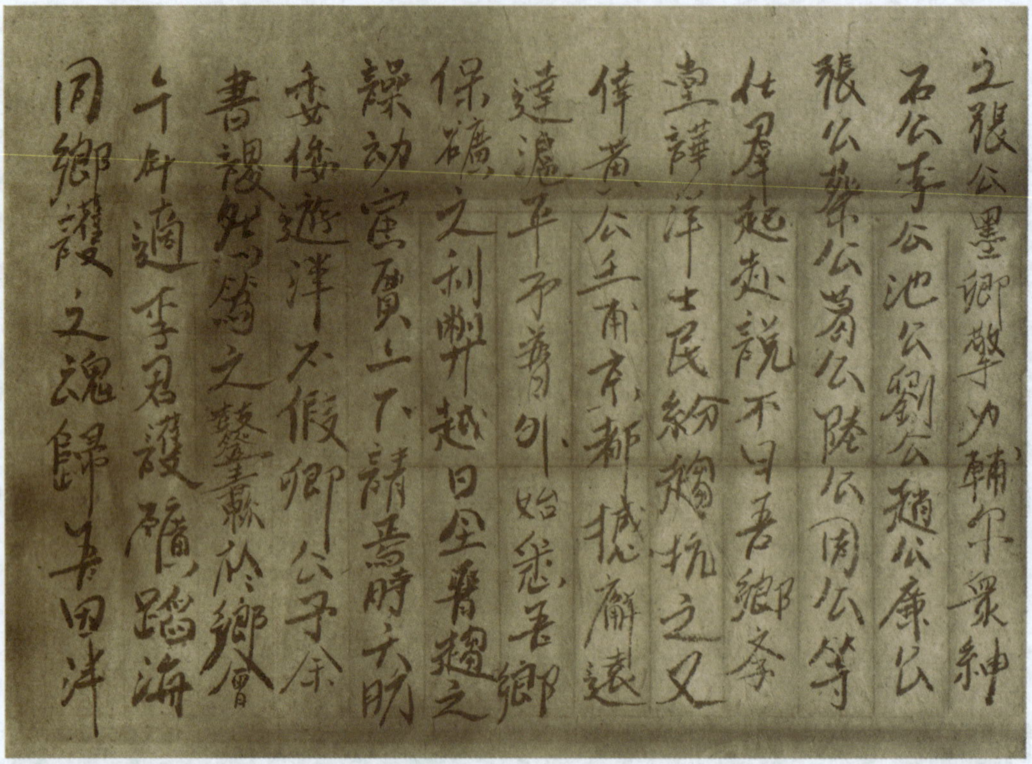
之張公墨卿擧少輔卞衆紳
石公季公池公劉公趙公康公
張公蔡公葛公陸公周公等
仕羣起述說不日吾鄉參
聖諱洋士民紛觸抗之又
偉黃公王甫府都撫扁袁
遠濾革予善例始悉吾鄉
保礦之利弊越日全晉趨之
譟動官實上下請吾時大昉
委倫遊洋不假鄉公予余
書護然爲之鼛鼛於鄉僧
午年適季君護礦蹈海
同鄉護之魂歸吾田洋

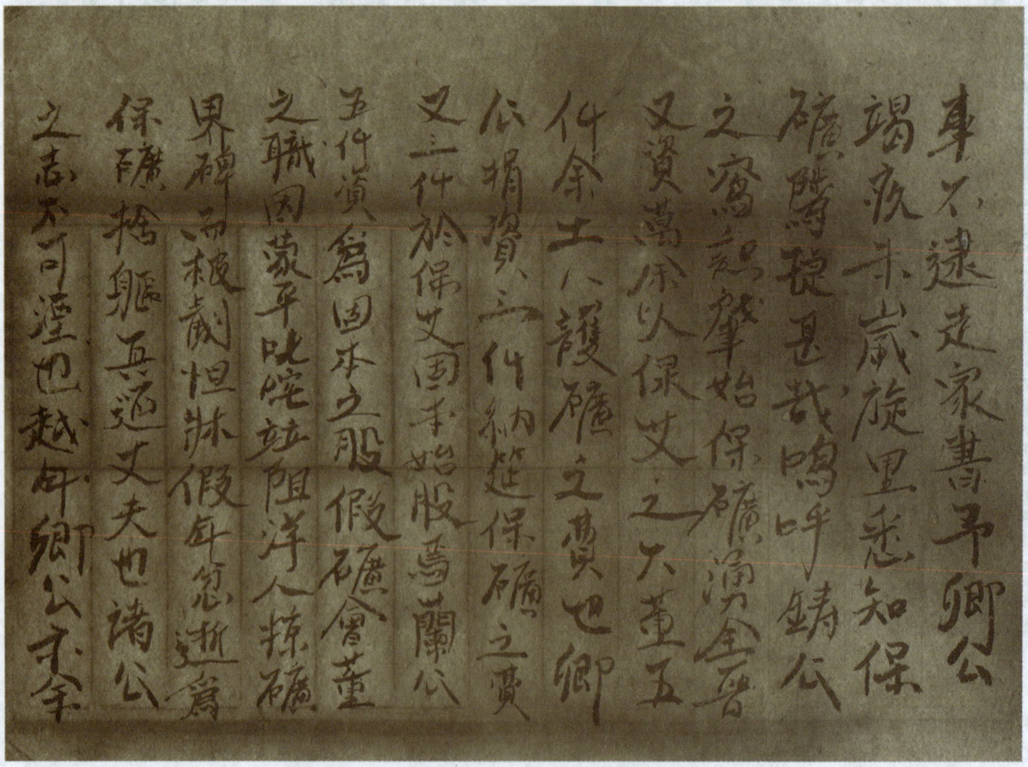
車不逮走家書予鄉公
竭欸未歲旋里悉知保
礦贖礦甚哉嗚呼鑄公
之寫忽聲始保礦須全晉
又資萬余以保艾之大董五
仟余士以護礦之費也鄉
公捐資二仟納近保礦之費
又二仟於保艾因事始服爲蘭公
五仟資爲固本之股假礦會董
之職因蒙平比院鉉阻洋人掠礦
果碑而被截惟啉假年忽逝爲
保礦捨軀真丈夫也諸公
之志不可湮也越年鄉公余

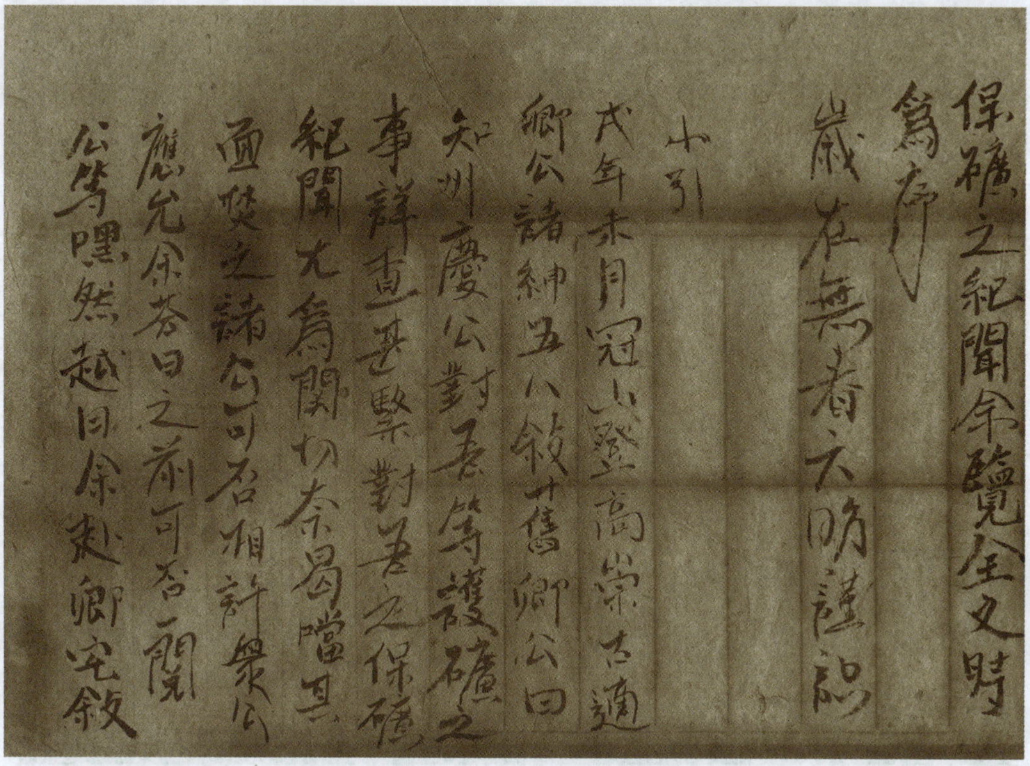

保礦之紀聞余覽全文時
爲序
歲在無者不昉謹誌
小引
戊午年未月冠山登高崇古適
鄉公諸紳五八敘舊卿公曰
知州慶公對吾等護礦之
事詳查甚緊對吾之保礦
紀聞尤爲關切奈曷嘗其
亟焚之諸公可否相許衆公
應允余答曰之前可否一閱
公等嘿然越日余赴卿宅敘

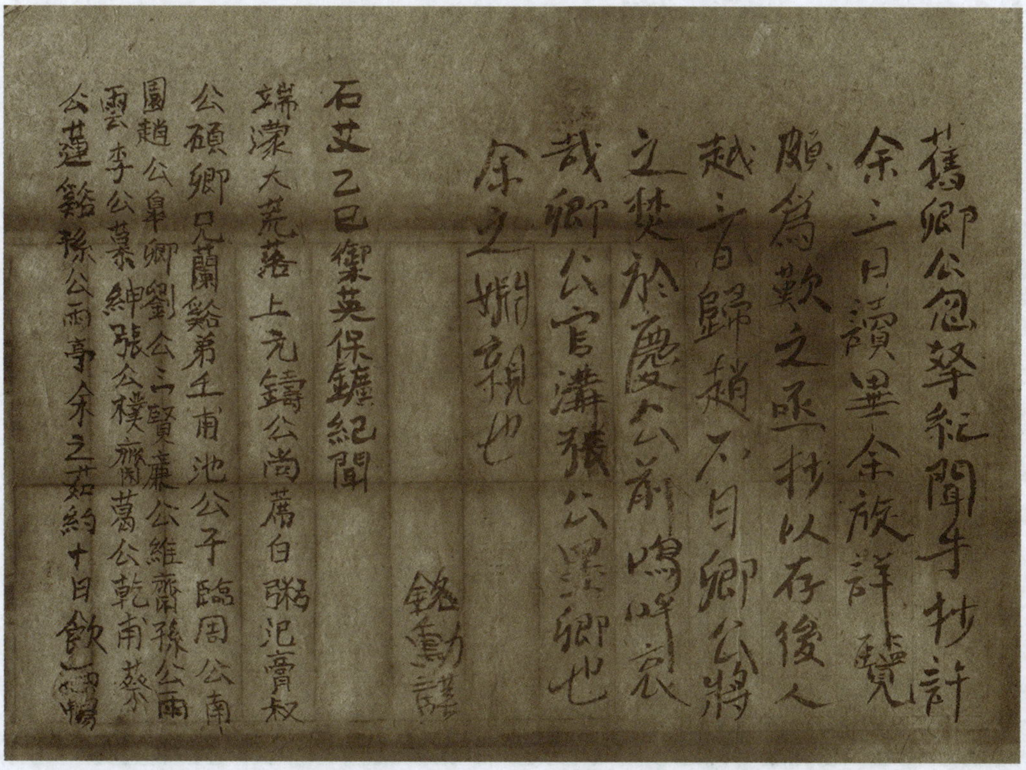

舊卿公忽攜紀聞手抄許
余三日讀畢余旋詳覽
願爲歎之亟抄以存後人
越三月歸趙不日卿公將
之焚於慶公前嗚呼哀
哉卿公官瀟張公異卿也
余之姻親也
銘勳謹
石艾乙巳禦英保礦紀聞
端潔大荒落上元鑄公尚薦白谿汜膏叔
公碩卿兄蘭谿弟壬甫池公子臨周公南
園趙公皋卿劉公三賢康公維齋孫公雨
雲李公葉紳張公樸齋葛公乾甫蔡
公蓮谿孫公雨亭余之茹約十日飲[illegible]

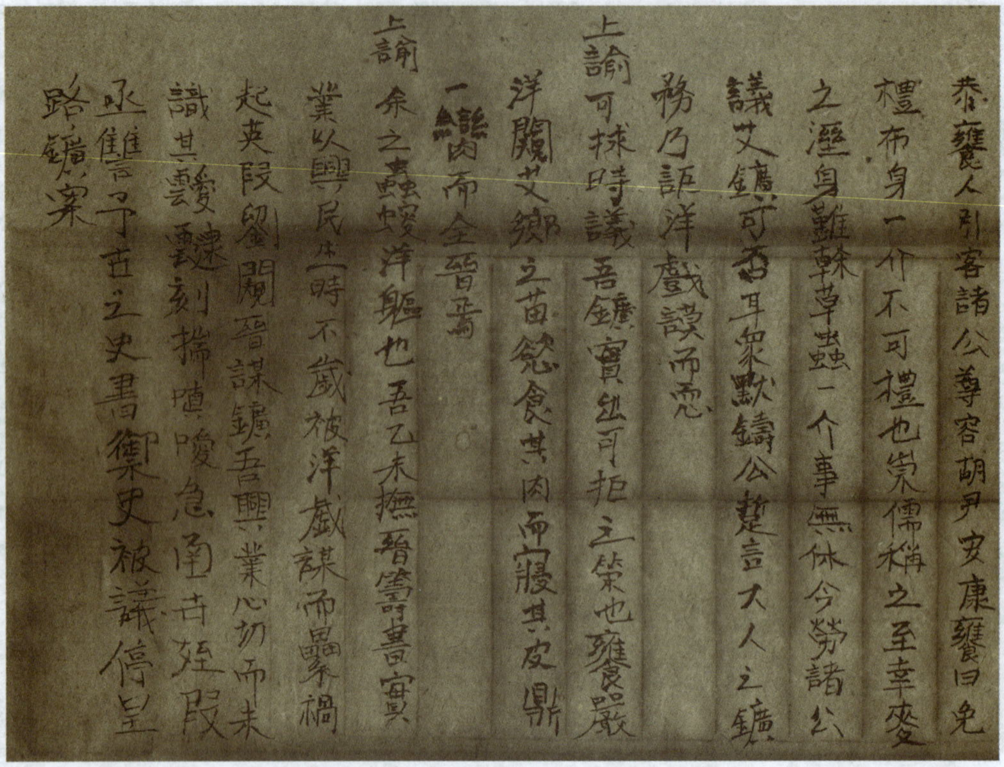

恭饗人引客諸公尊容胡尹安康饗曰免
禮布身一介不可禮也衆儒稱之至幸麥
之遲身雖蘇草蟲一介事無休今勞諸公
議艾鎮可否耳衆默鑄公起言大人之鎮
務乃誣洋戲設而恐
上諭可抹時議吾鎮實然可拒之策也雍饗嚴
洋饋艾鄉之苗慾食其肉而寢其皮斯
一纘而全晉焉
上諭余之蠡蝬洋驅也吾乙未撫晉籌晝宵
業以興民生一時不歲被洋戲謀而舉禍
起英段劉閱晉謀鎮吾興業心切而未
識其釁遽刻揣噴嗄急函告廷段
承雖言予吾之史書禦史被議停呈
路鎮案

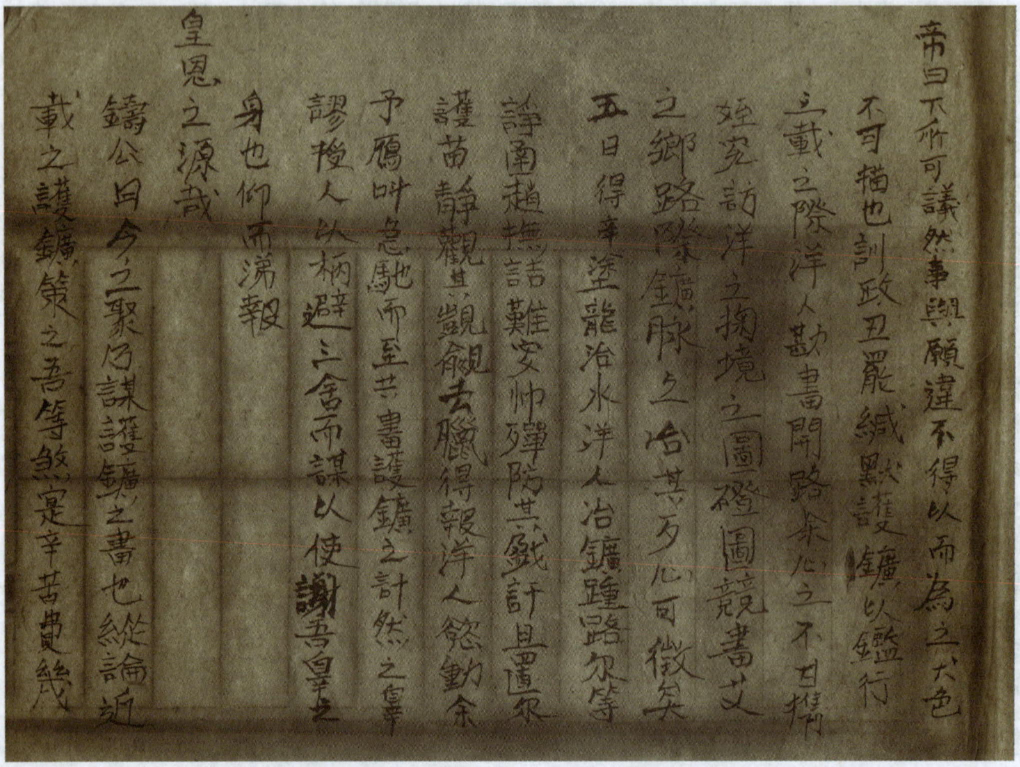

帝曰下所可議然事與願違不得以而為之大色
不可描也訓政五罷絨默護鑛以鑑行
之載之際洋人勘畫開路余心之不甘攜
廷究訪洋之拘境之圖磴圖競畫艾
之鄉路隊鎮脈之治其歹心可徵矣
五日得幸途龍治水洋人治鑛踵路尔等
諍函趙撫詰難安帅殫防其戳計旦置爾
護苗靜觀其覬覦去職得報洋人慫動余
予鴈叫急馳而至共畫護鑛之計然之宰
謬撿人以柄避三舍而謀以使謝吾皇之
身也仰而湧報
皇恩之源哉
鑄公曰今之聚乃謀護鑛之書也縱論近
載之護鑛策之吾等熱寔辛苦費幾

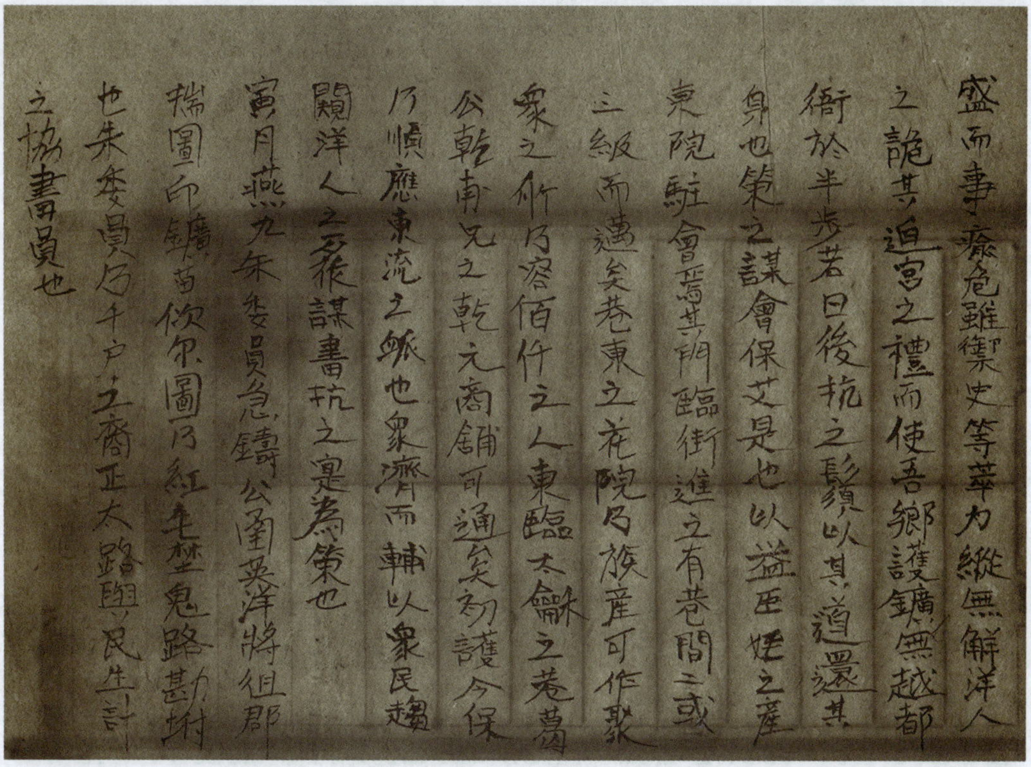

盛而事瘀危雖禦史等華力縱無解洋人
之詭其迫宮之禮而使吾鄉護鑛無越都
衙於半步若日後抗之髟須以其道還其
身也策之謀會保艾是也以益臣姪之產
東院駐會焉其門臨街進之有巷間之或
三級而遶矣巷東之花院乃族產可作聚
衆之所乃容佰仟之人東臨太𨰻之巷蔦
公乾南兄之乾元商舖可通矣初護今保
乃順應東流之脈也衆濟而輔以衆民趨
闢洋人之豕豬謀書抗之寔為策也
寅月燕九朱委員急鑄公劉英洋將俎郡
揣圖印鑛苗傚尔圖乃紅毛埜鬼路勘械
也朱委員乃千户之裔正太路與民生計
之協書員也

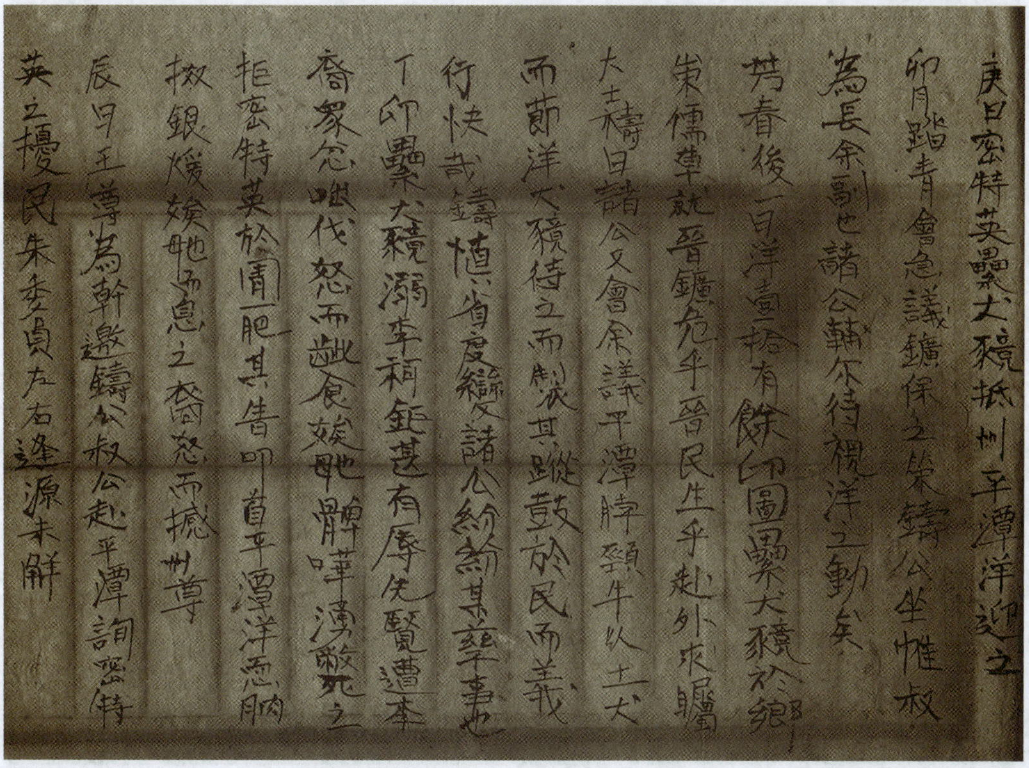

庚日密特英纍大獍抵州平潭洋迎之
卯月踏青會急議鑛保之策鑄公坐帷叔
為長余副也諸公輔尔待視洋之動矣
芳春後一日洋壹拾有餘印圖纍大獍於鄉
崇儒尊就晉鑛危乎晉民生乎赴外求矚
大士鑄曰諸公又會余議平潭脖頸牛以土犬
而蔚洋犬獍待之而制其蹤鼓於民而義
行快哉鑄憤省度變諸公紛紛其葬事也
丁卯纍大獍溺李祠鉅甚有辱先賢遭李
裔豕忿咄伐怒而齕食嫉䑛髀嘩淒斃死之
拒密特英於園肥其告叩首平潭洋惡胸
掇銀㷰嫉䑛而息之裔怒而撼州尊
辰日王尊為幹邀鑄公叔公赴平潭詢密特
英之擾民朱委員左右逢源未解

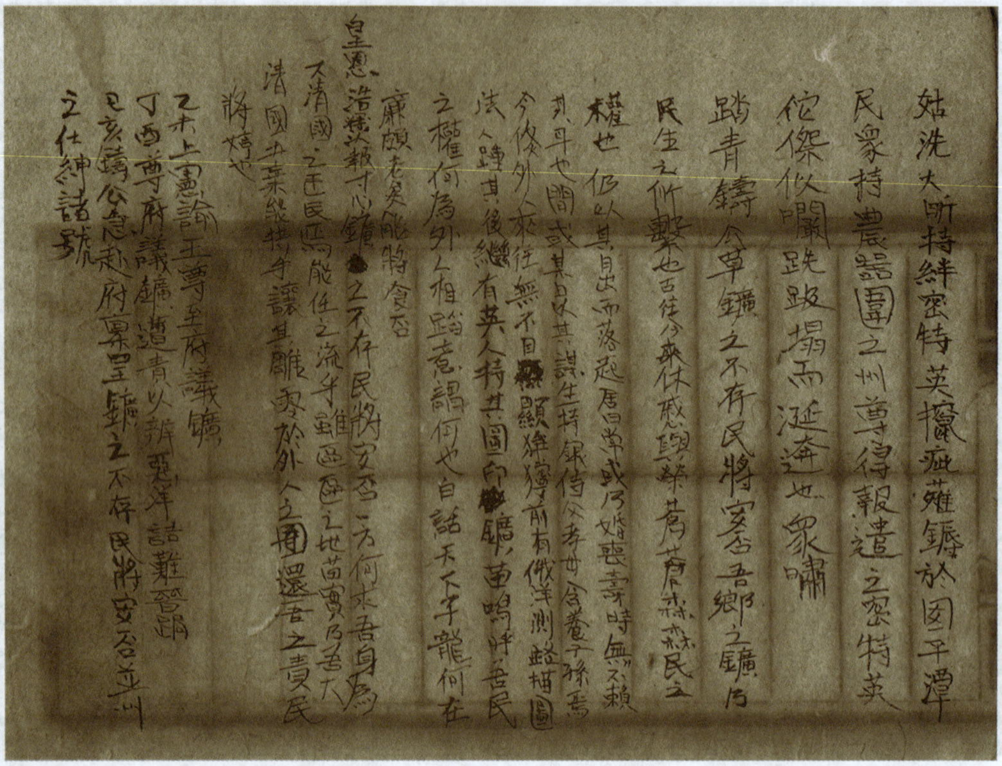

姑洗大所特絆密特英擄滋藉鎊於固平潭
民象持農器圍之州尊得報遣之密特英
佗傑似闌跣跋塌而涎奔也象嘯
踏青鑄公草鍍之不存民將害吾鄉之礦乃
民生之所繫也百姓今乘休感與榮蒿蒿森森民之
權也 仍以其身而落延居印常或乃婚喪壽時無不賴
其再也 間或其身以其誤生將銀借公壽世含養子孫焉
今條外人來往無不目[illegible]顯猙獰前有俄洋測繪描圖
法人踏其後繼有英人持其圖而[illegible]礦西嗚呼吾民
之權何為外人相蹈意謂何也自謂天下子龍何在
廉頗老矣能將食否
皇恩浩蕩以報寸心鎊[illegible]之不存民將安否一方何本吾自為
大清國之臣民焉能任之流乎雖屈辱之世苗寓乃吾大
清國子業豈能拱手讓其雕零於外人之囤還吾之貴民
將何之也
乙未上書諭王尊至府議礦
丁酉尊府議礦遣青以拆覓洋詰難答詢
己亥鑄公急赴府舉呈礦之不存民將安否並洲
之仕紳諸號

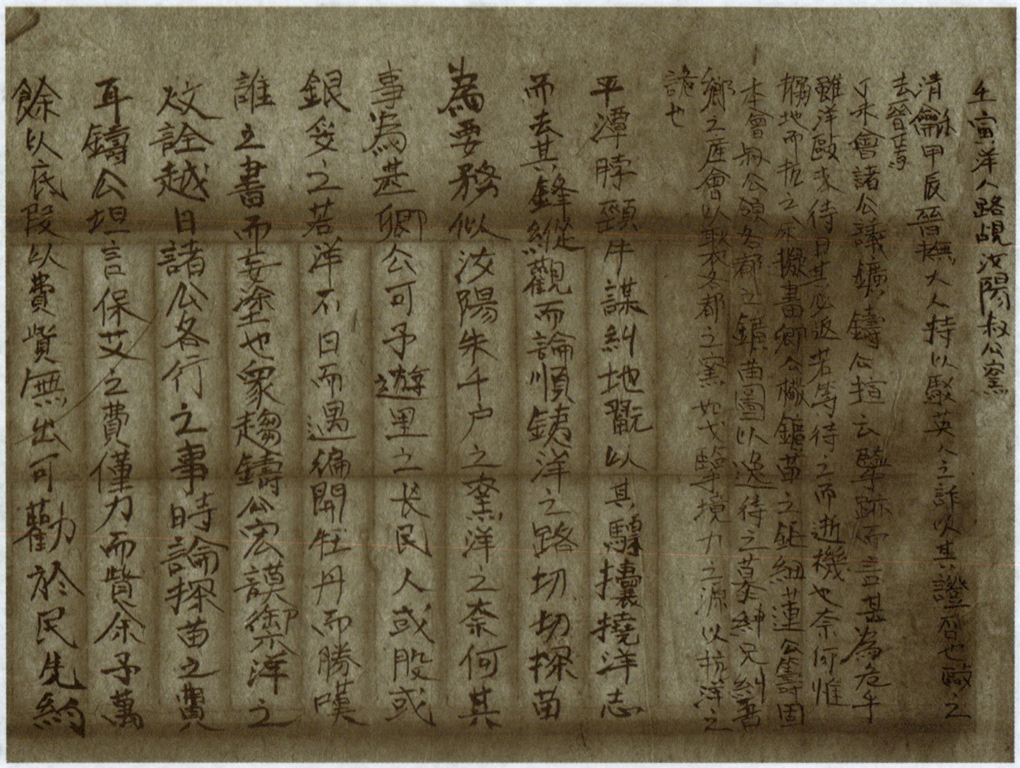

壬寅洋人路覬汝陽叔公寫
清爺甲辰晉撫大人持以駁英人之詐以其證否也敵之
去晉焉
丁未會諸公議礦鑄公拍云擘蹤而言甚為危乎
雖洋敵象待日其必返若等待之而近機也奈何惟
擱地而拒之 擬畫鄉公藏鎊苗之鈕細蓮公壽田
本會協公領各都之鎊苗圖以逸待之苗奏紳兄紛善
鄉之座會以取各都之寫 如弋擊攙力之源 以抗洋之
詭也
平潭脖頸牛謀糾地覬以其驥攘撓洋志
而去其鋒縱觀而論慎鎊洋之路切切探苗
為要務似汝陽朱千户之案洋之奈何其
事為甚鄉公可予遊里之長民人或般或
銀受之若洋不日而遇偏開牡丹而勝嘆
誰之書而妄塗也象趨鑄公宏謨禦洋之
校詮越日諸公各行之事時論探苗之貴
耳鑄公坦言保艾之費僅力而贊余予萬
餘以底段以貴貸無出可勸於民先約

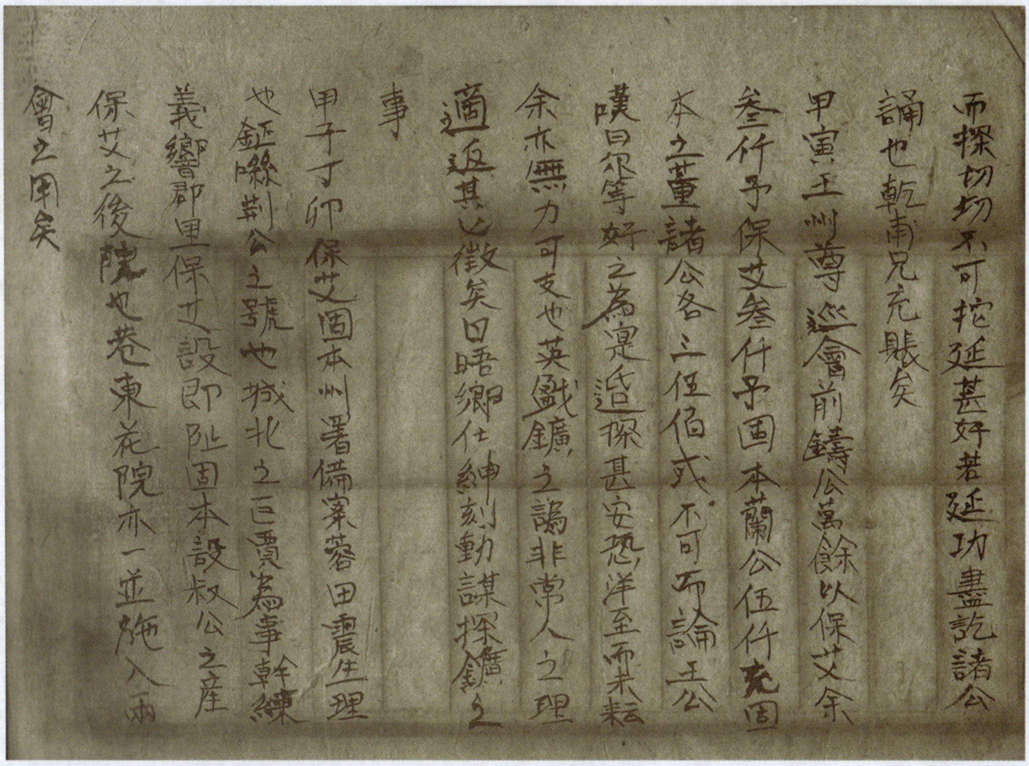

而探切切不可拖延甚好若延功盡訖諸公
論也乾南兄充賬矣
甲寅壬州蒋巡會前鑄公萬餘以保艾余
叁仟予保艾叁仟予固本蘭公伍仟充固
本之董諸公各三任佰弍不可而論王公
嘆曰尔等好之爲寔追探甚安恐洋至而来耘
余亦無力可支也英戭鑛之謁非常人之理
適返其已徵矣曰晤鄉仕紳刻動謀探鑛之
事
甲子丁卯保艾固本州署備案簭田震生理
也鉦嗾荆公之號也城北之巨賈爲事幹練
義響郡里保艾設即阯固本設叔公之産
保艾之後院也巷東花院亦一並施入而
會之用矣

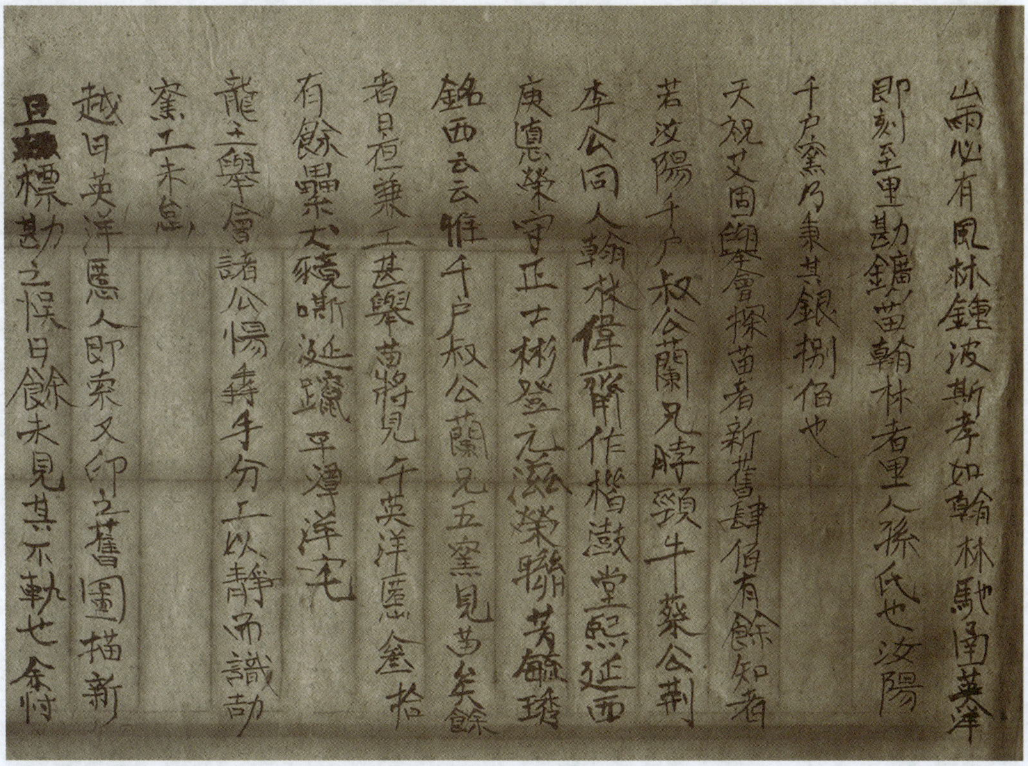

山而必有風林鍾波斯孝如翰林馱圖英洋
即刻至里勘鑛苗翰林者里人孫氏也汝陽
千户窯乃秉其銀捌佰也
天視艾固與會探苗者新舊肆佰有餘知者
若汝陽千户叔公蘭兄時頸牛蔡公荆
李公同人翰林偉齋作楷澂堂熙延西
庚憲榮守正士彬登元滋榮聯芳毓璘
銘西云云惟千户叔公蘭兄五窯見苗矣餘
者日夜兼工甚舉苗將見午英洋𠑊鑫拾
有餘暴大穢嘶淡延竄平潭洋宅
龍之舉會諸公惕精手分工以靜而識劫
窯工未息
越日英洋𠑊人即索又印之舊圖描新
旦[illegible]標勘之悮日餘未見其不執也余恃

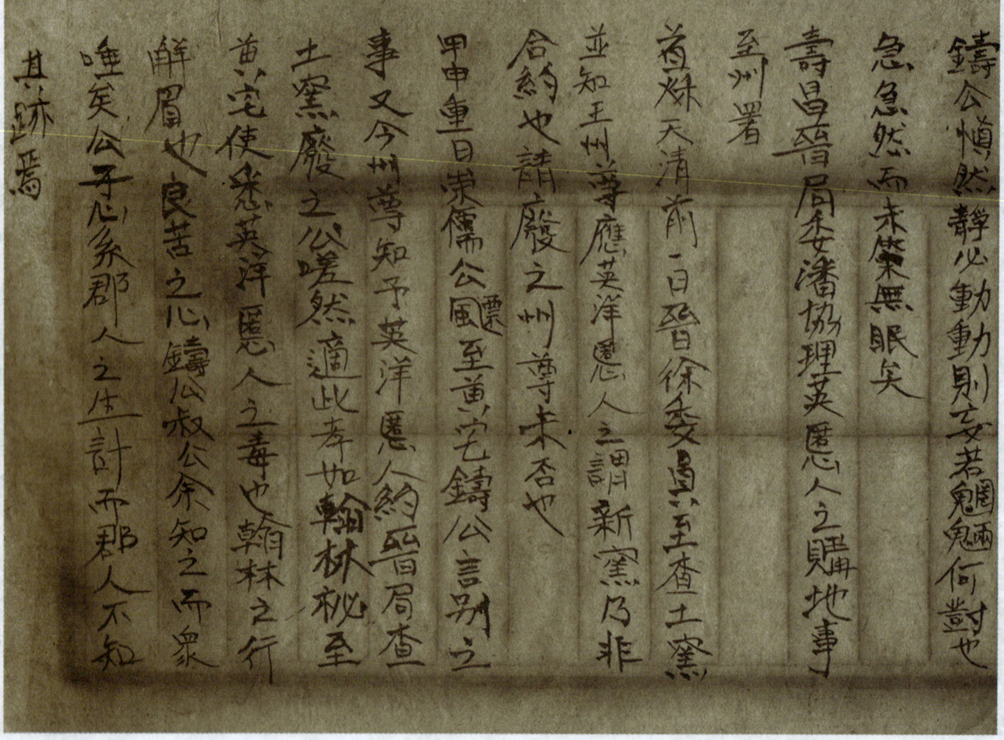

鑄公憤然靜必動動則妄若魑魅何對也
急急然而未寐無眠矣
壽昌晉局委潘協理英洋恶人之購地事
至州署
翌烁天清前一日晉徐委員至查土窯
並知王州尊應英洋恶人之謂新窯乃非
合約也請廢之州尊未否也
甲申重日崇儒公風還至崙宅鑄公言別之
事又今州尊知予英洋恶人約晉局查
土窯廢之公嗟然適此苦如翰林秘至
崙宅使悉英洋恶人之毒也翰林之行
解眉也良苦之心鑄公叔公余知之而衆
唯矣公乎心系郡人之生計而郡人不知
其跡焉

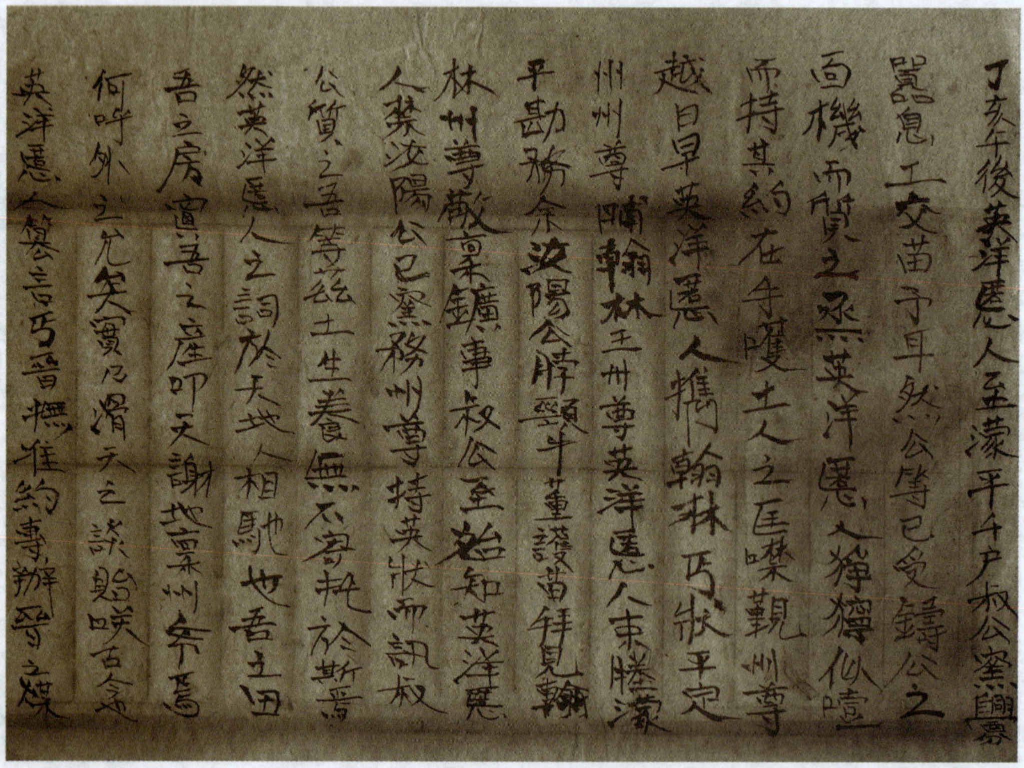

丁亥午後英洋恶人至濛平千户叔公窯興
囂息工交苗予耳然公等已受鑄公之
面機而質之怒英洋恶人猙獰似噎
而持其約在手嚄土人之匡噤覲州尊
越日早英洋恶人攜翰林巧狀平定
州州尊嘯翰林王州尊英洋恶人束縢濛
平勘務余汝陽公脖頸斗董護苗鋒見翰
林州尊敬稟鑛事叔公至始知英洋恶
人禁汝陽公已窯務州尊持英狀而訊叔
公質之吾等茲土生養無不容乾於斯晉
然英洋恶人之詞於天地人相馳也吾土田
吾之房窗吾之產叩天謝地稟州奈焉
何呼外之冗矣實乃滑天之談貽笑古今
英洋恶人篡言巧晉撫准約事辦晉之礦

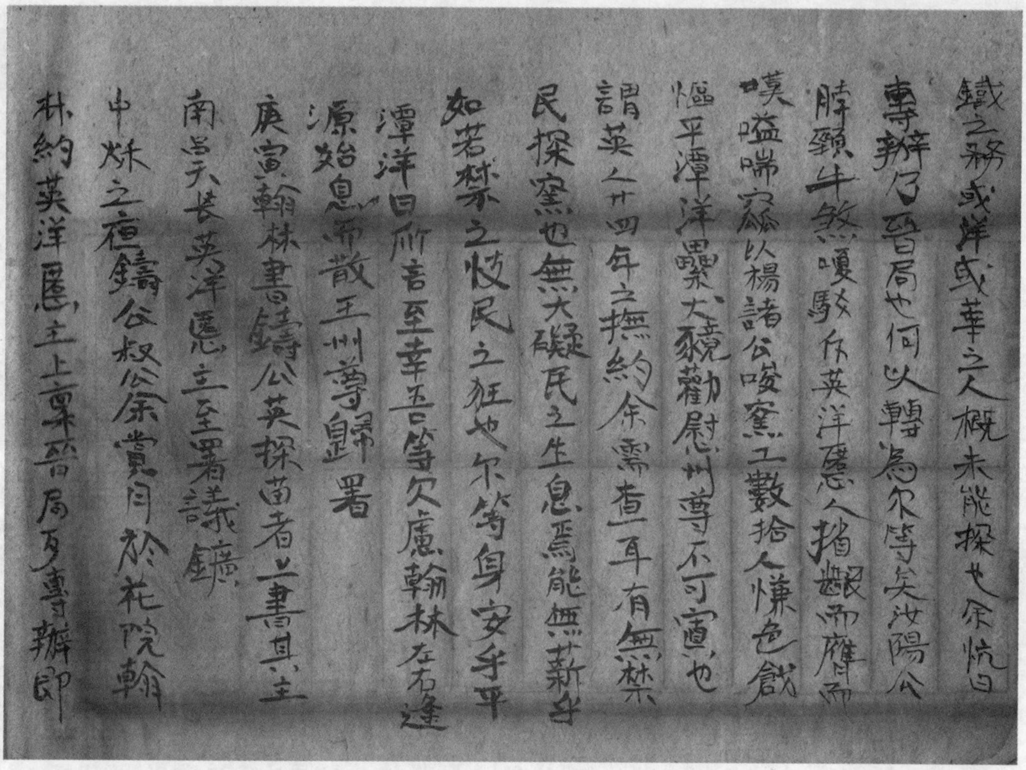
鐵之務，或洋或華之人，概未能探也。余恍曰
專辦乃晉局也，何以轉為爾等矣？汝陽公
脖頸牛煞，嘆駭，你英洋愿人搖擺而膺而
嘆嗌喘窯，以楊諸公唆窯工數拾人慊色戲
惱平潭洋舉大鏡勸慰州尊不可宣也
謂英人廿四年之撫約，余需查一耳有無禁
民探窯也，無大礙，民之生息焉能無薪乎
如若禁之，彼民之狂也，尔等身安乎平
潭洋曰：所言至幸，吾等欠慮。翰林左右逢
源，始息而散。王州尊歸署
庚寅翰林書曰鑄公：英探苗者，上書其主
南呈天長英洋愿主至署議礦
中秋之夜，鑄公叔公余賞月於花院，翰
林約英洋愿主上稟晉局乃專辦，即

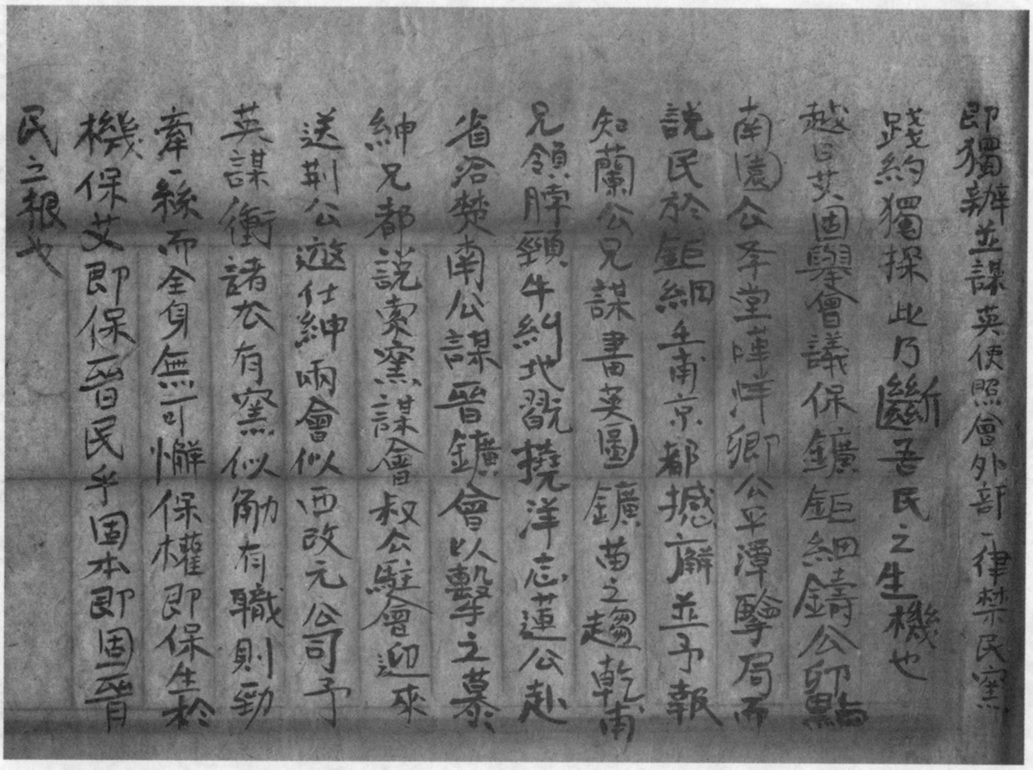
即獨辦，並謀英使照會外部，一律禁民窯
踐約獨採，此乃斷吾民之生機也
越日，英國舉會議，保礦鉅細，鑄公即點
南園公至堂，畔洋卿公平潭擊局而
說民於鉅細，至南京都撫廳並予報
知蘭公，見謀書，英國礦苗之趨乾南
見領脖頸牛紗也，戳撓洋志，蓮公赴
省合營南公，謀晉礦會以擊之，募
紳見都說，東窯謀會，叔公礙會，迎來
送荆公遊仕紳，兩會似人西改元公司，予
英謀衡諸公有窯，似勵有職則勁
牽一絲而全身無一可憐，保權即保生於
機，保艾即保晉民乎，國本即國之晉
民之根也

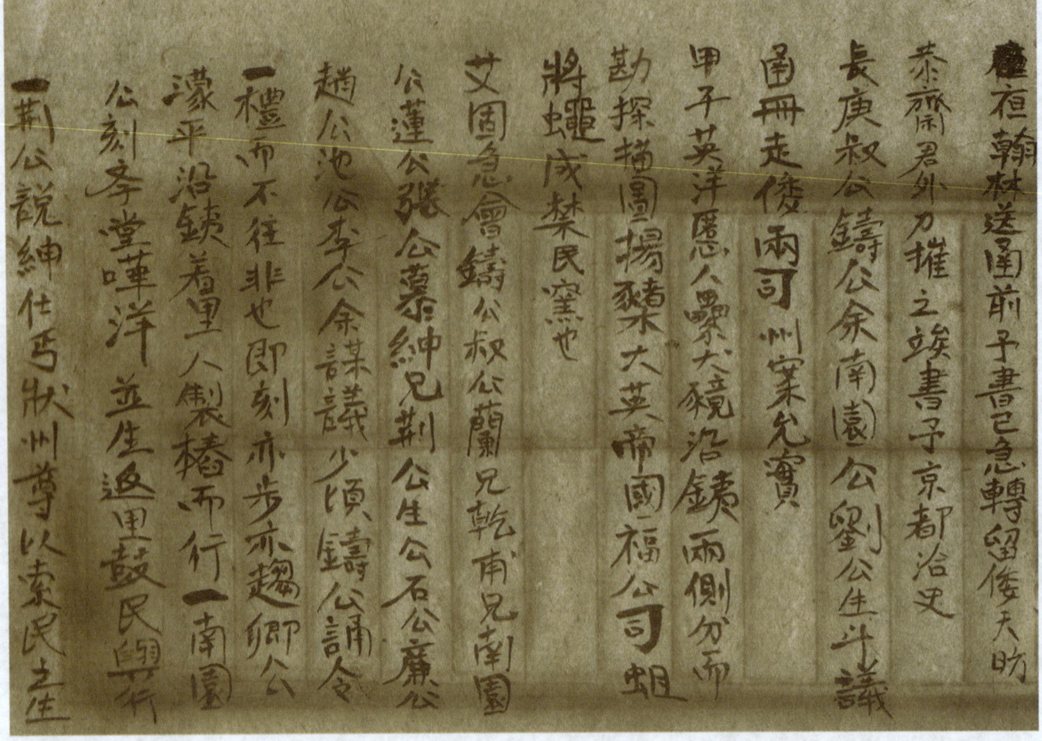
垣翰林送回前子書已急轉留僕天昉
恭齋君外力擁之竣書子京都治史
長庚叔公鑄公余南園公劉公生斗議
函冊走僕兩司州案允實
甲午英洋愿人累大鏡沿鎮兩側分而
勘探描圖揭櫫大英帝國福公司蛆
將蠶成禁民窯也
艾固急會鑄公叔公蘭兄乾甫兄南園
公蓮公張公慕紳兄荊公生公石公廉公
趙公池公李公余某議少頃鑄公誦令
一禮而不往非也即刻亦步亦趨鄉公
濛平沿鎮着里人製檣而行一南園
公刻李堂嘩洋並生返里鼓民與行
一荊公說紳仕馬狀州尊以索民之生

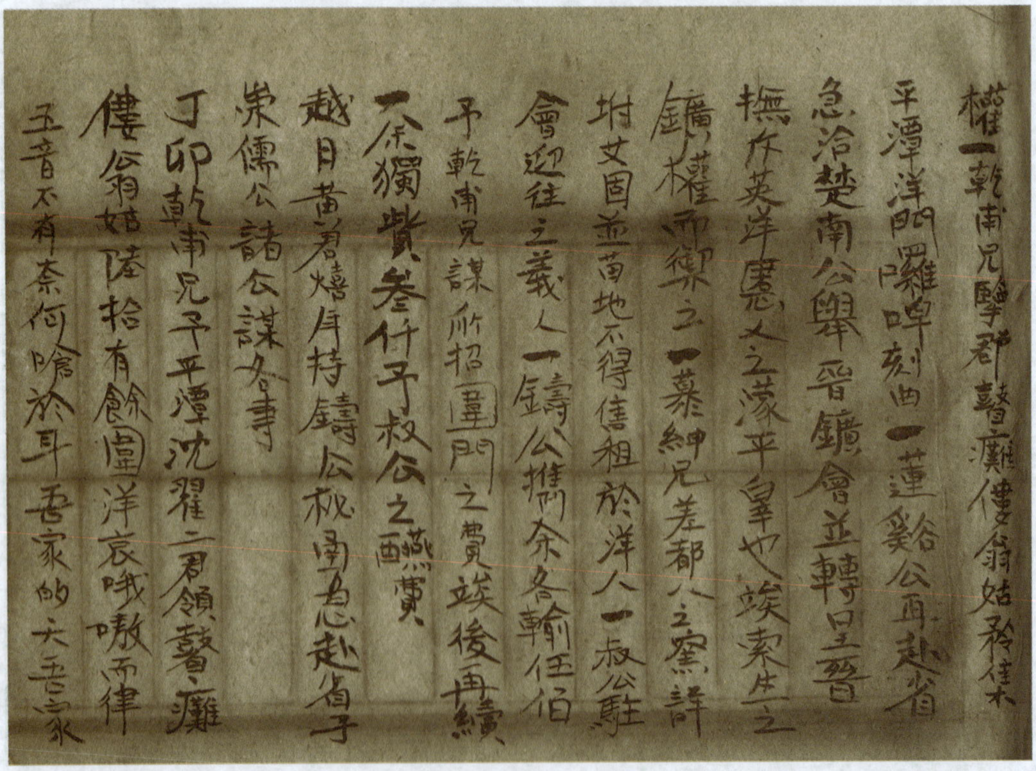
權一乾甫兄擊郡聲靡僕翁姑矜佳木
平潭洋門羅嗶刻由一蓮谿公再赴省
急治楚南公舉晉鎮會並轉呈晉
撫斥英洋愿人之濛平皇也竢索生之
鐮權而御集之一慕紳兄差都人之窯詳
坩艾固並苗地不得售祖於洋人一叔公駐
會迎往之義人一鑄公攜余各輸任佰
予乾甫兄謀所招圍門之費竣後再續
一余獨貲叁仟予叔公之西燕賓
越日黃君煒乘持鑄公秘函急赴省子
崇儒公諸公謀冬季
丁卯乾甫兄予平潭沈翟二君領聲靡
僕翁姑陸拾有餘圍洋哀哦嗷而律
五音不有奈何喻於耳吾家的大吾之家

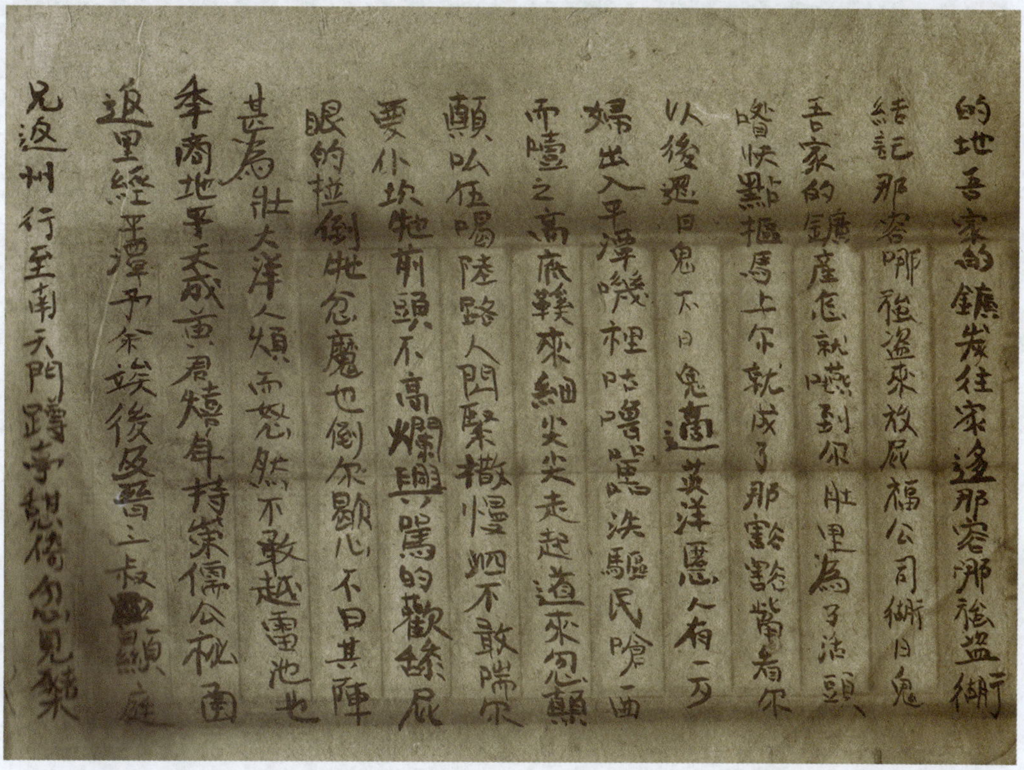

的地吾家的鐮發往家逢那容哪後盜衙
結記那容哪強盜來放屁福公司衙日鬼
吾家的鐮產怎就曉到你肚里為子添頭、
嚐快點擋馬上你就成了那齡齡當着你
以後遇日鬼不日鬼通英洋惡人有一万
婦出入平潭嘰裡咕嚕罵洙驅民嗆一曲
而噓之高底韈來細尖尖走起道來忽顛
顛吆伍喝陸路人閃緊撒慢烟不敢喘你
要小坎牠前頭不高爛興罵的歡條屁
眼的拉倒地忽魔也倒你歇心不日其陣
甚為壯大洋人煩而怒然不敢越雷池也
季商地平天成黃君嬉身持策儒公秘函
追里經平潭予余誤後及晉三叔顯庭
兄返州行至南天門蹲亭勉倚忽見築

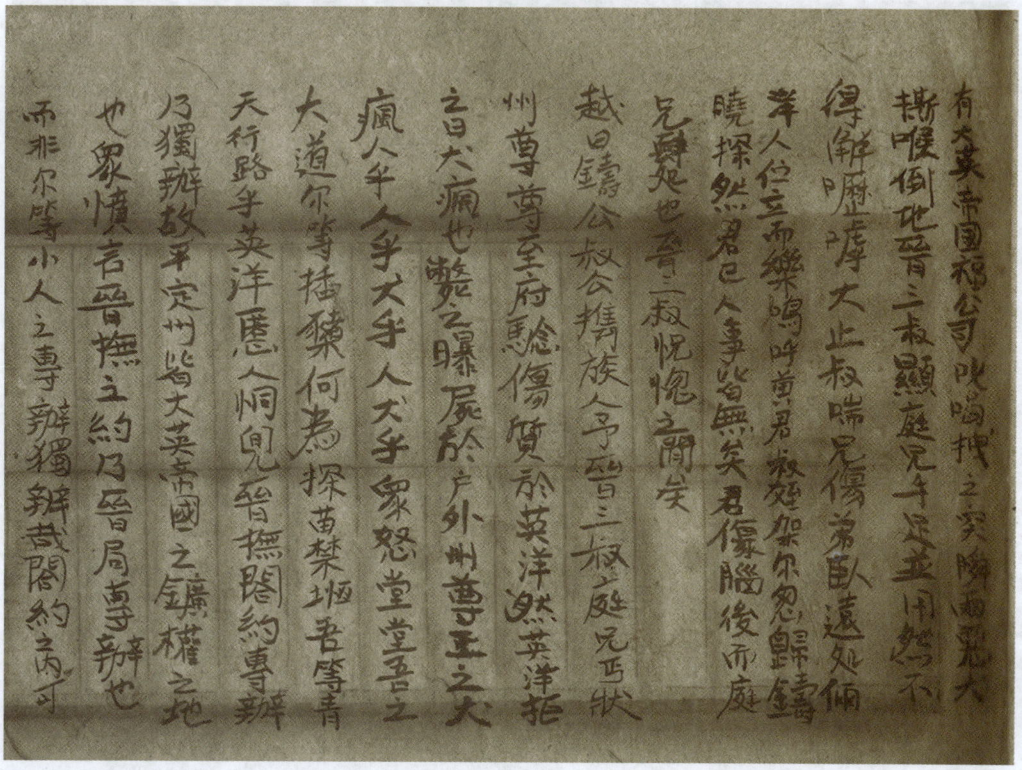

有大英帝國福公司以喝挑之究腸而亮大
撕喉倒地晉三叔顯庭兄年足並用然不
得解嚦嚦虎豹大止叔喘兄傷弟臥遠処個
洋人佇立而樂嗚呼黃君叔然架你忽歸鑄
曉探然君已人事皆無矣君傷腦後而庭
兄尋処也晉三叔恍惚之間矣
越日鑄公叔公携族人予晉三叔庭兄丐狀
州尊尊至府驗傷質於英洋然英洋拒
之曰大瘋也然之曝屍於户外州尊至之大
瘋人乎人乎大乎人犬乎衆怒堂堂吾之
大道你等插藥何為探苗禁地者等青
天行路乎英洋惡人恫兒晉撫踏約專辦
乃獨辦故平定州皆大英帝國之鑛權之地
也衆憤言晉撫立約乃晉局專辦也
而非你等小人之專辦獨辦哉閤約之內可

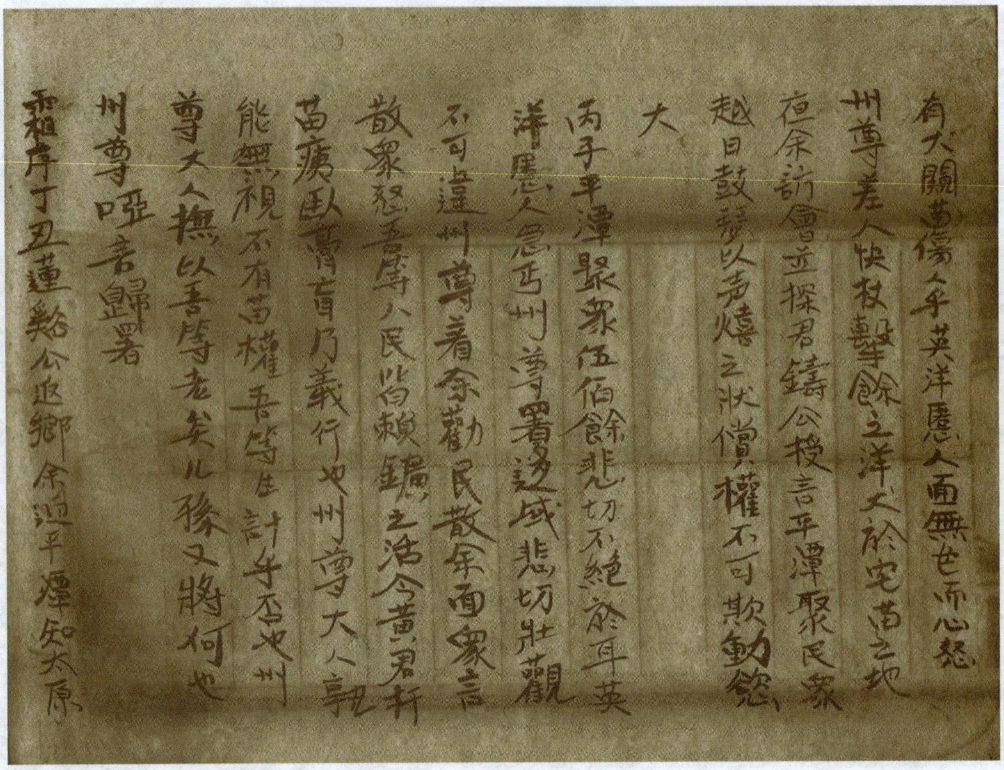
有大關碍傷人乎英洋憑人面無也而心怒
州尊差人快杖擊餘之洋丈於宅苗之地
頑余訴會並探君鑄公授言平潭聚民衆
越日鼓譟以声燒之狀償權不可欺動怨
大
丙手平潭聚衆伍佰餘悲切不絶於耳英
洋憑人急告州尊署邊域悲切壯觀
不可違州尊着余勸民散余面衆言
散衆怒吾等人民皆賴鑛之活今黃君折
苗病臥膏盲乃義行也州尊大人親
能無視不有苗權吾等生計乎否也州
尊大人撫以吾等老矣兒孫又將何也
州尊啞言歸署
霜降丁丑蓮谿公返鄉余迎平潭知太原

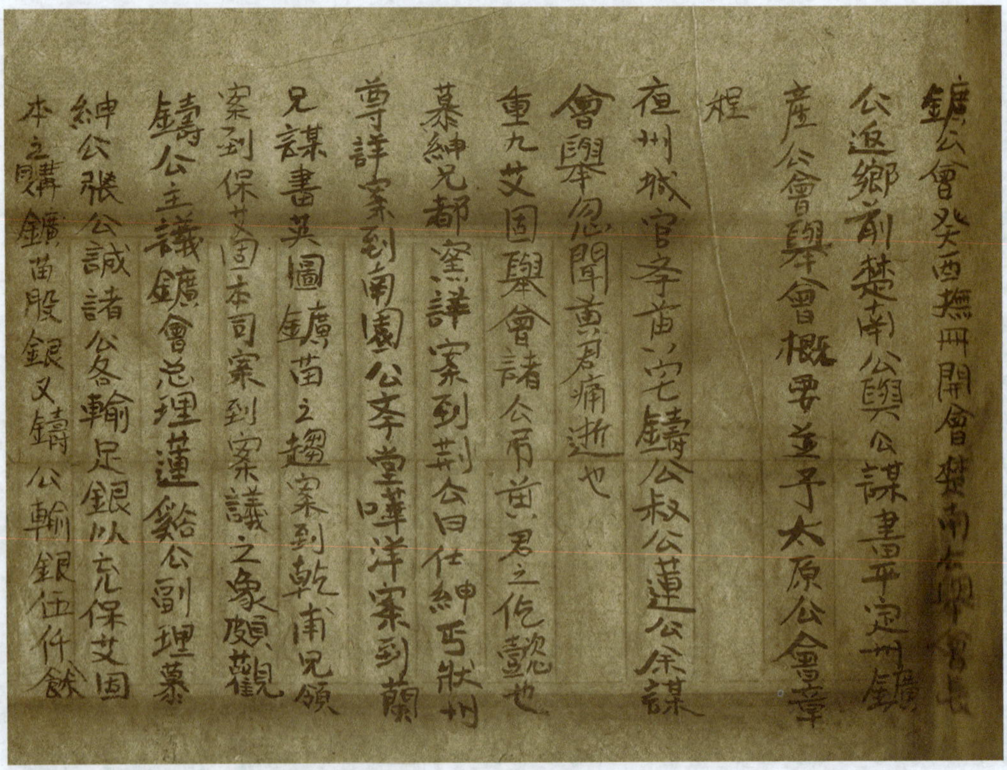
鑛公會癸酉撫冊開會贊南右舉會長
公返鄉前楚南公與公謀書平定州鑛
產公會舉會概要並予太原公會章
程
宿州城官李苗宅鑄公叔公蓮公余謀
會舉忽聞黃君痛逝也
重九艾國舉會諸公甬黃君之僞懿也
慕紳兄都窯詳案到莊公曰仕紳呈狀州
尊詳案到南園公李堂嘩洋案到蘭
兄謀書英圖鑛苗之趨案到乾甫兄領
案到保艾國本司案到案議之象頗觀
鑄公主議鑛會總理蓮谿公副理慕
紳公張公誠諸公各輸足銀以充保艾國
本之購鑛苗股銀又鑄公輸銀伍仟餘

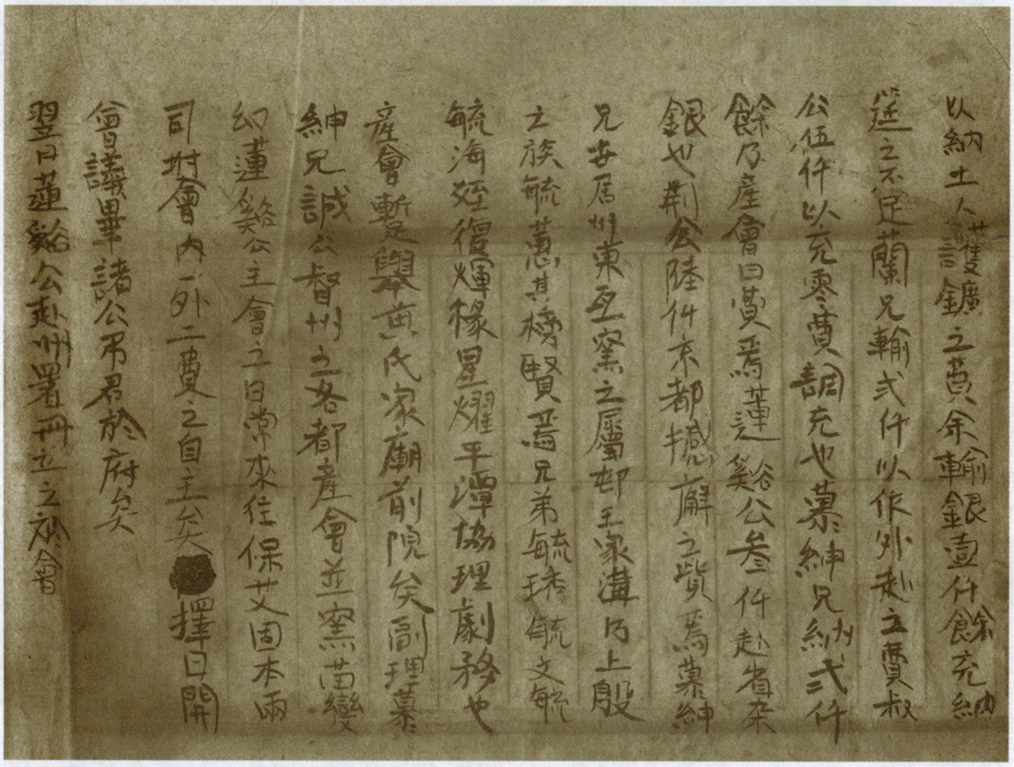
以納土人護鑛之費余輸銀壹仟餘元納
延之不足蘭兄輸弍仟以作外赴之費叔
公伍仟以充零費韶充也菓紳兄納弍仟
餘乃産會曰費焉蓮谿公叁仟赴省來
銀也前公陸仟亦都㧾廨之費焉菓紳
兄安居州東至黨之屬邨王家溝乃上殷
之族毓蕙其標賢焉兄弟毓琇毓文毓
毓海延復輝緣星耀平潭協理劇務也
産會暫舉黄氏家廟前院矣副理慕
紳兄誠公智州之名都産會並窯黨變
幼蓮谿公主會之日常來往保艾固本兩
司㑹會內外二費之自主矣 擇日開
會議畢諸公吊君於府矣
翌日蓮谿公赴州署再立之㑹會

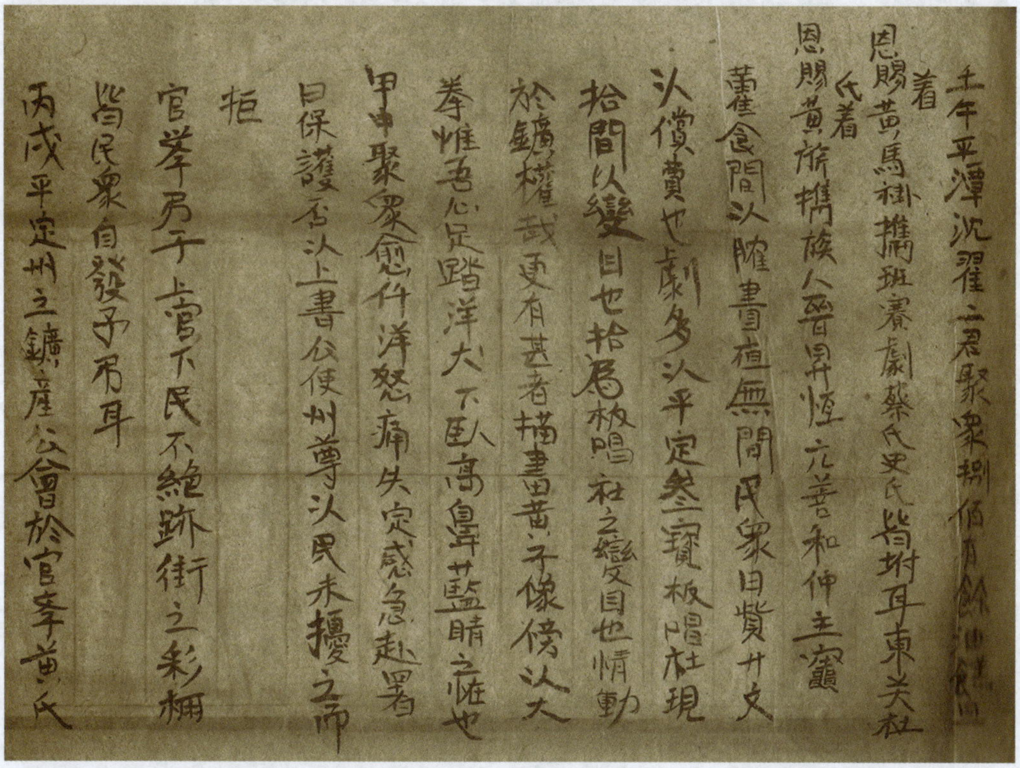
壬午平潭沉濯之君聚衆捌佰有餘
着恩賜黄馬褂擕班賽劇蔡氏史氏皆坿耳東关杜
氏着恩賜黄旂擕族人晉昇恒元善和仲主爾
藿食間以隨書植無間民衆目覩廿丈
以償費也劇多以平定叁寶板唱杜現
拾間以變目也拾局板唱社之嬗變目也情動
於鑛權哉更有甚者描書黄子像傍以大
拳帷吾心足踏洋大下臥高鼻藍睛之旍也
甲申聚衆愈仟洋怒痛失寳感急赴署
曰保護否以上書公使州尊以民赤擾之命
拒
官舉名于上官下民不絕跡街之彩棚
皆民衆自發予吊耳
丙戌平定州之鑛産公會於官舉黄氏

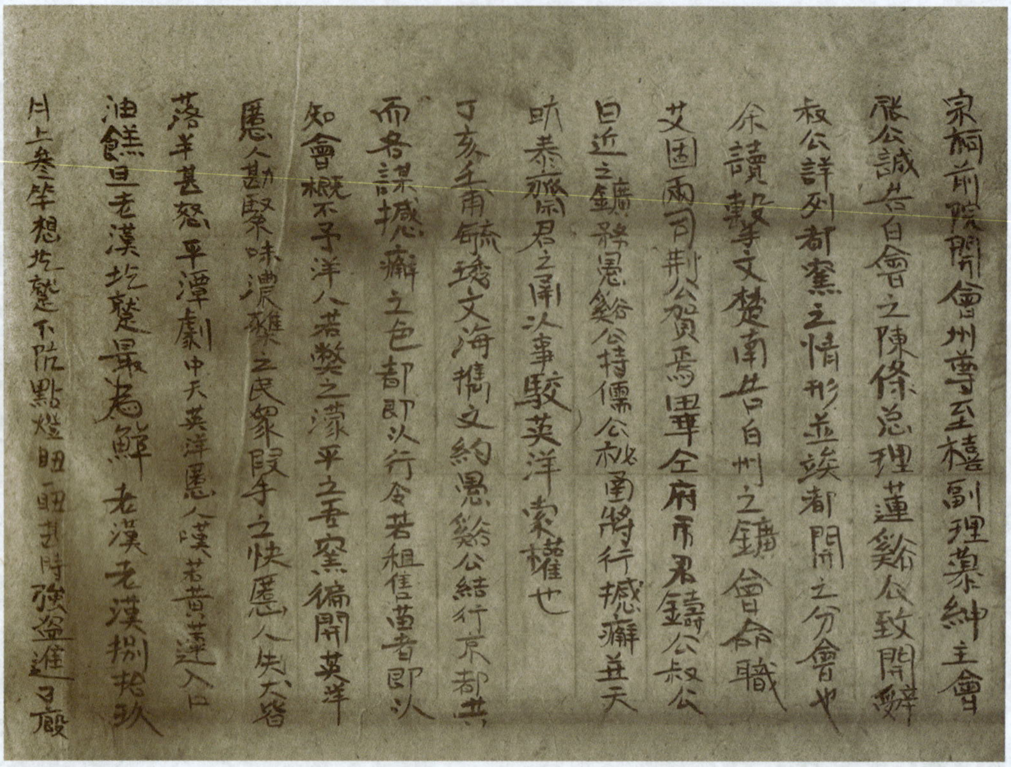

家祠前院開會州尊至禧副理慕紳主會
陳公誠告白會之陳條總理蓮谿公致開辭
叔公詳列哉黨之情形並族都開之分會也
余讀數筆文楚南告白州之鑛會命職
艾園兩司荊公賀焉畢全府君鑄公叔公
曰近之鑛務愚谿公持儒公秘函將行撼瓣并天
昳泰齋君之開以事駭英洋索權也
丁亥壬甫毓琇文海擕文約愚谿公結行京都共
而各謀撼瓣之色都即以行令若租售者即以
知會概不予洋人若弊之滾平之黨徧開英洋
愚人勘察味濃離之民衆段手之快愚人失大智
落半甚怒平潭劇中天英洋愚人漢若菁蓮入口
油饈旦老漢圪蹴最為鮮老漢老漢捌扸以
月上叁竿想圪蹴不防點燈明明時強盜進了廄

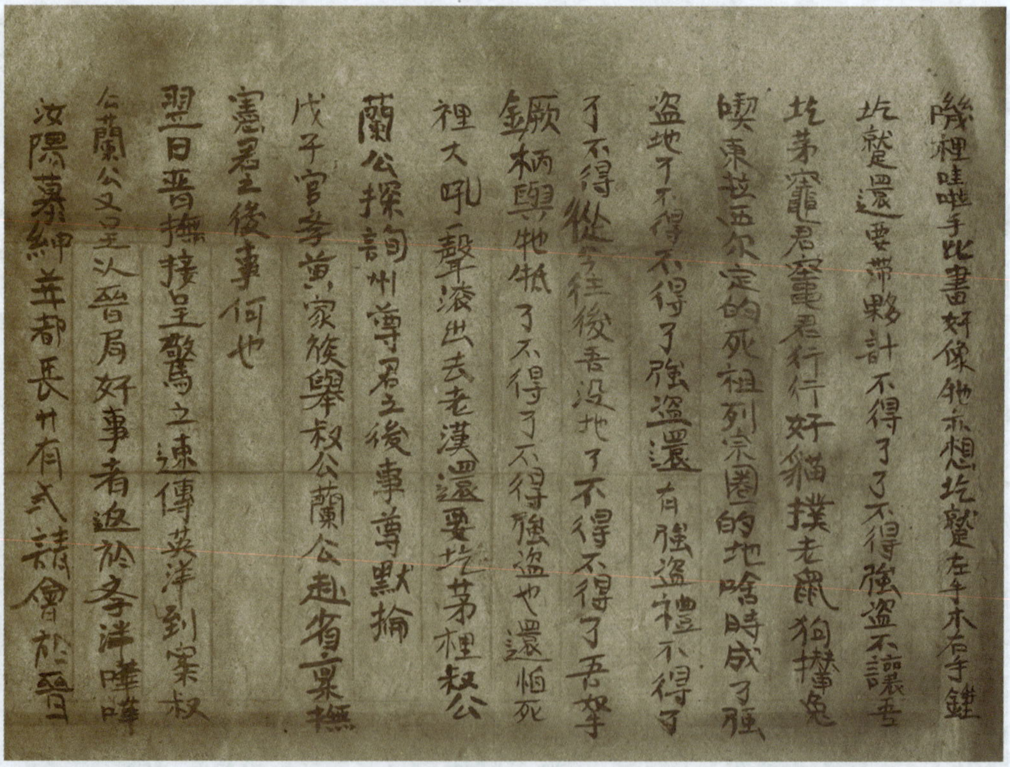

㕷裡哇哇手比畫好像牠亦想圪蹴左手木右手鏈
圪蹴還要帶夥計不得了了不得強盜不讓吾
圪茅窩君窩君行行好貓撲老鼠狗攆兔
喫東西尓定的死祖列宗圈的地啥時成了強
盜地了不得不得了強盜還有強盜禮不得了
了不得從今往後吾沒地了不得不得了吾拏
钁柄與牠牴了不得了不得強盜也還怕死
裡大吼一聲滚出去老漢還要圪茅裡叔公
蘭公探詢州尊君之後事尊默揄
戊子官季萬家族舉叔公蘭公赴省稟撫
憲君之後事何也
翌日晉撫接呈驚之速傳英洋到案叔
公蘭公又呈以晉局好事者迫於季洋嘩嘩
汝隰慕紳并都長廿有式請會於晉

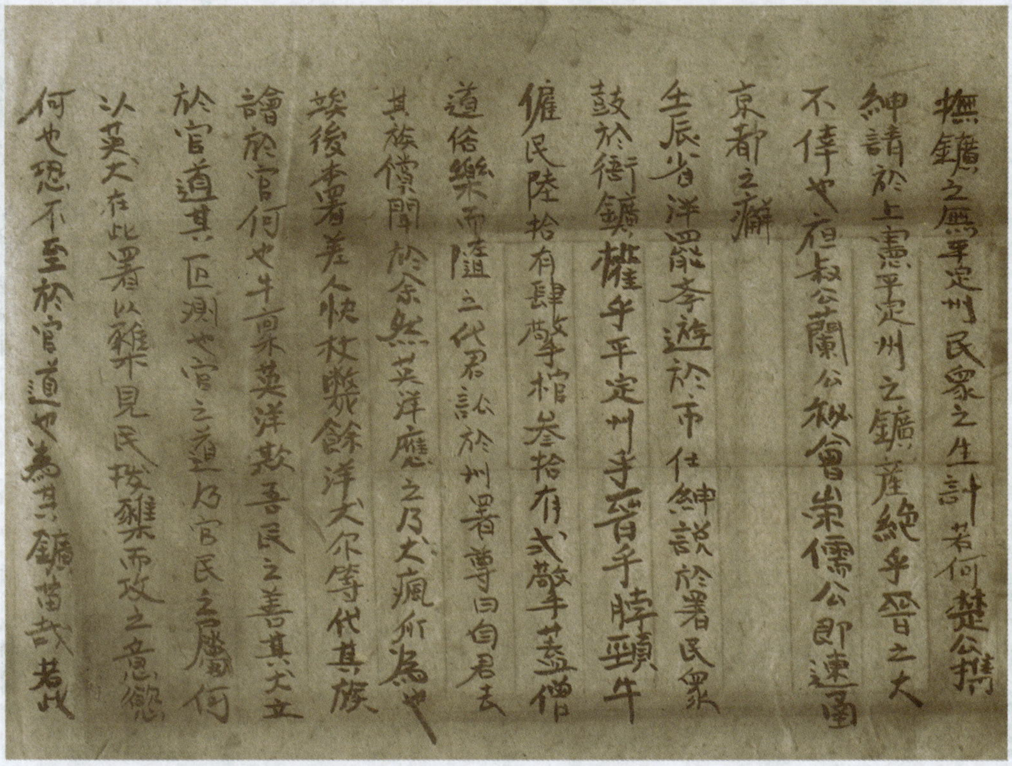

撫鑛之廢平定州民衆之生計若何楚公搆
紳請於上憲平定州之鑛產絕乎晉之大
不偉也但叔公蘭公秘會崇儒公即速函
京都之辦
壬辰省洋羅李遊於市仕紳說於署民衆
鼓於衙鑛權乎平定州乎晉乎脖頸牛
雇民陸拾有肆擊棺叁拾有貳擊乎蓋僧
道俗樂而隨之代君訟於州署尊曰白君去
其族償聞於余然英洋應之乃大瘋所為也
竣後李署差人快杖斃餘洋犬爾等代其族
論於官何也牛高求英洋欺吾民之善其犬立
於官道其叵測也官之道乃官民之屬何
以英犬在此署以雜見民撥雜而攻之意懲
何也恐不至於官道也為其鑛當哉若此

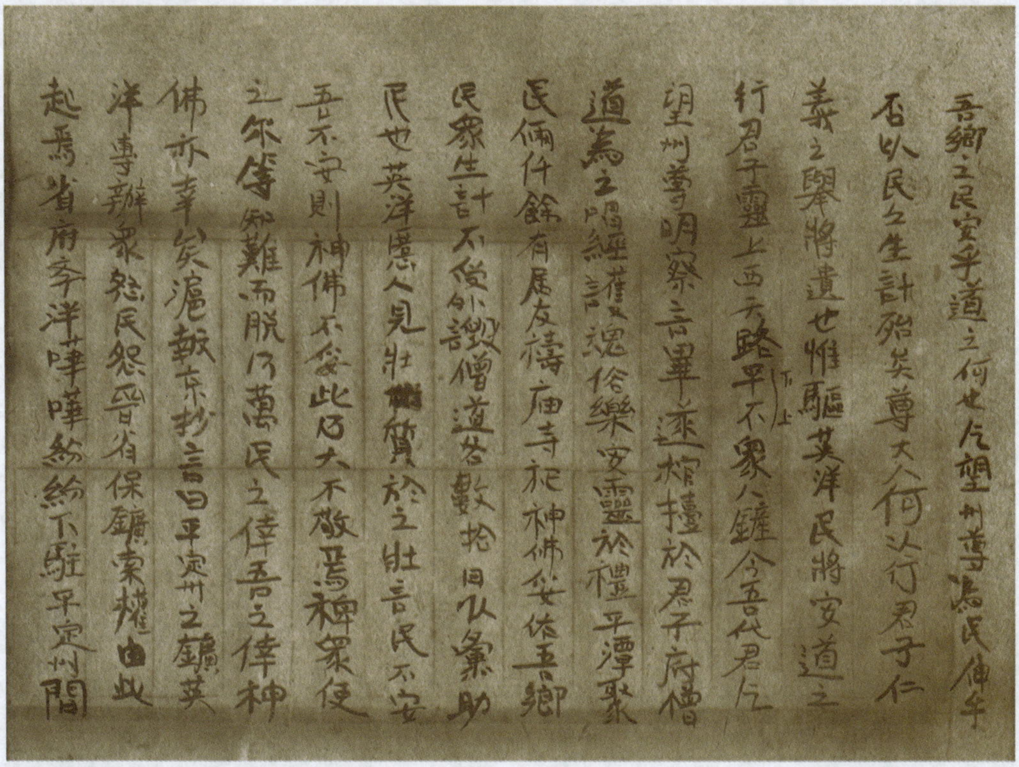

吾鄉之民安乎道之何也今望州尊為民伸乎
否以民之生計殆矣尊大人何以行君子仁
義之舉將遺也惟驅英洋民將安道之
行君子靈上西天路早不象人鏈今吾代君亡
望州尊明察吾畢遂棺擡於君子府僧
道為之唱經詣護魂俗樂安靈於禮平潭聚
民倆仟餘有居友禱廟寺祀神佛安依吾鄉
民衆生計不俊外毀僧道咨數拾曰以彙助
民也英洋愚人見壯[illegible]質於之肚吾民不安
吾不安則神佛不安此乃大不敬焉稗衆使
之爾等知難而脫乃萬民之偉吾之偉神
佛亦幸矣滬敕京抄言曰平定州之鑛英
洋專辦衆怒民怨晉省保鑛索權由此
起焉省府李洋嘩嘩紛紛下駐平定州間

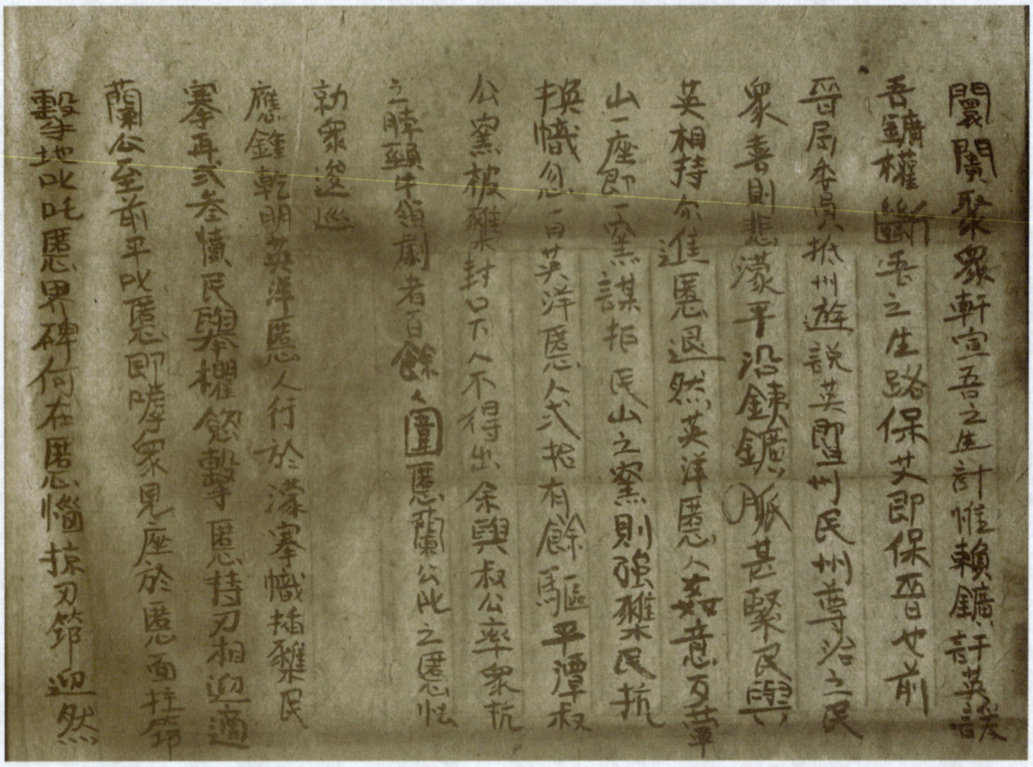

闤闠聚眾軒宣吾之生計惟賴鑛，詎英商
吞鑛權，斷吾之生路。保艾即保晉，廿前
晉局委員赴州遊說英盟州民州尊治之民
眾書則悲濛平沿鍊鑛脈甚緊民與
英相持爾進惡退。然英洋惡人姦意百端
山一座即一窯，謀拒民山之窯，則強攔民抗
換懺忽一日英洋惡人弋抵有餘驅平潭叔
公窯被攔，封口下人不得出，余與叔公率眾抗
之，肆頭牛領闖者百餘人，圍惡蘭公比之惡怯
新眾後巡
應鍾乾明英洋惡人行於濛寨懺插攔民
寨再弍叁憤民舉權怒擊，惡持刃相迎適
蘭公至前平比惡即嗥眾見座於惡面拄節
擊地叱吒惡界碑何在惡惱掠刃節迎然

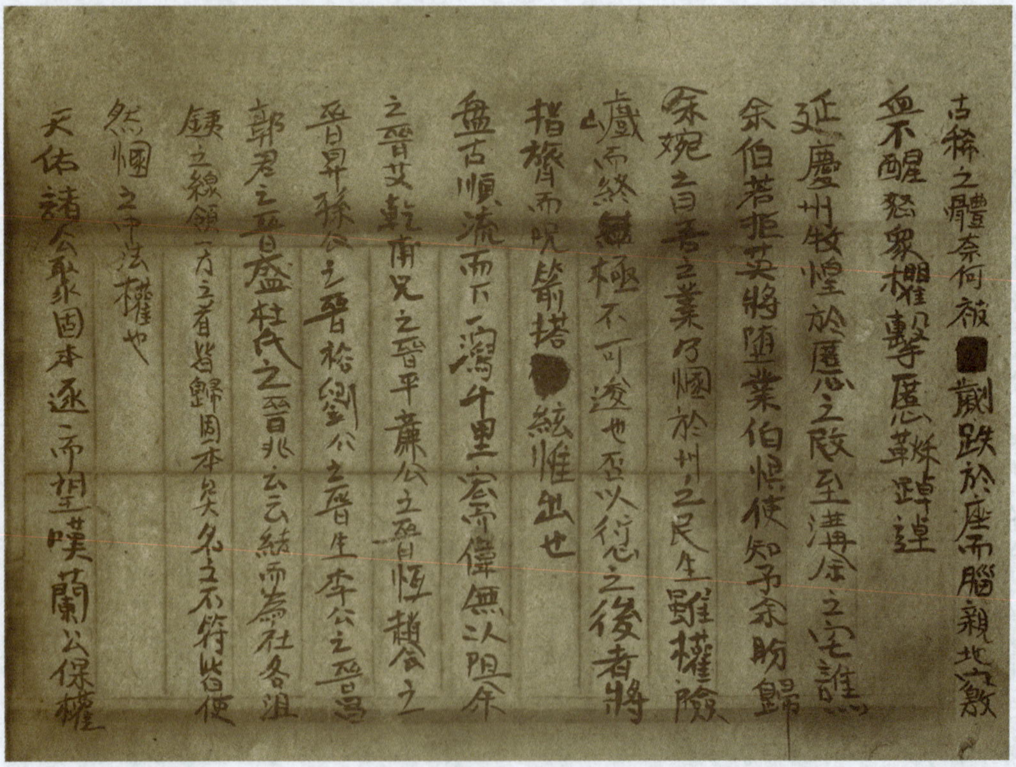

古稀之體奈何赦[illegible]戳跌於座而腦親地殞斃
無不醒怒眾懼擊惡韃踔遑
延慶州牧惶於惡之敗至溝余之宅謝
余伯若拒英將墮業伯惧使知予余盼歸
余婉言吾之業乃煤於州之民生雖權險
山巇而終無極不可逡也丞以衍忠之後者將
指擠而呪皆前堵[illegible]繇惟無也
盘古順流而下一瀉千里嵚而偉無二人阻余
之晉艾乾甫兄之晉平薦公之晉恆趙公之
晉昇孫公之晉裕劉公之晉生李公之晉昌
郭君之晉益杜氏之晉兆公云結而為社各組
鍊之線領一方之者皆歸固本矣名之不符皆使
然悃之守法權也
天佑諸公取永固本遂二而望嘆蘭公保權

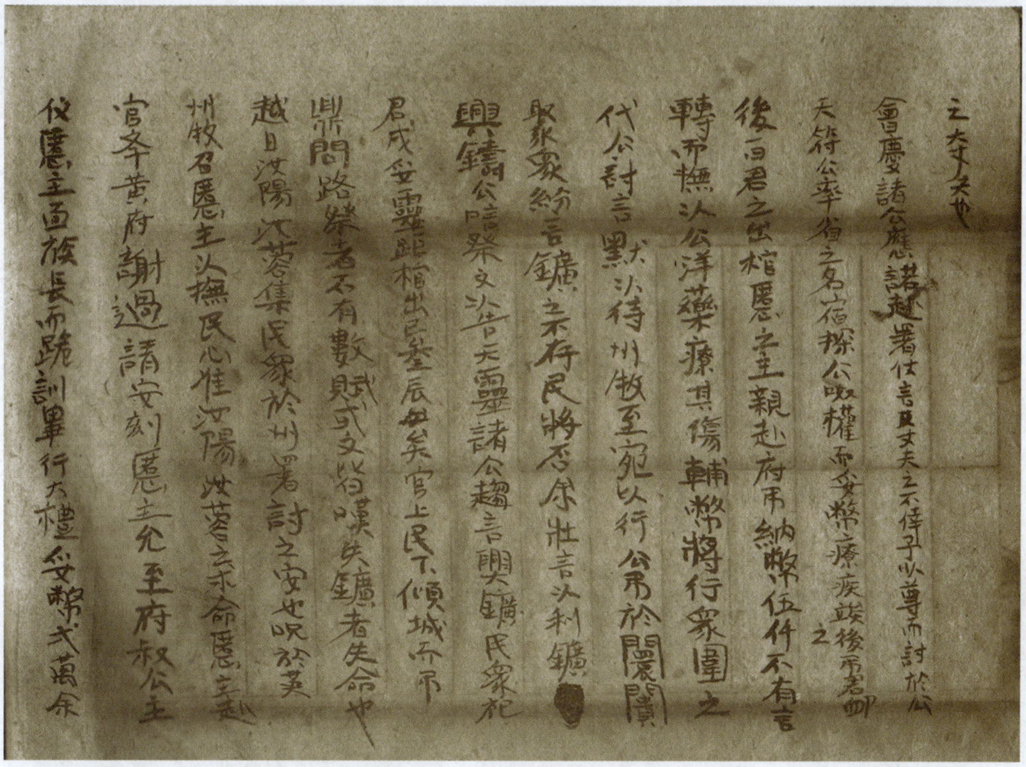

之大丈夫也
會慶諸公應諸趙者仕吉夏丈夫之不倖子必尊而討於公
天符公率省之名宿孫公暾權而受弊療疾族後而君卿之
後白君之生棺應主親赴府而納弊伍仟不有言
轉而撫以公洋藥療其傷輔弊將行象圍之
代公討言默以待州牧至宛以行公而於閭閻
取衆象紛言鑛之不存民將忍余壯言以利鑛
興鑛公啥祭文以告天靈諸公趨言興鑛民象祀
君戎登靈距棺出已登辰無矣官上民下傾城而吊
鼎開路祭者不有數賦武則或文皆嘆失鑛者失命也
越日汝陽汶落集民象於州署討之安也況於英
州牧召應主以撫民心惟汝陽汝落之示命應主赴
官牟黃府謝過請安刻應主允至府叔公主
仪應主面旌長而跪訓畢行大禮受幣弍萬余

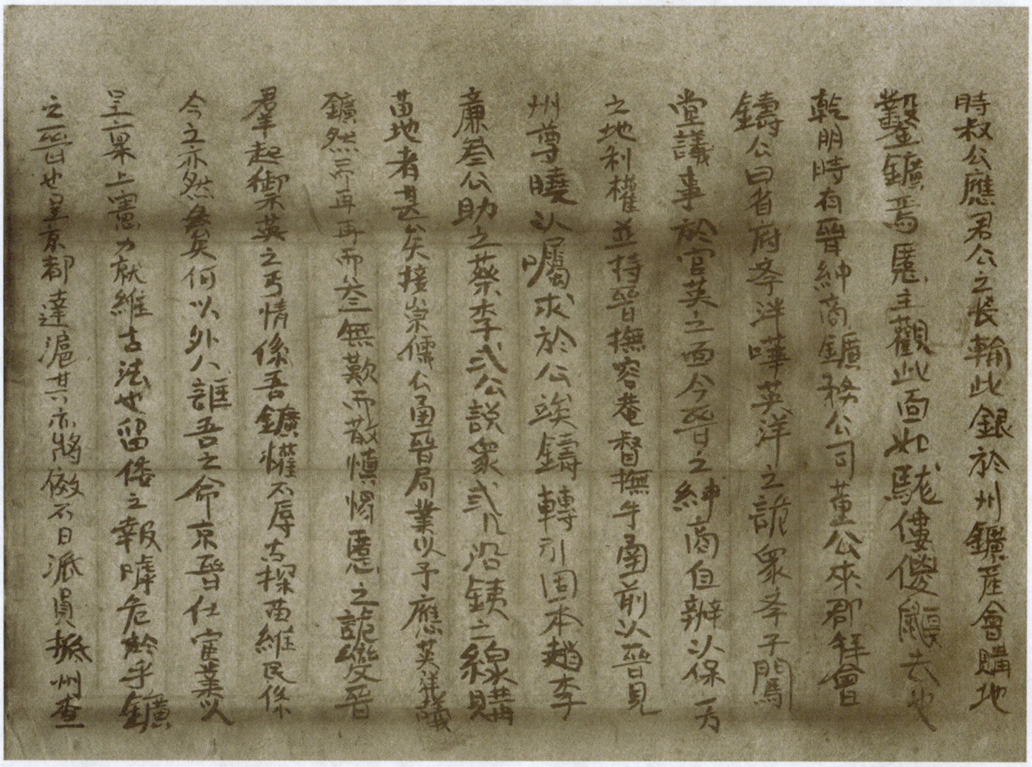

時叔公應君公之長輸此銀於州鑛産會贈地
鑿鑛焉應主觀此面如駝傻傻飄去也
乾朋時有晉紳商鑛務公司董公來郡拜會
鑄公曰省府牟洋嘩英洋之詭象孝子閒
堂議事於官英之面今吾之紳商自辦以保一方
之地利權並持晉撫容菴督撫手函前以晉見
州尊曉以囑求於公誒鑄轉刊固本趙李
廉卷公助之蔡李弍公説象弍凡沿鍊之線購
苗地者甚公矢接宗儒公函晉局業以予應英議
鑛然弍再再而叁無歎而敬慎惕應之詭變晉
群起禦英之弓情係吾鑛權不辱吉探苗維民係
今之亦然矣何以外人誆吾之命京晉仕宦業以
呈上書上憲力献維吉法也留係之報嘩危於手鑛
之恩也呈京都達滬甘亦將儆不日派員撫州查

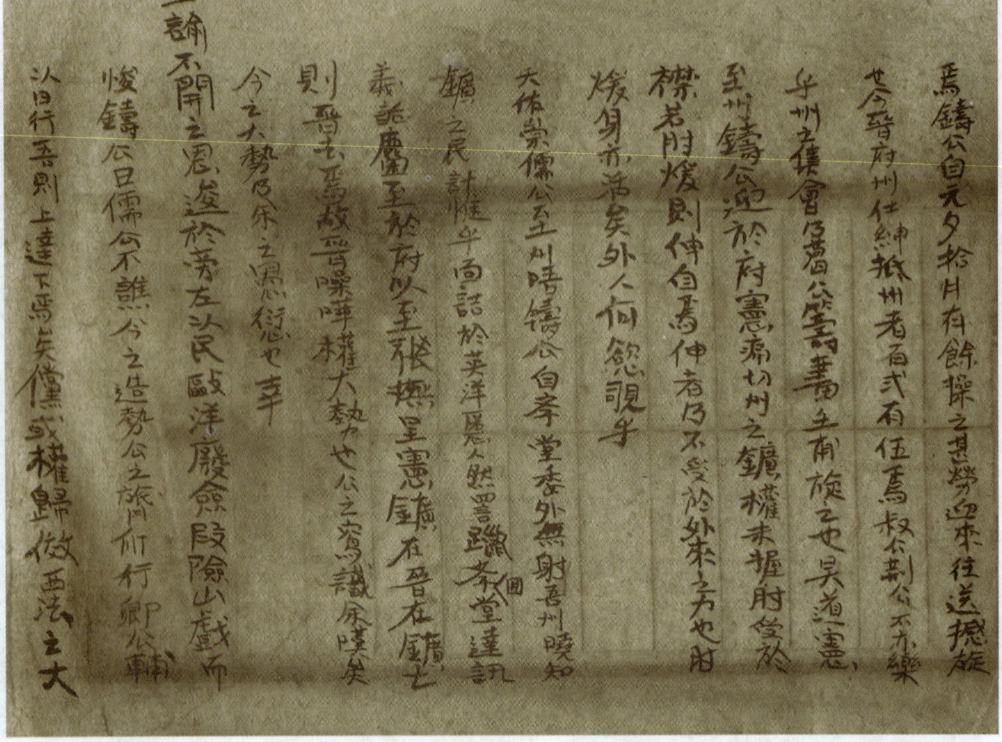

焉鑄公自元夕拾日有餘操之甚勞迎來往送撫旋
也今晉府州仕紳瀧州者百弍百任焉叔公剩公不亦樂
乎州之集會乃舊公籌畫主宰旋之也吳道憲
至州鑄公迎於府憲飭切州之礦權未握肘受於
掣若附焌則伸自為伸者乃不受於外來之方也附
焌身亦落矣外人何欲覘乎
天佑崇儒公至州晤鑄公自李堂委外無射吾州曉知
礦之民討惟平面詰於英洋惡人然罷礦李個堂達訊
義詒廬至於府以至張撫呈憲礦在晉在礦之
則晉去焉故晉噪嘩權大勢也公之奮識余嘆矣
今之大勢乃系之恩德也幸
上諭不開之恩遊於旁左以民毆洋廢命段險出戲而
悛鑄公曰儒公不誰今之造勢公之旅所行卿公轄
以日行吾則上達下焉矣僅或權歸做西法之大

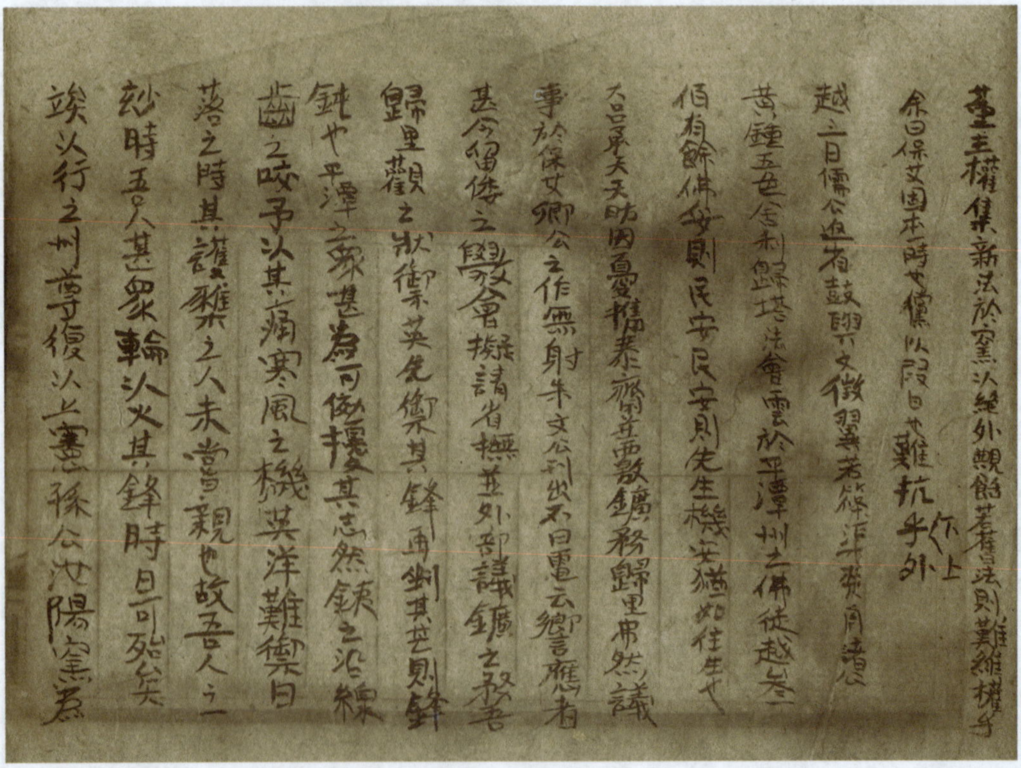

董主權集新法於窯以絕外覬餘若舊法則難維權乎
余曰保文國本時也僅以段曰也難抗乎外 作上
越之日儒公迎有鼓舞之文微翼若舜河乎頭清心
黃鍾五色舍利歸塔法會雲於平潭州之佛徒越卷一
佰有餘佛安則民安民安則先生機安猶如往生也
大呂承天天助因夏變擄秦齊並西教礦務歸里甫然議
事於保文卿公之作無射朱文公列出不曰電云鄉言應者
甚今留侯之學會擬請省撫並外部議礦之發善
歸里觀之狀衛策英免衛其鋒再制其芒則鋒
鈍也平潭之家甚為可傲擾其志然錬之沿線
齒之吠予以其痛寒風之機英洋難禦曰
落之時其護雜之人未嘗覩也故吾人之一
紗時吾人甚衆輪以火其鋒時日可殆矣
竣以行之州尊復以上憲孫公汾陽窯為

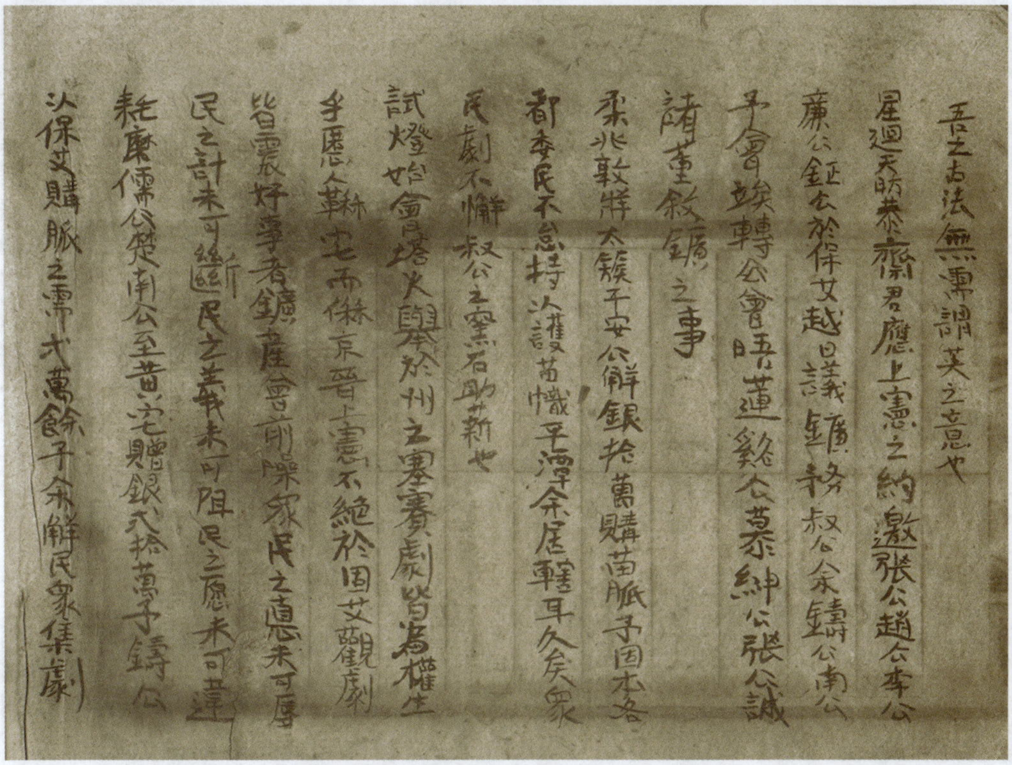

吾之古法無需謂英之意也
星廻天眆恭齋君應上憲之約邀張公趙公李公
廉公鉦公於保艾越日議礦務叔公余鑄公南公
子會族轉公會晤蓮谿公慕紳公張公誠
諸董敘礦之事
桼兆敦祥太鎮平安公鮮銀拾萬贖苗脈予因本各
郡李民不怠持以護苗幟平潭余居轄耳久矣衆
民劇不憐叔公之窯若助薪也
試燈始會塔火舉於州之寨賽劇皆爲權生
手愿人革新宅而係京晉上憲不絕於國艾觀劇
皆震好事者礦產會前操家民之意未可厚
民之計未可斷民之義未可阻民之願未可違
耗廉儒公楚南公至黄宅贈銀式拾萬予鑄公
以保艾贖脈之需式萬餘予余鮮民衆集劇

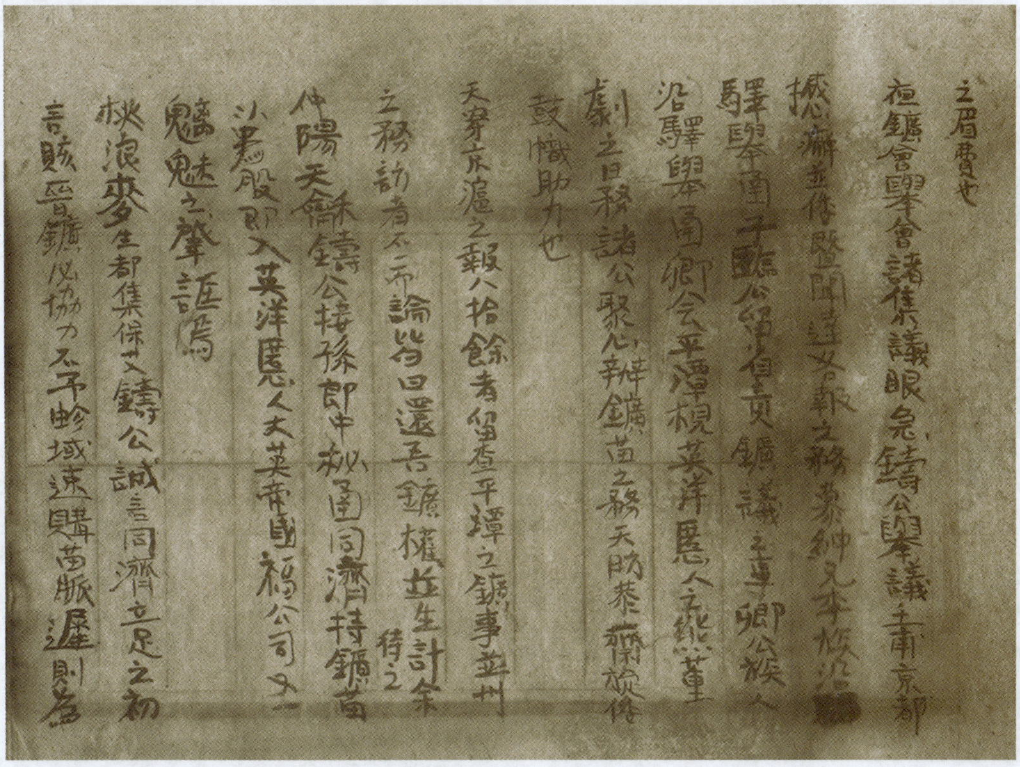

之眉賚也
恒礦會舉會諸集議眼急鑄公舉議壬甫京都
撼濟並傳暨開達女報之務慕紳兄李族沿[illegible]
驛舉團子驫公留伯貢礦議之事卿公族人
沿驛舉團卿公平潭槻英洋愿人之能董
劇之日移諸公聚公辨鑛苗之務天眆恭齋旋傳
鼓幟助力也
天寄京滬之報八拾餘者留查平潭之礦事並州
之務訪者不一而論皆曰還吾礦權並生計余待之
仲陽天錫鑄公接孫郎中秋國同濟持礦苗
以爲股即入英洋愿人丈英帝國福公司文一
魑魅之肇誕焉
秋浪麥生都集保艾鑄公誠意同濟立足之初
言賅晉礦以協力不予蛉域速贖苗脈遲則爲

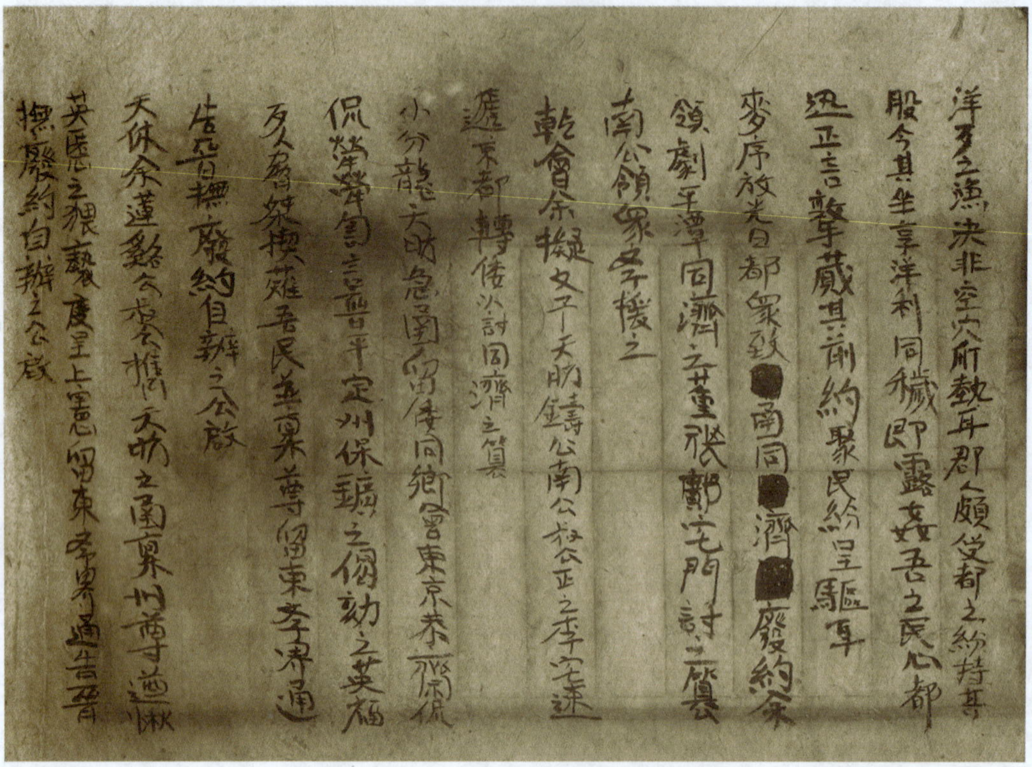

洋務之燕決非空穴所致耳郡人頗受都之紛持其
股今其坐享洋利同織即露甚吾之民心都
迅正言擊藏其前約聚民紛呈驅耳
麥序放光曰都衆致[redacted]商同[redacted]濟[redacted]廢約余
領劉平潭同濟之董張氏斷宅門討之質
南公領衆呈援之
乾會余擬文之天明鑄公南公叔公正之李宇述
遞京都轉佞以討同濟之質
小分龍天明急圖留使同鄉留東京恭脩偶
侃弊辯圖之晉平定州保礦之倡動之英福
多人密謀換藉吾民並京巢等留東李濟通
告晉撫廢約自辦之公啟
天休余蓮谿公秦惟天明之函京巢州等通秋
英國之狠戮度呈上憲留東學界通告晉
撫廢約自辦之公啟

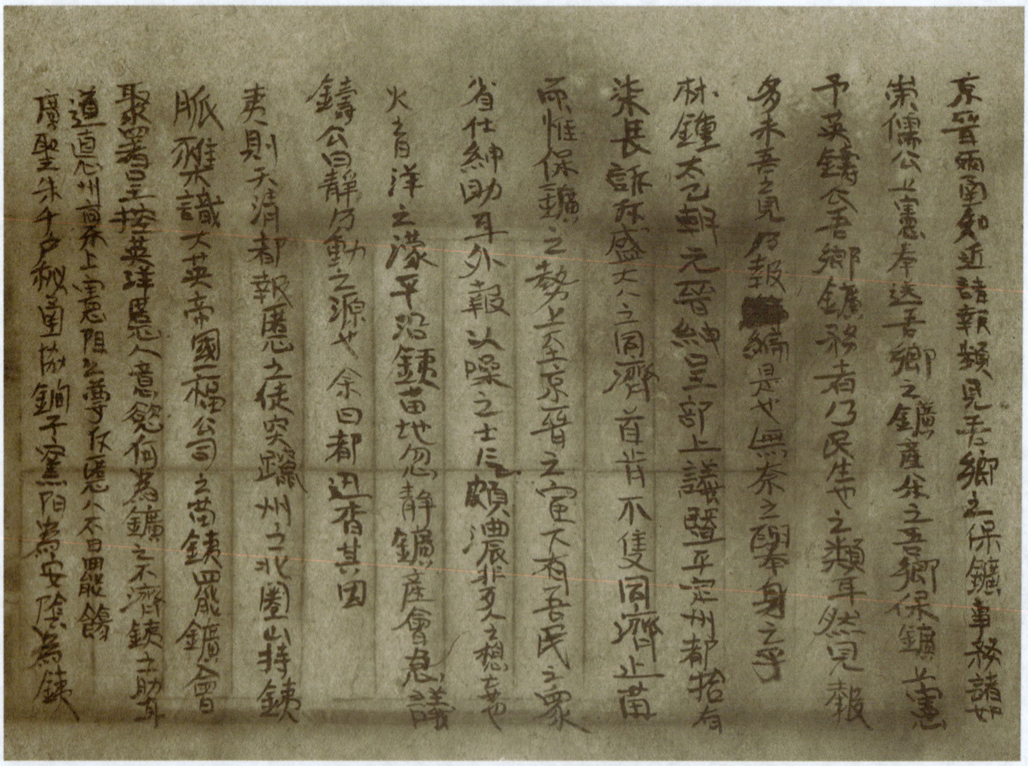

京晉兩函知近請報類見吾鄉之保礦事務諸如
崇儒公上憲奉送吾鄉之礦產余之吾鄉保礦董憲
予英鑄公吾鄉礦務者乃民生之類耳然見報
多未善之見乃報[redacted]編是也無奈之舉奉身之手
材鍾太乙鮮元晉紳呈部上議暨平定州都拾有
柒長訴杯盛大人之同濟首背不隻同濟止苗
而惟保礦之勢上至京晉之官下有吾民之家
省仕紳助耳外報以噪之士頗遭震非多人之想喜也
火者洋之濠平沿鐵苗地忽靜礦產會息議
鑄公曰靜乃動之源也余曰都迅查其因
夷則天清都報匿之徒突躪州之北圖出持鐵
脈欒識大英帝國之福公司之苗鐵羅礦會
聚署呈控英洋惡人意欲何為礦之不濟鐵之助耳
道直隸州府上憲阻之等反惡人不日即能錫
慶聖朱千戶敝里協鋼子窯陽安陰爲鐵

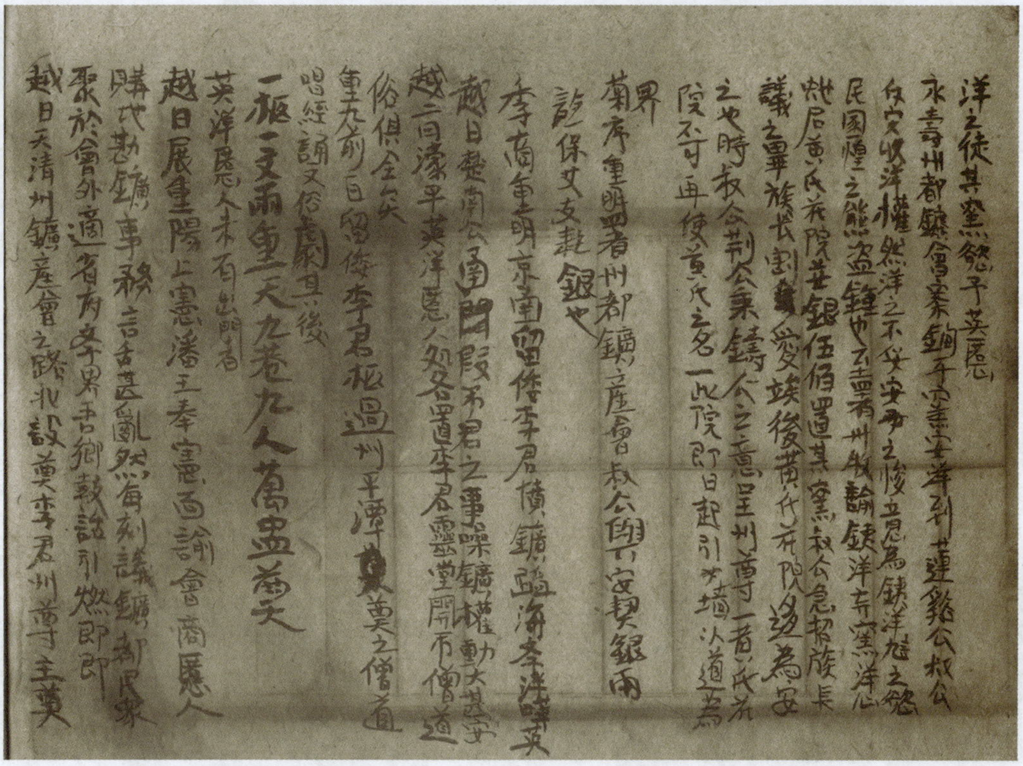

洋之徒其黨怨于英屬
永壽州都鑛會案銅于宗[illegible]洋到莲貉公叔公
在宗收洋權然洋之不安安而之悛立思為鉄洋權之總
民國優之能盜鉾也于是有州般諭鉄洋寺黨洋心
然居黄氏於院並銀伍佰置道其黨叔公急招族長
議之畢族長劃愛族後黄氏於院遂為安
之也時叔公荊公兼鑄公之意呈州尊一看氏於
院不可再使黄氏之名一此院即日起引女墙次道為
界
蘭序重明四者州都鑛產會叔公與安契銀兩
詭保文支款銀也
李商重明京南留傳李君債鑛臨海李洋嘆英
越日楚南公團門段而君之事喋鏑權動大甚安
越二日漆平英洋屬人知各置道李君靈堂開而僧道
俗俱全矣
重九前日留傳李君極溫州平潭[illegible]莫之僧道
唱經誦又俗劇其後
一枢一支兩重天九卷九人萬盅爲美
英洋屬人未有出面者
越日展重陽上憲潘主奉憲面諭會商屬人
購武勘鑛事務言舌甚亂然每刻議鑛都民衆
衆於會外適者有李男吾鄉鼓詰引燃即即
越日天清州鑛產會之路北設莫李君州尊主奠

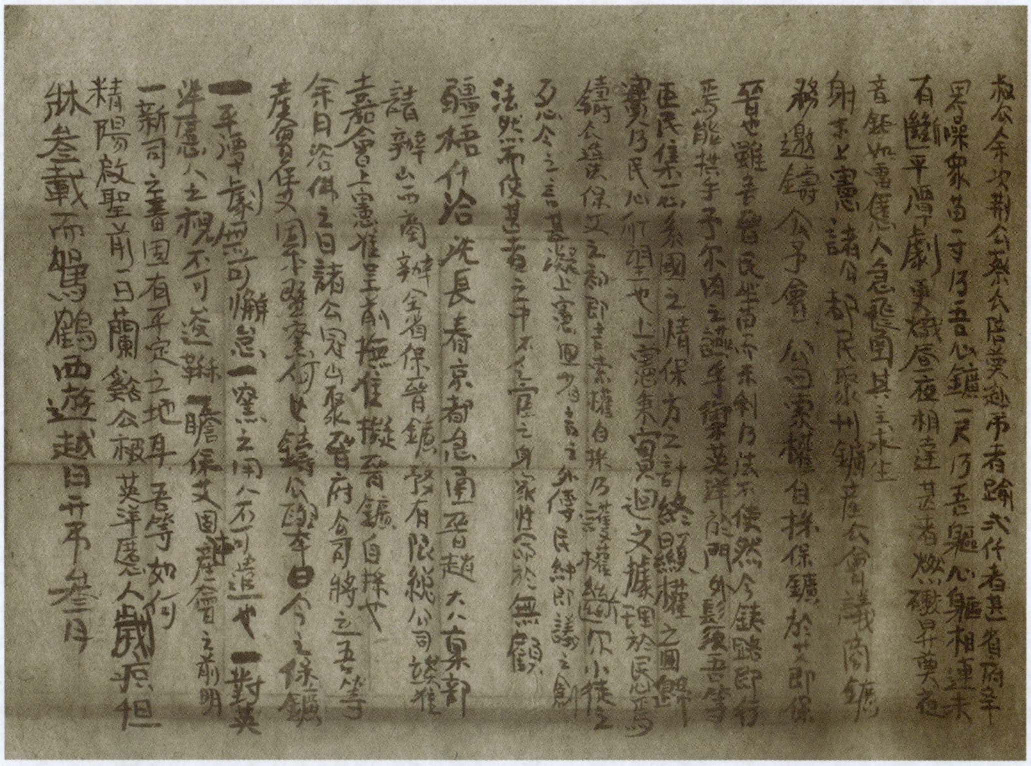

叔公余次荊公蔡公陪莫過而者踰式什者甚省府辛
界喋衆苗二寸乃吾心鑛一尺乃吾軀心軀相連未
有斷平潭劇更熾晝夜相達甚者燃礮昇莫旌
音銃如雷屬人急飛函其主求生
躬索上憲諸公都民衆州鑛產公會議商鑛
務遂鑄公予會公司索權自採保鑛於是即保
晉也雖吾曾民坐苗而未剩乃法不使然今鉄路即行
焉能拱手予尔因之謀手衛英洋於門外影徵吾等
亜民集一心系國之情保方之計終顯權之國聲
實乃民心所望也上憲東寅迴文據理於民心為
鑄公遂保文之敲即書索權自採乃護權斷尔小徒之
忍心今之言甚凝上憲但少有意之外傳民紳即議之創
法然而使甚者之中不乏意之身家性命於無顧
驅捂什洽洗長春京都急團晉趙大人莫郭
諸辦山西商辦全省保晉鑛務有限總公司謀推
嘉會上憲推呈前撫准擬晉鑛自採也
余日洛借之日諸公冠山聚晉府公司將之吾等
產會保文因予盛宴何也鑄公與李日今之保鑛
一平潭劇無可懈怠一黨之用人不可遺也一對英
洋屬人之視不可送過鉄一瞻保文園地產會之前明
一新司之書固有平定之地再吾等如何
精陽啟聖前一日蘭谿公極英洋屬人歲兵但
獄叁載而駕鶴西遊越日卅而叁月

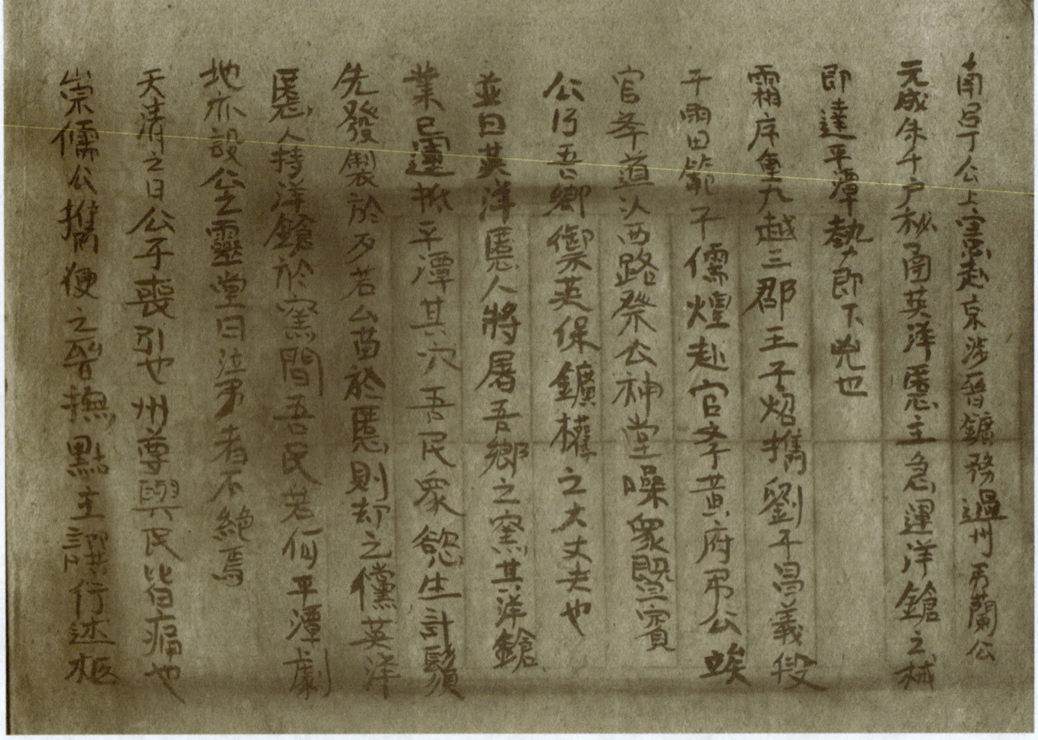
南呂丁公上憲赴京涉晉鑛務遍州房蘭公
元成朱千户秘函英洋惡主急運洋鎗之械
即達平潭勢力即下兇也
霜序重九越三郡王子焰攜劉子昌義役
干雨田範子儒煌赴官李黄府弔公唉
官李道汾西路祭公神堂噪衆賢寶
公行吾鄉衞英保鑛權之大丈夫也
並曰英洋惡人將屠吾鄉之窯其洋鎗
業已運抵平潭其穴吾民衆怨生計驟
先發制於夕若公留於惡則劫之儻英洋
惡人持洋鎗於窯間吾民若何平潭劇
地亦設公之靈堂日泣弔者不絕焉
天清之日公子喪引廿州尊與民皆痛也
崇儒公攜傻之晉撫點主評行述柩

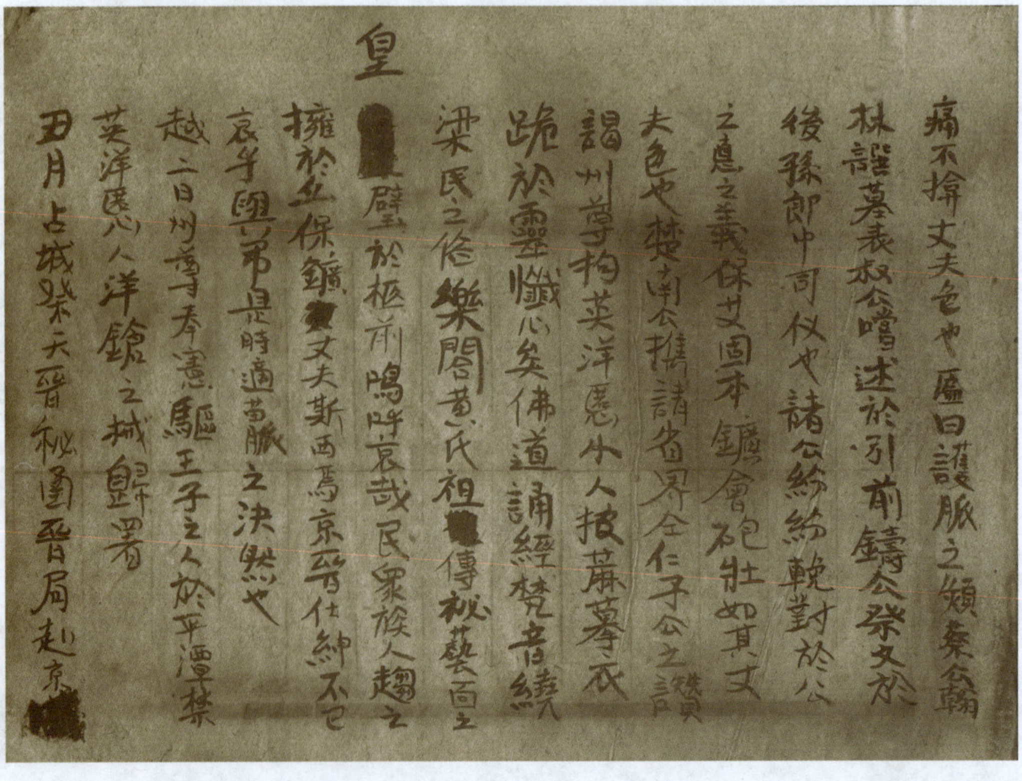
痛不掉丈夫色也匾曰護脈之領秦公翰
林譔墓表叔公嘗述於引前鑄公祭文於
後孫郎中司仗也諸公紛紛輓對於公
之惠之義保艾固本鑛會砲壯如其丈
夫色也楚南公攜請省界仝仁子公之讚
謂州尊拘英洋惡外人披麻募孝衣
跪於靈壁懺心矣佛道誦經梵音繞
梁民之偕樂閻黃氏祖[illegible]傳秘藝而之
皇
[illegible]壁於柩前嗚呼哀哉民衆族人趨之
擁於丘保鑛[illegible]丈夫斯西焉京晉仕紳不已
哀手與弔是時適當脈之決然也
越二日州尊奉憲驅王子之人於平潭禁
英洋惡人洋鎗之械歸署
丑月占城癸亥晉秘函晉局赴京[illegible]

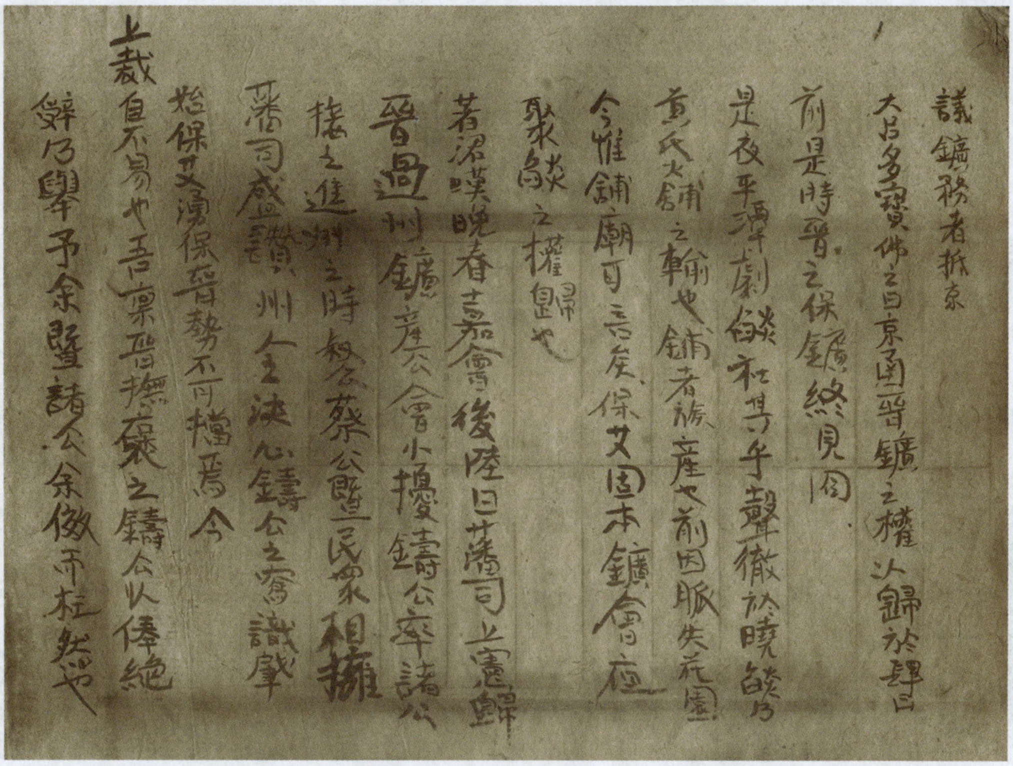
議鑛務者拆京
大呂多寶佛之曰京兆晉鑛之權以歸於晉曰
前是時晉之保鑛終見阻
是夜平潭劇談社某手聲徹於曉談乃
黄氏火舖之輸也舖者族產也前因脈失花園
今惟舖廟可存矣保艾固本鑛會庭
聚談之權歸也
若沼嘆晚春嘉會後陸曰落司之憲歸
晉過州鑛產公會小擾鑄公率諸公
接之進州之時叔公蔡公暨民衆相擁
落司盛讚州全決心鑄公之膺識覺
始保艾湯保晉勢不可擋焉今
上裁自不易也吾稟晉撫展之鑄公以俸絶
辭乃舉予余暨諸公余傲而枉然也

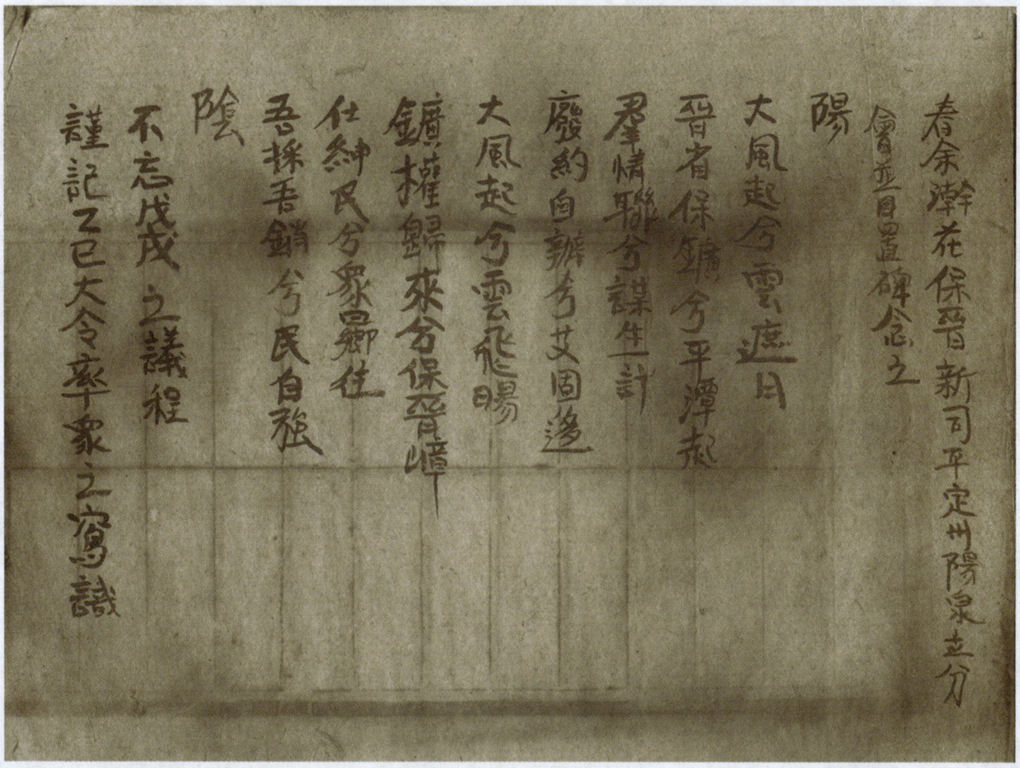
春余濟花保晉新司平定州陽泉立分
會並目置碑念之
陽
大風起兮雲遮日
晉者保鑛兮平潭起
羣情聯兮謀生計
廢約自辦兮艾固邊
大風起兮雲飛陽
鑛權歸來兮保晉嶂
仕紳民兮衆鄉往
吾採吾銷兮民自強
陰
不忘戊戌之議程
謹記乙巳大令率衆之膺識

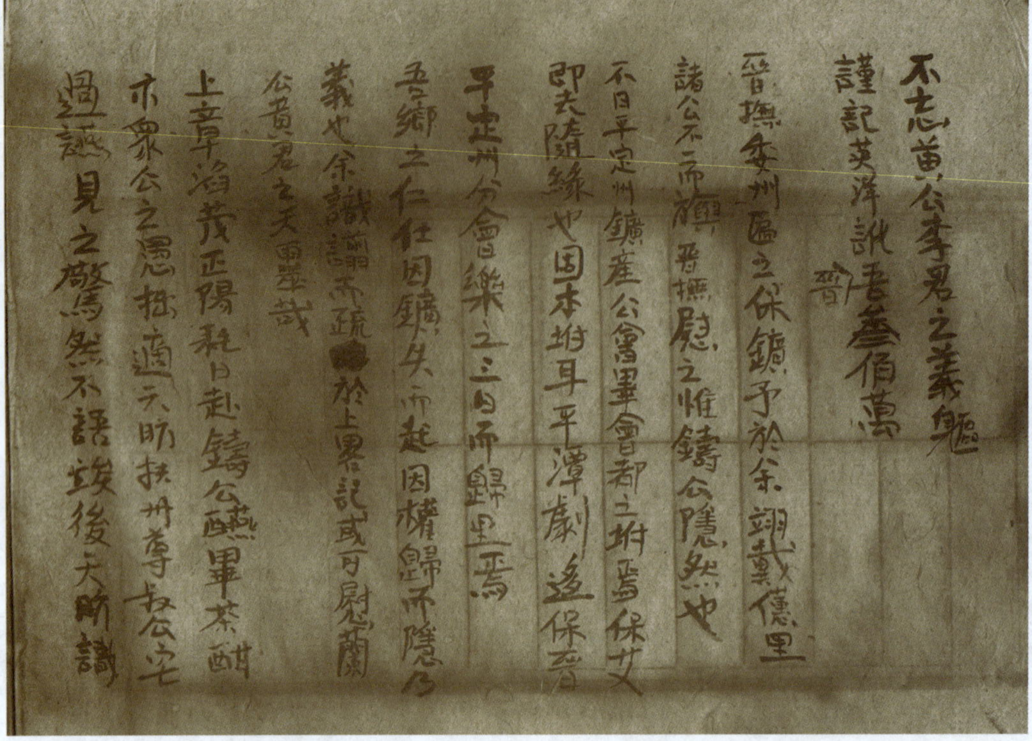

不忘黄公李君之義驅
謹記英洋訛詐叁佰萬晉
晉撫委州屬之保鎮予於余翊戴億里
諸公不而攔晉撫慰之惟鑄公隱然也
不日平定州鑛產公會畢會都之耕畧保艾
即去隨緣也因本耕耳平潭劇遂保晉
平定州分會樂之三日而歸里焉
吾鄉之仁任因鑛失而起因構歸而隱乃
義也余識謫而疏 於上畧記或可慰蘭
公黄君之天而畢哉
上章治黄正陽耗日起鑄公醵畢茶酣
亦衆公之恩掖適云昕扶卅尊老公宅
過疏見之鬱然不語竣後天所識

於府余燼次邁言為記福志於後試
行焉未可知也
無春旦書

山西商办全省保晋矿务有限总公司

清光绪三十一年（1905），因清政府批准山西商务局同英国福公司订立《山西开矿制铁以及转运各色矿产章程》而出卖山西采矿权于英福公司的行径，激起山西人民的强烈不满，一场声势浩大、震撼朝野、影响深远的御英保矿斗争首先在阳泉爆发，并迅速发展成为社会各界广泛参与、以反帝“保晋”收回矿权为宗旨的全省性行动，经过三年之久的艰难斗争，最终以山西商务局与福公司签订《赎回山西开矿制铁以及转运各色矿产章程合同》而告结束。

山西商办全省保晋矿务有限总公司（又称山西商办全省保晋矿务有限公司，简称保晋公司）就是这场清末御英保矿斗争的直接产物。保晋公司从清光绪三十二年（1906）冬开始创业，到清光绪三十四年六月由清政府正式批准立案，至民国36年（1947）5月阳泉建市，虽历经坎坷，但在山西发展历史上留下了不平凡的一页。保晋公司是近代山西最大的民族资本企业，开山西近代机器采煤与冶铁之先河，极大地推动了山西近代工业的发展，为山西全省、特别是阳泉地区的经济社会发展奠定了重要基础。

创办阶段——清光绪三十二年（1906年）至民国5年（1916）。

清光绪三十二年（1906年）十月，由刘懋赏、冯济川等山西各界代表禀请山西巡抚批准，创设保晋公司以开采全省矿产。为了迅速招股开办公司，实现保矿目的，公司制定了简章十八条。

简章第一条规定公司为股份有限公司，并在第九条明确指出“有限”即“有亏折绝不向股东追移”。为防止外国资本介入，在简章第五条中明文规定：“本公司唯收华股，不收洋股，附股者如私将股票售于外人，经本公司查知，或经他人转告，立将所入之股注销不认。”简章中的这些原则性条义为以后保晋公司正式章程的出台奠定了基础。

由于“急欲开办起见”“以期招股迅速”，所以简章中对公司的组织机构、职任、股东的责权等都未作规定。

简章制定之后，公司迅速展开股本的募集工作，并先后于清光绪三十二年（1906）、清光绪三十三年收到由官府拔来的各县亩捐白银20万两作为公股，保晋公司均照数发给股票，分发到各县，由地方官收执；另一方面，公司积极筹划申请注册工作。

清光绪三十三年（1907）春，经山西籍京官、军机处章京赵国良等拟具章程，呈报农工商部，申请成立保晋公司。清光绪三十四年六月，清政府批准成立保晋公司并颁发印章。

公司正式注册成立时，经清政府批准备案的章程对股份制企业的名称、组织机构、股份等

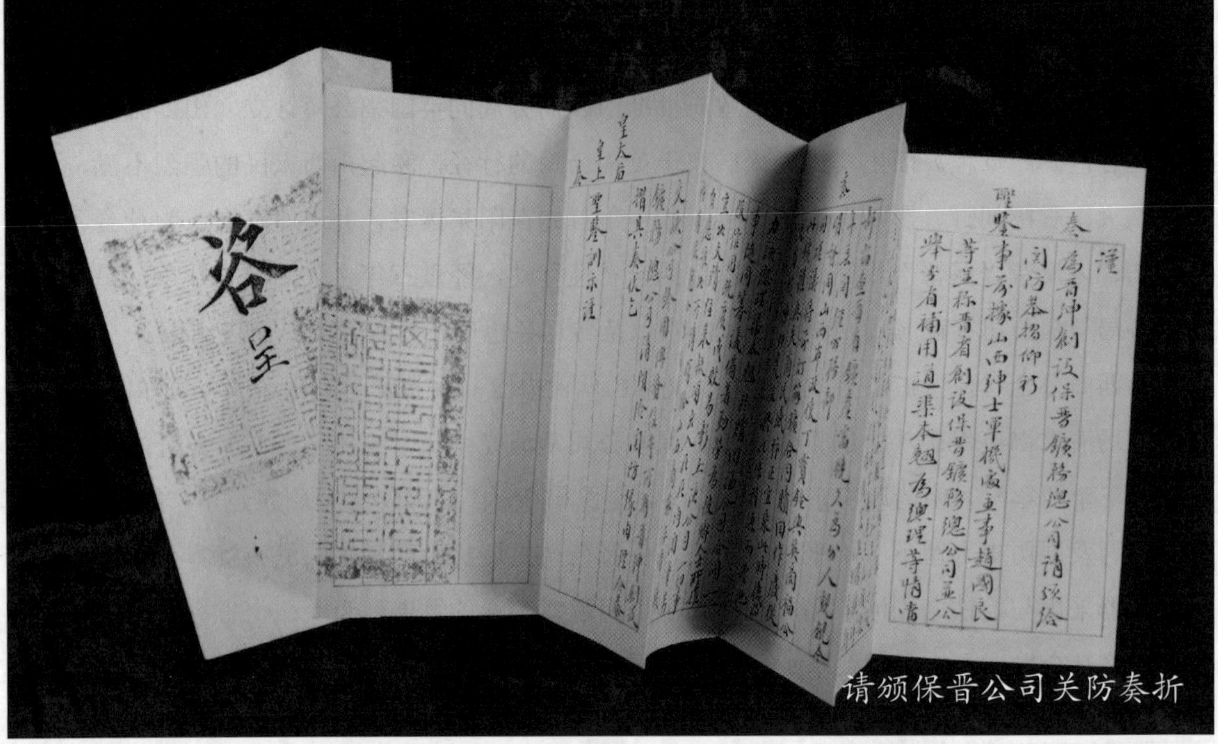

请颁保晋公司关防奏折

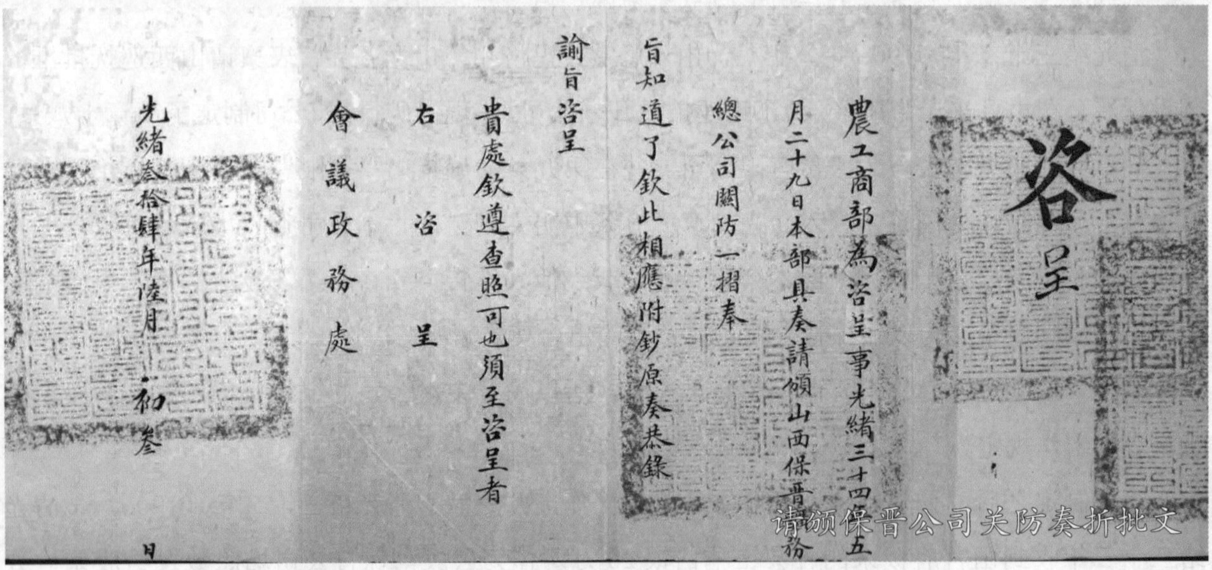
咨呈

農工商部為咨呈事光緒三十四五
月二十九日本部具奏請頒山西保晉務
總公司關防一摺奉
旨知道了欽此相應附鈔原奏恭錄
諭旨咨呈
貴處欽遵查照可也須至咨呈者
右咨呈
會議政務處
光緒叁拾肆年陸月初叁日

请颁保晋公司关防奏折批文

各个方面都做了明确的规定。

章程规定公司的名称为“山西商办全省保晋矿务有限公司”，寓意为保护山西矿藏。

保晋公司的第一任总经理为渠本翘，协理为王用霖。

公司从创建伊始，就学习仿效西方股份制公司集资办企业的方法，按照章程筹建内部机构。

保晋公司矿务第一次纪念会合影（清光绪三十三年）

但由于公司初创时期招募股本显得更为紧迫，所以，最初的组织机构并不健全，只设有股东大会，而没有设置董事及监察部门。其内部分为总公司、分公司和矿厂。总公司经理和协理以下，设有内事、外事、洋矿师、司账、书记、杂务等职。分公司设正董事、副董事、司账、书记、稽查等职。矿厂设司事两名。初期的机构设置大多采用票号钱庄的形式，一直到清宣统二年（1910）才设立了董事局，有董事十一人组成，并设立查账员四人。后来，董事局改为董事会，董事减为七人，又把查账员改为监察员，人数不变。这一时期由于公司业务的拓展、变化，其组织机构变化频繁，缺乏稳定性。

随着公司组织机构的进一步完善，股份募集工作也在逐步推进。

保晋公司的股份分为公股和商股。公股为清政府拨发的亩捐，商股为保晋公司向本省、外省募集的股份。按照清政府批准公司成立时的章程规定，公司除了公股外还要集资库平银 300 万两的商股，每股五两，共计 60 万股。为了鼓励多招股份，公司规定：“各处经理招股人如招千股以上，即另送红股五十股，多者递加。”

由于当时山西“风气未开”，人们对于新型股份制企业多持怀疑态度，所以商股的募集并不顺畅。清光绪三十四年（1908），在官厅的“劝募”（即带有摊派的性质）下，商股的募集

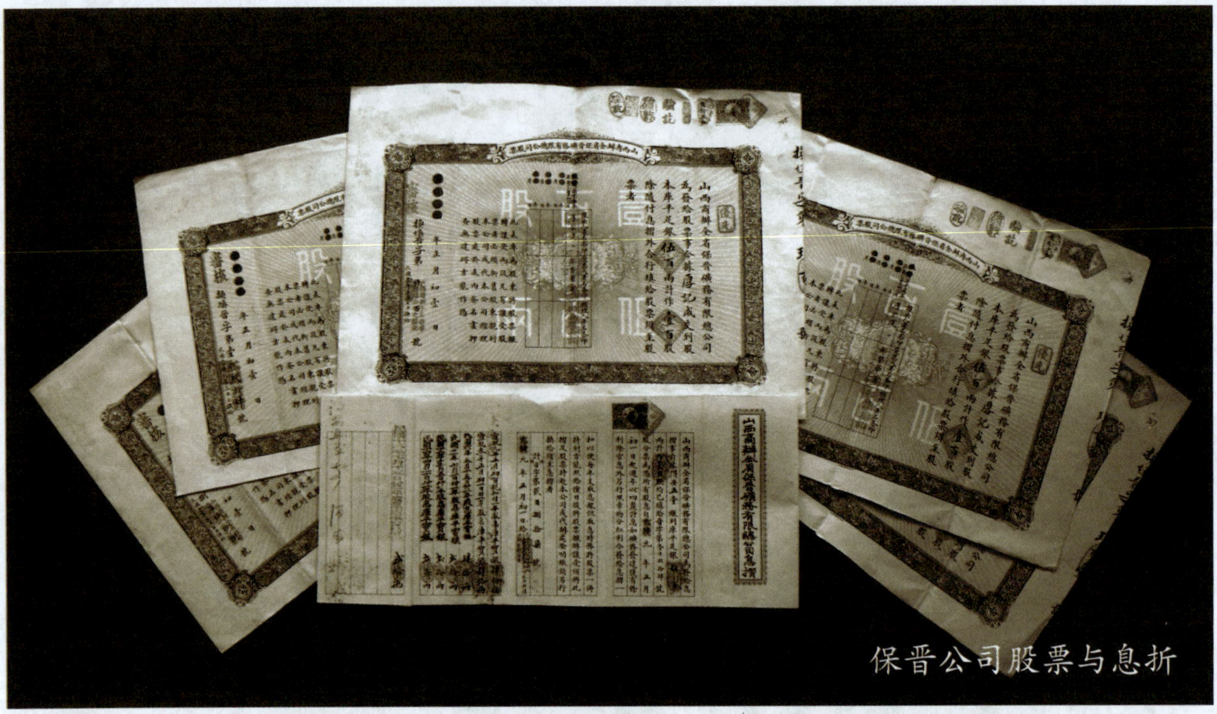

保晋公司股票与息折

分绅、学、商、社四大组进行，规定大县三万两，中县一万五千两，小县一万二千两。另外，榆次、太谷、祁县、平遥四县因票号多、资金丰厚，因此特别办理。此外，对于外省股的募集是通过汇兑钱庄募集的。

这一时期共收到股本银1938806.6两，填发股票、息折计385555股，股东34000余名。详情见下表。

清光绪三十二年（1906）至民国3年（1914）保晋公司募集股本统计表

表－专记－1　　单位：两

招收股本时间	招收股本金额
清光绪三十二年（1906）	50000
清光绪三十三年（1907）	150000
清光绪三十四年（1908）	611709.79
清宣统元年（1909）	1012292.86
清宣统二年（1910）	70292.95
清宣统三年（1911）	32483.10

续表 - 专记 -1

招收股本时间	招收股本金额
民国元年（1912）	—
民国 2 年（1913）	27.9
民国 3 年（1914）	12000
合 计	1938806.60

公司在募集资金的同时，其他各方面工作也迅速展开。最初保晋公司总部设于太原，下设平定、寿阳、晋城、大同分公司从事生产，在石家庄、保定、北京、天津、张家口等地设有分销处。详情见下表。

保晋公司总 分公司开办时间表

表 - 专记 -2

名 称	创办年月	停办年月	重办年月	备 考
保晋总公司	清光绪三十二年（1906）十月	—	—	清光绪三十四年（1908）设于太原，民国 5 年（1916）8 月 29 日迁至阳泉
正定分公司	清光绪三十二年（1906）六月	—	—	—
石家庄分公司	清光绪三十三年（1907）十一月	—	—	—
天津分公司	清光绪三十四年（1908）九月	民国 6 年（1917）2 月	—	—
保定分公司	清光绪三十四年（1908）九月	—	—	—
泽州分公司	清光绪三十三年（1907）二月	光绪三十四年（1908）八月	清宣统三年（1911）二月	—
北京分公司	清宣统二年（1910）七月	—	—	—
寿阳分公司	清宣统元年（1909）七月	—	—	系接受寿荣公司
大同分公司	清宣统元年（1909）十月	—	—	—
上海分公司	民国 4 年（1915）10 月	民国 7 年（1918）4 月	—	—

按保晋公司所集股本数目，以及公司最初经营的四处煤矿，本来是可以盈利的。但是按照清光绪三十四年（1908）山西商务局与福公司所订的赎矿合同规定，最后一批赎款458334两平化宝银必须在清宣统三年（1911）四月初一日偿清，由于当时山西省一年的亩捐数仅为30余万两，不够支付赎矿款，山西省政府就向保晋公司借款。当时的总经理渠本翘考虑到矿权问题尤关晋民生计，就答应从公司刚募集到的股本中拿出1179305.93两，暂时借垫赎矿款，并指定以山西省日后每年的亩捐数作为交还本息的款项。由于股款暂时借垫赎矿款，导致公司经费紧张，运作非常艰难。

再加上公司开办之初，在平定接受了同济、固本两公司，又开凿了铁炉沟、庄庄沟、贾地沟、汉河沟、后山沟、先生沟、段家碑、燕子沟等矿，在寿阳接收寿荣公司，在泽州接收晋益公司，在大同购定千金峪、黑沟、树儿洼矿地，聘请外国矿师，购置开矿机器，改用新法从事采煤。又于阳泉、获鹿、石家庄、保定、北京、天津、寿阳、张家口、大同等处设立分公司。这些业务的开展，使得初期从清政府领到的亩捐20万两白银已用尽，所以，公司的其他各项建设已无财力再向前推进。

在这种情况下，一些封建势力的代表对渠本翘等人进行诽谤和中伤，指责他们“靡废股东股款”。为此，清政府命山西巡抚调查此事。经过调查，山西巡抚于清宣统二年（1910）七月二十四向宣统帝上了一道《为遵查晋省矿产谨将现在办理情形恭折具陈》的奏折，在奏折中，山西巡抚将矿案的前因后果及借垫赎矿款等事逐一向宣统帝作了解释，并盛赞渠本翘“条理精密，信用素优，论其才用资劳，久堪大用，自不能以本省之事，阻其报国之忱”。并极力建议让渠本翘“遥为主持”。于是，渠本翘于宣统二年赴京供职，保晋公司董事会把其推为主持经理，在京“遥为主持”。

公司第二任总经理为刘笃敬，协理为曾纪纲。

由于借垫赎矿款不能及时归还，到民国元年（1912），政府应当拔发的亩捐又被挪用作了军费，这样一来，公司的资金更加困难，各处工作陷于停顿状态。到民国5年7月，公司累计净亏损达879000余元。在这种情形下，刘笃敬总经理倍感艰辛，虽竭力维持，但深感处于风雨飘摇之中的保晋公司已难以维系。于是，民国5年7月，刘笃敬以年老体衰为由，辞去了总经理的职务。

兴盛阶段——民国5年（1916）到民国13年。

民国5年（1916）7月刘笃敬辞去总经理后，保晋公司董事会召开会议，推举曾担任过省政务厅长的崔廷献为第三任总经理。

民国5年（1916）8月29日，为了加强对公司最重要的煤炭生产基地——平定煤矿的直接管理，崔廷献将保晋总公司由太原（海子边）迁移到阳泉（火车站附近）。随后，他采取了一系列改革措施，使公司逐步走向繁荣。

保晋公司办公遗址

针对全公司统一核算吃大锅饭等问题，崔廷献裁撤了平定分公司，把平定分公司所属的各矿厂改由总公司直管，实行各矿厂独立核算、自负盈亏，精简机构，撤换不称职矿厂长，取消把头，从而大大提高了煤炭的产量。

针对煤炭铁路运费昂贵的问题，崔廷献与正太路局及交通部协商，请求核减铁路运费。自保晋公司成立后，高昂的铁路运费一直是束缚保晋公司发展的瓶颈。当时，由法帝国主义掌控的正太铁路对阳泉煤规定的运价是吨公里三分二厘，比中国普通国有铁路的运费高出几倍，而对同一条铁路线上的德中合资经营的井陉煤矿所规定的运费仅为六厘二。除正太铁路外，平汉铁路对保晋公司煤炭运价也定得很高。经多次协调，民国5年（1916）8月，保晋公司最终与正太路局订立奖励远销运煤减价办法，同时，向交通部请求核减京汉铁路、正太铁路的运费。到民国6年6月，交通部批准核减京汉、正太、京绥铁路保晋公司的煤炭运价，规定保晋公司京汉铁路整列火车煤炭运价核减为吨里六厘八二五。

为了解决生产资金的短缺问题，崔廷献加大力度向官厅清算亩捐，催要赎矿借垫款。到民国9年（1920）5月，逐渐将赎矿借垫之款收回。只是所欠的七十余万元的利息，经山西省省长阎锡山指定，以“报效地方公益事业”为名一笔勾销了。这样，自民国元年之后，历年被作为公司最为头痛的事情——向官厅催要赎矿款的事项，终于了结。多年来，借垫赎矿款不能及时归还，对保晋公司造成的损失是巨大的：一方面由于股本资金外借，公司各项工程不能如期开展，导致生产停滞；另一方面股东利息不能按年支付，积累欠账一百余万元，导致公司股票下跌，每百两的股票仅售银洋三四十元。

赎矿借垫款收回，公司有了资金，于是添购机器，扩大生产，以增加公司煤炭产量，并且积极拓展生产领域，推行多元化生产。

民国6年（1917）11月，保晋公司召开第三次股东大会，决定创建保晋铁厂。民国7年4月，保晋铁厂正式创建，崔廷献任命其在山西大学的同学、曾留学英国南威尔斯大学冶金科的赵铮为首任厂长，地址在平潭垴村。这是山西省最早采用近代先进技术设备冶铁的企业。民国10年2月保晋铁厂制定简章及组织大纲，正式开始营业。

民国8年（1919）12月15日，保晋公司召开第五次股东会议，决定将平定阳泉煤矿区划为六个矿厂（包括七个矿区）。自此，保晋公司在阳泉的生产布局达到最大规模，以后保晋公司再也未开凿过新矿井。到民国8年12月，保晋公司在阳泉地区共有六个矿厂和一个铁厂，在大同、寿阳、晋城设有分公司。

保晋公司在阳泉的矿区总面积达三十九方里（19.5平方千米）多，所采煤层均为丈八煤，煤炭储量达八千多万吨。详情见下表。

保晋公司阳泉各矿厂基本情况表

表－专记－3

县名	矿名		矿区面积	煤层厚度	煤层体积（立方尺）	储煤数量（吨）	注册目的	注册日期	位置
平定	第一矿厂	简子沟	六方里五百零六亩五分六厘	十八尺	404627400	14450978	采矿	民国8年（1919）8月	正太铁路南侧，东距阳泉车站六里
	第二矿厂	燕子沟小南沟	十七里七十五亩四分二方丈五十二方尺五十方寸	十八尺	999587736	35699572.95	采矿	民国7年（1918）8月1日	正太铁路南侧，东距简子沟矿区约二里许，距阳泉站约七里
	第三矿厂	贾地沟	九方里五百三十五亩一方丈	十八尺	582661800	20809350	采矿	民国9年（1920）5月19日	桃河北方，东南隔桃河，与阳泉站相距约二十里
	第四矿厂	先生沟	四方里九亩五十六方丈四十一方尺	十八尺	234353538	8369769	采矿	民国7年（1918）5月2日	桃河北方，东南距阳泉车站约十二里

续表 - 专记 -3

县名	矿名	矿区面积	煤层厚度	煤层体积（立方尺）	储煤数量（吨）	注册目的	注册日期	位置
平定	第五矿厂 平潭垴	二方里二十五亩四十八方丈三十六方尺	十八尺	120227048	4293680	采矿	民国7年（1918）5月2日	桃河北岸，东南隔河，与阳泉车站相距仅一里余
	第六矿厂 汉河沟	一方里二百八十七亩五十九方丈七十五方尺	十八尺	89423550	3193698	采矿	民国7年（1918）7月30日	阳泉车站正北，中隔桃河，相距十五里
寿阳	陈家河	四方里三百零一亩十九方丈六十方尺	九尺	13292640	3955703	—	—	—
晋城	河东村	一方里四百四十八亩一方丈九十五方尺	二十尺	118563900	3528687	—	—	—
大同	黑龙王庙沟	九方里九十九亩五十七方丈六十五方尺	九尺	267837885	7971365	—	—	—
总计	—	—	—	2830575497	162272803	—	—	—

这一时期，保晋公司在阳泉的六个矿厂不断扩大生产规模，一批新矿井陆续建成。详情见下表。

保晋公司各矿厂内坑口基本情况表

表 - 专记 -4

矿别	坑别	口径（尺）	深度	开凿年月	完成年月	用途
第一矿厂	斜坑	7×6	六百尺	—	民国8年（1919）买	通风
	斜坑	6×9	四百五十尺	民国6年（1917）10月	—	提煤
	斜坑	6×6	四百五十尺	民国7年（1918）	—	通风
	竖坑	14	二百五十尺	民国7年（1918）凿，民国13年改造	民国14年（1925）	提煤

续表－专记－4

矿别	坑别	口径（尺）	深度	开凿年月	完成年月	用途
第二矿厂	东竖坑	14	三百五十一尺五寸	清宣统元年（1909）十月	民国9年（1920）11月	提煤
	西竖坑	13	三百尺零五寸	民国7年（1918）1月	民国12年（1923）5月	通风
第三矿厂	一竖坑	12	二百二十尺	光绪三十二年（1906）	宣统元年（1909）	上风提煤
	二竖坑	10	二百六十尺	同	同	下风提煤
	三竖坑	8	一百八十尺	—	民国9年（1920）10月买	通风
第四矿厂	中竖坑	10	二百一十尺	宣统元年（1909）	宣统二年（1910）	提煤
	中竖坑	4×6	同	同	同	通风
	西竖坑	同	一百八十尺	光绪三十三年（1907）	光绪三十四年（1908）	出水
	西竖坑	10	二百五十尺	同	同	通风
	东竖坑	8	一百七十尺	同	同	同
	东竖坑	4×6	同	同	同	同
第五矿厂	斜坑	6×6	一百二十尺	—	民国7年（1918）买	停办
	斜坑	同	一百一十尺	—	同	同
	斜坑	同	一百尺	民国6年（1917）5月	—	同
	竖坑	4×6	八十尺	—	民国6年（1917）买	同
第六矿厂	竖坑	8	一百九十尺	光绪三十二年（1906）	光绪三十三年（1907）	提煤
	竖坑	5×8	同	民国15年（1926）6月	民国16年（1927）5月	通风
	竖坑	同	一百八十尺	光绪三十二年（1906）	—	作废

续表－专记－4

矿别	坑别	口径（尺）	深度	开凿年月	完成年月	用途
大同煤峪口	一竖坑	14	三百四十一尺九寸	民国7年（1918）9月	民国11年（1922）6月见煤	提煤
	二竖坑	12	三百四十七尺六寸	民国11年（1922）11月	民国13年（1924）6月见煤	出水通风
寿阳陈家河	竖坑	8	二百四十一尺九寸	民国8年（1919）8月	民国10年（1921）7月	出水提煤
	斜坑	4×4	三百四十尺九寸	—	民国3年买	上下工人
晋城河东村	竖坑	11	一百九十尺一寸	民国9年（1920）2月	民国10年（1921）4月	提煤
	竖坑	10	一百八十尺	同	同	塌陷
	竖坑	同	一百九十九尺	民国13年（1924）2月	民国13年（1924）11月	出水通风
	竖坑	7	二百零六尺	民国20年（1931）1月	民国20年（1931）5月	同

保晋公司积极改进传统人工采掘方式，逐步改用机器替代繁重的人工劳动，技术含量不断提升。

这一时期，保晋公司在阳泉的六个矿厂普遍采用蒸气锅炉作为原动力，其工作方式是：锅炉生产蒸气，由蒸气推动蒸汽机，以带动绞车完成矿井的提升，同时还可以带动水泵抽水和发电机发电。从各矿厂所使用的煤炭提升设备卷扬机（绞车）的数量就可看出当时其机械化程度。

保晋公司阳泉各矿厂卷扬机种类数量表

表－专记－5

厂别	种类	汽缸直径	绳鼓直径	钢绳直径	起重量	台数
第一矿厂	双筒单轮	九寸	三尺九寸	八分五寸	无极缆无定	一
	双筒二轮	一尺四寸	六尺	一寸	二二四〇磅	一
第二矿厂	双式汽缸	一尺	六尺	一寸二分	六吨	一

续表－专记－5

厂别	种类	汽缸直径	绳鼓直径	钢绳直径	起重量	台数
第三矿厂	—	十寸	三十七寸	一寸	二吨	三
第四矿厂	—	六寸－十寸	二尺六寸－三尺二寸	六分—七分	三二〇〇磅三四六六	二
第六矿厂	—	一尺	二尺二寸	六分	二一三三	一
大同分公司	间接转动式	六又二分一寸	三尺	四分三寸	八四〇	二
	直接转动式	十三寸	五尺	一寸	八四〇〇	一
寿阳分公司	齿轮式	六寸－九寸	二尺一寸－三尺八寸	3/4 寸—一寸	六六〇	四
晋城分公司	—	六寸－八寸	二尺五寸	六分	半吨至三分二吨	三

机械化程度的提高，生产力度的加大，使得保晋公司阳泉各矿厂煤炭的产量迅速提升，达到其煤炭产量的最高峰。民国 4 年（1915），崔廷献总经理上任前阳泉矿厂一年的煤炭产量为 69071.790 吨，民国 12 年 8 月至民国 13 年 7 月，一年的煤炭产量达到了其开办之后的最高值，为 410952.690 吨。这 8 年间，保晋公司阳泉矿厂的煤炭产量翻了 5.9 倍。

清光绪三十三年（1907）至民国 14 年（1925）保晋公司历年产煤统计表

表－专记－6

项别 / 数量（顿） / 年份	平定	大同	晋城	寿阳	合计
光绪三十三年（1907）	2214.650	—	—	—	2214.650
光绪三十四年（1908）	5572.090	—	—	—	5572.090
宣统元年（1909）	22266.180	—	—	4544.330	26810.510
宣统二年（1910）	41648.740	8753.200	—	4817.580	55219.520
宣统三年（1911）	42128.451	26161.800	61548.537	3422.465	133261.253

续表－专记－6

数量（顿）项别 年份	平定	大同	晋城	寿阳	合计
民国元年（1912）	28081.760	2511.600	36029.170	6365.872	72988.402
民国2年（1913）	71289.740	3078.900	37333.125	6120.350	117822.115
民国3年（1914）	78987.810	981.700	38700.076	8971.490	127641.076
民国4年（1915）	69071.790	550.800	51723.006	10050.427	131396.023
民国5年（1916）1月至7月底	36480.280	1202.400	39601.024	5965.206	83270.910
民国5年（1916）8月至6年7月	90655.620	795.600	55928.398	10545.840	157925.458
民国6年（1917）8月至7年7月	77257.790	—	49905.656	12622.633	139786.079
民国7年（1918）8月至8年7月	127791.625	—	48192.692	8833.756	184818.073
民国8年（1919）8月至9年7月	203179.410	—	34633.409	5706.360	243519.179
民国9年（1920）8月至10年7月	213896.070	—	54160.756	10268.891	278325.717
民国10年（1921）8月至11年7月	249877.800	—	63915.765	9058.788	322852.353
民国11年（1922）8月至12年7月	311048.010	—	66361.417	10074.864	387484.291
民国12年（1923）8月至13年7月	410952.690	10229.400	87770.730	16253.440	525206.260
民国14年（1925）	228350.020	23709.220	50529.540	9348.790	311937.570

在加大煤炭生产的同时，保晋公司大力推进煤炭的销售，积极开拓国内外销售市场。在国内多个城市设立了分销处，并在天津俄租界设立“海外分销处”以开拓国际煤炭销售市场，使得山西煤炭远销日本及中国香港等地，促进了晋煤的外销。

清光绪三十三年（1907）至民国14年（1925）保晋公司历年销煤统计表

表-专记-7

项别 / 数量（顿）/ 年份	平定	大同	晋城	寿阳	石庄	保定	北平	合计
光绪三十三年（1907）	717.838	—	—	—	—	—	—	717.838
光绪三十四年（1908）	5668.600	—	—	—	—	—	—	5668.600
宣统元年（1909）	22261.390	—	—	4544.333	—	—	—	26805.723
宣统二年（1910）	37260.590	1536.447	—	4817.581	—	—	—	43614.618
宣统三年（1911）	48831.817	8861.300	61548.537	3422.465	—	—	—	122664.119
民国元年（1912）	27123.030	10056.300	36029.170	6365.872	—	—	—	79574.372
民国2年（1913）	69121.350	14534.500	37333.125	6120.350	—	—	—	127109.325
民国3年（1914）	74865.520	18749.900	38700.076	8971.490	—	—	—	141016.986
民国4年（1915）	75359.680	931.400	51723.006	10050.427	—	—	—	138064.513
民国5年（1916）1月至7月	29800.215	1393.100	39601.024	5967.206	—	—	—	76761.545
民国5年（1916）8月至民国6年7月	46054.270	1561.000	37354.699	11308.757	30660.000	11340.000	8761.695	147040.421
民国6年（1917）8月至民国7年7月	42311.660	—	53492.952	12860.440	9260.000	10060.000	10050.250	138035.302
民国7年（1918）8月至民国8年7月	72443.968	—	51114.196	10016.348	61380.000	14680.000	5471.300	215105.812
民国8年（1919）8月至民国9年7月	34680.000	—	51234.022	10834.229	123540.000	16000.000	14019.500	250307.751
民国9年（1920）8月底至民国10年7月	134269.340	—	26272.293	9243.108	57980.000	10680.000	17446.400	255891.141
民国10年（1921）8月至民国11年7月	44240.000	—	53393.240	19847.158	149480.000	11600.000	18472.450	297032.848
民国11年（1922）8月至民国12年7月	42146.200	—	65826.673	7897.720	217200.000	19440.000	8800.000	361310.593
民国12年（1923）8月至民国13年12月	53612.450	5959.670	89262.300	12189.160	261300.000	21440.000	14400.000	458163.580
民国14年（1925）	229215.710	27879.190	56107.872	14672.115	1280.00	4760.000	3805.200	337720.087

煤炭产量的提高，销售额的增加，使得公司有了盈利。民国5年（1916）至民国12年，保晋公司处于盈利状态。盈利最多的年度是民国11年8月至民国12年7月，共盈利197990.976元。详情见下表。

清光绪三十三年（1907）至民国14年（1925）保晋公司历年收支盈亏统计表

表－专记－8

项别 年别	收入总额（元）	支出总额（元）	盈余（元）	亏损（元）
自开办至民国5年（1916）7月	2996985.046	3876536.746	—	879551.700
民国5年（1916）8月至民国6年7月	1179886.810	965895.357	213991.453	—
民国6年（1917）8月至民国7年7月	1106169.418	1014724.025	91445.393	—
民国7年（1918）8月至民国8年7月	1669845.824	1579483.001	90362.823	—
民国8年（1919）8月至民国9年7月	1887861.502	1768854.755	119006.747	—
民国9年（1920）8月至民国10年7月	1584253.034	1536760.732	47492.302	—
民国10年（1921）8月至民国11年7月	1732187.941	1705208.757	26979.184	—
民国11年（1922）8月至民国12年7月	1101701.958	903710.982	197990.976	—
民国12年（1923）8月至民国13年12月	1525957.782	1397892.343	128065.439	—
民国14年（1925）	992765.266	1005646.645	—	12881.379

民国9年（1920）12月15日，崔廷献组织召开保晋公司第六次股东大会，对公司成立时赵国良等拟定的公司原章程进行了修订、完善。这次修订后的章程共分十五节七十一条，对公司的组织机构、职任、股份股息、经营销售、薪俸、奖惩抚恤等都做了详细的规定。

这次股东大会，将公司的组织机构分为主权机关、领导机关和执行机关，构建了责权分明、相互制约的公司制度。从此开始，这一股份制企业机构运行模式固定延续了下来。

主权机关就是股东大会，每年举行一次，凡持股者均可参加；领导机关为董事会，由股东大会选举十三人组成，每月十五日举行常会一次；另设监察八人，每年查核公司账目一次；执

行机关由总公司、分公司、分销处、矿厂组成，总公司设于阳泉，分公司设于寿阳、大同、晋城，这几处开采煤矿兼办销售营业，设在石家庄、保定、北京的分公司只负责销售。分销处有三个，设于榆次、太原、寿阳。矿厂共六个。总公司自正副经理以下，设总稽核副总稽核各一名，负责管理全公司的工程和财务。总公司设营业和会计两课，课下设文书、股票、庶务、材料、测绘、修械、供给和收发等股。分公司各设分经理或增设分副经理。采煤兼营业的分公司，分设事务、坑务两课，课下设营业、会计、庶务、收发、测绘、机械及转运等股。只负责营业的分公司，分设营业、会计、庶务、收发等股。自厂长以下，除无营业股外，其他所属部分与采煤分公司相同。

同时股东大会还决定，继续招募股银，以凑足章程规定的300万两之数。

在工资制度方面，保晋公司章程第四十六条规定，保晋公司的总理、协理的工资数额由董事会决定，总理、协理以下的各级员工的工资数额由总理和协理决定。从下面的公司民国7年（1918）至民国9年职员及月薪统计表中，可以看出其总协理以下的职员人数及工资的变化情况。

民国7年（1918）至民国9年保晋公司职员及月薪统计表

表-专记-9

项别 / 数量（顿） / 年份	民国7年（1918）		民国8年（1919）		民国9年（1920）	
	人数（人）	月薪（元）	人数（人）	月薪（元）	人数（人）	月薪（元）
总协理	2	530	2	530	2	530
技术员	5	770	9	1260	9	1260

续表 - 专记 -9

项别 数量（顿） 年份	民国 7 年（1918）		民国 8 年（1919）		民国 9 年（1920）	
	人 数（人）	月 薪（元）	人 数（人）	月 薪（元）	人 数（人）	月 薪（元）
事务员	13	660	18	904	20	1080
技术生	9	233	11	323	38	1112
事务生	69	697	83	805	131	1278
学习生	66	221	72	252	72	251
合　计	164	3111	195	4074	273	5511

说明：表中俱为每年十二月份之职员人数及支出月薪，月薪以大洋为单位

在用人方面，崔廷献上任后，进行了大刀阔斧的改革，辞退了一批旧号商人，招聘了一批精通矿业的专门人才。尤其是把山西大学一些矿业教员和留学生招进了公司，放在关键岗位上，从而提高了企业的管理水平，为公司日后的繁荣提供了人力保障。

民国 11 年（1922）10 月，崔廷献因调任河东道尹，辞去了总经理职务。民国 12 年 7 月，保晋公司董事会推举常旭春担任第四任总经理。

衰落阶段——民国 14 年（1925）至民国 26 年。

这一阶段，国内各派军阀混战频发，铁路运输不时中断，苛捐杂税繁多，使得生产、经营刚刚有点起色的保晋公司又接连遭受沉重打击，逐渐走向衰落。

按规定，保晋公司只需交纳国家正税，标准为：每 20 吨车出境一车纳税 2.5 元，不出境的纳税 1.176 元。但是，由于军阀混战，保晋公司除了担负国家正税外，还要交纳名目繁多的杂税。自民国 13 年（1924）10 月至民国 19 年 12 月的六年时间里，保晋公司所交纳的大宗杂捐税就达 54 万多元，详情见下表。

民国13年（1924）10月至民国19年12月保晋公司大宗杂税统计表

表-专记-10

捐税种类	金 额（元）	捐税种类	金 额（元）
特种库券	17733.6	六厘公债	37500
资本登记费	14318.203	六厘借款	3881
兵差垫款	20864.8	粮秣捐	38333
临时军费	20500	北伐军费捐款	10000
两次防务借款	18790.498	编遣库券	5000
临时铺捐	32954.69	平定驻军给养费	5000
火车货捐	316500	—	—
以上共计：541375.791元			

除此之外，还要缴纳各种名目的税捐，如：按每车1.3元征收的学费，按每车1元征收的兵差捐等。再加上煤车出省所交纳的警捐等杂税，已严重地阻碍了公司的发展。

民国13年（1924），第二次直奉战争爆发，致使铁路受阻，运费激增，各种税费与日俱增，严重地影响了保晋公司的生产经营，煤炭产量急剧下滑，许多厂矿被迫停业，生产陷于停顿状态。这一时期，唯一值得欣慰的是，民国15年8月1日保晋铁厂正式出铁。公司将第一炉铁水约三吨，铸成一座两米多高的大鼎，上刻保晋铁厂创建概况的铭文，以示纪念。

民国16年（1927），北伐战争爆发，正太铁路完全中断，保晋公司的各矿厂陷于停产状态，再加上每年近几十万元的各种苛捐杂税和名目繁多的摊派，使得保晋公司的资金周转异常艰难。不得已，保晋公司于这一年11月向山西省银行订立垫款合同，以应对危局。

到民国17年（1928）下半年，战事稍稍稳定，但火车车皮大多被军队征用，车皮奇缺。保晋公司要想搞到车皮运煤，除了负担正常的运费外，还要交纳护路费、军事附捐、兵差捐、车皮捐等各种名目繁多的捐税，使得煤炭的销售成本大大提升，并且省外的销售，日见萎缩，不得不向省内推销。于是，保晋公司于民国17年和民国18年在太原、榆次创设了分销处，但销售价格非常低，难以获利，得不偿失。

民国19年（1930），中原大战爆发，阎锡山数十万驻军的各种摊派、给养使得保晋公司的营业再次遭受打击。

中原大战之后，晋钞跌落，这时公司协理白象锦急忙让大同分公司预售煤炭 10 万吨，收到现洋 30 万元，又筹借现洋 10 余万元，将从银行所贷的款额全部还清，解除了保晋公司的金融危机。

之后，为了能使公司尽早走出困境，白象锦针对公司用人制度上的弊端，又进行了一次改革。这次改革撤换了不称职的矿厂长，把那些精通业务有工作能力的内行人物，放到关键岗位上主持矿厂事务，从而调动了员工的工作积极性，使生产效率有所提高。同时决定，公司对普通职员的录用，由单纯推荐改为考试录用。这些改革措施，使得公司经营暂时有所好转，但持续萎缩的市场，使公司的亏损又迅速加剧。

经过近三十年的发展，保晋公司已具相当规模，各矿厂的矿工人数随着公司的扩展不断增加，队伍不断壮大。据统计，阳泉各矿厂矿工总数，民国 7 年（1918）为 792 人，民国 9 年为 1774 人，到民国 23 年增加到 2291 人。

这一时期，各矿厂工人工资，主要是比照当地生活标准及其他矿厂同等工人工资来定，但采煤、运煤两工种工人的工资是按采煤数量及掘进长度支付工资。详情见下表。

民国 19 年（1930）保晋公司各矿工人工资统计表

表－专记－11

项别 工别	全年工作数 （工）	全年工资数 （元）	每工平均工资数 （元/工）
采煤工	370008	243077.66	0.657
运煤工	163513	65300.34	0.400
司机工	65324	26817.33	0.410
提水工	33632	10809.08	0.321
其他工	126080	39986.68	0.318
共计	758557	385991.10	0.508

这一时期，公司管理层员工的工资情况如下表所示：

民国23年（1934）保晋公司各级职员工资统计表

表-专记-12

	经 理	协 理	总稽核	总工程师	课 长	股 长	坑务主任	坑务员	事务员	练习生
月 薪（元）	300	280	260	225	136.25	51.62	79.5	34.43	18.80	12.30

保晋公司对人才是相当重视的。当时保晋公司的经理、协理、总稽核、总工程师及各矿厂的坑务主任，大多是大学毕业生。民国25年（1936），总公司机关共有职员75名，其中大学毕业生17名，占总数的23%；阳泉各矿厂职员68名，其中大学生15名，占总数的22%。

民国26年（1937）10月，日本帝国主义侵占阳泉，侵吞了保晋公司的矿产资源，保晋公司高层管理人员大多逃走，工人所剩无几，公司被迫停办。同年11月，日军成立了“阳泉保晋公司管理委员会”，由委员七人组成，原保晋铁厂厂长赵铮任委员长，改保晋公司为山西军管理第四工厂阳泉煤矿，使其成为日军掠夺山西矿产资源的殖民工具。民国27年开始，先后恢复了原保晋公司一、二、三、四、五矿的生产，并开办新三矿、小南坑、东亚坑等矿，一直到民国34年抗日战争胜利，日军实行掠夺式开采，平均日产量（五矿）1000吨，最高日产量为1680吨，最高年产量达101万吨。这八年时间，总共生产煤炭480万吨，其中运到日本200万吨，占总产量的39%。

民国34年（1945）8月日本无条件投降后，阎锡山主持成立的山西人民公营事业督理委员会接收了保晋煤矿、保晋铁厂及日军建立的发电厂等企业，并成立阳泉矿务局对其进行直接管理。这样原来的保晋公司就由民族资本企业变为阎锡山的官僚资本企业，一直到民国36年5月2日阳泉解放。

附：保晋矿务公司资产清理简况

保晋矿务公司资产清理简况

1957年7月，阳泉市人民委员会根据山西省人民委员会的指示，成立了由阳泉矿务局、阳泉铁厂、阳泉市公产处共同组成的保晋矿务公司清理小组，专门负责清理原阳泉保晋矿务公司的资产、股权、债权、债务。

清理工作本着实事求是、公平合理及“从宽处理”“尽量了结”的原则进行。凡属敌、伪、汉奸、官僚、反革命分子的股权，都依法没收；凡属无下落及无合法证件的股份由政府责成主管部门代管；凡有下落，有合法证件及股票的股东，经清理核实股权、股份后，按定息办法处理。

凡是持有保晋公司股票及债据的人，只要有身份证明、股权证明即给予清理。因股票借据的转让出卖而股权、债权人有变动的，只要有一定的证明即予以登记清理。

整个清理工作先后进行了三次。

第一次，1957年7月至1958年8月。全部作价1050391元，因作价太高准备重估，但由于大炼钢铁而停了下来。

第二次，1962年5月至1964年5月。在第一次估价的基础上进行的评估。初估价值为655607元，因认为估值仍然偏高，再行复估价值为406355.98元。

第三次，1980年5月至1984年8月。基本完成了对原保晋公司资产、股权、债权、债务的清理工作。其中，私股登记手续完整的有30086股，私人债务手续完整的有81500元。应支付的股息、债务共计98690元。

清理工作结束后，所有的原始资料及清理账册先是存放于阳泉市财政局，后又移交到阳泉市档案馆。

参考文献：

1. 阳泉市档案馆馆藏保晋档案

2. 姚富祥，《阳泉煤矿史》 山西人民出版社 1985年10月

3. 虞和寅，《平定阳泉附近保晋煤矿报告》 中华民国15年3月

中共创建第一城

2005年，在阳泉市举行的《中共阳泉历史》首发式上，使用了“中共第一城”的提法。这一提法非常响亮，一下覆盖了其素有的“东方无烟煤城”的美誉，颇能振聋发聩，很有突破意义。但作为一个命题，作为历史判定，还不够准确。也就是说，是中共建党(诞生)第一城，还是建政第一城？是解放(占领)第一城，还是建设第一城？是改革第一城，还是开放第一城？言犹未尽，语意不详。若在“第一城”之前加上“创建”两字，就非常准确了。一方面增添了中共在产业工人相对集中的阳泉有意创设一座名城的实质含义，另一方面内外友人、文人墨客，在文字表达、词汇寓意上也无可挑剔。

一、何以说阳泉是中共创建的第一个城市

阳泉回到人民手中，是民国36年（1947）4月人民解放军发起并取得正太战役胜利的硕果。5月2日阳泉获得解放，回到人民手中。为了接管和建设阳泉工矿区，5月4日，晋察冀中央局决定，组成中共阳泉市委、市人民政府，直属中共冀晋区党委和冀晋行署领导，由冀晋区二地委副书记智生元兼中共阳泉市委书记、市人民政府市长。20日，阳泉5000市民载歌载舞隆重集会，庆祝解放。智生元市长发表建市讲话。从此，一个由中共领导创建的新兴城市就在全国解放战争的硝烟中诞生了。阳泉市成立时，只辖两区，但党政建制齐全，成为中共创建的第一个城市。

断论阳泉是中共创建的第一个城市，最主要的是要回答，在此之前中共是否创建过城市。

1. 抗战爆发前，中共没有独立创建城市。

抗战之前，从中国共产党成立开始分析，中国共产党的诞生地上海东方大都市，不能说是中共创建的城市；民国13年（1924）国共合作发动第一次国内革命战争的策源地华南明珠广州城，不能说是中共创建的城市；大革命失败后，打响武装反抗国民党反动派第一枪的南昌城，不能说是中共创建的城市；秋收起义后朱毛会师井冈山、开辟中央苏区的红都瑞金城(唐后五代十国时已设瑞金县，后一直为州县所在地)，不能说是中共创建的城市；民国24年中国工农红军实施战略转移途经贵州占领的历史名城遵义城，不能说是中共创建的城市；长征胜利到达陕北，建立陕甘宁边区占据的保安城、肤施(延安)城，同样不能说是中共创建的城市(延安，隋代大业三年置郡，设肤施县。以后唐代为延州，宋、明、清为延安府，民国仍为肤施县，民国25年红军解放肤施城，次年设置延安市)。

这里需要提一下，红军长征途中，红四方面军建立的格勒得沙共和国和波巴人民共和国。

红四方面军先在川北建立有中共大金省委，驻绥靖城。民国24年（1935）11月8日，在中共大金省委的具体组织下，格勒得沙共和国在绥靖县宣告成立，同时还成立了格勒得沙中央革命政府，主席克基。这是藏族历史上第一个人民革命政权，下辖10个县级苏维埃政府。共和国首府所在地绥靖城就是今天的金川县城，清代置厅。10个县级苏维埃政府所在地除丹巴、阿坝、懋功原来就是县城外，卓克基、抚边、崇化、斯甲、金汤等此时也未形成城市。卓克基至今还是土司官寨，不是县城。波巴人民共和国是民国25年5月1日在甘孜县城成立的，主席多德，政治上接受以邵式平为书记的中共川康省委领导，省委所在地是道孚城，道孚和甘孜都是原有的旧县城(甘孜州，唐代置羁縻州，以后继之)。而且两个共和国随着四方面军南下或北上，先后结束了历史使命，首府所在地也都为白军所占领。

2．抗日战争期间，中共没有自主创建城市。

在八年抗战中，中国共产党在华北、华中、华南都创建有根据地。

先看华北。晋察冀抗日根据地，是中共领导八路军创建的第一块敌后抗日根据地，誉为“敌后模范根据地”。民国26年（1937）12月5日，晋察冀成立了“边区临时行政委员会筹备处”。民国27年1月10日，晋察冀边区军政民代表大会隆重开幕，选举成立了“边区行政委员会”，宋劭文任主席。从此，华北敌后第一个抗日民主政权正式宣告成立。边区行政委员会所在地是河北省阜平县。阜平县金代置县，以后也一直是誉为“畿西屏障”。所以阜平肯定不能说是中共创建的城市。边区政府所辖范围，成立时拥有36个县抗日民主政权，抗战胜利时发展到察哈尔、热河2个省政府、4个行政公署、20个专署、8个市、163个县、27个旗的抗日民主政权，但这些政权所在地，都是在占领、沿用旧有府、州、县、厅基础上建立的，无一例为新创建城市。

晋冀鲁豫抗日根据地，是华北最大的敌后抗日根据地。民国29年（1940）8月1日，为了统一冀南、太行、太岳地区的政权，在河北省涉县东辽城成立了冀南、太行、太岳行政联合办事处，简称冀太联办。民国30年，根据华北抗战形势发展和进一步巩固根据地的要求，邓小平于3月16日，受中共中央北方局委托，在冀太联办第二次行政会议上，提出了成立晋冀豫边区临时参政会的建议，按照“三三制”原则选举临参会参议员，成立边区政府。会议接受了邓小平的建议，于4月5日决定成立临参会筹委会。7月7日，在辽县桐峪镇召开了边区临参会第一次会议。会议决定将鲁西33个县划入本区，改称晋冀鲁豫临参会，选举了边区政府组成人员，杨秀峰为边区政府主席。9月1日边区政府在涉县靳家会正式成立，后于民国31年2月迁至涉县弹音村，民国34年春迁往下温村，民国34年12月迁往武安，直到民国35年初迁至邯郸市。其中靳家会、弹音村、下温村都在涉县，都没有形成城市。武安汉初设县，民初置道，邯郸乃赵国故都，都不能说是中共创建的城市。晋冀鲁豫边区政府，建立之初直辖太行区，下辖太岳、冀南、冀鲁豫3个行署、2个专署、154个县政权。到抗战胜利全区共建立200多个县（市）政权，拥有80余座城市，但也都是在占领、解放旧有府州县市基础上成立的，所在地无一例为新创城市。

晋绥抗日根据地，最初于民国29年（1940）2月成立了晋西北行政公署，8月又在绥远武归县成立晋绥第二游击区行政公署驻绥办事处，民国31年建立了统一的行政领导机构晋绥边区行政公署，续范亭为主任。边区行政公署所在地是兴县蔡家崖，蔡家崖至今仍是个小镇，不能说是中共创建的城市。晋绥边区政府，在晋西北行政公署成立时，辖4个专署，38个县政权，以后几经调整，抗战胜利时，调整为2个行署，49个县政权。这些政权也都是在占领或解放旧有道府州县的基础上成立的，所在地无一例新创城市。

山东敌后抗日根据地，民国28年（1939）9月，115师东进创建了以抱犊崮为中心的鲁南根据地。抱犊崮现在仍是枣庄北面的一个山区小镇。以后根据地又建立了一个专员公署，两个行署委员会，共21个县政权。民国27年9月冀鲁边区成立了两个专员公署。1940年8月成立山东省临时参议会，选举产生了战时工作推行委员会（简称“战工会”），拥有16个专员公署、80个县。抗战胜利时，扩大到5个行署、17个专署、112个县市。战工会和县政权，也都是在原有的道府州县基础上建立起来的，所在地无一例为创建城市。

其次看华中。华中抗日根据地，位于中国最富饶的中部地区，东濒黄海，西起汉水，南跨长三角，北到陇海路。包括江苏、安徽两省全部和鄂、豫、浙各一部。民国27年（1938）1月新四军成立后，迅速挺进敌后。7月创立了以茅山为中心的苏南根据地，年底在八路军115师配合下，共创建了苏南、苏中、皖中、皖东、豫皖苏、皖东北6块根据地。到抗战胜利时，华中根据地已形成拥有淮北、淮南、皖江、苏北、苏中、苏浙（苏南、浙西）、浙东、鄂豫湘赣8个行政区、40座县城的广大解放区。但这些政权所在地也都是在占领或解放原有的旧县城基础上建立的，无一例为新创城市。

再次看华南。华南抗日军民，在没有红军主力的困难条件下，独立自主创建了广东和琼崖两块较大的根据地，实属不易，但以大岭山为中心的广东抗日根据地没有建立统一的政权机构。琼崖抗日根据地于民国30年（1941）11月成立了琼崖东北区人民政府，辖文昌、琼山、琼东、万宁4县。到抗战胜利时，建立了14个县政权，并成立了琼崖临时人民政府。但这些政权所在地，或在山区，或在城市，同样无一例为新创城市。

3. 抗战胜利后一段时间内，中共仍未主动创建城市。

也就是说，和平民主阶段和全面内战爆发后阳泉建市前中共没有创建过城市。

抗战胜利后，当时中共领导的解放区共有285座城市。长治是上党战役中占领的最后一个城市。随后，贯彻中央“向北发展，向南防御”的方针，四分之一的中共中央委员日夜兼程向东北进发，10多万人民军队和干部挺进东北，先后在东北建立了东满、北满、西满和南满根据地，占领了一大批城市。民国35年（1946）8月在哈尔滨召开东北各省代表联席会议，选出了各省市行政联合办事处行政委员会。但行政委员会及其所辖署县政权所在地，都不是新建的城市，而且根据《中苏友好同盟条约》将把苏军进驻的大城市及交通线移交国民党政府的要求，11月下旬中共中央决定人民军队从中长路沿线及大城市退出，“让开大路，占领两厢”，向东、北、西满农村和中小城市转移，所以那时中共在东北把已占领的城市都要让出来，更不可能再新建任何城市。

这里还要补充说明一下。抗战中进入苏联境内的东北抗联，在苏联支持下在苏境伯力城建立了东北委员会，并建立有东北抗联教导旅。抗战胜利后，中共东北委员会决定抗联人员随同苏军迅速占领东满、南满、北满3个战区的57个大、中、小城市和战略要点。抗联占领的这57城市有绥化、海伦、拜泉、讷河、巴彦、方正、宝清等，但都不是新创城市。

全面内战爆发后的第一年，人民军队贯彻中共中央“不在一城一地之得失，重在消灭敌人的有生力量”和“集中优势兵力，各个歼灭敌人”的方针，在各个战场沉重打击国民党军队，解放恢复城市288座。由于兵力对比暂时悬殊，第一年内国民党军先后占领解放区335座城市，得失相比，中共方面失去47城。但不论恢复的城市，还是失去的城市，都不是新建城市。

这里特别说一下乌兰浩特市。乌兰浩特是蒙古语，译成汉文就是“红色的城市”。乌兰浩特原名王爷庙，由清代一位王爷建立的家庙而得名。民国36年（1947）5月1日，全国第一个少数民族自治政府——内蒙古自治区人民政府在这里建立，是乌兰夫同志庄严宣布的。从政府成立的时间看比阳泉市人民政府早3天，但当时仍叫王爷庙，直到同年11月，王爷庙才改称乌兰浩特市，也就是说阳泉建市半年后，才有乌兰浩特城，也即中共创建第二城。

综上所述，无论抗战前、抗战中或抗战后，阳泉建市前中国共产党没有自主创建任何一个城市，说阳泉是中共创建的第一个城市，不存在任何疑意。

二、当时中共为何要在阳泉创建市委、市政府

阳泉建市，从必要性上讲，是中共以毛泽东为代表的共产党人选择农村包围城市，最后夺取城市革命道路发展的必然结果。土地革命战争时期，中国共产党打响武装反抗国民党反动派的第一枪后，先后建立了赣南闽西、鄂豫皖、湘鄂西、湘赣、湘鄂赣、赣东北、海陆丰、左右江、

琼崖、川陕、陕北等大小十几块革命根据地，成立了苏维埃政权，但由于总的形势是敌大我小，只能远离中心城市，依托乡村，实行“工农武装割据”，其间虽然也占据了一些小城市，比如中央苏区三次反“围剿”后21个小城市连成一片，但当时很难一劳永逸巩固所有城市，更无意去创建城市。经过伟大的抗日战争，情况就不一样了，中国共产党的力量有了绝大的发展，按毛泽东同志的说法，连片城市有了“三四五六块”，又经过和平民主新阶段和解放战争战略防御阶段，中国共产党完全有把握由在农村建立根据地，实施农村包围城市，推进到最后夺取城市，由占领小城市到占领中等城市，由没有城市到创建城市由掌握部分城市到掌握全国城市，直至在全国范围内建立新民主主义政权。

阳泉建市，从必要性上讲，还是中国两种前途、两个命运大决战发展的必然结果。中国人民解放战争的总趋向和总轨迹是经过战略防御，到战略进攻，到战略决战，到战略追歼，直至解放全中国。晋察冀部队发动正太战役和解放阳泉，虽然发生在战略防御阶段，但战争形势已经发生了有利于中国共产党的显著变化。此时，国民党正规军兵力已由战争开始时的200万人，减少到了150多万人，形成了东西两头强、中间弱的哑铃状布局，而人民解放军的总兵力，已由127万，增加到195万人，野战军由61万发展到100万人。阳泉建市表明，那时的中国共产党人已完全自信能够迅速战胜蒋介石国民党集团，预示着战略进攻阶段的到来指日可待。事实也是这样，阳泉解放和建市后不到两月，中共中央就作出了“以主力打到外线去，将战争引向国民党区域”的部署。6月30日，刘邓大军一举突破黄河天险，千里跃进大别山，开启了由内线转向外线，由战略防御转入战略进攻的帷幕。所以说，阳泉建市既可看作是中国共产党由农村到城市、创建城市、接管城市的“试验田”，又可看作是夺取全国城市尤其大城市以及全国政权的前进阵地。

具体说来，阳泉建市有如下几方面的独特条件：

首先，阳泉是晋察冀和晋冀鲁豫两大解放区连成一片的天然纽结。

晋察冀与晋冀鲁豫是中共抗战开始后建立的巩固根据地，但先后一直被日军和蒋军牢牢控制的正太路阻隔，使两大战略区政治、军事、文化都无法联系。解放战争进入到民国36年（1947）3月，蒋介石的全面进攻败下阵来，转而向山东解放区和陕甘宁边区实行重点进攻。晋察冀部队依据敌情和中央军委的指示，决心集中第二、第三、第四纵队，在冀中、冀晋军区部队配合下，举行正太战役。第一步攻歼石家庄外围之敌；第二步乘胜沿正太路西进，歼击沿线之敌和可能自太原方向东援的敌人。4月9日正太战役打响，第一步在石家庄外围，歼敌1万余人。28日，晋察冀部队采用围点打援的办法，用一周时间先下寿阳，后到阳泉，一举歼敌3.5万人。

正太战役的胜利，不仅使解放军自始至终掌握了战争的主动权，而且全长240公里的石太线已被解放军控制150公里，35个车站已被解放军控制22个，70%的路段已回到人民手中。长期被分割的太行、冀晋两区联成一片，晋察冀、晋冀鲁豫，甚至山东三大战略区之间，除石家庄、获鹿、元氏三个孤立据点外，西起山西榆次，东至渤海之滨也完全联在一起。而在这一伟大胜利中，阳泉格外引人注目。它处于正太线中段，占领了阳泉，就控制了石太线大动脉，既在西面孤立了阎锡山势力，又在东面孤立了石家庄之敌。所以说，在阳泉建市，对晋察冀、晋冀鲁豫两大战略区来说无论军事上，还是政治、经济上，均有特殊的意义，可以说他是联系南北两个大区的天然纽结。

其次，阳泉是连接晋冀两省以及山西通往华北平原的战略通道。

阳泉地处黄土高原东缘，太行山中段西侧，素有“山西东大门”之称。东面紧倚太行峰岭天然屏障。内长城沿山脊自北向南延伸，蜿蜒分布有云岭关、十八盘关、娘子关、旧关、新关、石门关等著名关隘，军事地位十分重要。更为重要的是阳泉是正太铁路的中心车站，自清末通车后，阳泉在这晋冀大动脉上发挥了多方面的重大作用。阳泉车站当时距太原只有120公里，距石家庄130公里，距北平400公里，距天津港口560公里，距黄骅港500公里。物流、人流、信息流进入山西表里山河和东出华北、华东大平原都很方便。阳泉解放之前虽然境域只包括平潭街、平潭垴、小阳泉3个村庄，数平方公里，行政还隶属于平定县，但阳泉优越的地理、交通位置，决定了在阳泉建市对整个解放区建设和发展十分有利，阳泉是连接山西和河北两省乃至整个华北的战略通道。

第三，阳泉周围都是巩固的根据地，党的基础、群众基础都很好。

自近代始，阳泉一直是山西先进生产力和先进阶级的首发地之一，自清光绪三十二年（1906）代表工业革命的铁路通至阳泉之后，阳泉一直是民主革命的热土。同年，山西最大的民族资本主义企业——保晋公司，在阳泉开矿建厂，开全省近代机器采煤和冶炼之先河。随之，一批产业工人应运而生，先进思想频频传播。民国10年（1921）8月，中共党员张昆弟受李大钊派遣以正太路密查员身份，来这里开展工人运动。工人运动从此接连不断。其中有蜚声全国的民国11年正太铁路工人大罢工，民国12年声援京汉铁路工人的总罢工等。民国15年，中共平定特别支部（民国18年改称中共阳泉特别支部）建立后，阳泉地区人民有了自己的领路人。大革命失败后，民国17年2月，中共山西临时省委在霍州召开扩大会议，决定在全省发动武装暴动，并划定了7个暴动区，阳泉为重点暴动区，会议同时还决定组建中共阳泉市委，由省委委员邓国栋任市委书记，马林（赵秉彝）为宣传委员，可惜邓、马未到阳泉即先后被捕，市委未开展工作即遭破坏。但这也说明，中共在产业工人相对集中的阳泉建立市级建制党组织的愿望是早已有的。民国20年7月平定兵变在该区爆发，成为影响整个华北的第一次重要武装起义。民国26年，经中共山西省工委批准，成立了中共阳泉矿区委员会，何英才任书记，下辖4个党支部40多名党员。民国26年10月底阳泉沦陷后，党在阳泉地区又先后开辟了盂县、平定（路北）、平（定）东、平（定）西四块抗日根据地，继续领导抗日工作。从大革命时期到抗战结束，阳泉地区的党组织经受了极大的锻炼，党的力量也获得了很大的发展，特别在抗战中，发展颇为迅速，由抗战初期的一个党委、5个支部、50多名党员，发展成为5个县委、32个区委、720个支部、7880名党员。所以，阳泉南北都是巩固的根据地（晋察冀边区和晋冀鲁豫边区），就是日军占领期间和国民党军队占领期间的阳泉镇周围，党的基础、群众基础也是很好的，完全可以圆了中共地方党委原来在阳泉建市的好梦，又能迅速凝结打倒蒋介石、建设新中国的有生力量。

第四，从经济上分析，阳泉煤铁资源丰富，是支援全国解放战争的动力基地和建国初期恢复发展国民经济的能源基地。

阳泉煤铁资源极为丰富，位于举世闻名的沁水煤田东北边缘，含煤面积1051平方公里，含铁面积200平方公里。孙中山民国2年（1912）到山西视察路经阳泉时，就发现这里的煤炭资源极为丰富，所以在太原演说时提出了“以平定煤铸太行铁，可操全国实业界之牛耳。”的伟大构想。其实阳泉也有很丰富的铁矿，清末就有“平定铁器遍地有”的说法。民国5年保晋公司在平定筹建铁厂，利用日本设备、三座洋炉、热风炼铁，即开创了现代冶炼的新篇章。据《中

“中共创建第一城”专家论证会

国实业志·山西卷》记载，民国25年，阳泉及平定、盂县年产煤即达65.62万吨（其中保晋公司阳泉矿即产煤40万吨），生铁年产7586吨。八年抗战中，日军在阳泉掠夺走大量煤铁资源。阳泉解放后，人民政府组建了国营阳泉煤矿公司，抓紧恢复煤铁生产，煤铁源源不断通过石太线、石德线、津浦线运往华北、华东广大解放区，有力地支援了全国解放战争，支持了全国国民经济的恢复与发展。比如1957年，煤炭产量已达到623.92万吨，是民国25年产量的10倍，大部分运往全国各地。所以，阳泉建市不仅是接管工矿区，巩固华北解放区的客观需要，也是支援全国解放战争，发展新民主主义经济的明智抉择。

附1：

“中共创建第一城——阳泉”专家论证结论

阳泉是在人民解放战争即将转入战略进攻的前夕，晋察冀部队于1947年5月2日解放的山区集镇。5月4日，晋察冀中央局和晋察冀边区政府从支援全国解放战争的全局出发，决定在此组建中共阳泉市委、阳泉市人民政府，并任命智生元同志为市委书记、市长。在一个山区集镇有计划成建制地组建一个崭新的市委、市人民政府，从中共历史上考察，这是第一次。

论证阳泉是中共创建的第一个城市，主要基于以下考虑：第一，土地革命时期，我们党遵行农村包围城市道路，主要在农村建立革命根据地。其间，虽占领过一些中小城市，但从未自主创建城市。第二，八年抗战时期，我们党先后创建过19块敌后抗日根据地，到抗战胜利共占据近300座城市，但没有主动创建城市。第三，解放战争初期，毛泽东在《抗日战争后的时局和我们的方针》中，虽然提出了“中小城市是必争的”，我军占领了一批中小城市，但总的军事方针仍是“不在一城一地之得失，重在歼灭敌人的有生力量”。所以，当时没有精力新创城市。总之，没有像阳泉那样，大构架、成建制创建城市。

从阳泉建市后的情况看，1948年7月28日阳泉市与石家庄市一起成为华北联合行政委员会（不久改称华北人民政府）的两个直辖市。1949年8月阳泉划归山西省管辖。阳泉建市有力地积聚了太行山中段的财力、物力，支援了全国解放战争，并为我党接管工矿区、管理城镇和领导乡村，积累了丰富的经验。建市后，阳泉有了很大的发展，由1947年的山区小镇发展到目前拥有人口130万、现辖三区两县、工业门类齐全、城市功能完善的新型现代城市。阳泉建市的历史表明，晋察冀中央局和边区政府在阳泉建立市委、市人民政府决策是非常正确的，建市后60年的发展是惊人的，喜人的，她如一颗璀璨的明珠，镶嵌在太行山中部，完全承得起“中共创建第一城”的历史称号。

专家组

组　长：黄修荣

副组长：李茂盛

成　员：沈正乐　刘益涛　杨圣清

李海文　张维民　李隆基

岳谦厚　张宏志　牛崇辉

王雷平　刘建生　郝彭证

卢海明

2007 年 6 月 15 日

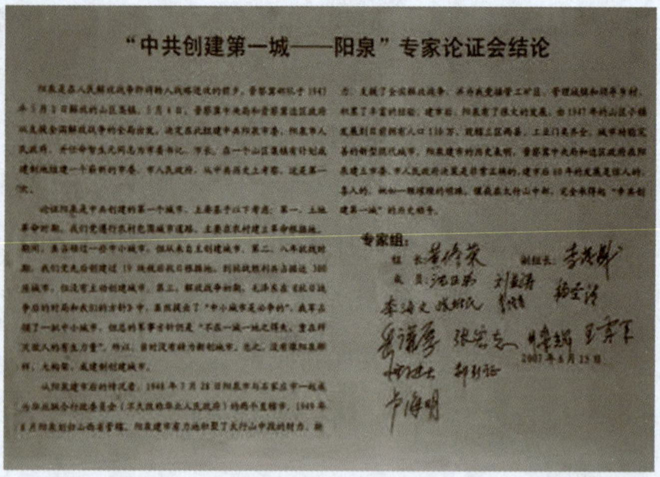
"中共创建第一城——阳泉"专家论证会结论

专家组：

附 2：

"中共创建第一城——阳泉"专家论证会纪要

2007 年 6 月 15 日至 16 日，"中共创建第一城——阳泉"专家论证会在风景如画的晋祠宾馆举行。参加论证会的有中央党史研究室、中央文献研究室、中共中央党校、中国社会科学院、中央档案馆、北京师范大学和其他部分省市社科院、党校、大专院校等 20 多位专家学者。中共山西省委常委、秘书长申联彬同志出席会议并致欢迎词，全国人大常委会委员、中国中共党史学会会长、中共中央党史研究室原主任孙英同志莅会，并发表重要讲话。

孙英同志高度评价此次论证会。他说："今天在此举办专家论证会，论证在阳泉中共创建第一城这样一个主题，我认为这是一件很有意义的事情。论证这一主题，可以使我们再次走进解放战争那样一段伟大的历史进程，从党创建第一个人民城市这一重要的历史事件来把握历史的必然性，来认识历史的规律，深入总结历史经验，汲取历史智慧和力量，同时，架起历史与现实的桥梁，使这段历史所创造的精神财富在今天发扬光大，对于我们推进中国特色社会主义事业，对于全面建设小康社会和构建社会主义和谐社会，对把正在又快又好地发展着的阳泉建设得更加美好，都有着很重要的意义。"

孙英同志充分肯定了"中共创建第一城——阳泉"这一命题。他说，作为阳泉建市而且是我们党领导创建的第一个人民城市，这个命题当然要经过各位很好的论证才能得出，但就我最近翻看的材料，认为这个命题是成立的、肯定的。首先，我感到阳泉建市不是一个孤立的、偶然的事件，不是权宜之计，不是兴致一动临时宣布的，而是党组织早有所思、早有准备，是历史发展到那时的必然创举。

关于阳泉建市的理由，孙英同志指出，一方面，1947年是历史大转折之年，从1927年到1947年20年的时间里，蒋介石集团从强者转变成弱者，从战场上的进攻转为防御；相反，我们从弱者变成一个强者，从战场上的防御转为进攻，从内线打到外线，打到了蒋管区，革命与反动派之间的力量对比发生了根本性的变化。阳泉解放使我们掌握了150公里的铁路，掌握了晋冀两省的咽喉要道，割断了西边阎锡山及他的重镇太原同石家庄之间直接的联系，把敌人彻底分割开来。阳泉的解放，连接了晋察冀和晋冀鲁豫解放区，把东到山东、南到河南、北到当时察哈尔、绥远一带，都连接起来。阳泉是这一胜利的一个重要的战略标志。另一方面，从军事上讲，当时正符合一种战略需求，我们要打到外线去，就需要一个巩固的、强大的、战略的后方基地。这个基地小了不行，它是要支撑全国的解放，必须把不同的根据地逐渐地连接起来，形成强大的战略后方，来支援全国的解放。阳泉建市无疑起着战略支点的作用。

孙英同志还具体分析了阳泉建市的历史条件：一是阳泉的经济强势。阳泉既有丰富的煤、铁资源，又有一定规模的生产，还是商品的集散地。二是阳泉的政治优势。阳泉建党比较早，而且一直没有中断过，周边就是我们的根据地，有着很好的党的基础和群众基础。三是阳泉能在晋东一带发动和聚集大批人员参军参战，继而输送大批干部南下北上，从人力、财力、物力等方面支援全国解放战争。四是在阳泉建市能未雨绸缪，积累创建城市、接管工矿区、管理城市的经验。

论证会由中共中央党史研究室第一研究部原主任、研究员黄修荣，中国中共党史学会秘书长刘益涛和山西省史志研究院副院长李茂盛同志先后主持。与会专家畅所欲言，见仁见智，进行了认真而充分的讨论。多数专家赞同这一论题，认为：阳泉是在人民解放战争即将转入战略进攻的前夕，晋察冀部队于1947年5月2日解放的山区集镇。5月4日，晋察冀中央局和晋察冀边区政府从支援全国解放战争的全局出发，决定在此组建中共阳泉市委、阳泉市人民政府。在一个山区集镇有计划成建制地组建一个崭新的市委、市人民政府，从中共历史上考察，这是第一次。从阳泉建市后的情况看，有力地积聚了太行山中段的财力、物力、人力，支援了全国解放战争，并为我党接管工矿区、管理城镇和领导乡村，积累了丰富的纪验。阳泉建市的历史表明，在阳泉建立市委、市人民政府的决策是非常正确的，建市后60年的发展也是惊人的、喜人的。阳泉承得起“中共创建第一城”的称号。

山西省史志研究院

2007年7月5日

娘子关供水工程

阳泉是中国最大的无烟煤产地，由于长期过度开采，地下岩层破坏严重，地表水大量漏失，水资源危情频现。特别是阳泉建市之后，随着城市的发展和人口的增加，单靠桃河沿岸的浅井水和地面水的供水模式远远不能满足城市需要，生产生活用水供需矛盾突出。

1952年是阳泉建市后的第一个严重缺水年。1956年、1957年、1959年、1960年、1962年、1965年又是连续不断的干旱缺水年。特别是1972年，成为继清光绪三年（1877）、民国9年（1920）之后最为严重的缺水年。1972年全年降水仅240毫米，是阳泉百年来第二个大旱年，境内发生大面积水荒，出现了居民区断水、工厂停产、商铺息业、农田干枯的非正常状态。缺水期间，阳泉电厂仅7万千瓦的2台小发电机组被迫停了1台，阳钢的转炉全部被迫停产，煤炭生产不能湿式作业，工人浴池洗澡2000人次无法换水，部分集体食堂三餐制改为两餐制，有些医院不能实施手术，蒸汽机火车到站加不上水，100多个涉及用水工艺生产单位的工作时续时停，城市用水处处告急。无奈之下，经省政府协调，由太原铁路局派出专列水罐车从娘子关运水到阳泉火车站，对市区实行分片、定时、定量供水，居民须要挑着水桶到火车站排队按量领水。各县区政府也动员群众，采用各种方法四处找水，首先解决饮用水问题。平定有些地方的缺水居民，在当时的交通条件下，只好沿着盘山小路外出取水，最远要步行到寿阳县松塔一带的潇河和河北井陉县威州境内的水源地取水，以县城中心计算，仅单程就有上百里以上。

水资源的匮乏，严重地影响着阳泉经济社会的发展和稳定，城市生产生活用水供需矛盾的突出问题亟待解决。

工程筹备

面临日趋严峻的水资源态势，历届市委、市政府及有关单位，坚持把开发水源、确保全市用水安全作为一项重要的、战略性的任务来对待，做了大量的、艰苦的、卓有成效的实际工作。

经考察和勘探发现，境内桃河下游娘子关泉域，包括五龙泉、程家泉、水帘洞泉、苇泽关泉、坡底泉和城西泉等较大泉水13处，是一个典型的半封闭式的岩溶含水系统，是岩溶水强径流带，深层岩溶水很丰富，水质优良，水量充沛，流量稳定，总流量达14.4立方米/秒，符合选择阳泉市区新水源地的基本条件。虽然距离市区较远，提水工程浩大，地方财力不足，但只有实现这一规划，才能有效解决阳泉长久缺水的问题。

1958年，阳泉市建设局为彻底解决全市用水困难问题，按照城市发展规模扩大、用水人口增多和工农业发展趋势的需求，以〔1958〕建字88号文件向市政府提出《关于批准成立娘子关工程筹备处的报告》，提出取用水量充裕、环境容量较大、原水水质较好的娘子关泉域水，“东水西提，引水回市”的工程建设意见。1959年，根据阳泉市城市规划，按照城市工农业发展和50万城镇人口总需水22万立方米的要求，成立了娘子关水源调查组，由副市长张润槐负责、市城建局副局长张自力牵头，组织20多个部门领导和技术人员，对娘子关泉域和引水回市的路线进行了考察和勘测。在此基础上，1960年6月，按照每日取水11万立方米的规模编制了《阳泉市娘子关供水工程设计任务书》，先后两次向省政府报呈，请求批准建设。1966年6月，市委、市政府会议决定，由副市长郭力组织有关人员再次考察娘子关提水的可行性及其管线走向，经进一步考察论证后，向省委、省政府报送了《阳泉市娘子关提水工程建设的报告》。不久，由于“文化大革命”运动的干扰，娘子关提水工程筹备工作搁浅。

1971年，市委和市革委针对阳泉供水严重不足的现状，以阳革发〔1971〕40号文件印发《关于兴建娘子关提水工程的决定》，并成立了由市委常委、市革委会副主任、市武装部部长李振生挂帅的“娘子关提水工程指挥部”，调集人力、物力、财力，开始工程设计和施工。先后完成了工程勘测和设计工作，进行了必要的“三通一平”，开挖了隧洞毛巷1.38千米和部分泵站平台，还完成了部分施工道路等工程量。后因工程未列入国家计划，地方财力有限，被迫停工。

1972年，阳泉市遭遇百年罕见大旱的严酷现实告诉人们，修建高规格、高标准的供水工程刻不容缓。市委、市革委再次下定决心，带领全市人民解决这个历史性的“老大难”问题。山西省委也认识到了娘子关提水工程对阳泉发展的重要作用，责成省计委以晋拨计字〔1972〕490号文件向国家计委报送了《山西省阳泉市娘子关引水工程计划任务书》。1973年2月10日和9月20日，山西省建委先后以〔1973〕15号和〔1973〕99号文件向国家建委报送了《山西省阳泉市娘子关提水工程初步设计意见的报告》和“补充报告”。1973年9月28日，国家建委派城建局1名总工程师和1名处长，亲临阳泉考察调研，确认娘子关提水工程建设的重要性和必要性。1973年11月，山西省委、省革委派人向国务院余秋里副总理汇报1974年工作计划时，提出“阳泉娘子关提水工程建设立项”的要求，余秋里副总理答复“该工程可以建设”。1974年10月，市委、市革委派市委第二书记、市革委会主任李好山，市委副书记、市革委会副主任郭力以及市计委、建委等部门的有关领导和工程人员，赴京分别向国家计委及计划组、建委和城建总局、华北协作区及综合组，就娘子关提水工程计划任务书和“扩初”方案等有关情况进行了详细汇报。几经努力，1974年11月23日，省计委以晋革计基字〔1974〕第1104号文转发国家计委《关于娘子关供水工程计划任务书的复文》通知，阳泉市娘子关供水工程正式列入国家基本建设计划。10月17日，市委召开常委扩大会议，专题讨论了娘子关提水工程建设工作。10月31日，市委根据国家批示再次开会研究决定，一是发动群众，力争三年把娘子关水提回阳泉；二是按照批准的计划任务书尽快编制扩大初步设计的方案和报告；三是自力更生，自己制作DN1.2米预应力管材等工程建材。12月6日，市委组织召开中共阳泉市五届九次全委扩大会议，作出了《关于兴建娘子关供水工程的决议》。会后，各项筹备工作陆续到位。

娘子关提水工程一期工程，从初步设计到施工图设计均是在省建委主持和省设计院指导下进行的，具体设计工作任务是由阳泉市完成的，技术骨干是从市设计处、规划处、水利局、工业局、煤管局、化工局、矿务局、供电局、邮电局、建工局、阳钢以及自来水公司等有关单位抽调的。1974年末设计工作全部完成后，向国家建委报送了《山西省阳泉市娘子关提水工程扩大初步设计的报告》。1975年3月15日，国家建委正式批准立项。1974年11月7日，国家投入资金2800万元；1978年，国家建委和国家城建总局把追加投资列入国家基建计划；1979年3月12日，又以〔1979〕建城字第11号文，批准预算总投资为3300万元，追加投资500万元。

工程规划

娘子关供水工程是一项低水高提、规模宏大、技术复杂的工程，也是阳泉市建立之后，地方基本建设项目中投资数额最大、施工条件极为艰苦的工程。该工程东起娘子关镇河滩村娘子关电厂，西至市区猫垴山终端配水厂，全线横贯在长达30余千米的崇山峻岭和山地丘陵之间，途经1县2区8乡36个自然村，提水距离长达33千米，总扬程444米。整个工程分两期建设。

娘子关供水工程由国家批准的取水流量为3立方米/秒，总计日取水量为25.92万立方米，一、二期工程的取水流量均为1.5立方米/秒，日均产水能力12.96万立方米。整个工程由取水、加压、输水、配水等分项工程构成。取水工程包括1#、2#水源泵站和一、二期共用的3.5千米DN1600输水管道，加压工程包括三级并列且系统独立的双加压泵站和三段、双线1.3千米DN1200扬水管道，输水工程包括一、二期共用的10.69千米的输水隧洞及两趟14千米DN1200输水管道，配水工程包括2个配水车间、3个1万吨水池、1座1.6万吨水池及城市管网。一、二期供水系统坐标位置并列，运行系统基本各自独立。整个供水工程具有“一长四高”的特点，即长距离（33千米）、高扬程（470米）、高能耗（2.1度/吨）、高落差（408米）、高压力（7.5公斤）。

1975年7月29日，市委、市革委组织召开全市万人动员大会，市委书记、市革委会主任李好山代表市委、市政府庄严宣告——“全市人民总动员，艰苦奋斗三五年，引回万代幸福泉”。

娘子关供水工程

会后，李好山带领工程指挥部成员和建设队伍到现场破土动工，标志着列入国家计划的娘子关供水工程全面展开。

一期工程

娘子关供水一期工程于1975年7月29日正式开工。整个工程采用“三级加压、沿分水岭走向、采用无压隧洞和有压管道相结合”的输供水方案。工程从娘子关电厂取水头部到市内猫垴山配水厂，中途由五站（3个泵站，2个变电站）、两厂（猫垴山配水厂、制管厂）、一部（娘子关电厂取水头部）、一线（一条管渠相兼的输水干道）组成。其中主体及配套工程有：加压扬水泵站3座，安装有主水泵21台，配有500～680千瓦电机，装机容量为1.302万千瓦；11万伏变电站2座，安装有6300～1万千伏安电力变压器4台套，总容量为3.26万千伏安；架设有11万伏输电线路2千米，6000伏配电线路0.8千米；城市高位配水厂1座，建筑有预应力钢筋混凝土万吨蓄水池3座，有效容积为26.341立方米；引水渠道1条，全长854米；扬水管道全长1589米，输水干线全长24.5千米。东段开拓支护无压输水涵洞15个，全长10.7千米；西段铺设直径1.2米预应力钢筋混凝土压力管道，全长13.8千米。暗设通信线路30.3千米。新修交通运输干线42千米；铺设配套城市供水管网53千米，新设DN600毫米送水支干管道8条；

调节配套水池 5 座，容量 1.1 万立方米，即：大阳泉 2000 立方米水池 2 个，李家庄 3000 立方米水池 2 个，冯家庄 1000 立方米水池 1 个。工程总建筑面积 1.98 万平方米，安装设备 1 千多台（件）。共计开拓支护隧洞 26 个，全长 14.8 千米，总开挖土石方量 138.6 万立方米，混凝土工程量 3.3 万立方米，砌石工程量 10 万立方米，砌砖量 700 万块，物资运输总量 487.5 万吨·千米，全部工程总投工约 250 多万工日，日平均施工人员 2000 多人，最高时日 8000 多人，工程耗用钢材 4900 吨，木材 4000 立方米、水泥 3.34 万吨，国家投资 3300 万元，实际完成 3325 万元。

娘子关供水一期工程历经 4 年 4 个月于 1979 年 12 月竣工，经一年试运行后于 1980 年 12 月 14 日正式验收投产。在验收中按照建筑和安装后的 14 个主要项目进行质量等级评定。其中，优良 7 项，合格 6 项，未验收 1 项，总体质量达到了国家相关要求。顺利通过了国家建委的工程项目验收。娘子关供水一期工程完工后，其取水能力为 1.5 立方米 / 秒，日产水能力 12.96 万立方米，成为阳泉市城市供水的主要水源，基本满足了当时城市工农业生产和居民生活的用水需求，结束了阳泉长期供水不足的历史。但是，由于历史原因和条件限制，工程主要取用娘子关电厂的工艺冷却尾水作为水源，是山西省境内唯一利用热电尾水的水源。由于水温较高，给水质和设施运行带来了一些隐患。

娘子关供水一期工程建成运行了，但发生在工程建设中的那些感人事迹阳泉人民不会忘记。1974 年末，娘子关供水工程指挥部正式成立。“精心设计，精心施工，百年大计，质量第一”，在市委的直接领导下，工程指挥部始终把抓工程质量放在一切工作的首位，认真开展调查研究，虚心征求各方意见，积极实行科学管理，坚持深入现场办公，及时解决各种问题，从而保证了整个工程的顺利开展。工程技术人员是工程建设的拓荒者、先行者。娘子关一带重峦叠嶂，沟壑纵横，遍地荒草荆棘，海拔 1000 米以上无名高峰随处可见，就是在这样的险难的条件下，工程技术人员一次又一次肩扛测量仪器，身背水壶和干粮，爬悬崖，下深沟，住窝铺，晴天一身汗，雨天一身泥，严冬不畏寒风刺骨，盛夏顶着炎炎烈日，仅四等水准测量就进行了 3 次，在贯通万分之八坡度的隧洞工作中，做到了上下左右基本分寸不差。负责工程设计的一位总工程师家离指挥部只有数里之遥，可他硬是带一副简单的行李，一头扎在工程指挥部，不分白昼黑夜，不分休息假日，坚守工程现场，研究问题，规划蓝图，审定设计方案。设计人员在进行施工图设计中、本着独立自主、自力更生、艰苦奋斗、勤俭建国的精神，对水泵选型、占地选择、输水隧洞、压力管道、输变电工程、配水厂水池等重大技术项目进行了反复研究，对比分析计算。当时设计条件十分简陋，全部施工图纸均由工人绘制。工程指挥部只有一台 20 世纪 50 年代的手摇计算机，成千上万数据基本上是由手拉计算尺拉出来的。为解决无压隧洞的水槽底防渗漏难题，一位副总指挥查找了大量资料，从当时山东土储油罐的防渗经验的新闻纪录中得到启示，立即派人三赴山东学习求教，在聊城地区石油站的大力支持下，决定采用片石砂浆灌底、水泥防渗砂浆多层精抹的新工艺，从根本上解决了防渗漏问题。这一工艺不仅保证了工程质量，而且每米造价成本比原方案降低 90 多元，为国家节省了 100 多万元资金及大量的建筑用料。娘子关地区二级提水管道，是整个输水干线的咽喉，按计划进度必须在 1978 年封冷前完工。当时在不能安装大型吊车的情况下，指挥部领导紧紧和一线技术人员、工人群众在一起，反复探索，群策群力，采用“圆锥钢帽牵引”的土办法，经过 2 个多月的艰苦奋战，硬是把每根 3 吨多重、直径 1.2 米的 100 多根大型钢管，顺着 60 度以上的陡坡，从 120 米深的悬崖绝壁上拉到山顶。矿务局一矿施工队所在地额狮沟，山高沟深，荒无人烟。在 11、12 号洞施工中，由于顶板条件不好，又掺着带砂的红胶泥、粘矸、淋头水的冲刷，经常出现冒顶。打出 300 多米隧洞就有 4 处冒透，常常外面下大雨、里面下小雨，工人们脚踩一尺多深的淤泥干活，从不叫苦叫累。对已塌落的 2200 立方米泥沙，工人们硬是人推肩扛进行清理，经过 50 余个昼夜的不停奋战，运出 4500 余车淤泥，才完成了施工任务。1979 年 6 月 5 日，一场暴雨引起山洪暴发，处于低处的隧洞口积水 1 米多深，眼看着刚打好的洞口就要被水淹没。在一矿施工队党支部的领导下，全队 100 多人不分干部群众奋不顾身堵水抢险，共产党员、共青团员、老工人带头冲在最危险的地方，大家齐心协力，终于保住了洞口、房屋、机器设备，战胜了洪水，避免了重大损失。在娘子关供水工程的整个战线上，到处是荒山野沟，交通十分困难。建设人员住的是临时搭建的窝棚，生活用水十分困难，在干旱季节喝的是地水窖里的黄汤浊水，经常连续几日吃不上新鲜蔬菜，每人每天仅补助 2 角钱，生活条件很差。在工程建设的艰苦岁月，特别能战斗、能冲锋的队伍处处可见，特别能吃苦、能奉献的战士不胜枚举，他们敢于和善于战天斗地的光辉业绩，已经载入历史的丰碑。

二期工程

娘子关供水二期工程是第一期供水工程的继续。目的在于完成 1974 年 11 月国家计委批准的 3 立方米 / 秒流量中推后建设的 1.5 立方米 / 秒的取水工程；解决一期单管线供水和因取用娘子关电厂冷却尾水严重危害供水设施设备而导致供水保证率大幅降低的问题；解决一期运行 20 多年管线老化的问题；解决城市发展中战略水源储备不足的问题。

该项工程于 1986 年开始调查研究、拟制方案，1988 年计划工程资金、建设周期等因素，将全部工程分解为取水部分、输水部分（复线工程）、配水部分，分期实施。

首先解决管道结垢的供水瓶颈和供水故障等问题。1988年，市计委以阳计基字〔1988〕第181号文向山西省计委报呈《关于报送娘子关提水复线工程项目建议书的报告》。同年，经山西省政府同意，由省城乡建设环境保护厅以晋建计字〔1988〕第615号文下达《关于对〈阳泉市娘子关提水复线工程项目建议书〉的审查意见》，批准该项目列入1989年基建计划。但是，由于资金短缺未能动工。1992年，市自来水公司分别与南京河海大学水利工程系、山西省水资源研究所、省煤田勘察公司和市建筑设计院等单位，多次对娘子关水源拟定开采区的地山峪至石桥范围进行地下含水层的富水条件进行可行性研究和勘探，为二期水源建设提出可行性研究成果。1993年11月，经市政府同意，以阳计基字〔1993〕第247号文正式批准倒虹吸工程立项建设，开始了输水部分第一个阶段的续建工程。

1994年，由市自来水公司会同中国市政工程华北设计研究院共同勘测并提出了《阳泉市娘子关供水二期工程可行性研究报告》。1995年6月，委托阳泉市城市建筑规划院提出了《阳泉市娘子关城市供水（输水部分）复线工程可行性研究报告》。同年，经市政府第十二次常务会议同意，以市政府〔1995〕72号“议定事项通知书”认定了《阳泉市娘子关供水复线工程方案》。同年，市计委以阳计基〔1995〕第50号文《关于娘子关供水三级站及猫垴山输水复线工程项目建议书》，批准了娘子关供水续建工程中的复线工程建设项目。1996年6月，省计委以晋计投环字〔1996〕538号文批准了阳泉市娘子关供水复线工程初步设计方案，同年9月该工程正

供水管线

式开工（省计委单独立项、单独审批建设的），1998 年 12 月供水复线全线贯通。

1998 年复线工程即将完工时，国家决定扩大内需，加快基础设施建设，开始审批“双千亿”国债项目，重点投资新建、在建工程。在此情况下，阳泉市自来水公司配合省、市计委等有关部门到国家争取立项。1998 年 8 月山西省计委以晋计投环字〔1998〕595 号文批准二期工程立项。同年 8 月国家计委以计投资〔1998〕1623 号文批准列为“双千亿”项目，属在建工程，随即二期工程进入前期准备阶段。2000 年 3 月省计委以晋计投环字〔2000〕87 号文批准工程可行性研究报告。2001 年 4 月省计委以晋计设计发〔2001〕233 号文批准初步设计方案报告。2001 年 12 月至 2002 年 5 月阳泉市规划局批准颁发了建设工程规划许可证、建设用地规划许可证、选址意见书，即“两证一书”。2001 年 10 月末娘子关供水二期工程全面开工。

2002 年 10 月省水资委、省水利厅以晋水资发〔2002〕32 号文批复娘子关供水二期工程取水许可申请。按照“保两头，缓中间”的原则组织施工。即在“水质”和“水量”间优先解决“水质”问题，将有限的资金用于确保二期水源泵站、猫垴山配水工程上，缓建了中间部分的泵站。2004 年，娘子关供水二期工程因资金问题一度停建。在阳泉市自来水公司的努力下，2007 年 5 月 29 日，阳泉城市供水水源正式由娘子关泉域五龙泉取水，从此结束了取用工业冷却尾水的历史，让居民真正用上了娘子关泉域水、放心水。这一工程的完成，不仅解决了生产、生活用水可能受到电厂冷却工艺二次污染的问题，也消除了热水对供水设备设施的危害，实现了阳泉城市供水“质”的历史性飞跃。

到 2010 年，娘子关供水二期工程到位资金 1.56 亿元，完成投资约 1.68 亿元。已完工程包括水源工程、输水工程、猫垴山配水厂及部分城市管网工程、三级泵站压力扬水管道、二级泵站基础部分、三级泵站土建工程。剩余未完工程包括一级泵站，一级泵站至二级泵站、二级站至 0# 洞 1.2 米压力扬水管道，二级泵站剩余土建和设备安装工程，三级泵站设备安装工程，西岭、娘子关变电站的扩容改造和变电站至一、二、三级泵站供电线路的架设，坡底泉 2# 水源泵站，全线自动化工程，收购娘子关电厂现有泵站及 3.5 千米输水工程。娘子关供水二期工程第一阶段的倒虹吸工程和第二阶段的复线工程基本完工，第三阶段的水源工程尚在建设中。

第一阶段的倒虹吸工程由市建筑一公司和外地施工队伍承建并完工。第二阶段的复线工程按九个标段，通过招标程序由九个合同单位按中标段施工。市建筑一公司负责承建隧洞工程标段；市建筑二公司负责承建管道安装及管槽开挖，附属物建筑等标段；市筑炉公司负责承建隧洞工程，管理安装及附属物构筑等标段；河南建筑公司六公司负责承建管理安装工程标段；市郊区公路管理段负责承建 307 国道公路涵洞工程标段；石家庄铁路阳泉工务段负责承建横穿白

二级泵站

荫铁路路基顶管工程标段；阳泉矿务局工程处八公司负责承建隧洞开凿工程标段；阳煤集团工程处凿井公司负责承建隧洞工程标段。

全线总工程量为：开拓隧洞6个，共计长2697.72米；穿越铁路桥涵1处，穿越207国道涵洞2处；管槽开挖，完成土石方20万立方米；工程使用石材1000立方米；构筑镇墩145个，弯头145个；完成3个沟通一期管道的联通点计40余米；完成25号转点和猫垴山进水终端连接点2处；共计敷设DN1.2米高、中、低压各种管道12.75千米（其中玻璃钢管道530米，钢管道3200米，预应力砼管道9000米），设计输水能力为1.5立方米/秒。

二期工程永久性占地71.6亩，临时性占地390亩。工程涉及1县2区4镇（乡）14个自然村。共动用车辆、机具200余台套。工程完工后娘子关水源的日供水能力将达到25.92万立方米。

阳泉市娘子关供水工程作为全市大型城市基础设施工程，称得上是城市的“生命线工程”，在阳泉市供水发展史上具有里程碑的意义。自一期供水工程建成投产30多年来，娘子关供水水源一直是城市供水的主力水源，这项工程的建成，不仅彻底解决了全市城市和部分农村的生活用水，而且极大地提高了供水安全保障率，结束了阳泉市长期缺水的严重局面，对地方经济社会的发展发挥了难以替代的基础性作用。截至2010年，阳泉市城市实际日供水量在10万立方米左右，供水范围覆盖城区、矿区、开发区的全部及郊区的70%、平定县的2.5%，供水面积100多平方千米，受益人口60余万人。

桃河阳泉城区段综合治理工程

桃河是阳泉人民的母亲河，源于寿阳县东部的土陉岭，由阳泉市郊区新店村西入境，自西向东经娘子关出境，属海河流域子牙河水系，是横贯于阳泉市区最大的河流。桃河在阳泉市境内全长91.4千米，流域面积1086平方千米，清水流量0.3立方米/秒，洪水流量1.2立方米/秒，历史最大洪峰流量2810立方米/秒，平均径流量0.437亿立方米。

桃河旧貌

桃河是一条季节性间歇河流，河水流量极不稳定。历史上记载的洪涝灾害有129次，平均每14.4年发生一次。其中，从民国36年（1947）至1990年的43年中，共出现大的山洪灾害90次，平均每2.1年发生一次。据文献记载，境内洪灾的危害，尤以桃河山洪暴发为巨。清道光二年（1822），桃河水暴涨，辛南庄五龙庙水高数丈，钟楼倾没，民屋倒塌无数；清光绪三年（1877）三月，桃河一场大水，导致“柏井驿漂去车马客商数十人，娘子关及井陉冲没水磨八十余盘，伤人甚多”；1951年7月21日，仅仅半个多小时的暴雨，就使桃河形成每秒1175立方米的洪峰，市区及附近27个村受灾，1499.87公顷（22498亩）农田过水受冲；1954年8月19日夜，大雨滂沱，桃水漫岸，新市街、河边街被洪水淹没，淹死居民10人；1956年6月29日，阴雨连绵，山洪暴发后，西河滩、下站被冲，居民10人死亡，93人重伤；1959年8月24日，桃河暴发50年一遇特大洪灾，桃河大桥被冲毁两个大孔、大坝被冲毁129米，桃河南北交通中断，死亡6人；1963年8月2日至9日，7天7夜不停大雨，桃河又形成特大洪水，全市死亡72人，损坏房屋、窑洞142361间（眼），73个厂矿企业停产，15.4万人受灾；1966年8月23日的

昔日桃河

那场洪水最让阳泉人难忘至今，午后暴雨突然而降，仅仅4个小时，降雨达到271.4毫米，桃河瞬间洪浪滔天，洪水满岸，最大洪峰为1980立方米/秒，桃河南岸9处，共有840米溃坝，多个企业以及西河滩、下站等16条街道被水冲淹，房屋倒塌无数，停电停水，火车中断，中共中央、国务院派直升机到阳泉空降救灾物资，这次洪灾死亡64人，直接经济损失1亿多元。

桃河本是一条清洁温顺的河流，后来渐渐变成一条污浊有害的河流。历史上的桃河，带给了两岸人民无尽的恩泽。先辈们择岸而居，依山傍水，勤耕劳作，安居乐业，幸福生活。后来，随着人口的不断增多，土地的无限开发利用，桃河流域原始生态遭到破坏，气候变得干旱少雨，特别是煤炭的过度采掘，使桃河流域植被愈来愈少，水土流失严重，为洪水的形成创造了条件。经过长期的地上乱垦乱伐、地下乱采乱挖和沿河乱排乱放，桃河流域的生态环境与地质结构被严重破坏，从清朝后期开始，桃河渐改昔日的温顺，肆意妄为，虐害百姓。由于特殊的地理条件，自近代之后大量的生产、生活污水长期直接排入河道，致使桃河流域水资源破坏严重，污染加剧，城市空气质量和居民生活环境进一步恶化，阳泉经济和社会可持续发展受到严重影响。20世纪八九十年代，沿岸单位和个人每年向桃河倾倒垃圾6万吨以上，采取砂石3万立方米以上，河道乱搭乱建140余处、4000余平方米，乱耕乱种33.33余公顷（500余亩）；桃河市区段有各类排污口130个，每年排放到桃河的工业废水和生活污水达2800万吨；桃河白羊墅断面化学耗氧量浓度平均值109毫克/升、氨氮21.7毫克/升，两项指标分别超过国家标准值4.4倍和42.4倍。由于以上诸多原因，桃河才改变了原有的模样，成了大自然惩罚人类的工具。

桃河治理

桃河水患频繁，人们谈河色变。防洪抗洪和桃河治理成了历代阳泉人共同关注的课题。阳泉建市之后，历届市委、市政府十分重视对桃河的治理。从20世纪50年代初，就开始在城市区段建筑抗洪防水桃河大坝，第一次固定和规范了150米宽的城市区河道。1954年在桃河南岸（现华联商厦北面）建设河堤。1958年阳泉铁厂扩建，在华盛桥的东北岸建设河堤。1959年、1960年从赛鱼至下站桃河南北两岸同时建堤，这次根治桃河共发动厂矿企业集资600余万元，组织共产党员、共青团员和干部职工参加义务劳动，并采取分段包干的办法，掀起筑坝大会战，历经三年艰苦施工，于1962年建成了长16.7千米的桃河南北两岸大坝。坝体为内侧拥壁式、水泥浆砌块石，坝高8.3米，河道宽压缩为150米。20世纪60年代后期、70年代又对两岸大坝进行了整修加固和加高，增加了勘测设置，对桃河进行了基本流向和泄洪能力的初步治理。但综合性、系统性、大规模的全面集中治理桃河工程是从20世纪80年代后期开始的。

工程筹划

1987年，阳泉市委托山西省水文总站完成了《阳泉市桃河洪水分析报告》，对桃河的洪水流量、坡度结构、河床现状进行了分析。1987年至1990年，又委托中国城市规划研究院中国水利水电科学研究院完成了《桃河阳泉市区段治理开发可行性研究报告》。1998年，太原工业大学水利勘测设计院编制了《桃河阳泉市区段综合治理可研报告》及《水工模型试验专题报告》，提出了复式河床治理方案。2000年11月10日，由山西省建设厅邀请省内外专家和有关部门，对太原市水利设计院和阳泉市规划设计院关于《桃河中段治理美化工程可研报告》进行了技术评审，并予原则通过。2000年12月11日，由阳泉市规划局会同林业、水利等有关工程技术人员编制的《桃河治理美化工程规划近期实施方案》经市规划委员会专家组评审通过，12月21日市政府常务会原则通过此方案。2001年4月25日，市委对桃河治理美化工程作了专题研究并原则通过。2001年9月17日，省计委以“晋计城环发〔2001〕658号”文对工程的项目建议书进行了批复。2002年3月21日，省计委以“晋计城环发〔2002〕232号”文对工程的可行性研究报告进行了批复。2002年3月22日，阳泉市水利局组织水利专家对该项目实施后对桃河防洪与河势影响进行评估。2002年4月20日，山西省计委在太原主持召开了“桃河阳泉城区段（赛鱼－五渡）河道综合治理初步设计”审查会议，会议由省建设厅、环保厅、水利厅，阳泉市人大、政府及计委、规划局、建设局、水利局、环保局，水利部山西省水利水电勘测设计研究院及特邀专家等参加，会议原则同意该工程初步设计。

经长久谋划，反复论证，2002年6月13日，市委召开常委扩大会，专题研究桃河治理方案，确定了“全线启动、单面施工、水工部分先行、绿化美化跟进、避开汛期、先建北侧”的基本方略。

工程实施

2002年9月1日至2003年7月18日，阳泉市规模空前地实施桃河城区段河道综合治理工程建设。

桃河阳泉城区段综合治理工程西起赛鱼桥，东至五渡桥，由西向东全长9.03千米，整个河道由原先的150米宽，改造为主槽宽70米，高3.0米至3.2米，正常行洪，两侧滩槽平均宽40米特殊泄洪的复式河道，主槽分节蓄水，滩槽全部绿化。工程总投资2.01亿元，建设面积72万平方米，分为水工部分和绿化部分。

水工部分，也叫水工工程。其中有主河道治理工程、堤防工程、弯道护底工程、桥基加固工程、穿越河道管线防护工程、主槽进出口防护工程等，涉及跨河桥梁14座、穿河管线7条、排水涵洞20个及排水沟17条。工程于2002年9月1日开工，11月30日完工。工程共开挖土石方183万立方米，土石方回填138万立方米，平衡土石方25万立方米，土石方外运45万立方米；内堤、锁坝、护底、河坝等砌石34万立方米，浇注盖板、压顶等混凝土2万立方米，修筑防洪围堰9万立方米。工程投资1.1亿元。

绿化部分，也叫绿化工程。指滩槽部分的全部绿化工作。工程于2003年3月1日开工，7月18日完工。工程共完成了79处景观景点及附属工程建设，铺就了宽3米、长18千米的防洪通道，完成了70余万平方米的绿化任务及供电、供水、照明等配套工程建设。绿化建设规划设计由上海同济大学景观规划设计院编制，整体设计理念以突出阳泉地方特色，实现生态化、本土化、现代化为主。按照不同的景观风格，全线划分为赛鱼桥段、四矿桥段、儿童公园段、华联商厦段四个重点景观标段，以乔、灌、花、草植物造景为主，适当增加园林建筑、雕塑小品及喷泉水景和奇石等，共栽植乔木33个品种7279株、灌木38个品种6223株、藤本植物4.46万株、地被花卉4万平方米、模纹色块8.66万平方米、植株156.9万株、新建草坪40万平方米。工程投资0.91亿元（含河道清理等善后工作）。

此外，在桃河城区段河道综合治理工程结束之后，阳泉市还组织实施了桃河河道梯级蓄水工程和桃河阳泉城区段上游（芦湖桥—赛鱼）河道治理工程。

桃河治理

桃河公园河道梯级蓄水工程。此工程是在桃河赛鱼桥至五渡桥长9.03千米的区域内实施全线蓄水，建溢流坝118座，溢流坝前蓄水深0.7米，蓄水末端水深0.1米至0.2米，溢流坝共形成60万平方米的水体，总蓄水量28万立方米。

桃河河道梯级蓄水一期工程。为了检验河道蓄水后泄洪能力、排淤能力，避免盲目建设，为桃河蓄水工程全线铺开总结经验，首先在小范围内在进行了河道梯级蓄水工程试验性建设。

西河口至华联商厦背后试验段，长2千米。工程于2006年11月25日开工，2007年1月竣工，共挖运土方13万立方米，平整场地15万平方米，浇筑混凝土6万立方米，砌石2万立方米，建溢流坝29座、蓄水池28个，完成投资1270万元。蓄水试验于2007年5月21日开始，5月28日结束，铺设管道6千米，投资780万元，采用阳泉市污水处理厂处理后的中水蓄水，共形成蓄水面积15万平方米，蓄水量7万立方米。

赛鱼桥至四矿桥试验段，长1.8千米。工程于2007年3月开工，4月11日竣工，共挖运土方13万立方米，平整场地15万平方米，浇筑混凝土6万立方米，砌石2万立方米，建溢流坝28座、蓄水池27个，完成投资1300万元。

桃河公园河道梯级蓄水二期工程。该工程分两段进行，一是阳煤集团工程处至西河口段，长2551米；二是华联商厦至五渡桥段，长1948米。工程于2008年9月9日开工，12月31日竣工，共铺设中水管道6.7千米，建溢流坝61座、蓄水池62个，形成蓄水面积30.5万平方米，完成投资6500万元。

附：桃河阳泉城区段上游（芦湖桥—赛鱼）河道治理工程

该工程土建部分于2007年由太原理工大学水利勘测设计研究所和阳泉市规划设计院共同编制完成了《桃河阳泉城区段上游（芦湖桥—赛鱼）河道治理工程可行性研究报告》，2009年5月市发改委以阳发改投〔2009〕121号对可研报告进行批复，并将工程确定为2009年市“百项工程”之一。工程土建部分于2009年5月1日正式开工，同年10月完工，共完成砌筑石挡墙15万立方米、开挖回运土石方177万立方米，铺设管网1.13千米和修砌涵洞14座等内容，完成投资9600余万元。工程绿化部分于2009年11月22日正式开工，2010年竣工，主要建设项目是完成水电管网等基础设施铺设、园区道路建设、景观雕塑小品建设、配套管理设施建设、74个品种乔灌木、地被植物的种植以及20余处景点建设。

工程印记

2002年9月1日上午，阳泉市在市体育场召开万余人参加的桃河阳泉城区段河道综合治理工程建设誓师大会，标志着规模空前的桃河城区段河道集中综合治理工程正式启动。

在阳泉市政建设史上规模空前的桃河治理工程中，全市社会各界有钱出钱、有力出力，谱写了一曲“人民城市人民建，定叫桃河换新颜”的壮丽凯歌，涌现出了许多可赞可颂的模范人物和感人事迹。

坚强有力的领导。桃河治理大计确立后，市委、市政府首先研究制定了《关于桃河阳泉城区段综合治理工程的实施方案》，成立了由市委书记程步云负总责，市长郭良孝任组长，市委副书记李天太、常务副市长王舰民任常务副组长，林玉平、董岩、高全怀、樊盛武分别任副组长，计划、建设、规划、水利、财政、审计、环保等部门及县区、开发区一把手为成员的，党政主要领导都参与的工程建设领导组，工程建设领导组又下设办公室、施工协调管理、工程技术、工程审计、工程监督、拆迁扫障、资金筹集、工程监理、工程安全、宣传报道10个工程实施小组。明确提出了“人民城市人民建，大家的事情大家办”的基本原则，紧紧依靠人民群众，发挥社会主义集中力量办大事的政治优势，充分调动各县区的积极性，在全市上下形成“全党动员，全民参与”的社会共识，集中全市人力、物力、财力对桃河进行综合治理。

科学严谨的管理。为了圆满完成工程目标任务，桃河治理工程领导组按照统一规划部署、统一标准要求、分步实施目标任务、有条不紊推进工程建设进度的要求，对工程建设的各项工作坚持做到科学计划、周密安排和严格管理。将先期开工的水工工程和后续开工的绿化工程分为5个标段交由郊区、城区、平定、盂县及矿区和阳煤集团包段完成。为了确保工程质量，借鉴境内外经验建立了详细、完善、严格、具体的质量保证体系，从领导组到每一个标段、每一个施工队、每一道工序，从设计部门到建设单位、监理部门，在机构设置上，在制度落实上，在材料选择上，在施工过程中，上上下下，方方面面，分工明确，责任到人，工程全线严格按照“事前预控、事中严查、事后重处”的质量控制“三部曲”从严管理、从严把关。桃河治理工程领导组办公室坚持每日例会制度，及时检查安排工作与协调解决问题，确保工程进度。市委副书记、工程领导组常务副组长李天太曾组织召开20余次协调会，及时解决了石料供应缓慢、劳动力不足、资金不到位、热电联供管道铺设滞后、绿化材料采购、水源供应等重大问题。桃河治理工程总指挥部还制定了《桃河工程建设先进集体和个人奖励办法》，组织开展了劳动竞赛活动。郊区、矿区和阳煤集团、城区、平定县、盂县先后获得过阶段性工作第一名的成绩，有的还得到过10万元的奖金。矿区和阳煤集团曾连续3次夺得流动红旗，成为工程建设单位学习的楷模。

自觉高效的工作。在桃河治理工程中，建设单位及相关各方把打造美丽桃河的愿望化作了自觉的行动。矿区和阳煤集团担负着长达3000米标段的桃河治理任务，是全线5个标段中任务最重的一段，在资金不到位的情况下，不等不靠，主动编制方案筹集资金，一开工就把1500万元投入到治理工程中。郊区各乡镇在区财政每立方米石料补贴20元的前提下，保证治理工程的石料供应。盂县为确保9月25日北内堤基础砌石工程全面完工，毅然从县域东坪、石店、跃进、兴峪等煤矿紧急抽调300多人支援工程建设。城区在没有骨干企业和宽裕财政支撑的条件下，一次性拨付财政资金25万元，为工程建设购买了一台急需的液压破碎锤设备。城区还先后3次组织270余人的工程预备突击队参加阶段性攻坚大会战。在各县区大力支持工程建设的同时，全市各部门、各单位结合实际，利用自身优势，自觉地服务于工程建设。市交警支队在关键时刻专门成立小分队，24小时为工程材料运输车辆的通行保驾护航，保证了工程运石拉沙车辆2000多次的正常运行。市电台、市广电网络中心专门建立工地广播站，满腔热情地为桃河治理工程建设鼓与呼。市自来水公司投资100万元为工程全线无偿供水。市水利局、市气象局专人值守，全天候为工程防汛提供服务。市公安局、市国土资源局、阳泉交通征稽分局、阳泉公路分局、市公共汽车公司、市商品道路总公司等单位，想方设法为工程建设打造绿色通道。市一院、市三院、市妇幼保健院自行组织医疗小分队到工地义诊，为建设者送医送药送服务。为了桃河治理工程的顺利推进，市城市防汛办及早开展工作，5月初就做好了防洪预案；6月初调集10余台机械对10千米河道进行清障，清运土石方10余万立方米，使新桃河行洪能力大为增强；7月5日，一场突如其来的大雨降临阳泉，部分地区降雨量达到50毫米，但由于预报及时、措施得力，近百个流量的洪水顺利通过桃河，没有给工程建设造成大的影响。

主动热情的参与。桃河治理工程牵动着境内的方方面面。团市委在市政府广场举办“保护母亲河——桃河”宣传活动时，近3000名青年短短一小时内即为工程捐款2万元，30多位书画界名人和10多位小书法家为工程建设举办书画义卖，年仅5岁的阎嘉璞和3岁的李哲欣也随大人一同捐款。阳煤集团是全市国有企业中唯一直接承担工程任务的企业，在工程建设过程积极为政府分忧，主动拆除改造了企业设立在桃河中自备水井等施，同时出资350万元在桃河上新建了人行桥；除了完成统一分配的施工任务外，阳煤集团还为工程建设赞助了1000多万元。山西煤炭运销总公司阳泉分公司、省电力公司阳泉供电分公司、阳泉荫营煤矿、省通信公司阳泉分公司、省烟草公司阳泉分公司、山西晋东化工有限公司、省盐业公司阳泉分公司、中国人民银行阳泉分行8个单位，向工程建设捐款245万元。省电力公司阳泉供电分公司投资20万元5天内架通了工程所需的5座变台，20天内将18座美观实用的落地变台安装在桃河南北两岸。除了上述企业，在阳泉境内的其他国有企业、省营企业也为工程捐款680万元。

无怨无悔的奉献。在集中治理桃河的日日夜夜，许多干部群众主动地为工程建设做着贡献。为了工程进度，不少施工人员放弃假日，昼夜奋战，从不喊苦叫累。宏厦三建项目经理武士聘因劳累过度，患严重喉炎，不能说话，但他仍然坚守在岗位上，边打点滴边指挥工作。工程师王富生，严重的颈椎病导致双手麻木，刚从北京就医回来就赶赴工地投入工作。市五建项目经理穆永昌，从9月1日开工之后就没有在家过过夜，承建的砌石工程进度始终保持在同行前面。市钟表厂有个跟癌症抗争了12年的下岗女工刘美英，常年靠工会发放的特困救助金生活，可她毫不犹豫地将自己一个季度的特困救助金120元和儿子获得的奖学金500元交到工程筹资专户，还曾拖着病体在建设工地上挥锹铲土。1938年就参加红军的老同志张志勤，甘愿把老红军补贴捐献工程。每月靠政府低保过日子的矿区72岁老太太叶春美，硬是把省吃俭用的几张人民币捐送到建设工地。曾在阳泉工作多年的南京人粟彦昌，特意为桃河治理工程捐寄1000元钱，并深情致言，“阳泉是我第二故乡，桃河也是我的母亲河，能为桃河尽点力，心里高兴。”

社会各界的支持。在全市非公经济人士“心系阳泉、奉献阳泉”活动动员大会上，山西远鑫实业有限公司、盂县万汇钢铁有限公司、阳泉林里粉末冶金有限公司、山西能源集团公司三都发煤站、山西华通路桥有限公司、盂县苌池新城铸造有限公司、阳泉精诚化工厂、阳泉联丰房地产开发有限公司、阳泉市上官光达商贸有限公司9家民营企业为工程集资242万元。郊区荫营镇发动各村几天内为治理桃河筹资14万元；金山大酒店、皮尔·卡丹专卖店、阳泉侨联绿色保健鞋业有限公司……一笔笔捐款汇入桃河治理工程专用账户。在整个治理桃河工程中，全市人民无偿捐款700多万元，义务劳动折款500多万元，党政干部在捐款以外自愿借资3000多万元，施工单位让利600多万元。为了更好地宣传桃河治理工程，阳泉电视台和昌裕冶炼有限公司共同策划制作了《号召》《决心》《出一份力》《畅想》等公益广告；市环保局、市联通分公司分别和阳泉日报社联合推出“环保杯治理桃河现场新闻大赛”及“133CDMA杯爱我母亲河摄影大赛”，发挥各自优势为桃河治理工程鼓劲。市委宣传部、市文化局、市建设局联合举办桃河治理工程建设工地文艺节目演出，亲切慰问和热情讴歌施工大军。60多位文艺创作者带着141件集美术、书法、摄影的《十里治桃图》到工地布展，艺术地再现桃河治理工程建设者的精神风采和骄人业绩。新建路小学的学生带着253副手套、103块毛巾以及全校师生501.9元捐款、下站小学的学生带着110块毛巾、40个杯子、街道办事处的工作人员捧着亲手缝制的袖套、泉美餐饮公司带着精心打制的75公斤月饼、五矿华旺建筑安装公司18名女工端着热气腾腾的饺子……数不清的单位，道不完的民众，先后到工地去慰问和助阵。机关学校、厂矿店铺、家庭个人，社会的方方面面都在为桃河治理工程尽心出力。

2003年7月18日，全市举行大型庆典仪式，庆祝桃河阳泉城区段综合治理工程胜利竣工。

桃河治理工程是一项民心工程、德政工程，是造福当代、恩泽后世的历史性工程，建设美好阳泉的共同愿望把境内社会各界的力量和干部群众的热情紧紧地凝聚在了一起。在集中治理桃河的300多个日子里，全市上下、各行各业、男女老少都在用各自的方式关注着工程，支援着工程，参与着工程，并且在治理桃河的丰碑上留下了深深的印记，在城市建设的历史上书写了耀眼的篇章。

桃河新姿

桃河阳泉城区段综合治理工程的完成，终于让昔日一个10千米长的污水横流、乱石滚动的烂河滩，变成了如今一座72万平方米的美丽如画、功能完善的大公园，实现了城市防洪和生态建设的双重目标。通过综合治理，建成了桃河复式河道，防洪达到百年一遇标准（3088立方米／秒），主槽河道行洪量达到十年一遇标准（1310立方米／秒）。通过综合治理，桃河阳泉城区段成了城市景观轴线和人民群众休闲、娱乐、健身的绿色家园，成为体现阳泉城市与自然、人与自然和谐相处的时代特征。

桃河处处是美景。桃河两岸，种植乔木8000余株和数以万计的花灌木，花团锦簇，万紫千红，簇拥在草坪中分外耀眼。源泉广场、亲水广场、乘帆广场、儿童戏水广场、溜冰广场、音乐喷泉广场、生态岛、功德林、滨水小广场等36处景观一字排开，形态各异，精巧别致。整个桃河市区段新增设赛鱼桥段、四矿口桥段、儿童公园段、华联商厦段4个风格不同的绿化景区。赛鱼桥段定位为“城市入口”，以“母亲河”为主题布置，有源泉广场灯柱拦水石等景观；四矿口桥段定位为矿区公园，以“爱护地球”为主题布置，建成以黑色、白色、黄色为主调的广场，借以唤醒人们，在改造自然的同时注意保护环境和爱护地球；儿童公园段定位为“休闲绿

今日桃河

地”，以“文化、体育、交流”为主题布置，有亲水平台、露天舞台、旱喷广场、儿童活动场、健身步道等景点；华联商厦段定位为“步行广场”，以“发展、超越、腾飞”为主题布置，有景观楼梯、景观步道、滨水小广场、下沉小广场等景点。在景点和景点之间，为突出田园情调、强调现代构图、体现清新风格、适应百姓休闲，嵌入银杏、合欢、国槐、法桐、水杉、雪松等百余种乔木，加之月季、芍药、地被菊等数以万计花灌木的点缀，使经过治理的桃河呈现出前景后景景接景、苍松翠柏绿连绿、月季芍药花衬花的迷人景象。

桃河夜景

到了晚上，人们漫步桃河，仿佛置身于五彩斑斓的世界——那光纤灯、海鸥灯、螺纹灯、礼花灯，盏盏似“火树银花”；那庭院灯、草坪灯、射树灯、嵌壁灯，灯灯像繁星点点，犹如置身仙境一般。水幕电影的播放，更使人赞不绝口，心花怒放。

如今的桃河，已成为阳泉绿色环保的典范、生态和谐的标志、风光靓丽的名片。

附　录

◆ 文件辑录 ◆

阳泉市革命委员会
关于建设阳泉维尼龙厂、粘胶纤维厂、纺织厂、针织厂的报告（节选）

（一九七〇年九月十七日）

一、指导思想

1. 加强备战。伟大领袖毛主席教导我们：“人民军队总的有饭吃有衣穿，才能打仗，否则虽有枪炮，无所用之。”这几个厂建成后，年产规模以维尼龙丝五百吨，粘胶纤维丝四百吨计算，可以织布五百六十万公尺，解决近百万人的穿衣问题，这对加强战备是个有力的支援。而且维尼龙的主原料又是我市取之不尽的石灰石和煤炭生产出来的电石，不管是荒年、战争，都可以就地取材，保证生产，不是“无米之炊”。

2. 支援农业。维尼龙和粘胶纤维厂建成后，以“纲要”标准估算，可以节省三万二千亩棉田，用这些土地种粮食，可以增产一千五百万斤。建厂的本身看来是发展了工业，而其实质是对农业的有力支援。

3. 逐步建立地方工业体系。我市是一个工业城市，但在过去……只发展了一些采掘工业和重工业，而忽视发展轻化纺工业，造成我市轻重工业的畸形状态，六九年轻工业产值只占工业总产值的百分之八。伟大领袖毛主席教导我们："地方应该想办法建立独立的工业体系。"这几个厂建成后，我市工业内部将会发生较大变化，不仅填补了过去的空白，而且为逐步建立地方工业体系奠定了良好的开端。

4. 发展经济，保障供给。这几个厂建成后，不仅可以满足我市工农业生产和人民生活中的所需，还可以支援兄弟县；不仅可以提供棉、毛、化纤产品，还可以综合利用，生产更多的轻工市场产品，以更加广泛地发展经济，保障供给。

5. 调动妇女劳动力的积极性。由于轻重工业发展不平衡，给劳动力安排带来了很大的困难。社会劳力有余，厂矿劳力不足，特别是妇女劳动力安排不了工作，成了长期性的社会问题。这几个厂建成后，可以容纳两千多名职工，而且女劳力可以占到百分之七十以上，这就为调动妇女劳动力的积极性创造了条件。

总之，从我市来讲，这些厂子的建设，是革命的需要，战备的需要，人民生活的需要，政治意义深远，经济意义重大。

生产规模，我们的意见是：维尼龙第一期工程年产五百吨，最终规模达到一千吨；粘胶纤维年产四百吨；年纺纱八千件，织布五百五十万公尺；针织品用纱年两千件，生产棉毛衫裤二百万件。

二、建设方法（略）

三、资金及材料来源

毛主席教导我们："我们的方针放在什么基点上？放在自己力量的基点上，叫作自力更生。"我们建设这些厂子的基点，就是首先放在自己力量的基点上。根据设计初步估算，这四个厂子所需投资一千零五十万元，钢材一千八百吨，木材三千五百立方米，水泥四千五百吨。这些投资和材料，我们首先立足于自力更生，在别的项目上能省则省，能少用则少用，能代用则代用，另外是挖掘潜力，修旧利废，一句话，就是从各方面想办法，尽量少向国家伸手。本着这个原则，要求国家补助资金五百万元，钢材一千五百吨，木材一千五百立方米。（后略）

中共阳泉市委
关于改变山河面貌的方案（节选）

（一九七七年五月二十七日）

一、三年规划设想

为在三年左右时间，从根本上改变我市面貌，把主要河道、沟沟岔岔、公路沿线、沿线农田荒坡，进行综合治理，达到地变大寨田，滩变园田化，路成林荫道，山像绿海洋，城乡一派新气象。我们初步规划全市有二十六项骨干工程，要分期分批完成。这些工程是：城区有治桃工程；河下工程；小河深井工程；保安沟综合治理工程；桑掌沟综合治理工程；芦胡沟综合治理工程；马家坡沟综合治理工程；白羊墅桃河造地工程；义井河综合治理工程。郊区有阳盂沿线综合治理工程；温河配套工程；新建硝铵厂工程；桃坡到三泉线综合治理工程；三泉到下白泉治河造地工程；五渡到下白泉线综合治理工程；荫营到下白泉治河造地工程；小河北到二院沿线农田治理工程；三郊河到辛庄综合治理工程；下章召到西南舁公路两旁综合治理工程；西南舁到咀子上一线治理工程；苇泊到下章召治河工程；河底到山底道路两旁改变面貌工程；大西庄到庙岭道路两旁改变面貌工程；燕龛河治理工程。还有城市娘子关提水工程；新建李白路工程。上述这些工程要以区、社做出规划，有的今年搞，有的明年搞，分期分批三年左右时间搞完。要做到队队有工程，社社有工程，山水林田路综合治理，新农村建设也要当作一项重要建设去抓。

二、今年的重点工程

1. 治桃工程。是一项全市性的重点工程。由城区主办，要上下一条心，拧成一股劲，采取专业队和群众大会战的方法，从六月份起到明年春播前完成河坝砌筑任务，造地约四千亩（其中，改造现有农田一千五百亩，新增二千五百亩）。改直两段干线公路（海落弯和干校农场），并对沿河、沿路土地、荒坡进行彻底治理。坝起、地成、路通、村新。

2. 河下治理工程。由城区主办。包括从平定县界牌楼到市区沿线的综合治理，要求对河下、义井、义东沟大队和化工厂等有关单位公路及沿线的土地、荒山、房屋建筑进行彻底治理和整治，做到美观、整洁。新农村要做出规划，开始新建。公路扩宽（包括义井桥）改直。

3. 李盂沿线综合治理工程。由郊区主办。包括沿路农田、荒坡治理、荒山绿化以及荫营桥至铁路桥、白毛梁至杨树沟、三都等三处公路改线。要在今年春节前基本完工。沿路新农村要开始新建。

4. 温河水库渠系配套，要按计划完成。温池水库工程和郊区硝铵厂工程，要积极筹建上马。

此外，娘子关提水工程、小河工程、三泉至白泉改河造地工程、李白线工程都要在今年完工受益。

三、具体措施

改造山河任务十分艰巨。我们要解放思想，下定决心，鼓足干劲，发动群众，依靠群众，把广大干部群众揭批江青反革命集团焕发出来的积极性引导到改变生产上来。为此：

1. 搞好革命大批判，排除各种干扰……要用大寨精神学大寨，以昔阳步伐赶昔阳，人人为改变面貌做贡献。

2. 挖掘劳动潜力，调动一切积极因素，改变面貌。有人担心劳力紧张，怕出现顾此失彼的现象。这种担心是没有依据的，群众中蕴藏着极大的社会主义积极性。只要把这种积极性调动起来，什么人间奇迹也可以创造出来。从劳力使用上来看，资本主义倾向也相当严重：有的副业劳力超过比例，劳动力有外流现象；有的服务行业人员过多；有的工时利用率不高，劳动工效不高；有的妇女没有发动出来。实际上劳动潜力是很大的，怎样挖掘潜力？要坚决堵住在劳动管理上的资本主义倾向。副业生产实行定人员、定任务，要减人不减收。副业人员超过规定比例的一律压下来，外流劳力坚决收回。要坚决压缩社队企业管理人员和服务行业人员，坚决贯彻执行男女同工同酬的政策，纠正“老七分”，大力办好幼托组织，把妇女发动出来。要开展社会主义劳动竞赛。学大庆、学大寨、学雷锋，把一切积极因素充分调动起来，组成一支浩浩荡荡的革命大军，全党总动员，城乡齐参战，革命加拼命，在改造山河中，讲路线，比风格，争做贡献。

3. 要坚持专业队与群众运动相结合。农田基本建设专业队，是改造自然、大干社会主义的一支骨干力量。城、郊两区抽调社、队专业队的百分之五十，组成区办专业队，放在治桃和其他重点工程上。专业队要坚持长年干。对专业队要加强领导，专业队要边干边学，要坚持干中学、学中干，培养各方面的技术力量。同时也要组织群众会战。象治桃工程的挖基、垫地、绿化等任务，要采取群众运动大会战的方式完成。今年城市各单位的人员、车辆支农工日，重点用于治桃和李盂线治理，按单位分段包干完成任务。

4. 坚持自力更生、艰苦奋斗方针。重点工程建设所需投资和建筑材料，主要靠自力更生去解决，要学习温河工程的精神，“自己的粮，自己的菜，自己的工具自己带，自己的工程干起来”。

在自力更生的原则下，各区、社、队要发扬共产主义风格，互相支援，搞好协作。城市厂矿单位要主动积极地从人力、物力上大力支援工程建设。在此基础上，辅之以国家的必要帮助。今年矾石加价款、市区分成部分一律用于重点工程。从小型水利款中，抽百分之三十，用于治桃。公路改线要由公路管理部门投资。五七干校、酒厂等有关单位，也要适当投资。治桃工程所需水泥，市委要求，郊区和河底水泥厂、矿务局、市五渡水泥厂、荫营煤矿都要挖潜力，大力支援。

5. 要加强领导，成立各级农田基本建设指挥部。（后略）

阳泉市革命委员会
关于解决矿井接替、调整矿区的请示报告

（一九七九年十二月十七日）

省革命委员会：

煤炭是工业的食粮，是工农业生产的能源动力，应大力发展，以适应社会主义四化建设的需要。但我市煤炭工业的发展存在着一个急待解决的问题，就是我市地方煤矿无新井接替、无煤田开采。为了不使我市步入生在煤乡无煤采的境地，把我市建成山西省强大的能源动力基地之一，为实现四化做出新的贡献，现将我市煤炭工业发展中存在的问题和规划意见报告如下：

一、基本情况及存在的问题

我市煤炭资源丰富，开采历史悠久。省营煤矿、地方煤矿和区社队煤矿共有七十三个，职工六万五千人。三十年来，我市地方煤矿的发展取得了一定成绩：一九七九年的原煤产量为九十七万吨，比一九四九年的一十五点六九万吨提高五点二倍。但是，由于主观、客观等方面的原因所致，造成了矿井失调，产量停滞不前的严重局面。当前存在的主要问题是：既无新矿井接替，又缺乏煤炭资源，如不采取必要的措施，我市煤炭产量就会趋于逐年下降以至无煤可采。

1. 地方煤矿和社队煤矿的矿井严重失调

地方煤矿和社队企业由于储量有限，大大地限制了煤炭生产的发展，市煤管局所属南庄、义井、汉河沟、白羊墅四个煤矿，除南庄矿外，其余三个均为衰老矿井。如：

（1）白羊墅煤矿只有开采储量三十七万吨，生产能力二十五万吨 / 年，到一九八〇年底就结束矿井寿命。由于没有新井接替，只好人为地将生产水平二十五万吨 / 年降为十三万吨 /

年，加上探索古空及跨越断层，也只能维持到一九八二年底。

（2）汉河沟煤矿虽有可采储量一百五十八万吨，但由于历史上开采程序不合理，先采丈八扔掉四尺，目前丈八煤仅有可采储量四十万吨，七尺煤的可采储量四十一点九三万吨；四尺煤的可采储量七十六万吨，但该煤层均处于丈八煤采空区上方，能采与否，有待探索。虽然几年来也人为地将该井的生产能力由三十万吨/年降为二十万吨/年，也只能再采八、九年。倘若四尺煤不能采，七尺煤也因煤质灰粉大而报废，到一九八一年底就结束该井寿命。

（3）义井煤矿亦虽有可采储量五百万吨，但井田位于平定境内，在井田上方有胡家庄、大小峪、鹊山、石圪叠、王公坡、平定城关等自然村庄，并有一百二十眼水井，二十七个储水池以及平定县新建的西水东调北干渠、纵跨东冀下山区一千零七十五米，排水管路纵横交错，还有鹊山、城关等大队的小煤窑七座、地质构造复杂，给开采造成重重困难，迫使该井的生产水平从原来的二十万吨/年到一九八〇年降为十万吨/年，如不抓紧解决，矿井寿命将在二、三年内结束。这样，我市除南庄煤矿外，市营煤矿生产能力七十五万吨/年，因无矿井接替，一九七九年人为地降到四十四万吨/年，一九八〇年降到四十一万吨/年，到一九八二年就只有生产能力十至十五万吨/年，问题十分严重。

2. 地方、社队煤矿的煤炭资源贫乏

地方煤矿可靠的可采储量共有一百七十七万吨（其中义井煤矿一百万吨，汉河沟煤矿四十万吨，白羊墅煤矿三十七万吨）。按五十万吨/年计算，服务年限为三年半。区社队的六十七个煤矿，按实际储量和产量计算，现已无煤可采的有平潭街、平潭垴、三郊、前龙光峪四个矿，服务年限一至五年的有二十七个煤矿，六至十年的有十五个煤矿，十至二十年的有十四个煤矿，二十年以上的有十一个煤矿。目前，总地质储量为二千七百三十八万吨，可采储量九百八十万吨，按目前生产水平一百万吨/年，可采十年。但这些煤矿多数分布在矿务局一、二、三、四、五矿的矿区及荫营煤矿范围内，在露火煤、残区、火区，老窑进行开采发展前途很小。这样，十年后的阳泉，除国统矿外，地方、社队煤矿均无资源开采，这将会使我市的工农业生产和人民生活受到严重损失和影响。因此，在这次调整中，必须采取根本措施，以适应新形势发展的要求。

二、请求省革委增划新矿区解决矿井接替

为彻底解决我市地方煤炭生产中存在的严重问题，必须加速新井建设，增划煤田保证资源。为此，特请求省批准划归我市一些新煤田，以建设新矿井，确保我市煤炭工业的继续发展。我

们的具体意见是：

1. 新建大阳泉煤矿作为白羊墅煤矿的接替井，该井设计能力为九十万吨 / 年，面积为十五点二四平方公里。

2. 新建程庄煤矿为汉河沟煤矿的接替井，该井田矿区面积为十八平方公里，程庄煤矿系矿务局刘家村井田的一部分，请求省批准把荫营煤矿和阳泉矿务局一矿矿区的北部（其中包括一矿及荫营煤矿的扩区部分）即北庄、燕龛一带划归我市煤管局，其坐标：

（1）x = 11300 （2）x = 15500 （3）x = 15500 （4）x = 14000 （5）x = 11300

y =－ 12500 y = 12500 y =－ 7100 y =－ 6000 y =－ 7600

3. 新建中庄煤矿为义井煤矿的接替井，矿区面积二十七平方公里，井口建在中庄以东二点五公里处，占二矿扩区五点〇平方公里，占矿务局预备井田二十二平方公里，其坐标：

（1）x =－ 6000 （2）x =－ 1400 （3）x =－ 1750 （4）x =－ 7800

y =－ 15000 y =－ 1500 y =－ 9500 y =－ 9850

4. 汉河沟煤矿要求在阳泉矿务局四矿济生矿区划出一点八三平方公里，其坐标：

（1）x = 5000 （2）x = 5000 （3）x = 6500 （4）x = 7000 （5）x = 7230

y =－ 1000 y =－ 2000 y =－ 1000 y =－ 1680 y =－ 2000

5. 请求省尽快解决义井煤矿矿井寿命问题。

6. 要求将固庄煤田阳盂公路以东划出二平方公里，建立区、社营煤矿，各自的设计能力为十万吨 / 年。

7. 要求将矿务局各矿，荫营煤矿的矿区边缘地带及老区统一划归各社队进行资源回收。

三、提高煤炭资源回收的几项措施

1. 地方煤矿新建及扩建的矿井，全部用长壁式及长壁式分层开采，使煤炭资源不受损失，煤炭回收达到国营煤矿同煤层的标准。

2. 地方煤矿新建和扩建的矿井，用机械化采煤、运输、提升，以提高劳动生产率。

3. 区社队新扩建矿井要达到半机械化，改革采煤方法，一律采取长壁刀柱式采煤，以节约木材，提高煤炭回收率。

4. 矿井全部采用机械通风，保证安全生产。

以上规划，请省领导研究批准，以便早日实施，为国家做出新贡献。

阳泉市革命委员会
关于批转市计委《关于农村多种经营调整规划方案》的通知

（一九八二年四月七日）

郊区人民政府、各人民公社管理委员会：

为了尽快使我市农业翻身，必须紧紧抓住农业生产责任制和多种经营这两个环节，用农林牧副渔全面发展、农工商综合经营的指导思想，建立合理的农业生产结构，避免过去生产单一化的错误。我市发展多种经营势在必行。我们一定要积极地、全面地贯彻好三中全会以来党对发展农村经济的一系列重要方针和政策，从实际情况出发，因势利导，因地制宜，进一步调整好农业结构，合理利用资源，大力发展商品生产，促进整个国民经济发展。

市计委在调查研究的基础上，起草了一个我市农村多种经营发展调整规划方案。这个方案基本上符合我市实际，现批转给你们，望认真讨论执行。

阳泉市农村多种经营调整规划方案

（一）

党的十一届三中全会以来，农村形势发生了深刻变化。一九八〇年，全市在遭受严重自然灾害的情况下，除粮食因灾情过大有所减产外，多种经营都有不同程度的增长和发展。全市社队企业发展到860个，从业人员16787人，固定资产总值达3496万元。在发展煤炭、冶金、化工生产的同时，积极发展了轻工、机械、建材以及运输、服务等行业，生产60多个产品。全市的社队企业总产值达到8053万元。

集体和社员家庭副业总收入达8995万多元，比一九七八年7570万多元，增加18.8%。集体分配加上社员家庭副业收入达4031万元，平均每个农业人口实际分配收入为218.4元。

近几年来，我市的多种经营虽有一定进展，但问题也是不少的。

各级领导在指导思想上普遍地存在着重视眼前利益多，考虑长远打算少。只强调抓开采、抓产量、抓收入，忽视保护资源、延长矿井寿命，不注意提高产品质量，影响了产品声誉，失去了市场竞争能力，造成了产品大量积压，不少社队企业没有严格的规章制度，漏洞多，浪费大，管理混乱，很大程度上影响了经济效益的发挥。

（二）

“六五”时期我市农村多种经营的发展，应当积极地全面贯彻好《国务院关于社队企业贯彻国民经济调整方针的若干规定》和党中央、国务院转发的国家农委《关于积极发展农村多种经营的报告》，坚持实事求是、因地制宜的精神，进一步调整好农业结构，合理利用资源，大力发展商品生产，促进整个国民经济的发展，使农村尽快地富裕起来。

从我市农业的总体条件看，发展农村多种经营有许多优越条件。只要我们一靠政策，二靠科学，进一步完善生产责任制，趋利避害，扬长避短，振奋精神，艰苦奋斗，就一定能够在短期内，取得显著的经济效果。

根据生产发展规划初步测算，到一九八五年，全市集体和社员家庭副业总收入可达到11523万元，比一九八〇年增长28%，五年内平均每年递增5.1%，集体分配收入加上社员家庭副业收入为4840万元，比一九八〇年增长20.7%，每个社员的净收入可达300元，其中，集体分配收入260元，家庭副业收入40元。为了实现上述指标，发展农村多种经营，必须广开门路，积极发展种植业、养殖业，大力抓好采掘业、加工业，有计划地发展轻工、建材工业，搞好建筑、运输业和社员家庭副业，建立生产基地，增加商品经济。

一、种植业

根据我市特点，应当在不放松粮食生产的同时，积极发展蔬菜、水果、干果、药材等多种经营。首先要抓好商品蔬菜基地建设，积极推广运用先进技术和科研成果，选育良种，改进耕作制度，提高质量，增加花色品种。做到常年供应，四季新鲜。到一九八五年，全市商品蔬菜产量达到1.3亿斤，按城市人口计算，平均每人每天1.3斤。其次要积极发展干鲜果类生产。目前我市果品生产的主要问题是，种类发展不平衡，品种少、质量次。因此，在果品生产上，一定要加强技术管理，在不断提高质量和产量的同时，还要注意恢复和发展久享盛名的产品。如保安梨、黄沙岩杏、王家峪桃、南山红枣等。到一九八五年，全市干鲜果品总产量达到800万斤。林业生产虽然周期长，受益慢，但对改善自然条件，重建生态平衡具有战略意义。因此，在发展多种经营中，应十分重视林业建设。要在大力发展国有林的同时，积极发展集体林，鼓励和支持社员植树造林。在林业建设中，要注意长远利益同当前利益相结合，用材林同经济林相结合。特别应注意木本油粮树的发展，到一九八五年社队林业总收入可达97万元，比一九八〇年增长73%。

二、养殖业

目前我市肉、蛋、奶等副食品的自给水平仍远远不能适应广大人民群众生活的需要。因此，要在继续抓好生猪发展的同时，积极发展肉牛、奶牛、菜羊、家禽、家兔等生产。要继续认真落实养猪政策，积极发展集体养猪，鼓励和支持社员养猪。要加强管理，推广配合饲料，保持适当存栏水平，逐步提高出栏率。一九八五年存栏生猪达到5万头，出栏3万头。辛兴、旧街、燕龛、西南舁等公社要充分发挥荒山多、牧坡大、土地宽裕的优势，积极发展肉牛和奶牛，认真抓好肉牛改良基地和奶牛基地建设。一九八五年全市肉牛、奶牛饲养量各达到300头，牛奶产量185万斤。养鸡、养蜂、养兔投资小，见效快，收入大。要大力发动社员喂养，国家在品种上给予积极支持。一九八五年全市鸡的存栏数发展到15万只，当年生产鲜蛋45万斤；存栏长毛兔发展到11万只，交售肉用兔5万只，仅兔子一项当年即可收入400多万元。

三、社队企业

社队企业是农村经济的主要组成部分。一九八〇年，全市社队企业总收入达7445万元，占到农村三级经济的78.4%。一九八五年计划达到1.05亿元，比一九八〇年提高30.39%，五年平均递增5.5%。根据这个精神和目标，对社队企业实行进一步的调整。

1. 煤炭工业

一九八〇年我市有社队煤窑68个，从业人员2880人，煤炭总产量157万吨，一九八一年达到194.86万吨，而且基本上都采用了比较先进的半机械化采煤方法，生产安全条件得到了很大改善。当前，我市社队煤炭生产中存在的主要问题是：

（1）采区狭小，资源枯竭。目前，全市有77个农村社队煤窑，总地质储量只剩下2950万吨。按一九八〇年的实际水平和回收率计算，有41对矿井一九八五年前即采完，有22对矿井一九九〇年以前即采完。即使少数储量较多的煤窑，也不过再采十五、六年的时间。

（2）回收率低。根据调查，现在全市社队煤窑对老空、残区矿外的平均回收率只达30%，少数的达到50%或略高一点，最低的仅达20%。

（3）重开采，轻加工。重视采煤，轻视煤炭加工是我市社队煤炭生产中普遍存在的问题。现在，除少数社队搞一点简单的耙选块炭以外，再没有任何的加工，基本上都是卖原煤，对提高经济效果，增加社队收入影响很大。

（4）重产量，轻质量。我市社队煤炭的质量逐渐下降。据调查，全市社队煤炭的灰分含量大大超过了国家规定标准。更为严重的是，有的社队弄虚作假，好次掺混，以次充好，严重影响了我市煤炭声誉，影响了经济收入。

尽快把我市社队的煤炭生产搞上去，是一项非常紧迫而光荣的任务。现提出如下意见：

第一，在不影响大矿生产、不破坏煤炭资源的前提下，通过协商，拟从阳泉矿务局和荫营煤矿原划矿区内，划归社队部分煤田，现在正积极进行这项工作，待省正式批准后生效。

第二，有计划地分期分批地对现有社队煤窑进行有效的技术改造，挖掘潜力，不断提高经济效果。经调查，有21个煤窑需要进行技术改造。计划一九八二年列入改造的有三泉、程庄、前庄、牵牛镇、坪上、河底、山底、燕龛红旗、东村、李家庄矿；计划一九八三年改造的有隆丰沟、魏家峪、小沟三个；计划一九八四年改造的有汉河沟、桃坡、西峪、红土岩队办矿和三郊社办矿。

第三，根据实际情况，有计划地发展一些煤炭加工企业。

（1）在北郊一带，新建一个转运站及年选一百万吨块炭的半机械化选煤楼和煤粉场。建起后，凡北郊社队上站的原煤，即可先经筛选、粉碎，然后分级装车外运。这个项目，正在同有关单位进行协商。

（2）有条件的社队，亦可搞一些小型简单的选煤加工，主要为地方工业生产和民用服务。

（3）在平潭、义井和李家庄三个公社，可搞2～3个煤粉和蜂窝煤糕联合加工厂。对所加工的煤粉，除再加工成蜂窝煤糕以外，也可直接销售煤粉。此外，其他有煤窑的社队，均可根据本社队的具体情况和销路情况搞一些多种形式的煤炭加工。

第四，对新划归社队的煤田，计划除一部分作为附近社队现有矿井的扩区之外，其余煤田拟将有计划地优先组织一部分现有煤炭资源已采尽的社队和既无煤炭资源、其他经济收入又比较低的社队和人多地少、劳力剩余比较多的社队，进行联合开采。

经过上述调整措施，我市社队煤炭的生产面貌，将会有一个较大的改观。到一九八五年，全市社队煤炭总产量，计划达到300万吨，比一九八〇年实际水平增长91%。

到一九九〇年，煤炭总产量计划达到500万吨。

2.冶金工业

我市社队的冶金产品，主要是铝矾石（包括软质黏土）和耐火材料。到一九八〇年底，全市社队冶金企业已经发展到151个，从业人员4676人，企业产值为2928万元，占社队企业总产值的36.4%。

当前，存在的主要问题：一是矾石质量不高；二是产品品种、规格没有统筹分工，盲目发展；三是矾石资源严重浪费。

我市社队轻工业，大多是七十年代后期才开始发展起来的。到一九八〇年底，社队轻工企业发展到62个，从业人员857人，可以生产12种市场轻工产品。一九八〇年，完成总产值618万元，占社队企业总产值的7.67%。

现在的问题是，经验不足，技术力量严重缺乏。因此，多数产品都存在着批量小、质量差、花色少、品种单调、式样不新颖、装潢不美观等问题。

为了适应市场和人民生活日益提高的要求，不断提高社队轻工产值的比重，使社队轻工业能够快速地发展。

第一，要采取请进来、派出去的办法，不断提高产品质量，增加花色品种，讲求产品装潢。使社队轻工产品，尽快达到：经济实用，品种多样，美观大方，打开销路，争得主动。

第二，根据市场需要和社队具体条件，在一九八五年以前，发展一批社队轻工企业和产品。

（1）在邻近市区的公社发展几个服装、鞋帽厂，生产多种式样的四季服装鞋帽，或者同国营企业签订协议，协作配套；也可以直接承担商业部门和其他方面的来料加工。

（2）在有条件的近郊或集镇社队，发展几个小食品加工厂。生产加工芝麻占、芝麻糖、江米条、莲花豆、花生糖、空心卷、糖山楂、枣哺、杏哺等市场短缺、群众欢迎的多种小食品。

（3）在北郊水果生产集中的地区，建立一到两个果品、肉类加工厂，可发展农工商联合企业，也可同商业部门搞联合。

（4）在三郊公社搞一个玻璃灯具厂。生产各种灯管、灯罩、灯座以及其他玻璃灯具。

（5）在荫营公社搞一个有机玻璃生产加工厂。除生产不同规格的有机玻璃外，利用边角下料，加工各种烟嘴、纽扣、台灯座、家具拉手等生活用品和工艺品。

（6）由义井公社利用原阳泉电池厂设备，搞一个电池厂，主要生产小型及异型电池。

第三，根据市场需要，积极恢复和扩大牵牛镇、南小西庄、河下、泊里、五里庄等社队的瓷缸、瓷盆、瓷碗、瓷火罐；砂锅、火锅、药茶壶；瓦瓮、瓦盆、瓦笼床以及麻纸、草帽等传统名牌产品，以满足市场和人民生活的需要。

第四，积极发展一批市场日用小五金制品及日用家具电器制品。根据各自的具体条件，解放思想，敢想敢干，成熟一个发展一个。

到一九八五年，全市社队轻工企业计划由一九八〇年底的62个，发展到90个，从业人员达到1500人；产品增加到35种，轻工企业产值达到960万元，比一九八〇年增长55.3%；轻工产值在社队企业总产值中所占的比重，将由一九八〇年的7.67%，提高到一九八五的9.14%；一九九〇年计划提高到11.3%。

7. 修理服务企业

一九八〇年底，全市社队共有饭店、旅店、澡堂、理发、照相、茶馆、影剧院、缝纫、修鞋、钉掌、补锅、焊盆等修理服务企业（小组）54 个，一九八〇年完成收入 205 万元。当前的问题是，服务范围不够广，布点也较少。因此，各个社队都应积极组织农村中所有专长人员，修理钟表、自行车，以及组织装卸队、建筑队等劳动密集型企业（组、队），承包城乡建设工程和货物装卸任务。靠近市区的社队结合开设旅店、饭店，可以开展二到三个机动车辆存车场，既可存放车辆，又可住店、吃饭，方便群众，增加收入。也可以在市内设点、设摊或同国营企业联合、联营。一九八五年，社队修理服务及其他企业，计划完成收入 240 万元，比一九八〇年增加 17.1%，一九九〇年，完成收入 360 万元。

（三）

在实现这个调整方案的过程中，我们必须根据中央和省有关政策，结合我市实际情况认真研究解决好以下一些具体问题：

一、必须注意的几个政策问题

首先是对集体经营的部分要在国家计划指导下，充分发挥社队的自主权，在完成国家统派统购任务的前提下，适宜发展什么，就发展什么，目的是为了促进农业增产增收。对社员家庭副业，要继续放宽政策，积极鼓励和支持社员养牛、养羊、养猪、养禽，能养多少就养多少。国家在资金、技术和物质上的扶植和奖励，集体和社员都应当享受。第二，根据中央有关精神，凡以农副产品为主要原料的现有供销、商业、外贸等单位的加工厂，能和社队承营的实行联营，不能实行联营的可采取利润分成或加价、组织轮换工等办法。今后，农副产品的加工，原则上应由社队去搞，国家不应再新建或扩大能力。第三，支持社队发展商业出售商品。自产的农副产品，在完成国家统派统购任务后，应允许社队自行处理，社队和农民可以直接进城出售产品，价格可随行就市，上下浮动。第四，凡是社队和农民需要出售的农副土特产品，有关部门应积极组织收购并帮助推销，或支持社队企业自销，或委托外贸代销和互相联营。第五，社队煤炭（包括风化煤）的生产、外销、外运，应和地方国营煤矿一视同仁，统一列入国家计划。

二、实行联合，严格质量，按经济规律办事

各个社队企业，都应从客观实际出发，在自愿互利原则下，因地制宜地组织和参加各种形

式的联合、联办、联营。搞联合，政策上可以突破所有制界限、行业界限和地区界限。各种形式的经济联合，都应保持各自的所有制和独立核算单位不变。目前，要特别注意把生产队这一级联合到社队企业中来，把生产队的多种经营和社员家庭副业同社队企业联为一体，综合发展。这样，不仅可使农民从社队企业直接得到更多实惠，而且大大加强了社队企业的群众基础。有条件的社队，可以搞生产、加工、到销售的农、工、商联合企业。市郊社队，可在市内设立门市部、销售点，直接销售社队企业生产加工的产品。社队企业还可以根据实际情况，逐步试行专业化协作，更好地发挥设备、技术能力，不断降低成本，提高产品质量，向中、高档产品发展。

三、认真搞好社队企业的整顿工作

社队企业的人事制度和劳动管理，一般要坚持亦工亦农制度。企业人员都应经过考试或考核的办法择优录用，不允许搞拉拉扯扯，安插私人。对于技术性较强的人员，一定要保持相对稳定，不要轻易变动。社队企业都应按照自己的具体情况，积极推行适宜本企业的经济责任制，把企业的经营成果同职工的物质利益紧密地结合起来，充分发挥职工的劳动积极性。

在整顿中，社队企业都要建立健全各项有效的规章制度，实行经济核算，挖掘企业潜力，降低成本，降低消耗，提高产品质量。要加强财会人员的培训工作，严格财经纪律，建立严格的财务制度，充分发挥财会人员的职能作用。要进行清产核资，清理债务，建立资金和物资的管理制度，坚决反对乱拉乱用资金，反对贪污、浪费、请客送礼、行贿，反对滥发奖金，坚决纠正一切不正之风。

加强技术管理，建立技术责任制，根据企业特点，制定操作规程，通过考试考核，对企业技术人员评定技术等级，授予技术职称。

加强劳动保护，搞好安全生产，治理污染，美化环境，文明生产。

社队企业要认真执行国务院关于严格控制物价、整顿议价的通知和有关规定，产品的销价或作变价时，都要报请物价管理部门批准。严禁投机倒把，哄抬物价，粗制滥造，以次顶好，牟取暴利。

社队企业要照章纳税，不许巧立名目、弄虚作假、偷税漏税，模范地执行国家有关政策，保证企业健康发展。

四、加强社队企业基本建设的管理

今后，对新建项目，要严格按照基本建设程序办事。凡是投资在二十万元以上和三万元以上的新建项目，要分别报省、市批准，三万元以下的项目，报区批准。新建社队企业，要充分利用农村闲散土地，尽可能少占用耕地，不占好地，非占不可时，也要从严掌握，并根据行业和规模，分别报请省、市批准，按规定付给生产队土地补偿费。今后在计划新建项目时，必须考虑三废污染问题，如果污染环境，必须采取有效措施，并经环境保护部门审查批准，确实保护环境，防止污染，实行文明生产。

五、加强党对社队企业的领导

各级党委要把社队企业工作列入重要议事日程，一定要抓好社队企业的调整工作，并要制定出具体的调整方案，定期或不定期研究解决社队企业中的问题，组织各行各业大力支持和扶植社队企业的发展。各个部门都要从搞好国民经济调整这个全局出发，从建立农、工、商综合经营的农业经济体制考虑问题。尤其是工业、农业、商业、财政、供销、外贸、银行、工商管理等有关部门，要从设备、技术、资金、产品销售、市场监督等各个方面，同社队企业紧密配合，大力支持社队企业发展。

六、加强社队企业管理机构

要选拔一些事业心强、有实践经验、年富力强的同志充实到各级管理机构中去，使之成为坚强有力的企业管理机构，能够担负起新的历史时期的重要任务。并要切实解决好社队企业的供、产、销问题和企业干部、工人和财会人员的培训问题，有计划地、分期分批地组织轮训，尽快提高他们的管理、技术和业务水平。要在一九八五年以前，普遍轮训一次。

根据省政府一九八〇年 194 号、202 号文件精神，社队煤矿的安全工作、小煤窑在封火区内启封开采的审批工作、矿管费的提取等工作，都应迅速移交给市社队局进行，并在社队局的矿业公司建立安全监察机构，负责社队煤矿的安全监察工作。

社队企业管理局，除必要的职能科室外，需设立供销、煤炭、化工、冶金、机械、轻工、建材等若干专业公司。要充实一定数量的有关工程技术人员，帮助企业解决生产中的技术关键，研制新产品，培训技术力量，不断提高企业产品质量。

各级社队企业管理部门的同志，必须要认识到所承担的工作的重要性、艰巨性，振作精神，主动争取各部门的支持，努力完成各级党委和政府所要求的任务。要下苦功夫，学好管理企业的专业知识和技术，保证社队企业在调整中健康发展。（附表略）

阳泉市人民政府
关于下发《阳泉市国民经济和社会发展第七个五年计划及二〇〇〇年设想纲要》的通知

（一九八七年十二月十五日）

各县、区人民政府，市直各委、厅、局、办、行、社、公司：

市人民政府编制的我市国民经济和社会发展第七个五年计划及二〇〇〇年设想纲要（草案），于一九八七年九月提请中国共产党阳泉市第六次代表大会讨论同意，并根据大会提出的意见，再次修改后，提请阳泉市第九届人民代表大会第一次会议审议批准。现印发给你们。请各县、区，各部门认真组织落实。

阳泉市国民经济和社会发展第七个五年计划及二〇〇〇年设想纲要（草案）

（节选）

阳泉市国民经济和社会发展的第七个五年计划是处在我国经济体制全面改革的关键时期，也是在物质技术和人才方面为九十年代经济的更好发展准备条件的重要时期。统筹规划和认真做好这五年的工作，贯彻党的十三大制定的党在社会主义初级阶段的基本路线，建设具有中国特色的社会主义有其极为重要的意义。

“七五”计划及二〇〇〇年设想纲要的制定，全面估量了我市经济和社会发展的现状，既充分看到我们已具有的继续前进的良好基础和有利条件，又认真地估计到面临的问题和困难，力求把“七五”计划和远景设想建立在实事求是、积极可靠的基础上，以便正确引导我市经济和社会发展朝着持续、稳定、协调的方向前进。

第一部分
阳泉市经济和社会发展概况及特点

阳泉市位于山西省东部、太行山中段西侧，东与河北省平山、井陉县为邻，南接昔阳县，西与寿阳、阳曲县相连，北依五台、定襄两县。现辖城区、矿区、郊区、平定县和盂县。面积4452平方公里。一九八五年全市总人口104.84万人，人口密度每平方公里235人。其中全市非农业人口35.36万人，市区人口47.89万人。市区建成区面积22平方公里。全市有汉、回、满、蒙古、朝鲜、维吾尔、苗、侗、布依、高山、壮等20多个民族。

阳泉市境内，矿产资源丰富，交通发达，发电能力较强，城市供水有所改善，工业有一定基础，有利条件很多。解放近四十年来，在党和各级政府的领导下，已建设成为我国最大的无烟煤生产基地，并且带动和发展了电力、冶金、化工、机械、电子、建材、轻纺、食品工业，形成了一定规模的工业基础。同时，农业、交通、邮电、建筑业、商业以及科技、教育、文化、卫生、广播电视、新闻、出版、体育、城市建设等各项事业，也都有很大发展。它是山西省东部的新兴工业城市，也是山西能源重化工基地建设的重要组成部分。

阳泉市经济的现状及特点

第一、矿产资源丰富，加工转化较差。全市境内，煤、铝土矿、硫铁矿、耐火黏土、石灰石储量丰富，质量较好，易于开采，煤田面积1000多平方公里，储量100多亿吨；据地质部门初探硫铁矿储量约2.5亿吨；铝土矿初探储量4.5亿吨，此外还有铁矿石、大理石、长石、硅石、石至石、水晶石、石膏、石棉、石英、云母、花岗岩、铜以及铅、锌等30余种。这些宝贵的资源，除煤炭、铝矾土、硫铁矿、耐火黏土大量开采外，大理石、花岗岩刚刚开采，其他资源基本尚未开发。矿产资源的开发利用不够，原料产品多，加工制成品少。初级产品多，深加工产品少。

第二、工业有一定的基础，经营管理水平还不高。早在二千多年前，阳泉地区就开始了采矿、冶炼及传统手工业生产。解放后，阳泉逐步建立起门类比较齐全、具有一定规模的工业生产体系，采矿、冶炼、铸造技术实力比较雄厚。到一九八五年，全市乡以上的全民、集体工业企业526个，职工总人数16.26万人，拥有固定资产原值23.8亿元，固定资产净值15.6亿元，平均每个职工拥有固定资产原值1.46万元，净值0.96万元，工业总产值12.89亿元。村及村以下工业企业达

现国民经济的持续、稳定、协调发展。

5. 坚持统筹兼顾、合理安排的原则，正确处理好国家、集体、个人三者之间的关系，正确处理经济建设与社会发展之间的关系，正确处理重点与一般的关系，合理确定积累和消费比例，严格控制固定资产投资规模，在生产发展的前提下，进一步改善和提高人民的物质和文化生活水平。

6. 坚持城市“经济建设、城市建设、环境建设同步实施、同步发展”的方针，实现经济效益、社会效益、环境效益的统一。

二、经济结构和工农业发展布局

1. 经济结构

贯彻以社会主义公有制为主导、多种经济成分并存的方针，在巩固和发展全民所有制经济的同时，大力发展社会主义集体经济及个体经济，大力发展多形式、多层次、跨地区、跨行业的经济联合体。

工业应以资源开发为基础，大力发展多层次的加工工业，形成以能源、化工、冶金、建材为主体，以轻纺、食品、机械、电子相应发展的工业结构。

农业要坚持决不放松粮食生产，农、林、牧、副、渔全面发展。形成以粮食生产为基础，以乡镇工业为支柱，林牧业、蔬菜和副食品基地建设相应发展的农业结构。

2. 工农业发展布局

工业发展布局，应以阳泉市东、西方向为主轴线，巩固和完善阳泉矿区无烟煤生产基地建设，继续发展冶金、化工、建材、机械、电子工业，大力发展消费品工业以及第三产业，并逐步开发以阳泉市南北方向为二级轴线的格局，在北至盂县南流贾家塪，南至平定白岸，沿阳盂公路、阳昔公路两侧约10公里宽、150平方公里的范围内，发展铝工业；在北至盂县、南至平、昔发展二次能源，硫铁矿、煤化工、电石化工和建材等产业群体。

农业发展布局，形成以市区为中心，逐渐向外延伸的三个经济圈。

近郊经济圈包括郊区大部，平定城关及南部，盂县城关及西南部的椭圆形腹地。发展方向应以乡镇工业为主，并建立若干为城市服务的肉、菜、蛋、奶副食基地。

中部经济圈包括郊区的东部，平定、盂县的中部，地理位置是紧靠近郊经济圈的一个椭圆形环带。发展方向，是建立若干粮食、油料、生猪和鲜蛋的生产基地，同时发挥资源优势，搞好加工转化。

边远经济圈包括郊区西部、平定的东南部和盂县的东北西部边缘地区。发展方向是在抓好粮食生产的同时，以林牧起步，建立若干防护林，木本粮油、水果和牛、羊、兔生产基地，并创造条件，有计划地搞好矿产资源的开发利用。

三、产业结构调整的方向和原则

1. 在国民经济生产、流通、分配、消费的四大环节中，要坚持统筹兼顾，综合平衡，全面安排人、财、物的合理分配和销、供、产的协调，促进我市的产业结构向所规定的方向发展。

2. 在产业结构的调整中，要注意由现在的重型结构向以重型为主、重轻协调的方向调整转化；由劳动密集型为主向技术密集型调整转化；企业由生产型向生产经营型调整转化。

3. 产业结构的调整，要加强对市场及产品的预测，增强企业应变能力。要重视信息收集与反馈，提高产业结构、产品结构调整决策的科学性。

4. 在产业、产品结构调整中，要积极采用现代化新技术、新工艺、新设备。新兴产业、新型产品所进行的基本建设和技术改造项目，都要周密做好可行性论证、研究和评估工作。在有条件的行业和企业，要积极应用和推广微电子技术，使其在经济建设中发挥出重要的作用。

5. 为适应工农业生产的发展和人民物质、文化生活的需要，要相应地发展建筑业，发展交通运输、邮电通讯和其他服务行业。“七五”期间和更长时期，我市第三产业的发展速度要快于第一、二产业。（后略）

阳泉市人民政府
关于加强矿产资源管理的通知

（一九八九年六月二十七日）

平定县、盂县、郊区人民政府，市直各单位、省营以上企业：

为了更好地贯彻执行《中华人民共和国矿产资源法》和国务院、山西省人民政府有关矿产资源管理条例，市政府于一九八九年四月十一日第十二次常务会议上专题研究了我市矿产资源管理问题，现将议定的问题通知如下：

一、建立健全市、县（区）矿产资源监督管理机构。市矿产资源管理处，是市矿产资源管理委员会的下设办事机构，负责管理全市矿产资源。行政上属市经济委员会领导，业务上接受山西省地质矿产局和山西省煤炭资源管理委员会指导；平定县、盂县、郊区政府，要尽快组建矿产资源监督管理机构，负责管理本县（区）的矿产资源，要配备精干的、懂业务的矿管干部。配备的人员在县、（区）总编制内调剂解决。县（区）矿管机构在行政上属县（区）经委领导，业务上由市矿产资源管理处指导。

二、各级矿产资源监督管理机构的主要职责是：贯彻执行上级有关矿产资源管理的法规和方针政策；参与制定本地区矿产资源开发规划；负责本地区采矿登记和许可证颁发的有关工作；掌握本地区矿产资源开发利用情况；监督检查矿产资源合理开发利用与保护工作；配合有关主管部门核定矿区范围；调处采矿权属纠纷；组织交流矿管工作经验等等。

三、严格矿产资源审批制度，按程序办理登记、领证手续。依法进行采矿登记，领取采矿许可证，是各类矿山企业和个体采矿取得合法采矿权所必须履行的法律手续。国家保护合法的采矿权不受侵犯。对无证开矿、乱挖滥采和破坏资源的行为，要严格禁止。

按照《矿产资源法》和《山西省集体矿山企业和个体采矿管理条例》的规定，结合我市的实际情况，各类矿山企业和个体采矿，按下列程序办理采矿登记和领取采矿许可证手续。

（一）全民所有制矿山企业，按《矿产资源法》第十三条规定办理，其中：省营以上（含省营）矿山企业，可直接到山西省地质矿产局或国家地质部办理采矿登记和领取采矿许可证手续。煤矿企业亦可按照审批权限，到省煤炭资源管理委员会办理采矿登记和领取采矿许可证手续。各矿山企业领取采矿许可证后，要将矿界坐标抄报市矿产资源管理处，便于保护开采。

市营以下（含市营）矿山企业，持开矿申请到县（区）主管部门办理申报手续，并经县（区）矿管部门签注意见，到市矿管处审核，报省地质矿产局或省煤炭资源管理委员会复核，领取采矿许可证。

（二）集体矿山企业、联办和个体采矿，按照《山西省集体矿山企业和个体采矿管理条例》办理。

1. 凡属开采煤炭资源的，由开矿单位持申请到县（区）主管部门办理申报手续，并经县（区）矿管部门和市煤炭主管部门签注意见，到市矿管处审核，报省煤炭资源管理委员会复核，领取采矿许可证。

2. 凡属开采铝矾土矿、硫铁矿、铁矿（不含山西式窝子矿）以及特殊用途的非金属矿产资源的，由开矿单位持申请，到县（区）矿管部门办理申报手续，经市矿管处审核后，到省地质矿产局复核，领取采矿许可证。

3. 开采砂、石、黏土等资源，由开矿单位持申请，到县（区）矿管部门办理申报手续，市矿管处复核并代发采矿许可证。

4. 各类矿山企业和个体采矿，凭采矿许可证向当地工商行政管理部门申请登记，领取筹建许可证或营业执照。

四、各级矿产资源监督管理机构的经费来源，经市政府第十二次常务会议研究决定，仍按一九八五年阳政办发〔1985〕72号文件执行。

市矿管处的经费，从县（区）上缴市的吨煤六分煤炭矿管费中征收一分五厘（其余四分五厘上缴市煤炭工业局），从县（区）上缴百分之三十的冶金、硫铁矿以及其他矿种行业的矿管费中征收百分之五十。上述矿管费由市矿管处直接向各县（区）有关主管部门收取。

县（区）矿产资源监督管理机构的经费，从各县（区）自留部分的矿管费中收取。收取的标准和方法，由各县（区）政府确定。

上述矿管费从一九八九年一月份开始征收，请各县（区）遵照执行。

五、为清理矿产资源中的混乱现象，各部门和各级政府制定的办法和下达的文件与本通知相抵触的地方，一律纠正，按本通知执行。

中共阳泉市委 阳泉市人民政府
关于加快发展第三产业的实施方案

（一九九二年十二月二十三日）

第三产业的兴旺发达，是现代化经济的一个重要特征，是我市实现经济上新台阶的重大举措。根据中共中央、国务院《关于加快发展第三产业的决定》和省委、省政府《关于加快发展第三产业的实施意见》的要求，结合我市实际，特制订本实施方案。

一、目标和重点

总的目标：据测算，目前我市第三产业的比重仅占到国民生产总值的24.5%，低于全国、全省的水平，必须加快步伐，奋起直追。在“八五”期间第三产业的增长幅度要高于一、二产业。到1995年末，三产要占到国民生产总值的35%以上。到本世纪末占到40%以上，达到全国平均水平。

实现上述目标，必须认真贯彻“全面、快速、健康”发展的方针，多路进军，全面开花，以产业化和社会化为方向，重点抓好以下行业：

（一）流通业。根据一体化大流通的改革思路，打破物资、商业、外贸三分天下和生产、生活资料与生产经营脱节的传统格局，扭转部门、行业、地方各自为战的分割局面，逐步建立起市场流通的统一体系。国合商业要抓紧调整，积极探索，逐步发展成为工商联营的企业集团。要动员全社会的力量，多成分、多渠道、多层次集资，加强各级各类市场的建设。要积极采用股份制、引进外资等方式筹集资金，建设一批规模大、等级高、功能健全、又颇具地方特色的购物中心。国合大中型零售企业要成为社会商品流通体系的骨干，国合小型零售企业可采取承包、租赁、拍卖等多种方式，完全放开，优胜劣汰。同时，允许各级各类国合商业企业突破行业界限经营。要按照省的统一规划，抓紧组建区域性生活资料市场和县（区）小型生产资料市场，逐步形成商流、物流、信息流为一体的生产资料市场体系。要抓紧西河滩等一批仓储设施的改扩建工程，实行社会化经营，以适应大吞吐的配送物资供应。要实施“大外贸、大外经”战略，把更多的生产和流通企业推向国际市场。要加强外经技术和劳务合作，创造条件，拓展业务，灵活经营，打好对外开放的总体战。供销合作社企业，要围绕为农业生产和乡镇企业的发展拓展业务，搞好经营服务。

（二）交通、邮电业。要坚持“统一规划、条块结合，分层负责，联合建设，协调发展，适度超前”的指导思想，积极参与国家和省确定的交通骨干工程、基础设施等项目的建设。近期要抓好太原至旧关高等级公路阳泉段、巨城到娘子关公路改造和市区南外环公路的建设。要组建客货运输服务中心，积极利用铁路、公路组织大宗货源，提供货源信息。要改革公路建设、运输、维护的各项管理体制，组建公路开发总公司。邮电通讯业的重点是发展市内电话，尽快完成 3 万门程控电话工程，提高电话普及率，并创造条件，尽快开通国际直拨电话。同时，要加快实现农村电话自动化的步伐，扩大城市邮政网点建设，提高邮件处理机械化程度。

（三）金融保险业。要积极调整信贷结构，增加贷款规模，利用各种金融手段扶持第三产业发展。对“三产”中的较大项目，要组织银团贷款，或经批准允许其发行债券。还可通过发放小额固定资产贷款等方式，对那些效益好、有偿还能力的企业予以支持。要进一步扩大保险业务，增加投保险种，增强第三产业的经济补偿能力。积极建立农村专项保险基金，配合各级政府建立社会保障体系，支持社会各业开办和发展第三产业。要积极建立和发展地方性金融机构，支持有条件的企业建立财务公司。

（四）科技教育业。科技事业要打破常规发展高新技术产业，开办星火技术开发公司，推动科技成果尽快转化为生产力；要积极支持和参与市、县（区）经济技术开发区的建设，发挥科技的先导作用；要组织实施“燎原计划”，加强技贸协作。教育事业要扩大规模，拓宽领域，提高基础教育和职业教育水平；要组建“教育服务中心”及各种教育培训进修机构，开发各类专业人才；鼓励多种形式、自主经营的社会办学、私人办学和学校兴办服务行业；扩大招收委托生、定向生和自费生的范围和数量。

（五）文化卫生事业。要积极发展各类文化市场，促进城乡文化事业的发展。鼓励文艺、出版、广播电视等部门在注重社会效益的前提下，讲求经营实效，放开经营，增强自我发展能力。卫生事业要逐步由公益型、福利型向经营型转变。各类医院要实行企业化管理，充分开发和利用社会各类医药卫生人才，发展中西药材及保健食品，兴办康复医院。发展民办、私办医疗服务机构，满足不同层次的医疗保健需求，大力发展“以工助医，以副补主”的医疗业务，拓宽卫生事业发展领域。

（六）旅游业。加快开发和改善旅游服务的基础设施，重点开发娘子关旅游区、盂县梁家寨度假村以及藏山、关帝庙、冠山、狮脑山森林公园、地下煤炭博物馆等文物古迹和旅游景点，并做到道路、食宿等基础设施和服务功能齐全配套。拓宽跨市、县旅游的网点和领域，开发旅游产品。积极创造条件修建直升飞机场，发展空中旅游。

（七）房地产业。房地产要发挥集开发、经营、管理、服务多种经营活动为一体的重要作用，遵循市场规律，采取多种筹资形式，在市、县（区）尽快建立房地产交易市场。结合第三产业的社会化进程，成立房地产管理事务所，开展城市房地产的出让、转让、出租、维修、抵押等方面的服务。

（八）城市建设、公用事业及服务业。按照城市总体规划，积极抓好城市土地的开发利用工作，要把东至乱流、西至旧街、南至平定城、北至荫营镇的地域，有计划地逐步纳入城市规划区范围，统一规划，各自建设。公用事业要逐步由服务型向经营型转变。城市客运在统一管理的前提下，实行多家经营，并要开辟新的运输线路，加快市区公交事业的发展。要继续发展供水、供电、供气等公用设施，搞好污水处理、城镇道路、市政设施的建设和维护。要积极开发和治理桃河、义井河河道，美化环境。要建立和完善多元化、多门类、多层次的居民生活服务体系。饮食业、服务业要在发展传统行业的同时，大力开辟新型服务门类，提高服务档次。要发展与科技进步相关的各类新兴行业以及法律、公证、审计、会计、信息、政策咨询等服务行业，为改革开放和经济建设服务。

（九）农村第三产业。要突出抓好集镇建设，建立和完善以流通、科技、防疫、治灾为主的社会化服务体系。要大力发展商业、饮食业，增加文化娱乐场所和体育设施。要积极扶持集体、联合体，兴办中、小型批发市场。鼓励乡镇发展房地产业。积极建立农村技术市场，为农村提供科技咨询、审计、信息、法律等项服务。

二、基本政策和措施

1. 调动社会力量兴办第三产业，坚持国家、集体、个人一齐上。政府投资比例和数额要大体对应第三产业的结构比例。多渠道向社会筹集资金，解决三产资金不足的问题。对三产的重点行业，要建立发展基金，使其有稳定的资金来源。第三产业要坚持“谁投资、谁所有、谁受益”的原则，鼓励以资金、房产、设备、土地、技术等多种方式向三产投入。对从事第三产业的各种经济成分，在政策上一视同仁，平等对待。对交通运输、邮电通讯和科研、教育及公用事业等具有全局性、先导性影响的行业，在主要由国家开办、统一规划、统一管理的原则下，引入竞争机制，鼓励各部门和集体经济力量兴办，在规划、资金、征地、税收等政策上要给予优惠和照顾。

2. 以社会化和产业化为方向，建立充满活力的第三产业自我经营体制。第三产业的大多数部门，要办成经济实体或实行企业化管理，实行自负盈亏，逐步由福利型、公益型、事业型向经营型转变。鼓励机关和企事业单位将现有的信息咨询、内部服务设施和交通运输工具向社会开放，实行有偿服务，并逐步与单位脱钩。

3. 要把加快发展第三产业作为调整产业结构的突破口。积极鼓励和组织工业企业富余人员兴办第三产业，并允许跨部门、跨行业、跨地区、跨所有制兼并各类型工业企业。被兼并企业的债权债务，由兼并企业承担。兼并企业与债权人经充分协商，可以订立分期偿还或减少债务的协议；政府有关部门可以酌情定期核减兼并企业上缴利润指标；银行对被兼并企业原欠的债务，可以酌情停减利息；被兼并企业转为第三产业的，经银行批准，自开业之日起，实行二年停息，三年减半收息。

4. 对事业单位的编制要适当放宽。凡实行企业化经营，自收自支的事业单位，除对从事交通征费、社会保险、排污收费等政策性收费中支付经费的单位从严掌握外，其余均可自定编制，在同级编委备案。凡允许自定编制的事业单位，其干部调动可参照企业干部调动的审批权限办理，工资基金一年审核一次。

5. 扩大企业用工和分配的自主权，增强第三产业吸引人才的能力。要有计划、有步骤地促进城乡人口双向自由流动，允许和鼓励农民进城或到乡镇兴办第三产业，同时也允许城市第三产业的某些行业和特殊工种录用农村富余劳力。对停产、半停产企业的职工及企业的富余人员，经本人申请和领导批准后，可发放个体临时营业执照。全民所有制企业人员到第三产业、集体所有制企业工作的职工，原有身份不变，工龄连续计算，退休待遇仍享受原单位标准。实行股份制经营的企业和无主管部门的集体企业，招收录用职工完全由企业自主，不再经劳动部门审批。在工资总额增长低于本企业利税率和劳动生产率增长的前提下，工资资金由企业自定，主管部门不再审批，银行应及时支付。要切实改变过去那种从事第三产业人员，特别是商业、饮食业和服务业从业人员工资偏低的状况，经劳动、税务部门批准，可适当提高现行计税工资标准；部分第三产业可根据本企业的特点，实行提成工资、计件工资、含量工资等较灵活的分配办法。

6. 金融保险部门要积极开辟多种筹资渠道，优先扶持第三产业。允许银行扩大网络，允许企业选择银行开户。积极创造条件引进海外银行。经人民银行审批后，可建立各类城市信用社。允许保险机构融通、用活资金，为兴办第三产业做贡献。

7. 财政税务要对兴办第三产业实行扶持政策。省委、省政府颁发的关于发展城镇集体经济、乡镇企业、劳动就业服务企业、老年企事业以及个体、私营经济等规定中有关税收优惠政策，全部适用于第三产业。对机关、事业单位精减人员或企业优化劳动组合后的富余人员新办的第三产业，实行“免二减三”的税收扶持政策，前两年免征所得税和营业税，后三年减半征收所得税。将对利税分流的国营零售商业企业的所得税由 55% 降到 33%。对其一九九二年底前的老技改贷款，可以税前还贷；一九九三年的新技改贷款，用税后利润归还。从事第三产业的集体企业，当年新增税金经财政部门核准，可返还 30% 转入生产发展基金和福利基金，其中生产发展基金不得低于返还部分的 60%。企业的固定资产折旧，在综合折旧率 10% 的范围内提取。企业按有关规定进行技术改造所贷资金，除可用折旧基金还贷外，经批准允许用新增利润归还部分贷款。

8. 工商行政管理部门要从快、从宽、简化办证程序。凡申办第三产业，除国家法律、行政规章有专门规定外，今后第三产业一般实行“谁主管谁审批”的原则，做到一个批文、一个图章、一个单位负责，在必备资料手续齐全的前提下，工商行政管理部门要尽快发给执照，其他专项证件可在开业后视需要领取。注册资金暂达不到规定标准的，可从宽掌握，先发执照，限期补齐。无主管部门的集体所有制企业不需审批，只要自主经营，自负盈亏，独立承担民事责任，可直接到工商行政管理部门申请注册登记。全民所有制企业职工可以利用业余时间，从事适应于个体经营的第三产业。除国家规定的专卖商品外，凡是放开的商品、物资，允许私营企业和个体户经营，具备条件者也可从事批发。对有出口创汇能力的企业或注册资金在二十万元以上的经营单位，经批准可直冠“阳泉市”名称。国合商业可根据市场情况搞本企业、本行业经营项目的延伸，也可跨行业经营，在执照上放宽掌握。

9. 进一步放开第三产业的价格管理。除国家有明文规定的国家定价和非商品收费以外，基本实行市场调节，自主定价，放开经营。

10. 党政机关、事业单位的在职职工经批准从事第三产业的，允许留职停薪 1~3 年，同时还可享受所在单位付给的各种待遇。凡到乡镇企业、边远山区、亏损企业工作的职工，可按市政府有关规定，从优享受各种待遇。

11. 加强对第三产业的组织领导。市委、市政府决定成立阳泉市第三产业领导组，由一名副书记和一名副市长负责，成员由有关部门负责人组成，领导组下设办公室。要加强对第三产业的统筹协调、法制建设和规划管理，做到有章、有法、有序。要特别注意遵循市场规律，规范企业行为和市场行为，做到依法经营、依法行政和依法监督。纪检、监察、政法等部门要为加快发展第三产业保驾护航，开灯放行。要把第三产业纳入地方经济社会发展战略，确定其重要地位，统筹安排。统计部门和各有关单位要把第三产业单列统计，为发展第三产业提供决策依据。通过大宣传、大发动和扎实细致的工作，把全市兴办第三产业迅速推向高潮，为我市的经济发展做出新贡献。

中共阳泉市委 阳泉市人民政府
关于桃河阳泉城区段综合治理工程的实施方案

（二〇〇二年八月二十七日）

桃河属海河流域子牙河水系的一条季节性河流，源于寿阳，自西向东流经阳泉，是阳泉人民的母亲河。长期以来，由于缺乏统一规划和疏于管理，致使河道内垃圾乱倒、私挖乱采、乱搭乱建、乱排乱放现象严重，不仅影响了城市市容市貌，而且污染了城市水体，降低了河道行洪能力，给城市防汛带来极大的安全隐患。治理桃河、美化桃河成为历届市委、市政府和全市人民的强烈愿望。去年制订的“十五”规划以及市第九次党代会和市十二届人代会一次会议对治理桃河都提出了明确要求。多年来，在有关部门及专家反复论证、研究，并报省计委批复的基础上，经市委、市政府研究决定，启动桃河阳泉城区段综合治理工程。为了确保桃河阳泉城区段综合治理工程的顺利实施，特制订本实施方案。

一、指导思想

以“三个代表”重要思想为指导，按照统筹规划、分步实施，桃河城区段中间起步，上、下游跟进的综合治理方针，举全市之民力，聚万众之民心，艰苦奋斗，合力攻坚，确保高质、高效完成桃河城区段综合治理工程建设任务，逐步实现桃河全线综合治理的宏伟目标，真正增强城市吸纳和辐射功能，提高城市品位和形象，促进赶超发展，造福阳泉人民。

二、工程简况

工程建设规模从赛鱼桥至五渡桥，全长9.03公里，整个河道由现在的150米，分别改造为主槽和滩槽两部分：主槽宽70米，两侧滩槽平均宽40米。全部工程分水工和绿化两个部分。其中，水工部分的工程有主河道治理工程、堤防工程、弯道护底工程、桥基加固工程、穿越河道管线防护工程、主槽进出口防护工程等，涉及跨河桥梁14座、穿河管线7条、排水涵洞20个、排水沟17条。

绿化部分的工程即滩槽部分，全部绿化，绿化面积70.21万平方米，滩槽有主有次，形成赛鱼桥段、四矿桥段、儿童公园段、华联商厦段四个各具特色的绿化景区。赛鱼桥段定位为“城市人口”，以“母亲河”为主题布置，有源泉广场、灯柱、拦水石等景观；四矿桥段定位为“矿区公园”，以“爱护地球”为主题布置，建设以黑色、白色、黄色为主调的广场，以唤醒人们在改造自然的同时，保护环境，爱护地球；儿童公园段，定位为“休闲绿地”，以“文化、体育、交流”为主题布置，有清水平台、露天舞台、旱喷广场、儿童活动场、健身步道等景点；华联商厦段，定位为“步行广场”，以“发展、超越、腾飞”为主题布置，有景观楼梯、景观步道、水滨小广场、下沉小广场，结合商业街建设沿河步道，用宽大的台阶将人流引入滩槽，现代化的造型、材料、灯光烘托出商业气氛。

整个工程概算总造价为20124万元，其中：工程费17987万元、建设工程其他费1179万元、基本预备费958万元。

桃河阳泉城区段综合治理工程建设要实现两大目标：

一是防洪目标。通过治理，桃河复式河道防洪标准达到百年一遇标准（3088m³/s），主槽河道过洪量达到10年一遇标准（1310m³s）。

二是绿化美化目标。按复式河道整治后，利用滩槽空间进行绿化、美化、亮化，使桃河成为城市景观轴线，充分体现城市与自然，人与自然和谐共处的时代感和阳泉城市特征。

三、任务措施

由于工程建设战线长、时间紧、任务重、资金缺口大，必须明确任务，分工负责，加强组织管理，科学合理施工。

（一）目标任务

按照“全线启动，水工部分先行，绿化美化跟进”的总体思路，河坝工程与河滩回填工程同步进行，确保行洪安全、工程安全和工程质量、进度。水工部分整个工程分6个标段，其中前5个标段全程9030米，第6标段单面760米。其建设任务分别由平定、盂县、城区、矿区、郊区、开发区、阳煤集团等单位包段实施完成。具体标段和任务分工如下：

标段1：西起赛鱼桥东至阳煤集团机电公司（从0~30到3+000之间），共3030米。

实施单位：阳煤集团总公司、矿区

标段2：西起阳煤集团机电公司东至阳泉日报社（从3+000到4+500之间），共1500米。

实施单位：盂县

标段3：西起阳泉日报社东至公共汽车公司（从4+500到6+000之间），共1500米。

实施单位：平定县

标段4：西起公共汽车公司东至硫铁矿公司（从6+000到7+500之间），共1500米。

实施单位：城区

标段5：西起硫铁矿公司东至五渡公路桥（从7+500到9+000之间），共1500米。

实施单位：郊区

标段6：桃北东路旧坝建设，单面760米。

实施单位：开发区

（二）基本原则

坚持“人民城市人民建，大家的事情大家办”的原则，充分发挥广大人民群众“爱我阳泉、建设家园”的积极性和创造性，广泛动员全市人民及驻地单位积极参与到工程建设中来；坚持艰苦奋斗、珍惜民力、勤俭办一切事情的原则，切实加强工程建设人、财、物的管理，合理配置有限资源，力争以最少的投入，取得最佳的经济效益和社会效益；坚持统一部署、协调配合的原则，切实加强工程建设的组织、协调和管理工作，确保工程建设按统一部署，有计划、有步骤地进行。

（三）资金筹集

按照“财政拿一块，社会各界筹一块，向上争取一块”的思路和以政府投入为主，社会筹集为辅；以市级投入为主，县（区）及企业投资为辅；以自筹资金为主，向上争取资金为辅；实行自觉自愿、尽力而为的原则，通过市级财政预算安排、县区及阳煤集团出资、向干部群众借资、发动全社会捐资和向上级有关部门争取等多种渠道，筹集建设资金。所有个人借资部分要统一上交市级管理，由市级统一归还。

（四）资金拨付

为确保工程建设的顺利进行，暂时先制订水工部分的资金拨付计划，绿化部分及其他费用，待绿化施工图设计及其他工程预算完成后再制订具体拨付计划。

水工部分的工程费用由分包实施单位出资 25%，即 2750 万元用于工程建设，其余的 8250 万元，由市财政于今明两年分别按 50% 拨付各有关单位。

工程建设资金的筹集、管理、使用要严格按照市财政局制订的筹资方案执行，严格资金支出审批程序，切实加强对资金使用的跟踪管理。同时，纪检、监察、审计等部门要加强对治桃工程专项资金的监督，定期检查资金的筹集、管理、使用情况，确保资金安全、完整，努力提高资金的使用效益，并且要定期向社会公布工程建设专项资金的使用情况，接受社会各界和广大人民群众的监督。

（五）工程监督

为保证工程建设顺利进行，各县区和承担工程建设任务的有关单位要在成立相应的领导机构和施工机构的基础上，本着“一级抓一级、一级对一级负责、层层有人把关、事事有人落实”的原则，将工程建设的各项任务落实到单位及人头，并实行严格的领导责任制和责任追究制度。同时，在工程建设中要由建设、监理、监督等单位组成巡回检查组，定期对工程建设的质量、进度、安全等进行检查、督促、验收，设立流动红旗；并且要制订相应的奖惩办法，对完成任务的要进行表彰奖励，对完不成任务或没完成好任务的要进行批评处罚。

四、总体要求

为了确保整个工程建设高质高效、安全健康地进行，必须加强对工程建设的全程管理，努力把桃河城区段综合治理工程建设成为精品工程、形象工程和样板示范工程。

（一）工程建设招投标

为保证工程质量，要按照“公开、公正、公平”的原则，认真搞好工程项目招投标工作。由市建设局成立专门的招投标工作小组，统一组织工程建设的各项招投标工作。市建设局要加强同各县区的协调配合，尽量简化办事程序，切实提高工作效率，搞好服务。各县区及阳煤集团包段实施单位要在8月中旬确定中标队伍，中标队伍需具备土建三级（含三级）以上施工资质。

（二）工程建设进度

整个工程计划于2002年9月1日全线正式开工建设，11月30日前完成水工部分主体建设任务，2003年4月底前完成水工部分其他附属工程（种植土、栏杆、人行道、水沟、锁坝）的建设任务。绿化部分于2003年3月1日前开工建设，5月底前完成主体建设任务。各包段实施单位要根据领导组制订的总体进度要求，制订相应的施工进度计划，并务于9月1日前报工程施工组备案。

（三）工程建设质量及安全

桃河治理工程是百年大计、千年大计，要以工程质量为核心，采取严格的质量管理措施。要严格执行《建设工程质量管理条例》，工程质量监督由市质监站全面负责。各包段实施单位要严格按照工程图纸、规划设计、文明施工的规范要求组织施工，并且要委托具备相应资质的监理单位进行监理。

工程组织指挥机构及各包段实施单位必须始终坚持“安全第一，预防为主”的方针，要建立健全安全生产管理机构及安全生产责任制度，严格执行国家有关安全生产的法律、法规及强制性条文。要加强对施工现场的安全管理和监督检查。由有关工程实施小组抽调专人，组成6个工程督查小组进驻各标段施工现场，全程监督、检查工程的质量和安全工作。

（四）工程建设用电用水工作

工程建设的用电用水由工程建设领导组办公室全面负责。市供电局、市自来水公司务于2002年8月25日前，将工程供水供电准备就绪，确保各施工工地的用水用电。

（五）工程建设安全防汛、拆迁扫障工作

工程建设的安全防汛、三通一平等工作，由市建设局于8月31日前负责协调相关单位完成。拆迁扫障、桥梁改造等工作由市规划局组织各产权单位具体实施，拆除和改造的范围为赛鱼桥至五渡桥河道内或高出滩槽的建筑物、构筑物，华盛桥至五渡桥段防洪通道内的障碍物，河坝上所有的临时建筑物、构筑物；拆除和改造费用原则上由产权单位负责，该工作务于8月31日前完成。拆除阳钢铁路桥的防洪预案由市水利局负责于8月31日前制订。工程施工期间的上游防汛监测任务由水利局全面负责，气象汛情预报由市气象局全面负责。

（六）工程建设施工资料收集管理工作

工程建设施工资料的收集管理要严格按照城建档案管理规定，由施工单位负责收集，并经监理单位整理后上报监理组。规划、设计、审计等其他资料由包段实施单位负责收集整理、汇总成册后上报施工组备案。工程竣工后所有资料一式四份移送市城建档案馆。

（七）工程建设其他工作要求

1. 各包段实施单位要制订相应的施工组织计划，中标施工单位也要制订具体的施工方案，务于 8 月 31 日前一并报施工组备案。

2. 在工程建设中，各施工单位要切实注重人行道、树木管线的保护工作，特别是在桥梁下施工时，严禁大型机械挖拟和碾压，必须采用人工作业，确保桥梁安全。

3. 为了确保工程建设中的人身安全，各施工单位的临时设施绝不允许在河槽内搭设。

五、组织领导

鉴于工程建设的特殊性和系统性，为统一组织指挥和统筹协调工程建设，特组成由市委、市政府及相关单位和县区领导参加的工程建设领导组及相应的工程实施小组。工程建设领导组组成人员如下：（略）

领导组下设 10 个工程实施小组：

1. 办公室（名单略）

职责：负责工程的组织协调、行政办公、政策法规、财务管理、车辆调度、生活设施、联系公安交警和后勤保障等日常工作。

2. 施工协调管理组（名单略）

职责：负责工程总体施工方案的制订、实施和进度计划、工程质量、工程造价、文明施工等工作。

3. 工程技术组（名单略）

职责：负责工程图纸设计、技术指导、跟踪服务等工作。

4. 工程审计组（名单略）

职责：负责对工程预决算及建设资金运用情况跟踪服务等工作。

5. 工程监督组（名单略）

职责：负责对工程建设行为、资金使用、工作纪律进行全程监督监察及跟踪服务工作。

6. 拆迁扫障组（名单略）

职责：负责河道及两岸障碍物的拆迁和扫除工作。

7. 资金筹集组（名单略）

职责：负责工程资金筹措工作，并对资金使用情况实行全程监督及跟踪服务等工作。

8. 工程监理组（名单略）

职责：负责监督、协调、指导各监理单位的工作，加强现场监理的监督管理，保证工程建设质量。

9. 工程安全组（名单略）

职责：负责防汛、气象及工程建设安全管理工作。

10. 宣传报道组（名单略）

职责：负责工程建设的宣传报道工作。

全市上下要进一步统一思想、提高认识，坚定信心、振奋精神，排难而进、团结拼搏，确保把这一工程真正建成让人民放心的、百年大计的“放心工程”；凝聚民心、振奋精神的“民心工程”；高质量、高效益的“精品工程”；阳光作业、规范操作的“样板示范工程”。

阳泉市“三城同创”实施方案

（2009年7月30日）

“三城同创”，即创建国家园林城市、国家卫生城市、国家环境保护模范城市，是市委、市政府落实科学发展观，坚持以人为本，改善城市环境质量，增强城市总体功能，提升城市品位和文明程度的重大举措。为有效推进“三城同创”进程，制定实施方案如下。

一、指导思想

“三城同创”的指导思想：全面贯彻落实科学发展观，以营造优良人居环境，提高城市文明程度，促进经济、社会与环境协调发展为目的，以各级政府为主导，以“五化”（净化、美化、绿化、亮化、硬化）建设为突破口，动员全社会力量，努力把山城阳泉建设成为生态、文明、平安、和谐的宜居家园和具有较强竞争力的现代化区域中心城市。

二、基本原则

实施“三城同创”要坚持八个原则：

（一）坚持以人为本的原则。“三城同创”要把“以人为本”的精神实质贯穿于创建工作全过程，渗透到每项具体工作之中。要以改善人民群众生存环境，提高生活质量，提升文明素质为立足点和出发点，全力建设宜居城市。

（二）坚持打造精品的原则。创建工作要树立精品意识，从规划设计到施工建设都要高起点规划、高标准建设、精细化管理。每个社区的整饰、每条街道的打造、每个单体建筑的设计、每个门店的装饰、每个户外广告牌匾的制作都要精益求精。

（三）坚持综合整治和大拆大建相结合的原则。“三城同创”是从根本上改变城市面貌的重大举措和极好机遇，要在综合整治的同时，对违章、临时、破旧等影响市容景观效果的一批建筑物和设施依法进行拆除，在综合规划基础上重新建设，整体改变城市面貌。

（四）坚持环境治理和基础设施建设相结合的原则。对城市环境脏、乱、差、堵集中整治的同时，加大城市街道改造、交通路网建设力度，加强气暖配套、垃圾处理、通讯电力、园林绿地等基础设施建设，完善城市服务功能。

（五）坚持全面整治和重点突破相结合的原则。“三城同创”要覆盖全市范围，涉及方方面面，但重点是市区的综合整治和建设。同时在创建过程中要抓住城市主干道路、精品示范街整饰首先突破，以点带面，全面推开。

（六）坚持建设与管理并重的原则。创建工作既要重视基础设施等硬件的建设完善，更要抓好机构、队伍、长效管理机制和投入机制的建立，从根本上改变重建设、轻管理的状况，不断巩固提高城市管理水平。

（七）坚持规划先行，分步实施的原则。创建工作要在尊重区域特色、符合总体规划的基础上，分系统、分区域、分街道、分项目先行进行科学规划。每项工程都必须严格按照规划由各部门、各县区分头分步实施，坚决杜绝各自为政、无序建设的情况发生。

（八）坚持政府主导、全民参与的原则。创建工作以各级政府为主导，充分调动驻地企事业单位、产权单位和街道、社区的积极性，全民动员，形成共驻共建共享的社会工程、人人参与创建的全民工程。

三、重点任务和标准要求

“三城同创”工作的总目标：到 2010 年建成国家园林城市；到 2011 年建成国家卫生城市和省级环境保护模范城市；到 2013 年，建成国家环境保护模范城市，整体跨入国家园林城市、国家卫生城市和国家环境保护模范城市先进市行列。

时间要求：各县区和市直有关部门今年全面启动创建活动，重点在绿化、亮化、净化、美化和交通秩序整顿上取得明显成效，重大基础设施项目和精品示范街建设要在年内启动开工，各项创建任务在三年内全部完成。

根据国家卫生城市、园林城市、环保模范城市的标准要求，结合阳泉实际，本着整合资源、同创共建的总体思路，重点实施以下十项工程：

（一）主要街道整饰工程

按照科学规划、示范先行、分区组织、分步实施的要求推进。重点是改造整饰市区24条主要街道和繁华地段的建筑物、街道景观和路面。

主要任务：

1. 整饰城区范围内南大街、河边街、泉中路等9条主要街道，长度18公里，以河边街作为精品示范街先行推进。责任单位：城区政府。

2. 整饰矿区范围内桃南西路、桃南中路（矿区段）等2条街道，长度6公里，以桃南西路作为精品示范街先行推进。责任单位：矿区政府。

3. 整饰南大东街、荫营东西大街等2条街道，长度5公里，以荫营东西大街为精品示范街先行推进。责任单位：郊区政府。

4. 整饰开发区大连路、天津路、泉中北路等7条街道，长度11公里，以大连路作为精品示范街先行推进，并要率先建成全市“三城同创”样板区。责任单位：开发区管委会。

5. 改造建设北大街精品示范街。责任单位：市建设局。

6. 改造整饰北大西街、桃北中路（矿区段）、桃北西路等3条街道，长度10公里，建成桃河沿岸的精品示范街。责任单位：阳煤集团。

整饰标准：

1. 一街一景，一处一景，街街有精品，处处有特色。

2. 建筑物风格鲜明，立面、顶部整洁美观。

3. 公共设施配套齐全，布置合理规范。精品示范街无空架线路，无突出防护网，沿街没有临时、违章、破旧建筑物，街牌、站牌等各种标志性设施规范统一。

4. 街面宽阔、平整，环境卫生状况良好，无裸露垃圾。

5. 户外广告规范、整洁、美观。

6. 店铺门前和门面整洁，牌匾规范，体现文化内涵。无门外作业，无马路摊点，无占道亭棚经营。

7. 人流、车流畅通，秩序规范，车辆停放整齐。

8. 公共绿地、绿篱、树木花草管护到位，绿化效果突出。

实施要求：“三城同创”街道整饰实行属地管理、条块结合。

1. 精品示范街整饰要与大拆大建相结合，由所在地政府统一规划，统一开发，统一建设，统一管理。

2. 精品示范街改造建设由城区、矿区、郊区、开发区、建设局、阳煤集团分别成立指挥部，各负其责，强力推进。

3. 街道整饰由各区政府聘请国内高级专家高标准规划，由市规划部门审批后分头分步实施。

4. 国、省、市驻地单位按照总体规划要求，负责所属建筑物的投资和整饰。其他沿街建筑物由原产权单位负责投资和整饰。

5. 所有沿街单位、门店实行严格的“门前四包”责任制，即：包净化、美化、绿化、亮化。

6. 街道整饰要首先集中整治户外广告和空架线路，短时间内有明显改观。

（二）基础设施配套工程

按照拉大城市框架、拓展城市空间、完善城市功能、优化城市环境的要求，重点推进城市路网建设、交通设施建设和环卫设施配套。

城市路网改造和建设：要与国省干道建设相衔接，与城市总体规划相结合，与区域改造建设相结合，打通南北通道，打开“丁”字路口，打造新兴市区。

1. 建设阳五高速公路市区出入口连通李荫路的城市主干道。责任单位：市交通局。

2. 打通化工厂路，连接南外环。责任单位：市城投公司。

3. 延伸宏城桥，连接南大西街。责任单位：市建设局。

4. 建设市区南庄路口连接平定西外环城市干道。责任单位：市建设局、郊区政府。

5. 建设华盛北街，连通新北大街。责任单位：开发区管委会。

6. 改造矿山路、煤山路，连接307复线。责任单位：阳煤集团。

7. 改造坡头高速路出口至河神庙城市干道。责任单位：市建设局、阳泉公路分局、阳煤集团。

8. 改造拓宽李白路，即李家庄至开发区五渡路口。责任单位：阳泉公路分局、市建设局。

实施要求：

1. 道路改造建设责任单位要成立专门指挥部，加强领导，确保改造建设任务如期完成。

2. 道路改造建设中涉及的拆迁任务按照属地管理和产权归属由各县区政府、开发区管委会及有关单位和部门负责。

3. 新建道路要严格按照规划留出足够的绿化空间。

交通设施建设：要将交通设施配套、停车场建设、公交站点设置与交通秩序整顿结合起来，全面提高道路通行能力。

1. 建设阳泉客运东站，做好城乡公交衔接，解决交通秩序混乱状况。责任单位：市交通局。

2. 在大型公共场所、商业中心区、住宅区合理布局建设一定规模和数量的地下或地上停车场。责任单位：市建设局。

3. 增设万通路口、西河路口、大兴矿路口、桃南二矿路口等的交通信号灯设施。责任单位：市交警支队。

4. 建设桃南东路、赛鱼等人行过街天桥或地下通道。责任单位：市建设局。

5. 改造桃河桥南西路口、油篓沟路口等10个街道路口，提高路口通行能力。责任单位：市建设局。

6. 科学调整公交站点，优化布局公交线路，设立港湾式公交停车站，实行分道通行。责任单位：市交通局。

7. 增设交通中心隔离安全防护栏10000米，人行道安全护栏1000米，减少交通干扰，规范交通秩序，提高城市行车速度。责任单位：市交警支队。

环卫设施配套建设：加快环卫设施的更新和建设，确保环卫设施符合国家卫生城市创建的各项标准要求。

1. 改造完善市垃圾处理场，市区新建垃圾中转站2座。责任单位：市城投公司。

2. 建设粪便无害化处理场1个。责任单位：市建设局。

3. 加强污水处理厂设施建设和技术改造，完善排水管网建设。责任单位：市建设局。

4. 改革垃圾清运收集方式，最大限度实现垃圾不落地、不裸露；支次干道更新垃圾筒1500个，市区所有路、街、巷新增果皮箱3000个；临街门店自备垃圾容器，由环卫部门定时定点收取。责任单位：市城乡环境卫生管理局。

5. 增加、更新垃圾压缩车、喷雾降尘车、道路清扫车等环卫车辆60辆。责任单位：城区政府、矿区政府、开发区管委会。

6. 建立和完善各医疗单位医院污水处理系统和设施，实现医疗垃圾集中封闭清运并焚烧。责任单位：市卫生局。

7. 按照布局合理、管理规范的要求，在改造现有全部公厕，提高标准的基础上，市区2年内新建高标准水冲式公厕70座，总数达到150座左右。公交车首末站、公园游园、繁华街道、重点地区和大型公共场所周围设置的水冲式公厕不低于二类标准。责任单位：市城乡环境卫生管理局。

8. 临街单位要对公众开放内部厕所，并在显著位置予以标示。责任单位：市城乡环境卫生管理局。

（三）集贸市场、便民市场建设工程

通过建设集贸市场、便民市场，封闭式街道市场，充分满足各个层次的市场需求，彻底取缔“马路市场”。

1. 通过市场运作形式，在居住密集区规划建设一定数量的集贸市场。责任单位：市建设局。

2. 规范现有大中规模的集贸市场，提高服务功能，扩大辐射范围；对擅自改变服务功能和性质的市场予以整改。责任单位：市工商局、市场主办单位。

3. 在社区和居民小区规划建设一定数量的便民市场。责任单位：城区政府、矿区政府、开发区管委会。

4. 在居民小区、小街小巷规划建设一批规范的封闭式街道市场。责任单位：城区政府、矿区政府、开发区管委会。

5. 主要街道、支次干道、繁华地段全部取缔“马路市场”。责任单位：市、区城管执法局。

（四）社区整饰工程

按照规定标准，全面推进社区范围小街小巷、居民小区的整饰，保持社区良好生活居住环境。

主要任务：

1. 完成城区新市街、金三角、龙躺梁等44个社区范围内70个居民小区和50条小街小巷整饰任务。责任单位：城区政府。

2. 完成矿区平潭街西社区、蔡洼、秋沟等40个社区范围内60个居民小区和10条小街小巷整饰任务。责任单位：矿区政府、阳煤集团。

3. 完成开发区康达、惠泽园、宏苑3个社区内居民小区和街巷的整饰任务。责任单位：开发区管委会。

具体标准：整饰以“五化”为主要内容，即净化、美化、绿化、亮化、硬化，总体达到相关标准。

1. 社区所有街巷路面达到硬化要求，各类管网隐蔽，排水系统畅通。

2. 规范设置生活垃圾容器，清理卫生死角，做到日常保洁，实现街巷净化。

3. 所有居民楼院和小街小巷安装路灯，全部并入城市路灯网络，实现亮化。

4. 所有小街小巷、居民小区、楼院要最大限度进行绿化。

1. 大力开展健康教育活动，提高市民的卫生意识和自我保健能力。市区中、小学校全部开设健康教育课，各级医院、社区、新闻媒体都要积极开展健康教育工作。居民健康行为养成率达到国家标准。责任单位：市卫生局。

2. 规范宾馆、车站、商场、浴池、美容美发等公共场所卫生，按照规定对公共场所进行环境消毒和用具消毒；全面整顿医疗卫生部门、餐饮、饮食加工等行业卫生。责任单位：市卫生局。

3. 严格食品卫生操作规程，强化餐具消毒，有效控制食物中毒现象发生；对无卫生许可证的食品生产、经营单位和公共场所以及集贸市场内暴露食品的摊点，坚决予以取缔。责任单位：市卫生局、市食品药品监督管理局。

4. 加强职业病、传染病预防和治疗，增加相应的监测检验设施，有效预防和控制疾病流行。责任单位：市卫生局。

（十）数字城管工程

按照资源整合、互联共享的要求，依托市政府信息中心现有网络，整合公安部门“天网工程”、交警指挥系统、环保监察系统、部分社区和办公楼监控网络等资源，建立数字化城市管理综合监控系统。

主要任务：

1. 整合现有网络资源，在主要街道、繁华地段、公共场所补充安装电子监控设施，完善网络功能，配套网络终端设备，建立市级城市管理综合监控系统和监督指挥中心平台。责任单位：市经济信息中心。

2. 建立城区、矿区、开发区的城市监督管理网络终端。责任单位：城区政府、矿区政府、开发区管委会。

3. 完善公安“天网”系统和交通监控指挥系统。责任单位：市公安局、城区政府、矿区政府、开发区管委会。

运行机制：根据城市管理区域城管部件、事件分布的实际情况，按照街面、社区、公共场所等不同区域划分为若干个1万平方米左右单元网格，每个单元网格内由城管监督员进行日常巡逻执勤，采集信息，发现问题后向监督指挥中心报告立案，由监督指挥中心调度指挥相关部门进行处置。监督指挥中心定期评价、考核各区和市直相关部门的工作绩效。

四、城市管理体制和队伍建设

以数字化城管体系为载体，坚持执法与监督相分离、职能与权力相匹配的原则，调整理顺城市管理体制，建立指挥有力、运行高效、处置迅速的城市管理运行机制。

（一）成立市“城市管理综合监督指挥中心”，从公安、交警、城管执法部门抽调专人组成。主要职能：指挥调度相关部门对城市管理部件、事件的监管查处；协调相关部门职责不清、职能交叉、推诿扯皮相关事宜。

（二）加强公安部门对城市管理执法的协助配合，具体包括：配合、协助城管执法部门开展工作，调解和处理城管执法中发生的各类治安纠纷；查处并配合城管执法部门清除乱涂乱贴小广告等违法行为；配合违章建筑的拆除工作等。

（三）调整理顺城市管理部分职能：市规划局负责违章建筑、临时建筑、大型广告规范整治的监管处置；市、区园林部门负责侵占、侵害城市绿地、花草树木等的监管处置；市建设局负责建筑工地和出入口的环境、卫生的监管处置；市散装水泥办公室负责建筑工地现场混凝土、砂浆搅拌污染的监管处置；市政管理局负责市政基础设施的监管处置；各级环保部门负责噪声污染、油烟污染等的监管处置；各级工商部门负责工商经营户的店容店貌、广告牌匾、店外经营、环境卫生等的监管处置；交警支队负责车辆违章占道（包括车行道和人行道）停放的监管处置；各级城市管理执法部门负责市容市貌、马路市场等的监管处置。

（四）强化环境卫生监督管理。市、区城市环境卫生管理部门组建专职监督队伍，向社会公开招聘45名专职监督员（市级10名，城区、矿区、郊区各10名，开发区5名），配备车辆，赋予权力，专门督察市区（包括城中村、城周村）环境卫生，并对环卫作业部门进行绩效考核。

（五）市城乡环境卫生管理局要制定城市环境卫生管理办法，加大对不文明行为的处罚力度。

（六）强化环卫作业队伍。市区（包括城区、矿区、开发区）充实700名环卫作业人员，延长街面保洁时间。

（七）加强基层城管执法队伍建设。各区政府根据城管任务的工作量，酌情增加一部分临时协管员，协助城管专业队伍加强执法和管理，延长监管时间，提高监管成效。

（八）充实环境保护执法队伍建设，增加环境监测、环境监察、机动车尾气监管等人员，达到国家标准化要求，提高环境管理水平。

（九）建立社会监督和测评机制。从人大代表、政协委员和社会各界选聘200名“三城同创”义务监督员，对创建工作进行日常监督，并每年对各县区政府、各责任单位、各执法队伍进行考核测评。

五、全民动员和宣传造势

按照“人民城市人民建、人民城市人民管”的要求，以提高全民文明素质为重点，广泛进行宣传教育，营造创建氛围。

1. 市区范围内所有中小学校开展“争做文明小市民”活动和“小手拉大手，共向文明走”活动。建立中小学生环保教育基地，使爱护环境、言行文明成为每个学生的基本素质，并通过学生影响和带动家庭。大中专学校要开展“我为三城同创做贡献”活动，以各种方式参与创建。教育部门每年评选100名文明小市民，并给予公开表彰。责任单位：市教育局。

2. 制定并公布“文明市民公约”“文明市民行为规范”。全市每年评选100名“三城同创文明市民”。责任单位：市精神文明办公室。

3. 在市区主要街道和大型广告位置发布“三城同创”公益性宣传广告和固定标语。责任单位：市规划局。

4. 出租车、公交车设置“三城同创”相关标语或语音提示，开展出租车、公交车达标验收和“标兵”评选活动，每年评选“标兵”出租车、公交车各50辆予以挂牌。责任单位：市交通局。

5. 开展文明诚信经营，每年评选100个文明工商户给予挂牌公示。责任单位：市工商局。

6. 全市各新闻媒体开辟专栏，组织“三城同创”集中宣传和报道，定期公布“三城同创”进展情况，加强舆论监督，对先进典型及时表扬，负面典型公开曝光。责任单位：市委宣传部。

7. 发挥各类文体协会的引导作用，广泛开展形式多样的群众性文体活动，引导广大群众参与“三城同创”活动，每年文化、体育类各评选50名“三城同创”积极分子给予表彰。责任单位：市文化局、市体育局。

8. 在全社会开展“志愿者”行动，广泛开展各种形式的创建活动，并评选一定数量的“三城同创”积极分子。责任单位：团市委、市妇联。

9. 设立“三城同创”投诉电话和电子信箱，畅通信息渠道。责任单位：市创建指挥部办公室。

六、实施主体和投资方式

“三城同创”的具体实施主要由市、县（区）两级政府和相关职能部门、驻地单位以及企业负责。市政府负责创建工作的领导、督促、检查和部分重大工程的实施；各县区政府负责辖区内创建工作的组织实施；市、县（区）各职能部门负责各自的创建任务并提供业务和技术服务；驻地单位，包括国家和省直驻地条管部门、企业，要按照驻地政府的总体要求，负责本系统、本单位所属居民区、办公楼院的创建工作。

创建资金坚持政府主导、单位自筹、社会共担原则。市、县（区）两级财政安排“三城同创”专项资金，重点用于基础设施建设、重大工程和部分财政供养单位的创建投资；国、省、市驻地单位和民营企业的创建投资由各自负责，对财力特别困难的单位，市县区政府根据情况给予适当补助，企业用于创建的投资可以增值税抵扣和所得税税前列支；其他部门和单位的创建投资根据实际情况自筹解决。

确立“经营城市”的理念，在城市基础设施、公共服务设施等硬件建设和主要街道大拆大建中，走市场化、社会化的路子。要本着“谁投入、谁建设、谁受益”的原则，依托驻地企业加快街道改造和重新开发。鼓励社会资本和民间资本投资各类城市建设项目，鼓励社会各界捐建公园设施、小游园、过街天桥等公益项目并给予冠名。

要精心包装整合项目，打包打捆，采取政府资本金、土地、现有资产抵押贷款，发行城市建设债券等多种方式，多渠道争取金融部门的支持。继续加大招商引资力度，积极利用外资推进城市建设、生态建设和环保建设。

各级各部门要千方百计加大项目策划和资金争取力度，全力争取国家、省对基础设施、环境保护、水利建设、生态恢复等方面的投资。

七、考核和奖惩措施

考核办法：考核要坚持专项考核和社会评价相结合、条块相结合的原则，按照国家卫生城市、园林城市、环保模范城市的标准，以县区政府、驻地单位、责任部门为考核对象，以大街、社区（包括城中村、城周村）为考核单元，由市“三城同创”指挥部办公室及园林、卫生、环保专项创建办公室根据有关创建标准，结合社会评价结果进行综合考核。对郊区政府重点考核城中村、城周村环境卫生和改造建设情况。

“三城同创”责任单位由园林、卫生、环保创建办公室按项目、标准、进度和季度进行考核打分，市创建指挥部办公室审定后，按好、中、差三类进行排队，并定期通过新闻媒体公示。“三城同创”工作每年年终进行一次总结评比，指挥部办公室根据创建进度和考核情况分别给予奖助、奖励和惩处。

奖助：市政府每年对各创建区政府兑现一次奖助资金。按照创建内容和规定的标准，达标大街每公里奖助 30 万元，达标社区（不包括主要大街）每个奖助 20 万元。

奖励：每年评出 1 个先进县、2 个先进区、5 个先进责任单位、10 个先进驻地单位（阳煤集团按县区对待）、20个先进社区（村）、3支先进执法队伍、5个先进职能部门、100名先进个人，分别授予“三城同创先进”荣誉称号，并分别奖励10万、10万、5万、3万、2万、1万、1万、1000元。

惩处：对于每年考核不达标准，没有完成基本任务的各县区政府和单位，对经过社会监督员考核测评最差的两支执法队伍，在媒体进行通报批评，主要领导诫勉谈话；对连续两年考核不达标的县区政府和责任单位、不能按要求完成任务的职能部门、社会评价最差的执法队伍，主要领导进行调整；对在“三城同创”中不尽责、不得力、影响全局工作的单位主要领导随时采取组织措施；对考核中出现反弹的县区，如不能及时恢复，扣除当年相应的奖助资金。

八、组织领导

为切实加强“三城同创”工作，市委、市政府专门成立“三城同创”指挥部。指挥部政委由市委书记担任，总指挥由市长担任，副政委、副总指挥由市委、市政府分管领导担任，指挥部成员由各县区政府、市直有关部门和大型企业主要领导担任。市创建指挥部定期召开工程建设调度会和推进会，及时解决工程进展中存在的问题。

指挥部下设办公室，设在市政府办公厅，从各有关部门抽调专职人员组成，负责“三城同创”指导、督促检查、综合协调以及指挥部日常工作。

指挥部下设三个专项创建办公室，即：园林城市创建办公室、卫生城市创建办公室、环保模范城市创建办公室，负责专项创建的日常工作。

指挥部下设宣传教育办公室，负责“三城同创”全民教育和宣传造势工作。

指挥部下设若干专项工程指挥部，负责道路等基础设施建设和精品示范街整饰工程。

九、实施要求

1. 各专项创建办公室根据本方案尽快制定实施细则和考核办法，报指挥部办公室审核后实施。

2. 各创建区政府、开发区管委会和市直有关部门根据本方案尽快制定各自实施办法，报指挥部办公室审核后实施。

3. 平定县、盂县参照本方案制定各自创建方案，与市区的创建活动同步推进。

4. 本方案在实施过程中如遇到新情况、新问题，由创建指挥部另行部署。

◆回忆文选◆

为题《石评梅作品集》书名后志

邓颖超

书目文献出版社嘱我为本世纪二十年代名女作家石评梅作品集题写书名，立即在我的眼前浮现出一件难忘的往事。在二十年代，大革命时期，我已知高君宇（名尚德）同志是我党北方区委员会的负责人之一，主管宣传工作，但未见其人。那是一九二五年一月，高君宇同志在上海参加我们党的第四届全国代表大会之后，返回北京的途中，他特地在天津下车，到我任教的学校里看望我，因为，他受周恩来同志的委托来看我并带一封信给我，这样我们有缘相见，一见如故，交谈甚洽。高君宇同志和周恩来同志是在党的第四次全国代表大会期间相识的，两人欢谈甚深，彼此互通了各人的恋爱情报，于是高君宇同志做了我和恩来同志之间的热诚的“红娘”，而恩来同志又做了我得见君宇同志的介绍人。我和君宇同志的那次亲切的会见，他给我留下了深刻的印象。他是一个温和而又沉着，内心蕴藏着革命的热情，而从外貌看上去也较为成熟的青年。

在同年的三月间，我正在北京参加国民会议促成会全国代表大会的时候，突然听到君宇同志逝世的噩耗，深为悲痛，极想能够见到他的情人——石评梅女士，给予安慰。数日后，在北京大学旧址法学院的礼堂举行高君宇同志的追悼会，由赵世炎同志（中共北方区委员会负责人之一，主管职工和宣传工作，一九二七年国共两党分裂后，七月在上海被捕遭杀害）主持，我去参加追悼会，怀着极其沉痛的心情和迫切的愿望，希望能够见到女作家石评梅。但是那天很出乎我的意料，评梅女士并没有参加追悼会，可能因为她悲痛过甚而不能参加。但是，在追悼会会场的正中悬挂着评梅女士抄录的君宇同志自题相片的那首诗，作为她悼念君宇同志的悼词。因为，我和恩来同志对高君宇同志和石评梅女士的相爱非常仰慕，但他们没有实现结婚的愿望，却以君宇同志不幸逝世的悲剧告终，深表同情。君宇同志由于工作关系，一人独居，无人照料，阑尾炎发作后，因耽误时间而恶化以至不救长逝。从那个时候起，我就仰慕高、石之间爱情和同情他们的不幸遭遇，总希望能有机会和石评梅女作家见一面，然而，石评梅女士由于失去君宇同志悲伤过甚，约三年后，她自己也离开了人间。我始终未能同石评梅女作家有一面之缘，至今仍引为憾事。北京解放后，我也曾与一些同志和青年一代几度到陶然亭，凭吊高、石合葬的碑墓，我向同行的人们讲述了高、石的爱情和革命事迹。由于对高、石俩人的仰慕和同情，缅怀之思，至今犹存。虽我们两对四人，其中已有三人长逝了，作为幸存者的我，有机会能为《石评梅作品集》题写书名，深感欣幸，故不计字迹拙劣，乐于题写。

一九八二年七月下旬于北京

邓颖超（1904—1992），原名邓文淑，祖籍河南光山，出生于广西南宁。无产阶级革命家、政治家，著名社会活动家，中国妇女运动先驱。曾任全国人大常委会副委员长、中共中央政治局委员、全国政协主席等职。

对阳泉解放初期工作的回忆

任朴斋

1947年，解放战争进入第二个年头，蒋介石全面进攻解放区的企图遭到失败，改为对陕甘宁和山东解放区实行重点进攻。为了配合陕甘宁和山东解放区军民对国民党军队的作战，当年4月，聂荣臻司令员指挥晋察冀野战军和地方兵团发起正太战役，歼敌3.5万人，并于5月2日解放了阳泉。

阳泉地处正太路中点，是重要的工矿区和晋东政治、经济中心。阳泉解放后，中共冀晋区党委和行署便决定将阳泉由平定划出，并委派干部于5月4日正式组建了中共阳泉市委和阳泉市人民政府，以智生元同志为市委书记兼市长；我为市委委员兼社会部长和市政府公安局长；郭弼诚同志为市委副书记兼宣传部部长；边绍毅同志为市委组织部部长。这是我自1941年离开阳泉后相隔6年又回到故乡。不久，智生元、郭弼诚、边绍毅等同志奉调随军南下，区党委任命我为市委书记兼市长，直到1950年8月调华北局，我在阳泉工作了三年多的时间。在这中间，1948年阳泉曾由中共中央华北局和华北人民政府直辖，华北局任命程宏毅同志为阳泉市委书记兼市长，我改任副书记兼副市长。

昔日繁荣兴旺的阳泉，经过日军八年的蹂躏和国民党阎锡山两年来的破坏，已是满目疮痍，工厂倒闭，商业萧条，民生凋敝。加上当年旱灾严重，人们过着衣不遮体、食不果腹的生活，挣扎在饥寒交迫之中。而东、西两端的石家庄、太原尚为国民党重兵盘踞，阳泉得而复失的可能随时存在。不甘心失败的残余敌特，经常打冷枪，制造蛊惑人心的谣言。因此，市委、市政府成立后面临的新形势，非常严峻、复杂。

一开始，冀晋区党委指示我们，要做两手准备：一是国民党军队卷土重来，我军不计较一城一地之得失，主动撤离，阳泉得而复失；一是市委、市政府长期存在下去，阳泉永归人民所有。根据这一指示，我们着重做了第一手准备。一方面向群众宣传蒋军必败、我军必胜的道理和党的各项政策，发展、建立党的地下组织，部署城工、敌工工作，为一旦撤离后开展隐蔽斗争做好准备；一方面动员群众将一些工厂设备和物资转移到老解放区。如阳泉铁厂的二号高炉，就是由200多名工人以人推马拉的方法，跋山涉水，行程200多公里搬迁到晋东南故县（今长治市）的，在故县建立了解放区第一座现代化铁厂（即长治钢铁公司的前身）。为了阻止石家庄国民党军进犯，我们主动将五渡铁路桥炸毁。

到了当年7月，刘、邓大军挺进中原，我军已由战略防御转入战略进攻。由于战争形势的这一转变，阳泉得而复失的可能已不存在，根据上级党委的指示，市委、市政府立即着手安定人民生活，建立新的社会秩序，恢复工农业生产，支援全国解放战争的工作。

一、战胜灾荒，安定人民生活

自上年以来，阳泉地区就干旱少雨，转年以后，灾情更加严重，平时就过着糠菜半年粮日子的普通群众，这时只能靠采摘野菜、树叶为生。我们的政府是人民的政府，共产党是彻底地为人民服务的，我们绝不能让已经解放了的阳泉人民继续挣扎在饥饿线上。为此，市委、市政府决定千方百计、想尽一切办法帮助群众度过灾荒。市政府先后筹借粮食2万多斤，拨出小米3万多斤，并号召机关工作人员节约口粮，将这些粮食捐赠给贫苦市民，共救济灾民1000多户，解决了他们的燃眉之急，群众称之为“救命粮”。

为了解决失业工人的生活问题，市政府发放贷粮、贷款，发动工人组织生产合作社，进行生产自救。同时于5月底，由市政府出面，市工矿交通管理局、市职工会联合成立工人管理委员会，负责给失业工人介绍职业，先后安置失业工人近千名，有近300多名技术工人经动员到老解放区工作。以后随着工商业的恢复，失业工人全部得到了就业。

到了8月，旱象继续发展，市委又召开全市干部会议，对抗灾度荒工作作了进一步部署，号召全体干部领导人民群众战胜困难，准备好各种菜籽，一落透雨，就抓紧抢种；担水浇灌未死禾苗；大量开荒，大力发展副业；组织群众搞好运输，抢运存煤，到寿阳、平山、井陉等地换取粮食、布匹等生活用品。同时动员群众采集野菜、树叶以备食用。经过广大干部、群众的努力，终于战胜了这场严重的灾荒，解放前那种一遇灾荒便死人的现象没有发生，人们由衷地感谢共产党领导得好。

二、荡涤旧社会的污泥浊水，建立革命的新秩序

在日伪和蒋阎统治时期，阳泉是晋东一带的统治中心，除了敌人的党、政、军机关外，公开的特务组织就有十余种之多。阳泉解放之后，残余敌特分散各处，进行制造谣言、投毒暗害、扔石头、打冷枪等破坏活动，扰乱社会治安，其活动十分猖獗。

为了使解放了的阳泉人民过上安定的生活，必须打击敌人的破坏活动，建立起革命的新秩序。为此，我们做了大量的工作。市委、市政府成立后，即由公安局组织公安干警成立了搜索组和审俘组，对国民党山西第二专员公署、阎军十总队司令部、国民党军统阳泉小组、阎军正太前线指挥部及三青团、同志会、安清会、进步社、黄色工会、奋斗团等国民党党、政、军、警、宪、特和反动帮会、地主武装驻地全面进行搜索；对在寿阳、测石俘获的地方官员及警、宪、特人员进行了审查。通过搜索、审查，弄清了89名奸特要犯的情况，并收缴了大量枪支、地雷、手榴弹和文件。随后，又以市公安局的名义发布公告，动员顽伪人员限期进行登记。两次登记顽伪人员近1200人，使顽伪人员的活动初步得到控制。在弄清社会基本情况之后，对城市户口加强了管理。市公安局自己动手设计的户口簿和户口副本得到了华北人民政府公安部的好评，并在各新解放城市得到推广。

在进行上述基础工作的同时，大力加强了案件侦破工作，先后破获一起军统特务派遣案和多起走私、贩毒、盗窃、赌博及流氓集团案。1949年，根据中央和华北局的指示，取缔了一贯道等反动会道门。

随着各项工作的开展，各级公安保卫组织和有关制度也逐步建立起来，社会秩序有了很大好转。当时的阳泉，是解放区里的重要城市。随着解放战争的发展，新解放城市将越来越多，如何对新解放城市进行管理，如何迅速恢复工商业、变消费城市为生产城市，如何在新解放城市进行建党工作，当时在这些方面还很缺乏经验，因而阳泉在这些方面自然就担当了试点的角色，经常有党中央和华北局、华北人民政府的领导同志到阳泉视察和指导工作。1948年4月，邓小平前往中原解放区时曾路过阳泉，并作短暂停留。同年10月，国民党傅作义部为扭转华北战局，企图进袭石家庄和党中央所在地西柏坡，林伯渠、董必武、谢觉哉等老一辈无产阶级革命家率领中央及华北局部分机关转移到阳泉、平定。随同转移的还有被我军关押的国民党战俘。同年11月，徐向前前往榆次指挥太原战役时，也曾在阳泉作短暂停留。由于我们在整顿社会秩序方面做了大量有效的工作，确保了领导同志的安全，没有发生任何问题。

在建立新的社会秩序的同时，我们还把荡涤旧社会的污泥浊水，消除旧社会种种丑恶现象

作为主要任务，禁绝了赌博、吸毒和卖淫嫖娼，取缔了妓女院。妓女除解放前被老鸨裹胁逃走的以外，政府都给以教育和帮助，妥善安排了她们的出路，帮助她们建立了家庭，使饱受凌辱的她们获得了做人的尊严。

三、恢复工商业，支援全国解放战争

迅速恢复阳泉的工商业，在当时具有重大的意义。因为已经获得解放的阳泉，当然地负有支援人民解放军解放太原、解放山西乃至解放全中国的责任；又由于阳泉地处太原、石家庄之间，位于晋察冀和晋冀鲁豫两大解放区之交界线上，因而接待过往部队和干部，生产大量弹药支援前线等任务都责无旁贷。要完成这样的任务，必须迅速地恢复阳泉的工商业。

可是，要想迅速恢复工商业谈何容易！经过日本帝国主义的疯狂掠夺和国民党阎锡山的破坏，阳泉的工矿业已是千疮百孔。煤矿的一些重要设备被阎锡山劫走，致使有的煤矿被水淹，有的煤矿内部自燃，能勉强生产的矿井寥寥无几，月产不过几千吨。阳泉铁厂除了笨重的高炉和锅炉还没被国民党阎锡山拆卸运走外，几乎被洗劫一空。另一方面，当时正处在土改高潮之中，在“左”的思想指导下，侵犯中农利益，乱分工商业物资，不给富农经济出路，不给地主生活出路，搞唯成份论，搬“石头”等现象相当普遍，再加上路南、路北还有一些县区干部带领群众涌到市内，争相搬运厂矿物资和设备。这些，都给恢复工商业带来不少困难，何况敌机还不断窜入市区上空投弹、扫射。面临这种种情况，要迅速恢复工商业其困难是可以想见的。

为了迅速恢复生产，变消费城市为生产城市，支援全国解放战争，市委、市政府主要抓了以下几个方面：

1. 以阳泉四矿、阳泉铁厂和铁路为恢复的重点，推动工矿业全面恢复

煤、铁业是阳泉经济的支柱，恢复生产主要是恢复煤、铁两业的生产。1947 年 7 月以后，阳泉局势已趋稳定，中央局决定立即停止从阳泉搬运物资器材，并将其逐步移交阳泉市。华北企业部部长黄敬等同志到阳泉同市委共同研究，具体策划恢复阳泉工业生产的问题，派贾林放、徐驰、胡培模到阳泉，分别负责煤矿、铁厂和铁路的恢复工作。在市委、市政府的领导下，广大工人发扬了高度的主人翁精神，在整个恢复工作中，他们昼夜苦战，克服了种种难以想象的困难。工人们从深及腰部的矿井积水中捞出了他们为了不让国民党劫走而沉在水底的机器、铁轨、工具和器材；缺少设备或材料，工人们就千方百计设法试制或寻找代用品；遇到技术难题搞不通，大伙就凑在一起集思广益，一块琢磨研究；人手不足，就一人顶两人，白天黑夜连着干，即使在敌机轰炸、扫射的情况下，工人们依然奋不顾身，毫不退缩，真正显示了工人阶级的伟

这是我，一个阳泉老兵最深情的祝愿！

任朴斋（1918—2003），山西阳泉人。曾任中共阳泉市委书记、阳泉市市长、建材工业部副部长。

六十年代阳泉市国民经济的调整

王定谟

阳泉受自然条件的制约，建国初期，沟壑纵横，水患严重，城市发展缓慢，工农业生产落后，传统的采矿业及手工业只起着无足轻重的作用。加之50年代后期“大跃进”的一些错误指导思想，盲目地号召大炼钢铁，放卫星搞“无米之炊”，使阳泉国民经济不同程度地遭受了一些损失，工农业生产出现了一些结构性的错误，未能充分发挥阳泉的资源优势。

60年代，中央发现了“大跃进”中的一些错误做法，及时提出了“调整、巩固、充实、提高”的方针，采取了“关、停、并、转”等一系列具体措施。全国国民经济调整有了政策性的依据。从60年代开始，阳泉根据中央指示精神，结合阳泉工农业生产的实际情况，因地制宜地制订了一系列适合阳泉工农业生产发展的方针。

首先，阳泉有着丰富的煤、铁、铝矾土、耐火材料、陶瓷等资源，但由于当时阳泉工业生产起步低，还不具备现代化生产的条件。基于这种情况，阳泉制订了吸取外地经验、发展本地经济的方针，派人到外省、外地考察学习取经。根据阳泉的资源分布情况和工业发展程度，本着节省资金、产销对路、充分利用当地资源的原则，利用50年代后期“大跃进”时期废滞的一些厂房和设施，先后修建了泡沫塑料厂、钢管厂、高压电瓷厂、水泵厂、耐火材料厂、玛钢厂、仪表厂等一些以手工业生产形式为主的工厂，形成了阳泉独特的手工业生产格局，并在全省乃至全国产生了积极的影响，有些企业还成为全省样板企业被号召加以学习。调整后阳泉的工业产值明显提高，加快了工业群体的形成，客观上也为阳泉成为能源重化工基地和形成阳泉特有的骨干拳头企业创造了条件和打下了一定的基础。

经济要发展，交通要先行。但60年代初，阳泉交通一直处于滞后的状态。城市交通拥挤，道路设施落后，严重地制约着阳泉经济的发展。为了提高阳泉的货物外运能力和减轻城市交通压力，60年代初，阳泉在克服了资金、技术等重重困难的情况下，先后修建了阳泉到荫营和南庄到白羊墅两条地方铁路。当时施工条件相当恶劣，但是通过广大干部、工人的艰苦奋斗，终于顺利建成了铁路，增强了阳泉的交通运输能力，缓解了城市交通压力，环境污染得到有效的遏制，工业生产和交通格局进一步合理完善。

在城市建设方面和基础设施建设方面，阳泉也取得了明显的成就。过去阳泉街区零乱，没有一条像样的街道；水电匮乏严重制约着阳泉的工农业生产和居民生活。面对这一系列问题，市委、市政府在克服财力不足等困难的同时，充分发挥党员、干部的模范带头作用，发动群众，群策群力，先后修建了北大街、河边街等主要街区，并增加这些主要街区的辐射性，城市基础设施和居民生活条件有了明显的改善。阳泉一直缺水，尤其是缺少高质量的生活用水。多年来群众一直视水为宝，渴望能尽早解决用水问题，排除缺水的困扰。市委、市政府也有过多次从娘子关引水的决议，以求根本上解决缺水的问题；但由于一些主客观方面的因素，一直未能如愿。其间曾先后在桃河流域实施了辛兴水源系列工程，并培养人们的节水意识，保护水资源，基本上保证了居民的生活用水和工农业生产用水。这在当时可以说是做了一项非常有益的工作。直到改革开放才终于实现了“东水西调”这一功在当代、利在千秋的造福于阳泉人民的宏伟蓝图，我们不能不感到万分的高兴和感谢党的富民政策。

作为海河支流的桃河，洪期为患，严重威胁着人民的生命安全。市委、市政府发动群众，开挖河道，修筑堤坝，建立水电设施。经过多年的努力，彻底治理了桃河，同时扩大了市区建设面积，美化了环境，消除了威胁人民生活的隐患，为阳泉城市改造和扩大发展创造了条件。

阳泉在60年代国民经济调整中取得了一系列令人瞩目的成就。勤劳、善良、勇敢的阳泉人民，为了建设新阳泉，吃苦耐劳，艰苦创业，为阳泉的建设事业作出了不可磨灭的贡献。

王定谟（1920—2004），山西昔阳人。曾任中共阳泉市委副书记，晋东南地区革命委员会副主任，中共临汾地委副书记、书记。

难忘的十五年

——我市农业学大寨的回顾

马维华

1964年，伟大领袖毛主席发出了“农业学大寨”的号召，我市同全省、全国一样，立即掀起了轰轰烈烈的“农业学大寨”的高潮。从1964年到1978年，这十五年是我国农村继土地改革、农业合作化之后又一个重要阶段。我市通过“农业学大寨”运动，较好地解决了对农业基础地所谓远引，就是在寿阳境内把桃河上游的水引回来，建成了蓄水535万立方米的山南水库，解决城市用水；引盂县温河水建成油瓮水库，库容水100万立方米，解决了东村、西南舁、三郊、河底、荫营5个乡、镇的人畜吃水和部分土地的灌溉用水问题；在娘子关修建东水西调工程，不仅解决了城市工业和城市人口用水问题，而且还解决了杨家庄、白泉、李家庄、荫营、河底部分人畜用水和工农业用水。所谓深挖，就是把地下的深层水挖出来。小河大队依靠自己的力量，经过三年半的艰苦努力，投工8万个，在石灰岩区挖石方6000立方米，投资138万元开凿深井，打出了斜深度达663.8米、垂直深度达324米的全国第一眼人工在石灰岩区开凿的深井，日流量达7000立方米，发展水浇地800亩。小河打深井的成功，不仅给阳泉走出一条深挖取水的新路，为工农业生产开辟了一处新的水源，而且为全国在石灰岩区中打深井引水提供了重要经验，因此引起了中央主管部门的高度重视和肯定。当时，在配套设备十分紧张的情况下，国务院配办无偿支援小河深井大口径、大流量特大型水泵一组，进口坑下水平钻机两台；省配办支援了汽车、空压机等。在小河的带动下，泊里等相继打了深机井27眼。所谓高提，就是把煤矿老窑的积水和小泉小水提上来。所谓大蓄，就是把天上下的雨水，通过修旱井、建水洞、水池，蓄起来，共建旱井4345眼。

经过连续六年大搞农田水利基本建设，治理了无数的贫地荒沟荒山，扩大了耕地面积，改变了农业生产条件，增强了抵御自然灾害的能力，促进了粮食稳定高产。至1978年底，全市有效水浇地达到了32833亩，占耕地面积的16%，比建国初期增长109倍。在水利灌溉设施方面，到1978年底建成灌溉水井433眼，其中配套机电井198眼；建成机电灌站276处，井站共装机659台，计2.1万千瓦；建成小型水库8座，总容水达221万立方米，蓄水池772个，总容水173万立方米；建成喷灌94处，喷灌面积达3925亩。全市历史缺水村有72个，77101人，大牲畜3726头，到1978年底，有57个村解决了人畜吃水问题。

实行科学种田，推广农业科学技术，贯彻毛主席的农业《八字宪法》方针。从市、区、公社、大队到生产队，建成了农村科技网络。各公社建起了农技站，各大队都有农技员，大、小干部多数都是种田能手。第一，增施有机肥，科学施肥。在农业学大寨的前十年，化肥很少，主要通过增加有机肥来提高地力，全部秸秆还田，发展猪、骡、马大牲畜，增加畜肥，组织城市粪便田。实行了分层施肥，深层施肥，粗细肥搭配，底肥、种肥、追肥相协调，从而增加了土壤的腐殖质、有机质，改善了团粒结构。1976年后每亩施化肥保持在150～200斤。第二，狠抓农作物优良品种的繁育推广工作。从1964年起，除建起了良种繁育场外，先后在河下、矾窑、杨树沟、北小西庄、东南舁、苏家泉、上白泉、杏树坡、霍树头等，建立了种子繁育基地，实行试验、示范、繁育、推广相结合，其中玉米、高粱制种基地800余亩，小麦、谷子等良种繁育和提纯复状400多亩，并在1970年和1977年，两次赴海南育种，确保了良种的推陈出新。良种的变化过程大致可分三个阶段，学大寨之前以农家传统种子为主，学大寨的前十年把外引和推广良种上升到主要地位，70年代后着重试验、研究新品种的推广应用。第三，合理密植。学大寨之前，以农家传统种子为主，玉米每亩只有800～1000株，谷子每亩只有7000～1万株。1964年之后，推广玉米双交种，玉米密度每亩2200～2500株，谷子1.2万～1.8万株，1975年后推广玉米单交种，玉米每亩3000～3500株，最高达3800株，谷子每亩1.8万～3.2万株，其他小麦、高粱、豆类、薯类等作物的密度也有了较大幅度的增加。第四，狠抓种植结构改制，提高复种指数。随着农田水利和高标准海绵田的扩大，为提高粮食产量，实行耕作改制，科学地搭配田间结构，保持了四季都有作物生长，叶面积系数彼此起伏，分层、交错、连续用光。这种改制面积到1979年达到了3万余亩，每年单位面积的两茬或三茬作物的合计计算，亩产在1800～2200斤，少数地块还达到了3000斤。第五，加强了病虫测报和综合防治工作，曾经危害严重的秋黏虫、玉米螟基本根绝。玉米黑粉病、谷子白发病、谷瘟病、小麦星黑水、散黑水等病，也都降到0.02～0.03%。由于狠抓了科学种田，粮食产量大幅度提高，在1977年和1979年，总产量都突破了一亿斤，平均亩产512斤和609斤。其中玉米亩产、谷子亩产、小麦亩产都比学大寨前翻了一番半至两番。

农业机械化程度大大提高。农机拥有量逐年增加，农机管理队伍日益壮大。50年代至60年代初期，我市农村仅有山地犁、双轮双铧犁、胶轮车、小平车等半机械化农具。到1979年，农业机械总马力达104965马力，农用汽车发展到189辆，大、中型拖拉机发展到374台，小型拖拉机878台，农用水泵1384台，农产品加工机械1034台，饲料粉碎机205台，胶轮大车453辆，小平车9876辆。农机化水平不断提高，农机作业面积不断扩大。机械平田整地、机耕机播、机械加工等，不仅节省了劳动力，提高了劳动效率，而且大大提高了经济效益。到1977年，全市机耕地面积达到5万余亩，占总耕地面积的25%。农业生产由过去的手工操作变为半机械化或机械化作业，大大提高了农业机械化水平。

为了改变农村的交通运输条件，全市农村普遍重视了道路建设。田间通了小平车、拖拉机，各大队之间通了汽车。修通了旧街到后山、桑掌到后峪、大西庄到西岭等简易公路，改变了交通闭塞的状况，给当地人民的生产、生活提供了方便。

在1964年至1978年的15年间，阳泉林业在左右徘徊中缓慢发展。全市完成造林8.95万亩，年均0.60万亩；最多年份的1975年，造林达2.35万亩。当时，市区植树造林的重点是集中绿化市内主要街道、近郊荒山和干线公路，以四旁植树为主，亦有少量的荒山造林。组织形式多采用群众性会战。如1964年春季，市区先后组织了两次大规模造林会战，共出动8.69万人次，在南山、北山、桃河两岸、公路和街道两侧补植了10余条长达50多公里的行道树木，并在狮脑山整地2693亩，栽植苹果树4000株。1973年3月中旬，发动阳泉矿务局、阳钢、晋东化工厂、商业局、市革委机关、师范学校共60多个单位的3万多人，上狮脑山整地造林5000余亩。这几年，市区植树造林每年出动人数都达上万人次，形成轰轰烈烈的群众运动。1976年提出阳泉建成大寨区。林业建设的总任务是苦战三年，第四年扫尾，实现林业上纲要。即人均四旁树一般在百株以上，造林保存面积应占宜林面积的85%以上，造林每亩成活保存株树不低于合理株树的70%。造林重点放在“三山”（狮脑山、后峪山、王兰山）、“两带”（桃河南、桃河北）和社办林场。1971年杨家庄公社成立市区第一个社办林场。各公社相继办起林场。四旁植树的重点是铁路、干线公路和社队公路绿化。1978年，我市与长治市开展植树造林竞赛，一年之内将市区铁路和4条干线公路两侧的树木全部更新，绿化总里程达146公里。

全市各行各业在“农业学大寨”的推动下，为发展农业生产做出了很大贡献。全市新建了化肥厂、磷肥厂、小四轮拖拉机厂、铸管厂、平潭水泵厂、火药厂；社社办起了农机修配厂。实行厂、社挂钩，对口支援。在农田水利基本建设、抗旱、深翻土地和农村大忙季节，各机关、厂矿、企业出动大量人力、物力、车辆、机具，给农业生产以巨大支援。尤其值得一提的是全市各行各业齐出动，大搞桃河造地工程，从1977年开工，到1979年完工，共投工200多万个，其中城市投工160多万个，农村投工40多万个，完成工程量203万立方米；投资760多万元，其中市财政投资240万元，省拨13万元，城市各单位投资510万元，建成主副河坝1.2万米，排洪渠1500米，新增耕地1176亩。

通过十五年来的“农业学大寨”运动，我市广大干部、群众充分发扬大寨人艰苦奋斗、自力更生的精神，战天斗地，农业生产条件有了显著的改变，提高了抗御自然灾害的能力。促进了农业生产的发展，全市粮食总产量由1963年的4814万斤提高到1979年的12067万斤，增长150.66%。完成国家征购任务，1963年为346万斤，到1979年增加到1630万斤，增长371.10%。从此，阳泉市农村摘掉了历史上吃国家返销粮的帽子。社员的口粮也有了大幅度的提高，由1963年的人均327斤，提高到1977年的478斤。1963年全市商品蔬菜播种面积为14185亩，总产量4241万斤，亩均2989斤；到1977年，商品菜播种面积扩大到20133亩，总产达到11094万斤，亩均5913斤，基本解决了城市大路菜的供应问题。1963年全市农村骡、马、驴、牛大牲畜为9690头，到1970年发展到12030头。生猪生产，1963年为5345头，到1977

年发展到37404头。绵羊生产，1963年为6322只，到1978年发展到67166只。全市对农村工副业采取限制发展的方针，要求从事工副业生产的劳力不能超过15%，但实际上投入工副业的劳力超过了这个规定，煤炭、耐火、建材、化学工业、黑色金属、冶金和机械制造业一直没有下马，统统保留了下来。当时工副业的大类产品达到40多种。1963年全市农村工副业产值为1256万元，到1979年达到7195万元，增长近5倍。社员的现金分配，1963年每人平均73元，到1979年提高到178元，增长1.5倍，每个工值为1.75元。

回顾十五年的全市“农业学大寨”运动，我们深深感到有几个问题值得后人借鉴：

第一，通过“农业学大寨”，使我们深深感到农业的基础地位千万动摇不得。农业、农村、农民问题，是影响全局的大事。

第二，搞现代化没有知识、没有人才不行，但干部的才干、能力是从苦干、实干的实践中成长起来的。

第三，在工作方法上，以点带面、点面结合很重要。我们在“农业学大寨”中，层层有典型，项项有典型。通过典型引导，推动了整个运动的发展。

第四，无论办任何事情，都必须坚持实事求是，因地制宜，一切从实际出发。只有这样，才能正确贯彻党的路线、方针、政策，达到预期的目的。

第五，在大力发展生产的前提下，要重视改善人民的生活。在“先治坡、后治窝”的影响下，我们没有把建设新农村列入议事日程，使新农村建设与经济发展不相适应，落后于其他地方，这是一个严重的教训。

第六，在“农业学大寨”中，我们阳泉的工副业虽为农村各项事业发展提供了一定的资金，但由于受批判“重副轻农”的影响，使工副业发展受到限制，现在看来这是一个重大损失。如果不是这样，阳泉的乡镇企业会发展得更早、更快、更好。

第七，在农村分配上，过多地强调公共积累的提留比例，影响了群众生产积极性。

另外，对一张一弛、有劳有逸的关系处理得不好，使群众劳动强度过大，这也是我们今后在工作中应当注意的一个重要问题。（注：此材料不包括平定县、盂县农业学大寨的情况）

马维华（1924—2004），山西沁源人。曾任中共阳泉市委副书记、阳泉市第八届人大常委会主任。

自力更生　艰苦奋斗　引来万代幸福泉

——阳泉市娘子关供水工程建设前后

李好山　马维华　郭　力　卫持英
常　杰　杨存志　王守亭

1979年建成的娘子关供水工程，是阳泉市城市建设供水事业的一个里程碑，是“人民城市人民建，供水事业同心干”的一个光辉范例，是全市人民在市委、市政府领导下，发扬自力更生、艰苦奋斗精神的丰硕成果，为70年代阳泉市城市建设添上了浓墨重彩的一笔。从此，阳泉市结束了饱受缺水之苦的历史。这源源不断的生命之泉，激发出了阳泉市城市持久、健康发展的勃勃生机。

一位当年的工程总指挥深情地说：市委、市政府为了阳泉市的宏图大业，高瞻远瞩，带领全市人民艰苦奋斗，自力更生，顽强拼搏，修建了娘子关供水工程，功在当代，利在千秋。我们的汗没有白流，我们的苦没有白吃，我们无愧于子孙后代。

是的，建设如此一项规模宏大的工程，在阳泉城市建设史上是没有先例的。

一

20世纪70年代初，石太线上的重镇——山西省阳泉市告急：在这个城市里，由于严重缺水，许多厂矿经常处于停产、半停产状态；对国家计划利用丰富矿产资源安排的一些项目，因严重缺水而频频告吹；全市生活用水也严重不足，直接影响到居民的生活、工作和学习。到了枯水期，居民们常常凌晨三、四点便起来到供水台去排队等水……

阳泉作为全国最大的无烟煤基地，当时仅阳泉矿务局日需水量就在2万立方米以上，可供水量只有3000立方米。致使坑下不能湿式凿岩，工作面和巷道不能洒水，粉尘增大，既影响安全生产，也有害于职工健康，矽肺发病率居高不下。工人浴池每池水洗澡达2000人次不能换水，工人说：“洗不洗一个样”。更为严重的是，不得不提老空积水饮用，由于这种水酸性大，有害杂质多，不少职工饮后发生肠胃疾病。甚至连医院也不能保证供水。据市第一人民医院1973年统计，平均每月断水4天以上，器械不能消毒，手术不能进行，病人喝不上开水，好多病人不得不想法带水住院。

面对这种情况，不少单位为解燃眉之急，只好动用生产车辆去外地拉水。阳泉发电厂的2台1.2万千瓦机组、3台锅炉，因水供应不上，被迫停用1机1炉，就这也难以保证，只好用火车从娘子关拉水发电，每天补充用水2000多立方米。

如此严重的缺水状况成了当时市委常委一班人压在心头的一块沉重的顽石。

阳泉市位于太行山系西侧，市区东南与平定县毗邻，西北和寿阳、盂县交界，境内山地丘陵起伏，山势急缓不一，高差达数百米。市内仅有桃河等季节性河流，雨季过后大部分断流，属大陆性气候，雨量少，气候干燥，年平均降雨量小于500毫米，最小降雨量仅240毫米，地下水资源十分贫乏。阳泉境内矿产资源丰富，有煤、铁、铝、矾石、石灰石、硫铁矿等，储量大，质量好。

解放后，在党和各级政府的领导下，全市工农业生产有了很大的发展，成为一个以采掘业为中心的新兴工业城市和晋东地区的文化、经济中心。

全市人民为解决城市用水曾做了大量工作，付出了艰辛的劳动。在大量的勘探及开发工作基础上，采取了各种取水措施。如水库蓄水，开发地下浅层、中层、深层水源等，先后投资2000多万元，虽然解决了一些问题，但随着全市工业的发展和人民生活水平的提高，城市需水量越来越大，而采掘工业的迅速发展对水源的破坏也日益严重，供需矛盾日益尖锐、突出。当时全市日需水量已达7万立方米以上；而供水能力在丰水期也仅达60%，到枯水期则日差5万立方米以上。全市国民经济发展已受到严重制约，解决城市供水问题刻不容缓，迫在眉睫。

二

人民政府为人民。在描绘全市经济发展宏伟蓝图的同时，市委把目光聚焦到了远离市区40多公里、山清水秀的平定县所辖娘子关。

娘子关三面环山，共有较大泉水13处，最大流量为12.5秒立方米，水量稳定，水质良好。当时娘子关发电厂已有2台10万千瓦机组，集城西和坡底泉以用，经它用后的泉水水质不变，清澈晶莹，可供用水3秒立方米，是较为理想的城市供水水源。这就是阳泉市解决城市供水的出路。

实际上，早在1966年以前，为彻底解决阳泉城市供水，根据专家们的提议，市委曾多次讨论研究过从娘子关提水设想方案，并进行了初步勘测，后由于“文化大革命”，被迫停了下来。1970年市委决定娘子关提水工程上马，组织抽调全市精明强干的技术人员开始设计及施工前紧张的准备工作，但又因地方财力严重不足，未能列入国家基建计划，再次被迫下马。

怎么办？是消极等待，日复一日、年复一年地眼看着厂矿企业处于停产状态，眼看着人民群众继续承受干旱缺水之苦的煎熬？还是发扬坚韧不拔、锲而不舍的精神提水呢？

1973年仲夏的一个深夜，市委会议室灯火通明，市委扩大会议还在继续，一项阳泉市城市

劳累过度，至今还留下胃病和腿疾。他们以严谨的科学态度，从严务实，一丝不苟，精益求精。负责工程设计的一位老总，家离指挥部只有数里之遥，可硬是带一副简单的行李，一头扎在了工程指挥部，不分白昼黑夜，不分休息假日，与全体人员一起查看现场，研究问题，规划蓝图，审定方案。他们本着技术先进、经济合理、供水安全可靠的原则，经过反复比较，初定为三个方案。第一方案，集中加压，沿分水岭走向无压隧洞与有压管道相结合的输水方案；第二方案，分散加压沿分水岭走向多隧洞的无压管道输水方案；第三方案，分散加压沿公路走向有压管道输水方案。随后，在省建委领导的主持下，组织召开了有科研、设计、生产三方面15个单位领导、工程技术人员、老工人参加的三结合会审，经过认真审定，认为三个方案各有利弊，但从综合技术经济指标来看，第一方案优于二、三方案，决定推荐第一方案，同时将二、三方案一起上报，以利比较，国家建委于1975年3月18日正式批准娘子关供水工程的初步设计。

设计人员在进行施工图设计中，本着独立自主、自力更生、艰苦奋斗、勤俭建国的精神，对水泵选型、站地选择、输水隧洞、压力管道、输变电工程、配水厂水池等重大技术项目进行了反复研究，对比分析计算。当时全指挥部只有一台50年代的手摇计算机，成千上万个数据基本上是由手拉计算尺拉出来的，设计条件十分简陋，全部施工图纸均由人工绘制。就是在这样的条件下，全体技术人员以高度负责的科学态度，百年大计、质量第一的设计思想，完成了施工图设计。

工程投运后的实践证明，如此一项复杂的供水系统工程，由于领导重视，全体工程技术人员用心血描绘的工程蓝图，在技术上是先进合理的，在实践上又是切实可行的。他们在娘子关供水工程中立下了第一功，为施工建设打下了良好的基础。

施工建设在全线铺开以后，市委把供水工程放在全市工作的头等重要位置。市委主要领导带领近百名机关干部分赴各主要施工工地蹲点，一起参加劳动，一起解决关键问题，从资金上、物资上、人力上统筹协调，全力保证。

在4年多的时间里，工程总指挥部党委始终和全体职工团结一致，同心同德，为早日提回娘子关水战严寒、斗酷暑、风餐露宿，常年奋战在施工第一线，对沿线的每一个山梁，每一道峡谷，每一条涧沟都要查明查清，做到了情况明了，心中有数，指挥得力。对影响工程质量的重大施工技术问题，指挥部党委组织领导，认真落实解决。按原有的设计方案，无压隧洞的水槽底层防渗漏措施不力，施工难度大，消耗材料多，成本高，更主要的是防渗漏质量得不到保证。一位副总指挥从当时的一部新闻纪录片中得到启示，说的是山东土储油罐的防渗经验介绍，抓住这条信息，立即派人三下山东学习求教，在聊城地区石油站的大力支持下，决定采用片石砂浆灌底、水泥防渗砂浆多层精抹的新工艺。这种工艺，不仅从根本上解决了防渗漏问题，保证了工程质量，而且每米造价比原方案降低90多元，总共为国家节省投资100多万元及大量的建筑用料。

娘子关地区的二级提水管道，是整个输水干线的咽喉，按计划进度，必须在1978年封冻前完工，但在根本不可能安装大型吊车的情况下，要把每根3吨多重、直径1.2米、长400多米的钢管从120米深的悬崖绝壁下运到山顶，其难度实在太大了，加之受当时政治气候变化的影响，负责施工的单位上下压力很大，一筹莫展，如拖延下去，将会影响全线的竣工期限。针对这一情况，指挥部党委立即选派一位副总指挥亲自挂帅、坐镇指挥。这位老同志迎着困难上，勇挑重担，紧紧依靠广大技术人员和工人群众，经过反复探索，决定采用“圆锥钢帽牵引”的土办法，经过2个多月的艰苦奋战，终于在封冻前把近100根总重300多吨的大型钢管，顺着60度以上的陡坡安全地拉上了山顶，并胜利安装完毕，经检查完全符合质量标准。

1978年的秋天，是整个工程重点由土建逐步转入设备安装的紧张阶段。在这关键时刻，由于资产阶级派性的干扰，清查与江青反革命集团有牵连的人和事工作出现了偏差，不少单位的领导受到不公正的待遇，工作处于瘫痪状态，严重影响了工程的进行。怎么办？鉴于当时的实际情况，要么放弃责任，使工期无限期拖延；要么向党向人民负责，及时采取措施，保证工程按期完成。在统一思想的基础上，工程指挥部排除干扰，当机立断，作出了将本市施工队伍更换为外地施工队伍，由指挥部直接组织施工的决定。事实证明，这一决定是完全正确的，有力地保证了1980年春的试水运行。

榜样的力量是无穷的。在指挥部党委身先士卒的带领下，参加工程建设的100多个单位的领导和群众，群情激奋，斗志昂扬，提出了“抢时间，争速度，高标准，严要求，多快好省地完成供水工程”的奋斗目标，并纷纷向党委提交请战书、决心书，要求承担最艰巨的任务。在整个施工过程中，涌现出了几十个先进施工队和200多名英雄模范人物。

当时施工现场条件很差。指挥部领导尽管想尽一切办法来保证后勤供应工作，但由于施工工地遍布沿线的荒山野沟，交通十分困难，建设者们住的是临建窝棚，有时几天吃不上新鲜蔬菜，生活用水也十分困难，在干旱季节喝的是当地水窖里的黄汤浊水，每人每天补助仅2角钱。艰苦的物质条件，丝毫也动摇不了广大干部群众的坚定信念，建设者们想全市人民所想，急全市人民所急，向指挥部党委表示：“请领导和全市人民放心，完不成任务我们决不下山！”

在那艰苦的奋战岁月，工程建设者是一支特别能吃苦、特别能战斗的英雄队伍，多少感人肺腑的英雄业绩至今还被人们所称颂。

矿务局一矿施工队所在地额狮沟，山高沟深，荒无人烟。1976年6月5日一场暴雨，引起山洪暴发，处于低处的隧洞口积水一米多深，眼看着刚打好的洞口被水淹没，国家财产遭受洪水的威胁。在这场考验面前，共产党员、共青团员、老工人带头冲到最危险的地方，在党支部的领导下，全队100多人奋不顾身堵水抢险，终于保住了房屋、洞口、机器设备，战胜了洪水，避免了重大损失。在11、12号洞，还是这支队伍，由于洞的顶板条件不好，又掺着带砂的红胶泥、粘矸、淋头水的冲刷，经常出现冒顶。洞顶离地表只有三、四米厚，因此，打出300多米隧洞就有四处冒透，常常外面下大雨，里面下小雨。工人们脚踩一尺多深的淤泥干活，从不叫苦叫累，对已塌落的2200方泥沙，硬是人推肩扛进行清理，经过50余个昼夜的不停奋战，运出4500余车淤泥，战胜了困难，取得了胜利。

这样的事迹何止一桩，这样英雄的队伍何止一支！他们战天斗地的先进事迹，为供水工程立下的丰功伟绩，将永远留在阳泉人民的心中，并将永远激励着后人。

娘子关供水工程建设，得到了沿线农村各级领导和广大农民群众的大力支持和帮助，他们识大体，顾大局，局部利益服从整体利益，为加快工程建设起到了积极的推动作用。同时，娘子关供水工程的建设还得到了全国20多个省、市、自治区，120多个工厂、大专院校、设计科研等兄弟单位在技术、资料、图纸、设备加工和安装等多方面的大力支援与帮助。这一切，均对娘子关供水工程的建成，起到了极为重要的促进作用。

娘子关供水工程于1979年胜利竣工，经过10个多月试运行证明：工程设计合理，施工质量符合要求。1980年8月，娘子关供水工程正式投入运行，并顺利通过国家建委组织的工程项目验收。

娘子关供水工程的建成，为从根本上解决阳泉市城市工业用水和人民生活用水，为阳泉市改革开放、城市建设和国民经济持续、快速、健康发展，奠定了良好基础。

李好山（1921—2008），原名浩善，字泽普，河北磁县人。曾任中共阳泉市委副书记、第二书记、书记，中共太原市委常务副书记、太原市第六届政协主席。

郭　力（1926—2004），曾名金虎，山西潞城人。曾任阳泉市副市长、阳泉市革命委员会副主任、中共阳泉市委副书记、阳泉市第八届人大常委会主任、阳泉市第六届和第七届政协主席。

卫持英（1926—2008），山西沁县人。曾任阳泉市革命委员会副主任，山西省二轻厅副厅长。

常　杰，民国13年（1924）出生，山西长子人。曾任阳泉市革命委员会副主任、阳泉市副市长、阳泉市第八届人大常委会副主任。

杨存志，民国16年（1927）出生，山西盂县人。曾任阳泉市建工局党委书记、阳泉市计划委员会主任。

王守亭，民国23年（1934）出生，河北井陉人。曾任中共阳泉市委副秘书长、阳泉市人民政府秘书长。

沥汗水铺大道 绘蓝图开新天

——阳泉市旧城改造的回忆

辛贵玉

20世纪80年代，以旧城改造为主要内容，阳泉市城市建设出现了一段较快的发展时期。其间，从1983年6月至1987年12月，在市委、市政府的领导下，我作为分管计划、基建、财贸工作的副市长，直接组织、参与了这一艰难备至而又激人奋进的事业。至今回想起来，仍然心潮起伏，壮怀不已。

旧城改造的由来

几万城市居民拥挤在潮湿低矮的棚渣房内度日，现代化建设的迫切需要使旧有的城市基础设施相形见绌，历史和现实把旧城市推到了非改造不可的地步。

作为一个城市，几乎每天都处于改造之中。而阳泉规模性的旧城改造，则始于1984年。其主要原因在于：

第一，党的十二大提出到本世纪末实现工农业年总产值翻两番、人民生活达小康的宏伟目标，开创了我国社会主义现代化建设新局面。在新的形势面前，作为我国重要的能源重化工城市，阳泉必须迅速发展和壮大自己，才能适应国家建设的迫切要求。还应该提到的是，1983年，经国务院批准，平定、盂县被划入阳泉，从而阳泉市作为中心城市，不仅在本辖区，乃至在整个晋东地区的地位骤然升高。而作为城市本身，不仅基础设施支离破碎，而且城市面貌陈旧落后，确实难以承担起经济建设的繁重任务，难以适应改革开放的迫切要求。这种现存功能与发展需要的严重矛盾，决定了市委、市政府必须加强城市建设，改造旧城面貌，增强中心城市的辐射力、凝聚力和吸引力。

第二，从1905年阳泉在一片乱石滩上发展的时候就作为市中心的上、下站地区，80年沧桑变迁所积累下来的仅仅是低矮破敝的店铺，零乱不整的街衢。其间陆续迁入的居民，为了遮风挡雨所搭盖的渣顶房挤挤占占，破破烂烂，许多房间内部仅一两平方米面积。如果说，这种现象是历史遗留下来的包袱，那么，在社会主义现代化建设新的历史条件下，这个包袱还不解决，势必影响党和政府在人民群众中的形象，势必影响阳泉在现代化建设中的形象，势必影响、挫伤人民群众建设社会主义的信心和积极性。

第三，由于旧城区建设成本过大，同时，随着城市人口的增加，原仅有十几平方公里的旧城区也的确需要向外扩展，因而，1982 年，市政府将城市建设的着力点放在新区建设上，并指导市房地产开发公司贷款3000多万元在北岭坡（后改为新华西街）开辟了住宅小区。到1984年，一期工程竣工，建成住宅 1737 套。按商品房推向市场，当时居民们还难以接受。商品房卖不出去确实是一件难事，但在 80 年代前期居民住房难、“难于上青天”的情况下，有了这批房毕竟是一件大好事。困难和机遇像一对孪生姐妹，同时降临到北岭坡上。对此，市委、市政府把困难当动力，抓住机遇，经过多方选择和论证，迅速制定了一种“换位战略”，即采用经济的和行政的手段，把旧城区的居民无偿搬迁到北岭坡小区，以改善居民的居住条件；将居民搬迁后腾出来的老市区黄金地段交给开发公司进行开发，通过经营收回在北岭坡小区的投资。

旧城改造的做法

用现代化建设的大目标，统一人们的思想行为；用市场经济机制，组织旧城改造的人力、物力和财力。

事物总是在矛盾中发展的。尽管旧城改造是大势所趋，众望所归。然而一旦付诸实施，旧的观念、旧的体制以及资金管理等方面的难题林林总总，总是如影随形，伴随改造工作的始终。在如何利用有利条件、克服不利因素、实施旧城改造工程的过程中，我们主要采取了以下几种办法：

一、以强有力的思想政治工作创造旧城改造的良好社会氛围

80 年代以前，传统的计划经济把建设简单地分为生产性建设和非生产性建设，在资金投向和分配上总是先生产、后生活，保生产、压生活。因而，旧城改造一开始，社会上一些人便有了“治坡”（生产）和“治窝”（生活）孰先孰后之说，对旧城改造明确持否定态度。对此，市委、市政府在全市范围内组织了几次大的讨论：一是正确认识城市建设的地位与作用，认识城市不仅是人口集中的地方，而且是现代工业集中的地方，城市基础设施不仅服务于城市中生活着的人，而且是现代工业须臾不能游离的有机组成部分。同时，人是生产力中最活跃的因素，因而即使单纯从为人民服务的角度讲，也不能简单地把城市建设归结为非生产性建设。二是正确认

识旧城改造的资金是源于银行而非出于财政，归还贷款是由商品房所得而不是依靠政府。三是正确认识企业为职工购买商品住宅与企业自建住宅对企业生产和城市规划的利害关系。不间断地宣传和讨论，校正了城市建设的位置，同时，也为旧城改造赢得了良好的社会舆论。在此基础上，计划、基建、规划等部门客观地、实事求是地把旧城改造当作一件大事，予以重视和支持。

二、综合开发，统一建设，保障旧城改造的总体功能和效应

旧城改造，从一定区域或一定意义上讲，就是要造一座新城。这座新城，不仅要有健全的功能，而且还必须有合理的布局，崭新的面貌。为了达到这一目的，我们一改过去分散建设、各行其是，分期建设、互不配套，以及拆了建、建了拆的做法，学习先进经验，借鉴新的手段，结合自身实际，坚持统一规划，统一拆迁，统一设计，统一配套，统一施工，统一管理“六统一”的办法改造旧城。在具体操作上：

第一，在改造每一街区前，根据城市建设总体规划，由市城建部门组织市内外专业技术人员制定出详细规划，经市政府常务会议审定后，不留余地，严格监督，一次性付诸实施，短时间内执行完毕。同时，按照详细规划要求，市中心区的建筑，除商业设施外，一般定在七层，以有效地利用城市空间，节约土地，增强现代城市气氛。

第二，在建筑设计上，可以百家争鸣，但不得各行其是。对每个小区，根据详细规划意图，确定总体构想和风格，而后再由设计人员在单体设计上下功夫，并接受统一审核。

第三，旧城改造是一项整体性的工程，仅主要涉及的就有计划、城建、供电、通讯等数十个部门。尽管他们管理体制、投资渠道、工作计划上都不尽一致，但市政府充分行使领导、协调、监督、服务等职能，力促各部门互相配合，集中时间，集中力量，围绕既定工程共同打“歼灭战”。通过协同作战，综合开发，使小区改造中供水、排水、供热、供气、商店、学校、绿地、园林等一次建设，一次配套，真正做到拆迁一片，建设一片，受益一片。

三、平等竞争，优胜劣汰，实现旧城改造的高质量和高速度

在社会主义市场经济的今天，竞争已经成为一种常规现象。然而在当时商品经济尚不发达的内陆地区，基本建设领域仍按照计划经济办事的时候，我们把竞争机制引入了旧城改造之中。这一突破性的举措，为高质量、高速度完成改造工作提供了有效保障。

引入竞争机制，开放建筑市场，我们是从施工行业开始的。凡属改造区内的每一项建筑工程，都提倡公开招标，让市内与市外的、国营与集体的、城市与农村的建筑队伍处在同一地位展开竞争。实行了“三系数、一考核、一答辩”的招标承包形式。这样，不仅降低了房屋造价，提高了工程质量，而且建设速度也大大加快。洪城河一条街，建筑面积 1.3 万平方米，工期只

800万元。这部分资金除了搞好维修养护外，一般不撒“胡椒面”，留下用于旧城改造中的重点项目。

4. 经营单位做贡献。市房地产开发公司和市城建开发公司在旧城改造中发展壮大，自有资金不断增加。在此情况下，他们对各自承担的改造区内的道路、小游园、公厕等设施，不向政府伸手，不在工程造价中摊销，而是以企业自有资金为城市建设做贡献。此外，对国家公路干线经过市区的路段，如桃北中路、泉中北路等，积极向上级有关部门争取一些支持。

旧城改造的收获

旧城面貌焕然一新，城市建设日新月异，城市的服务功能上了一个新的台阶，人民群众的精神状态大为振奋。

从1984年到1987年末的四年中，我们在拆迁难、资金难、协调难、管理难等诸难中解放思想，大胆探索，加强调度，严格管理，不分昼夜，只争朝夕，在较短时间内，先后改造的华盛街、兴隆街、复寿街、新市街、太上街、长顺街、巨兴街、通站路、洪城河、天成巷等，共拆迁居民旧宅1677户，拆除建筑面积60811平方米；建成住宅楼193栋，住宅6030套，商业网点84个，建筑总面积59.9万平方米，从而使旧城区的面貌焕然一新，成为名副其实的市中心区。

为了丰富城市轮廓线，我们在老市区建设了工会大厦、工贸大厦、物资大楼、政府综合楼、供电局调度楼等一批超高层建筑，从而使整个城市面貌上升到一个新档次。

改革开放为旧城改造带来了空前的历史机遇；旧城改造也为城市建设创造了良好的社会氛围。截至1987年底的五年，整个城市建设如长江之水，波澜壮阔，高潮迭起。五年中——

在道路方面，先后改造和新建了桃北西路、桃北中路、泉中北路、桃北东路、桃南西路、古城路、小阳泉路、南庄路、龙潭路、洪城路、华盛街、巨兴街等主要街道和城市干道。

在商业网点方面，先后改造和新建了兴隆百货大楼、兴隆集贸市场、巨灵百货大楼、物资交易中心等较大的商业设施。

在教育方面，新建和改造了阳泉煤炭专科学校、阳泉职业大学和电视大学、市委党校、工业学校、劳动培训中心、市一中、三中等共计39所学校，总建筑面积150338平方米，新增教室678个，完成投资3438万元。

在医疗卫生方面，新建和改建了一院手术楼、老干部病房、二院门诊、肿瘤研究所、中医院门诊楼、职业病防治所、防疫站大楼等工程，总建筑面积32068平方米。

在饮食服务方面，为了改革开放和我市经济发展的需要，投资1600余万元建成近1.6万平方米的上星级的阳泉宾馆。同时新建和改建了物资宾馆、阳泉饭店、人民饭店、迎宾饭店、上站二饭店、剔尖馆等。

在文化事业方面，新建了工会大厦、青少年宫，改造了图书馆、工人文化宫、阳泉电影院、东风剧场等。

在体育事业方面，投资1400万元，建成了面积9895平方米的阳泉体育馆。

在公用事业方面，投资3133万元，建成了阳泉煤气工程，铺设管道1096公里，供气19921户。新铺自来水管道44公里，有13251户居民实现了自来水进户。

在邮电通讯方面，投资1000余万元，建成了1.3万门的纵横制电话交换机，结束了市区、郊区及平定县手摇电话的历史。

在园林设施建设方面，新建了狮脑山森林公园；改造了南山公园，新建了凌云阁、瀑布、荷花园、儿童乐园、猴山等设施；特别是通过大力开展庭院园林化、市区主要道路进行绿化、美化，栽植了侧柏、雪松、百合、云杉等具有较高观赏价值树木，实现了三季有花四季常青。同时，涌现出了城区木器厂、市委党校、矿务局机关大院等一大批庭院园林化先进单位。

旧城改造的大规模进行和城市建设的总体推进，大大提高了城市的服务功能，改变了城市的落后面貌，提高了人民群众热爱城市，建设家乡的信心和勇气，增强了城市的凝聚力、辐射力和吸引力。

旧城改造的大规模进行和城市建设的总体推进，引起了国家、省有关部门和兄弟城市的关注。1987年6月，建设部部长叶如棠专程前来视察，对阳泉的城市建设给予了较高评价。同年10月，山西省旧城改造及城市规划管理经验交流会议在阳泉召开，充分肯定了阳泉城市建设与旧城改造的成就。

“喜看稻菽千重浪，遍地英雄下夕烟。”作为一名从80年代阳泉旧城改造和城市建设中走过来的老同志，我为能在市委、市政府的正确领导和支持下，直接组织和参与这一壮丽事业感到十分荣幸。同时，也为自己因能力和水平有限而未能把这一工作做得更好深怀抱憾。岁月无情，人生难再。通过撰写此文，以求与读者共勉。

辛贵玉，民国19年（1930）出生，山西盂县人。曾任阳泉市副市长、阳泉市第九届、十届（至1995年5月）人大常委会主任。

为了永远的纪念

——百团大战纪念碑纪事

刘芝田

1985年1月25日至2月3日，全省宣传工作会议在太原三晋大厦召开。我以阳泉市委常委、宣传部部长的身份参加了这次会议。会上，省委宣传部部长张雨田同志在工作报告中提出：今年是中国人民抗日战争胜利40周年，各地市都要结合当地的实际情况开展一些有意义的纪念活动。当时，我就考虑，阳泉搞个什么活动最有意义？想来想去，想到了抗日战争时的百团大战。百团大战是中国共产党领导的八路军在华北发动的一次大规模的对日军的进攻，战果辉煌，威震中外。阳泉是这次战役第一阶段的主战场之一，战斗最激烈的一仗就发生在狮脑山上……在纪念抗日战争胜利40周年之际，在阳泉建立一座永久性的百团大战纪念碑，缅怀老一辈无产阶级革命家和抗日英雄们的丰功伟绩，教育后人牢记昨天的血泪艰辛，珍惜今天的幸福生活，创造更加美好的明天和未来，是一件非常有意义的事情。于是我就把这个想法，在会议召集人汇报会上提了出来，得到了听汇报的省委副书记王克文同志和省委宣传部领导的支持。省委宣传部的同志还特意告诉我，中央有规定，要建这样的纪念碑，需要经过上级党委的批准。你们要建碑，回去后要抓紧准备申报。

会议结束回到阳泉后，我把建立百团大战纪念碑的意见，向市委书记靳广杰同志作了汇报，征得他的同意后，又和市委宣传部、党史研究室的同志一起做了一些初步的准备工作，主要是核实史料，起草给省委的请示报告。3月21日，我在市委常委会议上向大家汇报了在阳泉建立百团大战纪念碑的意义和理由，并提出了建碑的初步意见。市委经过讨论，同意了我的建议，并决定：在市区建立百团大战纪念碑，要求在抗日战争胜利纪念日——9月3日前完成。第二天，市委书记靳广杰同志就亲自签发了中共阳泉市委、阳泉市人民政府《关于在我市建立百团大战纪念碑的请示报告》。

报告送到省委后，省委宣传部副部长温幸同志于4月8日批示：“拟同意建碑。先由省党史办给予确认，拟用群众义务劳动修建。”4月15日，经过省委党史研究室办理完史料核实与建碑确认手续后，省委宣传部根据中宣部（1984）12号文件的规定，于4月29日向省委提出了“同意以群众义务劳动形式建碑”的报告，这个报告由省委常委、秘书长张长珍同志和省委副秘书长郝占敖同志签署后，省委书记李立功同志于5月4日作了批示，同意建碑。为了赶在9月3日前建成纪念碑，市委的报告送出后，我曾多次给省委办公厅、宣传部打电话催办。当时经办这件事情的郝占敖同志是我在《山西日报》工作时的老领导，他知道这一情况后，立即决定把李立功同志的批示和有关资料，用传真发到阳泉市委，并电话通知我，不发文件了。这样，省委5月4日的批文，5日隔了一个星期天，6日上午市委宣传部就收到了。收到省委的批示后，6日下午，就召集市委宣传部和有关部门的同志开会进行研究，准备第二次给常委会汇报。5月13日，市委常委会开会专题研究、讨论、通过了市委宣传部起草的《阳泉市纪念抗日战争胜利40周年活动方案》，方案规定，把建立百团大战纪念碑列为该活动的第一项任务。为了加强领导，市委还决定成立了由我任组长，副市长辛贵玉、市委秘书长莫显标、市政府副秘书长魏长生任副组长的领导组，领导组下面设了办公室、资料组、建碑组、宣传报道组、文艺活动展览组5个临时工作机构，建碑组办公地点设在市城建局，其任务是选址、征集设计方案和组织施工。把碑建在什么地方？当时我心里没有底，常委会只原则的提出建在市区内。为了尽快把碑址确定下来，5月20日前后几天，我和辛贵玉同志实地察看了南山公园、儿童公园、阳钢转盘几个地方，但都不理想，一直定不下来。大家正在讨论这件事时，建碑组负责人王树林同志提出，应该把纪念碑建在当年发生战斗的地方——狮脑山上，后经市委领导和各方面专家讨论，到8月份才最后定下来，把纪念碑建在狮脑山上。与此同时，领导组还在《人民日报》和《山西日报》上发布了“关于征集百团大战纪念碑设计图案的启事”，在半个月的时间内，就收到从全国各地寄来的设计方案82个，经过反复研究、比较、筛选，最后采用了北京城区建筑勘探设计所的设计方案。

为了永远纪念发动百团大战的老一辈无产阶级革命家的光辉业绩，市委曾决定请邓小平同志和聂荣臻同志为纪念碑题写碑名和碑词，后因我们的工作衔接不够，这一计划未能实现。最后改请彭真、薄一波、徐向前同志为纪念碑题了词。

由于我们工作缺乏经验，对建碑过程中的问题估计不足，当年建成纪念碑的计划根本无法实现。市委对建设纪念碑的时间，又重新做了安排。1985年9月3日——中国人民抗日战争胜利40周年之日，百团大战纪念碑正式奠基。之后，又经过一番准备，建碑工程于1986年4月5日开工。在建设过程中，副市长辛贵玉同志积极组织有关部门，精心设计、科学施工，大家团结协作，勤俭节约，共同努力，克服了许多困难，保证了建设进度和工程质量。为了防止纪念碑建成后可能出现的沉降、倾斜，阳泉矿务局专门为稳定地基，留下了保护煤柱，北京矿院把碑基的设计作为科技攻关项目，先后设计了7个方案，经过许多专家的反复论证，最后确定：在三角形纪念碑基础底下，每个角里埋进两台320吨的液压千斤顶，一台电子预测重量平衡仪。这样，一旦碑体稍有倾斜，电子预测仪便会显示出来，自动调整液压千斤顶的高度，使碑体永远保持直立和平稳状态。当时，这是全国独一无二的一项新技术。沈阳鲁迅美术院、天津美术院共同为纪念碑精心设计了6幅共364平方米的大型浮雕和一座7米高的大型园雕，并由沈阳锻铜厂负责制造完成。经过一年多的紧张施工，纪念碑于1987年6月30日建成。

1987年7月7日，中共阳泉市委、市政府在狮脑山上举行了纪念“七七”事变50周年暨百团大战纪念碑落成典礼大会。参加大会的有省、市党政军领导和工人、农民、解放军、知识分子、学生代表共1000多人。当年参加过百团大战的部分指挥员也应邀出席了大会，他们是：中顾委常委陈锡联（指挥狮脑山战斗的八路军129师385旅旅长）、孔庆德（原武汉军区副司令员）、卢仁灿（原海军副政委）、安庆洙（原中央机要局局长）、肖峰（原北京军区装甲兵副司令员）、李希庚（中央军委办公厅负责人）、李懋之（原第二炮兵副司令员）、李居田（原军事科学院正师级研究员）、郑国忠（原海军副司令员）、赵冠英（原军事学院教育长）、桂绍彬（原海军顾问）、葛秀峰（原工程兵副司令员）。陈锡联、赵冠英、王茂林（省委副书记）、路正西（市委书记）都在会上讲了话。当年亲自指挥狮脑山战斗的陈锡联将军，参加了纪念碑的揭幕仪式后说：“把百团大战纪念碑建在狮脑山上，最有象征意义了。”

1997年6月，百团大战纪念碑被中宣部等16个部委命名为全国首批百个爱国主义教育基地。十年来，到百团大战纪念碑参观的人络绎不绝，已超过百万人次。老一辈无产阶级革命家陈赓将军的夫人傅涯、李富春的女儿李特特、董必武的女儿董良晖、左权的女儿左太北、彭德怀的侄女彭钢，原中国人民解放军副总参谋长许信上将，原山西省军区政委李布德少将都来这里参观访问过。2005年6月28日，由山西省委宣传部、省文联、省广播电视总台、阳泉市委、阳泉市政府、阳泉军分区共同主办的，山西省纪念抗日战争胜利60周年“太行吕梁颂”合唱大赛启动仪式在百团大战纪念碑下举行。省、市党政军领导出席了启动仪式。由阳泉各界人士4000多人组成的12支合唱队，在会上演唱了《在太行山上》《大刀进行曲》《毕业歌》《到敌人后方去》《太行民兵》《左权将军》《百团大战振山河》《保卫黄河》《中国人民解放军进行曲》《太行精神颂》等歌曲。嘹亮的歌声，拉开了山西省纪念抗战胜利60周年的序幕……

八路军发动百团大战的英雄业绩，在人民心中矗立起了一座永远的丰碑！

刘芝田，民国21年（1932）出生，山西平定县人。曾任中共阳泉市委常委、市委宣传部部长，阳泉市政协副主席。

◆ 国民经济和社会发展主要指标选录 ◆

阳泉市 1949—2010 年国民经济和社会发展主要指标统计表（一）

表 - 附录 -1

年 份	地区生产总值		人均 GDP（元）	年末总人口（人）	工业总产值（1949—1991）工业增加值（1992—2010）		全民单位基本建设投资（1949—1977）固定资产投资（1978—2010）	
	总 量（亿元）	速 度（%）			总 量（亿元）	速 度（%）	总 量（万元）	速 度（%）
1949				52.8	0.31		103	
1950				53.6	0.47		248	
1951				54.8	0.66		523	
1952				57.4	0.92		1028	
1953				58	1.01		1622	
1954				59.2	1.37		1683	
1955				60.5	1.57		2290	
1956				62.8	1.96		3829	
1957				64.4	2.33		4554	
1958				66	3.55		8573	
1959				67.3	4.51		7438	
1960				68.7	5.24		7623	
1961				67.9	3.05		2631	
1962				68.6	2.63		1324	
1963				70.3	2.71		1704	
1964				71.8	2.88		2703	

续表－附录－1

年 份	地区生产总值		人均GDP（元）	年末总人口（人）	工业总产值（1949—1991）工业增加值（1992—2010）		全民单位基本建设投资（1949—1977）固定资产投资（1978—2010）	
	总 量（亿元）	速 度（%）			总 量（亿元）	速 度（%）	总 量（万元）	速 度（%）
2005	200.3	11.6	15812	130.23	99.5	29.0	650029	41.3
2006	232.1	9	18188	130.87	115.5	16.1	923059	46.7
2007	265	10.6	20836	131.37	129.1	14.1	1240873	37.6
2008	330.4	9.5	23605	131.96	153.4	10.0	1558473	26.2
2009	348.7	7.1	26383	132.38	170.4	2.6	2424635	55.6
2010	429.4	14.2	31898	136.9	226.8	23.0	2983717	23.1

说明：工业增加值1992年至1997年为乡及乡以上，1998年以后为规模以上企业口径

阳泉市1949—2010年国民经济和社会发展主要指标统计表（二）

表－附录－2

年 份	财政总收入		一般预算收入		社会消费品零售总额		海关进出口额	
	总 量（万元）	速 度（%）	总 量（万元）	速 度（%）	总 量（万元）	速 度（%）	总量（万美元）	速 度（%）
1949	131				1215			
1950	211				1822			
1951	398				2514			
1952	632				3600			
1953	901				4146			
1954	1029				5028			
1955	1230				5051			
1956	1507				6381			
1957	1934				7259			

续表 - 附录 -2

年 份	财政总收入		一般预算收入		社会消费品零售总额		海关进出口额	
	总 量（万元）	速 度（%）	总 量（万元）	速 度（%）	总 量（万元）	速 度（%）	总 量（万美元）	速 度（%）
1958	3708				8815			
1959	4856				9558			
1960	5577				9879			
1961	2401				8756			
1962	2696				8348			
1963	2551				7999			
1964	2761				7649			
1965	3605				8119			
1966	3733				8722			
1967	3376				9575			
1968	2782				9540			
1969	4183				9707			
1970	5308				10055			
1971	5806				10551			
1972	6442				11398			
1973	6435				11430			
1974	6352				12095			
1975	7302				13804			
1976	7260				15836			
1977	7812				16912			
1978	7573	-3.06			21059	2.7		

续表 - 附录 -3

年 份	出口额		城镇居民人均可支配收入		农村居民人均可支配收入		居民消费价格指数 CPI
	总量（万美元）	速 度(%)	总 量(元)	速 度(%)	总 量(元)	速 度(%)	(%) 上年 =100
1954							104
1955							105.8
1956							98.1
1957							101.1
1958							99.9
1959							101.8
1960							98.2
1961							113.7
1962							113.8
1963							95.3
1964							91.6
1965							98
1966							98.4
1967							98.8
1968							100.5
1969							99.7
1970							98.8
1971							99.7
1972							100.4
1973							100.2
1974							100

续表 - 附录 -3

年 份	出口额		城镇居民人均可支配收入		农村居民人均可支配收入		居民消费价格指数 CPI
	总 量（万美元）	速 度(%)	总 量（元）	速 度（%）	总 量（元）	速 度（%）	（%）上年 =100
1975							100
1976							100
1977							100.2
1978			251		132		100.1
1979			278	10.7	168	27.3	100.5
1980			308	10.7	171	1.8	102.7
1981			341	10.7	191	11.7	101.4
1982			377	10.7	227	18.8	103.7
1983			418	10.8	328	44.5	106.8
1984			463	10.8	478	45.7	101.3
1985			575	24.2	584	22.2	109.8
1986			711	23.6	599	2.6	106
1987			828	16.4	605	1.0	109.9
1988			902	8.9	642	6.1	126.8
1989			1201	33.2	660	2.8	119.1
1990			1527	27.1	684	3.6	102.7
1991			1767	15.8	702	2.6	105.4
1992			2038	15.3	810	15.4	108.3
1993	8	—	2423	18.9	941	16.2	120.5
1994	132	—	2972	22.6	1224	30.1	120.2
1995	408	209.1	3503	17.9	1639	33.9	114.7

G

J

K

L

R

S

T

W

X

Y

Z

后记

新修《阳泉市志》即将付梓面世了，这对于长期从事修志工作的特定群体来讲，是一件多么令人欣慰的事情！回望志坛十年耕耘，寂寞与奉献如影相随，坚守与奋斗日月轮回，收获与喜悦结伴而至，辛勤劳作的方志人在编修《阳泉市志》中走过了一段平静而不平凡的历程。

新修《阳泉市志》，从2006年6月安排部署到2016年10月通过评审，整整经历了十个春秋。为了顺利完成《阳泉市志》编纂任务，我们采取了三步走的办法，也即分三个阶段来积极稳妥地推进市志编纂工作。

第一阶段，时间为2006年6月之前，主要是总结经验、学习交流、理论探索、拟定篇目。这一阶段，主要做了五方面的工作：一是对首轮修志工作的成败得失进行全面、细致、科学的剖析总结，目的在于记取教训、吸收营养、积累经验；二是到一些续志工作走在前面的地方去学习取经，目的在于开阔眼界、增长见识、有所借鉴；三是选择参加一些修志业务及相关知识等方面的专业培训，目的在于丰富知识、更新观念、武装思想；四是组织开展有关续志工作的经验交流与理论研讨，目的在于相互学习、统一认识、共同提高；五是在以上基础上拟定了新修志书篇目，最初市志篇目除了概述、大事记、附录外，分设二十五编，后来扩充为三十一编，并增加了专记。通过以上多方面的准备，为《阳泉市志》编纂工作的顺利开展奠定了基础。

第二阶段，时间为2006年6月至2011年12月，主要是动员部署、组织队伍、培训人员、撰写初稿。这一阶段，主要做了四方面的工作：一是二轮修志工作的启动与市志编纂任务的安排，根据《山西省新一轮修志工作规划（2001—2015）》及2003年9月29日全省地方志工作会议精神要求，经市委、市政府批准，于2006年6月16日召开全市地方志工作会议，对新一轮市志、县（区）志编纂工作进行了安排部署，印发了《阳泉市二轮修志工作实施方案》，向市直部门、县区及境内有关单位分配了具体工作任务；二是在与《阳泉市志》编纂工作关联性较强的部门或单位范围内，建立了一支由200多人组成的兼职修志队伍；三是对全市（含县区）专兼职修志人员进行了系统的专业培训，大的培训有4次，累计培训人员逾千人次；四是在市志责任编辑与总纂人员的督促指导下，相关单位先后完成了各自承担的市志初稿撰写任务，市志初稿文字量总计600余万字。

第三阶段，时间为2012年1月至2016年12月，主要是志书总纂、征求意见、修改完善、成型定稿、出版招标。这一阶段，主要做了五方面的工作：一是在汇集境内有关单位零散志稿的基础上，由志稿总纂人员按照志书篇目与志书规范进行系统总纂，几易其稿，形成了400余万字的《阳泉市志》送审稿；二是报请省地方志办公室对《阳泉市志》志稿进行审查，同时向境内有关单位及社会各界广泛征求意见建议；三是组织召开评审会议，2016年10月18日至19日在阳泉宾馆正式召开《阳泉市志》评审会，省地方志办公室主任李茂盛带领方志专家一行6人参加评审，市领导刘高官、巩成、任衍钢等参加开评仪式，新修《阳泉市志》顺利通过评审并获得省地方志办公室领导与专家的一致好评，认为这部志稿“是全省已经通过评审的80余部市、县、区志稿中质量最好的一部”；四是在评审会之后，在认真梳理社会各方对新修《阳泉市志》书稿反馈意见的基础上，对志稿做了进一步的修改完善并最终定稿；五是按照相关规定，完成了《阳泉市志》出版印刷环节的公开招标工作。

新修《阳泉市志》就要正式出版了，丰收在望，令人高兴！然而，高兴之余，回想《阳泉市志》成书过程，又不免让人生发许多感触！

感触之一，没有市委、市政府的坚强领导和大力支持，没有省志办领导、专家的长期关照和热情指导，没有社会各界和有关单位的主动参与和积极帮助，没有全体专兼职修志人员的默默奉献和艰辛努力，就不会有二轮修志工作的顺利推进和《阳泉市志》编修任务的圆满完成。借此，我们对社会各个方面给予《阳泉市志》编修工作的关注、关心和关照，表示衷心的感谢和崇高的敬意！同时，对编修《阳泉市志》给予更多直接帮助的省志办的李茂盛、张志仁、赵群虎、刘益龄、任根珠、马正英、马并生、郝世文、杨颖、董剑云、赵永强等诸位领导和专家致以特别的谢意！

感触之二，改革开放步伐的加快和市场经济体制的建立，为二轮修志工作的开展带来了前所未有的困难，但是，如果没有首轮修志工作的良好基础，二轮修志工作的难度会更大。在首轮修志工作中，阳泉市是全省第一个完成修志任务的地市，6 部志书全部获奖。其中，《阳泉市志》获省一等奖（出版在全国评奖之后），《平定县志》获全国一等奖、省特等奖，《盂县志》获全国二等奖、省特等奖，《阳泉市郊区志》获省二等奖，《阳泉市城区志》获省三等奖，《阳泉市矿区志》获省优秀奖。首轮修志工作奠定的良好基础，为二轮修志工作的开展提供了有利条件。

感触之三，由于主客观条件的限制，新修《阳泉市志》还有许多不尽如人意的地方。新修《阳泉市志》洋洋洒洒 400 余万字，差错和缺漏难免，瑕疵和遗憾尚存，还望社会各界谅解。

限于篇幅，无法尽述。编修《阳泉市志》是一项复杂浩繁的系统文化工程，在社会方方面面的支持和帮助下，经过全体修志人员的共同努力，这项工程终于圆满完成了，可喜可贺可叹！十年坚守，十年奋斗，多么不易！十年，在人类历史长河中，只是弹指一挥间；但在个体人生历程中，却是漫长的一段路。让我们永远记住共同参与编修《阳泉市志》工作的这段平静但不平凡的美好时光吧！

任侍苏

2016 年 12 月

附记

2016 年 10 月，由省地方志办公室组织专家对《阳泉市志》进行终审后，市地方志办公室根据专家提出的意见建议，对市志稿字斟句酌修改完善，同时对市志彩页部分和随文图片精挑细选，极大地丰富了志书内容，增强了志书可读性和实用性。

2019 年 1 月，因机构改革，市地方志办公室与市委党史研究室合并重组为市委党史研究室（市地方志研究室）。新机构成立后，为保证志书高质量出版，顺利完成“两全目标”，特别是 2019 年 11 月 1 日中国地方志指导小组秘书长、中国地方志指导小组办公室主任冀祥德调研阳泉工作后，专门聘请全国方志专家邱新立、王铁鹏、刘益龄、梅森、王晖、齐家璐等对市志稿给予指导。在此基础上，再次充实完善，终成定稿。

千淘万漉虽辛苦，吹尽狂沙始到金。虽经精打细磨，但也难免存在不足与纰漏，敬请读者指正。

中共阳泉市委党史研究室

阳 泉 市 地 方 志 研 究 室

2020 年 9 月